COLLECTION
ROLF HEYNE

Robert M. Parker, Jr.
in Zusammenarbeit mit Pierre-Antoine Rovani

PARKER'S WEIN GUIDE

8000 Weine aus den
wichtigsten Weinregionen der Welt
getestet und bewertet
Ratschläge für den Weineinkauf

COLLECTION ROLF HEYNE

Die amerikanische Originalausgabe erschien unter dem Titel
PARKER'S WINE BUYER'S GUIDE – Sixth Edition
bei Simon & Schuster, New York

Einzelne Beiträge dieses Buches
sind bereits in der vom Autor herausgegebenen
Zeitschrift *The Wine Advocate* erschienen.

Deutsch von Ingrid Hacker-Klier, Günther Kirchberger,
Christian Quatmann, Jochen Stremmel, Gisela Sturm, Petra Westphal

www.collection-rolf-heyne.de

Umschlaggestaltung: Christian Diener / Hauptmann und Kampa Werbeagentur,
München – Zürich
Satz: Kort Satz, München
Herstellung: Karlheinz Rau, München
Druck und Bindung: Ebner & Spiegel, Ulm

Printed in Germany

ISBN 3-89910-201-0

DANKSAGUNG

Für Unterstützung und Hilfe danke ich: Hanna, Johanna und Eric Agostini, dem verstorbenen Jean-Michel Arcaute, Jim Arseneault, Ruth und dem verstorbenen Bruce Bassin. Jean-Claude Berrouet, Bill Blatch, Jean-Marc Blum, Thomas B. Böhrer, Monique und dem verstorbenen Jean-Eugène Borie, Christopher Cannan, Dick Carretta, Corinne Cesano, Bob Cline, Jean Delmas, Dr. Albert H. Dudley III., Alain Dutournier, Barbara Edelman, Jonathan Edelman, Michael Etzel, Paul Evans, Terry Faughey, Joel Fleischman, Han Cheng Fong, Maryse Fragnaud, Laurence und Bernard Godec, Dan Green, Philippe Guyonnet-Duperat, Josué Harai, Alexandra Harding, Ken-ichi Hori, Dr. David Hutcheon, Barbara G. und Steve R. R. Jacoby, Jean-Paul Jauffret, Nathaniel, Archie und Denis Johnston, Ed Jonna, Allen Krasner, Francoise Laboute, Susan und Bob Lescher, Dr. Jay Miller, Christian, Jean-François und Jean-Pierre Moueix, Jerry Murphy, Bernard Nicolas, Jill Norman, Les Oenarchs (Bordeaux), Les Oenarchs (Baltimore), Daniel Oliveros, Bob Orenstein, Frank Polk, Bruno Prats, Dr. Alain Raynaud, Martha Reddington, Dominique Renard, Huey Robertson, Helga und Hardy Rodenstock, Dany und Michel Rolland, Yves Rovani, Carlo Russo, Ed Sands, Erik Samazeuilh, Bob Schindler, Ernie Singer, Park B. Smith, Betsy Sobolewski, Jeff Sokolin, Elliott Staren, Daniel Tastet-Lawton, Steven »Ho« Verlin, Peter Vezan, Robert Vifian, Larry Wiggins, Jeanyee Wong, Dominique und Gérard Yvernault, Murray Zeligman.

Mein ganz besonderer Dank gilt den Mitarbeitern, die es verstanden haben, diese Fülle von Informationen in die Form eines Buches zu fassen: Amanda Murray, meiner Lektorin bei Simon & Schuster, und ihrer Assistentin Nancy Fann, Hanna Agostini, meiner Assistentin und Übersetzerin in Frankreich und Joan Passman und Annette Piatek, meinen Assistentinnen in den Vereinigten Staaten. Sie alle waren ungemein hilfreich und ich bin ihnen zu großem Dank verpflichtet. Schließlich möchte ich mich noch bei meinem Assistenten und Kollegen Pierre-Antoine Rovani für seine hervorragenden Beiträge bedanken.

In Erinnerung an eine große Frau und wunderbare Mutter,
Ruth »Siddy« Parker
14. Mai 1924 – 8. April 2002

und

In Erinnerung an eine liebe Freundin und Weinliebhaberin
Carol »Ma« Smith
9. September 1950 – 16. Mai 2002

INHALT

Einführung 1

So benutzen Sie diesen Wein-Guide richtig 1

Aufbau 1
Die Weinanbaugebiete 2
Bewertung der Produzenten 2
Jahrgangsübersichten 3
Benotung und Bewertung der einzelnen Weine 3
Preise 5
Preisklassen 6
Die Rolle des Weinkritikers 6

Rund um den Wein 9

Der Weinkauf 9
Die Lagerung 11
Die Frage der Genussreife 12
Wie man Wein kredenzt 15
Der richtige Wein zum richtigen Essen 17
Welche Zusätze enthält Ihr Wein? 20
Ökoweine 22
Die Schattenseiten des Weines 22
In Vino Veritas? 31
Sicherheitsrichtlinien 33

Was macht einen großen Wein aus? 36

Aus der Welt des Weines 40

Der Begriff *terroir* 40
Die größten Lügen in der Weinwelt 43
Ein Leitfaden zum Verständnis der Weinmacher-Sprache – mit einem kleinen Augenzwinkern 43
Wein im Internet 45

DIE WEINE WESTEUROPAS 47

Frankreich 49

Das Elsass 49
Bordeaux 148
Burgund und Beaujolais 453
Die Champagne 724
Das Loiretal 733
Languedoc-Roussillon 749
Die Provence 799
Das Rhônetal 806
Bergerac und der Südwesten 1056

Italien 1060

Piemont 1060
Toskana 1191
Weitere bedeutende italienische Rotweine 1256

Deutschland 1295

Österreich 1307

Spanien 1319

Portugal 1358

DIE WEINE NORDAMERIKAS 1366

Kalifornien 1367

Oregon 1690

Washington 1721

Die Bundesstaaten am mittleren Atlantik 1746

DAS BESTE AUS DEM REST DER WELT 1747

Australien 1748

Neuseeland 1854

Argentinien 1856

Chile 1858

Südafrika 1860

Register 1861

EINFÜHRUNG

SO BENUTZEN SIE DIESEN WEIN-GUIDE RICHTIG

Dieses Buch ist als Lehrbuch und Ratgeber für den Verbraucher gedacht und nicht als enzyklopädische Aufzählung von Winzern und Weinproduzenten. Sein Zweck ist es, Sie zu einem aufgeklärten und selbstbewussten Weinkäufer zu machen. Daher gibt es Ihnen genügend Insider-Informationen an die Hand, die es Ihnen ermöglichen sollen, beim Weinkauf die klügste Wahl zu treffen. Die besten und bekanntesten (nicht immer Garanten von Qualität) Produzenten und Winzer der größten Weinanbaugebiete dieser Erde werden ebenso beurteilt wie die meisten gegenwärtig auf dem Markt angebotenen oder kurz vor der Freigabe stehenden Weine. Können Sie hier einen bestimmten Jahrgang eines hochgeschätzten Weins nicht finden, so steht Ihnen immer noch eine Fülle von Informationen und Bewertungen zur Verfügung, die sich auf die besten Produzenten jeder Anbauregion beziehen. Sie können sich also in dem beruhigenden Bewusstsein wiegen, dass Sie selten einen Fehler begehen werden (es sei denn, ein Jahrgang fällt ganz verheerend aus), wenn Sie sich einem Produzenten anvertrauen, der in diesem Buch als »hervorragend« oder »ausgezeichnet« eingestuft wurde. Diese Produzenten sind die besten und beständigsten in der Welt. Geschmack ist natürlich immer subjektiv, doch ich habe mein Bestes getan, einen unparteiischen und umfassenden Ratgeber für den Verbraucher zu erstellen, dessen Herzstück die Bewertungen (je nach Anzahl der vergebenen Sterne) für die besten Produzenten sind.
Anmerkung: Mein Assistent, Pierre-Antoine Rovani, ist der Verfasser der Degustationsbeschreibungen und Punktbewertungen in den Kapiteln über Burgund, den Staat Washington, das Elsass, Oregon, das Loiretal, Deutschland, Neuseeland und Südafrika.

Aufbau

Jeder Abschnitt, der ein bestimmtes Weinanbaugebiet behandelt, ist wie folgt aufgebaut:
1. Überblick über die Weinanbauregion
2. Kaufstrategie
3. Übersicht über das allgemeine Qualitätsniveau der jüngeren Jahrgänge des Gebiets
4. Rangliste der besten Produzenten des Gebiets
5. Degustationskommentare, Benotung der Weine nach Punkten und Angaben zu den Preisen für eine 0,75 l-Flasche (siehe die Tabelle der Weinpreise auf S. 6, die die Klassifizierung erklärt).

Die Weinanbaugebiete

Dieses Buch behandelt die bedeutendsten Weinanbaugebiete weltweit. Im Rahmen Westeuropas werden Frankreich und Italien am detailliertesten behandelt, gefolgt von Spanien, Portugal und Deutschland. In Nordamerika erhält Kalifornien breiten Raum, was seine beherrschende Rolle auf dem Markt widerspiegelt. Die in den Weinhandlungen am häufigsten repräsentierten Weinregionen werden weit detaillierter besprochen als die nachrangigen Gebiete, deren Weine selten in die Vereinigten Staaten exportiert werden oder dort selten zu sehen sind. Die Kapitel, die sich mit dem Bordelais, Burgund, der Champagne, dem Elsass und dem Rhônetal in Frankreich, mit dem Piemont und der Toskana in Italien und mit Kalifornien befassen, sind die umfangreichsten, da diese Regionen die größten Weine der Welt hervorbringen. In jedem Kapitel erscheint eine gründliche Analyse der regionalen Weinproduzenten und der über oder unter ihrem Leistungsniveau arbeitenden Winzer sowie eine Liste der besten Weine der Region in Bezug auf ihr Preis-Leistungsverhältnis.

Bewertung der Produzenten

Wer ist wer in der Weinwelt? Das kristallisiert sich nach Jahren des Verkostens und des Besuchs von Gütern und Kellern der Weinmacher auf der ganzen Welt schnell heraus. Große Produzenten sind leider immer noch recht selten, doch sicherlich erzeugen heute mehr Winzer und Produzenten mit besserer Technologie und umfassenderen Kenntnissen bessere Weine als je zuvor. Die in diesem Buch aufgeführten Ranglisten und Übersichten bewerten die besten Produzenten auf der Basis eines Fünf-Sterne-Systems. Fünf Sterne und die Bezeichnung »hervorragend« werden den besten Erzeugern zugesprochen, vier Sterne denjenigen, die »ausgezeichnet« sind, drei Sterne den »guten« Produzenten und zwei Sterne denjenigen, die als Durchschnitt anzusehen sind. Da es das Ziel dieses Buches ist, Sie mit den Namen der absolut besten Produzenten vertraut zu machen, stehen eher die Spitzenproduzenten als die weniger erfolgreichen im Vordergrund.

Die wenigen Produzenten, die mit fünf Sternen bedacht wurden, stellen tatsächlich die besten Weine der Welt her. Sie sind aus den beiden folgenden Gründen ausgewählt worden: Sie machen einerseits die größten Weine ihres jeweiligen Anbaugebiets und sind andererseits selbst in mittelmäßigen und schlechten Jahrgängen bemerkenswert beständig in ihren Leistungen. Benotungen, ob es sich nun um bestimmte Punktbewertungen einzelner Weine oder um Klassifizierungen von Winzern handelt, sind stets dazu angetan, Kontroversen heraufzubeschwören, und zwar nicht nur unter den Weinmachern, sondern selbst unter den Verkostern. Doch wenn sie unabhängig, unparteiisch und objektiv durchgeführt werden und auf der an Ort und Stelle gewonnenen Kenntnis der Weine, der Produzenten sowie der Art und Qualität ihrer Weinbereitung basieren, können sich derartige Bewertungen als zuverlässig und äußerst informativ erweisen. Für den Leser ist es wichtig, im Auge zu behalten, dass die Produzenten, die vier oder fünf Sterne bekommen haben, auch gesucht werden müssen. Ich glaube, nur wenige Verbraucher werden sich je von deren Weinen enttäuscht zeigen. Die mit drei Sternen bedachten Produzenten sind weniger beständig, doch kann man auch von ihnen erwarten, dass sie in den sehr guten bis ausgezeichneten Jahrgängen durchschnittliche bis überdurchschnittliche Weine erzeugen. Ihre Schwächen rühren daher, daß ihre Weingärten weniger günstig liegen oder dass sie aus finanziellen oder anderen Gründen nicht die strenge Auslese durchführen können, derer es bedarf, um Weine allerfeinster Qualität hervorzubringen.

Die Bewertung der weltweit besten Produzenten und Winzer ist vielleicht der wichtigste Aspekt dieses Buches. Jahrelange Weinverkostungen haben mich vieles gelehrt, doch je mehr Weine man probiert und je mehr Wissen über die Anbaugebiete man in sich aufnimmt, desto stärker schält sich heraus, wer zu der Handvoll echter Weltklasse-Produzenten gehört, zu denjenigen, die sich in großen wie auch in mediokren Jahrgängen aus der Masse hervorheben. Zwar pflege ich die Verbraucher stets zu warnen, nicht in den Fehler zu verfallen, einem Produzenten oder einem bestimmten Jahrgang blind zu vertrauen, doch kommt eine Bewertung mit der Bezeichnung »hervorragend« oder »ausgezeichnet« einer Qualitätsgarantie denkbar nahe.

Jahrgangsübersichten

Obwohl Weinreklamen, die einen »großen Jahrgang« ankündigen, in Hülle und Hülle zu finden sind, habe ich noch nie erlebt, dass in ein und demselben Jahr mehr als einige wenige Weinregionen einen großen Jahrgang verzeichnen konnten. Die Chancen, einen einheitlich großen Jahrgang zu erleben, sind äußerst gering, ganz einfach wegen der auffälligen Unterschiede im Mikroklima und bei den Böden in jeder Weinbauregion. Es wäre ein arger Trugschluss zu meinen, dass 1982, 1990 und 2000 in ganz Europa große Jahrgänge waren, nur weil dies im Bordelais der Fall war. Zumindest für 1982 und 2000 könnte nichts irreführender sein. Gleichwohl scheint die Reputation eines Bordeaux-Jahrgangs leider großen Einfluss auf die allgemeine Einschätzung anderer Weinbaugebiete zu haben. Das schafft natürlich viele Probleme, denn in schlechten Bordeaux-Jahren können das Rhônetal, das Elsass oder die Champagne durchaus ausgezeichnete Jahrgänge aufweisen. Umgekehrt aber können diese Regionen aufgrund ungünstiger Witterung schlechte Jahre erleben, während die Bordeaux-Jahrgänge großartig ausfallen. Für Kalifornien scheint vielen flüchtigen Beobachtern jedes Jahr ein Spitzenjahr zu sein, ein Image, das aus Gründen der Werbewirksamkeit vom Weininstitut dieses Staates gefördert wird. Es mag stimmen, dass Kalifornien selten einen ganz schlechten Jahrgang verzeichnen muss, aber die Verkostung beweist mit Sicherheit, dass 1988, 1989 und 1998 sich im Stil unterscheiden und in ihrer Qualität uneinheitlicher sind als der 1994er und der 1995er. Und doch hat sich keine Weinbauregion der Welt so vieler großartiger Jahrgänge in Folge erfreuen dürfen wie Kalifornien in den neunziger Jahren: Mit Ausnahme von 1998 waren allesamt großartig! In diesem Ratgeber gibt es Jahrgangsübersichten für jedes Weinanbaugebiet, denn die Jahrgänge weisen in Quantität und Qualität große Unterschiede auf. Machen Sie niemals den Fehler anzunehmen, dass ein bestimmtes Jahr überall groß oder überall schlecht ausgefallen ist.

Benotung und Bewertung der einzelnen Weine

Wenn irgend möglich, finden alle meine Verkostungen als doppelte Blindverkostung in Gruppen statt – das heißt, dass Weine desselben Typs im Vergleich miteinander verkostet werden, ohne dass der Name des Produzenten bekannt ist. Die Bewertungen sind das Resultat einer kritischen, unabhängigen Weinprüfung. Weder Preis noch Reputation des Erzeugers beeinflussen die Bewertung auf irgendeine Weise. Ich verbringe jedes Jahr drei Monate mit Verkostungen in den Weinbaugebieten. In den übrigen neun Monaten sind sechs- und manchmal siebentägige Arbeitswochen allein dem Verkosten und dem Schreiben gewidmet. An Weinprämierungen oder Fachweinproben nehme ich aus vielerlei Gründen nicht teil. Die wichtigsten davon sind: 1) Ich ziehe es vor, den Wein aus vollen Flaschen zu verkosten. 2) Es erscheint mir unentbehrlich, richtig geformte und gut gespülte professionelle Degustationsgläser zu benutzen. 3) Der Wein muss die richtige Temperatur haben. 4) Ich allein möchte bestimmen, wie viel Zeit ich den Weinen, die bewertet werden sollen, widmen will.

Die Punktbenotung gibt meine Einstufung eines Weines innerhalb seiner Gruppe wieder. Natürlich sind Weine, die über 85 Punkte erhalten, sehr gut bis ausgezeichnet, und jeder Wein, der 90 oder mehr Punkte zugebilligt bekommt, ist innerhalb seines besonderen Typs hervorragend. Obwohl des Öfteren behauptet wird, dass eine Punktbenotung für ein seit Jahrhunderten so romantisch verklärtes Getränk unfair sei, bleibt doch die Tatsache bestehen, dass der Wein ein Produkt ist, das an Konsumenten verkauft wird wie jedes andere auch. Es gibt dafür ganz spezielle Qualitätsstandards, die hauptberufliche Weinfachleute erkennen, und es gibt vorbildliche Weine, die als Maßstab zur Beurteilung anderer dienen können. Ich kenne niemanden, der nicht zu urteilen vermag: »Dieser hier gefällt mir besser als der andere«, wenn drei oder vier verschiedene Gläser Wein vor ihm stehen – ganz gleich, wie gut oder schlecht diese Weine auch sein mögen. Die Benotung von Weinen ist lediglich die Wiedergabe der Meinung eines Fachmanns mit Hilfe eines gleich bleibenden Punktsystems. Diese Benotung ermöglicht dann die rasche Informationsweitergabe sowohl an Fachleute als auch an interessierte Laien.

Die Note, die ein bestimmter Wein erhält, spiegelt seine Qualität in der Bestform. Schon oft habe ich darauf hingewiesen, dass die Einschätzung und Benotung eines Weins, bei dem es sich ja um ein Getränk handelt, das sich nicht selten im Laufe einer Zeitspanne von bis zu zehn Jahren verändert und weiterentwickelt, der Momentaufnahme eines Marathonläufers gleichkommt. Man kann dabei vieles, jedoch nicht alles erfassen, denn solch ein bewegtes Objekt verändert sich ständig – ganz wie der Wein auch. Weine aus schlecht verkorkten oder schadhaften Flaschen verkoste ich ein zweites Mal, da man aus einer fehlerhaften Flasche nicht automatisch schließen kann, dass der ganze Posten mangelhaft ist. Ist eine erneute Verkostung nicht möglich ist, halte ich mein Urteil über den betreffenden Wein zurück. Viele der hier vorgestellten Weine habe ich mehrfach getestet, und die Benotung entspricht dem Durchschnittswert meiner Erfahrungen bei der Verkostung der jeweiligen Weine. Doch Punktnoten sind nicht alles. Die schriftlichen Kommentare, die sie begleiten (Verkostungsnotizen), bilden eine bessere Informationsquelle in Bezug auf Stil und Persönlichkeit des Weins, auf sein relatives Qualitätsniveau im Vergleich zu seiner Gruppe, seinen relativen Wert und sein Alterungspotenzial. Eine nur nach Punkten vorgenommene Bewertung kann diese Eigenschaften niemals wiedergeben.

Im Folgenden ein allgemeiner Leitfaden, der Ihnen bei der Interpretation der Benotung helfen soll:

90–100 Punkte entsprechen einer 1 im Schulzeugnis und werden nur bei einer hervorragenden oder besonderen Leistung verliehen. Weine dieser Kategorie sind die absolut besten ihres Typs. Es besteht ein großer Unterschied zwischen einem mit 90 und einem mit 99 Punkten bedachten Wein, beides sind jedoch Spitzennoten. Nur wenige Weine schaffen es, in diese Spitzenkategorie aufgenommen zu werden, ganz einfach deshalb, weil es gar nicht so viele wirklich große Weine gibt.

80–89 Punkte entsprechen einer 2. Ein so benoteter Wein, insbesondere einer im Bereich von 85–89, ist sehr gut. Viele Weine, die hierher gehören, stellen einen guten Gegenwert dar, und viele davon habe ich in meinem Weinkeller.

70–79 Punkte entsprechen einer 3 oder der Durchschnittsnote, wobei natürlich eine 79 weitaus wünschenswerter ist als eine 70. Weine, die Punktbewertungen zwischen 75 und 79 erhalten, sind im Allgemeinen gefällig und geradlinig, doch lassen sie Komplexität, Charakter und Tiefe vermissen. Wenn sie preisgünstig sind, sind sie ideal zum Zechen geeignet.

Weniger als 70 Punkte entsprechen einer 4 oder 5, je nachdem, wo Sie zur Schule gegangen sind. Diese Note weist auf einen unausgewogenen, fehlerhaften, schrecklich stumpfen oder dünnen Wein hin, der kaum von Interesse ist.

Anmerkung: Eine Punktnote in Klammern (75–80) entspricht einer Bewertung des Weins vor der Flaschenabfüllung.

Bei meiner Punktbewertung im Rahmen des geschilderten Systems erhält jeder Wein zu Beginn 50 Punkte. Durch Farbe und Aussehen kommen bis zu 5 Punkte dazu. Da die meisten Weine heute dank moderner Technologie und verstärktem Einsatz professioneller Önologen gut bereitet werden, erhalten sie dafür mindestens 4, häufig sogar 5 Punkte. Aroma und Bukett schlagen mit bis zu 15 Punkten zu Buche. Hier kommt es auf Intensität und Dimension der Aromen und des Buketts ebenso an wie auf die Sauberkeit des Weins. Für den Geschmack und den Abgang gibt es bis zu 20 Punkte, wobei wiederum Geschmacksintensität, Ausgewogenheit, Sauberkeit sowie Tiefe und Länge am Gaumen die Punktvergabe wesentlich beeinflussen. Schließlich bringen noch das allgemeine Qualitätsniveau sowie das Potenzial für die weitere Entwicklung und Entfaltung, also die Alterungsfähigkeit, bis zu 10 Punkte ein.

Für den Leser sind die Noten deshalb wichtig, weil sie ihm den Maßstab an die Hand geben, mit dem der professionelle Kritiker die Qualität eines Weines im Vergleich zu vergleichbaren Weinen einstuft. Nicht weniger wichtig ist es allerdings, die Beschreibung des jeweiligen Weinstils, der Persönlichkeit und des Potenzials in die Beurteilung einzubeziehen. Kein Punktsystem ist vollkommen, doch mit einem System, das sich bei vorurteilsfreier Anwendung durch ein und denselben erfahrenen Verkoster als flexibel erweist, lassen sich unterschiedliche Qualitätsstufen beim Wein quantifizieren und dem Leser das verantwortungsvolle, verlässliche, unzensierte und höchst informativ dargestellte Urteil eines Fachmanns übermitteln. Aber natürlich kann kein noch so gutes Bewertungssystem Ihren eigenen Gaumen ersetzen, und es gibt keinen besseren Lernprozess als die Erfahrungen, die Sie persönlich beim Verkosten sammeln können.

Preise

Aus einer Reihe von Gründen ist keiner der angeführten Einzelhandelspreise für einen bestimmten Wein im ganzen Land gültig. Nehmen wir den Bordeaux als Beispiel. Bordeauxweine werden oft im Vorverkauf zwei volle Jahre vor der Flaschenabfüllung und dem Versand angeboten und verkauft. Dieser Eröffnungs- oder Basispreis kann häufig der niedrigste sein, den man für einen Bordeaux zahlen muss, insbesondere wenn die Nachfrage nach den Weinen groß ist, weil der Jahrgang als hervorragend oder ausgezeichnet gilt. Die Preise für Bordeaux wechseln ständig (wie übrigens auch bei anderen importierten Weinen), je nach der Qualität des Jahrgangs, dem Wechselkurs und dem Zeitpunkt des Einkaufs durch den Einzelhändler, Großhändler oder Importeur. Wurde der Bordeaux zu einem niedrigen Subskriptionspreis in dem Frühjahr gekauft, das auf die Lese folgte, oder wurde er gekauft, als sein Preis den Gipfel erklommen hatte und sehr teuer war?

Bei der Preisgestaltung ist auch zu berücksichtigen, dass viele Weinhändler die von ihnen verkauften Weine direkt importieren und so die Großhändler ausschalten können, die meist bis zu 25% für sich aufschlagen. Das bedeutet, dass es für keinen bestimmten Bordeaux-Jahrgang oder irgendeinen importierten Wein einen festen Einzelhandelspreis gibt. Die Preisunterschiede für ein und denselben Wein können in ein und derselben Stadt bis zu 50% betragen. Doch in Städten, in denen ein scharfer Wettbewerb zwischen den Weinhändlern herrscht, mag der Aufschlag nur 10% oder sogar nur 5% ausmachen, bedeutend weniger also als die üblichen 50–55%. In Städten mit wenig Konkurrenz müssen die Kunden meist den vollen Einzelhandelspreis zahlen. Ich empfehle den Verbrauchern stets, auf die Annoncen der Weinhandlungen in den großen Tageszeitungen zu achten, die ein Barometer für den Marktwert eines bestimmten Weins sind.

Zu Ihrer Orientierung habe ich im gesamten Buch die folgenden Preisklassen verwendet:

PREISKLASSEN

A:	Preiswert – unter € 10,–
B:	Mittleres Preisniveau – zwischen € 10,– und € 15,–
C:	Teuer – zwischen € 15,– und € 25,–
D:	Sehr teuer – zwischen € 25,– und € 50,–
E:	Luxus – zwischen € 50,– und € 75,–
EE:	Höchster Luxus – zwischen € 75,– und € 125,–
EEE:	Über € 125,–

Die Rolle des Weinkritikers

»Ein Mann muss zum Erlernen eines jeglichen Berufs Zeit aufwenden, mit Ausnahme des Kritikerberufs – denn alle Kritiker kommen schon fertig auf die Welt«, schrieb Lord Byron.

Es ist oft genug gesagt worden, dass jedermann Weinkritiker werden kann, der im Besitz einer Füllfeder, eines Notizbuchs und einiger Flaschen Wein ist. Tatsächlich habe ich genauso angefangen, als ich im Spätsommer 1978 ein Supplement zu der Weinzeitschrift verschickte, die damals unter dem Name *The Baltimore/Washington Wine Advocate* erschien.

Meine Ansicht über die Verantwortung eines Weinkritikers beruht auf zwei Eckpfeilern. Ich war damals wie heute stark beeinflusst von der Philosophie der Unabhängigkeit des Verbraucher-Anwalts Ralph Nader und geprägt von dem unauslöschlichen Eindruck, den meine Jura-Professoren in der Ära nach Watergate mit ihrer Definition des Begriffs »Interessenkonflikt« bei uns Studenten hinterließen. Diese beiden Triebkräfte liegen meinem Informationsblatt *The Wine Advocate* und meinen Büchern zugrunde.

Kurz gesagt, die Aufgabe eines Kritikers besteht darin, verlässliche Beurteilungen abzugeben, die auf umfassende Erfahrungen und einem geschulten Wahrnehmungsvermögen bezüglich des zu Überprüfenden basieren. Das bedeutet in der Praxis, dass der Kritiker mit folgenden Eigenschaften gesegnet sein sollte.

Unabhängigkeit. Für einen Weinkritiker ist es unabdingbar, dass er auf seinen Reisen seine Rechnungen selbst bezahlt. Weder im Inland noch im Ausland darf er jemals großzügige Zeichen von Gastfreundschaft in Form von Flugtickets, Hotelzimmern, Unterbringung in Gästehäusern annehmen. Und wie steht es mit Weinproben? Ich kaufe mir über 75% der Weine, die ich verkoste, selbst. Noch nie habe ich um Proben gebeten, halte es jedoch nicht für unmoralisch, Proben anzunehmen, die man mir unaufgefordert ins Büro schickt. Viele Weinbegutachter behaupten, dass derlei Gunstbezeugungen ihr Urteil nicht beeinflussen. Doch wie viele Menschen, ganz gleich in welchem Beruf, sind bereit, die Hand zu beißen, die sie füttert? Die Zielgruppe besteht nun einmal aus Weinkonsumenten, nicht aus Weinhändlern. Und so wichtig es ist, eine professionelle Beziehung zum Weinhandel zu unterhalten, so glaube ich doch, dass der unabhängige Standpunkt, den ein Anwalt des Verbrauchers einnehmen muss, oft zu einer gewissen feindseligen Einstellung des Handels führt, was auch nicht weiter verwunderlich, sondern eher unvermeidlich ist. Um seiner Unabhängigkeit nicht verlustig zu gehen, ist es zwingend notwendig, eine gewisse Distanz zum Handel zu wahren. Das mag mitunter als Desinteresse oder Kühle missinterpretiert werden, doch ist und bleibt eben diese Unabhängigkeit der Garant für ein scharfes, ehrliches und unbeeinflusstes Urteil.

Mut. Der Mut manifestiert sich in der »demokratischen Verkostung«, wie ich es nenne. Beurteilungen sollten nur auf der Basis des Produkts in der Flasche abgegeben werden und nicht aufgrund der Genealogie des Weins, der Preise, der Rarität und der eigenen Vorliebe (oder aber Abneigung) gegenüber dem Produzenten. Der vollkommen aufrichtige Weinkritiker mag vom Handel als Gefahr eingeschätzt werden, doch für den Verbraucher ist eine freie, unabhängige Perspektive von höchster Bedeutung. Die Beurteilung einer Weinqualität muss auf dem Inhalt der Flasche beruhen. Das ist Weinkritik im reinsten Sinne ihrer Bedeutung. Bei einer Verkostung sollte die Flasche eines kleinen Château der Appellation Pauillac zu 10 Euro eine ebenso große Chance erhalten wie eine Flasche eines Lafite-Rothschild oder Latour zu 200 Euro. Produzenten, die das allgemeine Niveau übertroffen haben, sollten gelobt, ihre Namen hervorgehoben und den Verbrauchern mitgeteilt werden. Produzenten, die unter dem allgemeinen Niveau liegen, sollten kritisiert werden. Beim Weinhandel wird man sich durch solche unverblümten und respektlosen Kommentare kaum Freunde machen, doch der Weinkäufer hat ein Recht auf diese Informationen. Wenn ein Kritiker sein Urteil auf die Meinung anderer oder auf die Genealogie des Weins, den Preis oder das wahrgenommene Potenzial stützt, dann ist die Weinkritik nichts als Täuschung des Verbrauchers.

Erfahrung. Es ist von entscheidender Bedeutung, Verkostungen quer durch das gesamte Spektrum des Angebots durchzuführen, um die Maßstäbe festlegen zu können und die weltweit gültigen Standards der Weinherstellung kennen zu lernen. Dies ist der zeitraubendste und teuerste Aspekt der Weinbegutachter, für den Kritiker aber auch der befriedigendste; gleichwohl wird er selten befolgt. Häufig sieht das Verfahren leider so aus, dass eine Verkostung von zehn oder zwölf Weinen einer bestimmten Region oder eines bestimmten Jahrgangs durchgeführt wird. Der Weinautor wird also auf der Basis eines mikroskopisch kleinen Prozentsatzes von Weinen ein endgültiges Urteil über den Jahrgang abgeben – ein ebenso verantwortungsloses wie erschreckendes Vorgehen. Es ist für einen Weinkritiker höchst wichtig, Verkostungen durchzuführen, die so umfassend wie möglich sind. Mit anderen Worten: Er wird jeden bedeutenden Wein vorkosten, der in einer Region und einem Jahrgang produziert wird, bevor er zu Schlussfolgerungen über die Qualität gelangt. Wenn die Weinkritik jemals als ernst zu nehmender Beruf angesehen werden soll, muss sie als Vollzeitberuf begriffen werden und nicht als Tummelplatz für Teilzeitbeschäftigte, die dilettantisch in einem so komplexen Bereich, der so viel zeitlichen Aufwand erfordert, herumpfuschen. Wie alles im Leben, lassen sich auch Weine und Jahrgänge nicht auf dichotome Antworten, auf einfache Begriffe von schwarz oder weiß reduzieren.

Ebenfalls wichtig ist es, sich als Maßstab und Gedächtnisstütze gewisse Eigenschaften der vorbildlichsten Weine der Welt einzuprägen, an denen sich andere messen lassen. Es gibt solch eine Vielfalt von Weinen und solch eine Fülle von Stilrichtungen, dass dies zunächst unmöglich erscheinen mag. Doch die Verkostung möglichst vieler Weine eines Jahrgangs und aller klassischen Weinregionen hilft dem Tester, sich bestimmte Eigenschaften als Qualitätstandards zu merken – Grundlagen für vergleichende Beurteilungen von Jahrgängen, Erzeugern und Weinregionen.

Individuelle Weinbeurteilungen. Zwar habe ich die Verkostungsbenotungen eines Weinkritikers niemals als fesselnde Lektüre empfunden, doch die als Abstimmungsergebnisse eines Komitees zustande gekommenen Weinbeurteilungen sind die allerfadesten und oft auch die irreführendsten. Urteile von Komitees haben die Tendenz, die persönlichen Vorlieben einer Gruppe zusammenzufassen. Doch wie tragen sie der Möglichkeit Rechnung, dass jeder Teilnehmer seine eigene Entscheidung vielleicht durch die Heranziehung völlig unterschiedlicher Kriterien gefunden hat? Hielt ein Mitglied dieser Jury den Wein wegen seiner charakteristischen Art (Typizität) für hervorragend, während ihn ein anderer gerade deswegen herabsetzte, oder wurde mehr Gewicht auf die Individualität des Weins gelegt? Das erfährt man aus der Abstimmung eines Gremiums nicht. Gibt jedoch ein einzelner Weinverkoster sein Urteil ab, besteht darüber nie Zweifel.

Weine von großer Individualität setzen sich selten bei einem Komitee durch. Ein Blick auf die Ergebnisse von Verkostungs-Wettbewerben bringt die traurige Wahrheit an den Tag, dass die sauber gemachten mittelmäßigen Weine die höchsten Bewertungen und Preise einheimsen. Die – freilich irreführende – Konsequenz ist, dass ein milder, nichts sagender

Geschmack zur Tugend erhoben wird. Weine mit Charakter und großer Individualität werden niemals hohe Abstimmungsergebnisse bei einem Komitee erreichen, weil mindestens ein Verkoster etwas an ihnen auszusetzen hat.

Ich habe seit jeher das Gefühl, dass individuelle Verkoster mehr Verantwortung übernehmen, weil sie sich nicht hinter dem kollektiven Verdikt eines Komitees verstecken können. Ungeachtet eventueller Vorbehalte und Vorlieben stellt die Meinung eines einzelnen Verkosters – falls sie einigermaßen kenntnisreich und umfassend dargeboten wird – stets eine weitaus bessere Annäherung an die Weinqualität dar als die Ansicht eines Gremiums. Zumindest weiß der Leser, von welchem Standpunkt aus der Verkoster urteilt, während er sich dessen bei einem Komitee nie ganz sicher sein kann.

Hervorhebung von Genuss und Wert. Allzu viele Weinjournalisten stellen berühmte französische Weinregionen wie Burgund oder das Bordelais in den Mittelpunkt ihrer Betrachtungen oder sind auf kalifornischen Cabernet Sauvignon und Chardonnay fixiert. Diese Regionen und Weine sind zweifellos wichtig und bilden nicht zuletzt den Grundstock der Weinvorräte vieler ernst zu nehmender Weinliebhaber. Doch der Wert und die Vielfalt der Weinsorten muss stets hervorgehoben werden. Das ungesunde Vermächtnis des englischen Weinjournalisten-Establishments, demzufolge ein Wein in jungem Zustand schlecht schmecken muss, damit er seinen Geschmack im Alter voll entfalten kann, sollten wir endlich über Bord werfen. Weine, die, jung genossen, wunderbar schmecken, wie etwa Chenin Blaue, Dolcetto, Beaujolais, Côtes du Rhône, Merlot und Zinfandel, sind nicht weniger ernst zu nehmen und fesselnd, nur weil sie innerhalb weniger Jahre getrunken sein müssen und keine Einkellerung von einem Jahrzehnt oder mehr vor dem Verbrauch erfordern. Schließlich und endlich ist Wein ein die Sinne ansprechendes Getränk, und eine intelligente Weinkritik sollte aus einer Mischung von hedonistischen und analytischen Lehrmeinungen bestehen – ohne eine der beiden auszuschließen.

Fragen der Qualität in den Brennpunkt des Interesses stellen. Es ist eine unleugbare Tatsache, dass allzu viele namhafte Winzer und/oder Erzeuger bewusst ihre Erträge auf derart ungewöhnliche Mengen anwachsen ließen, dass sie die Persönlichkeit, die Konzentration und den Charakter vieler Weine gefährden. Zwar ist noch eine Handvoll Fanatiker übrig geblieben, die unter nicht unerheblichen finanziellen Opfern damit fortfahren, ihre Erträge auszudünnen oder bedeutende Anteile ihres überschüssigen Leseguts streng auszusortieren, damit nur Wein feinster Qualität unter ihrem Namen verkauft wird, doch nimmt deren Zahl ständig ab. Denn viele der weltweit erzielten Erträge haben mit fast jedem neuen Jahrgang Rekorde gebrochen. Das Resultat sind Weine, denen es zunehmend an Charakter, Konzentration und Standfestigkeit fehlt. Das Argument, dass die Weingüter eben sorgfältiger und kompetenter geleitet würden und damit größere Ernten erbrächten, ist blanker Unsinn.

Zusätzlich zu den hohen Erträgen haben die Fortschritte in der Technologie der Weinbereitung den Produzenten Kenntnisse vermittelt, wie sie größere Mengen korrekter Weine herstellen können, aber der Missbrauch von Praktiken wie Anreicherung mit Säure und übermäßige Schönung und Filtrierung haben das Endprodukt in Gefahr gebracht. Diese Probleme werden von der Fachweltpresse nur selten und unvollständig zur Sprache gebracht. Nie waren die Weinpreise höher als heute, doch erhält der Verbraucher dadurch immer besseren Wein? Es obliegt dem Weinjournalisten, Fragen der Qualität hohe Priorität einzuräumen.

Aufrichtigkeit. Niemand wird bestreiten, dass das Verkosten eine subjektive Tätigkeit darstellt. Der Maßstab, an dem ein tüchtiger Weinkritiker gemessen wird, sollte in der rechtzeitigen Vorlage einer klug zusammengestellten Liste bestehen, die Beispiele für die verschiedenen Stilarten der Weinbereitung in verschiedenen Preiskategorien nennt. Dass der Kritiker in verständlicher Sprache ausdrückt, aus welchen Gründen er die betreffenden Weine reizvoll oder tadelnswert findet, ist selbstverständlich sowohl für den Leser wie auch für den Erzeuger wichtig. Der Kritiker muss stets versuchen, erzieherisch zu wirken und

Richtung weisende Leitlinien vorzuzeichnen; auch darf er nie aufhören zu betonen, dass es keinen Ersatz für den Gaumen des Verbrauchers und keinen besseren Lern- und Erfahrungsprozess als das persönliche Probieren des Weins geben kann. Der Kritiker hat das Privileg des Zugangs zu allen Weinherstellern der Welt und muss versuchen, seine Vorurteile so gut wie möglich in Schach zu halten. Gibt er jedoch einem Wein eine schlechte Beurteilung, so sollte er seine Argumente dafür offen mitteilen. Mir zum Beispiel wird es nie gelingen, meine Abneigung gegen vegetabil schmeckende Cabernets aus der Neuen Welt, deutlich krautige rote Weine aus dem Tal der Loire oder übermäßig mit Säure angereicherte Weißweine aus der Neuen Welt zu überwinden.

Wenn ich über Weine schreibe, besteht mein höchstes Ziel letzten Endes darin, die weltweit größten Gewächse und diejenigen Weine, die Ihnen den besten Gegenwert für Ihr Geld bieten, herauszufinden. Im Verlauf dieses Prozesses sollte sich der Kritiker aber niemals scheuen, diejenigen Produzenten zu kritisieren, deren Weine er fehlerhaft findet. Angesichts der Tatsache, dass der wahre Prüfstein des Geschmacks der Konsument ist, dient die *Laisser-faire*-Haltung des Weinjournalismus (im Sinne von »alles schmeckt irgendwie gut«) ausschließlich dem Weinhandel. Kompetente und konstruktive Kritik hat aufgezeigt, dass sie Produzenten wie Verbrauchern dienen kann, zwingt sie doch Erzeuger, die unter dem allgemeinen Qualitätsniveau bleiben, die Qualität ihres Produkts zu verbessern, während Produzenten, die das Qualitätsniveau erreichen oder übertreffen, durch ihr Lob dazu ermutigt werden, hohe Standards aufrechtzuerhalten zum Nutzen aller, die einen guten Wein schätzen und genießen.

RUND UM DEN WEIN

Der Weinkauf

Auf den ersten Blick mag Ihnen der Weinkauf als unkomplizierte Sache erscheinen. Nachdem man seine Wahl getroffen hat, geht man zum Weinhändler seines Vertrauens und ersteht einige Flaschen. Allerdings gibt es da ein paar Feinheiten, die man beachten sollte, wenn man sichergehen will, dass man einen Wein in gutem, gesundem und unverdorbenem Zustand erhält.

Zuallererst schauen Sie sich die Flasche an, die Sie kaufen wollen. Ein durch unsachgemäße Lager- und Transportbedingungen geschädigter Wein lässt sich durch den Zustand der Flasche in Ihrer Hand sofort erkennen. Wenn der Korken hochgetrieben wurde und sich über den Rand des Flaschenhalses in die Blei- oder Plastikkapsel geschoben hat, die ihn schützt, dann sehen Sie sich nach einer anderen Flasche um. Weine, die sehr hohen Temperaturen ausgesetzt wurden, expandieren in der Flasche und üben dadurch Druck auf den Korken aus, so dass er nach oben und gegen die Kapsel gedrückt wird. Vor allem Weine von höchster Qualität, das heißt also diejenigen, die nicht übermäßig filtriert oder pasteurisiert wurden, reagieren am empfindlichsten auf schlechte Transport- und Lagerbedingungen und bringen auf diese Weise zum Ausdruck, dass sie misshandelt wurden. Auch ein Wein, der auf dem Transportweg oder bei der Lagerung eingefroren war, wird den Korken heraustreiben, und beides ist, auch wenn das Gefrieren einem Wein weniger schlecht bekommt als das Erhitzen, seiner Gesundheit höchst abträglich. Ein Korken, der über den Rand des Flaschenhalses hochgetrieben wurde, ist immer ein schlechtes Zeichen: Eine solche Flasche dürfen Sie nie kaufen – legen Sie sie gleich wieder ins Regal zurück!

Ein weiteres Anzeichen für schlechte Lagerbedingungen lässt sich im Allgemeinen erst nach dem Dekantieren des Weins erkennen, wenngleich es auch manchmal am Flaschenhals festzustellen ist. Weine, die sehr hohen Temperaturen ausgesetzt waren, insbesondere tiefe, reichhaltige, intensive Rotweine, bilden häufig einen schweren Farbbelag oder -film auf der Innenseite des Glases. Bei einem unter drei Jahre alten Bordeaux zeigt dieser Belag gemeinhin an, dass der Wein sehr hohen Temperaturen ausgesetzt war und ohne Zweifel geschädigt wurde. Doch muss man hier Vorsicht walten lassen, denn diese Art Ablagerung spricht nicht in jedem Fall für eine fehlerhafte Flasche Wein. Jahrgangsportweine etwa lagern diesen Film immer ab, ebenso die wuchtigen, reichhaltigen Rhôneweine und die Weine aus Piemont.

Auf der anderen Seite kommt es häufig vor, dass sich Verbraucher über die Beschaffenheit von Weinen täuschen und fälschlicherweise davon ausgehen, dass sie mit Mängeln behaftet seien. Ich denke dabei an zwei Fälle: Viele Weintrinker lassen ihre Flasche wegen eines kleinen Depots, einer Ablagerung auf dem Boden der Flasche, zurückgehen. Dies ist jedoch das beste Zeichen von Gesundheit, das man in den meisten Weinflaschen finden kann. Die winzigen sandfeinen Partikel, die auf den Boden einer Flasche herabsinken, zeigen an, dass der Wein nach natürlichen Verfahren bereitet wurde und nicht durch eine den Geschmack und den Charakter kastrierende, ja auslöschende Filteranlage gejagt wurde, was für den Wein geradezu traumatisch ist. Solch ein Wein mit Bodensatz ist wirklich lebendig und gewöhnlich voller natürlicher Geschmacksstoffe. Behalten Sie aber im Auge, dass Weißweine selten ein Depot ablagern, auch ist kaum eines in jungen Weinen unter zwei oder drei Jahren zu finden.

Ein anderer Grund, warum manche Weintrinker ihren Wein zurückgehen lassen, ist das Vorhandensein von kleinen Kristallen, den so genannten Weinsteinablagerungen. Diese Kristalle finden sich in allen Weintypen, erscheinen jedoch am häufigsten in den Gewächsen aus Deutschland und dem Elsass. Die Kristalle glitzern häufig und erinnern an winzige Glassplitter, doch sind sie in Wahrheit harmlos, geschmacklos und völlig natürliche Bestandteile vieler Weine. Sie zeigen einfach an, dass der Wein irgendwo auf seinem Weg Temperaturen unter 5 °C ausgesetzt war und die Kälte die Weinsteinkristalle ausgefällt hat. Doch die Kristalle haben keinerlei Auswirkungen auf die Qualität. Im Gegenteil: Der Käufer kann gewiss sein, dass der Wein vom Hersteller nicht aus kosmetischen Gründen einer schädigenden, manchmal zerstörerischen Kaltstabilisationsbehandlung unterzogen worden ist.

Zum Glück wissen heutzutage die meisten der besseren Groß- und Einzelhändler und Importeure um den Schaden, der entstehen kann, wenn man Weine in ungekühlten Containern versendet, insbesondere mitten im Sommer. Doch viel zu viele Weine werden immer noch durch unsachgemäße Lagerungs- und Transportbedingungen geschädigt, und es ist der Verbraucher, der darunter zu leiden hat. Als allgemeine Regel gilt, dass Hitze weit verheerender wirkt als Kälte. Vergessen Sie nicht, es gibt immer noch viele Weinhändler, die Weine nicht anders behandeln als Bier oder Likör. Der Weinkäufer muss daher gut informiert und aufgeklärt sein, bevor er eine Flasche ersteht.

Die Lagerung

Wein muss sachgemäß gelagert werden, damit er in gutem, gesundem Zustand auf den Tisch kommt. Alle Weinliebhaber wissen, dass ein unterirdischer Weinkeller, der erschütterungsfrei, dunkel und feucht ist und eine konstante Temperatur von etwa 13 °C aufweist, sich ideal für die Weinlagerung eignet. Freilich hat nicht jeder von uns ein Schloss mit so vollkommenen Unterbringungsmöglichkeiten für den geliebten Wein. Wenngleich solche Keller ideal sind, fühlen sich die meisten Weine auch unter anderen Bedingungen wohl und entwickeln sich gut. Ich habe viele alte Bordeauxweine gekostet, die in Schränken oder Kellern aufgehoben wurden, in denen es im Sommer zwischen 18 ° und 21 °C warm wird, und die Weine waren in perfekter Verfassung. Wenn Sie bei der Lagerung von Wein die folgenden Regeln beachten, werden Sie nie die Enttäuschung erleben, dass ein Wein vorzeitig abfällt.

Wenn Sie Weine haben, die Sie zehn Jahre oder länger sicher aufbewahren wollen, müssen Sie sie vor allen Dingen kühl, bei einer Temperatur von höchstens 18 °C, lagern. Wenn die Temperatur auf 21 °C steigt, richten Sie sich darauf ein, Ihre Rotweine innerhalb von zehn Jahren zu trinken. Unter keinen Umständen sollten Sie Weißweine länger als 1–2 Jahre bei Temperaturen über 21 °C aufbewahren und lagern. Weine, die man bei einer Temperatur über 18 °C lagert, reifen schneller, doch wenn die Temperatur nicht über 21 °C hinausgeht, altern sie nicht schlecht. Wenn es Ihnen gelingt, die Temperatur auf 18 °C oder darunter zu senken, brauchen Sie sich um den Zustand Ihrer Weine niemals Sorgen zu machen. Bei 13 °C, der Idealtemperatur nach den Lehrbüchern, entwickeln sich die Weine so langsam weiter, dass wahrscheinlich Ihre Enkelkinder mehr von ihnen haben werden als Sie selbst. Gleichmäßigkeit der Temperaturen ist von höchster Wichtigkeit, und jede Änderung der Temperatur sollte langsam erfolgen. Weißweine sind Temperaturschwankungen und höheren Temperaturen gegenüber weit empfindlicher als Rotweine. Wenn Sie also über keine idealen Möglichkeiten der Aufbewahrung verfügen, kaufen Sie nur Weißweine, die innerhalb von 1–2 Jahren getrunken sein wollen.

Zweitens sollten Sie darauf achten, dass Ihr Lagerraum frei von Gerüchen und Vibrationen und dunkel ist. Eine Luftfeuchtigkeit von über 50 Prozent ist unabdingbar, 70–75 Prozent sind ideal. Die Schwierigkeit bei einer Luftfeuchtigkeit über 75 Prozent liegt darin, dass die Etiketten zu schimmeln beginnen und sich auflösen. Ein Feuchtigkeitsniveau unter 40 Prozent erhält zwar die Etiketten, trocknet jedoch die Korken aus, was möglicherweise die Lebensdauer Ihrer Weine verkürzt. Niedrige Luftfeuchtigkeit gilt als fast ebenso große Bedrohung für die Gesundheit eines Weins wie hohe Temperaturen. Diese Ansicht ist jedoch bislang nicht durch Forschungen belegt worden, und die begrenzten Studien, die ich durchgeführt habe, sind weit davon entfernt, beweiskräftig zu sein.

Drittens sollten Sie nie vergessen, dass Weine aus Jahrgängen, die kraftvolle, reichhaltige, konzentrierte, körperreiche Exemplare hervorgebracht haben, bedeutend besser reisen und reifen als Weine aus Jahrgängen mit leichtergewichtigen Weinen. Für einen fragilen Wein von leichterer Art stellt die Reise über größere Entfernungen hinweg oft ein traumatisches Erlebnis dar, während die intensiven, kräftigeren Weine aus den besseren Jahrgängen die Reise weit besser überstehen.

Viertens rate ich stets, einen Wein zu kaufen, sobald er freigegeben und auf dem Markt zu haben ist, vorausgesetzt natürlich, dass Sie ihn gekostet haben und er Ihnen schmeckt. Der Grund dafür liegt in der Tatsache, dass es immer noch allzu viele Weinhändler, Großhändler und Importeure gibt, denen die Art der Weinlagerung gleichgültig ist. Diese Haltung besteht immer noch, wenngleich während des letzten Jahrzehnts einige grundlegende Veränderungen stattgefunden haben. Es ist vor allem wichtig, bei den Weinen, die man für gut befunden und deren Gesundheit man geprüft hat, so rasch wie möglich zuzugreifen und sie selbst einzulagern und älteren Jahrgängen mit Vorsicht zu begegnen – außer

Sie haben volles Vertrauen zu dem Händler, bei dem Sie Kunde sind. Darüber hinaus sollten Sie sich vergewissern, dass Ihr Händler Flaschen, die durch falsche Transport- oder Lagerbedingungen beschädigt wurden, zurücknimmt.

Die Frage der Genussreife

Die meisten Weine, die in der Welt erzeugt werden, schmecken am besten bei ihrer Freigabe, 1–2 Jahre nach der Lese. Viele Weine sind mit fünf, zehn oder sogar erst fünfzehn Lebensjahren trinkreif, doch aufgrund meiner Erfahrungen kann ich sagen, dass nur ein kleiner Prozentsatz der Weine sich nach langer Kellerreife als genussreicher erweist als sofort nach der Freigabe.

Es ist wichtig, dass man eine vernünftige Definition dafür geben kann, was man unter der Alterung des Weins versteht. Ich definiere den Prozess lediglich als die Fähigkeit eines Weins, im Laufe der Zeit 1) angenehmere Nuancen zu entwickeln, 2) sich in seiner Konsistenz zu erweitern und zu mildern (und im Fall von Rotweinen zusätzliche Tannine abzuschmelzen) und 3) ein unwiderstehlicheres Aromen- und Geschmacksprofil zu entfalten. Kurz, der Wein muss im Alter mehr Komplexität an den Tag legen sowie mehr Genuss und Interessanteres zu bieten haben als zur Zeit seiner Freigabe. Nur eine derartige Leistung kann es rechtfertigen, dass man einen Wein in seiner Jugend zu dem Zweck kauft, ihn im Keller zu lagern, um ihn erst später zu genießen. Leider entspricht weltweit nur ein winziger Prozentsatz der Weine dieser Definition des Alterungsprozesses.

Es ist grundsätzlich falsch, dass ein Wein nicht bedeutend oder profund sein kann, wenn er jung getrunken wird. In Frankreich altern die feinsten Weine aus dem Bordelais, aus dem nördlichen Rhônetal (insbesondere die Hermitages und Côtes Rôties), einige rote Burgunder, einige Châteauneuf-du-Papes sowie erstaunlicherweise viele der süßen weißen Weine aus dem Elsass und Süßweine aus dem Tal der Loire tatsächlich sehr gut und erweisen sich häufig als weit genussreicher und komplexer, wenn man sie fünf, zehn oder gar fünfzehn Jahre nach der Ernte trinkt. Doch praktisch alle anderen französischen Weine, vom Champagner bis zum Côtes du Rhône, vom Beaujolais bis zu den Weinen der kleinen Châteaux von Bordeaux und sogar bis zu den allermeisten roten und weißen Burgundern, sind in der Jugend besser.

Die Franzosen haben sich längst der Strategie verschrieben, dass ein jugendlicher Wein ein besserer Wein ist. Jahrhundertelanger Weingenuss, von gastronomischen Heldentaten ganz zu schweigen, haben sie etwas gelehrt, was die Engländer und Amerikaner nicht begriffen haben: Die meisten Weine sind in ihrer Jugend genussreicher und entgegenkommender als im Alter.

Die Franzosen wissen, dass die Kellerlagerung und -reifung selbst bei Weinen großer Herkunft oft mehr Enttäuschungen als Erfolge mit sich bringen. Nirgends tritt dies deutlicher zutage als in den französischen Restaurants, besonders im Bordelais, in der Region, die sich nach weltweit anerkannter Meinung der langlebigsten trockenen Rotweine rühmen kann. Ein Spitzen-Bordeaux aus einem Spitzenjahrgang kann 20–30, manchmal sogar 40 Jahre oder länger halten. Doch werfen wir einmal einen Blick auf die Weinkarten der besten Restaurants im Bordeaux-Gebiet. Die großen 1990er sind längst die Kehlen französischer Gäste hinuntergeflossen. Sogar tanninreiche, junge, doch potenziell sehr verheißungsvolle 1996er aus dem Médoc, die viele Amerikaner gehortet haben, um sie später im Jahrhundert zu trinken, sind heute schwer zu finden. Warum? Weil sie bereits getrunken worden sind. Viele Luxus-Restaurants, besonders in Paris, haben Weinkarten mit historischen Jahrgängen, doch diese sind hauptsächlich für reiche Touristen bestimmt.

Dieses Phänomen ist nicht auf Frankreich beschränkt. Ähnliche Trinkgewohnheiten herrschen in den Restaurants von Florenz, Rom, Madrid und Barcelona. Auch Italiener und Spanier genießen ihre Weine jung. Das soll nicht heißen, dass Italien nicht einige Weine erzeugt, die sich in der Flasche verbessern. In der Toskana etwa gibt es eine Handvoll Chianti-Weine und einige der besten neuen toskanischen Rotweine (z. B. der berühmte Sassicaia genannte Cabernet Sauvignon), für die sich eine ausgedehntere Lagerung im Keller sehr lohnen dürfte; freilich erhalten die meisten von ihnen keine Gelegenheit dazu. Im norditalienischen Piemont wird niemand abstreiten, dass ein feiner Barbaresco oder Barolo sich nach einem Jahrzehnt in der Flasche verbessert. Doch die anderen italienischen Weine sind im Allgemeinen dazu bestimmt, jung getrunken zu werden, eine Tatsache, die den Italienern schon lange bekannt ist und die Sie ebenfalls beachten sollten.

In Spanien ist es nicht viel anders, obwohl der Spanier einen anderen Geschmack hat als der Durchschnitts-Italiener oder -Franzose. In Spanien schätzt man das intensive toastwürzige Vanille-Aroma frischen Eichenholzes. Daher neigen die spanischen Spitzenweinerzeuger aus der berühmtesten Weinregion Rioja und anderen Weinbaugebieten dazu, ihre Weine in Eichenfässern auszubauen, damit sie dieses Aroma entwickeln. Hinzu kommt, dass die spanischen Produzenten – anders als die französischen und italienischen Weinhersteller oder sogar ihre Pendants aus der Neuen Welt – ihre Weine ungern vor deren vollen Reife freigeben. Demzufolge sind die meisten spanischen Weine weich und sanft, wenn sie auf den Markt kommen. Sie können zwar 5–10 Jahre lang halten, legen aber im Allgemeinen nicht mehr zu. Das ist vor allem der Fall bei den teuersten spanischen Weinen, den Reservas und Gran Reservas aus der Region Rioja, die gewöhnlich erst 5–8 Jahre nach der Ernte freigegeben werden. Die Ausnahme bildet vielleicht ein Wein, der lange als der großartigste Rotwein Spaniens galt: der Vega Sicilia Unico. Dieser mächtige Wein, der häufig erst freigegeben wird, wenn er schon 10 oder 20 Jahre alt ist (was beim unsterblichen 1970er im Jahr 1995 geschah) scheint fähig, 20–35 Jahre lang nach seiner Freigabe zu halten. Ich frage mich jedoch, inwieweit er sich verbessert.

Was heißt das alles für Sie? Die Amerikaner und Engländer sind vielleicht die einzigen Weintrinker der Welt, die sich über den vollkommenen, magischen Augenblick, in dem eine Flasche Wein ihre vollendete Trinkreife erreicht hat, den Kopf zerbrechen. Diesen magischen Moment gibt es nicht. Die meisten modernen Jahrgänge, selbst alterungsfähige Bordeauxweine oder Weine aus dem Rhônetal können bei ihrer Freigabe getrunken werden. Einige von ihnen werden sich noch verbessern, viele andere nicht. Wenn es Ihnen Genuss bereitet, einen 1989er Bordeaux jetzt zu trinken, dann wäre es doch töricht, Ihnen zu sagen, daß Sie einen Fehler begehen, weil der Wein in 5–10 Jahren spürbar besser schmecken wird.

In Amerika und Australien ist die Weinbereitung stark von der Technologie beherrscht. Während eine Handvoll Winzer noch der handwerklich geprägten Art der Weinherstellung nach europäischer Tradition anhängt, behandeln die meisten ihre Weinberge als Fabrik und die Weinbereitung als einen Fabrikationsprozess. Demzufolge werden Techniken wie übermäßiger Zusatz von Säure, brutale und traumatische Zentrifugierung und verstümmelnde sterile Filtrierung routinemäßig angewandt, um blitzsaubere, simple, schwebstofffreie, brillant polierte, vollkommen stabile, aber harmlose Weine mit Analyseprofilen herzustellen, die sich bestens in streng technische Parameter einfügen. Doch gerade diese Techniken berauben den Wein seiner Geschmacksnuancen, seiner Aromen und Genuss spendenden Eigenschaften. Darüber hinaus offenbaren sie einen tief greifenden Mangel an Respekt für den Weinberg, die Rebsorte, den Jahrgang und den Konsumenten, der in einem Wein schließlich lustbetontes Vergnügen und nicht Fadheit sucht.

Sowohl in Australien als auch in Kalifornien ist die erschreckende Tendenz der meisten Sauvignon Blancs und Chardonnays, 2–3 Jahre nach der Ernte in der Flasche zusammenzubrechen und ihre Frucht zu verlieren, reichlich belegt. Doch einige der eloquentesten Fürsprecher australischer und kalifornischer Weine empfehlen den Weinkonsumenten weiterhin, in Chardonnays und Sauvignon Blancs zu investieren (auf Wein bezogen ein beklagenswerter Ausdruck). Eine höchst unkluge Politik. Die Alterungsfähigkeit des Wein bedeutet nun einmal, dass er die Fähigkeit hat, mit der Zeit interessanter und genussvoller zu werden. Daher sollte als Faustregel für amerikanische und australische Sauvignon Blancs und Chardonnays gelten, dass sie innerhalb von 12 Monaten nach Freigabe zu trinken sind, falls der Konsument nicht eine exzentrische Vorliebe für Weine ohne Frucht mit scharfer Säure und brandig spürbarem Alkohol hat. Freilich gibt es auch Beispiele von Weinproduzenten, deren Chardonnays und Sauvignons Blancs 5–10 Jahre lang halten können und sich in dieser Zeitspanne auch verbessern, es sind aber betrüblich wenige.

Bei den Rotweinen zeigt sich ein geringfügig anderes Bild. Nehmen wir zum Beispiel die zunehmend in Mode gekommenen und aus der Pinot-Noir-Traube bereiteten Weine. Niemand bezweifelt den immensen Fortschritt in Kalifornien wie auch in Oregon, wo duftige, geschmeidige und bei ihrer Freigabe köstliche Pinot Noirs entstanden sind. Aber ich kenne keinen amerikanischen Winzer, der einen Pinot Noir zu gestalten versteht, der sich über 10–12 Jahre in der Flasche verbessert. Das stellt in keiner Hinsicht eine Kritik dar.

Selbst in Burgund gibt es nicht mehr als ein Dutzend Produzenten, die ihre Weine auf eine Weise bereiten, dass sie sich in der Qualität entwickeln und über ein Jahrzehnt lang halten. Viele dieser Weine können dem Zahn der Zeit in dem Sinn widerstehen, dass sie einfach überleben, doch sind sie mit zehn Jahren weit weniger interessant und genussreich als mit zwei oder drei. Lassen Sie sich nicht von der Weinwerbung der Weinindustrie oder dem Irrglauben hinters Licht führen, dass alle Rotweine mit dem Alter besser werden. Wenn Sie sie lieber jung trinken, was Sie höchstwahrscheinlich tun werden, dann kaufen Sie eben nur die Mengen, die Sie zum baldigen Trinkgenuss benötigen.

Der berühmteste trockene Rotwein Amerikas ist jedoch nicht der Pinot Noir, sondern der Cabernet Sauvignon, der insbesonders in Kalifornien und in geringerem Ausmaß im Staat Washington angepflanzt wird. Die Vorstellung, dass sich die meisten kalifornischen Cabernet Sauvignons in der Flasche verbessern, ist ein Mythos. Doch die Meinung, dass kein kalifornischer Cabernet Sauvignon in der Flasche halten kann, ist gleichermaßen unbegründet. Heute wäre niemand so töricht zu behaupten, dass die besten kalifornischen Cabernets 15 oder 20, sogar 25 oder 30 Jahre Einlagerung im Keller nicht überstehen.

Ich habe häufig Gelegenheit, 20–30 Jahre alte kalifornische Cabernet Sauvignons zu verkosten, die einfach köstlich sind. Aber haben sie sich aufgrund dieses Alterungsprozesses bedeutend verbessert? Einige von ihnen haben das getan, wenngleich die meisten dazu neigen, mit 20 Jahren relativ traubig, etwas monolitisch, erdig und tanninherb zu sein. Hat sich die Geduld des Konsumenten, der diese Weine all die Jahre lagerte, haben sich die Kosten und das Warten gelohnt? Leider wird die Antwort gewöhnlich Nein lauten. Die meisten dieser Weine sind nicht komplexer oder weicher als vorher.

Weil diese Weine nicht gleich auseinanderbrechen und zusammenfallen, ist weiter kein großes Risiko dabei, wenn Sie die besten von ihnen lagern, doch ich fürchte, der Verbraucher, der geduldig auf das sprichwörtliche »Wunder in der Flasche« wartet, wird bald merken, dass die Einkellerung von Weinen auch allzu oft ein teurer Spaß sein kann, der zu nichts führt.

Wenn man es recht bedenkt, ist die wichtigste Frage die, warum so viele Weine unserer Zeit sich im Verlauf der Alterung kaum verbessern. Zwar waren die meisten von ihnen stets darauf ausgelegt, jung getrunken zu werden, doch ich bin davon überzeugt, dass die gegenwärtige Weinbereitungsphilosophie zu zahlreichen Kompromissen bei der Weinherstellung geführt hat. Die neu aufgekommenen sterilen Mikroporen-Filteranlagen, die in jeder modernen Weinkellerei unübersehbar vorhanden sind, mögen einem Wein ja bewundernswerte Stabilität verleihen, können jedoch leider auch sein Potenzial zerstören, ein komplexes Aromenprofil zu entwickeln. Wenn sie von Produzenten verwendet werden, die routinemäßig ihre Weingärten übermäßig düngen und so Übererträge erzielen, kommen Weine heraus, die auf erschreckende Weise weder die Integrität des Weinbergs, noch die spezifische Persönlichkeit des Jahrgangs oder den Charakter der Traube respektieren.

Die heutigen Weinhersteller sind oft besessen davon, die Weine so zu stabilisieren, dass man sie zwölf Monate im Jahr in alle Winkel der Welt verschicken und aufrecht in überheizten Läden auf unbegrenzte Zeit in die Regale stellen kann. Sie sollen sich niemals verändern oder zugrunde gehen, wenn sie extremer Hitze oder Kälte oder falschen Lagerbedingungen ausgesetzt sind. In Wahrheit ist der Wein aber dann schon nicht mehr lebendig. Das mag für billigen Karaffenwein gerade noch tragbar sein, doch für den hochklassigen Weinmarkt, wo der Verbraucher 20 Euro oder mehr für eine Flasche zahlen muss, ist es eine Tragödie. Diese Stabilisierungs- und Produktionstechniken haben Einfluss auf die Alterung eines Weins, weil sie seine Fähigkeit unterbinden, sich zu entwickeln und zu einem komplexeren, schmackhafteren, profunderen und genussreicheren Getränk zu entfalten.

Wie man Wein kredenzt

Um Weine sachgemäß zu kredenzen, bedarf es wirklich keiner geheimen Rituale – alles, was man braucht, sind ein guter Korkenzieher, saubere, geruchfreie Gläser, ein Sinn für die richtige Reihenfolge und ein Wissen davon, welche Weine Luftkontakt brauchen und atmen müssen. Die größten Fehler, die viele Weintrinker und die meisten Restaurants machen, sind die folgenden: 1) Sie servieren feine Weißweine viel zu kalt. 2) Sie servieren feine Rotweine viel zu warm. Und 3) widmen sie dem Glas, in das der Wein gegossen wird, zu wenig Aufmerksamkeit. (Ein Glas könnte Spülmittelreste enthalten oder auch abgestandene Gerüche aus einem verschlossenen Geschirrschrank oder einer Pappschachtel.) Alle diese Einflüsse können weit mehr dazu beitragen, den Eindruck eines feinen Weins und seiner subtilen Aromen zu beschädigen, als Sie sich vielleicht vorstellen. Viele Menschen behaupten, dass der Wein eine gewisse Zeit vor dem Genuss geöffnet werden und »atmen« müsse. Einige Kenner meinen sogar, ein Wein müsse dekantiert werden, eine recht komplizierte Prozedur, die nur dann erforderlich ist, wenn der Wein von den Ablagerungen getrennt werden muss, die sich in der Flasche angesammelt haben. Bezüglich der Frage des Lüftens oder Atmens des Weins kann wohl niemand Verbindliches sagen. Natürlich erfordert kein Weißwein ein vorzeitiges Öffnen und Dekantieren, und Rotweine benötigen nur 15–30 Minuten an der Luft, nachdem sie geöffnet und in ein sauberes, geruchs- und spülmittelfreies Dekantiergefäß gegossen worden sind. Es gibt freilich auch Weine, die sich nach 7–8 Stunden Atmen verbessern, doch sind diese sehr selten.

Wenngleich derartige Themen einen Großteil der Diskussionen in Weinkennerkreisen zu beherrschen scheinen, ist die Serviertemperatur des Weins und des Glases, in dem er kredenzt werden soll, für mich von weit größerem Belang. Die Temperatur von Rotweinen ist sehr wichtig – in unseren heutigen überheizten Esszimmern betragen die Temperaturen oft 21–24 °C, das ist mehr, als für einen feinen Rotwein gut ist. Ein so warm servierter Rotwein schmeckt flach und flau, sein Bukett ist diffus und ohne Konturenschärfe. Der Alkoholgehalt nimmt sich dann höher aus, als er sein sollte. Die ideale Temperatur für die meisten Rotweine beträgt 18–20 °C, leichte Rotweine wie etwa Beaujolais sollten auf 13 °C heruntergekühlt werden. Für Weißweine ist die perfekte Temperatur 13–16 °C, da die meisten ihre ganze Komplexität und Intensität bei dieser Temperatur offenbaren. Wenn man sie auf Temperaturen unter 7 °C herunterkühlt, kann man nicht mehr unterscheiden, ob der Wein ein Riesling oder ein Chardonnay ist.

Darüber hinaus stellt sich die so überaus wichtige Frage, in welchen Gläsern der Wein serviert werden soll. Das normale, tulpenartig geformte Glas, das etwa 230–350 ccm fasst, ist für den Anfang für fast jeden Weintyp geeignet. Dennoch sollten Sie sich mit diesem Thema eingehender beschäftigen. Wenn Sie die Mühen und Kosten auf sich nehmen, guten Wein zu finden und sachgemäß zu lagern, sollten Sie da nicht auch dem Wein ein gutes Glas gönnen?

Die besten Gläser in technischer Hinsicht und im Hinblick auf den Trinkgenuss sind die Gläser der Firma Riedel Glas aus Kufstein in Österreich (www.riedel.com). Ich muss zugeben, dass ich diesen Gläsern zunächst skeptisch gegenüberstand. Georg Riedel, der Chef der Firma, betont, dass die Form des Glases und die Beschaffenheit des Mundrandes (Rollrand) dafür verantwortlich sind, wie der Wein auf die Zunge gelenkt wird. Durch die Abstimmung der Form auf den Charakter des Weines sei es also möglich, die verschiedenen Geschmackskomponenten und Aromen der jeweiligen Rebsorte hervorzuheben.

Ich habe eine Auswahl von Weinen aus diesen Gläsern probiert. Darunter befanden sich ein Riesling-Glas, ein Chardonnay-Glas, ein Pinot-Noir-Glas und ein Cabernet-Sauvignon-Glas, die alle zu seinem Sommelier-Sortiment gehören. Zum Vergleich verkostete ich dann dieselben Weine in dem INAO-Degustationsglas, dem Impitoyables-Glas und dem konventionellen tulpenförmigen Glas. Die Ergebnisse fielen beständig zugunsten der Riedel-Gläser aus. Die amerikanischen Pinot Noirs und roten Burgunder entfalteten sich weit besser in seinem riesigen, 1050 ccm fassenden und 24,8 cm hohen Burgunderpokal (Modell-Nr. 400/16) als in anderen Fabrikaten von Stängelgläsern. Auch konnte keines der anderen Gläser sich mit seinem Bordeaux-Pokal messen, wenn es darum ging, Weine auf der Basis von Cabernet und Merlot zu trinken (Modell Nr. 400/00, ein 860 ccm fassendes, 27 cm hohes, prachtvoll geformtes Glas). Sein Chardonnay-Glas hat mich nicht ganz so überzeugt, doch war ich verblüfft, wie gut das Riesling-Glas (Modell Nr. 400/15), ein 380 ccm fassendes Glas, das 22,6 cm hoch ist, den Eigencharakter des Rieslings hervorhebt.

Georg Riedel ist sich der Tatsache bewusst, dass Weinliebhaber große Anstrengungen unternehmen, um Wein in guter Verfassung zu kaufen, ihn sachgemäß zu lagern und mit der richtigen Temperatur zu servieren. Doch wie viele Kenner investieren genügend Zeit, um die perfekten Gläser für ihren Pichon Lalande, Méo-Camuzet, Clos Vougeot oder Maximin-Grunhäuser Riesling Kabinett herauszufinden? Seine Aufgabe sei es, so meint er, die »besten Werkzeuge« zur Verfügung zu stellen, damit der Weintrinker oder Verkoster das volle Potenzial einer bestimmten Rebsorte erfassen könne. Seine Gläser haben sein Anliegen bei meinen Verkostungen immer wieder glänzend bestätigt. Ich kenne keine besseren Degustations- oder Trinkgläser als die Sommelier-Serie der Firma Riedel.

Ich habe es stets als höchst erstaunlich empfunden, dass die meisten meiner weinbegeisterten Freunde nicht wissen, dass das richtige Qualitätsglas genauso wichtig ist wie die richtige Auswahl des Weines. Bei der Verwendung von Riedel-Gläsern ist zu beachten, dass jedes dieser Gläser so konzipiert ist, dass es die schönste Eigenart einer bestimmten Rebsorte hervorhebt. Riedel meint, dass ungeachtet ihrer Größe die Gläser am besten zur Wirkung kommen, wenn man sie nur zu einem Viertel füllt. Wenn ich diese Gläser kaufen würde (das Sommelier-Sortiment kostet etwa 40–60 Euro pro Glas), würde ich ohne zu zögern die Bordeaux- und Burgunderpokale wählen. Sie stellen jedes andere Glas weit in den Schatten. Das prachtvolle, 1050 ccm fassende Burgunderglas mit einem winzigen Mundrand führt den Burgunder zur Spitze und zur Mitte der Zunge, ohne die Zungenränder zu berühren, was die Säure etwas in den Hintergrund stellt, so dass der Burgunder runder und geschmeidiger schmeckt. Das sind keine leeren Behauptungen aus der Riedel-Werbung: Ich habe genügend Verkostungen durchgeführt, um bestätigen zu können, dass diese Gläser tatsächlich den Wein kontrolliert auf die Zunge lenken und dadurch dessen Charakter hervorheben. Das große, 860 ccm fassende Bordeaux-Glas, das fast ebenso groß wie der Burgunderpokal ausfällt, ist mehr konisch geformt, und der Mundrand dient dazu, den Wein auf die Zungenspitze zu leiten, jene Geschmackszone, die für Süße empfindlich ist. Das betont die reiche Frucht in einem Wein auf Cabernet-Merlot-Basis, bevor der Wein sich zum Ende der Zunge hin ausbreitet, wo die säure- und tanninhaltigen Elemente geschmeckt werden.

All dies mag zunächst absurd hochgestochen oder esoterisch klingen, doch die Benutzung dieser Gläser ist von großer Bedeutung beim Genuss feinen Weins. Ich kann gar nicht genug betonen, wie groß der Unterschied ist. Wenn das Sommelier-Sortiment Ihnen als zu

teuer erscheint, so sei darauf hingewiesen, dass Riedel auch preiswertere Serien im Programm hat, deren Gläser vollautomatisch hergestellt und nicht mundgeblasen sind. Zu den beliebtesten gehören hier die Vinum-Gläser, die zu einem Preis von etwa 15 Euro pro Glas verkauft werden. Das Bordeaux-Glas aus der Vinum-Serie ist mein persönlicher Favorit, ein spektakuläres Glas nicht nur für Bordeaux, sondern auch für Rhôneweine und weißen Burgunder. Es gibt auch zahlreiche andere Gläser, die für Zinfandel, Chianti und Weine aus der Nebbiolo-Traube, Rosé-Weine, alte Weißweine und Portweine konzipiert wurden, sowie ein speziell für süße Weine vom Typ Sauternes entworfenes Glas.
Ein weiterer Hersteller von Qualitätsgläsern ist die Firma Spiegelau (www.spiegelau.com).

Und schließlich – last but not least – denken Sie daran: Ganz gleich, wie sauber das Glas auch erscheinen mag, spülen Sie es, wie auch Ihr Dekantiergefäß, mit ungechlortem Brunnen- oder Mineralwasser, kurz bevor sie es benutzen. Ein Dekantiergefäß oder Weinglas, das einige Zeit im Küchenschrank steht, bildet einen wunderbaren Auffangbehälter für Raum- und Küchengerüche, die nicht wahrnehmbar sind – bis der Wein eingegossen wird und sie dem Trinker ungut in die Nase steigen. Diese Gerüche oder auch im Glas verbliebene Spülmittelreste haben, wie ich vermute, mehr Weine zerstört als ein defekter Korken oder eine schlechte Lagerung durch den Importeur, Groß- oder Einzelhändler. Ich selbst habe eine Freundschaft einer schweren Belastung ausgesetzt, weil ich mich bei jeder Einladung zum Essen über die »seifigen« Gläser beklagte, die das Vergnügen an den wundervollen Bordeauxweinen, die serviert wurden, empfindlich schmälerten.

Der richtige Wein zum richtigen Essen

Die Kunst, die richtige Flasche Wein zu einem bestimmten Gang oder einer Speise zu wählen, ist inzwischen so überreglementiert worden, dass der Genuss am Essen und am Wein nachgerade gestört wird. Zeitungs- und Zeitschriftenartikel, sogar Bücher mit genauen Regeln werden verfasst, denen zufolge es geradezu eine Sünde ist, zu einer Mahlzeit nicht den perfekt passenden Wein auf den Tisch zu bringen. Die Folgen waren vorauszusehen. Anstatt ein Essen zu genießen, zerbrechen sich die meisten Gastgeber und Gastgeberinnen – meist ganz unnötig – den Kopf über die Wahl des »richtigen« Weines.

Die Grundregeln für die Wahl des richtigen Weines zu einem bestimmten Essen sind nicht schwer zu erlernen. Es handelt sich dabei lediglich um die altbewährten so genannten Faustregeln, die lauten: junge Weine vor alten, trockene vor süßen, Weißweine vor Rotweinen, Rotwein zu Fleisch und Weißwein zu Fisch. Doch haben auch diese Regeln ihre Ausnahmen, und Ihre Wahlmöglichkeiten sind weit größer, als Sie denken. Einer der größten Restaurantbesitzer Frankreichs sagte mir einmal, wenn die Menschen nur einfach ihre Lieblingsweine mit ihren Lieblingsgerichten zusammenstellen würden, wäre jedermann ein Gutteil glücklicher. Meinem Bauchgefühl nach gibt es mehr Kombinationen von Wein und Speisen, die gut zusammenpassen, als solche, die das nicht tun. Ich möchte Ihnen einige meiner grundlegenden Beobachtungen über dieses gesamte Gebiet mitteilen. Dabei muss man auf einige wichtige Fragen eingehen.

Bietet ein bestimmtes Gericht einfachen oder komplexen Geschmack? Chardonnay und Cabernet Sauvignon, wohl die beliebtesten Traubensorten, können majestätische Weine von außergewöhnlicher Komplexität und Geschmackstiefe hervorbringen. Doch als Begleiter zum Essen sind sie bemerkenswert eindimensional. So komplex und bereichernd sie auch sein mögen, passen sie doch nur gut zu Speisen mit relativ unkompliziertem und einfachem Geschmack. Der Cabernet Sauvignon paart sich wundervoll mit einfachen Fleisch- und Kartoffelgerichten, Filet Mignon, Lammfilets, Steaks und so weiter. Und wenn Cabernet-Sauvignon- und Merlot-Weine älter und komplexer werden, erfordern sie zunehmend schlichtere Gerichte, die ihre komplexen Geschmackskomponenten ergänzen. Chardonnay passt wunderbar zu den meisten Fischgerichten, doch wenn man einem unkomplizierten Fischgericht verschiedene Aromen und Düfte, sei es durch Grillen oder eine Sauce, hinzufügt, treten Chardonnay-Weine häufig mit dem Geschmack des Essens in Wettbewerb, statt ihn zu ergänzen. Die Grundregel lautet also: Einfache, nicht komplexe Weine zu komplexen Gerichten und komplexe Weine zu einfachen Gerichten.

Welches sind die hauptsächlichen Geschmackskomponenten im Wein und in den Speisen? Ein ergänzender Wein lässt sich gut auswählen, wenn man weiß, was man von dem Geschmack der dazu servierten Gerichte erwarten kann. Cremige und buttrige Saucen mit Fisch, Hummer und sogar Hähnchen und Kalbfleisch passen gut zu Chardonnay oder weißem Burgunder, und zwar wegen der buttrigen Vanille-Aromen in den Chardonnays von fülligerem, reichhaltigerem, kräftigerem Stil. Andererseits verlangt ein gemischter Salat mit Kräutersauce und gegrilltem Fisch oder Schalentieren nach einem krautigen, rauchigen Sauvignon Blanc beziehungsweise nach einem Sancerre oder Pouilly-Fumé aus dem Loiretal. Aus denselben Gründen erfordert ein Pfeffersteak mit einer cremigen braunen Sauce mit ihren intensiven, durchdringenden Aromen und ihrem komplexen Geschmack einen kräftigen, reichhaltigen, pfeffrigen Rhônewein wie etwa einen Châteauneuf-du-Pape oder Gigondas.

Stehen die Konsistenz und Geschmacksintensität des Weins in angemessenem Verhältnis zur Konsistenz und Geschmacksintensität der Speisen? Haben Sie sich je gefragt, warum frische, salzige, nach Meerwasser duftende Austern, die leicht und pikant sind, so gut mit einem Muscadet aus Frankreich, einem leichteren kalifornischen Sauvignon Blanc oder einem italienischen Pinot Grigio harmonieren? Die Ursache liegt darin, dass diese Weine dieselbe Leichtgewichtigkeit und Konsistenz wie die Austern aufweisen. Warum passen die rauchigen, süßen, würzigen Geschmacksnuancen eines gegrillten Lammsteaks oder Lendenstücks am besten zu einem Zinfandel oder Rotwein von der Rhône? Die gehaltvollen, geschmeidigen, kernigen Geschmackskomponenten dieser Weine ergänzen ein Lammsteak oder Lendenstück, das auf einem Holzfeuer gegart wurde. Braten Sie dasselbe Steak oder Lammfleisch in Butter oder im Bratrohr, und der Geschmack wird sich weniger komplex darbieten und dann einen schön gealterten Cabernet-Sauvignon- oder Merlot-Wein aus Kalifornien, Bordeaux oder Australien fordern.

Ein anderes überzeugendes Beispiel dafür, wie wichtig es ist, die Konsistenz und Geschmacksintensität von Wein und Speisen in Übereinstimmung zu bringen, ist der Fisch, den Sie zum Essen gewählt haben. Lachs, Hummer, Blaufisch, Alse besitzen einen intensiven Geschmack und eine fettige Konsistenz und erfordern daher einen kräftigen, eichenholzwürzigen, buttrigen Chardonnay von ähnlichem Stil als Ergänzung. Andererseits sind Forelle, Seezunge, Steinbutt und Krabben magerer und delikater im Geschmack und wollen daher leichtere, weniger intensive Weine wie etwa Chardonnays aus dem Mâconnais oder Weine aus dem italienischen Anbaugebiet Friaul-Julisch Venetien, die nicht im Eichenholzfass ausgebaut sind. Darüber hinaus vertragen sich ein Champagner von leichterem Stil oder ein deutscher Riesling (ein trockener Kabinett passt ideal) bewundernswert gut mit Forelle, Seezunge oder Steinbutt, erweisen sich jedoch als Begleiter für Lachs, Alse oder Hummer als Versager.

Als weitere klassische Verbindung bezüglich Konsistenz und Geschmack ist noch die zwischen einem schweren, öligen, reichhaltigen, süßen Sauternes und einer Gänseleberpastete zu nennen. Die extravagante Reichhaltigkeit und Geschmacksfülle der Foie Gras erlaubt es nicht, einen anderen Wein zu servieren, da sie einen trockenen Roten oder Weißen überwältigen würde. Dass sowohl der Sauternes als auch die Foie Gras intensive, konzentrierte Geschmacksnuancen und eine ähnliche Konsistenz aufweisen, ist genau der Grund, warum man in dieser Kombination so unglaublich schwelgen kann.

Welchen Weinstil hat der von Ihnen gewählte Jahrgang? Einige der besten Köche Frankreichs haben mir erzählt, dass sie bei Burgunder und Bordeaux etwas weniger gute Jahrgänge den großartigen vorziehen und ihre Kellermeister angewiesen haben, die Einkäufe für das Restaurant entsprechend zu tätigen. Kann das wahr sein? Aus der Perspektive des Küchenchefs sollte das Essen im Brennpunkt des Interesses stehen, nicht der Wein. Viele Köche fürchten, dass ein großer Burgunder- oder Bordeaux-Jahrgang mit außergewöhnlich reichen, kraftvollen und konzentrierten Weinen die Aufmerksamkeit von ihrer Küche ablenkt und es weit schwieriger macht, einen Wein mit den Speisen harmonisch zu verbinden. Daher ziehen viele Köche für ihre Gerichte einen 1987er Bordeaux einem superkonzentrierten 1982er oder 1990er vor. Aus demselben Grund wählen sie wohl auch lieber einen roten 1989er Burgunder als einen 1990er. Wenngleich großartige Weine, bieten sich die großen Jahrgänge nicht immer als die besten Begleiter an, wenn man eine harmonische Übereinstimmung zwischen Wein und Essen erreichen will. Leichtere, jedoch schmackhafte Weine aus nicht ganz so großen Jahren können sich als hervorragende Ergänzung für die feine, zurückhaltende Küche erweisen. Behalten Sie also die großen Jahrgänge den sehr einfachen Gerichten vor.

Wird das betreffende Gericht in einer Sauce serviert? Vor fünfzehn Jahren speiste ich einmal im Restaurant von Michel Guerard in Eugénie-les-Bains und bestellte einen Fisch, der in Rotweinsauce serviert wurde. Guerard empfahl dazu einen roten Graves aus Bordeaux, da die Sauce aus eingekochtem Fischfond und einem roten Graves bereitet worden war. Die Kombination erwies sich als geglückt und öffnete mir die Augen hinsichtlich der Möglichkeiten, Fisch mit Rotwein zu verbinden. Seit damals habe ich Tunfisch mit einer grünen Pfeffersauce, begleitet von einem kalifornischen Cabernet Sauvignon, gegessen (die Übereinstimmung war großartig) und gedünsteten Lachs in einer Rotweinsauce, die einem jungen Rotwein aus dem Bordelais gerecht wurde. Ein Weißwein hätte zu vielen dieser Gerichte nicht gepasst. Aus demselben Grund habe ich mir einen Kalbsbraten in cremiger Morchelsauce mit einem Tokayer aus dem Elsass schmecken lassen. Die logische Folgerung, die sich daraus ergibt, ist ganz einfach: Wenn ein Gericht mit einem bestimmten Wein bereitet wurde, bestimmt dieser den Tischwein. So kann zum Beispiel ein Coq au Vin entweder in einer Rot- oder Weißweinsauce bereitet und serviert werden. Ich habe festgestellt, dass sich ein trockener Elsässer Riesling außergewöhnlich gut als Begleiter zum Coq au Vin eignet. Im Burgund hat man mir oft Coq au Vin in einer Sauce serviert, die aus einem eingekochten Rotwein bestand, und in diesem Fall macht natürlich ein roter Burgunder das Mahl zu einem besonderen Genuss.

Trinken Sie auf Reisen die Weine der Region zu den Speisen der Region? Es ist kein Zufall, dass die regionale Küche von Bordeaux, Burgund, der Provence und des Elsass in Frankreich und der Toskana und des Piemont in Italien die örtlichen Weine zu heben und zu ergänzen scheint. Tatsächlich bieten die meisten Restaurants in diesen Gebieten selten Weine von außerhalb. Man fragt sich immer wieder, was wohl zuerst da war: die Küche oder der Wein?

Haben Sie sich die besten und die schlimmsten Zusammenstellungen von Wein und Speisen eingeprägt? Wenn Sie mit der Verbindung von Wein und Speisen immer noch nicht zurechtkommen, könnte es für Sie die geeignete Strategie sein, sich einige der besten und einige der schlimmsten Kombinationen zu merken. Ich kann auch einige Beispiele aus meinen eigenen Erfahrungen beitragen, gewöhnlich waren es schlechte. Gewisse Wein- und Speisenzusammenstellungen mit kontrastierendem Geschmack können sich andererseits als sublim herausstellen. Das beste Beispiel dafür ist vielleicht ein süßer, cremiger Sauternes als Begleiter zu einem salzigen, reifen Stilton- oder Roquefort-Käse. Diese besondere Paarung zweier entgegengesetzter Geschmacksrichtungen und Konsistenzen ist sensationell. Eine andere großartige Kombination besteht aus Elsässer Gewürztraminer oder Riesling mit exotischer Küche, wie etwa der indischen oder der chinesischen. Die Gegenüberstellung von süß und sauer und die Schärfe, wie sie für beide genannten Küchen typisch sind, scheinen wunderbar zu den beiden Elsässer Weinen zu passen.

Einer der großen Mythen über die Zusammenstellung von Wein und Speisen besagt, dass Rotwein gut zu Käse passt. Die Wahrheit ist, dass sie ganz selten gut zusammenpassen. So viele Käsesorten, insbesondere beliebte Weinkäse wie Brie und Doppel- und Tripel-Rahmkäse, haben einen derart hohen Fettgehalt, dass die meisten Rotweine unglaublich leiden, wenn sie dazu getrunken werden. Falls Sie Ihre Gäste verblüffen und trotzdem Wein mit Käse genießen wollen, servieren Sie einen Weißwein aus der Sauvignon-Blanc-Traube, wie etwa einen Sancerre oder Pouilly-Fumé aus Frankreich. Die dynamischen Persönlichkeiten dieser beiden Weine und ihre nachhaltige, pikante Säure sind praktisch allen Käsesorten gewachsen, passen aber besonders gut zu frischem Ziegenkäse.

Eine andere Legende besagt, dass Dessertweine am besten zu Desserts passen. Die meisten Menschen scheinen einen Champagner oder lieblichen Riesling, Chenin Blanc oder einen Sauternes zum Dessert zu mögen. Ich finde, dass Dessertweine am besten als Dessert selbst oder nach dem Dessert auf den Tisch gebracht werden sollten. Ob es sich beim Nachtisch um Kuchen, Obsttörtchen, Eiscreme oder Konfekt handelt (mit Ausnahme von Schokoladen-Desserts, die sich mit jeder Art Wein im Gegensatz befinden), für mich haben die Dessertweine stets eher im Mittelpunkt gestanden, als dass sie der Begleitung dienten.
Wenn die Zusammenstellung von Speisen und Wein Ihnen jetzt immer noch zu kompliziert erscheint, vergessen Sie nicht, dass letzten Endes ein guter Wein, der mit einem guten Gericht in guter Gesellschaft angeboten wird, stets wunderbar schmeckt. *A votre santé.*

Welche Zusätze enthält Ihr Wein?

Seit dem letzten Jahrzehnt essen und trinken die Menschen viel bewusster als zuvor – sie sind gegenüber dem, was sie ihrem Körper zuführen, sensibilisiert. Die Gefahren übermäßigen Rauchens, fetten Essens und hohen Blutdrucks werden nun von immer mehr Menschen ernst genommen. Obwohl diese Bewegung zu begrüßen ist, hat eine extremistische Gruppe die Idee in die Welt gesetzt, dass jeder Alkoholgenuss eine Art Missbrauch darstelle, der die Gefahr in sich berge, Familie und Gesellschaft zu unterhöhlen. Dieser Gruppe von Extremisten ist es nicht um Mäßigung zu tun: Sie wollen den Wein völlig vom Markt verbannen. So haben sie ein falsches Bild vom Wein gezeichnet und all jene Fakten nicht zur Kenntnis genommen, die belegen, dass mäßiger Weingenuss dem Menschen mehr nützt als schadet.

Wein ist eines der natürlichsten Getränke überhaupt, doch es trifft zu, dass er Zusätze enthalten kann, die im Folgenden genannt sind.

Eichenholz. Viele Rot- und Weißweine von Spitzenqualität verbringen eine sehr lange Zeit ihres Lebens in Eichenfässern. In dieser Zeitspanne soll das Holz dem Wein etwas von seiner toastwürzigen, rauchigen, vanilleartigen Note abgeben. Wenn das Verfahren nicht übertrieben wird, verleihen diese Aromen und Geschmackskomponenten dem Wein Komplexität. Leider gibt es auch Fälle, in denen man bei billigen Weinen dazu übergegangen ist, Eichenholzspäne beizumischen, die einen aggressiveren, rohen Holzgeschmack vermitteln. Aber denken Sie daran, dass Eichenholz nur zu einem bestimmten Typ Wein passt und seine Verwendung vergleichbar ist mit der von Salz, Pfeffer oder Knoblauch durch einen Spitzenkoch. Im Übermaß eingesetzt oder zum falschen Gericht kredenzt, ist das Ergebnis fürchterlich.

Hefen. Wenngleich viele Weinmacher sich auf die natürlichen, im Weinberg vorhandenen wilden Hefen verlassen, um den Gärungsprozess in Gang zu setzen, wird es nun immer üblicher, Hefekulturen zu diesem Zweck einzusetzen. Hierin liegt kein Gesundheitsrisiko, doch da man sich weltweit auf denselben Hefetypus verlässt, führt dies zu Bukett- und Geschmacksnuancen, die einander immer mehr ähneln.

Säuren. Die meisten Weingüter in kühlen Klimazonen brauchen dem Wein niemals Säure hinzuzufügen, doch in Kalifornien und Australien, wo es den Trauben wegen des heißen Klimas oft an natürlicher Säure fehlt, wird diese häufig beigemengt, um die Weine auszubalancieren. Die meisten bedeutenden Kellereien verwenden Weinsäure; dieselbe Art natürlicher Säure, die sich im Wein findet. Weniger qualitätsbewusste Winzer fügen Zitronensäure hinzu, die den Weinen einen Zitronen- oder Limettensorbet-Geschmack verleiht.

Substanzen zum Schönen des Weins. Die Liste der Stoffe, die in den Wein gegeben werden, um die feinen herumschwebenden Partikel zu binden, umfasst schreckliche Begriffe wie getrocknetes Ochsenblut, Hasenblase, Kasein (Milchpulver), Kaolin (Tonerde), Bentonit (pulverisierte Tonerde) und das traditionelle Eiweiß. Diese zum Schönen verwendeten Substanzen haben die Funktion, den Wein brillant, klar und frei von Schwebstoffen zu machen. Sie sind harmlos, und die Spitzenkellereien benutzen sie entweder gar nicht oder nur in geringem Maß.

Sulfite. Sulfit (auch SO_2 oder Schwefeldioxid) ist ein Konservierungsmittel, das Bakterien und Mikroorganismen tötet. Ein winziger Teil der Bevölkerung ist gegen diesen Stoff allergisch, insbesondere einige Asthmatiker. Bei der Gärung des Weins entsteht auf natürliche Weise etwas Schwefeldioxid, doch es wird auch zugesetzt, indem man einen Schwefelstab in das leere Eichenfass steckt – es »ausschwefelt« –, um eventuelle Bakterien zu töten. Auch bei der Flaschenabfüllung wird es beigemengt, um den Wein an der Oxidation zu hindern. Qualitätsweine sollten nie nach Schwefel riechen (ein Geruch wie von einem abgebrannten Streichholz), weil ernst zu nehmende Weinmacher den Schwefelgehalt sehr gering halten. Einige Kellereien verwenden überhaupt keinen Schwefel. Wenn er ordnungsgemäß eingesetzt wird, gibt Schwefel keinen Geruch oder Geschmack an den Wein ab und ist harmlos – außer für Menschen, die dagegen allergisch sind. Wenn sie im Übermaß gebraucht werden, geben Sulfite sich durch den bereits erwähnten unangenehmen Geruch und einen prickelnden Geschmackseindruck zu erkennen. Natürlich sollten Menschen, die allergisch auf Sulfite reagieren, keinen Wein trinken, so wie Menschen, die eine Allergie gegen Fischrogen entwickelt haben, keinen Kaviar essen sollten.

Tannin. Tannin ist von Natur aus in den Häuten und Stielen der Trauben enthalten, und der Tanningehalt, der sich aus dem Pressen der Traubenschalen und der darauf folgenden Gärung des Safts und der Häute ergibt, ist gewöhnlich mehr als ausreichend, um für genügend natürliches Tannin zu sorgen. Tannin verleiht einem Rotwein Biss und Rückgrat und fungiert auch als Konservierungsmittel. In seltenen Fällen wird Tannin allerdings einem rückgratlosen Wein zugesetzt.

Zucker. In den meisten Weinbaugebieten Europas mit Ausnahme von Südfrankreich, Portugal und Spanien ist die Beimengung von Zucker zu dem gärenden Traubensaft zur Verstärkung des Alkoholgehalts gesetzlich erlaubt. Dieses »Chaptalisieren« genannte Verfahren wird vornehmlich in kühlen Jahren angewandt, in denen die Trauben keinen ausreichend hohen Reifegrad erreichen. In Kalifornien und dem größten Teil Australiens, wo das heiße Klima die Reifung fördert, ist das Chaptalisieren unnötig. Durch vernünftiges Chaptalisieren erhöht sich der Alkoholgehalt um 1–2 Prozent.

Ökoweine

Ökoweine, die ohne Fungizide, Pestizide oder chemischen Dünger, ohne Zusätze oder Konservierungsmittel erzeugt werden, erfreuen sich zunehmender Nachfrage durch den Verbraucher. Im Prinzip sollten Ökoweine ebenso ausgezeichnet ausfallen wie nicht nach diesen Verfahren hergestellte Weine. Weil viele Weinproduzenten, die mit biologischen Methoden arbeiten und Ökoweine herstellen, es ablehnen, ihre Weine zu manipulieren und zu behandeln, erhält der Verbraucher ein Produkt, das weit natürlicher ist als die Weine, die zu Tode manipuliert und behandelt wurden.

Es gibt ein riesiges Herstellungspotenzial für gewaltige Mengen von Ökoweinen, insbesondere in Weinbaugebieten, die im mediterranen Klima viel Sonne und Wind ausgesetzt sind. In Frankreich besitzen die Region Languedoc-Roussillon, die Provence und das Rhônetal das Potenzial, Ökoweine hervorzubringen, sofern die jeweiligen Eigentümer der Weingüter es wünschen. Auch ein großer Teil von Kalifornien wäre dazu geeignet. Teile von Australien und Italien haben ebenfalls Wetterbedingungen, die die Bewirtschaftung der Weinberge unter bio-dynamischen Gesichtspunkten begünstigen.

Die Schattenseiten des Weines

Die zunehmende internationale Nivellierung der Weinstile

Obwohl die Technologie den Weinmachern die Mittel an die Hand gibt, Wein von immer besserer Qualität zu erzeugen, führt das besessene Streben nach technischer Perfektion dazu, dass die Weine ihres eigenen Charakters beraubt werden. Es mag an der übermäßigen Filtrierung der Weine oder daran liegen, dass sich die Stile der Weinbereitung zu sehr aneinander angeglichen haben; jedenfalls ist es tragischerweise immer schwieriger geworden, einen italienischen Chardonnay von einem in Frankreich, Kalifornien oder Australien hergestellten zu unterscheiden. Wenn die vereinigten Weinmacher der Welt alle beginnen, Weine auf dieselbe Art und Weise zu erzeugen und sie so zu gestalten, dass sie damit die geringste Anzahl von Leuten vor den Kopf stoßen, wird der Wein zweifellos seine faszinierende Anziehungskraft und Individualität verlieren und nicht viel besser sein als die meisten Whiskys, Gins oder Wodkas. Man darf nicht vergessen, dass der große Zauber des Weins darin liegt, dass er ein einzigartiges, unvergleichliches, faszinierendes Getränk ist, das sich jedes Mal, wenn man es trinkt, anders darbietet. Weinproduzenten und die Besitzer von Weinkellereien müssen lernen, den individuellen Charakter ihrer Weine zu erhalten, selbst um den Preis, dass sie sich denjenigen Verbrauchern entfremden, die diese Produkte bizarr oder merkwürdig finden mögen. Es ist die besondere Beschaffenheit des Weins, die seine Zukunft sichert.

Die Zerstörung des Weingenusses durch übermäßige Ansäuerung, Schönung und Filtrierung

Seit ich begonnen habe, als professioneller Weinkritiker zu arbeiten, habe ich versucht, überzeugend gegen die übermäßige Manipulation des Weins zu argumentieren. Ein Blick auf die größten Produzenten der Welt und ihre Weine zeigt, dass sie alle unwiderlegbar die folgenden Merkmale aufweisen – sei es in Kalifornien, Frankreich, Italien, Spanien oder Deutschland:

1) Sie streben danach, die Integrität des Weinbergs in seinem Charakter zu erhalten sowie die Identität der Rebsorte und die Persönlichkeit des Jahrgangs zu bewahren. 2) Sie glauben an niedrige Erträge. 3) Wenn das Wetter es irgend erlaubt, lesen sie nur physiologisch reife (im Gegensatz zu analytisch reifer) Frucht. 4) Ihre Weinbereitungs- und Kellertechniken sind einfach: Sie intervenieren so wenig wie möglich und ziehen es vor, den Wein seiner Ent-

wicklung zu überlassen. 5) Auch wenn sie nichts dagegen haben, einen instabilen oder trüben Wein zu schönen oder zu filtrieren, weigern sie sich doch standhaft, einen Wein (durch übermäßiges Filtrieren oder Schönen) zu kastrieren, der aus gesunden, reifen Trauben besteht und bereits stabil und klar ist.

Erzeuger, denen lediglich daran gelegen ist, Weine so schnell wie möglich herzustellen und rasch ans Geld zu kommen, haben ebenfalls vieles miteinander gemein. Obwohl sie neutrale, fade, mittelmäßige Weine erzeugen, glauben sie dennoch an riesige Ernteerträge und düngen ihre Böden beträchtlich, um gewaltige Ernten zu erzielen – soviel der Weinberg nur irgend hervorzubringen vermag (15 oder mehr Tonnen pro Hektar, im Vergleich zu mäßigen Erträgen von 7,5 Tonnen pro Hektar). Ihrer Philosophie zufolge betrachten sie den Weinberg als Agrarfabrik, und ihre Kosten-Nutzen-Rechnung befiehlt ihnen, die Produktion zu maximieren. Sie bringen ihren Wein so rasch wie möglich in die Flasche, um Geld zu sehen. Sie verfechten die Meinung, der Wein müsse manipuliert werden, etwa indem man ihn gleich zu Beginn zentrifugiert und ihn dann zahlreichen Schönungs- und Filtrierprozessen unterwirft, insbesondere einer kastrierenden sterilen Filterung. Das macht einen Wein unter Garantie leblos, aber stabil – zu einem Produkt, das extremen Temperaturen ebenso widerstehen kann, wie es langzeitige aufrechte Lagerung in einem Ladenregal zu überdauern vermag – alles zu Lasten seiner Qualität und Individualität. Diese Kellereien ernten früher als alle anderen, weil sie kein Risiko auf sich nehmen wollen, während sie alle Fragen, die mit dem Wein zu tun haben, an ihre Önologen delegieren, die Sicherheit und Stabilität über den Wunsch des Verbrauchers stellen, den Wein mit Genuss zu trinken.

Diese übermäßige Manipulation, insbesondere die allzu aggressive Schönung und Filtrierung, zeitigt einen dramatischen Effekt. Das Bukett des Weins wird ebenso zerstört wie seine Fähigkeit, den Charakter seines *terroirs* und seiner Rebsorte auszudrücken. Auch der Jahrgangscharakter wird gedämpft. Das Schönen und Filtern lässt sich auch auf schonende Weise durchführen, so dass ein nur minimaler Schaden entsteht, doch die meisten Weine der Neuen Welt (insbesondere aus Kalifornien, Australien und Südamerika) und die meisten Massenweine, die in Europa erzeugt werden, sind steril gefiltert. Diese Stabilisierungs- und Klärungsprozedur, die zahlreiche Vorfilterungen erfordert, um die Weine so zu klären, dass sie durch einen Mikroporenfilter hindurchgehen, beraubt einen Wein seines Charakters, entblößt und verstümmelt ihn.

Einige Weine gehen aus derartigen Misshandlungen mit geringeren Schädigungen hervor. Dicke, tanninhaltige, konzentrierte Syrah- und Cabernet-Sauvignon-Weine können diese chirurgischen Eingriffe sogar überstehen und bleiben – wenn auch in ihren Aromen- und Geschmacksdimensionen geschwächt – am Leben. Pinot Noirs und Chardonnays werden dabei zerstört.

Dank einer neuen Generation von Produzenten, insbesondere in Frankreich, und dank der Unterstützung einer Reihe von amerikanischen Importeuren hat sich in letzter Zeit eine Bewegung gegen das unnötige Schönen und Filtrieren gebildet. Man braucht sich nur den ungeheuren Erfolg von Importeuren wie etwa Kermit Lynch, Weygandt-Metzler, North Berkeley Imports und Robert Kacher in Amerika vor Augen zu führen, um zu erkennen, wie groß die Nachfrage der Verbraucher nach einem natürlichen, ungefilterten und kompromisslosen Wein ist, der den Weinberg und den Jahrgang unverfälscht zum Ausdruck bringt. Viele Weinkenner machen sich nichts daraus, dass sie den letzten Zentimeter Wein wegen des Bodensatzes nicht trinken können. Sie wissen, dass sie dann einen authentischen, nicht manipulierten Wein mit seiner ganzen Geschmacksfülle vor sich haben, der viel mehr zu sagen hat als jeder Wein, der vor der Flaschenabfüllung kastriert wurde.

Ich bin mir sicher, dass es weltweit sogar eine noch stärkere Bewegung gegeben hätte, die für die Flaschenabfüllung des Weins in natürlichem Zustand mit minimaler Klärung eingetreten wäre, wenn nur die Weinpresse der Welt die Auswirkungen übermäßigen Schönens und Filtrierens einmal unter die Lupe genommen hätte. Ich finde es schwierig, amerikanische Weinjournalisten zu kritisieren, da die Mehrzahl von ihnen nicht ihre ganze Zeit diesem Beruf widmet. Nur wenige haben die Zeit oder die Mittel, dieselben Weine vor und nach der Flaschenabfüllung zu verkosten. Doch bin ich nach wie vor darüber enttäuscht, dass viele unserer einflussreichsten Publizisten und Zeitschriften befremdlich still geblieben sind, insbesondere in Anbetracht der tief greifenden negativen Auswirkungen, die die Filtrierung auf die Qualität feiner Weine haben kann. Die Zunft der englischen Weinschriftsteller, von denen die meisten altgediente hauptberufliche Weinjournalisten sind, hat in dieser Hinsicht erschreckend viel versäumt, insbesondere wenn man bedenkt, dass viele von ihnen es sich zur Gewohnheit machen, vor und nach der Flaschenabfüllung Verkostungen durchzuführen. Wenn man sieht, wie wenige Weinjournalisten sich für die Qualität des Weins und die Erhaltung des eigentümlichen Charakters von Weinberg, Jahrgang und Rebsorte einsetzen, und wie es andererseits der großen Mehrzahl widerstrebt, die Weinindustrie zu kritisieren, dann wird damit die Vorstellung einer anständigen Weinbeurteilung völlig unterminiert.

Selbst ein Weinjournalist vom Ruf eines Hugh Johnson schlägt sich auf die Seite der manipulierten neutralen Weine, die ohne Schwierigkeiten zwölf Monate im Jahr versandt werden können. Vielleicht sind Sie, liebe Leser, daran interessiert, die Kommentare Johnsons und seines Koautors James Halliday in ihrem Buch *Wie Wein entsteht – Von den Göttern geschenkt, von den Menschen gemacht* mit meiner Auffassung zu vergleichen. Halliday ist ein australischer Weinschriftsteller und Weingutbesitzer, und Hugh Johnson, der wohl als der meistgelesene Weinautor dieses Jahrhunderts gelten kann, ist Vorstandsmitglied von Château Latour und ein Kaufmann, der Reproduktionen von antiken Weingerätschaften und Zubehör verkauft. In ihrem Buch geißeln sie den amerikanischen Importeur Kermit Lynch wegen seiner »romantischen Ideale«, die sie »immer weniger praktikabel« nennen. Johnson und Halliday behaupten, »die Wahrheit ist, dass gut fünfzig Prozent dieser handwerklich hergestellten Burgunder und Rhôneweine bakterielle Zeitbomben sind«. Ihre Forderung nach standardisierten Weinen, bei deren Bereitung Kompromisse eingegangen werden, wird von der folgenden Bemerkung gestützt: »Es bleibt nun einmal harte Realität, dass viele Restaurants und viele Verbraucher einfach kein Depot hinzunehmen bereit sind.« Das mag ja in Amerika vor 20 Jahren zum Teil zutreffend gewesen sein, doch heutzutage wünscht sich der Verbraucher nicht nur einen natürlichen Wein, er fordert ihn geradezu. Darüber hinaus weiß der Weintrinker von heute, dass Ablagerungen am Boden einer feinen Flasche Wein ein Gütezeichen sind. Höchst anfechtbar ist die Behauptung der Autoren, dass die moderne Weinbereitungstechnik und der Handel Weine fordern, die das ganze Jahr über transportiert werden können und haltbar genug sind, um Monate in Hitze und Kälte in den Regalen des Einzelhändlers zu stehen. Es gibt jetzt eine wachsende Anzahl von verantwortungsbewussten Händlern, Importeuren und Restaurant-Kellermeistern, die sich große Mühe geben, eine gesunde Flasche Wein anzubieten, die nicht zu Tode misshandelt wurde. Erstaunlicherweise schließen Johnson und Halliday mit der Behauptung, dass die Verbraucher den Unterschied zwischen einem filtrierten und einem unfiltrierten Wein gar nicht wahrnähmen! Zusammenfassend stellen sie fest: »Man braucht den Wein aber nur einen, zwei oder drei Monate ruhen zu lassen – wie lange die Erholungszeit dauert, kann man nicht genau sagen –, und schon ist es meist nicht mehr möglich, einen Unterschied zwischen dem ungefilterten und dem gefilterten Wein festzustellen, vorausgesetzt, dass Filtrierung und Abfüllung sachgemäß durchgeführt wurden.« Nach 14 Jahren, in denen ich Verkostungen dieser Art durchgeführt habe, finde ich diese Behauptung nicht nur unglaubwürdig, sondern unerträglich! Soll ich daraus schließen, dass all die wundervollen Weine, die ich vom Fass verkostet habe und die danach durch vehementes Schönen und Filtrieren geschädigt wurden, von inkompetenten Leuten abgefüllt wurden, die von einer sachgemäßen Filtrierung keine Ahnung hatten? Soll ich glauben, dass die Resultate aus den umfangreichen vergleichenden Verkostungen (gewöhnlich Blindverkostungen), die ich von ein und demselben Wein durchgeführt habe, gefiltert versus ungefiltert, Humbug waren? Stellen die ungeheuren Unterschiede in Aroma, Geschmack, Textur und Qualität, die das Ergebnis nachdrücklicher Klärungstechniken sind, Ausgeburten meiner Phantasie dar? Verblüffenderweise wird das Widerstreben der Weinindustrie, die Verantwortung zu übernehmen und für die Erhaltung all dessen zu sorgen, was die besten Weinlagen und Jahrgänge hervorbringen, eher entschuldigt als verurteilt.

Als wären übermäßiges Schönen und Filtrieren nicht schlimm genug, gibt es auch noch die übertriebene Anreicherung der australischen und kalifornischen Weine mit Zitronen- und Weinsäure durch die Önologen, die den Weinen damit Spritzigkeit verleihen wollen. Sie kennen das Gefühl sicher: Man öffnet eine Flasche eines australischen oder kalifornischen Chardonnay, und da ist zunächst mal kein Bukett zu finden (es ist der sterilen Filtrierung zum Opfer gefallen), und wenn man den Wein kostet, hat man das Gefühl, in eine Zitrone oder Limette zu beißen. Das ist kein Genuss. Was Sie hier erleben, ist das Resultat einer fehlgeleiteten Praxis bei den Weinmachern der Neuen Welt, nämlich ihren Weinen als billige Lebensversicherung zuviel Säure zuzusetzen, die sich jedoch als fatal erweist. Weil diese Leute nicht dazu bereit sind, ihre Erträge zu reduzieren, weil sie nicht bereit sind, irgendein Risiko auf sich zu nehmen, und weil sie die Weinherstellung lediglich als Verfahrenstechnik ansehen, wird großzügig Säure hineingeschüttet. Sie fungiert als antibakterielle, oxidationshemmende Substanz und hilft so, den Wein frisch zu halten. Doch diejenigen Winzer, die am meisten Säure zusetzen, sind gewöhnlich dieselben, die erschreckend hohe Erträge ernten. Auf diese Weise muss auch nur wenig Geschmack geschützt werden! Nach 6–12 Monaten Entwicklung auf der Flasche verblasst die wenige eventuell vorhandene Frucht, und dem Verbraucher bleibt ein Skelett von scharfen, schrillen Säuren, Alkohol und Holz (falls dies zum Einsatz gekommen ist) und keine Frucht – eine wirklich sträfliche Art der Weinbereitung.

Ich habe nichts dagegen, wenn man diese Techniken bei Karaffen- und Massenweinen anwendet. Doch es ist beschämend für jeden Produzenten, einen Wein als handwerklich bereitetes Produkt aus Menschenhand zu 20 Euro oder mehr pro Flasche zu verkaufen, wenn er übermäßiger Ansäuerung, Schönung und Filtrierung unterworfen wurde. Jeder, der Ihnen weismachen will, dass solch übermäßige Manipulationen einem Wein nicht schaden, ist entweder ein Narr oder ein Lügner.

Die überhöhten Weinpreise in Restaurants

In Anbetracht des vielen Geldes, das für Essen im Restaurant ausgegeben wird, scheint es auf der Hand zu liegen, dass geschäftstüchtige Restaurantbesitzer ihren Gästen eine größere Aufgeschlossenheit und Kenntnis auf dem Gebiet des Weins vermitteln, indem sie sie zum Weingenuss ermuntern. Leider behandeln aber die meisten Restaurants den Wein als Luxusprodukt und schlagen auf seinen Preis noch einmal 200–500 Prozent auf. Das hält den Kunden natürlich vom Weinkonsum ab und bestärkt ihn in der Ansicht, Wein sei ein den Reichen und der Oberschicht vorbehaltenes Getränk.

Die Weinindustrie nimmt auf diese Praxis wenig Einfluss und gibt sich damit zufrieden, ihre Weine auf der Weinkarte aufgeführt zu sehen. Doch der Verbraucher sollte revoltieren und um Restaurants, die exorbitante Weinpreise verlangen, einen großen Bogen machen – auch wenn die Küche noch so gut ist. Das ist nichts anderes als moderne Wegelagerei.

Zum Glück sehen die Dinge jetzt besser aus als noch vor zehn Jahren, da einige Restaurantbesitzer heute den Wein als integralen Teil der Mahlzeit betrachten und nicht nur als Mittel, die Rechnung hochzuschrauben.

Sammler versus Verbraucher

Ich bin widerstrebend zu der Einsicht gelangt, dass viele der größten Weinschätze Frankreichs – die ersten Gewächse von Bordeaux einschließlich des berühmten süßen Nektars, der in Château d'Yquem erzeugt wird, Burgunds profundeste Weine aus der Domaine de la Romanée-Conti und praktisch alle Weißweine aus der winzigen Appellation Montrachet – niemals getrunken werden. Die meisten von uns, die einen Wein kaufen und in den Keller legen, tun dies unter der Voraussetzung, dass im Laufe der Zeit jede der herrlichen Flaschen in Gläser gegossen und genossen wird, dass wir zusammen mit Freunden die Gläser schwenken, um in das Bukett einzutauchen, den Wein riechen, schmecken und die Kehle hinab rinnen lassen. Das sind natürlich die Freuden, die der Wein zu bieten hat, und wer sich diesen Freuden hingibt, ist ein echter Weinliebhaber. Es gibt jedoch auch andere Weinsammler – den Sammler, der investiert, den Sammler, der den Wein ausspuckt, und sogar den Weinsammler, der nicht trinkt. Es erübrigt sich darauf hinzuweisen, dass diese Leute keine großen Verbraucher sind.

Ich erinnere mich, dass ich vor einigen Jahren mit Telefonanrufen eines Mannes überschüttet wurde, der mich zum Abendessen und zur Besichtigung seines privaten Weinkellers einlud. Nachdem ich einige Monate lang Widerstand geleistet hatte, gab ich schließlich nach. Der Mann war ein sehr prominenter Geschäftsmann und hatte sich einen sehr eindrucksvollen Keller unter seinem großzügig gebauten Haus angelegt. Dieser war riesengroß und penibel gehalten, mit Temperatur- und Feuchtigkeitsreglern und -kontrollen. Ich glaube, in dem Keller waren über zehntausend Flaschen versammelt. Obwohl es Kisten mit so edlen Gewächsen wie Pétrus, Lafite-Rothschild, Mouton-Rothschild und seltene Jahrgänge der großen roten Burgunder wie Romanée-Conti und La Tache gab, waren da zu meinem Erstaunen auch Hunderte von Kisten mit 10–15jährigem Beaujolais, Pouilly-Fuissé, Dolcetto und kalifornischem Chardonnay zu finden – sämtlich Weine, die in ihren ersten vier oder fünf Lebensjahren hätten getrunken werden müssen. Ich schlug diplomatisch vor, dass er den Bestand seines Kellers aufnehmen solle, da es eine Anzahl von Weinen zu geben scheine, die rasch getrunken werden wollten.

Als ich aber die fünfte oder sechste Kiste eines deutlich zehn Jahre alten Beaujolais-Essigs entdeckte, begann ich daran zu zweifeln, ob die Weinbegeisterung meines Gastgebers aufrichtig war. Diese eigentlich undenkbaren Zweifel (ich war damals weitaus naiver als heute) verstärkten sich beim Abendessen. Als wir die große Küche und den Esszimmerkomplex betraten, verkündete er stolz, dass weder er noch seine Frau jemals Wein tränken, und fragte mich, ob ich Mineralwasser oder Eistee oder etwa eine Flasche Wein wünschte. Während meiner Heimfahrt an jenem Abend bedauerte ich in meiner gedrückten Stimmung, dass ich nicht das Mineralwasser gewählt hatte. Denn als ich den Fehler beging, mich für Wein zum Essen zu entscheiden, präsentierte mein Gastgeber mir eine Flasche, die nach der Aussage eines Freundes sofort getrunken werden sollte. Es war ein brauner, wirklich scheußlicher seniler Bordeaux aus dem vielleicht schlimmsten Jahrgang der letzten 25 Jahre, nämlich 1969. Darüber hinaus war das betreffende Château, aus dem der Wein kam, ein notorisch unter seinem Rang arbeitendes Weingut aus der berühmten Gemeinde Pauillac. Normalerweise ist es der Wein, den der Mann ausgewählt hatte, nicht wert, dass man ihn in einem guten Jahrgang kauft, wie viel weniger erst in einem so schlechten. Ich werde den Augenblick nie vergessen, als mein Gastgeber die Flasche öffnete und sagte: »Nun, Bob, dieser Wein duftet aber gut.«

Leider kauft dieser nicht-trinkende Sammler immer noch große Mengen Weins ein, die weder als Investition noch zum Trinken gedacht sind. Die Weinhändler vor Ort haben mir gesagt, dass dieser Typus gar nicht so selten ist. Für ihn ist eine Weinsammlung – wie eine Sammlung von Kristall, Kunst oder Porzellan – etwas zum Ansehen und Bewundern, etwas zum Herzeigen, doch nichts zum Genießen.

Von einer noch auffälligeren Spezies ist der Sammler-Spucker, der bei gigantischen Verkostungen aufblüht, wenn 50, 60 oder sogar 70 oder 80 Jahrgänge großer Weine, oft von ein und demselben Château, »gekostet« werden können. Wichtige Mitglieder der Weinpresse werden eingeladen (bei freiem Eintritt natürlich), weil man hofft, dass dieses Wein-Happening einen größeren Artikel in der *New York Times* oder in der *Los Angeles Times* nach sich ziehen und der Name des Sammlers so in der Weinwelt Bekanntheit erlangt und Bewunderung findet. Diese Sammler-Spucker genießen es, mit berühmten Weingutbesitzern in Kontakt zu kommen, um dann ihren Freunden zu erzählen: »Oh, nächste Woche bin ich auf dem Château Lafite-Rothschild, um alle Weine des Châteaus zwischen 1870 und 1987 zu verkosten. Schade, dass du nicht dabei sein kannst.« Ich selbst habe, wie ich bekennen muss, an mehreren dieser Veranstaltungen teilgenommen und bin in meinem Bemühen, sie zu begreifen, zu dem Schluss gekommen, dass ihr Hauptzweck darin besteht, das enorme Ego des Veranstalters – und oft auch das des Châteaus – weiter aufzublähen.

Ich habe nichts gegen akademische Verkostungen, bei denen sich eine begrenzte Anzahl von seriösen Weinliebhabern zusammenfindet, um 20 oder 30 verschiedene (normalerweise junge) Weine zu verkosten. Das ist eine Anzahl, die zu verkraften ist und die sowohl Neulinge wie Kenner im Allgemeinen aufnehmen können. Doch 60 oder mehr seltene monumentale Jahrgänge in einem Marathon von 8–12 Stunden zu verkosten, das geht einfach zu weit. Mit einfachen Worten: Bei derlei Verkostungen findet nichts anderes statt, als dass die größten, seltensten und teuersten Weine der Welt wieder ausgespuckt werden. Kein Weinverkoster der Welt könnte begreiflicherweise nüchtern bleiben, wenn auch nur die größten Weine heruntergeschluckt würden. Ich kann Ihnen versichern, die vorherrschende Empfindung ist das Bedauern, einen 1929er oder 1945er Mouton-Rothschild auszuspucken.

Erinnerungen an solche Veranstaltungen haben mich lange beunruhigt. Ich entsinne mich einer Verkostung in einem berühmten Restaurant in Los Angeles, bei der eine Reihe von hinreißenden Weinen aus einem der größten Besitztümer Frankreichs entkorkt wurden. Viele der Weine waren eine Freude. Doch ob es sich nun um den überirdischen 1961er oder den opulenten 1947er handelte, die Reaktionen, die sich auf den Gesichtern dieser etwa 40 Leute abzeichneten – jeder von ihnen hatte mehrere tausend Dollar für die Teilnahme gezahlt –, weckten in mir die Frage, ob es 50 verschiedene Jahrgänge der größten Weine Frankreichs waren, die wir verkosteten, oder 50 Flaschen Pepto-Bismol. Zum Glück schien der Veranstalter die Versammlung zu genießen und die Weine zu schätzen, doch unter den Gästen suchte ich vergebens nach einem Lächeln, irgendeiner Art von Begeisterung oder Glücksgefühl. Und das im Verlauf einer zwölf Stunden währenden Verkostung!

Ich erinnere mich an einen anderen Verkostungs-Marathon, der in Frankreich von einem der führenden Sammler-Spucker veranstaltet wurde und der den ganzen Tag und einen Großteil der Nacht dauerte. Über 90 legendäre Weine wurden kredenzt, und mitten am Nachmittag war ich ziemlich sicher, dass außer dem Küchenchef und seiner Mannschaft nicht ein Mensch in der Runde mehr als nüchtern angesehen werden konnte. Als der 1929er Mouton-Rothschild in einer Magnumflasche aufgetragen wurde (einer der größten Weine des Jahrhunderts), war keiner der Gäste mehr imstande, zu beurteilen, ob er Bordeaux oder Beaujolais trank, ich selbst eingeschlossen.

Bei diesen Verkostungen ist mir auch aufgefallen, dass viele Sammler-Spucker nicht einmal merkten, wenn eine Flasche korkte oder wenn der Wein oxidiert und nicht trinkbar war, was die alte Redensart bestätigt, daß sich Geschmack nicht mit Geld erkaufen lässt. Natürlich sind die meisten dieser Verkostungen Veranstaltungen für die Medien, darauf ausgerichtet, der Eitelkeit des Gastgebers zu schmeicheln. Nur allzu oft unterhöhlen sie das Prinzip, dass Wein ein Getränk ist, das Genuss bereitet, und diese Tatsache bedaure ich am meisten.

Der dritte Typus des Weinsammlers, der Investor, wird von dem Wunsch und der Hoffnung motiviert, die von ihm gesammelten Weine mit Profit verkaufen zu können. Zu gegebener Zeit kehren alle diese Weine wieder auf den Markt zurück, und viele von ihnen finden den Weg zu seriösen Verbrauchern, die sie mit ihrem Ehepartner und ihren Freunden trinken. Freilich müssen sie oft für dieses Privileg teuer bezahlen, doch Wein ist nicht das einzige Produkt, das derlei Manipulationen zum Opfer fällt. Ich hasse den Gedanken, dass es Menschen gibt, die Wein als Investitionsobjekt betrachten, doch die besten Weine der Welt steigen nun einmal bedeutend im Wert, und es wäre töricht, den Sachverhalt zu leugnen, dass mehr und mehr geschäftstüchtige Investoren Wein als ein Mittel zum Geldverdienen ansehen.

Unerträgliche Praktiken

Es ist ein erschreckender Gedanke, aber ich hege keinen Zweifel daran, dass ein beträchtlicher Prozentsatz (zwischen 10 und 25%) der verkauften Weine geschädigt ist, weil diese extremen Temperaturunterschieden ausgesetzt wurden. Wie im Abschnitt *Der Weinkauf* (Seite 9) beschrieben, ist es das erste Anzeichen für schlechte Lagerung, wenn der Korken hochgetrieben wurde und sich über den Rand des Flaschenhalses in die Blei- oder Plastikkapsel geschoben hat, die ihn schützt.

Ein weiteres Anzeichen für eine schlechte Lagerung des Weins ist das Vorhandensein von Schlieren (»Beinen«) um den Hals der Flasche. Das sind die manchmal klebrigen, angetrockneten Spuren des Weins, der sich ausgedehnt hat, um den Korken herum ausgetreten ist und den Flaschenrand benetzt hat. Fast immer ist dieser Zustand auf übermäßig hohe Temperaturen beim Transport oder während der Lagerung zurückzuführen. Nur wenige Händler machen sich die Mühe, diese verräterischen Spuren abzuwischen, so dass der Fehler häufig auf den ersten Blick zu erkennen ist, insbesondere bei Weinen, die in der Sommerhitze versandt wurden. Auf jeden Fall müssen Sie einen großen Bogen um Weine machen, die angetrocknete Schlieren zeigen, die unter der Kapsel hervorgesickert und außen an der Kapsel herabgelaufen sind.

Seien Sie auch auf der Hut, wenn ein junger Jahrgang (ein Wein unter vier Jahren) mehr als knapp eineinhalb Zentimeter Luftzwischenraum zwischen Kork und Flüssigkeitsspiegel aufweist. Die modernen Flaschenabfüllverfahren lassen im Allgemeinen etwa 3 mm Abstand vom Korken, so dass rund 15 mm Luftzwischenraum oder »Schwund« Ihr Misstrauen wecken sollten.

Das Problem ist natürlich, dass es zu wenige Menschen im Weinhandel gibt, die die notwendigen Schritte unternehmen, um den Wein beim Versand oder während der Lagerung vor Schädigung zu schützen. Das Weingeschäft ist dermaßen kommerzialisiert worden, dass Weine, mögen sie nun aus Kalifornien, Italien oder Frankreich kommen, das ganze Jahr hindurch verschickt werden, ungeachtet der Witterungsverhältnisse. Weine wurden früher traditionell aus Europa nur im Frühling oder Herbst verschifft, zu Zeiten also, in denen die Temperaturen moderat waren, vorausgesetzt, der Weg ging nicht durch den Panama-Kanal. Die Kosten für einen Kühl- oder einen Wärme-Container machen eine Flasche im Großhandel etwa 20–40 Cent teurer, doch ein Käufer, der Weine erwirbt, die pro Kiste über 200 Euro kosten, wird angesichts der Tatsache, dass der Wein beim Öffnen weder schlecht riecht noch korkt, diese unerheblichen Zusatzkosten wohl kaum bedauern.

Viele Importeure behaupten, dass sie Weine im Kühlcontainer verschiffen, doch nur eine Handvoll tut das wirklich. Amerikas größter Importeur hochklassiger Bordeaux-Weine verwendet selten, wenn überhaupt, diese Container und nimmt in Anspruch, keine Probleme mit seinen Sendungen zu haben. Vielleicht würden diese Großhändler ihre Ansichten ändern, wenn sie die Kisten des 1986er Rausan-Ségla, 1986er Talbot, 1986er Gruaud-Larose und des 1986er Château Margaux gesehen hätten, die auf dem Markt von Maryland-Washington, D.C., mit fleckigen Etiketten und herausgetriebenen Korken anlangten. Irgendwo zwischen Bordeaux und Washington waren diese Weine sehr heißen Temperaturen ausgesetzt gewesen. Vielleicht war es gar nicht die Schuld des Importeurs, da der Wein viele Zwischenstationen durchlief, bevor er seine endgültige Bestimmung erreichte. Aber wehe den armen Verbrauchern, die diesen Wein kaufen, ihn in den Keller legen und in 10–15 Jahren öffnen! Wer wird sie bedauern und trösten?

Das Problem liegt darin, dass die unter natürlichen Bedingungen hergestellten, minimal behandelten, handwerklich bereiteten Weine höchst empfindlich auf extreme Temperaturschwankungen reagieren. Daher haben sich viele Importeure, die das Risiko scheuen, an ihre Lieferanten gewandt und »stabilere« Weine verlangt. In die Praxis umgesetzt, bedeutet das, dass der Weinhandel es vorzieht, keine lebendigen Weine zu versenden, sondern leere, kastrierte Weine, die »stabilisiert« worden sind, die einem wenig schonenden Herstellungsprozess ausgesetzt wurden und entweder pasteurisiert oder steril gefiltert wurden, so dass man sie das ganze Jahr über verschiffen kann. Zwar können die Flaschenkorken immer noch hochgetrieben werden, wenn die Hitze zu groß ist, aber der Geschmack wird sich nicht mehr verändern, denn eigentlich sind diese Weine bereits tot, wenn sie in die Flasche kommen. Leider scheint nur ein winziger Teil des Weinhandels sich darüber Gedanken zu machen.

Obwohl es einige Weinhändler, Großhändler und Importeure gibt, die sich dieser Schäden bewusst sind, die dem Wein zugefügt werden können, und die sehr stolz darauf sind, handwerklich gut bereitete Qualitätsprodukte zu präsentieren, werden diese Risiken doch vom Großteil des Weinhandels ignoriert. Diese Geschäftsleute legen mehr Wert darauf, dass der Wein durch Pasteurisierung, Kältestabilisierung oder sterile Filtrierung seiner besten Eigenschaften entblößt wird. Denn nur dann kann er risikofrei bei jedem Wetter verschickt werden.

Die Gier der Weinproduzenten

Werden die heutigen Weinkonsumenten von den Weinproduzenten weltweit genasführt? Die meisten Winzer und/oder Produzenten haben bewusst zugelassen, dass die Erträge auf so außergewöhnliche Mengen angewachsen sind, dass sie die Konzentration und den Charakter ihrer Weine gefährden. Ein paar Fanatiker sind übrig geblieben, die unter nicht unerheblichen finanziellen Opfern damit fortfahren, einen bedeutenden Anteil ihres überschüssigen Leseguts streng auszusortieren, damit unter ihrem Namen nur Wein feinster Qualität verkauft wird. Doch die Zahl dieser Enthusiasten wird immer geringer. Immer weniger Weinproduzenten sind bereit, in ihre Weingärten zu gehen und Büschel von Trauben herauszuschneiden, um die Erträge niedrig zu halten. Noch weniger sind bereit, Düngemittel auf ein vernünftiges Maß zu beschränken. Im letzten Jahrzehnt haben die Ertragsmengen mit fast jedem neuen Jahrgang wiederum Rekorde gebrochen. Das Resultat sind Weine, denen es zunehmend an Charakter, Konzentration und Standfestigkeit fehlt. In Europa wird der schlimmste Missbrauch durch Überproduktion in Deutschland und Burgund getrieben, wo die Erträge im Vergleich zu den fünfziger Jahren des letzten Jahrhunderts auf das Dreifache bis fast das Fünffache gestiegen sind. Die Behauptung, dass die Weingüter eben kompetenter und sorgfältiger geleitet würden und dass dies größere Ernten ermögliche, ist irreführend. In privaten Gesprächen räumt manch engagierter Weinproduzent ein: »Je geringer der Ertrag, desto besser der Wein.«

Wenn man sich fragt, warum die Burgunder von der Domäne Leroy reichhaltiger schmecken als die anderer Domänen, braucht man sich nur vor Augen zu führen, dass ihre Erträge nur ein Drittel von denen anderer Produzenten im Burgund betragen. Wenn man sich die Frage stellt, warum die besten Châteauneuf-du-Papes im Allgemeinen Rayas, Pegaus, Bonneaus und Beaucastels sind, lautet die Antwort: weil ihre Erträge nur halb so groß sind wie die anderer Erzeuger der Appellation. Dasselbe gilt für J. J. Prüm und Müller-Catoir in Deutschland: Es überrascht nicht, dass sie ebenfalls an maßvollen Erträgen festhalten, die nur ein Drittel der Weinmenge ihrer Nachbarn ergeben.

Wenngleich ich nicht behaupten möchte, dass es keine großen Weine mehr gibt oder dass die meisten heute erzeugten Weine nicht besser sind als das Gesöff, das die Bauern im 19. Jahrhundert tranken, möchte ich doch darauf hinweisen, dass Überdüngung, moderne Sprühmittel gegen Fäulnis, die Entwicklung von äußerst fruchtbaren Klonen und der Verzicht auf niedrige Erträge sehr wohl dazu beitragen könnten, dass die Reputation der meisten Weinregionen der Welt zerstört wird. Heute einen Chardonnay aus Kalifornien zu finden, der sich durch reichen Geschmack auszeichnet, ist nicht viel leichter, als einen konzentrierten roten Burgunder aufzustöbern, der anmutig über zehn Jahre lang altern kann. Die Erträge der Chardonnay-Rebe in Kalifornien haben oft zu Weinen geführt, die nur noch einen schwachen Anklang an den Charakter dieser Traube aufweisen. Diese Weine zeigen sich fast ganz von Säure und/oder dem Duft von Eichenholzfässern beherrscht. Erschreckend ist der Mangel an Eigengeschmack. Und doch sind die Chardonnays die beliebtesten Weißweine in Amerika, warum sollte man also die Erträge ausdünnen?

Wenn freilich das durch mediokre Weinjournalisten ermutigte Publikum bereit ist, gutes Geld für Mittelmäßigkeit zu zahlen, dann wird sich wohl wenig ändern. Wenn andererseits die Verbraucher darauf bestehen, dass man für einen Preis von 15 oder 20 Euro einen Wein bekommen sollte, der weitaus mehr Genuss bereitet, dann gelangt diese Botschaft vielleicht auch bis zum Produzenten.

Moral und Kompetenz der Weinjournalisten

Nur gelegentlich einmal geben Weinjournalisten zu, dass es die oben dargestellten Probleme gibt. Im Allgemeinen legen sie geschlossen die Einstellung an den Tag, sie wären noch nie auf einen Wein gestoßen, der ihnen nicht behagt hätte.

Weinjournalismus ist in Amerika noch nie eine einträgliche oder viel versprechende Vollzeitbeschäftigung gewesen. Historisch gesehen, lieferten die Leute, die Wein verkauften, die interessantesten Arbeiten. Die Bedeutung und der Einfluss der Bücher, die von Alexis Lichine und Frank Schoonmaker geschrieben wurden, stehen außer Zweifel. Doch beide Männer kamen durch den Verkauf von Wein zu ihrem Vermögen und nicht dadurch, dass sie über ihn schrieben. Beiden aber gelang es, trotz ihrer Verbindung mit dem Handel, objektiv über den Wein zu schreiben.

Es gibt wahrscheinlich nicht mehr als etwa ein Dutzend unabhängiger Weinexperten in Amerika, die ganz vom Schreiben leben. Großbritannien hat sich lange Zeit der Sache der Weinjournalisten angenommen und in ihnen echte Profis gesehen. Doch auch dort hatten die meisten erfolgreichen Weinjournalisten mit all ihrer Erfahrung und dem Zugang zu den besten europäischen Weingütern mit dem Verkauf und dem Vertrieb von Wein zu tun. Kann mir jemand einen englischen Weinjournalisten nennen, der die Leistungen von Lafite-Rothschild zwischen 1961 und 1974 oder von Margaux zwischen 1964 und 1977 kritisiert hat (also in Zeiten, als der Verbraucher ausgenommen wurde)?

Es ist wahrscheinlich unrealistisch zu erwarten, dass Autoren und Journalisten ohne Unterstützung durch den Handel professionelle Weinexperten werden können, doch jede Abhängigkeit kann ihre Ergebnisse kompromittieren. Wenn die Autoren den Weinproduzenten für die Weine, die sie verkosten, verpflichtet sind, wird es ihnen schwer fallen, sie zu bemängeln. Wenn die Reisen, die sie zu den Weingütern unternehmen, der Großzügigkeit der Weinmacher zu verdanken sind, werden sie wahrscheinlich das, was sie gesehen haben, nicht kritisieren. Wenn man ihnen im Château Aufnahme gewährt und ihre Koffer mit Wein gefüllt werden (wie es leider häufig der Fall ist), kann man dann von ihnen erwarten, dass sie sich als kritisch oder zumindest objektiv erweisen?

Davon abgesehen, dass kein Weinjournalist die Hand beißt, die ihn füttert, gibt es noch ein weiteres Problem: Vielen Weinjournalisten fehlt die weltweite Erfahrung, die erforderlich ist, um Wein richtig zu bewerten. Folgerichtig ist aus dieser Art der Unerfahrenheit eine

Schule des Weinjournalismus hervorgegangen, die bei der Beurteilung eines Weines größeren Wert auf seine Struktur und seinen Säurespiegel legt als auf den Genuss, den er bietet oder in der Zukunft bieten kann. Das Ergebnis sind Weinbewertungen, die sich so lesen, als ob man die Festigkeit bestimmter Pappdeckelstärken für die Industrie und nicht ein Getränk eingeschätzt hätte, das viele als das größte Geschenk der Natur ansehen. Ausgewogenheit ist beim Wein alles, und Weine, die zu sauer, scharf oder tanninherb schmecken, entwickeln sich mit dem Alter selten zu schmackhaften, charaktervollen, charmanten Tropfen. Wenngleich die Weinbereitung und die Weintechnologie tatsächlich Fortschritte gemacht haben und heutzutage einige Weine erzeugt werden, die so unwiderstehlich sind wie nichts zuvor, gibt es viel zu viele mediokre Flaschen in den Regalen, die kaum ihren hohen Preis rechtfertigen.

Doch es zeigen sich einige interessante Trends. Der wachsende Erfolg der Zeitschrift *The Wine Spectator* mit ihrem Stab von hauptberuflichen Weinjournalisten, die sich zur Einhaltung eines Moralkodex verpflichtet haben, hat zu einem besseren und professionelleren Journalismus geführt. Und dass dieses Glanzmagazin zweimal im Monat erscheint, ist eine gute Nachricht für eine Weinindustrie, die häufig unter Beschuss von radikalen Antialkoholikern steht. Auch spricht für den *Wine Spectator*, dass die Weinbeurteilungen von einem oder zwei Autoren und nicht von einem anonymen Komitee stammen. Meine Kritik an Weinzeitschriften und Verkostungen, deren Einschätzungen von einem Komitee stammen, habe ich bereits kund getan.

Angesichts der Vitalität des Wine *Spectator* und einiger anderer Wein-Guides ist es unwahrscheinlich, dass die Weinjournalisten in Zukunft weniger Einfluss haben dürften. Abertausende von Weinen, die auf den Markt strömen – viele davon überteuert und belanglos – erfordern von der Gemeinde der Weinexperten verbraucherorientierte Kritiken. Eine Änderung wird es aber nicht geben, solange nicht ein größerer Grad an Professionalität erreicht ist, solange nicht die Weinjournalisten mehr Erfahrung beweisen, solange nicht ihre falsch verstandene Hervorhebung des hohen Säuregehalts oder der Struktur des Weins für immer in Misskredit gebracht worden ist. Erst wenn die meisten Weinmedien Einsicht zeigen und sich trotz gegensätzlicher Interessen auf die entsprechenden Grundregeln verpflichten, erst wenn wir uns alle daran erinnern, dass wir es hier mit einem Getränk zu tun haben, das Genuss bereiten soll, erst dann und nur dann wird sich die Qualität des Weinjournalismus und des Weins, den wir trinken, verbessern. Wird dies eintreten, oder werden wir uns alle an die Worte Marcel Prousts erinnern müssen:

»Wir können die Dinge nicht nach unseren Wünschen ändern, es sind vielmehr unsere Wünsche, die sich Schritt für Schritt ändern. Die Situation, die wir zu ändern hoffen, weil sie sich als unerträglich erwies, verliert an Bedeutung, wird unwichtig. Es ist uns nicht gelungen, das Hindernis zu überwinden, wie wir unbedingt wollten, aber das Leben hat uns darum herumgeführt. Lassen wir es also hinter uns liegen, gehen wir an ihm vorbei. Und dann, wenn wir uns umwenden, um die hinter uns liegende Straße zu betrachten, können wir das Hindernis kaum noch sehen, weil es so verschwindend klein geworden ist.«

In Vino Veritas?

Ich zweifle nicht daran, dass die meisten seltenen und großen Weine, die heute entweder im Einzelhandel oder bei einer der zahlreichen Weinauktionen verkauft werden, aus authentischen Flaschen bestehen. Doch während der letzten sechs Monate habe ich genügend Beweise dafür erhalten, dass sich etliche unehrliche Hechte im Karpfenteich des Weinmarkts tummeln. Es gilt daher, rasch einige Warnsignale auszusenden, bevor sich diese tückische Krankheit zu einer Wein-Ebola-Seuche auswächst. Kluge Käufer, renommierte Händler und Auktionshäuser, die sich auf Spitzenjahrgänge spezialisieren, ergreifen Maßnahmen, um die

Authentizität von Weinen festzustellen und zu bestätigen, die pro Flasche Tausende kosten können. Die führenden Auktionshäuser, die mit einer wachsenden Zahl von gefälschten Flaschen konfrontiert werden, lassen nichts unversucht, um die Echtheit eines jeden Weins, den sie verkaufen, zu verifizieren. Dessen ungeachtet ist es für einen betrügerischen Künstler ein Leichtes, eine Flasche nachzuahmen (die besten Bordeaux-Châteaux verwenden Glasflaschen, die zu den billigsten und am leichtesten erhältlichen der Welt gehören), oder ein Etikett, einen Korken und eine Kapsel zu reproduzieren, so dass er selbst den scharfsinnigsten Käufer zu täuschen vermag. Bedenken Sie: Seltene Weine von hoher Qualität und aus limitierter Produktion sind vielleicht weltweit die einzige Ware zu Luxuspreisen, die nicht mit einem Echtheitszertifikat ausgestattet wird, mit Ausnahme des Etiketts und des Korken, und dabei kann das Label mühelos mit einem der heutigen High-Tech-Scanner kopiert werden.

Der Weinmarkt hat bei jüngeren Jahrgängen wie 1990, gewissen 1989ern und natürlich 1982ern abstoßende Spekulationen erlebt. Die Existenz von unehrenhaften Mitgliedern der Gesellschaft, die nur von einem Ziel beseelt sind, aus der sich bietenden großartigen Gelegenheit ihren Vorteil zu ziehen und mit dem Verkauf von fingierten Weinen das schnelle Geld zu machen, ist gar nicht so neu und überraschend. Dieses Problem hat es immer gegeben, aber nachdem ich neuerdings so zahlreiche Briefe und Telefonate von Opfern erhalten habe, denen Weine mit verdächtigen Etiketten und sogar noch zweifelhafteren Inhalts verkauft wurden, muss dieses Thema offen angesprochen werden.

Es war vor fast 20 Jahren, als ich meine ersten gefälschten Flaschen erblickte. Der 1975er Mouton-Rothschild wurde in New York kistenweise unter seinem Marktwert verkauft. Der Wein war in schäbigen Pappschachteln mit verwaschenen Etiketten verpackt. Und als wären diese Warnzeichen nicht genug, trugen die Flaschen die Worte »Made in Canada« auf ihrer Unterseite und die Kapseln hatten nicht die typische Mouton-Prägung. Die himmelschreiende Sorglosigkeit und schlampige Arbeit des Kriminellen führten zur raschen Aufdeckung des Betrugs.

Viele Produzenten dieser seltenen Weine aus limitierter Produktion sind sich der Betrügereien bewusst, die mit ihren Erzeugnissen ständig betrieben werden, doch sie haben sich zumeist entschlossen, die Sache herunterzuspielen, weil sie fürchten, dass eine Verbreitung dieser Information den Markt für Spitzenweine (gelinde gesagt) erschüttern könnte. Zweifellos würde die Nachricht, dass etwa 100 gefälschte Kisten von Château XY im Weltmarkt herumgeistern, den Wert des Weins herabsetzen. Die Weingüter, die die am höchsten geschätzten Weine der Welt produzieren (und wir wissen alle, wer sie sind), müssen ein besseres System entwickeln, um die Echtheit ihrer Produkte zu garantieren, doch leider haben sich bis heute nur wenige dazu bequemt. Vier Bordeaux-Chateaux ersten Ranges machen es den Marken-Piraten schwer. Pétrus hat seit dem Jahrgang 1988 ein spezielles Etikett in Gebrauch, das unter einem bestimmten Licht einen Code zu erkennen gibt, der bei normaler Beleuchtung nicht zu sehen ist. 1996 ging Pétrus einen Schritt weiter und brachte eine Flasche mit dem in das Glas eingravierten Wort Pétrus heraus. Château Yquem schließt ein Wasserzeichen in sein Etikett ein. Haut-Brion war unter den Ersten, die 1957 eine speziell nach den Maßgaben der Firma geprägte Flasche einführten. 1996 brachte auch Lafite-Rothschild zum Schutz gegen betrügerische Machenschaften eine gravierte Flasche heraus. Vor kurzem hat Château Margaux einen speziellen Code bei der Beschriftung jeder Flasche eingesetzt. Ob man nun lieber raffinierte Etiketten verwendet, die nicht so leicht nachzuahmen sind (mit einer Seriennummer, Wasserzeichen etc.) oder eine Arbeitsgruppe einsetzt, um der Herkunft von gefälschten Flaschen auf die Spur zu kommen – es muss auf jeden Fall etwas getan werden.

Es würde hier zu weit führen, all die schockierenden Betrugsfälle anzuführen, von denen ich erfahren habe oder bei denen ich zwecks Beweisführung zur Hilfe gerufen wurde. Mir persönlich sind gefälschte Flaschen der Domaine Leflaive Montrachet, von Château Rayas,

Cheval Blanc, Vieux Château Certan und Le Pin vor Augen gekommen. Berichte über gefälschte Flaschen erreichen mich immer häufiger und fanden in meinen Gesprächen mit Einzelhändlern sowohl in Amerika als auch in England Bestätigung. Man hat mir von Betrugsfällen mit 1989er und 1982er Le Pin, 1982er Pétrus, 1982er und 1975er Lafleur, 1947er Cheval Blanc, 1928 Latour und 1900er Margaux berichtet, bei denen Korken ohne eingebrannte Markenzeichen und fotokopierte Etiketten eine Hauptrolle spielten! In Bezug auf den 1928er Latour öffnete der Einzelhändler die ihm verdächtig erscheinende Flasche und sagte mir, er sei sicher, dass es sich um einen jungen kalifornischen Pinot Noir handle. Ein bedeutender amerikanischer Händler, vor Wut kochend, weil man ihm gefälschten Wein verkauft hatte, versuchte, mit dem europäischen Verkäufer in Kontakt zu treten, nur um zu entdecken, dass dieser aus seinem Pariser Büro verzogen war und keine Nachsendeadresse hinterlassen hatte. Der Verkäufer ist seither spurlos verschwunden.

Der Weineinkäufer eines der prominentesten amerikanischen Restaurants berichtete mir kürzlich über Probleme, auf die er gestoßen war, als er teure Flaschen für seine Kunden öffnete. Alle diese Weine waren von einem angesehenen Händler gekauft worden, der die Weine von einer Kontaktperson aus dem Grauen Markt erworben hatte, der mit Privatbeständen aus Europa handelte. Die Korken der 1961er Haut-Brion und 1970er Latour waren entweder unleserlich oder ihr Jahrgang war abgekratzt worden. Da dieser Käufer als überaus erfahrener Verkoster sich bei diesen Weinen ausgezeichnet auskannte, war die Entdeckung des Betrugs relativ leicht. Er war davon überzeugt, dass der 1961er Haut-Brion gefälscht war, da er wie ein weit leichterer Jahrgang von Haut-Brion schmeckte (er meinte, es sei der 1967er). Im Fall des 1970er Latour war der Korken plump manipuliert worden, um dem 1970er zu ähneln, doch eine genauere Untersuchung enthüllte ihn als 1978er Latour. Besonders erstaunlich ist die Tatsache, dass die meisten gefälschten Weinflaschen bis heute eher wie Bastelarbeiten von Kindergarten-Kriminellen wirken. Das belegen verwaschene, fotokopierte Etiketten, nicht überzeugende Korken und fehlende markante Kennzeichnungen des jeweiligen Châteaus oder der Domaine auf Etiketten, Flaschen oder Kapseln. Doch mit der heute zur Verfügung stehenden Technik lassen sich echt aussehende Flaschen, Kapseln, Korken und Etiketten unschwer reproduzieren, und bei diesen Fälschungen kann nur eine Person, die den Geschmack der Weine genau kennt, den Betrug feststellen.

Sicherheitsrichtlinien

Der Graue Markt. Bislang lassen sich alle gefälschten Flaschen auf Weinkäufe im sogenannten Grauen Markt zurückverfolgen. Das bedeutet, dass die Weine ihren Weg nicht durch die normalen Vertriebskanäle genommen haben, wo vertragliche und verlässliche Geschäftsbeziehungen zwischen dem Produzenten und dem Händler bestehen. Flaschen französischer Weine mit den grünen französischen Zollmarken auf den Kapseln sind offensichtlich in Frankreich gekauft und dann an Kontaktpersonen im Grauen Markt weiterverkauft worden. Ich möchte nicht die besten und anständigen Unternehmer im Grauen Markt schlecht machen, weil ich häufig aus diesen Quellen kaufe und die mir bekannten Personen an das, was sie dort kaufen, korrekt, seriös und professionell herangehen. Dessen ungeachtet steht zweifellos fest, dass die meisten der verdächtigen Weine von Unternehmern auf dem Grauen Markt stammen.

Etiketten. Weinflaschen, deren Etiketten mit der Angabe des Jahrgangs am Hals man leicht abnehmen kann, sind für manipulatorische Eingriffe besonders anfällig. Es ist leicht, ein Halsband von einem Wein aus einem schlechteren Jahrgang auf einen mit besserem Ruf zu übertragen. Leider fallen fast alle Burgunder wie auch einige Weine aus dem Rhônetal in diese Kategorie. Viele Produzenten von Spitzen-Burgundern haben begonnen, in den Korken den entsprechenden Jahrgang und den Namen des Guts einzubrennen, insbesondere wenn es sich um einen Premier Cru oder Grand Cru handelt. Doch dies ist ein relativ neues Verfahren, das zumeist in den späten 1980er Jahren von Spitzengütern und *négociants* eingeführt wurde. Es gibt nur eine Art und Weise, wie der Käufer sich vergewissern kann, dass der Kork zu den Etiketten am Hals und am Bauch der Flasche passt: Er muss die Kapsel entfernen. Jeder Käufer, der auch nur im geringsten über die Herkunft seines Weines im Unklaren und beunruhigt ist, sollte nicht zögern, die Kapsel zu entfernen. Unregelmäßige, asymmetrische Etiketten mit Rissen und Klebstoffspuren sind Zeichen dafür, dass jemand sich an der Flasche zu schaffen gemacht hat. Vielleicht sollte der Trend (dem jetzt die kalifornischen Kellereien wie Robert Mondavi und Kendall-Jackson in großem Maße folgen) keine Kapseln mehr zu verwenden, von Spitzengütern in Frankreich, Italien und Spanien erwogen werden. Eine Alternative wäre der Entwurf einer Kapsel mit einem Fensterschlitz, der dem Käufer erlaubt, einen Blick auf den Jahrgang und den Namen des Weinguts auf dem Korken zu werfen. Eine praktischere und billigere Alternative wäre es, den Namen des Weinguts und des Jahrgangs auf die Kapsel sowie auf den Korken zu prägen.

Sehr verblasste, verwaschene oder fotokopierte Etiketten sollten sofort alle Warnlämpchen aufleuchten lassen! Freilich müssen die Leser in Betracht ziehen, dass modrige oder verrottete Etiketten aus einem feuchten, kalten Keller keineswegs Zeichen eines gefälschten Weins sind, sondern von superben Lagerbedingungen im Keller sprechen. Ich hatte großen Erfolg in Auktionen, bei denen ich alte Jahrgänge kaufte, die aufgelöste und zerrissene Etiketten aufwiesen. Die meisten Spekulanten machen einen Bogen um diese Flaschen, weil sie kein Interesse am Trinkgenuss haben, sondern Investoren sind, von dem Wunsch motiviert, die von ihnen erstandenen Weine mit Profit zu verkaufen.

Kenntnis des Marktwertes. Die meisten Käufer von teuren, seltenen Weinen sind über den Marktwert dieser Weine sehr gut unterrichtet. Wenn der Wein zu einem bedeutend niedrigeren Preis als zum fairen Marktwert angeboten wird, obliegt es dem Käufer, nachzufragen, warum er oder sie in den Genuss eines derart günstigen Geschäfts kommen sollte. Denken Sie daran: wenn ein Handel zu gut klingt, um wahr zu sein, dann stimmt etwas nicht.

Herkunftsnachweis. Klugerweise sollte man sowohl für die seltenen alten Jahrgänge als auch für jüngere Weine eine Garantie über die Herkunft des gekauften Weins verlangen. Von daher ist es zwingend erforderlich, dass die Leser ein Vertrauensverhältnis zu anständigen Händlern von gutem Ruf aufbauen, die hinter dem Produkt, das sie verkaufen, auch stehen. Wenn ein Händler sich weigert, Einzelheiten über die Quelle preiszugeben, von der er den Wein erworben hat, machen Sie lieber woanders Geschäfte, auch wenn dies bedeutet, mehr Geld für ein und denselben Wein auszugeben.

Partie-Nummer. Aufgrund einer vor einigen Jahren entdeckten belasteten Palette von Perrier-Wasser verlangt die EU nunmehr, dass die meisten Getränke eine Partie-Nummer tragen (freilich nur diejenigen, die an die Mitglieder der EU verkauft werden). Das ist gewöhnliche eine winzige Zahl irgendwo auf dem Etikett, die mit dem Buchstaben L beginnt, gefolgt von einer Seriennummer, die von einigen wenigen Stellen bis zu acht oder mehr reichen kann. Die meisten Produzenten benutzen den Jahrgang als Teil der Partie-Nummer. Bei der Domaine Leflaive erscheint der Jahrgang in den letzten zwei Stellen der Partienummer. Bei anderen dagegen (z. B. Comtes de Lafon) geben die ersten zwei Stellen den Jahrgang an. Und bei Lynch-Bages oder Pichon-Longueville Baron erscheint der Jahrgang in der Mitte der Zahlenreihe. Aber denken Sie daran, dass viele kleine Winzer keine Partienummern verwenden. Praktisch alle Bordeaux-Châteaux haben jedoch seit dem Jahrgang 1989 diese Lot- oder Partienummern eingesetzt.

Keine Ablagerung in älteren Weinen. Weine, die über 10–15 Jahre alt sind und kein Depot und/oder einen Füllstand haben, bei dem der Weinspiegel das Ende des Korkens berührt, sollten stets mit Argwohn betrachtet werden. Mehrere Burgunder-Händler verkaufen »erneuerte« Flaschen von alten Jahrgängen, die bis zum Korken aufgefüllt wurden und

Sediment vermissen lassen. Ich stand dieser Praxis stets skeptisch gegenüber, doch diese *négociants* behaupten, sie bedienten sich eines speziellen Verfahrens, um das Depot des Weins abzusaugen. Gewiss wird kein Bordeaux-Château solch eine ungewöhnliche und abscheuliche Methode einsetzen. Weine, die in einem Château im Bordelais wieder verkorkt wurden, zeigen dies entweder auf dem Korken oder dem Etikett oder auf beiden an. Auch das Jahr, in dem der Wein neu verkorkt wurde, wird gewöhnlich angegeben. Unter den vornehmsten Weingütern im Bordelais weigert sich nur Pétrus, Flaschen neu zu verkorken, weil zu diesem Zweck so viele verdächtige Flaschen zu ihnen gebracht wurden. Sowohl Cheval Blanc als auch Latour geben auf dem Korken und dem Etikett das Datum und das Jahr der Neuverkorkung an. In diesen Fällen werden die authentischen Flaschen sehr voll erscheinen, da der Wein aufgefüllt wurde, doch weisen ältere Jahrgänge immer noch beträchtliches Depot auf.

Pappschachteln ohne Markierung. Weine, die in nicht etikettierten Pappschachteln verpackt waren, sind stets verdächtig, weil jede Burgunder-Domaine ihre eigene Schachtel in Sonderanfertigung mit dem aufgedruckten Namen des Weinguts und dem Namen des Importeurs verwendet. Fast alle prominenten Châteaux im Bordelais benutzen Holzkisten, in die der Name des Châteaus wie auch des Jahrgangs in das Holz eingebrannt ist. Doch was die Sache für die Leser kompliziert ist die Tatsache, dass Weine aus privaten Kellerbeständen, die für Auktionshäuser bestimmt sind, gewöhnlich in unmarkierte Pappschachteln umgepackt werden müssen, da sie ja privat in Gestellen gelagert wurden.

Seltene ausgereifte Jahrgänge in großen Formaten. Große Weine aus alten, seltenen Jahrgängen wie 1900, 1921, 1926, 1928, 1929, 1945, 1947, 1949 und 1950 (insbesondere die Pomerols), die in großen Formaten angeboten werden, vor allem in Doppel-Magnum-Flaschen, Jéroboams, Impériale-Flaschen und der extrem seltenen Marie-Jeanne (eine drei Flaschen fassende Größe) sollten mit allerhöchster Vorsicht beobachtet werden. Christian Moueix sagte mir, dass ein europäischer Verkäufer seltene Jahrgänge von Pétrus in Marie-Jeanne-Flaschen angeboten hätte. Soweit Moueix wusste, verwendet Pétrus niemals Marie-Jeanne-Flaschen! Große Formate für seltene alte Jahrgänge kamen in den meisten Spitzenchâteaus sehr sparsam zum Einsatz. Wenn Sie also daran denken, eine Impériale-Flasche eines 1900er Margaux zu erstehen, überprüfen Sie auf jeden Fall die Echtheit des Weins.

Gesunder Menschenverstand. Die Notwendigkeit, eine auf Vertrauen begründete Beziehung zu einem erfahrenen und angesehenen Händler zu unterhalten, ist offensichtlich, doch die Verbraucher lassen sich nur allzu oft vom niedrigsten Preis verführen. Wenn es sich um einen Corbières für 15 Euro handelt, ist das in Ordnung, aber ein hoch bewerteter Jahrgang eines Premier Cru Bordeaux wird nicht so billig zu haben sein.

Ich hoffe, dass der Weinmarkt diese Themen offener ansprechen und anfangen wird, neue Maßnahmen mit dem Ziel zu ergreifen, seine Mitglieder wie auch die Verbraucher zu schützen. Zusätzlich dringe ich in die berühmten Weingüter, die aus begeisterten Weinberichten Nutzen ziehen, endlich der Erkenntnis zu folgen, dass es auf lange Sicht gesehen nur in ihrem eigenen Interesse liegt, schonungslos nach einer Lösung dieses Problems zu suchen und gemeinsame Anstrengungen zu unternehmen, um diejenigen aufzuspüren, die dafür verantwortlich sind, gefälschte Flaschen teurer Weine auf den Markt zu bringen und ihnen das Handwerk zu legen. Mit Sicherheit ist nunmehr die Zeit für sorgfältiger ausgearbeitete Etiketten mit Seriennummern und Wasserzeichen gekommen, aber auch für Designer-Flaschen, die sich nicht so leicht nachahmen lassen und Kapseln mit Jahrgängen und Lagen-Bezeichnungen. Von grundlegender Bedeutung sind hierbei eine offene und ehrliche Kommunikation mit dem Weinkäufer, durch die diese Fälschungen identifiziert und bestätigt werden können, sowie die volle Würdigung dieses Problems in seiner ganzen Tragweite seitens des Handels- und Verbrauchermarktes. Nur so lässt sich die Authentizität der besten Weine der Welt aufrecht erhalten, während gleichzeitig die Rechte der Käufer beim Erwerb von Spitzenweinen respektiert werden.

WAS MACHT EINEN GROSSEN WEIN AUS?

Was ist ein großer Wein? Ist die Größe eines Weins – übrigens eines der umstrittensten Themen in der Weinwelt – nicht für jeden Menschen ein sehr persönlicher und subjektiver Eindruck, wie er ja auch Malerei und Musik ähnlich subjektiv erlebt? Zwar stimme ich der Ansicht durchaus zu, dass der Genuss und die Freude an Kunst, Musik oder Wein persönlich geprägt sind, meine aber auch, dass über die Qualität von Wein, bildender Kunst oder Musik ein allgemeiner Konsens besteht. Mit Ausnahme der einen oder anderen Gegenstimme herrscht weitgehend und allgemein Einigkeit darüber, was Größe in der Kunst, der Musik oder im Wein ausmacht, mag diese auch schwierig zu definieren sein.

Viele der legendärsten Weine dieses Jahrhunderts – der 1945er Mouton-Rothschild, der 1945er Haut-Brion, der 1947er Cheval Blanc, der 1947er Pétrus, der 1961er Latour, der 1982er Mouton-Rothschild, der 1982er Le Pin, der 1982er Léoville-Las Cases, der 1989er Haut-Brion, der 1990er Château Margaux und der 1990er Pétrus, um nur einige der berühmtesten roten Bordeaux zu nennen – sind ungemein fesselnde Tropfen, selbst wenn gelegentlich eine anders lautende Meinung über sie zutage treten sollte. Geschmack ist in der Tat subjektiv, aber wie bei den meisten schönen Dingen im Leben herrscht ein breiter verbindlicher Konsens über die Kriterien hoher Qualität. Gleichwohl sollte niemand glühende Vorliebe für ein Werk von Picasso oder Beethoven heucheln, und noch viel weniger für eine Flasche 1961er Latour.

Über die Frage hingegen, wie die besten Weine der Welt entstehen, gibt es kaum Meinungsverschiedenheiten. Herkunft und Herstellung der besten Weine der Welt sind wirklich kein Geheimnis. Große Weine kommen aus Weinbergen in guter Lage mit einem Mikroklima, das für den speziellen Typus der dort gepflanzten Rebsorten besonders geeignet ist. Profunde Weine, ob sie nun aus Frankreich, Italien, Spanien, Kalifornien oder Australien stammen, sind auch das Ergebnis schonender und naturnaher Weinbaumethoden, die niedrige Ertragsmengen und physiologisch statt analytisch reife Frucht zum Ziel haben. Im Verlauf von neunzehn Jahren, die ich damit verbracht habe, über 200 000 Weine zu verkosten, habe ich niemals einen superben Wein gefunden, der aus unreifer Frucht bereitet wurde. Würde man denn beim Hineinbeißen in eine unreife Orange, Aprikose, Kirsche oder einen unreifen Pfirsich den Geschmack genießen? Niedrige Erträge und reife Frucht sind für die Erzeugung hervorragender Weine von wesentlicher Bedeutung, und doch ist es erstaunlich, wie viele Weingüter dieses fundamentale Prinzip anscheinend nie begriffen haben.

Zusätzlich zu der üblichen Methode, nur reife Frucht zu ernten und den Rebstock vom winzerischen Gesichtspunkt aus an einer Überproduktion zu hindern, ist die von einem Weinhersteller verfolgte Philosophie der Weinbereitung von höchster Bedeutung. Außergewöhnliche Weine (ob rot, weiß oder Schaumweine) entspringen einer ähnlichen Philosophie mit den folgenden Punkten: 1) Verhelfen sie dem *terroir* des Weinbergs (Boden, Mikroklima, Besonderheit) zum Ausdruck? 2) Erlauben sie der Reintönigkeit und den typischen Eigenschaften der Rebsorte oder des Rebsorten-Verschnitts, sich im Wein deutlich zu verkörpern? 3) Folgen sie einer kompromisslosen Philosophie der Weinbereitung ohne manipulatorische Interventionen, einer Philosophie also, die sich von der gentechnischen, die Nahrungsmittel verfälschenden, industriell orientierten Auffassung der hoch technisierten Weinbereitung abwendet – kurz: Geben sie dem Wein die Chance, sich auf natürliche Weise selbst zu entwickeln, ohne menschliche Eingriffe, durch die der Wein in seinem Wesenskern verändert oder verformt werden soll, so dass der auf Flaschen abgefüllte Wein einen möglichst natürlichen Ausdruck der Weinlage, der Rebsorte und des Jahrgangs bietet? Weinproduzenten, die nach dieser ganzheitlichen Philosophie vorgehen, sind darum bemüht, traumatische Klärungsverfahren wie Schönung und Filtration zu reduzieren und den Schwefelgehalt zu senken (der die Frucht eines Weins austrocknen, seine Farbe ausbleichen kann und den bitteren Geschmack des Tannins verstärkt). Auf diese Weise produzieren sie Weine mit weit größerer Aromen- und Geschmacksvielfalt und verführerischer Textur, die für den Konsumenten einen unüberbietbaren und lohnenden Genuss bereithalten.

Unter der Annahme, dass es einen relativ breiten Konsens darüber gibt, wie die besten Weine der Welt entstehen, gebe ich im Folgenden meine Definition eines außergewöhnlichen Weins. Mit anderen Worten: Welches sind die Charakteristiken eines großen Weins?

Die Fähigkeit, sowohl den Gaumen als auch den Intellekt anzusprechen

Große Weine bieten Genuss auf hedonistischer Ebene, besitzen aber auch die Fähigkeit, den Intellekt herauszufordern und zu befriedigen. Die Welt hat viele köstliche Weine zu bieten, die rein hedonistisch, aber nicht komplex sind. Die Fähigkeit, den Geist zu inspirieren, ist eine sehr subjektive Frage. Die von den Experten »komplex« genannten Weine offenbaren sowohl in ihrem Duft- als auch in ihrem Geschmacksprofil vielfache Dimensionen und haben mehr aufzuweisen als einfach reife Frucht und eine erfreuliche, lustbetonte, jedoch eindimensionale Qualität.

Klassische Beispiele:
1990 Dom Perignon Champagner
1994 Philip Togni Cabernet Sauvignon Napa
1999 Guigal Côte Rôtie La Mouline
1995 Müller-Catoir Mussbacher Eselhart Rieslaner
1999 Turley Cellars Zinfandel Hayne Vineyard
2001 Clarendon Hills Old Vine Grenache Blewitt Vineyard

Die Fähigkeit, das Interesse des Verkosters zu fesseln

Ich habe häufig darauf hingewiesen, dass die großartigsten Weine, die ich je verkostet habe, sich unschwer allein durch ihr Bukett verraten würden. Es sind Weine, die man niemals als monochrom oder einfach bezeichnen könnte. Profunde Weine fesseln das Interesse des Verkosters nicht nur durch ihren provozierend-anregenden Auftakt auf der Zunge, sondern auch durch ihre aromatische Intensität und ihre reich nuancierten Schichten von Geschmackskomponenten, die ihnen eine geradezu magnetische Anziehungskraft verleihen.

Klassische Beispiele:
1990 Chapoutier Hermitage Pavillon
1998 l'Évangile (Pomerol)
1995 Soldera Brunello di Montalcino
1999 Peter Michael Chardonnay Point Rouge
1997 Baumard Savennières Cuvée Spéciale
1997 Bryant Family Vineyard Cabernet Sauvignon Napa

Die Fähigkeit zur Bildung intensiver Aromen und Geschmacksnuancen ohne Schwerfälligkeit

Dies lässt sich in etwa mit dem Essen in den besten Restaurants vergleichen. Hervorragende Kochkunst zeichnet sich aus durch die Reinheit ihrer Zutaten, ihre Intensität, Ausgewogenheit, Textur und ihre betörenden Aromen und Geschmacksnuancen. Was die große Kochkunst von einer lediglich guten Küche und große Weine von guten Weinen unterscheidet, ist ihre Fähigkeit, außergewöhnliche geschmackliche Intensität ohne Schwerfälligkeit zu präsentieren. Der Neuen Welt (insbesondere Australien und Kalifornien) war es ein leichtes, überdimensionierte, herzhafte, starke, reichhaltige, aber schwere Weine zu produzieren. Die besten Weinproduzenten Europas mit ihrer iahrhundertelangen Erfahrung haben die Fähigkeit erworben, intensive Geschmacksnuancen ohne Schwere zu erreichen. Doch die Weinbauregionen der Neuen Welt (insbesondere in Kalifornien) lernen schnell, wie die Folge bemerkenswerter Weine beweist, die in Napa, Sonoma und in anderen Weinanbaugebieten des Staates in den neunziger Jahren des letzten Jahrhunderts produziert wurden. Viele der größten kalifornischen Weine dieser Jahre haben nichts von ihrer Kraft und Fülle verloren, zeigen aber nicht mehr das rustikale Tannin und das raue Gefühl auf der Zunge, das viele ihrer Vorgänger vor zehn oder zwanzig Jahren charakterisierte.

Klassische Beispiele:
1995 Coche-Dury Corton Charlemagne
1997 Claude Dugat Griottes-Chambertin
1990 Bruno Giacosa Barbaresco Santo Stefano
2001 Yves Cuilleron Condrieu Vieilles Vignes
1995 Leflaive Chevalier-Montrachet
2000 Paul Cotat Sancerre Les Monts Damnés

Die Fähigkeit, mit jedem Schluck besser zu schmecken

Die meisten der besten Weine, die ich in meinem Leben getrunken habe, waren beim letzten Schluck besser als beim ersten und offenbarten einen größeren Nuancenreichtum und komplexere Aromen und Geschmacksnuancen, während sich der Wein im Glas entfaltete. Fragen Sie, liebe Leser, sich nicht manchmal, warum das letzte Glas aus der Flasche oft das interessanteste und befriedigendste ist?

Klassische Beispiele:
1996 Marcassin Chardonnay Marcassin Vineyard
1996 Mouton-Rothschild (Pauillac)
1994 Fonseca Vintage Port
1996 Léoville-Las Cases (St-Julien)
1994 Taylor Vintage Port
1999 Falesco Montiano (Umbrien)
1998 L'Eglise-Clinet (Pomerol)
1994 Screaming Eagle Cabernet Sauvignon Napa

Die Alterungsfähigkeit

Diese ist in jedem Fall ein unstrittiges Kennzeichen großer Weine. Eines der schädlichsten Vermächtnisse der europäischen Weinschriftsteller (die die Weinbeschreibungen und Weinliteratur bis in das letzte Jahrzehnt hinein dominierten) ist die Überzeugung, dass ein im Reifezustand außergewöhnlicher Wein in seiner Jugend unangenehm schmecken müsse. Meine Erfahrung hat mich genau das Gegenteil gelehrt – Weine, die in der Jugend aufgrund ihrer Säure scharf und adstringierend wirken und allgemein Frucht und Charme vermissen lassen, werden noch unangenehmer und lassen sich noch schlechter trinken, wenn sie alt sind. Dies vorausgesetzt, muss jedoch eingeräumt werden, dass neue Jahrgänge von Spitzenweinen häufig nicht durchgeformt sind und 10–12 Jahre Kellerreife benötigen (im Fall von kalifornischen Spitzen-Cabernets, Bordeaux und Rhôneweinen), doch sollten diese Weine stets eine gewisse Zugänglichkeit besitzen, so dass sogar unerfahrene Weinkonsumenten feststellen können, dass der Wein – zumindest – aus sehr reifer Frucht bereitet wurde. Wenn ein Wein in seiner Jugend keine Reife und Fruchtfülle an den Tag legt, wird er während des Alterungsprozesses keine Nuancen entwickeln. Große Weine verbessern sich ohne jede Frage mit dem Alter. Ich definiere »Verbesserung« als die Fähigkeit eines Weins, in der Flasche bedeutend lustbetonter und interessanter zu werden und im Alter mehr Genuss zu bieten als in der Jugend. Viele Weingüter (insbesondere in der Neuen Welt) produzieren Weine, von denen sie behaupten, sie würden »altern«, doch das ist nur ein Werbegag. Eigentlich sollten sie sagen, dass diese Weine »überleben« werden. Sie können 10–20 Jahre in der Flasche aushalten, sind jedoch in ihrer überschwänglichen Jugend ein größerer Genuss.

Klassische Beispiele:
1990 Latour (Pauillac)
1971 G. Conterno Barolo Monfortino
1989 Haut-Brion (Graves)
1998 Beaucastel Châteauneuf du Pape
1985 Sassicaia (Toskana)
1990 Climens (Barsac/Sauternes)
1994 Laville-Haut-Brion (Graves)

Die Fähigkeit des Weins, sich als einzigartige Persönlichkeit zu präsentieren

Wenn man die größten je produzierten Weine einer Betrachtung unterzieht, stellt man fest, dass sie sich durch ihre jeweils unverwechselbare Persönlichkeit hervorheben. Dasselbe gilt für die größten Jahrgänge. Der Missbrauch von Beschreibungen wie »klassischer Jahrgang« ist nicht viel mehr geworden als ein Verweis auf eine Weinanbauregion in einem typischen (normalen) Jahr. Außergewöhnliche Weine aus außergewöhnlichen Jahrgängen stehen weit über der Norm und können stets durch ihre einzigartige Qualität definiert werden – sowohl in Bezug auf ihre Aromen als auch ihre Geschmackskomponenten und Texturen. Die opulenten, verschwenderischen Qualitäten der 1982er und 1990er roten Bordeauxweine, das raue Tannin und die immense Alterungsfähigkeit der 1986er roten Bordeaux, die nahtlos gefügten, perfekt ausgewogenen 1994er Napa und Sonoma Cabernet Sauvignons und Eigen-Verschnitte, und die samtige, süße Frucht, der hohe Alkohol- und Glyzeringehalt der 1990er Barolos und Barbarescos sind allesamt Beispiele einer Jahrgangs-Individualität.

Klassische Beispiele:
1990 Le Tertre-Rôteboeuf (St-Émilion)
1990 Sandrone Barolo Boschis
1989 Clinet (Pomerol)
1991 Dominus Proprietary Red Wine Napa
1994 Colgin Cabernet Sauvignon Napa
1992 Beringer Cabernet Sauvignon Private Reserve Napa
1982 Mouton-Rothschild (Pauillac)
1986 Château Margaux (Margaux)
1996 Lafite-Rothschild (Pauillac)

AUS DER WELT DES WEINES

Der Begriff *terroir*

»Teilwissen ergibt vielleicht eine schöne Geschichte,
doch Weisheit ergibt sich nur aus der Sicht des Ganzen.« Arabisches Sprichwort

Ebenso ist es mit dem Begriff *terroir*, jener etwas verschwommenen, intellektuell fesselnden Theorie, dass ein Stück Boden für den Charakter eines Weins die entscheidende Rolle spielt. Im Vergleich zur übrigen Welt sind die Franzosen am meisten von der *terroir*-Idee besessen. Und warum auch nicht? Viele der berühmtesten Weinlagen des Landes sind Teil einer ausgetüftelten Qualitätshierarchie, die auf der Beschaffenheit der jeweiligen Böden und ihrer Ausrichtung zur Sonneneinstrahlung beruht. Die Franzosen wollen jedermann davon überzeugen, dass sich nichts auf dem Planeten Erde mit der Qualität ihres Pinot Noir, Chardonnay, Cabernet, Syrah und so weiter messen kann, weil ihr privilegiertes *terroir* unerreicht ist. Burgund wird häufig als der beste Ort hervorgehoben, an dem man den vollkommensten Ausdruck des *terroirs* finden könne. Die Verfechter der *terroir*-Theorie (die *Terroir*-isten) argumentieren, dass ein bestimmtes Stück Boden und sein Beitrag zu dem, was auf ihm gedeiht, dem jeweiligen Gewächs einen ganz eigenen Charakter verleiht, der sich von demselben Erzeugnis auf anderen Böden und Hängen unterscheidet. Burgund mit seinen Klassifizierungen in Grand-Cru- und Premier-Cru-Weinlagen, Gemeindelagen und gebietsspezifische regionale Rebflächen liefert den *Terroir*-isten ihre Existenzberechtigung.

Leider ist das Wort *terroir* zu einem derart politisch korrekten Schlagwort geworden, dass es in einigen Kreisen als unverzeihlicher Fehler gilt, keine profunden Kommentare über einen bestimmten »Bodengeschmack« abzugeben, wenn man etwa einen Vosne-Romanée Les Malconsorts oder einen Latricières-Chambertin verkostet. Zu den führenden *Terroir*-isten gehören die Weinproduzentin Lalou Bize-Leroy, die burgundische Weingroßhändlerin Becky Wasserman und der Autor Matt Kramer. Sie treten wortreich und überzeugend dafür ein, dass man »die echte Stimme des Landes« finden müsse, wie Kramer es formuliert, um einem Wein seine Berechtigung zu geben.

Doch wie bei so vielen Dingen, die sich um den Wein ranken – vor allem, wenn es um seinen Geschmack geht – gibt es für das, was Bize, Wasserman und Kramer vertreten, keine wissenschaftliche Grundlage. Was sie ins Feld führen ist das, wofür die meisten Einwohner Burgunds und Besitzer von Frankreichs feinsten Weinbergen allesamt Lippenbekenntnisse ablegen: dass nämlich ein Wein, der authentisch und nobel sein will, sein *terroir* zum Ausdruck bringen müsse.

Bei dieser Streitfrage bilden die »Realisten« oder besser die »Modernisten« die Gegenpartei. Sie verweisen darauf, dass das *terroir* nur einer von zahlreichen Faktoren ist, die den Stil eines Weins beeinflussen. Den Realisten zufolge prägt eine Vielzahl von Faktoren Stil, Qualität und Charakter eines Weins. Der Boden, die Ausrichtung und das Mikroklima, also das *terroir*, tragen bestimmt ebensoviel dazu bei wie die folgenden Faktoren:

1. Rebbestand: Ist er dazu ausgelegt, reichliche oder geringe Erträge zu produzieren?

2. Hefen: Benutzt der Weinmacher die wilden, im Weinberg natürlich vorkommenden Hefen oder kommerzielle Kulturhefen? Jede Hefe, ob wilde oder kommerzielle, verleiht dem Wein einen jeweils anderen Komplex von Aromen, Geschmacksnuancen und Textur.

3. Erträge und Alter der Rebstöcke: Hohe Ertragsmengen von beständig Übererträge liefernden Rebstöcken ergeben verwässerte Weine. Niedrige Erträge, gewöhnlich unter 35 bis 40 hl/ha, ergeben Weine von viel größerer Konzentration und Persönlichkeit. Darüber hinaus neigen junge Rebstöcke zur Überproduktion, während alte Reben kleine Beeren und weniger Wein erbringen. Das Ausdünnen des Traubenbehangs wird oft bei jüngeren Weingärten angewandt, um die Konzentration zu steigern.

4. Erntephilosophie: Wird die Frucht unausgereift geerntet, um mehr Säure zu bewahren, oder vollreif, um die Saftigkeit und Opulenz einer bestimmten Rebsorte zu betonen?

5. Weinbereitungsverfahren und kellertechnische Ausrüstung: Es gibt eine erstaunliche Anzahl von Verfahren, die Aromen und Geschmackskomponenten des Weins verändern können. Darüber hinaus kann die Wahl der kellertechnischen Geräte (unterschiedliche Pressen, Entrapper usw.) einen tiefgreifenden Einfluss auf den späteren Wein haben.

6. Ausbau des Weins (*élevage*): Wird der Wein in kleinen Eichenfässern (*barriques*), Zementbehältern, Edelstahltanks oder riesigen Lagerfässern aus Eichenholz (die die Franzosen *foudres* nennen) ausgebaut? Wie groß ist der Prozentsatz von neuen Eichenfässern? Welches Holz wurde zu diesen Fässern verarbeitet (französisches, russisches oder amerikanisches Eichenholz)? Alle diese Elemente üben einen großen Einfluss auf den Charakter des Weins aus. Dazu kommt, dass der Abstich (das Abziehen des jungen Weins vom Bodensatz), also das Umfüllen von einem Fass in das andere, eine immense Auswirkung auf Bukett und Geschmack des Weins hat. Erlaubt man dem Wein, lange Zeit in Kontakt mit seinen feinen Hefen zu bleiben (was ihm angeblich größere aromatische Komplexität und Fülle verleiht)? Oder wird er häufig abgestochen, weil man fürchtet, er könne einen unerwünschten Hefegeruch annehmen?

7. Schönen und Filtrieren: Selbst die konzentriertesten und profundesten Weine, die die *Terroir*-isten als essenzielle Beispiele ihres Bodens ansehen, können durch übermäßiges Schönen und Filtrieren kastriert und ihrer Persönlichkeit und Reichhaltigkeit beraubt werden. Behandelt der Weinmacher den Wein mit Fingerspitzengefühl oder ist er nur ein Erzeuger oder Verarbeiter, der es darauf abgesehen hat, den Körper des Weins umzuformen oder gar zu verstümmeln?

8. Zeitpunkt der Flaschenabfüllung: Führt der Weinmacher die Flaschenabfüllung frühzeitig durch, um so viel Frucht wie nur möglich zu bewahren, oder tut er das lieber später, um dem Wein einen ausgereifteren Charakter zu verleihen? Zweifellos kann die Philosophie in Bezug auf den richtigen Zeitpunkt der Abfüllung den Charakter eines Weins beeinflussen.

9. Kellertemperatur und hygienische Bedingungen: Einige Weinkeller sind kalt, andere warm. Die Weine aus kalten Kellern (wo die Entwicklung langsamer stattfindet und die Weine weniger zur Oxidation neigen) unterscheiden sich von den Weinen aus warmen Kellern (wo die Ausreifung von Aromen und Geschmacksnuancen rascher vor sich geht und die Weine schneller oxidieren). Und noch etwas: Sind die Weinkeller sauber oder schmutzig?

Das ist nur eine Handvoll von Faktoren, die besondere Auswirkungen auf Stil, Qualität und Persönlichkeit eines Weins haben können. Wie die Modernisten behaupten, können die vom Menschen (dem Kellermeister) getroffenen Entscheidungen, selbst wenn sie unbestreitbar höchste Qualität zum Ziel haben, weit mehr zum Charakter eines Weins beitragen als das *terroir* des Weinbergs. Ob man nun einem Realisten wie Robert Kacher Glauben schenken will oder einem *Terroir*-isten wie Matt Kramer, fest steht jedenfalls, dass sie verschiedenen Welten angehören. Ironischerweise pflegen sie jedoch meist in Bezug auf die Produzenten von Spitzenweinen übereinzustimmen.

Was ich selbst vom *terroir* halte? Ich bin davon überzeugt, dass es eine wichtige Komponente bei der Produktion eines feinen Weins darstellt. Wenn man sich der *terroir*-Philosophie verschreibt, dann muss der Wein aus außergewöhnlich geringen Erträgen gemacht sein, nur mit den wilden Hefen aus dem Weinberg vergoren, in neutralen Behältern wie etwa alten Fässern, Zement- oder Edelstahltanks ausgebaut, nur minimalen technischen Verfahren im Keller unterworfen werden und mit minimaler oder gar keiner Schönung und Filtration in die Flasche gelangen. Freilich kommen meiner Meinung nach die überzeugendsten Beispiele für die *terroir*-Theorie nicht aus Burgund, sondern aus dem Elsass und Österreich.

Wenn ich zum Beispiel die Sache der *Terroir*-isten vertreten wollte, würde ich eine der größten elsässischen Domainen ins Feld führen, nämlich die Domaine Zind-Humbrecht von Leonard und Olivier Humbrecht, um eine bescheidene Lanze für den *terroir*-Gedanken zu brechen. Die Humbrechts tun alles Erdenkliche, um die Unterschiede der verschiedenen Weinlagen in ihrem Besitz hervorzuheben. Warum ist es dann bei einer Blindverkostung so leicht, die Weine aus dem Hause Zind-Humbrecht zu identifizieren? Gewiss, ihr Hengst-Riesling unterscheidet sich im Geschmack von ihrem Riesling von Clos St-Urbain. Die Frage ist nur: Schmeckt man hier das *terroir* oder die Handschrift des Weinmachers heraus? Die Weine von Zind-Humbrecht wirken im Vergleich zu anderen Elsässer Weinen kraftvoller, reichhaltiger und intensiver. Die Erträge bei Zind-Humbrecht sind niedriger und die Weine werden vor der Flaschenabfüllung nicht filtriert. Dennoch tragen in diesem Fall die Weine nicht nur die deutlich erkennbare Handschrift des Weinmachers, sondern lassen auch den Charakter der Herkunftslagen erkennen.

Der Begriff *terroir*, wie er von vielen seiner Verfechter verwendet wird, ist häufig eine bequeme Entschuldigung für die Aufrechterhaltung des status quo. Akzeptiert man die Tatsache, *terroir* sei alles und von entscheidender Bedeutung für die Authentizität eines Weins, wie sollen die Verbraucher dann die Weine aus der berühmtesten Grand-Cru-Lage von Burgund, nämlich Chambertin, einschätzen? Diese 13 Hektar umfassende Rebfläche ist unter 23 verschiedene Besitzer aufgeteilt. Allerdings scheint sich nur eine Handvoll von ihnen dem Ziel verschrieben zu haben, einen außergewöhnlichen Wein zu gestalten. Alle stimmen darin überein, dass es sich hier um ein geheiligtes Stück Erde handelt, aber mir fallen nur wenige Produzenten ein – die Domainen Leroy, Ponsot, Rousseau und Trapet –, die Weine herstellen, welche dem überirdischen Ruf dieses Weinbergs gerecht werden. Gleichwohl sind die Chambertins dieser Produzenten in ihrem Stil vollkommen verschieden. Der Wein von Trapet ist der eleganteste, geschmeidigste und rundeste. Der Wein von Leroy ist der tanninhaltigste, am verhaltensten entwickelte, konzentrierteste und fleischigste, und der Wein von Rousseau ist der dunkelste, der am meisten von frischem Eichenholz geprägt ist und sich in Stil, Geschmack und Textur am modernsten ausnimmt. Was Burgunder-Liebhaber wahrscheinlich aus der Hand der 18–20 weiteren Produzenten (wobei ich nicht einmal an die verschiedenen Angebote der *négociants* denke) in den Regalen finden werden, reicht von medioker bis zu erschreckend dünn und fade. Welcher Wein, frage ich, spricht für den Boden von Chambertin? Ist es der von Leroy, von Trapet oder der Wein von Rousseau? Streitgespräche wie diese kann man praktisch über jede bedeutende Weinlage im Bordelais oder in Burgund führen. Welche hat den »Bodengeschmack«, der von den *Terroir*-isten als Beweis für die Qualität eines Weinbergs ins Feld geführt wird?

Sind *Terroir*-isten Kindergarten-Intellektuelle, die mehr schmecken und weniger reden sollten? Natürlich nicht. Man kann ihnen vielleicht vorwerfen, dass sie die übertriebensten Legenden Burgunds naiv geschluck haben. Andererseits sollten die Realisten anerkennen, dass ein Wein von einem bescheidenen Weinberg in Givry, ganz gleich, wie intensiv und konzentriert er sein mag, nie die schiere Komplexität und Klasse eines von einem gewissenhaften Produzenten bereiteten Vosne-Romanée Grand Cru haben wird.

Letztendlich sollten Sie *terroir* ebenso wie Salz, Pfeffer und Knoblauch betrachten. In viele Gerichte können diese Würzen eine unschätzbare Komponente einbringen und ihnen wundervollen Duft und Geschmack verleihen. Verzehrt man sie jedoch allein für sich, sind sie gewöhnlich schwer zu schlucken. Darüber hinaus vernebelt der ganze Wirbel um das *terroir* den wichtigsten Punkt von allen – nämlich diejenigen Produzenten zu identifizieren und zu entdecken, deren Weine es verdienen, dass man sie trinkt, schmeckt und genießt.

Die größten Lügen in der Weinwelt

1. Der Preis ist deswegen so hoch, weil der Wein selten und hervorragend ist.
2. Ihre Flasche hat wahrscheinlich »gekorkt«.
3. Der Wein macht gerade eine Periode der Verschlossenheit durch, wird sich aber wieder öffnen.
4. Wir versenden und lagern alle unsere Weine in Containern mit Temperaturkontrolle.
5. Sie haben den Wein nicht lange genug atmen lassen.
6. Sie haben ihn zu lange atmen lassen.
7. Ablagerungen (Depot) sind Anzeichen eines schlecht gemachten Weins.
8. Sie haben Glück – das ist meine letzte Flasche (Kiste).
9. Geben Sie der Flasche noch ein paar Jahre.
10. Wir haben die Lese vor den Regenfällen durchgeführt.
11. Der Regen beschränkte sich auf örtlich eng begrenzte Flächen und hat unseren Weinberg zum Glück verschont.
12. Zum Weingeschäft gehört weit mehr, als nur Kisten zu bewegen.
13. Parker (oder die Zeitschrift *The Wine Spectator*) wird dem Wein in der nächsten Ausgabe 94 Punkte geben.
14. Dies ist der großartigste Wein, den wir je gemacht haben, und zufällig ist es auch der einzige jetzt verkäufliche Wein.
15. Dieser Duft und Geschmack sind vom Erzeuger gewollt.

Ein Leitfaden zum Verständnis der Weinmacher-Sprache – mit einem kleinen Augenzwinkern

Was man in der Kellerei/beim Winzer sagt:	*Was wirklich gemeint ist:*
1. Das ist ein klassischer Jahrgang zum Einlagern!	Der Wein ist überaus tanninreich und wird zweifellos den größten Teil seiner Frucht eingebüßt haben, bevor das Tannin abgeschmolzen ist.
2. Das ist ein geschmeidiger, fruchtiger Wein von kommerziellem Stil.	Das ist ein dünner, verwässerter Wein aus einem Weinberg mit Überproduktion. Er dürfte sich 1–4 Jahre im Regal halten.
3. In Duft und Geschmack dieses Weins wird sein nobles *terroir* spürbar.	Während der Wachstumsphase und der Lese war das Wetter so kalt und nass, dass die Trauben niemals ausreiften, einige sogar verrotteten. Der Wein schmeckt nur nach Säure, Tannin, Holz, Alkohol und viel feuchter Erde – das *terroir* siegt wieder einmal.
4. Wir hatten Glück und ernteten vor dem Regen.	Wir ernteten vor dem letzten sintflutartigen Regen (und haben vergessen, Ihnen zu sagen, dass es vor der letzten Überschwemmung 5–10 Tage ergiebig geregnet hatte).

5. Das ist ein klassischer Jahrgang im traditionellen Stil der großen Jahre der Region.

Wieder einmal hatten wir nicht genügend Sonne und Wärme, um die Trauben ausreifen zu lassen. Daher produzierten wir Weine, die aufgrund der unreifen Traubenfrucht hart, säurebetont, eckig, kompakt und tanninherb ausgefallen sind. Nur ein Narr würde diesen Wein kaufen.

6. Möchten Sie meine Weine verkosten?

Ich habe tatsächlich ein oder zwei Fässer einer exquisiten Cuvée Vieilles Vignes aus außergewöhnlich reifer Frucht für alle meine Importeure, Kunden und diese neugierigen, aufdringlichen Weinschriftsteller beiseite gestellt, um ihnen einen Eindruck davon zu geben, was ich leisten kann.

7. Die Leute, die ihre Weinberge nach organischen oder biodynamischen Methoden bewirtschaften, sind windige Pseudo-Winzer.

Wir verwenden jedes bekannte chemische Verfahren (Insektizide, Herbizide, Tonnen von Nitrogen und anderen Düngemitteln, einschließlich »Wunder-Wuchs«) mit dem Ziel, alles im Weinberg zu töten – außer den Reben!

8. Mr. Parker weiß gar nichts.

Wir können ihn weder beeinflussen noch bestechen. Ein schrecklicher Mann, der in seinen Veröffentlichungen nicht einmal das wiedergibt, was wir ihm erzählen. Warum können wir nicht zurück zu den alten Zeiten, als wir einen Koffer voll Proben im Wagen eines Weinkritikers deponierten und die Kritiken bekamen, die wir wollten?

9. Das ist der größte Wein, den ich in meinem ganzen Leben gemacht habe.

Das ist der einzige Wein, den wir zu verkaufen haben.

10. Dieser Wein hat sich verschlossen und braucht Zeit, weil er erst kürzlich in Flaschen abgefüllt wurde.

Die Schädigung durch Flaschenabfüllung ist ein Mythos, weil jeder, der auf natürliche Weise mit sehr niedrigen SO_2-Beigaben und ohne Schönen und Filtrieren abfüllt, sehr wohl weiß, dass der Wein ebenso gut in der Flasche wie aus dem Fass schmeckt. Doch wir sind nun einmal moderne Industrielle oder wie wir es nennen »Wein-Hersteller«. Wir verwenden große Dosen Schwefel und verstümmeln zusätzlich unsere Weine durch übermäßiges Schönen und Filtrieren. Daher benützen wir die *maladie à la mise* (die »Abfüllkrankheit«) als Entschuldigung für den schlechten Ausfall unserer Weine. Um der Wahrheit die Ehre zu geben: Unsere Weine sind ausgezehrt, verstümmelt und kastriert sowie unfähig zu künftiger Verbesserung. (Erstaunlicherweise haben Weinschriftsteller und Käufer diese Lügen mindestens die letzten vier Jahrzehnte hindurch geschluckt!)

11. Parker (oder irgendein anderer Weinkritiker) hat niemals meinen Wein verkostet!	Ich habe keine 90 Punkte erhalten.
12. Parker (oder irgendein anderer Weinkritiker/-schriftsteller) liebt nur im internationalen Stil gestaltete und stark mit Eichenholzwürze ausgestattete Fruchtbomben.	Ich habe keine 90 Punkte erhalten.

Wein im Internet

Zwar hat sich das Internet für Weintrinker und -käufer nicht als so wertvoll erwiesen, wie ich erwartet hatte, doch gibt es immerhin einige Websites mit einer starken Anhängerschaft, die wichtige Informationen für Verbraucher bieten. Das Problem liegt darin, dass die Besucher dieser Websites darauf achten müsssen, nicht auf Fehlinformationen hereinzufallen wie sie von »Cyberterroristen« verbreitet werden, die konkurrierende Weine repräsentieren oder arglistige Ziele verfolgen und die weder ihre Verbindungen zum Weinhandel noch zum Verbraucher offen legen. Dessen ungeachtet gibt es etliche gute Quellen, die Informationen zum Weinkauf und Reisetipps liefern. Im Folgenden führe ich die Besten an.

www. wineloverspage.com: eine beliebte und umfassende Internetseite, die von Robin Garr begleitet und geführt wird. Sie hat eine starke Anhängerschaft und ein dynamisches, aktives Diskussionsforum mit guten Einträgen enthusiastischer Mitglieder.

www.marksquires.com: das kultivierteste Forum der Weindiskussion im Internet. Der Rechtsanwalt Mark Squires drückt den Gehalt an Banalitäten, Klagen und Fehlinformationen auf ein Minimum. Von daher hat die Diskussion die Tendenz, klar konturiert, intensiv und informativ zu sein. Für mich ist dies das seriöseste Wein-Portal von allen.

www.winespectator.com: Diese beliebte Seite gewährt nur den Abonnenten der Datenbank Zugang und bietet daneben frei zugängliche tägliche Zeitungsartikel, die von beträchtlichem Interesse sind. Vom ästhetischen Standpunkt aus gesehen ist dies eine der attraktivsten Wein-Websites. Dagegen haben ihre Diskussions-Foren nie viel Interesse erregt.

www.decanter.com: Diese Seite müsste eigentlich besser sein als sie ist, doch lohnt es sich häufig, in ihr nach Neuigkeiten und der skurrilen englischen Sichtweise zu suchen.

www.magnumvinum.fr: Diese französische Seite verkauft eigentlich Wein, enthält aber auch ein Schwarzes Brett für Abonnenten des Magazins *Revue du Vin de France*. Sie ist dreisprachig abgefasst, nämlich in Deutsch, Französisch und Englisch.

www.westcoastwine.net: Brad Harrington führt diese ausgezeichnete Seite, die zusammen mit jener von Mark Squire zu den puristisch geprägten Sites für Degustationsnotizen und Informationen von und für Mitglieder ist. Wie bei der Squire-Seite gibt es hier wenig Quengelei und die Degustationsnotizen sind ehrlich, aufrichtig und zumeist verlässlich. Eine Menge hochkarätiger Zungen sind hier zu finden, die großzügig ihr Wissen über die Weine der Welt mit anderen teilen. Eine meiner Lieblingssites zum Surfen.

http://groups.msn.com/bordeauxwineenthusiast/messageboard.msnw: Diese Site kreist um die großen Bordeaux-Weine und ist ein weiterer großartiger Ort, um gut begründete Degustationsnotizen zu finden. Weder Egomanen noch Geschmacksverderber werden geduldet, von daher sind die auf vielen Sites üblichen Beschimpfungen und Streitigkeiten auf dieser ernsthaften, höchst informativen Seite nicht zu finden. Sie ist in vielen Sprachen verfügbar.

www.wine-pages.com: Der Brennpunkt dieser superben Seite ist die englische Weinszene. Es handelt sich um eine allumfassende Site mit ausgezeichneten Einträgen aus der britischen Perspektive. Eine freundliche, für den Benutzer leicht zu handhabende Seite mit viel Lob und Kritik.

www.jancisrobinson.com: Jancis Robinson ist eine der führenden Wein-Ladys Großbritanniens. Ihre Website ist grundlegend, aber sie verlangt eine Gebühr von jährlich 20 Pfund für den Zugang zu ihren »purple pages«. Die Gebühr erscheint für das gebotene Material zu hoch, doch sollte man sich die Ansichten der redseligen Dame eigentlich nicht entgehen lassen.

www.wineanorak.com: Diese ausgezeichnete, von Jamie Goode geführte Site ist sehr auf England/Europa ausgerichtet und von beträchtlichem Wert. Die Aufmerksamkeit richtet sich hier in großem Maße auf die Wein-Neulinge und ist von daher ein besonderer Anziehungspunkt und von großem Nutzen.

www.wine-people.com: eine verbraucherfreundliche Site mit ausgezeichneten Degustationsnotizen und Kommentaren von einer höchst zuverlässigen, aber stark unterschätzten Quelle der Weininformation, nämlich Arthur Johnson.

www.RobertParker.com: Diese Site muss abonniert werden (zum stolzen Preis von $ 100 pro Jahr), doch bietet sie dafür den Lesern Zugang zu über einem Jahrzehnt von Degustationsnotizen des *Wine Advocate* sowie zu einigen unveröffentlichten Kommentaren zu Speisen und Getränken von zwei sehr seriösen Essern und Trinkern – Pierre Rovani und Robert Parker. Zusätzlich zu der enormen verfügbaren Menge von Hintergrundinformationen ist dies eine Seite, in der man sich überaus rasch zurecht findet.

DIE WEINE WESTEUROPAS

FRANKREICH

DAS ELSASS

Welche Weinbauregion erzeugt die anpassungsfähigsten Weißweine, die sich als Begleiter zu verschiedenen Speisen eignen? Welches Gebiet ist eine noch wenig erschlossene Quelle erstaunlich preisgünstiger und hochwertiger Weine? Wohin wenden sich Spitzenfachleute und echte Weinkenner, wenn sie Weißweine von außergewöhnlicher Alterungsfähigkeit suchen, die unmittelbar ansprechend und genussbetont sind und deren erschwingliche Preise den Kauf eines solchen Tropfens auch für den Alltag erlauben?

Die Antwort auf alle diese Fragen lautet: Es ist das Elsass, eine legendäre Weinbauregion im Nordosten Frankreichs und eine der schönsten auf dieser Erde dazu.

Wahre Weinkenner finden es entsetzlich, dass so viele Importeure einander förmlich auf die Füße treten, um immer noch einen überteuerten, aus Übererträgen stammenden, faden italienischen Weißen oder übersäuerten australischen Chardonnay zu ergattern, während sie die Schätze des Elsass nicht zur Kenntnis nehmen. Warum gelingt es diesen Weinen nicht, so beliebt zu werden, wie sie es reichlich verdienen?

Für Weintrinker, die Wein in Verbindung mit Essen lieben, ist das Elsass eine wahre Fundgrube. Dort gibt es eine Menge trockener, überraschend gehaltvoller, charakteristischer Weine, die im Allgemeinen ihren Preis wirklich wert sind. Die Weine werden nach der Rebsorte benannt, der Weintrinker findet sich also leicht zurecht. Zusätzlich zur Rebsorte kann der Name eines der 51 Grands Crus angehängt werden. Dann kann der Wein jedoch zwei- bis dreimal so teuer werden wie die Weine, die nicht aus Grand-Cru-Lagen stammen.

Ein anderer bemerkenswerter Aspekt der Weine aus dem Elsass ist die Langlebigkeit von guten Rieslingen, Gewürztraminern oder Tokay-Pinot Gris. Für eine trockene Cuvée und für einen Grand Cru ist ein Alter von 10 – 20 Jahren oder mehr keine Seltenheit, während die reichhaltigen, opulenten Vendanges Tardives (Auslesen bzw. Spätlesen) und vollsüßen, hochgeschätzten Dessertweine, die Sélections de Grains Nobles (Beeren- bzw. Trockenbeerenauslesen), noch älter und dabei sogar noch besser werden können.

Es ist jedoch ein typischer Zug ungeschulter Konsumenten, dass sie sich scheuen, Elsässer Weine zu kosten. Nicht zuletzt deshalb, weil die Angebote von Qualitätsproduzenten negativ beeinflusst werden von den großen Mengen von industriell hergestellten und geschmacklosen Weinen aus ertragreichen Rebgärten im Flachland (Felder, die sich besser zur Anpflanzung von Weißkraut für die Sauerkrautherstellung eignen, dem Hauptbestandteil des berühmtesten Elsässer Gerichts Choucroute Garni). Die Elsässer Weine (sogar die vollkommen trockenen) neigen zu Fruchtigkeit und fülliger Persönlichkeit, was manche an geschmacklose oder eichenholz-dominierte Weißweine gewöhnte Konsumenten schockiert. Letztendlich ein Problem, das die Elsässer Erzeuger (zu ihrem eigenen Vorteil) lösen müssen, enthalten doch viele Weine, deren Etikett dem Konsumenten suggerieren könnte, sie

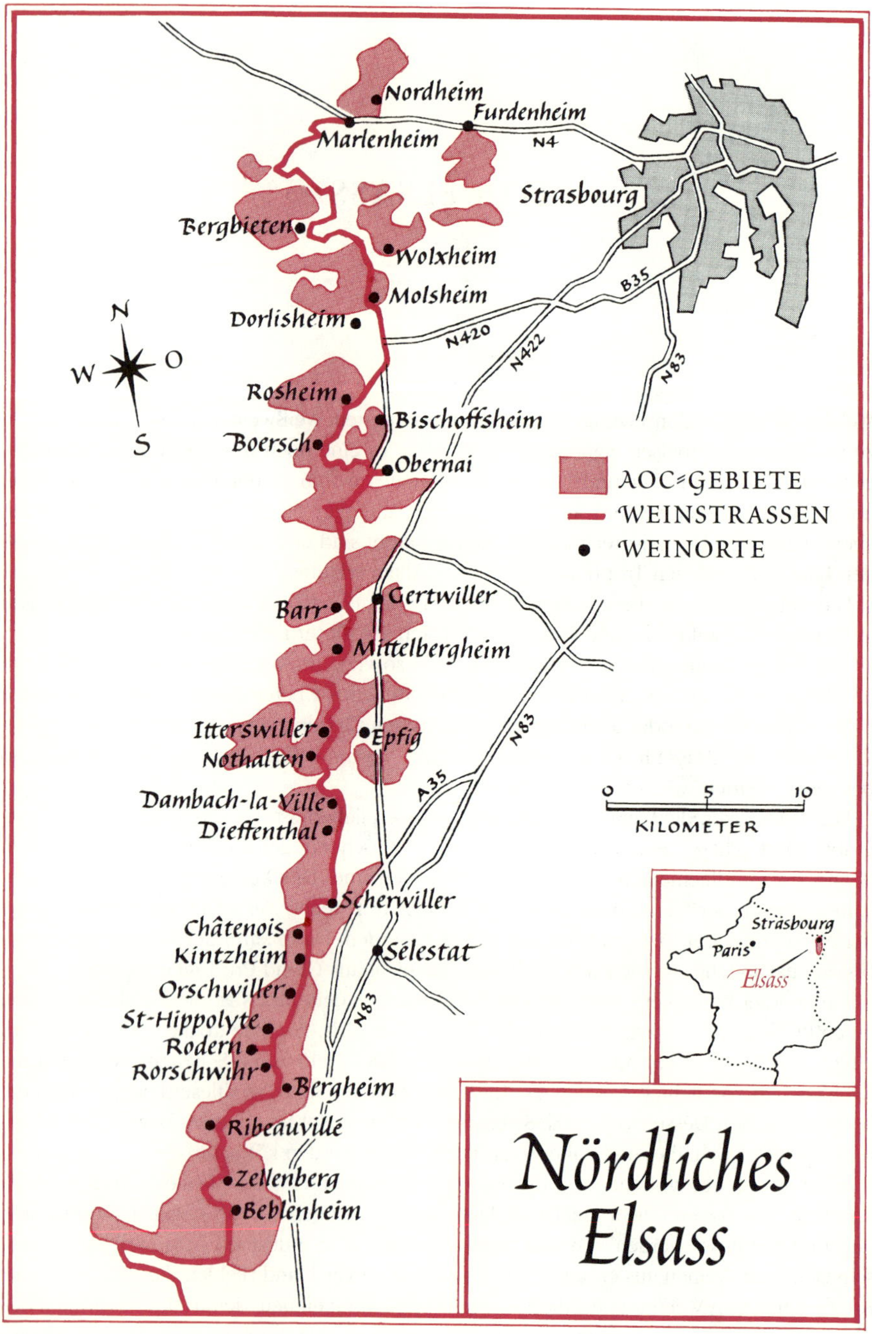
Nordheim
Furdenheim
Marlenheim
N4
Strasbourg
Bergbieten
Wolxheim
Molsheim
B35
Dorlisheim
N420
N422
N83
N
W
O
S
Rosheim
Bischoffsheim
Boersch
Obernai
AOC-GEBIETE
WEINSTRASSEN
WEINORTE
Barr
Gertwiller
Mittelbergheim
Itterswiller
Epfig
Nothalten
N83
A35
Dambach-la-Ville
Dieffenthal
0 5 10
KILOMETER
Scherwiller
Châtenois
Sélestat
Kintzheim
Orschwiller
N83
St-Hippolyte
Rodern
Rorschwihr
Bergheim
Ribeauvillé
Zellenberg
Beblenheim
Strasbourg
Paris
Elsass
Nördliches Elsass

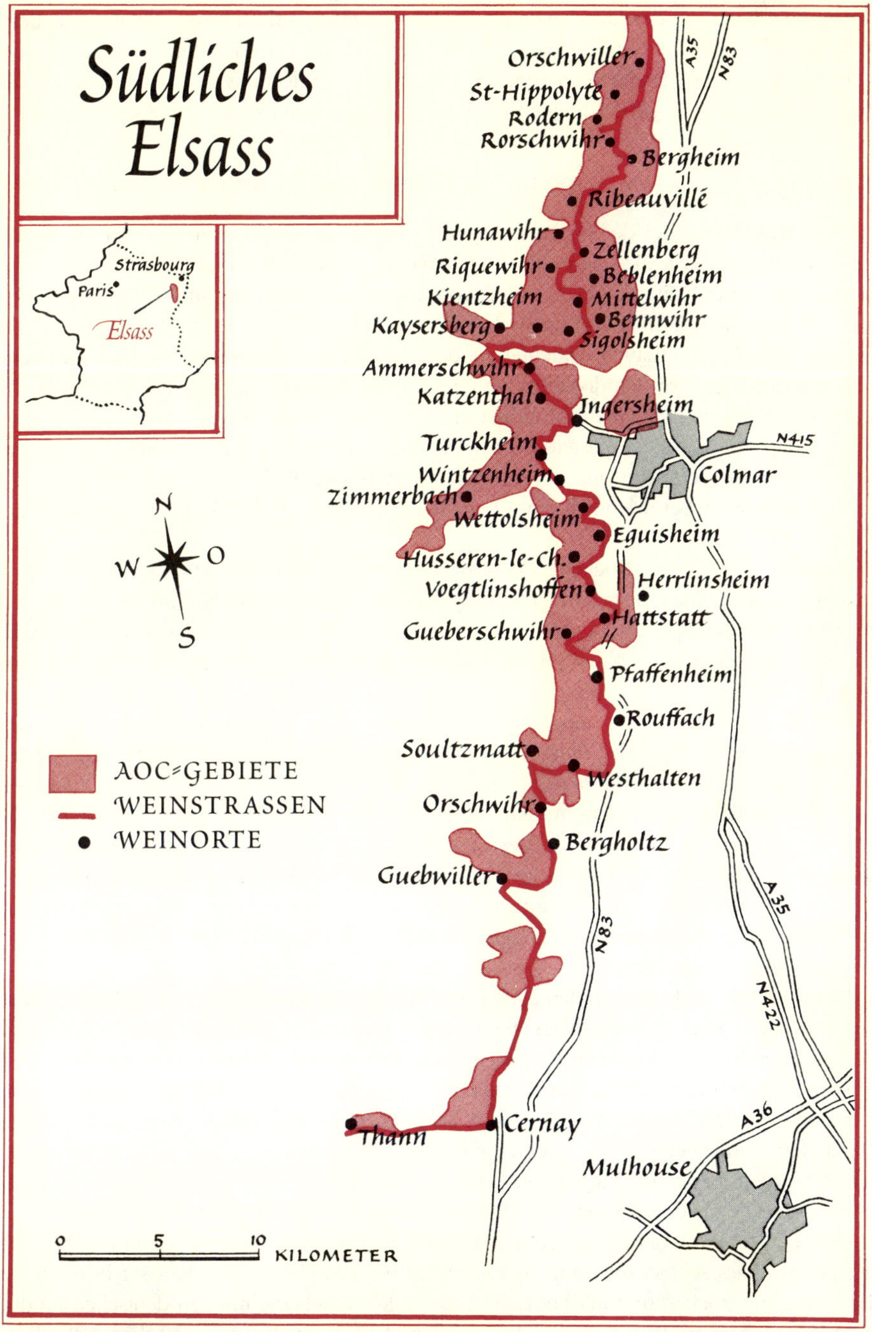
Südliches Elsass
Strasbourg
Paris
Elsass
N
W
O
S
AOC-GEBIETE
WEINSTRASSEN
WEINORTE
0
5
10
KILOMETER
Orschwiller
St-Hippolyte
Rodern
Rorschwihr
Bergheim
Ribeauvillé
Hunawihr
Zellenberg
Riquewihr
Beblenheim
Kientzheim
Mittelwihr
Bennwihr
Kaysersberg
Sigolsheim
Ammerschwihr
Katzenthal
Ingersheim
Turckheim
Wintzenheim
Colmar
Zimmerbach
Wettolsheim
Eguisheim
Husseren-le-Ch.
Voegtlinshoffen
Herrlinsheim
Hattstatt
Gueberschwihr
Pfaffenheim
Rouffach
Soultzmatt
Westhalten
Orschwihr
Bergholtz
Guebwiller
Thann
Cernay
Mulhouse
A35
N83
N415
N422
A36

seien trocken, in Wirklichkeit beträchtliche Mengen von Restzucker. Es würde die Verwirrung der Verbraucher verringern und den Kaufprozess vereinfachen, wenn die Etiketten auf diesen Flaschen Angaben zu dem jeweiligen Restzuckergehalt enthielten.

Um dem Leser bei der Einschätzung und dem Verständnis der Elsässer Weine zu helfen, will ich im Folgenden kurz auf die verschiedenen Rebsorten dieser Region eingehen und auch die teureren und selteneren Vendange Tardives und Sélections de Grains Nobles kommentieren. Außerdem gebe ich einen Überblick über die Grands Crus des Elsass.

REBSORTEN UND EIGENSCHAFTEN DER ELSÄSSER WEINE

Gewürztraminer Bei der ersten Begegnung mit einem Gewürztraminer tritt zweifellos eine von folgenden Reaktionen auf: strikte Ablehnung oder Bewunderung. Er ist ein sehr stark parfümierter Wein mit einem Aroma von Rosenblättern, Litschis und vollreifen Ananas. Bei der Charakterisierung der Eigenschaften eines Gewürztraminers fällt wohl kaum das Wort »subtil«. Wenn ich auch eindeutig auf der Seite dieses kontrovers beurteilten Gewächses stehe, so eignet es sich doch am besten allein als Aperitif oder zu sehr pikanten Fisch- oder Schweinefleischgerichten. In großen französischen Restaurants wird der Wein gern in Verbindung mit Gänseleberpastete oder mit kräftigem Käse, wie zum Beispiel Munster, serviert. Dieser körperreiche, im Allgemeinen alkoholstarke Wein (13,5–14% Alkohol sind nicht selten) ist außerordentlich langlebig. Alterungspotenzial: 5–15 Jahre; Vendange Tardive: 8–25 Jahre.

Muscat Der herrlichste trockene Weißwein aus dem Elsass mit dem verführerischsten Duft ist der Muscat. Völlig unterschätzt, ja oft sogar unbekannt, ist er ein hervorragender Begleiter von gewürzten Speisen, besonders jenen aus der fernöstlichen und indischen Küche. Er ist von mittlerem Körper, blumig und aromatisch, voller Finesse und Charme. Alterungspotenzial: 3–5 Jahre.

Pinot Blanc Sie suchen einen frischen, trockenen, ausdrucksstarken und komplexen Wein zu einem vernünftigen Preis? Unter den Pinots Blancs finden Sie immer einen preiswerten. Im Elsass haben die feinsten Weine dieser Rebsorte ein einnehmendes, fruchtiges Bukett mit Aromen von Honig, Äpfeln und Orangen und einer steinigen Note, ebenso stilvoll-elegante, an Äpfel erinnernde Geschmacksnuancen. Leider haben einige Erzeuger begonnen, diesen Wein in Holzfässern auszubauen, die besten Weine aber sind die ohne Holzton. Ein Pinot Blanc passt ausgezeichnet zu vielen Gerichten und sollte innerhalb von 4–5 Jahren getrunken werden. Klevener und Pinot Auxerrois sind Varietäten des Pinots mit noch mehr Rasse und Finesse.

Pinot Noir Ja, im Elsass werden auch Rotweine erzeugt, sie sind aber mit Sicherheit nicht die Stärke der Region. Obwohl es auch einige Ausnahmen gibt, sind Elsässer Rotweine selbst in den besten Jahrgängen im Allgemeinen überteuerte, schwache und fade Weine mit ausgewaschenen Geschmackskomponenten. Spitzenerzeuger, etwa Olivier Humbrecht von der Domaine Zind-Humbrecht, behaupten, dass sich auch im Elsass qualitativ hochstehende Pinot Noirs produzieren ließen, wenn einige der besten Weinberge mit dieser Rebsorte bestockt würden. In der Tat hat Jean-Michel Deiss von der Domaine Marcel Deiss einige köstliche Rotweine aus den Trauben alter Rebstöcke von der Weinlage Burlenberg gemacht.

Riesling Der Riesling ist ohne Zweifel eine der größten Weißweinreben, aber die Riesling-Weine im Elsass schmecken ganz anders als die in Deutschland. Die Elsässer bevorzugen ihren Riesling trocken und mit beträchtlich mehr Körper als die meisten deutschen Produzenten. Anscheinend lieben aber auch viele deutsche Verbraucher einen trockenen Riesling, denn sie sind die größten Abnehmer. Der Riesling im Elsass hat einen Duft nach Blüten, aber auch einen starken *goût de pétrol*, der kaum zu beschreiben ist. Im Elsass weist der Riesling einen erdigen, mineralischen Geschmack nach Feuerstein auf, der sich völlig von dem schieferartigen, stahligen Charakter unterscheidet, der für die meisten Mosel-Rieslinge typisch ist. Weniger blumig als die deutschen Entsprechungen, mit mehr Duft nach Ananas, Honig und Orangenschale, sind die Elsässer Rieslinge von mittlerem bis vollem Körper und können bemerkenswert gut altern. Alterungspotenzial: 3–15 Jahre; Vendange Tardive: 5–25 Jahre.

Sylvaner Der Sylvaner ist die Rebsorte, die ich im Elsass am wenigsten schätze. Den Weinen fehlt zumeist ein interessantes Bukett, sie sind im Aroma oft neutral, wenn nicht gar vegetabil. Wegen des hohen Säuregehalts sollte der Sylvaner besser als Rebsorte für den Verschnitt und nicht allein verwendet werden. Alterungspotenzial: 1–5 Jahre.

Tokay-Pinot Gris Der Tokay-Pinot Gris erreicht im Elsass seinen Höhepunkt als trockener, körperreicher Wein und kann sich als ebenso unwiderstehlich erweisen wie die größten Chardonnays. Er ist ein Spitzengewächs, das, besonders wenn es spät geerntet und trocken oder nahezu trocken ausgebaut wird, eine gewaltige Palette von Aromen buttriger, cremiger, rauchiger Frucht entwickelt. Die Weine sind ölig, von intensivem Geschmack sowie von bemerkenswerter Kraft und Präsenz am Gaumen. Sie passen am besten zu der Art von Speisen (reichhaltige Fischgerichte oder Ähnliches), zu der man üblicherweise einen weißen Grand-Cru-Burgunder servieren würde. Spätlesen erreichen 14–15% Alkohol und können sehr gut altern. Alterungspotenzial: 4–10 Jahre; Vendange Tardive: 5–20 Jahre.

EINIGE BEMERKUNGEN ÜBER VENDANGES TARDIVES UND SÉLECTIONS DE GRAINS NOBLES

Die spät geernteten Vendanges Tardives im Elsass werden aus vollreifen (nicht überreifen) Trauben hergestellt und sind kraftvolle, reichhaltige, groß angelegte Weine mit einem Alkoholgehalt von 14,3–16%. Was Konzentration und Extrakt anbelangt, wirken sie majestätisch. Je nach Produzent kann ein Vendange Tardive vollkommen trocken ausgebaut werden oder eine geringe Restsüße behalten. Die besten dieser Weine zeugen von höchster Kunst der Weinbereitung und bieten ebenso hinreißenden wie aufregenden Trinkgenuss. Sie können sehr gut altern, oftmals sogar länger und anmutiger als die weißen Premier- und Grand-Cru-Burgunder – eine wenig bekannte Tatsache. Jeder spät gelesene Wein muss die Bezeichnung »Vendange Tardive« auf dem Etikett aufweisen. Die Beerenauslesen, die auf Französisch »Sélections de Grains Nobles« genannt werden, gehören zu den süßen, nektarähnlichen und gleichzeitig raren und sündhaft teuren Weinen der Elsässer Weinhierarchie. Diese Weine begeistern durch ihren üppigen Fruchtextrakt, der von frischen Eichenholzaromen völlig frei ist. Im Allgemeinen meiden die Elsässer Weinproduzenten den Einsatz neuer Holzfässer. Eine Sélection de Grains Nobles kann leicht 15–30 Jahre alt werden. Die Qualität und Lebensdauer hat ihren Preis!

JÜNGERE JAHRGÄNGE

2000 – Nur wenige *2000er* der besten Weinproduzenten des Elsass sind vor Drucklegung dieses Buches verkostet worden, doch zeichnet sich schon jetzt das hervorragende Potenzial dieses Jahrgangs deutlich ab. Dort, wo die Erträge unter Kontrolle gebracht, die Trauben aussortiert und von Graufäule befallene Büschel entfernt wurden, vermochte der Jahrgang 2000 reintönige, dicht gepackte Weine von immenser Tiefe und Ausgewogenheit zu liefern. Dennoch ist dies kein großartiger Jahrgang, der die Qualität auch bei unbedeutenden oder mittelmäßigen Winzern anhebt, da nur durch einen immensen Arbeitsaufwand im Weinberg Erfolge erzielt werden konnten.

1999 – Der Jahrgang 1999 ist der reizloseste, den diese Region seit 1992 und 1991 hervorgebracht hat, doch erzeugten die Spitzengüter wunderbarerweise prachtvolle Weine. In Regen und Nässe versunken, die nun einmal die Fäulnisbildung begünstigen, wurde der Jahrgang durch gutes Wetter Ende August und Anfang September vor dem Untergang gerettet. Mitte September setzten erneut Regenfälle ein und machten die Ernte zu einem Wettlauf, bei dem es darum ging, »zwischen den Unwettern zu pflücken«, wie ein Winzer es formulierte. Früh reifende Rebsorten wie Pinot Blanc, Sylvaner und Muscat konnten während der trockenen, sonnigen Periode gelesen werden, doch den Trauben, die auf eine längere Hängezeit am Rebstock sowie Hitze und Sonnenschein angewiesen sind, erging es übel. Die Riesling-Rebe scheint der Schwachpunkt des Jahrgangs zu sein: Der Mehrzahl mangelt es an Tiefe, Konturenschärfe und Reife. Der Gewürztraminer, eine Rebsorte, die stark von Hitze und Sonne abhängt, ist besser ausgefallen, doch den meisten 1999ern mangelt es an der auffälligen, fruchtbetonten Persönlichkeit, die ihre Bewunderer so leidenschaftlich lieben.

1998 – Der *1998er* Jahrgang erwies sich im Elsass als ebenso schwierig wie im übrigen nördlichen Frankreich. Doch weil die Elsässer Weinproduzenten sehr flexibel und anpassungsfähig sind, wenn es darum geht, Entscheidungen über ihre Lesetermine und den jeweils zu erzeugenden Weinstil zu treffen, bringen sie (zumindest bei den 20–25 Spitzenweingütern) ausgezeichnete oder hervorragende Resultate hervor. Mai und Juni waren warme Monate, die zu einer frühen, aber gleichmäßigen Blüte führten. Günstige Temperaturen und Regenfälle stellten sich in den letzten Junitagen ein und währten bis Mitte Juli. Danach setzte sich im Elsass von Mitte bis Ende August heißes, trockenes Wetter durch. Während dieser Periode führten die stechende Sonne und die abnorm hohen Temperaturen zu Verbrennungen bei den Trauben.

Im späten August machte das Wetter wiederum eine Kehrtwendung und schlug von Hitze und Trockenheit zu Kälte und reichlichen Regengüssen um. Dies hielt bis zur dritten Septemberwoche an; danach erlebte die Region zwei Wochen herrlichsten Wetters. Innerhalb dieser Zeit begannen viele Winzer, Pinot Blanc, Muscat und Gewürztraminer zu lesen (hauptsächlich von Rebflächen im Tal und auf den niedrig gelegenen Abhängen). Am 30. September öffneten sich die Schleusen des Himmels erneut und überschwemmten die Region bis zum 12. Oktober mit Regen; danach kehrten die idealen Wetterbedingungen zurück. Viele Produzenten verglichen ihre besten *1998er* mit Weinen, die in den beiden Spitzenjahren des Jahrzehnts, 1990 und 1994, produziert worden waren. Für die Vendange Tardive (Spätlese), Sélection de Grains Nobles (Beerenauslese) und die meisten Grands Crus ist dieser Vergleich durchaus zutreffend. Die besten Beispiele zeigen prachtvolle Reife, reichliches Vorhandensein von Botrytis, jener Edelfäule, die für die erwünschte Komplexität sorgt, sowie gute Säure für angemessene Ausgewogenheit. Die besten Weingüter führten die Lese für alle diese Weine im Oktober durch.

1997 – 1997 ist ein wunderbarer Jahrgang für Gewürztraminer, weniger günstig freilich für Tokay-Pinot Gris und Riesling. Der warme Sommer ließ die natürliche Säure des Traubenguts sinken, was die Üppigkeit des Gewürztraminers betont, aber die Rieslinge und andere Gewächse weniger komplex und alterungsfähig macht. Dieser Jahrgang ist zum frühen Trinkgenuss bestimmt. Er zeigt das perfekte Timing von Mutter Natur, die im Jahr zuvor die superstrukturierten und straff gewirkten *1996er* hervorgebracht hatte.

1996 – Dieser Jahrgang ist qualitativ uneinheitlich. Er brachte einige außergewöhnliche Weine hervor, aber auch viele säurereiche Sauerampfer. Was war für den Unterschied verantwortlich? Die Erträge. Kühle Temperaturen und trockener Nordwind prägten das Wetter im August und September und ergaben Trauben mit abnorm hohem Säuregehalt. Winzer, die üppige Ertragsmengen züchten (es ist bekannt, dass im Elsass manche von ihnen bis zu 100 hl/ha geerntet haben), haben nicht die richtige Traubenqualität (nämlich Fruchtigkeit) als Gegengewicht zur Säure erzielt. Doch gewissenhafte Produzenten wie Olivier Humbrecht (er hatte 1996 Durchschnittserträge von 31 hl/ha) machten Weine von außergewöhnlicher Ausgewogenheit mit einer Fülle von Konzentration und der Fähigkeit, bemerkenswert gut zu altern. Dies ist ein Jahrgang, in dem viele der Tokay-Pinot Gris wie auch die Mehrzahl der Gewürztraminer wegen ihres säurereichen Profils die Opulenz und lustbetonte Anmutung vermissen lassen, die man im Allgemeinen mit diesen Rebsorten verbindet. Der

Riesling zeigte in diesem Jahrgang die beste Leistung mit kraftvollen Anklängen an den typischen *goût de petrol* und einer deutlich spürbaren hervorragenden Konturierung. Die besten *1996er* Rieslinge werden äußerst langlebig ausfallen. 1996 entstanden wenige Süßweine, da Botrytis sehr spärlich auftrat.

1995 – Der Jahrgang 1995 ist qualitativ uneinheitlich. Die besten Winzer schufen prachtvolle Rieslinge, Muscatweine und Tokay-Pinot Gris, während andere Erzeuger Weine hervorbrachten, denen es an Charakter, Frucht und Konzentration mangelte. Auf einen kalten, regnerischen September folgten ein herrlicher Oktober und November. Diejenigen Produzenten, die aus Angst früh zu lesen begannen, ernteten unreife Trauben mit hohem Säuregehalt. Wer aber genügend Mut und Professionalität aufbrachte, zu warten, wurde mit einem langen Spätsommer mit idealen Wetterbedingungen belohnt. Doch ist 1995 kein Jahrgang für Gewürztraminer, da diese Rebsorte warme Temperaturen benötigt, um ihre ausgesprochen üppige Persönlichkeit zum Ausdruck zu bringen.

1994 – Die *1994er* aus den besten Hanglagen und auch jene von Erzeugern, die ihre Erträge ausdünnten und klein hielten, ergaben massive, höchst konzentrierte Weine. Hinzu kommt, dass das Septemberwetter launisch und wechselhaft war und Winzer, die spät ernteten, mit einem außerordentlich sonnigen und warmen Oktober belohnt wurden. Anders als 1993, 1992 und 1991 sind reichliche Mengen von vollen, körperreichen Vendange-Tardive-Weinen mit hohen Werten vorhanden, insbesondere von den besten Weinbergen und Erzeugern. Auf höchster Qualitätsebene ist dies ein großartiges Jahr.

1993 – Die *1993er* Weine sind gut geworden, da das Elsass dem schlechten Wetter entging, das einen großen Teil Frankreichs schwer heimgesucht hat. Die Weine sind leichter als die 1992er, besser mit Säure ausgestattet und besitzen mehr Struktur und reine, reife Frucht. Als langlebig werden sie sich freilich nicht erweisen. Die meisten *1993er* müssen in ihrer Jugend getrunken werden. Vendanges Tardives und liebliche Beerenauslesen (Sélections de Grains Nobles) wurden in diesem Jahrgang nur sehr wenige erzeugt.

1992 – Im Elsass ein weitaus besserer Jahrgang als in den meisten Regionen Südfrankreichs. Es war die früheste Ernte seit 1976, die Erzeuger berichten von sehr hohen Erträgen mit großer Reife und Fülle, doch sind die Weine extrem säurearm. Sie sind zumeist früh trinkreif, saftig und ansprechend.

1991 – Im Elsass der schwierigste Jahrgang seit 1987. Trotzdem machten einige Produzenten, etwa die Domainen Weinbach und Zind-Humbrecht, Weine, denen man nicht anmerkt, dass sie aus einem mediokren oder sogar unterdurchschnittlichen Jahr stammen. Die meisten Weine sind relativ leicht, allzu säurereich und etwas grün, ganz im Gegensatz zu den weichen, fruchtigen 1992ern.

1990 – Erstaunlicherweise ist dieser Jahrgang einheitlicher in der Qualität als der von 1989. Es wurden weniger Vendanges Tardives und Sélections de Grains Nobles produziert, also gute Nachrichten für die Liebhaber der trockenen Elsässer Weine. Ich war beeindruckt von der Qualität aller Rebsorten, aber die besten Noten gehen an die großartigen Rieslinge, die sogar die 1989er noch übertreffen. Die Gewürztraminer, die 1989 so umwerfend aromatisch und reichhaltig waren, fielen 1990 etwas weniger intensiv und überwältigend, dafür aber vielleicht ausgewogener aus. Alles in allem ist 1990 ein großer Jahrgang, in jeder Hinsicht ebenso gut wie die vorhergehenden großen Jahre 1989, 1985 und 1983.

1989 – Dieser Jahrgang brachte vollreife, kraftvolle, wuchtige und schwere Weine mit einem außerordentlichen Aroma und einer sinnbetörenden Fülle hervor und ist hierin dem 1983er Jahrgang am ähnlichsten. Es wurden große Mengen an Vendanges Tardives und Sélections de Grains Nobles produziert. Tatsächlich steht 1989 am süßen Ende des Spektrums und ist in dieser Hinsicht vielleicht mit keinem der jüngeren Jahrgänge vergleichbar. Sogar die absolut trockenen Weine wirken eher massiv. Es stehen viele große Weine zur Auswahl, doch wird man bei den meisten wegen ihres relativ geringen Säuregehalts, der sie nicht sehr alt werden lässt, keine lange Lagerungszeit ins Auge fassen können.

1988 – Das ist ein sehr guter Jahrgang, der nur hinter den Jahren 1989 und 1990 zurücksteht. Die sehr trockenen und stilvollen Weine mögen zwar nicht die Konzentration und Dramatik der 1989er und 1990er erreichen, sind aber trotzdem elegant, weich und anmutig. Die meisten Spitzenrieslinge, Gewürztraminer und Grand Crus können mindestens ein Jahrzehnt oder länger gelagert werden.

ÄLTERE JAHRGÄNGE

Der 1987er ist erstaunlich gut ausgefallen, insbesondere in Anbetracht seines mäßigen Rufs. So haben einige Produzenten wie etwa Zind-Humbrecht 1987 superbe Weine gemacht. Insgesamt ist die Qualität mindestens gut und in vielen Fällen ausgezeichnet. Wegen der Herbstregen sind in diesem Jahr kaum Vendanges Tardives oder Sélections de Grains Nobles entstanden. 1986 war ein uneinheitlicher Jahrgang, aber wie erwartet haben die besten Domainen, nämlich Zind-Humbrecht und Weinbach, selbst in diesem schwierigen Jahr viele herrliche Weine erzeugt. Es wird schwierig sein, noch ein paar dieser Flaschen zu finden, handelt es sich doch um einen der vier oder fünf besten Elsässer Jahrgänge der letzten 20 Jahre. Die Weine sind reichhaltig mit ordentlicher Säure und entwickeln sich anmutig in der Flasche. Sie dürften köstlichen Trinkgenuss bieten und sind im Fall der besseren Tokay-Pinot Gris, Rieslinge und Gewürztraminer imstande, mindestens ein weiteres Jahrzehnt zu halten. 1984 und 1982 erhalten meine Stimme als die zwei schlechtesten Jahrgänge des Jahrzehnts; sie sind ohne jedes Interesse. 1983 war für das Elsass jedoch wieder ein großer Jahrgang. Ich habe mir fast 20 Kisten der 1983er gekauft und habe sie ab ihrer Freigabe mit großem Vergnügen getrunken. Trotz ihrer niedrigen Säure und ihres relativ intensiven, konzentrierten Stils gibt es noch keine Anzeichen, dass die Weine zusammenbrechen. Viele der in einem ausladenderen Stil bereiteten Rieslinge und Gewürztraminer sind immer noch dabei, sich zu verbessern. Vorausgesetzt, Sie sind in der glücklichen Lage, gut gelagerte Flaschen der 1976er, 1971er und 1967er aufzutreiben, können Ihnen diese Weine auf bemerkenswerte Art das Alterungspotenzial der Elsässer Spitzenweine beweisen. Ich vermute freilich, dass man sie nur noch auf Auktionen und zu märchenhaften Preisen finden kann.

DIE BEDEUTUNG DES GRAND-CRU-SYSTEMS IM ELSASS

Wie Burgund besitzt auch das Elsass ein kompliziertes Grand-Cru-System, das noch immer Gegenstand beträchtlicher Kontroversen ist. Natürlich wurden die besten Elsässer Rebflächen in Hanglagen in die Grand-Cru-Klassifizierung aufgenommen. Dagegen hat man Weinlagen, die einem einzigen Besitzer gehören (Einzellagen) aus den Grands Crus ausgeschlossen, obwohl es dafür von der Qualität her keinerlei Grund gibt. So kommt es, dass unbestreitbar erstklassige Lagen wie Clos Ste-Hune, Clos Windsbuhl und Clos des Capucins nicht zu den Grands Crus zählen. Um die Verwirrung voll zu machen, weigern sich einige Spitzenerzeuger – Hugel, Beyer und Trimbach –, die Bezeichnung Grand Cru auf ihren Spitzencuvées anzugeben, ungeachtet der Tatsache, dass die Mehrheit ihrer Weine tatsächlich aus Grand-Cru-Weinbergen stammt. Hinzu kommt noch, dass Politiker in jedem Weindorf im Elsass die überregionalen Behörden erfolgreich überredet haben, ihnen eine »eigene« Grand-Cru-Bezeichnung zu verleihen. Als Ergebnis dieser politischen Konzessionen gibt es jetzt mehr als 50 Grands Crus, fast 20 mehr, als an der Côte d'Or im Burgund zugelassen sind. Trotz dieser Schwachpunkte stellt das Grand-Cru-System einen Ansporn für die Erzeuger dar, das Beste aus den bevorzugten Weinlagen herauszuholen.

Um dem Leser zu helfen, die Grands Crus besser zu verstehen, die eine immer größere Bedeutung erlangen, wie auch immer man dazu stehen mag, habe ich in alphabetischer Reihenfolge die wichtigsten Grands Crus mit den besten Erzeugern aufgelistet. Darüber hinaus habe ich versucht, die wichtigsten Besonderheiten jeder Weinlage anhand von Informationen des Comité Interprofessionel des Vins d'Alsace darzustellen.

DIE WICHTIGSTEN GRANDS CRUS IM ELSASS

Altenberg de Bergbieten GRÖSSE: 27 ha; WICHTIGE FAKTEN: Hanglage mit rein südöstlicher Ausrichtung, gipshaltiger, lehmiger und kiesiger Boden; BEVORZUGTE REBSORTEN: Riesling und Gewürztraminer sind bestens geeignet, aber auch Tokay-Pinot Gris und Muscat wachsen auf diesen Hängen.

Altenberg de Bergheim GRÖSSE: 26 ha; WICHTIGE FAKTEN: Kalkstein und Mergel dominieren in den Böden dieser Hanglage, die bekannt ist für ihren superben Riesling und – in geringerem Ausmaß – auch für ihren Gewürztraminer; BEVORZUGTE REBSORTEN: Riesling und Gewürztraminer; BESTE ERZEUGER: Marcel Deiss, Charles Koehly, Gustave Lorentz, Sylvie Spielman.

Brand GRÖSSE: 56,7 ha; WICHTIGE FAKTEN: Schön an einem Hügel gelegenes Anbaugebiet hinter Turckheim mit südsüdöstlicher Ausrichtung; der Boden ist tiefer Granit, versetzt mit schwarzem Glimmer; BEVORZUGTE REBSORTEN: Riesling, Tokay-Pinot Gris und Gewürztraminer; BESTE ERZEUGER: Zind-Humbrecht, Pierre Sparr, Albert Boxler.

Eichberg GRÖSSE: 57,6 ha; WICHTIGE FAKTEN: Das unweit von Colmar gelegene Eichberg ist berühmt für seine Gewürztraminer, gefolgt von Tokay-Pinot Gris und Riesling. Mit seinem kalk- und mergelhaltigen Boden und der nach Südosten ausgerichteten Hanglage kann dieses Gebiet in heißen, sonnigen Jahren mächtige Weine hervorbringen. BEVORZUGTE REBSORTEN: Gewürztraminer, Riesling und Tokay-Pinot Gris; BESTE ERZEUGER: Leon Beyers Comtes d'Eguisheim (100% aus dem Weinberg von Eichberg), Kuentz-Bas Gewürztraminer, Gérard Schueller, Scherer.

Engelberg GRÖSSE: 11 ha; WICHTIGE FAKTEN: Ein an Kalkstein und Mergel reicher Boden, der außergewöhnlich gut entwässert; BEVORZUGTE REBSORTEN: Gewürztraminer und Riesling.

Florimont GRÖSSE: 11 ha; WICHTIGE FAKTEN: Dieser steile, südöstlich ausgerichtete Weinberg mit Kalksteinboden liegt außerhalb des Dorfes Ingersheim. BEVORZUGTE REBSORTE: Gewürztraminer.

Frankstein GRÖSSE: 53 ha; WICHTIGE FAKTEN: Eigentlich besteht dieser steile, nach Südosten ausgerichtete Weinberg mit hervorragender Entwässerung zum gegenwärtigen Zeitpunkt aus vier separaten Parzellen. BEVORZUGTE REBSORTEN: Riesling und Gewürztraminer.

Froehn GRÖSSE: 13,9 ha; WICHTIGE FAKTEN: Außerhalb des Dorfes Zellenberg gelegen, hat dieser kleine Grand Cru den Ruf, langlebige Weine hervorzubringen. BEVORZUGTE REBSORTEN: Gewürztraminer, Tokay-Pinot Gris und Muscat.

Fürstentum GRÖSSE: 27,5 ha; WICHTIGE FAKTEN: Dieser herrlich gelegene Weinberg in steiler Hanglage unweit von Kaysersberg besitzt ein warmes Mikroklima und bringt reichhaltige Weine mit vollem Körper hervor. BEVORZUGTE REBSORTEN: Gewürztraminer, Riesling und Tokay-Pinot Gris; BESTE ERZEUGER: Weinbach, Bott-Geyl, Albert Mann, Marc Tempé, Paul Blanck.

Geisberg GRÖSSE: 8,5 ha; WICHTIGE FAKTEN: Steiler, terrassenartig angelegter Weinberg mit Blick auf das reizende Dorf Ribeauvillé. Geisberg ist bekannt für seine sehr kiesigen, mit Kalkstein untermischten Böden und seine kräftigen, jedoch eleganten Weine. BEVORZUGTE REBSORTE: Riesling; BESTER ERZEUGER: Trimbach (Cuvée Frédéric Emile).

Gloeckelberg GRÖSSE: 23,4 ha; WICHTIGE FAKTEN: In der Nähe der Dörfer St-Hippolyte und Rodern befindliche Weinlage, südlich und südöstlich ausgerichtet, mit ausgewogenem, aber relativ saurem Boden aus Sand, Gips und Kies; BEVORZUGTE REBSORTEN: Tokay-Pinot Gris, gefolgt von Gewürztraminer; BESTER ERZEUGER: Charles Koehly.

Goldert GRÖSSE: 45,3 ha; WICHTIGE FAKTEN: Eine der bemerkenswertesten Weinlagen im Elsass, nördlich des Dorfes Gueberschwihr, ziemlich hoch gelegen, mit ost-südöstlicher Ausrichtung und sehr kalkreichem Boden. Diese Lage ist vor allem für ihre gut durchlässigen Böden berühmt, auf denen hervorragende Gewürztraminer und Muscat wachsen; BEVORZUGTE REBSORTEN: Gewürztraminer, gefolgt von Muscat; BESTE ERZEUGER: Ernest Burn, Zind-Humbrecht.

Hatschbourg GRÖSSE: 47,3 ha; WICHTIGE FAKTEN: Hanglage südlich von Colmar nahe Voegtlinshoffen mit südsüdöstlicher Ausrichtung und kalkhaltigem, mergeligem Boden, der optimal entwässert wird; BEVORZUGTE REBSORTEN: Gewürztraminer, gefolgt von Tokay-Pinot Gris und Riesling.

Hengst GRÖSSE: 75,8 ha; WICHTIGE FAKTEN: Relativ großes Weinanbaugebiet südlich von Wintzenheim mit südsüdöstlicher Ausrichtung. Die Böden aus Mergel und Kalk erzeugen volle, körperreiche Weine; BEVORZUGTE REBSORTEN: Gewürztraminer, gefolgt von Tokay-Pinot Gris und Riesling; BESTE ERZEUGER: Josmeyer, Zind-Humbrecht, Albert Mann, Barmès-Bucher.

Kanzlerberg GRÖSSE: 3,3 ha; WICHTIGE FAKTEN: Winzige Weinlage nahe bei Bergheim, genau westlich des Grand Cru Altenberg, mit schwerem, lehmigem, kalksteinhaltigem Boden, durchzogen von Gips und Mergel. Dieser Boden sorgt für kraftvolle Weine; BEVORZUGTE REBSORTEN: Tokay-Pinot Gris und Gewürztraminer; BESTER ERZEUGER: Gustave Lorentz.

Kastelberg GRÖSSE: 5,8 ha; WICHTIGE FAKTEN: Steile, terrassierte Weinlage im nördlichsten Teil des Weinbaugebietes Elsass nahe bei Andlau, reich an Schiefer und Quarz – der perfekte Boden für den Riesling; BEVORZUGTE REBSORTE: Riesling; BESTER ERZEUGER: Marc Kreydenweiss.

Kessler GRÖSSE: 28,5 ha; WICHTIGE FAKTEN: Steiles, in Terrassen angelegtes Weinbaugebiet mit südöstlicher Ausrichtung; im südlichsten Teil des Weinbaugebietes Elsass mit Böden aus rotem Sandstein, Lehm und Sand; BEVORZUGTE REBSORTEN: Gewürztraminer und Tokay-Pinot Gris, gefolgt von Riesling; BESTER ERZEUGER: Dirler.

Kirchberg de Barr GRÖSSE: 39,7 ha; WICHTIGE FAKTEN: Anbaugebiet im nördlichen Teil des Elsass, hinter dem Dorf Barr gelegen, nach Südosten ausgerichtet, mit Böden aus kalkhaltigem Mergel, unterschichtet mit Kalkstein und Kies; BEVORZUGTE REBSORTEN: Gewürztraminer, Riesling und Tokay-Pinot Gris; BESTER ERZEUGER: M. & V. Stoeffler.

Kirchberg de Ribeauvillé GRÖSSE: 11,4 ha; WICHTIGE FAKTEN: Der steinige, lehmige Boden in süd-südwestlicher Ausrichtung bringt relativ körperreiche Weine hervor, die einige Zeit in der Flasche benötigen, um ihr Bukett zu entwickeln. BEVORZUGTE REBSORTEN: Riesling und Muscat, gefolgt von Gewürztraminer; BESTE ERZEUGER: Trimbach, Jean Sipp.

Kitterlé GRÖSSE: 25,7 ha; WICHTIGE FAKTEN: Kitterlé ist vielleicht der beeindruckendste terrassierte Weinberg im ganzen Elsass. Er liegt auf den malerischen steilen Hängen über der Stadt Guebwiller und ist nach drei verschiedenen Ausrichtungen orientiert: Süd, Südost und Südwest. Die Böden bestehen aus rotem Sandstein mit reichlich Quarz, untermischt mit leichterem, sandigerem, kiesigem Boden, der Weine von außergewöhnlicher Reichhaltigkeit und Alterungspotenzial hervorbringt. BEVORZUGTE REBSORTEN: Gewürztraminer, gefolgt von Riesling und Tokay-Pinot Gris; BESTER ERZEUGER: Schlumberger (erstaunliche Weine aus dieser Weinlage).

Mambourg GRÖSSE: 65 ha; WICHTIGE FAKTEN: Mambourg, eine Hanglage mit Blick auf das Dorf Sigolsheim, hat einen kalk- und mergelhaltigen Boden, der nur geringe Erträge hervorbringt. Dieser schwere Boden ist ideal für den Gewürztraminer. BEVORZUGTE REBSORTEN: Gewürztraminer, gefolgt von Tokay-Pinot Gris, Muscat und Riesling; BESTER ERZEUGER: Sparr.

Mandelberg GRÖSSE: 12 ha; WICHTIGE FAKTEN: Hanglage in der Nähe des Dorfes Mittelwihr, der Boden besteht überwiegend aus Mergel und Kalkstein; BEVORZUGTE REBSORTEN: Gewürztraminer, gefolgt von Riesling; BESTER ERZEUGER: Bott-Geyl.

Marckrain GRÖSSE: 45 ha; WICHTIGE FAKTEN: Aus kalkhaltigem, mergeligem und mit Lehm vermischtem Boden besteht diese Hanglage südlich des Dorfes Bennwihr. Der schwere Boden bringt relativ volle, duftende, körperreiche Weine hervor. BEVORZUGTE REBSORTEN: Gewürztraminer, Tokay-Pinot Gris.

Moenchberg GRÖSSE: 12 ha; WICHTIGE FAKTEN: Weinberg im Nordelsass zwischen den Dörfern Andlau und Eichhoffen. Der Boden besteht aus leichtem rotem Sandstein, gemischt mit Kalk. BEVORZUGTE REBSORTE: Riesling; BESTE ERZEUGER: Ostertag, Kreydenweiss.

Muenchberg GRÖSSE: 25 ha; WICHTIGE FAKTEN: Leicht kiesiger, sandiger, nährstoffarmer Boden, ideal zur Herstellung verschlossener, aber hochkonzentrierter Weine. BEVORZUGTE REBSORTE: Riesling.

Ollwiller GRÖSSE: 35 ha; WICHTIGE FAKTEN: Im südlichsten Weinanbaugebiet des Elsass in der Nähe des Dorfes Wuenheim (genau zwischen Guebwiller und Thann) gelegen, mit südöstlicher Ausrichtung. Der Boden besteht aus rotem Sandstein und Lehm. BEVORZUGTE REBSORTEN: Riesling und Gewürztraminer.

Osterberg GRÖSSE: 24 ha; WICHTIGE FAKTEN: Nahe dem Dorf Ribeauvillé gelegen, mit steinigem, lehmartigem Boden. BEVORZUGTE REBSORTEN: Riesling, Gewürztraminer und Tokay-Pinot Gris; BESTER ERZEUGER: Trimbach.

Pfersigberg GRÖSSE: 55,8 ha; WICHTIGE FAKTEN: Aus kiesigem Boden mit reichen Magnesiumablagerungen besteht dieser Weinberg in der Nähe des Dorfes Eguisheim mit Blick auf die drei Ruinentürme auf den Hügeln über Huseren-les-Châteaux. BEVORZUGTE REBSORTEN: Gewürztraminer, Tokay-Pinot Gris, Riesling und Muscat; BESTE ERZEUGER: Barmès-Buecher, Kuentz-Bas, Scherer, Gérard Schueller.

Pfingstberg GRÖSSE: 27,9 ha; WICHTIGE FAKTEN: Südöstliche Ausrichtung im südlichen Teil des elsässischen Weinbaugebietes, genau im Norden von Guebwiller. Der auf rotem Sandstein und Glimmer basierende Boden erzeugt klassische langlebige Weine. BEVORZUGTE REBSORTEN: Gewürztraminer, Tokay-Pinot Gris und Riesling; BESTER ERZEUGER: Albrecht.

Praelatenberg GRÖSSE: 12 ha; WICHTIGE FAKTEN: Hanglage unterhalb des gewaltigen, auf dem Gipfel gelegenen Schlosses von Haut-Koenigsbourg; schwerer, aber gut entwässerter Boden aus Kies und Quarz. BEVORZUGTE REBSORTEN: Riesling, gefolgt von Gewürztraminer und Muscat.

Rangen GRÖSSE: 18,8 ha; WICHTIGE FAKTEN: Einer der großartigsten Grands Crus, im südlichsten Teil des elsässischen Weinanbaugebiets gelegen, steil terrassierte Hanglage mit rein südlicher Ausrichtung. Der Boden besteht aus vulkanischem Gestein und Schiefer und einem großen Anteil an groben Steinen. BEVORZUGTE REBSORTEN: Tokay-Pinot Gris, Gewürztraminer und Riesling. BESTE ERZEUGER: Zind-Humbrecht, Bernard Schoffit, Schaetzel.

Rosacker GRÖSSE: 27 ha; WICHTIGE FAKTEN: Im Norden des Dorfes Hunawihr nahe dem Clos Windsbuhl (einem der schönsten mauerumschlossenen, »clos« genannten Weinberge) gelegen, stehen die Rebstöcke dieser nach Ost-Südost ausgerichteten Hanglage auf kalkigem, magnesium-angereichertem, schwerem Boden, der mit etwas Sandstein durchmischt ist. Der Clos Sainte-Hune, größte mauerumschlossene Weinlage des Elsass, gehört offiziell zum Grand Cru Rosacker und wurde daher nicht als Grand Cru klassifiziert. Er befindet sich im Alleinbesitz der Domaine Trimbach. Rechtlich zulässig wäre die Bezeichnung Grand Cru Rosacker, doch die Trimbachs verzichteten auf dieses Privileg und nennen ihren Wein bei seinem bedeutend berühmteren Namen. BEVORZUGTE REBSORTEN: Riesling, gefolgt von Gewürztraminer; BESTER ERZEUGER: Mittnacht-Klack.

Saering GRÖSSE. 26,7 ha; WICHTIGE FAKTEN: Die Saering-Weingärten mit ihrer Ausrichtung nach Ost-Südost sind Teil der gleichen Hügellage wie die berühmte Weinlage Kitterlé, beide mit Blick auf die Stadt Guebwiller. Der schwere, sandige Boden ist mit Kies und Kalk vermischt und perfekt für den Riesling geeignet. BEVORZUGTE REBSORTE: Riesling. BESTER ERZEUGER: Jean-Pierre Dirler.

Schlossberg GRÖSSE: 79 ha; WICHTIGE FAKTEN: Steile, terrassierte Weinlage, hinter dem zauberhaften Dorf Kaysersberg in Richtung Kientzheim gelegen. Sandiger, kiesiger, mineralienreicher Boden. Es handelt sich hier um einen der flächengrößten Grands Crus, daher schwankt die Qualität enorm. BEVORZUGTE REBSORTE: Riesling; BESTE ERZEUGER: Weinbach, Pierre Sparr, Albert Mann.

Schoenenbourg GRÖSSE: 40 ha; WICHTIGE FAKTEN: Ebenso hervorragende wie landschaftlich schön gelegene steile Weinlage hinter dem von einer Mauer umgebenen Dorf Riquewihr. Der feine, kiesige Boden ist reich an Mergel, Gips und Sandstein. BEVORZUGTE REBSORTEN: Riesling, gefolgt von Muscat und etwas Tokay-Pinot Gris; BESTE ERZEUGER: Hugel (seine Spitzencuvées enthalten normalerweise einen hohen Anteil Schoenenbourg-Riesling), Deiss, Beyer, Mittnacht-Klack, Marc Tempé.

Sommerberg GRÖSSE: 27 ha; WICHTIGE FAKTEN: Eine der steilsten Hanglagen des Elsass, in rein südlicher Ausrichtung mit Böden aus hartem Granit und schwarzem Glimmer, hinter dem Dorf Niedermorschwihr gelegen. BEVORZUGTE REBSORTE: Riesling; BESTE ERZEUGER: Albert Boxler, Bernard Schoffit.

Sonnenglanz GRÖSSE: 33,2 ha; WICHTIGE FAKTEN: Die Hanglage mit südöstlicher Exposition und der relativ schwere Boden mit besonders heißem Mikroklima machen Sonnenglanz zu einer der geeignetsten Lagen für Tokay-Pinot Gris und Gewürztraminer. BEVORZUGTE REBSORTEN: Tokay-Pinot Gris und Gewürztraminer; BESTER ERZEUGER: Bott-Geyl.

Spiegel GRÖSSE: 18,3 ha; WICHTIGE FAKTEN: Zwischen Guebwiller und Bergholtz im südlichen Teil des Elsass gelegen, mit rein östlicher Exposition auf sandigem Boden. BEVORZUGTE REBSORTEN: Tokay-Pinot Gris und Gewürztraminer; BESTER ERZEUGER: Dirler.

Sporen GRÖSSE: 22 ha; WICHTIGE FAKTEN: Großartige Weinlage für Gewürztraminer auf tiefem, reichhaltigem Boden, der reich an Phosphorsäure ist, mit Blick auf das malerische Riquewihr. Die Weine, die hier wachsen, gehören zu den vollsten und langlebigsten der Region, doch sie benötigen einige Zeit in der Flasche, um sich zu entwickeln. BEVORZUGTE REBSORTEN: Gewürztraminer, gefolgt von Tokay-Pinot Gris; BESTE ERZEUGER: Hugel (seine Spitzencuvées der Gewürztraminer stammen fast ausschließlich von dieser Lage), Mittnacht-Klack.

Steinert GRÖSSE: 38 ha; WICHTIGE FAKTEN: Der steinige Kalkboden dieser Hanglage in einer besonders trockenen Region des Elsass erzeugt sehr aromatische Weine. BEVORZUGTE REBSORTEN: Gewürztraminer, gefolgt von Tokay-Pinot Gris und Riesling.

Steingrübler GRÖSSE: 19 ha; WICHTIGE FAKTEN: Eine weitere Hügellage mit sandigem Boden an den oberen Hängen und reichhaltigerem, weniger durchlässigem Boden am Hangfuß. Diese Lage ist bekannt für ihre äußerst langlebigen Weine. BEVORZUGTE REBSORTEN: Riesling und Gewürztraminer.

Steinklotz GRÖSSE: 24 ha; WICHTIGE FAKTEN: Dieser nördlichste Grand Cru des Elsass, nahe dem Dorf Marlenheim gelegen, hat eine süd-südöstliche Ausrichtung und sehr kiesige, kalkhaltige Böden. BEVORZUGTE REBSORTEN: Tokay-Pinot Gris, gefolgt von Riesling und Gewürztraminer.

Vorbourg GRÖSSE: 72 ha; WICHTIGE FAKTEN: Hanglage mit südsüdöstlicher Ausrichtung nahe dem Dorf Rouffach im südlichen Teil des elsässischen Weinanbaugebiets. Der Boden ist mit Kalkstein und Mergel angereichert; ideale Reifebedingungen in relativ heißem, trockenem Mikroklima. BEVORZUGTE REBSORTEN: Riesling, Gewürztraminer, Tokay-Pinot Gris und Muscat; BESTER ERZEUGER: Clos St-Landelin (Muré).

Wiebelsberg GRÖSSE: 10,3 ha; WICHTIGE FAKTEN: Diese beeindruckende Hügellage mit Blick auf Andlau besitzt gut entwässernde, sandige Sandsteinböden. BEVORZUGTE REBSORTE: Riesling; BESTER ERZEUGER: Marc Kreydenweiss.

Wineck-Schlossberg GRÖSSE: 23,9 ha; WICHTIGE FAKTEN: Westlich der Stadt Colmar an den Ausläufern der Vogesen nahe dem Dorf Katzenthal gelegen. Dieser relativ unbekannte Grand Cru mit tiefem Granitboden erzeugt sehr langlebige, feine Weine. BEVORZUGTE REBSORTEN: Riesling, gefolgt von Gewürztraminer.

Winzenberg GRÖSSE: 49,7 ha; WICHTIGE FAKTEN: Im nördlichen Bas-Rhin-Gebiet des Elsass mit südsüdöstlicher Ausrichtung und einem Boden auf der Basis von Granit und Glimmer; einer der am wenigsten bekannten Grands Crus. BEVORZUGTE REBSORTEN: Riesling, gefolgt von Gewürztraminer.

Zinnkoepflé GRÖSSE: 61,9 ha; WICHTIGE FAKTEN: Überwältigend schöne, steile südsüdöstlich Hanglage, im südlichen Teil der elsässischen Weinregion bei Soultzmatt. Der tiefe Sandsteinboden bringt sehr kräftige, würzige, volle Weine hervor. BEVORZUGTE REBSORTEN: Gewürztraminer, gefolgt von Riesling und Tokay-Pinot Gris.

Zotzenberg GRÖSSE: 34 ha; WICHTIGE FAKTEN: Weinlage nördlich von Epfig und unmittelbar südlich von Barr mit östlicher und südlicher Exposition und mergeligem und kalksteinhaltigem Boden. Die sanft abfallende Hügellage ist vor allem für ihren Gewürztraminer und ihren Riesling bekannt. BEVORZUGTE REBSORTEN: Gewürztraminer und Riesling.

DIE BERÜHMTESTEN CLOS DES ELSASS

Einige der größten Elsässer Weine stammen nicht von Grand-Cru-Weinlagen, sondern von Weinlagen, die Clos genannt werden (»geschlossene«, also umzäunte oder ummauerte Rebflächen). Zu den berühmtesten dieser Clos gehört der beeindruckende Clos des Capucins (5 ha) direkt beim Dorf Kaysersberg, der Madame Faller von der Domaine Weinbach gehört. Hier werden außergewöhnliche Rieslinge, Gewürztraminer und Tokay-Pinot Gris erzeugt, die oft weitaus besser schmecken als die meisten Grands Crus. Der Clos Gaensbroennel (6 ha), nahe dem nördlich gelegenen Dorf Barr, hat mir einige der bemerkenswertesten und langlebigsten Gewürztraminer beschert, die zu trinken ich je das Vergnügen hatte. Der Eigentümer von Clos Gaensbroennel ist Willm. Der vielleicht bekannteste Clos ist jedoch Clos Ste-Hune (1,25 ha), der der berühmten Firma Trimbach in Ribeauvillé gehört. Er ist vollständig mit Riesling bepflanzt. Die Rieslinge dieser Weinlage, oft als Romanée-Conti des Elsass bezeichnet, können leicht 15–20 Jahre alt werden und sich dabei anmutig entwickeln.

Ein weiterer außergewöhnlicher Clos ist der Clos St-Imer (5 ha) von Ernest Burn. Meinen Degustationsnotizen zufolge zählen die Rieslinge, Gewürztraminer und Tokay-Pinot Gris dieses in der Nähe von Gueberschwihr außergewöhnlich schön gelegenen Clos zu den allerfeinsten im ganzen Elsass.

Nahe bei Rouffach erstreckt sich einer der größten Clos, der Clos St-Landelin (16 ha), der der Domaine du Clos St-Landelin (René Muré) gehört. Volle, körperreiche, opulente Gewürztraminer, Rieslinge, Tokay-Pinot Gris und sogar ein herrlich trockener Muscat entstammen dieser Hügellage.

Auch die Domaine Zind-Humbrecht besitzt zwei wohlbekannte Clos. Ihr berühmtester Clos ist Clos St-Urbain (5 ha). Diese wunderschön gelegene, steil terrassierte Weinlage in der Nähe von Thann ist nur nach Südosten ausgerichtet. Der Granitboden bringt erstaunlich reichhaltige, langlebige Gewürztraminer, Rieslinge und Tokay-Pinot Gris hervor. Der letztere Wein verdient meines Erachtens durchaus die Bezeichnung »Montrachet des Elsass«. Der andere große Clos im Besitz von Zind-Humbrecht ist der Clos Windsbuhl (4,5 ha). Er liegt in ostsüdöstlicher Exposition auf einem steilen Hügel hinter der beeindruckenden Kirche von Hunawihr und neben dem Clos Ste-Hune von Trimbach. Auf dem steinigen Boden aus Kalkstein werden majestätische Gewürztraminer sowie geringe Mengen Tokay-Pinot Gris und Riesling erzeugt.

Obwohl ich die folgenden Weinlagen nicht so gut kenne, bin ich doch beeindruckt vom Clos Zisser (5 ha) der Domaine Klipfel, der vollständig mit Gewürztraminer bepflanzt ist. Zu den anderen wohlbekannten Clos, mit denen ich wenig Erfahrung habe, gehört Jean Sipps Clos du Schlossberg (1,2 ha) außerhalb von Ribeauvillé. Zu guter Letzt sei noch Marc Kreydenweiss genannt, der in gleich bleibender Qualität einen der feinsten trockenen Muscats aus dem Clos Rebgarten (0,2 ha) produziert. Dieser Clos liegt direkt bei Andlau und weist einen sandigen, kiesigen Boden auf.

Die Weine dieser Clos sind in jeder Hinsicht genauso sensationell und in vielen Fällen sogar noch weitaus besser als viele der Grands Crus. Weinpolitik?

KAUFSTRATEGIE:
Falls Sie Weine zum sofortigen Trinkgenuss suchen, werden Sie an den 1997ern und den besten 1998ern viel Freude haben. Es lohnt sich, nach den 1999ern der besten Erzeuger Ausschau zu halten, besonders nach den Weinen von Weinbach und Zind-Humbrecht. Erste Verkostungen der 2000er haben gezeigt, dass sie wohl ausgezeichnet werden.

DIE BESTEN ELSÄSSER WEINE

Bott-Geyl Gewürztraminer Fürstentum
Bott-Geyl Gewürztraminer Sonnenglanz Vieilles Vignes
Bott-Geyl Muscat Schoenenbourg
Bott-Geyl Tokay-Pinot Gris Sonnenglanz
Albert Boxler Riesling Brand
Albert Boxler Riesling Sommerberg
Ernest or J. et F. Burn Gewürztraminer Clos St-Imer Goldert
Ernest or J. et F. Burn Gewürztraminer Clos St-Imer Goldert Cuvée La Chapelle
Ernest or J. et F. Burn Riesling Clos St-Imer Goldert
Ernest or J. et F. Burn Tokay-Pinot Gris Clos St-Imer Goldert
Ernest or J. et F. Burn Tokay-Pinot Gris Clos St-Imer Goldert Cuvée La Chapelle
Marcel Deiss Gewürztraminer Altenberg
Marcel Deiss Riesling Altenberg
Marcel Deiss Riesling Engelgarten Vieilles Vignes
Marcel Deiss Riesling Grasberg
Marcel Deiss Riesling Schoenenbourg
Albert Mann Gewürztraminer Fürstentum
Albert Mann Gewürztraminer Hengst
Albert Mann Gewürztraminer Steingrübler
Albert Mann Riesling Schlossberg
Albert Mann Tokay-Pinot Gris Hengst
Domaine Schoffit Gewürztraminer Rangen Clos St-Théobald
Domaine Schoffit Riesling Rangen Clos St-Théobald
Domaine Schoffit Tokay-Pinot Gris Rangen Clos St-Théobald
Domaine Trimbach Gewürztraminer Seigneurs de Ribeaupierre
Domaine Trimbach Riesling Clos Ste-Hune
Domaine Trimbach Riesling Cuvée Frédéric Emile
Domaine Weinbach Gewürztraminer Cuvée Laurence Altenbourg
Domaine Weinbach Gewürztraminer Cuvée Laurence Fürstentum
Domaine Weinbach Riesling Schlossberg
Domaine Weinbach Tokay-Pinot Gris Ste-Catherine
Zind-Humbrecht Gewürztraminer Clos Windsbuhl
Zind-Humbrecht Gewürztraminer Goldert
Zind-Humbrecht Gewürztraminer Heimbourg
Zind-Humbrecht Gewürztraminer Hengst
Zind-Humbrecht Gewürztraminer Rangen Clos St-Urbain
Zind-Humbrecht Gewürztraminer Wintzenheim
Zind-Humbrecht Riesling Brand
Zind-Humbrecht Riesling Clos Hauserer
Zind-Humbrecht Riesling Clos Windsbuhl
Zind-Humbrecht Riesling Gueberschwihr
Zind-Humbrecht Riesling Herrenweg
Zind-Humbrecht Riesling Rangen Clos St-Urbain
Zind-Humbrecht Riesling Herrenweg de Turckheim

Zind-Humbrecht Riesling Wintzenheim
Zind-Humbrecht Tokay-Pinot Gris Clos Jebsal
Zind-Humbrecht Tokay-Pinot Gris Heimbourg
Zind-Humbrecht Tokay-Pinot Gris Vieilles Vignes

DIE BESTEN ELSÄSSER PRODUZENTEN

Wenn ein Produzent in zwei Kategorien fällt (***/****), wird er in der niedrigeren eingeordnet.

***** *(HERVORRAGEND)*

Albert Boxler
Ernest Burn
Marcel Deiss
Marc Kreydenweiss
Albert Mann
Domaine du Clos St-Landelin
Bernard und Robert Schoffit
Domaine Trimbach (Spitzen-*Cuvées*)
Domaine Weinbach
Zind-Humbrecht

**** *(AUSGEZEICHNET)*

Bott-Geyl (****/*****)
Barmès-Buecher
Jean-Pierre Dirler
Hugel (die *Cuvées* Jubilee und Tradition)
Josmeyer (Einzel-Lagen-*Cuvées*)
Domaine Ostertag (****/*****)
Mittnacht-Klack
René Muré
Charles Schleret (****/*****)
M. & V. Stoeffler
Marc Tempé

*** *(GUT)*

J. B. Adam (***/****)
Lucien Albrecht (***/****)
Léon Beyer
L. Kirman
Charles Koehly et Fils (***/****)
Kuentz-Bas
Josmeyer (reguläre *Cuvées*)
Gustave Lorentz
Château d'Orschwihr (***/****)
Scherer
J.-P. Schmitt
Gérard Schueller et Fils (***/****)
Jean Sipp (***/****)
Pierre Sparr (***/****)
Sylvie Spielman (***/****)
Domaine Trimbach (reguläre *Cuvées*)
Gérard Weinzorn

** *(DURCHSCHNITTLICH)*

Domaine Josephet Christian Binner (**/***)
Paul Blanck
Jean-Marie Haag (**/***)
Bruno Hunold
Schlumberger (**/***)
Wolfberger

J. B. ADAM (AMMERSCHWIHR)

1997	Gewürztraminer Sélection de Grains Nobles Collection Privée JBA	E/0,5 l	93
1997	Gewürztraminer Vendanges Tardives	D	90
1998	Riesling Kaefferkopf Cuvée Jean-Baptiste	C	88+
1998	Riesling Kaefferkopf Vieilles Vignes	D	89+
1997	Riesling Vendanges Tardives	D	88
1998	Tokay-Pinot Gris Letzenberg Cuvée Jean-Baptiste	D	89
1997	Tokay-Pinot Gris Sélection de Grains Nobles Collection Privée JBA	E/0,5 l	89

Die qualitativ hochstehende Firma produziert Weine, die zu vernünftigen Preisen verkauft werden. Die Bezeichnung »Cuvée Jean-Baptiste« oder »JBA« auf dem Etikett einer Flasche von Adam besagt, dass der Wein aus Trauben des eigenen Weinguts bereitet wurde.

Der nach Gewürzen und Mineralien duftende *1998er Riesling Kaefferkopf Cuvée Jean-Baptiste* ist ein Wein von mittlerem bis vollem Körper mit üppig öliger Textur. Im gesamten Geschmacksprofil wie auch im langen Abgang dieses gut gemachten und konzentrierten Weins finden sich intensive Anklänge an flüssige Mineralien. Der mächtigere *1998er Riesling Kaefferkopf Vieilles Vignes* ähnelt stark der Cuvée Jean-Baptiste, ist jedoch noch intensiver, ausdrucksvoller und nachhaltiger. Beide Weine sollten jetzt–2009 getrunken werden.

Der blumige, nach Talkumpuder und weißen Früchten duftende *1997er Riesling Vendanges Tardives* besitzt bei mittlerem Körper außerordentlich schöne Ausgewogenheit. Sein seidig texturierter Kern von Früchten enthüllt Geschmacksnuancen, die an kandierte flüssige Mineralien erinnern. Voraussichtliche Genussreife: jetzt–2008.

Der *1998er Tokay-Pinot Gris Letzenberg Cuvée Jean-Baptiste* bietet im Bukett lebkuchenartige Aromen. Samtig texturiert und von mittlerem bis vollem Körper, ist er ein mit gelben Früchten bepackter, geschmacksbetonter Wein. Schön konzentriert und fett, wird er seine volle Trinkreife jetzt–2009 erreicht haben. Der *1997er Tokay-Pinot Gris Sélection de Grains Nobles Collection Privée JBA* hat ein explosives, vor reifen Pfirsichen und Aprikosen überquellendes Bukett. Von mittlerem bis vollem Körper und viskos, ist dieser würzige Tropfen mit seinen Komponenten von roten und gelben Früchten süß, mollig und geschmacksintensiv. Voraussichtliche Genussreife: jetzt–2012.

Der nach Rauch und Gewürzen duftende *1997er Gewürztraminer Vendanges Tardives* wartet bei mittlerem bis vollem Körper mit Schichten von gelben Früchten und Rosenblättern auf. Die Frucht dieses geschmacksbetonten, molligen Weins dominiert sein Geschmacksprofil wie auch seinen bewundernswert langen, üppigen Abgang. Trinken Sie diese Schönheit im Verlauf der nächsten 10 Jahre. Gewürzte Birnen, hochreife Pfirsiche und Botrytis sind in den komplexen Aromen des *1997er Gewürztraminer Sélection de Grains Nobles Collection Privée JBA* zu erkennen. Dieser körperreiche, viskos texturierte, überaus ausdrucksvolle Wein ist voll gepackt mit konzentrierten öligen Schichten von roten, gelben und weißen Früchten. Schon heute ein überwältigender Trinkgenuss, wird er mit Sicherheit ein Dutzend Jahre oder länger halten.

BARMÈS-BUECHER (WETTOLSHEIM)

1998	Gewürztraminer Hengst Vendanges Tardives	E	93+
1998	Gewürztraminer Pfersigberg	D	90+
1997	Gewürztraminer Pfersigberg	D	93
1998	Gewürztraminer Rosenberg	C	90
1997	Gewürztraminer Rosenberg	C	89
1998	Gewürztraminer Steingrübler	D	92
1999	Gewürztraminer Wintzenheim	D	88
1998	Gewürztraminer Wintzenheim	D	90+

1997	Gewürztraminer Wintzenheim	C	90
1998	Pinot Auxerrois Rosenberg	C	88
1998	Pinot d'Alsace	C	89
1997	Pinot d'Alsace	B	88
1998	Pinot Blanc Rosenberg	C	89
1997	Pinot Blanc Rosenberg	C	89
1997	Pinot Noir Vieilles Vignes	D	89
1999	Riesling Hengst	D	88+
1998	Riesling Hengst	D	92
1997	Riesling Hengst	D	93+
1998	Riesling Herrenweg	C	88
1998	Riesling Kruett	D	89+
1998	Riesling Leimenthal	D	93
1997	Riesling Leimenthal	D	92+
2000	Riesling Leimenthal de Wettolsheim	D	91
1998	Riesling Rosenberg	C	89
1997	Riesling Rosenberg	C	91
2000	Riesling Rosenberg de Wettolsheim	D	89+
1998	Riesling Tradition	C	88
1997	Tokay-Pinot Gris Herrenweg	C	90+
1997	Tokay-Pinot Gris Rosenberg	C	91
1998	Tokay-Pinot Gris Rosenberg »B«	D	89
1998	Tokay-Pinot Gris Rosenberg »H«	D	89+
1998	Tokay-Pinot Gris Rosenberg Vendanges Tardives	E	94+
1998	Tokay-Pinot Gris Rosenberg Vieilles Vignes	D	90+
1999	Tokay-Pinot Gris Wintzenheim Sélection de Grains Nobles	EE 0,5 l	88+

Etwas hochreifer Chardonnay wurde mit Auxerrois verschnitten, um den *1997er Pinot d'Alsace* zu gestalten. Sein nach süßen weißen Pfirsichen und Mineralien duftendes Bukett geht mit einer saftigen und sprühend lebendigen Persönlichkeit von mittlerem bis vollem Körper einher. Dieser köstliche Wein ist durstlöschend, mollig, geschmacksbetont, klar gezeichnet und angefüllt mit zitronenhaften Mineralien, Pfirsichen und apfelähnlichen Geschmackskomponenten. Er sollte innerhalb der nächsten 3–4 Jahre getrunken werden.

Der *1997er Pinot Blanc Rosenberg* ist eine fabelhafte Leistung der Weinbereitung. Sein nach Kreide und Feuerstein duftendes Bukett führt zu einem seidig texturierten, kraftvollen Kern mittleren Körpers mit Geschmackskomponenten von weißen Früchten, Blumen, Steinen und Mineralien. Dies ist ein ausgezeichneter Pinot Blanc, außerordentlich scharf konturiert, geschmacksintensiv und lang. Trinken Sie ihn jetzt. Der *1997er Riesling Rosenberg* ist ein bedeutend strengerer, dabei kraftvoller und straff gewirkter Wein. Er strotzt vor Aromen, die an flüssige Kreide denken lassen, sowie einem aus Lehm, Mineralien und Zitronen zusammengesetzten ausdrucksvollen Geschmacksprofil. Von mittlerem bis vollem Körper und seidig texturiert, offenbart er in seinem außergewöhnlich langen Abgang Geschmacksnuancen von gerösteten Mandeln. Er ist komplex, konzentriert und verhalten entwickelt. Voraussichtliche Genussreife: jetzt–2010+.

Der *1997er Riesling Hengst* ist ein hervorragender Wein. Aromen von kandierten Zitronen, Quarz und Mineralien sind in diesem rassigen Tropfen von mittlerem Körper zu finden. Er besitzt bewundernswerte Fülle, pikante Lebendigkeit und Ausgewogenheit sowie außergewöhnliche Reintönigkeit. Zitronenschale, Birnen und stahlige Mineralien bilden sein profundes Geschmacksprofil. Dieser erstklassige Wein hat seinen Höhepunkt jetzt erreicht und wird mühelos bis 2012 durchhalten. Der *1997er Riesling Leimenthal* bietet Aromen von rosa Grapefruit, Talkumpuder und Birnen. Er ist ein bei mittlerem Körper pikanter, überaus scharf konturierter Wein mit einer solchen Dichte der Frucht und einer so außergewöhnlichen Ausgewogenheit, dass seine 34 g/l Restzucker kaum zu spüren sind. Kandierte Himbeeren und honigfeine Melonen sind in seinem kraftvollen, samtig texturierten Charakter zu finden. Voraussichtliche Genussreife: jetzt–2012.

Der *1997er Tokay-Pinot Gris Rosenberg* wurde aus Trauben von Rebstöcken im oberen Teil der Barmès-Parzelle gemacht und legt Meursault-ähnliche Aromen von gerösteten Haselnüssen und eine filigrane, makellos strukturierte Persönlichkeit an den Tag. Er ist weniger mächtig als der zuvor genannte Wein, aber straffer gewirkt, präzise, geschliffen und feminin. Dieser bei mittlerem Körper konzentrierte, mit nussigen Geschmackskomponenten ausgestattete Wein erfordert ein wenig Geduld. Voraussichtliche Genussreife: jetzt–2010. Der aus (für Elsässer Verhältnisse außerordentlich niedrigen) Erträgen von 28 hl/ha produzierte *1997er Tokay-Pinot Gris Herrenweg* offenbart einladende Aromen von gelben Früchten mit einem Schuss Geißblatt. Er besitzt mittleren Körper, ist voll gepackt mit Schichten von Mirabellen, hellen Rosinen und kandierten Zitronen. Dieser frühreife, scharf konturierte, ausdrucksvolle Wein ist konzentriert und mächtig. Nach ein oder zwei Jahren Kellerreife könnte sich meine Punktbewertung vielleicht als allzu zurückhaltend herausstellen. Trinken Sie ihn jetzt–2008.

Der *1997er Gewürztraminer Rosenberg* offenbart fesselnde Aromen von in Rosenwasser getauchten Litschis. Dieser mollige, konzentrierte, reintönige, würzige Wein ist gut ausgewogen, scharf konturiert und an der Grenze zum Extravaganten. Er ist reichhaltig, geschichtet und überaus geschmacksbetont. Voraussichtliche Genussreife: jetzt–2004.

Der *1997er Gewürztraminer Wintzenheim* legt rauchige, erdige und parfümierte Düfte an den Tag. Pochierte Birnen, Gewürznelken, Himbeeren, Blumen, Wacholderbeeren und ganze Ladungen von Gewürzen sind in diesem eleganten Gewürztraminer zu finden. Dieser bei mittlerem Körper klar gezeichnete und gut proportionierte komplexe Wein sollte jetzt–2006 getrunken werden.

Ich muss bekennen, dass ich ein leidenschaftlicher Liebhaber von überschwänglichen Gewürztraminern bin und generell allen Versuchen, die extravaganten Persönlichkeitsmerkmale dieser Rebsorte zu zügeln, unbeeindruckt gegenüberstehe. Doch mit dem *1997er Gewürztraminer Pfersigberg*, der Verfeinerung mit Kraft verbindet, hat mich Barmès-Buecher verblüfft. Verführerische Düfte nach Parfüm, Bergamotten, Rosen und Geißblatt leiten über zu einem geschmacksintensiven, aber eleganten Kern von Kirschen, Mineralien, gesüßtem Earl-Grey-Tee und ausgereiften weißen Früchten. Bei mittlerem bis vollem Körper zeigt dieser Wein bewundernswerte Breite, Konzentration und Länge. Zwar wird er aufgrund seiner lobenswerten Ausgewogenheit wesentlich länger halten, dennoch schlage ich vor, ihn innerhalb der nächsten 5 Jahre zu trinken.

»Weißwein ist mein Beruf, Rotwein ist meine Leidenschaft« sagt François Barmès. Mit diesen Worten füllte er mein Glas mit dem besten Elsässer Rotwein, den ich je getrunken habe. Der *1997er Pinot Noir Vieilles Vignes* wurde aus Trauben von 36 Jahre alten Rebstöcken in der Grand-Cru-Lage Hengst erzeugt; sie liefern Erträge, für die wohl nur Lalou Bize-Leroy das richtige Verständnis besitzt – 20 hl/ha! Diejenigen unter den Lesern, die nicht glauben können, dass das Elsass in der Lage ist, erstklassige Rotweine hervorzubringen, müssen diesen gebieterischen Wein unbedingt probieren. Nach einer Kaltmaischung von fünf Tagen und einer dreiwöchigen Gärung füllte Barmès die Weine in Fässer aus 100% frischem Eichenholz und unterzog sie bis zur malolaktischen Gärung einer regelmäßigen *bâtonnage* (Aufrühren des Hefesatzes). Um die Reichhaltigkeit des Weins zu fördern, bestreute Barmès während des 13 Monate dauernden Ausbaus die Oberflächen mit feinen Hefen. Der so entstandene Wein ist mittel- bis dunkelrubinrot und legt Aromen von Brombeeren, Pflaumen, Eichenholzwürze sowie geräuchertem Speck an den Tag. Wachsähnliche Kirschen, Kaffee und schwarze Früchte sind in diesem bei mittlerem bis vollem Körper geschmacksintensiven, kernig texturierten, konzentrierten, dichten Wein zu finden. Eindrucksvoll! Voraussichtliche Genussreife: jetzt–2005.

Für François Barmès war »1998 ein großer Jahrgang, weit besser als 1997, bei dem es sich um ein Jahr handelte, das Frucht, aber keine Mineralien hervorbrachte.« Seiner Meinung nach ist 1998 »nobel und kristallin und steht in seiner Konzentration und Ausgewogenheit dem Jahrgang 1990 nahe.« Im Aromaprofil des *1998er Pinot Auxerrois Rosenberg* sind ganze Ladungen von Mineralien zu finden. Bei mittlerem Körper ist dieser Wein mit seinen Geschmackskomponenten von Mineralien, Kräutertee, Eisenkraut, Jasmin, Kies und Gewürzen expansiv und seidig texturiert. Voraussichtliche Genussreife: jetzt–2004. Der hauptsächlich aus der Auxerrois-Traube produzierte *1998er Pinot d'Alsace* wartet mit einem aprikosenduftigen Bukett auf. Von mittlerem Körper und ausgereift, ist dieses Angebot mit seinen Geschmacksnuancen von Blutorangen, Birnen, Mineralien, gewürzten Äpfeln und Zimt seidig texturiert und in der Frucht früh entwickelt. Konzentriert und üppig, sollte er sich während der nächsten 3–4 Jahre in Bestform befinden. Der *1998er Pinot Blanc Rosenberg* hat ein Bukett, das Äpfel, Gewürze und kraftvolle mineralische Noten anklingen lässt. Frisch, blumig und kultiviert, ist er voll gepackt mit Geschmackskomponenten, die an Kies, kandierte Beeren, weiße Blumen und getrocknete Blütenmischungen erinnern. Von mittlerem Körper, extrovertiert und expansiv, zeigt er sich als prachtvolles Beispiel dieser Rebsorte. Voraussichtliche Genussreife: jetzt–2005.

Der aus Trauben von jüngeren Rebstöcken produzierte *1998er Riesling Tradition* bietet prachtvolle Aromen von Mineralien, Kräutertee und Bergamotten (die exotische Orange, die dem Earl-Grey-Tee seine Würze verleiht). Von leichtem bis mittlerem Körper, reintönig und zitronenhaft, eignet sich dieser Wein zum Trinkgenuss über die nächsten 4–5 Jahre. Der cremige, teeduftige *1998er Riesling Herrenweg* (laut François Barmès aus dem trockensten Mikroklima in ganz Frankreich stammend) ist ein expansiver Tropfen von mittlerem Körper. Dieser trockene Wein mit Kieselsteinen und Mineralien im Geschmack besitzt eine breite, frische Persönlichkeit. Voraussichtliche Genussreife: jetzt–2005. Das präzise Bukett des *1998er Riesling Kruett*, das fast aus dem Glas hervorbricht, wird begleitet von einem strukturierten, scharf konturierten und definierten Charakter mit Geschmacksnuancen, die an Zitrone, weiße Beeren, Blumen und Mineralien denken lassen. Dieser Wein von leichtem bis mittlerem Körper wird diejenigen Leser anziehen, die nach kultivierten und klar gezeichneten Weinen Ausschau halten. Trinken Sie ihn im Laufe der nächsten 7–9 Jahre.

Der kristalline *1998er Riesling Rosenberg* präsentiert sich bei mittlerem Körper mit einem breitschultrigen Charakter und ist bis zum Bersten angefüllt mit Mineralien, Erde, Quarz und einem Hauch Frühlingszwiebeln. Dieser konzentrierte, tiefe, klar gezeichnete und außergewöhnlich lange Wein sollte im Lauf der nächsten 10 Jahre getrunken werden.

Der *1998er Riesling Hengst* legt reichhaltige und reintönige sowie kraftvolle mineralische Aromen an den Tag. Seidig texturiert und von mittlerem Körper, ist dieser breite, prachtvoll ausgewogene Wein voll gepackt mit sahnigen weißen Früchten, Mineralien und Zitronen. Er ist wunderbar detailliert, elegant und hat einen langen, sauberen, klar gezeichneten Abgang. Voraussichtliche Genussreife: jetzt–2012.

In den Aromen des *1998er Riesling Leimenthal* finden sich Noten von gesüßtem Tee, Eisenkraut und Mineralien. Dieser reichhaltige, seidig texturierte Wein von mittlerem Körper ist höchst konzentriert und besitzt Tiefe und Intensität. Sein milder Charakter birgt Geschmackskomponenten von Kräutertee, Jasmin und Mineralien, die während seines ehrfurchtgebietenden langen und eleganten Abgangs am Gaumen verweilen. Voraussichtliche Genussreife: jetzt–2009.

1998 produzierte François Barmès zwei Tokay-Pinot Gris Rosenbergs. Der eine wurde aus Trauben von Rebstöcken der unteren Hanglagen gekeltert und zeigt ein »B« in der linken oberen Ecke des Etiketts (frz.: *bas* = unten), der andere entstammt der oberen Sektion seiner Parzelle und trägt den Buchstaben »H« im Etikett (frz.: *haut* = oben). Der *1998er Tokay-Pinot Gris Rosenberg »B«* offenbart intensive Aromen von Mineralien, Rauch und buttrigen Gewürzen. Dieser cremig texturierte Wein von mittlerem Körper ist kraftvoll, elegant, und außerordentlich gut ausgewogen. Sein unkomplizierter dicker Kern von Aprikosen und Pfirsichen ist frisch und überaus intensiv im Geschmack. Trinken Sie ihn im Verlauf der nächsten 7 Jahre. Der *1998er Tokay-Pinot Gris Rosenberg »H«* hat ausdrucksvolle Aromen von Kräutertee und Blumen zu bieten. Dieser bei mittlerem Körper breite, von Mineralien dominierte Wein ist schärfer konturiert und möglicherweise länger im Abgang als sein Gegenstück mit dem »B« im Etikett. Voraussichtliche Genussreife: jetzt–2011. Aus Trauben von Rebstöcken, die auf dem höchsten Punkt seiner Rosenberg-Parzelle wachsen, hat Barmès den *1998er Tokay-Pinot Gris Rosenberg Vieilles Vignes* gestaltet. Dieser wartet auf mit rauchigen, buttrigen Aromen und Düften nach weißen Früchten und Blumen. Am Gaumen nimmt er sich tief, konzentriert und frisch aus. Dieser trockene, mit weißer Frucht voll gepackte Wein von mittlerem Körper hat das Potenzial, während seines Alterungsprozesses noch höhere Punktbewertungen zu erreichen. Voraussichtliche Genussreife: jetzt–2012.

Der *1998er Gewürztraminer Rosenberg* zeigt ein gedämpftes blumiges Bukett. Dieser feminine, konzentrierte, geschmacksbetonte Wein von mittlerem Körper ist zwar intensiv, doch in seiner Struktur filigran. Veilchen, Rosen und üppige Mengen von Gewürzen sind in seiner gesamten Persönlichkeit und seinem außergewöhnlich langen Abgang zu finden. Voraussichtliche Genussreife: jetzt–2005. Der *1998er Gewürztraminer Wintzenheim* bietet ein tiefgründiges, nach gewürzten Äpfeln, Birnen und Wacholderbeeren duftendes Bukett. Von mittlerem Körper, breit gebaut und ausdrucksvoll, quillt er förmlich über vor Geschmacksnuancen von Gewürzen, Mandelplätzchen, Himbeeren und Blütenmischungen. Dieser höchst ausdrucksvolle, intensive Wein ist seidig texturiert und früh entwickelt. Trinken Sie ihn im Lauf der nächsten 5 Jahre. Der köstlich frische *1998er Gewürztraminer Pfersigberg* offenbarte zunächst an Frühlingszwiebeln erinnernde Aromen. Nach einer gewissen Zeit der Belüftung traten Litschis und Äpfel in den Vordergrund. Am Gaumen enthüllt dieser Wein von mittlerem Körper ausgefeilte Schichten von in Sahne getauchten weißen Früchten und Beeren. Er ist nicht ganz so ausdrucksvoll wie der Wintzenheim, gibt sich aber anmutiger. Voraussichtliche Genussreife: jetzt–2006.

Der *1998er Gewürztraminer Steingrübler* legt blumige, würzige Düfte an den Tag. Dieser intensive, tiefe Wein mit Geschmackskomponenten von hellen Rosinen, Kirschen und Himbeeren ist bei mittlerem bis vollem Körper kraftvoll und konzentriert. Er ist kultiviert, harmonisch und anmutig, aber auch muskulös und ausgereift. Trinken Sie ihn während der nächsten 6–7 Jahre. Der jugendliche *1998er Gewürztraminer Hengst Vendanges Tardives* muss sein Aromaprofil noch entwickeln, das zwar ein prachtvolles Potenzial besitzt, sich jetzt aber noch straff gewirkt darbietet. Dieser profunde Wein von mittlerem Körper verfügt in seiner intensiven, präzisen und reichen Persönlichkeit über eine außergewöhnlich breite Geschmackspalette von weißen und roten Beeren. Voraussichtliche Genussreife: jetzt–2012.

Der *1998er Tokay-Pinot Gris Rosenberg Vendanges Tardives* enthüllt ein außergewöhnliches Aromaprofil aus gewürzten Äpfeln, gekochten Birnen und Blütenblättern. Von mittlerem bis vollem Körper und ölig texturiert, ist er opulent, komplex und detailliert. Ausgestattet mit einer immensen untergründigen Reichhaltigkeit, kleidet dieser mit einer Fülle von Botrytis versehene intensive Tropfen den Gaumen mit süßen Mineralien und gewaltigen Mengen weißer Früchte aus. Dieser wunderschön ausgewogene Wein sollte sich 2004–2015 auf dem Höhepunkt seiner Trinkreife befinden.

Der *1999er Riesling Hengst* offenbart Düfte nach gewürzten Birnen sowie einen Charakter mit Geschmackskomponenten von reifen Birnen, Äpfeln und Gewürzen. Dies ist ein gelungener Riesling aus einem Jahrgang, der dieser Rebsorte ziemlich hart zugesetzt hat. Der Wein weist ausgezeichnete Tiefe der Frucht und eine Persönlichkeit von leichtem bis mittlerem Körper auf. Trinken Sie ihn im Lauf der nächsten 6–7 Jahre. Der *1999er Gewürztraminer Wintzenheim* bietet in Duft und Geschmack Litschis und Rosenwasser. Am Gaumen wirkt dieser Wein von mittlerem Körper ungestüm mit ganzen Ladungen von unverhüllten exotischen Geschmacksnuancen. Er ist zwar köstlich, doch mangelt es ihm an Konzentration und Komplexität zur Erlangung einer höheren Punktzahl. Trinken Sie ihn über die nächsten 5 Jahre.

Der *1999er Tokay-Pinot Gris Wintzenheim Sélection de Grains Nobles* zeigt würzige Aromen und duftet nach gelben und weißen Früchten. Dies ist ein molliger, gut bereiteter Wein mit Geschmacksnuancen, die an süße rote Beeren, Zimt und gemischte Gewürze erinnern. Es mangelt ihm zwar an der Tiefe und Konzentration, die man gewöhnlich in Elsässer Beerenauslesen findet, doch ist er ein ausgezeichneter süßer Wein, der (für eine Spätlese) zum relativ baldigen Trinkgenuss bestimmt ist. Voraussichtliche Genussreife: jetzt–2010.

Der *2000er Riesling Rosenberg de Wettolsheim* wartet auf mit herrlichen süßen Eisenkrautdüften. Dieser Wein von leichtem bis mittlerem Körper besitzt hervorragende Konturenschärfe, klare Zeichnung und Breite. Er ist saftig und im Geschmack angefüllt mit Mineralien, Quarz und einem Hauch von Bergamotten. Voraussichtliche Genussreife: jetzt–2008. Der hervorragende *2000er Riesling Leimenthal de Wettolsheim* ist bei mittlerem Körper konzentriert und ausladend. Dieser mollige, aber außerordentlich scharf konturierte Wein bietet in seinem sehr reifen und klar gezeichneten Charakter Ladungen von Mineralien und Blumen. Trinken Sie diese Schönheit im Lauf der nächsten 8–9 Jahre.

LÉON BEYER (EGUISHEIM)

1990	**Gewürztraminer Cuvée des Comtes d'Eguisheim**	**D**	**89**
1983	**Gewürztraminer Sélection de Grains Nobles**	**EEE**	**91**
1997	**Riesling Cuvée des Comtes d'Eguisheim**	**E**	**89+**
1995	**Riesling Cuvée des Comtes d'Eguisheim**	**D**	**92**
1997	**Riesling Les Ecaillers**	**D**	**88**
1995	**Riesling Les Ecaillers**	**D**	**89**
1997	**Tokay-Pinot Gris Cuvée des Comtes d'Eguisheim**	**D**	**89**

Die Handelsfirma (*négociant*) Léon Beyer produziert alljährlich aus Grand-Cru-Weinlagen mit dem Namen Les Ecaillers (die französische Bezeichnung für Austernhändler oder -aufbrecher) einen Riesling in knochentrockenem Stil. Der *1997er Riesling Les Ecaillers* offenbart mit Petroltönen untermischte blumige Aromen. Er ist ein reichhaltiger Wein mit kreideartiger, mit Anis durchsetzter Frucht, hellen Rosinen sowie einem Hauch Cynar (einem italienischen Artischocken-Likör) und sollte im Lauf der nächsten 6–7 Jahre getrunken werden. Der ausgezeichnete *1995er Riesling Les Ecaillers* bietet intensive mineralische Düfte, gepaart mit einer kraftvollen Persönlichkeit, die voll gepackt ist mit sahnigen und gewürzten Mineralien, Lehm, Erde, Gummi, gerösteten Mandeln und Blumen. Er hat mittleren Körper, ist dicht, konzentriert und besitzt einen bewundernswert langen, reintönigen Abgang. Trinken Sie ihn im Lauf der nächsten 6 Jahre.

Der *1997er Riesling Cuvée des Comtes d'Eguisheim* ist in der Entwicklung stark zurückgeblieben und sehr verhalten. Seine gedämpften Aromen wollten sich selbst nach geduldigem Zureden nicht entfalten und sein straffer Charakter schien mir nur einen winzigen Einblick in sein Potenzial zu gestatten. Dies vorausgeschickt, besitzt er eine eindrucksvolle untergründige Reichhaltigkeit, außergewöhnliche Ausgewogenheit und mittleren bis vollen Körper. Mit beträchtlicher Mühe kann man seiner straff gewirkten Persönlichkeit süße weiße Früchte, Anis, gemischte Gewürze, Mineralien und kreideartige Geschmacksnuancen entlocken. Voraussichtliche Genussreife: 2004–2012+. Der herrliche *1995er Riesling Cuvée des Comtes d'Eguisheim* wartet auf mit petrolähnlichen Düften und einem vollreifen, jedoch trockenen Charakter. Schichten von kandierten Zitronen, Quarz und Geißblattblüten geben sich in dem kristallinen Geschmacksprofil dieses Weins zu erkennen. Er ist bei mittlerem bis vollem Körper wunderbar konturiert und bedarf der Kellerreife. Voraussichtliche Genussreife: jetzt–2012. Zitronengeschwängerte Pfirsicharomen sind in dem *1997er Tokay-Pinot Gris Cuvée des Comtes d'Eguisheim* zu finden. Bei mittlerem Körper ist dies ein reichhaltiger, molliger, rauchiger, geschmacksbetonter, seidig texturierter Wein. Wirklich trocken, aber strotzend vor süßen Pfirsichen und Aprikosen, besitzt er außergewöhnliche Ausgewogenheit und Konturenschärfe. Voraussichtliche Genussreife: jetzt–2008.

Marc Beyer, der Firmenleiter, hält an der von Léon Beyer verfolgten Tradition fest, einen Teil der produzierten Weine erst dann für den Markt freizugeben, wenn sie trinkreif sind, eine besonders aufwändige Vorgehensweise, wenn man die in Frankreich geltenden Steuern für Lagerbestände in Betracht zieht. Der *1990er Gewürztraminer Cuvée des Comtes d'Eguisheim* besitzt eine entwickelte goldene Farbe und fesselnde Aromen von getoasteten Aprikosen, karamellisiertem Ingwer, Bergamotten und Gewürzkuchen. Dies ist ein trockener, gut gemachter reifer Wein mit Geschmackskomponenten von gerösteten Pfirsichen, Mineralien und Lebkuchen. Ich hätte ihn lieber in einem früheren Stadium seines Lebens getrunken (Gewürztraminer und Zinfandel sind mir am liebsten, wenn sie schwelgerisch-üppig und herausfordernd sind), doch ist er bei mittlerem bis vollem Körper weiterhin schön proportioniert, seidig texturiert, geschmacksintensiv und einfach ein Genuss. Er sollte während der nächsten 2–3 Jahre getrunken werden. Der kürzlich zu Ehren des neuen Jahrtausends freigegebene *1983er Gewürztraminer Sélection de Grains Nobles* ist goldfarben und duftet nach kandierten Pfirsichen, Aprikosen und geröstetem Kaffee. Ein ausgefeilter Wein mit hervorragender Präzision und Definition, von mittlerem Körper und den Mund auskleidend, wartet er auf mit Geschmacksnuancen, die an getoastete rote Kirschen, Nüsse und verschiedene gelbe Früchte erinnern. Sein ein wenig alkoholreicher Abgang stand einer höheren Punktbewertung im Wege. Dieser Wein muss während der nächsten 4–5 Jahre getrunken werden.

JOSEPH ET CHRISTIAN BINNER (AMMERSCHWIHR)

1997	**Gewürztraminer Kaefferkopf Vendanges Tardives**	**D**	**88**

Der *1997er Gewürztraminer Kaefferkopf Vendanges Tardives* duftet nach Rosen und gemischten Gewürzen. Der geschmeidige Wein von mittlerem Körper weist einen ölig texturierten Kern aus vollreifen Pfirsichen auf. Gut ausgewogen und harmonisch, ist dies weder eine pappige noch spürbar süße Spätlese. Der Wein wird sich in den nächsten 6–7 Jahren in Bestform befinden.

PAUL BLANCK (KAYSERSBERG)

1995	**Riesling Fürstentum Sélection de Grains Nobles**	**E**	**88**
1998	**Riesling Fürstentum Vieilles Vignes**	**D**	**89+**
1998	**Riesling Sommerberg**	**D**	**88**

Der *1995er Riesling Fürstentum Sélection de Grains Nobles* verströmt köstliche Aromen von honigfeinen Mineralien. Dies ist ein gut gemachter Wein von mittlerem Körper, der etwas klebrig ist, jedoch wundervoll tiefe Geschmackskomponenten von süßen Mineralien, eingetrocknetem Honig und Himbeeren in sich schließt. Trinken Sie diese süße Spätlese im Lauf der nächsten 8–9 Jahre. Der *1998er Riesling Sommerberg* lässt dem Glas intensive Düfte nach Mineralien, Honig und Gewürzen entquellen. Von mittlerem Körper und breit gebaut, ist dies ein schmackhafter Wein mit Anklängen an Lebkuchen und Gewürze, seidig texturiert, ausdrucksvoll und mit ausgezeichneter Konzentration. Trinken Sie ihn während der nächsten 6–7 Jahre. Der *1998er Riesling Fürstentum Vieilles Vignes* offenbart Aromen von Mineralien und Birnen. Dies ist ein reichhaltiger, fetter, üppiger und sinnlicher Wein. Von mittlerem bis vollem Körper und mollig, kleidet er den Gaumen mit wahren Ladungen von Fruchtnuancen aus. Er besitzt als einziger der von mir bei Blanck verkosteten 1998er die Tiefe an Frucht, die möglicherweise eine hervorragende Bewertung verdient. Voraussichtliche Genussreife: jetzt–2010.

BOTT-GEYL (BEBLENHEIM)

1999	**Gewürztraminer Beblenheim**	**C**	**88**
1998	**Gewürztraminer Beblenheim**	**C**	**89**

1997	**Gewürztraminer Beblenheim**	C	89+
1999	**Gewürztraminer Fürstentum**	D	91
1998	**Gewürztraminer Fürstentum**	D	92+
1997	**Gewürztraminer Fürstentum Vendanges Tardives**	D/0,5 l	95
1998	**Gewürztraminer Schloesselreben de Beblenheim**	C	91
1999	**Gewürztraminer Sonnenglanz**	D	90+
1998	**Gewürztraminer Sonnenglanz Sélection de Grains Nobles**	E/0,5 l	96+
1998	**Gewürztraminer Sonnenglanz Vendanges Tardives**	D/0,5 l	94+
1997	**Gewürztraminer Sonnenglanz Vendanges Tardives**	D/0,5 l	94+
1998	**Gewürztraminer Sonnenglanz Vieilles Vignes**	D	94+
1997	**Gewürztraminer Sonnenglanz Vieilles Vignes**	D	92
1998	**Muscat Riquewihr**	B	88
1999	**Muscat d'Alsace Riquewihr**	B	88
1998	**Pinot d'Alsace Beblenheim**	B	88
1997	**Pinot d'Alsace Beblenheim**	B	88
1999	**Pinot Gris Fürstentum**	D	88+
1999	**Pinot Gris Sélection de Grains Nobles**	E	92
1999	**Pinot Gris Sonnenglanz**	D	90
1999	**Pinot Gris Sonnenglanz Vendanges Tardives**	D	91
1999	**Riesling Burgreben de Zellenberg**	B	88
1998	**Riesling Burgreben de Zellenberg**	B	88
1997	**Riesling Burgreben de Zellenberg**	B	88
1998	**Riesling Grafenreben de Zellenberg**	C	89+
1997	**Riesling Grafenreben de Zellenberg**	C	89
1999	**Riesling Mandelberg**	D	90+
1998	**Riesling Mandelberg**	D	91
1997	**Riesling Mandelberg**	D	90+
1999	**Riesling Schoenenbourg**	D	90
1998	**Riesling Schoenenbourg**	D	90+
1997	**Riesling Schoenenbourg**	D	91
1999	**Sonnenglanz**	D	90
1998	**Tokay-Pinot Gris Beblenheim**	C	88
1998	**Tokay-Pinot Gris Sonnenglanz**	D	93+
1997	**Tokay-Pinot Gris Sonnenglanz**	D	91
1997	**Tokay-Pinot Gris Sonnenglanz Vendanges Tardives**	D/0,5 l	92+
1997	**Tokay-Pinot Gris Sonnenglanz Sélection de Grains Nobles**	E/0,5 l	97

Der jugendliche Jean-Christophe Bott hat den Namen dieses Weinguts in die erste Reihe der Elsässer Produzenten von Weinen hoher Qualität katapultiert. Obwohl seine Basis in dem kleinen Dorf Beblenheim liegt, hat Bott einen weiten Horizont als Weinkenner. Er verkostet Weine in der ganzen Welt, um seinen Gaumen zu üben, einen ausgefeilten Geschmack zu erwerben und jene Erfahrungen und Kenntnisse zu sammeln, die von den besten Weinmachern verlangt werden.

Der *1997er Pinot d'Alsace Beblenheim* offenbart blumige, mineralisch geprägte Aromen und ist ein reichhaltiger, breiter Wein von mittlerem Körper. Sein aus Geißblattblüten und melonenhafter Frucht bestehendes Geschmacksprofil ist ausdrucksvoll, weich und seidig texturiert. Trinken Sie ihn im Lauf der nächsten 3–4 Jahre.

Mit Mandeln untermischte Mineralien finden sich im Bukett des *1997er Riesling Burgreben de Zellenberg*. Gegenwärtig ist er straff gewirkt, spritzig und verhalten entwickelt, doch lässt sich seine ausgezeichnete untergründige Reichhaltigkeit bei Belüftung entdecken. Kristalline quarzähnliche Geschmackskomponenten, verbunden mit einem mächtigen Schuss Zitrusfrucht am mittleren Gaumen stellen diesem Wein von leichtem bis mittlerem Körper eine schöne Zukunft in Aussicht. Voraussichtliche Genussreife: jetzt–2008. Der *1997er Riesling Grafenreben de Zellenberg* legt ein spritziges, nussiges und erdiges Bukett an den Tag, gepaart mit einem sprühend lebendigen Charakter von leichtem bis mittlerem Körper. Dieser unentwickelte trockene Wein mit Geschmacksnuancen von Äpfeln, Lehm und Kreide ist markant, klar gezeichnet und hat ausgezeichneten Biss. Voraussichtliche Genussreife: jetzt–2009.

Der *1997er Gewürztraminer Beblenheim* hat fesselnde Düfte nach Rosenwasser und prallen gelben Früchten aufzuweisen. Am Gaumen offenbart er ausgezeichnete Reichhaltigkeit, Tiefe sowie opulente Schichten von kandierten roten Beeren, Marzipan, Gewürzen und Litschis. Er ist bei mittlerem Körper fett und halbtrocken. Voraussichtliche Genussreife: jetzt–2005. Der *1997er Riesling Mandelberg* wartet auf mit einem Bukett von rauchigen flüssigen Mineralien, weißen Blumen und Nüssen. Dies ist ein höchst konzentrierter, reintöniger Tropfen, dessen Reichhaltigkeit den Mund auskleidet. Er hat mittleren Körper, eine bewundernswerte Breite mineralisch geprägter Birnen und prachtvolle Ausgewogenheit. Dieser geschmacksbetonte, aber noch unentwickelte Wein besitzt einen Kern von straff gewirkter Frucht, der sich mit zunehmender Flaschenreife überwältigend entfalten dürfte.

Weiße in Mineralien getauchte Pfirsiche und frische Erde sind im Aromaprofil des *1997er Riesling Schoenenbourg* zu finden. Der Wein offenbart massive Reichhaltigkeit, pralle Melonen und Äpfel mit einem Petrolton sowie profunde mineralische Art, die in seinem außergewöhnlich langen Abgang zu spüren ist. Er besitzt mittleren Körper, ist konzentriert und makellos ausgewogen. Trinken Sie ihn jetzt–2010+. Der *1997er Tokay-Pinot Gris Sonnenglanz* zeigt ein gedämpftes Bukett, das nach Belüftung einen Duft nach Birnen und honigfeinen Äpfeln freigab. Er ist bei mittlerem bis vollem Körper expansiv, üppig und strotzt vor überreifen Pfirsichen, gelben Pflaumen und ganzen Ladungen von Honig. Ich konnte nicht umhin zu lächeln, als ich diesen ausdrucksvollen, mächtigen, opulenten, seidig texturierten und früh entwickelten Wein verkostete. Trinken Sie ihn im Lauf der nächsten 8 Jahre. Mein Lächeln wurde noch strahlender, als ich den *1997er Gewürztraminer Sonnenglanz Vieilles Vignes* an meine Nase hob. Seine appetitanregenden Düfte nach gewürzten Litschis, Rosenwasser und Kirschen leiten über zu einem genussbetonten, fast dekadenten Kern von tropischen Früchten, Himbeeren und Parfüm. Dieser (freilich nicht unangenehm) aufdringliche Wein ist ölig texturiert, fett, dick und immens schmackhaft. Er sollte während der nächsten 7 Jahre getrunken werden.

Süße Pfirsich- und Aprikosendüfte sind im Bukett des *1997er Tokay-Pinot Gris Sonnenglanz Vendanges Tardives* zu finden. Am Gaumen wird sogleich ein mächtiger Schwall von getrocknetem Honig, Bergamotten, weichen Pflaumen und honigtriefenden Grapefruits spürbar. Dieser bei mittlerem bis vollem Körper viskos texturierte, aber reintönige und gut ausgewogene Wein ist konzentriert, intensiv und außergewöhnlich. Schon jetzt gut zu trinken, wird er problemlos bis 2014 halten. Diejenigen Leser, die nach einem schwelgerischen Gewürztraminer verlangen, werden sich für den *1997er Gewürztraminer Fürstentum Vendanges Tardives* begeistern. Auf Aromen von Pfingstrosen, Rosenwasser und Geißblatt folgen den Mund füllende Nuancen von Aprikosen, Kirschen, Mangofrüchten, Minze, roten Johannisbeeren, Honig und Parfüm. Dieser bei vollem Körper ungeheuer mächtige Wein ist dick texturiert, aber frisch und gut proportioniert: eine sinnverwirrende und ausdrucksvolle Leistung der Weinbereitung, in einem auftrumpfenden Stil gestaltet. Trinken Sie ihn im Lauf des nächsten Jahrzehnts. Der *1997er Gewürztraminer Sonnenglanz Vendanges Tardives* ist verhaltener entwickelt und im Augenblick zivilisierter. Aus einer anderen Parzelle als die Cuvée Vieilles Vignes gewonnen, hat dieser Wein ausgefeilte, von Blumen, Kreide und Mineralien geprägte Aromen. Er ist femininer, präziser, schärfer konturiert und detailbetonter als das zuvor genannte Angebot, bleibt aber überaus geschmacksintensiv. In diesem samtig texturierten Wein von mittlerem bis vollem Körper wetteifern rote Früchte, Rosen, rosa Grapefruits und Ananas mit untergründigen Mineralien um die Aufmerksamkeit des Verkosters. Voraussichtliche Genussreife: jetzt–2010+.

Die 800 Flaschen (500 ml) des *1997er Tokay-Pinot Gris Sonnenglanz Sélection de Grains Nobles* sind das Resultat eines sorgfältigen Auswahlverfahrens in derselben Rebparzelle, aus der die Vendanges Tardives (Spätlesen) gewonnen werden. Selbst nach beträchtlichem Zureden offenbarte sein gedämpftes Bukett nur massive Süße und Andeutungen von Botrytis-durchsetzter Frucht. Am Gaumen ist dieser sensationelle Tropfen reintönig, dicht, opulent, elegant, körperreich und immens konzentriert. Schicht auf Schicht von Pflaumen, Blumen, Anis, roten Früchten, Aprikosen, Pfirsichen, Passionsblumen und Gewürzen sind in seiner viskosen Persönlichkeit und in seinem nicht enden wollenden sirupartigen Abgang zu finden. Schon jetzt wunderbar zu genießen, wird er mühelos 30–40 Jahre schön altern.

Aus einer Mischung von vier Rebsorten einschließlich Pinot Blanc, Auxerrois und Tokay-Pinot Gris gewonnen, ist der *1998er Pinot d'Alsace Beblenheim* ein rauchiger, mineralisch geprägter und gewürzduftiger Tropfen. Seidig texturiert und weich, ist dieser cremige, geschmacksbetonte, reichhaltige Wein voll gepackt mit Zitronen, Blumen und Geißblatt. Trinken Sie ihn im Lauf der nächsten 4 Jahre.

Der im Aroma floral geprägte *1998er Riesling Burgreben de Zellenberg* weist in seinem Charakter von mittlerem Körper ausgezeichnete Reintönigkeit auf. Zitronen, Limetten und eine cremige mineralische Note lassen sich in diesem frischen, gut gezeichneten und langen Wein entdecken. Voraussichtliche Genussreife: jetzt–2007. Der *1998er Riesling Grafenreben de Zellenberg* besitzt gedämpfte, kreidige, mineralische und florale Aromen. Am Gaumen jedoch ist er höchst ausdrucksvoll und zeigt reichliche Tiefe in seinem von Zitrone, weißer Frucht und Mineralien geprägten Charakter. Breit und konzentriert, sollte dieser Tropfen jetzt–2010 getrunken werden.

Der hervorragende *1998er Riesling Schoenenbourg* legt in seinem frischen, kräuterhaften, teeduftigen Aromaprofil prachtvolle Reintönigkeit an den Tag. Dieser Wein von mittlerem Körper ist lebendig und kristallin und nimmt sich mit seinen Geschmackskomponenten von Quarz, Zitrone, Limette und kandierter Grapefruit gut detailliert, ausgefeilt und harmonisch aus. Voraussichtliche Genussreife: 2004–2012. Komplexe botrysierte Aromen von gelben Früchten lassen sich im Bukett des *1998er Riesling Mandelberg* entdecken. Bei mittlerem bis vollem Körper zeigt er im Geschmack Nuancen von Tee, Gewürz, Zedern und Birnen. Dieser komplexe, schön konturierte und klar gezeichnete Wein sollte sich jetzt–2012 in Bestform befinden. Zurückhaltende Aromen von Orangenblüten lassen sich im Bukett des *1998er Muscat Riquewihr* entdecken. Reichhaltig, breit angelegt und mollig, besitzt dieser Wein von mittlerem Körper köstlich ausdrucksvolle orangenartige Geschmackskomponenten. Trinken Sie ihn im Lauf der nächsten 3–4 Jahre.

Der *1998er Tokay-Pinot Gris Beblenheim* offenbart in seinem von Zitronen und weißen Früchten durchsetzten Charakter buttrige, cremige, sinnliche Opulenz. Dick und reichhaltig, aber reif und lebendig, wird er während der nächsten 7 Jahre saftigen Trinkgenuss gewähren. Der *1998er Gewürztraminer Beblenheim* wartet auf mit frischen Düften von Blumen und Gewürzen. Weich, sanft und geschmeidig, ist dieser ölig texturierte Wein von mittlerem bis vollem Körper voll gepackt mit opulenten Schichten aus Himbeeren, Kirschen und weißen Blumen. Dieser extravagante, üppige, sinnliche Tropfen sollte im Lauf der nächsten 4–5 Jahre getrunken werden.

Kalkstein, Blumen und Mineralien zeigen sich im Aromaprofil des *1998er Gewürztraminer Schloesselreben de Beblenheim*. Von mittlerem bis vollem Körper und verführerisch sinnlich texturiert, ist er voll gepackt mit dicklichen weißen und roten Früchten. Dies ist ein komplexer, immens schmackhafter, extrovertierter Gewürztraminer für alle Genießer, die von der herausfordernd wollüstigen Art begeistert sind, die in dieser manchmal hochreifen Rebsorte zu finden ist. Trinken Sie ihn im Lauf der nächsten 5–6 Jahre. Der *1998er Tokay-Pinot Gris Sonnenglanz* ist ein reichhaltiger, samtig texturierter Wein mit Geschmacksnuancen von Aprikosen, Pfirsichen und honigfeiner Zitrone. Recht jugendlich und unentwickelt (sein Bukett muss er noch voll entfalten), ist dies ein den Mund auskleidender, reichhaltiger, mächtiger und höchst konzentrierter Pinot Gris. Gut ausbalanciert und außergewöhnlich lang im Abgang, wird dieser Wein Geduld erfordern. Voraussichtliche Genussreife: 2004–2012+.

Der *1998er Gewürztraminer Fürstentum* besitzt gedämpfte blumige Aromen. Dieser genussbetont texturierte, mollige Wein von mittlerem bis vollem Körper offenbart in seinem tiefen Charakter gewürzte Äpfel, pochierte Birnen und Kirschen. Trinken Sie ihn im Lauf der nächsten 8–9 Jahre. Schwaden von Blumen und kandierten rosa Grapefruits sind im Aromaprofil des *1998er Gewürztraminer Sonnenglanz Vieilles Vignes* zu finden. Dieser gut konturierte, frische Wein mit Noten von Rosenwasser und Himbeeren im Geschmack besitzt eine breit gebaute und kraftvolle Persönlichkeit. Schicht auf Schicht von dicken Früchten kleiden den Gaumen aus, dennoch bleibt dieser hervorragende Tropfen sprühend lebendig und frisch. Sein außergewöhnlich langer Abgang offenbart das Markenzeichen dieser Rebsorte: die charakteristischen Merkmale von Litschis und Rosen. Trinken Sie diese Schönheit im Lauf der nächsten 8–9 Jahre.

Der ungemein reichhaltige *1998er Gewürztraminer Sonnenglanz Vendanges Tardives* ist voll gepackt mit Aprikosen und überreifen Pfirsichen. Von großer Tiefe und überschwänglich lustbetont, ist dies ein gradliniger Gewürztraminer, der sich für schwache Herzen nicht eignet. Voraussichtliche Genussreife: jetzt–2012. Rosen und rote Beeren sind in dem noch ungeformten Bukett des *1998er Gewürztraminer Sonnenglanz Sélection de Grains Nobles* zu entdecken. Dieser körperreiche, unglaublich dichte Wein ist sämig texturiert und bis zur Halskrause voll gepackt mit dicklichen Aprikosen, Sirup von roten Beeren und sahnigen Litschis. Wie die meisten erstklassigen Beerenauslesen bietet er in seiner Jugend aufregenden Trinkgenuss, wird aber zweifellos von den harmonisierenden Auswirkungen der Kellerreife profitieren. Voraussichtliche Genussreife: 2004–2015.

Der *1999er Muscat d'Alsace Riquewihr* zeigt köstliche Aromen von Orangenblüten und mineralische Düfte. Von mittlerem Körper und mollig, ist dies ein reichhaltiger Tropfen mit Geschmacksnuancen von Himbeeren und kandierten Orangen. Er ist seidig texturiert, fett und überaus fesselnd. Trinken Sie diesen wunderschönen Aperitif-Wein innerhalb der nächsten 2 Jahre. Der *1999er Riesling Burgreben de Zellenberg* hat ein nach Zitronenschale, weißen Blumen und Mineralien duftendes Bukett. Er ist cremig texturiert, von mittlerem Körper und weist in seinem dicken Charakter Geschmackskomponenten von Himbeeren, Mangofrüchten und Aprikosen auf. Trinken Sie diesen sinnlichen Wein während der nächsten 5–6 Jahre.

Der aromatisch reichhaltige, mineralisch duftende *1999er Riesling Schoenenbourg* ist bei mittlerem bis vollem Körper seidig texturiert. Er ist ein komplexer, molliger Wein und zeigt im Geschmack Anklänge an Steine, Feuerstein und Mineralien. Dieser breit angelegte. groß dimensionierte und ausdrucksvolle Tropfen besitzt auch einen langen, reich mit Früchten ausgestatteten Abgang. Ein hervorragender Wein, der im Lauf der nächsten 7–8 Jahre getrunken werden sollte. Der *1999er Riesling Mandelberg* legt flüssige mineralische Aromen und einen reichhaltigen, fetten, jedoch konturierten Charakter an den Tag. In dieser Persönlichkeit mit Geschmacksnuancen von Kräutertee, Bergamotten, Feuerstein und Eisenkraut wie auch im außerordentlich langen Abgang lassen sich zahlreiche Details entdecken. Dies ist ein Wein von mittlerem bis vollem Körper mit seidiger Textur und höchst ausdrucksvollem Charakter. Trinken Sie ihn im Lauf der nächsten 8–9 Jahre.

Der nach Rosen duftende *1999er Gewürztraminer Beblenheim* ist ein unkomplizierter Wein von mittlerem Körper. Birnen und Äpfel sind in seinem hochreifen, weichen, geschmeidigen Charakter zu finden. Trinken Sie diesen geradlinigen, aber köstlichen Gewürztraminer während der nächsten 4–5 Jahre.

Es scheint im Elsass Mode zu sein, Weine von mehreren Rebsorten aus Einzellagen zu produzieren. Auch Jean-Christophe Bott beteiligt sich an diesem Wettstreit. Der *1999er Sonnenglanz* besitzt ein blumen- und beerenduftiges Bukett und einen Charakter von leichtem bis mittlerem Körper. Üppige Mengen von Himbeeren und Kirschen sind in seiner gut gestalteten, seidig texturierten Persönlichkeit zu finden. Seine Geschmacksnuancen sind wunderschön detailliert, in üppig glyzerinhaltige Art eingebettet und halten während seines nahtlosen Abgangs an. Voraussichtliche Genussreife: jetzt–2009. Der rauchige, birnenduftige *1999er Pinot Gris Fürstentum* bietet in seinem molligen, ausdrucksvollen Charakter Unmengen von gelben Pflaumen. Er ist samtig texturiert, ausdrucksvoll und mit Früchten beladen, deren Geschmack während des geschmeidigen Abgangs anhält. Trinken Sie ihn über die nächsten 8 Jahre.

Der *1999er Pinot Gris Sonnenglanz* offenbart köstliche Aromen von Aprikosen, Pfirsichen, Birnen und weißen Blumen. Er ist herrlich reif mit fetten Schwaden von gelben und weißen Früchten, Mineralien und Rauch in seinem komplexen und dicken Charakter. Dies ist ein anhaltender Wein mit hervorstechender Tiefe der Frucht und harmonischer Persönlichkeit. Voraussichtliche Genussreife: jetzt–2009.

Der nach weißem Pfeffer und Litschis duftende *1999er Gewürztraminer Sonnenglanz* ist von mittlerem Körper und seidig texturiert. Wenn auch nicht überschwänglich, weist dieser Wein in seinem gut ausgewogenen Charakter doch riesige Mengen Frucht, zumeist von weißen Beeren, Johannisbeeren, Birnen und Äpfeln auf. Er ist weich, ausdrucksvoll und saftig. Trinken Sie ihn über die nächsten 6–7 Jahre. Der *1999er Gewürztraminer Fürstentum* ist ein floraler, nach gelben Früchten duftender Wein. Himbeeren, rote Johannisbeeren, Äpfel, Birnen und Gewürze sind in seinem reichhaltigen, üppigen Charakter zu finden. Dieser schmeichelnde Tropfen wird sich während der nächsten 7 Jahre in Bestform befinden.

Unmengen von gelben Früchten sind in den Düften des *1999er Pinot Gris Sonnenglanz Vendanges Tardives* zu entdecken. Dieser breit angelegte Wein von mittlerem Körper mit seinen Geschmackskomponenten von kandierten Beeren, Birnen, Pfirsichen, Aprikosen und Gewürzen ist mollig und macht es einem leicht, ihn zu lieben. Er ist fruchtbetont, dicht, cremig texturiert und besitzt einen bewundernswert langen, süßen, üppigen Abgang. Trinken Sie ihn im Lauf der nächsten 12–14 Jahre. Der gewürzduftige *1999er Pinot Gris Sélection de Grains Nobles* ist ein fetter, reichhaltiger und opulenter Wein. Pfirsiche, Aprikosen und kandierte Quitten sind in seinem höchst ausdrucksvollen Charakter zu finden. Trinken Sie diesen glyzeringefüllten, überschwänglichen Wein im Lauf der nächsten 15–18 Jahre.

ERNEST BURN (GUEBERSCHWIHR)

1999	**Gewürztraminer Clos St-Imer La Chapelle Goldert**	**D**	**88**
1998	**Gewürztraminer Clos St-Imer La Chapelle Goldert**	**D**	**92**
1997	**Gewürztraminer Clos St-Imer La Chapelle Goldert**	**D**	**93**
1994	**Gewürztraminer Clos St-Imer Goldert Sélection de Grains Nobles**	**EE**	**97**
1998	**Gewürztraminer Clos St-Imer Goldert Vendanges Tardives**	**E**	**92**
1995	**Gewürztraminer Clos St-Imer Goldert Vendanges Tardives**	**E**	**93**
1998	**Muscat Clos St-Imer La Chapelle Goldert**	**D**	**93**
1997	**Muscat Clos St-Imer La Chapelle Goldert**	**D**	**91**
2000	**Pinot Blanc**	**C**	**(88–89)**
1998	**Riesling Clos St-Imer La Chapelle Goldert**	**D**	**91**
1997	**Riesling Clos St-Imer La Chapelle Goldert**	**D**	**92+**
1998	**Tokay-Pinot Gris**	**D**	**88**

1994	**Tokay-Pinot Gris Clos St-Imer Goldert Sélection de Grains Nobles**	**E**	**97**
1995	**Tokay-Pinot Gris Clos St-Imer Goldert Vendanges Tardives**	**E**	**93**
2000	**Tokay-Pinot Gris Clos St-Imer La Chapelle Goldert**	**D**	**(92–94+)**
1998	**Tokay-Pinot Gris Clos St-Imer La Chapelle Goldert**	**D**	**92**
1997	**Tokay-Pinot Gris Clos St-Imer La Chapelle Goldert**	**D**	**91+**

Die Grand-Cru-Weinlage Goldert liegt nördlich des malerischen Dorfes Gueberschwihr. Innerhalb ihres *terroirs* liegt der Clos St-Imer, eine Monopol-Parzelle (d.h. im Alleinbesitz befindlich), die der Domaine Ernest Burn gehört. Einige der besten Elsässer Weine, die ich je verkostet habe, entstammten dieser Parzelle. Der *1997er Riesling Clos St-Imer La Chapelle Goldert* legt Aromen von rauchigem Holz und Mineralien an den Tag. Dies ist ein prachtvoller Wein von mittlerem Körper, der sich am Gaumen ausbreitet, um breite Schichten von süßen gedämpften Birnen, roten Beeren, Mineralien und Gewürzen freizusetzen. Er ist elegant, kraftvoll, reintönig, beeindruckend konzentriert sowie bewundernswert lang und schmackhaft im Abgang. Dieser Wein wird sich 12 Jahre und länger anmutig entwickeln, jedenfalls für jene wenigen Käufer, die es fertig bringen, ihn so lange nicht anzurühren.

Ist es Zufall, dass meine beiden Lieblings-Muscatweine in den meisten Jahren aus der Goldert-Lage stammen? Sowohl Zind-Humbrecht als auch Burn gewinnen aus dieser nach Osten ausgerichteten Rebfläche außergewöhnlich aromatische und geschmacksintensive Weine. Der *1997er Muscat Clos St-Imer La Chapelle Goldert* besitzt betörende Orangenblüten-, Rosen- und Himbeer-Aromen. Sein Geschmacksprofil folgt den Vorgaben des Buketts auf wunderbare Weise und gibt Ladungen von roten Früchten, Gewürzen und Orangensoda frei. Er hat mittleren bis vollen Körper, ist gut gezeichnet, sprühend lebendig und von makelloser Ausgewogenheit. Dieser erstklassige Muscat sollte im Lauf der nächsten 6–7 Jahre getrunken werden. Der *1997er Tokay-Pinot Gris Clos St-Imer La Chapelle Goldert* ist ein hervorragender Wein mit Aromen von Rauch und gelben Früchten. Er zeigt sich bei mittlerem bis vollem Körper dick texturiert, üppig, dicht, und legt im Geschmack eine Fülle von prallen, saftigen Pfirsichen, gelben Pflaumen und honigfeinen Äpfeln an den Tag. Zudem ist dieses fesselnde Angebot komplex, konzentriert und gut proportioniert. Voraussichtliche Genussreife: jetzt–2009.

Herrlich ausgefeilte Düfte nach Rosenwasser finden sich in den Aromen des *1997er Gewürztraminer Clos St-Imer La Chapelle Goldert*. Diejenigen Leser, die sich schwelgerische, nicht aber ausgefallene und übertriebene Gewürztraminer wünschen, werden sich in dieses Juwel verlieben. Dieser Wein von mittlerem bis vollem Körper ist reichhaltig, opulent, samtig texturiert und beladen mit süßen weißen Früchten, Litschis und Kirschen. Er ist außerordentlich scharf konturiert und elegant, aber kraftvoll und geschmacksintensiv. Trinken Sie ihn im Lauf der nächsten 7–8 Jahre. Der zart goldfarbene *1995er Gewürztraminer Clos St-Imer Goldert Vendanges Tardives* besitzt fesselnde Aromen von Gewürzen, Botrytis und Ananas. Dies ist ein verschwenderisch texturierter, üppiger, komplexer, konzentrierter Wein mit Geschmackskomponenten von pikanter kandierter Grapefruit, honigfeinen Pfirsichen, Himbeeren und Mineralien. Er ist massiv reichhaltig und dicht, bewahrt dabei aber makellose Ausgewogenheit. Darüber hinaus besitzt er einen betörend langen, reintönigen, schmackhaften Abgang. Voraussichtliche Genussreife: jetzt–2008.

Honigfeine Mineralien, Pfirsiche und Hickory-Rauch finden sich im Bukett des *1995er Tokay-Pinot Gris Clos St-Imer Goldert Vendanges Tardives*. Dieser Wein zeigt in seiner Persönlichkeit von mittlerem bis vollem Körper bewundernswerten Biss, Konturenschärfe und Ausgewogenheit. Sein mit Himbeeren, Kirschen, Aprikosen, Pfirsichen und gelben Pflaumen angefülltes Geschmacksprofil ist konzentriert und mächtig. Er sollte im Lauf der nächsten 12+ Jahre getrunken werden. Der *1994er Tokay-Pinot Gris Clos St-Imer Sélection de Grains Nobles* ist eine Sensation! Ausdrucksvolle, mit Botrytis versetzte Aromen von Aprikosenmarmelade gehen einher mit Geschmackskomponenten von karamellisierten Pfirsichen, Gewürzen, hellen Rosinen und gerösteten roten Früchten. Dieser süße, körperreiche, viskose und samtig texturierte Wein verwirrt die Sinne mit seinen nicht enden wollenden Schichten reintöniger, sirupartiger Früchte. Voraussichtliche Genussreife: jetzt–2020.

Der *1994er Gewürztraminer Clos St-Imer Goldert Sélection de Grains Nobles* ist ein flüssiges Dessert. Düfte nach Rosen, kandierten Orangen, Ananas und Kirschen werden gefolgt von einem konzentrierten Kern aus roten Früchten, Litschis, Gewürzen und Mandarinen. Dieser verschwenderische, schön ausgewogene, mächtige, ungemein ausdrucksvolle, körperreiche Wein verfügt über einen langen und schmackhaften Abgang. Trinken Sie ihn während der nächsten 10 Jahre. Für Francis Burn ist »1998 ein großer Jahrgang, wenn er auch wegen der Regenfälle schwierig war. 1999 ist sogar noch schwieriger, wir werden sehen, was geschieht.« Während nach seiner Erklärung »die Wachstumsperioden 1990 und 1997 gleichmäßig und stetig voranschritten, stagnierte der Reifeprozess 1998, bevor die Reben in einer extrem kurzen Zeitspanne emporschossen. Diese Konzentration im Oktober reduzierte das Wasser in den Trauben und ließ Zucker, Tannin und Säure übrig.«

Der rauchige, pflaumenduftige *1998er Tokay-Pinot Gris* hat mittleren Körper, ist reichhaltig und voll gepackt mit hochreifen gelben Früchten, pikanten Zitronen, Kräutern und Blumen. Dieser lebendige, seidige Wein wird sich in den nächsten 5–6 Jahren in Bestform befinden. Der *1998er Riesling Clos St-Imer La Chapelle Goldert* wartet auf mit einem köstlichen Bukett von kandierten Zitronen und Mineralien. Dieser schön konturierte, reichhaltige, intensive, elegante Wein lässt an eine hypothetische Mischung eines 1996ers (aufgrund seiner sprühenden Lebendigkeit) mit einem 1997er (wegen der Tiefe seiner Frucht) denken. Sein Geschmacksprofil ist voll gepackt mit Bitterrinde (Chinin), Birnen, Blumen und steinigen Noten. Voraussichtliche Genussreife: jetzt–2010+.

Der *1998er Muscat Clos St-Imer La Chapelle Goldert* ist vielleicht der beste Apéritif-Wein der Welt. Aus Trauben von 30jährigen Reben bereitet, springen seine Aromen förmlich aus dem Glas und erinnern an rote Beeren, Himbeeren und Mandarinen. Dieser opulente, immens geschmacksbetonte Wein von mittlerem bis vollem Körper enthält in seinem überaus breit angelegten Charakter Anklänge an Blütenmischung, rote Beeren und Orangenblüten. Von immenser Geschmacksfülle, bietet er außergewöhnliche Ausgewogenheit und wird in den nächsten 6 Jahren sensationellen Trinkgenuss bieten.

Mit Tabakrauch durchsetzte Pfirsiche erscheinen in den Aromen des *1998er Tokay-Pinot Gris Clos St-Imer La Chapelle Goldert.* Von mittlerem bis vollem Körper, dicht, mollig und reichhaltig, offenbart er Schichten von botrysierten Pfirsichen, Aprikosen, Gewürznelken und frischen Kräutern. Dieser hervorragende Pinot Gris dürfte sich jetzt–2012 in Bestform befinden. Reintönige frische Aromen von Litschis zeigen sich im Bukett des *1998er Gewürztraminer Clos St-Imer La Chapelle Goldert.* Dieser bei mittlerem bis vollem Körper extravagante und intensive Wein bietet in seiner überquellenden Persönlichkeit reichhaltige, ölig texturierte rote Früchte, Blutorangen, Litschis und Rosen. Leser, die nach einem extrovertierten, üppigen Gewürztraminer Ausschau halten, der an die im Jahrgang 1997 erzeugten Angebote erinnert, sind hier am Ziel und brauchen nicht mehr weiterzusuchen. Dieser Wein wird sich in den nächsten 5–6 Jahren in Bestform befinden.

Aus dem hervorragenden Jahrgang 1998 stammt der *1998er Gewürztraminer Clos St-Imer Goldert Vendanges Tardives.* Gedünstete Pfirsiche, Himbeeren, Johannisbeeren und Blumen sind in seinen wunderschön nuancierten Aromen enthalten. Von mittlerem Körper und opulent, kleidet dieser samtig texturierte Wein den Gaumen mit reichen Schichten von Aprikosen, Litschis und Pfirsichen aus. Dies ist ein frischer, floraler, mit Geschmacksnuancen beladener und wunderschön ausgewogener Wein. Trinken Sie ihn innerhalb der nächsten 10 Jahre. Der *1999er Gewürztraminer Clos St-Imer La Chapelle Goldert* ist ein molliger, ölig texturierter Wein. In seinen Aromen sind Pfirsiche, Rosen und Veilchen zu finden. Von mittlerem Körper und fett, offenbart er einen Hauch von Wärme (aufgrund des Alkohols), bietet aber Ladungen von gelber Frucht und Gewürzen. Trinken Sie ihn im Lauf der nächsten 6 Jahre.

Der *2000er Pinot Blanc* ist ein ausgezeichnetes Beispiel dafür, was diese Rebsorte zu leisten vermag. Im Aroma offenbart der Wein reichhaltige Düfte nach in Honig getauchten Nüssen, gedünsteten Pfirsichen und kandierten Äpfeln. Von mittlerem Körper und fleischig, ist dies ein köstlicher, reich fruchtiger, molliger und würziger Tropfen. In seinem üppigen Charakter finden sich verschiedene mit Gewürzen untermischte weiße Früchte. Trinken Sie ihn im Lauf der nächsten 3–4 Jahre. Der rauchige, pfirsichduftende *2000er Tokay-Pinot Gris Clos St-Imer La Chapelle Goldert* ist ein wunderbar harmonischer, schwelgerischer Wein. Ehrfurchtgebietende Schichten von Aprikosen, Pfirsichen, rauchigen Mineralien und Gewürzen überziehen in diesem nahtlosen und ausnehmend gut ausbalancierten Tropfen den Gaumen. Er ist mächtig, dicht und konzentriert. Dieser hervorragende Wein scheint eines der Glanzlichter des Elsässer Jahrgangs 2000 zu sein. Voraussichtliche Genussreife: 2004–2012+.

MARCEL DEISS ET FILS (BERGHEIM)

1997	Altenberg Grand Vin Bergheim	EE	94
1996	Altenberg Grand Vin Bergheim	EE	90
1995	Altenberg Grand Vin Bergheim	EE	92+
1998	Altenberg Grand Vin de Bergheim	EE	94
1998	Gentil du Burg	D	89
1997	Gentil du Burg	D	89
1996	Gentil du Burg	D	90
1998	Gewürztraminer Altenberg de Bergheim	E	91
1997	Gewürztraminer Altenberg de Bergheim Sélection de Grains Nobles	E	93+
1996	Gewürztraminer Altenberg de Bergheim Sélection de Grains Nobles	E	93
1997	Gewürztraminer Bergheim	D	90
1998	Gewürztraminer Burg	D	89+
1997	Gewürztraminer Burg	D	89
1997	Muscat d'Alsace Bergheim	C	88
1998	Pinot Blanc Bergheim	C	90
1998	Pinot Gris Altenberg de Bergheim	E	94
1997	Pinot Gris Bergheim	E	88
1997	Pinot Noir Burlenberg Vieilles Vignes	E	88
1998	Riesling Altenberg de Bergheim	E	91
1997	Riesling Altenberg de Bergheim	E	93
1996	Riesling Altenberg de Bergheim	E	92
1998	Riesling Beblenheim	C	88
1997	Riesling Burg	E	91
1998	Riesling Engelgarten	D	89
1997	Riesling Engelgarten	D	90
1998	Riesling Grasberg	D	89
1997	Riesling Grasberg	D	89+
1998	Riesling Schoenenbourg	E	92+
1997	Riesling Schoenenbourg	E	93+

Es steht unbestreitbar fest, dass Jean-Michel Deiss einige der besten Weißweine im Elsass produziert, doch seine Rotweine sind immer noch relativ unbekannt. Sie sind aus mäßigen Erträgen gewonnen und auf der Grundlage einer puristischen Philosophie gestaltet, die im Burgund als revolutionär gelten würde (keinerlei Chaptalisierung, weder Zugabe noch Abzug von Säure, keine künstlich hergestellten Hefen, weder Filtration noch Schönung) und verdienen die Aufmerksamkeit der Konsumenten. Das mit Leidenschaft verfolgte Ziel von Jean-Michel Deiss, einen hervorragenden Wein mit dem speziellen Charakter des *terroir* zu gestalten, ist unangreifbar. Gleichzeitig ist er mit seinen unerschütterlichen, kompromisslosen Überzeugungen ein reizbarer, ungeduldiger Mann, was zu Problemen mit seinen weniger gewissenhaften Nachbarn führen kann. Während sich viele Winzer über sein Vorgehen beklagen, werden seine Absichten und seine Weine von allen respektiert. Deiss hat im malerischen Bergheim auf der seinem Haus gegenüberliegenden Straßenseite eine nagelneue Weinkellerei errichtet. Diese weiträumige, gut ausgerüstete Anlage wird ihm ermöglichen, dem Ausbau seiner Weine mehr Raum zu verschaffen, ein notwendiger Schritt auf dem Weg zu seinem Ziel, die Filtration seiner Weißweine aufzugeben.

Deiss, dem es behagt, umstritten zu sein, hat seinen *1997er Pinot Noir Burlenberg Vieilles Vignes* in Burgunder-Flaschen statt in die übliche schlanke Form der Elsässer Flaschen abgefüllt. Dieser Wein offenbart Aromen von süßen roten Kirschen, Pflaumen und geräuchertem Speck. Er ist breit angelegt, konzentriert und besitzt mittleren bis vollen Körper mit ausgezeichneter Struktur und Länge. In sahnigen Mokka getauchte rote und schwarze Früchte sind in diesem weichen, ausdrucksvollen Tropfen zu finden. Trinken Sie ihn im Lauf der nächsten 4–5 Jahre.

Der *1997er Muscat d'Alsace Bergheim* (50% Muscat Ottonel und 50% Muscat d'Alsace) offenbart überquellende Aromen von Orangenblüten. Er ist ausgefeilt, von leichtem bis mittlerem Körper, erfrischend und detailliert. Ladungen von kandierten Mandarinen und Himbeeren sind in seinem seidig texturierten Charakter zu finden. Trinken Sie ihn jetzt. Der *1997er Riesling Engelgarten* legt Aromen von ausgereiften Birnen, Bergamotten und Rauch an den Tag. Er ist reich geschichtet, dicht, üppig, breit gebaut und klar konturiert. Dies ist ein molliger, kraftvoller Tropfen mit ausgezeichneter Ausgewogenheit sowie Nuancen von Honig, Mineralien und Earl-Grey-Tee im Geschmack. Von mittlerem bis vollem Körper und ausdrucksvoll, ist er bereits jetzt köstlich zu trinken, wird aber auch bis 2006 halten. Der nach Äpfeln und Mineralien duftende *1997er Riesling Grasberg* zeigt einen konzentrierten Kern von mittlerem bis vollem Körper aus gelben Pflaumen, süßen Birnen und Hefen. Dieser seidig texturierte, tiefe Wein scheint den größten Teil seiner Frucht in Reserve zu halten und lässt so eine hervorragende Zukunft erwarten. Voraussichtliche Genussreife: jetzt–2009. Ich war verblüfft über die Mächtigkeit, Komplexität, Konzentration und wunderbare Länge des *1997er Riesling Schoenenbourg*. Von mittlerem bis vollem Körper, hat er die Textur und Tiefe der Frucht eines erstklassigen Rotweins. Dieses Angebot mit Nuancen von Kirschen, Cassis, Kreide und gebratenen Pfirsichen im Geschmack ist gut ausgewogen, lebendig, aber fett und zutiefst reif. Voraussichtliche Genussreife: jetzt–2010. Der *1997er Riesling Altenberg de Bergheim* wartet auf mit spritzigen Aromen von Mineralien, Kreide und gemischten Zitrusfrüchten. Von mittlerem bis vollem Körper und fortgeschritten entwickelt, besitzt er eine herrlich breite Geschmackspalette von Stahl, kandierten Zitronen, weißen Blumen, Akazienblüten und Orangen. Dieser gut konturierte, ausdrucksvolle und samtig texturierte Wein hat einen außergewöhnlich langen, reintönigen und erstklassigen Abgang. Trinken Sie ihn jetzt–2012.

In der Vergangenheit war der Anbau im Mischsatz im Elsass üblich und die Elsässer pflegten häufig einen Verschnitt aus den verschiedenen Rebsorten eines bestimmten *terroirs* herzustellen. Zurzeit scheint diese Praxis der Verschnittweine hochklassiger Qualität wieder aufzuleben. Einer der beiden von Jean-Michel Deiss produzierten Rebsortenverschnitte ist der Gentil du Burg. Der *1997er Gentil du Burg* ist ein bezaubernder Wein, der Düfte von kandierten Orangenschalen, Geißblatt und parfümierte Aromen verströmt. Er zeigt sich bei mittlerem Körper wunderbar ausdrucksvoll, floral und angefüllt mit Geschmackskomponenten von roten Beeren, Birnen und Kreide. Dieser seidig texturierte Tropfen wird sich vor 2005 in Bestform befinden.

Der nach Kreide und Mineralien duftende *1997er Pinot Gris Bergheim* ist bei mittlerem Körper straff gewirkt und verhalten entwickelt. Sein konzentrierter Kern bietet ausgezeichnete Reichhaltigkeit und Geschmacksnuancen von rauchigen Birnen, Äpfeln und Geißblatt. Dieser strenge Wein dürfte nach einem oder zwei Jahren Kellerreife aufblühen und sein volles Potenzial entfalten. Voraussichtliche Genussreife: jetzt–2006.

Der Jahrgang 1997 erbrachte verschwenderisch fruchtige, ausdrucksvolle, reife Gewürztraminer, wobei der von Jean-Michel Deiss aus den Weinlagen um Bergheim produzierte Tropfen eine Glanzleistung der Weinbereitung wie aus dem Lehrbuch darstellt. Er legt Aromen von Mandarinen, Rosenknospen, Geißblatt und Kreide sowie einen herrlich ausgewogenen mittleren bis vollen Körper an den Tag. Dieser bestechende, geschichtete, breit gebaute Wein strotzt vor betörenden gewürzten und gedünsteten Früchten, Parfüm und Mineralien, die während seines reintönigen, ausgedehnten Abgangs anhalten. Trinken Sie ihn im Lauf der nächsten 6 Jahre.

Der *1997er Riesling Burg* ist tief im Geschmack, kraftvoll, frisch und klar gezeichnet und verströmt Aromen von zerdrückten Waldbeeren und Blumen. Von weich texturierter Art und mittlerem bis vollem Körper, ist er zum Bersten gefüllt mit vollreifen Himbeeren, Kirschen und Limetten. Voraussichtliche Genussreife: jetzt–2007. Der *1996er Gentil du Burg* wartet auf mit intensiv reifen Düften, die an gemischten Kräuterlikör mit einem Zimt-Sahnehäubchen erinnern. Sein Bukett ist stärker entfaltet, als ich es bei einem so jungen Wein erwartet hatte. Am Gaumen zeigt er sich bei mittlerem Körper scharf konturiert, immens ausdrucksvoll, samtig texturiert und dicht bepackt mit hochreifen, würzigen weißen Früchten. Voraussichtliche Genussreife: jetzt–2004. Profunde mineralisch dominierte Aromen sind in dem *1996er Riesling Altenberg de Bergheim* zu finden. Dieser wundervoll seidig texturierte und tief konzentrierte Wein von mittlerem Körper besitzt hervorragende Reichhaltigkeit und Reife. Kandierte und in gewürzte Sahne getauchte Zitronen finden sich in seinem opulenten, jedoch strukturierten Kern wie auch in seinem langen Abgang. Trinken Sie diese Schönheit im Lauf des nächsten Jahrzehnts.

Der *1997er Gewürztraminer Burg* entspricht dem von Deiss verfolgten Ziel eines vom *terroir* geprägten Weins. Zwar fehlen ihm die ausgefallenen Merkmale der Rebsorte, doch ist er eine ausgezeichnete Leistung der Weinbereitung mit Aromen von Rosenknospen, Blumen und gemischten Gewürzen. Am Gaumen zeigt er sich bei mittlerem Körper gut definiert und scharf konturiert. Dieser weich texturierte Wein mit seinen gedämpften floralen Geschmacksnoten untermischt mit Kreide und Mineralien sollte im Lauf der nächsten 4–5 Jahre getrunken werden. Er wird mindestens ein Jahrzehnt lang halten und all jenen Freude bereiten, die von Erde und Mineralien dominierte Gewürztraminer lieben. Aus Erträgen von 28 hl/ha gewonnen, offenbart der *1997er Gewürztraminer Altenberg de Bergheim Sélection de Grains Nobles* intensive Aromen von Rosenwasser und Litschis. Er hat einen überaus straffen, von Frucht geprägten Kern. Nach beträchtlichem Zureden gibt er komplexe Schichten flüssiger Mineralien mit einem Schuss Aprikosen- und Mango-Marmelade zu erkennen. Dieser Wein ist außergewöhnlich konzentriert, komplex und dicht. Voraussichtliche Genussreife: jetzt–2010+. Der *1996er Gewürztraminer Altenberg de Bergheim Sélection de Grains Nobles* legt süße, honigfeine, kräuterhafte und karamellisierte Aromen an den Tag. Am Gaumen sind bei diesem mächtigen, explosiven Wein kandierte rote Johannisbeeren, pochierte Birnen, Bratäpfel und Mineralien zu finden. Er ist bei mittlerem bis vollem Körper verschwenderisch texturiert, tief, komplex und dick. Voraussichtliche Genussreife: jetzt–2007+.

Beginnend mit dem Jahrgang 1995 hat Deiss in seiner Parzelle der Lage Grand Cru Altenberg de Bergheim einen Anbau im Mischsatz durchgeführt und die verschiedenen Rebsorten gemeinsam geerntet und vergoren. Der Verschnitt wurde aus jenen Rebsorten gewonnen, die er als »nobel« und im Elsass einheimisch einstuft (hauptsächlich Tokay-Pinot Gris, Gewürztraminer und Riesling mit kleineren Mengen von Chasselas, Muscat, Pinot Auxerrois und Pinot Blanc). Ich habe die drei bereits auf Flaschen abgezogenen Jahrgänge sowie den

1998er, der sich noch im Fass befindet (fantastisch!) verkostet und war von Deiss und seinen Leistungen überaus beeindruckt.

Der *1997er Altenberg Grand Vin Bergheim* ist unglaublich. Er bietet reintönige Aromen von rauchigen Mineralien, gefolgt von einem fetten, dichten Kern konzentrierter Frucht von mittlerem bis vollem Körper. Vielfältige Schichten von roten Beeren, Mineralien, gedünsteten Birnen, Gewürzen und geräuchertem Speck lassen sich in den expansiven, mächtigen und reichhaltigen Geschmackskomponenten dieses tiefen Weins entdecken. Dies ist ein königlicher, opulent texturierter und bewundernswert langer Tropfen. Ich rate dazu, ihn jetzt und über das nächste Jahrzehnt hinweg zu trinken. Der *1996er Altenberg Grand Vin Bergheim* offenbart entwickelte, honigfeine Malzdüfte. Er ist immens reichhaltig, dick texturiert, mollig und von mittlerem bis vollem Körper. Cremige Bergamotten, Mokka und mit Zucker überzogene Mineralien sind in der geschmacksbetonten Persönlichkeit dieses Weins enthalten. Trinken Sie ihn im Lauf der nächsten 4-5 Jahre. Der *1995er Altenberg Grand Vin Bergheim* zeigt in seinem Bukett frische, spritzige, reintönige, pikante Mineralien und Zitronen. Dieser scharf konturierte, mächtige und extrahierte Wein hat einen kristallinen Charakter, dessen Komponenten an Quarz mit Zitronenguss erinnern. Er ist noch fest, besitzt aber untergründige Reichhaltigkeit und Konzentration. Voraussichtliche Genussreife: jetzt–2010+.

»1998 ist ein guter Jahrgang, besser als 1999, aber bestimmt kein großer. Die Reben hatten es allzu schwer, mit den Launen der Natur fertig zu werden«, meinte Jean-Michel Deiss, der kein Blatt vor den Mund nimmt. Der *1998er Pinot Blanc Bergheim* wurde aus vier verschiedenen Rebsorten gestaltet, bei denen die Auxerrois-Traube (mit 60%) dominiert. Er wurde zu einer Hälfte in *cuves* (Bottichen) und zur anderen in Barriques vinifiziert und ausgebaut. Seine ausdrucksvollen Aromen von weißen Blumen gehen einher mit einem wunderbar reichhaltigen Charakter von mittlerem Körper. Äpfel, Birnen und frische Haselnüsse sind im Geschmack dieses seidig texturierten, reintönigen und präzisen Weins zu finden. Sein langer, köstlicher Abgang enthüllt eine herrliche mineralische Komponente.

Reichhaltige Tee- und Blumendüfte sind im Bukett des *1998er Riesling Beblenheim* zu finden. Von mittlerem Körper, breit gebaut und seidig texturiert, ist dieser frische, schön ausgewogene, zitronenhafte Wein konzentriert, strukturiert und fest. Voraussichtliche Genussreife: jetzt–2006. Der *1998er Riesling Engelgarten* legt wunderschöne Düfte nach gesüßtem Kräutertee und Pfirsich an den Tag. Von mittlerem Körper, elegant, straff gewirkt und harmonisch, ist dieser überaus gut ausgewogene, aber mollige Wein im Geschmack voll gepackt mit weißen Blumen, Schiefer und Blutorangen. Er sollte sich jetzt–2010 auf dem Höhepunkt seiner Reife befinden. Zwiebeln, honigfeine gelbe Früchte und frische Kräuter sind im Bukett des *1998er Riesling Grasberg* zu erkennen. Sein Geschmacksprofil, ein Kompott aus weißen Früchten, Eisenkraut, Jasmin und Mineralien, ist gut strukturiert und besitzt ausgezeichnete Reife. Trinken Sie ihn jetzt–2010+.

Der *1998er Gentil du Burg* ist ein Verschnitt aus verschiedenen hochklassigen Rebsorten, die Deiss gemeinsam erntete und zusammen vergären ließ. Frische Kräuter und kandierte Orangen sind in seinen köstlichen Aromen zu finden. Dieser reichhaltige, breit gebaute, aber elegante Wein von mittlerem bis vollem Körper ist voll gepackt mit mineralischem Schiefer, gewürzten Birnen, Rosen, roten Beeren und Wacholderbeeren. Komplex und intensiv, wird sich dieser reich facettierte Wein in den nächsten 8–9 Jahren in Bestform befinden. Ein Hauch von Gold zeigt sich in der Farbe des *1998er Riesling Altenberg de Bergheim.* Gelbe und weiße Früchte, Rosinen und Muskatnuss sind in seinem Aromaprofil enthalten. Von mittlerem bis vollem Körper, legt er dickliche Geschmackskomponenten von Aprikosen und Pfirsichen an den Tag, untermischt mit Eisenkraut, Gewürznelken und süßen gelben Pflaumen. Dieser scharf konturierte, seidig texturierte Wein hat einen langen, warmen (alkoholreichen) Abgang. Trinken Sie ihn im Lauf der nächsten 8-9 Jahre.

Falls ein Leser das Glück hat, den *1998er Riesling Schoenenbourg* zu erstehen, sollte er wissen, dass der Wein (für den baldigen Trinkgenuss) dekantiert werden muss, da er sich in einem reduktiven Stadium befindet. (Deiss sagt, dies sei die »Krankheit des Schoenenbourg« und typisch für Weine aus diesem *terroir.*) Wenn man ihn belüftet, setzt er reintönige, scharfe mineralische Aromen und Düfte nach frischen Kräutern frei. Am Gaumen nimmt er sich bei mittlerem bis vollem Körper weich, seidig und präzise aus, dabei straff gewirkt und voll gepackt mit Kräutertee, süßen gelben und weißen Früchten sowie einer Fülle von Gewürzen, deren Geschmack während des gesamten außergewöhnlich langen Abgangs anhält. Voraussichtliche Genussreife: jetzt–2012+. Der *1998er Pinot Gris Altenberg de Bergheim* wurde aus niedrigen Erträgen (23 hl/ha) gewonnen. Er offenbart überschwängliche, reichhaltige, rauchige Aprikosendüfte. Dieser körperreiche, ölig texturierte Wein ist mit Noten von Gewürzen, Aprikosen- und Birnenkompott voll gepackt. Er besitzt gewaltige Tiefe, massive Reichhaltigkeit und Dichte. Konzentriert und gut strukturiert, hat er auch einen langen, mit honigfeiner Zitrone ausgestatteten Abgang. Trinken Sie ihn im Lauf der nächsten 12 Jahre.

Ladungen von Zimt, Wacholder, Ingwer und verschiedenen anderen Gewürzen sind in den Aromen des *1998er Gewürztraminer Burg* enthalten. Von mittlerem bis vollem Körper, breit und üppig, ist der frische, mit gelber Frucht und Gewürzen beladene Wein gut strukturiert und maskulin. Trinken Sie diesen konzentrierten und extrovertierten Tropfen im Lauf der nächsten 6 Jahre. Der *1998er Gewürztraminer Altenberg de Bergheim* offenbart in seinem Bukett warme Kümmel- und sprühende Aprikosendüfte. Von mittlerem bis vollem Körper und opulent texturiert, ist dieser geschmeidige, sinnliche, intensive Wein voll gepackt mit Rosinen, Kompott aus gelben Pflaumen und Gewürzen. Voraussichtliche Genussreife: jetzt–2007.

Der als Mischsatz (hauptsächlich aus Pinot Gris, Gewürztraminer und Riesling mit geringeren Mengen Chasselas, Muscat, Auxerrois und Pinot Blanc) produzierte *1998er Altenberg Grand Vin de Bergheim* legt Aromen von Karamell und gegrillten Nüssen an den Tag. Dieser Wein von mittlerem bis vollem Körper zeigt prachtvolle, mit frischen Kräutern, Lakritze, Harz, Gewürzen, Mineralien, Kirschen und Himbeeren gefüllte Art. Dieser komplexe, höchst konzentrierte, extrovertierte Tropfen ist harmonisch, frisch und jugendlich. Sein außergewöhnlich langer Abgang ist reintönig und sehr klar definiert. Voraussichtliche Genussreife: jetzt–2010+.

JEAN-MARIE HAAG (SOULTZMATT)

2000	**Pinot Gris Vignes Blanches**	**C**	**88**
1999	**Pinot Gris Zinnkoepflé Cuvée Théo**	**D**	**88**
1997	**Riesling Zinnkoepflé Cuvée Marion Vendange Tardive**	**D/0,5 l**	**88**

Der nach *Bergamotten* duftende *1997er Riesling Zinnkoepflé Cuvée Marion Vendanges Tardives* ist mollig, gut gemacht, seidig texturiert und reichhaltig. Sein dick texturiertes Geschmacksprofil ist angefüllt mit süßem Earl-Grey-Tee und Zitrusfrüchten. Dieser schön ausgewogene und konzentrierte Wein sollte im Lauf des nächsten Jahrzehnts getrunken werden. Aromen von weißen Blumen und Beeren untermischt mit Apfeldüften sind im Bukett des *1999er Pinot Gris Zinnkoepflé Cuvée Théo* zu finden. Von leichtem bis mittlerem Körper, zeigt dieser gut gemachte Wein ausdrucksvollen Charakter in seinem Geschmack von honigfeinen Birnen, Aprikosen und weißen Pfirsichen. Trinken Sie ihn im Lauf der nächsten 6–7 Jahre. Der *2000er Pinot Gris Vignes Blanches* weist bezaubernde Aromen von frischer weißer Frucht und Honig auf. Er ist dichter und reichhaltiger als der zuvor genannte Wein und besitzt eine Persönlichkeit von mittlerem Körper mit Geschmacksnuancen von Anis und Geißblatt. Aus dem ersten Leseertrag seiner (1996 gepflanzten) Lage gewonnen, ist dies ein wunderschöner Wein zum Trinkgenuss während der nächsten 3 Jahre.

HUGEL (RIQUEWIHR)

1998	**Gewürztraminer »Hugel« Hommage à Jean Hugel**	**E**	**89+**
1997	**Gewürztraminer »Hugel« Hommage à Jean Hugel**	**E**	**92**

1998	Gewürztraminer »Hugel« Jubilee	D	89
1997	Gewürztraminer »Hugel« Jubilee	D	90
1998	Gewürztraminer »Hugel« Sélection de Grains Nobles	EEE	94
1997	Gewürztraminer »Hugel« Sélection de Grains Nobles »R«	EEE	94
1997	Gewürztraminer »Hugel« Sélection de Grains Nobles »S«	EEE	94+
1998	Gewürztraminer »Hugel« Tradition	C	88
1998	Gewürztraminer »Hugel« Vendange Tardive	E	93
2000	Pinot Gris »Hugel« Jubilee	D	(89–90)
1998	Pinot Gris »Hugel« Jubilee	D	88
1998	Riesling »Hugel« Hommage à Jean Hugel	E	89+
1997	Riesling »Hugel« Hommage à Jean Hugel	E	89+
2000	Riesling »Hugel« Jubilee	D	(88–89)
1998	Riesling »Hugel« Jubilee	D	88+
1997	Riesling »Hugel« Jubilee	D	90
1998	Riesling »Hugel« Sélection de Grains Nobles	EEE	96+
1998	Riesling »Hugel« Vendange Tardive	D	92+
1995	Riesling »Hugel« Vendange Tardive	E	95
1998	Tokay-Pinot Gris »Hugel« Hommage à Jean Hugel	E	90
1997	Tokay-Pinot Gris »Hugel« Hommage à Jean Hugel	E	91
1998	Tokay-Pinot Gris »Hugel« Sélection de Grains Nobles	EEE	94
1989	Tokay-Pinot Gris »Hugel« Sélection de Grains Nobles	EEE	93+

Der hervorragende *1997er Riesling »Hugel« Jubilee* wurde gänzlich aus Grand-Cru-Weinlagen gewonnen, doch weigert sich die Firma, die Namen der klassifizierten Rebflächen auf ihren Etiketten anzugeben, ist man doch hier seit jeher der Überzeugung, dass das Verfahren zur Bestimmung und Definition der Grands Crus unkorrekt war. Der Wein wartet auf mit mächtigen Aromen von süßen Mineralien und Geißblattblüten. Dieser seidig texturierte Tropfen von leichtem bis mittlerem Körper ist komplex, geschmacksbetont, tiefgründig und scharf konturiert. Darüber hinaus ist sein von Earl-Grey-Tee dominiertes Geschmacksprofil überaus gut proportioniert und bewundernswert lang. Voraussichtliche Genussreife: jetzt–2007. Der zur Gänze aus der Grand-Cru-Lage Sporen erzeugte *1997er Gewürztraminer »Hugel« Jubilee* offenbart wundervolle Aromen von rauchgetränkten Mineralien und Litschis. Dies ist ein ausladender, breiter, opulenter Wein, voll gepackt mit ausdrucksvollen tropischen Früchten, süßem Rosenwasser, Litschis und Gewürzen. Er ist bei mittlerem bis vollem Körper ebenso kraftvoll wie dicht, bewahrt aber eine hervorragende Reintönigkeit, Eleganz und Ausgewogenheit. Trinken Sie ihn im Lauf dieses Jahrzehnts.

Zur Feier seines 50. Jahrgangs bei der Firma beschloss die sich in Familienbesitz befindliche Handelsfirma (*négociant*), zu Ehren von Jean »Johnny« Hugel eine neue Cuvée zu kreieren. Diese Huldigung entstand aus Trauben, die im Spätlese-Stadium geerntet wurden (Jean Hugel ist der Autor der gesetzlich festgelegten Definition der Vendanges Tardives), hält dies aber auf dem Etikett nicht fest. Der *1997er Riesling »Hugel« Hommage à Jean Hugel* offenbart intensive mineralische Aromen, gepaart mit einem straff gewirkten inneren Kern, der sich aus Geschmacksnuancen von süßem Tee, kandierten Zitronen und Birnen zusammensetzt. Dieser potenziell hervorragende Tropfen zeigt breite, reichhaltige Schichten von Frucht und klar gezeichnete Umrisse. Er ist bei mittlerem Körper überaus gut ausgewogen und für eine lange Kellerreife ausgelegt. Voraussichtliche Genussreife: jetzt–2012+.

Zurückhaltende Düfte nach rauchgetränkten Blumen finden sich in dem *1997er Tokay-Pinot Gris »Hugel« Hommage à Jean Hugel.* Dieser honigfeine Wein ist seidig texturiert, konzentriert, und erwies sich bei der Degustation als so köstlich, dass ich ernsthaft in Versuchung war, ihn herunterzuschlucken. Sein Geschmacksprofil von getoasteten Aprikosen und Pfirsichen ist merklich fortgeschrittener entwickelt als die zahlreichen Vendanges

Tardives, die ich zuvor aus diesem Haus verkostet habe. Trinken Sie ihn im Lauf der nächsten 12–15 Jahre.

Der *1997er Gewürztraminer »Hugel« Hommage à Jean Hugel* ist ein echter Sieger! In seinem appetitanregenden Bukett verschmelzen Parfümdüfte, Blumen, Rosenwasser und Litschis. Dieser seidige Wein kleidet den Mund mit viskosen Schichten kandierter tropischer Früchte und Schwaden von Gewürzen aus. Er ist kraftvoll im Geschmack, gut strukturiert und erstaunlich ausgefeilt. Voraussichtliche Genussreife: jetzt–2008.

Weiße Pfirsiche, Gewürze und Rauch sind in den Aromen des *1998er Pinot Gris »Hugel« Jubilee* auszumachen. Dieser bei mittlerem Körper reichhaltige Wein besitzt wunderschöne Ausgewogenheit und eine Fülle von Geschmacksnuancen, die an Birnen und Aprikosen denken lassen. Sein langer, geschmeidiger Abgang setzt einen zusätzlichen Schwall von gewürzten Früchten frei. Trinken Sie ihn im Lauf der nächsten 6 Jahre.

Jean Hugel, der sich offiziell 1997 zur Ruhe setzte, war der festen Überzeugung, dass die Vendange-Tardive-Weine nur in den größten Jahrgängen gemacht werden sollten. Der superbe *1995er Riesling »Hugel« Vendange Tardive* verkörpert die leider nur allzu selten vorhandene Verbindung von Kraft und Eleganz. Dieser bei 15,2% natürlichem potenziellem Alkohol geerntete Wein ist mit seinen Ladungen von Bitterrinde (Chinin), gelben Früchten, süßem Tee und flüssigen mineralischen Aromen außerordentlich komplex. Sein mit Botrytis durchsetzter fruchtiger Kern besitzt gewaltige Tiefe. Dieser reichhaltige, opulente und überaus detaillierte Wein ist angefüllt mit exotischen Früchten, gewürzten Birnen, Mineralien und Tee. Sein Stil ist verschwenderisch, gleichzeitig aber voller Finesse. Dieser außergewöhnliche Tropfen lässt sich im Lauf der nächsten 15–20 Jahre trinken.

Die Firma hat soeben einen superben 1989er *Tokay-Pinot Gris »Hugel« Sélection de Grains Nobles* für den Markt freigegeben. Üppige Mengen von rauchigen und würzigen Pfirsichen, Aprikosen und gedünsteten Birnen lassen sich in diesem Wein von mittlerem bis vollem Körper entdecken. Selbst nach 10 Jahren in der Flasche ist er scharf konturiert, samtig texturiert, frisch und jugendlich. Karamellisierte Orangenschale, Aprikosenmarmelade, eine Fülle von Botrytis und gelben Pflaumen sind in der Persönlichkeit dieses eleganten Angebots zu erkennen. Schon jetzt ein wunderbarer Trinkgenuss, dürfte er sich im Lauf der nächsten 12 Jahre noch weiter verbessern.

Der jugendlich aussehende (er wirkt wie 24, ist aber tatsächlich 44 Jahre alt!) Marc Hugel hat seit 1983 die alleinige Verantwortung für die Weinbereitung und die Ausrüstung der Kellerei übernommen, da er die Pflichten seines Onkels Jean übertragen erhielt. Jeder Weinmacher, mit dem ich sprach, hatte eine unterschiedliche Auffassung davon, welche Rebsorten im Jahrgang 1998 am besten ausgefallen waren. Nach Marc Hugels Meinung war der Riesling der Star. Die Gewächse »sind prachtvoll mit außergewöhnlicher sprühender Lebendigkeit und perfekter Säure. Die Gewürztraminer sind mit ordentlichem Gleichgewicht und einem schönen würzigen Charakter gut ausgefallen. Mir scheint, dass die Pinot Gris am schlechtesten weggekommen sind.« Aus Reben im Herzen der Grand-Cru-Lage Schoenenbourg produziert, offenbart der *1998er Riesling »Hugel« Jubilee* Aromen von süßem Kräutertee und Zitrone. Dieser intensive, konzentrierte und konturierte Wein ist reintönig, kristallin und komplex. Tiefe Schichten von Mineralien, frischen Kräutern und quarzähnlichen Geschmackskomponenten sind in diesem sprühend lebendigen Wein zu finden. Voraussichtliche Genussreife: jetzt-2012.

Der *1998er Gewürztraminer »Hugel« Tradition* bietet ein Bukett von rauchigen Mineralien und Rosen. Verführerische Reichhaltigkeit prägt seinen breiten, aber schön detaillierten Charakter. Rote Beeren, Steine, weiße Blumen und Gewürze finden sich in seinem unkomplizierten, fast trockenen Geschmacksprofil. Trinken Sie ihn im Lauf der nächsten 4–5 Jahre. Der gänzlich aus Reben in der Grand-Cru-Lage Sporen produzierte *1998er Gewürztraminer »Hugel« Jubilee* ist ein reichhaltiger, geschmeidiger, opulenter Wein. Sein nach Gewürz und Litschis duftendes Bukett geht einher mit einer von Himbeeren und Gewürz geprägten Persönlichkeit. Dieser gut gemachte, wenn auch etwas warme (alkoholreiche) Wein wird sich über die nächsten 4 Jahre in Bestform befinden.

Mineralien, Bitterrinde (Chinin) und Anklänge an Zitronen erscheinen in den Aromen des *1998er Riesling »Hugel« Hommage à Jean Hugel.* Bei mittlerem Körper bietet dieser schön konturierte Wein Schwaden von trockenen Mineralien, Kreide, weißen Blumen und Gewürzen. Zwar weist er zweifellos mehr Restzucker als die einfachen Rieslinge auf, doch die meisten Verkoster würden ihn in diesem halbtrockenen Wein schwer finden. Innerhalb einiger weniger Jahre dürfte der Zucker absorbiert sein und der Wein sollte zu Speisen kredenzt werden, die nach einem trockenen Tropfen verlangen. Voraussichtliche Genussreife: jetzt–2010+.

Der reife, apfelduftige *1998er Tokay-Pinot Gris »Hugel« Hommage à Jean Hugel* ist opulent reichhaltig, voll gepackt mit rauchigen gelben Früchten und besitzt einen langen, gut umrissenen Abgang. Dieser halbtrockene Wein steckt noch immer in den Kinderschuhen und wird von einigen Jahren Kellerreife enorm profitieren. Voraussichtliche Genussreife: 2004–2012+. Der süße, nach gelben Früchten duftende *1998er Gewürztraminer »Hugel« Hommage à Jean Hugel* ist ein molliger, opulenter Wein. Sein hochreifer Charakter mit Apfelnoten ist warm (etwas alkoholreich) und benötigt ein wenig Kellerreife, um ein harmonisches Gleichgewicht zu erlangen. Er ist dick texturiert, von mittlerem bis vollem Körper und zeigt mineralische, steinige Nuancen in seinem langen, etwas alkoholreichen Abgang. Trinken Sie ihn jetzt–2008.

Der nach Tonic-Wasser und frischer Zitronenschale duftende *1998er Riesling »Hugel« Vendange Tardive* zeigt ungemein tiefe Art. Schichten von mineralisch getönten weißen Früchten, Chinin und getrocknetem Honig sind in diesem klar konturierten und ausgewogenen Wein zu finden. Er ist bereits jetzt als Süßwein ein herrlicher Trinkgenuss (aber weder wuchtig süß noch dickflüssig). Nach etwa 10 Jahren Kellerreife wird er sich als halbtrockener bis trockener Wein präsentieren. Voraussichtliche Genussreife: jetzt–2016+.

Der *1998er Gewürztraminer »Hugel« Vendange Tardive* zeigt ein wunderschönes Bukett, das nach Gewürzen, Rosenwasser, Aprikosen und einem Hauch kandierter Zitronenschale duftet. Dieser bei mittlerem bis vollem Körper reichhaltige und opulente, aber frische Wein legt prachtvolle Ausgewogenheit und Konturenschärfe an den Tag, während er den Gaumen mit üppig schmackhafter Frucht überzieht. Seidig texturiert und dicht, ist er eine Freude für Genießer. Trinken Sie ihn im Lauf der nächsten 10–12 Jahre. Beim *1998er Riesling »Hugel« Sélection de Grains Nobles* entquellen dem Glas intensive mineralische und blumige Aromen. Dieser herrlich komplexe Wein kleidet den Gaumen mit endlosen Schichten von gesüßtem Earl-Grey-Tee, weißen Früchten, Blumen, Himbeeren und allerlei anderen Beeren aus. Er ist prächtig konzentriert und kraftvoll, gut ausgewogen, elegant und ausgefeilt. Voraussichtliche Genussreife: 2005–2020.

Der süße, pfirsichduftige *1998er Tokay-Pinot Gris »Hugel« Sélection de Grains Nobles* ist zum Bersten gefüllt mit dickflüssigen Schichten von rauchigen gelben Früchten. Dieser Wein mit vollem Körper ist reich an Botrytis, komplex (von Steinpilzen bis zu Bananen ist einfach alles in seinem Charakter zu finden) und überaus lang im Abgang. Voraussichtliche Genussreife: 2005–2015.

In seinem Bukett zeigt sich der *1998er Gewürztraminer »Hugel« Sélection de Grains Nobles* unglaublich würzig. Dieser jugendliche Wein ist intensiv reichhaltig und dick. Ölige Schichten von Himbeeren und in Sahne getauchten gelben Früchten (hauptsächlich Aprikosen) sind in seiner dichten Persönlichkeit zu finden. Komplex, aber fortgeschritten entwickelt und generös, dürfte sich dieser Wein zwischen 2005–2015 in Bestform befinden.

Der *2000er Riesling »Hugel« Jubilee* enthält in seinen ungestümen Aromen Düfte nach süßem Kräutertee und Mineralien. Dies ist ein frischer, lebendiger, molliger Wein mit ausgezeichneter Präsenz am Gaumen. Von mittlerem Körper, ist er würzig und mit kandierten Zitronen ausgestattet und besitzt einen köstlich schmackhaften und langen Abgang. Trinken Sie ihn im Lauf der nächsten 7–8 Jahre. Der *2000er Pinot Gris »Hugel« Jubilee* legt extrem rauchige Aromen an den Tag. Dieser reichhaltige, fette Wein mit Geschmacksnuancen von Pfirsichen, Mineralien, Aprikosen und Rauch ist bei mittlerem Körper seidig texturiert. Vielschichtige üppige Frucht überwältigt den Gaumen des Verkosters. Die fortgeschritten entwickelte, nahezu opulente Persönlichkeit dieses Weins ist erstaunlich, wenn man Hugels traditionelle Weinbereitung in Betracht zieht, mit der er normalerweise in ihrer Jugend zurückhaltende Tropfen hervorbringt. Trinken Sie ihn im Lauf der nächsten 9 Jahre.

Die Hugels gestalteten zwei 1997er Gewürztraminer »Hugel« Sélection de Grains Nobles, die beide aus derselben Parzelle gewonnen, aber zu verschiedenen Zeitpunkten geerntet wurden. Der *1997er Gewürztraminer »Hugel« Sélection de Grains Nobles »R«* (dieser Buchstabe ist nur auf der Partie-Nummer zu sehen, die kleingedruckt auf dem vorderen Etikett erscheint) wurde am 30. Oktober mit 19,6% potenziellem natürlichen Alkohol gelesen und enthält 103 g/l Restzucker. Er besitzt ein explosives Bukett mit Düften nach weißen Blumen und Litschis sowie reichhaltige und ölig texturierte Art. Dieser körperreiche, opulente Wein ist für eine so junge Beerenauslese erstaunlich zugänglich. Er ist voll gepackt mit Gewürzen, dicklichen Aprikosen, Pfirsichen und Mineralien, deren Geschmacksnoten während seines phänomenal langen Abgangs anhalten. Trinken Sie ihn im Lauf der nächsten 20–25 Jahre. Die Trauben für den *1997er Gewürztraminer »Hugel« Sélection de Grains Nobles »S«* wurden am 28. Oktober, zwei Tage vor dem erstgenannten Wein, mit einem natürlichen potenziellen Alkoholgehalt von 21,7% gelesen. Dieser Wein weist 142 g/l Restzucker auf und hat ein intensives, nach Myriaden von dicklichen Früchten duftendes Bukett. Am Gaumen zeigt er sich als Wein von ungeheurer Tiefe und Fülle. Massive Schichten gelber Früchte sind in seiner dicklichen, öligen Persönlichkeit enthalten. Dies ist eine Beerenauslese mit exemplarischem Gleichgewicht, die zu ihrer Kultivierung eine gewisse Kellerreife benötigt. Voraussichtliche Genussreife: 2005–2030+.

BRUNO HUNOLD (ROUFFACH)

1997 Gewürztraminer Sélection de Grains Nobles D/0,375 l 89

Diejenigen Leser, die von dem Wunsch beseelt sind, die Herrlichkeiten der Elsässer Sélection de Grains Nobles zu entdecken, ohne dabei gleich ein Vermögen auszugeben, sollten den *1999er Gewürztraminer Sélection de Grains Nobles* von Hunold probieren. Er verströmt Aromen von wunderbar süßen roten Beeren und Blumen, die einhergehen mit einer reichhaltigen, molligen und sinnlichen Persönlichkeit. Von mittlerem Körper und seidig texturiert, ist dieser Wein voll gepackt mit gelben Früchten, kandierten Pfirsichen und Geschmacksnuancen, die an Aprikosen erinnern. Dieser Wein besitzt ausgezeichnete Ausgewogenheit und einen langen, fruchtigen Abgang. Trinken Sie ihn im Lauf der nächsten 10 Jahre.

JOSMEYER ET FILS (WINTZENHEIM)

2000 Riesling Les Pierrets D 88

2000 Tokay-Pinot Gris Brand E 89+

Der *2000er Riesling Les Pierrets* bietet Aromen von nassem Kies sowie eine ausladende, seidig texturierte Persönlichkeit von mittlerem Körper. In seinem mit Birnen und Äpfeln gefüllten fruchtigen Kern zeigt er schöne Tiefe. Dieser Wein besitzt ausgezeichneten Biss und die nötige Dichte, um mit 8,9 g/l Restzucker fertigzuwerden. Voraussichtliche Genussreife: jetzt–2006.

Der *2000er Tokay-Pinot Gris* wartet auf mit geräucherten Birnenaromen und einer schön ausgewogenen, nachhaltigen Persönlichkeit von mittlerem Körper. Klar konturiert und mit ausgezeichnetem Biss versehen, zeigt dieser Wein auch einen fetten, reifen und dicht geschichteten Kern. In seinem ausdrucksvollen Geschmacksprofil sind Birnen, Äpfel, Gewürze und Steine zu finden. Voraussichtliche Genussreife: jetzt–2010.

L. KIRMAN (EPFIG)

1997	Gewürztraminer Cuvée Prestige	C	88
1996	Gewürztraminer Vendange Tardive	D/0,5 l	89+

Für einen aus dieser Rebsorte produzierten 1997er erstaunlich (die meisten sind ausgeprägt auffällig), hat der *1997er Gewürztraminer Cuvée Prestige* gedämpfte Aromen, die an Litschis und Rosen anklingen. Am Gaumen ist dieser ölig texturierte, höchst ausdrucksvolle Wein von mittlerem bis vollem Körper voll gepackt mit Gewürzen, Mangos, Litschis und anderen tropischen Früchten. Für einen Gewürztraminer ist er ausgefeilt und scheint mehr Restzucker zu besitzen als die 6–8 g/l, von denen man mir berichtete, doch ist er reich an Geschmack und köstlich. Trinken Sie ihn im Lauf der nächsten 4 Jahre zu würzigen Speisen oder pikanten Käsen. Der *1996er Gewürztraminer Vendange Tardive* bietet hochreife Aromen von tropischen Früchten, Cynar (ein italienischer Artischockenlikör) und Myriaden von Gewürzen. Mangos, Papayas, helle Rosinen, Rosenknospen und Mineralien lassen sich in diesem Wein von mittlerem bis vollem Körper finden. Er ist makellos ausgewogen, konzentriert, komplex und zeigt einen langen, süß geprägten Abgang. Voraussichtliche Genussreife: jetzt–2005.

CHARLES KOEHLY ET FILS (RODERN)

1998	Gewürztraminer St-Hippolyte	C	88
1997	Pinot Gris St-Hippolyte	C	88

Der reife, nach Aprikosen und Pfirsichen duftende *1997er Pinot Gris St-Hippolyte* ist bei mittlerem Körper ölig texturiert. Dieser ausladende, opulente Wein legt eine üppige, fette, mit gelben Früchten und Gewürzen bepackte Persönlichkeit an den Tag und weist ausgezeichnete Ausgewogenheit und Breite auf. Dieser in der Frucht fortgeschritten entwickelte Tropfen sollte im Lauf der nächsten 4 Jahre getrunken werden. Der *1998er Gewürztraminer St-Hippolyte* entquillt dem Glas mit wunderschönen Aromen von Litschis und Rosenwasser. Von mittlerem Körper und verschwenderisch, schmeichelt er dem Gaumen mit einer Myriade von blumigen Geschmacksnuancen (zumeist Rosen und Veilchen). Dieser seidig texturierte Wein hat ausgezeichnete Tiefe und einen langen, geschmeidigen Abgang. Trinken Sie ihn während der nächsten 5–6 Jahre.

MARC KREYDENWEISS (ANDLAU)

1998	Gewürztraminer Kritt	C	89
1997	Gewürztraminer Kritt	C	89
1997	Gewürztraminer Kritt Vendange Tardive	D	91
1996	Gewürztraminer Kritt Vendange Tardive	D	91
1997	Klevner Kritt	C	89
1997	Muscat Clos Rebgarten	C	88
1998	Pinot Gris Lerchenberg	C	88
1997	Pinot Gris Lerchenberg	C	88+
1998	Pinot Gris Moenchberg	D	91
1997	Pinot Gris Moenchberg	D	92
1997	Pinot Gris Moenchberg Vendange Tardive	D	92
1998	Pinot Gris Clos Rebberg	D	89+
1997	Pinot Gris Clos Rebberg	D	90+
1997	Pinot Gris Clos Rebberg Vendange Tardive	D	94
1997	Riesling Andlau	C	89
1998	Riesling Kastelberg	D	92+
1997	Riesling Kastelberg	D	93+
1998	Riesling Wiebelsberg	D	89+
1997	Riesling Wiebelsberg	D	89
1997	Riesling Wiebelsberg Vendange Tardive	D	92+

Der intelligente, wissbegierige und überaus talentierte Marc Kreydenweiss hat kürzlich ein Weingut in den Costières de Nîmes gekauft (die Domaine des Perrières). Damit hat er sich der großen Zahl von Weinherstellern, Kellereien und *négociants* aus dem Bordelais, aus Burgund und dem Rhônetal angeschlossen, die es nach Südfrankreich zieht, um dort Grund und Boden zu erwerben und Weine herzustellen. Doch anders als die meisten anderen seiner Kollegen hat Kreydenweiss einen Weg gefunden, den größten Teil der Zeit im Elsass präsent zu sein. Er hat in Südfrankreich eine Vertrauensperson angestellt, die für die Weinbergpflege verantwortlich ist. Kreydenweiss erscheint im Herbst, um die Lese und die Vinifizierung zu beaufsichtigen, befördert dann die Fässer per Lastwagen nach Andlau, wo sie unter seinem wachsamen Blick ihren Ausbau erleben. Kreydenweiss war der erste Elsässer, der biodynamische Weinanbaumethoden übernahm. Die Liste der Winzer, die seiner Philosophie gefolgt sind, liest sich wie ein Who is Who der elsässischen Weinproduzenten: François Barmès (Domaine Barmès-Buecher), Jean-Michel Deiss (Domaine Marcel Deiss), Olivier Humbrecht (Domaine Zind-Humbrecht), André Ostertag (Domaine Ostertag), Marc Tempé (Domaine Marc Tempé) und andere mehr.

Ebenso wie Château Rothschild beauftragt Kreydenweiss jeweils einen anderen Künstler (der in Wein bezahlt wird), um die Etiketten für jeden neuen Jahrgang zu entwerfen. Die folgenden beiden Weine sind absolut knochentrocken (0–2 g/l Restzucker), aber reich an Geschmacksfülle und Charakter. Der *1997er Muscat Clos Rebgarten* offenbart ein elegantes, nach Steinen, Mineralien, Orangenblüten und Himbeeren duftendes Bukett. Er ist bei leichtem bis mittlerem Körper präzise, seidig texturiert und durchsetzt mit blumigen, parfümierten Geschmacksnuancen. Dieser gut proportionierte Wein sollte im Lauf der nächsten 5 Jahre getrunken werden. Der *1997er Riesling Andlau* stammt aus den Trauben der auf den granitreichen Böden rings um das Heimatdorf von Kreydenweiss angepflanzten Reben. Im Bukett zeigt er herrliche Aromen von Geißblatt, weißen Blumen und Rosen. Dies ist ein ausnehmend klar konturierter, reintöniger und kristalliner Wein mit kraftvollen Geschmackskomponenten, die an Mineralien, Bitterrinde (Chinin) und Quarz denken lassen. Der außergewöhnlich lange Abgang dieses weich texturierten Weins von mittlerem Körper enthüllt Spuren von kandierten Zitronen und Kies. Voraussichtliche Genussreife: jetzt–2005.

Das stahlige, kristalline Bukett des *1997er Riesling Wiebelsberg* geht einher mit einem reichhaltigen, molligen, seidig texturierten, von Mineralien geprägten Kern. Dieser bei mittlerem Körper konzentrierte Wein ist dicht und kraftvoll mit einem beeindruckend langen und reintönigen Abgang. Voraussichtliche Genussreife: jetzt–2010.

Der *1997er Pinot Gris Lerchenberg* offenbart süße Aromen mit Anklängen an rauchige Birnen und Äpfel. Dies ist ein reichhaltiger Wein mit ausgezeichneter Ausgewogenheit, mittlerem Körper und betonten Geschmackskomponenten von Rauch, Mineralien und pikanten Zitronen. Er scheint den größten Teil seiner konzentrierten Persönlichkeit noch zurückzuhalten. Voraussichtliche Genussreife: jetzt–2008. Die Rebstöcke der Pinot-Gris-Parzelle von Kreydenweiss, Clos Rebberg, wurden auf 24 Terrassen des Steilhangs seines Weinbergs gepflanzt. Der *1997er Pinot Gris Clos Rebberg* enthüllt Aromen, die an in Süßrahmbutter gedünstetes und gewürztes Gemüse erinnern. Er ist bei leichtem bis mittlerem Körper immens komplex, gut konturiert und voll gepackt mit reichhaltigen Schichten von Steinen, Feuerstein und Birnen. Geschmacksintensiv und unglaublich lang im Abgang, sollte dieser elegante Wein im Lauf der nächsten 10 Jahre getrunken werden.

Aus Trauben von 15jährigen Rebstöcken gewonnen, hat der nach Bergamotten, gesüßten Teeblättern und Mineralien duftende *1997er Pinot Gris Moenchberg* 16 g/l Restzucker, schmeckt aber vollkommen trocken. Seine ausdrucksvolle Persönlichkeit von mittlerem Körper ist außergewöhnlich breit gebaut, tief und samtig texturiert. Ladungen von rauchigen Birnen, Äpfeln, Gesteinsstaub, Mineralien und Hickoryholz sind im Geschmacksprofil zu erkennen. Dieser geschichtete, hervorragende Pinot Gris sollte im Lauf der nächsten 12 Jahre getrunken werden.

Aus Trauben von 55 Jahre alten Rebstöcken gewonnen, die 1997 lediglich einen Ertrag von 30 hl/ha erbrachten, wartet der sensationelle *1997er Riesling Kastelberg* mit profunden Aromen von weißen Pfirsichen, Steinen und Mineralien auf. Dieser überaus strenge, aber generöse Wein ist in seiner wunderbar gezeichneten Persönlichkeit voll gepackt mit konzentrierten Geschmacksschichten von Muschelschalen, Feuerstein und Kreide. Er ist bei mittlerem Körper stark strukturiert, reichhaltig und kraftvoll. Diese großartige Leistung der Weinbereitung dürfte sich jetzt–2015 in Bestform befinden. Der *1997er Riesling Wiebelsberg Vendange Tardive* duftet nach gesüßtem Earl-Grey-Tee und Mineralien und zeigt einen von Steinen und Kreide geprägten Charakter. Dies ist ein außerordentlich verfeinerter, aber sehr geschmacksbetonter Wein von mittlerem Körper mit 25 g/l Restzucker, der praktisch nicht spürbar wird. Die Präzision, klare Zeichnung und Länge dieses makellos ausgewogenen Tropfens sind ein exemplarisches Beispiel für die brillante Kunst der Weinbereitung von Marc Kreydenweiss. Voraussichtliche Genussreife: jetzt–2017.

Der *1997er Klevner Kritt*, eine Pinot-Blanc-Spätlese, verströmt ehrfurchtgebietende Aromen von süßen und würzigen Mineralien, überhaucht mit roten und weißen Johannisbeeren. Er ist elegant, komplex und konzentriert mit einem köstlichen Geschmacksprofil, das sich aus vielen Schichten in Sahne getauchter weißer Pfirsiche und Birnen zusammensetzt. Dieser Wein besitzt ausgezeichnete Balance, Frische und Konturenschärfe. Warum sollte man ihn eigentlich nicht in seiner Jugend trinken, während noch die Frucht seine Persönlichkeit dominiert? Voraussichtliche Genussreife: jetzt–2005. Der cremige, nach Mineralien und Rosenwasser duftende *1997er Gewürztraminer Kritt* hat einen subtilen Stil, der untypisch für die meist auffällig auftrumpfenden Gewürztraminer ist. Er zeigt sich ausgefeilt, reintönig und wunderschön gebaut. Von mittlerem Körper und seidig texturiert, gut ausgewogen und angefüllt mit parfümierten Mineralien, wird sich dieser Tropfen als idealer Begleiter zu fein gewürzten Speisen erweisen. Trinken Sie ihn im Lauf der nächsten 7 Jahre.

Aus einer Auslese der reifsten Trauben von der Kritt-Lage produziert, offenbart der *1997er Gewürztraminer Kritt Vendange Tardive* parfümierte und blumige Aromen. Sein Geschmacksprofil von mittlerem bis vollem Körper, das an in Sahne getauchte weiße Pfirsiche denken lässt, ist kraftvoll, explosiv und höchst konzentriert. Dieser Wein besitzt in seinem seidig texturierten Charakter superbe Ausgewogenheit, Intensität und Eleganz. Voraussichtliche Genussreife: jetzt–2007. Der *1996er Gewürztraminer Kritt Vendange Tardive* ist ebenso hervorragend, aber von anderer Art. Gewaltige ausdrucksvolle Aromen von zutiefst würzigen Kumquats paaren sich mit einem überreichen Kern von Kräuterlikör, Himbeeren, Kirschen und Kreide. Er ist bei mittlerem Körper ausgefeilt, gut gezeichnet und immens geschmacksbetont. Trinken Sie ihn im Lauf der nächsten 6–7 Jahre.

Der *1997er Pinot Gris Clos Rebberg Vendange Tardive* vereint den ätherischen, eleganten, gut proportionierten Weinstil der Domaine Kreydenweiss mit Opulenz und Mächtigkeit. Rauchige Birnen- und Apfeldüfte und mineralische Aromen leiten über zu einer gewaltigen Geschmacksexplosion von Aprikosen, Pfirsichen, Bergamotten, süßen Kräutern und Blumen. Dieser prachtvolle Wein von mittlerem Körper ist samtig texturiert und besitzt einen sinnverwirrend langen, reintönigen Abgang. Voraussichtliche Genussreife: jetzt–2015. Der *1997er Pinot Gris Moenchberg Vendange Tardive* ist süßer (55 g/l Restzucker im Vergleich zu 40 beim Clos Rebberg Vendange Tardive), aber im Aroma gedämpfter. Seine gewürzhaften Blumendüfte sind gepaart mit einem kraftvollen Einschlag von gerösteten und in Sahne getauchten weißen und gelben Früchten, deren ausdrucksvolle Geschmackskomponenten am mittleren Gaumen und im ausgedehnten Abgang anhalten. Er ist bei mittlerem Körper konturenscharf, gut ausgewogen, konzentriert und mollig. Voraussichtliche Genussreife: jetzt–2012.

Weiße Blumen und Bergamotten finden sich in den Aromen des *1998er Riesling Wiebelsberg*. Der bei leichtem bis mittlerem Körper feminine, detail-orientierte Wein ist voll gepackt mit Ladungen von weißen Früchten, Mineralien und Blumen. Gut bereitet und mit ausgezeichnetem Biss ausgestattet, sollte sich dieser potenziell hervorragende Riesling jetzt–2010+ auf dem Höhepunkt seiner Reife befinden.

Der *1998er Riesling Kastelberg*, der aus Erträgen von 27 Hektolitern pro Hektar gewonnen wurde, offenbart in seinem Aromaprofil Kreide, Kalkstein, weiße Beeren und einen Anflug von Botrytis. Von mittlerem Körper, breit, anmutig, aber kraftvoll, nimmt sich dieser konzentrierte Wein mit Geschmackskomponenten von süßem Kräutertee, Gewürzkuchen und Birnen im Mund verschwenderisch aus. Schon heute ein köstlicher Trinkgenuss, dürfte er aber mit etwas Kellerreife sogar noch besser werden. Voraussichtliche Genussreife: jetzt–2012+.

Der *1998er Pinot Gris Lerchenberg* wartet auf mit buttrigen, rauchigen und kreidigen Aromen. Bei leichtem bis mittlerem Körper besitzt er einen von weißer Frucht und gegrillten Nüssen geprägten Charakter. Dieser gut ausgewogene und konturierte Wein sollte im Lauf der nächsten 5–6 Jahre getrunken werden. Der *1998er Pinot Gris Clos Rebberg* mit seinem nach weißen Blumen und spritzigen Äpfeln duftenden Bukett ist bei mittlerem Körper samtig texturiert und geschmeidig. Dieser breit gebaute Wein mit Nuancen von Mineralien, kandierten Zitronen, weißen Beeren, Geißblatt und Himbeeren im Geschmack ist komplex und üppig. Voraussichtliche Genussreife: jetzt–2010.

Der *1998er Pinot Gris Moenchberg* gibt Aromen von Kreide, weißen Früchten und Talkumpuder zu erkennen. Dieser bei mittlerem Körper sehr ausdrucksstarke, konturierte Wein ist voll gepackt mit Pfirsichen, gewürzten Äpfeln, Mineralien und Spuren von Kümmel. Feminin und seidig texturiert, zeigt er sich in seiner fortgeschritten entwickelten, geschmacksbetonten Persönlichkeit wunderschön detailliert. Trinken Sie ihn jetzt–2010+. Der nach Rosenwasser, Litschis und Parfüm duftende *1998er Gewürztraminer Kritt* ist ein reichhaltiger, geschmeidiger Wein von mittlerem Körper. Dieser ausdrucksvolle Tropfen hat einen langen, mit Geschmacksnuancen voll gepackten, geschmeidigen Abgang. Trinken Sie ihn im Lauf der nächsten 5–6 Jahre.

KUENTZ-BAS (HUSSEREN-LES-CHÂTEAUX)

1997	**Gewürztraminer Eichberg**	**D**	**89**
1997	**Gewürztraminer Eichberg Vendange Tardive**	**D**	**89+**
1997	**Gewürztraminer Pfersigberg Vendange Tardive**	**D**	**88**
1997	**Gewürztraminer Réserve Personnelle**	**D**	**88**
1998	**Riesling Cuvée Jérémy Sélection de Grains Nobles**	**D**	**92**
1998	**Riesling Pfersigberg Cuvée Caroline Vendange Tardive**	**D**	**91**
1998	**Riesling Rangen de Thann**	**D**	**91**
1998	**Tokay-Pinot Gris Cuvée Caroline Vendange Tardive**	**D**	**90**
1997	**Tokay-Pinot Gris Cuvée Caroline Vendange Tardive**	**D**	**90+**
1998	**Tokay-Pinot Gris Eichberg**	**D**	**88**

Anmerkung: Weine mit der Bezeichnung »Tradition« auf dem Etikett sind *négociant*-Abfüllungen aus dazugekauften Trauben, während die mit der Aufschrift »Réserve Personnelle« versehenen Weine aus eigenem Lesegut stammen.

Kuentz-Bas hat den erstklassigen *1998er Riesling Rangen de Thann* aus dazugekauften Trauben erzeugt. (Die Lieferfirma war vertraglich verpflichtet, das Äquivalent an Trauben für 1000 Liter Wein zu ernten.) Er legt wunderschöne Düfte nach weißen Früchten, Gewürzen und flüssigen Mineralien sowie eine Persönlichkeit von mittlerem bis vollem Körper an den Tag. Strukturell erinnert er wegen seiner pikanten zitronenhaften Note, seiner Reintönigkeit und kristallinen Präzision mehr an einen 1996er, doch besitzt er die Reichhaltigkeit eines 1997ers. Zitrusfrüchte, Schwaden von Mineralien, Kreide und gesüßter Tee sind in seinem seidig texturierten Geschmacksprofil und in seinem gesamten außergewöhnlichen Abgang zu finden. Voraussichtliche Genussreife: jetzt–2008+. Der *1998er Riesling Pfersigberg Cuvée Caroline Vendange Tardive* enthüllt in seinem Bukett rauchige Geißblattblüten und gemischte weiße Blumen mit Zuckerüberzug. Dies ist ein den Mund auskleidender, ausdrucksvoller Wein von mittlerem bis vollem Körper mit fortgeschritten entwickelten Geschmackskomponenten von Bergamotten, roten Kirschen, kandierten Pfirsichen und honigfeinen Äpfeln. Dieser kraftvolle, schön ausgewogene, seidig texturierte Tropfen wird sich jetzt–2010+ auf dem Höhepunkt seiner Trinkreife befinden. Der *1998er Riesling Cuvée Jérémy Sélection de Grains Nobles* wartet auf mit hefigen, blumigen Aromen und Düften nach gewürzten Äpfeln, gedünsteten Birnen und Bergamotten. Er ist ein explosiver Wein von gewaltiger Breite, Mächtigkeit und Süße. Dieses konzentrierte, verhalten entwickelte, unwiderstehliche Weinangebot von mittlerem bis vollem Körper ist voll gepackt mit kandierten gelben Früchten, gezuckertem Tee und Mineralien. Voraussichtliche Genussreife: jetzt–2015.

In seinem Aromaprofil offenbart der *1998er Tokay-Pinot Gris Eichberg* zitronenhafte Pfirsiche und Blüten. Dieser opulente, ausdrucksvolle, samtig texturierte Wein von mittlerem bis vollem Körper ist neben würzigen Bergamotten und weißen Früchten auch mit rauchigen Geschmackskomponenten ausgestattet. Er ist halbtrocken, aber pikant und sprühend lebendig. Trinken Sie ihn im Lauf der nächsten 7 Jahre. Der *1997er Tokay-Pinot Gris Cuvée Caroline Vendange Tardive* zeigt würzige Aprikosendüfte und einen bei mittlerem bis vollem Körper halbtrockenen, opulenten, ausdrucksvollen Charakter. Dieser Wein mit Geschmackskomponenten von Pfirsichen, Ananas und gelben Pflaumen ist seidig texturiert, konzentriert, makellos ausgewogen und besitzt einen beeindruckend langen Abgang. Voraussichtliche Genussreife: jetzt–2010+. Pfirsiche, Talkum, Blumen und Parfüm sind im Bukett des *1998er Tokay-Pinot Gris Cuvée Caroline Vendange Tardive* enthalten. Dies ist ein mächtiger, molliger, viskoser Wein von mittlerem bis vollem Körper, bepackt mit Aprikosenmarmelade. Er ist dichter, dicker und süßer als der 1997er, besitzt aber nicht das eindrucksvolle Gleichgewicht dieses Weins. Die Vendange Tardive scheint ein Niveau an Restzucker zu besitzen, das an eine Sélection de Grains Nobles heranreicht, dennoch schlage ich vor, sie eher früher als später zu trinken. Voraussichtliche Genussreife: jetzt–2006.

Diejenigen Leser, die keine Anhänger von ausgefallenen, schwelgerischen Gewürztraminern sind, werden die 1997er von Kuentz-Bas bewundern. Das warme herbstliche Erntewetter tendierte dazu, die ungestümen Charakteristika dieser Rebsorte zu verstärken, doch erzeugt dieses Haus mehr gezügelte und kultivierte Gewürztraminer als die meisten seiner Mitstreiter. Der *1997er Gewürztraminer Réserve Personnelle* legt blumige und zarte Düfte nach Rosenwasser an den Tag. Am Gaumen nimmt er sich bei mittlerem Körper konturiert aus mit Schichten von Litschis, Himbeeren und Gewürzen im Geschmack, der zwar ausdrucksvoll, aber weder übertrieben noch aufdringlich ist. Trinken Sie ihn im Lauf der nächsten 4–5 Jahre. Der *1997er Gewürztraminer Eichberg* weist ein blumiges Bukett auf, das einhergeht mit einer schön proportionierten, eleganten Persönlichkeit von mittlerem Körper. Dieser mit Geschmacksnuancen von Rosen ausgestattete Wein ist feminin, detailliert und seidig texturiert. Obwohl nicht besonders konzentriert und kraftvoll, nimmt er sich am Gaumen sowohl ausdrucksvoll als auch verfeinert aus. Voraussichtliche Genussreife: jetzt–2004.

Der *1997er Gewürztraminer Eichberg Vendange Tardive* offenbart ein nach Rosenwasser duftendes Bukett mit Aromen, wie man sie in vielen arabischen Desserts findet. Er ist brillant gezeichnet und strukturiert und weist Schwaden von delikaten Geschmacksnuancen auf, die an Litschis, Mineralien und Himbeeren erinnern. Diese Vendange Tardive von mittlerem bis vollem Körper ist nicht übermäßig süß und wird einen ausgezeichneten Begleiter zu scharf-würzigem Käse, etwa einem Elsässer Münsterkäse, abgeben. Wenn der Wein in der Flasche Gewicht zulegt, kann er letztlich eine hervorragende Punktnote erlangen. Trinken Sie ihn im Lauf der nächsten 6–8 Jahre.

Der stilvolle *1997er Gewürztraminer Pfersigberg Vendange Tardive* hat ein zurückhaltendes Aromaprofil und gibt lediglich leichte blumige Noten zu erkennen. Von leichtem bis mittlerem Körper und rassig, bietet er zitronengetränkte Mineralien, Pfirsiche und Aprikosen im Geschmack. Dieser Tropfen ist für all diejenigen geeignet, die für dieses überschwängliche Gewächs nicht viel übrig haben, aber dennoch nach einem ausgezeichneten halbtrockenen, schön konturierten Wein Ausschau halten, der mit mäßig gewürzten Speisen harmoniert. Voraussichtliche Genussreife: jetzt–2005.

GUSTAVE LORENTZ (BERGHEIM)

1995	Gewürztraminer Altenberg de Bergheim	D	88
1995	Riesling Altenberg de Bergheim	D	89

Der *1995er Riesling Altenberg de Bergheim* hat ein nach weißen Blumen und Mineralien duftendes Bukett. Dies ist ein pikanter Wein mit Geschmackskomponenten von Zitronen, Limetten, Erde, Steinen und einem Petrolton. Von leichtem bis mittlerem Körper, ist er seidig texturiert, lebendig und ausnehmend schön konturiert. Zurzeit befindet er sich auf dem Höhepunkt seiner Reife und wird mühelos weitere 6 Jahre halten. Der *1995er Gewürztraminer Altenberg de Bergheim* offenbart dichte Aromen von Erde, Mineralien und gelben Früchten. Leser, die sich von den aufdringlicheren Exemplaren dieses Gewächses abgestoßen fühlen, werden das zurückhaltende Geschmacksprofil dieses Weins besonders genießen. Von mittlerem Körper und lebendiger Art, bietet er in seinem Kern Steine, Zitrusfrucht, pochierte Birnen und blumige Elemente. Trinken Sie ihn im Lauf der nächsten 3–4 Jahre.

ALBERT MANN (WETTOLSHEIM)

1998	Gewürztraminer	C	88
1997	Gewürztraminer Altenbourg Vendange Tardive	D/0,5 l	94
1999	Gewürztraminer Fürstentum	C	92
1998	Gewürztraminer Fürstentum	C	92
1998	Gewürztraminer Fürstentum Sélection de Grains Nobles	D/0,375 l	96
1997	Gewürztraminer Fürstentum Sélection de Grains Nobles	E/0,5 l	95+
1999	Gewürztraminer Fürstentum Vendanges Tardives	D/0,5 l	91
1999	Gewürztraminer Steingrübler	C	90
1998	Gewürztraminer Steingrübler	C	91
1999	Pinot Auxerrois Vieilles Vignes	B	88
1998	Pinot Auxerrois Vieilles Vignes	B	88
1999	Pinot Noir Vieilles Vignes	D	88
1997	Riesling Altenbourg Vendange Tardive	D/0,5 l	90
1995	Riesling Cuvée Antoine	E	96
1998	Riesling Fleck Vendange Tardive	D	92+
1999	Riesling Fürstentum	C	91
1998	Riesling Fürstentum Vendange Tardive	D	95
1999	Riesling Schlossberg	C	89
1999	Tokay-Pinot Gris Altenbourg Sélection de Grains Nobles	D/0,375 l	94
1998	Tokay-Pinot Gris Altenbourg Sélection de Grains Nobles	E/0,375 l	95
1998	Tokay-Pinot Gris Altenbourg Sélection de Grains Nobles »Le Tri«	EE/0,375 l	97
1999	Tokay-Pinot Gris Altenbourg Vendange Tardive	D/0,5 l	92+
1997	Tokay-Pinot Gris Altenbourg Vendange Tardive	D/0,5 l	93
1999	Tokay-Pinot Gris Fürstentum	C	92

1998	**Tokay-Pinot Gris Fürstentum**	D	89+
1999	**Tokay-Pinot Gris Hengst**	C	90
1998	**Tokay-Pinot Gris Hengst**	C	89
1997	**Tokay-Pinot Gris Hengst**	C	89
1999	**Tokay-Pinot Gris Pfersigberg**	C	90
1999	**Tokay-Pinot Gris Vieilles Vignes**	C	89
1998	**Tokay-Pinot Gris Vieilles Vignes**	C	88

Die Domaine Albert Mann im Besitz von Maurice und Jacky Barthelmé ist wohl eines der besten Weingüter im Elsass, dennoch sind ihre Preise nach wie vor verbraucherfreundlich. Der nach Honigmelone, Aprikosen und Birnen duftende *1999er Pinot Auxerrois Vieilles Vignes* ist bei mittlerem Körper reichhaltig und mollig. Ausgezeichnete, tiefe, geschichtete Geschmackskomponenten von Äpfeln, pochierten Birnen und Geißblatt dauern während seines bezaubernd langen Abgangs an. Trinken Sie diesen wunderbaren Tropfen im Lauf der nächsten 4 Jahre. Der außergewöhnliche *1998er Pinot Auxerrois Vieilles Vignes* enthüllt Düfte von rauchigen gelben Früchten und eine dicke, seidig texturierte Persönlichkeit von mittlerem bis vollem Körper. Gut ausgewogen, mit ausgezeichnetem Biss und Konturenschärfe, zeigt dieser auch im Preis-Leistungsverhältnis superbe Tropfen in seinem Charakter Geschmacksnuancen von Birnen, Äpfeln, Pfirsichen, Geißblatt und Mineralien. Trinken Sie ihn im Lauf der nächsten 4 Jahre.

Der *1997er Tokay-Pinot Gris Hengst* enthält 13,1 % Alkohol und 49 g/l Restzucker. Er offenbart Aromen von Pfirsichen, Aprikosen und Mineralien, gepaart mit einem ausnehmend reichhaltigen, breiten Charakter von mittlerem bis vollem Körper. Dieser Wein mit Geschmacksnuancen von Earl-Grey-Tee und gelben Früchten besitzt ausgezeichnete Tiefe, Ausgewogenheit und Länge. Voraussichtliche Genussreife: jetzt–2009.

Botrytis- und Bergamottendüfte sind in dem prachtvoll scharf konturierten, profunden, mächtigen *1997er Riesling Altenbourg Vendange Tardive* zu finden. Unter den Vendanges Tardives ist dieser Wein relativ trocken und wird das meiste seines Restzuckers von 28 g/l während seiner Kellerreife absorbieren. Er ist von mittlerem bis vollem Körper, tief, überaus gut proportioniert und bietet bei samtig texturierter Art Schichten von weißen und gelben Früchten und Mineralien. Trinken Sie ihn im Lauf der nächsten 15 Jahre. Bei dem bedeutend süßeren (64 g/l Restzucker) *1997er Tokay-Pinot Gris Altenbourg Vendange Tardive* entquellen Düfte nach Mineralien und Pfirsichen mächtig dem Glas. Dieser Wein mit seinem Geschmacksprofil von gerösteten Erdnüssen, Ananas, Mangos, Pfirsichen und Steinen ist von mittlerem bis vollem Körper, höchst ausdrucksvoll und überaus anhaltend. Voraussichtliche Genussreife: jetzt–2012+.

In seinem Aromaprofil kann sich der *1997er Gewürztraminer Altenbourg Vendange Tardive* überwältigender Düfte von Litschis, Rosenblüten, Gewürzen und Botrytis rühmen. Er ist ein bei mittlerem bis vollem Körper süßer, betörender, geschichteter Wein. Ladungen von roten Kirschen, Himbeeren und tropischen Früchten sind in diesem überschwänglichen, seidig texturierten Tropfen zu finden. Trinken Sie ihn im Lauf der nächsten 7–8 Jahre. Der außergewöhnliche *1997er Gewürztraminer Fürstentum Sélection de Grains Nobles* zeigt ein herrliches Bukett, das in Rosenwasser getauchte Gewürze in Erinnerung ruft. Dieser massive, botrysierte, ungeheuer konzentrierte Wein besitzt herrliche Ausgewogenheit in seiner mit tropischen Früchten und Kirschen ausgestatteten Persönlichkeit. Unglaublich süß, aber elegant, besitzt er einen erstaunlich langen und komplexen Abgang. Zwar wird er mit Sicherheit 30 Jahre und länger halten, doch schlage ich vor, ihn vor 2009 zu trinken, um seine schwelgerische Art voll zu genießen.

Dieses Weingut schuf 1995 erstklassigen Riesling, darunter auch die vor kurzem freigegebene Cuvée Antoine. Sie offenbart komplexe Aromen mit Anklängen an getoastete Mineralien, Zitronen, Bergamotten und getrockneten Honig. Dieser körperreiche, massiv geschichtete Wein ist üppig, superkonzentriert und im Geschmack voll gepackt mit kandierten Orangenschalen, Quitten, Felsgestein, Erde, Ananas und von Botrytis-überhauchten Äpfeln. Er ist erstaunlich komplex, makellos ausgewogen und dürfte weitere 15 Jahre und länger anmutig altern. Leider ist nur eine winzige Menge dieses betörenden Juwels produziert worden.

Maurice Barthelmé, der zusammen mit seinem Bruder, der Weinmacher ist, und dessen Frau sowie seiner eigenen Gattin dieses Weingut führt, meint, dass der 1998er Jahrgang nicht dieselbe Kraft wie der 1997er besitzt, hält ihn jedoch für »einen großen Jahrgang, der für die besten Elsässer Produzenten gleichrangig mit 1994 und 1989 ist.« Weiter führte er aus, dass »der Gewürztraminer unbestreitbar die Rebsorte ist, die im Jahrgang 1998 am besten ausgefallen war, ja, dieser Jahrgang mag sogar der Beste überhaupt für diese Traube gewesen sein«.

Aus den Lagen Altenbourg und Rosenberg gewonnen, hat der *1998er Tokay-Pinot Gris Vieilles Vignes* ein tiefgründig rauchiges, mit gelben Pflaumen gefülltes Bukett. Dieser reintönige, seidig texturierte Tropfen von mittlerem Körper ist mollig, besitzt wunderschöne Tiefe der Frucht und Ausgewogenheit. Dieser überschwängliche Wein lässt sich über die nächsten 5–6 Jahre gut trinken. Der *1998er Tokay-Pinot Gris Hengst* enthüllt wundervolle Aromen von reifen Aprikosen in Duft und Geschmack. Von mittlerem Körper und üppig, weist er in seiner extrovertierten Persönlichkeit rote Johannisbeeren, Himbeeren und Spuren von getrocknetem Akazienblütenhonig auf. Voraussichtliche Genussreife: jetzt–2006. Der *1998er Tokay-Pinot Gris Fürstentum* hat ein komplexes, botrysiertes Bukett und Geschmacksnuancen von Rauch, Anis und prallen Stachelbeeren. Dieser seidig texturierte Wein von mittlerem Körper ist voll gepackt mit Gewürzen, Pfirsichen und gelben Pflaumen. Sein langer Abgang enthüllt Spuren von Wärme aufgrund des relativ hohen Alkoholgehalts. Voraussichtliche Genussreife: jetzt–2008.

Die höchst extrovertierten, nahezu aufdringlichen Aromen des *1998er Gewürztraminer* offenbaren Düfte nach Rosenwasser, Litschis und Gewürzen. Dieser seidig texturierte, frische, feminine, elegante Wein ist voll gepackt mit Blumen, Gewürzen, Flieder und kandierten Himbeeren. Von mittlerem Körper und schön ausgewogen, lässt er sich über die nächsten 4–5 Jahre gut trinken. Der *1998er Gewürztraminer Fürstentum* präsentiert ein elegantes blumiges Bukett, das an marokkanische Gewürze erinnert (getrocknete Chilischoten, Ingwer, Zimt, Curry und eine Myriade anderer) sowie eine unwiderstehliche Note, die an frisch gehackte Frühlingszwiebeln denken lässt. Dieser saftige, reichhaltige, opulente Wein quillt über vor Botrytis, roten Kirschen, Himbeeren und Blumen. Von mittlerem bis vollem Körper und mit einem langen, schmackhaften Abgang ausgestattet, sollte er sich jetzt–2007 auf dem Höhepunkt seiner Trinkreife befinden. Der nach gedünsteten Steinpilzen, gelben Pflaumen und Honigmelonen duftende *1998er Gewürztraminer Steingrübler* ist reichhaltig und komplex. Rote Beeren, Schwaden von Blumen, englischer Frühstückstee, Mineralien, Blutorangen und Löwenzahn sind in diesem komplexen Tropfen zu finden. Zwar besitzt er nicht die verschwenderische Persönlichkeit des Fürstentum, doch gewinnt der Steingrübler durch seine Myriaden von Geschmacksnuancen. Trinken Sie ihn im Lauf der nächsten 5–6 Jahre.

Kandierte Zitronen und Kräutertees sind im Aromaprofil des *1998er Riesling Fleck Vendange Tardive* zu finden. Von mittlerem Körper, seidig texturiert und pikant, ist die zitronenhafte, mineralisch geprägte Persönlichkeit dieses Weins hervorragend gezeichnet und scharf konturiert. Voraussichtliche Genussreife: jetzt–2012+. Der spektakuläre *1998er Riesling Fürstentum Vendange Tardive* bietet im Bukett herrliche Aromen von Pfirsichen, Aprikosen und Gewürzen. Dieser breite, geschmacksintensive, cremige Wein ist elegant und kraftvoll zugleich. In seinem Kern mit Geschmacksnuancen von Botrytis und Mineralien zeigt er wunderschöne Reintönigkeit. Dieser Tropfen bietet jene unwiderstehliche Verbindung von Muskelkraft und Finesse, die nur in den größten Weinen zu finden ist. Voraussichtliche Genussreife: jetzt–2015+.

Der *1998er Gewürztraminer Fürstentum Sélection de Grains Nobles* wurde am 28. Oktober gelesen. Er verströmt ein appetitanregendes Bukett von Rosenwasser und Blumen. Von mittlerem bis vollem Körper und ölig texturiert, besitzt er in seinem mit dicklichen Aprikosen, Pfirsichen, roten Beeren und Gewürzen ausgestatteten Charakter außerordentliche Reintönigkeit. Dieser geschmeidige, elegante und mächtige Wein wird mit Sicherheit die Verkoster in den nächsten 12–15 Jahren für sich gewinnen. Dichte, rauchige Aromen von gelber Pflaumenmarmelade lassen sich in dem *1998er Tokay-Pinot Gris Altenbourg Sélection de Grains Nobles* entdecken. Von mittlerem bis vollem Körper und ausgefeilt, ist dieser viskose Wein zum Bersten gefüllt mit kandierten Kirschen, Botrytis, Aprikosengelee und pikanten Pfirsichen. Er besitzt bewundernswertes Gleichgewicht, komplexe Geschmackskomponenten und ehrfurchtgebietende Länge. Voraussichtliche Genussreife: 2005–2018+. Der *1998er Tokay-Pinot Gris Altenbourg Sélection de Grains Nobles »Le Tri«* wurde eine Woche vor dem zuvor genannten Wein aus derselben Rebparzelle geerntet (am 21. Oktober). Die Gärung und der Ausbau erfolgten in neuen Barriques aus Allier-Eichenholz. In seinem von gelben Früchten dominierten Bukett bietet er Spuren von Eichenholzwürze. Am Gaumen sind in diesem prachtvollen, komplexen, breiten Wein von mittlerem bis vollem Körper Geschmacksnuancen von zerdrückten Himbeeren, Kirschen und anderen roten Beeren zu finden. Er ist tief, intensiv, elegant und immens geschmacksbetont. Schon jetzt unwiderstehlich, sollte er sich 2006–2020 auf dem Höhepunkt seiner Reife befinden.

Liebhaber des Pinot Noir, die noch nie einen ausgezeichneten Elsässer genossen haben, sollten den rubinroten *1999er Pinot Noir Vieilles Vignes* probieren. Der größte Teil dieses Weins wird aus Pinot-Noir-Trauben von zwei Grand-Cru-Lagen (Hengst und Pfersigberg) gewonnen, deren Ertrag bei 40 hl/ha liegt, weit niedriger also als bei den meisten Burgundern aus demselben Jahrgang. Er offenbart ein süßes, nach roten und schwarzen Kirschen duftendes Bukett, das einhergeht mit einem weich texturierten Charakter von mittlerem Körper. Saftige Brombeeren und Kirschen sind in diesem köstlich süßen, reintönigen, geschmeidigen Wein zu finden. Sein Abgang ist lang, voller Frucht, und enthüllt schön gereiftes Tannin. Trinken Sie diese Schönheit im Lauf der nächsten 4 Jahre. Der nach süßem Tee duftende *1999er Riesling Schlossberg* ist von mittlerem Körper und ausgezeichneter Tiefe der Frucht. In seiner komplexen, seidig texturierten Persönlichkeit finden sich charakteristische Anklänge an frische Kräuter, Mineralien und heißen Kies. Trinken Sie ihn innerhalb der nächsten 6–7 Jahre. Der intensive *1999er Riesling Fürstentum* besitzt mittleren Körper. Dieser Wein explodiert am Gaumen mit Schicht auf Schicht von Birnen, Äpfeln, Gewürzen, Mineralien und Eisenkraut, deren Geschmacksnuancen bis zu 40 Sekunden lang anhalten. Er ist überaus gut ausgewogen, reichhaltig und elegant. Trinken Sie ihn innerhalb der nächsten 8–9 Jahre.

Der *1999er Tokay-Pinot Gris Vieilles Vignes* offenbart rauchige Aromen von Aprikosen und Blumen. Bei mittlerem Körper breit und fortgeschritten entwickelt, enthält er frische florale Geschmackskomponenten, die an eine Blütenmischung und süße Birnen denken lassen. Gut ausgewogen und ausdrucksvoll, eignet sich dieser Wein zum Trinkgenuss innerhalb der nächsten 6 Jahre. Der nach getrocknetem Honig, Karamell, Aprikosen und Birnen duftende *1999er Tokay-Pinot Gris Pfersigberg* ist bei mittlerem Körper reichhaltig und voll gepackt mit Frucht. Mit *sur-maturité* (Überreife) durchsetzte Aprikosen, Pfirsiche, Äpfel und Birnen entströmen in Schwaden seinem extravaganten Charakter. Während sich die meisten Pinot Gris bei einer Lagerung im Keller verbessern, eignet sich dieser Wein zum Trinkgenuss während der nächsten 5–6 Jahre. Der *1999er Tokay-Pinot Gris Fürstentum* legt betörende blumige Aromen und Düfte nach Birnen und Aprikosen an den Tag. Von mittlerem Körper, breit und expansiv, ist dies ein schön ausgewogener Wein, der die Zeit gut überdauern sollte. Gemischte gelbe Früchte, Gewürze und Anis sind in seiner üppigen, seidig texturierten Persönlichkeit ebenso zu finden wie in seinem anhaltenden und geschmeidigen Abgang. Trinken Sie diesen hervorragenden Tropfen 2004–2012. Der nach Rauch, Mineralien und

Gewürzen duftende *1999er Tokay-Pinot Gris Hengst* nimmt sich bei mittlerem bis vollem Körper üppig-sinnlich aus. Sein Geschmacksprofil mit Birnen, Äpfeln und Aprikosen zeigt eine gewaltige Breite. Dies ist ein verschwenderischer Wein mit einem ausnehmend langen Abgang, der einen Hauch alkoholischer Wärme verspüren lässt. Trinken Sie ihn im Lauf der nächsten 10–12 Jahre.

Der hervorragende *1999er Gewürztraminer Steingrübler* explodiert förmlich im Glas und gibt einen Schwall von duftenden Himbeeren, Erdbeeren und Aprikosen frei. Von mittlerem Körper und mollig, nimmt er sich am Gaumen köstlich aus, beladen mit Mangos, Litschis und an Rosen erinnernden Geschmacksnuancen. Obwohl ein durchaus ausdrucksvoller Wein, gehört er nicht zu der übertriebenen oder aufdringlichen Klasse von Gewürztraminern. Trinken Sie ihn im Lauf der nächsten 5–7 Jahre.

Der *1999er Gewürztraminer Fürstentum* legt wundervoll ausgefeilte Aromen von Blumen, Birnen und Äpfeln an den Tag. Von mittlerem Körper und ölig texturiert, zeigt er köstlichen Charakter, voll gepackt mit Kirschen, Himbeeren, Gewürzen und Aprikosen, deren Geschmacksnuancen in seinem beeindruckend langen, sanften Abgang verweilen. Voraussichtliche Genussreife: jetzt–2009. Der *1999er Gewürztraminer Fürstentum Vendanges Tardives* explodiert in Duft und Geschmack mit einer Fülle von Birnen, Äpfeln, Himbeeren und Erdbeeren. Dieser Wein von mittlerem Körper wurde aus Trauben von über 50jährigen Rebstöcken gewonnen und enthält 63 g/l Restzucker. Er ist ausnehmend schön ausgewogen und besitzt einen langen, sinnlichen Abgang. Voraussichtliche Genussreife: jetzt–2018.

Der nach Rauch und kandierten Birnen duftende *1999er Tokay-Pinot Gris Altenbourg Vendange Tardive* zeigt in seiner süßen, mit weißen und gelben Früchten gefüllten Persönlichkeit superbe Ausgewogenheit und Konturenschärfe. Dies ist ein intensiver Wein mit Geschmackskomponenten von Pfirsichen, Aprikosen, gedünsteten Birnen und Gewürzen, kraftvoll und muskulös, dabei aber bemerkenswert feminin und elegant. Trotz seiner 56 g/l Restzucker schmeckt er dank seiner lebendigen Säure relativ trocken. Voraussichtliche Genussreife: 2005–2020. Der *1999er Tokay-Pinot Gris Altenbourg Sélection de Grains Nobles* besitzt satte 132 g/l Restzucker. Er explodiert förmlich im Glas, dem er mit honigfeinen Aprikosen- und Pfirsichdüften entströmt. Am Gaumen zeigt dieser Wein außerordentliche Tiefe in seinen Geschmackskomponenten, die an Gewürze, Aprikosenmarmelade und Pfirsich Melba erinnern. Dies ist ein üppiger, süßer, sinnlicher Tropfen, der sich wunderbar mit Gänseleberpastete verträgt. Trinken Sie ihn zwischen 2006–2025.

JULIAN MEYER (NOTHALTEN)

1997 Muscat Petite Fleur — C 89

Der *1997er Muscat Petite Fleur* präsentiert ein nach Fruchtcocktail, Blumen und Lavendel duftendes Bukett. Von mittlerem Körper, frisch und trocken, ist dieser in einem verführerischen Stil gestaltete Wein als Apéritif oder als Begleiter zu leichten Gerichten gedacht. Angesichts seines fragilen Buketts sollte er innerhalb des nächsten Jahres getrunken werden.

RENÉ MURÉ (ROUFFACH)

1998 Gewürztraminer Côte de Rouffach — C 88

1999 Tokay-Pinot Gris Côte de Rouffach — B 88

Anmerkung: Diese Firma ist der *négociant*-Zweig der Domaine du Clos St-Landelin und trägt den Namen ihres Besitzers.

Die Weinhandelsfirma (*négociant*) René Muré produziert Weine aus Trauben, die sie aus etwa 25 Hektar Rebland an der Côte de Rouffach aufkauft. (Dies ist eine große, etwa 150+ Hektar umfassende Appellation, die sich über das Gebiet einer Reihe von Gemeinden südlich von Colmar erstreckt.) Praktisch alle gekauften Trauben stammen von Kalksteinböden, und in dem Bestreben, Reife und Qualität zu gewährleisten, zahlt die Firma den Winzern das Doppelte des momentan verlangten Preises bei entsprechendem potenziellem Alkoholgehalt.

Der *1998er Gewürztraminer Côte de Rouffach* offenbart Aromen von frischen Litschis. Von mittlerem Körper und cremig texturiert, besitzt dieser geschmacksbetonte Wein eine von Rosen und exotischen Früchten geprägte Persönlichkeit. Dieser schwelgerische, jedoch nicht aufdringliche Gewürztraminer wird sich in den nächsten 4 Jahren in Bestform befinden. Der rauchige, aprikosenduftige *1999er Tokay-Pinot Gris Côte de Rouffach* ist voll gepackt mit reichhaltigen, fetten, glyzeringetränkten, rauchigen gelben Früchten. Mollig, opulent und mit Geschmacksfülle ausgestattet, wird er sich 3–4 Jahre hindurch gut trinken lassen.

CHÂTEAU D'ORSCHWIHR (ORSCHWIHR)

1999	**Gewürztraminer Bollenberg**	**B**	**88**
1998	**Gewürztraminer Bollenberg**	**B**	**88**
1999	**Pinot Blanc Cuvée Drachenfels**	**B**	**88**
1997	**Riesling Enchenberg Vieux Thann**	**B**	**88**
1997	**Riesling Rangen**	**D**	**88**
1996	**Riesling Rangen**	**D**	**88**
1995	**Tokay-Pinot Gris Vendange Tardive**	**D/0,5 l**	**92**
1994	**Tokay-Pinot Gris Sélection de Grains Nobles**	**D/0,375 l**	**93+**

Hubert Hartmann, der Eigentümer dieses Weinguts, schmückt die Etiketten seiner Flaschen mit den Worten »vin non chaptalisé« (nicht chaptalisierter Wein), was ihn von den minderen Winzern der Region trennt, die von der Anreicherung mit Zucker abhängen, um die Illusion von Reife zu erzeugen. Im Gegensatz zu den meisten ihrer Kollegen praktizieren die elsässischen Spitzenproduzenten keinerlei Zugabe von Zucker zum gärenden Wein.

Der *1999er Pinot Blanc Cuvée Drachenfels* hat ein hervorragendes Preis-Leistungsverhältnis. Seine mineralisch geprägten Aromen sind durchdringend, dazu bietet er einen reichhaltigen Charakter von leichtem bis mittlerem Körper mit ausgezeichneter Tiefe und Frucht. Ladungen von saftigen Zitrusfrüchten, Birnen und pikanten Mineralien lassen sich in diesem molligen, aber erfrischend würzigen Wein entdecken. Er ist seidig texturiert, gut ausgereift und überaus geschmacksbetont. Trinken Sie ihn im Lauf der nächsten 3–4 Jahre.

Der aprikosenduftige *1996er Riesling Rangen* besitzt leichten bis mittleren Körper und ist mollig. In seiner reichhaltigen, samtig texturierten Persönlichkeit bietet er überreife Geschmacksnuancen von Plätzchenteig und kandierten Zitronen. Trinken Sie ihn im Lauf der nächsten 3–4 Jahre. Der nach Graham-Keksen und Lebkuchen duftende *1997er Riesling Rangen* von leichtem bis mittlerem Körper weist Geschmackskomponenten von gebratenen weißen Früchten, Steinen und einen leicht chemischen Hauch auf. Dieser üppig-saftige, reintönige und geschmacksintensive Wein besitzt auch einen langen, mit Frucht bepackten Abgang. Trinken Sie ihn innerhalb der nächsten 5 Jahre.

Der *1999er Gewürztraminer Bollenberg* lässt dem Glas einen Duftschwall von Litschis und Rosen entquellen. Frische rote Früchte, darunter Kirschen und Himbeeren, vermischt mit weißen Blumen, Litschis und pochierten Birnen, treten im Geschmack dieses gut gezeichneten und ausgewogenen Tropfens in Erscheinung. Er ist bei leichtem bis mittlerem Körper extrovertiert, zeigt sich aber zurückhaltender als andere Gewürztraminer und sollte innerhalb der nächsten 4–5 Jahre getrunken werden. Reichhaltige Aromen von gelben Früchten und Gewürzen sind im Bukett des *1998er Gewürztraminer Bollenberg* zu finden. Von mittlerem Körper und ausladend, ist er dick, floral, würzig und im Geschmack voll gepackt mit Äpfeln und Birnen. Sein gut strukturierter Abgang enthüllt die Wärme (Alkohol), die im Nachgeschmack der 1998er häufig zu finden ist. Voraussichtliche Genussreife: jetzt–2007.

Der *1995er Tokay-Pinot Gris Vendange Tardive* verströmt Duftschwaden von rauchigen weißen Früchten. Dieser Wein von mittlerem Körper ist reichhaltig, breit und wunderschön präzis. Im Geschmacksprofil dieses tiefen, gut ausgereiften Tropfens finden sich Ladungen von pikanten roten Beeren, Aprikosen und weißen Pfirsichen, verflochten mit einem Hauch von rauchgetränkten Mineralien. Er befindet sich auf dem Höhepunkt seiner Reife, wird aber weitere 10 Jahre halten.

Der *1997er Riesling Enchenberg Vieux Thann* hat zurückhaltende florale aromatische Nuancen im Bukett, die zu einem kreideartigen, mineralischen, von Bitterrinde (Chinin) und Zitrusfrüchten geprägten Charakter überleiten. Dieser Wein von mittlerem Körper ist harmonisch, nuanciert und seidig texturiert. Voraussichtliche Genussreife: jetzt–2005.

Der golden-bernsteinfarbene *1994er Tokay-Pinot Gris Sélection de Grains Nobles* verströmt außergewöhnliche Aromen, die an gebratene Pfirsiche, kandierte Zitronenschalen, Obstkuchen, Buttertoffees, Karamell, Zwetschgenkuchen und verschiedene Gewürze erinnern. Er birst förmlich am Gaumen vor Geschmacksnuancen von Kirschen, Himbeeren, Aprikosen und Orangen mit Zuckerguss. Dieser bei mittlerem Körper anmutige und wunderschön proportionierte Wein wirkt, als befände er sich auf dem Höhepunkt seiner Reife, doch besitzt er die Ausgewogenheit und Polsterung, die für eine ausgedehnte Lagerung nötig sind. Voraussichtliche Genussreife: jetzt–2012+.

OSTERTAG (EPFIG)

1998	Gewürztraminer Fronholz Sélection de Grains Nobles	EE	93+
1998	Gewürztraminer Fronholz Vendange Tardive	E	93
1997	Gewürztraminer Fronholz Vendange Tardive	D	90+
2000	Gewürztraminer Vignoble d'Epfig	C	88
1998	Gewürztraminer Vignoble d'Epfig	C	88
1997	Gewürztraminer Vignoble d'Epfig	C	89
1998	Muscat Fronholz	D	89
1997	Muscat Fronholz Vendange Tardive	D	90
1998	Pinot Blanc Barriques	C	88
1997	Pinot Blanc Barriques	C	88
1998	Pinot Gris Barriques	C	89
1998	Pinot Gris Fronholz	D	88
1997	Pinot Gris Fronholz	D	88
1996	Pinot Gris Fronholz	D	89
1999	Pinot Gris Muenchberg	D	91+
1998	Pinot Gris Muenchberg	D	90
1996	Pinot Gris Muenchberg	D	91+
1997	Pinot Gris Muenchberg Vendange Tardive	E	90
1999	Pinot Gris Zellberg	D	91
1998	Pinot Gris Zellberg	D	88
1997	Pinot Gris Zellberg	D	90
1996	Pinot Gris Zellberg	D	89+
1999	Riesling Fronholz	D	89
1998	Riesling Fronholz	D	89+
1997	Riesling Fronholz	D	88
1999	Riesling Heissenberg	D	88
1998	Riesling Heissenberg	D	91
1997	Riesling Heissenberg	D	88
1996	Riesling Heissenberg	D	89+
1999	Riesling Muenchberg	D	92
1998	Riesling Muenchberg	D	94
1997	Riesling Muenchberg	D	90+
1996	Riesling Muenchberg	D	91
1997	Riesling Muenchberg Vendange Tardive	D	92+

2000	**Riesling Vignoble d'Epfig**	**C**	**88**
1998	**Riesling Vignoble d'Epfig**	**C**	**88**

Der *1997er Pinot Blanc Barriques* wurde vollständig in Eichenholzfässern vinifiziert und verbrachte 8 Monate in burgundischen 227-Liter-Fässern (von denen 10% neu waren). Er besitzt ausgezeichnete aromatische Tiefe, die den Duft von weißen Blumen mit einer klug dosierten Note von Eichenholzwürze erkennen lässt. Dieser Wein erfreut sich einer bewundernswerten Reichhaltigkeit, Konzentration und Tiefe in seinem scharf konturierten und mit Mineralien und Kreide bepackten Charakter. Trinken Sie ihn innerhalb der nächsten 4–5 Jahre.

Obwohl André Ostertag bei der Vinifizierung seines *1997er Riesling Fronholz* kein Eichenholz einsetzte, zeigt dieser Aromen von weißen Früchten mit einer Holznote. Er hat eine geschichtete, cremig texturierte Persönlichkeit, angefüllt mit komplexen Geschmackskomponenten von Mineralien und Zitrusfrüchten. Bei mittlerem Körper offenbart er ausgezeichneten Biss, Konzentration und Ausgewogenheit. Voraussichtliche Genussreife: jetzt–2004. Der *1997er Riesling Heissenberg* zeigt wunderbare Aromen, die sich aus Geißblatt, Erde, Akazienblüten, Mineralien und gerösteten Mandeln zusammensetzen. Er explodiert am Gaumen mit einem aggressiven Schwall von cremigem Sodawasser und Anis. Dieser Wein mit üppiger Textur zeigt bei mittlerem Körper große Geschmacksfülle und hätte bei einem längeren Abgang eine höhere Punktnote verdient. Trinken Sie ihn im Lauf der nächsten 5–6 Jahre.

Nach beträchtlichem Zureden enthüllte das gedämpfte Bukett des hervorragenden *1997er Riesling Muenchberg* lediglich Düfte von Talkumpuder. Dies ist ein mächtiger Wein mit außergewöhnlicher Konturenschärfe, Präzision und kristallklarer Reintönigkeit in seinem zitronenhaften Charakter. Er ist bei leichtem bis mittlerem Körper bewundernswert ausgewogen, straff gewirkt und für eine längere Lagerung im Keller geeignet. Voraussichtliche Genussreife: jetzt–2010+.

Der *1996er Riesling Heissenberg* wartet mit brillanten mineralischen Aromen und einem Duft nach würzigen Zitronen auf. Von mittlerem Körper, zeigt er in seiner Persönlichkeit ausgezeichnete Reintönigkeit, klare Zeichnung und Konturenschärfe. Dieser frische, seidig texturierte Wein ist voll gepackt mit Mineralien und bietet einen langen, mit Limetten durchsetzten Abgang. Voraussichtliche Genussreife: jetzt–2009. Appetitanregende Aromen von Crème brûlée und Gewürzen sind im Bukett des *1996er Riesling Muenchberg* zu finden. Am Gaumen ist dieser bei mittlerem Körper sprühend lebendige Wein voll gepackt mit Geschmackskomponenten von Lebkuchengewürzen mit Anklängen von kandierten Zitronen. Obwohl sein Duft- und Geschmacksprofil eine gewisse Entwicklung verraten, sollte dieses Juwel mindestens 7 Jahre lang halten.

Der in (zu 30% neuen) Eichenholzfässern vergorene und ausgebaute *1997er Pinot Gris Fronholz* wurde ohne Schönung und Filtration in Flaschen abgefüllt. Er bietet ein würziges Bukett mit Aromen von Bourbon-Vanille, gepaart mit einer toastwürzigen, rauchigen, salzigen, pikanten Persönlichkeit. Dieser bewundernswert reichhaltige, aber scharf konturierte Tropfen ist bei mittlerem Körper seidig texturiert und beeindruckend lang. Trinken Sie ihn innerhalb der nächsten 6 Jahre. In seinem Aromaprofil präsentiert der *1997er Pinot Gris Zellberg* sonnenerwärmte Kieselsteine. Dieser ebenfalls unfiltriert und ungeschönt abgefüllte Wein besitzt hervorragende Breite und Fülle. Er ist überaus würzig, voll von rauchigen weißen Früchten, konzentriert und rühmt sich einer samtigen Textur. Voraussichtliche Genussreife: jetzt–2007.

Alle drei Pinot Gris von Ostertag aus dem Jahrgang 1996 zeigten einen außergewöhnlich langen Abgang, ein Beweis für mäßige Erträge und superbe Reife. Der *1996er Pinot Gris Fronholz* enthüllt süße Aromen von würzigen Malzbonbons, gepaart mit einer seidig texturierten Persönlichkeit von mittlerem Körper. Er besitzt ein sahniges Geschmacksprofil mit Anklängen an Früchtebrot, Mineralien und pochierte Birnen. Trinken Sie ihn im Lauf der nächsten 6 Jahre. Der *1996er Pinot Gris Zellberg* wartet auf mit Aromen von weißen Früchten und tritt mit einem überaus würzigen, mit kandierten Zitronen angefüllten Charakter hervor. Dies ist ein bei mittlerem Körper geschliffener Wein von großer Tiefe des Geschmacks. Straff gewirkt, enthüllt er Spuren von Eichenholz in seinem außergewöhnlich langen Abgang. Voraussichtliche Genussreife: jetzt–2007. Der *1996er Pinot Gris Muenchberg* bietet in seinem Bukett geräucherten Speck, würziges Eichenholz, kandierte und blumige Düfte. Dies ist ein ausnehmend gut bereiteter Wein von mittlerem Körper, dicht bepackt mit reichlichen Mengen von Pfirsichen, Aprikosen, Birnen und mit frischem Eichenholz gewürzten Bratäpfeln. Üppig texturiert, reichhaltig und konzentriert, offenbart er einen superben Abgang mit Nuancen von kandierter Zitrone. Voraussichtliche Genussreife: jetzt–2012.

André Ostertag ist der Meinung, seine Weine müssten trocken sein mit Ausnahme der Vendanges Tardives und der Sélection de Grains Nobles – und natürlich der Gewürztraminer. »Diese Rebsorte braucht etwas Restzucker, um zum Ausdruck zu kommen. Ich pflegte sie in einem trockenen Stil zu machen, war aber nie zufrieden mit dem Ergebnis.« Der *1997er Gewürztraminer Vignoble d'Epfig* offenbart ausgefeilte, süße Aromen von Geißblattblüten und Rosenwasser. Dieser Wein von mittlerem Körper ist seidig texturiert, mollig, feminin, reichhaltig, und angefüllt mit schön umrissener Frucht von Litschis und Ananas. Trinken Sie ihn im Lauf der nächsten 5 Jahre.

Der *1997er Muscat Fronholz Vendange Tardive* hat wunderbar ausgefeilte Aromen von Orangenblüten, kandierter Mandarinenschale und Akazienblüten. Der genussbetonte Tropfen ist fett, von mittlerem bis vollem Körper und voll gepackt mit das Herz erfreuender Frucht. Üppige Schichten von Himbeeren, Kirschen und Blumen finden sich inmitten von saftigen Orangennuancen. Ich glaube nicht, dass er das zur Alterung erforderliche Gleichgewicht besitzt, aber was soll's? Dieser Tropfen gewährt puren Genuss! Trinken Sie ihn während der nächsten 4–5 Jahre.

Leser, die bereits viele Elsässer Vendanges Tardives verkostet haben und sie für allzu ausdrucksvoll, schwerfällig oder süß befanden, um als Begleiter zu Speisen zu dienen, haben vielleicht Lust, Ostertags 1997er zu probieren. Zwar haben sie ein hohes Niveau an Restzucker (die folgenden drei Weine haben in der Reihenfolge ihrer Aufzählung 81, 73 und 130 g/l), sind aber dennoch weder massig, schwerfällig noch übermäßig aufdringlich, wie das bei vielen Vendanges Tardives der Fall sein kann. In der Tat sind sie so gut ausbalanciert, elegant und leicht zu trinken, dass ich eine doppelte Portion nahm, als ich ihren Zuckerspiegel erfuhr. Der *1997er Riesling Muenchberg Vendange Tardive* legt zurückhaltende mineralische Aromen an den Tag, die einhergehen mit einem scharf konturierten, ausgefeilten Kern von Bergamotten und kandierten Zitrusfrüchten, die scheinbar endlos anhalten. Er besitzt wunderschöne Dichte und Kraft, ist dabei aber anmutig und komplex. Voraussichtliche Genussreife: jetzt–2015+.

Mit frischer Eichenholzwürze überhauchte Pfirsiche sind im Bukett des *1997er Pinot Gris Muenchberg* zu finden. Dieser konzentrierte, proportionierte und überaus gut bereitete Wein von mittlerem Körper erfreut sich eines mit Aprikosen, gelben Pflaumen und Gewürzen bepackten Charakters. Diese trotz ihrer Geschmacksfülle leicht zu trinkende Vendange Tardive wird sich in den nächsten 15 Jahren in Bestform befinden. Der *1997er Gewürztraminer Fronholz Vendange Tardive* legt ein Bukett mit süßen und sahnigen Gewürzen an den Tag. Dieser Wein mit Geschmackskomponenten von gelben Pflaumen, Kirschen, Ananas und Litschis ist ausdrucksvoll, gut definiert und feminin. Er weist höchste Konzentration, Kraft und Tiefe der Frucht auf, bewahrt sich aber erstaunliche Eleganz. Trinken Sie ihn im Lauf der nächsten 7–8 Jahre.

Der *1998er Riesling Vignoble d'Epfig* hat ein milchiges, nach Mokka und cremiger Zitrone duftendes Bukett. Am Gaumen ist er prachtvoll konturiert, voll gepackt mit Zitronen, weißen Beeren und Kirschen. Dieser präzise, elegante, gut umrissene Wein von mittlerem Körper wird während der nächsten 6 Jahre ausgezeichneten Trinkgenuss gewähren. Ganz und gar in burgundischen Barriques statt in den Elsässer f*oudres* produziert, zeigt Ostertags *1998er Pinot Blanc Barriques* ein nach gebuttertem Toast duftendes Bukett. Von leichtem bis mittlerem Körper und kristallin, bietet er Geschmacksnuancen von Zitronen, Mineralien, Kreide und Quarz. Dieser schön umrissene und reintönige Wein sollte im Lauf der nächsten 4–5 Jahre getrunken werden.

Der lebendige *1998er Pinot Gris Barriques* präsentiert Aromen von Crème brûlée und Zitrone. Dieser reichhaltige, geschichtete Wein von mittlerem Körper ist reif, reintönig und präzis. Sein schmackhafter Kern von Zitronen und Mineralien leitet über zu einem langen, sauberen Abgang. Trinken Sie diese Schönheit während der nächsten 6–7 Jahre.

Der *1998er Gewürztraminer Vignoble d'Epfig* enthüllt ein blumiges, parfümiertes Bukett von Blütenblättern und gemischten Gewürzen. Von leichtem bis mittlerem Körper, fein und elegant, weist er in seinem cremig texturierten, nach weißen Früchten schmeckenden Kern schöne Breite auf. Trinken Sie ihn innerhalb der nächsten 4 Jahre. Der *1998er Muscat Fronholz* besitzt herrliche Aromen von Mandarinen und getrocknetem Honig. Am Gaumen dominieren Geschmacksnuancen von Kräutertee in diesem wunderschön konzentrierten Wein von mittlerem Körper. Seidig texturiert und mit großer Geschmacksfülle ausgestattet, ist er gut umrissen und reintönig. Trinken Sie ihn im Lauf der nächsten 3–4 Jahre.

Blumen und Ladungen von roten und weißen Beeren sind in den Aromen des *1998er Riesling Fronholz* zu finden. Dieser ausdrucksvolle Wein mit Geschmackskomponenten von Mineralien, Tee und Eisenkraut besitzt in seiner detaillierten Persönlichkeit wunderschöne Tiefe. Köstlich frisch und konturiert, sollte er im Lauf der nächsten 7–9 Jahre getrunken werden. Der *1998er Riesling Heissenberg* wurde in burgundischen Fässern (20% davon neu) vergoren und 6 Monate lang ausgebaut. Anklänge von Toast lassen sich in seinen mineralisch geprägten Aromen entdecken. Von mittlerem Körper, breit und reichhaltig, besitzt er in seinem würzigen, fruchtbetonten Charakter hervorragende Tiefe und Konzentration. Dieser intensive und kraftvolle Wein sollte jetzt–2012 getrunken werden. Der intensiv aromatische *1998er Riesling Muenchberg* zeigt in seinem Bukett frische Kräuter, Steine und Gewürze. Von mittlerem Körper und maskulin, benötigt dieser muskulöse, breitschultrige Tropfen eine gewisse Kellerreife. Er ist breit, tief, scharf konturiert und voll gepackt mit zitronenhaften Mineralien und üppigen Mengen von Gewürzen. Voraussichtliche Genussreife: 2004–2014.

Die folgenden drei Weine waren einige Stunden vor meinem Besuch in dem Weingut in Flaschen abgefüllt worden und schienen sowohl im Duft als auch im Geschmack durch den Schock gelitten zu haben. Kurz: Sie sind vielleicht besser, als meine Punktbewertung besagt. Eichenholz und gebutterter Toast lassen sich in den Aromen des *1998er Pinot Gris Fronholz* entdecken. Von leichtem bis mittlerem Körper, enthüllt er zitronenhafte, holzartige und an Quarz erinnernde kristalline Geschmackskomponenten. Dies ist ein schön bereiteter, konturenscharfer, detailorientierter Pinot Gris zum Trinkgenuss während der nächsten 4 Jahre. Der nach Toast duftende *1998er Pinot Gris Zellberg* offenbart in seinem gut gezeichneten Charakter von leichtem bis mittlerem Körper kandierte Zitronen, Mineralien und Limetten. Pikante Zitrusfrüchte lassen sich nicht nur in seinem gesamten Geschmacksprofil, sondern auch in seinem langen, klar definierten Abgang entdecken. Voraussichtliche Genussreife: jetzt–2007. Der *1998er Pinot Gris Muenchberg* enthält in seinem Bukett Aromen von gebutterten Brioches und weißen Blumen. Von mittlerem Körper, komplex und konzentriert, kleidet dieser intensive Wein den Gaumen mit Schichten von Anis, Gewürzen, und Buttertoffee aus. Voraussichtliche Genussreife: jetzt–2009.

Der *1998er Gewürztraminer Fronholz Vendange Tardive* verströmt Düfte nach üppigen roten Kirschen und Aprikosen. Von mittlerem bis vollem Körper, breit, elegant und überaus konzentriert, ist dieser frische und höchst reintönige Wein voller Geschmacksnuancen von kandierten Himbeeren, Pfirsichen und dicklichen gelben Pflaumen. Darüber hinaus besitzt er einen langen, anmutigen, harmonischen Abgang. Trinken Sie diese Schönheit im Lauf der nächsten 12 Jahre.

Der potenziell bessere *1998er Gewürztraminer Fronholz Sélection de Grains Nobles* präsentiert in seinen intensiven Aromen botrysierte weiße und rote Beeren und Gewürze. Von mittlerem bis vollem Körper, mollig und voll gepackt mit Myriaden von Gewürzen, ist dieser Wein mit seinem an Kirschsaft erinnernden Geschmack bewundernswert konzentriert und kraftvoll. Ein überaus hochklassiger Tropfen, bietet er bereits heute wundervollen Trinkgenuss, wird sich aber mit etwas Kellerreife noch weiter verbessern. Voraussichtliche Genussreife: jetzt-2012.

Der *2000er Riesling Vignoble d'Epfig* legt betörende Aromen von weißen Blumen an den Tag. Von leichtem bis mittlerem Körper, würzig und reintönig, bietet er in seinem konturenscharfen, schön gezeichneten Charakter köstliche Geschmackskomponenten von kandierten Zitronen und Mineralien. Trinken Sie diesen Wein während der nächsten 4–5 Jahre.

Der nach Gewürzen und Aprikosen duftende *2000er Gewürztraminer Vignoble d'Epfig* ist von mittlerem Körper und seidig texturiert. Dies ist ein reichhaltiger, fetter Wein mit Geschmacksnuancen von Rosen, kandierten Äpfeln und Gewürzen, der in seinem verfeinerten, aber opulenten Charakter ausgezeichneten Biss aufweist. Ein Gewürztraminer von elegantem Stil, vermeidet er die übertrieben exotische und auffällige Art, die diese Rebsorte häufig besitzen kann. Trinken Sie ihn im Lauf der nächsten 4–5 Jahre.

Der *1999er Riesling Fronholz* zeigt ein nach Chinin duftendes Bukett. Von leichtem bis mittlerem Körper und ausnehmend schön konturiert, ist dies ein gradliniger, etwas magerer, aber konzentrierter Wein. Er ist rassig, trocken und mit frischen mineralischen Geschmackskomponenten beladen. Trinken Sie ihn innerhalb der nächsten 6 Jahre. Der straff gewirkte *1999er Riesling Heissenberg* hat einen Charakter von leichtem bis mittlerem Körper. Pralle weiße Früchte und Blumen sind in seiner frischen, aber scharf konturierten und filigranen Persönlichkeit zu finden. Trinken Sie diesen köstlichen Wein im Lauf der nächsten 6 Jahre. Der hervorragende *1999er Riesling Muenchberg* zeigt in seinen Aromen flüssige Mineralien und Kräutertee. Bei mittlerem Körper seidig texturiert, ist dies ein Wein von gewaltiger Komplexität. Erde, Steine, Mineralien, Birnen und Äpfel lassen sich in seinem gesamten Geschmacksprofil wie auch in seinem außergewöhnlich langen Abgang entdecken. Dieser faszinierende Wein wird sich jetzt–2010 in Bestform befinden.

Der nach reifen Äpfeln und Rauch duftende *1999er Pinot Gris Zellberg* hat mittleren bis vollen Körper. Reichhaltige Schichten von rauchigen Äpfeln, Gewürzen und pochierten Birnen sind im Geschmack dieses ausgefeilten, nuancierten und detaillierten Weins zu finden. Er ist ungemein konzentriert, aber reintönig und wundervoll umrissen. Voraussichtliche Genussreife: jetzt–2008. Der *1999er Pinot Gris Muenchberg* entquillt mit Duftschwaden von Gewürzen, reifen Pfirsichen und Birnen mächtig dem Glas. Von mittlerem Körper, fett und reichhaltig, ist dies ein reintöniger, seidig texturierter Wein mit außerordentlichen Schichten von weißen und gelben Früchten, deren Geschmacksnuancen während seines exemplarischen Abgangs anhalten. Reintönigkeit, Kraft und Eleganz sind seine Kennzeichen. Trinken Sie ihn jetzt–2012.

DOMAINE DU CLOS ST-LANDELIN (ROUFFACH)

1999	**Clos St-Landelin**	**D**	**90**
1999	**Gewürztraminer Schulzengass**	**D**	**89**
1998	**Gewürztraminer Schulzengass**	**D**	**89**
1999	**Gewürztraminer Vorbourg**	**D**	**90**
1999	**Gewürztraminer Vorbourg Clos St-Landelin**	**D**	**90+**
1998	**Gewürztraminer Vorbourg Clos St-Landelin Vendange Tardive**	**D**	**92**
1999	**Muscat Vorbourg Clos St-Landelin Vendanges Tardives**	**E**	**92**
1999	**Riesling Vorbourg**	**D**	**89+**
1998	**Riesling Vorbourg**	**C**	**89**
1999	**Riesling Vorbourg Clos St-Landelin**	**D**	**92**

1998	**Riesling Vorbourg Clos St-Landelin**	**D**	**91**
1999	**Riesling Zinnkoepflé**	**D**	**89**
1998	**Sylvaner Cuvée Oscar Clos St-Landelin**	**C**	**88**
1998	**Terroir**	**D**	**90**
1999	**Tokay-Pinot Gris Clos St-Landelin Vorbourg**	**D**	**90**
1999	**Tokay-Pinot Gris Lutzental**	**C**	**90**
1998	**Tokay-Pinot Gris Lutzental**	**D**	**90**

Anmerkung: Der Eigentümer dieses Weinguts, René Muré, besitzt auch eine Weinhandelsfirma (*négociant*), die seinen Namen trägt.

Vier Fünftel des 10 Hektar umfassenden Besitztums liegen in dem im Alleinbesitz befindlichen Clos St-Landelin, einer nach Süden ausgerichteten Parzelle des Grand Cru Vorbourg. Nach biologisch-organischen Gesichtspunkten arbeitend, produziert die Domaine im Durchschnitt 40 hl/ha. Während die ältesten Reben des Guts (vor dem 2. Weltkrieg gepflanzt) beibehalten werden, sind die neuen Reben mit einem Abstand von 1,3 Metern zwischen den Reihen und von 80 Zentimetern zwischen den einzelnen Rebstöcken eng bestockt (das ergibt 9600–10 000 Rebstöcke pro Hektar). Fünf Traubenpressen sind bei jeder Ernte im Einsatz, um eine lange, sanfte Pressung zu gewährleisten (einige dauern 12–15 Stunden). Dies ist das einzige Weingut im Elsass, das die Technik der *bâtonnage* (Aufrühren des Hefesatzes) während der ersten 13 Monate des 18monatigen Ausbaus einsetzt. Man ist bestrebt, den Wein nicht zu filtrieren. Doch wenn sich eine Filtration als unbedingt notwendig erweist, wird ein 3-Micron-Filter benutzt. René Muré hält den 1998er für einen charmanteren Jahrgang als den 1997er und verweist darauf, dass er dieselbe Reife, aber ein wenig mehr Säure und Struktur aufweist.

Der *1998er Riesling Vorbourg* offenbart ein reichhaltiges Aromaprofil, das sich aus Düften von gesüßtem Kräutertee und Bergamotten zusammensetzt. Von mittlerem bis vollem Körper und breit, legt er wunderschöne Geschmacksnuancen von Mineralien und Ananas an den Tag. Dieser präzise, konturenscharfe Wein mit langem Abgang lässt sich während der nächsten 7–9 Jahre gut trinken. Die nach René Murés Vater benannte *1998er Sylvaner Cuvée Oscar Clos St-Landelin* ist ein reichhaltiger, breitschultriger Wein von mittlerem bis vollem Körper. Mit ausgezeichnetem Biss ausgestattet, ist dieser schön ausgewogene Tropfen voll gepackt mit Mandeln und reifen gelben Früchten. Voraussichtliche Genussreife: jetzt–2004.

Der *1998er Tokay-Pinot Gris Lutzental* (ein kleines talähnliches Gebiet auf dem Plateau über dem Clos St-Landelin) duftet nach rauchigen gelben Früchten. Dieser expansive Wein mit seinen Geschmackskomponenten von Aprikosen, Pfirsichen und gelben Pflaumen ist von mittlerem bis vollem Körper und komplex. Auch Himbeeren, Zitrusfrüchte, pralle Birnen und Mineralien sind in diesem umfassend harmonischen Tropfen zu finden. Voraussichtliche Genussreife: jetzt–2008. Aus einer Weinlage am Fuß des Clos St-Landelin gewonnen, bietet der *1998er Gewürztraminer Schulzengass* in seinem Bukett subtile Aromen von gelben Früchten. Am Gaumen nimmt sich dieser seidig texturierte Tropfen von mittlerem bis vollem Körper wunderbar reif, opulent und sinnlich aus und offenbart Geschmacksnuancen von roten Kirschen, Himbeeren und frischen Kräutern. Trinken Sie ihn im Lauf der nächsten 4-5 Jahre.

Der *1998er Terroir* wurde aus einem Verschnitt von fünf Rebsorten gewonnen, darunter befanden sich Gewürztraminer, Riesling, Pinot Blanc und Tokay-Pinot Gris. Sein Ausbau wurde in 1–2 Jahre alten Fässern durchgeführt, die man von einem Produzenten in Meursault gekauft hatte. Der Wein ist in seinem Charakter extrem Burgunder-ähnlich, was vielleicht erklärt, warum Muré sich für eine Flasche im Burgunder-Stil entschied statt für die traditionelle schlanke, langgestreckte Elsässer Form. Würzige Mineralien und Akazienblüten lassen sich in seinem Aromaprofil finden. Am Gaumen offenbart er eine köstliche Breite von Geschmacksnuancen, darunter Anklänge an Vanille, Gewürzkuchen, Aprikosen, Birnen und kandierte Zitronen. Dieser höchst ausdrucksvolle Wein ist der Erfolgreichste unter den im Burgunder-Stil gestalteten Elsässer Weinen, die ich verkostet habe: Er ist kraftvoll, geschmacksintensiv, ausdrucksvoll, gut strukturiert und ausgewogen. Voraussichtliche Genussreife: jetzt–2005.

Der *1998er Riesling Vorbourg Clos St-Landelin* offenbart Aromen von Mineralien und weißen Blumen. Dieser Wein mit Geschmacksnuancen von kandierten Zitronen und Mineralien besitzt hervorragende Konturenschärfe, Reichhaltigkeit, Definition und Breite. Von mittlerem Körper und wundervoll reintönig, gibt er bei Belüftung Düfte nach Rauch, Mandeln, weißen Pfirsichen und sogar einen Hauch von Grapefruit preis. Voraussichtliche Genussreife: jetzt–2012.

Der jugendliche *1998er Gewürztraminer Vorbourg Clos St-Landelin Vendange Tardive* hat sein Aromaprofil noch nicht entwickelt. Am Gaumen jedoch erweist er sich als überaus reichhaltiger, ölig texturierter und ausladender Wein. Diejenigen Leser, die nach einem ausgefeilten, detaillierten, eleganten und kraftvollen Gewürztraminer Ausschau halten, werden seinen mit Geschmacksnuancen von gelben Pflaumen, Litschis und Rosen ausgestatteten Charakter lieben. Zwar ist er nicht gerade der opulenteste und konzentrierteste Gewürztraminer der Welt, doch verbindet er auf bewundernswerte Weise Eleganz mit Fülle. Voraussichtliche Genussreife: jetzt–2008.

Der *1999er Tokay-Pinot Gris Lutzental*, ein molliger, fetter Wein von mittlerem Körper, zeigt in seinem Bukett Düfte nach weißen Pfirsichen sowie petrolartige und rauchige Aromen. Opulente Schichten von gelben Früchten sind in seiner üppigen, ölig texturierten Persönlichkeit zu finden. Dieser reichhaltige Wein ist voll gepackt mit sinnlicher Aprikosen- und Pfirsichfrucht, deren Geschmack während seines langen Abgangs anhält. Trinken Sie ihn im Lauf der nächsten 7 Jahre. In Rosenwasser getauchte Litschis sind im Aromaprofil des *1999er Gewürztraminer Schulzengass* auszumachen. Dieser sinnliche, üppig gebaute Wein ist reichhaltig und detailorientiert. Schwaden von exotischen Früchten und Gewürzen kennzeichnen seinen höchst ausdrucksvollen Charakter. Dieser Wein sollte sowohl all jene beglücken, die schwelgerische und auffällige Gewürztraminer suchen als auch diejenigen, die nach zurückhaltenderen Exemplaren Ausschau halten. Trinken Sie ihn innerhalb der nächsten 6 Jahre.

Der nach Talkumpuder und Mineralien duftende *1999er Riesling Zinnkoepflé* ist ein reichhaltiger, fetter Wein von mittlerem Körper. Geschmacksnuancen von Birnen, Mineralien und Rauch lassen sich in diesem seidig texturierten und noch jugendlich-verschlossenen Wein finden. Er besitzt hervorragende Tiefe und ausgezeichnetes Gleichgewicht. Trinken Sie ihn zwischen 2004–2010. Der nach Birnen und weißen Pfirsichen duftende *1999er Riesling Vorbourg* ist ein bei mittlerem Körper saftiger Wein. Geschmacksnoten von kandierten Zitrusfrüchten untermischt mit weißen Pfirsichen, Birnen und Äpfeln treten in diesem seidig texturierten, würzigen Tropfen in Erscheinung. Er ist konzentriert, nahtlos, fruchtbeladen und bietet einen harmonischen langen Abgang. Voraussichtliche Genussreife: 2004–2012.

Der opulente *1999er Riesling Clos St-Landelin Vorbourg* hat ein nach weißen Blumen, Talkumpuder und hochreifen Birnen duftendes Bukett. Dieser Wein von mittlerem bis vollem Körper ist tiefer, konzentrierter und länger im Abgang als der Riesling Vorbourg. Üppige Mengen von weißen Früchten untermischt mit Gewürzen, Babypuder und weißem Pfeffer sind in seinem intensiven Charakter zu finden. Trinken Sie ihn zwischen 2004-2012. Der nach Kreide, Blumen und Sahne duftende *1999er Clos St-Landelin* ist bei mittlerem Körper milchig und seidig texturiert. Hochreife Äpfel, Mineralien, geröstete Birnen und ein Hauch von Aprikosen sind in seinem fruchtigen Kern enthalten. Dieser dichte, komplexe Wein enthüllt in seinem langen, geschmeidigen Abgang auch Spuren von Pfeffer. Trinken Sie ihn im Lauf der nächsten 9 Jahre.

Der rauchige, birnenduftige *1999er Tokay-Pinot Gris Clos St-Landelin Vorbourg* ist ein weicher, seidig texturierter Wein von mittlerem Körper. In diesem reichhaltigen, molligen

Tropfen sind mit Rauch untermischte gelbe Früchte zu finden. Der schmeichelnde und konzentrierte Wein sollte jetzt–2009 getrunken werden.

Der nach Rosen und getrockneter Blütenmischung duftende *1999er Gewürztraminer Vorbourg* ist fett, würzig und extrovertiert. Von mittlerem Körper und seidig texturiert, ist er im Geschmack mit gewürzten pochierten Birnen, reifen Aprikosen, roten Blumen und Spuren von Kardamom voll gepackt. Trinken Sie diese Schönheit im Lauf der nächsten 6 Jahre.

Der fette *1999er Gewürztraminer Clos St-Landelin Vorbourg* von mittlerem bis vollem Körper offenbart im Bukett Aromen von Rosen und Talkumpuder. Saftige Mineralien, weiße Pfirsiche, verschiedenes Steinobst, Rauch und rote Blumen lassen sich im Geschmacksprofil dieses dichten und weich texturierten Weins entdecken. Von relativ ausgefeilter Art, ist er konzentriert und mit Frucht beladen. Trinken Sie ihn im Lauf der nächsten 7-8 Jahre. Der saftige, nach kandierten Orangen und Pfundkuchen duftende *1999er Muscat Vorbourg Clos St-Landelin Vendanges Tardives* ist ein wunderschön ausgewogener Wein von mittlerem bis vollem Körper. Dieses halbtrockene Juwel kleidet den Gaumen mit Geschmacksnuancen aus, die an Mandarinenbonbons und Orangenblüten erinnern. Er ist frisch, würzig, aber reichhaltig und mollig, mit einem langen, geschmeidigen, fruchtbeladenen Abgang. Trinken Sie ihn im Lauf der nächsten 6–8 Jahre.

SCHERER (HUSSEREN-LES-CHÂTEAUX)

1997	**Gewürztraminer**	**B**	**88**
1997	**Gewürztraminer Eichberg**	**C**	**89+**

Diejenigen Leser, die einen ausdrucksvollen, überschwänglichen Wein kistenweise kaufen möchten, sollten den *1997er Gewürztraminer* der Domaine Scherer ernsthaft in Betracht ziehen. Dieser außergewöhnliche Wein mit einem glänzenden Preis-Leistungsverhältnis verströmt überwältigende Aromen von Litschis, Rosenwasser und honigfeinen Pfirsichen. Bei mittlerem Körper ist er vollmundig, intensiv im Geschmack und mit hochreifen weißen und roten Früchten angefüllt. Trinken Sie ihn im Lauf der nächsten 3–4 Jahre.

Der aromatisch zurückhaltendere *1997er Gewürztraminer Eichberg* bietet Düfte nach Rosenblättern und süßen Gewürzen. Er ist ein eleganter (aber selbstbewusster), samtig texturierter Tropfen von mittlerem bis vollem Körper, voll gepackt mit Schichten von Birnen, Earl-Grey-Tee, tropischen Früchten und Mineralien. Wenn sich das Bukett dieses Weins erst einmal in der Flasche differenziert entfaltet hat, könnte er letztlich eine Bewertung von 90 Punkten verdienen. Voraussichtliche Genussreife: jetzt–2004.

CHARLES SCHLERET (TURCKHEIM)

1997	**Gewürztraminer Herrenweg Cuvée Exceptionelle Sélection de Grains Nobles**	**E**	**94**
1998	**Gewürztraminer Herrenweg Cuvée Réserve**	**C**	**89**
1997	**Gewürztraminer Cuvée du 3ième Millénaire Réserve Vendange Tardive**	**D/0,5 l**	**95**
1997	**Pinot Blanc Herrenweg**	**B**	**88**
1998	**Pinot Gris Herrenweg**	**C**	**90**
1998	**Riesling Herrenweg**	**C**	**88**
1997	**Riesling Herrenweg**	**C**	**88+**
1997	**Riesling Herrenweg Cuvée Exceptionelle Sélection de Grains Nobles**	**E**	**93**
1995	**Riesling Herrenweg Cuvée Spéciale Vendange Tardive**	**D**	**92+**
1997	**Tokay-Pinot Gris Herrenweg**	**C**	**89**
1997	**Tokay-Pinot Gris Herrenweg Cuvée Spéciale Vendange Tardive**	**D**	**95**

Von dem nach Talkumpuder und Blumen duftenden Bukett des *1997er Pinot Blanc Herrenweg* war ich sehr angetan. Er hat eine wundervolle ölige Textur, mittleren Körper und einen delikaten, aber schmackhaften Kern von Mineralien und Geißblattblüten. Dieser sprühend lebendige und elegante Wein schreit förmlich danach, herzhaft geschlürft zu werden, doch verlangt sein komplexer, nuancierter Charakter nach einer gewissen inneren Einkehr und Versenkung. Trinken Sie diesen außergewöhnlichen Wein mit ausgezeichnetem Gegenwert im Lauf der nächsten 5 Jahre. Der nach Erde und Lehm duftende *1997er Riesling Herrenweg* offenbart ausgezeichnete Tiefe der Frucht, mittleren Körper und eine ölige Textur. Er ist sehr ausdrucksvoll, voll gepackt mit steinigen Geschmacksnuancen und verweilt außerordentlich lange am Gaumen. Wenn sich dieser Wein mit einer gewissen alkoholischen Wärme im Abgang ausgleichen kann, wird er eine höhere Punktzahl verdienen. Voraussichtliche Genussreife: jetzt–2006.

Charles Schleret macht Vendanges Tardives und Sélections de Grains Nobles mit bedeutend weniger Restzucker als die Mehrzahl seiner Kollegen. »Ich suche Subtilität, nicht Zucker«, sagt er. Der *1995er Riesling Herrenweg Cuvée Spéciale Vendange Tardive* ist ein hervorragender Wein. Er wartet mit verführerischen Aromen von getrocknetem Honig, Blumen und gesüßtem Earl-Grey-Tee auf. Dieser ziselierte, mit Glyzerin voll gepackte, prachtvoll bereitete Tropfen von mittlerem Körper ist überaus detailliert, schön ausgewogen und komplex. Er ist angefüllt mit Geschmacksnuancen von flüssigen Mineralien und Blumen, die während seines beeindruckenden Abgangs andauern. Trinken Sie ihn innerhalb der nächsten 12 Jahre. Der faszinierende *1997er Riesling Herrenweg Cuvée Exceptionelle Sélection de Grains Nobles* zeigt feminine Himbeer- und Blumendüfte. Dies ist ein subtiler Wein mit präzisen, parfümierten, filigranen Geschmackskomponenten von Kirschen, roten Johannisbeeren und einem Hauch Mineralien. Dieser konzentrierte, samtig texturierte Wein ist für eine Sélection de Grains Nobles erstaunlich komplex, nuanciert und leichtfüßig. Voraussichtliche Genussreife: jetzt–2015.

Der üppige *1997er Tokay-Pinot Gris Herrenweg* von mittlerem Körper gibt rauchige Düfte nach gelben Früchten und eine opulente, ausdrucksvolle Persönlichkeit zu erkennen. Dieser seidig texturierte Wein kann sich in seinem Geschmacksprofil rauchgetränkter Aprikosen- und Pfirsichnuancen rühmen. Er ist dick, kraftvoll und verschwenderisch, aber unglaublich detailliert. Voraussichtliche Genussreife: jetzt–2007.

Der nahezu trockene *1997er Tokay-Pinot Gris Herrenweg Cuvée Spéciale Vendange Tardive* ist ein die Sinne verwirrender, prachtvoller Wein. Wenn in einigen Jahren sein relativ niedriger Restzucker absorbiert worden ist, wird er sich als großer trockener Wein darstellen. Seine verführerischen Duftnuancen von parfümierten Blumen ergeben einen außergewöhnlich ausgewogenen Tokay. Eingefasst von Aprikosen, Pfirsichen, Walderdbeeren und Himbeeren, verweilt dieser feminine herrliche Tropfen bis zu einer Minute lang am Gaumen. Er ist intensiv, ungeheuer komplex und brillant definiert. Voraussichtliche Genussreife: jetzt–2015.

Der *1997er Gewürztraminer Herrenweg Cuvée Exceptionnelle Sélection de Grains Nobles* zeigt ein noch unentwickeltes Bukett von Blumen und Mineralien. Dieser ölig texturierte (fast viskose) Wein ist expansiv und elegant. Mit seinen sublim definierten Geschmacksnuancen von Litschis, Blumen und Rosenwasser ist er ein hochklassiger, filigraner, klar umrissener Tropfen. Für einen 1997er Gewürztraminer stellt er sich weder ausgefallen noch opulent oder überschwänglich dar. Er sollte innerhalb der nächsten 10 Jahre getrunken werden.

Charles Schleret verkündete bei meiner Ankunft, dass er beim Concours Général de Paris für seine 1998er (den Sylvaner, den Riesling Herrenweg, den Pinot Noir und den Pinot Gris Herrenweg) vier Goldmedaillen gewonnen habe und der »am meisten ausgezeichnete unabhängige Winzer in ganz Frankreich« sei. »Ich suche nach Finesse. Sie macht es leichter, den Wein zu konsumieren. Er sollte allzu große Reichhaltigkeit vermeiden. Sicher, diese kann eindrucksvoll sein, wenn Sie ein paar Tropfen verkosten, aber Weine sind dazu da, getrunken zu werden.« Schleret gestaltet höchst detaillierte, elegante Weine, die beständig ausgezeichnete Kritiken der Presse wie auch Medaillen bei den Wettbewerben in Paris, Brüssel und anderswo erhalten.

Der *1998er Riesling Herrenweg* weist Düfte nach Mandeln und weißen Blumen in seinem Bukett auf. Der detailorientierte, außerordentlich subtile Wein von leichtem Körper legt wunderschöne Geschmacksnuancen von Äpfeln, Mineralien, Blumen und Steinen an den Tag. Trinken Sie diesen gut bereiteten, filigranen Tropfen innerhalb der nächsten 5–6 Jahre.

Der *1998er Pinot Gris Herrenweg* von hellgoldener Strohfarbe offenbart rauchige, mit Botrytis durchsetzte Aromen. Von leichtem bis mittlerem Körper, feminin und exquisit elegant, ist dieser komplexe Wein angefüllt mit gut umrissenen Geschmackskomponenten von Pfirsichen, Gewürzen, Anis und frischen Kräutern. Er ist bewundernswert ausgewogen und besitzt einen langen, geschmeidigen, schmackhaften Abgang. Voraussichtliche Genussreife: jetzt–2010.

Der nach frischen Litschis duftende *1998er Gewürztraminer Herrenweg Cuvée Réserve* stellt einen von Rosen durchtränkten, höchst definierten, würzigen und blumigen Wein dar. Er ist ein exquisit anmutiger Gewürztraminer ohne Züge jener schwelgerischen und ausgefallenen Art, die manche Leser bei diesem Gewächs nicht schätzen (ich gehöre freilich nicht zu ihnen). Trinken Sie ihn im Lauf der nächsten 4–5 Jahre.

Schleret hat im Jahrgang 1998 keine Vendange Tardive oder Sélection de Grains Nobles produziert. Er ist jedoch gerade dabei, zu Ehren des Milleniums den *1997er Gewürztraminer Cuvée du 3ième Millénaire Réserve Vendange Tardive* für den Markt freizugeben. Dieser bietet Aromen von tropischen Früchten, die an Bananen, Ananas und Mangos denken lassen. Am Gaumen verbindet er prachtvoll detaillierte Art und Eleganz mit starker untergründiger Kraft. Reich mit roten Beeren vermischte Rosen und Veilchen finden sich im Geschmack dieses reintönigen, höchst definierten, harmonischen Weins von mittlerem Körper. Sein geschmeidig texturierter Charakter verweilt während einer unglaublich langen Zeitspanne in seinem anmutigen Abgang, der dennoch große Geschmacksfülle zeigt. Dieser prachtvolle Gewürztraminer kann innerhalb der nächsten 10–12 Jahre getrunken werden.

J.-P. SCHMITT (SCHERWILLER)

1999	**Riesling Rittersberg Réserve Personnelle**	**C**	**89**

Der *1999er Riesling Rittersberg Réserve Personnelle* springt mit einem Schwall von Aromen förmlich aus dem Glas. Seine Düfte erinnern an weiße Blumen und rote Johannisbeeren. Der bei leichtem Körper konturenscharfe Riesling ist von roter Frucht, zumeist Himbeeren sowie blumigen Noten geprägt. Er besitzt Ladungen von untergründigen Mineralien und einen frischen, ungemein verführerischen Charakter. Trinken Sie diesen filigranen, aber geschmacksbetonten Wein im Lauf der nächsten 5–6 Jahre.

SCHOFFIT (COLMAR)

1999	**Gewürztraminer Harth Cuvée Alexandre**	**C**	**89**
1998	**Gewürztraminer Harth Cuvée Alexandre**	**C**	**89**
1997	**Gewürztraminer Harth Cuvée Alexandre Vieilles Vignes**	**D**	**88**
1998	**Gewürztraminer Harth Vieilles Vignes Sigillé de Qualité**	**E**	**90**
1999	**Gewürztraminer Rangen de Thann Clos St-Théobald**	**D**	**93**
1997	**Gewürztraminer Rangen de Thann Clos St-Théobald**	**D**	**92**
1998	**Gewürztraminer Rangen de Thann Clos St-Théobald Sélection de Grains Nobles**	**E/0,5 l**	**95**
1997	**Muscat Cuvée Alexandre**	**C**	**89+**
1999	**Muscat Cuvée Tradition**	**C**	**88**
1999	**Muscat Rangen de Thann Clos St-Théobald**	**D/0,5 l**	**90**

1998	**Muscat Rangen de Thann Clos St-Théobald Sélection de Grains Nobles**	**E/0,5 l**	**92**
1998	**Pinot Blanc Auxerrois Cuvée Caroline**	**C**	**88**
1997	**Pinot Blanc Harth**	**C**	**90**
1998	**Riesling Harth Cuvée Alexandre**	**D**	**90**
1997	**Riesling Harth Cuvée Alexandre**	**C**	**89+**
1999	**Riesling Harth Cuvée Caroline**	**C**	**89**
1998	**Riesling Harth Cuvée Tradition**	**C**	**88**
1999	**Riesling Rangen de Thann Clos St-Théobald**	**D**	**93+**
1997	**Riesling Rangen de Thann Clos St-Théobald**	**D**	**93**
1997	**Riesling Rangen de Thann Clos St-Théobald Nr. 10**	**D**	**95+**
1998	**Riesling Rangen de Thann Clos St-Théobald Sélection de Grains Nobles**	**E/0,5 l**	**96+**
1998	**Riesling Rangen de Thann Clos St-Théobald Vendanges Tardives**	**D**	**94+**
1999	**Riesling Sommerberg**	**D**	**89+**
1997	**Riesling Sommerberg**	**D**	**90**
1999	**Tokay-Pinot Gris Rangen de Thann Clos St-Théobald**	**D**	**94+**
1997	**Tokay-Pinot Gris Rangen de Thann Clos St-Théobald**	**D**	**92**
1999	**Tokay-Pinot Gris Rangen de Thann Clos St-Théobald Sélection de Grains Nobles**	**E/0,375 l**	**96**
1997	**Tokay-Pinot Gris Rangen de Thann Clos St-Théobald Sélection de Grains Nobles**	**EE/0,5 l**	**98**
1998	**Tokay-Pinot Gris Rangen de Thann Clos St-Théobald Sélection de Grains Nobles Lot Nr. 1**	**EE/0,5 l**	**97+**
1998	**Tokay-Pinot Gris Rangen de Thann Clos St-Théobald Sélection de Grains Nobles Lot Nr. 2**	**E/0,5 l**	**98+**
1999	**Tokay-Pinot Gris Rangen de Thann Clos St-Théobald Vendange Tardive**	**E**	**94**
1998	**Tokay-Pinot Gris Rangen de Thann Clos St-Théobald Vendange Tardive**	**E/0,5 l**	**95**
1997	**Tokay-Pinot Gris Vendange Tardive**	**E**	**89+**
1999	**Tokay-Pinot Gris Vieilles Vignes Cuvée Alexandre**	**D**	**89**
1998	**Tokay-Pinot Gris Vieilles Vignes Cuvée Alexandre**	**D**	**89**
1998	**Tokay-Pinot Gris Vieilles Vignes Sigillé de Qualité**	**E**	**92**

Der *1997er Pinot Blanc Harth* offenbart herrliche Aromen, die sich aus Düften von weißen Blumen, untermischt mit kandierten Mandeln, zusammensetzen. Am Gaumen zeigt der breite, frische, pikante, zutiefst reichhaltige Wein von mittlerem bis vollem Körper superbe Ausgewogenheit, eine seidige Textur und Schichten von rauchigen gelben Früchten mit einem Hauch Zitrone. Er schmeckt eher wie ein erstklassiger Tokay-Pinot Gris als ein Pinot Blanc. Voraussichtliche Genussreife: jetzt–2004. Der *1997er Muscat Cuvée Alexandre* kann sich eines appetitanregenden Buketts mit Düften nach Orangenblüten, Himbeerbonbons und kandierten Mandarinenschalen rühmen. Anders als viele Muscatweine, die herrliche Aromen verströmen, aber relativ fade im Geschmack sind, befriedigt dieser sowohl die Nase als auch den Gaumen. Geschmacksnuancen von roten und orangen Früchten mischen sich in diesem fetten, breiten Wein, der einem das Wasser im Mund zusammenlaufen lässt. Ein idealer Aperitif oder Begleiter zu asiatischen Speisen, hat dieser Wein niedrigen Säuregehalt, ist aber frisch und lebendig. Voraussichtliche Genussreife: jetzt–2004.

Der *1997er Riesling Harth Cuvée Alexandre*, ein wunderbar ausdrucksvoller Wein, enthüllt ein Bukett von Mineralien, Kreide, Blumen und Zitrusfrüchten. Er ist superb reichhaltig, ausladend, komplex, konzentriert und besitzt einen schmackhaften Kern von

Geißblattblüten und flüssigen Mineralien. Voraussichtliche Genussreife: jetzt–2006. Der aus Trauben von 31jährigen Rebstöcken gewonnene *1997er Riesling Sommerberg* hat parfümierte Aromen von Akazienblüten und Kreide. Er ist ein straff gewirkter Wein von mittlerem Körper mit mächtigen steinigen und mineralischen Geschmackskomponenten. Konzentriert, intensiv und außergewöhnlich lang im Abgang, wird dieser Tropfen Geduld erfordern. Trinken Sie ihn jetzt–2007.

1997 erzeugte Bernard Schoffit zwei Rieslinge aus seiner Parzelle in der steilen Rangen-Hanglage. Die Reben im oberen Teil des Abhangs, am weitesten entfernt vom Fluss Thar gelegen, waren nicht von Botrytis befallen und ergaben einen superben Wein, der Schoffits übliches Etikett *Riesling Rangen de Thann Clos St-Théobald* trägt. Sein frisches Bukett duftet nach Zitronendrops und Mineralien. Dieser trockene Wein von mittlerem bis vollem Körper ist rassig, höchst konzentriert und komplex. Mächtige und expansive Geschmackskomponenten von Mineralien, Steinen, Zitrusfrüchten und rauchigen Elementen überschwemmen den Gaumen des Verkosters. Es verwundert daher nicht, dass er einen ungeheuer langen Abgang besitzt. Dies ist ein ausdrucksvoller und präziser Riesling, der sich prachtvoll entfalten wird. Voraussichtliche Genussreife: jetzt–2010. Der spektakuläre *1997er Riesling Rangen de Thann Clos St-Théobald Nr. 10* wurde aus Botrytis-befallenen Trauben gewonnen. Die betreffende Parzelle liegt dem Fluss am nächsten. Der Wein offenbart ein superkonzentriertes Bukett mit Düften nach flüssigen Mineralien, Rauch, Botrytis und gerösteten Erdnüssen. Dieser außergewöhnlich reife Tropfen ist breit, opulent und im Geschmack zum Bersten angefüllt mit Aprikosen, Pfirsichen, Quitten, karamellisierten Mineralien und kandierten Zitronen. Straffer und verhaltener entwickelt als sein Bruder, zeigt sein Kern von mittlerem bis vollem Körper verführerische Konzentration, Komplexität, Intensität und Länge. Trinken Sie dieses Juwel jetzt–2014.

Der *1997er Tokay-Pinot Gris Vendange Tardive,* der nahezu 11 Monate lang vergoren wurde, entstand zu gleichen Teilen aus Trauben der Rangen-Lage und Rebflächen um die Stadt Colmar. Sein Bukett ist überaus verschlossen und gibt lediglich süße, rauchige Aromen frei. Am Gaumen enthüllt dieser Wein dicke Schichten von gelben und roten Früchten. Er ist gut ausgewogen, doch zum gegenwärtigen Zeitpunkt noch spröde und benötigt ein oder zwei Jahre Kellerreife, um ins Gleichgewicht zu kommen. Voraussichtliche Genussreife: jetzt–2009.

Der hervorragende *1997er Tokay-Pinot Gris Rangen de Thann Clos St-Théobald* hat ein gebieterisches und ausdrucksvolles Bukett mit Düften nach Aprikosenmarmelade mit einem Schuss Botrytis. Dieser bei mittlerem Körper fette, honigfeine Wein ist dicht bepackt mit süßen gelben Früchten, kandierten Zitronen und roten Johannisbeeren. Er ist gut proportioniert, frisch, elegant und verfügt über einen langen, geschmacksintensiven Abgang. Trinken Sie ihn jetzt–2012.

Vom *1997er Tokay-Pinot Gris Rangen de Thann Clos St-Théobald Sélection de Grains Nobles* wurden nur 360 Flaschen (0,5 l) erzeugt. Dieser außergewöhnliche Nektar besitzt lebendige Aromen, die an rauchige, in süßen Pfirsichsaft getauchte Mineralien erinnern. Sein Kern von mittlerem bis vollem Körper ist durchdringend, expansiv und weist reichliche Schichten von Aprikosen, Pfirsichen, Himbeeren, Steinen, Kreide, Ananas, kandierten Limetten und Kirschen auf. Gut ausgewogen, stellt er den Inbegriff des Pinot Gris dar. Darüber hinaus besitzt dieser Wein die Fähigkeit, 30 Jahre und länger zu altern.

Aus Trauben von 45- bis 50jährigen Reben gewonnen, entströmen dem *1997er Gewürztraminer Harth Cuvée Alexandre Vieilles Vignes* gebieterische Aromen, die an konzentriertes Rosenwasser und Parfüm denken lassen. Eine durch und durch genussbetonte Fruchtbombe, ist dies ein molliger, expansiver und immens geschmacksbetonter Wein mit niedrigem Säuregehalt. Wenn auch nicht besonders komplex oder strukturiert, ist er erstaunlich fortgeschritten entwickelt und schmeichelnd, mit üppigen Geschmackskomponenten, die an süße Mangos, Pfirsiche, Ingwer und Jasmin denken lassen. Trinken Sie ihn im Lauf der nächsten 4 Jahre.

Dem opulenten, genussbetonten, sinnlichen *1997er Gewürztraminer Rangen de Thann Clos St-Théobald* gelingt es, einen verführerischen Grad von Verfeinerung und Klasse aufrecht zu erhalten. Sein nach Litschis, roten Früchten und Blumen duftendes Bukett ist gepaart mit einem würzigen, pikanten Geschmacksprofil von tropischen Früchten, gewürzten Birnen und englischem Kuchen. Dieser mächtige, den Mund auskleidende Wein ist vollreif, intensiv und komplex. Er wird viele Jahre hindurch halten, ich schlage daher vor, ihn innerhalb der nächsten 5–6 Jahre zu trinken, um von seiner schwelgerischen Art und Dekadenz zu profitieren.

Der talentierte Bernard Schoffit, der sich hingebungsvoll seiner Arbeit verschrieben hat, erklärte 1998 für »ein ganz nettes Jahr, insbesondere bei den Spitzenweinen«. Daneben sieht er den Jahrgang auch als »das größte jemals in der Rangen-Lage erlebte Jahr für Süßweine. Die Säure liegt höher als 1990 und sie haben ein besseres Gleichgewicht. Kurz, der frühe Teil der Wachstumsperiode war ausgezeichnet, die Mitte schlecht und das Ende superb. Für Eigentümer von Parzellen in der Rangen-Lage hieß es, jetzt oder nie, um große Weine zu machen.«

Botrysierte, reife Pfirsicharomen sind in dem *1998er Pinot Blanc Auxerrois Cuvée Caroline* zu finden. Dieser bei mittlerem Körper mollige, seidig texturierte Wein ist opulent und legt sinnliche Schichten von Aprikosen an den Tag. Trinken Sie diesen verführerischen Tropfen im Lauf der nächsten 3–4 Jahre.

Schoffit hat, beginnend mit dem Jahrgang 1998, seine übliche »Cuvée Prestige« zu einer »Cuvée Tradition« umgewandelt. Der *1998er Riesling Harth Cuvée Tradition* bietet frische Aromen von Mineralien und Erde. Dies ist ein mit Geschmacksfülle ausgestatteter Riesling für Einsteiger, voll gepackt mit Zitronen, kandierten Zitrusfrüchten und einem Hauch von Lehm. Er hat wunderschön umrissene Art und Konturenschärfe sowie einen langen, reintönigen Abgang. Dieser Wein von mittlerem Körper sollte innerhalb der nächsten 5 Jahre getrunken werden.

Schoffits Cuvée-Alexandre-Angebote sind aus überaus reichhaltigen Trauben gewonnen, die den Reifegrad einer Spätlese erreicht haben. Der *1998er Riesling Harth Cuvée Alexandre* bietet komplexe Aromen von Mineralien und Botrytis. Dieser tiefe, expansive Wein von mittlerem Körper ist mollig, reichhaltig und jugendlich. Birnen, Aprikosen und Pflaumen sind in seinem geschichteten, üppigen, aber frischen Charakter zu finden. Voraussichtliche Genussreife: jetzt–2012. Der *1998er Tokay-Pinot Gris Vieilles Vignes Cuvée Alexandre* offenbart köstliche Düfte nach Rauch und reifen Äpfeln. In seinem Charakter mit Geschmacksnuancen von tropischer gelber Frucht zeigt er mächtige Reichhaltigkeit. Dieser fette, jedoch schön ausgewogene Wein von mittlerem bis vollem Körper sollte innerhalb der nächsten 7--9 Jahre getrunken werden.

Der *1998er Tokay-Pinot Gris Vieilles Vignes Sigillé de Qualité* besitzt intensive Aromen von Pfirsichen, Mineralien und Rauch. Dieser präzise, jedoch gebieterisch reichhaltige und ölig texturierte Wein kleidet den Gaumen mit Aprikosen, tropischen Früchten und einem Hauch von Zitrone aus. Körperreich und konzentriert, besitzt er auch einen langen, reintönigen, lang anhaltenden Abgang. Voraussichtliche Genussreife: jetzt–2012. Reichhaltige, rauchige Aromen lassen sich im Bukett des *1998er Gewürztraminer Harth Cuvée Alexandre* entdecken. Dieser breite, konzentrierte, tiefe Wein ist voll gepackt mit Geschmacksnuancen von Aprikosen, Pfirsichen, Spuren von Rosenwasser und verführerischen Potpourri-Duftmischungen. Voraussichtliche Genussreife: jetzt–2005.

Der *1998er Gewürztraminer Harth Vieilles Vignes Sigillé de Qualité* gibt in seinen Aromen Aprikosen, Rosen, Veilchen und Tabak zu erkennen. Von mittlerem Körper und gut konzentriert, ist dieser Wein mit Blumen, Rosen, kandierten Himbeeren und Aprikosen im Geschmack gut ausgewogen und verführerisch. Seine samtige Textur und überschwängliche Persönlichkeit halten während seines langen und geschmeidigen Abgangs an. Trinken Sie ihn im Lauf der nächsten 5–6 Jahre.

Schoffits *1998er Muscat Rangen de Thann Clos St-Théobald Sélection de Grains Nobles* zeigt Aromen von weißen Früchten, die sich mit dem Duft von Kräutertee mischen. Keinerlei Noten von Orangenschalen und Orangenblüten, die charakteristischen Merkmale dieses Gewächses, lassen sich erkennen. Das Geschmacksprofil dieses intensiv tiefen, ölig texturierten, mächtig konzentrierten Weins ist beherrscht von roten Früchten und Aprikosen. Sein langer, süßer, reintöniger und ausgefeilter Abgang lässt seinen hohen Alkoholgehalt ahnen (14,4%). Voraussichtliche Genussreife: 2004–2012+. Der *1998er Tokay-Pinot Gris Rangen de Thann Clos St-Théobald Vendange Tardive* legt ein gebieterisches, reichhaltiges Bukett an den Tag, das an Pfirsich- und Aprikosenmarmelade erinnert. Dieser körperreiche, seidig texturierte »Oil of Tokay« überzieht den Gaumen mit unerhörten Schichten von dichtem gelbem Fruchtnektar. Er besitzt hervorragendes Gleichgewicht, Präzision und einen wundervoll zitronenhaften Mandarinengeschmack, der in seinem außergewöhnlich langen Abgang auftaucht. Voraussichtliche Genussreife: 2005–2015+.

Der spektakuläre *1998er Riesling Rangen de Thann Clos St-Théobald Sélection de Grains Nobles* wartet auf mit herrlich würzigen, nach frischen Kräutern und weißer Frucht duftenden Aromen. Dieser ölig texturierte, körperreiche Wein mit seinem Geschmack nach Aprikosengelee stellt sich überaus jugendlich und dicht konzentriert dar. Er ist nahtlos angefüllt mit üppigen Schichten dicklicher Frucht, die von der Zunge bis zu seinem unglaublich langen Abgang anhalten. Dieser Wein hat das Potenzial, im weiteren Verlauf seiner Entwicklung und Entfaltung zu einer noch höheren Bewertung zu gelangen. Voraussichtliche Genussreife: 2007–2019. Aus in der vierten Oktoberwoche geernteten Trauben gewonnen, hat der *1998er Gewürztraminer Rangen de Thann Clos St-Théobald Sélection de Grains Nobles* ein intensiv reifes, reich fruchtiges Bukett. Am Gaumen zeigt er hervorragende Ausgewogenheit, Ladungen von rauchigen, erdigen weißen und gelben Früchten sowie gewaltige Konzentration, Süße und Länge. Voraussichtliche Genussreife: 2005–2020+.

Bernard Schoffit gestaltete zwei Beerenauslesen aus seinen Tokay-Pinot-Gris-Parzellen in der Lage Rangen de Thann. Der am 20. Oktober bei Erträgen von 20 hl/ha gelesene *1998er Tokay-Pinot Gris Rangen de Thann Clos St-Théobald Sélection de Grains Nobles Lot Nr. 2* hat ein überaus süßes, von gelber Frucht geprägtes Bukett. Körperreich, breit und expansiv, ist er zum Bersten voll gepackt mit Geschmacksnuancen von gelben Pflaumen, Quitten und Pfirsichcocktail. Er ist ein Wein von unerhörter Wucht, Eleganz und Tiefe und besitzt prachtvolle Ausgewogenheit und einen Charakter, der letztlich eine perfekte Punktnote verdienen dürfte, wenn dieses Juwel von einem Wein sich rechtzeitig entfaltet und öffnet. Voraussichtliche Genussreife: 2005–2020+. Schoffits Favorit unter diesen beiden ist der am 10. Oktober geerntete *1998er Tokay-Pinot Gris Rangen de Thann Clos St-Théobald Sélection de Grains Nobles Lot Nr. 1* mit Erträgen von nur 12 hl/ha. In seinen Aromen zeigt er süße gelbe Früchte und Gewürze. Dies ist ein Wein von außergewöhnlicher Konturenschärfe, klarer Zeichnung und Konzentration. Er scheint sogar noch ausgewogener zu sein und mehr Biss zu besitzen als der Lot Nr. 2, doch mangelt es ihm an dessen unglaublicher Dichte und ausdrucksvollen Frucht. Dies vorausgeschickt, dürfte es den Lesern schwer fallen, Weine mit dem Niveau an Konzentration zu finden, den dieses Angebot besitzt. Es wäre faszinierend, nach 10–15 Jahren zu sehen, welche Entwicklung diese beiden ab heute genommen haben. Qualitativ würde man erwarten, dass sie ganz oben auf der Leiter zur Vollkommenheit stehen. Voraussichtliche Genussreife: 2005–2020+.

Der nach Orangenblüten duftende *1999er Muscat Cuvée Tradition* zeigt in seiner Persönlichkeit von leichtem bis mittlerem Körper großartige Ausgewogenheit. Verführerische Nuancen von Himbeeren, Orangenschale und Gewürzen sind in seinem ausdrucksvollen, konzentrierten Charakter zu finden. Trinken Sie ihn im Lauf der nächsten 2 Jahre. Von dem *1999er Muscat Rangen de Thann Clos St-Théobald* gibt es nur 550-ml-Flaschen. Er besitzt ein hochreifes Bukett von Himbeeren, Erdbeeren und Orangenblüten. Am Gaumen ist er reichhaltig, breit und expansiv. Bei mittlerem Körper zeigt dieser Wein mit seinen Geschmacksnuancen von Orangenschale, Zitrone und Himbeermarmelade eine samtige Textur und einen bewundernswert langen, anhaltenden Abgang. Trinken Sie ihn im Lauf der nächsten 4 Jahre.

In seinem Bukett präsentiert der aus Trauben von durchschnittlich 40jährigen Rebstöcken gewonnene *1999er Riesling Harth Cuvée Caroline* reife Aromen von Birnen und Äpfeln. Dies ist ein intensiver Wein von mittlerem Körper mit ausgezeichnetem Biss. Sein konzentrierter, mit weißer Frucht angefüllter Charakter ist breit, üppig und hat einen bewundernswert langen Abgang. Trinken Sie ihn innerhalb der nächsten 10 Jahre. Von dem *1999er Riesling Sommerberg* wurden nur 60 Kisten produziert. Dies ist ein knochentrockener Wein mit mineralischen Aromen und einer reichhaltigen, aber straff gewirkten Persönlichkeit. Ladungen von Birnen und Mineralien lassen sich in seinem Charakter entdecken, aber dennoch wirkt er zurückhaltend und gibt nur einen Teil seines späteren Potenzials preis. Voraussichtliche Genussreife: 2004–2010.

Der hervorragende *1999er Riesling Rangen de Thann Clos St-Théobald* hat explosive rauchige und mineralische Aromen. Von mittlerem bis vollem Körper und überaus gehaltvoll, ist dies ein muskulöser, mächtiger Wein mit einem samtig texturierten Charakter. In Rauch und flüssige Mineralien getauchte pochierte Birnen lassen sich in seinem höchst konzentrierten, aber verhalten entwickelten Charakter finden. Er ist ein prachtvoller Riesling, der Kellerreife benötigt. Voraussichtliche Genussreife: 2006–2015. Der *1998er Riesling Rangen de Thann Clos St-Théobald Vendanges Tardives* offenbart süße Aromen von Kräutertee und Mineralien in seiner erstaunlich konturenscharfen Persönlichkeit. Ladungen von Birnen, Pfirsichen, Aprikosen und würzigen Mineralien lassen sich in diesem außergewöhnlich frischen, aber reichhaltigen und üppigen Wein entdecken. Seine Geschmackskomponenten sind intensiv, gut definiert und verweilen lange in seinem beeindruckend langen, süßen, geschmeidigen Abgang. Voraussichtliche Genussreife: 2004–2020.

Der *1999er Gewürztraminer Harth Cuvée Alexandre* hat ein nach Rosenwasser und Veilchen duftendes Bukett. Von ölig texturiertem mittlerem Körper, ist er ein expansiver, überaus detaillierter, aber mächtiger und reichhaltiger Wein. Rosen, Litschis und große Mengen von Gewürzen kennzeichnen diesen höchst ausdrucksvollen Tropfen. Trinken Sie diesen schmeichelnden, sinnlichen Wein innerhalb der nächsten 7 Jahre.

Der überaus konzentrierte *1999er Gewürztraminer Rangen de Thann Clos St-Théobald* hat in seinem Aromaprofil Rosen und Blüten aufzuweisen. Dies ist ein gebieterisch ausdrucksvoller Wein, zum Bersten vollgestopft mit roten Früchten, Litschis und Rosen. Von mittlerem bis vollem Körper, besitzt er große Ausgewogenheit, Frische und einen spektakulär langen Abgang. Trinken Sie ihn im Lauf der nächsten 10 Jahre.

Der aus Trauben von im Durchschnitt 45jährigen Rebstöcken gewonnene *1999er Tokay-Pinot Gris Vieilles Vignes Cuvée Alexandre* zeigt rauchige Birnenaromen und eine Persönlichkeit von mittlerem Körper. Dieser ausladende Wein ist im Geschmack angefüllt mit Birnen, Rauch, Aprikosen und Spuren von Botrytis. Er ist reintönig, klar umrissen und ausgewogen und hat einen langen, detaillierten Abgang. Voraussichtliche Genussreife: jetzt–2010.

Der überwältigende *1999er Tokay-Pinot Gris Rangen de Thann Clos St-Théobald* vibriert förmlich mit ganzen Ladungen von gelben Früchten in Duft und Geschmack. Dieser mächtig intensive Wein von mittlerem bis vollem Körper hat außergewöhnliche Kraft und Tiefe. Er ist opulent strukturiert und legt zahllose Schichten von Aprikosen, weißen Pfirsichen und Gewürzen sowie einen köstlichen Abgang an den Tag. Dieser verschwenderische Wein kann bereits in seiner Jugend getrunken werden, dürfte aber nach einer gewissen Kellerreife noch verführerischer sein. Voraussichtliche Genussreife: jetzt–2018.

Der nach Botrytis und Aprikosen duftende *1999er Tokay-Pinot Gris Rangen de Thann Clos St-Théobald Vendange Tardive* zeigt herrliche Definition in seinem Charakter, der mit Geschmacksnuancen von Aprikosen, Pfirsichen, Birnen, Rauch und kandierten Äpfeln ausgestattet ist. Von mittlerem bis vollem Körper und muskulös, ist dies ein extravaganter Wein, in dem sich Kraft und Definition wunderbar vereinen. Voraussichtliche Genussreife: 2005–2020.

Der *1999er Tokay-Pinot Gris Rangen de Thann Clos St-Théobald Sélection de Grains Nobles* wurde bei einer Ertragsmenge von 15 hl/ha und mit einem natürlichen potenziellen Alkoholgehalt von 20% geerntet. Ein Wein von prachtvoller Reintönigkeit, Ausgewogenheit und Kraft, offenbart er Aromen von eingedickten Aprikosen, Pfirsichkompott und Gewürzen in Duft und Geschmack. Er ist gewaltig konzentriert, dickflüssig süß, besitzt jedoch außergewöhnliches Gleichgewicht. Er verblüfft den Verkoster mit seiner ungezügelten Frucht, bleibt dabei aber exquisit und klar umrissen. Trinken Sie diesen herrlichen Nektar im Lauf der nächsten 35 Jahre.

GÉRARD SCHUELLER ET FILS (HUSSEREN-LES-CHÂTEAUX)

1998	**Gewürztraminer Bildstoeckle**	**D**	**89**
1997	**Gewürztraminer Bildstoeckle**	**D**	**90**
1997	**Gewürztraminer Bildstoeckle Sélection de Grains Nobles**	**D**	**89+**
1997	**Gewürztraminer Bildstoeckle Vendanges Tardives**	**D**	**88+**
1989	**Gewürztraminer Sélection de Grains Nobles**	**EE/0,5 l**	**94**
1997	**Gewürztraminer Vendanges Tardives**	**D**	**92+**
1996	**Riesling Eichberg Vendanges Tardives**	**E**	**88+**
1998	**Riesling Pfersigberg**	**C**	**89+**
1995	**Riesling Pfersigberg**	**C**	**90**
1996	**Tokay-Pinot Gris Réserve**	**D**	**91**
1994	**Tokay-Pinot Gris Sélection de Grains Nobles**	**E/0,5 l**	**91+**
1989	**Tokay-Pinot Gris Sélection de Grains Nobles**	**E/0,5 l**	**92**

Der honigfeine, nach Zitrusfrüchten und Mineralien duftende *1996er Riesling Eichberg Vendanges Tardives* ist ein steiniger, straff gewirkter und brillant konturierter Wein von mittlerem Körper. Obwohl es sich bei ihm um eine Spätlese handelt, nimmt er sich am Gaumen trocken aus. Wie viele Elsässer Rieslinge aus diesem Jahrgang mit hohem Säurespiegel, wird dieser bewundernswert lange Wein Geduld erfordern. Voraussichtliche Genussreife: jetzt–2012+.

Botrytis und rauchige Aprikosen sind in den Aromen des *1989er Tokay-Pinot Gris Sélection de Grains Nobles* zu erkennen. Von mittlerem Körper, seidig texturiert und elegant, präsentiert er in seiner kraftvollen, süßen Persönlichkeit wie auch in seinem ausgedehnten Abgang Pfirsiche und andere gelbe Früchte. Voraussichtliche Genussreife: jetzt–2012+.

Der 1987er *Gewürztraminer Bildstoeckle* offenbart Aromen von Rosenwasser, Ingwer und Zitronengras. Dieser extrovertierte Wein ist voll gepackt mit frischen Litschis, Gewürzen und kandierten Zitronen. Obwohl er 9 g/l Restzucker aufweist, nimmt er sich auf der Zunge trocken aus. Trinken Sie diesen schön bereiteten und langen Tropfen im Lauf der nächsten 3–4 Jahre.

Der *1997er Gewürztraminer Bildstoeckle Vendanges Tardives* wartet auf mit rauchigen Aromen und Düften nach Aprikosen, weißen Pfirsichen, Gewürzen und Rosenblüten. Von mittlerem Körper und ölig texturiert, besitzt dieser Wein mit seinem Geschmacksprofil von Pfirsichen, Litschis und Gewürzen ausgezeichnetes Gleichgewicht und Konzentration. Dieser Tropfen weist beträchtlichen Restzucker auf, der aber kaum spürbar ist. Voraussichtliche Genussreife: jetzt–2007. Botrytis, honigfeine Mineralien und gelbe Früchte sind im Bukett des *1997er Gewürztraminer Bildstoeckle Sélection de Grains Nobles* vorhanden. Zwar ist im Augenblick sein beeindruckend konzentrierter Charakter fest und unnachgiebig, doch ist er beladen mit würzigen gelben Früchten, die während seines anhaltenden Abgangs am Gaumen verweilen. Von mittlerem Körper und scharf konturiert, ist dies ein Wein, der 2004–2012+ getrunken werden sollte.

Der *1995er Riesling Pfersigberg* offenbart erdige Aromen und Düfte nach hochreifen gelben Früchten. Er ist ein konzentrierter Kraftprotz (1995 war ein spektakulärer Jahrgang für Riesling im Elsass) mit Geschmackskomponenten von Zitrusfrüchten, Gummi, flüssigen Mineralien, weißen Pfirsichen und Botrytis. Dieser Wein von mittlerem bis vollem Körper hat seidige Textur, makellose Balance und ungeheure Tiefe. Voraussichtliche Genussreife: jetzt–2009. Der aus Erträgen von 30 hl/ha (für das Elsass extrem niedrig) produzierte *1996er Tokay-Pinot Gris Réserve* gibt rauchige Aprikosen- und Lehmaromen zu erkennen. Von mittlerem bis vollem Körper und superb ausgewogen, ist der Wein extrahiert, besitzt bewundernswerte Tiefe von gelben und weißen Früchten sowie Salz und offenbart einen Hauch von Cynar-Likör (eine Eigenschaft, die ich häufig in überaus reifen Rieslingen, Chenin Blancs und Tokays finde). Trinken Sie ihn im Lauf der nächsten 8 Jahre.

Der *1994er Tokay-Pinot Gris Sélection de Grains Nobles* bietet ausdrucksvolle, mit Botrytis durchsetzte süße Pfirsicharomen. Dieser gut ausgewogene Wein von mittlerem bis vollem Körper hat eine schmeichelnde Textur und einen langen süßen Abgang. Rauchige Mineralien, tropische Früchte, Aprikosen und Blüten sind in seinem gebieterischen Geschmacksprofil zu finden. Voraussichtliche Genussreife: jetzt–2010. Intensive Aromen von tropischen Früchten, Litschis, Himbeeren und Erdnussöl sind in dem 1989er *Gewürztraminer Sélection de Grains Nobles* zu finden. Dieser überschwängliche Wein ist opulent, samtig texturiert und ungemein mächtig. Anders als einige Sélections de Grains Nobles ist dieser Wein jedoch eminent leicht zu trinken. Weder zu schwer noch zu süß, ist er komplex, gut proportioniert, ausgewogen und verkörpert die Quintessenz eines Gewürztraminers – Litschis, Rosenwasser, gemischte rote Früchte, Mangos, Papayas und eine Fülle von Gewürzen. Trinken Sie dieses Juwel im Lauf der nächsten 8–10 Jahre.

Der nach Kräutertee und Mineralien duftende *1998er Riesling Pfersigberg* ist bei mittlerem Körper komplex. Ladungen von Mineralien, gerösteten Nüssen und Birnen lassen sich in diesem seidig texturierten, höchst detaillierten Wein finden. Er besitzt einen langen und außerordentlich ausdrucksvollen Abgang. Trinken Sie ihn während der nächsten 6–7 Jahre. Ladungen von Gewürzen und Kirschsaft sind im *1998er Gewürztraminer Bildstoeckle* in Duft und Geschmack vorhanden. Dieser schmeichelnd-üppige Wein von mittlerem Körper ist ölig texturiert, mollig und besitzt ausgezeichnete Dichte und Tiefe. Trinken Sie diesen auffälligen, sinnlichen, gehaltvollen Gewürztraminer während der nächsten 6 Jahre. Der *1997er Gewürztraminer Vendanges Tardives* zeigt ein Bukett, das wirkt, als stünde man direkt neben einem blühenden Rosenstrauch. Von mittlerem Körper und hervorragender Konturenschärfe und Breite, ist dieser Wein mit seinen Geschmacksnuancen von Blütenmischung, Veilchen und Rosenwasser absolut hinreißend. Er weist eine hervorragende Tiefe der Frucht und schöne Ausgewogenheit auf sowie einen außergewöhnlich langen, frischen Abgang. Voraussichtliche Genussreife: jetzt–2014.

JEAN SIPP (RIBEAUVILLÉ)

1998	**Gewürztraminer Cuvée Particulière**	**C**	**88**
1998	**Gewürztraminer Vieilles Vignes**	**C**	**88**
1998	**Riesling Kirchberg de Ribeauvillé**	**D**	**91**
1998	**Riesling Vieilles Vignes**	**C**	**88+**

Der mineralisch duftende *1998er Riesling Vieilles Vignes* hat jene Reichhaltigkeit, die die Weine aus diesem Jahrgang häufig kennzeichnet. Am Gaumen dominieren dichte Geschmackskomponenten von Zitrusfrüchten und Mineralien diesen seidig texturierten Wein von mittlerem Körper. Er ist überaus gut konturiert, weist aber große Geschmacksfülle auf. Trinken Sie ihn innerhalb der nächsten 4–5 Jahre. Der *1998er Riesling Kirchberg de Ribeauvillé* ist eine stärker konzentrierte, kraftvollere und steinig durchsetzte Version des vorangehenden Weins. In diesem muskulösen Tropfen finden sich intensive Geschmackskomponenten von Mineralien, Kies und kandierter Grapefruit. Sein Abgang ist extrem lang und fruchtbeladen. Trinken Sie ihn im Lauf der nächsten 8–9 Jahre.

Der fette und sinnliche *1998er Gewürztraminer Cuvée Particulière* wartet mit Aromen von Rosenwasser, Veilchen und Litschis auf. Er ist von mittlerem bis vollem Körper, mollig, beladen mit Frucht, Gewürzen und englischen Bonbons. Trinken Sie diese ausdrucksvolle Schönheit im Lauf der nächsten 5–6 Jahre. Der nach Gewürzen, Blumen und Rosen duftende *1998er Gewürztraminer Vieilles Vignes* ist von mittlerem Körper und wunderschön detailliert. Am Gaumen gibt er Himbeeren, pochierte Birnen, Gewürze und feine Anklänge an Mangofrüchte in seinem klar umrissenen, aber in der Frucht fortgeschritten entwickelten Charakter zu erkennen. Voraussichtliche Genussreife: jetzt–2011.

PIERRE SPARR (SIGOLSHEIM)

1999	**Gewürztraminer Mambourg Sélection de Grains Nobles**	**EE**	**92+**
1998	**Gewürztraminer Mambourg Vendanges Tardives**	**D**	**89**
1998	**Pinot Gris Prestige**	**C**	**88**
1996	**Pinot Gris Sélection de Grains Nobles**	**EE**	**91**
1998	**Riesling Brand**	**D**	**88**
1996	**Riesling Schoenenberg Vendanges Tardives**	**C/0,5 l**	**89**

Der am 21. Oktober mit einem Ertrag von 53 hl/ha geerntete *1998er Riesling Brand* legt ein ausdrucksvolles, nach Mineralien, Birnen und Äpfeln duftendes Bukett an den Tag. Von leichtem bis mittlerem Körper, reichhaltig und voll gepackt mit Chinin, Äpfeln und Anis, besitzt dieser Wein bewundernswerte Tiefe der Frucht und einen beeindruckend langen Abgang. Voraussichtliche Genussreife: jetzt–2006.

Der *1998er Pinot Gris Prestige* hat tiefe, reichhaltige Aromen von hochreifen Birnen und Honig. Von mittlerem Körper, fett und mollig, ist dies ein opulenter Wein, ausgestattet mit Geschmacksnuancen von Mandeln, gelben Früchten und Gewürzen. Er besitzt ausgezeichnete Tiefe sowie einen langen, üppigen Abgang. Voraussichtliche Genussreife: jetzt–2010+.

Der *1996er Riesling Schoenenberg Vendanges Tardives* duftet nach würziger gebratener Frucht, Orangenblüten und kandierten Beeren. Er ist konzentriert, opulent und breit. Ladungen von süßen, mit Zucker überzogenen Zitronen, Limetten und Mineralien lassen sich in seiner frischen, tiefen, bewundernswert langen Persönlichkeit finden. Trinken Sie ihn im Lauf der nächsten 10 Jahre.

Der *1998er Gewürztraminer Mambourg Vendanges Tardives* weist frische, florale Düfte und Aromen von roten Beeren auf. Er ist üppig, lebendig und im Geschmack voll gepackt mit großen Mengen von Gewürzen und weißen Früchten. Dieser bei mittlerem Körper elegante, klar umrissene Wein besitzt ausgezeichnete Konzentration und Tiefe. Trinken Sie ihn innerhalb der nächsten 6–8 Jahre.

Von dem *1999er Gewürztraminer Mambourg Sélection de Grains Nobles* sind nur 100 Kisten produziert worden. (Sparr widmete diesem Wein seine Parzelle mit den ältesten Reben in der Mambourg-Lage und erntete kärgliche 19 hl/ha). Botrytis, gebratene Kirschen, Quitten und Gewürze lassen sich in seinem komplexen Aromaprofil finden. Von mittlerem Körper, intensiv und den Mund auskleidend, ist dieser Wein zum Bersten voll gepackt mit Geschmacksnuancen von kandierten Kirschen, Botrytis, Rosenwasser und eingedickten Litschis. Er ist mächtig, überaus lang im Abgang und recht ausgefeilt. Trinken Sie ihn im Lauf der nächsten 10 Jahre.

Der außergewöhnlich gut umrissene *1996er Pinot Gris Sélection de Grains Nobles* hat ein blumiges, honigduftendes Bukett. Dieser Wein von mittlerem bis vollem Körper zeigt superbe Merkmale von roten Beeren. Weiße Blumen, Himbeeren und Johannisbeeren sind sowohl in seinem gesamten unverfälschten, eleganten Geschmacksprofil wie auch in seinem langen, reintönigen Abgang zu finden. Voraussichtliche Genussreife: jetzt–2015.

SYLVIE SPIELMAN (BERGHEIM)

1998	Gewürztraminer Altenberg de Bergheim	D	93
1998	Gewürztraminer Blosenberg Bergheim	C	90
1998	Gewürztraminer Kanzlerberg	C	91
1997	Gewürztraminer Kanzlerberg Sélection de Grains Nobles	E/0,5 l	94
1999	Pinot Blanc Réserve Bergheim	B	88
1998	Tokay-Pinot Gris Blosenberg Bergheim	C	88+

Aus einem Verschnitt von 80% Auxerrois Gros und 20% Pinot Blanc produziert, stellt der *1999er Pinot Blanc Réserve Bergheim* einen ausgezeichneten Gegenwert für Ihr Geld dar. Sein überaus würziges Bukett leitet über zu einem weichen Charakter von mittlerem bis vollem Körper. Dies ist ein saftiger, gut ausgewogener Wein mit üppigen mineralischen und gewürzartigen Geschmacksnuancen. Trinken Sie ihn im Lauf der nächsten 3–4 Jahre. Der zurückhaltende, aprikosenduftige *1998er Tokay-Pinot Gris Blosenberg Bergheim* ist bei mittlerem Körper weich und üppig. Seine mollige, seidig texturierte Persönlichkeit enthüllt ausgezeichnete Tiefe und gute Struktur. Wunderschöne gelbe Frucht- und Gewürz-Nuancen sind in seinem ausdrucksvollen Kern zu finden. Voraussichtliche Genussreife: jetzt–2007.

Der reichhaltige, ausdrucksstarke und nach Litschis und Rosen duftende *1998er Gewürztraminer Blosenberg Bergheim* weist hervorragende Tiefe und Breite auf. Von mittlerem Körper, mit Geschmacksnuancen von Kirschen und Himbeeren, ist dieser Wein ausladend und überaus würzig. Trinken Sie diesen schwelgerischen Gewürztraminer innerhalb der nächsten 7–8 Jahre. Blumen, Rauch und Gewürze lässt der *1998er Gewürztraminer Kanzlerberg* in seinem Bukett erkennen. Von mittlerem Körper und ölig texturiert, ist dies ein opulenter, aber detaillierter Wein mit herrlichen Schichten von Litschis, Quitten und Rosenwasser, deren Geschmacksnuancen während seines gesamten anhaltenden Abgangs am Gaumen verweilen. Trinken Sie ihn im Lauf der nächsten 8 Jahre.

Der *1998er Gewürztraminer Altenberg de Bergheim* hat ein außerordentlich würziges Bukett. Dieser kernige, fleischige Wein von mittlerem bis vollem Körper kleidet den Gaumen aus mit pochierten Birnen, kandierten Äpfeln, Aprikosen, Pfirsichen und großen Mengen von verschiedenen Gewürzen. Er ist kraftvoll, opulent und hat einen bewundernswert langen und geschmeidigen Abgang. Voraussichtliche Genussreife: jetzt–2010. Der *1997er Gewürztraminer Kanzlerberg Sélection de Grains Nobles* enthüllt in seinen Aromen Rosen, Gewürze und einen Hauch Mokka. Körperreich und ölig, ist dies ein schwelgerischer Wein, der Woge auf Woge von Rosen, Veilchen, Himbeeren und weißen Pfirsichen bietet. Er ist prachtvoll detailliert, dick und besitzt einen außergewöhnlich langen, reintönigen und nuancierten Abgang. Voraussichtliche Genussreife: jetzt–2015.

M. & V. STOEFFLER (BARR)

2000	Gewürztraminer Cuvée Prestige	C	89
2000	Gewürztraminer Kirchberg de Barr	D	90
1998	Gewürztraminer Vendanges Tardives	D	91
1999	Riesling Kirchberg de Barr	C	86
1998	Riesling Kirchberg de Barr	C	88
1998	Riesling Muhlforst	B	88
1998	Riesling Muhlforst Vendanges Tardives	D	92
2000	Tokay-Pinot Gris Cuvée Prestige	C	88+
2000	Tokay-Pinot Gris Kirchberg de Barr	C	92

Martine und Vincent Stoeffler sind beide Önologen und leiten dieses 13 Hektar umfassende Weingut in der Stadt Barr. Ich war hingerissen von der Qualität der Weine, die dieses biodynamisch geführte Gut hervorbringt. Der *1998er Riesling Muhlforst* offenbart ein ausdrucksvolles Bukett, das mit seinen Düften an flüssige Mineralien erinnert. Der Wein ist sprühend lebendig, pikant, beladen mit rassigen Nuancen von Zitronen und Mineralien, und besitzt eine sprühend lebendige, überaus scharf konturierte Persönlichkeit. Trinken Sie ihn im Lauf der nächsten 5–6 Jahre.

Der *1998er Riesling Kirchberg de Barr* verrät deutlich die Tatsache, dass dieser Jahrgang im Gegensatz zu 1999 den Riesling begünstigte. Ladungen von Mineralien und Birnen lassen sich in seinen Aromen entdecken. Dieser Wein hat ungeheure Tiefe in seinem reintönigen, von flüssigen Mineralien geprägten Charakter von mittlerem Körper. Er ist konzentriert und besitzt einen langen, geschmeidigen Abgang. Voraussichtliche Genussreife: jetzt–2010.

Bratäpfel und pochierte Birnen zeigt der *2000er Tokay-Pinot Gris Cuvée Prestige* in seinen Aromen. Dieser gut ausgewogene Wein ist höchst detailliert, ausdrucksvoll und beladen mit Geschmacksnuancen, die an Aprikosen und weiße Pfirsiche erinnern. Voraussichtliche Genussreife: jetzt–2008. Der birnen- und pfirsichduftige *2000er Tokay-Pinot Gris Kirchberg de Barr* offenbart große Reintönigkeit und Konzentration in seiner Persönlichkeit von mittlerem Körper. Prachtvolle Schichten von Kirschen, süßem Kräutertee, pochierten Birnen und Anklänge an Aprikosen sind in seinem gesamten Charakter und seinem seidig texturierten, langen Abgang zu finden. Dieser hervorragende Weißwein kann schon jetzt getrunken oder ein Jahrzehnt lang im Keller gelagert werden.

Der *2000er Gewürztraminer Cuvée Prestige* entströmt dem Glas mit einem Duftschwall von Rosenwasser und an Litschis erinnernden Aromen. Dieser gut ausgewogene Wein ist höchst ausdrucksvoll, aber elegant und legt präzise Geschmacksnuancen an den Tag, die an Blumen, Litschis und Gewürze denken lassen. Er ist von mittlerem Körper, seidig texturiert und besitzt beträchtliche Präsenz am Gaumen. Trinken Sie ihn im Lauf der nächsten 7 Jahre. Der nach Kirschsaft und Äpfeln duftende *2000er Gewürztraminer Kirchberg de Barr* besitzt leichten bis mittleren Körper und ist ausgewogen. Eine ausgefeilte, gut umrissene Leistung der Weinbereitung, ist er voll gepackt mit verschiedenen roten Früchten, Birnen, Äpfeln und Gewürzen. Ein femininer, herrlich ausdrucksvoller Wein, der sich während der nächsten 7 Jahre schön trinken lässt.

Der *1998er Riesling Muhlforst Vendanges Tardives* offenbart Aromen von Mineralien, getrocknetem Honig und Chinin. Dieser kraftvolle Wein besitzt mittleren Körper, hervorragende Tiefe und Konturenschärfe sowie einen herrlich gradlinigen Charakter. Steine, flüssige Mineralien und gewürzte Birnen machen sich in seiner gesamten stark definierten, jedoch reichhaltigen Persönlichkeit wie auch in seinem langen, seidigen Abgang bemerkbar. Trinken Sie ihn im Lauf der nächsten 12–14 Jahre. Der *1998er Gewürztraminer Vendanges Tardives* legt Düfte nach Kirschen, Himbeeren und Gewürzen an den Tag. Dieser köstliche, mit roten Früchten gefüllte Wein ist süß, detailliert, elegant und reintönig. Von mittlerem Körper und mit großer Geschmacksfülle ausgestattet, dabei aber ein hohes Niveau an Verfeinerung bewahrend, ist dies ein schmeichelnder, schwelgerischer Wein, der sich zum Trinkgenuss innerhalb der nächsten 12 Jahre eignet.

MARC TEMPÉ (ZELLENBERG)

1998	**Gewürztraminer Fürstentum**	**D**	**93**
1997	**Gewürztraminer Mambourg Sélection de Grains Nobles**	**EE**	**97**
1997	**Gewürztraminer Mambourg Vendange Tardive**	**E**	**90+**
1998	**Gewürztraminer Rodelsberg**	**D**	**92**
1997	**Gewürztraminer Schoenenbourg**	**D**	**93**
1998	**Gewürztraminer Zellenberg**	**D**	**88**
1997	**Gewürztraminer Zellenberg**	**D**	**88**
1997	**Pinot Blanc Priegel**	**C**	**89+**
1999	**Pinot Blanc Zellenberg**	**C**	**88**
1997	**Pinot Blanc Zellenberg**	**C**	**88**
1998	**Riesling Burgreben**	**D**	**90**

1997	**Riesling Mambourg Vendange Tardive**	**E**	**93+**
1998	**Riesling St-Hippolyte**	**C**	**88**
1997	**Riesling Zellenberg**	**C**	**89+**
1998	**Tokay-Pinot Gris Fürstentum**	**D**	**89+**
1997	**Tokay-Pinot Gris Schoenenbourg Vendange Tardive**	**E**	**92+**
1998	**Tokay-Pinot Gris Vieilles Vignes**	**D**	**88**
1997	**Tokay-Pinot Gris Zellenberg**	**D**	**88**
1997	**Tokay-Pinot Gris Zellenberg Vendange Tardive**	**E**	**91**

Anmerkung: Diejenigen Leser, die ins Elsass reisen möchten, sollten wissen, dass Marc Tempés Gattin, Anne Marie, ein wunderschönes Weingeschäft neben der Kirche St-Martin in Colmar führt (La Sommelière). Zu meiner freudigen Überraschung konnte ich in diesem Laden Mengen von superben Burgundern und Rhôneweinen zu vernünftigen Preisen entdecken.

Ich war begeistert über die Qualität der Weine, die in diesem neuen Weingut (beginnend mit dem Jahrgang 1995) produziert werden. Sie müssen wissen, dass Marc Tempé seine Weine mit einem hohen CO_2-Gehalt (das natürliche Nebenprodukt eines ausgedehnten Kontakts mit den feinen Hefen) vinifiziert und auf Flaschen abfüllt. Da es ein natürliches Konservierungsmittel ist, verwendet er wenig SO_2. Die folgenden Weine verbesserten sich während der Belüftung bedeutend, so dass es sich als nützlich erweisen dürfte, sie zu dekantieren. Ich habe die meisten von ihnen zweimal verkostet, das erste Mal sofort nach dem Entkorken und das zweite Mal 48 Stunden später. In beiden Fällen hatte der Kontakt mit der Luft einen positiven Effekt.

Aus einem Mischsatz von 60% Pinot Blanc und 40% Pinot Auxerrois hergestellt, offenbart der *1997er Pinot Blanc Zellenberg* frische honigfeine Birnendüfte und eine köstliche Persönlichkeit von mittlerem Körper. Spritzige Äpfel, kandierte Mandeln und Blumen lassen sich im Geschmacksprofil dieses lebendigen, eleganten Weins finden. Dieser aufregende, sprühend lebendige Tropfen mit großer Geschmacksfülle sollte am besten während der nächsten 4 Jahre getrunken werden. Der *1997er Pinot Blanc Priegel* (100% Pinot Blanc) präsentiert ein parfümduftiges Bukett mit Aromen von Akazienblüten und Honignoten. Er ist ein bei mittlerem Körper wunderschön ausdrucksvoller, reichhaltiger, ziemlich breiter Wein. Geschmacksnuancen von Geißblatt, Marzipan und Birnen prägen seinen seidig texturierten, konturenscharfen Charakter. Schon jetzt unwiderstehlich, wird er sich mit Gewissheit weitere 6 Jahre hindurch wunderbar entfalten.

Mächtige Aromen von Mineralien sind im Bukett *1997er Riesling Zellenberg* vorhanden. Dieser Wein zeigt einen kräftigen, mit steinigen und quarzähnlichen Geschmackskomponenten angefüllten Charakter. Er ist seidig texturiert, von leichtem bis mittlerem Körper, intensiv, reintönig und mit kristalliner Präzision versehen. Wenn sich sein straff gewirkter Kern aus konzentrierter Frucht entfaltet hat, könnte er eine höhere Bewertung erfahren. Trinken Sie ihn jetzt–2006+.

Der *1997er Tokay-Pinot Gris Zellenberg* legt rauchige Aromen und Düfte nach Malzbonbons an den Tag. Dieser Wein von mittlerem Körper wurde teilweise in drei- bis vierjährigen Fässern vinifiziert. Er ist angefüllt mit Mokka-überhauchten Aprikosen-Nuancen und nimmt sich reichhaltig und cremig, dabei aber frisch und konturenscharf aus. Voraussichtliche Genussreife: jetzt–2006. Der geschmacksintensive, aber subtile *1997er Gewürztraminer Zellenberg* enthüllt delikate florale Aromen und eine Persönlichkeit von mittlerem Körper. Er ist schön bereitet, bietet ausgezeichnete Reichhaltigkeit und an Rosenwasser und Parfüm erinnernde Geschmacksnuancen. Dieser in einem eleganten Stil bereitete Gewürztraminer befindet sich während der nächsten 4–5 Jahre auf dem Höhepunkt seiner Trinkreife.

Der *1997er Tokay-Pinot Gris Zellenberg Vendange Tardive* offenbart frische, florale, eichenholzwürzige Aromen. Von mittlerem Körper, konzentriert und gut definiert, ist dieser Wein dicht bepackt mit Geschmacksnuancen von Pfirsichen, Aprikosen, Geißblatt und

Rauch. Seidig texturiert, mit hervorragender Tiefe, ist er wunderschön gewirkt. Voraussichtliche Genussreife: jetzt–2010.

Der verhalten entwickelte *1997er Tokay-Pinot Gris Schoenenbourg Vendange Tardive* wird Geduld erfordern. Bezaubernde Düfte nach Mineralien, gesüßtem Tee, Rauch und Steinen sind in diesem ölig texturierten Wein von mittlerem Körper zu finden. Sein straffer, höchst konzentrierter Kern blüht bei Belüftung auf und gibt mollige Schichten von pfirsichgetränkten Kreidenuancen frei, die bis zu 45 Sekunden am Gaumen verweilen. Die zurückhaltende und köstliche Persönlichkeit dieses Weins eignet sich hervorragend zum baldigen Trinkgenuss, doch mit einer gewissen Flaschenreife wird er überwältigend sein! Voraussichtliche Genussreife: jetzt–2012+.

Von Tempés *1997er Riesling Mambourg Vendange Tardive* war ich hingerissen. Er offenbart honigfeine Bergamottendüfte sowie eine opulente, seidig texturierte Persönlichkeit von mittlerem bis vollem Körper. Dieser komplexe Wein ist atemberaubend breit gebaut, präzise, konzentriert und klar gezeichnet. Ladungen von weißen Pfirsichen, Gewürzen, Mineralien und Blumen sind in seinem konturenscharfen Geschmacksprofil zu finden. Voraussichtliche Genussreife: jetzt–2015.

Der *1997er Gewürztraminer Schoenenbourg* ist eine Wonne. Seine appetitanregenden Düfte nach in Rosenwasser getauchten Mandelplätzchen gehen einher mit einer den Gaumen auskleidenden Persönlichkeit, voll gepackt mit Himbeeren, Kirschen, Litschis, kandierten Ananas und Blumen. Von großer Geschmacksfülle, feminin und ausdrucksvoll, ist dieser Wein prachtvoll detailliert, jedoch kraftvoll. Seine ölig texturierten Schwaden von Frucht und sein langer Abgang sind bewunderungswürdig.

Der in seinen Aromen gedämpfte *1997er Gewürztraminer Mambourg Vendange Tardive* war schwierig zu bewerten. Während er die Komponenten für einen hervorragenden Wein besitzt – Konzentration, Kraft, Gleichgewicht, Reichhaltigkeit, Komplexität und Länge – ist er vierschrötig, höchst strukturiert und weithin undurchdringlich. Mit geduldigem Zureden ließ sich sein ölig texturierter, dichter Charakter von mittlerem bis vollem Körper flüchtige Eindrücke von süßen Litschis, Rosenwasser und Mangos entlocken. Zwei oder drei Jahre Geduld scheinen hier angebracht. Voraussichtliche Genussreife: jetzt–2010+.

Blumen, Birnen und Äpfel zeigt der *1998er Riesling St-Hippolyte* in seinen Aromen. Dieser rassige, reichhaltige, tiefe Wein von mittlerem Körper gibt reintönige, frische, mineralische und kräuterhafte Geschmacksnuancen zu erkennen. Momentan ist er fest und wird daher eine gewisse Kellerreife benötigen. Voraussichtliche Genussreife: jetzt–2010. Rassige Zitronen, Mineralien und gewürzte Äpfel präsentiert der *1998er Riesling Burgreben* in seinem Aromaprofil. Dieser kraftvolle, würzige, konzentrierte Wein hat einen konturenscharfen, eleganten Charakter von leichtem bis mittlerem Körper. Er verbindet bewundernswert muskulöse Art mit kristalliner Anmut. Voraussichtliche Genussreife: jetzt–2012.

Der aus Trauben von über 40jährigen Reben gewonnene *1998er Tokay-Pinot Gris Vieilles Vignes* hat honigfeine Anis- und Lebkuchenaromen zu bieten. Zur Gänze in 3–4 Jahre alten Eichenholzfässern bereitet, ist dieser reichhaltige, cremige, im Geschmack mit Noten von Crème brûlée ausgestattete Tropfen frisch und scharf konturiert. Der *1998er Tokay-Pinot Gris Fürstentum* legt Aromen von Mandelplätzchen an den Tag. Von mittlerem Körper und wundervoll reichhaltig, ist er ein breit gebauter, geschmacksbetonter, aber eleganter Wein. Mandelpaste, Zitrone und frische Orangenschale sind in diesem ausdrucksvollen Wein zu finden. Voraussichtliche Genussreife: 2004–2014.

Aus Ertragsmengen produziert, die unter 30 hl/ha liegen (im Elsass eine Seltenheit), hat der *1998er Gewürztraminer Zellenberg* ein nach Rosen und Blüten-Potpourri duftendes Bukett. Von leichtem bis mittlerem Körper, konturenscharf und pikant, ist dieser blumige, würzige, seidig texturierte Wein höchst ausdrucksvoll. Sein langer, strukturierter Abgang verrät einiges von der Wärme (Alkohol), die im 1998er Jahrgang bei vielen Weinen zu finden ist. Trinken Sie ihn im Lauf der nächsten 5 Jahre.

Reiche Aromen von Gewürzen, kandierten Nüssen und Rauch lassen sich in dem *1998er Gewürztraminer Rodelsberg* finden. Von mittlerem Körper und sehr ausdrucksvoll, verbindet dieser seidig texturierte Wein Reintönigkeit und feminine Art mit großen Mengen von gelben Früchten, Mineralien, Rosen, Kräutertee, Jasmin und Himbeeren, die alle während seines unglaublich langen Abgangs am Gaumen anhalten. Dieser hervorragende Gewürztraminer sollte im Lauf der nächsten 5–6 Jahre getrunken werden. Der *1998er Gewürztraminer Fürstentum* offenbart appetitanregende Aromen von Himbeeren, Kirschen und reichlichen Gewürzen. Ungeheuer intensiv, breit gebaut und tief, verbindet sich in diesem nach Kirschsaft, Johannisbeere und Zitrone schmeckenden Juwel auf harmonische Weise muskulöse Art mit Anmut und Eleganz. Voraussichtliche Genussreife: jetzt–2006.

Der vor kurzem freigegebene *1997er Gewürztraminer Mambourg Sélection de Grains Nobles* wurde aus Trauben von über 60jährigen Rebstöcken produziert. Ohne Schönung und Filtration bereitet (was im Elsass höchst selten ist), nachdem er zwei Jahre in Kontakt mit seinen feinen Hefen gewesen war, ist dies fraglos ein spektakulärer Wein. Weiße und gelbe Pfirsiche, Aprikosen und süße rote Beeren wetteifern mit ihren Aromen um die Aufmerksamkeit des Verkosters. Am Gaumen machen sich in diesem ausgefeilten, ölig texturierten Wein von mittlerem Körper Nuancen von Aprikosenkompott, Himbeeren, Kirschen, Blütenmischung und große Mengen von Gewürzen bemerkbar. Er bietet einen Mundvoll cremiger Schichten mächtig konzentrierter Frucht, die während seines außergewöhnlich langen Abgangs anhält. Voraussichtliche Genussreife: jetzt–2020. Der *1999er Pinot Blanc Zellenberg* (40% davon sind Auxerrois) besitzt sehr ausdrucksvolle Aromen von Mineralien, Gewürzen, weißen Blumen und Birnen. In seiner mit Geschmacksnuancen von Honigmelone, Anis, Gewürz und Blumen angefüllten Persönlichkeit zeigt er ausgezeichnete Breite. Von mittlerem Körper und von wunderschönen Geschmackskomponenten gerahmt, ist dies ein in der Frucht früh entwickelter, eigenwilliger und nachhaltiger Wein, der sich zum Trinkgenuss in den nächsten 2–3 Jahren eignet.

TRIMBACH (RIBEAUVILLÉ)

2000	Clos Ste-Hune	EEE	94+
1998	Gewürztraminer	C	88
1997	Gewürztraminer	C	89
2000	Gewürztraminer Cuvée des Seigneurs de Ribeaupierre	D	92
1999	Gewürztraminer Cuvée des Seigneurs de Ribeaupierre	D	88
1998	Gewürztraminer Cuvée des Seigneurs de Ribeaupierre	D	90
1997	Gewürztraminer Cuvée des Seigneurs de Ribeaupierre	D	91+
1996	Gewürztraminer Cuvée des Seigneurs de Ribeaupierre	D	88
1998	Gewürztraminer Réserve	C	88+
2000	Gewürztraminer Sélection de Grains Nobles Hors Choix	EE	97
2000	Gewürztraminer Vendange Tardive	D	93
1999	Gewürztraminer Vendange Tardive	D	89
1998	Gewürztraminer Vendange Tardive	D	93
1997	Gewürztraminer Vendange Tardive	D	93
1996	Pinot Gris Hommage à Georgette Trimbach	D	92+
2000	Pinot Gris Hommage à Jeanne	D	93
2000	Pinot Gris Réserve	C	89
2000	Pinot Gris Réserve Personnelle	D	90
1998	Pinot Gris Réserve Personnelle	D	88
1997	Pinot Gris Réserve Personnelle	D	88
2000	Pinot Gris Sélection de Grains Nobles Hors Choix	EEE	96
2000	Pinot Gris Vendanges Tardives	E	92+
1998	Riesling Clos Ste-Hune	E	95+

1997	**Riesling Clos Ste-Hune**	**E**	**91+**
1996	**Riesling Clos Ste-Hune**	**E**	**93+**
1995	**Riesling Clos Ste-Hune**	**E**	**94+**
2000	**Riesling Frédéric-Emile**	**D**	**91**
1999	**Riesling Frédéric-Emile**	**D**	**88+**
1998	**Riesling Frédéric-Emile**	**D**	**91+**
1997	**Riesling Frédéric-Emile**	**D**	**90+**
1995	**Riesling Frédéric-Emile**	**D**	**92+**
2000	**Riesling Frédéric-Emile Sélection de Grains Nobles**	**EE**	**94+**
2000	**Riesling Frédéric-Emile Vendange Tardive**	**E**	**92**
1998	**Riesling Frédéric-Emile Vendange Tardive**	**E**	**95+**
2000	**Riesling Réserve**	**C**	**88+**
1998	**Riesling Réserve**	**C**	**90**

Das Weinhandelshaus Trimbach (*négociant*) genießt weltweit einen geradezu legendären Ruf wegen der betörenden Rieslinge, die es unter den Bezeichnungen Frédéric-Emile und Clos Ste-Hune produziert. Die Frédéric-Emile-Abfüllungen (vor 1967 wurden sie als »Grande Réserve« etikettiert) sind aus Trauben von 40jährigen Reben einer Parzelle im Trimbachschen Besitz gemacht, die in die beiden Grands Crus Geisberg und Osterberg hineinreicht.

Der straff gewirkte, im Aroma blumige *1997er Riesling Frédéric-Emile* von mittlerem Körper offenbart superbe Komplexität, Reintönigkeit und bewundernswerte Länge. Dies ist ein reichhaltiger, verhalten entwickelter, seidig texturierter, von Kreide und Mineralien geprägter Wein mit außergewöhnlicher Ausgewogenheit und Konturenschärfe. Voraussichtliche Genussreife: jetzt–2012+. Der verführerische *1995er Riesling Frédéric-Emile* präsentiert ein profundes Bukett von Mineralien, Kreide, Granit und Zitrusfrüchten, das einhergeht mit einem überaus nuancierten Charakter von mittlerem bis vollem Körper. Mächtige geschichtete Geschmacksnuancen von Gestein, Birnen, kandierten Limetten und Mineralien sind in diesem reichhaltigen, herrlich dichten Tropfen zu finden. Zudem ist er scharf konturiert, gewaltig konzentriert und besitzt einen exquisit langen Abgang. Voraussichtliche Genussreife: jetzt–2012.

Der weltberühmte Riesling Clos Ste-Hune wird aus Trauben von 40jährigen Rebstöcken bereitet. Sie stehen im gerade mal 1,4 Hektar großen Clos Sainte-Hune, der zum Grand Cru Rosacker gehört und sich im Trimbachschen Alleinbesitz befindet. Einige der besten Rieslinge, die ich je verkostet habe, stammten aus dieser winzigen Parzelle. Der *1997er Riesling Clos Ste-Hune* wartet auf mit starken blumigen Aromen, verwoben mit reifen Aprikosendüften. An einen zurückhaltenden Viognier erinnernd, zeigt er in seiner opulent texturierten Persönlichkeit Geschmacksnuancen von Pfirsichen, Parfüm, Kreide und Geißblattblüten. Dieser außerordentlich reichhaltige Wein von mittlerem bis vollem Körper besitzt einen superb konturierten, mineralisch geprägten Abgang. Während er in den Trimbachschen Kellern seine Balance gewinnt, sollte er sich zu einem der besten Clos Ste-Hune des Jahrzehnts zusammenfügen. Voraussichtliche Genussreife: 2005–2012+. Spritzige, jugendlich frische Zitronendüfte finden sich in dem bei mittlerem Körper dichten und scharf konturierten *1996er Riesling Clos Ste-Hune*. Am Gaumen bietet er mächtige Schichten von in Limetten gebadeten Mineralien, eine sprühend lebendige seidige Textur und große Reichhaltigkeit. Dieser unglaublich lange Wein ist massiv strukturiert, konzentriert und verhalten entwickelt. Er wird Geduld erfordern. Trinken Sie dieses Juwel 2005–2015. Der *1995er Riesling Clos Ste-Hune* verharrt noch in einem unentwickelten und festen Stadium, ist aber mit Sicherheit einer der größten Weine, die aus dieser winzigen, im Alleinbesitz befindlichen Lage hervorgegangen sind. Wie stets gibt meine Punktnote das wieder, was ich in diesem Wein wahrnehmen konnte, doch ich bin überzeugt, seine überwältigende Reichhaltigkeit und Konzentration halten enorme Reserven bereit. Ein profundes Bukett von in Sahne getauchten Kräutern, Mineralien, kandierten Limetten und pochierten Birnen führt zu einem überaus reichen, trockenen, viskosen Kern von Frucht. Schicht auf Schicht von Steinen, Kies, gewürzten Äpfeln und flüssigen Mineralien besetzen den Gaumen über eine Minute lang. Dies ist ein fesselnder Wein mit unerhörter Komplexität, Kraft und Präzision. Voraussichtliche Genussreife: 2005–2015+.

Der blumig und rauchig duftende *1997er Pinot Gris Réserve Personnelle* zeigt in seinem molligen Charakter von mittlerem Körper wunderschöne Geschmacksnuancen von Äpfeln, Birnen und Gewürzen. Dieser Wein hat ausgezeichneten Biss, Ausgewogenheit und eine weiche Textur. Er ist üppig, schmackhaft und ungemein gefällig.

Der hervorragende *1996er Pinot Gris Hommage à Georgette Trimbach* ist ein prachtvoller Wein mit gewaltigem Potenzial. Seine sublimen Aromen enthüllen pochierte honigtriefende Birnen und Unmengen von Gewürzen. Am Gaumen ist er bei mittlerem bis vollem Körper breit und voll gepackt mit kandierten weißen Früchten. Er ist wunderbar reif, makellos ausgewogen und befriedigt sowohl das hedonistische Verlangen nach Opulenz wie auch das intellektuelle Bedürfnis nach Nuancierung. Voraussichtliche Genussreife: jetzt–2010+.

Pierre und Jean Trimbach schienen sich fast zu entschuldigen, als sie den *1997er Gewürztraminer* kredenzten und erklärten, er verkörpere einen für ihre Firma vollkommen untypischen Stil. Mich hat er begeistert. Reintönige, frische, fast herausfordernde Aromen von Rosenwasser und Litschis entquellen seinem opulenten Kern von mittlerem bis vollem Körper. Dies ist ein überschwänglicher, ölig texturierter, gut ausgewogener Wein mit Ladungen von Ananas, kandierter Orangenschale und Geißblatt im Geschmack. Trinken Sie ihn im Lauf der nächsten 7 Jahre.

Der in seinem Bukett gedämpfte *1997er Gewürztraminer Cuvée des Seigneurs de Ribeaupierre* ist in seiner Persönlichkeit von mittlerem bis vollem Körper wunderbar elegant, komplex, ausgewogen und verführerisch genussbetont. Dieser verhalten entwickelte Wein wird sich zweifellos als sublimer Gewürztraminer erweisen, sobald sich sein exotischer, mit roten Beeren und Mangos gefüllter Kern harmonisiert hat. Er bietet samtige Schichten von Frucht in einem schwelgerischen, aber ausgefeilten Format. Voraussichtliche Genussreife: jetzt–2009. In Sahne getauchte kräuterhafte Aromen sind in dem *1996er Gewürztraminer Cuvée des Seigneurs de Ribeaupierre* von mittlerem bis vollem Körper zu finden. Dieser in einem gedämpften Stil gestaltete Gewürztraminer weist ausgezeichnete Konturenschärfe, Frische und Ausgewogenheit auf, doch mangelt es ihm an der Opulenz, die man in den 1997ern von Trimbach findet. Grapefruit, Blumen und Anklänge an Rosen sind in diesem wunderbar gezeichneten, eleganten Tropfen zu finden. Trinken Sie ihn im Lauf der nächsten 5 Jahre.

Der *1997er Gewürztraminer Vendange Tardive* ist ein sinnlicher, verschwenderischer, exotischer Wein. Liebhaber von vollmundigen, unmittelbar ansprechenden Gewürztraminern werden alles, was sie suchen, in diesem höchst ausdrucksvollen, überschwänglichen Weinangebot finden. Extravagante Aromen von frischen, in Rosenwasser getauchten Litschis und Gewürzen entströmen dem Glas geradezu explosiv. Dieser körperreiche, süße (50 g/l Restzucker), hedonistische Wein ist ölig texturiert und dicht bepackt mit tropischen Früchten und süßen, überreifen Pfirsichen. Er ist erstaunlich reintönig und ausgewogen für solch einen auffälligen Wein. Voraussichtliche Genussreife: jetzt–2012.

Das ausdrucksvolle Bukett des *1998er Riesling Réserve* bietet kraftvolle Düfte nach Mineralien und Kies. Kandierte Zitronen, spritzige Birnen und Quarz sind in diesem klar gezeichneten, scharf konturierten Wein von mittlerem Körper zu entdecken. Seine samtige Textur und sein reintöniger, knochentrockener Charakter nehmen sich im Mund wunderbar aus. Darüber hinaus hat dieser Wein einen eindrucksvoll langen und geschmeidigen Abgang. Voraussichtliche Genussreife: jetzt–2008. In seinen Aromen offenbart der *1998er Riesling Frédéric-Emile* Blumen, tropische Früchte, Rauch, Steine und nassen Kies. Dieser intensiv reichhaltige, konzentrierte, tiefe Wein ist durchsetzt mit Nuancen von Zitronen, Mineralien und Steinen. Sein eindrucksvoller Abgang enthüllt pikante Noten von Limetten. Voraussichtliche Genussreife: 2004–2012+. Der *1998er Riesling Clos Ste-Hune* ist ein spektakulärer Wein. Er legt herrliche aromatische Reintönigkeit mit komplexen kräuterhaften, mineralischen und spritzigen Birnendüften an den Tag. Von mittlerem bis vollem Körper und ehrfurchtgebietend breit, mächtig und harmonisch, ist dieser straff gewirkte, mit Geschmacksnuancen von Schiefer, Kreide, Zitronen und Limetten, Quarz sowie Kakaopuder ausgestattete Wein seidig texturiert und atemberaubend intensiv. Er sollte sich 2006–2015+ auf dem Höhepunkt seiner Reife befinden.

Der *1998er Pinot Gris Réserve Personnelle* präsentiert rauchige Aromen mit Birnen-, Lebkuchen- und Butterdüften. Von leichtem bis mittlerem Körper und würzig, hat dieser seidig texturierte Wein Geschmackskomponenten von Äpfeln, Aprikosen und weißen Pfirsichen. Er ist gut bereitet und ausgewogen und sollte im Lauf der nächsten 6 Jahre getrunken werden. Der *1998er Gewürztraminer* setzt schön gezeichnete Düfte nach Blumen und Rosen frei. Wacholderbeeren, Parfüm, Blütenmischung und Veilchen sind in diesem absolut bezaubernden Wein von leichtem bis mittlerem Körper zu finden. Seidig texturiert und frisch, ist er feminin und knochentrocken. Trinken Sie ihn im Lauf der nächsten 4 Jahre.

Der aromatisch verhaltene *1998er Gewürztraminer Réserve* zeigt Düfte nach rauchigen Blumen und Rosenwasser. Dieser breite Wein mit Anklängen an weiße Blumen, Birnen, Gewürz und Blütenmischung im Geschmack ist ausdrucksvoll und besitzt in seinem Charakter anziehende Intensität. Voraussichtliche Genussreife: jetzt–2005.

Der *1998er Gewürztraminer Cuvée des Seigneurs de Ribeaupierre* hat ein ähnliches Bukett mit einem intensiveren, konzentrierteren und komplexeren Charakter. Himbeeren, Blumen und Rosen sind in diesem reintönigen, tiefen und seidig texturierten Wein zu finden. Voraussichtliche Genussreife: jetzt–2008.

Der prachtvolle *1998er Riesling Frédéric-Emile Vendange Tardive* (es gab nur eine Produktion von 2000 Flaschen) wurde aus einer Parzelle im höchstgelegenen Teil des Frédéric-Emile-Sektors in der Grand-Cru-Lage Osterberg gewonnen. Botrytis, Quitten, kandierte Zitronen und Bergamotten sind in seinen komplexen Aromen enthalten. Geschmacklich kann man in dieser mineralisch geprägten, seidig texturierten Schönheit mit Zuckerguss überzogene Zitronen, Gewürze, Ingwer, Steine und getrockneten Honig entdecken. Von mittlerem Körper und konzentriert, besitzt er spektakuläre Ausgewogenheit und Konturenschärfe. Voraussichtliche Genussreife: 2006–2016+.

Der *1998er Gewürztraminer Vendange Tardive* enthüllt von Botrytis geprägte Aromen gelber Pflaumen. Dieser Wein mit seinen Geschmackskomponenten von süßen Pfirsichen, pikanten Mangos, Steinen, gelben Pflaumen und Ananas ist bei mittlerem bis vollem Körper opulent und ölig texturiert. Wenngleich dick und üppig, bewahrt er sich doch eine bewundernswerte Frische und Würzigkeit. Voraussichtliche Genussreife: jetzt–2012.

Der *1999er Riesling Frédéric-Emile* offenbart ein rassiges Bukett mit Düften nach flüssigen Mineralien und Limetten. Er besitzt leichten Körper, ist überaus klar umrissen und legt in seinen Geschmacksnuancen tiefe steinige, zitronenhafte und quarzähnliche Noten an den Tag. Dieser konturenscharfe, straff gewirkte, rasiermesserscharfe Wein wird 4–5 Jahre Kellerreife benötigen. Voraussichtliche Genussreife: jetzt–2010.

Der *1999er Gewürztraminer Cuvée des Seigneurs de Ribeaupierre* besitzt ein köstliches, nach Gewürzen, Litschis und Rosen duftendes Bukett. Bei leichtem bis mittlerem Körper offenbart er köstliche Geschmacksnuancen von Rosen, Veilchen und Gewürzen. Gut ausgewogen, frisch und geschmacksbetont (aber nicht aufdringlich), ist dies ein köstlicher Gewürztraminer, der sich zum Trinkgenuss während der nächsten 7 Jahre eignet. Der *1999er Gewürztraminer Vendange Tardive* von mittlerem Körper offenbart in seinem Aromaprofil Myriaden von Blumen und Gewürzen. Dies ist eine seidig texturierte Spätlese, die weder klebrig noch dickflüssig oder schwerfällig ist. Sie ist auf elegante Art durchsetzt mit wunderschön detaillierten floralen und Litschi-Nuancen. Dies ist kein konzentrierter gigantischer Wein, sondern eine Vendange Tardive, die sich als Begleiter zu Speisen und sogar zum baldigen Trinkgenuss eignet. Voraussichtliche Genussreife: jetzt–2011.

Der ausgezeichnete *2000er Riesling Réserve* besitzt wunderbar reife, rebsortenspezifische mineralische und zitronenhafte Aromen. Er ist bei mittlerem Körper konzentriert, harmonisch und überaus schön konturiert. Verschiedene Geschmacksnuancen von Steinen, Kies und Mineralien lassen sich in seinem ausdrucksvoll geprägten Charakter finden. Trinken Sie ihn im Lauf der nächsten 10–12 Jahre. Laut Jean Trimbach hat der *2000er Riesling Frédéric-Emile* den höchsten Gehalt an Trockenextrakt (23 g/l) unter allen Frédéric-Emiles, die je erzeugt wurden. (Dasselbe trifft für den 2000er Clos Ste-Hune zu.) Dieser Riesling gibt zurückhaltende mineralische Aromen und einen konzentrierten, straff gewirkten Charakter zu erkennen. Schichten von Mineralien und Kies, verwoben mit kandierten Zitrusfrüchten sind in seiner saftigen, aber strukturierten Persönlichkeit zu finden. Er ist intensiv, jedoch immens jugendlich, und benötigt noch etwas Lagerung im Keller. Voraussichtliche Genussreife: 2005–2015.

Laut Trimbach kommt der *2000er Clos Ste-Hune* dem 1990er gleich. »Doch auf lange Sicht gesehen sind die 2000er vielleicht noch besser. Wir warten ab und werden sehen.« Der Wein hat intensive mineralische und Kräutertee-Aromen, die einem kraftvollen, jedoch verhalten entwickelten Geschmacksprofil Platz machen, das dicht bepackt ist mit flüssigen Mineralien, Gewürzen, Rauch, Chinin und kandierten Limetten. Für den, der zu warten bereit ist, könnte es dieser Riesling von mittlerem bis vollem Körper mit einigen der größten Clos Ste-Hune aufnehmen, die je produziert wurden (1981, 1983, 1989, 1990, 1995, 1996 und 1998).

Der *2000er Pinot Gris Réserve Personnelle* ist eine reichhaltigere, reifere, dichtere und kraftvollere Version des Réserve-Vorbilds. Von mittlerem bis vollem Körper mit einem rauchigen und mineralischen Bukett, kleidet er den Gaumen mit samtigen Schichten von weißen Pfirsichen, Rauch, Mineralien und Gewürzen aus. Dies ist ein außerordentlich gut bereiteter Wein zum Trinkgenuss zwischen 2005–2014.

Der *2000er Pinot Gris Hommage à Jeanne* wurde aus einer Auswahl von Trimbachs besten Pinot-Gris-Parzellen gewonnen (alle mit einem natürlichen potenziellen Alkoholgehalt von über 15% gelesen). Er weist 25 gr Trockenextrakt und 20 g/l Restzucker auf. Während in den meisten Firmen dieser Wein mit der Bezeichnung Vendange Tardive in die Flasche käme, entschieden sich die Trimbachs dafür, Jeanne Trimbach, der Mutter von Bernard und Hubert, eine Huldigung darzubringen, die im Mai 2000 hundert Jahre alt geworden ist und sich bis zum heutigen Tag an dem elsässischen Nektar erfreut. Dieser prachtvolle Wein zeigt im Bukett mineralisch und rauchig durchtränkte Aromen von weißen Pfirsichen. Am Gaumen ist er bei mittlerem bis vollem Körper dicht und reichhaltig. Schicht auf Schicht von Aprikosen, pochierten Birnen, weißen Pfirsichen und Gewürzen kann man in seiner höchst ausdrucksvollen, samtig texturierten Persönlichkeit entdecken. Er ist ein intensiv konzentrierter, wunderbar ausgewogener, frischer, strukturierter Wein, Trinken Sie ihn zwischen 2005–2018.

Nach Meinung von Jean Trimbach ist sowohl beim Pinot Gris als auch beim Gewürztraminer der 2000er Jahrgang besser ausgefallen als der 1990er. Der *2000er Gewürztraminer Cuvée des Seigneurs de Ribeaupierre* präsentiert Düfte nach Rosen und Litschis, die mit einem verfeinerten, ausdrucksvollen Charakter von mittlerem bis vollem Körper einhergehen. Pfirsiche, Aprikosen, Rosenwasser, Litschis und Veilchen sind in seiner eleganten, aber ausdrucksvollen Persönlichkeit zu finden. Er ist konzentriert, herrlich ausgewogen und intensiv. Voraussichtliche Genussreife: 2004–2012.

Der *2000er Riesling Frédéric-Emile Vendange Tardive* hat appetitanregende Aromen, die an flüssige Mineralien denken lassen. Von leichtem bis mittlerem Körper, füllig und präzise, ist dies ein prachtvoller, überaus nuancierter Wein mit Geschmacksnuancen von Kräutertee, Mineralien und Quitten, die während seines bewundernswert langen Abgangs anhalten. Voraussichtliche Genussreife: 2004–2015.

Der im Bukett von Botrytis und Aprikosen geprägte *2000er Pinot Gris Vendanges Tardives* besitzt einen eleganten, mit weißen Pfirsichen voll gepackten Charakter von mittlerem

Körper. Dieser klar konturierte, überaus ausgewogene und seidig texturierte Wein ist kraftvoll, aber delikat. Voraussichtliche Genussreife: 2006–2015.

Der nach Rosen und Veilchen duftende *2000er Gewürztraminer Vendange Tardive* ist ein molliger, reichhaltiger Wein von mittlerem Körper. Gelbe Früchte, Himbeeren, Erdbeeren und Aprikosen sind in seinem sinnlichen Charakter zu entdecken. Dieser höchst ausdrucksvolle Tropfen besitzt auch einen langen, reintönigen Abgang. Voraussichtliche Genussreife: jetzt–2012.

Der superkonzentrierte *2000er Riesling Frédéric-Emile Sélection de Grains Nobles* zeigt in Duft und Geschmack Nuancen von Zitronenbonbons, Kräutertee, Mineralien und Schiefer. Dies ist ein rassiger, klar gezeichneter, aber reichhaltiger Wein mit Ladungen von süßen, üppigen Geschmackskomponenten. Trinken Sie ihn im Lauf der nächsten 20 Jahre und länger.

Der *2000er Pinot Gris Sélection de Grains Nobles Hors Choix* entströmt dem Glas mit einem Duftschwall von Aprikosen, weißen Pfirsichen und starken Noten von Botrytis. Von mittlerem bis vollem Körper, intensiv und breit, ist dies ein üppiger und reich geschichteter Tropfen. Unmengen von gelben Früchten mischen sich in diesem mächtigen, aber scharf konturierten und anhaltenden Wein mit Rauch, Gewürzen und Botrytis. Er ist absolut überwältigend und sollte mühelos 30+ Jahre halten.

Der aprikosenduftige *2000er Gewürztraminer Sélection de Grains Nobles Hors Choix* ist ein Wein von sensationeller Fülle mit Geschmacksnuancen von weißen Pfirsichen, gelben Früchten und würzigen Zitronen. In seinem superkonzentrierten Charakter besitzt er phantastische Tiefe. Während er immense Kraft und einen prachtvollen Kern sirupartiger Frucht aufweist, kann sich dieser Wein auch einer lebendigen, pikanten Säure rühmen, die ihm brillante Ausgewogenheit verleiht. Er ist vielleicht der beste süße Gewürztraminer, den ich je von Trimbach verkostet habe. Voraussichtliche Genussreife: jetzt–2025.

WEINBACH (KAYSERSBERG)

1999	**Gewürztraminer Altenbourg Cuvée Laurence**	**E**	**92**
1998	**Gewürztraminer Altenbourg Cuvée Laurence**	**E**	**93**
1997	**Gewürztraminer Altenbourg Cuvée Laurence**	**E**	**93**
1999	**Gewürztraminer Altenbourg Quintessence de Grains Nobles**	**EEE**	**97**
1998	**Gewürztraminer Altenbourg Quintessence de Grains Nobles**	**EEE**	**97**
1997	**Gewürztraminer Altenbourg Quintessence de Grains Nobles**	**EEE**	**99**
1999	**Gewürztraminer Altenbourg Vendange Tardive**	**E**	**94**
1998	**Gewürztraminer Altenbourg Vendange Tardive**	**EE**	**93**
1999	**Gewürztraminer Fürstentum Cuvée Laurence**	**D**	**90+**
1998	**Gewürztraminer Fürstentum Sélection de Grains Nobles**	**EEE**	**94**
1997	**Gewürztraminer Fürstentum Vendange Tardive**	**EE**	**94+**
1999	**Gewürztraminer Cuvée Laurence**	**E**	**90+**
1998	**Gewürztraminer Cuvée Laurence**	**E**	**91+**
1997	**Gewürztraminer Cuvée Laurence**	**E**	**92**
1999	**Gewürztraminer Cuvée Théo**	**D**	**90**
1998	**Gewürztraminer Cuvée Théo**	**D**	**90**
1997	**Gewürztraminer Cuvée Théo**	**D**	**89**
1999	**Gewürztraminer Réserve Personnelle**	**C**	**88**
1998	**Gewürztraminer Réserve Personnelle**	**D**	**88**
1997	**Gewürztraminer Réserve Personnelle**	**D**	**88**
1997	**Muscat Réserve**	**D**	**88**
1999	**Pinot Blanc Réserve**	**C**	**89**
1999	**Riesling Cuvée Ste-Catherine**	**D**	**90**
1998	**Riesling Cuvée Ste-Catherine**	**D**	**91+**
1997	**Riesling Cuvée Ste-Catherine**	**E**	**92**

1999	Riesling Cuvée Théo	D	88+
1998	Riesling Cuvée Théo	D	89+
1997	Riesling Cuvée Théo	D	88+
1999	Riesling Réserve Personnelle	C	88
1999	Riesling Schlossberg	D	89
1998	Riesling Schlossberg	D	89+
1997	Riesling Schlossberg	D	90+
1999	Riesling Schlossberg Cuvée Ste-Catherine	D	91
1998	Riesling Schlossberg Cuvée Ste-Catherine	E	92
1997	Riesling Schlossberg Cuvée Ste-Catherine Cuvée du Centenaire	E	93+
1999	Riesling Schlossberg Cuvée Ste-Catherine l'Inédit!	E	93
1998	Riesling Schlossberg Cuvée Ste-Catherine l'Inédit!	E	93+
1998	Riesling Schlossberg Sélection de Grains Nobles	EEE	95
1994	Riesling Schlossberg Sélection de Grains Nobles	EEE	98
1998	Riesling Schlossberg Vendange Tardive	EE	93+
1997	Riesling Schlossberg Vendange Tardive	EE	95
1999	Riesling Vendanges Tardives	EE	90
1998	Riesling Vendanges Tardives	EE	90
1999	Sylvaner Réserve	B	88
1999	Tokay-Pinot Gris Altenbourg Cuvée Laurence	E	92+
1998	Tokay-Pinot Gris Altenbourg Cuvée Laurence	E	94
1997	Tokay-Pinot Gris Altenbourg Cuvée Laurence	E	93+
1998	Tokay-Pinot Gris Altenbourg Sélection de Grains Nobles	EEE	99
1999	Tokay-Pinot Gris Altenbourg Vendange Tardive	E	94
1999	Tokay-Pinot Gris Cuvée Laurence	D	91
1998	Tokay-Pinot Gris Cuvée Laurence	E	92
1997	Tokay-Pinot Gris Cuvée Laurence	E	92
1999	Tokay-Pinot Gris Cuvée Ste-Catherine	D	89
1998	Tokay-Pinot Gris Cuvée Ste-Catherine	D	89
1997	Tokay-Pinot Gris Cuvée Ste-Catherine	E	90
1999	Tokay-Pinot Gris Sélection de Grains Nobles	EEE	95
1998	Tokay-Pinot Gris Sélection de Grains Nobles	EEE	95
1997	Tokay-Pinot Gris Quintessence de Grains Nobles	EEE	96+
1995	Tokay-Pinot Gris Quintessence de Grains Nobles Cuvée du Centenaire	EEE	99
1997	Tokay-Pinot Gris Vendange Tardive	EE	93+
1996	Tokay-Pinot Gris Vendange Tardive	EE	94

Nachdem Laurence Faller die Verantwortung für die Vinifikation in der Domaine Weinbach (1993–94) übernommen hatte, zeigten sich in den Weinen markante stilistische Veränderungen. Nach wie vor überaus gut bereitet, reichhaltig und konzentriert, sind sie jedoch in ihrer Jugend weniger generös als unter dem Regiment des früheren Weinmachers. Ich bin jedoch davon überzeugt, dass die zurzeit in diesem berühmten Gut produzierten Weine langlebiger sein werden als die ehemaligen.

Zurückhaltende Aromen von in Sahne getauchten Orangen sind in dem *1997er Muscat Réserve* zu finden. Madame Colette Faller, die charmante Matriarchin dieser Domaine, pflegt zu sagen: »Dies ist ein Muscat, der im Mund hält, was das Bukett verspricht.« Mächtige Schichten von mit Mandarinen getränkten Mineralien kleiden bei diesem vollmundigen Wein den Gaumen aus. Er ist bei mittlerem bis vollem Körper intensiv ausdrucksvoll und seidig texturiert. Trinken Sie ihn während der nächsten 4–5 Jahre. Der *1997er Riesling Cuvée Théo* hat ein gedämpftes, unentwickeltes Bukett, aber einen starken, konzentrierten

Charakter. Dieser spritzige Wein von leichtem bis mittlerem Körper besitzt breite, zitronengetränkte mineralische Geschmackskomponenten. Im Moment ist er fest und straff gewirkt, wird sich aber mit etwas Kellerreife zu einem reichhaltigen und ausdrucksvollen Tropfen entfalten. Voraussichtliche Genussreife: jetzt–2008.

Die Fallers haben vier Rieslinge aus ihrer 9 Hektar umfassenden Parzelle im Filetstück des Grand Cru Schlossberg (die Vendange Tardive kommt später noch zur Sprache) erzeugt. Der *1997er Riesling Schlossberg* offenbart erdige und mineralische Düfte, gefolgt von einer überaus präzisen Persönlichkeit von mittlerem Charakter. Dieser verhalten entwickelte Wein ist außergewöhnlich reintönig, konturenscharf und sprühend lebendig. Er ist dicht mit Geschmacksnuancen von Kreide, Lehm, Mineralien und Zitrusfrucht bepackt, die während seines beeindruckend langen Abgangs anhalten. Trinken Sie ihn jetzt–2010. Über 90% der Trauben für den *1997er Riesling Cuvée Ste-Catherine* stammen von 25- bis 45jährigen Rebstöcken im unteren Teil der Schlossberg-Parzelle im Besitz der Fallers. Dies ist ein ausdrucksvoller, verfeinerter Wein von mittlerem bis vollem Körper, der in seinem Bukett Düfte von in gesüßten Tee getauchten Mineralien zeigt. Seine kreidigen, an Zitronensaft erinnernden Geschmacksnuancen können sich exquisiter Reintönigkeit, Kraft, Breite und Länge rühmen. Voraussichtliche Genussreife: jetzt–2010+. Der *1997er Riesling Schlossberg Cuvée Ste-Catherine Cuvée du Centenaire* ist ein herrlicher Wein, dessen Geschmackskomponenten länger am Gaumen verweilen als die Zeitspanne, die man braucht, um seinen Namen auszusprechen. Seinen steinigen Düften folgt eine unglaubliche Explosion von kristallinen Mineralien, Gewürzen und Zitrusfrüchten. Dieser bei mittlerem bis vollem Körper konzentrierte Wein mit seiner sensationellen Fülle ist erfrischend, spritzig und straff gewirkt. Es würde mich nicht wundern, wenn sich meine Punktnote nach einigen Jahren der Kellerreife als allzu konservativ herausstellen sollte. Voraussichtliche Genussreife: jetzt–2012.

Aus Trauben gewonnen, die sowohl im Clos des Capucins als auch in der Schlossberg-Lage geerntet wurden, legt der *1997er Tokay Pinot Gris Cuvée Ste-Catherine* buttrige Aromen und Düfte nach eingedickten Aprikosen an den Tag. Dies ist ein opulenter, samtig texturierter Wein mit exotischen Geschmacksnuancen von hellen Rosinen und Pfirsichen. Bei mittlerem bis vollem Körper nimmt er sich üppig-saftig aus, dabei konzentriert und gut ausgewogen. Trinken Sie ihn im Lauf der nächsten 8 Jahre. Der *1997er Tokay-Pinot Gris Cuvée Laurence* ist eine sogar noch hedonistischere, schärfer konturierte, konzentriertere und intensivere Version des zuvor genannten Weins. Aus Trauben von Rebstöcken im unteren Teil der Altenbourg-Weinlage gewonnen, legt er Aromen von Geißblatt und rauchige Pfirsichdüfte an den Tag. Dieser superbe Wein besitzt außergewöhnliche Ausgewogenheit, Biss und Präzision verbunden mit schöner Opulenz. Voraussichtliche Genussreife: jetzt–2020.

In seinem Bukett gibt der *1997er Tokay-Pinot Gris Altenbourg Cuvée Laurence* rauchige Mineralien zu erkennen. Dieser verschwenderische, üppige, samtig texturierte Wein von mittlerem bis vollem Körper ist dicht bepackt mit gelben Pflaumen, Aprikosen und Rosinen. Er ist überaus strukturiert, bedarf dringend der Kellerreife und bietet einen außergewöhnlich langen, klar gezeichneten Abgang. Trinken Sie ihn jetzt–2010+.

Der *1997er Gewürztraminer Réserve Personnelle* offenbart Düfte nach Rosenwasser, die einhergehen mit einer konturenscharfen Persönlichkeit von mittlerem Körper, angefüllt mit üppigen Schichten von parfümierten und gewürzten Litschis. Dieser ölig texturierte, auffällige Wein will in naher Zukunft getrunken sein. Genießen Sie ihn im Lauf der nächsten 4–5 Jahre. Der *1997er Gewürztraminer Cuvée Théo* von mittlerem Körper präsentiert ausgefeilte blumige Aromen, eine üppige Textur und Ladungen von gewürzten Kirschen, Litschis und rosa Grapefruits. Dieser opulente, aber elegante Wein ist wunderschön bereitet und ein echter Trinkgenuss. Voraussichtliche Genussreife: jetzt–2005.

Der aus einem Weinberg unterhalb der Grand-Cru-Lage Altenbourg gewonnene *1997er Gewürztraminer Cuvée Laurence* wartet mit wunderbar satten Aromen von Litschis und

Rosenwasser auf. Er ist bei mittlerem bis vollem Körper seidig texturiert und voll gepackt mit großen Mengen von Ananas, roten Johannisbeeren, Himbeeren, kandierten Grapefruits und Blumen. Dieser pikante, konzentrierte und höchst ausdrucksvolle Wein wird sich in den nächsten 7 Jahren auf dem Höhepunkt seiner Trinkreife befinden. Der florale *1997er Gewürztraminer Altenbourg Cuvée Laurence* ist ein bestechender, auffälliger, verschwenderischer Wein von mittlerem bis vollem Körper. Schwaden von mit Gewürznelken gespickten Litschis, Kirschen, Mangos und Ananas sind in seiner sinnlichen Persönlichkeit zu finden. Dieser mächtige, expansive Tropfen ist herzhaft genug, um allen Verkostern, die an fade Weine gewöhnt sind, die Sinne zu verwirren. Voraussichtliche Genussreife: jetzt–2006.

Aufgrund der Seltenheit und der astronomischen Preise der folgenden Vendanges Tardives und Sélections de Grains Nobles habe ich beschlossen, nur abgekürzte Bewertungen anzugeben.

Der *1997er Gewürztraminer Fürstentum Vendange Tardive* hat ein festes, gedämpftes Bukett und eine wundervoll würzige, körperreiche Persönlichkeit. Sein überaus ausdrucksvolles Geschmacksprofil ist hedonistisch, samtig texturiert und beladen mit Himbeerbonbons, Parfüm und Litschis. Dieser mächtig konzentrierte Wein wird ein oder zwei Jahre Kellerreife benötigen, um seine Aromen zu entfalten, und sollte während der nächsten 10 Jahre getrunken werden.

Der *1997er Tokay-Pinot Gris Vendange Tardive* offenbart fesselnde Aromen von honigtriefenden Aprikosen und Birnen. Dieser dick texturierte Wein von mittlerem bis vollem Körper besitzt bewundernswerte Konturenschärfe, Ausgewogenheit und kraftvolle, hochreife, mit hellen Rosinen untermischte Pfirsichnuancen im Geschmack. Er ist intensiv konzentriert und komplex. Voraussichtliche Genussreife: jetzt–2012+.

Der nach süßem Tee und Himbeeren duftende *1997er Riesling Schlossberg Vendange Tardive* ist ein außergewöhnlich konturenscharfer, reintöniger und präziser Wein. Er kleidet den Gaumen mit intensiver weißer und roter Beerenfrucht aus, deren Geschmack minutenlang zu verweilen scheint. Voraussichtliche Genussreife: jetzt–2015+.

Der kürzlich freigegebene *1994er Riesling Schlossberg Sélection de Grains Nobles* hat unglaublich tiefe Aromen von Mandeln und Mineralien sowie einen ätherischen Charakter voll gepackt mit mentholtönigen exotischen Früchten und Honig. Dieser aufregende Tropfen präsentiert sensationelle Ausgewogenheit, Reintönigkeit, Konzentration und Länge. Trinken Sie ihn im Lauf der nächsten 25+ Jahre.

Der goldfarbene *1996er Tokay-Pinot Gris Vendange Tardive* verbindet die pikante Säure seines Jahrgangs mit üppigen Mengen kandierter Orangen, pikanten Aprikosen und in Sahne getauchten Kräutern. Dieser wunderbar herzhafte Wein sollte sich jetzt–2014 auf dem Höhepunkt seiner Reife befinden.

Als ob ihre Weine auf dem Niveau der Sélection de Grains Nobles nicht konzentriert und mächtig genug wären, um die Verkoster umzuwerfen, erzeugt die Domaine Weinbach einige der intensivsten Weine auf Erden unter der Bezeichnung »Quintessence de Grains Nobles«. Diese dicklichen, sirupähnlichen Nektar-Weine verbinden massiven Zuckergehalt mit erfrischender Säure. Die Leser sollten sich bewusst sein, dass diese Weine dazu gedacht sind, anstelle eines Desserts genippt zu werden. Sie sind einfach allzu intensiv und dominierend, um sich als Begleiter für die meisten Speisen zu eignen.

Der mit Düften von zuckerüberzogenen Pfirsichen und Aprikosen ausgestattete *1997er Tokay-Pinot Gris Quintessence de Grains Nobles* besitzt superbe Eleganz. Er verfügt über die erforderliche Säure als Gegengewicht zu seinem dicken und saftigen Kern von überreifer gelber Frucht, kandierten Kirschen und an Himbeermarmelade erinnernden Geschmacksnuancen. Voraussichtliche Genussreife: jetzt–2030+. Der goldfarbene *1997er Gewürztraminer Altenbourg Quintessence de Grains Nobles* kann sich unerhörter Mengen von roten Früchten, goldenen Pfirsichen, kandierten Mandarinen, Quittenmarmelade, Rosinen und Gewürzen in seiner körperreichen, mächtigen Persönlichkeit rühmen. Trinken Sie diesen Maßstäbe setzenden Wein im Lauf der nächsten 15–30 Jahre. Fast konnte ich den gewaltigen Säuregehalt in dem *1995er Tokay-Pinot Gris Quintessence de Grains Nobles Cuvée du Centenaire* riechen. Im Aroma erinnert er an den Hermitage Vin de Pailles von Chave oder Chapoutier, bietet er doch Düfte nach mit Zucker überzogenen Rosinen, die einen perfekten Balance-Akt zwischen dicklicher Frucht und belebender Säure vollführen. Dieser Wein kann durchaus jeden überleben, der diese Worte liest. Voraussichtliche Genussreife: jetzt bis zum Sankt Nimmerleinstag.

Das vor dem Dorf Kaysersberg gelegene Heim der Fallers war vor der Französischen Revolution ein Kapuzinerkloster. Das mit Reben und Rosensträuchern bedeckte Grundstück innerhalb der Mauern des Weinguts trägt den Namen Clos des Capucins, und alle Weine der Domaine Weinbach führen diesen Namen samt der Zeichnung eines Kapuziner-Mönchs auf dem Etikett mit der Jahrgangsbezeichnung. In dem alten Kloster mit seinem herrlichen Holztafelwerk und seiner riesigen Küche wohnen und herrschen die charmante Colette Faller und ihre beiden Töchter Laurence und Catherine (der Weinkeller der Domaine befindet sich in einem moderneren, dem Haus angegliederten Gebäude). Während Madame Faller und Cathérine für die geschäftlichen Belange dieses bedeutenden Weinguts zuständig sind, hat Laurence die Aufgaben der Weinbereitung übernommen.

Colette Faller ist »von dem 1998er Jahrgang begeistert«, während ihre im Allgemeinen zurückhaltende Tochter Laurence ihn als »interessant, sehr nett und von den Elsässern unterschätzt« bezeichnet. Weiter meinte sie, dass die Wachstumsphase eine wahre Studie in Kontrasten gewesen sei. »Im Mai und Anfang Juni war es heiß, so dass wir eine frühe Blüte hatten, dann wurde es kalt und nass. Das dauerte bis August an, als uns eine mächtige Hitzewelle dermaßen zusetzte, dass es sogar einige verbrannte Trauben gab. Anfang September wurde es kalt und regnerisch, gefolgt von zwei Wochen herrlichen Wetters. In dieser Periode begann die Lese für die früh reifenden Rebsorten wie etwa Muscat. Dann hatten wir zwei Wochen Regen bis zum 13. Oktober, bevor großartige Wetterbedingungen für unseren zweiten Ernteschub einsetzten.« Laut Laurence Faller war der Gehalt an Konzentration bei jeder Rebsorte gut, was sie dem Befall mit Botrytis zuschreibt. »Wir hatten einige Parzellen, bei denen der natürliche Alkoholgehalt in den Trauben täglich um einen Grad stieg, und unsere Rieslinge wurden alle mit mindestens 15% natürlichem potenziellem Alkoholgehalt geerntet, etwas, was wir noch nie erlebt haben. Die Botrytis lieferte Reichhaltigkeit bei gleichzeitiger schöner Säure, obwohl der Säuregehalt nicht so hoch ist wie 1995 oder 1996. Wir hatten etwas Graufäule bei den Pinot-Gris-Trauben, die wir aber einfach aussortierten.«

Bei dem *1998er Riesling Cuvée Théo* sind üppige Limettendüfte in einem bezaubernden Aromaprofil zu finden. Dies ist ein gut strukturierter, reintöniger, sanfter, konzentrierter, dichter, aber eleganter Wein. Ladungen von Gewürzen, Mineralien und frischen, spritzigen weißen Früchten sind in diesem kernig texturierten Tropfen von mittlerem Körper enthalten. Voraussichtliche Genussreife: jetzt–2008. Der *1998er Riesling Schlossberg* offenbart Aromen von rosa Grapefruits und tropischen Früchten. Bei mittlerem Körper hat dieser Wein mit seinen Geschmackskomponenten von flüssigen Mineralien, frischem Schiefer und Grapefruit einen langen, festen Abgang. Voraussichtliche Genussreife: 2004–2012.

Der nach Kräutertee und Zitrone duftende, ausgefeilte *1998er Riesling Cuvée Ste-Catherine* ist ein herrlich konturierter Wein von mittlerem Körper. Reichhaltige Schichten von Zitrusfrüchten lassen sich in diesem kraftvollen, aber filigranen Tropfen finden. Dieser reintönige, präzise Wein hat einen überaus langen, anmutigen Abgang. Voraussichtliche Genussreife: jetzt–2012. Der *1998er Riesling Schlossberg Cuvée Ste-Catherine* von mittlerem Körper wurde aus Trauben von über 60jährigen Rebstöcken gewonnen und offenbart in seinem komplexen und gut definierten Aromaprofil sanfte frische Kräuter, Tee und weiße Früchte. Am Gaumen ist dieser Wein ebenfalls gut umrissen, muskulös, detailliert und elegant. Voraussichtliche Genussreife: jetzt–2012+. Der *1998er Riesling Schlossberg Cuvée Ste-Catherine l'Inédit!* wurde von ebenso alten Reben wie der vorher genannte Wein gewonnen, jedoch von einer benachbarten Parzelle, und mit 15,2% natürlichem potenziellem Alkoholgehalt geerntet. Sein süßes, mineralisches, nach Gewürzen und Birnen duftendes Bukett geht einher mit einem Wein von gewaltiger Reichhaltigkeit und Breite. Dieser dichte und tiefe Tropfen von mittlerem bis vollem Körper besitzt außergewöhnliche Geschmacksnuancen von kräutertönigen Mineralien und kandierten Zitronen. Ein außergewöhnlich langer und reintöniger Riesling, sollte er sich jetzt–2015 in Bestform befinden.

Botrytis und reife weiße Früchte zeigt der *1998er Tokay-Pinot Gris Cuvée Ste-Catherine* in seinem Bukett. Dieser reichhaltige, botrysierte Wein mit Nuancen von Birnen und Äpfeln im Geschmack besitzt ausgezeichnete Konturenschärfe und einen langen, rauchigen, mit Mineralien beladenen Abgang. Voraussichtliche Genussreife: jetzt–2009. Süße Gewürz- und Botrytis-Aromen zeigt der *1998er Tokay-Pinot Gris Cuvée Laurence* in seinem Bukett. Frische Minze und pochierte Birnen sind in diesem breiten, komplexen, intensiven, konzentrierten Wein zu finden. Bei einem natürlichen potenziellen Alkoholgehalt von 16,6% geerntet, verbirgt er seinen letztendlichen Alkoholgehalt in dicker, üppiger Frucht. Trinken Sie diese Schönheit jetzt–2012+. Der *1998er Tokay-Pinot Gris Altenbourg Cuvée Laurence*, der mit einem enormen natürlichen Alkoholgehalt von 17% geerntet wurde, bietet köstliche, rauchige Aromen von gelben Früchten. Dieser Wein von mittlerem bis vollem Körper besitzt herrliche Fülle in seinem mit Geschmackskomponenten von Tee mit Sahne und Aprikosenkompott ausgestatteten Charakter. Breit, dick, aber frisch und nuanciert, ist er eine sensationelle Leistung. Voraussichtliche Genussreife: jetzt–2015+.

Der *1998er Gewürztraminer Réserve Personnelle* hat ein nach Blumen und Botrytis duftendes Bukett. Am Gaumen findet man in diesem gut gezeichneten und konturierten Wein von mittlerem Körper Nuancen von Rosen, verschiedenen Blumen und roten Früchten. Sein langer, mit Mineralien beladener Abgang verrät die alkoholische Wärme, die in vielen 1998ern auftaucht. Voraussichtliche Genussreife: jetzt–2005.

Meersalz und würzige Früchte präsentiert der *1998er Gewürztraminer Cuvée Théo* in seinen Aromen. Von mittlerem Körper und opulent texturiert, ist dieser köstliche, mit Rosen, roten Früchten (insbesondere Johannisbeeren) angefüllte Wein komplex, reichhaltig, aber elegant. Trinken Sie ihn im Lauf der nächsten 5–6 Jahre.

Der *1998er Gewürztraminer Cuvée Laurence* hat ein Bukett, das an Akazienblüten, getrockneten Honig und gemischte Gewürze erinnert. Gelbe Pflaumen, Himbeeren, mit Sahne verfeinerte süße Früchte, Veilchen und Botrytis sind in seinem frischen, hedonistischen Charakter zu finden. Dieser konzentrierte, kraftvolle Wein sollte im Lauf der nächsten 9–10 Jahre getrunken werden.

Eine Überfülle von Gewürzen und prallen gelben Früchten gibt der *1998er Gewürztraminer Altenbourg Cuvée Laurence* in seinem Bukett zu erkennen. Von mittlerem Körper, samtig texturiert und in einem dekadenten Stil bereitet, ist dieser dicke, honigfeine Wein voll gepackt mit einem Kompott aus gelben Früchten, Gewürznelken und Wacholderbeeren. Dieser extrovertierte, sinnliche Tropfen sollte im Lauf der nächsten 10 Jahre getrunken werden.

Der *1998er Riesling Vendanges Tardives* offenbart in seinem Bukett frische zitronenhafte Mineralien. Von mittlerem Körper, reichhaltig und cremig texturiert, ist dies ein weicher, geschmeidiger Wein, der im Geschmack pralle kandierte Zitrusfrüchte und mineralische Noten zu bieten hat. Zwar mangelt es ihm an der Konturenschärfe und den markanten Merkmalen der besten Vendanges Tardives aus diesem Weingut, doch ist er opulent und ein großer Genuss. Trinken Sie ihn im Lauf der nächsten 10 Jahre. Prachtvolle Düfte nach Blumen und weißen Früchten sind in den reintönigen Aromen des *1998er Riesling Schlossberg Vendange Tardive* zu finden. Samtig texturiert und von mittlerem bis vollem Körper, besitzt er hervorragende Konturenschärfe, Definition und Eleganz. Himbeeren und Blutorangen bilden die Persönlichkeit dieses superben süßen Weins. Voraussichtliche Genussreife: 2004–2016+.

Der *1998er Riesling Schlossberg Sélection de Grains Nobles* duftet durchdringend nach zitronengetränkten Mineralien und süßem Kräutertee. Dicht, konzentriert und körperreich, hat er einen viskosen, mit Quitten bepackten Charakter. Dick, aber erstaunlich frisch und schön ausgewogen, sollte sich dieser superbe Wein 2005–2020+ auf dem Höhepunkt seiner Reife befinden. Der *1998er Gewürztraminer Altenbourg Vendange Tardive* legt Aromen an den Tag, die an Rosenblätter und frische Litschis erinnern. Er ist körperreich und üppig, mit einem gut umrissenen, breiten, eleganten Charakter. Süße rote Früchte sind in seinem reichhaltigen, aber konturierten Geschmacksprofil zu finden. Voraussichtliche Genussreife: jetzt–2012+. Eine subtile würzige Duftmischung und parfümartige Aromen zeigt der *1998er Gewürztraminer Fürstentum Sélection de Grains Nobles* in seinem Bukett. Überaus konzentriert und dick, besitzt dieser verschwenderische Wein eine ölige Textur und vollen Körper. Seine Schichten von würzigen roten Früchten kleiden den Gaumen aus und halten während seines beeindruckend langen, mit Geschmacksnuancen bepackten Abgangs an. Voraussichtliche Genussreife: jetzt-2020.

Der fantastische *1998er Tokay-Pinot Gris Altenbourg Sélection de Grains Nobles* wurde aus Trauben einer ganzen Rebparzelle ohne vorheriges Aussortieren gewonnen, es steht daher eine ansehnliche Menge dieses überwältigenden Nektars zur Verfügung (1867 Flaschen). Sein hyperreifes Bukett wartet mit Ladungen von botrysierten rauchigen gelben Früchten auf. Über den Gaumen strömt dieser körperreiche Wein mit einer Woge von Geschmacksnuancen aus Aprikosen, Pfirsichen und gesüßtem Kräutertee. Intensiv und sensationell reichhaltig, bewahrt er sich dennoch eine unfassbare Präzision. Dieser makellos ausgewogene Tropfen ist großartig konzentriert und extravagant texturiert, aber beeindruckend elegant und anmutig. Voraussichtliche Genussreife: 2006–2025+. Der *1998er Tokay-Pinot Gris Sélection de Grains Nobles* hat in seinen Aromen Blumen, in Sahne getauchte gelbe Früchte, Mandelplätzchen und an Eichenholz erinnernde Würze (obwohl keinerlei frisches Holz verwendet wurde). An eine immens reichhaltige, mit Vanille getränkte Créme brûlée erinnernd, ist dieser körperreiche Wein so süß wie Melasse (170 g/l Restzucker), besitzt jedoch die erforderliche Säure für ein hervorragendes Gleichgewicht. Trinken Sie ihn jetzt–2014+.

Der *1998er Gewürztraminer Altenbourg Quintessence de Grains Nobles* präsentiert in seinem Bukett intensiv ausdrucksvolle Aromen von Rosen und Mineralien. Dieser voluminöse Wein ist dickflüssig texturiert und besitzt einen schier undurchdringlich dichten Kern. Geschmacksnuancen von Kirschmarmelade, Himbeergelee und reichliche Mengen von Gewürzen sind in seiner Persönlichkeit zu entdecken. Mit satten 206 g/l Restzucker, wird dieser verhalten entwickelte, ausnehmend reichhaltige Wein Kellerreife benötigen. Schlürfen Sie ihn zwischen 2006–2020+.

Laut Laurence Faller konnte man 1999 qualitativ hoch stehende Weine produzieren, wenn die Erträge mäßig gehalten und die Trauben spät gelesen wurden, um volle physiologische Reife zu erlangen. Dieses Weingut führte seine Lese zwischen dem 9. und 16. November durch und umging so zwei große Regenperioden. »Ich mag diesen Jahrgang recht gern, weil wir unser Möglichstes taten, um schöne Weine zu erzeugen«, sagte Mademoiselle Faller. Interessanterweise sind die beiden preiswertesten Weine der Domaine ziemliche Renner, da diese Rebsorten 1999 besonders gut ausgefallen sind. Der *1999er Sylvaner Réserve*, ein reichhaltiger, pikanter Wein von mittlerem Körper, präsentiert Düfte nach rauchiger, reifer weißer Frucht und getrocknetem Honig. Dieser schön konturierte Tropfen ist höchst ausdrucksvoll und besitzt überquellende Geschmacksnuancen von Chinin, Mineralien und Birnen. Mit seinem ausgezeichneten Preis-Leistungsverhältnis ist er ein erstklassiges Musterbeispiel seiner Rebsorte und sollte innerhalb der nächsten 2–3 Jahre getrunken werden.

Der *1999er Pinot Blanc Réserve* zeigt zurückhaltende steinige und blumige Düfte. Er ist opulent texturiert, von mittlerem Körper und vollgestopft mit prallen Äpfeln und Birnen.

Dieser wunderbar reife Wein enthüllt in seinem langen, geschmeidigen Abgang mineralische Noten. Voraussichtliche Genussreife: jetzt–2004.

Der mineralisch duftende *1999er Riesling Réserve Personnelle* weist eine mollige, seidige Persönlichkeit auf. Dies ist ein reichhaltiger, den Mund auskleidender Wein, der in seinem weichen, anhaltenden Charakter wunderbar pikante, mineralische Geschmackskomponenten aufweist. Trinken Sie ihn innerhalb der nächsten 4–5 Jahre.

Der *1999er Riesling Cuvée Théo* legt mineralische Aromen und Düfte nach Birnen und Äpfeln an den Tag. Nuancen von Chinin, Zitrusfrüchten und Mineralien sind in diesem schön konturierten Wein von mittlerem Körper zu finden. Er ist schön ausgewogen, frisch, reintönig und geschmacksintensiv. Der mineralisch duftende *1999er Riesling Schlossberg* offenbart würzige Geschmacksnuancen von Birnen, weißen Blumen und Steinen. In seinem straff gewirkten, jugendlichen Charakter besitzt er ausgezeichnete Konturenschärfe, Reintönigkeit und Ausgewogenheit. Dieser Wein zeigt wunderschöne Konzentration, wird aber zu seiner Entfaltung noch etwas Kellerreife benötigen. Voraussichtliche Genussreife: 2004–2010.

Große Mengen von Mineralien, Steinen und Kräutertee gibt der *1999er Riesling Cuvée Ste-Catherine* in seinen köstlichen Aromen zu erkennen. Dieser Wein besitzt in seiner reichhaltigen, molligen und tiefen Persönlichkeit wunderschöne Breite. Er ist üppig, reichhaltig und mit Geschmacksnuancen beladen, die an flüssige Mineralien denken lassen. Dieser gut umrissene Wein hat mittleren bis vollen Körper und einen bewundernswert lang anhaltenden Abgang. Voraussichtliche Genussreife: 2004–2010. Der *1999er Riesling Schlossberg Cuvée Ste-Catherine* weist in dem nach Mineralien und Chinin duftenden Bukett eine sprühend lebendige aromatische Intensität auf. Ladungen von toastwürzigen Mineralien, in der Sonne getrocknetem Kies, Birnen und Bergamotten sind in seinem präzisen Geschmacksprofil zu finden. Dieser Wein ist rasiermesserscharf konturiert, besitzt jedoch einen seidig texturierten, in der Frucht fortgeschritten entwickelten Charakter. Trinken Sie ihn zwischen 2004–2012. Der *1999er Riesling Schlossberg Cuvée Ste-Catherine l'Inédit!* hat ein verschwenderisches, von flüssigen Mineralien geprägtes Bukett. Dieser Wein ist von superber Konzentration, Reichhaltigkeit, Tiefe und Länge. Schichten von kandierten Äpfeln, pochierten Birnen, Gewürzen und Bergamotten sind im gesamten Charakter dieses Juwels zu finden. Sein üppiger, chinin-getränkter Abgang erscheint trocken, obwohl sich in ihm 21 gr Restzucker verbergen. Voraussichtliche Genussreife: 2005–2015.

Ladungen von rauchigen gelben Früchten finden sich im Aromaprofil des *1999er Tokay-Pinot Gris Cuvée Ste-Catherine.* Dieser opulent texturierte Wein von mittlerem Körper bietet in seinem molligen, nahtlosen Charakter sinnliche Geschmacksnuancen von weißen Pfirsichen und Aprikosen. Trinken Sie ihn während der nächsten 6 Jahre. Der *1999er Tokay-Pinot Gris Cuvée Laurence* besitzt frische, spritzige Aprikosen- und Pfirsichdüfte. Er ist ein intensiver, reichhaltiger Wein von mittlerem bis vollem Körper. Rauchige gelbe Früchte sind in seiner tiefen, sinnlichen, breiten Persönlichkeit und seinem weichen, langen Abgang zu finden. Bei diesem gut ausgewogenen und höchst ausdrucksvollen Wein gibt es keine Ecken und Kanten. Voraussichtliche Genussreife: 2004–2010.

Der *1999er Tokay-Pinot Gris Altenbourg Cuvée Laurence* hat in seinem Bukett zurückhaltende pikante, rauchige Fruchtaromen. Dieser Wein von mittlerem bis vollem Körper zeigt in seinem mit gelber Frucht, Toast und Rauch voll gepackten Charakter herrliche Tiefe. Verschwenderisch texturiert, ist er von bewundernswerter Reife und mit einem üppigen, reichfruchtigen Abgang ausgestattet. Dieser hervorragende Pinot Gris sollte zwischen 2005–2015 getrunken werden.

Der *1999er Gewürztraminer Réserve Personnelle* entströmt dem Glas mit einem sinnlichen Duftschwall von Rosenwasser und Litschis. Er ist ein femininer Wein von leichtem bis mittlerem Körper mit Geschmacksnuancen von Rosenblättern und Gewürzen. Dieser frische, köstlich ausdrucksvolle Tropfen sollte im Lauf der nächsten 5 Jahre getrunken werden.

Der nach Litschis und Rosen duftende *1999er Gewürztraminer Cuvée Théo* ist ein reichhaltiger, expansiver Tropfen von mittlerem Körper. Im jetzigen Stadium schmeckt dieser geschmeidige, üppige und mit Früchten (zumeist weißen Pfirsichen und Aprikosen) bepackte Wein mehr wie ein Pinot Gris denn wie ein Gewürztraminer. Doch treten in seinem verschwenderisch texturierten Abgang Anklänge an Mangos und andere exotische Früchte in den Vordergrund. Trinken Sie ihn jetzt–2007.

Der rauchige, nach gelben Früchten duftende *1999er Gewürztraminer Cuvée Laurence* hat einen fruchtbepackten Charakter von mittlerem bis vollem Körper. Üppig texturiert, ausgewogen und elegant, besitzt dieser Wein in seiner mit Pfirsich-, Aprikosen- und Gewürznuancen ausgestatteten Persönlichkeit hervorragende Tiefe. Er wird 2 Jahre Kellerreife benötigen, um sich zu entfalten und aufzublühen. Voraussichtliche Genussreife: 2004–2009. Der nach weißen Blumen, Pfirsichen und Rauch duftende *1999er Gewürztraminer Altenbourg Cuvée Laurence* ist ein molliger, schön konturierter Wein von mittlerem bis vollem Körper. Rosen, Gewürze, weiße Pfirsiche und Geißblatt prägen seine fette, tiefe Persönlichkeit. Darüber hinaus besitzt dieser Wein einen bewundernswert langen und reintönigen Abgang. Er ist kein Gewürztraminer im exotischen Stil, doch bietet er in seinem fülligen, aber klar gezeichneten Charakter ganze Ladungen von höchst nuancierten Geschmackskomponenten. Voraussichtliche Genussreife: 2005–2012.

Düfte nach kandierten sowie eingedickten weißen Pfirsichen lässt der *1999er Gewürztraminer Fürstentum Cuvée Laurence* dem Glas entströmen. Dieser körperreiche, opulente, üppige Wein ist überaus reichhaltig und besitzt eindrucksvolle Tiefe. Schichten von süßen weißen Früchten, Gewürzen und Mangos, durchsetzt mit Nuancen von roten Beeren, ziehen sich durch seinen gesamten verschwenderischen Charakter und außergewöhnlich langen, reintönigen Abgang. Dies ist ein auftrumpfender, geschmacksintensiver Gewürztraminer zum Trinkgenuss während der nächsten 10–12 Jahre.

Der süße, nach weißen Blumen duftende *1999er Riesling Vendanges Tardives* hat Ladungen von Beeren, Veilchen und weißen Blumen in seiner gut ausgewogenen Persönlichkeit von mittlerem Körper. Anders als viele andere Vendanges Tardives ist dieser Wein bereits trinkreif. Er ist in seiner Frucht fortgeschritten entwickelt und außerordentlich gut bereitet. Voraussichtliche Genussreife: jetzt–2012+. Der *1999er Tokay-Pinot Gris Altenbourg Vendange Tardive* hat im Bukett Düfte nach frischen weißen Blumen, Pfirsichen und pochierten Birnen. Von mittlerem Körper und würzig, weist dieser ausgefeilte, reich geschichtete Wein ausgezeichnete Balance in seinem Charakter mit Geschmacksnuancen von Bergamotten, süßem Kräutertee, Birnen und Anis auf. Er ist herrlich definiert, überaus konzentriert und besitzt einen verschwenderisch langen und schmackhaften Abgang. Trinken Sie diesen superben Wein 2005–2016.

Der *1999er Gewürztraminer Altenbourg Vendange Tardive* explodiert im Glas mit einem Schwall von Litschis, Rosen und Gewürzen. Bei vollem Körper reichhaltig und opulent, ist dies ein unwiderstehlich mächtiger, aber eleganter Tropfen. Seine überströmende Persönlichkeit enthält kandierte Beeren, Rosenwasser, Veilchen, Mangos, pochierte Birnen und Noten von Gewürznelken. Voraussichtliche Genussreife: jetzt–2014.

Intensive Düfte nach rauchigen Birnen, Chinin, Bergamotten und Pfirsichen prägen den superben *1999er Tokay-Pinot Gris Sélection de Grains Nobles*. Körperreich, üppig und ausgefeilt, ist dies ein schwelgerischer Wein mit überquellenden Geschmacksnuancen von weißen und gelben Früchten. Er ist harmonisch, außergewöhnlich gut ausgewogen und zum Bersten angefüllt mit Geschmack. Viele Sélections de Grains Nobles sind allzu geleeartig und intensiv, als dass man sie jung trinken könnte, aber Mademoiselle Faller hat eine Beerenauslese mit makellosem Gleichgewicht geschaffen. Voraussichtliche Genussreife: jetzt–2030. Der *1999er Gewürztraminer Altenbourg Quintessence de Grains Nobles* ist ein überwältigender, nach Gewürzen und Orangenschalen duftender Wein. Von mittlerem bis vollem Körper und schwelgerisch, ist er seidig texturiert und feminin. Dieser außergewöhnlich reichhaltige Tropfen erinnert an in Sirup getauchte weiße Pfirsiche, Litschis, Rosen und Bonbons, dabei bewahrt er sich aber einen bewundernswerten Anstrich von Eleganz. Dieser prachtvolle Wein besitzt außergewöhnliche Konzentration und Tiefe sowie eine eigenwillige, unverwechselbare Persönlichkeit. Voraussichtliche Genussreife: jetzt–2025.

GÉRARD WEINZORN (NIEDERMORSCHWIHR)

1998	Riesling Brand	D	88
1999	Riesling Sommerberg	D	88

Der *1999er Riesling Sommerberg* legt reichhaltige, frische mineralische Aromen an den Tag. Dieser bei leichtem Körper breit gebaute Wein besitzt ausgezeichnete Reintönigkeit und Konturenschärfe in seinem mit Geschmacksnuancen von Mineralien und weißen Beeren ausgestatteten Charakter. Er ist konzentriert, reichhaltig und ausdrucksvoll. Trinken Sie ihn im Lauf der nächsten 6–7 Jahre.

Herrliche zitronenhafte und mineralische Aromen zeigt der *1998er Riesling Brand* in seinem Bukett. Dieser Wein besitzt ausgezeichnete tiefe Mineralien, Blumen, Birnen und Äpfel in seiner präzisen, aber fetten Persönlichkeit. Voraussichtliche Genussreife: jetzt–2006.

WOLFBERGER (EGUISHEIM)

1998	Tokay-Pinot Gris Rangen	E	88

Die große Firma Wolfberger produziert 10 Millionen Liter Wein pro Jahr (fast 13,5 Millionen Flaschen), was etwa 10% der Gesamtproduktion im Elsass entspricht. Wolfberger besitzt eine Reihe von Kooperativen und Weingüter (dazu gehört auch das zweitgrößte Elsässer Weingut, die Domaine Jux). Alles in allem nennt Wolfberger über 1300 Hektar Rebland im Elsass sein Eigen, darunter auch Parzellen in 13 Grand-Cru-Lagen. Darüber hinaus kauft die Firma Wolfberger 5% ihrer Produktion als Teil ihres *négociants*-Geschäfts dazu. Das Haus Wolfberger macht Flaschenabfüllungen unter seinem eigenen Namen (die Etiketten sind entweder gelb oder schwarz, je nachdem, was die Händler wollen, doch der Wein bleibt derselbe). Die Firma vertreibt auch Weine, die Etiketten von Gütern oder Kooperativen tragen, die Wolfberger gekauft hat (zum Beispiel Domaine Jux, Alsace-Willm, Dambach-la-Ville und Vieille Armand).

Der *1998er Tokay-Pinot Gris Rangen* bietet Aromen von gegrillten Haselnüssen. Er ist ein bei mittlerem Körper samtig texturierter, milder, breiter Wein, voll gepackt mit dicklichen, fast pappigen gelben Früchten. Sein langer Abgang leidet ein wenig unter Wärme (Alkohol), die man in einer Reihe von Weinen des Jahrgangs 1998 findet. Voraussichtliche Genussreife: jetzt–2006.

ZIND-HUMBRECHT (TURCKHEIM)

1999	Gewürztraminer Goldert	D	91
1997	Gewürztraminer Goldert	D	96
1998	Gewürztraminer Goldert Vendanges Tardives	D	94+
1999	Gewürztraminer Gueberschwihr	D	88
1998	Gewürztraminer Gueberschwihr	D	88
1999	Gewürztraminer Heimbourg	D	91
1998	Gewürztraminer Heimbourg	D	90+
1997	Gewürztraminer Heimbourg	D	96
1999	Gewürztraminer Heimbourg Vendanges Tardives	EE	92
1998	Gewürztraminer Heimbourg Vendanges Tardives	EE	93
1999	Gewürztraminer Hengst	D	92
1998	Gewürztraminer Hengst	D	94

1997	Gewürztraminer Hengst	D	95
1999	Gewürztraminer Herrenweg de Turckheim	D	90
1998	Gewürztraminer Herrenweg de Turckheim	D	89
1997	Gewürztraminer Herrenweg de Turckheim	D	94
1999	Gewürztraminer Rangen de Thann Clos St-Urbain	E	91
1997	Gewürztraminer Rangen de Thann Clos St-Urbain	E	98+
1998	Gewürztraminer Rangen de Thann Clos St-Urbain Vendange Tardive	E	97+
1998	Gewürztraminer Turckheim	C	88
1999	Gewürztraminer Clos Windsbuhl	D	91
1998	Gewürztraminer Clos Windsbuhl	D	92
1997	Gewürztraminer Clos Windsbuhl	D	94+
1999	Gewürztraminer Wintzenheim	C	88
1998	Gewürztraminer Wintzenheim	C	88
1997	Gewürztraminer Wintzenheim	D	92
1999	Gewürztraminer Wintzenheim Vieilles Vignes	D	89
1999	Muscat Goldert	D	88
1998	Muscat Goldert	D	89
1997	Muscat Goldert	D	90
1998	Muscat Herrenweg de Turckheim	C	88
1997	Muscat Herrenweg de Turckheim	C	89
1999	Pinot d'Alsace	C	88
1998	Pinot d'Alsace	C	89
1997	Pinot d'Alsace	C	90
1999	Riesling Brand	E	92
1998	Riesling Brand	E	93+
1997	Riesling Brand	E	96+
1998	Riesling Gueberschwihr	C	88
1997	Riesling Gueberschwihr	C	90
1999	Riesling Clos Hauserer	D	90+
1998	Riesling Clos Hauserer	D	90
1997	Riesling Clos Hauserer	D	92
1999	Riesling Heimbourg	D	91
1998	Riesling Heimbourg	D	90+
1997	Riesling Heimbourg	D	90
1999	Riesling Herrenweg de Turckheim	D	90
1998	Riesling Herrenweg de Turckheim	D	89
1997	Riesling Herrenweg de Turckheim	D	92
1999	Riesling Rangen de Thann Clos St-Urbain	E	91+
1998	Riesling Rangen de Thann Clos St-Urbain	E	94+
1997	Riesling Rangen de Thann Clos St-Urbain	E	96+
1998	Riesling Rangen de Thann Clos St-Urbain Sélection de Grains Nobles	EEE	96
1999	Riesling Turckheim	D	88+
1998	Riesling Turckheim	D	89+
1997	Riesling Turckheim L14B	D	91+
1997	Riesling Turckheim L240	D	93
1997	Riesling Clos Windsbuhl	D	95
1998	Riesling Clos Windsbuhl Vendanges Tardives	EE	94+
1997	Riesling Wintzenheim	C	89
1999	Tokay-Pinot Gris Heimbourg	D	91+

1998	**Tokay-Pinot Gris Heimbourg**	**D**	**92**
1997	**Tokay-Pinot Gris Heimbourg**	**D**	**91**
1999	**Tokay-Pinot Gris Herrenweg**	**D**	**89+**
1997	**Tokay-Pinot Gris Herrenweg de Turckheim**	**D**	**90**
1997	**Tokay-Pinot Gris Clos Jebsal**	**D**	**95+**
1998	**Tokay-Pinot Gris Clos Jebsal Sélection de Grains Nobles**	**EEE**	**98**
1997	**Tokay-Pinot Gris Clos Jebsal Sélection de Grains Nobles**	**EEE**	**97**
1996	**Tokay-Pinot Gris Clos Jebsal Sélection de Grains Nobles**	**EEE**	**99**
1994	**Tokay-Pinot Gris Clos Jebsal Sélection de Grains Nobles Trie Spéciale**	**EEE**	**99**
1999	**Tokay-Pinot Gris Clos Jebsal Vendanges Tardives**	**E**	**92+**
1998	**Tokay-Pinot Gris Clos Jebsal Vendanges Tardives**	**EE**	**93+**
1997	**Tokay-Pinot Gris Rangen de Thann Clos St-Urbain**	**E**	**95+**
1998	**Tokay-Pinot Gris Rangen de Thann Clos St-Urbain Sélection de Grains Nobles**	**EEE**	**98**
1998	**Tokay-Pinot Gris Rangen de Thann Clos St-Urbain Vendanges Tardives**	**EE**	**96+**
1997	**Tokay-Pinot Gris Rotenberg**	**D**	**92+**
1998	**Tokay-Pinot Gris Rotenberg Vendanges Tardives**	**EE**	**92**
1999	**Tokay-Pinot Gris Rotenberg Vieilles Vignes**	**D**	**94**
1999	**Tokay-Pinot Gris Vieilles Vignes**	**D**	**91**
1998	**Tokay-Pinot Gris Vieilles Vignes**	**D**	**90**
1997	**Tokay-Pinot Gris Vieilles Vignes**	**D**	**92**
1999	**Tokay-Pinot Gris Clos Windsbuhl**	**D**	**93**
1998	**Tokay-Pinot Gris Clos Windsbuhl**	**D**	**93**
1997	**Tokay-Pinot Gris Clos Windsbuhl**	**D**	**94**

Ich weiß nicht, was fesselnder ist, die Qualität der Weine der Domaine Zind-Humbrecht oder Olivier Humbrechts hingebungsvolle Verpflichtung zur Qualität. Dieser große, kräftige und intellektuell ausgerichtete Mann ist vielleicht der beste Weinmacher der Welt. Wer sonst kann es mit einer gleich bleibenden Menge ungemein unterschiedlicher Rebsorten und extrem wandelbaren Wetterbedingungen aufnehmen und doch beständig Weine der Superlative gestalten? Den Tag, an dem ich seine 1997er verkostete und die Rebflächen seines Weinguts besichtigte, werde ich mein Leben lang nicht vergessen. Olivier Humbrecht ist die personifizierte Inspiration.

Rein zufällig erfuhr ich, dass Humbrecht seine Rebparzellen auf biodynamische Bewirtschaftung umgestellt hatte. »Ich halte nichts davon, solche Aktionen öffentlich zu verkündigen, weil es nicht die Methode ist, die große Weine hervorbringt, sie ist lediglich eine Investition in die Zukunft der Weingärten.« Als sehr analytisch denkender Mensch war Humbrecht der erste Winzer, mit dem ich gesprochen habe, der fähig war, gewisse eigenwillige biodynamische Verfahren (wie z.B. das Einbuddeln eines Kuhhorns in den Komposthaufen) auf logische und wissenschaftlich stringente Art zu erklären. Von der Weinbergpflege über die Ertragsbeschränkung und die ausgedehnten und späten Ernten (die 1997er wurden während einer Periode von 20 Tagen mit optimaler Reife gelesen) bis zu den ausgedehnten und sanften Pressungen (die zwischen 20 und 48 Stunden pro Wein dauerten – jede seiner drei pneumatischen Pressen wird nur einmal täglich verwendet) hat Olivier Humbrecht nicht seinesgleichen.

Léonard Humbrecht, Oliviers Vater, der dieses Weingut 1959 gründete, als er Geneviève Zind heiratete, war der erste – und bleibt der bedeutendste – Verfechter von niedrigen Erträgen und eines qualitativ hoch stehenden *terroirs*. Er besaß die Voraussicht zu erkennen, dass beschränkte Erträge und das *terroir* in der Qualität eines Weines eine Hauptrolle spielen, während seine Nachbarn so viel produzierten, wie sie nur konnten. Wenn seine

Kollegen verkaufen oder Parzellen in Hanglagen gegen ertragreiche Rebflächen im Flachland tauschen wollten, fanden sie bei Léonard Humbrecht stets ein offenes Ohr. Als der »Montrachet des Elsass«, der Rangen de Thann, so große Schwierigkeiten und Kosten bei der Bearbeitung bot, dass einige seiner Abhänge buchstäblich im Stich gelassen wurden, sprang Léonard Humbrecht mit seinem Engagement und Qualitätsbewusstsein in die Bresche. Die *terroirs*, auf denen Olivier Humbrecht seine Magie ausübt, sind schon vor vielen Jahren von seinem Vater erworben und aufgepäppelt worden. Es passt ins Bild, dass die Kunst der Weinbereitung des jungen Humbrecht auf dem Niveau der Vision seines Vaters steht.

In einer Region, in der die Ertragsmengen häufig über 100 hl/ha liegen, in der nur ein halbes Dutzend Winzer die Durchschnittserträge ihrer Güter auf 60 hl/ha und weniger beschränken, überstieg nicht eine einzige Parzelle der Domaine Zind-Humbrecht Erträge von 45 hl/ha, wobei die gesamte Domaine auf einen Durchschnitt von 40 hl/ha kam. Darüber hinaus wurde nicht ein einziges Fass chaptalisiert (auch ist niemals eines mit Säure angereichert worden). Die Reichhaltigkeit der Weine aus dem Hause Zind-Humbrecht kommt aus den Trauben, nicht aus der Zuckertüte.

Der *1997er Pinot d'Alsace* bietet in seinem Bukett tropische Frucht, kandierte Orangen und florale Aromen. Er ist ein seidig texturierter Wein von mittlerem bis vollem Körper mit außergewöhnlicher Dichte, Reichhaltigkeit und breiten Geschmacksnuancen von roten Johannisbeeren, pochierten Birnen und Kreide. Dieser Wein besitzt die nötige Generosität der Frucht, um sofort nach seiner Freigabe getrunken zu werden, aber auch genügend Rückgrat, um gut zu altern. Trinken Sie ihn im Lauf der nächsten 5–6 Jahre.

Phänomenale Düfte nach Mandarinen, Akazienblüten und süßen Kirschen entströmen geradezu explosiv dem *1997er Muscat Herrenweg de Turckheim*. Da ältere Reben geringere Erträge abwerfen und Muscat im Vergleich zu anderen Rebsorten allgemein sehr niedrige Preise erzielt, neigen die Elsässer dazu, ihre Reben, die älter als 25 Jahre sind, zu ersetzen. Dieser aus Trauben von 50jährigen Rebstöcken gewonnene Wein hat einen intensiv ausgeprägten Charakter, voll gepackt mit kandierten Orangenschalen und Gewürzen. Er ist konzentriert, ungemein geschmacksintensiv und außergewöhnlich lang im Abgang. Als einer der wenigen Weine, die zu Spargel passen, eignet er sich auch als Begleiter zu würzigen Speisen oder als Aperitif. Trinken Sie ihn im Lauf der nächsten 3–4 Jahre. Für diese aromatische Rebsorte erstaunlich, besitzt der knochentrockene *1997er Muscat Goldert* ein vollkommen gedämpftes, ungeformtes Bukett. Am Gaumen ist er üppig, überaus elegant und bietet Geschmackskomponenten von Mineralien, Steinen, Geißblattblüten und roten Johannisbeeren. Dieser frische, stilvolle und komplexe Tropfen sollte im Lauf der nächsten 4–5 Jahre getrunken werden.

Mineralien und Kreide lässt der *1997er Riesling Wintzenheim* in seinen straff gewirkten Aromen erkennen. Seine explosiven Geschmackskomponenten von stahligen Mineralien und Zitronen überwältigen den Gaumen des Verkosters. Laut Olivier Humbrecht besitzt er niedrige Säure, nimmt sich jedoch sprühend lebendig aus. Dieser kraftvolle, frische, reichhaltige, geschmacksbetonte Wein von mittlerem Körper gewährt herrlichen Trinkgenuss. Er ist der letzte Jahrgang des Riesling Wintzenheim, da die Humbrechts unmittelbar nach der Lese die Stöcke ausrissen, um andere Rebsorten anzupflanzen, die ihrer Meinung nach für das *terroir* besser geeignet sind. »Die Rebstöcke schienen zu wissen, dass dies ihre letzte Chance war, daher brachten sie den besten Wein hervor, den sie je produziert hatten«, meinte Humbrecht. Trinken Sie ihn im Lauf der nächsten 4–5 Jahre. Der *1997er Riesling Gueberschwihr* zeigt ein verschlossenes, widerstrebendes Bukett. Am Gaumen gibt er mehr preis und bietet in seiner den Mund auskleidenden, samtig texturierten Persönlichkeit superbe Nuancen von Kreide, Ananas, Erde, Aprikosen sowie Petroltöne und Mineralien. Er besitzt hervorragende Ausgewogenheit, Konzentration, Kraft und Präzision. Voraussichtliche Genussreife: jetzt–2006.

Humbrecht gestaltete 1997 zwei verschiedene Riesling Turckheim. Visuell kann man sie anhand zweier Anhaltspunkte unterscheiden: Der eine ist mit der Lot-Nummer L14B gekennzeichnet und befindet sich in der typischen Humbrecht-Flasche für die Weine, die nicht aus Grand-Cru-Lagen stammen, und der andere (Lot-Nummer L240) wurde in die schwerere, größere Flasche abgefüllt, die im Allgemeinen den Grands Crus des Weinguts vorbehalten ist. Der *1997er Riesling Turckheim L14B* hat ein höchst ausdrucksvolles Bukett mit Aromen von Kreide, Blumen und Granit. Er ist dick, unglaublich reichhaltig und dicht und weist ein mit Zitrusfrüchten und Blumen ausgestattetes Geschmacksprofil auf. Er ist ein gut ausgewogener und konturenscharfer Wein, doch mein Instinkt sagt mir, man sollte ihn in seiner Jugend trinken. Voraussichtliche Genussreife: jetzt–2006. Der *1997er Riesling Turckheim L240* wurde aus Trauben einer Parzelle in der Grand-Cru-Lage Brand gewonnen. Er offenbart profunde Aromen von Blumen, roten Beeren, Bergamotten, Mineralien und Kreide. Dieser Wein von mittlerem bis vollem Körper besitzt außergewöhnliche Reife, Reichhaltigkeit und Länge. Sein den Mund auskleidendes, aber durchdringendes Geschmacksprofil setzt sich zusammen aus Ananas, Granit, Quarz und kandierter Orangenschale. Voraussichtliche Genussreife: jetzt–2012.

Gemischte kandierte Zitrusfrüchte und weißes Obst sind im Bukett des *1997er Riesling Herrenweg de Turckheim* zu finden. Dies ist ein kräftiger, maskuliner Rabauke von einem Wein mit reicher Konzentration, märchenhafter Ausgewogenheit und einer mit Kirschen, Himbeeren und Blumen geradezu vollgestopften Persönlichkeit. Er ist breit gebaut, samtig texturiert und zeigt einen bewundernswert langen Abgang mit zitronenhaften Nuancen. Voraussichtliche Genussreife: jetzt–2010. Der aus Trauben von 25jährigen Rebstöcken bereitete *1997er Riesling Clos Hauserer* legt ein Bukett von Bergamotten, Rosen und Mineralien an den Tag. Er ist überaus komplex, frisch, elegant und feminin. Dieser reintönige, pikante Wein hat Ladungen von blumigen Mineralien, eine seidige Textur und mittleren bis vollen Körper zu bieten. Trinken Sie ihn jetzt–2010+.

Es ist unmöglich, die steilen Abhänge des Clos Windsbuhl, eine im Alleinbesitz befindliche Lage, mit dem Traktor zu bearbeiten; die Humbrechts setzen daher Pferde ein. Der *1997er Riesling* hat profunde Aromen von Kreide und Mineralien, die überleiten zu einem körperreichen, ätherischen Kern. Dieser prachtvolle trockene Wein ist erstaunlich reintönig, kraftvoll, konzentriert, tief, ausgewogen und lang. Nach Aussage der Humbrechts gab es keine Spur von Fäule, sei es nun Edelfäule oder eine andere, auf den Trauben dieses Gewächses. Der Wein ist seidig texturiert und legt Geschmacksnuancen an den Tag, die an frische Kräuter, Blumen, Steine, Cynar, Mineralien und pikante Zitrusfrüchte erinnern. Voraussichtliche Genussreife: jetzt–2015.

In seinen Aromen zeigt der *1997er Riesling Heimbourg* frische Eichenholzwürze (obwohl er niemals Eichenholz gesehen hat), untermischt mit weißen Blumen und Mandeln. Aus Trauben von jungen Reben auf den Steilhängen nahe dem Clos Jebsal bereitet, ist er cremig texturiert, von mittlerem bis vollem Körper, und frisch. Seine wunderschönen Geschmacksnuancen von Haselnüssen, weißen und roten Johannisbeeren und gelben Früchten erinnern an einen erstklassigen Meursault Narvaux. Er ist deutlich weniger komplex und auch kürzer als der überirdische Clos Windsbuhl. Trinken Sie ihn im Lauf der nächsten 7 Jahre.

Analytisch gesehen ist der *1997er Riesling Rangen de Thann Clos St-Urbain* mit dem hinreißenden 1994er identisch. Gewonnen aus den nach Süden ausgerichteten Steilhängen der Weinlage, die man den »Montrachet des Elsass« nennen könnte, wartet er auf mit einer sinnverwirrenden aromatischen Komplexität, zusammengesetzt aus schön definierten Blumen, Steinen, Erde und Mineralien, die mit Bergamotten, Birnen und weißen Pfirsichen um die Aufmerksamkeit des Verkosters wetteifern. Am Gaumen gibt er herrliche Reintönigkeit, klare Zeichnung, Eleganz, Kraft, Reichhaltigkeit und Konturenschärfe zu erkennen. Dieser bei mittlerem bis vollem Körper seidig texturierte Wein ist überaus dicht, konzentriert und intensiv, aber nicht schwer. Voraussichtliche Genussreife: jetzt–2015.

Vor Jahren hatte sich ein Freund bemüht, mich davon zu überzeugen, dass die Brand-Weinlage in jeder Hinsicht der berühmteren Rangen-de-Thann-Lage ebenbürtig war, wenn es darum ging, Rieslinge von höchster Qualität hervorzubringen. Er hatte Recht. 10–20% ihrer Rebstöcke sind 25 Jahre alt und die restlichen beträchtlich über 40. Der *1997er Riesling Brand* reiht sich in die Liste der phänomenalen Rieslinge ein, die Humbrecht aus den Trauben seiner südlich exponierten Hanglage erzeugt. Ein überströmendes, unglaublich reichhaltiges Bukett von Gewürzen, pochierten Birnen und Kirschen geht einher mit einem dick texturierten, höchst ausdrucksvollen, körperreichen Kern. Diese samtige Weinbombe ist zum Bersten gefüllt mit Bergamotten, Akazienblüten, honigfeinen weißen Pfirsichen und Lehm, deren Geschmacksnuancen in dem gesamten betörenden Abgang anhalten.

Vater und Sohn des Humbrecht-Teams erklärten, dass im Jahr 1997 der Tokay-Pinot Gris als einzige Rebsorte von der Edelfäule befallen wurde. Der *1997er Tokay-Pinot Gris Herrenweg de Turckheim* enthüllt in seinem mineralischen und nach gedünsteten Pilzen duftenden Bukett Spuren von Botrytis (30% seiner Trauben waren befallen). Dieser breite, immens ansprechende Wein von mittlerem bis vollem Körper ist voll gepackt mit Aprikosen, Pfirsichen und Geißblattblüten. Er ist fortgeschritten entwickelt, seidig texturiert, generös und kraftvoll. Trinken Sie ihn im Lauf der nächsten 7–8 Jahre. Der goldfarbene *1997er Tokay-Pinot Gris Vieilles Vignes* (zu 60–70% von Botrytis befallen) wurde beim Reifegrad einer Beerenauslese geerntet, doch Humbrecht beschloss, ihn nicht als solche auf dem Etikett zu benennen (ja, nicht einmal als Vendange Tardive), weil er nicht glaubt, dass er so gut altern wird, wie das Weine mit einer solchen Kennzeichnung tun sollten. Er offenbart ein reichhaltiges, mit Botrytis durchsetztes Bukett und einen dichten, ölig texturierten Charakter von mittlerem bis vollem Körper. Dieser geschichtete Wein bietet prachtvolle Pfirsiche, Aprikosen, Bergamotten, Erde, Rauch und mineralische Nuancen in seinem überaus köstlichen fruchtigen Kern. Voraussichtliche Genussreife: jetzt–2008.

Keine der Trauben, aus denen die übrigen fünf Tokay-Pinot Gris entstanden waren, besaß eine Spur von Edelfäule. Humbrecht zufolge hat er in seiner gesamten 40-jährigen Tätigkeit als Winzer noch niemals erlebt, dass die Tokays derart hohe Reifegrade ohne den Einfluss von Botrytis erreichten. Erstaunlicherweise schmeckten Zind-Humbrechts 1997er Tokays aus den Lagen Heimbourg, Rotenberg und Rangen eher wie erstklassige Chablis statt Elsässer Pinot Gris. Der blasse (fast klare), knochentrockene *1997er Tokay-Pinot Gris Heimbourg* offenbart ein straff gewirktes Bukett von weißen Blumen mit Noten von gelber Frucht im Hintergrund. Am Gaumen enthüllt dieser prachtvoll konturierte, präzise Tropfen von mittlerem bis vollem Körper kraftvolle Geschmacksnuancen von Mineralien, Steinen und Feuerstein. Pikante Zitronen sind in seinem bewundernswert langen und reintönigen Abgang zu finden. Voraussichtliche Genussreife: jetzt–2015+.

Der aus Ertragsmengen von 30 hl/ha gewonnene *1997er Tokay-Pinot Gris Rotenberg* bietet ein kristallines Bukett mit stahligen, kreidigen und mineralischen Düften. Er ist überragend präzise, ausgewogen und konturiert. Das von Feuerstein geprägte Geschmacksprofil dieses Weins von mittlerem bis vollem Körper besitzt die erforderliche Substanz, das Gleichgewicht und die Konzentration, um 20 Jahre und länger anmutig zu altern. Laut Olivier Humbrecht machte der *1997er Tokay-Pinot Gris Rangen de Thann Clos St-Urbain* eine dreimonatige heftige Gärung durch. Geröstete Mandeln und Mineralien sind im Aromaprofil dieses körperreichen Weins zu entdecken. Er weist überirdische Konturenschärfe, Präzision, Komplexität, Kraft und Reintönigkeit in seinem überaus konzentrierten Charakter auf. Dieser knochentrockene, frische, ungemein geschmacksintensive (aber filigrane), unglaublich lange Wein legt fein detaillierte mineralische Geschmacksnuancen an den Tag, die an einen sensationellen Chablis erinnern. Voraussichtliche Genussreife: jetzt–2020.

Düfte von Aprikosen und exotischen Früchten entströmen mächtig dem Glas des *1997er Tokay-Pinot Gris Clos Windsbuhl.* Dieser überaus kraftvolle, intensive Wein ist körperreich, dicht, explosiv und frisch. Zwar fehlt es ihm an den delikaten Nuancen des zuvor genannten Weins, doch verwöhnt er den Gaumen mit unerhörten Mengen gelber Früchte und Mineralien. Er ist samtig texturiert und komplex; sein ausgedehnter Abgang bietet Ladungen von Aprikosen und kreidigen Nuancen. Trinken Sie ihn jetzt–2015+.

Der *1997er Tokay-Pinot Gris Clos Jebsal* erreichte 15,3% Alkohol, während er 25 gr Restzucker beibehielt. Der Wein enthüllt ein nach frischen Bergamotten und Rosen duftendes Bukett. Dick, samtig texturiert, körperreich und explosiv, besitzt er eine Kraft von Weltklasse. In Duft und Geschmack floral geprägt, weist er im Hintergrund steinige Nuancen auf. Jugendlich, eckig und unentwickelt, wird er 4–5 Jahre Kellerreife benötigen. Voraussichtliche Genussreife: 2004–2020.

Die Humbrechts halten 1997 für den größten Gewürztraminer-Jahrgang seit 1990, wobei sie 1994 als einzige mögliche Ausnahme gelten lassen. Diejenigen Leser, die nach ostentativ auftrumpfenden Gewürztraminern verlangen, werden auf Humbrechts überschwängliche 1997er fliegen. Der *1997er Gewürztraminer Wintzenheim,* der bei Spätlese-Reifegraden geerntet wurde, bietet explosive, beinahe abstoßende Aromen von in Rosenwasser getauchten Litschis und Jasmin. Dieser ungeheuer ausdrucksvolle, protzige, körperreiche Wein birst förmlich am Gaumen, den er mit unerhörten Schichten von würzigen Ananas, Blumen und kandierten rosa Grapefruits überströmt. Trinken Sie ihn während der nächsten 7 Jahre zu verschiedenen gewürzten asiatischen Gerichten oder pikantem Käse.

Der *1997er Gewürztraminer Herrenweg de Turckheim* von mittlerem bis vollem Körper bietet bedeutend elegantere, detailliertere Düfte nach Mineralien und Blumen und ist ein höchst ausdrucksvoller, aber ausgefeilter Wein. Er birgt in seiner wunderschönen, konzentrierten Art reichliche Mengen von roten Beeren, saftigen Aprikosen, Rosen und Papayas. Dieser seidig texturierte Wein verbindet auf fesselnde Weise Reintönigkeit mit Kraft. Voraussichtliche Genussreife: jetzt–2006. Erstaunlicherweise birgt der *1997er Gewürztraminer Clos Windsbuhl* 16,4% Alkohol, der sich mit einem kaum wahrnehmbaren warmen Hauch in seinem unglaublich langen Abgang zu Wort meldet. Dieser knochentrockene Prachtkerl fegt die Theorie vom Tisch, ein Gewürztraminer müsse Restzucker enthalten, um ausdrucksvoll und kraftvoll zu sein. Er ist körperreich, seidig texturiert und voll gepackt mit in Ananassaft getauchten Mineralien und Steinen. Voraussichtliche Genussreife: jetzt–2006. Die außergewöhnlich blumigen und honigfeinen Aromen, die der *1997er Gewürztraminer Hengst* von mittlerem bis vollem Körper in seinem Bukett aufweist, gehen einher mit einem makellos ausgewogenen Charakter. Breite Schwaden von Mineralien, Birnen und kandierten, in Litschisaft getränkten Äpfeln sind in seinem höchst ausdrucksvollen Kern zu finden. Dieser samtig texturierte Wein sollte jetzt–2006 getrunken werden.

Der *1997er Gewürztraminer Goldert* wartet mit appetitanregenden Aromen auf, die an Obstkuchen, kandierte Orangenschalen, Gewürze, Mineralien und Kreide denken lassen. Er ist dick, immens geschmacksintensiv, körperreich und voll gepackt mit Kirschen, Pfirsichen, Orangenblüten und einer Myriade von Gewürzen, die während seines gesamten eindrucksvollen Abgangs am Gaumen verweilen. Dieser stupende Wein wäre bei den meisten Weingütern als Beerenauslese etikettiert worden. Trinken Sie ihn im Lauf der nächsten 10 Jahre.

Der aus Trauben von 1949 gepflanzten Rebstöcken gewonnene und nach Botrytis, Aprikosen und Bergamotten duftende *1997er Gewürztraminer Heimbourg* weist einen Alkoholgehalt von 16,3% und 40 g/l Restzucker auf. Dieser wunderbar umrissene Wein überwältigt den Gaumen mit Nuancen von Jasmin, Rosenwasser, pochierten und gewürzten Birnen und Bratäpfeln. Er ist ausgefeilt, aber mächtig, komplex, aber fortgeschritten entwickelt. Sein überaus langer Abgang verrät eine Spur Wärme aufgrund des hohen Alkoholgehalts, der meine Punktnote nicht in den Himmel steigen ließ. Trinken Sie ihn während der nächsten 7–8 Jahre. Leider gibt es nur 500 Flaschen von dem überwältigenden goldfarbenen *1997er Gewürztraminer Rangen de Thann Clos St-Urbain.* Das Ergebnis mikroskopisch kleiner Erträge (12–15 hl/ha), wird dieser Nektar zurzeit in Duft und Geschmack von frischen Mangos beherrscht. Alles in allem könnte dieser körperreiche, detaillierte, wunderbar ausgefeilte, höchst geschmacksintensive Wein am Ende eine perfekte Punktnote verdienen. Die Art, wie Humbrecht astronomische Reichhaltigkeit und Kraft mit makelloser Präzision und Reintönigkeit verbindet, ist einfach genial. Steine, Kreide, Mineralien, asiatische Tees, Feuerstein, Rosen und zahllose tropische Früchte sind in diesem Kraftprotz zu finden. Minuten nachdem ich mein Glas geleert hatte, verströmte es noch ehrfurchtgebietende mineralische und honigfeine fruchtige Düfte. Leser, die das Glück haben, diesen Maßstäbe setzenden Wein zu erwerben, sollten ihn jetzt–2010 trinken.

Da die Angebote der Sélection de Grains Nobles der Domaine Zind-Humbrecht – jede eine Quintessenz der Rebsorte Tokay-Pinot Gris – außerordentlich selten und teuer sind, möchte ich den Lesern detaillierte Beschreibungen ersparen und schließe im Folgenden nur abgekürzte Notizen ein. Der *1997er Tokay-Pinot Gris Clos Jebsal Sélection de Grains Nobles* hat eine helle Goldfarbe, bietet dickliche Aprikosen-, Kirschen- und Erdbeerdüfte sowie einen immens dichten, supersüßen Charakter. Er ist körperreich, intensiv und voll gepackt mit gelierten gelben Früchten und Mineralien. Voraussichtliche Genussreife: jetzt–2040. Der *1996er Tokay-Pinot Gri Clos Jebsal Sélection de Grains Nobles* hat das Potenzial, 50 Jahre oder länger zu leben. Aromen von Quitten, Rauch und Honig leiten über zu einer erfrischenden, mit Preiselbeeren, kandierten Orangenschalen, roten Johannisbeeren, süßem Tee und dicklichen Aprikosen vollgestopften Persönlichkeit. Er hat perfektes Gleichgewicht, vollen Körper und unglaubliche Länge. Voraussichtliche Genussreife: jetzt–2050+. Der *1994er Tokay-Pinot Gris Clos Jebsal Sélection de Grains Nobles Trie Spéciale* ist der süßeste, dichteste Wein, den Olivier Humbrecht je gestaltet hat. Er enthält 540 g/l Restzucker und 12 gr Säure. Humbrecht meinte: »Er macht kein Geräusch, wenn er ins Glas gleitet, er ist vollkommen still.« Der Hinweis erübrigt sich, dass dieses Purée aus fruchtigem Sirup neue Maßstäbe in Bezug auf Mächtigkeit, Konzentration und Länge setzt.

Humbrecht gestaltete eine beeindruckende Reihe von 1998ern aus einem nach seinen Worten »von Anfang bis Ende extremen Jahrgang ... zu heiß und zu trocken (was für die Pflanzen Wasserstress und verbrannte Beeren zur Folge hatte) und dann wieder Wetter, das feucht und regnerisch war.« Doch er meint, dass qualitätsbewusste Winzer ausgezeichnete Weine produzieren konnten, weil sie am Ende doch über ausreichende Reife und gute, ausgewogene Säurespiegel verfügten. »Es war ein großes Jahr für Botrytis. Die Edelfäule kam in einer drei Tage währenden Attacke, was vollkommen in Ordnung ist, wenn die Trauben reif sind. Doch diejenigen Winzer, deren Rebstöcke einen großen Behang tragen, könnten Probleme gehabt haben«, fügte er hinzu. Stilistisch lassen sich die 1998er nach Humbrechts Ansicht am besten mit den 1985ern oder 1986ern vergleichen, guten und ausgezeichneten Jahrgängen, die in qualitativer Hinsicht ein riesiger Erfolg für Zind-Humbrecht waren. »Ich bin stolzer auf meine 1998er als auf meine 1997er wegen all der Schwierigkeiten, die ich überwinden musste«, sagte Humbrecht. Wie die anderen Spitzen-Weingüter im Elsass teilte das Haus Zind-Humbrecht seine Erntetermine zwischen der frühen Schönwetterperiode und der später einsetzenden auf. »Die Weine, die aus den Erträgen der ersten Lese entstanden, sind gekennzeichnet von einer gesunden Ernte fruchtiger Weine, die zweiten durch beeindruckende Reifegrade und einen hohen Prozentsatz von Edelfäule«, erklärte er. »Qualitativ kann ich an kein besseres Trio von Jahrgängen denken als 1988, 1989, 1990 und 1996, 1997 und 1998.«

Aus einem Mischsatz dreier Rebsorten (einschließlich Auxerrois und Pinot Blanc) in den Lagen Clos Windsbuhl, Herrenweg und Rotenberg gewonnen, offenbart der *1998er Pinot d'Alsace* reichhaltige Aromen von honigfeinen weißen Früchten. Bei mittlerem Körper breit und geschmeidig, ist er ein seidig texturierter und im Geschmack mit reifen Birnen und Grapefruits ausgestatteter Wein. Der lange Abgang dieses opulenten Tropfens legt ansprechende, pikante, zitronenhafte Noten an den Tag. Trinken Sie ihn innerhalb der nächsten 5 Jahre.

Der *1998er Muscat Herrenweg de Turckheim* präsentiert in seinem Bukett Aromen von Orangenblüten und erdige Töne. Von leichtem bis mittlerem Körper und knochentrocken, wartet dieser seidig texturierte Wein mit Geschmackskomponenten auf, die an Mandarinen und Mineralien denken lassen. Trinken Sie ihn jetzt.

Der ebenfalls vollkommen trockene *1998er Muscat Goldert* enthüllt gedämpfte Blumendüfte und eine Persönlichkeit von mittlerem Körper. Reichhaltig, aber gut detailliert, ist er ein eleganter, im Geschmack von weißen Blumen und Mineralien dominierter Wein. Trinken Sie ihn jetzt.

Der *1998er Riesling Gueberschwihr* hat ein Bukett, in dem sich Düfte nach Kräutertee, Erde und Ladungen von Mineralien zu erkennen geben. Sein gut konturierter Charakter weist Geschmacksnuancen von Ananas, rosa Grapefruits und anderen Zitrusfrüchten auf. Von leichtem bis mittlerem Körper und knochentrocken, ist dies ein geschmacksintensiver, samtig texturierter Wein zum Trinkgenuss während der nächsten 6–7 Jahre. Aus Trauben von den jüngsten Rebstöcken (Durchschnittsalter 17 Jahre) in der Weinlage Brand hergestellt, offenbart der *1998er Riesling Turckheim* in seinem Bukett Aromen tropischer Früchte. Von mittlerem Körper und frisch, ist er voll gepackt mit ausdrucksvollen mineralischen Geschmacksnuancen. Dieser ausgefeilte, konzentrierte, sprühend lebendige Wein wird sich jetzt–2007 auf seinem Höhepunkt befinden.

In seinem Aromaprofil zeigt der aus Trauben von alten Reben (Durchschnittsalter 50 Jahre) bereitete *1998er Riesling Herrenweg de Turckheim* Anklänge an honigfeine Mineralien und Kräutertee. Von mittlerem Körper, breit gebaut und trocken, bietet er Geschmackskomponenten, die an Steine und Passionsfrucht erinnern. In seiner Struktur ist er fortgeschritten entwickelt und fast filigran. Trinken Sie ihn im Lauf der nächsten 7 Jahre. Aus Trauben hergestellt, die bei 14,2% natürlichem potenziellem Alkoholgehalt geerntet wurden, ist der *1998er Riesling Clos Hauserer* in Duft und Geschmack von Mineralien geprägt. Dieser reichhaltige Wein von mittlerem Körper nimmt sich im Mund frisch und expansiv aus und offenbart Nuancen von reifen Äpfeln und Steinen, die mit seiner ausdrucksvollen mineralischen Art einhergehen. Er ist präzise, vollkommen trocken und besitzt einen langen, sauberen Abgang. Voraussichtliche Genussreife: jetzt–2010.

Der *1998er Riesling Heimbourg* mit Düften nach Blütenknospen und süßem Kräutertee im Bukett hat eine milde, feminine Persönlichkeit von mittlerem Körper. Cremige Birnen und Ladungen von gelben Früchten sind in diesem in der Frucht fortgeschritten entwickelten Wein zu finden. Er sollte sich jetzt–2012 in Bestform befinden.

Humbrechts 1998er war – wie dies immer bei den Rieslingen aus der Brand-Lage der Fall ist – einer meiner Lieblingsweine bei diesem Besuch. Kraftvolle mineralische Noten mischen sich in seinem reichen Aromaprofil mit vitalen Birnen- und Apfeldüften. Bei mittlerem bis vollem Körper und mit prachtvoller Definition und Reintönigkeit versehen, ist dies ein eleganter, ehrfurchtgebietend konturenscharfer Tropfen. Ladungen von Mineralien, Steinen und weißen Früchten sind im Geschmacksprofil seiner ausdrucksvollen Persönlichkeit wie auch während seines mächtigen Abgangs zu entdecken. Voraussichtliche Genussreife: jetzt–2014+. Der mit Botrytis reich versehene *1998er Riesling Rangen de Thann Clos St-Urbain* machte eine Gärung von über einem Jahr durch. In seiner Farbe lässt sich ein goldener Schimmer entdecken, und er präsentiert ein rauchiges, nach Aprikosen, Pfirsichen und tropischen Früchten duftendes Bukett, das an einen Pinot Gris erinnert. Am Gaumen ist dieser opulente Wein von mittlerem bis vollem Körper voll gepackt mit gewürzten Äpfeln, überreifen gelben Früchten und Schichten von Mineralien, Erde und Steinen. Breit und intensiv, ist er sowohl herrlich reichhaltig als auch frisch. Dieser makellos ausgewogene Wein hat das Potenzial, nach einer gewissen Kellerreife noch großartiger zu werden. Voraussichtliche Genussreife: 2005–2014+.

Der *1998er Riesling Clos Windsbuhl Vendanges Tardive* wurde aus den von Olivier Humbrecht zuletzt (am 24. Oktober) geernteten Trauben bereitet. Sein nach getoasteten Nüssen und Blumen duftendes Bukett geht einher mit einer nuancierten, wunderbar präzisen Persönlichkeit. Cremige Birnen, kandierte Zitronen und süße Aprikosen sind im Geschmack dieses molligen, aber anmutigen Weins zu finden. Konzentriert und komplex, verbindet er auf bewundernswerte Weise Finesse mit Kraft. Trinken Sie ihn jetzt–2015.

Praktisch alle 1998er Pinot Gris der Domaine Humbrecht wurden mit dem Reifegrad einer Vendange Tardive geerntet, aber nur die komplexesten, am stärksten von Botrytis befallenen und süßesten wurden als solche auf dem Etikett gekennzeichnet. Dicker sahniger Mokka ist in den Aromen des *1998er Pinot Gris Vieilles Vignes* zu finden. Der hedonistische Wein besitzt im Geschmack verführerische Schichten von süßen Aprikosen und Marzipan. Dieser bei mittlerem bis vollem Körper sinnliche, in der Frucht fortgeschritten entwickelte Tropfen sollte im Lauf der nächsten 8 Jahre getrunken werden. Der *1998er Pinot Gris Heimbourg* gibt Aromen von dicklichen Birnen, Botrytis und Pfirsichen zu erkennen. Von mittlerem bis vollem Körper und opulent, ist dies ein üppiger, reintöniger Wein, der den Gaumen mit Wogen von süßen Pfirsichen überschwemmt. Dieses extrovertierte, fruchtige Weinangebot sollte innerhalb der nächsten 12 Jahre getrunken werden.

Anders als die anderen *1998er* dieser Rebsorte von Humbrecht verrät der *1998er Pinot Gris Windsbuhl* in seinem rauchigen, aprikosenduftigen Aromaprofil keinerlei Einfluss von Botrytis. Mineralien, Kirschen, Himbeeren und verschiedene andere rote Früchte prägen die Persönlichkeit dieses Weins von mittlerem bis vollem Körper. Er ist reintönig, komplex und wundervoll reichhaltig. Sein extravaganter Charakter ist seidig texturiert, verschwenderisch und elegant. Voraussichtliche Genussreife: 2004–2012+.

Der aus Trauben von 1946 gepflanzten Rebstöcken gewonnene *1998er Gewürztraminer Wintzenheim* offenbart köstliche Aromen von Rosenwasser. Bei leichtem bis mittlerem Körper ist er ein ausdrucksvoller Wein, elegant aber geschmacksintensiv. Rote Beeren, Litschis und kräftige florale Noten sind in seiner präzisen Persönlichkeit zu finden. Trinken Sie ihn im Lauf der nächsten 4 Jahre. Veilchenduft präsentiert der *1998er Gewürztraminer Turckheim* in seinem Aromaprofil. Dieser reichhaltige Wein von mittlerem Körper ist von filigraner Art. Ausgefeilte würzige, florale Noten und Mineralien sind in seinem detaillierten Charakter zu finden. Voraussichtliche Genussreife: jetzt–2004. Der aus den ältesten Reben des Weinguts gewonnene *1998er Gewürztraminer Gueberschwihr* offenbart Düfte nach Kirschen, Gewürzen und rosenähnliche Aromen. Von mittlerem bis vollem Körper und opulent, ist der Charakter dieses ölig texturierten Weins angefüllt mit reichlich frischen Gewürzen. Ingwer, Wacholderbeeren und Gewürznelken finden sich in seinen reintönigen, anmutigen Geschmacksnuancen. Trinken Sie ihn innerhalb der nächsten 6–7 Jahre.

Aus Rosen und Gewürzen (hauptsächlich Gewürznelken) setzt sich das Bukett beim *1998er Gewürztraminer Herrenweg de Turckheim* zusammen. Fast trocken, ist sein Charakter von mittlerem Körper breit, floral, massiv würzig und verrät etwas von der Wärme (Alkohol), die in den Weinen dieses Jahrgangs häufig auftaucht. Sein langer, seidiger Abgang zeigt die Bitterkeit der Zitronenrinde, die im Allgemeinen mit dieser Rebsorte assoziiert wird. Voraussichtliche Genussreife: jetzt–2007. In seinem Aromaprofil zeichnet sich der *1998er Gewürztraminer Heimbourg* durch den Duft süßer weißer Früchte und Gewürze aus. Von mittlerem Körper und elegant, ist dieser klar umrissene Wein angefüllt mit roten Beeren, kandierter weißer Frucht und kraftvollen floralen Elementen. Er nimmt sich breit, fett und anmutig aus. Sein eindrucksvoller Abgang entfaltet wunderschöne zitronenhafte Nuancen. Trinken Sie ihn während der nächsten 8–9 Jahre.

Der *1998er Gewürztraminer Clos Windsbuhl* bietet ein Bukett von roten Beeren, Birnen und Gewürzen. Der samtig texturierte Charakter dieses Weins von mittlerem bis vollem Körper ist voll gepackt mit Geschmacksnuancen, die an den Teig von Mandelplätzchen, süße rote Kirschen, in Sahne getauchte Himbeeren und Rosen erinnern. Höchst detailliert und präzise, ist er überschwänglich ausdrucksvoll, aber elegant und anmutig. Voraussichtliche Genussreife: jetzt–2012. Der prachtvolle, nach Rosen und Litschis duftende *1998er Gewürztraminer Hengst* ist körperreich und ölig texturiert. Dick, aber frisch, detailliert und geschliffen, ist er mit Litschis voll gepackt. Der hohe Alkoholgehalt des Weins (15,9%) schimmert ein wenig durch die dichte Frucht hindurch, aber seine extrovertierte, klar konturierte und fruchtgeprägte Persönlichkeit macht dies mehr als wett. Voraussichtliche Genussreife: jetzt–2012.

Der aus Humbrechts ältester Rebparzelle in der Rotenberg-Lage gewonnene *1998er Tokay Pinot Gris Rotenberg Vendanges Tardives* offenbart tiefe, rauchige Aprikosendüfte. Mit einer Ertragsmenge von kärglichen 10 hl/ha geerntet, ist dieser Wein von mittlerem bis vollem Körper rund, ausladend, mit bemerkenswerter Opulenz. Eingedickte Aprikosen und rote Kirschen sind in seinem geschmeidigen, sinnlichen Charakter zu finden. Trinken Sie ihn während der nächsten 12 Jahre. Der karamellduftige *1998er Tokay-Pinot Gris Clos Jebsal Vendanges Tardives* bietet kandierte Orangenschalen, eine starke mineralische Note und dickliche (fast sirupartige) gelbe Früchte in seinem Geschmacksprofil. Obwohl ein dicker, ölig texturierter Wein, ist er wegen seiner pikanten untergründigen Säure gleichzeitig rassig. Von mittlerem bis vollem Körper und harmonisch, befindet er sich noch in einem festen, jugendlichen Stadium. Voraussichtliche Genussreife: 2004–2015. Der außergewöhnliche *1998er Tokay-Pinot Gris Rangen de Thann Clos St-Urbain Vendanges Tardives* hat ein appetitanregendes Bukett von kandierten Blutorangen, getönt von einer durch Botrytis hervorgerufenen Würzigkeit. In Sahne getauchte rote, gelbe und weiße Früchte sind im Geschmacksprofil dieses komplexen, konzentrierten, körperreichen Mammutweins mit Erde, Mineralien und Kies durchsetzt. Seine massive Persönlichkeit wird durch seine superbe Säure schön gestützt, dazu hat dieser muskulöse, aber anmutige Wein einen unglaublich langen Abgang. Voraussichtliche Genussreife: 2005–2025.

Reiche blumige Aromen entströmen in mächtigen Schwaden dem *1998er Gewürztraminer Heimbourg Vendanges Tardives.* Ladungen von Gewürzen, Rosen, Birnen, kandierten Äpfeln, Veilchen und roten Beeren sind in diesem Tropfen von mittlerem bis vollem Körper zu finden. Dies ist ein üppiger, schwelgerischer Wein mit einer samtig texturierten, explosiven Persönlichkeit. Trinken Sie ihn jetzt–2012. In aromatischer Hinsicht schien sich der *1998er Gewürztraminer Goldert Vendanges Tardives* in einem reduktiven Stadium zu befinden, da er nur ledrige Düfte von sich gab. Humbrecht behauptet, dass diese Aromen lediglich der Ausdruck der tiefen mineralischen Art dieses Weins sind. Am Gaumen ist er sinnverwirrend. Ölige Schichten von intensiven Geschmackskomponenten, geprägt von Mineralien, Blumen (Rosen und Veilchen) und roten Früchten, lassen sich in seinem gewaltig konzentrierten und mächtigen Charakter entdecken. Er ist körperreich, herrlich detailliert und ausgewogen. Voraussichtliche Genussreife: jetzt–2014+.

Der superbe *1998er Gewürztraminer Rangen de Thann Clos St-Urbain Vendange Tardive* weist die goldene Bernsteinfarbe einer Sélection de Grains Nobles auf. Im Bukett wetteifern kandierte Orangen, Botrytis, rote Beeren und Erde um die Aufmerksamkeit des Verkosters. Ein hedonistischer Genuss, ist dieser körperreiche, dekadent viskose Tropfen gleichzeitig erfrischend im Geschmack. Sein Eindruck im Mund ist mit Millionen von winzigen luftigen Kissen zu vergleichen, die mit Karamell, Kakao, Mineralien, kandierten Zitronenschalen und zitronenhaften Steinen gefüllt sind. Verführerisch, komplex und profund, reflektiert er keine der typischen Kennzeichen dieser Rebsorte – Litschis, Rosenwasser, Blumen – in Duft und

Geschmack. Laut Olivier Humbrecht verkörpert er »die Quintessenz des Rangen-*terroirs*«. Voraussichtliche Genussreife: 2004–2018+.

»1999 begannen wir früh zu lesen und hörten spät auf. Dazwischen wichen wir den Regenfällen aus und warteten auf optimale Reife. Es gab von Parzelle zu Parzelle und Rebsorte zu Rebsorte riesige Unterschiede im Reifegrad. Es war ein Jahrgang, in dem es sich lohnte, geduldig zu sein.« Diese Worte stellte Humbrecht unseren Verkostungen des Jahrgangs 1999 seines Hauses voran. In einem typischen Jahr beschäftigt Humbrecht sein eigenes Team und stellt zusätzlich 30 Erntehelfer für die Lese ein. 1999 musste Humbrecht in dem ganzen Hin und Her des monatelangen Ernteprozesses 130 Leute anheuern. Wie Laurence Faller meinte auch er: »Wenn die Winzer bereit waren, die nötigen Kosten auf sich zu nehmen und so gründlich vorzugehen wie nötig, konnte der Jahrgang 1999 große Weine hervorbringen.«

Die herrlich reichhaltigen, reifen Aromen des *1999er Pinot d'Alsace* verströmen Aprikosen-, Pfirsich-, Rauch- und Gewürzdüfte. Dieser Wein mit Geschmacksnuancen von kandierten Zitrusfrüchten, Eisenkraut und Aprikosen besitzt ausgezeichneten Biss sowie Konturenschärfe. Laut Olivier Humbrecht gleicht er in analytischer Hinsicht dem 1998er, besitzt jedoch ein wenig mehr Weinsäure, von daher der Eindruck geringerer Reichhaltigkeit. Dessen ungeachtet bietet dieser Wein Ladungen von frischen, würzigen Früchten in seiner Persönlichkeit von mittlerem Körper. Trinken Sie ihn im Lauf der nächsten 4–5 Jahre.

Der mineralisch duftende *1999er Muscat Goldert* hat leichten bis mittleren Körper und zeigt eingangs im Mund gehaltvolle, reichfruchtige Art, die in einen festen, pikanten Abgang übergeht. Birnen, Äpfel und Orangen sind in diesem sprühend lebendigen Tropfen zu finden. Trinken Sie ihn im Lauf der nächsten 2 Jahre.

Der aus den jungen Reben (1976 und 1977 gepflanzt) des Mischsatzes der Brand-Lage gewonnene *1999er Riesling Turckheim* hat ein würziges, nach flüssigen Mineralien und Kreide duftendes Bukett. Bei leichtem bis mittlerem Körper und mit ausgezeichneter Tiefe der Frucht bietet dieser kristalline Wein in seinem Geschmacksprofil Nuancen von Birnen, roter Beerenfrucht und Kies. Trinken Sie ihn innerhalb der nächsten 4–5 Jahre. Der *1999er Riesling Herrenweg de Turckheim* besitzt zurückhaltende Aromen von Gewürzen und Kräutertee. Dieser reife, gehaltvolle, seidig texturierte Wein hat mittleren Körper und legt eine hervorragende, ausladende Art an den Tag. Weiße und rote Beeren vermischen sich in diesem komplexen, überaus detaillierten Wein mit Chinin, Bergamotten und Gewürzen. Er ist intensiv, jugendlich fest und besitzt die für eine Lagerung im Keller erforderliche Konzentration und Tiefe. Voraussichtliche Genussreife: jetzt–2010.

Der nach Talkumpuder und Mineralien duftende *1999er Riesling Clos Hauserer* ist bei leichtem Körper detailliert und klar umrissen. Dieser wunderschön reife, mit Geschmacksnuancen von Mineralien und Zitrusfrüchten ausgestattete Wein ist rassig, besitzt hervorragenden Biss und einen langen, mit Kräutertee ausstaffierten Abgang. Dieser wunderbar nuancierte Wein kann sich durchaus verbessern, während er altert. Voraussichtliche Genussreife: jetzt–2012. Der nach Gewürzen und Eisenkraut duftende *1999er Riesling Heimbourg* ist mollig und bei leichtem bis mittlerem Körper seidig texturiert. Mineralien und Gewürze sind in seinem ausdrucksvollen, weichen, sinnlichen Charakter zu finden. Er ist komplex, detailorientiert und zeigt hervorragende Konzentration. Voraussichtliche Genussreife: jetzt–2012.

Der *1999er Riesling Rangen de Thann Clos St-Urbain* springt mit einem Schwall von Feuerstein-, Rauch- und Gewürzaromen förmlich aus dem Glas. Von leichtem bis mittlerem Körper und seidig texturiert, ist dies ein saftiger, gut umrissener Wein mit einer extensiven Persönlichkeit, die bis zum Bersten voll gepackt ist mit Mineralien, Talkumpuder, Rauch und Unmengen von Gewürzen. Trinken Sie ihn im Lauf der nächsten 12–14 Jahre. Der nach flüssigen Mineralien duftende und mit einem Ertrag von 25 hl/ha geerntete *1999er Riesling Brand* ist ein samtig texturierter Wein von mittlerem Körper. Er ist der reichhaltigste von

Humbrechts *1999er* Rieslingen, hat einen sinnlich-üppigen, femininen Charakter und ist im Geschmack angefüllt mit reifen Birnen, Fruchtmark, Kräutertee und Gewürzen. Er besitzt hervorragende Tiefe und einen langen Abgang, der beerenähnliche Früchte enthüllt. Trinken Sie ihn innerhalb der nächsten 12 Jahre.

Humbrecht zufolge enthalten alle seine 1999er Tokay-Pinot-Gris-Weine etwas Restzucker, »weil es unmöglich war, 1999 einen vollkommen trockenen Pinot Gris zu machen, wenn man reife Frucht wünschte.« Rauchige Aprikosen und Botrytis gibt der *1999er Tokay-Pinot Gris Herrenweg* in seinem Bukett zu erkennen. Von leichtem bis mittlerem Körper und von ausgezeichneter Breite, ist dies ein wunderschön detaillierter, intensiver Wein mit Geschmackskomponenten von Birnen, Mineralien und weißen Beeren. Seine intensive Persönlichkeit besitzt hervorragende Tiefe. Trinken Sie ihn jetzt–2009. Flüssigen Rauch und pochierte Birnen weist der *1999er Tokay-Pinot Gris Vieilles Vignes* in seinem Aromaprofil auf. Dieser seidig texturierte Wein von mittlerem Körper ist in seinem floralen Charakter wunderbar detailliert. Er ist reintönig, überaus scharf konturiert und präsentiert in seiner milden, üppigen Persönlichkeit Geschmacksnuancen von Birnen, Äpfeln und Gewürzen. Trinken Sie ihn 2004–2012. Der sinnliche *1999er Tokay-Pinot Gris Heimbourg* besitzt Aromen, die erstaunlich an buttrigen Panzerkrebs erinnern. Reife Äpfel, Birnen und Ladungen von Botrytis gibt er in seiner opulenten, aber würzigen Persönlichkeit zu erkennen. Voraussichtliche Genussreife: jetzt–2012.

Der *1999er Tokay-Pinot Gris Clos Windsbuhl* besitzt rauchige mineralische Aromen. Dieser seidig texturierte Wein von mittlerem Körper bietet Ladungen von Äpfeln, Pfirsichen und weißen Beeren in seinem reichhaltigen, üppigen, aber höchst detaillierten, filigranen Charakter. Er ist hervorragend fett und tief, doch seine Frucht zeigt sich im Augenblick aufgrund seiner Jugendlichkeit noch verhalten. Dieser Wein besitzt immense Komplexität und einen intensiven, kraftvollen Charakter. Trinken Sie ihn 2005–2015. Der *1999er Tokay-Pinot Gris Rotenberg Vieilles Vignes* besitzt laut Humbrecht den höchsten Säuregehalt von all seinen 1999er Tokay-Weinen und hat seine malolaktische Gärung durchlaufen. In Duft und Geschmack legt er Zitrusfrüchte an den Tag. Von mittlerem bis vollem Körper und überschwänglich, explodiert er am Gaumen mit mächtigen Wogen von roten Beeren, weißen Johannisbeeren, kandierten Zitronen und einer Myriade von Gewürzen. Dies ist ein opulenter, aber würziger Wein mit immenser Kraft und Tiefe. Zwar nicht zum unmittelbaren Trinkgenuss ausgelegt, wird er Ihre Geduld jedoch reich belohnen. Trinken Sie ihn 2006–2017.

Der nach Gewürzen und Mineralien duftende *1999er Gewürztraminer Gueberschwihr* ist bei leichtem bis mittlerem Körper ein zurückhaltender Wein. Mineralien und Gewürze lassen sich in seiner gesamten Persönlichkeit verfolgen. Er stellt einen gut gemachten Wein für all jene dar, die um großspurige Gewürztraminer einen Bogen machen. Trinken Sie ihn während der nächsten 2–3 Jahre. Wie die zuvor genannten Humbrecht-Gewürztraminer ist auch der *1999er Gewürztraminer Wintzenheim* vollkommen trocken. In Duft und Geschmack legt er Mineralien und Blumen an den Tag. Von leichtem bis mittlerem Körper und gut strukturiert, hat dieser stahlige, konturenscharfe Wein ausgezeichneten Biss und wunderschön nuancierte Geschmackskomponenten. Trinken Sie ihn während der nächsten 2–3 Jahre.

Der *1999er Gewürztraminer Wintzenheim Vieilles Vignes* (aus Trauben von 55jährigen Rebstöcken) offenbart würzige Aromen von Rosenwasser. Bei mittlerem Körper und samtig texturiert, ist er weich, seidig und feminin. Dieser mollige, florale, nach weißen Früchten schmeckende Wein ist in seiner Persönlichkeit erfreulich detailliert. Trinken Sie ihn im Lauf der nächsten 5–6 Jahre. Der nach Litschis und Rosen duftende *1999er Gewürztraminer Herrenweg de Turckheim* ist ein weicher, reichhaltiger, würziger Wein. Weiße Pfirsiche, süße Beeren und gemischte Blumen sind in diesem molligen, aber detaillierten Wein zu finden. Trinken Sie diesen konzentrierten und ausdrucksvollen Gewürztraminer im Lauf der nächsten 6–7 Jahre.

Ladungen von Gewürzen und einen Duft, der an gekochte Louisiana-Krebse erinnert, zeigt der *1999er Gewürztraminer Clos Windsbuhl* in seinem Bukett. Von mittlerem Körper und dicht, ist dies ein Wein mit Rauch- und Röstaromen und beladen mit dichten Schichten von Gewürzen. Ein eleganter, höchst nuancierter und detaillierter Tropfen zum Trinkgenuss während der nächsten 7 Jahre.

Der *1999er Gewürztraminer Goldert* hat ein rauchiges, mit Gewürzen angefülltes Bukett. Aufgrund seiner würzigen, rauchigen, mit Petrol- und Zitrusnoten voll gepackten Persönlichkeit erinnert er mehr an einen Tokay-Pinot Gris als an einen Gewürztraminer. Er ist breit, intensiv und vital. Dieser Wein besitzt hervorragende Fülle, lebendige Säure und Ladungen von Geschmack. Trinken Sie ihn im Lauf der nächsten 7–8 Jahre. Der nach Talkumpuder, Blumen und Gewürzen duftende *1999er Gewürztraminer Hengst* weist einen köstlichen seidig texturierten Charakter auf. Von mittlerem Körper und frisch, verwöhnt er den Gaumen des Verkosters mit Rosen, Veilchen und einem Hauch weißer Früchte. Dieser gut umrissene und detaillierte Wein sollte im Lauf der nächsten 7–8 Jahre getrunken werden.

Der mineralisch duftende *1999er Gewürztraminer Rangen de Thann Clos St-Urbain* erinnert ebenso wie der Goldert mehr an einen Tokay-Pinot Gris als an einen Gewürztraminer. Eine Fülle von Rauch und Gewürzen ist in seinem üppigen, aber detaillierten Charakter zu finden. Mineralien, Metallspäne, Zimt und Kardamom legt er in seinem Geschmacksprofil an den Tag. Zwar kommt er den Wünschen der Verbraucher nach einem archetypischen Gewürztraminer nicht entgegen, aber diejenigen Genießer, die sich nach einem scharf konturierten, würzigen Tokay sehnen, werden von diesem Tropfen begeistert sein. Trinken Sie ihn innerhalb der nächsten 7–8 Jahre.

Der Riesling-ähnliche *1999er Gewürztraminer Heimbourg* entquillt dem Glas mit herzhaften petrolartigen Aromen. Am Gaumen nimmt sich auch dieser Wein mehr wie ein Riesling denn wie ein Gewürztraminer aus. Rauchige, petrolartige, an Birnen, weiße Pfirsiche und Mineralien anklingende Komponenten geben sich in seinem scharf konturierten Charakter zu erkennen. Darüber hinaus besitzt er hervorragende Breite, ist klar umrissen und konzentriert. Trinken Sie ihn im Lauf der nächsten 7–8 Jahre. Der blumige, nach Rauch und Mineralien duftende *1999er Tokay-Pinot Gris Clos Jebsal Vendanges Tardives* duftet und schmeckt beinahe wie ein Riesling Vendanges Tardives. Ladungen von flüssigen Mineralien sind in seiner geschichteten, samtigen Persönlichkeit zu finden. Er hat hervorragende Tiefe, einen frischen Charakter und einen langen, geschmacksbetonten Abgang. Trinken Sie ihn im Lauf der nächsten 12–14 Jahre.

Der nach Quitten, Estragon und frischem Fenchel duftende *1999er Gewürztraminer Heimbourg Vendanges Tardives* hat eine klar definierte, breite Persönlichkeit von mittlerem Körper. Gewürze, Mineralien und rauchiger Fenchel sind in seinem femininen Charakter spürbar. Dies ist ein komplexer und klar umrissener Wein zum Trinkgenuss während der nächsten 12 Jahre.

Der *1998er Riesling Rangen de Thann Clos St-Urbain Sélection de Grains Nobles* prunkt mit 11,5% Alkohol und 130 gr Restzucker. Er entspringt dem Glas mit einem mächtigen Schwall von mineralischen und zitronenhaften Karamellaromen. Dies ist ein bewundernswert konturierter Wein von mittlerem bis vollem Körper mit einer messerscharf gezeichneten, sirupartigen Persönlichkeit. Seine Geschmackskomponenten von kandierten und gelierten Aprikosen erhalten durch seine erstaunliche Säure Lebendigkeit. Dieser unglaublich lange Wein ist mächtig, höchst ausdrucksvoll und intensiv. Er hat das Potenzial, 25 Jahre oder länger zu halten.

Der *1998er Tokay-Pinot Gris Rangen de Thann Clos St-Urbain Sélection de Grains Nobles* hat 13,5% Alkohol und 160 gr Restzucker. Obwohl kein frisches Eichenholz eingesetzt wurde, offenbart sein Aromaprofil Vanille- sowie kräftige Rauch- und Gewürzdüfte. Dies ist ein Wein mit Geschmackskomponenten von Himbeeren, Aprikosen, Pfirsichen, Gewürzen und Toast. Er weist prachtvolle Breite und einen unglaublich langen Abgang auf. Obwohl sein Geschmacksprofil dickflüssige, fast gelierte Art zu erkennen gibt, besitzt er brillante Konturenschärfe. Dies ist ein außergewöhnlicher Wein mit großartiger Substanz. Trinken Sie ihn im Lauf der nächsten 25–30+ Jahre. Der exotische, nach Früchten duftende *1998er Tokay-Pinot Gris Clos Jebsal Sélection de Grains Nobles* überschwemmt den Gaumen des Verkosters mit Wogen von dicken Aprikosen und Pfirsichen. Dieser überaus dichte, fette, fast kompottähnliche Wein besitzt aufgrund seiner sprühend lebendigen Säure beispielhafte Ausgewogenheit. Er ist körperreich, intensiv süß, gewaltig konzentriert und mächtig. Trinken Sie ihn im Lauf der nächsten 30+ Jahre.

BORDEAUX

Grundwissen

WEINTYPEN

Bordeaux ist der Inbegriff für qualitativ hochwertige Weine, die lange gelagert werden können. Sie stammen von Gütern, die Châteaux genannt werden. Die Produktion in den 1980er und 1990er Jahren schwankte zwischen 25 und 65 Millionen Kisten Wein pro Jahr; 75 Prozent davon sind Rotweine.

Rotweine Der Ruf des Gebiets um Bordeaux (Bordelais) beruht auf seinen trockenen roten Weinen, doch nur ein kleiner Prozentsatz des Weins, der dem Bordeaux sein Prestige verleiht, stammt von berühmten Appellationen wie Margaux, St-Julien, Pauillac und St-Estèphe, die alle im Gebiet des Médoc liegen, sowie den Appellationen Graves, Pomerol und St-Émilion. Weine aus diesen Gebieten sind teuer, aber beständig von hoher Qualität.

Weißweine Im Bordelais werden süße, volle, honigfeine Weine in den zwei berühmten Gebieten Sauternes und Barsac erzeugt. Es werden auch riesige Mengen trockener Weißweine produziert; die meisten davon sind langweilig und neutral im Charakter, ausgenommen der exzellente trockene Weißwein aus dem Gebiet Graves und der Unterappellation Pessac-Léognan.

REBSORTEN

Im Folgenden werden die wichtigsten Rebsorten für rote und weiße Bordeauxweine aufgeführt.

REBSORTEN FÜR ROTWEINE

Für den roten Bordeaux werden im Bordelais drei Hauptrebsorten und zwei weniger wichtige Sorten angepflanzt; eine davon – Petit-Verdot – wird weiter unten besprochen. Der jeweilige Typ der Rebsorte übt nämlich einen großen Einfluss auf den Stil des Weins aus, der schließlich daraus hergestellt wird.

Cabernet Sauvignon Eine sehr stark pigmentierte Rebsorte, sehr adstringierend und tanninhaltig, die für Rückgrat, Stärke, tiefe Farbe, Charakter und Langlebigkeit der Weine vor allem im Médoc sorgt. Sie reift spät, ist wegen ihrer dicken Haut resistent gegen Fäule und erinnert im Aroma stark an schwarze Johannisbeeren, manchmal verwoben mit zart kräuterhaften Düften, die im Alter eher an den Geruch von Zedernholz denken lassen. Praktisch alle Châteaux im Gebiet des Bordelais vermischen Cabernet Sauvignon mit anderen roten Rebsorten. Im Médoc wird Cabernet Sauvignon meist zu 40–85 Prozent beigemischt, in Graves zu 40–60%, in St-Émilion zu 10–50% und in Pomerol zu 0–20%. Auch werden die Mischungsverhältnisse je nach Ernte verändert. Wenn zum Beispiel das Wetter den Cabernet Sauvignon begünstigt, wie das 1996 und 1986 am deutlichsten der Fall war, wird ein höherer Anteil Cabernet Sauvignon verwendet.

Merlot Die Rebsorte Merlot wird in praktisch jedem Château des Bordelais verwendet, weil sie den Wein rund, generös, tiefrot, geschmeidig und alkoholstark machen kann. Sie reift im Durchschnitt ein bis zwei Wochen früher als die Cabernet Sauvignon-Traube. Im Médoc erreicht diese Rebe ihren Gipfel, und mehrere Châteaux verwenden sie zu einem hohen Prozentsatz (Palmer, Cos d'Estournel, Haut-Marbuzet und Pichon-Lalande). Am verschwenderischsten wird sie jedoch in Pomerol eingesetzt. Im Médoc beträgt der Anteil im Mischsatz 5–45%, in Graves 20–40%, in St-Émilion 25–60% und in Pomerol 35–100%. Die Merlot-Traube erzeugt Weine mit geringerem Säure- und Tanningehalt als die Cabernet-Sauvignon-Traube. Als Faustregel gilt, dass Weine mit einem höheren Prozentsatz an Merlot viel eher trinkreif sind als Weine mit hohem Anteil an Cabernet Sauvignon, aber sie altern fast ebenso gut. Jedoch kann auch ein Merlot-Wein sich langsamer entwickeln als ein Wein aus dem Médoc (zum Beispiel Pétrus). In Jahren mit günstigen Verhältnissen wird oft ein höherer Anteil verwendet (zum Beispiel 1998, 1995 und 1994).

Cabernet Franc Eine der Cabernet Sauvignon verwandte Rebe, die etwas früher reift, wird Cabernet Franc (in St-Émilion und Pomerol Bouchet genannt) in kleinen bis sehr geringen Anteilen benutzt, um dem Wein Komplexität und Bukett zu verleihen. Diese Rebe hat ein starkes, oft sehr würziges, manchmal grasiges, olivenähnliches Aroma. Sie besitzt nicht den fleischigen, geschmeidigen Charakter der Merlot und nicht die Adstringenz, die Kraft und die Farbe der Cabernet Sauvignon. Im Médoc wird Cabernet Franc im Mischsatz zu 0–30% verwendet, in Graves zu 5–25%, in St-Émilion zu 25–66%, in Pomerol zu 5–50%.

Petit Verdot Petit-Verdot ist eine nützliche, aber im Allgemeinen schwierige Rebe, weil sie sehr spät reift. Sie sorgt für intensive Farbe, feste Tannine sowie hohen Zucker- und Alkoholgehalt, wenn sie voll ausreift, wie es 1982, 1996 und 2000 im Bordeaux-Gebiet der Fall war. Unreif ist sie von abstoßendem, scharfem und saurem Charakter. Im Médoc verwenden

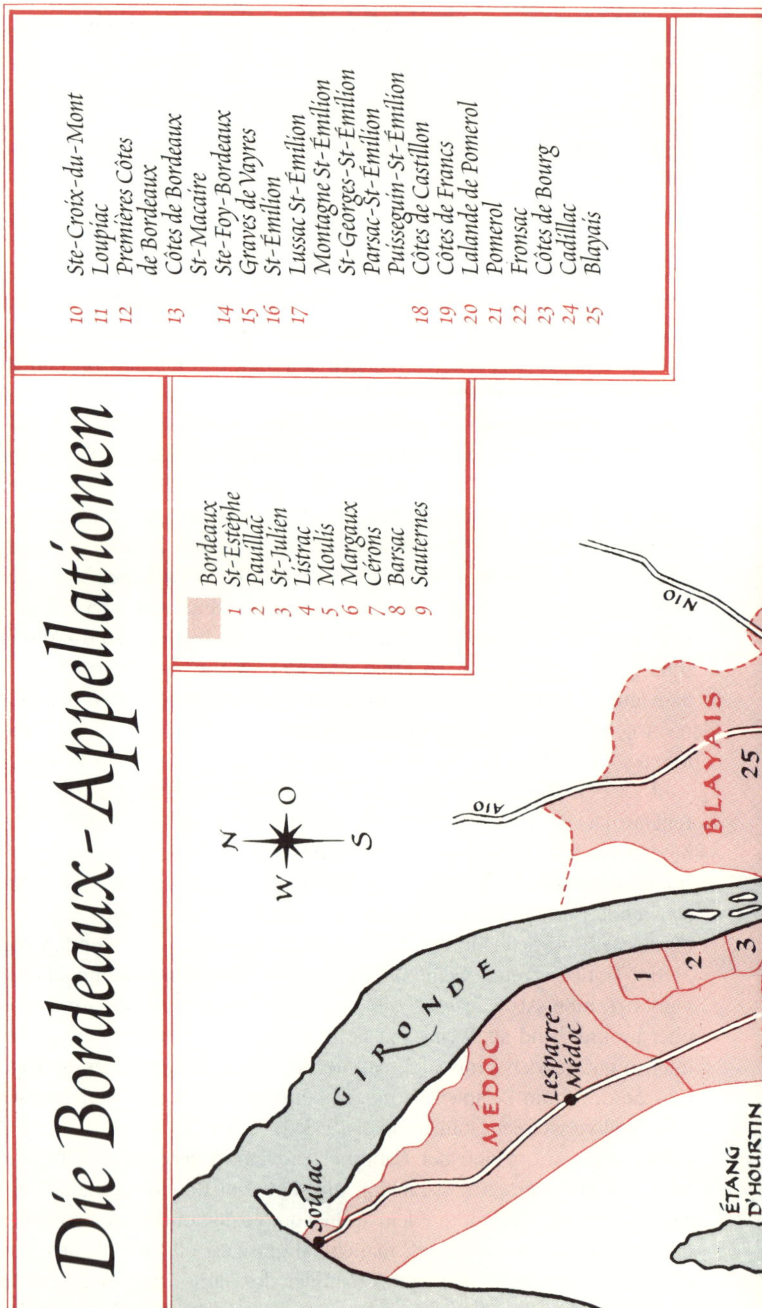
Die Bordeaux-Appellationen
Bordeaux
1 St-Estèphe
2 Pauillac
3 St-Julien
4 Listrac
5 Moulis
6 Margaux
7 Cérons
8 Barsac
9 Sauternes
10 Ste-Croix-du-Mont
11 Loupiac
12 Premières Côtes de Bordeaux
13 Côtes de Bordeaux St-Macaire
14 Ste-Foy-Bordeaux
15 Graves de Vayres
16 St-Émilion
17 Lussac St-Émilion
Montagne St-Émilion
St-Georges-St-Émilion
Parsac-St-Émilion
Puisseguin-St-Émilion
18 Côtes de Castillon
19 Côtes de Francs
20 Lalande de Pomerol
21 Pomerol
22 Fronsac
23 Côtes de Bourg
24 Cadillac
25 Blayais
N
W
O
S
GIRONDE
MÉDOC
Soulac
Lesparre-Médoc
ÉTANG D'HOURTIN
BLAYAIS
A10
N10
1
2
3
25

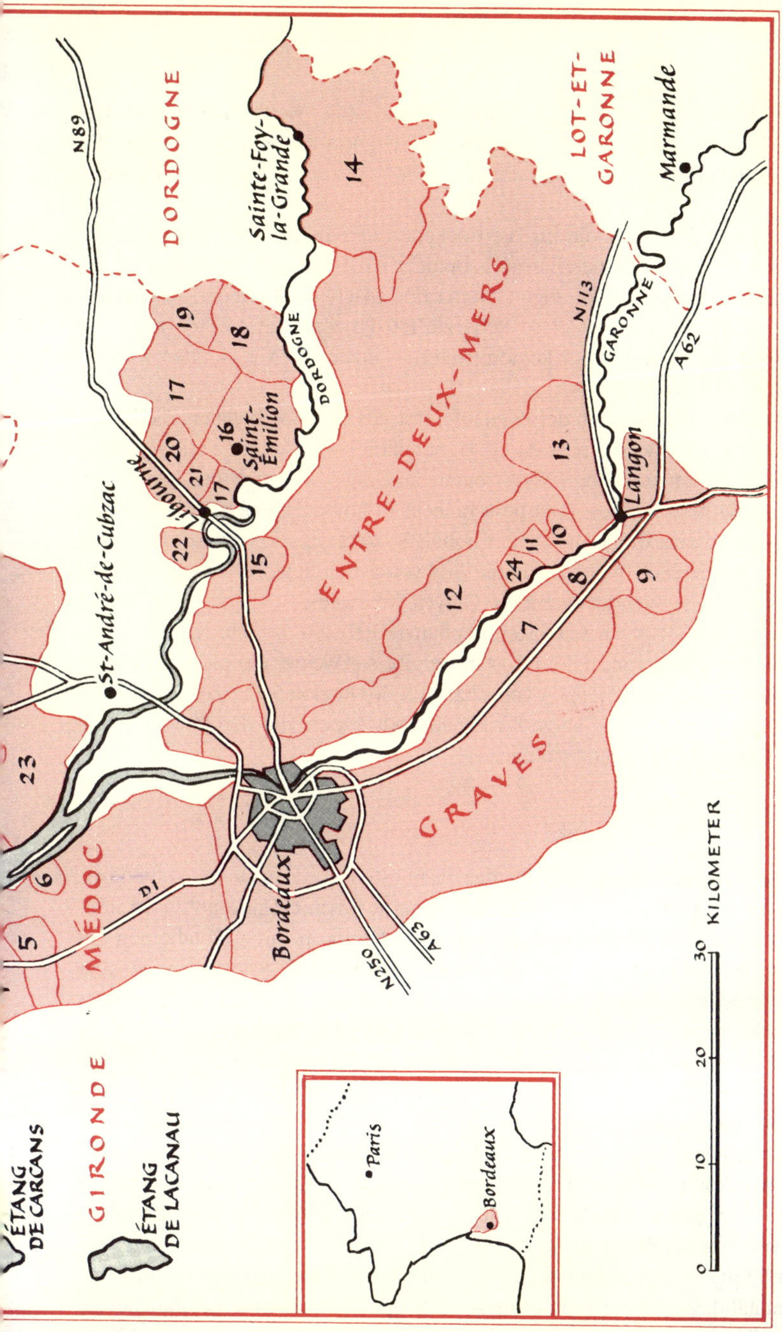
DORDOGNE
LOT-ET-GARONNE
Marmande
Sainte-Foy-la-Grande
ENTRE-DEUX-MERS
GRAVES
MÉDOC
GIRONDE
Bordeaux
Libourne
Saint-Émilion
Langon
St-André-de-Cubzac
DORDOGNE
GARONNE
N89
N113
A62
A63
N250
D1
ÉTANG DE CARCANS
ÉTANG DE LACANAU
0 10 20 30 KILOMETER
Paris
Bordeaux
5
6
7
8
9
10
11
12
13
14
15
16
17
18
19
20
21
22
23
24

sie nur wenige Châteaux zu mehr als 5% im Mischsatz; und die sie verwenden sind im Allgemeinen Betriebe wie Palmer und Pichon-Lalande, die mit hohen Merlot-Anteilen arbeiten. In Pomerol und St-Émilion gibt es Petit Verdot so gut wie nicht.

REBSORTEN FÜR WEISSWEINE

Das Gebiet um Bordeaux (Bordelais) bringt trockene und süße Weißweine hervor. Gewöhnlich werden dazu nur drei Reben verwendet: Sauvignon Blanc und Sémillon für trockene und süße Weine sowie Muscadelle, die man sehr sparsam bei den Süßweinen einsetzt.

Sauvignon Blanc Diese Rebsorte, die für die trockenen Graves-Weißweine und für die süßen Weißweine der Region Sauternes/Barsac gebraucht wird, erzeugt unverwechselbare Weine mit einem starken, manchmal krautigen Aroma und frischem, strengem Geschmack. Einige Châteaux in Graves verwenden diese Rebe zu 100 Prozent, die meisten aber verschneiden sie mit Sémillon. In den in der Region Sauternes erzeugten Verschnitten wird sie weniger als in Graves verwendet.

Sémillon Diese Rebsorte wird oft von der Edelfäule, Botrytis genannt, befallen, die für die Produktion der exzellenten Süßweine notwendig ist. Sémillon sorgt für eine volle, cremige, intensive Art sowohl bei den trockenen Weißweinen in Graves als auch bei den vollen Süßweinen im Gebiet Sauternes. Diese Traube schmeckt in jungen Weinen recht fruchtig. Während des Alterns scheinen Weine mit einem hohen Prozentsatz an Sémillon Fülle und Viskosität zu gewinnen. Deshalb werden für die Süßweine der Region Sauternes/Barsac höhere Anteile an Sémillon verwendet als für die Graves-Weißweine.

Muscadelle Diese im Bordelais am seltensten gepflanzte Rebsorte ist sehr fragil und anfällig für Krankheiten. In gesundem, reifem Zustand ergibt sie Weine, die parfümiert nach Blüten duften. Sie wird in geringen Mengen von Châteaux der Region Sauternes/Barsac verwendet, in Graves zunehmend durch einige Weißweinproduzenten, um den Weinen exotische Nuancen von Tropenfrüchten hinzuzufügen.

BEDEUTENDE APPELLATIONEN

Im Folgenden werden die Hauptcharakteristika der wichtigsten Bordeauxweine aufgeführt:

St-Estèphe Zwar sind die Weine von St-Estèphe bekannt für ihre Härte aufgrund ihrer schweren, festen Böden, aber die Châteaux haben mehr Merlot in ihren Weinbergen gepflanzt als irgendwo sonst im Médoc. Verallgemeinerungen können gefährlich sein, aber die meisten St-Estèphe-Weine besitzen ein weniger ausdrucksvolles und schmeichelndes Bukett, sind von härterem Charakter und schmecken strenger und tanninreicher als sonst im Médoc. Sie sind im Allgemeinen körperreich und weisen ein beträchtliches Alterungspotenzial auf.

Pauillac Ein klassischer Pauillac ist der Wein, den man sich landläufig unter einem Bordeaux vorstellt – ein reiches Bukett von Johannisbeeren und Zedernholz, gefolgt von vollmundigen Geschmackskomponenten von mittlerem bis vollem Körper, und mit großer Reichhaltigkeit und Tanningehalt. Die Preise halten mit dem Ruf dieses Gebietes Schritt.

St-Julien Die Weine von St-Julien lassen sich oft nicht von denen von Pauillac unterscheiden. Sie sind angefüllt mit reicher Johannisbeerfrucht und einem Duft nach Zedernholz und Gewürzen. Die Qualität dieser Appellation ist insgesamt superb, so dass die Verbraucher sie im Auge behalten sollten.

Margaux Diese Weine sind die leichtesten Weine des Médoc, aber in guten Jahrgängen vielleicht auch die verführerischsten. Bis in die späten 1990er Jahre war die allgemeine Qualität der Weinbereitung in dieser Appellation niedriger als in anderen Gebieten des Médoc, aber die bisherigen Anbieter minderer Qualität sind weitgehend verschwunden. Ein großer

Margaux in einem Spitzenjahrgang hat ein unleugbar blumiges, nach Beeren duftendes Bukett, das vom Duft frischen Eichenholzes gestützt wird. Ein Margaux-Wein reift in seinem Körper- und Tanningehalt ungeachtet hoher Cabernet-Sauvignon-Anteile offensichtlich schneller als ein St-Julien, Pauillac oder St-Estèphe. Für Bukett-Liebhaber können die besten Margaux-Weine unwiderstehlich sein.

Graves- und Pessac-Léognan-Rotweine Diese Weine sind bei Blindproben am leichtesten aus allen Bordeaux herauszuschmecken, da sie unverwechselbar nach Mineralien duften und in Geschmack und Aroma an Tabak und Zedernholz erinnern. Sie sind im allgemeinen die leichtesten Bordeauxweine, aber sie haben intensive Geschmacks- und Duftnoten.

St-Émilion Es ist schwierig, ganz allgemein vom Geschmack eines St-Émilion zu sprechen, da es viele Stilausprägungen gibt, doch lässt sich sagen, dass die meisten St-Émilions weicher und fleischiger als die Médoc-Weine sind. Zunehmend sind die Spitzenweine so saftig und üppig wie Pomerols. Durch den hohen Cabernet-Franc-Anteil haben sie oft ein kräuterartiges Bukett mit Zedernholznote, aber Merlot gewinnt in den endgültigen Verschnitten einen immer größeren Anteil. Seit den frühen 1990er Jahren hat sich die Zahl der neuen Erzeuger und Weine höherer Qualität explosionsartig gesteigert. Überdies nahmen die so genannten »Garagenweine« zu dieser Zeit von hier ihren Ausgang und prosperieren noch heute, da junge, hoch motivierte Leute die Aufmerksamkeit mit Weinen auf sich ziehen, die aus winzigen Erträgen und reifer Frucht bereitet werden. Hinsichtlich Qualität und Vielfalt ist das die aufregendste Appellation des Bordelais.

Pomerol Pomerols werden oft wegen ihrer vollen, weichen, eher eindimensionalen Persönlichkeit die Burgunder des Bordeaux genannt. Aber sie können sehr gut altern und sind die Weine der Wahl für Hedonisten, da sie eine überaus reiche Frucht von schwarzen Johannisbeeren, Schwarzkirschen und manchmal Brombeeren besitzen. In großen Jahrgängen können diese Weine ungeheuer opulent werden, aber über die zwei Dutzend Spitzenbetriebe hinaus wird die Qualität sehr ungleichmäßig.

Graves- und Pessac-Léognan-Weißweine Die Graves-Spitzenweißweine werden in Holzfässern ausgebaut und aus Sauvignon Blauc und Sémillon hergestellt. In ihrer Jugend schmecken sie oft kräftig nach Holz, aber mit der Zeit entwickeln sie cremige, volle Geschmackskomponenten, die sich wundervoll mit dem Eichenholzgeschmack paaren. Die besten Weine halten sich spielend 20–25 Jahre.

Sauternes/Barsac Abhängig vom Jahrgang und vom Anteil der edelfaulen Trauben, können die Weine fett und reif schmecken und wenig Charakter besitzen, wenn wenig Trauben von Botrytis befallen sind. Oder sie erscheinen wundervoll exotisch, mit einem Bukett von honigsüßen tropischen Früchten und gebutterten Nüssen in jenen großen Jahrgängen, in denen sehr viele Trauben botrytisbefallen sind.

Satelliten-Appellationen In einer Reihe von anderen weniger bekannten Appellationen im Bordelais werden große Mengen Wein produziert. Die meisten dieser Weine werden in ganz Frankreich vertrieben. Für den wirklichen Kenner können die Weine der Satelliten-Appellationen im Bordelais tatsächlich sehr preisgünstige Einkäufe bedeuten, besonders in Spitzenjahrgängen wie 1982, 1990 und 2000 als exzellente klimatische Voraussetzungen und der verstärkte Einsatz moderner technologischer Hilfsmittel eine riesige Auswahl von hervorragenden Weinen zu mäßigen Preisen hervorbrachten. Im Folgenden eine Auflistung der wichtigsten Satelliten-Appellationen:

Fronsac und Canon-Fronsac Im 18. und 19. Jahrhundert waren die über die Hügel und Täler von Fronsac und Canon-Fronsac verstreuten Weinlagen – nur einige Kilometer westlich von Libourne gelegen – bekannter als die Weine von Pomerol und wurden teurer verkauft als die Weine von St-Émilion. Doch weil das Weinanbaugebiet Pomerol leichter zu erreichen war und die meisten Makler ihre Büros in Libourne hatten, wurden die Weinlagen von Pomerol und St-Émilion mehr genutzt als die von Fronsac und Canon-Fronsac. Daher versank dieses Gebiet in eine lange Phase der Vergessenheit, aus der es erst vor kurzem wieder aufzutauchen begann.

Lalande-de-Pomerol Lalande-de-Pomerol liegt genau nördlich von Pomerol und Néac und umfasst fast 910 Hektar Rebflächen. Die Rebstöcke, die nur Rotwein hervorbringen, wurden auf relativ leichten, kiesigen, sandigen Böden des Flusses Barbanne gepflanzt, der sich durch das Gebiet schlängelt und die nördliche Grenze der Appellation bildet. Ein guter Lalande-de-Pomerol der höchsten Qualitätsstufe kann es mit einem Pomerol mittleren Niveaus leicht aufnehmen. Der einzige Nachteil dieser Weine besteht darin, dass sie im Allgemeinen 5–6 Jahre nach der Ernte getrunken werden müssen.

Côtes de Bourg Côtes de Bourg, eine erstaunlich ausgedehnte Appellation von annähernd 4000 Hektar, liegt am rechten Ufer der Gironde, nur fünf Minuten mit dem Boot von der berühmteren Appellation Margaux entfernt. Die Weingärten hier sind tatsächlich älter als die im Médoc, war doch diese attraktive bergige Landschaft einst das Zentrum der strategisch angelegten Festungen, die während der Herrschaft der Plantagenets in Frankreich errichtet wurden. Die Aussicht von den hoch gelegenen Weinbergen am Fluss ist prachtvoll. Die lokale Handelskammer hat den Versuch unternommen, das Augenmerk der Öffentlichkeit auf dieses Gebiet zu lenken, indem sie Bourg »die Schweiz der Gironde« nannte. Sie sollte besser die Anziehungskraft der besten Weine von den Côtes de Bourg hervorheben, die in einem unkomplizierten, jedoch fruchtigen, runden, ansprechenden Stil bereitet sind und auf das malerisch am Abhang gelegene Städtchen Bourg-sur-Gironde, den alten Hafen des Gebiets, aufmerksam machen.

Blaye In der genau nördlich von Bourg gelegenen Region Blaye gibt es etwas über 2700 Hektar Rebfläche. Die besten Lagen dürfen sich Appellation Premières Côtes de Blaye nennen. Zwar wird in der Region Blaye etwas Weißwein produziert, doch der größte Teil der Premières Côtes de Blaye sind der Erzeugung von Rotwein gewidmet, der dem Roten von Bourg sehr ähnelt. Die besten Exemplare sind frühzeitig reif, rund, vollfruchtig, weich und auf eine etwas sanftere Art immens zufrieden stellend.

Loupiac und Ste-Croix-de-Mont Angesichts der in den Himmel wachsenden Preise für Barsac und Sauternes sehe ich den Produzenten der süßen Weißweine von Loupiac und Ste-Croix-du-Mont eine wichtigere Rolle zufallen. Diese beiden Appellationen, etwa 40 km südlich von Bordeaux am rechten Ufer der Garonne mit dem Blick auf Barsac und Sauternes jenseits des Flusses gelegen, haben eine ideale südliche Ausrichtung. Diese Gebiete erhielten 1930 den Status einer Appellation, und viele Beobachter glauben, dass die ausgezeichnete Ausrichtung der Spitzenlagen mit den Lehm-Kalksteinböden sich gut für die Produktion süßer Weine eignet, insbesondere angesichts der Tatsache, dass die Morgennebel, die so wichtig sind für die Bildung der Edelfäule, *Botrytis cinerea*, in dieser Region regelmäßig auftreten. Die gesamte Appellation Loupiac umfasst 550 Hektar. Obwohl den Süßweinen von Weinliebhabern zunehmend Interesse entgegengebracht wird, erzeugt man sowohl trockene Weißweine als auch ein wenig trockenen Rotwein.

ALTERUNGSPOTENZIAL VON SPITZENWEINEN AUS JÜNGEREN SPITZENJAHRGÄNGEN

St-Estèphe: 8–35 Jahre; 2000, 1996, 1995, 1990, 1986, 1982
Pauillac: 8–40 Jahre; 2000, 1996, 1995, 1990, 1986, 1982
St-Julien: 8–35 Jahre; 2000, 1996, 1995, 1990, 1986, 1982
Margaux: 8–30 Jahre; 2000, 1999, 1996, 1995, 1990, 1986, 1983
Pessac-Léognan-Rotweine: 8–30 Jahre; 2000, 1998, 1995, 1990, 1989, 1988, 1982
St-Émilion: 8–25 Jahre; 2000, 1998, 1995, 1990, 1989, 1988, 1982
Pomerol: 5–30 Jahre; 2000, 1998, 1995, 1990, 1989, 1988, 1982
Pessac-Léognan-Weißweine: 5–20 Jahre; 2000, 1998, 1997, 1995, 1994, 1989, 1988, 1983
Barsac/Sauternes: 10–50 Jahre; 1998, 1990, 1989, 1988, 1986, 1983, 1976, 1975
Fronsac und Canon-Fronsac: 5–20 Jahre; 2000, 1998

Lalande-de-Pomerol: 3–6 Jahre; 2000, 1998
Bourg: 3–10 Jahre; 2000, 1998
Blaye: 2–4 Jahre; 2000
Loupiac: 5–15 Jahre; 1998, 1997, 1996, 1990, 1989, 1988
Ste-Croix-de-Mont: 4–12 Jahre; 1998, 1997, 1996, 1990, 1989, 1988

ALLGEMEINES QUALITÄTSNIVEAU

Im Vergleich zu allen anderen großen Weinregionen der Welt werden im Bordelais beständig Weine der höchsten Qualität produziert. Zwar kann man auch eindimensionale, harmlose Weine finden, aber schlechte Weine sind selten. Als Spitzenerzeuger von Cabernet Sauvignon, Merlot und Cabernet Franc bleibt das Bordelais der Maßstab.

WAS SIE UNBEDINGT WISSEN MÜSSEN

Weintrinker, die erfahrene Käufer von Bordeauxweinen werden wollen, müssen wissen, welche Châteaux gegenwärtig die besten Weine produzieren. Ein Überblick über die Spitzenkategorien der Châteaux im Bordelais möchte Ihnen vermitteln, welche Erzeuger Wert auf hohe Qualität legen. Aber die Weinliebhaber sollten sich auch selbst mit dem Stil der Weine aus den verschiedenen Appellationen vertraut machen. Einige werden den harten, strengen Typ von St-Estèphe oder Pauillac vorziehen, während andere eher einen schwelgerisch-üppigen, opulenten Pomerol schätzen werden. Nach meiner Erfahrung werden die Graves-Weine wegen ihres unverwechselbaren Dufts nach Mineralien und ihrem Tabakbukett von Neulingen am wenigsten geschätzt, von erfahreneren Weinkennern wird diese Art dagegen sehr bewundert. Es sollte allen klar sein, dass die berühmte offizielle Klassifikation der Bordeaux-Güter überholt und für den Verbraucher lediglich von akademischem Interesse ist. Diese berühmte Klassifikation wurde ursprünglich aufgestellt, um den Absatz zu steigern und klare Qualitätsgrenzen zu ziehen. Aber einige der Châteaux produzieren aus Nachlässigkeit, Inkompetenz oder einfach aus Habgier mittelmäßige oder kleine Weine, die ihre Stellung in dieser Klassifikation nicht rechtfertigen. Einen verlässlicheren Führer durch die Qualität der Bordeauxweine finden Sie in der Klassifikation der Châteaux auf den folgenden Seiten. Sie spiegelt die allgemeine Qualität der Weine wider und nicht ihren historischen Stellenwert.

JAHRGANGSÜBERSICHTEN 1945–2000

Dieses Kapitel enthält einen allgemeinen bewertenden Überblick über die Bordeaux-Jahrgänge von 1945 bis 2000. Dabei werden die Spitzenweine eines jeden akzeptablen Jahrgangs einzeln erörtert, die Jahrgänge aber in Form eines generellen Überblicks über die jeweilige Weinbauregion vor Augen geführt. Auch in mittelmäßigen und schlechten Jahrgängen können tüchtige Winzer häufig durch eine strenge Auslese der besten Trauben und fertigen Cuvées hervorragende Leistungen der Weinbereitung erbringen. Umgekehrt ist es auch möglich, dass untüchtige und gierige Produzenten in guten, ja sogar großartigen Jahren dünne, verwässerte, charakterlose Weine erzeugen. Für den Verbraucher ist eine Jahrgangsübersicht ein wichtiger Leitfaden, gibt sie doch das Qualitätsniveau an, das sich in einem bestimmten Jahr von einem gewissenhaften Winzer oder Weinproduzenten erzielen ließ.

2000 – Ein Überblick (12.09.2000)

St-Estèphe*****
Pauillac *****
St-Julien*****
Margaux*****
Médoc/Haut-Médoc Crus Bourgeois****
Pessac-Léognan/Graves rot*****

Pessac-Léognan/Graves weiß*** St-Émilion*****
Pomerol***** Barsac/Sauternes***

Ertragsmenge: Eine sehr große Ernte.
Zusammenfassung: Der 2000er ist der beste jemals erzielte Bordeaux und gleichzeitig absurd teuer.
Reifezustand: Dies ist ein Jahrgang für den geduldigen Weinkenner. Die Spitzen-2000er sind mächtig, übergroß dimensioniert, dicht, konzentriert und tanninreich. Die wuchtigen Weine werden sich nicht vor 2007–2010 schön trinken lassen, vielleicht sogar noch später.
Preis: Für die Premier Crus, die Super-Deuxième Crus und Weine aus limitierter Produktion spiegelten absurd hohe Preise die weltweit unersättliche Nachfrage nach diesen Weinen. Die Manipulationen auf dem internationalen Markt vieler Châteaux waren abstoßend.

Der unstrittig sagenhafte Milleniums-Jahrgang, der in die Geschichtsbücher eingehen wird, hat aber ganz anders begonnen. Da ich mich jedes Jahr im Januar und März im Bordelais aufhalte, sagt mir ein Blick in mein Tagebuch, dass der Januar zwar angemessen kalt für den Winter war, der März jedoch mild und warm. Wie der Weinhändler Bill Blatch von Vintex in seiner penibel geführten Übersicht der Wetterbedingungen vor der Ernte 2000 hervorhebt, bestand das Hauptproblem im Frühling 2000 in dem schlimmsten Befall von Mehltau, den das Bordelais seit vielen Jahrzehnten erlebt hatte. Die Winzer verwandten beträchtliche Mühe darauf, ihn in Schach zu halten. Er dämpfte auch ihren Enthusiasmus für die Wachstumsperiode des Jahrgangs 2000, die sich anfänglich als sehr schwierig herausstellen sollte. Die Blüte kam später als im Jahr 1999, doch ungeachtet der Besorgnis anlässlich des zwiespältigen Wetters im Juni, in dem Hitze mit Kälte abwechselte, war das Ergebnis doch eine relativ große, einheitliche Ernte von Cabernet Sauvignon, Merlot und Cabernet Franc. Wenn auch jedermann hochnervös war, gab es nur kleine Ausbrüche der gefürchteten Rebenkrankheiten, eine erstaunliche Tatsache angesichts des abrupt wechselnden Wetters während der gesamten Monate Mai, Juni und Juli. Kurz, niemand hatte erwartet, dass die Blüte oder der Jahrgang so gut ausfallen würden. Bekanntlich zeigte sich der Juni 2000 in Westeuropa als ungewöhnlich feuchter, kühler Monat bei bedecktem Himmel. Doch im Bordelais setzten die Regenfälle mit zwei großen Unwettern Anfang Juni ein, während der Rest des Monats trocken blieb. Es blieb bei einer stets präsenten Bedrohung durch den Regen, die aber nicht in die Realität umgesetzt wurde. Der Juli war ein noch schwierigerer Monat mit kühlem Wetter, bedecktem Himmel und Regen. Dessen ungeachtet lagen die Durchschnittstemperaturen des Monats für das Bordelais im normalen Bereich. Auch die Statistiken belegten trotz des allgemein unter den Winzern herrschenden Eindrucks, dass es dem Juli an Sonnenschein gefehlt habe, das Gegenteil. Der Wandel in dem anscheinend so ungünstigen ab März herrschenden Wetter-Muster kam schließlich am 29. Juli, als sich ein riesiges Hochdruckgebiet über Frankreich festsetzte. Während des größten Teils der nächsten zwei Monate blieb es im Bordelais (und einem großen Teil Nordfrankreichs) trocken und heiß. Trotz der anscheinend ausreichenden Regenfälle im Frühsommer begannen sich nun Merkmale von Trockenheit zu zeigen. Als die Trauben heranreiften, entwickelten sie aufgrund von Wassermangel eine dicke Beerenhaut, insbesondere im August. Wie stets litten die Reben auf den steinigsten, magersten Rebflächen weit mehr an Wasserstress als die Gewächse auf Böden mit Lehmbasis, die Feuchtigkeit zurückhalten.

Bill Blatch stellte fest: »Zum ersten Mal seit zehn Jahren regnete es nicht – oder fast nicht – während der Lese.« Die durchschnittliche Niederschlagsmenge im Bordelais im September beträgt 75 mm. Im Jahr 2000 waren es kärgliche 43 mm, das meiste davon entstammte einem Unwetter, das am 19. September niedergegangen war. Der September brachte auch einige außergewöhnliche Hitzewellen mit sich, insbesondere Anfang des Monats, die dazu beitrugen, die bereits dichten Beerenhäute weiter zu verdicken. Das hatte den Effekt, die Trauben weiter zu konzentrieren. Die Ernte begann für die mit früh reifendem Merlot bestockten *terroirs* in Pomerol und St-Émilion am 14. September. Sie setzte sich über die folgenden 2–3 Wochen fort, und bis 28. September lag buchstäblich der gesamte Merlot vom rechten Ufer der Gironde in den Gärbottichen. Beim Cabernet Sauvignon lagen die frühesten Lesetermine im späten September. Bis zum 10. Oktober war die gesamte Ernte im Wesentlichen abgeschlossen. Das Wochenende vom 29. September – 1. Oktober war regnerisch, was aber angesichts der Tatsache, dass die Merlot-Ernte beendet war und der dickhäutige Cabernet Sauvignon keine Schwierigkeiten hatte, dem Regen zu widerstehen, zu keinerlei Sorgen Anlass gab. Auch der Cabernet Franc war nicht betroffen, da die meisten Produzenten Ende September und in den ersten Tagen des Oktobers »außergewöhnlichen« Cabernet geerntet hatten.

Zusammenfassend kann man sagen, dass die Wachstumsphase 2000, die von März bis Juli als gemischte, enttäuschende, ungewöhnlich frühe Entwicklungsperiode begann, im August und September vollkommen umschlug. Die französischen Weinproduzenten pflegen häufig zu sagen, dass der Juni die Menge macht, der August den Stil und der September die Qualität. Das war niemals zutreffender als im Jahr 2000, als der August dem enormen Tanningehalt und der Reichhaltigkeit der Weine seinen Stempel aufdrückte und der nahezu makellose Monat September (der schönste seit 1990) viele Weine von begeisternder Qualität hervorbrachte – und zwar auf allen Ebenen der Bordeaux-Hierarchie.

DIE WEINE

Während die offiziellen Ertragsberichte noch nicht vorliegen, ist es klar, dass die Ernte 2000 nur geringfügig kleiner ausgefallen ist als im Jahr 1999. Auf höchstem Niveau waren Ertragsmengen von 35–55 hl/ha nach heutigen modernen Maßstäben bescheiden. Die meisten Produzenten erlebten eine Vinifizierung wie aus dem Lehrbuch (wegen höherer Säurespiegel) mit sehr wenigen Schwierigkeiten trotz einer Traubenfrucht mit hohem Zuckergehalt. Viele Merlots erreichten 14% und die Cabernets 13%. Doch aus nicht ganz erfindlichen Gründen hatten viele Weine neben robusten, aber reifen Tanninen auch relativ hohe Säurespiegel sowie eine erstaunlich fette Art. Zwar können die technischen Messungen von Tannin und Trockenextrakt irreführend sein, besonders wenn man sie mit dem Eindruck vergleicht, den sie beim Verkosten machen, doch steht eindeutig fest, dass viele Weine Rekordanteile von Tannin und Extrakt besitzen.

Meine Verkostungen bestätigen, dass der Jahrgang 2000 einige der gewaltigsten, schwärzesten, konzentriertesten, reichhaltigsten und tanninstrengsten Weine der letzten 30 Jahre hervorgebracht hat. Aus diesem Grunde lässt sich der Jahrgang schwer mit irgendeinem seiner als Superstars geltenden Vorgänger vergleichen. Die Weine sind im Allgemeinen weniger zugänglich als die 1982er, 1989er und 1990er, aber möglicherweise konzentrierter, schwärzer, schwerer und dicker, als es die 1986er, 1995er oder 1996er im gleichen Alter waren. Zudem besitzen die 2000er Spitzenweine die eindrucksvollste Länge, Struktur, Konzentration und Zeichnung, die ich in 23 Jahren bei der Verkostung junger Bordeauxweine erlebt habe. Darüber hinaus sind die Spitzengebiete im Jahr 2000 St-Julien, Pauillac und der Sektor am Rande der Hochfläche auf der Grenze von Pomerol/St-Émilion (genau dort, wo Cheval Blanc den Châteaux L'Evangile und La Conseillante gegenüberliegt). Doch sollten Sie sich nicht sklavisch an diese Analyse halten, da es in allen Appellationen superbe Weine gibt. 1998 war der Merlot unstrittig die bevorzugte Rebsorte, während gleichzeitig Pomerol, St-Émilion und Graves beständigere und qualitativ höher stehende Weine hervorbrachten als das Médoc. 1999 war es schwierig, eine begünstigte Rebsorte hervorzuheben, da alles von den Erträgen, der Auslese und der Kunst der Weinbereitung abhing. Im Jahrgang 2000 gibt es fabelhafte Merlots und profunde Cabernet Sauvignons sowie unwiderstehliche Weine, die hohe Prozentsätze von Cabernet Franc enthalten, eine Rebsorte, die wunderbar ausgefallen war. Zwar sind manche Weinliebhaber der Meinung, dass dieser Jahrgang ein moderner

Doppelgänger von 1955 oder 1970 ist, doch scheinen mir die 2000er diesen Jahrgängen weit überlegen zu sein. Warum? Bessere Weinbereitung (man betrachte nur einmal die Wein-Renaissance in Margaux und Graves sowie die Explosion üppiger Weine in St-Émilion), verbesserter Weinbau und Weinbergpflege, moderne Kellertechnik, reifere Frucht und eine strengere Auslese, die zur Folge hatte, dass nur die besten Fässer unter dem Grand-Vin-Etikett abgefüllt wurden, bilden die vordergründige Erklärung. Der weltweite Wettbewerb, aufgeklärte Verbraucher und schonungslose kritische Prüfung durch die Weinpresse sind die tiefer liegenden Gründe, die nicht sofort ins Auge springen. Kurz und gut, dies ist ein phänomenaler Jahrgang, der sich als einer der größten herausstellen könnte, den das Bordelais jemals produziert hat, insbesondere angesichts seiner Anzahl an hervorragenden Weinen (mit 90 oder mehr Punkten auf der Bewertungsliste). Verblüffenderweise ist jedoch der Jahrgang 2000 von einem Paradoxon geprägt: Es mangelt ihm an monumentalen Weinen. Diese Knappheit erscheint ungewöhnlich, wenn man das allgemein herrschende ausgezeichnete Qualitätsniveau betrachtet.

Zum ersten Mal seit 1990 haben die kleineren Bordeaux-Weingüter, von den Crus Bourgeois bis zu den kleinen Châteaux, häufig Weine produziert, die beträchtlich über ihrer bescheidenen Herkunftsbezeichnung liegen. Den Lesern werden zweifellos die sattschwarzpurpurroten Farben dieser Weine auffallen (die mehr mit einem jungen Napa Cabernet oder einem Syrah aus der Neuen Welt gemeinsam haben als mit einem Bordeaux). Gleichzeitig sind sie außergewöhnlich mächtig, konzentriert und dicht, mit einem erstaunlichem Gehalt an Extrakt, hohem Tanninspiegel und gewaltiger Konzentration und Länge. Die Spitzen-2000er scheinen eine schier unglaubliche Alterungsfähigkeit von 30–40 Jahren zu besitzen. Sind sie eine hypothetische Mischung aus den Jahrgängen 1990 und 1996?
Im Augenblick stellen sich die folgenden Fragen:

1. *Werden sich diese Weine im Fass fester zusammenfügen und sogar noch konzentrierter sein und wird das Tannin süßer werden?* Noch ist es zu früh, um das zu wissen, aber ein möglicher Grund, sich vor einigen 2000ern zu hüten, sind die extrem hohen Tanninspiegel, verbunden mit einem Säuregehalt, der über dem Normalen liegt. Bei einigen Pomerols könnten nach 20 Jahren Kellerreife Weine hervortreten, die mehr mit den strengen 1997ern gemeinsam haben als mit fleischigen Jahrgängen wie 1990 und 1982.

2. *Sind die Spitzen-St-Émilions und Pomerols den großen Weinen überlegen, die 1998 und 1990 gemacht wurden?* Insgesamt glaube ich, dass 1998 in Pomerol ein unbestreitbar überlegener Jahrgang war. In St-Émilion hängt die Leistung jeweils von den einzelnen Châteaux ab. Einige St-Émilions sind offensichtlich sehr tanninstreng, aber andere (insbesondere Ausone und Cheval Blanc) einfach herrlich.

3. *Sind die Spitzen-Médocs auf der Basis von Cabernet Sauvignon besser als die klassischen, langlebigen 1996er?* Insgesamt sind die 2000er Médocs den 1995ern und 1996ern durchweg überlegen, und wenn auch nur aus dem einzigen Grund, weil in der Appellation Margaux praktisch alle klassifizierten Gewächse ihrer Herkunftsbezeichnung gerecht wurden. Auch verschiedene 2000er St-Juliens überflügeln ihre Pendants aus dem Jahrgang 1996 (insbesondere Léoville-Barton, Talbot, Gruaud-Larose, Branaire und Beychevelle). Andernorts scheint die Mehrzahl der 1996er Pauillacs und St-Estèphes ein wenig dichter, komplexer, ausgewogener und konzentrierter zu sein als ihre Entsprechungen des Jahrgangs 2000, ausgenommen Calon-Ségur. Was die Leistungsbilanz der vier Ersten Gewächse (Premiers Crus) des Médoc angeht, so haben sowohl Latour als auch Mouton-Rothschild 2000er gestaltet, die ihre 1996er übertreffen. Lafite-Rothschild und Margaux haben unwiderstehliche Weine produziert, die es mit ihren 1996ern aufnehmen können.

SPITZENWEINE DES JAHRES 2000

St-Estèphe: Lafon-Rochet, Montrose, Calon-Ségur

Pauillac: d'Armailhac, Clerc-Milon, Forts de Latour, Grand-Puy-Lacoste, Lafite-Rothschild, Latour, Lynch-Bages, Mouton-Rothschild, Pichon-Longueville Baron, Pichon-Longueville Comtesse de Lalande, Pontet-Canet

St-Julien: Beychevelle, Branaire, Ducru-Beaucaillou, Gruaud-Larose, Léoville-Barton, Léoville-Las Cases, Léoville-Poyferré, Talbot

Margaux: Brane-Cantenac, Cantenac-Brown, Clos du Jaugueyron, Giscours, Kirwan, Lascombes, Malescot-St-Exupéry, Château Margaux, Palmer, Pavillon Rouge de Margaux

Médoc/Haut-Médoc/Moulis/Listrac und Cru Bourgeois vom rechten Ufer der Gironde: Domaine de l'A, d'Aiguilhe, Belle Vue, Cap de Faugères, de Chambrun, Clos Chaumont, Clos l'Eglise (Côtes de Castillon), Dubois-Grimon, Fougas-Maldorer, Marsau, Reignac, Roc de Cambes, Sociando-Mallet, Tour de Mirambeau Passion

Pessac-Léognan/Graves rot: Branon, Les Carmes-Haut-Brion, La Chapelle de la Mission, de Fieuzal, Haut-Bailly, Haut-Bergey, Haut-Brion, Larrivet-Haut-Brion, La Louvière, Malartic-Lagravière, La-Mission-Haut-Brion, Pape-Clément, Smith-Haut-Lafitte, La Tour-Haut-Brion

Pomerol: Bon Pasteur, Certan de May, Certan-Marzelle, Clinet, Clos l'Eglise, La Conseillante, La Croix St-Georges, l'Eglise-Clinet, L'Évangile, La Fleur de Gay, Hosanna, Lafleur, Le Moulin, Nénin, Pensées de Lafleur, Petit-Village, Pétrus, Le Pin, Rouget, Trotanoy, Vieux Château Certan

Fronsac und Canon-Fronsac: Fontenil, Haut Carles

St-Émilion: Angélus, Ausone, Barde-Haut, Beau-Séjour-Bécot, Beauséjour-Duffau, Bellefont-Belcier, Berliquet, Canon-La-Gaffelière, Chapelle d'Ausone, Chauvin, Cheval Blanc, Clos Dubreuil, Clos Fourtet, Clos de l'Oratoire, Clos St-Martin, Clos de Sarpe, La Clusière, Côte de Baleau, La Couspaude, Croix de Labrie, La Dominique, Faugères, Figeac, La Fleur de Jaugue, La Fleur Morange, La Gaffelière, La Gomerie, Gracia, Grand Corbin Despagne, Grand Mayne, Grand Pontet, Grandes Murailles, l'Hermitage, Laplagnotte, Lusseau, Lynsolence, Magdelaine, Magrez-Fombrauge, Milens, Monbousquet, La Mondotte, Pavie, Pavie Decesse, Pavie Macquin, Péby-Faugères, Le Petit Cheval, Pipeau, Quinault l'Enclos, Rocher-Bellevue d'Angélique, Rol Valentin, du Tertre, Le Tertre-Rôtebœuf, La Tour-Figeac, Troplong Mondot, Trottevieille, Valandraud, Yon-Figeac

1999 – Ein Überblick (12.09.1999)

St-Estèphe**
Pauillac ***
St-Julien***
Margaux****
Médoc/Haut Médoc/Crus Bourgeois/Moulis/Listra**
Pessac-Léognan/Graves rot***
Pessac-Léognan/Graves weiß***
Pomerol****
St-Émilion****
Barsac/Sauternes***

Ertragsmenge: Eine gigantische Ernte, sogar noch reichlicher als 1998.
Zusammenfassung: Ein schlimmes Hagelunwetter verheerte am 5. September einige der besten Rebflächen von St-Émilion.
Reifezustand: Niedrige Säure, aber superbe Ausgewogenheit, reifes Tannin und mittleres Gewicht lassen eine frühe Trinkreife erwarten, doch erinnert die makellose Ausgewogenheit und Eleganz der Spitzenweine an den Jahrgang 1962.
Preis: Zu den selben Preisen verkauft wie die 1998er, scheinen die 1999er den besten Gegenwert für ihren Preis von allen Jahrgängen der späten 1990er Jahre darzustellen.

Unglaublich, aber wahr: In den 1990er Jahren hatten im Bordelais nur 1990 und 1997 einen relativ trockenen September zu bieten. Doch so viel es auch im September 1999 regnete (über 150 mm), wird man sich an dieses Jahr doch vor allem wegen verschiedener anderer extremer Wetterbedingungen erinnern. Der Sturm (in Wirklichkeit ein Hurrikan), der in der Nacht des 27. Dezember über die Region hinwegraste, war die Wettersensation des Jahres. Die Gewalt dieses Sturms verwüstete riesige Wälder und zerstörte 100- bis 200jährige Bäume. Jeder, der die Region Médoc oder den Wald von Les Landes im Süden der Stadt besucht hat, kann die nie gekannte Zerstörung bezeugen, die von diesem Hurrikan verursacht wurde, der mit einer Geschwindigkeit von 200 Stundenkilometern dahinbrauste. Was die Tragödie dieses Sturms noch verstärkte, war die Tatsache, dass zwei Tage zuvor ein ebenso mächtiger Sturm mit hurrikanähnlicher Gewalt über Nordfrankreich hergefallen war und große Zerstörungen in dem schönen Pariser Bois de Boulogne und dem in der Nähe gelegenen Schloss von Versailles angerichtet hatte. Das andere extreme Wetterereignis, das sich noch unmittelbarer auf die Ernte auswirkte, war der plötzliche Hagelschlag, der sich am 5. September seinen Weg durch einen Streifen der berühmtesten Weingärten von St-Émilion bahnte. Alle Rebflächen, die davon in Mitleidenschaft gezogen wurden – zu ihnen gehörten Premiers Grands Crus wie Canon, Angélus, Beau-Séjour-Bécot, Beauséjour-Duffau und Clos Fourtet wie auch die Grands Crus Côte de Baleau, Patris, Laniote, Grand-Pontet, Franc-Mayne, Grand Mayne, Grandes Murailles, Clos St-Martin, Dassault, Larmande, Berliquet und La Gomerie –, sahen sich gezwungen, sofort zu ernten, um zu retten, was zu retten war.

Jenseits dieser extremen und ungewöhnlichen Wetterereignisse lässt sich 1999 zusammenfassen als ein überaus nasses und abnormal heißes Jahr, das nur wenige unwiderstehliche Weine hervorgebracht hat.

Die klimatischen Bedingungen und der Reifeprozess der Trauben im Sommer 1999 waren nicht ungewöhnlich. Die Blüte setzte unter schönen Wetterbedingungen Ende Mai und Anfang Juni rasch ein. Im Durchschnitt waren Juni und Juli trocken und heiß, aber der August zeigte sich extrem heiß und stürmisch. Am 3., 6. und 7. August zogen große Unwetter heran und ergossen über 50 mm Regen über die Region. Mit der Sonnenfinsternis am 11. August legten sich die Unwetter und das Bordelais war buchstäblich frei von Regen und Sturm, bis sich die Schleusen des Himmels erneut vor dem Lesebeginn am 12. September öffneten. Die einzige Ausnahme bildete das bereits genannte Hagelunwetter am 5. September. Buchstäblich jedermann im Bordelais erntete zwischen dem 12. September und dem 5. Oktober. Der Erfolg von Châteaux wie Lafleur in Pomerol und Haut-Brion in Graves sind der Tatsache zuzuschreiben, dass ein Großteil ihrer Ernte unter Dach und Fach war, bevor der starke Regen am 20. September fiel. Nach dem 20. September gab es nur einen vollkommen trockenen Tag, und just als die Châteaux im Médoc ihren letzten Cabernet Sauvignon gelesen hatten, setzte sich am 5. Oktober ein wunderschönes Hochdruckgebiet über dem Bordelais fest und hielt ununterbrochen fast zwei Wochen lang an, ein Muster im Wetterablauf, das es 1998 auch gegeben hatte, das aber 1999 doppelt grausam erschien. Den schweren Regenfällen, die die Bordeaux-Ernte in den frühen 1980er, 1970er Jahren und davor vernichtet hätten, wird nun mit größerer Umsicht und Sorgfalt begegnet. Niedrigere Ernteerträge, sorgfältige Blattausdünnung und Sprühmittel gegen Fäule sind bis zu einem gewissen Punkt effektiv, aber viele der berühmtesten Châteaux haben beträchtlich in die Konzentrationsmaschinen investiert, die dem Traubenmost durch Osmose- und Entropietechniken Wasser entziehen. Mitte der 1980er Jahre waren nur einige wenige dieser Maschinen in Betrieb. (Léoville-Las Cases gehörte zu den Ersten, die Umkehrosmose verwendeten, um verwässerten Traubenmost zu konzentrieren.) Heutzutage hat fast jedes wohlhabende Weingut solch eine Maschine mit Ausnahme einer Hand voll von Traditionalisten (Haut-Brion, Pétrus, Château Margaux), die immer noch glauben, dass die Konzentration nicht durch Hochtechnologie im Keller erreicht wird, sondern durch die Arbeit und das Wachstum im Weinberg. Doch obwohl es keinen Zweifel darüber gibt, dass diese Maschinen wirksam sind, werden allein 10–20 Jahre Kellerreife enthüllen, ob die Weine sich verändern oder nicht und ob sie wichtige *terroir*-Nuancen zugunsten der Konzentration abdämpfen.

Die Ertragsmenge 1999 war groß, etwa 5% größer als 1998. Es gibt keinen Mangel an Wein, aber um es noch einmal zu betonen, praktisch alle Châteaux, die hohe Punktnoten erhielten, führten eine strenge Auslese durch und deklassifizierten 25–70% ihrer Produktion, um den bestmöglichen Wein in die Flasche zu bekommen. Stellen Sie dieses Vorgehen einmal der Situation vor 10–15 Jahren gegenüber, als eine extreme Deklassifizierung bedeutete, dass man 10–15% der Ernte herunterstufte.

DER STIL DER WEINE

In vielen Jahrgängen fällt es leicht, diese oder jene Traube, diese oder jene Appellation als begünstigter und erfolgreicher zu bezeichnen als eine andere. Mit Ausnahme von St-Estèphe – eine vollkommene Enttäuschung – weist jede andere Appellation ihren jeweiligen Anteil an ausgezeichneten, guten, mittelmäßigen und verwässerten Weinen auf. Wenn es eine Appellation gibt, die beständiger in der Qualität erscheint, dann ist es Margaux. Jahrzehntelang die am meisten hinter ihren Möglichkeiten zurückbleibende Appellation, ist die Wiederauferstehung der einst Totgeglaubten nun Wirklichkeit geworden. Es tut gut zu sehen, dass so viele Margaux-Châteaux auf gutem Wege sind. Viele sehr gute 1999er wurden in Margaux produziert.

Wegen des extrem warmen Wetters im August und September haben die Weine einen Charakter wie er typischerweise in einem heißen Jahr entsteht. Sie sind im Allgemeinen süß, besitzen niedrige Säure, seidiges Tannin und lassen Krautigkeit und Strenge vermissen. Doch selbst mit Konzentrations-Maschinen lässt sich die Wirkung von über 150 mm Regen nicht vollkommen eliminieren. In meinen Degustations-Notizen gebrauche ich häufig die Worte »nicht viel Mitte«, was bedeutet, dass der Wein anfangs gut duftete und schmeckte, aber in der Mitte hohl war sowie einen tanningeprägten, alkoholreichen Abgang besaß. Ich habe diese Worte so oft geschrieben, dass ich anfing, sie mit »nmm« (not much middle) abzukürzen. Diese Abkürzung symbolisiert in vielerlei Hinsicht das Problem, mit dem viele Châteaux konfrontiert waren, als sie unter dem durchnässenden Regen ihre Trauben ernteten und gleichzeitig versuchten, aus den reifen, aber verwässerten Trauben so viel Geschmack wie möglich zu extrahieren. Die Weine besitzen gute Farbe, Duft und Tannin, aber es mangelt ihnen an Fett, Saftigkeit, Charme und Köstlichkeit in der Mitte. Dessen ungeachtet gibt es einige ausgezeichnete Weine. Insbesondere die Premiers Crus scheinen sich über die Prüfungen und Leiden dieses frustrierenden Herbstes hinweggesetzt zu haben, um Weine zu produzieren, die bedeutend besser sind als die Super-Zweiten und andere klassifizierte Gewächse. So gesehen ist es ein Jahr, in dem die Premiers Crus glänzen und ihren berühmten Stammbaum sowie ihre hohen Preise rechtfertigen.

Neben der Verbreitung der Konzentrationsmaschinen mit Umkehrosmose- und Entropietechniken werden auch immer größere Mengen von »Garagenweinen« produziert, insbesondere in St-Émilion. Dieses neue Phänomen lässt sich einfach nicht eindämmen, trotz der Feindseligkeit, die ihm von *négociants*, der Aristokratie des Médoc, und jenen Reaktionären entgegengebracht wird, die dafür plädieren, den Status quo des Bordeaux-Weins beizubehalten. Diese »Garagenweine« verkörpern nicht den destabilisierenden Einfluss, den viele Oldtimer den Verbrauchern einreden möchten. Was ist falsch daran, wenn eine energische und tüchtige Person ein kleines Stück Land erwirbt und versucht, daraus etwas Sensationelles zu machen? Zugegeben, die Preise für viele dieser Weine sind absurd, und niemand weiß, wie sich diese Tropfen in zehn Jahren entwickelt haben werden, aber ihr gegenwärtiges Qualitätsniveau kann sehr aufregend sein. Wenn sie überteuert sind, dann nur, weil so viele Verbraucher nicht Nein sagen können und die Preise für diese nur in geringen Mengen verfügbaren Juwele immer weiter in die Höhe treiben. Gleichwohl kann man von ihnen sagen: Sie kamen und sie blieben und es scheint eine Strömung zu geben, »Garagenweine« im Médoc zu produzieren, ein überaus beunruhigender Gedanke für viele der großen Weingüter, die offen gesagt neidisch auf die hohen Preise sind, die diese Weine erzielen.

SPITZENWEINE DES JAHRES 1999

St-Estèphe: keine
Pauillac: d'Armailhac, Lafite-Rothschild, Latour, Lynch-Bages, Mouton-Rothschild
St-Julien: Ducru-Beaucaillou, Léoville-Las Cases, Pichon-Longueville Baron
Margaux: Brane-Cantenac, Clos du Jaugueyron, d'Issan, Kirwan, Château Margaux, Marojallia Philippe Porcheron, Palmer
Médoc/Haut-Médoc/Moulis/Listrac und Cru Bourgeois d'Aiguilhe vom rechten Ufer der Gironde: Belle Vue
Pessac-Léognan/Graves rot: Haut-Brion
Pessac-Léognan/Graves weiß: Haut-Brion-Blanc, Laville-Haut-Brion, Pape-Clément, Plantiers-Haut-Brion
Pomerol: Bon Pasteur, L'Eglise-Clinet, La Fleur de Gay, Gazin, Hosanna, Lafleur, Pétrus
St-Émilion: Angélus, Ausone, Barde-Haut, Canon-La-Gaffelière, Cheval Blanc, Clos Dubreuil, Clos de l'Oratoire, La Clusière, Croix de Labrie, Figeac, La Gomerie, Gracia, Grand Mayne, Pierre de Lune, Monbousquet, La Mondotte, Pavie, Pavie Decesse, Pavie Macquin, Péby-Faugères, Quinault l'Enclos, Tertre-Rôtebœuf, Valandraud.

1998 – Ein Überblick (15.09.98)

St-Estèphe**
Pauillac***
St-Julien***
Margaux***
Médoc/Haut-Médoc Crus Bougeois**
Graves rot****
Graves weiß****
Pomerol*****
St-Émilion****
Barsac/Sauternes****

Ertragsmenge: Eine geringfügig kleinere Ernte als 2000, 1999, 1996 und 1995.
Zusammenfassung: Ein Jahrgang, in dem die Merlot-Traube begünstigt wurde, daher ein superber Jahrgang in Pomerol und St-Émilion mit kräftigen und tanninreichen Weinen. Im Médoc ist die Qualität gut, aber unterschiedlich.
Reifezustand: Die meisten Weine werden reichlich Kellerreife benötigen, da sie hohen Tanningehalt aufweisen.
Preis: Die Médoc-Preise sind 20–25% unter die Preise von 1997 gefallen. Andernorts sind die Preise sehr hoch, besonders für die Spitzenweine aus Pomerol und St-Émilion.

Während der 20 Jahre, in denen ich junge Bordeauxweine verkostet habe, bin ich immer wieder auf Jahrgänge gestoßen, in denen eine Appellation oder ein bestimmter Sektor vollkommenere, rundere und interessantere Weine erzeugten als andere. Aber nie zuvor habe ich einen Jahrgang verkostet, in dem die regionalen Unterschiede so extrem ausgefallen sind wie 1998. Vielleicht hat es in der Vergangenheit bei alten Jahrgängen ähnliche Verhaltensmuster gegeben, aber heute hat sich so vieles verändert, dass ich die Gültigkeit solcher Vergleiche bezweifle. Sicher brachte 1975 eine Reihe von außergewöhnlich mächtigen, tanninhaltigen Pomerols und eine Hand voll überwältigender Weine in der Region Graves hervor, während in den anderen Gebieten relativ harte, reizlose Weine produziert wurden. So wird im Bordelais nicht selten der Jahrgang 1964 mit dem Jahrgang 1998 verglichen, was erfolgreiche Produzenten besonders gern tun. Der ehemalige französische Landwirtschaftsminister erklärte 1964 zum »Jahrhundertjahrgang«, bevor auch nur eine einzige Traube gelesen war. Winzer, die damals früh zu ernten begannen, besonders jene auf den *terroirs* von Pomerol und in geringerem Ausmaß in St-Émilion und Graves, wo die Trauben früh reifen, konnten sehr gute bis großartige Erfolge verzeichnen (etwa Cheval Blanc, Pétrus, Lafleur, La Mission-Haut-Brion, Trotanoy und Figeac), aber die Cabernet Sauvignon-Trauben im Médoc hingen noch am Rebstock, als die Sintflut einsetzte. Das Ergebnis war ein schlimmer Jahrgang für die Region Médoc mit nur einer Handvoll erstaunlicher Ausnahmen (wie Latour und Montrose).

Doch der Jahrgang 1998 ist anders. Die Weinbaumethoden sind besser, die Weinberge sind gesünder, die seriösen Châteaux führen strenge Selektionen für ihren Grand Vin durch, die moderne Technologie bietet Gärbehälter mit Temperaturkontrolle und für die Wohlhabendsten gibt es Konzentrationsmaschinen mit Umkehr-Osmosetechniken. Schon allein aus diesen Gründen ist der Jahrgang 1998 sowohl dem 1975er wie dem 1964er überlegen.

Der März 1998 war im Bordelais ein außergewöhnlich heißer Monat, der die Weinberge mächtig zu verfrühtem Wachstum antrieb. Doch der April zeigte sich allgemein kalt und nass. Auch der Mai begann mit für die Jahreszeit unüblichem kalten und klammen Wetter, doch in der zweiten Monatshälfte setzte sich über einem Großteil von Südwestfrankreich ein Hochdruckgebiet fest, so dass sich der Rest des Monats warm und trocken präsentierte. Die Anhänger von Wetterberechnungen prophezeiten, wenn der Sommer sich als normal herausstelle, würde der Herbst Mitte September beginnen. Trotz wechselhaften Wetters im Juni fand die Blüte in den meisten Regionen ohne das gefürchtete Durchrieseln statt (bei dem die winzigen Beeren des Fruchtansatzes einfach abfallen). Das Ende des Monats Juni war wunderbar warm und sonnig und gab dem Optimismus im gesamten Bordelais Auftrieb.

Gibt es heutzutage überhaupt noch ein normales Wetter? Der Juli war nach den Wetterstandards des Bordelais ein bizarrer Monat. Hohe Temperaturen mit gelegentlichen, die Weinberge bewässernden Gewittern kennzeichnen in Aquitanien seit alters her diesen Monat. Doch der Juli 1998 war ungewohnt kühl, bedeckt, und wie Bill Blatch in seinem Jahrgangsbericht sagte, »düster«. Die Stunden mit Sonnenschein während des Monats waren besonders unzureichend, obwohl die Durchschnittstemperatur im normalen Rahmen lag. Kurz, hier gab es nur 3 Tage lang extrem heißes Wetter. Ein Wetter-Phänomen, das als Erklärung für einige der superkonzentrierten, massiven Pomerols dienen könnte, war ein Hagelsturm, der einige Weinberge im Filetstück des Pomerol-Distrikts heimsuchte – im so genannten Plateau –, was die Winzer zwang, eine frühe *vendange verte* (Behangausdünnung oder grüne Ernte) durchzuführen. Das ist fraglos der Grund für die in Pomerol extrem niedrig ausgefallenen Erträge (durchschnittlich 30–35 hl/ha).

Die französischen Winzer glauben an das Axiom »der Juni macht die Quantität, der September die Qualität und der August den Stil«. Wirklich war es der August, der dem 1998er Bordeaux seinen Stempel aufdrückte. Dem monotonen, trüben Wetter im Juli folgte ein intensives Hochdrucksystem, das eine der sengendsten Hitzewellen mit sich brachte, die das Bordelais je erleiden musste. Über einen halben Monat hindurch betrugen die Temperaturen über 35 °C im Schatten, und zwischen dem 7. und 11. August stieg die Quecksilbersäule gar über 40 °C (für das nördliche Napa Valley nicht ungewöhnlich, aber selten im Bordelais). Aufgrund der modernen Weinbaumethoden mit ihren Verfahren der Entlaubung und Behangausdünnung röstete oder verbrannte diese intensive Hitzewelle viele Trauben, ein allgemeines Problem in heißeren Klimazonen wie Südfrankreich oder Kalifornien, das man aber selten im Bordelais antrifft. Mit der verheerenden Hitze ging im August Dürre einher. Am Ende des Monats legten die Reben Zeichen von großer Stressbelastung an den Tag. Die Blätter wurden gelb und die unterernährten Reben begannen die Photosynthese einzuschränken (Blockierung des Reifeprozesses). Nach Aussage vieler Produzenten hat diese mit exzessiver Dürre gepaarte gewaltige Hitzewelle weitgehend den Stil vieler 1998er Weine geprägt. Die Trauben schrumpften zusammen, ihre Haut wurde extrem dick, was zu der mächtigen, tanninreichen Beschaffenheit der 1998er führte.

Anfang September hofften die Winzer auf Regen, um den Reifeprozess neu anzufachen. Tatsächlich wurden ihre Wünsche erfüllt. Am 2., 3. und 4. September gingen über das Gebiet einige leichte und für die verdurstenden Weingärten segensreiche Schauer nieder. Das

Wetter klärte sich am 5. September auf und bis zum 11. September herrschten ideale Bedingungen. Während dieser Periode wurde ein Großteil der Weißweintrauben nicht nur in dem qualitätshohen Distrikt Pessac-Léognan, sondern auch in den gebietsspezifischen Bordeaux-Appellationen wie auch in der Region Entre-Deux-Mers bei Bilderbuchwetter gelesen. Ein großer Teil des Bordelais erlebte ab dem 11. September 3 Tage währende relativ heftige Regenfälle. Ein nasser August hätte sich zweifellos als verderblich erwiesen, doch der jetzige Regen ließ die nach Wasser lechzenden Böden und Rebstöcke aufleben. Zur Überraschung der meisten Beobachter zeigten die Analysedaten der Weinberge nach diesen Regenfällen kaum Unterschiede im Zucker-, Säure- und Extraktgehalt. Mit anderen Worten, die schweren Regenfälle und die darauf folgenden leichten Schauer im September wirkten sich auf die Qualität nicht tief greifend aus. Die Zeit zwischen dem 15. und dem 27. September erwies sich als außergewöhnlich schöne Wetterphase. In dieser Periode wurde der meiste Merlot in Pomerol, im Médoc und St-Émilion unter ausgezeichneten Bedingungen geerntet. Als sich dieses Wetter am Wochenende des 26. und 27. September aufzulösen begann, war in Pomerol die Ernte praktisch abgeschlossen und ein Großteil des Merlots in St-Émilion und im Médoc befand sich unter Dach und Fach. Man muss kein Genie sein, um festzustellen, dass diese segensreiche Wetterperiode wohl der Grund dafür ist, dass der Pomerol die am meisten begünstigte Appellation des Jahrgangs 1998 darstellt.

Zwischen dem 26. September und dem 1. Oktober fielen im gesamten Bordelais üppige 70 mm Regen. Der verstorbene Jean-Eugène Borie, Eigentümer von Ducru-Beaucaillou, wurde am 1. Oktober zu Grabe getragen, und über ein Dutzend Menschen berichteten mir, dass sie kaum zu seinem Begräbnis fahren konnten, weil die *Route du Vin* im Médoc durch schwere Regenfälle überschwemmt war. Der Cabernet Sauvignon im Médoc war noch nicht reif, aber wie viel Wasser konnte er vertragen? Ende September betrug die Regenmenge, die im Médoc gefallen war, buchstäblich dieselbe Menge wie 1994, eine interessante statistische Tatsache, die die Leser im Sinn behalten sollten, während sie meine Degustationsnotizen lesen. Die Cabernet Franc-Ernte war nach den schweren Regenfällen Ende September und am 1. Oktober abgeschlossen. Im Médoc ging die Cabernet Sauvignon-Ernte bis Mitte Oktober weiter. Auch ein anderes wichtiges statistisches Datum sollte man nicht vergessen: Mit Ausnahme des 3., 6. und 7. Oktober gab es zwischen dem 1. und dem 12. Oktober fast täglich Regenfälle, die manchmal auch schwere Formen annahmen. Als das Wetter sich am 13. Oktober aufklärte, war nur wenig nicht gelesener Cabernet Sauvignon im Médoc übrig. Die Erträge in Pomerol waren relativ gering (zwischen 4,2 und 6,6 t/ha), während sie im Médoc einen Durchschnitt von knapp 8 t/ha erreichten. Alles in allem scheint 1998 ein Jahr zu sein, in dem die Spitzenappellationen weniger Wein als 1997, 1996, 1995 und sogar 1994 produziert haben.

Im nördlichen Médoc (St-Julien, Pauillac und St-Estèphe) gibt es viele Superstars unter den Weingütern; kein Wunder, dass diese Region sogar in schwierigen Jahrgängen als Quell einer Fülle von unwiderstehlichen Weinen gilt. Auch 1998 sind gute Médocs zu finden, dennoch zeigen die genannten Gebiete die am wenigsten begeisternden Appellationen des Jahrgangs. Wenn die Leser nur nach der Farbe gehen würden, dann wären sie sicher bereit, große Summen in die 1998er aus dem nördlichen Médoc zu investieren, die alle ein wunderschönes Kleid haben (der Einfluss der modernen Technologie und der dicken Haut der Trauben). Doch fehlt es den Weinen an Fett und Charme und sie sind häufig übermäßig tanninhaltig mit magerer/schmalbrüstiger Persönlichkeit. Sie besitzen viel Biss und eine riesige Ladung von Tannin, stehen aber unwiderlegbar unter den Médocs von 1995 und 1996. Darüber hinaus lassen die meisten den Charme der besten 1997er vermissen. Das soll nicht heißen, dass es überhaupt keine gute Weine geben wird, doch ist für den Jahrgang 1998 der Médoc die am wenigsten beeindruckende Region.

Im südlichen Médoc, vor allem in der Appellation Margaux (gewöhnlich die enttäuschendste Region in Bezug auf qualitativ hochwertige Tropfen) sind die Weine runder, vollkommener, mit süßerem Tannin und reiferer Frucht. Es gibt hier weniger großartige Weine, aber viele gute. Zahlreiche Châteaux, die ich in den vergangenen Jahren kritisiert habe, sind nun mit kompetenten Leistungen hervorgetreten. Insgesamt will es scheinen, dass die bessere Entwässerung des Gebiets diesen Weinbergen sehr genützt hat.

Im Süden des Bordelais, in Pessac-Léognan, zeigt sich 1998 als sehr guter Jahrgang. Einige der elegantesten, rundesten Weine des Jahrgangs sind in Pessac-Léognan entstanden, und die früh Frucht tragenden *terroirs* der Appellation (Haut-Brion, La Mission-Haut Brion, Pape-Clément) profitierten von dem früh reifenden Merlot und dem ausgezeichneten Wetter, das in den ersten 3 Septemberwochen herrschte. Die trockenen Weißweine der Regionen Graves und Pessac-Léognan sind ebenfalls sehr gut, aber paradoxerweise hat sich nur eine Hand voll als außergewöhnlich erwiesen.

Die Begeisterung für diesen Jahrgang konzentriert sich hauptsächlich auf St-Émilion und Pomerol. Man muss keinen besonders sensiblen Gaumen haben, um Weine zu erkennen, die oft fast schwarz, extrem reif, dick und reichhaltig sind, aber auch grimmig tanninstreng. Das ist kein Jahrgang im Stil von 1989 und 1990, vielmehr erinnert er an die massiven Pomerols von 1975. In St-Émilion – aufgrund der außergewöhnlichen Anzahl der hier erzeugten sinnlichen Weine die aufregendste Appellation des Bordelais – gibt es wenige Enttäuschungen und viele ausgezeichnete Weine, die echten Superstars sind freilich knapp. Selbst in St-Émilion finden sich nur wenige geschmeidige, auffällige Weine wie sie etwa 1989 und 1990 entstanden sind; stattdessen erzeugte die Region ausladende, muskulöse, konzentrierte, tanninstrenge Tropfen.

Ein Silberstreifen am Horizont dieses Jahrgangs ist die Tatsache, dass ich viele köstliche »kleine« Weine in den gebietsspezifischen und Satelliten-Appellationen fand. Das fieberhafte Streben nach Qualität und Wettbewerb hat sich von St-Émilion auf die umliegenden Satelliten ausgebreitet, und so wurde eine Reihe von köstlichen Weinen auf Merlot-Basis aus diesen nachrangigen Appellationen gewonnen. Zusätzlich hierzu gingen aufgrund der hohen Konzentration der Merlot-Traube (die 1998 reif und saftig ausfiel) aus vielen dieser Weinberge zahlreiche attraktive Weine hervor. Weinhändler, Restaurants und Verbraucher, die nach Weinen mit einem guten Preis-Leistungsverhältnis Ausschau halten, werden erfreut sein zu hören, dass es einige schmackhafte, früh genussreife Weine auf Merlot-Basis von Weingütern im Bordelais geben wird, die weder berühmt noch teuer sind.

SPITZENWEINE DES JAHRES 1998

St-Estèphe: Montrose

Pauillac: Carruades de Lafite, Clerc-Milon, Grand-Puy-Lacoste, Lafite-Rothschild, Latour, Mouton-Rothschild, Pichon-Longueville Baron

St-Julien: Clos du Marquis, Ducru Beaucaillou, Léoville-Barton, Léoville-Las Cases

Margaux: Kirwan, Malescot-St-Exupéry,Château Margaux, Palmer

Pessac-Léognan/Graves rot: Les Carmes-Haut-Brion, Haut-Brion, Larrivet-Haut-Brion, La Mission-Haut-Brion, Pape Clément, Smith-Haut-Lafitte

Pessac-Léognan/Graves weiß: Carbonnieux, Haut-Brion-Blanc, Laville-Haut-Brion, La Louvière, Pape-Clément, Plantiers-Haut-Brion, Smith-Haut-Lafitte

Pomerol: Bon Pasteur, Clinet, Clos l'Eglise, La Conseillante, La Croix du Casse, l'Eglise-Clinet, L'Évangile, La Fleur de Gay, La Fleur-Pétrus, Gazin, La Grave à Pomerol, Lafleur, Latour à Pomerol, Le Moulin, Nénin, Pétrus, Trotanoy, Vieux Château Certan

St-Émilion: Angélus, Ausone, Barde-Haut, Beau-Séjour-Bécot, Canon La Gaffelière, Cheval Blanc, Clos Badon, Clos Dubreuil, Clos Fourtel, Clos de L'Oratoire, Clos St-Martin, Clos de Sarpe, La Clusière, La Couspaude, Croix de Labrie, La Dominique, Faugères, Ferrand-Lartigue, Figeac, La Fleur de Jaugue, La Gomerie, Gracia, Grand-Maine, Grand-Murailles, Magdelaine, Monbousquet, La Mondotte, Pavie, Pavie-Decesse, Pavie-Macquin, Péby-

Faugères, Quinault l'Enclos, Rol-Valentin, Le Tertre-Rôteboeuf, La Tour-Figeac, Troplong Mondot, Valandraud, Vieux-Château-Chauvin

1997 – Ein Überblick (05.09.1997)

St-Estèphe***
Pauillac***
St-Julien***
Margaux***
Médoc/Haut-Médoc Crus Bourgeois**
Graves rot***
Graves weiß**
Pomerol****
St-Émilion****
Barsac/Sauternes***

Ertragsmenge: Eine überaus große Ernte, aber etwas weniger als 1996 und 1995.
Zusammenfassung: Ein verführerischer, verbraucherfreundlicher, weicher (geringer Säuregehalt, also hohe pH-Werte) Jahrgang, der dank der frühreifen und bereits entwickelten Persönlichkeit der Weine großen Anklang finden wird. Die meisten dieser Weine wollen innerhalb ihrer ersten zehn Lebensjahre getrunken werden.
Reifezustand: Ein sich rasch entwickelnder Jahrgang, der mit Ausnahme der am stärksten konzentrierten Weine in 10–12 Jahren seinen Höhepunkt überschritten haben dürfte.
Preis: Die Preise für 1997er Bordeaux sind hoch. Doch obwohl eine Herabsetzung der Preise im Gespräch war – weil der Jahrgang schlechter ausgefallen war als die preislich sehr hoch angesetzten Jahrgänge 1996 und 1995 –, erhöhten die Produzenten im März 1998 ihre Preise noch einmal, hauptsächlich wegen der unerhört strengen Auslese, die sie durchführten, um gute Weine in die Flasche zu bekommen. Diese Preiserhöhung hat sich als unkluge Entscheidung erwiesen, da die Konsumenten diese Weine nicht kauften.

Nach zwei Wochen intensiver Verkostungen der bedeutenden und vieler weniger bedeutender Bordeauxweine (häufig in vier getrennten Degustationen) steht für mich zweifelsfrei fest, dass 1997 ein guter Jahrgang ist. Stilistisch zeichnen sich die auf der Basis von Merlot oder Cabernet Sauvignon bereiteten Weine aus durch gute Reife (häufig ist ein Element von Überreife zu spüren), extrem niedrige Säure, hohe pH-Werte, saftige, schmackhafte Persönlichkeit mit süßem Tannin und zugänglich-entgegenkommenden Charakter. Zwar gibt es Ausnahmen in Gestalt einiger profund konzentrierter, langlebiger Weine, doch insgesamt ist dies ein Jahrgang, der in recht jungen Jahren getrunken sein will. Fast alle Weine der besseren kleineren Châteaux, Crus Bourgeois und niedriger bewerteten Crus Classés-Weine bieten schon jetzt köstlichen Trinkgenuss, obwohl sie erst 6 Monate alt sind. Da sie ein weiteres Jahr lang nicht in die Flasche kommen werden, sollte man meiner Meinung nach diese Weine am besten in ihren ersten 2–6 Lebensjahren trinken. Die klassifizierten Spitzengewächse vor allem jener Weingüter, die kraftvollere, dichtere Weine produzierten, werden 10–15 Jahre ausharren können, jedoch bereits bei ihrer Freigabe anziehend und anmutig sein.

Im Gegensatz zu 1996, als die von Cabernet Sauvignon dominierten Weine deutlich die Weine auf Merlot-Basis übertrafen, wurde 1997 keine Appellation gegenüber einer anderen begünstigt. Die Pomerols sind besser ausgefallen als 1996, und es gibt eine Reihe von aufregenden 1997er St-Émilions, doch sind insgesamt weiche, offen gewirkte, geschmeidig texturierte, etwas diffuse Weine in jeder Appellation die Regel. Nach langem Nachdenken darüber, mit welchem Jahrgang man 1997 vergleichen könnte, musste ich die Waffen strecken: Es wollte mir nach 20 Jahren Erfahrung als Bordeaux-Verkoster einfach nicht gelingen, einen ähnlichen Jahrgang zu finden. Freilich gab es andere Jahre (1985), in denen der Wein ebenfalls bereits bei der Fassverkostung zugänglich war und eine ähnliche weiche und milde Sanftheit aufwies, dennoch unterscheidet sich 1997 beträchtlich von 1985. Die meisten 1997er sind keine kräftigen, muskulösen Weine; sie sind eher anmutig und verführerisch, voller Charme und Eleganz, aber etwas fragil. Ich glaube, dass sich dieser Jahrgang ideal für Restaurants und Konsumenten eignen wird, die unmittelbar ansprechenden baldigen Trinkgenuss suchen. Deshalb gibt es keinen überzeugenden Grund für Spekulanten, in diesen Jahrgang zu »investieren« und die Preise in die Höhe zu treiben. Freilich ist der Markt zunehmend komplizierter geworden und die Nachfrage nach Spitzen-Bordeauxweinen unersättlich.

Ich meine, dass jeder, der seine Freude an einem guten Glas Wein hat, die 1997er attraktiv finden wird. Wahrscheinlich wird niemand durch ihre Tiefe oder Geschmacksintensität überwältigt, aber es sind gut gemachte, weiche, zugängliche, verbraucherfreundliche Weine, die Jahrgänge wie 1996, 1995 und 1994 aufs Beste ergänzen, die als tanninreiche Jahrgänge eine nicht unerhebliche Flaschenreife erfordern.

1997 begann in seinem Witterungsverlauf unter ungewöhnlichen Vorzeichen. In den vergangenen 18 Jahren habe ich die letzten 2 Märzwochen stets im Bordelais verbracht, und der März 1997 war der heißeste, den ich je erlebt habe. Die Temperaturen lagen bei 30 °C und kletterten manchmal bis auf 33 °C, so dass ich mich mitten im Juni statt im März fühlte. Dieses heiße Wetter setzte das Wachstum der Reben sprunghaft in Gang. Die Blüte erfolgte zum frühesten Zeitpunkt seit Menschengedenken, so dass viele Châteaux überzeugt waren, die Ernte würde voll in den August fallen.

Doch lief die Blüte nur stockend ab und zog sich nahezu einen Monat lang hin. Die uneinheitliche Blüte führte zu ungleichmäßiger Fruchtreife, ein Effekt, der durch das ungewöhnliche Sommerwetter noch verschlimmert wurde. Anfang Juni herrschte heiße Witterung, aber im weiteren Verlauf des Monats folgte Abkühlung mit starker Nässe. Der Juli war alles andere als normal. Im Bordelais üblicherweise ein sengend heißer Monat, war er 1997 kalt, aber feucht. Ende Juli machte sich Hochdruckeinfluss geltend und das Wetter wurde stechend heiß und schwül. Auf den Juli folgte im August unübliches Tropenwetter mit viel Nässe, die alle Rekorde brach, sowie hohen Temperaturen. Trotz extensiver Laubauslichtung und Behangausdünnung bei gut geführten Châteaux bewirkten die verlängerte Blütezeit, das ungewöhnliche Ende des Monats Juni und der tropische August (nach Aussage der Winzer fühlte man sich eher in Bangkok als im Bordelais) eine sehr unregelmäßige Reifung innerhalb der einzelnen Trauben-Fruchtstände. Die am häufigsten gehörte Klage lautete, dass jedes Büschel Trauben rote, grüne und roséfarbene Trauben gleichzeitig enthielt – ein Albtraum für jeden Winzer.

Der unglaublich frühe Beginn von Frühling, Austrieb und Blüte veranlasste einige Weingüter in Pessac-Léognan, ihre Weißweintrauben (vor den Fernsehkameras und somit vor den Augen der Nation) bereits am 18. August zu ernten. Damit wurde der 1997er zu einem noch »früheren« Jahrgang als der legendäre 1893er. Kurz nach dem Lesebeginn für die Weißwein-Trauben ließ das heiße Tropenwetter nach und eine Folge von Tiefdruckgebieten suchte das Bordelais heim. Vom 25. August bis zum 1. September gingen ansehnliche Regenmengen auf die gesamte Region nieder. Die Tatsache, dass sich so viele 1997er weich und säurearm zeigen, aber ohne die große Konzentration und Dichte, die in den feinsten 1996ern und 1995ern zu finden ist, geht zweifellos auf das Konto dieser heftigen Niederschläge. Man muss kein Kernphysiker sein, um den Geschmack von Weinen aus aufgequollenen Trauben zu erkennen. Diejenigen Produzenten, die in Panik gerieten und Anfang September mit der Lese begannen, weil sie Fäulnisbefall und weitere Wetterschäden befürchteten, brachten die am wenigsten gelungenen Weine zustande; wer jedoch genügend innere Standfestigkeit und Disziplin besaß, um warten zu können, wurde mit einem herrlichen September belohnt. Abgesehen von ein paar vereinzelten Regenschauern am 12. und 13. September war der September 1997 einer der trockensten und sonnigsten dieses Jahrhunderts. Je länger ein Produzent zu warten verstand, desto mehr profitierten die Rebstöcke und folglich der Wein.

Praktisch der gesamte Merlot wurde zwischen dem 2. und 23. September geerntet, der Cabernet Franc von Mitte September bis Anfang Oktober. Die Lese des Cabernet Sauvignon setzte allmählich Mitte September ein, zog sich aber noch länger als die anderen hin; einige

Produzenten ließen sich gar bis Mitte Oktober Zeit, um ihre letzten Cabernet Sauvignon-Parzellen abzuernten.

Eine der interessantesten Zahlen aus der Statistik dieses ungewöhnlichen Wetterverlaufs ist die außergewöhnliche »Hängezeit« der Trauben zwischen Blüte und Ernte. Im Bordelais gilt als Faustregel, dass der Winzer reifes Traubengut ernten wird, wenn es ihm gelingt, eine Spanne von 110 Tagen zwischen Blüte und Ernte zu legen. 1997 fand die Ernte der Merlot-Trauben häufig 115–125 Tage nach der Blüte statt. Beim Cabernet Sauvignon waren ganze 140 Tage Hängezeit am Stock keine Seltenheit. Normalerweise würde dies auf außergewöhnliche Geschmackskonzentration hindeuten, aber das Wetter Ende August zerstörte alle Hoffnungen auf auf einen großen Jahrgang.

Die Erträge waren relativ bescheiden, und als die Gesamtproduktion für das Bordelais erfasst war, zeigte sich, dass die Ernte der Region geringfügig kleiner ausgefallen war als 1996 oder 1995. Noch größere Bedeutung kommt der unerhört streng durchgeführten Selektion zu, die ja offensichtlich als Erklärung für die Qualität der klassifizierten Gewächse gelten kann. So geschah es nicht selten, dass nur 50–30% der gesamten Ertragsmenge eines Châteaus für dessen Grand Vin als akzeptabel anerkannt wurden.

Der Markt für Bordeaux-Weine lässt sich heutzutage schwer überblicken und vorhersagen. Ich war felsenfest davon überzeugt, dass sich die Preise auf demselben Niveau wie die 1995er einpendeln würden, und obwohl ich vorhersah, dass sich für viele der großen Médocs ein lebhafter Subskriptionsmarkt auftun würde, war ich weder auf die sich einstellende Kaufhysterie vorbereitet noch auf die von den Châteaux verlangten hohen Preise. Meiner Meinung nach sollten die 1997er preislich unter den 1996ern und 1995ern liegen, aber ich kann auch die missliche Lage der Produzenten verstehen, die strenge Selektionen durchführten und daher weit weniger Wein als gewöhnlich unter dem Grand-Vin-Etikett erzeugten. Wenn ihnen die Spitzenweine so schnell aus den Händen gerissen werden, warum sollten sie dann nicht aus einem offensichtlich überhitzten Markt Vorteil ziehen? Waren es aber die 1997er wirklich wert, subskribiert zu werden? Gewiss, für einige der Weine aus beschränkter Erzeugung wie auch die Ersten Gewächse (Premiers Crus) und die hervorragenden Zweiten Gewächse (Deuxièmes Crus) – die Weine, die stets am schwierigsten zu ergattern sind – mag der Kauf auf Subskriptionsbasis sinnvoll gewesen sein, und sei es als Garantie, dass man sie überhaupt bekommt. Doch dies ist ein Jahrgang für echte Weintrinker, nicht für Spekulanten. Ich erwarte nicht, dass die Preise für die 1997er in dem Maße steigen werden wie es die 1995er und 1996er getan haben. Doch da ich die weltweite Nachfrage nach Bordeaux während der letzten paar Jahre vollkommen unterschätzt habe, kann ich nur sagen: Wer weiß, was noch geschieht. Im November hatte man im Bordelais das Gefühl, die Preise würden sinken, doch im März waren die Hotels voller Käufer aus der ganzen Welt, die alle (trotz ihrer Klagen über die Preise) so viel zu kaufen suchten wie sie nur konnten, um eine Zuteilungsgarantie für die 1998er und 1999er – und um Gotteswillen der 2000er – zum Zeitpunkt ihrer Freigabe zu erhalten. Zurzeit weiß niemand, welche Preise sich für die 1997er ergeben werden. Der Markt ist unberechenbar geworden.

Eines weiß ich bestimmt: Niemand ist je fehlgegangen, wenn er den feinsten Bordeaux aus einem großen Jahrgang oder sogar superben Bordeaux aus einem ausgezeichneten Jahrgang kaufte. Wie die folgenden Degustationsnotizen besagen, ist 1997 kein großer Jahrgang und es gibt auch nicht viele große Weine, aber viele verbraucherfreundliche, erfreuliche Leistungen der Weinbereitung zu hoffentlich vernünftigen Preisen.

SPITZENWEINE DES JAHRES 1997

St-Estèphe: Cos d'Estournel, Montrose

Pauillac: Lafite-Rothschild, Latour, Lynch-Bages, Mouton-Rothschild, Pichon-Longueville Baron

St-Julien: Branaire, Gloria, Gruaud-Larose, Lagrange, Léoville-Barton, Léoville-Las Cases, Léoville-Poyferré, Talbot
Margaux: D'Angludet, Château Margaux
Médoc/Haut-Médoc Crus Bourgeois: Sociando-Mallet
Graves rot: Les Carmes-Haut-Brion, Domaine de Chevalier, Haut-Brion, Pape-Clément, Smith-Haut-Lafitte
Graves weiß: Domaine de Chevalier, Fieuzal, Haut-Brion, Laville-Haut-Brion, Smith-Haut-Lafitte
Pomerol: Clinet, Clos l'Église, L'Église-Clinet, L'Évangile, La Fleur-Pétrus, Lafleur, Pétrus, Le Pin, Trotanoy
St-Émilion: Angélus, Ausone, Cheval Blanc, Clos de l'Oratoire, Faugères, Gracia, Grandes-Murailles, l'Hermitage, Monbousquet, La Mondotte, Moulin St-Georges, Pavie-Decesse, Pavie-Macquin, Troplong-Mondot, Valandraud

1996 – Ein Überblick (16.09.1996)

St-Estèphe*****
Pauillac*****
St-Julien*****
Margaux****
Médoc/Haut-Médoc Crus Bourgeois***
Graves rot****
Graves weiß***
Pomerol***
St-Émilion****
Barsac/Sauternes****

Ertragsmenge: Eine außergewöhnlich große Ernte, die den überaus ertragreichen Jahrgängen 1995 und 1986 nur wenig nachsteht.
Zusammenfassung: Mit ersten Subskriptionspreisen, die 50–100% über denen der 1995er liegen, ist der 1996er nicht nur der teuerste junge Bordeaux-Jahrgang der Geschichte, er ist auch ein großer Jahrgang für das Médoc und für auf Cabernet Sauvignon basierende Weine.
Reifezustand: Die mächtigen Weine des Médoc auf Cabernet Sauvignon-Basis sind zugänglicher als die 1986er, denen der 1996er am ähnlichsten ist, werden jedoch nach der Flaschenabfüllung im Allgemeinen 10–15 Jahre Kellerreife benötigen. Die Weine aus der Region Graves und vom rechten Ufer der Dordogne werden in jüngerem Lebensalter zugänglich sein und dürften mit 7–10 Jahren Genussreife besitzen.
Preis: Wie bereits erwähnt, ist dies ein sehr teurer Jahrgang mit Preisen, die alle Rekorde brechen.

Seit über 20 Jahren habe ich (mit ziemlicher Detailgenauigkeit) den im Bordelais herrschenden Witterungsverlauf und seine Muster vom Frühling über den Sommer bis zum Frühherbst verfolgt. Daneben habe ich die verfügbaren Wetterinformationen über buchstäblich jeden Bordeaux-Jahrgang in diesem Jahrhundert studiert. Aus derlei Wetterstatistiken lassen sich unschwer gewisse Schlüsse ziehen. Die meisten großen Jahrgänge im Bordelais waren das Resultat außergewöhnlich heißer, trockener Sommer mit unterdurchschnittlichen Regenfällen und überdurchschnittlichen Temperaturen. Eine Reihe der berühmten Jahrgänge unseres Jahrhunderts erlebte zwar eine mäßige Anzahl von Regenfällen im September, doch sofern es sich nicht um wirklich bedeutende Regenmengen handelte, wirkten sich diese im Allgemeinen nur geringfügig auf die Qualität aus. In jeder Weinbauregion Frankreichs singen die Winzer das alte Lied: »Der Juni macht die Quantität, der September die Qualität.« Einige fügen sogar hinzu: »Der August macht den Stil.«

Gemessen an der Anzahl von qualitativ hochwertigen Weinen, die 1996 produziert wurden, war das Wetter im Bordelais vom März bis Mitte Oktober entschieden ungewöhnlich. Der Winter 1996 zeigte sich nass und mild. Als ich am 19. März 1996 in Bordeaux ankam, hatte ich aufgrund der in der Region herrschenden Hitzewelle das Gefühl, mich mitten im Juni statt im März zu befinden. Diese Hitzewelle währte die gesamten 12 Tage meines Aufenthalts. Viele Winzer prophezeiten eine frühe Blüte und demzufolge eine frühe Ernte. Die Hitzewelle fand Anfang April durch eine Kälteperiode ihr Ende, auf die Mitte April eine weitere Periode mit hohen Temperaturen folgte. Ganz untypisch war der Mai relativ kühl.

Als ich Mitte Juni auf 17 Tage nach Frankreich zurückkehrte, stöhnte das Land unter sengend heißen und schwülen Temperaturen um 35 °C, die eine rasche und im Allgemeinen einheitliche Blüte in Gang setzten. Im Bordelais waren die meisten Weingüter über die Blüte begeistert, die nur 3–4 statt der üblichen 7–10 Tage währte. Der Kälteeinbruch Ende Mai und Anfang Juni bewirkte eine schwere *millerandange* (einen ungleichmäßigen, die Erträge reduzierenden Fruchtansatz) in den *terroirs* auf dem Plateau von Pomerol. Für Ende Juni wurde eine frühe Ernte erwartet. Mit Ausnahme der Ertragseinbußen in Pomerol hätte es vom Standpunkt der Winzer aus nicht besser aussehen können. Doch dann schlug das Wetter ungewöhnlich bizarre Purzelbäume.

Während die Periode zwischen dem 11. Juli und 19. August relativ normal war (statistisch zeigte sie sich etwas kühler und feuchter als üblich), brachten die ersten 11 Tage des Juli und die Periode zwischen dem 25. und dem 30. August unter den normalen Werten liegende kühle Temperaturen und Regenmengen von ungewöhnlichem Ausmaß. Statistiken können irreführend sein, wie die Tatsache belegt, dass die normale Niederschlagsmenge für das Bordelais im August gerade mal 53 mm, die Regenmenge für 1996 aber gewaltige 144 mm betrug. Doch muss die örtliche Verteilung der Regenmengen aufgeschlüsselt werden: der heftigste Regen wurde mit über 106 mm in Entre-deux-Mers und St-Émilion gemessen, 53 mm fielen in Margaux, 44 mm in St-Julien, 38 mm in Pauillac und unter 25 mm in St-Estèphe und dem nördlichen Médoc. Ich erinnere mich, dass ich am Wochenende des amerikanischen Tags der Arbeit (Anfang September) mehrere Freunde im Bordelais anrief und widersprüchliche Meinungen über die Aussichten des Jahrgangs 1996 zu hören bekam. Die Menschen im südlichen Graves-Gebiet und am rechten Ufer der Dordogne waren sehr besorgt, dass der Jahrgang ähnlich wie der 1974er katastrophal ausfallen würde und hofften, dass ein wunderbarer September ihn vielleicht dem 1988er oder 1978er annähern könnte. Dagegen waren die Menschen im Médoc, insbesondere die nördlich von St-Julien, optimistisch, und erwarteten, dass ein guter September einen großartigen Jahrgang bringen würde. Die großen Regenmengen, die die Trauben weiter südlich und östlich aufquellen ließen, hatten den Médoc weitgehend verschont. Die unterdurchschnittliche Niederschlagsmenge im Médoc war ausreichend, um die Rebstöcke weiterhin gedeihen zu lassen, ganz im Gegensatz zu den Geschehnissen 1995 und 1989, als die exzessive Hitze und Dürre die Photosynthese der Pflanzen zum Erliegen gebracht hatten.

Große Mengen eines früh im September einsetzenden Regens waren 1991, 1992, 1993 und 1994 und in geringerem Ausmaß auch 1995 ein schlimmes Problem gewesen, doch sollte sich dieses Muster 1996 nicht wiederholen. Zwischen dem 31. August und dem 18. September zeigte sich eine bemerkenswerte Kette von 18 sonnigen Tagen, auf die am 18. und 19. in der gesamten Region leichte Regenschauer folgten. Es gab etliche Tage mit klarem Wetter, am 21. September fiel ein wenig Sprühregen und schließlich setzten am Abend des 24. September schwere Regenfälle ein, die bis einschließlich 25. September anhielten.

Ein weiteres charakteristisches Merkmal dieser Periode zwischen dem 31. August und 24. September war der ständige heftige und trockene Ost- und Nordostwind, der weitgehend dazu beitrug, die Weinberge nach den Ende August niedergegangenen Regenfällen wieder auszutrocknen. Diesem Wind schrieben es die Erzeuger auch zu, dass der Zuckergehalt in einem Ende August für unmöglich gehaltenen Ausmaß anstieg. Ein weiterer wohltätiger Aspekt dieser windigen Periode lag in der Minimierung möglichen Fäulnisbefalls durch das älteste Antibiotikum von Mutter Natur.

Die Merlot-Lese fand in den letzten beiden Septemberwochen statt. Der Cabernet Franc wurde Ende September und in den ersten 4–5 Tagen des Oktobers geerntet. Die später reifenden Cabernet Sauvignon-Trauben mit ihren dickeren Häuten kamen zwischen Ende September und dem 12. Oktober unter Dach und Fach. Mit Ausnahme eines ergiebigen Regens am 4. Oktober, der die gesamte Region erfasste, war das Wetter im Oktober sonnig und trocken und bot Bilderbuch-Bedingungen für die Cabernet Sauvignon-Lese. Tatsächlich sahen die meisten Médoc-Produzenten eine deutliche Parallele zwischen den Cabernet Sauvignon-Ernten von 1996 und 1986. Nachdem der Regen 1986 die Erträge der früh reifenden Rebsorten (wie Merlot und Cabernet Franc) beeinträchtigt hatte, ließ er nach, gefolgt von nahezu perfekten 4 Wochen eines trockenen, windigen, sonnigen Wetters, in dem der Cabernet Sauvignon unter idealen Bedingungen eingebracht wurde. Angesichts dieses Witterungsmusters ist es nicht verwunderlich, dass die Mehrzahl der feinsten Weine des Jahrgangs 1996 aus dem Médoc kommt, wo der Cabernet 10–18 Tage später gelesen wurde als auf den Weingütern mit hohen Anteilen von Merlot.

Wie aufgrund der guten Blüte während des trocken-heißen Monats Juni erwartet, brachte die 1996er Bordeaux-Ernte eine überaus reiche Ertragsmenge hervor (6,5 Millionen hl) und liegt damit geringfügig unter der Ertragsmenge von 1995 (mit 6,89 Millionen hl). Allerdings muss berücksichtigt werden, dass die Produktion einiger Spitzengüter in Pomerol, insbesondere jener auf dem Plateau, um 30–50% geringer ausfiel. In St-Émilion produzierten viele Weingüter 10–15% weniger Wein als normal. Die meisten Spitzengüter im Médoc erzeugten zwischen 45 und 55 hl/ha, etwas weniger als ihre Erträge von 1986.

Alles in allem gibt es acht wichtige Dinge, die man über den Jahrgang 1996 wissen muss:

1. Er ist der teuerste junge Bordeaux-Jahrgang in der Geschichte der Region, dessen Eröffnungspreise 50–100% über jenen der 1995er liegen.

2. Anders als der Jahrgang 1995 mit seinem wunderbaren Sommer, der allerdings von einem regnerischen September beeinträchtigt wurde, erlebte 1996 einen höchst ungewöhnlichen Wetterverlauf. Der Jahrgang begann als einer der frühesten des Jahrhunderts mit sengend heißem Wetter im Vorfrühling, dem zunächst eine kalte Periode und im Juni schwülheiße Temperaturen folgten. Der Sommer ließ sich abgesehen von einigen abnorm kalten Perioden relativ normal an. Statt der üblicherweise heißen und trockenen Tage im späten August gab es unberechenbare Regenmengen gepaart mit unter dem Normalen liegenden Temperaturen. Der September zeigte sich als relativ trockener und – am allerwichtigsten – als windiger Monat. Der heftige Nordwind erwies sich als günstig, weil er die Weingärten nach den Regenfällen Ende August wieder trockenlegte. Dazu kommt, dass dieser Wind (mit den trockenen, sonnigen Tagen) der Hauptgrund für den außergewöhnlichen Aufbau des Zuckergehalts der Trauben war, vor allem beim Cabernet Sauvignon, der sehr spät geerntet wurde.

3. Es wurde eine reichliche Ernte erzielt, die quantitativ geringfügig unter der Ertragsmenge von 1995 liegt.

4. Der Jahrgang ist uneinheitlich ausgefallen und lässt die beständige Qualität des Jahrgangs 1995 vermissen. Die große Stärke von 1996 sind die Cabernet Sauvignon-dominierten Weine des Médoc.

5. Ich habe einige Wochen im November 1997 nochmals alle Weine durchprobiert, und in den 20 Jahren, in denen ich das Gebiet besucht und junge Bordeaux-Jahrgänge verkostet habe, bin ich niemals auf so reichhaltige, reife, reintönige und intensive Cabernet Sauvignons gestoßen wie sie die feinsten 1996er Médocs sind. Ich glaube, einige der auf der Basis von Cabernet Sauvignon erzeugten Weine des Médoc könnten zu den größten Rotweinen gehören, die das Bordelais in den letzten 50 Jahren hervorgebracht hat.

6. Der Jahrgang 1996 lässt sich am ehesten mit dem 1986er vergleichen, zum einen aufgrund des Witterungsmusters und zum anderen aufgrund der Tatsache, dass der spät gelesene Cabernet Sauvignon in beiden Jahrgängen so schöne Erfolge erzielte. Schon als ich die 1996er zum ersten Mal verkostete, war der Vergleich nahe liegend und leicht zu ziehen. Doch die feinsten 1996 auf der Basis von Cabernet Sauvignon erzeugten Weine des Médoc

besitzen eine Süße, Rundheit, und Aroma- und Geschmacksdimensionen, die über die größten 1986er weit hinausgehen.

7. Die hohen Preise, die auf dem überhitzten Bordeaux-Markt von 1997 für die 1996er verlangt und bezahlt wurden, haben dazu geführt, dass viele 1996er, vor allem Weine unter dem Niveau der Premiers Crus und hervorragenden Deuxièmes Crus, von den Verbrauchern nicht gekauft wurden. Mir liegen Berichte von stornierten Aufträgen und von Weinhändlern vor, die ihre Zahlungen für die 1996er nicht leisten konnten. Vieles davon haben mir meine Kollegen im Bordelais bestätigt, doch sind andere Märkte eingesprungen und haben die vom amerikanischen Weinhandel nicht abgesetzten Bestände übernommen. Sicherlich gibt es noch 1996er, die für ihre Qualität überteuert sind. Doch sobald die Weinliebhaber Gelegenheit haben werden, die 1996er von Cabernet Sauvignon geprägten Weine selbst zu verkosten, werden sie mir Recht geben, dass viele Médoc-Weingüter einen profunden großen Jahrgang mit klassischen langlebigen Weinen erzeugt haben, der sich mit so gepriesenen Jahrgängen wie 1990, 1989, 1982, 1961 und 1959 messen kann. Dies vorausgesetzt, sollten die Leser nicht den Fehler begehen zu erwarten, dass die 1996er schon in ihrer Jugend überschwänglich, köstlich und opulent texturiert sein werden. Die unwiderstehlichsten Weine des Jahrgangs werden Geduld verlangen.

8. Es ist kein Geheimnis, dass Pomerol, St-Émilion und Graves (einschließlich der weiter nördlich gelegenen Appellation Pessac-Léognan) weniger erfolgreich waren, doch gab es auch in diesen Appellationen etliche außergewöhnliche Weine. Allerdings dürfen wir nicht vergessen, dass keine dieser Appellationen so beständige Qualität hervorgebracht hat wie 1995.

SPITZENWEINE DES JAHRES 1996

St-Estèphe: Calon-Ségur, Cos d'Estournel, Haut-Marbuzet, Lafon-Rochet, Montrose

Pauillac: d'Armailhac, Batailley, Clerc-Milon, Duhart-Milon, Grand-Puy-Lacoste, Haut-Batailley, Lafite-Rothschild, Latour, Lynch-Bages, Lynch-Moussas, Mouton-Rothschild, Pichon-Longueville Baron, Pichon-Longueville-Comtesse de Lalande, Pontet-Canet

St-Julien: Branaire (Duluc Ducru), Ducru Beaucaillou, Gloria, Gruaud-Larose, Hortevie, Lagrange, Léoville-Barton, Léoville-Las Cases, Léoville-Poyferré, Talbot

Margaux: d'Angludet, d'Issan, Kirwan, Malescot-St-Exupéry, Château Margaux, Palmer, Rauzan-Ségla, Du Tertre

Médoc/Haut-Médoc Crus Bourgeois: Cantemerle, Charmail, Domaine de Chiroulet Réserve, Les Grandes Chênes Cuvée Prestige, La Lagune, Lanessan, Reignac Cuvée Spéciale, Roc des Cambes, Sociando-Mallet

Graves rot: Les Carmes-Haut-Brion, Haut-Bailly, Haut-Brion. La Mission-Haut-Brion, Pape-Clément, Smith-Haut-Lafitte, La Tour-Haut-Brion

Graves weiß: de Fieuzal, Haut-Brion, Laville-Haut-Brion, Pape-Clément, Smith-Haut-Lafitte

Pomerol: Beau-Soleil, Bon Pasteur, Clinet, La Conseillante, La Croix-du-Casse, l'Église-Clinet, L'Évangile, La Fleur de Gay, La Fleur-Pétrus, Gazin, Grand-Puy-Lacoste, Lafleur, Latour à Pomerol, Pétrus, Le Pin, Trotanoy, Vieux-Château-Certan

St-Émilion: Angélus, l'Arrosée, Ausone, Beau-Séjour-Bécot. Beauséjour-Duffau, Canon-La-Gaffelière, Cheval Blanc, Clos Fourtet, Clos de l'Oratoire, La Couspaude, La Dominique, Ferrand-Lartigue, La Gaffelière, La Comerie, Grand-Mayne, Grand-Pontet, Larmande, Monbousquet, La Mondotte, Moulin St-Georges, Pavie-Macquin, Rol Valentin, Le Tertre-Rôtebœuf, Troplong-Mondot, Trotte Vieille, Valandraud

1995 – Ein Überblick (20.09.1995)

St-Estèphe****
Pauillac****
St-Julien****
Margaux****

Médoc/Haut-Médoc Crus Bourgeois***
Graves rot****/*****
Graves weiß***
Pomerol*****
St-Émilion****
Barsac/Sauternes**

Ertragsmenge: Wieder eine gewaltige Ernte, die die Rekordernte von 1986 nur knapp verfehlte. Doch die meisten Châteaux führten eine Behangausdünnung durch, und so waren die Erträge bescheiden. Zusätzlich zur Behangausdünnung war das Ausleseverfahren bei den Spitzenerzeugern und den qualitätsorientierten Châteaux streng, was dazu führte, dass weit weniger Wein unter den Grand-Vin-Etiketten produziert wurde als in ertragreichen Jahrgängen wie 1989 und 1990.
Zusammenfassung: Der einheitlichste Spitzenjahrgang seit 1990. Fast alle bedeutenden Appellationen brachten außergewöhnliche Weine von gleichmäßig hoher Qualität hervor.
Reifezustand: Es wurde behauptet, dass die sehr erfolgreiche Merlot-Ernte zu frühreifen, zum unmittelbaren Trinkgenuss bestimmten Weinen geführt habe, doch alle meine Verkostungen haben gezeigt, dass der Merlot zwar sehr gut ausgefallen ist, dass aber sowohl er als auch Cabernet Sauvignon und Cabernet Franc Weine mit beträchtlicher Gewichtigkeit, Tannin und Struktur hervorgebracht haben. Abgesehen von offensichtlichen Ausnahmen sind die meisten der feinen Bordeaux klassische *vins de garde*-Weine mit beachtlichem Tannin, die zwar zugänglich sind, aber weitere Flaschenreife benötigen. Meiner Meinung nach werden die mächtigen Weine ihre volle Genussreife nicht vor jetzt–2005 erreichen.
Preis: Der zweitteuerste jüngere Bordeaux-Jahrgang, den es jemals sowohl auf dem Subskriptionsmarkt als auch im Flaschenverkauf gegeben hat.

Juni, Juli und August prägten den Jahrgang 1995, denn sie zählten zu den trockensten und heißesten Monaten der letzten 40 Jahre. Doch wie in den meisten Jahrgängen im Bordelais seit 1991 war kaum die erste Woche September ins Land gegangen, als sich auch schon die Wetterbedingungen verschlechterten. Das Schauerwetter währte nur vom 7. bis zum 19. September und nicht den ganzen Monat, wie das 1992, 1993, 1994 und in geringerem Ausmaß auch 1991 geschehen war. Anders als der Rekord-Niederschlag von 275 mm im September 1992 und 175 mm im September 1994 betrug die Regenmenge im September 1995 nur 145 mm. In den Gemeinden St-Julien, Pauillac und Pomerol im nördlichen Médoc reichte die Niederschlagsmenge von 91 mm bis 134 mm.

Es gab zwar eine gewaltige Ernte, doch der Schlüssel zu den erfolgreichsten 1995ern scheint eine strenge Selektion nach Abschluss der alkoholischen und malolaktischen Gärung der Weine gewesen zu sein. Der Merlot war zweifellos reif, doch dies war der erste Jahrgang seit 1990, in dem sich auch der Cabernet Sauvignon (zumindest der spät gelesene) durch extreme Reife auszeichnete. Die meisten Châteaux, die mit der Ernte bis Ende September gewartet hatten, wurden mit physiologisch reifem Cabernet Sauvignon-Traubengut belohnt. Kurz, zu dem sowohl außergewöhnlich als auch einheitlich ausgefallenen Jahrgang 1995 muss man sieben Dinge wissen:

1. Er ist der zweitteuerste junge Bordeaux-Jahrgang dieses Jahrhunderts.

2. Trotz eines verregneten Septembers war der hervorragende Erfolg, den viele Châteaux mit dem Jahrgang 1995 erzielten, das Ergebnis herrlicher Wetterbedingungen im Juni, Juli und August, eine Periode, die zu den trockensten und heißesten der letzten 40 Jahre gehörte.

3. Es wurde eine reiche Ertragsmenge erzielt, doch das von vielen Spitzen-Châteaux durchgeführte brutale Selektionsverfahren führte letztlich zu bescheideneren Mengen klassifizierter Spitzengewächse als in so üppigen Jahrgängen wie 1989 und 1990.

4. Dieser Jahrgang hat sich für alle Appellationen als durchgehend einheitlich erwiesen. Aus dem Fass verkostet nahmen sich die Weine aus St-Julien, Pauillac und Pomerol besonders kraftvoll aus, doch auch nach der Flaschenabfüllung sind keine regionalen Schwächen zu erkennen, mit Ausnahme der trockenen Weißweine aus Graves und der süßen

Weißweine aus Barsac/Sauternes, die zwar gefällig, aber im Allgemeinen von mittlerer Qualität sind.

5. Die Leser, die sich rechtzeitig mit 1995ern eindeckten, bevor die Preise emporschnellten, werden begeistert sein zu hören, dass sich die 1995er nach der Flaschenabfüllung größtenteils noch vielversprechender ausnahmen als vom Fass. 1995 muss mindestens als ausgezeichneter Jahrgang gelten, doch in Anbetracht seines hohen Prozentsatzes an hervorragenden Weinen kann man durchaus die Meinung vertreten, dass er mit den großen Jahrgängen wie etwa 1990 und 1982 wetteifern kann.

6. Es ist schwierig, über den Stil eines Jahrgangs etwas Allgemeingültiges auszusagen, doch dürfen die Leser nicht meinen, dass die höchst erfolgreiche Merlot-Ernte von 1995 zu frühreifen, zum baldigen Verbrauch bestimmten Weinen geführt hätte. Bei meinen Verkostungen stellte ich nämlich fest, dass der Merlot und der Cabernet Sauvignon während ihrer Ausbauzeit im Fass *(élevage)* Fleisch, Gewicht und Fett zugelegt, aber auch klarere Linien und Tannin hinzugewonnen hatten. Natürlich gibt es auch Ausnahmen, doch die Mehrzahl der feinsten 1995er Bordeaux sind klassische *vin de garde*-Weine mit beträchtlichem Tannin, die bei aller Zugänglichkeit einige Jahre Flaschenreife benötigen.

7. Insgesamt ist 1995 ein ausgezeichneter bis hervorragender Jahrgang mit Spitzenweinen quer durch alle Appellationen. Wie ich von Anfang an gesagt habe, repräsentiert der 1995er Jahrgang vielleicht ein modernes Pendant zum 1970er. Doch in Anbetracht der modernen Weinbereitungsmethoden, Selektionsverfahren und der Tatsache, dass sich die Weinerzeuger heute weit mehr der Qualität verschrieben haben, dürfte es 1995 zweifellos mehr hervorragende Weine geben als 1970. Die Preise für die 1995er Flaschenweine sind extrem hoch, doch aus einem allgemeineren Blickwinkel gesehen hat das Jahr 1995 die beständig höchsten Qualitäten seit 1990 hervorgebracht.

SPITZENWEINE DES JAHRES 1995

St-Estèphe: Calon-Ségur, Cos d'Estournel, Cos Labory, Lafon-Rochet, Montrose

Pauillac: D'Armailhac, Clerc-Milon, Grand-Puy-Lacoste, Haut-Batailley, Lafite-Rothschild, Latour, Lynch-Bages, Mouton-Rothschild, Pichon-Longueville Baron, Pichon-Longueville-Comtesse de Lalande, Pontet-Canet

St-Julien: Branaire (Duluc Ducru), Ducru Beaucaillou, Gloria, Gruaud-Larose, Lagrange, Léoville-Barton, Léoville-Las Cases, Léoville-Poyferré, Talbot

Margaux: d'Angludet, Malescot-St-Exupéry, Château Margaux, Palmer, Rauzan-Ségla

Médoc/Haut-Médoc Crus Bourgeois: Charmail, La Lagune, Roc des Cambes, Sociando-Mallet

Graves rot: de Fieuzal, Haut-Bailly, Haut-Brion, La Mission-Haut-Brion, Pape-Clémient, Smith-Haut-Lafitte, La Tour-Haut-Brion

Graves weiß: de Fieuzal, Haut-Brion, Laville-Haut-Brion, Pape-Clément, Smith-Haut-Lafitte

Pomerol: Bon Pasteur, Bourgneuf, Certan de May, Clinet, La Conseillante, La Croix-du-Casse, l'Église-Clinet, l'Évangile, La Fleur-de-Gay, La Fleur-Pétrus, Gazin, Grand-Puy-Lacoste, La Grave à Pomerol, Lafleur, Latour à Pomerol, Pétrus, Le Pin, Trotanoy, Vieux-Château-Certan

St-Émilion: Angélus, l'Arrosée, Ausone, Beau-Séjour-Bécot, Canon-La-Gaffelière, Cheval Blanc, Clos Fourtet, Clos de l'Oratoire, Corbin-Michotte, La Couspaude, La Dominique, Ferrand-Lartifue, Figeac, La Fleur-de-Jaugue, La Gomerie, Grand Mayne, Grand Pontet, Larmande, Magdelaine, Monbousquet, Moulin-St-Georges, Pavie-Macquin, Le Tertre-Rôtebœuf, Troplong-Mondot, Valandraud

1994 – Ein Überblick (24.09.1994)

St-Estèphe***
Pauillac***
St-Julien***
Margaux***
Médoc/Haut-Médoc Crus Bourgeois**
Graves rot****
Graves weiß*****
Pomerol****
St-Émilion***
Barsac/Sauternes*

Ertragsmenge: Wiederum eine außergewöhnlich große Ernte, doch die Spitzen-Besitztümer mussten bei ihren Selektionsverfahren außergewöhnlich streng vorgehen, um nur die feinsten Cuvées unter dem Grand-Vin-Etikett herauszubringen. Von daher ist die Produktion der Spitzen-Châteaux relativ bescheiden.

Zusammenfassung: Ein heißer, trockener Sommer lieferte das Potenzial für einen großen Jahrgang, doch das Wetter verschlechterte sich im September und eine gewaltige Niederschlagsmenge von 175 mm fiel vom 7. bis zum 29. September. Produzenten, die keine Lust hatten, 30–50% ihrer Ernte herabzustufen (zu deklassifizieren), waren außerstande, Weine in Spitzenqualität zu erzeugen. Diejenigen, denen es gelang, konnten in diesem Jahrgang bemerkenswerte Erfolge verzeichnen, dem besten Jahr nach 1990 und vor 1995. Merlot war in diesem uneinheitlichen Jahrgang die erfolgreichste Rebsorte. Selbst die bestens gelungenen Médocs verwandten einen höheren Anteil an Merlot als an Cabernet Sauvignon, der bei sehr hohem Tanningehalt zu Strenge und Krautigkeit neigte. Ein weiterer Schlüssel zum Verständnis des Jahrgangs 1994 ist die Tatsache, dass die am besten entwässerten Weinberge (die in größter Ufernähe im Médoc und Graves) unter der Voraussetzung einer strengen Selektion sehr gute Weine hervorbrachten.

Reifezustand: Die meisten 1994er werden sich aufgrund ihrer relativ hohen Tanninspiegel langsam entwickeln. Dies ist ein klassischer *vin de garde*-Jahrgang, dessen Spitzenweine gute Farbe aufweisen und recht strukturiert und mächtig sind. Sie erfordern zusätzliche Flaschenreife.

Preis: Anfänglich zu vernünftigen Preisen erhältlich, haben die 1994er vom internationalen Interesse und der zeitweiligen Spekulation mit allen Bordeaux-Jahrgängen guter Qualität profitiert. Gemessen am Potenzial des Jahrgangs scheinen die Preise überteuert.

An der Spitze der Qualitätshierarchie hat der Jahrgang 1994 einige ausgezeichnete, sogar hervorragende Weine hervorgebracht mit weit höheren Spitzenqualitäten als 1993. Doch haben sich allzu viele Weine nach der Flaschenabfüllung nicht gut entwickelt, da sie durch exzessive Schönung und Filtierung ihrer fragilen Frucht beraubt wurden. Als Folge dieser Verfahren kommen die eher negativen Charakteristika des Weins deutlich zum Ausdruck, etwa eine gewisse Hohlheit am Gaumen und ein hoher Gehalt an hartem Tannin. 1994 hätte ein außergewöhnlicher Jahrgang sein können, wenn es nicht 13 Tage lang zwischen dem 7. und dem 29. September zu manchmal schweren Regenfällen gekommen wäre. Wie so oft in einem Jahrgang mit 3 Monaten herrlichsten Wetters im Sommer gefolgt von exzessiven Regenfällen während der Lese, hing auch hier der Unterschied zwischen einem Wein hoher Qualität und einem nicht im Gleichgewicht befindlichen Wein häufig von der Bereitschaft des Winzers ab, 30–50% der Ernte zu deklassifizieren.

Ganz allgemein gesehen sind die 1994er Spätentwickler, was zu einem großen Teil durch die hohen Tanninspiegel verursacht wird. Doch die großen und erfolgreichen Spitzenerzeugnisse des Jahrgangs besitzen die erforderliche Frucht und den nötigen Extrakt, um das Tannin harmonisch auszugleichen. Die Weingüter, die keine strenge Selektion durchführten oder zu wenig Merlot zur Verfügung hatten, um dem kargen Cabernet Sauvignon Fleisch zuzusetzen und ihn auszubalancieren, haben trockene, harte, magere und dünne Weine herausgebracht. 1994 ist fraglos ein uneinheitlicher Jahrgang und es ist frustrierender, sich durch ihn hindurchzukosten als durch den 1993er, doch gab es auch 1994 einige hervorragende Weine. Kluge Weinkäufer werden eine Anzahl hinreißender Weine finden, doch vergessen Sie nicht: Dies ist ein Jahrgang, der sorgfältige Auswahl erfordert.

1994 waren ähnlich wie 1993 die Appellationen begünstigt, die ihre Weinberge mit einem hohen Merlot-Anteil bestockt hatten oder außergewöhnlich gut entwässerte, durchlässige Böden besaßen. Wie 1993 scheint wiederum Pomerol bevorzugt gewesen zu sein. Das ist aber nicht als Blankobestätigung über die Qualität aller Pomerols zu verstehen, denn es gibt auch Enttäuschungen. Die Weingüter in Graves und in Ufernähe im Médoc mit kieshaltigen, tiefen, steinigen, gut drainierten Böden hatten auch das Potenzial für reichhaltige, gut ausgewogene Weine. Doch insbesondere im Médoc war es 1994 von essenzieller Wichtigkeit, eine beträchtliche Menge der Ernte zu eliminieren (die Spitzengüter nahmen 30–50% und mehr heraus) und einen höheren Prozentsatz von Merlot im endgültigen Mischsatz zu verwenden. Darüber hinaus mussten die Weine »sanft« und schonend auf die Flasche abgezogen werden, ohne übermäßiges Schönen und Filtrieren, was Geschmack und Körper verstümmelt hätte.

SPITZENWEINE DES JAHRES 1994

St-Estèphe: Cos d'Estournel, Lafon-Rochet, Montrose

Pauillac: Clerc-Milon, Grand-Puy-Lacoste, Lafite-Rothschild, Latour, Lynch-Bages, Mouton-Rothschild, Pichon-Longueville Baron, Pichon-Longueville-Comtesse de Lalande, Pontet-Canet

St-Julien: Branaire-Ducru, Clos du Marquis, Ducru-Beaucaillou, Hortevie, Lagrange, Léoville-Barton, Léoville-Las Cases, Léoville-Poyferré

Margaux: Malescot-St-Exupéry, Château Margaux

Médoc/Haut-Médoc Crus Bourgeois: Roc des Cambes, Sociando-Mallet

Graves rot: Bahans-Haut-Brion, Haut-Bailly, Haut-Brion, La Mission-Haut-Brion, Pape-Clément, Smith-Haut-Lafitte

Graves weiß: Domaine de Chevalier, de Fieuzal, Haut-Brion, Laville-Haut-Brion, Pape-Clément, Smith-Haut-Lafitte, La Tour-Martillac

Pomerol: Beaurégard, Bon Pasteur, Certan de May, Clinet, La Conseillante, La Croix du Casse, La Croix de Gay, l'Église-Clinet, l'Évangile, La Fleur de Gay, La Fleur-Pétrus, Gazin, Lafleur, Latour à Pomerol, Pétrus, Le Pin

St-Émilion: Angélus, l'Arrosée, Beau-Séjour Bécot, Beauséjour-Duffau, Canon La Gaffelière, Cheval Blanc, Clos Fourtet, La Dominique, Ferrand-Lartigue, Forts de Latour, Grand-Pontet, Larcis-Ducasse, Magdelaine, Monbousquet, Pavie-Macquin, Le Tertre-Rôtebœuf, Troplong-Mondot, Valandraud

Barsac/Sauternes: keine

1993 – Ein Überblick (26.09.1993)

St-Estèphe**
Pauillac**
St-Julien**
Margaux*
Médoc/Haut-Médoc Crus Bourgeois*
Graves rot***
Graves weiß***
Pomerol***
St-Émilion**
Barsac/Sauternes*

Ertragsmenge: Eine sehr große Ernte.
Zusammenfassung: Wieder eine Ernte, die unter beklagenswerten Wetterbedingungen eingebracht wurde, doch hat diese einige angenehme Überraschungen zu bieten. Dieser Jahrgang hat mehr attraktive Rotweine hervorgebracht als 1992 oder 1991.
Reifezustand: Die besten Weine sollten sich im Laufe der ersten 5–6 Jahre dieses Jahrzehnts gut trinken lassen.

Preis: Der letzte noch zu vernünftigen Preisen erhältliche Jahrgang der 1990er Jahre. Die 1993er kamen zu niedrigen Preisen auf den Markt und haben sich im Wesentlichen auf einer vernünftigen Höhe gehalten.

In manchen Gegenden ist 1993 wegen der enormen Regenfälle im September als schrecklicher Jahrgang abgeschrieben worden. Schon die 1991 und 1992 registrierte Niederschlagsmenge war erschreckend hoch, doch was in und um Bordeaux im September 1993 vom Himmel fiel, brach den 30-jährigen Regenrekord um erstaunliche 303%! Aus diesem Grund lag die Schlussfolgerung nahe, dass es unmöglich jemandem gelungen sein konnte, guten Wein zu produzieren. Darüber hinaus hatte sich das Frühlingswetter mit schweren Regenfällen im April und Juni ebenso widerwärtig gezeigt.

Doch der Juli war wärmer als üblich und der August außergewöhnlich heiß und sonnig. Tatsächlich begannen die Produzenten vor der Wetterverschlechterung am 6. September auf einen ausnehmend guten Jahrgang zu hoffen. Der Septemberregen zerstörte diesen Optimismus, doch wegen des außergewöhnlich kalten und trockenen Wetters zwischen den Überschwemmungen trat die von den Winzern am meisten gefürchtete Beerenfäule nicht auf. Die meisten Châteaux ernteten, wie es ihnen eben möglich war und schlossen die Lese Mitte Oktober ab.

Die besseren 1993er Weine legen die Annahme nahe, dass es sich hier um einen reichhaltigeren, potenziell besseren Jahrgang als 1991 und 1992 handelt. Die Weine lassen sich beschreiben als tief dunkel gefärbt mit einem unreifen Cabernet Sauvignon-Charakter, guter Struktur, mehr Tiefe und Länge als erwartet und Spuren von Verwässerung.

SPITZENWEINE DES JAHRES 1993

St-Estèphe: Cos d'Estournel, Montrose

Pauillac: Clerc-Milon, Grand-Puy-Ducasse, Grand-Puy-Lacoste, Latour, Mouton-Rothschild

St-Julien: Clos du Marquis, Hortevie, Lagrange, Léoville-Barton, Léoville-Las Cases, Léoville-Poyferré

Margaux: Château Margaux

Médoc/Haut-Médoc Crus Bourgeois: Sociando-Mallet

Graves rot: Bahans-Haut-Brion, de Fieuzal, Haut-Bailly, Haut-Brion, La Mission-Haut-Brion, Smith-Haut-Lafitte, La Tour-Haut-Brion

Graves weiß: Haut-Brion, Laville-Haut-Brion, Smith-Haut-Lafitte

Pomerol: Beaurégard, Bon Pasteur, Clinet, La Conseillante, La Croix de Gay, L'Église-Clinet, L'Évangile, La Fleur de Gay, Gazin, Lafleur, Latour à Pomerol, Pétrus, Le Pin, Trotanoy

St-Émilion: Angélus, l'Arrosée, Beau-Séjour-Bécot, Beauséjour-Duffau, Canon-La-Gaffelière, Cheval Blanc, La Dominique, Ferrand-Latigue, Grand-Pontet, Magdelaine, Monbousquet, Pavie-Macquin, Le Tertre-Rôtebœuf, Troplong-Mondot, Valandraud

Barsac/Sauternes: keine

1992 – Ein Überblick (29.09.1992)

St-Estèphe**
Pauillac**
St-Julien**
Margaux*
Médoc/Haut-Médoc Crus Bourgeois*
Graves rot**
Graves weiß***
Pomerol***
St-Émilion**
Barsac/Sauternes*

Ertragsmenge: Eine große Ernte wurde eingebracht, doch die Spitzen-Châteaux mussten brutale Selektionsverfahren anwenden, so dass Weine der Spitzenklasse nur in bescheidenen Mengen entstanden.

Zusammenfassung: Die 1992er an der Spitze der Qualitätshierarchie sind angenehm weich, aber selbst die feinsten Weine hatten Schwierigkeiten, den Geschmack von Wässrigkeit und Krautigkeit zu vermeiden, der durch die exzessiven Regenfälle vor und während der Ernte bewirkt wurde.
Reifezustand: Die meisten 1992er sollten innerhalb ihrer ersten 10–12 Lebensjahre getrunken werden.
Preis: Wegen des schlechten bis mediokren Rufs des Jahrgangs sind die Preise sehr niedrig.
Das Jahr 1992 war nicht von einem tragischen Frost geprägt, sondern von exzessiven Regenfällen zum schlimmsten aller möglichen Zeitpunkte. Auf einen frühzeitig einsetzenden Frühling mit reichlich Feuchtigkeit und warmem Wetter setzte die Blüte der Reben acht Tage früher ein als im 30jährigen Durchschnitt, was Hoffnungen auf einen frühen Herbst weckte. Der Sommer war außergewöhnlich heiß, der Juni nass und warm, der Juli lag geringfügig und der August ziemlich über der normalen Temperatur. Doch anders als in solch klassischen heißen, trockenen Jahren wie 1982, 1989 und 1990 gab es im August beträchtliche Regenfälle (mehr als das Dreifache der normalen Niederschlagsmenge). So wurden zum Beispiel im August 1992 im Bordelais 193 mm Regen gemessen (das meiste davon fiel während mehrerer heftiger Gewitterstürme in den letzten zwei Tagen des Monats), im Vergleich zu 22 mm im Jahr 1990 und 63 mm 1989.

Mitte August war es offensichtlich, dass die Erntemenge enorm sein würde. Den bedeutenden Weingütern erschien es unumgänglich, den Traubenbehang auszudünnen, um die Ertragsmenge zu reduzieren. Besitztümer, die ihren Ertrag ausdünnten, produzierten reichhaltigere Weine als die leichten, verwässerten Tropfen derjenigen, die das nicht taten.
Die ersten beiden Septemberwochen waren trocken, wenngleich abnormal kühl. In dieser Zeit wurden die Sauvignon- und Sémillon-Trauben unter idealen Bedingungen gelesen, was den ausgezeichneten und manchmal hervorragenden Erfolg (trotz hoher Ertragsmengen) des 1992er weißen Graves erklärt.

Vom 20. September mit dem größten Teil des Oktobers war das Wetter ungünstig, wobei beträchtlicher Niederschlag durch kurze Einsprengsel klaren Wetters unterbrochen wurde. Bei der Mehrzahl der Weingüter erstreckte sich die Lese über einen langen Zeitraum, obwohl das meiste Merlot-Lesegut an beiden Ufern der Gironde innerhalb von drei Tagen, am 29. und 30. September und 1. Oktober eingebracht wurde, als klares, trockenes Wetter herrschte. Zwischen dem 2. und 6. Oktober peitschten weitere heftige Gewitterstürme über die Region und die Châteaux, denen bewusst wurde, dass durch weiteres Zuwarten nichts mehr zu gewinnen war, führten die Lese unter miserablen Witterungsverhältnissen durch. Zur Herstellung eines guten Weines war es von entscheidender Bedeutung, die Trauben per Hand zu ernten und die beschädigte, kranke Frucht am Rebstock zu belassen. Eine noch strengere Selektion war in den Kellern erforderlich.

Insgesamt gesehen ist 1992 ein erfolgreicherer Jahrgang als 1991, weil keine Appellation einen hohen Prozentsatz mangelhafter Weine produzierte, wie es in Pomerol und St-Émilion 1991 geschehen war. Vielleicht erinnern sich die Leser daran, dass viele Spitzen-Weingüter in Pomerol und St-Émilion ihre gesamte 1991er Ernte deklassifizierten. Die 1992er sind moderne Entsprechungen der 1973er. Doch mit besseren Weinbereitungstechniken, strengerer Selektion, besserer Ausrüstung und einer genaueren Beobachtung der Ertragsmengen präsentierten die Spitzengüter 1992er, die sich als konzentriertere, reichhaltigere und insgesamt bessere Weine erwiesen als die besten 1973er oder auch die 1987er. Die besten 1992er sind weich und fruchtig bei niedrigem Säure- und mäßigem Tanningehalt und mittlerer bis guter Konzentration.

Unter allen Appellationen ist wohl Pomerol am besten gefahren. Gewiss, die Spitzengüter der Firma Jean-Pierre Moueix führten eine sehr strenge Behangausdünnung durch. Im Fall ihrer beiden Flaggschiff-Güter, Trotanoy und Pétrus, wendete Christian Moueix kühn eine innovative Technik an, indem er ihre Weinberge Anfang September mit Plastikplanen abdecken ließ. Die dann einsetzenden schweren Regenfälle sammelten sich auf der Folie und liefen ab, statt den Boden zu durchtränken. Ich habe Fotografien von diesen ausgeklügelten und kostspieligen Maßnahmen gesehen, und nachdem ich die Weine verkostet habe, kann ich sagen, dass sich Moueix' Mut gelohnt hat. Trotanoy und Pétrus sind zwei der drei am stärksten konzentrierten Weine des Jahrgangs und belegen, dass der unglaubliche Arbeitsaufwand, der erforderlich war, um die 9,5 Hektar Rebfläche von Trotanoy und 13 Hektar von Pétrus mit schwarzer Plastikfolie auszulegen, die Anstrengung wert war.

Andernorts gab es in jeder Appellation Erfolge und Misserfolge, aber ohne echte Einheitlichkeit. Die Weingüter, die sich Gedanken um die riesigen Ertragsmengen machten und den Behang ausdünnten oder die das Glück hatten, einen Teil ihrer Ernte vor der Sintflut vom 2.–6. Oktober zu Ende zu führen und die jede fragwürdige Traube aussortierten, haben fruchtige, weiche, charmante Weine erzeugt, die wie die 1991er in ihren ersten 10–12 Lebensjahren getrunken sein wollen.

SPITZENWEINE DES JAHRES 1992

St-Estèphe: Haut-Marbuzet, Montrose
Pauillac: Lafite-Rothschild, Latour, Pichon-Longueville Baron
St-Julien: Ducru-Beaucaillou, Gruaud-Larose, Léoville-Barton, Léoville-Las Cases
Margaux: Giscours, Château Margaux, Palmer, Rauzan-Ségla
Médoc/Haut-Médoc Crus Bourgeois: keine
Graves rot: Carbonnieux, Haut-Bailly, Haut-Brion, La Louvière, La Mission-Haut-Brion, Smith-Haut-Lafitte
Graves weiß: Domaine de Chevalier, de Fieuzal, Haut-Brion, Laville-Haut-Brion, Smith-Haut-Lafitte
Pomerol: Bon Pasteur, Certan de May, Clinet, La Conseillante, l'Église-Clinet, L'Évangile, La Fleur de Gay, La Fleur-Pétrus, Gazin, Lafleur, Pétrus
St-Émilion: Angélus, l'Arrosée, Beausejour-Duffau, Canon, Fonroque, Magdelaine, Troplong-Mondot, Valandraud
Barsac/Sauternes: keine

1991 – Ein Überblick (30.09.1991)

St-Estephe**
Pauillac**
St-Julien**
Margaux*
Médoc/Haut-Médoc Crus Bourgeois 0

Graves rot**,
Graves weiß 0
Pomerol 0
St-Émilion 0
Barsac/Sauternes**

Ertragsmenge: Eine sehr kleine Ernte, vor allem, weil der Spätfrost am Wochenende des 20./21. April in Pomerol und St-Émilion den größten Teil der Ernte zerstörte.
Zusammenfassung: Ein Desaster in Pomerol und St-Émilion am rechten Ufer der Gironde. Je weiter nördlich man im Médoc ging, desto besser wurden die Weine. In Pauillac und St-Estèphe wurden einige angenehme und sogar gute Weine produziert.
Reifezustand: Die Weine entwickeln sich rasch und sollten jetzt getrunken werden.
Preis: Aufgrund seines schrecklichen Rufes war dies immer ein leicht erschwinglicher Jahrgang.

1991 war das Jahr des großen Frostes. Während des Wochenendes vom 20.–21. April fielen die Temperaturen bis auf –9 °C und zerstörten in den meisten Weingärten die erste Generation von Knospen. Die schlimmste Zerstörung fand in Pomerol und St-Émilion östlich der Gironde statt. Weniger Schaden entstand im nördlichen Médoc, insbesondere im nordöstlichen Sektor von Pauillac und der Südhälfte von St-Estèphe. In dem Frühling, der auf den niederschmetternden Frost folgte, entwickelten sich neue Knospen, die von den Winzern Frucht der zweiten Generation genannt werden.

Weil man eine kleine Erntemenge erwartete, begannen die Optimisten ins Feld zu führen, dass 1991 dem Jahrgang 1961 ähneln könne (ein großes Jahr, von einem tödlichen Frost im Frühling geprägt, der die Ertragsmenge reduzierte). Natürlich beruhte diese ganze Hoffnung auf der Annahme, dass das Wetter während der Wachstumsphase sonnig und trocken bleiben würde. Als der September nahte, erkannten die meisten Weingüter, dass die Merlot-Lese erst spät im September und die Cabernet-Sauvignon-Ernte erst Mitte Oktober beginnen konnte. Durch die Frucht der zweiten Generation wurden die Lesepläne für die meisten Weingärten verzögert, doch ein sonniger Himmel Ende September ließ auf ein weiteres »Wunderjahr« nach Art des 1978er Jahrgangs hoffen. Dann ergoss am 25. September ein vom Atlantik kommender Gewittersturm 116 mm Regen, genau die doppelte durchschnittliche Regenmenge des gesamten Monats!

Zwischen dem 30. September und dem 12. Oktober war das Wetter im Allgemeinen trocken. In den meisten Merlot-Weingärten am rechten Ufer (Pomerol und St-Émilion) wurde die Lese während dieser Periode so rasch wie möglich durchgeführt. In Pomerol und St-Émilion gab es viel verwässerte Frucht, etwas Fäulnis und auch unreife Trauben. Im Médoc war eine große Menge des Cabernet-Sauvignon noch nicht voll ausgereift, doch viele Güter erkannten, dass es zu riskant war, noch länger zu warten. Diejenigen Weingüter, die zwischen dem 13. und 19. Oktober ernteten, also vor dem Ausbruch nochmaliger heftiger Regenfälle an sechs aufeinander folgenden Tagen (weitere 120 mm Niederschlag), lasen unreife, jedoch erstaunlich gesunde und säurearme Cabernet-Sauvignon-Trauben. Diejenigen Besitztümer, die ihre Ernte nicht vor dem Einsetzen der zweiten Sintflut eingebracht hatten, waren nicht mehr in der Lage, Qualitätswein herzustellen.

Der Jahrgang 1991 zeigt sich für die meisten Weingüter in Pomerol und St-Émilion als schlechtes, häufig verhängnisvolles Jahr. Ich finde, es steht noch unter 1984 und ist so für diese beiden Appellationen der schlechteste Jahrgang seit dem schrecklichen 1969er. Viele namhafte Weingüter in Pomerol und St-Émilion nahmen ihre Weine komplett aus der Klassifikation heraus und verkaufen sie nicht unter dem Namen ihres Châteaus – unter ihnen befinden sich so berühmte St-Émilion-Besitztümer wie L'Arrosée, Ausone, Canon, Cheval Blanc, La Dominique und Magdelaine. In Pomerol gelang es irgendwie, etliche gute Weine herzustellen, doch insgesamt war das Jahr eine Katastrophe für diese winzige Appellation. Die folgenden Pomerol-Châteaux gehören zu den namhafteren Gütern, die ihre gesamte Ernte in der Klassifikation herabstuften: Beauregard, Bon Pasteur, L'Évangile, La Gay, La Grave Trigant de Boisset, Lafleur, Latour à Pomerol, Pétrus, Trotanoy und Vieux-Château-Certan.

Trotz all dieser schlechten Nachrichten gingen aus der Region Graves und den an der Gironde gelegenen Weingärten des Médoc einige weiche, angenehme Weine von leichtem bis mittlerem Körper hervor. Die Verbraucher werden von der Qualität vieler dieser Weine, besonders der von St-Julien, Pauillac und St-Estèphe, überrascht sein. In diesen nördlichen Médoc-Appellationen, insbesondere in den an der Gironde gelegenen Weingärten, war ein großer Teil der Frucht der ersten Generation durch den Frost nicht zerstört worden und führte zu einer zwar verwässerten, aber physiologisch reiferen Frucht als es die Frucht der zweiten Generation war. Gleichwohl müssen die guten Weine zu mäßigen Preisen angeboten werden, um ein gerechtfertigtes Interesse der Verbraucher zu wecken.

Die Appellationen, die sich 1991 mit beständig guten Weinen hervorgetan haben sind: St-Julien, Pauillac und St-Estèphe. Diese Gebiete hatten weniger Frostschäden bei den Trauben der ersten Generation zu beklagen. Faktisch alle gut geführten Weingüter in diesen Appellationen erzeugten überdurchschnittlich guten, manchmal auch ausgezeichneten Wein.

Weil die intelligenten Güter im Médoc im Mischsatz statt der unreifen Cabernet Sauvignon-Trauben mehr Merlot zusetzten, sind die 1991er weiche, früh genussreife Weine, die in den ersten zehn Jahren ihres Lebens getrunken werden müssen.

SPITZENWEINE DES JAHRES 1991

St-Estèphe: Cos d'Estournel, Lafon-Rochet, Montrose
Pauillac: Forts de Latour, Grand-Puy-Lacoste, Lafite-Rotschild, Latour, Lynch-Bages, Mouton-Rotschild, Pichon-Longueville Baron, Pichon-Longueville-Comtesse de Lalande, Réserve de la Comtesse
St-Julien: Beychevelle, Branaire-Ducru, Clos du Marquis, Ducru-Beaucaillou, Lango-Barton, Léoville-Barton, Léoville-Las Cases
Margaux: Giscours, Château Margaux, Palmer, Rauzan-Ségla
Médoc/Haut-Médoc Crus Bourgeois: Citran
Graves rot: Carbonnieux, Domaine de Chevalier, Haut-Brion, La Mission-Haut-Brion, Pape-Clément, Smith-Haut-Lafitte, La Tour-Haut-Brion
Graves weiß: keine
Pomerol: Clinet
St-Émilion: L'Angélus, Troplong-Mondot
Barsac/Sauternes: keine

1990 – Ein Überblick (12.09.1990)

St-Estèphe*****
Pauillac*****
St-Julien*****
Margaux****
Médoc/Haut-Médoc Crus Bourgeois****
Graves rot****
Graves weiß***
Pomerol*****
St-Émilion*****
Barsac/Sauternes*****

Ertragsmenge: Riesig; eine der größten je im Bordelais eingebrachten Ernten.
Zusammenfassung: Das wärmste Jahr seit 1947 und das sonnigste seit 1949 setzte in einigen der besten Lagen in Graves und im Médoc die Reben einem außergewöhnlichen Stress aus. Doch die schwereren Böden in Appellationen wie St-Estèphe, die Kalksteinhänge und Plateaux von St-Émilion sowie die Lagen in Fronsac brachten ausgezeichnete Ergebnisse, ebenso die Spitzengüter, die eine strenge Selektion durchführten.
Reifezustand: Außergewöhnlich niedrige Säure bei hohem Tanningehalt lässt auf frühe Zugänglichkeit der Weine schließen. Die ausgewogensten, runden Weine verfügen über weitere 20–25 Jahre Lebenserwartung, doch gibt es aus diesem Jahrgang keinen Wein, der nicht schon Ende der 1990er Jahre mit Genuss zu trinken wäre.
Preis: Die Eröffnungspreise zur Subskription lagen 15–20% unter denen des Vorjahres, doch hat kein moderner Bordeaux-Jahrgang, ausgenommen der 1982er, im Preis stärker zugelegt als der 1990er.

Die meisten großen Bordeaux-Jahrgänge dieses Jahrhunderts sind das Ergebnis relativ heißer, trockener Jahre. Allein aus diesem Grunde sollte man 1990 große Aufmerksamkeit schenken. Besonders bemerkenswert ist, dass 1990 das zweitheißeste Jahr dieses Jahrhunderts war, nur wenig übertroffen von 1947. Es handelt sich aber auch um das zweitsonnigste Jahr in der Zeit nach dem 2. Weltkrieg, nur übertroffen von 1949.

1990 war das Wetter verheißungsvoll, weil es das Potenzial zur Erzeugung großer Weine besaß – doch das Wetter ist nur eine Unbekannte in der Gleichung. Die Sommermonate Juli und August waren die trockensten seit 1961 und der August der heißeste seit 1928, dem Beginn der Temperaturaufzeichnungen. Der September (der Monat, der nach Meinung der meisten Weinproduzenten die Qualität bestimmt) war witterungsmäßig kein besonders außergewöhnlicher Monat. Unter den großen Jahrgängen mit heißen Sommern war 1990 das zweitnasseste Jahr, das nur von 1989 übertroffen wurde. Wie im Jahr 1989 fiel der Regen zu besorgniserregenden Zeiten. Die meisten Produzenten waren rasch mit der Meinung bei der Hand, der Regen im September sei nutzbringend gewesen. Sie argumentierten, die Cabernet Sauvignon-Trauben seien noch zu klein gewesen und hätten zu dicke Schalen gehabt. Viele Cabernet-Reben seien im Wachstum stehen geblieben und die Trauben wären wegen der übermäßigen Hitze und Trockenheit nicht weiter gereift. Der Regen, so die Produzenten, hätte nun die Reifung gefördert und den Stillstand in der Entwicklung aufgehoben. Das ist eine fesselnde Beweisführung, die einiges für sich hat, doch leider gerieten allzu viele Châteaux in Panik und führten die Lese zu früh nach diesen Gewitter- und Regenstürmen durch. Die meisten Spitzenweingüter hielten jedoch die Lesetermine ein.

Bei der Verkostung der Weine aus dem Jahr 1990 fällt als ihre charakteristischste Eigenschaft eine geröstete Note auf, zweifellos das Ergebnis des extrem, ja sogar übermäßig heißen Sommers. Die September-Regen mögen teilweise die Belastungen verringert haben, an denen die mit Cabernet bepflanzten Weinlagen auf den leichteren, besser entwässerten Böden litten, doch sie schwemmten auch viele der Trauben auf und trugen zweifellos zu einer weiteren überaus reichlichen Erntemenge bei.

Es besteht kein Zweifel darüber, dass die großen Jahrgänge aus Jahren mit relativ heißem, trockenem Wetter stammen. Aber war 1990 etwa zu trocken und dürr? Oder waren die Erträge so hoch, dass trotz der außergewöhnlichen Witterung einfach zu viele Trauben geerntet wurden, aus denen keine profunden Weine entstehen konnten? 1990 verursachte das Wetter noch mehr Stress für die Reben in den Weinbergen des Bordelais als die Hitze und Trockenheit von 1989. Ein Schlüssel zum Verständnis dieses Jahrgangs liegt wohl darin, dass die feinsten 1990er Weine 1) aus Lagen mit schwereren und weniger gut entwässerten Böden stammen, die sonst ja weniger erwünscht sind als die durchlässigen, und 2) von Spitzenweingütern kommen, die eine besonders brutale Auslese vornahmen. Laut meinen Verkostungsnotizen produzierten zum Beispiel die schwereren Böden von Appellationen wie etwa St-Estèphe, Fronsac und die an den Abhängen und Plateaus gelegenen Weinberge von St-Émilion reichhaltigere, konzentriertere und vollkommenere Weine als viele Spitzenweinlagen mit den feinen, gut entwässerten, kiesigen Böden von Margaux und Graves.

Die Erntemenge war 1990 enorm, es wurde etwa ebenso viel Wein produziert wie 1989. In Wirklichkeit wurde sogar noch mehr Wein erzeugt, aber da die französischen Behörden intervenierten und bedeutende Deklassifizierungen verlangten, entspricht die erklärte Menge der von 1989, was für beide Jahrgänge eine um 30% höhere Produktion als 1982 bedeutet. Inoffiziell selektierten viele Châteaux (speziell die ersten und zweiten Gewächse) 1990 sogar noch strenger als 1989, und die Weinmenge, die von vielen Erzeugern unter dem Erstetikett (also als Grand Vin) vermarktet wird, ist geringer als im Jahre 1989.

Das zweite Jahr mit großer Hitze, Sonnenschein und Trockenheit in Folge setzte die Weinlagen mit leichten, kiesigen Böden noch größeren Belastungen aus als die Hitze im Jahr 1989. Viele Winzer in den Regionen Graves und Margaux meinten, sie seien fast gezwungen gewesen, ihre Cabernet-Trauben zu früh zu ernten, weil sie am Rebstock austrockneten. In Verbindung mit den extrem hohen Erträgen erklärt dies, warum die Appellationen Graves und Margaux, ganz ähnlich wie 1989 und 1982 (zwei weiteren heißen, trockenen Jahren), weniger erfolgreich waren. Und doch erzeugte jede Appellation einige brillante Weine.

Die meisten Premier Crus dieses Jahrgangs (Mouton-Rothschild bildete hier die Ausnahme) bewiesen erstaunliche Stärke. Man kann sagen, dass sie 1990 reichhaltigere, vollere und ausgewogenere Weine hervorgebracht haben als 1989. Andernorts im Médoc, insbesondere in St-Julien und Pauillac, entstanden reihenweise relativ weiche, runde, unmittelbar ansprechende, fruchtige Weine mit hohem Alkoholgehalt, reichlich sanftem Tannin und extrem hoher Säure. Für mich liegt der fesselndste Aspekt des Jahrgangs 1990 darin, dass die

Weine während des Fassausbaus und ihrer weiteren Entwicklung in der Flasche an Gewicht und Struktur zulegten, ganz ähnlich wie die 1982er (aber nicht die 1989er). Anfänglich habe ich einige der St-Juliens und Pauillacs deutlich unterschätzt, da erst bei der Flaschenabfüllung offenbar wurde, dass diese Appellationen viele profund reichhaltige, konzentrierte Weine hervorgebracht hatten, die sich als die größten jungen Bordeaux seit 1982 entpuppten. Als ich anfänglich diesen Jahrgang zu verstehen suchte, stolperte ich über die Tatsache, dass zwei Bordeaux-Superstars, Mouton-Rothschild und Pichon-Lalande, weit weniger vollkommene Weine produziert hatten als ihre 1989er. Ihre Weine waren ziemlich enttäuschend für den Jahrgang und lagen weit unter der Qualität ihrer Klassengenossen. Die verwirrenden Leistungen dieser beiden Châteaux bestätigten sich jedoch auch noch bei meinen Verkostungen im Jahr 2000. Die anderen Spitzenweine im Médoc haben aber beträchtlich an Statur und Fülle hinzugewonnen. Sie sind die aufregendsten Weine, die zwischen 1982 und 2000 im Bordelais produziert wurden.

Auf dem rechten Ufer schien es zunächst, dass Pomerol 1990 einen weniger erfolgreichen Jahrgang zu verzeichnen hatte als 1989, mit Ausnahme der Weingüter an der Grenze zu St-Émilion – l'Évangile, La Conseillante und Bon Pasteur – die von Anfang an eindeutig reichhaltigere Weine als 1989 erzeugt hatten. Doch als die Pomerols sich im Fass entwickelten, schien der Jahrgang, der freilich niemals die Größe des 1989ers erreichen sollte, generell an Kraft zu gewinnen, indem die Weine an Gewicht, Konturenschärfe und Komplexität zulegten. Am Anfang des neuen Jahrhunderts erweist sich 1990 als ein Jahrgang, der einige profunde große Pomerols hervorgebracht hat, insgesamt gesehen ist er freilich weniger harmonisch als 1989.

St-Émilion, niemals eine einheitliche Appellation, hat in allen drei Teilen – auf dem Plateau, in den Weingärten am Fuß der Hänge und in den Lagen auf Sand- und Kiesboden – den vielleicht homogensten und großartigsten Jahrgang der letzten 50 Jahre hervorgebracht. Interessanterweise haben Cheval Blanc, Figeac, Pavie, L'Arrosée, Ausone und Beauséjour-Duffau weit großartigere 1990er als 1989er produziert. Insbesondere der Cheval Blanc und der Beauséjour-Duffau scheinen Weine von legendärer Qualität zu sein. Der Figeac steht ihnen wenig nach, ist doch der 1990er der beste Wein aus diesem Weingut seit dem 1982er und 1964er.

Die trockenen Weißweine von Graves und der einfache weiße Bordeaux können sich eines sehr guten Jahrgangs erfreuen, der 1989 weit übertrifft, allerdings mit zwei bedeutenden Ausnahmen: Haut-Brion-Blanc und Laville-Haut-Brion. Der 1989er Haut-Brion-Blanc und der 1989er Laville-Haut-Brion waren zwei der großartigsten Graves-Weißweine, die es je gegeben hat. Beide sind weit reichhaltiger und vollkommener als die 1990er. Die Fehlentscheidung, derzufolge die 1989er zu früh gelesen wurden, wiederholte sich bei den 1990ern nicht, die daher mehr Fülle und Tiefe als die meisten 1989er besitzen.

Für die süßen Weißweine von Barsac/Sauternes kann dieser Jahrgang insofern als historisch gelten, als die meisten Erzeuger süßen Weißweins ihre Ernte vor den Rotweinerzeugern abgeschlossen hatten, was seit 1949 nicht mehr geschehen war. Während die Weine schon im Fass und anfänglich in der Flasche kraftvoll, süß und zuckerhaltig waren, haben sie allmählich an Komplexität und Konturenschärfe noch hinzugewonnen. Es ist sicherlich eine Sache des persönlichen Geschmacks, ob Sie, lieber Leser, bei den Barsacs und Sauternes den 1990er, 1989er oder 1988er vorziehen, fest steht jedoch, dass dies der dritte und letzte Jahrgang einer glorreichen Trilogie von Jahrgängen mit den mächtigsten und konzentriertesten Barsacs und Sauternes seit vielen Jahren ist. Die Weine, die sich der eindrucksvollsten Analysedaten rühmen können, die mir je untergekommen sind, stellen in ihrer Reichhaltigkeit und Intensität wahre Giganten dar und besitzen 30–40 Jahre Lebenserwartung. Werden sie sich als komplexer und eleganter als die 1988er erweisen? Mein Instinkt sagt mir nein, gleichwohl sind sie ungemein eindrucksvolle, kraftstrotzende Weine.

Alles in allem sollten die Leser zum Jahrgang 1990 die folgenden Punkte im Sinn behalten:

1. Ich habe stets geschrieben, dass der 1990er insgesamt ein größerer Jahrgang ist als der 1989er. Auch habe ich festgestellt, dass meiner Meinung nach 1990 sogar ein großartigerer Jahrgang ist als 1982 – insbesondere angesichts der Tatsache, dass eine gewisse Anzahl von Weingütern, die heute superben Wein erzeugen, 1982 nicht besonders gut geführt oder motiviert waren. Die Beispiele hierfür muss man nicht lange suchen, denken wir nur an Châteaux wie Angélus, Beauséjour-Duffau, Canon-La Gaffelière, Clinet, Clos Fourtet, L'Église-Clinet, La Fleur de Gay, Gazin, Lafon-Rochet, Lagrange (St-Julien), Monbousquet, Pape-Clément, Phélan-Ségur, Pichon-Longueville Baron, Smith-Haut-Lafitte, Le Tertre-Rôtebœuf, Troplong-Mondot und Valandraud. Alle diese Besitztümer bemühten sich jetzt in den 1990er Jahren, Spitzenweine herzustellen, während sie 1982 indifferent (oder wie Valandraud gar nicht) geführt wurden. Der 1990er ist zweifellos einer der größten jungen Bordeaux-Jahrgänge der Moderne, dessen Stil dem 1982er nicht unähnlich ist, der aber durch und durch mehr Einheitlichkeit aufweist als der 1982er. Dennoch übertrifft die außergewöhnliche Konzentration und Opulenz der meisten profunden 1982er immer noch die der besten 1990er.

2. Mit Ausnahme der Pomerols und der beiden legendären Leistungen der Weinbereitung von La Mission-Haut-Brion und Haut-Brion 1989 siegt bei Vergleichsdegustationen der beiden Jahrgänge meist der 1990er. Es gibt noch einige weitere Ausnahmen, doch im Allgemeinen sind die 1990er konzentrierter, komplexer und reichhaltiger als ihre Pendants von 1989.

3. Die Preise der 1990er liegen noch höher als die Preise der 1982er. Leider sehe ich auch die Preise für die 1990er und nicht zuletzt die 1982er nur in eine Richtung gehen: nach oben. Es gibt zu viele wohlhabende Menschen auf dieser Welt, die alles daransetzen, immer das Beste vom Besten zu bekommen. Der Weinmarkt ist heute viel breiter gefächert als vor 5 oder 10 Jahren. Außerdem führt eine wirtschaftliche Depression in einem Land nicht unbedingt zu einem Sinken der Preise für die größten Weine aus den größten Jahrgängen – eine traurige, aber unausweichliche Schlussfolgerung aus den Gegebenheiten des internationalen Weinmarktes.

4. Wenn man sich die besten Bordeaux-Jahrgänge dieses Jahrhunderts genauer ansieht, drängt sich der Eindruck auf, dass es zwei verschiedene Typen davon gibt. Da sind einerseits die sengend heißen, trockenen Jahre, die säurearme, mit explosiver Fruchtfülle ausgestattete Weine hervorbringen, die eine von den Franzosen *surmaturité* (Überreife) genannte Komponente an den Tag legen. Weine aus diesen Jahrgängen neigen dazu, wegen ihres reifen Tannins und niedrigen Säuregehalts köstlich zu schmecken. Man möchte annehmen, dass sich solche Jahrgänge nicht lange halten, doch in Anbetracht einiger alter Jahrgänge mit diesen Charakteristika muss man sagen, dass sie eine bemerkenswert lange Lebensdauer an den Tag legen. Große Jahrgänge, die in diese Kategorie fallen, sind 1900, 1921, 1929, 1947, 1949, 1959, 1961, 1982, 1989, 1990 und 2000.

Der andere Typus eines großen Bordeaux-Jahrgangs bringt extrem konzentrierte, jedoch ungeheuer tanninherbe Weine hervor, die im Geschmack mehr von Cabernet Sauvignon dominiert werden. Diese Weine sind in ihrer Jugend fast undurchdringlich-abweisend und verlangen vom Käufer jahrzehntelange Geduld. Dieser Typus eines großen Jahrgangs stellt häufig ein gewisses Risiko dar, da die Weine im Allgemeinen 10–12 Jahre Kellerreife erfordern, um genügend Tannin abzuschmelzen und echten Trinkgenuss zu bieten. Zu den größten Jahrgängen dieser Art zählen 1926, 1928, 1945, 1948, 1955 (Médoc und Graves), 1975 (in Pomerol und einer Handvoll anderer Weingüter) und 1986, 1996 (aber nur im Médoc) und wahrscheinlich 2000 (dieser Jahrgang neigt dazu, beide Stile in sich zu vereinen).

SPITZENWEINE DES JAHRES 1990

St-Estèphe: Calon-Ségur, Cos d'Estournel, Cos Labory, Haut-Marbuzet, Montrose, Phélan-Ségur
Pauillac: Les Forts de Latour, Grand-Puy-Lacoste, Lafite-Rothschild, Latour, Lynch-Bages, Pichon-Longueville Baron

St-Julien: Branaire-Ducru, Gloria, Gruaud-Larose, Lagrange, Léoville-Barton, Léoville-Las Cases, Léoville-Poyferré
Margaux: Malescot-St-Exupéry, Château Margaux, Rauzan-Ségla
Médoc/Haut-Médoc/Moulis/Listrac Crus Bourgeois: Lanessan, La Tour-St. Bonnet, Moulin-Rouge, Sociando-Mallet, Tour Haut-Caussan, Tour du Haut-Moulin
Graves rot: Haut Bailly, Haut-Brion, La Louvière, La Mission-Haut-Brion, Pape-Clément
Graves weiß: Domaine de Chevalier, Clos Floridene, La Mission-Haut-Brion, Pape-Clément
Pomerol: Bon Pasteur, Certan de May, Clinet, La Conseillante, L'Église-Clinet, L'Évangile, La Fleur de Gay, Gazin, Lafleur, Petit-Village, Pétrus, Le Pin, Trotanoy, Vieux Château Certan
Fronsac/Canon Fronsac: Canon-de-Brem, Cassagne-Haut-Canon-La-Truffière, Fontenil, Pez-Labrie, La Vieille-Cure
St-Émilion: Angélus, L'Arrosée, Ausone, Beauséjour-Duffau, Canon, Canon-La-Gaffelière, Cheval Blanc, La Dominique, Figeac, Grand-Mayne, Pavie, Pavie-Macquin, Le Tertre-Rôteboeuf, Troplong-Mondot
Barsac/Sauternes: Climens, Coutet, Coutet-Cuvée Madame, Doisy-Daëne, Lafaurie-Peyraguey, Rabaud-Promis, Raymond-Lafon, Rieussec, Sigalas-Rabaud, Suduiraut, La Tour Blanche, d'Yquem

1989 – Ein Überblick (31.08.1989)

St-Estèphe****
Pauillac*****
St-Julien****
Margaux***
Médoc/Haut-Médoc Crus Bourgeois****
Graves rot***
Graves weiß**
Pomerol*****
St-Émilion****
Barsac/Sauternes****

Ertragsmenge: Eine Mammuternte; neben 1990 und 1986 die größte erklärte Ertragsmenge in der Geschichte des Bordelais.
Zusammenfassung: Ein von jedermann mit Ausnahme der Weingutbesitzer im Bordelais übertrieben gelobter Jahrgang. Amerikanische, französische, sogar englische Weinjournalisten erklärten ihn zum Jahrhundertjahrgang, bis ernst zu nehmende Verkoster begannen, den Extraktgehalt, den phänomenal niedrigen Säuregehalt und die verwirrende Qualität einiger Weine in Frage zu stellen. Doch ist eine Fülle von reichhaltigen, dramatischen, fleischigen Weinen erzeugt worden, die recht gut altern sollten.
Reifezustand: Hoher Tannin- und extrem niedriger Säuregehalt, ganz ähnlich wie 1990, legen frühe Trinkreife nahe, wobei nur die konzentriertesten Weine in der Lage sein werden, 20–30 Jahre oder länger auszuhalten.
Preis: Bis 1995 und 1996 die teuersten Eröffnungspreise aller Jahrgänge.

Aus den Nachrichten wurde als Erstes bekannt, dass mehrere Châteaux in den letzten Augusttagen mit der Lese begannen, was 1989 zum Jahrgang mit der frühesten Ernte seit 1893 machte. Eine frühe Lese bedeutet im Allgemeinen eine sehr trockene Wachstumsperiode mit unterdurchschnittlichem Niederschlag – fast immer ein Anzeichen für einen Spitzenjahrgang. In seinem jährlich erscheinenden *Vintage and Market Report* berichtete Peter Sichel, dass zwischen 1893 und 1989 nur in den Jahren 1947, 1949, 1970 und 1982 eine ähnliche Wetterlage geherrscht habe, aber keines dieser Jahre so heiß gewesen sei wie 1989.

Von höchst entscheidender Bedeutung (zumindest aus qualitativer Sicht) war die Wahl des Lesedatums. Niemals wurde im Bordelais über einen so langen Zeitraum hinweg (vom 28. August bis 15. Oktober) geerntet. Einige Châteaux, allen voran Haut-Brion und die von Christian Moueix geführten Besitztümer in Pomerol und St-Émilion, ernteten während der ersten Septemberwoche. Andere Weingüter warteten ab und hatten ihre Lese nicht vor Mitte

Oktober abgeschlossen. In der zweiten Septemberwoche trat ein großes Problem auf: Viele Cabernet Sauvignon-Trauben waren zwar analytisch reif und besaßen genügend Zucker, um 13%ige Weine zu produzieren, waren jedoch physiologisch in Wirklichkeit unreif. Viele Châteaux, die mit derartigen Wachstumsbedingungen keine Erfahrung besaßen, wurden unschlüssig. Allzu viele vertrauten ihren Önologen, die glaubten, technisch reife Trauben vor sich zu haben, die rasch ihre Säure abbauen würden. Die stets dem Risiko abholden Önologen rieten zu unverzüglicher Ernte. Durch diese allzu frühe Cabernet-Ernte verpasste eine Reihe von Châteaux die Chance, einen der größten Weine ihres Lebens zu produzieren, wie mehr als nur ein Besitzer und Weinhändler bestätigte. Aufgrund dieser Tatsache und des enorm großen Ertrags erklärt sich wahrscheinlich, warum so viele Weine aus den Graves- und Margaux-Appellationen zwar gut ausgefallen sind, aber kein Feuer haben.

Keine Probleme gab es natürlich mit den früh geernteten Merlot-Trauben. Sie ließen sich zu Weinen mit einem Alkoholgehalt von 13,5 bis 15% verarbeiten, was es im Bordelais noch nie gegeben hatte. Diejenigen Güter, die ihre Reben beschnitten – Pétrus, La Fleur Pétrus und Haut-Brion – konnten Erträge von 45-55 hl/ha und überaus konzentrierte Frucht verzeichnen. Diejenigen, die ihren Fruchtbehang nicht ausdünnten, erreichten geradezu absurd hohe Erträge von 80 hl/ha.

Entgegen den Berichten von einer völlig »trockenen Lese« gab es am 10., 13., 18. und 22. September Regenschauer, die aber wenig Schaden anrichteten, solange nicht panikartig unmittelbar am Tag nach dem Regen geerntet wurde. Einige der leichteren Weine dürften wohl das Produkt solch nervöser Château-Besitzer sein, die so unklug waren, sofort nach den Regenfällen zu lesen.

Die Gesamtproduktion war wieder einmal atemberaubend hoch.

Im Allgemeinen gehören diese Weine zu den alkoholreichsten Bordeauxweinen, die ich je verkostet habe. Die Werte liegen zwischen 12,8% und – bei vielen Pomerols – über 14,5%. Der Säuregehalt ist extrem niedrig und der Tanningehalt überraschend hoch. Wenn man die Struktur der Weine betrachtet, liegen sie im Alkoholgehalt um 1–2% höher als die 1982er oder 1961er, im Säuregehalt niedriger als die 1990er, 1982er, 1961er und 1959er, bei dennoch hohem Tanningehalt. Glücklicherweise sind diese Tannine im Allgemeinen reif und weich wie bei den 1982ern und nicht trocken und adstringierend wie bei den 1988ern. Dadurch wirken die Weine im Mund kräftig, voll und fleischig – nicht unähnlich den 1982ern. Die Spitzen-1989er haben einen sehr hohen Glyzeringehalt, sind sie aber auch ebenso konzentriert wie die feinsten 1982er, 1990er, 1995er und 1996er? In Margaux ist die Antwort ein rundes »Nein«, da es sich hier deutlich um die am wenigsten begünstigte Appellation handelt, ähnlich wie schon 1982. In der Region Graves, mit Ausnahme von Haut-Brion, La Mission-Haut-Brion, Haut-Bailly und de Fieuzal, sind die Weine relativ leicht und nicht weiter bemerkenswert. In St-Émilion sind die 1982er beständiger und konzentrierter. 1989 wurden in St-Émilion auch einige wundervoll reichhaltige, enorm fruchtige, fette Weine erzeugt, doch sind sie in der Qualität sehr unterschiedlich. Im nördlichen Teil des Médoc, hauptsächlich in St-Julien, Pauillac und St-Estèphe wie auch in Pomerol sind viele aufregende, körper-, alkohol- und tanninreiche Weine entstanden. Die besten von ihnen scheinen die herrlich reichhaltige, opulente, fleischige Art der feinsten 1982er mit der Wucht und dem Tanningehalt der 1990er in sich zu vereinen.

Wie der 1982er Jahrgang wird auch dieser Wein wahrscheinlich für einen langen Zeitraum angenehmen Trinkgenuss gewähren. Ungeachtet des hohen Tanningehalts verleiht die niedrige Säure in Verbindung mit dem hohen Glyzerin- und Alkoholgehalt dem Wein eine faszinierend fleischige, körperreiche Art. Obwohl die Qualität beträchtlich schwankt, sind die besten 1989er von Pomerol, St-Julien, Pauillac und St-Estèphe in bestimmten Fällen den größten Weinen der letzten 20 Jahre durchaus ebenbürtig.

SPITZENWEINE DES JAHRES 1989

St-Estèphe: Cos d'Estournel, Haut-Marbuzet, Meyney, Montrose, Phélan-Ségur
Pauillac: Clerc-Milon, Grand-Puy-Lacoste, Lafite-Rothschild, Lynch Bages, Mouton-Rothschild, Pichon-Longueville Baron, Pichon-Longueville-Comtesse de Lalande
St-Julien: Beychevelle, Branaire-Ducru, Ducru-Beaucaillou, Gruaud-Larose, Lagrange, Léoville-Barton, Léoville-Las Cases, Talbot
Margaux: Cantemerle, Margaux, Palmer, Rauzan-Ségla
Médoc/Haut-Médoc/Moulis/Listrac Crus Bourgeois: Beaumont, Le Boscq, Chasse-Spleen, Gressier Grand-Poujeaux, Lanessan, Maucaillou, Moulin-Rouge, Potensac, Poujeaux, Sociando-Mallet, La Tour de By, Tour Haut-Caussan, Tour du Haut-Moulin, La Tour St.-Bonnet, Vieux Robin
Graves rot: Bahans-Haut-Brion, Haut-Bailly, Haut-Brion, La Louvière, La Mission-Haut-Brion
Graves weiß: Clos Floridene, Haut Brion, Laville-Haut-Brion
Pomerol: Bon Pasteur, Clinet, La Conseillante, Domaine de l'Eglise, L'Église-Clinet, L'Évangile, Lafleur, Lafleur de Gay, La Fleur Pétrus, Le Gay, Les Pensées de Lafleur, Pétrus, Le Pin, Trotanoy, Vieux Château Certan
Fronsac/Canon Fronsac: Canon, Canon-de-Brem, Canon-Moueix, Cassagne-Haut-Canon-La Truffière, Dalem, La Dauphine, Fontenil, Mazeris, Moulin-Haut-Laroque, Moulin-Pey-Labrie
St-Émilion: Angélus, Ausone, Cheval Blanc, La Dominique, La Gaffelière, Grand-Mayne, Magdelaine, Pavie, Pavie-Macquin, Soutard, Le Tertre-Rôtebœuf, Troplong-Mondot, Trottevieille
Barsac/Sauternes: Climens, Coutet, Coutet-Cuvée Madame, Doisy-Védrines, Guiraud, Lafaurie-Peyraguey, Rabaud-Promis, Raymond-Lafon, Rieussec, Suduiraut, Suduiraut-Cuvée Madame, La Tour Blanche, d'Yquem

1988 – Ein Überblick (20.09.1988)

St-Estèphe***
Pauillac****
St-Julien****
Margaux***
Médoc/Haut-Médoc Crus Bourgeois**

Graves rot*****
Graves weiß***
Pomerol****
St-Émilion***
Barsac/Sauternes*****

Ertragsmenge: Eine ähnlich große Ertragsmenge wie 1982, was bedeutet, dass 30% weniger Wein als 1989 und 1990 produziert wurde.
Zusammenfassung: Da sie eine Wiederholung der Regenfälle fürchteten, die 1987 das Potenzial für einen großen Jahrgang zerstört hatten, gaben viele Produzenten den Startschuss zur Lese verfrüht ab, so dass leider reichliche Mengen von Médoc Cabernet Sauvignon zu früh geerntet wurden.
Reifezustand: Aufgrund eines guten Säuregehalts und relativ reichen, adstringierenderen Tanninen besitzen die 1988er Weine das Potenzial, 20–30 Jahre hindurch zu halten. Wie viele dieser Weine genügend Frucht als Gegengewicht zu dem Tannin zurückbehalten werden, bleibt die Frage.
Preis: Die Preise liegen 20–50% unter den 1989ern, so dass die besten Weine einen beträchtlichen Gegenwert für ihr Geld bieten.

Das Jahr 1988 ist ein guter, jedoch selten aufregender Jahrgang für Rotweine und einer der großartigsten Jahrgänge dieses Jahrhunderts für die Süßweine von Barsac und Sauternes.

Das Problem bei den Rotweinen liegt darin, dass es bei den Spitzenchâteaux keine Spitzenleistungen gab. Und deshalb wird 1988 stets eher als gutes denn als ausgezeichnetes Jahr gelten. Die Erntemenge war 1988 zwar groß, wurde aber von den beiden folgenden Jahrgängen 1989 und 1990 mengenmäßig übertroffen. Der durchschnittliche Ertrag 1988 betrug zwischen 45 und 50 hl/ha, was ungefähr der Weinerzeugung von 1982 gleichkommt. Die Weine besitzen gute Farbe, extrem hohen Tanningehalt und feste Struktur.

Den weniger gelungenen Weinen fehlt es meist ein wenig an Tiefe und sie besitzen einen kurzen Abgang mit spürbar grünen, adstringierenden Tanninen. Dennoch erfreuten sich die Winzer in Graves und im nördlichen Médoc eines feinen Jahrgangs von köstlichem Stil.

Die genannten Eigenschaften zeigen sich besonders im Médoc, wo offensichtlich viele Châteaux in Panik gerieten und aus Angst vor Fäulnis und weiteren Regenfällen, wie es sie 1987 gegeben hatte, ihren Cabernet Sauvignon zu früh ernteten. Deshalb brachten sie einen Cabernet ein, der oft nur einen Zuckergehalt von 8–9% aufwies. Diejenigen Weingüter, die mit der Ernte warteten (nicht gerade viele), erzeugten die besten Weine.

In Pomerol und St-Émilion wurde der Merlot in reifem Zustand geerntet, doch wegen der großen Trockenheit waren die Beerenhäute dicker und die resultierenden Weine erstaunlich tanninherb und hart.

Viele Weingüter in St-Émilion haben angeblich den Cabernet Franc vollreif eingebracht und einen Zuckergehalt erzielt, der höher war denn je zuvor. Doch trotz solch optimistischer Berichte schmecken die meisten Cabernet Francs dünn und wässrig. Deshalb weist St-Émilion, trotz Berichten von einer sehr erfolgreichen Ernte, große Qualitätsschwankungen auf.

Die Appellation Graves erzeugte 1988 wahrscheinlich die besten Rotweine im Bordelais.

Obwohl zweifelsohne die reichhaltigeren, dramatischeren, fleischigeren 1989er die Aufmerksamkeit der Käufer von den 1988ern abgezogen haben, wird doch ein objektiver Blick auf den Jahrgang 1988 einige überraschend starke Leistungen in Appellationen wie Margaux, Pomerol und Graves und in Weingütern im nördlichen Médoc an den Tag bringen, die ihre früh geernteten Cabernet-Sauvignon-Trauben aussonderten oder erst viel später ernteten. 1988 ist kein sonderlich guter Jahrgang für die Crus Bourgeois, weil viele Produzenten zu früh ernteten. Die niedrigeren Preise, die sie für diese Weine erhalten, erlauben es den Cru Bourgeois-Erzeugern nicht, eine strenge Auslese durchzuführen, wie sie für 1988 nötig gewesen wäre.

Die einzigen Appellationen mit einem Superjahrgang waren Barsac und Sauternes. Mit einer Ernte, die bis Ende November dauerte, und einem Bilderbuchwetter für die Bildung von Edelfäule gilt 1988 bei allen europäischen Autoritäten schon jetzt als der beste Jahrgang seit 1937. Fast alle Weine, auch die der kleineren Güter, weisen einen intensiven Duft nach Honig, Kokosnuss, Orangen und anderen tropischen Früchten auf. Es handelt sich um einen bemerkenswert vollen Jahrgang mit einem überdurchschnittlich hohen Anteil an botrytisbefallenen Trauben und großer Geschmackskonzentration; doch wird die reichhaltige, ölige, opulente Art wunderbar durch eine frische, pikante Säure ausgeglichen. Gerade diese Säure macht diese Weine so einzigartig.

SPITZENWEINE DES JAHRES 1988

St-Estèphe: Calon-Ségur, Haut-Marbuzet, Meyney, Phélan-Ségur

Pauillac: Clerc-Milon, Lafite-Rothschild, Latour, Lynch-Bages, Mouton-Rothschild, Pichon-Longueville Baron, Pichon-Longueville-Comtesse de Lalande

St-Julien: Gruaud-Larose, Léoville-Barton, Léoville-Las Cases, Talbot

Margaux: Monbrison, Rauzan-Ségla

Médoc/Haut-Médoc/Moulis/Listrac Crus Bourgeois: Fourcas-Loubaney, Gressier Grand-Poujeaux, Poujeaux, Sociando-Mallet, Tour du Haut-Moulin

Graves rot: Les Carmes Haut Brion, Domaine de Chevalier, Haut-Bailly, Haut-Brion, La Louvière, La Mission-Haut-Brion, Pape-Clément

Graves weiß: Domaine de Chevalier, Clos Floridene, Couhins-Lurton, de Fieuzal, Laville-Haut-Brion, La Louvière, La Tour-Martillac

Pomerol: Bon Pasteur, Certan de May, Clinet, L'Église-Clinet, La Fleur de Gay, Gombaude-Guillot-Cuvée Speciale, Lafleur, Petit-Village, Pétrus, Le Pin, Vieux Château Certan

St-Émilion: Angélus, Ausone, Canon-La Gaffelière, Clos des Jacobins, Larmande, Le Tertre-Rôtebœuf, Troplong-Mondot

Barsac/Sauternes: d'Arche, Broustet, Climens, Coutet, Coutet-Cuvée Madame, Doisy-Daëne, Doisy-Dubroca, Guiraud, Lafaurie-Peyraguey, Lamonthe-Guignard, Rabaud-Promis, Rayne-Vigneau, Rieussec, Sigalas Rabaud, Suduiraut, La Tour Blanche

1987 – Ein Überblick (03.10.1987)

St-Estèphe**
Pauillac**
St-Julien**
Margaux**
Médoc/Haut-Médoc Crus Bourgeois*
Graves rot***
Graves weiß****
Pomerol***
St-Émilion**
Barsac/Sauternes*

Ertragsmenge: Eine mäßig große Ernte, die sich verglichen mit den gigantischen Erträgen der 1980er Jahre winzig ausnimmt.
Zusammenfassung: Der am meisten unterschätzte Jahrgang der Dekade der 1980er Jahre brachte eine erstaunliche Anzahl von reifen, runden, schmackhaften Weinen hervor, die vor allem aus Pomerol, Graves und den am seriösesten geführten Gütern im nördlichen Médoc kamen.
Reifezustand: Die besten Weine waren köstlich und sollten bis 2000 ausgetrunken worden sein.
Preis: Niedrige Preise sind eher die Regel als die Ausnahme für diesen attraktiven, aber unterbewerteten Jahrgang.

Gar manche Bordelesen meinten, 1987 – und nicht 1989 oder 1982 – wäre zum außergewöhnlichsten Jahrgang der 1980er Jahre geworden, wenn es nicht während der beiden ersten Wochen im Oktober 1987 geregnet hätte und so die Qualität des ungeernteten Cabernet Sauvignon und Petit Verdot ruiniert wurde. Waren denn August und September nicht die beiden heißesten Monate im Bordelais seit 1976 gewesen? Doch der Regen fiel, und zwar in Mengen, und zerstörte die Hoffnung auf einen Spitzenjahrgang. Immerhin wurde der Merlot in der Hauptsache vor den Regenfällen geerntet. Der früh gelesene Cabernet Sauvignon war ordentlich, doch der nach dem Einsetzen der Niederschläge geerntete befand sich in sehr schlechtem Zustand. Teilweise dank der beiden gigantischen Ernten von 1985 und 1986, beides Rekordjahre, hatten die meisten Bordeaux-Châteaux volle Keller. So waren sie nicht abgeneigt, die Bottiche mit dem wässrigen Cabernet Sauvignon auszusondern, der während des 14-tägigen Dauerregens im Oktober geerntet worden war. Bei den Spitzenweingütern führte dies zu reifen, fruchtigen, runden, sogar fetten Weinen von leichtem bis mittlerem Körper mit niedrigem Tannin- und Säuregehalt und üppiger, verführerischer, charmanter Persönlichkeit.

Zwar besteht eine Tendenz, 1987 als schlechten Jahrgang anzusehen und ihn zu vergleichen mit anderen vor kurzem erlebten Jahrgängen wie etwa 1977, 1980 und 1984, doch in Wirklichkeit könnten diese Weine nicht unterschiedlicher sein. Bei den Jahrgängen 1977, 1980 und 1984 war Unreife des Leseguts das Problem, weil vor der Ernte kaltes, nasses Wetter geherrscht hatte. 1987 lag das Problem keineswegs in der Unreife, da die Merlot- und Cabernet-Trauben reif waren, sondern in diesem Jahr verwässerten die Regenfälle voll ausgereifte Trauben.

1987 ist der am meisten unterschätzte Jahrgang des Jahrzehnts in Bezug auf die Weingüter, in denen eine strenge Auslese getroffen wurde und/oder wo der Merlot unter guten Bedingungen gesund geerntet wurde. Die Weine sind köstlich fruchtig, früh ansprechend, sauber, fett und weich, ohne die geringste Fäulnis. Die Preise sind immer noch sehr günstig, obwohl die produzierten Mengen relativ klein waren. Das ist ein Jahrgang, den ich mir auf der Weinkarte eines Restaurants heraussuche. Ich habe eine Reihe dieser Weine für meinen Weinkeller erworben, weil ich die 1987er Jahrgänge, ganz ähnlich wie die 1976er, als sehr weich und früh ansprechend betrachte, die man im ersten Jahrzehnt ihres Lebens trinken sollte. Die meisten von ihnen haben jetzt ihren Höhepunkt überschritten.

SPITZENWEINE DES JAHRES 1987

St-Estèphe: Cos d'Estournel

Pauillac: Lafite-Rothschild, Latour, Mouton-Rothschild, Pichon-Longueville Baron, Pichon-Longueville-Comtesse de Lalande

St-Julien: Gruand-Larose, Léoville-Barton, Léoville-Las Cases, Talbot

Margaux: d'Angludet, Margaux, Palmer

Médoc/Haut-Médoc/Moulis/Listrac Crus Bourgeois: keine

Graves rot: Bahans-Haut-Brion, Domaine de Chevalier, Haut-Brion, La Mission-Haut-Brion, Pape Clément

Graves weiß: Domaine de Chevalier, Couhins-Lurton, de Fieuzal, Laville-Haut-Brion, La Tour-Martillac

Pomerol: Certan de May, Clinet, La Conseillante, L'Évangile, La Fleur de Gay,

Petit-Village, Pétrus, Le Pin

St-Émilion: Ausone, Cheval Blanc, Clos des Jacobins, Clos Saint-Martin, Grand-Mayne, Magdelaine, Le Tertre-Rôtebœuf, Trottevieille

Barsac/Sauternes: Coutet, Lafaurie-Peyraguey

1986 – Ein Überblick (23.09.1986)

St-Estèphe****	Graves rot***
Pauillac*****	Graves weiß**
St-Julien*****	Pomerol***
Margaux****	St-Émilion***
Médoc/Haut-Médoc Crus Bourgeois***	Barsac/Sauternes*****

Ertragsmenge: Kolossal; neben 1989 und 1990 eine der größten Ernten im Bordelais.

Zusammenfassung: Ein unwiderlegbar großes Jahr für die Cabernet Sauvignon-Traube im nördlichen Médoc, St-Julien, Pauillac und St-Estèphe. Die Spitzen-1986er brauchen noch einige Jahre Lagerung im Keller, und man fragt sich, wie viele Käufer dieser Flaschen die Geduld haben werden zu warten, bis die Weine ihre volle Genussreife erreicht haben.

Reifezustand: Die Weine von den Crus Bourgeois, Graves und dem rechten Ufer können jetzt getrunken werden, doch die makellos strukturierten Médocs werden erst im Jahre 2005 zugänglicher werden.

Preis: Noch realistisch, mit Ausnahme einer Hand voll von Superstar-Weinen.

Das Jahr 1986 ist zweifellos ein großartiger Jahrgang für den nördlichen Médoc, insbesondere in St-Julien, Pauillac und St-Estèphe, wo viele Châteaux die tiefsten und konzentriertesten Weine seit 1982 produzierten, die 10–30+ Jahre Lebensdauer besitzen. Doch sollte sich der Leser bewusst sein, dass die 1986er – anders als der große Jahrgang 1982 oder die sehr guten Jahrgänge 1983 und 1985 – keine schmeichelnden Weine sind, die man jung genießen kann. Die meisten Spitzenweine des Médoc werden mindestens ein Jahrzehnt im Keller benötigen, um ihre Tannine abzuschmelzen – die höchsten, die je bei einem Bordeaux-Jahrgang gemessen wurden. Wenn Sie nicht die Geduld aufbringen zu warten, bis der 1986er seine volle Trinkreife erreicht hat, ist es nicht sinnvoll, diesen Jahrgang zu kaufen. Wenn Sie es aber verstehen, den Genuss hinauszuschieben, dann werden sich viele dieser Weine als die erfreulichsten Bordeaux seit 1982 erweisen.

Warum war 1986 ein derartiges Ausnahmejahr für viele Médocs und Graves-Weine und brachte Cabernet Sauvignon-Trauben von ungewöhnlicher Reichhaltigkeit und Kraft hervor? Der Sommer 1986 war sehr trocken und heiß. Tatsächlich befand sich das Bordelais Anfang September mitten in einer schonungslosen Trockenheitsperiode, die den letzten Reifungsprozess der Trauben zu bedrohen begann. Am 14. und 15. September setzte Regen ein, der den Reifungsprozess förderte und die Trockenheit linderte. Das war ein willkommener Regen. Doch am 23. September peitschte ein wilder, rasch dahinziehender Gewittersturm über die Stadt Bordeaux, die Region Graves und die bedeutenden Appellationen am rechten Ufer, Pomerol und St-Émilion.

Das Seltsame an diesem großen Gewittersturm, der im Bordelais große Überschwemmungen anrichtete, war die Tatsache, dass er die Appellationen im nördlichen Médoc, St-Julien, Pauillac und St-Estèphe, kaum streifte. Diejenigen Winzer, die gegen Ende September zu lesen begannen, fanden aufgeschwemmte Merlot-Trauben und unreife Cabernets vor. Daher kamen die Spitzenweine von 1986 aus denjenigen Châteaux, die 1) den größten Teil ihrer Ernte nach dem 5. Oktober einbrachten oder 2) aus ihrem letzten Mischsatz den früh gelesenen Merlot ebenso eliminierten wie den zwischen dem 23. September und 4. Oktober geernteten Cabernet Franc und Cabernet Sauvignon. Nach dem 23. September gab es 23 außergewöhnliche Tage eines heißen, windigen, sonnigen Wetters, das den Jahrgang zu einem außergewöhnlichen machte – für diejenigen, die die Lese verschoben hatten. Es ist daher nicht verwunderlich, dass der spät geerntete Cabernet Sauvignon im nördlichen Médoc, der nach dem 6. Oktober, hauptsächlich zwischen dem 9. und 16. Oktober, gelesen wurde, Weine von außergewöhnlicher Intensität und Tiefe hervorbrachte. Es überraschte niemanden, dass Château Margaux und Château Mouton-Rothschild, die die beiden größten Weine des Jahrgangs erzeugten, den allergrößten Teil ihres Cabernet Sauvignon zwischen dem 11. und 16. Oktober einbrachten.

In Pomerol und St-Émilion erzielten diejenigen Châteaux, die bald nach der Überschwemmung vom 23. September ernteten, wie vorauszusehen weit weniger intensive Weine. Wer gewartet hatte (z.B. Vieux Châteaux Certan, Lafleur, Le Pin) erzielte viel konzentriertere, vollkommenere Weine. Wie in den meisten Jahren, war auch 1986 das Erntedatum entscheidend, und ohne jede Frage erzielten die Güter, die am spätesten ernteten, die besten Weine. Das vielleicht verwirrendste Paradox des 1986er Jahrgangs zeigt sich in der allgemein hohen Qualität der Graves-Weine, obwohl doch dieses Gebiet von dem Gewittersturm und Regen am 23. September verheert worden war. Die Erklärung liegt vielleicht teilweise in der Tatsache, dass die Spitzen-Châteaux in der Region Graves mehr Merlot als sonst aus dem endgültigen Mischsatz eliminierten und so Weine mit einem viel höheren Prozentsatz von Cabernet Sauvignon erzeugten.

Schließlich begründete der Jahrgang 1986 einen weiteren Rekord, da die Ertragsmenge die Rekordernte von 1985 um 15% überstieg und 30% größer war als die Ernte von 1982. Diese totale Produktionsmenge, die den Jahren 1989 und 1990 entspricht, ist einigermaßen irreführend, da die meisten klassifizierten Médoc-Châteaux 1986 bedeutend weniger Wein als 1985 erzeugten. Aus diesem Grund und wegen der überragenden Reife und des Tanningehalts der Cabernet Sauvignon-Traube sind die meisten Médocs 1986 spürbar konzentrierter, kraftvoller und tanninherber ausgefallen sind als 1985. Wenn man alles in Betracht zieht, so bietet 1986 zahlreiche aufregende und erfreuliche Weine von profunder Tiefe und einem außergewöhnlichen Potenzial für Langlebigkeit. Gleichwohl frage ich mich weiterhin, wie viele Leser bereit sein werden, ihren Genuss weiterhin zu verschieben, zumal diese Weine ihre Genussreife erreicht haben.

SPITZENWEINE DES JAHRES 1986

St-Estèphe: Cos d'Estournel, Montrose

Pauillac: Clerc-Milon, Grand-Puy-Lacoste, Haut-Bages-Libéral, Lafite-Rothschild, Latour, Lynch-Bages, Mouton-Rothschild, Pichon-Longueville Baron, Pichon-Longuville-Comtesse de Lalande

St-Julien: Beychevelle, Ducru-Beaucaillou, Gruand-Larose, Lagrange, Léoville-Barton, Léoville-Las Cases, Talbot

Margaux: Margaux, Palmer, Rauzan-Ségla

Médoc/Haut-Médoc/Moulis/Listrac Crus Bourgeois: Chasse-Spleen, Fourcas-Loubaney, Gressier Grand-Poujeaux, Lanessan, Maucaillou, Poujeaux, Sociando-Mallet

Graves rot: Domaine de Chevalier, Haut-Brion, La Mission-Haut-Brion, Pape-Clément

Graves weiß: keine

Pomerol: Certan de May, Clinet, L'Église-Clinet, La Fleur de Gay, Lafleur, Pétrus, Le Pin, Vieux Château Certan

St-Émilion: L'Arrosée, Canon, Cheval Blanc, Figeac, Pavie, Le Tertre-Rôtebœuf

Barsac/Sauternes: Climens, Coutet-Cuvée Madame, de Fargues, Guiraud, Lafaurie-Peyraguey, Raymond-Lafon, Rieussec, d'Yquem

1985 – Ein Überblick (29.09.85)

St-Estèphe***
Pauillac****
St-Julien****
Margaux***
Médoc/Haut-Médoc Crus Bourgeois***
Graves rot****
Graves weiß****
Pomerol****
St-Émilion***
Barsac/Sauternes**

Ertragsmenge: Eine sehr große Ernte (seinerzeit ein Rekord), die später von den Ertragsmengen der Jahre 1986, 1989 und 1990 übertroffen wurde.
Zusammenfassung: Die Spitzen-Médocs können sich vielleicht zu getreuen Abbildern des prachtvollen, verführerischen, charmanten 1953er Jahrgangs entwickeln. Die meisten Spitzenweine sind bereits erstaunlich gut entwickelt und legen im Bukett feine Fülle, runden, femininen Charakter und außergewöhnliche aromatische Reintönigkeit und Komplexität an den Tag. Das ist ein köstlicher, voll ausgereifter Jahrgang.
Reifezustand: Offensichtlich schon bei ihrer Freigabe trinkbar, entwickeln sich die 1985er rasch weiter, doch sollten die Weine des oberen Niveaus eine Haltbarkeit von 20–25 Jahren besitzen. Die Spitzen-Crus Bourgeois waren köstlich und sollten noch im alten Jahrtausend ausgetrunken worden sein.
Preis: Die zu unerhört hohen Preisen herausgekommenen 1985er sind im Wert nicht so stark gestiegen wie andere Spitzenjahrgänge.

Jeder Jahrgang, ob im Bordelais oder anderswo, wird vom Witterungsverlauf geprägt. Der 1985er Bordeaux-Jahrgang stand von Beginn an im Zeichen ziemlicher Besorgnisse. Der Januar 1985 war der kälteste seit 1956. (Damals war das Thermometer am 16. Januar auf eine Rekordtemperatur von –14,5 °C gefallen.) Doch die Furcht vor Schäden in den Weinbergen wurde von den Bordelesen stark übertrieben. Man fragt sich, ob diese Befürchtungen wirklich echt waren oder nur darauf ausgerichtet, die Preise für die 1983er hochzutreiben und die Nachfrage nach den überteuerten 1984ern anzukurbeln. Wie dem auch sei, der Frühling und der Frühsommer zeigten sich normal, wenn auch im April, Mai und Juni etwas regnerischer und kühler als gewöhnlich. Der Juli war etwas heißer und nasser, der August kälter als normal, aber extrem trocken. Das Septemberwetter brach dann alle meteorologischen Rekorde – der September war der sonnigste, heißeste und trockenste, der je gemessen wurde. Die drei jüngsten Spitzenjahrgänge – 1961, 1982 und 1989 – hatten sich jedenfalls derartiger phänomenaler Wetterbedingungen im September nicht rühmen können.

Die Lese begann Ende September, und in dieser Zeit zwischen dem 23. und 30. September stellten sich drei Tatsachen klar heraus. Erstens war der Merlot voll ausgereift und von ausgezeichneter Qualität. Zweitens zeigten die Cabernet Sauvignon-Trauben nicht die erwartete Reife und erreichten kaum 11% natürlichen Alkoholgehalt. Drittens hatte niemand mit einem so enormen Umfang der Ernte gerechnet. Die Trockenheit im August und September hatte die vielen Cabernet-Weinlagen auf kiesigen Böden allzu großen Belastungen ausgesetzt und den Reifungsprozess verzögert. Die klugen Winzer unterbrachen die Cabernet-Ernte, weil sie auf höheren Zuckergehalt hofften, wobei sie natürlich den Einbruch schlechten Wetters riskierten. Die weniger Wagemutigen gaben sich mit gutem anstelle von sehr gutem Cabernet Sauvignon zufrieden. Die Güter, die abwarteten und ihren Cabernet-Sauvignon Mitte Oktober ernteten, erzielten deutlich die besten Weine, da sich das Wetter den ganzen Oktober hindurch hielt. Wegen der Trockenheit gab es in den Gebieten von Barsac und Sauternes wenig Edelfäule. Diese Weine sind monolithisch, gradlinig und fruchtig ausgefallen, doch im Allgemeinen fehlt es ihnen an Komplexität und Tiefe.

Alles in allem ist der 1985er ein immens verführerischer und attraktiver Jahrgang, der zahlreiche wohl ausgewogene, reichhaltige, sehr duftige, jedoch weiche Weine hervorgebracht hat. Die 1985er sind eigentlich so recht dazu bestimmt, im Laufe der nächsten 15 Jahre getrunken zu werden, während man darauf wartet, dass die Tannine der 1986er abschmelzen und dass reichhaltigere, fülligere, massivere Weine aus Jahrgängen wie 1982 und 1989 den Höhepunkt ihrer Genussreife erlangen. Das Jahr 1985 brachte viel Sonnenschein, Hitze und Trockenheit, und zwar in einem solchen Ausmaß, dass viele der Weingärten auf leichteren, kiesigeren Böden sehr belastet wurden.

Im Médoc gab es 1985 eine enorme Ernte. Wo die Châteaux eine strenge Auslese durchführten, entstanden unzweifelhaft charmante, runde, früh reifende, opulente Weine mit niedrigem Säuregehalt und einer insgesamt eleganten, beinahe femininen Qualität. Die Tannine sind sanft und mild. Interessanterweise ist 1985 – ganz ähnlich wie 1989 – im Médoc eines jener Jahre, in dem die so genannten »Super-Deuxièmes« wie etwa Cos d'Estournel, Lynch-Bages, Léoville-Las Cases, Ducru-Beaucaillou, Pichon-Longueville-Comtesse de Lalande und Léonville-Barton Weine erzeugten, die sich mit den berühmteren Premier Crus messen können und diese in manchen Fällen sogar übertreffen. In vielen Jahrgängen (z.B. 1986) schweben die Premiers Crus qualitativ hoch über dem Rest. Das ist 1985 nicht der Fall. Im günstigsten Szenario könnten sich die 1985er durchaus auf die gleiche Art und Weise entwickeln wie der schöne, charmante Jahrgang 1953.

Die meisten Médoc-Winzer, die über den 1985er in glühende Begeisterung verfielen, nannten den Stil des Jahrgangs eine Verschmelzung von 1982 und 1983. Andere verglichen die 1985er Weine mit den 1976ern. Beide Standpunkte scheinen jedoch an der Sache völlig vorbeizugehen und ihren Kern zu verfehlen. Die 1985er sind mit Sicherheit leichter und besitzen nicht entfernt die Textur, das Gewicht oder Konzentration der feinsten 1982er oder 1986er, zugleich aber sind die meisten 1985er weit reichhaltiger und voller als die 1976er.

Auf dem rechten Ufer im Bordelais, in Pomerol und St-Émilion, wurde der Merlot in einem exzellenten Reifezustand eingebracht, obwohl viele Châteaux (z. B. Pétrus und Trotanoy) dazu neigten, eher zu früh zu lesen. Zwar lässt sich dieser Jahrgang nicht als ein zweiter 1982er oder 1989er bezeichnen, doch ist er in Pomerol gewiss ein schöner Jahrgang. In St-Émilion zeigt er sich weniger einheitlich, weil allzu viele Winzer ihren Cabernet ernteten, bevor er physiologisch voll ausgereift war. Interessanterweise verglichen viele Produzenten im Libourneais den Stil des 1985ers mit dem 1971er.

Der verführerische und ansprechende Jahrgang wurde bei seiner Freigabe im Preis fast zu hoch angesetzt. Die Weine sind nicht in dem Maß gestiegen, wie es viele verdient hätten, und ihre Preise erscheinen jetzt vernünftiger als zu jedem anderen Zeitpunkt in der Vergangenheit.

SPITZENWEINE DES JAHRES 1985

St-Estèphe: Cos d'Estournel, Haut Marbuzet
Pauillac: Lafite-Rothschild, Lynch-Bages, Mouton-Rothschild, Pichon-Longueville-Comtesse de Lalande
St-Julien: Ducru-Beaucaillou, Gruaud-Larose, Léoville-Barton, Léoville-Las Cases, Talbot
Margaux: d'Angludet, Lascombes, Margaux, Palmer, Rauzan-Ségla
Graves rot: Haut-Brion, La Mission-Haut-Brion
Graves weiß: Domaine de Chevalier, Haut-Brion, Laville-Haut-Brion
Pomerol: Certan de May, La Conseillante, L'Église-Clinet, L'Évangile, Lafleur, Le Pin, Pétrus
St-Émilion: Canon, Cheval Blanc, de Ferrand, Soutard, Le Tertre-Rôtebœuf
Barsac/Sauternes: d'Yquem

1984 – Ein Überblick (05.10.84)

St-Estèphe*
Pauillac*
St-Julien*
Margaux*
Médoc/Haut-Médoc Crus Bourgeois*
Graves rot**
Graves weiß*
Pomerol*
St-Émilion**
Barsac/Sauternes*

Ertragsmenge: Eine kleine bis mittelgroße Ernte für Weine vorwiegend auf Cabernet-Basis.
Zusammenfassung: Der am wenigsten attraktive Jahrgang für den heutigen Trinkgenuss. Die 1984er sind wegen des Ausfalls der Merlot-Ernte im Wesentlichen Weine auf Cabernet-Basis, die zwar schön in der Farbe sind, sich jedoch kompakt, streng und erschreckend unentwickelt und tanninreich ausnehmen.
Reifezustand: Diese Weine sollten jetzt getrunken werden.
Preis: Praktisch jeder 1984er ist billig zu haben, da die meisten Einzelhändler, die diese Weine geordert haben, auf ihnen sitzen geblieben sind.

Das von Anfang an bei den 1984ern bestehende Problem, das bis heute noch Schwierigkeiten macht, besteht darin, dass es den Weinen an einem größeren Prozentsatz von Merlot fehlt, der als Gegengewicht zu dem schmalen, kompakten, säurereichen Charakter nötig wäre. Infolgedessen mangelt es ihnen an Fett und Charme, doch sind die Weine, da sie aus Cabernet-Sauvignon-Trauben bereitet wurden, tief in der Farbe.

Fraglos erzielten diejenigen Winzer die besten Weine, die spät gelesen hatten, und die Spitzenweine stammen aus dem Médoc und Graves. Sie werden langlebiger, jedoch wahrscheinlich weniger genussreich sein als die Weine aus den beiden anderen schwierigen Jahrgängen dieses Jahrzehnts, nämlich 1980 und 1987.

In St-Émilion und Pomerol ist der Jahrgang enttäuschend ausgefallen, wenngleich nicht so katastrophal, wie ihn die Fachpresse ausgemalt hatte. Viele Spitzen-Besitztümer – Asone, Canon, Magdelaine, Belair, La Dominique, Couvent-des-Jacobins und Tertre-Daugay – nahmen ihre gesamte Ernte aus der Klassifizierung. Es war der erste Jahrgang seit 1968 oder 1972, in dem diese Châteaux keinen Wein unter ihrem Namen produzierten. Selbst bei

Pétrus wurden nur 800 Kisten erzeugt, im Vergleich zu 4500 Kisten in den Jahren 1985 und 1986.

SPITZENWEINE DES JAHRES 1984

St-Estèphe: Cos d'Estournel
Pauillac: Latour, Lynche-Bages, Mouton-Rothschild, Pichon-Longueville-Comtess de Lalande
St-Julien: Gruaud-Larose, Léoville-Las Cases
Margaux: Margaux
Graves rot: Domaine de Chevalier, Haut-Brion, La Mission-Haut-Brion
Graves weiß: keine
Pomerol: Pétrus, Trotanoy
St-Émilion: Figeac
Barsac/Sauternes: d'Yquem

1983 – Ein Überblick (26.09.1983)

St-Estèphe**
Pauillac***
St-Julien***
Margaux*****
Médoc/Haut-Médoc Crus Bourgeois**
Graves rot****
Graves weiß****
Pomerol***
St-Émilion****
Barsac/Sauternes****

Ertragsmenge: Eine große Ernte; die Gesamterzeugung liegt etwas unter 1982, lediglich im Médoc produzierten die meisten Güter mehr Wein als 1982.
Zusammenfassung: Das Bordelais hatte wie ganz Frankreich im August unter einer ganz untypischen tropischen Hitzewelle mit großer Feuchtigkeit zu leiden. Das führte in den Weinbergen zu einem hohen Maß an Überreife und auf bestimmten *terroirs* zu Fäulnis, insbesondere in St-Estèphe, Pauillac, Pomerol und den sandigeren Teilen des Plateaus von St-Émilion.
Reifezustand: Zunächst wurde der Jahrgang klassischer (oder typischer) als der 1982er bewertet und man sagte ihm eine langes Alterungspotenzial voraus. Zwanzig Jahre später sind die 1983er weit stärker entfaltet und in den meisten Fällen dem Gipfel ihrer Reife näher als die 1982er. Dies ist tatsächlich ein Jahrgang, der sich seinem Höhepunkt mit zunehmender Geschwindigkeit nähert.
Preis: Die Preise für die Spitzen-1983er bleiben vernünftig.

Die größten Erfolge des Jahrgangs 1983 kommen zuerst und vor allem aus der Appellation Margaux, die den großartigsten Jahrgang des Jahrzehnts erlebte. Diese mit ihren Leistungen ständig unter der Norm liegende Appellation brachte viele Spitzenweine hervor, wobei aus Margaux, Palmer und Rausan-Ségla (der Jahrgang der Wiederauferstehung für diesen berühmten Namen) besonders prachtvolle Beispiele stammten, ebenso aus d'Issan und Brane-Cantenac. Diese Weine gehören immer noch zu den am besten gehüteten Geheimtipps des Jahrzehnts.

Die anderen Appellationen sahen sich zahlreichen Schwierigkeiten gegenüber, und ihre Weine sind nicht so gleichmäßig und anmutig ausgereift wie einige Propheten vorausgesagt hatten. Die Weine aus dem nördlichen Médoc, insbesondere die St-Estèphes, enttäuschen. Die Pauillacs rangieren von relativ leicht, mit übermäßigem Eichenholzton, gerösteter Note und hohler Mitte bis zu einigen außergewöhnlichen Leistungen, vorwiegend von Pichon-Longueville-Comtesse de Lalande, Mouton-Rothschild und Lafite-Rothschild.

An die St-Juliens wird man sich nicht als großartige Weine erinnern, mit Ausnahme eines superben Léoville-Poyferré. Erstaunlicherweise ist 1983 der Léoville-Poyferré ebenso gut ausgefallen wie die anderen beiden Léovilles, Léoville-La Cases und Léoville-Barton. Für keinen anderen Jahrgang der 1980er Jahre lässt sich eine solche Feststellung machen. Die Cordier-Abkömmlinge Gruaud-Larose und Talbot brachten ebenfalls gute Weine heraus, doch insgesamt war 1983 für St-Julien kein memorables Jahr.

In Graves wiederholten sich die ungleichmäßigen Leistungen mit einerseits ganz wunderbaren Weinen aus den Graves-Châteaux des Gebiets von Pessac-Léognan (Haut-Brion, la Mission-Haut-Brion, Haut-Bailly, Domaine de Chevalier und de Fieuzal) und andererseits mit Enttäuschungen in anderen Bereichen der Appellation.

Am rechten Ufer, in Pomerol und St-Émilion, war ebenfalls Uneinheitlichkeit die Regel. Die meisten Hanglagen in St-Émilion brachten gute Ergebnisse, doch auf dem Plateau und den sandigeren Böden zeigte sich der Jahrgang gemischt, obwohl Cheval Blanc einen seiner größten Weine des Jahrzehnts zu Wege brachte. In Pomerol ist schwer zu sagen, wer den besten Wein erzeugte, jedenfalls hatte das Haus Jean-Pierre Moueix in diesem Jahrgang keine sonderlich gute Hand. Andere Spitzen-Châteaux wie etwa La Conseillante, L'Évangile, Lafleur, Certan de May und Le Pin erzeugten Weine, die in der Qualität ihren großen 1982ern nicht sehr nachstehen.

SPITZENWEINE DES JAHRES 1983

St-Estèphe: keine
Pauillac: Lafite-Rothschild, Mouton-Rothschild, Pichon-Longueville-Comtesse de Lalande
St-Julien: Gruaud-Larose, Léoville-Las Cases, Léoville-Poyferré, Talbot
Margaux: d'Angludet, Brane-Cantenac, Cantemerle (südliches Médoc), d'Issan, Margaux, Palmer, Prieuré-Lichine, Rauzan-Ségla
Médoc/Haut-Médoc/Moulis/Listrac Crus Bourgeois: keine
Graves rot: Domaine de Chevalier, Haut-Bailly, Haut-Brion, La Louvière, La Mission-Haut-Brion
Graves weiß: Domaine de Chevalier, Laville-Haut-Brion
Pomerol: Certan de May, L'Évangile, Lafleur, Pétrus, Le Pin
St-Émilion: L'Arrosée, Ausone, Belair, Canon, Cheval Blanc, Figeac, Larmande
Barsac/Sauternes: Climens, Doisy-Daëne, de Fargues, Guiraud, Lafaurie-Peyraguey, Raymond-Lafon, Rieussec, d'Yquem

1982 – Ein Überblick (13.09.1982)

St-Estèphe*****
Pauillac*****
St-Julien*****
Margaux***
Médoc/Haut-Médoc Crus Bourgeois****
Graves rot***
Graves weiß**
Pomerol*****
St-Émilion*****
Barsac/Sauternes***

Ertragsmenge: Eine äußerst reichliche Ernte, damals ein Rekordjahr, doch inzwischen liegen die Erträge von 1989, 1990, 1995, 1996 und 2000 gleichauf oder sind noch größer ausgefallen.
Zusammenfassung: Praktisch in allen Appellationen mit Ausnahme von Graves und Margaux wurden die konzentriertesten und potenziell komplexesten und tiefsten Weine seit 1961 und 1990 produziert.
Reifezustand: Die meisten Crus Bourgeois sollten schon seit den späten 1990er Jahren ausgetrunken sein, und die kleineren Weine von St-Émilion, Pomerol, Graves und Margaux befinden sich auf dem Höhepunkt ihrer Genussreife. Die kräftiger gebauten Pomerols, St-Émilions und die St-Juliens, Pauillacs und St-Estèphes aus dem nördlichen Médoc ent-

wickeln sich sehr langsam. Sie haben einen Großteil ihres Babspecks abgelegt und sind in ein viel straffer gewirktes, massiveres, jedoch weit strukturierteres, tanninherbes Stadium übergegangen. Die größten Weine haben nach Verkostungen in den Jahren 2000 und 2001 mindestens noch weitere 20 Jahre vor sich.

Preis: Seit dem 1990er ist kein moderner Bordeaux-Jahrgang im Preis so gestiegen wie der 1982er Jahrgang und doch gewinnt er immer noch weiter an Wert. Die Preise sind nun so schrecklich hoch, dass diejenigen Verbraucher, die diese Weine nicht im Voraus gekauft haben, nur mit Neid auf jene blicken können, die die 1982er subskribiert haben, als sie zuerst im Markt angeboten wurden, und zwar zu Preisen, die heute spottbillig erscheinen. Potenzielle Käufer sollten auf der Hut sein, da einige betrügerische 1982er am Markt aufgetaucht sind; dabei handelt es sich speziell um Fälschungen von Pétrus, Lafleur, Le Pin, Cheval Blanc und erste Gewächse aus dem Médoc.

Als ich meinen Bericht über den 1982er Jahrgang in der Aprilausgabe 1983 des *Wine Advocate* veröffentlichte, tat ich das mit dem Gefühl, niemals reichhaltigere, konzentriertere, vielversprechendere Weine als die 1982er verkostet zu haben. Neunzehn Jahre später – trotz solch wunderbar erfolgreicher Jahre wie 1985, 1986, 1989, 1990, 1995, 1996 und 2000 – ist und bleibt der 1982er der Maßstab dafür, welche Größe ein Bordeaux erreichen kann.

Die besten Weine dieses Jahrgangs kamen aus den Appellationen im nördlichen Médoc – St-Julien, Pauillac und St-Estèphe – wie auch aus Pomerol und St-Émilion. Sie haben sich seit ihren ersten Tagen im Fass kaum verändert. Zwar offenbaren sie ein Maß an Reichhaltigkeit, Opulenz und Intensität, wie ich es selten gesehen habe, und doch sind die Spitzenweine dieses Jahrgangs kurz vor ihrem neunzehnten Geburtstag relativ verschlossen und in der Entwicklung zurückgeblieben.

Die Weine anderer Appellationen sind viel rascher gereift, insbesondere diejenigen aus Graves und Margaux, sowie die leichteren, kleineren Weine aus Pomerol und St-Émilion und die Crus Bourgeois.

Heute könnte vernünftigerweise niemand die Großartigkeit des 1982er Jahrgangs leugnen. Gleichwohl wurde dieser Jahrgang 1983 von der amerikanischen Weinfachpresse mit großer Skepsis behandelt. Nach der Vorstellung des Jahrgangs hagelte es Warnrufe über den Säuremangel und den »kalifornischen« Stil dieser Weine. Manche Weinjournalisten meinten, 1981 und 1979 seien »feinere Jahrgänge« und dass die »vollreifen« 1982er »bis 1990 ausgetrunken sein müssten«. Seltsamerweise untermauerten diese Kritiker ihre Meinungen nicht mit spezifischen Degustationsnotizen. Das Verkosten von Wein ist natürlich etwas Subjektives, doch solche Auslassungen sind Unsinn, und eine derartige Kritik dieses Jahrgangs lässt sich einfach nicht rechtfertigen, besonders wenn man bedenkt, wie gut die Spitzen-1982er jetzt schmecken und wie reichhaltig und gemächlich sich die Premiers Crus, die Super-Deuxièmes Crus und die großen Weine aus dem nördlichen Médoc, Pomerol und St-Émilion entfalten. Sogar im Bordelais werden die 1982er nun auf den Sockel gehoben und man spricht von ihnen mit derselben Achtung und denselben Begriffen wie von den Jahrgängen 1961, 1949, 1945 und 1929. Darüber hinaus steigen im Markt und in den Auktionssälen – vielleicht der einzige wahre Maßstab für den Wert eines Jahrgangs – die Preise für die Spitzen-1982er immer noch in stratosphärische Höhen.

Jüngste Verkostungen der 1982er legen nach wie vor nahe, dass die Spitzenweine aus dem nördlichen Médoc nochmals 5+ Jahre Kellerreife benötigen. Die meisten der besten Weine scheinen sich seit ihren ersten Tagen im Fass kaum entfaltet zu haben. Die Flaschenabfüllung haben sie bestens überstanden und zeigen die außergewöhnlich ausladende, reichhaltige, glyzerin- und extraktbeladene Fülle am Gaumen, die diesen Weinen während der kommenden 10–20 Jahre zustatten kommen sollte. Ist der 1982er Jahrgang für die Mehrzahl der St-Émilions, Pomerols, St-Juliens, Pauillacs und St-Estèphes auch unverändert sensationell, so zeigt sich die schwache Seite des Jahrgangs zunehmend bei den Weinen aus Margaux und Graves. Nur Château Margaux scheint die Probleme von Überproduktion und locker gewirkten, flauen Cabernet Sauvignon-Weinen, an denen so viele andere Margaux-Besitztümer litten, überlebt zu haben. Das gilt auch für die im Gegensatz zu den schönen 1983ern leicht und schwach gefügt wirkenden Graves. Nur La Mission-Haut-Brion und Haut-Brion erzeugten bessere 1982er als 1983er.

Auf der negativen Seite stehen die Preise, die man heute für einen Spitzenwein aus dem Jahrgang 1982 zahlen muss. Liegt darin ein Grund verborgen, warum der Jahrgang immer noch von einer Hand voll amerikanischer Weinjournalisten angegriffen wird? Wer diese Weine subskribiert hatte, machte den Weinkauf des Jahrhunderts. Für die heutige Generation der Weinenthusiasten bedeutet der 1982er ebenso viel, wie der 1945er, 1947er und 1949er für eine frühere Weingeneration bedeutete.

Schließlich sind auch die Süßweine aus Barsac und Sauternes von 1982, die ursprünglich wegen ihres Mangels an Edelfäule und Reichhaltigkeit getadelt wurden, gar nicht übel ausgefallen. Tatsächlich sind der d'Yquem und die Cuvée Madame von Château Suduiraut zwei bemerkenswert kraftvolle, reichhaltige Weine, die sich mit den besten 1983ern, 1986ern und 1988ern messen können.

SPITZENWEINE DES JAHRES 1982

St-Estèphe: Calon-Ségur, Cos d'Estournel, Haut-Marbuzet, Montrose
Pauillac: Les Forts de Latour, Grand-Puy-Lacoste, Haut-Batailley, Lafite-Rothschild, Latour, Lynch-Bages, Mouton-Rothschild, Pichon-Longueville Baron, Pichon-Longueville-Comtesse-Lalande
St-Julien: Beychevelle, Branaire-Ducru, Ducru-Beaucaillou, Gruaud-Larose,
Léoville-Barton, Léoville-Las Cases, Léoville-Poyferré, Talbot
Margaux: Margaux, La Lagune (südliches Médoc)
Médoc/Haut-Médoc/Moulis/Listrac Crus Bourgeois: Tour Haut-Caussan, Maucaillou, Potensac, Poujeaux, Sociando-Mallet, La Tour St. Bonnet
Graves rot: Haut-Brion, La Mission-Haut-Brion, La Tour-Haut-Brion
Graves weiß: keine
Pomerol: Bon Pasteur, Certan de May, La Conseillante, L'Enclos, L'Évangile, Le Gay, Lafleur, Latour à Pomerol, Petit-Village, Pétrus, Le Pin, Trotanoy, Vieux Châteaux Certan
St-Émilion: L'Arrosée, Ausone, Canon, Cheval Blanc, La Dominique, Figeac, Pavie
Barsac/Sauternes: Raymond-Lafon, Suduiraut-Cuvée Madame, d'Yquem

1981 – Ein Überblick (28.09.1981)

St-Estèphe**
Pauillac***
St-Julien***
Margaux**
Médoc/Haut-Médoc Crus Bourgeois*
Graves rot**
Graves weiß**
Pomerol***
St-Émilion**
Barsac/Sauternes*

Ertragsmenge: Eine mittelgroße Ernte, die sich im Rückblick nun bescheiden ausnimmt.
Zusammenfassung: Der erste Jahrgang in einer Folge von heißen, trockenen Jahren, die sich fast ohne Unterbrechung bis 1990 fortsetzen sollten. 1981 wäre ein Spitzenjahrgang geworden, hätte es nicht unmittelbar vor der Lese geregnet.
Reifezustand: Die meisten 1981er stehen kurz vor ihrer vollen Genussreife, doch ihre besten Vertreter können weitere 5–10 Jahre überdauern.
Preis: Als weithin unbeachteter und übersehener Jahrgang bleibt 1981 ein günstiger Kauf zu annehmbaren Preisen.

Dieser Jahrgang ist »klassischer« als der 1983er und der 1982er genannt worden. Was der Begriff »klassisch« für diejenigen bedeutet, die 1981 als einen solchen Jahrgang bezeichnen, liegt wohl in der Tatsache, dass sich das Jahr als typisch guter Bordeaux-Jahrgang mit mittelschweren, wohl ausgewogenen, anmutigen Weinen präsentiert. In Wirklichkeit ist 1981 lediglich ein guter Jahrgang, der in Bezug auf Qualität sowohl von 1982 und 1983 als auch von 1978 und 1979 übertroffen wird.

1981 hätte ein hervorragender Jahrgang werden können, wenn nicht schwere Regenfälle gerade zu dem Zeitpunkt eingesetzt hätten, als die Lese beginnen sollte. Diese Regenfälle, die die Weinberge zwischen dem 1. und 5. Oktober und dann vom 9. bis 15. Oktober durchnässten, hatten eine Verwässerung der Geschmacksintensität der Traubenfrucht zur Folge. Bis dahin war der Sommer einfach vollkommen gewesen. Die Blüte verlief unter ausgezeichneten Wetterbedingungen; der Juli war kühl, doch der August und September heiß und trocken. Man kann nur Spekulationen darüber anstellen, dass 1981 durchaus zu einem der großartigsten Jahrgänge der Nachkriegszeit hätte werden können – wenn es nicht geregnet hätte !

Wie die Dinge nun einmal lagen, brachte 1981 eine große Erntemenge von mittelschweren Weinen mit mäßigen Tanninen und generell guter Farbe hervor. Die trockenen Weißweine sind gut ausgefallen, sollten aber inzwischen getrunken sein. Sowohl Barsac als auch Sauternes litten unter den Regenfällen, so dass keine wirklich unwiderstehlichen Weine aus diesen Appellationen gekommen sind.

1981 gab es eine Reihe von gelungenen Weinen besonders aus Appellationen wie etwa Pomerol, St-Julien und Pauillac. Rund 20 Jahre nach der Ernte haben die 1981er im Allgemeinen ihren Höhepunkt an Genussreife erreicht, und nur die Besten werden sich weitere 5–7 Jahre halten. Die unzulänglichen Seiten der Weine sind ihr Mangel an Reichhaltigkeit, Fleisch und Intensität, die neuere Jahrgänge durchaus besaßen. Die meisten Rotweinerzeuger mussten bedeutend chaptalisieren (den Most mit Zucker anreichern), weil die Cabernets mit einem natürlichen Alkoholgehalt von unter 11% und der Merlot von unter 12% geerntet wurden – sicherlich aufgrund des Regens.

SPITZENWEINE DES JAHRES 1981

St-Estèphe: keine
Pauillac: Lafite-Rothschild, Latour, Pichon-Longueville-Comtesse de Lalande
St-Julien: Ducru-Beaucaillou, Gruaud-Larose, Léoville-Las Cases, St-Pierre
Margaux: Giscours, Margaux
Médoc/Haut-Médoc/Moulis/Listrac Crus Bourgeois: keine
Graves rot: La Mission-Haut-Brion
Graves weiß: keine
Pomerol: Certan de May, La Conseillante, Pétrus, Le Pin, Vieux Château Certan
St-Émilion: Cheval Blanc
Barsac/Sauternes: Climens, de Fargues, d'Yquem

1980 – Ein Überblick (14.10.1980)

St-Estèphe*
Pauillac**
St-Julien**
Margaux**
Médoc/Haut-Médoc Crus Bourgeois*
Graves rot**
Graves weiß*
Pomerol**
St-Émilion*
Barsac/Sauternes****

Ertragsmenge: Es wurde eine mäßig große Ernte eingebracht.
Zusammenfassung: Über diesen mediokren Jahrgang lässt sich nichts von Bedeutung sagen.

Reifezustand: Mit Ausnahme von Château Margaux und Pétrus sollten praktisch alle 1980er getrunken sein.
Preis: Niedrig.

Dieser Jahrgang brachte leichte, verwässerte, häufig enttäuschende Weine, die einen unverkennbar vegetabilen und krautigen Geschmack haben und häufig auch durch exzessive Säure und Tannin beeinträchtigt sind. Erzeuger, die eine strenge Auslese durchführten und außergewöhnlich spät ernteten, wie etwa die Familie Mentzelopoulos von Château Margaux (der »Wein des Jahrgangs«), machten weichere, rundere, interessantere Weine, die sich am Ende der 1980er Jahre gut trinken ließen und auch noch bis zur Jahrhundertwende schönen Trinkgenuss geboten haben. Doch es sind nur wenige Weingüter, von denen man sagen kann, sie hätten Weine guter Qualität erzeugt.

Wie stets in nassen, kühlen Jahren können die Weinlagen auf leichteren, kiesigen, gut entwässerten Böden wie etwa einige der Besitztümer in Margaux und Graves eine bessere Reife erzielen. Es ist also nicht weiter überraschend, dass die Spitzenergebnisse im Allgemeinen aus diesen Gebieten kommen, wenngleich auch etliche Pauillacs aufgrund strenger Selektion ebenfalls gut ausgefallen sind.

So enttäuschend der Jahrgang 1980 für die Rotweinerzeuger ausfiel, so ausgezeichnet erwies er sich für die Produzenten von Barsac und Sauternes. Reifeprozess und Lese erstreckten sich unter allgemein idealen Bedingungen bis in den späten November. Dadurch konnten einige reichhaltige, intensive, hochklassige Barsacs und Sauternes erzeugt werden. Leider litt ihr kommerzieller Erfolg unter dem schlechten Ruf des Rotweinjahrgangs. Doch jeder, der auf eine Flasche 1980er Climens, Yquem oder Raymond-Lafon stößt, wird gleich feststellen, dass es sich hier um ein erstaunlich gutes Jahr handelt.

SPITZENWEINE DES JAHRES 1980

St-Estèphe: keine
Pauillac: Latour, Pichon-Longueville-Comtesse de Lalande
St-Julien: Talbot
Margaux: Margaux
Médoc/Haut-Médoc/Moulis/Listrac Crus Bourgeois: keine
Graves rot: Domaine de Chevalier, La Mission-Haut-Brion
Graves weiß: keine
Pomerol: Certan de May, Pétrus
St-Émilion: Cheval Blanc
Barsac/Sauternes: Climens, de Fargues, Raymond-Lafon, d'Yquem

1979 – Ein Überblick (03.10.1979)

St-Estèphe**
Pauillac***
St-Julien***
Margaux****
Médoc/Haut-Médoc Crus Bourgeois**
Graves rot****
Graves weiß**
Pomerol***
St-Émilion**
Barsac/Sauternes*

Ertragsmenge: Eine riesige Ernte, die damals einen Rekord bedeutete.
Zusammenfassung: In den letzten beiden Jahrzehnten war dies eines der beiden einzigen kühlen Jahre, die sich dann als recht guter Jahrgang herausstellten.
Reifezustand: Entgegen früheren Berichten sind die 1979er sehr langsam gereift, hauptsächlich weil die Weine relativ harte Tannine und gute Säure besitzen, zwei Merkmale, die den meisten Spitzenjahrgängen der 1980er Jahre fehlen.

Preis: Wegen mangelnder Nachfrage und wegen des durchschnittlichen bis guten Rufs des Jahrgangs bleiben die Preise niedrig, ausgenommen eine Hand voll der glanzvollen Weine von Pomerol aus deren beschränkter Produktion.

Das Jahr 1979 ist im Bordelais zum vergessenen Jahrgang geworden. Eine Rekordernte mit relativ gesunden Weinen von mittlerem Körper, die feste Tannine und gute Säure an den Tag legten, bildete den Abschluss der 1970er Jahre. Im nächsten Jahrzehnt fand dieser Jahrgang selten Erwähnung in der Wein-Fachpresse. Zweifellos wurden die meisten dieser Weine getrunken, lange bevor sie den Höhepunkt ihrer Genussreife erreicht hatten. Bei seiner Vorstellung galt der 1979er Jahrgang als dem 1978er unterlegen, doch in Bezug auf das Alterungspotenzial wird er sich diesem als überlegen erweisen. Freilich kann Haltbarkeit allein kaum ausreichen, einen Jahrgang zu bewerten, und man muss leider sagen, dass viele 1979er relativ magere, unterernährte, karge, kompakte Weine sind, die naive Kritiker als klassisch statt dünn bezeichnet haben.

Trotz der Uneinheitlichkeit, die sich von einer Appellation zur anderen zeigt, sind doch eine Anzahl von überraschend guten, erstaunlich geschmacksintensiven, reichhaltigen Weinen aus Appellationen wie Margaux, Graves und Pomerol hervorgegangen.

Mit wenigen Ausnahmen hat es keine Eile, die Spitzen-1979er zu trinken, da ihr relativ hoher Säuregehalt (im Vergleich zu den jüngeren Jahrgängen aus heißen Jahren) und ihr guter Tanninspiegel wie auch ihre robuste Struktur gewährleisten dürften, dass die Spitzenweine mindestens noch weitere 10–15 Jahre gut altern.

Das war kein Jahrgang für die trockenen Weißweine der Appellation Graves oder die weißen Süßweine von Barsac und Sauternes. Die trockenen Weißweine erreichten keine vollkommene Reife und bei den Süßweinen von Barsac und Sauternes gab es nicht genügend Botrytis, um ihnen jene honigfeine Komplexität zu verleihen, die für ihren Erfolg grundlegend ist.

Die Preise für die 1979er, falls man sie noch auftreiben kann, sind die niedrigsten unter allen jüngeren guten Bordeaux-Jahrgängen und spiegeln den allgemeinen Mangel an Interesse für die meisten von ihnen.

SPITZENWEINE DES JAHRES 1979

St-Estèphe: Cos d'Estournel
Pauillac: Lafite-Rothschild, Latour, Pichon-Longueville-Comtesse de Lalande
St-Julien: Gruaud-Larose, Léoville-Las Cases
Margaux: Giscours, Margaux, Palmer, du Tertre
Graves rot: Les Carmes Haut-Brion, Domaine de Chevalier, Haut-Bailly, Haut-Brion, La Mission-Haut-Brion
Pomerol: Certan de May, L'Enclos, L'Évangile, Lafleur, Pétrus
St-Émilion: Ausone
Barsac/Sauternes: keine

1978 – Ein Überblick (07.10.1978)

St-Estèphe**
Pauillac**
St-Julien***
Margaux***
Médoc/Haut-Médoc Crus Bourgeois**
Graves rot****
Graves weiß****
Pomerol**
St-Émilion***
Barsac/Sauternes**

Ertragsmenge: Es wurde eine mäßig große Ernte eingebracht.

Zusammenfassung: Das Jahr, das Harry Waugh, Englands Gentleman-Weinkommentator, »das Wunderjahr« nannte.

Reifezustand: Die meisten Weine sind voll ausgereift.

Preis: Jahrelang überteuert, wird der 1978er ein Vierteljahrhundert nach seiner Ernte nun zu angemessenen Preisen verkauft.

Das Jahr 1978 stellte sich für die Rotweine von Graves als hervorragender und für die Rotweine aus dem Médoc, Pomerol und St-Émilion als guter Jahrgang heraus. Den süßen Weißweinen von Barsac und Sauternes mangelte es an Botrytis, woraus sich monolithische, vordergründige Weine ohne großen Charakter ergaben. Die trockenen Weißweine von Graves fielen ebenso wie die Rotweine dieser Appellation außerordentlich gut aus.

Dieser Jahrgang gilt allgemein als sehr gut bis ausgezeichnet. Die beiden besten Appellationen sind Graves und Margaux mit ihren leichteren, besser entwässerten Böden, die kühleres Wetter besser vertragen. Tatsächlich erfreute sich Graves (mit Ausnahme des enttäuschenden Pape-Clément) wahrscheinlich seines besten Jahrgangs nach 1961. Die Weine, die zunächst intensiv fruchtig, von tiefer Farbe, mäßig tanninreich bei mittlerem Körper erschienen, sind weit schneller herangereift als die säurereicheren, mit festeren Tanninen versehenen 1979er von mittlerem Körper, die das Ergebnis eines sogar noch kühleren, trockeneren Jahres waren. Die meisten 1978er waren 12 Jahre nach der Ernte voll ausgereift, und einige Kommentatoren drückten ihre Enttäuschung darüber aus, dass die Weine entgegen ihrer Einschätzung nicht besser ausgefallen waren.

Das Problem ist, dass ganz ähnlich wie in den Jahren 1979, 1981 und 1988 ein Mangel an echten Superstar-Weinen herrscht. Es gibt eine Anzahl von sehr guten Weinen, doch da die meisten Weine nicht aufregend sind, ist der Enthusiasmus für den Jahrgang recht gedämpft. Darüber hinaus haben die kleineren Weine von 1978 einen unerfreulich vegetabilen, krautigen Geschmack, weil in den Lagen mit den weniger guten Böden die Trauben nicht voll ausreiften, trotz des beeindruckend heißen, trockenen Saisonendes. Eine weitere wichtige Überlegung ist, dass der Selektionsprozess, der in den 1980er Jahren so sehr zum fundamentalen Prinzip geworden ist, in den 1970ern weniger angewandt wurde und viele Besitztümer kurzerhand alles unter dem Grand-Vin-Etikett abfüllten. Spricht man heute mit den Besitzern der Weingüter, dann hört man oft die Ansicht, dass der Jahrgang 1978 das, was er zuerst versprach, hätte erfüllen können, wenn nur eine strengere Auslese durchgeführt worden wäre.

Dieser Jahrgang war für die Besitztümer in der Region Barsac/Sauternes sehr schwierig, weil sich in dem warmen und trockenen Herbstwetter nur wenig Botrytis bildete. Die Weine sind ganz ähnlich wie die 1979er stämmig, voller Glyzerin und Zucker, doch es fehlt ihnen an Biss, Konturenschärfe und Komplexität.

SPITZENWEINE DES JAHRES 1978

St-Estèphe: keine

Pauillac: Les Forts de Latour, Grand-Puy-Lacoste, Latour, Pichon-Longuville-Comtesse-de Lalande

St-Julien: Ducru-Beaucaillou, Gruaud-Larose, Léoville-Las Cases, Talbot

Margaux: Giscours, La Lagune (südliches Médoc), Margaux, Palmer, Prieuré-Lichine, du Tertre

Médoc/Haut-Médoc/Moulis/Listrac Crus Bourgeois: keine

Graves rot: Les Carmes Haut-Brion, Domaine de Chevalier, Haut-Bailly, Haut-Brion, La Mission-Haut-Brion, La Tour-Haut-Brion

Graves weiß: Domaine de Chevalier, Haut-Brion, Laville-Haut-Brion

Pomerol: Lafleur

St-Émilion: L'Arrosée, Cheval Blanc

Barsac/Sauternes: keine

1977 – Ein Überblick (03.10.1977)

St-Estèphe 0
Pauillac 0
St-Julien 0
Margaux 0
Médoc/Haut-Médoc Crus Bourgeois 0
Graves rot*
Graves weiß*
Pomerol 0
St-Émilion 0
Barsac/Sauternes*

Ertragsmenge: Es wurde eine kleine Ernte eingebracht.
Zusammenfassung: Ein schlimmer Jahrgang, eindeutig der schlechteste der 1970er Jahre; in diesem Sinne ist er bis heute unerreicht geblieben.
Reifezustand: Die Weine, selbst die wenigen trinkbaren, hätten bis Mitte der 1980er Jahre getrunken sein sollen.
Preis: Trotz Schleuderpreisen sind keine Weine zu finden, die ihr Geld wert sind.

1976 – Ein Überblick (13.09.1976)

St-Estèphe***
Pauillac***
St-Julien***
Margaux**
Médoc/Haut-Médoc Crus Bourgeois*
Graves rot*
Graves weiß***
Pomerol***
St-Émilion***
Barsac/Sauternes****

Ertragsmenge: Es wurde eine riesige Ernte eingebracht, die zweitgrößte des Jahrzehnts.
Zusammenfassung: Dieser bei heißen Witterungsbedingungen und Dürre entstandene Jahrgang hätte der Jahrgang des Jahrzehnts werden können, wenn nicht kurz vor der Lese Regenfälle eingesetzt hätten.
Reifezustand: Die 1976er schmeckten schon vollreif und köstlich, als sie 1979 freigegeben wurden. Doch die besten Vertreter bieten auch weiterhin köstlichen, manchmal sogar üppigen Trinkgenuss. Der 1976er ist einer aus einer Hand voll von Jahrgängen, deren Weine sich niemals wieder verschlossen haben und unattraktiv wurden. Jeder 1976er (mit Ausnahme von Ausone) sollte aber bis 2000 getrunken worden sein.
Preis: Die 1976er wurden stets zu vernünftigen Preisen angeboten, weil sie von den Wein-Propheten nie mit Lob überhäuft wurden.

Ich hatte voll damit gerechnet, dass diese Weine vor dem Ende der 1980er Jahre getrunken werden müssten. Doch die Spitzen-1976er scheinen den Höhepunkt ihrer Genussreife gehalten zu haben, ohne zu verblassen oder ihre Frucht einzubüßen. Wenn man bedenkt, wie köstlich die besten dieser Weine über einen langen Zeitraum hinweg geblieben sind, wünschte ich, ich hätte mich mit diesem Jahrgang besser eingedeckt. Sie werden sicherlich keine »alten Knaben« abgeben und man muss auch mit den schwächeren 1976ern sehr vorsichtig sein, die von Anfang an Intensität und Tiefe vermissen ließen. Diese Weine waren außerordentlich fragil und haben zunehmend einen braunen Schimmer über ihr Farbkleid gelegt, auch haben sie ihre Frucht eingebüßt. Gleichwohl bieten die Spitzenweine köstlichen Trinkgenuss und treten den überzeugenden Beweis an, dass selbst in einem Jahrgang mit Weinen von relativ verwässertem und weichem Stil und gefährlich niedrigem Säuregehalt gut gelagerte Bordeauxweine ohne weiteres 15+ Jahre überdauern können.

Die besten Ergebnisse erbrachte der Jahrgang 1976 im nördlichen Médoc, in den Appellationen St-Julien, Pauillac und St-Estèphe, die schwächsten in Graves und Margaux, und gemischte Erfolge gab es in den Libournais-Appellationen Pomerol und St-Émilion. Jahrgangsbester ist Château Ausone.

Wer überreiche, honigfeine Süßweine liebt, findet hier den besten Jahrgang der 1970er Jahre, weil sich reichliche Mengen von Botrytis in den Weinbergen bilden konnten und so den verschwenderisch reichhaltigen und opulenten Stil der Weine von Barsac/Sauternes prägten.

SPITZENWEINE DES JAHRES 1976

St-Estèphe: Cos d'Estournel, Montrose
Pauillac: Haut-Bages-Libéral, Lafite-Rothschild, Pichon-Longueville-Comtesse de Lalande
St-Julien: Beychevelle, Branaire-Ducru, Ducru-Beaucaillou, Léoville-Las Cases, Talbot
Margaux: Giscours, La Lagune (südliches Médoc)
Médoc/Haut-Médoc/Moulis/Listrac Crus Bourgeois: Sociando-Mallet
Graves rot: Haut-Brion
Graves weiß: Domaine de Chevalier, Laville-Haut-Brion
Pomerol: Pétrus
St-Émilion: Ausone, Cheval Blanc, Figeac
Barsac/Sauternes: Climens, Coutet, de Fargues, Guiraud, Rieussec, Suduiraut, d'Yquem

1975 – Ein Überblick (22.09.1975)

St-Estèphe**
Pauillac***
St-Julien***
Margaux**
Médoc/Haut-Médoc Crus Bourgeois***
Graves rot**
Graves weiß***
Pomerol*****
St-Émilion***
Barsac/Sauternes****

Ertragsmenge: Nach den reichlichen Ernten von 1973 und 1974 gab es 1975 eine mäßig große Ertragsmenge.
Zusammenfassung: Nach drei dürftigen bis mittelmäßigen Jahren in Folge waren die Bordelesen nur allzu bereit, den Jahrgang 1975 in den Himmel zu heben.
Reifezustand: Der sich am langsamsten entwickelnde Jahrgang der letzten 30 Jahre.
Preis: Das Unbehagen im Handel und beim Verbraucher wegen der sinkenden Reputation dieses Jahrgangs sowie über den Stil sogar der Spitzenweine (die hart, verschlossen und fast undurchdringlich bleiben) machen diesen Jahrgang zu einem preisgünstigen Kauf für geduldig Abwartende.

Handelt es sich hier um das Jahr der großen Enttäuschungen oder um das Jahr, in dem unbestreitbar klassische Weine produziert wurden? Es gibt im Jahrgang 1975 unbestreitbar großartige Weine, doch das allgemeine Qualitätsniveau ist schmerzlich ungleichmäßig und die Zahl der Mißerfolge ist allzu zahlreich, als dass man sich darüber hinwegsetzen könnte.

Ich bin immer wieder verblüfft über die gewaltigen Qualitätsunterschiede der Weine dieses Jahrgangs. Bis zum heutigen Tage bieten sich weit größere Qualitätsausschläge als in allen anderen neueren Jahren. Wie war es beispielsweise möglich, dass La Mission-Haut-Brion, Pétrus, L'Évangile und Lafleur solche zutiefst großartige Weine zuwege brachten, während viele ihrer Nachbarn völlig versagten? Das bleibt eines der Mysterien des Jahrgangs.

Das ist ein Jahrgang für echte Bordeaux-Kenner, die die Geduld besitzen, auf die Weine zu warten. Die Spitzenbeispiele, die gewöhnlich aus Pomerol, St-Julien und Pauillac kommen (der außergewöhnliche Erfolg von La Mission-Haut-Brion und La Tour-Haut-Brion und in geringerem Maße von Haut-Brion sind Ausnahmen im traurigen Qualitätsniveau von Graves) haben ihren Höhepunkt noch nicht erreicht. Könnten sich die großen 1975er nicht zu ähnlichen Weinen entwickeln wie die 1928er es waren, die 30 und mehr Jahre brauchten, um ihre volle Reife zu erlangen? Die großen Erfolgsweine des Jahrgangs sind jedenfalls fähig, lange zu überdauern, weil sie genügend Reichhaltigkeit und Konzentration an reifer Frucht als Gegengewicht zu ihren Tanninen besitzen. Doch es gibt gleichzeitig auch viele Weine, die zu trocken, zu adstringierend oder zu tanninreich sind, um sich anmutig zu entwickeln.

SPITZENWEINE DES JAHRES 1975

St-Estèphe: Haut-Marbuzet, Meyney, Montrose
Pauillac: Lafite-Rothschild, Latour, Mouton-Rothschild, Pichon-Longueville-Comtesse de Lalande
St-Julien: Branaire-Ducru, Gloria, Gruaud-Larose, Léoville-Barton, Léoville-Las Cases
Margaux: Giscours, Palmer
Médoc/Haut-Médoc/Moulis/Listrac Crus Bourgeois: Greysac, Sociando-Mallet, La Tour St. Bonnet
Graves rot: Haut-Brion, La Mission-Haut-Brion, Pape-Clément, La Tour-Haut-Brion
Graves weiß: Domaine de Chevalier, Haut-Brion, Laville-Haut-Brion
Pomerol: L'Église-Clinet, L'Enclos, L'Évangile, La Fleur Pétrus, Le Gay, Lafleur, Nenin, Pétrus, Trotanoy, Vieux Château Certan
St-Émilion: Cheval Blanc, Figeac, Magdelaine, Soutard
Barsac/Sauternes: Climens, Coutet, de Fargues, Raymond-Lafon, Rieussec, d'Yquem

1974 – Ein Überblick (20.09.1974)

St-Estèphe*	Graves rot**
Pauillac*	Graves weiß*
St-Julien*	Pomerol*
Margaux*	St-Émilion*
Médoc/Haut-Médoc Crus Bourgeois*	Barsac/Sauternes*

Ertragsmenge: Eine enorme Ernte wurde eingebracht.
Zusammenfassung: Falls Sie noch größere Vorräte an 1974ern besitzen, sollten Sie sie besser in den nächsten paar Jahren verbrauchen oder wohltätigen Zwecken spenden.
Reifezustand: Eine Hand voll Spitzenweine des Jahrgangs ist noch lebendig und in gutem Zustand, aber sie noch weiter zu lagern und von ihnen eine weitere Entfaltung zu erwarten, wäre fruchtlos.
Preis: Diese Weine waren stets preiswert, und ich kann mir auch überhaupt nicht vorstellen, dass man einen ordentlichen Preis für sie bekommen könnte, außer wenn jemand gerade diesen Jahrgang unbedingt als Geburtstags-Jahrgangswein benötigt.

Die Appellation Graves stellte sich für 1974 als die am meisten begünstigte heraus. Während die meisten 1974er bislang harte, tanninreiche, hohle Weine geblieben sind, denen es an Reife, Fleisch und Charakter fehlt, brachte eine Reihe der Weingüter in der Region Graves erstaunlich würzige, interessante Weine hervor. Obwohl sie einigermaßen kompakt und gedämpft wirken, bieten sie 28 Jahre nach der Ernte immer noch schönen Trinkgenuss. Die beiden Stars sind La Mission-Haut-Brion und Domaine de Chevalier, gefolgt von Latour in Pauillac und Trotanoy in Pomerol. Sollten bei Ihnen noch Restbestände dieser Weine im Keller lagern, dann wäre es unklug, das Glück herauszufordern. Trotz ihres gut erhaltenen Zustands rät mir mein Instinkt, dass sie jetzt getrunken werden sollten. In der Region Barsac/Sauternes war der Jahrgang gleichmäßig schlecht. Ich habe auch nie eine Flasche zum Verkosten gesehen. Man kann sich darüber streiten, welches der schlechteste Jahrgang der 1970er Jahre war – 1972, 1974 oder 1977.

1973 – Ein Überblick (20.09.1973)

St-Estèphe**
Pauillac*
St-Julien**
Margaux*
Médoc/Haut-Médoc Crus Bourgeois*
Graves rot*
Graves weiß**
Pomerol**
St-Émilion*
Barsac/Sauternes*

Ertragsmenge: Enorm, eine der größten Ernten der 1970er Jahre.
Zusammenfassung: Beklagenswert vom Regen aufgeschwemmtes Traubengut in schlechtem bis mittelmäßigem Zustand wurde geerntet.
Reifezustand: Es ist höchst unwahrscheinlich, dass man noch einen 1973er in guter Verfassung, zumindest in der normalen Flasche, auftreiben kann.
Preis: Schleuderpreise, selbst für Leute, die in diesem Jahr geboren sind und einen Wein aus »ihrem« Jahrgang suchen.

Sie waren bei ihrer Freigabe 1976 voll trinkreif, doch zu Beginn der 1980er Jahre waren sie mit Ausnahme von Pétrus völlig im Abstieg begriffen.

SPITZENWEINE DES JAHRES 1973

St-Estèphe: de Pez
Pauillac: Latour
St-Julien: Ducru-Beaucaillou
Margaux: keine
Médoc/Haut-Médoc/Moulis/Listrac Crus Bourgeois: keine
Graves rot: Domaine de Chevalier, La Tour-Haut-Brion
Graves weiß: keine
Pomerol: Pétrus
St-Émilion: keine
Barsac/Sauternes: d'Yquem

1972 – Ein Überblick (07.10. 1972)

St-Estèphe 0
Pauillac 0
St-Julien 0
Margaux*
Médoc/Haut-Médoc Crus Bourgeois 0
Graves rot*
Graves weiß 0
Pomerol 0
St-Émilion*
Barsac/Sauternes 0

Ertragsmenge: Es wurde eine mäßig große Ernte eingebracht.
Zusammenfassung: Rivalisiert mit dem 1977er um den Titel »schlimmster Jahrgang des Jahrzehnts«.
Reifezustand: Bei den meisten Weinen geht es schon lange bergab.
Preis: Extrem niedrig.

Es gibt keine Weine aus dem Jahrgang 1972 mehr, die für den Verbraucher von irgendwelchem Interesse wären. Insofern dient die folgende Liste nur der Information, denn alle Weine dieses Jahrgangs, vielleicht mit Ausnahme von Pétrus, sind stark im Niedergang begriffen, es sei denn, es handelt sich um unter perfekten Bedingungen gelagerte Großflaschen.

SPITZENWEINE DES JAHRES 1972

St-Estèphe: keine
Pauillac: Latour
St-Julien: Branaire-Ducru, Léoville-Las Cases
Margaux: Giscours, Rauzan-Ségla
Médoc/Haut-Médoc/Moulis/Listrac Crus Bourgeois: keine
Graves rot: La Mission-Haut-Brion, La Tour-Haut-Brion
Graves weiß: keine
Pomerol: Trotanoy
St-Émilion: Cheval Blanc, Figeac
Barsac/Sauternes: Climens

1971 – Ein Überblick (25.09.1971)

St-Estèphe**
Pauillac***
St-Julien***
Margaux***
Médoc/Haut-Médoc Crus Bourgeois**
Graves rot***
Graves weiß**
Pomerol****
St-Émilion***
Barsac/Sauternes****

Ertragsmenge: Eine kleine bis mäßig große Ernte.
Zusammenfassung: Ein guter bis sehr guter, stilvoller Jahrgang, der seine größten Leistungen in Pomerol und bei den Süßweinen von Barsac/Sauternes aufweist.
Reifezustand: Alle 1971er befinden sich seit einem Jahrzehnt in vollreifem Zustand, die besten Cuvées sind imstande, sich noch ein weiteres Jahrzehnt zu halten.
Preis: Die geringe Erntemenge hielt die Preise hoch, doch die meisten 1971er sind im Vergleich zu anderen guten Jahrgängen der letzten 35 Jahre etwas unterbewertet.

Jetzt 1971er zu kaufen könnte sich als gefährlich herausstellen, wenn die Weine nicht außerordentlich gut gelagert waren. Es gibt eine Handvoll Weine, die gerade erst den Höhepunkt ihrer Genussreife erreicht haben – Pétrus, Latour, Trotanoy, La Mission-Haut-Brion. Gut gelagerte Exemplare dieser Weine werden zumindest noch 5–10 Jahre schönen Trinkgenuss gewähren. Ansonsten kommt alles auf die Lagerung an. Diesen Jahrgang könnte man ernsthaft in Erwägung ziehen, vorausgesetzt, man findet noch gut erhaltene Flaschen zu vernünftigen Preisen.

Die Süßweine von Barsac und Sauternes sind gut ausgefallen und jetzt voll ausentwickelt. Die besten darunter besitzen ein Alterungspotenzial von 1–2 Jahrzehnten und werden mit Sicherheit alle 1971 erzeugten Rotweine überleben.

SPITZENWEINE DES JAHRES 1971

St-Estèphe: Montrose
Pauillac: Latour, Mouton-Rothschild
St-Julien: Beychevelle, Gloria, Gruaud-Larose, Talbot
Margaux: Palmer
Médoc/Haut-Médoc/Moulis/Listrac Crus Bourgeois: keine
Graves rot: Haut Brion, La Mission-Haut-Brion, La Tour-Haut-Brion
Graves weiß: keine
Pomerol: Petit-Village, Pétrus, Trotanoy
St-Émilion: Cheval Blanc, La Dominique
Barsac/Sauternes: Climens, Coutet, de Fargues, d'Yquem

1970 – Ein Überblick (27.09.1970)

St-Estèphe***
Pauillac***
St-Julien***
Margaux***
Médoc/Haut-Médoc Crus Bourgeois***
Graves rot****
Graves weiß***
Pomerol****
St-Émilion***
Barsac/Sauternes***

Ertragsmenge: Ein ernormer Ertrag, damals eine Rekordernte.
Zusammenfassung: Die erste reichliche Ernte der modernen Zeit, die große Qualität mit Quantität verband.
Reifezustand: Ursprünglich galt dieser Jahrgang als früh reifend. Doch die meisten 1970er haben sich sehr langsam entwickelt und befinden sich nun mit Ausnahme von lediglich einer Hand voll Weinen auf dem Höhepunkt ihrer Genussreife. Die kleineren Weine, die Crus Bourgeois und die leichteren Pomerols und St-Émilions hätten allerdings schon seit 1980 ausgetrunken sein müssen.
Preis: Teuer, sicherlich weil es sich hier um den populärsten Jahrgang zwischen 1961 und 1982 handelt.

Zwischen den beiden großen Jahrgängen 1961 und 1982 liegt als bester 1970. Er hat attraktiv reichhaltige Weine voller Charme und Komplexität hervorgebracht. Sie sind anmutiger gealtert als viele der strengen 1966er und erscheinen voller, reichhaltiger und besser ausgewogen und beständiger als die harten, tanninherben, ausladend gefügten, aber oft hohlen und strengen 1975er. Das Jahr 1970 erwies sich als der erste moderne Jahrgang, in dem sich ein großer Ertrag mit makelloser Qualität verband. Darüber hinaus fiel er im gesamten Bordelais prachtvoll gleichmäßig und beständig aus, und jede Appellation konnte ihren Anteil von Spitzenweinen verzeichnen.

Die Wetterbedingungen im Sommer und Frühherbst waren ideal. Es gab zur Zeit der Weinlese keinen Hagel, keine wochenlangen, alles durchnässenden Regenfälle, keinen Frost und keine niederschmetternden Überschwemmungen. Es war eines jener seltenen Jahre, in denen alles gut ging; und so brachte das Bordelais eine der größten und gesündesten Ernten ein, die man dort je erlebt hatte.

Der 1970er war der erste Jahrgang, den ich direkt aus dem Fass verkostet habe, als ich zusammen mit meiner Frau im Sommerurlaub 1971 und 1972 auf dem Weg zu den billigen Stränden in Spanien und Nordafrika als Tourist unterwegs war. Wie ich mich erinnere, offenbarten die Weine schon in ihren frühen Tagen eine großartige Farbe, intensive Fruchtfülle, ein duftendes, reifes Bukett, vollen Körper und reichlich Tannin. Vergleicht man ihn aber mit den besten Jahrgängen der 1980er und 1990er Jahre, scheint 1970 abzufallen, denn zweifellos übertrifft die Anzahl der Spitzenweine in den Jahren 1982, 1985, 1986, 1988, 1989, 1990, 1994, 1995 und 1996 die 1970 produzierten Weine.

Was die Süßweine betrifft, so müssen die 1970er gegenüber den 1971ern zurücktreten, weil die Trauben weniger von der Edelfäule Botrytis befallen waren. Obwohl die Weine beeindruckend kräftig und voll sind, fehlt ihnen die Komplexität, Delikatesse und Finesse der besten 1971er.

Abschließend ist zu sagen, dass die 1970er noch auf Jahrzehnte hinaus zu zweifellos hohen Preisen gehandelt werden dürften, weil dieser Jahrgang hinsichtlich Gleichmäßigkeit der vorzüglichste, in manchen Fällen sogar der hervorragendste zwischen 1961 und 1982 ist.

SPITZENWEINE DES JAHRES 1970

St-Estèphe: Cos d'Estournel, Haut-Marbuzet, Lafon-Rochet, Montrose, Les-Ormes-de-Pez,
Pauillac: Grand-Puy-Lacoste, Haut-Batailley, Latour, Lynch-Bages, Mouton-Rothschild, Pichon-Longueville-Comtesse de Lalande
St-Julien: Ducru-Beaucaillou, Gloria, Gruaud-Larose, Léoville-Barton, St-Pierre
Margaux: Giscours, Lascombes, Palmer
Médoc/Haut-Médoc/Moulis/Listrac Crus Bourgeois: Sociando-Mallet
Graves rot: Domaine de Chevalier, de Fieuzal, Haut-Bailly, La Mission-Haut-Brion, La Tour-Haut-Brion
Graves weiß: Domaine de Chevalier, Laville-Haut-Brion
Pomerol: La Conseillante, La Fleur Pétrus, Lafleur, Latour à Pomerol, Pétrus, Trotanoy
St-Émilion: L'Arrosée, Cheval Blanc, La Dominique, Figeac, Magdelaine
Barsac/Sauternes: d'Yquem

1969 – Ein Überblick (06.10.1969)

St-Estèphe 0
Pauillac 0
St-Julien 0
Margaux 0
Médoc/Haut-Médoc Crus Bourgeois 0
Graves rot*
Graves weiß 0
Pomerol*
St-Émilion 0
Barsac/Sauternes*

Ertragsmenge: Klein.
Zusammenfassung: Bei der Wahl der unerfreulichsten Weine, die in den letzten 30 Jahren im Bordelais produziert wurden, ist dieser Jahrgang mein Kandidat.
Reifezustand: Ich habe mit Ausnahme des Pétrus noch nie einen 1969er verkostet, dem man irgendwelche Reichhaltigkeit oder Frucht hätte zubilligen können. Ebenfalls mit Ausnahme des Pétrus habe ich diese Weine aber auch jahrelang nicht mehr zu Gesicht bekommen, aber sie sind sicherlich ungenießbar.
Preis: Erstaunlicherweise wurde dieser Jahrgang zu relativ hohen Preisen angeboten, aber mit Ausnahme einer Reihe großer Namen sind alle diese Weine vollkommen wertlos.
In der Region Barsac und Sauternes gelang es einigen Weingutsbesitzern, insbesondere d'Arche, annehmbare Weine zu erzeugen.

1968 – Ein Überblick (20.09.1968)

St-Estèphe 0
Pauillac 0
St-Julien 0
Margaux 0
Médoc/Haut-Médoc Crus Bourgeois 0
Graves rot*
Graves weiß 0
Pomerol 0
St-Émilion 0
Barsac/Sauternes 0

Ertragsmenge: Eine kleine Ernte, in Qualität und Quantität katastrophal.
Zusammenfassung: Ein großes Jahr für Cabernet Sauvignon in Kalifornien, aber nicht im Bordelais.
Reifezustand: Alle diese Weine sind jetzt hinüber.
Preis: Ein weiterer wertloser Jahrgang.

Zu gewissen Zeiten waren Weine wie etwa der Figeac, Gruaud-Larose, Cantemerle, La Mission-Haut-Brion, Haut-Brion und Latour schmackhaft. Doch sollten Sie heute auf einen dieser Weine stoßen, rate ich Ihnen, die Finger davon zu lassen, da ich stark bezweifle, dass auch nur einer davon noch viel Genuss zu bieten hat.

1967 – Ein Überblick (25.09.1967)

St-Estèphe**	Graves rot***
Pauillac**	Graves weiß**
St-Julien**	Pomerol***
Margaux**	St-Émilion***
Médoc/Haut-Médoc Crus Bourgeois*	Barsac/Sauternes****

Ertragsmenge: Es wurde eine reichliche Ernte eingebracht.
Zusammenfassung: Ein gutes Jahr für Graves, Pomerol, St-Émilion, das den früh gelesenen Merlot begünstigte.
Reifezustand: Die meisten 1967er waren bei ihrer Freigabe 1970 trinkreif und hätten bis 1980 verbraucht sein sollen. Nur eine Hand voll (Pétrus und Latour zum Beispiel) werden sich bei guter Lagerung noch ein paar Jahre halten, sich aber wahrscheinlich nicht mehr entwickeln.
Preis: Mäßig.

In diesem Jahrgang war deutlich Pomerol bevorzugt und in geringerem Maße auch Graves. Diese Weine noch länger lagern und bewahren zu wollen wäre unklug, doch zweifle ich nicht daran, dass einige der größten, etwa Latour, Pétrus, Trotanoy und vielleicht sogar Palmer, sich noch bis über die Jahrhundertwende hinaus halten werden. Sollten Sie einen der unten aufgeführten Spitzenweine in einer Großflasche (also Magnum, Doppel-Magnum etc.) zu einem vernünftigen Preis finden, würde ich dazu raten, den Einsatz zu wagen.

So wenig einladend die meisten Rotweine 1967 ausgefallen sind, so reichhaltig und honigfein, mit reichlich Botrytis, präsentierten sich die Süßweine von Barsac und Sauternes. Doch darf der Leser nicht vergessen, dass in dieser Zeit der großen Depression in der Weinherstellung von Barsac/Sauternes nur ein paar Weingüter imstande waren, sich der Herausforderung zu stellen, große Weine zu bereiten.

SPITZENWEINE DES JAHRES 1967

St-Estèphe: Calon-Ségur, Montrose
Pauillac: Latour
St-Julien: keine
Margaux: Giscours, La Lagune (südliches Médoc), Palmer
Médoc/Haut-Médoc/Moulis/Listrac Crus Bourgeois: keine
Graves rot: Haut Brion, La Mission-Haut-Brion
Graves weiß: keine
Pomerol: Pétrus, Trotanoy, La Violette
St-Émilion: Cheval Blanc, Magdelaine, Pavie
Barsac/Sauternes: Suduiraut, d'Yquem

1966 – Ein Überblick (26.09.1966)

St-Estèphe***	Graves rot****
Pauillac***	Graves weiß***
St-Julien***	Pomerol***
Margaux***	St-Émilion**
Médoc/Haut-Médoc Crus Bourgeois**	Barsac/Sauternes**

Ertragsmenge: Es wurde eine reichliche Ernte eingebracht.
Zusammenfassung: Der am meisten überbewertete »Spitzenjahrgang« der letzten 37 Jahre.
Reifezustand: Die besten Weine sind auf ihrem Höhepunkt, doch die meisten Weine büßten ihre Frucht ein, bevor die Tannine abschmolzen.
Preis: Nicht nur teuer, sondern überteuert.

In etwa demselben Geist wie 1975 begrüßt (nach etlichen uninteressanten Jahren insbesondere im Médoc überschwänglich gelobt), hat sich der Jahrgang 1966 niemals so gut entwickelt, wie viele seiner Befürworter sich gewünscht hätten. Die nun 37 Jahre alten Weine sind zumeist streng, mager, verschlossen und tanninherb geblieben und büßten ihre Frucht ein, bevor ihre Tannine abschmolzen. Es gibt freilich einige bemerkenswerte Ausnahmen. Wer könnte leugnen, dass bei Latour (»Wein des Jahrgangs«) oder dem großen Palmer außergewöhnliche Weine entstanden? Die Süßweine von Barsac und Sauternes sind ebenfalls mittelmäßig geraten. Es gab in diesem Jahr niemals günstige Voraussetzungen für die Entstehung von Botrytis cinerea.

SPITZENWEINE DES JAHRES 1966

St-Estèphe: keine
Pauillac: Grand-Puy-Lacoste, Latour, Mouton-Rothschild, Pichon-Longueville-Comtesse de Lalande
St-Julien: Branaire-Ducru, Ducru-Beaucaillou, Gruaud-Larose, Léoville-Las Cases
Margaux: Lascombes, Palmer
Médoc/Haut-Médoc/Moulis/Listrac Crus Bourgeois: keine
Graves rot: Haut-Brion, La Mission-Haut-Brion, Pape-Clément
Graves weiß: Domaine de Chevalier, Haut-Brion, Laville-Haut-Brion
Pomerol: Lafleur, Trotanoy
St-Émilion: Canon
Barsac/Sauternes: keine

1965 – Ein Überblick (02.10.1965)

St-Estèphe 0
Pauillac 0
St-Julien 0
Margaux 0
Médoc/Haut-Médoc Crus Bourgeois 0
Graves rot 0
Graves weiß 0
Pomerol 0
St-Émilion 0
Barsac/Sauternes 0

Ertragsmenge: Ein winziger Jahrgang.
Zusammenfassung: Die Quintessenz eines von Fäule und Regen geprägten Jahrgangs.
Reifezustand: Die Weine schmeckten von Anfang an scheußlich und müssen heute völlig ungenießbar sein.
Preis: Wertlos.

1964 – Ein Überblick (22.09.1964)

St-Estèphe***
Pauillac*
St-Julien*
Margaux**
Médoc/Haut-Médoc Crus Bourgeois*
Graves rot*****
Graves weiß***
Pomerol*****
St-Émilion****
Barsac/Sauternes*

Ertragsmenge: Es wurde eine große Ernte eingebracht.
Zusammenfassung: Das klassische Beispiel eines Jahrgangs, in dem der früh gelesene Merlot und Cabernet Franc großartige, und der spät gelesene Cabernet Sauvignon, insbesondere im Médoc, verwässerten Wein hervorbrachten. So konnte es geschehen, dass zahlreiche große Namen im Médoc Versager produzierten.
Reifezustand: Die Médocs haben ihren Höhepunkt überschritten, aber die größeren Weine von Graves, Pomerol und St-Émilion können weitere 5–10 Jahre aushalten.
Preis: Kluge Bordeaux-Liebhaber haben die Großartigkeit dieses Jahrgangs in Graves, Pomerol und St-Émilion stets richtig eingeschätzt, infolgedessen sind die Preise hoch geblieben. Dessen ungeachtet sind im Vergleich zu solch glanzvollen Jahren wie 1959 und 1961 die Spitzen-1964er vom rechten Ufer der Gironde und aus Graves nicht nur unterschätzt, sondern in einigen Fällen auch preislich unterbewertet.

Jeder, der damals Weine von Lafite-Rothschild, Mouton Rothschild, Lynch-Bages, Calon-Ségur oder Margaux gekauft hat, kann einem Leid tun! Aber nicht überall wurden enttäuschende Weine hergestellt. Montrose in St-Estèphe und Latour in Pauillac machten die beiden größten Weine des Médoc.

Die Spitzenweine aus Graves, St-Émilion und Pomerol sind außergewöhnlich gehaltvolle, körperreiche, opulente und konzentrierte Weine voll ungebändigter Wucht mit einem hohen Alkoholgehalt, undurchdringlicher Farbe und einem extrem langen Abgang. Erstaunlicherweise sind sie weit reichhaltiger, interessanter und vollkommener als die 1966er und können sich in vielen Fällen mit den feinsten Tropfen des Jahrgangs 1961 messen. Aufgrund ihres geringen Säuregehalts haben alle diese Weine Mitte der 1980er Jahre ihre volle Genussreife erlangt. Die besten Exemplare zeigen keine Zeichen eines Nachlassens und können unschwer weitere 5–10+ Jahre halten.

SPITZENWEINE DES JAHRES 1964

St-Estèphe: Montrose
Pauillac: Latour
St-Julien: Gruaud-Larose
Margaux: keine
Médoc/Haut-Médoc/Moulis/Listrac Crus Bourgeois: keine
Graves rot: Domaine de Chevalier, Haut-Bailly, Haut-Brion, La Mission-Haut-Brion
Pomerol: La Conseillante, La Fleur Pétrus, Lafleur, Pétrus, Trotanoy, Vieux Château Certan
St-Émilion: L'Arrosée, Cheval Blanc, Figeac, Soutard
Barsac/Sauternes: keine

1963 – Ein Überblick (07.10.1963)

St-Estèphe 0
Pauillac 0
St-Julien 0
Margaux 0
Médoc/Haut-Médoc Crus Bourgeois 0
Graves rot 0
Graves weiß 0
Pomerol 0
St-Émilion 0
Barsac/Sauternes 0

Ertragsmenge: Es wurde eine kleine bis mäßig große Ernte eingebracht.
Zusammenfassung: Ein erschreckend dürftiges Jahr, das hinsichtlich der Kraftlosigkeit seiner Weine mit 1965 wetteifert.
Reifezustand: Die Weine müssen inzwischen grässlich schmecken.
Preis: Wertlos.

1962 – Ein Überblick (01.10.1962)

St-Estèphe****
Pauillac****
St-Julien****
Margaux***
Médoc/Haut-Médoc Crus Bourgeois***
Graves rot***
Graves weiß****
Pomerol***
St-Émilion***
Barsac/Sauternes****

Ertragsmenge: Eine reichliche Ernte, eine der größten der 1960er Jahre.
Zusammenfassung: Ein schrecklich unterbewerteter Jahrgang, der das Pech hatte, einem der größten Jahrgänge des Jahrhunderts auf dem Fuß zu folgen.
Reifezustand: Die alten Hasen unter den Bordeaux-Liebhabern behaupten, die 1962er hätten sich am Ende der 1960er Jahre wunderbar getrunken und seien dann in den 1970ern noch fülliger geworden und hätten beträchtlichen Charakter, Frucht und Charme entwickelt. Die Spitzen-1962er sind immer noch schöne, reichhaltige, runde Weine voller Finesse und Eleganz.
Preis: Unterbewertet, insbesondere wenn man die Preise des Vorgänger-Jahrgangs 1961 und die überteuerten 1966er bedenkt.

Da er dem großen Jahrgang 1961 auf dem Fuß folgte, kam es nicht gänzlich unerwartet, dass der 1962er unterschätzt wurde. Dieser Bordeaux-Jahrgang scheint überhaupt der am deutlichsten unterbewertete nach dem 2. Weltkrieg zu sein. Elegante, geschmeidige, sehr fruchtige, runde und charmante Weine, die weder zu tanninherb noch zu massiv waren, wurden in praktisch jeder Appellation erzeugt. Der Jahrgang war in den meisten Appellationen nicht nur gelungen, er erwies sich sogar als Spitzenjahr für die trockenen Weißweine aus Graves und die süßen Nektare aus Barsac/Sauternes.

SPITZENWEINE DES JAHRES 1962

St-Estèphe: Cos d'Estournel, Montrose
Pauillac: Batalley, Lafite-Rothschild, Latour, Lynch-Bages, Mouton-Rothschild, Pichon-Longueville-Comtesse de Lalande
St-Julien: Ducru-Beaucaillou, Gruaud-Larose
Margaux: Margaux, Palmer
Médoc/Haut-Médoc/Moulis/Listrac Crus Bourgeois: keine
Graves rot: Haut-Brion, Pape-Clément
Graves weiß: Domaine de Chevalier, Laville-Haut-Brion
Pomerol: Lafleur, Pétrus, Trotanoy, La Violette
St-Émilion: Magdelaine
Barsac/Sauternes: d'Yquem

1961 – Ein Überblick (22.09.1961)

St-Estèphe*****
Pauillac*****
St-Julien*****
Margaux*****
Médoc/Haut-Médoc Crus Bourgeois***
Graves rot*****
Graves weiß***
Pomerol*****
St-Émilion***
Barsac/Sauternes**

Ertragsmenge: Es gab eine ungewöhnlich kleine Ernte: In der Tat war dies der letzte Jahrgang, in dem ein winziger Ertrag hohe Qualität ergab.
Zusammenfassung: Einer der legendären Jahrhundertjahrgänge.

Reifezustand: Die schon jung trinkbaren Weine haben mit nur einer Handvoll Ausnahmen ihre Genussreife erreicht und sind 1990 alle auf ihrem Höhepunkt angekommen. Die meisten der besten Exemplare werden sich mindestens weitere 5–10 Jahre halten, aber viele 1961er sind dabei, zu verblassen.
Preis: Wegen der winzigen verfügbaren Mengen bei außergewöhnlicher Qualität ist der 1961er heute der teuerste vollreife große Bordeaux auf dem Markt. Darüber hinaus können die Preise ja nur weiter steigen, wenn man die mikroskopisch kleinen Mengen bedenkt, die übrig geblieben sind – der Traumjahrgang eines jeden Auktionators. Aber Käufer seien gewarnt: Viele 1961er waren schlecht gelagert oder wurden zu viel hin und her transportiert. Hinzu kommt, dass einige gefälschte 1961er zum Verkauf angeboten wurden.

Das Jahr 1961 gehört zu den 10 großen Jahrgängen nach dem 2. Weltkrieg. Die Weine sind stets wegen ihrer sensationellen Konzentration und ihres prachtvoll eindringlichen Buketts von hochreifer Frucht sowie ihrer tiefen, üppigen Geschmackskomponenten in höchsten Tönen gepriesen worden. Diese schon in ihrer Jugend köstlichen Weine, die mit Ausnahme einer Hand voll der konzentriertesten Exemplare inzwischen alle den Höhepunkt ihrer Genussreife erreicht haben, sind herrlich zu trinken. Aber ich sehe auch kein Problem darin, wirklich gut gelagerte Flaschen mindestens noch 10 Jahre aufzubewahren.

SPITZENWEINE DES JAHRES 1961

St-Estèphe: Cos d'Estournel, Haut-Marbuzet, Montrose
Pauillac: Latour, Lynch-Bages, Mouton-Rothschild, Pichon-Longueville-Comtesse de Lalande, Pontet-Canet
St-Julien: Beychevelle, Ducru-Beaucaillou, Gruaud-Larose, Léoville-Barton
Margaux: Malescot St-Exupéry, Margaux, Palmer
Médoc/Haut-Médoc/Moulis/Listrac Crus Bourgeois: keine
Graves rot: Haut-Bailly, Haut-Brion, La Mission-Haut-Brion, Pape-Clément, La Tour-Haut-Brion
Graves weiß: Domaine den Chevalier, Laville-Haut-Brion
Pomerol: L'Eglise-Clinet, L'Évangile, Latour à Pomerol, Pétrus, Trotanoy
St-Émilion: L'Arrosée, Canon, Cheval Blanc, Figeac, Magdelaine
Barsac/Sauternes: keine

1960 – Ein Überblick (09.09.1960)

St-Estèphe**
Pauillac**
St-Julien**
Margaux*
Médoc/Haut-Médoc Crus Bourgeois 0
Graves rot**
Graves weiß*
Pomerol*
St-Émilion*
Barsac/Sauternes*

Ertragsmenge: Es wurde eine reichliche Ernte eingebracht.
Zusammenfassung: Die beiden verregneten Monate August und September wurden diesem Jahrgang zum Verhängnis.
Reifezustand: Die meisten 1960er hätten in ihren ersten 10–15 Lebensjahren verbraucht sein müssen.
Preis: Niedrig.

Ich vermute, dass selbst der Latour, für Bordeaux-Kenner der konzentrierteste des Jahrgangs, sich inzwischen im Abstieg befindet.

1959 – Ein Überblick (20.09.1959)

St-Estèphe*****
Pauillac*****
St-Julien****
Margaux****
Médoc/Haut-Médoc Crus Bourgeois***
Graves rot*****
Graves weiß****
Pomerol***
St-Émilion**
Barsac/Sauternes*****

Ertragsmenge: Durchschnittlich.
Zusammenfassung: Der erste moderne Jahrgang, der mit der Bezeichnung »Jahrhundertjahrgang« gewürdigt wurde.
Reifezustand: Die in ihren ersten Lebensjahren wegen ihres niedrigen Säuregehalts und mangelnden Rückgrats getadelten Weine (was an die 1982er gemahnt), sind langsamer gealtert als die höher gelobten 1961er. Tatsächlich zeigen Vergleiche zwischen den Spitzenweinen der beiden Jahrgänge häufig, dass die 1959er bei tiefer Farbe und mehr Reichhaltigkeit und Potenzial für eine höhere Lebensdauer weniger entwickelt sind.
Preis: Die 1959er waren nie billig, haben sich aber zunehmend verteuert, weil ernsthafte Kenner einzusehen begannen, dass dieser Jahrgang nicht nur dem 1961er ebenbürtig ist, sondern diesen in einigen Fällen sogar übertrifft.

Dies ist ein unbestreitbar großer Jahrgang. Die Weine, die im nördlichen Médoc und Graves besonders stark und am rechten Ufer der Gironde weniger stark ausgefallen sind (Pomerol und St-Émilion mussten sich noch von den verheerenden Frostschäden von 1956 erholen), gehören zu den massivsten und reichhaltigsten Weinen, die je im Bordelais entstanden sind. Tatsächlich werden die beiden modernen Jahrgänge 1982 und 1989 mit dem 1959er verglichen. Diese Vergleiche mögen ihre Berechtigung haben.

Die 1959er haben sich im Schneckentempo entwickelt und sind oft in einer besseren Verfassung (besonders die Premiers Crus Lafite-Rothschild und Mouton-Rothschild) als ihre Pendants aus dem Jahrgang 1961, die sogar noch mehr über den grünen Klee gelobt werden. Die Weine zeigen deutlich, dass sie in einem klassischen, heißen, trockenen Jahr entstanden, in dem gerade so viel Regen fiel, dass die Weinberge nicht an der Trockenheit litten. Sie sind körperreich, extrem alkoholstark und opulent, mit hohem Gehalt an Tannin und Extrakt. Ihre Farbe ist beeindruckend dunkel und undurchdringlich geblieben und legt weniger Braun- und Orangetöne als die 1961er an den Tag. Wenn es überhaupt noch einen Zweifel hinsichtlich der 1959er gibt, dann den, ob sie je das sensationelle Bukett und die Aromen offenbaren werden, die so unverwechselbar zu den großen Bordeaux-Jahrgängen gehören. Vielleicht hat die große Hitze im Sommer 1959 diese Eigenschaft der Weine aufs Spiel gesetzt, aber es ist noch zu früh, als dass wir dies wissen können.

SPITZENWEINE DES JAHRES 1959

St-Estèphe: Cos d'Estournel, Montrose, Les-Ormes-de-Pez
Pauillac: Lafite-Rotschild, Latour, Lynch-Bages, Mouton-Rothschild, Pichon-Longueville-Comtesse de Lalande, Pichon-Longueville Baron
St-Julien: Ducru-Beaucaillou, Langoa-Barton, Léoville-Barton, Léoville-Las Cases
Margaux: Lascombes, Malescot St-Exupéry, Margaux, Palmer
Médoc/Haut-Médoc/Moulis/Listrac Crus Bourgeois: keine
Graves rot: Haut-Brion, La Mission-Haut-Brion, Pape-Clément, La Tour-Haut-Brion
Graves weiß: Laville-Haut-Brion
Pomerol: L'Évangile, Lafleur, Latour à Pomerol, Pétrus, Trotanoy, Vieux Château Certan
St-Émilion: Cheval Blanc, Figeac
Barsac/Sauternes: Climens, Suduiraut, d'Yquem

1958 – Ein Überblick (07.10.1958)

St-Estèphe*
Pauillac*
St-Julien*
Margaux*
Médoc/Haut-Médoc Crus Bourgeois*
Graves rot***
Graves weiß**
Pomerol*
St-Émilion**
Barsac/Sauternes*

Ertragsmenge: Es wurde eine kleine Ernte eingebracht.
Zusammenfassung: Ein zu Unrecht verleumdeter Jahrgang.
Reifezustand: Die Weine sind jetzt stark im Verblassen begriffen. Die besten Vertreter kommen fast stets aus der Appellation Graves.
Preis: Billig.

Von den 1958ern besitze ich weniger als zwei Dutzend Degustationsnotizen, doch etliche Weine, die sich dort hervorheben, stammen alle aus der Appellation Graves. Den letzten 1958er Haut-Brion habe ich im Januar 1996 getrunken. Er war immer noch ein relativ schmackhafter, runder, weicher, fleischiger Wein mit Tabak- und mineralischen Noten in Duft und Geschmack, doch man merkte bereits, dass es viel besser gewesen wäre, ihn 10–15 Jahre früher zu genießen. Sogar noch reichhaltiger war der 1958er La Mission-Haut-Brion, der sogar heute noch ausgezeichnet sein sollte, falls sich gut erhaltene Flaschen finden lassen.

1957 – Ein Überblick (04.10.1957)

St-Estèphe**
Pauillac***
St-Julien**
Margaux*
Médoc/Haut-Médoc Crus Bourgeois*
Graves rot***
Graves weiß**
Pomerol*
St-Émilion*
Barsac/Sauternes***

Ertragsmenge: Eine kleine Ernte.
Zusammenfassung: Ein brutal kalter, nasser Sommer.
Reifezustand: Weil der Sommer so kühl war, wiesen die Rotweine einen extrem hohen Säuregehalt auf, der ihnen half, dem Zahn der Zeit zu widerstehen. Wenn man noch gut erhaltene 1957er findet, könnte sich der Kauf dieses Jahrgangs lohnen, vorausgesetzt, der Preis stimmt.
Preis: Die Weine sollten zu realistischen und billigen Preisen gehandelt werden, da sich der Jahrgang 1957 keines guten Rufs erfreut.

Dieser Jahrgang, der nie besonders günstig aufgenommen wurde, hat mich mit vielen respektablen und erfreulichen Weinen überrascht, die ich besonders aus den Anbaugebieten Pauillac und Graves verkostet habe. Es wäre mir in der Tat ein Vergnügen, meinen anspruchsvollsten Freunden den 1957er La Mission Haut-Brion oder den 1957er Haut-Brion zu kredenzen. Und den 1957er Lafite-Rothschild würde ich mit Sicherheit selbst gern trinken. Anfang der 1990er Jahre habe ich zwei ausgezeichnete Flaschen Lafite genossen, aber seither habe ich den Wein nicht mehr zu Gesicht bekommen.

1956 – Ein Überblick (14.10.1956)

St-Estèphe 0
Pauillac 0
St-Julien 0
Margaux 0
Médoc/Haut-Médoc Crus Bourgeois 0
Graves rot 0

Graves weiß 0
Pomerol 0
St-Émilion 0
Barsac/Sauternes 0

Ertragsmenge: Sehr kleine Mengen kläglich schwacher Weine wurden erzeugt.
Zusammenfassung: Der kälteste Winter im Bordelais seit 1709 verursachte in den Weingärten besonders in Pomerol und St-Émilion noch nie gekannte Schäden.
Reifezustand: Ich habe seit über 15 Jahren keinen 1956er mehr zu Gesicht bekommen und besitze auch nur insgesamt fünf Degustationsnotizen über Weine dieses Jahrgangs.
Preis: Ein bedeutungsloser Jahrgang ergab bedeutungslose Weine.

1955 – Ein Überblick (21.09.1955)

St-Estèphe****
Pauillac****
St-Julien****
Margaux***
Médoc/Haut-Médoc Crus Bourgeois**
Graves rot****
Graves weiß***
Pomerol***
St-Émilion****
Barsac/Sauternes****

Ertragsmenge: Es wurde eine große, gesunde Ernte eingebracht.
Zusammenfassung: Für einen Jahrgang, der nun fast ein halbes Jahrhundert alt ist, neigt der 1955er dazu, qualitativ und preislich unterbewertet zu werden, obwohl er sich freilich mit dem 1953er oder 1959er nicht vergleichen lässt. Dennoch haben die Weine im Allgemeinen durchgehalten und sind fester und solider gebaut als die einst glanzvollen 1953er.
Reifezustand: Nach einer langen Schlafperiode scheinen die Spitzenweine endlich voll ausgereift. Sie zeigen keinerlei Anzeichen von Verblassen.
Preis: Unterbewertet, mit Ausnahme von La Mission-Haut-Brion, dem Wein des Jahres, wenn nicht des Jahrzehnts.

Zum größten Teil haben sich die 1955er stets als relativ strenge, etwas grob texturierte, jedoch beeindruckend tiefe, volle Weine mit feiner Farbe und ausgezeichnetem Alterungspotenzial gezeigt. Was ihnen in aller Regel fehlt sind Fett, Charme und Opulenz.

SPITZENWEINE DES JAHRES 1955

St-Estèphe: Calon-Ségur, Cos d'Estournel, Montrose, Les-Ormes-de-Pez
Pauillac: Latour, Lynch-Bages, Mouton-Rothschild
St-Julien: Léoville-Las Cases, Talbot
Margaux: Palmer
Graves rot: Haut-Brion, La Mission-Haut-Brion, Pape-Clément
Pomerol: L'Évangile, Lafleur, Latour à Pomerol, Pétrus, Vieux Château Certan
St-Émilion: Cheval Blanc, La Dominique, Soutard
Barsac/Sauternes: d'Yquem

1954 – Ein Überblick (10.10.1954)

St-Estèphe 0
Pauillac*
St-Julien*
Margaux 0
Médoc/Haut-Médoc Crus Bourgeois 0
Graves rot*
Graves weiß 0
Pomerol 0
St-Émilion 0
Barsac/Sauternes 0

Ertragsmenge: Es wurde eine kleine Ernte eingebracht.
Zusammenfassung: Ein schlimmer Jahrgang mit später Lese, die unter erschreckenden Wetterbedingungen durchgeführt wurde.
Reifezustand: Es ist schwerlich denkbar, dass irgendein Wein aus diesem Jahrgang es noch wert sein könnte, getrunken zu werden.
Preis: Diese Weine sind ohne Wert.

1953 – Ein Überblick (28.09.1953)

St-Estèphe*****
Pauillac*****
St-Julien*****
Margaux****
Médoc/Haut-Médoc Crus Bourgeois***
Graves rot****
Graves weiß***
Pomerol***
St-Émilion***
Barsac/Sauternes***

Ertragsmenge: Es wurde eine mittelgroße Ernte eingebracht.
Zusammenfassung: Einer der verführerischsten und genussreichsten Bordeaux-Jahrgänge, die es je gab.
Reifezustand: Nach Meinung der alten Hasen unter den Bordeaux-Liebhabern waren die Weine absolut köstlich in den 1950er Jahren, noch großartiger in den 1960er Jahren und sublim in den 1970ern. Charme, Rundheit, Duft und eine samtartige Textur waren die Merkmale dieses Jahrgangs, dem wir uns heute allerdings mit einer gewissen Vorsicht nähern müssen, außer wenn die Weine unter untadeligen Bedingungen gelagert wurden und/oder in großformatigen Flaschen verfügbar sind.
Preis: Kein Jahrgang mit einem so hinreißenden Ruf wird je zu vernünftigen Preisen gehandelt werden. Infolgedessen sind und bleiben die 1953er Weine zu Luxuspreisen.

1953 ist wohl der einzige Bordeaux-Jahrgang, zu dem man vergeblich nach kontroversen Stimmen über die Weinqualität sucht. Die alten Kenner von Bordeauxweinen und einige unserer älteren Weinkritiker (insbesondere Edmund Penning-Rowsell und Michael Broadbent) loben den 1953er in den höchsten Tönen. Offensichtlich hat dieser Jahrgang nie ein ungünstiges Stadium durchlaufen. Wenn im Bordelais heute in einem Château ein 1953er hervorgeholt wird, ist er gewöhnlich in taufrischer Verfassung und präsentiert sich als einer der schönsten, üppigsten, reichhaltigsten, charmantesten Rotweine, die man sich nur wünschen kann. Als moderner Vergleichsmaßstab für den 1953er können vielleicht die besten 1985er und eventuell einige der leichteren 1982er gelten, wenngleich mein Instinkt mir sagt, dass die 1982er alkoholstärkere, reichhaltigere, fülligere, schwerere Weine sind.

Wenn Sie über die notwendigen Mittel verfügen, diesen teuren Jahrgang zu kaufen, sollten Sie allerdings Vorsicht walten lassen und sichergehen, dass die Weine in einem kalten Keller und in Großflaschen gelagert waren.

SPITZENWEINE DES JAHRES 1953

St-Estèphe: Calon-Ségur, Cos d'Estournel, Montrose
Pauillac: Grand-Puy-Lacoste, Lafite-Rothschild, Lynch-Bages, Mouton-Rothschild
St-Julien: Beychevelle, Ducru-Beaucaillou, Gruaud-Larose, Langoa-Barton, Léoville Barton, Léoville-Las Cases, Talbot
Margaux: Cantemerle (südliches Médoc), Margaux, Palmer
Graves rot: Haut-Brion, La Mission-Haut-Brion
Pomerol: La Conseillante
St-Émilion: Cheval Blanc, Figeac, Magdelaine, Pavie
Barsac/Sauternes: Climens, d'Yquem

1952 – Ein Überblick (17.09.1952)

St-Estèphe**
Pauillac***
St-Julien***
Margaux**
Médoc/Haut-Médoc Crus Bourgeois**
Graves rot***
Graves weiß***
Pomerol****
St-Émilion***
Barsac/Sauternes**

Ertragsmenge: Es wurde eine kleine Ernte eingebracht.
Zusammenfassung: Der Jahrgang 1952 fiel am besten in Pomerol aus, wo die Lese weitgehend vor dem Einsetzen der Regenfälle abgeschlossen war.
Reifezustand: Die meisten Weine schmeckten stets hart und allzu adstringierend, dabei fehlte es ihnen an Fett, Charme und Reife. Die besten Flaschen hielten allerdings oft Überraschungen bereit.
Preis: Teuer, doch können gut ausgewählte Pomerols ihr Geld wert sein.

SPITZENWEINE DES JAHRES 1952

St-Estèphe: Calon-Ségur, Montrose
Pauillac: Latour, Lynch-Bages
St-Julien: keine
Margaux: Margaux, Palmer
Graves rot: Haut-Brion, La Mission-Haut-Brion, Pape-Clément
Pomerol: La Fleur Pétrus, Lafleur, Pétrus, Trotanoy
St-Émilion: Cheval Blanc, Magdelaine
Barsac/Sauternes: keine

1951 – Ein Überblick (09.10.1951)

St-Estèphe 0
Pauillac 0
St-Julien 0
Margaux 0
Médoc/Haut-Médoc Crus Bourgeois 0
Graves rot 0
Graves weiß 0
Pomerol 0
St-Émilion 0
Barsac/Sauternes 0

Ertragsmenge: Es wurde eine winzige Ernte eingebracht.
Zusammenfassung: Selbst heute noch gilt 1951 als einer der schlechtesten Bordeaux-Jahrgänge aller Zeiten für trockene Weißweine, trockene Rotweine und Süßweine.
Reifezustand: Ungenießbar in der Jugend, ungenießbar im Alter.
Preis: Ein Jahrgang ohne Wert.

1950 – Ein Überblick (17.09.1950)

St-Estèphe**
Pauillac***
St-Julien***
Margaux***
Médoc/Haut-Médoc Crus Bourgeois*
Graves rot***
Graves weiß***
Pomerol*****
St-Émilion****
Barsac/Sauternes****

Ertragsmenge: Es wurde eine reichliche Ernte eingebracht.
Zusammenfassung: Viele Pomerols sind großartig, wurden aber von den Chronisten der Bordeaux-Anbaugebiete vollkommen ignoriert.
Reifezustand: Die meisten Médoc- und Graves-Weine sind jetzt im Abstieg begriffen. Die schweren Spitzen-Pomerols können prachtvoll sein und haben noch etliche Lebensjahre vor sich.
Preis: Die Qualität der Pomerols ist kein Geheimnis mehr.

Als die beiden besten Appellationen präsentierten sich St-Émilion, wo eine Reihe reichhaltiger, voller, intensiver Weine produziert wurde, die rasch alterten, und Pomerol, das schon den vierten superben Jahrgang in Folge verzeichnen konnte – das hatte es in der Geschichte dieses Anbaugebiets noch nicht gegeben. Die Weine nehmen sich unglaublich reichhaltig, ölig und konzentriert aus und können sich in vielen Fällen mit den größten Pomerols aus den so viel berühmteren Jahrgängen wie etwa 1947 und 1949 messen. Eine weitere Appellation, die 1950 einen Aufschwung erlebte, war Barsac/Sauternes. Liebhaber dieser Weine behaupten nach wie vor, dass 1950 einer der großartigsten Jahrgänge für süßen Weißwein nach dem 2. Weltkrieg gewesen sei.

SPITZENWEINE DES JAHRES 1950

St-Estèphe: keine
Pauillac: Latour
St-Julien: keine
Margaux: Margaux
Médoc/Haut-Médoc/Moulis/Listrac Crus Bourgeois: keine
Graves rot: Haut Brion, La Mission-Haut-Brion
Pomerol: L'Église-Clinet, L'Évangile, La Fleur Pétrus, Le Gay, Lafleur, Latour à Pomerol, Pétrus, Vieux Château Certan
St-Émilion: Cheval Blanc, Figeac, Soutard
Barsac/Sauternes: Climens, Coutet, Suduiraut, d'Yquem

1949 – Ein Überblick (27.09.1949)

St-Estèphe*****
Pauillac*****
St-Julien*****
Margaux****
Médoc/Haut-Médoc Crus Bourgeois***
Graves rot*****
Graves weiß***
Pomerol****
St-Émilion****
Barsac/Sauternes*****

Ertragsmenge: Es wurde eine kleine Ernte eingebracht.
Zusammenfassung: Das trockenste und sonnigste Jahr seit 1893, in jüngerer Zeit kann sich mit ihm nur 1990 messen (witterungsmäßig, nicht in Bezug auf die Qualität).
Reifezustand: Die besten Weine sind noch in voller Blüte und legen bemerkenswerte Reichhaltigkeit und Konzentration an den Tag, aber Herkunft und Lagerung sind entscheidend, wenn man einen Kauf erwägt.
Preis: Schrecklich teuer.

Unter den vier außergewöhnlichen Jahrgängen der späten 1940er Jahre – 1945, 1947, 1948 und 1949 – ist dieser stets mein Favorit gewesen. Die gegenüber den 1947ern etwas weniger massiv und alkoholstark ausgefallenen Weine scheinen gleichzeitig größere Ausgewogenheit, Harmonie und Frucht als die 1945er und mehr Komplexität als die 1948er zu besitzen. Kurzum, die Spitzenweine sind prachtvoll. 1949 ist mit Sicherheit einer der außergewöhnlichsten Jahrgänge dieses Jahrhunderts. Nur die Weine vom rechten Ufer der

Gironde (mit Ausnahme von Cheval Blanc) scheinen in der Qualität unter den 1947ern zu rangieren. Im Médoc und Graves ist dieser Jahrgang großartig ausgefallen und fast überall wurden Weine von erstaunlicher Reife, Reichhaltigkeit, Opulenz, Wucht und Länge erzeugt. Sogar die Süßweine von Barsac und Sauternes fielen faszinierend aus. Wer heute diese Weine aus dem Jahrgang 1949 kaufen will, muss tief in die Tasche greifen, denn sie gehören zu den teuersten und gesuchtesten Weinen des 20. Jahrhunderts.

SPITZENWEINE DES JAHRES 1949

St-Estèphe: Calon-Ségur, Cos d'Estournel, Montrose
Pauillac: Grand-Puy-Lacoste, Latour, Mouton-Rothschild
St-Julien: Gruaud-Larose, Léoville-Barton, Talbot
Margaux: Palmer
Graves rot: Haut-Brion, Latour-Haut-Brion, La Mission-Haut-Brion, Pape-Clément
Pomerol: La Conseillante, L'Église-Clinet, L'Évangile, Le Gay, Lafleur, La Tour à Pomerol, Pétrus, Trotanoy, Vieux Château Certan
St-Émilion: Cheval Blanc
Barsac/Sauternes: Climens, Coutet, d'Yquem

1948 – Ein Überblick (22.09.1948)

St-Estèphe***
Pauillac****
St-Julien****
Margaux****
Médoc/Haut-Médoc Crus Bourgeois***
Graves rot****
Graves weiß***
Pomerol***
St-Émilion***
Barsac/Sauternes**

Ertragsmenge: Es wurde eine Ernte von durchschnittlicher bis unterdurchschnittlicher Größe eingebracht.
Zusammenfassung: Ein weitgehend übersehener, aber guter bis ausgezeichneter Jahrgang, der sowohl von seinem Vorgänger wie auch seinem Nachfolger in den Hintergrund gedrängt wird.
Reifezustand: Dass diese Weine die Eigenschaft besaßen, hart zu sein und sich langsam zu entwickeln, hat ihnen während ihrer Entwicklung gut getan. Die meisten der größeren, konzentrierteren 1948er sind immer noch attraktive Weine.
Preis: Unterbewertet angesichts ihres Alters und ihrer Qualität.

Trotz der hohen Qualität der Weine fanden sie bei den Rotwein-Enthusiasten niemals rechten Anklang. Doch wer will es den Weinkäufern verübeln? Die 1947er waren auffallender, opulenter, alkoholstärker und körperreicher und die 1949er früher ansprechend und reichhaltiger als die härteren, robusteren, tanninreicheren und verhalten entwickelten 1948er. Dies ist ein Jahrgang, der in vielen Fällen anmutiger gereift ist als die massiven 1947er. Die Spitzenweine sind meist noch immer in ausgezeichneter Verfassung. Die Preise sind vernünftig geblieben, und sei es auch nur im Vergleich zu denen, die man für 1947er und 1949er zahlen muss.

SPITZENWEINE DES JAHRES 1948

St-Estèphe: Cos d'Estournel
Pauillac: Grand-Puy-Lacoste, Latour, Lynch-Bages, Mouton-Rothschild
St-Julien: Langoa-Barton, Léoville-Barton (die Weine aus dem Médoc)
Margaux: Cantemerle (südliches Médoc), Margaux, Palmer

Médoc/Haut-Médoc/Moulis/Listrac Crus Bourgeois: keine
Graves rot: La Mission-Haut-Brion, Pape-Clément
Pomerol: L'Église-Clinet, Le Gay, Lafleur, Latour à Pomerol, Petit Village, Pétrus, Vieux Château Certan
St-Émilion: Cheval Blanc
Barsac/Sauternes: keine

1947 – Ein Überblick (15.09.1947)

St-Estèphe***	Graves rot****
Pauillac***	Graves weiß***
St-Julien***	Pomerol*****
Margaux**	St-Émilion*****
Médoc/Haut-Médoc Crus Bourgeois*	Barsac/Sauternes***

Ertragsmenge: Es wurde eine reichliche Ernte eingebracht.
Zusammenfassung: Ein Jahr außerordentlicher Qualitätsextreme, in dem einige der portweinähnlichsten, konzentriertesten Weine entstanden, die je im Bordelais erzeugt wurden. Doch ist dies auch ein Jahrgang unerwarteter Fehlschläge (z. B. bei Lafite-Rothschild).
Reifezustand: Mit Ausnahme der konzentriertesten und wuchtigsten Pomerols und St-Émilions ist dies ein zum unverzüglichen Verbrauch bestimmter Jahrgang, da viele Weine ihren Höhepunkt überschritten haben und nun übermäßige flüchtige Säure und verblasste Frucht aufweisen.
Preis: In Anbetracht der Tatsache, dass es sich hier wieder um einen »Jahrhundertjahrgang« handelte, ungeheuer hoch.

Das Jahr 1947, der Inbegriff eines Hitzejahrgangs, ließ viele Weine entstehen, die zu den konzentriertesten, portweinähnlichsten, intensivsten Tropfen gehören, die ich je verkostet habe. Die meisten echten Schwergewichte dieses Jahrgangs stammen aus Pomerol und St-Émilion. Die Spitzenweine sind denkwürdig, und sei es auch nur wegen ihres überaus reichhaltigen, süßen Stils, der unter den modernen Jahrgängen am ehesten an den 1982er angenähert ist. Und doch kenne ich keinen 1982er, der ebenso viel Extrakt und Intensität an den Tag legt wie die größten 1947er.

SPITZENWEINE DES JAHRES 1947

St-Estèphe: Calon-Ségur
Pauillac: Grand-Puy-Lacoste, Mouton-Rothschild
St-Julien: Ducru-Beaucaillou, Léoville-Las Cases
Margaux: Margaux
Graves rot: Haut-Brion, La Mission-Haut-Brion, La Tour-Haut-Brion
Pomerol: Clinet, La Conseillante, L'Eglise-Clinet, L'Enclos, L'Évangile, La Fleur Pétrus, Le Gay, Lafleur, Latour à Pomerol, Nenin, Pétrus, Rouget, Vieux Château Certan
St-Émilion: Canon, Cheval Blanc, Figeac, La Gaffelière-Naudes
Barsac/Sauternes: Climens, Suduiraut

1946 – Ein Überblick (30.09.1946)

St-Estèphe**	Médoc/Haut-Médoc Crus Bourgeois 0
Pauillac**	Graves rot*
St-Julien**	Graves weiß 0
Margaux*	Pomerol 0

St-Émilion 0

Barsac/Sauternes 0

Ertragsmenge: Es wurde eine kleine Ernte eingebracht.
Zusammenfassung: Das einzige Jahr in der Zeit nach dem 2. Weltkrieg, in dem die Weingärten im Bordelais von einer Heuschreckenplage heimgesucht wurden.
Reifezustand: Die Weine befinden sich mit Sicherheit im Abstieg.
Preis: Mit Ausnahme der einen oder anderen seltenen Flasche eines Mouton-Rothschild (wie sie Milliardäre zur Vervollständigung ihrer Sammlung benötigen) sind die meisten dieser Weine wertlos.

1945 – Ein Überblick (13.09.1945)

St-Estèphe****
Pauillac*****
St-Julien*****
Margaux****
Médoc/Haut-Médoc Crus Bourgeois****

Graves rot*****
Graves weiß*****
Pomerol*****
St-Émilion*****
Barsac/Sauternes*****

Ertragsmenge: Eine winzige Ernte wurde eingebracht.
Zusammenfassung: Der mit dem größten Beifall bedachte Jahrgang des Jahrhunderts.
Reifezustand: Bestimmte Weine aus diesem Jahrgang (freilich nur die tadellos gelagerten) sind immer noch nicht voll ausgereift.
Preis: Die teuersten Rotweine des Jahrhunderts.

Kein anderer Jahrgang nach dem 2. Weltkrieg genießt einen so hohen Ruf wie der 1945er. Die großen Weine, deren es viele gibt, könnten durchaus noch weitere 20–30 Jahre halten und damit die meisten der jüngeren großen Jahrgänge, die innerhalb von 25–30 Jahren nach der Ernte getrunken werden müssen, weit hinter sich lassen.

SPITZENWEINE DES JAHRES 1945

St-Estèphe: Calon-Ségur, Montrose, Les-Ormes-de-Pez
Pauillac: Latour, Mouton-Rothschild, Pichon-Longueville-Comtesse de Lalande, Pontet-Canet
St-Julien: Gruaud-Larose, Léoville-Barton, Talbot
Margaux: Margaux, Palmer
Graves rot: Haut-Brion, La Mission-Haut-Brion, La Tour-Haut-Brion
Graves weiß: Laville-Haut-Brion
Pomerol: L'Église-Clinet, La Fleur Pétrus, Gazin, Lafleur, Latour à Pomerol, Pétrus, Rouget, Trotanoy, Vieux Château Certan
St-Émilion: Canon, Cheval Blanc, Figeac, La Gaffelière-Naudes, Larcis-Ducasse, Magdelaine
Barsac/Sauternes: Suduiraut, d'Yquem

DIE BESTEN PRODUZENTEN VON TROCKENEN BORDEAUX-ROTWEINEN

Wenn ein Produzent in zwei Kategorien fällt (***/****), wird er in der niedrigeren eingeordnet.

** * * * * (HERVORRAGEND)*

Angélus (St-Émilion)
Ausone (St-Émilion)
Canon-La-Gaffelière (St-Émilion)
Cheval Blanc (St-Émilion)
Clos l'Eglise (Pomerol) (ab 1998)
La Conseillante (Pomerol)
Ducru-Beaucaillou (St-Julien)
l'Eglise-Clinet (Pomerol)

l'Evangile (Pomerol)
La Gomerie (St-Émilion)
Grand-Puy-Lacoste (Pauillac)
Gruaud-Larose (St-Julien)
Haut-Brion (Graves)
Lafite-Rothschild (Pauillac)
Lafleur (Pomerol)
Lafleur-Pétrus (Pomerol) (ab 1995)
Latour (Pauillac)
Léoville-Barton (St-Julien)
Léoville-Las Cases (St-Julien)
Léoville-Poyferré (St-Julien)
Lynch-Bages (Pauillac)
Magrez-Fombrauge (St-Émilion)
Château Margaux (Margaux)
La Mission-Haut-Brion (Graves)
Monbousquet (St-Émilion)
La Mondotte (St-Émilion)
Montrose (St-Estèphe)
Mouton-Rothschild (Pauillac)
Palmer (Margaux)
Pape-Clément (Graves)
Pavie (St-Émilion)
Pavie Macquin (St-Émilion)
Péby-Faugères (St-Émilion)
Pétrus (Pomerol)
Pichon-Longueville Baron (Pauillac)
Pichon-Longueville-Comtesse de Lalande (Pauillac)
Le Pin (Pomerol)
Tertre-Rôteboeuf (St-Émilion)
Troplong-Mondot (St-Émilion)
Trotanoy (Pomerol)
Valandraud (St-Émilion)

***** (AUSGEZEICHNET)*

l'Arrosée (St-Émilion)
Barde-Haut (St-Émilion)
Beau Séjour-Bécot (St-Émilion)
Beauséjour-Duffau (St-Émilion)
Belle Vue (St-Émilion)
Bon Pasteur (Pomerol)
Branon (Pessac-Léognan)
Calon-Ségur (St-Estèphe)
Les Carmes-Haut-Brion (Graves)
Certan de May (Pomerol)
De Chambrun (Lalande-de-Pomerol)
Domaine de Chevalier (Graves)
Clerc-Milon (Pauillac)
Clinet (Pomerol)
Clos Dubreuil (St-Émilion)
Clos de l'Oratoire (St-Émilion)
Clos St-Martin (St-Émilion)
La Clusière (St-Émilion)
Cos d'Estournel (St-Estèphe)
Côte de Baleau (St-Émilion)
La Couspaude (St-Émilion)
La Croix de Labrie (St-Émilion)
La Dominique (St-Émilion)
Duhart-Milon-Rothschild (Pauillac)
Faugères (St-Émilion)
Ferrand-Lartique (St-Émilion)
Figeac (St-Émilion)
La Fleur de Gay (Pomerol)
La Fleur de Jaugue (St-Émilion)
Les Forts de Latour (Pauillac)
Gazin (Pomerol)
Gracia (St-Émilion)
Grand Mayne (St-Émilion)
Grandes-Murailles (St-Émilion)
Haut-Bailly (Graves)
Haut-Bergey (Graves) (ab 1998)
Haut-Marbuzet (St-Estèphe)
Hosanna (Pomerol)
d'Issan (Margaux)
Lafon-Rochet (St-Estèphe)
Lagrange (St-Julien)
Larmande (St-Émilion)
Latour à Pomerol (Pomerol)
La Louvière (Graves)
Malescot-St-Exupéry (Margaux)
Marojallia (Margaux)
Le Moulin (Pomerol)
Moulin St-Georges (St-Émilion)
Nénin (Pomerol) (ab 1998)
Pavie Decesse (St-Émilion)
Le Plus de La Fleur Bouard (Lalande-de-Pomerol)
Pontet-Canet (Pauillac)
Quinault l'Enclos (St-Émilion)
Rausan-Ségla (Margaux)
Rol Valentin (St-Émilion)
St.-Pierre (St-Julien)
Smith-Haut-Lafitte (Graves)
Sociando-Mallet (Haut-Médoc)
Talbot (St-Julien)
Vieux Château Certan (Pomerol)

**** (GUT)*

d'Angludet (Margaux)
d'Armailhac (Pauillac)
Bahans-Haut-Brion (Graves)
Balestard-La-Tonnelle (St-Émilion)
Batailley (Pauillac)
Beauregard (Pomerol)
Bel-Air (Lalande-de-Pomerol)
Bellegrave (Pomerol)
Belles-Graves (Lalande-de-Pomerol)
Bertineau St.-Vincent (Lalande-de-Pomerol)
Beychevelle (St-Julien)
Bonalgue (Pomerol)
Le Boscq (Médoc)
Bourgneuf (Pomerol)
Branaire-Ducru (St-Julien)
Brane-Cantenac (Margaux) (ab 1998)
Cadet-Piola (St-Émilion)
Canon (Canon-Fronsac)
Canon (St-Émilion)
Canon de Brem (Canon-Fronsac)
Canon-Moueix (Canon-Fronsac)
Cantemerle (Macau)
Cantenac-Brown (Margaux)
Cap de Mourlin (St-Émilion)
Carbonnieux (Graves)
de Carles (Fronsac)
Carruades de Lafite (Pauillac)
Cassagne-Haut-Canon-La Truffière (Canon-Fronsac)
Certan-Giraud (Pomerol)
Chantegrive (Graves)
La Chapelle de la Mission (Graves)
Chasse-Spleen (Moulis)***/****
Chauvin (St-Émilion)
Citran (Haut-Médoc)
Clos du Clocher (Pomerol)
Clos Fourtet (St-Émilion)
Clos des Jacobins (St-Émilion)
Clos du Marquis (St-Julien)
Clos René (Pomerol)
La Clotte (St-Émilion)
Corbin (St-Émilion)
Corbin-Michotte (St-Émilion)
Cormeil-Figeac (St-Émilion)
Cos Labory (St-Estèphe)
Coufran (Haut-Médoc)
Château Courrière Rongieras (Lussac-St-Émilion)
Coutelin-Merville (St-Estèphe)
Couvent des Jacobins (St-Émilion)
La Croix du Casse (Pomerol)
La Croix de Gay (Pomerol)
La Croix de Cabrie (St-Émilion)
Croizet-Bages (Pauillac)
Croque Michotte (St-Émilion)
Dalem (Fronsac)
La Dame de Montrose (St-Estèphe)
Dassault (St-Émilion)
Daugay (St-Émilion)
La Dauphine (Fronsac)
Dauzac (Margaux)
Destieux (St-Émilion)
Domaine de l'Eglise (Pomerol)
l'Enclos (Pomerol)
de Ferrand (St-Émilion)
de Fieuzal (Graves)
Lafleur (St-Émilion)
Fongaban (Puisseguin-St-Émilion)
Fonplégade (St-Émilion)
Fontenil (Fronsac)
Fourcas-Loubaney (Listrac)
Franc-Mayne (St-Émilion)
La Gaffelière (St-Émilion)
La Garde Réserve du Château (Graves)
Le Gay (Pomerol)
Giscours (Margaux)
Gloria (St-Julien)
Gombaude-Guillot (Pomerol)
Grand-Corbin (St-Émilion)
Grand-Pontet (St-Émilion)
Grand-Puy-Ducasse (Pauillac)
Les Grandes Chênes (Médoc)
La Grave à Pomerol (Trigant de Boisset) (Pomerol)
Guillot-Clauzel (Pomerol)
La Gurgue (Margaux)
Haut-Bages-Libéral (Pauillac)
Haut-Batailley (Pauillac)
Haut-Corbin (St-Émilion)
Haut-Faugères (St-Émilion)
Haut-Sociondo (Blaye)
l'Hermitage (St-Émilion)
Hortevie (St-Julien)
Château Hostens-Picant (Sainte-Foy)
Jonqueyrès (Bordeaux Supérieur)
Kirwan (Margaux)
Labégorce-Zédé (Margaux)
Lalande-Borie (St-Julien)
Lanessan (Haut-Médoc)
Langoa-Barton (St-Julien)

Laplagnotte-Bellevue (St-Émilion)
Larrivet-Haut-Brion (Graves)
Lascombes (Margaux)
Lucie (St-Émilion)
Lusseau (St-Émilion)
Lynch-Moussas (Pauillac)
Magdelaine (St-Émilion)
Magneau (Graves)
Malartic-Lagravière (Graves)
Marjosse (Bordeaux)
Marquis de Terme (Margaux)
Maucaillou (Moulis)
Mazeris (Canon-Fronsac)
Meyney (St-Estèphe)
Monbrison (Margaux)
Moulin-Haut-Laroque (Fronsac)
Moulin-Pey-Labrie (Canon-Fronsac)
Moulin Rouge (Haut-Médoc)
Olivier (Graves)
Les Ormes-de-Pez (St-Estèphe)
Les Ormes-Sorbet (Médoc)
Parenchère (Bordeaux Supérieur)
Patache d'Aux (Medoc)
du Pavillon (Canon-Fronsac)
Pavillon Rouge de Margaux (Margaux)
Les Pensées de Lafleur (Pomerol)
Petit-Village (Pomerol)
Pey Labrie (Canon-Fronsac)
Peyredon-Lagravette (Listrac)
de Pez (St-Estèphe)
Phélan-Ségur (St-Estèphe)
Pibran (Pauillac)
Picque-Caillou (Graves)
de Pitray (Côtes de Castignon)
Plaisance (Premières Côtes de Bordeaux)
Potensac (Médoc)
Poujeaux (Moulis)
Prieuré-Lichine (Margaux)
Réserve de la Comtesse (Pauillac)
Roc des Cambes (Côtes de Bourg)
Rochebelle (St-Émilion)
Rouet (Fronsac)
St.-Pierre (St-Julien)
de Sales (Pomerol)
La Serre (St-Émilion)
Siran (Margaux)
Soudars (Haut-Médoc)
Soutard (St-Émilion)
Tayac (Côtes de Bourg)
Tertre-Daugay (St-Émilion)
La Tonnelle (Blaye)
La Tour de By (Médoc)
La Tour Figeac (St-Émilion)
La Tour-Haut-Brion (Graves)
Tour Haut-Caussan (Médoc)
Tour du Haut-Moulin (Haut-Médoc)
La Tour du Pin Figeac Moueix (St-Émilion)
La Tour-St. Bonnet (Médoc)
La Tour Seguy (Bourg)
La Tourelles de Longueville (Pauillac)
Trotte Vieille (St-Émilion)
Veyry (Côtes de Castillon)
La Vieille-Cure (Fronsac)
Vieux Fortin (St-Émilion)
La Violette (Pomerol)

** * (DURCHSCHNITTLICH)*

Beaumont (Haut-Médoc)
Belair (St-Émilion)
Belgrave (Haut-Médoc)
La Cabanne (Pomerol)
Chambert-Marbuzet (St-Estèphe)
Clarke (Listrac)
Clos la Madeleine (St-Émilion)
Cordeillan-Bages (Pauillac)
La Croix (Pomerol)
Durfort-Vivens (Margaux)
Faurie de Souchard (St-Émilion)
Ferrière (Margaux)
Feytit-Clinet (Pomerol)
La Fleur Gazin (Pomerol)
La Fleur Pourret (St-Émilion)
Fonbadet (Pauillac)
Fonréaud (Listrac)
Fonroque (St-Émilion)
Fourcas-Dupré (Listrac)
Fourcas-Hosten (Listrac)
de France (Graves)
Château Gassies (Premières Côtes de Bordeaux)
Gressier Grand Poujeaux (Moulis)
Haut-Bages-Averous (Pauillac)
Haut-Sarpe (St-Émilion)
Le Jurat (St-Émilion)
Lagrange (Pomerol)
La Lagune (Ludon)
Lamarque (Haut-Médoc)
Larcis-Ducasse (St-Émilion)
Larose-Trintaudon (Haut-Médoc)

Laroze (St-Émilion)
Larruau (Margaux)
Liversan (Haut-Médoc)
Malescasse (Haut-Médoc)
Marbuzet (St-Estèphe)
Martinens (Margaux)
Mazeyres (Pomerol)
Montviel (Pomerol)
Moulin du Cadet (St-Émilion)
Pedesclaux (Pauillac)
Petit-Faurie-Soutard (St-Émilion)
Petit-Figeac (St-Émilion)
Plince (Pomerol)
Pouget (Margaux)
Puy-Blanquet (St-Émilion)
Rahoul (Graves)
Rauzan-Gassies (Margaux)
Rocher-Bellevue-Figeac (St-Émilion)
Rolland-Maillet (St-Émilion)
Taillefer (Pomerol)
La Tour-Martillac (Graves)
La Tour de Mons (Margaux)
Vieux Clos St-Émilion (St-Émilion)
Villemaurine (St-Émilion)

DIE BESTEN PRODUZENTEN VON TROCKENEN BORDEAUX-WEISSWEINEN

** * * * * (HERVORRAGEND)*

Domaine de Chevalier (Pessac-Léognan)
de Fieuzal (Pessac-Léognan)
Haut-Brion (Pessac-Léognan)
Laville-Haut-Brion (Pessac-Léognan)
La Louvière (Pessac-Léognan)

** * * * (AUSGEZEICHNET)*

Aile d'Argent (Bordeaux)
Carbonnieux (Pessac-Léognan)
Clos Floridene (Pessac-Léognan)
Couhins-Lurton (Pessac-Léognan)
Larrivet-Haut-Brion (Pessac-Léognan)
Malartic-Lagravière (Pessac-Léognan)
Pape-Clément (Pessac-Léognan)
Pavillon Blanc de Château Margaux (Bordeaux)
Smith-Haut-Lafitte (Pessac-Léognan)
La Tour-Martillac (Pessac-Léognan)

** * * (GUT)*

d'Archambeau (Graves)
Bauduc Les Trois Hectares (Bordeaux)
Blanc de Lynch-Bages (Pauillac)
Bouscaut (Pessac-Léognan)
Caillou Blanc de Talbot (Bordeaux)
Carsin (Bordeaux)
Domaine Challon (Bordeaux)
Chantegrive (Graves)
La Closière (Bordeaux)
Château Coucheroy (Pessac-Léognan)
Doisy-Daëne (Bordeaux)
Château Ferbos (Graves)
Ferrande (Graves)
G de Château Guiraud (Bordeaux)
La Garde-Réserve du Château (Graves)
Château Graville-Lacoste (Graves)
Haut-Gardère (Graves)
Loudenne (Bordeaux)
Château de Malle (Graves)
Château Millet (Graves)
Numéro 1 (Bordeaux)
Pirou (Graves)
Plaisance (Bordeaux)
Pontac Monplaisir (Graves)
R de Rieussec (Bordeaux)
Rahoul (Graves)
Respide (Graves)
Reynon (Bordeaux)
Château de Rochemorin (Pessac-Léognan)
Roquefort (Bordeaux)
Thieuley (Bordeaux)

** * (DURCHSCHNITTLICH)*

de France (Graves)
Olivier (Graves)

DIE BESTEN PRODUZENTEN VON BARSAC/SAUTERNES

****** (HERVORRAGEND)*

Climens (Barsac)
Coutet-Cuvée Madame (Barsac)
Doisy-Daëne l'Extravagance (Barsac)
Lafaurie-Peyraguey (Sauternes)
Rieussec (Sauternes)
d'Yquem (Sauternes)

***** (AUSGEZEICHNET)*

d'Arche-Pugneau (Sauternes)
Coutet (einfache *Cuvée*) (Barsac)
Doisy-Dubroca (Barsac)
de Fargues (Sauternes)
Gilette (Sauternes)
Guiraud (Sauternes)
Rabaud-Promis (Sauternes)
Raymond-Lafon (Sauternes)
Suduiraut (Sauternes)****/*****
La Tour Blanche (Sauternes)

**** (GUT)*

d'Arche (Sauternes)
Bastor-Lamontagne (Sauternes)
Broustet (Barsac)
Caillou (Barsac)
Clos Haut-Peyraguey (Sauternes)
Doisy-Daëne (Barsac)
Doisy-Dubroca (Barsac)
Doisy-Védrines (Barsac)
Filhot (Sauternes)
Haut-Claverie (Sauternes)
Les Justices (Sauternes)
Lamothe (Sauternes)
Lamothe-Despujols (Sauternes)
Lamothe-Guignard (Sauternes)***/****
Liot (Sauternes)
de Malle (Sauternes)
Nairac (Barsac)
Piada (Barsac)
Rabaud-Promis (Sauternes)
Rayne-Vigneau (Sauternes)
Romer du Hayot (Sauternes)
Roumieu-Lacoste (Barsac)
Sigalas-Rabaud (Sauternes)

*** (DURCHSCHNITTLICH)*

Myrat (Sauternes)
Suau (Barsac)

WAS SIE ÜBER ZWEITETIKETTEN WISSEN MÜSSEN

Zweitweine mit Zweitetiketten sind keine neue Errungenschaft. Léoville-Las Cases erzeugte erstmals 1904 einen Zweitwein (Clos du Marquis), und im Jahr 1908 brachte Château Margaux seinen ersten Le Pavillon Rouge du Château Margaux heraus.

Noch vor 2 Jahrzehnten begegnete der Weinliebhaber Zweitetiketten jedoch allenfalls bei Latour (Les Forts de Latour), Margaux (Le Pavillon Rouge du Château Margaux) und vielleicht bei Lafite-Rothschild (Moulin des Carruades). Heutzutage haben nahezu alle Crus Classés sowie viele Crus Bourgeois und viele Weingüter in Pomerol und St-Émilion ein Zweitetikett für die Weine, die ihnen nicht reichhaltig, konzentriert oder komplex genug erschienen, um diese zu ihren Spitzenweinen oder »großen Weinen« (*grands vins*) zu zählen. Dies war eine der wichtigsten Entwicklungen in den 1980er Jahren, die ohne Zweifel auf die enormen Erntemengen in den meisten Jahrgängen zurückzuführen ist. Einige Zyniker behaupten, das geschehe nur, um die Preise hoch zu halten, aber solche Behauptungen sind Unsinn. Als Folge dieser Zweitetikettierung sind die besten Weine jedes Châteaus von viel höherer Qualität. Dieses Verfahren erlaubt es den Châteaux, die Produktion aus jungen beziehungsweise allzu ertragreichen Rebstöcken oder von Parzellen, die zu früh oder zu spät geerntet wurden, zu einem Zweit- oder sogar Drittwein zu verarbeiten, der immer noch etwas von der Qualität und Persönlichkeit der Grands Vins der Châteaux aufweist.

Zu denjenigen, die die Entwicklung von Zweitweinen anregten, gehört der berühmte Önologe Professor Émile Peynaud. In den letzten Jahren stieg die Zahl der Zweitweine um mehr als das Zehnfache. Einige Weingüter, wie Léoville-Las Cases, sind sogar mit einem Drittetikett für die Weine, die ihnen selbst für das Zweitetikett nicht gut genug erschienen, hervorgetreten.

Dies alles kompliziert natürlich die Entscheidung, welchen Wein man letztlich kaufen soll. Der Weinhandel hat diese Situation noch verschlimmert, indem er die Gelegenheit ergriff, Weine anzubieten, die »wie ein großer Wein schmecken«, aber nur die Hälfte oder ein Drittel davon kosten. In den meisten Fällen ist an solchen Anpreisungen wenig Wahres. Meiner Ansicht nach haben die Zweitweine im Allgemeinen nur eine vage Ähnlichkeit mit den Erstweinen. Die meisten entstehen dadurch, dass alles, was normalerweise ausgeschieden würde, aus kommerziellen Gründen unter einem anderen Etikett zusammengeworfen wird. Einige Zweitweine, etwa die von Spitzenerzeugern wie Les Forts de Latour und Bahans Haut-Brion, sind wirklich ausgezeichnet, manchmal sogar hervorragend (probieren Sie nur einmal den 1982er Les Forts de Latour oder den 1989er Bahans Haut-Brion) und können sogar in Stil und Persönlichkeit dem großen Wein ähneln. Aber hier sei eine strenge Warnung ausgesprochen, vor allem gegenüber den Weintrinkern, die regelmäßig Zweitweine eines Châteaus kaufen und davon ausgehen, etwas zu bekommen, was Ähnlichkeit mit dem Spitzenwein dieses Châteaus hat.

Um in dieser Situation Klarheit zu schaffen, sind in der folgenden Tabelle die Zweitweine in fünf Gruppen eingestuft. Wenngleich es im Allgemeinen zutrifft, dass die Qualität des Erstweins bei zunehmend strenger Selektion steigt, sollte man auch nicht vergessen, dass die meisten Zweitweine ihren Preis selten wert sind.

Anmerkung: Sollte ein Zweitwein eine Anschaffung wert sein, ist der Jahrgang aufgeführt.

Erklärung der Benotung

*****die besten Zweitweine
****sehr gute Zweitweine
***gute Zweitweine
**durchschnittliche Zweitweine
*wenig interessante Zweitweine

DIE ZWEITWEINE

ERSTWEIN (GRAND VIN)	ZWEITWEIN
Andron-Blanquet	St-Roch**
Angélus	Carillon de l'Angélus**
d'Angludet	Domaine Baury**
d'Arche	d'Arche-Lafaurie**
l'Arrosée	Les Côteaux du Château l'Arrosée**
Balestard-La-Tonnelle	Les Tourelles de Balestard**
Bastor-Lamontagne	Les Remparts du Bastor**
Beau Séjour-Bécot	Tournelle des Moines**
Beaumont	Moulin-d'Arvigny*
Beauséjour-Duffau	La Croix de Mazerat**
Belair	Roc-Blanquant*
Beychevelle	Amiral de Beychevelle***
	Réserve de l'Amiral***
Bonalgue	Burgrave*
Bouscaut	Valoux**
Branaire-Ducru	Duluc**

Brane-Cantenac	Château Notton**
	Domaine de Fontarney**
Broustet	Château de Ségur**
La Cabanne	Compostelle**
Cadet-Piola	Chevaliers de Malta**
Caillou	Petit-Mayne*
Calon-Ségur	Marquis de Ségur**
Canon	Clos J. Kanon**
Canon-La-Gaffelière	Côte Migon-La-Gaffelière**
Cantemerle	Villeneuve de Cantemerle**
Cantenac-Brown	Canuet**
	Lamartine**
Carbonnieux	La Tour-Léognan**
Certan-Giraud	Clos du Roy**
Chambert-Marbuzet	MacCarthy**
Chasse-Spleen	l'Ermitage de Chasse-Spleen**
Chauvin	Chauvin Variation*
Cheval Blanc	Le Petit Cheval***
Climens	Les Cyprès de Climens**
Clos Fourtet	Domaine de Martialis**
Clos Haut-Peyraguey	Haut-Bommes**
Clos René	Moulinet-Lasserre**
Columbier-Monpelou	Grand Canyon**
Corbin-Michotte	Les Abeilles**
Cos d'Estournel	Pagodes de Cos***
Couvent-des-Jacobins	Beau-Mayne***
La Croix	Le Gabachot**
Croizet-Bages	Enclos de Moncabon*
Dauzac	Laborde**
Doisy-Védrines	La Tour-Védrines**
La Dominique	Saint-Paul de la Dominique**
Ducru-Beaucaillou	La Croix**
Duhart-Milon-Rothschild	Moulin de Duhart**
Durfort-Vivens	Domaine de Curé-Bourse*
l'Eglise-Clinet	La Petite l'Eglise***
de Fieuzal	l'Abeille de Fieuzal**
Figeac	Grangeneuve**
Fonplégade	Château Côtes Trois Moulins**
La Gaffelière	Clos la Gaffelière**
	Château de Roquefort**
Giscours	Cantelaude**
Gloria	Haut-Beychevelle Gloria**
	Peymartin**
Grand Mayne	Les Plantes du Mayne**
Grand-Puy-Ducasse	Artigues-Arnaud**
Grand-Puy-Lacoste	Lacoste-Borie**
Gruaud-Larose	Sarget de Gruaud-Larose***
Guiraud	Le Dauphin**
Haut-Bailly	La Parde de Haut-Bailly***
Haut-Batailley	La Tour d'Aspic**

Haut-Brion	Bahans-Haut-Brion***** (2000, 1998, 1995, 1990, 1989, 1988, 1987)
Haut-Marbuzet	Tour de Marbuzet**
d'Issan	Candel**
Labegorcé-Zédé	Château de l'Amiral**
Lafite-Rothschild	Carruades de Lafite**** (2000, 1998, 1996, 1995, 1990, 1989)
Lafleur	Les Pensées de Lafleur***** (2000, 1990, 1989, 1988)
Lafon-Rochet	Le Numéro 2 de Lafon-Rochet***
Lagrange	Les Fiefs de Lagrange***
La Lagune	Ludon-Pomiès-Agassac**
Lanessan	Domaine de Sainte-Gemme**
Larmande	Château des Templiers**
Lascombes	Segonnes**
	La Gombaude**
Latour	Les Forts de Latour***** (2000, 1999, 1996, 1995, 1990, 1989, 1982, 1978)
Léoville-Barton	Lady Langoa**** (1989)
Léoville-Las Cases	Clos du Marquis***** (1996, 1995, 1994, 1990, 1989, 1988, 1986, 1982)
	Grand Parc***
Léoville-Poyferré	Moulin-Riche**
La Louvière	L de Louvière****
	Coucheray**
	Clos du Roi**
Lynch-Bages	Haut-Bages-Averous****
Malescot St-Exupéry	de Loyac*
	Domaine du Balardin*
de Malle	Château de Sainte-Hélène**
Château Margaux	Pavillon Rouge du Château Margaux**** (2000, 1999, 1996, 1995, 1990)
Marquis de Terme	Domaine des Gondats**
Maucaillou	Cap de Haut**
	Franc-Caillou**
Meyney	Prieuré de Meyney***
Monbrison	Cordat***
Montrose	La Dame de Montrose**** (2000, 1999, 1996, 1991, 1990)
Mouton-Rothschild	Le Petit-Mouton*** (2000, 1999)
Palmer	Alter Ego de Palmer*** (2000, 1999)
Pape-Clément	Le Clémentin du Pape-Clément***
Phélan-Ségur	Franck Phélan***
Pichon-Longueville Baron	Les Tourelles de Pichon***
Pichon-Longueville Comtesse de Lalande	Réserve de la Comtesse**** (2000, 1997, 1996, 1995)
Pontet-Canet	Les Hauts de Pontet**
Potensac	Gallais-Bellevue**
	Lassalle**
	Goudy-la-Cardonne**

Poujeaux	La Salle de Poujeaux**
Le Prieuré	Château L'Olivier**
Prieuré-Lichine	Clairefont**
Rabaud-Promis	Domaine de L'Estremade**
Rahoul	Petit Rahoul**
Rausan-Ségla	Lamouroux**
Rieussec	Clos Labère***
St-Pierre	Clos de Uza**
	St-Louis-le-Bosq**
de Sales	Chantalouette**
Siran	Bellegarde**
	St-Jacques**
Smith-Haut-Lafitte	Les Hauts de Smith-Haut-Lafitte*
Sociando-Mallet	Lartigue de Brochon**
Soutard	Clos de la Tonnelle**
Talbot	Connétable de Talbot***
Tertre-Daugay	Château de Roquefort***
La Tour-Blanche	Mademoiselle de Saint-Marc***
La Tour de By	Moulin de la Roque*
	La Roque de By*
Tour Haut-Caussan	La Landotte**
La Tour-Martillac	La Grave-Martillac**
Troplong Mondot	Mondot***
Valandraud	Virginie de Valandraud***
Vieux Château Certan	Clos de la Gravette***

BORDEAUXWEINE MIT DEM BESTEN PREIS-LEISTUNGSVERHÄLTNIS

(Spitzen-Châteaux mit Flaschenpreisen von unter € 20,–)

St-Estèphe: keine
Pauillac: keine
St-Julien: keine
Margaux und das südliche Médoc: keine
Pessac-Léognan/Graves: keine
Moulis und Listrac: keine
Médoc und Haut-Médoc: keine
Pomerol: keine
St-Émilion: keine
Lalande-de-Pomerol: Bertineau-St-Vincent, De Chambrun, La Fleur-Bouard, Grand-Ormeau, Jean de Gué Cuvée Prestige, Haut-Chaigneau, Le Sergue
Côtes de Bourg: Fougas-Maldoror, Roc des Cambes
Côtes de Blaye: Bel-Air La Royère, Clos Lascombes, Garreau, Gigault Cuvée Viva, Grands Maréchaux, Peyraud, Roland La Garde, Ségonzac Vielles Vignes
Côtes de Francs: Marsau, La Prade
Bordeaux, Premières Côtes, Supérieur und einfach: Bonnet, Caris, Carsin (Schwarzes Etikett), Clos Chaumont, La Cour d'Argent, Domaine de Courtelliac, La Doyenne, de la Garde, Marjosse, Paranchère Cuvée Raphaël, Le Pin Beausoleil, Plaisance Tradition, Reignac, Thébot, Thieuley
Côtes de Castillon: d'Aiguilhe, Brisson, Cap de Faugères, Dubois-Grimon, Le Pin de Belcier, Vevry, Vieux-Champ-de-Mars

Fronsac und Canon-Fronsac: Fontenil, Haut-Carles, Ste-Colombe, Les Trois-Croix, La Vieille-Cure
Barsac/Sauternes: keine
St-Georges St-Émilion: La Griffe de Cap d'Or
Puisseguin-St-Émilion: Branda, La Mauriane
Entre-Deux-Mers (trockene Weißweine): keine
Bordeaux, Premières Côtes und einfach (trockene Weißweine): keine

DER KAUF VON BORDEAUX-WEINEN AUF SUBSKRIPTION

Reinfälle und Glücksfälle

Der Weinkauf, schon immer mit Risiken für den Verbraucher verbunden, wird noch schwieriger und riskanter, wenn man das Lotteriespiel beginnt, Weine mittels Subskription zu erwerben.

Einerseits ist Weinkauf auf Subskriptionsbasis nichts anderes, als Geld in einen Wein zu investieren, lange bevor er abgefüllt und importiert wird. Man investiert sein Geld in die Zukunft eines Weines in der Annahme, dass dieser zwischen dem Kauf und dem Import beträchtlich an Wert zunehmen wird. Den richtigen Wein aus dem richtigen Jahrgang und zum richtigen Preis zu erwerben, kann beträchtliche Einsparungen bringen. Andererseits ist die Enttäuschung groß, wenn der Wein 12–18 Monate nach seinem Import unterhalb des Subskriptionspreises liegt und auch in der Qualität schlechter ist als angenommen.

Jahrelang waren Verkaufsangebote nur auf Bordeauxweine beschränkt, obwohl man gelegentlich auch Angebote anderer Regionen zu Gesicht bekam. Im Bordelais bieten die Weingüter oder Châteaux im Frühling nach der Ernte einen Teil ihrer Weine zum Verkauf an. Das erste Angebot, die *première tranche*, gibt normalerweise einen Hinweis auf das Interesse des Handels an dem neuen Wein, auf die vorherrschenden Marktbedingungen und auf den Preis, den man für diesen Wein zahlen wird.

Die Makler und Weinhändler, die *négociants*, die zu den ersten Käufern gehören, bieten diese Weine oder einen Teil davon Importeuren, Großhändlern und Einzelhändlern an, die diese dem Publikum zur Subskription im Vorverkauf empfehlen. Diese Angebote werden den Einzelhandelskunden normalerweise zu Beginn des Frühlings des auf die Ernte folgenden Jahres unterbreitet. Beispielsweise wurde der 2000er Jahrgang im April/Mai 2001 auf Subskriptionsbasis angeboten. Ein Weinkauf zu dieser Zeit ist mit einem beträchtlichen Risiko verbunden. Obwohl 90% der Qualität des Weines und der Art des Jahrgangs von professionellen Testern, die den jeweiligen Wein in seiner »Kindheit« verkosteten, bereits in diesem Stadium vorausgesagt werden konnten, hat das steigende Interesse an Subskriptionskäufen von Bordeauxweinen eine immer größer werdende Zahl von mehr oder weniger qualifizierten Journalisten ermutigt, junge Bordeaux-Weine zu begutachten. Das Ergebnis war vorhersehbar. Viele Schreiber tun nichts anderes, als den Jahrgang in den Himmel zu heben und in leuchtenderen Farben zu schildern als jede Promotionskampagne für Bordeauxweine.

Der Verbraucher sollte Urteile vertrauenswürdiger Fachleute einholen und nachlesen und sich Folgendes fragen: 1) Hat der professionelle Tester Erfahrung mit jungen und alten Bordeauxweinen? 2) Wie viel Zeit des Jahres verbringt der Tester wirklich mit Bordeaux-Verkostungen, dem Besuch von Weingütern und dem Studium des Jahrgangs? 3) Stellt der professionelle Tester seine Stellungnahme in unabhängiger, unparteiischer Weise dar, unbeeinflusst vom Handel? 4) Hat der professionelle Tester die Wetter- und Erntebedingungen, das Reifeprofil verschiedener Rebsorten und die verschiedenen Bodensorten berücksichtigt, die auf das Wetter unterschiedlich reagieren? Und 5) und am wichtigsten: Verfolgt der Kritiker nach der Fassverkostung die Entwicklung des Weins, indem er die meisten Spitzenweine nach der Flaschenabfüllung kauft?

Weinautoren müssen bereit sein, ihr Geld für den abgefüllten Wein auszugeben, um garantieren zu können, dass das, was sie vom Fass verkostet haben, mit dem abgefüllten Wein identisch ist. Fast ein Vierteljahrhundert lang habe ich immer wieder Gerüchte über »Autorencuvées« gehört. Das sind besonders aufgepäppelte Proben, die dazu dienen sollen, den Verkoster zu beeindrucken, und die nicht den wirklichen Verschnitt auf dem Château widerspiegeln. Das ist weitgehend ein Mythos, wie mir Verkostungen von abgefüllten Jahrgängen bewiesen haben. In den meisten Fällen ist der Flaschenwein besser als der aus dem Fass. Das gilt zumindest bei den klassifizierten Weinen. Gleichwohl muss der professionelle Kritiker immer auf der Hut davor sein, hereingelegt zu werden.

Wenn Wein auf Subskriptionsbasis zum Kauf angeboten wird, herrscht im Allgemeinen die größte Begeisterung für den neuesten Jahrgang, sowohl beim Besitzer als auch im Handel. »Die größten Weine, die je erzeugt wurden, sind diejenigen, die im Verkauf erhältlich sind«, sagt ein französisches Sprichwort, an dem sich viele Weinproduzenten und Händler ausrichten. Das Geschäft des Weinhandels besteht nun einmal darin, Wein zu verkaufen, so dass die Weintrinker Jahr für Jahr mit neuesten Meldungen überhäuft werden über »große Weine eines großen Jahrgangs zu günstigen Preisen«. Diese Art des Verkaufens wird immer wieder praktiziert und hat die Glaubwürdigkeit vieler ansonsten verantwortungsbewusster Einzelhändler und einer Reihe von Journalisten unterminiert. Im Gegenzug sind Autoren, die wirkliche Größe eines Weins nicht zugeben oder erkennen, nicht weniger unfähig und handeln unverantwortlich.

Es gibt nur vier gute Gründe, einen Bordeauxwein auf Subskriptionsbasis zu kaufen.

1. Kaufen Sie Spitzenqualität, vorzugsweise einen herrlichen Wein aus einem sehr guten, besser noch einem wirklich großen Jahrgang?

Kein Jahrgang kann nach dem Schwarz-Weiß-Schema beurteilt werden. Selbst unter den größten Jahrgängen gibt es enttäuschende Appellationen oder mittelmäßige Weine. Andererseits können gute bis sehr gute Jahrgänge einige superbe Weine hervorbringen. Diejenigen Produzenten zu kennen, die hinter den Erwartungen zurückbleiben, und diejenigen, die sie übertreffen, ist das Wichtigste für eine gute Kaufentscheidung. Es gibt keinen Grund, Weine auf Subskriptionsbasis zu kaufen, außer von den Weingütern, die in dem jeweiligen Jahrgang in Hochform sind, weil die Preise im Allgemeinen von den Subskriptionsangeboten bis zum Abfüllen der Weine nicht steigen. Die Ausnahmen bleiben immer dieselben: Spitzenweine und große Jahrgänge. Wenn es nicht danach aussieht, dass der Wein um mindestens 25–30% teurer wird, sobald er auf den Markt kommt, sollte man sein Geld besser anderswo investieren.

2. Glauben Sie, dass Sie für einen Wein auf Subskriptionsbasis weniger bezahlen als in 2–3 Jahren, wenn er auf den Markt kommt?

Viele Faktoren müssen in Betracht gezogen werden, wenn man das feststellen will. In manchen Jahren kamen die Bordeauxweine zu niedrigeren Preisen auf den Markt als im Jahr davor (die letzten Beispiele sind die 1986er und 1990er). Eine sehr wichtige Rolle spielt dabei der internationale Markt. Im Jahr 2002 war der amerikanische Dollar noch relativ stark, aber die terroristischen Angriffe am 11. September 2001 werden sicherlich langfristige Verwerfungen zur Folge haben. Die Situation auf dem internationalen Markt, der voraussichtliche Ruf eines Jahrgangs und die begrenzte Verfügbarkeit von bestimmten Weingütern, all das muss bei der Überlegung eine Rolle spielen, ob ein Wein, wenn er auf den Markt kommt, auch wirklich teurer sein wird, als er es auf Subskriptionsbasis war.

3. Wollen Sie sichergehen, dass Sie einen der raren Spitzenweine von einem angesehenen Erzeuger bekommen, der nur kleine Mengen Wein produziert?

Auch wenn der Jahrgang nicht übermäßig groß ist oder Sie nicht sicher sind, ob der Weinpreis steigt, so gibt es doch ein paar kleine Weingüter, vor allem in Pomerol und St-Émilion, die geringe Mengen Wein erzeugen und weltweit viele Verehrer haben. In solch einem Fall ist es anzuraten, eine Kiste auf Subskriptionsbasis zu erwerben, um sich selbst mit einem

Wein zu versorgen, der einem schon in der Vergangenheit geschmeckt hat. In Pomerol haben Weingüter mit limitierter Produktion, wie Le Pin, Clinet, La Conseillante, L'Évangile, La Fleur de Gay, Lafleur und Bon Pasteur während der 1980er und 1990er Jahre viele beliebte Weine erzeugt, die heute im Handel nur noch schwer erhältlich sind. In St-Émilion haben einige der weniger berühmten, nicht überaus großen Weingüter, wie L'Angélus, L'Arrosée, Grand-Mayne, Pavie-Macquin, La Dominique, Le Tertre-Rôteboeuf und Troplong-Mondot, Weine produziert, die nach der Flaschenabfüllung nicht mehr leicht zu bekommen sind. Hinzu kommt eine wachsende Anzahl von »Garagenweinen« aus St-Émilion, die qualitativ hoch stehend sind, aber nur in beschränkten Mengen von 500–1000 Kisten gemacht werden. Und so lassen sich die Bewunderer dieser Weine regelmäßig einen Anteil reservieren und erwerben ihn auf Subskriptionsbasis. Bei mengenmäßig limitierten Weinen hochrangiger Weingüter lohnt sich ein Subskriptionskauf auch in guten bis sehr guten Jahren.
4. Wollen Sie Wein in halben Flaschen, Magnum-, Doppelmagnum-, Jeroboam- oder Imperialflaschen kaufen?

Einer der Vorteile von Subskriptionskäufen besteht darin, dass Sie Ihren Händler bitten können, den Wein in der von Ihnen gewünschten Form abfüllen zu lassen. Solche Flaschen kosten zwar mehr, aber wenn Sie Kinder haben, die in einem entsprechenden Jahr geboren sind, oder wenn Sie in den Genuss halber Flaschen kommen wollen (eine vernünftige Größe als Tagesration), dann ist das nur über einen Subskriptionskauf möglich.

Wenn Sie einen Subskriptionskauf tätigen wollen, dann seien Sie sich über die Risiken im Klaren. Der Händler kann Bankrott gehen und Sie und hundert andere Gläubiger, die hoffen, einen Anteil ihrer Investition zurückzugewinnen, im Stich lassen. Ein anderes Risiko besteht darin, dass der Zulieferer Ihres Händlers Bankrott gehen kann. Möglicherweise bekommen Sie eine Rückerstattung von Ihrem Händler, aber nicht Ihren Wein. Ziehen Sie Erkundigungen ein über die Solvenz des Weinhändlers, und handeln Sie nur mit solchen, die mit Subskriptionskäufen Erfahrung haben. Ferner sollten Sie sicher sein, dass der Händler auch die Mengen wirklich bekommt, die ihm zugesichert worden sind. Einige Händler verkaufen Weine auf Subskription, bevor sie die entsprechende Bestätigung vom Lieferanten haben. Vergewissern Sie sich auch davon, wie der Händler die Zuteilungen handhabt.

Für viele Liebhaber von Bordeauxweinen ist der Subskriptionskauf des richtigen Weines vom richtigen Jahrgang und zur richtigen Zeit eine Garantie, mit flüssigen Juwelen versorgt zu sein, die im Vergleich zum ursprünglich bezahlten Preis das Vier- bis Fünffache wert sind. Aber nur eine Hand voll Jahrgänge der letzten 20 Jahre sind in den ersten zwei bis drei Jahren beträchtlich im Preis gestiegen (z.B. 1982 und 1990).

DOMAINE DE L'A (CÔTES DE CASTILLON)

2000 **C (90–92)**

1999 **C (87–88)**

Die hier aufgeführten Weine sind eine erstaunliche Leistung der Weinbereitung aus der aufstrebenden Appellation Côtes de Castillon, die sich übrigens als gute Quelle für zahlreiche Überraschungserfolge aus dem Jahrgang 2000 zu günstigen Preisen erweist – heiße Tipps für den Verbraucher! Der Eigentümer Stéphane Derencourt gehört zu den talentiertesten Weinmachern im Bordelais.

2000: Dieser erstaunliche Verschnitt aus 60% Merlot, 25% Cabernet Franc und 15% Cabernet Sauvignon offenbart ein explosives Bukett von Holzrauch, schwarzen Himbeeren und intensiven Düften, die an einen trockenen Portwein denken lassen. Körperreich und dickflüssig texturiert und von einer auffälligen Persönlichkeit, hat dieser bemerkenswerte Wein einen für seine Appellation mäßigen Preis. Einer der bedeutendsten Überflieger des Jahrgangs, wird er in seinen ersten 10 Lebensjahren schönen Trinkgenuss bieten.

1999: Ebenfalls ein Volltreffer seines Jahrgangs, bietet dieser ausgezeichnete, dunkelpurpurrote Côtes de Castillon süße Schwarzkirschen- und Brombeerfrucht in seiner geschmeidigen, reichhaltigen, fleischigen Persönlichkeit. Er wird sich während der nächsten 5–6 Jahre in Bestform befinden.

D'AIGUILHE (CÔTES DE CASTILLON)

2000	**D**	**(90–92)**
1999	**C**	**90**
1998	**C**	**87**

Dies ist das neueste von Graf Stephan von Neipperg, dem Eigentümer von Canon La-Gaffelière, Clos de l'Oratoire und La Mondotte, erworbene Weingut. 2000 war der erste Jahrgang, in dem er die Leitung der Weinbergpflege sowie der Weinbereitung übernahm, und wie man sich vorstellen kann, war das Ergebnis schlichtweg außergewöhnlich. Wir wollen nur hoffen, dass der Preis in vernünftigen Grenzen bleibt. Kluge Bordeaux-Liebhaber sollten diesen Wein bei der ersten sich bietenden Gelegenheit erwerben.

2000: Das satte, schwarz-purpurrote Kleid des 2000ers geht einher mit Aromen von Lakritze, Weihrauch, Brombeeren, Schokolade und Kaffee. Körperreich, mit gewaltigen Schichten von Frucht und Konzentration, besitzt dieser Wein die Massivität, Reichhaltigkeit und Komplexität eines ernsthaften klassifizierten Gewächses. Ich schlage vor, ihn während seiner ersten 8–10 Lebensjahre zu trinken. Toll! Ein Schlager des Jahrgangs!

1999: Ebenfalls ein heißer Tipp seines Jahrgangs, legt dieser betörende Verschnitt aus 80% Merlot und 20% Cabernet Franc eine schwarz-purpurrote Farbe an den Tag, gefolgt von einem exotischen Bukett mit Düften aus der Gewürzkiste, Lakritze, Kaffee und asiatischen Gewürzen. Vollmundige fruchtige Geschmackskomponenten, eine dickflüssige Textur und eine nahtlose Persönlichkeit sind in diesem hervorragenden Beispiel eines Côtes de Castillon zu finden. Darüber hinaus wird er sich jung schön trinken lassen, aber auch ein Jahrzehnt lang gut altern. Lassen Sie ihn sich nicht entgehen!

1998: Dieser in einem eleganten Stil bereitete Wein bietet in Duft und Geschmack Aromen von süßer Lakritze, englischem Kuchen, dicklichen Kirschen und schwarzen Johannisbeeren. Der saftige, weiche 1998er von mittlerem Körper besitzt neben seinem köstlichen langen Abgang auch eine schöne Textur. Voraussichtliche Genussreife: jetzt–2008.

ANDREAS (ST-ÉMILION)

2000	**D**	**(85–86)**
1999	**D**	**87**
1998	**D**	**86**

Mit dem Beistand und unter der Beratung von Jean-Luc Thunevin produziert, ist der Andreas eine solide Leistung der Weinbereitung.

2000: Dieser mittelschwere, mäßig extrahierte 100%ige Merlot besitzt einen monolithischen Charakter, aber schöne Reintönigkeit und Reife und nimmt sich im Mund vielschichtig aus. Voraussichtliche Genussreife: jetzt–2006.

1999: Ein besser ausgewogener Wein als der 1998er, mit niedrigerer Säure und süßerer Frucht, aber weniger Tiefe, ist der 1999er ein attraktiver, vordergründiger St-Émilion, der sich dazu eignet, ohne großes Nachdenken als alltäglicher Trinkgenuss geschlürft zu werden.

1998: Reichliche Aromen von cremigem Eichenholz, Rauch, Espresso und schwarzen Früchten entströmen diesem dunkelrubinroten, tanninreichen 1998er. Er besitzt Kraft und Biss, erscheint jedoch ein wenig ungefüge. Trinken Sie ihn während der nächsten 4–5 Jahre.

ANGÉLUS (ST-ÉMILION)

2000	**EEE**	**(96–98)**
1999	**EE**	**88**

1998	**EE**	**93**
1997	**E**	**89**
1996	**EE**	**91+**
1995	**EE**	**95**

Angélus war wohl das erste mediokre St-Émilion-Weingut, das sein Image wieder aufpolierte und zum Katalysator der Qualitätsrevolution in dieser Appellation wurde. Seit 1988 gab es hier kein Abweichen vom richtigen Weg. Hubert de Boüard, der Manager von Angélus, hatte enormen Einfluss auf das höhere Gesamt-Qualitätsniveau vieler St-Émilions. Es war nur ein Akt der Gerechtigkeit für sein Talent, dass Angélus während der 1996 durchgeführten Neuklassifizierung den Status eines Premier Cru Classé erhielt.

2000: Im Hinblick auf klassische Ausprägung und potenzielle Langlebigkeit ist der 2000er der beste Angélus seit dem 1990er und dem 1989er und könnte letztlich diese beiden Jahrgänge überflügeln. Zweifellos ist dies ein *vin de garde* (Lagerwein), ein mächtiger, massiver, fester, außergewöhnlich gut umrissener Angélus mit prachtvoller Reintönigkeit und Frische. Die Farbe ist ein sattes, an Portwein erinnerndes Schwarz-Purpurrot. Bei entsprechender Belüftung gibt sein Bukett widerstrebend Düfte nach Lakritze, Trüffeln, Brombeeren, Pflaumen, Crème de Cassis, Rauch und Weihrauch frei. Der Wein ist schrecklich tanninhaltig, aber auch phänomenal konzentriert, körperreich und reichhaltig. Paradoxerweise ist er viskos, besitzt aber schöne Säure, eines der ungewöhnlichen Merkmale des 2000er Jahrgangs. Das verleiht dem Wein Frische und klar gezeichnete Umrisse trotz seines unwirklich erscheinenden Gehalts an Extrakt und Fülle. Dieses Angebot sieht ganz nach einem Wein des Jahrgangs aus. Voraussichtliche Genussreife: 2008–2035.

1999: Angélus gehörte zu jenen Weingütern, die gezwungen waren, wegen eines vernichtenden Hagelunwetters, das am 5. September durch kleine Sektoren von St-Émilion fegte, früh zu ernten. Erstaunlicherweise ist dieser Wein brillant ausgefallen, nachdem er während seines Ausbaus Gewicht, Fleisch und Dimension zugelegt hatte. Der beste unter den 1999 vom Hagel in Mitleidenschaft gezogenen Weinen, dürfte sich dieser körperreiche Tropfen als hervorragend herausstellen. Die Farbe ist ein dichtes Purpurrot. Das Bukett wartet auf mit Aromen von gebratenem Fleisch, schwarzen Früchten, Toast und Gewürzen. Saftig und opulent, macht er dem qualitätsbewussten Eigentümer alle Ehre. Voraussichtliche Genussreife: jetzt–2015.

1998: Der bezaubernde 1998er kann sich einer undurchdringlichen purpurroten Farbe rühmen, gepaart mit einem außergewöhnlichen Bukett von Rauch, Lakritze, Pflaumen, schwarzen Himbeeren und Brombeeren. Wenn sich der Wein im Glas befindet, entströmen ihm auch Düfte nach Kaffee und Schokolade. Körperreich, überschwänglich, gut umrissen, wunderschön ausgewogen und vielschichtig, mit gut integriertem Tannin in seinem kraftvollen, reichhaltigen Abgang, wird sich dieser 1998er jetzt–2020 in Bestform befinden.

1997: Der satte, dunkelrubin-purpurrote 1997er ist ein kräftiger, reichhaltiger, rauchiger St-Émilion, der in Duft und Geschmack die für dieses Weingut so typischen Merkmale an den Tag legt: provenzalische Oliven, Schwarzkirschenlikör, Dörrzwetschgen und toastwürziges frisches Eichenholz. Der größte unter den Premiers Grands Crus Classés des Jahrgangs 1997, ist er weich, geschmeidig und ideal zum Trinkgenuss während der nächsten 10 Jahre geeignet.

1996: Dieser massive, wuchtige Angélus zeigt eine schwarz-rubin-purpurrote Farbe, gepaart mit einem beeindruckend ausgestatteten Bukett, das nach getrockneten Kräutern, gebratenem Fleisch, neuem Sattelleder, Pflaumenlikör und Cassis duftet. Im Mund ist ein Anklang von Oliven zu verspüren. Dieser süße, körperreiche, außergewöhnlich konzentrierte Wein ist untypisch verhalten entwickelt und grimmig tanninstreng. Unmittelbar vor der Flaschenabfüllung zeigte er mehr Süße und Zugänglichkeit in seinem Charakter, doch jetzt würde ich weitere 7–8 Jahre Kellerreife empfehlen. Voraussichtliche Genussreife: 2007–2025.

1995: Als glänzende Leistung für diesen Jahrgang stellt sich der undurchdringlich purpurrote 1995er von Angélus als massiver, mächtiger, reichhaltiger Wein mit einer Fülle von reifen und süßen Tanninen dar. Sein Aromaprofil enthält Düfte nach provenzalischen Oliven, dicklichen Schwarzkirschen, Brombeeren, Trüffeln und Toast. Der sehr körperreiche Wein ist vielschichtig, dick und reintönig. Dies ist der konzentrierteste unter den 1995er Premiers Grands Crus von St-Émilion. Voraussichtliche Genussreife: jetzt–2025.

Bisherige große Jahrgänge: 1994er (92), 1993er (92), 1990er (96), 1989er (96), 1988er (91)

D'ANGLUDET (MARGAUX)

2000	**D**	**(88–90)**
1999	**D**	**88**
1998	**D**	**86**
1997	**C**	**(87–89)**
1996	**C**	**88**
1995	**C**	**88**

Durch harte Arbeit und Talent hat der verstorbene Peter Sichel dieses Château, das nach dem 2. Weltkrieg buchstäblich in der Versenkung verschwunden war, wieder zu internationalem Ruhm geführt. Jahr auf Jahr stellen sich die Weine als Überflieger des Jahrgangs heraus, dennoch bleiben die Preise maßvoll.

2000: Der Wein besitzt eine dichte rubin-purpurrote Farbe sowie einen süßen Duft nach Brombeeren und Cassisfrucht, Rauch und Unterholz. Bei mittlerem Körper reif und tief, mit bewundernswerter Fruchtkonzentration und wohl ausgewogenem Glyzerin, Tannin und Alkohol, ist dies ein Schlager des Jahrgangs. Voraussichtliche Genussreife: jetzt–2016.

1999: Als weiterer Überflieger des Jahrgangs offenbart dieser saftige, mittelgewichtige Wein reichliche Mengen Frucht und Extrakt, niedrige Säure, eine dichte rubin-purpurrote Farbe und bemerkenswerte Geschmacksnuancen von Cassis, Blaubeeren und Mineralien. Trinken Sie ihn während der ersten Dekade seines Lebens.

1998: Dunkelrubinrot, mit einem Bukett von pfeffrigem Cassis und Pflaumen sowie subtilen Kräuterdüften, ist der 1998er rund, unkompliziert und monolithisch. Trinken Sie ihn während der nächsten 5–6 Jahre.

1997: Der 1997er, ein Schlager des Jahrgangs, nahm sich in meinen Verkostungen kapriziös, aber gut aus. Er gibt eine tief purpurrote Farbe sowie Batzen von kerniger, fetter, mit Brombeeren und Mokka überhauchter Kirschfrucht zu erkennen. Opulent, mit superber Reintönigkeit der Frucht und mittlerem bis vollem Körper, besitzt er niedrige Säure und eine verführerische, fleischige Persönlichkeit. Voraussichtliche Genussreife: jetzt–2012.

1996: Ein weiterer Volltreffer, schmeckt dieser Wein aus der Flasche ebenso gut wie zuvor aus dem Fass. Von tiefdunklem Purpurrot, mit einem nach reifen Cassis- und Brombeeren duftenden Bukett, das subtile Anklänge an Lakritze und geschmolzenen Straßenteer freigibt, zeigt er ausgezeichnete Reichhaltigkeit, mittleren Körper und mäßiges Tannin in seinem dicklichen, fülligen Abgang. Er dürfte schön altern. Voraussichtliche Genussreife: jetzt–2015.

1995: Im Gegensatz zu dem mächtigen, tanninhaltigen 1996er ist dieser Wein seidig, geschmeidig, charmant und entgegenkommend. Seine Farbe ist ein gesundes, sattdunkles Rubin-Purpurrot. Er wartet auf mit Schwaden von dicklichen schwarzen Früchten, verflochten mit subtilen Kräutern, Gewürzen und Toast. Im Mund zeigt er ausgezeichnete Fülle, eine vielschichtige Persönlichkeit von mittlerem Körper, schön verdecktes Tannin und Säure sowie hedonistische Art. Voraussichtliche Genussreife: jetzt–2010. Ein Volltreffer.

L'ARCHANGE (ST-ÉMILION)

2000	**D**	**(88–90)**

Dieser Neuankömmling im Portfolio von St-Émilion wird von dem hoch geachteten Önologen Pascal Chatonnet produziert.

2000: Dieser Wein zeigt eine tiefsatte purpurrote Farbe, gepaart mit einem süßen Bukett von dicklichen Schwarzkirschen, Himbeeren und Johannisbeeren. Reif und körperreich, mit hervorragender Geschmacksextraktion und angemessener Säure, besitzt der Wein einen hohen Tanninspiegel (wie viele Weine dieses Jahrgangs), aber auch beeindruckende Reife und Fülle. Voraussichtliche Genussreife: 2005–2016.

D'ARMAILHAC (PAUILLAC)

2000	**E**	**(90–93)**
1999	**D**	**90**
1998	**D**	**89**
1997	**D**	**87**
1996	**D**	**87**
1995	**D**	**89**

D'Armailhac, ein weiteres aufstrebendes Weingut der Appellation Pauillac, bleibt für die Verbraucher das am wenigsten bekannte der drei Pauillac-Besitztümer des verstorbenen Barons Philippe de Rothschild (die beiden anderen sind Mouton-Rothschild und Clerc-Milon). Der 1989er und der 1995er sind ausgezeichnet, der 1999er und 2000er sehr vielversprechend. Zudem sind die Preise realistisch geblieben.

2000: Der 2000er ist der beste d'Armailhac, den ich je verkostet habe. Ein exotischer, würziger, prachtvoll reichhaltiger Mischsatz aus 58% Cabernet Sauvignon und 42% Merlot, zeigt er eine dichte, ins Pflaumenblaue spielende granat-purpurrote Farbe, die einhergeht mit einem kräftigen, rauchigen Bukett, das nach Espresso, Nüssen, asiatischen Gewürzen, schwarzen Pflaumen, Johannisbeeren und Leder duftet. Er ist superb konzentriert, mit süßem Tannin und einer dicken, saftigen Textur ausgestattet. Voraussichtliche Genussreife: 2005–2020.

1999: Obwohl von dem 2000er übertroffen, ist der 1999er neben dem 1995er einer der besten unter den bislang produzierten d'Armailhacs. Dieser Verschnitt aus 42% Merlot, 35% Cabernet Sauvignon und 23% Cabernet Franc enthüllt ein nach geröstetem Kaffee, schwarzen Johannisbeeren, Zedernholz und Toast duftendes Bukett, dazu fleischige, fette, saftige Geschmackskomponenten, mittleren bis vollen Körper, reichlich Glyzerin, reifes Tannin und niedrige Säure. Er ist eine hedonistische Pauillac-Fruchtbombe und sollte vor der Flaschenabfüllung noch klareren Umriss bekommen. Voraussichtliche Genussreife: jetzt–2017.

1998: Dies ist ein weiterer Pauillac (aus dem Anbaugebiet Haut-Médoc) des Jahrgangs 1998, der in der Flasche größere Geschmacksfülle am mittleren Gaumen, Fleisch, Konzentration und süßeres Tannin an den Tag legt als während seines Ausbaus. Ein Verschnitt aus 42% Cabernet Sauvignon, 20% Cabernet Franc und 38% Merlot, offenbart dieser schwarzpurpurrote Bordeaux süße Aromen von Lakritze, Weihrauch, asiatischen Gewürzen, Zedernholz, Pflaumen und schwarzen Johannisbeeren. Eingangs im Mund körperreich und süß mit schöner Säure, Definition und reifem Tannin, wird er sich bereits jung schön trinken lassen, aber auch 12–15 Jahre lang halten.

1997: Dunkel-pflaumen-granatrot, mit einem entfalteten, reifen, nach Zedernholz und Gewürzkiste, englischem Kuchen, Kaffee, Rauch und Früchten duftenden Bukett, zeigt sich dieser verführerische, fruchtbetonte 1997er von mittlerem Körper schier unwiderstehlich. Trinken Sie diesen würzigen Pauillac im Lauf der nächsten 5–6 Jahre.

1996: Dieser Wein ist nicht weniger gut gelungen als der verführerische 1995er. Auf die sattrubinrote Farbe des 1996ers folgen süße, nach gerösteten Kräutern und schwarzen Johannisbeeren duftende Aromen mit üppigen Noten von toastwürzigem Eichenholz. Ein Verschnitt aus 45% Cabernet Sauvignon, 30% Merlot und 25% Cabernet Franc, besitzt dieser mittelgewichtige, elegante, aber reichfruchtige Wein genügend Tannin, um 2 Jahrzehnte lang durchzuhalten, doch ist dies ein 1996er Médoc, der sich schon jung schön trinken lässt. Voraussichtliche Genussreife: 2004–2018.

1995: Das Mischrezept des 1995ers setzt sich zusammen aus 50% Cabernet Sauvignon, 18% Cabernet Franc und 32% Merlot. Dieser dunkelrubin-purpurrote Wein besitzt niedrige Säure, eine Fülle von süßem Tannin und weist in Duft und Geschmack Batzen von reifer Cassisfrucht auf, schön gerahmt von wohldosiertem toastwürzigem Eichenholz. Geschmacksintensiv, rund, generös und hedonistisch, wird dieser Wein breiten Anklang finden! Voraussichtliche Genussreife: jetzt–2012.

ARMENS (ST-ÉMILION)

2000	**D**	**(87–88)**

Comte Léo de Malet, Eigentümer von La Gaffelière, ist auch der Besitzer dieses aufstrebenden Weinguts in St-Émilion. Sein Sohn, Alexandre de Malet, ist für die Weinbereitung zuständig.

2000: Dieser strukturierte, muskulöse, verhalten entwickelte Wein legt Noten von Mineralien, roten Kirschen, Erde und Holz an den Tag. Von mittlerem Körper und konzentriert, wird er sich bei seiner Freigabe als sehr guter bis ausgezeichneter Tropfen erweisen. Voraussichtliche Genussreife: 2004–2016.

L'ARROSÉE (ST-ÉMILION)

2000	**E**	**(89–90)**
1999	**E**	**87**
1998	**E**	**86**
1997	**D**	**86**
1996	**E**	**87+?**
1995	**E**	**90**

Der L'Arrosée ist gemeinhin ein traditioneller Wein von hoher Qualität. Einzigartig in seinem Stil, ist er fleischig, aber fest und kraftvoll sowie reichhaltig und duftig.

2000: Ein derartiger traditioneller Stil ist in St-Émilion einigermaßen veraltet, doch gibt es in dem anmutigen, delikaten 2000er viel Liebenswertes zu entdecken. Mäßig intensive Noten von Brombeeren, Erde, Hickory-Rauch und süßen Kirschen entströmen diesem dunkelrubinroten Wein. Im Mund bietet er an einen Burgunder erinnernde Geschmacksnuancen von Himbeeren und Mineralien sowie frische, lebendige Säure. Trinken Sie diesen stilvollen, anmutigen l'Arrosée von mittlerem Körper 2004–2016.

1999: Die tiefrubinrote Farbe des Weins wird begleitet von Düften nach Pflaumen, toastwürzigem frischem Eichenholz und Beerenfrucht. Dieser Wein von mittlerem Körper nimmt sich am Gaumen ein wenig ausgezehrt und schmalbrüstig aus und bietet im Geschmack wenig Substanz. Voraussichtliche Genussreife: jetzt–2012.

1998: Düfte nach überreifen roten Kirschen gepaart mit einer riesigen Ladung von toastwürzigem frischem Eichenholz enthüllt dieser delikate, filigrane St-Émilion von mittlerem Körper. Hier folgen auf ein Bukett von 90 Punkten Geschmacksnuancen, die 82 Punkte verdienen, von daher die Gesamtbewertung. Dieser Wein sollte sich 10 Jahre lang schön trinken lassen, erreicht jedoch nicht den Qualitätsstandard vieler seiner Kameraden der Appellation St-Émilion.

1997: Ein mit Finesse und Eleganz ausgestatteter Wein, zeigt dieser schmackhafte, weiche Tropfen von mittlerem Körper leichtes Tannin, reife Kirschfrucht und ein ausdrucksvolles Bukett, das sich aus Aromen von feuchter Erde, roten Früchten und Blumendüften zusammensetzt. Trinken Sie ihn während der nächsten 2–3 Jahre.

1996: Dies ist ein straff gewirkter, verschlossener Wein, der noch nicht begonnen hat, Gewicht anzusetzen oder seinen wahren Charakter zu offenbaren. Er besitzt eine Farbe von mittlerem Rubinrot und gedämpfte Aromen, die bei Belüftung Noten von staubigen Mineralien, vermischt mit schwarzen Kirschen und Himbeeren, freigeben. Subtiles toastwürziges Eichenholz hoher Qualität gibt sich gepaart mit schwarzer Himbeer- und Kirschfrucht zu erkennen. Dieser fest gewirkte, strenge, elegante Wein offenbart ein gewisses positives Potenzial, aber ich scheine ihn doch auf der Grundlage meiner Verkostungen aus dem Fass überbewertet zu haben. Voraussichtliche Genussreife: 2004–2016.

1995: Von mittelrubinroter Farbe und mit einem nach Kirschgeist duftenden, toastwürzigen, rauchigen, köstlich komplexen und fruchtigen Bukett, offenbart dieser duftige Wein eine Überfülle von Himbeer-, Johannisbeer- und Kirschfrucht. Er ist kein Kraftprotz, sondern vielmehr ein eleganter, multidimensionaler, runder, samtig texturierter Wein mit einer Üppigkeit und Süße der Frucht, die ihn unwiderstehlich machen. Dieser Tropfen gehört zu den anziehenderen Weinen des Jahrgangs. Voraussichtliche Genussreife: jetzt–2012.

Bisherige große Jahrgänge: 1990er (93), 1986er (92), 1985er (93), 1982er (93), 1961er (94)

AURÉLIUS (ST-ÉMILION)

2000	D	(87–88)

Diese 4000 Kisten umfassende Cuvée aus 85% Merlot und 15% Cabernet Franc ist das Erzeugnis der großen Winzergenossenschaft St-Émilion.

2000: Im Gegensatz zu den meisten von der Kooperative erzeugten Weinen, deren Stil relativ eingängig und kommerziell ist, bietet der Aurélius eindrucksvolle Dichte und Reife, etwas frische Eichenholzwürze und einen mäßig tanninherben Abgang von mittlerem Körper. Er wird sich während der nächsten 8 Jahre schön trinken lassen.

AUSONE (ST-ÉMILION)

2000	EEE	(96–100)
1999	EEE	95
1998	EEE	94+
1997	EEE	91
1996	EEE	93+
1995	EEE	93

Alain Vauthier, der dieses Weingut nun allein verantwortlich führt, ist dabei, die Weinqualität auf ein höheres Niveau anzuheben. Unter seiner inspirierten Leitung macht Ausone weiterhin Maßstäbe setzende St-Émilions, die auf eine Lebensdauer von 50–100 Jahren ausgelegt sind. Ein strengeres Ausleseverfahren auf dem Weingut hat zur Produktion einer geringen Menge von Zweitweinen geführt. Die Leser sollten nicht zögern, nach *La Chapelle d'Ausone* Ausschau zu halten. Der 2000er (mit 90–91 Punkten bewertet) besitzt einiges von dem Charakter seines größeren Bruders, ist aber geschmeidiger, mit Noten von schwarzer Frucht und Mineralien versehen, die in einem frischen, lebendigen Stil präsentiert werden. Dieser erstklassige Tropfen wird sich 10–12 Jahre hindurch gut trinken lassen.

2000: Der faszinierende 2000er ist nahezu vollkommen. Seiner tiefrubin-purpurroten Farbe folgt ein ätherisches Bukett, das nach Erde, Mineralien, Blaubeeren, Himbeeren und allerlei schwarzen Früchten duftet. Holznoten werden nicht spürbar, obwohl 100% neue Eichenholzfässer eingesetzt wurden und die malolaktische Säureumwandlung im Fass erfolgte. Für einen Ausone, der noch in den Kinderschuhen steckt, recht zugänglich, stellt dieser perfekt ausgewogene Tropfen ein Musterbeispiel von Kraft, Eleganz und Harmonie dar. Der Abgang dauert fast eine Minute. Dieser Wein ist nahezu transparent und mit Schichten von konzentrierten, gebieterisch intensiven schwarzen Früchten ausgestattet. Reichliches Tannin versteckt sich im Hintergrund des Gaumens. Dieser prachtvolle Ausone ist sowohl groß dimensioniert als auch zart. Die meisten Ausones erfordern eine Kellerreife von 15–20 Jahren (nach Meinung einiger Fans von 40–50 Jahren), doch ich wage die optimistische Vorhersage, dass er um das Jahr 2010 zugänglich sein wird. Er kann sicherlich 50–60 Jahre lang altern.

1999: Der 1999er kann es mit dem spektakulären 1998er fast aufnehmen. Ob er letztlich das schier unsterbliche Alterungspotenzial seines älteren Bruders haben wird, bleibt abzuwarten. Der Wein verströmt herrliche Aromen von schwarzen Früchten, Blumen, Rauch, Lakritze und subtilen Holztönen. Märchenhaft konzentriert, mit sensationeller Nachhaltigkeit am Gaumen, süßem Tannin und bewundernswerter Ausgewogenheit und Statur, ist dies ein Wein von mittlerem Körper und außergewöhnlicher Herkunft mit riesigem Alterungspotenzial. Voraussichtliche Genussreife: 2008–2040. Ich vermute, er wird sich als der langlebigste Wein des Jahrgangs herausstellen.

1998: Von dichter, undurchdringlich purpurroter Farbe, wartet der Wein mit zurückhaltenden, aber reintönigen Aromen von flüssigen Mineralien, Brombeeren, schwarzen Himbeeren und Blumen auf. Von mittlerem bis vollem Körper, mit hohem Tanningehalt, aber einem langen, überaus reintönigen, symmetrischen Geschmackseindruck im Mund, erfordert dieser betörende, höchst komplexe Ausone 6–10 Jahre Lagerung im Keller. Voraussichtliche Genussreife: 2010–2050.

1997: Dies ist einer der besten Weine des Jahrgangs mit einem dunkelrubin-purpurroten Kleid. Sein komplexes, vieldimensionales Bukett offenbart Aromen von schwarzen Himbeeren, Brombeeren, Mineralien und Blumen. Im Mund gibt er mittleren Körper mit süßer, reifer Frucht, festes Tannin, für den Jahrgang schöne Säure und einen langen, eindrucksvoll ausstaffierten, mäßig tanninhaltigen Abgang zu erkennen. Darüber hinaus wird er sich als einer der langlebigsten Weine des Jahrgangs erweisen. Voraussichtliche Genussreife: 2007–2020.

1996: Wie ich befürchtet habe, beginnt der 1996er sich zu verschließen. Ich ließ ihn fast 30 Minuten lang im Glas stehen und war beeindruckt von den sich entfaltenden Nuancen. Seine Farbe ist ein dichtes Schwarz-Rubin-Purpurrot. Aromen von Blaubeeren, Brombeeren, Mineralien, Blumen, Trüffeln und subtilem frischem Eichenholz entstiegen schließlich zögernd dem Glas. Elegant auf der Zunge, mit süßer Reife und delikater konzentrierter Fülle, ist dieser Wein eher von Subtilität als Überschwänglichkeit geprägt. Am mittleren Gaumen nimmt er sich süß aus, was ihn von den wenig inspirierenden Ausone-Weinen der 1980er und 1970er Jahre unterscheidet. Dieser Wein ist stilvoll und im Augenblick zurückhaltend, mit ungeheurem Alterungspotenzial. Voraussichtliche Genussreife: 2008–2040.

1995: Die sprichwörtliche Mineralnote des Ausone ist im 1995er deutlich vorhanden. Doch gibt es noch mehr Aromen, einen reichhaltigeren, multidimensionalen Eindruck am Gaumen und eine vollere Textur – und bei alledem kommt das *terroir* glänzend zum Ausdruck. Der Wein offenbart eine dichte rubin-purpurrote Farbe und ein noch in der Entfaltung begriffenes, aber straff gewirktes Bukett mit Düften nach Frühlingsblumen, Mineralien, Erde und schwarzen Früchten. Reichhaltig, mit einer opulenten Textur und erstaunlicher Sinnlichkeit für einen jungen Ausone-Jahrgang, legt der 1995er von mittlerem Körper ausgezeichnete Ausgewogenheit zwischen Säure, Tannin, Alkohol und Frucht an den Tag. Obwohl er noch nicht nahtlos strukturiert ist, sind doch alle Elemente vorhanden, um eine großartige Entwicklung in der Flasche zu gewährleisten. Angesichts seines verhaltenen Stils wird dieser Wein 5–7 Jahre Kellerreife erfordern und sich 30–40 Jahre im Schneckentempo weiterentwickeln. Voraussichtliche Genussreife: 2004–2045.

Bisherige große Jahrgänge: 1990er (92+), 1988er (91), 1983er (94), 1982er (95+), 1929er (96), 1921er (92), 1900er (94), 1874er (96)

BAHANS-HAUT-BRION (PESSAC-LÉOGNAN)

2000	**D**	**(88–90)**
1999	**D**	**87**
1998	**D**	**88**
1997	**D**	**(86–87)**
1996	**D**	**88**
1995	**D**	**89**

Bahans-Haut-Brion, der Zweitwein des berühmten Château Haut-Brion, ist beständig einer der besten im Bordelais produzierten Zweitweine und gehört auch zu meinen Favoriten.

2000: Der 2000er bietet ein pikantes, reifes, nach roten und schwarzen Johannisbeeren duftendes Bukett mit erdigen und bleistiftartigen Noten im Hintergrund. Mit seiner Eleganz, Reintönigkeit, einem runden, süßen Eindruck auf der Zunge, schöner Ausgewogenheit und einem ansprechend gewirkten Abgang besitzt er etwas von dem Charakter seines größeren Bruders, nicht aber dessen Tiefe, Struktur oder Massivität. Dieser Wein sollte sich 10+ Jahre gut trinken lassen.

1999: Der 1999er ist eine weitere starke Leistung der Weinbereitung. Er besitzt schöne Dichte, geschmeidige Textur, ausgezeichnete Reintönigkeit und Reife und nimmt sich eingangs im Mund auf der Zunge süß aus. 35% der Gesamtproduktion des Weinguts bestand aus Bahans-Haut-Brion. Trinken Sie ihn vor 2010.

1998: Diejenigen Leser, die nach dem Geschmack eines Haut-Brion zu etwa einem Drittel des Preises suchen, sollten nach dem 1998er Bahans-Haut-Brion Ausschau halten. Er besitzt ein Bukett, das nach versengter Erde, Mineralien, Rauch, roten und schwarzen Johannisbeeren duftet, großartige Komplexität, Reintönigkeit und Eleganz und einen harmonischen Gaumen. Tannin im Abgang legt nahe, dass er 1–2 Jahre Kellerreife erfordern dürfte, doch handelt es sich hier um eine seriöse Leistung der Weinbereitung, die 15 Jahre und länger gut altern sollte.

1997: Der 1997er legt eine dunkelrubinrote Farbe sowie ein subtil mineralisches, erdiges, nach Tabak, schwarzen Pflaumen und Johannisbeeren duftendes Bukett an den Tag. Leichtes Tannin gibt sich im Abgang zu erkennen, doch dies ist ein vordergründiger, hedonistischer Wein, der während seiner ersten 5–6 Lebensjahre getrunken sein will.

1996: Der Wein erwies sich als ebenso gut in der Flasche wie während seiner Ausbauphase im Fass. Dieser untypisch wuchtige, nach Tabak und schwarzen Früchten duftende Wein ist weit weniger entgegenkommend als üblich, zeigt aber große Fülle und ein unverwechselbares Haut-Brion-Bukett. In Duft und Geschmack enthüllt er geröstete Kräuter, verbrannte Erde und süße schwarze Früchte. Dieser tanninstrenge, strukturierte Bahans wird sich jetzt–2012 in Bestform befinden.

1995: Der 1995er ist ein aromatischer, runder, komplexer, eleganter Wein, der alle Charakteristika seines größeren, gehaltvolleren Bruders besitzt, dabei ist er aber weniger tief und unmittelbarer ansprechend. Mit seinem rauchigen, gerösteten Bukett und seiner rauchgetränkten Schwarzkirschen- und Johannisbeerfrucht zeigt er sich im Stil als echter Graves, der 5–7 Jahre hindurch schönen Trinkgenuss gewähren sollte.

Bisheriger großer Jahrgang: 1989er (90)

BALESTARD (BORDEAUX)

2000	**D**	**(88–89)**
1999	**D**	**88**
1998	**D**	**87**
1997	**C**	**87**

Der mit dem Beistand von Jean-Luc Thunevin von der Domaine Valandraud bereitete Balestard von Jean-Charles Castex ist einer der besten gebietsspezifischen Bordeauxweine, die für Geld zu haben sind. Dieser einfache Wein, der sich mit vielen klassifizierten Gewächsen messen kann, bietet einen sehr guten Gegenwert, da die Preise vernünftig geblieben sind.

2000: Rauchige Noten von gerösteten Kräutern, Brombeer- und Kirschfrucht, geschmeidiges Tannin und ein seidiger, langer, sinnlicher Abgang sprechen dafür, diesen Tropfen während der nächsten 4–5 Jahre zu verbrauchen.

1999: Obwohl dieser Wein mit einigen der »großen Burschen« konkurrieren kann, sollte man ihn am besten in seinen ersten 5–6 Lebensjahren trinken, um seinen schwelgerischen, reichfruchtigen Stil genießen zu können. Er ist eine gediegene Leistung der Weinbereitung und offenbart komplexe Aromen von kaffeegetränkter Schwarzkirschen- und Beerenfrucht.

1998: Der Wein ist ein Volltreffer des Jahrgangs und wartet in Duft und Geschmack mit Nuancen von Kaffee, Dörrzwetschgen, Feigen, Schokolade und Beerenfrüchten auf. Dieser samtige, reich fruchtige Wein von mittlerem Körper bietet Trinkgenuss während der nächsten 3–5 Jahre.

1997: Dieser rauchige, erstaunlich reichhaltige, cremig texturierte Wein legt intensive Noten von Kirschmarmelade, pflaumenartiger Frucht und würzigem frischem Eichenholz an den Tag. Ein schmackhafter Bordeaux, den man jetzt trinken sollte.

BALESTARD-LA-TONNELLE (ST-ÉMILION)

2000	D	(86–88)
1999	D	85
1998	D	86
1997	C	78
1996	D	83
1995	D	86

2000: Dieser Wein nimmt sich mit seinem fetten, kernigen, reifen, schier überbordenden Stil wie ein 1982er aus. Batzen von Schwarzkirschfrucht sind ebenso vorhanden wie reichliche Mengen von Glyzerin, doch hat sich keine große Komplexität ergeben. Der Abgang ist üppig-saftig. Voraussichtliche Genussreife: jetzt–2010.

1999: Niedrige Säure verleiht dem dunkelrubin-purpurroten 1999er vordergründig ansprechende Art. Er besitzt reichliche Mengen von attraktiver Cassis- und Kirschfrucht, mittleren Körper und einen verlockenden, fleischigen Stil. Gönnen Sie ihm 1–2 Jahre Kellerreife, um sein raues Tannin abzuwerfen, und genießen Sie ihn während der nächsten 8 Jahre.

1998: Ein würziger, erdiger Wein von mittlerem Körper, offenbart der 1998er Anklänge an eingelegte Oliven, reife Kirschen, Cassis und Aromen aus der Gewürzkiste. Wenngleich nicht komplex, ist dies ein solider, muskulöser Wein, ein herzhafter und schmackhafter St-Émilion. Voraussichtliche Genussreife: jetzt–2010.

1997: Dieser Wein präsentiert Tannin in Verbindung mit einer komprimierten, eindimensionalen Persönlichkeit, die nicht genügend Süße, Glyzerin und Frucht als ausgleichendes Gegengewicht zur Struktur des Weins besitzt.

1996: Der 1996er zeigt eine ausentwickelte rubin-granatrote Farbe, ein würziges, erdiges, nach getrockneten Kräutern duftendes Bukett, mittleren Körper und eine nahezu reife Persönlichkeit mit süßer Kirschfrucht im Abgang. Trinken Sie ihn während der nächsten 3–4 Jahre.

1995: Der 1995er enthüllt bei mittlerem bis vollem Körper die niedrige Säure und Reife des Jahrgangs. Bei meinen drei Verkostungen erwies er sich jedoch als ungefüge. Er stellt einen Weintypus dar, der im Verlauf seiner Alterung an Definition und Persönlichkeit zuzulegen vermag. Meine Bewertung mag sich als konservativ herausstellen, da dieser Wein eine Menge Substanz besitzt.

BARDE-HAUT (ST-ÉMILION)

2000	D	(91–93)
1999	D	90
1998	D	90
1997	C	90

Der allgegenwärtige Önologe Michel Rolland hat die Leitung der Weinbereitung von Barde-Haut inne.

2000: Der leicht zu verstehende 2000er ist körperreich, konzentriert und offensichtlich aus hochreifer Traubenfrucht produziert. Mit all dieser Fruchtigkeit geht auch mehr Tannin als in vorhergehenden Jahrgängen einher. Strukturiert und maskulin, gibt dieser Wein in Duft und Geschmack makellose Reintönigkeit sowie reichliche Mengen von dichter, rauchiger Frucht, neuem Sattelleder, Toastbrot und Mineralien zu erkennen. Ein verschlossener und verhalten entwickelter Barde-Haut, der etwas Geduld erfordert. Voraussichtliche Genussreife: 2005–2020.

1999: Eine gelungene Leistung der Weinbereitung, besitzt der schwarz-rubin-purpurrote 1999er Barde-Haut niedrige Säure in seiner molligen, opulent texturierten Persönlichkeit. Üppig, reichhaltig und expansiv, kann man diesem Wein von mittlerem bis vollem Körper schon jetzt kaum widerstehen. Voraussichtliche Genussreife: jetzt–2014.

1998: Eine tiefrubin-purpurrote Farbe wird begleitet von reintönigen süßen Aromen von Brombeer- und Blaubeermarmelade, die schön eingebundenes Eichenholz erkennen lassen. Dieser Wein weist bei mittlerem bis vollem Körper Struktur und Definition auf, dazu bewundernswerte Länge und Fülle, niedrige Säure und reichlich Frucht und Extrakt. Am mittleren Gaumen nimmt er sich fett und extrahiert aus. Voraussichtliche Genussreife: jetzt–2018.

1997: Schon ab der ersten Verkostung besaß dieser Wein alle Merkmale eines Stars des Jahrgangs, der er auch tatsächlich geworden ist. Seine sattblaue-purpurrote Farbe geht einher mit Aromen von Blaubeermarmelade. Dieser hinreißende St-Émilion von mittlerem Körper wartet auf mit vielschichtigen Geschmackskomponenten, die in einen eleganten, aber gebieterisch reichhaltigen Stil eingebunden sind. Sein Tannin ist nun gebührend abgeschmolzen und er zeigt herrliche Reintönigkeit, einen süßen mittleren Gaumen und schöne Länge. Eine der reichhaltigsten, ausgewogensten Leistungen des Jahrgangs, kann er schon jetzt und während der nächsten 10 Jahre getrunken werden.

BARET (PESSAC-LÉOGNAN)

1999	**C**	**86**
1998	**C**	**86**

Die Familie Ballande, die vor kurzem Prieuré-Lichine gekauft und Denis Durbourdieu zur Unterstützung mitgebracht hat, ist langsam dabei, die Qualität der Weine aus diesem Gut zu verbessern. Die Rebflächen sind zu 60% mit Cabernet Sauvignon und zu 40% mit Merlot bepflanzt.

1999: Der Wein weist mehr Konzentration und reifere Frucht auf als der 1998er. Süße Beerenfrucht, Aromen aus der Gewürzkiste, Kräuter, Rauch und Erde sind in diesem attraktiven, reintönigen, reifen, üppig-saftigen Wein von mittlerem Körper vereint. Trinken Sie ihn im Lauf der nächsten 8 Jahre.

1998: Weich, reif und im Stil eines Graves bereitet, offenbart der 1998er Noten von Tabak, versengter Erde und milder Kirschen- und Johannisbeerfrucht. Der Wein ist elegant, mit süßem Tannin, attraktiver reifer Frucht und mittlerem Körper. Genießen Sie ihn während der nächsten 5–6 Jahre.

Weiterer verkosteter Jahrgang: 2000er (82–84)

BATAILLEY (PAUILLAC)

2000	**D**	**(87–88+)**
1999	**D**	**86**
1998	**D**	**87**
1997	**C**	**84**
1996	**C**	**87**
1995	**C**	**87**

Der Batailley, ein im traditionellen Stil gestalteter Pauillac, lässt sich in seiner Jugend oft schwer bewerten. Er nimmt sich jung niemals so gut aus wie im Alter von 10–12 Jahren. Kluge Käufer sollten wissen, dass sich die Qualität der Batailley-Weine immens verbessert hat, während die Preise vernünftig geblieben sind.

2000: Der dunkelrubin-purpurrote, zurückhaltende Wein offenbart Düfte nach Mineralien, Unterholz und schwarzen Johannisbeeren sowie einen strukturierten, mäßig langen Abgang von mittlerem Körper. Voraussichtliche Genussreife: 2007–2018. Die Franzosen pflegen zu sagen, dieser Wein sei für den *goût anglais* (englischen Geschmack).

1999: Dem dunkelrubinroten Wein von mittlerem Körper fehlt es zwar an dem Gewicht des 1998ers, doch zeigt er sich erstaunlich weich mit süßer Schwarzkirschen- und Cassisfrucht, vermischt mit Mineralien, Rauch und Erde. Trinken Sie ihn im Lauf der nächsten 10–12 Jahre.

1998: Eine ausgezeichnete pflaumendunkle Farbe geht einher mit Düften nach Tabak, Zedernholz, schwarzen Johannisbeeren und Erde. Schöne Reife, mittlerer bis voller Körper, rauchige, kräuterüberhauchte Geschmackskomponenten und schöne Länge sind in diesem Wein zu finden. Das Tannin ist fest, aber nicht exzessiv. Der Wein schmeckt bedeutend besser aus der Flasche als während seines Ausbaus. Voraussichtliche Genussreife: 2004–2017.

1997: Noten von Kräutern, Tabak und Johannisbeerfrucht, vermischt mit dem Duft feuchter Erde sind in diesem traditionell bereiteten Pauillac zu entdecken. Von mittlerem Körper, mit Biss und Tannin ausgestattet, ist er besser entwickelt und weicher, als man bei diesem im Allgemeinen alterungsfähigen Wein erwartet hätte. Gönnen Sie ihm 1–2 Jahre Flaschenreife und trinken Sie ihn während der nächsten 10 Jahre.

1996: Das ist ein gut strukturierter Pauillac im alten Stil mit einer dichten rubin-purpurroten Farbe und erdiger, mit Zedernholz-Aromen überhauchter schwarzer Johannisbeerfrucht in Duft und Geschmack. Bei mittlerem Körper zeigt er einen ausgezeichneten mittleren Gaumen, schöne Tiefe und einen mäßig tanninhaltigen, festen, aber reintönigen Abgang. Dieser sehr gute bis ausgezeichnete Batailley wird sich 2 Jahrzehnte hindurch halten. Voraussichtliche Genussreife: jetzt–2020.

1995: Der 1995er ist gut ausgefallen und offenbart eine dunkelrubin-purpurrote Farbe und Aromen von Mineralien, schwarzen Johannisbeeren und rauchigem frischem Eichenholz. Im Mund erweist er sich als mittelschwerer, verhalten entwickelter, klar gezeichneter Pauillac mit reichlichem Tannin im Stil eines echten *vin de garde*, eines Weins mit hoher Alterungsfähigkeit. Voraussichtliche Genussreife: jetzt–2015.

BEAU-SÉJOUR BÉCOT (ST-ÉMILION)

2000	**E**	**(91–94)**
1999	**D**	**87**
1998	**D**	**91**
1997	**D**	**89**
1996	**D**	**89**
1995	**D**	**89**

Seit Beau-Séjour Bécot anlässlich der 1996 stattgefundenen St-Émilion-Klassifizierung seinen Status als Grand Cru Classé zurückerhalten hat, nehmen seine Weine den höchsten Rang ein, darunter der 1998er und der 2000er – die besten je von mir verkosteten.

2000: Dieser St-Émilion im modernen Stil legt eine Fülle von Holznoten an den Tag, obwohl der 2000er besser eingebunden ist als einige der vorhergehenden Jahrgänge. Tief und körperreich, zeigt er eine ausgezeichnete satte Purpurfarbe, süße Frucht von schwarzen Kirschen und Johannisbeeren, verflochten mit rauchigen und toastwürzigen Nuancen, dazu hervorragende Reintönigkeit und beträchtlich fette Art, doch wird das harte, erdige Tannin des Jahrgangs im Abgang spürbar. Dies ist das Beispiel eines Weins, bei dem das Fett unter statt über dem Tannin liegt. Voraussichtliche Genussreife: 2006–2018.

1999: Trotz des Hagelunwetters, das die Weingutbesitzer zwang, frühzeitig zu ernten, ist der 1999er erstaunlich gut ausgefallen. Er offenbart eine undurchdringliche rubinrote Farbe und ein ausgezeichnetes Bukett, das nach Rauch, Lakritze, frischem Eichenholz und schwarzen Früchten duftet. Der Wein hat mittleren bis vollen Körper und nimmt sich eingangs im Mund süß aus, aber der Abgang ist kurz und legt weniger Volumen an den Tag als beim 1998er. Gleichwohl ist dies eine sehr gute bis ausgezeichnete Leistung für den Jahrgang. Voraussichtliche Genussreife: jetzt–2014.

1998: Wie die meisten jüngeren Jahrgänge präsentiert der 1998er reichliches frisches Eichenholz, aber anders als in anderen Jahren hat er mehr Konzentration, Wucht und Tiefe hinter den Vanille- und Toastnuancen. Körperreich, dicht und kernig, mit üppiger pfeffriger Frucht von roten und schwarzen Johannisbeeren und Brombeeren mit einem Anklang von Kräutern, ist dies ein saftiger, generös ausgestatteter Wein mit einem leicht tanninherben Abgang. Voraussichtliche Genussreife: jetzt–2016.

1997: Einer der Stars des Jahrgangs, bietet dieser sinnliche St-Émilion ein kräftiges, rauchiges, nach toastwürzigem frischem Eichenholz duftendes Bukett mit dicklicher Erdbeer- und Kirschfrucht. Niedrige Säure verleiht dem Wein einen molligen, fleischigen Eindruck. Von mittlerem bis vollem Körper, prachtvoll reintönig und attraktiv, gewährt er während er nächsten 4–5 Jahre schönen Trinkgenuss.

1996: Der eichenholzbetonte und in einem hedonistischen Stil gestaltete 1996er gibt eine pflaumendunkle bis purpurrote Farbe zu erkennen. Das Bukett wartet auf mit süßer marmeladiger Frucht (hauptsächlich schwarzen Johannisbeeren und Kirschen), verwoben mit toastwürzigem Eichenholz. Von mittlerem Körper, mit ausgezeichneter, nahezu hervorragender Reichhaltigkeit, einem schön geschichteten Geschmackseindruck am Gaumen und süßem Tannin in dem langen Abgang, sollte er 15 Jahre und länger halten.

1995: Der sinnliche 1995er zeigt eine dunkle Pflaumenfarbe, gepaart mit einem süßen, würzigen, nach Vanille, Schwarzkirschen und Johannisbeeren duftenden Bukett, das förmlich aus dem Glas springt. Im Mund erweist er sich als geschmeidiger, runder, hedonistischer Bordeaux mit einer dem Gaumen schmeichelnden Samtigkeit ohne Ecken und Kanten und mit einem eindrucksvoll ausgestatteten, reichhaltigen Abgang. Voraussichtliche Genussreife: jetzt–2014.

BEAULIEU COMTES DE TASTES (BORDEAUX SUPÉRIEUR)

2000	**B**	**(87–88)**

2000: Dieser Wein, der unfiltriert und ungeschönt in die Flasche kommen sollte, ist eine Offenbarung. Er wurde zu 70% aus Merlot und zu 30% aus Cabernet Sauvignon bereitet und in zu 50% neuen Eichenholzfässern ausgebaut. Dieser dichte, kernige, fleischige Bordeaux Supérieur verströmt Düfte nach Cassis, Butterkaramell und Espresso. Tief, überaus reintönig und den Mund füllend, ist dieser qualitativ hoch stehende Tropfen ein großartiger Gegenwert für Ihr Geld. Trinken Sie ihn im Lauf seiner ersten 4–5 Lebensjahre. Wer seinen Wein kistenweise kauft, sollte bei diesem zuschlagen.

BEAUREGARD (POMEROL)

2000	**D**	**(88–90)**
1999	**D**	**87**
1998	**D**	**88**
1997	**C**	**87**
1996	**C**	**87**
1995	**C**	**87**

Obwohl die Beauregard-Weine immer noch frühreif erscheinen, sind sie doch in letzter Zeit verführerischer und beständiger, mit mehr Fleisch und Wucht als zuvor. Für ihre Appellation sind ihre Preise angemessen.

2000: Eine gewichtige, überschwängliche Präsentation von rauchigem Eichenholz, Pflaumen und überreifen Schwarzkirschen bildet die exotische Einführung in diesen körperreichen, weichen, runden Pomerol im internationalen Stil. Dieser hedonistische Wein ist bereits jetzt köstlich zu trinken. Voraussichtliche Genussreife: jetzt–2012.

1999: Dieser fleischige Wein von mittlerem bis vollem Körper mit niedriger Säure ist eine Fruchtbombe, angefüllt mit schmackhaften Schwarzkirschen, Beeren und Pflaumen sowie Rauch, Kaffee und getrockneten Kräutern. Unter seiner Oberfläche verbirgt sich etwas Tannin. Voraussichtliche Genussreife: jetzt–2014.

1998: Der tiefrubin-purpurrote Wein offenbart ein Aromaprofil von Rauch, Schwarzkirschen, Hustensaft, Schokolade und rauchigem Holz. Dick, tanninreich und von mittlerem bis vollem Körper, wird er von etwas Kellerreife profitieren und 12 Jahre lang halten.

1997: Dies ist ein weiterer sinnlicher, offen gewirkter, eleganter, süßer, runder, kurzlebiger, aber genussreicher Pomerol, der in Duft und Geschmack reichliche Nuancen von gegrillten Kräutern, toastwürzigem Eichenholz und Schwarzkirschen bietet. Von mittlerem Körper und geschmeidig, eignet er sich ideal zum Trinkgenuss während der nächsten 5–6 Jahre.

1996: Der tiefrubinrote Wein zeigt ein süßes, nach dicklichen Kirschen duftendes Bukett mit spürbaren Erdbeernoten. Er hat mittleren Körper, ist weich, elegant und mäßig gewichtig mit einem Hauch von toastwürzigem Eichenholz und sollte sich 4–5 Jahre hindurch gut trinken lassen.

1995: Der ausgezeichnete Wein offenbart eine bezaubernde tiefrubinrote Farbe, gepaart mit einem rauchigen, nach Vanille, Beeren und Schokolade duftenden Bukett. Von mittlerem Körper und reif, mit süßer Frucht, mäßigem Tannin und niedriger Säure, ist dies ein schönes Beispiel eines Beauregard. Voraussichtliche Genussreife: jetzt–2010.

BEAUSÉJOUR-DUFFAU (ST-ÉMILION)

2000	**E**	**(91–95)**
1999	**E**	**88**
1998	**E**	**89**
1997	**D**	**85**
1996	**E**	**87?**
1995	**E**	**?**

Beauséjour-Duffau ist für seine Weine von sehr hoher Qualität bekannt, besonders seit Mitte der 1980er Jahre. Nach wie vor zählen sie zu den höchst komplexen und ätherischen St-Émilions, die im Allgemeinen dicht und wuchtig sind, dabei aber zurückhaltend, streng und mineralisch geprägt. Sie eignen sich nicht für jene Weinliebhaber, die ihren Genuss nicht aufschieben können, da sie gewöhnlich ein Jahrzehnt Kellerreife benötigen, bevor ihre Tannine abzuschmelzen beginnen.

2000: Unstrittig der beste Beauséjour-Duffau seit dem vollkommenen 1990er, stellt der 2000er eine undurchdringliche schwarz-purpurrote Farbe zur Schau. Es folgt eine tanninherbe, fest strukturierte, dichte Persönlichkeit, die als vorherrschende Charakteristika Brombeerlikör und Mineralien an den Tag legt. Der süße Geschmack auf der Zunge weicht dem Eindruck eines strukturierten, ernsthaften, alterungsfähigen Weins mit einer Fülle von Tannin sowie sehr schöner Säure. Wundervolle Reintönigkeit, starke Extraktion und messerscharfe Klarheit charakterisieren diesen gut ausgestatteten 2000er. Noch einmal sei betont: Hier ist Geduld vonnöten. Voraussichtliche Genussreife: 2008–2030.

1999: Ein komplexes Bukett mit Düften nach Brombeeren und Blaubeeren, Blumen und einer allgegenwärtigen Note von flüssigen Steinen und Mineralien geht mit einem reintönigen, süßen, reifen Wein von mittlerem Körper einher. Er setzt sich nicht gerade mit besonderer Tiefe über den ganzen Gaumen hinweg fort und nimmt sich im Abgang fest und mager aus. Werden sich diese Eigenschaften in 2–3 Jahren legen? Voraussichtliche Genussreife: 2004–2018.

1998: Dieser dunkelrubin-purpurrote, mittelgewichtige, zurückhaltende, anmutige Wein legt in Duft und Geschmack Mineralien, Blaubeeren und Blumen an den Tag, nicht unähnlich einigen der burgundischen Vosne-Romanée-Grands-Crus. Ansprechend texturiert und weich, mit angemessenem Tannin, um seinen Stil von mittlerem Körper einzurahmen, ist er jetzt schon zugänglich, sollte aber 12 Jahre lang schön altern.

1997: Dieser 1997er ist bedeutend leichter ausgefallen als erwartet. Rauchiges frisches Eichenholz, Mineralien und eine Fruchtmischung aus Pflaumen und Beeren liefern einen hübschen, eleganten St-Émilion von leichterem Stil mit mäßigem Tannin im Abgang. Es ist zwar schöne Komplexität vorhanden, jedoch wenig Dichte und Tiefe. Voraussichtliche Genussreife: jetzt–2008.

1996: Es sieht so aus, als hätte ich die Qualität dieses Weins überbewertet. Aus der Flasche verkostet scheint er sehr wenig von der multidimensionalen Konzentration und Intensität zu besitzen, die er während seines Ausbaus gezeigt hat. Dunkelrubinrot, geprägt von schwarzen Himbeeren und markanten mineralischen Elementen – den typischen bezaubernden Merkmalen der Produkte aus diesem kleinen Weingut –, erscheint er in der Flasche leichter und eckiger als bei der Verkostung aus dem Fass. Sein mäßig langer Abgang ist angefüllt mit trockenen, adstringierenden Tanninen. Dieser Wein ist sehr gut, aber nicht hervorragend, wie ich eigentlich erwartet hatte. Darüber hinaus ist nicht zu verkennen, dass der 1996er angesichts der Art seines Tannins dazu neigen wird, auszutrocknen. Voraussichtliche Genussreife: 2005–2015.

1995: Bei zahlreichen Gelegenheiten war dieser Wein aus dem Fass verkostet herrlich. Er zeigte eine sattdunkle purpurrote Farbe und einen von süßem Kirschgeist, Schwarzkirschen, Mineralien und Trüffeln geprägten Charakter, nicht unähnlich der Intensität eines aus alten Reben gewonnenen Lafleur, des großartigen Pomerol. Doch der Wein war vollkommen verschlossen, als ich ihn aus der Flasche verkostete und ließ sich erst nach ausgedehnter Belüftung Aromen von Erde, Mineralien und schwarzen Früchten entlocken. Im Mund zeigte er sich vollkommen abweisend mit extrem hohem Tanningehalt. Ich behalte mir meine Bewertung noch vor.

Bisheriger großer Jahrgang: 1990er (100)

BEAUSOLEIL (POMEROL)

2000	**D**	**(86–87?)**
1999	**D**	**87**
1998	**D**	**87**
1997	**C**	**85**
1996	**C**	**(86–88)**
1995	**C**	**87**

2000: Ein Kleid von tiefdunklem Rubin-Purpurrot geht mit zurückhaltenden, aber vielversprechenden Aromen von Erde, Mineralien, Schwarzkirschen und Himbeeren einher. Ein festes tanninhaltiges Gerüst dominiert diesen sauber gemachten, aber rauen, in einem strengen Stil bereiteten 2000er. Ob er sich anmutig entwickeln wird oder nicht, steht dahin. Voraussichtliche Genussreife: 2005–2015?

1999: Gute Extraktion, niedrige Säure, voller Körper und reichliche Mengen von rauchiger, mit Beeren- und Karamellnuancen getränkter Frucht liefern einen attraktiven, hedonistischen und vollmundigen Pomerol. Genießen Sie ihn während der nächsten 8 Jahre.

1998: Dieser dunkelrubinrote Wein offenbart Nuancen von Mokka, Karamell, eingedickten schwarzen Pflaumen, Kirschen und Rauch, eine weiche, unmittelbar ansprechende Persönlichkeit von mittlerem bis vollem Körper und eine offen gewirkte, cremige Textur. Trinken Sie diesen sinnlichen 1998er während der nächsten 8 Jahre.

1997: Ein Hauch von rauem Tannin im Abgang ist das einzige negative Merkmal dieses solide gemachten, einfachen 1997ers von mittlerem Körper. Er bietet in Duft und Geschmack süße Kirschfrucht, würzige Holztöne und eine zugängliche Persönlichkeit. Trinken Sie ihn im Lauf der nächsten 2–3 Jahre.

1996: Dieser Wein hat während seines Ausbaus beträchtlich an Fleisch und Gewicht zugelegt. Beausoleil hat einen dichten, rubin-purpurroten Wein mit reichlicher frischer Eichenholzwürze und Vanille im Bukett produziert. Es sind große Mengen von süßer Blaubeer- und Cassisfrucht vorhanden, dazu niedrige Säure, dichte, reife, süße Frucht eingangs im Mund, mittlerer Körper und ein runder, üppiger Abgang. Der Wein weist einiges Tannin auf, ist aber ein Pomerol, der in einem entgegenkommenden Stil bereitet wurde. Voraussichtliche Genussreife: jetzt–2008.

1995: Ein tiefrubin-purpurroter Wein mit einem Cassis-Bukett, das mächtig dem Glas entquillt, ist dieser tiefe, reich fruchtige, dichte, konzentrierte Pomerol von mittlerem bis vollem Körper ein Schlager des Jahrgangs. Voraussichtliche Genussreife: jetzt–2007.

BEL-AIR (LALANDE-DE-POMEROL)

1999	**B**	**(76–79)**
1998	**B**	**87**

1999: Der 1999er Bel-Air ist dünn, scharf, hart und fade.

1998: Ein sehr guter Gegenwert für seinen Preis, offenbart dieser köstliche, pflaumen-rubinfarbige Wein reichliche Mengen von süßer, nahezu überreifer Schwarzkirschfrucht, niedrige Säure, eine saftige Textur, mittleren Körper und einen sauberen, saftigen Abgang. Trinken Sie ihn im Lauf der nächsten 7–8 Jahre.

Weiterer verkosteter Jahrgang: 2000er (84–86)

BEL-AIR GRANDE CUVÉE (BORDEAUX SUPÉRIEUR)

2000	**B**	**(87–88)**

2000: Das ist ein weiterer beeindruckend bereiteter Bordeaux Supérieur. Der Wein besitzt eine tiefrubin-purpurrote Farbe, eine weiche, samtige, verbraucherfreundliche Persönlichkeit, reichliche Mengen von Frucht und Glyzerin sowie leichtes bis mäßiges Tannin. Zum Trinkgenuss während seiner ersten 4–5 Lebensjahre ausgelegt, dürfte er sich als heißer Tipp für den Verbraucher und Schlager des Jahrgangs erweisen.

BEL-AIR LA ROYÈRE (PREMIÈRES CÔTES DE BLAYE)

1997	**B**	**(85–86)**

1997: Ein ernsthafter »kleiner« Wein, der unter dem beratenden Beistand von Jean-Luc Thunevin, dem Leiter von Château Valandraud, bereitet wurde, wartet dieser 1997er mit einer undurchdringlich rubin-purpurroten Farbe, ausgezeichneter Reife und einem gradlinigen Charakter auf, gepaart mit schöner Frucht und Länge. Trinken Sie ihn im Lauf der nächsten 2–3 Jahre.

Weitere verkostete Jahrgänge: 2000er (85–86), 1999er (82–85)

BELAIR (ST-ÉMILION)

1997	**D**	**86**
1996	**D**	**86**

1997: Der Weinmacher Pascal Delbeck scheint einen untypisch weichen, entgegenkommenden, ansprechenden 1997er geschaffen zu haben. Seine dunkelrubinrote Farbe geht einher mit Aromen von süßer, mineralisch durchsetzter Schwarzkirschfrucht, mittlerem Körper und leichtem Tannin im runden, attraktiven Abgang. Voraussichtliche Genussreife: jetzt–2010.

1996: Der eckige, mineralisch duftende 1996er von mittlerem Körper nahm sich streng und spartanisch aus, da es ihm an Frucht, Glyzerin und Fleisch mangelte. Voraussichtliche Genussreife: jetzt–2012.

Weiterer verkosteter Jahrgang: 1998er (74–76)

BELGRAVE (HAUT-MÉDOC)

1999	**D**	**88**
1998	**D**	**87**

Nachdem es qualitativ lange Zeit keine Rolle spielte und quasi in der Versenkung verschwunden war, produziert das Château nunmehr viel bessere Weine.

1999: Süße, konzentrierte, dickliche Brombeer- und Cassisfrucht entströmt diesem dunkelpurpurroten Wein. Der 1999er ist der beste Belgrave, den ich in den letzten 30 Jahren verkostet habe. Seine Textur ist fleischig und er besitzt mittleren bis vollen Körper, niedrige Säure und einen langen Abgang. Hoffen wir, dass er in demselben Zustand in die Flasche gelangt. Voraussichtliche Genussreife: jetzt–2015.

1998: Die dunkelpurpurrote Farbe des 1998ers geht einher mit hochklassigen Aromen von Rauch, schwarzen Johannisbeeren, nassen Steinen und frischem Eichenholz. Von mittlerem Körper und elegant, mit schöner Tiefe sowie einem angenehm texturierten, mäßig tanninherben Abgang, wird er sich zwischen 2004 und 2015 in Bestform befinden.

Weiterer verkosteter Jahrgang: 2000er (87–88+)

BELLE-VUE (HAUT-MÉDOC)

2000	C	(88–90)
1999	C	(90–91)
1998	C	87

Belle-Vue ist ein beeindruckendes Unternehmen, das qualitativ hoch stehende (mit den besten klassifizierten Gewächsen vergleichbare) Weine aus niedrigen Ertragsmengen von 35–45 hl/ha erzeugt. Die Rebflächen sind zu 50% mit Cabernet Sauvignon, zu 40% mit Merlot und zu 10% mit Petit Verdot bestockt, doch ist das Mischrezept mit jedem Jahrgang geringfügigen Veränderungen unterworfen. Die Weine werden 16 Monate lang in zu 80% neuen Fässern aus französischem Eichenholz ausgebaut und niemals vor der Flaschenabfüllung geschönt. Die jährliche Produktion beträgt durchschnittlich 2 500 Kisten.

2000: Dieser Verschnitt aus 54% Cabernet Sauvignon, 34% Merlot und 12% Petit Verdot ist ein Erfolgsschlager des Jahrgangs und ein erstaunlicher Haut-Médoc dazu. Er offenbart eine satte schwarz-purpurrote Farbe sowie ein Bukett von Tabak, Brombeer- und Cassisfrucht, mittleren bis vollen Körper, ausgezeichnete Textur und superbe Reintönigkeit. Es sind 2 500 Kisten von diesem Wein vorhanden, der ganze 12,8% natürlichen Alkohol enthält.

1999: Der spektakuläre, undurchdringliche, rubin-purpurrote 1999er (eine Mischung aus 48% Cabernet Sauvignon, 37% Merlot und 15% Petit Verdot) zeichnet sich durch ein großartiges Bukett mit Düften nach Crème de Cassis, Lakritze, Eichenholzwürze und Zedernholz aus. Fett, kernig und reichhaltig, mit superber Konzentration und einem süßen Geschmackseindruck am mittleren Gaumen, sollte er sich schon bei seiner Freigabe gut trinken lassen und 12–15 Jahre lang halten.

1998: Der ausgezeichnete Wein von der Qualität eines Cru Classé bietet tiefe Aromen von schwarzen Johannisbeeren, würzigem frischem Eichenholz, Tabak und Düfte aus der Gewürzkiste. Von mittlerem Körper, mit (insbesondere für diesen Jahrgang) weichem Tannin, kann er bereits jetzt und während der nächsten 5–6 Jahre getrunken werden.

BELLEFONT-BELCIER (ST-ÉMILION)

2000	D	(90–92)
1999	D	87
1998	D	87
1997	C	84
1996	C	87
1995	C	85

Bellefont-Belcier hat sich im Lauf der letzten Jahre gewaltig verbessert, mit dem Erfolg, dass nun der 1999er und der 2000er die besten Weine darstellen, die ich je von diesem Château verkostet habe. Seit 1999 beaufsichtigt Marc Dworkin, der zuvor die Leitung bei Larmande innehatte, die Weinbereitung auf diesem Gut. Kluge Käufer sollten ihr Augenmerk auf dieses früher unter seinen Möglichkeiten arbeitende Weingut richten, da die Preise vernünftig geblieben sind.

2000: Der pflaumendunkel-purpurrote 2000er, unstrittig der beste bislang produzierte Bellefont-Belcier, offenbart ein süßes, rauchiges, würziges, zedernholzduftiges Bukett mit Aromen von dicklichen Kirschen und Johannisbeeren. Der Wein ist tief, reichhaltig und fleischig, mit prachtvoller Reintönigkeit der Frucht, einer Fülle von Glyzerin, vollem Körper und beeindruckend reifem Tannin. Er wird sich schon früh schön trinken lassen und 15+ Jahre halten.

1999: Marc Dworkin scheint mehr Charakter und Fleisch extrahiert zu haben, als man normalerweise von Bellefont-Belcier gewöhnt ist. Dieser undurchdringliche rubin-purpurrote Schlager des Jahrgangs zeigt üppige Frucht, reichliches Glyzerin und einen fleischigen, unmittelbar ansprechenden, von Brombeeren und Kirschen geprägten Stil. In diesem cremig texturierten 1999er, der die breite Masse ansprechen wird, ist das Holz schön integriert und die Säure niedrig. Voraussichtliche Genussreife: jetzt–2012.

1998: Der 1998er ist eine sehr gute Leistung der Weinbereitung von Bellefont-Belcier. Er enthüllt reichliche Mengen von Aromen aus der Gewürzkiste, rauchigem frischem Eichenholz, Schwarzkirschen, Leder und Kräutern, präsentiert in einem fleischigen Stil von mittlerem Körper mit süßem Tannin und guter Definition. Voraussichtliche Genussreife: jetzt–2010.

1997: Der 1997er ist weit besser ausgefallen als nach den Verkostungen vom Fass zu erwarten war. Offen gewirkt, leicht zu trinken und zu verstehen, besitzt er angemessene Säure, etwas Tannin und ein bei mittlerem Körper würziges, kirschenduftiges Bukett, ordentliche Geschmackskonzentration und einen Hauch von toastwürzigem frischem Eichenholz. Leichtgewichtig, aber erfreulich, lässt er sich während der nächsten 3 Jahre genießen.

1996: Der ausgezeichnete 1996er ist ein potenzieller Überflieger des Jahrgangs. Der Wein zeigt dunkelrubinrote Farbe und süße Schwarzkirschfrucht, vermischt mit Rauch, getrockneten Kräutern und Toast. Dieser runde, generöse Wein von mittlerem bis vollem Körper ist bereits jetzt köstlich zu trinken. Genießen Sie ihn während der nächsten 5 Jahre.

1995: Der 1995er könnte zum heißen Tipp werden, legt er doch eine dichte Farbe und Aromen von reichhaltigen, dicklichen Früchten, verwoben mit dem Duft von Kräutern, Lakritze und Toast, an den Tag. Dicke, kernige Geschmackskomponenten geben schöne Konzentration und Glyzerin zu erkennen. Dies ist ein weicher, opulenter Wein mit niedriger Säure zum baldigen Trinkgenuss.

BELLEGRAVE (POMEROL)

1998	**D**	**(85–86)**
1997	**D**	**87**
1996	**D**	**84**

Die Weine von Jean-Marie Bouldy sind im Allgemeinen weich, leicht zu trinken und zu verstehen und mit verführerischer Frucht ausgestattet. Sie wollen in ihrer Jugend getrunken sein. Die Preise sind für diese Appellation vernünftig zu nennen.

1998: Erstaunlich weich und offen gewirkt, ohne die Wucht und das Tannin, die häufig in diesem Jahrgang auftreten, offenbart dieser dunkelrubinrote 1998er runde, fruchtige Geschmacksnuancen (hauptsächlich Gewürze und Kirschen), schöne Gewichtigkeit, aber nicht den allumfassenden Charme, der in dem 1997er zu finden ist. Er will in seinen ersten 7–8 Lebensjahren getrunken sein.

1997: Der 1997er von Bellegrave scheint besser ausgefallen zu sein als der 1998er, was untypisch für diese beiden Pomerol-Jahrgänge ist. Dunkelrubinrot, mit einem sinnlichen, offen gewirkten, nach Pflaumen, Kirschen, Johannisbeeren und würzigem Holz duftenden Bukett, gepaart mit reichlicher Frucht, niedriger Säure, üppiger Reife und einer ausentwickelten Persönlichkeit, wird er bereits jetzt und während der nächsten 3–4 Jahre köstlichen Trinkgenuss bieten. Ein ansprechender Pomerol von mittlerem Körper, der mit Frucht förmlich beladen ist.

1996: Ein offen gewirkter, weicher, rauchiger, nach Schwarzkirschen duftender Wein mit würzigem Eichenholz im Hintergrund, ist dieser reintönige, erfreuliche 1996er mit leichtem Körper ideal zum Trinkgenuss während der nächsten 3 Jahre geeignet.

BELLEVUE (ST-ÉMILION)

2000	**E**	**(92–95)**

Nicolas Thienpont von Château Pavie Macquin ist zusammen mit dem beratenden Weinguru Stephen Derencourt (La Mondotte, Canon-La-Gaffelière, Clos de l'Oratoire) verantwortlich für diesen als Debütwein freigegebenen kraftstrotzenden Tropfen, der aus winzigen Ertragsmengen von 30 hl/ha und aus einem Verschnitt von 80% Merlot und 20% Cabernet Franc erzeugt wurde.

2000: Das undurchdringliche Purpurrot dieses Weins geht einher mit fabelhaften Aromen von süßen, reichhaltigen, mineralisch geprägten Brombeeren, Crème de Cassis, Rauch, Lakritze und Vanille. Der Wein zeigt außergewöhnliche Opulenz, eine sinnliche, üppige, klar umrissene Persönlichkeit mit niedriger Säure, Schichten von Geschmacksnuancen, massiven Extrakt und einen 45 Sekunden währenden, von süßem Tannin geprägten Abgang. Für den Anfang ist dies ein bemerkenswerter Wein, doch weniger würde ich von diesem Eigentümer mit seinen günstig gelegenen Weingärten und im Durchschnitt 40-jährigen Reben auch gar nicht erwarten. Voraussichtliche Genussreife: jetzt–2020.

BELLISLE MONDOT (ST-ÉMILION)

2000	**D**	**(88–90)**

Dieses Weingut in günstiger Lage muss ernst genommen werden. Die Vinifizierung wird hier von dem führenden Revolutionär von St-Émilion, Jean-Luc Thunevin, überwacht.

2000: Der 2000er ist der beste Wein, den ich von Bellisle Mondot bisher verkostet habe. Er offenbart eine satte pflaumenblau-purpurrote Farbe sowie ein kräftiges, rauchiges, reifes Bukett, das nach schwarzen Früchten (Schwarzkirschen- und Cassisfrucht), verwoben mit Mokka, Toast und Erde, duftet. Körperreich und intensiv, mit einem beeindruckend dicken Geschmackseindruck am mittleren Gaumen und einem langen Abgang, könnte dieser Schlager des Jahrgangs nach der Flaschenabfüllung eine noch höhere Punktzahl verdienen. Voraussichtliche Genussreife: 2005–2016.

BELREGARD-FIGEAC (ST-ÉMILION)

2000	**C**	**(84–86?)**

2000: Der im internationalen Stil gestaltete 2000er von Figeac ist nichtssagend. Eine schwere Decke von frischem Eichenholz verbirgt einen Großteil der Frucht. Obwohl der Wein Tiefe und Intensität besitzt, könnte er von überallher kommen. Voraussichtliche Genussreife: 2004–2009.

BERLIQUET (ST-ÉMILION)

2000	**D**	**(90–91)**
1999	**D**	**88**
1998	**D**	**89**
1997	**C**	**88**

Hier haben wir ein weiteres aufstrebendes St-Émilion-Weingut, das in den letzten Jahren unter der inspirierten Führung von Patrick de Lesquen große Fortschritte gemacht hat. Lesquen hat den talentierten Patrick Valette als Kellermeister und Leiter der Weinbereitung mitgebracht. Die 1998er, 1999er und 2000er sind großartige Erfolge, wobei der 2000er unstrittig der bislang beste Wein aus diesem Hause ist. Leider haben sich die Preise diesem Qualitäts-Trend angeschlossen.

2000: Der beste je produzierte Berliquet. Ein dichter rubin-purpurroter Wein mit eindrucksvollen Aromen (hauptsächlich dicklichen Johannisbeeren, Schwarzkirschen, Erde, Lakritze und Vanille), besitzt dieser klassisch strukturierte, reintönige St-Émilion nahezu perfektes Gleichgewicht, mit Eleganz verbundene Kraft und genügend sprühend lebendige Säure, um Konturenschärfe zu vermitteln. Voraussichtliche Genussreife: 2005–2020.

1999: Der undurchdringlich purpurrote, körperreiche, dicke Wein mit niedriger Säure, Geschmacksnuancen von dicklichen Brombeeren und Kirschen, ausgezeichneter Reintönigkeit und einer opulenten Persönlichkeit wird sich vor seinem 1998er Genossen trinken lassen. Voraussichtliche Genussreife: jetzt–2015.

1998: Einer der besten Berliquets, die ich bislang verkostet habe. Dieser dunkelrubin-purpurrote Tropfen legt dichte, satte, geschmacksintensive Brombeernoten, verwoben mit Lakritze, Nuancen aus der Gewürzkiste, Tabak und Erde an den Tag. Körperreich, reif und konzentriert, mit mäßigem Tannin und einer verschlossenen, aber beeindruckend gebauten Persönlichkeit, benötigt dieser Wein einige Jahre, um all sein Tannin abzuschmelzen. Voraussichtliche Genussreife: 2004–2016.

1997: Dieser ausgezeichnete Vertreter seines Jahrgangs zeigt in Duft und Geschmack reichliche süße Frucht von schwarzen Johannisbeeren, gepaart mit Zedernholz, Aromen aus der Gewürzkiste und toastwürzigen Nuancen. Von mittlerem bis vollem Körper, dick und reichhaltig mit mäßigem Tannin, schöner Süße, einer offen gewirkten Textur und bewundernswerter Länge, wird er sich jetzt–2012 in Bestform befinden.

BERNADOTTE (HAUT-MÉDOC)

2000	**C**	**(88–90)**
1999	**C**	**87**
1998	**C**	**87**
1997	**C**	**(85–87)**
1996	**C**	**85?**

Dieses Weingut wurde 1997 von Madame de Lencquesaing, der Besitzerin von Pichon-Lalande, gekauft. 1999 war der erste Jahrgang, in dem das Team von Pichon-Lalande die Weinbergpflege und die Weinbereitung ganz in eigener Regie durchführte. Der 2000er ist unstrittig der beste junge Wein, den ich je von diesem Gut verkostet habe.

2000: Der saftige, konzentrierte, tief rubin-purpurrote 2000er legt beträchtliche Finesse sowie reichliche schwarze Johannisbeerfrucht, vermischt mit Aromen aus der Gewürzkiste, Schokolade und Zedernholz, an den Tag. Süßes Tannin und schöne Säure sorgen für klare Zeichnung. Er ist ein Verschnitt aus 60% Cabernet Sauvignon und 40% Merlot. Voraussichtliche Genussreife: jetzt–2012.

1999: Dieser dunkelrubin-purpurrote 1999er, ein Verschnitt aus 53% Cabernet Sauvignon und 47% Merlot, präsentiert eine wunderschöne, offen gewirkte Textur, rauchige Geschmacksnuancen von Schokolade und Cassis, mittleren Körper, ausgezeichnete Reife und die feine Art seines berühmteren Verwandten, Pichon-Lalande. Trinken Sie ihn im Lauf der nächsten 5–6 Jahre.

1998: Dieser dunkelrubinrote Verschnitt aus 40% Cabernet Sauvignon, 45% Merlot, 14% Cabernet Franc und 1% Petit Verdot enthüllt ein zedernholzduftiges Bukett mit Aromen von roten und schwarzen Johannisbeeren, mittleren Körper, robustes Tannin und eine sehr gute bis ausgezeichnete Textur, Reife und umfassende Harmonie. Trinken Sie ihn im Lauf der nächsten 8 Jahre.

1997: Der interessante 1997er (ein Verschnitt aus 60% Cabernet Sauvignon und 40% Merlot) legt eine Pauillac-ähnliche Fruchtigkeit mit Anklängen an Zedernholz, Tabakkraut und schwarze Johannisbeeren an den Tag. Weich und rund, mit niedriger Säure, Eleganz und schöner Länge, sollte er im Lauf der nächsten 4–5 Jahre getrunken werden.

1996: Das Mischrezept des 1996ers ist mit dem des 1997ers identisch, setzt er sich doch ebenfalls aus 60% Cabernet Sauvignon und 40% Merlot zusammen. Das Team von Pichon-

Lalande hat diesen Wein zwar nicht bereitet, ihn aber in Flaschen abgefüllt. Er besitzt eine mittlere rubinrote Farbe, in Duft und Geschmack Aromen von Pflaumen, schwarzen Johannisbeeren und getrockneten Kräutern sowie trockene Tannine im Abgang. Gleichwohl ist dies ein gut bereiteter, delikater Bordeaux, der sich 4–5 Jahre hindurch schön trinken lassen sollte.

BERTINEAU ST-VINCENT (LALANDE-DE-POMEROL)

1999	**C**	**87**
1998	**C**	**87**
1997	**C**	**85**

Dieses Weingut im Besitz von Dany und Michel Rolland produziert beständig Weine mit dem besten Preis-Leistungsverhältnis in Lalande-de-Pomerol.

1999: Schwarzkirschen, Leder, Aromen aus der Gewürzkiste und erdige Noten sind in Duft und Geschmack bei diesem samtig texturierten, entgegenkommenden Wein von mittlerem Körper reichlich zu finden. Trinken Sie ihn im Lauf der nächsten 3–4 Jahre.

1998: Aromen von süßer Erdbeer- und Kirschmarmelade werden in diesem mittelrubinroten Wein geboten. Darüber hinaus zeigt er weiches, süßes Tannin, samtige Textur und einen unkomplizierten Abgang. Trinken Sie ihn während der nächsten 3 Jahre. Ein Schlager des Jahrgangs.

1997: Dieser tiefrubinrote 1997er ist eine gute Leistung der Weinbereitung und offenbart würzige Kirschfrucht und Kräuter in Duft und Geschmack. Von mittlerem Körper und schmackhaft, mit niedriger Säure, sollte er jetzt getrunken werden.

Weiterer verkosteter Jahrgang: 2000er (85–86)

BEYCHEVELLE (ST-JULIEN)

2000	**D**	**(90–91)**
1999	**D**	**86**
1998	**D**	**87**
1997	**C**	**78**
1996	**D**	**86**
1995	**D**	**85**

Die Weine von Beychevelle sind im Allgemeinen mild und weich und bereits in ihrer Jugend zugänglich. Die letzten Jahrgänge haben einige Verbesserungen gebracht. Sie sind zwar im Alter von 10 Jahren voll ausgereift, besitzen aber die erforderliche Substanz, um eine Lagerung im Keller von 15 Jahren und länger zu überdauern. Kluge Käufer sollten sich merken, dass Beychevelle nicht zu den teuersten Crus Classés von St-Julien gehört.

2000: Der beste Beychevelle seit 1989. Dieser blumenduftige Wein bietet Geschmacksnoten von Blaubeeren, roten Johannisbeeren, Mineralien und Gewürzen. Zurückhaltend, subtil, maßvoll, aber wunderbar reichhaltig, delikat und fruchtig, benötigt er 2–3 Jahre Kellerreife und sollte sich zwei Jahrzehnte hindurch anmutig weiterentwickeln. Wie beruhigend ist es doch zu erleben, dass Beychevelle einen Wein von solcher Statur produziert hat!

1999: Der 1999er ist ein weicher, molliger, schmackhaft-würziger Tropfen, reichlich mit attraktiven schwarzen Himbeeren, Kirschen und Johannisbeeren ausstaffiert. Etwas frisches Eichenholz wird spürbar, bleibt aber im Hintergrund. Anmutig und symmetrisch, aber ohne nennenswerte klare Linienführung, sollte er sich 10 Jahre hindurch schön trinken lassen.

1998: Dieser elegante, stilvolle, klar gezeichnete Beychevelle bietet Finesse und Schönheit in einem fest strukturierten, geschmacksintensiven Format von mittlerem Körper. Rote und schwarze Johannisbeeren, Lakritze, Mineralien, Gewürze und Teernoten treten subtil, aber eindringlich in Erscheinung. Zwar strömt er nicht in üppigen Schwaden über den Gaumen, doch sind die Säure, der Alkohol und das Tannin dieses Weins schön ausgewogen. Voraussichtliche Genussreife: jetzt–2016.

1997: Nervig, mit festem Tannin, mittlerem Körper und weichem, ausentwickeltem Stil, ist dieser verwässerte Wein angenehm zu trinken, lässt aber Konzentration und Länge vermissen. Trinken Sie ihn im Lauf der nächsten 2–3 Jahre.

1996: Der 1996er von Beychevelle legt eine voll entwickelte dunkle Pflaumenfarbe an den Tag. Das Bukett enthüllt toastwürzige frische Eichenholznoten in einem offenen, charmanten Format sowie mit Gewürzen verwobene Beerenfrucht. Ein nicht gerade inspirierender Vertreter eines so hochklassigen *terroirs*, doch ist der Wein bei mittlerem Körper und moderater Lebenserwartung sauber bereitet. Voraussichtliche Genussreife: jetzt–2012.

1995: Der Wein nahm sich bei der Fassverkostung besser aus. Aus der Flasche verkostet zeigt er mittelrubinrote Farbe und ein markantes Bukett von Unterholz, feuchter Erde und lehmig überhauchter schwarzer Johannisbeerfrucht. Mäßig tanninhaltig, von mittlerem Körper und ein wenig eckig, besitzt der 1995er guten Extrakt, aber nicht allzu viel Seele oder Charakter. Voraussichtliche Genussreife: jetzt–2012.

Bisherige große Jahrgänge: 1986er (92), 1982er (91), 1953er (92), 1928er (97)

BON PASTEUR (POMEROL)

2000	**E**	**(91–93+)**
1999	**E**	**90**
1998	**E**	**91**
1997	**D**	**88**
1996	**E**	**88**
1995	**E**	**89**

Bon Pasteur ist die heimische Domaine von Dany und Michel Rolland, die beide glänzende Önologen sind. Ihre wunderbaren 1982er, 1988er, 1989er, 1990er, 1995er, 1996er, 1998er und 2000er bezeugen ihr Talent.

2000: Da er kräftiger und muskulöser ist als der superbe 1998er, wird der 2000er sich als recht langlebig erweisen. Seine tiefe Farbe von sattem Purpurrot geht einher mit verschwenderischen Aromen von Mokka, Trüffeln, Backpflaumen, Brombeeren und Cassis, während toastwürzige Noten die Komplexität abrunden. Von mittlerem bis vollem Körper und strukturierter, mächtiger und tanninstrenger als der außergewöhnliche 1998er, benötigt er 2–3 Jahre Kellerreife. Im Stil eines *vin de garde* bereitet, wird er sich zwei Jahrzehnte lang halten.

1999: Der undurchdringlich rubin-purpurrote 1999er hat während seines Ausbaus an Gewicht zugelegt. Mit einem konzentrierten, pflaumenhaften, nach Brombeeren, Cola und Rauch duftenden Bukett ausgestattet, ist dieser kernige, reichhaltige, fette Pomerol mit niedriger Säure weniger klar umrissen als der 1998er. Trinken Sie ihn daher am besten gleich nach seiner Freigabe und während der folgenden 8–10 Jahre. Ein für den Jahrgang beeindruckender Wein.

1998: Ohne jeden Zweifel einer der besten Bon Pasteurs seit 1982! Der dichte, purpurrote 1998er prunkt mit einem wunderbar reichhaltigen, komplexen Parfüm, das sich aus Aromen von Brombeeren, Dörrzwetschgen, Bleistiftnoten, Kirschen, Mokka und Karamell zusammensetzt. Mächtig und reichhaltig, mit vielschichtiger Textur und einem opulenten, viskosen Abgang, der genügend süßes Tannin für klare Umrisse an den Tag legt, ist dies ein großartiger, körperreicher, nahtlos gefügter Wein. Voraussichtliche Genussreife: jetzt–2016.

1997: Diejenigen Leser, die nach einem Wein mit Schokolade, Rauch, Kirschen, schwarzen Johannisbeeren und Dörrzwetschgen in Duft und Geschmack suchen, werden diesen fleischigen, offen gewirkten 1997er von mittlerem Körper lieben. Nahtlos und weich, mit erstaunlich schöner Konzentration, erinnert er an einen 1987er, besitzt aber mehr Muskelkraft und Fülle. Trinken Sie ihn im Lauf der nächsten 8 Jahre.

1996: Der 1996er nimmt sich aus der Flasche verkostet leichter aus als zuvor aus dem Fass. Der Wein offenbart trockenes, ein wenig raues Tannin im Abgang, was meine Punktnote etwas zurückhaltender ausfallen ließ. Er zeigt bei mittlerem Körper frische Eichenholzwürze, dazu eine Fülle rauchiger, mit Schwarzkirschen- und Mokka-Aromen überhauchter Frucht, schöne Gewichtigkeit, ausgezeichnete Reintönigkeit, einen festen, strukturierten, muskulösen Abgang und sollte sich weitere 8–10 Jahre lang gut entfalten.

1995: Der hervorragende 1995er präsentiert eine pflaumendunkle Farbe und ein hochklassiges Aromaprofil, das sich aus Toast, Bleistiftnoten, Rauch sowie Schwarzkirschen- und schwarzer Johannisbeerfrucht zusammensetzt. Im Mund erweist er sich bei mittlerem Körper als süß, rund, würzig und saftig texturiert mit einem molligen, fleischigen Abgang. Voraussichtliche Genussreife: jetzt–2012.

Bisherige große Jahrgänge: 1990er (91), 1989er (90), 1982er (96)

BONALGUE (POMEROL)

2000	**D**	**(87–89)**
1999	**D**	**87**
1998	**D**	**87**
1997	**C**	**86**
1996	**C**	**86**
1995	**C**	**86**

Die Bonalgue-Weine reihen sich beständig in die guten Weinwerte (mit einem guten Preis-Leistungsverhältnis) von Pomerol ein, eine Appellation, die ansonsten schrecklich teuer geworden ist.

2000: Der 2000er ist ein dichter, mächtiger, konzentrierter Tropfen, der Düfte nach schwarzen Himbeeren, Unterholz, teeriger Arznei und Wald verströmt. Im Mund wirkt er süß und dicht mit mäßigem Tannin. In seinem etwas rustikalen Abgang gibt sich eine gewisse robuste Art zu erkennen, doch ist dieser 2000er entschieden ein Volltreffer des Jahrgangs. Voraussichtliche Genussreife: jetzt–2016.

1999: Ein beeindruckender, dunkelrubin-pflaumenfarbiger Tropfen, der während des letzten Jahres beträchtlich an Fett zugelegt hat und Noten von Backpflaumen, Brombeeren, Teer und Schokolade offenbart. Bei vollem Körper reichhaltig, fleischig und mit niedriger Säure, ausgezeichneter Reintönigkeit und einem langen, lebendigen Abgang versehen, will er in seinen ersten 8 Lebensjahren getrunken sein.

1998: Tiefrubin-purpurrot, mit einem reifen Bukett von Schwarzkirschen, Erde, Unterholz, Rauch und Mokka, ist der 1998er dicht, kernig und saftig, mit Schwaden von Frucht und Glyzerin. Sein fleischiger, vordergründiger Charakter wird ihn während der nächsten 8 Jahre zum ansprechenden Trinkgenuss machen.

1997: Ein Bukett mit Düften nach dicklichen Backpflaumen, Rosinen und süßen Kirschen springt bei diesem mittelrubinroten Wein förmlich aus dem Glas. Attraktiv, weich und diffus, sollte dieser Tropfen von mittlerem Körper im Lauf der nächsten 1–2 Jahre getrunken sein.

1996: Der 1996er ist ein weiterer Vertreter dieser beständig gut gemachten Weine. Sein süßes Bukett enthält Aromen von mit Kirschen verflochtener Pflaumenfrucht. Süße Frucht, gutes Fett und ein Hauch Eichenholz verleihen ihm würzige Vollmundigkeit. Dies ist ein charmanter Rotwein im Bistro-Stil mit mehr Tiefe und Reife als viele andere Weine, die das Doppelte kosten. Trinken Sie ihn im Lauf der nächsten 2–3 Jahre.

1995: Der dunkelrubinrote Wein mit süßer, würziger Beerenfrucht und dem Duft gerösteter Erdnüsse ist weich, rund und samtig texturiert, mit niedriger Säure und mäßiger Gewichtigkeit. Ein attraktiver, zum baldigen Trinkgenuss bestimmter Tropfen. Voraussichtliche Genussreife: jetzt–2004.

LE BOSCQ (MÉDOC)

1996 Vieilles Vignes	**B**	**86**
1995 Vieilles Vignes	**B**	**85**

1996: Der köstliche, reichfruchtige *1996er Vieilles Vignes* zeigt tiefe Farbe, eine gute Mitte und einen mäßig langen, würzigen und reichhaltigen Abgang von mittlerem Körper. Voraussichtliche Genussreife: jetzt–2008.

1995: Der attraktive, sauber gemachte *1997er Vieilles Vignes* von mittlerem Körper und schöner Tiefe, mit würzigen Nuancen von schwarzen Johannisbeeren in Duft und Geschmack bietet einen guten Gegenwert und unmittelbare Trinkreife. Er wird sich 3–4 Jahre lang halten.

Weiterer verkosteter Jahrgang: 1999er (83–85)

BOURGNEUF-VAYRON (POMEROL)

2000	**D**	**(86–87?)**
1999	**D**	**88?**
1998	**D**	**89+?**
1997	**D**	**87?**
1996	**D**	**87+?**
1995	**D**	**89**

Bourgneuf-Vayron scheint das Potenzial seiner Rebflächen voll auszuschöpfen, was sich interessierte Verbraucher gut merken sollten! Sie müssen jedoch wissen, dass bestimmte Jahrgänge einen von grünem Pfeffer geprägten Charakter aufweisen, der nicht nach jedermanns Geschmack ist.

2000: Der 2000er erreicht zwar nicht den Konzentrationsgehalt des 1998ers oder des 1999ers, ist aber typisch grobknochig und stämmig und legt Noten von Teer, erdiger schwarzer Frucht und Eichenholz an den Tag. Eigentlich erinnert er ein wenig an den 1975er Jahrgang – konzentriert und tanninstreng wie er ist. Wenn er nicht austrocknet, könnte er eine höhere Punktnote verdienen.

1999: Ein weiterer rustikaler, mächtiger, konzentrierter, dichter, körperreicher, in einem maskulinen Stil bereiteter Wein, offenbart der 1999er den Mund verbrennendes Tannin sowie reichlich Lakritze, Pflaumen, Dörrzwetschgen, Brombeer- und Kirschfrucht. Er ist untypisch verhalten entwickelt, insbesondere für einen 1999er vom rechten Ufer der Gironde. Voraussichtliche Genussreife: 2005–2020.

1998: Eine dichte, satte, rubin-purpurrote Farbe geht einher mit Aromen von grünen Pfefferkörnern, Pflaumen, gebratenem Fleisch, Leder, Tabak und schwarzen Früchten. Der Wein ist stämmig, körperreich, konzentriert und kernig, mit hartem Tannin im Abgang. Wenn die Komponente von grünem Pfeffer besser eingebunden sein wird und das Tannin abschmilzt, wird dieser 1998er eine hervorragende Bewertung verdienen, doch ist etwas Geduld erforderlich. Ist dies ein Wein für all jene, die dem Geschmack des 19. Jahrhunderts verbunden sind? Voraussichtliche Trinkreife: 2006–2020.

1997: Eine starke, wenngleich rustikale Leistung der Weinbereitung. Dieser undurchdringliche dunkelrubin-purpurrote 1997er offenbart Aromen von krautigen Schwarzkirschen, Lakritze und Erde, eine tanninstrenge, kernige Konstitution von mittlerem bis vollem Körper, weniger Charme, aber mehr Gewichtigkeit, Intensität und Volumen als die meisten 1997er. Wenn das Tannin besser integriert wird, könnte dieser Wein sogar eine noch höhere Punktnote verdienen. Voraussichtliche Genussreife: jetzt–2012.

1996: Der 1996er ist gut gelungen, wenngleich er etwas monolithisch erscheint. Die Farbe ist ein sattes, ins Pflaumenhafte spielendes Rubinrot. Der Wein hat erdige Aromen von Schwarzkirschen, Lakritze und getrockneten Kräutern im Bukett, mittleren bis vollen Körper und muskulöse, konzentrierte Geschmackskomponenten mit mäßig hohem Tanningehalt. Wenn sich im Verlauf des Alterungsprozesses mehr Komplexität entfaltet, wird dieser Bourgneuf auf der Bewertungsskala in den oberen 80er-Bereich klettern. Ein den Mund füllender, robuster Pomerol, der vor 2012 getrunken sein will.

1995: Der 1995er ist ein Schlager des Jahrgangs und einer der besten Weine, die ich von diesem Weingut verkostet habe. Seine Farbe ist ein undurchdringliches Purpurrot und er bietet ein verschlossenes, aber vielversprechendes Bukett von Schwarzkirschen, Himbeeren und kaffeeüberhauchter Frucht. Voll gepackt mit Geschmack, ist dieser Pomerol von mittlerem bis vollem Körper mächtig, groß dimensioniert, herzhaft und herausfordernd. Wenn sich in diesem ausgezeichneten, dekadent reichhaltigen Wein erst einmal zusätzliche Komplexität entwickelt hat, wird er eine hervorragende Punktnote verdienen. Voraussichtliche Genussreife: jetzt–2014.

BOUSCAUT (PESSAC-LÉOGNAN)

2000	**D**	**(84–86)**
1999	**D**	**83**
1998	**C**	**75**

2000: Endlich eine einigermaßen gute Leistung von dieser unter ihren Möglichkeiten bleibenden Domaine. Der 2000er besitzt eine dunkelrubin-purpurrote Farbe, gepaart mit Aromen von würzigem frischem Eichenholz und roten und schwarzen Johannisbeeren. Wenngleich ein vordergründiger Wein, hat er doch mehr aufzuweisen als die meisten vorhergehenden Jahrgänge. Bei mittlerem Körper gibt er süßes Tannin und einen schön texturierten, mäßig ausgestatteten Abgang zu erkennen und wird sich bis 2015 schön trinken lassen.

1999: Süße reife Johannisbeeren, Kirschen und Beeren, verwoben mit Mineralien, Rauch und frischem Eichenholz wetteifern in diesem weichen, gradlinigen, erfreulichen Wein um die Vorherrschaft. Trinken Sie ihn im Lauf der nächsten 10 Jahre.

1998: Obwohl die Farbe ein attraktives dunkles Rubinrot zeigt, nimmt sich dieser Wein von leichtem bis mittlerem Körper am mittleren Gaumen beträchtlich hohl aus. Zwar entsteigen dem Glas einige der typischen Pessac-Léognan-Aromen von versengter Erde, roten Johannisbeeren und Kies, doch sind wenig Tiefe und Länge vorhanden. Voraussichtliche Genussreife: jetzt–2012.

BOYD-CANTENAC (MARGAUX)

2000	**D**	**(88–89+)**
1999	**D**	**88**
1998	**D**	**86**
1997	**C**	**(82–85)**

2000: Ein Schlager des Jahrgangs. Dieser undurchdringliche purpurrote Margaux offenbart ein süßes Parfüm von Akazienblüten, Rauch, schwarzen Johannisbeeren sowie waldige Noten. Von mittlerem bis vollem Körper, konzentriert und reintönig, mit hervorragender Ausgewogenheit und spürbarem, aber gut integriertem süßem Tannin, wird er sich zwischen 2006–2018 schön trinken lassen.

1999: Eine ausgezeichnete Leistung. Dieser tiefrubin-purpurrote 1999er bietet in seinem Bukett reichlich schwarze Früchte, verwoben mit mineralischen und blumigen Düften. Reichhaltig, mit niedriger Säure, mittlerem Körper und einem schön texturierten Abgang, wird sich dieser reintönige Bordeaux jetzt–2015 in Bestform befinden.

1998: Elegant und süß, aber relativ leicht, enthüllt dieser gedämpfte Margaux von mittlerem Körper staubige, erdige Noten von schwarzen Johannisbeeren und Zedernholz sowie mäßige Länge und Tiefe. Er eignet sich zum Trinkgenuss während der nächsten 8 Jahre.

1997: Obwohl dieser Wein einigermaßen dichte Art aufweist, nimmt er sich mit seiner übermäßigen Menge an Tannin für seine delikate Frucht doch etwas ungestüm und rustikal aus. Die Farbe ist ein gesundes dunkles Rubinrot, auch legt der Wein attraktive Aromen an den Tag, doch der Tanninspiegel ist grimmig und es ist nichts von dem Charme und der Opulenz vorhanden, die sich in den Spitzen-1997ern finden.

BRANAIRE-DUCRU (ST-JULIEN)

2000	D	(91–93)
1999	D	89
1998	D	89
1997	D	87
1996	D	89
1995	D	90

2000: Der 2000er ist ein süßer, reintöniger Wein von mittlerem bis vollem Körper mit prachtvoller Ausgewogenheit, reifer Frucht, ausgezeichneter Linienführung und Frische. Als einer der besten Branaires der letzten 25 Jahre sollte er sich letzten Endes mit dem 1996er, 1995er, 1989er und 1982er messen können. Mäßiges Tannin im Abgang lässt darauf schließen, dass er noch etwas Kellerreife benötigt. Voraussichtliche Genussreife: jetzt–2025.

1999: Ich habe diesen Wein unterbewertet, als ich ihn vom Fass verkostete. Der dunkelrubin-purpurrote 1999er offenbart mittleren bis vollen Körper, eine fette, geschmeidig texturierte Persönlichkeit, ausgezeichnete geschmackliche Reife und einen opulenten Eindruck im Mund. Dieser gelungene Tropfen wird sich schon bei seiner Freigabe schön trinken lassen und 15 Jahre lang halten. Voraussichtliche Genussreife: jetzt–2016.

1998: Eine dichte rubin-purpurrote Farbe wird begleitet von einem attraktiven Bukett mit Bleistiftnoten, Grafit, schwarzen Johannisbeeren, Himbeeren und Gewürzen. Von mittlerem Körper, mit wunderschön gewirkten und ausgezeichnet definierten Geschmackskomponenten, legt dieser subtile, zurückhaltende, aber verführerische 1998er einen unverwechselbaren und markanten Stil an den Tag. Voraussichtliche Genussreife: jetzt–2016.

1997: Dies ist ein köstlicher, attraktiver, dunkelrubinrot-pflaumendunkler Wein mit komplexen Bleistiftnoten, Anklängen an Mineralien, schwarze Himbeeren, Johannisbeeren und frisches Eichenholz. Von mittlerem Körper, mit leichtem Tannin, ist dieser elegante Tropfen in seiner Entwicklung rasch fortgeschritten. Trinken Sie diesen köstlichen Wein im Lauf der nächsten 3–4 Jahre.

1996. Ich war in Sorge, dass sich der 1996er als allzu tanninhaltig herausstellen würde, als ich ihn während seines Ausbaus verkostete. Nach dreimaliger Verkostung aus der Flasche stellte ich jedoch fest, dass es sich hier um einen Branaire wie aus dem Bilderbuch handelt, mit einem typischen floralen, nach Himbeeren und schwarzen Johannisbeeren duftenden Bukett, verwoben mit mineralischen und blütenhaften Nuancen. Elegant und reintönig, mit erstaunlicher Üppigkeit und süßem, gut eingebundenem Tannin, dürfte sich dieser in einem finessereichen Stil bereitete Wein von mittlerem Körper zwischen 2005–2018 auf seinem Höhepunkt befinden.

1995: Eine Schönheit in dieser eleganten, zurückhaltenden und finesse-betonten Schule der Weinbereitung, stellt der dunkelrubin-purpurrote 1995er ein florales, nach Preiselbeeren, Kirschen und schwarzen Johannisbeeren duftendes Bukett, verwoben mit einem Hauch von hochklassigem toastwürzigem Eichenholz zur Schau. Von mittlerem Körper, mit ausgezeichneter Definition, subtilem Tannin und einer attraktiven, bezaubernden Persönlichkeit, sollte sich dieser gefällige, gemessene, aber komplexe Wein schon in seiner Jugend schön trinken lassen und zwei Jahrzehnte lang halten.

Bisherige große Jahrgänge: 1989er (92), 1982er (90), 1975er (91)

BRANDA (PUISSÉGUIN ST-ÉMILION)

1999	C	87
1998	C	88

Der Branda, ein aufgehender Stern aus dieser Satelliten-Appellation, wird mit Hilfestellung durch Jean-Luc Thunevin, den Superstar-Weinmacher-Guru von St-Émilion, bereitet. Dieser Wein stellt gewöhnlich einen guten Gegenwert für seinen Preis dar.

1999: Wie der 1998er ist auch der 1999er verführerisch, zeigt sich jedoch mit weniger Volumen und Länge als jener ausgestattet. Er ist dunkelrubinrot, reichfruchtig und ein charmanter Kandidat für einen baldigen Trinkgenuss. Üppig, von mittlerem Körper und seidig, besitzt er jedoch nicht die Wucht des 1998ers. Trinken Sie ihn im Lauf der nächsten 2–3 Jahre.

1998: Eine dunkelrubin-purpurrote Farbe geht einher mit einem attraktiven, sinnlichen Bukett mit Düften nach Zedernholz, schwarzen Früchten, Erde und Eichenholz. Dieser reife, weiche, runde 1998er bietet ansprechende Schichten von konzentrierter Frucht, seidige Textur und unmittelbare Zugänglichkeit. Genießen Sie ihn während der nächsten 3–4 Jahre. Ein Schlager des Jahrgangs.

BRANE-CANTENAC (MARGAUX)

2000	**D**	**(91–93)**
1999	**D**	**88**
1998	**D**	**88**
1997	**C**	**84**

Henri Lurton hat dieser Domaine über die letzten Jahrgänge hinweg zu ihrer Auferstehung verholfen, insbesondere seit 1998, wobei der 2000er ihr größter Erfolg seit dem 1961er ist.

2000: Der dichte, rubin-purpurrote 2000er bietet komplexe, elegante blumige Noten, verwoben mit schwarzen Johannisbeeren, Kirschen, Rauch und Erde. Reichhaltig und samtig texturiert, mit einem langen, eindrucksvollen, nahtlosen Abgang, ist dieser reintönige, konzentrierte, den Mund füllende Wein ein Beweis für das Talent seines Schöpfers. Voraussichtliche Genussreife: 2004–2020.

1999: Das ist ein fortgeschritten entwickelter, weicher, dunkelrubin-granatroter Wein, der ein Bukett mit Aromen von Zedernholz, Gewürzkiste, Kirschen und kräuterhaften, ledrigen Düften an den Tag legt. Er hat mittleren Körper, niedrige Säure und einen eleganten, komplexen, üppigen Abgang. Schon jetzt trinkreif, scheint er sich mit raschen Schritten weiter zu entfalten. Voraussichtliche Genussreife: jetzt–2012.

1998: Neben dem 2000er ist der 1998er der seit vielen Jahren beste Brane-Cantenac. Dieser dunkelrubinrote, elegante, würzig-schmackhafte Wein offenbart reichliche Mengen von kräuterüberhauchter, rauchiger, erdiger schwarzer Johannisbeerfrucht, verflochten mit Lakritze und Toast. Fleischig, von mittlerem Körper und reif, mit mäßigem Tannin, ist dies ein gut gemachter, klassischer Margaux, der sich zwischen 2005 und 2017 in Bestform befinden sollte.

1997: Eine mittlere pflaumenhaft-rubinrote Farbe geht einher mit Aromen von Zedernholz, Balsaholz und roten und schwarzen Johannisbeeren. Bei leichtem bis mittlerem Körper elegant und rund, ohne Ecken und Kanten, aber mit wenig Konzentration, sollte dieser Wein im Lauf der nächsten 2–3 Jahre getrunken werden.

BRANON (PESSAC-LÉOGNAN)

2000	**E**	**(92–95)**

Dies ist vielleicht der erste »Garagenwein« aus der Region Graves; er wird unter der beratenden Leitung von Jean-Luc Thunevin bereitet. Durchschnittlich werden von diesem Verschnitt aus 60% Merlot und 40% Cabernet Franc 200 Kisten produziert.

2000: Der undurchdringlich dichte, purpurrote 2000er verströmt ein phänomenal intensives Bukett mit Düften nach rauchiger Erde, geschmolzenem Straßenteer und Kirschen. Körperreich, mit Geschmacksnoten von Kaffee, schwarzen Früchten, Erde und weichem Butterkaramell ausgestattet, ist der Wein süß, rund und reichhaltig. Unter all seinem Fett und seiner Tiefe liegt beträchtliches Tannin. Ein wunderbarer Tropfen! Voraussichtliche Genussreife: jetzt–2018.

BRISSON (CÔTES DE CASTILLON)

2000	C	(89–90)
1999	C	86
1998	C	88

Der Brisson ist immer einer meiner Lieblings-Renner des Jahrgangs und ein Kandidat für die Wahl zum Wein mit dem besten Verhältnis zwischen Preis und Punktnote.

2000: An diesem sinnlichen, reichfruchtigen, charmanten, verführerischen Wein von mittlerem bis vollem Körper kann man nicht vorübergehen. Er präsentiert prachtvollen Gehalt an Schwarzkirschen- und Beerenfrucht, verwoben mit Rauch, Mineralien und Eichenholz. Schmeichelnd und opulent, ist er aufregend zu trinken. Er wird 4–5 Jahre hindurch wunderbaren Trinkgenuss gewähren und wahrscheinlich sogar noch länger halten.

1999: Ein Kleid von dunklem Rubin-Purpurrot geht einher mit Aromen von schwarzen Früchten, Vanille und Rauch. Dieser in einem leichteren Stil bereitete, jedoch ausgezeichnete, reintönige, mittelgewichtige Tropfen sollte in seinen ersten 5–6 Lebensjahren getrunken werden.

1998: Dieser Wein offenbart in Duft und Geschmack ausgezeichnete, hedonistische, rauchige, mit Kaffee getränkte Schwarzkirschen- und Beerenfrucht. Von mittlerem bis vollem Körper und üppig, erinnert er an einen hochklassigen St-Émilion. Genießen Sie diesen Wein mit hervorragendem Preis-Leistungsverhältnis im Lauf der nächsten 4–5 Jahre.

BROWN (PESSAC-LÉOGNAN)

2000	C	(88–90)
1999	C	87
1998	C	87

2000: Düfte nach Erde, getrockneten Kräutern, Ketchup, schwarzen Johannisbeeren und Grillgewürzen verbinden sich zu einem komplexen Aromaprofil. Elegant, von mittlerem Körper, reichhaltig und geschmacksbetont, mit geschmeidigem Tannin und einem erstaunlich langen, gebieterischen Abgang, ist dies ein Schlager des Jahrgangs und das bislang beste Weinangebot aus der Domaine Brown. Voraussichtliche Genussreife: jetzt–2015.

1999: Dunkelrubinrot, mit rauchigen, würzigen Aromen und Düften nach Erde, Mineralien, Schwarzkirschen und Johannisbeeren, enthüllt der nahtlos gebaute 1999er ausgezeichnete Konzentration, niedrige Säure und beträchtlichen Charakter. Voraussichtliche Genussreife: jetzt–2009.

1998: Weiche Geschmacksnuancen von versengter Erde, Johannisbeeren, Kirschen und Grafit kennzeichnen diesen würzigen, süßen, eleganten, geschmeidigen Wein von mittlerem Körper. Ein köstlicher, in einem mittelgewichtigen Stil bereiteter Graves wie aus dem Lehrbuch, wird er sich 4–5 Jahre schön trinken lassen.

LA CABANNE (POMEROL)

2000	C	(83–86?)

2000: Stark extrahierte, harte, strenge Tannine verdecken die Frucht dieses Weins. Wenngleich sauber bereitet, mit schöner Pflaumen- und Schwarzkirschfrucht und Noten von Balsaholz und frischem Eichenholz, werden sich die den Mund verbrennenden Tannine zweifellos als problematisch herausstellen. Trinken Sie den Wein jetzt–2011.

CALON-SÉGUR (ST-ESTÈPHE)

2000	EE	(93–95)
1999	E	(88–89+)
1998	E	89+
1997	D	80

1996	**E**	**92**
1995	**E**	**92+**

Diesem Weingut, das eines der großartigsten *terroirs* im Bordelais sein Eigen nennt, geht es unter der Leitung von Madame Gasqueton besonders gut, deren 1995er und 1996er echte und gleichwertige Erfolge darstellen. Die Preise von Calon-Ségur sind überaus vernünftig bemessen. Doch die Verbraucher sollten bedenken, dass die Weine sich sehr langsam entwickeln und entfalten und dass sie immer erst im Alter von 5–10 Jahren Trinkreife erlangen. 2000: Ein profunder Wein, möglicherweise der großartigste seit 1982. Calon-Ségur hat hier einen mächtigen, dunkelpurpurroten Wein gestaltet mit einer Fülle an Frucht, gewaltiger Tiefe und einem 40 Sekunden anhaltenden Abgang. Voraussichtliche Genussreife: 2010–2040.

1999: Ich habe über diesen Wein viel zu streng geurteilt, als ich ihn im ersten Jahr seines Ausbaus verkostete. Nachdem er Gewicht zugelegt und sich am mittleren Gaumen ausgepolstert hat, ist er untypischerweise ein 1999er, der 4–5 Jahre Kellerreife benötigen wird. Er zeigt eine dichte rubin-purpurrote Farbe, rauchige, erdige Aromen von getrockneten Kräutern, gebratenem Fleisch und schwarzen Früchten. Gut gemacht, mit beträchtlichem Tannin, einem guten Geschmackseindruck am mittleren Gaumen und mäßig langem Abgang, wird er sich zwischen 2006 und 2025 in Bestform befinden.

1998: Obwohl strenges Tannin mich davon abhielt, dem Wein eine hervorragende Punktnote zu geben, zeigt er in Duft und Geschmack dennoch viel Komplexität in seinen Nuancen von erdigen Trüffeln, Schwarzkirschen, Johannisbeeren, Pflaumen und Kräutern. Mäßig tanninhaltig, mit schöner Gewichtigkeit, ist er ein 1998er im klassischen Stil. Ungeachtet der Tatsache, dass Calon-Ségur dazu neigt, etwa 35% Merlot in seinem endgültigen Mischrezept zu verwenden, gehört er nicht zu den frühreifen Weinen des Jahrgangs. Voraussichtliche Genussreife: 2008–2030.

1997: Ein weicher, grasiger Calon-Ségur mit einer verwässerten rubinroten Farbe, kräuterhaften, pfeffrigen und erdigen Aromen, leichtem bis mittlerem Körper und niedrigem Tanninspiegel, sollte dieser 1997er im Lauf der nächsten 2 Jahre getrunken werden.

1996: Vor der Flaschenabfüllung dachte ich, dass der 1996er dem spektakulären 1995er ebenbürtig sei, doch die gleichzeitige Blindverkostung der beiden Weine bei zwei verschiedenen Gelegenheiten überzeugte mich davon, dass der 1995er wegen seines Elements von *sur-maturité* (Überreife) und seines zugänglicheren, fülligeren Geschmackseindrucks am Gaumen dem 1996er überlegen ist. Zwar mag der 1996er nicht so profund sein, wie ich nach der Fassverkostung vorhergesagt hatte, dennoch ist er ein außergewöhnlicher Wein. Dunkelrubinrot, mit einem komplexen Bukett von getrockneten Kräutern, asiatischen Gewürzen und Marmelade aus mit Cassis vermischten Schwarzkirschen, besitzt er hervorragende Reintönigkeit und beträchtliches Tannin im Abgang. Dieser klassische, traditionell bereitete Wein von mittlerem bis vollem Körper verbessert sich nach einiger Belüftung dramatisch, was auf eine lange Lebenserwartung schließen lässt. Voraussichtliche Genussreife: 2009–2028.

1995: Wie ich nach meinen ersten Verkostungen dieses Weins mehrfach sagte, ist der 1995er ein Volltreffer. Er hat sich seit der Flaschenabfüllung komplett verschlossen, doch ist und bleibt er eine sensationelle Leistung und könnte letztlich eine noch höhere Punktzahl verdienen. Der Wein ist undurchdringlich purpurrot. Nach einigem Zureden gibt das straffe Aromaprofil einige Düfte frei, die an grasigen, mit Trüffeln verwobenen Cassis, Schokolade und blutiges Rindfleisch erinnern. Am Gaumen ist ein Element von *sur-maturité* zu verspüren, dazu märchenhafte Dichte und Reintönigkeit und eine riesige Ladung Tannin. Dieser tiefe, ungemein verhalten entwickelte klassische Bordeaux wird ein Jahrzehnt Kellerreife erfordern. Voraussichtliche Genussreife: 2005–2035.

Bisherige große Jahrgänge: 1990er (90), 1988er (91), 1982er (94)

CAMBON LA PELOUSE (HAUT-MÉDOC)

2000	B	(87–88)

2000: Das ist ein Schlager des Jahrgangs. Der 2000er ist ein Verschnitt aus 50% Merlot, 35% Cabernet Sauvignon und 15% Cabernet Franc. Süß, reif und von mittlerem Körper, legt er verschwenderische Schichten von Schwarzkirschen- und Johannisbeerfrucht mit einem subtilen Hauch von Eichenholz im Hintergrund an den Tag. Fleischig, offen gewirkt und expansiv, wird er während seiner ersten 4–6 Lebensjahre köstlichen Trinkgenuss gewähren.

CANON (ST-ÉMILION)

2000	D	(88–89)
1999	D	87
1998	D	88
1997	C	82
1996	C	80
1995	C	74

Dieses berühmte Gewächs von der Hanglage außerhalb des mittelalterlichen Städtchens St-Émilion hat sich nach einer Reihe von Fehlschlägen wieder aufgerappelt. Obwohl die Weine nicht die Qualität besitzen, die man von einem Premier Cru von St-Émilion erwarten würde, haben sie doch begonnen, sich zu verbessern, insbesondere seit 1998.

2000: Der 2000er ist ein dunkelrubinroter, eleganter Wein von mittlerem Körper mit Anklängen von Blumen, Mineralien, Erde, Schwarzkirschen und Johannisbeeren in Duft und Geschmack. Er besitzt ausgezeichnete Konzentration, Reintönigkeit und Ausgewogenheit. Mäßiges Tannin im Abgang lässt eine gewisse Kellerreife geraten erscheinen. Voraussichtliche Genussreife: 2005–2020.

1999: Trotz des Hagelunwetters, das dieses Château zu einer frühen Lese zwang, ist der 1999er recht gut ausgefallen. Geringfügig strenger als sein älterer Bruder, mit spürbareren erdigen und mineralischen Untertönen, präsentiert er charakteristische Elemente von schwarzer Frucht und einen gedämpften Abgang. Voraussichtliche Genussreife: 2004–2015.

1998: In einem eleganten, zurückhaltenden, subtilen, aber fesselnden Stil bereitet, offenbart der dunkelrubinrote 1998er ein süßes Bukett aus mit Blumen vermischten zerriebenen Steinen, roten und schwarzen Früchten sowie mäßiges Tannin. Ein attraktiver, charmanter, mittelgewichtiger Wein, der sich vor 2015 in Bestform befinden wird.

1997: Dies ist ein angenehmer, delikater, mittelrubinroter Wein mit ausgelaugten, faden Noten von getrockneten Kräutern und süßer Kirschfrucht. Trinken Sie diesen Wein von mittlerem Körper im Lauf der nächsten 2–3 Jahre.

1996: Der 1996er ist ein magerer, strenger, delikater Wein mit dunkelrubinroter Farbe und mittlerem Körper, doch wenig Intensität und Länge. Eckig und schmalbrüstig, wird er wahrscheinlich im Lauf dieses Jahrzehnts austrocknen. Voraussichtliche Genussreife: jetzt–2015.

1995: In diesem sehnigen, dünnen, strengen, säurebetonten, grimmig tanninherben Wein konnte ich keine ausgleichenden Eigenschaften finden. So sehr ich mich auch bemühte, vermochte ich seiner zukünftigen Entwicklung einfach keine positiven Seiten abzugewinnen. Voraussichtliche Genussreife: jetzt–2008.

Bisherige große Jahrgänge: 1989er (92), 1982er (94), 1959er (95)

CANON DE BREM (CANON-FRONSAC)

1999	C	86
1998	C	88
1997	C	86
1996	C	78
1995	C	86

1999: Frisches Eichenholz sowie kräuterüberhauchte Schwarzkirschfrucht sind in diesem maßvoll ausgestatteten, eleganten, in einem finessereichen Stil bereiteten 1999er zu entdecken. Voraussichtliche Genussreife: jetzt–2007.

1998: Ein Schlager des Jahrgangs, der Aromen von Mineralien, versengter Erde, Schwarzkirschen und Himbeeren präsentiert. Dieser dichte, konzentrierte, klassische Wein besitzt festes Tannin sowie ein ausgezeichnetes Potenzial für Langlebigkeit. Reintönig und ausgewogen, erinnert er an einen Spitzen-St-Émilion. Voraussichtliche Genussreife: jetzt–2015.

1997: Der elegante, schmackhafte, fruchtige, mittelrubinrote Wein besitzt niedrige Säure, süßes Tannin und spürbare Kirschfrucht. Trinken Sie ihn in den nächsten 2 Jahren.

1996: Ein dunkelrubinroter, stilvoller, strukturierter, eleganter Wein von mittlerem Körper, der nicht viel Tiefe und Frucht an den Tag legt. Trinken Sie ihn im Lauf der nächsten 3–4 Jahre.

1995: Die pflaumendunkel-rubinrote Farbe des 1995ers wird begleitet von einem überaus gewürzbetonten Wein mit einer markanten mineralischen *terroir*-Note, verwoben mit süßer Pflaumen- und Kirschfrucht. Von mittlerem Körper und dicht, ist dieser muskulöse Bordeaux bereits jung zugänglich, sollte aber auch 7–8 Jahre hindurch schön altern.

Weiterer verkosteter Jahrgang: 2000er (85–86?)

CANON-LA-GAFFELIÈRE (ST-ÉMILION)

2000	**E**	**(94–96)**
1999	**D**	**91**
1998	**E**	**93**
1997	**D**	**90**
1996	**E**	**90**
1995	**E**	**91+**

Eine weitere superbe St-Émilion-Domaine, die mit Leidenschaft, Weitsicht und Verpflichtung zur Qualität von Graf Stephan von Neipperg geführt wird. Seit 1988 gehört dieses Weingut zu den Starproduzenten am Horizont von St-Émilion. Obwohl es schwierig ist, sich auf einen Favoriten festzulegen, ist der 2000er unstrittig einer der großartigsten Canon-La-Gaffelières, die bis heute erzeugt wurden.

2000: Der 2000er mit seinem undurchdringlichen, ins Bläuliche spielenden purpurroten Kleid verströmt ein märchenhaftes Parfüm von geröstetem Espresso, Schokoladenkaramell, dicklicher Brombeer- und Cassisfrucht, Rauch, Vanille, Lakritze und asiatischen Gewürzen. Er zeigt überaus viskose Art, einen enorm konzentrierten Geschmackseindruck, aber schöne Frische und klare Zeichnung, vielschichtige Geschmackskomponenten und einen spektakulären, kraftstrotzenden Abgang. Ein profunder, großer Wein! Voraussichtliche Genussreife: jetzt–2020.

1999: Der 1999er, ebenfalls ein herrlicher Tropfen, zeigt eine undurchdringliche, ins Bläuliche spielende Purpurfarbe. In Duft und Geschmack legt er Noten von geschmolzenem Teer, Espresso, Schokolade, Brombeeren, Dörrzwetschgen, asiatischen Gewürzen und frischem Eichenholz an den Tag. Sinnlich, mit etwas geringerer Komplexität als der 1998er, aber niedrigerer Säure und in einem molligeren, fetteren, hedonistischeren Stil bereitet, kann er bereits bei seiner Freigabe und während der folgenden 12–14 Jahre getrunken werden.

1998: Der 1998er von sattem Purpurrot offenbart verschwenderische Aromen von Dörrzwetschgen, Blaubeeren, überreifen Schwarzkirschen, Schokolade, Kaffee und würzigem frischem Eichenholz. Körperreich, opulent und ausdrucksvoll, ist dieser überschwängliche Wein bis zum Bersten mit Glyzerin und Extrakt voll gepackt. Das Tannin ist süß in diesem zugänglichen und vielschichtigen 1998er. Voraussichtliche Genussreife: 2004–2022.

1997: Der 1997er ist einer der exotischsten, dicksten, reichhaltigsten Weine des Jahrgangs (und gleichzeitig einer seiner wenigen Stars) und gibt eine dichte pflaumenhaft-purpurrote Farbe zu erkennen sowie verschwenderische Aromen von Vanille, Lakritze, asiatischen Gewürzen, geröstetem Kaffee und dicklicher Schwarzkirsch- und Beerenfrucht. Von mittlerem bis vollem Körper, mit seidigem Tannin und niedriger Säure, sollte sich dieser dicke, nahtlose, exotische St-Émilion über 12 Jahre hinweg schön trinken lassen.

1996: Einer der am eindrucksvollsten gebauten und ausdrucksstärksten Weine von St-Émilion. Von seiner satten pupurroten Farbe bis zu seinen überquellenden Aromen (Toast, dickliche schwarze Früchte, Schokolade, gerösteter Kaffee und Rauch) ist dieser körperreiche, fleischige, kernige, mächtige Wein beladen mit Extrakt und süßem Tannin und besitzt einen geschichteten, multidimensionalen Abgang. Er dürfte sich ein Jahrzehnt lang in der Flasche weiter verbessern und sich 15–20 Jahre hindurch gut trinken lassen. Voraussichtliche Genussreife: 2007–2020.

1995: Ein massiver Wein mit einem schokoladigen, dicken, nach Gewürzkiste, schwarzen Johannisbeeren und Kirschen duftenden Bukett, ist dieser körperreiche Wein voll gepackt mit Schichten von Frucht, Extrakt, Glyzerin und Alkohol. Würzig, aber reichhaltig, mit hohem Tanninspiegel, wird der 1995er ein Minimum von 2–3 Jahren für seine Flaschenreife benötigen. Sein Abgang ist lang und gehaltvoll, das Tannin eher süß als adstringierend. Voraussichtliche Genussreife: 2004–2020.

Bisherige große Jahrgänge: 1994er (90), 1990er (92)

CANON-MOUEIX (CANON-FRONSAC)

1999	**C**	**86**
1998	**C**	**87**
1997	**B**	**86**
1996	**C**	**86**

1999: Von leichtem bis mittlerem Körper, angenehm, gradlinig und weich, ist dies ein netter, aber wenig substanzieller Wein mit Kirschen und Mineralien in Duft und Geschmack. Trinken Sie ihn im Lauf der nächsten 3–5 Jahre.

1998: Das dunkelrubinrote Kleid dieses Weins wird begleitet von Düften nach Erde, Schwarzkirschen, Kirschgeist und Gewürzen. Ein weiterer fleischiger, angenehm texturierter, konzentrierter Tropfen, besitzt der 1998er genügend Tannin, um 1–2 Jahre Kellerreife erforderlich zu machen. Voraussichtliche Genussreife: jetzt–2012.

1997: Pflaumen und Kirschen sind in Duft und Geschmack dieses offen gewirkten, würzigen, köstlichen, eleganten und weichen Weins zu erkennen. Schmackhaft, rund und von mittlerem Körper, eignet er sich ideal zum Trinkgenuss während der nächsten 2–3 Jahre.

1996: Dieser dunkelrubinrote Wein besitzt schöne Tiefe, ein würziges, süßes Bukett von Beerenfrucht, Pfeffer und getrockneten Kräutern, mittleren Körper und schöne Reife. Obwohl gut gemacht, ist er im Abgang ein wenig kurz. Trinken Sie diesen gesunden Canon-Fronsac im Lauf der nächsten 3–4 Jahre.

Weiterer verkosteter Jahrgang: 2000er (84–86)

CANTEMERLE (HAUT-MÉDOC)

1999	**D**	**86**
1998	**D**	**84**
1997	**C**	**84**
1996	**D**	**87**
1995	**D**	**86**

Dieses Weingut verdient eine höhere Einstufung als bei seiner Klassifizierung von 1855. Der Stil von Cantemerle ist reichhaltige, geschmeidige Fruchtigkeit und ein intensiv duftendes Bukett.

1999: Süße, mit Kräutern, Erde, Lakritze und Leder vermischte Johannisbeer- und Pflaumenfrucht ist in diesem angenehm texturierten, subtilen aber würzigen Wein von mittlerem

Körper schön verwoben. Seine niedrige Säure und sein reifes Tannin legen eine frühe Trinkreife nahe. Genießen Sie ihn während der ersten zehn Jahre seines Lebens.

1998: Dunkelrubinrot mit einem purpurroten Saum, von mittlerem Körper und leichterem Stil, bietet dieser ein wenig krautige 1998er attraktive Nuancen in Duft und Geschmack, doch mangelt es ihm an Tiefe und Länge. Trinken Sie ihn im Lauf der nächsten 7–8 Jahre.

1997: Der schmackhafte 1997er ist bei leichtem bis mittlerem Körper rund, reich fruchtig, mit niedrigerer Säure und weniger Struktur und Tannin als sein muskulöserer älterer Bruder. Er bietet eine attraktive Palette von roten Früchten, Mineralien und Gewürzen und sollte sich in der ersten Dekade seines Lebens gut trinken lassen.

1996: Nach den Fassverkostungen urteilend, hatte ich erwartet, dass dieser Wein näher an das Prädikat hervorragend rücken würde; immerhin ist er ausgezeichnet ausgefallen, wenn auch nicht ganz so unwiderstehlich, wie ich erwartet hatte. Er ist aus der Flasche verkostet entgegenkommender und leichter, als er es während seines Ausbaus war, jedoch immer noch ein stilvoller Vertreter von Cantemerle. Der 1996er zeigt eine dunkelrubinrote Farbe und ein süßes Bukett von schwarzen Himbeeren, subtilem frischem Eichenholz und Akazie. Schöne Süße und festes Tannin sind in diesem eleganten, symmetrischen Wein vorhanden. Voraussichtliche Genussreife: jetzt–2015.

1995: Der 1995er besitzt nicht die Tiefe des 1996ers und legt eine ausentwickelte Farbe von mittlerem Rubinrot an den Tag, die sich am Saum bereits aufhellt. Pfeffrige und kräuterüberhauchte Aromen von roter Johannisbeerfrucht wirken gefällig, aber kaum inspirierend. Diesem gradlinigen Wein von mittlerem Körper fehlt es an der Tiefe, Dimension und Kraft eines hochrangigen klassifizierten Gewächses. Er wird sich vor 2010 in Bestform befinden.

Weiterer verkosteter Jahrgang: 2000er (87–88)

Bisherige große Jahrgänge: 1989er (91), 1983er (91), 1961er (92), 1953er (94)

CANTENAC (ST-ÉMILION)

2000	C	(87–88)

Der Cantenac ist ein St-Émilion zu vernünftigen Preisen, ein Artikel, der immer schwieriger zu finden ist.

2000: Wenngleich nicht komplex, ist dieser 2000er doch ein fruchtbetonter, fetter, reifer, unmittelbar ansprechender Tropfen, der schmackhaften Trinkgenuss für die nächsten 4–5 Jahre verspricht.

CANTENAC-BROWN (MARGAUX)

2000	D	(89–91)
1999	D	89
1998	D	88
1997	C	85
1996	C	86
1995	C	78

2000: Als bester Cantenac-Brown, den ich je verkostet habe, offenbart dieser körperreiche, geschichtete, konzentrierte, sattpurpurrote 2000er reintönige Aromen von schwarzen Johannisbeeren, Mineralien und Blumen in Duft und Geschmack. Ein mäßig hoher, aber süßer Tanninspiegel ist in seinem 25 bis 30 Sekunden anhaltenden Abgang zu finden. Doch ist wegen der strukturierten Art dieses Weins Geduld erforderlich. Voraussichtliche Genussreife: 2006–2025.

1999: Neben dem 2000er ist der 1999er potenziell einer der allerbesten Cantenac-Browns, die in den letzten 2–3 Jahrzehnten produziert wurden. Dieser Wein von dichter rubin-purpurroter Farbe wartet auf mit einem süßen Bukett von schwarzen Früchten, verflochten mit Lakritze, Gewürzkiste, Fenchel und Grafit. Körperreich und gehaltvoll, mit süßem Tannin, niedriger Säure, klarer Zeichnung und Länge und einem eindrucksvollen, expansiven, reintönigen Geschmackseindruck am Gaumen, wird er zwischen 2004 und 2018 Trinkreife erlangen.

1998: Elegante, süße, mit floralen Nuancen durchsetzte Frucht von schwarzen Johannisbeeren und Brombeeren, gepaart mit Lakritze, Erde und sogar einer Trüffelnote, sind in Duft und Geschmack dieses Weins von mittlerem Körper vorhanden. Darüber hinaus zeigen sich ausgezeichnete Konzentration, schöne Reintönigkeit und süßes Tannin. Kein Kraftprotz, aber ein gut gemachter, symmetrischer 1998er, der jetzt–2016 getrunken werden sollte.

1997: Die weiche Art des Jahrgangs 1997 hat diesem Tropfen viel Charme und Frühreife verliehen. Die Farbe ist ein dunkles Rubin-Purpurrot und der Wein wartet auf mit süßer Frucht von schwarzen Himbeeren und Cassis, vermischt mit Aromen von Lakritze, Unterholz und Eichenholz in Duft und Geschmack. Er ist bei mittlerem Körper geschmeidig texturiert, hat schöne Reintönigkeit und einen von niedriger Säure geprägten molligen Abgang. Voraussichtliche Genussreife: jetzt–2014.

1996: Wenngleich tanninstreng, scheint der 1996er doch eine der besseren Leistungen der Weinbereitung zu sein, die unter der AXA-Verwaltung produziert wurden. Die Farbe ist ein tiefes Rubin-Purpurrot. Der Wein bietet schlichte, aber angenehme Aromen von schwarzen Johannisbeeren, Lakritze und Vanille. Im Mund nimmt er sich bei mittlerem bis vollem Körper kraftvoll, muskulös, etwas vierschrötig, aber vollmundig und reichhaltig aus. Voraussichtliche Genussreife: 2004–2015.

1995: Obwohl der 1995er gute Farbe an den Tag legt, hat er sich beständig eckig, streng und allzu tanninherb gezeigt. Das ist ein magerer Bordeaux von spartanischem Stil, der wahrscheinlich austrocknen wird, bevor genügend Tannin abgeschmolzen ist, um mit der Frucht des Weins ins Gleichgewicht zu kommen. Voraussichtliche Genussreife: jetzt–2010.

CAP DE FAUGÈRES (CÔTES DE CASTILLON)

2000 C (89–91)

1999 C 89

1998 C 88

Dieser exzellente Überflieger befindet sich im Besitz von Corinne Guisez. Michel Rolland ist der beratende Önologe.

2000: Ein weiterer hochklassiger Côtes de Castillon, der sich im Jahr 2000 als Volltreffer erwies. Der sattrubin-purpurrote Wein offenbart ein nach schwarzen Johannisbeeren und Fleischnoten duftendes Bukett sowie reichhaltige, körperreiche Geschmacksnuancen mit hervorragender Konzentration, Reintönigkeit und umfassender Ausgewogenheit.

1999: Der 1999er teilt die meisten Charakteristika des 1998ers, besitzt jedoch süßeres Tannin, niedrigere Säure und einen schokoladigen Charakter. Er könnte sich als noch sinnlicher und hedonistischer als sein älterer Bruder herausstellen. Voraussichtliche Genussreife: jetzt–2010.

1998: Dieser dichte, rubin-purpurrote Wein bietet reichhaltige, konzentrierte Brombeer- und Cassisfrucht, verwoben mit Rauch, Lakritze und Toast. Hohe Extraktion und dichtes, geschmeidiges Tannin sind am Gaumen voll spürbar. Wenngleich nicht komplex, ist dies ein wunderschön bereiteter 1998er von stattlicher Größe, ohne harte Ecken und Kanten. Trinken Sie ihn im Lauf der nächsten 7–8 Jahre.

CAP DE MOURLIN (ST-ÉMILION)

2000 C (85–86)

2000: Diesem monolithischen Wein mangelt es nicht an Konzentration, doch nimmt er sich ein wenig gedämpft, vierschrötig und fade aus. Trinken Sie ihn im Lauf der nächsten 6–7 Jahre.

CARBONNIEUX (PESSAC-LÉOGNAN)

2000	C	(88–90)
1999	C	87
1998	C	87
1997	C	81
1996	C	86
1995	C	87

Der Carbonnieux ist niemals mächtig, aber komplex, mittelgewichtig und schon in seiner Jugend gut zu trinken, vorzugsweise im Lauf der ersten 7–8 Jahre nach der Ernte.

2000: Der 2000er legt in Duft und Geschmack Noten von Schwarzkirschen, Vanille, Gewürzen und Kampfer an den Tag. Weich und mild, ist er gut ausgewogen, harmonisch und reintönig. Trinken Sie ihn im Lauf der nächsten 12–15 Jahre.

1999: Dem 1999er fehlt es an Substanz. Mäßig intensive Aromen von toastwürzigem Eichenholz, Schwarzkirschmarmelade und Mineralien gehen einher mit einem gradlinigen, erfreulichen Wein von mittlerem Körper mit etwas Tannin im Abgang. Trinken Sie ihn während der nächsten 7–8 Jahre.

1998: Mit seinem lebendigen, nach Schwarzkirschen duftenden rauchigen Bukett sehr Burgunder-ähnlich, ist dieser etwas leichte, aber rassige, schmackhafte Wein von mittlerem Körper auf zurückhaltende Art anmutig. Er wird keinen »alten Knaben« abgeben, ist jedoch schön gewirkt und charmant. Genießen Sie ihn im Lauf der nächsten 10 Jahre.

1997: Dies ist ein Bordeaux im Picknick-Stil mit leichtem Körper, der sowohl Zeichen von Verwässerung als auch milde Geschmacksnuancen von Kirsch-Himbeerfrucht zu erkennen gibt, die an einen Burgunder von leichterem Format erinnern. Trinken Sie ihn während der nächsten 2–3 Jahre.

1996: Ein stilvoller, dunkelrubinroter Wein von mittlerem Körper, der in Duft und Geschmack mit toastwürzigen Noten verwobene attraktive Kirsch- und Himbeerfrucht aufweist. Dieser elegante Wein legt eine Volnay-ähnliche Persönlichkeit an den Tag. Er sollte sich 6–7 Jahre lang halten.

1995: Dieser tiefrubinrote Wein von mittlerem Körper ist eine attraktive, sinnliche Leistung der Weinbereitung und offenbart subtile Aromen von rauchigem Eichenholz, verflochten mit Tabak, Kirschgeist und schwarzer Johannisbeerfrucht. Im Mund charakterisieren Eleganz, Ausgewogenheit, Geschmeidigkeit, Finesse und insgesamt verführerische Art diesen runden, überaus tanninhaltigen, üppigen und fesselnden Bordeaux. Voraussichtliche Genussreife: jetzt–2011.

LES CARMES-HAUT-BRION (PESSAC-LÉOGNAN)

2000	E	(91–95)
1999	D	88
1998	D	90
1997	D	87
1996	D	87
1995	D	87

Dieses kleine Juwel von einem Weingut, das in einem schönen Park in der Bordeaux-Vorstadt Pessac liegt, ist ein Muss für jeden Reisenden im Bordelais. Ich habe die Weine dieser Domaine etliche Jahre hindurch gelobt. Die Qualität ist superb und sie sind und bleiben ein ausgezeichneter Kauf, auch wenn man sie aufgrund der winzigen Produktion kaum auftreiben kann. Sie bestehen aus einem Verschnitt von 55% Merlot, 40% Cabernet Franc und 5% Cabernet Sauvignon.

2000: Der spektakuläre 2000er ist eine Glanzleistung und ein Schlager des Jahrgangs. Dieser dichte rubin-purpurrote Wein offenbart ein prachtvoll süßes Bukett von Rauch, feuchter Erde, Kaffee, schwarzen Johannisbeeren und Zigarrentabak. Opulent texturiert (weil er seine malolaktische Säureumwandlung im Fass durchgemacht hat), mit erstaunlicher Reintönigkeit, Fülle und einem langen, konzentrierten Abgang, könnte dies ein moderner Doppelgänger des profunden 1959ers sein, der mich zum ersten Mal zu den Weinen dieser Domaine hingezogen hat. Voraussichtliche Genussreife: jetzt–2025.

1999: Der geschmeidige, weiche, dunkelrubin-purpurrote 1999er zeigt ein sinnliches Bukett von gerösteten Nüssen, Pfeffer, Weihrauch, Rauch von Hickoryholz und schwarzen Johannisbeeren. Von mittlerem Körper, mit niedriger Säure und einer fleischigen, vordergründigen Persönlichkeit, wird er schon bei seiner Freigabe und 12–15 Jahre danach köstlichen Trinkgenuss gewähren.

1998: Ein betörender Wein von dichter purpurroter Farbe und ein Schlager des Jahrgangs. Er wartet mit klassischen Graves-Aromen von Teer, gebratenem Fleisch, versengter Erde, schwarzen Johannisbeeren und Grillgewürzen auf. Er zeigt sich wundervoll elegant, jedoch reichhaltig, konzentriert und tief, von mittlerem bis vollem Körper, mit lobenswerter Süße eingangs im Mund und reifem Tannin im Abgang. Eine Flasche, die ich 24 Stunden hindurch offen stehen ließ, war nach dieser Zeit bedeutend besser als kurz nach dem Entkorken, was darauf schließen lässt, dass dieser Wein eine riesige Lebenserwartung besitzt. Haut-Brion-Liebhabern sei geraten, nach diesem wundervoll bereiteten Wein Ausschau zu halten. Voraussichtliche Genussreife: 2004–2020.

1997: Aromen, die an Hippie-Räucherwerk erinnern, springen förmlich aus dem Glas bei diesem nach Kräutern, Tabak, Rauch und Pfeffer duftenden Wein. Von mittlerem Rubinrot, mit leichtem bis mittlerem Körper, ist er voller Finesse, Frucht und Charme. Ein sinnlicher Tropfen, der sich während der nächsten 2–3 Jahre genießen lässt. Obwohl er weder große Tiefe noch Länge zu bieten hat, ist er wunderschön komplex und geschmeidig.

1996: Ein sinnlicher, verführerischer Graves von mittlerem Rubinrot und voll gepackt mit Ladungen von tabaküberhauchter, mit Rauch und Erde verwobener dicklicher Kirschfrucht, offenbart dieser würzige, runde, generöse 1996er keine Ecken und Kanten und bleibt einer der stilvollsten und am meisten unterbewerteten Weine aus der Region Pessac-Léognan. Wenngleich er sich nicht als langlebig erweisen wird, bietet dieser Wein für die nächsten 7–8 Jahre überaus ansprechenden Trinkgenuss.

1995: Als klassischer Vertreter des rauchigen, tabaküberhauchten, beerenfruchtigen Graves hat dieses kleine Juwel von einem Weingut einen bei mittlerem Körper süßen, runden, beerengeprägten, komplexen, eleganten, schmackhaft-würzigen 1995er ohne Ecken und Kanten gestaltet. Niedrige Säure und eine üppige, reife Merlot-Komponente dominieren den Wein und machen ihn unmittelbar ansprechend. Ein molliger, köstlicher Wein zum Trinkgenuss während der nächsten 6–7 Jahre.

Bisheriger großer Jahrgang: 1959er (93)

CARRUADES DE LAFITE (PAUILLAC)

2000	**D**	**(90–92)**
1999	**D**	**89**
1998	**D**	**90**
1997	**D**	**88**
1996	**D**	**89**
1995	**D**	**87**

Der Carruades de Lafite ist zu einem der besten Zweitweine des Bordelais geworden.

2000: Der 2000er, ein Verschnitt aus 51,4% Cabernet Sauvignon und 42,3% Merlot, während der Rest aus Petit Verdot besteht, offenbart einen eleganten, von Finesse geprägten Charakter sowie Noten von Mineralien, Bleistift, Hobelspänen, Kirschen, nassen Steinen und subtilem Eichenholz. Von mittlerem Körper, stilvoll und schlank gebaut, wird er jetzt–2016 trinkreif sein.

1999: Dieser Wein könnte sich als ebenso betörend herausstellen wie der 1998er. Mit 69% Cabernet Sauvignon und 31% Merlot in seinem Mischrezept ist er verführerischer und süßer, mit niedrigerer Säure und reiferer Art. Voll und reichhaltig, wurde dieser klassische Wein im Stil eines Lafite-Rothschild bereitet. Trinken Sie ihn im Lauf der nächsten 10 Jahre.

1998: Der 1998er (ein Verschnitt aus 61% Cabernet-Sauvignon, 33% Merlot, 4,5% Cabernet Franc und 1,5% Petit Verdot) ist ein hervorragender Wein. Sehr ähnlich einem Lafite, aber geschmeidiger und entgegenkommender, legt er eine dichte rubin-purpurrote Farbe an den Tag, gepaart mit einem bezaubernden Bukett von schwarzen Früchten, Erde und Mineralien, geschmeidigem Tannin, einer ausgezeichneten Textur und einem langen, schönen Abgang. Voraussichtliche Genussreife: jetzt–2015.

1997: Der 1997er (ein Verschnitt aus 32% Merlot, während der Rest hauptsächlich aus Cabernet Sauvignon und einem kleinen Anteil Cabernet Franc besteht) zeigt sich in einem dunklen Rubinrot mit purpurroten Nuancen. Der Wein ist weich, fleischig und rund, mit mehr vordergründigem Fett als der Grand Vin von Lafite, aber bei weitem nicht mit dessen Länge oder Parfüm ausgestattet. Geschmeidig, mit niedriger Säure und einem unkomplizierten seidigen Abgang lässt er sich bis 2006 schön trinken.

1996: Der 1996er, ein Verschnitt aus 63% Cabernet Sauvignon und 37% Merlot, besitzt die meiste Kraft, Reife und fleischige Frucht (wegen des hohen Merlot-Anteils), die ich je in diesem Wein entdeckt habe. Zwar hat er nicht ganz die Eigenschaften des großen Lafite, da er fleischiger und zugänglicher ist, aber er ist ein wundervoll bereiteter Wein mit einer subtilen Dosis von toastwürzigem frischem Eichenholz, einer ansprechenden Textur und ausgezeichneten Länge. Angesichts seiner Mächtigkeit wird dieser Zweitwein 1–2 Jahre Kellerreife benötigen und 15 Jahre und länger halten (ich wäre nicht überrascht, wenn er 2 Jahrzehnte überdauern würde).

1995: Der 1995er ist ein Verschnitt aus 40% Merlot und 60% Cabernet Sauvignon. Er offenbart mehr von den charakteristischen Eigenschaften seines großen Bruders. Elegant, mit würzigem frischem Eichenholz, Bleistift und cremiger Frucht von schwarzen Johannisbeeren, ist dies ein Wein von mittlerem Körper und finessereichem Stil mit ausgezeichneter Reintönigkeit und umfassendem Gleichgewicht. Er zeigt sich weit zugänglicher als der 1996er und sollte sich jetzt–2010 gut trinken lassen.

CERTAN DE MAY (POMEROL)

2000	EE	(90–93)
1999	EE	87
1998	EE	86?
1997	EE	87
1996	EE	87?
1995	EE	90+

Die Weine der späten 1970er und 1980er Jahre aus diesem Gut gehörten zu meinen Lieblings-Pomerols (die 1982er, 1985er, 1986er und 1988er sind prachtvoll). Nach etlichen uninteressanten Leistungen in den späten 1990ern hat Certan de May mächtig wieder aufgeholt. Der 2000er ist die beste Errungenschaft seit dem 1988er und dem 1990er.

2000: Die tiefrubin-purpurrote Farbe dieses Weins geht einher mit Düften nach überreifen Tomaten, Brombeeren, Pflaumen, Unterholz, einem Rhône-ähnlichen Charakter und dem Aroma von provenzalischen Kräutern. Dieser gelungene, aber erstaunlich untypische 2000er ist fett, fleischig und weich mit niedriger Säure und einer korpulenten Persönlichkeit. Geschmacksnuancen von neuem Sattelleder, Ketchup und gebratenem Fleisch mischen sich in einem exotischen, würzigen Stil. Voraussichtliche Genussreife: jetzt–2018.

1999: Dieser mittelgewichtige dunkelrubin-granatrote Pomerol gibt Leichtigkeit und mangelnde Konzentration zu erkennen. Sie werden in ihm attraktive süße Beeren und Erdbeeren, Mokka, kräuterüberhauchte Frucht und einen kurzen Abgang entdecken. Voraussichtliche Genussreife: jetzt–2010.

1998: Dieser Wein, den ich nach der Flaschenabfüllung bei drei verschiedenen Gelegenheiten verkostet habe, hat beträchtlich an Form verloren und liegt unter dem Potenzial, das er zuvor im Fass zeigte. Eine Probe war extrem vegetabil und verwässert. Insgesamt eine magere Leistung, der es an Konzentration fehlt, mit einer Farbe von mittlerem Rubin-Granatrot. Der Wein gibt zwar Noten von Kräutern, Sattelleder, Gewürzkiste, roten Johannisbeeren und Kirschen zu erkennen, doch diejenigen Leser, die an den superben Certan de May der Jahrgänge 1979, 1981, 1982, 1985 und 1988 gewöhnt sind, werden ihn enttäuschend finden. Voraussichtliche Genussreife: jetzt–2010.

1997: Toastwürziges Eichenholz und erdige Untertöne wetteifern in diesem tanninhaltigen Wein von mittlerem Körper um die Aufmerksamkeit des Verkosters. Mit kräuterüberhauchter Schwarzkirschfrucht und einer würzigen Persönlichkeit ausgestattet, kann dieser 1997er im Lauf der nächsten 4–5 Jahre getrunken werden.

1996: Dieser Wein zeigt ein intensiv aromatisches, nach Zedernholz, getrockneten Kräutern und Schwarzkirschen duftendes Bukett, doch sein hartes Tannin ist unangenehm. Obschon gut bereitet, besitzt er bei mittlerem Körper dadurch eine allzu kratzige Textur und einen eckigen, rustikalen Charakter. Wenn das Tannin sich abmildert (was ich bezweifle), dürfte dieser Wein eine Punktnote von 87 verdienen. Voraussichtliche Genussreife: 2004–2015.

1995: Der beeindruckende 1995er offenbart eine dichte rubin-purpurrote Farbe und ein mäßig intensives Bukett von schwarzen Oliven, Zedernholz, Himbeeren und Kirschfrucht, verwoben mit toastwürzigem frischem Eichenholz. Im Mund wird das frische Eichenholz ebenso spürbar wie der hohe Tanninspiegel. Ungeachtet der aggressiven Vanille-Geschmackskomponenten und des kräftigen Tannins besitzt dieser Wein hervorragende Tiefe und einen geschichteten, konzentrierten Stil mit beträchtlicher Muskelkraft und Wucht. Dies ist ein kräftiger, verhalten entwickelter, prachtvoll ausgestatteter Certan de May – zweifellos der beste in diesem Gut erzeugte Wein seit dem 1988er und dem 1990er –, doch wird man entschieden Geduld für ihn brauchen. Voraussichtliche Genussreife: 2006–2020.

Bisherige große Jahrgänge: 1990er (91), 1988er (92+), 1986er (90), 1985er (94), 1982er (96+), 1981er (90), 1979er (93), 1945er (96)

CERTAN-GIRAUD (POMEROL)

1998	**E**	**85**
1997	**E**	**86**
1996	**E**	**84**
1995	**E**	**87**

Dieses wunderbar auf dem Plateau von Pomerol gelegene Château mit etwa 4 Hektar Rebflächen, die zu 71% mit Merlot und zu 29% mit Cabernet Franc bepflanzt sind, wurde 1999 von der Firma Jean-Pierre Moueix erworben und in Hosanna umbenannt. Ich empfehle Bordeaux-Insidern, ihr Augenmerk auf dieses aufstrebende Weingut zu richten.

1998: Der mit schmackhafter Schwarzkirschfrucht, aber wenig Gewichtigkeit und Tiefe ausgestattete 1998er nimmt sich nun weit diffuser aus als vor der Flaschenabfüllung und ist auf nichtssagende, oberflächliche Art attraktiv. Trinken Sie ihn während der nächsten 7–8 Jahre.

1997: Dies ist ein weicher, erdiger, reifer, dicklicher Wein mit niedriger Säure, Pflaumen- und Kirschfruchtigkeit für den baldigen Genuss. Er sollte während der nächsten 4–5 Jahre getrunken werden.

1996: Nach meinem Dafürhalten hätte ein weit reichhaltigerer, komplexerer Wein aus diesem hervorragenden Pomerol-*terroir* hervorgehen können. Der 1996er besitzt eine Farbe von mittlerem Rubinrot und ein ausentwickeltes, komplexes Bukett von Zedernholz, Kirschgeist, gerösteten Kräutern und Gewürzen. Schöne Frucht verbindet sich mit mäßigem Gehalt von Glyzerin in diesem reichfruchtigen, aber im Wesentlichen eindimensionalen, gradlinigen Pomerol von mittlerem Körper. Trinken Sie ihn vor 2005.

1995: Die süßen, dicklichen Geschmackskomponenten dieses Tropfens grenzen an Überreife. Der Wein legt eine tiefrubinrote Farbe mit einem überschwänglichen Bukett von Rauch und schwarzen Früchten an den Tag. In diesem kräftigen, fleischigen, den Mund füllenden, würzigen, hedonistischen Pomerol von mittlerem bis vollem Körper geben sich am Gaumen Glyzerin, niedrige Säure und reichliche Kraft, Intensität und Reichhaltigkeit zu erkennen. Voraussichtliche Genussreife: jetzt–2009.

CERTAN-MARZELLE (POMEROL)

2000	E	(89–91)

Certan-Marzelle, ein neuer Wein, der von Christian Moueix auf den Markt gebracht wird, stammt aus einer Parzelle des ursprünglichen Certan-Giraud-Reblandes. Leider beträgt die Produktion nur 1 000 Kisten.

2000: Dieser sinnliche, üppige, weiche, geschmeidige, unwiderstehliche Wein präsentiert eine tiefrubin-purpurrote Farbe, gefolgt von einem süßen, ausdrucksvollen Pomerol, der ein vollkommener hedonistischer Verführer ist – möglicherweise die Antwort von Christian Moueix auf den Le Pin. Voraussichtliche Genussreife: jetzt–2014.

DE CHAMBRUN (LALANDE-DE-POMEROL)

2000	D	(91–93)
1999	D	89
1998	D	90
1997	C	88
1996	C	88

Neben La Fleur de Bouard ist de Chambrun der eindrucksvollste Wein, der zurzeit in Lalande-de-Pomerol produziert wird. Doch anders als bei La Fleur de Bouard ist die Jahresproduktion des de Chambrun winzig, wird er doch aus lediglich 2,40 Hektar Rebland gewonnen. Unter der inspirierten Leitung von Jean-Philippe Janoueix entwickelt sich das Weingut zu einem Superstar dieser bukolischen Appellation, ein Quell von vordergründigen, köstlichen Weinen im Pomerol-Stil, die zu vernünftigen Preisen verkauft werden.

2000: Der 2000er ist eine erstaunliche Glanzleistung dieses Jahrgangs, in der Konzentration und Intensität zu extremer Höhe gesteigert sind. Der de Chambrun hat sich bereits in den letzten Jahrgängen als einer der feinsten Lalande-de-Pomerols erwiesen, aber der 2000er ist dennoch etwas ganz Besonderes. Sein explosives Bukett von gebratenem Fleisch, Brombeeren, Kaffee und Schokolade entquillt mächtig dem Glas. Dickflüssig texturiert, mit unglaublicher Konzentration, großer Reintönigkeit und schön eingebundenem frischem Eichenholz, sollte man diesen körperreichen Kraftprotz in seinen ersten 7–8 Lebensjahren trinken, um seinen fetten, fruchtigen und überschwänglichen Stil voll auszuschöpfen und zu genießen.

1999: Kaum zu glauben, aber der 1999er könnte sich als noch besserer Tropfen als der brillante 1998er herausstellen. Er ist ein fetterer, breiterer, expansiverer Wein mit einer cremigeren Textur, niedrigerer Säure und einem überreifen Charakter. Noten von schwarzen Früchten, Cassis, Vanille und Schokolade sind in Duft und Geschmack zu finden. Sämig texturiert, dick und hedonistisch, sollte er bereits bei seiner Freigabe köstlichen Trinkgenuss gewähren und ein Jahrzehnt lang halten.

1998: Eine eindrucksvolle, undurchdringlich rubin-purpurrote Farbe legt der 1998er an den Tag, dazu Düfte von schwarzen Früchten, verwoben mit Aromen aus der Gewürzkiste, Vanille und Marmelade. Opulent, muskulös, dick und körperreich, mit mäßigem Tannin und hervorragender Reintönigkeit sowie schönem Gleichgewicht ausgestattet, wird er sich bis 2012 auf seinem Höhepunkt befinden.

1997: Eine tiefe rubin-purpurrote Farbe geht einher mit einem dicken, saftigen Bukett von schwarzen Früchten, Trüffeln, getrockneten Kräutern, Erde und Aromen von gegrilltem Fleisch. Erstaunlich dicht und konzentriert, mit mäßigem Tannin, ist dies ein untypisch kräftiger, muskulöser 1997er. Voraussichtliche Genussreife: jetzt–2010.

1996: Der ausgezeichnete 1996er offenbart eine tiefe rubin-purpurrote Farbe und süße Brombeeren und dickliche Kirschen in Duft und Geschmack. Von mittlerem Körper, mit eindrucksvollem Glyzerin, süßem Tannin und einem langen, üppigen, konzentrierten Abgang, ist er möglicherweise der feinste Lalande-de-Pomerol dieses Jahrgangs. Voraussichtliche Genussreife: jetzt–2010.

CHANTEGRIVE (GRAVES)

2000	**B**	**(87–88)**

Unter den preiswerteren Graves verkörpert der Chantegrive ein sehr gutes Preis-Leistungsverhältnis.

2000: Der ausgezeichnete 2000er offenbart Aromen von versengter Erde, reifer Schwarzkirsch- und Johannisbeerfrucht, Tabak und Zigarrenrauch. Reif, von mittlerem Körper, weich und attraktiv, wird er sich bereits bei seiner Freigabe schön trinken lassen und ein Jahrzehnt lang gut altern.

CHAPELLE-HAUT-BRION (PESSAC-LÉOGNAN)

2000	**D**	**(90–91)**
1998	**C**	**89**
1997	**C**	**83**
1996	**C**	**86**
1995	**C**	**90**

Diejenigen Leser, die nach einem exzellenten Gegenwert für ihr Geld suchen, sollten nach diesem Zweitwein aus limitierter Produktion von La Mission-Haut-Brion Ausschau halten.

2000: Der erstklassige 2000er präsentiert ein süßes, dickliches Bukett mit Düften nach Karamell, Brombeeren, Cassis und Rauch. Reichlich vorhandenes Glyzerin kleidet den Mund aus wie schmelzendes Mark. Süß, tief, körperreich und hedonistisch, gibt er viel von dem Stil von La Mission-Haut-Brion zu erkennen. Trinken Sie ihn vorzugsweise in seinen ersten 10–12 Lebensjahren.

1998: Der 1998er ist ein herrlich komplexer, reichhaltiger Wein im Graves-Stil mit einem rauchigen, nach Tabak, schwarzen Johannisbeeren und Erde duftenden Bukett, fetten, üppigen, konzentrierten, nahtlosen Geschmackskomponenten und wunderschön eingebundener Säure und Tannin. Diese fleischige, komplexe Leistung der Weinbereitung ist bereits jetzt köstlich zu trinken und wird ein Jahrzehnt lang halten. Es wurden 30 000 Flaschen produziert.

1997: Der weiche, runde, kräuterüberhauchte 1997er ist vordergründig, leicht zu verstehen, fruchtig, gradlinig und schlicht. Trinken Sie ihn jetzt.

1996: Der 1996er ist ein weicher, runder, gefälliger, zedernholzduftiger, rauchiger, komplexer Wein mit mittlerem Körper und üppiger süßer Frucht. Er wird keinen Lagerwein abgeben, aber als Bilderbuch-Graves zum Trinkgenuss während der nächsten 5–7 Jahre hat er beträchtliche Vorzüge.

1995: Der 1995er ist ein Schlager und einer der besseren Zweitweine des Jahrgangs. Er nimmt sich extrahierter aus als der 1996er, offenbart jedoch eine gefällige, reichhaltige, gut ausgestattete Persönlichkeit von mittlerem Körper. In der süßen, mit Rauch, Tabak und gerösteten Kräutern verflochtenen Beerenfruchtigkeit dieses Weins kommt viel von dem Charakter von La Mission-Haut-Brion zum Vorschein. Rund, würzig und generös, ohne Ecken und Kanten, wird er während der nächsten 5–7 Jahre idealen Trinkgenuss bieten.

CHARMAIL (HAUT-MÉDOC)

2000	C	(88–90)
1999	C	89
1998	C	88
1997	C	87
1996	C	88
1995	C	88

Der Charmail, einer der besten Crus Bourgeois des Haut-Médoc, wird nach einer interessanten Methode bereitet. Dieses Château ist vielleicht das einzige Weingut, das die Beerenfrucht vor dem eigentlichen Gärprozess 2 Wochen lang bei niedrigen Temperaturen einmaischt.

Dieser brillant bereitete Verschnitt aus 55% Merlot, 25% Cabernet Sauvignon und 20% Cabernet Franc kann es fraglos mit einigen klassifizierten Médoc-Gewächsen aufnehmen.

2000: Der 2000er, ein Star unter den Crus Bourgeois des Médoc, prunkt mit einer schwarzpurpurroten Farbe und einem süßen, verführerischen Bukett von Lakritze, Brombeeren und Cassis. Reintönig, von mittlerem Körper und von Anfang bis Ende mit Frucht bepackt sowie mit mäßigem Tannin im Abgang, wird dieser füllige, konzentrierte Haut-Médoc seinen Höhepunkt in 1–2 Jahren erreichen und sich weitere 10–15 Jahre hindurch schön entfalten.

1999: Dieser eindrucksvolle Charmail von dunklem Purpurrot präsentiert rauchige Aromen von Crème de Cassis, süße, reife, mollige Geschmackskomponenten mit niedriger Säure, mittleren bis vollen Körper und einen außergewöhnlichen Abgang ohne harte Ecken und Kanten. Dieser nahtlos gebaute Wein sollte sich 10 Jahre hindurch schön trinken lassen.

1998: Mit mehr Struktur und Tannin als üblich offenbart der tiefrubin-purpurrote 1998er reichlich schwarze Früchte auf der Zunge, aber einen ausgezehrten, wenn auch eindrucksvoll strukturierten mittleren Gaumen und Abgang. Dieser Wein von mittlerem Körper wird sich 10 Jahre lang halten.

1997: Eine ausgezeichnete Leistung, zeigt der 1997er eine dunkelrubin-purpurrote Farbe gepaart mit süßen Brombeer-Cassis-Düften und hochklassigen toastwürzigen Eichenholzaromen. Von mittlerem Körper und geschmeidig, mit schöner Reife, einem kernigen Geschmackseindruck am mittleren Gaumen und einem samtigen, mit niedriger Säure ausgestatteten Abgang, sollte er während der nächsten 3–4 Jahre getrunken werden.

1996: Dieser Wein wartet mit einer undurchdringlichen schwarz-purpurroten Farbe auf, gepaart mit süßer Brombeer-, Himbeer- und Cassisfrucht, mittlerem bis vollem Körper, verschwenderischen, hedonistischen, rauchigen, dicklichen Fruchtnuancen und reichlichem süßem Tannin. Strenge Selektion hat einen Merlot-dominierten Wein ergeben, der 30% Cabernet Sauvignon und 20% Cabernet Franc enthält. Voraussichtliche Genussreife: jetzt–2010.

1995: Der undurchdringlich purpurrote 1995er bietet ein mäßig intensives Bukett von dicklichen Brombeeren und Johannisbeeren, herrliche Fruchtigkeit auf der Zunge, mittleren bis vollen Körper, hervorragende Reintönigkeit, niedrige Säure und fleischige Textur. Er kann bereits jetzt und während der nächsten 6–7 Jahre getrunken werden.

CHASSE-SPLEEN (MOULIS)

2000	C	(88–89)
1997	C	86
1996	C	86?
1995	C	86

Chasse-Spleen hat beständig feine Weine produziert, die während der letzten drei Jahrzehnte häufig ebenso gut waren wie ein Troisième Cru. Leider sind die Preise gestiegen, nachdem die Verbraucher begriffen hatten, dass der Wein unterbewertet war.

2000: Ein klassischer, muskulöser, reichhaltiger, aber eleganter Wein, in einem mittelgewichtigen bis körperreichen, konzentrierten Stil bereitet, besitzt der 2000er reichliche Mengen von Mineralien, Erde, Schwarzkirsch- und Cassisfrucht in Duft und Geschmack. Er benötigt 4–5 Jahre Kellerreife und wird sich zwei Jahrzehnte lang halten.

1997: Dunkelrubin-purpurrot, mit Aromen von Gewürzen, schwarzen Johannisbeeren, Vanille und Beerenfrucht, enthüllt dieser Wein von mittlerem Körper sehr gute bis ausgezeichnete Tiefe, schönes umfassendes Gleichgewicht, reifes Tannin und ein Gutteil Säure. Er sollte sich 6–7 Jahre lang gut trinken lassen.

1996: Obwohl dieser Wein eine eindrucksvolle Struktur und ausreichende Tiefe der Frucht besitzt, ist er auseinandergefallen und zeigt einen adstringierenden Abgang, hauptsächlich wegen seines hohen Tanningehalts. Von tiefdunkler Purpurfarbe, mit mittlerem Körper und starken Tanninen sowohl im Geschmackseindruck wie im Abgang, ist er in einem Stil bereitet, der in den nächsten 4–5 Jahren nicht viel Charme und Genuss bereithält, aber 15 Jahre hindurch halten sollte.

1995: Dieser Wein hat alles in seinen Aromen und seinem Geschmackseindruck auf der Zunge, aber sehr wenig am hinteren Gaumen – kein gutes Zeichen für eine lange Lebenserwartung und Alterung. Er besitzt eine dunkelrubin-purpurrote Farbe und mit Rauch und Grasigkeit verwobene schwarze Johannisbeerfrucht. Trinken Sie ihn während der nächsten 5–7 Jahre.

Weitere verkostete Jahrgänge: 1999er (81–84), 1998er (?)

Bisherige große Jahrgänge: 1989er (91), 1986er (90), 1985er (90), 1975er (90), 1970er (90), 1949er (94)

CHAUVIN (ST-ÉMILION)

2000	**E**	**(90–92+)**
1999	**D**	**89**
1998	**D**	**89+**
1997	**D**	**88**
1996	**D**	**88**
1995	**D**	**87**

Unter der inspirierten Leitung von Béatrice Ondet und Marie-France Février ist dieses Weingut dabei, immer bessere Weine hervorzubringen. Darüber hinaus sind die Preise vernünftig geblieben. Bis 1999 produzierte das Weingut eine Luxus-Mikro-Cuvée namens Vieux-Château-Chauvin. Dieser wahrlich spektakuläre St-Émilion wurde aus einem kleinen Weinberg gewonnen, der nun in den Standard Château Chauvin integriert wurde.

2000: Der kraftstrotzende 2000er mit seiner undurchdringlichen blau-purpurroten Farbe ist eine großartige Leistung der Weinbereitung. Er prunkt mit tanninstrengen, aber mächtigen, superkonzentrierten Geschmacksnuancen. Dicht und kernig, stellt dieser *vin de garde* alle Merkmale eines klassischen Bordeaux zur Schau. Obwohl einer der besten je bereiteten Chauvins, wird er Geduld erfordern. Voraussichtliche Genussreife: 2007–2025.

1999: Der 1999er hat ein tiefrubin-purpurrotes Kleid und dickliche Brombeer-Cassisfrucht, verwoben mit Rauch und frischem Holz, zu bieten. Diese opulent texturierte, mit niedriger Säure ausgestattete hedonistische Fruchtbombe von einem St-Émilon ist schon bei Freigabe und über die folgenden 10 Jahre hinweg trinkbar.

1998: Eine tiefe, satte rubin-purpurrote Farbe geht einher mit Aromen von Brombeer- und Kirschfrucht, verflochten mit Lakritze, Gewürzkiste, Unterholz und Zedernholz. Dieser dicke, körperreiche, konzentrierte 1998er legt süßes Tannin sowie ausgezeichnete Reintönigkeit an den Tag. Niedrige Säure gepaart mit herrlicher vordergründiger Frucht lässt auf frühe Trinkbarkeit schließen. Voraussichtliche Genussreife: jetzt–2015.

1997: Der 1997er ist ein verführerischer, seidig texturierter Wein von dunkelrubin-purpurroter Farbe, ausgestattet mit üppiger, fetter, saftiger, dicklicher Schwarzkirsch- und Johannisbeerfrucht sowie toastwürzigen Eichenholznoten. Ein geschmeidiger Wein mit niedriger

Säure und schöner Tiefe, ohne Ecken und Kanten, der während der nächsten 4–5 Jahre getrunken werden sollte.

1996: Der 1996er zeigt dunkelrubinrote Farbe und ein ausgezeichnetes Bukett mit toastwürzigen Aromen, verwoben mit dem Duft dicklicher Kirschfrucht. Schönes Glyzerin, mittlerer Körper, umfassende Eleganz, schönes Gleichgewicht und ein schmackhafter, reichfruchtiger Abgang sind vorhanden. Auch etwas Tannin wird spürbar, doch ist dies ein stilvoller, von Finesse geprägter Wein, der sich 8 Jahre hindurch schön trinken lassen dürfte.

1995: Tiefrubinrot, mit einem süßen, nahezu überreifen, dicklichen Bukett von schwarzen Früchten, Eichenholz und Gewürzen, muss dieser üppige, attraktiv texturierte, mollige St-Émilion wegen seiner extrem niedrigen Säure während der nächsten 5–7 Jahre getrunken werden.

CHEVAL BLANC (ST-ÉMILION)

2000		EEE	(99–100)
2000	Le Petit Cheval	E	(90–92)
1999		EEE	94
1998		EEE	95+
1997		EEE	88
1996		EEE	90
1995		EEE	90+

Unter der Federführung von Pierre Lurton ist Château Cheval Blanc auf Erfolgskurs, hat sich doch sein 2000er als Wein des Jahrgangs qualifiziert, während der 1998er und der 1999er seine feinsten, unmittelbar aufeinander folgenden Jahrgänge seit 1982 und 1983 darstellen. Insbesondere der 1999er scheint bei jeder meiner Verkostungen an Statur und Volumen zu gewinnen.

2000: Die Leser können auf diesen Wein jede Summe verwetten – der 2000er ist ein echter Kopfverdreher und der Wein des Jahrgangs! Ungefähr 50% der Ernte gingen in den Grand Vin. Sein Mischrezept setzt sich aus 50% Cabernet Franc und 50% Merlot zusammen. Er bietet eine Explosion von Beerenfrüchten, eine Kaschmir-ähnliche Textur und Schichten von geschmolzenem Tannin, durchsetzt mit gebieterischem Gehalt an Extrakt und Fruchtigkeit. Nahtlos, außergewöhnlich reintönig und vielleicht ein moderner Doppelgänger des 1949ers, hat der 2000er alles, was man sich von einem Wein nur wünschen kann. Er ist nicht so gigantisch wie manche anderen des Jahrgangs, aber er besitzt einen Grad von Intensität und Konzentration ohne jede Schwerfälligkeit, der ihn von den meisten Weinen unterscheidet. Darüber hinaus sind die Tannine abgeschmolzen und vollkommen unauffällig in einem Wein, der analytisch gesehen hohen Tanningehalt besitzt. Das Bukett mit Düften nach Blaubeeren, Brombeeren, Kokosnuss, neuem Sattelleder und Blumen ist überirdisch schön. Die Textur ist dermaßen samtig, dass der Gaumen überschwemmt wird von einem betörenden Smörgåsbord von Geschmacksnuancen und Aromen. Dies ist der großartigste junge Cheval Blanc, den ich je verkostet habe, und ja, es stimmt, er übertrifft sogar in diesem Entwicklungsstadium den 1990er und den 1982er! Wenn es einen 2000er gibt, für den man ein Verbrechen begehen würde, dann ist es der Cheval Blanc.

2000: *Le Petit Cheval*: Für diejenigen, die weder reich genug sind noch das Glück haben, den *2000er Cheval Blanc* kaufen zu können, gibt es eine Alternative – den *2000er Le Petit Cheval*, der einiges von dem Charakter seines großen Bruders mitbringt. Er ist ein Verschnitt aus gleichen Anteilen von Merlot und Cabernet Franc (40% der Produktion ging in diesen Wein) und besitzt weder die Masse noch die Tiefe des Cheval, doch offenbart diese außergewöhnliche Leistung süße, konzentrierte, samtige Geschmackskomponenten, wundervolle Opulenz und exquisite Dichte. Diese Schönheit wird schon bei ihrer Freigabe trinkbar sein und 12–15 Jahre lang halten. Kaum zu glauben, aber wahr, der 2000er Le Petit Cheval ist besser als einige Jahrgänge des Cheval Blanc in den letzten zwei Jahrzehnten.

1999: Der überaus sinnliche, vollkommen betörende 1999er (ein Verschnitt aus 55% Merlot und 45% Cabernet Franc) prunkt mit einer Farbe von tiefem Purpurrot und überwältigenden Aromen von dicklichen schwarzen Früchten, Kaffee, Zedernholz und Mineralien. Nach einer gewissen Zeit entsteigen dem Glas zusätzliche Nuancen von Kirschgeist und Orangenmarmelade. Ein nahtlos gebauter Klassiker mit einer öligen Textur, prachtvoller Fruchtigkeit und ohne harte Ecken und Kanten, wird dieser hinreißende Cheval Blanc schon jung herrlichen Trinkgenuss gewähren, aber auch 2 Jahrzehnte lang halten. Voraussichtliche Genussreife: jetzt–2020.

1998: Dieser Verschnitt aus 55% Cabernet Franc und 45% Merlot legt eine dunkelrubinpurpurrote Farbe an den Tag sowie klassische Aromen von Menthol, Pflaumen, Maulbeeren und gemischten schwarzen Früchten. Eichenholz, Textur und Tannin sind wunderschön eingebunden. Wenngleich körperreich, elegant, konzentriert und makellos ausgewogen, benötigt der Wein doch einige Jahre Kellerreife. Wie ich vermutete, hat er seit der Flaschenabfüllung beträchtlich an Gewicht zugelegt. Voraussichtliche Genussreife: 2007–2030.

1997: Ein Cheval Blanc von verführerischem, duftigem Stil, mit mäßiger Dichte und Gewichtigkeit, legt dieser unmittelbar ansprechende 1997er ein exotisches Bukett mit Aromen von Kokosnuss, Pflaumen, Kirschlikör und süßem toastwürzigem Eichenholz an den Tag. Die verlockende Persönlichkeit des Weins geht einher mit schöner Geschmeidigkeit, niedriger Säure, mittlerem Körper und augenblicklicher Trinkbarkeit. Trinken Sie ihn während der nächsten 5–6 Jahre.

1996: Dieser elegante, mäßig gewichtige 1996er zeigt eine tiefgranatrot-pflaumendunkle, voll entwickelte Farbe. Der Inbegriff von Eleganz, mit einem komplexen, nach schwarzen Früchten, Kokosnuss, Rauch und Toast duftenden Bukett, gibt dieser Wein von mittlerem Körper eingangs im Mund süße Frucht, substanzielle Komplexität sowie einen üppigen, samtig texturierten Abgang zu erkennen. Für einen 1996er ist er sehr mild und entwickelt. Voraussichtliche Genussreife: jetzt–2015.

1995: Der angenehme, attraktive 1995er enthält in seinem Mischsatz einen höheren Prozentsatz von Merlot als üblich (50% Merlot, 50% Cabernet Franc). Dieser Wein hat nicht so viel Fett oder Gewicht entwickelt wie sein jüngerer Bruder, der 1996er, scheint aber ein hervorragender Cheval Blanc zu sein mit einem faszinierenden und exotischen nach Rauch, schwarzen Johannisbeeren und Kaffee duftenden Bukett. Seine komplexen und reichhaltigen Geschmackskomponenten von mittlerem bis vollem Körper sind gut ausgestattet und reintönig mit erstaunlich festem Tannin im Abgang. Anders als der süßere, reifere 1996er, ist der 1995er vielleicht strukturierter und potenziell langlebiger. Voraussichtliche Genussreife: jetzt–2020.

Bisherige große Jahrgänge: 1990er (100), 1986er (92), 1985er (93), 1983er (95), 1982er (100), 1981er (90), 1975er (90), 1964er (95), 1961er (93), 1959er (92), 1955er (90), 1953er (95), 1949er (96), 1948er (96), 1947er (100), 1921er (98)

DOMAINE DE CHEVALIER (PESSAC-LÉOGNAN)

2000	**E**	**(88–90)**
1999	**E**	**89**
1998	**E**	**87**
1997	**D**	**85**
1996	**E**	**88**
1995	**E**	**80?**

Die Rotweine der Domaine de Chevalier haben keine Ähnlichkeit mit dem intensiven, reichhaltigen, erdigen Graves-Stil, wie er exemplarisch von Haut-Brion oder La Mission Haut-Brion zum Ausdruck gebracht wird. Sie besitzen eher einen subtil mineralisch-erdigen Aspekt, neigen aber zu viel leichterem Körper und erinnern in ihrer Art mehr an einen

Médoc. Seit 1983 ist ein bewusstes Streben nach kräftigeren und strukturierteren Weinen zu erkennen, aber die überzogene Eichenholzwürze einiger Jahrgänge hat zu Bedenken Anlass gegeben. Dieser Wesenszug ging in den letzten Jahren jedoch immer weiter zurück, insbesondere seit 1998, und die 1999er und 2000er sind die besten in den letzten 10–15 Jahren in diesem Weingut produzierten Weine.

2000: Einer der feinsten Domaine de Chevaliers, die im letzten Jahrzehnt geschaffen wurden, ist der 2000er in einem eleganten Stil und mit einem zurückhaltenderen Eichenholzton bereitet als die vorhergehenden Beispiele. Dieser tiefrubin-purpurrote Wein offenbart Noten von gerösteten Kräutern, Vanille, roten und schwarzen Johannisbeeren, nassen Steinen und Tabak. Er wird zweifellos mehr Komplexität entwickeln, während er altert. Von mittlerem Körper und wunderschön konzentriert, gibt er mäßiges Tannin im Abgang zu erkennen. Voraussichtliche Genussreife: jetzt–2020.

1999: Der dunkelrubin-purpurrote 1999er offenbart Aromen von geschmolzenem Teer, verflochten mit Düften nach Tabak, Zedernholz, Gewürzkiste und schwarzen Johannisbeeren. Der Wein enthüllt besser integrierte Eichenholzwürze als die letzten Jahrgänge, dazu süßes Tannin, einen herzhaften, samtigen Geschmackseindruck in der Mitte und im Abgang eine wunderschöne süße Frucht, die sich am Gaumen anmutig entfaltet. Er wird schon bei seiner Freigabe und während der folgenden 10 Jahre Trinkgenuss gewähren.

1998: Dieser dunkelrubinrote Wein enthüllt aggressive frische Eichenholzwürze im Bukett, gepaart mit einem Hauch von Tabak, Rauch und Schwarzkirschen. Wenngleich von mittlerem Körper und stilvoll, fehlt es ihm an der nötigen Tiefe, um sich als ein Star des Jahrgangs zu qualifizieren. Voraussichtliche Genussreife: jetzt–2015.

1997: Von hellem Mittelrubinrot, mit süßen, rauchigen, kräuterüberhauchten Geschmacksnuancen von Kirschen und Beeren, ist dies ein attraktiver Wein von leichtem bis mittlerem Körper mit weichem Tannin, niedriger Säure und wenig Tiefe und Ausklang. Trinken Sie ihn im Lauf der nächsten 4–5 Jahre.

1996: Der 1996er hat sich, aus der Flasche verkostet, wunderschön gelungen präsentiert. Er ist ein außergewöhnlich eleganter Wein mit gut eingebundenem Eichenholz und tabaküberhauchter Kirsch- und Cassisfrucht. Er scheint eine Rückkehr zu dem Stil der 1970er und frühen 1980er zu verkörpern. Üppig, mit ausgezeichneter Konzentration, einer schönen Textur und einem schmeichelnden, potenziell komplexen Aromaprofil, sollte sich dieser Wein von mittlerem Körper jetzt–2016 in Bestform befinden.

1995: Eine schockierend hohe Eichenholzkomponente verhindert jeden Versuch, den möglicherweise vorhandenen Fruchtgehalt zu entdecken. Gewiss, der Wein ist in der Entwicklung zurückgeblieben, gewiss, er hat leichten Körper, gewiss, er gibt Anzeichen einer gewissen mineralischen Art: Aber wo sind die Gewichtigkeit, die Reife und die Fruchtigkeit? Trinken Sie ihn 2007–2015.

CIEUX SUR TERRE (ST-ÉMILION)

1998 **C 87**

Der 1998er ist meine erste Erfahrung mit diesem Weingut, das am Rande von St-Hippolyte, dem Satellitenort von St-Émilion, liegt.

1998: Aus einem Verschnitt von 70% Merlot, 20% Cabernet Franc und 10% Cabernet Sauvignon mit einer kalten Vormaischung von 5 Tagen und einer 45 Tage währenden Hauptmaischung bereitet, wurde der Wein unfiltriert auf Flaschen gezogen, nachdem er seinen gesamten Ausbau in neuen Fässern aus französischem Eichenholz verbracht hatte. Er besitzt eine dunkelrubin-purpurrote Farbe und ein süßes Bukett mit Düften von Schwarzkirschen, Brombeeren, Johannisbeeren, Gewürzkiste, Tabak, Mineralien und subtilem frischem Eichenholz. Gut definiert und reintönig, scheint dies eine gute Leistung zu sein. Voraussichtliche Genussreife: jetzt–2016.

CITRAN (HAUT-MÉDOC)

1999	C	86
1998	C	86
1996	C	87
1995	C	86

Die Weine von Citran haben sich in den vergangenen Jahren als prachtvoll erwiesen. Wenn es überhaupt eine Kritik an ihnen gibt, dann höchstens die Bemerkung, dass der Einsatz von frischen Eichenholzfässern ihnen einen dramatischen, sogar angesengten Charakter verleiht, der all jenen nicht gefallen dürfte, die delikate und subtile Rotweine vorziehen. Diese Weine können sich gewöhnlich mindestens ein Jahrzehnt lang halten. In den letzten Jahren sind die Preise etwas nach oben gegangen.

1999: Eine tiefrubin-purpurrote Farbe geht einher mit einem mäßig ausgestatteten Bukett mit Aromen von Rauch, Lakritze und Brombeer-Johannisbeerfrucht. Diesen weichen und runden 1999er sollte man am besten in seinen ersten zehn Lebensjahren trinken. Voraussichtliche Genussreife: jetzt–2010.

1998: Der dunkelrubinrote 1998er offenbart süße Brombeer- und toastwürzige Eichenholzaromen, mittleres Gewicht, attraktive Fleischigkeit, weiches Tannin und schöne Eleganz. Trinken Sie ihn im Lauf der nächsten 5–6 Jahre.

1996: Undurchdringlich rubin-purpurrot, mit reichlich Intensität, Frucht, Körper, Glyzerin und Tannin, ist der 1996er ein mächtiger, muskulöser, breitschultriger Bordeaux zum Trinkgenuss jetzt–2015.

1995: Der tiefrubin-purpurrote 1995er präsentiert Lakritze, Vanille und reife Frucht von schwarzen Johannisbeeren in einem gradlinigen, aber würzigen, vollmundigen Stil und ist weicher als der 1996er. Trinken Sie ihn im Lauf der nächsten 4–5 Jahre.

Weiterer verkosteter Jahrgang: 1997er (86)

CLARKE (LISTRAC)

1999	C	86
1998	C	87

1999: Der 1999er ist ein gefällig texturierter, pflaumendunkler-rubinroter Wein, der mit Cassisfrucht verwobene Nuancen von Erde, Lakritze und Gewürzen an den Tag legt. Von mittlerem Körper, mit niedriger Säure, reifem Tannin und einem attraktiven Abgang ohne Härte, sollte er innerhalb seiner ersten zehn Lebensjahre getrunken werden.

1998: Der 1998er ist eine seriöse Leistung der Weinbereitung und enthüllt komplexe Aromen von Bleistift, roten und schwarzen Johannisbeeren, Mineralien und Gewürzkiste. Bei mittlerem Körper anmutig, besitzt er schöne Reife und reichliche Mengen von gut integriertem süßem Tannin. Voraussichtliche Genussreife: jetzt–2015.

Weiterer verkosteter Jahrgang: 2000er (87–88)

CLERC-MILON (PAUILLAC)

2000	D	(90–92+)
1999	D	89
1998	D	91
1997	C	89
1996	D	90
1995	D	89

Bis 1985 waren die Weine von Clerc-Milon häufig leicht und wenig bemerkenswert, doch die neueren Jahrgänge zeigen eine üppige fruchtige Art, größere Dimensionen in Geschmackstiefe und -fülle sowie verschwenderische Mengen von frischer Eichentoastwürze. Angesichts ihrer Qualität sind diese Weine zurzeit unterbewertet.

2000: Der 2000er (ein Verschnitt aus 67% Cabernet Sauvignon und 33% Merlot) offenbart pikant-würzige Säure, hohen Tanninanteil sowie eindrucksvollen Gehalt an Extrakt und Reichhaltigkeit. Seine dichte pflaumendunkle-purpurrote Farbe geht einher mit süßen Aromen von Rauch, Kaffee, Brombeeren, Grillgewürzen und Lakritze. Eingangs im Mund nimmt der massive Pauillac sich süß aus, doch dann schlagen das Tannin und die erstaunliche Säure des Weins zu. Füllig, mächtig und lang, wird er Geduld erfordern, ein untypischer Zug für einen Clerc-Milon. Voraussichtliche Genussreife: 2008–2025.

1999: Ein süßes Bukett von Cassis, Zedernholz, Schokolade und geräucherten Kräutern wird begleitet von einem runden, reichhaltigen, köstlichen Wein von mittlerem bis vollem Körper. Er bildet einen vollkommenen Kontrast zu dem 1998er von der Statur eines Gargantua. Der verführerische, komplexe, mollige 1999er mit niedrigem Säuregehalt hat während seiner Ausbauzeit Fleisch angesetzt. Voraussichtliche Genussreife: jetzt–2016.

1998: Der 1998er, eine superbe Leistung der Weinbereitung, ist neben dem 2000er einer der feinsten Clerc-Milons, die ich je verkostet habe. Dieser Verschnitt aus 50% Cabernet Sauvignon, 33% Merlot, 14% Cabernet Franc und 3% Petit Verdot ist ein kraftstrotzender Wein in Übergröße aus dieser Domaine. Körperreich und superextrahiert, mit Kraftstoff zum Verbrennen, verlangt dieser reichhaltige, konzentrierte Tropfen 6–7 Jahre Kellerreife. Er ist nicht unähnlich dem riesig gebauten, majestätischen, aber verhalten entwickelten 1998er Mouton-Rothschild. Voraussichtliche Genussreife: 2008–2025.

1997: Wegen seiner niedrigen Säure und voll entwickelten Art verdient der 1997er die Aufmerksamkeit der Verbraucher. Die Leser werden seine üppigen, konzentrierten Noten von Cassis und Brombeeren, verwoben mit Kaffee, Rauch, Gewürzen und Schokolade genießen. Trinken Sie diesen üppigen, hedonistischen Tropfen während der nächsten 8–10 Jahre.

1996: Der 1996er gehört zu den feinsten Weinen, die ich je von diesem Weingut verkostet habe. Verschwenderisch mit Eichenholzwürze versehen, mit Batzen von Toast und reichhaltiger Frucht, ist er massiver und konzentrierter als zurückliegende Jahrgänge. Seine Farbe ist ein dichtes Rubin-Purpurrot. Das Bukett bietet Aromen von geröstetem Kaffee, Tabak und dicklichem Cassis. Obwohl er sich eingangs im Mund erstaunlich weich und opulent ausnimmt, offenbaren sich am mittleren Gaumen und im Abgang der füllige Körper des Weins, seine starke Geschmacksextraktion und sein mäßiges Tannin. Dieser komplette, in einem ausladenden Format gebaute Clerc-Milon wird sich zwischen 2005 und 2018 in Bestform befinden.

1995: Der 1995er, ein Verschnitt aus 56% Cabernet Sauvignon, 30% Merlot und 14% Cabernet Franc, legt mehr Tannin und Biss an den Tag als der 1996er (ironischerweise hat der 1995er eher den Charakter eines 1996er Jahrgangs; dasselbe gilt umgekehrt für den 1996er). Dieser attraktive, dunkelrubin-purpurrote Wein besitzt eindrucksvolle Vorzüge und könnte nach ein oder zwei weiteren Jahren in der Flasche eine hervorragende Punktnote verdienen. Er bietet ein prachtvolles Bukett von gerösteten Kräutern, Fleisch, Zedernholz, Cassis, Gewürzen und Vanille. Dieser dichte Wein von mittlerem bis vollem Körper besitzt hervorragenden Extraktgehalt, reichliches Glyzerin und einen samtigen, geschichteten, hedonistischen Abgang. Üppig und komplex, legt er genügend Tannin an den Tag, um 15 oder mehr Jahre Kellerreife zu rechtfertigen. Voraussichtliche Genussreife: jetzt–2015.

CLINET (POMEROL)

2000	EE	(90–92)
1999	EE	88
1998	EE	90?
1997	E	89
1996	EE	91+?
1995	EE	96

Dieses Weingut rückte 1989 und 1990 in die Spitzenklasse von Pomerol auf. Seine Weine müssen wegen ihres von Tannin geprägten Charakters normalerweise ein paar Jahre Flaschenreife im Keller durchmachen, bevor sie trinkreif sind.

2000: Der 2000er hat eine satte rubin-purpurrote Farbe, einen maskulinen, muskulösen Stil von mittlerem bis vollem Körper, hartes Tannin, süße, konzentrierte Frucht, schöne Reintönigkeit und eine ungefüge, grimmige Persönlichkeit. Er wird Geduld erfordern. Voraussichtliche Genussreife: 2004–2020.

1999: Der 1999er zeigt eine eindrucksvolle tiefpurpurrote Farbe sowie superbe, reintönige, rauchige, mit Kaffee und Lakritze überhauchte Brombeer- und Beerenfrucht in Duft und Geschmack. Der Wein ist bei mittlerem bis vollem Körper dicht, reichhaltig, aber wiederum ungefüge. Kalkiges Tannin im Abgang muss noch besser integriert werden. Voraussichtliche Genussreife: 2006–2020.

1998: Vor seiner Flaschenabfüllung hatte ich mir von diesem Wein mehr erhofft, aber der Clinet geht nach der Flaschenabfüllung häufig durch eine gedämpfte, zurückhaltende Phase. Der 1998er präsentiert sich mit dichter, dick wirkender purpurroter Farbe sowie einem verschlossenen Bukett. Mit etwas Geduld entsteigen dem Glas Noten von feuchter Erde, würzigem frischem Eichenholz, Trüffeln, Brombeeren und Pflaumenfrucht. Dicht, mit grimmigem Tannin, beträchtlicher Wucht und einem gerösteten, schokoladigen Charakter, hat sich dieser Wein noch nicht harmonisch zusammengefügt. Ich hatte gehofft, er würde weniger auseinanderfallen, bin aber dennoch der Meinung, dass er höchstwahrscheinlich eine hervorragende Note verdient, wenn seine Zeit gekommen ist. Doch hier ist Geduld vonnöten. Voraussichtliche Genussreife: 2008–2020.

1997: Der 1997er ist besser ausgefallen als er im Fass versprach. Sein exotisches Bukett von Trüffeln, Vanille, Pflaumenlikör, schwarzen Früchten und asiatischen Gewürzen leitet über zu einem molligen, fetten Wein mit Geschmacksnoten von Kaffee, Kokoscreme und Brombeeren. Erstaunlich dicht und mit mehr Tannin als die meisten 1997er, sollte er sich 10 Jahre hindurch schön trinken lassen. Obwohl ein Spitzenerfolg, ist er einer der weniger genussreichen 1997er für den unmittelbaren Trinkgenuss. Voraussichtliche Genussreife: jetzt–2012+.

1996: Ein verhalten entwickelter, muskulöser, höchst extrahierter Wein mit einer gewaltigen Ladung von Tannin – von daher das Fragezeichen bei der Punktnote. Seine satte Pflaumen-Purpurfarbe geht einher mit einem aggressiv eichenholzwürzigen Bukett, das Düfte nach geröstetem Kaffee, Brombeeren und Dörrzwetschgen freigibt. Angesichts seiner Reichhaltigkeit, Intensität und seines überreifen Stils ist er für einen 1996er Pomerol fast ein Monstrum. Von mittlerem Körper und mächtig, aber extrem verschlossen und einer Kellerreife von 5–6 Jahren bedürfend, wird es interessant sein, die Entwicklung dieses Weins zu verfolgen, um festzustellen, ob das Tannin sich voll in den konzentrierten Stil des Weins integriert. Falls nicht, wird er in Tannin und Struktur eine leicht rustikale Note aufweisen. Ich glaube, dieser Wein wird weit kontroverser diskutiert werden, als ich dachte. Voraussichtliche Genussreife: 2007–2020.

1995: Der 1995er, ein weiterer außergewöhnlicher Wein im verhalten entwickelten *vin-de-garde*-Stil, verkörpert den Inbegriff eines Pomerol. Die Brombeer- und Cassisfrucht dieses Weins ist ehrfurchtgebietend. Die Farbe zeigt ein sattes Schwarz-Purpurrot und der Wein ist überaus körperreich und mächtig, mit Schichten von glyzeringetränkter Frucht, massiver Reichhaltigkeit, einer Fülle von Lakritze-, Brombeer- und Cassis-Geschmacksnuancen und einer dicken, öligen Textur. Ein dichter, eindrucksvoller Tropfen, der sich weitere 10–25 Jahre hindurch verbessern dürfte. Voraussichtliche Genussreife: 2006–2025.

Bisherige große Jahrgänge: 1990er (92), 1989er (99), 1988er (90)

CLOS BADON (ST-ÉMILION)

2000	C	(87–89)
1999	C	88
1998	C	90

Dieses kleine Weingut (knapp über 8 Hektar Rebfläche), in der Nähe von La Gaffelière gelegen, ist stets sehr vielversprechend gewesen. Sein Eigentümer ist der allgegenwärtige Jean-Luc Thunevin, der Weinguru von St-Émilion. Die Weine sind im Allgemeinen reichhaltig, opulent texturiert und aus reifer Beerenfrucht gewonnen. Der Debüt-Jahrgang war 1998.

2000: Der weiche 2000er ist leichter als erwartet ausgefallen, wenn man Thunevins Talent in Betracht zieht. Dieser vordergründige, wenn auch gefällige Wein bietet reichliche Mengen von Kirschen- und roter und schwarzer Johannisbeerfrucht sowie einen unkomplizierten Abgang. Trinken Sie ihn während der nächsten 5–6 Jahre.

1999: Obwohl weniger komplett als der 1998er, offenbart der 1999er überreife Noten von Schwarzkirschen, Feigen, Schokolade und rauchigem frischem Eichenholz. Trinken Sie diesen hedonistischen, reichfruchtigen St-Émilion vor 2010.

1998: Der sinnliche, reife Wein im opulenten Stil bietet eine Fülle von Schokolade, Kaffee, englischem Kuchen und Beeren in Duft und Geschmack. Dieser üppige, expansive, saftige, körperreiche Tropfen wird keinen Wein für lange Lagerung abgeben, aber eindrucksvollen Trinkgenuss für die nächsten 6–7 Jahre gewähren. Ein Schlager des Jahrgangs.

CLOS CHAUMONT (PREMIÈRES CÔTES DE BORDEAUX)

2000	B	(89–91)
1999	B	88
1998	B	88

Die drei angeführten Weine sind Erfolgsschlager ihres jeweiligen Jahrgangs. Die Angebote des Weingutsbesitzers Pieter Verbeek bestehen aus einem Verschnitt von 60% Merlot, 35% Cabernet Sauvignon und 5% Cabernet Franc und sind zu einem der günstigsten Schnäppchen mit gutem Preis-Leistungsverhältnis für preisbewusste Verbraucher geworden.

2000: Der 2000er ist ein gediegen ausgestatteter Wein mit tiefrubin-purpurroter Farbe und Noten von geschmolzenem Karamell, Espresso, Brombeeren und Kirschen in Duft und Geschmack. Im Mund zeigt er sich vielschichtig, ölig, dick und saftig, mit Batzen von Frucht und reichlichem Glyzerin. In diesem samtig texturierten, umwerfenden Tropfen gibt es keine harten Ecken und Kanten. Genießen Sie ihn über die nächsten 5–6 Jahre.

1999: Während der 1999er sich als ebenso ausgezeichnet herausstellen könnte wie der 1998er, scheint er nicht die Gewichtigkeit seines älteren Bruders zu besitzen. Doch hat er dessen Charme sowie die in einem samtig texturierten Stil von mittlerem bis vollem Körper präsentierte, prachtvoll reife Schwarzkirschen- und Cassisfrucht. Voraussichtliche Genussreife: jetzt–2006.

1998: Der köstliche 1998er legt eine dunkelrubin-purpurrote Farbe an den Tag sowie ein herrliches Bukett von schwarzen Früchten, vermischt mit Aromen aus der Gewürzkiste, Bleistift und Zedernholz. Reichhaltig, von mittlerem bis vollem Körper und fett, kann dieser angenehm texturierte, fleischige Wein jetzt und über die nächsten 7–8 Jahre getrunken werden. Kluge Verbraucher werden diesen Wein kistenweise kaufen.

CLOS DU CLOCHER (POMEROL)

2000	D	(88–90)
1999	D	88
1998	D	88
1997	C	85
1996	C	86
1995	C	86

In den besten Jahrgängen sind die Weine von Clos du Clocher generös geschmacksbetont, körperreich und attraktiv, ungeachtet ihres Mangels an Geschliffenheit und Finesse. Leider sind die Preise ziemlich hoch aufgrund der winzigen erzeugten Mengen, die dem Gut von Liebhabern aus den Benelux-Ländern aus den Händen gerissen werden.

2000: Der süße, weiche, erstaunlich verführerische Pomerol ist untypisch für viele Weine aus dieser Appellation. Hedonistisch und fleischig, mit reichlichen Mengen von Mokka sowie Brombeer- und Kirschfrucht und einem Hauch von Karamell und Kaffee, wird dieser füllige, reichhaltige, geschmeidige Wein in seinen ersten 10–14 Lebensjahren köstlichen Trinkgenuss gewähren.

1999: Der potenziell hervorragende, dichte schwarz-rubin-purpurrote 1999er offenbart höchste Extraktion und eine tiefe, rauchige Persönlichkeit mit Nuancen von Mokka, Pflaumen und Kirschen in Duft und Geschmack. Körperreich, gehaltvoll und vielschichtig, mit ausgezeichneter Textur und eindrucksvoller Ausgewogenheit, könnte er sich als einer der feinsten Clos du Clochers herausstellen, die in den letzten 20 Jahren gemacht wurden. Voraussichtliche Genussreife: jetzt–2018.

1998: Der dicht rubin-purpurrote 1998er ist ein ernsthafter, strukturierter, mäßig tanninbetonter Wein und offenbart schwarze Himbeeren, Kirschen, Pflaumen, asiatische Gewürze, Erde und frisches Eichenholz in Duft und Geschmack. Ungeachtet seines saftigen Eindrucks am mittleren Gaumen und seiner ausgezeichneten, durch Glyzerin und Reife bedingten Süße, muss er noch 1–2 Jahre in der Flasche altern. Voraussichtliche Genussreife: jetzt–2015.

1997: Der 1997er weist einen Anklang an Dörrzwetschgen und rosinierte Frucht mit einem Element von Überreife auf. Der Wein ist bei mittlerem Körper dunkelrubinrot, würzig und mittelgewichtig. Seine niedrige Säure und sein fortgeschritten entwickelter, fragiler Stil sprechen dafür, ihn während der nächsten 3–4 Jahre zu trinken.

1996: Der 1996er legt eine markante Note von chinesischem Tee, Kirschmarmelade und getrockneten Kräutern an den Tag. Offen gewirkt, mit niedriger Säure und in einem molligen, schmackhaften, verführerischen Format, sollte sich dieser Wein von mittlerem Körper 3–4 Jahre lang schön trinken lassen.

1995: Der 1995er ist ein weicher, gut gemachter, attraktiver Pomerol und bietet Aromen von Rauch, getrockneten Kräutern, Schwarzkirschen, verwoben mit Erde und Eichenholzwürze. Rund und fruchtig, mit mäßigem Tannin im Abgang, ist dies ein gradliniger, aber ansprechender Pomerol von mittlerem Körper. Voraussichtliche Genussreife: jetzt–2010.

CLOS DUBREUIL (ST-ÉMILION)

2000	**E**	**(91–94)**
1999	**E**	**91**
1998	**E**	**92**
1997	**E**	**89**

Dieses 1,2 Hektar umfassende Weingut, ein Musterbeispiel eines »Garagenwein«-Guts in der Appellation St-Émilion, produziert 300 Kisten pro Jahr. Die Leitung hat Louis Mitjavile inne, der Sohn von François Mitjavile (von dem berühmten Château Tertre-Rôtebœuf), der Weine in dem von seinem Vater bevorzugten reifen und sinnlichen Stil gestaltet.

2000: Dieser superbe Wein offenbart Komplexität und Finesse in Verbindung mit mächtiger und dichter Art. Eine satte, ins Blaue spielende purpurrote Farbe wird begleitet von Düften nach Lakritze, Crème de Cassis, Kirschlikör, Rauch und verflüssigten Mineralien. Körperreich, mit einem expansiven Geschmackseindruck am Gaumen, mäßigem, aber süßem Tannin und einem glyzeringetränkten, geschmeidigen Abgang, wird er sich jetzt–2016 auf seinem Höhepunkt befinden.

1999: In einem ähnlichen Stil bereitet, aber mit niedrigerer Säure, mollig und fett, mit Nuancen von überreifen Brombeeren und Kirschen, verwoben mit Rauch, Lakritze, englischem Kuchen, Schokolade und Espresso, prunkt der ölig texturierte, körperreiche 1999er mit superber Reintönigkeit, niedriger Säure und einem kraftstrotzenden Abgang. Voraussichtliche Genussreife: jetzt–2016.

1998: Dieser massive, körperreiche 1998er, eine spektakuläre Leistung, wartet mit gewaltigen, konzentrierten Aromen von Schokolade, Zedernholz, Kaffee, Brombeeren und Kirschen in Duft und Geschmack auf. Dieser mit niedriger Säure ausgestattete, multidimensionale Tropfen besitzt Schwaden von Glyzerin, Extrakt und Fülle. Ein märchenhaft exotischer, vollmundiger, den Mund rot färbender Wein zum Trinkgenuss während der nächsten 12–15 Jahre.

1997: Dieser cremig texturierte 1997er, ein Star des Jahrgangs, zeigt ein süßes, nach Zedernholz, Schokolade und englischem Kuchen duftendes Bukett. Darüber hinaus entsteigt dem Glas bei Belüftung ein Duftschwall von schwarzen Himbeeren und Kirschen. Reif und sinnlich (der Stil, den Mitjaviles Vater liebt), mit niedriger Säure, wird dieser herrliche, verbraucherfreundliche Wein große Anziehungskraft ausüben. Trinken Sie ihn während der nächsten 4–5 Jahre.

CLOS L'ÉGLISE (CÔTES DE CASTILLON)

2000	**D**	**(89–91)**
1999	**D**	**88**

Dieses Weingut, einer der aufgehenden Sterne am Himmel von Côtes de Castillon, befindet sich im Besitz der beiden rührigen Herren Gérard Perse (Monbousquet, Pavie und Pavie Decesse) und Dr. Alain Raynaud (Quinault l'Enclos). Ihr Debütwein war der Jahrgang 1999.

2000: Der stark extrahierte, reichhaltige, reintönige, schwarz-purpurrote Wein von mittlerem Körper enthüllt wunderschön umrissene, mit Erde- und Toastnuancen vermischte Frucht von schwarzen Johannisbeeren und Brombeeren. Stilvoll, konzentriert und füllig, ist er eine würdige Bereicherung der ständig anwachsenden Angebotspalette qualitativ hoch stehender Weine aus der Satelliten-Appellation von St-Émilion. Voraussichtliche Genussreife: jetzt–2012.

1999: In zu 100% neuen Eichenholzfässern ausgebaut, zeigt der 1999er eine dichte rubinpurpurrote Farbe sowie ein Bukett mit Aromen von Pflaumenlikör, untermischt mit cremigem frischem Eichenholz, Schwarzkirschmarmelade und Gewürzen. Dicht, von mittlerem bis vollem Körper und opulent, ist dies ein reichhaltiger, fruchtiger Tropfen, der sich 5–6 Jahre und vielleicht noch länger schön trinken sollte. Ein Erfolgsschlager des Jahrgangs.

CLOS L'ÉGLISE (POMEROL)

2000	**EE**	**(95–97)**
1999	**EE**	**92**
1998	**EE**	**95**
1997	**E**	**90**

Seit Clos L'Église 1997 von der Familie Garcin-Cathiard erworben wurde, gehören seine Weine zu den feinsten Pomerols. Michel Rolland wurde von den neuen Besitzern für die Kellertechnik berufen, und seither haben sich die Weine von erschreckend mittelmäßig zu fabelhaft entwickelt; ab 2000 wird hier auch ein superber »Garagenwein« namens Branon produziert. Verbraucher sollten wissen, dass die Garcin-Cathiards auch die Eigentümer von Haut-Bergey in Graves sind.

2000: Diese großartige Leistung aus einem für Pomerol eher sehr guten bis ausgezeichneten statt hervorragenden Jahrgang ist ein Kandidat für die Wahl zum Pomerol des Jahrgangs. Der komplexe, konzentrierte 2000er Clos L'Église dürfte sich mit dem legendären 1998er messen können. Dieser fortgeschritten entwickelte Tropfen bietet verschwenderische Aromen von Mokka, Zigarrentabak, Leder, Blaubeeren, Pflaumen und Kirschgeist. Opulent, konzentriert, körperreich, würzig und dick, besitzt er eine sinnliche Textur sowie einen erstaunlich reintönigen Abgang. Zwar wird er nicht so lange leben wie ein Lafleur oder Pétrus, doch stellt er einen prachtvollen Trinkgenuss während der nächsten 10–15 Jahre dar. Voraussichtliche Genussreife: jetzt–2020.

1999: Ich habe diesen Wein bei drei verschiedenen Gelegenheiten in Bordeaux verkostet. Bei zwei dieser Degustationen schloss ich, er könnte sich letztlich als ebenso gut wie der 1998er herausstellen. Er offenbart pflaumendunkle-granatrote Farbe, ein rauchiges, komplexes Aromaprofil von Karamell, schwarzen Früchten und Kirschlikör, mittleren bis vollen Körper, bewundernswerte Reichhaltigkeit und Reintönigkeit und geschmeidige Textur. Es ist nur die Frage, ob er letztlich die Anmut und Tiefe des 1998ers herauskehren wird. Voraussichtliche Genussreife: jetzt–2015.

1998: Der 1998er, ein klassischer Pomerol, prunkt mit einem superben, komplexen Bukett von Mokka-Toffee, Vanille, Schwarzkirschen, geröstetem Kaffee, Rauch und Beeren. Das verwirrende aromatische Feuerwerk geht einher mit einem cremig texturierten, wunderschön geschichteten Wein von mittlerem bis vollem Körper ohne Ecken und Kanten. Eine geschmeidige Textur führt zu einem mit Karamell- und Gewürznoten ausgestatteten Abgang, der 40 Sekunden und länger anhält. Ein prachtvoller, komplexer Pomerol. Voraussichtliche Genussreife: jetzt–2018.

1997: Zu einem der wenigen Stars dieses weichen, verbraucherfreundlichen Jahrgangs hat Clos L'Eglise den dunkelrubin-purpurroten, sinnlichen Wein gestaltet, der herausfordernde Aromen von Mokka, Karamelltoffee, Kaffee und süßer Beerenfrucht mit einem Hauch von toastwürzigem frischem Eichenholz an den Tag legt. Von mittlerem bis vollem Körper, opulent texturiert, mit niedriger Säure, reichlich Glyzerin und gefälliger Frucht, ist er ein Triumph für den Jahrgang. Trinken Sie diesen herrlichen Pomerol im Lauf der nächsten 12 Jahre.

CLOS FOURTET (ST-ÉMILION)

2000	**E**	**(90–92)**
1999	**D**	**87**
1998	**D**	**90**
1997	**D**	**87**
1996	**D**	**89**
1995	**D**	**88**

Dieses Weingut wurde im Februar 2001 von der Familie Lurton an den Pariser Geschäftsmann Philippe Cuvelier verkauft. Clos Fourtet ist eine Domaine, die man im Auge behalten und bei der man kaufen sollte.

2000: Der 2000er, eine starke Leistung aus diesem Premier-Grand-Cru-Classé-Weingut, zeigt eine schwarz-purpurrote Farbe sowie ein exotisches, überschwängliches Bukett von dicklichen Schwarzkirschen und Brombeeren, verwoben mit Lakritze, Rauch und frischem Eichenholz. Tief, opulent und sinnlich, mit niedriger Säure, reichlich Glyzerin und konzentrierter Frucht, wird man ihm nach der Flaschenabfüllung schwer widerstehen können. Voraussichtliche Genussreife: jetzt–2020.

1999: Weich und hedonistisch, mit niedrigem Säuregehalt, präsentiert der mollige, korpulente 1999er eine dichte rubin-purpurrote Farbe, gutes Fleisch, reichliche Mengen von dicklicher schwarzer Frucht und einen üppigen Abgang von mittlerem bis vollem Körper. Er wird sich während seiner ersten 12–15 Lebensjahre schön trinken lassen.

1998: Der dunkelrubin-purpurrote 1998er, eine starke Leistung der Weinbereitung, bietet reintönige Brombeer- und Kirscharomen mit subtilen Düften nach Wald und Lakritze im Hintergrund. Von mittlerem Körper und außergewöhnlich reintönig, mit niedriger Säure und seidigem Tannin, ist dieser sinnliche Tropfen schon jetzt, aber auch während der nächsten 14–15 Jahre ein idealer Trinkgenuss.

1997: Dieser unkomplizierte, köstliche, cremig texturierte 1997er gibt reichlich toastwürziges frisches Eichenholz, gepaart mit dicklichen schwarzen Früchten zu erkennen. Biss oder

Tannin sind in diesem geschmeidigen, reichfruchtigen, charmanten, schmackhaften St-Émilion nur wenig vorhanden. Genießen Sie ihn im Lauf der nächsten 7–8 Jahre.

1996: Bei einer von drei Flaschenverkostungen habe ich den 1996er als hervorragend eingestuft (90 Punkte). Seine Farbe ist ein sattes Dunkelrubinrot. Das Bukett wartet auf mit süßen Fruchtaromen von schwarzen Himbeeren und Brombeeren, vermischt mit Düften nach toastwürzigem Eichenholz und Blumen. Er ist fleischig, erstaunlich expansiv und für einen 1996er fortgeschritten entwickelt, mit niedriger Säure und einem langen, vielschichtigen, fruchtbetonten Abgang. Das Tannin ist reif, so dass die Frucht hervortritt und der Wein sich verführerisch und charmant ausnimmt. Dieser 1996er besitzt ausreichende Gewichtigkeit, Fülle und Extrakt, um 15–20 Jahre lang zu halten, sollte aber schon früh trinkbar sein. Ich wäre nicht erstaunt, wenn die Leser meine Punktzahl angesichts der Langlebigkeit dieses Weins allzu zurückhaltend finden. Voraussichtliche Genussreife: jetzt–2018.

1995: Der 1995er, eine sehr gute Leistung von Clos Fourtet, offenbart mitteldunkle Pflaumenfarbe, gepaart mit Düften von Schwarzkirschfrucht und Kirschgeist, mit Mineralien und toastwürzigem Eichenholz verflochten. Am Gaumen bei mittlerem Körper straff gewirkt, mit ausgezeichneter Linienführung und Reintönigkeit sowie einem würzigen Abgang mit viel Biss, hat sich dieser Wein nach der Flaschenabfüllung beträchtlich verschlossen, besitzt jedoch ausgezeichnete Süße und Tiefe. Da der Tanningehalt recht hoch ist, wird dieser 1995er Geduld erfordern. Voraussichtliche Genussreife: 2004–2018.

CLOS GRAND FAURIE (ST-ÉMILION)

2000	C	(84–86)

Eine schmalbrüstige, komprimierte Textur veranlasste mich dazu, bei diesem ansonsten gut gemachten Wein meine Punktzahl herabzusetzen. Er hat zwar hohen Tanningehalt, doch sind auch schöne, reife Kirschfrucht und mittlerer Körper auf der Zunge zu verspüren. Voraussichtliche Genussreife: 2004–2012.

CLOS DES JACOBINS (ST-ÉMILION)

1997	C	85
1996	C	82

Trotz seiner wirklich guten Qualität wird für den Clos de Jacobins nur wenig Reklame betrieben, und so ist er wohl der am wenigsten bekannte Wein aus dem Haus Cordier. Er war über die letzten 10 Jahre hinweg recht beständig.

1997: Der 1997er offenbart mehr Cassis in seinem süßen, dicklichen Bukett, niedrigere Säure, eine reifere, samtigere Textur und mehr Volumen und Länge als der 1996er. Trinken Sie ihn jetzt.

1996: Der unkomplizierte, gefällige, weiche, fruchtige 1996er zeigt ein nach Lakritze und Kräutern der Provence duftendes Bukett und offen gewirkte, kirschenähnliche Geschmackskomponenten von mittlerem Körper. Er will jetzt getrunken sein.

Weiterer verkosteter Jahrgang: 1999 (82–84)

CLOS DU JAUGUEYRON (MARGAUX/HAUT MÉDOC)

2000	Margaux	D	(91–93)
1999	Margaux	D	91
1998	Margaux	D	89
1999	Haut-Médoc	C	87
1998	Haut-Médoc	C	87

Ich habe gezögert, diese Weine zu bewerten, da die Produktion mikroskopisch klein ist. Von den uralten Rebstöcken glaubt man, sie stammten aus der Zeit vor der großen Reblaus-Epidemie. Durch die kleine Erzeugung (100 Kisten) qualifiziert sich dieser Wein als ultimativer »Garagenwein« des Eigentümers Michel Theron.

2000 *Margaux:* Der undurchdringlich purpurrote 2000er prunkt mit einem herrlichen Bukett von Veilchen, Brombeeren, Cassis, Mineralien und Rauch. Tief, expansiv, reichhaltig und aufregend, fordert dieser körperreiche, sensationelle Margaux die feinsten 2000er dieser Appellation heraus. Voraussichtliche Genussreife: 2005–2020.

1999 *Margaux:* Dieser sensationelle 1999er ist qualitativ ebenso hoch stehend wie der Marojallia (der andere »Garagenwein« aus dieser Appellation). Auf eine dichte purpurrote Farbe folgen Aromen von dicklichen schwarzen Früchten, vermischt mit Rauch, Lakritze und Trüffeln. Tief, körperreich, schön texturiert und überaus reintönig und harmonisch, sollte sich dieser großartige Tropfen 10–15 Jahre hindurch schön trinken lassen.

1998 *Margaux:* Eine dichte dunkelrubin-purpurrote Farbe geht einher mit einem eleganten, verführerischen, fleischigen Geschmackseindruck am mittleren Gaumen, reichlichem Glyzerin und prachtvoller, floral durchsetzter Johannisbeerfrucht mit einem Hauch von Lakritze und Toast. Dieser hervorragende 1998er sollte im Lauf dieses Jahrzehnts getrunken werden.

1999 *Haut-Médoc:* Der 1999er ist eine ausgezeichnete Leistung der Weinbereitung. Er zeigt dunkelrubinrote Farbe, gepaart mit Aromen von Eichenholzwürze, schwarzen Johannisbeeren, Lakritze und Düften aus der Gewürzkiste. Mit niedriger Säure ausgestattet, will er während seiner ersten 4–5 Lebensjahre getrunken sein.

1998 *Haut-Médoc:* Ein solide gemachter Wein mit süßer schwarzer Johannisbeerfrucht, mittlerem Körper sowie Tannin und würzigem frischem Eichenholz, sollte der 1998er während der nächsten 4–5 Jahre getrunken werden.

CLOS DU MARQUIS (ST-JULIEN)

2000	**D**	**(88–90)**
1999	**D**	**88**
1998	**D**	**90**
1997	**C**	**86**
1996	**D**	**90**
1995	**D**	**90**

Der Clos du Marquis, der Zweitwein von Léoville-Las Cases, ist häufig ebenso gut oder besser als viele klassifizierte Gewächse des Médoc.

2000: Der 2000er ist ein Verschnitt aus 68% Cabernet Sauvignon, 25% Merlot, während der Rest sich zwischen Cabernet Franc und Petit Verdot aufteilt. Seine undurchdringliche rubin-purpurrote Farbe geht einher mit einem süßen Bukett von erdigen Schwarzkirschen und Johannisbeeren, vermischt mit Mineralien, Aromen aus der Gewürzkiste und Vanille. Schöne untergründige Säure ist vorhanden, dazu mittlerer bis voller Körper, ausgezeichnete bis hervorragende Konzentration und ein strukturierter, mäßig tanninherber Abgang. Der Wein wird 2–3 Jahre Kellerreife benötigen und sollte 15 Jahre und länger schön altern.

1999: Eine undurchdringliche rubin-purpurrote Farbe wird begleitet von Düften nach süßen schwarzen Johannisbeeren, Bleistift, mineralischen und eichenholzwürzigen Noten. Dieser 1999er von mittlerem Körper sollte sich schon bei seiner Freigabe köstlich trinken lassen. Voraussichtliche Genussreife: jetzt–2015.

1998: Der 1998er ist eine superbe Leistung und legt reichliche Mengen von schwarzer Johannisbeer- und Kirschfrucht an den Tag, mit toastwürzigem Eichenholz wohldurchdacht dosiert. Ein reintöniger Wein von mittlerem bis vollem Körper, gefällig texturiert, mit mäßig tanningeprägtem Abgang, erinnert er an den Léoville-Las Cases, aber ohne dessen Gewichtigkeit, Länge und Wucht. Voraussichtliche Genussreife: jetzt–2014.

1997: Der dunkelrubin-purpurrote 1997er ist ein attraktiver, eleganter Wein von mittlerem Körper mit niedriger Säure und reichlich schmackhafter, üppiger Frucht.

1996: Das ist ein großartiger Clos du Marquis und eindeutig von der Qualität eines Deuxième oder Troisième Cru. Dieser dunkelpurpurrote Wein kommt in seiner Struktur, verhalten entwickelten Art und seinem reichhaltigen, expansiven Charakter nahe an seinen großen Bruder heran. Der Wein ist weniger massiv als der Léoville-Las Cases, offenbart aber eine Fülle von süßem Kirschgeist und schwarzer Johannisbeerfrucht, verwoben mit subtilem, hochklassigem frischem Eichenholz und stahligen mineralischen Noten. Bei mittlerem bis vollem Körper reichhaltig, mit reifem Tannin, ist dies ein betörender Wein. Voraussichtliche Genussreife: jetzt–2018.

1995: Der 1995er verkörpert den durch und durch eleganten Stil des Léoville-Las Cases mit reichen Mengen süßer Frucht, hervorragender Tiefe, Reife und umfassendem Gleichgewicht ohne jede Schwerfälligkeit. Wie bei so vielen der großen Weine aus diesem Gut erscheinen alle Bestandteile harmonisch verteilt und aufeinander bezogen; Säure, Alkohol und Tannin sind gut eingebunden. Der 1995er ist ein wenig vordergründiger und frühreifer als der 1996er und lässt sich sowohl jetzt als auch während der nächsten 12 Jahre trinken.

CLOS DE L'ORATOIRE (ST-ÉMILION)

2000	**E**	**(91–94)**
1999	**D**	**92**
1998	**D**	**92**
1997	**C**	**89**
1996	**D**	**90**
1995	**D**	**89**

Stephan von Neipperg (der auch der Eigentümer von Canon-La-Gaffelière und La Mondotte ist) hat diesem Weingut zu seiner Auferstehung verholfen, das nun zu den Besten in St-Émilion gehört. Unter seiner Leitung ist die Qualität steil angestiegen. Der Clos de l'Oratoire ist für seine Qualität immer noch preiswert.

2000: Der dicke, blau-schwarz-purpurrote 2000er, eine großartige Leistung, zeigt überquellende Aromen von Kaffee, Brombeerlikör, Zedernholz, Lakritze und asiatischen Gewürzen. Im Mund nimmt sich der Wein unwiderstehlich konzentriert aus und gibt süßes Glyzerin und stark extrahierte Geschmackskomponenten auf der Zunge zu erkennen. Spürbares Tannin ist vorhanden, doch gewinnt es bei diesem körperreichen, groß dimensionierten, konzentrierten, aber untadelig ausgewogenen Wein niemals die Oberhand. Ein klassischer, zur langen Lagerung bestimmter Tropfen. Voraussichtliche Genussreife: 2004–2020.

1999: Der entgegenkommende, mollige, dunkelpurpurrote 1999er, eine weitere hervorragende Leistung, besitzt herrliche Konzentration von schwarzen Früchten, vermischt mit Rauch, Erde, Trüffeln und frischem Holz. Der Wein ist dicht, körperreich, mit niedriger Säure, überaus reif und hedonistisch. Das Tannin wird größtenteils durch das Glyzerin und Fett des Weins verdeckt. Voraussichtliche Genussreife: jetzt–2015.

1998: Eine undurchdringliche bläulich-purpurrote Farbe geht einher mit einem sensationellen Bukett von geschmolzenem Karamell, Pflaumen, asiatischen Gewürzen, Brombeeren und Backpflaumen. Rauchige Grillgewürze treten bei Belüftung ebenfalls hervor. Körperreich, superextrahiert, reichhaltig, reintönig und vollmundig, bietet dieser ausladende Tropfen schon jetzt Trinkgenuss, wird aber auch 20 Jahre lang altern. Voraussichtliche Genussreife: jetzt–2020.

1997: Dieser undurchdringlich rubin-purpurrote Wein, einer der Superstars des Jahrgangs, bietet reichliche Mengen von dicklichen Schwarzkirschen und verschwenderischem, rauchigem frischem Eichenholz. Fett, fleischig und reichhaltig, mit süßem Tannin, mittlerem bis vollem Körper und prachtvoller Konzentration und Frucht, kann er schon jetzt getrunken werden und wird 10–12 Jahre lang halten.

1996: Der 1996er ist aus der Flasche noch besser als vom Fass. Der Wein prunkt mit einer pflaumendunklen-purpurroten Farbe. Intensive Aromen von asiatischen Gewürzen, Espresso, gebratenem Fleisch und süße, exotische Düfte nach Zedernholz und Brombeerfrucht entquellen dem Glas bei diesem exotischen St-Émilion im überschwänglichen Stil. Er hat mittleren bis vollen Körper, mäßiges Tannin, einen süßen mittleren Gaumen (immer ein gutes Zeichen) und einen dichten, konzentrierten, langen, mächtigen Abgang. Dieser muskulöse, eindrucksvoll ausgestattete Tropfen sollte sich bis 2017 schön trinken lassen.

1995: Der 1995er, ein beeindruckender, möglicherweise hervorragender Wein, ist ein Erfolgsschlager des Jahrgangs. Dieser dichte rubin-purpurrote Tropfen besitzt in seinem Bukett attraktive, fleischige, süße Kirschfrucht, verflochten mit Noten von rauchigem, toastwürzigem Eichenholz. Von mittlerem bis vollem Körper, am Gaumen würzig und geschichtet, enthüllt der Wein schön gezeichneten Umriss, Biss und Tannin in dem langen, zu Kopf steigenden, eindrucksvoll ausgestatteten Abgang. Voraussichtliche Genussreife: jetzt–2015.

CLOS DES PRINCES (ST-ÉMILION)

2000	C	(88–90)

2000: Der 2000er ist eine erstaunliche Leistung. Noten von Kaffee, Brombeeren, Cassis und Cola springen förmlich aus dem Glas bei diesem körperreichen, fetten, kernigen, reifen, dichten, stark extrahierten Wein. Mit ausgezeichneter Ausgewogenheit, süßem Tannin und genügend Säure für klare Linienführung ausgestattet, sollte man ihn am besten während seiner ersten 10–15 Lebensjahre trinken. Fraglos ein Volltreffer des Jahrgangs.

CLOS PUY-ARNAUD (CÔTES DE CASTILLON)

2000	B	(86–87)

2000: Aus einem Verschnitt von 70% Merlot, 20% Cabernet Franc und 10% Cabernet Sauvignon hergestellt, besitzt dieser Côtes de Castillon schöne Süße, samtige Textur und einen reintönigen, fruchtigen Stil. Wenn er noch mehr Komplexität entfaltet, wird seine Punktnote ansteigen. Voraussichtliche Genussreife: jetzt–2007.

CLOS RENÉ (POMEROL)

2000	C	(88–89)
1999	C	87
1998	C	86

2000: Der verbraucherfreundliche Pomerol besitzt eine pflaumendunkle-purpurrote Farbe und ein süßes Parfüm von Kirschgeist, Rauch, Espresso und Karamell. Ein gut gemachter und geschmeidiger Wein von mittlerem Körper, mit süßem Geschmackseindruck auf der Zunge, einem samtigen mittleren Gaumen und leichtem bis mäßigem Tannin in seinem unkomplizierten Abgang, wird er sich in seinen ersten 10 Lebensjahren schön trinken lassen. Ein Erfolgsschlager des Jahrgangs.

1999: Aus demselben Holz geschnitzt wie der 1998er, offenbart dieser Wein von mittlerem Körper Aromen von Rauch und würziger Schwarzkirschfrucht mit einem Hauch von frischem Eichenholz im Hintergrund. Trinken Sie diesen weichen Tropfen in den nächsten 5–6 Jahren.

1998: Weich, rund und von mittlerem Körper, weist der 1998er reichliche Mengen von Schwarzkirschfrucht, toastwürzigem frischem Eichenholz, niedrige Säure und einen vordergründigen, würzig-schmackhaften Stil auf. Trinken Sie ihn während der nächsten 5–7 Jahre.

Bisheriger großer Jahrgang: 1947er (95)

CLOS ST-JULIEN (ST-ÉMILION)

2000	C	(88–89)

2000: Dieser fesselnde Verschnitt aus Merlot und Cabernet Franc zu gleichen Teilen offenbart eine cremige Textur, gebieterischen Geschmackseindruck, reichhaltige, vordergründige Schwarzkirschen- und Toastnuancen, niedrige Säure, hohen Glyzeringehalt und reife Tannine. Ein Erfolgsschlager des Jahrgangs, sollte er sich 10 Jahre hindurch schön trinken lassen.

CLOS ST-MARTIN (ST-ÉMILION)

2000	D	(91–94)
1999	D	87
1998	D	90
1997	C	86

Dieses winzige Juwel von einem Weingut ist eine weitere aufstrebende Domaine von St-Émilion, die Weine hochklassiger Qualität produziert. Die Leser sollten sich merken, dass der Eigentümer des Guts die Familie Reiffers ist, der auch Les Grandes-Murailles und Côte de Baleau gehören.

2000: Der von Mineralien geprägte 2000er zeigt eine undurchdringlich purpurrote Farbe, gefolgt von Düften nach nassen Steinen, schwarzen Früchten, Erde, Unterholz und frischem Eichenholz. Mächtig, dicht und kernig, mit hohem Tanningehalt und spritziger Säure, wird er 20 Jahre lang gut altern. Voraussichtliche Genussreife: 2005–2022.

1999: Dieser Wein, der sich als hervorragend erweisen könnte, ist ein ziemlicher Erfolg für das Weingut Clos St-Martin, das aufgrund des monströsen Hagelunwetters Anfang September früher als gewollt ernten musste. Sein dichtes rubin-purpurrotes Kleid wird begleitet von süßen Düften nach Blaubeeren, Kirschen, zermahlenen Steinen, Vanille und Lakritze. Tief, lang, von mittlerem bis vollem Körper und reif, mit gut integriertem Tannin und Säure, ist er eine eindrucksvolle Leistung. Voraussichtliche Genussreife: 2004–2015.

1998: Der dichte, dunkelrubin-purpurrote 1998er, ein klassischer *vin de garde*, offenbart subtile Noten von Mineralien, schwarzen Himbeeren, Kirschen und rauchigem Eichenholz. Bei mittlerem bis vollem Körper extrem klar umrissen und mäßig tanninstreng, erfordert er 2–3 Jahre Kellerreife. Hier wird man – ungewöhnlich für viele 1998er St-Émilions – Geduld zeigen müssen. Voraussichtliche Genussreife: 2004–2018.

1997: Im Stil einem Burgunder nachempfunden, mit reichlichen Schwarzkirscharomen in Duft und Geschmack, legt dieser 1997er von mittlerem Körper Anklänge an getrocknete Kräuter, Erde und Gewürze an den Tag. Reintönig, mit untergründiger mineralischer Art, kann er schon jetzt und über die nächsten 5–7 Jahre getrunken werden.

CLOS DE SARPE (ST-ÉMILION)

2000	E	(91–95)
1999	E	90
1998	E	91+

Diese limitierte Erzeugung (1000 Kisten) von Jean-Guy Beyney gibt sich als »Garagenwein« zu erkennen. Er ist ein muskulöser, vollmundiger Verschnitt aus 85% Merlot und 15% Cabernet Franc, in zu 100% neuen Eichenholzfässern ausgebaut, der seine malolaktische Säureumwandlung im Fass durchgemacht hat und unfiltriert und ungeschönt in Flaschen abgefüllt wurde.

2000: Dieser Wein legt eine undurchdringlich pflaumendunkle-purpurrote Farbe an den Tag sowie ein prachtvolles erdiges Bukett, das Düfte nach neuem Sattelleder, gebratenem Fleisch, Unterholz, Pflaumenlikör, Schwarzkirschen und Rinderblut freigibt. Eine aggressive Überlagerung durch Eichenholz ist unverkennbar, dazu gewaltiger Körper, mächtiges Tannin und ein den Mund färbender Abgang, der ebenso eindrucksvoll wie aggressiv wirkt. Zwar mag dieser Wein eine Rückkehr in eine andere Ära bedeuten, doch hat er 30–40 Jahre Lebenserwartung. Dieser 2000er, ein ernsthafter *vin de garde*, sollte nur von Menschen gekauft werden, denen sowohl Geduld als auch Jugend zur Seite stehen. Voraussichtliche Genussreife: 2008–2030.

1999: Dieser Wein besitzt sowohl extrem süßes Tannin als auch überschwänglichen Gehalt an toastwürzigem frischem Eichenholz, kraftvolle, konzentrierte Geschmackskomponenten von Brombeeren und Kirschen, beträchtliches Glyzerin und einen strukturierten, dichten, den Mund füllenden Stil. Ein keineswegs zurückhaltender Wein. Voraussichtliche Genussreife: 2005–2020.

1998: Der 1998er ist ein strukturierter, verschlossener, aber enorm konzentrierter, gehaltvoller, körperreicher Wein, der sich als Überflieger des Jahrgangs herausstellen dürfte. Mein einziger Vorbehalt gilt dem hohen Tanningehalt, der aber reif und ziemlich gut integriert erscheint. Er gibt verblüffende Mengen von schwarzen Früchten, vermischt mit Mineralien, zermahlenen Steinen, Lakritze und Vanille zu erkennen. Voraussichtliche Genussreife: 2005–2015.

CLOS DE LA VIEILLE ÉGLISE (POMEROL)

2000	C	(86–87?)

2000: In diesem Wein ist eine Menge Gutes zu finden: samtige Textur, ausgezeichnete Konzentration und eine satte rubin-purpurrote Farbe. Doch wird er übermäßig durch frisches Eichenholz überlagert und legt eher einen internationalen Stil an den Tag, als dass er sich rasch als Pomerol identifizieren ließe. Dessen ungeachtet ist er sauber gemacht und sehr gut, wenn auch ein wenig eichenholzbetont. Voraussichtliche Genussreife: jetzt–2012.

LA CLOTTE (ST-ÉMILION)

2000	D	(90–91)
1999	D	88
1998	C	89

Diese Weine sind intensiv fruchtige, fleischige, schmackhaft-würzige, opulente St-Émilions, die zwar keine Lagerweine abgeben, aber immensen Trinkgenuss gewähren. Darüber hinaus hat der La Clotte gewöhnlich ein sehr gutes Preis-Leistungsverhältnis.

2000: Das ist einer der zahlreichen Volltreffer des Jahrgangs 2000 und der beste La Clotte, den ich je verkostet habe. Etwas über 1000 Kisten werden aus einem Verschnitt von 70% Merlot und 30% Cabernet Franc produziert. Seine undurchdringlich purpurrote Farbe geht einher mit Düften nach Toffee, Schwarzkirschen, Kaffee, Karamell und Mineralien. Elegant und reichhaltig, mit süßer Frucht, geschmeidigem Tannin und einer voll beladenen Persönlichkeit, wird er in seinen ersten 10 Lebensjahren herrlichen Trinkgenuss gewähren.

1999: Identisch mit dem 1998er mit Ausnahme eines etwas niedrigeren Gehalts an Säure und mehr Würzigkeit, bietet der 1999er Schwarzkirschen- und Pflaumenfrucht sowie Aromen aus der Gewürzkiste, Zedernholz und Erde. Voraussichtliche Genussreife: jetzt–2012.

1998: Der verführerische, dunkelrubin-pflaumenfarbige Wein offenbart viskose Textur, reichhaltige, würzige Beerenfrucht und reichliche Mengen von Pflaumen und Kirschen. Von mittlerem bis vollem Körper, will er im Lauf der nächsten 8 Jahre getrunken werden.

LA CLUSIÈRE (ST-ÉMILION)

2000	EE	(94–96)
1999	EE	91
1998	E	90+

Auf der Basis der drei von dem neuen Besitzer bereiteten Jahrgänge scheint es, als würde das Weingut danach streben, der Le Pin von St-Émilion zu werden.

2000: Obwohl er ein sensationeller Kraftprotz ist, erweist sich dieser 100%ige Merlot sowohl als hochklassig als auch differenziert. Seine undurchdringlich schwarz-purpurrote Farbe geht einher mit Aromen von Vanille, Brombeerlikör, Mineralien, überreifen Kirschen, Schokolade und Espresso. Im Mund bemerkenswert nahtlos, mit reichlich unter der Oberfläche verborgenem Tannin, übertrifft der 2000er den berühmten Le Pin an Tiefe, exotischer Art und Langlebigkeit. Ein Meisterstück! Voraussichtliche Genussreife: 2006–2025.

1999: Das ist der komplementäre Jahrgang zu dem tanninstrengen, strukturierten 1998er. Der dunkelrubin-purpurrote 1999er ist ein sinnlicher, offen gewirkter, überschwänglicher, auffälliger Wein mit herrlichem Gehalt an Schwarzkirsch- und Himbeerfrucht, vermischt mit Mineralien, Lakritze, Erde und rauchigem Eichenholz. Er weist einen hohen Glyzeringehalt auf, niedrige Säure sowie hervorragende Tiefe und Nachhaltigkeit. Voraussichtliche Genussreife: jetzt–2018.

1998: Der 1998er hat eine undurchdringliche purpurrote Farbe sowie ein festes, aber vielversprechendes Bukett von schwarzen Früchten, zermahlenen Steinen und rauchigem frischen Eichenholz. Schöne Tiefe und Reintönigkeit sowie ein gut gezeichneter Stil sind in diesem verhalten entwickelten, tanninstrengen, muskulösen Wein vorhanden. Zwar ist er der feinste La Clusière, der bislang produziert wurde, doch benötigt er noch 4–5 Jahre im Keller. Voraussichtliche Genussreife: 2005–2020.

LA CONSEILLANTE (POMEROL)

2000	EEE	(96–98)
1999	EEE	88
1998	EEE	90
1997	EE	88
1996	EE	88
1995	EE	89

Wenn es überhaupt eine Kritik an diesem Weingut gibt (ich liebe den Wein, wie meine Bewertungen der letzten zwei Jahrzehnte beweisen), dann nur in dem einen Punkt, dass in bestimmten Jahrgängen ein geringfügiger Mangel an Konzentration zu erkennen ist, der die Weine seinen Nachbarn Cheval Blanc und Pétrus gegenüber ins Hintertreffen geraten lässt. Die Weine von La Conseillante sind gewöhnlich teuer.

2000: Der 2000er ist ein profunder Wein, der mehr Konzentration als gewöhnlich an den Tag legt. Unstrittig der feinste Wein, der hier seit dem glorreichen Duo von 1990 und 1989 produziert wurde, prunkt er mit einer dichten rubin-purpurroten Farbe und einem spektakulären Bukett von rauchgetränkten schwarzen Himbeeren und Kirschgeist. Im Glas entfaltet sich das Bukett und gibt explosive Aromen von frischem Holz, asiatischen Gewürzen und einen exotischen Hauch von Weihrauch frei. Samtig texturiert und herrlich reintönig, mit außergewöhnlichem Glyzeringehalt, niedriger Säure, mäßig hohem Tannin und einem geschichteten Geschmackseindruck am Gaumen, hat dieses sagenhafte *terroir* eine Legende dieses Jahrgangs hervorgebracht. Voraussichtliche Genussreife: jetzt–2025.

1999: Nachdem er seit letztem Jahr an Gewicht zugelegt hat, ist der 1999er ein Kandidat für eine hervorragende Punktnote. Der Säuregehalt ist niedrig und die rubin-granatrote Farbe zeigt sich relativ ausentwickelt mit einem rosa Schimmer am Saum. Seine überwältigenden Aromen von Lakritze, Tabak, Gewürzkiste, schwarzen Himbeeren, Kirschen und getrockneten Kräutern sind außergewöhnlich. Der Wein besitzt ähnliche Gewichtigkeit wie der 1998er, ist aber wegen seiner niedrigeren Säure fleischiger und fetter. Trinken Sie diesen üppigen, unwiderstehlichen Pomerol in den ersten 12–15 Jahren seines Lebens.

1998: Eine voll entwickelte, pflaumendunkle-granatrote Farbe geht einher mit bezaubernden, sinnlichen Aromen von Himbeeren, Soja, asiatischen Gewürzen, Kirschgeist und toastwürzigen Vanilledüften. Dieser opulent texturierte Wein von mittlerem Körper ist kein Kraftprotz, sondern ein Musterbeispiel an Eleganz, Harmonie, Finesse und Komplexität. Warum können die Grands Crus von Burgund nicht ebenso ausgewogen und verführerisch sein? Die niedrige Säure dieses Weins sowie seine wundervoll reife Frucht laden zum unmittelbaren Trinkgenuss ein, doch wird er auch 12–15 Jahre lang halten.

1997: Dunkelrubinrot, mit verschwenderischen Aromen von hochklassigem toastwürzigem frischem Eichenholz und schwarzen Himbeeren, verändert sich dieser offen gewirkte, komplexe Wein rasch im Glas und gibt rauchige, mokkagetränkte Noten frei. Wenngleich nicht massiv, ist er sinnlich, charmant und fruchtig – kurz, ein typischer La Conseillante. Trinken Sie ihn im Lauf der nächsten 10 Jahre.

1996: La Conseillante hat in dem allgemein von Tannin und harter Textur geprägten Jahrgang 1996 einen offen gewirkten, verführerischen Wein hervorgebracht. Seine Farbe ist ein tiefes Rubinrot. Der Wein hat mittleren Körper und ein süßes, offen gewirktes Bukett von schwarzen Himbeeren, vermischt mit Toast, Lakritze und Rauch. Weich, rund und charmant, kommt die Himbeerfrucht dieses *terroirs* gut zum Ausdruck. Dieser 1996er kann schon jetzt getrunken werden, sollte sich aber auch 12 Jahre hindurch gut halten. Voraussichtliche Genussreife: jetzt–2014.

1995: Es liegt nahe, diesem Wein wegen seiner verführerischen Art eine hervorragende Punktnote zu geben. Doch glaube ich, dass er nicht ganz den Gehalt an Extrakt und Konzentration besitzt, um eine außergewöhnliche Bewertung zu verdienen. Dessen ungeachtet ist dies ein in einem überaus erfreulichen Stil bereiteter Bordeaux. Seine tiefrubinrote Farbe geht einher mit einem offen gewirkten Bukett mit Düften nach Schwarzkirschen, Himbeeren und rauchigen gerösteten Kräutern. Er zeigt eine runde, üppige, reife Fruchtigkeit, mittleren Körper, außergewöhnliche Eleganz und Reintönigkeit und einen weichen, samtigen Abgang. Man kann ihn sich ganz als flüssigen Charme und Seidigkeit vorstellen. Voraussichtliche Genussreife: jetzt–2014.

Bisherige große Jahrgänge: 1990er (98), 1989er (97), 1986er (89), 1985er (94), 1983er (88), 1982er (95), 1981er (91), 1970er (92), 1959er (95), 1953er (90), 1949er (97), 1947er (91)

CORBIN (ST-ÉMILION)

2000	**C**	**(88–89)**
1999	**C**	**87**
1998	**C**	**88**

2000: Dieser sinnliche, explosiv fruchtige Wein hat vielleicht nicht ebenso viel Körper und Tiefe wie frühere Corbins, aber er ist opulent, für einen 2000er frühreif und schmeichelnd im Geschmack. Die tiefrubin-purpurrote Farbe wird von Schwaden schwarzer Früchte in dem vordergründigen Duft- und Geschmacksprofil begleitet. Dieser verbraucherfreundliche, köstliche, hedonistische St-Émilion wird ein Jahrzehnt oder länger üppigen Trinkgenuss bieten.

1999: Der tiefrubinrote 1999er ist ein weiterer offen gewirkter, expansiver, etwas weniger definierter Wein und besitzt eine Fülle von dicklicher Schwarzkirschfrucht, niedrige Säure, Rauch, asiatische Gewürze und Waldaromen. Genießen Sie ihn im Lauf seiner ersten 10 Lebensjahre.

1998: Der gut gelungene 1998er ist ein fetter, fleischiger, dichter, reichfruchtiger Wein mit Nuancen von Schwarzkirschen, Gewürzkiste, Erde und Lakritze in Duft und Geschmack. Schönes Glyzerin, ein kerniger Eindruck auf der Zunge und am mittleren Gaumen, reifes Tannin und ein weicher, üppiger Abgang sind vorhanden. Voraussichtliche Genussreife: jetzt–2012.

CORBIN-MICHOTTE (ST-ÉMILION)

1998	**C**	**(86–87)**
1997	**C**	**86**
1996	**C**	**86**
1995	**C**	**89**

1998: Dieser fruchtbetonte, üppige, saftige, eingängige St-Émilion bietet ein verführerisches Bukett von getrockneten Kräutern, Algen und Schwarzkirschen. Weich, von mittlerem Körper und samtig texturiert, ist er zum baldigen Genuss bestimmt – während der nächsten 4–5 Jahre.

1997: Der 1997er ist mit seinen Elementen von *sur-maturité* ein Wein von dicklicherem fruchtigem Stil als der 1996er, mit schönem Fett, Aromen von Kirschen- und Beerenfrucht, vermischt mit Rauch, Erde und Gewürzen. Er ist bei mittlerem Körper ein potenziell ausgezeichneter Wein für den Jahrgang, ausgestattet mit niedriger Säure und einer verführerischen, hedonistischen Art. Trinken Sie ihn während der nächsten 3–4 Jahre.

1996: Der 1996er folgt dem Stil der meisten Corbin-Michottes, obwohl der Jahrgang dazu tendierte, tanninstrenge, harte Weine hervorzubringen. Doch Corbin-Michotte scheint stets auf Reife und einen verführerischen, entgegenkommenden, fruchtigen Stil ohne Ecken und Kanten abzuzielen. Der dunkelrubinrote 1996er ist rund und weich mit einer Fülle von kräuterüberhauchter Beerenfrucht, vermischt mit Nuancen von Rauch und Erde. Reif bei mittlerem Körper, ist er ideal zum Trinkgenuss für die nächsten 5–7 Jahre geeignet.

1995: Der hedonistische 1995er offenbart eine tiefrubinrote Farbe, ein nach dicklichen Pflaumen, Kirschen und Aromen aus der Gewürzkiste duftendes Bukett und üppige, säurearme, saftige, opulent texturierte, fruchtige Geschmacksnuancen von mittlerem Körper. Ein überschwänglich fruchtiger, schmackhafter St-Émilion. Auf der Skala des sinnlichen Genusses verdient er sogar noch höhere Noten. Voraussichtliche Genussreife: jetzt–2007.

CORMEIL-FIGEAC (ST-ÉMILION)

1998	**C**	**86**
1997	**C**	**85**

1998: Der körperreiche 1998er ist ein dickerer, saftigerer Wein als der 1997er und legt reichlich Kraft und Konzentration an den Tag. Dieser dichte, sattrubin-purpurrote, opulent texturierte Wein sollte sich 10 Jahre hindurch schön trinken lassen.

1997: Dies ist ein unkomplizierter, attraktiver, fruchtbetonter Wein mit wenig Dichte und Gewicht, schmackhaft, von Kräutern und Johannisbeeren getönt, der in den nächsten 1–2 Jahren getrunken sein will. Wenn Weine wie dieser niedrige Preise hätten, wären sie eine ideale Wahl für Restaurants.

COS D'ESTOURNEL (ST-ESTÈPHE)

2000	**EE**	**(90–92)**
1999	**EE**	**88**
1998	**E**	**88**
1997	**E**	**87**
1996	**EE**	**93+**
1995	**EE**	**95**

Obwohl die Besitzer gewechselt haben, ist die Philosophie der Weinbereitung in dieser Domaine unter der Leitung von Jean-Guillaume Prats dieselbe geblieben.

2000: Jean-Guillaume Prats war sich nicht sicher, ob er dem von mir verkosteten Verschnitt zuletzt noch eine kleine Partie von Cabernet Franc zufügen würde. Doch wie immer seine Entscheidung auch ausfallen mag, der 2000er wird ganz klar sowohl den 1998er als auch den 1999er übertreffen, während ich nicht sehe, dass er die Qualität des 1996ers, 1985ers oder 1990ers erreichen kann. Aus Erträgen von 40–42 hl/ha gewonnen, ist er zur Zeit ein Verschnitt aus 60% Cabernet Sauvignon und 40% Merlot. Seine dichte rubin-purpurrote Farbe geht einher mit Düften nach grünem Pfeffer, Gewürzen, Zedernholz und Mineralien. Das Aromaprofil lässt darauf schließen, dass der Wein während seiner Alterung beträchtliche Komplexität entwickeln wird, doch sein strenger, erdiger, tanninhaltiger, komprimierter Stil ist nicht nach jedermanns Geschmack. Von mittlerem Körper und wunderbar reintönig, könnte dieser 2000er wegen seines strengen, reichlich tanninhaltigen Abgangs stets ein wenig zur Härte neigen. Voraussichtliche Genussreife: 2007–2020.

1999: Der 1999er hat während seines Ausbaus Fleisch angesetzt. Er ist ein sehr guter, tiefrubin-purpurroter Wein mit süßerem Tannin als der 1998er und bietet klassische Düfte nach Zigarrenkiste, schwarzen Johannisbeeren, Kirschen und Pflaumen. Mittelgewichtig und elegant, mit mehr Geschmackseindruck am mittleren Gaumen als bei meiner ersten Verkostung, wird dieser stilvolle, seidige Wein schon bei seiner Freigabe köstlich schmecken. Voraussichtliche Genussreife: jetzt–2015.

1998: Dieser elegante, stilvolle, anmutige Wein ist eine attraktive, dunkelrubin-purpurrote Leistung der Weinbereitung mit subtilen Noten von süßem Eichenholz, Lakritze, Kräutern und schwarzen Früchten. Wenngleich nicht massiv, ist er doch bei mittlerem Körper reif mit süßem Tannin. Eine Auslese von Trauben in Höhe von 48% ging in diesen Verschnitt aus 60% Cabernet Sauvignon und 40% Merlot ein. Voraussichtliche Genussreife: 2004–2018.

1997: 40% der Erntemenge ging in diesen schmeichelnden, köstlichen Wein ein, der sich durch viel Charme und kräuterüberhauchte Brombeer- und Kirschfrucht auszeichnet. Der ansprechende St-Estèphe von mittlerem Körper zeigt ein dunkelrubinrotes Kleid. Der Verschnitt aus 55% Cabernet Sauvignon und 45% Merlot sollte sich 5–7 Jahre schön trinken lassen.

1996: Aus 65% Cabernet Sauvignon und 35% Merlot bereitet, ist dies ein wuchtiger, verhalten entwickelter Wein, der an den 1986er erinnert. Der 1996er besitzt eine undurchdringlich purpurrote Farbe sowie ein reintöniges Aromaprofil, das sich aus Cassis, gegrillten Kräutern, Kaffee und toastwürzigem frischem Eichenholz zusammensetzt. Massiv im Mund und einer der strukturiertesten und konzentriertesten jungen Cos d'Estournels, die ich je verkostet habe, hat sich dieser dicke, strukturierte, tanninhaltige Wein seit der Flaschenabfüllung beträchtlich verschlossen. Er bedarf einer Kellerreife von 5–6 Jahren und sollte 30–35 Jahre lang halten. Er ist sagenhaft, erfordert jedoch Geduld. Voraussichtliche Genussreife: 2006–2030.

1995: Der 1995er, ein Wein von außergewöhnlicher Intensität und Zugänglichkeit, ist sinnlicher und hedonistischer als der muskulöse, verhalten entwickelte 1996er. Opulent, mit unmittelbar ansprechenden Aromen (Batzen von schwarzen Früchten, verwoben mit toastwürzigen Düften und einer Riesenladung von Gewürzen) besitzt dieser großartige *Cos* bemerkenswerte Intensität, vollen Körper und Schichten von dicklicher Frucht, schön gerahmt von frischem Eichenholz. Aufgrund seiner niedrigen Säure und seines süßen Tannins wird man dem 1995er schon in seiner Jugend kaum widerstehen können, obwohl er 2–3 Jahrzehnte altern kann. Voraussichtliche Genussreife: jetzt–2025.

Bisherige große Jahrgänge: 1994er (91), 1990er (95), 1986er (95), 1985er (93), 1982er (96), 1961er (92), 1959er (92), 1953er (93)

COS LABORY (ST-ESTÈPHE)

2000	**D**	**(87–88+)**
1999	**D**	**85**
1998	**D**	**86**
1997	**C**	**86**
1996	**D**	**88**
1995	**D**	**88+?**

Der Cos Labory, jahrzehntelang einer der enttäuschendsten Weine unter allen Crus Classés, hat sich in den letzten 15 Jahren wieder zu empfehlenswerter Qualität entwickelt. Darüber hinaus sind die Preise vernünftig geblieben.

2000: Dieser dunkelpurpurrote St-Estèphe ist ein fetter Wein von opulentem Stil und mit verdecktem Tannin unter der Oberfläche. Er offenbart Aromen von Erde, Brombeer- und Cassisfrucht, Lakritze, getrockneten Kräutern und Leder. Der Wein nimmt sich eingangs im Mund reichhaltig aus, verengt sich dann ein wenig und klingt aus mit einer Fülle von Glyzerin, Extrakt und Tannin. Voraussichtliche Genussreife: jetzt–2018.

1999: In diesem leichtgewichtigen, weichen, fruchtigen, aber wenig substanziellen Wein ist einiger Charme vorhanden. Trinken Sie ihn während der nächsten 5–7 Jahre.

1998: Diesem pfeffrigen, krautigen Wein von mittlerem Körper fehlt es an Tiefe. Von dunkelrubinroter Farbe, enthüllt er gefällige Beeren- und Cassisfrucht, aber wenig mehr. Trinken Sie ihn während der nächsten 6–7 Jahre.

1997: Mit meinem strengen Urteil über diesen Wein während seines Ausbaus habe ich mich getäuscht. Die Wahrheit ist stets in der Flasche, und der 1997er präsentiert sich weit besser aus der Flasche als seinerzeit aus dem Fass. Sein Kleid von mittlerer pflaumen-rubinroter Farbe geht einher mit einer charmanten, von Himbeeren und Kirschen geprägten Fruchtigkeit, die an einen Burgunder erinnert. Hinzu kommen ausgezeichnete Reife und ein oberflächlicher Geschmackseindruck auf der Zunge und im Abgang. Ein schmackhafter, zugänglicher, verbraucherfreundlicher Wein zum Trinkgenuss während der nächsten 5–6 Jahre.

1996: Meine Befürchtungen über das grimmige Tannin des 1996ers lösten sich auf, als ich diesen Wein aus der Flasche verkostete. Er hat sich als klassischer, dunkelrubin-purpurroter St-Estèphe mit erdiger Frucht von schwarzen Johannisbeeren, mittlerem bis vollem Körper, mäßigem Tannin und ausgezeichneter Reintönigkeit herausgestellt. Dem Glas entquellen Düfte von Brombeermarmelade und mineralische Noten. Dieser gut gemachte Wein zu einem vernünftigen Preis sollte sich zwischen 2005 und 2018 schön trinken lassen.

1995: Obwohl sich dieser dunkelrubin-purpurrote Cos Labory seit der Flaschenabfüllung geschmacklich charmanter ausnimmt, ist er in aromatischer Hinsicht verschlossen, seine roten und schwarzen Fruchtnuancen beginnen gerade erst hervorzutreten. Im Mund erscheint der Gehalt an staubigem Tannin recht hoch und verleiht dem Wein einen harten, trockenen, rau texturierten Abgang. Doch auf der Zunge wird bei mittlerem bis vollem Körper eine Fülle von süßer, reifer Frucht spürbar, und mein Instinkt sagt mir, dass sich hinter der Wand aus Tannin schöner Extrakt befindet. Das ist kein Wein für Leser, die unmittelbaren Genuss suchen. Voraussichtliche Genussreife: jetzt–2015.

CÔTE DE BALEAU (ST-ÉMILION)

2000	**D**	**(89–91)**
1999	**D**	**87**
1998	**D**	**89+?**

Côte de Baleau ist ein aufstrebendes St-Émilion-Château im Besitz der Familie Reiffer, der auch Clos St-Martin und Grandes-Murailles gehören. Seine Produktion beträgt knapp 3000 Kisten. Die Weinbergpflege liegt in den Händen des allgegenwärtigen Önologen Michel Rolland.

2000: Unter den drei Weinen ist der 2000er der straffste und sehnigste. Seine dichte rubinpurpurrote Farbe wird begleitet von einem süßen, nach Kirschen und Cassis duftenden Bukett, mittlerem bis vollem Körper, mäßig hohem Tanningehalt und einem langen, konzentrierten Abgang mit ausgezeichneter Präzision und Klarheit. Voraussichtliche Genussreife: 2005–2016.

1999: Ein tiefrubin-purpurrotes Kleid geht einher mit Düften nach Erde, Schwarzkirschen, Himbeeren, Pflaumen und Gewürzen. Dieser bei mittlerem Körper elegante 1999er mit feiner Linienführung benötigt 1–2 Jahre Kellerreife. Voraussichtliche Genussreife: 2004–2015.

1998: Dieser Wein, ein gediegener, fest gewirkter St-Émilion von dichter rubin-purpurroter Farbe, offenbart eindrucksvolle Dicke und Noten von Mineralien, Blumen, Kirschen und Gewürzkiste, die an jene Aromen denken lassen, die man in St-Émilions aus Hanglagen wie Canon und Ausone findet. Schön umrissen und elegant, mit einem herrlichen Geschmackseindruck am mittleren Gaumen und im Abgang, benötigt er 3–4 Jahre Kellerreife und könnte sich als hervorragend herausstellen, falls er Fleisch zulegt und das Tannin süßer und besser integriert wird. Voraussichtliche Genussreife: 2005–2020.

Weiterer verkosteter Jahrgang: 1997er (85)

COUCY-MAURÈZE (BORDEAUX)

2000	**B**	**(87–88)**

2000: Dieser Verschnitt aus 70% Merlot, 20% Cabernet Franc und 10% Cabernet Sauvignon, ein Erfolgsschlager des Jahrgangs, dürfte zu wahrscheinlich vernünftigen Preisen weithin verfügbar sein, da seine Produktion 12 000 Kisten beträgt. Der unter der Aufsicht von Jean-

Luc Thunevin bereitete Wein legt reichliche mit Gewürzaromen verwobene Pflaumen- und Schwarzkirschfrucht an den Tag. Bei mittlerem bis vollem Körper tief und reif, mit einem schmackhaft-würzigen, geschmeidigen Abgang, will er während seiner ersten 4 Lebensjahre getrunken sein.

COUFRAN (HAUT-MÉDOC)

1997	C	84
1996	C	86
1995	C	85

Dieses Weingut im Besitz der Familie Miailhe produziert gewöhnlich gut bereitete und ansprechende Weine, die auch ein recht gutes Preis-Leistungsverhältnis bieten. Im Allgemeinen müssen sie innerhalb von 6–8 Jahren nach der Ernte getrunken werden.

1997: Der gut gelungene 1997er aus diesem zuverlässigen Cru Bourgeois präsentiert eine sattdunkle purpurrote Farbe, attraktive dickliche Preiselbeer- und Cassisfrucht, mäßiges Tannin, mittleren Körper und niedrige Säure. Er sollte sich 4–5 Jahre lang halten.

1996: Dieser gut gemachte, üppig texturierte 1996er zeigt tiefrubinrote Farbe, eine würzige Eichenholznote, mit Schwarzkirschen und Mokka überhauchte Frucht und einen mäßig langen Abgang. Er sollte sich 3–4 Jahre hindurch schön trinken lassen.

1995: Der elegante 1995er ist ein weicher, unkomplizierter Coufran von mittlerem Körper. Er enthüllt attraktive Frucht von roten Johannisbeeren, verwoben mit Düften nach Kirschen und grasigen, würzigen Aromen, und sollte sich über 4–5 Jahre hinweg schön trinken lassen.

Weitere verkostete Jahrgänge: 1999er (82–85), 1998er (86–87)

LA COUR D'ARGENT (BORDEAUX)

2000	B	(86–87)

2000: Dieser attraktive Wein hat einen sehr fairen Preis. Aus 95% Merlot und 5% Cabernet Franc bereitet, besitzt dieser tiefrubin-purpurrote gebietsspezifische Bordeaux ansprechende Nuancen von Kirschmarmelade in Duft und Geschmack. Er ist sauber gemacht, gefällig texturiert und weich, mit geschmeidigem Tannin und einem frischen, sprühend lebendigen Abgang. Trinken Sie ihn im Lauf der nächsten 2–3 Jahre. Warum kann Kalifornien solche Weine nicht hervorbringen?

DOMAINE DE COURTEILLAC (BORDEAUX SUPÉRIEUR)

2000	B	(87–88)

2000: Eine weitere kluge Wahlmöglichkeit für Leser, die echten Wert statt Prestige wünschen, ist dieser strukturierte, saftige, reife Wein von mittlerem Körper, der im Geschmack eine Fülle von Mokka, Schwarzkirschen und Johannisbeeren aufweist, dazu leichtes Tannin und einen feinen Abgang. Er sollte sich 3–4 Jahre schön trinken lassen.

LA COUSPAUDE (ST-ÉMILION)

2000	EE	(90–92)
1999	E	87
1998	E	92
1997	D	88
1996	E	89
1995	E	90

Ein weiterer »Garagenwein«, ist diese St-Émilion-Mikro-Cuvée im Allgemeinen ein Verschnitt aus 70% Merlot, während die restlichen 30% aus Cabernet Franc und manchmal etwas Cabernet Sauvignon bestehen. Es werden 3 000 Kisten produziert, eine relativ große Menge für einen *vin de garage*. Dies ist ein weiteres Beispiel aus der exotischen Le-Pin-Schule von St-Émilion-Weinen, die aus extrem reifer Frucht bereitet werden und unfiltriert in die Flasche gelangen. Der Ausbau in La Couspaude ist alles andere als traditionell, da die Weine dem so genannten 200%-Ausbau in neuen Eichenfässern unterzogen werden: Nachdem sie ihre malolaktische Säureumwandlung in zu 100% neuen Eichenholzfässern durchlaufen haben, werden sie wiederum in zu 100% neue Eichenfässer abgestochen. Der talentierte Michel Rolland hat die Leitung der Weinbereitung inne.

2000: Von dichter rubin-purpurroter Farbe, mit reichlich toastwürzigem frischem Eichenholz und Düften nach Blaubeeren, Kirschgeist und Johannisbeeren, besitzt dieser 2000er von mittlerem bis vollem Körper hervorragende Konzentration und spürbares, jedoch süßes Tannin. Wegen eines stärkeren Rückgrats von Tannin, gepaart mit etwas ausgeprägterer Säure, könnte sich dieser Wein letztlich als klassischer und langlebiger erweisen als vorherige Leistungen. Voraussichtliche Genussreife: 2004–2018.

1999: Wenn ich mich recht erinnere, hat dieser Weinberg während des gewaltigen Unwetters, das einige der Dörfer von St-Émilion Anfang September heimsuchte, starke Schäden durch Hagelschlag erlitten. Vielleicht schmeckt der Wein deshalb ein wenig kurz, doch ist er kein schlaffer Bordeaux. Seine undurchdringlich purpurrote Farbe geht einher mit süßen Schwarzkirsch- und Himbeerdüften, schöner Dichte und bewundernswerter Reife, doch wirkt er unterernährt. Voraussichtliche Genussreife: jetzt–2012.

1998: Der 1998er, der vielleicht bislang feinste La Couspaude, offenbart überschwängliche Noten von toastwürzigem frischem Eichenholz und eine exotische Persönlichkeit. Ölige, dicke, körperreiche, nahtlose Geschmackskomponenten, die vor Pflaumen, Kirschlikör und Vanille strotzen, strömen kaskadenartig über den Gaumen. Niedrige Säure und samtige, konzentrierte, dickliche Frucht verstärken die eindrucksvollen genussbetonten Eigenschaften dieses explosiv reichhaltigen Weins. Voraussichtliche Genussreife: jetzt–2015.

1997: Der 1997er ist ein exotischer, gehaltvoller, dicker Wein mit reichlichen Aromen von Schwarzkirschen, verwoben mit Düften nach geröstetem Kaffee, Rauch und toastwürzigem frischem Eichenholz. Mit niedriger Säure und einer köstlichen, überschwänglichen Persönlichkeit von mittlerem Körper, kann dieser verführerische Tropfen schon jetzt, aber auch über die nächsten 8 Jahre getrunken werden.

1996: Der 1996er ist gut gelungen. Er ist ein reichfruchtiger, sinnlicher, erstaunlich weicher und duftiger Wein von mittlerem Körper. Sein offen gewirktes Aromaprofil setzt sich aus Toast, Kirschlikör, Rauch und schwarzen Johannisbeeren zusammen, gefolgt von einem üppigen, weichen, leicht tanninhaltigen Wein, der in seinen ersten 10–12 Lebensjahren getrunken sein will.

1995: Der 1995er präsentiert ein reifes, dickliches, nach Kirschgeist, schwarzen Johannisbeeren und Lakritze duftendes Bukett mit einer Fülle von rauchigen, toastwürzigen Noten. Körperreich, mit niedriger Säure und einer überschwänglichen Persönlichkeit, wird dieser Tropfen zweifellos Aufmerksamkeit auf sich ziehen. Traditionalisten mögen ihn vielleicht zu aufdringlich und sinnlich finden, aber der Wein ist nun einmal eine Freude und ein Genuss – und ist das nicht der Hauptgrund, warum wir uns für dieses Getränk interessieren? Darüber hinaus wird er gut altern und während der Reifung zivilisierter werden. Voraussichtliche Genussreife: jetzt–2015.

COUVENT-DES-JACOBINS (ST-ÉMILION)

2000	C	(88–89)
1999	C	86
1998	C	86

2000: Der 2000er, der beste Wein, der in diesem schönen Weingut seit Mitte der 1980er Jahre produziert wurde, offenbart eine tiefrubin-purpurrote Farbe und ein süßes, vordergründiges Bukett von Schwarzkirschmarmelade. Tief, von mittlerem bis vollem Körper, reif, mit niedriger Säure und hedonistisch, ist er zum Trinkgenuss jetzt und während der nächsten 12–15 Jahre bestimmt.

1999: Ein süßes, reifes, nach schwarzen Früchten, rauchigem frischem Eichenholz und asiatischen Gewürzen duftendes Bukett geht einher mit einem tiefen, fleischigen, kernigen Wein von mittlerem bis vollem Körper. Der 1999er ist ein attraktiver, unkomplizierter, verbraucherfreundlicher Bordeaux, der in seinen ersten 10 Lebensjahren genossen werden sollte.

1998: Ein unmittelbar ansprechender Wein von mittlerem Körper, der mit Düften nach Erde, reifen Schwarzkirschen, getrockneten Kräutern der Provence und frischem Holz aufwartet. Ein magerer, strenger Abgang hat meine Punktnote niedrig gehalten. Voraussichtliche Genussreife: jetzt–2012.

LA CROIX-CANON (CANON-FRONSAC)

1999	C	86
1998	C	88
1997	C	87
1996	C	86

1999: Eine gut ausgewogene Leistung der Weinbereitung von mittlerem bis vollem Körper mit Anklängen von Mineralien, Teer und kräuterüberhauchter Schwarzkirschfrucht. Er wird sich bei seiner Freigabe im nächsten Jahr leicht trinken lassen. Voraussichtliche Genussreife: jetzt–2007.

1998: Süße reife Himbeer- und Kirschfrucht, schöne Fleischigkeit, mittlerer Körper und exzellente Textur bilden diesen köstlichen Fronsac, der sich während der nächsten 10 Jahre genießen lässt. Obwohl dieser Wein unstrittig ausgezeichnet ist, hatte ich erwartet, er würde sich als hervorragend herausstellen. Dafür scheint er aber nach der Flaschenabfüllung nicht genügend reichhaltig und komplex zu sein. Dennoch ist und bleibt er ein Schlager des Jahrgangs. Voraussichtliche Genussreife: jetzt–2012.

1997: Der 1997er, ein wunderschöner Wein für den Jahrgang, offenbart einen Burgunderähnlichen, einem Corton nicht unähnlichen Stil. Seine erdigen, mineralischen mit Schwarzkirschfrucht verwobenen Aromen sind mächtig und gehaltvoll. Eine gelungene Leistung sowohl für den Jahrgang als auch die Appellation, sollte dieser Wein von mittlerem Körper im Lauf der nächsten 5–6 Jahre getrunken werden.

1996: Das prachtvolle *terroir* hat einen tiefrubinroten 1996er mit einem stilvollen, komplexen, eleganten, nach süßer Kirschmarmelade duftenden Bukett hervorgebracht, verflochten mit Aromen von Blumen und Gewürzen. Eingangs im Mund präsentiert er leichte Fruchtigkeit, mittleren Körper, leichtes bis mäßiges Tannin und einen schön texturierten Abgang. Trinken Sie ihn im Lauf der nächsten 4–5 Jahre.

Weiterer verkosteter Jahrgang: 2000er (84–86)

LA CROIX DU CASSE (POMEROL)

2000	D	(88–90?)
1999	D	89
1998	D	90
1997	D	88
1996	D	88
1995	D	90

La Croix du Casse produziert mit jedem Jahrgang bessere Weine. Dieses aufstrebende Weingut bleibt ein wenig publizierter, aber hochklassiger Quell von reichhaltigen, konzentrierten Pomerol-Weinen.

2000: Dieser Wein zeigt etwas von den Problemen, die in bestimmten 2000ern zu finden sind. Er ist zwar stark extrahiert, aber seine extrem trockenen, strengen Tannine sind grimmig und unnachgiebig. Dieser Wein legt beeindruckend satte Farbe sowie reichliche Komponenten von schwarzer Frucht, Erde und würzige frische Eichenholznoten an den Tag, aber der Tanningehalt wirkt störend. Gewiss, der 2000er ist konzentriert, reintönig und gut gemacht, doch in der Auseinandersetzung zwischen Frucht und Tannin bleibt erfahrungsgemäß das Tannin meist siegreich. Voraussichtliche Genussreife: 2008–2018?

1999: Der undurchdringlich rubin-purpurrote 1999er, ein potenzieller Überflieger, offenbart überreife Geschmacksnuancen von dicklichen schwarzen Früchten, verwoben mit Noten von Mineralien, Rauch, Gewürzkiste und frischem Eichenholz. Geschichtet, mit niedriger Säure und einer dicken, expansiven Textur, sollte dieser hochklassige Pomerol sich rascher entfalten als der 1998er, aber dennoch gut altern. Voraussichtliche Genussreife: jetzt–2015.

1998: Dieser dicht rubin-purpurrote 1998er, eine hervorragende Leistung und gleichzeitig ein Schlager des Jahrgangs, enthüllt reife, dickliche Brombeer- und Kirscharomen, verwoben mit Lakritze, Rauch und frischem Holz. Körperreich, mit herrlicher Fruchtextraktion, beträchtlicher Muskelkraft und mäßigem Tanningehalt, ist das kein Wein, der sich dazu eignet, kurzfristig geschlürft zu werden. Voraussichtliche Genussreife: 2005–2016.

1997: Dieser Wein ist ein Schlager des Jahrgangs, der im Wesentlichen von demselben Weinmacher-Team stammt wie der Clinet. Er legt dunkle Pflaumenfarbe sowie offen gewirkte Aromen von schwarzen Kirschen, Pflaumen, Zedernholz, Kräutern und Vanille an den Tag. Rund, köstlich und leicht zu verstehen und zu trinken, sollte sich dieser sinnliche 1997er von mittlerem Körper während der nächsten 4–5 Jahre schön trinken lassen.

1996: Der eindrucksvolle Pomerol besitzt eine satte pflaumendunkle-purpurrote Farbe und ein reintöniges Bukett, das nach würzigem süßem Eichenholz, Mineralien, schwarzen Früchten und Dörrzwetschgen duftet. Der Wein ist für einen 1996er erstaunlich offen gewirkt, mit einer expansiven, üppigen Textur von mittlerem bis vollem Körper. Im Abgang ist Tannin zu verspüren, doch ist es durch das Glyzerin, die Fruchtextraktion und Reife des Weins nahezu verdeckt. Trinken Sie diesen attraktiven, seidigen Pomerol jetzt und während der nächsten 10 Jahre.

1995: Der hervorragende dicht rubin-purpurrote 1995er wartet mit einem umwerfenden Bukett von Brombeeren, Cassis, Mineralien und würzigem frischem Eichenholz auf. Von mittlerem bis vollem Körper, mit einer Fülle von toastähnlichen Geschmacksnuancen und reichlich süßer, glyzerin- und tanningetränkter Frucht, verweilt dieser Wein lange am Gaumen und besitzt einen Abgang, der sich bereits im Mund aufbaut. Ein eindrucksvoll gebauter, reintöniger, reichhaltiger Pomerol, der beträchtliche Aufmerksamkeit verdient. Voraussichtliche Genussreife: jetzt–2015.

LA CROIX DE GAY (POMEROL)

2000	**E**	**(88–89)**
1999	**E**	**87**
1998	**E**	**87**
1997	**E**	**86**
1996	**E**	**85**
1995	**E**	**87**

2000: Die Pomerols von La Croix de Gay im Burgunder-Stil sind niemals schwergewichtig. Der 2000er offenbart süße Erdbeer- und Kirschfrucht in einem klug mit Eichenholzwürze dosierten Format von mittlerem Körper. Der Säuregehalt ist niedrig, das Tannin reif und der Wein fleischig und üppig. Genießen Sie ihn im Lauf dieses Jahrzehnts.

1999: Es scheint, dass Fülle und Extraktgehalt beim 1999er etwas besser ausgefallen sind als beim 1998er, Merkmale, die ich auch in der Luxus-Cuvée von La Fleur de Gay bemerkt habe. Der dunkelrubinrote 1999er zeigt ein süßes Bukett von Brombeeren und Kirschen sowie eine strukturierte, extrahierte Persönlichkeit von mittlerem bis vollem Körper mit mäßigem Tannin im Abgang. Dieser cremig texturierte Wein wird schon bei seiner Freigabe im nächsten Jahr köstlich sein. Voraussichtliche Genussreife: jetzt–2014.

1998: Mäßig intensive Aromen von süßer Schwarzkirschfrucht vermischt mit Mineralien, Rauch und Düften aus der Gewürzkiste gehen einher mit einem schön ausgewogenen, harmonischen Wein mit ausgezeichneter Reichhaltigkeit, Süße (aufgrund des Glyzerins) und einem würzigen, weichen Abgang. Trinken Sie ihn im Lauf der nächsten 10 Jahre.

1997: Leser auf der Suche nach einem Bordeaux, der sich wie ein Premier-Cru-Beaune gibt, werden diesen süßen, eleganten, in Duft und Geschmack mit Kirschen ausgestatteten Wein von mittlerem Körper genießen. Er legt Burgunder-ähnliche Charakteristika an den Tag, ist säurearm und nicht gerade ungeheuer konzentriert, aber elegant, verlockend und ideal zum Trinkgenuss während der nächsten 3–4 Jahre geeignet.

1996: Der mittelrubinrote 1996er bietet ein mäßig intensives Bukett von mit Kirschmarmelade verwobenen gerösteten Kräutern. Verführerisch, eingängig, offen gewirkt und leicht, sprechen seine niedrige Säure und sein zugänglicher Stil dafür, ihn während der nächsten 3–4 Jahre zu trinken.

1995: Ein verführerischer, eleganter, attraktiver Pomerol von tiefrubinroter Farbe und mit einer Fülle von süßer Pflaumen-, Kirsch- und Beerenfrucht, verwoben mit subtiler frischer Eichenholzwürze. Der Wein ist rund und üppig, reichfruchtig und besitzt genügend Glyzerin, um eine schön geschichtete Textur in einem stilvollen Format zu liefern. Voraussichtliche Genussreife: jetzt–2006.

Bisherige große Jahrgänge: 1964er (90), 1947er (92)

CROIX DE LABRIE (ST-ÉMILION)

2000	EE	(91–94+)
1999	EE	92
1998	EE	93

Der Gutsbesitzer Michel Puzio hat die Produktion auf 750 Kisten ausgeweitet. Das ist eine gute Neuigkeit, da wir es hier mit einem der betörendsten »Garagenweine« von St-Émilion während der letzten drei Jahrgänge zu tun haben (unter der beratenden Mitwirkung von Jean-Luc Thunevin, dem berühmten Önologen von Valandraud).

2000: Ein außergewöhnlich reintöniger Ausdruck von Frucht und *terroir*. Das undurchdringlich purpurrote Kleid des Weins geht einher mit einem körperreichen, geschichteten Wein, der fesselnde Anklänge an Feuerholz, Trüffel, Schwarzkirschen und Cassisfrucht zu erkennen gibt. Dick und stark extrahiert, aber nicht schwer, besitzt er mehr Tannin als der 1998er sowie genügend Frucht und Glyzerin, um Ausgewogenheit zu gewährleisten. Diese außergewöhnliche Leistung der Weinbereitung wird sich 15 Jahre und länger wunderschön entwickeln. Lassen Sie sich diesen Tropfen nicht entgehen!

1999: Der tiefe, reichhaltige, dicke 1999er mit dichter purpurroter Farbe und öliger Textur bietet explosive Espressonoten, verwoben mit Brombeeren, Cassis und ansprechenden schokoladigen Fruchtkomponenten. Ein körperreicher, verschwenderisch reichhaltiger Wein. Voraussichtliche Genussreife: jetzt–2012.

1998: Ein undurchdringlich purpurrotes Kleid geht einher mit Aromen von gebratenem Fleisch, schwarzen Früchten, würzigem Eichenholz und Kaffee. Der Wein offenbart geschmeidiges Tannin, explosive Reichhaltigkeit, immensen Körper und wunderschön integrierte Säure und Tannine. Wie schade, dass es nicht 5000 Kisten von diesem Riesenwein gibt. Voraussichtliche Genussreife: jetzt–2014.

LA CROIX DE ROCHE (BORDEAUX SUPÉRIEUR)

2000	B	(86–87)

2000: Dieser süße, fruchtige, preiswerte Wein legt eine dunkelrubinrote Farbe, ausgezeichnete Reintönigkeit und einen sinnlichen Stil an den Tag. Trinken Sie ihn während der nächsten 1–2 Jahre.

LA CROIX ST-GEORGES (POMEROL)

2000	D	(91–94)
1999	D	91

Der Besitzer dieses Weinguts ist Jean-Philippe Janoueix, dem auch de Chambrun gehört, ein weiterer im Aufstieg begriffener superber Lalande-de-Pomerol. Dieser 100%ige Merlot kommt von Lehm- und Geröllböden und wird in offenen Gärbottichen mit regelmäßigem Untertauchen des Schalenhuts vinifiziert. Die malolaktische Säureumwandlung findet in neuen Eichenholzfässern statt und die Weine werden ungeschönt und unfiltriert auf Flaschen abgefüllt. Die Erträge werden auf etwa 42 hl/ha beschränkt. Der Debüt-Jahrgang dieses neuen Unternehmens war 1999.

2000: Dieser Volltreffer des Jahrgangs ist ein ausladend angelegter Tropfen. Er gibt sich als mächtiger, dichter, konzentrierter, muskulöser, undurchdringlich rubin-purpurroter Wein mit einer Fülle von Cassisfrucht zu erkennen. In seinen Aromen bleibt er noch fest, aber herausfordernd und gibt erdige, ledrige schwarze Früchte frei. Gönnen Sie ihm 2–3 Jahre Kellerreife und trinken Sie ihn im Lauf der folgenden 15 Jahre. Sehr beeindruckend!

1999: Der 1999er ist tief, reichhaltig und rauchig, mit großen Mengen dicklicher Frucht von schwarzen Johannisbeeren und Kirschgeist sowie karamellartigen Noten. Überaus körperreich, mit superber Konzentration und Reintönigkeit, wird dieser Schlager des Jahrgangs einen generösen Mund voll eines üppig-saftigen, säurearmen Merlot bieten. Voraussichtliche Genussreife: 2004–2015.

CROIZET-BAGES (PAUILLAC)

2000	D	(86–88)
1999	D	85
1998	C	81
1997	C	(78–83)
1996	C	87
1995	C	85

2000: Wenngleich der Croizet-Bages niemals ein Kraftprotz von einem Pauillac ist, besitzt der 2000er doch mehr Konzentration und Charme als viele andere. Seine tiefrubin-purpurrote Farbe geht einher mit Aromen von cremiger schwarzer Johannisbeerfrucht, Zedernholz und Toast, hinzu kommen ausgezeichnete Reintönigkeit, ein reichhaltiger Stil von mittlerem Körper und süßes Tannin in dem mäßig langen Abgang. Er wird früh reifen. Voraussichtliche Genussreife: jetzt–2014.

1999: Geschmeidiges Tannin, ein fleischiger Geschmackseindruck eingangs am Gaumen und ein Abgang von mittlerem Körper verleihen dem 1999er eine begrenzte Anziehungskraft. Dieser überdurchschnittliche Wein will im ersten Jahrzehnt seines Lebens getrunken sein.

1998: Weiche, kräuterhafte Charakteristika sowie Noten von Zedernholz, Lakritze und roten Johannisbeeren kennzeichnen diesen unkomplizierten Wein von mittlerem Körper. Trinken Sie ihn im Lauf der nächsten 5–6 Jahre.

1997: Dieser weiche, runde, elegante Wein ist nicht konzentriert, besitzt jedoch mit würzigem, rauchigem Eichenholz vermischte dickliche Cassis- und rote Johannisbeerfrucht. Schon jetzt weich, eignet er sich ideal zum Trinkgenuss in seinen ersten 10 Lebensjahren. Voraussichtliche Genussreife: jetzt–2010.

1996: Dieser Wein ist sogar noch besser ausgefallen, als ich erwartet hatte, und setzt so die vor einigen Jahren begonnene Qualitätssteigerung dieses Weinguts fort. Seine dunkelrubinrote Farbe geht einher mit süßen, eleganten Noten von schwarzen Johannisbeeren, Kirschen, Eichenholzwürze und Zedernholz. Der Wein hat mittleren Körper mit süßem Tannin und einen mäßig langen Abgang. Reintönig bereitet, mit schöner Tiefe, verkörpert er einen der zugänglicheren Pauillacs des Jahrgangs. Voraussichtliche Genussreife: jetzt–2014.

1995: Auf der Grundlage der Fassprobe hatte ich gehofft, der 1995er würde etwas besser ausfallen. Immerhin ist er ein guter, in einem leichteren Stil gestalteter Bordeaux. Seine mittelrubinrote Farbe wird begleitet von unkomplizierten weichen Beerenaromen und Nuancen von schwarzen Johannisbeeren. Im Mund vermittelt der Wein einen attraktiven würzigen, fleischigen Geschmackseindruck, zwar ohne viel Tiefe und Gewichtigkeit, aber mit oberflächlichem Charme und Fruchtigkeit. Voraussichtliche Genussreife: jetzt–2009.

CROQUE MICHOTTE (ST-ÉMILION)

1999	**C**	**86**
1998	**C**	**87**

1999: Dieser weiche und ein wenig diffuse pflaumendunkle-rubinrote Wein bietet schmackhafte, kräuterüberhauchte schwarze Früchte im Bukett, doch im Mund zeigt er sich schlaff mit mäßig ausgestatteter Persönlichkeit. Bereits bei seiner Freigabe trinkbar, wird er sich ein Jahrzehnt lang weiterentwickeln.

1998: Ein mäßig intensives, süßes Bukett mit Düften nach Kirschmarmelade, getrockneten Kräutern, Zedernholz und Gewürzkiste geht mit einem fleischigen Wein von mittlerem Körper mit schöner Ausgewogenheit und einem würzigen, weichen Abgang einher. Trinken Sie ihn während dieses Jahrzehnts.

CROS FIGEAC (ST-ÉMILION)

1999	**C**	**87**
1998	**C**	**87**

1999: Der 1999er ist ein weiterer fruchtiger, verbraucherfreundlicher, üppiger, pflaumen-purpurfarbiger Wein von mittlerem Körper. Er gibt süße, rauchige Schwarzkirschfrucht, frisches Eichenholz sowie reichliches Glyzerin und Fett zu erkennen. Voraussichtliche Genussreife: jetzt–2008.

1998: Dieser sinnliche, dickliche St-Émilion ist dazu bestimmt, in seinen ersten 7–10 Lebensjahren getrunken zu werden. Seine pflaumendunkle-rubinrote Farbe geht einher mit ansprechenden Aromen von süßer Eichenholzwürze und schokoladiger, kräuterüberhauchter schwarzer Johannisbeerfrucht. Der Wein ist bei niedriger Säure fleischig, expansiv und geschmeidig.

LES CRUZELLES (LALANDE-DE-POMEROL)

2000	**C**	**(87–89)**

Dieses Weingut wurde vor kurzem von dem Besitzer von L'Église-Clinet, Denis Durantou, gekauft. Der 2000er ist der erste von ihm bereitete Jahrgang, und das Resultat ist beeindruckend.

2000: Der dichten purpurroten Farbe des Weins folgt ein süßes Bukett von schwarzen Früchten. Im Mund zeigt er bei mittlerem Körper ausgezeichnete Konzentration, niedrige Säure und einen geschichteten, cremigen Abgang. Trinken Sie ihn im Lauf dieses Jahrzehnts.

DALEM (FRONSAC)

1999	**C**	**86**
1998	**C**	**86**
1997	**C**	**85**
1995	**C**	**85**

Der beständig gut bereitete, attraktive Fronsac ist weiterhin zu günstigen Preisen zu haben.
1999: Fruchtig, mit ausgezeichneter Reife, Reintönigkeit und umfassender Ausgewogenheit, sollte sich der würzige, weiche 1999er von mittlerem Körper über 5–7 Jahre schön trinken lassen.

1998: Der 1998er ist ein bei mittlerem Körper fruchtbetonter Wein mit ausgezeichneter Reintönigkeit, ohne harte Ecken und Kanten. In einem attraktiven, geschmeidigen Format präsentiert er eine Fülle von Gewürzen, Schwarzkirsch- und Johannisbeerfrucht. Trinken Sie ihn im Lauf der nächsten 6–7 Jahre.

1997: Mäßig intensive, elegante Aromen von getrockneten Kirschen, Erde und Gewürzkiste sind in Duft und Geschmack dieses weichen, leicht tanninherben Fronsac von mittlerem Körper zu finden. Genießen Sie ihn während der nächsten 4–5 Jahre.

1995: Der rubinrote 1995er, ein guter, solider Wein, offenbart Mineralien, Beerenfrucht und ein grasiges Element in Duft und Geschmack sowie einen weichen Untergrund und mildes Tannin in seinem mäßig langen Abgang. Er sollte sich 5 Jahre hindurch gut trinken lassen.

Weiterer verkosteter Jahrgang: 2000er (85–86)

DASSAULT (ST-ÉMILION)

2000	C	(85–87)
1999	C	86
1998	C	87
1997	C	86
1996	C	76?
1995	C	85

Bei Dassault handelt es sich um ein weiteres Weingut von St-Émilion, das immer bessere Weine produziert. Es sind weiche, fruchtbetonte Tropfen, die in ihren ersten zehn Lebensjahren getrunken sein wollen, obwohl ich vermute, dass sie auch länger halten können.

2000: Wenngleich oberflächlich und eindimensional, ist der 2000er Dassault anziehend, weil er in Duft und Geschmack auf schlichte und unmittelbare Art unkomplizierte Kirsch- und schwarze Johannisbeerfrucht, vermischt mit Eichenholz, Erde und Gewürzen entfaltet. Rund, fleischig und köstlich, aber weder komplex noch langlebig, ist er jetzt–2010 trinkbar.

1999: In einem ähnlichen Stil bereitet, wartet der dunkelrubinrote 1999er auf mit dicklicher Schwarzkirschfrucht und Nuancen aus der Gewürzkiste sowie einer üppigen Textur, niedriger Säure und einem fleischigen Abgang. Trinken Sie ihn im Lauf der nächsten 7–8 Jahre.

1998: Das dunkelrubinrote Kleid des 1998ers wird von einem süßen Bukett von Blaubeer- und Schwarzkirschfrucht begleitet. Dieser fleischige, reichfruchtige, milde Wein mit niedriger Säure und mittlerem Körper wird während der nächsten 7–8 Jahre köstlichen Trinkgenuss gewähren.

1997: Von mittlerer Pflaumenfarbe, mit einem attraktiven, eingängigen Geschmackseindruck im Mund, enthüllt dieser reichfruchtige 1997er in Duft und Geschmack Nuancen von Pflaumen, Schwarzkirschen, Lakritze, getrockneten Kräutern und Teer. Von mittlerem Körper, ohne Ecken und Kanten, sollte er über die nächsten 3–4 Jahre getrunken werden.

1996: Diesem Wein habe ich bei den Fassproben wegen einer deutlichen Muffigkeit misstraut. Dassault hat dieses Problem mit dem 1997er korrigiert, aber der 1996er ist eindimensional und steril. Er ist meilenweit entfernt von der Qualität einiger älterer Jahrgänge von Dassault oder des köstlichen, fruchtbetonten 1997ers.

1995: Dieser Wein bietet eine Farbe von sattem Purpurrot, einen süßen, fleischigen Charakter und reichlich Saft und Kraft sowie entgegenkommende Art. Trinken Sie ihn vor 2006.

DAUGAY (ST-ÉMILION)

1998	C	87
1997	C	84
1996	C	85
1995	C	85

1998: Dickliche saftige Erdbeer- und Schwarzkirscharomen mischen sich mit Noten von Kräutern, Gewürzkiste und Erde in dem duftigen Bukett des 1998ers. Reichhaltig, intensiv und mächtig, mit reichlich Frucht, Glyzerin und Körper, sollte sich dieser substanzielle, aber monolithische Wein in seinen ersten 10 Lebensjahren schön trinken lassen.

1997: Der 1997er, ein St-Émilion von leichterem Stil und mittlerem Körper, ist reif, angenehm, aber oberflächlich. Schöne süße Frucht ist vorhanden, jedoch wenig Dichte und Länge. Er eignet sich zum unkritischen Genuss während der nächsten 2–3 Jahre.

1996: Der 1996er ist ein würziger, von Cabernet Franc dominierter Wein mit mittlerem Körper sowie Noten von grasigen roten und schwarzen Johannisbeeren und Tabak, schöner Tiefe und weicher als viele andere Weine aus diesem Sektor von St-Émilion. Trinken Sie ihn im Lauf der nächsten 4–5 Jahre.

1995: Der 1995er ist fleischig und reif, von tiefrubinroter Farbe, eleganter Art, mit kräuterüberhauchter Frucht, guter Reife und einem üppigen Geschmackseindruck am Gaumen. Trinken Sie ihn vor 2005.

Weiterer verkosteter Jahrgang: 1999er (78–81)

LA DAUPHINE (FRONSAC)

1999	C	85
1998	C	87
1997	C	86
1996	C	86
1995	C	87

1999: Von leichterem Körper als der 1998er, offenbart der 1999er eine mäßig rubinrote Farbe sowie Nuancen von Karamell, Kirschen, Cola und Erde in Duft und Geschmack. Trinken Sie ihn im Lauf der nächsten 4–5 Jahre.

1998: Ein bezauberndes, kräftiges, süßes, würziges, zimtduftiges Bukett mit erdigen Aromen von Johannisbeeren und Kirschen wird begleitet von einem bei mittlerem Körper molligen Wein mit attraktiver Frucht, gutem Volumen, einer samtigen Textur und einem zugänglichen, köstlichen Stil. Trinken Sie ihn im Lauf der nächsten 6–7 Jahre.

1997: Reichliche Noten von Eisen, Mineralien und dicklichen Kirschen entströmen diesem runden, geschmeidig texturierten 1997er von leichtem bis mittlerem Körper. Trinken Sie ihn im Lauf der nächsten 3–4 Jahre.

1996: Der Wein besitzt eine dunkelrubinrote Farbe und weiche, angenehme, unkomplizierte Geschmacksnuancen von Kirschen, reifen Pflaumen, getrockneten Kräutern und Mineralien. Von leichtem bis mittlerem Körper und sanfter Textur, ist dies ein fruchtiger, sauber gemachter Wein zum Trinkgenuss für die nächsten 2–3 Jahre.

1995: Der gelungene 1995er zeigt mehr Fett, Frucht und Üppigkeit als sein Bruder, der 1996er. Seine Farbe ist ein gesundes Dunkelrubinrot und das Bukett wartet auf mit Aromen von Zimt, Schwarzkirschen, Johannisbeeren und Gewürzen. Neben seiner wunderschönen Mischung aus Frucht und Gewürzen besitzt dieser runde Wein von mittlerem Körper ausgezeichnete Konzentration, niedrige Säure und eine Anmutung von Frühreife. Trinken Sie ihn jetzt.

Weiterer verkosteter Jahrgang: 2000er (83–85)

DAUZAC (MARGAUX)

2000	D	(88–90)
1999	D	88
1998	D	87
1997	C	78
1996	C	86
1995	C	86+

Unter der ausgezeichneten Leitung von André Lurton ist das Gut deutlich wieder im Aufstieg begriffen.

2000: Aromen von gerösteten Früchten, Kräutern, Toast und Brombeeren springen förmlich aus dem Glas dieses süßen, weichen, opulenten Margaux. Schmeichelnd und sinnlich, zeigt der reife, runde, vollmundige Wein keinerlei Ecken und Kanten. Voraussichtliche Genussreife: jetzt–2016.

1999: Dieser undurchdringlich purpurrote Wein ist einer der besten bislang produzierten Weine von Dauzac. Ein Hauch von toastwürzigem frischem Eichenholz ergänzt harmonisch die Nuancen von asiatischen Gewürzen, schwarzen Johannisbeeren, Blaubeeren, Rauch und Mineralien in Duft und Geschmack. Mit niedriger Säure und einer fortgeschritten entwickelten Persönlichkeit strömt der stark extrahierte sowie erstaunlich kraftvolle 1999er in einem mächtigen Schwall über den Gaumen. Voraussichtliche Genussreife: jetzt–2016.

1998: Der dunkelrubin-purpurroten Farbe folgen elegante blumige Aromen und Düfte nach roten und schwarzen Johannisbeeren. Der Wein ist bei mittlerem Körper gut strukturiert und reif, mit schöner Länge und einem tiefen Geschmackseindruck am mittleren Gaumen. Voraussichtliche Genussreife: jetzt–2017.

1997: Der 1997er besitzt eine hohle Mitte und einen ausgewaschenen, verkürzten und komprimierten Abgang. Es fehlt ihm an Fruchtkonzentration und er nimmt sich verwässert aus. Voraussichtliche Genussreife: jetzt–2007.

1996: Dieser Wein bietet süße Frucht von schwarzen Johannisbeeren, verwoben mit Rauch, Kräutern und frischem Eichenholz. Von mittlerem Körper, mit gutem Extrakt, mäßiger Tiefe und Tannin und einem reifen Abgang, wird er sich jetzt–2015 schön trinken lassen. Ein guter, mittelgewichtiger Margaux.

1995: Der noch grimmig unentwickelte, tanninstrenge, dunkelrubinrote Wein erscheint fast allzu streng, besitzt jedoch genügend süße schwarze Johannisbeerfrucht sowie mittleren Körper und fleischigen Geschmack am Gaumen, um Begeisterung zu wecken. Ein großer Bordeaux wird er zwar nie sein, doch ist er ein gut bereiteter, ordentlicher Margaux, der schön altern wird. Voraussichtliche Genussreife: jetzt–2015.

DESTIEUX (ST-ÉMILION)

2000	**C**	**(88–90)**
1999	**C**	**87**
1998	**C**	**87**
1997	**C**	**86**
1996	**C**	**86+**
1995	**C**	**85**

Dieses Gut bringt erdige, mächtige, ein wenig rustikale Weine mit großer Persönlichkeit hervor, die 10–12 Jahre lang überdauern können. Darüber hinaus bieten sie zumeist ein gutes Preis-Leistungsverhältnis.

2000: Der 2000er offenbart ein dichtes, undurchdringlich purpurrotes Kleid und ein süßes Bukett aus mit Kirschlikör und Cassis vermischter Brombeerfrucht. Rauch, Erde und Eichenholz sind ebenfalls vorhanden. Im Mund nimmt sich der Wein körperreich und gehaltvoll aus, mit mäßig hohem, tragbarem Tannin, auch die Struktur ist nicht einschüchternd. Dieser Wein verlangt 2–3 Jahre Kellerreife und sollte 16–17 Jahre hindurch schön altern. Ein Volltreffer des Jahrgangs.

1999: Der 1999er ist der erste in dem neuen, von Christian Dauriac errichteten Weinkeller vinifizierte Jahrgang. Seine Farbe ist ein dichtes Purpurrot und er legt süßeres, freundlicheres Tannin als bisher und eine dicke, saftige, konzentrierte Persönlichkeit von mittlerem bis vollem Körper an den Tag. Voraussichtliche Genussreife: jetzt–2014.

1998: Von dichtem Rubin-Purpurrot, mit erdigen Aromen von Lakritze, Rindfleisch, Brombeeren, Pflaumen und subtilen Düften nach Unterholz, wird sich dieser mächtige, mäßig tanninstrenge, reichhaltige, kernige, robuste Wein jetzt–2014 in Bestform befinden.

1997: Der in einem erdigen, muskulösen, aggressiven St-Émilion-Stil gestaltete dunkelrubinrote 1997er offenbart schöne Tiefe, rustikales Tannin und eine robuste Persönlichkeit. Der Wein, bei dem Kraft die Finesse überwiegt, dürfte sich 8 Jahre hindurch schön trinken lassen.

1996: Der dunkelrubin-purpurrote 1996er legt bei mittlerem Körper süße Brombeer- und Kirschfrucht, aggressives Tannin und einen würzigen Charakter an den Tag. Er wird sich ein Jahrzehnt hindurch oder länger halten. Voraussichtliche Genussreife: jetzt–2012.

1995: Gut gemacht, mit tiefrubin-purpurroter Farbe und süßen, erdigen Aromen von schwarzen Johannisbeeren, enthüllt dieser mäßig tanninhaltige Wein von mittlerem Körper eingangs im Mund schöne Frucht, Gewürze, Leder und Eisen in den Geschmackskomponenten und schöne Tiefe, aber etwas Härte im Abgang. Voraussichtliche Genussreife: jetzt–2010.

LA DOMINIQUE (ST-ÉMILION)

2000	D	(90–92)
1999	D	88
1998	D	90
1997	C	87
1996	D	88
1995	D	89

La Dominique befindet sich im Besitz der Familie Fayat, deren Weine seit den späten 1970er Jahren zu meinen Lieblings-St-Émilions gehören. Ungeachtet der hohen Qualität der Weine (unter der Leitung von Michel Rolland bereitet) ist der La Dominique ein sehr preiswerter St-Émilion geblieben.

2000: Dieser weiche, leicht zu trinkende 2000er ähnelt dem 1990er, ist aber diffuser. Sein Kleid von dichtem Purpurrot geht einher mit einem nach kandierten Orangen, Dörrzwetschgen, Brombeeren und Kirschen duftenden Bukett, das spürbare Noten von frischem Eichenholz verrät. Dieser St-Émilion von mittlerem bis vollem Körper besitzt eine gewisse Überreife, ausgezeichnete Reintönigkeit und einen üppig-saftigen Abgang. Wenn er klarere Linienführung und Struktur annimmt, wird er eine hervorragende Punktnote verdienen. Voraussichtliche Genussreife: jetzt–2015.

1999: Fett, aber ohne die Gewichtigkeit und Definition des 1998ers, offenbart der dunkelrubin-purpurrote 1999er Aromen von Brombeermarmelade, Teer, Lakritze, Kräutern und Erde. Saftig und üppig, sollte er am besten in seinen ersten 10 Lebensjahren getrunken werden.

1998: Der 1998er ist ein weicher, fetter, sinnlich texturierter, opulenter Wein mit einer dichten rubin-purpurroten Farbe und herrlichen Aromen von Oliven, Schwarzkirsch-Marmelade, Brombeeren, Schokolade und Espresso. Dieser körperreiche Tropfen ist hedonistisch, auffällig und fast dekadent in seiner zum Ausdruck gebrachten üppigen Frucht, seinem hohen Glyzeringehalt und Gewürzen. Voraussichtliche Genussreife: jetzt–2015.

1997: Dieser attraktive, offen gewirkte, köstliche Wein gibt in seinem mäßig intensiven Aromaprofil reichliche Mengen von süßem, würzigem Eichenholz sowie dickliche Schwarzkirschen und Brombeeren zu erkennen. Niedrige Säure, mittlerer Körper und bewundernswerte Fleischigkeit und Frucht ergeben einen erfreulichen St-Émilion. Ein schmackhaft-würziger Tropfen zum Trinkgenuss während der nächsten 4–5 Jahre.

1996: Dieser rauchige, verschwenderisch mit Eichenholzwürze dosierte Wein legt eine eindrucksvolle dunkelrubin-purpurrote Farbe an den Tag. Das Bukett wartet auf mit reichlichen Düften nach Schwarzkirschen und Toast, Himbeeren, getrockneten Kräutern und Rauch. Eingangs im Mund zeigt der Wein süße Fruchtigkeit, niedrige Säure, mittleren Körper und einen gefällig texturierten Abgang mit spürbarem Fett und Glyzerin. Voraussichtliche Genussreife: jetzt–2012.

1995: Zwar ist der Jahrgang 1995 auch bei La Dominique tanninreich ausgefallen, doch besitzt der Wein süßere Frucht als der 1996er und zeigt größere Reife und Intensität (zumindest jetzt) in dem mäßig ausdrucksvollen Bukett mit seinen Düften nach Vanille, Brombeer- und Himbeerfrucht. Im Mund sind schöne Süße, mittlerer bis voller Körper, mäßiges Tannin und ein geschichtetes, reichhaltiges, klassisches Geschmacksprofil zu spüren. Voraussichtliche Genussreife: jetzt–2016.

LA DOYENNE (PREMIÈRES CÔTES DE BORDEAUX)

2000	C	(87–88)
1999	C	87
1998	C	89

Schnäppchenjäger sollten nach diesem Wein Ausschau halten, der über mehrere Jahrgänge hinweg ein heißer Tipp für Verbraucher ist. Aus bescheidenen Erträgen von 45 hl/ha gewonnen, wird dieser Verschnitt aus 70% Merlot, 20% Cabernet Sauvignon und 10% Cabernet Franc unfiltriert von dem gewissenhaften Erzeuger von La Doyenne auf Flaschen gefüllt. Er kann sich mit Weinen messen, die das Vierfache kosten!

2000: Der 2000er zeigt dunkelrubinrote Farbe, reichliche Mengen dicklicher schwarzer Frucht, schönes Glyzerin und Fett, mittleren Körper und einen säurearmen, üppigen Abgang. Er sollte in seinen ersten 2–3 Lebensjahren getrunken werden, damit man seine Überschwänglichkeit und Fruchtigkeit richtig genießen kann.

1999: Der bei mittlerem Körper reichfruchtige 1999er ist gut bereitet, wenn auch nicht so dicht und gewichtig wie der 1998er. Gleichwohl stellt er einen guten Gegenwert für seine Qualität dar und sollte im Lauf der nächsten 2–3 Jahre getrunken werden.

1998: Dieser für den Jahrgang großartige, dicht rubin-purpurrote 1998er enthüllt Noten von Kaffee, Mokka, Schwarzkirschen und Rauch. Fleischig, mit feiner Textur und vollem Körper, ist dies ein köstlicher, hedonistischer Wein zum Trinkgenuss für die nächsten 2–4 Jahre.

DUBOIS-GRIMON (CÔTES DE CASTILLON)

2000	C	(90–91)
1999	C	88
1998	C	89+

Dies ist einer der wenig bekannten Luxus-Côtes de Castillons der neuen Welle, der verblüffend hohe Qualität zu bieten hat.

2000: Dieser massiv konzentrierte, aber wunderschön ausgewogene 2000er, eine spektakuläre Leistung, besitzt sowohl Kraft als auch Frische. Mit Lakritze und Rauch verwobene tiefe Geschmacksnuancen von schwarzer Frucht dominieren diesen nahtlosen, samtig texturierten Wein. Schon jetzt köstlich, wird er in 2–3 Jahren sogar noch besser schmecken und dürfte ein Jahrzehnt hindurch schön altern.

1999: Mehr Eichenholzwürze, niedrigere Säure und ähnlich verschwenderische Mengen von Brombeeren und Cassis wetteifern in diesem eindrucksvollen, opulent texturierten, kräftigen, dicken, saftigen, üppigen, auffälligen 1999er um die Aufmerksamkeit des Verkosters. Voraussichtliche Genussreife: jetzt–2010.

1998: Toll! Ein sattschwarzes-rubin-purpurrotes Kleid geht einher mit süßen Aromen von Brombeerlikör, vermischt mit Kirschen, Rauch, Lakritze und Erde. Diese hochklassige Leistung könnte mit ihrer superben Konzentration, Reintönigkeit und den Gaumen auskleidenden Fleischigkeit und Extrakt letztlich eine Punktnote von 90 verdienen. Es gibt keine harten Ecken und Kanten in diesem vollmundigen Wein, der von einer Kellerreife von 6–12 Monaten profitieren wird. Voraussichtliche Genussreife: jetzt–2012.

DUCRU-BEAUCAILLOU (ST-JULIEN)

2000	EE	(93–95)
1999	E	91
1998	E	91+

1997	**D**	**87**
1996	**EE**	**96**
1995	**EE**	**94**

Ich nenne den Ducru-Beaucaillou liebevoll den »Lafite-Rothschild von St-Julien«.

2000: Der 2000er, ein weiterer großartiger Ducru-Beaucaillou, könnte letztlich ebenso hinreißend sein wie der 1996er und der 1995er, zwei legendäre Leistungen. Er offenbart ein prachtvolles Bukett von roten und schwarzen Johannisbeeren, Brombeeren, Mineralien und Gewürzen. Süß, vieldimensioniert, von mittlerem bis vollem Körper, fabelhafter Reintönigkeit und einem langen Abgang mit unauffälliger Eichenholzwürze und mäßig hohem Tanningehalt, mag er vielleicht nicht die Dichte des 1996ers haben, ist aber im gleichen Alter zugänglicher. Ein Verschnitt aus 78% Cabernet Sauvignon, 20% Merlot und 2% Cabernet Franc, wird er sich zwischen 2006 und 2030 auf seinem Höhepunkt befinden.

1999: Superbe Himbeer-Blaubeeraromen verbinden sich mit blumigen und mineralischen Noten zu einem nuancierten Bukett in diesem klassischen, maßvollen, subtilen, anmutigen Wein. Von mittlerem Körper sowie wunderschön reichhaltig und texturiert, ist dies ein Bordeaux von feinster und delikatester Art. Voraussichtliche Genussreife: 2004–2020.

1998: Der überaus elegante, dicht purpurrote 1998er enthüllt Aromen von Cassis, schwarzen Himbeeren, Mineralien und Johannisbeeren. Präzise, klar umrissen und von mittlerem bis vollem Körper, mit wundervoller Reintönigkeit und zurückhaltender Eleganz, offenbart dieser noble, verhaltene Wein einen tanninherben Abgang, was darauf schließen lässt, dass er 4–5 weitere Jahre im Keller reifen sollte. Voraussichtliche Genussreife: 2005 bis 2025.

1997: Ein hochklassiges, komplexes Bukett, das nach Bleistift, Mineralien, Erde, Cassis und Blumen duftet, springt bei diesem dunkelrubin-purpurroten 1997er förmlich aus dem Glas. Entfaltet und elegant, mit spürbarem Tannin, legt er Rasse und Klasse an den Tag, dazu mäßige Gewichtigkeit, ausgezeichnete Tiefe, Reintönigkeit und Symmetrie. Genießen Sie ihn jetzt und während der nächsten 10 Jahre – wenn nicht noch länger.

1996: Ich habe den 1996er Ducru-Beaucaillou bei vier getrennten Gelegenheiten aus der Flasche verkostet und konnte ihn auch zweimal blind im Vergleich mit dem legendären 1995er probieren. Es ist nur eine Randbemerkung, aber der 1996er erscheint mir etwas länger mit mehr Tiefe am mittleren Gaumen. Auch zeigt er im Abgang mehr Tannin. Viele Leser mögen diese beiden bemerkenswerten Weine als identische Zwillinge sehen, doch ich halte den 1996er für muskulöser, konzentrierter und klassischer. Er offenbart eine satte rubin-purpurrote Farbe sowie ein umwerfendes Bukett von Mineralien, Lakritze, Cassis und einen unverkennbaren Bleistiftgeruch, den ich häufig mit Spitzenjahrgängen von Lafite-Rothschild assoziiere. Er ist bei vollem Körper süß und unglaublich reichhaltig, ohne im Geringsten schwerfällig oder schlaff zu wirken. Der Wein weist einen hohen Tanningehalt auf, ist aber extrem reif, und die süße Cabernet-Sauvignon-Frucht mit ihrem Anklang an schwarze Johannisbeeren und Gewürze tritt betont hervor. Diesen profunden, verhalten entwickelten Ducru-Beaucaillou muss man einfach kaufen, wenn man ihn noch auftreiben kann. Für Leser, die sowohl den 1995er wie den 1996er im Keller haben, wird es faszinierend sein, die Entwicklung dieser außergewöhnlichen Jahrgänge zu verfolgen. Voraussichtliche Genussreife: 2008–2035.

1995: Um es noch einmal zu betonen: Dieser Wein ist von feinster Premier-Cru-Qualität, nicht nur aus intellektueller Sicht, sondern aufgrund seiner genussbetonten Eigenschaften. Offener gewirkt und zugänglicher als der 1996er, präsentiert der 1995er eine satte rubin-purpurrote Farbe, gefolgt von einem überwältigenden Bukett von Blaubeer- und Cassisfrucht sowie schwarzen Himbeeren, verflochten mit Mineralien, Blumen und subtilem toastwürzigem frischem Eichenholz. Wie sein jüngerer Bruder zeigt der Wein einen süßen, reichhaltigen Eindruck am Gaumen (aufgrund von Extrakt und Reife, nicht Zucker), Schichten von Geschmackskomponenten, klare Linienführung und Biss, aber generell unauffälligen Tannin- und Säuregehalt. Ein klassischer, hinreißender Vertreter eines Ducru-Beaucaillou, den man nicht verpassen sollte. Voraussichtliche Genussreife: jetzt–2025.

Bisherige große Jahrgänge: 1994er (90), 1986er (92), 1985er (92), 1982er (94), 1978er (90), 1970er (92), 1961er (96), 1959er (90), 1953er (93), 1947er (93)

DUHART-MILON (PAUILLAC)

2000	**D**	**(88–90)**
1999	**D**	**88**
1998	**D**	**89+**
1997	**C**	**87**
1996	**D**	**90**
1995	**D**	**87**

Seit das Gut sich unter der Regie von Charles Chevalier (der in den vergangenen Jahren auch für eine Menge von spektakulären Lafite-Rothschilds verantwortlich zeichnete) befindet, hat der Wein mehr Gewichtigkeit, Fülle und Komplexität angenommen. Duhart-Milon ist eine Domaine, die man im Auge behalten sollte, da die Preise angesichts der Qualität recht vernünftig geblieben sind.

2000: Der 2000er ist ein wenig streng, aber in einem leichten, eleganten, erfrischenden Stil bereitet. Es mag ihm an Fett und Überschwänglichkeit fehlen, doch seine Reintönigkeit und der transparente Ausdruck des *terroirs* von Duhart-Milon sind über jeden Zweifel erhaben. Der Verschnitt aus 80,5% Cabernet Sauvignon und 19,5% Merlot wird von 2–3 Jahren Kellerreife profitieren und 15+ Jahre schön altern.

1999: Der 1999er, ein Verschnitt von 90% Cabernet Sauvignon und 10% Merlot, besitzt süße Beerenfrucht, geschmeidiges Tannin, einen offen gewirkten, fleischigen Stil und ausgezeichnetes Gleichgewicht und Harmonie. Er wird sich bereits jung schön trinken lassen und 15 Jahre lang halten.

1998: Dieser Verschnitt von dichter rubin-purpurroter Farbe aus 67% Cabernet Sauvignon und 23% Merlot hat seit seinem Ausbau im Holzfass schön zugelegt. Sein Bukett verströmt Düfte von englischem Kuchen, Zedernholz, Gewürzkiste, Pflaumen, schwarzen Himbeeren und Johannisbeeren. Er zeigt ausgezeichnete Reichhaltigkeit, mäßigen Gehalt von süßem Tannin, schöne Reintönigkeit und einen komplexen Stil. Voraussichtliche Genussreife: 2005–2020.

1997: Dieser beeindruckend sattdunkle rubin-purpurrote Wein wartet mit einer Fülle von süßer schwarzer Johannisbeerfrucht, Vanille und Mineralien auf. Sanft, mit süßer Fruchtigkeit auf der Zunge, mittlerem Körper, reifem Tannin und einem üppigen Abgang, wird er sich ein Jahrzehnt hindurch schön trinken lassen.

1996: Man kann mit Fug und Recht behaupten, dass dies der feinste Duhart-Milon seit dem 1982er ist. Seine Farbe zeigt ein sattdunkles Rubin-Purpurrot. Das Bukett bietet Aromen von Brombeerfrucht, vermischt mit Lakritze, Mineralien und getrockneten Kräutern. Reichhaltig und intensiv, mit beträchtlicher Finesse und mittlerem bis vollem Körper, legt er hervorragende Konzentration und Reintönigkeit an den Tag. Voraussichtliche Genussreife: 2005–2020.

1995: Aus einem Verschnitt von 80% Cabernet Sauvignon und 20% Merlot bereitet, ist der 1995er ein wenig süßer, geschmeidiger und schlanker als der breitschultrige 1996er. Das Bukett des Weins präsentiert Aromen von reifer Beerenfrucht verwoben mit Mineralien, toastwürzigem Eichenholz und Gewürzen. Von mittlerem Körper, mit schönem Extrakt, ist er ein Pauillac von finessereichem Stil (im besten Sinne des Wortes). Voraussichtliche Genussreife: jetzt–2014.

Bisheriger großer Jahrgang: 1982er (93)

DOMAINE DE L'ÉGLISE (POMEROL)

2000	**D**	**(88–90)**
1999	**D**	**87**

1998	**D**	**87**
1997	**C**	**85**

2000: Der 2000er, potenziell einer der besten von diesem Weingut produzierten Weine, besitzt mehr Textur, süße Frucht und Konzentration als frühere Jahrgänge. Darüber hinaus ist das Eichenholz gezähmt worden. Ein fester, muskulöser, maskuliner Wein (wie viele 2000er Pomerols), enthüllt er schöne Tiefe, Intensität und Alterungsfähigkeit. Voraussichtliche Genussreife: 2006–2020.

1999: Der tiefrubin-purpurrote 1999er zeigt Düfte nach reifem Schwarzkirschlikör, Schokolade, Rauch und toastwürzigem Eichenholz. Säurearm, mollig und korpulent, ist er schon jetzt zugänglich, sollte aber 15–20 Jahre schön altern. Voraussichtliche Genussreife: jetzt–2015.

1998: Weich, mollig, entgegenkommend und tiefrubinrot, präsentiert der 1998er reichliche Mengen von Toffee, Schwarzkirschen, Mokka, Schokolade und toastwürzigem frischem Eichenholz in Duft und Geschmack. Trinken Sie diesen verbraucherfreundlichen Wein von mittlerem Körper im Lauf der nächsten 10 Jahre.

1997: Bezaubernde Aromen von geröstetem Kaffee, Beeren, Schokolade und Toast entsteigen diesem mittelrubinroten Wein. Rund, mollig und saftig, mit mäßig guter Konzentration und einem kurzen Abgang, ist dies ein sauber gemachter, ordentlicher Pomerol zum alsbaldigen Trinkgenuss.

Bisheriger großer Jahrgang: 1989er (90)

L'ÉGLISE-CLINET (POMEROL)

2000	**EEE**	**(94–96)**
1999	**EEE**	**92**
1998	**EEE**	**94+**
1997	**EEE**	**91**
1996	**EEE**	**93**
1995	**EEE**	**96**

Unter der inspirierten Leitung von Denis Durantou gehört dieser Wein häufig zu den Superstars unter den Bordeauxweinen, der sich mit dem Pétrus messen kann, besonders wenn in Pomerol ein reifer, exzellenter Jahrgang zu verzeichnen ist!

2000: Der 2000er ist zwar nicht so außergewöhnlich wie der 1998er, doch hat Durantou einen tiefrubin-purpurroten Pomerol von mittlerem bis vollem Körper mit reintönigen Aromen von schwarzen Johannisbeeren und Kirschen in Duft und Geschmack mit süßem, aber spürbarem Tannin und schöner Säure gestaltet. Nicht so massiv wie der 1998er, ist er jedoch untadelig bereitet, gut ausgewogen und eindrucksvoll. Voraussichtliche Genussreife: 2010–2035.

1999: Ich habe diesen Wein irrtümlich unterschätzt, als ich ihn aus dem Fass verkostete. Der tiefrubin-purpurrote 1999er hat während seines Ausbaus zugelegt, obwohl er weniger Struktur als der 1998er zu besitzen scheint. Der Wein ist fleischig, mit weichem Tannin und Noten von Brombeeren, schwarzen Himbeeren, Schokolade, Erde und Leder. Die im letzten Jahr offensichtliche, diffuse Art ist verschwunden, der Wein zeigt sowohl klare Linienführung als auch Konturenschärfe. Dieser körperreiche, wunderschön konzentrierte, reichhaltige, cremig texturierte 1999er ist hervorragend. Voraussichtliche Genussreife: jetzt–2025.

1998: Der 1998er dürfte sich als einer der langlebigsten Pomerols des Jahrgangs herausstellen. Er ist verhalten entwickelt und hat sich seit der Flaschenabfüllung verschlossen, doch ist nicht daran zu rütteln, dass es sich hier um einen herrlichen, gediegenen *vin de garde* handelt. Seine undurchdringliche purpurrote Farbe geht einher mit einem zurückhaltenden, aber vielversprechenden Bukett von süßen schwarzen Himbeeren, verwoben mit Vanille, Karamell und Mineralien. Der Wein ist körperreich, mächtig tanninhaltig, wunderschön texturiert und strotzt vor Extrakt (einer Vielfalt von schwarzen Früchten). Zwar scheint er aus allen Nähten zu platzen, doch werden seine Käufer noch mindestens 4–6 Jahre auf ihn warten müssen. Voraussichtliche Genussreife: 2008–2035.

1997: Dies ist einer der konzentriertesten, verlockendsten und alterungsfähigsten Weine des Jahrgangs. Der dunkelrubin-purpurrote 1997er besitzt herrliche Symmetrie, reichliche Mengen verführerischer schwarzer Johannisbeer- und Kirschfrucht, vollen Körper und einen fetten, kernigen Geschmackseindruck am mittleren Gaumen. Im Abgang gibt er geröstete Blaubeeren, Kaffee und toastwürziges Eichenholz zu erkennen. Eine superbe Leistung für den Jahrgang, kann man ihn schon jetzt trinken (wegen seiner niedrigen Säure und seinem süßen Tannin) oder 15 Jahre und länger in den Keller legen. Bravo!

1996: Mit dem 1996er, einem der wenigen profunden Pomerols des Jahrgangs 1996, hat L'Église-Clinet einen ungewöhnlich reichhaltigen, konzentrierten Wein herausgebracht, der sich aus der Flasche verkostet gut ausnimmt, obwohl er eine straffer gewirkte Struktur an den Tag legt als bei der Fassverkostung. Seine dunkelrubin-purpurrote Farbe geht einher mit Nuancen von Holzkohle, dicklichem Cassis, Himbeeren und einem Hauch von Überreife. Ein Duft von Eichenholzwürze entsteigt dem Glas mit diesem Wein. Er ist bei mittlerem bis vollem Körper fett und konzentriert mit einer geschichteten, vieldimensionalen, überaus nuancierten Persönlichkeit. Dieser muskulöse Pomerol verlangt 2–3 Jahre Flaschenreife. Voraussichtliche Genussreife: 2004–2020.

1995: Einer der ehrfurchtgebietendsten Weine des Jahrgangs ist der 1995er, der sowohl aus dem Fass als auch aus der Flasche fabelhaft wirkt. Seine Farbe ist ein undurchdringliches Purpurrot, das Aroma zeigt sich zwar noch verschlossen, bietet aber bereits ein Duftgemisch aus schwarzen Himbeeren, Kirschgeist, Rauch, Kirschen und Trüffeln. Körperreich und gehaltvoll, mit hohem Tanningehalt, aber profunder Frucht und Fülle, lässt dieser dichte, außergewöhnlich klar gezeichnete, geschichtete, vieldimensionale Wein sein eigentliches Potenzial nur erahnen. Er scheint sich zu einer Legende entwickeln zu wollen. Ich konnte mich über die außergewöhnliche Textur dieses Weins im Mund gar nicht genug begeistern. Intensität und Reichhaltigkeit ohne Schwerfälligkeit – eine Glanzleistung der Weinbereitung! Voraussichtliche Genussreife: 2008–2030.

Bisherige große Jahrgänge: 1994er (90), 1990er (92), 1989er (90?), 1986er (92), 1985er (95), 1975er (92), 1971er (92), 1961er (92), 1959er (96), 1950er (95), 1949er (99), 1947er (100), 1945er (98), 1921er (100)

L'ENCLOS (POMEROL)

2000	C	(84–86)
1997	C	86
1995	C	86

2000: Wie andere Beispiele von L'Enclos in letzter Zeit ist der 2000er leicht und lässt Dichte und Konzentration vermissen. Noten von Karamell, Mokka und Kirschen sind in diesem weichen Pomerol von mittlerem Körper zu finden. Er will in seinen ersten 4–5 Lebensjahren getrunken sein.

1997: Der 1997er, ein gefälliger, säurearmer, molliger Bordeaux, zeigt mäßig reichhaltige, mit Schokolade und Mokka überhauchte Schwarzkirschfrucht, mittleren Körper, eine geschmeidige Textur und einen kurzen Abgang. Er ist ideal zum Trinken während der nächsten 2–4 Jahre geeignet.

1995: Die dunkelrubin-purpurrote Farbe dieses seidig texturierten Weins geht einher mit Nuancen von Mokka, Kaffee und Kirschen in Duft und Geschmack. Niedrige Säure verleiht diesem Tropfen eine entgegenkommende, mollige Persönlichkeit. Trinken Sie ihn im Lauf der nächsten 3–4 Jahre.

Weitere verkostete Jahrgänge: 1999er (80–82), 1998er (85–86)

EPICUREA (CÔTES DE BOURG)

2000	**B**	**(87–88)**

2000: Diese spezielle Cuvée, aus niedrigen Erträgen und alten Reben in Château Martinens an den Côtes de Bourg gewonnen (ein Verschnitt aus 90% Merlot und 10% Malbec), präsentiert eine undurchdringlich dichte purpurrote Farbe, ein süßes blaubeer- und brombeerduftiges Bukett, ausgezeichnete Reife, mäßiges Tannin und mittleren Körper. Ein Volltreffer des Jahrgangs, sollte er 4–5 Jahre schön altern.

D'ESCURAC (MÉDOC)

2000	**B**	**(87–88)**

2000: Dieser sorgfältig bereitete Cru Bourgeois, ein heißer Tipp des Jahrgangs, zeigt eine tiefrubin-purpurrote Farbe sowie attraktive, intensive Noten von Mineralien und schwarzen Johannisbeeren, Geschmackskomponenten von mittlerem bis vollem Körper, ausgezeichnete Reintönigkeit und Ausgewogenheit und leichtes bis mäßiges Tannin. Er sollte sich 6–7 Jahre hindurch schön trinken lassen.

L'ÉVANGILE (POMEROL)

2000	**EEE**	**(96–99)**
1999	**EEE**	**89**
1998	**EEE**	**94+**
1997	**E**	**89**
1996	**EE**	**90?**
1995	**EE**	**92+**

Die Familie Rothschild, die 1990 eine Mehrheitsbeteiligung von L'Évangile erwarb, ist bestrebt, die Qualität dieses Weins auf die Höhe eines Pétrus zu heben, was angesichts des spektakulären *terroirs* und der bereits existierenden makellosen hohen Qualität nicht schwierig sein dürfte.

2000: Ist der 2000er ein Doppelgänger des spektakulären 1997ers? Der tiefrubin-purpurrote Wein offenbart ein herrliches Parfüm von schwarzen Himbeeren, Lakritze, Trüffeln und Crème de Cassis. Im Mund folgen auf eine feste, tanninherbe Struktur beträchtliches Fett sowie schön hervorgehobene Komponenten, die an Brombeer- und Himbeerlikör denken lassen. Es ist mehr frisches Eichenholz als gewöhnlich vorhanden, doch erscheint es gut integriert. Verhalten entwickelt, dicht und körperreich, wird dieser Wein Geduld erfordern. Ein Klassiker! Voraussichtliche Genussreife: 2008–2030.

1999: 100% neue Eichenholzfässer wurden für diesen Verschnitt aus 75% Merlot und 25% Cabernet Franc eingesetzt. Obwohl fast identisch mit dem 1998er, erscheint der 1999er süßer, mit niedrigerer Säure, reiferem Tannin und einer nahtloseren, hedonistischen Persönlichkeit. Seine dichte rubin-purpurrote Farbe geht einher mit dicken, reichhaltigen, fleischigen Geschmacksnuancen. Dies ist ein Kandidat für die Wahl zum frühreifsten L'Évangile des letzten Jahrzehnts. Voraussichtliche Genussreife: jetzt–2016.

1998: Dieser großartige L'Évangile, ein Verschnitt aus 80% Merlot und 20% Cabernet Franc, der in zu 45% neuen Eichenholzfässern ausgebaut wurde, ist vollgestopft mit konzentrierter Brombeer- und Himbeerfrucht. Auch ein an Akazienblüten erinnerndes Element ist vorhanden, das dem Wein noch mehr Komplexität verleiht. Noten von Toffee, Lakritze und Trüffeln bereichern das aromatische Feuerwerk weiter. Der Wein ist körperreich, mit superber Reintönigkeit und mäßigem Tannin im Abgang. Der 1998er dürfte der feinste L'Évangile seit dem superben 1995er und 1990er sein. Voraussichtliche Genussreife: jetzt–2020+.

1997: Ein reintöniges Bukett mit Düften nach Trüffeln und schwarzen Himbeeren mit Eichenholz im Hintergrund kennzeichnet den klassischen Stil von L'Évangile. Nahezu hervorragend, offenbart dieser sinnliche, reife Wein von mittlerem Körper herrliche Fruchtigkeit, keine besondere Dichte, Länge oder Tannin, aber überaus unmittelbar ansprechende Art. Viele Verbraucher werden diesen Wein wahrscheinlich auf der Skala des Genusses höher bewerten als meine Punktnote anzeigt – er ist sehr verführerisch. Voraussichtliche Genussreife: jetzt–2012.

1996: Ganz ähnlich wie sein Nachbar Clinet wird der 1996er L'Évangile wahrscheinlich kontrovers beurteilt werden. Mit seiner dunkelrubin-purpurroten Farbe und Noten von Backpflaumen und Rosinen, chinesischem Schwarztee, Brombeeren und Kirschlikör macht der Wein einen überextrahierten Eindruck. Er ist reichhaltig und wuchtig sowie tanninstreng und ungefüge, von mittlerem bis vollem Körper mit ausgezeichneter Fülle und einem langen, überreifen Abgang. Vielleicht wird er 1–2 Jahre brauchen, um sich zu seiner eigentlichen Form abzurunden, könnte sich aber zu einem hervorragenden Wein entwickeln. Voraussichtliche Genussreife: jetzt–2016.

1995: Nach dreimaliger Verkostung erwies sich dieser Wein als verschlossen, verhalten entwickelt und etwas weniger eindrucksvoll aus der Flasche als zuvor aus dem Fass. Dennoch ist er immer noch ein hervorragender L'Évangile, der sich als langlebiger herausstellen könnte als der üppige 1990er, wenn auch vielleicht nicht so opulent im Stil. Er ist und bleibt eine Spitzenleistung dieses Jahrgangs. Seine dichte rubin-purpurrote Farbe geht einher mit Aromen von Mineralien, schwarzen Himbeeren, Erde und Gewürzen. Der auf die Flasche gezogene Wein erscheint abgedämpft (allzu viel Schönung und Filtration?) im Vergleich zu den Fassproben, die vielfältige Schichten von Fleisch und Geschmack aufwiesen. Kräftiges Tannin im Abgang und reichliche süße Frucht am Gaumen sprechen dafür, dass dieser Wein sich zu etwas Besonderem entfalten wird. Wäre er noch besser ausgefallen, wenn man die Filter zugunsten einer natürlichen Flaschenabfüllung weggelassen hätte? Ich meine ja, aber dies vorausgeschickt, muss man zugeben, dass der grimmige Tanninspiegel des Weins seine hervorragende Reife, Reintönigkeit und Tiefe nicht verdecken kann. Rechnen Sie jedoch nicht damit, dass dieser Pomerol vor weiteren 3–4 Jahren trinkreif sein wird, was länger ist, als ich ursprünglich erwartet habe. Voraussichtliche Genussreife: 2005–2020.

Bisherige große Jahrgänge: 1994er (92), 1990er (96), 1989er (90), 1985er (95), 1983er (90), 1982er (96), 1975er (96), 1961er (99), 1947er (97)

FAIZEAU VIEILLES VIGNES (MONTAGNE-ST-ÉMILION)

1999	**B**	**87**
1998	**B**	**86**

Diese Weine wären ihren Preis wert, wenn man sie billiger verkaufen würde.

1999: Der dunkelrubin-purpurrote 1999er besitzt ein süßes Aromaprofil mit Düften nach dicklichen schwarzen Früchten, Vanille und Unterholz. Mittelgewichtig, mit niedriger Säure, sollte sich dieser fleischige, attraktive Wein bereits jung schön trinken lassen. Voraussichtliche Genussreife: jetzt–2012.

1998: Der dunkelrubinrote 1998er zeigt in Duft und Geschmack Aromen von Erde, Schwarzkirschen und Schokolade mit einem Hauch von Eichenholz. Der reife Wein von mittlerem Körper gibt eine gewisse Erdigkeit und robustes Tannin zu erkennen. Voraussichtliche Genussreife: jetzt–2010.

Weiterer verkosteter Jahrgang: 2000er (87–88)

FAUGÈRES (ST-ÉMILION)

2000	**D**	**(90–91)**
1999	**D**	**90**
1998	**D**	**90**
1997	**C**	**87**
1996	**C**	**87**
1995	**C**	**87**

Corinne Guisez gestaltet eine Standard-Cuvée sowie einen superben »Garagenwein« aus einer besonderen Parzelle namens Péby-Faugères (eine Hommage an ihren früh verstorbenen Ehemann). Sie erzeugt auch einen erstklassigen Côtes de Castillon namens Cap de Faugères. Alle drei Weine haben vernünftige Preise. Es verwundert nicht, dass Corinne Guisez Michel Rolland als beratenden Önologen angeheuert hat.

2000: Der 2000er kann es mit dem im Jahr 1998 produzierten Wein aufnehmen. Seine Farbe ist ein dichtes Blau-Purpurrot und die Aromen bieten reichliche süße Eichenholzwürze, Rauch, schwarze Johannisbeeren und Kirschen. Struktur und Tannin in Verbindung mit einem reifen Abgang sind in dieser hochklassigen Leistung reichlich vorhanden. Hervorragend reintönig und mäßig gewichtig im Mund, ist dies ein intensiv geschmacksbetonter St-Émilion. Voraussichtliche Genussreife: 2006–2017.

1999: Der dicht rubin-purpurrote 1999er, eine starke Leistung in einem schwierigen Jahrgang, offenbart Aromen von schwarzen Früchten, Rauch, Lakritze, Mineralien und Akazienblüten. Reichhaltig und voll, mit niedriger Säure, wundervoller Kernigkeit und einem weichen, zugänglichen, verbraucherfreundlichen Stil, kann er bereits jetzt getrunken werden, wird aber über die nächsten 10 Jahre hinweg halten.

1998: Dieser komplexe, dunkelpurpurrote 1998er, ein Wein von schöner Reintönigkeit, Symmetrie und Anmut, enthüllt eine Fülle schwarzer Früchte mit Anklängen von frischem Eichenholz und Grafit, mittleren bis vollen Körper, süßes Tannin, bewundernswerte Eleganz und schöne Reichhaltigkeit. Voraussichtliche Genussreife: jetzt–2015.

1997: Dieser feine Wein legt eine pflaumendunkle-rubinrote Farbe an den Tag sowie üppige Nuancen von würzigem Eichenholz, Erde, Schwarzkirschen und Beeren in Duft und Geschmack. Hinzu kommen trockenes Tannin, schöne Reife und ein strukturierter Abgang von mittlerem Körper. Er sollte sich 7–8 Jahre hindurch schön trinken lassen.

1996: Das Weingut Faugères hat einen dicht rubin-purpurroten 1996er hervorgebracht, der Aromen von toastwürzigem frischem Eichenholz, schwarzen Früchten und Gewürzen an den Tag legt. Bei mittlerem bis vollem Körper reichhaltig mit mäßigem Tannin, ist er ein Volltreffer des Jahrgangs. Voraussichtliche Genussreife: jetzt–2012.

1995: Dunkelrubin-purpurrot, mit einem rauchigen, sinnlichen, nach Schwarzkirschfrucht, Lakritze, Vanille und Gewürzen duftenden Bukett, besitzt dieser bei mittlerem Körper elegante, aber schmackhafte, vollmundige St-Émilion ausgezeichnete Tiefe und schöne Ausgewogenheit. Sein langer Abgang offenbart etwas Tannin, doch insgesamt ist dies ein zugänglicher, vordergründiger Bordeaux zum Trinkgenuss in den nächsten 5–7 Jahren. Ein Volltreffer.

FAURIE DE SOUCHARD (ST-ÉMILION)

1999	C	86
1998	C	87

1999: Der mittelschwere dunkelrubinrote 1999er zeigt ein nach Gewürzkiste, Mineralien und schwarzen Früchten duftendes Bukett, mäßiges Tannin und niedrige Säure. Voraussichtliche Genussreife: jetzt–2015.

1998: Pflaumenhaft-rubinrote Farbe geht einher mit weichen, runden, attraktiven Aromen von Gewürzkiste, Kirschen, Rauch und Erde. Der Wein ist bei mittlerem Körper elegant und stilvoll mit geschmeidigem Abgang. Trinken Sie ihn im Lauf der nächsten 8 Jahre.

Weiterer verkosteter Jahrgang: 2000er (87–88)

FERRAND-LARTIGUE (ST-ÉMILION)

2000	E	(89–90)
1999	E	89
1998	E	90
1997	D	88
1996	E	90
1995	E	89

Wenngleich kein Premier Grand Cru oder Grand Cru Classé, ist der Ferrand-Lartigue doch vielen Weinen mit vornehmerem Stammbaum überlegen. Die erzeugten Mengen sind sehr klein, und die Verbraucher versuchen gewöhnlich, die Weine früh zu kaufen. Der Debüt-Jahrgang war 1993.

2000: Der 2000er ist eine elegante, schlanke, tanninreichere Version eines Ferrand-Lartigue. Er präsentiert wunderschöne Noten von süßen roten Kirschen, verwoben mit schwarzen Johannisbeeren, Erde und üppigen Mengen von toastwürzigem frischem Eichenholz. Zunächst wirkt der Wein, als sei er in einem ziemlich internationalen Stil gestaltet, doch dann tritt ein klassisches Bordeaux-Geschmacksprofil hervor, gepaart mit Finesse und einer Fülle von süßer roter und schwarzer Frucht. Mäßig tanninherb, sollte er am besten 1–2 Jahre im Keller verbringen (untypisch für diese Domaine) und in den nächsten 10 Jahren getrunken werden.

1999: Der 1999er ist ein weicher, mittelschwerer, sinnlicher, dunkelrubin-purpurroter Wein, der ein süßes, dickliches Bukett von schwarzen Früchten, vermischt mit Lakritze, Rauch und toastwürzigem frischem Eichenholz an den Tag legt. Sein Geschmackseindruck ist auf der Zunge gefällig, am Gaumen plüschartig und fleischig und im Abgang samtig. Voraussichtliche Genussreife: jetzt–2010.

1998: Der 1998er zeigt eine dunkelrubin-purpurrote Farbe sowie ein festes, aber vielversprechendes Bukett im internationalen Stil von frischer Eichenholzwürze, schwarzen Früchten und Sattelleder. Der Wein besitzt mittleren bis vollen Körper, ausgezeichnete Reintönigkeit und saubere, reichhaltige, konzentrierte Geschmackskomponenten. Kritiker könnten ihn zwar allzu »international« finden, dennoch ist er eine hervorragende Leistung. Voraussichtliche Genussreife: jetzt–2015.

1997: Der 1997er, ein Spätentwickler, gibt mehr Tannin und Biss und Struktur zu erkennen als viele seiner Kollegen in St-Émilion. Gleichzeitig ist jedoch eine Fülle von vanillegetränkter reifer Schwarzkirsch- und Johannisbeerfrucht vorhanden, gepaart mit mittlerem Körper und einem langen, würzigen Abgang. Er sollte 5–7 Jahre lang gut altern.

1996: Der 1996er gehört zu den Stars von St-Émilion. Seine Farbe ist ein dichtes Purpurrot, und er offenbart in seinem Bukett verschwenderisch dosierte frische Eichenholzwürze, verwoben mit Himbeeren, Kirschgeist und schwarzer Johannisbeerfrucht. Im Mund treten ein süßer Eindruck am mittleren Gaumen, herrliche Reintönigkeit, mäßiges Tannin und ein runder, langer Abgang in Erscheinung. Für einen Wein von dieser Domaine wird er sich als beeindruckend langlebig erweisen. Voraussichtliche Genussreife: jetzt–2013.

1995: Der 1995er, ein sinnlicher, offen gewirkter Wein, zeigt dunkelrubin-purpurrote Farbe, ein dickliches, nach kandierten Früchten duftendes und toastwürziges Bukett, reife, samtig texturierte, komplexe, generöse Geschmacksnuancen von Schwarzkirschen und Cassis und niedrige Säure. Dieser köstliche Wein von mittlerem Körper lässt sich schon jetzt und über die nächsten 8 Jahre hinweg schön trinken. Ein Volltreffer des Jahrgangs.

FERRIÈRE (MARGAUX)

1998	**D**	**86**
1997	**D**	**84**
1996	**D**	**86**
1995	**D**	**86+**

Die Weine von Ferrière haben sich besonders seit 1995 beträchtlich verbessert.

1998: Der mittelschwere 1998er hat während seiner Ausbauphase an Dichte zugenommen. Er besitzt mäßig intensive Aromen von süßen schwarzen Johannisbeeren und Düfte nach Gewürzkiste, mittleren Körper, ausgezeichnete Reife auf der Zunge, jedoch am mittleren Gaumen und im Abgang eine gewisse Enge. Voraussichtliche Genussreife: jetzt–2012.

1997: Der solide gemachte, kompetente 1997er ist leicht zu trinken und zu verstehen. Wenngleich es ihm an Konzentration fehlt, besitzt er gefällige rote und schwarze Früchte, einige erdige, würzige Noten und einen raschen Abgang. Genießen Sie ihn im Lauf der nächsten 2–3 Jahre.

1996: Der 1996er offenbart eine dunkelrubinrote Farbe und eine strenge, unentfaltete, in der Entwicklung zurückgebliebene Persönlichkeit mit hartem Tannin im Abgang. Gleichwohl sind bei mittlerem Körper schöne Reife, Reintönigkeit und ein traditioneller Stil zu verzeichnen. Voraussichtliche Genussreife: 2004–2014.

1995: Der 1995er ist wahrscheinlich der beste Ferrière, den ich je verkostet habe. Der Wein präsentiert eine beeindruckend satte rubin-purpurrote Farbe und ein attraktives Bukett von süßer, schmackhafter Eichenholzwürze, Lakritze und dicklichen schwarzen Früchten. Eingangs im Mund nimmt er sich mit schöner Reife, Reintönigkeit und Frucht gut aus, doch mit einem wenig inspirierenden Eindruck am mittleren Gaumen und Batzen von Tannin in einem adstringierenden, hart texturierten Abgang wird er engbrüstig. Das Tannin dürfte im Lauf von zwei weiteren Jahren Flaschenreife besser eingebunden werden. Ein gut gemachter Ferrière mit einer festen, eckigen Persönlichkeit und großem Alterungspotenzial. Voraussichtliche Genussreife: 2004–2015.

FEYTIT-CLINET (POMEROL)

1998	D	(87–89)

1998: Nach meiner Erinnerung ist dies der beste Feytit-Clinet, den ich je verkostet habe. Dunkelpurpurrot, mit einem tiefen, intensiven, extrahierten Eindruck im Mund, ist er ein mäßig verschlossener, aber vielversprechender Wein von mittlerem bis vollem Körper mit ausgezeichneter Reichhaltigkeit und erdigen, an Lakritze, Schwarzkirschen und Preiselbeeren erinnernden fruchtigen Geschmacksnuancen. Eine Fülle von Glyzerin, mäßiger Tanningehalt und eine vollmundige Persönlichkeit sind in dem großdimensionierten Wein aus diesem beständig unter seinen Möglichkeiten bleibenden Weingut von Pomerol zu finden. Voraussichtliche Genussreife: jetzt–2016.

Weiterer verkosteter Jahrgang: 2000er (86–88)

DE FIEUZAL (PESSAC-LÉOGNAN)

2000	D	(89–91)
1999	D	87
1998	D	86
1997	C	85
1996	D	88+
1995	D	90

Diese Weine gehören zu den eindrucksvollsten Graves, wobei der 2000er einen der größten Erfolge seit fast einem Jahrzehnt darstellt.

2000: Der erdige 2000er von dichtem Purpurrot ist enger gebaut als viele der Spitzen-Pessac-Léognans, doch offenbart er in seinem Aromaprofil reintönige, rauchige, schwarze Johannisbeer- und Kirschfrucht, Mineralien und frisches Eichenholz. Von mittlerem Körper, mit süßem Tannin und gut definierter, strukturierter Persönlichkeit und ebensolchem Abgang, wird er sich jetzt–2015 auf seinem Höhepunkt befinden.

1999: Dieser 1999er im weichen Stil und von leichtem bis mittlerem Körper präsentiert Aromen von roten Johannisbeeren, Rauch, Erde und frischem Eichenholz. Zwar besitzt er mehr Fett und Dichte als der 1998er, doch mangelt es ihm an der Konzentration, die von einem Spitzenweingut erwartet wird. Voraussichtliche Genussreife: jetzt–2015.

1998: Der mittelrubinrote 1998er Fieuzal bietet Aromen von gegrillten Kräutern, Tabakrauch und roten Johannisbeeren. Diesem strengen Wein von leichtem bis mittlerem Körper fehlt es an der Konzentration eines Spitzen-Fieuzals. Voraussichtliche Genussreife: jetzt–2015.

1997: Der dunkelrubin-purpurrote 1997er enthüllt dickliche Aromen von schwarzen Früchten, verwoben mit verschwenderischen Mengen von toastwürzigem frischem Eichenholz. Der Wein zeigt sich säurearm, ohne das Volumen und die Wucht des 1996ers, ist aber dennoch eine gut gemachte, ansprechende Leistung. Voraussichtliche Genussreife: jetzt–2012.

1996: Der 1996er legt eine Farbe von sattem Purpurrot an den Tag, gepaart mit einem intensiven, nach Holzkohle, rauchigen Mineralien und schwarzen Früchten duftenden Bukett. Stark extrahiert und reichhaltig, mit einem süßen, konzentrierten Eindruck am mittleren Gaumen und reichlich Muskelkraft und Tannin im mäßig langen Abgang, sollte dieser verhalten entwickelte, aber vielversprechende Fieuzal zwei Jahrzehnte lang halten. Voraussichtliche Genussreife: 2006–2020.

1995: Dieser durch und durch elegante Wein offenbart eine tiefrubin-purpurrote Farbe und ein attraktives, rauchiges, nach schwarzen Johannisbeeren, Mineralien und Blumen duftendes Bukett. Süße, reife, üppige Geschmackskomponenten, mittlerer Körper, reifes Tannin und eine samtige Textur, die an Opulenz grenzt, sind ebenfalls vorhanden. In diesem Wein ist keinerlei Schwere zu finden. Darüber hinaus befinden sich Tannin, Säure und Alkohol unter guter Kontrolle. Dieser nahtlose, überaus gut gemachte Bordeaux eignet sich zum frühen Trinkgenuss, besitzt jedoch auch ausgezeichnetes Alterungspotenzial. Voraussichtliche Genussreife: jetzt–2020.

FIGEAC (ST-ÉMILION)

2000	**E**	**(92–94)**
1999	**E**	**90**
1998	**E**	**90**
1997	**D**	**76**
1996	**D**	**82**
1995	**E**	**89**

Ich weiß, dass die Besitzer dieses Weinguts glauben, ich hätte zu hart über ihre Weine geurteilt, dabei bin ich doch wirklich ein großer Fan von Figeac. Ein stets von Finesse geprägter Wein, kann er manchmal die Verkoster durch einen Eindruck von Verwässerung enttäuschen. Das ist jedoch bei dem 1998er, dem 1999er und dem 2000er nicht der Fall, ein beeindruckendes Dreigestirn für diese Domaine. Das Gut wird endlich der mit seinem herrlichen *terroir* verbundenen Verantwortung gerecht.

2000: Der großartige 2000er ist von tabaküberhauchter schwarzer Johannisbeerfrucht geprägt, verflochten mit asiatischen Gewürzen, frischem Eichenholz und Erde. Hinzu kommen fabelhafte Reintönigkeit, mittlerer bis voller Körper, herrliche Frische und ein langer, konzentrierter, hochklassiger Stil. Dieser Wein voller Anmut, Harmonie und Komplexität ist ein sensationeller Figeac. Voraussichtliche Genussreife: jetzt–2020.

1999: Potenziell sogar noch besser als der 1998er, prunkt der 1999er mit einer tiefrubin-purpurroten Farbe und einem überwältigenden Bukett von schwarzen Früchten, vermischt mit Weihrauch, Aromen aus der Gewürzkiste und Zigarrenrauch. Wunderschöne Textur, voller Körper, niedrige Säure und eine Fülle von Glyzerin und Fett verleihen diesem komplexen Wein eine noch größere Anziehungskraft. Er wird sich unstrittig festigen, ist aber dennoch zum baldigen Trinkgenuss bestimmt, wenngleich er die Tiefe und Ausgewogenheit besitzt, zwei Jahrzehnte zu überdauern. Voraussichtliche Genussreife: jetzt–2018.

1998: Wie es einem Wein mit beträchtlichen Anteilen von Cabernet Sauvignon und Cabernet Franc zusteht, ist dies ein stilvoller, mittelgewichtiger Wein mit einem opulenten, komplexen Bukett von Lakritze, asiatischen Gewürzen, Tabak und englischem Kuchen. Schwarze Johannisbeeren, Rauch, Vanille und neues Sattelleder treten in seinen wunderschön gewirkten Geschmackskomponenten hervor. Dieser opulente, reichhaltige, konzentrierte, geschichtete, reintönige, komplexe 1998er besitzt niedrige Säure und reifes Tannin, was nahe legt, dass man ihm schon in seiner Jugend nicht widerstehen kann. Voraussichtliche Genussreife: jetzt–2016.

1997: Dieser Wein, der vor der Flaschenabfüllung leicht, aber charmant war, scheint das wenige an Fleisch und verlockender Art verloren zu haben, das er besessen hat. Hellrubinrot, mit nichtssagendem Körper, einem zedernholzartigen, ausgewaschenen, vegetabilen Bukett und kurzem Abgang ist er ein dünner, enttäuschender St-Émilion. Trinken Sie ihn im Lauf der nächsten 3–4 Jahre.

1996: Mittelrubinrot, mit einem ausgereiften Bukett von Zedernholz, Tabak, englischem Kuchen und Kirschfrucht, ist der 1996er ein leichter Wein von mittlerem Körper mit Anzeichen von Verwässerung. Der Abgang mit leichtem Tannin ist abrupt. Trinken Sie ihn im Lauf der nächsten 4–5 Jahre.

1995: Der 1995er, der zu Ehren des 50. Jahrestags der Eigentümer des Weinguts, der Familie Manoncourt, freigegeben wurde, ist ein herrlich komplexer, dunkelrubinroter Wein, ganz von delikater Art und Komplexität geprägt. Das vieldimensionale, betörende, rauchige, toastwürzige, nach asiatischen Gewürzen, Menthol und Kirschen duftende Bukett geht einher mit weichen, runden, reichhaltigen Geschmacksnuancen, die an mit schwarzen Johannisbeeren, Kräutern und grasigem Tabak vermischten Kirschgeist denken lassen. Während er sich im Mund etwas weniger eindrucksvoll ausnimmt, ist das Bukett hervorragend. Dies ist ein Figeac von weichem, entgegenkommenden Stil, der jung oder nach einer gewissen Kellerreife getrunken werden kann. Voraussichtliche Genussreife: jetzt–2010.

Bisherige große Jahrgänge: 1990er (94), 1982er (93), 1970er (90), 1964er (94), 1961er (94?), 1959er (91), 1955er (95), 1953er (93), 1949er (94)

LA FLEUR (ST-ÉMILION)

1999	**D**	**86**
1998	**D**	**89**
1997	**C**	**84**
1996	**C**	**86**
1995	**C**	**87**

Leser, die nach unmittelbar ansprechenden, köstlich fruchtigen, verführerischen St-Émilions suchen, sollten nach diesem Wein mit sehr gutem Preis-Leistungsverhältnis Ausschau halten.
1999: Von ähnlichem Stil wie der 1998er, aber leichter, wird dieser fruchtbetonte 1999er von mittlerem Körper bei seiner Freigabe hinreißenden Trinkgenuss gewähren. Langlebig wird er nicht sein, sich aber dennoch 4–5 Jahre hindurch mühelos entfalten.

1998: Dieser Wein, eine Entdeckung und ein Volltreffer des Jahrgangs, hat sich als der beste La Fleur herausgestellt, den ich je verkostet habe. Tiefrubinrot, mit einem opulenten, sinnlichen Bukett von dicklichen Schwarzkirschen und Beeren, enthüllen seine frischen, lebendigen Geschmackskomponenten herrliche Frucht, eine kernige Textur und schöne Ausgewogenheit. Diese Fruchtbombe von einem St-Émilion mit mittlerem Körper sollte sich 6–7 Jahre schön trinken lassen.

1997: Wenngleich er im Stil dem 1996er ähnelt, besitzt der 1997er mehr Körper und Struktur. Er hat eine tiefrubinrote Farbe und ein reichhaltiges, dickliches Bukett, niedrige Säure, gutes Volumen und Gewichtigkeit im Mund sowie einen attraktiven, sauberen Abgang. Voraussichtliche Genussreife: jetzt–2009.

1996: Der ausgezeichnete 1996er ist eine gute Wahl für Restaurants und Vebraucher, die einen Wein zum unmittelbaren Trinkgenuss suchen. Der mittelrubinrote 1996er offenbart ein prachtvolles Bukett, das nach mit Himbeeren und Johannisbeeren verwobenen überreifen Kirschen duftet. Im Mund zeigt der Wein mittleren Körper, samtige Textur, schöne Reintönigkeit und Batzen von Frucht. Dieser Bordeaux wird sich 3–5 Jahre hindurch schön trinken lassen.

1995: Dieser verführerische, runde, samtig texturierte St-Émilion von mittlerem bis vollem Körper ist mittel- bis tiefrubinrot, mit einem ausentwickelten, wunderschönen Bukett von dicklichen Schwarzkirschen, Erdbeeren und Gewürzen. Der Geschmackseindruck am Gaumen ist ganz Finesse, Frucht und Saftigkeit. Trinken Sie diesen köstlichen 1995er jetzt und über die nächsten 4–5 Jahre.

LA FLEUR DU BOÜARD (LALANDE-DE-POMEROL)

2000		**D**	**(89–90+)**
2000	**Le Plus de la Fleur de Boüard**	**E**	**(90–93+)**
1999		**D**	**90**
1998		**D**	**89**

Dieses Gut ist eine Neuerwerbung von Hubert de Boüard, dem Eigentümer von Angélus. Hier werden niedrige Erträge, späte Lese von sehr reifer Beerenfrucht und minimale Schönung oder Manipulation des Weins praktiziert. Während Hubert de Boüard die Weinbergpflege und die Vinifizierung für den 1998er noch nicht übernommen hatte, kontrollierte er den 1999er in allen seinen Aspekten. Seit dem Jahr 2000 gestaltet er neben der traditionellen Cuvée eine Mikro-Cuvée von 4500 Flaschen mit dem Namen Le Plus de La Fleur de Boüard, ein Wein, der zum unbestrittenen Superstar von Lalande-de-Pomerol aufzusteigen scheint. Beide Weine verdienen beträchtliches Interesse und man sollte sie kaufen, bevor der Weltmarkt sich einhakt und die Preise steigen.

2000: Dieser schwarz-purpurrote Wein bietet ein parfümiertes Bukett von schwarzen Früchten, Kaffee, Rauch und Blumen. Fett, mit niedriger Säure und viskoser Textur sowie beträchtlichem Gehalt an Frucht und Glyzerin, sollte er sich 8–10 Jahre hindurch schön trinken lassen.

2000: *Le Plus de La Fleur de Boüard:* Der 2000er ist extrem konzentriert, mit gewaltigem Glyzeringehalt, mächtigen, dicken, stark extrahierten Geschmackskomponenten ohne Ecken und Kanten und Nuancen von geröstetem Kaffee, Brombeerlikör, Crème de Cassis und Vanille in seinem massiven, körperreichen, üppig ausgestatteten Stil. Stellen Sie ihn sich so vor: Wenn La Mondotte ein Lalande-de-Pomerol wäre, könnte er wie dieser Wein schmecken. Voraussichtliche Genussreife: jetzt–2012+.

1999: Der erste vollkommen unter der Leitung von Hubert de Boüard entstandene Jahrgang ist ein exotischer, überschwänglicher, explosiver Wein, der mit einer undurchdringlichen, blau-purpurroten Farbe prunkt sowie einem herrlich süßen Bukett von Blaubeeren, Brombeeren, Lakritze und asiatischen Gewürzen. Dicht, körperreich und unbestreitbar superb, ist er eine erstaunliche Leistung für einen Lalande-de-Pomerol. Trinken Sie ihn im Lauf der folgenden 12–15 Jahre.

1998: Eine dichte schwarz-pflaumendunkel-purpurrote Farbe geht einher mit einem rauchigen, nach Lakritze, Brombeeren und Cassis duftenden Bukett. Reichhaltig und lang, von mittlerem bis vollem Körper, mit süßem Tannin und reichlich Glyzerin, lässt sich dieser 1998er jetzt und über die nächsten 10 Jahre hinweg trinken.

LA FLEUR DU CHÂTEAU BOUQUEYRAN (LISTRAC)

2000	**D**	**(88–90)**

Aus einem Weinberg im Besitz von Philippe Porcheron, dem Eigentümer von Marojallia, stammen 600+ Kisten dieses Cabernet Sauvignon, einem Verschnitt aus 50% Cabernet Sauvignon, 40% Merlot und 10% Petit Verdot.

2000: Dieser Wein, unbestritten ein Volltreffer des Jahrgangs, legt eine undurchdringliche blau-purpurrote Farbe an den Tag, gepaart mit Aromen von süßen schwarzen Himbeeren, Kirsch- und Johannisbeerfrucht, frischem Eichenholz, teeriger Arznei und Gewürzkiste. Dieser beeindruckend geschichtete, konzentrierte, reife 2000er von mittlerem bis vollem Körper verlangt 1–2 Jahre Kellerreife und sollte 12–15 Jahre schön altern.

LA FLEUR DU CHÂTEAU ROSE ST-CROIX (LISTRAC)

2000	**D**	**(88–89)**

Diese Cuvée aus limitierter Produktion (600+ Kisten) ist ein Verschnitt aus zu gleichen Teilen Cabernet Sauvignon und Merlot aus einem anderen Weinberg im Besitz von Philippe Porcheron, dem Eigentümer von Marojallia.

2000: Dieser 2000er, ein echter Volltreffer des Jahrgangs, zeigt sich fest strukturiert und erdig. Er präsentiert Noten von Sojasauce, Grillgewürzen, Mineralien sowie schwarze Johannisbeer- und Kirschfrucht. Tief und kernig, mit eindrucksvoller Länge, sollte diese gediegene Leistung gut altern. Voraussichtliche Genussreife: jetzt–2015.

LA FLEUR DE GAY (POMEROL)

2000	EE	(92–94)
1999	EE	91
1998	E	90
1997	E	87
1996	EE	85
1995	EE	90+

Dies ist eine Luxus-Cuvée aus 100% Merlot, die aus der besten Rebparzelle von La Croix de Gay gewonnen wurde. Hier sind einige glänzende Weine produziert worden, und der 2000er scheint der größte Erfolg des Weinguts seit dem 1989er und dem 1990er zu sein.

2000: Der gediegene, alterungsfähige 2000er offenbart kräftiges Tannin, aber ebenso eindrucksvollen Gehalt an schwarzer Himbeerfrucht und subtile Noten von Eichenholz. Brillante Ausgewogenheit und klare Linienführung sind neben einem eleganten, reintönigen Stil von mittlerem bis vollem Körper vorhanden. Doch ist Geduld erforderlich. Voraussichtliche Genussreife: 2006–2020.

1999: Ich habe diesen Wein gewaltig unterschätzt, als ich ihn zuerst verkostete. Nach ein paar zusätzlichen Ausbau-Monaten nimmt er sich nunmehr hervorragend aus, vielleicht sogar besser als der 1998er. Gepaart mit seiner dichten rubin-purpurroten Farbe bietet der 1999er ein wunderbar süßes Bukett von Lakritze, Kaffee, Toast und schwarzer Himbeer-Kirsch-Frucht. Sinnlich texturiert, reichhaltig, wunderschön konzentriert, reintönig, kraftvoll, elegant und alterungsfähig sowie expansiv am Gaumen, wird er sich jetzt–2018 schön trinken lassen.

1998: Neben dem 2000er ist der 1998er vielleicht einer der feinsten La Fleur de Gays, die seit 1990 produziert wurden. Dieser elegante, dunkelrubin-purpurrote Wein offenbart Aromen von Bleistift, Brombeeren, schwarzen Himbeeren, Lakritze und Vanille. Tief, voll und körperreich, mit ausgezeichneter Reife, schöner Symmetrie und Harmonie sowie mäßigem Tannin im Abgang, wird er sich bis 2016 in Bestform befinden.

1997: Eine entwickelte mittelrubinrote Farbe geht einher mit Aromen von Preiselbeeren, getrockneten Kräutern, Kirschen und subtiler Eichenholzwürze. Von mittlerem Körper und geschmeidig texturiert, offenbart der Wein eine gewisse Sinnlichkeit, aber wenig Tiefe und Dichte. Dieser gefällige, elegante, frühreife Pomerol enthüllt zwar etwas Fett, sollte aber am besten im Lauf der nächsten 3–4 Jahre getrunken werden.

1996: Wenn man das *terroir* dieses Weinguts in Betracht zieht, ist der leichte 1996er enttäuschend. Seinem nach frischem Eichenholz, getrockneten Kräutern und roten Früchten duftenden Bukett folgt ein eleganter, komprimierter Wein, der zwar korrekt gemacht, aber nicht inspirierend ist. Im Abgang erscheint trockenes, adstringierendes Tannin. Ich glaube nicht, dass dieser Wein weicher wird und Fett zulegt, trinken Sie ihn daher im Lauf der nächsten 5–6 Jahre.

1995: Der 1995er hat sich nach der Flaschenabfüllung verschlossen. Seine Farbe ist ein gesundes, dichtes Rubin-Purpurrot. Das Bukett legt Aromen von Mineralien, Toast, einen Hauch Dörrzwetschgen und Batzen von Schwarzkirschen und Cassis an den Tag, verflochten mit dem Vanilleton neuer Eichenfässer. Dieser Wein von mittlerem Körper zeigt Geschmackskomponenten von schwarzen Johannisbeeren mit Fenchelnuancen, hohen

Tanningehalt und eindrucksvolle Reintönigkeit, Tiefe und Länge. Voraussichtliche Genussreife: jetzt–2018.

Bisherige große Jahrgänge: 1990er (92), 1989er (94+), 1988er (93), 1987er (90)

LA FLEUR DE JAUGUE (ST-ÉMILION)

2000	**D**	**(90–91)**
2000 Jaugue Blanc	**C**	**(87–88)**
1999	**D**	**87**
1998	**D**	**90**
1997	**C**	**87**
1996	**C**	**87**
1995	**C**	**89**

Das untadelig geführte Weingut verdient mehr Aufmerksamkeit. Dieser beständig gut bereitete St-Émilion, der ein Jahrzehnt und noch länger halten kann, wird immer noch zu sehr günstigen Preisen verkauft. Besonders beeindruckend sind am La Fleur de Jaugue seine Reintönigkeit, Symmetrie und Eleganz. Der Zweitwein, Jaugue Blanc, ist ebenfalls jede Aufmerksamkeit wert.

2000: Der 2000er offenbart eine tiefpurpurrote Farbe, begleitet von verschwenderischen Aromen von Mineralien, Schwarzkirschen, Cassis und subtilem frischem Eichenholz. Von mittlerem bis vollem Körper, reintönig und von natürlichem Geschmack, mit einem langen Abgang, wird er schon bei seiner Freigabe trinkbar sein und 10–14 Jahre lang schön altern. Er ist ein Überraschungserfolg des Jahrgangs und der beste bislang auf dieser Domaine produzierte Wein.

2000 *Jaugue Blanc:* Der 2000er ist offen gewirkt, reichfruchtig, charmant und sehr ansprechend. Dieser reintönige, ehrliche Wein von mittlerem Körper sollte in seinen ersten 7–8 Lebensjahren getrunken werden. Ein ausgezeichneter Gegenwert.

1999: Dieser Wein, der während seiner Ausbauphase Gewicht zugelegt hat, scheint ein weiterer Überraschungserfolg des Jahrgangs zu sein. Seine Farbe ist ein dichtes Granat-Rubin-Purpurrot. Er gibt herrliche Frucht und reichliches Glyzerin zu erkennen, mittleren bis vollen Körper, niedrige Säure und einen überreifen, von Schwarzkirschen-Beerenfrucht geprägten Charakter. Eine wunderschön reintönige, symmetrische, nahtlose Leistung. Voraussichtliche Genussreife: jetzt–2008.

1998: Dieser Wein ist ein Volltreffer des Jahrgangs. Das Bukett des konzentrierten, wuchtigen, aber eleganten 1998ers erinnert an einen überreifen Griottes-Chambertin. Düfte nach Brombeeren, Erde, Mineralien und dicklichen Kirschen springen förmlich aus dem Glas. Tief, fleischig und körperreich, mit geschmeidigem Tannin, niedriger Säure und einem sinnlichen, hedonistischen Stil, wird dieser saftige St-Émilion schon früh trinkreif sein. Voraussichtliche Genussreife: jetzt–2012.

1997: Dieser ausgezeichnete Wein, ein Überraschungserfolg des Jahrgangs, enthüllt eine Fülle von kräuterüberhauchter Schwarzkirschfrucht, Rauch und erdige Aromen. Erfreulich konzentriert, säurearm, mit superber Frucht und umfassender Harmonie, ist dies eine gediegene Leistung aus einem relativ übel beleumundeten Jahrgang. Süß, ohne vegetabile Eigenschaften oder Schärfe, kann man ihn im Lauf der nächsten 3–5 Jahre gut trinken.

1996: Dieser Wein ist tiefrubinrot, mit reichlicher süßer Kirschen- und pflaumenhafter Frucht, vermischt mit getrockneten Kräutern, Rauch und einem Hauch Erde und frischem Eichenholz. Fleischig, mit ausgezeichneter Textur und reifer Frucht, ist er ein sehr feiner, schmackhafter St-Émilion zum Trinkgenuss für die nächsten 3–5 Jahre.

1995: Unstrittig ein Schlager des Jahrgangs, enthüllt dieser köstliche, pflaumendunkle-purpurrote 1995er fleischige, dickliche rote und schwarze Früchte (hauptsächlich Kirschen und Cassis) in seinem Bukett, dazu einen süßen, vanillebetonten mittleren bis vollen Körper, ausgezeichnete, fast hervorragende Reife und Tiefe und eine säurearme, üppige, opulente

Persönlichkeit. Das ist ein köstlicher, molliger, saftiger, reintöniger St-Émilion zum Trinkgenuss während der nächsten 7–8 Jahre.

LA FLEUR MONGIRON (BORDEAUX)

2000	B	(87–88)

2000: Dieser gebietsspezifische Bordeaux, ein Volltreffer des Jahrgangs, besitzt Duft und Geschmack von schwarzen Johannisbeeren, Holz und mit Mineralien vermischter Erdbeermarmelade. Mit erstaunlicher Konzentration und Fett, einem süßen Eindruck im Mund und einem langen Abgang wird er sich 2–3 Jahre hindurch gut trinken lassen. Kluge Schnäppchenjäger sollten wissen, dass der Jahrgang 2000 eine Fülle von preisgünstigen Weinen bereit hält, die hohe Qualität besitzen.

LA FLEUR MORANGE (ST-ÉMILION)

2000	C	(88–91+)

Eine Neuentdeckung ist dieser aus 70% Merlot und 30% Cabernet Franc erzeugte »Garagenwein«, der aus Trauben von 60jährigen Rebstöcken in einer etwa 2 Hektar großen Parzelle gewonnen wurde. Er wurde in zu 100% neuen Eichenholzfässern ausgebaut und auf der Grundlage von kreativen Verfahren wie umfassende Behangausdünnung, Untertauchen des Schalenhuts und Alterung auf seinen feinen Hefen hergestellt. Das Resultat ist beeindruckend. Die Leser sollten La Fleur Morange große Aufmerksamkeit schenken.

2000: Dieser prachtvolle 2000er ist bei mittlerem bis vollem Körper geschichtet, konzentriert, noch unentwickelt und beerenfruchtig. Bewundernswerte Tiefe, Süße, Glyzerin und Konzentration sind in dem undurchdringlich purpurroten Wein zu finden. Ich wäre nicht erstaunt, wenn er mit einer zusätzlichen Ausbauzeit von 6–12 Monaten einen gewaltigen Qualitätssprung machen würde. Voraussichtliche Genussreife: 2005–2020.

LA FLEUR-PÉTRUS (POMEROL)

2000	EE	(92–95)
1999	E	89
1998	EE	93
1997	E	89
1996	E	89+
1995	E	90

Wie die letzten Jahrgänge deutlich belegen, ist Christian Moueix offensichtlich bestrebt, das Qualitätsniveau dieses Weinguts noch weiter anzuheben. Er hat die beste Parzelle alter Reben von Château La Gay erworben und für eine neue, strengere Selektion sowohl im Weinberg wie im Keller gesorgt. Die Kellerei selbst erlebt ebenfalls eine Renovierung. Einige der feinsten La Fleur-Pétrus-Weine werden nun produziert, was bedeutet, dass die Preise nur steigen können.

2000: Dieser delikate, anmutige, dunkelrubinrote Pomerol präsentiert Düfte nach süßen Kirschen und Kirschwasser. In einem eleganten Stil bereitet, mangelt es ihm an der Tiefe und außergewöhnlichen Fülle, die in so großen Jahrgängen wie dem 1998er zu finden sind. Mäßiges Tannin im Abgang spricht dafür, dass er 18–20 Jahre hindurch schön altern wird.

1999: Das interessante Bukett des 1999ers mit Düften nach Karamell, Trüffeln, Kirschlikör und Gewürzen ist ausentwickelt und verführerisch. Dieser köstlich fruchtige Wein von mittlerem Körper zeigt in seinem säurearmen, gut ausgewogenen, konzentrierten Abgang keine harten Ecken und Kanten. Voraussichtliche Genussreife: jetzt–2014.

1998: Neben dem 1995er gehört der 1998er zu den besten, die ich verkostet habe. Der Wein von dichter rubin-purpurroter Farbe legt in Duft und Geschmack Nuancen von schwarzem chinesischem Tee, Himbeeren, Kirschwasser und Blumen an den Tag. Elegant, aber strotzend vor konzentrierter Frucht, ist er symmetrisch, harmonisch und verweilt unglaublich lange am Gaumen. Er ist kein Schwergewicht, sondern ein Wein von Finesse und Fülle, der auf bewundernswerte Weise Kraft mit Eleganz verbindet. Ein großer Erfolg! Voraussichtliche Genussreife: jetzt–2020.

1997: Dieser 1997er ist sinnlich, opulent texturiert und voller Geschmack, mit niedriger Säure und einer köstlichen, unmittelbar ansprechenden, vordergründigen Art. Verschwenderische Kirschfrucht vermischt sich in diesem fruchtbetonten Wein von mittlerem bis vollem Körper mit Mokka, getrockneten Kräutern, Aromen aus der Gewürzkiste und toastwürzigem Eichenholz. Bereits entfaltet, komplex und schmackhaft, wird er 10 Jahre hindurch gut altern.

1996: Der 1996er prunkt mit beeindruckend satter, rubin-purpurroter Farbe sowie einem reintönigen, süßen Bukett, das nach Kirschen, Pflaumenlikör, würzigem Eichenholz und Blumen duftet. Der Wein besitzt ausgezeichnete Tiefe, mittleren Körper, superbe Reintönigkeit und eine umfassend elegante Persönlichkeit, die eine Kombination von Kraft und Eleganz darstellt. Voraussichtliche Genussreife: jetzt–2015.

1995: Von Geburt an betörend, hat der 1995er seit der Flaschenabfüllung überhaupt nichts verloren. Eine satte dunkelpurpurrote Farbe spricht von einem Wein mit beträchtlicher Tiefe und Konzentration. Das Bukett wartet auf mit herrlichen Aromen von süßem Kirschwasser, vermischt mit schwarzen Himbeeren, Mineralien und rauchigen Noten. Körperreich, mit superber Reichhaltigkeit und Reintönigkeit, Ladungen von Tannin und einer geschichteten, vieldimensionalen Persönlichkeit, ist dieser großartige Wein der beste La Fleur Pétrus, den ich in den 20 Jahren meiner Besuche im Bordelais verkostet habe. Eine Glanzleistung!

Bisherige große Jahrgänge: 1989er (91), 1982er (90?), 1975er (90), 1961er (92), 1952er (91), 1950er (95), 1947er (90)

FOMBRAUGE (ST-ÉMILION)

2000		**D**	**(90–91)**
2000	**Magrez-Fombrauge**	**EEE**	**(96–100)**
1999		**D**	**89**
1998		**D**	**86**

Fombrauge, der größte Weinbesitz in St-Émilion, wurde 1999 von Bernard Magrez gekauft, dem unter anderen Weingütern auch Pape-Clément und La Tour-Carnet gehören. Die Produktion wurde verringert und ein strenges Auswahlverfahren eingeführt, so dass nur das beste Traubengut in den Grand Vin gelangt. Die von dem neuen Besitzer in Angriff genommenen Verbesserungen sind bereits im Jahrgang 1999 zu verspüren. Beginnend mit dem 2000er hat Bernard Magrez einen Super-»Garagenwein« mit dem Namen Magrez-Fombrauge produziert, dessen Vinifizierung von Michel Rolland geleitet wird, dem brillanten Önologen aus Libourne. Diese mikroskopisch kleine Cuvée von 420 Kisten stammt aus der besten Parzelle der Domaine. Aus Trauben von 20- bis 25-jährigen Rebstöcken gewonnen, besteht der Mischsatz aus 70% Merlot und 30% Cabernet Franc. Doch ist auch die Standard-Cuvée von 2000 ein großer Erfolg, tatsächlich der beste je erzeugte Fombrauge.

2000: Dieser tiefpurpurrote Wein, ein Spätentwickler und ein Superstar des Jahrgangs, legt Aromen von süßer und dicklicher schwarzer Johannisbeerfrucht an den Tag, verflochten mit subtilen rauchigen und mineralischen Nuancen. Von mittlerem bis vollem Körper und fleischig, mit erfrischender Säure, superber Reife und einem langen Abgang, sollte sich dieser geschmeidige Tropfen über 12–15 Jahre hinweg schön trinken lassen.

2000 *Magrez-Fombrauge:* Der 2000er ist ein spektakulärer, ölig texturierter Kraftprotz von sattblau-purpurroter Farbe mit einem auffallenden Bukett von schwarzen Früchten, Mineralien und Vanille. Im Mund zeigt der Wein großartige Reintönigkeit, einen lebendigen Stil ungeachtet seiner bemerkenswerten Viskosität und Intensität, dazu vollen Körper und perfektes Gleichgewicht. Ein großartiger Tropfen, sollte er aufgrund der über dem Normalen liegenden Säure des Jahrgangs, zumindest für derart reife Frucht, außergewöhnlich gut altern. Voraussichtliche Genussreife: 2005–2020.

1999: Der tiefrubin-purpurroten Farbe des 1999ers folgen Aromen von Schokolade, Kaffee, Kirschsirup und toastwürzigem Eichenholz in Duft und Geschmack. Dieser Wein ist reif, reichhaltig, strukturiert und dicht. Ein Spätentwickler des Jahrgangs. Voraussichtliche Genussreife: jetzt–2015.

1998: Weiche und reife Beerenfrucht in einem unkomplizierten Stil von mittlerem Körper präsentiert, ist hier auf zurückhaltende, gedämpfte Art attraktiv. Voraussichtliche Genussreife: jetzt–2007.

FONPLEGADE (ST-ÉMILION)

2000	**C**	**(88–90)**

Dieses Weingut ist trotz seines privilegierten *terroirs* viele Jahre lang hinter seinen Möglichkeiten zurückgeblieben. Doch haben sich die Dinge sehr zum Vorteil verändert, seit Christian Moueix die Verantwortung für die Weinbergpflege und die Weinbereitung übernahm. Das hat dazu geführt, dass der 2000er zum besten Fonplegade seit nahezu 20 Jahren geworden ist. Gottseidank stehen 4000 Kisten von diesem Wein zur Verfügung.

2000: Dieser strukturierte, tiefe, konzentrierte Wein offenbart hohen Tanningehalt, aber ebenso eindrucksvollen Extrakt und Reichhaltigkeit. Von mittlerem bis vollem Körper, mit Pflaumen, schwarzen Johannisbeeren und Kirschen, verwoben mit Mineralien und Erde, stellt dieser reintönige, füllige St-Émilion eine bewundernswerte Leistung dar. Er ist ein Verschnitt aus 70% Merlot, 25% Cabernet Franc und 5% Cabernet Sauvignon. Voraussichtliche Genussreife: 2005–2018.

FONROQUE (ST-ÉMILION)

2000	**C**	**(85–86)**
1997	**C**	**78**
1996	**C**	**76**
1995	**C**	**87**

2000: Würzige Aromen von neuem Sattelleder, Kirsch- und Johannisbeerfrucht sowie flüssigen Mineralien wetteifern um die Aufmerksamkeit des Verkosters. Dieser reife Wein von mittlerem Körper legt mehr Tiefe an den Tag als viele andere neuere Jahrgänge, doch prägen Erde und Tannin seinen Abgang. Im Lauf der Zeit wird im Kampf zwischen Frucht und Tannin zweifellos das Letztere siegen. Voraussichtliche Genussreife: jetzt–2009.

1997: Der dunkelrubinrote Wein offenbart erdige, mineralische Eigenschaften, mittleren Körper und eine strenge Persönlichkeit. Wahrscheinlich wird er im Lauf der nächsten 3–4 Jahre austrocknen.

1996: Der 1996er, ein magerer, harter, rustikaler Wein, gibt animalische Gerüche, kratziges Tannin und mangelnde Frucht und Intensität zu erkennen.

1995: Der dunkelrubinrote, würzige Wein von mittlerem bis vollem Körper bietet ein festes, aber vielversprechendes Bukett mit Düften nach Eisen, Erde, dicklichem Kirschgeist und Johannisbeerfrucht, ausgezeichnete Reichhaltigkeit, eine markante Komponente von Erde und Trüffeln in seinem Geschmacksprofil und mäßiges Tannin in seinem ordentlichen Abgang. Muskulös, aber fleischig, ist dies eine schöne Leistung aus dem Hause Fonroque. Voraussichtliche Genussreife: jetzt–2012.

FONTENIL (FRONSAC)

o.J. Le Défi Fontenil	**C**	**(89–91)**
2000	**C**	**(90–91)**
1999	**C**	**88**
1998	**C**	**88**
1997	**C**	**86**

1996	**C**	**84**
1995	**C**	**87**

Fontenil, das heimische Weingut von Dany und Michel Rolland, ist zurzeit die beste Domaine in Fronsac und bringt Weine hervor, die beständig ausgezeichneten Gegenwert für ihren Preis bieten.

Der jahrgangslose *Le Défi de Fontenil*: Dieser Verschnitt aus 100% Merlot ist ein faszinierender, exotischer, überschwänglicher, üppiger Wein von opulentem Stil zum Trinkgenuss während der nächsten 7–8 Jahre. Er ist beladen mit rauchiger, schokoladiger, mit Kaffee und Beeren getränkter Frucht, besitzt niedrige Säure, Glyzerin und Fett. Ein Überraschungserfolg des Jahrgangs. Die INAO (Institut zur Überwachung der weinrechtlichen Bestimmungen) sollte sich schämen, dass sie diesen Wein nicht als legitim betrachtet.

2000: Die exquisite Reintönigkeit der mit Lakritze und Vanille verwobenen schwarzen Himbeerfrucht ist beeindruckend. Darüber hinaus ist dieser Wein von sattem Purpurrot voll, reichhaltig und präzise. Halten Sie nach ihm Ausschau, wenn Sie 10–15 Jahre feinen Trinkgenuss suchen. Von diesem Wein gibt es 3000 Kisten. Ein Spätentwickler.

1999: Süße Brombeerfrucht, Vanille und rauchige Aromen, die an Grillgewürz denken lassen, entsteigen diesem 1999er von dichter rubin-purpurroter Farbe. Geschmeidig texturiert, rund und köstlich, trinkt man ihn am besten in seinen ersten 7–8 Lebensjahren.

1998: Dieser dichtrubin-purpurrote 1998er, ein ernsthafter *vin de garde*, bietet eine Fülle von mit Lakritze und Kaffee vermischten Brombeeren. Strukturiert, dicht und konzentriert, lässt er sich jetzt–2014 trinken.

1997: Reife Himbeer- und Kirschfrucht wird in einem gefälligen, geschmeidigen Format von mittlerem Körper wunderschön präsentiert. Genießen Sie diesen 1997er während der nächsten 5–6 Jahre. Er wird wegen seiner unmittelbar ansprechenden Art und Eleganz viele Bewunderer finden.

1996: Der 1996er ist für den Jahrgang sehr gut ausgefallen und zeigt Aromen von Zigarrenkiste, Zedernholz und Beerenfrucht, mäßiges Tannin und gute Struktur. Er ist strenger als der mollige 1995er.

1995: Der 1995er ist ein köstlicher, weicher, süßer, nach Pflaumen, Schwarzkirschen, Mineralien, Lakritze und Vanille duftender Wein mit mittlerem Körper, guter bis ausgezeichneter Tiefe und schön integriertem Tannin, Säure und Alkohol. Er sollte sich über 6–7 Jahre hinweg schön trinken lassen.

LES FORTS DE LATOUR (PAUILLAC)

2000	**D**	**(90–92)**
1999	**D**	**88**
1998	**D**	**88**
1997	**D**	**87**
1996	**D**	**90**
1995	**D**	**89+**

2000: Der 2000er, ein Verschnitt aus 65% Cabernet Sauvignon und 35% Merlot, ist erstklassig und wahrscheinlich ebenso gut wie der ausgezeichnete 1996er. Er prunkt mit einer dichten rubin-purpurroten Farbe und Aromen von Schokolade, Mineralien, Erde, Zedernholz und schwarzen Früchten. Der Wein besitzt erfrischende untergründige Säure, süßes Tannin und einen körperreichen, langen Abgang. Er wird schon jung köstlichen Trinkgenuss gewähren, aber auch 2 Jahrzehnte hindurch halten.

1999: Der 1999er, ein Verschnitt aus 61% Cabernet Sauvignon und 39% Merlot, verkörpert 35% der Ernte. Ein sinnlicher, säurearmer, fleischiger Wein, bietet er in Duft und Geschmack Aromen von Backpflaumen, Brombeeren und Rauch. Er wird während seiner ersten 10–12 Lebensjahre schmeichelnden Trinkgenuss bieten.

1998: Dieser Wein gibt eine dunkelrubin-purpurrote Farbe sowie ein Bukett von schwarzen Früchten, Ketchup, Erde und Mineralien zu erkennen. Mäßig tanninherb und verschlossen, erinnert er an seinen größeren Bruder. Gönnen Sie ihm 2–3 Jahre Kellerreife und genießen Sie ihn während der nächsten zwei Jahrzehnte.

1997: Der 1997er ist ein eleganter, reifer, geschmeidig texturierter, leicht zu trinkender Wein. Er offenbart ein reichhaltiges, brombeerduftiges, dickliches Bukett, ansprechend verwoben mit Gewürzen und Erde. Weich, mit niedriger Säure, mittlerem Körper und guter Länge, sollte sich dieser frühreife Wein während der nächsten 6–7 Jahre schön trinken lassen.

1996: Der dichtrubin-purpurrote 1996er ist überaus tanninhaltig und hat Cassis- und pilzähnliche Noten in seinem Aromaprofil. Dieser körperreiche Wein ist beeindruckend gebaut und einer der feinsten der letzten 20 Jahre aus diesem Weingut. Voraussichtliche Genussreife: 2005–2018.

1995: Der großartige, dunkelrubin-purpurrote 1995er besitzt ein süßes, nach dicklichen schwarzen Früchten duftendes Bukett, verflochten mit rauchigen Mineralien, Erde und würzigem Eichenholz. Der Wein ist erstaunlich dick und reichhaltig im Mund, wobei Glyzerin und Fruchtkonzentration das mäßige Tannin weitgehend verdecken. Dieser ausgezeichnete. süße Wein ist weniger wuchtig, sondern zugänglicher als der 1996er. Voraussichtliche Genussreife: jetzt–2015.

Bisherige große Jahrgänge: 1990er (90), 1982er (92)

FOUGAS-MALDOROR (CÔTES DE BOURG)

2000	**C**	**(90–93)**
1999	**C**	**88**
1998	**C**	**90**

Dieser großartige Côtes de Bourg verkörpert zusammen mit dem berühmten Roc de Cambes die Messlatte für die größten Weine dieser Appellation. Jean-Yves Béchet, der Eigentümer, spart keine Ausgaben und lässt sich auf keinen Kompromiss ein, um diesen prachtvollen Verschnitt aus 50% Merlot, 25% Cabernet Sauvignon und 25% Cabernet Franc herauszubringen. Sparsame Leser sollten diesen Wein kistenweise horten.

2000: Dieser exquisite Wein, ein spektakulärer Volltreffer des Jahrgangs, besitzt eine tiefe blau-purpurrote Farbe und ein hervorstechendes Bukett von Toffee, Kakao, Pflaumen, Brombeeren und Johannisbeeren. Reif, geschmeidig texturiert, von mittlerem bis vollem Körper und den Mund auskleidend, ist dieser üppige, hedonistische Côtes de Bourg ein aufregender Genuss. Er sollte während der nächsten 7–8 Jahre getrunken werden.

1999: Der 1999er könnte sich als ebenso erstaunlich herausstellen wie der 1998er. Seine dichte rubin-purpurrote Farbe geht in Duft und Geschmack mit Nuancen von Toffee, Kaffee, Rauch, Lakritze und dicklicher Brombeerfrucht einher. Trinken Sie diesen superben, fleischigen, opulent texturierten Wein im Lauf der nächsten 6–7 Jahre. Toll!

1998: Eine Farbe von dichtem Schwarz-Purpurrot wird begleitet von rauchigen, gerösteten Aromen mit Elementen von Schokolade, Brombeeren und Cassis. Explosiv reichhaltig und superkonzentriert, ohne Ecken und Kanten, ist dies ein erstaunlicher Côtes de Bourg, den man einfach probieren muss, um an seinen Geschmack glauben zu können. Trinken Sie ihn im Lauf der nächsten 8 Jahre.

FOURCAS-DUPRÉ (LISTRAC)

1997	**B**	**85**
1996	**B**	**85**
1995	**B**	**84**

1997: Dieser 1997er ist ein attraktiver Wein mit einer Fülle von schwarzer Johannisbeerfrucht. Er vermittelt einen reifen Geschmackseindruck im Mund und am Gaumen, gute

Reintönigkeit, mittleren Körper und schöne Länge und sollte sich 2–3 Jahre hindurch gut trinken lassen.

1996: Der 1996er offenbart würzige Beerenfrucht verwoben mit Mineralien, Kräutern und Erde. Dieser attraktive, weiche Bordeaux eignet sich ideal zum unmittelbaren Trinkgenuss.

1995: Der 1995er ist eleganter und weniger tief als der 1996er, aber sauber bereitet und würzig, mit Beeren- und Kirschfrucht ausgestattet. Trinken Sie ihn jetzt.

Weitere verkostete Jahrgänge: 2000er (87–88), 1999er (83–85)

FOURCAS-LOUBANEY (LISTRAC)

1997	**C**	**85**

Der Fourcas-Loubaney gehört beständig zu den besten Beispielen der Appellation Listrac.

1997: Der 1997er mit ausgezeichneter rauchiger, toastwürziger schwarzer Johannisbeerfrucht ist fortgeschritten entwickelt. Am Gaumen zeigt sich der Wein rund, säurearm, mit leicht zu verstehender und zu schätzender Frucht sowie Glyzerin und süßen Tanninen. Dieser samtig texturierte Wein wird sich 3–4 Jahre hindurch schön trinken lassen.

Weitere verkostete Jahrgänge: 2000er (86–87), 1999er (83–85), 1998er (85–87)

FRANC-MAILLET (POMEROL)

2000	**C**	**(87–88)**
2000 Cuvée Jean-Baptiste	**D**	**(88–89+)**
1999 Cuvée Jean-Baptiste	**D**	**(88–90)**
1998 Cuvée Jean-Baptiste	**D**	**87**

Jean-Luc Thunevin steht hinter der Weinbereitung und der Weinbergpflege dieser kleinen Pomerol-Domaine.

2000: Dieser Wein wartet mit Noten von Karamell, Pflaumen, Kirschen und süßem Kirschgeist auf. Er ist weicher als die Cuvée Jean-Baptiste und dürfte sich jetzt–2014 schön trinken lassen.

2000 *Cuvée Jean-Baptiste:* Wenngleich sein Stil der regulären Cuvée sehr ähnlich ist (mit den gleichen Aromen von Karamell, Pflaumen, Kirschen und süßem Kirschgeist), offenbart dieser Wein mehr Farbdichte, Volumen, Extrakt, Glyzerin und einen längeren Abgang. Auch ist er strukturierter und muskulöser. Nach 2–3 Jahren Kellerreife könnte er sich als hervorragend erweisen. Voraussichtliche Genussreife: 2005–2016.

1999 *Cuvée Jean-Baptiste:* Der 1999er ist bedeutend stärker konzentriert und geschichtet sowie beeindruckender als das Pendant des Jahrgangs 1998. Der Wein legt eine dichte rubin-purpurrote Farbe und ein herrliches Bukett von Brombeeren, Blaubeeren, Rauch, Espresso und Kirschlikör an den Tag. Tief, geschichtet und sinnlich texturiert, ist er zweifellos ein Volltreffer des Jahrgangs. Wenn er ohne allzu viel Schönung in die Flasche kommt, ist eine hervorragende Punktnote zu erwarten. Voraussichtliche Genussreife: jetzt–2014.

1998: *Cuvée Jean-Baptiste*: Dieser 1998er, eine gute Leistung der Weinbereitung, gibt mit Frucht und Karamell verwobene süße Beeren, Mokka und Frucht zu erkennen. Von mittlerem Körper, reif, geschmeidig und mäßig gewichtig, sprechen seine niedrige Säure und mollige Frucht dafür, ihn im Lauf der nächsten 5–7 Jahre zu trinken.

FRANC-MAYNE (ST-ÉMILION)

2000	**C**	**(88–90)**
1999	**C**	**87**
1998	**C**	**88**
1997	**C**	**76**

2000: Dieser sowohl elegante als auch konzentrierte dicht rubin-purpurrote Wein enthüllt süße, dickliche rote und schwarze Früchte und Aromen von Unterholz und würzigem frischem Holz. Tief, ausgefeilt und klar gezeichnet, mit schöner Säure, Süße durch Glyzerin und mäßig hohem Tanningehalt, scheint dies einer der besten Franc-Maynes zu sein, die je produziert wurden. Ein Spätentwickler und heißer Tipp des Jahrgangs. Voraussichtliche Genussreife: 2006–2018.

1999: Der tiefpurpurrote 1999er ist eine eindrucksvolle Leistung aus dem Hause Franc-Mayne. Er weist süßes Tannin, einen üppigen, konzentrierten, vielschichtigen Geschmackseindruck am Gaumen und eine Fülle von mit Rauch, Lakritze und Erde verwobenen schwarzen Früchten auf. Dicht, opulent und körperreich, mit bewundernswerter Süße, wird er bereits bei seiner Freigabe köstlich sein und 15–16 Jahre lang halten.

1998: Dieser sehr gelungene 1998er von mittlerem Körper offenbart reichliche Mengen von toastwürzigem frischem Eichenholz sowie dickliche Schwarzkirsch- und Cassisfrucht, ausgezeichnete Reintönigkeit, süßes Tannin und schöne umfassende Symmetrie. Er wird sich jetzt–2015 in Bestform befinden.

1997: Dunkelrubinrot, mit einem erdigen, krautigen, nach schwarzen Kirschen duftenden Bukett, fehlt es diesem mageren 1997er von mittlerem Körper an Tiefe und Länge. Trinken Sie ihn während der nächsten 5–6 Jahre.

DE FRANCE (PESSAC-LÉOGNAN)

2000	C	(84–86)
1996	C	80
1995	C	78

2000: Dieser rauchige, erdige 2000er, ein kompetent bereiteter Wein aus der Region Graves, nimmt sich zunächst eindimensional aus, doch legt er reife, reintönige, schwarze und rote Johannisbeeren, Mineralien und Vanille an den Tag. Trinken Sie diesen Bordeaux von mittlerem Körper in den ersten 10 Jahren seines Lebens.

1996: Der 1996er präsentiert in Duft und Geschmack kräuterhafte, rauchige, grasige, nach roten Früchten duftende und schmeckende Nuancen. Gute Würze, mittlerer Körper, Reife und mäßiges Tannin sind vorhanden, doch insgesamt gesehen ist dies ein gradliniger Wein von leichterem Stil. Trinken Sie ihn im Lauf der nächsten 5–6 Jahre.

1995: Dieser Wein ist sauber, weich, gefällig, elegant und fruchtig, aber eindimensional.

Weitere verkostete Jahrgänge: 1999er (83–84), 1998er (74–76)

DE FRANCS LES CERISIERS (CÔTES DE FRANCS)

2000	B	(88–89)

Dieser Wein ist das Ergebnis einer Partnerschaft zwischen den Familien Boüard und Hébrard. Der 2000er ist der feinste Vertreter dieses Namens, den ich seit Beginn der Produktion vor über einem Jahrzehnt verkostet habe.

2000: Der 2000er prunkt mit explosiven Aromen von süßer Schwarzkirschfrucht, Rauch und frischem Eichenholz in Duft und Geschmack. Von mittlerem Körper, intensiv, geschmeidig und hinreißend, sollte er sich 6–7 Jahre hindurch schön trinken lassen.

LA GAFFELIÈRE (ST-ÉMILION)

2000	D	(89–91)
1999	D	87
1998	D	89
1997	C	85
1996	D	87
1995	D	87

Stets zu den eleganteren, zurückhaltenden, anmutigen St-Émilions gehörend, haben die Weine von La Gaffelière in den letzten Jahrgängen mehr Stoff am Gaumen sowie größere Süße und Konzentration gezeigt.

2000: Der 2000er wartet mit einer tiefrubin-purpurroten Farbe und einem süßen Bukett von schwarzen Kirschen, Johannisbeeren, Mineralien und subtilem frischem Eichenholz auf. Von mittlerem Körper, stilvoll und anmutig, mit beträchtlicher Finesse und mäßigem Tannin im Abgang, sprechen die Ausgewogenheit und umfassende Harmonie dieses Tropfens dafür, dass es sich hier um einen Lagerwein handelt. Voraussichtliche Genussreife: 2006–2020.

1999: Dieser tiefrubin-purpurrote Wein offenbart mittleren Körper, frisches Eichenholz, ausgezeichnete Himbeer- und Kirschfrucht und einen würzigen, sauberen Abgang. Nach 2–5 Jahren in der Flasche dürfte er sich als sehr gut, möglicherweise sogar als ausgezeichnet herausstellen. Voraussichtliche Genussreife: jetzt–2016.

1998: Elegant und weich, mit bewundernswerter Zurückhaltung und Subtilität, aber erstaunlicher Reichhaltigkeit und verführerischer Art, wartet der 1998er auf mit reintönigen Erdbeeren und schwarzen Kirschen, zart getränkt mit hochklassigem toastwürzigem Eichenholz. Rund, von mittlerem Körper und gut ausgewogen, kann er schon jetzt und während der nächsten 10–12 Jahre getrunken werden.

1997: Dieser Wein hat sich als leichter herausgestellt als ich ursprünglich dachte. Gleichwohl ist er eine ansprechende Leistung mit Preiselbeeren und Kirschen in Duft und Geschmack mit beträchtlicher Finesse, mittlerem Körper und unbestreitbarer Eleganz. Trinken Sie ihn im Lauf der nächsten 5–7 Jahre.

1996: Ein durch und durch eleganter, mit Charme, süßer Frucht und einer samtigen Textur begabter Wein. Tannin im Abgang legt nahe, dass er länger halten wird als gedacht. Seine Farbe ist ein tiefes Rubinrot und sein Bukett präsentiert süße Schwarzkirschen, verwoben mit einem pfeffrigen, mineralischen Charakter, dazu kommen subtiles frisches Eichenholz und gut eingebundene Säure und Tannine. Der Abgang ist lang und reintönig. Voraussichtliche Genussreife: jetzt–2012.

1995: Dieser dunkelrubinrote Wein enthält im Geschmack eine würzige, rauchige Eichenholznote und weiche, reife Kirsch- und rote Johannisbeerfrucht, die in einem komprimierten, aber verlockenden, finessereichen Format von mittlerem Körper präsentiert werden. Etwas Tannin ist vorhanden, aber der Gesamteindruck ist schöne Frucht und ein trockener, spritziger Abgang. Voraussichtliche Genussreife: jetzt–2010.

LA GARDE (PESSAC-LÉOGNAN)

1999	**C**	**87**
1998	**C**	**87**

1999: Tiefrubinrot, mit einem rauchigen, erdigen Bukett, mittlerem Körper und einem sanften Abgang, kann dieser 1999er im Lauf der nächsten 5–6 Jahre getrunken werden.

1998: Ein ausgezeichnet rauchiges, kieselduftiges Bukett mit Aromen von roten Johannisbeeren und roten Früchten wird begleitet von einem attraktiv fruchtigen, samtigen Wein von mittlerem Körper. In diesem geschmeidigen Tropfen ist das Eichenholz zurückhaltend dosiert und Säure wie Tannin gut integriert. Genießen Sie ihn im Lauf der nächsten 6–7 Jahre. Weiterer verkosteter Jahrgang: 2000er (87–88)

GARREAU (CÔTES DE BLAYE)

2000	**B**	**(86–88)**
2000 Cuvée Armande	**C**	**(88–89)**
1998	**B**	**87**

Dieses ausgezeichnete Weingut, das in Bezug auf die Qualität seiner Weine zur Elite der Appellation Côtes de Blaye gehört, gestaltet sehr feine Tropfen, nach denen preis- und qualitätsbewusste Leser Ausschau halten sollten. Das Verschnittrezept besteht im Allgemeinen aus 75% Cabernet Sauvignon und 25% Merlot.

2000: Der 2000er legt eine für die Appellation erstaunlich körperreiche Persönlichkeit an den Tag. Charakteristische Duftnoten von Eichenholz und schwarzer Frucht gehen einher mit einem geschmeidig texturierten, runden, generös ausgestatteten Wein, der ungeschönt und unfiltriert in die Flasche gelangen sollte. Er dürfte sich 3–4 Jahre hindurch gut trinken lassen, vielleicht sogar länger.

2000 *Cuvée Armande:* Diese Mikro-Cuvée aus superkonzentriertem Cabernet Sauvignon und Merlot wird in zu 100% neuen Eichenholzfässern ausgebaut und es ist auch geplant, sie ohne Schönung auf Flaschen zu ziehen. Dieser Wein könnte nach seiner Freigabe eine hervorragende Punktnote verdienen. Ein dichter, körperreicher, komplexer 2000er, hält er den Vergleich mit Weinen aus, die das 3- bis 5-Fache seines Preises kosten. Geschmackskomponenten von Cassis, Mineralien, Zedernholz und rauchigem frischem Eichenholz sind intensiv und verlockend zu verspüren. Dieser Volltreffer des Jahrgangs wird sich jetzt–2008 auf seinem Höhepunkt befinden.

1998: Dieser Wein wurde ungeschönt und unfiltriert auf Flaschen abgezogen. Er bietet eine dichte, dunkelrubin-purpurrote Farbe und ein wundervoll süßes Bukett mit Düften nach schwarzen Früchten, Erde und Wald. Trinken Sie ihn im Lauf der nächsten 4–5 Jahre.

LE GAY (POMEROL)

2000	**D**	**(88–90?)**
1999	**D**	**87**
1998	**D**	**89**
1997	**C**	**86**
1996	**D**	**74**
1995	**D**	**82**

Im Januar 1999 hatte ich das Vergnügen, den 1945er, 1947er, 1948er und 1950er Le Gay aus Magnumflaschen zu verkosten. Sie sind allesamt überragende Weine geblieben, wobei der 1950er, 1947er und der 1945er an Vollkommenheit grenzen. Doch die neuen Jahrgänge dieses Weins haben sich als enttäuschend erwiesen, was sich wahrscheinlich dadurch erklären lässt, dass im Jahr 1995 das Filetstück der Le-Gay-Rebfläche, eine mit alten Merlot-Reben bestockte Parzelle, an Lafleur-Pétrus verkauft wurde, um dieses Weingut auf einen höheren Qualitätsstandard zu heben. Doch scheint Le Gay in letzter Zeit wieder aufgeholt zu haben und bessere Weine zu produzieren, hat sich doch der 1998er als der größte Erfolg in den letzten 10–15 Jahren herausgestellt.

2000: Der pflaumendunkle-rubinrote 2000er, ein verwirrender, schwer verständlicher Wein, offenbart Aromen, die ausgezeichnete Reife andeuten, während er im Mund Erde und strenges Tannin zu erkennen gibt. Weniger tanninhaltig als einige der exzessiv harten Jahrgänge der 1990er Jahre, enthält dieser sehnige, muskulöse Wein im alten Stil Noten von Sattelleder, Trüffeln und schwarzen Kirschen. Ich stimme mit jenem Franzosen überein, der diesen Wein als »pour le goût anglais« (für den englischen Geschmack) beschrieb. Voraussichtliche Genussreife: 2006–2017.

1999: Dunkelrubinrot und mit geschmeidigem Tannin ausgestattet, fehlt es diesem fortgeschritten entwickelten, mittelschweren Le Gay an dem Gewicht und der Substanz des 1998ers. Dessen ungeachtet ist er ein solide bereiteter, rustikaler Pomerol, der in den ersten 10–15 Jahren seines Lebens getrunken sein will.

1998: Dieser pflaumendunkle-purpurrote 1998er, einer der feinsten Le Gays des letzten Jahrzehnts, offenbart ein erdiges Bukett mit Düften nach Trüffeln, Rauch, Eisen, Grafit, Schwarzkirschen und Pflaumen. Er ist weniger rustikal, mit süßerem Tannin als üblich, mit fleischigerer, reiferer, konzentrierterer Frucht, mittlerem bis vollem Körper und einem langen, würzigen Abgang. Voraussichtliche Genussreife: 2004–2016.

1997: Mittelrubinrot, mit einem vordergründigen, üppigen, erdigen, nach Gewürzkiste und Kirschen duftenden Bukett, enthüllt dieser attraktive Wein von mittlerem Körper mäßige Intensität, schöne Süße im Mund und leichtes Tannin in seinem gefälligen Abgang. Trinken Sie ihn im Lauf der nächsten 3–4 Jahre.

1996: Diesem dunkelrubinroten, hohlen, tanninstrengen 1996er fehlt der Geschmackseindruck am mittleren Gaumen, auch legt er weder viel Tiefe, Charme noch Fett an den Tag. Voraussichtliche Genussreife: jetzt–2008.

1995: Diesem dunkelrubinroten Wein fehlt es an der Tiefe, dem Fleisch, der Frucht und dem Charme, die man in den meisten Pomerols erwartet. Stattdessen zeigt er ein Übermaß an Tannin, Körper und Struktur für die Menge an Frucht, die er besitzt. Aufgrund seiner strengen Persönlichkeit ist er nicht zum baldigen Genuss geeignet. Voraussichtliche Genussreife: 2005–2015.

Bisherige große Jahrgänge: 1989er (90), 1950er (98), 1949er (96), 1947er (100), 1945er (94)

GAZIN (POMEROL)

2000	**E**	**(89–90+?)**
1999	**E**	**89**
1998	**E**	**90**
1997	**D**	**87?**
1996	**E**	**89**
1995	**E**	**90+**

Dieses neben Pétrus und unterhalb von L'Évangile und La Conseillante herrlich gelegene Weingut hat einen beeindruckenden Wiederaufstieg geschafft und über ein Jahrzehnt lang Weine von immer höherer Qualität erzeugt. Das sind gute Nachrichten für die Verbraucher, da die Domaine das Potenzial besitzt, 10000 Kisten zu produzieren. Die Weine sind körperreich mit viel Tiefe und Wucht sowie spürbarer Eichenholzwürze – manchmal tun sie des Guten an Eichenholz zu viel, was in manchen Jahrgängen wie 1997, 1998 und 2000 ein wenig Anlass zur Sorge gibt.

2000: Der 2000er ist in einem strengeren, härteren Stil gestaltet als der 1999er oder der 1998er. Noten von frischem Eichenholz, Sattelleder, Pflaumen, schwarzen Kirschen und Cassis sind unter dieser schweren Decke von Holz und Struktur zu verspüren. Dies ist ein muskulöser, konzentrierter, mächtiger Wein mit schöner Reintönigkeit und Fülle. Falls alles sich harmonisch zusammenfindet, wird er eine hervorragende Punktnote verdienen, doch das ist keinesfalls sicher. Voraussichtliche Genussreife: 2007–2020.

1999: Der ausgezeichnete 1999er hat während seines Ausbaus an Gewicht zugelegt. Seine undurchdringliche schwarz-rubin-purpurrote Farbe ist sogar noch satter als die des 1998ers. Der aufdringliche frische Eichenholzton (häufig ein hervorstechendes Merkmal eines jungen Gazin) ist besser integriert als gewöhnlich. Noten von Lakritze, Pflaumen, geröstetem Espresso und Brombeeren springen förmlich aus dem Glas mit diesem aromatischen, körperreichen, wuchtigen, muskulösen Pomerol von Übergröße. Er offenbart generöse Tiefe und einen texturierten, langen, mäßig tanninhaltigen Abgang. Voraussichtliche Genussreife: 2004–2020.

1998: Eine dichte rubin-purpurrote Farbe geht mit Aromen von versengtem Holz, Kaffee, Brombeer- und Kirschfrucht sowie neuem Sattelleder einher. Körperreich, dicht, kernig und intensiv, erfordert dieser muskulöse und verhalten entwickelte *vin de garde* eine gewisse Kellerreife. Voraussichtliche Genussreife: 2005–2020.

1997: Eine pflaumendunkle Farbe wird begleitet von einem exotischen Bukett von gerösteten Espresso-Bohnen, süßer Kirschmarmelade und verschwenderischem toastwürzigem Eichenholz. Weich, rund, von mittlerem Körper, mit attraktiver Frucht, treibt dieser Wein die Eichenholz-Dosierung an ihre Grenzen, doch besteht an seiner üppigen Frucht und seinem verführerischen, offen gewirkten Stil kein Zweifel. Trinken Sie ihn im Lauf der nächsten 6–7 Jahre.

1996: Der 1996er ist ein untypisch tanninstrenger, ernsthafter Gazin von dichter rubin-purpurroter Farbe und verschwenderischen Mengen von toastwürzigem frischem Eichenholz, verwoben mit Lakritze, schwarzen Kirschen und Mokka-Kaffee-Noten im Bukett. Der Wein zeigt ausgezeichnete Konzentration, ist aber verhalten entwickelt, von mittlerem bis vollem Körper und mäßig hohem Tanningehalt. Gönnen Sie ihm 3–4 Jahre Kellerreife, da er potenziell langlebig ist und fraglos eine beeindruckende Leistung für einen 1996er Pomerol darstellt. Voraussichtliche Genussreife: 2005–2018.

1995: Dieser tiefrubin-purpurrote 1995er hat sich nach der Flaschenabfüllung verschlossen, und obwohl er etwas von seinem an exotische Kräuter und Fleisch erinnernden Charakter ahnen lässt, gibt das Bukett nur widerstrebend frisches Eichenholz, Rauch, Gewürze und im Hintergrund dickliche Frucht zu erkennen. Am Gaumen zeigt sich der Wein tief, ausgefeilt, von mittlerem bis vollem Körper und mit Ausnahme von etwas spürbar hartem Tannin im Abgang relativ nahtlos gefügt. Dieser Tropfen mit expansivem Geschmackseindruck bietet eine Fülle von Gewürzen, frisches Eichenholz, Fruchtigkeit und Tiefe. Voraussichtliche Genussreife: jetzt–2018.

Bisherige große Jahrgänge: 1994er (90), 1990er (93), 1961er (93)

GIGAULT CUVÉE VIVA (PREMIÈRES CÔTES DE BLAYE)

2000	**C**	**(88–89)**
1999	**C**	**88**
1998	**C**	**89**

Der Gigault ist einer der beeindruckendsten Weine, die ich aus der Appellation Côtes de Blaye verkostet habe.

2000: Der tiefrubin-purpurrote 2000er legt unkomplizierte, aber prachtvolle Schwarzkirsch- und Beerenfrucht mit einem subtilen Holzton an den Tag. Süß, reichhaltig und fleischig, mit niedriger Säure und gut integriertem Tannin, sollte er sich 4–5 Jahre hindurch schön trinken lassen. Verpassen Sie ihn nicht!

1999: Dieser ausgezeichnete dunkelrubin-purpurrote 1999er bietet aromatische Noten von wilden Blaubeeren, Rauch und Mineralien, mittleren bis vollen Körper, süße, durch niedrige Säure gestützte fruchtige Geschmackskomponenten und reifes Tannin. Ein schöner fruchtbetonter Wein, der sich 5–7 Jahre hindurch schön trinken lassen dürfte.

1998: Dieser Côtes de Blaye, ein Volltreffer des Jahrgangs, wurde aus niedrigen Erträgen von 38 hl/ha gewonnen. Seine dichte rubin-purpurrote Farbe geht einher mit prachtvollen Aromen von Schokolade, Brombeer- und Kirschfrucht sowie rauchigem Eichenholz. Süß, reichhaltig und konzentriert, mit ausgezeichneter Harmonie und niedriger Säure, kann es dieser Wein mit vielen anderen aufnehmen, die zum doppelten und dreifachen Preis verkauft werden. Genießen Sie ihn während der nächsten 4–5 Jahre.

GISCOURS (MARGAUX)

2000	**D**	**(90–92)**
1999	**D**	**89**
1998	**D**	**87**
1997	**C**	**85**
1996	**C**	**84**
1995	**C**	**85**

Giscours hat in den 1980er Jahren gemischte Ergebnisse hervorgebracht, da er Weine produzierte, die vielleicht einen allzu geschmeidigen und kommerziellen Stil aufwiesen, doch hat er wieder zu alter Form zurückgefunden, und der 2000er scheint der beste Wein seit Jahrzehnten zu sein.

2000: Es ist lange her, seit Giscours einen Wein von solcher Majestät geschaffen hat. Man müsste bis in die Jahre 1978, 1975 und 1970 zurückgehen, um einen Giscours von derartiger

Komplexität, Reichhaltigkeit und Alterungsfähigkeit zu finden. Seine undurchdringliche blau-purpurrote Farbe geht einher mit einem fantastischen Bukett, das nach süßer, mit Crème de Cassis und Rauch verwobener Erde duftet. Üppige Mengen von reifer, konzentrierter Frucht kommen in diesem reintönigen, geschichteten, vieldimensionalen Wein von mittlerem bis vollem Körper schön zum Ausdruck. Angesichts der Tatsache, dass Giscours so lange Zeit keine Weine dieser Art hervorgebracht hat, kann man kaum etwas Besseres tun, als diesen unbestrittenen Volltreffer des Jahrgangs zu horten, da er bereits jung trinkbar sein wird. Darüber hinaus dürfte der Preis in Anbetracht der jüngsten Vergangenheit des Weinguts niedrig sein. Voraussichtliche Genussreife: jetzt–2020.

1999: Auf eine tiefrubin-purpurrote Farbe folgen süße, dickliche Aromen von Pflaumen, Erde, Lakritze, Kräutern und Brombeeren. Zwar ist dieser 1999er fett, fleischig und konzentriert, doch hat er etwas von seiner an einen Margaux erinnernden Eleganz beibehalten. Er wird schon bei seiner Freigabe köstlich schmecken. Voraussichtliche Genussreife: jetzt–2012.

1998: Der 1998er ist ein geschmeidiger, verbraucherfreundlicher Wein im kommerziellen Stil von sehr ansprechender Art. Dickliche schwarze Früchte mischen sich mit würzigem Eichenholz in diesem gradlinigen, aber molligen, zedernholzgeprägten, schmackhaft-würzigen Wein von mittlerem Körper. Genießen Sie ihn während der nächsten 10–12 Jahre.

1997: Würziges Holz und reife, aber verwässerte Aromen von getrockneten Kräutern und rauchigen roten und schwarzen Johannisbeeren in Duft und Geschmack bilden diesen eingängigen, gradlinigen, geschmeidig texturierten 1997er. Trinken Sie ihn in seinen ersten 6–8 Lebensjahren.

1996: Der 1996er ist für den Jahrgang untypisch, da er weich, früh ansprechend und offen gewirkt ist und es ihm an Tannin fehlt. Der Wein zeigt eine dunkelrubinrote Farbe und attraktive Beerenfrucht, ist aber unkompliziert und gefällig. Trinken Sie ihn im ersten Jahrzehnt seines Lebens.

1995: Dieser entgegenkommende dunkelrubinrote 1995er, der breiten Anklang finden wird, zeigt Aromen von gerösteten Kräutern und fleischiger schwarzer Johannisbeer- und Kirschfrucht. Nuancen von Unterholz und Krautigkeit sind im Geschmack dieses würzigen, angenehmen, weichen Weins von mittlerem Körper mit reifer Frucht verwoben. Etwas Tannin im Abgang ist vorhanden. Voraussichtliche Genussreife: jetzt–2010.

Bisherige große Jahrgänge: 1978er (90), 1975er (92)

GLORIA (ST-JULIEN)

1998	C	86
1996	C	88
1997	C	86
1996	C	87
1995	C	88

Dieses Weingut hat die Qualität seiner hauptsächlich als Insider-Weine geltenden Erzeugnisse in den letzten Jahren gesteigert. Verbraucher, die auf ein gutes Preis-Leistungsverhältnis Wert legen, sollten diesem Gut ihre Aufmerksamkeit schenken, da die Preise vernünftig geblieben sind.

1998: Dies ist ein attraktiv fetter, im kommerziellen Stil gestalteter, erstaunlich weicher 1998er. Er legt kräuterüberhauchte Beerenfrucht, Noten von Sattelleder und einen runden Abgang von mittlerem Körper an den Tag und sollte sich über 7–8 Jahre hinweg schön trinken lassen.

1997: Dieser klug bereitete Wein gibt einen den Mund füllenden Gehalt von kräuterüberhauchter Schwarzkirschen- und Cassisfrucht zu erkennen. Reichliches Glyzerin ist in diesem samtig texturierten Gloria von mittlerem Körper zu finden. Reintönig, mollig und saftig, ist er ein Bordeaux, wie er sein sollte. Trinken Sie ihn innerhalb seiner ersten 10 Lebensjahre.

1996: Der hedonistische, mollige und frühreife 1996er ist arm an Säure und reich an zedernholztöniger schwarzer Johannisbeerfrucht. Von mittlerem Körper und üppig, wird er köstlichen Trinkgenuss gewähren, aber 10–12 Jahre gut altern.

1995: Der 1995er ist ebenso charmant und frühreif wie der 1996er, hat aber niedrigere Säure als sein Bruder und reicht vielleicht auch nicht ganz an dessen Dichte und Kraft heran, doch wer von den Lesern nach einem hochklassigen und unmittelbar ansprechenden Bordeaux sucht, täte Unrecht, an ihm vorbeizugehen. Trinken Sie ihn vor 2005.

GOMBAUDE-GUILLOT (POMEROL)

2000	**C**	**(75–79?)**

2000: Die schlimmsten Eigenschaften des Jahrgangs 1975 kamen mir wieder in den Sinn, als ich diesen harten, mageren, gedämpften, sehnigen 2000er verkostete. Wenn er nicht zulegt und voller wird, wird er nicht einmal meine geschätzte Punktzahl erreichen.

LA GOMERIE (ST-ÉMILION)

2000	**EE**	**(92–94)**
1999	**EE**	**89**
1998	**EE**	**94**
1997	**EE**	**89**
1996	**EE**	**92**
1995	**EE**	**93**

Dieses kleine St-Émilion-Unternehmen wird von Gérard und Dominique Bécot betrieben, denen auch Beau-Séjour Bécot und Grand Pontet gehören. Der »Garagenwein« La Gomerie, der dem Luxuswein Le Pin aus Pomerol wie ein Doppelgänger aus St-Émilion gleicht, ist eine Cuvée aus 100% Merlot-Trauben, die aus einer etwa 2,5 Hektar umfassenden 38 Jahre alten Parzelle stammen. Das Traubengut wird bei niedrigen Erträgen in einem extrem reifen Zustand geerntet und erlebt die malolaktische Gärung im Fass. Der Wein verbringt gewöhnlich 18 Monate in zu 100% neuen Eichenholzfässern, bevor er ungeschönt und unfiltriert auf Flaschen gezogen wird. Etwa 9000 Flaschen werden in einem reichlichen Jahrgang produziert. Es verwundert nicht, dass Michel Rolland als beratender Önologe dieses Weinguts fungiert.

2000: Der 2000er ist potenziell ebenso superb wie der spektakuläre 1988er, besitzt aber mehr Struktur, Tannin und klarere Linienführung als frühere Jahrgänge, doch fehlt es ihm nicht an explosiver Konzentration. Seine undurchdringliche purpurrote Farbe geht einher mit Aromen von süßen, cremigen schwarzen Himbeeren, Kirschgeist und Brombeeren. Er ist körperreich und dicht, mit superber Konzentration, erstaunlich lebendiger Säure für solch einen reifen Wein und einem langen, mäßig tanninhaltigen, aber üppigen Abgang. Er wird schon bei seiner Freigabe zugänglich sein und sich 15–18 Jahre hindurch gut entwickeln. Das ist Merlot in seiner höchst exotischen, konzentrierten, hedonistischen und kraftvollen Form.

1999: Diese Merlot-Fruchtbombe von dichtem Rubin-Purpurrot bringt in ihren überwältigenden Aromen und ihrem samtigen, säurearmen, molligen Geschmacksprofil die Quintessenz schwarzer Früchte zum Ausdruck. Überaus reichhaltig und leicht zu trinken, sollte sie sich mit zunehmenden Alter ein wenig festigen und zu einem überschwänglichen Wein werden, der in seinen ersten 10–12 Lebensjahren genossen sein will. Voraussichtliche Genussreife: jetzt–2012.

1998: Dieser herausfordernde St-Émilion, eine spektakuläre Leistung der Weinbereitung, prunkt mit einer satten purpurroten Farbe sowie einem prachtvollen nach Himbeeren, Brombeeren und rauchigem Eichenholz duftenden Bukett, gepaart mit öliger Textur, vollem Körper und einem nahtlosen Abgang mit niedriger Säure und reifem Tannin. Dieser 1998er erringt eine hohe Punktzahl auf der Skala des sinnlichen und des geistigen Genusses. Voraussichtliche Trinkreife: jetzt–2014.

1997: Dieser Wein hätte eine hervorragende Bewertung verdient, doch sprechen das verschwenderische Eichenholz und sein internationaler Stil dagegen. Dennoch ist er ein hedonistischer, dunkelrubin-purpurroter, exotischer, auftrumpfender 1997er mit superber Frucht und Konzentration. Genießen Sie ihn im Lauf dieses Jahrzehnts.

1996: Der spektakuläre 1996er offenbart dunkelrubinrote Farbe und explosive Aromen von Toast, gerösteten Nüssen, Kirschgeist und verschiedenen schwarzen Früchten. Er ist körperreich, mit süßem Tannin und einem reifen, intensiv konzentrierten Abgang mit hohem Glyzeringehalt und Extrakt. Dieser überschwängliche Wein sollte sich bis 2018 in Bestform befinden.

1995: Der 1995er, der Debüt-Jahrgang für La Gomerie, ist von dichter rubin-purpurroter Farbe, und das Bukett wartet auf mit exotischen Aromen von asiatischen Gewürzen, Sojasauce, Kaffee und reifer Beeren- und Kirschfrucht. Dieser körperreiche, dicke, ölig texturierte Wein ist wunderbar konzentriert und hat eine Fülle von süßem, gut eingebundenem Tannin. Die Säure ist niedrig, was die sinnliche Persönlichkeit dieses erstaunlich reichhaltigen, hinreißenden Weins nur noch weiter bereichert. Voraussichtliche Genussreife: jetzt–2012.

GRACIA (ST-ÉMILION)

2000	**EE**	**(92–94)**
1999	**EE**	**92**
1998	**EE**	**92**
1997	**EE**	**89**

Das ist einer jener berüchtigten »Garagenweine«, die so viele Médoc-Aristokraten aus der Fassung gebracht – und auch neidisch auf die Preise gemacht haben, die diese kleinen Juwele erzielen. Der Gracia wird aus einer etwa 1,7 Hektar umfassenden Parzelle mit mikoskopisch kleinen Erträgen von 22 hl/ha gewonnen. Er wird mit Hilfe des berühmten Eigentümers von Ausone, Alain Vauthier, bereitet. Wie viele *vins de garage* wird er in zu 100% neuen Eichenholzfässern ausgebaut. Das Verschnittrezept besteht im Wesentlichen aus Merlot mit etwas Cabernet Franc und manchmal einem Anteil von Cabernet Sauvignon.

2000: Dieser Wein ist sogar noch besser als der 1998er und der 1999er. Er ist ein Verschnitt aus 79% Merlot, 16% Cabernet Franc und 5% Cabernet Sauvignon und ein dicker, ölig texturierter St-Émilion mit dichter purpurroter Farbe und generösen Aromen von Schwarzkirschmarmelade, verwoben mit Grafit, Erde, asiatischen Gewürzen und Vanille. Körperreich und süß (aufgrund der reifen Frucht), klingt er mit explosiver, sinnlicher Textur aus. Voraussichtliche Genussreife: 2004–2016.

1999: Aus Erträgen von 20 hl/ha produziert, hat der superbe 1999er *Gracia* während seines Ausbaus zugelegt und Fleisch angesetzt. Er enthüllt eine satte purpurrote Farbe und ein saftiges Bukett von Brombeermarmelade, Mineralien, Rauch und Lakritze. Körperreich, mit einer samtigeren Textur als der 1998er ausgestattet, dürfte dieser erstaunliche Wein nach seiner Freigabe bei jedem Schluck freudige Erregung auslösen. Voraussichtliche Genussreife: jetzt–2015.

1998: Der 1998er, eine spektakuläre Leistung der Weinbereitung, präsentiert eine undurchdringliche purpurrote Farbe sowie ein prachtvolles Bukett von überreifen, mit Brombeeren, Blaubeeren, Lakritze und rauchigem Eichenholz vermischten schwarzen Kirschen. Körperreich, säurearm, opulent, fleischig und unstrittig einschmeichelnd, bietet er im Abgang neben süßem Tannin auch vielschichtige Frucht. Voraussichtliche Genussreife: jetzt–2016.

1997: Dieser Wein ist wuchtig, extrahiert, gehaltvoll, körperreich und konzentriert, mit üppigen Dosen von rauchiger Eichenholzwürze, verwoben mit likörartiger, intensiver Schwarzkirsch- und Beerenfrucht. Niedrige Säure, geschmeidiges Tannin und ein reichhaltiger, langer Abgang machen ihn gebieterisch und eindrucksvoll. Trinken Sie ihn im Lauf der nächsten 10 Jahre.

GRAND CORBIN-DESPAGNE (ST-ÉMILION)

2000	**D**	**(90–92)**
1999	**D**	**89**
1998	**D**	**88+**
1997	**D**	**85**

Grand Corbin-Despagne ist ein im Aufstieg begriffenes St-Émilion-Weingut, das muskulöse, mächtige Weine produziert, die einer Lagerung im Keller bedürfen. Der Jahrgang 1998 war der Durchbruch für diese Domaine, die auf dem kiesigen Plateau von St-Émilion unweit Cheval Blanc und La Conseillante liegt. Wie die folgenden Degustations-Notizen besagen, sind die 1999er und 2000er erstklassig.

2000: Dieses St-Émilion-Gut, das in den letzten Jahren immer bessere Weine produzierte, hat einen ernsthaften, muskulösen 2000er gemacht, der für lange Lagerung gebaut ist. Der tief pflaumenfarbige-purpurrote Wein offenbart in Duft und Geschmack Aromen von feuchter Erde, schwarzen Johannisbeeren, Pflaumen, Lakritze und Mineralien. Er ist kernig, reintönig, körperreich und tanninherb, mit ordentlicher Säure, und wird Geduld erfordern. Voraussichtliche Genussreife: 2004–2020. Ein Spätentwickler des Jahrgangs.

1999: Eine tiefrubin-purpurrote Farbe geht einher mit verschlossenen, aber vielversprechenden, beeindruckenden Aromen von dicklichen schwarzen Früchten, Erde, Leder und gerösteten Kräutern. Der Wein ist süß, von mittlerem bis vollem Körper und dick, mit erstaunlichem Tannin und Dichte im Abgang. Wenngleich nicht so verhalten entwickelt wie der 1998er, ist er im traditionellen Stil eines *vin de garde* bereitet. Voraussichtliche Genussreife: 2004–2016.

1998: Mit einer dichten rubin-purpurroten Farbe ausgestattet, präsentiert dieser verschlossene, aber vielversprechende, groß ausgelegte, muskulöse 1998er mit mineralischen und rauchigen Düften verflochtene Aromen von erdigen schwarzen Johannisbeeren und Kirschen. Wuchtig, dicht, dick und tanninreich, ist er ein kompromissloser *vin de garde*, der 4–5 Jahre Kellerreife benötigt. Voraussichtliche Genussreife: 2006–2016.

1997: Dieser kompetent bereitete, dunkelrubinrote Wein zeigt weiche Beerenfrucht, eine Spur von Krautigkeit und einen Abgang von mittlerem Körper. Trinken Sie ihn im Lauf der nächsten 2 Jahre.

GRAND MAYNE (ST-ÉMILION)

2000	**D**	**(91–93+)**
1999	**D**	**91**
1998	**D**	**94**
1997	**D**	**87**
1996	**D**	**88**
1995	**D**	**90**

Grand Mayne ist eines der bestgeführten Weingüter von St-Émilion. Mit Ausnahme der einen oder anderen Ungleichmäßigkeit in den 1990er Jahren ist die Qualität beständig ausgezeichnet, häufig hervorragend gewesen. Der Eigentümer Jean-Pierre Nony, der im Juni 2001 verstorben ist, hat in dieser Domaine seit 1989 mustergültige Arbeit geleistet. Es wird eine interessante Aufgabe sein, seinen 2000er, ein wundervolles Zeugnis seines Talents, mit seinem spektakulären 1998er zu vergleichen.

2000: Der undurchdringlich purpurrote, körperreiche Wein offenbart süße, mineralisch durchsetzte Brombeer- und Cassisnuancen in Duft und Geschmack, superbe Reife, eine frische, lebendige Säure, die sowohl Spritzigkeit als auch klare Linienführung liefert, und einen langen, kernigen, reifen, tanninhaltigen Abgang. Obwohl er in seiner Jugend nicht so zugänglich sein wird wie der 1998er es ist, sollte der 2000er anmutig reifen. Vielleicht hat er wegen des höheren Säureprofils und Tanningehalts sogar ein noch größeres Alterungspotenzial. Voraussichtliche Genussreife: 2006–2025.

1999: Wie der 1998er ist auch der 1999er dabei, rasch an Gewicht zuzulegen. Während er niedrige Säure und ein rauchiges, nach Brombeeren, Kaffee und Schokolade duftendes Bukett an den Tag legt, zeigt er sich körperreich, opulent und reichhaltig. Voraussichtliche Genussreife: jetzt–2016.

1998: Der 1998er, der nach der Flaschenabfüllung weiter an Gewichtigkeit, Reichhaltigkeit und Volumen zugenommen hat, ist vielleicht zusammen mit dem 2000er der konzentrierteste und wuchtigste Grand Mayne, der bislang produziert wurde. Seine Farbe von sattem Purpurrot geht einher mit einem phänomenalen nach Lakritze, Rauch, Grafit und Cassis duftenden Bukett (das an einen trockenen Vintage Port erinnert). Dieser gewaltige, massive Wein ist säurearm, stark extrahiert, mit öliger Textur, Batzen von Glyzerin und einem vieldimensionalen, kernigen, langen Abgang. Ein betörender Wein und fraglos ein Spätentwickler des Jahrgangs. Voraussichtliche Genussreife: jetzt–2020.

1997: Die typische dunkelrubinrote Farbe, ausgeprägte mineralische Art und reintönige schwarze Johannisbeerfrucht sind Kennzeichen der meisten Grand-Mayne-Jahrgänge. Der 1997er besitzt etwas Tannin, doch der generelle Eindruck ist der eines eleganten Weins von mittlerem Körper, geringfügig leichter als gewöhnlich, mit süßer Frucht und dem Potenzial, sich 5–7 Jahre hindurch schön trinken zu lassen.

1996: Ich habe diesen Wein dreimal aus der Flasche verkostet und ihn einmal mit 88 und zweimal mit 89 Punkten bewertet. Aufgrund seines verhalten entwickelten Stils habe ich mich jedoch für die niedrigere Bewertung entschieden. Der 1996er weist eine dichte purpurrote Farbe und ein attraktives Bukett von weißen Blumen, süßen Brombeeren, Kirschen, Mineralien und Toast auf. Er ist von mittlerem bis vollem Körper, zeigt ausgezeichnete Tiefe, eine elegante Persönlichkeit und einen sauberen, mineralischen Abgang mit mäßigem Tannin. Frisches Eichenholz ist in den Geschmacksnuancen spürbar. Voraussichtliche Genussreife: jetzt–2014.

1995: Der undurchdringlich purpurrote 1995er, ein absoluter Volltreffer des Jahrgangs, offenbart ein süßes, cremiges, nach schwarzen Himbeeren duftendes Bukett mit subtilen Noten von rauchigem, toastwürzigem Eichenholz. Kraftvoll und elegant zugleich, bietet dieser Wein vielschichtige Fülle, schön integrierte Säure und Tannin und einen beeindruckend körperreichen, langen Abgang. Er dürfte bereits in seiner Jugend trinkbar sein und ein weiteres Jahrzehnt hindurch halten. Voraussichtliche Genussreife: jetzt–2013.

Bisherige große Jahrgänge: 1990er (90), 1989er (92)

GRAND ORMEAU (LALANDE-DE-POMEROL)

1998		**C**	**(88–89)**
1998	**Cuvée de Madelaine**	**C**	**89**
1997		**C**	**86**

Dieses von J.C. Beton geleitete Weingut, eines der besten in Lalande-de-Pomerol, ist in guten Jahrgängen sehr beständig.

1998: Diesem Wein von sattdunklem Purpurrot, einem potenziellen Erfolgsschlager des Jahrgangs, entströmen dicke, marmeladige Anklänge an schwarze Johannisbeeren und Himbeeren. Daneben ist diese ausgezeichnete, möglicherweise hervorragende Leistung der Weinbereitung durch niedrige Säure, vollen Körper und gute Konzentration gekennzeichnet. Voraussichtliche Genussreife: jetzt–2008.

1998: *Cuvée de Madelaine*: Diese eindrucksvolle Cuvée wartet mit einer dunkelrubin-purpurroten Farbe und Aromen von Brombeeren, Cassis, Erde, Trüffeln und Eichenholzwürze auf. Üppig und sinnlich texturiert, enthüllt der Wein niedrige Säure, ausgezeichnete Tiefe und einen langen, fleischigen Abgang. Genießen Sie ihn im Lauf der nächsten 5–7 Jahre.

1997: Dunkelrubinrot, mit Aromen von Kirschen, Rauch, Cola und Gerbstoffen, will dieser gefällige, fruchtige, schön entfaltete, gradlinige 1997er im Lauf der nächsten 2–3 Jahre getrunken sein.

Weitere verkostete Jahrgänge: 2000er (86–88), 1999er (86–87+)

GRAND PONTET (ST-ÉMILION)

2000	E	(90–92)
1998	E	90
1997	D	87
1996	D	89
1995	D	88

Dieses aufstrebende St-Émilion-Weingut hat während der letzten Jahrgänge recht gute Leistungen gezeigt, doch im Jahr 2000 ist die Qualität mit einer Extra-Dimension in Duft und Geschmack förmlich explodiert. Grand Pontet wird im heutigen Weinmarkt unterschätzt, eine Seltenheit für einen Bordeaux. Preis- und qualitätsbewusste Leser: aufgepasst!

2000: Dies ist ein Verschnitt aus 75% Merlot, 15% Cabernet Franc und 10% Cabernet Sauvignon, die bei Erträgen von 30 hl/ha geerntet wurden. Der undurchdringlich purpurrote, fette, reife, exotische, überschwängliche Wein ist eine im modernen Stil bereitete St-Émilion-Fruchtbombe. Mit sehr viel Charakter, Glyzerin, Frucht und Konzentration ausgestattet, wird er von den Konsumenten geliebt werden. Voraussichtliche Genussreife: jetzt–2015.

1998: Der satte, schwarz-purpurrote 1998er, einer der feinsten bislang verkosteten Grand Pontets, bietet ein überwältigendes Bukett von nahezu überreifer Brombeerfrucht, Kirschwasser, Lakritze, Rauch und toastwürzigem frischem Eichenholz. Körperreich, wuchtig und reichhaltig, mit beeindruckender Ausgewogenheit, wird dieser konzentrierte, tiefe Wein nach weiteren 1–2 Jahren Lagerung im Keller sogar noch besser sein. Er wird 15–16 Jahre lang halten. Eindrucksvoll!

1997: Der köstliche 1997er, ein weiterer St-Émilion der Eliteklasse, offenbart die besten Merkmale des Jahrgangs – fleischige, saftige, säurearme, mollige Würze und Kirschfrucht, schön getränkt mit Eichenholzwürze. Dieser üppige, hedonistische Wein sollte sich weitere 5–7 Jahre hindurch schön trinken lassen.

1996: Der 1996er ist ein überschwänglicher, dunkelrubin-purpurroter Wein mit einem durchdringenden Bukett von Pflaumenlikör, toastwürzigem frischem Eichenholz, schwarzen Kirschen, Rauch und getrockneten Kräutern. Im Mund machen sich bei diesem reichhaltigen, würzigen, eindrucksvoll ausgestatteten Wein dickliche Überreife und Fülle intensiv bemerkbar. Im Abgang von mittlerem bis vollem Körper ist Tannin zu finden. Voraussichtliche Genussreife: jetzt–2014.

1995: Dunkelrubin-purpurrot, mit einem ansprechenden, entfalteten Bukett, das nach Gewürzen, schwarzen Kirschen und Toast duftet, besitzt dieser geschmeidige, runde, generöse Wein bei mittlerem bis vollem Körper niedrige Säure und etwas Tannin im Abgang. Dieser mollige, in einem saftigen Stil bereitete Wein mit guter Linienführung kann schon jetzt und im Lauf der nächsten 10 Jahre getrunken werden.

Weiterer verkosteter Jahrgang: 1999er (82–83)

GRAND-PUY-DUCASSE (PAUILLAC)

2000	D	(85–86)
1999	C	87
1998	C	87
1997	C	78
1996	C	87
1995	C	87

Die gegenwärtigen Preise für Weine von Grand-Puy-Ducasse liegen unter denen der meisten anderen Pauillacs. Angesichts der feinen Qualität, die dieses Weingut nun routinemäßig erzielt, sind seine Weine ein bemerkenswerter Gegenwert.

2000: Ein parfümiertes Bukett mit Aromen aus der Gewürzkiste, Zedernholz und schwarzen Früchten geht einher mit einem strengen, mäßig tanninhaltigen, mageren, leichten Pauillac. Der Wein wird im Mund enger und zeigt Strenge im Abgang. Voraussichtliche Genussreife: jetzt–2012.

1999: Der rubin-purpurrote, säurearme Wein hat ein nach Cassis duftendes Bukett und nimmt sich im Mund und am Gaumen mit saftiger Textur und reifem Abgang verführerisch fleischig aus. Schon jetzt ein schmeichelnder Trinkgenuss, wird er nach seiner Freigabe köstlich schmecken und ein Jahrzehnt lang halten.

1998: Schwarze Früchte dominieren das mäßig intensive Bukett dieses sattrubin-purpurroten 1998ers. Von mittlerem Körper, schmackhaft-würzig und verbraucherfreundlich, leidet er lediglich an einem Mangel an Komplexität. Trinken Sie ihn im Lauf der nächsten 10 Jahre.

1997: Der 1997er ist dunkelrubinrot mit einem süßen, nach schwarzen Früchten duftenden Bukett, vermischt mit grasigen, erdigen und vanilleartigen Düften. Der Geschmackseindruck am Gaumen ist mollig und rund, aber der Wein legt einen abrupten Abgang mit einer gewissen Strenge und Eckigkeit an den Tag. Dieser Bordeaux benötigt mehr Fleisch und Konzentration, um eine höhere Punktnote zu verdienen. Voraussichtliche Genussreife: jetzt–2010.

1996: Dieses Weingut, das dazu neigt, entgegenkommende, weiche Pauillacs zu produzieren, hat 1996 einen festeren, strukturierteren Wein erzeugt. Seine Farbe ist ein gesundes Dunkelrubinrot mit purpurroten Nuancen. Das Bukett wartet auf mit Aromen von Cassis, staubigen, erdigen Noten, Düften nach Tabakkraut, Zedernholz und Gewürzen. Von mittlerem Körper, mit ausgezeichneter Tiefe und Reife und der Cabernet-Sauvignon-Komponente, die seine Persönlichkeit dominiert, ist dies ein feiner Grand-Puy-Ducasse. Voraussichtliche Genussreife: jetzt–2015.

1995: Dieser geschmeidige, üppige, fruchtige Pauillac ist dunkelrubinrot mit purpurroten Nuancen und besitzt mittleren Körper, einen zarten Hauch von frischem Eichenholz, weiches Tannin und niedrige Säure. In einem sauberen, verbraucherfreundlichen, zugänglichen Stil bereitet, wird dieser Wein viele Anhänger finden. Voraussichtliche Genussreife: jetzt–2010.

GRAND-PUY-LACOSTE (PAUILLAC)

2000	**E**	**(90–93)**
1999	**E**	**89+**
1998	**E**	**90**
1997	**D**	**87**
1996	**E**	**93+**
1995	**E**	**95**

Eine klassische handwerkliche Weinbereitung, die hervorragende Weine hervorbringt, scheint als Motto über dem Grand-Puy-Lacoste von Xavier Borie zu stehen. Selbst in weniger hervorragenden Jahrgängen produziert dieses Weingut einen kernigen, robusten Pauillac, der üppige Cassisfrucht aufweist. Der Grand-Puy-Lacoste ist zu einem der populärsten Weine im Bordelais geworden, zum großen Teil wegen seines von Brombeeren und Cassis geprägten, überschwänglich fruchtigen Charakters und seiner körperreichen, hedonistischen Anmutung.

2000: Das typische Kennzeichen des Grand-Puy-Lacoste in Spitzenjahrgängen, sein von Crème de Cassis geprägter Fruchtcharakter, kommt in dem 2000er reichlich zum Ausdruck, einem Verschnitt aus 78% Cabernet Sauvignon, 20% Merlot und 2% Cabernet Franc. Der Wein offenbart eine tief purpurrote Farbe, süße Cassisnoten, superbe Reife und körperreiche, konzentrierte, reichhaltige Geschmacksnuancen. Der 2000er wird es mit den bislang feinsten Grand-Puy-Lacostes – dem 1982er, 1990er, 1995er und 1996er – bewundernswert aufnehmen können. Voraussichtliche Genussreife: jetzt–2025.

1999: Aromen von Cassis, Mineralien, Gewürzen und Vanille sind in dem 1999er zu finden. Wenngleich er dem 1998er ähnelt, besitzt der Wein weicheres Tannin und nimmt sich im Mund und im Abgang fortgeschrittener entwickelt und süßer aus. Potenziell hervorragend, erinnert er an den 1985er. Voraussichtliche Genussreife: jetzt–2016.

1998: Der 1998er offenbart ein klassisches, nach Crème de Cassis duftendes Bukett, gepaart mit kraftvollen, festen, straff strukturierten Geschmackskomponenten. Zwar ist mäßiges Tannin vorhanden, doch gibt es mehr als genug Extrakt und Tiefe hinter dem Tannin, um die von Begeisterung getragene Punktnote zu rechtfertigen. Doch benötigt der Wein weitere 1–2 Jahre Kellerreife und sollte 16–18 Jahre lang halten. Nein, mit dem 1990er oder dem 1982er ist er nicht zu vergleichen, aber dennoch ein erstklassiger Bordeaux.

1997: Der sprichwörtliche Brombeer-Cassis-Charakter kommt in diesem dunkelrubin-purpurroten Wein gut zum Ausdruck. Ausgezeichnete reife Frucht, weiches Tannin, niedrige Säure und eine köstliche, entgegenkommende Persönlichkeit sind vorhanden. Obwohl er keinen großen Lagerwein abgeben wird, ist er ein reifer, weicher, attraktiver, ausentwickelter Bordeaux zum Trinkgenuss für die nächsten 6–7 Jahre.

1996: Unstrittig ein profunder Grand-Puy-Lacoste, doch ist er schauderhaft in der Entwicklung zurückgeblieben. Er offenbart einen von der Quintessenz eines Crème de Cassis geprägten Charakter, der ihn von anderen Pauillacs unterscheidet. Der Wein legt reichliches Tannin an den Tag, einen gewaltigen Körper und süße schwarze Johannisbeerfrucht, verwoben mit Mineralien und subtiler Eichenholzwürze. Massiv, überaus strukturiert und mit 25–30 oder mehr Jahren Langlebigkeit ausgestattet, wird dieser Wein von immensem Stil 7–8 Jahre Geduld erfordern, vielleicht sogar länger. Ein superber, klassischer Pauillac. Voraussichtliche Genussreife: 2007–2030.

1995: Dies ist ein weiterer unglaublich reichhaltiger, vieldimensionaler, breitschultriger Wein, mit etwas mehr Eleganz und weniger Gewichtigkeit als der Kraftprotz von einem 1996er. Dieser herrlich proportionierte, fabelhaft reife, reichhaltige, in Duft und Geschmack von Cassis geprägte Grand-Puy-Lacoste ist ebenfalls eine Schönheit. Er ist bereits trinkreif und sollte 25 Jahre lang halten. Dieser klassische Pauillac ist ein würdiger Rivale des überirdischen 1996ers. Voraussichtliche Genussreife: jetzt–2025.

Bisherige große Jahrgänge: 1994er (90), 1990er (95), 1986er (91), 1982er (95), 1970er (91), 1959er (92), 1949er (96), 1947er (94)

GRANDES-MURAILLES (ST-ÉMILION)

2000	**D**	**(91–93)**
1999	**D**	**87**
1998	**D**	**90**
1997	**D**	**87**

Der Familie Reiffers gehören seit den späten 1990er Jahren drei kleine, sehr eindrucksvolle Weingüter in St-Émilion. Neben Grandes-Murailles besitzen sie die Domainen Côte de Baleau und Clos St-Martin. Ab 1998 hat sich das Trio in der Qualität seiner Weine deutlich auf gleicher Höhe befunden, doch beim Jahrgang 2000 habe ich eine leichte Vorliebe für den Grandes-Murailles. Unter den drei Reiffers-Angeboten hat er die tiefste schwarze Farbe und die süßeste Frucht samt Tannin. Die Weine haben sich ausnehmend verbessert, seit Michel Rolland als önologischer Berater fungiert. Die jährliche Produktion beläuft sich auf durchschnittlich 700 Kisten. Es handelt sich üblicherweise um einen Verschnitt aus 90% Merlot und 10% Cabernet Franc.

2000: Der 2000er hat eine undurchdringliche purpurrote Farbe. In Duft und Geschmack offenbart er Blaubeer- und Brombeereis-Aromen, vermischt mit Eisen, Kaffee und Mineralien. Außergewöhnlich reintönig, ausdrucksvoll und verführerisch, bietet dieser körperreiche Wein bewundernswerte Fülle, expansive Art und Nahtlosigkeit, wobei die letztere Komponente besonders bewundernswert ist, wenn man den hohen Tanningehalt des Jahrgangs bedenkt. Der Grandes-Murailles dürfte sich als Spätentwickler und heißer Tipp des Jahrgangs zu vernünftigen Preisen erweisen. Voraussichtliche Genussreife: 2004–2020.

1999: Der tiefrubin-purpurrote, fette, reichfruchtige 1999er, eine leichtere Version des 1998ers, zeigt attraktive Schichten von Pflaumen-, Kirsch- und Himbeerfrucht, verwoben mit zermahlenen Steinen und würzigem frischem Eichenholz. Er sollte sich 10 Jahre hindurch schön trinken lassen.

1998: Das ist ein Spätentwickler des Jahrgangs und einer der feinsten Grandes-Murailles, die ich je verkostet habe. Der Wein von tiefer, satter, rubin-purpurroter Farbe legt mit Toast und Mineralien verflochtene Blaubeer-, Pflaumen-, Himbeer- und Schwarzkirschfrucht an den Tag. Geschmeidig, komplex bei mittlerem bis vollem Körper, mit einer Riesenladung von Frucht und Fülle, gibt es in diesem nahtlosen, klassischen St-Émilion keine Ecken und Kanten. Voraussichtliche Genussreife: jetzt–2016.

1997: Der pflaumendunkle 1997er gibt beträchtliche Dichte sowie ein süßes, offen gewirktes, nach Kirsch- und Blaubeermarmelade, Mineralien und würzigem rauchigem Eichenholz duftendes Bukett zu erkennen. Der Wein ist bei mittlerem Körper seidig texturiert und weist niedrige Säure und einen würzigen, reichfruchtigen, gefällig geschichteten Abgang auf. Mäßiges Tannin legt nahe, dass er sich nach einem Jahrzehnt verbessern könnte, doch ich möchte vorschlagen, ihn kurzfristig zu trinken.

GRANDS CHAMPS (ST-ÉMILION)

2000 Cuvée Christophe	**C**	**(87–88)**

2000 *Cuvée Christophe:* Ein parfümiertes Bukett von Himbeeren, Blaubeeren und Brombeeren zeichnet diesen eleganten Wein von mittlerem Körper aus. Er besitzt schöne Tiefe, Frische, sprühende Lebendigkeit und einen mäßig tanninherben Abgang. Genießen Sie ihn im Lauf seiner ersten 5–7 Lebensjahre.

LES GRANDS MARÉCHAUX (PREMIÈRES CÔTES DE BLAYE)

2000	**B**	**(87–88)**
1998	**B**	**86**

Als ein weiteres Weingut von den Côtes de Blaye, das sich selbst übertrifft und Rebflächen von etwa 20 Hektar besitzt – die zu 70% mit Merlot, zu 15% mit Cabernet Sauvignon und zu 15% mit Cabernet Franc bestockt sind –, produziert diese Domaine Weine mit einem guten Preis-Leistungsverhältnis, die gewöhnlich in ihren ersten 2–3 Lebensjahren getrunken sein wollen.
2000: Der 2000er ist ein strukturierter, stämmiger Wein mit Tannin und Muskeln sowie reifer Beerenfrucht, die in einem körperreichen, kraftvollen Format präsentiert wird. Sie sollten ihn in seinen ersten 4–6 Lebensjahren trinken, um von seiner Überschwänglichkeit und rustikalen Persönlichkeit zu profitieren.

1998: Der weiche, charmante, in Duft und Geschmack von Beeren geprägte 1998er ist unkompliziert, aber würzig und köstlich. Ein gut gemachter Wein für seine Klasse.

LA GRANGÈRE (ST-ÉMILION)

2000	**D**	**(88–90)**

Der als Debütwein von Nadia und Pierre Durand für den Markt freigegebene 2000er La Grangère wurde mit Hilfe des Önologen Denis Dubourdieu bereitet.

2000: Der 2000er, ein ausgezeichneter klassischer Bordeaux, bietet eine rauchige Persönlichkeit mit Brombeeren, Lakritze und Kirschen in Duft und Geschmack, süßes Tannin, mittleren bis vollen Körper, ausgezeichnete Konzentration und schöne Frische sowie umfassende Harmonie. Gönnen Sie ihm 1–2 Jahre Kellerreife und genießen Sie ihn über die folgenden 15–16 Jahre hinweg. Er ist ein Spätentwickler des Jahrgangs.

LA GRAVE À POMEROL (POMEROL)

2000	**C**	**(88–90)**
1999	**C**	**88**

1998	**C**	**90**
1997	**C**	**87**
1996	**C**	**(86–87)**
1995	**C**	**88**

Dieses einst La Grave Trigant de Boisset genannte Weingut befindet sich seit 1971 im Besitz von Christian Moueix, und es steht außer Frage, dass er in den letzten Jahren die Qualität angehoben hat. Zwar gehört der La Grave à Pomerol nicht zu den teuersten und auch nicht zu den besten Weinen der Appellation, doch die hohe Qualität der jüngsten Jahrgänge (der herrliche 1998er war der beste bislang produzierte Tropfen) machen die Weine dieses Guts doch der Aufmerksamkeit wert.

2000: Dem mittelschweren, weichen 2000er fehlt es an der Substanz des 1998ers, doch hat er paradoxerweise untergründiges, hartes Tannin. Er bietet tiefe Beeren- und Kirschfrucht, verflochten mit Spuren von Aromen aus der Gewürzkiste, getrockneten Kräutern und Zedernholz. Dieser delikate Wein will im ersten Jahrzehnt seines Lebens getrunken sein.

1999: Dieser tiefrubinrote 1999er, eine leichtere Version des 1998ers, enthüllt elegante, süße Schwarzkirschen- und Mokkafrucht, toastwürziges subtiles Eichenholz im Hintergrund, einen weichen, säurearmen Eindruck im Mund und stilvolle, nahtlose Geschmackskomponenten von mittlerem Körper. Trinken Sie ihn im Lauf dieses Jahrzehnts.

1998: Ist dieser Wein ein *petit* Pétrus? Zwar hat der 1998er nicht die Gewichtigkeit, die Wucht oder das Volumen eines Pétrus, doch offenbart er einen Charakter, der dem seines majestätischeren Verwandten ähnelt. Er ist der beste La Grave à Pomerol, den ich je verkostet habe und prunkt mit einer tiefrubinroten Farbe sowie einem herrlich eleganten, süßen, anmutigen Parfüm von dicklichen Brombeeren und Kirschen, vermischt mit toastwürzigem Eichenholz und Mokka. Ausgefeilt und süß, mit einem würzigen Eindruck am Gaumen, mittlerem Körper, reifer Frucht und bewundernswerter Saftigkeit und Anmut, mit wunderschön eingebundenem Tannin, erweist sich der Wein als hedonistisch und komplex. Trinken Sie ihn im Lauf der nächsten 12 Jahre. Ein Volltreffer und Spätentwickler des Jahrgangs!

1997: Der sinnliche, offen gewirkte 1997er offenbart Toffee-Karamell-Noten, vermischt mit kräutergetränkter Kirschfrucht, Vanille und toastwürzigem Eichenholz. Von mittlerem Körper, mäßig intensiv, süß, harmonisch, dicklich und samtig texturiert, kann dieser delikate Tropfen im Lauf der nächsten 3–4 Jahre getrunken werden.

1996: Der gut gemachte, rauchige, nach Kaffee und Kirschen duftende Wein legt schöne Konzentration, gefällig integrierte Säure und Tannin und eine runde, attraktive weiche Art an den Tag, die ihn schon in seiner Jugend zum idealen Trinkgenuss macht. Voraussichtliche Genussreife: jetzt–2007.

1995: Dieser Wein, eine der stärksten Leistungen dieses Weinguts in den letzten Jahren, präsentiert eine tiefrubinrote Farbe und eine Fülle von süßer Kirschfrucht, verflochten mit hochklassigem, würzigem frischem Eichenholz. Von mittlerem Körper, mit ausgezeichneter Konzentration und einer geschichteten, sinnlichen Persönlichkeit, ist dies ein mittelgewichtiger Pomerol wie aus dem Bilderbuch zum Trinkgenuss während der nächsten 7–8 Jahre.

LA GRAVIÈRE (ST-ÉMILION)

2000	**D**	**(88–89)**
1999	**D**	**87**
1998	**D**	**88**

2000: Obschon nicht komplex, enthält dieser eindrucksvolle Spätentwickler des Jahrgangs einen hohen Prozentsatz von Merlot. Von mittlerem bis vollem Körper, mit einem schwelgerischen Gehalt an Frucht und Intensität, zeigt dieser undurchdringlich purpurrote St-Émilion schöne Reintönigkeit, Reife und einen stämmigen, robusten Abgang. Trinken Sie ihn im Lauf der nächsten 10–12 Jahre.

1999: Dieser Wein, eine verführerische Version des 1998ers mit weniger Säure, Definition und von fortgeschritten entfaltetem Stil, wird sich über 5–6 Jahre hinweg schön trinken lassen.

1998: Der 1998er ist ein offen gewirkter, sinnlicher, dunkelrubinroter Wein mit einer Fülle von süßen Gewürzen, dicklicher Schwarzkirschfrucht, Aromen aus der Zigarrenkiste und Vanille in Duft und Geschmack. Mit ausgezeichneter Textur, geschmeidigem Tannin und niedriger Säure ausgestattet, wird er sich ein Jahrzehnt hindurch schön trinken lassen.

GRIFFE DE CAP D'OR (ST-GEORGES-ST-ÉMILION)

2000	C	(87–88)
1999	C	87
1998	C	89+?

Diese Spezial-Cuvée aus dem Château Cap d'Or in St-Georges-St-Émilion wird unter der Aufsicht von Jean-Luc Thunevin bereitet. Die Weine sind erfreulich und die Preise vernünftig. Preis- und qualitätsbewusste Käufer: aufgepasst!

2000: Dieser attraktive, geschmeidig texturierte, dunkelrubin-purpurrote 2000er gibt reintönige Himbeer- und Kirschfrucht, mittleren Körper und niedrige Säure zu erkennen. Genießen Sie ihn im Lauf der nächsten 3–4 Jahre.

1999: Der 1999er legt weniger Intensität, Definition und Volumen an den Tag. In einem weichen, seidigen Stil bereitet, enthält er erdige Schwarzkirschfrucht mit einem Hauch von Rauch und Espresso. Von mittlerem Körper und gut gemacht, will er in seinen ersten 5–6 Lebensjahren getrunken sein.

1998: Dieser dichtrubin-purpurrote, kräftige, körperreiche, muskulöse 1998er, unstrittig ein Geheimtipp des Jahrgangs, mag vielleicht allzu viel Tannin und rustikale Art aufweisen, aber die gewaltigen Mengen von Frucht und Glyzerin sowie seine Präsenz am Gaumen sind nicht zu leugnen. Falls das Tannin abschmilzt und sich besser integriert, wird er eine Punktnote im 90er-Bereich verdienen. Falls nicht, ist er immer noch ein substanzieller, korpulenter, wenngleich rustikaler, den Mund füllender und konzentrierter Wein. Trinken Sie ihn im Lauf der nächsten 6–7 Jahre.

GRUAUD-LAROSE (ST-JULIEN)

2000	E	(93–95)
1999	E	89+
1998	E	88
1997	D	87
1996	E	89
1995	E	89

Jahrzehnte hindurch hat Gruaud-Larose die massivsten und am verhaltensten entwickelten Weine von St-Julien hervorgebracht. 1997 wurde das Weingut von Jacques Merlaut erworben, der bekanntlich auch viele andere Châteaux, darunter Chasse-Spleen, besitzt. Unter dem neuen Besitzer hat sich ein Trend zu einem ausgefeilteren, weniger rustikalen Stil herausentwickelt, und ich erwarte, dass diese Richtung der Weinbereitung anhält. Die Produktion ist groß und die Qualität beständig hoch, wobei einige Jahrgänge wie der 1979er, 1982er, 1985er, 1986er, 1996er, 1999er und 2000er die Qualität eines Premier Cru besitzen.

2000: Als beste Leistung seit 1990 hat Gruaud-Larose einen weniger animalisch-sinnlich ausgerichteten, undurchdringlich purpurroten Klassiker herausgebracht, der Noten von Rauch, reifen schwarzen Johannisbeeren, Mineralien, Erde, Pfeffer und Grillgewürz an den Tag legt. Der Wein hat ein festes Tannin-Gerüst, vollen Körper und einen dicken, reichhaltigen Stil mit spürbarem cremig-frischem Eichenholz. Ein echter *vin de garde,* der angesichts seiner Struktur und seines Tanningehalts beträchtliche Geduld verlangen wird. Voraussichtliche Genussreife: 2010–2035.

1999: Diese beeindruckende Leistung ist ein Star des Jahrgangs und vollkommen verschieden von den kraftstrotzenden, animalisch-sinnlichen Gruaud-Laroses der 1960er, 1970er und 1980er Jahre. Seine undurchdringliche purpurrote Farbe geht einher mit üppigen Mengen von dicklichem Cassis, Brombeeren und frischer Eichenholzwürze. Von mittlerem bis vollem Körper, mit weichem Tannin, niedriger Säure und einer gefälligen geschichteten Textur, wird er sich jetzt–2020 in Bestform befinden.

1998: Gruaud-Larose hat einen eleganten, weniger rustikalen Wein geschaffen als in den vorhergehenden Jahrgängen. Seine Farbe ist ein gesundes Dunkelrubin-Purpurrot. Das Bukett wartet auf mit Aromen von Pflaumen, schwarzen Himbeeren und Cassis. Stilvoll, mit mittlerem bis vollem Körper, süßem Tannin und ausgezeichneter Reintönigkeit und umfassender Symmetrie, wird er sich 2004–2016 schön trinken lassen.

1997: Der 1997er ist ein weicher, fleischiger Wein, beladen mit oliven- und lakritzetöniger Schwarzkirsch- und Cassisfrucht. Auch Noten von rauchigem neuem Sattelleder entsteigen dem Glas. Ausgestattet mit ausgezeichneter Reichhaltigkeit, mittlerem Körper, mäßiger Gewichtigkeit, niedriger Säure und weichem Tannin, wird er köstlichen, erstaunlich komplexen, würzigen Trinkgenuss für 7–8 Jahre gewähren.

1996: In der Flasche scheint der Wein zu der Form zurückgekehrt zu sein, die er besaß, als ich ihn zum ersten Mal aus dem Fass verkostete – ein stilvoller, erstaunlich zivilisierter Tropfen ohne die Muskelkraft und Wucht, die man von diesem *terroir* und diesem Jahrgang erwarten würde. Er besitzt noch immer ausgezeichnete Dichte und Geschmacksnuancen von gerösteten Kräutern, Lakritze und schwarzen Johannisbeeren, die sich mit weihrauchähnlichen Düften mischen. Der Wein ist bei mittlerem bis vollem Körper reintönig, reichhaltig und besonders für den Jahrgang fortgeschritten entwickelt. Voraussichtliche Genussreife: 2004–2018.

1995: Der seit der Flaschenabfüllung mehr Biss und Tannin aufweisende 1995er legt dunkelrubinrote Farbe und ein Bukett von süßen schwarzen Kirschen, Lakritze, Erde und Gewürzen an den Tag. Reichhaltig, mit mittlerem bis vollem Körper, hohem Tanningehalt und subtilem Eichenholz im Hintergrund, ist er nahezu ebenso strukturiert und tanninreich wie der 1996er. Die beiden Jahrgänge weisen mehr Gemeinsamkeiten als Unterschiede auf. Voraussichtliche Genussreife: 2005–2020.

Bisherige große Jahrgänge: 1990er (95), 1986er (94+), 1985er (90), 1983er (90), 1982er (96), 1961er (96), 1953er (93), 1945er (96+), 1928er (97)

JEAN DE GUE CUVÉE PRESTIGE (LALANDE-DE-POMEROL)

2000	**C**	**(88–90)**
1999	**C**	**88**
1998	**C**	**88**

Die Weine aus diesem aufstrebenden Lalande-de-Pomerol-Weingut im Besitz der Familie Aubert sollten von den Lesern wegen ihrer verschwenderischen Reichhaltigkeit und überschwänglichen Persönlichkeit gesucht werden.

2000: Dieser schmeichelnde, entgegenkommende Wein, ein kräftiger, aber klar gezeichneter Lalande-de-Pomerol, enthüllt reichliches frisches Eichenholz in Ergänzung zu seinen süßen, dicklichen, fast überreifen schwarzen Kirschen, Himbeeren und Pflaumen. Süßes Glyzerin gibt sich eingangs im Mund zu erkennen, dazu wundervolle Reintönigkeit und ein fülliger, fleischiger Geschmackseindruck. Trinken Sie ihn im Lauf der nächsten 5–6 Jahre.

1999: Süße dickliche Frucht, niedrige Säure und mollige, auffällige Noten von rauchigem frischem Eichenholz, die sich mit Nuancen von Brombeeren und Crème de Cassis mischen, kennzeichnen diesen körperreichen, reifen, opulenten 1999er. Trinken Sie ihn im Lauf der nächsten 6–7 Jahre.

1998: Dieser opulent texturierte, fleischige, tiefrubin-purpurrote Wein mit dicklicher schwarzer Frucht, Kirschlikör und rauchigen Eichenholzaromen ist dazu bestimmt, in seinen ersten 5–6 Lebensjahren getrunken zu werden.

GUIBOT LA FOURVIEILLE (PUISSEGUIN-ST-ÉMILION)

2000	B	(87–88)

2000: Der 2000er aus 100% Merlot legt dichte Noten von Kirschlikör, Kaffee und Schokolade an den Tag. Lang, reif und fruchtbetont, mit Saft und Kraft sowie Länge, wird er sich über 7–8 Jahre hinweg schön trinken lassen. Dieser Schlager des Jahrgangs dürfte zu einem vernünftigen Preis zu haben sein.

HAUT-BAGES-LIBÉRAL (PAUILLAC)

1998	C	86
1997	C	87
1996	C	87+
1995	C	85

Dieses Weingut befindet sich im Besitz der Familie Merlaut, der auch andere Châteaux gehören, so die berühmte Domaine St-Gruaud-Larose. Seit Mitte der 1970er Jahre waren die Weine gut bereitet, von Wucht und Fülle sowie Cassis-Aromen gekennzeichnet (zweifellos wegen des hohen Prozentsatzes von Cabernet Sauvignon im Mischsatz). In ihrer Qualität unterschätzt, kann man diese Weine immer noch zu vernünftigen Preisen erwerben.

1998: Dieser grasige, dunkelrubin-purpurrote Pauillac offenbart Aromen von süßem Cassis, getrockneten Kräutern und Erde. Nach einem reifen Eindruck auf der Zunge wird der Wein mit mäßig hohem Tannin im Abgang komprimierter, was typisch für viele 1998er Médocs ist. Voraussichtliche Genussreife: jetzt–2012.

1997: Der für den Jahrgang köstliche 1997er zeigt reichliche Mengen von Kräutern, Zedernholz und schwarzer Johannisbeerfrucht, mittleren Körper, schöne Konzentration und Substanz, niedrige Säure und einen weichen, attraktiven, samtig texturierten Abgang. Weder dicht noch langlebig, eignet er sich ideal für Restaurants und Verbraucher, die einen Wein zum Trinkgenuss während der nächsten 4–5 Jahre suchen.

1996: Dieser sehr gute 1996er legt ein Element von dicklicher schwarzer Johannisbeerfrucht an den Tag, das sich mit getrockneten gerösteten Kräutern, süßen erdigen Aromen und frischem Eichenholz mischt. Er zeigt ausgezeichnete Definition, mäßiges Tannin, mittleren bis vollen Körper und einen langen Abgang. Im Glas gibt er Nuancen der typischen *surmaturité* des Cabernet Sauvignon frei. Er ist ein Spätentwickler des Jahrgangs und bietet wahrscheinlich ein realistisches Preis-Leistungsverhältnis, da das Haus Haut-Bages-Libéral selten zu überhöhten Preisen verkauft. Voraussichtliche Genussreife: 2004–2017.

1995: Der 1995er besitzt ein wenig mehr Tiefe und Intensität als sein jüngerer Bruder, ist dabei aber mager und streng. Seine attraktive sattrubin-purpurrote Farbe deutet auf reiche Intensität, die eingangs auch spürbar wird, aber am Gaumen lässt er wiederum Frucht, Glyzerin und Konzentration vermissen, und der Abgang ist trocken mit hohem Tanningehalt. Bei längerer Flaschenreife kann der Wein länger und besser werden als meine Benotung anzeigt. Wir wollen es hoffen. Voraussichtliche Genussreife: jetzt–2012.

Bisherige große Jahrgänge: 1986er (90), 1982er (91)

HAUT-BAILLY (PESSAC-LÉOGNAN)

2000	D	(89–91)
1999	D	83
1998	D	87
1997	C	86
1996	D	87
1995	D	90

Der Haut-Bailly ist in seiner Jugend niemals leicht zu beurteilen. Ich neige des Öfteren dazu, ihn zu unterschätzen, denn er ist ein Wein von unleugbarer Finesse, Eleganz und Zurückhaltung, der im Alter von 5–6 Monaten häufig schwächlich und schlaff schmeckt. Doch ich war überrascht, wie stark sich der 2000er ausnahm. Die neuen amerikanischen Besitzer führen offensichtlich eine strengere Auslese der Trauben durch und man hat mich informiert, dass sie die malolaktische Gärung im Fass durchführen, was dem Wein zweifellos schon in früher Jugend mehr Charme verleiht.

2000: Nur 45% der Produktion gelangten in den Mischsatz aus 53% Merlot und 47% Cabernet Sauvignon. Der 2000er gibt die Finesse, Eleganz und Zurückhaltung zu erkennen, für die dieses Gewächs bekannt ist, dazu aber tiefere Frucht mit mehr Körper und Dichte. Prachtvolle Noten von schwarzen Himbeeren, zerdrückten Kirschen und schwarzen Johannisbeeren, verwoben mit Balsaholz, Vanille und Erde drängen sich auf. Dies ist vielleicht der beste Haut-Bailly, der in den letzten 20 Jahren erzeugt wurde.
Voraussichtliche Genussreife: 2006–2025.

1999: Der enttäuschende 1999er ist dünn und mager, mit hartem Tannin und ohne Tiefe und Konzentration.

1998: Der 1998er ist ein fruchtbetonter, weicher, nach schwarzen Johannisbeeren und Kirschen duftender und schmeckender Wein mit unleugbarer Eleganz, aber nicht viel Volumen, Tiefe und Länge. Voraussichtliche Genussreife: jetzt–2010.

1997: Von leichtem bis mittlerem Körper, mit ansprechender würziger Tabak- und süßer Schwarzkirsch- und Beerenfrucht, lässt sich dieser säurearme, delikate Wein jetzt und während der nächsten 4–5 Jahre trinken.

1996: Der 1996er offenbart weniger Charme als frühere Jahrgänge, bietet jedoch mäßig intensive Frucht von roten Johannisbeeren und Kirschen, verbunden mit Erde, Rauch und frischem Eichenholz. Ein eleganter Wein von mittlerem Körper mit trockenem Tannin im Abgang, wird er niemals ein Schwergewicht, besitzt aber beträchtliche Persönlichkeit und potenzielle Komplexität. Voraussichtliche Genussreife: jetzt–2015.

1995: Eine echte Schönheit ist der tiefrubinrote 1995er. Er präsentiert ein klassisches rauchiges Bukett mit dem Duft von Kirschen und roten und schwarzen Johannisbeeren, dazu süße, üppige, frühreife Frucht, mittleren Körper, echte Zartheit und Eleganz (nicht zu verwechseln mit Kargheit und Verwässerung), perfekte Ausgewogenheit und einen wunderschönen, langen, geschmeidigen, samtig texturierten Abgang. Das ist eine Ballerina von einem Bordeaux mit herrlichen Aromen und Geschmacksnuancen und makellosem Gleichgewicht. Voraussichtliche Genussreife: jetzt–2018.

Bisherige große Jahrgänge: 1990er (92), 1961er (93), 1928er (90)

HAUT-BATAILLEY (PAUILLAC)

2000	**C**	**(89–91)**
1999	**C**	**86**
1998	**C**	**86**
1997	**C**	**86**
1996	**C**	**89**
1995	**C**	**89**

Die Leser sollten diesem Weingut ernsthafte Aufmerksamkeit schenken, in dem stets gute, aber selten inspirierende Weine erzeugt worden sind. Sein Eigentümer Xavier Borie ist bestrebt, die Qualität des Haut-Batailley zu steigern, der häufig mehr mit einem mittelgewichtigen St-Julien als mit einem Pauillac gemein hat.

2000: Der 2000er zeigt in seiner weichen, fleischigen Persönlichkeit von mittlerem Körper beträchtlichen Charme, Finesse und Süße. Es sind reichliche Mengen von schwarzen Früchten mit getrockneten Kräutern im Hintergrund vorhanden, gepaart mit einem Hauch Eichenholzwürze und mäßigem süßem Tannin. Voraussichtliche Genussreife: jetzt–2015.

1999: In einem leichten, gradlinigen Stil von mittlerem Körper bereitet, ohne Ecken und Kanten, aber mit viel Konzentration, Länge und Volumen, sollte dieser 1999er im ersten Jahrzehnt seines Lebens getrunken werden.

1998: Eine Spur von Strenge erinnert an einige der weniger wünschenswerten Eigenschaften dieses Jahrgangs im Médoc. Der 1998er legt Festigkeit an den Tag, gepaart mit guter, süßer Beerenfrucht, die sich mit Noten von Mineralien, Cassis und Gewürzen mischt. Von mittlerem Körper und elegant, will dieser Wein lieber früher als später getrunken sein. Voraussichtliche Genussreife: jetzt–2014.

1997: In einem leichteren, finessereichen Stil bereitet, offenbart dieser flüssige, charmante 1997er von mittlerem Körper rauchige schwarze Johannisbeerfrucht, erfreuliche Reife und attraktive Fruchtigkeit. Er sollte während der nächsten 5–6 Jahre getrunken werden, ist er doch unleugbar eine entgegenkommende Persönlichkeit.

1996: Der Wein enthüllt eine dichte purpurrote Farbe sowie ein wunderbar süßes, klassisches Pauillac-Bukett mit Nuancen von schwarzen Johannisbeeren und Aromen aus der Zigarrenkiste. Wuchtig für einen Haut-Batailley (der normalerweise ein leichter, eleganter, geschmeidiger Pauillac ist), besitzt der 1996er intensive Frucht, mittleren bis vollen Körper, reifes Tannin und einen erstaunlich langen, geschichteten Abgang. Offensichtlich ein Klassiker. Voraussichtliche Genussreife: jetzt–2015.

1995: Der 1995er ist seidig, sinnlich, geschmeidig und insgesamt eine großartige Leistung von Haut-Batailley, ein bei mittlerem Körper nahtloser, wunderschön reintöniger Pauillac mit Batzen von schwarzer Johannisbeerfrucht vermischt mit Rauch, Vanille und Bleistiftnoten. Schon jetzt zugänglich, verspricht er, während der nächsten 4–5 Jahre noch besser zu werden. Ein sehr hedonistischer Wein.

HAUT-BERGEY (PESSAC-LÉOGNAN)

2000	E	(92–94)
1999	D	89
1998	D	87

Die neuen Besitzer von Haut-Bergey, die Familie Cathiard-Garcin, hatten die Voraussicht, sowohl Michel Rolland als auch Jean-Luc Thunevin als Berater zu verpflichten. In Anbetracht des unbestreitbaren Talents dieses Braintrusts steht fest, dass dieses Gut durch einen einzigen Jahrgang (2000) zum Star von Pessac-Léognan geworden ist.

2000: Dies ist ein profunder Spätentwickler und einer der komplexesten Weine des Jahrgangs, zumindest in seinem Aromaprofil. Er prunkt mit einem überströmenden Bukett, das nach Rauch, versengter Erde, Kaffee, schwarzen Früchten und Tabak duftet. Auch am Gaumen nimmt er sich hinreißend aus. Er ist ein eher finessereicher statt wuchtiger Wein, gekennzeichnet von herrlichen Fruchtschichten, die sich in einer üppigen Kaskade schwerelos über Zunge und Gaumen ergießen. Dieser reife, lange, seidig texturierte, komplexe 2000er ist ein Graves wie aus dem Bilderbuch, der sowohl den Hedonisten als auch den Intellektuellen in uns befriedigt. Lassen Sie ihn sich nicht entgehen! Voraussichtliche Genussreife: jetzt–2015.

1999: Der 1999er ist etwas besser ausgefallen als der 1998er. Er bietet ein komplexes, rauchiges Bukett mit Düften nach Mineralien, Gewürzkiste, Tabak und schwarzen Kirschen, mittleren bis vollen Körper und eine weiche, samtige, ansprechende Persönlichkeit. Voraussichtliche Genussreife: jetzt–2010.

1998: Elegante, würzige, nach Tabak, Preiselbeeren und roten Kirschen duftende Nuancen entsteigen diesem süßen, geschmacksbetonten, in einem finessereichen Stil gestalteten Wein von mittlerem Körper. Schon jetzt sowohl köstlich als auch komplex, will er während dieses Jahrzehnts getrunken sein.

HAUT-BRION (PESSAC-LÉOGNAN)

2000	EEE	(96–98)
1999	EEE	93
1998	EEE	96+

1997	EEE	89
1996	EEE	92+
1995	EEE	96

Wenn man alles zusammen nimmt – Weinbergpflege, Weinbereitung, Ausbau und Beachten jeglicher Details –, gibt es wahrscheinlich keinen erfahreneren und talentierteren Bordeauxwein-Guru auf der Welt als Jean-Bernard Delmas von Haut-Brion. Denken Sie daran: Die Liste seiner Erfolge beginnt mit dem 1961er Haut-Brion! Als Amerikaner, der einige der brillanten Leistungen anderer Bordelais-Weinmacher erlebt hat, die ihre Kenntnisse für Projekte in Kalifornien zur Verfügung stellten, beklage ich die Tatsache, dass Jean Delmas keine Gelegenheit hatte, als Weinbauberater bei der Produktion des kalifornischen Cabernet Sauvignon tätig zu werden.

Haut-Brion liegt eigentlich in der Stadt Bordeaux, obwohl es offiziell einem Vorort zugeordnet wird. Das Gut besitzt eines der wärmsten *terroirs* des Anbaugebiets mit früh reifenden Reben, eine Tatsache, die den Wein in zahlreichen Jahrgängen begünstigt hat. Der von der Domaine hergestellte Wein verdient unstrittig den Status eines Premier Cru. Tatsächlich zählten die Jahrgänge ab 1978 beständig zu den besten Weinen, die im Bordelais produziert wurden, aber auch zu meinen persönlichen Vorlieben.

2000: Der 2000er besitzt gewaltige Fülle und eine äußerst nuancierte, komplexe Persönlichkeit mit reichlichen Mengen von schwarzen Früchten, Mineralien, Vanille und subtilen erdigen Noten. Im Vergleich zu seinem Nachbarn und Bruder La Mission ist er weniger überschwänglich und wuchtig, sondern vielmehr delikat, aber dick, saftig, üppig und deutlich aus demselben Holz geschnitzt wie der berühmte 1989er und der 1990er. Doch scheint der 2000er einen auffälligeren Tanninspiegel aufzuweisen sowie einen höheren Grad an Präzision und Frische, was größtenteils auf etwas höhere Säure zurückzuführen ist. Er ist eine großartige Leistung, und es wird faszinierend sein, ihn mit der Reihe von außergewöhnlichen Weinen zu vergleichen, die auf diesem Weingut im Lauf des letzten Jahrzehnts produziert wurden (1998, 1996, 1995, 1990 und 1989). Voraussichtliche Genussreife: 2007–2035.

1999: Das ist eine moderne Version des 1979ers und des 1962ers, aber mit süßerer Frucht und besserer Selektion und Weinbereitung. Dieser dunkelrubin-purpurrote elegante Wein offenbart die charakteristischen Noten von schwarzen Früchten und Mineralien, die so markant von dem berühmten *terroir* von Haut-Brion sprechen. Der Wein zeigt sich wunderschön ausgewogen mit reichlichen Mengen süßer Frucht, niedriger Säure und einer fortgeschrittener entwickelten, weniger muskulösen Statur als sein älterer Bruder, der 1998er. Er dürfte in einem relativ jugendlichen Alter trinkbar sein. Voraussichtliche Genussreife: 2006–2020.

1998: Ein großartiger Haut-Brion. Er legt eine dichte rubin-purpurrote Farbe an den Tag, gepaart mit einem festen, aber unglaublich vielversprechenden Bukett mit Düften nach Rauch, Erde, Mineralien, Bleistift, schwarzen Johannisbeeren, Kirschen und Gewürzen. Dieser körperreiche Wein entfaltet sich am Gaumen nur langsam, aber überzeugend und gibt einen reichhaltigen, vielschichtigen, erstaunlich reintönigen, symmetrischen Stil mit wunderbarer Süße, reifem Tannin und einem Abgang zu erkennen, der fast 45 Sekunden lang anhält. Sein Geschmack ist ganz flüssige vornehme Würde. Anders kann man ihn wirklich nicht beschreiben. Er ist fraglos der beste Haut-Brion seit dem fabelhaften 1989er und 1990er. Doch ist Geduld vonnöten, da er nicht so auftrumpfend und früh zugänglich ist wie diese beiden Jahrgänge. Voraussichtliche Genussreife: 2008–2035.

1997: Der leicht- bis mittelgewichtige Haut-Brion enthüllt ein entfaltetes, nach süßen roten und schwarzen Johannisbeeren duftendes Bukett mit Anklängen von versengter Erde, Mineralien und Tabak. Obwohl nicht wuchtig, zeigt der Wein schöne Reife, Harmonie und Eleganz, samtiges Tannin und süße Frucht, die in einem charmanten, offen gewirkten, entwickelten Format präsentiert werden. Dieser 1997er ist mit dem feinen Haut-Brion vergleichbar, der in so schwierigen und regengeplagten Jahrgängen wie 1993 und 1994 produziert wurde. Voraussichtliche Genussreife: jetzt–2014.

1996: Der verhalten entwickelte 1996er war verschlossen, als ich ihn nach der Flaschenabfüllung verkostete. Im Fass hatte der Wein weit entgegenkommendere Aromen und einen süßeren Eindruck am Gaumen gezeigt. Ich hatte ihn mir ansprechender vorgestellt und habe daher seine Punktnote ein wenig gesenkt, obwohl ich glücklich bin, ihn zu besitzen und seine offensichtlich langsame Entwicklung zu verfolgen. Er wird sich als potenziell langlebiger Wein herausstellen, doch ich vermute, dass er etwas weniger erfolgreich sein wird als der außergewöhnliche 1995er. Der 1996er besitzt ein tiefrubin-purpurrotes Kleid und ein erstaunlich straffes Bukett. Bei seiner Belüftung entsteigen dem Glas Noten von frischem Tabak, getrockneten Kräutern, Rauch, Teer und schwarzen Früchten – aber widerstrebend. Er ist bei mittlerem Körper tanninstreng, mit hervorragender Reintönigkeit und einem geschichteten, vieldimensionalen Stil. Doch der Abgang enthält reichliches Tannin, was dafür spricht, dass der Wein 5–6 Jahre Kellerreife benötigt. Voraussichtliche Genussreife: 2008–2030.

1995: Dieser Wein hat sich bei jeder meiner Verkostungen als brillant erwiesen. Zugänglicher und aufgeschlossener als der 1996er, besitzt er eine satte rubin-purpurrote Farbe sowie ein wunderschönes, überwältigendes Aromaprofil, das sich aus Nuancen von schwarzen Früchten, Vanille, Gewürzen und Holzrauch zusammensetzt. Vieldimensional und reichhaltig, mit Schichten von reifer Frucht und wunderschön integriertem Tannin- und Säuregehalt, ist dieser Wein von mittlerem bis vollem Körper ein anmutiger, nahtloser, außergewöhnlicher Haut-Brion, der sich schon jung schön trinken lassen dürfte. Voraussichtliche Genussreife: jetzt–2030.

Bisherige große Jahrgänge: 1994er (93), 1993er (92), 1992er (90), 1990er (96), 1989er (100), 1988er (91), 1986er (96), 1985er (94), 1982er (94), 1979er (93), 1978er (90?), 1975er (93+), 1964er (90), 1961er (100), 1959er (100), 1957er (90), 1955er (97), 1953er (95), 1949er (91), 1945er (100), 1928er (97), 1926er (97)

HAUT-BRISSON (ST-ÉMILION)

2000		C	89

2000: Dieses ausgezeichnete St-Émilion-Weingut hat einen wunderbar reintönigen, undurchdringlich purpurroten Wein von mittlerem bis vollem Körper gestaltet, der ein mäßig intensives Bukett von geschmolzener Lakritze, Grafit, Brombeeren und Cassis mit einem Hauch von frischem Eichenholz im Hintergrund zu erkennen gibt. Tief, kernig, körperreich und elegant, mit sprühend lebendiger Säure und mäßigem Tannin im langen Abgang, wird er sich jetzt–2015 in Bestform befinden. Ein weiterer Volltreffer des Jahrgangs.

HAUT-CARLES (FRONSAC)

oJ	La Preuve par Carles	C	(90–92)
2000		C	(90–92)
1999		C	88
1998		C	88
1997		C	87

In diesem Gut, einem weiteren ausgezeichneten Fronsac-Produzenten, werden Weine von beständig hochklassiger Qualität produziert. Der Haut-Carles gehört zu den drei besten Weinen aus dieser bukolischen Appellation und ist es angesichts seines Preis-Leistungsverhältnisses durchaus wert, gekauft zu werden. Diese erstklassige Fronsac-Domaine verwendete im Jahr 2000 Plastikplanen, um einen Teil der Rebfläche abzudecken. Dem französischen Weingesetz entsprechend musste der betreffende Teil der Produktion zu einem *vin de table* deklassifiziert werden. Dessen ungeachtet sind die 2000er Cuvées im Wesentlichen ähnlich und beide superb.

Der jahrgangslose *La Preuve par Carles* ist ebenso lang, konzentriert und intensiv wie die 2000er Standard-Cuvée, könnte aber letztlich mehr Fett, geringere Definition und weniger

Alterungspotenzial besitzen. Er präsentiert eine satte purpurrote Farbe, die einhergeht mit süßen Noten von schwarzen Früchten, Mineralien, Trüffeln, Lakritze und Grafit. Schon bei seiner Freigabe trinkbar, wird er 15 Jahre lang halten.

2000: Der 2000er ist im Wesentlichen identisch mit dem jahrgangslosen *vin de table* im sattpurpurroten Kleid. Er zeigt süße Aromen von schwarzen Früchten, Mineralien, Trüffeln, Lakritze und Grafit. Lang, konzentriert und intensiv, kann er jetzt und innerhalb der nächsten 15–18 Jahre getrunken werden.

1999: Dieser dunkelpurpurrote 1999er offenbart ein elegantes, süßes, nach schwarzen Früchten, flüssigen Steinen und Mineralien duftendes Bukett. Im Mund wird superbe reife Frucht spürbar, der elegante Abgang von mittlerem Körper enthüllt niedrige Säure. Mit wunderschöner Harmonie sowie Reintönigkeit und einem süßen Geschmackseindruck am Gaumen wird er sich bis 2014 schön trinken lassen.

1998: Eine ausgezeichnete dunkelpurpurrote Farbe geht einher mit Aromen von Mineralien, Brombeeren und Blaubeeren, Lakritze und Gewürzkiste. Von mittlerem Körper, wunderbar reintönig, mit klarer Linienführung und mäßigem Tannin, wird er jetzt–2012+ auf seinem Höhepunkt verharren.

1997: Eine dichte, dunkelrubin-purpurrote Farbe geht einher mit verschwenderischen Aromen von Brombeeren, Himbeeren und Mineralien. Dieser herrlich reife, fette, geschmeidig texturierte Fronsac von mittlerem Körper ist köstlich und verführerisch. Trinken Sie ihn während der nächsten 5–7 Jahre. Bravo!

HAUT-CHAIGNEAU (LALANDE-DE-POMEROL)

2000	**C**	**(88–89)**
1999	**C**	**(85–87)**
1998	**C**	**86**

Der Önologe Pascal Chatonnet, der Mann, der die Gründe für die Choranisol-Verseuchung entdeckte, die eine Reihe von Weingütern im Bordelais in den frühen 90er Jahren heimsuchte, produziert in Haut-Chaigneau feine Lalande-de-Pomerols.

2000: Der tiefe, konzentrierte, reintönige, elegante 2000er, ein Volltreffer des Jahrgangs, besitzt eine Fülle von schwarzen Früchten, die sich mit Karamellnoten mischen. Saftig, reintönig und fleischig, will er während der nächsten 6–7 Jahre getrunken sein.

1999: Die ausgezeichnete dunkelrubin-purpurrote Farbe des 1999ers wird begleitet von Düften nach süßen, dicklichen Brombeeren, Eichenholzwürze, Lakritze und Erde. Dieser säurearme, samtige Wein will in seinen ersten 5 Lebensjahren getrunken sein.

1998: Eine pflaumendunkle Farbe geht einher mit Düften nach Kirschen, Gewürzkiste und frischem Eichenholz. Dieser attraktive, geschmeidige 1998er von mittlerem Körper sollte in seinen ersten 4–5 Lebensjahren getrunken werden.

HAUT-CONDISSAS PRESTIGE (HAUT-MÉDOC)

2000	**C**	**(88–90)**
1999	**C**	**(87–88)**
1998	**C**	**88**

Haut-Condissas ist die Luxus-Cuvée von Rollan de By, einem gut geführten Médoc-Weingut im Besitz von Jean und Catherine Guyon.

2000: Dieser ernsthafte, reife Wein besitzt beträchtliche Tiefe, Wucht und Konzentration. Seiner satten purpurroten Farbe folgen Aromen von Toast, schwarzen Johannisbeeren, Kirschen, Rauch und Erde. Er ist körperreich, mäßig tanninhaltig und eindrucksvoll und wird bis 2014 auf seinem Höhepunkt verharren.

1999: Eine tiefe dunkelrubin-purpurrote Farbe geht einher mit einem säurearmen, fetten, reifen Wein mit konzentrierter Brombeer- und Cassisfrucht, ausgezeichneter Textur und einem süßen, schmeichelnden, üppigen Abgang. Voraussichtliche Genussreife: jetzt–2010.

1998: Der ausgezeichnete, dichte rubin-purpurrote Wein wartet mit einem süßen Bukett mit Düften nach Bleistift, Mineralien, schwarzen Johannisbeeren, Zedernholz und Lakritze auf. Von mittlerem bis vollem Körper, mit süßem Tannin, reichhaltiger, konzentrierter Frucht und außergewöhnlicher Eleganz und Ausgewogenheit, dürfte dieser hochklassige, anmutige Bordeaux in Würde altern. Voraussichtliche Genussreife: jetzt–2014.

HAUT-GRAVET (ST-ÉMILION)

2000	**D**	**(90–92)**
1998	**D**	**88**

Die Eigentümer von Haut-Gravet produzieren auch den La Couspaude und den Jean de Gué aus den Appellationen St-Émilion beziehungsweise Lalande-de-Pomerol.

2000: Der 2000er scheint der beste Wein zu sein, den dieses Gut bislang erzeugt hat. Der sattpurpurrote 2000er bietet ein süßes Bukett von Brombeer-, Kirsch- und Cassisfrucht, verwoben mit Rauch und Toast. Körperreich, opulent, reichhaltig und konzentriert, von superber Reintönigkeit und mit abgeschmolzenem Tannin, wird er sich 2006–2020 in Bestform befinden. Ein Spätentwickler und Volltreffer des Jahrgangs.

1998: Dies scheint ein potenzieller Erfolgsschlager des Jahrgangs zu sein. Der 1998er ist ein reichfruchtiger, glyzeringetränkter Wein von mittlerem Körper mit erstaunlicher Eleganz für seine fruchtbetonte Persönlichkeit. Eine Fülle von schwarzer Himbeer- und dicklicher Kirschfrucht vermischt mit subtilem frischem Eichenholz ist vorhanden. Der Wein hat niedrige Säure, gut integriertes, mäßiges Tannin, eine nahtlose Persönlichkeit und einen erstaunlich festen, konzentrierten Abgang. Bei meinen Verkostungen machte er einen guten Eindruck. Voraussichtliche Genussreife: jetzt–2010.

Weiterer verkosteter Jahrgang: 1999er (86–87+?).

HAUT-MAILLET (POMEROL)

1997	**C**	**77**
1996	**C**	**80**

1997: Neben einer strengen, festen Persönlichkeit zeigt der 1997er mehr Tannin als der 1996er. Ich glaube nicht, dass die Frucht hervortritt, während das Tannin abschmilzt. Sie können also damit rechnen, dass sich dieser Wein als verblasst und komprimiert herausstellen wird. Voraussichtliche Genussreife: jetzt–2007.

1996: Dieser bei leichtem bis mittlerem Körper gefällige, unkomplizierte, schlichte Pomerol zeigt eine ausentwickelte pflaumen-granatrote Farbe, mäßigen Gehalt an Preiselbeer- und Kirschfrucht, einen süßen Geschmackseindruck und eine weiche, eingängige Persönlichkeit. Trinken Sie ihn während der nächsten 1–2 Jahre.

HAUT-MARBUZET (ST-ESTÈPHE)

1997	**C**	**85**
1996	**C**	**88**
1995	**C**	**87**

1997: Der aggressiv holzbetonte Haut-Marbuzet nimmt sich am mittleren Gaumen hohl aus, bietet aber weiche, reife Frucht von schwarzen Kirschen mit einem Hauch von Erde und Kaffee in einem erfreulichen Format von mittlerem Körper. Etwas mehr Konzentration, Extrakt und Länge wären zu wünschen gewesen. Trinken Sie ihn jetzt.

1996: Üppige toastwürzige Aromen von frischem Eichenholz springen bei dem dunkelrubin-purpurroten 1996er förmlich aus dem Glas. Er ist gut gemacht, attraktiv und mit einer herzhaften Dosis Eichenholzwürze versehen, doch seine üppige Frucht kompensiert als Gegengewicht mühelos all das viele Holz. Der 1996er besitzt nicht die Tiefe, die in dem 1990er, 1989er und 1982er zu finden war, ist aber ein exzellenter Wein. Dieser würzige, saftige, offen gewirkte Tropfen wird sich 10 Jahre lang halten.

1995: Der 1995er gibt in seinem Bukett Schwaden von Kirschgeist und Kaffee frei, gepaart mit rauchigen, toast- und eichenholzwürzigen Noten. Von mittlerem Körper, mit rauchiger schwarzer Johannisbeerfrucht, niedriger Säure, schöner Üppigkeit und einem geschichteten Geschmackseindruck am Gaumen, ist dies ein hedonistischer, zugänglicher 1995er zum Trinkgenuss für die nächsten 6–7 Jahre.

Weitere verkostete Jahrgänge: 1999er (83–85), 1998er (85–87)

Bisherige große Jahrgänge: 1990er (93), 1986er (90), 1982er (94), 1975er (90), 1970er (90), 1961er (90)

HAUT-VILLET (ST-ÉMILION)

2000		**C**	**(87–88?)**
2000	**Cuvée Pomone**	**D**	**(87–89+?)**
1999		**C**	**89**
1999	**Cuvée Pomone**	**D**	**89**
1998		**C**	**87**
1998	**Cuvée Pomone**	**D**	**89+?**

Ich habe oft Schwierigkeiten, diese Weine zu bewerten, vor allem, weil ich niemals einen ausgereiften Haut-Villet verkostet habe. Daher weiß ich nicht, ob sie imstande sind, all ihr Tannin und Holz zu absorbieren. Es sind muskulöse, konzentrierte, körperreiche, aggressive St-Émilions. Die *Cuvé Pomone* ist die Luxus-Garagen-Cuvée von Haut-Villet. Dieser Wein ist überaus muskulös und mit einer gewaltigen, fast übermäßigen Dosis frischer Eichenholzwürze versehen. Sein tanninstrenger, wuchtiger Stil lässt zwei Jahrzehnte Kellerreife angebracht erscheinen. Er ist ein weit größerer Wein als die reguläre Cuvée, aber wird er auch ebenso anmutig altern? Obwohl ich einige Vorbehalte habe, steht außer Frage, dass er in Anbetracht seines eindrucksvollen Extraktgehalts einen Einsatz wert ist.

2000: Die beeindruckend satte Farbe des 2000ers geht mit einem dichten, muskulösen Wein einher, der vom Tannin und der Struktur her ein wenig einschüchternd wirkt. Wenn sich alles harmonisch zusammenfügt, wird dieser Wein eine Punktnote im oberen 80er Bereich verdienen.

2000: *Cuvée Pomone*: Die 2000er Cuvée besitzt schönere Reife, mehr Volumen und Fülle als die Standard-Cuvée, gleichzeitig aber auch mehr frisches Eichenholz und Tannin. Der Wein könnte sich als etwas Besonderes herausstellen, muss aber zuerst nahtloser und weniger ungefüge werden. Voraussichtliche Genussreife: 2006–2020.

1999: Dieser undurchdringlich rubin-purpurrote Wein, eine kleinere Version der Luxus-Cuvée, offenbart reichliche Mengen an reifer Frucht, einen süßeren, expansiveren, freundlicheren Stil als der 1998er, mit niedrigerer Säure, aber auch geringerer Alterungsfähigkeit. Ein ausgezeichneter Wein und potenziell ebenso gut, wenn auch nicht so mächtig wie der Pomone. Voraussichtliche Genussreife: jetzt–2014.

1999: *Cuvée Pomone*: Dieser süße, schwarz-purpurrote Wein, der etwas freundlicher als die 1998er Standard-Cuvée ist, enthüllt reichliche Duftnoten von dicklichen Kirschen, die sich mit üppig dosiertem frischem Eichenholz mischen, dazu niedrige Säure, mollige, glyzeringetränkte und stark extrahierte Geschmackskomponenten sowie einen samtigen Abgang. Voraussichtliche Genussreife: 2004–2016.

1998: Die reguläre Cuvée ist ein ernsthafter, tiefrubin-purpurroter Wein, dessen Tanninspiegel der betonter eichenholzwürzigen Luxus-Cuvée gleichkommt. Daneben zeigt er ausgezeichnete Konzentration, einen festen *vin-de-garde*-Stil und einen würzigen, langen Abgang. Voraussichtliche Genussreife: 2005–2016.

1998: *Cuvée Pomone*: Eine satte rubin-purpurrote Farbe geht einher mit überschwänglichen Aromen von toastwürzigem frischem Eichenholz sowie dicklichen Brombeeren und Kirschen. Der Wein ist dick, wuchtig, tanninstreng, körperreich und benötigt eine Kellerreife von 5–7 Jahren. Wenn das Tannin voll integriert werden kann, wird er eine hervorragende Note verdienen. Voraussichtliche Genussreife: 2007–2020.

LES-HAUTS-CONSEILLANTS (LALANDE-DE-POMEROL)

1998	B	82

1998: Die dicklichen schwarzen Früchte dieses Weins offenbaren wenig Komplexität, zeigen bei ihrem Geschmackseindruck am Gaumen aber schöne Üppigkeit, süßes Glyzerin, mittleren Körper und einen reintönigen, angenehm konzentrierten Abgang. Trinken Sie ihn im Lauf der nächsten 5–6 Jahre.

Weitere verkostete Jahrgänge: 2000er (87–88), 1997er (84)

L'HERMITAGE (ST-ÉMILION)

2000	E	(90–91)
1999	E	88
1998	E	89+
1997	E	88

Die 4 Hektar umfassende und zu 65% mit Merlot und zu 35% mit Cabernet Franc bestockte Rebfläche gehört zu einem weiteren mikroskopisch kleinen Weingut, das etliche hundert Kisten aus einem Mischsatz von 70% Merlot und 30% Cabernet Franc produziert. Die durchschnittliche Erzeugung beläuft sich auf jährlich 800 Kisten.

2000: Dieser hedonistische St-Émilion ist eine beeindruckende Leistung. Der würzige, fruchtgeprägte Wein mit viel Reife, Glyzerin und Geschmack präsentiert in seinem körperreichen Charakter Geschmacksnuancen von schwarzen Früchten, Erde und frischem Eichenholz. Trinken Sie ihn im Lauf der nächsten 10–12 Jahre.

1999: Der tiefrubin-purpurrote 1999er offenbart ein marmeladiges Bukett, niedrige Säure, opulent texturierte, kernige Geschmackskomponenten, wenig Komplexität, aber reichlich Frucht und Glyzerin. Falls er sich zu klarer gezeichneter und ausgefeilterer Art entwickelt, wird dieser Wein eine höhere Punktnote verdienen. Voraussichtliche Genussreife: jetzt–2012.

1998: Dicht rubin-purpurrot, mit Aromen von Brombeeren, Lakritze, Kirschen und toastwürzigem frischem Eichenholz in Duft und Geschmack, ist dieser tiefe St-Émilion von mittlerem bis vollem Körper kernig, dicht, konzentriert und gut gemacht. Der reintönige, konzentrierte, mäßig tanninstrenge Abgang legt 1–2 Jahre Kellerreife nahe. Voraussichtliche Genussreife: jetzt–2016.

1997: Von tiefsattem Rubinrot, mit einer Fülle süßer, dicklicher Kirsch- und schwarzer Johannisbeerfrucht, ergänzt durch hochklassiges toastwürziges Eichenholz, gibt dieser 1997er von mittlerem Körper ausgezeichnete Reichhaltigkeit, eine weiche, samtige Textur, leichtes Tannin und niedrige Säure zu erkennen. Trinken Sie ihn im Lauf der nächsten 4–5 Jahre.

HORTEVIE (ST-JULIEN)

1996	D	88
1995	D	87

Henri Pradère bereitet sehr gute Weine auf seinem Weingut, das im Wesentlichen aus Parzellen mit altem Rebbestand besteht. Diese Weine werden getrennt von Pradères anderem St-Julien-Weingut, Terrey-Gros-Cailloux, vinifiziert und ausgebaut. Der beständig attraktive, mollige, saftige, schmackhafte, üppige Hortevie wird in einem sehr zugänglichen Stil bereitet.

1996: Der tief und undurchdringlich purpurrote 1996er stellt sich gut dar und bietet süße, reife, dickliche Cassis- und Kirschfrucht sowie fleischige, körperreiche Geschmacksnuancen mit mäßigem Tannin im Abgang. Das Tannin ist süß, reif und ausentwickelt, so dass dieser Wein keine übermäßige Geduld erfordern wird. Ein potenzieller Erfolgsschlager des Jahrgangs. Voraussichtliche Genussreife: jetzt–2012.

1995: Dieser dicht purpurrote Wein legt eine köstliche Persönlichkeit an den Tag, von seinem ungezügelten, unkomplizierten, aber intensiven cremigen, nach schwarzen Johannisbeeren, Zedernholz und Rauch duftenden Bukett bis zu seinen tiefen, kernigen, würzigen, fleischigen Geschmacksnuancen. Frucht, Glyzerin, Körper und Tannin sind die wichtigsten Komponenten dieses St-Julien, der jung getrunken, aber auch gelagert werden kann. Voraussichtliche Genussreife: jetzt–2012. Ein weiterer potenzieller Erfolgsschlager des Jahrgangs.

Weiterer verkosteter Jahrgang: 1998er (84–86)

HOSANNA (POMEROL)

2000	D	(92–94)
1999	D	90

Dieses herrlich auf dem Plateau von Pomerol gelegene Weingut war ehemals unter dem Namen Château Certan-Giraud bekannt und wurde 1999, nach seiner Erwerbung durch die Familie Moueix, in Hosanna umbenannt. Christian Moueix gebührt Lob dafür, dass er es wieder auf ein ausgezeichnetes Qualitätsniveau gehoben hat. Der Grundbesitz wurde auf ein Filetstück des einstigen Certan-Giraud reduziert und ist nun eine 4 Hektar umfassende Rebfläche mit 70% Merlot und 30% Cabernet Franc. Die Leser sollten sich diesen Wein als die Pomerol-Version eines Cheval Blanc vorstellen, was auch der Absicht der neuen Besitzer zu entsprechen scheint. Hosanna ist im Aufstieg begriffen, die Preise können also nur nach oben gehen. Zurzeit werden 1500 Kisten jährlich produziert.

2000: Der 2000er, ein Verschnitt aus 70% Merlot und 30% Cabernet Franc, kommt in Aroma, Geschmack und Textur am nächsten an den berühmten Cheval Blanc heran, dessen Rebbestand und Domaine weniger als 2 Kilometer entfernt liegen. Tiefrubin-purpurrot, mit einem herrlichen Bukett von exotischen Gewürzen, schwarzen und blauen Früchten und einem Hauch von Trüffeln, bietet dieser üppige, konzentrierte 2000er von mittlerem Körper exquisite Eleganz, Charme und Finesse. Nahtlos und wunderschön gewirkt, ist er die Antithese eines Jahrgangs, der für seine tanninstrengen, wuchtigen Weine bekannt ist. Dieser Wein ist ganz Frucht, Glyzerin, Komplexität und Verlockung. Voraussichtliche Genussreife: jetzt–2016.

1999: Dies ist der erste Jahrgang, bei dem Christian Moueix die gesamte Weinbergpflege und Vinifizierung beaufsichtigte. Der 1999er offenbart die seidigen, komplexen Noten von schwarzen Früchten, Menthol, exotischen Gewürzen und neuem Sattelleder, dazu mittleren bis vollen Körper, Aromen und Geschmackskomponenten von Blaubeeren und schwarzen Früchten, niedrige Säure und schöne Textur sowie reife Art. Voraussichtliche Genussreife: jetzt–2015.

D'ISSAN (MARGAUX)

2000	E	(91–93)
1999	E	90
1998	C	87
1997	D	86
1996	D	88
1995	D	87

Dieses Weingut behauptet weiterhin seinen Platz, weil es sich erneut der Qualität verschrieben hat. Die Leser sollten die Leistungen des jungen Emmanuel Cruse nicht aus den Augen verlieren, der das Niveau von d'Issan angehoben hat, indem er in den letzten Jahren Weine produzierte, die die vorhergehenden Jahrgänge bei weitem übertreffen. Insbesondere die 1999er und 2000er sind die besten aufeinander folgenden Jahrgänge, die ich aus dieser Domaine verkostet habe.

2000: Der 2000er ist der feinste d'Issan, den ich verkostet habe. 60% des Ernteertrags fand Eingang in den Grand Vin, einen Verschnitt aus 70% Cabernet Sauvignon und 30% Merlot, der eine satte purpurrote Farbe und ein intensives Bukett von Lakritze, schwarzen Johannisbeeren und Akazienblüten an den Tag legt. Dieser strukturierte, reichhaltige Wein von mittlerem Körper besitzt superbe Reintönigkeit, Harmonie und Länge. Tanninreicher und muskulöser als der verführerische 1999er, scheint der Wein für eine glänzende Zukunft bestimmt. Voraussichtliche Genussreife: 2007–2025.

1999: Dieser Wein von dichter rubin-purpurroter Farbe, einer der besten d'Issans der letzten 25–30 Jahre, bietet ein intensives Bukett, das nach Rauch, Blumen, schwarzen Johannisbeeren und Lakritze duftet. Elegant, aber kraftvoll, delikat und reichhaltig, dürfte sich dieser Tropfen als der Inbegriff der Anmut und Reintönigkeit eines Margaux herausstellen. Das Tannin ist ebenfalls sehr süß. Ein aufgehender Stern des Jahrgangs. Voraussichtliche Genussreife: jetzt–2020.

1998: Der dunkelrubinrote, elegante, finessenreiche 1998er enthüllt ein blumiges, nach Lakritze, Kräutern, Brombeeren und Johannisbeeren duftendes Bukett. Von mittlerem Körper, mit süßem Tannin, einem weichen Geschmackseindruck am Gaumen, schöner Konzentration, einem reintönigen Abgang und mäßigem Tannin, wird er sich jetzt–2014 in Bestform befinden.

1997: Der elegante, pflaumendunkle 1997er offenbart süße Aromen von Preiselbeeren, schwarzen Kirschen, Lakritze und Blumen. Von mittlerem Körper, reif und rund, mit niedriger Säure, ist er ein wunderschöner, stilvoller, weicher Wein zum Trinkgenuss während der nächsten 5–7 Jahre.

1996: Der 1996er hat sich in der Flasche bewundernswert gemacht. Er zeigt eine dunkelrubin-purpurrote Farbe und ein elegantes, blumiges, nach Brombeeren und Rauch duftendes Bukett. Der Wein ist bei mittlerem Körper komplex im Mund, mit subtilem frischem Eichenholz, herrlich reifer, süßer schwarzer Johannisbeerfrucht und gut integriertem Tannin und Säuregehalt. Dieser Tropfen, in dem sich die Quintessenz des Margaux-Stils verkörpert, ist elegant und reichhaltig. Voraussichtliche Genussreife: 2004–2020.

1995: Der ausgezeichnete 1995er besitzt mehr spürbares Tannin als der 1996er, eine tiefrubinrote Farbe, ein wundervoll würziges, grasiges Bukett, das nach Lakritze und schwarzen Johannisbeeren duftet, eingangs im Mund süße Frucht und sehr gute Reintönigkeit, Reife und umfassende Ausgewogenheit. Der Wein ist gut gemacht und verhaltener entwickelt als der 1996er, obwohl ich vermute, dass der letztgenannte mehr Tannin besitzt. Voraussichtliche Genussreife: jetzt–2014.

KIRWAN (MARGAUX)

2000	D	(91–92+)
1999	D	91
1998	D	90
1997	C	87
1996	D	88
1995	D	85

Dieses einst dahinsiechende Weingut hat nach einer Phase der Mediokrität einen völlig neuen Anfang geschafft. Unter der inspirierten Leitung von Nathalie Schyler hat es während der letzten 6–7 Jahre Weine produziert, die generell als Schlager ihres jeweiligen Jahrgangs gelten können. Insbesondere der 1998er, 1999er und der 2000er stellen ein Dreigespann bislang nicht gekannter Erfolge für Kirwan dar, wobei der 2000er wahrscheinlich der bislang beste Wein ist. Hier haben wir eine weitere Margaux-Domaine, die angefangen hat, bessere Weine zu ansprechenden Preisen zu produzieren.

2000: Eine undurchdringlich purpurrote Farbe geht einher mit einem explosiven Bukett von rauchigen schwarzen Früchten, Mineralien, Erde und frischem Eichenholz. Nach einer Weile im Glas entsteigen dem Wein Anklänge von Lakritze. Er ist ein wuchtiger, konzentrierter *vin de garde* mit enormer Tiefe, gewaltigem Extrakt und Reichhaltigkeit. Wenn alles sich zu vollkommener Harmonie zusammenfindet, könnte sich meine Punktnote als allzu niedrig herausstellen. In einem kraftstrotzenden, superkonzentrierten Stil bereitet, wird er 30 Jahre lang altern. Voraussichtliche Genussreife: 2008–2030.

1999: Dieser sattpurpurrote Wein, der prachtvollste jemals produzierte Kirwan, offenbart ein überwältigendes Bukett von asiatischen Gewürzen, Lakritze, Blaubeeren, Brombeeren und Cassis. Darüber hinaus sind außergewöhnliche Reintönigkeit, vielfältige Dimensionen, ein sensationeller Geschmackseindruck und ein Abgang vorhanden, der 40–45 Sekunden am Gaumen verweilt. Auch dieser Klassiker kann als Volltreffer seines Jahrgangs gelten. Voraussichtliche Genussreife: 2005–2025.

1998: Der undurchdringlich purpurrote 1998er, ein Spätentwickler und Schlager des Jahrgangs, prunkt mit einem rauchigen, nach Lakritze, Cassis und Mineralien duftenden Bukett. Körperreich, kraftvoll, aber elegant, setzt er Komplexität mit ungezügelter Fülle und Wucht ins Gleichgewicht. Er ist sehr eindrucksvoll, insbesondere im Hinblick auf seine außergewöhnliche Konzentration, und seine Lagerung im Keller für 20 Jahre oder länger wird sich reichlich lohnen. Voraussichtliche Genussreife: 2006–2025.

1997: Der 1997er, ein attraktiver, dunkelrubin-purpurroter Wein, bietet süße Cassisfrucht, reichliches frisches Eichenholz, eine fleischige, saftige Textur und einen attraktiven, gut ausgewogenen Abgang mit gefällig integriertem Tannin und Säuregehalt. Trinken Sie diesen sinnlichen Margaux im Lauf der nächsten 7–8 Jahre.

1996: Der 1996er ist ein höchst extrahierter, reichhaltiger Wein von mittlerem Körper mit tiefrubin-purpurroter Farbe und reifer Cassisfrucht, vermischt mit einer Spur von frischem Eichenholz, Dörrzwetschgen und Gewürzen. Der Wein hat sich seit meiner ersten Fassverkostung schön zur Ganzheitlichkeit zusammengefügt. Er scheint eine ausgezeichnete, fast hervorragende Leistung darzustellen. Im Abgang ist mäßiges Tannin vorhanden, gönnen Sie daher diesem fleischigen, muskulösen, reichhaltigen Wein 4–5 Jahre Lagerung im Keller. Voraussichtliche Genussreife: 2006–2025.

1995: Aggressives frisches Eichenholz und Vanille dominieren die Persönlichkeit dieses Weins. Der dunkelrubin-purpurrote 1995er präsentiert eingangs im Mund süße Preiselbeer- und dickliche schwarze Johannisbeerfrucht, wird aber im Mund bei komprimierter Art enger. Gleichwohl sind schöne Reintönigkeit, mittlerer Körper und reichliches Tannin vorhanden. Dieser Wein hätte eine höhere Punktnote erhalten, wenn die Frucht tief genug gewesen wäre, um das Holz zu absorbieren. Voraussichtliche Genussreife: jetzt–2018.

LABÉGORCE-ZÉDÉ (MARGAUX)

2000	**C**	**(86–87)**
1998	**C**	**85**
1997	**C**	**85**
1996	**C**	**86**
1995	**C**	**85**

2000: Noten von cremiger Vanille (aus amerikanischem Eichenholz) sind in diesem molligen, fast rustikalen 2000er von mittlerem Körper präsent. Während er eine erfreuliche direkte Art an den Tag legt, muss er doch einige raue Kanten abwerfen, um eine höhere Punktnote zu verdienen. Voraussichtliche Genussreife: jetzt–2012.

1998: Rundes, attraktives, süßes Tannin verleiht dem 1998er eine vordergründige, expansive Anziehungskraft. Seine Frucht ist reif und strotzt vor schwarzen Kirschen und Beeren. Der Wein ist bei mittlerem Körper samtig texturiert und ideal zum Trinkgenuss während der nächsten 5–7 Jahre geeignet.

1997: Der angenehme, gut gemachte Cru-Bourgeois-Margaux besitzt schöne Reife, süße Lakritze, asiatische Gewürze, Kirschen- und schwarze Johannisbeerfrucht, mittleren Körper und leichtes Tannin in seinem geschmeidigen Abgang. Trinken Sie ihn im Lauf der nächsten 4–5 Jahre.

1996: Der 1996er ist dicht, pfeffrig und rauchig, mit etwas Strenge, jedoch reichhaltigen Geschmackskomponenten von mittlerem Körper, gepaart mit schöner Wucht, Tiefe und Reife. Der Wein wird sich 8–10 Jahre lang halten.

1995: Der dunkelrubin-purpurrote 1995er ist gekennzeichnet durch ein teerartiges, nach Lakritze, Pflaumen und Erde duftendes Bukett, weiche, runde Geschmackskomponenten von mittlerem Körper und unmittelbar ansprechende Art. Er dürfte sich 1–2 Jahre hindurch schön trinken lassen.

Weiterer verkosteter Jahrgang: 1999er (85–86)

LAFITE-ROTHSCHILD (PAUILLAC)

2000	EEE	(96–100)
1999	EEE	95
1998	EEE	98
1997	EEE	92
1996	EEE	100
1995	EEE	95

Der Verwalter Charles Chevalier hat brillante Arbeit geleistet, seit er 1994 die Verantwortung für die Weinbereitung bei Lafite-Rothschild übernommen hat. Dieses Gut ist nun unstrittig der Star unter den Premiers Crus des Médoc und produziert seit Chevaliers Aufstieg in jedem Jahrgang fesselnde Weine. Der 1996er war der Wein des Jahrgangs, und der 1997er war fraglos der beste Premier Cru des Jahres. Und selbst wenn der Jahrgang 1998 die Weine auf Merlot-Basis von St-Émilion, Pomerol und in geringerem Ausmaß von Graves begünstigte, ist doch der Lafite-Rothschild wiederum ein aussichtsreicher Kandidat für die Wahl zum Wein des Jahrgangs. Auch der 1999er und der 2000er sind schöne Erfolge. Wenn nur ein geringer Prozentsatz des Ertrags in den endgültigen Verschnitt Eingang findet, gibt es wenig Raum für Kompromisse – das ist kein Geheimnis. Seit 1998 verwendet der Weinkeller neue gravierte Flaschen, um Imitationen zu unterbinden.

2000: Der 2000er enthält einen extrem hohen Prozentsatz von Cabernet Sauvignon (93,3%), während der Rest aus Merlot besteht. Lediglich 36% des Ernteertrags fand Eingang in den Grand Vin. Dies ist ein nobler, eleganter Lafite ohne die dichte und dicke Art des 1998ers und des 1996ers. Er zeigt eine gewisse Transparenz und könnte als der archetypische Lafite gelten, wie er in etlichen der besten Jahrgänge der 50er Jahre des Hauses entstand. Von leichterem Stil und elegant, ziehen seine unwiderstehlichen Aromen (schwarze Früchte, Mineralien, Bleistift und Zedernholz) die Aufmerksamkeit des Verkosters auf sich. Im Mund zeigt dieser Wein von mittlerem Körper ausgezeichnete Konzentration, leichte Art und wunderschön reintönige, sauber gezeichnete, messerscharfe Klarheit in seinen Komponenten. Er ist ein Monument an Finesse und Eleganz, ein Stil, mit dem Lafite-Rothschild besser umgehen kann als jedes andere Château im Bordelais. Interessanterweise besagen die analytischen Daten, dass der Tanninspiegel im Jahrgang 2000 höher ist als 1996! Voraussichtliche Genussreife: 2009–2050.

1999: Der 1999er, eine große Leistung für den Jahrgang, besitzt einen offener gewirkten, etwas freundlicheren Stil als der 1998er, mit süßem Tannin, niedrigerer Säure und molligen, korpulenten, erdigen, fruchtigen Noten, verflochten mit einem Hauch von Toast und Beeren. Er ist opulent und reintönig, mit einem sensationellen Geschmackseindruck am mittleren Gaumen (ähnlich wie der 1998er) und einem 35 Sekunden und länger anhaltenden Abgang. Dieser Wein wird schon bei seiner Freigabe zugänglich sein, aber auch 25 Jahre und länger halten. Könnten vielleicht, wenn wir bestes Ausreifen voraussetzen, die 1999er Médocs, ganz ähnlich wie dieser Tropfen, moderne Abbilder ihrer Pendants von 1962 sein? Voraussichtliche Genussreife: 2004–2025.

1998: Der Mischsatz dieses Weins besteht aus 81% Cabernet Sauvignon und 19% Merlot. Nur 34% des gesamten Ernteertrags von Lafite wurden für gut genug erachtet, in den endgültigen Verschnitt aufgenommen zu werden. In einem nicht ganz perfekten Médoc-Jahrgang ist er von Geburt an spektakulär gewesen und hat im Lauf des letzten Jahres an Gewichtigkeit und Fleisch zugenommen. Der undurchdringlich purpurrote 1998er ist nahezu vollkommen. Sein spektakuläres Bukett mit Düften nach Bleistift und rauchiger, mineralischer schwarzer Johannisbeerfrucht entströmt majestätisch dem Glas. Der Wein ist elegant, aber profund reichhaltig und präsentiert die Quintessenz des Lafite-Charakters. Das Tannin ist süß und der Wein spektakulär geschichtet, aber niemals schwer. Der Abgang nimmt sich süß, überaus reichhaltig, aber makellos ausgewogen und lang aus (50+ Sekunden). Voraussichtliche Genussreife: 2007–2035.

1997: Nur 26% der Ernte fand Eingang in den endgültigen Verschnitt, so dass nur 15000 Kisten des 1997ers erzeugt wurden. Die Leser sollten trotz der negativen Presseberichte über den Jahrgang 1997 an diesem Wein nicht vorübergehen. Er zeichnet sich aus durch eine dichte purpurrote Farbe, gepaart mit einem herrlich süßen, expansiven Parfüm von Zedernholz, schwarzen Johannisbeeren, Bleistift und Mineralien, einem fetten Geschmackseindruck am Gaumen, mittlerem Körper, explosiver Frucht und Fülle, weichem Tannin und samtiger Textur. Er ist ein wundervoller, unwiderstehlicher Lafite-Rothschild, der schon jung getrunken werden kann, aber eine Entwicklung von 15 Jahren und mehr verspricht. Obwohl einer der am fortgeschrittensten entwickelten Lafites, die ich je verkostet habe, ist er wegen dieser Eigenschaft umso fesselnder. Lassen Sie ihn sich nicht entgehen!

1996: Den 1996er habe ich nach der Flaschenabfüllung dreimal verkostet und halte ihn für den fraglos größten Wein dieses berühmten Weinguts seit dem 1986er und dem 1982er. Nur 38% der Ernte wurde für würdig erachtet, in den endgültigen Mischsatz aufgenommen zu werden, der einen untypisch hohen Anteil an Cabernet Sauvignon aufweist (83% Cabernet Sauvignon, 7% Cabernet Franc, 7% Merlot und 3% Petit Verdot). Dieser massive Wein ist vielleicht der kräftigste, am größten ausgelegte Lafite, den ich je verkostet habe. Er wird viele Jahre brauchen, um den Höhepunkt seiner Entwicklung zu erreichen; ich fürchte daher, dass die über 50-jährigen unter uns ernsthaft überlegen müssen, ob es sich lohnt, viele Kisten dieses Weins zu horten. Der Wein legt eine dick aussehende rubin-purpurrote Farbe an den Tag sowie ein umwerfendes Bukett mit Düften nach Bleistift, Mineralien, Blumen und schwarzen Johannisbeeren. Extrem kraftvoll und körperreich, mit bemerkenswerter Komplexität für solch einen jungen Wein, quillt dieser gewaltige Lafite förmlich über vor Extrakt und Fülle. Dennoch ist es ihm gelungen, seine durch und durch elegante Persönlichkeit beizubehalten. Dieser Wein ist jetzt sogar noch reichhaltiger als vor der Flaschenabfüllung und dürfte unbestritten 40–50 Jahre halten. Voraussichtliche Genussreife: 2012–2050.

1995: Der 1995er (nur ein Drittel der Ernte schaffte es in den endgültigen Mischsatz) besteht aus 75% Cabernet Sauvignon, 17% Merlot und 8% Cabernet Franc. Er zeigt ein dunkelrubin-purpurrotes Kleid und ein süßes, rauchiges, grasiges, nach zermahlenen Mineralien und Cassis duftendes Bukett. Schöne Süße der Frucht ist in diesem straff gewirkten, aber herrlich reintönigen, klar gezeichneten Lafite von mittlerem Körper vorhanden. Der 1995er ist nicht so wuchtig und massiv wie der 1996er, aber er ist wunderschön bereitet, wovon er hervorragend Zeugnis ablegt, sowie von vielversprechender Art. Voraussichtliche Genussreife: 2008–2028.

Bisherige große Jahrgänge: 1994er (90+), 1990er (92+), 1989er (90+), 1988er (94), 1986er (100), 1983er (93), 1982er (100), 1976er (93), 1975er (92?), 1959er (99), 1934er (90), 1921er (93), 1870er (96), 1864er (92), 1848er (96)

LAFLEUR (POMEROL)

2000		**EEE**	**(96–98+)**
2000	**Pensées de Lafleur**	**E**	**(90–91)**
1999		**EEE**	**93+**
1998		**EEE**	**92+?**

1997	**EEE**	**88?**
1996	**EEE**	**90+?**
1995	**EEE**	**93+**

Der Lafleur gehört seit jeher zu meinen Lieblings-Bordeauxweinen. Während die letzten Jahrgänge ausgezeichnet bis hervorragend waren, ließen sie doch die Extra-Dimension vermissen, die notwendig ist, um sie in die erste Reihe der Elite von Pomerol einzuordnen, und man fragte sich, ob Lafleur vielleicht von einem seiner Rivalen wie etwa Trotanoy, Clos l'Église, Lafleur-Pétrus und l'Évangile übertroffen worden sei. Der 1999er und der 2000er kamen zur rechten Zeit, gerade als ich zu denken begann, dieser Wein sei von seinem wuchtigen, massiven, vollmundigen Stil eines grimmigen Spätentwicklers abgewichen.

2000: Obwohl die meisten 2000er Pomerols, insbesondere vom Plateau, weniger eindrucksvoll als ihre Kollegen von 1998 ausgefallen sind, bildet der Lafleur eine Ausnahme, zum großen Teil wegen des hohen Anteils an Cabernet Franc im endgültigen Mischsatz. Der undurchdringlich purpurrote 2000er Lafleur verkörpert eine Rückkehr zu dem mächtigen, aber prachtvoll konzentrierten Stil, der dieses Weingut so berühmt gemacht hat. Er ist kein Wein für Chorknaben und für Menschen, die nicht bereit sind, ihren Genuss um mehr als ein Jahrzehnt aufzuschieben. Dicht und süß, besitzt er ein komplexes Bukett von flüssigen Mineralien, Likör von schwarzen Himbeeren, Kirschgeist, Trüffeln, Johannisbeeren und Weihrauch. Extrem lang und furchtbar tanninstreng, aber durch seine Fülle von Frucht und Extrakt gut ausgewogen, wird dieser körperreiche Riese von einem Lafleur vielleicht dem 1997er ähneln, wenn er voll ausgereift ist. Voraussichtliche Genussreife: 2015–2040. Leider wurden nur etwa 1000 Kisten aus dem winzigen Rebbestand von Lafleur produziert.

2000: *Pensées de Lafleur.* Zweitweine können mich selten begeistern, aber der großartige 2000er ist ein Überflieger des Jahrgangs. Er bietet mit flüssigen Mineralien vermischte üppige Schwarzkirschfrucht, die in einem dichten, geschmeidigen Stil von mittlerem bis vollem Körper präsentiert wird. Zwar gibt er auch einiges Tannin zu erkennen, doch besitzt er nicht die Gewichtigkeit, Kraft oder Struktur seines berühmteren Bruders.

1999: Auf den 1999er kann man wohl mit Sicherheit setzen. Die Leser werden sich vielleicht erinnern, dass Lafleur eines der wenigen Weingüter im Bordelais war, das seine Lese vor den schweren Regenfällen durchführte. Das Resultat ist ein Wein von dichtem Purpurrot mit schönen Aromen von Kirschsaft-Hustensirup, Lakritze, Trüffeln und Mineralien. Wenngleich tanninstreng, ist er körperreich, dicht, opulent, superkonzentriert, dabei extrem lang und gut ausgewogen. Er könnte sich als der feinste Pomerol des Jahrgangs erweisen. Voraussichtliche Genussreife: 2007–2025.

1998: Wenn die Frucht durchhält und dieser Wein nicht austrocknet, wird er eine hervorragende Punktnote verdienen. Doch muss ich die Leser darauf aufmerksam machen, dass es sich hier um einen strengen, schrecklich tanninhaltigen Lafleur handelt, der für dieses Weingut recht untypisch ist. Der Wein ist voll gepackt mit Frucht und konzentriert (staubige Schwarzkirschfrucht dominiert), aber sowohl aus der Flasche als auch vom Fass verkostet hat er beständige harte, adstringierende Eckigkeit an den Tag gelegt. Er wirkt eher wie ein Médoc als ein Wein vom rechten Ufer der Gironde. Wenn die Frucht durchhält, könnte er wie der spektakuläre 1979er ausfallen, aber das raue Tannin und die ledrigen, staubigen Komponenten sind doch besorgniserregend. Voraussichtliche Genussreife: 2010–2035?

1997: Der dunkelrubinrote 1997er ist unerträglich tanninstreng, mit harter Textur und magerer Konstitution. Paradoxerweise besitzt der Wein Gewichtigkeit, Reife und Fülle, aber sein trockener, adstringierender Abgang erinnert an einen 1998er Médoc. Die Entwicklung dieses Weins ist fragwürdig, denn ich habe Zweifel in Bezug auf sein Verhältnis zwischen Tannin und Frucht. Er kann sich als ausgezeichnet herausstellen, wird aber Geduld erfordern. Voraussichtliche Genussreife: 2006–2015.

1996: Wie ich mir schon dachte, ist der strenge 1996er ein grimmiger Spätentwickler, der ein modernes Abbild des 1966ers aus diesem Weingut verkörpert. Er besitzt einen unentwickelten, tanninherben, Médoc-ähnlichen Charakter ohne die typische generöse Art des Pomerol. Der Wein offenbart eine sattdunkle Purpurfarbe sowie ein markantes, nach Mineralien, schwarzen Himbeeren und Beeren duftendes Bukett, in dem der stahlige, mineralische Lafleur-Charakter gut zum Ausdruck kommt. Kraftvoll, lang und reichhaltig, aber unerträglich tanninstreng, wird der Wein vielleicht all sein Tannin abschmelzen – oder auch nicht. Kurz, er ist ein eindrucksvoll gebauter Wein, der zu Zweifeln Anlass gibt. Voraussichtliche Genussreife: 2012–2025.

1995: Der 1995er ist ein weiterer ehrfurchtgebietender Lafleur, aber auch ein erstaunlich unentwickelter, tanninstrenger Kraftprotz, der eine längere Kellerreife benötigen wird als jeder Médoc aus diesem Jahrgang. Der Wein prunkt mit einer undurchdringlichen schwarzpurpurroten Farbe und einem verschlossenen, aber vielversprechenden Bukett, in dem sich die Quintessenz von Brombeer-, Himbeer- und Kirschfrucht verkörpert. Mit diesen Aromen verflochten sind die sprichwörtlichen *terroir*-Nuancen von Lafleur. Dazu gesellen sich voller Körper, staubtrockenes, adstringierendes Tannin und ein geschichteter, gewichtiger Geschmackseindruck am Gaumen. Das ist ein junger Bordeaux, den ich vor zwei Jahrzehnten eilends gekauft hätte, doch heute muss ich mich damit begnügen, ihn zu bewundern und zu wünschen, ich wäre 20 Jahre jünger. Der Wein ist gewaltig, herrlich, und ach, so verheißungsvoll, aber ich kann mir nicht vorstellen, dass er vor Ende 2020 trinkreif sein wird. Voraussichtliche Genussreife: 2020–2050.

Bisherige große Jahrgänge: 1994er (93+), 1993er (90), 1992er (88), 1990er (97), 1989er (95+), 1988er (94), 1986er (91+), 1985er (96), 1983er (93), 1982er (100), 1979er (98+), 1978er (93), 1975er (100), 1966er (96), 1962er (91), 1961er (98), 1955er (92), 1950er (100), 1949er (96+), 1947er (100), 1945er (100)

LAFLEUR-GAZIN (POMEROL)

2000	**D**	**(86–88?)**
1999	**D**	**86**
1998	**D**	**89**
1997	**C**	**85**
1996	**C**	**86**

Die Weine von Lafleur-Gazin werden von der Firma Jean-Pierre Moueix produziert, die dieses Weingut im Rahmen einer Pachtvereinbarung bearbeitet. Sie sind geschmeidig, rund und von unkompliziertem Stil, und ich bin angesichts der Lage der Rebflächen zwischen denen von Gazin und Lafleur erstaunt darüber, dass sie so schlicht und leicht sind.

2000: Der 2000er, eine süße, oberflächliche, aber attraktive Leistung der Weinbereitung, offenbart kalkiges Tannin im Abgang. Seine dunkelrubin-purpurrote Farbe wird begleitet von reifer Pflaumen-, Dörrzwetschgen- und Beerenfrucht, mittlerem Körper und viel Struktur und hartem Tannin. Voraussichtliche Genussreife: jetzt–2014.

1999: Dieser leichtgewichtige dunkelrubinrote Pomerol von mittlerem Körper und mit Noten von Beeren, Johannisbeeren, Teer, Erde und Kräutern will in seinen ersten 4–5 Lebensjahren getrunken sein.

1998: Dies ist der beste Lafleur-Gazin, den ich seit vielen Jahren verkostet habe. Der Wein ist tiefrubin-pflaumenhaft-purpurrot mit einem süßen, sinnlichen Bukett, das nach überreifen schwarzen Kirschen, Kirschgeist, Rauch und Gewürzkiste duftet. Der verführerische, fette, konzentrierte Geschmackseindruck am Gaumen ist offen gewirkt und beladen mit Frucht, Glyzerin und Charakter. Der Säuregehalt ist niedrig, das Tannin reif und der Abgang sowohl saftig als auch samtig. Trinken Sie ihn im Lauf der nächsten 12 Jahre.

1997: Ein markant krautiges, erdiges, kirschenduftiges Bukett geht einher mit einem strukturierten, tanninherben, ledrigen, im alten Stil bereiteten Wein von mittlerem Körper. Seine Überschwänglichkeit und Direktheit sind attraktiv. Trinken Sie ihn im Lauf der nächsten 3–5 Jahre.

1996: Dieser gut gemachte, elegante 1996er von mittlerem Körper bietet attraktive kaffee- und tabaküberhauchte Beerenfrucht, erstaunliche Weichheit für den Jahrgang und gutes, umfassendes Gleichgewicht. Trinken Sie ihn im Lauf der nächsten 8–10 Jahre.

LAFLEUR DE PLINCE (POMEROL)

2000	C	(87–89)

2000: Der 2000er ist ein Schlager des Jahrgangs und der erste Lafleur de Plince, den ich verkostet habe. Er offenbart eine Farbe von tiefem Purpurrot, gepaart mit süßen Aromen von schwarzen Himbeeren, Kirschgeist, Lakritze und Trüffeln. Von mittlerem bis vollem Körper und tief, mit gut integriertem Tannin, hervorragender Reintönigkeit und Anklängen an sein *terroir* sowie von einer gewissen Noblesse geprägt, verbindet er eindrucksvoll Kraft mit Finesse. Voraussichtliche Genussreife: jetzt–2015.

LAFON-ROCHET (ST-ESTÈPHE)

2000	D	(90–91)
1999	D	87
1998	D	88
1997	C	87
1996	C	90
1995	C	89+

Die Familie Tesseron, die so viel getan hat, um Pontet-Canet ins Rampenlicht zu rücken, ist weiterhin dabei, die Qualität von Lafon-Rochet zu steigern – ein weiteres Bordeaux-Weingut, das über seine Klassifizierung hinausgehende Leistungen erbringt. Bislang haben sich die Preise noch nicht der in den letzten Jahren hervorgetretenen Qualität angeglichen.

2000: Eine sattschwarz-purpurrote Farbe geht einher mit verhalten entwickelten, aber intensiven Aromen von dicklichen Brombeeren, Erde, Vitaminpastillen, Lakritze und frischem Eichenholz. Schönes Fett, ein konzentrierter, körperreicher, vielschichtiger Geschmack am Gaumen und ein süßer Eindruck in der Mitte und im Abgang sind vorhanden – stets ein gutes Zeichen. Dieser 2000er dürfte ungeachtet seiner anscheinend beträchtlichen Zugänglichkeit langlebig sein. Ein Schlager des Jahrgangs. Voraussichtliche Genussreife: 2004–2020.

1999: Der weichere, leichtgewichtige 1999er kommt fast diffus daher. Er präsentiert Geschmackskomponenten von Beeren und Johannisbeeren in einem mittelgewichtigen Stil. Voraussichtliche Genussreife: jetzt–2012.

1998: Eine dichte purpurrote Farbe geht einher mit einem tanninhaltigen, rauchigen, konzentrierten, erdigen Wein mit reichlicher Brombeer- und Cassisfrucht, Unterholz und Mineralien und einem stahligen Charakter sowie einem kraftvollen, tanninstrengen Abgang. Voraussichtliche Genussreife: jetzt–2016.

1997: Dieser pflaumendunkle, sinnliche, weiche, säurearme Lafon-Rochet von mittlerem Charakter gibt mit frischem Holz und Mineralien vermischte kernige schwarze Früchte zu erkennen. Mit schöner Dichte und Reife ist er eine sehr gute Leistung in diesem zugänglichen, verbraucherfreundlichen Jahrgang. Voraussichtliche Genussreife: jetzt–2008.

1996: Als einen der Spätentwickler und Schlager des Jahrgangs hat Lafon-Rochet einen untypisch wuchtigen, reichhaltigen und konzentrierten Wein herausgebracht, der überquellend reich an schwarzer Johannisbeerfrucht ist. Seine undurchdringlich purpurrote Farbe geht einher mit einem tanninherben, verhalten entwickelten Wein von mittlerem bis vollem Körper mit prachtvoller Reintönigkeit, einem süßen, konzentrierten Geschmackseindruck am Gaumen und einem langen, kraftstrotzenden Abgang. Dieser Wein ist und bleibt einer der günstigsten Käufe des Jahrgangs 1996, der sonst meist nur zu Luxuspreisen zu haben ist. Leser, die bereit sind, 3–4 Jahre Geduld zu investieren, sollten ihn erstehen, da er zwei Jahrzehnte hindurch halten dürfte. Voraussichtliche Genussreife: 2005–2020.

1995: Dieser Wein wird sich nach einigen Jahren Flaschenreife entschieden verbessern. Obwohl er sich seit der Flaschenabfüllung verschlossen hat, ist er ein eindrucksvoll ausgestatteter, reichhaltiger, süßer, nach Cassis duftender und schmeckender Lafon-Rochet. Die satte, tiefrubin-purpurrote Farbe des Weins wird begleitet von Düften nach Vanille, Erde und Gewürzen, einem mittleren bis vollen Körper, ausgezeichneter bis hervorragender Reichhaltigkeit und mäßigem Tannin in dem kraftvollen, klar gezeichneten Abgang. Voraussichtliche Genussreife: jetzt–2018.

LAGRANCE (POMEROL)

2000	**D**	**(84–86)**
1998	**D**	**87**
1997	**D**	**85**
1996	**C**	**76**

2000: Noten von grünen Paprikaschoten, getrockneten Kräutern und roten Früchten entsteigen diesem eleganten, mageren und in einem strengen Stil bereiteten Pomerol. Da es ihm an Fleisch und Charme fehlt, wird er mit zunehmendem Alter immer härter werden.

1998: Eine dichte rubin-purpurrote Farbe und süße Brombeer- und Kirschfrucht sind in diesem schön konzentrierten Wein von mittlerem bis vollem Körper zu finden. Kraftvoll, mit mäßigem Tannin und schöner Intensität, sollte er gut altern. Voraussichtliche Genussreife: 2004–2015.

1997: Mittelrubinrot, mit entfalteten, ausgereiften Noten von geschmolzenem Straßenteer, süßem Unterholz, Johannisbeeren und Kirschen, dürfte dieser weiche, leicht zu trinkende 1997er viel Anklang finden. Trinken Sie ihn im Lauf der nächsten 2 Jahre.

1996: Der qualitativ durchschnittliche 1996er legt ein krautiges, nach Sattelleder duftendes Bukett an den Tag, dem es an Frucht fehlt. Bei mittlerem Körper zeigt er ordentliche Konzentration und einen rustikalen, erdigen Abgang. Dieser Wein weist allzu viel Tannin für seine Frucht auf. Voraussichtliche Genussreife: jetzt–2007.

Weiterer verkosteter Jahrgang: 1999er (82–84)

LAGRANGE (ST-JULIEN)

2000	**D**	**(88–96?)**
1999	**D**	**88**
1998	**D**	**88**
1997	**C**	**85**
1996	**D**	**90**
1995	**D**	**90**

In diesem Gut hat man weder Kosten noch Mühen gescheut, die Weine in einem verblüffend kurzen Zeitraum von erschreckend uneinheitlicher zu erstaunlicher Qualität anzuheben. Die Jahrgänge ab 1985 haben beeindruckende Geschmackstiefe in Verbindung mit reichlichem Tannin und toastwürzigem frischem Eichenholz sowie einen schmackhaft-würzigen und saftigen Stil an den Tag gelegt. Darüber hinaus sind die Weine von Lagrange angesichts ihrer Qualität momentan preislich unterbewertet.

2000: Während das Jahr 2000 für St-Julien fraglos einen großen Jahrgang bot, war der Lagrange bei meinen beiden Verkostungen von seinem Holzton dominiert und ein wenig aus den Fugen. Er besitzt eine satte rubin-purpurrote Farbe sowie reichliche Aromen von Erde und frischem Eichenholz in seinem Bukett, eine Spur von Schokolade auf der Zunge, mittleren Körper, hohen Tanningehalt und einen kratzigen Abgang. Dieser Wein ist unstrittig ausgezeichnet, aber wird er sich auf eine mehr symmetrisch ausgerichtete Art zusammenfügen? Voraussichtliche Genussreife: 2004–2016.

1999: Ein expansives Parfüm von schwarzen Früchten, verwoben mit Rauch, asiatischen Gewürzen und Lakritze springt bei diesem dunklen, dichten rubin-purpurroten Wein förmlich aus dem Glas. Das Tannin ist süß, die Säure niedrig, der Abgang nachhaltig und der Gesamteindruck spricht von fetter Art und Opulenz. Er wird schon bei seiner Freigabe trinkreif sein. Voraussichtliche Genussreife: jetzt–2015.

1998: Dieser dunkelrubinrote elegante, attraktive Wein offenbart würziges frisches Eichenholz, mittleren Körper, ausgezeichnete Konzentration und Tiefe, erstaunliche Milde und früh ansprechende Art. Wie bei vielen Médocs sind die Tannine des Lagrange seit der Flaschenabfüllung viel freundlicher geworden. Voraussichtliche Genussreife: jetzt–2015.

1997: Von leichtem bis mittlerem Körper, mit Eichenholzwürze, roten Johannisbeeren und Kirschfrucht ausgestattet, wird dieser gut bereitete, leicht tanninhaltige Wein während der nächsten 4–5 Jahre unkritischen Trinkgenuss gewähren.

1996: Undurchdringlich purpurrot, mit einem verhalten entwickelten, aber verheißungsvollen Bukett von klassisch reintönigem Cassis, vermischt mit Toast und Gewürzen, zeigt dieser wuchtige, aber stilvolle Wein von mittlerem bis vollem Körper superbe Reintönigkeit, einen geschichteten Geschmackseindruck im Mund und viel Struktur. Er ist kein St-Julien zum frühen Trinkgenuss, sondern muss 3–4 Jahre gelagert und im Lauf der nächsten 2–3 Jahrzehnte genossen werden. Voraussichtliche Genussreife: 2006–2022.

1995: Der 1995er ähnelt dem 1996er, doch ist seine Frucht süßer, die Säure niedriger und der Wein weniger von Cabernet Sauvignon geprägt. Seine Farbe ist ein tiefes Rubin-Purpurrot. Der Wein prunkt mit Düften nach gerösteten Kräutern, Holzkohle, schwarzen Johannisbeeren, Mineralien und frischem Eichenholz. Reif, von mittlerem bis vollem Körper, mit üppigen Geschmacksnuancen von eingedickten Schwarzkirschen und Cassis, die in einem säurearmen, mäßig tanninhaltigen Stil präsentiert werden, erfordert dieser gut ausgestattete, reintönig bereitete Wein Lagerung im Keller. Voraussichtliche Genussreife: jetzt–2020.

Bisherige große Jahrgänge: 1990er (93), 1989er (90), 1986er (92)

LA LAGUNE (HAUT-MÉDOC)

1999	**C**	**(81–84)**
1998	**C**	**78**
1997	**C**	**86**
1996	**C**	**86**
1995	**C**	**88**

Seit 1976 ist der La Lagune als einer der großen – und erstaunlich preiswerten – Crus Classés des Médoc hervorgetreten. Das Weingut kann ab diesem Datum auf sehr gute Leistungen zurückblicken, mit Ausnahme der 1998er und 1999er, die sich als recht enttäuschend herausgestellt haben.

1999: Von leichtem Körper, aber angemessen ausgewogen, offenbart dieser angenehme Bordeaux im Picknick-Stil mittelrubinrote Farbe gepaart mit krautigen, erdigen Geschmacksnuancen von roten Früchten, toastwürzigem frischem Eichenholz und einem kurzen, aber unauffälligen Abgang. Trinken Sie ihn im Lauf der nächsten 3–4 Jahre.

1998: Die gute Nachricht ist, dass es sich hier um einen eleganten, entgegenkommenden Wein handelt. Die schlechte Nachricht ist, dass nicht viel an ihm dran ist, und auch der Abgang sich als kurz und komprimiert erweist. Der Wein zeigt toastwürziges frisches Eichenholz, mäßig reife Kirschfrucht und süßes Tannin, doch sind in diesem guten, mittelgewichtigen Bordeaux wenig Konzentration und Geschmackseindruck am Gaumen zu finden. Trinken Sie ihn im Lauf der nächsten 5–6 Jahre.

1997: Würzige Noten von Sattelleder, Kirschgeist, Vanille und gerösteten Nüssen entsteigen dem mäßig intensiven Bukett dieses bei mittlerem Körper fruchtigen, weichen, zugänglichen 1997ers. Zwar fehlt es ihm an Dichte, Alterungspotenzial und Konzentration, doch ist er ein charmanter Wein zum Trinkgenuss für die nächsten 3–4 Jahre.

1996: Dies ist ein weiterer tanninherber, strenger 1996er, doch ist er gut ausstaffiert. Üppige Aromen von würzigem frischem Eichenholz finden sich ebenso in seinem Bukett wie mit getrockneten Kräutern verflochtene Noten von Kirschen. Der Wein besitzt mittleren Körper, ist gut gemacht, mit schöner Würze, leichter Strenge und mäßigem Tannin in dem langen Abgang. In vielen Jahrgängen kann der La Lagune schon früh getrunken werden, doch dieser Wein verlangt weitere 3–4 Jahre Geduld. Voraussichtliche Genussreife: 2006–2018.

1995: Der in einem verführerischen Stil gestaltete 1995er legt eine dunkle Rubinfarbe an den Tag, dazu reichliche Mengen von Schwarzkirschen, Kirschgeist und pflaumenhafter Frucht mit wohldosiertem, hochklassigem und rauchigem, toastwürzigem Eichenholz. Dieser bei mittlerem Körper elegante, runde, generöse und charmante Wein kann schon jung getrunken oder ein Jahrzehnt und länger im Keller gelagert werden. Voraussichtliche Genussreife: jetzt–2012.

Bisherige große Jahrgänge: 1990er (90), 1989er (90), 1982er (92), 1978er (88), 1976er (89), 1970er (89)

LANESSAN (HAUT-MÉDOC)

2000	**C**	**(88–90)**
1998	**C**	**87**
1997	**C**	**87**
1996	**C**	**88**

Dieses unterbewertete Médoc-Weingut produziert beständig Weine von Cinquième-Cru-Qualität.

2000: Der noch im Schlaf begriffene, verheißungsvolle 2000er ist tanninherb, aber saftig, strukturiert und intensiv, mit reichlichen Mengen schwarzer Johannisbeerfrucht, überhaucht mit Zedernholz und feuchter Erde. Von mittlerem bis vollem Körper, reintönig und von klassischer Art, wird er sich von 2006–2016 auf dem Höhepunkt seiner Entwicklung befinden.
1998: Dieser Wein ist dunkelrubinrot, mit würziger schwarzer Johannisbeer- und Kirschfrucht, mittlerem Körper, hohem Tanningehalt und schöner Dicke, doch ist es möglich, dass das Tannin niemals voll abschmelzen wird. Voraussichtliche Genussreife: 2004–2015.

1997: Die entfalteten und komplexen Aromen des 1997ers, eines ausgezeichneten Weins für den Jahrgang, offenbaren Zedernholz, getrocknete Kräuter, Tabak und eine Fülle von roten und schwarzen Früchten. Von mittlerem Körper und geschmeidig texturiert, eignet er sich ideal dafür, jetzt oder während der nächsten 8–10 Jahre getrunken zu werden.

1996: Der 1996er, ein Schlager des Jahrgangs, prunkt mit einer beeindruckend satten, dunkelrubin-purpurroten Farbe und umwerfenden Aromen von geschmolzener Schokolade, Teer und Cassis. Bei mittlerem Körper tief und reichhaltig, mit ausgezeichneter Konzentration und Reintönigkeit, dürfte sich dieser eindrucksvoll ausgestattete, geschmacksbetonte, gut strukturierte Wein 2004–2016 auf seinem Höhepunkt befinden.

1995: Der 1995er zeigt im Gegensatz zum 1996er weniger Wucht und Muskelkraft, sondern mehr Eleganz und fleischige, grasige, tabaküberhauchte rote und schwarze Johannisbeerfrucht, die in einem weichen, geschmeidigen, verlockenden Format von mittlerem Körper präsentiert wird. Voraussichtliche Genussreife: jetzt–2008.

Weiterer verkosteter Jahrgang: 1999er (86–87)

LANGOA-BARTON (ST-JULIEN)

2000	**D**	**(88–90)**
1999	**D**	**88+?**
1998	**E**	**89+**
1997	**D**	**84**
1996	**E**	**86+?**
1995	**E**	**86+?**

Der Eigentümer des Weinguts, Anthony Barton, dessen zweites Besitztum die berühmte Domaine Léoville-Barton ist, verdient großes Lob dafür, dass er die Preise des Langoa-Barton realistisch gehalten und gleichzeitig einige der feinsten Weine von St-Julien hervorgebracht hat. Dieses Gut erhält nicht immer den Respekt, den es verdient, dabei sind seine Weine, insbesondere die jüngsten Jahrgänge, überaus starke Leistungen der Weinbereitung.

2000: Im Vergleich zu seinem großen Bruder Léoville-Barton ist der 2000er Langoa-Barton ein eher sehniger, weniger nobler Wein mit einer tiefrubin-purpurroten Farbe, viel Muskelkraft, Holz, Erde und schwarzen Früchten sowie mehr aggressivem Tannin. Er dürfte zwar gut altern, doch besitzt er nicht die majestätische Reichhaltigkeit und Geschmacksdimension des 1999ers. Voraussichtliche Genussreife: 2006–2035.

1999: Im Gegensatz zu seinem stämmigen älteren Bruder ist der 1999er ein weicher, üppiger Wein mit niedriger Säure, süßem Tannin und ausgezeichneter, möglicherweise hervorragender Konzentration und Komplexität. Auch er wird 4–5 Jahre Kellerreife benötigen (ungewöhnlich für einen 1999er), aber 20 Jahre lang halten. Voraussichtliche Genussreife: 2005–2020.

1998: Eine dichte rubin-purpurrote Farbe und eine muskulöse, alterungsfähige Persönlichkeit sind in diesem Wein zu finden. Er besitzt sehr viel Körper, eindrucksvolle Konzentration und festes Tannin im Abgang. Aber er ist ein Wein für Geduldige, die ihren Genuss aufzuschieben vermögen, da er weitere 4–5 Jahre Kellerreife benötigt. Voraussichtliche Genussreife: 2006–2025.

1997: Der mittelrubinrote 1997er ist keine erstklassige Leistung. Er offenbart süße, kräuterüberhauchte Beeren- und Johannisbeeraromen, dazu würzige, zedernholzartige Geschmacksnuancen von mittlerem Körper, niedrige Säure und einen angenehmen, aber wenig bemerkenswerten Abgang. Trinken Sie ihn im Lauf der nächsten 4–5 Jahre.

1996: Ich habe diesen Wein beständig als hart empfunden. Ungeachtet seiner tiefen Rubin-Purpurfarbe ist er monolithisch, mit Noten von Erde und schwarzer Johannisbeerfrucht, verdeckt unter einer tanninreichen Struktur. Obschon von mittlerem Körper, mit etwas Gewichtigkeit und Extrakt, ist dieser Wein grimmig hart und ein Spätentwickler. Gönnen Sie ihm 3–5 Jahre Kellerreife und hoffen Sie das Beste. Voraussichtliche Genussreife: 2008–2020.

1995: Der 1995er ließ sich nur schwer beurteilen. Er ist holzbetont, monolithisch und außergewöhnlich tanninreich, ohne die erforderliche Frucht und das nötige Fleisch, um ein Gleichgewicht herzustellen. Einige positive Komponenten sind vorhanden – eine satte dunkelrubin-purpurrote Farbe, Spuren von reifer Frucht und reintönige, saubere Geschmacksnuancen –, doch die Eckigkeit und Strenge des Weins ist störend. Er wird wahrscheinlich einmal ein guter Bordeaux im alten Stil sein, der seinen tanninherben Biss niemals ganz abschmelzen kann. Voraussichtliche Genussreife: jetzt–2016.

Bisherige große Jahrgänge: 1959er (90), 1953er (90), 1948er (93)

LAPLAGNOTTE-BELLEVUE (ST-ÉMILION)

2000	**Laplagnotte**	**E**	**(90–91)**
2000		**D**	**(85–86)**
1998		**D**	**86**
1997		**D**	**84**
1996		**D**	**86**
1995		**D**	**86**

Das Weingut gehört Claude de Labarre, einem der ehemaligen Mitbesitzer von Cheval Blanc. Die Rebfläche ist zu 70% mit Cabernet Sauvignon, zu 20% mit Cabernet Franc und zu 10% mit Merlot bestockt. Die Weine von Laplagnotte-Bellevue sind im Allgemeinen elegant, fruchtig, unkompliziert und schmackhaft-würzig und zu vernünftigen Preisen zu haben. Seit 2000 hat das Gut mit der Produktion einer Mikro-Cuvée namens Laplagnotte begonnen.

2000: *Laplagnotte*: Der Debüt-Jahrgang dieses »Garagenweins« ist beeindruckend. Der undurchdringlich purpurrote Wein hat süße, reichhaltige Brombeer- und Kirschfrucht, vermischt mit Rauch, Mineralien und Vanille zu bieten. Opulent und körperreich, mit genügend Säure und Struktur, um sprühende Lebendigkeit und Definition zu gewährleisten, wird er Geduld erfordern. Voraussichtliche Genussreife: 2005–2016.

2000: Der 2000er ist ein unkomplizierter, fruchtiger, eleganter Wein mit Himbeer- und Kirschnoten. Von mittlerem Körper und tanninhaltig, will er im Lauf der nächsten 5–8 Jahre getrunken sein.

1998: Ein betörender, dunkelrubinroter Wein mit Schwarzkirschfrucht, unleugbarer Eleganz, einem femininen Stil und süßer Himbeerfrucht im Mund. Bei mittlerem Körper ist er weich, saftig und ideal zum Trinkgenuss während der nächsten 7–8 Jahre geeignet.

1997: Der charmante, offen gewirkte, reichfruchtige 1997er hat leichten bis mittleren Körper und ist weich ohne harte Ecken und Kanten. Trinken Sie ihn im Lauf der nächsten 2–4 Jahre.

1996: Der weiche, reichfruchtige Wein legt eine Farbe von mittlerem Rubinrot an den Tag, gepaart mit einem eleganten, süßen Bukett von Kirschfrucht, verwoben mit blumigen, erdigen und würzigen Düften. Tannin im Abgang ist spürbar. Ein eleganter, fruchtgeprägter Wein von finessereichem Stil zum Trinkgenuss während der nächsten 2–4 Jahre.

1995: Dieser gefällige rubin-purpurrote Wein mit süßer Kirschfrucht und Vanille im Bukett besitzt schöne Reife im Auftakt, dazu weiches Tannin, niedrige Säure und einen runden, entgegenkommenden Abgang. Voraussichtliche Genussreife: jetzt–2006.

Weiterer verkosteter Jahrgang: 1999er (84–86)

LARCIS-DUCASSE (ST-ÉMILION)

2000	**D**	**(87–89)**
1999	**D**	**81**
1998	**D**	**86**
1996	**D**	**81**
1995	**D**	**87**

Obwohl es von einem der besten *terroirs* in St-Émilion profitiert, bringt dieses ständig unter seinen Möglichkeiten arbeitende Weingut weiterhin nur Weine von guter, aber uninspirierender Art hervor.

2000: Dieses großartige *terroir* drückt sich niemals ganz in seinem Potenzial aus, dennoch ist der 2000er einer der besten Weine der letzten Jahre. Er offenbart ein klassisches Bukett, das nach nassen Steinen, Kirschlikör, getrockneten Kräutern und Erde duftet, wunderschöne Reintönigkeit, mittleren Körper sowie Eleganz, Stil und umfassende Ausgewogenheit. Er dürfte sich 10–15 Jahre hindurch schön trinken lassen.

1999: Substanzlos, mit engen Merkmalen von Tabak und Grasigkeit, die seine Persönlichkeit dominieren, besitzt der Wein hartes Tannin und einen strengen Abgang. Meine Punktnote ist vielleicht allzu großzügig. Voraussichtliche Genussreife: jetzt–2009.

1998: Der 1998er zeigt eine dunkelrubinrote Farbe, ein krautiges, süßes, nach Schwarzkirschen, Mineralien, Oliven, Zedernholz und Gewürzkiste duftendes Bukett, mittleren Körper, leichtes Tannin und einen kurzen Abgang. Ein Wein, der im Lauf der nächsten 7–10 Jahre getrunken werden sollte.

1996: Der 1996er besitzt eine mittelrubinrote Farbe, gepaart mit einem aufgeschlossenen, weichen, kommerziell ansprechenden und nach Kirschen, Kräutern und Erde duftenden Bukett. Der Wein ist bei mittlerem Körper gradlinig und schlicht. Trinken Sie ihn im Lauf der nächsten 3–4 Jahre.

1995: Der 1995er zeigt eine mäßig gesättigte dunkelrubin-purpurrote Farbe. Sein würziges, reifes, reichfruchtiges Bukett mit Spuren von Erde und frischem Eichenholz ist mäßig intensiv. Etwas Tannin, schöne Reintönigkeit, mittlerer Körper und ein fester, proportionierter, eleganter Stil deuten an, dass dieser Wein weitere 8 Jahre zu halten vermag.

Weiterer verkosteter Jahrgang: 1997er (84)

Bisheriger großer Jahrgang: 1945er (90)

LARMANDE (ST-ÉMILION)

2000	**D**	**(87–88)**
1999	**D**	**87**
1998	**D**	**87**
1997	**D**	**86**
1996	**D**	**88**
1995	**D**	**88**

Dieses Weingut hat seit Mitte der 1970er Jahre sehr gute bis ausgezeichnete Weine produziert. Der Schlüssel zu ihrer Qualität sind späte Ernte, strenge Auslese des Traubenguts und relativ niedrige Erträge. Nur wenige Premiers-Grands-Crus können auf so viele Erfolge zurückblicken und sich auf so beständig feine Leistungen berufen.

2000: Den 2000er habe ich bei drei verschiedenen Gelegenheiten verkostet. Meine Degustationsnotizen waren recht unterschiedlich, doch hat der Wein sich niemals so gut ausgenommen wie ich gehofft hatte. Er zeigt einen komprimierteren, weniger offen gewirkten Stil als früher, mit spürbarer Struktur, straffem, hartem Tannin und einer gewissen Strenge. Dessen ungeachtet sind ausgezeichnete Reintönigkeit, Noten von nassen Steinen, Crème de Cassis und Toast sowie schöne Gewichtigkeit vorhanden. Der Abgang ist ausgezehrt, trocken und streng. Voraussichtliche Genussreife: 2006–2016.

1999: Mittlerer Körper, weiches Tannin und olivenüberhauchte Schwarzkirschen sowie rauchige Eichenaromen in Duft und Geschmack sind in dem 1999er zu finden. Er zeigt auch gute Fleischigkeit, einen süßen Geschmackseindruck eingangs im Mund und einen samtigen Abgang. Voraussichtliche Genussreife: jetzt–2010.

1998: Dieser Wein ist anfänglich verschlossen, doch im Kontakt mit der Luft gibt er Düfte nach Lakritze, Gewürzkiste, Beeren, Kräutern und Leder frei. Eine gut gemachte, attraktive, gut strukturierte Leistung von mittlerem bis vollem Körper. Voraussichtliche Genussreife: jetzt–2015.

1997: Reichliche, aber mäßig intensive Aromen von toastwürzigem frischem Eichenholz, verwoben mit Düften nach Pflaumenlikör, Lakritze und Kräutern der Provence, gehen einher mit einem muskulösen, reifen Wein mit einem markanten Aromaprofil, das an Kirschmarmelade erinnert. Dieser solide gemachte, leicht tanninhaltige Wein dürfte sich vor 2008 auf seinem Höhepunkt befinden.

1996: Der 1996er ist ein kräftiger, toastwürziger, reichhaltiger Wein mit Aromen von Lakritze, asiatischen Gewürzen, englischem Kuchen und rauchigen Schwarzkirschen in Duft und Geschmack. Er gibt mittleren Körper, schöne Reichhaltigkeit, mäßiges Tannin und einen langen, konzentrierten Abgang zu erkennen und wird sich 10 Jahre und länger halten.

1995: Der 1995er ist aus demselben Holz geschnitzt wie der 1996er, nur besitzt er mehr zugänglichen Glyzerin- und Fruchtgehalt sowie niedrigere Säure. Der Wein offenbart dichte rubin-purpurrote Farbe und ein intensives Bukett mit Düften nach Kräutern, toastwürzigen, dicklichen Brombeeren und Cassis, verflochten mit an Holzfeuer erinnernden Aromen. Der Wein ist bei mittlerem bis vollem Körper weich, rund und ausgestattet mit einer sinnlichen Kombination aus Glyzerin, Frucht, süßem Tannin und zu Kopf steigendem Alkohol. Er dürfte sich über 7–8 Jahre hinweg schön trinken lassen.

Bisheriger großer Jahrgang: 1988er (90)

LAROSE-TRINTAUDON (HAUT-MÉDOC)

1996	**Larose-Trintaudon**	**C**	**86**
1996	**Larose-Perganson**	**C**	**86**

1996: *Larose-Trintaudon*: Dieser tiefrubinrote Wein offenbart süße, dickliche Schwarzkirschen- und Johannisbeerfrucht, würziges Eichenholz, erstaunliche Tiefe und Reichhaltigkeit, einen überzeugenden Geschmackseindruck am mittleren Gaumen sowie Länge. Dieser seriös bereitete, fruchtbetonte 1996er wird sich 3–4 Jahre hindurch schön trinken lassen.

1996 *Larose-Perganson:* Dieser Wein legt in Duft und Geschmack mehr frisches Eichenholz an den Tag als der 1996er Larose-Trintaudon, dazu ausgezeichnete fleischige Frucht, mittleren Körper und schöne Reintönigkeit. Auch er dürfte sich 3–4 Jahre hindurch schön trinken lassen.

Weitere verkostete Jahrgänge: Larose-Perganson 2000er (85–86), 1999er (85–86), 1998er (85–87), 1997er (86); Larose-Trintaudon 2000er (85–86), 1998er (83–85+?), 1997er (85)

LAROZE (ST-ÉMILION)

2000	**C**	**(87–88)**
1999	**C**	**87**
1998	**C**	**87**
1997	**C**	**84**

Dieses Weingut hat zu seinem guten Weg zurückgefunden und während der letzten Jahre eine Folge von offenkundig fruchtigen, weichen, offen gewirkten, verbraucherfreundlichen Weinen erzeugt.

2000: In einem tanninreichen Jahr hat Laroze einen tiefrubinroten, reifen 2000er erzeugt, der ausgezeichnete Definition, süße Frucht, aber einen oberflächlichen Charakter aufweist. Er will in den ersten 6–7 Jahren getrunken sein.

1999: Eine tiefrubin-purpurrote Farbe geht einher mit Aromen von Schwarzkirsch- und Beerenfrucht, Erde und Rauch. Bei mittlerem bis vollem Körper eingangs im Mund süß, mit niedriger Säure und exzellenter Länge, könnte sich der 1999er Laroze als ein Volltreffer des Jahrgangs herausstellen, falls er sein Gewicht und seine Frucht erhält. Voraussichtliche Genussreife: jetzt–2012.

1998: Der 1998er ist ein anmutiger, reichfruchtiger St-Émilion von mittlerem Körper, der in seinem ersten Lebensjahrzehnt köstlichen Trinkgenuss gewähren wird. Seine Farbe ist ein dunkles Rubinrot, und der Wein bietet reichliche Nuancen von schwarzen Kirschen, Kirschwasser und Gewürzen. Fleischig und köstlich, kann man ihn jetzt und über die nächsten 8 Jahre hinweg trinken.

1997: Von mittlerem Körper, leichter und weniger entwickelt als der 1996er, bietet der rubinrote 1997er schöne Reintönigkeit und einen würzigen, klar gezeichneten Abgang. Voraussichtliche Genussreife: jetzt–2006.

LARRIVET-HAUT-BRION (PESSAC-LÉOGNAN)

2000	**D**	**(90–92)**
1999	**D**	**89**
1998	**D**	**88**
1997	**C**	**86**

Christine und Philippe Gervoson haben der Qualität ihres Weins aus diesem herrlich in Pessac-Léognan gelegenen Weingut zu einem großen Aufschwung verholfen. Die Verbesserungen setzten 1996 ein, und mit den Jahrgängen 1998 und 2000 hat das Gut Spitzenleistungen erbracht, wenngleich auch der 1999er und der 1997er sehr gute Weine darstellen. Michel Rolland fungiert hier als beratender Önologe.

2000: Der 2000er, in dessen Mischsatz Merlot und Cabernet Sauvignon zu gleichen Teilen enthalten sind, ist ein beeindruckender Spätentwickler des Jahrgangs. Seine dichte und undurchdringliche purpurrote Farbe geht einher mit Aromen von Mineralien, Gewürzen, schwarzen Kirschen und Johannisbeeren. Auch komplexe Noten von Weihrauch und Lakritze entsteigen dem Glas. Am Gaumen erweist sich der Wein als opulent, körperreich und erdig, mit süßem Tannin, niedriger Säure und superber Konzentration sowie Reintönigkeit. Eine Schönheit! Voraussichtliche Genussreife: jetzt–2020.

1999: Der 1999er könnte sich als ebenso gut herausstellen wie der 1998er. Obwohl etwas weicher und leichter, ist er ein verführerischer Wein, der in Duft und Geschmack Nuancen von Teer, versengter Erde, Tabak und roter und schwarzer Johannisbeerfrucht zu bieten hat.

Von mittlerem Körper, weich, würzig und schon jetzt köstlich, wird er bei seiner Freigabe verlockenden Trinkgenuss gewähren. Voraussichtliche Genussreife: jetzt–2014.

1998: Klassische Düfte nach rauchigem Tabak, Zigarrenkiste, versengter Erde, schwarzen Johannisbeeren und Kirschen kommen in den intensiven Aromen dieses Weins lebhaft zum Ausdruck. Im Mund ist er bei mittlerem Körper würzig und weich, aber auch ausdrucksvoll. Diese elegante Schönheit könnte eine noch höhere Punktnote verdienen. Voraussichtliche Genussreife: jetzt–2015.

1997: Würzige, pfeffrige, rauchige, an provenzalische *garrigue* erinnernde Aromen, süße Frucht, attraktive Reife, niedrige Säure und schöne Konzentration kennzeichnen diesen entgegenkommenden dunkelrubinroten Wein. Trinken Sie ihn im Lauf der nächsten 4 Jahre.

LASCOMBES (MARGAUX)

2000	**D**	**(90–92)**
1998	**D**	**83**
1997	**C**	**77**
1996	**C**	**80**
1995	**C**	**79?**

Seitdem dieses Weingut 1999 von einem amerikanischen Konsortium erworben wurde, liegt es in den fähigen Händen von Yves Vatelot, einem der Partner von Lascombes und gleichzeitig der Besitzer des überdurchschnittlichen Guts Reignac. Alain Raynaud (von Quinault l'Enclos und La Fleur de Gay) ist als Berater gewonnen worden. Dies ist unbestritten ein Weingut, das man im Auge behalten sollte angesichts der riesigen Mittel, die in die Weinberge und die Kellerei gesteckt wurden, des sehr strengen jetzt angewandten Ausleseverfahrens und des immensen Talents der beiden Männer, die nun die Weinbereitung beaufsichtigen.

2000: Nur 30% der Erntemenge fand Eingang in den 2000er. Der endgültige Mischsatz aus 58% Cabernet Sauvignon, 35% Merlot, 7% Petit Verdot hat den besten Lascombes seit über 35 Jahren ergeben. Dieser Erfolgsschlager des Jahrgangs offenbart eine tiefrubinrote Farbe und Aromen von süßer, konzentrierter, dicklicher schwarzer Johannisbeerfrucht, vermischt mit getrockneten Kräutern, Erde, Zedernholz und Gewürzen. Der tiefe, samtig texturierte, charmante, sinnliche Wein weist einen so niedrigen Säuregehalt und so reifes Tannin auf, dass man ihm schon in seinem jugendlichen Stadium schwer widerstehen kann. Voraussichtliche Genussreife: jetzt–2016.

1998: Der in leichtem Stil bereitete 1998er bietet süße, mit Zedernholz, Aromen aus der Gewürzkiste und getrockneten Kräutern verwobene Kirschfrucht. Obwohl es ihm an Tiefe mangelt, ist dieser Wein symmetrisch, gut ausgewogen und elegant. Genießen Sie ihn im Lauf der nächsten 10 Jahre.

1997: Der 1997er ist in einem vordergründigen, weichen Stil von leichtem bis mittlerem Körper bereitet, doch im Augenblick scheint das Eichenholz ein allzu großes Übergewicht über die moderaten Mengen an Frucht zu haben. Der Wein muss in seinen ersten 7–8 Lebensjahren getrunken werden.

1996: Dies ist ein kommerziell gestalteter, eichenholzwürziger, weicher, fruchtiger Wein ohne viel Tiefe und Länge. Er ist offen gewirkt, mit getrockneten Kräutern und schwarzer Johannisbeerfrucht in seinem mäßig intensiven Aromaprofil. Der kurze Abgang enthüllt keine harten Ecken und Kanten. Trinken Sie ihn im Lauf der nächsten 4–5 Jahre.

1995: Weit weniger eindrucksvoll nach der Flaschenabfüllung als vom Fass, steht dem 1995er angesichts seiner hohlen Mitte und seines harten, strengen, eckigen Abgangs nun die Gefahr der Austrocknung bevor. Seine Farbe ist ein mittleres Rubinrot, und der Wein ist mäßig schwer und zeigt süße Frucht im Bukett und eingangs im Mund, aber er verschließt sich und offenbart eine herbe, spartanische Persönlichkeit. Voraussichtliche Genussreife: jetzt–2008.

Weiterer verkosteter Jahrgang: 1999er (77–79)

Bisheriger großer Jahrgang: 1959er (90)

LATOUR (PAUILLAC)

2000	EEE	(96–100)
1999	EEE	94
1998	EEE	90
1997	EEE	89
1996	EEE	97
1995	EEE	96+

Der Wein von Latour ist ein makelloses und klassisches Musterbeispiel für stets gleichmäßig hohe Güte sowohl in großen als auch in mediokren Jahren. Aus diesem Grund gilt der Wein aus diesem Gut schon seit langem bei vielen als der beste Wein aus dem Médoc. Alles in allem ist und bleibt der Latour einer der konzentriertesten, gehaltvollsten, tanninstärksten und körperreichsten Weine der Welt. Im ausgereiften Zustand besitzt er ein unwiderstehliches Bukett von frischen Walnüssen und Leder, schwarzen Johannisbeeren und kiesartigen mineralischen Düften. Am Gaumen ist er niemals schwerfällig, sondern zeigt außergewöhnliche Frische. Das Gut wurde vor einigen Jahren von dem Pariser Geschäftsmann François Pinault erworben. Unter der neuen Leitung sind die Weinkeller einer umfangreichen Erneuerung unterzogen worden, mit enormen Verbesserungen bei den Gärtanks und den unterirdischen Kellern, in denen die Weine heranreifen. Die letzten Jahrgänge setzen den gewohnten Trend fort und bleiben dem Stil treu, der Latour weltweit berühmt gemacht hat.

2000: Der 2000er gehört zu den unwiderstehlichsten Leistungen des Jahrgangs. Die Erträge der alten Rebstöcke, aus deren Trauben der größte Teil dieser Cuvée produziert wird, betrugen 37 hl/ha. 48% der Ernte wurden für den Grand Vin verwendet, dessen Mischsatz aus 77% Cabernet Sauvignon, 16% Merlot, 4% Cabernet Franc und 3% Petit Verdot besteht. Diese fantastische Leistung scheint der Star unter den Premiers Crus im Médoc zu sein. Trotz seiner dicken, viskosen Anmutung beträgt der gesamte Säuregehalt 3,7 g/l, was angesichts der Tatsache, dass die meisten großen Jahrgänge von Latour 3,2–3,3 gr aufweisen, recht hoch ist. Der Wein besitzt süßes Tannin, erstaunliche Präsenz und Konzentration, außergewöhnliche Reintönigkeit und phänomenal reife, unverfälschte, ölige, aber keineswegs schwere Nuancen von schwarzen Früchten. Er ist ein Musterbeispiel von Kraft, Symmetrie und Anmut, mit einem Abgang, der über 45 Sekunden lang anhält. Diesem Latour könnte es frühzeitig vergönnt sein, den 1996er, 1995er und 1990er zu übertreffen! Voraussichtliche Genussreife: 2008–2050.

1999: Dieser sinnliche, offen gewirkte, opulente Wein, eine großartige Leistung der Weinbereitung, besitzt eine Fülle von Tannin, das jedoch zu einem großen Teil durch die üppige Frucht, den starken Extraktionsgehalt und spürbares Glyzerin und ölige Textur verdeckt wird. Von dichtem Rubin-Purpurrot, mit einem süßen, entfalteten Bukett von schwarzen Früchten (Cassis und Brombeeren), Zedernholz, Gewürzkiste und flüssigen Mineralien, wird dieser wuchtige, aber nahtlose Latour schon ungewöhnlich jung zugänglich sein. Sowohl Säure als auch Alkohol, Tannin und Holz sind von diesem langen und körperreichen Wein wunderschön integriert worden, der sich von 2007–2030 auf seinem Höhepunkt befinden wird. Ein Klassiker!

1998: Zwar kein kraftstrotzender, superkonzentrierter Klassiker wie der 1996er, 1995er, 1990er oder 1982er, besitzt der 1998er doch eine dunkelgranat-purpurrote Farbe, gepaart mit einem komplexen Bukett von Unterholz, Zedernholz, Walnüssen und mit Lakritze überhauchten schwarzen Johannisbeeren. Obwohl von mittlerem bis vollem Körper und mäßig tanninhaltig, lässt er den expansiven Eindruck am mittleren Gaumen vermissen, den ein Wein braucht, um wirklich groß zu sein. Darüber hinaus ist das Tannin ein wenig aggressiv, was bei einem so jungen Latour freilich nicht ungewöhnlich ist. Voraussichtliche Genussreife: 2009–2030.

1997: Der geschmacksbetonte, würzige Latour ohne große Dichte und Wucht offenbart süße, walnusstönige schwarze Johannisbeerfrucht, verflochten mit Mineralien und subtiler

Holzwürze. Gefällig texturiert, mit angemessener Säure, reifem Tannin und einem Abgang von mittlerem Körper, sollte sich dieser weiche Wein 10–12 Jahre hindurch schön trinken lassen.

1996: 65% der Produktion von 1996 fand Eingang in den Grand Vin, eine Mischung aus 78% Cabernet Sauvignon, 17% Merlot, 4% Cabernet Franc und 1% Petit Verdot. Er ist ein massiver, verhalten entwickelter Wein, fast schon ein Riese. Der 1996er scheint eher eine moderne Version des 1966ers oder 1970ers zu sein als der süßeren, üppigeren, fetteren Stilausprägungen des 1982ers oder des 1990ers. Der Wein zeigt eine undurchdringliche rubinpurpurrote Farbe und widerstrebende, aber dennoch emporsteigende Aromen von gerösteten Nüssen, Brombeerfrucht, Tabak und Kaffee, mit einem Hauch Toast im Hintergrund. Massiv und körperreich im Mund, besitzt er extrem hohen Tanningehalt, fabelhafte Konzentration und Reintönigkeit sowie einen untadelig langen Abgang. Dieser Wein wird mindestens 10 Jahre Kellerreife erfordern. Voraussichtliche Genussreife: 2012–2040.

1995: Von dem 1995er bin ich schon bei verschiedenen Gelegenheiten überwältigt worden, und nun haben sich alle meine Erwartungen, dass er nach der Flaschenabfüllung ein herrliches Beispiel eines Latour werden würde, als richtig erwiesen. Der Wein ist ein öliger texturierter, süßerer, zugänglicherer Latour als der 1996er. Toll! Was ist er doch für ein profunder Tropfen geworden! Er ist unzweifelhaft einer der großen Weine des Jahrgangs und wird wahrscheinlich 10 Jahre Kellerreife benötigen, bevor man sich ihm nähern kann. Der Wein offenbart eine undurchdringlich purpurrote Farbe und ein umwerfendes Bukett von Schokolade, Walnüssen, Mineralien, Gewürzen sowie Brombeer- und Cassisfrucht. Außergewöhnlich körperreich, mit hohem Glyzeringehalt, viel Fülle und Persönlichkeit, besitzt dieser Wein trotz seiner niedrigen Säure einen extrem hohen Tanninspiegel, der den gleichermaßen gewaltigen Anteilen an Frucht ein Gegengewicht bietet. Ein märchenhafter Latour, der mühelos 40–50 Jahre lang altern dürfte.

Bisherige große Jahrgänge: 1994er (92?), 1993er (89), 1990er (98+), 1986er (90), 1982er (100), 1978er (94), 1975er (93+), 1971er (93), 1970er (98+), 1966er (96), 1964er (90), 1962er (94), 1961er (100), 1959er (98+), 1949er (100), 1948er (94), 1945er (96), 1928er (100), 1926er (93), 1924er (94), 1921er (90)

LATOUR À POMEROL (POMEROL)

2000	**E**	**(90–92)**
1999	**E**	**89**
1998	**E**	**90**
1997	**D**	**88**
1996	**E**	**88**
1995	**E**	**89+**

Dieses Weingut, das von der in Libourne ansässigen Firma von Jean-Pierre Moueix kontrolliert wird, produziert einen Pomerol von wuchtigem, fleischigem, opulentem Stil und dunkler Farbe, der häufig majestätisch ist und manchmal zu den zwei oder drei größten Weinen der Appellation gehört (etwa der 1947er, 1948er, 1950er, 1959er, 1961er und 1970er). Mit Ausnahme des 1982ers und vielleicht des 1998ers hat sich in den letzten über 30 Jahren nichts mehr mit diesen legendären Weinen messen können, doch für einen Pomerol aus limitierter Produktion von so hochwertiger Qualität bleibt dieser Wein immer noch relativ preiswert.

2000: Noten von Karamell, Balsaholz und mineralisch durchsetzten Schwarzkirschen und Pflaumen entsteigen diesem dunkelrubinroten 2000er. Im Mund komprimiert festes Tannin die Textur. In seiner frühen Jugend fehlte es diesem Wein von mittlerem Körper an Konzentration und Kraft, doch nun hat er sich bedeutend verbessert. Dieser 2000er ist süßer, expansiver und viel reichhaltiger als ich erwartet habe und dürfte es mit dem 1998er aufnehmen können. Voraussichtliche Genussreife: jetzt–2018.

1999: Dieser aufgeschlossene, entwickelte, dunkelrubinrot-pflaumendunkle 1999er zeigt ein Bukett von süßem frischem Eichenholz, Karamell und Kirschfrucht. Ausgezeichnet am Gaumen, offen gewirkt und köstlich, wird er schon bei seiner Freigabe trinkbar sein. Voraussichtliche Genussreife: jetzt–2012.

1998: Der gelungene 1998er ist einer der besten Weine, die in diesem Weingut in den letzten 30 Jahren erzeugt wurden. Doch ist es unwahrscheinlich, dass er sich als besser herausstellen wird als der 1970er oder der 1982er. Dieser tiefe, reichhaltige, körperreiche, wuchtige, geschichtete, mit süßem Tannin ausgestattete 1998er, der Noten von Vanille, Leder, stark extrahierter Schwarzkirschfrucht und Karamell an den Tag legt, ist zwar nicht so profund, wie ich ursprünglich dachte, doch immer noch ein hervorragender Wein. Voraussichtliche Genussreife: 2004–2020.

1997: Diese Art von Wein wird viele Verbraucher erfreuen, daher sollten die Leser ruhig einen Versuch wagen, vorausgesetzt, sein Preis ist nicht außerhalb jeder vernünftigen Reichweite. Seine dunkelrubinrote Farbe geht einher mit einem tiefen, reichhaltigen, ausgezeichnet zum Ausdruck gebrachten Aromaprofil von gerösteten Nüssen, dicklicher Beerenfrucht, getrockneten Kräutern und Tomatenhäuten. Er ist bei mittlerem bis vollem Körper verführerisch, üppig, mit beeindruckendem Gehalt an Glyzerin, Frucht und Intensität. Niedrige Säure und ein früh ansprechender Stil deuten an, dass er am besten im Lauf der nächsten 4–5 Jahre getrunken werden sollte, obwohl er zweifellos länger halten wird.

1996: Der Wein hat sich nach der Flaschenabfüllung gut gemacht. Er offenbart eine satte dunkelrubinrote Farbe und ausgezeichnete Brombeer- und Kirscharomen, vermischt mit Toast, gerösteten Nüssen und Vanille. Von mittlerem Körper, mit bewundernswerter Konzentration, mäßigem Gehalt an Eichenholzwürze und süßem Tannin, ist dieser dichte Wein bereits jetzt köstlich zu trinken. Voraussichtliche Genussreife: jetzt–2014.

1995: Der 1995er sollte sich eigentlich in einen hervorragenden Wein verwandeln, doch er zeigte nach der Flaschenabfüllung ziemlich viel Biss und Struktur. Er besitzt eine dunkelrubinpurpurrote Farbe sowie ein markantes Bukett von geräucherten Kräutern, schwarzen Früchten, Eisen, Maulbeeren und Gewürzen. Der Wein ist bei mittlerem bis vollem Körper generös, reif und vollmundig, mit ausgezeichneter Reichhaltigkeit und Reintönigkeit, aber sein tanninherber Einschlag und seine leichte Bitterkeit stehen einer hervorragenden Punktnote entgegen. Ein oder zwei weitere Jahre in der Flasche könnten einen ausgezeichneten, vielleicht sogar hervorragenden Latour à Pomerol ergeben. Voraussichtliche Genussreife: 2004–2020.

Bisherige große Jahrgänge: 1982er (93), 1970er (94), 1961er (100), 1959er (98), 1950er (99), 1948er (98), 1947er (100), 1945er (100)

DES LAUVES (ST-ÉMILION)

2000	**C**	**(86–88)**

2000: Eine undurchdringlich rubin-purpurrote Farbe geht mit Aromen von frischem Eichenholz und schwarzen Früchten einher. Dieser unkomplizierte, substanzielle, in einem internationalen Stil gestaltete St-Émilion enthüllt rustikales Tannin, aber gute Textur im Mund sowie viel Gewichtigkeit und Tiefe. Voraussichtliche Genussreife: jetzt–2015.

LÉOVILLE-BARTON (ST-JULIEN)

2000	**EEE**	**(96–98)**
1999	**E**	**88+**
1998	**E**	**91**
1997	**D**	**86**
1996	**E**	**92**
1995	**E**	**91**

Nach einer Phase der Uneinheitlichkeit in den 1970er Jahren hat Léoville-Barton in den 1980ern und 1990ern unter der Leitung von Anthony Barton eine Reihe von brillanten Weinen produziert. Dieses Weingut genießt zwar keinen so schmeichelhaften Ruf wie Léoville-Las Cases oder Ducru-Beaucaillou, erzeugt aber einen St-Julien der Spitzenklasse. Leser, die klassische, muskulöse, extrem langlebige Bordeauxweine suchen, sollten stets an dieses hervorragende klassifizierte Gewächs denken. Der Wein wird immer noch weit unter seinem wahren Wert verkauft.

2000: Dies ist einer der unleugbaren Superstars des Jahrgangs und übertrifft alles, was in den letzten 50 Jahren in diesem Gut gemacht wurde. Seine undurchdringlich purpurrote Farbe geht einher mit zögernd dem Glas entsteigenden Aromen von Cassis, Erde, Eichenholz und Lakritze. Die spektakuläre Qualität wird im Mund sogar noch deutlicher. Der Wein ist gewaltig, aber symmetrisch, mit herrlicher Konzentration, wunderschön integriertem Säure-, Tannin- und Holzgehalt und einem Abgang, der fast eine Minute lang anhält. Dies ist ein massiver, komplexer Wein mit einer geradezu unheimlichen Ausgewogenheit für einen Wein von solcher Monumentalität. Einer der Weine des Jahrgangs und ein moderner Klassiker dazu! Voraussichtliche Genussreife: 2008–2040.

1999: Die niedrigere Säure des Jahrgangs verleiht dem 1999er einen aufgeschlosseneren Charakter als üblich. Seine Farbe ist ein dichtes Rubin-Purpurrot. Der Wein offenbart feinen Körper und einen weicheren, freundlicheren, im Trend liegenden Stil als der 1998er, dazu reichliches Gewicht und Fülle. Zedernholz, Cassis, Mineralien, Unterholz und Erde prägen ihn in Duft und Geschmack. Ich vermute, er wird sich nach der Flaschenabfüllung verschließen. Voraussichtliche Genussreife: 2004–2025.

1998: Dieser undurchdringlich purpurrote, muskulöse, körperreiche, im klassischen Stil bereitete St-Julien gibt eindrucksvolle Konzentration, kernige, überaus extrahierte Geschmackskomponenten von schwarzen Früchten, Eisen, Erde und würzigem Holz zu erkennen, dazu einen wuchtigen Eindruck im Mund und drei Jahrzehnte Lebensdauer. Ein reintöniger Wein von traditionellem Stil, ist er wegen seiner Authentizität, Klasse und Qualität zu bewundern. Voraussichtliche Genussreife: 2007–2035.

1997: Der elegante, in Duft und Geschmack mit Aromen von Gewürzkiste, Zedernholz, Eichenholz und roten und schwarzen Johannisbeeren ausgestattete 1997er offenbart erstaunliche Milde, mittleren Körper und reifes Tannin. Trinken Sie ihn im Lauf der nächsten 8 Jahre.

1996: Der eindrucksvolle 1996er ist ein Klassiker des Jahrgangs. Obwohl in der Entwicklung zurückgeblieben, zeigt er eine dichte rubin-purpurrote Farbe, gepaart mit reichlichen Aromen von schwarzer Johannisbeerfrucht, die mit Düften nach würzigem Eichenholz und Trüffeln verwoben sind. Der Wein ist glänzend bereitet, körperreich und straff strukturiert, mit viel Muskelkraft und hervorragender Konzentration und Reintönigkeit. Er dürfte sich als langlebiger Léoville-Barton und auch als eine Art Spätentwickler des Jahrgangs herausstellen, doch wird er Geduld erfordern. Voraussichtliche Genussreife: 2007–2030.

1995: Etwas verschlossen und widerstrebend nach der Flaschenabfüllung, aber immer noch eindrucksvoll, besitzt der 1995er eine dunkelrubin-purpurrote Farbe und ein eichenholzwürziges Bukett mit klassischen Düften nach Cassis, Vanille, Zedernholz und Gewürzen. Dicht und von mittlerem bis vollem Körper, mit weicherem Tannin und mehr Zugänglichkeit als der 1996er, aber nicht ganz so voll gepackt am Gaumen, ist der 1995er ein hervorragender St-Julien wie aus dem Bilderbuch, der eine ausgedehnte Kellerreife reich belohnen wird. Voraussichtliche Genussreife: 2004–2025.

Bisherige große Jahrgänge: 1994er (90+), 1990er (94+), 1989er (90), 1986er (92), 1985er (92), 1982er (93+), 1975er (90), 1961er (92), 1959er (94), 1953er (95), 1949er (95), 1948er (96), 1945er (98)

LÉOVILLLE-LAS CASES (ST-JULIEN)

2000	**EEE**	**(94–96)**
1999	**EEE**	**91**

1998	**EEE**	**93**
1997	**EEE**	**90**
1996	**EEE**	**98+**
1995	**EEE**	**95**

Mein Besuch in Léoville-Las Cases im Januar 2001 stand unter einem traurigen Stern, war es doch das erste Mal in 22 Jahren, dass Michel Delon, »der Löwe von St-Julien«, nicht da war, um die Verkostung zu leiten. Sein Tod im Juli 2000 ist tief betrauert worden. Das Weingut liegt nun in den fähigen Händen seines Sohnes Jean-Hubert.

Léoville-Las Cases ist fraglos einer der großen Namen und Weine von Bordeaux. Seit 1982 haben diese Weine eine Qualität, wie sie nur Premiers Crus aufweisen, wobei etliche Jahrgänge sogar einigen Premiers Crus überlegen waren. Die Weine von Léoville-Las Cases sind im Allgemeinen dunkel, tanninreich, kräftig gebaut, konzentriert und potenziell langlebig. Während der letzten Jahre sind sie auch dazu gelangt, Wucht und Eleganz in einem harmonischen Stil miteinander zu verbinden. Diese traditionellen St-Juliens erfordern Geduld, da sie erst nach einer 10–15 Jahre währenden Alterung im Keller voll entfaltet und trinkreif sind. Sollte je eine Neufassung der Bordeaux-Klassifizierung von 1855 unternommen werden, dann würde Léoville-Las Cases sicherlich ernsthafte Unterstützung für die Erhebung zum Premier-Cru-Status erhalten.

2000: Wieder einmal ist ein geschmeidiger, superkonzentrierter, reintöniger Léoville-Las Cases produziert worden. Die Erträge waren etwa 47 hl/ha, und nur 35% der Erntemenge wurde für den Grand Vin eingesetzt. Der Wein wird beherrscht von seinem hohen Anteil von Cabernet Sauvignon (76,14%, der Rest besteht aus 14,4% Cabernet Franc und 9,46% Merlot). Undurchdringlich schwarz-purpurrot mit einem zurückhaltenden, aber verheißungsvollen Bukett von Crème de Cassis, Brombeeren und Kirschlikör, Vanille, Mineralien und Aromen aus der Gewürzkiste, explodiert dieser reichhaltige 2000er von mittlerem bis vollem Körper am hinteren Gaumen mit hohem Tanningehalt und würziger Säure. Der verhalten entwickelte *vin de garde* wird 8–10 Jahre Kellerreife erfordern. Jean-Hubert Delon meint, dass sein 2000er an die denkwürdigen Weine heranreichen wird, die 1996, 1990, 1986 und 1982 produziert wurden, obwohl er einen unterschiedlichen Stil besitzt. So großartig er auch ist, bin ich doch nicht davon überzeugt, dass er die majestätische Statur dieser Weine erreichen wird, aber die Zeit wird es zeigen. Voraussichtliche Genussreife: 2010–2040.

1999: Der verführerische, dunkelrubin-purpurrote 1999er präsentiert Aromen von süßen schwarzen Früchten, verwoben mit Düften nach Zedernholz, Bleistift und Vanille. Von mittlerem bis vollem Körper, mit niedriger Säure, ist er fortgeschritten entwickelt und schon jetzt köstlich. Dieser verführerische Wein wird sich untypischerweise bereits in seiner Jugend schön trinken lassen. Voraussichtliche Genussreife: jetzt–2015.

1998: Der 1998er hat sich als einer der superben Médocs des Jahrgangs herausgestellt. Er prunkt mit einer undurchdringlich schwarz-purpurroten Farbe sowie dem klassischen Léoville-Las Cases-Aromaprofil von Bleistift, herrlich reintönigen schwarzen Himbeeren und Kirschen, Rauch und Grafit. Ein klassischer Geschmackseindruck am Gaumen offenbart festes Tannin, mittleren bis vollen Körper, superbe Konzentration und Reintönigkeit und ein vollkommen symmetrisches Gefühl im Mund. Dieser Wein ist ein würdiger Nachfolger von klassischen Las Cases-Jahrgängen wie dem 1988er, 1995er und 1996er. Voraussichtliche Genussreife: 2006–2025.

1997: Dieser hochklassige, nach Zedernholz, schwarzen Johannisbeeren und süßen Kirschen duftende, dicht rubinrote Star des Jahrgangs präsentiert wohldosierte frische Eichenholzwürze, mittleren Körper, expansive, süße, konzentrierte Geschmacksnuancen, eine Fülle von Glyzerin und außergewöhnliche Reintönigkeit. Für einen Léoville-Las Cases ist er säurearm und bereits jetzt köstlich. Voraussichtliche Genussreife: jetzt–2016.

1996: Nachdem ich den 1996er bei den ersten Verkostungen als nahezu vollkommen eingestuft hatte, fürchtete ich schon, nach seiner Flaschenverkostung von ihm enttäuscht zu werden. Doch diese Sorge erwies sich rasch als unbegründet, sobald ich meine Nase ins Glas gesteckt hatte. Dieser profunde Léoville-Las Cases ist einer der großen modernen Weine aus dem Bordelais und wetteifert mit den Weinen, die das Gut in den Jahren 1990, 1986 und 1982 herausgebracht hat. Das Kennzeichen des 1996ers ist eine *sur-maturité* der Cabernet-Sauvignon-Traube. Dennoch hat der Wein seine ursprüngliche klassische Art, Symmetrie und sein profundes Potenzial an Komplexität und Eleganz beibehalten. Seine schwarz-purpurrote Farbe geht einher mit einem spektakulären Bukett von Cassis, Kirschlikör, Toast und Mineralien. Er zeigt sich eingangs im Mund wuchtig und reichhaltig, mit wunderschön integriertem Tannin und massiver Konzentration, aber ohne eine Spur von Schwerfälligkeit und ungefüger Art. Wenn sich der Wein im Glas befindet, nimmt er an Statur und Fülle zu. Er ist ein bemerkenswerter, nahtloser, den Gaumen färbender und überaus eleganter Wein – der Inbegriff eines St-Julien, im Schatten seines nächsten Nachbarn, Latour, bereitet. Voraussichtliche Genussreife: 2007–2035.

1995: Wäre da nicht der herrliche 1996er, würde sich alle Welt auf den legendären 1995er stürzen, um ein paar Flaschen zu ergattern. Dieser Wein ist einer der strahlendsten Sterne des Jahrgangs. Er prunkt mit einer undurchdringlich rubin-purpurroten Farbe und außergewöhnlich reintönigen, schön gewirkten Aromen von schwarzen Früchten, Mineralien, Vanille und Gewürzen. Der Geschmack eingangs im Mund ist umwerfend voll, zeigt aber mehr spürbares Tannin als sein jüngerer Bruder. Außergewöhnliche reife Cassisfrucht, klug dosiertes toastwürziges frisches Eichenholz und ein faszinierender mineralischer Charakter, verflochten mit Frucht von hoher Qualität, wie man sie von Las Cases gewöhnt ist, machen diesen Wein zu einer hinreißenden Leistung. Er besitzt sicherlich fast ebenso viel Tannin wie der 1996er, doch ist es nicht so vollkommen süß wie dort. Der Abgang bei diesem Klassiker ist unglaublich lang. Nur 35% der Ernte besaßen die erforderliche Qualität für den 1995er. Voraussichtliche Genussreife: 2005–2025.

Bisherige große Jahrgänge: 1994er (93), 1993er (90), 1992er (90), 1990er (96), 1989er (91), 1988er (92), 1986er (98+), 1985er (93), 1983er (91), 1982er (100), 1978er (90), 1975er (92+)

LÉOVILLE-POYFERRÉ (ST-JULIEN)

2000	**EEE**	**(92–95)**
1999	**E**	**89**
1998	**E**	**88**
1997	**D**	**87**
1996	**E**	**93**
1995	**E**	**90+**

Unter den drei Léovilles von St-Julien ist das Weingut Poyferré das am wenigsten bekannte und am meisten unterschätzte, wahrscheinlich wegen seiner uneinheitlichen Leistungen seit 1961. Doch hat sich das Blatt in den letzten Jahren gewendet durch Modernisierungsmaßnahmen in den Kellern, Einführung eines Zweitweins, vermehrten Einsatz neuer Eichenholzfässer für den Ausbau und die zunehmende Aufmerksamkeit des Mitbesitzers Didier Cuvelier, der Michel Rolland als Berater mitbrachte. Der Léoville-Poyferré ist nun ein Wein, der die Aufmerksamkeit der Verbraucher durchaus wert ist.

2000: Im Stil des 1990ers bereitet, doch mit mehr Frische und einem weniger gerösteten Charakter, zeichnet sich dieser fabelhafte Wein aus durch eine satte, blau-purpurrote Farbe sowie mit Lakritze vermischte Brombeer- und schwarze Johannisbeerfrucht von dickem Geschmack. Unverfälschte Opulenz, gepaart mit herrlichem Frucht-, Glyzerin- und Extraktgehalt, ist vorhanden. Zwar tanninreicher als der 1990er, ist der 2000er unbestritten ein sensationeller Poyferré. Voraussichtliche Genussreife: 2005–2030.

1999: Dunkelrubin-purpurrot, mit einem überreifen Bukett von schwarzen Früchten, vermischt mit Mineralien, Rauch und toastwürzigem frischem Eichenholz, besitzt dieser tiefe, sinnlich texturierte Wein niedrige Säure, einen fetten, fleischigen mittleren Gaumen und einen erstaunlich langen Abgang. Er könnte sich unschwer zu einem hervorragenden und früh zugänglichen St-Julien entwickeln. Voraussichtliche Genussreife: jetzt–2016.

1998: Der dunkelrubinrote 1998er von mittlerem Körper präsentiert Aromen von Unterholz, schwarzen Johannisbeeren, Kirschen, Mineralien und Vanille. Zwar ist er süß, reichhaltig und stilvoll, doch lässt er die nötige Tiefe vermissen, um eine hervorragende Punktnote zu erhalten. Trinken Sie ihn im Lauf der nächsten 12–14 Jahre.

1997: Mittelrubinrot mit purpurroten Nuancen, bietet dieser reife St-Julien mit hochklassigem toastwürzigem Eichenholz vermischte köstliche süße Cassisfrucht. Der Wein besitzt Fett, zugängliche Fruchtkomponenten, attraktives Glyzerin und ist ohne Härte. Weder kräftig noch muskulös gebaut, ist er ein eleganter, würziger, charmanter und köstlicher Wein von mittlerem Körper zum Trinkgenuss während der nächsten 4–5 Jahre.

1996: Den fabelhaften 1996er habe ich dreimal aus der Flasche verkostet; er ist zusammen mit dem 2000er der beste Wein, den dieses Gut seit seinem kraftstrotzenden 1990er produziert hat. Von mittlerem bis vollem Körper, mit einem Kleid von sattem Schwarz-Purpurrot, bietet sein Bukett Noten von Zedernholz, dicklichen schwarzen Früchten, Rauch, Trüffeln und subtilem frischem Eichenholz. Im Mund wird beeindruckende Fruchtextraktion spürbar, eine tanninstrenge Struktur und die klassische Verbindung von Kraft und Finesse. Je länger der Wein im Glas verweilte, desto eindrucksvoller wurde er. Verhalten entwickelt und in Bezug auf Extrakt und Fülle massiv, könnte er sich als sensationeller Léoville-Poyferré zum Trinkgenuss für die nächsten 30 Jahre erweisen. Voraussichtliche Genussreife: 2007–2028.

1995: Wenn auch nicht so stark in der Entwicklung zurückgeblieben wie der 1996er, ist der undurchdringlich purpurrote 1995er doch ein tanninherber, unentfalteter, dichter, konzentrierter Wein, der 4–5 weitere Jahre Kellerreife benötigt. In seinem komplexen, jedoch jugendlichen Bukett legt er Aromen von Toast, schwarzen Johannisbeeren, Mineralien und subtile Düfte nach Tabak an den Tag. Die mächtigen, dichten, konzentrierten Cassis- und Blaubeer-Geschmacksnuancen nehmen sich vielleicht etwas weicher aus als beim 1996er, doch sind in diesem kräftig gebauten Wein noch reichlich Biss und Struktur vorhanden. Voraussichtliche Genussreife: 2005–2030.

Bisherige große Jahrgänge: 1990er (96), 1983er (90), 1982er (94), 1900er (93)

LEZONGARS (PREMIÈRES CÔTES DE BORDEAUX)

2000	**B**	**(87–88)**

2000: Dies ist ein weiterer Thunevin-Wein. Dieser dichtrubin-purpurrote 2000er gibt eine samtige Textur, Schichten von roter und schwarzer Johannisbeerfrucht sowie Wucht, Fülle, Harmonie und Tiefe, aber wenig Komplexität zu erkennen. Er weist auch ein ausgezeichnetes Preis-Leistungsverhältnis auf und dürfte sich 4–5 Jahre hindurch schön trinken lassen. Die Franzosen würden ihn einen *vin de plaisir* nennen.

LILIAN-LADOUYS (ST-ESTÈPHE)

1997	**C**	**?**
1996	**C**	**86**
1995	**C**	**81**

1997: Nach dreimaliger Verkostung mit denselben Punktnoten kann ich nur sagen, dass dieser Wein einen muffigen Geruch nach feuchtem Pappdeckel an den Tag legt, der abstoßend wirkt.

1996: Der 1996er nimmt sich besser aus als der 1995er. Er offenbart eine tiefrubinrote Farbe und Aromen von Erde, Mineralien, Kirschen und schwarzen Johannisbeeren mit Eichenholznoten im Hintergrund. Dieser tanninherbe Wein von mittlerem Körper präsentiert sich gut ausgewogen, monolithisch und insgesamt gut bereitet und alterungsfähig. Voraussichtliche Genussreife: jetzt–2012.

1995: Streng, straff gewirkt, allzu tanninreich und strukturiert für seine Frucht, ist dieser dunkelrubinrote Wein aromatisch gedämpft. Im Mund scheint er ganz und gar Struktur und

Biss zu sein. Es mag ja zusätzliche Frucht und extra Charme geben, aber nichts davon ist durch die Härte des Weins zum Vorschein gekommen, als ich ihn verkostete.

LA LOUVIÈRE (PESSAC-LÉOGNAN)

2000	**C**	**(89–91)**
1999	**C**	**87**
1998	**C**	**88**
1997	**C**	**83**
1996	**C**	**87**
1995	**C**	**87**

Dieses Weingut im Besitz von André Lurton produziert beständig Weine hoher Qualität, die sowohl bei den Rot- wie bei den Weißweinen ein ausgezeichnetes Preis-Leistungsverhältnis aufweisen. Obwohl La Louvière in Léognan nicht in die Klassifizierung einbezogen ist, produziert das Gut inzwischen bessere Weine als mancher Cru Classé. Vor allem die neueren Jahrgänge stehen auf dem gleichen Qualitätsniveau wie 4ième Crus im Médoc.

2000: Der 2000er ist der beste La Louvière seit dem 1990er und dem 1988er. Auf ein komplexes, nach Tabakrauch, Erde, schwarzen Johannisbeeren und Kirschmarmelade duftendes Bukett folgt ein geschmeidig texturierter, sinnlicher, fetter, fleischiger, säurearmer Wein von mittlerem bis vollem Körper. Er wird zweifellos fester werden und schön altern. Voraussichtliche Genussreife: jetzt–2016.

1999: Mit Aromen von englischem Kuchen, Gewürzkiste, Tabak und roten Johannisbeeren ausgestattet, besitzt der krautigere, weiche, gefällige 1999er von mittlerem Körper die Ausstaffierung des 1998ers. Dessen ungeachtet ist er köstlich und komplex. Voraussichtliche Genussreife: jetzt–2010.

1998: Der ausgezeichnete dunkelrubin-purpurrote Wein bietet ein klassisches Bukett, das nach versengter Erde, rauchigen Schwarzkirschen und Johannisbeeren duftet. Von mittlerem Körper, mit süßem Tannin, gut integrierter Säure und ausgezeichnetem Geschmack sowie Reichhaltigkeit, ist er ein komplexer Graves wie aus dem Bilderbuch. Voraussichtliche Genussreife: jetzt–2014.

1997: Der 1997er ist fortgeschrittener entwickelt als der 1996er. Er weist niedrige Säure und mit rauchigen, toastwürzigen frischen Eichenholzdüften verflochtene intensive Schwarzkirschen- und Cassisfrucht auf. Bei mittlerem Körper fleischig, aufgeschlossen und reichfruchtig, dürfte er sich 7–8 Jahre hindurch schön trinken lassen.

1996: Der dunkelrubinrote, reife 1996er gibt eine ausgezeichnete Kombination von süßer schwarzer Johannisbeerfrucht, verwoben mit Noten von provenzalischen Oliven, Lakritze, Rauch und toastwürzigem frischem Eichenholz, zu erkennen. Von mittlerem bis vollem Körper, mit exzellenter Süße und einem geschichteten, konzentrierten Abgang dürfte sich dieser Wein jetzt–2015 auf dem Höhepunkt seiner Entwicklung und seines Geschmacks befinden.

1995: Der 1995er ist ein außergewöhnlich verführerischer, offen gewirkter und aromatischer Wein, bei dem die typischen La Louvière-Aromen von Tabak, rauchigen, laubigen, kräuterüberhauchten roten und schwarzen Johannisbeeren förmlich aus dem Glas springen. Dieser Bilderbuch-Graves, der ausgezeichnete Reife, eine geschmeidige Textur, mittleren Körper und eine köstliche geröstete Fruchtigkeit an den Tag legt, kann schon jetzt und über die nächsten 7–8 Jahre hinweg getrunken werden.

Bisheriger großer Jahrgang: 1990er (90)

LUSSEAU (ST-ÉMILION)

2000	**C**	**(90–91)**
1998	**C**	**88**
1997	**C**	**87**

1996	**C**	**86**
1995	**C**	**86**

Laurent Lusseau, der Kellermeister von Château Monbousquet, stellt diesen unterbewerteten, sehr guten Wein in limitierter Produktion her.

2000: Der bislang beste Lusseau ist ein erfreulicher, fetter, saftiger, entgegenkommender St-Émilion mit reichlichen Mengen von Frucht und Glyzerin. Doch besitzt er nicht genügend substanzielle Struktur und Tannin, so dass man ihn während seiner ersten 7–8 Lebensjahre trinken sollte.

1998: Der 1998er ist ein sinnlicher, rauchiger, in einem hedonistischen Stil bereiteter Wein voll dicklicher, mit toastwürzigen Noten getränkter Schwarzkirschfrucht. Von mittlerem Körper und weich, mit einer Fülle von Frucht, wird dieser säurearme, offen gewirkte, eingängige St-Émilion wegen seines verbraucherfreundlichen Stils bewundert werden. Voraussichtliche Genussreife: jetzt–2010.

1997: Der dem 1996er überlegene 1997er zeigt eine dichtere, sattere Farbe als dieser, gepaart mit einem Bukett, das nach dicklichen schwarzen Himbeeren und Beeren duftet, die sich mit erdigen und würzigen Aromen mischen. Mit großen Mengen von Frucht, mittlerem bis vollem Körper und ausgezeichneter Reintönigkeit ist er ein sinnlicher, säurearmer St-Émilion, der sich schon jetzt und während der nächsten 6–7 Jahre schön trinken lässt.

1996: Dieser 1996er von mittlerem Körper bietet Schwarzkirschfrucht und Johannisbeeren in Duft und Geschmack. Attraktiv und weich, von molliger Fülle, dürfte sich dieser freundliche Wein 2–3 Jahre hindurch schön trinken lassen.

1995: Dieser von Merlot dominierte Wein präsentiert ein attraktives, nach Preiselbeeren, Kirschen und Rauch duftendes Bukett und einen üppigen, reich fruchtigen, saftigen Stil von mittlerem Körper mit viel genussbetonter Anziehungskraft. Er will im Lauf der nächsten 1–2 Jahre getrunken sein.

Weiterer verkosteter Jahrgang: 1999er (85–87)

LYNCH-BAGES (PAUILLAC)

2000	**EE**	**(94–96)**
1999	**E**	**90**
1998	**E**	**89**
1997	**D**	**86**
1996	**E**	**91+**
1995	**E**	**90**

Nach einem Abfall in der Qualität zwischen 1971 und 1979 hat Lynch-Bages hauptsächlich aufgrund der überragenden Meisterschaft von Jean-Michel Cazes eine ununterbrochene Kette von feinen Weinen produziert. Heute würde niemand bestreiten, dass die gegenwärtige Qualität dieses Weins einem Deuxième Cru gleichkommt. Der Lynch-Bages ist im Allgemeinen ein robuster, reichhaltiger, opulenter Pauillac, der den Charakter und die Klasse der Spitzenleistungen dieser Appellation in sich vereint.

2000: Der 2000er ist ein prachtvoller Lynch-Bages und der beste Wein, den dieses beliebte Château seit dem 1989er und dem 1990er hervorgebracht hat. Er offenbart eine Farbe von sattem Purpurrot sowie explosive Aromen von neuem Sattelleder, Crème de Cassis, teeriger Arznei, Trüffeln und Eichenholz. Ein süßer Geschmackseindruck eingangs im Mund offenbart einen körperreichen, konzentrierten, saftigen Stil mit großartiger Klasse und viel Charme. Dieser vollmundige, üppige, superkonzentrierte und herrlich reintönige Lynch-Bages färbt den Gaumen rot. Er wird zweifellos während seines Ausbaus im Fass oder nach der Flaschenabfüllung fester werden, doch augenblicklich bietet er einen genussbetonten, vollmundigen, massiven Pauillac. Voraussichtliche Genussreife: 2004–2025. Für die Statistiker sei gesagt, dass sein Mischsatz aus 71% Cabernet Sauvignon, 16% Merlot, 11% Cabernet

Franc und 2% Petit Verdot besteht und er in zu 70% neuen Holzfässern aus französischer Eiche ausgebaut wird.

1999: Dieser Wein erinnert an den säurearmen, vordergründigen, fleischigen 1985er Lynch-Bages. Seine tiefrubin-purpurrote Farbe geht in Duft und Geschmack einher mit süßen, fetten Nuancen von Crème de Cassis, vermischt mit Leder, Unterholz und Zedernholz. Er gibt eine herrliche Textur, vollen Körper und eine frühreife, sinnliche, säurearme Persönlichkeit zu erkennen und wird sich schon bei seiner Freigabe und über die folgenden 15 Jahre hinweg schön trinken lassen.

1998: Gewissermaßen im Stil des 1988ers bereitet, enthüllt dieser strenge Lynch-Bages von mittlerem Körper Noten von neuem Sattelleder, Tabak, Oliven und schwarzen Früchten. Er ist kein kräftig gebauter, konzentrierter Pauillac, sondern anmutig, elegant, mit Charakter und Stil. Voraussichtliche Genussreife: jetzt–2016.

1997: Die gute Nachricht lautet, dass dieser Wein mit dicklicher Frucht von schwarzen Johannisbeeren, die sich mit Zedernholz, Kräutern, Gewürzen und Pfeffer mischt, wie ein Lynch-Bages schmeckt. Dabei ist er freilich ein Lynch-Bages von leichterem, aber freundlichem Stil mit cremigem frischem Eichenholz, niedriger Säure und einer bei mittlerem Körper attraktiven, wenn auch oberflächlichen, ansprechenden Anmutung. Trinken Sie ihn im Lauf der nächsten 3–4 Jahre.

1996: Lynch-Bages hat einen hervorragenden 1996er herausgebracht, der weniger fortgeschritten entwickelt ist als der 1990er oder der 1995er und nach dem Muster des tanninherben, kraftstrotzenden 1989ers angelegt wurde. Er bietet eine undurchdringliche purpurrote Farbe und ein hervorragendes Aromaprofil aus getrockneten Kräutern, Tabak, Cassis und rauchigem Eichenholz. Körperreich und klassisch in seinen Proportionen, wird dieser dichte, kernige, reintönige Lynch-Bages beträchtliche Langlebigkeit aufweisen. Voraussichtliche Genussreife: 2005–2025.

1995: Bei den drei Gelegenheiten, an denen ich den 1995er aus der Flasche verkostete, präsentierte er sich in einem eleganten, zurückhaltenden 1985er/1953er Lynch-Bages-Stil. Attraktiv und weich, mit unübersehbarem Tannin im Hintergrund, ist der 1995er nicht in dem kraftstrotzenden Stil des 1996ers, 1990ers, 1989ers und 1986ers gestaltet. Tiefrubinrot, mit einem ausentwickelten Bukett süßer, rauchiger, erdiger Frucht von schwarzen Johannisbeeren, dürfte sich dieser fleischige, runde, verführerische, fette und fruchtige Lynch-Bages schon in seiner Jugend schön trinken lassen, aber auch 15 Jahre lang anmutig altern. Voraussichtliche Genussreife: jetzt–2015.

Bisherige große Jahrgänge: 1990er (93), 1989er (95+), 1988er (90), 1986er (90), 1985er (91), 1982er (94), 1970er (91), 1961er (94), 1959er (94), 1955er (92), 1953er (90), 1952er (91), 1945er (92)

LYNCH-MOUSSAS (PAUILLAC)

2000	**C**	**(86–88)**
1999	**C**	**87**
1998	**C**	**87**
1997	**C**	**81**
1996	**C**	**86**
1995	**C**	**86**

Lynch-Moussas befindet sich im Besitz und unter der Leitung der Familie Castéja, die auch das bekannte Bordeaux-Handelshaus Borie-Manoux betreibt. Die Weine aus diesem Gut waren im Allgemeinen stets leicht und schlicht, doch die Jahrgänge ab 1995 sind sehr gut gemacht, wobei der 1998er und der 2000er die bislang feinsten Weine sind, die von dieser traditionell unter ihren Möglichkeiten arbeitenden Domaine produziert wurden.

2000: Der 2000er, einer der besten Weine von Lynch-Moussas, bietet eine tiefpurpurrote Farbe sowie ein klassisches Bukett von Crème de Cassis, Gewürzkiste und Zedernholz. Wie viele seiner Genossen besitzt er reichliche Süße und Opulenz, niedrige Säure und einen langen, mäßig tanninherben Abgang. Voraussichtliche Genussreife: jetzt–2016.

1999: Der dunkelrubin-purpurrote, mittelschwere Lynch-Moussas ist zwar geschmeidig, aufgeschlossen und charmant, doch besitzt er weder viel Gewicht noch Substanz. Genießen Sie ihn während seiner ersten 10–12 Lebensjahre.

1998: Der 1998er ist neben dem 2000er einer der besten bislang produzierten Weine von Lynch-Moussas. Er offenbart eine tiefrubin-purpurrote Farbe, dazu ein süßes Bukett von Cassis (nicht unähnlich dem unmittelbar benachbarten Grand-Puy-Lacoste), mittleren Körper, schöne Reintönigkeit und bewundernswerte Harmonie. Dieser Wein ist kein Kraftprotz, wird aber köstlichen Trinkgenuss gewähren und 12–15 Jahre lang halten.

1997: Der 1997er ist ein magerer, eleganter, kurzer Wein mit leichtem Körper und etwas süßer Frucht. Anscheinend wird er für immer ein vierschrötiger, monolithischer Wein mit kaum ausreichender Tiefe bleiben. Voraussichtliche Genussreife: jetzt–2007.

1996: Ein sehr gutes Beispiel eines Lynch-Moussas ist der 1996er. Seine sattdunkle rubinpurpurrote Farbe geht mit Bilderbuch-Aromen von schwarzen Johannisbeeren, rauchigem frischem Eichenholz, Mineralien und Tabak einher. Gut gemacht, mit mäßigem Tannin, ausgezeichneter Reintönigkeit und einem reifen, von geschmolzenem Teer geprägten Abgang von mittlerem Körper, dürfte sich dieser verführerische Wein schon in seiner Jugend schön trinken lassen. Voraussichtliche Genussreife: 2004–2012.

1995: Nach der Flaschenabfüllung präsentiert sich der 1995er als ein sehr guter Wein mit dunkelrubinroter Farbe, würziger, zedernholzduftiger Cassisfrucht in seinem mäßig ausgestatteten Bukett, schöner Reife und Fleischigkeit eingangs im Mund und einem trockenen, sauberen, mäßig tanninstrengen Abgang mit Biss und klarer Linie. Voraussichtliche Genussreife: jetzt–2016.

LYNSOLENCE (ST-ÉMILION)

2000	**E**	**(90–91)**
1999	**E**	**88**
1998	**E**	**89**

Dieser »Garagenwein« aus St-Émilion wird aus einer 2 Hektar umfassenden Parzelle mit 35-jährigen Merlot-Reben gewonnen, die auf sandigem, kiesigem Boden stehen (in die sich auch die benachbarten Domainen Monbousquet und Valandraud teilen) und winzige Erträge von weniger als 30 hl/ha erbringen. Die Weine gären über einen Monat und altern in zu 100% neuen Eichenholzfässern. Die jährliche Produktion beträgt durchschnittlich 650 Kisten. Der Debüt-Jahrgang war 1998.

2000: Eine tiefrubin-purpurrote Farbe geht einher mit süßen Düften von Schwarzkirschen, Brombeeren, Vanille, Mineralien und einem Hauch von versengter Erde. Dieser bei mittlerem bis vollem Körper mollige, im korpulenten Stil bereitete St-Émilion nimmt sich zunächst wie eine Fruchtbombe aus, setzt sich dann aber, um eine erstaunliche Struktur, Definition und Länge zu enthüllen. Mit hervorragender Reintönigkeit und einem langen Geschmackseindruck im Mund wird er sich jetzt–2015 in Höchstform befinden.

1999: Dieser tiefe, reichhaltige, säurearme, konzentrierte dunkelrubin-purpurrote Wein mit einem ausgezeichneten Bukett von schwarzen und roten Früchten (Kirschen und Himbeeren) ist zwar vierschrötig, aber mit viel Tiefe, Konzentration und Textur ausgestattet. Falls er mehr Komplexität entwickelt, dürfte sich die Punktnote erhöhen. Voraussichtliche Genussreife: jetzt–2010.

1998: Eine dunkelrubin-purpurrote Farbe wird begleitet von einem nach schwarzen Früchten duftenden Bukett und einem unkomplizierten, saftigen, üppigen, fleischigen Wein von mittlerem bis vollem Körper. Unter all dem Fett und all der Frucht ist schöne Struktur vorhanden, doch besitzt dieser 1998er nicht die Komplexität und Noblesse, die oft in diesen Mikro-Cuvées zu finden sind. Trinken Sie ihn im Lauf der nächsten 10 Jahre.

MAGDELAINE (ST-ÉMILION)

2000	**E**	**(90–91)**
1999	**E**	**88**
1998	**E**	**92**
1997	**D**	**87**
1996	**E**	**88**
1995	**E**	**91**

2000: Der filigrane, anmutige, zurückhaltende Wein zeigt sich als Inbegriff von Eleganz und Delikatesse. Seine tiefrubinrote Farbe geht einher mit süßen Kirsch- und Pflaumenaromen, einem reifen Geschmackseindruck im Mund, mittlerem Körper und ausgewogenen, außergewöhnlich klar gezeichneten Geschmackskomponenten. Sein Tannin ist mäßig, aber reif. Voraussichtliche Genussreife: jetzt–2016.

1999: Dieser dunkelrubinrote 1999er, ein Erfolg für den Jahrgang, bietet Aromen von toastwürzigem frischem Eichenholz, gepaart mit fleischigen, eleganten und mit Toast und Mineralien verwobenen Düften nach Schwarzkirschen. Bei mittlerem Körper würzig, weich und leicht tanninherb, wird er sich vor 2014 in Bestform befinden.

1998: Dies ist zweifellos die beste Leistung aus dem Hause Magdelaine seit vielen Jahren. Der tiefsatte rubinrote 1998er wartet mit Düften von konzentrierten, dicklichen Schwarzkirschen und subtilen Vanillearomen auf. Am Gaumen erweist er sich als körperreich, opulent und reif, mit hervorragender Konzentration, Reintönigkeit und mäßigem Tannin im Abgang. Dieser St-Émilion auf Merlot-Basis legt beträchtliche Intensität und Struktur an den Tag. Voraussichtliche Genussreife: 2005–2020.

1997: Der schön bereitete, dunkelrubinrote Wein gibt guten Körper und ein geröstetes Element von Kräutern und Frucht zu erkennen, das sich mit Mineralien, Kaffee und Erdbeer-Kirschfrucht mischt – typische Kennzeichen dieses St-Émilion auf Merlot-Basis. Die niedrige Säure, der mittlere Körper und die Frühreife dieses Weins sprechen dafür, ihn im Lauf der nächsten 5–6 Jahre zu trinken.

1996: Ich bin erfreut darüber, wie sich der 1996er nach der Flaschenabfüllung gemacht hat, scheint doch der Wein mehr an sich zu haben, als ich zunächst vermutete. Seine dunkelrubinrote Farbe geht einher mit einem charakteristischen Bukett, in dem sich würziges frisches Eichenholz mit Kirschgeist und Kirschmarmelade mischt. Von mittlerem Körper, elegant und harmonisch, wird sich dieser Wein zweifellos verschließen, sollte sich jedoch wieder schön öffnen und einen stilvollen, klassischen St-Émilion zum Trinkgenuss jetzt–2015 darbieten.

1995: Der 1995er, eine großartige Leistung aus dem Hause Magdelaine, besitzt eine satte rubinrote Farbe und ein süßes, nach Kirschgeist und schwarzen Kirschen duftendes Bukett mit sinnlichen Noten von Toast und Vanille. Der Wein ist reif, gehaltvoll und körperreich, ausgestattet mit außerordentlicher Intensität, Reintönigkeit und Gleichgewicht: ein wunderschöner, harmonischer, langer, erstaunlich verführerischer und zugänglicher Magdelaine, der viele Bewunderer finden wird. Voraussichtliche Genussreife: jetzt–2020.

Bisherige große Jahrgänge: 1990er (92), 1989er (90), 1961er (92), 1959er (90)

MALARTIC-LAGRAVIÈRE (PESSAC-LÉOGNAN)

2000	**D**	**(90–92)**
1999	**D**	**89**
1998	**D**	**89**
1997	**C**	**88**
1996	**C**	**76**
1995	**C**	**76**

Unter der inspirierten Leitung von Alfred-Alexandre Bonnie und seiner Frau Michelle, die Malartic im Jahr 1997 erwarben, erzeugt dieses Gut nun einige der besten Weine von Pessac-

Léognan. Eine komplette Erneuerung des Châteaus sowie der Fass- und Ausbaukeller haben eine futuristische Kellerei hervorgebracht. Nach starken Leistungen 1997 und 1998 hat die Malartic-Lagravière 1999 und 2000 elegante, konzentrierte Weine produziert, wobei der 2000er der bislang schönste Erfolg ist.

2000: Dieser exquisite Wein, der beste Malartic-Lagravière in den letzten 40 Jahren, prunkt mit klassischen Aromen von Tabak, schwarzen Johannisbeeren, Rauch und Erde, reintönigen, verführerischen Geschmackskomponenten von mittlerem bis vollem Körper, einer samtigen Textur, herrlichen Definition und einer spürbaren Präsenz am Gaumen ohne viel Gewicht. Dies ist ein sinnlicher, komplexer, superber Wein, der in seiner Jugend getrunken werden kann, aber auch 15 Jahre und länger zu halten vermag. Voraussichtliche Genussreife: jetzt–2018.

1999: Der dunkelrubin-purpurrote 1999er, eine weitere ausgezeichnete Leistung aus diesem Weingut, offenbart mit Cassis und Kirschen verwobene erdige Aromen von Wurzelgemüse. Stilvoll und zurückhaltend, gibt er schöne Gewichtigkeit und die typischen Noten der Region von versengter Erde und geschmolzenem Teer zu erkennen und wird sich in seinen ersten 10–12 Lebensjahren schön trinken lassen.

1998: Der 1998er verkörpert für diese Domaine eine bahnbrechende Leistung und den eigentlichen Durchbruch. Seine Farbe ist ein dichtes Dunkelrubin-Purpurrot und das Bukett enthüllt stilvolle, süße Frucht von schwarzen Johannisbeeren, vermischt mit Erde, Mineralien, Lakritze und Gewürzkiste. Der Wein besitzt mittleren Körper, reifes Tannin, keine harten Ecken und Kanten und einen wunderschön gewirkten, konzentrierten Abgang, der über 30 Sekunden andauert. Voraussichtliche Genussreife: jetzt–2015.

1997: Dieser ausnehmend charmante, komplexe, elegante 1997er, zweifellos ein Überflieger des Jahrgangs, ist zwar weder kräftig gebaut noch gewichtig oder mächtig, bietet aber in Duft und Geschmack Nuancen von Zedernholz, gerösteten Kräutern und süßer Pflaumen- und Kirschfrucht. Der Verkoster wird verführt von der seidigen, nahtlosen Textur des Weins, seinen herrlichen Aromen, der niedrigen Säure und wunderbar reichen Fruchtigkeit. Er eignet sich nicht für eine längere Lagerung, ist aber schon jetzt unwiderstehlich. Genießen Sie ihn im Lauf der nächsten 4–5 Jahre.

1996: Der substanzlose 1996er legt eine schwache, hellrubinrote Farbe an den Tag. Im Bukett bietet er reichliches frisches Eichenholz und mäßige Kirschfrucht, dazu mittleren Körper und einen gefälligen, unkomplizierten, eindimensionalen Abgang. Der Wein besitzt Tannin und Struktur, aber nicht viel Extrakt und Fülle. Voraussichtliche Genussreife: jetzt–2010.

1995: Ein Übermaß an toastwürzigem frischem Eichenholz kennzeichnet diesen unkomplizierten, monolithischen Wein von mittlerem Körper. Sanfte Pflaumen- und Kirschfrucht sind zwar vorhanden, doch der Wein ist allzu holzbetont und tanninreich.

MALESCOT ST-EXUPÉRY (MARGAUX)

2000	**E**	**(92–94)**
1999	**E**	**90**
1998	**E**	**90**
1997	**D**	**82**
1996	**D**	**90**
1995	**D**	**90**

Dies ist ein weiteres Margaux-Weingut, das nach einer insgesamt enttäuschenden Phase in den 1960er, 1970er und 1980er Jahren zu seiner Form zurückgefunden hat. Seit Anfang der 1990er Jahre sind die Weine von Malescot weit reichhaltiger und intensiver als zuvor, wobei die jüngeren Jahrgänge von sehr gut bis ausgezeichnet rangieren. Insbesondere der 2000er sieht nach einem großen Erfolg aus.

2000: Dies ist der konzentrierteste und kompletteste Malescot St-Exupéry seit dem legendären 1961er. Er ist der Inbegriff von Eleganz, Finesse und Leichtigkeit, dabei sind jedoch seine Geschmacksnuancen intensiv – eine nur schwer zu erzielende Kombination. Dieser dichte, undurchdringlich purpurrote Wein präsentiert ein parfümiertes, blumiges, nach Brombeeren und Cassis duftendes Bukett, bei dem Mineralien und frisches Eichenholz im Hintergrund subtil zum Ausdruck kommen. Im Mund ist er gebieterisch geschmacksbetont und intensiv, scheint aber nicht viel Gewicht zu haben. Doch sind Tiefe, Länge und unwiderstehliche Harmonie vorhanden. Dieser brillante Wein ist ein herrliches Beispiel dafür, warum im Bordelais die größten Weine der Welt produziert werden, in denen sich Intensität des Geschmacks und Kraft ohne Schwerfälligkeit miteinander verbinden, etwas, was sich an einem anderen Ort in der Welt buchstäblich nicht wiederholen lässt. Voraussichtliche Genussreife: jetzt–2020.

1999: Dicht rubin-purpurrot, mit einem freundlichen, offen gewirkten Parfüm von roten und schwarzen Früchten, Rauch, Mineralien und Vanille, bietet der 1999er eine samtige Textur, mittleren Körper, schöne Frucht sowie Reintönigkeit. Bei seiner Freigabe wird er viele Freunde finden. Voraussichtliche Genussreife: jetzt–2014.

1998: Dieser 1998er ist ein Klassiker: Er verbindet Eleganz mit schön texturierten, reichhaltigen Geschmacksnuancen von Schwarzkirschen und Johannisbeeren, was zum Inbegriff eines echten Bordeaux führt, wie er nirgendwo sonst in der Welt produziert werden kann. Der Wein besitzt eine ätherische Leichtigkeit, Schichten von Frucht und ein transparentes Gerüst. Mit jedem Schluck treten mehr Nuancen in Erscheinung. Der Verkoster wird Noten von Brombeeren, Pflaumen, Johannisbeeren, Teer, Gewürzkiste und Mineralien finden. Der wunderschön gezeichnete Wein wird sich jetzt–2017 in Höchstform befinden.

1997: Unkompliziert, weich, verwässert, elegant, aber unterernährt – dieser 1997er von mittlerem Körper sollte im Lauf der nächsten 4–5 Jahre getrunken werden.

1996: Dieser eindrucksvoll gebaute Wein offenbart eine satte dunkelrubin-purpurrote Farbe, gefolgt von eleganten Düften nach Beerenfrucht, die sich mit Tabak, Blumen und Vanille mischen. Er ist bei mittlerem bis vollem Körper geschichtet und besitzt hervorragende Reintönigkeit und Fruchtextraktion. Wenngleich tief, reichhaltig und wuchtig für einen Wein aus diesem Gut, hat er nichts von seiner Eleganz oder seiner potenziellen Komplexität eingebüßt. Voraussichtliche Genussreife: 2006–2025.

1995: Dieser Wein könnte eine hervorragende Bewertung verdienen. Er bietet eine klassische Margaux-Kombination von Eleganz und Fülle. Von mittlerem Körper, mit delikaten, wundervoll reifen Aromen von Blumen und schwarzen Johannisbeeren, die mit subtilem frischem Eichenholz wetteifern, überschwemmt der 1995er den Gaumen mit einer schönen Mischung aus Frucht, gut integriertem Tannin und eingebundener Säure sowie einem stilvollen, anmutigen Geschmackseindruck. Dieser durch und durch elegante Bordeaux dürfte sich in der Flasche noch weiter verbessern. Eine Schönheit! Voraussichtliche Genussreife: jetzt–2018.

Bisherige große Jahrgänge: 1990er (90), 1961er (92), 1959er (90)

CHÂTEAU MARGAUX (MARGAUX)

2000	**EEE**	**(96–98)**
1999	**EEE**	**94**
1998	**EEE**	**91+**
1997	**EE**	**90**
1996	**EEE**	**99**
1995	**EEE**	**95**

Die Familie Mentzelopoulos, die dieses Weingut 1977 erwarb, brauchte nur einen Jahrgang, um einen Wein zu produzieren, der sich des Premier-Grand-Cru-Status dieses Châteaus als würdig erwies. Heute ist der Margaux beständig hochklassig. Sein Stil ist gekennzeichnet durch opulente Reichhaltigkeit und ein tiefes, komplexes Bukett mit den Düften von reifen schwarzen Johannisbeeren, würziger Vanille und Veilchen. Heute befindet sich das Weingut im gemeinsamen Besitz der Familien Mentzelopoulos und Agnelli und wird von Paul Pontallier geleitet.

2000: Für Paul Pontallier ist der 2000er der tanninreichste und Polyphenol-konzentrierteste von allen Château-Margaux-Weinen der letzten 40 Jahre. Er ist ein Verschnitt aus 80% Cabernet Sauvignon, 10% Merlot, 7% Petit Verdot und 3% Cabernet Franc (nahezu identisch mit dem 1996er) und repräsentiert lediglich 40% der Produktion. Sein Tannin ist bemerkenswert reif, was ihm einen widersprüchlichen Geschmackseindruck verleiht, ist er doch ein im traditionellen Stil gestalteter Bordeaux mit viel Struktur, Tannin und Gewicht, den jedoch die Süße seines Tannins in die Nähe der modernen Schule der Weinbereitung rückt. Noten von Blaubeeren, Crème de Cassis und Blumen sind in diesem Margaux von mittlerem bis vollem Körper zu finden. Ein Hauch von Lakritze, subtilem frischem Eichenholz und ein würziger, expansiver, körperreicher Geschmackseindruck am Gaumen kommen in diesem reintönigen, symmetrischen Wein brillant zum Ausdruck. Erstaunlich erfrischende Säure gibt ihm eine würzige Linienführung, die in den sehr reifen Jahrgängen (etwa 1982, 1983, 1989 und 1990) fehlt. Pontallier meint, dass dies der größte während der Ära der Familie Mentzelopoulos bis heute erzeugte Margaux sei, »ein neuer Maßstab«. Gewiss, er ist ein märchenhafter Wein, doch will ich meine Bewertung in Anbetracht der beneidenswerten Reihe von superlativen Weinen noch aufschieben, die im Lauf der letzten 20 Jahre entstanden sind. Könnte er wirklich den 1996er, 1990er, 1986er, 1985er, 1983er und 1982er übertreffen?

1999: Ungefähr 38% der Produktion fand Eingang in den 1999er. Der Wein mit seinem dichten rubin-purpurroten Kleid besitzt ein klassisches, verführerisches Bukett von Brombeeren, Trüffeln, Lakritze und Rauch. Der Inbegriff eines Margaux, gibt dieser verlockende, sinnliche, aber wunderschön ausgewogene Wein makellos integrierten Säure-, Tannin- und Alkoholgehalt zu erkennen. Er wird untypischerweise schon jung köstlich schmecken, aber 2–3 Jahrzehnte hindurch altern. Die Leser sollten sich den 1999er als eine leichtere Version des 1990ers vorstellen. Voraussichtliche Genussreife: 2004–2025.

1998: Der 1998er nimmt einen Charakter an, der an den Jahrgang 1988 erinnert. Der Wein, dessen Farbe ein dichtes Rubin-Purpurrot ist, zeigt sich tanninherb und streng, aber elegant, mit Noten von Teer, Brombeeren, Akazienblüten und süßem toastwürzigem Eichenholz. Bei mittlerem Körper subtil, reichhaltig, schön texturiert, ist er für eine lange Lebensdauer angelegt. Voraussichtliche Genussreife: 2006–2030.

1997: Dieser bezaubernde, dunkelrubin-purpurrote Wein, zweifellos ein Erfolg für den Jahrgang, offenbart Düfte nach Blumen und schwarzen Johannisbeeren und rauchige Aromen von toastwürzigem Eichenholz. Es sind bewundernswerte Reichhaltigkeit und ausgezeichnete Reife vorhanden, aber weder viel Dichte noch die superbe Konzentration, die man in so berühmten Jahrgängen wie dem 1996er, 1995er und dem 1990er findet. Dagegen weist er reichlich Finesse, Geschmeidigkeit und Charakter auf. Er kann schon jung getrunken oder 12 Jahre im Keller gelagert werden.

1996: Der 1996er ist unstrittig einer der großen Klassiker, die unter der Ägide der Mentzelopoulos produziert wurden. In vielerlei Hinsicht ist er der Inbegriff eines Margaux und gleichzeitig das Paradigma für dieses Weingut schlechthin, verbindet er doch maßvolle Kraft, außerordentliche Eleganz und bewundernswerte Komplexität miteinander. Seine Farbe ist ein undurchdringliches Purpurrot. Der Wein präsentiert außergewöhnlich reintönige Noten von Brombeeren, Cassis, Toast und Blumen, herrliche Süße, eine nahtlose Persönlichkeit und vollen Körper, wobei keine seiner Proportionen aus dem Rahmen fällt. Die endgültige Mischung (85% Cabernet Sauvignon, 10% Merlot, während sich der restliche Anteil aus Petit Verdot und Cabernet Franc zusammensetzt) enthält den höchsten Prozentsatz von Cabernet Sauvignon seit dem 1986er. Sowohl Corinne Mentzelopoulos als auch ihr Verwalter Paul Pontallier bekräftigen, dass sie diesen 1996er dem 1995er vorziehen, was einiges besagt, wenn man bedenkt, wie märchenhaft dieser Wein ausgefallen ist. Wenn man beide Seite an Seite verkostet, schmeckt der 1996er kompletter und länger, aber ebenso verhalten entwickelt. Mein Instinkt sagt mir, dass der Wein sich verschließen wird, doch im Augenblick ist er offen gewirkt und schmeckt wie ein vor kurzem in die Flasche abgefüllter Wein. Die Frucht ist außergewöhnlich süß und reintönig, und im Mund wird vielschichtiger Geschmack spürbar. Kann er die Qualität des 1995ers, 1990ers, 1986ers, 1983ers und 1998ers noch übertreffen? Die Zeit wird es weisen. Ich persönlich bevorzuge die Opulenz und viskose Art des 1990ers vom rein hedonistischen Standpunkt aus, doch glaube ich fest, dass der 1996er ein außergewöhnliches Parfüm entwickeln und dieselbe Fülle besitzen wird wie die am höchsten konzentrierten Jahrgänge, die Château Margaux produziert hat. Er ist einer der überzeugendsten Kandidaten für die Wahl zum Wein des Jahrgangs. Voraussichtliche Genussreife: 2005–2040.

1995: Der 1995er hat nach der Flaschenabfüllung weiter Fleisch zugelegt und sich zu einem großen Klassiker entwickelt. Seine Farbe ist ein undurchdringliches Rubin-Pupurrot. Das Bukett wartet auf mit Aromen von Lakritze und süßem, rauchigem frischem Eichenholz, die sich mit Düften von dicklichen schwarzen Früchten, Lakritze und Mineralien mischen. Bei mittlerem bis vollem Körper zeigt der Wein außergewöhnliche Reichhaltigkeit, fabelhaftes Gleichgewicht und im Abgang deftiges Tannin. Trotz seiner mächtigen Statur und Jugendlichkeit ist dieser Tropfen verbraucherfreundlich und zugänglich. Ein faszinierender Margaux, der stets milder und fortgeschrittener entfaltet sein wird als sein breitschultriger Bruder, der 1996er. Welch eine fesselnde Erfahrung, die Entwicklung dieser beiden Jahrgänge über das nächste halbe Jahrhundert hinweg zu verfolgen. Voraussichtliche Genussreife: 2005–2040.

Bisherige große Jahrgänge: 1994er (92), 1990er (100), 1986er (96+), 1985er (94), 1983er (96), 1982er (98+), 1981er (91), 1979er (93), 1978er (92), 1961er (93), 1953er (98), 1947er (92), 1928er (98), 1900er (100)

MARJOSSE (BORDEAUX)

2000 **B** **88**

Der Besitzer dieses Weinguts ist Pierre Lurton, der Manager von Cheval Blanc. Die Weine, ob rot oder weiß, bieten stets ein zuverlässiges Preis-Leistungsverhältnis. Der 2000er ist der beste bislang erzeugte Marjosse.

2000: Der 2000er, ein Verschnitt aus 60% Merlot, 30% Cabernet Sauvignon und 10% Cabernet Franc, weist eine herrliche tiefrubin-purpurrote Farbe auf, die einhergeht mit einem parfümierten, süßen, rauchigen Bukett, das überreife Kirschen, Pflaumen und Johannisbeeren zu erkennen gibt. Tief, samtig texturiert und säurearm, wird sich dieser mollige, genussbetonte gebietsspezifische Bordeaux über 3–4 Jahre hinweg schön trinken lassen. Es gibt fast 10000 Kisten von diesem künftigen Star des Jahrgangs.

Weitere verkostete Jahrgänge: 1999er (81–83), 1998er (85–86)

MAROJALLIA (MARGAUX)

2000 **EE** **91–93**

1999 **EE** **92**

Dieser Wein ist eine Kreation von Murielle Thunevin, der Gattin Jean-Luc Thunevins, des revolutionären und höchst einflussreichen Weinmachers von St-Émilion. Er wurde aus einem in der Gemeinde Arsac gelegenen Weinberg von ca. 3 Hektar gewonnen. Die Verbraucher sollten auch Marojallias Zweitwein im Auge behalten, den Clos Margalène, der einen sehr guten Gegenwert darstellt.

2000: Ein hochklassiger, eleganter Wein mit intensivem Geschmack. Von diesem Verschnitt aus 50% Merlot und 50% Cabernet Sauvignon stehen etwa 420 Kisten zur Verfügung. Bei mittlerem Körper mäßig tanninhaltig und stilvoll, bietet der Wein in Duft und Geschmack Nuancen von schwarzen Himbeeren, Grafit, Lakritze und Johannisbeeren. Im Mund nimmt er sich präzise aus mit einer noblen Anmutung in seiner delikaten, erfrischenden, sprühend lebendigen Persönlichkeit. Voraussichtliche Genussreife: 2005–2018.

1999: Der als Debütwein freigegebene Wein aus 75% Cabernet Sauvignon und 25% Merlot hat während seines Ausbaus wunderschön an Fülle zugelegt und ist fraglos von der Qualität eines Deuxième oder Troisième Cru. Er verdient mit Leichtigkeit eine hervorragende Punktnote. Es gibt 600 Kisten dieses »Garagenweins« aus der Appellation Margaux. Reichhaltig, mit reintöniger Frucht von schwarzen Johannisbeeren, vermischt mit Vanille, Lakritze und mineralischen Noten, besitzt dieser 1999er von mittlerem bis vollem Körper niedrige Säure, verblüffende Konzentration und eine nahtlose, vielschichtige Persönlichkeit. Voraussichtliche Genussreife: 2005–2025.

Weitere verkostete Weine: Clos Margalène 2000er (87–88), 1999er (85–87)

MARQUIS DE TERME (MARGAUX)

2000	**D**	**(87–88)**
1999	**D**	**(78–80?)**

2000: Eine undurchdringliche purpurrote Farbe geht einher mit einem stämmigen Margaux von mittlerem bis vollem Körper mit attraktiven Anklängen von rauchigem Eichenholz, Blumen und schwarzen Früchten, dazu gesellen sich schöne Reife und Reintönigkeit und ein komprimierter, aber kraftvoller Abgang. Voraussichtliche Genussreife: 2004–2018.

1999: Zwei getrennte Verkostungen enthüllten dünne, verwässerte Frucht, mittleren Körper, gute Farbe und einen festen Abgang. Es wird interessant sein, diesen Wein bei künftiger Gelegenheit neu zu bewerten.

MARSAU (CÔTES-DE-FRANCS)

2000	**C**	**(90–91)**
1999	**C**	**88**
1998	**C**	**87**

Aus seinen Rebflächen in den Côtes-de-Francs produziert der Eigentümer Jean-Marie Chadronnier Weine aus 100% Merlot, die sich beständig als Erfolgsschlager ihres jeweiligen Jahrgangs herausstellen. Diese Pomerol-Doppelgänger werden zu vernünftigen Preisen verkauft. Leider sind die verfügbaren Mengen klein.

2000: Dieser Doppelgänger eines Pomerol prunkt mit einer satten rubin-purpurroten Farbe sowie Aromen von süßer Crème de Cassis, schwarzen Kirschen, Rauch und Eichenholz. Ist er der Pétrus der Côtes-de-Francs? Bei mittlerem bis vollem Körper üppig und opulent, sollte dieser Schlager des Jahrgangs in seinen ersten 7–8 Lebensjahren getrunken werden.

1999: Mit einer Fülle von Glyzerin und niedriger Säure ausgestattet, offenbart dieser kräftige, tiefrubin-purpurrote 1999er herrliche Fruchtigkeit, die in einem reintönigen, makellos bereiteten Stil von mittlerem Körper präsentiert wird. Er wird sich ein Jahrzehnt lang schön trinken lassen.

1998: Eine tiefrubin-purpurrote Farbe geht mit süßen Aromen von Karamell, Mokka und Schwarzkirschlikör einher. Dieser geschmeidige Wein von mittlerem Körper erinnert an einen hochklassigen Pomerol oder St-Émilion. Sein üppiger Anteil von Merlot verleiht ihm seine saftige, genussbetonte Anziehungskraft. Trinken Sie ihn im Lauf dieses Jahrzehnts.

LA MAURIANE (PUISSÉGUIN-ST-ÉMILION)

1999	**C**	**87**
1998	**C**	**87**

Dieser Wein wird unter der Aufsicht und Beratung des allgegenwärtigen Önologen von St-Émilion, Jean-Luc Thunevin, bereitet.

1999: Fette, üppige, fleischige, kräuterüberhauchte, mit Rauch und Gewürzen vermischte Geschmacksnuancen von schwarzen Kirschen finden sich in diesem eingängigen, vollmundigen und zum baldigen Trinkgenuss bestimmten St-Émilion. Genießen Sie ihn während der nächsten 1–2 Jahre.

1998: Ein sanftes, attraktives Bukett mit Düften nach Gewürzkiste, Zedernholz, Kräutern, Schwarzkirschen und Vanille geht einher mit saftigen, reifen, vordergründigen Geschmackskomponenten. Dieser gut gemachte 1998er stellt einen guten Gegenwert dar und ist zum Trinkgenuss während der nächsten 3–4 Jahre bestimmt.

Weiterer verkosteter Jahrgang: 2000er (86–87)

MAZERIS (CANON-FRONSAC)

1998	**C**	**87**
1997	**C**	**85**
1996	**C**	**84**

Die Weine von Mazeris präsentieren gewöhnlich Aromen von schwarzen Himbeeren und Mineralien, sie sind Spätentwickler mit beträchtlicher Struktur und für eine lange Alterung im Keller bestimmt.

1998: Der 1998er offenbart den markanten, von schwarzen Himbeeren, Erde und *terroir*-Noten geprägten Charakter, der für die Weine aus diesem Gut typisch ist. Beladen mit kratzigem Tannin, legt er eine staubige, reichhaltige, verhalten entwickelte Persönlichkeit an den Tag, gepaart mit einer undurchdringlich purpurroten Farbe sowie bewundernswerter Struktur und Wucht. Gönnen Sie ihm 1–2 Jahre Flaschenreife und trinken Sie ihn im Lauf dieses Jahrzehnts.

1997: Der 1997er ist bedeutend besser als der 1998er und präsentiert ausgezeichnete Frucht, mittleren Körper, schöne Reife und eine dunkelrubin-purpurrote Farbe. Er dürfte sich 8 Jahre hindurch schön trinken lassen.

1996: Der 1996er zeichnet sich durch den für dieses Gut typischen markanten, von Himbeeren und schwarzen Früchten geprägten Charakter aus, gepaart mit beträchtlicher mineralischer Art. Auch verleihen der unentwickelte Stil und die Struktur des Mazeris diesem 1996er mehr Magerkeit und aggressives Tannin als gewöhnlich. Der Wein könnte möglicherweise austrocknen, er ist aber gut bereitet und überdurchschnittlich in seinem muskulösen, tanninherben Stil von mittlerem Körper. Voraussichtliche Genussreife: jetzt–2007.

Weiterer verkosteter Jahrgang: 1999er (83–85)

MAZEYRES (POMEROL)

1999	**C**	**85**
1998	**C**	**88**
1997	**C**	**72**
1996	**C**	**74**

1999: Der unkomplizierte, kompetent bereitete rubinrote 1999er legt Noten von Kräutern, Erdbeer- und Beerenfrucht, eine weiche Textur und würziges Eichenholz an den Tag. Trinken Sie ihn im Lauf der nächsten 7–8 Jahre.

1998: Der tiefrubin-purpurrote 1998er, einer der besten bislang von Mazeyres produzierten Weine, gibt attraktive intensive Aromen von Mokka, schwarzen Kirschen und Kaffee zu erkennen. Samtig, dicht, von mittlerem bis vollem Körper und ohne harte Ecken und Kanten, dürfte er sich über 8–12 Jahre hinweg ausgezeichnet trinken lassen.

1997: Von leichtem Körper, aber erstaunlich tanninstreng, ist dieser krautige, vegetabil schmeckende Wein kurz und uninteressant.

1996: Offenkundige Aromen von grünen Pfefferschoten in Verbindung mit Krautigkeit im Mund sind der Verderb des mageren, verwässerten, mittelrubinroten Weins. Trinken Sie ihn im Lauf der nächsten 4–5 Jahre.

MEYNEY (ST-ESTÈPHE)

1997	**C**	**(78–80)**
1996	**C**	**85**

1997: Den 1997er Meyney habe ich nur ein einziges Mal verkostet, doch erwies er sich als stark verwässert, leicht und weich, mit wenig Charakter und Tiefe. Es scheint sich hier um einen kommerziellen, eindimensionalen Wein zu handeln, dazu bestimmt, in seinen ersten 5–7 Lebensjahren getrunken zu werden.

1996: Der weiche, gefällige, reife, nach getrockneten Kräutern und roten Johannisbeeren duftende Wein ist erstaunlich aufgeschlossen und entwickelt. In einem verbraucherfreundlichen Massenstil bereitet, wird er viel Anklang finden, obwohl er weder konzentriert noch komplex ist. Trinken Sie ihn im Lauf der nächsten 6 Jahre.

Weiterer verkosteter Jahrgang: 1998er (82–84)

Bisherige große Jahrgänge: 1989er (90), 1986er (90), 1982er (90), 1975er (90)

MILENS (ST-ÉMILION)

2000	**C**	**(88–91)**
1999	**C**	**88**
1998	**C**	**88**

Der berühmte Revolutionär von St-Émilion, Jean-Luc Thunevin, beaufsichtigt hier die Weinbereitung. Der Milens ist ein Wein, nach dem sich die Suche lohnt.

2000: Dieser weiche, geschmeidige, säurearme 2000er, ein Erfolgsschlager des Jahrgangs, besitzt mittleren bis vollen Körper, wundervoll mollige, mit Sojasauce und Grafit vermischte Noten von Schwarzkirschen und Pflaumen, sowie mäßiges, aber gut integriertes Tannin. Trinken Sie diesen üppigen Tropfen im Lauf dieses Jahrzehnts.

1999: Dieser säurearme, ausdrucksvolle, rauchige, mit schwarzen Kirschen und Espresso angefüllte, geschmeidige St-Émilion von mittlerem bis vollem Körper ist schon jetzt köstlich. Er eignet sich nicht für eine lange Lagerung im Keller, wird aber während der nächsten 6–7 Jahre immensen Trinkgenuss gewähren.

1998: Der attraktive, saftige, offen gewirkte, expansive St-Émilion wird sowohl die breite Masse als auch die Kenner erfreuen. Er besitzt eine dichte rubinrote Farbe, vollen Körper und attraktive Frucht von schwarzen Kirschen, verwoben mit Rauch, Erde und Noten aus der Gewürzkiste. Dieser kräftige Wein verrät den Stil des Beraters Jean-Luc Thunevin. Ein würziger, säurearmer, korpulenter Abgang bereichert den hedonistischen Trinkgenuss. Voraussichtliche Genussreife: jetzt–2008.

MILLE ROSES (HAUT-MÉDOC)

2000	**C**	**(87–88)**

2000: Dieses Weingut aus dem südlichen Médoc, unweit Giscours, hat einen hochklassigen, femininen, weichen, reichfruchtigen, geschmeidig texturierten Wein gestaltet, der Noten von schwarzen Früchten, Blumen und Trüffeln an den Tag legt. Von mittlerem Körper und anmutig, dürfte er sich 4–5 Jahre hindurch schön trinken lassen. Ein Geheimtipp des Jahrgangs.

LA MISSION-HAUT-BRION (PESSAC-LÉOGNAN)

2000	**EEE**	**(98–100)**
1999	**EEE**	**91**
1998	**EEE**	**93+**
1997	**E**	**87**
1996	**EEE**	**89+?**
1995	**EEE**	**91**

Wie der Nachbar, Haut-Brion, befindet sich La Mission-Haut-Brion seit 1983 im Besitz der Familie Dillon und wird von dem fähigen Jean Delmas geleitet. Bis 1986 durchlebte das Weingut eine Phase des Übergangs, aber ab 1987 hat es eine Reihe von konstant feinen Weinen produziert, die unter den Spitzen-Bordeaux rangieren.

2000: Dies ist der außergewöhnlichste La Mission seit dem 1989er und darüber hinaus ein Wein des Jahrgangs. In Bezug auf Struktur und Masse könnte er sogar den 1989er übertreffen. Analytisch gesehen besitzt er mehr Tannin als der 1989er, doch ist dies nicht immer ein ausschlaggebender Faktor für den Genuss, den ein Wein spendet. Der Verschnitt aus 58% Merlot, 32% Cabernet Sauvignon und 10% Cabernet Franc zeichnet sich durch ein faszinierendes Bukett von schwarzen Früchten, versengter Erde und Mineralien aus. Er besitzt eine ölige Textur, nimmt sich jedoch trotz seiner massiven, körperreichen, dicken, dichten, profunden Persönlichkeit frisch aus. Lang und reichhaltig, mit einem hohen Gehalt an geschmolzenem Tannin, ist dieser prachtvolle Wein ein kräftigerer, kernigerer Tropfen als der Haut-Brion, wird er aber auch dasselbe unwirkliche Aromaprofil entwickeln? Ich meine ja – eine im Werden begriffene Legende! Voraussichtliche Genussreife: 2005–2030.

1999: Elegante, rauchige, an schwarze Johannisbeeren und Blaubeeren anklingende Aromen sprechen von Komplexität, Finesse und Reintönigkeit. Am Gaumen ist der Wein harmonisch, von mittlerem Körper, konzentriert und stilvoll. In Bezug auf Gewichtigkeit, Stil und Gesamtpersönlichkeit scheint er ein modernes Abbild des 1962ers zu sein. Voraussichtliche Genussreife: jetzt–2020.

1998: Komplexe Aromen von versengter Erde, Mineralien, schwarzen Früchten, Bleistift und einem subtilen Holzton begleiten diesen klassischen, körperreichen La Mission. Er prunkt mit superber Reintönigkeit, einem expansiven, konzentrierten Geschmackseindruck am mittleren Gaumen und süßem Tannin in seinem langen, muskulösen, aber ausgefeilten Abgang. Diesem superben La Mission Haut-Brion, der 5–6 Jahre Kellerreife benötigt, gebe ich meine Stimme als bestem La Mission seit dem 1989 und 1990 produzierten Super-Duo. Voraussichtliche Genussreife: 2007–2030.

1997: Dieser dunkelrubin-pflaumendunkle Wein bietet ein kräftiges, nach würzigem Tabakkraut und schwarzen Früchten duftendes Bukett, mehr Struktur und Tannin als sein berühmter Bruder Haut-Brion, schöne Tiefe, mittleren Körper und genügend Zugänglichkeit, um schon jetzt getrunken zu werden (obwohl er sich 4–5 Jahre hindurch weiter verbessern und ein Dutzend Jahre oder länger halten wird).

1996: Ähnlich wie sein Bruder, der Haut-Brion, zeigte sich der 1996er La Mission-Haut-Brion verschlossen und verhalten entwickelt, als ich ihn sechs Monate nach der Flaschenabfüllung verkostete. Eigentlich dürfte er genügend Zeit gehabt haben, jede Dämpfung durch den Wechsel von Holz zu Glas zu überwinden. Er besitzt beträchtliches Potenzial und ich wäre nicht überrascht, wenn er sich verbessern würde. Sein Kleid zeigt eine gesunde Pflaumen-Purpurfarbe und der Wein gibt etwas von dem typischen La Mission-Charakter zu erkennen, der von rauchigen, mineralischen Noten und schwarzer Frucht geprägt ist. Er besitzt jedoch mittleren Körper und mäßigen Tanningehalt mit Zedernholznoten. Der Abgang war vollkommen verschlossen, es besteht also die Gefahr, dass das Tannin die Frucht dominieren wird. Dieser muskulöse, strukturierte La Mission wird länger brauchen, als ich ursprünglich vorausgesagt habe, um seinen Höhepunkt zu erreichen. Voraussichtliche Genussreife: 2007–2020.

1995: Der 1995er war straff und verschlossen, als ich ihn nach der Flaschenabfüllung verkostete, und enthüllte nicht dieselbe Duftigkeit und Aufgeschlossenheit, die er bei meinen mehrfachen Fassverkostungen an den Tag gelegt hatte. Doch ist der Wein offensichtlich hochklassig mit seiner dichten rubin-purpurroten Farbe und seinem zurückhaltenden, aber verheißungsvollen Bukett von gerösteten Kräutern, süßer, pfeffriger, würziger Frucht, mittlerem bis vollem Körper und bewundernswerter Wucht, Tiefe und Fülle. Doch so hervorragend er auch ist, dürfen die Leser dennoch nicht erwarten, dass der 1995er Jahrgänge wie den 1994er qualitativ turmhoch überragen wird. Voraussichtliche Genussreife: jetzt–2020.
Bisherige große Jahrgänge: 1994er (91), 1993er (90), 1990er (95), 1989er (100), 1988er (90), 1986er (91), 1985er (92), 1982er (100), 1981er (90), 1979er (91), 1978er (96), 1975er (98), 1964er (91), 1961er (100), 1959er (100), 1955er (100), 1953er (93), 1952er (93), 1950er (95), 1949er (100), 1948er (93), 1947er (95), 1945er (94), 1929er (97)

MONBOUSQUET (ST-ÉMILION)

2000	EEE	(95–98)
1999	EE	94
1998	EE	94
1997	E	90
1996	EE	90
1995	E	92

Gérard Perse, der Besitzer dieses Weinguts, verdient Glückwünsche und Respekt für die immense Arbeit, die er vollbracht hat. Dieses Weingut, das ehemals für seine weichen Weine im Beaujolais-Stil bekannt war, die in ihren ersten 7–8 Lebensjahren getrunken sein wollten, hat seinen Stil durch seine Anstrengungen vollkommen verändert und seither eine Reihe von phänomenalen Weinen herausgebracht. Mit dem Erwerb von Pavie, Pavie Decesse und La Clusière ist Perse rasch zu einem der mächtigsten Mitbewerber in der Appellation geworden, produziert er doch einige der auffälligsten und verführerischsten Bordeauxweine von St-Émilion, wenn nicht des gesamten Bordelais. Das sind gute Nachrichten für die Verbraucher, da Perse von dem Streben nach Qualität förmlich besessen ist. Er hält die Erträge auf einem Niveau von unter 30 hl/ha und setzt alles daran, dem *terroir* seiner Rebflächen einen möglichst natürlichen Ausdruck zu gewährleisten. Sein Geheimnis liegt auch darin, dass er die Hefen des Weins mit Sauerstoff anreichert, den Wein im Kontakt mit seinen feinen Hefen ausbaut, wenige Abstiche durchführt und vor der Flaschenabfüllung weder filtriert noch schönt.

Der Monbousquet ist bei jeder Degustation, ob Blindverkostung oder nicht, sensationell. Bei einer Blindverkostung in New York City wurde der Monbousquet in eine Degustation der Spitzen-1995er als Geheimtipp eingeschlossen und von einer Mehrheit der 125 Anwesenden zum besten Wein gewählt!

2000: Perse hält den 2000er für seinen bislang besten Wein, obwohl man sich schwer vorstellen kann, wie dieser den 1999er, 1998er und den 1995er übertreffen könnte. Weniger exotisch, aber kraftvoller, konzentrierter und klassischer als vorhergehende Jahrgänge, ist der 2000er (7500 Kisten), ein Verschnitt aus 70% Merlot, 20% Cabernet Franc und 10% Cabernet Sauvignon. Er prunkt mit einer undurchdringlich purpurroten Farbe, die an einen trockenen Vintage Port erinnert. Das toastwürzige frische Eichenholz, eine heiß umstrittene Komponente vorhergehender Jahrgänge, ist im 2000er besser eingebunden. Der Wein ist süß (reichliche Noten von Kirschen, schwarzen Johannisbeeren und Brombeeren) und körperreich, mit bemerkenswerter Klarlinigkeit, enormer Konzentration und buchstäblich perfekter Ausgewogenheit, Symmetrie und Reintönigkeit. Dieser spektakuläre Wein geht über die Grenzen seines *terroirs* hinaus. Voraussichtliche Genussreife: 2004–2020.

1999: In einem fast überbordenden Stil bereitet, hat der satt purpurrote 1999er überreife Brombeeren, Blaubeeren, Cassis, Schokolade, Espresso und toastwürzige Eichenholznoten zu bieten. Dieser exotische, üppige Wein weist eine immens kernige Textur, niedrige Säure, herrliche Reintönigkeit und einen viskosen Abgang auf. Eine faszinierende Leistung der Weinbereitung, ist dieser körperreiche, cremig texturierte Wein weder schwerfällig noch ungefüge. Schon bei seiner Freigabe schön zu trinken, könnte er das Alterungspotenzial des 1998ers vermissen lassen. Voraussichtliche Genussreife: jetzt–2016.

1998: Die explosive Reichhaltigkeit dieses Weins ist mit Sicherheit auf die niedrigen Erträge der Traubenfrucht zurückzuführen. Der endgültige Mischsatz aus 60% Merlot, 30% Cabernet Sauvignon und 10% Cabernet Franc zeichnet sich aus durch eine satte pflaumen-purpurrote Farbe und ein exotisches Bukett von asiatischen Gewürzen, Pflaumenlikör, Dörrzwetschgen und Brombeeren. Überaus körperreich, ölig texturiert, strukturiert und gut definiert, wird sich dieser spektakuläre Tropfen bereits jung schön trinken lassen, aber auch zwei Jahrzehnte lang halten. Voraussichtliche Genussreife: jetzt–2020.

1997: Dieser pflaumendunkel-purpurrote Superstar des Jahrgangs bietet schwelgerische und explosive Aromen von Vanille, Kirschmarmelade, Lakritze und frischem Eichenholz. Tief, konzentriert, reichhaltig und erstaunlich kernig (besonders für einen 1997er), wird man diesem körperreichen, herrlich konzentrierten und proportionierten St-Émilion schon in seiner Jugend schwer widerstehen können. Er muss noch etwas Tannin abwerfen, aber der Wein ist so provokant, dass man ihn unmöglich übergehen kann. Voraussichtliche Genussreife: jetzt–2014.

1996: Der 1996er ist eine weitere hervorragende Leistung. Der Wein ist tanninreicher als der 1995er, offenbart aber ein exotisches Bukett von Kirschgeist, Cassis, gerösteten Kräutern, Espresso und Mokka. Er gibt exzellente Textur, eindrucksvolle Tiefe und Reichhaltigkeit sowie süße Eichenholzwürze zu erkennen. Seine sattdunkle rubin-purpurrote Farbe deutet auf einen dichten Wein hin. Der Abgang ist sowohl lang als auch klar gezeichnet und zeigt mäßiges Tannin. Dieser wunderschön gestaltete Monbousquet wird einige Jahre länger brauchen, um seinen Höhepunkt zu erreichen als der überschwängliche, offen gewirkte 1995er. Voraussichtliche Genussreife: jetzt–2017.

1995: Obwohl er dem 1996er ähnelt, bietet der 1995er zugänglichere Frucht. Er besitzt auch einen höheren Gehalt an Tannin, das aber durch niedrigere Säure und mehr Glyzerin und Fett abgepolstert wird. Der Wein offenbart eine undurchdringliche Purpurfarbe und ein herrliches Bukett, das nach frischem Eichenholz, Gewürzen und einer Fülle schwarzer Früchte duftet. Diesen körperreichen, superextrahierten, vielschichtigen Wein muss man verkostet haben, um ihn für wahr zu halten – was besonders Leser angeht, die den Monbousquet als den weichen, belanglosen St-Émilion von kommerziellem Stil in Erinnerung haben, der er ja viele Jahrzehnte hindurch auch gewesen ist. Der 1995er ist zugänglicher als der kraftstrotzende 1996er, erfordert jedoch immer noch 1–2 Jahre Kellerreife. Voraussichtliche Genussreife: jetzt–2022.

Bisheriger großer Jahrgang: 1994er (90)

MONBRISON (MARGAUX)

2000	**C**	**(88–89)**
1999	**C**	**87**
1998	**C**	**87**
1996	**C**	**85**
1995	**C**	**86**

Es tut gut zu sehen, dass Monbrison nach einer Phase uneinheitlicher Leistungen wieder zu seiner alten Form zurückgefunden hat. Der 1995er, 1996er, 1998er, 1999er und der 2000er verdienen Aufmerksamkeit. Verbraucher aufgepasst!

2000: Dies ist fraglos der beste Monbrison seit einigen ausgezeichneten Leistungen Anfang und Mitte der 1980er Jahre. Der tiefrubin-purpurrote 2000er offenbart ein süßes Bukett, das nach Mineralien, schwarzen Johannisbeeren, Fenchel, Holzkohle, Lakritze, Eichenholzwürze und Akazienblüten duftet. Bei mittlerem bis vollem Körper reichhaltig, zeigt er mäßiges Tannin und eine allgemeine Anmutung von Eleganz und Ausgewogenheit. Ein Erfolgsschlager des Jahrgangs. Voraussichtliche Genussreife: jetzt–2016.

1999: Ebenso wie bei vielen 1999er Margaux ist die Frucht süß und reintönig und der Wein wohl ausgewogen mit niedriger Säure, ausgezeichneter Reife und einem körperreichen, gut ausbalancierten Geschmacksprofil. Das Tannin, die Säure, das Holz und der Alkohol sind alle schön integriert. Zwar kein Kraftpaket, aber ein anmutiger, gut gemachter Monbrison zum Trinkgenuss während der nächsten 10 Jahre.

1998: Ein ausgezeichnetes Bukett, das nach reifen schwarzen Johannisbeeren, Kirschen und würzigem frischem Eichenholz duftet, geht einher mit einem weichen, jedoch strukturierten Wein von mittlerem Körper mit einer Fülle von reifer Frucht und einem erdigen, staubigen Abgang. Dieser komplexe, reintönige Wein will im ersten Jahrzehnt seines Lebens getrunken sein.

1996: Der 1996er scheint eine gute Leistung zu sein, obwohl gewisse Proben einen leichten Pappdeckel-Charakter im Bukett verrieten, der auf fehlerhaften Korken beruhen könnte.

Unter der Voraussetzung, dass dies kein dem Wein innewohnendes Problem ist, sei gesagt, dass der 1996er ein tiefrubin-purpurrotes Kleid besitzt, dazu mittleren Körper, reife Frucht und ein elegantes, zurückhaltendes, bemerkenswertes Format. Voraussichtliche Genussreife: jetzt–2015.

1995: Der 1995er ist ein korrekter, eleganter, dunkelrubinroter Wein von mittlerem Körper, mit süßer Frucht, aber einem gemessenen, reservierten Stil. Trinken Sie ihn vor 2006.

LA MONDOTTE (ST-ÉMILION)

2000	**EEE**	**(96–98)**
1999	**EEE**	**95**
1998	**EEE**	**96+**
1997	**EEE**	**94**
1996	**EEE**	**97+**

Der La Mondotte, der ultimative »Garagenwein«, ist über alle Maßen konzentriert, schrecklich teuer und jeden Cent wert. Seit seinem Debüt im Jahr 1996 stellt er sich beständig als Volltreffer des Jahrgangs heraus. Wenngleich er der konzentrierteste Wein des Bordelais ist, sollte man ihn sich nicht als schiere Verkörperung von Muskelkraft, Fleisch, Extrakt und frischem Holz vorstellen: Er besitzt auch Eleganz und Komplexität, zu denen sich mit der Zeit ein markanter *terroir*-Charakter gesellen wird. Diese erstaunliche Mikro-Cuvée stammt aus einer 30 Jahre alten und mit Merlot bestockten Parzelle nahe Tertre-Rôteboeuf und Canon-La-Gaffelière. Die jährliche Produktion beträgt durchschnittlich 800 Kisten.

2000: Dieser Wein hat zweifellos seine Kritiker, da er im Stil nahezu einem Port ähnelt, doch ist er ein vollkommen trockener, erstaunlicher Tropfen, den man bei diesem Jahrgang 2000 mit dem Löffel essen muss. Im Wesentlichen ein sirupartiger St-Émilion, prunkt er mit einer undurchdringlich purpurroten Farbe und einem außergewöhnlichen Parfüm aus Rauch, Kaffee, Mokka, Schokolade und Brombeer- und Cassislikör. Was ihn daran hindert, ein überbordender, übertrieben extrahierter Wein zu sein, sind die außergewöhnliche Reintönigkeit, Symmetrie und Ausgewogenheit, die mit seiner wuchtigen, massiven Persönlichkeit einhergehen. Er ist weniger gewichtig als die meisten »supertollen« kalifornischen Cabernet Sauvignons, doch für einen Bordeaux gewaltig ausstaffiert. Eine ganze Wagenladung von Tannin ist in diesem viskosen, dicken 2000er neben wunderschön integrierter Eichenholzwürze zu finden. Ebenso wie der 1999er, der 1998er, 1997er und 1996er ist er ein Wein des Jahrgangs. Sein endgültiger Mischsatz setzte sich aus 75% Merlot und 25% Cabernet Franc zusammen. Voraussichtliche Genussreife: 2008–2035.

1999: Eine undurchdringliche Purpurfarbe geht mit einem exotischen, süßen Bukett einher, das nach dicklichen schwarzen Himbeeren, Kirschen und Brombeeren, Rauch, Grillgewürz (Hickory-Holz?), Lakritze und Kaffee duftet. Dicke, süße Geschmackskomponenten offenbaren reichliches Glyzerin, niedrige Säure und eine enorme Fülle von konzentrierter Frucht und Reife. Wird dieser erstaunliche Wein die Definition oder die tanningeprägte Struktur des 1998ers besitzen? Voraussichtliche Genussreife: jetzt–2025.

1998: Dieser massive, undurchdringlich schwarz-purpurrote Wein, eine verblüffende Glanzleistung der Weinbereitung, prunkt mit einem außergewöhnlich reintönigen Bukett von schwarzen Früchten, vermischt mit Zedernholz, Vanille, Toffee und Espresso. Er ist ölig texturiert, mit begeisternder Brombeer-Cassisfrucht und Extrakt sowie vielfältigen Geschmacksdimensionen ausgestattet, die sich am Gaumen entfalten. Der 50 Sekunden währende Abgang enthüllt mäßig hohen Tanningehalt. Ungeachtet seiner Ähnlichkeit mit einem trockenen Vintage Port eignet sich dieser Wein nicht zum frühen Trinkgenuss. Ein kolossaler Tropfen! Voraussichtliche Genussreife: 2008–2035.

1997: Eine erstaunliche Leistung und fraglos ein Wein des Jahrgangs: Der 1997er zeichnet sich durch eine satte purpurrote Farbe aus sowie ein explosives Bukett von Brombeeren, Veilchen, Mineralien und süßem toastwürzigem Eichenholz. Mächtig und massiv, aber herrlich proportioniert, besitzt er eine ölige Textur ohne Ecken und Kanten. Verführerischer und leichter zu trinken als der gewaltige 1996er, sollte er jetzt–2015 genossen werden.

1996: Der 1996er ist für seine Appellation wie für seinen Jahrgang erstaunlich, offenbart er doch einen bemerkenswerten Reifegrad, profunde Konzentration und integriertes Tannin. Die dicke purpurrote Farbe deutet auf einen Wein von außergewöhnlichem Extrakt und großer Fülle. Dieser superkonzentrierte Wein bietet ein spektakuläres Bukett von geröstetem Kaffee, Lakritze, Blaubeeren und schwarzen Johannisbeeren, verwoben mit rauchigem frischem Eichenholz. Bei vollem Körper besitzt er eine vieldimensionale, geschichtete Persönlichkeit mit außergewöhnlicher Tiefe der Frucht, nahtlose Textur, erstaunlich viskose Art und einen langen, 45 Sekunden währenden Abgang. Das Tannin ist süß und gut integriert. Dieser Kraftprotz von einem St-Émilion dürfte sich zwischen 2006 und 2025 in Bestform befinden. Ein trockener Vintage Port Fonseca!

MONTROSE (ST-ESTÈPHE)

2000	EE	(94–96)
1999	EE	89
1998	E	90+
1997	D	87
1996	E	91+
1995	E	93

Seit dem Jahr 1989 hat dieses Weingut beständig den besten Wein von St-Estèphe hervorgebracht. Insbesondere seine 1989er, 1990er, 1996er und 2000er stellen bemerkenswerte Leistungen dar.

2000: Dieser sensationelle, undurchdringlich purpurrote Montrose ist vielleicht der beste, der seit dem 1996er und dem 1990er produziert wurde. Der Verschnitt aus 63% Cabernet Sauvignon, 31% Merlot, 4% Cabernet Franc und 2% Petit Verdot (56% der Ernte fand Eingang in den endgültigen Wein) bietet ein prachtvolles Bukett von geschmolzener Lakritze, Crème de Cassis, Brombeeren, Mineralien und Rauch. Der Wein ist körperreich, ölig texturiert, fleischig und reintönig, mit hohem, aber süßem Tannin. Der Abgang währt über 40 Sekunden. Wie die meisten Montrose-Weine wird der kraftstrotzende 2000er zweifellos während seiner Alterung mehr Tannin zum Vorschein bringen. Voraussichtliche Genussreife: 2008–2035.

1999: Ich habe die Qualität dieses Weins ernsthaft unterschätzt, als ich ihn zuerst verkostete. Wie bei etwa einem halben Dutzend anderer Médocs, die ich zu jener Zeit unterbewertete, sind meine Vorbehalte hinsichtlich eines fehlenden Geschmackseindrucks in der Mitte verflogen, da diese Weine wunderbar an Fülle zugelegt haben. Wir müssen uns stets bewusst sein, dass ja der Zweck des Ausbaus im Fass darin liegt, das Tannin süßer zu machen, mehr Komplexität zu entwickeln und die Weine zu konzentrieren. Genau das ist hier geschehen. Der dicht rubin-purpurrote 1999er Montrose präsentiert ein süßes Bukett von schwarzen Früchten, Eisen, Grafit und Rauch. Von mittlerem Körper, mit einer geschmeidigen, offen gewirkten Persönlichkeit, niedriger Säure, ausgezeichneter Konzentration und gut integriertem Tannin ist er nicht so stämmig und klassisch wie der 1998er, sondern vielmehr ein wunderschön bereiteter Montrose von fortgeschritten entwickeltem Stil, der in 1–2 Jahren Trinkreife erreichen und 15–18 Jahre lang halten dürfte. Wenn er sich weiter so gut entwickelt, wird er eine hervorragende Punktnote verdienen. Voraussichtliche Genussreife: 2004–2018.

1998: Der klassische 1998er legt eine dichte purpurrote Farbe und ein süßes, nach dicklichem Cassis, Lakritze, Erde und Rauch duftendes Bukett an den Tag. Er ist ein wuchtiger und körperreicher Wein mit gut integriertem Tannin. Angesichts der Neigung des Montrose, sich zu verschließen, stellt er sich aus der Flasche verkostet besser dar als ich erwartet habe. Voraussichtliche Genussreife: 2005–2030.

1997: Der 1997er ist sogar noch besser ausgefallen, als ich erwartet habe. Obschon leichter und weniger konzentriert als gewöhnlich, nehmen sich seine duftigen Aromen von Pflaumenlikör, Erde, Zedernholz und Leder attraktiv aus. Rund und schmackhaft, mit schöner Frucht, niedriger Säure und feiner Reife, wird er sich 3–4 Jahre hindurch schön trinken lassen.

1996: Der 1996er offenbart ein hervorragendes Potenzial. Er prunkt mit einer sattdunklen rubin-purpurroten Farbe und Aromen von frischem Eichenholz, dicklichen schwarzen Johannisbeeren, Rauch, Mineralien und neuem Sattelleder. Dieser vielschichtige Wein ist bei mittlerem bis vollem Körper reichhaltig, mit süßem Tannin, einem gefällig texturierten, konzentrierten mittleren Gaumen und einem beeindruckend langen Abgang. Voraussichtliche Genussreife: 2009–2025.

1995: Der 1995er, ein explosiv reichhaltiger, exotischer, fruchtiger Montrose, gibt sogar noch mehr Fett und Extrakt zu erkennen als der 1996er. In seinem Mischsatz ist weniger Cabernet Sauvignon enthalten, was einen körperreicheren, zugänglicheren und freundlicheren Stil ergibt. Der Wein zeigt eine undurchdringlich schwarz-rubin-purpurrote Farbe und ein reifes Bukett von schwarzen Früchten, Vanille und Lakritze. Wuchtig, aber erstaunlich zugänglich (das Tannin ist samtig, die Säure niedrig), dürfte dieser großartige Vertreter eines Montrose schon in seiner Jugend trinkreif sein. Voraussichtliche Genussreife: jetzt–2028.

Bisherige große Jahrgänge: 1994er (91), 1990er (100), 1989er (96), 1986er (91), 1982er (91), 1970er (92+), 1964er (92), 1961er (95), 1959er (95), 1955er (94), 1953er (96)

MONTVIEL (POMEROL)

1998	**C**	**85**

1998: Dunkelrubinrot, mit mehr reifer Frucht und niedrigerer Säure ausgestattet als sein älterer Bruder, ist der 1998er ein vierschrötiger, monolithischer Wein, der sich über 7 Jahre hinweg schön trinken lassen dürfte.

Weiterer verkosteter Jahrgang: 1999er (82–84).

LE MOULIN (POMEROL)

2000	**E**	**(90–93)**
1999	**E**	**89**
1998	**E**	**90**
1997	**D**	**86**

Dieses winzige Weingut, das die Bühne der Weinwelt mit einem üppigen 1998er betrat, bietet weiterhin Weine, die mit einem Le Pin mehr im Geschmack und in der exotischen Art gemeinsam haben als im Preis. In einem ähnlichen Stil bereitet, mit extravagantem, toastwürzigem frischem Eichenholz und reifer Merlot-Frucht, offenbaren sie überschwängliche Noten von Karamell, Mokka und dicklicher Beeren-Kirschfrucht. Die Leser sollten sich dieses Gut merken.

2000: Der opulente 2000er offenbart eine tiefe Pflaumen-Rubinfarbe und ein herrlich süßes Bukett von schwarzer Himbeermarmelade, verwoben mit Blumen, Kaffee und Karamell. Sinnlich und fleischig, ist er sowohl aus der hedonistischen wie der intellektuellen Perspektive zufrieden stellend. Trinken Sie ihn im Lauf der nächsten 5–15 Jahre.

1999: Niedrige Säure verleiht diesem molligen, granatroten Wein eine offen gewirkte, expansive Textur. Wunderbar fruchtig (reichliche Mengen dicklicher roter und schwarzer Früchte) mit Anklängen von Rauch, sollte dieser entfaltete, körperreiche, lange, potenziell hervorragende 1999er in seinen ersten 8–10 Lebensjahren getrunken werden.

1998: Der 1998er, ein hedonistischer, exotischer, cremig texturierter Wein, offenbart prachtvolle Aromen von Espresso, Pflaumen, Himbeeren und Kirschlikör in Duft und Geschmack. Von mittlerem bis vollem Körper und saftig, will er in den nächsten 10 Jahren getrunken werden.

1997: Der 1997er, eine solide Leistung für den Jahrgang, besitzt Kirschen-Himbeerfrucht, mittleren Körper, schöne Reife, keine Krautigkeit oder Schärfe, aber einen komprimierten Abgang. Seine Persönlichkeit lädt zum Trinkgenuss während der nächsten 4–5 Jahre ein.

MOULIN DU CADET (ST-ÉMILION)

2000	C	(79–82?)

2000: Ein eng konturierter Wein von dunkelrubinroter Farbe, mit süßer Kirschfrucht eingangs im Mund und mit hartem Tannin, trocknet dieser 2000er rasch aus und wird ausgezehrt und komprimiert. Trinken Sie ihn in seinen ersten 7–8 Lebensjahren.

MOULIN-PEY-LABRIE (CANON-FRONSAC)

1998	C	88
1997	C	87
1995	C	85+

Dies ist stets ein ernst zu nehmendes Canon-Fronsac-Weingut gewesen, und auch die letzten Jahrgänge bestätigen weiterhin seinen Rang als einer der Stars dieser bukolischen, aber potenziell vielversprechenden Appellation.

1998: Dicht rubin-purpurrot, mit süßen Aromen von Schwarzkirschen und Cassis, unterlegt mit holzigen und mineralischen Anklängen, besitzt dieser fette, reife, opulent texturierte Moulin-Pey-Labrie bewundernswerte Frucht und Reife. Ein Erfolgsschlager des Jahrgangs, der bereits jung getrunken oder 10–12 Jahre im Keller gelagert werden kann.

1997: Ausgezeichnete Aromen von geräucherter Ente, geröstetem Kaffee, asiatischen Gewürzen und Schwarzkirschfrucht springen bei diesem komplexen, entfalteten, gut bereiteten 1997er förmlich aus dem Glas. Von mittlerem Körper und reif, mit einem hervorragenden Geschmackseindruck am mittleren Gaumen und schöner Textur, kann dieser köstliche, entgegenkommende Wein im Lauf der nächsten 4–5 Jahre getrunken werden.

1995: Der 1995er, ein gut gemachter, schön strukturierter, sauber gezeichneter Wein, offenbart eine tiefrubinrote Farbe, süße Frucht von Kirschen und Mineralien, einige würzige, lehmige, erdige Noten und mäßiges Tannin in seinem langen Abgang. Dieser Wein wird sich mühelos noch 5–6 Jahre weiterentwickeln.

Weitere verkostete Jahrgänge: 2000er (86–87), 1999er (85–86)

MOULIN ST-GEORGES (ST-ÉMILION)

2000	C	(90–92)
1999	C	90
1998	C	89
1997	C	87
1996	C	89
1995	C	90

Das Weingut befindet sich im Besitz von Alain Vauthier, der sich durch die Wiedererweckung von Ausone zu hoher Qualität während der letzten Jahre Ruhm erworben hat. Die Leser können sich den Moulin St-Georges als eine entgegenkommendere, früher trinkreife, preiswerte Alternative zu einem Ausone vorstellen. Wer weder die Geduld noch das Geld für einen Ausone aufzubringen vermag, sollte nach dieser Junior-Version Ausschau halten.

2000: Im Stil seines großen Bruders vinifiziert, hebt dieser 2000er reintönige, authentische Frucht von Brombeeren, schwarzen Himbeeren und Johannisbeeren mit einem Hauch von Mineralien und Holz hervor. Der Wein ist tief, strukturiert, mäßig tanninstreng und eindrucksvoll. Verhaltener entwickelt als vorhergehende Jahrgänge, ist er ein hochklassiger, eleganter Tropfen zum Trinkgenuss jetzt–2014.

1999: Der 1999er ist eine weichere Version des 1998ers und könnte sich wegen seiner niedrigeren Säure, fetteren, fleischigeren Textur und verführerischen Persönlichkeit als der etwas bessere Wein herausstellen. Seine dichte rubin-purpurrote Farbe geht in Duft und Geschmack mit Aromen von Brombeeren, Cassis, subtilem Holz und Lakritze einher. Voraussichtliche Genussreife: jetzt–2012.

1998: Elegante Brombeer-, Lakritze- und mineralische Noten springen aus dem Glas mit diesem stilvollen, außergewöhnlich reintönigen Wein von mittlerem Körper. Er zeigt eindrucksvollen Gehalt an schwarzen Früchten, dazu schön integrierte Säure wie auch Tannin und Holz. Wenn man ihn dekantiert, kann dieser 1998er schon jetzt getrunken werden, verspricht jedoch, 12 Jahre lang schön zu altern.

1997: Der 1997er offenbart ein fruchtbetontes, nach Himbeeren und Kirschen duftendes Bukett, gefolgt von süßen, dicklichen Geschmackskomponenten, mittlerem Körper, niedriger Säure und einem weichen, molligen Abgang. Er dürfte sich 2–3 Jahre hindurch schön trinken lassen.

1996: Dieser dunkelrubin-purpurrote 1996er bietet ein komplexes Bukett von Pflaumen und anderen schwarzen Früchten, gepaart mit stahligen mineralischen Noten und subtilem frischem Eichenholz. Ein klassischer, eleganter, reichhaltiger Wein von mittlerem Körper mit hervorragender Reintönigkeit zum Trinkgenuss vor 2015.

1995: Der herrliche 1995er, ein weiterer Schlager des Jahrgangs, gibt eine dichte Purpurfarbe zu erkennen und ein süßes, nach schwarzen Himbeeren und Johannisbeeren duftendes Bukett, verflochten mit hochklassigem, toastwürzigem frischem Eichenholz und Mineralien. Tief, reichhaltig, eindrucksvoll reintönig, reif, elegant und harmonisch, hat dieser prachtvolle, überzeugende St-Émilion eine glänzende Zukunft vor sich. Voraussichtliche Genussreife: jetzt–2016.

MOULINET (POMEROL)

2000	C	(82–84?)

Seit dem Jahr 2000 hat Christian Moueix die Aufsicht über die Weinbergpflege und die Weinbereitung in diesem Gut übernommen, das auf eine recht belanglose Geschichte zurückblickt.

2000: Dieser 2000er scheint einen ordentlichen Anfang darzustellen, da er mehr Farbe, Biss und Tiefe als seine Vorgänger besitzt. Freilich kommt er immer noch monolithisch und vierschrötig sowie tanninstreng daher. Voraussichtliche Genussreife: 2005–2012.

MOUTON-ROTHSCHILD (PAUILLAC)

2000	EEE	(96–98+?)
1999	EEE	93
1998	EEE	96
1997	EEE	90
1996	EEE	94
1995	EEE	95+

Mouton-Rothschild ist als Weingut und Wein eine ganz eigene Schöpfung des verstorbenen Barons Philippe de Rothschild. Durch die Produktion eines Pauillac in opulent reichhaltigem und bemerkenswert tiefem, exotischem Stil war er der einzige, der je eine Änderung in der Médoc-Klassifizierung von 1855 herbeiführen konnte. 1973 wurde Mouton-Rothschild offiziell als Premier Cru anerkannt und es steht außer Frage, dass etliche Jahrgänge dieses Weins zu den besten Bordeaux-Weinen gehören, die ich je verkosten durfte (1929, 1945, 1947, 1953, 1955, 1959, 1982), wenngleich ich auch zahlreiche mittelmäßige Flaschen kennen gelernt habe. Die letzten Jahrgänge sind erstklassig ausgefallen, insbesondere ab 1995, und bezeugen, dass der Mouton seiner Klassifikation und seiner Reputation unter der Ägide von Philippine de Rothschild treu bleibt.

2000: Wird dieser Wein ein zweiter 1986er? Der 2000er ist ein Verschnitt aus 86% Cabernet Sauvignon und 14% Merlot (80% der Produktion, die durchschnittlich 35 hl/ha betrug).

Dieses wahre Wunder, das möglicherweise Anspruch auf Unsterblichkeit erheben kann, ist so dick, dass man den Wein fast mit dem Löffel zu sich nehmen muss. Dabei hat er einen brutal hohen Tanningehalt. In diesem notorischen Spätentwickler ist vieles zu entdecken, so etwa phänomenale Konzentration und Extrakt und ein gewaltiges Bukett von Rauch, Crème de Cassis, Trüffeln und neuem Sattelleder. Das ist ein Wein von enormer Konstitution und ehrfurchtgebietender Wucht, doch Neulinge und Leser, die nicht bereit sind, 20 Jahre Kellerreife zu investieren, sollten sich anderwärts umschauen. Wenn das Tannin sich besser integriert und der Wein zunehmend nahtlos wird, steht einer hohen Benotung nichts im Wege. Doch falls das Tannin rauer wird oder der Wein sich vollkommen verschließt, wird die Punktnote fallen. Dieser Wein ist eine Erwerbung auf lange Sicht für den prospektiven Käufer, benötigen doch die meisten Moutons mit diesem Gehalt an Extrakt und Tannin eine Kellerreife von 15–20 Jahren (man denke an den noch in den Kinderschuhen steckenden 1982er und den 1986er). Dessen ungeachtet ist dies eine fabelhaft reintönige, brillante Leistung der Weinbereitung, vielleicht für die Kinder Ihrer Kinder gerade richtig. Voraussichtliche Genussreife: 2020–2060.

1999: Der 1999er ist in einem weicheren Stil als der 1998er bereitet und viele Leser werden diesen »freundlicheren« Verschnitt aus 78% Cabernet Sauvignon, 18% Merlot und 4% Cabernet Franc bevorzugen. Er offenbart eine dichte rubin-purpurrote Farbe sowie ein weniger komplexes Bukett als sein älterer Bruder, jedoch mehr Cassisfrucht, Kaffee und Rauch. Lang und üppig-saftig, mit niedriger Säure, reifem Tannin und mittlerem bis vollem Körper, dürfte er bei seiner Freigabe recht zugänglich sein, sich aber 20–25 Jahre schön weiterentwickeln. Könnte dies ein moderner Doppelgänger des 1962ers werden?

1998: Überraschung, Überraschung! Der 1998er ist als der größte Wein hervorgetreten, der auf diesem Gut seit dem vollkommenen 1986er erzeugt wurde, an den der 1998er auch etwas erinnert. Wie viele seiner Genossen hat er seit seinem Ausbau spektakulär zugelegt. Jetzt in der Flasche hat dieser undurchdringlich schwarz-purpurrote Wein an Statur, Fülle und Größe zugenommen. Die *assemblage* aus 86% Cabernet Sauvignon, 12% Merlot und 2% Cabernet Franc (57% der Produktion wurden verwendet) ist ein überaus wuchtiger, superkonzentrierter Wein, der Noten von geröstetem Espresso, Crème de Cassis, Rauch, neuem Sattelleder, Grafit und Lakritze zu erkennen gibt. Im Mund nimmt er sich massiv aus, mit ehrfurchtgebietender Konzentration, den Gaumen verbrennendem Tanningehalt und einem satten Geschmacksprofil, das den Mund mit beträchtlicher Intensität erfüllt. Das ist ein weiterer auf 50 Jahre ausgelegter Mouton, der Geduld erfordern wird, da er mindestens ein Jahrzehnt lang seiner Trinkreife nicht nahe kommen wird. Dieser Wein kann es mit dem 1986er, dem 1995er und 1990er aufnehmen! Voraussichtliche Genussreife: 2012–2050.

1997: Nur 55% der Ernte fanden Eingang in den 1997er, der einer der entgegenkommendsten und am frühesten entwickelten Moutons der letzten Jahre ist. Er besitzt den ganzen Charme und die Fleischigkeit, die sein Jahrgang zu bieten hat. Der Verschnitt aus 82% Cabernet Sauvignon, 13% Merlot, 3% Cabernet Franc und 2% Petit Verdot legt eine dichte rubin-purpurrote Farbe an den Tag sowie ein offen gewirktes Bukett, das nach Zedernholz, Brombeerlikör, Cassis und Kaffee duftet. Fleischig, reif und den Mund füllend, mit niedriger Säure, mildem Tannin und bewundernswerter Konzentration und Länge, ist dieser köstliche Pauillac schon jetzt trinkbar und dürfte 12 Jahre und länger altern. Eine eindrucksvolle Leistung für diesen Jahrgang.

1996: Das Team dieses Guts meint, der 1996er sei weit komplexer als der 1995er, aber weniger massiv. Auch ich bin der Ansicht, dass unter den Premiers Crus dieser Wein erstaunliche Aufgeschlossenheit und Komplexität in seinem Aromaprofil aufweist. Er besitzt ein üppiges, überschwängliches Bukett mit Düften nach geröstetem Kaffee, Cassis, rauchigem Eichenholz und Sojasauce. Dieser körperreiche, gehaltvolle, konzentrierte, superb ausgewogene Wein stellt sich insofern als paradox dar, als sein Aromaprofil einen weit fortgeschrittener entfalteten Wein verspricht als die Geschmackskomponenten halten. Voraussichtliche Genussreife: 2007–2030. Übrigens, der Mischsatz des 1996ers war praktisch mit dem des 1995ers identisch: 72% Cabernet Sauvignon, 20% Merlot und 8% Cabernet Franc.

1995: Dieser profunde Mouton ist zugänglicher als der muskulösere 1996er. Als *assemblage* aus 72% Cabernet Sauvignon, 9% Cabernet Franc und 19% Merlot zeigt er eine undurchdringliche rubinrote Farbe und widerstrebende Aromen von Cassis, Trüffeln, Kaffee, Lakritze und Gewürzen. Im Mund präsentiert sich der Wein mit großer Substanz, superber Dichte, einem reichhaltigen Geschmackseindruck am mittleren Gaumen und einem geschichteten, profunden Abgang, der 40 Sekunden und länger nachklingt. Hervorragende Reintönigkeit und hoher Tanningehalt sind vorhanden, aber mein Instinkt sagt mir, dass dieser Wein säureärmer und etwas fleischiger ist als der stämmigere, kräftigere 1996er. Doch sind beide Weine großartige Leistungen aus dem Hause Mouton-Rothschild. Voraussichtliche Genussreife: 2004–2030.

Bisherige große Jahrgänge: 1994er (91+), 1989er (90), 1986er (100), 1985er (90), 1983er (90), 1982er (100), 1970er (93?), 1966er (90), 1962er (92), 1961er (98?), 1959er (100), 1955er (97), 1953er (95), 1949er (94), 1947er (97), 1945er (100)

NÉNIN (POMEROL)

2000	**E**	**(91–93)**
1999	**E**	**88**
1998	**E**	**90**
1997	**D**	**87**
1996	**D**	**85**
1995	**D**	**86**

Seit das Weingut im Jahr 1997 von der Familie Delon, den Eigentümern von Léoville-Las Cases, erworben wurde und unter der Leitung von Jean-Hubert Delon steht, drängt Nénin mit seinen Weinen wieder an die Spitze der Qualitätshierarchie von Pomerol.

2000: Der 2000er ist einer der wenigen Pomerols, der sein Pendant von 1998 übertrifft. Der Verschnitt aus 73% Merlot und 27% Cabernet Franc, der aus Erträgen von 30 hl/ha gewonnen wurde, ist sowohl wuchtig als auch komplex. Undurchdringlich purpurrot, mit einem körperreichen, opulenten Stil, gestützt durch hohen Tanningehalt und ordentliche Säure, enthüllt er mehr blumige und zedernholzartige Noten (wegen seines hohen Prozentsatzes von Cabernet Franc) in seinem nach Schokolade, Brombeeren und Kirschen duftenden Bukett. Herrlich reintönig, dick und reichhaltig, ist er auf Langlebigkeit hin ausgelegt. Voraussichtliche Genussreife: 2005–2025.

1999: Der elegante dunkelrubin-purpurrote Wein von mittlerem Körper und mit einem gedämpften Bukett von erdigen schwarzen Früchten, Mineralien und Mokka enthüllt leichtes bis mäßiges Tannin im Abgang. Schon bei seiner Freigabe schön zu trinken, wird er sich 10–15 Jahre anmutig weiterentwickeln.

1998: Neben dem 2000er ist dies der beste Nénin seit vielen Jahrzehnten. Der dicht rubinpurpurrote 1998er verströmt Aromen von Kaffee, geschmolzenem Karamell, Vanille, Pflaumen und Schwarzkirschmarmelade. Er präsentiert sich körperreich, mit öliger Textur, superber Reintönigkeit und einem seidigen, nahtlosen Abgang. Unter dem Fett und der Fülle des Weins liegt reichliches Tannin begraben. Voraussichtliche Genussreife: 2004–2025.

1997: Die Delons hatten bei diesem Jahrgang noch nicht die ungeteilte Leitung über die Rebflächen und die Weinbereitung inne, doch führten sie bereits eine strenge Auslese des Traubenguts ein. Das führte zu einem attraktiven, eleganten, reichfruchtigen Wein mit üppigen Mengen von Kirschen und schwarzen Johannisbeeren, die in einem saftigen, geschmeidigen Stil präsentiert wurden. Er dürfte sich 7–8 Jahre hindurch schön trinken lassen.

1996: 1996 war für Pomerol kein leichtes Jahr. Obwohl der 1996er mageres und rustikales Tannin in seinem Abgang zu erkennen gibt, bietet er doch erfreuliche Pflaumen- und schokoladige Frucht, mittleren Körper und eine saubere Art der Weinbereitung. Angesichts des

Verhältnisses zwischen Frucht und Tannin empfehle ich, den Wein im Lauf der nächsten 3–4 Jahre zu trinken.

1995: Der 1995er legt eine gesunde Farbe von mittlerem Dunkelrubinrot an den Tag, eine Fülle von süßer, dicklicher Kirschen- und pflaumenartiger Frucht im Bukett, mittleren Körper, niedrige Säure und eine locker gewirkte, aber attraktiv sanfte Textur samt Abgang. Trinken Sie ihn innerhalb von 1–2 Jahren.

OLIVIER (PESSAC-LÉOGNAN)

2000	D	(88–89)
1999	D	87
1998	D	89
1997	C	86
1996	C	86
1995	C	84

Nach Jahren mit wenig inspirierenden Leistungen beginnt die Domaine Olivier, deren Rebflächen von einem herrlichen mittelalterlichen, mit Wall und Graben umgebenen Château bekrönt werden, wieder elegante, stilvolle, reichfruchtige Weine zu gestalten. Das volle Potenzial der Weingärten wird nun zunehmend ausgeschöpft und die letzten Jahrgänge waren die feinsten, die ich von diesem einst unter seinen Möglichkeiten arbeitenden Gut verkostet habe. Wie die Degustationsnotizen besagen, scheinen der 1998er und der 2000er die feinsten bislang produzierten Weine darzustellen.

2000: Der sinnliche, saftige, tiefrubin-purpurrote Wein von mittlerem Körper präsentiert eine Fülle von traubiger Frucht von schwarzen Johannisbeeren, Rauch, Tabak und Aromen aus der Gewürzkiste. Reichhaltig, mit ausgezeichneter Reintönigkeit sowie niedriger Säure und reifem Tannin im Abgang, wird er sich bei seiner Freigabe und während der folgenden 10 Jahre schön trinken lassen. Der beste Olivier seit über 25 Jahren.

1999: Aromen von reifen Johannisbeeren, Teer, Rauch, Erdbeermarmelade und Tabak entsteigen diesem geschmeidig texturierten, saftigen Graves von mittlerem Körper. Er dürfte sich 8–10 Jahre schön trinken lassen.

1998: Eine pflaumendunkel-rubinrote Farbe geht mit einem sinnlichen Bukett einher, das nach Zigarrentabak, roten und schwarzen Johannisbeeren, Erde und Vanille duftet. Diesem nahtlosen, saftigen, schmackhaft-würzigen 1998er von mittlerem Körper kann man schwer widerstehen. Wie lange er altern wird, ist fraglich, doch wird er mit Sicherheit 10–15 Jahre hindurch schönen Trinkgenuss gewähren.

1997: Der 1997er ist tiefrubin-purpurrot mit einem unkomplizierten, süßen, von schwarzen Kirschen und Beeren geprägten und durch Tabakkraut und toastwürziges frisches Eichenholz ergänzten Charakter. Dieser bei mittlerem Körper säurearme, fruchtbetonte Wein sollte im Lauf der nächsten 7–8 Jahre getrunken werden.

1996: Der 1996er stellt sich als weicher Wein von mittlerem Körper dar, der mit moderaten roten und schwarzen Johannisbeeren, angemessener Säure und süßem Tannin ausgestattet ist. Obschon kein großer Wein, nimmt er sich gut gebaut und harmonisch aus. Voraussichtliche Genussreife: jetzt–2012.

1995: Der kompetent bereitete, aber uninspirierende Wein von leichtem bis mittlerem Körper ist kompakt, mager, tanninreich und strenger als der 1996er. Voraussichtliche Genussreife: jetzt–2008.

LES ORMES-DE-PEZ (ST-ESTÈPHE)

2000	C	(88–90)
1999	C	86
1998	C	87
1997	C	80

1996	C	86
1995	C	86

Der Les Ormes-de-Pez ist ein populärer Wein, zu einem großen Teil wegen seiner mit generösem Geschmack ausgestatteten molligen, manchmal süßen und fetten Persönlichkeit, aber auch dank der Werbemaßnahmen des Besitzers, Jean-Michel Cazes. Es handelt sich um einen Cru Bourgeois, den Verbraucher, die nach hoher Qualität zu bescheidenen Preisen suchen, stets ernsthaft in Betracht ziehen sollten.

2000: Aus diesem Cru Bourgeois ist ein fleischiger, opulenter, tiefpurpurroter 2000er mit niedriger Säure, bewundernswerter Dicke und Saftigkeit und reichlichen Mengen von lakritzegetränkter Cassis- und Brombeerfrucht entstanden. Reintönig und zugänglich, wird er sich schon jung köstlich trinken, aber auch 10–12 Jahre hindurch anmutig altern. Dies ist die seit über einem Jahrzehnt beste Leistung aus diesem Château. Ein Schlager des Jahrgangs.

1999: Dieser gradlinige, nahtlose Wein mit gutem Fett und kerniger Himbeer- und Kirschfrucht besitzt weder viel Gewicht noch Länge. Er wird einen kompetent bereiteten Trinkgenuss während der nächsten 5–6 Jahre gewähren.

1998: Dieser dunkelrubin-purpurrote 1998er, gelungen und preiswert, legt reichliche Mengen von Cassisfrucht, unterlegt mit erdigen Noten von Unterholz an den Tag. Von mittlerem bis vollem Körper, mit schöner Konzentration, ausgezeichneter Textur und einem weichen, würzigen, pfeffrigen Abgang, wird er sich 10 Jahre hindurch schön trinken lassen.

1997: Der 1997er ist rund und entgegenkommend, mit niedriger Säure und einem nach Vanille, getrockneten Kräutern und roter Johannisbeerfrucht duftenden Bukett. Er ist viel leichter als der 1996er und will im Lauf der nächsten 2–3 Jahre getrunken sein.

1996: Dieser Wein, ein potenzieller Schlager des Jahrgangs, offenbart eine satte dunkelrubinrote Farbe und ein ausgezeichnetes, nach Brombeeren und Cassis duftendes Bukett mit rauchigem Eichenholzton im Hintergrund. Er ist süß, opulent texturiert, erstaunlich zugänglich und rund mit einem ausgezeichneten Abgang. Einer der feinsten Weine von Les Ormes-de-Pez. Voraussichtliche Genussreife: jetzt–2014.

1995: Ich bin versucht, diesen Wein allzu kommerziell zu nennen, doch ist und bleibt er bei alledem ein attraktiver, weicher, runder Bordeaux von mittel- bis dunkelrubinroter Farbe mit kräuterhaften Nuancen und Noten von Schwarzkirsch- und Johannisbeerfrucht. Üppig-saftig, mit einiger Eleganz, mittlerem Körper, weichem Tannin und einem gefälligen Abgang, sollte dieser Wein in seinen ersten 7–8 Lebensjahren getrunken werden.

LES ORMES-SORBET (MÉDOC)

1996	C	86
1995	C	85

Unter den Crus Bourgeois erbringt dieses Gut beständig sehr gute Leistungen und erzeugt stilvolle, attraktive, mittelgewichtige Weine, die ein gutes Preis-Leistungsverhältnis aufweisen.

1996: Dieser ausgezeichnete Wein bietet ein elegantes, mäßig duftendes Bukett von schwarzen Früchten, würzigem Eichenholz und Mineralien. Reich im Geschmack, harmonisch und mit süßem Tannin im Abgang, sollte er im Lauf der nächsten 2–3 Jahre getrunken werden.

1995: Der 1995er von mittlerem Körper ist mit seinen roten und schwarzen Früchten, die sich mit Mineralien und subtilen frischen Eichenholztönen mischen, ein attraktiver Wein. Er zeigt sich eckiger und weist weniger Gewichtigkeit und Reife auf als der 1996er, doch stellt er eine gute Wahl für Käufer dar, die nach einem guten Gegenwert suchen.

Weitere verkostete Jahrgänge: 2000er (86–87), 1999er (81–83)

PALMER (MARGAUX)

2000	EEE	(92–94+)
1999	EE	95

1998	**EE**	**91**
1997	**E**	**87**
1996	**EE**	**91+**
1995	**EE**	**90**

Der Wein dieses Guts kann ebenso profund sein wie viele Premiers Crus, und in manchen Jahrgängen wie 1961, 1966, 1967, 1970, 1975, 1983, 1989 und 1995 ist er sogar besser. Der Palmer-Stil ist von der sensationellen Duftigkeit des Buketts geprägt, was so weit geht, dass große Jahrgänge bei Blindverkostungen allein an ihrem Duft identifiziert werden können. Die Textur des Weins ist reichhaltig, häufig geschmeidig und üppig, und er ist stets zutiefst fruchtig und konzentriert. Die letzten Jahrgänge haben großartige Leistungen erbracht. Vor kurzem haben der Mitbesitzer des Weinguts, Frank Mahler-Besse, und der Manager Bertrand Bouteiller auch damit begonnen, einen sehr guten Zweitwein namens Alter Ego de Palmer herzustellen, der zweifellos dazu beitragen wird, die Qualität des Grand Vin weiter zu steigern.

2000: Der 2000er ist eine *assemblage* aus 52% Cabernet Sauvignon und 48% Merlot und verkörpert eine Auslese von 45% der Gesamtproduktion. Dieser Palmer ist ein massiver *vin de garde* und zeigt üppige Mengen des in diesem Jahrgang hohen Tannins. Doch muss man sich keine Sorgen machen, dass er wie der strenge 1975er ausfällt. Er besitzt eine dichte purpurrote Farbe, kraftvolle, aber reife, provokative Noten von Pflaumen, Schwarzkirschen, Kaffee und neuem Sattelleder und gewaltige Fruchtkonzentration. Er ist einer der größten Spätentwickler unter den von mir verkosteten Palmers und gibt einen süßen mittleren Gaumen wie auch gut integriertes, reifes Tannin zu erkennen. Der 2000er steht in völligem Gegensatz zu dem sinnlichen, geschmeidigen 1999er von Palmer. Potenzielle Käufer werden sich mit Geduld wappnen müssen, doch dürfte er sich als einer der langlebigsten unter den in den letzten drei Jahrzehnten produzierten Palmer-Weinen herausstellen. Voraussichtliche Genussreife: 2009–2040.

1999: Der 1999er von Palmer, ein glänzender Erfolg, ist sogar noch besser als der 1998er und der 2000er aus diesem Hause. Die *assemblage* aus 46% Merlot, 48% Cabernet Sauvignon und 6% Petit Verdot (nur 58% der Ernte fanden Eingang in den endgültigen Verschnitt) prunkt mit einer undurchdringlichen blau-purpurroten Farbe sowie süßen Aromen von Lakritze, dicklichem Cassis, Rauch, Bleistift und Mineralien. Erstaunlich tanninherb für den Jahrgang, sollte sich dieser muskulöse, herrlich proportionierte, klassische Tropfen als ein Wein des Jahrgangs herausstellen, zumindest im Médoc. Voraussichtliche Genussreife: 2006–2025.

1998: Der 1998er, ein klassischer Margaux, hat während seiner *élevage* im Fass an Gewicht und Fülle zugelegt. Er präsentiert eine dichte purpurrote Farbe sowie ein verschwenderisches Bukett von schwarzen Früchten, Lakritze, geschmolzenem Teer, Toast und einem Hauch von Akazienblüten. Körperreich, mit brillanter Definition, wird dieser aus gleichen Anteilen von Merlot und Cabernet Sauvignon zusammengesetzte Verschnitt mit einer Prise Petit Verdot 20–30 Jahre lang schön altern. Er ist einer der Stars der Appellationen Margaux und Médoc. Voraussichtliche Genussreife: 2005– 2028.

1997: Der in einem verführerischen Palmer-Stil bereitete 1997er wird viele Bewunderer finden (falls sie ihn sich leisten können). Er prunkt mit einer dunkelrubin-pflaumenhaft-purpurroten Farbe, einem verführerischen Bukett mit Düften von süßer Beerenfrucht und einer eleganten, fruchtbetonten, entgegenkommenden, fleischigen Persönlichkeit von mittlerem Körper. Zwar sind wenig Gewichtigkeit und Dichte vorhanden, doch die Harmonie des Weins ist ausgezeichnet. Trinken Sie ihn im Lauf der nächsten 6–7 Jahre.

1996: Dieser Wein, eine *assemblage* aus 55% Cabernet Sauvignon, 40% Merlot und 5% Petit Verdot, nimmt sich gut aus. Er kann sich einer beeindruckend satten Purpurfarbe rühmen, die einhergeht mit einem verhalten entwickelten, aber intensiven Bukett von schwarzen Pflaumen, Johannisbeeren, Lakritze und Rauch. Nach einem ersten Geschmackseindruck von herrlicher Frucht eingangs im Mund gewinnen die Struktur und das Tannin des Weins die Oberhand. Dieser eindrucksvoll ausgestattete, erstaunlich verhalten entwickelte Palmer könnte sich zu einer modernen Version des 1966ers entfalten. Süße Frucht ist in Fülle vorhanden und das Tannin ist gut integriert, doch der Wein erfordert weitere 4–5 Jahre im Keller. Voraussichtliche Genussreife: 2007–2028.

1995: Dieser Wein enthält einen extrem hohen Prozentsatz von Merlot (etwa 43%). Er ist ein herrlich opulenter, säurearmer, fleischiger Palmer, der schon in seiner Jugend attraktiv ist und sich doch gut halten wird. Dunkelrubin-purpurrot, mit rauchigem, toastwürzigem frischem Eichenholz, verflochten mit Batzen dicklicher Kirschfrucht und Nuancen von Blumen und Schokolade, ist dieser mollige, aber elegante Wein von mittlerem bis vollem Körper beeindruckend.

Bisherige große Jahrgänge: 1989er (95), 1983er (97), 1978er (90), 1975er (90), 1970er (95+), 1966er (96), 1962er (91), 1961er (99), 1945er (97), 1928er (96), 1900er (96)

PAPE-CLÉMENT (PESSAC-LÉOGNAN)

2000	**EE**	**(92–95)**
1999	**EE**	**91**
1998	**EE**	**93**
1997	**E**	**87**
1996	**E**	**90**
1995	**E**	**90**

In der zweiten Hälfte der 1980er Jahre wurde Pape-Clément zu einem der Star-Güter des Bordelais, das in den Jahren 1986, 1988, 1990, 1996 und 1998 profunde Weine produzierte. In seiner Bestform ist dieser Wein gekennzeichnet durch ein faszinierendes und unwiderstehliches Bukett, das aufwartet mit Batzen von schwarzen Früchten, verflochten mit starken Düften nach Tabak und Mineralien. Wegen des relativ hohen Anteils von Merlot in seinem Mischrezept kann er schon ganz jung getrunken werden, vermag jedoch in den besten Jahrgängen mehrere Jahrzehnte lang schön zu altern. 1999 wurde dieses Gut von Bernard Magrez erworben, der auch Besitzer von Fombrauge und La Tour Carnet ist. Angesichts des leidenschaftlichen Strebens des Eigentümers nach Qualität kann man sich vorstellen, dass der Pape-Clément sich weiterhin verbessern wird, ein Trend, der schon mit dem 2000er zu Tage tritt, der alle bisher auf dem Gut hervorgebrachten Leistungen hinter sich lässt.

2000: Der 2000er ist ein ehrfurchtgebietender Wein und dürfte die in den Jahren 1998, 1996, 1995, 1990, 1988 und 1986 produzierten großen Pape-Cléments übertreffen – und vielleicht sogar das wundervolle Duo von 1959 und 1961. Ich habe diesen Wein bei drei verschiedenen Gelegenheiten verkostet, und bei jeder Verkostung präsentierte er sich als fesselnder Tropfen mit phänomenalem Extrakt und Reichhaltigkeit sowie Eleganz und Gleichgewicht. Die Erträge waren bescheidene 47 hl/ha. Dieser Verschnitt besteht zu gleichen Teilen aus Cabernet Sauvignon und Merlot (etwa 55% der Produktion fanden Eingang in den endgültigen Wein) und weist in seinem komplexen Aromaprofil überwältigend konzentrierte Düfte nach Kaffee, erdigem Tabak, Mineralien, schwarzen Johannisbeeren und Kirschen auf. Im Mund geben sich auch Soja-Noten zu erkennen. Körperreich, gehaltvoll, jedoch elegant, mit fabelhafter Reintönigkeit, intensiver Präsenz am Gaumen und großartiger Konzentration und Komplexität, könnte dieser betörende Wein der feinste Pape-Clément sein, der je bereitet wurde! Voraussichtliche Genussreife: 2005–2025. Wow!

1999: Stilvolle Aromen von Bleistift, Pflaumen, Himbeeren, Johannisbeeren und Gewürzkiste entströmen diesem dunkelrubin-purpurroten 1999er. Eingangs bietet er einen ausgezeichneten Geschmackseindruck am Gaumen, gute Struktur, süßes Tannin und schöne Tiefe und Textur. Mag er sich vielleicht auch nicht als ebenso majestätisch wie der 1998er herausstellen, so ist er doch eine hochklassige Leistung der Weinbereitung. Voraussichtliche Genussreife: jetzt–2018.

1998: Dieser großartige Wein prunkt mit einer dichten rubin-purpurroten Farbe, gepaart mit einem Bukett, das nach Holzkohle, Brombeeren, Cassis, Tabak, Mineralien und Gewürzen duftet. Der brillant und scharf konturierte 1998er von mittlerem bis vollem Körper legt überreiche Komplexität sowie einen bemerkenswert langen Abgang an den Tag. Der für dieses Weingut groß dimensionierte Wein zeigt einen süßen mittleren Gaumen und reifes Tannin. Voraussichtliche Genussreife: jetzt–2025. Bravo!

1997: Der attraktive, komplexe 1997er zeigt eine sattdunkle rubinrote Farbe, gepaart mit einem herrlichen, nach Rauch, Kräutern, roten Johannisbeeren und Kirschlikör duftenden Bukett, seidiger Textur, Eichenholzwürze und einem runden, komplexen, säurearmen, fleischigen Abgang. Im Glas gibt er auch Noten von heißen Ziegelsteinen und versengter Erde frei. Ein komplexer, geschmeidiger, köstlicher Wein zum Trinkgenuss für die nächsten 8–10 Jahre.

1996: Dies ist ein weiterer eleganter, komplexer, markanter Wein, dessen Anziehungskraft auf seiner aromatischen Komplexität und seinem harmonischen Ausdruck von Frucht und Struktur beruht. Wucht und Muskelkraft zählen nicht gerade zu seinen Stärken. Seine Farbe ist ein gesundes Dunkelrubinrot. Der Wein wartet auf mit Aromen von gerösteten Kräutern, Tabak, Frucht von süßen Preiselbeeren und schwarzen Johannisbeeren. Bei mittlerem Körper zeigt er einen reichhaltigen, geschichteten, seidigen Geschmackseindruck, ausgezeichnete Reintönigkeit und sanftes Tannin im Abgang. Erstaunlich aufgeschlossen für einen 1996er, scheint er sich in einer raschen Entwicklung zu befinden, obwohl er sich auch 12 Jahre oder länger halten wird.

1995: Der 1995er, eine weichere, zugänglichere Version des tanninstrengeren 1996ers, offenbart eine tiefrubin-purpurrote Farbe und ein bezauberndes, nach Gewürzen, Bleistift, Mineralien, Rauch und tabaküberhauchten schwarzen Johannisbeeren duftendes Bukett. Reichhaltig und reif, mit mittlerem Körper, süßer Frucht eingangs im Mund und einer Anmutung von Eleganz und makellosem Gleichgewicht, eignet sich dieser wunderschön gewirkte, komplexe Wein zum unmittelbaren Trinkgenuss. Voraussichtliche Genussreife: jetzt–2015.

Bisherige große Jahrgänge: 1990er (93), 1988er (92), 1986er (92), 1961er (92)

PAS DE L'ÂNE (ST-ÉMILION)

1999	**C**	**(88–90)**

1999: Dieser Debüt-Wein, ein Überraschungserfolg des Jahrgangs, der unter der Aufsicht des allgegenwärtigen Jean-Luc Thunevin produziert wurde, zeichnet sich durch eine dichte rubin-purpurrote Farbe aus, gepaart mit einem nach süßer Schokolade, Brombeeren und Johannisbeeren duftenden Bukett, niedriger Säure, einer fetten, üppigen Textur und einem zu Kopf steigenden Abgang. Eine hedonistische Fruchtbombe zum Trinkgenuss während der nächsten 5–6 Jahre.

PAVIE (ST-ÉMILION)

2000	**EEE**	**(96–99)**
1999	**EEE**	**95**
1998	**EEE**	**95+**
1997	**D**	**85**
1996	**E**	**(84–86)**
1995	**D**	**78**

Der Eigentümer des Guts, Gérard Perse, hat in den ersten drei Jahrgängen, in denen er die Kontrolle über die Weinbergpflege, Weinbereitung und den Ausbau ausübte, drei der großartigsten Pavies des 20. Jahrhunderts gestaltet (den 1998er, 1999er und den 2000er). In Zusammenarbeit mit dem berühmten Michel Rolland, seinem Önologen, und Dr. Alain Raynaud von Château Quinault l'Enclos, hat Perse bedeutende Neubestockungen seiner

Rebflächen vorgenommen, seine Erträge auf magere 30 hl/ha beschränkt und einen neuen Fass- und Gärkeller gebaut sowie eine drakonische Auslese eingeführt, um den besten Wein zu produzieren, der für Geld zu haben ist. Wenn man den Wein nach dem bewertet, was sich in der Flasche befindet, ist Pavie zu einem legendären Premier-Cru-Weingut geworden, dessen Weine außergewöhnliche Eleganz mit ehrfurchtgebietender Fülle verbinden.

2000: Es ist allzu früh, um festzustellen, dass der 2000er besser als der 1999er oder der 1998er ist, doch ist er fraglos ein verhaltener entwickelter Wein mit zusätzlicher Struktur und mehr Tannin. Gleichzeitig ist die Konzentration einfach märchenhaft. Strukturiert, mit undurchdringlich rubin-purpurroter Farbe, offenbart der 2000er Pavie Aromen von flüssigen Mineralien, Likör von schwarzen Kirschen, Cassis und Blumen. Der Wein ist körperreich, aber außergewöhnlich präzise, mit betörender Eleganz, fabelhafter Reintönigkeit und erstaunlicher Länge. Obwohl das Tannin ein gehobenes Niveau erreicht, ist es sowohl süß als auch schön integriert. Doch anders als der geschmeidigere, fleischigere 1999er oder der klassische 1998er wird der 2000er beträchtliche Geduld erfordern. Mit Ausnahme von einigen provinziellen Betonköpfen im Bordelais (die Außenseiter ablehnen) wird dieser Wein weithin als einer der singulärsten und großartigsten Weine der Region begrüßt. Voraussichtliche Genussreife: 2010–2040.

1999: Dies ist eine hedonistischer geprägte, süßere, expansivere und öligere Ausgabe des 1998ers. Seine Säure ist niedriger und die Farbe ein sogar noch satteres Schwarz-Purpurrot. Das Bukett präsentiert fabelhafte mineralische Düfte, gepaart mit üppigen Mengen dicker, saftiger Frucht von schwarzen Himbeeren, Cassis und Kirschlikör, alles klug mit subtilem, rauchigem frischem Eichenholz dosiert. Ein Wein von immenser Reichhaltigkeit, Schichten von Konzentration und einem viskosen, langen Abgang. Er dürfte 30–40 Jahre Trinkgenuss versprechen und letztlich den 1998er übertreffen. Voraussichtliche Trinkreife: 2005–2040.

1998: Dieser undurchdringlich purpurrote 50-Jahre-Wein enthüllt ein starkes, präzises Bukett mit Düften nach schwarzen Früchten, flüssigen Mineralien, Rauch und Grafit. Extrem körperreich, aber brillant gezeichnet, wuchtig und ehrfurchtgebietend konzentriert, prunkt er mit einem fabelhaften Geschmackseindruck am mittleren Gaumen und einem Abgang, der fast eine Minute lang anhält. Dieser *vin de garde* erfordert 4–5 Jahre Kellerreife. Diese Glanzleistung der Weinbereitung hat das Potenzial, zum profundesten Pavie zu werden, der je produziert wurde – mit Ausnahme seiner beiden Nachfolger. Voraussichtliche Genussreife: 2006–2045.

1997: Perse hat diesen Wein nicht selbst bereitet, achtete jedoch auf eine strenge Auslese nur der feinsten Cuvées, was zu einem eleganten, weichen, nach Kirschen und Gewürzen duftenden, gefälligen Bordeaux im Picknick-Stil und von mittlerem Körper führte. Er dürfte sich 4–5 Jahre hindurch schön trinken lassen.

1996: Der dunkelrubinrote 1996er gibt eine ausgezehrte, herbe Persönlichkeit mit mäßigen Mengen roter Johannisbeerfrucht, vermischt mit dem Duft von Erde und Gewürz im Bukett zu erkennen. Obwohl er gute, saubere Weinbereitung verrät, besitzt dieser zurückhaltende, magere, eckige Wein nicht viel Ausstaffierung, Fleisch und Länge. Er dürfte sich 10 Jahre lang halten. Voraussichtliche Genussreife: jetzt–2012.

1995: Von mittlerer pflaumenhaft-rubinroter Farbe, mit einem markanten pfeffrigen, laubigen, würzigen Bukett und vagen Anklängen an rote Kirsch- und Johannisbeerfrucht, ist dies ein straffer, strenger Wein mit eckiger Persönlichkeit und hartem Tannin. Eingangs im Mund zeigt sich etwas reife Frucht, doch wird sie rasch von den strukturalen Komponenten des Weins überwältigt. Dieser 1995er kann sich möglicherweise als angenehmer Wein herausstellen, doch ich vermute, dass er austrocknen wird. Voraussichtliche Genussreife: jetzt–2010.

Bisherige große Jahrgänge: 1990er (92), 1986er (90), 1961er (90)

PAVIE DECESSE (ST-ÉMILION)

2000	EEE	(93–96)
1999	EEE	94
1998	EE	91+
1997	D	86
1996	C	(84–86)
1995	C	78

Hier haben wir ein weiteres Weingut vor uns, das unter der inspirierten Leitung von Gérard Perse, der so viel in Monbousquet, Pavie und dem benachbarten La Clusière bewirkt hat, zu neuer Form auferstanden ist. Pavie Decesse hat niemals bessere Weine produziert als unter dem Regime von Perse und seinen Beratern, dem Önologen Michel Rolland und Dr. Alain Raynaud von Château Quinault l'Enclos. Der Weinberg, der von einem noblen *terroir* profitiert, bringt süßere, zugänglichere Weine hervor als sein größerer Namensvetter Pavie.

2000: Der märchenhafte 2000er ist zugänglicher als sein berühmter Namensvetter Pavie. Seine Farbe ist ein undurchdringliches Schwarz-Rubinrot. Das Bukett wartet mit Aromen von geschmolzener Lakritze, Weihrauch, Rauch und dicklicher Brombeer- und Kirschfrucht auf. Ölig texturiert, mit niedrigerer Säure und weniger Struktur als der Pavie, dürfte dieser superkonzentrierte Tropfen in 3–4 Jahren trinkreif sein und 20–25 Jahre lang halten. Zum baldigen Trinkgenuss ist er besser geeignet als der strukturiertere, mächtige, aber verhalten entwickelte Pavie. Er ist ein magisches Elixier, das sowohl die leiblich-hedonistischen als auch die geistig-intellektuellen Ansprüche befriedigt. Voraussichtliche Genussreife: 2005–2025.

1999: Der größte Pavie Decesse, den ich je verkostet habe, ist dieser undurchdringliche, ins Blaue spielende purpurrote 1999er. Er zeichnet sich durch fabelhafte Intensität, unwiderstehliche Opulenz und einen gewaltigen, explosiven Abgang aus. Superextrahiert, aber weder schwerfällig noch unausgewogen, offenbart dieser vieldimensionale Wein Schichten von konzentrierter Frucht, herrliche Reintönigkeit und fabelhafte Geschmacksnuancen von schwarzen Früchten, vermischt mit kaltem Stahl, Mineralien, Lakritze und subtilem, rauchigem frischem Eichenholz. Diese betörende Glanzleistung der Weinbereitung dürfte sich als einer der Superstars und einer der langlebigsten Weine des Jahrgangs herausstellen. Voraussichtliche Genussreife: 2004–2024.

1998: Nasse Steine, Mineralien, Vanille, Schwarzkirschen und Rauch sind in Duft und Geschmack dieses wuchtigen, muskulösen 1998ers von mittlerem bis vollem Körper präsent. Zum Bersten voll gepackt mit Frucht und für eine lange Lagerung im Keller ausgelegt, ist er nicht so zugänglich wie viele andere Weine dieses Jahrgangs. Voraussichtliche Genussreife: 2005–2025.

1997: Der erste Jahrgang, dessen Vinifizierung von dem Team Perse, Raynaud und Rolland beaufsichtigt wurde. Dicht rubin-purpurrot, mit üppigen Mengen von schwarzer Himbeer- und Kirschfrucht, verwoben mit würzigem Eichenholz, besitzt dieser tiefe, reichhaltige 1997er von mittlerem bis vollem Körper süßes Tannin, niedrige Säure, ausgezeichnete Länge und bewundernswerte Konzentration. Schon jetzt köstlich, verspricht er, 12–14 Jahre lang zu halten – untypisch lang für einen 1997er.

1996: Perse hat die wenig beneidenswerte Aufgabe, den 1996er zu verkaufen, den letzten unter der alten Leitung bereiteten Jahrgang. Der Wein ist angenehm, hat aber sehr wenig zu bieten. Darüber hinaus legt das trockene Tannin im Abgang nahe, dass sich ein anmutiges Altern für ihn als nahezu unmöglich erweisen wird. Der Gesamteindruck vermittelt ein Bild von Magerkeit, hohem Tanningehalt und ungenügender Frucht und Konzentration. Dieser Wein kann nur noch absteigen. Voraussichtliche Genussreife: jetzt–2007.

1995: Nun, da er sich in der Flasche befindet, erscheint der 1995er überaus streng, mit erhöhtem Tanninspiegel, etwas süßer Frucht von schwarzen Johannisbeeren und Kirschen, aber einer hohlen Mitte und einem trockenen, scharfen Abgang mit spürbarem adstringierendem Tannin. Dieser Wein hat mir bei drei getrennten Verkostungen aus dem Fass weit besser gefallen, aber zwei Verkostungen aus der Flasche ließen mich meine vorherigen Bewertungen in Frage stellen. Voraussichtliche Genussreife: jetzt–2010.

Bisheriger großer Jahrgang: 1990er (90)

PAVIE-MACQUIN (ST-ÉMILION)

2000	**E**	**(92–94)**
1999	**E**	**90**
1998	**E**	**95**
1997	**D**	**90**
1996	**D**	**89+?**
1995	**D**	**89+?**

Dieses Weingut wird mit biodynamischen Methoden bestellt, besitzt einen hohen Prozentsatz von überaus alten Rebstöcken und wird von einem Mitglied der Familie Thienpont geleitet. Während des größten Teils des letzten Jahrzehnts hat dieses Gut brillante Weine produziert. Der Pavie-Macquin geriert sich nach wie vor als der Lafleur von St-Émilion. Die Intensität der alten Reben, der strukturierte, superkonzentrierte, höchst extrahierte Stil mit einer Fülle von Frucht, Körper und Tannin – dies alles wirkt zusammen, um einen bemerkenswerten, für lange Lagerung ausgelegten Wein hervorzubringen. Die Produktion aus den etwa 12 Hektar umfassenden (mit 70% Merlot, 25% Cabernet Franc und 5% Cabernet Sauvignon bepflanzten) Rebflächen des Weinguts erreicht durchschnittlich 4000 Kisten.

2000: Der 2000er ist nicht gerade ein Wein für Hedonisten, die unmittelbare Genussbefriedigung anstreben, erfordert er doch 8–10 Jahre Kellerreife. Ist er besser als der 1998er? Ich glaube es nicht, aber der Ausgang dieses Wettbewerbs ist knapp, nahezu ein Kopf-an-Kopf-Rennen. Eine schwarz-purpurrote Farbe geht einher mit herrlich reintönigen Aromen von schwarzen Himbeeren, Brombeeren, Kirschen, flüssigen Mineralien, Trüffeln und asiatischen Gewürzen. Fleischige, reife, mit Glyzerin getränkte Geschmacksnuancen überwältigen den Gaumen in einem Crescendo, aber das Tannin stößt in den 40 Sekunden und länger anhaltenden Abgang vor. Der Wein ist körperreich, mit hohem Tanninspiegel, aber ausbalanciert durch üppigen Gehalt an Frucht, Glyzerin und Extrakt. Voraussichtliche Genussreife: 2007–2030.

1999: Der 1999er, der während seines Ausbaus weiterhin an Fülle zugelegt hat, gehört zu den konzentriertesten und mit dem größten Alterungspotenzial begabten Weinen des Jahrgangs. Seine undurchdringliche rubin-purpurrote Farbe geht einher mit dicklichen Aromen von Kirschgeist, Brombeeren und rauchigem Grafit. Die Quintessenz seines *terroirs* findet Ausdruck in diesem gewaltigen, aber geschmeidig texturierten, superkonzentrierten und geschichteten Wein. Ebenso wie der 1998er ist er ein großartiges Angebot. Voraussichtliche Genussreife: 2004–2025.

1998: Ein fast übertriebener Gehalt von Intensität, Extrakt und Fülle ist in diesem undurchdringlichen Wein von ins Blaue spielender purpurroter Farbe zu erkennen. Verschwenderische Aromen von Blaubeeren, Brombeeren und Kirschen verbinden sich mit Rauch, Lakritze, Vanille und Trüffeln zu einer unwiderstehlichen Duftexplosion. Der Wein ist märchenhaft dicht, körperreich und geschichtet sowie vieldimensioniert, mit herrlicher Reintönigkeit und superb eingebundener Säure samt Tannin. Einer der konzentriertesten Weine dieses Jahrgangs, besitzt er immenses Potenzial, wird jedoch Geduld erfordern. Voraussichtliche Genussreife: 2006–2030.

1997: Der 1997er legt eine satte schwarz-purpurrote Farbe an den Tag und benötigt noch 2–3 weitere Jahre Kellerreife (untypisch für diesen Jahrgang). Er zeichnet sich aus durch superbe Geschmacksnuancen von Cassis, Brombeeren, Mineralien, Lakritze und frischem Eichenholz. Intensiv, wuchtig und ein Spätentwickler, ist dies ein klassischer, langlebiger und kompromisslos bereiteter Bordeaux. Zwar zeigt er sich als Kraftprotz für diesen Jahrgang, aber nicht so verführerisch wie einige seiner Genossen. Voraussichtliche Genussreife: 2006–2015+.

1996: Der 1996er könnte neben dem 1996er Lafleur kredenzt werden. Beide scheinen aus Trauben von alten Rebstöcken gewonnen und in demselben kompromisslosen, superkonzentrierten, aber verhalten entwickelten, grimmig tanninstrengen Stil bereitet worden zu sein. In Duft und Geschmack kommt zwar etwas von der sprichwörtlichen mineralisch angehauchten Blaubeerfrucht des *terroirs* zum Ausdruck, aber dieser strukturierte, muskulöse Wein von mittlerem Körper erfordert 8 Jahre Kellerreife. Voraussichtliche Genussreife: 2010–2020.

1995: In einem ähnlichen Stil wie der 1996er bereitet, offenbart der 1995er reichliche Mengen von schwarzen Früchten und die unverkennbare Intensität alter Reben (man beachte die Mineralien und den tiefen Geschmackseindruck am mittleren Gaumen), doch sein den Mund verbrennendes Tannin werden nur Masochisten schätzen. An diesem Wein ist viel Gutes zu finden, aber der erhöhte Tanninspiegel ist beunruhigend. Falls das Tannin abschmilzt und die Frucht standhält, wird sich dieser Tropfen als hervorragend erweisen. Voraussichtliche Genussreife: 2008–2025.

Bisherige große Jahrgänge: 1990er (91), 1989er (90)

LE PAVILLON DE BOYREIN (GRAVES)

2000	**C**	**(86–87)**

2000: Dieser weiche 2000er von leichterem Stil legt Aromen von Erde, Tabak, Rauch und roten Kirschen an den Tag. Gefällig, aber komplex, will er in seinen ersten 2–3 Lebensjahren getrunken sein.

PEBY-FAUGÈRES (ST-ÉMILION)

2000	**EEE**	**(95–98)**
1999	**E**	**93**
1998	**E**	**95**

1998 ist der Debüt-Jahrgang dieser Luxus-Cuvée aus einer ursprünglich mit Merlot und kleinen Mengen von Cabernet Franc bestockten Parzelle, die aus dem Faugères-Weinberg herausgeschnitten wurde. Nach den ersten drei Jahrgängen zu urteilen, ist der Peby-Faugères unstrittig jede Aufmerksamkeit wert. Wenn Sie diesen Wein finden können, greifen Sie zu – er ist einfach gut.

2000: Ich habe diesen Wein bei drei Gelegenheiten verkostet und ihm Punktnoten zwischen 95 und 98+ verliehen. Wie der 1998er (ein Wein des Jahrgangs) scheint auch der 2000er eine großartige Leistung zu sein. Dieser ehrfurchtgebietende St-Émilion verkörpert den Inbegriff von Geschmack mit einer Eleganz, Komplexität und umfassenden Symmetrie, die ihn von den so genannten »Garagenweinen« unterscheidet. Eine sattschwarz-blau-purpurrote Farbe geht einher mit spektakulären Aromen von Brombeeren, Blaubeeren, Cassis und Akazienblüten. Toastwürziges Eichenholz wird zwar spürbar, doch ist es vollkommen absorbiert durch die üppige Frucht des Weins. Im Mund nimmt sich dieser nahtlose Klassiker körperreich, geschichtet und intensiv aus, doch weder schwerfällig noch portähnlich, mit vielfältigen Dimensionen, hohem Tanningehalt und einem 50 Sekunden und länger währenden Abgang. Wie stellt er sich im Vergleich zum 1998er dar? Die beiden Weine sind im Wesentlichen qualitativ gleichwertig, doch der 2000er ist vielleicht reifer und gleichzeitig tanninreicher – eine paradoxe Kombination. Voraussichtliche Genussreife: 2006–2020+.

1999: Üppige Mengen von dicklichen Blaubeeren und Brombeeren sind in Duft und Geschmack dieses weniger klar (als der 1998er) gezeichneten, süßen, körperreichen, opulent texturierten, reichhaltigen, hedonistischen 1999ers zu finden. Falls er etwas mehr Definition entwickelt, könnte er mit seinem älteren Bruder konkurrieren. Als ich ihn das letzte Mal verkostete, war er äußerst überschwänglich und ich sehe keinen Grund, warum er sich verschließen sollte. Voraussichtliche Genussreife: jetzt–2016.

1998: Der 1998er, eine prachtvolle Leistung und ein Star des Jahrgangs, prunkt mit einer undurchdringlichen, dick anmutenden, schwarz-purpurroten Farbe, gepaart mit herrlichen Aromen, die sich aus Brombeeren, Blaubeeren, Rauch, Mineralien und Vanille zusammensetzen. Überaus körperreich und gehaltvoll, aber harmonisch, mit einer nahtlosen Persönlichkeit und wunderschön integriertem Säure- und Tanningehalt, ist dieser kraftstrotzende Wein eine der größten Überraschungen des Jahrgangs. Voraussichtliche Genussreife: jetzt–2018+.

PÉDÉSCLAUX (PAUILLAC)

2000	**C**	**(84–86)**

In einer Zeit, da es im Bordelais praktisch unmöglich ist, einen Cru Classé zu finden, der sich nicht seiner Herkunftsbezeichnung entsprechend verhält, setzt Pédésclaux seinen Zickzack-Kurs weiter fort und produziert belanglose, wenn auch solide, sauber gemachte Weine, denen es an Distinktion und Individualität mangelt.

2000: Der 2000er besitzt dunkelrubinrote Farbe und mäßigen Gehalt an Johannisbeerfrucht, Erde, Aromen aus der Gewürzkiste und Zedernholz. Sein Charakter lässt Anklänge an einen Pauillac erkennen, doch fehlt es dem Wein an Ausstaffierung und Länge. Trinken Sie ihn im Lauf dieses Jahrzehnts.

PETIT-BOCQ (ST-ESTÈPHE)

1996	**B**	**(86–87)**
1995	**B**	**86**

Dies ist ein seriös geführtes Weingut mit etwa 7 Hektar Rebflächen, die zu 70% mit Merlot, zu 25% mit Cabernet Sauvignon und zu 5% mit Cabernet Franc bepflanzt sind. Seine Weine verdienen im Allgemeinen Interesse, besonders jener Weinliebhaber, die auf der Suche nach günstigen Bordeaux-Käufen sind.

1996: Dieser zu einem vernünftigen Preis angebotene, gut gemachte St-Estèphe, ein potenzieller Schlager des Jahrgangs, bietet eine dichte rubin-purpurrote Farbe und eine Fülle von Cassis und Frucht in seinem gradlinigen, aber zufrieden stellenden Bukett. Reif, mit dichten, süßen Geschmackskomponenten eingangs im Mund und kernigem Gehalt an Glyzerin, sollte sich dieser vierschrötige, aber mollige, attraktive Wein 5–6 Jahre hindurch gut trinken lassen.

1995: Der 1995er zeigt ein tiefrubinrotes Kleid, attraktive, süße, reichhaltige Frucht, schöne Würze, gute Reintönigkeit und eine nahtlose Persönlichkeit von mittlerem Körper. Ein stilvoller, geschmeidiger St-Estèphe, der im Lauf der nächsten 3–4 Jahre getrunken sein will.

PETIT-VILLAGE (POMEROL)

2000	**E**	**(90–92)**
1999	**E**	**88**
1998	**E**	**89+**
1997	**D**	**81**
1996	**D**	**86**
1995	**D**	**86**

Ein weiteres Pomerol-Weingut, das in den letzten Jahren seine Qualität angehoben hat.

2000: Ein faszinierendes Bukett von kandierten schwarzen Früchten, Nelkenpfeffer, Zimt und Kräutern springt bei diesem dichten purpurroten Pomerol förmlich aus dem Glas. Nach einer gewissen Zeit im Glas gibt sein verlockender Duft Noten von Hackfleisch, ein exotisches Element, frei. Der Wein ist gehaltvoll, reif und körperreich, mit hervorragender Reintönigkeit, Konzentration und Dicke. Trinken Sie diesen unmittelbar ansprechenden Pomerol jetzt und im Lauf der nächsten 15–16 Jahre.

1999: Nachdem er während seiner *élevage* zugelegt hat, ist der 1999er ein weicher, sinnlicher, cremig texturierter Wein mit einer dichten rubin-purpurroten Farbe und einem kräftigen, süßen Bukett von Toffee, Mokka, Brombeeren und Kirschen geworden. Reif, saftig und genussbetont, wird dieser säurearme Wein schon jung herrlichen Trinkgenuss gewähren, besitzt aber auch ausreichende Tiefe, um 12 Jahre hindurch zu altern.

1998: Dieser starke Kandidat für eine hervorragende Punktnote bietet ein süßes Bukett von Pflaumen, Dörrzwetschgen, Brombeeren, Schokolade und Mokka. Eingangs im Mund nimmt sich dieser fleischige, vielschichtige, dunkelrubin-purpurrote Tropfen weich aus und offenbart Noten von Rauch, Lakritze und Kaffee, im Abgang zeigt er reichliches Glyzerin, Tannin und Extrakt. Er benötigt weitere 1–2 Jahre Kellerreife. Voraussichtliche Genussreife: jetzt–2016.

1997: Ein leichter, angenehmer Wein mit einem an Kirschen und Zuckerwerk erinnernden Charakter, vermischt mit unübersehbarem, toastwürzigem frischem Eichenholz, kann dieser verwässerte, aber gefällige Pomerol während der nächsten 1–2 Jahre getrunken werden.

1996: Der 1996er offenbart ein fesselndes, intensives Bukett von geräucherten Kräutern, gegrilltem Fleisch und Kirschmarmelade. Im Mund präsentieren sich schwarze Johannisbeeren, gepaart mit üppigen Mengen von Eichenholz. Von mittlerem Körper, mit niedriger Säure, wird sich dieser sinnliche, zugängliche, üppige, genussbetonte Pomerol jetzt–2007 schön trinken lassen.

1995: Der Wein weist eine entwickelte dunkelgranat-rubinrote Farbe auf, ein süßes, rauchiges Kräuter- und Kirschparfüm und fette, runde, generös ausgestattete, gradlinige, aber zufrieden stellende Geschmacksnuancen. Dies ist ein verführerischer, hedonistischer, molliger Stil eines Pomerol, der bis 2007 tadellosen Trinkgenuss gewähren wird.

Bisherige große Jahrgänge: 1990er (90), 1988er (92), 1982er (93)

PÉTRUS (POMEROL)

2000	**EEE**	**(96–100)**
1999	**EEE**	**94**
1998	**EEE**	**100**
1997	**EEE**	**91**
1996	**EEE**	**92**
1995	**EEE**	**96+**

Der Pétrus, der unangefochtene König von Pomerol und wahrscheinlich der berühmteste Rotwein der Welt, bot zwischen 1976 und 1988 ungleichmäßige Leistungen, aber seit 1989 hat es wenige Bordeauxweine gegeben, die sich mit seiner Kombination von Wucht, Reichhaltigkeit, Komplexität und Eleganz messen können. Die folgenden Weine sind alle bemerkenswerte Leistungen:

2000: Der 2000er (nur 2600 Kisten wurden produziert) ist eine brillante Leistung aus diesem noblen *terroir*. Seine dichte pflaumenhaft-rubin-purpurrote Farbe geht einher mit süßen Aromen von Preiselbeeren und Kirschlikör, verwoben mit Düften nach Pflaumen und schwarzen Johannisbeeren. Wie stets bleibt das Eichenholz im Hintergrund, so dass die Frucht hervortreten kann. Der Wein ist körperreich, mit einer Fülle von gut integriertem süßem Tannin. Lang und reichhaltig, wird er sich zweifellos verschließen, wie das die meisten Jahrgänge von Pétrus tun. Ist dies eine hypothetische Mischung aus dem 1998er und dem 1975er? Voraussichtliche Genussreife: 2010–2035.

1999: Die 2400 Kisten des 1999ers werden herrlichen Trinkgenuss für die Multimillionäre bieten, die ihn sich leisten können. Undurchdringlich rubin-purpurrot, mit süßer Schwarzkirsch-, Maulbeer- und rauchiger, trüffelgetränkter Frucht ausgestattet, wird dieser körperreiche, opulente Wein zu einem früheren Zeitpunkt trinkreif sein als der stämmigere 1998er. Er ist weniger dicht als sein Nachbar Lafleur, aber wunderschön gewirkt, mit großer Reintönigkeit und superber Konzentration sowie umfassender Symmetrie. Voraussichtliche Genussreife: 2005–2025.

1998: Christian Moueix meint, dass der 1998er sogar noch besser ist als sein 1989er und 1990er, womit er letztendlich Recht behalten könnte. Doch es wird ein Jahrzehnt oder länger ins Land gehen müssen, bevor sich herausstellt, welcher dieser profunden Weine der unwiderstehlichste ist. Der 1998er ist fraglos eine fabelhafte Leistung der Weinbereitung; er prunkt mit einer pflaumenhaft-purpurroten Farbe und einem beeindruckenden Bukett von schwarzen Früchten, verwoben mit Karamell, Mokka und Vanille. Außergewöhnlich reintönig, superkonzentriert und überaus körperreich, mit bewundernswerter untergründiger Säure und süßem Tannin, legt er einen superben Geschmackseindruck am mittleren Gaumen an den Tag, gepaart mit der für dieses große Weingut typischen verschwenderischen Fülle. Sein Abgang klingt 40–45 Sekunden lang nach. Dieser Wein wird auf jeden Fall Geduld erfordern. Die Produktion betrug 2400 Kisten. Voraussichtliche Genussreife: 2008–2040. Ein durchaus ehrfurchtgebietender Tropfen!

1997: Der verhalten entwickelte 1997er (von dem 2300 Kisten produziert wurden) benötigt 2–3 Jahre Kellerreife. Seine dichte pflaumendunkel-rubin-purpurrote Farbe geht einher mit einem verschlossenen Bukett mit Aromen von Mokka, getrockneter Tomatenhaut und schwarzen Früchten. Im Mund erweist er sich als einer der muskulösesten 1997er, dabei offenbart er hervorragende Konzentration, Länge, Intensität und Tiefe, reichliches Tannin und einen schönen Geschmackseindruck im Mund. Betrachten Sie den 1997er als eine moderne Version des superben 1967ers. Voraussichtliche Genussreife: 2006–2025.

1996: Der 1996er ist ein kräftiger, monolithischer, vierschrötiger Wein mit einer eindrucksvoll undurchdringlichen Purpurfarbe und Düften nach süßer Beerenfrucht, untermischt mit Erde, Toast und Kaffee. Körperreich und muskulös, mit hohem Tanningehalt und im Stil eines Spätentwicklers (weniger als 50% der Produktion wurden im Château unter dem Namen Pétrus auf Flaschen abgefüllt), wird er Geduld erfordern. Er ist ein gigantischer Vertreter von Pétrus, aber ohne die Süße des 1997ers und ohne die reintönige, außergewöhnliche Reichhaltigkeit und Vielschichtigkeit des vieldimensionalen 1995ers. Voraussichtliche Genussreife: 2010–2035.

1995: Es ist interessant zu beobachten, wie sich dieser Wein beständig weiterentwickelt. Unstrittig einer der Superstars des Jahrgangs, nimmt der 1995er eine Persönlichkeit an, die dem muskulösen 1975er, einem auffallenden Spätentwickler, ähnelt. Das ist kein Pétrus, dem man sich in seiner Jugend nähern kann (im Gegensatz zu dem perfekten Duo aus den Jahren 1989 und 1990). Der Wein offenbart eine undurchdringliche rubin-purpurrote Farbe, gefolgt von einem umwerfenden Bukett, das nach Toast, dicklichen schwarzen Früchten und geröstetem Kaffee duftet. Am Gaumen zeigt er die Zähne verfärbenden Extraktgehalt, massiven Körper und reichhaltige, süße schwarze Früchte, gestützt von mächtigem, spürbarem Tannin. Dieser gigantische Pétrus ist ein gewaltig ausgestatteter Wein mit Schichten von Extrakt, der mindestens 5 Jahre Kellerreife benötigt. Vergessen Sie all die klugen Sprüche, dass die Merlot-Rebsorte süße, weiche, trinkfertige Weine hervorbringt, denn wenn Trauben von alten Merlot-Rebstöcken mit niedrigen Erträgen auf eine Art verarbeitet werden, wie dies bei Pétrus und anderen Pomerol-Spitzengütern geschieht, besitzen sie häufig ebenso viel Alterungspotenzial wie ein großer Wein auf Cabernet-Sauvignon-Basis weltweit. Sie können erwarten, dass der 1995er 50 Jahre und länger halten wird. Voraussichtliche Genussreife: 2007–2050.

Bisherige große Jahrgänge: 1994er (93+), 1993er (92+), 1992er (90+), 1990er (100), 1989er (100), 1988er (91), 1982er (98?), 1975er (98+), 1971er (95), 1970er (98+), 1967er (92), 1964er (97), 1962er (91), 1961er (100), 1959er (93), 1950er (99), 1949er (95), 1948er (95), 1947er (100), 1945er (98+), 1929er (100), 1921er (100), 1900er (89)

PEYROU (CÔTES DE CASTILLON)

2000 **B (87–88)**

2000: Ein weiteres köstliches Angebot von den Côtes de Castillon ist dieser Verschnitt aus 80% Merlot, 10% Cabernet Sauvignon und 10% Cabernet Franc. Der Wein gibt eine ausgezeichnete dunkelrubin-purpurrote Farbe und süße, dickliche Aromen von schwarzen Früchten, untermischt mit würzigem Eichenholz und Unterholz zu erkennen. Reif und weich, mit einem süßen Geschmackseindruck eingangs im Mund, klingt er aus mit köstlichem Glyzeringehalt und Tannin. Trinken Sie ihn im Lauf der nächsten 4–5 Jahre.

DE PEZ (ST-ESTÈPHE)

2000	**C**	**(87–88)**

Dieses Weingut hat sich unter dem neuen Besitzer, dem Champagnerhaus Louis Roederer, stark verbessert, eine Firma, die mit dem *négociant* Delas im Rhônetal Wunder gewirkt hat. Bedeutende Investitionen in das Château, die Keller und Weinberge wurden getätigt und erbrachten einen superben 2000er. Wenn man bedenkt, was Roederer im Rhônetal leistet, kann man sich vorstellen, dass dieser Jahrgang der erste in einer Reihe von sehr feinen Weinen sein wird.

2000: Der eindrucksvolle 2000er offenbart die für diesen Jahrgang typische tiefrubin-purpurrote Farbe, hohen Tanningehalt, muskulöse Struktur und dichte Cassis-Geschmackskomponenten von mittlerem bis vollem Körper mit einem Hauch von Mineralien und nassen Steinen. Voraussichtliche Genussreife: 2007–2020.

PHÉLAN-SÉGUR (ST-ESTÈPHE)

2000	**C**	**(86–88)**
1999	**C**	**81**
1998	**C**	**85**
1997	**C**	**83**
1996	**C**	**86**
1995	**C**	**84**

Ungeachtet der Bemühungen der Familie Gardinier, die dieses Gut 1985 kaufte, waren die meisten Jahrgänge in den 1990er Jahren ziemlich enttäuschend. Doch der 2000er ist eine schöne Leistung der Weinbereitung. Die Preise sind in Anbetracht der Qualität ziemlich hoch.

2000: Der Wein legt eine dichte rubin-purpurrote Farbe an den Tag, gepaart mit einem weichen, milden Geschmackseindruck am Gaumen, mittlerem Körper, niedriger Säure, reifem Tannin und üppigen Mengen von schwarzen Früchten, Lakritze und Gewürzen. Voraussichtliche Genussreife: jetzt–2012.

1999: Weil er weniger Tannin aufweist, ist der 1999er charmanter als der 1998er. Er gibt Erdbeeren, Frucht von Kirschen und schwarzen Johannisbeeren, einen Anflug von Mineralien, Erde und Unterholz zu erkennen. Wenngleich rund und angenehm, lässt er Tiefe vermissen. Trinken Sie ihn im Lauf der nächsten 6–7 Jahre.

1998: Weich, pfeffrig und krautig, mit etwas Gewürz, will dieser leichtgewichtige 1998er von mittlerem Körper im Lauf der nächsten 6–7 Jahre getrunken sein.

1997: Der 1997er ist bei leichtem Körper ein leicht krautiger und verwässerter Wein, der sich im Mund gradlinig und angenehm anfühlt, aber nicht viel Tiefe und Länge besitzt. Er dürfte sich 1–2 Jahre hindurch gut trinken lassen.

1996: Dieser gut bereitete Cru Bourgeois zeigt ein dunkelrubinrotes Kleid und ein rundes, attraktives Bukett von schwarzen Johannisbeeren, Himbeeren und Erde. Von mittlerem Körper, ausgestattet mit süßem Tannin und schöner Reintönigkeit, dürfte sich dieser Wein 6–7 Jahre hindurch schön trinken lassen.

1995: Beständig offen gewirkt, weich und angenehm, aber im Wesentlichen eindimensional und monolithisch, bietet der 1995er erfreuliche Frucht im Bukett, doch fehlt es ihm an der Tiefe und Reichhaltigkeit anderer Spitzenjahrgänge dieses St-Estèphe Cru Bourgeois aus vorteilhafter Weinberglage. Voraussichtliche Genussreife: jetzt–2005.

PIBRAN (PAUILLAC)

2000	C	(87–88)
1999	C	87
1998	C	87
1997	C	73
1996	C	89

2000: Wer nach einem generösen, geschmacksintensiven, unkomplizierten, geschmeidig texturierten 2000er Pauillac zu vernünftigen Preisen sucht, sollte nach diesem Wein Ausschau halten. Seine tiefrubin-purpurrote Farbe geht einher mit üppigen Mengen von schwarzer Johannisbeerfrucht, niedriger Säure und leicht viskoser Art. Dies ist ein hedonistischer, vollmundiger Pauillac, der sich 10–12 Jahre hindurch schön trinken lässt. Falls er mehr Komplexität entwickelt, wird er eine noch höhere Punktnote verdienen.

1999: Der 1999er präsentiert eine dichte rubinrote Farbe, gepaart mit einem klassischen Pauillac-Bukett, das nach Zedernholz, schwarzen Johannisbeeren, Unterholz und frischem Eichenholz duftet. Ein dichter, samtiger, aufgeschlossener, frühreifer Wein, ist er dazu bestimmt, schon bei seiner Freigabe getrunken zu werden und dürfte ein Jahrzehnt oder länger schön altern. Voraussichtliche Genussreife: jetzt–2015.

1998: Der gelungene 1998er legt strenges Tannin und eine Fülle reifer Cassisfrucht an den Tag, dazu gesellen sich ein unkomplizierter Stil von mittlerem bis vollem Körper, reichliche Würze und eine verbraucherfreundliche Persönlichkeit. Voraussichtliche Genussreife: jetzt–2015.

1997: Im Gegensatz zu dem 1996er ist der 1997er eine Enttäuschung. Er verrät deutlich krautige Aromen, eine kurze, komprimierte Persönlichkeit und weder Tiefe noch Intensität. Ich war überrascht, dass solch ein mediokrer Wein auf die starke Leistung von 1996 folgte.

1996: Der 1996er hat sich als Überraschungserfolg des Jahrgangs herausgestellt. Der kräftige, muskulöse Wein zeichnet sich durch eine satte Purpurfarbe und süße, mit Zedernholz und Gewürz verwobene Cassisfrucht aus. Im Mund weist er mittleren bis vollen Körper, reifes, gut integriertes Tannin, angemessene Säure und einen langen, klar gezeichneten Abgang auf. Er ist ein Verschnitt aus 70% Cabernet Sauvignon, während der Rest hauptsächlich aus Merlot mit einer Prise Cabernet Franc besteht. Dieser groß angelegte Pauillac dürfte sich 2004–2016 gut trinken lassen.

PICHON-LONGUEVILLE BARON (PAUILLAC)

2000	E	(94–96)
1999	E	90
1998	E	90
1997	D	86
1996	E	91
1995	E	90

2000: Dies ist die beste Leistung aus diesem Gut seit den prachtvollen aufeinander folgenden Jahrgängen 1989 und 1990. Der parfümierte, undurchdringlich purpurrote 2000er enthüllt hochklassige, komplexe Aromen von Weihrauch, schwarzen Früchten, Vanille und Gewürzkiste mit einem Hauch Holzkohle im Hintergrund. Eingangs im Mund ist dieser körperreiche, makellos ausgewogene Wein kraftvoll und süß, mit hohem Gehalt an Glyzerin, superber Konzentration, wunderschön integrierter Säure und Tannin und einem spektakulär langen, geschichteten Abgang. Eine profunde Leistung aus diesem Deuxième Cru Pauillac. Voraussichtliche Genussreife: 2005–2030.

1999: Der 1999er ist ein opulenterer und hedonistischerer Pichon-Baron und von sinnlicherer Art als der 1998er. Seine dichte rubin-purpurrote Farbe leitet einen säurearmen Wein mit seidiger Textur und schöner Fleischigkeit ein. Er präsentiert dickliche schwarze Früchte, untermischt mit Lakritze, Weihrauch, Leder und Toast. Opulent und fett, wird er bereits bei seiner Freigabe trinkfertig sein und 16 Jahre lang halten.

1998: Dieser unverkennbare dicht purpurrote Pauillac wartet mit einem süßen Bukett auf, das nach Lakritze, Rauch, Asphalt, Brombeeren und Crème de Cassis duftet. Im Mund gibt sich der Wein bei mittlerem Körper eher elegant denn voll entfaltet, mit süßer Frucht, gefälliger Textur auf der Zunge und am mittleren Gaumen sowie mäßigem Tannin im langen Abgang. Nein, er ist nicht so profund wie der 1996er, 1990er oder der 1989er, aber eine hervorragende Leistung. Voraussichtliche Genussreife: 2006–2020.

1997: Komplexe, entfaltete, ausgereifte Aromen von Zedernholz, Gewürzkiste und schwarzen Johannisbeeren entsteigen diesem rubin-granatroten Wein. Weich, mit süßem Tannin, würzigem Eichenholz und reifer Frucht, aber ohne wesentliche Tiefe, ist dies ein offen gewirkter, attraktiver Pauillac zum Trinkgenuss jetzt und während der nächsten 4–5 Jahre.

1996: Der 1996er ist sogar noch besser ausgefallen, als ich bei der Fassverkostung dachte. Der hohe Prozentsatz von Cabernet Sauvignon im Mischsatz (etwa 80%) hat einen Wein ergeben, der in der Flasche Gewicht zugelegt hat. Seine undurchdringliche purpurrote Farbe wird begleitet von wunderschönen Düften nach Tabak, neuem Sattelleder, geröstetem Kaffee und Cassis. Er ist dicht und bei mittlerem bis vollem Körper verhalten entwickelt, mit mäßig hohem Tanningehalt, aber einer Fülle von süßer Frucht, Glyzerin und Extrakt als Gegengewicht zur Struktur des Weins. Dieser gut ausstaffierte klassische Pauillac dürfte sich zwischen 2006 und 2022 auf seinem Höhepunkt befinden.

1995: Der stilvolle, elegante, tiefrubin-purpurrote Wein von zurückhaltenderem Stil und mit weniger aufdringlichem Eichenholzton als gewöhnlich offenbart ein reintöniges Bukett von schwarzen Johannisbeeren mit subtilen Anklängen von Kaffee und rauchigem toastwürzigem Eichenholz. Im Mund gibt der 1995er weniger Gewicht und Muskelkraft als der 1996er zu erkennen, bietet jedoch sanfte, elegante, reichhaltige Frucht, die in einem erstaunlich saftigen Stil von mittlerem bis vollem Körper präsentiert wird. Voraussichtliche Genussreife: jetzt–2016.

Bisherige große Jahrgänge: 1990er (96), 1989er (95+), 1988er (90), 1982er (92)

PICHON-LONGUEVILLE-COMTESSE DE LALANDE (PAUILLAC)

2000	**EE**	**(95–97)**
1999	**E**	**88**
1998	**E**	**87**
1997	**E**	**88**
1996	**EE**	**96**
1995	**EE**	**96**

Nachdem das Gut in den Jahren 1995 und 1996 seine beiden besten aufeinander folgenden Jahrgänge seit dem 1982er und dem 1983er hervorgebracht hatte, erlebte Pichon-Lalande 1997 und 1998 einen Qualitätsabfall, konnte jedoch mit einem guten 1999er und einem großartigen 2000er, einem Star des Jahrgangs, wieder an seine alte Form anknüpfen.

2000: Der prachtvolle 2000er ist einer der Superstars des Jahrgangs. Sein Mischrezept von 50% Cabernet Sauvignon, 34% Merlot, 10% Petit Verdot (aus im Jahr 1932 gepflanzten Reben) und 6% Cabernet Franc hat einen spektakulär komplexen, reichhaltigen Wein ergeben, der es mühelos mit dem letzten großen von Pichon-Lalande produzierten Wein, dem 1996er, aufnehmen kann. Der 2000er enthüllt ein intensiv würziges, nach Brombeeren, Cassis und Rauch duftendes Parfüm mit Anklängen an Espresso, Grillgewürz und Zedernholz. Eingangs im Mund enorm reichhaltig, mit einem rauchigen Element, superber Reintönigkeit, hohem Gehalt an Tannin, das aber süß und reif ist, ähnelt sein Stil dem 1996er, doch ist hier eine aromatische Komplexität vorhanden, die jenen superben Jahrgang übertreffen könnte.

Wuchtig für dieses Weingut, aber mit perfekter Harmonie und Reintönigkeit, wird er zwischen 2004 und 2030 trinkreif sein. Bravo!

1999: Der Verschnitt aus 47% Merlot, 37% Cabernet Sauvignon, 9% Cabernet Franc und 7% Petit Verdot legt an Gewicht zu, während er sich im Fass entwickelt. Seine Farbe ist ein tiefes Rubinrot mit purpurnen Nuancen. Von mittlerem bis vollem Körper, mit einem sinnlichen Bukett von Karamell, Tabak, süßen schwarzen Johannisbeeren und Gewürz, ist dies ein seidig texturierter, verführerischer Wein, der eine hervorragende Punktnote verdienen könnte, wenn er mehr Länge und Geschmackseindruck am mittleren Gaumen entwickelte. Er hat sich über das letzte Jahr gut entfaltet und zeigt mehr von der Klasse und noblen Art eines Pichon-Lalande. Voraussichtliche Genussreife: jetzt–2018.

1998: Aromen von Tabakrauch, Zedernholz, Kirschen und schwarzen Johannisbeeren entsteigen dem mäßig intensiven, komplexen Bukett. Dieser Wein hat sich schön entfaltet, während er auch etwas Strenge in seiner mittelgewichtigen, delikaten, leicht krautigen Persönlichkeit an den Tag legt. Trinken Sie ihn im Lauf der nächsten 12–15 Jahre.

1997: Dieser genussbetonte, üppige, sinnliche, opulent texturierte Star des Jahrgangs im Médoc ist ein Verschnitt aus 55% Cabernet Sauvignon, 30% Merlot, 10% Petit Verdot und 5% Cabernet Franc. Von dunkelrubinroter Farbe mit purpurnen Nuancen, ist er offen gewirkt, mit einer Fülle von gerösteten Kräutern, rauchigem Eichenholz, Vanille und cremiger Frucht von schwarzen Johannisbeeren. Mit seiner saftigen Textur, niedrigen Säure und seinem zugänglichen, samtig texturierten Stil wird er viele Bewunderer finden. Trinken Sie ihn im Lauf der nächsten 6–7 Jahre.

1996: Der 1996er nimmt sich aus der Flasche verkostet ebenso ehrfurchtgebietend aus wie zuvor bei meinen verschiedenen Degustationen aus dem Fass. Für einen Pichon-Lalande ist der Prozentsatz von Cabernet Sauvignon untypisch hoch. Dieser Wein enthält normalerweise 35–50% Merlot in seinem Mischsatz, aber der 1996er ist eine *assemblage* aus 75% Cabernet Sauvignon, 15% Merlot, 5% Cabernet Franc und 5% Petit Verdot. Nur 50% des Ertrags des Weinguts fanden Eingang in den Grand Vin. Seine Farbe ist ein sattes Rubin-Purpurrot. Das Bukett mit seinen Blaubeer-, Brombeer- und Cassisdüften, vermischt mit hochklassigem, subtilem, toastwürzigem Eichenholz, deutet auf süße, nahezu überreife Cabernet-Sauvignon-Frucht. Tief und körperreich, offenbart er fabelhafte Konzentration und eine süße, opulente Textur. In Anbetracht seines anormal hohen Prozentsatzes von Cabernet Sauvignon vermute ich, dass er sich verschließen wird. Der Wein besitzt reichliches Tannin, doch wird seine Persönlichkeit von der überwältigenden Reichhaltigkeit seiner Frucht beherrscht. Könnte sich der 1996er als ebenso außergewöhnlich wie der 1982er herausstellen? Voraussichtliche Genussreife: 2004–2025.

1995: Welch schwelgerischen Genüsse erwarten doch jene Weinliebhaber, die entweder den 1996er oder den 1995er Pichon-Lalande erstehen. Es fällt schwer, einen Favoriten zu wählen, obwohl der 1995er weicher, unmittelbarer sinnlich und zugänglicher ist. Er ist ein exquisites Beispiel eines Pichon-Lalande, wobei das Merlot-Element dem Wein eine von Kaffee, Schokolade und Kirschen geprägte Komponente hinzufügt, die sich mit der komplexen Brombeer-Cassis-Fruchtigkeit der Cabernet- Sauvignon- und der Cabernet-Franc-Traube verbindet. Der Wein besitzt eine undurchdringliche schwarz-rubin-purpurrote Farbe und sinnliche, überschwängliche Aromen von Toast, schwarzen Früchten und Zedernholz. Exquisit am Gaumen, dürfte sich dieser körperreiche, geschichtete, vieldimensionale Wein als einer der außergewöhnlichsten Erfolgsschlager des Jahrgangs erweisen. Voraussichtliche Genussreife: jetzt–2020.

Bisherige große Jahrgänge: 1994er (91), 1989er (92), 1988er (90), 1986er (94), 1985er (90), 1983er (94), 1982er (99), 1979er (90), 1978er (92), 1975er (90), 1961er (95), 1945er (96)

PICQUE-CAILLOU (PESSAC-LÉOGNAN)

2000 C (87–88)

1999	**C**	**86**
1998	**C**	**85**

2000: Dieser hochklassige, komplexe Pessac-Léognan ist ebenso gut wie sein Pendant von 1998. Bei diesem Schlager des Jahrgangs gehen Noten von versengter Erde, Preiselbeermarmelade, schwarzen Kirschen und Gewürzen einher mit einem süßen, makellos ausgewogenen, zurückhaltenden, aber geschmacksbetonten Wein von mittlerem Körper. Genießen Sie ihn im Lauf der nächsten 6–7 Jahre.

1999: Der 1999er ist der konzentrierteste, feinste Picque-Caillou, den ich seit vielen Jahren verkostet habe. Er besitzt die klassische Eleganz, die man von diesem Weingut und seinen Rebflächen erwartet sowie mehr Reichhaltigkeit und Volumen am Gaumen als üblich. Seine tiefrubinrote Farbe zeigt purpurrote Nuancen. Der Wein legt reichliche Mengen von schwarzen Früchten an den Tag, die sich mit Mineralien, Aromen aus der Gewürzkiste, Kies und Erde mischen. Niedrige Säure verleiht ihm eine ausentwickelte, vordergründige, frühreife Anziehungskraft. Trinken Sie ihn im Lauf der nächsten 10 Jahre.

1998: Dieser elegante 1998er von mittlerem Körper ist mit seiner von Tabak, Rauch, Teer und Erdigkeit geprägten Art ein klassischer Graves. Er bietet schöne Frucht, mittleren Körper und einen gradlinigen, angenehmen Stil. Trinken Sie ihn im Lauf der nächsten 5–6 Jahre.

PIERRE DE LUNE (ST-ÉMILION)

2000	**D**	**(88–90)**
1999	**D**	**90**

2000: Der Pierre de Lune, ein weiterer aus der noch nie dagewesenen Zahl der Schlager des Jahrgangs, ist ein offen gewirkter, expansiver, reifer, kerniger, fruchtbetonter Wein mit üppigem Glyzeringehalt und einer nahtlosen, körperreichen, schmeichelnden Persönlichkeit ohne Ecken und Kanten. Ich vermute, dass unter der Frucht und dem Glyzerin einiges Tannin lauert. Voraussichtliche Genussreife: jetzt–2014.

1999: Dies ist ein »Garagenwein« mit einer Produktion von 200 Kisten aus der Hand des Managers von Clos Fourtet. Wenn Sie ihn auftreiben können, greifen Sie zu! Der undurchdringlich purpurrote 1999er wartet mit Noten von Blaubeerlikör auf, vermischt mit Cassis, Lakritze und toastwürzigem frischem Eichenholz. Dicht und körperreich, mit niedriger Säure, süßem Tannin und einer auffälligen Persönlichkeit, wird dieser Wein viele Verkoster überraschen. Voraussichtliche Genussreife: jetzt–2018.

LE PIN (POMEROL)

2000	**EEE**	**(96–98)**
1998	**EEE**	**93**
1997	**EEE**	**86?**
1996	**EEE**	**91**
1995	**EEE**	**93+**

Als die Familie Thienpont dieses kleine, im Zentrum des Plateaus von Pomerol gelegene Weingut kaufte, geschah dies ihrer erklärten Absicht zufolge, um hier einen Pétrus-ähnlichen Wein von großer Fülle und Majestät zu schaffen. Die ersten Jahrgänge waren einfach superb, und der Le Pin zählte rasch zu den größten Pomerols, ja, zu den exotischsten und verschwenderischsten Bordeaux-Weinen insgesamt – ganz davon zu schweigen, dass er auch zum teuersten wurde. Doch muss das Gut heute mit viel Konkurrenz seitens all der neuen St-Émilion-Neugründungen fertig werden, deren Weine sich oft mit dem Le Pin messen können und zu vernünftigeren Preisen verkauft werden.

2000: Der süße, dickliche, weiche, fleischige, runde, köstliche 2000er offenbart Düfte nach Kokosnuss, aggressivem, aber toastwürzigem frischem Eichenholz, Karamell und Vanille. Irgendwie ist es dem Besitzer gelungen, etwas von dem hohen Tanningehalt des Jahrgangs zu bändigen. Dieser Wein präsentiert sich reif, mit niedriger Säure, erstaunlicher

Konzentration und einer wunderbar süßen, reichhaltigen, sinnlichen Persönlichkeit. Der nahtlose Tropfen wird sich schon bei seiner Freigabe trinken lassen. Voraussichtliche Genussreife: jetzt–2015. Der beste Le Pin seit dem 1990er und dem 1982er!

1998: Der wunderschön bereitete dunkelrubin-granatrot-pflaumendunkle Wein bietet ein exotisches Bukett mit Düften nach Kokosnuss, Kirschgeist und dicklichen Brombeeren, alle verschwenderisch mit rauchigem frischem Eichenholz dosiert. Er ist dicht, reichhaltig und samtig, mit einem guten Tanningerüst. Zwar ist dieser Wein ein hervorragender und unwiderstehlicher Pomerol, doch sind ihm viele weit preiswertere und ebenso großartige Alternativen ebenbürtig, die vor kurzem hervorgetreten sind. Voraussichtliche Genussreife: jetzt–2018.

1997: Das ist nicht die stärkste Leistung aus diesem kleinen Gut. Der 1997er enthüllt einen für seine Fruchtkonzentration übermäßigen Gehalt an Eichenholzwürze. Doch selbst reichhaltigere Jahrgänge hatten die Neigung, in ihrer Jugend reichliches Eichenholz an den Tag zu legen, das aber während des Alterungsprozesses absorbiert wurde. Der 1997er besitzt süße Johannisbeer- und Kirschfrucht und einen verführerischen Stil, doch das Eichenholz ist entschieden zu hoch bemessen. Der Wein wird wahrscheinlich nicht lange genug halten, damit das Holz voll integriert werden kann. Oder irre ich mich hier? Voraussichtliche Genussreife: jetzt–2008.

1996: Der 1996er ist weicher geworden und zeigt sich nun überaus offen gewirkt, mit dunkelrubinroter Farbe und entfalteten Noten von geröstetem Kaffee, geschmolzener Schokolade, exotischen Kokosnuss-Düften und dicklicher Frucht von schwarzen Kirschen. Rund, weich, geschmeidig texturiert und von mittlerem Körper, ist dies einer der überschwänglichsten und doch am meisten entwickelten Weine des Jahrgangs. Die Produktion des 1996ers ist sehr klein, da nur ein Drittel des Ernteertrags für würdig befunden wurde, in den endgültigen Verschnitt einzugehen. Voraussichtliche Genussreife: jetzt–2012.

1995: Der 1995er ist ein dicht rubinroter Le Pin, der mit Aromen von Bleistift, gerösteten Nüssen, Rauch, Gewürz, englischem Kuchen und schwarzen Kirschen, vermischt mit weißer Schokolade aufwartet. Üppig und körperreich, mit niedriger Säure, aber reichlich Biss und Tannin im Abgang, scheint dieser Wein mit seiner Fülle von Cola, Kirschgeist und schwarzen Johannisbeeren im Geschmack durch und durch ebenso strukturiert und tanninstreng zu sein wie der 1996er. Voraussichtliche Genussreife: jetzt–2018.

Bisherige große Jahrgänge: 1994er (91+), 1993er (90), 1990er (98), 1989er (96), 1988er (92), 1986er (91), 1985er (93), 1983er (98), 1982er (100)

LE PIN BEAU SOLEIL (BORDEAUX SUPÉRIEUR)

2000	**C**	**(87–89)**

2000: Dieser undurchdringlich purpurrote 2000er, eine erstaunliche Leistung für einen Bordeaux Supérieur, ist fraglos ein Schlager des Jahrgangs. Aus 60% Merlot, 20% Cabernet Franc bereitet, während der restliche Anteil aus Cabernet Sauvignon mit einer Prise Malbec besteht, schmeckt er wie ein Cru Classé. Komplexe Aromen von schwarzen Johannisbeeren, Kirschen und Erde sind in diesem reintönigen, geschichteten, nuancierten Wein reichlich vorhanden. Lassen Sie ihn sich nicht entgehen! Er wird sich 3–4 Jahre hindurch schön trinken lassen.

LE PIN DE BELCIER (CÔTES DE CASTILLON)

1999	**C**	**86**
1998	**C**	**86**

1999: Weich, rund und genussbetont, mit viel rauchigem Holz und dicklicher Frucht von schwarzen Johannisbeeren und Kirschen, legt dieser 1999er niedrige Säure und eine fleischige, mollige Persönlichkeit an den Tag. Er sollte am besten in seinen ersten 3–4 Lebensjahren getrunken werden.

1998: Die kräftigen, würzigen Aromen von frischem Eichenholz sind bei diesem Wein nahezu übertrieben. Im Mund jedoch offenbart er schöne Eleganz, süße Frucht von Kirschen und schwarzen Johannisbeeren und eine gefällig gewirkte, gut ausgewogene Persönlichkeit von mittlerem Körper. Wenn der Eichenholzton verblasst, wird dieser Tropfen noch besser sein. Trinken Sie ihn in den nächsten 4–5 Jahren.

PIPEAU (ST-ÉMILION)

2000	C	(90–91)
1999	C	89
1998	C	88

Der Pipeau, eine Neuentdeckung, ist unstrittig ein Erfolgsschlager in allen drei hier vorgestellten Jahrgängen und gehört auch zu den Weinen mit dem besten Gegenwert, die seit vielen Jahren aus St-Émilion gekommen sind.

2000: Diese Luxus-Fruchtbombe bietet eine sinnliche Kombination von Brombeeren, schwarzen Himbeeren und Kirschfrucht mit subtilem Eichenholz im Hintergrund. Obwohl dicker und tanninreicher als der 1998er, präsentiert dieser Wein von mittlerem Körper seidiges Tannin und eine geschichtete, fette, reichhaltige Persönlichkeit. Er muss im ersten Jahrzehnt seines Lebens getrunken werden. Ein Schlager des Jahrgangs und ein großartiger Gegenwert für Ihr Geld.

1999: Der 1999er könnte sich als sogar noch besser herausstellen als der 1998er. Rauchige Düfte nach Schwarzkirschlikör springen bei diesem saftigen, genuss- und fruchtbetonten Wein aus dem Glas. Dicht, fett, schmeichelnd und kernig, will er in seinen ersten 7–8 Lebensjahren getrunken sein.

1998: Der dunkelrubin-purpurrote 1998er offenbart saftige, wunderbare Geschmacksnuancen von Kirschen und Brombeeren und geringe Spuren von Eichenholz. Der Wein ist rauchig, üppig und bietet unglaublich schmeichelnden Trinkgenuss – ein vollkommener *vin de plaisir*, wie die Franzosen sagen. Wegen ihrer niedrigen Säure sollte diese Fruchtbombe im Lauf der nächsten 6–7 Jahre getrunken werden.

PLAISANCE (ST-ÉMILION)

2000	C	(87–89+)
1998	C	87

2000: Ein attraktives, komplexes Bukett von Mineralien, schwarzen Johannisbeeren, Blaubeeren und Rauch geht einher mit einem gut extrahierten, reintönigen, reifen, ansehnlichen Wein mit mäßigem Tanningehalt sowie ausreichender Säure zur Definition. Er besitzt Klasse und Stil und auch das Potenzial für 15 Jahre und mehr Langlebigkeit. Ein Schlager des Jahrgangs.

1998: Der geschmeidige, reichhaltige St-Émilion zeigt würzige Kirschen und frisches Eichenholz in Duft und Geschmack. Fleischig und mit bewundernswerter Tiefe, ist sein Stil einigen der besseren St-Émilions nicht unähnlich. Trinken Sie ihn im Lauf der nächsten 8 Jahre.

PLINCE (POMEROL)

1999	C	86
1998	C	85

1999: Noten von süßer, dicklicher Kirschfrucht, Rauch, Kaffee und getrockneten Kräutern entsteigen diesem rubinroten 1999er. Dieser in einem leichteren Stil bereitete, gut ausgewogene, weiche Wein sollte in seinen ersten 5–6 Lebensjahren getrunken werden.

1998: Würziges frisches Eichenholz, gepaart mit mäßigem Gehalt an Kirschen, Pflaumen, Kaffee und Karamell treten in Duft und Geschmack dieses Weins sanft, aber attraktiv in Erscheinung. Dieser Tropfen will im Lauf der nächsten 4–5 Jahre getrunken sein.

LA POINTE (POMEROL)

2000	C	(86–87)
1999	C	87
1998	C	84

2000: Dies ist ein eleganter, weicher, gradliniger Wein von mittlerem Körper mit einer oberflächlichen Anmutung von Frucht von schwarzen Kirschen, vermischt mit Erde, Eichenholz und Gewürz. Obwohl leicht komprimiert, ist er gut gemacht und sauber. Trinken Sie ihn im Lauf dieses Jahrzehnts.

1999: Wenn dieser Wein ohne exzessive Schönung in die Flasche gelangt, könnte er sich als ein Schlager des Jahrgangs herausstellen. Seine tiefrubin-purpurrote Farbe geht einher mit einer ausgezeichneten, vielschichtigen Persönlichkeit, einer kernigen Textur, einer Fülle von Pflaumen-, Kirschen-, Cola- und Mokkanuancen im Geschmack, ausgezeichneter Konzentration und süßem Tannin sowie niedriger Säure. Voraussichtliche Genussreife: jetzt–2012.

1998: Weich, fruchtig und diffus, ist dieser elegante, leichtgewichtige Wein angenehm, doch mangelt es ihm an Substanz sowie an einem Geschmack, der eingangs im Mund einsetzt und sich über den Gaumen und den Abgang hinweg fortsetzt. Trinken Sie ihn im Lauf der nächsten 2–3 Jahre.

PONT-CLOQUET (POMEROL)

2000	C	(88–89)

2000: Dieser wenig bekannte Pomerol, ein Schlager des Jahrgangs, ist ein dichter, schwarzpurpurroter, kerniger, wollüstiger Wein, der im Geschmack Nuancen von Lakritze, Pflaumen, Brombeeren und Kirschen enthüllt, zu denen sich superbe Reintönigkeit und ein langer Abgang gesellen. Er könnte eine hervorragende Punktnote verdienen, falls er mehr Komplexität entwickelt. Voraussichtliche Genussreife: jetzt–2014.

PONTET-CANET (PAUILLAC)

2000	D	(92–95)
1999	D	88
1998	D	86
1997	D	85?
1996	D	92+
1995	D	92

Dieses Weingut wurde mit seinem Überflieger-Angebot von 1994 und den in den Jahren 1995, 1996 und 2000 erzeugten brillanten Weinen in die Elitegruppe der Pauillac-Produzenten katapultiert. Freilich sind die 1997er, 1998er und 1999er den zuvor genannten Jahrgängen qualitativ entschieden unterlegen. Trotz der gegenwärtigen Preise am Markt hat der Pontet-Canet weiterhin ein recht gutes Preis-Leistungsverhältnis.

2000: Der spektakuläre 2000er konkurriert mit dem 1996er, 1995er und dem faszinierenden 1994er dieses Weinguts. Der undurchdringlich rubin-purpurrote Wein offenbart ein herrlich reintöniges, intensives Bukett von Brombeerlikör, Cassis, Rauch und asiatischen Gewürzen. In dieser Hinsicht ähnelt er dem Mouton-Rothschild. Der Pontet-Canet gewährt einen festen, klassischen Eindruck im Mund, hohen Tanningehalt, mittleren bis vollen Körper, außergewöhnliche Konzentration sowie Reintönigkeit und einen langen Abgang. Bravo! Voraussichtliche Genussreife: 2007–2030.

1999: Düfte nach reifen, süßen schwarzen Johannisbeeren, Unterholz und Erde entströmen diesem rubin-purpurroten Wein. Mit seiner niedriger Säure, seiner verführerischen, fleischigen, kernigen Textur und der sehr guten bis ausgezeichneten Konzentration sollte man diesen charmanten, frühreifen Pontet-Canet am besten in seinen ersten 10–14 Lebensjahren trinken.

1998: Der angenehme, dunkelrubinrote, elegante Pauillac zeigt am mittleren Gaumen eine hohle Note, gepaart mit Nuancen von roten und schwarzen Johannisbeeren, Tabak, getrockneten Kräutern und Erde. Obschon solide gemacht, besitzt er wenig Tiefe. Voraussichtliche Genussreife: 2004–2012.

1997: Dieser Wein war bei zwei meiner drei Flaschenverkostungen streng, tanninreich, kratzig und abgemagert. Ich habe die Punktnote verringert und ein Fragezeichen angebracht, weil der Wein die satte Farbe der Fassproben vermissen lässt und mehr Krautigkeit an den Tag legt, auch ist das Tannin adstringierend. Vielleicht macht er nur eine schwierige Entwicklungsphase durch, doch im Augenblick bin ich von ihm wenig angetan. Voraussichtliche Genussreife: jetzt–2010.

1996: Ich war schockiert darüber, wie verhalten entwickelt und verschlossen sich der 1996er bei meinen drei getrennten Verkostungen darbot. Dieser Wein besitzt superbes Potenzial, doch es scheint, dass er einige Jahre Geduld erfordern wird. Seine Farbe ist ein sattdunkles Purpurrot. Mit etwas gutem Zureden gibt der Wein Aromen von schwarzer Johannisbeermarmelade, verflochten mit Düften nach Mineralien, süßem Eichenholz und Gewürz frei. Ein körperreicher Tropfen, besitzt er geschichtete, konzentrierte, süße Frucht mit einem erhöhten Gehalt von reifem Tannin. Voraussichtliche Genussreife: 2020–2035.

1995: Ein Pauillac alten Stils, jedoch mit weit mehr Reintönigkeit und Reichhaltigkeit bereitet als die alten Jahrgänge des Guts, gibt dieser breitschultrige, muskulöse, klassische Wein eine satte purpurrote Farbe und sensationell dichte, reichhaltige, konzentrierte Cassis-Geschmackskomponenten zu erkennen, die mit beeindruckender Reintönigkeit und Tiefe über den Gaumen gleiten. Der Wein ist tanninstreng und verschlossen, aber wuchtig und reichhaltig. Er scheint eine mit dem 1996er vergleichbare Länge und Intensität zu besitzen. Das ist ein großer junger Pauillac. Voraussichtliche Genussreife: 2005–2025.

Bisherige große Jahrgänge: 1994er (93), 1961er (94?), 1945er (93), 1929er (90)

POTENSAC (MÉDOC)

2000	**C**	**(87–88)**
1999	**C**	**86**
1998	**C**	**87**
1997	**C**	**85**
1996	**C**	**89**
1995	**C**	**87**

Potensac befindet sich im Besitz der Familie Delon von Léoville-Las Cases. Der hier erzeugte Potensac stellt seit mehr als zwei Jahrzehnten ein bemerkenswertes Angebot dar.

2000: Mit Erträgen von 35 hl/ha und einem Ausleseverfahren, das nur 60% der Ernte in diesen Cru Bourgeois aufnahm, setzt Potensac Maßstäbe für seine Kollegen. Der elegante, frische, tiefrubin-purpurrote 2000er wartet auf mit einem traubigen Bukett, das nach roten Johannisbeeren, schwarzen Kirschen, Mineralien, Erde und Holz duftet. Für einen Wein seiner Klasse wird er sich als langlebig erweisen. Voraussichtliche Genussreife: jetzt–2015.

1999: Dunkelrubinrot, ausgestattet mit dicklicher Kirsch- und Himbeerfrucht, einer gradlinigen Persönlichkeit und einem gefälligen Abgang von mittlerem Körper, dürfte sich der 1999er 4–5 Jahre hindurch gut trinken lassen.

1998: Der solide gemachte Potensac von mittlerem Körper und mit Nuancen von schwarzen Johannisbeeren und Noten aus der Gewürzkiste enthüllt süße Frucht, mäßiges Gewicht und ausgezeichnete Reintönigkeit. Trinken Sie ihn im Lauf der nächsten 4–6 Jahre.

1997: Das ist ein weicher, zedernholzduftiger, krautiger, aber angenehmer Wein von rundem, elegantem Stil mit Beeren- und roter Johannisbeerfrucht sowie einem sanften Abgang. Er lässt sich während der nächsten 1–2 Jahre genießen.

1996: Der 1996er ist der erstaunlichste Wein, den dieses Gut je produziert hat. Er tritt in Konkurrenz mit dem 1982er, wobei er noch reichhaltiger und potenziell langlebiger ist als dieser. Er prunkt mit einer dunkelpurpurroten Farbe und einem süßen, erdigen, nach schwarzen Johannisbeeren und Kirschlikör duftenden Bukett. Prachtvolle Intensität und Reintönigkeit der Frucht sind ebenso vorhanden wie mäßiges Tannin in dem eindrucksvoll reichhaltigen Abgang von mittlerem Körper. Dieser Wein, der sich schon jetzt gut trinken lässt, dürfte bis 2014 halten. Ein Schlager des Jahrgangs.

1995: Der elegante, komplexe und entwickelte, satt dunkelrubinrote 1995er zeigt kräuterüberhauchte Geschmackskomponenten von schwarzen Johannisbeeren und grasige, Cassis-ähnliche Noten, die geschmeidig, rund, generös und ansprechend sind. Dieser Wein besitzt nicht die Wucht und Dichte der Frucht, die man in dem 1996er findet, aber er ist ein köstlicher Bordeaux zu einem vernünftigen Preis, der 6–7 Jahre hindurch oder länger breiten Anklang finden dürfte. Ein Volltreffer.

POUJEAUX (MOULIS)

1999	C	89
1998	C	88
1997	C	89
1996	C	86
1995	C	87

Dieses Gut bringt beständig exzellente Weine hervor, die sich als Stars der Appellation Moulis und günstigster Kauf mit dem besten Preis-Leistungsverhältnis im Médoc erweisen. Diejenigen Leser, die dem Jahrgang 1997 skeptisch gegenüberstehen, sollten den Poujeaux ausprobieren, einen der Stars jenes Jahres – er ist durch und durch köstlich und vermittelt einen guten Eindruck von dem immensen Potenzial dieses Weinguts.

1999: Der 1999er ist eine geschmeidigere und mit weniger Säure ausgestattete Version des 1998ers, und obwohl der 1998er reifere, dicklichere Frucht an den Tag legt, bin ich nicht davon überzeugt, dass er ein besserer Wein ist. Verführerisch und fleischig, sollte er am besten in seinen ersten 10–15 Lebensjahren getrunken werden.

1998: Die dunkelrubin-purpurrote Farbe des 1998ers geht einher mit einem süßen Bukett von Preiselbeeren, Brombeeren, Mineralien und toastwürzigem Eichenholz. Der Wein hat bei mittlerem bis vollem Körper ausgezeichnete Textur, schöne Tiefe und süßes Tannin im Abgang. Wie immer ist er ein Wein mit Klasse und Länge. Voraussichtliche Genussreife: jetzt–2016.

1997: Der 1997er, zweifellos ein Schlager des Jahrgangs und wahrscheinlich der beste 1997er Cru Bourgeois, offenbart eine dichte purpurrote Farbe sowie ein süßes Bukett von schwarzen Früchten, ergänzt durch Düfte nach toastwürzigem Eichenholz und lehmiger Erde. Texturiert, geschichtet und reichhaltig, mit niedriger Säure und einem ausgezeichneten reifen Abgang, kann er schon jetzt und im Lauf der nächsten 10–12 Jahre getrunken werden. Bravo!

1996: Undurchdringlich purpurrot, mit mäßig hohem Tanningehalt, aber ausgezeichneter süßer Frucht von schwarzen Johannisbeeren, wird dieser bei mittlerem Körper gut strukturierte, muskulöse, dicht gepackte Poujeaux 4–5 Jahre Kellerreife erfordern. Voraussichtliche Genussreife: 2006–2015.

1995: Der sehr gute Wein mit Biss, Tannin, mittlerem bis vollem Körper und ausgezeichneter Reife benötigt noch etwas Lagerung im Keller. Er ist noch unentwickelt und verhalten, aber vielversprechend. In Duft und Geschmack ist einige mineralisch überhauchte süße Frucht von schwarzen Johannisbeeren vorhanden. Voraussichtliche Genussreife: jetzt–2015.
Weiterer verkosteter Jahrgang: 2000er (87–88)

PRIEURÉ-LICHINE (MARGAUX)

2000	D	(88–89)
1999	D	87

1998 C 87

1996 C 86

1995 C 85

Die Leser sollten dieses Weingut schärfer ins Visier nehmen. Die Domaine Prieuré-Lichine ist vor kurzem von der Familie Ballande gekauft worden, der auch Château Baret in der Region Graves gehört. Die Keller sind grundlegend renoviert, die Weinberge neu strukturiert worden und das Gut führt die malolaktische Gärung im Fass durch, ebenso die *microbullage* (winzige Luftperlen werden zur Sauerstoffanreicherung der Hefen in Tanks oder Fässer geleitet). All dies hat zu einem superben 1999er und einem 2000er geführt, der fraglos einen der bislang schönsten Erfolge von Prieuré-Lichine darstellt.

2000: Dieser bei mittlerem Körper elegante, dichte, rubin-purpurrote 2000er, der beste Wein aus diesem Gut seit drei Jahrzehnten, offenbart reichliche Mengen schwarzer Früchte, vermischt mit Mineralien, Lakritze, Aromen aus der Gewürzkiste, getrockneten Kräutern und blumigen Elementen. Süß und reichhaltig, ohne Ecken und Kanten, mit saftigem Tannin, niedriger Säure und einem mäßig langen Abgang, ist er kein großer, zur langen Kellerlagerung gedachter Wein, sondern sollte sich zwischen 2004 und 2016 auf dem Höhepunkt seiner Reife befinden.

1999: Der 1999er gibt dieselben Charakteristika zu erkennen wie der 1998er, dazu gesellen sich jedoch mehr Frucht, Textur, Glyzerin und Volumen. Das Ergebnis ist ein nahezu hervorragender, verführerischer, vieldimensionaler Prieuré-Lichine mit mehr Fett und reifer Frucht, als ich seit vielen Jahren gesehen habe. Trinken Sie ihn im Lauf der nächsten 10–12 Jahre.

1998: Finesse, Eleganz sowie bewundernswerte Geschmacksnuancen sind die Kennzeichen dieses dunkelrubinroten 1998ers von leichterem Stil. Dieser entfaltete, köstliche Margaux bietet in Duft und Geschmack eine Fülle von Beerenfrucht und Cassis, gepaart mit Aromen aus der Gewürzkiste sowie eine ausgezeichnete Textur und will im Lauf seiner ersten zehn Lebensjahre getrunken sein.

1996: Mittelrubinrot, mit einem laubigen, nach getrocknetem Tabak, roten Johannisbeeren und Beerenfrucht duftenden Bukett, gibt dieser 1996er schöne Reife, würziges frisches Eichenholz und einen fortgeschritten entwickelten, saftigen Stil zu erkennen. Dies ist kein wuchtiger Spätentwickler eines 1996ers, sondern vielmehr ein stilvoller, offen gewirkter Bordeaux zum Trinkgenuss während der nächsten 5–6 Jahre.

1995: Von diesem Wein hatte ich eine bessere Entwicklung erwartet als sich nun darbietet. Hartes Tannin im Abgang und ein leicht hohler Eindruck am mittleren Gaumen ließen mich meine Punktnote niedrig halten. Der Wein zeigt eine dunkelrubinrote Farbe, leichten bis mittleren Körper, ein schönes Aromaprofil (Erde, Unterholz, Süßkirschen und Vanille) und erfreuliche reife Frucht eingangs im Mund. Der Abgang ist trocken und streng. Voraussichtliche Genussreife: jetzt–2008.

PRIEURÉ-MALESAN (PREMIÈRES CÔTES DE BLAYE)

2000 B (86–87)

2000: Dieses große Weingut in der Appellation Blaye im Besitz von Bernard Magrez, dem auch Pape-Clément gehört, hat einen feinen Wein mit gutem Preis-Leistungsverhältnis hervorgebracht. Fett, weich und saftig, ist dieser 2000er in einem fruchtigen, vordergründigen Stil mit einer Fülle von Kirschen und Johannisbeeren in Duft und Geschmack gestaltet. Trinken Sie ihn im Lauf der nächsten 1–2 Jahre.

PRIEURS DE LA COMMANDÉRIE (POMEROL)

2000 C (83–85?)

2000: Hoher Gehalt an Eichenholzwürze, gepaart mit trockenem, adstringierendem Tannin und einer strengen Persönlichkeit, geben Anlass zur Sorge über die Zukunft dieses Weins, der ansonsten über eine sehr gute Konzentration verfügt.

QUINAULT L'ENCLOS (ST-ÉMILION)

2000	E	(92–94)
1999	E	93
1998	E	94
1997	D	88

Dieses von Dr. Alain and Françoise Raynaud geleitete Weingut ist ein aufgehender Superstar am Himmel von St-Émilion. Innerhalb der Stadtgrenzen von Libourne auf kiesigen Böden gelegen, könnte Quinault das Château Haut-Brion von St-Émilion genannt werden, da es 1) vollkommen von einem *clos* (Mauer) umgeben ist, 2) innerhalb der Stadtgrenzen liegt und 3) steinigen Mutterboden besitzt. Seit ihrem ersten Jahrgang im Jahr 1997 haben die Raynauds ihre etwa 15 Hektar von ummauerten Rebflächen zu einem neuen Aufschwung geführt. Sie experimentieren zwar weiter mit Konzentrations-Techniken, doch der Wein, der letztendlich aus einem Verschnitt von 80% Merlot, 10% Cabernet Sauvignon und 10% Cabernet Franc entsteht, ist wundervoll reintönig und elegant mit beträchtlichem Alterungspotenzial. Die letzten drei Jahrgänge waren profund.

2000: Der 2000er bietet eine undurchdringliche purpurrote Farbe sowie ein wunderschönes blumiges Bukett mit Düften nach Blaubeeren, schwarzen Himbeeren, Mineralien und subtilem würzigem Eichenholz. Sein Charakter ähnelt im Aromaprofil und in seiner Finesse einem Burgunder Grand Cru. Im Mund zeigt er großartige Frucht, Länge, Opulenz und Eleganz. Wenn auch vielleicht nicht so dicht wie der 1998er, ist er doch ein reichhaltiger, konzentrierter, brillant bereiteter und beeindruckend klar gezeichneter 2000er von mittlerem bis vollem Körper. Voraussichtliche Genussreife: 2005–2018.

1999: Dem 1998er nicht unähnlich, offenbart der 1999er eine dichte Purpurfarbe und überaus reichhaltige Nuancen von Blaubeeren, Brombeeren, Backpflaumen und rauchigem Eichenholz in Duft und Geschmack. Sein seidigerer, dickerer Charakter ist zweifellos niedrigerer Säure und mehr Glyzeringehalt zu verdanken. Besitzt der 1999er auch mehr Textur, so ist der 1998er komplexer, zumindest zum gegenwärtigen Zeitpunkt. Voraussichtliche Genussreife: jetzt–2017.

1998: Dieser dichte rubin-purpurrote 1998er, ein eleganter, aber zugleich wuchtiger Wein, enthüllt Noten von Pflaumen, schwarzen Himbeeren, Vanille, Mineralien, Lakritze und Gewürzen. Außergewöhnlich reichhaltig, mit hervorragender Textur, besitzt dieser Wein von mittlerem bis vollem Körper einen markanten individuellen Stil, hauptsächlich aufgrund seiner von Blumen und Blaubeerfrucht geprägten Geschmackskomponenten. Obwohl schon jetzt zugänglich, wird er 20 Jahre lang altern. Voraussichtliche Genussreife: jetzt–2020.

1997: Wenn auch der 1997er Dichte und Länge vermissen lässt, so offenbart er doch eine unmissverständliche Ähnlichkeit mit einem Lafleur, dem berühmten Pomerol. Kirschgeist, Gewürze und mineralische Noten sind die Kennzeichen dieses Weins, der Rasse, Wucht und Eleganz miteinander verbindet. Geschmeidiges Tannin, eine bei mittlerem Körper samtige Textur und schöne Reintönigkeit charakterisieren diesen köstlichen, komplexen, stilvollen St-Émilion. Trinken Sie ihn jetzt und während der nächsten 10+ Jahre.

RAHOUL (GRAVES)

2000	C	(86–88)
1996	C	78

2000: Dieser stilvolle dunkelrubinrote Wein mit seiner eleganten Persönlichkeit von mittlerem Körper, weichem Tannin und Noten von Kräutern, Rauch, Tabak und Kirschfrucht dürfte sich vor 2012 in Bestform befinden.

1996: Dieser magere, strenge, mittel- bis dunkelrubinrote Wein mit seinem erdigen, rauchigen und mit grasigem Tabak vermischten Bukett wird von Tannin beherrscht. Vielleicht werden sich während der Alterung mehr Fleisch und Charme einstellen. Voraussichtliche Genussreife: jetzt–2007.

RAUZAN-SÉGLA (MARGAUX)

2000	**E**	**(90–92)**
1999	**E**	**88**
1998	**E**	**89**
1997	**D**	**79**
1996	**D**	**88**
1995	**D**	**88+**

Unter einem neuen Besitzer sind die kellertechnischen Anlagen in großem Umfang renoviert und die Rebflächen vollkommen umstrukturiert worden. Ungeachtet dieser Investitionen warte ich immer noch vergebens darauf, dass die neuen Eigentümer den Vogel abschießen. Doch muss ich zugeben, dass die 1998er und 1999er sehr gute Leistungen darstellen, und es scheint, dass der 2000er diesen Trend fortsetzt. Der allgegenwärtige Michel Rolland ist als Berater verpflichtet worden, zweifellos mit dem Ziel, einige der grimmigen Tannine dieses Weins zu zähmen.

2000: Dieser Wein präsentiert Noten von grünen Paprikaschoten in seinem ansonsten verlockenden Bukett von schwarzen Früchten, Mineralien und Vanille, dazu mittleren bis vollen Körper, eine strenge, strukturierte Persönlichkeit und reichliches Tannin. Ursprünglich dachte ich zwar, er würde besser schmecken, doch tut sich bei diesem 2000er eine ganze Menge, so dass meine Punktnote vielleicht ungebührlich zurückhaltend ist. Es besteht kein Zweifel darüber, dass dieser Wein ein beträchtliches Entwicklungspotenzial nach oben besitzt. Voraussichtliche Genussreife: 2008–2020.

1999: Nur 35% der Ernte fanden Eingang in den endgültigen Verschnitt des 1999ers (58% Cabernet Sauvignon, 40% Merlot und 2% Petit Verdot). Er ist weicher als der 1998er und besitzt eine tiefrubin-purpurrote Farbe, süße Brombeer- und Kirscharomen, einen verführerischen Geschmackseindruck am Gaumen, mittleren Körper und eine üppige, verbraucherfreundliche Persönlichkeit, die weder Strenge noch tanninhaltige adstringierende Art zu erkennen gibt. Voraussichtliche Genussreife: jetzt–2015.

1998: Dieser klassische, in einem strengen Stil bereitete Médoc, ein Verschnitt aus 65% Cabernet Sauvignon und 35% Merlot, präsentiert mittleren bis vollen Körper, echte Rasse und Klasse und ausgezeichnete Aromen von subtilen Kräutern, Zedernholz, Cassis und frischem Holz. Reichhaltig, süß auf der Zunge und mäßig tanninstreng, wird er von weiteren 4–5 Jahren Kellerreife profitieren. Voraussichtliche Genussreife: 2006–2018.

1997: Dieser krautige, leichtere Wein von mittlerem Körper besitzt eine dunkelrubinrote Farbe, attraktive Beerenfrucht und ein angenehmes, erdiges, blumiges Bukett. Doch zeigt die Persönlichkeit des Weins wenig Länge und macht einen komprimierten Eindruck.

1996: Der dichte, rubin-purpurrote, unfreundliche 1996er ist tanninherb, verhalten entwickelt und benötigt 8 Jahre Kellerreife. Der Wein scheint jedoch durchaus die als Gegengewicht zu seiner wuchtigen Struktur erforderliche Frucht und den nötigen Extrakt zu besitzen. Obwohl reintönig und reichhaltig, sollte man diesen Tropfen mindestens ein Jahrzehnt lang nicht anrühren. Die süßen Cassis-Aromen des von Cabernet Sauvignon dominierten Weins sind mit floralen und mineralischen Noten verflochten. Voraussichtliche Genussreife: 2010–2025.

1995: Leider war dies einer der wenigen Weine dieses Jahrgangs, den ich nach der Flaschenabfüllung nur einmal verkosten konnte. Er ist ein klassischer *vin de garde* (Lagerwein) mit einer satten rubin-purpurroten Farbe und einem straffen, aber verheißungsvollen Bukett von süßer Pflaumen- und Cassisfrucht, verflochten mit Düften nach Unterholz, Vanille und Lakritze. Der Wein ist bei mittlerem bis vollem Körper reif und reichhaltig, gleichzeitig aber unnachgiebig, grimmig tanninstreng, reintönig und geschichtet. Der Abgang ist extrem trocken, von grimmiger Eckigkeit und Härte. Dessen ungeachtet sagt mir mein Instinkt, dass die erforderliche Tiefe vorhanden ist, um die Struktur auszubalancieren. Auch dieser Wein wird ein Jahrzehnt Kellerreife benötigen. Voraussichtliche Genussreife: 2007–2025.

RAUZAN-DESPAGNET (BORDEAUX SUPÉRIEUR)

2000 Cuvée Passion **C (88–90)**

2000: Dieser Verschnitt aus 70% Merlot und 30% Cabernet Sauvignon, ein Schlager des Jahrgangs, legt eine tiefrubin-purpurrote Farbe an den Tag, gepaart mit einem umwerfenden, nach dicklichem Cassis, Lakritze und Gewürzkiste duftenden Bukett, mittlerem bis vollem Körper, reifem Tannin und einem langen Abgang. Es ist schwer vorherzusagen, wie diese Weine aus geringer eingestuften *terroirs* altern werden, doch wird dieser Tropfen mindestens 5–6 Jahre lang schönen Trinkgenuss gewähren.

RAUZAN-GASSIES (MARGAUX)

2000	**C**	**(87–88)**
1999	**C**	**87**
1998	**C**	**85**
1996	**C**	**75**

Der Rauzan-Gassies neigt für einen Margaux allzu sehr zur Schwere. Er kann recht konzentriert ausfallen, zeigt aber nicht die mit den besten Weinen dieser Appellation verbundene Duftigkeit und erreicht in den meisten Jahrgängen seine Genussreife erstaunlich früh für einen Cru Classé. Inzwischen kommen wieder Nachrichten, dass die Qualität dieses Weinguts im Aufschwung sei. Zwar ist es noch zu früh, darüber ein Urteil abzugeben, ob diese Information fundiert ist, doch scheinen die 1999er und die 2000er sehr gute Leistungen aus diesem ewig hinter seinen Möglichkeiten zurückbleibenden Gut zu sein.

2000: Der dunkelrubin-purpurrote 2000er, einer der besten Weine, die in diesem Gut seit vielen Jahren gemacht wurden, wartet mit Düften nach feuchter Erde, Unterholz, teeriger Arznei, Kampfer und schwarzen Kirschen auf. Bei mittlerem bis vollem Körper reif, lang, tief, mit mäßigem Tanningehalt und schöner Süße, um die Struktur auszubalancieren, wird sich dieser erdige Wein jetzt–2020 in Bestform befinden.

1999: Der 1999er, weit besser als der 1998er, ist zusammen mit dem 2000er einer der besten Rauzan-Gassies, die ich verkostet habe. Cassisdüfte, die sich mit Noten von Erde, Teer, Backpflaumen, schwarzem Tee und Aromen aus der Gewürzkiste mischen, springen bei diesem dunkelrubin-purpurroten Wein förmlich aus dem Glas. Die Säure ist niedrig, der Konzentrationsspiegel eindrucksvoll und der Wein wunderschön texturiert, wobei all seine Elemente gut integriert sind. Voraussichtliche Genussreife: jetzt–2017.

1998: Dieser elegante, weiche, frische, gefällige Wein von leichtem bis mittlerem Körper lässt Substanz und Tiefe vermisssen. Er wird während der nächsten 3–4 Jahre oberflächlichen Charme bieten.

1996: Der flache, mittelrubinrote 1996er offenbart erdige Untertöne, wenig Tiefe, eine ausgezehrte, komprimierte Persönlichkeit und einen krautigen Abgang. Verbessern wird er sich nicht. Voraussichtliche Genussreife: jetzt–2006.

REIGNAC (BORDEAUX)

2000 **D (90–91)**

Der Reignac ist der Maßstab dafür, was in den weniger berühmten Appellationen des Bordelais erreicht werden kann. Der Eigentümer Yves Vatelot, der auch Mitinhaber und Manager von Lascombes ist, hat im Jahr 2000 den Vogel abgeschossen – und das will etwas heißen, wenn man bedenkt, wie gut der Wein schon in den letzten 5–6 Jahren ausgefallen ist. Die Erträge gehen nicht über 35 hl/ha hinaus. Sie werden 18 Monate in zu 100% neuen Eichenholzfässern ausgebaut. Der Mischsatz besteht im Allgemeinen aus 75% Merlot und 25% Cabernet Sauvignon.

2000: Dieser ehrfurchtgebietende gebietsspezifische Bordeaux prunkt mit einer dichten purpurroten Farbe und einem süßen Bukett von Crème de Cassis, vermischt mit Mineralien, Toast und Aromen aus der Gewürzkiste. Erstaunlich konzentriert, gehaltvoll und körperreich, mit süßem Tannin und einem langen Abgang, ist dieser 2000er – Sie mögen es glauben oder nicht – von der Qualität eines Cru Classé. Wenn Sie mir nicht glauben, schieben Sie ihn in eine Blindverkostung gegen einige der besten Crus Classés ein und sehen Sie selbst, was geschieht. Er ist ein Volltreffer des Jahrgangs. Voraussichtliche Genussreife: jetzt–2015.

RIOU DE THAILLAS (ST-ÉMILION)

2000	**D**	**(88–89+)**

Diese kleine Erzeugung, quasi ein »Garagenwein«, wird von Jean-Yves Béchet gestaltet, dem Besitzer des prachtvollen Weinguts Fougas-Maldoror in der Appellation Côtes de Bourg. Leider gibt es nicht viel davon, da der Weinberg gerade mal 2,4 Hektar umfasst.

2000: Dieser 2000er, ein weiterer Schlager des Jahrgangs, besitzt beträchtliche Tiefe, Reintönigkeit und Reife. Körperreich, mit rauchigen Nuancen von Lakritze, schwarzen Kirschen und Johannisbeeren in Duft und Geschmack, wird dieser gut ausgewogene, mäßig tanninherbe Wein zwischen 2005 und 2016 schönen Trinkgenuss gewähren.

RIPEAU (ST-ÉMILION)

2000	**C**	**(87–89)**
1999	**C**	**87**
1998	**C**	**85?**

Ripeau ist ein Weingut, das die Verbraucher im Auge behalten sollten, da die Weinbereitung nun von Dr. Alain Raynaud von Quinault l'Enclos beaufsichtigt wird. Der 1999er stellt eine Verbesserung gegenüber den früheren Jahrgängen dar, und der 2000er ist der feinste Wein, den dieses unter seinen Möglichkeiten arbeitende Gut bislang hervorgebracht hat. Wegen der relativ kurzen Geschichte dieses Chateaus bewegen sich die Preise noch in einem vernünftigen Rahmen.

2000: Pflaumen- und Kirschendüfte sowie erdige Aromen springen aus dem mit diesem dichten, kernigen, geschmeidigen 2000er gefüllten Glas. Beladen mit Frucht und Glyzerin, will dieser mäßig strukturierte Wein von mittlerem Körper in seinen ersten 8–10 Lebensjahren getrunken sein.

1999: Der stark verbesserte Ripeau bietet würziges frisches Eichenholz, schwarze Himbeer- und Kirschfrucht, mittleren bis vollen Körper, einen süßen mittleren Gaumen, eine harmonische Persönlichkeit und einen angenehm texturierten Abgang. Er dürfte sich über 10 Jahre hinweg schön trinken lassen.

1998: Eine dunkelrubin-purpurrote Farbe geht mit einem süßen Bukett von Backpflaumen und schwarzen Früchten einher. Dieser Wein stellt sich ein wenig paradox dar, nimmt er sich doch eingangs im Mund und am Gaumen weich und dicklich aus, während dann hartes, strenges, rustikales Tannin die Oberhand gewinnt und der Wein komprimiert und ausgezehrt wirkt.

ROC DE CAMBES (CÔTES DE BOURG)

2000	**D**	**(90–93)**
1999	**D**	**89**
1998	**D**	**91**
1997	**C**	**86**
1996	**C**	**88**
1995	**C**	**89**

Als unbestrittener Anführer der Appellation Côtes de Bourg bringt dieses Weingut im Besitz von François Mitjavile, dem auch Tertre-Rôteboeuf gehört, weiterhin köstliche, in Duft und Geschmack von Schokolade geprägte Weine hervor. Wenn Wein ein Getränk ist, das der Freude und dem Vergnügen dienen soll, dann erfüllt Roc des Cambes diesen Anspruch auf untadelige Art. Vor kurzem habe ich eine Magnumflasche des 1989ers geöffnet und fand, dass dieser Wein immer noch auf der Zunge tanzt.

2000: Dieser Wein ist ein sensationelles Angebot und vielleicht der beste Roc de Cambes, der je bereitet wurde. Der 1989er und der 1990er stehen einander in ihrer Qualität sehr nahe, aber dem superreifen, sinnlichen, konzentrierten Stil, der öligen Textur und den Noten von Schokolade, Kaffee, Trüffeln, Karamell und Schwarzkirschen-Johannisbeerfrucht des 2000ers kann man einfach nicht widerstehen. Dieser saftige und hedonistische Côtes de Bourg ist ein aufregender Trinkgenuss. Voraussichtliche Genussreife: jetzt–2010.

1999: Der 1999er, der sich als hervorragend herausstellen könnte, hat während seiner *élevage* an Gewicht zugelegt und offenbart nun einen größeren, fleischigeren Geschmackseindruck am mittleren Gaumen. Dick, saftig und fast ebenso gut wie der unwiderstehliche 1998er, will er in seinen ersten 5–7 Lebensjahren getrunken sein. Bravo!

1998: Einer der besten Roc de Cambes, die ich je verkostet habe! Dieser exotische, überschwängliche, explosiv reichhaltige 1998er prunkt mit verwirrenden Aromen von Kaffee, dicklicher Beerenfrucht, Weihrauch, Toffee und Gewürzen. Dieser hedonistische Wein zeigt keine Ecken und Kanten, sondern eine nahtlose Textur und eine Fülle saftiger, üppiger Frucht. Man kann ihm einfach nicht widerstehen. Trinken Sie ihn im Lauf der nächsten 6–7 Jahre.

1997: Wenngleich weniger konzentriert als erwartet, ist dies ein attraktiver Roc de Cambes von leichtem Körper mit erfreulichen Nuancen von geröstetem Kaffee, Schokolade und süßer Kirschfrucht. Trinken Sie ihn jetzt.

1996: Der dunkelrubinrote 1996er wartet auf mit einem süßen, nach Mokka und Schokolade duftenden Bukett mit reifer Beerenfrucht im Hintergrund. Wenngleich nicht komplex, ist er doch weich, samtig texturiert, von mittlerem bis vollem Körper und ein köstlicher Wein von hedonistischem Stil, der sich weitere 2–3 Jahre gut trinken lassen dürfte.

1995: Der 1995er zeichnet sich durch ein typisches Merlot-Bukett aus, das nach rauchigem geröstetem Kaffee, süßer Schokolade, Mokka und Beeren duftet. Erstaunlich tief und reichhaltig, gehört dieser Wein zu den besten, die ich je aus der Appellation Côtes de Bourg verkostet habe. Niedrige Säure, gutes Fett, Glyzerin und Extrakt sind ebenso vorhanden wie ein geschichteter, stämmiger, fleischiger Abgang. Er dürfte sich 3–4 Jahre gut trinken.

Bisheriger großer Jahrgang: 1990er (90)

ROCHEBELLE (ST-ÉMILION)

1999	**D**	**(85–86)**
1998	**D**	**88**
1997	**C**	**87**
1996	**C**	**87**

1999: Dieses Troplong-Mondot benachbarte und La Mondotte nahe Weingut in schöner Lage produziert sehr gute Weine zu für ihre Qualität vernünftigen Preisen. Der dunkelrubin-purpurrote 1999er zeigt vierschrötige, gradlinige Art, gepaart mit süßem Tannin, niedriger Säure und mittlerem Körper. Dieser fleischige Wein dürfte sich schon bei seiner Freigabe gut trinken und ein Jahrzehnt lang halten.

1998: Der 1998er, potenziell ein Schlager des Jahrgangs, zeigt eine dichte rubin-purpurrote Farbe, gepaart mit einem würzigen, nach Brombeeren und Kirschen duftenden Bukett mit spürbarem frischem Eichenholz. Fett, dicht und körperreich, mit ausgezeichneter Reintönigkeit und Länge, wird er sich nach einigen weiteren Jahren im Keller zu einem würzigen, vollmundigen St-Émilion entfalten. Voraussichtliche Genussreife: 2004–2016.

1997: Der 1997er von dunklem Purpurrot offenbart Aromen von schwarzer Johannisbeermarmelade und toastwürzigem frischem Eichenholz. Bei mittlerem Körper reichfruchtig, mit ausgezeichneter Reintönigkeit und niedriger Säure, dürfte er sich in seinen ersten 10–12 Lebensjahren gut trinken lassen.

1996: Der eindrucksvolle 1996er legt eine tiefe, satte rubin-purpurrote Farbe an den Tag und ein süßes Bukett von schwarzen Johannisbeeren, Kirschen, Weihrauch und rauchigem Eichenholz. Der Wein besitzt eine süße, fleischige Textur, Elemente von *sur-maturité*, überraschend niedrige Säure für einen 1996er und einen expansiven, angenehm geschichteten Abgang. Wäre der Wein um ein weniges komplexer, hätte er eine noch höhere Punktzahl verdient. Voraussichtliche Genussreife: jetzt–2010.

ROCHER BELLEVUE CAPRICE D'ANGÉLIQUE (CÔTES DE CASTILLON)

2000	C	(90–92)

2000: Der erstaunliche 100%ige Merlot ist der erste französische Wein, der von dem bekannten umbrischen Weinmacher-Guru Riccardo Cotarella geschaffen wurde. Es ist ihm gelungen, aus dieser Appellation minderen Ranges alle nur denkbaren Eigenschaften herauszuholen. Noten von Espresso, Schokolade, Brombeeren und dicklichen Kirschen entquellen mächtig dem Glas dieses opulent texturierten, fetten, fleischigen, undurchdringlich purpurroten Weins. Mit niedriger Säure, Reintönigkeit und Süße ausgestattet, wird er schon jetzt und während der nächsten 7–8 Jahre wundervollen Trinkgenuss gewähren. Was wird man im Bordelais von einem italienischen Weinmacher halten, der einen »Garagenwein« aus einer Satelliten-Appellation gestaltet?

ROCHER-BELLEVUE-FIGEAC (ST-ÉMILION)

2000	C	(86–88)
1999	C	86
1998	C	88
1997	C	84
1996	C	85
1995	C	85

2000: Dieser pflaumendunkle, weiche, fruchtbetonte 2000er wartet mit Noten von Erde, Unterholz, dicklichen schwarzen Kirschen und Eisen auf. Im Mund gibt er eine klare Zeichnung, mittleren Körper, sehr gute Konzentration und niedrigen bis moderaten Säure- und Tanningehalt zu erkennen. Trinken Sie ihn in seinen ersten 10–12 Lebensjahren.

1999: Der pflaumendunkel-rubinrote 1999er zeigt mittleren Körper und eine Fülle von saftiger, konzentrierter Frucht in seiner zum modernen Massenstil neigenden, leicht zu ergründenden und köstlichen Persönlichkeit. Trinken Sie ihn im ersten Jahrzehnt seines Lebens.

1998: Der pflaumendunkle 1998er, eine verbraucherfreundliche Leistung mit einem attraktiven Preis-Leistungsverhältnis, bietet Aromen von Cassis, Kirschgeist, Lakritze, Rauch, Gewürzkiste und Leder. Der Wein ist bei mittlerem bis vollem Körper mit ausgezeichneter Reife, geschmeidigem Tannin und einem samtigen Abgang versehen. Trinken Sie ihn im Lauf der nächsten 8 Jahre. Ein Schlager des Jahrgangs.

1997: Der 1997er könnte für seinen älteren Bruder gelten, obwohl er etwas fetter und ärmer an Säure ist als der 1996er und ein Element von dicklicher Frucht aufweist.

1996: Der 1996er ist weich, offen gewirkt, dunkelrubinrot, entfaltet, fruchtig und leicht zu verstehen und zu trinken. Er sollte im Lauf der nächsten 5–6 Jahre getrunken werden.

1995: Eine tiefrubinrote Farbe und attraktive, würzige, reife Frucht treten vordergründig und frühreif in diesem mittelgewichtigen St-Émilion in Erscheinung. Trinken Sie ihn während der nächsten 1–2 Jahre.

ROL VALENTIN (ST-ÉMILION)

2000	D	(91–94)
1999	D	89
1998	D	90

1997	**C**	**88**
1996	**D**	**90**

Der junge Eigentümer Eric Prissette strebt danach, in diesem Weingut einen St-Émilion im Valandraud-Stil zu produzieren. Der Rol Valentin stammt aus einer Rebfläche von etwa 4,3 Hektar neben Cheval Blanc und La Dominique. Sein Mischsatz besteht gewöhnlich aus 85% Merlot, 10% Cabernet Sauvignon und 5% Cabernet Franc. Seine malolaktische Gärung erfährt er im Fass, beim Ausbau liegt er auf seinen feinen Hefen; und wenn auch nicht geschönt, wird er doch leicht filtriert. Unter den in Mode befindlichen Mikro-Cuvées von St-Émilion ist er nicht die billigste.

2000: Der undurchdringlich purpurrote 2000er, bislang der beste Rol Valentin, offenbart besser integrierte Säure als in den vorhergehenden Jahrgängen, dazu eine samtige Textur, saftigen Stil und ein herrliches Bukett mit Düften von süßem Kirschlikör, untermischt mit Brombeer- und schwarzer Johannisbeerfrucht. Opulent texturiert und körperreich, mit einigem Tannin, das unter der Fülle von Frucht und Glyzerin versteckt lauert, ist dies unstrittig ein verführerischer, geschmacksintensiver Wein, der den Gaumen in breiten Schwaden überströmt. Voraussichtliche Genussreife: jetzt–2016.

1999er: Ein weicher, dicklicher Wein ohne die Gewichtigkeit des 1998ers. Gleichwohl ist er sehr gut. Er präsentiert eine dunkelrubin-granatrote Farbe, gepaart mit einem süßen Bukett von schwarzen Kirschen, verwoben mit getrockneten Kräutern, Rauch und Erde. Würzig, von mittlerem Körper und weich, will er im Lauf dieses Jahrzehnts getrunken sein.

1998: Der dunkelrubin-purpurrote 1998er, eine superbe Leistung, bietet herrliche Düfte von Blumen, Brombeeren, Kirschen, Rauch, Lakritze und Aromen aus der Gewürzkiste. Er ist bei mittlerem bis vollem Körper tief, saftig und mit ordentlicher Säure, superber Reintönigkeit und einer cremigen Textur ausgestattet. Tannin ist vorhanden, jedoch gut integriert und durch die Tiefe des Weins ausbalanciert. Voraussichtliche Genussreife: jetzt–2014.

1997: Aus dem Fass verkostet zeigte dieser Wein das Potenzial für eine hervorragende Bewertung. Nun, da er sich in der Flasche befindet, ist er leichter und lässt in Duft und Geschmack die für eine hervorragende Punktnote erforderlichen Dimensionen vermissen. Dessen ungeachtet bleibt noch vieles übrig, das Bewunderung verdient. Der Wein besitzt eine tiefrubinrote Farbe, dazu ein süßes, nach Pflaumen und Kirschen duftendes Bukett mit reichlichen Mengen von toastwürzigem frischem Eichenholz. Ein würziger St-Émilion mit niedriger Säure, mittlerem Körper und ausgezeichneter Reichhaltigkeit und Glyzerin, dürfte er sich 4–5 Jahre gut trinken lassen.

1996: Der Rol Valentin hat sich 1996 als mustergültiger Wein erwiesen. Der Verschnitt aus 90% Merlot, 7% Cabernet Franc und 3% Cabernet Sauvignon prunkt mit einer dunkelrubinpurpurroten Farbe und einem süßen Bukett von schwarzen Johannisbeeren, verwoben mit Lakritze, toastwürzigen Aromen von neuen Eichenholzfässern und geräucherten Kräutern. Von mittlerem Körper, reichhaltig, reif und in einem hedonistischen Stil bereitet, kann er schon jetzt und bis 2014 getrunken werden.

ROLLAN DE BY (HAUT-MÉDOC)

2000	**C**	**(87–88)**
1999	**C**	**(86–87)**
1998	**C**	**86**

Rollan de By ist unter der Leitung von Jean und Catherine Guyon zu einem Cru-Bourgeois-Spitzen-Weingut der Appellation Haut-Médoc geworden.

2000: Dieser fette, konzentrierte Schlager des Jahrgangs offenbart eine tiefrubin-purpurrote Farbe, attraktive, mineralisch durchtränkte Geschmacksnuancen von schwarzer Johannisbeerfrucht, mittleren Körper, mäßiges Tannin und ausgezeichnete Reife und Länge. Er dürfte sich ein Jahrzehnt hindurch schön trinken lassen.

1999: Dunkelrubinrot, mit einem Médoc-Bukett, das nach schwarzen Johannisbeeren, Tabak und Gewürzen duftet, legt dieser 1999er von mittlerem Körper schöne Tiefe, niedrige Säure und entgegenkommende Art an den Tag. Trinken Sie ihn im Lauf der nächsten 7–8 Jahre.

1998: Köstliche charakteristische Noten von Johannisbeeren, Erde, Unterholz und Tabak ergeben einen bei mittlerem Körper reichhaltigen, jedoch eleganten Wein zum Trinkgenuss während der nächsten 7–8 Jahre.

ROUET (FRONSAC)

2000	**B**	**(84–85)**

2000: Preiselbeeren, Erdbeeren und saure rote Kirschen kennzeichnen in Duft und Geschmack diesen eleganten, erfrischenden Fronsac ohne Substanz und von leichterem Stil und mittlerem Körper. Trinken Sie ihn im Lauf der nächsten 5 Jahre.

ROUGET (POMEROL)

2000	**D**	**(90–92)**
1999	**D**	**89**
1998	**D**	**89**
1997	**C**	**86**
1996	**C**	**85**

Die Geschichte dieses Weinguts ist typisch für das moderne Bordelais: Neue Geldmittel sowie ein neuer Besitzer, der den Details mehr Aufmerksamkeit widmet und ein strengeres Ausleseverfahren einführt, ergeben einen unglaublich verbesserten Wein. Dieses Weingut ist fraglos aus einer längeren Periode der Mittelmäßigkeit wieder auferstanden, wie die Leistungen der letzten Jahrgänge bezeugen (besonders ab 1997) und produziert nun die feinsten Rouget-Weine seit deren glorreichen Jahren in den 1940ern, 1950ern und frühen 1960ern.

2000: Der 2000er mag vielleicht nicht besser sein als der 1998er, aber er ist zumindest ebenso gut, mit mehr robustem Tannin. Seine undurchdringlich dichte rubinrote Farbe geht einher mit einem mächtigen Bukett von erdigen schwarzen Früchten, Pfeffer und Aromen aus der Gewürzkiste. Der muskulöse Pomerol im Stil von 1975 (ein erstklassiger Jahrgang für die Appellation) mit reichlicher Frucht, um die Struktur abzupolstern, wird 2004–2020 am besten munden.

1999: In einem weichen, säurearmen, molligen Stil bereitet, präsentiert dieser pflaumendunkel-purpurrote und korpulente Pomerol reichliche Aromen von schwarzen Kirschen, die sich mit Düften von Zuckerwerk und einem Hauch von Toffee und Karamell mischen. Bei mittlerem Körper ist dies ein hedonistischer, den Mund füllender, schön texturierter, fruchtbetonter Wein. Voraussichtliche Genussreife: jetzt–2011.

1998: Dunkelrubin-purpurrot, mit einem reifen Bukett, das nach Schokolade, schwarzen Früchten, in Weinbrand eingelegten Kirschen, Feigen und Backpflaumen duftet, zeigt dieser samtige Rouget von mittlerem bis vollem Körper eine kernige, konzentrierte Textur und einen reifen, fetten Abgang. Mit etwas mehr Definition und Komplexität würde er eine hervorragende Punktnote verdienen. Voraussichtliche Genussreife: jetzt–2015.

1997: Eine dunkelrubinrote Farbe geht mit süßen, würzigen Düften nach schwarzen Kirschen, getrockneten Kräutern und Holzaromen einher. Elegant und rund, mit üppiger Frucht, niedriger Säure und einer nahtlosen Textur, sollte dieser Wein von mittlerem Körper im Lauf der nächsten 4–5 Jahre getrunken werden.

1996: Der 1996er legt eine täuschend helle rubinrote Farbe an den Tag, gepaart mit reifer Frucht (Kirschen) und toastwürzigem frischem Eichenholz im Bukett. Er ist ein gefälliger, eleganter Wein von mittlerem Körper mit einer unverwechselbaren Kirschkomponente im

Geschmack. Diesen Wein muss man sich als einen Pomerol vorstellen, der nach dem Vorbild eines de Sales gestaltet wurde. Trinken Sie ihn im Lauf der nächsten 2–3 Jahre.

ROUILLAC (PESSAC-LÉOGNAN)

2000	C	(87–88)

2000: Aus einem Weingut stammend, mit dem ich bisher noch keine Erfahrungen gesammelt habe, offenbart dieser Schlager des Jahrgangs schöne Reife in seinem bemerkenswerten Bukett von versengter Erde, Rauch sowie roten und schwarzen Johannisbeeren. Mittelgewichtig, mit weichem Tannin, ausgezeichneter Symmetrie und exzellentem umfassendem Charakter, wird er sich während der nächsten 5–7 Jahre gut trinken lassen.

ROYLLAND (ST-ÉMILION)

1999	C	86
1998	C	87
1997	C	83
1996	C	86

1999: Im Stil dem 1998er sehr ähnlich, aber mit niedrigerer Säure und weniger Konzentration, ist dies ein charmanter, fleischiger, reichfruchtiger Wein, der in seinen ersten 7–8 Lebensjahren getrunken werden sollte.

1998: Der attraktive, geschmeidige, reichfruchtige Wein gibt schöne Süße, mittleren Körper, niedrige Säure und entgegenkommende, vordergründige Art zu erkennen. In Duft und Geschmack sind schwarze Früchte, Nuancen aus der Gewürzkiste, Zedernholz und Lakritze zu finden. Genießen Sie ihn im Lauf der nächsten 5–6 Jahre.

1997: Der dunkelrubinrote 1997er offenbart eingangs auf der Zunge süße Frucht, verengt sich aber im Mund. Er dürfte sich über 2–3 Jahre hinweg gut trinken lassen.

1996: Der 1996er offenbart ein dunkelrubinrotes Kleid und Aromen von süßer Beerenfrucht, getrockneten Kräutern, Tabakkraut und süßer Eichenholzwürze. Die Reife und Üppigkeit des Weins machen ihn zu einer erfolgreichen Leistung für diesen Jahrgang. Er dürfte sich schon jung gut trinken lassen, aber auch 5–6 Jahre hindurch schön altern.

Weiterer verkosteter Jahrgang: 2000er (86–87)

ST-COLOMBE (CÔTES DE CASTILLON)

2000	C	(86–87)

2000: Ein weiterer Wein von Dr. Alain Raynaud und Gérard Perse ist der 2000er St-Colombe, der jedoch nicht dieselbe Tiefe und Reichhaltigkeit wie ihr Clos l'Église aufweist. Dennoch gibt es in diesem weichen, gradlinigen, reichfruchtigen, nach Beeren duftenden und schmeckenden Wein viel Lobenswertes zu finden. Er besitzt niedrige Säure, reifes Tannin und einen reintönigen, eleganten Stil. Trinken Sie ihn im Lauf der nächsten 5–6 Jahre.

ST-DOMINGUE (ST-ÉMILION)

2000	D	(90–92)
1999	D	88?
1998	D	88

Als Clément Fayat das Recht verwehrt wurde, eine benachbarte Rebparzelle in sein Gut La Dominique einzubeziehen, beschloss er, daraus eine Mikrocuvée zu produzieren. Der St-Domingue wird im Stil der neuen, im Trend liegenden St-Émilions vinifiziert: Die Weine sind gewöhnlich exotisch, opulent und reif und mit Aromen von toastwürzigem frischem Eichenholz ausgestattet. Der Debüt-Wein war der Jahrgang 1998.

2000: Der 2000er ist in einem extravagant reichhaltigen, eichenholzwürzigen, reifen Stil gemacht, den viele Verkoster für übertrieben halten. Aromen von neuem Sattelleder, Schokoladen-Toffee, geröstetem Espresso, Brombeeren und Kirschen entquellen mächtig dem

Glas, gefolgt von erstaunlich guter Säure, klarer Linienführung und Reichhaltigkeit. Der Wein ist im Stil einer Spätlese gestaltet. Voraussichtliche Genussreife: jetzt–2017.

1999: Ein ähnlich exotisches, rauchiges, nach Kaffee, Backpflaumen, Brombeeren und Kirschmarmelade duftendes Parfüm entströmt diesem säurearmen, fleischigen, saftigen Wein. Er ist für Verbraucher gedacht, die eine Sprengladung von hochklassiger Frucht und viel toastwürziges Eichenholz suchen. Trinken Sie ihn im Lauf seiner ersten 10–12 Lebensjahre.

1998: Der 1998er wurde in einem exotischen, überbordenden Stil mit portweinähnlichen, reifen Noten von Backpflaumen, Brombeermarmelade, Kaffee und toastwürzigem frischem Eichenholz bereitet. Die überschwänglichen Merkmale des Buketts sind auch in diesem eichenholzwürzigen, säurearmen, fast schlaffen Wein von mittlerem bis vollem Körper zu finden. Zwar wird er kontroverse Meinungen hervorrufen, doch ist er unleugbar köstlich. Voraussichtliche Genussreife: jetzt–2010.

DE SALES (POMEROL)

2000	**C**	**(88–90)**
1999	**C**	**88**
1998	**C**	**88**
1997	**C**	**85**
1996	**C**	**79**
1995	**C**	**87**

Nach einer Phase der Mediokrität ist de Sales wieder dabei, Tritt zu fassen und sein Comeback zu feiern, eine gute Nachricht für Leser, die nach einem Pomerol zu vernünftigeren Preisen Ausschau halten. Dieses große Pomerol-Gut hat begonnen, seine Position als Produzent von Weinen hoher Qualität zu festigen, die aus dieser winzigen, bukolischen Appellation stammend immer mehr unter die besseren Pomerols aufrücken.

2000: Der 2000er demonstriert, wie ausgezeichnet der de Sales ausfallen kann. Der verbraucherfreundliche Wein gibt eine Fülle von Schwarzkirschfrucht, Leder, Balsaholz, Nuancen aus der Gewürzkiste und Karamell zu erkennen. Dieser weiche, üppige, reintönige Tropfen ist ein Schlager des Jahrgangs. Voraussichtliche Genussreife: jetzt–2014.

1999: Eine weitere ausgezeichnete Leistung ist dieser offen gewirkte, in Duft und Geschmack mit Nuancen von dicklichen Kirschen und Karamell ausgestattete, weiche, elegante, fleischige Wein, der reichliche Mengen von glyzeringetränkter Frucht offenbart. Dieser sinnliche 1999er wird schon bei seiner Freigabe köstlichen Trinkgenuss gewähren und ein Jahrzehnt lang halten.

1998: Der mittelrubin-granatrote 1998er, der beste seit den frühen 1980er Jahren produzierte de Sales, zeigt sich fortgeschritten und weich und gibt Anklänge von weißer Schokolade, Mokka und Kirschgeist frei. In einem verführerischen, üppigen Stil bereitet, besitzt er süßes Tannin, einen geschmeidigen mittleren Gaumen und Abgang sowie ausgezeichnete Konzentration. Wer ihn kauft, wird seinen Genuss nicht aufschieben müssen. Voraussichtliche Genussreife: jetzt–2010.

1997: Der 1997er hat viel mehr zu bieten als der 1996er, verfügt er doch über süßere Frucht, niedrigere Säure und einen sauberen, reintönigen, fruchtbetonten, von Schwarzkirschen geprägten Stil. Er dürfte sich 4–6 Jahre hindurch schön trinken lassen.

1996: Der erfreuliche, mittelrubinrote Wein ist trocken im Abgang. Er offenbart mit staubigen, erdigen Elementen vermischte reife Kirschfrucht und eine Andeutung von gerösteten Nüssen. Trinken Sie ihn im Lauf der nächsten 1–2 Jahre.

1995: Dieser Wein könnte sich als der beste de Sales seit dem 1982er herausstellen. Er legt eine tiefrubinrote Farbe und ein verführerisches Bukett von dicklichen Kirschen, Erde, Kirschgeist und eine fesselnde Note von Balsaholz an den Tag. Im Mund zeigt er sehr gute Konzentration, runde, samtige Textur sowie einen sauberen, üppigen, beerengetränkten

Abgang. Mit alledem wird er breiten Anklang finden. Schon jetzt trinkreif, dürfte sich dieser 1995er Pomerol weitere 2–4 Jahre halten.

SANCTUS (ST-ÉMILION)

1999	D	84
1998	D	80?

Wenn dieses Weingut versucht, einen »Garagenwein« zu produzieren, hat es sein Ziel mit diesem übermäßig eichenholzbetonten, in der Frucht unterernährten Stil auf schlimme Weise verfehlt.

1999: Dieser undurchsichtig rubin-purpurrote 1999er ist geringfügig besser als der 1998er. Er offenbart eine subtilere, aber immer noch dramatische Eichenholzdosierung, leichten bis mittleren Körper, niedrige Säure und einen gradlinigen, eindimensionalen Stil.

1998: Frisches Eichenholz löscht den Charakter dieses mittelrubinroten, mäßig ausgestatteten Weins aus. Trinken Sie ihn im Lauf der nächsten 7–8 Jahre.

Weiterer verkosteter Jahrgang: 2000er (86–87?)

SANSONNET (ST-ÉMILION)

2000	D	(88–90)

Wegen einer Reihe von schlechten Leistungen wurde dieses Weingut bei der Neuklassifizierung von St-Émilion im Jahr 1996 auf den Rang eines Grand Cru herabgestuft. Damals ist es von der Familie d'Aulan gekauft worden, und unter dem Regime des jungen und talentierten Patrick d'Aulan hat es mit den letzten Jahrgängen zu seiner alten Stärke zurückgefunden. 1999 hatte der Wein die Krise überwunden und der 2000er scheint zum bislang größten Erfolg geworden zu sein. Der genannte Jahrgang wurde unter der Aufsicht des inzwischen verstorbenen Jean-Michel Arcaute hergestellt, was wohl seine Ähnlichkeit mit dem Clinet erklärt.

2000: Dieser undurchdringlich purpurrote Wein offenbart süße, rauchige Aromen von Backpflaumen, schwarzen Himbeeren, Cassis und Kirschen. Bei mittlerem bis vollem Körper fest strukturiert und reif, erinnert er an die Clinet-Jahrgänge der späten 1980er Jahre. Wenn alles sich gut zusammenfügt, wird der 2000er Sansonnet eine hervorragende Punktnote verdienen. Konzentration, potenzielle Komplexität und Tiefe sind reichlich vorhanden. Voraussichtliche Genussreife: 2007–2018.

SÉNÉJAC (MÉDOC)

2000	B	(87–88)

Seit das Weingut von Thierry Rustmann erworben wurde, dem Manager des Cru-Classé-Châteaus Talbot in der Appellation St-Julien, ist die Qualität des Sénéjac in die Höhe geschossen.

2000: Dieser tiefpurpurrote 2000er, eine *assemblage* aus 60% Cabernet Sauvignon, 30% Cabernet Franc und 10% Merlot, bietet Aromen von schwarzen Johannisbeeren, Zedernholz, Tabak und Gewürzkiste, dazu ausgezeichnete Konzentration, schöne Reintönigkeit, mittleren bis vollen Körper und reifes Tannin. Er dürfte sich ein Jahrzehnt hindurch gut trinken. Ein Schlager des Jahrgangs.

LE SERGUE (LALANDE-DE-POMEROL)

2000	C	(88–90)
1999	C	87
1998	C	87
1997	C	86

Einer der angesehensten Önologen des Bordelais, Pascal Chatonnet, ist der Besitzer dieses kleinen Juwels in der Appellation Lalande-de-Pomerol.

2000: Der 2000er ist ein Schlager des Jahrgangs. Er präsentiert eine Fülle süßer, konzentrierter, glyzeringetränkter Frucht, dicke Noten von Kirschgeist und Beeren, vermischt mit einem Hauch von Mokka, Cola und Karamell, dazu großartige Reintönigkeit der Frucht, mittleren bis vollen Körper, außergewöhnliche Reife und einen säurearmen, samtigen Abgang. Er sollte im Lauf der nächsten 5–6 Jahre getrunken werden.

1999: Überreife schwarze Kirschen und Beeren, untermischt mit Erde und Gewürzen kennzeichnen diesen wunderschön bereiteten, reintönigen, schön gewirkten, säurearmen Wein. Er sollte in seinen ersten 5–6 Lebensjahren getrunken werden.

1998: Reichhaltige süße Beerenfrucht und Eichenholzwürze, bewundernswerte Reintönigkeit und ausgezeichnete Ausgewogenheit charakterisieren diesen den Mund füllenden, würzigen Wein. Genießen Sie ihn im Lauf der nächsten 6–7 Jahre.

1997: Dieser köstliche, dunkelrubinrote, fruchtbetonte, schlichte 1997er hat dickliche Schwarzkirschen-Beerenfrucht und getrocknete Kräuter zu bieten. Reif, fleischig, gradlinig und köstlich, mit niedriger Säure, sollte dieser unmanipulierte Wein im Lauf der nächsten 2–3 Jahre getrunken werden.

SIRAN (MARGAUX)

2000	**D**	**(87–88)**
1999	**D**	**87**
1998	**D**	**87**
1997	**C**	**79**
1996	**C**	**83**
1995	**C**	**87**

2000: Der 2000er ist ein stämmiger, robuster, muskulöser Wein mit reichlicher Eichenholzwürze, einer tiefrubin-purpurroten Farbe, Noten von Lakritze, Weihrauch, schwarzen Johannisbeeren und getrockneten Kräutern, ausgezeichneter Definition, mittlerem Körper und mäßigem Tannin. Voraussichtliche Genussreife: jetzt–2018.

1999: Der undurchdringliche rubin-purpurrote 1999er ist eindrucksvoll (was nicht weiter überrascht, wenn man bedenkt, welch gute Leistungen die Appellation Margaux in diesem Jahrgang hervorgebracht hat). Er prunkt mit einem süßen Bukett von Brombeeren und erdigen Johannisbeeren, mittlerem bis vollem Körper, reichlich Tannin, niedriger Säure und einem kernigen, üppigen, konzentrierten, geschichteten Abgang. Ein Schlager des Jahrgangs, wird er zwischen 2004 und 2016 trinkreif sein.

1998: In diesem wuchtigen, strukturierten, dunkelrubin-purpurroten Wein dominieren schwarze Johannisbeeren, Erde und Eichenholz. Der muskulöse, dichte, alterungsfähige 1998er ist einer der besten Crus Bourgeois des Médoc. In einem verschlossenen, aber klassischen Stil bereitet, wird er sich zwischen 2005 und 2020 auf seinem Höhepunkt befinden.

1997: Dem 1997er fehlt es an Frucht und Reichhaltigkeit am mittleren Gaumen, doch zeigt er mit Mineralien und rauchigem Eichenholz vermischte attraktive Kirsch-Johannisbeeraromen. Der Abgang wirkt ausgezehrt. Voraussichtliche Genussreife: jetzt–2007.

1996: Der 1996er ist ein komprimierter, hart texturierter, magerer, strenger Wein von mittelrubinroter Farbe und mit einer eckigen Persönlichkeit. Voraussichtliche Genussreife: jetzt–2012.

1995: Dieser gelungene dunkelrubinrote Wein bietet attraktive Aromen von Vanille, würzigem frischem Eichenholz und süßer, cremiger Cassisfrucht, durchsetzt mit subtilen Noten von Fenchel und Gewürzkiste. Bei mittlerem Körper reif, mit schmackhaft-würziger Fülle, süßem Tannin und niedriger Säure, ist dieser ausgezeichnete, elegante Margaux schon jetzt zugänglich, wird sich aber auch bis 2014 halten.

SMITH-HAUT-LAFITTE (PESSAC-LÉOGNAN)

2000	**E**	**(92–94)**
1999	**E**	**90**
1998	**E**	**90**

1997	**D**	**87**
1996	**E**	**90**
1995	**E**	**90**

Seit die Familie Cathiard dieses Weingut im Jahr 1990 erworben hat, ist es auf dem Weg zum Erfolg und produziert elegante, geschmacksintensive, komplexe, vollendete Weine.

2000: Der 2000er ist der beste Jahrgang, der unter der Regie der Familie Cathiard bislang produziert wurde. Wie immer legt der Wein beträchtliche Klasse an den Tag, mit einem intensiven Geschmacksprofil und großer Noblesse, wenn man seine betonte Ausgewogenheit und Komplexität ohne Schwerfälligkeit in Betracht zieht. Undurchsichtig-purpurrot, offenbart der 2000er wunderschön gewirkte Noten von schwarzen Früchten, vermischt mit Rauch, Bleistift, Mineralien und Holzkohle. Tief und von mittlerem Körper, mit rasiermesserscharfer Klarlinigkeit, superber Reintönigkeit, süßem Tannin, niedriger Säure und einem intensiven, konzentrierten Abgang, ist dies ein brillanter Tropfen! Voraussichtliche Genussreife: 2005–2025.

1999: Eine dunkelrubin-purpurrote Farbe geht einher mit einem süßen Parfüm von roten und schwarzen Johannisbeeren, Mineralien und Rauch. Der Wein ist bei mittlerem Körper wundervoll konzentriert und zeigt niedrige Säure und einen würzigen, weichen, geschmeidigen Abgang. Ein beeindruckender 1999er! Voraussichtliche Genussreife: jetzt–2014.

1998: Dieser tiefrubin-purpurrote 1998er ist ein wunderschöner, von Symmetrie, Finesse und Eleganz geprägter Wein und gibt klassische Aromen von schwarzen Johannisbeeren, frischem Holz und versengter Erde zu erkennen. Der reintönige, zurückhaltende, gemessene, anmutige Tropfen von mittlerem Körper bietet eindrucksvolle, umfassende Ausgewogenheit und gut integriertes Tannin. Voraussichtliche Genussreife: jetzt–2018.

1997: Herrliche Aromen von Tabak, reifer Frucht von schwarzen Johannisbeeren, Mineralien und toastwürzigem Eichenholz entsteigen diesem dunkelrubinroten Wein. Durch und durch elegant, mit süßer Frucht eingangs im Mund, mittlerem Körper und ohne harte Ecken und Kanten, kann dieser sanft texturierte Wein schon jetzt, aber auch im Lauf der nächsten 10 Jahre getrunken werden.

1996: Der Inbegriff eines eleganten Bordeaux. Gepaart mit seiner dunkelrubin-purpurroten Farbe präsentiert er Brombeer- und Cassisfrucht, die mit einer subtilen Dosis von frischem Eichenholz versehen wunderschön zum Ausdruck gebracht werden. Eingangs im Mund nimmt sich der Wein süß und reintönig aus und zeigt verblüffende Symmetrie und einen bezaubernd ausgewogenen Geschmackseindruck am mittleren Gaumen und im Abgang. Wenngleich nicht so kräftig wie einige Muskelprotze aus diesem Jahrgang, ist er überaus komplex (in Duft und Geschmack) und beeindruckend wegen seiner Zurückhaltung, Subtilität und makellosen Balance. Voraussichtliche Genussreife: jetzt–2016.

1995: Die tiefrubin-purpurrote Farbe dieses 1995ers geht mit Düften nach gerösteten Kräutern einher, vermischt mit süßer Frucht von schwarzen Johannisbeeren, Trüffeln, Vanille und Mineralien. Üppig, mit reifer Cassisfrucht eingangs im Mund, hervorragender Ausgewogenheit, mittlerem Körper und von intensiver Vielschichtigkeit, ist dies ein eleganter, anmutiger, weich texturierter, wunderschön bereiteter Bordeaux. Voraussichtliche Genussreife: jetzt–2018.

SOCIANDO-MALLET (HAUT-MÉDOC)

2000	**D**	**(90–91)**
1999	**D**	**87**
1998	**D**	**88+**
1997	**C**	**87**
1996	**D**	**90**
1995	**D**	**90**

Dieses große Weingut, dessen Bodenbeschaffenheit fast identisch mit der von Pauillac ist, gestaltet strukturierte und massive Weine, die häufig die Qualität eines Cru Classé aufweisen und 8 bis 10 Jahre Kellerreife benötigen. Ich habe eine Reihe von älteren Jahrgängen in meinem Keller, und selbst die Weine von 1982 sind noch jung und sprühend lebendig.

2000: Der 2000er offenbart ein klassisches Bukett von Zedernholz, schwarzen Johannisbeeren und Mineralien, gepaart mit hohem Tanningehalt, herrlicher Konzentration und einem strukturierten, tanninherben, aber konzentrierten, wuchtigen Abgang. Ist er eine Neuauflage des 1986ers? Voraussichtliche Genussreife: 2010–2025.

1999: Der elegante, stilvolle 1999er duftet nach roten Johannisbeeren sowie mineralischen und würzigen Aromen. Eingangs nimmt er sich zunächst mager aus, baut aber im Mund auf und enthüllt eine Fülle von schwarzen Johannisbeeren und mineralischen Geschmacksnuancen, süßes Tannin und gute Konzentration. Er dürfte sich schon bei seiner Freigabe und während der nächsten 10–12 Jahre gut trinken lassen.

1998: Bei diesem schön texturierten 1998er von mittlerem Körper verbindet sich eine tiefrubin-purpurrote Farbe mit einem süßen Bukett von Mineralien, Brombeeren und Cassis. Der Wein besitzt ausgezeichnete Konzentration, festes Tannin und bewundernswerte Reintönigkeit und Ausgewogenheit. Wie viele Weine von diesem Gut erfordert er Geduld, wird aber letztendlich wie ein hochwertiger Cru Classé daherkommen. Voraussichtliche Genussreife: 2004–2018.

1997: Dieser ausgezeichnete Wein präsentiert eine dunkelrubinrote Farbe und süße, dickliche Frucht, mäßige Eleganz, reichliche Cassisnuancen im Geschmack und einen weichen, säurearmen Abgang von mittlerem Körper. Er gehört zu jenen Sociando-Mallets, die schon bei ihrer Freigabe getrunken werden können, aber mühelos bis 2010 halten werden.

1996: Dieser klassische Sociando-Mallet, dessen Stil dem des 1986ers nicht unähnlich ist, prunkt mit einer Farbe von sattem Purpurrot und einem intensiven Bukett von Cassis, Schokolade und Mineralien. Von mittlerem Körper und dicht, mit hervorragender Reintönigkeit und hohem Tanninspiegel, ist dieser wunderschön bereitete Wein besser als viele Crus Classés. Voraussichtliche Genussreife: 2007–2020.

1995: Dieser zugängliche, jedoch tanninreiche Sociando-Mallet besitzt eine Farbe von tiefem Rubin-Purpurrot und ein ausgezeichnetes Aromaprofil, das sich aus Düften nach dicklichen Schwarzkirschen, Brombeeren und Cassis, verwoben mit subtilen Noten von Mineralien, Erde und frischem Eichenholz zusammensetzt. Dies ist ein tiefer, muskulöser, tanninstrenger Wein, der in seiner Struktur dem 1996er ähnelt und noch nicht trinkreif ist. Ich schlage vor, weitere 3–4 Jahre zu warten, falls Sie, liebe Leser, ihn in vollreifem Zustand trinken wollen. Voraussichtliche Genussreife: 2006–2025.

Bisherige große Jahrgänge: 1990er (92), 1989er (90), 1986er (90), 1985er (90), 1982er (92)

TAILLEFER (POMEROL)

2000	**D**	**(87–89)**
1999	**D**	**86**
1998	**D**	**85**

2000: Der beste Taillefer, den ich von diesem lange Zeit hinter seinen Möglichkeiten zurückbleibenden Gut verkostet habe. Der 2000er bietet ein Kleid von tiefem Purpurrot und ein süßes Bukett, das nach Cassis, Lakritze und geschmolzenem Karamell duftet. Tief, von mittlerem bis vollem Körper, mit Fett und gut integriertem Tannin ausgestattet, ist dies ein Schlager des Jahrgangs. Ich verbeuge mich vor diesem Gut! Voraussichtliche Genussreife: jetzt–2016.

1999: Der dunkelrubin-pflaumenfarbig-granatrote 1999er legt mehr Fett und Glyzerin an den Tag als die meisten Taillefers, dazu mittleren Körper und einen süßen, geschmeidigen Abgang. Trinken Sie ihn während seiner ersten 7–8 Lebensjahre.

1998: Eine dunkelrubinrote Farbe geht mit Aromen von Süß- und Sauerkirschen einher, vermischt mit Erde und Gewürzen. Der Wein legt reichliches Tannin für einen 1998er an den Tag, dazu mittleren Körper und einen wenig bemerkenswerten Abgang. Voraussichtliche Genussreife: jetzt–2010.

TALBOT (ST-JULIEN)

2000	**D**	**(90–92)**
1999	**D**	**88**
1998	**D**	**88**
1997	**D**	**86**
1996	**D**	**90**
1995	**D**	**89**

2000: Dieser 2000er Talbot ist sinnlich, verführerisch und schier unwiderstehlich, sogar in einem so jugendlichen Alter. Seine tiefrubin-purpurrote Farbe wird begleitet von einem Wein mit niedriger Säure, süßem Tannin und einer Fülle von Brombeer- und Johannisbeerfrucht, vermischt mit frischem Eichenholz und Gewürzen. Anfänglich oberflächlich anmutend, scheint er im Glas zu wachsen. Er ist zwar kein Kraftprotz, doch samtig texturiert, saftig und köstlich und scheint die feinste Leistung aus dem Hause Talbot seit dem prachtvollen 1986er zu sein. Voraussichtliche Genussreife: jetzt–2018.

1999: Der opulente, samtig texturierte 1999er ist eine beeindruckende Leistung für den Jahrgang. Er kommt als hypothetische Mischung aus einem Pomerol und einem Burgunder daher. Noten von Erde, schwarzen Früchten (Brombeeren), Gewürzkiste und Kräutern wetteifern um die Aufmerksamkeit des Verkosters. Dicht, fast ölig und extrem reif, mit niedriger Säure als Ergänzung der fetten und reichhaltigen Struktur, wird er bereits bei seiner Freigabe trinkreif sein und 15–16 Jahre und länger halten. Ist er ein modernes Abbild des 1962ers?

1998: Der 1998er hat sich während seiner *élevage* gewaltig verbessert und nimmt sich nun aus der Flasche verkostet besser aus als vom Fass. Während seiner Alterung hat sich der Wein im mittleren Bereich ausgefüllt und an Gewicht zugenommen. Seine tiefe pflaumengranatrote Farbe geht einher mit einem vordergründigen, verführerischen Bukett von geschmolzener Lakritze, Zedernholz, Pflaumen, Schwarzkirschen und Cassis. Dieser attraktive Talbot ist bei mittlerem bis vollem Körper gefällig texturiert und weist süßes Tannin auf. Es ist erfreulich zu sehen, wie dieser Wein gereift ist. Voraussichtliche Genussreife: jetzt–2016.

1997: Der 1997er, ein angenehmer, gradliniger Talbot von leichtem Körper, offenbart attraktive kräuterüberhauchte Geschmacksnuancen von roten und schwarzen Kirschen. Trinken Sie diesen Bordeaux im Picknick-Stil im Lauf der nächsten 2–3 Jahre.

1996: Ich habe diesen Wein dreimal nach der Flaschenabfüllung verkostet und ihn mit 88, 89 und 90 Punkten und den entsprechenden Degustationsnotizen bewertet. Der Wein ist nahezu hervorragend und zeigt eine satte dunkelrubinrote Farbe und ein ausgezeichnetes Aromaprofil, das aus schwarzen Früchten, untermischt mit Lakritze, getrockneten Kräutern und Gerüchen von geröstetem Fleisch besteht. Er ist voll, mit eindrucksvollem Extrakt, einer fleischigen Textur, niedriger Säure, ausgezeichneter Reintönigkeit und einem langen, tiefen, kernigen Abgang. Dieser 1996er wird schon in seiner Jugend trinkbar sein, aber auch 15–18 Jahre lang halten. Voraussichtliche Genussreife: jetzt–2017.

1995: Dieser Wein stellt sich aus der Flasche verkostet noch beeindruckender dar als bei der Fassprobe. Er ist ein charmanter, intensiv duftender Wein mit einem typischen Aromaprofil, dessen Düfte nach Oliven, Erde, gegrilltem Rindfleisch und schwarzen Johannisbeeren mächtig dem Glas entströmen. Von mittlerem bis vollem Körper, mit niedriger Säure und runden, üppigen, reichfruchtigen Geschmackskomponenten, ist dies ein fleischiger, köstlicher Talbot, der schon jetzt getrunken werden kann. Voraussichtliche Genussreife: jetzt–2012.

Bisherige große Jahrgänge: 1986er (96), 1983er (91), 1982er (96), 1953er (90), 1945er (94)

DU TERTRE (MARGAUX)

2000	D	(90–92)
1998	D	87
1997	C	85
1996	C	88
1995	C	86

Dieses Weingut wurde 1996 von Madame Gasqueton von Calon-Ségur an Eric Albada-Jelgersma verkauft, der vor einigen Jahren auch Château Giscours in Pacht übernommen hat. Der neue Besitzer investierte großzügig in die Weinberge und in die Kellertechnik, die er umfangreich sanierte, und das hat lohnende Früchte getragen, wie der wunderschön gewirkte, elegante, aber konzentrierte 2000er bezeugt. Er ist der beste Wein, der auf diesem Gut seit dem erstaunlich guten 1979er erzeugt wurde. Kluge Verbraucher sind gut beraten, wenn sie dieses einst ständig unter seinen Möglichkeiten arbeitende Gut im Auge behalten. 2000: Der undurchdringlich purpurrote 2000er offenbart ein süßes Bukett von schwarzen Früchten, vermischt mit Blumen, Trüffeln und Düften nach neuen Eichenholzfässern. Dieser körperreiche Wein besitzt wunderbare Dichte, süßes Tannin und einen langen, konzentrierten, schmeichelnden Abgang. Voraussichtliche Genussreife: 2005–2020. Bravo!

1998: Dieser ausgezeichnete du Tertre, ein Schlager des Jahrgangs, erinnert an den feinen 1979er dieses Weinguts. Süße Aromen von kreosot-getränkter Schwarzkirsch-Marmelade und gegrillte Noten entströmen diesem pflaumendunkel-rubin-purpurroten 1998er. Duftig, mit einer expansiven, reichhaltigen Persönlichkeit, mittlerem Körper, ausgezeichneter Konzentration, feiner Reintönigkeit und Harmonie ist dies ein Wein, der sich zum Trinkgenuss während seiner ersten 12–15 Lebensjahre eignet. Dem Weingut ist zu danken, dass es die harten Tannine vermied, die einige der 1998er Médocs plagen.

1997: Dieser angenehme, weiche, mäßig ausstaffierte Wein gibt süße Beerenfrucht, Kräuter der Provence und Erde in Duft und Geschmack zu erkennen. Zwar fehlt es ihm an Dichte, doch versucht er nicht, mehr zu scheinen als er ist. Bei mittlerem Körper weich und nicht übermäßig extrahiert, lässt sich dieser delikate Margaux während der nächsten 2–3 Jahre trinken.

1996: Der 1996er, ein echter Volltreffer, offenbart ein schwarz-rubin-purpurrotes Kleid, ein süßes, nach schwarzen Früchten duftendes Bukett, mittleren bis vollen Körper, gut integriertes Tannin sowie schöne Reintönigkeit und Tiefe. Dieser Wein dürfte anmutig altern, aber schon jung eine gewisse Zugänglichkeit aufweisen. Voraussichtliche Genussreife: 2004–2018.

1995: Ein schokoladiges, beerenduftiges Bukett mit Aromen von grasigem Cassis, Lakritze und Erde begleitet diesen Wein, der mittleren Körper und feine Konzentration aufweist. Obschon monolithisch, ist der 1995er gut bereitet, vollmundig und mäßig tanninhaltig. Voraussichtliche Genussreife: jetzt–2015.

Weiterer verkosteter Jahrgang: 1999er (85–86)

TERTRE-DAUGAY (ST-ÉMILION)

1999	C	87
1998	C	87

Die Leser sollten wissen, dass sich dieses Weingut im Lauf des letzten Jahrzehnts qualitativ bedeutend verbessert hat.

1999: Der 1999er ist eine starke Leistung von Tertre-Daugay und legt eine dichte rubinpurpurrote Farbe an den Tag sowie ein stilvolles Parfüm von reifer Beerenfrucht, Tabak, Zedernholz und Holzwürze. Von mittlerem bis vollem Körper und dicht, aber weich, wird sich dieser Wein schon bei seiner Freigabe im nächsten Jahr, aber auch das folgende Jahrzehnt hindurch köstlich trinken.

1998: Dunkelrubin-granatrot, mit einem eleganten beerenduftigen Bukett, dem Düfte nach Zedernholz, Erde und Gewürzen entsteigen, ist dieser schön gezeichnete 1998er von mittlerem Körper lang, reichhaltig und anmutig. Heutzutage, da herzhafte, überschwängliche Weinangebote überwiegen, insbesondere aus St-Émilion, sind die gemessene Zurückhaltung sowie die attraktive Reife und Reichhaltigkeit dieses Weins zu begrüßen. Trinken Sie ihn im Lauf der nächsten 10–12 Jahre.

LE TERTRE-RÔTEBŒUF (ST-ÉMILION)

2000	EE	(93–95)
1999	EE	91
1998	EE	94
1997	E	87
1996	EE	90
1995	EE	95

Le Tertre-Rôtebœuf (der »Hügel der rülpsenden Ochsen«) ist ein knapp 6 Hektar umfassender Weinberg, der zu 85% mit Merlot und zu 15% mit Cabernet Franc bepflanzt ist. Seit den frühen 1980er Jahren hat dieses Gut unter der Leitung des talentierten François Mitjavile die markantesten, exotischsten, unwiderstehlichsten Weine von St-Émilion herausgebracht. Sie lassen sich schon in ihrer Jugend herrlich trinken, versprechen jedoch auch, in den besten Jahrgängen 15 Jahre und länger gut zu altern.

2000: Der 2000er ist eine explosive, hedonistische, verführerische, sinnliche Fruchtbombe mit viel Komplexität – und einer der exotischsten und außergewöhnlichsten Weine des Jahrgangs. Ob er sich nun einigen der neueren Klassiker gegenüber (d.h. dem 1998er, 1995er, 1990er, 1989er) als besser herausstellt oder nicht, so ist er doch fraglos ein faszinierender Wein. Ein dramatisches, überschwängliches, sinnverwirrendes Bukett von Toffee, Kaffee, Tabak, Kirschgeist und Cassis mit Rauch und versengter Erde im Hintergrund entquillt mächtig dem Glas. Im Mund erweist er sich als die Quintessenz eines Le Tertre-Rôtebœuf: körperreich, superkonzentriert, nahtlos, exotisch und hedonistisch sowie vom intellektuellen Gesichtspunkt aus immens befriedigend. Das ist großartiger Stoff! Voraussichtliche Genussreife: jetzt–2020.

1999: Der 1999er ist außergewöhnlich gut ausgefallen und bietet Noten von Toffee, Kaffee, überreifer Beerenfrucht und rauchigem Holz. Obschon er weniger Dichte und Langlebigkeit besitzt als der 1998er, hat er doch während seiner *élevage* Gewicht zugelegt und sieht nach einem großartigen, aufgeschlossenen, frühreifen Le Tertre-Rôtebœuf aus – ein Bordeaux in seiner hedonistischsten und glänzendsten Ausprägung. Voraussichtliche Genussreife: jetzt–2014.

1998: Ein dramatisches, überschwängliches Bukett mit Düften von geröstetem Espresso, vermischt mit geschmolzener Schokolade, Brombeeren, asiatischen Gewürzen und Kirschgeist springt bei diesem auffälligen Wein förmlich aus dem Glas. Körperreich und geschichtet, mit öliger Textur, fabelhafter Reintönigkeit und einer unleugbar hedonistischen Explosion von Frucht und Glyzerin, kann er schon jetzt getrunken oder 15 Jahre und länger im Keller gelagert werden. Meinem Geschmack nach ist er (vielleicht gemeinsam mit dem 2000er) der beste Tertre-Rôtebœuf seit 1990.

1997: Dies ist ein köstlicher Wein, der in Duft und Geschmack Nuancen von Mokka, Schokolade, Zedernholz und dicklichen roten und schwarzen Früchten an den Tag legt. Von mittlerem bis vollem Körper, mit niedriger Säure und geringer Dichte, aber exzellenter Frucht und einem weichen Unterleib, sollte er im Lauf der nächsten 3–4 Jahre getrunken werden.

1996: Der 1996er ist aus der Flasche verkostet weniger üppig als seinerzeit vom Fass. Dennoch ist er ein hervorragender Wein, der in dem typischen Stil dieses schön gelegenen Weinguts in Hanglage bereitet wurde. Seine Farbe ist ein tiefes Rubinrot und das Bukett wartet auf mit hedonistischen Noten von Rauch, Crème brûlée, geröstetem Kaffee und mit Schokolade überzogenen Kirschen. Dieser Wein von mittlerem Körper gibt jetzt mehr Struktur, Muskelkraft und Tannin zu erkennen als bei der Fassprobe. Tatsächlich scheint er sich nach dem süßen Aromaprofil und der anfänglichen Fruchtexplosion auf der Zunge zu verschließen, während er mäßiges Tannin in dem sehr guten Abgang zeigt. Er sollte sich 15 Jahre lang halten.

1995: Dies ist einer der Jahrgänge (1989 und 1990 waren andere), in dem der Le Tertre-Rôtebœuf eine exotische Reichhaltigkeit und Opulenz nach Art eines Le Pin entwickelte. Der Wein offenbart eine dichte rubin-purpurrote Farbe und eine unwiderstehliche Palette von Aromen, in denen sich Toast, reife Schwarzkirschen und Cassisfrucht mit Trüffeln, Mokka und Toffee mischen. Dicht und körperreich, mit Schichten von intensiv reifer Frucht, wird dieser mollige, herrlich reintönige, multidimensionale Wein mit seinen expansiven Geschmackskomponenten bis 2018 halten.

Bisherige große Jahrgänge: 1994er (90), 1990er (98), 1989er (95), 1988er (91), 1986er (91), 1985er (90)

LA TOUR-CARNET (HAUT-MÉDOC)

2000	C	(88–90)

Dieses Weingut wurde vor kurzem von dem Besitzer von Pape-Clément, Bernard Magrez, erworben, der den berühmten Önologen Michel Rolland zur Beaufsichtigung der Vinifikation mitbrachte. Unter dem neuen Eigentümer haben sich die Weine dramatisch verbessert, wie der 2000er belegt, der ein Schlager des Jahrgangs und der feinste La Tour-Carnet ist, den ich je verkostet habe.

2000: Der undurchdringlich purpurrote 2000er ist ein Verschnitt aus 58% Merlot mit Cabernet Sauvignon und einer Prise Cabernet Franc für den restlichen Prozentsatz. Der dichte, wuchtige, konzentrierte Wein zeigt superbe Reife, Reintönigkeit und Textur. Der tanninhaltige, vollmundige Tropfen, desgleichen ich noch niemals zuvor von La Tour-Carnet verkostet habe, benötigt 4–5 Jahre Kellerreife und dürfte sich 16–18 Jahre lang halten.

LA TOUR-FIGEAC (ST-ÉMILION)

2000	D	(89–91)
1998	D	90

Dieses Weingut ist nach einer Reihe von mittelmäßigen Leistungen wieder auf dem Weg nach oben und lässt seinem exemplarischen 1998er (seinem ersten hervorragenden Jahrgang seit 1982) einen potenziell superben 2000er folgen.

2000: Dieser süße, körperreiche, geschichtete, tiefpurpurrote Wein mit Noten von reifen Pflaumen, Kirschen, Vanille und Unterholz entfaltet ein außergewöhnliches Potenzial. Sein mäßiges Tannin wird begleitet von mehr als ausreichendem Gehalt an Frucht, Glyzerin und Extrakt. Dieser 2000er wird schon jung trinkbar sein, aber auch zwei Jahrzehnte lang halten. Ein Schlager des Jahrgangs. Voraussichtliche Genussreife: jetzt–2018.

1998: Der dunkelrubin-purpurrote 1998er hat ein sensationelles Bukett von rauchgetränkten Brombeeren, dicklichen Kirschen und Kaffee. Dieser dicke, ölig texturierte, gehaltvolle, körperreiche, strukturierte, mäßig tanninstrenge Wein ist schon jetzt wundervoll zu trinken. Ein Schlager des Jahrgangs. Voraussichtliche Genussreife: jetzt–2015.

Weiterer verkosteter Jahrgang: 1999 (86–87)

LA TOUR-HAUT-BRION (PESSAC-LÉOGNAN)

2000	D	(90–92)
1999	D	90
1998	D	89
1997	C	86
1996	D	87
1995	D	89+

2000: Dies ist der beste La Tour-Haut-Brion, der seit dem Kauf des Weinguts durch die Familie Dillon im Jahr 1983 produziert wurde. Die *assemblage* aus 52% Merlot, 43% Cabernet Sauvignon und 5% Cabernet Franc zeichnet sich durch eine undurchdringlich purpurrote Farbe und herrlich süße Aromen von Cassisfrucht und Rauch aus. Von mittlerem bis vollem Körper und tief, mit reifem Tannin, ausgezeichneter Definition und bewundernswerter Frische in seinem langen, überzeugend reichhaltigen Abgang, wird er sich zwischen 2006 und 2023 auf seinem geschmacklichen Höhepunkt befinden.

1999: Der dicht rubin-purpurrote 1999er weist in seiner würzigen Persönlichkeit von mittlerem Körper Noten von Bleistift, Rauch, Erde und schwarzen Früchten auf. Mit ausgezeichneter Reintönigkeit, gepaart mit schöner, umfassender Ausgewogenheit und Länge, ist er bereits jetzt köstlich zu trinken. Voraussichtliche Genussreife: jetzt–2015.

1998: Meine Punktnote ist vielleicht etwas zu niedrig ausgefallen, da sich der 1998er ebenso gut ausnimmt wie jeder La Tour Haut-Brion aus den 1990er Jahren. Seine dichte rubin-purpurrote Farbe geht mit süßen Düften nach schwarzen Johannisbeeren einher, verwoben mit Tabak, Zedernholz und Aromen aus der Gewürzkiste. Der Wein ist bei mittlerem Körper wunderbar reintönig, reichhaltig, mit süßem Tannin und gut integrierter Säure und Holzton. Nach etlichen Jahren Kellerreife dürfte er sich schön trinken lassen und 15–18 Jahre lang halten.

1997: Der 1997er, ein eleganter, harmonischer, würziger, aromatischer Wein ohne allzu viel Körper, offenbart süße schwarze Johannisbeeren und rauchige, tabakähnliche Nuancen in seinem Geschmack. Trinken Sie diesen milden Wein im Lauf der nächsten 4–5 Jahre.

1996: Der 1996er ist ein aromatischer, für den Jahrgang erstaunlich entfalteter Wein mit pflaumendunkler Farbe und einem rauchigen, grasigen, nach getrockneten Kräutern und Cassis duftenden, markanten Bukett. Der klassische mittelschwere Bordeaux von mittlerem Körper, mit reichlicher Würze, süßer Frucht, Eleganz und Komplexität ist ein Verschnitt aus 50% Cabernet Sauvignon und 50% Cabernet Franc. Er dürfte 6–7 Jahre hindurch köstlichen Trinkgenuss gewähren.

1995: Der 1995er, einer der besten La Tour-Haut-Brions der letzten 15 Jahre, bietet ein zu Kopf steigendes Parfüm von Kaffeebohnen, Tabak, Gewürzen, Rauch, gegrillten Kräutern und süßen roten und schwarzen Früchten. Er ist lang und rund, mit einer Fülle von roten Johannisbeeren und schöner untergründiger Säure, die dem Wein Definition verleiht. Der Abgang ist würzig, üppig, süß mit leichtem, aber spürbarem Tannin. Voraussichtliche Genussreife: jetzt–2015.

Bisherige große Jahrgänge: 1982er (98), 1978er (95), 1975er (96), 1961er (95), 1959er (92), 1955er (94), 1947er (95)

TOUR MAILLET (POMEROL)

2000	**C**	**(87–88?)**

2000: Hoher Tanningehalt und aggressives frisches Eichenholz könnten sich in diesem ansonsten würzigen, dichten, muskulösen, konzentrierten 2000er als unangenehm störend erweisen. Zwar sind reichliche Mengen von erdigen, rauchigen Schwarzkirsch- und Mokkanoten (typisch für reifen Merlot) sowie gediegene Substanz vorhanden, doch ist die künftige Entwicklung dieses Weins fraglich. Voraussichtliche Genussreife: 2005–2016.

LA TOUR-MARTILLAC (PESSAC-LÉOGNAN)

2000	**D**	**(87–88)**
1998	**D**	**87**
1997	**C**	**87**
1996	**C**	**83**
1995	**C**	**86**

Während sich die Weißweine dieses Guts seit 1987 beträchtlich verbessert und zu profunden Graves entwickelt haben, sind und bleiben die Rotweine ziemlich schlicht und gradlinig, mit einem Alterungspotenzial von 8–10 Jahren.

2000: Düfte nach frischem Eichenholz, feuchter Erde, Tabak sowie roten und schwarzen Früchten gibt dieser würzige, konzentrierte Wein von mittlerem bis vollem Körper frei. Mit niedriger Säure, reifem Tannin und schönem Potenzial ausgestattet, wird er zwischen 2004 und 2016 trinkreif sein.

1998: Der konzentrierte 1998er präsentiert mit teerigen und erdigen Düften verflochtene süße, toastwürzige Frucht von schwarzen Johannisbeeren. Mit reifem Tannin, mittlerem Körper und schöner Ausgewogenheit versehen, dürfte sich dieser exzellente Wein jetzt–2016 gut trinken.

1997: Der 1997er ist ein reichhaltigerer, süßerer Wein als der 1996er mit mehr Farbe, Extrakt und Länge. Er bietet rauchiges, toastwürziges Eichenholz im Bukett, attraktive Frucht von schwarzen Johannisbeeren und Noten von Lakritze. Er dürfte sich 8 Jahre hindurch schön trinken.

1996: Der 1996er ist ein gradliniger Wein von mittlerem Körper mit guter Würze, mäßiger Frucht und einer schlichten Persönlichkeit. Etwas Tannin ist vorhanden, doch ist der Wein leicht. Voraussichtliche Genussreife: jetzt–2008.

1995: Ein rauchiges, nach Oliven, Tabak, roten Johannisbeeren und Kirschen duftendes Bukett geht mit einem eleganten, milden, weich texturierten Wein von mittlerem Körper einher, der schon jetzt oder im Lauf der nächsten 5–6 Jahre getrunken werden kann.

Weiterer verkosteter Jahrgang: 1999er (85–87)

TOUR DE MIRAMBEAU (BORDEAUX SUPÉRIEUR)

2000 Cuvée Passion B (90–91)

Neben dem Reignac und dem Balestard ist dies einer der besten Bordeaux Supérieurs, die produziert wurden.

2000: Der Verschnitt aus 70% Merlot und 30% Cabernet Sauvignon offenbart eine satte rubin-purpurrote Farbe und ein herrliches Bukett mit Düften nach Crème de Cassis, Lakritze, Gewürzkiste und Zedernholz. Körperreich, reif, dicht und dick, mit gut integriertem Tannin, ordentlicher Säure und einem langen Abgang, ist er eine erstaunliche Leistung der Weinbereitung und ein Schlager des Jahrgangs. Mein Kompliment an den Weingutsbesitzer! Voraussichtliche Genussreife: jetzt–2010.

TOURANS TERRE BLANCHE (ST-ÉMILION)

2000 C (88–89)

Der andere Wein, der von dem berühmten umbrischen Weinmacher Riccardo Cotarella gestaltet wurde, ist dieser St-Émilion, ein dichterer, dickerer, strukturierterer Tropfen als Cotarellas Côtes de Castillon. Der Zweitwein des Guts, der Paradis Tourans, ist ebenfalls recht gut und hat für den Jahrgang 2000 die Punktnote 86–88 erhalten. Er ist zu vernünftigen Preisen erhältlich und eine interessante Wahl.

2000: In einem opulenten Stil bereitet, von dichter rubin-purpurroter Farbe und mit Brombeeren, Cassis und Mineralien in Duft und Geschmack ausgestattet, erfordert dieser Wein mit mittlerem bis vollem Körper und bedeutendem Tanningehalt 2–3 Jahre Kellerreife und dürfte sich 12–15 Jahre lang halten. Ein weiterer Schlager des Jahrgangs.

LES TROIS CANONS (FRONSAC)

2000 C (87–88)

Das Weingut befindet sich im Besitz von Patrick Léon, der so viel für Mouton-Rothschild und Opus One im Napa Valley getan hat.

2000: Dieser Wein ist die bislang beste Leistung von Les Trois Canons. Er legt schöne Reichhaltigkeit, ein süßes, mineralisch getränktes, nach Kirschen und schwarzen Johannisbeeren duftendes Bukett an den Tag, gepaart mit mittlerem Körper, bewundernswertem Tannin und einem sauberen, reintönigen Abgang. Er dürfte sich ein Jahrzehnt lang schön trinken.

TROPLONG MONDOT (ST-ÉMILION)

2000	**E**	**(94–96)**
1999	**E**	**88**
1998	**E**	**93**
1997	**D**	**89**
1996	**E**	**89**
1995	**E**	**92**

Ich bin ein begeisterter Anhänger dieses von Christine Valette geleiteten Weinguts. Sie hat seit den späten 1980er Jahren großartige St-Émilions produziert und ich habe viele ihrer Weine eifrig gekauft, insbesondere den 1988er, 1989er und 1990er. Diese drei Jahrgänge habe ich kürzlich in einer Mini-Vertikal-Degustation verkostet und von sensationeller Güte befunden. Ihre fabelhaften 2000er und 1998er setzen diesen Trend fort.

2000: Der 2000er ist ein märchenhafter Wein und prunkt mit einem dicken, undurchdringlichen, blau-purpurroten Kleid sowie höchst extrahierten Noten von Brombeer- und Cassisfrucht, Mineralien, Espresso-Kaffeebohnen und Vanille. Der Wein ist dicht und körperreich, mit hohem Tanningehalt, guter Säure und messerscharfer Definition. Der immense Eindruck am mittleren Gaumen und der gewaltige Abgang sind mächtig angelegt und muskulös. Zwar wird dieser Wein anmutig altern, doch ist Geduld vonnöten. Voraussichtliche Genussreife: 2008–2025. Dies ist ein klassischer *vin de garde* im alten Stil mit Tannin von modernem Stil.

1999: Dieser dichte, blau-purpurrote 1999er offenbart Noten von Lakritze, Blaubeeren, Vanille und Rauch sowie einen bei mittlerem Körper reichhaltigen, konzentrierten Geschmackseindruck am mittleren Gaumen. Das Tannin ist mäßig hoch, aber süß und erhält durch den konzentrierten, höchst extrahierten Stil des Weins das nötige Gegengewicht. Der Wein ist als Spätentwickler und mit seiner offenkundigen Struktur untypisch für einen 1999er. Voraussichtliche Genussreife: 2005–2020.

1998: Dieser Schlager des Jahrgangs ist eine fabelhafte Leistung und könnte sich neben dem 2000er als einer der feinsten Troplong Mondots seit dem 1990er herausstellen. Der schwarz-purpurrote 1998er gibt blumige Aromen und Düfte nach Blaubeeren, Brombeeren, Lakritze, Vanille und Trüffeln zu erkennen (oder ist es Holzkohle oder Grafit?). Dicht, körperreich und reintönig, aber überaus frisch und elegant, benötigt dieser wunderbar scharf konturierte Wein 3–4 Jahre Kellerreife. Voraussichtliche Genussreife: 2005–2025.

1997: Der prachtvoll elegante, konzentrierte 1997er zeichnet sich aus durch eine dunkelrubin-purpurrote Farbe und ein wunderschön gewirktes, nach Brombeeren und Kirschen duftendes Bukett mit toastwürzigem Eichenholz im Hintergrund. Er ist kein massiver Wein, bietet aber wunderbar geschmeidige Fruchtnuancen im Geschmack, herrlichen Duft, einen reifen und süßen mittleren Gaumen sowie weiches Tannin. Trinken Sie diesen verführerischen, üppigen Tropfen im Lauf der nächsten 8 Jahre.

1996: Über die Entwicklung des 1996ers bin ich hocherfreut. Jetzt, da sich der Wein in der Flasche befindet, ist das grimmige Tannin ein wenig gezähmt. Noch immer ein Troplong Mondot im Stil eines Spätentwicklers, wird er 5–6 Jahre Kellerreife erfordern. Der Wein zeigt eine tiefrubin-purpurrote Farbe und ein mächtiges Bukett von Lakritze, schwarzen Johannisbeeren und würzigem frischem Eichenholz. Eingangs im Mund treten süße Frucht und mittlerer Körper in Erscheinung, doch das feste Tannin verleiht dem Wein Biss und klare Linienführung sowie eine gewisse Strenge. Dieser Wein besitzt die nötige Tiefe, um dem tanninstrengen Einschlag ein Gegengewicht zu bieten, doch ist Geduld vonnöten. Voraussichtliche Genussreife: 2007–2019.

1995: Verschlossen, aber immens verheißungsvoll, präsentiert dieser Wein ein zurückhaltendes, aber faszinierendes Bukett von Unterholz, dicklichen schwarzen Früchten, Mineralien und Vanille. Bei mittlerem bis vollem Körper tief und reichhaltig, mit hervorragendem Extrakt und Reintönigkeit, besitzt der Wein eine nahtlose Persönlichkeit mit süßerem, besser eingebundenem Tannin als der 1996er. Das ist ein *vin de garde*, der weitere 3–4 Jahre im Keller gelagert werden muss. Er ist nicht weit entfernt von dem herrlichen Qualitätsniveau, das sowohl der 1989er als auch der 1990er erreicht haben. Voraussichtliche Genussreife: 2005–2020.

Bisherige große Jahrgänge: 1994er (90), 1990er (98), 1989er (96)

TROTANOY (POMEROL)

2000	**EEE**	**(92–95)**
1999	**EEE**	**89**
1998	**EEE**	**98**
1997	**EEE**	**89+?**
1996	**EEE**	**89+**
1995	**EEE**	**93+**

Nachdem ich beständig meine Enttäuschung über die zwischen 1983 und 1989 von Trotanoy produzierten Weine kundgetan habe, bin ich über das begeistert, was sich dort seit dem Jahrgang 1990 tut. Eines meiner Lieblingsweingüter ist zu der Form zurückgekehrt, die es in seiner glorreichen Zeit in den frühen 1960er und 1970er Jahren zum Ausdruck gebracht hat. Die letzten Jahrgänge, insbesondere der 1998er und der 2000er, sind profund ausgefallen.

2000: Nur die Zeit wird erweisen, ob dieser Jahrgang von Trotanoy den 1962er oder den 1975er wieder ins Gedächtnis ruft, wenn er zu seiner vollen Reife gelangt ist. Zurzeit ist er ein muskulöser Wein mit eleganten, tiefen, konzentrierten Geschmackskomponenten. Ein erdiges Duftgemisch von Trüffeln, Karamell, Mokka, Kirschen, Johannisbeeren und Pflaumen geht einher mit einem kräftigen, tiefen, maskulinen Wein mit mäßig hohem Tanningehalt, viel Wucht und außergewöhnlicher Konzentration. Es ist genügend Süße vorhanden, um als Gegengewicht das Tannin auszubalancieren, dennoch benötigt dieser 2000er eine gewisse Zeit der Kellerreife. Voraussichtliche Genussreife: 2007–2022.

1999: Dieser Trotanoy von mittlerem bis vollem Körper ist recht gut ausgefallen. Er legt etwas von der für dieses Weingut typischen maskulinen und muskulösen Statur an den Tag, erreicht aber in keiner Hinsicht die Gewichtigkeit, Konzentration oder den Extrakt des 1998ers. Er wird in Anbetracht seiner niedrigen Säure, offen gewirkten, expansiven Persönlichkeit zu einem früheren Zeitpunkt trinkreif sein. Voraussichtliche Genussreife: jetzt–2016.

1998: Dieser strukturierte, prachtvoll ausgestattete, tief rubin-purpurrote, körperreiche, überaus gehaltvolle Wein, potenziell der beste Trotanoy seit dem 1961er, präsentiert Noten von Toffee, Trüffeln und reichliche Brombeer-, Kirsch- und Johannisbeerfrucht. Er strömt in einem üppigen Schwall über den Gaumen und besitzt reichliches, aber süßes Tannin sowie einen kernigen, muskulösen mittleren Geschmacksbereich und Abgang. Dies ist eine unwiderstehliche Leistung aus einem der großen Weingüter von Pomerol. Voraussichtliche Genussreife: 2006–2030.

1997: Der 1997er ist ein untypisch strukturierter, reichhaltiger, wuchtiger Wein für den Jahrgang, der im Abgang hartes Tannin aufweist. Von mittlerem Körper und reif, besitzt er erstaunliche Tiefe sowie reichliche Mengen von Pflaumen-, Kirsch-, Johannisbeer-, Trüffel-, Kräuter- und Erdnuancen in Duft und Geschmack. Dieser Wein dürfte 12 Jahre und länger schön altern. Könnte dies eine moderne Version des unterschätzten 1967ers sein?

1996: Ich wäre nicht überrascht, wenn der 1996er sich während seines Alterungsprozesses verbessern würde. Als ich ihn etwa sechs Monate nach der Flaschenabfüllung probierte, hatte er begonnen, fester zu werden und sich zu verschließen. Der Wein zeigt eine dichte, mitteldunkle Pflaumenfarbe, straffe, aber verheißungsvolle Aromen, einen süßen, reintönigen Kern von mineralisch überhauchter Brombeer- und Kirschfrucht, reichlich Kraft und Fülle, eine kernige Textur und Muskelkraft sowie festes Tannin im Abgang. Voraussichtliche Genussreife: 2006–2017.

1995: Dieser Wein ist ein fabelhafter Erfolg für Trotanoy und hat ein beträchtliches Potenzial. Der 1995er prunkt mit einer satten tiefpurpurroten Farbe, die einhergeht mit einem umwerfenden Bukett von schwarzen Trüffeln, Kirschen, Himbeeren und Frucht von Kirschgeist, vermischt mit würzigem Eichenholz und Düften, die an Rinderblut denken lassen. Körperreich, dicht und ebenso wuchtig und verhalten entwickelt wie sein Rivale Lafleur, ist dieser breitschultrige, superextrahierte Trotanoy superb, aber machen Sie nicht den Fehler zu denken, dass er auf nahe Sicht unkomplizierten Trinkgenuss gewähren wird. Obschon von wunderbarer Art, besitzt dieser Wein extrem hohes Tannin und braucht mindestens weitere 2–3 Jahre Kellerreife. Voraussichtliche Genussreife: 2005–2025. Bravo!

Bisherige große Jahrgänge: 1990er (91), 1982er (94), 1975er (95), 1971er (93), 1970er (96), 1967er (91), 1964er (90), 1961er (98)

TROTTEVIEILLE (ST-ÉMILION)

2000	**D**	**(89–91)**
1999	**D**	**89**
1998	**D**	**86**
1997	**D**	**86**
1996	**D**	**87**
1995	**D**	**?**

In den letzten Jahren hat der Eigentümer dieses Weinguts, Philippe Castéja, große Anstrengungen unternommen, die Qualität nicht nur von Trottevieille, sondern auch seiner anderen Güter, insbesondere Batailley in Pauillac und l'Église in Pomerol, zu verbessern. Die Weine dieser Güter verdienen es, dass man nach ihnen sucht, besonders der Trottevieille, der immer noch zu vernünftigen Preisen angeboten wird, obwohl er nun hohe Qualität bietet.

2000: Dies ist der beste Trottevieille, den Philippe Castéja bislang produziert hat. Der elegante, konzentrierte 2000er, ein Verschnitt aus 50% Cabernet Franc, 47% Merlot und 3% Cabernet Sauvignon, gibt eine dichte rubin-purpurrote Farbe zu erkennen, gepaart mit subtilen Anklängen von süßem frischem Eichenholz, das sich mit Cassis, Schwarzkirschlikör und Lakritze mischt. Im Mund zeigt der Wein mittleren bis vollen Körper sowie wunderschön integrierten Säure- und Tanningehalt. Zweifellos hat die überragende Qualität der Cabernet Franc-Traube im Jahrgang 2000 diesem Tropfen mehr Komplexität verliehen. Bravo, Monsieur Castéja! Voraussichtliche Genussreife: 2004–2020.

1999: Der tiefrubin-purpurrote 1999er legt mehr Tiefe als die letzten Jahrgänge an den Tag und bietet Aromen von toastwürzigem frischem Eichenholz, rauchiger Brombeer- und Cassisfrucht, Lakritze und Toast. Dieser Wein von mittlerem Körper zeigt keine Ecken und Kanten. Er wird bereits jung köstlich sein, besitzt aber auch ein gutes Alterungspotenzial. Voraussichtliche Genussreife: jetzt–2010.

1998: Ein Wein von Finesse und Eleganz, ohne die Gewichtigkeit und Wucht einiger der neueren, stärker dem modischen Trend verhafteten St-Émilions, offenbart der 1998er eine dunkelrubinrote Farbe und Aromen von süßer Brombeer- und Kirschfrucht mit Noten von rauchigem Eichenholz und Mineralien im Hintergrund. Rund und elegant, ist sein Stil mehr von Finesse als von Kraft geprägt. Trinken Sie ihn im Lauf der nächsten 10–12 Jahre.

1997: Reichliche Mengen von Eichenholzwürze verleihen diesem Wein internationalen Stil. Im Mund mischt sich geschmeidige, süße Pflaumen-Kirschfrucht mit Kräutern, Erde und Rauch und erweist sich als verbraucherfreundlich und köstlich. Obwohl nicht kräftig, dicht oder alterungsfähig, ist dies doch ein angenehmer, reifer, fruchtiger, gut ausgewogener Wein zum Trinkgenuss während der nächsten 2–4 Jahre.

1996: Der 1996er steht eine Stufe über den vorhergehenden Jahrgängen. Weich und elegant, besitzt er schön integrierte rauchige Eichenholzwürze, gepaart mit Brombeer- und Kirschfrucht. Bei mittlerem Körper zeigt er ausgezeichnete Reintönigkeit und einen gefällig texturierten, stilvollen Abgang. Ein 1996er, den man jetzt–2012 genießen kann.

1995: Ich besaß sehr gute Degustationsnotizen über diesen Wein vor seiner Flaschenabfüllung, aber als ich ihn zweimal nach seiner Abfüllung verkostete, zeigte er eine voll entwickelte mittelrubinrote Farbe, die bereits einen Bernsteinsaum aufwies. Darüber hinaus wirkte der Wein streng, hart, tanninherb und aus dem Gleichgewicht geraten. Das widerspricht vollkommen dem Befund vor der Abfüllung, so dass ich mir mein Urteil noch vorbehalten muss.

Bisheriger großer Jahrgang: 1989er (90)

VALANDRAUD (ST-ÉMILION)

oJ	L'Interdit de Valandraud	EE	(85–87?)
2000		EEE	(92–94)
1999		EEE	90
1998		EEE	93
1997		EEE	89

Die Besitzer dieses Weinguts, Jean-Luc Thunevin und seine Frau Murielle, sind die Anführer des *vin de garage*-Gedankens in St-Émilion. Als ob das nicht bestürzend genug für die Médoc-Aristokratie wäre, sind sie sogar dabei, »Garagenwein«-Unternehmungen in den Appellationen Margaux (Marojallia) und Graves (Branon) auf die Beine zu stellen. Das Interesse an diesen Mikro-Cuvées, von denen die meisten beeindruckende Qualität bieten, ist explosionsartig angestiegen. Jean-Luc und Murielle zielen in Valandraud darauf ab, einen enorm reichhaltigen, konzentrierten und wundervoll klar gezeichneten St-Émilion mit minimaler Manipulation zu produzieren und ihn ohne Schönung und Filtration in Flaschen abzufüllen. Es ist ihnen gelungen, ihren Wein als Mikro-Juwel im Markt zu positionieren – Kostbarkeiten, denen die Milliardäre unter den Sammlern weltweit nachjagen. Doch obwohl ich ein großer Bewunderer des Valandraud bin, kann ich die extrem hohen Preise, die für ihn gezahlt werden, nicht begreifen.

o.J.: Es gibt 4000 Flaschen des jahrgangslosen l'Interdit de Valandraud, den Thunevin nicht mit der Angabe eines Jahrgangs (er ist ein 2000er) oder als einen St-Émilion kennzeichnen durfte. Ebenso wie in Fontenil und Haut-Carles wurde die umstrittene Auslegung von Plastikbahnen in einem Teil des Weinbergs als Schutz gegen den Regen (der nicht kam) von den Behörden der Appellation als nicht erlaubtes Verfahren der Weinbergpflege abgelehnt. Aus welchem Grund auch immer war für mich dieser Wein seinem Bruder unterlegen. Seine dunkle Farbe und guter anfänglicher Eindruck auf der Zunge sind gepaart mit einer ausgezehrten, mageren Mitte und einem strengen, säurehaltigen Abgang. Vielleicht hatte ich eine schlechte Probe erhalten, aber diesen Wein konnte ich nicht aufregend finden.

2000: Ich habe den 2000er bei drei verschiedenen Gelegenheiten verkostet. Wenn es auch subtile Unterschiede gab, ist dies fraglos ein Spitzenwein. Jean-Luc Thunevin scheint auf einen eleganteren, gemesseneren Stil abzuzielen. Eine tiefe pflaumendunkel-purpurrote Farbe geht einher mit einem süßen Bukett von schwarzen Früchten, Holzkohle, Erde und Rauch. In seinem Aromaprofil hat der Wein das Potenzial, einer der komplexesten bislang bereiteten Valandrauds zu werden, obwohl er weder das Fleisch noch das Fett von Jahrgängen wie 1998 und 1995 besitzen mag. Dieser reintönige, harmonische Wein von mittlerem bis vollem Körper enthüllt im Abgang gut integrierten, mäßig hohen Tanningehalt. Voraussichtliche Genussreife: jetzt–2016. Es gibt 1000 Kisten des 2000ers, und sein endgültiger Mischsatz besteht aus 70% Merlot und 30% Cabernet Franc.

1999: Überaus extrahiert, mit mehr spürbarem frischem Eichenholz, ist der 1999er ein typischer Verschnitt aus 75% Merlot und 25% Cabernet Franc. Er bietet eindrucksvolle umfassende Symmetrie, fabelhafte Reintönigkeit und die für dieses Gut sprichwörtlichen Noten von Rauch, Espresso, Schokolade, Johannisbeeren, Brombeeren und Kirschen. Körperreich, mit süßem Tannin und einer cremigen Textur, wird er schon bei seiner Freigabe und bis 2017 köstlich schmecken.

1998: Der klassische St-Émilion offenbart eine pflaumendunkel-purpurrote Farbe und ein elegantes Bukett von Mokka, Kaffee, Kirschen, Brombeeren und Schokolade. In seinem Stil hat er sich als finessenreicher und weniger exotisch als vorhergehende Jahrgänge herausgestellt. Dieser wunderschön konzentrierte Wein von mittlerem bis vollem Körper gibt in Duft und Geschmack einen Anflug von Schokolade zu erkennen. Mit außergewöhnlicher Reintönigkeit, Ausgewogenheit und Länge versehen, dürfte er sich zu einem der elegantesten Valandrauds entfalten, die je produziert wurden. Voraussichtliche Genussreife: jetzt–2020.

1997: Der dichte rubin-purpurrote 1997er, einer der besten des Jahrgangs, zeigt mäßig intensive Düfte nach Gewürzkiste, Lakritze, Kirschen und Eichenholzwürze. Üppig, körperreich und rund, wunderbar reichfruchtig, mit niedriger Säure und süßem Tannin, kann er schon jetzt und während der nächsten 7 Jahre getrunken werden.

1996: Der 1996er hat sich seit der Flaschenabfüllung beträchtlich verfestigt. Ungeschönt und unfiltriert, legt dieser viskose Wein eine typische Farbdichte an den Tag (ein sattes Dunkelrubin-Pflaumen-Purpurrot). Das exotische Bukett des Weins bildet sich gerade erst heraus und wartet auf mit Noten von Jod, geröstetem Kaffee, dicklichen schwarzen Früchten und Toast. Im Mund zeigt er mittleren bis vollen Körper, süßes Tannin, herrliche Textur und hervorragende Reintönigkeit und Länge. Voraussichtliche Genussreife: jetzt–2018.

1995: Dieser Wein zeichnet sich durch eine undurchdringliche purpurrote Farbe aus und ein sensationelles Bukett von gerösteten Kräutern, schwarzen Früchten (Kirschen, Johannisbeeren und Brombeeren) und hochklassigem toastwürzigem Eichenholz (letzteres eher eine Nuance als ein beherrschendes Element). Sehr konzentriert, mit Schichten von Frucht, Glyzerin und Extrakt, aber nahtlos gebaut, enthält dieser Wein den Stoff, aus dem Größe besteht – er scheint einer der feinsten je produzierten Valandrauds zu sein. Der Abgang hält über 30 Sekunden lang an. Der hohe Tanningehalt des Weins ist wegen der Reife und Fülle der Frucht kaum spürbar. Voraussichtliche Genussreife: jetzt–2020.

Bisherige große Jahrgänge: 1994er (94+), 1993er (93)

VALMENGAUX (BORDEAUX)

2000	**B**	**(87–88)**

2000: Dieser gebietsspezifische Bordeaux besteht hauptsächlich aus Merlot und stammt aus dem winzigen Weingut, das sich im Besitz der Kinder von Pierre Ferrand (von der »Garagenwein«-Kellerei Ferrand-Lartigue in St-Émilion) befindet. Das kräftige, süße Bukett von Cola, Beerenfrucht und Rauch geht einher mit einem weichen, üppigen Wein, der in seinen ersten 3–4 Lebensjahren getrunken sein will. Dieser Wein wird zu niedrigen Preisen abgegeben.

VEYRY (CÔTES DE CASTILLON)

2000	**B**	**(87–88)**
1999	**B**	**87**
1998	**B**	**87**

Hier haben wir einen weiteren Star aus der aufstrebenden Appellation Côtes de Castillon vor uns, die an St-Émilion grenzt. Die unter der Aufsicht von Jean-Luc Thunevin bereiteten Weine entwickeln sich im Allgemeinen zu Schlagern des Jahrgangs und werden zu sehr vernünftigen Preisen verkauft.

2000: Der 2000er ist geringfügig fester texturiert und straffer gewirkt als die vorhergehenden Jahrgänge. Gleichwohl bietet er bewundernswert konzentrierte Schwarzkirsch- und

Cassisfrucht, einen süßen Geschmackseindruck eingangs im Mund und einen engen Abgang. Dies ist ein ausgezeichneter Tropfen. Voraussichtliche Genussreife: jetzt–2008.

1999: Diese dichte, rubinrot-pflaumendunkle Côtes-de-Castillon-Fruchtbombe offenbart reichliche Mengen von schwarzen Früchten, untermischt mit Rauch und Vanille. Reichhaltig, säurearm, kernig und schmeichelnd, ist dies ein Wein, der in seinen ersten 6–7 Lebensjahren getrunken sein will.

1998: Der ausgezeichnete und recht preiswerte 1998er besitzt schwarze Johannisbeer- und Kirschfrucht, eine Fülle von rauchigen, würzigen Noten, niedrige Säure, einen molligen, fleischigen ersten Geschmackseindruck am Gaumen und einen langen, nahtlosen Abgang. Trinken Sie ihn im Lauf der nächsten 4–5 Jahre.

LA VIEILLE-CURE (FRONSAC)

1999	**C**	**88**
1998	**C**	**87**
1997	**C**	**86**
1996	**C**	**86**
1995	**C**	**87**

La Vieille-Cure, eines der Spitzenweingüter in der Appellation Fronsac, bringt Weine von Pomerol-ähnlicher Üppigkeit mit schmackhaft-würziger Frucht hervor, die im Allgemeinen als Schlager ihres Jahrgangs gelten und einen guten Gegenwert bieten.

1999: Der 1999er ist typisch verführerisch, fleischig und weich, mit üppigen, dicklichen schwarzen Früchten und toastwürzigem Eichenholz, die in Duft und Geschmack auftreten. Von mittlerem bis vollem Körper, rund und einschmeichelnd, mit weniger Struktur und niedrigerer Säure als der 1998er, wird er schon bei seiner Freigabe und während der folgenden 8–9 Jahre trinkreif sein.

1998: Eine dunkelrubin-purpurrote Farbe begleitet ein süßes Aromaprofil von reintönigen Schwarzkirschen und Johannisbeeren, verflochten mit rauchiger Eichenholzwürze. Dieser bei mittlerem bis vollem Körper fleischige, fruchtbetonte, samtig texturierte Wein wird während der nächsten 6–7 Jahre beträchtliche Anziehungskraft an den Tag legen.

1997: Der erstaunlich feine 1997er offenbart dickliche Pflaumen-Johannisbeernoten, subtiles Eichenholz, mittleren Körper, samtiges Tannin und eine üppige, fruchtgeprägte Persönlichkeit. Jetzt und während der nächsten 3–4 Jahre getrunken, wird er sich als sehr anziehend erweisen.

1996: Dieser Schlager des Jahrgangs ist in einem eher gemischten Fronsac-Jahrgang bewundernswert ausgefallen. Tief rubinrot, mit reichlicher süßer Brombeer- und Kirschfrucht in Duft und Geschmack, enthüllt dieser Wein von mittlerem Körper toastwürzige Noten, mäßiges Tannin und 5–7 Jahre Alterungspotenzial. Ein gut gemachter Tropfen.

1995: Der köstliche, attraktive, von Merlot dominierte Wein präsentiert eine rubinrote Farbe, attraktiv süße, reife Aromen von schwarzen Kirschen, Kirschgeist und einem Hauch von Kräutern, dazu runde, reife Geschmackskomponenten von mittlerem Körper mit einigem Biss und Tannin, ausgezeichnete Reintönigkeit und einen gefällig geschichteten Abgang. Dieser Wein kann jetzt und während der nächsten 3–4 Jahre getrunken werden.

VIEUX CHAMPS DE MARS (CÔTES DE CASTILLON)

2000	**C**	**(87–89)**
2000 Cuvée Johanna	**C**	**(88–90)**
1999	**C**	**(86–87)**
1999 Cuvée Johanna	**C**	**(87–88)**
1998	**C**	**87**

Dies ist ein weiteres im Aufstieg begriffenes Gut der Appellation Côtes de Castillon. Aus seinen Rebflächen von 17 Hektar werden Verschnitte aus 80% Merlot, 10% Cabernet Sauvignon und 10% Cabernet Franc erzeugt. 1999 führte Vieux Champs de Mars eine Spezial-Cuvée aus Trauben von besonders alten Merlot-Rebstöcken (1904 gepflanzt und etwa 80% des Mischsatzes) sowie eine Cuvée mit 20% Cabernet Franc im Mischrezept ein. Beide Weine werden vor der Gärung einer kalten Vormaischung unterzogen; danach erfolgt in kleinen Gärbottichen aus Eichenholz das Unterstampfen des Schalenhuts, so wie dies beim roten Burgunder geschieht. Ihre malolaktische Gärung erleben sie im Fass und stellen die kreativere Seite der Weinbereitung von St-Émilion dar. Zu ihrer Ehre sei gesagt, dass sie weder geschönt noch filtriert werden. Diese Weine sind eine großartige Gelegenheit für Verbraucher, die nach qualitativ hoch stehenden Weinen suchen, die man in diesem Jahrzehnt trinken kann, ohne bankrott zu gehen.

2000: *Vieux Champs de Mars* und *Cuvée Johanna*: Die beiden Volltreffer des Jahrgangs sind zwei weitere wundervolle Leistungen aus der Appellation Côtes de Castillon. Sie zeigen eine dichte rubin-purpurrote Farbe, viskose, konzentrierte Geschmacksnuancen und bemerkenswerte Reintönigkeit, Reife und Frucht für Weine von dieser Herkunft. Der *2000er Vieux Champs de Mars* ist ein Verschnitt aus 80% Merlot, 10% Cabernet Sauvignon und 10% Cabernet Franc, gewonnen aus Erträgen von 40 hl/ha. Die *2000er Cuvée Johanna* legt noch größere Reife und Intensität sowie expansivere Art an den Tag.

1999: *Vieux Champs de Mars*: Überreife Schwarzkirschen, verwoben mit toastwürzigem Eichenholz und Aromen aus der Gewürzkiste sind in diesem üppigen, mittelschweren, köstlichen 1999er sehr verlockend. Er ist zum Trinkgenuss in seinen ersten 3–4 Lebensjahren bestimmt.

1999: *Cuvée Johanna*: Dieser Wein besitzt tiefere, dichtere, konzentriertere Frucht als die einfache Flaschenabfüllung. Wenngleich schön parfümiert (Brombeer- und Kirschfrucht), gibt sie auch mehr frisches Eichenholz zu erkennen. Samtig, kernig und Pomerol-ähnlich, dürfte sie sich 4–5 weitere Jahre schön trinken lassen.

1998: *Vieux Champs de Mars*: Ein weicher, dunkelrubinroter Wein mit einer Fülle von Beerenfrucht, die sich mit Erde, Kräutern und Gewürzen mischt. Dieser 1998er ist geschmeidig und hedonistisch, mit reichlich Frucht und Glyzerin. Genießen Sie ihn im Lauf der nächsten 2 Jahre.

VIEUX CHÂTEAU CERTAN (POMEROL)

2000	**EEE**	**(92–95)**
1999	**EEE**	**92**
1998	**EEE**	**95**
1997	**E**	**85**
1996	**EE**	**87**
1995	**EE**	**88?**

2000: Der hervorragende 2000er hat sich als superb herausgestellt und nähert sich nun der Qualität des majestätischen 1998ers. Der tief pflaumendunkel-purpurrote Wein bietet ein komplexes Bukett von Menthol, Unterholz, schwarzen Johannisbeeren, Kirschen, Mokka und frischem Holz. Er überströmt den Gaumen mit herrlicher Reintönigkeit und Symmetrie, mittlerem bis vollem Körper und mäßigem Tannin im Abgang. Er ist ein Superstar des Jahrgangs und ein Klassiker. Voraussichtliche Genussreife: 2006–2025.

1999: Dieser elegante, dunkelrubin-purpurrote Wein von mittlerem bis vollem Körper, eine starke Leistung für den Jahrgang, zeigt Brombeeren, Kirschen, Mineralien, Kräuter und Erde in Duft und Geschmack. Er besitzt zwar nicht die Gewichtigkeit des 1998ers oder 2000ers, doch sind im Abgang reichlich Tannin und Muskelkraft vorhanden. Er kommt eher wie ein samtiger Médoc als ein typischer Pomerol daher. Voraussichtliche Genussreife: 2007–2025.

1998: Der 1998er, zweifellos der beste Wein aus diesem Gut seit dem 1990er, hat sich verschlossen, doch an seinem fabelhaften Potenzial ist nicht zu zweifeln. Seine Farbe ist ein dichtes Purpurrot. Der Wein offenbart hohen Tanningehalt, gewaltigen Körper und hochklassige schwarze Früchte, die sich mit Mineralien, Aromen aus der Gewürzkiste, Zedernholz und Tabak mischen. Ein langer, nachhaltiger, tanninherber Abgang gibt diesem majestätischen Wein eine verschlossene, aber großartige Persönlichkeit. Verbraucher werden sich bei diesem sensationellen Vieux Château Certan in Geduld fassen müssen. Voraussichtliche Genussreife: 2008–2030.

1997: Tabak-, Zedernholz-, Kirsch- und Pflaumennoten sind in ihrer Intensität leicht, aber elegant und angenehm. Obwohl es ihm an Tiefe fehlt, zeigt der Wein mittleren Körper, süßes Tannin und Grasigkeit. Trinken Sie ihn während der nächsten 2–3 Jahre.

1996: Nach drei Verkostungen aus der Flasche verdiente der 1996er in einem Fall eine etwas höhere Punktnote, doch es gehört zu meinen Grundsätzen, mich an die konservativeren Einschätzungen zu halten. Der Wein gibt pflaumendunkle Farbe und ein komplexes Bukett von gerösteten Kräutern, asiatischen Gewürzen, Erde und süßer Schwarzkirschfrucht zu erkennen. Ein ausgefeilter Bordeaux mit exzellenter Konzentration, süßer Mitte und mäßigem Tannin im Abgang, ist er ein Pomerol von finessereichem Stil. Voraussichtliche Genussreife: jetzt–2016.

1995: Erschreckende Unterschiede von Flasche zu Flasche haben mich in Verwirrung darüber gestürzt, wo ich den 1995er in der Bordeaux-Qualitätshierarchie eigentlich einordnen soll. Ich habe den Wein seit der Flaschenabfüllung dreimal innerhalb von 14 Tagen verkostet. Zweimal zeigte er sich extrem verschlossen und hart mit einer ausentwickelten pflaumenblau-granatroten Farbe, hohem Tanningehalt, süßer schwarzer Johannisbeer- und Backpflaumenfrucht und Olivennote sowie adstringierendem Tannin in seinem Abgang von mittlerem Körper. Diese zwei Flaschen verwiesen darauf, dass der Wein mindestens 4–5 Jahre Kellerreife benötigen und sich 20 Jahre halten würde. Die dritte Flasche war bei ähnlicher Farbe untypisch entwickelt, aber weit offener gewirkt und legte Aromen von Kräutern der Provence, Schwarzkirsch- und Cassisfrucht in einem dicklichen, üppigen Stil von mittlerem Körper an den Tag. Ich erwarte durchaus gewisse Unterschiede zwischen einzelnen Flaschen, aber da die Qualität in allen drei Flaschen relativ gleich war, hat mich die aufgeschlossene, offen gewirkte Probe doch verunsichert.

Bisherige große Jahrgänge: 1990er (93), 1988er (91), 1986er (90), 1975er (90), 1964er (90), 1952er (94), 1950er (97), 1948er (98), 1947er (97), 1945er (98–100), 1928er (96)

VIEUX FORTIN (ST-ÉMILION)

1998	**C**	**(87–89)**
1997	**C**	**84**
1996	**C**	**86**
1995	**C**	**86**

Dieser beständig gut gemachte St-Émilion kommt aus einem unweit von Figeac und Cheval Blanc gelegenen Weinberg. Er stellt gewöhnlich einen sehr guten Gegenwert für Ihr Geld dar.

1998: Ein Schlager des Jahrgangs. Die sinnverwirrende Verbindung von schwarzen Früchten, Erde und Toast bei diesem 1998er und sein entgegenkommender, offen gewirkter, überschwänglich fruchtiger Stil gewährleisten einen hedonistischen Trinkgenuss. Es ist mehr Tannin als gewöhnlich vorhanden, aber es ist sanft und gut integriert. Trinken Sie diesen fleischigen, gut bereiteten Wein im Lauf der nächsten 5–6 Jahre.

1997: Nicht so gelungen wie der 1995er oder der 1996er, zeigt sich der 1997er bei mittlerem Körper ein wenig streng, mit hartem Tannin. Doch verrät er attraktive Schwarzkirschfrucht und eine gute, saubere Leistung der Weinbereitung.

1996: Beeindruckend für einen Wein dieser Preiskategorie, offenbart dieser tief rubinrote St-Émilion ein tabaktöniges, nach Schwarzkirschen duftendes Bukett und würzige Geschmackskomponenten von mittlerem Körper mit ausgezeichneter Reintönigkeit und Reife.

Fortgeschritten entwickelt und weich für einen 1996er, ohne viel Struktur und Tannin, sollte er meiner Meinung nach im Lauf der nächsten 2–3 Jahre getrunken werden.

1995: Der 1995er zeigt eine rubinrote Farbe von mittlerer Tiefe, ein mäßig intensives, kräuterüberhauchtes, nach Gewürzen und Schokolade duftendes Bukett und eine cremige Textur. Tannin wird zwar spürbar, doch liegt der Hauptreiz dieses Weins in seiner vordergründigen Frucht, seiner molligen Art und seinem entgegenkommenden, offen gewirkten Charakter. Voraussichtliche Genussreife: jetzt–2006.

VILLA BEL-AIR (GRAVES)

2000	**C**	**(88–89)**

2000: Ein Schlager des Jahrgangs und der beste bislang in diesem Gut erzeugte Wein. Dieser Graves wie aus dem Bilderbuch offenbart süße Noten von Schwarzkirschen und Mokka mit Elementen von Tabak und versengter Erde im Hintergrund. Eine herrlich geschmeidige, samtige Textur ist von wundervollem vordergründigem Reiz. Geschichtet, reichhaltig und frühreif, haben wir hier einmal einen 2000er vor uns, der keine längere Lagerung im Keller erfordert. Voraussichtliche Genussreife: jetzt–2012.

VRAY CROIX DE GAY (POMEROL)

2000	**C**	**(87–88+)**
1998	**C**	**86**

2000: Dieser dunkelrubin-purpurrote Pomerol präsentiert reichliche Mengen von süßen Schwarzkirschen und pflaumenartiger Frucht mit einem Hauch von Mokka, Karamell, Erde und Balsaholz. Er besitzt ausgezeichnete Reintönigkeit, ordentliche Größe und reichliche Substanz, doch der Abgang verrät erhöhten Tanningehalt. Falls der Wein während seiner Alterung nicht austrocknet, wird er eine Punktnote im oberen 80er-Bereich verdienen. Andernfalls könnte er nach 7–8 Jahren abmagern und aus dem Gleichgewicht geraten. Augenblicklich ist das schwer vorauszusagen. Voraussichtliche Genussreife: 2004–2016?

1998: Das ist eine aufgepumpte Version des 1997ers, mit dunkler Rubinfarbe und einem nach dicklichen Schwarzkirschen, Erde und Holz duftenden Bukett. Dieser elegante, konzentrierte, reintönige, schön umrissene, stilvolle 1998er besitzt genügend Tannin, um ihm 1–2 Jahre Kellerreife zu verordnen. Voraussichtliche Genussreife: 2004–2017.

YON-FIGEAC (ST-ÉMILION)

2000	**C**	**(89–92)**

Zu den im Jahrgang 2000 am meisten begünstigten Bereichen gehörten die zwischen Figeac und Cheval Blanc gelegenen Rebflächen sowie die Weingärten an der Grenze von Pomerol (d. h. La Conseillante und l'Évangile). Der 2000er Yon-Figeac, der aus diesem Gebiet kommt, ist der beste Wein, der bislang auf diesem Gut produziert wurde und ein Schlager des Jahrgangs. Er dürfte zu einem vernünftigen Preis freigegeben werden und auch weithin verfügbar sein, da der betreffende Weinberg relativ groß ist (25 Hektar; mit 60% Merlot und 20% Cabernet Franc bepflanzt).

2000: Der 2000er ist ein fülliger Wein für diesen Cru und bietet trotz eines recht substanziellen Tanningehalts tiefe Schichten von rauchiger Cassis- und Brombeerfrucht. Der Verschnitt aus 90% Merlot und 10% Cabernet Franc zeichnet sich durch superbe Reintönigkeit aus, eine vielschichtige Persönlichkeit, herrliche Aromen und einen langen, kraftvollen, konzentrierten Abgang von bewundernswerter Reintönigkeit. Voraussichtliche Genussreife: 2004–2016. Dies ist ein sehr seriöser Wein.

BURGUND UND BEAUJOLAIS

Burgund genießt bei Weinliebhabern eine ungeheure Wertschätzung, weil es die erhabensten, wunderbarsten und sinnlichsten Pinot Noirs und Chardonnays der Welt hervorbringt. Seine Weine können die weltweit komplexesten, elegantesten und harmonischsten sein. Außerdem gehören die Burgunder, gleich ob weiß oder rot, zu den Weinen, die sich am leichtesten als Begleiter für viele Gerichte auswählen lassen.

AUF DEN ERSTEN BLICK KOMPLEX, IN WIRKLICHKEIT JEDOCH LEICHT ZU ERGRÜNDEN

Wenn Menschen beginnen, sich mit der Welt des Weins zu befassen und in ihre Geheimnisse einzudringen, wenden sie sich zumeist Kalifornien oder Bordeaux zu, gehen dann zu anderen Regionen über und bewahren sich Burgund für zuletzt auf, weil es sich einer klaren Definition und Erfassung zu entziehen scheint. Beim Bordeaux braucht man eigentlich nur die Namen von einigen Weingütern zu kennen und eine Hand voll der besten Jahrgänge und kann damit schon relativ sicher sein, einen verlockenden Wein herauszufinden. Für Kalifornien gilt das Gleiche, auch wenn die Jahrgangsunterschiede weniger markant sind. Burgund dagegen hat Weinproduzenten, die eine breite Palette an Weinen mit scheinbar komplizierten Namen anbieten, während die einzelnen Jahrgänge qualitativ sehr weit auseinander klaffen. Und dennoch ist Burgund für einen Neuling in der Materie einfach zu verstehen, wenn er sich einige grundsätzliche Informationen einprägt. Genau wie im Bordelais, in Kalifornien und allen anderen Weinregionen der Welt ist es von ganz entscheidender Bedeutung, die Namen der guten Weinmacher zu kennen. Das Etikett eines Burgunders, das auf den ersten Blick vielleicht verwirrend erscheint, führt in der Tat alle nötigen Informationen in einfach gegliederter Art auf. Auch sollten Weinliebhaber sich beim Kauf auf einige wenige Jahrgänge beschränken. Im Gegensatz zu anderen Regionen wie Piemont oder dem Bordelais, deren Weine oft viel Geduld und Kellerreife erfordern, bis sie ihren Höhepunkt erreichen, kann und sollte die überwiegende Mehrheit der Burgunder in den ersten 5–8 Jahren getrunken werden.

Einige Lästerer vertreten immer noch die in den 1970er und 1980er Jahren entstandenen Vorbehalte, wonach Burgunder überteuert sind, extreme Qualitätsunterschiede zeigen und nur unter großen Schwierigkeiten und Mühen aufzutreiben sind, so dass man weder Zeit noch Geld an sie verschwenden sollte. Doch in den letzten 10–15 Jahren hat der Burgunder einen nie gekannten Qualitätssprung nach oben gemacht. Während die Spitzenburgunder früher hauptsächlich an reiche Masochisten verkauft wurden, ist heutzutage die Menge der hervorragenden Burgunder in einem solchen Maß angewachsen, dass sie nun von einem breiten Publikum genossen werden können.

BURGUNDER – EINFACH ZU VERSTEHEN

Drei Faktoren sind bei der Auswahl eines Burgunders entscheidend, in der Reihenfolge ihrer Wichtigkeit sind dies:

1. die Qualität des Winzers
2. die Güte des Jahrgangs
3. das Potenzial des Weinbergs/der Lage

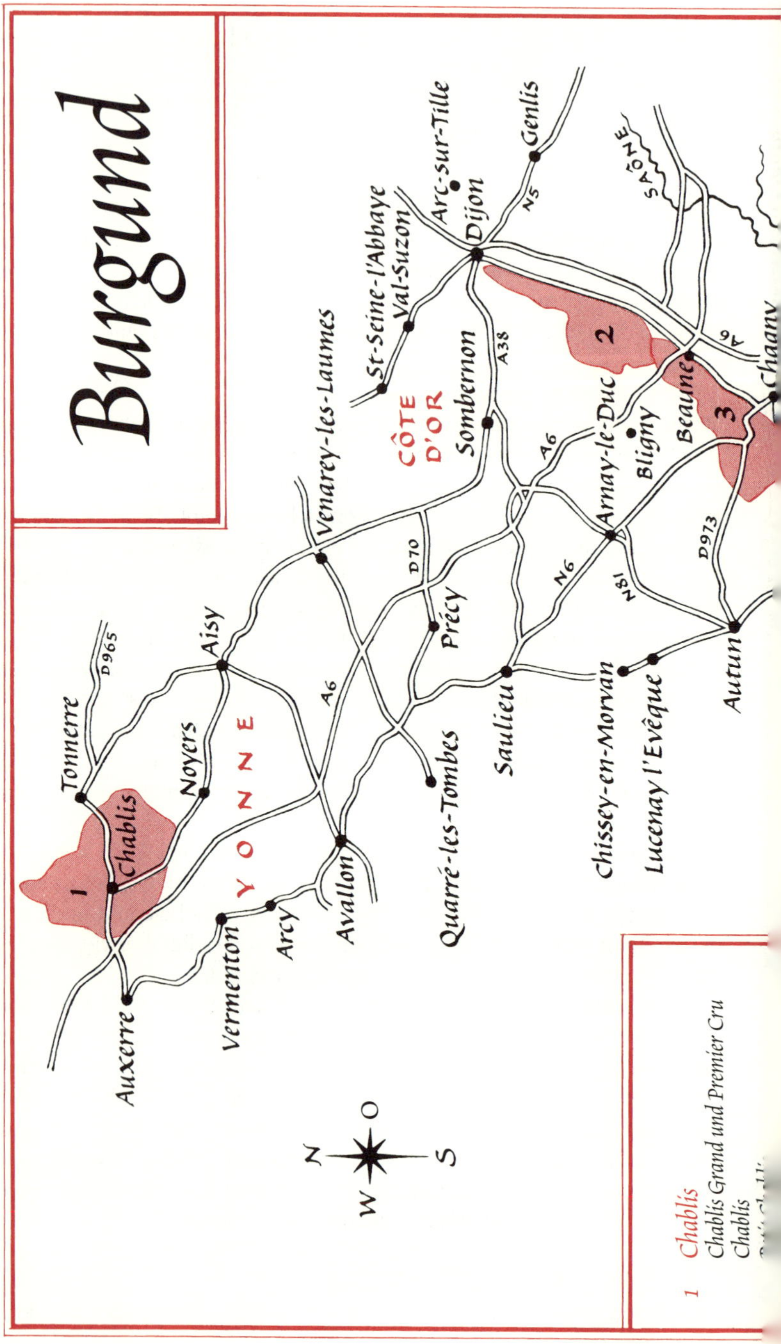
Burgund
Auxerre
Chablis
Tonnerre
D965
Noyers
Aisy
Vermenton
Arcy
Avallon
YONNE
A6
Venarey-les-Laumes
Quarré-les-Tombes
Précy
D70
Saulieu
St-Seine-l'Abbaye
Val-Suzon
CÔTE D'OR
Sombernon
A38
Arc-sur-Tille
Dijon
N5
Genlis
SAÔNE
Arnay-le-Duc
Bligny
Beaune
N6
N81
D973
Chissey-en-Morvan
Lucenay l'Evêque
Autun
N
O
S
W
1 Chablis
Chablis Grand und Premier Cru
Chablis

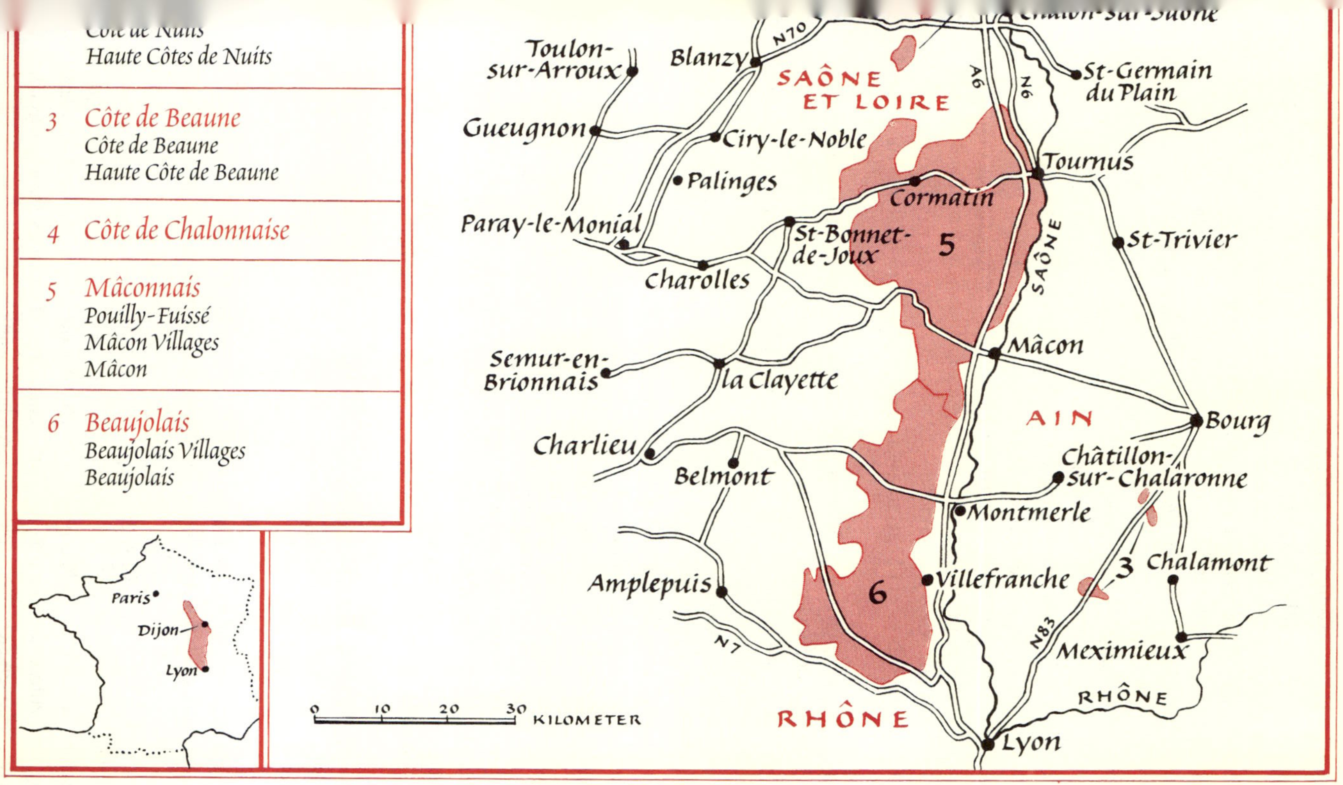
Haute Côtes de Nuits
3 Côte de Beaune
Côte de Beaune
Haute Côte de Beaune
4 Côte de Chalonnaise
5 Mâconnais
Pouilly-Fuissé
Mâcon Villages
Mâcon
6 Beaujolais
Beaujolais Villages
Beaujolais
Paris
Dijon
Lyon
Toulon-sur-Arroux
Blanzy
N70
SAÔNE ET LOIRE
A6
N6
St-Germain du Plain
Gueugnon
Ciry-le-Noble
Palinges
Tournus
Cormatin
Paray-le-Monial
St-Bonnet-de-Joux
5
SAÔNE
St-Trivier
Charolles
Mâcon
Semur-en-Brionnais
la Clayette
AIN
Bourg
Charlieu
Belmont
Châtillon-sur-Chalaronne
Montmerle
3
Chalamont
Amplepuis
Villefranche
6
N7
N83
Meximieux
RHÔNE
0 10 20 30 KILOMETER
RHÔNE
Lyon

Nichts ist entscheidender in Burgund (und anderswo) als die engagierte Verpflichtung zur Qualität und die Kompetenz des Winzers und des Weinbereiters im Weinberg und im Keller. Während schlechte Erzeuger auch in den besten Jahrgängen mittelmäßige Weine hervorbringen, ist ein hervorragender Könner oft in der Lage, die negativen Eigenschaften eines schwierigen Jahrgangs zu überwinden. Ebenso kann ein großer Musigny eines wenig engagierten Erzeugers von einem großartigen *Village*-Wein in den Schatten gestellt werden. Darum ist es unerlässlich, sich die Namen der wenigen Spitzenproduzenten einzuprägen (siehe hierzu die bekanntesten Weinproduzenten Burgunds auf den nächsten Seiten).

Der zweitwichtigste Aspekt ist die Güte des Jahrgangs. Da Burgund sich an der nördlichen Spitze des Gebietes befindet, in dem Pinot Noir und Chardonnay noch gedeihen können, haben Wetterschwankungen einen enormen Einfluss auf die Weine. Während der zwischen dem kalten, nassen Frühling und dem kalten, regnerischen Herbst eingezwängten Wachstumsperiode müssen die Reben mit genügend Sonne, Wasser und Wärme versorgt werden, damit sich die Frucht entwickeln und reifen kann. Spätfröste, Hagel, durch feuchtwarmes Wetter geförderte Krankheiten, übermäßige Regenfälle, Dürreperioden und früh einsetzender Frost, alle diese Aspekte haben einen großen Einfluss auf den Charakter des zukünftigen Weines. Es scheint, dass Burgund jedes Jahr einen Monat vor der Lese vor dem Abgrund steht: Keiner weiß, ob es ein Milleniums-Jahrgang wird oder ob es nur zur Essigproduktion reicht.

Jede Weinbauregion weist aufgrund des Wetters Jahrgangsunterschiede auf. Da jedoch die burgundischen Winzer mit der weltweit schwierigsten und empfindlichsten Rebsorte, dem Pinot Noir, und noch dazu am Rande einer Weinbauregion arbeiten, jenseits deren diese Rebsorte nicht mehr erfolgreich angebaut werden kann, haben Wetterschwankungen hier größere Auswirkungen auf die Weine als anderswo. Das klingt vielleicht, als ob es schwierig sei, einen guten Burgunder zu kaufen, was aber nicht stimmt, ganz im Gegenteil. Da nur wenige Jahrgänge gut sind, brauchen Weinliebhaber sich nur eine kleine Anzahl von guten Jahren einzuprägen (siehe Jahrgangs-Führer auf den nächsten Seiten).

Der drittwichtigste Aspekt bei der Auswahl eines Burgunders ist die potenzielle Qualität der Weinlage. Im Laufe der Jahrhunderte fanden die Burgunder heraus, dass ihre Hanglagen verschiedene Qualitäten und Merkmale zeigten. Daher benannten sie ihre Weine nach den jeweiligen Lagen. 1930 wurde dies von den französischen Behörden offiziell anerkannt und eine erstaunlich präzise, vierstufige Hierarchie geschaffen, die auf den Etiketten aller Burgunder deutlich angegeben werden muss: die »regionalen« Weine (Appellation Bourgogne Contrôlée), die *Village*-Weine, die ihren Heimatort angeben (Appellation Vosne-Romanée Contrôlée zum Beispiel), die Premiers Crus (Appellation Premier Cru Contrôlée) und an der Spitze der Hierarchie die Grands Crus (Appellation Grand Cru Contrôlée). So ist für einen Verbraucher, der einige Informationen über die besten Weingüter und Jahrgänge im Burgund besitzt, klar ersichtlich, wo ein Wein innerhalb dieser Hierarchie angesiedelt ist.

Der größte Fehler, den ein Verbraucher beim Kauf eines Burgunders begehen kann, besteht darin, seine Auswahl nach der Appellation zu treffen. Uninformierte Verbraucher spielen den Händlern von billigen und nichts sagenden Weinen in die Hände, wenn sie nur nach einem Grand Cru (Chambertin, Clos de Vougeot, Bâtard-Montrachet etc.) oder einem Premier Cru Ausschau halten, ohne auf den Namen des Erzeugers zu achten. So muss jegliche Kaufentscheidung unbedingt zuallererst auf der Qualität des Weinproduzenten, dann auf dem Jahrgang und zuletzt auf der potenziellen Qualität des Weinbergs basieren. Nach dieser einfachen Regel lassen sich Burgunder erfolgreich auswählen.

DIE KOMPLEXITÄT DES BURGUNDERS

Wer einen Einblick in die Komplexität des Burgunders gewinnen möchte, sieht sich mit einem Berg von Informationen konfrontiert, die das ganze Unternehmen extrem kompliziert machen (was vielleicht auch eines der anziehenden Merkmale dieser Region ist). Die Weinlagen in Burgund sind seit Napoleon, der das Erstgeburtsrecht abschaffte, extrem fragmentiert. Der Verbraucher, der glaubt, dass stolze und wohlklingende Appellationsbezeichnungen einen Hinweis auf die Qualität geben, erwirbt meistens minderwertige und teure Weine. Das Problem und das Geheimnis des Burgunders lässt sich vielleicht am besten in einer Gegenüberstellung von einigen berühmten Weingärten des Bordelais und einer Hand voll renommierter burgundischer Rebflächen verdeutlichen: Nehmen wir die berühmte Lage St-Julien von Ducru-Beaucaillou im Herzen des Médoc, die etwa 50 Hektar groß ist. Vergleichen wir sie mit ihrem berühmten Nachbarn Château Palmer in Margaux, etwa 15 km weiter südlich, etwa 46 Hektar groß. Jeder, der eine Flasche aus einem bestimmten Jahrgang von Ducru-Beaucaillou oder Palmer kauft, bekommt genau den gleichen Wein. Natürlich kann es passieren, dass dieser beim Transport oder bei der Lagerung ungünstigen Bedingungen unterworfen wurde, aber der Wein, so wie er das Gut verlässt, wurde von einem einzigen Weinbereiter-Team nach einem einzigen Mischrezept bereitet, so dass Geschmack, Textur und Aromaprofil eines bestimmten Jahrgangs von Flasche zu Flasche konstant sind, ganz gleich, ob dieser Wein nun in Paris, Wien, Tokio, New York oder Los Angeles getrunken wird.

Vergleichen wir diese Gegebenheiten nun mit dem berühmten Grand Cru von der Côte de Nuits in Burgund, dem Clos de Vougeot. Clos de Vougeot umfasst 50 Hektar und ist damit genauso groß wie Ducru-Beaucaillou. Während das Bordeaux-Weingut nur einen einzigen Besitzer hat, ist Clos de Vougeot auf über 80 verschiedene Besitzer aufgeteilt. Viele verkaufen ihre Produktion an so genannte *négociants* (Handelshäuser) und von jedem Jahrgang kommen mindestens drei Dutzend Clos de Vougeot auf den Markt. Alle sind berechtigt, den Status eines Grand Cru zu tragen, die Preise pro Flasche variieren von 70–600 Euro und mehr, aber wahrscheinlich sind weniger als ein halbes Dutzend wirklich hervorragende Weine. Die übrigen reichen in der Qualität von sehr gut bis minderwertig. Clos de Vougeot wird oft als ein Mikrokosmos des Burgund bezeichnet: unendlich verwirrend und frustrierend. Und dennoch bringen einige Spitzenproduzenten majestätische Clos de Vougeot hervor.

Betrachten wir auch einmal den berühmtesten Burgunder, den Chambertin: Die 13 Hektar große Anbaufläche ist 1,2 Hektar größer als Château Pétrus, das einen der teuersten Rotweine des gesamten Bordelais produziert. Pétrus hat nur einen einzigen Erzeuger, und in einem bestimmten Jahrgang gibt es nur einen einzigen Wein, der vor der Abfüllung gemischt wird und stets dieselbe Qualität aufweist. Dagegen sind die 13 Hektar Chambertin auf über 24 verschiedene Besitzer verteilt, von denen nur eine Hand voll außerordentlichen Wein produziert. Die meisten Chambertins werden für mehr als 150 Euro pro Flasche verkauft. Dabei sind die meisten nur mittelmäßig.

Dieselbe Situation finden wir in den übrigen großen Burgunder-Lagen. Die 9,7 Hektar große Rebfläche Musigny ist auf 17 Besitzer aufgeteilt. Die berühmte Lage Richebourg hat knapp über 8 Hektar bei *nur* 12 Besitzern (was für Burgund wenig ist). Selbst die größte Weißwein-Lage Burgunds, Montrachet (8 Hektar), teilen sich 15 Besitzer. Nur fünf oder sechs von diesen Besitzern bringen regelmäßig hervorragende Weine hervor, wobei aber alle bei 200–800 Euro und mehr pro Flasche liegen.

Grundwissen Burgund

WEINTYPEN

Diese Weinbaulandschaft von bescheidenen Ausmaßen, im Herzen Frankreichs, drei Autostunden südlich von Paris, gelegen, bringt jährlich im Durchschnitt 22 Millionen Kisten trockener Rot- und Weißweine und geringe Mengen Rosé hervor. Diese Menge entspricht 3% der gesamten Weinproduktion Frankreichs.

Rotwein Die trockenen Burgunder Rotweine kommen von der Côte d'Or, die sich in zwei Bereiche gliedert: die Côte de Nuits im Norden und die Côte de Beaune im Süden. Etwas weiter südlich, an der Côte Chalonnaise, und noch weiter südlich, im Beaujolais und im Mâconnais, werden ebenfalls Rotweine erzeugt.

Weißwein Trockene Weißweine werden in ganz Burgund hergestellt, doch der Hauptanteil der Produktion konzentriert sich auf die Côte de Beaune, die Côte Chalonnaise, auf das Mâconnais und den Norden Burgunds, das Chablis.

REBSORTEN

In Burgund verwendet man hauptsächlich drei Rebsorten. Die roten Burgunder werden aus der Pinot-Noir-Traube, der heikelsten Traube der Welt, gemacht. Obwohl sie als äußerst schwierige Sorte für die Weinherstellung gilt, bringt sie – mit Sorgfalt behandelt – die großen, üppigen, samtigen roten Burgunder der Côte d'Or hervor. Die Gamay-Traube, eine andere viel vertretene Sorte, bildet die Grundlage der saftigen, verschwenderisch fruchtigen, süffigen und unkomplizierten Beaujolais-Weine, und im Verschnitt mit Pinot Noir, des Passetoutgrains. Aus der Chardonnay-Traube, der dritten wichtigen Sorte, entstehen die großen Weißweine des Chablis und der Côte de Beaune, des Mâconnais sowie der Côte Chalonnais. Zu den in kleineren Mengen in Burgund verwendeten Sorten gehören die Aligoté-Traube – sie wird in weniger einladenden Lagen gelesen – sowie die Pinot-Blanc- und die Pinot-Beurrot-Traube, auch Pinot Gris genannt (in winzigen Mengen geerntet).

DUFT- UND GESCHMACKSNOTEN

Unter den günstigsten Bedingungen bringt die Pinot Noir den komplexesten, sinnlichsten und aufregendsten Rotwein der Welt hervor, doch leider erreicht lediglich ein winziger Prozentsatz der Burgunderweine dieses Niveau. Auf dem Gipfel seiner Vollendung ist das Bukett dieses Weines voll von roten Früchten und exotischen Gewürzen, der Geschmack breit gefächert, ausladend, rund, weich und üppig. Großer Burgunder schmeckt immer süßer als Bordeaux und hat eine wesentlich hellere Farbe. Junger Burgunder weist selten einen tieferen Farbton als ein mittleres Kirschrot auf. Der Gamay wird nicht wegen seiner Komplexität getrunken, sondern wegen seiner kräftigen, unmittelbar ansprechenden, reifen, weichen, fleischigen und reichhaltigen Fruchtigkeit und eingängigen Art. Der Chardonnay wartet mit einer reichen Palette von Duft- und Geschmacksnoten auf. Die Skala reicht von steinigen und mineralischen Anklängen mit hohem Säuregehalt beim Chablis über buttrige, rauchige, cremige, dekadent üppige Aromen mit Geschmacksnuancen von gerösteten Mandeln und Haselnüssen bei den großen weißen Burgundern der Côte de Beaune bis zu den erfrischend leichten, blumigen und durstlöschenden Noten in den Weinen des Mâconnais mit ihrem zarten Zitronenton.

ALTERUNGSPOTENZIAL

Offenkundig nirgends in der Weinwelt ist die Frage des Alterungspotenzials so sehr ein Thema wie im Burgund. Jeder einzelne Jahrgang, jeder Produzent und jeder Weinberg haben eine enorme Auswirkung auf die Fähigkeit des Weins zu altern. Ferner sind gute Transport- und Lagerbedingungen entscheidend, wenn man roten oder weißen Burgunder lagern will – was aber für alle Weine gilt.

ROTWEINE

Côte de Nuits: 2–18+ Jahre
Côte de Beaune: 2–15 Jahre
Beaujolais: 1–5+ Jahre

WEISSWEINE

Chablis: 1–10+ Jahre
Côte de Beaune: 4–10+ Jahre
Mâconnais: 1–8+ Jahre

ALLGEMEINES QUALITÄTSNIVEAU

Auf welche Appellation in Burgund man den Blick auch richtet, die Skala der Qualitäten ist einfach enorm: Sie reicht von wässrigen, schlecht und inkompetent bereiteten bis zu majestätischen Weinen mit großem Geschmack und ausladenden Dimensionen. Es werden heute mehr denn jemals zuvor große Weine von Spitzenerzeugern hergestellt; trotzdem steckt Burgund voller gefährlicher Fallgruben für den naiven, unaufgeklärten Weintrinker, zumal die Anzahl der minderwertigen und nichtssagend-mittelmäßigen Weine immer noch die Anzahl der gut bereiteten Weine weit übertrifft, auch wenn ihre Zahl in den vergangenen Jahren auffällig zurückgegangen ist.

DIE BURGUNDISCHE RENAISSANCE

In den 1990er Jahren hat Burgund eine Renaissance erlebt. Die in dieser Region entstandenen Weine sind insgesamt weit besser als früher. Heute gibt es dort mehr erstklassige Produzenten, die Weine höchster Qualität herstellen, als je zuvor. Warum? Hier sind die Gründe:

1. Vom Zulieferer für *négociants* (Weinhändler bzw. -handelshäuser) zur Flaschenabfüllung auf dem Besitztum: Obwohl wir es mit einem sehr alten Gebiet der Weinherstellung zu tun haben, ist die Flaschenabfüllung des Weins auf dem Besitztum ein relativ neues Phänomen. Tatsächlich sind einige der ersten burgundischen Winzer, die mit diesem Verfahren begonnen haben, immer noch aktiv mit der Weinherstellung beschäftigt (Charles Rousseau von Gevrey-Chambertin und der Marquis d'Angerville von Volnay zum Beispiel). In der Vergangenheit pflegten die burgundischen Winzer ihre Trauben zu lesen, zu vergären und dann den Jungwein an *négociants* zu verkaufen, die ihn ausbauten und auf Flaschen abfüllten. Im Laufe der letzten 50 Jahre jedoch sind Hunderte von Winzern – gute wie schlechte – dazu übergegangen, ihre eigenen Weine auf dem eigenen Weingut abzufüllen, statt Zulieferer von *négociants* zu bleiben.

Zwar hat sich dieser Trend in einigen Fällen für die Verbraucher wirklich positiv ausgewirkt (die Weine der großen Winzer wurden nicht mehr mit Weinen geringerer Qualität vermischt, um Händler-Cuvées herzustellen), er hat aber auch zu einer Menge von teuren Weinen schlechter Qualität geführt, die von Weinproduzenten mit wenig oder keiner Erfahrung über Ausbau- und Abfüllungsverfahren hergestellt wurden.

Darüber hinaus richtet sich der Preis, den ein *négociant* für einen Wein bezahlt, nach dessen Appellation und nicht nach der Qualität. Ein schlechter Chambertin wird zum selben Preis wie ein großartiger verkauft. Dieses System bringt jenen Winzern Vorteile, deren Weinberge hohe Erträge abwerfen und nicht denjenigen, die sich dem Ziel verschrieben haben, Weine von hoher Qualität herzustellen. Es dauerte viele Jahre, bis die Produzenten, die von Zulieferanten an Großhändler zu Flaschenabfüllern auf dem Besitztum geworden waren, begriffen hatten, dass man dieses System umkehren musste.

2. Kaufen nach Appellation: Jahrelang fußten die Kaufentscheidungen der Verbraucher, ob sie nun gut oder schlecht informiert waren, auf der Appellation statt auf der Qualität des Weins. Diese Praxis, die durch die burgundische Obsession perpetuiert wurde, alle positiven Eigenschaften des Weins dem *terroir* zuzuschreiben, schuf aufnahmewillige Märkte für mittelmäßige Weine aus Weinlagen oder Dörfern, die in der Presse und anderen Publikationen groß herausgestellt wurden.

3. Isolation: In der Vergangenheit war Burgund äußerst provinzlerisch. Die Winzer tranken nur die Weine, die sie selbst hergestellt hatten, so dass ihnen jede Vergleichsmöglichkeit mit ihren Leistungen fehlte. Einige der abenteuerlustigsten hatten vielleicht einmal die Weine

probiert, die im selben Dorf hergestellt wurden. Ein berühmter Weinmacher aus Chablis erzählte mir, dass er nie einen Wein verkostet hatte, der nicht aus Burgund stammte. Ein anderer sehr bekannter Winzer, diesmal aus Gevrey-Chambertin, gab zu, dass Chambolle-Musigny (in nur einigen Kilometern Entfernung) für ihn quasi Ausland bedeutete; er kannte keinen der dortigen Winzer und hatte niemals ihre Weine verkostet.
Die Arbeit im Weinberg und im Keller lernte der Sohn vom Vater, so wurden Unzulänglichkeiten und Schwächen der Weinbereitung unter dem Deckmantel der Tradition von Generation zu Generation weitergegeben. Die wenigen neuen Techniken, die man im Laufe der Jahre übernahm, waren jene, die geeignet waren, die Qualität der Weine zu mindern (übermäßiges Düngen, Schönen und Filtrieren usw.), statt ihn zu verbessern. Wegen seiner Isolation hat Burgund nicht die revolutionierenden, modernisierenden Wirkungen von Beratern erlebt, die sich die Erzeugung von Weinen hoher Qualität verschrieben haben und die als Katalysatoren zur Erzeugung immer besserer Weine gewirkt und die Produzenten ermutigt haben (Professor Emile Peynaud und Michel Rolland im Bordelais und Tony Soter und Helen Turley in Kalifornien, um nur einige zu nennen). Mitte bis Ende der 1970er Jahre versuchte Guy Accad diese Rolle zu übernehmen. Seine Techniken, zu denen enge Bestockung, Lese nur vollreifer Traubenfrucht, verlängerte Maischung und Gärung mit extrem hohen Dosen von Schwefel gehören, wurden zwar kontrovers diskutiert, aber von einer Reihe von Domainen übernommen. Die Resultate waren freilich gemischt. Accad wurde mit Kritik überhäuft, es hieß, dass seine Weine nicht »typisch« und »traditionell« seien, und heute hat Accad wenige Klienten und sein Einfluss ist unbedeutend – jedenfalls auf dem Gebiet der Weinbereitung.
Renaissance: Eine jüngere Generation hat die Weingüter ihrer Eltern übernommen und die so dringend notwendigen Veränderungen nach Burgund gebracht. Diese Winzer, angeführt von Könnern wie Christophe Roumier, Dominique Lafon, Jean-François Coche and anderen, sind weit gereist, haben die besten Weine verkostet, die weltweit erzeugt werden, tauschen ihre Ideen über die Weinbereitung aus und wetteifern miteinander, die bestmöglichen Weine zu produzieren. In ganz Burgund werden neue Techniken der Weinbergpflege und Vinifikation ausprobiert. Schönen und Filtrieren lehnt man ebenso ab wie die Düngemittel, die man einst zur Erzeugung hoher Erträge einsetzte. Diese Generation, die in Weinfachschulen unterrichtet und in den besten Kellereien geschult wurde, führt Burgund nun auf ein nie erreichtes Qualitätsniveau.

BEWERTUNG DER WINZER, PRODUZENTEN UND *NÉGOCIANTS* IN BURGUND

Wer nicht genau über die besten Winzer und *négociants* informiert ist, wird bei der Auswahl von Burgunderweinen nie großen Erfolg haben. Die penibelsten Produzenten stellen in mittelmäßigen Jahrgängen oft einen besseren Wein her als viele weniger engagierte Weinbauern und Erzeuger in großen Jahrgängen. Die Kenntnis der besten Weinhersteller in Burgund ist fraglos der Schlüssel zum Erfolg, wenn Sie die besten Weine suchen und finden wollen.
Im Folgenden habe ich eine Liste der besten Produzenten roter und weißer Burgunder zusammengestellt. Beständigkeit von Jahr zu Jahr und im Gesamtangebot des jeweiligen Produzenten waren für mich die wichtigsten Kriterien. Dabei sollte nicht vergessen werden, dass viele niedriger eingestufte Hersteller einzelne Weine erzeugen können, die gegenüber ihrer hier angeführten Platzierung qualitativ nach oben abweichen.
Anmerkung: Wenn ein Produzent in zwei Kategorien fällt (***/****), wird er in der niedrigeren eingeordnet.

DIE BESTEN ROTWEINPRODUZENTEN DES BURGUND

***** *(HERVORRAGEND)*

Domaine Marquis d'Angerville (Volnay)
Domaine d'Auvenay (St-Romain)
Domaine Jean Boillot (Volnay) (ab 1997)
Domaine Claude Dugat (Gevrey-Chambertin)*
Domaine Dugat-Py (Gevrey-Chambertin)*
Domaine Robert Groffier (Morey-St-Denis) (ab 1995)*
Domaine Joblot (Givry)
Domaine Michel Lafarge (Volnay)
Domaine des Comtes Lafon (Meursault)
Domaine Leroy (Vosne-Romanée)*
Domaine Hubert Lignier (Morey-St-Denis)
Domaine Denis Mortet (Gevrey-Chambertin) (ab 1995)
Domaine de la Romanée-Conti (Vosne-Romanée)
Domaine Christian Serafin (Gevrey-Chambertin)
Domaine du Comte de Vogüé (Chambolle-Musigny)

**** *(AUSGEZEICHNET)*

Bertrand Ambroise (Prémeaux-Prissey)****/*****
Domaine de l'Arlot (Prémeaux-Prissey)
Domaine Robert Arnoux (Vosne-Romanée)****/*****
Domaine Ghislaine Barthod-Noellat (Chambolle-Musigny)
Bouchard Père et Fils (Beaune) (ab 1995)
Philippe Charlopin (Gevrey-Chambertin)
Domaine Robert Chevillon (Nuits-St-Georges)
Domaine Bruno Clair (Marsannay)
Domaine Jean-Jacques Confuron (Prémeaux-Prissey)****/*****
Domaine Dujac (Morey-St-Denis)
Domaine Maurice Ecard et Fils (Savigny-lès-Beaune)****/*****
Domaine René Engel (Vosne-Romanée)
Domaine Geantet-Pansiot (Gevrey-Chambertin)
Vincent Girardin (Santenay)
Domaine Henri Gouges (Nuits-St-Georges) (ab 1995)
Domaine Jean Grivot (Vosne-Romanée) (ab 1993)****/*****
Domaine Anne Gros (Vosne-Romanée)****/*****
Louis Jadot (Beaune)****/*****
Domaine Jayer-Gilles (Magny-les-Villers)****/*****
Domaine Lécheneaut (Nuits-St-Georges)****/*****
Frédéric Magnien (Morey-St-Denis)****/*****
Domaine Michel Magnien (Morey-St-Denis)****/*****
Domaine Méo-Camuzet (Vosne-Romanée)****/*****
Lucien Le Moine (Beaune)
Domaine Mugneret-Gibourg/Georges Mugneret (Vosne-Romanée) (ab 1995)****/*****
Domaine Jacques-Frédéric Mugnier (Chambolle-Musigny)
Domaine des Perdrix (Prémeaux-Prissey) (ab 1995)
Domaine Henri Perrot-Minot (Morey-St-Denis) (ab 1995)
Domaine Jacques Prieur (Meursault) (ab 1995)
Domaine Jean Raphet (Morey-St-Denis)
Antonin Rodet (Mercurey) (ab 1995 für Cave-Privée-Weine)
Domaine Joseph Roty (Gevrey-Chambertin)
Domaine Emmanuel Rouget (Flagey-Echézeaux)****/*****

* Diese vier Superstar-Domainen verdienen besondere Anerkennung für die spektakulären Weine, die sie in den Jahrgängen 1996, 1997 1998 und 1999 geschaffen haben. Trotz der Schwierigkeiten mit dem 1999er Jahrgang kann jeder Wein dieser Güter aufs Höchste empfohlen werden. Derartige bemerkenswerte Leistungen wären nicht möglich ohne brillante Weinbergpflege und Kellertechnik.

Domaine Georges et Christophe Roumier (Chambolle-Musigny)****/*****
Domaine Armand Rousseau (Gevrey-Chambertin)
Domaine du Clos de Tart (Morey-St-Denis)
Domaine Tollot-Beaut et Fils (Chorey-lès-Beaune)

*** (GUT)

Domaine Pierre Amiot et Fils (Morey-St-Denis)
Domaine Amiot-Servelle (Chambolle-Musigny)***/****
Domaine Arlaud Père et Fils (Nuits-St-Georges)***/****†
Domaine Charles Audoin (Marsannay)
Domaine Xavier Besson (Givry)
Domaine Bitouzet-Prieur (Volnay)
Domaine Simon Bize et Fils (Savigny-lès-Beaune)
Domaine Jean-Yves Bizot (Vosne-Romanée)
Domaine Daniel Bocquenet (Nuits-St-Georges)***/****
Domaine Jean-Marc Boillot (Pommard)***/****
Domaine Reyanne et Pascal Bouley (Volnay)
Domaine Alain Burguet (Gevrey-Chambertin)***/****
Domaine Jacques Cacheux et Fils (Vosne-Romanée)
Domaine Carré-Courbin (Beaune)
Domaine du Château de Chamirey (Mercurey)
Champy (Beaune)
Domaine Chandon de Briailles (Savigny-lès-Beaune)
Domaine Jean Chauvenet (Nuits-St-Georges)
Domaine Chauvenet-Chopin (Nuits-St-Georges)***/****
Domaine Pascal Chevigny (Nuits-St-Georges)***/****
Colin-Deléger (Chassagne-Montrachet)
Domaine Confuron/Cotétidot (Vosne-Romanée)
Domaine Edmond Cornu (Ladoix-Serrigny)
Domaine de Courcel (Pommard)
Domaine Pierre Damoy (Gevrey-Chambertin) (ab 1997)***/****
Domaine Vincent Dancer (Chassagne-Montrachet)
Domaine Marius Delarche (Pernand-Vergelesses)***/****†
Joseph Drouhin (Beaune)
Domaine Jean-Luc Dubois (Chorey-lès-Beaune)
Domaine Dureuil-Janthial (Rully)***/****
Domaine Arnauld Ente (Meursault)
Domaine des Epeneaux (Pommard)***/****
Domaine Didier Erker (Givry)
Fery-Meunier (Nuits-St.-Georges)
Domaine Fontaine-Gagnard (Chassagne-Montrachet)
Domaine Jean-Noël Gagnard (Chassagne-Montrachet)
Alex Gambal (Beaune)***/****
Domaine Jean Garaudet (Pommard)***/****
Domaine Pierre Guillemot (Savigny-lès-Beaune)
Domaine Antonin Guyon (Savigny-lès-Beaune)
Domaine Guyon (Vosne-Romanée)
Domaine Henri Jouan (Morey-St-Denis)
Domaine des Lambrays (Morey-St-Denis) (ab 1995)
Domaine Latour-Giraud (Meursault)
Domaine Philippe Leclerc (Gevrey-Chambertin)***/****
Domaine René Leclerc (Gevrey-Chambertin)***/****
Olivier Leflaive (Puligny-Montrachet)
Domaine Philippe Livera/Domaine des Tilleuils (Gevrey-Chambertin)
Domaine du Château de la Maltroye (Chassagne-Montrachet)
Domaine Joseph Matrot (Meursault)
Domaine Maume (Gevrey-Chambertin)
Domaine du Château de Mercey (Mercurey)
Domaine François Mikulski (Meursault)
Domaine Jean-Marc Millot (Comblanchien)
Domaine Moissenet-Bonnard (Pommard)
Domaine Mongeard-Mugneret (Vosne-Romanée)***/****
Domaine Monthélie-Douhairet (Monthélie) (ab 1995)

Bernard Morey et Fils (Chassagne-Montrachet)***/****
Domaine Albert Morot (Beaune)***/****
Domaine Lucien Muzard et Fils (Santenay)
Domaine Philippe Naddef (Couchey)***/****
Domaine Ponsot (Morey-St.-Denis)
Nicolas Potel (Nuits-St.-Georges)***/****
Domaine de la Pousse d'Or (Volnay) (ab 1997)
Domaine Ramonet (Chassagne-Montrachet)
Domaine Henri Remoriquet (Nuits-St-Georges)
Domaine Armelle et Bernard Rion (Vosne-Romanée)
Domaine Daniel Rion (Nuits-St-Georges)***/****
Domaine Rossignol (Rossignol-Jenniard) (Volnay)
Domaine du Château de Rully (Rully)
Domaine Jean Tardy (Vosne-Romanée)
Domaine Jean et J. L. Trapet (Gevrey-Chambertin) (ab 1995)***/****
Domaine A. & P. de Villaine (Bouzeron)
Domaine Christophe Violot-Guillemard (Pommard)
Domaine Thierry Violot-Guillemard (Pommard)
Domaine Joseph Voillot (Volnay)***/****

*** (DURCHSCHNITTLICH)*

Domaine Guy Amiot et Fils (Chassagne-Montrachet)**/***
Domaine Jean-Claude Belland (Santenay)**/***
Domaine Bertagna (Vougeot)**/***
Domaine Lucien Boillot et Fils (Gevrey-Chambertin)
Domaine Bonneau du Martray (Pernand-Vergelesses)**/***
Domaine Borgeot (Remigny)**/***
Domaine Jean-Marc Bouley (Volnay)**/***
Bourée Père et Fils (Gevrey-Chambertin)
Domaine Philippe Brenot (Santenay)**/***
Domaine du Manoir de la Bressandière (Pommard)
Domaine Lucien Camus-Brochon (Savigny-lès-Beaune)**/***†
Chartron et Trébuchet (Puligny-Montrachet)
Domaine Marc Colin (St-Aubin/Gamay)**/***
Alain Corcia Selections (Savigny-lès-Beaune)
Domaine du Château de Cray
Domaine Henri Delagrange et Fils (Volnay)
Domaine Bruno Desaunay-Bissey (Flagey-Echézeaux)**/***
Domaine de la Ferté (Givry)**/***
Domaine Jean-Philippe Fichet (Meursault)**/***
Domaine Forey Père et Fils (Vosne-Romanée)
Domaine Génot-Boulanger (Meursault)**/***
Machard de Gramont (Nuits-St-Georges)**/***
Domaine Rémi Jobard (Meursault)**/***
Labouré-Roi (Nuits-St.-Georges)
Domaine René Lamy-Pillot (Chassagne-Montrachet)
Louis Latour (Beaune)**/***
Domaine Aleth Leroyer-Girardin (Pommard)
Domaine Georges Lignier (Morey-St-Denis)**/***
Domaine Prince Florent de Mérode (Ladoix-Serrigny)
Domaine du Château de Monthélie (Monthélie)
Domaine Jean-Marc Morey (Chassagne-Montrachet)
Domaine Pierre Morey (Meursault)
Domaine Denis Mugneret (Vosne-Romanée)
Domaine Fernand et Laurent Pillot (Chassagne-Montrachet)
Jean Pillot (Chassagne-Montrachet)
Domaine de la Poulette (Corgoloin)
Domaine du Château de Prémeaux (Prémeaux-Prissey)
Domaine Roland Rapet (Pernand-Vergelesses)**/***
Domaine Jean-Claude Rateau (Beaune)**/***

Domaine Henri Rebourseau (Gevrey-Chambertin)
Domaine Philippe Rossignol (Gevrey-Chambertin)
Domaine Rossignol-Trapet (Gevrey-Chambertin)**/***
Domaine Laurent Roumier (Chambolle-Musigny)**/***
Domaine Saint Martin**/***
Domaine Jacky Truchot (Morey-St-Denis)**/***
Domaine des Varoilles (Gevrey-Chambertin)**/***
Domaine Virot (Mercurey)*/**

DIE BESTEN WEISSWEINPRODUZENTEN DES BURGUND

****** (HERVORRAGEND)*

Domaine d'Auvenay (St-Romain)
Domaine Daniel Barraud (Vergisson)
Domaine Jean Boillot (Volnay)
Henri Boillot (Meursault)
Domaine Bongran/Jean Thevenet (Quintaine)
Domaine Jean-François Coche-Dury (Meursault)
Domaine Cordier et Fils (Fuissé)
Domaine René et Vincent Dauvissat (Chablis)
Domaine Guffens-Heynen (Vergisson)
Domaine des Comtes Lafon (Meursault)
Domaine Leflaive (Puligny-Montrachet)
Domaine Leroy (Vosne-Romanée)
Bernard Morey (Chassagne-Montrachet)
Domaine Michel Niellon (Chassagne-Montrachet)
Domaine François et Jean-Marie Raveneau (Chablis)
Domaine de la Romanée-Conti (Vosne-Romanée)
Etienne Sauzet (Puligny-Montrachet)
Verget (Sologny)

***** (AUSGEZEICHNET)*

Bertrand Ambroise (Prémeaux-Prissey)****/*****
Domaine Guy Amiot et Fils (Chassagne-Montrachet)
Domaine Billaud-Simon (Chablis)
Domaine Blain-Gagnard (Chassagne-Montrachet)
Jean-Marc Boillot (Pommard)
Bouchard Père et Fils (Beaune) (ab 1995)
Domaine Louis Carillon (Puligny-Montrachet)****/*****
Domaine Bruno Clair (Marsannay)
Domaine Marc Colin (Gamay-St-Aubin)
Colin-Deléger (Chassagne-Montrachet)****/*****
Domaine Marius Delarche (Pernand-Vergelesses)
Domaine Jean-Paul Droin (Chablis)
Joseph Drouhin (Beaune)
Domaine Vincent Dureuil-Janthial (Rully)
Domaine Arnauld Ente (Meursault)
Domaine Fontaine-Gagnard (Chassagne-Montrachet)
Domaine Jean-Noël Gagnard (Chassagne-Montrachet)
Vincent Girardin (Santenay)
Domaine Guillemot-Michel (Quintaine)****/*****
Louis Jadot (Beaune)
Domaine Patrick Javillier (Meursault)****/*****
Domaine François Jobard (Meursault)
Domaine Rémi Jobard (Meursault)****/*****
Domaine Roger Lassarat (Vergisson)
Louis Latour (Beaune)
Domaine du Duc de Magenta (Louis Jadot) (Chassagne-Montrachet)
Domaine Louis Michel et Fils (Chablis)
Domaine François Mikulski (Meursault)
Marc Morey (Chassagne-Montrachet)
Domaine Jacques Prieur (Meursault) (ab 1995)
Domaine du Château de Puligny-Montrachet (Puligny-Montrachet)****/*****
Domaine Ramonet (Chassagne-Montrachet)
Jean Rijckaert (Leynes)
Domaine Robert-Denogent (Fuissé)

Antonin Rodet (Mercurey) (ab 1995 für Cave-Privée-Weine)
Domaine Guy Roulot (Meursault)
Domaine Georges et Christophe Roumier (Chambolle-Musigny)
Domaine Tollot-Beaut (Chorey-Beaune)
Domaine Valette (Vinzelles)****/*****

*** (GUT)

Domaine de l'Arlot (Prémeaux-Prissey)***/****
Domaine Comte Armand (Pommard)
Domaine Barat (Chablis)
Domaine Jean-Claude Belland (Santenay)
Domaine Bitouzet-Prieur (Volnay)
Domaine Simon Bize (Savigny-lès-Beaune)
Domaine Etienne Boileau/Domaine du Chardonnay (Chablis)***/****
Domaine Bonneau du Martray (Pernand-Vergelesses)
Domaine Boyer-Martenot (Meursault)***/****
Domaine Brintet (Mercurey)
Domaine Caillot (Meursault)
Domaine du Château de Chamirey (Mercurey)
Domaine Chandon de Briailles (Savigny-lès-Beaune)
Chartron et Trébuchet (Puligny-Montrachet)***/****
Domaine Alain Coche-Bizouard (Meursault)***/****
Domaine Bernard Defaix (Milly-Chablis)
Domaine des Deux Roches (St-Véran)
Druid (Morey-St-Denis)
Georges Dubœuf (Romanèche-Thorins)
Domaine Maurice Ecard (Savigny-lès-Beaune)
Domaine Jean-Philippe Fichet (Meursault)***/****
Domaine du Château Génot-Boulanger (Meursault)***/****
Domaine des Gerbeaux (Solutré)
Domaine Emilian Gillet/Jean Thevenet (Quintaine)***/****
Domaine Henri Gouges (Nuits-St-Georges)***/****
Domaine Antonin Guyon (Savigny-lès-Beaune)
Domaine Thierry Hamelin (Lignorelles-Chablis)
Domaine Jayer-Gilles (Magny-les-Villers)***/****
Domaine Joblot (Givry)***/****
Laroche (Chablis)***/****
Domaine Latour-Giraud (Meursault)***/****
Olivier Leflaive (Puligny-Montrachet)***/****
Domaine du Château de la Maltroye (Chassagne-Montrachet)
Domaine Manciat-Poncet (Charnay-les-Mâcon)
Domaines Joseph/Pierre/Thierry Matrot (Meursault)***/****
Domaine du Château de Mercey (Mercurey)
Olivier Merlin (La Roche Vineuse)***/****
Domaine de Montille (Meursault)***/****
Domaine Alice et Olivier de Moor (Chablis)***/****
Bernard Moreau (Chassagne-Montrachet)
Jean-Marc Morey (Chassagne-Montrachet)
Domaine Pierre Morey (Meursault)***/****
Morey-Blanc (Meursault)
Domaine du Clos Noly (Mâconnais)
Domaine de Perraud (St-Véran)***/****
Jean Pillot (Chassagne-Montrachet)
Paul Pillot (Chassagne-Montrachet)
Domaine Denis Pommier (Poinchy-Chablis)
Domaine Rapet Père et Fils (Pernand-Vergelesses)
Domaine de Château de Rully (Rully)
Domaine Francine et Olivier Savary (Maligny-Chablis)
Domaine de Vauroux (Chablis)
Domaine des Vieilles Pierres (St-Véran)
Domaine A. P. de Villaine (Bouzeron)
Domaine Robert Vocoret et Fils (Chablis)

*** (DURCHSCHNITTLICH)*

Domaine Bachelet-Ramonet (Chassagne-Montrachet)
Domaine Bertagna**/***
Domaine Borgeot (Remigny)**/***
Domaine Philippe Brenot (Santenay)**/***
Domaine Sylvain Bzikot (Puligny-Montrachet)**/***
Domaine Pascal Chevigny (Nuits-St-Georges)**/***
Domaine Condemine (Mâconnais)**/***
Alain Corcia Selections (Savigny-lès-Beaune)**/***
Domaine Jean-Luc Dubois (Chorey-lès-Beaune)**/***
Domaine Michel Dupont-Fahn (Meursault)
Domaine René Fleurot-Larose (Santenay)
Domaine Ghislaine et Jean-Hughes Goisot (St-Bris-Le-Vineux)**/***
Labouré-Roi (Nuits-St-Georges)
Lamy-Pillot (Santenay)
Domaine de Legères (Mâconnais)**/***
Méo-Camuzet (Vosne-Romanée)**/***
Domaine Mestre Père et Fils (Santenay)**/***
Château de Meursault (Meursault)
Domaine Michelot (Meursault)
Domaine Ponsot (Morey-St.-Denis)**/***
Domaine Jean-Claude Rateau (Beaune)**/***
Domaine du Château de Rontets (Fuissé)**/***
Domaine Philippe Rossignol (Nuits-St-Georges)**/***
Domaine Thomas (Prissé)**/***
Domaine Christophe Viollot-Guillemard (Pommard)**/***

JÜNGERE JAHRGÄNGE

2000 – Eine generelle Einschätzung der Qualität der weißen Burgunder aus dem Jahrgang 2000 ist eine besonders schwierige Aufgabe, da sie sich in zwei sehr unterschiedliche Gruppen aufteilen lassen. Am negativen Pol des Spektrums ergab ein Teil der Ernte Weine, die unangenehm rau und zitronenhaft sind. Am positiven Ende sind viele üppige, blumige Weine voller Geschmacksnuancen von weißen Früchten zu finden. Die Qualität der ersten Gruppe reicht von minderwertig bis überdurchschnittlich, die zweite von ausgezeichnet bis hervorragend. 1999 bietet viele gute, sehr gute und ausgezeichnete Weine, allerdings nur wenige Spitzenweine, während die 2000er enttäuschend uneinheitlich sind. Wie so oft in der Welt des Weins bot der Jahrgang den Produzenten die Möglichkeit, Spitzenweine zu erzeugen. Einzig die Wahl des Erntetermins bestimmte, ob der Wein gelungen war oder nicht. 2000 wies eine perfekte (d.h. ausgiebige und blitzschnelle) Blütenbildung und eine Wachstumsperiode auf, in der sich Regen und Sonnenschein abwechselten: perfekte Bedingungen für die Produktion von großen Mengen an Wein. Einige der besten Bordelaiser Winzer, darunter so illustre Persönlichkeiten wie Dominique Lafon und Jean-François Coche, behaupten, dass sie noch nie so viel Mühe aufgewendet hätten, um die Erträge zu begrenzen, allerdings ohne Erfolg.

Statistisch gesehen hat die Rekordlese 1999 mehr Wein hervorgebracht als 2000, aber wie es heißt, gibt es »Lügner, üble Lügner und Statistiken«. Die meisten Produzenten gaben bereitwillig zu, dass ihre Rebstöcke genau so viel produziert hatten wie 1999. Aufgrund der Unnachgiebigkeit seitens des *Institut National des Appellations d'Origine* (INAO, die französische Behörde zur Überwachung der Appellationen und weinrechtlichen Bestimmungen) ließen die Winzer entweder Trauben hängen oder schickten, wie es das Gesetz vorschreibt, den Überschuss in die staatlichen Destillerien. Im Gegensatz zu 1999 lehnte das INAO den Antrag der burgundischen Winzer auf 40% PLC ab (*Plafond Limite de Classement*, d.h. der Prozentsatz, um den die höchstzulässige Erntemenge in einem bestimmten Jahrgang überschritten werden darf) und genehmigte nur 20%.

Am Montag, dem 11. September 2000 konnte man offiziell mit der Lese beginnen, aber gewissenhafte Winzer sagten mir: »Die Trauben waren nicht reif.« Am Abend des 12. und am Morgen des 13. fegte ein unvorhersehbarer Sturm über die Côte Chalonnaise und die Côte de Beaune hinweg und brachte gewaltige Mengen Regen mit sich (besonders für Santenay und Pommard). Um die nervliche Anspannung der Winzer noch zu erhöhen, hagelte es sogar in Rully, Meursault, Volnay und Savigny-lès-Beaune. Immerhin war der Sturm flächenmäßig sehr begrenzt. Lafon zum Beispiel schlief während des Sturms, da in der Umgebung von Meursault, wo er wohnt, überhaupt nichts vom Unwetter zu spüren war. Er wusste auch nicht, dass es seinen Volnay Santenots erwischt hatte, und erfuhr es erst telefonisch durch einen Kollegen. Ein paar Kilometer weiter hatte die Familie Muzard in Santenay 770 Kubikmeter Schlamm in ihren Kellern. Es überrascht niemanden, wenn die große Mehrheit der Winzer behauptet, dass der Sturm »keinerlei Auswirkungen« auf die Qualität ihrer Weine hatte. Pikanterweise erklärten diejenigen, die keinen Rotwein produzieren, dass der Pinot Noir »schwerstens betroffen war«. Einige Weißwein-Produzenten ließen verlauten, dass ihre Weine konzentrierter ausgefallen wären, wenn nicht so viel Regen gefallen wäre.

Wie dem auch sei: die entscheidende Auswirkung des Sturms auf die 2000er Weißburgunder war, dass viele Winzer früher ernteten, als sie es hätten tun sollen. Sobald sich der Himmel am 13. und 14. September aufklarte, wollte jeder so schnell wie möglich seine Trauben einholen. Die Rotwein-Produzenten begannen mit ihrem Pinot Noir, weil die Fäule sich wie ein Lauffeuer in diesen Weinbergen ausbreitete. Die Weißweine aus Trauben, die unmittelbar nach dem Sturm gelesen wurden, schmecken unreif. Sie haben schrille, raue und zitronenhafte Säure, keinen Charme und auch nur wenig Frucht. Die später gelesenen – entweder weil der Winzer den Mut besaß, abzuwarten oder weil er mit der Lese der roten Trauben beschäftigt war – haben Fleisch, Ausgewogenheit und eine anziehende, mit weißen Früchten angefüllte Persönlichkeit. Was man in diesen Jahrgängen oft vermisst, ist das Gefühl von Komplettheit: Tiefe, Konzentration und jene gehaltvolle, weinige Art, die einen weißen Burgunder so sublim machen kann. Die besten 2000er werden in den nächsten 5–10 Jahren erhebliches Vergnügen bereiten, aber nur in seltenen Fällen gut altern, weil es ihnen an der Dichte der Frucht fehlt, die für eine längere Reifung unerlässlich ist.

Die 2000er Spitzen-Weißweine von der Côte de Beaune sind fraglos besser als die besten 1999er, die einfacheren Weine sind allerdings schlechter als ihr 1999er Gegenstück. Die besten 2000er Weißburgunder lassen sich am treffendsten beschreiben als ein 1992 mit weniger Dichte; die schlechtesten ähneln den 1991ern mit einem zusätzlichen Spritzer Zitronensaft. Im Mâconnais behält der 1999er qualitativ die Oberhand, doch wurden auch 2000 einige spektakuläre, Maßstäbe setzende Weine bereitet. Weinliebhaber tun gut daran, nach Weinen der Spitzen-Produzenten des Mâconnais zu suchen (Barraud, Bongran/Gillet, Cordier, Guffens, Guillemot-Michel, Lassarat, Merlin, Rijckaert, Valette, Verget etc.), da sie hier für ihr Geld einen guten Gegenwert bekommen.

Als dieser Weinführer in Druck ging, waren nur wenige 2000er rote Burgunder verkostet worden, es ist jedoch schon jetzt klar, dass 2000 kein guter Jahrgang für die Côte de Beaune war. Die Côte de Nuits scheint dagegen besser abgeschnitten zu haben.

1999 – Der Jahrgang 1999 in Burgund war einer der ergiebigsten aller Zeiten. Er brachte viele gute, sehr gute und ausgezeichnete Weißweine hervor, allerdings nicht viele sensationelle Tropfen. Meist sind sie harmonisch, weich, gefällig und zum baldigen Trinkgenuss bestimmt. 1998 begünstigte das Wetter eher niedrige Ernten und Weine von durchschnittlicher Qualität, während 1999 die burgundischen Keller vor Wein überflossen.

Auf eine schnelle, frühe und äußerst produktive Blütenbildung folgten ideale Wetterbedingungen für das Wachstum der Pflanzen. Wärme, strahlender Sonnenschein und Regen im Wechsel führten zu einem explosionsartigen Wachstum, angefangen von den ersten Trieben bis zu einer trockenen Phase im August. Die Quasi-Dürre im August führte zu Wasserstress bei denjenigen Reben, die in bodenarmen Hanglagen standen. Am Ende der ersten Septemberwoche fiel gerade genug Regen, um die Fotosynthese wieder in Gang zu setzen, die während der Quasi-Dürre fast zum Erliegen gekommen war. Dann folgte ideales Wetter, das zu einer frühen Lese führte (die Winzer der Côte de Beaune durften am 15. September mit der Lese beginnen). Wolkenverhangener Himmel und abendliche Regenfälle (meistens kontinuierlicher Sprühregen, mit Ausnahme des heftigen Sturms am 19.) sorgten für eine nasse, aber erträgliche Lese. Für die mutigen Winzer, die die physiologische Reife abwarten wollten, gab es jedoch ab dem 23. und in den folgenden Tagen und Wochen immer wiederkehrende größere Regenfälle. Trotz allem behauptete fast jeder Winzer, dass die Trauben äußerst gesund waren.

Die ungemein gute Blütenbildung 1999 garantierte eine ertragreiche Ernte. Die französische Gesetzgebung besagt, dass sich jede Appellation an eine höchstzulässige Ertragsmenge halten muss (*rendement de base*). Auf Antrag der Winzergenossenschaften kann jedoch vom INAO (*Institut National des Appellations d'Origine*, der Aufsichtsbehörde der französischen Appellationen) ein PLC genehmigt werden (*plafond limite de classement*, der Prozentsatz der genehmigten erhöhten Produktion in einem bestimmten Jahr). Generell liegt dieser PLC bei 10–20%, 1999 genehmigte das INAO jedoch zwei Monate *nach* der Ernte 40% PLC.

Als die Erntezeit näher rückte, wussten die Winzer, dass ihre Erträge äußerst hoch sein würden und dass später wieder ein enormer PLC genehmigt würde. Die Jahrgangsstatistiken der französischen Behörden basieren auf der Menge des Weines, der von den Winzern als »produziert« gemeldet wird, und nicht auf der im Weinberg vorhandenen Traubenmenge. Daher werden aussortierte oder nicht geerntete Trauben nicht berücksichtigt. 1999 lagen die Erträge immer noch weit über der zulässigen Grenze, was dazu führte, dass Weine verstärkt auf dem Schwarzmarkt abgesetzt wurden. Die Weine wurden entweder vor den Behörden versteckt, weil sie gegen Bargeld direkt an den Verbraucher verkauft wurden oder sie flossen einfach in den nächsten weniger ertragreichen Jahrgang ein. Eine weitere Möglichkeit war, viele Parzellen gar nicht zu lesen oder die Trauben wegzuwerfen (ein Makler erzählte mir von Warteschlangen traubenbeladener Karren vor der örtlichen Mülldeponie). Die Winzer, die eine Überproduktion zuließen, mussten den Wein, der die genehmigte Grenze überschritt, in den staatlichen Destillerien abliefern.

Offensichtlich brachte 1999 beträchtliche Mengen an Wein hervor, aber ist er auch gut? Ja, die 1999er Weißburgunder sind oft gut und manchmal auch ausgezeichnet. Allerdings sind nur sehr wenige außergewöhnlich gut. Insgesamt kann man die 1999er als weiche, geschmeidige Weine charakterisieren, die in ihrer üppigen Persönlichkeit keinerlei Kanten aufweisen. »Harmonisch« ist ein Wort, das in meinem Notizbuch oft auftaucht. Viel zu viele 1998er waren eckig und kantig, da war es eine Freude, den 1999ern zu begegnen. Ein weiterer Begriff, der oft in meinen Notizen auftaucht, ist »kissenweich«. Ich habe diesen Begriff ausgewählt, um die weichen, runden, flockigen Weine zu beschreiben, denen es an der für einen großartigen Wein erforderlichen Struktur und Tiefe fehlte, die aber aufgrund ihrer behaglichen, mollig weichen Textur ungemein anziehend waren.

Weine mit großen Mengen an Konzentration, Struktur bzw. Tiefe sind 1999 eine Seltenheit. Die besten Winzer waren in der Lage, diese Merkmale in einigen Weinen auf ein ausgezeichnetes bis hervorragendes Niveau auszubauen, insbesondere bei Weinen von reichhaltigen Böden, die der August-Dürre mit Hilfe ihrer Wasserreserven trotzen konnten (der Meursault Charmes lag bei vielen Verkostungen vorne). Dieser Mangel an Tiefe der Frucht bedeutet, dass »äußere« Einflüsse wie Eichenholz und Schwefel sehr deutliche Spuren in den Weinen hinterlassen. Viele Önologen befürchteten, dass die Weine nicht genügend Säure hatten, und erhöhten noch die empfohlenen Dosen Schwefel, zum Schaden der Weine.

Die 1999er wurden nur selten chaptalisiert (d.h. es wurde nur selten während der Gärung Zucker zugesetzt, um den potenziellen Alkoholgehalt zu erhöhen), da sie generell einen hohen natürlichen potenziellen Alkoholgehalt aufwiesen. Zucker ist aber nur eine Maßeinheit für Reife. Um volle phenolische Reife zu erreichen, müssen Haut, Fleisch und Kerne der Traube reif sein. Viele 1999er vermitteln den Eindruck, dass ihnen echte Reife fehlt, was höchstwahrscheinlich auf die übergroße Traubenlast und den Wasserstress zurückzuführen ist, unter dem viele Reben im August litten. Zu spüren war dies in dem großen Prozentsatz von Weinen, die sich eingangs im Mund und am mittleren Gaumen anziehend zeigten, denen aber ausdrucksvolle Buketts fehlten und die einen trockenen, kreidigen Abgang hatten.

Die überwältigende Mehrheit der 1999er weißen Burgunder schmeckt frisch, lebendig und gut ausgewogen. Sie sind generell gefällige, vergnügliche und weiche Weine, ohne überwältigende Aromen, Geschmackskomponenten oder Komplexität. Zwei Lagen haben sich als Quelle für besonders gute 1999er hervorgetan: der zuvor erwähnte Meursault Charmes und Montrachet. Die 1999er weißen Burgunder (mit wenigen Ausnahmen) haben nicht die nötige Tiefe und Konzentration oder Substanz für eine längere Kellerreifung. Fast alle können sofort nach der Freigabe und in den folgenden Jahren getrunken werden.

1998 – Insgesamt gesehen ist 1998 ein durchschnittliches bis minderwertiges Jahr für den weißen Burgunder. Qualitativ kann es mit 1995, 1996 und 1997 nicht mithalten. Die Region hatte arg unter Kälte, Frost, Hagel, sengender Hitze und Regen gelitten. Zwar schafften es einige wenige talentierte Weinmacher, gute bis ausgezeichnete Weine zu produzieren (manche bereiteten sogar hervorragende Tropfen), aber sie blieben eine Ausnahme. Kurz gesagt, wenn Sie mit dem Gedanken spielen, 1998er weiße Burgunder zu kaufen, sollten Sie sehr vorsichtig sein.

Zum ersten Mal seit vielen, vielen Jahren wurden die Premier-Cru- und Grand-Cru-Hanglagen vom Frost heimgesucht (manche sagen, dass es 1945 auch der Fall gewesen sei), während die weniger berühmten Lagen verschont blieben. Viele Spitzenlagen der Côte de Beaune, Côte Chalonnaise und des Mâconnais wiesen erhebliche Frostschäden auf, wobei der Meursault allerdings am schwersten betroffen war (einige Winzer berichteten von 70% Ernteausfall an manchen Stellen). Daraufhin trieben viele Chardonnay-Reben neu aus, weniger ertragreiche Zweittriebe. Weitere Fröste wurden gemeldet, vor allem im Mai, aber keiner fügte den Reben so starken Schaden zu wie der Mitte April eingetretene Frost.

Die Blüteperiode war lang und ungleichmäßig. Manche Winzer sagen, sie habe 16 Tage und mehr gedauert. Da die Trauben, die aus der Bestäubung der Blüten entstehen, die Tendenz haben, sich jeweils im gleichen Rhythmus auszubilden und zu reifen (eine Bauernweisheit besagt, dass die Lese mindestens 100 Tage nach der Blüteperiode stattfinden sollte), sind lange Blüteperioden nie ein gutes Zeichen. 1998 reiften die Früchte, die aus den ersten Blüten hervorgegangen waren, mit einem Vorsprung von 16 Tagen vor den Früchten aus den letzten Blüten, was zu einer ungleichmäßigen Reife sogar innerhalb einer Parzelle führte. Hagel Ende April, im Mai (besonders im Mâconnais und Chablis) und im Juli verursachte weitere Schäden an Reben und Trauben.

Der Mehltau war 1998 ein ständiges Problem. Diese Pilzkrankheit befällt die grünen Teile der Rebe und kann die Erträge mindern und das Aroma und den Geschmack verfälschen, wenn die befallenen Büschel nicht bei der Lese aussortiert werden. Dieser Pilz stammt aus Nordamerika und wurde 1847 zum ersten Mal in Frankreich entdeckt, 20 Jahre bevor die Reblaus, auch ein amerikanischer »Exportartikel«, die europäischen Weinberge vernichtete. Mehltau wird normalerweise mit Schwefel behandelt und stellt für den Pinot Noir eine geringere Bedrohung dar als für den Chardonnay (1998 waren allerdings beide Rebsorten befallen). Ständige Überwachung war nötig und die Schwefelbehandlungen mussten manchmal alle sieben oder acht Tage wiederholt werden. 1992, als die Krankheit zuletzt größere Ausmaße angenommen hatte, war sie leicht unter Kontrolle zu bringen gewesen und konnte mit Schwefel auskuriert werden. 1998 dagegen flammte sie laut Matrot immer wieder auf. Von Mehltau befallene Trauben sind bei der Lese oft gefleckt und können von gewissenhaften Winzern aussortiert werden. Wenn jedoch alle Trauben einer Parzelle betroffen sind, oder wenn die Erträge sowieso schon niedrig sind, sei es durch Frost oder Hagel, ist die Motivation für ein so radikales Aussortieren nicht sehr groß. Interessanterweise litten die Reben, die am schwersten von Frost und Hagel betroffen waren (d.h. die besseren

Premiers-Crus- und Grands-Crus-Hanglagen) am meisten unter dem Mehltau. Viele Winzer erklärten dies damit, dass die Abwehrkräfte dieser gestressten Reben vermindert und sie daher anfälliger für Krankheiten waren.

Und als ob Frost, Hagel und unaufhörlicher Mehltaubefall nicht genug gewesen wären, war der Monat August 1998 der heißeste und trockenste seit 1947. Viele Reben, besonders diejenigen in jungen oder ungepflügten Parzellen (die noch keine tief reichenden Wurzeln hatten), gingen zum Selbstschutz in einen Ruhezustand über. Sehr viele Trauben in Süd- und Ostlagen wurden buchstäblich von der Sonne versengt (gewissenhafte Winzer sortierten sie entweder direkt im Weinberg oder auf dem Sortiertisch aus). Versengte Trauben können das Aroma und den Geschmack verfälschen, wenn sie nicht vor der Gärung aussortiert werden.

Aber die Natur hielt noch weitere Strafen für die Burgunder bereit: Ende August und Anfang September regnete es zwei bis drei Wochen lang. Zwar brauchten viele Reben Regen, um den Reifungsprozess wieder in Gang zu bringen, aber niemand hatte sich diese sintflutartigen Wassermassen gewünscht, die nun die Region überschwemmten. Ehrliche Winzer gaben zu, dass sich Fäulnis auf den Trauben bildete. Einige meinten, sie seien von *Botrytis cinerea* befallen, auch als Edelfäule oder *pourriture noble* bekannt, während andere von weniger bemerkenswerten Pilzen sprachen. (»Nennen wir das einfach *pourriture bourgeoise*«, sagte Jean-Marie Guffens von der Maison Verget und der Domaine Guffens-Heynen.) Der Regen hörte am 17. September auf und kehrte als heftiges Gewitter am 26. mächtig zurück. Diese 9-tägige sonnige, trockene und windige Periode wurde von den Winzern als »*la fenêtre de beau temps*« (das Gute-Wetter-Fenster) bezeichnet, das den Jahrgang gerettet habe. In dieser Zeit fand die Lese im Mâconnais, an der Côte Chalonnaise und an der Côte de Beaune statt. Im Chablis, einer nördlicher gelegenen Region, wurde im Regen gelesen, der diesem »Fenster« folgte.

Die gelungensten 1998er weißen Burgunder sind diejenigen, die nicht die Merkmale des Jahrgangs widerspiegeln. Dieser Jahrgang lässt sich kaum lieben, da die große Mehrheit der Weine weder reichhaltig, reintönig, harmonisch, fruchtig noch elegant sind. Auch reflektieren sie, wie bereits erwähnt, nicht die Charakteristika ihres *terroirs*. Schrille Säure, kurzer trockener Abgang, hohler bzw. verdünnter Kern, Oxidation, übermäßige Schwefelung und/oder verfälschte Aromen und Geschmacksnuancen finden sich in vielen 1998ern. In diesem »verkehrten Jahrgang«, wie Lafon ihn nannte, stammen die besten Weine oft von geringerwertigen Lagen und aus hohen Erträgen. Der gewaltig durch den Frost geschädigte Streifen der Premier-Cru- und Grand-Cru-Hanglagen war sehr anfällig für Mehltau. Diese Lagen scheinen auch mehr unter der Augusthitze bzw. -dürre (mit zunehmender Höhe am Hang ist der Grundwasserspiegel weiter entfernt) und unter den verdünnenden Auswirkungen der Regenfälle vor der Lese gelitten zu haben als die Lagen im Flachland. Außerdem ernteten viele Winzer ihre Prestige-Rebflächen vor den einfacheren Parzellen, weil sie befürchteten, dass der Regen erneut einsetzen könnte. Dies hat oft dazu geführt, dass die Premiers und Grands Crus weniger reif waren als die Weine mit *Village*- oder regionaler Appellation.

Die Weine, die aus den am meisten durch Frost, Hagel, Mehltau und sengende Hitze gestressten Reben bereitet wurden, sind oft ungefüge, eckig und zeigen grelle Säure. Laboranalysen zufolge war der generelle Säuregehalt in den 1998er weißen Burgundern nicht hoch (leicht unterdurchschnittlich in manchen Weinen), aber der Mangel an stützender Frucht lässt die Säure bei vielen Premiers Crus und Grands Crus ganz deutlich hervortreten.

Die Weißwein produzierenden Rebflächen, die am meisten von Frost, Mehltau, Dürre und sengender Hitze in Mitleidenschaft gezogen waren, liegen auf einem Streifen 240 m über dem Meeresspiegel und beinhalten den ganzen oder einen Teil von praktisch jedem Premier Cru in Meursault (dem am meisten betroffenen Ort) sowie viele der berühmtesten *Village*-Appellationen, darunter Narvaux, Tillets, Tessons und Vireuils. Puligny-Montrachet wurde nicht verschont, wobei sich der Schaden hauptsächlich auf die Premiers Crus Les Folatières,

Champs-Gain, Garenne, Combettes, Truffière und Champs-Canet konzentrierte. Auch Teile des Chevalier-Montrachet (ein Grand Cru) waren betroffen. Der Chassagne-Montrachet blieb größtenteils verschont (und brachte folglich einige der besten 1998er Côtes de Beaune hervor), aber manche Premiers Crus (darunter Vergers, Chaumées und Virondots) erlitten ebenfalls Frostschäden. Die Côte de Beaune-Lagen, die 1998 am erfolgreichsten waren, sind diejenigen, die sich zum einen auf ebenem oder fast ebenem Boden befinden und zum anderen eine dicke, wasserspeichernde Erdschicht aufweisen. Weine aus Montrachet, Bienvenue-Bâtard-Montrachet, Puligny-Montrachet Enseignères und Chassagne-Montrachet Morgeot fallen bei Verkostungen generell hervorragend aus. Nach alledem bleibt es dabei, dass die Trauben nicht ihre physiologische Reife erreichen konnten und es den Weinen generell an Frucht mangelt.

Die Preise der 1998er weißen Burgunder basieren auf der verstärkten weltweiten Nachfrage, die durch die gute Qualität der 1995er, 1996er und vieler 1997er entstanden ist, und entsprechen ganz einfach nicht ihrem Gegenwert.

Die Qualität des Jahrgangs 1998 ist bei den Rotweinen aus Burgund generell durchschnittlich bis minderwertig. Es gab zwar 1998 auch empfehlenswerte Burgunder, als Ergebnis übermenschlicher Anstrengungen seitens der Winzer, aber die überwältigende Mehrheit ist von rauen, unreifen Tanninen geprägt. Die Farben reichen von hellbraun (ein Anzeichen von Fäule) bis zu einem satten Schwarz. Viele enthüllen in den Aromen dunkle Pflaumen, Brombeeren und zerstoßenen schwarzen Pfeffer, Merkmale, die man sonst in argentinischen Malbecs antrifft. Eine große Anzahl bieten köstliche Düfte von exotischen Hölzern wie Balsam oder süßer Zeder, die den Uneingeweihten leicht betören, in Wirklichkeit aber die frühen Anzeichen von Fäulnis sind. Im Mund bieten die 1998er roten Burgunder zunächst Geschmacksnuancen von gebackenen dunklen Früchten, enden dann aber abrupt mit harten, adstringierenden Tanninen (was sich manchmal sogar so anfühlt, als hätte man ein Seil quer über den Gaumen gezogen). Die Säurewerte waren relativ niedrig (die meisten Produzenten gaben zu, dass 1998 sogar mehr Säure zugegeben wurde als 1997), aber die Traubenzuckerwerte waren hoch.

Der April-Frost, der hauptsächlich den Meursault und den Puligny-Montrachet betraf, spielte eine wichtige und unheilvolle Rolle bei den 1998er Weißweinen, fiel aber bei den Rotweinen nicht so sehr ins Gewicht. Die Wachstumsperiode war nicht günstig für einen zukünftigen großartigen Wein. Auf eine lange, ungleichmäßige Blüteperiode (allerdings kürzer als bei den Weißweinen) folgte kühles, regnerisches Wetter. Der Mehltau bot ein großes Problem für die Winzer, die es nicht gewohnt waren, dass diese Krankheit auch Pinot-Noir-Reben angriff. Die wiederholten Schwefelbehandlungen zur Unterdrückung von Mehltau und Fäulnis führten zur Verdickung der Beerenhäute und manche stellten die Hypothese auf, dass das ständige Besprühen mit Anti-Fäulnis-Produkten dazu führt, dass sich die Fäulnis auf der Innenseite der Beerenhaut bildet und somit ein Aussortieren sinnlos wird.

Auf diese kühle und nasse Periode folgte die sengende Hitze des heißesten und trockensten August, den Burgund seit 1947 erlebt hatte. Praktisch jeder von mir besuchte Winzer musste feststellen, dass die Trauben in Südlagen von der Sonne stark versengt waren. Viele burgundische Winzer meinen auch, dass die Reben auf Hanglagen (insbesondere diejenigen mit oberflächlichen Wurzeln) zum Selbstschutz in eine Art Ruhezustand übergingen, um sich gegen die Hitze und den Wassermangel abzuschotten.

Drei Wochen vor der Lese genoss Burgund ideale Wachstums- und Reifebedingungen, dann kam der große Regen. Zwei bis drei Wochen dauernde Regenfälle erweckten die Reben wieder zum Leben, führten aber gleichzeitig zu überhöhter Wasseraufnahme (und der damit verbundenen Verwässerung) und Fäulnisbildung. Die Regenfälle hörten am 17. September auf, anschließend herrschten wieder ideale Bedingungen bis zum Morgen des 26., als der Himmel erneut zahlreiche Gewitter und Regenfälle sandte. Wenn die Lese nach diesen neun heiteren, windigen und sonnigen Tagen stattgefunden hätte, wäre die Geschichte der 1998er ganz anders verlaufen. Stattdessen wurde die Lese schon innerhalb dieser neun Tage abgewickelt: Die meisten Winzer begannen am 21. September damit und waren fertig, bevor es am 26. wieder zu regnen begann.

In welcher Verfassung waren die Trauben bei der Lese? Viele Produzenten nennen folgende Probleme: ungleichmäßige Reifung, grüne »fluoreszierende« Stiele (die Stiele bei optimal reifen Trauben sind braun und trocken), Fäulnis, Botrytis (eine Edelfäule, die bei Erzeugern von süßem Weißwein sehr begehrt ist, aber von Rotwein-Produzenten zutiefst verabscheut wird) und Mehltau.

Unmittelbar nach der Gärung waren die Weinmacher in ekstatischer Stimmung. Die Saison war so problematisch gewesen, dass sie überrascht waren, fruchtbetonte Weine vorzufinden. Zwar hatten sie jeweils einen festen, strukturierten Abgang, aber die Frucht war ausdrucksvoll und beherrschte die harten Tannine. Mit fortschreitender *élevage* (Fassausbau) und nach dem Einsetzen der malolaktischen Gärungen ging die Frucht zurück und die Tannine blieben. Bis die Weine abfüllbereit waren (wobei viele noch nicht einmal vor September abgefüllt werden) waren die Tannine bei der Mehrzahl der Weine vollkommen dominant. »Die Frucht war verdunstet wie eine Pfütze in der Wüste«, sagte ein Qualitäts-Winzer.

Die Verbraucher sollten vorsichtig sein. Ausdrücke wie *klassisch strukturiert, vin de garde* (Lagerwein) und *wunderschöner Ausdruck seines terroirs* werden vom Handel für den 1998er verwendet, wie es auch beim 1988er und 1993er der Fall war. Besteht überhaupt eine Chance, dass die harten Tannine in einigen 1998er abschmelzen? Möglich ist es, aber wetten würde ich nicht darauf. Bei den heutigen Preisen ist das Glücksspiel mit den Tanninen eines Pinot Noir ein großes Wagnis.

1997 – Die 1997er weißen Burgunder sind im Allgemeinen fette, reife Weine, jedoch manchmal erstaunlich oxidiert und alkoholreich. Darüber hinaus sind übermäßige Eichenholz- und Schwefelaromen in Duft und Geschmack keine Seltenheit; viele Weine weisen auch einen relativ abrupten Abgang auf. Sammler, die nach langlebigen Weinen Ausschau halten, werden von den 1997er Weißweinen enttäuscht sein. Doch diejenigen Leser, die Weine zum baldigen Trinkgenuss wünschen, werden sich über das freuen, was der Jahrgang 1997 zu bieten hat.

1997 ist unstrittig ein sehr guter Jahrgang für Weißweine von der Côte d'Or. Zwar wurden die besten 1997er aus Rebbeständen gewonnen, die für ihre Wucht bekannt sind – aus niedriger gelegenen Hanglagen wie etwa Bâtard-Montrachet –, doch die besten 1997er stammen von höher gelegenen Rebflächen (Corton-Charlemagne, Chevalier-Montrachet usw.). Der 1997er kann sich nicht mit so hervorragenden Jahrgängen wie 1992 oder 1989 messen, aber er ist mit Sicherheit besser als die Weine aus den Jahren 1994, 1993 und 1991. Das Mâconnais jedoch erlebte einen hervorragenden Jahrgang und ist verantwortlich für viele der erfolgreichsten Weine von 1997. Besitztümer wie Daniel Barraud, Bongran, Guffens-Heynen und Robert-Denogent gestalteten überirdische Pouilly-Fuissés und Mâcons. In Chablis erreichte niemand das Qualitätsniveau von 1995 oder 1996, aber ebenso wie die Côte d'Or erlebte diese Region ein sehr gutes Jahr 1997. Als sich die Zeit der Lese näherte, strotzten die Berichte über die Rotweine aus Burgund vor Optimismus. Die Trauben waren gesund, da der Spätsommer sich heiß und trocken gezeigt hatte, und die Winzer waren überglücklich. Exzessive Hitze im September setzte dem allgemeinen Enthusiasmus ein Ende. Als der *ban de vendange* (der erste Tag, an dem die Ernte legal beginnen darf) an der Côte de Beaune auf den 13. September gelegt wurde, erkannten viele Winzer, dass der Zuckergehalt ihrer Trauben hoch war, sie aber keine volle physiologische Reife besaßen. Viele Winzer erklärten, dass die gestressten Reben den Reifeprozess wegen der hohen Temperaturen und des Mangels an Regen unterbrochen hätten. Die überwiegende Mehrheit der *vignerons*, mit denen ich sprach, sagten, sie würden mindestens eine Woche nach dem *ban de vendange* verstreichen lassen und erst dann mit der Lese beginnen. Diese Strategie hatte in dem kühleren Jahr 1996 Wunder gewirkt, weil der Nordwind und sonnige Tage die Reifung beschleunigt hatten, ohne einen Verlust an natürlicher Säure in den Trauben zu bewirken. Doch 1997 waren die Tage und Abende warm, gelegentlich sogar heiß. Die Winzer mussten mit ansehen, wie sich allmählich eine Überreife (Phenoloxidase) breit machte und der Säuregehalt sank. Viele ernteten ihre Roten vor den Weißen.

Zur Lesezeit waren die hohen Temperaturen besorgniserregend. Viele Produzenten konnten ihren eigenen Worten zufolge nicht verhindern, dass die Gärung früher als gewollt einsetzte. Nach der plötzlichen alkoholischen Gärung begann unmittelbar die malolaktische Gärung, was nach Meinung der meisten Winzer die Komplexität beeinträchtigte. All dies geschah in der gesamten Côte d'Or. Unterm Strich war der Säuregehalt der Trauben zwar niedriger als normal, lag aber nicht gefährlich unter dem Durchschnitt.

Bei den Rotweinen ist der Jahrgang 1997 äußerst heterogen ausgefallen. Einige Produzenten, denen es gelang, die positiven Seiten des Jahres zu nutzen und gleichzeitig seine Fallgruben zu vermeiden, gestalteten spektakuläre Weine. Doch Mehrzahl der 1997er roten Burgunder sind schön reife, dichte und fruchtbetonte Weine. Vielen fehlt es an der nötigen Komplexität, Tiefe, Struktur und Konzentration zur Größe, doch werden sie in den ersten 6 Jahren angenehmen Trinkgenuss bereiten. Wären sie nicht so schrecklich überteuert, könnte man sie als ideale Weine für Restaurants und jene Verbraucher bezeichnen, die baldigen Trinkgenuss wünschen. Im Stil erinnern die 1997er roten Burgunder an die 1989er. Sie offenbaren im Allgemeinen eine Fülle reifer Frucht in einem gefälligen, säurearmen und schlichten Format. Wie seinerzeit die meisten 1989er, werden die 1997er sofort nach ihrer Freigabe trinkbar sein und sollten auch zumeist im Laufe der nächsten 7 Jahre genossen werden. Aber einige wenige 1997er, vornehmlich Weine, die von der Domaine Leroy, von Bertrand Ambroise, dem Marquis d'Angerville und von der Domaine Louis Jadot produziert wurden (um nur einige zu nennen), dürften bemerkenswert gut altern, da sie außergewöhnliche Struktur zu besitzen scheinen.

1996 – 1996 ist ein hervorragender Jahrgang für weißen Burgunder. Die besten Exemplare bieten eine Kombination von prachtvoller Struktur, Reife und Alterungspotential. Es ist schwierig, diesen Jahrgang mit anderen vorhergehenden zu vergleichen, da kein Mensch in Burgund, mit dem ich sprach, ein Jahr mit ähnlichem Wetter erlebt hatte. Die feinsten Weine dieses Jahrgangs besitzen hohen Säuregehalt und reintönige Geschmackskomponenten (Fäule oder Mehltau boten kein Problem), ausgezeichnete Reife der Frucht (ohne jede Probleme von überreifer oder gekochter Frucht) und eindrucksvollen Extrakt.

An der Côte d'Or führte ein überaus trockener Frühling zu einem späten Blattaustrieb im April. Regen im Mai (von da ab gilt der Jahrgang als Dürrejahr) versorgte die Reben mit der nötigen Nahrung, bevor die trockene, sonnige Wärme des Monats Juni einsetzte. In dieser idealen Periode fand eine rasche und gleichmäßige Blüte statt. Zahlreiche gesunde Traubenbüschel bildeten sich an jedem Rebstock. Kühle, sonnige Tage (wie an der Loire bemerkten auch die Menschen in Burgund die *luminosité* oder Helligkeit des Jahres) und kalte Nächte in Verbindung mit minimalen Niederschlägen und einem ständigen trockenen Wind aus Norden währten den ganzen Sommer bis in die ersten Novembertage hinein. Diese Kombination von Licht für Fotosynthese und kühlen Abendtemperaturen beförderte die Reife der Trauben ohne signifikanten Säureverlust (die Hitze wird dafür verantwortlich gemacht, die Säure in den Trauben zu senken), während die frischen ausdauernden Nordwinde die Trauben dehydrierten (ihnen Wasser entzogen und sie konzentrierten). Chablis hatte eine kleine Ernte, hauptsächlich bedingt durch einen Hagelschlag vor der Blüte im Mai, einen heftigen Sturm am 8. Juni und die dehydrierende Wirkung des kräftigen, trockenen Winds aus Nordosten.

Qualitativ sind die Spitzenweine des Jahrgangs 1996 den 1989ern ebenbürtig, aber stilistisch sind sie vollkommen unterschiedlich. Die 1996er sind frischere und lebendigere Weine, die länger gelagert werden können als die 1989er, zeigen aber nicht die dicke Textur und außergewöhnliche Reife der 1989er. Das ist kein Jahrgang für Liebhaber von fetten, öligen, tropischen, hedonistischen und üppigen weißen Burgundern.

1996 ist ein hervorragender Jahrgang für rote Burgunderweine, sogar noch besser als 1995, insbesondere an der Côte de Beaune. Wie der Chardonnay hatten die Pinot Noir-Reben eine rasche und gleichmäßige Blüte, die einen großen Traubenbehang an jedem Rebstock bewirkte. Viele Winzer befürchteten, dass die Trauben aufgrund des schweren Behangs nicht voll ausreifen würden. Der potenziell große Ertrag erschien noch beunruhigender, weil das Wetter in den Sommermonaten nicht besonders heiß oder sonnig war. Ende August gab es extrem helles Sonnenlicht und beförderte die Reife mittels Fotosynthese, gleichzeitig wehte ständig ein kühler und trockener Wind von Norden, der den Säuregehalt aufrecht erhielt und jeden Fäulnis- und Mehltau-Befall verhinderte. Die Ernte fiel entsprechend reichlich, reif und gesund aus.

Vom Stil her lässt sich der Jahrgang am besten als »saftig« bezeichnen. Die Weine scheinen im Mund zu bersten wie eine saftige reife Beerenfrucht. Dies sind lebendige, frische, erfreuliche Weine, fruchtbetont und bemerkenswert reintönig. Zusätzlich zu den Geschmacksnuancen von Kirschen, Himbeeren und Brombeeren, die in Spitzen-Burgenderjahrgängen die Regel sind, bieten die 1996er reichliche Mengen von Blaubeerfrucht und saftigen schwarzen Johannisbeeren. Die Tannine des Jahrgangs sind mild (ich habe sehr selten Weine mit problematischem Tannin angetroffen), was Appellationen wie Chassagne-Montrachet, Santenay, Nuits-St-Georges, Fixin und andere, die manchmal Schwierigkeiten haben, mit ihrem Tannin fertigzuwerden, sehr gut bekommen ist.

Angesichts all der Lobeshymnen, mit denen der 1996er überhäuft wurde, habe ich einen quälenden Vorbehalt – den Säuregehalt. Die aus Rebflächen mit exzessiven Erträgen gewonnenen Weine werden nicht über genügend Frucht verfügen, um dem Säuregehalt ein Gegengewicht zu bieten. Diese Weine werden austrocknen und unangenehm schmecken, wenn man sie nicht relativ rasch trinkt. Doch haben auch 1996 qualitätsbewusste Produzenten außergewöhnliche Weine gestaltet, die ein Jahrzehnt und länger zu altern vermögen.

1995 – Dies ist der beste Jahrgang für weiße Burgunderweine seit 1989. Der von den gewissenhaftesten Weinerzeugern dieser geheiligten Region bereitete 1995er verbindet häufig die Reife, Reichhaltigkeit und Konzentration des 1989ers mit der klaren Linienführung, Komplexität und dem Volumen des 1986ers. Zwar bezweifle ich, ob dieser Jahrgang ebenso hochkarätig ausgefallen ist wie der 1989er oder der 1986er, aber ich bin davon überzeugt, dass er – je nach Auswahl – fabelhafte Weine zur mittelfristigen und langfristigen Einlagerung liefern wird. Dicke, ölige Textur und hochreife Frucht im Geschmack (die manchmal an rote Beeren erinnert!) sind typische Merkmale vieler Spitzen-1995er. Etliche hoch angesehene Produzenten waren der Ansicht, dass es ihren 1995ern an der für das Gleichgewicht notwendigen Säure für längere Lagerung fehlte, doch dieser Mangel verstärkt nur ihre einschmeichelnde, vordergründige Art. Je nachdem, in welchem Stadium ihres Wachstums sich die Reben gerade befanden, beschädigte Schnee im Mai die Blüte schwer (*coulure*) und/oder führte zu schlechtem Fruchtansatz (*millerandage*). Die *coulure* bewirkt die Reduzierung des Traubenbehangs, da die beschädigten Blüten abfallen. Im Fall von *millerandage* bleiben die unterentwickelten winzigen Beerenansätze am Rebstock oder fallen zum Teil ab. Bei der Ernte enthalten diese Beeren (in Frankreich *millerands* genannt) kleine Mengen stark konzentrierten Traubensaftes. In beiden Fällen ist das Resultat das gleiche – die Natur hat den Winzern niedrigere Erträge aufgezwungen und konzentrierte und ölig texturierte Weine entstehen lassen. Ein langer, heißer und trockener Sommer sorgte für eine noch größere Saftkonzentration in den Trauben. Warme, sonnige Tage lieferten den notwendigen Sonnenschein, so dass die Trauben voll ausreifen konnten. Darüber hinaus verhinderte 1995 ein Mangel an Niederschlag, dass die Trauben Regenwasser aufnahmen, was zu einer Verwässerung des Traubensaftes geführt hätte. Bei der Lese regnete es dann doch, aber viel zu spät, um den Wein ernsthaft zu verwässern. Zusätzlich hierzu wurden die Weinberge gewisser Produzenten ähnlich wie 1986 von Botrytis befallen (ein bis zu einem gewissen Grad wohltätiger Schimmelpilz, der sich auf der Taube bildet und ihr Flüssigkeit entzieht, somit zu einer höheren Konzentration von Zucker und den übrigen Inhaltsstoffen führt und dem Geschmack des Weins eine honigfeine Komponente hinzufügt). Ich fand aber keine Weine, die negativen Botrytis-Geschmack aufwiesen, wie er in einigen 1986ern aufgetreten war, insbesondere in dem extrem botrysierten Stil des 1986ers Comte Lafon. Die Alterungsfähigkeit der 1995er weißen Burgunder hängt von der vorhandenen Botrytis ab. Weine, die von dieser Edelfäule befallen sind, müssen im Laufe der nächsten 5–7 Jahre getrunken werden, die anderen dürften sich als extrem langlebig erweisen.

1995 ist ein sehr guter bis ausgezeichneter Jahrgang für rote Burgunder von der Côte de Nuits; wegen Problemen mit der Fäule erging es der Côte de Beaune nicht so gut. Dieser Jahrgang ist mit Sicherheit der beste, seit die großen 1990er moderne Maßstäbe für üppige, langlebige Pinot-Noirs gesetzt haben. Im Rückblick verkörpert er einen feineren Jahrgang als die 1989er, 1988er, 1987er und 1986er und wird sich als alterungsfähiger erweisen als die 1985er. 1995 war ein Jahr, in dem bestimmte Weinerzeuger überirdische, sinnverwirrende und andere ausgezeichnete und hervorragende Weine produzierten. Einige brachten tanninreiche Weine hervor, die nie Trinkgenuss bereiten werden.

Ganz wie bei den Weißweinen sorgten *coulure* und *millerandage* im Frühling für niedrige Erträge, und ein langer, heißer und trockener Sommer konzentrierte den Fruchtgeschmack in den Trauben. Etwas Regen zur Lesezeit verursachte ein wenig Fäulnisbefall, aber die Eliminierung dieser Trauben am Sortiertisch verhinderte das drohende Auftreten schaler und muffiger Pilzaromen im Wein. Nur wenige der von mir verkosteten Weine zeigten irgendwelche unerwünschten Aromen in Duft und Geschmack.

Alles in allem sind die 1995er roten Burgunder dunkle, dicke und dichte Weine, voll gepackt mit konzentrierten Fruchtkomponenten und der zur Alterung notwendigen Struktur. Einige Weine dieses Jahrgangs sind tanninreich (wenngleich weniger streng als 1988 und 1993) und erfordern längere Kellerreife.

1994 – Dies war der vierte Jahrgang in Folge, in dem unmittelbar vor und während der Ernte Regenfälle einsetzten. Ein Großteil der Chardonnay-Ernte wurde dennoch mit minimaler Verwässerung eingebracht, die relativ säurearme, reichhaltige, alkoholstarke, reife Weine hervorbrachte – die Weine weisen jedoch nicht den Charme und Lustgewinn der fetten, reichhaltigen Weinen von 1992 auf. Die meisten Weißweine des Jahrgangs 1994 in Burgund sollten bis 2004 getrunken sein. Was die Rotweine betrifft, so wurden die Pinot-Noir-Weinberge durch die schweren Regenfälle gewaltig in Mitleidenschaft gezogen, die Mutter Natur im September auf Frankreich niedergehen ließ. Von diesen Weinen wird nicht erwartet, dass sie Farbe, Körper oder Intensität des sehr guten 1993ers aufweisen. Die Mehrheit von ihnen besitzt den Charakter von Pflaumenfrucht der 1992er, aber sie tendieren zu einem Abgang mit trockenen, staubigen Tanninen.

1993 – Die Chardonnay-Ernte 1993 war reichlich ausgefallen und durch unmittelbar vor der Lese niedergehenden heftigen Regen betrüblich verwässert. Viele Weißweine sind daher monolithisch, geschmacklos und muten an wie eine Hülle aus Säure und Alkohol mit leichter Frucht und Konzentration. Diejenigen Winzer/Produzenten, die ihren Traubenbehang ausdünnten und sehr geringe Erträge ernteten, haben Weine mit mehr Tiefe und Konzentration hervorgebracht, doch im Großen und Ganzen ist dies ein durchschnittliches Jahr für weißen Burgunder. Der Jahrgang 1993 wird also durch das Prestige der sehr guten Rotweine getragen werden müssen. Die Rotweine sind unglaublich dunkel in der Farbe, gehaltvoll und tanninreich, was recht erstaunlich ist, wenn man die schweren Gewitterstürme bedenkt, die Anfang September auf die Côte d'Or niedergingen. Die Erntemenge fiel nicht groß aus, und die Häute der Pinot-Trauben erwiesen sich als erstaunlich resistent gegenüber Fäulnisbefall, da die Temperaturen während der Lese niedrig blieben. Zwar legen die Weine beeindruckende Farbe an den Tag (sie ist in den meisten Fällen ebenso tief wie bei den

1990ern), zeigen aber weder das Fett noch die Fülle, wie sie die besten 1990er besaßen. Eine Menge von Tannin ist vorhanden, und die Weine besitzen schöne Struktur. Die 1993er Burgunderweine werden eher von jenen Lesern geschätzt werden, die geschmacklich zum Bordeaux neigen, als von jenen, die den traditionellen Stil eines saftigen, expansiv reichhaltigen roten Burgunders von samtiger Art vorziehen. Der 1993er wird Geduld erfordern, doch die Spitzenweine sollten sich aufgrund geringer Erträge, hoher Konzentration und Geschmacksextraktion als sehr gut herausstellen, manche dürften sogar außergewöhnlich ausfallen. Frühreife Weine wird der Jahrgang 1993 wohl kaum erbringen, vielmehr solche, die einige Flaschenreife erfordern. Dennoch: der Käufer hüte sich! Die meisten 1993er roten Burgunder haben nicht genügend Frucht, um den Tanninen standzuhalten. Allzu viele 1993er werden wie ihre Pendants von 1988 austrocknen.

1992 – Ein glorreiches Jahr mit kräftigen, reifen, saftigen, köstlichen weißen Burgundern und – auf dem höchsten Qualitätsniveau – charmanten, runden, schmackhaften, säurearmen, mäßig konzentrierten roten Burgundern. Die weißen Burgunder haben den Markt ungeachtet ihrer sehr hohen Preise sehr rasch durchlaufen. Die meisten 1992er weißen Burgunder müssen im Laufe der nächsten 5 Jahre getrunken werden. Die Rotweine sind von vielen Weinjournalisten negativ beurteilt worden, doch es bleibt eine Tatsache, dass Mengen von geschmeidigen Rotweinen bester Qualität sowohl von der Côte de Beaune wie der Côte de Nuits zu den niedrigsten Preisen seit über einem Jahrzehnt angeboten wurden. Selbstverständlich ist eine sorgfältige Auswahl der besten Weine unabdingbar, dennoch lassen sich in diesem Jahrgang Schätze entdecken. Die 1992er sollten eher früher als später getrunken werden.

1991 – Die Stars dieses Jahrgangs kommen gewöhnlich von der Côte de Nuits. Aufgrund ungewöhnlich niedriger Erträge (15–35 hl/ha) besitzen die Spitzenweine ausgezeichnete Konzentration und Fülle. Die Stars des Jahrgangs 1991 stehen qualitativ den 1990ern näher, als ich je für möglich gehalten hätte, und sie sind reichhaltigere, vollere und vollkommenere Weine als die feinsten 1988er, 1987er und 1986er. Diese Weine, oft zu Preisen angeboten, die 25–40% unterhalb der 1990er liegen, sind es wert, in den Keller eines jeden Burgunder-Liebhabers und -Kenners aufgenommen zu werden. Aufgrund der niedrigen Erträge sind nur geringe Mengen an Spitzenweinen verfügbar. Viele Erzeuger brachten 50% weniger Wein als 1990 heraus. Wenn dieser Jahrgang einen Nachteil hat, dann ist es der Tanninspiegel vieler Weine. Hier muss der Verbraucher Vorsicht walten lassen, denn Ausgewogenheit ist alles. Viele 1991er besitzen einen Tanningehalt, der vielleicht niemals abschmilzt.

An der Côte de Beaune ist die Qualität des Jahrgangs weit schwieriger festzulegen, doch gibt es zahlreiche Enttäuschungen – Weine, die übermäßig leicht und/oder schrecklich tanninreich und aus dem Gleichgewicht geraten sind. Dies vorausgeschickt, ist festzuhalten, dass die besten Weinmacher (insbesondere Michel Lafarge von Volnay) herrliche 1991 bereitet haben, die bemerkenswert gut altern werden.

1990 – Das ist ein sehr guter Jahrgang für weißen Burgunder, doch nur eine Hand voll Winzer brachte einen großen Wein hervor, weil die Erträge durchweg zu hoch waren, um die dafür nötige Konzentration zu erhalten. Winzer, die ihre Rebstöcke sorgfältig zurückschnitten, um die Erträge zu verringern, und die spät und physiologisch reife Trauben ernteten, haben überwältigende Weine erzeugt. Im Chablis gibt es einige hochklassige Weine, in Meursault Weine von überdurchschnittlicher Qualität und in Puligny-Montrachet sowie Chassagne-Montrachet gute bis ausgezeichnete Weine. Eine Appellation, die beträchtlichen Erfolg errungen hat, ist Corton-Charlemagne, wo die Weine die 1989er noch übertreffen! Die Rotweine der höchsten Qualitätsstufe sind die feinsten roten Burgunder der letzten fünf Jahrzehnte. Selten zuvor habe ich einen Jahrgang von so dunkler Farbe und einer derart üppigen, reichhaltigen, dicken Frucht erlebt. Darüber hinaus besitzen viele dieser Weine eine ausgezeichnete Struktur und einen maßvollen Anteil an süßen Tanninen. Das Jahr 1990 ist für roten Burgunder einer jener seltenen Jahrgänge, die Aussicht auf weit gefächerte Trinkbarkeitsdaten eröffnen. Qualitativ überflügelt er Jahrgänge wie 1988 und 1985.

1989 – Für weißen Burgunder ein spektakulärer Jahrgang, zweifellos der beste seit über 20 Jahren für die die Côte de Beaune. Die 1989er roten Burgunder sind köstliche, entwickelte, reife und schmeichelnde Weine. Sie sollten bereits ausgetrunken sein, da die hohen Erträge das Alterungspotenzial stark einschränkten. Aber es gibt auch Ausnahmen. Viele Volnays (dort gab es wegen Frühlingsfrostes die geringsten Erträge der Region) und Weine der Spitzenerzeuger (zum Beispiel Louis Jadot) haben jetzt ihren Höhepunkt erreicht. Die langlebigsten 1989er, dies ist allerdings nur ein Bruchteil der gesamten Produktion, werden diese Genussreife weitere 5–7 Jahre halten.

1988 – Bei diesem Jahrgang erhebt sich die Frage, warum so viele Weinjournalisten, allen voran die englische Presse (die Burgunder beurteilt, als handle es sich um Bordeaux), ihn so hoch eingestuft haben. Gewiss, es ist eine Hand voll großer Weine erzeugt worden, aber die meisten spiegeln die hohen Erträge und den adstringierenden Tanningehalt wider. Während der letzten 10–12 Jahre hat es ein Wettrennen zwischen der Frucht und dem Tannin gegeben. Beim Pinot Noir altern stark tanninhaltige Weine in der Regel nicht gut, und der 1988er macht da keine Ausnahme. Burgunder-Liebhaber, die große Mengen von 1988er Weinen eingelagert haben, werden über das, was sie in einigen Jahren vorfinden, wahrscheinlich eher enttäuscht als erfreut sein. Die meisten Burgunder-Produzenten stimmen nun überein, dass die 1988er austrocknen und strenge, harte Hüllen zurücklassen. Die mageren, sauren weißen Burgunder sollten ausgetrunken sein.

1987 – Von den besten Weingütern wurden köstliche, geschmeidige Rotweine hergestellt. Das ist angesichts der Tatsache, dass die meisten Produzenten die Weinlese bei schweren Regenfällen durchführen mussten, erstaunlich. Meine kürzlich durchgeführten Verkostungen der 1987er roten Burgunder erweisen, dass die überwiegende Mehrzahl von ihnen den Höhepunkt ihrer Reife überschritten haben. Nur die allerbesten Weine aus den Spitzengütern werden eine Lagerung über das Jahr 2000 hinaus überlebt haben. Ein mediokres Jahr für Weißweine

1986 – Das ist ein großes Jahr für weißen und ein wenig aufregendes für roten Burgunder. Die meisten Rotweine weisen Struktur und Tannin auf, sind jedoch hohl am mittleren Gaumen. Es mangelt ihnen an dem fleischigen und kernigen Körper, wie man ihn in den Burgundern von Spitzenjahrgängen wie etwa 1985 und 1990 findet. Das macht die 1986er zu einer zweifelhaften Wahl. Die 1986er roten Burgunder hätten mit sehr wenigen Ausnahmen bis zum Jahr 1996 getrunken sein müssen. Die 1996er weißen Burgunder waren im Jahr 2000 dabei, ihren Höhepunkt zu erreichen, oder waren bereits voll ausgereift. Ich hatte kürzlich Gelegenheit, die 1986er von der Domaine Niellon, Louis Jadot, Domaine Ramonet und Domaine Coche-Dury zu verkosten, und kann eindeutig feststellen, dass diese Weine die außergewöhnlichen Höhen demonstrieren, die burgundische Chardonnays zu erklimmen vermögen.

1985 – Dieser Jahrgang wurde anfänglich zu Burgunds »Jahrhundertjahrgang« ausgerufen. Die Weißweine bieten nach wie vor reichen, üppigen Trinkgenuss, und die Spitzenweißweine, dürften weitere fünf bis sieben Jahre überdauern. Zur Zeit präsentieren die Rotweine eine bunte Mischung von Eindrücken. Einige der größer angelegten erscheinen verschlossen, gedämpft, monolithisch und eindimensional. Allerdings besitzen sie immer noch eine gesunde, tief rubinrote Farbe und reichlich Tiefe und Gewicht. Die leichteren Rotweine haben am Saum einen leichten Bernsteinton angenommen. Sie sind weich und fruchtig, haben jedoch nicht die aromatische Komplexität entwickelt, die ich anfangs erwartet hatte. Der Jahrgang hat einige herausragende Weine hervorgebracht, doch hat sich im Verlauf des Reifevorgangs die Gesamtqualität als gemischt herausgestellt. Austrinken!

1984 – Das ist ein schlechter Jahrgang für rote und weiße Burgunder. Die Ernte fand verspätet statt, wegen geringer Blüte waren die Erträge niedrig und es regnete unaufhörlich. Und alle mussten chaptalisieren, weil der natürliche Alkoholgehalt nur 8–10% betrug. Es entstanden Weine, die in ihrer Jugend anziehend sein konnten, nun aber ausgetrocknet sind und unreife, dünne Tanninhüllen darstellen.

1983 – Die roten Burgunderweine von 1983 wurden von überhand nehmender Fäulnis geplagt. Zwar lag der natürliche Zuckergehalt abnorm hoch, doch allzu viele Weine riechen und schmecken nach Fäulnis oder sind unglaublich tanninstreng und adstringierend. Sogar die besten 1983er von Produzenten wie Roumier, Domaine de la Romanée-Conti, Henri Jayer, Hubert Lignier, Mongeard-Mugneret und Ponsot trocknen jetzt aus. Das ist ein kleiner Jahrgang, an den man mit größter Vorsicht herangehen muss.

WO KANN MAN IN BURGUND GUTE ROTWEINE GÜNSTIG KAUFEN?

Die glänzenden Appellationen der Côte de Nuits und der Côte de Beaune sind nur zu astronomischen Preisen zu haben, bieten jedoch uneinheitliche Qualität. Wie in den anderen renommierten Weinbaugebieten der Welt, sind günstige Kaufmöglichkeiten selten und weit über ganz Burgund verstreut. Wenn man gut und zu reellen Preisen einkaufen will, muss man die prestigeträchtigsten Namen und die renommiertesten Appellationen außer acht lassen und sich einigen der weniger hoch gelobten zuwenden. Im Folgenden sind einige Appellationen und Weinhersteller aufgeführt, die Sie in den Anbaugebieten Côte de Nuits, Côte de Beaune und der wohl besten Quelle für rote und weiße Burgunder, der Côte Chalonnaise im Süden der Côte d'Or, aufsuchen sollten.

Aloxe-Corton (Côte de Beaune) Die sehr gesuchten roten und weißen Grands Crus von der berühmten Corton-Hanglage befinden sich zumeist in der Appellation Aloxe-Corton, doch die Premiers Crus- und Villages-Weine des Dorfes haben wenig Anziehungskraft für die Verbraucher. Zwar sind die meisten Aloxe-Cortons eher hart und lassen es auch an Charme fehlen, immerhin aber werden in dieser Appellation auch einige exzellente Weine produziert. Zu den besten Weinen gehören: Jean-Claude Belland – Aloxe-Corton; Simon Bize – Aloxe-Corton Le Suchot; Edmond et Pierre Cornu – Aloxe-Corton Les Moutottes, Aloxe-Corton Les Valozières, Aloxe-Corton Vieilles Vignes; Jean-Luc Dubois – Aloxe-Corton Les Brunettes Réserve; Génot-Boulanger – Aloxe-Corton Clos du Chapître; Antonin Guyon – Aloxe-Corton Les Vercots; Tollot-Beaut – Aloxe-Corton, Aloxe-Corton Les Fournières, Aloxe-Corton Les Vercots.

Auxey-Duresses (Côte de Beaune) Der Auxey-Duresses ist oft der Volnay des kleinen Mannes genannt worden. Solche Kommentare sind herabsetzend und irritieren die ortsansässigen Winzer, die auf ihren würzigen, robusten, schwarzen Wein mit dem Kirschenduft und -Geschmack stolz sind, der häufig ein überraschendes Alterungspotential aufweist. Der Schlüssel zum Erfolg sind reife Trauben. Wenn die Frucht nicht reif ist, sind die Tannine oft grün, und die Säure kann sich zu schrillen Noten steigern.

Zu den besten Weinen gehören: Comte Armand – Auxey-Duresses, Auxey-Duresses Premier Cru.

Bourgogne Weine mit dieser »regionalen« Appellation auf dem Etikett können aus minderen Weinlagen stammen oder sind vielleicht aus »herabgestuftem« (deklassifiziertem) Traubengut aus einer berühmten Appellation entstanden. Viele von *négociants* produzierte Burgunderweine enthalten Weine aus dem Beaujolais und dem Mâconnais. Zwar sind die meisten Weine aus der Appellation Bourgogne nichtssagend und scharf und verdienen keine Aufmerksamkeit, doch die von den gewissenhaftesten Produzenten von Burgund erzeugten Weine sind in den besten Jahrgängen oft sehr preisgünstig und eignen sich zum baldigen Genuss.

Zu den besten Weinen gehören: Ghislaine Barthod-Noellat – Bourgogne; Alain Burguet – Bourgogne; Dugat-Py – Bourgogne; Robert Groffier – Bourgogne; Anne Gros – Bourgogne Pinot Noir; Michel Lafarge – Bourgogne; Philippe Leclerc – Bourgogne Les Bons Batons; Hubert Lignier – Bourgogne; Denis Mortet – Bourgogne; Georges Mugneret – Bourgogne; Emmanuel Rouget – Bourgogne.

Bourgogne Passetoutgrain Diese Weine, eine *assemblage* aus Pinot Noir und Gamay, fallen sehr selten gut aus. Selbst die besten Weinproduzenten behandeln ihre Passetoutgrain-Trauben meist mit Geringschätzung, indem sie hohe Erträge einbringen und der Vinifizierung und dem Ausbau wenig Aufmerksamkeit schenken. Doch die folgenden beiden Winzer produzieren Bourgogne Passetoutgrains von beständiger Qualität, die Aufmerksamkeit verdienen.

Zu den besten Weinen gehören: Michel Lafarge – Bourgogne Passetoutgrain, Emmanuel Rouget – Bourgogne Passetoutgrain.

Chassagne-Montrachet (Côte de Beaune) Die Kehrseite von Chassagne-Montrachets Ruhm als einer der großen Weißweinlagen Burgunds ist die Tatsache, dass nur wenige Menschen den Rotweinen mit ihrer köstlichen erdigen Fruchtigkeit und der Kirsch- und Mandelnote Beachtung schenken. Es gibt Premiers Crus, die man zu einem vernünftigen Preis kaufen kann. Das macht den Ort zu einer interessanten Einkaufsquelle. Die meisten roten Chassagnes haben zudem den Vorteil, dass sie bei Spitzenjahrgängen zehn Jahre lang halten.

Zu den besten Weinen gehören: Guy Amiot et Fils – Chassagne-Montrachet Clos St-Jean, Chassagne-Montrachet La Maltroie; Borgeot – Chassagne-Montrachet Clos St-Jean, Chassagne-Montrachet La Maltroie; Borgeot – Chassagne-Montrachet Clos St-Jean; Colin-Déléger – Chassagne-Montrachet Morgeot, Chassagne-Montrachet Vieilles Vignes; Jean-Noël Gagnard – Chassagne-Montrachet, Chassagne-Montrachet Morgeot, Chassagne-Montrachet-Clos St-Jean; Vincent Girardin – Chassagne-Montrachet Clos de la Boudriotte Vieilles Vignes, Chassagne-Montrachet Morgeot Duc de Magenta; Louis Jadot – Chassagne-Montrachet Morgeot; Château de la Maltroye – Chassagne-Montrachet Clos du Chateau de la Maltroye, Chassagne-Montrachet-Clos St-Jean; Bernard Morey – Chassagne Montrachet Vieilles Vignes; Domaine Ramonet – Chassagne-Montrachet Clos de la Boudriotte;

Chorey-lès-Beaune In dieser relativ unbekannte Appellation nördlich von Beaune können von der Hand der besten Produzenten wunderschöne früh trinkreife Weine entstehen. Die flachen Weingärten von Chorey sind verantwortlich für eine Menge von schlecht gemachten, faden, hohlen und wässrigen Weinen aus riesigen Erträgen. Doch qualitätsbewusste Produzenten erzeugen preisgünstige Weine, die die Aufmerksamkeit der Verbraucher verdienen.

Zu den besten Weinen gehören: Jean-Luc Dubois – Chorey-lès-Beaune Clos du Margot Vieilles Vignes Réserve; Tollot-Beaut – Chorey-lès-Beaune.

Côte de Nuits-Villages (Côte de Nuits) Weine mit dieser Appellation auf dem Etikett werden aus Weinbergen in Corgoloin, Comblanchien und Prissey (alle drei liegen im Süden von Nuits-St-Georges) sowie in Brochon und Fixin gewonnen (zwei Dörfern nördlich von Gevrey-Chambertin). Wenn sie von den besten Produzenten kommen, reflektieren diese Weine die von schwarzen Früchten geprägten Charakteristiken des Côte de Nuits und können oft komplex und alterungsfähig sein.

Zu den besten Weinen gehören: Chauvent-Chopin – Côte de Nuits-Villages; Chopin-Groffier – Côte de Nuits-Villages; Jean-Jacques Confuron – Côte de Nuits-Villages Les Vignottes; Edmond et Pierre Cornu – Côte de Nuits-Villages; Philippe Gavignet – Côte de Nuits-Villages Les Vignottes Réserve; Louis Jadots – Côte de Nuits-Villages; Robert Jayer-Gilles – Côte de Nuits-Villages.

Fixin (Côte de Nuits) Wenn es auch neben der berühmten Appellation Gevrey-Chambertin liegt, hat Fixin doch niemals seinen Ruf überwunden, außergewöhnlich robuste, stämmige, muskulöse Weine zu erzeugen, denen es an Finesse mangelt. Gleichwohl tun sich einige Winzer mit ausgewogenen Weinen von bedeutendem Geschmack hervor.

Zu den besten Weinen gehören: Philippe Livera – Fixin en Olivier Vieilles Vignes Réserve; Mongeard-Mugneret – Fixin; Philippe Naddef – Fixin; St-Martin – Fixin Hervelets.

Givry (Côte Chalonnaise) Givry besitzt einen der besten Weinmacher von ganz Burgund, Jean-Marc Joblot, der Weine herstellt, die es mit einigen der besten von der Côte d'Or aufnehmen können.

Zu den besten Weinen gehören: Xavier Besson – Givry Le Petit Pretan Réserve; Domaine de la Ferté – Givry; Joblot – Givry-Clos du Bois Chevaux, Givry Clos du Cellier-aux-Moines, Givry Clos de la Servoisine.

Ladoix (Côte de Beaune) Ladoix ist die am wenigsten bekannte Appellation des Burgund, was sie zu einer attraktiven Einkaufsquelle macht, doch muss man auch hier die richtigen Adressen kennen. Erstaunlicherweise kosten hier die besten Pinots Noirs weniger als die Pinots Noirs aus Kalifornien und Oregon. Das ist keine Appellation, von der man blindlings erwerben sollte, da die Weine staubig, erdig und mit allzu wenig Frucht ausfallen können.

Zu den besten Weinen gehören: Edmond Cornu – Ladoix, Ladoix Les Carrières, Ladoix Les Corvées, Ladoix Vieilles Vignes.

Marsannay (Côte de Nuits) Aus dieser Appellation werden Sie wahrscheinlich keine großen Weine finden, doch gute Produzenten können Weine erzeugen, die weit über dem normalen Qualitätsniveau liegen, also Besseres bieten als die kompakten, geradlinigen, harten Pinots Noirs ohne Charme, die häufig aus Marsannay hervorgehen.

Zu den besten Weinen gehören: Bruno Clair – Marsannay Les Grasses Têtes, Marsannay Les Longeroies, Marsannay Vaudenelles; Louis Jadot – Marsannay; Denis Mortet – Marsannay Les Longeroies; Philippe Naddef – Marsannay; Joseph Roty – Marsannay, Marsannay Champs St-Étiennes, Marsannay Ouzeloy, Marsannay Sampagny.

Mercurey (Côte Chalonnaise) Nun, da man darauf aufmerksam geworden ist, welche Fortschritte die Mercurey-Produzenten gemacht haben, sind die Preise gestiegen. Es handelt sich um eine viel versprechende Einkaufsquelle für gute Weine.

Zu den besten Weinen gehören: Château de Chamirey – Mercurey; Vincent Dureuil-Janthial – Mercurey Le Bois de Lalier Réserve; Génot-Boulanger – Mercurey Les Sazenay; Château de Mercurey – Mercurey en Sazenay; Domaine de Suremain – Mercurey Clos L'Evèque, Mercurey Clos Voyen; A. & P. de Villaine – Mercurey Les Montots.

Monthélie (Côte de Beaune) Die Weingärten von Monthélie schließen an diejenigen von Volnay an, doch die Weine könnten gar nicht unterschiedlicher sein. Die im alten Stil bereiteten Monthélies leiden unter exzessivem Tanningehalt und Körper, doch eine jüngere Generation von Weinmachern ist nun dabei, die Fruchtigkeit und den Charakter des Weines herauszuarbeiten. Sie hoffen darauf, dass die Verbraucher eine Fahrt von ein bis zwei Minuten von den Nachbarorten Volnay und Pommard auf sich nehmen, um sich dieses auf einem Hügel gelegene Dorf anzusehen, in dem die meisten Burgunder noch zu vernünftigen Preisen zu haben sind.

Zu den besten Weinen gehören: Bouchard Père et Fils – Monthélie Les Champs Fulliots; J.F. Coche-Dury – Monthélie; Jean Garaudet – Monthélie; Paul Garaudet – Monthélie, Monthélie Les Duresses, Monthélie Clos Gauthey; Comtes Lafon – Monthélie Les Duresses; Monthélie-Douhairet – Monthélie Duresses, Monthélie Le Meix Bataille; Eric de Suremain/ Château de Monthélie – Monthélie Château de Monthélie, Monthélie sur la Velle.

Pernand-Vergelesses Appellation (Côte de Beaune) Dieses kleine, an den westlichen Abhang des Corton-Berges (einem Hang mit großen Rot- und Weißweinen) geschmiegte Dorf ist wenig bekannt und vermag doch hochkarätige Weine hervorzubringen – vornehmlich in warmen, trockenen Jahren. In günstigen Jahrgängen gestalten die besten Produzenten von Pernand muskulöse, körperreiche, mit dunkler Frucht voll gepackte und alterungsfähige Weine.

Zu den besten Weinen gehören: Chandon de Briailles – Pernand-Vergelesses Ile de Vergelesses, Pernand-Vergelesses Les Vergelesses; Marius Delarche – Pernand-Vergelesses Les Boutieres Vieilles Vignes Réserve, Pernand-Vergelesses Ile de Vergelesses, Pernand-Vergelesses Les Vergelesses Réserve; Antonin Guyon – Pernand-Vergelesses Les Vergelesses; Louis Jadot – Pernand-Vergelesses Clos de la Croix de Pierre; Roland Rapet – Pernand-Vergelesses Ile de Vergelesses.

Rully (Côte Chalonnaise) Wie überall, muss man auch bei dieser Appellation Vorsicht walten lassen, doch man kann einen guten Rully mit seinen würzigen, an Kirschen und Erdbeeren gemahnenden, staubigen Duft- und Geschmacksnoten recht günstig erstehen.
Zu den besten Weinen gehören: Vincent Dureuil-Janthial – Rully En Guesnes Réserve, Rully Rosey Réserve; Château de Rully – Rully.
Santenay (Côte de Beaune) Erstaunlicherweise hat Santenay immer noch Schwierigkeiten, das Image zu überwinden, dass es unter den Appellationen der Côte d'Or an letzter Stelle steht. Über 99% der Produktion sind Rotweine, alle aus der Pinot-Noir-Traube. Der Weinhandel hier ist immer noch verärgert, wenn man ihn an die Worte eines führenden Händlers aus Großbritannien erinnert: »Das Leben ist zu kurz, um Santenay zu trinken.« Es ist hauptsächlich den Leistungen von Vincent Girardin zu verdanken, dem Spitzenproduzenten dieses Dorfes und einem der besten *négociants* der Côte d'Or, dass Santenay stärker in Mode gekommen ist. Sparsame Verbraucher, die nach einer soliden, häufig köstlichen Flasche Pinot Noir Ausschau halten, sollten sich nach den Spitzenweinen dieses Dorfes umschauen.
Obwohl viele Santenays übermäßig tanninhaltig, hohl und reizlos sein können, erzeugen die guten Produzenten einen Wein, der nach burgundischen Maßstäben mittelgewichtig ist und ein deutlich fruchtiges Bukett von Erdbeeren und Kirschen, gepaart mit einer mineralischen, fast mandelartigen Duftnote, aufweist.
Zu den besten Weinen gehören: Jean-Claude Belland – Santenay Les Gravières; Borgeot – Santenay Beauregard; Bouchard Père et Fils – Santenay; Colin-Déléger – Santenay Les Gravières; Jean-Noël Gagnard – Santenay Clos de Tavannes; Vincent Girardin – Santenay Clos de la Confrerie, Santenay Les Gravières, Santenay La Maladière; Louis Jadot – Santenay Clos de Malte; Bernard Morey – Santenay Grand Clos Rousseau; Santenay Passetemps, Santenay Vieilles Vignes; Jean-Marc Morey – Santenay Grand Clos Rousseau.
Savigny-lès-Beaune (Côte de Beaune) Savigny-lès-Beaune erfreut sich wegen seiner leichten Weine mit Beeren- und vor allem Kirschenduft eines guten Rufes. Sie können aber auch in ihrer negativen Ausprägung einen überwältigend rostigen, erdigen Unterton aufweisen. Die Weinberge an den Nordhängen der Rhoin, die mitten durch dieses Anbaugebiet fließt und es in zwei Teile trennt, bringen die besten Weine hervor. Die meisten Weine sind nicht so preiswert wie ein Marsannay oder Ladoix, doch in ihren Spitzenqualitäten weisen sie eine erheblich größere Komplexität und einen unwiderstehlichen Pinot-Noir-Duft auf als diese.
Zu den besten Weinen gehören: Simon Bize – Savigny-lès-Beaune Les Bourgeots, Savigny-lès-Beaune Les Fourneaux, Savigny-lès-Beaune Les Grands Liards, Savigny-lès-Beaune Les Guettes, Savigny-lès-Beaune Les Marconnets, Savigny-lès-Beaune Les Serpentières, Savigny-lès-Beaune Les Vergelesses; Jean Boillot – Savigny-lès-Beaune Les Lavières; Bouchard Père et Fils – Savigny-lès-Beaune, Savigny-lès-Beaune Les Lavières, Lucien Camus-Brochon – Savigny-lès-Beaune Les Grands Liards, Savigny-lès-Beaune Les Lavières, Savigny-lès-Beaune Les Narbantons, Savigny-lès-Beaune Les Vieilles Vignes; Chandon de Briailles – Savigny-lès-Beaune Les lavières; Edmond et Pierre Cornu – Savigny-lès-Beaune; Jean-Luc Dubois – Savigny-lès-Beaune Les Picotins Vieilles Vignes Réserve; Maurice Ecard – Savigny-lès-Beaune Les Jarrons, Savigny-lès-Beaune Les Narbantons, Savigny-lès-Beaune Les Peuillets, Savigny-lès-Beaune Les Serpentières; Pierre Guillemot – Savigny-lès-Beaune Les Jarrons, Savigny-lès-Beaune Les Serpentières; Louis Jadot – Savigny-lès-Beaune La Dominode, Savigny-lès-Beaune Clos des Guettes, Savigny-lès-Beaune Les Lavières, Savigny-lès-Beaune Les Vergelesses; Albert Morot – Savigny-lès-Beaune Les Vergelesses Clos la Bataillière; Tollot-Beaut – Savigny-lès-Beaune Champs Chevreys, Savigny-lès-Beaune Les Lavières.

Grundwissen Beaujolais

Der Beaujolais-Wein kommt aus einer Landschaft, deren Weingärten sich über einige malerische Ausläufer des französischen Zentralmassivs ziehen. Dieses Weinbaugebiet erstreckt sich von Nord nach Süd über eine Länge von etwa 55 Kilometer und ist 11–15 Kilometer breit. Die Granitberge erreichen unterschiedliche Höhen von 700–1000 Meter und bilden die Szenerie für das schönste französische Weinbaugebiet neben dem Elsass. Fast 4000 Winzer verdienen in dieser idyllischen Gegend ihren Lebensunterhalt. Einige verkaufen winzige Mengen ihrer Ernte an Ort und Stelle, doch die meisten ziehen es vor, sie an eine der großen Firmen zu liefern, die das Geschäft beherrschen.

Die einzige Traube, die nach dem Gesetz zur Herstellung des Beaujolais verwendet werden darf, ist die Gamay-Traube, oder, wie ihr offizieller Name lautet: Gamay Noir à Jus Blanc. Sie scheint auf den steinigen Schieferböden der Region gut zu gedeihen. Die meisten Rotweinreben bereiten Probleme, wenn es gilt, auf Böden mit Granitgrund Ernten von hoher Qualität hervorzubringen, doch mit der Gamay-Traube scheint der Erfolg gesichert. Die unwiderstehliche Eigenheit des Gamay-Weines ist seine junge, frische, überschwänglich pralle Fruchtigkeit. Die Winzer des Beaujolais haben gelernt, durch eine ungewöhnliche Gärmethode, die so genannte *macération carbonique*, diese Eigenschaft aufs Höchste zu entwickeln. Bei dieser Art der Vinifikation werden die Beeren nicht gepresst, sondern einfach in der ganzen Traube in einen Bottich gekippt. Die Beeren auf dem Grund zerplatzen wegen des auf ihnen lastenden Gewichts. Der so entstehende Saft beginnt zu gären, so dass die Temperatur im Bottich ansteigt und die unversehrten Beeren ihrerseits in ihren Schalen zu gären beginnen. Dieses Verfahren ist deshalb von Vorteil, weil der Duft und die intensive Fruchtigkeit eines Weines zu einem großen Teil von dem abhängen, was sich im Inneren der Schalen befindet. Die Säure und das Tannin werden hauptsächlich durch das Aufbrechen und Pressen aus den Schalen gewonnen.

Diese interessante Gärmethode führt zu fruchtigen, temperamentvollen Weinen mit intensiven Aromen, die im jung und frisch getrunken werden wollen. Heute ist der Beaujolais Primeur oder Beaujolais Nouveau ein Phänomen auf den Exportmärkten, doch diese Mode begann erst in den späten 1970er Jahren. Der Beaujolais Nouveau, der nicht vor dem dritten Donnerstag im November freigegeben werden darf, entspricht fast der Hälfte der enormen Produktion dieser Weinbauregion. Darüber hinaus ist er eines von Frankreichs erfolgreichsten Exportgütern überhaupt: Um einen anscheinend unstillbaren Durst nach diesem Wein zu befriedigen, werden in jeder Saison Hunderttausende von Kisten per Luftfracht zu so entfernten Städten wie Sydney, Tokio, Hongkong, Seoul, San Francisco, New York, Stockholm, London und natürlich auch Paris gebracht.

Der hysterische Kult um den Primeur und die unglaublichen Gewinne, die der Weinhandel daraus zieht, haben zwangsläufig eine Gegenreaktion hervorgerufen: Heute gibt es Menschen, die nicht nur den Wein, sondern auch seine Konsumenten verächtlich machen. Das ist blanker Unsinn, denn es steht zweifellos fest, dass in Jahrgängen wie 2000 ein köstlicher, würziger, spritzig-fruchtiger Beaujolais mit überströmendem Bukett erzeugt wird. Als einzige Einschränkung wäre zu nennen, dass der Wein innerhalb 3–4 Monaten nach seiner Auslieferung getrunken werden sollte. Der Beaujolais Nouveau hat sich als nützlich erwiesen, um Neulinge mit den Herrlichkeiten dieses Rotweins bekannt zu machen, und er hat auch schon manchen Weintrinker von den verzuckerten weißen Zinfandels und den pappigen Liebfrauenmilchs abgebracht, die mancherorts den Markt beherrschen. Einige wenige arrogante Weinsnobs möchten Ihnen weismachen, dass der Beaujolais Nouveau nicht »in« ist, aber das ist einfach lächerlich.

Das Beaujolais allein unter dem Gesichtspunkt des Nouveau zu betrachten, hieße jedoch, dieser faszinierenden Region ein großes Unrecht anzutun. Neben dem Beaujolais Nouveau gibt es auch den Beaujolais Supérieur, der im Allgemeinen einen Monat nach dem Beaujolais Nouveau auf den Markt kommt. Dann ist da noch der Beaujolais-Villages, der eine Appellation für sich darstellt. Sie erstreckt sich über den größten Teil der Appellation Beaujolais, wo 39 Gemeinden von den Behörden auserwählt wurden, weil sie einige der besseren Weine der Gegend herstellen. Viele der Spitzenerzeuger produzieren einen Beaujolais-Villages Nouveau, weil er einen festeren, robusteren Charakter besitzt und drei bis vier Monate länger hält als der »richtige« Beaujolais Nouveau. Wenn Sie ihn wegen seiner unkomplizierten, überströmenden, frischen und offenherzigen Fruchtigkeit trinken, dann wird Ihnen ein guter Beaujolais Nouveau häufig mehr Vergnügen bereiten als ein Beaujolais-Villages Nouveau.

Den Ruhm und die Zierde des Beaujolais – abgesehen von seinen verträumten Tälern, fotogenen Hügeln und malerischen alten Dörfern – machen die zehn Beaujolais Crus aus. Diese Weine kommen alle aus einem Dorf oder vielmehr einer Gruppe von Dörfern am nördlichen Ende der Region Beaujolais. Und jedem Cru schreibt man einen eigenen Stil zu.

EINIGE ANMERKUNGEN ZU JÜNGEREN JAHRGÄNGEN UND DEN ALLGEMEINEN CHARAKTERISTIKA DER ZEHN BEAUJOLAIS-CRUS

Obwohl es Beispiele von alten Flaschen Beaujolais gibt, die ihre Frucht nicht eingebüßt haben (1991 habe ich im New Yorker Spitzenrestaurant Le Montrachet mit dessen Kellermeister, Daniel Johnnes, einen 1929er Moulin-à-Vent getrunken, der wunderbar in Ordnung war), sollten die meisten Beaujolais innerhalb weniger Jahre nach der Herstellung getrunken werden. Wenn Sie mit Beaujolais ein Alterungsrisiko eingehen wollen, sollten Sie zu Moulin-à-Vent greifen. Letztlich ist das eine Sache des persönlichen Geschmacks, doch wenn Sie diese Weine wegen ihrer spritzig-lebendigen, überströmenden und sich offen darbietenden Fruchtigkeit lieben, dann trinken Sie sie jung!

Der folgende kurze Überblick über die Spitzen-Crus des Beaujolais, von Nord nach Süd, beginnt mit **St-Amour**. Das ist ein Wein, der für seine gute Farbe bekannt ist, doch kann es ihm an Körper und Länge fehlen, da die Trauben häufig nicht ihre maximale Reife erreichen – abgesehen von außergewöhnlich heißen, trockenen Jahren wie etwa 1989. Unter günstigen Bedingungen zeichnet sich dieser Wein durch eine an Brombeeren und Himbeeren gemahnende Fruchtigkeit, mittleren Körper und weiche Art aus.

Juliénas ist eine der größeren Appellationen für Spitzen-Beaujolais. In Juliénas gibt es viele gute Produzenten, daher ist der Wettbewerb um die Erzeugung von Spitzenweinen sehr intensiv. Die besten Beispiele weisen die üppige, reiche und frische Fruchtigkeit des Beaujolals auf, gestützt von fülligem Körper, Intensität und relativ hohem Alkoholgehalt.

Der kleinste Beaujolais-Cru, **Chénas**, bringt Weine hervor, die Ähnlichkeit mit dem in nächster Nachbarschaft wachsenden Moulin-à-Vent aufweisen. Ein Chénas der Spitzenklasse zeigt eine tiefe, robuste und intensive Farbe und einen muskulösen, reichhaltigen und konzentrierten Stil. Es ist ein vollerer, stämmigerer Stil eines Beaujolais, der gelegentlich Duft und Eleganz vermissen lässt. Wegen ihrer Robustheit können viele Weine von Chénas vier bis fünf Jahre altern.

Moulin-à-Vent wird oft als der König des Beaujolais bezeichnet, und er ist gewiss auch der teuerste dieser Weine. Moulin-à-Vent bringt die kräftigsten, konzentriertesten und alterungsfähigsten Beaujolais hervor. Wenngleich er hoch bewertet wird, ist er in vieler Hinsicht untypisch und erinnert eher an einen mittelgewichtigen roten Burgunder von der Côte d'Or als an einen überströmend fruchtigen Beaujolais. Die Weine sind mindestens zehn Jahre haltbar, insbesondere diejenigen der besten Produzenten.

Dieselben Leute, die den Moulin-à-Vent als König des Beaujolais bezeichnen, nennen den **Fleurie** seine Königin. Mit einer der größeren Weinbauflächen der Region kann der Fleurie vielleicht als das typische Beispiel eines Beaujolais gelten – kräftig, duftig, reichhaltig und ohne die Gewichtigkeit, den Körper oder das Tannin der größeren Weine aus Moulin-à-Vent oder Chénas. In seiner Bestform ist er ein reintöniger, üppiger, seidiger und fruchtiger Wein, der unzweifelhaft verführerisch und entwaffnend ansprechend ist.

Die Weingärten des **Chiroubles** liegen auf den höchsten Erhebungen des Beaujolais. Die Weine gelten als die leichtesten und blumigsten aller Beaujolais Crus. Der Charakter dieses Weines ist in großem Maß von seinem durchdringenden, allgegenwärtigen Bukett geprägt. Die Kehrseite der Medaille liegt in der Tatsache, dass es dem Chiroubles an Körper mangeln kann, dass er rasch altert und fast immer im Laufe von 1–2 Jahren nach der Ernte getrunken werden muss.

Die **Morgon**-Weine genießen den Ruf, zu den eher robusten und haltbaren unter den Beaujolais Crus zu gehören. Sie zeigen eine beträchtliche Stilvielfalt, was angesichts der Größe des Anbaugebiets nicht verwundert. Viele sind voll und reichhaltig, während andere fade und hohl erscheinen. Bei einem großen Morgon finden sich exotische Geschmacksnuancen von überreifen Kirschen, Pfirsichen und Aprikosen und ein Hauch von Kirschwasser.

Der jüngste unter den Beaujolais Crus, der **Régnié**, bietet viele verschiedene Stilausprägungen. Die meisten örtlichen Kenner behaupten, dass ein klassischer Régnié einen intensiven Duft nach Cassis und Himbeeren besitze. Es handelt sich um einen Wein mit einem leichten bis mittelschweren Körper, der innerhalb von 3 Jahren nach der Ernte getrunken werden will.

Der **Brouilly**, ein weiterer großer Beaujolais Cru, ergibt verhältnismäßig leichte, aromatische, fruchtige Weine, die häufig nicht besser sind als ein Beaujolais-Village. Doch in den Händen der besten Produzenten gewinnen diese Weine einen zusätzlichen Grad an Charme und Frucht, der sie zu idealen Beaujolais macht.

Im Gegensatz hierzu ist der **Côte de Brouilly** ein Gewächs, dessen Anbauflächen auf besser entwässernden, exponierteren Hängen liegen. Die Weine pflegen alkoholreicher zu sein und mehr Körper und Glyzerin aufzuweisen als die von Brouilly. Was den gebietsspezifischen Beaujolais und Beaujolais-Villages betrifft, so fällt auch hier dem Winzer die wichtigste Rolle zu. Ein Beaujolais oder ein Beaujolais-Villages bester Qualität kann also zu den besten Funden auf dem Markt gehören.

In Bezug auf die Jahrgänge bietet 1997 fette, runde Weine voll üppig-süßer Frucht. Auf einen extrem heißen August folgte ein September mit warmen Tagen und kühlen Nächten. (»Es war der schönste September meines Berufslebens«, sagte Georges Dubœuf, der namhafteste *négociant* dieser Region.) Diese Witterung ließ fruchtbetonte Weine mit relativ niedrigem Säuregehalt entstehen – insbesondere im Vergleich mit den 1996ern. Die 1997er sind Weine, die früh ihre Bestform erreicht haben werden und größtenteils bis 2003 getrunken sein wollen.

Wie anderswo in Zentral- und Nordfrankreich gab der Regen im Beaujolais während der Ernte 1998 Anlass zur Sorge. Nach einem extrem heißen und sonnigen Monat August begann die Lese in den ersten Septembertagen und wurde etwa jeden dritten Tag durch Regenschauer unterbrochen. Vorgezogene Verkostungen zeigen, dass es gewissenhaften Winzern gelungen ist, die verwässernden Auswirkungen des Regens zu vermeiden, indem sie jede Parzelle zum optimalen Zeitpunkt aberntetеn. Die Trauben jener Winzer, die Behangausdünnung praktizieren und vernünftige Erträge ernten, waren bereits voll ausgereift, während ihre Nachbarn die Regen abwarten mussten. Alles in allem scheint 1998 ein guter Jahrgang für das Beaujolais mit ansprechender und aufgeschlossener Frucht (aber nicht so üppig wie bei den 1997ern) und schöner Ausgewogenheit zu sein. Die meisten sollten bis 2004 getrunken werden.

Der Jahrgang 1999 brachte ausgezeichnete bis hervorragende Weine in bestimmten früh reifenden Appellationen wie Régnié, Morgon, Fleurie und Moulin-à-Vent hervor, war jedoch enttäuschend in Chiroubles, St-Amour, Chénas und Juliénas, wo die Trauben die physiologische Reife nicht erreichten. »Wir hatten enormes Glück«, sagte Georges Dubœuf, als er über das Wetter berichtete, das den Jahrgang 1999 in der atemberaubend schönen französischen

Region Beaujolais bestimmte. Nach einem armseligen Sommer mit niedrigen Temperaturen und unaufhörlichem Regen »hatten wir zwei Wochen hervorragendes Wetter im September«. Dubœuf zufolge hoben die Wärme, die Sonne und der trockene Nordwind den Zuckerspiegel und konzentrierten die Säure. Dubœuf hielt fest, dass ein hoher Prozentsatz seiner Weine kaum chaptalisiert wurde, was im Beaujolais selten ist. Er hält 1999 »nicht für den Jahrgang des Jahrhunderts für das Beaujolais, aber das Jahr ist ausgezeichnet«.

Eine Anzahl der 1999er scheint unter der schnellen Reifung und damit des schnellen Anstiegs des Zuckergehalts zu leiden. Der natürliche potenzielle Alkoholgehalt stieg schneller an als die wirkliche physiologische Reife der Trauben. Deshalb hatten einige Weine Schwierigkeiten, den Alkohol in der Frucht aufzunehmen (bei einigen war der Abgang wegen des Alkohols ziemlich »warm«; andere Weine waren nicht so konsistent), und andere zeigten viel Tannin.

Georges Dubœuf glaubt, dass der 2000er ein »prächtiger« Jahrgang für das Beaujolais ist. Wie immer waren einige Appellationen besser als die anderen. Für Chiroubles, Régnié, Morgon, Fleurie, Moulin-à-Vent und Brouilly war es ein hervorragendes Jahr, die Rebflächen von Chénas, Juliénas und St-Amour wurden jedoch durch mehrere Hagelstürme Ende Juli beschädigt. Die besten 2000er haben eine wunderbare Farbe mit tief rubin- und purpurroter Tönung. Sie sind außerdem sehr aromatisch und ihr Himbeer- und Kirschenduft explodiert förmlich im Glas. Der 2000er Beaujolais hat in den erfolgreichsten Appellationen eine höchst eindrucksvolle Tiefe der Frucht, wirklich perfekte Säure als Gegengewicht und reifes Tannin. Einige der Weine sind fest strukturiert und enthüllen ganze Ladungen von Tannin, aber im Allgemeinen sind sie reif, süß und elegant. Die Weine der Gemeinden, denen es wegen der Hagelstürme nicht so gut erging, haben einen adstringierenden Abgang.

DAS MÂCONNAIS: EIN PARADIES FÜR DEN VERBAUCHER

Das Mâconnais, eine malerische Region südlich der Côte d'Or und der Côte Chalonnaise (am Nordrand des Beaujolais und eine Stunde südlich von Beaune), bringt die weißen Burgunder mit dem besten Preis-Leistungsverhältnis hervor. Die besten Mâcons, Pouilly-Fuissés und St-Vérans, jeweils reinsortige Chardonnays, können qualitativ mit den besten der Côte de Beaune mithalten.

Während viele der weißen Burgunder von der Côte de Beaune so hochpreisig sind, dass nur Milliardäre sie regelmäßig trinken können, bleiben die Mâconnais im vernünftigen Preisrahmen. Die große Mehrheit der Weine dieser Region sind geschmacklose, unreife Hervorbringungen von Koopertiven, aber die großen Weine des Mâconnais können es mit jedem Chardonnay der Welt aufnehmen.

DIE WAHRHEIT ÜBER BURGUND

Terroir – Fakten und Mythen

Wer Gelegenheit hatte, Burgund zu besuchen, einen Winzer kennen zu lernen oder sich mit einem leidenschaftlichen Anhänger der Weine aus dieser geheiligten Region zu unterhalten, hat bestimmt schon zu hören bekommen, dass das *terroir* für die Burgunderweine einfach alles bedeutet. Die Menschen von Burgund werden ihm sagen, dass ihre Weine wegen des *terroirs* gut sind, dass ihre erste Pflicht als Winzer darin besteht, dem *terroir* dazu zu verhelfen, in den Weinen zum Ausdruck zu kommen, und von Zeit zu Zeit werden sie einen Hinweis auf den *goût de terroir* (Terroir-Geschmack) des Weins fallen lassen. Was bedeutet das alles und was ist *terroir* überhaupt?

Terroir ist ein französisches Wort, das alle jene Wirkungen auf den Charakter eines Weins beinhaltet, die nicht dem Eingreifen des Menschen zuzuschreiben sind. Geologie, die verschiedenen Erd- und Bodenschichten, Drainage, Ausrichtung zur Sonne, Klima, Mikroklima, Hanglage usw. werden alle als Komponenten des *terroirs* angesehen. Wenn man diese Definition verwendet, wird deutlich, dass jede Rebparzelle, ob in Frankreich, Chile, Australien oder den Vereinigten Staaten über ein *terroir* verfügt. Die Qualität des *terroirs* und die Charakteristiken, die es einem Wein mitgibt, sind verschieden, aber *terroirs* gibt es überall. Tatsächlich gehörten die kalifornischen Weinmacher einst zu den ersten, die erklärten, dass alle mit dem *terroir* verbundenen Vorstellungen Unsinn seien, doch nun haben sie diesen Begriff für ihre eigenen Weine vereinnahmt. Im Laufe des letzten Jahrzehnts ist eine Fülle von Weinen aus Einzellagen aus Kalifornien gekommen, und das Bureau of Alcohol Tobacco and Firearms (BATF) hat die Aufsicht über die Schaffung und Durchsetzung amerikanischer Weinbaugebiete (AVA) seit den frühen 1980er Jahren übernommen. Australien, anscheinend die letzte Bastion anti-*terroir*-istischer Weinproduzenten, ist nun die Quelle zahlreicher Weine aus Monopol-Weingärten.

Es ist eine unbestreitbare Tatsache, dass das *terroir* in dem jeweiligen Duft- und Geschmacksprofil eines Weine eine Rolle spielt. Pinot Noir-Reben, die in Böden auf Lehmgrundlage wachsen, unterscheiden sich von den auf Kalkstein gedeihenden. Aber die burgundischen *vignerons* und die Pseudo-Intelligenzia (die so genannten *Terroir*-isten) wollen uns glauben machen, dass das *terroir* als wichtigster Faktor die Qualität und den Charakter eines Weins bestimmt. Das ist schlicht gesagt Unsinn.

Boden, Exposition (Lage zur Sonneneinstrahlung) und Mikroklima (alles Komponenten des *terroirs*) üben Einfluss auf den Charakter eines Weins aus, aber die Männer und Frauen, die über die Art des Rebbebstands, die Lese im Weinberg und die kellertechnischen Verfahren zu Vinifikation und Ausbau (*élevage*) entscheiden, sind ebenfalls von nicht geringem Einfluss auf das Ergebnis.

Bedenken Sie das Folgende:

1. Rebbestand: Ist er darauf ausgelegt, üppige oder geringe Erträge zu produzieren?

2. Hefen: Benutzt der Weinhersteller die wilden, im Weinberg von Natur aus auf den Trauben wachsenden Hefen oder kommerzielle Kulturhefen? Jede Hefe, ob wilde oder kommerzielle, verleiht dem Wein einen unterschiedlichen Komplex von Aromen, Geschmack und Textur.

3. Erträge und Alter der Rebstöcke: Hohe Erntemengen von beständig Übererträge produzierenden Reben ergeben verwässerte Weine. Niedrige Erträge, gewöhnlich unter 2 Tonnen pro 2,5 ha, oder 35–40 hl/ha, ergeben Weine von viel größerer Konzentration und Persönlichkeit. Darüber hinaus neigen junge Rebstöcke zur Überproduktion, während alte Reben kleine Beeren und weniger Wein erbringen. Das Ausdünnen des Traubenbehangs wird oft bei jüngeren Weinbergen angewandt, denn damit wird der Konzentrationsgehalt angehoben.

4. Erntephilosophie: Wird die Frucht unausgereift geerntet, um mehr Säure zu bewahren, oder vollreif, um die Üppigkeit und Opulenz einer bestimmten Rebsorte zu betonen?

5. Vinifizierungstechniken und kellertechnische Ausrüstung: Es gibt eine erstaunliche Anzahl von Techniken, die die Aromen und Geschmackskomponenten des Weins verändern können. Darüber hinaus kann die Wahl der kellertechnischen Geräte (unterschiedliche Pressen, Entrapper etc.) einen tief greifenden Einfluss auf den endgültigen Wein haben.

6. Ausbau des Weins (*élevage*): Wird der Wein in kleinen Eichenfässern, Zementbehältern, Edelstahltanks oder riesigen Eichenholzfässern (die die Franzosen *foudres* nennen) ausgebaut? Wie groß ist der Prozentsatz von neuen Eichenholzfässern? Alle diese Elemente üben einen großen Einfluss auf den Charakter des Weins aus. Dazu kommt, dass der »Abstich« (Abziehen des jungen Weins vom Bodensatz), also das Umfüllen von einem Fass in das andere, eine immense Auswirkung auf Bukett und Geschmack des Weines hat. Erlaubt man dem Wein, lange in Kontakt mit seinen Hefen zu bleiben (was dem Wein angeblich größere aromatische Komplexität und Fülle verleiht)? Oder wird er häufig abgestochen, weil man fürchtet, er könne einen unerwünschten Hefegeruch annehmen?

7. Schönen und Filtrieren: Selbst die konzentriertesten und profundesten Weine, die die *Terroir*-isten als essentielle Beispiele für die Boden-Theorie ansehen, können durch über-

mäßiges Schönen und Filtrieren kastriert und damit ihrer Persönlichkeit und Reichhaltigkeit beraubt werden. Behandelt der Hersteller den Wein mit Fingerspitzengefühl oder ist er ein Erzeuger/Verarbeiter, der es darauf abgesehen hat, den Körper des Weins umzuformen, gar zu verstümmeln?

8. Zeitpunkt der Flaschenabfüllung: Führt der Weinmacher die Flaschenabfüllung frühzeitig durch, um so viel Frucht wie nur möglich zu bewahren, oder tut er das lieber später, um dem Wein einen weicheren, ausgereifteren Charakter zu verleihen? Fraglos kann die Weinbereitungsphilosophie, zu welchem Zeitpunkt etwa das Abfüllen in die Flasche durchzuführen ist, den Charakter eines Weins radikal ändern.

9. Kellertemperatur und hygienische Bedingungen: Einige Weinkeller sind kalt, andere warm. Die Weine aus kalten Kellern (wo die Entwicklung langsamer stattfindet und die Weine weniger zur Oxidation neigen) unterscheiden sich von den aus warmen Kellern kommenden (wo die Ausreifung von Aromen und Geschmacksnuancen rascher vor sich geht und die Weine schneller oxidieren). Und noch etwas: Sind die Weinkeller sauber oder schmutzig?

Dies sind nur ein paar Faktoren, die außergewöhnliche Auswirkungen auf den Stil, die Qualität und die Persönlichkeit eines Weins haben können. Die Entscheidungen, die Männer und Frauen diesbezüglich treffen, auch wenn sie unbestritten nach höchster Qualität streben, können weit mehr zum Charakter eines Weins beitragen als das *terroir* des Weinbergs.

Das *terroir* hält ein Potenzial bereit und die Weinmacher erschließen dieses Potenzial oder sie tun das nicht. Die größten Weinmacher der Welt, die mit Pinot Noir in Washington, D.C., konfrontiert wären, würden es nicht schaffen, daraus einen großen Wein zu machen, weil das *terroir* einfach nicht für die Traubenproduktion geeignet ist. In guten Jahren ist das Qualitätspotenzial der burgundischen *terroirs* jedoch riesig. Das Problem liegt darin, dass nur wenige Weinmacher das Potenzial ihrer Rebflächen ausschöpfen.

Das *terroir* hat auch das Potenzial, bestimmte Eigenheiten auf den Wein zu übertragen. So wie einige Blütenpflanzen saure Böden und eine sonnige Lage bevorzugen, so hat jede Rebsorte ihre Präferenzen, die sich in der Qualität und dem Aussehen der Trauben und den daraus entstehenden Weinen widerspiegeln. Viele *Terroir*-isten behaupten, dass gut gemachte Burgunder das *terroir* in ihrem Aroma, in ihrer Textur sowie in ihren Duft- und Geschmacksnoten förmlich hinausschreien. Fraglos überträgt das *terroir* bestimmte Charakteristika und Nuancen auf den Wein, aber immer ist das Händchen des Weinmachers entscheidend.

Wenn man zum Beispiel bei einer Blindverkostung die fünf Premiers Crus Beaunes der Domaine Albert Morot, einen von Louis Jadot und einen anderen von Tollot-Beaut anbietet, werden die Jadot- und Tollot-Beaut-Weine sich als ganz verschiedenartig von den Morots abheben. Dieselbe Übung lässt sich mit jeder Appellation von Burgund mit demselben Resultat durchführen. Wie gesagt: Das Händchen des Weinmachers ist entscheidend.

Doch für diejenigen, die nach fesselnden Verkostungen Ausschau halten, die wirklich die Unterschiede des *terroirs* nachzeichnen, hat Bruno Clair zwei benachbarte Gevrey-Chambertins (Cazetiers und Clos St-Jacques), die im selben Jahr mit demselben Rebbestand gepflanzt und im Weinberg und im Keller identisch behandelt wurden. Es gibt profunde Unterschiede zwischen den beiden Weinen: Der Cazetier ist im Allgemeinen polierter, eleganter und spritzig, während der Clos St-Jacques dazu tendiert, sich als entgegenkommender, wuchtiger, explosiver Wein darzustellen.

Kurz, die Verbraucher sollten sich bewusst sein, dass das *terroir* eines Weinbergs einen Faktor im Charakter des Weins bildet; doch der wichtigste Faktor ist nun einmal die Qualität des Produzenten, der ihn gestaltet hat. Nur allzu oft stellt die fast hysterische Obsession mit dem *terroir* das Wichtigste in den Schatten – nämlich diejenigen Weinerzeuger zu identifizieren und zu finden, die den Wein zu einem köstlichen und schmackhaften Genuss machen!

Sind die Weine Burgunds heute ebenso gut wie vor 20 oder 40 Jahren?
Sie sind heute besser als früher. Erstens gibt es keinerlei Anzeichen mehr dafür, dass rote Burgunder gepanscht (verfälscht) werden. Die illegale Praxis, sie mit minderwertigen, alkoholreicheren und tiefer gefärbten Weinen aus Südfrankreich und Nordafrika zu vermischen, was bis in die frühen 1970er Jahre weithin üblich war, scheint eingestellt worden zu sein. Zweitens erkannten viele Produzenten, dass es eine Torheit war, Klone von Pinot Noir anzupflanzen (wie etwa die Pinot Droit, die statt Qualität üppige Erträge förderte), und haben statt dessen begonnen – ermutigt und unterstützt von den önologischen Fakultäten der führenden Universitäten – ihre Weingärten mit ertragsärmeren Pinot Noir-Klonen neu zu bestocken, etwa mit Pinot Fin, genannt 115.

Ein dritter und möglicherweise noch wichtigerer Qualitätsfaktor war die starke Kritik an der übermäßigen Schönung und Filtrierung von Pinot Noir und Chardonnay, die Mitte der 1980er Jahre aus der Befürchtung heraus einsetzte, dass der Wein kastriert und ihm sein Geschmack genommen würde. Mit dem Einzug neuer Technologien hatten viele Winzer gelernt, wie sie ihre Weine so rasch wie möglich in die Flasche bringen konnten, vehement unterstützt von deutschen Mikroporen-Filtern und Zentrifugen, die einen Wein auf Knopfdruck klären (und verstümmeln) konnten. So entfiel auch die Notwendigkeit eines beschwerlichen, arbeitsintensiven Abstichs. Außerdem erhielten die Winzer schnellere Bezahlung für ihre Wein, da sie rasch in die Flasche getrieben werden konnten. Das Ergebnis waren nur allzu oft wundervoll brillante, geschliffene, attraktiv aussehende Weine, die wenig Charakter und Geschmack boten. Allerdings ist das übermäßige Schönen und Filtrieren des Weins in Burgund immer noch ein bedeutendes Problem. Doch mehr und mehr Produzenten setzen die Notwendigkeit des Schönens von Jahrgang zu Jahrgang neu fest und haben aufgehört, systematisch zu filtrieren – eine Reaktion auf die zunehmenden Forderungen seitens einiger der besten amerikanischen Burgunder-Importeure, die nach natürlichen, unbehandelten und nicht manipulierten Weinen Ausschau hielten. Selbst Professor Feuillat, der Leiter der Fakultät für Weinbau an der Universität von Dijon, hat empfohlen, Burgunder Premiers Crus und Grands Crus nicht zu filtern, wenn der Wein ansonsten biologisch stabil und klar ist. Dennoch haben allzu viele der für den Einkauf von Burgunderweinen verantwortliche Großhändler und Importeure Produzenten ermutigt, übermäßig zu schönen und zu filtrieren, statt selbst die Verantwortung dafür zu übernehmen, dass der Wein in temperaturkontrollierten Containern verschifft wird, was garantieren würde, dass er in gesunder Verfassung in den Einzelhandel kommt. Der wachsenden Anzahl amerikanische Burgunder-Importeure, die nicht nur darauf bestehen, dass ihre Weine nur minimal geschönt und filtriert werden, sondern die ihre Weine auch in klimatisierten Containern verschiffen, gebührt großer Beifall.

Diese Faktoren haben zusätzlich zu niedrigeren Erträgen, dem Einsatz von Fässern besserer Qualität und verbesserten hygienischen Bedingungen in den Kellereien zu vollkommeneren, im Bukett komplexeren und im Geschmack reichhaltigeren Weinen geführt. Daneben gibt es eine neue Generation von hochmotivierten Weinmachern, die Qualität ernster nehmen denn je. Menschen wie Lalou Bize-Leroy, Jean-Nicolas Méo, Christophe Roumier, Dominique Lafon, Jean-François Coche-Dury, Jacques Lardière und Jean-Pierre De Smet setzen sich selbst und ihre Kollegen unter Leistungsdruck, um Burgunderweine der bestmöglichen Qualität hervorzubringen.

Welches sind die bedeutsamen Unterschiede zwischen den Weinen von der Côte de Beaune und der Côte de Nuits?
An der Côte d'Or entstehen die profundesten Weine von ganz Burgund. Doch gibt es bedeutsame Unterschiede zwischen den beiden Berghängen, aus denen die Côte d'Or besteht. Die Côte de Nuits, die südlich von Dijon beginnt und südlich von Nuits St-Georges endet, bringt im Wesentlichen herrliche Rotweine hervor, während die Côte de Beaune, die nördlich von Beaune beginnt und sich bis nach Santenay südlich von Beaune erstreckt, unvergleichlich gute rote und weiße Weine erzeugt.

Die Rotweine der Côte de Nuits neigen dazu, voller und ein wenig tanninhaltiger zu sein, und kennzeichnen sich im Vergleich zu den Roten von der Côte de Beaune durch einen eher erdigen, an schwarze Frucht (schwarze Johannisbeeren, Schwarzkirschen und Pflaumen) erinnernden exotischen Charakter. Das sind natürlich grobe Verallgemeinerungen, doch pflegen die Rotweine von der Côte de Beaune wirklich etwas weniger Körper und Tannin zu besitzen (wobei die Pommards eine beachtenswerte Ausnahme bilden) und erscheinen in Duft und Geschmack angefüllt mit roten Früchten (Erdbeeren, Kirschen und roten Johannisbeeren). Außerdem wirken sie auch weniger erdig, weniger exotisch und in den meisten Fällen weniger alterungsfähig, wenngleich es natürlich Ausnahmen gibt. Man könnte auch sagen, dass ein kräftiger, reichhaltiger, generöser, viriler Pommard von der Côte de Beaune ein größer gebauter, fülligerer Wein ist als alles, was in Chamboll-Musigny an der Côte de Nuits produziert wird.

Während die Côte de Nuits nur eine Hand voll Weißweine produziert, von denen einige überragend sind, erzeugt die Côte de Beaune aus der Chardonnay-Traube Weißweine, die zu den größten der Welt zählen. Ob es sich nun um die außergewöhnlich langlebigen, reichhaltigen, präzise definierten Weißweine von Corton-Charlemagne, die nussigen, schmeichelnden, üppigen, leicht zu trinkenden Meursaults, die eleganten, stahligen Puligny-Montrachets oder die opulenten, fleischigen Chassagne-Montrachets handelt – die Côte de Beaune ist berühmt für ihre eleganten, stilvollen Rotweine und ihre außergewöhnlichen Weißweine.

Muss man Burgunderweine anders behandeln und kredenzen als Bordeauxweine?

Das Verblüffendste für alle, die schon einmal in einem Restaurant in Burgund oder im Heim eines Burgunder-Produzenten gegessen haben, ist, dass die Menschen dort selten eine Flasche roten Burgunders dekantieren, selbst wenn es sich um eine alte Flasche mit viel Bodensatz handelt. Im Gegensatz zum Bordelais, wo selbst junge Jahrgänge routinemäßig dekantiert werden, beschränkt man sich in Burgund lediglich darauf, einfach den Korken zu ziehen und den Wein direkt aus der Flasche zu servieren. Das hat mich viele Jahre lang fasziniert, und ich habe mich oft gefragt, warum beim Kredenzen des Weins zwischen den beiden Regionen ein so gravierender Unterschied besteht. Liegt es daran, dass sich der Bordeaux tatsächlich mit dem Dekantieren verbessert, der Burgunder aber nicht? Oder gibt es andere Gründe, die geschichtliche Ursachen haben?

Mancher Einheimische meint, dass Burgund, im Wesentlichen ein Land von Bauern und kleinen landwirtschaftlichen Betrieben, niemals jene Art des vornehmen Servierens und steifen Benehmens tolerierte, wie man sie in Bordeaux kennt, das immerhin jahrhundertelang von den Engländern beherrscht wurde, die ja seit jeher für ihr Festhalten an der Etikette bekannt sind. Das zeigt sich auch im heutigen Lebensstil dieser beiden Regionen. Selten sieht man einen Weinhändler oder professionellen Verkoster, der ohne Anzug und Krawatte im Bordelais herumreist. Dagegen glaube ich nicht, dass ich in Burgund jemals einen Winzer mit Anzug und Krawatte gesehen habe. Sportlich-bequeme Kleidung wird nicht nur toleriert, sondern ist die akzeptierte Regel, wenn man einen Winzer besucht. Erstreckt sich das auch auf die Tafel, wo das Dekantiergefäß deutlich für einen pompöseren Servierstil zu stehen scheint? Gewiss haben die großen englischen Glasfabriken, die im 18. und 19. Jahrhundert gebaut wurden, den Gebrauch von Dekantiergefäßen für Rotwein aus dem Bordelais propagiert, der immer einen schwereren Bodensatz zu haben schien als die leichteren, feineren Ablagerungen, die man häufig in Burgunderweinen fand. Ist das der Grund, warum es Routine wurde, Bordeaux zu dekantieren, nicht aber Burgunder? Das mag so sein, doch viele Winzer in Burgund haben mir berichtet, dass Dekantiergefäße als Extravaganz betrachtet wurden und daher zu vermeiden seien.

Nach meiner Erfahrung ist der Charakter eines großen Burgunders im Wesentlichen auf seine immense aromatische Komplexität zurückzuführen. Das Flaschenbukett, insbesondere, wenn es ein sehr nuanciertes ist, kann sehr flüchtig sein und beginnen auseinanderzubrechen, sobald es der Luft ausgesetzt wird. Dekantiert man einen verschlossenen, jungen, strengen Bordeaux, kann ihn das nach 5–10 Minuten im Dekantiergefäß aufgeschlossener erscheinen lassen. Doch das übermäßige Belüften eines Burgunderweins durch das Dekantieren führt oft dazu, dass er sein Bukett vollständig verliert und schlaff und formlos wird. Zweifellos gibt es Ausnahmen. Viele der *négociants*, die alte Vorräte besitzen, behaupten, dass gewisse alte Weine gut ein bis zwei Stunden lang vor dem Genuss atmen und dekantiert werden müssen. Die Erfahrung zeigt, dass das Gegenteil der Fall ist.

Andererseits verbessern sich weiße Burgunder (insbesondere wenn sie jung sind) bedeutend, wenn man sie 20–25 Minuten der Luft aussetzt. Superreicher Montrachet von Produzenten wie Ramonet oder der Domaine de la Romanée-Conti sollten am besten bei Zimmertemperatur kredenzt (kühl, nicht kalt) und dekantiert werden; eine Belüftung von 20–25 Minuten fördert ihre Entfaltung.

Ein weiterer bedeutender Unterschied zwischen Burgund und dem Bordelais sind die Gläser, in denen Burgunderweine häufig kredenzt werden. Im Bordelais wird das konventionelle tulpenförmige Glas oder das berühmte INAO-Degustationsglas bevorzugt. In Burgund findet man ein nach Art eines Cognacschwenkers ballonförmig geformtes, dickes, gedrungenes Glas mit einem kurzen Stiel nicht nur in den Kellern der Winzer und den Büros der *négociants*, sondern sogar in den Restaurants von Burgund. Man glaubt, dass diese ausladenderen Gläser das intensive, zu Kopf steigende Parfüm des Burgunders hervorheben. Einige Restaurants treiben das auf die Spitze und bieten ihren Gästen ein übergroßes, etwa 700 ccm fassendes Glas an. Dieses Glas ist so groß, dass der Wein sich in Wirklichkeit darin verlieren kann, und das Bukett flaut so rasch ab, dass der Weintrinker gar nicht erst die Chance hat, es aufzunehmen. Die kleinen, ballonförmigen, Cognacschwenker-ähnlichen Gläsern eignen sich ausgezeichnet für Burgunderweine. Die INAO- und tulpenförmigen Gläser sollten nur für Bordeauxweine benutzt werden. Es ist höchst wichtig, dass roter Burgunder kühler als ein Bordeaux serviert wird, vorzugsweise bei einer Temperatur von etwa 15–18 °C, nicht wärmer. In Anbetracht seines relativ hohen Alkoholgehalts und seines Duftes serviert man roten Burgunder am besten leicht gekühlt, denn nur so lassen sich die Präzision der Geschmackskomponenten, die Reintönigkeit und die klare Linie all der komplexen Nuancen in seinem Bukett wahrnehmen. Um das nachzuprüfen, müssen Sie nur denselben Wein mit einer Temperatur von 20–22 °C servieren, dann werden Sie sehen, wie suppig, verpfuscht und alkoholreich der Wein schmeckt. Beaujolais sollte sogar noch kühler serviert werden 12–14 °C, und guter weißer Burgunder bei 13–15 °C. Ein großer Montrachet oder Meursault sollte etwas wärmer, 15–17 °C oder bei Zimmertemperatur angeboten werden, vorausgesetzt, diese beträgt nicht mehr als 18 °C. Es ist unvernünftig, das Geld für einen hinreißenden, komplexen weißen Burgunder auszugeben, ihn dann aber zu unterkühlen und damit sein Bukett und seine Geschmacksnuancen in Winterschlaf zu versetzen.

Abschließend sollte man also daran denken, dass Burgunderweine in zwei Punkten anders behandelt sein wollen als Bordeauxweine. Zum einen kann ein Burgunder durch übermäßige Belüftung schwer geschädigt werden, während diese dem Bordeaux selten zum Nachteil gereicht, obwohl sich darüber streiten lässt, wie viel er durch das Dekantieren gewinnt. Zum anderen muss Burgunder leicht gekühlt serviert werden, wenn er sich in Bestform präsentieren soll. Einen Bordeaux kann man jedoch bei etwa 17–19 °C kredenzen, also merklich wärmer als Burgunder.

In welchem Lebensjahr hat ein roter oder weißer Burgunder den besten Zeitpunkt seiner Genussreife erreicht?

Angesichts der vielfältigen Weinbereitungstechniken und -philosophien, die von den Winzern und *négociants* in Burgund angewandt werden, ist die Voraussage, wann die meisten Burgunder auf dem Höhepunkt ihrer Reife stehen werden, ein besonders gefährliches Spiel. Indessen lässt sich sagen, dass die Mehrzahl der Weine von Chablis in ihren ersten 5 oder 6 Lebensjahren getrunken werden sollten, da nur eine Hand voll Chablis-Produzenten (d. h.

Raveneau) Weine machen, die sich nach 6 Jahren in der Flasche verbessern oder über 6 Jahre hinaus halten.

Bei den Weinen aus den Anbaugebieten des Beaujolais und Mâconnais kann man immer wieder auf einen 10 Jahre alten Beaujolais oder einen außergewöhnlichen Puilly-Fuissé verweisen, der 10 oder 20 Jahre überdauert hat, doch handelt es sich dabei um seltene Fälle. 55% der Weine aus dem Beaujolais und Mâconnais sollten ausgetrunken sein, bevor sie ihr 3. Lebensjahr erreicht haben. Sobald diese Grenze überschritten ist, stehen die Chancen für den Verbraucher schlecht.

Bei den großen roten und weißen Weinen der Côte d'Or ist es zwar Geschmackssache, wenn jemand Burgunder kauft und ihn nicht in seinen ersten zehn Lebensjahren trinkt. Ich bin jedoch sicher, liebe Leser, Sie werden von den meisten Flaschen enttäuscht sein, die Sie nach dieser Zeit entkorken. Selbst die derbsten, konzentriertesten, intensivsten roten und weißen Burgunder scheinen ihre Tannine erstaunlich rasch abzuwerfen und 5–6 Jahre nach der Ernte den Höhepunkt ihrer Genussreife zu erreichen. An diesem Punkt beginnen sie ihre Frucht und ihre Frische zu verlieren und in 10–12 Jahren beginnt der Verfall. Natürlich kann der Jahrgang an sich einen großen Unterschied machen. Wer 1982er rote Burgunder gekauft hat, sollte sie lange vor ihrem 10. Lebensjahr verbraucht haben. Wer 1983er gekauft hat und der Meinung war, dass die Zeit diese muskulösen, tanninhaltigen, oft von Fäule befallenen, umstrittenen Weine nur verbessern konnte, wird enttäuscht werden. Die einst sensationellen 1985er roten Burgunder sind 1995 voll ausgereifte und ausgezeichnete Weine, doch wenige haben im Laufe der letzten paar Jahre an Statur und Genuss gewonnen. Und was noch alarmierender ist: Viele 1985er haben begonnen, ihre Frucht einzubüßen, und schmecken ausgetrocknet. Eine gute Faustregel für Sie ist, dass Sie Ihren roten Burgunder innerhalb von 10 Jahren nach der Ernte trinken können. Dabei sollten Sie sich aber bewusst sein, dass es Jahrgänge wie 1996, 1995, 1993, 1990, 1988, 1978, 1976 und 1972 für rote Burgunder gibt, bei denen einige der besten Weine mehr als 10 Jahre benötigen könnten, um zu ihrer vollen Genussreife zu gelangen. Doch sind das immer Ausnahmen, selbst bei den Weinen aus diesen Jahrgängen.

Die Zeitspanne der mögliche Genussreife von rotem und weißem Burgunder ist eine der engsten unter den größten Weinen weltweit. Dagegen ist eine der großartigen Eigenschaften der Bordeauxweine ihre lange Spanne von Jahren, in deren Verlauf sie getrunken werden können. Und das ist zweifellos ein Grund dafür, warum sie sich der hohen Preise und einer großen internationalen Anhängerschaft erfreuen. Hat eine Flasche Bordeaux den Höhepunkt ihrer Genussreife erreicht hat, kann sie häufig 10, 15, manchmal 20 Jahre in diesem Stadium verharren, bevor der allmähliche Niedergang einsetzt. Ich habe gesehen, wie Burgunderweine den Gipfel ihrer Genussreife in 5 Jahren erreichen und dann rasch innerhalb von 6 oder 7 Monaten verblassen. Das Fenster, das die Aussicht auf die optimale Trinkreife der meisten roten und weißen Burgunder freigibt, ist klein und schließt sich rasch. Das ist kein ungewöhnliches Phänomen. Sammler, die Burgunderweine eingelagert und getrunken haben, berichten von ähnlichen – häufig traurigen – Erfahrungen. Während der Bordeauxwein über eine lange, großzügige Periode hinweg genossen werden kann, sollten Kenner und Liebhaber von Burgunderweinen die Entwicklung ihrer Burgunder genau überwachen oder die unerquicklichen Folgen tragen. Die meisten Burgunder können buchstäblich ihren Höhepunkt erreichen und gleichzeitig ihren Abstieg beginnen, der oft erschreckend schnell, innerhalb von 6–9 Monaten nach Erreichung der vollen Trinkreife, vor sich geht. Das ist schmerzlich, doch eine Realität, die man beim Kauf und bei der Einlagerung von roten Burgundern berücksichtigen sollte. Man kann also sagen: Eine zuverlässige Degustations-Bewertung eines Spitzen-Bordeaux kann für einen Zeitraum von 10–15 Jahren gelten und zutreffen. Eine Verkostungsnotiz über einen Spitzenburgunder hat vielleicht nur für 6 Monate oder kürzer Gültigkeit und Sinn. Infolgedessen sollten meine Leser den Burgunder-Degustationsnotizen bedeutend weniger Wichtigkeit zumessen und mehr

Aufmerksamkeit den Produzenten, der Qualität ihrer Weine und den besten Weinbergen oder Marken entgegenbringen.

Wie sollte ein großer roter Burgunder schmecken, wenn er voll ausgereift ist?

Es ist leichter, bei denjenigen Schlüsselfaktoren Übereinstimmung zu erzielen, die häufig zu großen roten Burgundern führen. In der Reihenfolge ihrer Wichtigkeit sind dies: 1) der Boden, die Lage und die Ausrichtung des Weinbergs, 2) niedrige Erträge, 3) physiologisch reife Trauben und 4) hochklassige Weinbereitung, zu der hohe Anforderungen bezüglich der hygienischen Bedingungen ebenso gehören wie die sorgfältigste, schonendste Weinbereitung bei minimaler Intervention mit Ausnahme des gelegentlichen Abstichs (Umfüllen des Weins von einem Fass in ein anderes). Zumindest alle großen roten Burgunder sind ein Ergebnis aus all dieser Faktoren. Doch roter Burgunder in seiner sublimsten Form ist ein Wein, der am schwierigsten zu beschreiben ist, da er rasch reift, zahlreiche Entwicklungsstadien durchmacht und in alarmierender Geschwindigkeit verblassen kann. Wahrhaft profunder roter Burgunder lässt sich kaum finden, weil die Pinot Noir-Traube ein unergründliches Geheimnis besitzt, die keine typische, erkennbare Charaktereigenschaft an den Tag legt wie die Cabernet Sauvignon- oder die Chardonnay-Traube.

Die größten Beispiele ausgereiften roten Burgunders besaßen alle die im Folgenden aufgezählten Charakteristika: Erstens war ihnen ein eindringliches und unwiderstehliches Bukett eigen, das einen dekadenten, fast fauligen Geruch erahnen ließ, der an altes abgehangenes Fleisch erinnerte, verbunden mit einem intensiven und anregenden Aroma von asiatischen Gewürzen und getrockneten Kräutern. Zweitens hatten sie Schichten um Schichten von schwarzen und roten Früchten, die mit einer Kaskade sich zunehmend ausbreitender texturierter Geschmacksempfindungen förmlich am Gaumen explodierten. Sie besaßen relativ hohen Alkoholgehalt, ihre strukturale Linie wurde eher durch angemessene Säure als durch Tannin definiert, und sie zeigten einen seidigen und üppigen Abgang, der mehrere Minuten lang andauerte. Diese Weine vermittelten eine derart außergewöhnliche Süße, dass man beim Trinken den Eindruck hatte, man äße Pralinen.

Was macht Duft und Geschmack eines großen weißen Burgunders aus?

Jeder Weintrinker hat zweifellos eine feste Vorstellung davon, was die feinsten Chardonnays, insbesondere diejenigen aus der Neuen Welt, an Aroma und Geschmack zu bieten haben. Doch wie viele von Ihnen haben schon einmal einen wirklich großen weißen Burgunder getrunken? Sicherlich beschränken die erschreckend hohen Preise seinen Markt auf weniger als 1% des weintrinkenden Publikums. Tatsächlich ist es fast unfair, einen großen weißen Burgunder mit einem Chardonnay aus der Neuen Welt zu vergleichen. Die überwiegende Anzahl der Chardonnays aus der Neuen Welt muss 2–3 Jahre nach der Ernte verbraucht werden. So genussreich sie auch sind, spielen sie ihre Komponenten doch eher gegeneinander aus, als sie in vollkommener Harmonie zu vereinen. Vielleicht liegt es daran, dass den meisten Chardonnays aus der Neuen Welt Säure zugesetzt werden muss, dass man bei der Verkostung den Eindruck gewinnt, sie seien aus den separaten, aber gleichwertigen Bausteinen Säure, Struktur, Frucht und Holz zusammengesetzt. Auf der anderen Seite enthalten große weiße Burgunder ebenfalls alle diese Komponenten und gehen doch eine harmonische Verbindung ein, in der kein Element die Oberhand besitzt. Ihre größten Beispiele verbinden ein außergewöhnliches Parfüm von Äpfeln, Honig, Vanille, nassen Steinen und manchmal Orangen, Zitronen und Mandarinen mit Geschmacksnuancen, die von rauchig, buttrig und nussig manchmal bis zu einem Geschmack nach Pfirsichen und in den opulenteren, reifen Exemplaren sogar bis zu tropischen Früchten wie Bananen, Mangos und Ananas reicht. Was sie so unwiderstehlich macht, ist natürlich ihre Präzision und Balance, wobei sich alle genannten komplexen Komponenten im Glas und auf der Zunge entfalten. Einige weiße Burgunder haben zudem den Vorteil, dass in kleinen Jahrgängen ein kleiner Prozentsatz von ihnen 10–20 Jahre lang in der Flasche überdauern und sich im Laufe dieser Alterungsphase verbessern und noch mehr Nuancen entwickeln kann, doch ist die Zahl derer, die sich wirklich nach 7–8 Jahren verbessern, sehr gering. Die Weine der größten Produzenten von weißem Burgunder, wie etwa Niellon, Colin-Deleger, Bernard Morey und Ramonet in Chassagne-Montrachet, Sauzet und Leflaive in Puligny-Montrachet, Jean-Marie Raveneau und René et Vincent Dauvissat in Chablis, Guffens-Heynen und Daniel Barraud im Mâconnais, die legendäre Domaine de la Romanée-Conti, der exquisite Corton-Charlemagne des Hauses Louis Latour, Louis Jadot in Corton-Charlemagne und die nicht filtrierten, unwiderstehlichen Meursaults von Jean-François Coche-Dury und Comte Lafon scheinen alle diese Charakteristiken in unterschiedlichen Anteilen zu besitzen, je nach der Qualität des Jahrgangs.

Eignet sich ein Burgunder ebenso gut wie ein Spitzenbordeaux, ein Hermitage, ein kalifornischer Cabernet oder ein italienischer Barolo oder Barbaresco dazu, zur Kellerreife eingelagert zu werden?

Die Antwort auf diese Frage ist ein klares Nein. Während einige Oldtimer unter den Weintrinkern darüber klagen, dass der Burgunder nicht mehr wie einst bereitet wird, scheinen sie vergessen zu haben, dass Burgunder noch nie besonders gut zu altern vermochte. Man kann zweifellos auf eine Handvoll seltener Exemplare wahrhaft aufregender Burgunder hinweisen, die zwei, drei oder manchmal vier und mehr Jahrzehnte überdauert haben und dabei ihre Frucht bewahrten und noch mehr Nuancen und Feinheiten entwickelten, doch diese Fälle sind deutlich in der Minderheit – eine Tatsache, die sowohl auf rote wie weiße Burgunder zutrifft.

Es ist unbestreitbar, dass Autoren, die ihren Lesern raten, Burgunderweine ein Jahrzehnt lang einzulagern, nicht das Wohl der Verbraucher am Herzen liegt. Um noch einmal darauf hinzuweisen: Die meisten roten Burgunder der heutigen Zeit, selbst aus den feinsten Jahrgängen (z.B. 1990), sollten innerhalb von 10–12 Jahren nach der Ernte verbraucht sein. Diese Regel ist auf weiße Burgunder sogar noch strenger anzuwenden. Die Trinkbarkeitsspanne für weiße Burgunder liegt normalerweise in einem Zeitraum von 7–8 Jahren nach der Ernte. Die Gründe dafür sind einfach. Die aus der Pinot Noir-Traube bereiteten roten Burgunder haben einfach nicht den Tanningehalt oder die Geschmacksextraktion, die sie länger als 10–12 Jahre lang stützen könnten. Überdies gehören zu den schönsten und genussreichsten Eigenschaften der Pinot Noir-Traube ihr Bukett und ihre süße, reife, samtige Fruchtigkeit, und gerade diese beiden Eigenschaften sind es, die bei einem Pinot Noir-Wein zuerst auseinanderbrechen und sich auflösen. Auch wenn die feinsten roten Burgunder, die zwei oder mehr Jahrzehnte halten können, bieten im Allgemeinen in ihrem ersten Lebensjahrzehnt den schöneren Trinkgenuss. Selbst die seltenen langlebigen, wuchtigen Jahrgänge wie 1959, 1964, 1969 und 1978 waren am besten, wenn man sie in den ersten 10–15 Jahren ihres Lebens trank, obwohl die feinsten Exemplare aus der Hand der Spitzenproduzenten noch heute märchenhaft sein können. Jeder Burgunderliebhaber sollte nur so viel davon kaufen, wie er für den Trinkgenuss in der unmittelbaren Zukunft braucht. Die zweifelhafte Alterungsfähigkeit der roten Burgunder ist stets ein Problem gewesen und nicht irgendwelchen modernen Weinbereitungstechniken anzulasten. Obwohl natürlich hohe Erträge und die Abhängigkeit von chemischer Düngung wie auch von Fungiziden, Herbiziden und Pestiziden die Fähigkeit der roten Burgunder, nach einem Jahrzehnt anmutig zu altern, zusätzlich herabgesetzt haben.

Wenn Sie Burgunder kaufen wollen, der für einen Trinkgenuss in 15–20 Jahren bestimmt ist, sollten Sie ihre Einkäufe auf die Weine von nicht mehr als etwa einem halben Dutzend Produzenten beschränken. Insbesondere die Domaine Leroy, die Domaine du Comte de Vogüé und kleine Produzenten wie Comte Lafon stellen immer noch Weine her, die auch im Alter von 10 und in manchen Fällen 20 Jahren unwiderstehlich und üppig sind. Selbst die teuersten und häufig größten Weine von Burgund, die von überragenden Produzenten wie Domaine de la Romanée-Conti, Domaine Méo-Camuzet, Domaine Dujac und Philippe Leclerc stammen, sind gewöhnlich in einem Alter von 8–15 Jahren in Bestform. Nach dieser Zeit verbessern sie sich nur mehr selten und halten sich auch nicht mehr gut.

Sind die besten Weine von Burgund gute Investitionen?
Während es angesichts der Luxuspreise, die Spitzen-Châteaus im Bordelais fordern, beim Publikum immer beliebter geworden ist, in Weine zu investieren, haben Burgunder niemals eine so gute Wertanlage geboten wie die Bordeauxweine. Aus Gründen finanziellen Profits in Wein zu investieren, ist abstoßend. Es wird aber regelmäßig getan, zumindest mit den Premiers Crus und den Super-Deuxième Cru-Châteaux im Bordelais wie auch mit einer Hand voll der Pomerols und St-Émilions aus begrenzter Produktion. Doch zwischen dem Einkauf von Bordeaux und dem Erwerb von Burgunderweinen besteht ein himmelweiter Unterschied. Als erstes wird im Frühling, der auf die Ernte folgt, der Bordeaux im Vorverkauf auf Subskriptionsbasis zu einem Eröffnungspreis angeboten. Wenn der Jahrgang weithin gelobt wird und hohe Qualität zeigt, wird der Preis nur in eine Richtung verändert – nach oben. Burgunder werden nicht im Vorverkauf auf Subskriptionsbasis angeboten, obwohl spezialisierte Händler (meiner Meinung nach bedauerlicherweise) ihren Kunden den Verkauf von Burgunder auf einer »Vorausbasis« anbieten. Das fordert von den Käufern oft beträchtliche finanzielle Aufwendungen, die sie 6–12 Monate vor Eintreffen der Weine erbringen müssen. Das heißt im Kern, dass die Konsumenten die Burgunderkäufe des Händlers finanzieren. Heute werden die meisten Burgunder aus aktuellen Jahrgängen zu höheren Preisen gehandelt als die älteren Jahrgänge desselben Weins. Ein Überblick über die Auktionsergebnisse bei Christie's, Sotheby's und der Chicago Wine Company oder die zahlreichen New Yorker und kalifornischen Auktionen illustriert diesen Sachverhalt. Einige der größten Burgunder aus Jahrgängen der 1940er, 1950er und 1960er Jahre werden zu Preisen verkauft, die bedeutend unter denen für die 1990er, 1993er und 1995er – die drei letzten hoch eingeschätzten Jahrgänge – liegen. Die Gründe dafür sind: 1) Die Verbraucher haben kein Vertrauen zu Burgunder, 2) kluge Käufer haben die Fragilität und das fragwürdige Alterungspotenzial des Burgunders erkannt und 3) anders als bei Bordeaux-Weinen steht potenziellen Käufern bei Burgunder-Auktionen wegen der Seltenheit dieser Weine buchstäblich keinerlei Information über die Entwicklung von älteren Burgundern zur Verfügung.

Doch diese Weine steigern nach der Freigabe selten ihren Wert. Tatsächlich kollabiert ihr Wert in den meisten Fällen. Es gibt Ausnahmen, etwa einige Montrachets aus begrenzter Produktion, den Romanée-Conti und La Tâche der Domaine de la Romanée-Conti ebenso wie der Musigny aus der Domaine Comte de Vogüé. Alles in allem stellt Burgunder eine bekannt schlechte Investition dar.

Warum sind die besten Burgunder so teuer?
Die Preise der Burgunderweine lassen sich allein durch die Gesetze von Angebot und Nachfrage erklären. Historisch gesehen, befand sich Burgund in der einzigartigen und beneidenswerten Situation, bei weitem mehr Bewunderer und prospektive Käufer als verfügbaren Wein zu besitzen. Das gilt insbesondere für die Premiers Crus und Grands Crus – gewöhnlich die einzigen Burgunder, deren Kauf sich lohnt –, wohingegen die meisten Burgunder aus Gemeindelagen und die gebietsspezifischen Burgunder von schwacher Qualität sind. Dazu kommt, dass von den feinsten Weinen Frankreichs allein der große Burgunder sowohl in Frankreich selbst als auch in weiten Teilen der Weinwelt ohne Konkurrenz ist. Das Problem wird noch verschärft durch die wahrlich mikroskopisch kleinen Mengen Premiers Crus und Grands Crus, die die besten Produzenten anbieten. Einige spezifische Produktionszahlen erhellen diese Tatsache. So stammen zum Beispiel die teuersten roten Burgunder von der Domaine de la Romanée-Conti. In einem reich ausgefallenen Jahrgang umfasst ihre Produktion 300 bis 500 Kisten. Die in ihrem Alleinbesitz befindliche Weinlage La Tâche produziert pro Jahr 900–1800 Kisten. Einer von Burgunds gesuchtesten Weinmachern, Claude Dugat, erzeugt gewöhnlich in einem fruchtbaren Jahrgang 50 Kisten seines Griotte-Chambertin und 100 Kisten seines Charmes-Chambertin. Lalou Bize-Leroy, deren Domaine Leroy in Vosne-Romanée seit 1988 beständig die sublimsten und alterungsfähigste Weine Burgunds hervorgebracht hat, erzeugt üblicherweise nur 25 Kisten ihrer beiden Grands Crus

Musigny und Chambertin. Die Domaine Roumier ist einer der am meisten verehrten Namen in Burgund, und ihr Bonnes Mares Cuvée Vielles Vignes gilt als erhabener Wein, doch vom reichlich ausgefallenen Jahrgang 1988 wurden nur 100 Kisten produziert. Jeder Liebhaber großer Burgunderweine betrachtet Hubert Ligniers Clos de la Roche als einen der etwa zwölf Spitzenrotweine, die in Burgund produziert werden, aber er erzeugt selten mehr als 300 Kisten davon.

Das sind keineswegs Einzelfälle. Die Produktion des ausgezeichneten Beaune-Clos des Ursules von Louis Jadot wird nach Burgunder-Maßstäben als gewaltig angesehen, doch nur 1 100 Kisten entstehen in einem überaus üppigen Jahr, etwa ein Viertel der Menge eines Pomerols von sehr begrenzter Produktion wie etwa des Pétrus! Jadot verkauft seine Weine an jedes zivilisierte Land der Welt. Wie viele Flaschen dieses wunderschönen Weins werden es schaffen, in die Regale der besten Weinhändler in Omaha, Nebraska oder Edinburgh in Schottland zu gelangen? Vielleicht eine Kiste oder zwei? Im Bordelais gilt eine Produktion von 1 000 Kisten als sehr klein. Ein Favorit bei den Weintrinkern ist der muskulöse und reich mit Geschmack ausgestattete Lynch-Bages, und ein beliebter kalifornischer Cabernet Sauvignon ist Robert Mondavis exquisiter Reserve. Vom Lynch-Bages werden 35 000–45 000 Kisten und von Mondavis Reserve Cabernet 15 000–20 000 Kisten produziert!

Diese frustrierende Situation (zumindest für die Käufer) sieht bei den weißen Burgundern ähnlich aus. Von dem ätherischen Corton-Charlemagne von J. F. Coche-Dury werden gewöhnlich nicht mehr als 50 Kisten produziert. Louis Jadot, der einen sublimen Corton-Charlemagne herstellt, kann in einem ergiebigen Jahr 1 200 Kisten erzeugen, doch die müssen nicht nur auf die Restaurants in Frankreich, sondern auf Jadots Kunden in der ganzen Welt verteilt werden. Noch schlimmer sieht es bei dem himmlischen Montrachet der Domaine Ramonet aus. Ganze 50 Kisten werden in einem reichlichen Jahr hervorgebracht!

Die meisten Rot- und Weißweine der feinsten Grands Crus und Premiers Crus könnten exklusiv an einige wenige europäische Spitzenrestaurants verkauft werden, wären die Produzenten damit einverstanden. Das sind sie jedoch nicht, statt dessen versuchen sie, ihre Erzeugnisse gerecht auf ihre Händler in aller Welt zu verteilen. Allerdings sind diese geringen Mengen der Grund für die astronomisch hohen Preise der Burgunderweine. Solange immer mehr Weinkenner und -liebhaber aus immer mehr Ländern nach feinem Wein verlangen, wird der Druck auf die Erzeuger nur immer schwindelerregendere Preise für die neuen Jahrgängen schaffen.

Sind vom Erzeuger abgefüllte Burgunder den Flaschenabfüllungen der négociants *überlegen?*

Négociant ist das französische Wort für einen Weingroßhändler. Zu den *négociants* gehören Firmen, die keine Weinberge besitzen. Sie sind völlig vom Einkauf fertiger Weine bei den Winzern abhängig, die sie dann unter ihrem eigenen Namen verkaufen. *Négociants* können aber auch Handelshäuser sein, denen eigene Weinlagen gehören. Mehrere von ihnen, darunter Faiveley und Bouchard Père et Fils, gehören zu den größten Weinbergbesitzern Burgunds. *Négociants* haben lange Zeit das Weingeschäft in Burgund kontrolliert, da die Bewegung der Winzer, die Weine auf ihrem Gut abzufüllen, ein Phänomen relativ neueren Datums ist. Die Tatsache, dass viele der fadesten und geschmacklosesten Burgunder beständig von einigen der größten und prominentesten *négociants* produziert wurden, war der Hauptgrund für das negative Image, das der burgundische *négociant* bei vielen Verbrauchern besaß. Viele *négociants* wurden auch von Winzern und Importeuren getadelt, die meinten, dass die Weine in den Sammelfässern des Handels ihre Individualität verloren hätten und dass authentische und individualistische Spitzenburgunder nur von individuellen Domainen kommen könnten. Die besseren *négociants* haben positiv auf derlei Kritik reagiert. Seit Mitte 1980er Jahre hat Louis Jadot den Maßstab gesetzt für *négociant*-Wein von hoher Qualität, wie das auch Louis Latour für die Weißweine seines Hauses getan hat. Andere Firmen, insbesondere Bouchard Père et Fils, haben die Qualität ihrer Weine bedeutend gesteigert.

Der Trend zum vom Erzeuger abgefüllten Burgunder, der von dem verstorbenen Begründer der *Revue du Vin de France*, Raymond Baudoin, ins Leben gerufen wurde und darauf von dem amerikanischen Importeur, dem verstorbenen Frank Schoonmaker, gefördert wurde, ist noch nicht auf seinem Gipfelpunkt angelangt. Dennoch waren einige Winzer entschlossen, sich aus ihrer Anhängigkeit zu befreien, die Verantwortung selbst zu übernehmen und ihre eigene Produktion im eigenen Haus abzufüllen. Angesichts der Gefahr, viele ihrer Weinbezugsquellen zu verlieren, versuchten die *négociants* bestimmte Winzer exklusiv unter Vertrag zu nehmen, erkannten andererseits aber auch die Notwendigkeit, die Qualität ihrer Weine zu verbessern.

Dennoch gibt es immer noch *négociants*, die unverändert mit ihrer Qualität im Hintertreffen sind. Zu den bekanntesten zählen die gewaltige Firma Jean-Claude Boisset, die Firmen Patriarche und Albert Bichot sowie die stark beworbenen Weine von La Reine-Pédauque. Heute wird man von diesen Firmen wahrscheinlich keinen schlechten, sondern vielmehr einen gesunden, kommerziellen Wein ohne Seele und Persönlichkeit erhalten. Zugegeben, es muss für diese Weine einen riesigen Markt geben, da diese Firmen zu den wohlhabendsten und erfolgreichsten in ganz Frankreich gehören.

Ein häufiges Argument lautet, dass die Weine der *négociants* alle gleich schmecken. Das erscheint mir irrelevant. Die Spitzen-*négociants* respektieren zwar das *terroir* des individuellen Weinbergs (Jadots Weinmacher Jacques Lardière gehört zu den glühendsten Verfechtern der *terroir*-isten), verwenden aber offensichtlich dieselbe Philosophie auf die Bereitung all ihrer Weine und versuchen, die Identität des Weinbergs und der Appellation zu erhalten. Die Weine von Louis Jadot oder Bourée haben eine ähnlich gemeinsame Handschrift, aber das ist auch der Fall bei Weinen aus Domainen wie Roumier, Ponsot, Roty, Jean Gros oder der Domaine de la Romanée-Conti. Bei den höchst sorgfältig durchgeführten Erzeugerabfüllungen ist für jeden Wein dieselbe Weinbereitungsphilosophie angewandt worden. Die Weine der namhaften Domaine von Armand Rousseau in Gevrey-Chambertin werden eine gewisse Ähnlichkeit miteinander haben, weil die Bereitung, der Ausbau und die allgemeine Philosophie des Weinmachens für jeden Wein genau dieselbe ist. Nichtsdestoweniger wird der Chambertin von Rousseau anders schmecken als ein Gevrey-Chambertin Clos St-Jacques oder ein Clos de la Roche vom benachbarten Morey St-Denis. Die jeweilige Handschrift des Menschen macht sich im Keller eines Winzers ebenso prägend bemerkbar wie im Keller eines *négociant.*

Wie wird roter Burgunder gemacht?

Die meisten burgundischen Winzer geben nur wenig von ihrer Kunst preis, aber wie ich nach Jahren des Forschens herausfinden konnte, sind die drei wichtigsten Komponenten, die zu einem großen Burgunder beitragen 1) die Güte des Weinbergs, 2) niedrige Erträge und 3) die Kompetenz des Weinmachers. Sind alle drei gegeben, wird das Ergebnis wahrscheinlich ziemlich unwiderstehlich und aufregend ausfallen.

Die Art der Behandlung, die all die verschiedenen Produzenten und *négociants* ihren Weinen angedeihen lassen, ist in Burgund weit vielfältiger als im Bordelais. Im Bordelais sind die grundlegenden Weinbereitungsverfahren und der Ausbau der Weine im Wesentlichen bei allen Erzeugern dieselben. In Burgund gibt es viele verschiedene Arten, Rotwein der Spitzenklasse zu produzieren.

Eine der beliebtesten Techniken bei der Herstellung von Spitzenweinen ist heute das teilweise oder völlige Entrappen der Trauben. Bei diesem Verfahren werden die Stiele von den Trauben entfernt. Viele Produzenten glauben, dass die Stiele dem Wein einen vegetabilen Geschmack verleihen, seine Farbsubstanz absorbieren und ihm adstringierendes Tannin hinzufügen, daher entrappen sie ihre Trauben vollständig. Andere Erzeuger sind der Meinung, dass ein gewisser Prozentsatz von Stielen dem Wein mehr Struktur und Charakter verleiht. Die meisten der besten Hersteller pflegen für ihre Spitzen-Premiers Crus und -Grands Crus 50–100% neue Eichenholzfässer einzusetzen. Viele Burgunder schmecken übermäßig holzig, doch für den Pinot Noir ist frisches Eichenholz an sich ideal und das gesündeste Behältnis, in dem man Wein bereiten kann. Indessen sind hohe Erträge, verbunden mit einem verschwenderischen Einsatz frischen Eichenholzes, das Rezept, nach dem dünne, holzbetonte Weine entstehen. Der streitlustige Belgier Jean-Marie Guffens-Heynen (berühmt für seine Leistungen in der Domaine Guffens-Heynen und der Maison Verget) meint aber: »Kein Wein ist übermäßig eichenholzbetont, sondern nur zu wenig weinbetont.«

Heute folgen viele burgundische Produzenten den Methoden des einflussreichsten Weinmachers, dem kürzlich in Rente gegangenen Henri Jayer, der bei seinem Pinot Noir eine kalte Maischung von 5–7 Tagen vor der Gärung anwendet. Verfechter dieses Verfahrens glauben, dass dieses »kalte Einweichen« einem Wein Farbe, Reichhaltigkeit, Aromastoffe und Fett zuführt.

Doch selbst diese talentierten Weinmacher sind über gewisse Herstellungsprinzipien verschiedener Meinung. Henri Jayer, die Domaine de la Romanée-Conti und die Domaine Ponsot glauben, dass 90% des Weins im Weinberg entsteht, nicht nur 10% im Keller, und dass das »Weinmachen« im Keller die Endqualität zerstört. Sie sind davon überzeugt, dass das Streben nach hoher Qualität die Produzenten dazu verpflichtet, den Weinberg auszudünnen, wenn die Bedingungen dies verlangen. Sie schneiden ganze Büschel des Traubenbehangs heraus – was gleichbedeutend ist mit einer »grünen Ernte« im Sommer – und erreichen damit eine Reduzierung der Ernte. Für diese Produzenten führen hohe Erträge den Wein ins Verderben, ganz gleich, wie talentiert der Weinmacher auch sein mag oder welche Zauberei sich im Keller noch durchführen lässt. Andererseits argumentieren einige Produzenten, an ihrer Spitze Jacques Seysses, dass große Erträge hinnehmbar seien und dass man dennoch Konzentration erreichen könne, indem man den überschüssigen Saft abziehe (ein von den Franzosen *saignée* genanntes Verfahren). Diese Technik vergrößert den Anteil der Beerenhäute und Stiele im Verhältnis zum verbleibenden Saft und verstärkt damit die Konzentration, wie seine Befürworter behaupten. Henri Jayer führt dagegen ins Feld, dass dies nichts weiter als Tricks seien, deren Nachteile sich beim Wein nach 5 bis 6 Jahren in der Flasche zeigen würden.

Über den Prozentsatz frischen Eichenholzes sind diese unbestreitbar großen Weinmacher ebenfalls verschiedener Meinung. Ob für den Ausbau des Weines neue oder alte Eichenfässer benutzt werden sollen, ist ein heiß umstrittenes Thema. Henri Jayer tritt für 100% frisches Eichenholz ein, die Firmen Bourée und Jadot für bedeutend weniger, und die Domaine Ponsot schreckt ganz davor zurück. Doch ist anzumerken, dass der Trend bei Premiers Crus und Grands Crus in Burgund dahin geht, mit einem größeren Prozentsatz an neuen Eichenholzfässern zu arbeiten. Es sind mehr große Weine mit frischem Eichenholz entstanden als ohne.

Eine andere Schule der Weinbereitung tritt für eine extrem lange kalte Maischung vor der Gärung ein (mit ganzen Ladungen Schwefel), ein Verfahren, das geraume Zeit länger in Anspruch nimmt als die von den Anhängern Jayers vertretenen 5–7 Tage. Es wird von einer Gruppe von Weinmachern praktiziert, die den umstrittenen Önologen Guy Accad von Nuits St-Georges verpflichtet haben, ihre Weinbereitung zu überwachen. Diese Praxis ist von vielen Menschen in Burgund getadelt worden, weil sie Weine hervorbringt, die mehr mit einem Côte Rôtie denn mit einem Pinot Noir gemein haben. Accad ist kein Anhänger des Entrappens und lässt die Trauben 10 Tage oder länger gekühlt in der Maische, bevor irgendeine Gärung einsetzt. Es gereicht ihm zur Ehre, dass er nichts davon hält, den Wein rasch in die Flasche zu bringen. Auch legt er seinen Klienten nahe, nicht zu schönen und zu filtrieren, und rät ihnen, ihre Weine erst dann abzufüllen, wenn sie vollkommen fertig sind. Ehemalige Klienten wie etwa Jacky Confuron in Vosne-Romanée, Étienne Grivot in Vosne-Romanée, Georges Chicotot in Nuits St-Georges, Daniel Senard in Aloxe-Corton und das Château de la Clos Vougeot in Vougeot, um nur einige der namhaftesten zu nennen, scheinen alle intensiv gefärbte, reichhaltige, aromatische, konzentrierte Weine zu produzieren, die beeindruckend jugendfrisch sind. Bei kürzlich unternommenen Verkostungen waren die Grands Crus des Jahrgangs 1989 von der Domaine Jean Grivot (seinerzeit Anhänger von Accad) bedeutend fortgeschrittener entwickelt als man bei Weinen ihrer Statur erwarten würde. Doch können und sollen keine Schlüsse aus den Weinen eines Besitztums in einem Jahrgang gezogen werden. In den kommenden Jahren wird man umfassendere Vergleichsverkostungen durchführen müssen, um die Alterungsfähigkeit der nach den Accad-Methoden bereiteten Weine festzustellen.

Die anderen Denkschulen, die sich mit der Weinbereitung von Spitzenburgundern befassen, sind grundsätzlich gegen jede Form der kalten Maischung vor der Gärung. Sie sind Anhänger des Verfahrens, die Trauben zu mahlen und bei warmen Temperaturen zu vergären, um mittels dieser traditionelleren Methode Farbe, Körper und Tannin zu extrahieren. Sie stehen in Widerspruch zu denjenigen, die argumentieren, ein großer, aromatischer Pinot Noir ließe sich nur durch kalte Gärung oder kalte Maischung vor der Gärung erzielen. Einige der besten Beispiele dieser Denkschule kommen aus der Maison Louis Jadot, deren Rotweine eine lange Maischdauer haben, bei extrem hohen Temperaturen vergoren werden und doch ihre aromatische Reintönigkeit behalten und viele Jahre in der Flasche überdauern. Philippe Leclerc, die Domaine Ponsot und die Domaine Georges Mugneret sind drei weitere herausragende Produzenten, die kalte Maischung vor der Gärung für Unsinn halten.

Natürlich stellt sich die große Frage: Was tut die Domaine Leroy? Ihre Weine sind unbestritten beständig die brillantesten und teuersten von Burgund. Leroys Erträge belaufen sich auf die Hälfte, manchmal sogar nur auf ein Drittel der Ertragsmengen der anderen Domainen. Das ist wahrscheinlich an sich schon der Grund dafür, warum diese Weine solch eine hohe Konzentration erlangen. Die Domaine Leroy erzielt eine Durchschnittsproduktion von 20–25 hl/ha im Gegensatz zu den anderwärts erreichten 55–65 hl/ha. Die Trauben werden gewöhnlich nicht entrappt. Es wird eine kühl gehaltene Maischdauer von 5–6 Tagen vor der Gärung und eine lange Gärzeit durchgeführt; bei der Maischung finden nur wilde Hefen Anwendung. Die Weine verbringen 15–18 Monate in 100% neuen Eichenfässern und werden ungeschönt und unfiltriert auf Flaschen gefüllt.

Dies zeigt an, dass eine Fülle von Methoden praktiziert wird, die ausnahmslos zu großen Weinen führen können. Alle genannten Produzenten sind imstande, einige der feinsten Weine von Burgund zu erzeugen. All jenen, die dazu neigen, neutrale, fade, mediokre rote Burgunder hervorzubringen, scheint Folgendes gemein zu sein: 1) Sie erzeugen Übererträge, 2) sie füllen den Wein entweder zu früh oder zu spät ab, 3) sie sind Weinbearbeiter und -hersteller, die ein für den Wein traumatisches Schönen und Filtrieren praktizieren, 4) sie nehmen keine Risiken auf sich, da ihr Ziel in einer vollkommenen Stabilität und/oder Sterilität des Produkts liegt. Das Resultat sind blasse Imitationen dessen, was ein roter Burgunder sein sollte.

Wie wird großer weißer Burgunder gemacht?

Wie beim roten Burgunder gibt es eine Fülle von Entscheidungen, die ein Weinbereiter treffen muss, wenn er einen weißen Burgunder herstellt. Angemessen niedrige Chardonnay-Erträge sind zwar wichtig, aber nicht so lebenswichtig wie beim Pinot Noir. Man weiß von vielen der besten Weingüter der Côte de Beaune, die einige der gesuchtesten weißen Burgunder erzeugen, dass sie relativ hohe Erträge einbringen und doch hochkarätige Weine zu produzieren verstehen. Der talentierte Henri Boillot weigert sich, Pinot Noir-Traubengut für sein *négociant*-Geschäft in Volnay zu kaufen, weil er weiß, dass dessen Qualität im Weinberg geprägt wurde. Bei Chardonnay, sagt er, »entsteht die Qualität zumeist im Keller«.

Im Vergleich zu den Erzeugern von roten Burgundern sind die Weißwein produzierenden Winzer dieser Region äußerst verschwiegen in Bezug auf die Pressverfahren, die Vinifikation und die *élevage* (Ausbau) ihrer Produkte. Jeder Versuch, spezifische Informationen von Michel Niellon oder Jean-François Coche zu erhalten, führt im Allgemeinen nur dazu, dass sie mit den Schultern zucken, lächeln und meinen, »die Weine machen sich selbst«.

Es gibt eine Vielzahl von Philosophien der Weinbereitung für weißen Burgunder. Ein Produzent wie François Jobard in Meursault entfernt niemals die Schalen und andere Trubteilchen aus dem Most (*débourbage*), hat niemals die feinen Hefen umgerührt (*bâtonnage*) während die Weine im Fass lagerten, und lässt den Ausbau (*élevage*) bis zu 18 Monaten währen. Im Gegensatz hierzu führt sein Neffe Rémi Jobard (der kürzlich den Besitz von seinem Vater Charles übernommen hat) gewöhnlich eine *débourbage* durch, setzt regelmäßige *bâtonnages* ein und füllt den Wein innerhalb von 11 Monaten auf die Flasche. Die meisten Weinmacher von der Côte de Beaune vergären ihre Weißweine in Eichenholzfässern, doch Colin-Deléger (ein Spitzenerzeuger von Chassagne-Montrachet) lässt diesen Prozess in Edelstahltanks beginnen. In der berühmten Domaine Leflaive von Puligny-Montrachet ist das Gegenteil der Fall. Bei Leflaive werden die Weißweine im Holzfass vergoren und ausgebaut, doch dann werden sie in große Edelstahltanks umgelagert, wo sie eine ausgedehnte Zeit der Entwicklung durchmachen.

Zahllose Unterhaltungen mit Spitzenproduzenten von weißen Burgundern haben jedoch erwiesen, dass die wichtigsten Faktoren zur Bereitung eines hochkarätigen Weines die folgenden sind: 1) eine späte Lese, um volle physiologische Reife der Trauben zu gewährleisten (Fäulnisbefall ist bei Chardonnay weniger zu befürchten als bei Pinot Noir), 2) Aussortieren ungesunder oder unreifer Trauben, 3) langes und sanftes Pressen der Trauben, 4) saubere Fässer guter Qualität, 5) so wenig Abstiche wie möglich, 6) den Weinen die Möglichkeit zu geben, sich von ihren feinen Hefen zu »ernähren«, und 7) den Wein nicht seiner Fülle und Frucht durch übermäßiges Schönen und Filtrieren vor der Flaschenabfüllung zu berauben. Darüber hinaus werden die meisten weißen Burgunder von hoher Qualität auf dem Grand Cru- und Premier Cru-Niveau in zu 50–100% neuen Eichenholzfässern meist aus Allier-Eiche ausgebaut, es kann sich aber auch um eine Mischung aus verschiedenen Eichenholzarten handeln.

Wird der Preis für Burgunderweine jemals sinken?

Leider lautet die Antwort auf diese Frage Nein. Es besteht natürlich immer die Möglichkeit, dass eine internationale Finanzkrise eine weltweite Depression heraufbeschwört, die ein Luxusgut wie feinen Wein in Mitleidenschaft ziehen würde. So fielen zum Beispiel die Preise für roten Burgunder der Jahrgänge 1991 und 1992 um 35–50% im Vergleich zu den Preisen für die 1989er und 1990er. Doch die Preise für die 1993er, 1994er, 1995er, 1996er und 1997er schnellten wieder in die Höhe. Die Preise für den 1999er und den 2000er sind in Frankreich gefallen. Angesichts der wachsenden internationalen Nachfrage für Spitzenweine aus dieser Region kann der allgemeine Preistrend für Burgunder nur in eine Richtung gehen: nach oben. Zwar mögen die riesigen im Mâconnais, in Beaujolais und in Chablis produzierten Weinmengen größere Preisvariationen zeigen, doch für die Premiers Crus und Grands Crus von der berühmten burgundischen Côte d'Or werden nur erschreckend steigende Preise prognostiziert. Wenn man die Tatsache bedenkt, dass es nur 30 Grands Crus gibt, die kaum 1% der Gesamtweinmenge von Burgund erbringen, dann kann die unmissverständliche Botschaft allein lauten, dass die Preise nur steigen können. Zur Zeit gibt es mehr Käufer für feine Weine als je zuvor.

Der Weinmarkt ist in den letzten 5 Jahren durch die aggressive Einkaufspolitik der Japaner, Schweizer, Deutschen und der Länder am Pazifik, insbesondere Singapur, noch überhitzter geworden. Japan, ein relativer Neuankömmling in der Welt der Spitzenweine, übertraf 1998 die Schweiz als weltweit größten Konsumenten von roten Burgundern sowohl mengen- als auch wertmäßig. Im ersten Quartal 1998 vergrößerte Japan seine Käufe von rotem und weißem Burgunder um 100% (Japan hat seit Anfang 1997 seinen Marktanteil verdreifacht). Im Jahr 2001 hat Japan weniger gekauft, doch es gehört weiterhin zu den drei wichtigsten Exportmärkten für Burgunder.

Die traditionellen Märkte in England und Amerika werden sich an die immer höheren Preise anpassen müssen oder sie werden aus dem Burgunder-Markt gedrängt. Osteuropa ist nach dem Ende des Kommunismus ein völlig neuer Markt. Auch in Frankreich selbst ändert sich das Bild. Zwar hat Frankreich traditionell wahre Ozeane von Wein getrunken, jedoch niemals besondere Wertschätzung für seine eigenen großen Weine entwickelt. Zunehmendes Interesse aus der Schweiz, Deutschland, Belgien, Schweden und Dänemark, die alle eine starke Wirtschaft haben und nach Spitzenweinen dürsten, hat die Vorräte an guten Burgunderweinen weiter schmelzen lassen.

Weine aus gebietsspezifischen Appellationen werden sicherlich keine solche Wertsteigerung erleben wie die Premiers Crus und Grands Crus. Aber ganz ähnlich wie das Bordelais ist auch Burgund eine Art Kastensystem für Weinproduzenten geworden. Die größten Weine von den größten Produzenten können astronomische Preise erzielen, weil es keinen Mangel an wohlhabenden Kunden gibt, die bereit sind, sie zu kaufen. Da die hohen Preise die meisten Verbraucher und Weinliebhaber, die den Wein studieren möchten, ausschließen, ermutigen sie sie, in den weniger bekannten Appellationen nach günstigen Einkaufsmöglichkeiten zu suchen, wie etwa Santenay, Savigny-lès-Beaune und natürlich in den aufstrebenden Appellationen der Côte Chalonnaise. Zwar wird keiner dieser Weine jemals die prachtvollen Eigenschaften eines Grand Cru wie etwa des Musigny oder Chambertin Clos de Bèze erreichen, doch sie besitzen immer noch genügend Burgunder-Charakter, um die große Mehrzahl selbst der anspruchsvollsten Gaumen zu befriedigen.

Die Situation bei den großen weißen Burgundern wird sogar noch verschärft durch die übermäßige Nachfrage. Wenn man bedenkt, dass solche großen Grands Crus wie Montrachet und Chevalier-Montrachet nur aus 8 Hektar beziehungsweise 7,5 Hektar bestehen, erscheint es unausweichlich, dass sich die Preise im nächsten Jahrzehnt verdoppeln und verdreifachen werden.

Die heutigen Kenner und Liebhaber von Burgunderweine müssen bereit sein, entweder einen hohen Preis zu zahlen oder sich anderwärts nach großem Pinot Noir und Chardonnay umzusehen.

Die Zunahme der Erzeugerabfüllung von Burgunderweinen ist eine relativ neue Entwicklung. Was war dafür verantwortlich?

Raymond Baudoin hat einige der besten kleinen Produzenten von Burgunderweinen, zum Beispiel Ponsot in Morey St-Denis, Rousseau in Gevrey-Chambertin, Roumier in Chambolle-Musigny, Gouges in Nuits St-Georges und d'Angerville in Volnay, ermutigt, ihre Weine auf dem Besitz abzufüllen. In den 1920er Jahren gründete Baudoin die *Revue du Vin de France,* die bis heute die führende französische Weinzeitschrift geblieben ist. Baudoin beklagte, dass die Winzer ihre großen Burgunder der Côte d'Or an *négociants* verkauften, wo sie mit großen Mengen minderer Weine vermischt wurden und dann ihre Identität in den Sammelfässern verloren. Er begann, Fässer voll Wein direkt von den Winzern aufzukaufen, die sie für ihn auf ihrem Besitz in Flaschen abfüllten. Er seinerseits verkaufte diese Weine privat an Kunden und Restaurants in Paris. Baudoin, der 1953 starb, ist der Vater der Bewegung der Erzeugerabfüllung in Burgund.

Doch es war Frank Schoonmaker, der amerikanische Importeur, dem die Anerkennung gebührt, der Erste gewesen zu sein, der das Potenzial und die Qualität dieser vom Erzeuger abgefüllten Burgunderweine erkannte und den amerikanischen Markt damit bekannt machte. Frank Schoonmaker starb 1976, und die meisten Wein-Novizen sind wahrscheinlich nicht mit der Bedeutung seines Beitrags zu den Erzeugerabfüllungen vertraut. Diesen Weinliebhabern empfehle ich *The Frank Schoonmaker Encyclopedia of Wine,* einen Klassiker, der 1964 zum ersten Mal verlegt wurde und 1988 von dem bekannten New Yorker Weinautor Alex Bespaloff auf den neuesten Stand gebracht wurde. Diese Enzyklopädie ist nur eines der Vermächtnisse, die Frank Schoonmaker den Weinliebhabern hinterließ.

1935 gründeten Schoonmaker und einige andere Investoren die Importfirma Bates and Schoonmaker. Zur gleichen Zeit gründeten Männer wie Freddy Wildman und Julian Street Handelsfirmen, die sich dem Verkauf französischer Spitzenweine und auf dem Gut abgefüllter Burgunder verschrieben. Zu Schoonmakers Nachfolgern zählen Robert Haas, der eine der führenden amerikanischen Firmen gründete, die sich auf Burgunder aus Erzeugerabfüllungen spezialisierte, und der verstorbene Alexis Lichine, der in den 1960er Jahren die Idee entwickelte, Wein direkt von den Winzern zu kaufen und ihn unter seinem eigenen Namen zu vertreiben, aber auch den Namen der Winzers auf dem Etikett anzugeben.

Diese Männer waren die Eckpfeiler der Bewegung für die Erzeugerabfüllung bei Burgunderweinen. Die Schoonmaker-Selektionen werden heute von Châteaux und Besitztümern vertreten. Frederick Wildman and Company ist immer noch eine Importfirma in New York City, ebenso Vineyard Brand, das von Robert Haas in Chester, Vermont, begründete Handelshaus. Alexis Lichine verkaufte seine Weinfirma an die englische Firma Bass-Charrington und konzentrierte sich auf sein geliebtes Château Prieuré-Lichine, das er 1951 erwarb.

Immer mehr Winzer beginnen nun, ihre Weine selbst abzufüllen, und die Akzeptanz und Werbung für vom Erzeuger abgefüllte Burgunder ist nie stärker gewesen.

Rote und weiße Burgunder

DOMAINE BERTRAND AMBROISE (PRÉMEAUX-PRISSEY)

1997	Clos de Vougeot	EE	(90–93)
2000	Corton-Charlemagne	EE	(92–94)
1999	Corton-Charlemagne	EE	(90–91)
1998	Corton-Charlemagne	EE	(89–91+)
1997	Corton-Charlemagne	EE	(90–92)
1999	Corton Le Rognet	EE	(94–97)
1997	Corton Le Rognet	EE	(92–94+)
1997	Corton-Vergennes Cuvée Paul Chanson (Hospices de Beaune)	EE	(90–92)
2000	Ladoix Les Gréchons	D	(90–91)
1997	Nuits-St-Georges Rue de Chaux	D	(89–91)
1999	Nuits-St-Georges Les Vaucrains	E	(91–93)
1997	Nuits-St-Georges Les Vaucrains	E	(91–93)
1999	Vougeot Les Cras	E	(90–93)

Der aufrechte Bertrand Ambroise ist der Besitzer und Weinmacher des nach ihm benannten Weinguts. Die Weine spiegeln das Äußere und die Persönlichkeit dieses Mannes wider. Sie sind kräftig, muskulös, ungestüm, wuchtig, intensiv, aber freundlich und immens angenehm. Ambroise war zu Recht stolz auf seine 1997er weißen Burgunder. Gebutterter Toast, Vanilleschoten, Anis und Geißblatt-Blüten finden sich im Bukett des *1997er Corton-Charlemagne*. Es ist ein gewaltiger, konzentrierter und extrem dichter Wein voller Eichenholzwürze. Sein überaus schmackhaft-würziges Geschmacksprofil ist voll gepackt mit pochierten Birnen, karamellisierten Äpfeln und Mineralien, deren Geschmacksnuancen während des außerordentlich lang anhaltenden Abgangs am Gaumen verweilen. Voraussichtliche Genussreife: jetzt–2006. Der *1997er Corton-Vergennes Cuvée Paul Chanson* ist einer jener äußerst seltenen weißen Burgunder, die hauptsächlich aus Pinot Blanc (20% Chardonnay-Anteil) bereitet werden. Er offenbart weiße und rote Beeren, Gewürze und Geißblatt-Aromen. Süße, weiße Pfirsiche, Mineralien, sahnige Nüsse und Eichenholzwürze finden sich in diesem samtigen, konzentrierten und profunden Wein. Sein mittlerer bis voller Körper ist konzentriert, dicht und gibt tadellose Reife der Frucht zu erkennen. Leser, die an elsässische Pinot Blancs gewöhnt sind, werden bei diesem Wein absolut keine Ähnlichkeit mit ihnen entdecken. Meiner Meinung nach sind auch die wenigsten Verkoster in der Lage, herauszufinden, dass dies kein typischer weißer Burgunder auf Chardonnay-Basis ist. Trinken Sie ihn in den nächsten 10 Jahren.

Die 1997er Rotweine von der Domaine Ambroise sind intensiv, mit Frucht bepackt und kraftvoll. Der *1997er Nuits-St-Georges Rue de Chaux* hat eine mittel- bis dunkelrubinrote Farbe und weist ein überschwängliches, von schwarzen Früchten dominiertes Bukett auf. In seinen jungen Jahren erinnert er eher an einen erstklassigen Syrah aus dem nördlichen Rhônetal als an einen Côte d'Or. Teer, schwarze Johannisbeeren und Gewürze überziehen den Mund bei diesem dichten, kraftvollen, maskulinen Wein von mittlerem bis vollem Körper. Seine dick texturierte, intensive Persönlichkeit verzichtet zugunsten von Überschwänglichkeit und Kraft auf jeglichen Anschein von Subtilität. Trinken Sie ihn in den nächsten 6–7 Jahren. Der schwarze, überaus reife *1997er Nuits-St-Georges Les Vaucrains* besitzt ein frisches Bukett von sanften schwarzen Früchten. Dieser seidig texturierte, breit gebaute, strukturierte Wein erinnert an pürierte Brombeeren, Backpflaumen und Feigen. Von mittlerem bis vollem Körper, dick und extrem reif, ist dies ein dichter, unmittelbar ansprechender Pinot. Voraussichtliche Genussreife: jetzt–2005+. Das Bukett des mittel- bis dunkelrubinroten *1997er Clos de Vougeot* setzt sich aus Aromen von überreifen roten Früchten zusammen. Dieser fette, schon fast schlaffe, extrem dichte, dicke Tropfen von mittlerem bis vollem Körper ist kein Wein, der sich für eine lange Lagerung im Keller eignet. Eingedickte Kirschen, Brombeeren und kümmelähnliche Gewürze finden sich in diesem von *sur-maturité* (Überreife) durchsetzten, leicht warmen Wein. Der Inbegriff des Genusses, opulent und sinnlich, sollte er über kurz oder lang getrunken werden. Voraussichtliche Genussreife: jetzt–2004. Der dunkle, nahezu schwarze *1997er Corton Le Rognet* offenbart geröstete Aromen und Düfte nach Steinen, Erde, Lakritze, Brombeeren und Teer. Superreif, ohne jedoch wie der Clos de Vougeot überreif zu sein, durchtränkt er den Gaumen mit seinen kraftvollen, dunklen Geschmacksnuancen. Dieser massive Pinot-Noir-Nektar hat einen vollen Körper, ist ölig texturiert und besitzt immens süße und reife Tannine. Voraussichtliche Genussreife: jetzt–2010.

Der *1998er Corton-Charlemagne* ist ein großer Erfolg für seinen Jahrgang. Er wurde mit 13% natürlichem potenziellen Alkoholgehalt gelesen und offenbart ein blumiges Bukett voller Gewürze. Dieser breit angelegte, konzentrierte, ausdrucksstarke und intensive Wein hat mittleren bis vollen Körper und einen extrem langen, scharf konturierten Abgang. Flüssige Mineralien, Anis und reife Birnen lassen sich in seiner ausladenden Persönlichkeit wahrnehmen. Voraussichtliche Genussreife: jetzt–2009.

Anklänge von Toastwürze zeigen sich in den intensiven, reichhaltigen, von weißer Frucht beherrschten Aromen des *1999er Corton-Charlemagne*. Dieser konzentrierte, breit gebaute, saftige Wein von mittlerem Körper hat hervorragende Tiefe und eine kraftvolle, von Mineralien geprägte Geschmackspalette. Er ist reintönig, detailliert, klar umrissen und endet mit einem langen, nach Zitronen schmeckenden Abgang. Trinken Sie ihn in den nächsten 6–7 Jahren.

Der hervorragende *1999er Nuits-St-Georges Les Vaucrains* zeigt mittel- bis dunkelrubinrote Farbe und intensive Aromen von Schwarzkirschen und Brombeeren. Er ist ungeheuer dicht, expansiv und hat mittleren bis vollen Körper. Massive Schichten von schwarzen Früchten, Plätzchenteig und asiatischen Gewürzen offenbaren sich in seiner seidig texturierten, reintönigen und klar gezeichneten Persönlichkeit und in seinem beeindruckend langen Abgang. Voraussichtliche Genussreife: jetzt–2010. Der mittel- bis dunkelrubinrote *1999er Vougeot Les Cras* ist wohl der beste bisher verkostete Vougeot. Er hat ein ungeheuer verlockendes, intensives Bukett von Brombeeren, Gewürzen und Johannisbeeren. Am Gaumen verwöhnt dieser hervorragende Wein den Verkoster mit kandierten Pflaumen, süßen Kirschen und Anklängen von Granatapfel. Er ist seidig texturiert, üppig und fortgeschritten entwickelt, besitzt jedoch auch die für eine Einlagerung im Keller erforderliche Struktur. Trinken Sie ihn in den nächsten 10 Jahren. Der intensive, schwarze *1999er Corton Le Rognet* offenbart Aromen von schwarzer Frucht, frischen Kräutern und asiatischen Gewürzen. 1999 betrug der Leseertrag bei Ambroise jedoch 40 hl/ha bei 14,5% natürlichem potenziellem Alkohol. Hier haben wir einen wahren Kraftprotz von einem Wein, zum Bersten voll gepackt mit Brombeeren, Teer, Kirschen, Kirschwasser und einer enormen Vielfalt von Gewürzen. Die großen Mengen vorzüglich gereifter Tannine sind durchtränkt von süßen, kandierten Früchten. Dieser kraftvolle, kernige Wein kleidet den Gaumen des Verkosters aus und dauert nahezu eine Minute lang an. Er ist derzeit noch ungefüge, wird jedoch mit zunehmender Lagerung zu einem zivilisierten Wein werden. Voraussichtliche Genussreife: 2006–2014+.

Der Premier Cru Ladoix Les Gréchons gehört beständig zu den weißen Burgundern mit dem besten Gegenwert. Der *2000er Ladoix Les Gréchons* offenbart großen Mengen von würzigen Mineralien, die sich in seinem Aromaprofil mit frischem Thymian vermischen. Er hat mittleren bis vollen Körper, ist kernig und samtig texturiert. Dieser konzentrierte, tiefe Wein ist breit angelegt und offenbart eine Fülle von Kieseln, gerösteten Nüssen, Butter, Steinen und pochierten Birnen. Ein kräftig gebauter Wein, vor allem für seinen Jahrgang, zeigt er dennoch exzellente Ausgewogenheit und harmonischen Charakter. Trinken Sie ihn in den nächsten 8 Jahren. Der *2000er Corton-Charlemagne* wurde bei über 14% natürlichem potenziellem Alkoholgehalt gelesen und ist unbestreitbar ein hervorragender Wein. Seine Düfte nach Äpfeln, Gewürzen und Toast quellen mächtig aus dem Glas. Dieser intensive, kernig texturierte Wein von mittlerem bis vollem Körper ist vollgestopft mit Apfelmark, Birnen, Zitronen und reichlichen Mengen von Gewürzen. Ein opulenter Wein mit einer würzigen Persönlichkeit. Voraussichtliche Genussreife: 2004–2012.

Weitere empfehlenswerte Weine: 2000er Bourgogne Chardonnay (87–89), 2000er Bourgogne Hautes Côtes de Nuits (87–89), 1997er Chassagne-Montrachet La Maltroie (weiß) (88–90), 1997er Côte de Nuits-Villages (88–89), 1999er Côte de Nuits-Villages (88+), 1998er Ladoix Les Gréchons (88), 1999er Ladoix Les Gréchons (88–90), 1997er Meursault Charmes Cuvée Albert Grivault (Hospices de Beaune) (88–90), 2000er Meursault Poruzots (88–90), 1997er Nuits-St-Georges (88–89), 1999er Nuits-St-Georges Clos des Argillières (88–90), 1999er Nuits-St-Georges en Rue de Chaux (88–90), 1999er Nuits-St-Georges Vieilles Vignes (88–90), 2000er St-Aubin Murgers des Dents de Chiens (88–89), 1998er St-Romain (88), 1997er Vougeot Les Cras (89–90)

DOMAINE GUY AMIOT ET FILS (CHASSAGNE-MONTRACHET)

1999	**Chassagne-Montrachet Les Caillerets**	**E**	**91+**
1997	**Chassagne-Montrachet Les Caillerets**	**E**	**90**
1999	**Chassagne-Montrachet Les Vergers**	**E**	**90**
1999	**Montrachet**	**EEE**	**94+**
1998	**Montrachet**	**EEE**	**90+**
1997	**Montrachet**	**EEE**	**95**
1997	**Puligny–Montrachet Les Demoiselles**	**EE**	**93**

Guy Amiot, einer der begabtesten Winzer von Chassagne-Montrachet, ist ein ehrlicher, aufrichtiger Mensch. Als ich das Thema der Säure-Beimischung ansprach, antwortete er, dass er zwar dagegen sei, sich jedoch gezwungen gesehen habe, ein Drittel seiner *cuves* (Bottiche) mit Säure anzureichern. »Bei meinen 1989ern hat man beanstandet, dass sie nicht altern«, sagt er. Dieselbe Bemerkung fiel übrigens in zahlreichen Weinkellern. »Die Verbraucher wollen vollreife Frucht, sie wollen alterungsfähige Weine, beklagen sich aber, wenn wir mit Säure anreichern, um die für die Kellerreifung erforderliche Ausgewogenheit zu schaffen«, heißt es überall. Ich kann die burgundischen Winzer verstehen, die sich die Beanstandungen ihrer Kunden anhören müssen und gleichzeitig sehen, dass mit Säure angereicherte kalifornische und australische Chardonnays verkauft werden, ohne dass ähnliche Bedenken über deren »künstliches« Gleichgewicht laut werden. Die Erfahrung zeigt jedoch, dass mit Säure angereicherte Weine nicht anmutig altern. Weiße Burgunder aus früh trinkreifen Jahrgängen haben durchaus ihren Platz. Die 1989er, 1992er, 1994er und die 1997er waren fabelhafte Weine, die unverzüglich nach ihrer Freigabe getrunken sein wollten. Ist es nicht besser, einen Wein dann zu genießen, wenn er am köstlichsten schmeckt, statt einen straff gewirkten Weißwein oder einen tanninreichen Rotwein viele Jahre vor seinem Höhepunkt zu trinken?

Amiot sagt, dass die Rebstöcke auf der Parzelle, die den Chassagne-Montrachet Les Caillerets hervorbringt, noch die »altmodischen« winzigen Beeren produzieren, deren Saft konzentrierter und intensiver ist als der Saft der »moderneren« Reben. Sein *1997er Chassagne-Montrachet Les Caillerets* hat ein großartiges Bukett von Blumen, Mineralien, Steinen und Pfirsichen. Dieser Wein von mittlerem bis vollem Körper ist seidig und streng, aber dennoch reichhaltig, breit gebaut und dick. Kreide, Feuerstein und Mineralien beherrschen seine scharf konturierte Persönlichkeit. Voraussichtliche Genussreife: jetzt–2007. Der *1997er Puligny-Montrachet Les Demoiselles* hat Aromen von Blumen, roten Beeren und Mineralien, die einhergehen mit einem extrahierten, konzentrierten und vielschichtigen Charakter. Dieser reichhaltige, tiefe, gut ausgewogene Wein von mittlerem bis vollem Körper präsentiert wunderbare Geschmacksnuancen von Nüssen, Steinen und Kreide. Er ist ein sehr komplexer Wein, bei dem Kraft mit Detail und Opulenz mit Eleganz gepaart sind. Voraussichtliche Genussreife: jetzt–2008. Der *1997er Montrachet* offenbart ein tiefes Bukett von Pfirsichen, Aprikosen, Mineralien und gebuttertem Toast. Dieser Grand Vin hat vollen Körper, ist bewundernswert dicht, auf intensive Art ausdrucksstark und ergreift mit wuchtigen, öligen Wogen von getrocknetem Honig, Haselnusscreme, Kastanienpüree, toastwürzigen Mineralien, geröstetem Eichenholz und überaus reifen weißen Früchten ganz vom Gaumen Besitz. Er ist durch und durch flüssige Dekadenz, eine hedonistische Fruchtbombe und ein Montrachet zum kurzfristigen Trinkgenuss, wie man ihn sich nicht schöner und ehrfurchtgebietender vorstellen kann. Trinken Sie ihn in den nächsten 8–9 Jahren.

Der *1998er Montrachet* war schwer zu beurteilen. Seine Aromen von ausdrucksstarkem gebuttertem Toast und cremigen Mineralien sind hervorragend. Am Gaumen gibt er Intensität, Kraft, Konzentration und Konturenschärfe zu erkennen. Zitronen, Mineralien und spritzige grüne Äpfel finden sich in seiner Geschmackspalette und dem äußerst langen Abgang. Da dieser Wein in der Flasche harmonischer wird und an Fülle gewinnt, verdient er eine noch höhere Bewertung. Voraussichtliche Genussreife: jetzt–2010.

Der *1999er Chassagne-Montrachet Les Vergers* (von 55–60 Jahre alten Rebstöcken) offenbart Aromen von Birnen und Blumen. Seine Persönlichkeit von mittlerem Körper zeigt wunderbare Reintönigkeit in seinem scharf konturierten, kristallinen, präzisen und spritzigen Charakter. Er besitzt kraftvolle mineralische, seine gesamte Persönlichkeit prägende Geschmackskomponenten sowie einen bewundernswert langen, reintönigen Abgang. Voraussichtliche Genussreife: jetzt–2009. Der *1999er Chassagne-Montrachet Les Caillerets* besitzt intensive Aromen von Mineralien und Steinen. Von mittlerem Körper, maskulin und konzentriert, ist dies ein seidig texturierter, kerniger Wein. Er überzieht den Gaumen lagenweise mit Mineralien, Birnen und Kies. Es ist ein verblüffender 1999er, der das geschmeidige, angenehme Gefühl im Mund, das dieser Jahrgang an sich hat, sowie Tiefe, Kraft und Länge in sich vereint. Voraussichtliche Genussreife: jetzt–2010. Der erstaunliche *1999er Montrachet* gibt wuchtige Aromen von Gewürzen, Nüssen und Birnen zu erkennen. Von mittlerem bis vollem Körper, intensiv, fett und reichhaltig, ist dies ein breit angelegter, üppiger und kraftvoller Wein. Seine saftige Geschmackspalette, die aus Mandellikör, Quarz, Mineralien, frischen Birnen und Äpfeln besteht, hält überaus lange an. Es ist ein kristalliner, aber dennoch molliger Wein, der über exzellente Ausgewogenheit, Konturenschärfe und Muskelkraft verfügt. Zweifellos einer der besten Weine dieses Jahrgangs. Seinen Höhepunkt dürfte er jetzt– 2012 erreichen.

Weitere empfehlenswerte Weine: 1997er Chassagne-Montrachet Clos St-Jean (89), 1999er Chassagne-Montrachet Clos St-Jean (88), 1997er Chassagne-Montrachet Les Vergers (88+), 1998er Chassagne-Montrachet Les Vergers (89), 2000er Chassagne-Montrachet Les Vergers (89), 1998er Puligny-Montrachet Les Demoiselles (89), 1999er Puligny-Montrachet Les Demoiselles (89)

DOMAINE DU MARQUIS D'ANGERVILLE (VOLNAY)

1999	Volnay Clos des Ducs	D	(91–94)
1997	Volnay Clos des Ducs	E	(90–93+)
1999	Volnay Taillepieds	D	(91–93+)
1997	Volnay Taillepieds	E	(90–92)

Der Marquis d'Angerville ist einer der führenden Weinproduzenten in Burgund und hat in seiner Karriere bereits zahlreiche Jahrgänge miterlebt. Auf die Frage, in welcher Rangfolge er die Rotweinjahrgänge der 1990er Jahre einordnen würde, setzte er 1990 an die erste Stelle, dicht gefolgt von 1999 und 1996, dann kamen 1997, 1995, 1992, 1991, 1993 und 1994. Als ich darauf hinwies, dass 1998 in der Aufzählung fehle, zuckte er mit den Schultern und sagte: »Wir wissen doch noch gar nicht, was dem 1998er bevorsteht. Trocknet er aus oder wird er gut?« Er ist der Meinung, dass die 1999er »gut altern werden, auch wenn wir dessen vorher nicht so sicher waren. Inzwischen glaube ich, dass sie sich wie die 1989er verhalten werden.« D'Angervilles 1989er sind wie so viele andere Volnays von Spitzenwinzern (ich habe kürzlich etliche von Pousse d'Or, Comte Lafon und Lafarge verkostet) erstaunlich jugendlich, voll gepackt mit Frucht und frisch. »1989«, fährt er fort, »kamen die besten Weine aus geringen Ernteerträgen und von den ältesten Rebflächen. Dasselbe wird auch für 1999 zutreffen.«

Dieses berühmte Weingut hat im schwierigen Jahrgang 1997 Weine produziert, die bemerkenswert gut altern dürften. In seinem Aromaprofil bietet der mittel- bis dunkelrubinrote *1997er Volnay Taillepieds* dunkle Pflaumen, Veilchen und kandierte Schwarzkirschen. Es ist ein expansiver Wein von mittlerem bis vollem Körper mit großer Konzentration, Breite und Reichhaltigkeit. Er ist dick, seidig texturiert, muskulös und gut strukturiert. In seinem frischen, aber dennoch molligen Geschmacksprofil zeigen sich Steine, schwarze Früchte und frische Kräuter. Trinken Sie ihn in den nächsten 7+ Jahren. Der etwas dunklere *1997er Volnay Clos des Ducs* offenbart superbe Aromen von Soja-Sauce, Hoisin-Sauce und Gewürzen. Dieser wuchtige, aber dennoch elegante Wein ist proppenvoll mit süßen schwarzen Früchten, Blumen, Steinen und Kräutern. Ein kraftvoller, komplexer und kompletter Wein, der in den nächsten 12 Jahren getrunken werden sollte.

Der hervorragende *1999er Volnay Taillepieds* präsentiert würzige Aromen von dunklen Früchten. Bei mittlerem bis vollem Körper ist er ausladend, breit angelegt und voll gepackt mit großen Mengen von dicklichen, saftigen Pflaumen, schwarzen Johannisbeeren, asiatischen Gewürzen und Schwarzkirschen. Dies ist ein wuchtiger, aber dennoch ausgefeilter, nahtloser Wein mit herrlich gereiftem Tannin. Sein Abgang ist lang, seidig und reintönig. Trinken Sie ihn in den nächsten 10 Jahren.

Von der 2 Hektar großen Parzelle des Marquis d'Angerville stammt der *1999er Volnay Clos Des Ducs.* Er wartet auf mit einem fantastischen Bukett von Herzkirschen, Kirschwasser, Morello-Kirschen und Veilchen. Dieser Wein hat mittleren bis vollen Körper, ist wunderbar ausgewogen und besitzt hervorragende Tiefe von samtig texturierter Frucht. Er überzieht den Gaumen des Verkosters mit Kirschen und Brombeeren, Heidelbeeren, Blumen und Gewürzen, deren Geschmacksnuancen durch den außerordentlich langen, reintönigen und seidigen Abgang hindurch anhalten. Diese harmonische, verfeinerte Schönheit hat große Mengen von hochreifem Tannin, das unter ihren Wogen von Frucht zu entdecken ist. Der Wein hat die für mittel- bis langfristige Kellerreife erforderliche Dichte, Ausgewogenheit und Struktur. Voraussichtliche Genussreife: 2005–2012+.

Weitere empfehlenswerte Weine: 1997er Volnay Champans (88–90), 1999er Volnay Champans (88–90), 1997er Volnay Premier Cru (außerhalb der USA als Fremiets etikettiert) (88–89)

DOMAINE DE L'ARLOT (PRÉMEAUX-PRISSEY)

1999	Nuits-St-Georges Clos des Forêts St-Georges	E	(89–92)
1997	Nuits-St-Georges Clos des Forêts St-Georges	D	90+

1999	**Romanée-St-Vivant**	**EEE**	**(89–91)**
1997	**Romanée-St-Vivant**	**EE**	**90**

Jean-Pierre de Smet, der liebenswürdige Leiter und Weinmacher dieser Domaine, beschrieb den Jahrgang 1997 wie folgt: »gefälliger und zufriedenstellender als 1996, ist er aber kein so großes Jahr, als das sich der außergewöhnliche Jahrgang 1996 noch herausstellen wird«. Ich verbeuge mich vor de Smet, der seinen Worten auch Taten folgen lässt. Denn nachdem wir uns über den Jahrgang 1997 einig waren, ließ er mich wissen, dass er die Verkaufspreise ab Domaine gesenkt hatte, um die Qualität seiner Weine widerzuspiegeln.

Der mittel- bis dunkelrubinrote *1997er Nuits-St-Georges Clos des Forêts St-Georges* offenbart wunderbare Aromen von sahnigen dunklen Kirschen und Talkumpuder. Er prunkt mit einer Fülle von sanften schwarzen Früchten, einem Anflug von Teer und geröstetem Eichenholz. Dieser ausgefeilte Wein von mittlerem bis vollem Körper ist saftig und gut strukturiert und lässt sich wohl am besten in den nächsten 7 Jahren trinken. Der rubinrote *1997er Romanée-St-Vivant* offenbart Aromen, die an Rosen, Veilchen, Erde und rote Beeren erinnern. Es ist ein verführerischer, breit gebauter, reichhaltiger und geschmeidiger Wein mit köstlichen, klarlinig umrissenen Geschmacksnuancen von roten und dunklen Früchten. In einem äußerst detailorientierten, filigranen Stil bereitet, ist dies ein femininer Wein. Voraussichtliche Genussreife: jetzt–2007.

Die Domaine de l'Arlot kam in den letzten 12 Jahren auf einen durchschnittlichen Ertrag von 34 hl/ha, doch im Jahr 1999 auf 52 hl (allerdings unter 50 für die Rotweine), »und das ist die wirkliche Menge, denn da wir aus den Tanks nichts abgezogen haben, brauchten wir nichts auszusortieren, und wir haben auch keine Trauben im Weinberg zurückgelassen«, fügte er hinzu. Wie viele andere Winzer auch, ist de Smet der Meinung, dass seine 1999er durch die *élevage* wesentlich besser geworden sind. Er meinte: »Noch vor einem Jahr fand ich sie schwerfällig, aber mit der Zeit haben sie Konturenschärfe bekommen und sich verfeinert.«

Der aromatisch ausdrucksvolle, mittelrubinrote *1999er Nuits-St-Georges Clos des Forêts St-Georges* zeigt ein Bukett von schwarzen Johannisbeeren und Lakritze. Er ist bei mittlerem Körper dicht und weist in seiner von Brombeeren, Kirschen und filigranem Eichenholz geprägten Persönlichkeit hervorragende Tiefe der Frucht auf. Dieser Wein ist seidig texturiert, reichhaltig und hat einen nachhaltigen Abgang. Trinken Sie ihn in den nächsten 9 Jahren. Der rubinrote *1999er Romanée-St-Vivant* offenbart ein betörendes Bukett von Veilchen, Parfum und süßen Kirschen. Dieser elegante, feminine und sehr detaillierte Wein hat leichten bis mittleren Körper und an Blumen und rote Beeren erinnernde Geschmacksnuancen. Sein fester Abgang beeinträchtigt in keiner Weise den wunderschön gezeichneten und geschmacksintensiven Kern dieses noblen Weins. Trinken Sie ihn in den nächsten 10 Jahren.

Weitere empfehlenswerte Weine: 1999er Côte de Nuits-Villages Clos du Chapeau (88), 1997er Nuits-St-Georges Clos de l'Arlot (88), 1997er Nuits-St-Georges Clos de l'Arlot (weiß) (89), 1999er Nuits-St-Georges Clos de l'Arlot (87–89), 1999er Nuits-St-Georges Premier Cru (88–89), 1997er Vosne-Romanée Les Suchots (89), 1999er Vosne-Romanée Les Suchots (87–88)

DOMAINE ROBERT ARNOUX (VOSNE-ROMANÉE)

1999	**Clos de Vougeot**	**EE**	**94**
1998	**Clos de Vougeot**	**EE**	**91**
1999	**Echézeaux**	**EE**	**91**
1999	**Romanée-St-Vivant**	**EEE**	**91**
1998	**Romanée-St-Vivant**	**EEE**	**93**
1999	**Vosne-Romanée Les Chaumes**	**E**	**90**
1999	**Vosne-Romanée aux Reignots**	**EE**	**92**
1998	**Vosne-Romanée aux Reignots**	**EE**	**90**

1999	**Vosne-Romanée Les Suchots**	**EE**	**93**
1998	**Vosne-Romanée Les Suchots**	**EE**	**93**

Dieses Weingut, das Pascal Laschaux seit dem Tode seines Schwiegervaters Robert Arnoux leitet, ist von einem neuen Geist beseelt. Die Weinbergpflege und die Weinbereitung sind so gut wie nie zuvor, ein Beweis für Laschaux' Einsatz und seine Liebe zum Detail. Laschaux ist von seiner Ausbildung her Apotheker, er ist jung, dynamisch und äußerst gewissenhaft.

Dieses Gut hat einige der besten 1998er gemacht. Bei dem *1998er Vosne-Romanée aux Reignots* entquellen reife rote Früchte mächtig dem Glas. Dieser den Gaumen auskleidende Wein von mittlerem Körper ist komplex, konzentriert, tief und üppig. Süße, kandierte Kirschen zeigen sich in seinem geschmeidigen Charakter und im langen Abgang. Der *1998er Clos de Vougeot* wurde in zu 80% neuen Eichenfässern ausgebaut und enthüllt Düfte von Blumen und Himbeer-Kirsch-Frucht. Von mittlerem Körper und seidig texturiert, ist dies ein gut gemachter, ausdrucksvoller und konzentrierter Wein. Frische rote Früchte wetteifern mit würzigem Eichenholz um die Aufmerksamkeit des Verkosters. Voraussichtliche Genussreife: jetzt–2008.

Der mittel- bis dunkelrubinrote *1998er Vosne-Romanée Les Suchots* besitzt wunderbare, mit Eiche überzogene Kirscharomen. Dieser lustbetonte Wein von mittlerem bis vollem Körper kleidet den Gaumen mit sahnigen Kirschen aus. Er hat eine ausgezeichnete Struktur, wobei seine Tannine in tiefen Fruchtschichten verborgen sind, und einen langen, seidigen, reintönigen Abgang. Voraussichtliche Genussreife: jetzt–2008. Der *1998er Romanée-St-Vivant* zeichnet sich durch ein Bukett aus, das an Parfüm, rote Blumen, Gewürze und weißen Pfeffer erinnert. Von mittlerem bis vollem Körper, mit hervorragender Tiefe, Konzentration und Eleganz in seinem kernig texturierten Charakter, ist dies ein dicklicher, mit roten Früchten voll gepackter Wein. Voraussichtliche Genussreife: jetzt–2010.

Der mittel- bis dunkelrubinrote *1999er Vosne-Romanée Les Chaumes* enthüllt Aromen von Kirsche, Himbeere und frischen Kräutern. Von mittlerem Körper und dicht, ist dies ein kerniger, seidig texturierter Wein mit süßen Geschmacksnuancen von frischen roten Kirschen. Er besitzt große Mengen von geschmeidigem Tannin, das im langen Abgang spürbar wird. Trinken Sie ihn in den nächsten 7–8 Jahren. Der *1999er Vosne-Romanée aux Reignots* zeigt mittel- bis dunkelrubinrote Farbe und ein betörendes, nach Veilchen und Parfum duftendes Bukett. Von mittlerem Körper, ausladend und breit angelegt, ist dies ein reichhaltiger, opulenter nach Kirschen schmeckender Wein, dazu dick, konzentriert, harmonisch und nahtlos. Voraussichtliche Genussreife: jetzt–2010. Der rubinrote, kräuterhafte, beerenduftige *1999er Echézeaux* zeigt eine üppige Persönlichkeit von mittlerem Körper, hervorragende Harmonie und wunderbar definierte Geschmackskomponenten von Blumen, roten Beeren und Heidelbeeren, deren Geschmack den langen, reintönigen Abgang hindurch anhalten. Voraussichtliche Genussreife: jetzt–2010. Der mittel- bis dunkelrubinrote *1999er Clos de Vougeot*, der von Rebflächen mit einem Ertrag von 35–40 hl/ha stammt, legt ein superbes Bukett von hochreifen Kirschen, asiatischen Gewürzen, Veilchen und Parfum an den Tag. Bei mittlerem Körper ist er sinnlich und opulent. Große Mengen von mit *sur-maturité* (Überreife) durchsetzten Kirschen, Himbeeren und Erdbeeren zeigen sich in diesem süßen, eindringlichen und lebendigen Wein. Sein nahtloser, mit reichhaltigem Geschmack ausgestatteter Charakter weist keinerlei Kanten auf. Voraussichtliche Genussreife: 2004–2012.

Der nach Räucherspeck, Veilchen und Brombeeren duftende *1999er Vosne-Romanée Les Suchots* hat eine mittel- bis dunkelrubinrote Farbe. Von mittlerem Körper, ist er voll gepackt mit dichten Schichten von Brombeeren, Kirschen, Gewürzen und kandierten Himbeeren. Dieser reichhaltige, konzentrierte, intensive, kernige Wein bietet einen bewundernswert nachhaltigen, üppigen, fruchtbetonten Abgang. Trinken Sie ihn innerhalb der nächsten 10 Jahre. Der mittel- bis dunkelrubinrote *1999er Romanée-St-Vivant* legt Aromen von Veilchen und Brombeeren an den Tag. Dieser Wein von mittlerem bis vollem Körper ist reichhaltig und gehaltvoll, beladen mit Kirschen, Himbeeren, Heidelbeeren und saftigen, hochreifen

Brombeeren. Ihm schien zuerst die vorzügliche Harmonie dieses sonst besten 1999ers des Weinguts zu fehlen, aber er war erst 72 Stunden vor dem Verkosten abgefüllt worden, was eine Erklärung für seine fast unmerklich ungefüge Art sein könnte. Voraussichtliche Genussreife: 2004–2011.

Weitere empfehlenswerte Weine: 1999er Nuits-St-Georges Corvées Pagets (89), 1999er Nuits-St-Georges Les Procès (88), 1999er Nuits-St-Georges Les Poisets (89), 1999er Vosne-Romanée Les Hautes Maizières (89)

DOMAINE D'AUVENAY (ST-ROMAIN)

1999	Auxey-Duresses Les Boutonniers (weiß)	E	90
1997	Auxey-Duresses Les Boutonniers (weiß)	E	92
1999	Bonnes Mares	EEE	93+
1997	Bonnes Mares	EEE	94
2000	Chevalier-Montrachet	EEE	(91–92)
1999	Chevalier-Montrachet	EEE	93
1997	Chevalier-Montrachet	EEE	96
2000	Criots-Bâtard-Montrachet	EEE	(92–94)
1999	Criots-Bâtard-Montrachet	EEE	93
1997	Criots-Bâtard-Montrachet	EEE	93?
1999	Mazis-Chambertin	EEE	95
1997	Mazis-Chambertin	EEE	95+
2000	Meursault La Goutte d'Or	EEE	(92–93)
1999	Meursault La Goutte d'Or	EEE	91+
1997	Meursault La Goutte d'Or	EEE	93
2000	Meursault Narvaux	EE	(90–92)
1999	Meursault Narvaux	EE	90
1997	Meursault Narvaux	EE	92+
2000	Puligny-Montrachet Les Folatières	EEE	(90–91)
1999	Puligny-Montrachet Les Folatières	EEE	90
1997	Puligny-Montrachet Les Folatières	EEE	91
2000	Puligny-Montrachet La Richarde	EEE	(90–92)

Die im Privatbesitz von Madame Lalou Bize-Leroy befindliche Domaine d'Auvenay ist nicht nur eine der besten Adressen in Burgund, sondern auch die Geburtsstätte vieler Spitzenburgunder. Es wird niemanden überraschen, dass Madame Bize-Leroy 1997 außerordentliche Weine bereitet hat. Sie selbst ist von dem Jahrgang 1997 sowohl in Bezug auf die Rotweine als auch die Weißweine begeistert. »Das sind distinguierte und intellektuelle Weine«, betont sie eindringlich. Sie ist der Meinung, dass ihre 1997er Rotweine *noch* komplexer sind als ihre 1996er. Ihre 1997er Weißweine sind prachtvolle Tropfen (genau wie ihre Roten), tadellos ausgewogen (sie bleibt beharrlich dabei, dass sie ihre Weine nicht mit Säure anreichert – gegenteilige Gerüchte sind überall zu hören) und immens reichhaltig. Das Kleid reflektiert einen Schimmer von Stroh und Gold, im Gegensatz zu den blassen, fast kristallklaren 1996ern.

Von einer 1922 angepflanzten Parzelle stammt der kraftvolle *1997er Auxey-Duresses Les Boutonniers*. Er offenbart ein nach Kreide und Steinstaub duftendes Bukett und explodiert am Gaumen mit intensiven flüssigen, mineralischen Geschmacksnuancen, vermischt mit einigen saftigen Spritzern Zitronensaft. Von mittlerem bis vollem Körper, weist dieser dichte und prachtvoll umgrenzte Wein gewaltige Konzentration, Tiefe und Komplexität auf. Trinken Sie ihn bis 2008. Der *1997er Meursault Narvaux* zeigt ein eichenholzgetränktes und reichhaltiges, mit weißer Frucht beladenes Bukett. Dieser massive, dicke, kernige Wein von mittlerem bis vollem Körper ist voll gepackt mit expansiven Geschmacksnuancen von Metall, Mineralien und Haselnuss. Diese Schönheit dürfte jetzt–2008 ihren Höhepunkt erreichen.

Der *1997er Meursault La Goutte d'Or* legt frische Aromen von hochreifen Früchten an den Tag, er ist ölig texturiert und überschwänglich, aber dennoch klar umrissen. Dieser kraftvolle, muskulöse und körperreiche Wein überzieht den Gaumen mit süßen Birnen, karamellisierten Äpfeln, kandierten Orangen, Mineralien, Haselnusscreme und Anflügen von Quitte. Voraussichtliche Genussreife: jetzt–2008. Das Bukett des *1997er Puligny-Montrachet Les Folatières* ist weniger ungestüm als das der vorhergehenden Weine. In ihm kommen süße blumige und erdige Aromen zum Ausdruck, gefolgt von einer fetten, fast ölig texturierten Persönlichkeit. Dieser superbe Wein strotzt vor vielschichtigen Noten von Erde, Akazienblüten, weißen Trüffeln und Pfirsichen. Er scheint nicht ganz so außerordentlich gut ausgewogen zu sein wie die anderen Weine von Madame Bize-Leroy. Getrunken werden sollte er jetzt–2005.

Ihr *1997er Criots-Bâtard-Montrachet*, der von einer Parzelle am östlichen Rand ihrer Weinberge stammt, zeigt Aromen von gedörrten Birnen und Äpfeln, vermischt mit Gewürzen. Dies ist ein profunder, klar umrissener und sehr reifer Wein mit Geschmacksnuancen von Marzipan, Mineralien, Erdnüssen und weißen Blumen. Er hat mittleren bis vollen Körper, ist unmittelbar ansprechend, ganz besonders ausdrucksvoll, zeigt aber möglicherweise leichte Spuren von Oxidation. Dessen ungeachtet ist er so außerordentlich geschmacksintensiv und muskulös, dass ich ihn wärmstens empfehle. Kosten Sie ihn bald, um zu sehen, wie er sich entwickelt. Der *1997er Chevalier-Montrachet* ist sicherlich einer der großen Stars seines Jahrgangs. In seinem Aromaprofil offenbart er Felsen, Steine und salzige Seemuscheln. Dieses prachtvolle Meisterstück bietet unerhörte Intensität, Reife und Konturenschärfe. Seine überwältigende Mineralität ist wunderbar präzise und zeigt Spuren von Anis, Birnen und Eichenholzwürze, die noch während des ganzen erstaunlichen Abgangs anhalten. Trinken Sie ihn 2004–2012.

Der dunkelrubin-purpurrote *1997er Bonnes Mares* legt intensive Aromen von gebratenen Pflaumen, Brombeeren und Siegellack an den Tag. Es ist ein dicker, körperreicher, dicklicher Wein, mit molligen Schichten von gerösteten dunklen Früchten und Anklängen an Leder und Steine. Er ist opulent, intensiv und kraftvoll, aber gleichzeitig straff gewirkt und gut strukturiert. Sein nahezu überreifer Charakter drückt sich in einer dicken, fast wachsartigen Textur aus. Er eignet sich wunderbar zum sofortigen Genuss, dürfte sich jedoch noch ein Dutzend Jahre oder länger gut halten. Aufgrund meiner bisherigen Erfahrung mit dem Mazis-Chambertin war ich überrascht, dass der *1997er Mazis-Chambertin* noch fortgeschrittener entwickelt, opulenter und üppiger war als der Bonnes Mares. Außerdem ist dieser dunkle, ja fast schon schwarze Wein mehr von roter Frucht geprägt. Er offenbart dickliche und wachsartige Düfte von Kirschfrucht. Sein konzentrierter, reichhaltiger, tiefer und intensiv süßer Charakter ist bis oben hin voll mit großen Mengen von roten Früchten. Der erstaunlich nachhaltige Abgang dieses samtig texturierten Weines offenbart hochreife, geschmeidige Tannine. Dieser Wein wäre in jedem beliebigen Jahrgang bereits ein außerordentlicher Wein, in diesem schwierigen Jahrgang ist er jedoch ein Beweis für Madame Leroys unermessliches Talent und ihren Einsatz. Voraussichtliche Genussreife: jetzt–2014+.

Der aus Trauben von 1923 gepflanzten Reben bereitete *1999er Auxey-Duresses Les Boutonniers* gibt Aromen von Kalkstein zu erkennen. Er ist ausdrucksstark, weist in seiner scharf konturierten und tiefen Persönlichkeit hervorragende Reintönigkeit und Präzision auf und ist voll gepackt mit zitronengetränkten Mineralien, deren Geschmacksnuancen während des ausgedehnten Abgangs anhalten. Voraussichtliche Genussreife: jetzt–2007.

Der nach Mineralien und Steinen duftende *1999er Meursault Narvaux* ist bei leichtem bis mittlerem Körper konzentriert und ausgefeilt. Er hat hervorragende Tiefe in seiner geschmacklich von Steinen, Birnen und Mineralien geprägten Persönlichkeit. Der Abgang ist äußerst lang und reintönig. Voraussichtliche Genussreife: jetzt–2008.

Der reichhaltige *1999er Meursault La Goutte d'Or* legt Aromen von frischer Butter, reifen Äpfeln und Sahne an den Tag. Er ist mollig, seidig texturiert und bietet dicke Schichten von weißen Früchten und Gewürzen. Dies ist ein kräftiger Wein von mittlerem Körper mit einem beeindruckend nachhaltigen Abgang. Voraussichtliche Genussreife: jetzt–2010. Der *1999er Puligny-Montrachet Les Folatières* ist in seinen Aromen zurückhaltender, aber reichhaltiger und intensiver am Gaumen. Von mittlerem Körper und mollig, kleidet er den Gaumen mit Mineralien, Blumen und Gewürzen aus, die nahtlos in seinen bewundernswert nachhaltigen Abgang übergehen. Voraussichtliche Genussreife: jetzt–2009.

Der *1999er Criots-Bâtard-Montrachet* bietet kraftvolle mineralische Aromen. Dieser ölig texturierte Wein ist dick, fett und dicht, bleibt dabei jedoch elegant und scharf konturiert. Er ist harmonisch, muskulös und besitzt einen intensiven, mit Mineralien beladenen Kern, dessen Geschmacksnuancen während des außerordentlich nachhaltigen Abgangs am Gaumen verweilen. Voraussichtliche Genussreife: jetzt–2014.

Das sehr ausdrucksstarke Bukett des *1999er Chevalier-Montrachet* offenbart Aromen von Kalkstein und Mineralien. Von mittlerem Körper und seidig texturiert, ist dieser Wein bis oben hin voll mit Steinen, Kies, Metall, Birne und Nuancen von kandierter Zitrusfrucht. Er ist intensiv, konzentriert und besitzt superbe Reintönigkeit, eine klar gezeichnete Art und Reichhaltigkeit. Voraussichtliche Genussreife: jetzt–2014. Der mittel- bis dunkelrubinrote *1999er Bonnes Mares* offenbart Aromen von gerösteten Mandeln, Brombeeren und Blumen. Er wartet auf mit Geschmacksnuancen von Pflaume, Lakritze und Kirsche, mittlerem bis vollem Körper, ist höchst strukturiert, frisch und präzise. Den Gaumen überzieht er mit unwiderstehlichen Schichten von süßen, dunklen Geschmackskomponenten und großen Mengen von reifen, aber doch festen Tanninen. Auch der Abgang ist außerordentlich nachhaltig. Voraussichtliche Genussreife: 2004–2015+.

Der etwas dunklere *1999er Mazis-Chambertin* hat ein ehrfurchtgebietendes Bukett, das Veilchen, intensive Brombeeren und süße Kirschen offenbart. Dieser profunde Wein besitzt bewundernswerte Konturenschärfe, großartige Reintönigkeit, Harmonie und einen erstaunlich nachhaltigen Abgang. Große Mengen von Morello-Kirschen treten im Charakter dieses außergewöhnlichen Weines zutage. Er ist wuchtig, elegant und extrovertiert. Voraussichtliche Genussreife: 2006–2018+.

Für Lalou Bize-Leroy ist 2000 »ein besonderer Jahrgang. Er erinnert mich an 1996, allerdings mit weniger Säure. Ich mag es besonders, wenn das Nötige getan wird, um den Ertrag zu begrenzen.« Madame Bize-Leroy brauchte keinen ihrer 2000 Weißweine zu chaptalisieren (im Gegensatz zu den Rotweinen), obwohl sie äußerst früh mit der Lese begonnen hatte – nach Einholung einer Erlaubnis, um vor dem offiziellen Beginn ihre Trauben lesen zu dürfen. Als der gewaltige Sturm am 12. September 2000 über die Region hinwegfegte, war Madame Bize-Leroy gerade mit der Lese fertig.

In den Aromen des *2000er Meursault Narvaux* offenbaren sich intensive Gewürze und Mineralien. Von mittlerem Körper und intensiv, ist dies ein würziger, aber dennoch üppiger Wein, der voll gepackt ist mit Geschmacksnuancen von frischen Birnen, Zitronen und Gewürzen. Er hat hervorragende Tiefe und eine deutliche Säurenote, die sich von der Zunge bis zum nachhaltigen Abgang ungehindert fortsetzt. Voraussichtliche Genussreife: jetzt–2012.

Der erstaunliche *2000er Meursault La Goutte d'Or* explodiert förmlich im Glas mit einem Schwall von hochreifen, würzigen Düften nach Birnen und weißen Pfirsichen. Er ist reichhaltig, samtweich und fett, von mittlerem bis vollem Körper und offenbart auch im Geschmack Nuancen von Birne, Eichenholz und Mineralien in Hülle und Fülle. Er ist opulent und präsentiert einen außergewöhnlich langen, reintönigen, mit Frucht beladenen Abgang. Trinken Sie ihn in den nächsten 12+ Jahren. Der nach Birnen und weißen Blumen duftende *2000er Puligny-Montrachet Les Folatières* hat eine Persönlichkeit von mittlerem Körper, voll gepackt mit gerösteten Mineralien. Dieser seidig texturierte Wein ist konzentriert, wohl ausgewogen und besitzt üppige Geschmackskomponenten. Trinken Sie ihn in den nächsten 9–10 Jahren.

Der *2000er Puligny-Montrachet La Richarde* (von einer Parzelle, die zum Premier Cru Les Folatières gehörte, aber kürzlich zurückgestuft wurde, als sich herausstellte, dass der Vorbesitzer hier Mutterboden angefahren hatte) ist ein Wein, der nach Mineralien, Erde und weißen Blumen duftet. Von gehaltvoller Opulenz und mittlerem Körper, zeigt dieser üppige Wein in seinem samtigen, aber doch würzigen Charakter Geschmacksnuancen von Mineralien und gebuttertem Toast. Trinken Sie ihn in den nächsten 10 Jahren.

Cremige Mineralien und Vanillejoghurt zeigen sich in den Aromen des *2000er Chevalier-Montrachet.* Er hat mittleren Körper, eine sinnliche, seidige Textur, eine mit Mineralien beladene Persönlichkeit und einen breit angelegten, doch sprühend lebendigen Charakter. Darüber hinaus offenbart dieser Wein einen nachhaltigen und reintönigen Abgang. Voraussichtliche Genussreife: jetzt–2014. Der *2000er Criots-Bâtard-Montrachet* entquillt dem Glas mit intensiven Aromen von Toastwürze, Mineralien und Rauch. Dieser samtweiche Wein von mittlerem Körper zeigt in seinem tiefen, seidig texturierten und nachhaltigen Geschmacksprofil Schichten von würzigen Mineralien, gebuttertem Toast und sahnigen Birnen. Voraussichtliche Genussreife: jetzt–2014.

Weitere empfehlenswerte Weine: 1997er Auxey-Duresses (91), 1999er Auxey-Duresses (89), 2000er Auxey-Duresses (89–90), 2000er Auxey-Duresses Les Boutonniers (89–90), 1997er Auxey-Duresses Les Clous (91), 1999er Auxey-Duresses Les Clous (88), 2000er Auxey-Duresses Les Clous (88–89), 1997er Bourgogne Aligoté Sous Chatelet (88), 1999er Bourgogne Aligoté Sous Chatelet (88), 2000er Bourgogne Aligoté Sous Chatelet (88–90), 1999er Meursault Chaumes de Perrières (89), 2000er Meursault Chaumes de Perrières (89–90), 2000er Meursault Pré de Manche (89–90), 1999er Puligny-Montrachet La Richarde (89)

DOMAINE DANIEL ET MARTINE BARRAUD (VERGISSON)

1997	**Pouilly-Fuissé Cuvée Vieilles Vignes**	**D**	**90**
2000	**Pouilly-Fuissé En Buland Vieilles Vignes**	**D**	**(92–94)**
1999	**Pouilly-Fuissé En Buland Vieilles Vignes**	**D**	**90**
1998	**Pouilly-Fuissé En Buland Vieilles Vignes**	**D**	**90**
1997	**Pouilly-Fuissé En Buland Vieilles Vignes Réserve**	**D**	**94+**
2000	**Pouilly-Fuissé Les Crays Vieilles Vignes**	**D**	**92**
1999	**Pouilly-Fuissé Les Crays Vieilles Vignes**	**D**	**91**
1998	**Pouilly-Fuissé Les Crays Vieilles Vignes**	**D**	**90**
1997	**Pouilly-Fuissé Les Crays Vieilles Vignes Réserve**	**D**	**94**
2000	**Pouilly-Fuissé La Roche**	**D**	**90**
1997	**Pouilly-Fuissé La Roche**	**D**	**91+**
1997	**Pouilly-Fuissé La Verchère Réserve**	**D**	**91**
2000	**Pouilly-Fuissé La Verchère Vieilles Vignes**	**D**	**90**
1999	**St-Véran Les Pommards Réserve**	**D**	**90+**
1997	**St-Véran Les Pommards Réserve**	**D**	**91**

Daniel Barraud kann jeden Morgen aus seinem Haus gehen, auf die angrenzenden Hügel schauen und den Wohnsitz seines Freundes und genialen Winzerkollegen Jean-Marie Guffens sehen. Beide Männer bereiten – unter tatkräftiger Mithilfe ihrer Ehefrauen – einmalig gute Weine, die sich mit den besten Grands Crus der Côte de Beaune messen können oder sie sogar noch übertrumpfen. Barraud meint, dass 1997 seine bis jetzt großartigste Ernte war. Die ungeheure Augusthitze verlangsamte die Reifung, da die Reben zum Selbstschutz jegliche Tätigkeit einstellten. Der Apfelsäuregehalt ging zurück, aber insgesamt blieben die Säurewerte konstant. »Manche Weine haben in der Tat denselben Säuregehalt wie die 1996er«, meint Barraud. Er sorgte dafür, dass sich die Lese über fast drei Wochen hinzog: Er begann am 12. September und war am 30. September fertig. »Es war noch sehr warm, aber wir hatten nichts zu befürchten, da wir jede Parzelle einzeln überprüften. Wir ließen uns Zeit und ernteten auf jeder Parzelle zum richtigen Zeitpunkt. Es war ein wundervoller Nachsommer!«

Der *1997er Pouilly-Fuissé La Roche* offenbart Aromen von Stein, Chinin, Feuerstein und toastwürzigem Eichenholz. Am Gaumen ist dieser ölig texturierte, makellos scharf konturierte und ungeheuer ausdrucksstarke Wein von mittlerem bis vollem Körper angefüllt mit Geschmacksnuancen von spritzigen Pfirsichen, Birnen und flüssigen Mineralien. Dieser herzhaft reife, aber superb ausgewogene Wein hat die Fähigkeit, wunderbar zu altern. Voraussichtliche Genussreife: jetzt–2007. Die *1997er Pouilly-Fuissé Cuvée Vieilles Vignes*, die aus Trauben von 45–65 Jahre alten Reben in den Weingärten En Bulands, Les Crays und Les Vignes Dessus bereitet wurde, hat ein cremiges, salziges Bukett und einen intensiv reifen Charakter mit Geschmackskomponenten von konzentrierter kandierter Zitrone und Kreide. Dieser Wein von mittlerem bis vollem Körper wurde in zu 50–60% neuen Eichenfässern ausgebaut, obschon das Holz kaum spürbar ist. Voraussichtliche Genussreife: jetzt–2005.

Es sei darauf hingewiesen, dass die Schwebstoffe, die in der Flasche des *1998er Pouilly-Fuissé En Buland Vieilles Vignes* zu sehen sind, die Qualität dieses Weines in keiner Weise beeinträchtigen. Sie sind vielmehr ein Beweis dafür, dass Daniel Barraud sich für einen Weinbau ohne dramatische Eingriffe durch Menschenhand einsetzt. Steine, Birne, Äpfel und gebutterter Toast treten im Aromaprofil dieses hervorragenden Weines zutage. Dick, konzentriert, von mittlerem bis vollem Körper, ist dies ein wuchtiger, schmackhafter und intensiver Wein. Weiße Früchte, Mineralien und Kies offenbaren sich in seinem ausdrucksstarken Charakter und in seinem nachhaltigen, schön gezeichneten und reintönigen Abgang. Voraussichtliche Genussreife: jetzt–2006.

In seinem Aromaprofil offenbart der *1998er Pouilly-Fuissé Les Crays Vieilles Vignes* Myriaden von Gewürzen und Mineralien. Von mittlerem bis vollem Körper und straff gewirkt, ist er in seinem Jahrgang ein eleganterer Wein als der En Buland, jedoch fehlt ihm dessen Fleisch und auffallende Persönlichkeit. Er zeigt Schichten von Anis, Kardamom und Anflüge von Zimt, die explosionsartig im nachhaltigen Abgang tosend zurückkommen. Trinken Sie ihn in den nächsten 7 Jahren.

Mineraliengetränktes frisches Eichenholz zeigt sich in den Aromen des *1999er Pouilly-Fuissé Les Crays Vieilles Vignes*. Dieser Wein von mittlerem Körper ist fett, scharf konturiert und tief, er ist voll gepackt mit Mineralien, Äpfeln, Birnen und Gewürzen. Neben hervorragender Konzentration und Tiefe der Frucht verfügt er auch über einen bewundernswert reintönigen und geschmeidigen Abgang. Ein wunderbarer 1999er, der alle Qualitäten und keinen der Mängel seines Jahrgangs aufzuweisen hat! Der nach Nüssen und Mineralien duftende *1999er Pouilly-Fuissé En Buland Vieilles Vignes* ist breit angelegt, ausladend und von mittlerem Körper. Wunderschön detaillierte tropische Früchte zeigen sich in seinem gut bereiteten und wohl ausgewogenen Charakter. Trinken Sie diese beiden Weine innerhalb der nächsten 7 Jahre. Der *1999er St-Véran Les Pommards Réserve* ist unstrittig einer der besten St-Vérans, die ich verkostet habe. In seinem detaillierten Aromaprofil zeigen sich Feuerstein, Gewürze und Mineralien. Von mittlerem Körper, konzentriert und reichhaltig, ist dies ein wunderbarer Wein, angefüllt mit Johannisbeeren, Birnen und kandierten Äpfeln. Geschmeidig und samtig texturiert, besitzt er einen langen, reintönigen Abgang. Voraussichtliche Genussreife: jetzt–2006.

Da die Rebstöcke auf der Parzelle für den *2000er Pouilly-Fuissé La Verchère* durchschnittlich über 40 Jahre alt sind, genügen sie nun den hauseigenen Anforderungen, um die Bezeichnung *Vieilles Vignes* tragen zu dürfen. Der 2000er hat gebutterte, mineralische Aromen und einen seidig texturierten Charakter von mittlerem Körper. Er ist schmackhaft, beladen mit Birnen und offenbart hervorragende Tiefe und Länge. Dieser reintönige, komplexe Wein sollte jetzt–2010 getrunken werden. Der *2000er Pouilly-Fuissé La Roche* stammt von 22 Jahre alten Reben und zeigt steinige Aromen von Birne und Gewürz. Dieser geschliffene Wein mit Geschmacksnuancen von Kies, Steinen, Mineralien und weißen Früchten ist elegant, reichhaltig und von klar gezeichneter Art. Er ist harmonisch, rassig und offenbart einen nachhaltigen, eindringlichen Abgang. Voraussichtliche Genussreife: jetzt–2012. Der nach

Chinin und Eisenkraut duftende *2000er Pouilly-Fuissé Les Crays Vieilles Vignes* ist samtig texturiert und hat mittleren Körper. Cremige Steine, Birnen und Äpfel kommen in diesem wuchtigen und konzentrierten Wein zum Ausdruck. Er ist harmonisch, intensiv, tief und offenbart einen ausgezeichnet langen Abgang. Voraussichtliche Genussreife: jetzt–2012.

Intensive Aromen von Erde und Mineralien zeigen sich in dem *2000er Pouilly-Fuissé En Buland Vieilles Vignes.* Er hat mittleren Körper, ist seidig texturiert und offenbart enorme Dichte in seinem Charakter, der Geschmacksnuancen von süßer Birne, Apfel, Mineralien, Steinen, Erde, Chinin, Kies und Zitrone aufweist. Ein extravaganter Pouilly-Fuissé, voll gepackt mit großen Mengen von Frucht, der außergewöhnlichen Biss und Länge zeigt. Voraussichtliche Genussreife: 2004–2014.

Weitere empfehlenswerte Weine: 1998er Mâcon-Vergisson La Roche (88), 1999er Mâcon-Vergisson La Roche (89+), 2000er Mâcon-Vergisson La Roche (89), 1999er Pouilly-Fuissé En France (88), 2000er Pouilly-Fuissé En France (89), 1998er Pouilly-Fuissé La Roche (88), 1999er Pouilly-Fuissé La Roche (89), 1999er Pouilly-Fuissé La Vercherre (89), 1997er St-Véran En Crêches (89+), 1999er St-Véran En Crêches (89+), 2000er St-Véran En Crêches (89), 2000er St-Véran Les Pommards (89–90)

DOMAINE GHISLAINE BARTHOD (CHAMBOLLE-MUSIGNY)

1999	**Chambolle-Musigny Les Beaux Bruns**	**E**	**(90–92)**
1999	**Chambolle-Musigny Les Charmes**	**E**	**(93–95)**
1999	**Chambolle-Musigny Les Châtelots**	**E**	**(89–90+)**
1999	**Chambolle-Musigny Les Cras**	**E**	**(89–90+)**

Das zwischen dem Dorf Chambolle-Musigny und den Weinbergen gelegene Weingut erzeugt eine umfangreiche Palette von Weinen aus den Weingärten der Appellation. Eine Verkostung bei Barthod ist immer eine faszinierende Studie über die oft gepriesenen und selten verstandenen *terroirs* dieses Dörfchens. Laut Madame Barthod ist der 1999er »ein bezaubernder Jahrgang«. Sie beschreibt ihre Weine so: »Sie haben großartige Aromen, sind reichhaltig, reintönig, gut ausgewogen und haben sehr reife Frucht.« Sie hatte vor, den 1999er früher als gewöhnlich abzufüllen, »solange er sich noch auf der Frucht befindet«. Die Erträge dieses Weinguts lagen bei 42–46 hl/ha nach 5–10%igem Mostabzug.

Der mittel- bis dunkelrubinrote *1999er Chambolle-Musigny Les Châtelots* gibt Aromen von Schwarzkirschen zu erkennen. Von mittlerem Körper und seidig, ist er voll gepackt mit herrlichen Schichten von Veilchen, Himbeeren, Kirschen und Erdbeeren. Dies ist ein üppiger, kandierter Wein mit einem weichen, milden, nahtlosen Abgang. Trinken Sie ihn in den nächsten 6–7 Jahren. Der *1999er Chambolle-Musigny Les Beaux Bruns* besitzt eine ähnliche Farbe und unwiderstehliche Brombeer-Aromen. Dieser wunderbar ausgefeilte Wein von mittlerem Körper hat in seinem wohlstrukturierten, reinen, saftigen und außergewöhnlich nachhaltigen Charakter hervorragende Geschmacksnuancen von Brombeere, saftiger Heidelbeere und Schwarzkirschen. Voraussichtliche Genussreife: jetzt–2009.

Der mittel- bis dunkelrubinrote *1999er Chambolle-Musigny Les Cras* legt appetitanregende Aromen von Pflaume und Brombeere an den Tag. Es ist ein Wein von mittlerem Körper mit ausladendem Charakter, der Geschmacksnuancen von Brombeere und schwarzer Johannisbeere aufweist. Sein fester Abgang benötigt noch Kellerreife. Voraussichtliche Genussreife: 2005–2010. Der verblüffende *1999er Chambolle-Musigny Les Charmes* ist mittel- bis dunkelrubinrot und hat ein explosives Bukett mit Düften nach Brombeeren, Himbeeren und hochreifen Kirschen. Von mittlerem bis vollem Körper, breit gebaut und seidig texturiert, ist dies ein superber Wein, der den Gaumen mit großen Mengen von Kirschen, Veilchen und kandierten schwarzen Himbeeren auskleidet. Seine parfümierte, harmonische Persönlichkeit ist feminin, expansiv und konzentriert. Außerdem offenbart er einen ungewöhnlich langen, saftigen und klar gezeichneten Abgang. Der beste Wein, den ich je von Madame Barthod verkostet habe! Voraussichtliche Genussreife: 2005–2014.

Weitere empfehlenswerte Weine: 1999er Chambolle-Musigny Les Baudes (89–90), 1998er Chambolle-Musigny Les Beaux Bruns (88–90+), 1999er Chambolle-Musigny Les Véroilles (88–90?)

DOMAINE JEAN-CLAUDE BELLAND (SANTENAY)

1997 Chambertin EE 90

Dieses Weingut hieß früher Domaine Adrian Belland und ist eine wahre Schatzkammer. In warmen, reifen Jahren können hier ausgezeichnete rote Burgunder entstehen. Der mittel- bis dunkelrubinrote *1997er Chambertin* gibt Aromen frei, die an Morcheln, Zimt und Schwarzkirschen denken lassen. Dieser gut strukturierte, dickliche Wein von mittlerem bis vollem Körper offenbart große Mengen an erdigen, steinigen, pflaumigen und an Kompott von schwarzen Früchten erinnernden Geschmackskomponenten. In ihm gehen die für das Weingut charakteristische überreife Frucht (*sur-maturité*) und ein Rückgrat aus wunderschön gereiften Tanninen eine glückliche Verbindung ein. Voraussichtliche Genussreife: jetzt–2007.

Weitere empfehlenswerte Weine: 1997er Chassagne-Montrachet Morgeot (88), 1997er Corton-Charlemagne (89+?), 1997er Corton-Grèves (89), 1997er Corton-Perrières (88), 1997er Corton Vigne au Saint (89)

DOMAINE JEAN-CLAUDE BESSIN (CHABLIS)

1997 Chablis Fourchaume C 90

1999 Chablis Fourchaume (LF199) C 90

1997 Chablis Valmur D 90

Ich finde den Chablis von Bessins 12 Hektar großem Weinberg von Verkostung zu Verkostung beeindruckender. Bessin, der bis 1992 *en gros* verkaufte, füllt erst seit relativ kurzer Zeit auf der Domaine ab. Alle seine Weine sind tankvergoren und altern gut, sie haben eine vollständige malolaktische Gärung durchgemacht. Aufgrund ihrer Reintönigkeit und ihrer Konzentration sind sie ausgezeichnet für diejenigen Weinliebhaber, die Weine auf Chardonnay-Basis ohne Eichenholzwürze, aber reif, reichhaltig und mit einem Anflug von Feuerstein mögen.

Der hervorragende *1997er Chablis Fourchaume* von mittlerem Körper offenbart in seinem Geschmacks- und Duftprofil große Mengen von zerstoßenen Steinen, Muscheln und buttriger, zitronenartiger Frucht. Im Mund ist der Wein dicht, mit wunderbarer Präzision, Reintönigkeit und umfassender Tiefe. Wegen der Frühreife des Jahrgangs sollte dieser 1997er Chablis in den nächsten 4–5 Jahren getrunken werden. Der teuerste sowie öligste und fetteste Wein in diesem Trio ist der *1997er Chablis Valmur*. Er legt opulentere Noten von tropischer Frucht an den Tag und wurde mehr vom Jahrgang als vom *terroir* geprägt. Kernig und fruchtig, kommt bei ihm durch die nicht vorhandene Eichenholzwürze die Frucht sogar markanter zum Ausdruck als bei vielen im Fass gealterten Weinen. Genießen Sie ihn in den nächsten 4–5 Jahren.

Der hervorragende *1999er Chablis Fourchaume* (mit Nummer *LF199* auf dem Etikett) wurde aus Trauben bereitet, die aus einem Bestand der ältesten Rebstöcke der Domaine Bessin auf ihrer Parzelle Fourchaume stammen. Obgleich er ohne jeglichen Kontakt mit frischem Eichenholz bereitet wurde, finden sich in seinem Bukett deutliche toastwürzige Aromen, vermischt mit Gewürzen und Mineralien. Sein Geschmacksprofil von mittlerem Körper ist voll gepackt mit Anis, Mineralien und Birnen. Diese seidig texturierte Schönheit hat große Mengen von Kraft und einen nachhaltigen, detaillierten Abgang. Voraussichtliche Genussreife: jetzt–2007.

Weitere empfehlenswerte Weine: 1997er Chablis (88), 1997er Chablis Montmains (88)

DOMAINE BILLAUD-SIMON (CHABLIS)

1997 Chablis Les Clos D (92–94)

1997 Chablis Mont de Milieu Vieilles Vignes D 90

1997 Chablis Preuses **D (91–93)**

1997 Chablis Vaudésir **D (90–92)**

Dieses Weingut wird seit 1815 vom Vater an den Sohn weitergegeben. Derzeit wird es von dem jungen, talentierten, intelligenten und energischen Samuel Billaud geleitet. In der ganzen Côte de Beaune, in den Kellern der etablierten und der aufgehenden Sterne dieser Region wird ständig Billauds Name als Hoffnungsträger für die Zukunft des Chablis genannt. Meine Verkostungen des 1997ers und der Genuss zahlreicher Flaschen des 1995ers und 1996ers – sowohl in den Staaten als auch in Restaurants in Beaune – bestätigen, dass Billaud ganz ausgezeichnete Leistungen erbringt. Welche Gipfel könnte dieser Mann erklimmen, wäre er bereit, auf die maschinelle Lese (nur die Grands Crus und die Premiers Crus von alten Reben werden noch handgelesen) und übermäßige Manipulationen (Kaltstabilisierung, zwei- bis viermaliges Abstechen, dreimaliges Schönen und eine Filtrierung) zu verzichten! Billaud mag seinen 1997er und beschreibt ihn als »gut ausgewogen, eine äußerst gesunde Lese«. Vom 1998er ist er jedoch nicht sehr begeistert. Einige Parzellen wurden von gewaltigen Hagelstürmen heimgesucht (seine Mont-de-Milieu-Rebstöcke erbrachten nur 50–60% des üblichen Traubenertrags), und der drei Wochen anhaltende Regen vor der Lese führte zu Fäulnisbildung und Reifeniveaus, die man nicht gerade als ideal bezeichnen kann. »Der 1998er wird dem 1991er ähneln«, sagt Billaud. Denjenigen Weinliebhabern, die auf dem Markt noch ein paar Flaschen von Billaud-Simons 1996er aufspüren, sei geraten, sie näher ins Auge zu fassen, insbesondere die besseren Cuvées. Billaud meint: »Sie sind äußerst reichhaltig und komplex, wohl ausgewogen und alterungsfähig, da ihr hoher Säuregehalt durch die Reichhaltigkeit der Frucht überdeckt wird.« Derzeit experimentiert Billaud mit der Verwendung von Eichenfässern (die große Mehrheit der heutigen Chablis wird in massiven Edelstahltanks bereitet, die zur Temperaturregulierung an Computersysteme angeschlossen sind) und mit einer *élevage* (Ausbau) auf den feinen Hefen des Weins (Petit Chablis und Chablis bleiben zwei Monate auf ihren Hefen, die anderen Cuvées bis zu sechs Monaten).

Billaud hat seinen *1997er Chablis Mont de Milieu Vieilles Vignes* (55 Jahre alte Reben) zur Hälfte in Edelstahltanks und zur Hälfte in 1–5 Jahre alten Eichenfässern vinifiziert und ausgebaut. Das Ergebnis ist ein hervorragender Wein, der ein Bukett von Mineralien, Toastwürze, Blumen und einen Hauch von Crème brûlée und Vanilleschoten offenbart. Er hat einen stahligen Kern von mittlerem bis vollem Körper, angefüllt mit weißen Beeren, Feuerstein und Steinobst. Dieser Wein besitzt superbe Reichhaltigkeit, Konzentration, Biss und Länge. Voraussichtliche Genussreife: jetzt–2006.

Die folgenden Weine wurden direkt vom Stahltank verkostet, wo sie auf das Schönen, Filtrieren und Abfüllen warten. Der aus Trauben von 25 Jahre alten Rebstöcken gewonnene *1997er Chablis Vaudésir* besitzt rauchige, mineralische Aromen und einen prachtvollen mittleren bis vollen Körper, voll gepackt mit zitronenhaften weißen Früchten, Haselnusscreme und Mineralien. Er ist opulent, äußerst reichhaltig, breit angelegt und hat einen beeindruckend langen und schön gezeichneten Abgang. Dieser intensive und schmackhafte Wein sollte bis 2006 getrunken werden.

Der *1997er Chablis Preuses* (aus Trauben von 55 Jahre alten Reben) offenbart Düfte von pochierten Birnen und Toastwürze (dies ist ein Attribut der Weinlage Preuses, auch wenn der Wein niemals in Eichenholz ausgebaut wurde). Er ist ölig (»welch ein Glyzerin!« hatte ich bei der Verkostung notiert), voll gepackt mit an Feuerstein erinnernden Mineralien und schwelgerisch. Dieser pikante und ausgewogene, aber dennoch opulent texturierte und körperreiche Wein ist wunderschön konzentriert, tief und kraftvoll. Voraussichtliche Genussreife: jetzt–2007. Ganz besonders gefallen hat mir der *1997er Chablis Les Clos* von Billaud-Simon. Seine komplexen und straffen Aromen offenbaren große Mengen von Mineralien, Feuerstein, Lehm und Muscheln. Er ist maskulin, ungeheuer dicht, zeigt Geschmacksnuancen von hochreifen Äpfeln (erinnert an Apfelkompott) und ist dabei so trocken wie die Sahara. Dieser spektakulär reichhaltige, dicke, frische, aber dennoch verhaltene Wein ist samtig texturiert, körperreich und besitzt einen außerordentlich nachhaltigen Abgang, in dem Geschmacksnuancen von Feuerstein, Steinen und Kreide zutage treten. Voraussichtliche Genussreife: jetzt–2010.

Weitere empfehlenswerte Weine: 1996er Chablis Blanchots Vieilles Vignes (92+), 1997er Chablis Fourchaume (88+), 1996er Chablis Mont de Milieu (89), 1997er Chablis Mont de Milieu (88+), 1997er Chablis Montée de Tonnerre (89), 1998er Chablis Preuses (89+), 1997er Chablis Vaillons (88).

DOMAINE SIMON BIZE ET FILS (SAVIGNY-LÈS-BEAUNE)

1997	**Corton-Charlemagne**	**EE**	**92**
1997	**Latricières-Chambertin**	**EE**	**(92–94)**
1997	**Savigny-lès-Beaune Les Vergelesses**	**D**	**90**

Patrick Bize lässt seinem Freund Jean-Marie Raveneau (der im Chablis einen Namen hat) gebührende Ehre zukommen, weil er ihm einige Tricks beigebracht habe, wie man Spitzenweißweine bereitet. »Das wichtigste bei Weißweinen ist die Reife«, sagt er. »Beim Chardonnay brauchen wir den Fäulnisbefall nicht so sehr zu befürchten wie beim Pinot Noir. Und beim Corton-Charlemagne ist die Fäulnisbildung fast ganz ausgeschlossen, so dass wir die Lese weit hinausschieben können.«

Der *1997er Corton-Charlemagne* aus Trauben von 40–50 Jahre alten Reben hat großartige aromatische Tiefe. Er zeigt Düfte von toastwürzigen Mineralien, die mit einem breiten, reichhaltigen Charakter von mittlerem bis vollem Körper einhergehen. Sein seidiges Geschmacksprofil besteht aus süßen weißen Früchten, Mineralien und Speck, es ist auf massive Art dicht, wohl ausgewogen und äußerst nachhaltig im Abgang. Bize, der meint, er habe wohl als Letzter seine Corton-Parzelle gelesen, hat 1997 einen wirklich wundervollen Wein bereitet, seinen ersten Jahrgang bei diesem neu erworbenen Cru. Voraussichtliche Genussreife: jetzt–2007.

Patrick Bize gibt die Meinung wieder, die auch andernorts in Burgund herrscht, wenn er sagt, dass er die Rotweine aus dem 1997er Jahrgang in den ersten Monaten nach der Lese nicht mochte. »Die Erträge gefielen mir. Sie waren um ein Drittel geringer als 1996 und reichten von 18–30 hl/ha. Die Lese war großartig, die Trauben waren gesund, aber von dem Zeitpunkt an, als wir sie einbrachten, bis etwa zum April des darauf folgenden Jahres mochte ich einfach die Art und Weise nicht, wie sich die Eigenheiten des Jahrgangs in meinen Weinen niederschlugen. Von April, Mai an, und dann im Juni nahmen sie im Fass an Gewichtigkeit zu.«

Bize, der seine Rotweine weder schönt noch filtriert, war gerade beim Abfüllen, als sie für dieses Buch verkostet wurden. Der *1997er Savigny-lès-Beaune Les Vergelesses* ist rubinrot und hat steinige, geröstete Aromen von dunklen Früchten. Dieser breit gebaute, maskuline und strukturierte Wein von mittlerem bis vollem Körper bietet vollmundige Geschmacksnuancen von Brombeeren, schwarzen Johannisbeeren, Zedernholz und Tabak. Er hat hervorragenden Biss, Geschmacksintensität und Länge. Voraussichtliche Genussreife: jetzt–2006. Der superbe, mittel- bis dunkelrubinrote *1997er Latricières-Chambertin* besitzt Aromen von hochreifen schwarzen und roten Früchten, vermischt mit Spuren von Wild, Erde und frischen Kräutern. Ein dichter, expansiver Wein von mittlerem bis vollem Körper mit Geschmacksnuancen von hochreifen (ja fast überreifen) Brombeeren, schwarzen Johannisbeeren, Steinen, Erde, Teer und Lakritze. Dies ist ein höchst konzentrierter, tiefer, dicker und samtig texturierter Wein, den man erst gekaut haben muss, bevor man es glaubt. Voraussichtliche Genussreife: jetzt–2012.

Weitere empfehlenswerte Weine: 1997er Bourgogne Blanc Les Champlains Pinot Beurot (88), 1997er Savigny-lès-Beaune Les Fourneaux (87–89), 1997er Savigny-lès-Beaune Les Guettes (87–88+), 1997er Savigny-lès-Beaune (weiß) (89), 1997er Savigny-lès-Beaune Les Serpentières (88+)

DOMAINE JEAN-YVES BIZOT (VOSNE-ROMANÉE)

1997	Echézeaux	EE	(90–94+?)

Es besteht kein Zweifel daran, dass der junge und gewissenhafte Jean-Yves Bizot beispielhafte Leistungen im Weinberg und im Keller vollbringt. Seine biologischen Anbaumethoden und nicht-interventionistischen Weinbereitungs-Techniken wurden bereits im *Wine Advocate* (zuletzt in der Nummer 118) beschrieben und mit Lob bedacht. Bizot ist zweifellos ein Winzer, dessen Namen sich die Weintrinker einprägen sollten. Nach all diesem Lob muss man jedoch sagen, dass die für dieses Buch verkosteten 1997er so hart, stielig, eichenholzwürzig und tanninherb waren, dass ernsthaft Besorgnis aufkommen könnte. »Wenn er zu tanninherb schmeckt, ist er eben zu tanninreich«, sagte der brillante Henri Jayer, Bizots erfahrener Ratgeber. Wenn man von der Möglichkeit ausgeht, dass sie vielleicht ihre Tannine abwerfen und nach erheblicher Kellerreife weicher werden, könnten Bizots Weine noch ganz verblüffend gut werden. Vom Aroma her sind sie so fesselnd und komplex wie viele andere aus dem 1997er Jahrgang. Eingangs auf der Zunge zeigen sie erstaunliche Frucht, dann aber verschließen sie sich mit einer rauen und adstringierenden Härte.

Jean-Yves Bizots *1997er Echézeaux* hat die größten Chancen, seine harten Tannine abzulegen. Die ersten Worte in meinem Degustations-Notizbuch sind »1990 Montrose!«. Der Echézeaux, das Ergebnis eines dürftigen Ertrags von nur 16 hl/ha, offenbart die gleiche Reife, Dichte, Konzentration und Struktur wie jener Maßstäbe setzende St-Estèphe. Seine wunderschönen Aromen erinnern an in Parfum und Brombeerlikör getauchte Gewürze. Am Gaumen brechen Geschmacksnoten von Lakritze, Teer, Crème de Cassis und Kräutern hervor, die sogleich von den gewaltigen Tanninen bezwungen werden. Dies mag einer jener seltenen Burgunder sein, die 20 Jahre und mehr Kellerreife benötigen. Eventuell könnte er dann eine Punktnote im mittleren bis oberen 90er-Bereich verdienen. Doch ein Pinot Noir wird selten gut mit Tanninen fertig, im Gegensatz zu Weinen auf Cabernet-Sauvignon-Basis, und die Erfahrung lehrt, dass er wahrscheinlich austrocknet, bevor sich sein kräftiges Rückgrat erweicht. Voraussichtliche Genussreife: 2007–2020?

DOMAINE BLAIN-GAGNARD (CHASSAGNE-MONTRACHET)

1999	Bâtard-Montrachet	EE	90
1997	Bâtard-Montrachet	EE	90
1999	Criots-Bâtard-Montrachet	EE	90
1997	Criots-Bâtard-Montrachet	EE	92+

Jean-Marc Blain, der Direktor und Weinmacher dieses Guts stammt ursprünglich aus einer Winzerfamilie aus der Gegend von Sancerre. Er hat es sich zum Ziel gesetzt, bei seinen Chardonnay-Reben eine Ertragsmenge von 45–50 hl/ha (30–35 bei den Rotweinen) zu erreichen. Er praktiziert eine leichte Pressung mit einer pneumatischen Presse, um die Menge der *bourbes* (groben Hefen) zu reduzieren, und senkt dann die Mosttemperatur auf 12–14 °C. Anschließend wird der Wein zur Gärung und zum Ausbau in Fässer (25–30% neue) gefüllt. Alle Weine werden geschönt, filtriert und auf der Domaine abgefüllt. Jean-Marc Blain sagte mir, dass er gegen die Anreicherung des Weines mit Säure sei, aber bei seinen 1998er Rotweinen dazu gezwungen war, da sie einen gefährlich hohen pH-Wert aufwiesen.

Blain beschreibt seine 1997er Weißen als »vergnügliche und delikate Weine; sie sind ausgefeilt, elegant und haben exzellente Reife. Sie sollten in den nächsten 10 Jahren getrunken werden.« Ich fand, dass sie äußerst gut bereitet waren, mit der für diesen Jahrgang sprichwörtlichen Reife und Dichte, aber besser strukturiert als die meisten 1997er, die ich von der Côte de Beaune verkostet habe.

Blain hat seinen *1997er Criots-Bâtard-Montrachet* bei 14,1% natürlichem potenziellen Alkoholgehalt gelesen (der abgefüllte Wein hat 13,9% Alkohol, weil der »Anteil der Engel« verdunstet ist). Dieser Wein hat ein erhabenes Bukett, in dem sich Eleganz und *sur-maturité* vereinen. Düfte von süßen Ananas vermählen sich mit Aromen von Teeblättern und sonnenerwärmten Steinen. Er hat eine ölige Textur, mittleren bis vollen Körper und ein intensives Geschmacksprofil aus Kreide, weißen Früchten, Mineralien und toastwürzigem Eichenholz. Sein beeindruckender Abgang ist äußerst nachhaltig, ja sogar leicht warm. Dieser Superwein dürfte sich jetzt–2008 in Höchstform befinden. Der *1997er Bâtard-Montrachet* hatte ein eher gedämpftes Bukett, das nur tiefe Fülle und Reife offenbarte. Am Gaumen zeigt dieser breite, dicke und konzentrierte Wein mittleren bis vollen Körper. Er ist voll gepackt mit Mineralien, Kreide, Schiefer und reifen, weißen Früchten. Sein Abgang ist zwar korrekt, aber erheblich kürzer als bei den »Criots«. Voraussichtliche Genussreife: jetzt–2005+.

Blain praktizierte mehr *bâtonnage* (Aufrühren der Hefen) als üblich, weil er versuchen wollte, seinen 1999ern etwas Fülle zu verleihen. Er ist der Meinung, dass es ihm gelungen ist, etwas Fett und auch einige Aromen aufzubauen. »Die 1999er waren anfangs äußerst gedämpft, nun haben sie jedoch ein schönes Bukett.« Er sagte mir auch, dass er keinen 1999er chaptalisiert und auch mit mehr Schwefeldioxid abgefüllt habe als üblich.

Der *1999er Criots-Bâtard-Montrachet* wurde mit 14,2% natürlichem potenziellen Alkohol gelesen und weist reintönige Aromen von Mineralien, gelben Früchten und einen Anflug von Mandelduft auf. Er wurde aus Trauben bereitet, die von 23, 45 und über 60 Jahre alten Reben (jeweils zu gleichen Teilen) stammen, hat mittleren Körper und in seiner molligen, mineralischen und nach weißen Früchten schmeckenden Art hervorragende Breite und Fülle. Sein Abgang ist derzeit von Schwefel geprägt, scheint aber frei von der Rauheit und Trockenheit zu sein, die viele andere 1999er charakterisiert. Voraussichtliche Genussreife: jetzt–2009. Gebutterter Toast und Gewürze finden sich im Bukett des *1999er Bâtard-Montrachet.* Von intensiv mineralischer Art, ist er bei mittlerem bis vollem Körper gehaltvoll und ausladend und voll gepackt mit schöner weißer Frucht und nussigen Geschmacksnuancen. Dieser seidig texturierte Wein ist gut bereitet, besitzt einen nachhaltigen geschmeidigen Abgang und dürfte in der Lage sein, 10 Jahre Kellerreife durchzustehen.

Weitere empfehlenswerte Weine: 1997er Chassagne-Montrachet Boudriottes (89), 1997er Chassagne Montrachet Caillerets (89+), 1999er Chassagne-Montrachet Caillerets (88), 1997er Chassagne-Montrachet Morgeot (89+)

DOMAINE DANIEL BOCQUENET (NUITS-ST-GEORGES)

1997	**Echézeaux**	**EE**	**(90–93)**

»Alle meine 1997er schmecken eher wie ein Côtes-du-Rhône. Ich habe sie nicht mit Säure angereichert, hätte es aber besser tun sollen«, sagte Daniel Bocquenet. Er berichtete auch, dass die malolaktische Gärung bedeutend später eingesetzt hatte als üblich; das Gegenteil von dem, was man auf praktisch jedem anderen Weingut in Burgund zu hören bekommt. Die Weine verblieben während der *élevage* (während des Ausbaus) auf ihren Hefen und wurden nur einmal abgestochen, und zwar bei der *assemblage* vor der Abfüllung.

Der dunkelrubinrote *1997er Echézeaux* erinnert mehr an einen Châteauneuf-du-Pape als an einen Wein von der Côte d'Or. Bei einem enormen natürlichen Alkoholpotenzial von 13,7% gelesen, offenbart er ein Bukett voller Brombeeren, Pfeffer, Kräuter der Provence und asiatischer Gewürze. Dieser hochreife, expansive, breit gebaute, tiefe und kraftvolle Wein hat die für die *sur-maturité* typischen Komponenten Teer, Lakritze, Cassis und Wärme, die man wohl an der südlichen Rhône antrifft, aber nur so selten im nördlicheren Klima Burgunds. Dieser opulente, intensive Wein sollte in den nächsten 7 Jahren getrunken werden.

Weitere empfehlenswerte Weine: 1997er Nuits-St-Georges Aux St-Juliens (88–90), 1999er Nuits-St-Georges Aux St-Juliens (88–90), 1997er Vosne-Romanée La Croix Blanche (87–89)

MAISON HENRI BOILLOT (MEURSAULT)

2000	**Bâtard-Montrachet**	**EEE**	**(93–95)**
2000	**Chassagne-Montrachet Les Chaumées**	**E**	**90**
2000	**Chevalier-Montrachet**	**EEE**	**(95–97+)**

1999	**Chevalier-Montrachet**	**EEE**	**93**
1998	**Chevalier-Montrachet**	**EEE**	**92**
1997	**Chevalier-Montrachet**	**EEE**	**91**
2000	**Corton-Charlemagne**	**EEE**	**(91–93)**
1999	**Corton-Charlemagne**	**EEE**	**91**
2000	**Meursault Charmes**	**E**	**92**
2000	**Meursault Les Cras**	**E**	**93**
1999	**Meursault Genevrières**	**EE**	**90**
2000	**Meursault Perrières**	**EE**	**(90–92)**
1997	**Meursault Perrières**	**EE**	**91**
2000	**Montrachet**	**EEE**	**(92–93)**
1999	**Montrachet**	**EEE**	**95**
2000	**Puligny-Montrachet Les Folatières**	**EE**	**(91–93)**
1999	**Puligny-Montrachet Les Folatières**	**EE**	**91**

Dieses relativ junge Handelshaus ist dank der kompromisslosen Leistungen seines Besitzers und Weinmachers Henri Boillot (der auch der Direktor und Weinmacher der Domaine Jean Boillot ist) raketenschnell in eine Spitzenposition unter den Burgunderproduzenten hochgeschossen.

Das blumen- und mineraliengetränkte Bukett des *1997er Meursault Perrières* ist recht elegant umrissen. Dies ist ein äußerst nobler Wein, mit frischen und reintönigen Geschmacksnuancen von Nüssen, Steinen und Spuren von Eichenholzwürze. Sein mittlerer bis voller Körper ist seidig texturiert, klar gezeichnet und konzentriert. Voraussichtliche Genussreife: jetzt–2006. Der *1997er Chevalier-Montrachet* wird vom Duft her von kraftvoller Mineralität beherrscht, er hat mittleren bis vollen Körper, ist dicht und ausnehmend reif. Sein Charakter offenbart gewürzte und pochierte Birnen, Marzipan und auch kandierte Haselnüsse und Mandeln. Die Opulenz und Komplexität dieses dicken Weines hätten eine noch bessere Punktnote verdient, wenn sein Abgang nicht etwas alkoholische Wärme gezeigt hätte. Trinken Sie ihn in den nächsten 5–6 Jahren.

Der nach Blumen und weißen Früchten duftende *1998er Chevalier-Montrachet* wurde bei einem natürlichen Alkoholpotenzial von 13,5% gelesen. Dieser Wein von mittlerem Körper ist überraschend intensiv, wuchtig und konzentriert, bedenkt man die generell eher schwache Art der 1998er weißen Burgunder. Er hat superbe Konturenschärfe in seiner reintönigen, eleganten, kristallinen, von Mineralien dominierten Persönlichkeit. Mit seiner Komplexität, Harmonie und Länge scheint Boillots Chevalier einer der Stars des Jahrgangs 1998 zu sein. Trinken Sie ihn in den nächsten 8 Jahren. Die 1999er von Boillot – sowohl von der hier genannten Maison Henri Boillot als auch von der Domaine Jean Boillot – gehören zu den ausgefeiltesten, harmonischsten und geschmacksintensivsten Burgundern. Boillot hat seinen *1999er Meursault Genevrières* vollständig in neuen 350-Liter-Eichenfässern vinifiziert und ausgebaut. Er offenbart Aromen von frischem Parfum, Akazienblüten und reifen Birnen. Bei mittlerem Körper ist er buttrig, reichhaltig und wohl ausgewogen mit großartigen Geschmacksnuancen von Mineralien, weißen Früchten und Blumen. Dieser Wein ist harmonisch, ausgewogen und besitzt einen hervorragenden, geschmeidigen und nachhaltigen Abgang. Trinken Sie ihn in den nächsten 7–8 Jahren.

Der nach Mineralien, frisch geschnittenen Blumen und süßem toastwürzigem Eichenholz duftende *1999er Puligny-Montrachet Les Folatières* ist ein hervorragender Wein von leichtem bis mittlerem Körper. Er ist herrlich scharf konturiert und hat hervorragende Tiefe, Reichhaltigkeit und Breite. Mit seinen Geschmacksnuancen von Birnen, knackigen Äpfeln, weißen Blumen und Muskatnuss ist dies einer der seltenen weißen Burgunder des Jahrgangs 1999, der eine Lagerung im Keller überdauern dürfte. Voraussichtliche Genussreife: jetzt–2011. Aromen von süßem Eichenholz und Gewürzen finden sich im Bukett des 1999 *Corton-Charlemagne.* Er hat eine überaus anziehende, samtige Textur, mittleren Körper, und sinnliche Geschmacksnuancen von Butter und Gewürzen. 1999 waren viele Corton-Charlemagnes streng, straff und wenig generös; Ausnahmen waren die Weine von Jean-François Coche und Henri Boillot. Der geschmacksbetonte Charakter dieses opulenten Weins ist nahtlos und bewundernswert lang. Voraussichtliche Genussreife: jetzt–2010.

Der *1999er Chevalier-Montrachet* mit seinem leichten bis mittleren Körper hat einen der nachhaltigsten und reintönigsten Abgänge, die ich je bei einem jungen Wein angetroffen habe. Sein Aromaprofil setzt sich aus Düften von Mineralien und Kalk zusammen. Dies ist ein kristalliner Chevalier mit unglaublich präzisen Geschmacksnuancen von Quarz, Stein und Blumen, die in den Gaumen des Verkosters eindringen und ihn über zwei Minuten lang nicht mehr loslassen. Wäre er dichter und tiefer, hätte er zweifellos eine noch höhere Punktnote bekommen. Voraussichtliche Genussreife: jetzt–2012. Der *1999er Montrachet* gibt Aromen von Steinen, Blumen, Gewürz und Mineralien zu erkennen. Dieser superbe Wein hat mittleren Körper, ist seidig texturiert und breit, elegant und intensiv. Kraftvolle Geschmackskomponenten von kandierten Zitronen, Birnen, reifen Äpfeln, Gewürzen und Akazienblüten treten in seiner harmonischen und ausgewogenen Persönlichkeit und in seinem äußerst nachhaltigen Abgang zutage. Trinken Sie diesen schönen Wein 2004–2014.

Der nach Kies und Mineralien duftende *2000er Chassagne-Montrachet Les Chaumées* hat quarzähnliche Reintönigkeit und mittleren Körper. Er besitzt hervorragenden Biss, Konzentration und Länge. Trinken Sie ihn in den nächsten 7–8 Jahren. Bei dem vorzüglichen *2000er Meursault Les Cras* entquellen reichhaltige Apfel- und Birnendüfte explosionsartig dem Glas. Von mittlerem bis vollem Körper und hochreif, ist dies ein immens reichhaltiger, geschichteter Wein mit großen Mengen von Mineralien, weißen Früchten und Gewürzen. Er ist frisch, ausgefeilt und offenbart enorme Breite und Konzentration. Voraussichtliche Genussreife: jetzt–2010.

Der nach Mineralien und Kreide duftende *2000er Meursault Charmes* ist ein kraftvoller, tiefer Wein. Intensiv und voller Konzentration, überzieht dieser ausgefeilte schöne Tropfen den Gaumen mit Geschmacksnuancen von pochierten Birnen und Mineralien. Er ist höchst ausdrucksvoll und wird eine Reifung im Keller reichlich lohnen. Voraussichtliche Genussreife: 2004–2012. Der in seinen Aromen zurückhaltende *2000er Meursault Perrières* ist ein gewaltig konzentrierter Wein. Er überzieht den Gaumen mit pikanten, weißen Früchten, Mineralien, gebuttertem Popcorn und Gewürzen. Seidig texturiert und lebendig, dürfte sich dieser tiefe Wein 2004–2012 auf dem Höhepunkt seiner Reife befinden.

Der nach Gewürzen duftende *2000er Puligny-Montrachet Les Folatières* ist mollig, aber scharf konturiert. Äpfel, gewürzte Birnen und reife gelbe Pflaumen finden sich in seinem intensiven, hochkonzentrierten Kern. Dies ist ein eleganter Wein, der den Gaumen mit Schichten von reintönigen, dicken Fruchtnuancen verführt, die während des bewundernswert langen Abgangs anhalten. Trinken Sie ihn 2004–2012. Düfte von Vanillejoghurt und Gewürz entfalten sich in dem reifen, opulenten, sinnlichen *2000er Bâtard-Montrachet*. Dieser von Boillot als »Wein-Hure« charakterisierte, ölige, intensive Wein von mittlerem bis vollem Körper und ohne scharfe Kanten wird jedem genussbetonten Weintrinker gefallen. Sein ölig texturierter Charakter ist buttrig und mit tropischen Früchten, pochierten Birnen, gewürzten Äpfeln und cremigem Anis ausgestattet. Obwohl es mir nie in den Sinn kommen würde, einen Wein als Prostituierte zu bezeichnen, muss ich zugeben, dass ich mich jetzt umdrehe, um zu sehen, ob ich von der Sittenpolizei verfolgt werde. Trinken Sie ihn in den nächsten 7–8 Jahren.

Der *2000er Chevalier-Montrachet* von Boillot ist fraglos einer der Spitzenweine dieses Jahrgangs. Sein Aromaprofil, das sich aus rauchigen Birnen und saftigem Schinken zusammensetzt, leitet über zu einer enorm eleganten, kristallinen Persönlichkeit. Dieser reichhaltige Wein von mittlerem bis vollem Körper ist wuchtig, intensiv und voller Tiefe. Schichten von gewürzten Äpfeln und pochierten Birnen vermischen sich in diesem sensationellen Charakter und in seinem unglaublich nachhaltigen Abgang mit Mineralien. Er ist reintönig, gehaltvoll und wunderbar ausgewogen. Voraussichtliche Genussreife: jetzt–2016. Der nach Gewürzen duftende *2000er Montrachet* ist ein saftiger Wein von mittlerem Körper. Er zeigt einen wunderbar dichten Kern von Birnen, Äpfeln, Zitronen und Mineralien. Wenn er auch nicht dieselbe Konzentration und Reife wie der Chevalier hat, ist der Montrachet doch frisch, tief und herrlich klar umrissen. Trinken Sie ihn in den nächsten 12 Jahren. Der *2000er Corton-Charlemagne* duftet nach Rosmarin, reifer Birne und Gewürzen. Er explodiert am Gaumen mit kernigen, würzigen weißen Früchten, ist vielschichtig, tief, höchst ausdrucksvoll und enorm würzig. Voraussichtliche Genussreife: 2004–2012.

Weitere empfehlenswerte Weine: 2000er Bourgogne Blanc (88), 2000er Chassagne-Montrachet (89), 1999er Meursault (88), 1997er Meursault Les Charmes (89), 1999er Meursault Les Charmes (88+), 1999er Meursault Les Cras (88), 2000er Meursault Les Genevrières (88–89), 1999er Meursault Les Perrières (89), 2000er Meursault Poruzots (89), 2000er Puligny-Montrachet (89)

DOMAINE JEAN BOILLOT ET FILS (VOLNAY)

1999	Beaune Les Epenottes	E	91
1997	Meursault Genevrières	EE	90
2000	Puligny-Montrachet Clos de la Mouchère	E	94
1999	Puligny-Montrachet Clos de la Mouchère	E	91
1997	Puligny-Montrachet Clos de la Mouchère	E	90
2000	Puligny-Montrachet Les Perrières	EE	93
1999	Puligny-Montrachet Les Perrières	EE	92+
1997	Puligny-Montrachet Les Perrières	EE	90
2000	Puligny-Montrachet Les Pucelles	EE	(92–95)
1999	Puligny-Montrachet Les Pucelles	EE	91
1997	Puligny-Montrachet Les Pucelles	EE	92
1999	Volnay Les Caillerets	EE	92+
1999	Volnay Les Chevrets	E	90
1999	Volnay Les Fremiets	E	93

Henri Boillot, der Direktor und Weinmacher dieses Weinguts (das den Namen seines Vaters trägt), ist von Begeisterung getragen. Seine Liebe zum Detail und sein Einsatz haben die Domaine auf das Niveau der Spitzen-Winzer der Côte de Beaune angehoben. Boillot ist adrett, äußerst gut organisiert, präzise und ordentlich. Ich habe noch nie einen saubereren und aufgeräumteren Keller und Verkostungsraum gesehen als bei Boillot. Alles hat hier seinen festen Platz: Die Fässer sind ordentlich aufgereiht, die Flaschen, die auf dem Tisch des Verkostungsraums halbkreisförmig angeordnet sind, haben alle den gleichen Abstand zueinander und die Korken stehen genau in der Mitte hinter jeder Flasche.

Boillot sagt, 1997 sei ein »feiner« Jahrgang. Er praktiziert keine Anreicherung mit Säure. Da er jedoch befürchtete, dass die Weine in diesem Jahrgang »fett und dicht« werden würden, vermied er jegliche *bâtonnage* (Aufrühren der Hefen). »Weiße Burgunder brauchen unbedingt Reintönigkeit. Das Aufrühren der Hefen beim 1997er hätte den Weinen, die ohnehin schon reichhaltig waren, nur noch mehr Fett verliehen, so dass jegliche Reintönigkeit verloren gegangen wäre.« Dieses Bemühen um Reintönigkeit hat ihn auch dazu veranlasst, 350-Liter-Fässer zu verwenden (üblich sind in Burgund 225 Liter). Er sagt, das habe mit den Flaschengrößen zu tun. Seit Jahren schon hatte er immer wieder gehört, dass der Wein in Magnum-Flaschen besser altere. So unternahm er selbst Blindverkostungen mit halben Flaschen (d.h. reguläre Größe = 750 ml) und mit Magnumflaschen, um jene Theorie zu überprüfen und letztlich zu bestätigen. Da er befürchtete, dass neue 225-Liter-Fässer die »Reintönigkeit« seiner Weine verschleierten, führte er Versuche mit *fillettes* (112 Liter), mit regulären Burgunder-Fässern und mit neuen 350-Liter-Fässern durch, die von der Küferei François Frères hergestellt worden waren. Es war keine Überraschung für ihn, dass der Wein in den größeren Fässern weniger eichenholzwürzig war, eine andere Entdeckung dagegen überraschte ihn sehr: Die 350-Liter-Fässer mussten weit weniger aufgefüllt werden, da der Wein hier weniger stark verdunstete. Rückschließend vermutete Boillot hier einen gewissen Zusammenhang mit seinen Tests zur Alterung des Weins in verschiedenen Flaschengrößen. Die größeren Fässer (alle mit derselben Spundlochgröße) schützten die Weine besser vor der Außenluft und den schädlichen Einflüssen des Sauerstoffs.

Der *1997er Meursault Genevrières* wurde zu gleichen Teilen in neuen und ein Jahr alten 350-Liter-Fässern ausgebaut und offenbart hochreife Aromen von cremigen Haselnüssen und pochierten Birnen. Er zeigt Geschmacksnuancen von kandierten Äpfeln, Aprikosen, Mangos, Erde, Piment (Nelkenpfeffer) und getrocknetem Honig. Dieser verschwenderisch texturierte Wein von mittlerem bis vollem Körper ist angesichts seiner durch *sur-maturité* entstehenden Eigenschaften überraschend poliert und geschliffen. Voraussichtliche Genussreife: jetzt–2004. Für die Bereitung des *1997er Puligny-Montrachet Les Perrières* wurde eine Kombination von neuen und einjährigen traditionellen Burgunderfässern und von neuen und einjährigen 350-Liter-Fässern verwendet. Dieser ungeheuer reife Wein offenbart Aromen von Buttertoffee und Mineralien. Er hat mittleren bis vollen Körper, ist fett, hat aber für einen so dichten Wein überraschende Präzision und Frische. Dieser 1997er wird beherrscht durch Geschmacksnuancen von zuckerüberzogener Nuss und tropischer Frucht. Er sollte innerhalb der nächsten 6 Jahre getrunken werden.

Der *1997er Puligny-Montrachet Clos de la Mouchère* (eine Monopol-Lage, d.h. in Alleinbesitz befindlich) wird unter Verwendung derselben Fasskombinationen wie beim vorhergehenden Wein bereitet. Er offenbart Düfte von kandierten Äpfeln, Erde und weißen Blumen. Komplexe Geschmacksnuancen von Kardamom, Zimt, gewürzten Birnen und Mineralien finden sich in der breit angelegten Art dieses sprühend lebendigen, eleganten Weines von mittlerem bis vollem Körper. Voraussichtliche Genussreife: jetzt–2006+. Der superbe *1997er Puligny-Montrachet Les Pucelles* (vollständig in 350-Liter-Fässern ausgebaut, zur Hälfte neu, zur Hälfte ein Jahr alt) hat in seinem fabelhaften Aroma eine Fülle von Gewürzen und pochierten Birnen aufzuweisen. Sein Geschmacksprofil ist bemerkenswert würzig und voll beladen mit Nuancen von weißen Früchten, Aprikosen und Honigsüße. Dieser Wein von mittlerem bis vollem Körper besitzt einen beeindruckend nachhaltigen und toastwürzigen Abgang. Voraussichtliche Genussreife: jetzt–2007.

Seine Rot- und Weißweine scheinen immer erfolgreicher zu werden, da Boillot seine Techniken der Natur anpasst. Er ist ein äußerst gescheiter und sehr genauer Mann, der sich selbst der Herausforderung gestellt hat, um jeden Preis den bestmöglichen Wein zu bereiten. So richtete er zum Beispiel Tische in den Weinbergen auf und sortierte 50% des Traubenbehangs für seinen 2000er aus, so dass sich dort riesige Traubenwälle aufhäuften. Am nächsten Tag war der Berg der geernteten (allerdings als Ausschuss aussortierten) Trauben verschwunden, und andere Winzer mussten feststellen, dass Boillot Trauben aussortierte, die besser waren als ihre eigene reguläre Produktion!

Der frisch, blumig und nach Talkum duftende *1999er Puligny-Montrachet Les Perrières* hat mittleren bis vollen Körper und hochreife Geschmacksnuancen von weißen Früchten und Blumen. Dieser hervorragende Wein weist superbe Tiefe, Konzentration und Konturenschärfe auf. Er ist elegant, üppig und reintönig mit nachhaltigem Abgang. Voraussichtliche Genussreife: jetzt–2012. Der *1999er Puligny-Montrachet Clos de la Mouchère* legt detaillierte mineralische Aromen an den Tag. Von leichtem bis mittlerem Körper und klar gezeichnet, zeigt dieser seidig texturierte Wein gute Konzentration in seinen Geschmacksnuancen von Metall, Mineralien, Kies und Birnen. Er besitzt gute Konturenschärfe und einen ausgezeichneten Abgang: ein sehr gelungener 1999er. Voraussichtliche Genussreife: jetzt–2010. Der parfümierte, nach Blumen und Nüssen duftende *1999er Puligny-Montrachet Les Pucelles* wurde vollständig in neuen 350-Liter-Fässern vinifiziert und ausgebaut. Von leichtem bis mittlerem Körper, mit blumigen und mineralischen Geschmacksnuancen, besitzt er hervorragende Konturenschärfe, eine klar gezeichnete Art und Konzentration. Beeren, sowohl rote als auch weiße, finden sich in seinem erfrischend rassigen und reintönigen Abgang. Trinken Sie ihn in den nächsten 9 Jahren.

Der hervorragende, mittel- bis dunkelrubinrote *1999er Beaune Les Epenottes* ist voll gepackt mit Aromen von süßen Himbeeren, Kirschen und kandierten Erdbeeren. Von mittlerem bis vollem Körper und seidig texturiert, ist dies ein würziger Wein, angefüllt mit großen Mengen von kandierten Kirschen und dicklichen Brombeeren. Er ist reintönig, nahtlos, kraftvoll und besitzt einen bewundernswert nachhaltigen, seidigen Abgang. Trinken Sie diesen erstklassigen Beaune jetzt–2009. Der mittel- bis dunkelrubinrote *1999er Volnay Les Chevrets* wurde sowohl in Boillots Kellern als auch in den Vereinigten Staaten verkostet. Er hat ein anziehend dichtes Bukett von Veilchen und Schwarzkirschen. Von mittlerem bis vollem Körper und kraftvoll, überzieht er den Gaumen mit Geschmacksnuancen von Brombeeren, Grafit, Lakritze und dunklen Kirschen. Dieser maskuline, kernige, nahtlose Wein ist das Ergebnis von mäßigen Erträgen und tadelloser Weinbereitung. Sein äußerst nachhaltiger Abgang ist vollständig von Frucht dominiert, offenbart aber große Mengen von gut gereiften Tanninen. Voraussichtliche Genussreife: jetzt–2012.

Der hervorragende *1999er Volnay Les Fremiets*, der aus Trauben von 20 Jahre alten Reben bereitet wurde, ist ebenfalls zweimal verkostet worden. In seinen Aromen gibt er Veilchen, rote Kirschen und kandierte Himbeeren zu erkennen. Am Gaumen ist dies ein kraftvoller Wein mit Geschmacksnuancen von roten und schwarzen Kirschen sowie Brombeeren. Er ist ausgefeilt, intensiv, muskulös und absolut harmonisch. Dieser scharf konturierte und ausgewogene Wein hat einen verblüffenden Abgang und eine elegante, mit Frucht voll gepackte Persönlichkeit. Trinken Sie ihn in den nächsten 10 Jahren. Der etwas dunklere *1999er Volnay Les Caillerets* hat ein nach Steinen und Brombeeren duftendes Bukett. Dieser dichte, verhalten entwickelte Wein, der voll gepackt ist mit dunkler Frucht und Mineralien, könnte, wenn er sich mit zunehmenden Alter weiterentwickelt, letztendlich den Fremiets übertreffen. Derzeit hat er verwirrende Tiefe der Frucht und große Mengen von vorzüglich gereiftem Tannin. Voraussichtliche Genussreife: 2005–2012+.

Der *2000er Puligny-Montrachet Les Perrières* zeigt Aromen von Anis, Toast, weißen Beeren und Blumen. Er ist kernig texturiert, von mittlerem Körper und überzieht den Gaumen mit flüssigen Mineralien, Kies und weißen Früchten. Er offenbart gewaltige Tiefe, eine samtige Textur und höchst ausdrucksstarke Geschmacksnuancen, die durch den beeindruckenden Abgang hindurch anhalten. Voraussichtliche Genussreife: 2004–2012. Der *2000er Puligny-Montrachet Clos de la Mouchère* von einer Monopol-Lage innerhalb von Puligny Perrières offenbart würzige, mineralische Aromen. Dieser Wein hat gewaltige Konzentration und Kraft, sehr viel Konturenschärfe und eine kernige, seidig texturierte Persönlichkeit. Kandierte Limetten, Kies, Mineralien, Birnen und Anis zeigen sich in seinem herrlichen Fruchtkern von mittlerem bis vollem Körper. Er ist höchst ausdrucksvoll, wunderschön gestaltet und elegant. Voraussichtliche Genussreife: 2005–2014.

Als ich den *2000er Puligny-Montrachet Les Pucelles* am 10. September 2001 verkostete, hatte er gerade seine malolaktische Gärung abgeschlossen. Voller gemischter weißer Früchte, Gewürze, Blumen, Anis und Toastwürze entquellen seine Aromen mächtig dem Glas. Am Gaumen bietet dieser Wein von mittlerem bis vollem Körper geröstete Birne, gebuttertes Popcorn, Toastwürze, große Mengen von Gewürzen und kandierten Äpfeln. Ebenso wie der Clos de la Mouchère ist er tief, unermesslich reif, intensiv und konzentriert. Dies ist ein verschwenderischer, ausgefeilter Wein mit einem vorzüglich langen und geschmeidigen Abgang. Trinken Sie ihn in den nächsten 15 Jahren.

Weitere empfehlenswerte Weine: 1997er Beaune Epenottes (89), 1997er Beaune Clos du Roi (88), 1999er Beaune Clos du Roi (88), 1998er Puligny-Montrachet (88), 2000er Puligny-Montrachet (89), 1998er Puligny-Montrachet Clos de la Mouchère (89), 1998er Puligny-Montrachet Les Perrières (88), 1998er Puligny-Montrachet Les Pucelles (89), 2000er

Savigny-lès-Beaune Les Vergelesses (88), 1997er Volnay Caillerets (89), 1998er Volnay Chevrets (88), 1997er Volnay Fremiets (88), 1998er Volnay Fremiets (89+)

MAISON JEAN-MARC BOILLOT (POMMARD)

1999	**Pommard Jarollières**	**E**	**(89–91)**
1999	**Pommard Rugiens**	**EE**	**(93–95)**
2000	**Puligny-Montrachet Les Combettes**	**EE**	**91**
1999	**Puligny-Montrachet Les Combettes**	**EE**	**90**
1999	**Puligny-Montrachet La Garenne**	**E**	**91**
2000	**Puligny-Montrachet Les Pucelles**	**EE**	**91**

»1999 ist ein außergewöhnlicher Jahrgang für die Winzer«, meint der intelligente, fleißige Jean-Marc Boillot. Er sagt, dass die Weine »in ihrer Jugend gut und angenehm sein werden. Einige werden vielleicht auch gut altern. Mehr konnten wir nicht verlangen«, und fügt hinzu, dass der 1999er am besten mit dem 1982er verglichen werden kann: »Sie haben großartige Ausgewogenheit, fette Frucht und eine knackige (*croquant*) Säure.« Auf die Frage, warum so viele seiner Kollegen die 1999er mit Säure angereichert hätten, während er doch meinte, dass sie von Natur her schon gute Säure besäßen, sagte Boillot, dass »zu viele blind auf die Önologen vertrauen, die aber gleichzeitig auch die Säure verkaufen. Jedes Mal, wenn diese Leute ein Weingut beraten, verdienen sie Geld, und jedes Mal, wenn sie die Zugabe von Schwefel, Säure oder anderen Produkten empfehlen, verdienen sie noch mehr Geld. Die künstliche Regulierung des Säuregehalts ist bei Weißweinen nie harmonisch. Das ist einfach zu verstehen und ganz offensichtlich, aber manche schenken den Önologen zu viel Vertrauen. Und außerdem wurde denjenigen, die dem 1999er Säure zugegeben hatten, später noch gesagt, dass sie den Säuregehalt wieder senken müssten! Die einzigen Winzer, die diesen Jahrgang wirklich mit Säure anreichern mussten, waren die, die astronomisch hohe Erträge erzielen.« Wie immer nahm Boillot allwöchentlich bis zum Abfüllen das Umrühren der Hefen (*bâtonnage*) vor. »Auch wenn manche Weine im August unter Hitze und Apoplexie (Wasserstress) gelitten haben, hat sich das Jahr als ganz wundervoll herausgestellt. Die für den Jahrgang typischen Merkmale sind im Wein erkennbar, aber die Charakteristika des *terroirs* kommen ebenfalls zum Ausdruck.«

Birnen und Äpfel vermischen sich mit Düften von frischer Erde im Bukett des *1999er Puligny-Montrachet La Garenne*. Dieser Wein besitzt großartige Breite, Reichhaltigkeit, Konturenschärfe und Präzision in seiner Persönlichkeit von mittlerem Körper. Gefällige weiße Beerenfrüchte, Steine und Mineralien zeigen sich sowohl in seinem Charakter als auch in seinem detaillierten und nachhaltigen Abgang. Auch wenn er generell nicht einer von Boillots besten Premiers Crus ist, hat er 1999 dennoch herausragendes Niveau. Voraussichtliche Genussreife: jetzt–2008. Ein feiner Duft von Marzipan, weißen Blumen und Birnen zeigt sich im Bukett des *1999er Puligny-Montrachet Les Combettes*. Dieser elegante Wein von mittlerem Körper nimmt sich eingangs auf der Zunge recht wuchtig aus und offenbart Schichten von Mineralien und Äpfeln. Er ist wohl ausgewogen, feminin und wunderschön detailliert. Allerdings besitzt er nicht den Biss oder die Länge des La Garenne. Voraussichtliche Genussreife: jetzt–2009.

Der *1999er Pommard Jarollières* hat ein Bukett, das nach Teer, Brombeeren und Cassis duftet. Dieser unmittelbar ansprechende, kraftvolle Wein mit Geschmacksnuancen von Asphalt, Teer, Brombeere und Lakritze hat hervorragende Tiefe, Reife und Länge. Er ist überaus reif und hat eine beeindruckende Dichte in seiner Frucht. Voraussichtliche Genussreife: 2004–2011. Der dunkle *1999er Pommard Rugiens* aus Trauben von 80 Jahre alten Reben ist ganz außergewöhnlich! Sein verhalten entwickeltes Bukett von schwarzen Früchten führt zu einem körperreichen, kernig texturierten, schon fast sirupartigen Wein. Er ist äußerst dick, dicht und voll gepackt mit Brombeermarmelade, Gewürzen, Teer und Lakritze. Dieser frische, muskulöse, intensive Wein hat reichlich hochreife Tannine, die in Geschmacksnuancen von eingedickten Früchten eingetaucht sind. Sein außerordentlich nachhaltiger Abgang offenbart Anflüge von toastwürzigem neuen Eichenholz. Voraussichtliche Genussreife: 2005–2012+.

Der nach exotischen Früchten duftende *2000er Puligny-Montrachet Les Combettes* präsentiert eine aus allen Nähten quellende Persönlichkeit von mittlerem Körper. Dieser weinige Tropfen ist üppig und fett, breit gebaut und höchst ausdrucksvoll mit Geschmacksnuancen von pochierten Birnen und gewürzten Äpfeln. Voraussichtliche Genussreife: jetzt–2011. Der nach Mineralien und Gewürzen duftende *2000er Puligny-Montrachet Les Pucelles* ist ein ausladender Wein mit Geschmackskomponenten von Trüffeln, Gewürzen und Ton. Mollig und in der Frucht fortgeschritten entwickelt, zeigt er sich seidig texturiert und samtweich. Voraussichtliche Genussreife: jetzt–2010.

Weitere empfehlenswerte Weine: 1999er Puligny-Montrachet (88+), 2000er Puligny-Montrachet (88), 1999er Puligny-Montrachet Les Champs-Canet (89), 2000er Puligny-Montrachet Les Champs-Canet (89), 1998er Puligny-Montrachet Les Combettes (89+), 2000er Puligny-Montrachet La Garenne (89), 1998er Puligny-Montrachet Les Referts (88), 1999er Puligny-Montrachet Les Referts (89), 1998er Puligny-Montrachet La Truffière (89+), 1999er Puligny-Montrachet La Truffière (89), 2000er Puligny-Montrachet La Truffière (89), 1999er Volnay (87–89), 1999er Volnay La Carrelle sous la Chapelle (87–89), 1999er Volnay Pitures (88–91), 1999er Volnay Roncerets (88–90)

DOMAINE DE LA BONGRAN/DOMAINE EMILIAN GILLET (QUINTAINE)

1997	**Mâcon-Clessé Quintaine (Bongran)**	**D**	**93+**
2000	**Mâcon-Villages Cuvée Botrytis (Bongran)**	**E**	**94**
1999	**Mâcon-Villages Cuvée Levroutée (Bongran)**	**D**	**(91–93)**
2000	**Mâcon-Villages Quintaine (Bongran)**	**D**	**(90–92)**
1999	**Mâcon-Villages Quintaine (Bongran)**	**D**	**91**
1997	**Mâcon-Viré (Gillet)**	**C**	**91**

Es gibt im Gesetzbuch festgelegte Verbrechen, für die man vor Gericht gestellt und verurteilt werden kann, es gibt aber auch moralische Verbrechen, die oft ungestraft bleiben. Die Schaffung einer neuen Appellation (Viré-Clessé), die im Grunde nichts anderes ist als die Verbannung von Jean Thevenet (Domaine Guillemot-Michel) und von anderen Winzern, die ebenfalls Spitzenqualität produzieren, ist solch ein moralisches Verbrechen. Seit Jahren verkauft Jean Thevenet seine Weine unter der nun nicht mehr existierenden Appellation Mâcon-Clessé Quintaine. Die neue Appellation Viré-Clessé, die von den Winzervereinigungen und den mächtigen *négociants* (Handelshäusern) der Côte de Beaune geschaffen wurde, hat Regeln, die speziell so abgefasst wurden, dass Thevenet und seine gewissenhaften Kollegen nun ausgeschlossen sind. Thevenet, dessen Domaine de la Bongran ab Jahrgang 1999 in die geringer geschätzte Appellation »Mâcon-Villages« abgeschoben wurde, wird jedoch weiterhin dieselben ehrfurchtgebietenden Weine bereiten, die er bereits seit Jahrzehnten produziert. Er beschreibt 1999 als einen »großartigen Jahrgang, ohne übergroße Erträge, qualitativ ein wenig unterhalb des 1989ers«.

Der *1997er Mâcon-Viré*, der unter dem Etikett Domaine Emilian Gillet verkauft wird, offenbart superbe Reife in seinen Aromen. Reife Birnen, vermischt mit kaltem Stahl, Zitrone und Steinen bestimmen das Bukett dieses schönen Weines. Am Gaumen ist dieser weiche und herrlich scharf konturierte Wein von mittlerem bis vollem Körper zum Bersten bepackt mit flüssigen Mineralien, Kreide und einem Hauch Limettensaft. Er ist konzentriert, lebendig und besitzt einen bewundernswert langen und präzisen Abgang. Voraussichtliche Genussreife: jetzt–2004. Der *1997er Mâcon-Clessé-Quintaine* von der Domaine de la Bongran ist ein verblüffender Wein: Seine frischen, reintönigen Aromen sind ein Bukett von reifen Äpfeln, Geißblattblüten und Anflügen von würzigem Anis. Dieser ungeheuer intensive Wein von mittlerem bis vollem Körper ist überaus reif und besitzt ein süßes, mineralisches Rückgrat innerhalb seines Geschmacksprofils, das vielschichtige Kreide und gewürzte Birne zeigt. Seine Geschmacksnoten haben eine ehrfurchtgebietende Präzision, enorme Komplexität, eine appetitanregende ölige Textur und einen unglaublich langen Abgang. Es ist ein erstaunlicher Mâcon, ein Beispiel, dem andere Weine der kommenden Jahrzehnte nacheifern sollten. Voraussichtliche Genussreife: jetzt–2010.

Der *1999er Mâcon-Villages Quintaine (Domaine de la Bongran)* offenbart ein wunderschön reifes Bukett mit Düften von weißen Blumen und Talkum. Gewaltig konzentriert, ist dieser mit Geschmacksnuancen von Äpfeln, Birnen, Mineralien und Eisenkraut ausgestattete Wein von mittlerem Körper kraftvoll und höchst ausdrucksvoll. Trinken Sie ihn in den nächsten 9 Jahren. Quitten, Orangenblüten und Aprikosen zeigen sich im Aroma des spät gelesenen *1999er Mâcon-Villages Cuvée Levroutée.* Von mittlerem bis vollem Körper, üppig und seidig texturiert, ist dies ein reichhaltiger, femininer und überaus gut bereiteter Wein. Mineralien, gemischte weiße Früchte und Beeren finden sich in seinem würzigen und opulent texturierten Charakter und nachhaltigen, detaillierten Abgang. Voraussichtliche Genussreife: jetzt–2012.

Thevenet sagt: »Die 2000er erinnern mich an 1990. Sie haben die Tiefe, die Konzentration, die Konturenschärfe und den Glanz jenes Jahrgangs. Es ist ein großartiger Jahrgang, mit hohem Reifegrad, etwas Edelfäule und großen Mengen von Frucht. Die Weine sind ausladend, reichhaltig und parfümiert und werden auf Dauer vielleicht noch besser als die 1990er. Der 1999er Jahrgang war dagegen eher wie 1989 oder 1995, reichhaltiger und ebenso großartig, aber in einem anderen Stil.« Der *2000er Mâcon-Villages Quintaine (Domaine de la Bongran)* hat ein Bukett, das nach Blumen, reifen Birnen und Äpfeln duftet. Von mittlerem Körper, kleidet er den Gaumen mit Nuancen von Mineralien, weißen Früchten und Kies aus. Dieser scharf konturierte, reichhaltige, aber doch spritzige Wein hat vorzügliche Ausgewogenheit, Tiefe und klar umrissene Art. Voraussichtliche Genussreife: jetzt–2010. Die nach Birne, Mango und Edelfäule duftende *2000er Mâcon-Villages Cuvée Botrytis (Domaine de la Bongran)* ist ein außerordentlicher Wein. Kandierte Zitronen, Mineralien und tropische Früchte sind in seinem außergewöhnlich scharf konturierten und nachhaltigen Charakter von mittlerem Körper zu finden. Hier haben wir einen spät gelesenen Chardonnay in seiner Höchstform, voll beladen mit Frucht, aber dennoch rassig, würzig und munter. Trinken Sie ihn in den nächsten 15–18 Jahren.

Weitere empfehlenswerte Weine und bisherige große Jahrgänge: 1994er Mâcon Cuvée Botrytis (95), 1999er Mâcon-Villages Quintaine (Emilian Gillet) (89)

DOMAINE BONNEAU DU MARTRAY (PERNAND-VERGELESSES)

1999	**Corton-Charlemagne**	**EE**	**(91–92+)**
1998	**Corton-Charlemagne**	**EE**	**91+**

Im Gegensatz zu seinen Kollegen in Meursault und Puligny-Montrachet hatte Jean-Charles de la Morinière 1998 keinen Frost- oder Hagelschaden zu beklagen. Der berühmte Corton-Hügel, auf dem Corton-Charlemagne liegt, wurde jedoch nicht gänzlich von den Unbilden der Natur verschont. Die sengende Sonne und die August-Hitze verbrannten einen beträchtlichen Anteil der Trauben, so dass de la Morinière »wie verrückt aussortieren« musste. Jean-Charles de la Morinière sagt zwar, er hätte früher mit der Lese beginnen sollen, ich habe jedoch den Eindruck, dass dem *1998er Corton-Charlemagne* die zusätzliche Zeit gut getan und ihm mehr Reichhaltigkeit, Breite, Opulenz und reifere Säure verliehen hat. Die köstlichen Aromen von tropischen Früchten (Ananas und Passionsfrucht) und gewürzten Äpfeln gehen einher mit einer samtig texturierten Persönlichkeit von mittlerem Körper. Dies ist ein harmonischer 1998er, ohne jene kantige Säure und Rauheit, die für viele Weine dieses schwierigen Jahrgangs so charakteristisch ist. Sein langer, nahtloser Abgang und seine dichte, fruchtbeladene Art sind hervorragend. Voraussichtliche Genussreife: jetzt–2010.

Während die meisten Nachbarn die höchstzulässigen Ernteerträge von 63 hl/ha einfuhren, erntete de la Morinière nur 47 hl/ha und klagte zudem, diese Menge läge 20% über seinen Zielen. Der *1999er Corton-Charlemagne* offenbart schöne aromatische Tiefe von Mineralien und Gewürzen. Von mittlerem Körper, reichhaltig und präzise, ist dies ein klar definierter, reintöniger, detaillierter Wein, angefüllt mit Zitronen, Nüssen und Birnen. Er ist harmonisch, elegant und komplett. Voraussichtliche Genussreife: jetzt–2012.

Weitere empfehlenswerte Weine: 1999er Corton (87–89), 1996er Corton-Charlemagne (92+), 1997er Corton Charlemagne (89+), 2000er Corton-Charlemagne (88–90)

MAISON BOUCHARD PÈRE ET FILS (BEAUNE)

1998	Bâtard-Montrachet	EEE	(88–91)
1997	Bonnes Mares	EEE	(90–93)
1997	Chambertin	EEE	(92–95)
1999	Chambertin Clos de Bèze	EEE	92+
1997	Chambertin Clos de Bèze	EEE	(93–95+)
1999	Chevalier-Montrachet	EEE	(90–92)
1997	Chevalier-Montrachet	EEE	(90–92+)
2000	Chevalier-Montrachet La Cabotte	EEE	(91–93)
1999	Chevalier-Montrachet La Cabotte	EEE	(91–94)
1998	Chevalier-Montrachet La Cabotte	EEE	(90–93)
1997	Chevalier-Montrachet La Cabotte	EEE	(93–95)
1997	Clos Vougeot	EE	(91–94)
1997	Corton	E	(89–91+)
1997	Corton-Charlemagne	EEE	(89–91)
1997	Echézeaux	EE	(90–93)
1999	Gevrey-Chambertin Les Cazetiers	EE	90
1997	Gevrey-Chambertin Les Cazetiers	EE	(89–92)
1997	Meursault La Goutte d'Or	EE	(89–91)
1997	Meursault Les Perrières	EE	(91–92+)
2000	Montrachet	EEE	(91–92)
1999	Montrachet	EEE	(91–93)
1998	Montrachet	EEE	(90–93)
1997	Montrachet	EEE	(94–96+)
1997	Nuits-St-Georges Les Cailles	E	(89–90+)
1997	Nuits-St-Georges Clos des Argillières	E	(89–92)
1997	Nuits-St-Georges Clos St-Marc	E	(90–92)
1999	La Romanée	EEE	92
1997	La Romanée	EEE	(94–96)
1997	Volnay Taillepieds	D	(89–92)
1997	Vosne-Romanée Aux Reignots	EE	(90–93)

Bernard Hervet, der Direktor, und Philippe Prost, der leitende Weinmacher von Maison Bouchard, haben eine breite und köstliche Palette von weißen Burgundern – von 1997 bis heute – bereitet. Sie sagen, dass keiner dieser Weine mit Säure angereichert wurde, sind sie doch der Überzeugung, dieses Verfahren schade den Weißweinen (nur bei einigen 1997er Rotweinen wurde die Säure »angeglichen«). Prost und Hervet glauben, dass gut gereifte Traubenfrucht die wichtigste Voraussetzung für Spitzen-Chardonnays ist, und behaupten, sie hätten in manchen Dörfern sogar als Letzte gelesen. Da die Hefen ihrer Meinung nach nicht ideal waren (im Gegensatz zu 1996), wurden die 1997er bald nach der Gärung abgestochen, um die Reintönigkeit der Frucht zu erhalten. Interessanterweise stimmten Jean-Marie Guffens (Maison Verget) und Laurence Jobard (Maison Drouhin) mit dieser Ansicht überein, während praktisch alle anderen Winzer, mit denen ich sprach, behaupteten, dass ihre Hefen vollkommen gesund waren.

Der 1997 *Meursault La Goutte d'Or* offenbart ein Bukett von Blumen, Parfum, Haselnuss und Anis. Er ist zutiefst reif, dicht, sehr konzentriert und bietet reichhaltige Schichten von kandierten Birnen und Apfelkompott. Dieser genussbetonte Wein ist expansiv und vollmundig und hat einen bewundernswert nachhaltigen, den Gaumen auskleidenden Abgang. Voraussichtliche Genussreife: jetzt–2005. Der *1997er Meursault Les Perrières* befriedigt mein Verlangen nach leiblichem und intellektuellem Genuss. Er besitzt ein etwas strenges Bukett von gerösteten Nüssen, Felsen und nassen Steinen, das in einen wunderbar reichhaltigen, doch überaus scharf konturierten Charakter übergeht. Dieser schöne Wein von mittlerem bis vollem Körper ist zutiefst reif und komplex, enorm konzentriert und weist dennoch filigranartige Präzision in seinen Geschmacksnuancen von Mineralien, Erde und knackigen Birnen auf. Seine Verbindung von superber Ausgewogenheit und Tiefe der Frucht gewährleistet, dass er zu den alterungsfähigsten 1997er weißen Burgundern gehören wird. Voraussichtliche Genussreife: jetzt–2008. Um optimale Reife zu erzielen, hat das Bouchard-Team seine Corton-Charlemagne-Parzelle zu drei verschiedenen Zeitpunkten gelesen. Der *1997er Corton-Charlemagne* offenbart ein Bukett von süßem Talkumpulver und toastwürzigem Eichenholz und einen intensiv reifen, doch sehr schön ausgewogenen Charakter. Geschmacksnuancen von Äpfeln, Metall, Mineralien und Blumen finden sich in diesem ernsthaften und straff gewirkten Wein. Voraussichtliche Genussreife: jetzt–2007. Ab dem 1997er Jahrgang bietet die Maison Bouchard zwei separate Chevalier-Montrachets an, beide von Parzellen, die der Firma gehören und von ihr bestellt werden. Der erste, mit Bouchards traditionellem Chevalier-Montrachet-Etikett (*1997er Chevalier-Montrachet*) enthüllt ein profundes Bukett von Mineralien, Kreide und Blumen. Er ist ein hervorragender Wein, mit wunderbarer Fülle der Frucht, Reife und Ausgewogenheit. Dicke Schichten von Steinen und knackigen weißen Pfirsichen zeigen sich in seinem rassigen, sprühend lebendigen, blumigen Geschmacksprofil. Mit einem bewundernswert langen und präzisen Abgang ausgestattet, dürfte er sich jetzt–2007 auf seinem Höhepunkt befinden. Der zweite Chevalier-Montrachet, der *1997er Chevalier-Montrachet La Cabotte*, wurde aus Trauben bereitet, die von einer winzigen, weniger als 2000 m^2 großen Parzelle stammen, von der das Bouchard-Team behauptet, sie verdiene die Herkunftsbezeichnung der Montrachet-Appellation. Er ist ein vollkommen verblüffender Wein, mit profunden Aromen von gebratenen weißen Früchten und Steinen. Am Gaumen verbindet dieser ehrfurchtgebietende Wein die für einen 1997er charakteristische Reichhaltigkeit der Frucht mit einer tadellosen Ausgewogenheit und Konturenschärfe. Üppige Wogen von hochreifen Birnen, Äpfeln, Nüssen und Anklänge von Pfirsichkernen finden sich in diesem dichten, komplexen und samtig texturierten Juwel. Die glücklichen Verkoster werden auch bemerken, dass im kraftstrotzenden Abgang Schichten von Mineralien zum Ausdruck kommen. Voraussichtliche Genussreife: jetzt–2009+.

Einer der besten Weine des Jahrgangs, der *1997er Montrachet* von Bouchard, präsentiert ein unglaublich ausgefeiltes und eindringliches Bukett von kandierten Nüssen, Blumen und flüssigen Mineralien. Dieser außergewöhnlich elegante Wein hat ehrfurchtgebietende Ausgewogenheit, Reichhaltigkeit und eine profunde Tiefe in seiner straff gewirkten Persönlichkeit. In seiner samtigen Schönheit von mittlerem bis vollem Körper mischen sich sprühend lebendige Mineralien, frische Birnen und Steine mit Geschmacksnuancen, die an Ananas erinnern. Der Wein ist vergeistigt, herrlich scharf konturiert und wunderbar präzise. Die große Mehrheit der 1997er Burgunder wird schon lange in Vergessenheit geraten sein, wenn dieser großartige Tropfen den Höhepunkt seiner Reife erreicht. Voraussichtliche Genussreife: 2005–2012+.

Der sinnlich betörendste und fruchtigste von Bouchards beeindruckenden 1997er Volnays ist der purpurrote *1997er Volnay Taillepieds*. Sein fleischiges, hochreifes, kirschenduftiges Bukett geht einher mit einem breit gebauten, vollmundigen Wein von mittlerem bis vollem Körper, angefüllt mit Lakritze, Brombeeren und Straßenteer. Dieser höchst ausdrucksstarke, unmittelbar ansprechende Tropfen ist expansiv, intensiv und bewundernswert konzentriert.

Er mag vielleicht nicht alterungsfähig sein, aber seine sinnlich betörende, mit Frucht voll gepackte Art kann nur gefallen. Voraussichtliche Genussreife: jetzt–2005.

Gebackene Kirschen, Veilchen und Steine zeigen sich im Bukett des mittel- bis dunkelrubinroten *1997er Corton.* Dies ist ein kerniger, extrahierter, maskuliner Wein, mit großen Mengen von schwarzen Früchten ausstaffiert, um seiner festen Struktur ein Gegengewicht zu bieten. Seine höchst beeindruckende geschmackliche Intensität, seine Konzentration und Überschwänglichkeit reichen aus, um seine Batzen süßer Tannine zu beherrschen. Voraussichtliche Genussreife: jetzt–2009. Das zurückhaltende Bukett des *1997er Nuits-St-Georges Les Cailles* gibt nur widerstrebend Aromen von schwarzen Früchten frei. Am Gaumen explodiert der Wein jedoch mit Wogen von Lakritze, Eukalyptus, frisch aufgetragenem Straßenteer, Brombeeren und süßer Eichenholzwürze. Ein wohl ausgewogener, strukturierter, nachhaltiger Wein von mittlerem bis vollem Körper, der sich mittelfristig im Keller lagern lässt. Voraussichtliche Genussreife: jetzt–2008.

Der mittel- bis dunkelrubinrote *1997er Nuits-St-Georges Clos des Argillières* offenbart Aromen, die an ein Kompott von dunklen Früchten erinnern. Am Gaumen bringt dieser hochreife (an überreif grenzende) Wein von mittlerem bis vollem Körper einen ganzen Mund voll gebratener Brombeeren und Schwarzkirschen dar. Dies ist ein opulenter, köstlicher, samtig texturierter Wein, der in den nächsten 4–5 Jahren getrunken sein will. Im Gegensatz zu den typisch strukturierten, vierschrötigen Weinen von Nuits-St-Georges ist dieser Wein ganz und gar reintönige Frucht und Vergnügen. Der *1997er Nuits-St-Georges Clos St-Marc* von ähnlicher Farbe offenbart süße Aromen von Cassis und toastwürzigem Eichenholz. Er ist nicht so üppig wie der Argillières, aber dennoch immens konzentriert und gut strukturiert. Teer, Lakritze, Brombeerlikör und erdige Noten zeigen sich in diesem kraftvollen Wein von mittlerem bis vollem Körper. Voraussichtliche Genussreife: jetzt–2006. In seinem Aromaprofil offenbart der mittel- bis dunkelrubinrote *1997er Gevrey-Chambertin Les Cazetiers* Düfte nach Erde, Steinen und Sattelleder. Dieser dichte, kraftvolle, dicke, kernige Wein ist voll gepackt mit hochreifen dunklen Früchten, Schuhcreme und Gewürzen. Er ist ein intensiver Wein von mittlerem bis vollem Körper, der in den nächsten 7 Jahren und darüber hinaus optimalen Trinkgenuss verspricht.

Wie so viele burgundische Weingüter und Handelshäuser, die ihre Weine früher ganz selbstverständlich filtrierten, stellt auch die Maison Bouchard nun allmählich dieses dem Wein abträgliche Verfahren ein. Man sagte mir, dass der hervorragende *1997er Vosne-Romanée Aux Reignots* ebenso wie zahlreiche andere Weine aus diesem Jahrgang nicht filtriert würde. Sein süßes, blumiges, nach Zimt, Talkum und Kümmel duftendes Bukett geht einher mit einer profunden, femininen und komplexen Persönlichkeit. Dies ist ein Wein, der auf eine immens vergnügliche und geschmeidige Art mit Schichten von kandierten roten Früchten, Kirschen und Gewürzen aufwartet. Bei mittlerem bis vollem Körper ist er üppig und weich texturiert; sein ungeheuer nachhaltiger Abgang enthüllt ungemein reife Tannine. Trinken Sie diese Schönheit in den nächsten 7 Jahren. Der mittel- bis dunkelrubinrote *1997er Echézeaux* ist einer der Erfolge aus einer Grand-Cru-Weinlage, die in diesem Jahrgang insgesamt nicht die sonst üblichen Ergebnisse gezeigt hat. Er offenbart Aromen von Räucherschinken und kandierten roten Beeren und einen mit süßer Kirschmarmelade angefüllten, seidig texturierten und opulenten Charakter. Dieser schmeichelnde, unmittelbar ansprechende und genussbetonte Wein ist in keiner Weise kantig. Voraussichtliche Genussreife: jetzt–2006.

Der mittel- bis dunkelrubinrote *1997er Clos Vougeot* zeigt ein würziges Bukett mit Düften nach Jod, Zimt, Kardamom und dunklen Beeren. Dieser außergewöhnlich reife, dichte, kraftvolle und dicke Wein präsentiert einen Mund voll mit dicklichen roten und schwarzen Früchten. Er ist aggressiv, schon fast überreif, immens schmackhaft und sollte in den nächsten 6–7 Jahren getrunken werden. Der etwas dunklere 1997 *Bonnes Mares* ist in einem grundlegend anderen Stil bereitet als der Clos Vougeot. Die Persönlichkeit dieses blumenduftigen Weines ist klar umrissen, elegant, frisch und weniger auffällig als der vorhergehende Tropfen. Er ist kraftvoll, aber harmonisch und offenbart hauptsächlich Geschmacksnuancen von dunklen Früchten. Dieser ausgefeilte, präzise Wein von mittlerem bis vollem Körper sollte in den nächsten 8–9 Jahren getrunken werden.

Im Vergleich zu ihrem überlegenen Ruf liegen die Grands Crus Chambertin und Chambertin Clos de Bèze generell unter ihrem Niveau. 1997 erreichten diese beiden Lagen jedoch einen Grad an Reife, der ihr außerordentliches Potenzial bezeugt. Der dunkle *1997er Chambertin* offenbart tiefe Aromen von Wachs und hochreifen, mit Schokolade überzogenen Brombeeren. Seine kraftvolle und expansive Persönlichkeit explodiert am Gaumen und überzieht den Mund des Verkosters mit Straßenteer, Lakritze, gewürztem Eichenholz und Cassis. Dieser dicke, körperreiche, muskulöse und strukturierte Wein ist intensiv und komplex. Er besitzt die für seinen Jahrgang charakteristische *sur-maturité* in der Frucht, ist aber in einem Stil bereitet, der ihm Struktur verleiht und zu mittelfristiger Kellerreife befähigt. Voraussichtliche Genussreife: jetzt–2010+. Der *1997er Chambertin Clos de Bèze* hat eine ähnliche Farbe und sein Bukett zeigt Düfte von Pfeffer, Cassis und Leder, die an einen Châteauneuf-du-Pape erinnern. Er ist fest, besitzt Struktur, ist aber dennoch seidig texturiert und gibt in seinen Geschmacksnuancen Schichten von Straßenteer, Zigarrenkiste, Kirschwasser und Pflaumen zu erkennen. Dieser breitschultrige, muskulöse und höchst ausdrucksvolle Tropfen besitzt ebenfalls einen außerordentlich nachhaltigen und mit Geschmack voll gepackten Abgang. Er ist dicht, süß, körperreich und harmonisch. Voraussichtliche Genussreife: jetzt–2010+.

Der mittel- bis dunkelrubinrote *1997er La Romanée* offenbart ein herrliches, appetitanregendes Bukett von Räucherschinken vermischt mit Talkumpuder und roten Beeren. Er hat eine cremige Textur, große Eleganz und einen erhabenen Charakter, angefüllt mit klar gezeichneten, aber dennoch dicklichen roten Kirschen, Veilchen und Gewürzen. Dieser feminine, anmutige, komplette Wein zeigt ehrfurchtgebietende Anmut und Länge. Nachdem ich so viele La Romanées verkostet habe, die ihren Grand-Cru-Ruf nicht verdienen, ist es ungemein erfreulich, einem so kraftvollen, harmonischen, ausgefeilten und profunden La Romanée zu begegnen. Voraussichtliche Genussreife: jetzt–2010+.

Philippe Prost, der Weinmacher der Maison Bouchard, stellte fest, die Blütenbildung sei 1998 so ungleichmäßig erfolgt, dass sich innerhalb einer Parzelle 1–2 Wochen Unterschied bei der Traubenreife an Reben ergeben konnte, die vielleicht nur ein paar Schritte voneinander entfernt standen. Sie lasen ihre eigenen Parzellen in zwei Durchgängen innerhalb von 12 Tagen und schnitten nur diejenigen Trauben ab, die eine volle Reife erreicht hatten. Aber selbst bei dieser Vorgehensweise fand Prost viele überreife Trauben, die nach dem Pressen oxidierende *bourbes* (grobe Hefen) produzierten. Daher sah er sich gezwungen, zwei *débourbages* (Entfernen der groben Hefen) vorzunehmen, um den einwandfreien, gesunden Zustand der verbleibenden Hefen sicherzustellen.

Der sinnliche *1998er Bâtard-Montrachet* offenbart intensiv reife Aromen von gelben Früchten. Bei mittlerem bis vollem Körper konzentriert und dicht, kleidet der vielschichtige Kern von pochierten Birnen und Aprikosen den Gaumen des Verkosters aus. Dieser nachhaltige, geschmacksintensive und opulente Wein mag vielleicht der Zeit nicht standhalten, ist jedoch ein enorm lustvoller Tropfen. Voraussichtliche Genussreife: jetzt–2005. Der höchst eindrucksvolle *1998er Chevalier-Montrachet La Cabotte* zeigt dichte, reife Früchte in seinen ausdrucksstarken Aromen. Bei mittlerem bis vollem Körper weist dieser mollige, unwiderstehliche Wein Schichten von Birnen, Äpfeln, Haselnüssen und Mineralien auf. Überaus scharf konturiert, doch dick und reichhaltig, ist dies ein profunder 1998er. Voraussichtliche Genussreife: jetzt–2010.

Der *1998er Montrachet* ist einer der besten Weine dieses Jahrgangs. Seine mineralischen, nach Haselnuss duftenden, floralen Aromen leiten über zu einer reichhaltigen, samtigen Persönlichkeit von mittlerem bis vollem Körper. Dieser aufregende Wein hat Geschmacksnuancen von gebuttertem Popcorn, sahnigen Mineralien, Gewürzen und Birnen in seinem sprühend lebendigen, aber doch prallen Kern von Frucht. Er ist überaus wohl ausgewogen und konzentriert und besitzt auch einen äußerst langen und scharf konturierten Abgang. Voraussichtliche Genussreife: jetzt–2010+.

1999 wurde bei Bouchard auf einer Fläche von 15 Hektar der grüne Traubenbehang ausgedünnt, was einen Kosteneinsatz von 1200 Euro pro Hektar bedeutete (insgesamt 18000 Euro), aber die Erträge waren immer noch hoch. Bernard Hervet, der Direktor des Handelshauses, sagte, dass im Jahr 1999 sowohl das höchste natürliche Alkoholpotenzial als auch die höchsten je erzielten Erträge erreicht wurden. »Der 2000er Jahrgang brachte auch enorme Erträge, aber da die erlaubte Überproduktion von 40% über die höchstzulässigen Erträge hinaus von der INAO (dem französischen Amt für Appellationen-Kontrolle) abgelehnt wurden, wird es zu einem ungeheuer großen Schwarzmarkt beim Wein kommen« (dies sind nicht-gemeldete Weine, die gegen Barzahlung an Verbraucher abgegeben oder mit dem den nächsten »ertragsarmen« Jahrgang vermischt werden). Philippe Prost, der Weinmacher bei Bouchard, erwähnte auch die Tatsache, dass die 1999er Weißweine einen relativ niedrigen Apfelsäuregehalt haben, so dass der Eindruck von Säure auch nach den malolaktischen Gärungen bestehen blieb. Er fügte hinzu, dass in Jahrgängen, in denen nicht viel Dichte in der Frucht vorhanden ist, das Sediment nach der *bâtonnage* (dem Aufrühren der Hefen) sehr rasch ausgefällt wird. »Ich mag diesen Jahrgang«, sagte er. »Er spiegelt die *terroirs* wider, falls die Erträge nicht wahnsinnig hoch waren.«

Toastwürze, Mineralien und Haselnüsse finden sich im Bukett des *1999er Chevalier-Montrachet.* Dieser Wein von mittlerem Körper hat hervorragende Tiefe, Breite, Dichte und Reife. Weiße Früchte, Mineralien, Zitronen, Quarz und Gewürze charakterisieren seine elegante, kristalline Persönlichkeit. Er ist wohl ausgewogen und reintönig und besitzt einen nachhaltigen, weichen und verfeinerten Abgang. Voraussichtliche Genussreife: jetzt–2010. Der *1999er Chevalier-Montrachet La Cabotte* verfügt über außerordentliche aromatische Tiefe in seinem Bukett, das voll ist von Nusskuchen, Blumen und hochreifen Birnen. Von mittlerem Körper, kraftvoll und intensiv, ist dies ein konzentrierter, ausgefeilter und scharf konturierter Wein mit hervorragender Tiefe, Präzision und Muskelkraft. Seine Geschmacksnuancen von Mineralien, Gewürz und kandierten Äpfeln halten während des außerordentlich langen, kristallinen Abgangs an. Voraussichtliche Genussreife: jetzt–2012. Große Mengen von Gewürzen, Blumen, Rauch und Toastwürze zeigen sich in den intensiven Aromen des *1999er Montrachet.* Er hat mittleren Körper und hervorragende Konzentration, Definition und Tiefe der Frucht, und die Geschmackskomponenten von Zitrus, Zitrone-Limette, Mineralien, Quarz, Kies und Erde verleihen seiner Persönlichkeit eine Fülle von Kraft. Er ist komplex, scharf konturiert, reintönig und kristallin: ein harmonischer, ausgewogener und kompletter Wein. Trinken Sie ihn in den nächsten 10–12 Jahren.

Der mittel- bis dunkelrubinrote *1999er Gevrey-Chambertin Les Cazetiers* zeichnet sich durch ein üppiges, nach Gewürzen und Kirschen duftendes Bukett aus. Geschmacksnuancen von Tabak, Brombeeren und süßem, reifen Cassis finden sich in diesem schönen Wein von mittlerem Körper. Er ist konzentriert, geschmacksintensiv und besitzt große Mengen von vorzüglich gereiftem Tannin. Trinken Sie ihn in den nächsten 8 Jahren. Der mittel- bis dunkelrubinrote *1999er Chambertin Clos de Bèze* hat ein wunderschönes Bukett von parfümierten roten und schwarzen Früchten. Dieser lebendige, wunderbar gereifte Wein ist voll gepackt mit Kirschen, Brombeeren, Veilchen und verschiedenen frisch geschnittenen Blumen. Er ist süß, reintönig, geschmeidig und hat einen langen, nahtlosen Abgang. Voraussichtliche Genussreife: 2004–2012. Der *1999er La Romanée* von satter mittel- bis dunkelrubinroter Farbe legt ein köstliches, nach Talkum, hochreifen Kirschen und Parfum duftendes Bukett an den Tag. In seiner weich texturierten Persönlichkeit von mittlerem bis vollem Körper erweist er sich als bewundernswert ausladend und breit gebaut. Geschmacksnuancen von Kirschsirup und Plätzchenteig mit Schokoladenstückchen kommen in diesem süßen, wunderschön strukturierten Wein zum Ausdruck. Er besitzt große Mengen von Tanninen, sie sind jedoch reif und geschmeidig. Voraussichtliche Genussreife: 2004–2012.

Laut Bernard Hervet, dem Direktor der Maison Bouchard, ist 2000 bei den weißen Burgundern der beste Jahrgang in den vergangenen zehn Jahren. (Seine Rangfolge für die anderen neun Jahrgänge ist: 1992, 1996, 1997 und 1995 auf gleicher Stufe, 1999, 1991, 1994, eng gefolgt von 1993 und 1998 auf dem letzten Platz.) Für Philippe Prost, den Weinmacher der Maison Bouchard, ist ebenfalls der Jahrgang 2000 der beste des letzten Jahrzehnts, gefolgt von 1992, 1997, 1996, 1995, 1999, 1998, 1991, 1994 und an letzter Stelle 1993. Hervet sagt: »Noch nie habe ich eine Serie von Weinen verkostet, die in ihrer Jugend so außerordentlich waren. Sie hatten schon als Most [Vorgärungssaft] Harmonie und Ausgewogenheit. In einer Traube war nicht eine einzige faule Beere.« Prost ist derselben Meinung und fügt hinzu, dass es 1992 einfach war, guten Wein zu bereiten, sie beim 2000er dagegen mehr dafür tun mussten, »insbesondere zur Erhaltung der Säure«. Er weist darauf hin, dass die Weine »weniger Säure hatten als der 1999er bei der Lese«, und dass die malolaktische Gärung auf den 1999er nur wenig bis gar keine Auswirkung hatten, während sie »beim 2000er einen großen Unterschied ausmachte, denn dessen pH-Werte waren generell um 0,15 Punkte höher als beim 1999er«.

Der *2000er Chevalier-Montrachet La Cabotte* von mittlerem Körper prunkt in Duft und Geschmack mit Mineralien, Gewürzen und sahnigen Nüssen. Er ist frisch, breit gebaut, vielschichtig und konzentriert. Dieser dicht bepackte Wein ist ausladend, harmonisch und offenbart einen bewundernswert nachhaltigen, klar umrissenen Abgang. Voraussichtliche Genussreife: 2004–2012. Der nach Gewürzen duftende *2000er Montrachet* ist ein molliger Wein, der Geschmacksnuancen von toastwürziger Birne, Nüssen und Mineralien aufweist. Seidig texturiert und saftig, von mittlerem Körper, bietet er hervorragende Konzentration sowie Biss und Tiefe. Voraussichtliche Genussreife: 2004–2012.

Weitere empfehlenswerte Weine: 1997er Bâtard-Montrachet (88–90+), 1999er Bâtard-Montrachet (88), 1997er Beaune Clos de la Mousse (87–88+), 1997er Beaune Grèves Vignes de l'Enfant Jésus (88–90+), 1999er Beaune Les Grèves Vignes de l'Enfant Jésus (87–89), 1997er Beaune Theurons (88–89), 1997er Chablis Bougros (88–90), 1999er Chambolle-Musigny (Domaine) (89), 1998er Chevalier-Montrachet (88–90), 2000er Chevalier-Montrachet (87–89), 1999er Corton-Charlemagne (88–89), 1997er Meursault Les Charmes (87–89), 1997er Meursault Domaine Bouchard (87–89), 1997er Meursault Les Genevrières (88–90), 1999er Meursault Les Genevrières (Domaine) (87–89), 1999er Meursault Goutte d'Or (Domaine) (88–90), 2000er Meursault Poruzots (87–89), 1997er Nuits-St-Georges Clos des Porrets St-Georges (88–89), 1997er Pommard Rugiens (88–90), 1997er Puligny-Montrachet Les Folatières (88–90+), 1997er Puligny-Montrachet Les Pucelles (88–90), 2000er Puligny-Montrachet Les Pucelles (87–89), 1997er Volnay Caillerets Ancienne Cuvée Carnot (88–90), 1997er Volnay Fremiets Clos de la Rougeotte (88–90)

DOMAINE REYANNE ET PASCAL BOULEY (VOLNAY)

1999	**Volnay Champans**	**E**	**(89–92)**
1997	**Volnay Champans**	**E**	**(90–92)**
1999	**Volnay Clos des Chênes**	**E**	**(88–92)**
1997	**Volnay Clos des Chênes**	**E**	**(90–91)**
1999	**Volnay Roncerets**	**E**	**(89–92)**
1999	**Volnay Santenots**	**E**	**(89–91)**

Der Jahrgang 1997 war in Volnay ein ganz besonderer Erfolg, und dem in der Presse nicht groß herausgestellten, aber dennoch zuverlässigen Weingut gelang es, die besten Eigenschaften des Jahrgangs herauszuholen. Pascal Bouley beschrieb 1997 als einen sehr heterogenen Jahrgang mit unregelmäßiger Reife, so dass er den Reifezustand jeder Parzelle genau im Auge behalten musste. Zu Beginn der Weinbereitung glaubte er, dass dies kein erfolgreicher Jahrgang werden würde. Als er jedoch später sah, wie die Weine gewichtiger wurden, änderte er seine Meinung.

Der mittel- bis dunkelrubinrote *1997er Volnay Clos des Chênes* offenbart mit Cassis vermischte Aromen von süßen schwarzen Himbeeren. Dies ist ein konzentrierter, extrahierter, kerniger Wein von mittlerem bis vollem Körper, der kraftvolle Geschmacksnuancen von Schwarzkirschen und schwarzen Johannisbeeren enthält. Er ist dick, derzeit noch ziemlich verhalten entwickelt und straff gewirkt, aber doch angefüllt mit bewundernswerten Schichten von Frucht. Voraussichtliche Genussreife: jetzt–2008. Der *1997er Volnay Champans* von ähnlicher Farbe offenbart Düfte nach reifer schwarzer Frucht, Leder und Erde. Er ist ein vierschrötiger, fester Wein von mittlerem bis vollem Charakter, und seine hochkonzentrierte und strukturierte Art bietet einen vollmundigen Tropfen voller Brombeeren und Steine sowie einen reichhaltigen, seidig texturierten und bewundernswert nachhaltigen Charakter. Voraussichtliche Genussreife: jetzt–2009.

Der *1999er Volnay Roncerets* ist mittel- bis dunkelrubinrot und wartet auf mit einem Duftprofil, das voll gepackt ist mit roten und schwarzen Kirschen. Er offenbart Geschmacksnuancen von kandierten roten Früchten, Steinen, gemischten Beeren und Mineralien und ist süß, elegant und von mittlerem bis vollem Körper. Außerdem hat er ausgezeichnete bis hervorragende Tiefe der Frucht, einen hochreifen Charakter und große Mengen von feinen Tanninen. Voraussichtliche Genussreife: jetzt–2008. Gewürze, Brombeeren und Anklänge von Lakritze charakterisieren die Aromen des mittel- bis dunkelrubinroten *1999er Volnay Santenots.* Dieser maskuline, pikante und feste Wein bietet Geschmacksnuancen von Brombeere, Cassis-Likör und wilden Beeren. Kellerreife wird ihm gut tun. Voraussichtliche Genussreife: jetzt–2009. Der etwas dunklere *1999er Volnay Champans* hat ein großartiges Bukett von süßen Heidelbeeren, Parfüm und Kirschen. Von mittlerem bis vollem Körper und saftig, verfügt er über superbe Ausgewogenheit und große Mengen von reifem Tannin. Voraussichtliche Genussreife: 2004–2009. Veilchen, Parfum und Brombeeren finden sich im Bukett des *1999er Volnay Clos des Chênes.* Dieser mittel- bis dunkelrubinrote Wein von mittlerem Körper hat reichliche Tiefe in seinen Geschmacksnuancen von Rosen, Cassis und Brombeeren. Der würzige, seidig texturierte Tropfen ist frisch, mollig, aber offenbart dennoch einige trockene Tannine in seinem Abgang. Werden die Tannine mit zunehmender Kellerreife weicher, verdient er später eine Punktnote am oberen Ende der Skala. Wenn nicht, wird er den Höhepunkt in seinen frühen Jahren erreichen und verdient eine eher niedrige Punktnote. Voraussichtliche Genussreife: jetzt–2009.

Weiterer empfehlenswerter Wein: 1997er Volnay Santenots (88–90)

DOMAINE BOYER-MARTENOT (MEURSAULT)

1997	**Meursault Charmes Réserve**	**E**	**90**
1997	**Meursault Les Narvaux Réserve**	**E**	**90**
1999	**Meursault Perrières Cuvée Unique**	**EE**	**90+**
1997	**Meursault Perrières Réserve**	**EE**	**92**
1997	**Meursault Les Tillets Réserve**	**E**	**90+**
1999	**Puligny-Montrachet Les Caillerets**	**EE**	**90**
1997	**Puligny-Montrachet Les Caillerets**	**EE**	**91+**

Die Domaine Boyer-Martenot bereitet weiterhin erstklassige Meursaults, und 1997 fügten Yves Boyer und seine Frau ihrer beeindruckenden Referenz-Liste einen hervorragenden Puligny-Montrachet Les Caillerets hinzu. Die 1997er von Boyer-Martenot sind lebendiger als in diesem Jahrgang üblich. Sowohl Yves Boyer als auch Peter Vezan (der Makler, der diese Selektionen überprüft) versicherten mir, dass keiner dieser Weine mit Säure angereichert wurde. Beide wussten selbst nicht, warum sie so lebendig und klar umrissen waren (ganz von der 1997er-Norm abweichend). Sie sagten mir, dass die Weine von Boyer, entgegen der

Mehrheit der 1997 in burgundischen Kellereien produzierten Weine, ihre malolaktischen Gärungen recht spät durchlaufen hätten, weil ihr natürlicher Säuregehalt normal war.

Yves Boyer und seine Frau haben eine kleine Parzelle mit 25–30 Jahre alten Rebstöcken in Puligny-Montrachet Les Caillerets gekauft. Der *1997er Puligny-Montrachet Les Caillerets*, ihr erster Jahrgang, ist superb, womit Weinliebhaber über eine weitere erstklassige Adresse auf diesem berühmten *terroir* verfügen. Er offenbart Aromen von staubigen Felsen und Mineralien und bei mittlerem bis vollem Körper einen dichten Kern von Birnen, Äpfeln, Steinen, Erde, Gewürzen und weißem Pfeffer. Dieser Wein scheint eine Synthese der für 1996 charakteristischen Konturenschärfe und Lebendigkeit und der für 1997 typischen Reichhaltigkeit und fortgeschritten entwickelten Frucht zu sein. Voraussichtliche Genussreife: jetzt–2007.

Der *1999er Puligny-Montrachet Les Caillerets*, der von einer kürzlich erworbenen Parzelle mitten im Clos du Caillerets stammt, offenbart Aromen von weißen Blumen, Gewürzen und Safran. Von leichtem bis mittlerem Körper und angefüllt mit Mineralien und Kies, ist dies ein gut konzentrierter, frischer, kristalliner Wein. Sein elegantes Geschmacksprofil ist komplett, obschon ihm die Tiefe der Frucht fehlt, die für einen großartigen Wein unabdingbar ist. Trinken Sie ihn in den nächsten 5–6 Jahren.

Weitere empfehlenswerte Weine: 2000er Meursault Les Charmes Cuvée Unique (88), 1999er Meursault Les Genevrières (89), 2000er Meursault Les Genevrières (89), 1999er Meursault Narvaux Cuvée Unique (89), 2000er Meursault Narvaux Cuvée Unique (88), 1997er Meursault l'Ormeau Réserve (88), 1999er Meursault l'Ormeau Cuvée Unique (88), 2000er Meursault l'Ormeau Cuvée Unique (88), 2000er Meursault Les Perrières (88+), 1999er Meursault Les Tillets Cuvée Unique (88), 2000er Meursault Les Tillets Cuvée Unique (88), 1998er Puligny-Montrachet Les Caillerets (88), 2000er Puligny-Montrachet Les Caillerets (89)

DOMAINE PHILIPPE BRENOT (SANTENAY)

1998	**Bâtard-Montrachet**	**EEE**	**90+**
1997	**Bâtard-Montrachet**	**EEE**	**90**
1997	**Chassagne-Montrachet En Remilly**	**E**	**90**

Philippe Brenot, der mich mit seinen 1996ern bereits beeindruckt hatte, hat opulente, ja fast schon sinnlich betörende 1997er weiße Burgunder bereitet. Die Chardonnay-Erträge dieses engagierten Winzers lagen 1997 durchschnittlich bei 20–30 hl/ha, wobei der Ertrag für den Chassagne-Montrachet En Remilly weniger als 15 hl/ha betrug, eine erstaunlich niedrige, an Leroy erinnernde Zahl. Brenot erklärt, dass er keinen seiner Weine chaptalisiert, mit Säure anreichert oder filtriert, und fügt hinzu, dass das Alkoholpotenzial im September auf seinen Parzellen hohe Werte erreicht hätte. Er hatte seine Bâtard-Parzelle am 10. September getestet und 10,59% registriert, als er aber vier Tage später einen zweiten Test-Durchgang vornahm, traute er seinen Augen kaum, als er feststellte, dass es in der Hitze auf 13,7% hochgeschnellt war! Bis er seine Erntehelfer zusammengetrommelt hatte und mit der Lese beginnen konnte, war es auf 14,1% geklettert – ein in Burgund nur ganz selten registrierter Wert.

Philippe Brenot bereitete ein einziges Fass (25 Kisten) des *1997er Chassagne-Montrachet En Remilly* von den knapp 0,2 Hektar, deren Besitzer er ist. Das hochreife Bukett offenbart Aromen von Birnen, Äpfeln und Steinen. Der Wein ist äußerst gut bereitet, mit einem breit angelegten Geschmacksprofil, das sich aus Akazienblüten, weißen Früchten und einer markanten mineralischen Note zusammensetzt, die sich in dem nachhaltigen Abgang offenbart. Ein dichter, zutiefst reifer Wein von mittlerem bis vollem Körper, der in den nächsten 5–6 Jahren getrunken werden sollte.

Der *1997er Bâtard-Montrachet* von Brenot ist aus einer Laune der Natur hervorgegangen. Wie so viele andere 1997er, die ich aus dieser Weinlage verkostet habe, ist er an der Grenze zu einem überreifen und schlaffen Wein und hat einen warmen, fast alkoholreichen Abgang. Kurz gesagt, viele 1997er Bâtards haben mehr mit manchen leicht unausgewogenen Chardonnays aus der Neuen Welt gemein als mit weißen Burgundern. Dies vorausgeschickt, ist der Bâtard von Brenot gleichwohl hervorragend. Sein Bukett ist etwas gedämpft (er ist gerade erst abgefüllt worden), doch sein Geschmacksprofil nimmt sich immens beeindruckend aus. Dies ist ein gewaltiger, opulent viskoser, reichhaltiger, dichter Wein. Ölige Schichten von würzigen, überreifen Birnen und Äpfeln zeigen sich in seiner üppigen Persönlichkeit. Ein Wein für Hedonisten und nichts für Menschen, die intellektuelle Befriedigung suchen. Trinken Sie ihn in den nächsten 5 Jahren.

Zwei Drittel von Philippe Brenots großer Bâtard-Montrachet-Parzelle waren schon vor 1936 bepflanzt (das andere Drittel ist 12 Jahre alt). Sein *1998er Bâtard-Montrachet* von mittlerem bis vollem Körper offenbart herrlich reife Frucht und Aromen von toastwürzigem Eichenholz. Dieser dicke, tiefe, doch strukturierte Tropfen ist ausladend und besitzt große Mengen von weißen Früchten mit einem Anflug von Zitrone. Der gut bereitete und nachhaltige Wein sollte in den nächsten 6–8 Jahren getrunken werden.

Weitere empfehlenswerte Weine: 1999er Bâtard-Montrachet (88–90), 1998er Chassagne-Montrachet En Remilly (89–90), 1997er Puligny-Montrachet Les Enseignères (89), 1998er Puligny-Montrachet Les Enseignères (88)

DOMAINE ALAIN BURGUET (GEVREY-CHAMBERTIN)

1999 Gevrey-Chambertin Les Champeaux E (89–90+)

1999 Gevrey-Chambertin Mes Favorites D (89–90+)

Der 51jährige Alain Burguet, einer der wenigen »Selfmademen« in Burgund, bereitet schon seit 25 Jahren Wein. In dieser Zeit hat er sein heute 6,3 Hektar großes Weingut Parzelle für Parzelle zusammengestellt (1 Hektar Bourgogne, 5 Hektar »Villages« Gevrey-Chambertin und 0,3 Hektar Premier Cru Gevrey-Chambertin Les Champeaux). 1999 waren seine Erträge ebenso wie bei den meisten Weingütern hoch und lagen durchschnittlich bei 55–58 hl/ha für den Bourgogne und bei 47–48 hl/ha für die Gevrey-Chambertins. Er nahm einen Mostabzug von etwa 10–15% vor.

Der rubinrote *1999er Gevrey-Chambertin Mes Favorites*, der früher als Burguets Vieilles Vignes Cuvée bekannt war, hat ein herrliches Bukett von hochreifen Pflaumen und Schwarzkirschen. Es ist ein intensiver, saftiger Wein von mittlerem und vollem Körper, voll gepackt mit Heidelbeeren, Kirschen und Brombeeren. Dieser pikante, seidig texturierte Tropfen hat einen beeindruckend nachhaltigen, konturenscharfen und seidigen Abgang. Trinken Sie ihn 2005–2010. Veilchen, Rosen und dunkle Früchte treten in den Aromen des *1999er Gevrey-Chambertin Les Champeaux* in Erscheinung. Von mittlerem Körper und würzig, ist er zum Bersten angefüllt mit saftigen Blaubeeren und roten und schwarzen Kirschen. Dieser samtweiche Wein von dicht gepackter Art hat bewundernswerte Länge, Konzentration und Ausgewogenheit. Voraussichtliche Genussreife: 2005–2012.

DOMAINE JACQUES CACHEUX (VOSNE-ROMANÉE)

1997 Vosne-Romanée La Croix Rameau E (89–91+)

1997 Vosne-Romanée Les Suchots E (89–91)

1997 waren äußerst früh einsetzende und rasch ablaufende malolaktische Gärungen das Hauptthema auf diesem wenig bekannten Weingut. Patrice Cacheux, der Direktor und Weinmacher, schien perplex darüber zu sein, wie sich manche seiner Weine entwickelten. Er hatte zum Beispiel auf Anraten seines Önologen seinem säurearmen Nuits-St-Georges große Mengen Schwefeldioxid hinzugefügt, um ihn vor möglichen Problemen zu schützen. Aus dem dunkelsten Wein im ganzen Keller, einem mit Frucht voll gepackten laut Cacheux, wurde unverzüglich ein heller, harter, trockener Wein.

»Zweimal in zehn Jahren wird mein Vosne-Romanée Les Suchots besser als mein Echézeaux, und 1997 ist eben ein solches Jahr«, sagt der aufrichtige Cacheux. Der Wein ist mittel- bis dunkelrubinrot und offenbart elegante Aromen von süßen Brombeeren und Cassis. Er ist ein Tropfen von mittlerem bis vollem Körper, der im Geschmack konzentrierte Schichten von frischen und pikanten Kirschfruchtnuancen bietet. Elegant, wohl ausgewogen und klar gezeichnet, wird dieser Wein letztendlich eine hervorragende Punktnote bekommen, wenn sein Abgang fleischiger geworden ist. Trinken Sie ihn jetzt–2006. Der hellrubinrote *1997er Vosne-Romanée La Croix Rameau* aus Trauben von 10 Jahre alten Reben offenbart Düfte von kandierten Schwarzkirschen. Es ist ein immens anziehender Wein, der den Gaumen mit Geschmacksnuancen von mit Mokkacreme überzogenen roten Früchten, Cassis und süßem Eichenholz verwöhnt. Dieser ausgefeilte, samtig texturierte Wein besitzt einen nachhaltigen, scharf konturierten und seidigen Abgang. Voraussichtliche Genussreife: jetzt–2006.

Weiterer empfehlenswerter Wein: 1997er Echézeaux (87–89+)

DOMAINE CAILLOT (MEURSAULT)

2000	**Bâtard-Montrachet**	**EEE**	**(91–93)**
1997	**Bâtard-Montrachet**	**EEE**	**(89–92)**
2000	**Puligny-Montrachet Les Pucelles**		**(90–91)**

Michel Caillot, ein schüchterner, aber bestimmter Mann von 37 Jahren, hat erst vor kurzem seinen Betrieb modernisiert, um sicherzustellen, dass er das Abstechen und die *assemblage* unter Zuhilfenahme der Schwerkraft statt mit Pumpen vornehmen kann. Der feinste Wein von Caillot ist der Bâtard-Montrachet, der aus Trauben von 40–50 Jahre alten Reben bereitet wird, die sich genau in der Mitte der Weinlage befinden. Der *1997er Bâtard-Montrachet* hat ein strahlendes Bukett, das angefüllt ist mit reichhaltigen und reifen weißen Früchten, Mineralien und frischer Erde. Dieser äußerst dicke, kernige Wein von mittlerem bis vollem Körper ist überraschend wohl ausgewogen. Er besitzt Geschmackskomponenten von überreifem Birnen- und Apfelkompott, ist intensiv mineralisch geprägt und zeigt eine für einen so opulenten Wein verwirrende Konturenschärfe. Voraussichtliche Genussreife: jetzt–2006.

Der nach französischem getoastetem Brot duftende *2000er Puligny-Montrachet Les Pucelles* zeigt in seinem Charakter von mittlerem Körper ausladende Art. Samtig texturiert und saftig, legt dieser breit gebaute Wein Geschmacksnuancen von pochierten Birnen, gewürzten Äpfeln und Mineralien an den Tag. Er ist intensiv, frisch und bietet einen nachhaltigen, reintönigen Abgang. Voraussichtliche Genussreife: jetzt–2009. Der nach gewürzten Äpfeln und pochierten Birnen duftende *2000er Bâtard-Montrachet* hat mittleren bis vollen Körper und offenbart in seiner kernig texturierten Art hervorragende Tiefe. Er ist fett, aber doch frisch und präsentiert in seinem Geschmacksprofil und in seinem umfassenden Abgang zahlreiche Schichten von süßen weißen Früchten, Vanille und Zimt. Voraussichtliche Genussreife: jetzt–2011.

Weitere empfehlenswerte Weine: 1997er Meursault La Barre (87–89), 2000er Meursault La Barre (88–89), 2000er Meursault Clos du Cromin (87–89), 2000er Meursault Le Limozin (88–89), 1997er Meursault Les Tessons (87–89), 2000er Meursault Les Tessons (88–90), 1997er Puligny-Montrachet Les Pucelles (88–89)

DOMAINE LOUIS CARILLON ET FILS (PULIGNY-MONTRACHET)

2000	**Bienvenue-Bâtard-Montrachet**	**EEE**	**(91–93)**
1999	**Bienvenue-Bâtard-Montrachet**	**EEE**	**(90–92)**
1998	**Bienvenue-Bâtard-Montrachet**	**EEE**	**(90–93)**
1997	**Bienvenue-Bâtard-Montrachet**	**EEE**	**(92–94+)**
2000	**Puligny-Montrachet Les Perrières**	**E**	**(90–92)**
1997	**Puligny-Montrachet Les Perrières**	**E**	**(89–91)**
1999	**Puligny-Montrachet Les Referts**	**EE**	**(89–91)**
1997	**Puligny-Montrachet Les Referts**	**E**	**(89–91)**

Der kongeniale Jacques Carillon ist seit 1985 für die Weinbereitung auf diesem alten Familiengut verantwortlich. Er hofft, dass die Weinliebhaber den 1997er trinken, während der

1996er weiterreift. »1996 ist ein großartiger Jahrgang, der uns für das geduldige Warten entschädigen wird. Die 1997er werden nicht so gut altern wie die 1989er, aber sie werden köstlich jugendlich sein.« Die Carillons haben ihre 1997er bei durchschnittlich 13% natürlichem potenziellem Alkohol gelesen, einem für Burgund hohen Wert. Außerdem wurde kein Wein künstlich mit Säure angereichert. Jacques Carillon sagte, dass zwar der Säuregehalt niedrig, aber das Verhältnis zwischen Wein und Apfelsäure hoch war. Er war ganz richtig der Meinung, dass die malolaktische Gärung auf seine Weine keine besondere Auswirkung haben würde. Carillon wies auf eine interessante Tatsache bezüglich der 1997er hin: Während die Weine des 1996er Jahrgangs ihre malolaktischen Gärungen ganz langsam und mühsam im März des auf die Lese folgenden Jahres *begannen*, hatten die 1997er ihre im März 1998 bereits *abgeschlossen*!

Der nach Kies und Parfum duftende *1997er Puligny-Montrachet Les Perrières* gibt sich als äußerst schmackhafter Tropfen voller Mineralien und Haselnüsse zu erkennen. Dieser dichte, ölige, reichhaltige Wein von mittlerem bis vollem Körper ist scharf konturiert und ausgewogen, aber doch schwelgerisch. Voraussichtliche Genussreife: jetzt–2005. Der *1997er Puligny-Montrachet Les Referts* zeigt Aromen von Kreide und reifen weißen Früchten. Es ist ein dick texturierter Wein mit gewaltiger Dichte, bewundernswerter Präsenz am Gaumen und einer Struktur, die für eine Kellerreife ausgezeichnet geeignet ist. Sein ausdrucksvolles und nachhaltiges Geschmacksprofil setzt sich aus Steinen, Erde und weißen Blumen zusammen. Trinken Sie ihn in den nächsten 5–6 Jahren.

Die Carillons bereiten regelmäßig einen der besten *Bienvenue-Bâtard-Montrachets*. Von dem hervorragenden *1997er* wurden nur 580 Flaschen produziert (die durchschnittliche Produktion liegt normalerweise bei 600–750 Flaschen). Diese Schönheit von einem Wein, der mit Düften von Talkumpuder, tropischer Frucht, Steinen und Kreide ausgestattet ist, hat bewundernswerte Reichhaltigkeit und Ausgewogenheit. Er ist straff gewirkt und streng, aber doch kraftvoll und voll gepackt mit dichten Schichten von Mineralien und Anflügen von kandierten Zitronen, die während des ausgedehnten Abgangs am Gaumen verweilen. Seine Kombination von Präzision und hochreifen Eigenschaften hat mich überwältigt. Voraussichtliche Genussreife: jetzt–2006+. Der *1998er Bienvenue-Bâtard-Montrachet* offenbart ehrfurchtgebietende Aromen von Birnen, Pfirsichen, gerösteten Steinen, gebuttertem Toast und Anis. Von mittlerem bis vollem Körper und dick, kleidet er den Gaumen mit Schicht auf Schicht von samtigen, süßen weißen Früchten und einem Hauch von Kaffee und geröstetem Eichenholz aus. Der Wein ist üppig und immens geschmacksbetont, und ich wäre vollkommen hingerissen gewesen, wenn er einen kräftigeren Abgang gehabt hätte. Trinken Sie ihn in den nächsten 8–10 Jahren.

Der nach frischer Erde und Blumen duftende *1999er Puligny-Montrachet Les Referts* ist mollig, reichhaltig, harmonisch und sinnlich. Er ist voll beladen mit reifen Äpfeln, Birnen und Pfirsichen. Dieser seidig texturierte Wein besitzt auch einen äußerst nachhaltigen, weichen Abgang. Trinken Sie ihn in den nächsten 7 Jahren. Überrascht war ich von den rieslingähnlichen Aromen des *1999er Bienvenue-Bâtard-Montrachet*. Reichhaltige Mineralien mit einem Schuss getrockneten Honigs kennzeichnen das Bukett dieses hervorragenden Weines. Er ist scharf konturiert, tief, konzentriert und bietet einen nachhaltigen, nuancierten und weichen Abgang. Trinken Sie ihn in den kommenden 7–8 Jahren.

Als wir über die 2000er sprachen, machte Jacques Carillon eine Bemerkung, die ich in vielen burgundischen Kellern bei meinen Besuchen hörte. »Als ich sah, wie kalt und verregnet der Juli war, hätte ich nie gedacht, dass der 2000er so gut werden würde.« Für ihn sind die 2000er »wirklich gefällige Weine, sie haben allerdings weniger Säure und sind daher einheitlicher als die 1999er, die ihrerseits mehr Subtilität und Mineralien hatten und in ihrem Charakter burgundischer waren.« Der nach toastwürzigen Mineralien duftende *2000er Puligny-Montrachet Les Perrières* ist reichhaltig, weinig und von mittlerem Körper. In seinem intensiven, sehr geschmacksbetonten Charakter finden sich gebutterter Toast, Erde und Mineralien. Er ist reichhaltig, wunderschön reif, und hat einen nachhaltigen, klar gezeichneten Abgang aufzuweisen. Voraussichtliche Genussreife: jetzt–2009. Der *2000er Bienvenue-Bâtard-Montrachet* hat ein überquellendes Bukett, das nach Mineralien, Birnen und Äpfeln duftet. Von mittlerem Körper und profund, offenbart er in seinem ungemein ausdrucksstarken und nachhaltigen Charakter Geschmacksnuancen von Birnen, Toast, Steinen, Kies und frischer Erde. Voraussichtliche Genussreife: 2005–2012.

Weitere empfehlenswerte Weine: 1997er Puligny-Montrachet Champs Canet (88–89+), 1999er Puligny-Montrachet Champs Canet (87–89), 2000er Puligny-Montrachet Champs Canet (87–89), 1997er Puligny-Montrachet Combettes (87–89), 2000er Puligny-Montrachet Combettes (88–89), 1999er Puligny-Montrachet Les Perrières (88–89), 1998er Puligny-Montrachet Les Referts (87–89), 2000er Puligny-Montrachet Les Referts (89–90)

Bisherige große Jahrgänge: 1986er Bienvenue-Bâtard-Montrachet (96), 1996er Bienvenue-Bâtard-Montrachet (97)

DOMAINE CARRÉ-COURBIN (BEAUNE)

1999	**Volnay Clos de la Cave des Ducs**	**E**	**91**
1999	**Volnay Robardelles**	**E**	**90+**

Dieses wenig bekannte Weingut in der Appellation Beaune bereitet still und leise ausgezeichnete bis hervorragende Weine, von denen man den Eindruck hat, dass sie mit jedem Jahrgang besser werden. Der dunkelrubinrote *1999er Volnay Robardelles* hat strenge Aromen von Brombeeren. Dieser saftige Wein von mittlerem bis vollem Körper ist voll gepackt mit Kirschen, hochreifen Brombeeren und Spuren von Lakritze. Er ist dicht, hat hervorragende Tiefe der Frucht und geschmeidige Tannine, die in seinem bewundernswert nachhaltigen Abgang erkennbar sind. Trinken Sie ihn jetzt–2011. Der satt dunkelrubinrote *1999er Volnay Clos de la Cave des Ducs* hat ein nach Plätzchenteig und überreifen Pflaumen duftendes Bukett, das einem das Wasser im Munde zusammenlaufen lässt. Von mittlerem bis vollem Körper und kernig texturiert, ist dies ein intensiver, kraftvoller, vielschichtiger Wein mit reichhaltigen Geschmacksnuancen von Brombeeren, Cassis und Lakritze. Er ist dicht, dick und muskulös. Voraussichtliche Genussreife: 2004–2012.

Weitere empfehlenswerte Weine: 1999er Pommard Les Grands Epenots (89), 1997er Volnay Réserve (88), 1999er Volnay Vieilles Vignes (88)

DOMAINE CHANDON DE BRIAILLES (SAVIGNY-LÈS-BEAUNE)

1999	**Corton-Charlemagne**	**EE**	**(89–91)**
1997	**Corton-Charlemagne**	**EE**	**91+**
1999	**Corton Clos du Roi**	**E**	**(89–90+)**
1997	**Corton Clos du Roi**	**E**	**(89–91)**

Madame de Nicolay hat ihren Chardonnay eine Woche früher gelesen als den Pinot Noir, was beim 1997er Jahrgang relativ häufig vorkam, in Burgund allerdings eher selten war. Ihre Rotweine wurden mit Säure angereichert, die Weißweine wurden nicht korrigiert. Sie war recht zufrieden mit dem Zustand der gelesenen Trauben (»perfekt«) und fügt hinzu, dass die Hefen erstklassig waren. Der *1997er Corton-Charlemagne* wurde mit 13,5% natürlichem Alkoholpotenzial gelesen. Er hat intensive Aromen von Birnen, kandierten Äpfeln und gebuttertem Toast. Dieser Wein offenbart großartige Reichhaltigkeit, eine breit angelegte, umhüllende, opulente Persönlichkeit und Schichten von öligen Mineralien und weißen Früchten. Er ist ausgefeilt, wohl ausgewogen und äußerst klar definiert. Voraussichtliche Genussreife: jetzt–2006.

Die Gräfin de Nicolay, Besitzerin und Direktorin des Weinguts, vergleicht den roten 1997er mit dem 1985er und sagt: »Hätten wir damals schon so ordentlich gearbeitet, dann hätten wir 1985 einen ebenso guten Wein machen können.« Ihren Erfolg führt sie darauf zurück, dass sie nur teilweise auf ihren Önologen gehört hat (»Er wollte, dass wir 200

Gramm Säure pro Fass zugeben, wir haben nur 80 Gramm genommen«), und auf die Tatsache, dass sie Fässer benutzt, die schon ein langes Leben hinter sich haben (manche sind über 20 Jahre alt). »Altes Holz ist bedeutend weniger porös als neue Eiche, und so konnten wir das Kohlendioxid äußerst gut zurückhalten, was uns Probleme wie flüchtige Säure ersparte.« Die alkoholische und malolaktische Gärung ging recht schnell vonstatten, sie waren beide innerhalb von 90 Tagen nach der Lese abgeschlossen. Die Rotweine aus dem Jahrgang 1997 sind üppige, direkt ansprechende Weine, die relativ früh getrunken sein wollen. Der mittel- bis dunkelrubinrote *1997er Corton Clos du Roi* offenbart appetitanregende Düfte nach Himbeere, Pflaume und mit Zucker überzogener Kirsche. Sein seidig texturierter, weicher, vielschichtiger Charakter von mittlerem bis vollem Körper zeigt Geschmacksnuancen von Steinen und Brombeermarmelade. Trinken Sie ihn in den nächsten 6–7 Jahren.

Der nach Schwarzkirschen duftende, mittel- bis dunkelrubinrote *1999er Corton Clos du Roi* hat eine maskuline, unverfälschte Persönlichkeit. In seiner hochreifen, aber doch festen Art finden sich Teer, Lakritze, Brombeeren und Gewürze. Er besitzt einen äußerst nachhaltigen, scharf konturierten Abgang. Voraussichtliche Genussreife: 2005–2011. Der *1999er Corton-Charlemagne* offenbart in seinen Aromen Myriaden von Gewürzen, Blumen und Anis. Von mittlerem Körper und harmonisch, ist dies ein reintöniger, scharf konturierter Wein mit Geschmacksnuancen von Birnen und Äpfeln. Er ist äußerst wohl ausgewogen und hat einen nachhaltigen, mit Geschmacksnuancen voll gepackten Abgang. Trinken Sie ihn in den nächsten 7–8 Jahren.

Weitere empfehlenswerte Weine: 1997er Corton (weiß) (89), 1997er Corton Bressandes (89–90), 1997er Corton Maréchaudes (88–89), 1997er Pernand-Vergelesses Ile de Vergelesses (88–89)

DOMAINE PHILIPPE CHARLOPIN (GEVREY-CHAMBERTIN)

1999	**Chambertin**	**EE**	**(93–95)**
1999	**Charmes-Chambertin**	**E**	**(92–94)**
1999	**Clos St-Denis**	**E**	**(92–94?)**
1999	**Echézeaux**	**E**	**(91–92+)**
1999	**Mazis-Chambertin**	**E**	**(93–95)**

Philippe Charlopin rühmt sich dessen, einer der Gevrey-Chambertin-Winzer zu sein, die als Letzte ernten. 1999 begann er am 23. September nach einigen Regenfällen und erlebte in den 14 Tagen, die er benötigte, um seine 14 Hektar (über 18 Appellationen verteilt) zu lesen, noch viele weitere Stürme. Um die Trauben gesund zu erhalten, sprüht Charlopin seine Reben Mitte August mit »viel Schwefel und Kupfer« ein. Er sortiert auch große Mengen aus. 1999 erntete er 60 hl/ha in seinen *»Village«*- und *»Premier-Cru«*-Weinlagen, verwarf jedoch 15 hl/ha. Bei seinen Grands Crus erntete er 50 hl/ha, aber nur 35 fanden Eingang in die Gärtanks.

Der *1999er Echézeaux* von Charlopin hat ein Bukett, das von roten Früchten und Eichenholzwürze beherrscht wird. Am Gaumen ist er voll von Gewürzen, Veilchen, kandierten Brombeeren und reichlichen Mengen von Kirschen. Er ist straff gewirkt, tanninherb (aber doch reif) und immens geschmacksintensiv. Darüber hinaus besitzt der Wein einen außergewöhnlich langen und reintönigen Abgang. Voraussichtliche Genussreife: 2005 bis 2012+. Der von 45 Jahre alten Reben stammende, nach Brombeermarmelade und Potpourri duftende *1999er Charmes-Chambertin* hat eine kernige Persönlichkeit von mittlerem Körper. Dieser Wein hat lebendigen Charakter mit Geschmacksnuancen von Mokka, Kirschen, Rosen und toastwürzigem Eichenholz, die während des außergewöhnlich langen Abgangs anhalten. Präzise und klar umrissen, ist er dennoch dicht und scharf konturiert. Er ist einer der männlichsten Charmes-Chambertins, die ich aus diesem Jahrgang verkostet habe. Seine bewundernswerte Konzentration und Struktur stellen ihm eine glänzende Zukunft in Aussicht. Voraussichtliche Genussreife: 2004–2012.

Der *1999er Clos St-Denis* von mittlerem bis vollem Körper zeigt in Duft und Geschmack unglaubliche Intensität bei seinen süßen, pflaumenhaften Nuancen von schwarzen Früchten, Teer und Lakritze. Es ist ein dichter, kraftvoller und dicker Wein mit einem vierschrötigen, festen, robusten und tanninherben Rückgrat. Bezwingt die Frucht letztendlich die Tannine, kann dieser Wein hervorragend und möglicherweise sogar außergewöhnlich werden, jedoch steht zu befürchten, dass er hart und rau bleibt. Voraussichtliche Genussreife: 2006–2015? Der dunkelrubinrote *1999er Mazis-Chambertin* ist außergewöhnlich. Seine entfalteten, süßen Aromen von Schwarzkirschen leiten über zu einer Persönlichkeit mit Geschmacksnuancen von überreifer Lakritze, Pflaumen, Brombeersirup und Straßenteer. Von mittlerem bis vollem Körper, kräftig, dicht und kernig, ist dies ein ausnehmend dicker, profunder Wein. Voraussichtliche Genussreife: 2006–2015. Der dunkelrubinrote *1999er Chambertin* gibt Aromen von Lakritze und Brombeersirup zu erkennen. Bei mittlerem bis vollem Körper ist er dick und beladen mit Teer, Cassis, würzigen Johannisbeeren und gemischten schwarzen Früchten. Seine frische, doch ölig texturierte Persönlichkeit hat ungestüme Geschmacksnuancen und Intensität. Voraussichtliche Genussreife: 2005–2014.

Weitere empfehlenswerte Weine: 1999er Fixin (weiß) (88), 1999er Gevrey-Chambertin Vieilles Vignes (88–90), 1999er Marsannay En Montchenevoy (88–89)

CHARTRON ET TRÉBUCHET (PULIGNY-MONTRACHET)

2000	**Bâtard-Montrachet**	**EEE**	**90**
1999	**Bâtard-Montrachet**	**EEE**	**91**
1999	**Bienvenue-Bâtard-Montrachet**	**EEE**	**90**
2000	**Chevalier-Montrachet Clos des Chevaliers**	**EEE**	**90**
1999	**Chevalier-Montrachet Clos des Chevaliers**	**EEE**	**90**
1998	**Chevalier-Montrachet Clos des Chevaliers**	**EEE**	**91**
1997	**Chevalier-Montrachet Clos des Chevaliers**	**EEE**	**92**
1998	**Corton-Charlemagne**	**EE**	**90**
1999	**Montrachet**	**EEE**	**94**
1997	**Montrachet**	**EEE**	**92**
1999	**Puligny-Montrachet Clos du Cailleret**	**EE**	**90+**
1998	**Puligny-Montrachet Clos du Cailleret**	**EE**	**90**
1997	**Puligny-Montrachet Clos du Cailleret**	**EE**	**91+**

Der *1997er Puligny-Montrachet Clos du Cailleret* legt Aromen von staubiger Kreide und Mineralien an den Tag. Dieser fette, intensive, tiefe Wein ist konzentrierter, verfeinerter und eleganter als der Clos de la Pucelle. Er explodiert am Gaumen mit Geschmacksnuancen, die an Birnen, weiße Pfirsiche, Äpfel und toastwürzige Mineralien erinnern. Trinken Sie ihn jetzt –2005. Der beeindruckende *1997er Chevalier-Montrachet Clos des Chevaliers* besitzt ein elegantes Bukett von Mineralien, Zitronen und Steinen. Dieser scharf konturierte, klar gezeichnete und strukturierte Wein nimmt sich reichhaltig, dick und reif aus. Sein Geschmacksprofil ist durchsetzt von Kies, Birnen und Äpfeln und zeigt sich bei mittlerem bis vollem Körper konzentriert und unbestreitbar nachhaltig. Voraussichtliche Genussreife: jetzt–2005. Der sensationelle, nach Crème brûlée, Vanille und Mineralien duftende *1997er Montrachet* ist immens reif, äußerst elegant und gut strukturiert. Dieser Wein von mittlerem bis vollem Körper offenbart kraftvolle Geschmacksnuancen von Mineralien und gewürzten Birnen sowie eine ölige Textur und einen langen Abgang. Er ist reichhaltig, zutiefst geschmacksintensiv und unmittelbar ansprechend. Voraussichtliche Genussreife: jetzt–2006.

Der *1998er Puligny-Montrachet Clos du Cailleret* enthüllt Aromen von Mineralien, Birnen und Akazienblüten. Von mittlerem bis vollem Körper, fett und intensiv, verfügt dieser unmittelbar ansprechende, schmackhafte Wein auch über einen beeindruckend langen Abgang. Voraussichtliche Genussreife: jetzt–2006. Der *1998er Corton-Charlemagne* hat mittleren bis vollen Körper und offenbart milchartige, buttrige und mokkaähnliche Düfte.

Am Gaumen zeigt dieser üppige, nachhaltige und offensichtlich ausgereifte weiße Burgunder Geschmacksnuancen, die an Milch, Mineralien und gebuttertes Popcorn erinnern. Trinken Sie ihn in den nächsten 3–4 Jahren.

Der hervorragende *1998er Chevalier-Montrachet Clos des Chevaliers* bietet Aromen von Toastwürze, Mineralien und weißen Blumen. Dieser mollige, herrlich scharf konturierte Wein von mittlerem Körper gibt sich kraftvoll und elegant mit ehrfurchtgebietendem Biss. Er ist weich und geschmeidig und angefüllt mit gewürzten Mineralien, gerösteten weißen Früchten und Anis. Voraussichtliche Genussreife: jetzt–2008.

Für Louis Trébuchet und Jean-Michel Chartron, die Direktoren des Hauses, ist der 1999er »ein sehr guter Jahrgang«. Sie mögen seine weiche und fortgeschritten entwickelte Frucht und sind der Meinung, dass die Verbraucher unverzüglich Freude an den Weinen aus ihrem Hause haben werden. Das zurückhaltende Bukett des *1999er Puligny-Montrachet Clos du Cailleret* zeigt nur Anklänge von Mineralien und Blumen. Von mittlerem Körper und beeindruckender Konzentration und Tiefe, ist dieser Wein mit seinen Geschmacksnuancen von weißen Früchten und Mineralien dicht, kristallin und eindrucksvoll lang im Abgang. Voraussichtliche Genussreife: jetzt–2008+.

Der nach toastwürzigem Eichenholz duftende *1999er Bâtard-Montrachet* hat mittleren Körper, ist ölig texturiert, reichhaltig und konzentriert. Er bietet in seiner kraftvollen Persönlichkeit vielschichtige Geschmacksnuancen von Gewürzen, Birnen, Äpfeln und Eichenwürze. Dieser gut ausgewogene, mollige und geschmacksintensive Wein wird in Bestform sein, wenn Sie ihn jetzt–2010 trinken. Der *1999er Bienvenue-Bâtard-Montrachet* gibt in seinem Bukett Mineralien, Steine und Anklänge von würzigem frischen Eichenholz zu erkennen. Von mittlerem Körper, intensiv, breit angelegt und klar gezeichnet, zeigt er im Geschmack frische Nuancen von weißen Früchten, Steinen und würzigem Eichenholz. Dieser Wein offenbart auch einen nachhaltigen, mit Geschmackskomponenten voll gepackten, geschmeidigen Abgang. Voraussichtliche Genussreife: jetzt–2008.

Der *1999er Chevalier-Montrachet Clos des Chevaliers* zeigt blumige und würzige Aromen. Von mittlerem Körper, scharf konturiert und seidig texturiert, offenbart dieser Wein einen Charakter mit Geschmacksnuancen von Mineralien, Salz und Talkum, der zu einem etwas trockenen, aber doch anziehenden Abgang überleitet. Dies ist ein hervorragender, femininer und filigraner Wein. Voraussichtliche Genussreife: jetzt–2008. Blumen, weiße Früchte, Gewürze und Eichenholz finden sich im Aromaprofil des *1999er Montrachet*. Dies ist ein dichter, konzentrierter, kernig texturierter Wein, der in seiner höchst beeindruckenden Art über Geschmackskomponenten von Toastwürze, Gewürzen, Mineralien, Zimt, Anis und pochierten Birnen verfügt. In seinem großartigen Abgang ist dieser superbe, äußerst nachhaltige, weiche, reintönige Wein voll gepackt mit Geschmacksnuancen. Voraussichtliche Genussreife: jetzt–2012.

Für Jean-Michel Chartron ist 2000 ein gutes Jahr. In seinem Betrieb wurden die Weine einer Kaltstabilisierung unterzogen, so dass ein Großteil der Weinsäure ausgefällt wurde, die vielen 2000ern einen schrillen, zitronenartigen Biss verleiht. Durch dieses Verfahren entstanden weiche und gefällige Weine, den meisten fehlt es jedoch an der Tiefe oder Frucht, die für eine Beurteilung mit dem Prädikat »ausgezeichnet« oder »hervorragend« erforderlich sind. Große Mengen von Düften nach Gewürzen und gebuttertem Toast sind im Bukett des *2000er Bâtard-Montrachet* zu erkennen. Dieser Wein von mittlerem Körper ist intensiv, schön konzentriert und voll beladen mit weißen Früchten. Ein hervorragender Wein mit beeindruckender Tiefe und Länge, der in den nächsten 8 Jahren getrunken werden sollte. Der *2000er Chevalier-Montrachet Clos des Chevaliers* offenbart Aromen von Mineralien und angekohltem Eichenholz. Dies ist ein fein ausgewogener, weich texturierter, seidiger Wein von mittlerem Körper. Sein wunderschön nuancierter Charakter gibt toastwürzige Mineralien und Kies zu erkennen. Voraussichtliche Genussreife: jetzt–2011.

Weitere empfehlenswerte Weine: 1997er Bâtard-Montrachet (88), 1998 Bâtard-Montrachet (88), 1998er Bienvenue-Bâtard-Montrachet (89), 1999er Chablis Beauroy (88), 1997er Chassagne-Montrachet Les Morgeots (88), 1998er Chassagne-Montrachet Les Morgeots (89), 1999er Corton-Charlemagne (88+), 2000er Corton-Charlemagne (89), 1998er Mersault Les Charmes (88), 1998er Puligny-Montrachet (88), 2000er Puligny-Montrachet Clos du Cailleret (88), 1997er Puligny-Montrachet Clos de la Pucelle (89+), 1998er Puligny-Montrachet Clos de la Pucelle (89), 1999er Puligny-Montrachet Clos de la Pucelle (89), 2000 Puligny-Montrachet Clos de la Pucelle (88), 1997er Puligny-Montrachet Les Folatières (88), 1999er Puligny-Montrachet Les Folatières (88), 1999er Puligny-Montrachet Les Referts (88), 1997er St-Aubin Les Murgers des Dents de Chiens (88), 1999er St-Aubin Les Murgers des Dents de Chiens (88)

DOMAINE CHAUVENET-CHOPIN (NUITS-ST-GEORGES)

1999	**Clos de Vougeot**	**EE**	**(89–91)**
1997	**Clos de Vougeot**	**EE**	**90+**
1997	**Nuits-St-Georges Aux Argillats**	**E**	**90**
1997	**Nuits-St-Georges Les Chaignots**	**E**	**90**
1997	**Nuits-St-Georges Aux Thorey**	**E**	**(89–91)**

Als Daniel Chopin sich aus Altersgründen aus dem Betrieb zurückzog (Domaine Chopin-Groffier), übereignete er seinem Schwiegersohn Hubert Chauvenet seinen Rebbestand. Der 1997er Jahrgang ist der erste, in dem die Domaine Chauvenet-Chopin den gesamten Besitz der früheren Domaine Chopin-Groffier kontrollierte. In einem Jahrgang, in dem die meisten Weinmacher von der Côte d'Or eingestanden, dass sie sich gezwungen gesehen hatten, ihre Weine mit Säure anzureichern, sagte Hubert Chauvenet mir, dass dieses Verfahren seiner Weinmacherphilosophie entgegensteht, »weil es zum Verlust der typischen Charakteristika des Jahrgangs führt und die Weine ihrer eigentlichen Natur beraubt«.

Der gerade erst abgefüllte *1997er Nuits-St-Georges Aux Argillats* war nicht gewillt, die Aromen seines Buketts zum Ausdruck zu bringen. Dennoch ist es ein Wein, der am Gaumen enormes Vergnügen bereitet. Ölig texturiert, opulent und verführerisch, ist diese Fruchtbombe von mittlerem bis vollem Körper voll gepackt mit großen Mengen von süßen Brombeeren (süß durch Reife, nicht durch Zucker). Dieser sinnliche, vollmundige Tropfen sollte in den nächsten 5–6 Jahren getrunken werden. Der *1997er Nuits-St-Georges Les Chaignots* ist mittel- bis dunkelrubinrot und offenbart Aromen von parfümierten schwarzen Früchten und Veilchen. Dieser strukturierte, kernige, dicke Wein von mittlerem bis vollem Körper ist voll gepackt mit Brombeeren und steinbeladener Frucht. Ein mustergültiger Nuits-St-Georges wegen seiner vierschrötigen und festen Persönlichkeit, obschon er auch süße, geschmeidige Tannine besitzt. Voraussichtliche Genussreife: jetzt–2007.

Von dem farblich ähnlichen *1997er Clos de Vougeot* wurden fünf Fässer produziert. Drei wurden in neuem Eichenholz ausgebaut, zwei in einjährigen Fässern. Der Wein offenbart ein frisches, sprühend lebendiges Bukett von roten Kirschen und asiatischen Gewürzen, sowie eine überquellende Persönlichkeit von mittlerem bis vollem Körper. Dieser ausdrucksstarke, kernige und ganz den Mund auskleidende Wein ist zum Bersten voll gepackt mit kandierten Brombeeren, Lakritze, Gewürzen und toastwürzigem Eichenholz. Genau wie viele andere 1997er aus der berühmten Clos-de-Vougeot-Lage ist dieser Wein an der Grenze zur Überreife. Er ist opulent, genussbetont und recht sinnlich. Trinken Sie ihn in den nächsten 8 Jahren.

Ein hervorragendes Potenzial hat der *1997er Nuits-St-Georges Aux Thorey*, der von einer Parzelle stammt, die Chauvenet neu dazu erworben hat. Er ist mittel- bis dunkelrubinrot und hat ein Bukett, das nach süßen Kirschen, Himbeeren und Johannisbeeren duftet. Ein expansiver Wein von mittlerem Körper mit ausgezeichneter Tiefe in seiner Frucht von süßer Kirsche, Himbeere und Erdbeere. Er ist gefällig, elegant und hat einen langen, nahtlosen Abgang. Trinken Sie ihn in den nächsten 7–8 Jahren. Der *1999er Clos de Vougeot* hat eine ähnliche Farbe und ein von roten Früchten durchsetztes Bukett. Dieser tiefe, süße, würzige Wein verfügt über ausgezeichnete bis hervorragende Reife, mittleren bis vollen Körper und

Geschmacksnuancen von tiefroten und schwarzen Früchten. Harmonisch und nahtlos, dürfte er sich 2004–2010 auf dem Höhepunkt seiner Reife befinden.

Weitere empfehlenswerte Weine: 1999er Côte de Nuits-Villages (88), 1997er Nuits-St-Georges Les Murgers (88–90), 1997er Nuits-St-Georges Vieilles Vignes (87–89), 1997er Vougeot (88)

DOMAINE ROBERT CHEVILLON (NUITS-ST-GEORGES)

1999	**Nuits-St-Georges Les Cailles**	**E**	**(92–95)**
1997	**Nuits-St-Georges Les Cailles**	**E**	**(88–91)**
1999	**Nuits-St-Georges Les Chaignots**	**E**	**(89–91)**
1999	**Nuits-St-Georges Les Perrières**	**E**	**(91–94)**
1999	**Nuits-St-Georges Les Pruliers**	**E**	**(90–93+)**
1997	**Nuits-St-Georges Les Pruliers**	**E**	**(88–91)**
1999	**Nuits-St-Georges Les St-Georges**	**E**	**(90–92)**
1997	**Nuits-St-Georges Les St-Georges**	**E**	**(89–92)**
1999	**Nuits-St-Georges Les Vaucrains**	**E**	**(91–93+)**
1997	**Nuits-St-Georges Les Vaucrains**	**E**	**(89–92)**

Bertrand Chevillon, der Sohn von Robert Chevillon, beschrieb die Wachstumsperioden im Jahre 1997 als äußerst trocken und heiß. Die Erträge in seinen drei Spitzenlagen Nuits-St-Georges, nämlich Les Cailles, Vaucrains und St-Georges, waren um ein Drittel niedriger als 1996. Normalerweise sind niedrigere Erträge gleichbedeutend mit höherer Qualität, es gibt aber auch Ausnahmen von dieser Regel, wie die Jahrgänge 1990 und 1996 beweisen. Die außergewöhnlichen 1996er von der Domaine Robert Chevillon besitzen entscheidend mehr Tiefe, Konturenschärfe, Konzentration, Komplexität und Intensität als die zwar gut bereiteten, aber selten aufregenden 1997er von dieser Domaine.

Der rubinrote *1997er Nuits-St-Georges Les Pruliers* offenbart Aromen von steinigen dunklen Früchten. Dieser gut konzentrierte, seidig texturierte Wein von mittlerem bis vollem Körper strotzt vor Geschmacksnuancen von Schwarzkirschen, Teer, Lakritze und erdartigen Komponenten. Welchen Rang er letztendlich einnehmen wird, hängt davon ab, wie gut der talentierte Robert Chevillon mit seinem leicht trockenen Abgang fertig wird. Voraussichtliche Genussreife: jetzt–2005. Der *1997er Nuits-St-Georges Les Cailles*, der aus Trauben von 75 Jahre alten Reben bereitet wurde (ebenso wie die beiden folgenden Weine), bringt appetitanregende Aromen von Tabak, Räucherschinken und Gewürzen zum Ausdruck. Er ist bei mittlerem Körper cremig und wunderbar reichhaltig. Gut strukturiert und zutiefst reif, offenbart dieser verführerische, zum Lächeln anregende Wein Geschmacksnuancen von roten Kirschen, Steinen und Zedernholz in Hülle und Fülle. Trinken Sie ihn in den nächsten 6–7 Jahren.

Der mittel- bis dunkelrubinrote *1997er Nuits-St-Georges Les St-Georges* zeigt ungestüme Aromen von roten Früchten. Seine Persönlichkeit ist breit angelegt, expansiv und geschmeidig und offenbart im Geschmack mit einem betörenden steinigen Element unterlegte Schichten von seidiger Kirschfrucht. Bei mittlerem bis vollem Körper ist er kernig, hat eine ausgezeichnete Präsenz am Gaumen und bietet einen bewundernswert nachhaltigen Abgang, der angefüllt ist mit weichen Tanninen. Voraussichtliche Genussreife: jetzt–2005. Von ähnlicher Farbe ist der *1997er Nuits-St-Georges Les Vaucrains.* Er gibt ein Bukett von Erde, frischen Kräutern, Zedernholz, Gewürzen und Brombeeren zu erkennen. Dies ist ein konzentrierter, gut extrahierter, maskuliner Wein, voll gepackt mit süßen, weich texturierten Früchten. Er ist bedeutend strukturierter als der vorhergehende Wein. Da er an der Grenze zur Vierschrötigkeit liegt, muss man bei ihm noch etwas Geduld aufbringen. Voraussichtliche Genussreife: jetzt–2007.

Die Chevillons meinen, dass 1999 ein »großartiger Jahrgang ist, seit Jahren einer der besten«. Sie sind eine Familie, die für ihre immense Arbeit in den Weingärten bekannt ist, und haben, wie Bertrand Chevillon sagt, »im Juli unglaubliche Mengen von grünem Traubenbehang ausgedünnt«. Auf ihren ertragreichsten Parzellen, denjenigen, aus denen der Village Nuits-St-Georges bereitet wird, wurden 45 hl/ha geerntet, und bei keinem Wein dieser Domaine wurde ein Mostabzug vorgenommen. Das sind fantastische Nuits-St-Georges! Der mittel- bis dunkelrubinrote *1999er Nuits-St-Georges Les Chaignots* legt Aromen von gerösteten Brombeeren, Cassis und an Steine erinnernde Düfte an den Tag. Er ist dicht, samtig texturiert und voll gepackt mit Heidelbeeren und Brombeeren. Dieser charmante, süße, geschmeidige Wein besitzt auch einen unglaublich reintönigen und weichen Abgang. Er wird in Bestform sein, wenn er in den nächsten 7 Jahren getrunken wird.

Der mittel- bis dunkelrubinrote *1999er Nuits-St-Georges Les Perrières* präsentiert appetitanregende Düfte von Räucherschinken, Wacholderbeeren und Kirschen. Von mittlerem bis vollem Körper, üppig und fett, ist dieser Wein voll gepackt mit seidigen Schichten von Kirschen, Schinken, Mineralien und kandierten Brombeeren. Er hat hervorragende Konturenschärfe, Ausgewogenheit und Präzision. Dieser superbe Wein sollte jetzt–2012 getrunken werden. Der etwas dunklere *1999er Nuits-St-Georges Les Pruliers* offenbart Aromen von Brombeere und Lakritze. Von mittlerem bis vollem Körper und kernig, zeigt er Geschmacksnuancen von dicklichen Brombeeren, Cassis und frisch aufgetragenem Straßenteer. Er ist dick und dicht, aber doch würzig und frisch und besitzt große Mengen von reifem, strukturverleihendem Tannin. Voraussichtliche Genussreife: 2004–2012.

Der dunkelrubinrote *1999er Nuits-St-Georges Les Cailles* ist prachtvoll. Seine Aromen von Lakritze, Brombeergelee und Pflaume leiten über zu einer körperreichen Persönlichkeit. Dieser wuchtige, kraftvolle und eindringliche Wein hat massive Mengen von dunklen, mit Lakritze durchsetzten Früchten, die mit Steinen und Cassis vermischt sind. Er ist gewaltig dicht, aber dennoch rassig und hat auch einen außergewöhnlich nachhaltigen, reintönigen Abgang. Voraussichtliche Genussreife: 2005–2014. Der mittel- bis dunkelrubinrote *1999er Nuits-St-Georges Les St-Georges* hat delikate Brombeeraromen. Er explodiert am Gaumen mit dichten, kernigen Kirschfrüchten. Dies ist ein femininer, üppiger Wein von mittlerem Körper ohne die Kraft oder Intensität des Les Cailles. Trinken Sie ihn in den nächsten 10 Jahren. Der *1999er Nuits-St-Georges Les Vaucrains* hat eine ähnliche Farbe und Aromen von Brombeeren und toastwürzigem Eichenholz. Dieser intensive, dick texturierte Wein von mittlerem bis vollem Körper ist voll gepackt mit schwarzen Johannisbeeren, Brombeeren, Lakritze und Straßenteer. Er ist straff und barsch, offenbart jedoch hervorragende Tiefe und Dichte in der Frucht. Sein fester Abgang hält am Gaumen mindestens 45 Sekunden lang an. Bei diesem Wein braucht man noch Geduld, und er wird wohl eine noch bessere Punktnote bekommen, wenn sich seine Frucht mit zunehmendem Alter entfaltet. Voraussichtliche Genussreife: 2005–2015.

Weitere empfehlenswerte Weine: 1999er Nuits-St-Georges (87–89), 1999er Nuits St-Georges Les Bousselots (89–90), 1997er Nuits-St-Georges Les Cailles (88–91), 1997er Nuits-St-Georges Les Perrières (86–89), 1997er Nuits-St-Georges Les Roncières (87–89), 1999er Nuits-St-Georges Les Roncières (88-90)

DOMAINE BRUNO CLAIR (MARSANNAY-LA-CÔTE)

1997	**Chambertin Clos de Bèze**	**EEE**	**(90–93)**
1999	**Corton-Charlemagne**	**EEE**	**90**
1997	**Corton-Charlemagne**	**EEE**	**(91–93)**
1997	**Gevrey-Chambertin Les Cazetiers**	**EE**	**(88–90+)**
1997	**Gevrey-Chambertin Clos St-Jacques**	**EE**	**(90–92)**
1999	**Gevrey-Chambertin La Petite Chapelle**	**EE**	**(89–91)**
1999	**Savigny-lès-Beaune La Dominode**	**E**	**(89–91)**

Bruno Clair glaubt, dass man nur mit Geduld Spitzenweine aus der Hanglage Corton gewinnen kann. »1993 habe ich festgestellt: Je länger ich mit der Lese wartete, desto besser wurden die Weine. Auf dem Südhang des Berges herrscht immer Wind, so dass sich keine Fäulnis festsetzen kann. Auf diesem *terroir* können wir gute Säurewerte aufrechterhalten und gleichzeitig zunehmende Reife abwarten, ohne Fäulnisbildung befürchten zu müssen.« Der *1997er Corton-Charlemagne* offenbart appetitanregende Aromen von Marzipan, Hefen und kandierten Haselnüssen. Es ist ein profunder Wein, der dicht bepackt ist mit Geißblattblüten, gewürzten Birnen, Nüssen und Karamell. Dieser fette, samtig texturierte Wein von mittlerem bis vollem Körper ist geschmacksintensiv, kraftvoll und besitzt einen langen, den Gaumen auskleidenden Abgang. Trinken Sie ihn in den nächsten 7+ Jahren.

Die Pinot-Noir-Erträge auf der Domaine Bruno Clair waren 1997 wegen eines kräftigen Hagelschauers, der am Morgen des 14. Juli (dem französischen Nationalfeiertag und Clairs Geburtstag) auf die Marsannay-Rebflächen niederging, mit 25 hl/ha ungewöhnlich niedrig. Clair und auch Philippe Le Brun, sein Partner bei der Weinbereitung, behaupten, dass die 1997er Rotweine zwar leibliches Vergnügen, aber keine intellektuelle Befriedigung verschaffen werden. Sowohl der mittel- bis dunkelrubinrote *1997er Gevrey-Chambertin Les Cazetiers* als auch der Clos St-Jacques stammen von Reben, die 1958 gepflanzt wurden. Dieser Cazetiers hat ein zurückhaltendes Bukett, aber eine üppige, fruchtgeprägte Persönlichkeit, die süße rote Früchte und gewürzte cremige Kirschen aufzuweisen hat. Er zeigt ausgezeichneten Biss und Länge in seinem Charakter von mittlerem bis vollem Körper. Trinken Sie ihn in den nächsten 6 Jahren. Der mittel- bis dunkelrubinrote *1997er Gevrey-Chambertin Clos St-Jacques* offenbart Düfte, die an Brombeeren, getoastetes Brot und Räucherschinken erinnern. Es ist ein runder, ausladender, süßer, in femininem Stil gestalteter Wein mit schönem Biss und Komplexität in einem Geschmacksprofil, das mit gebratenen Früchten angefüllt ist. Voraussichtliche Genussreife: jetzt–2006.

Der *1997er Chambertin Clos de Bèze* offenbart wundervolle Aromen von süßer, überreifer Kirschfrucht, Talkumpuder, Blumen und Steinen. Dieser samtig texturierte, ausdrucksvolle Wein von mittlerem bis vollem Körper ist voll gepackt mit dicklichen roten und schwarzen Früchten und Lakritze. Trinken Sie ihn in den nächsten 7–8 Jahren.

10 Monate benötigte Clairs *1999er Corton-Charlemagne*, bis die alkoholische Gärung abgeschlossen war. Sein Bukett offenbart gewaltige Reife und Aromen von süßen Aprikosen, die sich mit toastwürzigem Eichenholz vermischen. Von mittlerem bis vollem Körper, ausladend und reichhaltig, ist er voll gepackt mit Plätzchenteig, buttrigen weißen Früchten, Gewürzen und subtilen Anflügen von Anis. Dieser hervorragende Wein legt die Strenge an den Tag, die er mit vielen 1999ern aus dieser Lage gemeinsam hat, erquickt aber dennoch den Verkoster durch seine vorzügliche Reife und Tiefe. Voraussichtliche Genussreife: jetzt–2009.

Für Bruno Clair ist 1999 ein »prachtvoller« Jahrgang für die Rotweine aus Burgund: »Er ist sehr homogen, von Santenay bis Marsannay.« Obwohl ich nicht seiner Meinung bin und glaube, dass es den Côtes de Beaune besser ergangen ist als den Côtes de Nuits, hat Clair zweifellos einige attraktive Weine bereitet. Der *1999er Savigny-lès-Beaune La Dominode* bietet ein tiefes Bukett von Brombeeren und Gewürzen. Dieser Wein von mittlerem Körper ist voll gepackt mit dunklen Früchten, einem Anflug von Lakritze und Geschmacksnuancen, die an frisch aufgetragenen Asphalt erinnern. Er ist kraftvoll, vierschrötig und streng, hat aber einen langen, mit reifen Tanninen angefüllten Abgang. Voraussichtliche Genussreife: 2004–2010.

Der rubinrote *1999er Gevrey-Chambertin La Petite Chapelle* legt Aromen von frischen Kräutern und roten Früchten an den Tag. Dieser äußerst weiche Wein hat einen seidig texturierten, mittleren Körper. In seiner geschmeidigen Persönlichkeit und seinem süßen, seidigen Abgang finden sich Brombeeren, Kirschen und Himbeeren. Trinken Sie diese Schönheit von einem Wein jetzt–2008.

Weitere empfehlenswerte Weine: 1996er Corton-Charlemagne (93+), 1998er Corton Charlemagne (88+), 1997er Gevrey-Chambertin Clos des Fontenys (88–90), 1999er Gevrey-Chambertin Clos St-Jacques (87–89), 1997er Gevrey-Chambertin La Petite Chapelle

(87–89), 1997er Morey-St-Denis en la Rue Vergy (weiß) (89), 1997er Savigny-lès-Beaune La Dominode (88–90)

DOMAINE JEAN-FRANÇOIS COCHE-DURY (MEURSAULT)

2000	Corton-Charlemagne	EEE	(94–95)
1999	Corton-Charlemagne	EEE	(92–93)
1998	Corton-Charlemagne	EEE	(88–91)
1997	Corton-Charlemagne	EEE	(91–93+)
2000	Meursault Caillerets	EE	(91–93)
1997	Meursault Caillerets	EE	(90–92)
2000	Meursault Chevalières	EE	(92–93+)
2000	Meursault Narvaux	E	(90–92)
1997	Meursault Narvaux	E	(89–90+)
2000	Meursault Perrières	EEE	(95–97)
1999	Meursault Perrières	EEE	(90–91+)
1997	Meursault Perrières	EEE	(91–93)
2000	Meursault Rougeots	EE	(93–94)
1999	Meursault Rougeots	EE	(90–91+)
1997	Meursault Rougeots	EE	(89–90+)
2000	Puligny-Montrachet Les Enseignères	EE	(90–92)

Die 1997er Weine der Domaine Coche-Dury beschreibt der offenherzige Jean-François Coche ganz ehrlich: »Die weißen 1997er sind unkomplizierte Weine, man braucht nicht auf sie zu warten. Sie haben sehr gute Reife, allerdings fehlt es ihnen an der Komplexität und Tiefe, die für großartige Weine erforderlich sind.« Er hat recht, wenn man vom Corton-Charlemagne und Meursault Perrières, zwei hervorragenden Weinen, absieht. Zum Vergleich schenkte er mir ein Glas von seinem 1996er Meursault Perrières ein (der mit 99 Punkten bewertet wurde). Das ist ein monumentales Kunstwerk und einer der besten Weine, die ich je an meine Lippen geführt habe!

Ich war angenehm überrascht, als ich hörte, dass Coche, der sicherlich einer der besten Erzeuger von weißen Burgundern ist, kalifornische Chardonnays besonders gerne mag. Auf meine Bitte, einige kürzlich verkostete aufzuzählen, nannte er rasch Kistler, Marcassin und Newton Unfiltered als seine Favoriten, denn »sie sind sehr, sehr reif, haben aber eine gute Struktur. Es sind Weine, die Vergnügen bereiten.«

Mein Lieblingswein unter den Meursaults von Coche ist der *1997er Meursault Narvaux*. Er entstand aus Trauben von einer Parzelle, die an Genevrières angrenzt, und offenbart Aromen, die an goldene Früchte, rote Beeren und süße Eichenholzwürze denken lassen. Er ist ein ausladender, breit angelegter, würziger Wein, der angefüllt ist mit Geschmacksnuancen, die geröstete Birnen, Äpfel und Nüsse andeuten. Von mittlerem bis vollem Körper, ist dieser Wein wohl ausgewogen, samtig und sinnlich. Er besitzt auch einen wunderbar langen Abgang. Voraussichtliche Genussreife: jetzt–2004+. Der *1997er Meursault Rougeots* mit einem Duft nach Hefe und süßen Vanilleschoten ist seidig texturiert und dick. Dieser sinnliche, ausladende Wein von mittlerem bis vollem Körper ist sowohl außerordentlich würzig als auch angefüllt mit kandierten Nüssen und Akazienblüten. Wird der eichenholzbeherrschte Abgang von der ausgiebigen Frucht absorbierte, verdient dieser komplexe und konzentrierte Wein wohl noch eine bessere Bewertung. Voraussichtliche Genussreife: jetzt–2007. Absolut entzückt war ich von dem süßen, von Butter und Zimt durchtränkten Bukett des *1997er Meursault Caillerets*. Sein Geschmacksprofil ist voll gepackt mit Äpfeln, Pfirsichkernen, Mineralien und Steinen, zeigt aber auch Spuren von Zitrusfrüchten. Dieser samtige Wein von mittlerem bis vollem Körper ist in seinen Geschmacksnuancen bewundernswert breit angelegt, hat superbe Konturenschärfe und einen schönen Abgang. Voraussichtliche Genussreife: jetzt–2006+. Der *1997er Meursault Perrières* offenbart liebliche Aromen von kandierten Limetten, Zitronen, Mineralien, Felsen und Rauch. Dies ist ein gewaltig reichhaltiger, viskos texturierter Wein von mittlerem bis vollem Körper. Er hat großartige Noblesse und Eleganz in seinem Geschmacksprofil, das Nuancen von Pfirsich, Stein, Erde, Ton und roten Beeren aufweist. Wäre da nicht ein strenger und leicht staubiger Abgang gewesen, hätte ich mich noch mehr in die reichhaltige Palette der Geschmacksnuancen und in die vorzügliche Textur dieses Weines verliebt. Voraussichtliche Genussreife: jetzt–2007+.

Der *1997er Corton-Charlemagne* entfaltet in seinem Bukett Düfte von hochreifen, buttrigen Birnen, Äpfeln und Spuren von tropischen Früchten. Er ist ein gewaltiger Wein, voll gepackt mit Schichten von gegrillten Nüssen, Pfirsichen, Mandeln und süßen weißen Früchten, die den Gaumen durchsetzen. Er ist körperreich, expansiv und immens opulent. Wie auch viele andere Weine aus dem Jahrgang 1997 scheint er jedoch Schwierigkeiten damit zu haben, seinen Alkohol voll einzubinden, und geht mit einem warmen und leicht strengen Ton ab. Trinken Sie ihn jetzt–2008.

»Der Jahrgang 1999 gleicht im Stil, von den Geschmacksnuancen und vom Charakter her sehr dem 1982er«, sagt Coche. Dieser außergewöhnliche Weinmacher wird an der gesamten Côte für seine Arbeit, die er im Weinberg vollbringt, respektiert, aber auch er erzielte absurd hohe Ernteerträge. Abonnenten des *Wine Advocate*, die nur davon träumen, eines Tages einen von diesen schwer erhältlichen Weinen zu verkosten, werden schockiert sein, wenn sie hören, dass er gezwungen war, seinen Wein fässerweise in der staatlichen Destillerie abzuliefern, wo dann 90%iger Alkohol daraus gemacht wurde. »Ich bin bald verrückt geworden! Wir haben harte Arbeit in den Weinbergen geleistet, haben gründlich beschnitten, alle eventuellen doppelten Fruchtruten oder Knospen entfernt, und dennoch sorgte die perfekte Blüteperiode, gefolgt von einem Wetter, das für ein üppiges Wachstum ideal ist – Sonne, Regen, Sonne, Regen – und das die ganze Saison hindurch anhielt, dafür, dass die Trauben unglaublich schnell wuchsen. Ich kam gar nicht mehr mit. Und im Jahr 2000 war es genauso. Zum ersten Mal war ich gezwungen, eine *vendange verte* (Behangausdünnung durch Herausschneiden grüner Trauben) vorzunehmen, aber das hat überhaupt nichts genützt, weil die Trauben, die ich hängen gelassen habe, doppelt so groß wurden, sie sogen das Wasser nur so auf! Es ist traurig, wenn ich zusehen muss, wie mein Wein zur Destillerie abtransportiert wird, aber so will es das Reglement eben ... Ich habe zum Beispiel wie ein Verrückter in meinem 48 Jahre alten Bourgogne-Aligoté-Weinberg geschuftet und Sachen gemacht, die keiner je mit einem Aligoté machen würde, und doch ist die Hälfte meiner Produktion destilliert worden. Das einzige Jahr, in dem wir solche Erträge hatten, war 1959.« Dann fügt er noch hinzu: »Die alten Leutchen sagen, dass gutes Wetter im Juni eine großartige Ernte im darauf folgenden Jahr bedeutet. [Was die Wissenschaft übrigens bewiesen hat, denn die Sprossansätze werden ein Jahr zuvor angelegt.] Der Juni 2000 war herrlich, so dass wir 2001 wohl eine Traubenschwemme erleben werden. Ich weiß nicht, ob das durch den Treibhauseffekt kommt, aber in den letzten Jahren hatten wir milde Winter, und unsere Wachstumsperioden waren warm und sonnig. Der Wein blüht früher als sonst, und das Wetter ist so gut, dass es unseren Reben, die eigentlich leiden müssen, um einen großartigen Wein hervorzubringen, zu gut geht. Im Mai kann man fast zusehen, wie sie mit einer außerordentlichen Geschwindigkeit wachsen. An den Jahrgängen 1998, 1999 und 2000 hat die Natur uns dreimal gezeigt, dass sie viel stärker ist als wir, und daher wird der Jahrgang 2001 ganz sicherlich interessant werden.«

Es wird den Weinliebhaber sicherlich interessieren, dass Coche für seinen Meursault Caillerets, Meursault Perrières, Corton-Charlemagne und Volnay Premier Cru ab dem Jahrgang 1998 neue Etiketten hat anfertigen lassen. Es sind Repliken der Etiketten, die schon sein Großvater benutzte, mit einem Rand aus echtem Blattgold. Diese wunderschönen Etiketten kosten Coche über einen Euro pro Stück, »aber ich habe mir gedacht, sie sind herrlich, warum also nicht?« Wie bereits auf den alten, so ist auch auf den neuen vermerkt: »Ce vin n'a pas subi de filtration« (Dieser Wein wurde nicht gefiltert). Eine weitere wichtige Neuigkeit für die Coche-Anhänger unter den Lesern: Coches 19-jähriger Sohn Raphaël arbeitet nun auf Vollzeitbasis mit seinem Vater zusammen und wird hoffentlich den magischen Stil erlernen, durch den sein überaus talentierter, aber doch bescheidener Vater zu weltweitem Ruhm gelangt ist.

Der *1999er Meursault Rougeots* offenbart Aromen von knackiger Birne, Gewürzen und Mineralien. Dieser ungeheuer ausdrucksvolle Wein von mittlerem Körper ist in seiner imposanten, kernig texturierten und samtigen Persönlichkeit prachtvoll ausladend. Toastwürze, flüssige Mineralien und Gewürze zeigen sich in seiner beeindruckenden, kraftvollen Art und während seines Abgangs. Trinken Sie ihn in den nächsten 7 Jahren. Der *1999er Meursault Perrières* hat ein zurückhaltendes, doch intensives Bukett voller Rauch, Mineralien und Gewürze. Dieser höchst ausgefeilte, herrlich detaillierte Wein ist voll gepackt mit Mineralien, Toastwürze, Gewürzen und knackigen Birnen. Von mittlerem Körper, konzentriert und harmonisch, besitzt dieser schöne Tropfen auch einen äußerst langen und reintönigen Abgang. Voraussichtliche Genussreife: jetzt–2010.

Der *1999er Corton-Charlemagne* offenbart in seinen Aromen reife weiße Früchte und eine kraftvolle Komponente von Gewürzen. Von mittlerem bis vollem Körper, nimmt sich dieser Wein am Gaumen frisch, hochreif und expansiv aus. Süße Äpfel, Birnen und große Mengen von Gewürzen kleiden den Gaumen aus und halten ihn noch etwa eine Minute nach dem Ausspucken gefangen. Es ist ein außerordentlicher Wein mit einem nachhaltigen Abgang, eine Huldigung an Coches Talent, seine Fachkenntnisse und seine harte Arbeit. Voraussichtliche Genussreife: jetzt–2012.

Der unvergleichliche Jean-François Coche glaubt, dass der 2000er ein »Charmeur ist. Dieser Jahrgang ergab außergewöhnlich ausgewogene Weine. Am besten lässt er sich mit dem 1992er vergleichen.« Den Meursault Vireuils du Dessus von Coche ausgenommen, bin ich mit der Einschätzung der Weine von seinem Gut einverstanden. Der nach Apfelkompott duftende *2000er Meursault Narvaux* hat mittleren bis vollen Körper und ist ölig texturiert. Mollig und reichhaltig, überzieht er den Gaumen mit hochreifen, roten Delicious-Äpfeln, bewahrt aber bewundernswürdige Frische. Seine ausdrucksstarken Geschmacksnuancen dauern noch während des ausgedehnten Abgangs an. Voraussichtliche Genussreife: jetzt bis 2006. Der nach Gewürzen und Blumen duftende *2000er Puligny-Montrachet Les Enseignères* ist samtig texturiert und von mittlerem bis vollem Körper. Dieser sinnliche Wein ist genau an den richtigen Stellen schön füllig. Pochierte Birnen, gebutterte Äpfel, Zimt und Vanille zeigen sich in dem Kern von Frucht dieser würzigen, nach außen gewandten Schönheit. Voraussichtliche Genussreife: jetzt–2008.

Der würzige, nach weißen Früchten duftende *2000er Meursault Chevalières* vermählt in seiner Persönlichkeit von mittlerem bis vollem Körper Kraft mit Eleganz. Dieser breit angelegte, ausgefeilte Wein offenbart sahnigen Anis, flüssige Mineralien und einen Hauch von Vanille in seinem eleganten, harmonischen Charakter. Darüber hinaus hat dieser Wein einen außergewöhnlich nachhaltigen und ausdrucksstarken Abgang. Trinken Sie ihn in den nächsten 10 Jahren. Der rauchige, nach Mineralien duftende *2000er Meursault Rougeots* ist intensiv, konzentriert und von mittlerem bis vollem Körper. Muskulös und dicht, ist dies der beste Rougeots, den Coche seit Jahren bereitet hat. Große Mengen von weißen Früchten sind bei diesem nahtlosen Wein vermischt mit Butter und Gewürzen. Er hat ungeheure Komplexität, Tiefe und Länge. Voraussichtliche Genussreife: jetzt–2012.

Der strenge *2000er Meursault Caillerets* ist ein molliger und breit angelegter Wein von mittlerem bis vollem Körper. In seiner körperreichen, ausladenden Persönlichkeit finden sich äußerst detaillierte Gewürze, Mineralien, Birnen und Äpfel. Er sollte in den nächsten 10 Jahren getrunken werden. Der *2000er Meursault Perrières* offenbart Gewürze, Zimt und Vanille in seinem tiefen, konzentrierten Charakter. Er hat mittleren bis vollen Körper und explodiert am Gaumen mit Geschmacksnuancen von Birnen, Äpfeln, Butter, Kies, Steinen und Mineralien. Er ist samtig texturiert und üppig und zeigt ausnehmende Tiefe und einen intensiv reintönigen, kraftvollen, tiefen Charakter. Dies ist ein Perrières, der es dem 1996 von Coche nicht leicht machen wird. Trinken Sie ihn in den nächsten 12–14 Jahren. Der nach toastwürzigem Eichenholz duftende *2000er Corton-Charlemagne* verfügt über die Strenge, die man in vielen 2000ern aus dieser Lage findet. Dennoch ist er weinig, reichhaltig und breit angelegt. Reintönige Geschmacksnuancen von Mineralien, Toast und Gewürzen zeigen sich in diesem überaus klar gezeichneten, profunden Wein. Voraussichtliche Genussreife: 2004–2015.

Weitere empfehlenswerte Weine: 1997er Bourgogne Chardonnay (88), 1999er Meursault Caillerets (88–89), 1997er Meursault Les Chevalières (89–90), 1999er Meursault Les Chevalières (88–90), 1999er Meursault Narvaux (88–90), 1997er Meursault Les Vireuils du Dessous (88–89), 1999er Meursault Les Vireuils du Dessous (88–89), 2000er Meursault Les Vireuils du Dessous (89–90), 1997er Meursault Les Vireuils du Dessus (88–90), 1999 Meursault Les Vireuils du Dessus (88–89), 1997er Puligny-Montrachet Les Enseignères (89–90), 1998er Puligny-Montrachet Les Enseignères (87–90), 1999er Puligny-Montrachet Les Enseignères (89–90)

DOMAINE MARC COLIN ET FILS (GAMAY-ST-AUBIN)

1997	Bâtard-Montrachet (Domaine Pierre Colin)	EEE	91
2000	Chassagne-Montrachet Les Caillerets	E	90+
1999	Chassagne-Montrachet Les Caillerets	E	90
1999	Chassagne-Montrachet Les Vides Bourses	E	90
2000	Montrachet	EEE	92+
1999	Montrachet	EEE	92
1998	Montrachet	EEE	93+
1997	Montrachet	EEE	93+
2000	St-Aubin Chatenière	D	90
2000	St-Aubin En Remilly	D	91

»1996 haben wir uns um Reichhaltigkeit bemüht, 1997 um Finesse«, sagte Pierre-Yves Colin, Marc Colins ältester Sohn und Weinmacher auf dieser berühmten Domaine. Er erläuterte, dass in dieser Domaine 1997 wesentlich weniger *bâtonnages* (Aufrühren der Hefen) vorgenommen wurden als 1996 – einmal pro Woche im Vergleich zu zwei- bis dreimal pro Woche –, und wies darauf hin, dass »die Hefen beim 1997er nicht besonders gut waren, so nahmen wir häufigere *débourbages* (Abstechen des Mostes von den groben Hefen) als gewöhnlich vor, denn wir befürchteten, dass dieser empfindliche Jahrgang leicht zu oxidierten Weinen führen könnte.« Die alkoholischen und malolaktischen Gärungen waren 1997 kein Problem für Colin, die Erstere zog sich über einen Zeitraum von drei Wochen hin, die Letztere fand zwischen Januar und März des Jahres nach der Lese statt. Er verwendete 1997 sehr wenig Schwefeldioxid. Nach den malolaktischen Gärungen hielt Pierre-Yves Colin möglichst viel Kohlendioxid in den Fässern zurück, um »Frische und Finesse zu fördern, diejenigen Attribute, die diesem Jahrgang fehlen«. Er unterstrich, dass er keinen seiner Weine mit Säure angereichert und wegen der Reife dieses Jahrgangs auch nur sehr wenig chaptalisiert habe. Ich bat Colin, die weißen Burgunder der 1990er Jahre in eine Rangfolge zu setzen, angefangen beim Besten. Für ihn war 1996 der Beste, wobei er betonte, dass dies ein alterungsfähiger Jahrgang mit außerordentlicher Struktur sei. Auf 1996 folgten 1997, 1995, 1992, 1990, 1993, 1991 und 1994.

Die gesamte Produktion des *1997er Bâtard-Montrachet (Domaine Pierre Colin)* – diese Parzelle gehört Pierre Colin, Pierre-Yves' Onkel, und wird unter seinem Namen verkauft – wird nach Japan und in die Vereinigten Staaten exportiert. In diesem immens reifen, dicken, schweren und konzentrierten Wein zeigen sich Aromen von Passionsfrucht, Mangos und süßer Butter. Er ist körperreich, opulent, genussbetont und verfügt über Schichten von öligen Aprikosen, tropischen Früchten und Geißblatt. Obwohl er nicht alt werden wird, verschafft er großes, sinnlich betörendes Vergnügen. Trinken Sie ihn in den nächsten 4–5 Jahren.

Diejenigen Leser, die die seltene Gelegenheit haben, die außergewöhnlichen Montrachets von dieser Domaine zu verkosten, werden begeistert sein, wenn sie hören, dass Marc Colin und seine beiden Söhne eine frühere Entscheidung, nämlich ihre 75 bis 80 Jahre alten Rebstöcke auszureißen und die Parzelle neu zu bestocken, wieder aufgeschoben haben. Jedes Jahr denken sie erneut darüber nach, da sie wissen, dass die Neubestockung irgendwann doch unausweichlich sein wird. Aber Pierre-Yves sagt: »Wir wissen, dass wir es irgendwann tun müssen, aber diese alten Reben tragen noch so wunderschöne Früchte.« Diese Parzelle befindet sich in einem *clos* (mit Mauern umgebener Weingarten) innerhalb der hochberühmten Lage »Dents de Chiens« und wird von anderen Parzellen, die der Domaine Jacques Prieur und der Domaine Guy Amiot et Fils gehören, förmlich in die Zange genommen. Da die Colins mit dem Traktor keinen Zugang zu ihrer 11 Ar großen Parzelle haben, müssen sie in diesem Weinberg alles von Hand machen. Demnächst müssen sie also ohne jeglichen Maschineneinsatz neu bestocken. Laut Colin sind die alten Reben auf dieser Parzelle jedenfalls bereits angegriffen, sie sind Opfer der so genannten *coulures* (schadhafte Blütenbildung, die den Ernteertrag mindert) und *millerands* (verkümmerte Fruchtansätze, aus denen sich winzige, heidelbeergroße Beeren entwickeln, die äußerst konzentrierten Saft liefern). Eine Neubestockung wird also in Kürze unausweichlich sein.

Der *1997er Montrachet* offenbart komplexe Aromen voller Mineralien, Blumen und Geißblatt. Er hat mittleren bis vollen Körper und bietet intensive Mineralien und würzige weiße Früchte. Äußerst konzentriert und verfeinert, lässt dieser 1997er dennoch die Schwere vieler seiner Jahrgangsgenossen vermissen. Er ist detailliert, komplex, geschmacksbetont, wohl ausgewogen und hat einen unglaublich langen Abgang. Trinken Sie ihn in den nächsten 12–15 Jahren.

Pierre-Yves Colin sagt, dass 1998 »der Mehltau eine höllische Angelegenheit« war. Seine Lösung war, seine Erntehelfer anzuweisen, die Trauben bei der Lese auszusortieren. Er definiert den Jahrgang als »sehr viel versprechend, aber nicht spontan«. Er ist überzeugt, dass diese Weine bemerkenswert gut altern werden, und führt als Beispiel an, er habe die Erfahrung gemacht, dass für Verkoster auf der Domaine geöffnete Flaschen zwei Tage nach dem Öffnen besser waren. Der *1998er Montrachet* (aus Trauben von 75 bis 80 Jahre alten Reben) wurde bei 13,8% natürlichem potenziellen Alkoholgehalt gelesen und benötigte für seine Gärung sieben Monate. Seine nussigen Aromen leiten über zu einer intensiven Persönlichkeit von mittlerem bis vollem Körper. Der Wein gibt Geschmacksnuancen von gerösteten Mandeln und Mineralien zu erkennen, ist dick texturiert, ausnehmend reif, konzentriert und kraftvoll und verfügt über außerordentliche Eleganz und Präzision. Die für dieses Buch verkostete Flasche war einige Stunden im Voraus geöffnet und dekantiert worden, nahm sich aber dennoch frisch, jugendlich und sprühend lebendig aus. Voraussichtliche Genussreife: 2005–2012+.

Pierre-Yves Colin drückte wunderbar aus, was ich überall in Burgund gehört hatte: »Jetzt, da wir den 1999er im Keller haben, sind wir Burgunder in der Lage, die 1998er als das zu verkosten, was sie wirklich sind.« Er wies darauf hin, dass die Trockenheit im August 1999 bei denjenigen Reben, die auf sehr felsigem Boden standen, zu Apoplexie (Wasserstress) geführt hatte, »so dass sie ausgewogener erscheinen als manche andere, aber in Wirklichkeit weniger reif sind«. Und er sagte, dass die 1999er von »vollkommen gesunden Trauben stammen, die manchmal so reif waren, dass die Haut goldene oder pinkfarbene Töne annahm«. Der nach Eichenholz duftende *1999er Chassagne-Montrachet Les Vides Bourses* ist von mittlerem Körper und eindrucksvoll konzentriert. Zitronen, Mineralien und Birnen zeigen sich in diesem breit angelegten, reintönigen und tiefen Wein. Er ist komplex, kraftvoll und schmackhaft. Trinken Sie ihn in den nächsten 8 Jahren. Der *1999er Chassagne-Montrachet Les Caillerets* hat ein reichhaltiges Bukett, das nach Zitronen, Erde und Mineralien duftet.

Von mittlerem Körper und seidig texturiert, ist er äußerst elegant, frisch und tief. Dieser gut konzentrierte Wein offenbart auch einen langen, weichen, aber doch intensiven und scharf konturierten Abgang. Trinken Sie ihn im Lauf der nächsten 8 Jahre.

Im Bukett des *1999er Bâtard-Montrachet* zeigen sich Blumen und Mineralien. Dieser Wein von mittlerem Körper ist intensiv, scharf konturiert und reichhaltig. Seidig texturiert und reintönig, bietet er Geschmacksnuancen von Nüssen, Birnen und Gewürzen in seinem langen, kristallinen Abgang. Voraussichtliche Genussreife: jetzt–2010. Die zurückhaltenden Aromen des *1999er Montrachet* offenbaren nur Anklänge von Mineralien und Blumen. Er hat mittleren Körper und ist konzentriert und frisch. Am Gaumen treten Birnen, weiße Blumen, Gewürze und Apfel in seiner herrlich ausgefeilten Persönlichkeit hervor. Voraussichtliche Genussreife: jetzt–2011.

Pierre-Yves Colin erklärt, dass der Reifegrad seiner Trauben im Jahr 2000 höher war als 1999. »Es waren wundervolle Weine, mit sehr viel Mineralität und Finesse«, sagt er. Die Familie Colin hat gute Aussichten auf den Titel König von St-Aubin, da sie ständig neue Weine in ihr Angebot aufnimmt. Im Jahre 2000, einem Jahrgang, der die unterschätzte Gemeinde St-Aubin begünstigt zu haben scheint, gestalteten die Colins neun St-Aubins, die alle empfehlenswert sind.

Der *2000er St-Aubin En Remilly* ist hervorragend. In seinen reichhaltigen Aromen entfalten sich frische Kräuter, kandierte Äpfel und reife Birnen. Der Wein zeigt sich herrlich ausladend, hat mittleren Körper und eine samtige Textur. Süße Birnen sind in diesem prächtigen und nachhaltigen Wein mit schönen Mineralien vermischt. Trinken Sie ihn in den nächsten 6 Jahren. Mineralien und reife weiße Früchte geben sich im Bukett des *2000er St-Aubin Chatenière* zu erkennen. Er zeigt Steine, Zitronen, Äpfel und Birnen in seiner ausladenden, vielschichtigen Art. Dieser Wein ist saftig, von mittlerem Körper und seidig texturiert. Ein Tropfen mit hervorragender Konzentration und vorzüglicher Ausgewogenheit. Trinken Sie ihn in den nächsten 6 Jahren.

Der *2000er Chassagne-Montrachet Les Caillerets* offenbart Aromen von Mineralien und Steinen. Dieser breit angelegte Wein hat hervorragenden Biss, Konturenschärfe und Frische. Große Mengen von Kies, Steinen und Mineralien finden sich in seinem üppigen Charakter und in seinem nachhaltigen, geschmeidigen Abgang. Trinken Sie ihn in den nächsten 7–8 Jahren. Der *2000er Montrachet* von Colin wartet auf mit einem bezaubernden Bukett von buttrigen Mineralien, Gewürzen und Anis. Reichhaltig, großzügig und von mittlerem Körper, kleidet er den Gaumen mit konzentrierten Wogen von honigfeinen Mineralien aus. Dieser üppige, tiefe Tropfen sollte am besten 2005–2012 getrunken werden.

Weitere empfehlenswerte Weine: 1998er Bâtard-Montrachet (Domaine Pierre Colin) (89+), 1999er Bâtard-Montrachet (89+), 2000er Bâtard-Montrachet (89), 1997er Chassagne-Montrachet Les Caillerets (88+), 1997er Chassagne-Montrachet Champs-Gain (89), 1997er Puligny-Montrachet La Garenne (88), 1997er Puligny-Montrachet La Garenne (88), 2000er Puligny-Montrachet Le Trézin (89), 1997er St-Aubin Le Charmois (89), 1999er St-Aubin Le Charmois (89), 1997er St-Aubin Les Combes (88), 1999er St-Aubin Les Combes (88), 2000er St-Aubin Corton (88), 2000er St-Aubin Montceau (89), 1999er St-Aubin Murgers des Dents de Chiens (88), 1999er St-Aubin En Remilly (88), 2000er St-Aubin Sentier du Clous (88)

DOMAINE COLIN-DELÉGER (CHASSAGNE-MONTRACHET)

1999	**Bâtard-Montrachet**	**EEE**	**90**
1997	**Chassagne-Montrachet Les Vergers**	**E**	**90**
1999	**Chevalier-Montrachet**	**EEE**	**91**
1998	**Chevalier-Montrachet**	**EEE**	**90**
1997	**Chevalier-Montrachet**	**EEE**	**91**
1999	**Puligny-Montrachet Les Demoiselles**	**EE**	**91**

1997 Puligny-Montrachet Les Demoiselles EE 92

1997 Puligny-Montrachet La Truffière EE 90+

Michel Colin, ein begabter Weinmacher, nahm bei seinen 1997er weißen Burgundern weniger *bâtonnages* (Aufrühren der feinen Hefen) vor als sonst. Obwohl er sich gezwungen sah, die Säurewerte seiner Rotweine »zu korrigieren«, griff er bei den Weißen nicht ein. Diese fetten, leicht schlaffen Weißweine waren dennoch ausdrucksvoll, reichfruchtig, köstlich und zum kurz- bis mittelfristigen Verbrauch bestimmt. Im Gegensatz zu den meisten anderen burgundischen Kollegen findet bei Colin die Vinifikation seiner Weißweine zuerst im Edelstahltank statt und erst danach füllt er sie in Eichenfässer um. Er ist der Meinung, dass dieses Verfahren seinen Weinen mehr Eleganz, Frische und Reintönigkeit der Frucht verleiht. Die große Mehrheit der Produzenten von Qualitätsweinen führen die gesamte Vinifikation und *élevage* ihrer Weine in Fässern durch. Eine andere berühmte Ausnahme hiervon ist die Domaine Leflaive (Puligny), wo die Weine vom Fass in Tanks umgefüllt werden und dort den Alterungsprozess beschließen.

Sehr gefallen haben mir die würzigen Aromen von Mineralien und Steinen des *1997er Chassagne-Montrachet Les Vergers*. Dies ist ein scharf konturierter Wein, der bei mittlerem bis vollem Körper mit Zitrussaft überzogene Mineralien und eine ölige Textur bietet. Sein bewundernswerter Abgang ist nachhaltig, präzise und frei von der Klebrigkeit und der alkoholischen Wärme, die ich bei einigen 1997ern von Colin-Deléger angetroffen habe. Voraussichtliche Genussreife: jetzt–2004. Der vielschichtige *1997er Puligny-Montrachet La Truffière*, ein dichter Wein von mittlerem bis vollem Körper, offenbart Aromen von frisch angebratenen Waldpilzen und Zitronen. Herrlich fand ich seinen scharf konturierten, fetten, geschmacksintensiven Charakter (angefüllt mit kraftvoller Erde, Marzipan und blumigen Tönen), weniger begeistert war ich allerdings von dem klebrigen Gefühl, das er im Mund hinterlässt. Wenn sich dieses Merkmal mit der Zeit verändert, wird sich meine Benotung als zu bescheiden erweisen. Dessen ungeachtet ist er ein hervorragender Wein, kraftvoll und mit einem bewundernswert nachhaltigen Abgang. Voraussichtliche Genussreife: jetzt–2005.

Der *1997er Puligny-Montrachet Les Demoiselles* ist Colins komplettester 1997er. Er offenbart blumige und parfümierte mineralische Düfte sowie mittleren bis vollen Körper und eine wunderschön konturierte Persönlichkeit. Schichten von Erde, pikanten weißen Früchten, Steinen und Eichenholzwürze finden sich in seinem komplexen und seidigen Geschmacksprofil. Dieser elegante, klar umrissene Wein hat auch den längsten und reintönigsten Abgang aller 1997er von Colin aufzuweisen. Trinken Sie ihn jetzt–2007+. Der *1997er Chevalier-Montrachet* enthüllt ein Bukett von frischen Mineralien und gebuttertem Toast, einen reichhaltig texturierten Kern von Geschmackskomponenten aus kraftvollen Pfirsichsteinen, Steinen und Petroltönen (an einen trockenen elsässischen Riesling erinnernd). Bei mittlerem bis vollem Körper ist er fett, breit angelegt und besitzt wunderschöne Konturenschärfe und Eleganz. Er hätte eine noch bessere Bewertung verdient, wäre da nicht eine leichte Klebrigkeit in seinem sonst langen und komplexen Abgang gewesen. Trinken Sie ihn jetzt–2007.

Der *1998er Chevalier-Montrachet* bietet raffinierte mineralische Aromen. Es ist ein pikanter, breit angelegter, kristalliner Wein mit Geschmacksnuancen von zitronenhafter Limette, Steinen und gewürzähnlichen Noten. Frisch, reintönig und scharf konturiert, endet seine lange und klar umrissene Persönlichkeit überraschenderweise auf einem Ton, der an einen Margarita-Cocktail erinnert. Trinken Sie ihn in den nächsten 6 Jahren.

Philippe, Michel Colins Sohn, meint, dass 1999 »ein guter bis sehr guter Jahrgang war, allerdings besser für Rotweine als für Weißweine. 2000 haben wir denselben Ertrag und Zuckergehalt, aber unsere Weine haben mehr Frucht.« Frisch geschnittene Blumen geben sich im Bukett des *1999er Puligny-Montrachet Les Demoiselles* zu erkennen. Von mittlerem bis vollem Körper, tief, komplex und reichhaltig, weist dieser Wein bewundernswerte Reintönigkeit und Präzision in seiner vom Geschmack weißer Frucht und Mineralien geprägten Persönlichkeit auf. Er ist äußerst gut bereitet und besitzt einen ausgedehnten, kristallinen Abgang. Voraussichtliche Genussreife: jetzt–2009.

Mit Gewürzen verwobene Toastwürze, Birnen, weiße Pfirsiche und Äpfel offenbaren sich in den Aromen des *1999er Bâtard-Montrachet*. Dieser Wein besitzt bei mittlerem bis vollem Körper hervorragende Tiefe, ist reichhaltig, robust und geschmacksintensiv. In seinem molligen Charakter finden sich gemischte weiße und gelbe Früchte, Mineralien und Gewürze. Mit einem längeren Abgang hätte er eine bessere Bewertung verdient. Voraussichtliche Genussreife: jetzt–2010. Der *1999er Chevalier-Montrachet* offenbart ein hervorragendes Bukett. Komplexe Nuancen von Gewürzen, Blumen und weißen Früchten sind in seinen Aromen zu erkennen. Er hat leichten bis mittleren Körper, ist schön detailliert, scharf konturiert und reintönig. Dies ist ein präziser, von Blumen und Mineralien dominierter Wein, äußerst klar umrissen, feminin und geschmacksbetont. Voraussichtliche Genussreife: jetzt–2011.

Weitere empfehlenswerte Weine: 1997er Bâtard-Montrachet (88), 1998er Bâtard-Montrachet (89), 1997er Chassagne-Montrachet Les Chenevottes (88), 1997er Chassagne-Montrachet La Maltroie (weiß) (88+), 1997er Chassagne-Montrachet Morgeot (weiß) (89+), 1997er Chassagne-Montrachet Morgeot (weiß) (88), 1997er Chassagne-Montrachet En Remilly (88), 1999er Chassagne-Montrachet Les Vergers (89), 1999er Puligny-Montrachet La Truffière (89+)

DOMAINE JEAN-JACQUES CONFURON (PRÉMEAUX-PRISSEY)

1999	Chambolle-Musigny Premier Cru	E	(90–92)
1999	Clos de Vougeot	EE	(88–91)
1997	Clos de Vougeot	EE	90
1999	Nuits-St-Georges Les Boudots	E	(89–91)
1999	Nuits-St-Georges Les Chabœufs	E	(92–93)
1999	Romanée-St-Vivant	EEE	(89–92)
1998	Romanée-St-Vivant	EEE	91+
1997	Romanée-St-Vivant	EEE	91
1999	Vosne-Romanée Les Beauxmonts	E	(90–92)

Alain Meunier, der hochbegabte Weinmacher und Direktor dieses Weingutes, ist sich selbst der schärfste Kritiker: »1997 habe ich mittelmäßige Weine bereitet. Mit diesem Rohstoff hätte ich in der Lage sein müssen, großartige Weine zu machen. Die Trauben waren immens reif und praktisch vollkommen gesund. Ich habe keinerlei Säure zugesetzt, vielleicht war das das Problem.« Die Anhänger des eleganten, harmonischen Weinbereitungsstils dieses Hauses brauchen sich aber von Meuniers Bemerkungen nicht erschüttern zu lassen. Seine 1997er sind, wenn sie auch nicht dem Standard, den man von einem so talentierten Weinmacher erwartet, entsprechen, dennoch ausgezeichnet bis hervorragend. Sie haben die üppigen, fruchtbetonten und leicht warmen (alkoholischen) Merkmale, die man in kalifornischen Spitzen-Pinot-Noirs findet. Und nach dem Funkeln in seinen Augen zu schließen, das sich einstellt, wenn er über den 1998er spricht, einen Jahrgang, auf den er »äußerst stolz ist«, ist abzusehen, dass die »Großartigkeit« auf diesem Weingut bald wieder Einzug halten wird.

Der *1997er Clos de Vougeot* ist dunkelrubinrot und enthüllt Aromen von Gewürzen und schwarzen Früchten. Am Gaumen ist er hochreif (an der Grenze zu überreif), dicht, fett, kandiert, eingedickt und voll gepackt mit einem Kompott aus Kirschfrucht. Seine ölig texturierte Persönlichkeit von mittlerem bis vollem Körper klingt aus mit einem gegrillten, eichenholzwürzigen Abgang. Voraussichtliche Genussreife: jetzt–2004. Von allen 1997ern Meuniers ähnelt der *1997er Romanée-St-Vivant* am wenigsten einem Wein aus der Neuen Welt. Er bietet frische, süße Düfte von roten Kirschen und einen Charakter, der an Plätzchenteig und Sirup von roten Früchten denken lässt. Von mittlerem bis vollem Körper, reichhaltig, dicht und den Mund ganz auskleidend, ist dies ein kraftvoller, samtiger und nachhaltiger Wein, der mit großen Mengen von süßen Tanninen ausklingt. Trinken Sie ihn in den nächsten 6+ Jahren.

Der aus Trauben von 1922 gepflanzten Reben gewonnene mittel- bis dunkelrubinrote *1998er Romanée-St-Vivant* (die gleiche Parzelle wie die der Domaine Leroy), präsentiert blumige Aromen von roten Früchten. Brombeeren und Kirschen sind in diesem höchst ausdrucksvollen, wohl ausgewogenen und eleganten Wein zu finden. Zwar besitzt er ein festes, tanninstrenges Rückgrat, doch ist es in große Mengen üppiger Frucht eingebettet. Trinken Sie ihn in den nächsten 8 Jahren.

Der mittel- bis dunkelrubinrote *1999er Chambolle-Musigny Premier Cru* offenbart ein herrliches Bukett von Schwarzkirschen, Himbeeren und Plätzchenteig. Dieser hochreife, mollige und seidig texturierte Wein ist kraftvoll, jedoch feminin und elegant. Er hat hervorragende Tiefe in seiner Frucht und einen langen, geschmeidigen, mit Kirschen angefüllten Abgang. Voraussichtliche Genussreife: jetzt–2009. Der *1999er Vosne-Romanée Les Beauxmonts* hat ein Bukett, das nach Kirschsirup, Plätzchenteig, Blumen und Brombeerkompott duftet, und ist ein wunderschön klar definierter und ausgefeilter Wein von mittlerem Körper. Dieser hervorragende, pikante, frische und harmonische Wein zeigt in seinem mit Geschmacksnuancen von roten und schwarzen Beeren ausgestatteten Kern hervorragenden Biss. Trinken Sie ihn 2004–2010.

Der *1999er Nuits-St-Georges Les Boudots* ist mittel- bis dunkelrubinrot und legt betörende Aromen von roten Früchten, Gewürzen und Veilchen an den Tag. Dieser Wein weist liebliche Geschmacksnuancen von Kirschen, Himbeeren und Erdbeeren auf, nimmt sich eingangs auf der Zunge und in der Mitte weich aus und endet mit einem festen, aber wunderschön gereiften Abgang. Trinken Sie ihn 2004–2011. Der dunkle *1999er Nuits-St-Georges Les Chabœufs* verströmt dichte, reichhaltige Aromen von Plätzchenteig. Dieser gewaltige Wein von mittlerem bis vollem Körper kleidet den Gaumen mit Schichten von dichten roten und schwarzen Kirschen, Zedernholz und asiatischen Gewürzen aus. Er ist äußerst lang, beeindruckend kraftvoll und verfügt über hervorragende Tiefe in seiner Frucht. Voraussichtliche Genussreife: jetzt–2012.

Der mittel- bis dunkelrubinrote *1999er Clos de Vougeot* gibt zurückhaltende Aromen von Brombeeren zu erkennen. Dieser delikate, feminine Wein bietet Geschmacksnuancen von Blumen (hauptsächlich Veilchen) und Gewürzen in seinem ansonsten cassisgeprägten Charakter. Er ist fest, vierschrötig und besitzt große Mengen von Tannin. Trinken Sie ihn 2005–2010. Der dunkelrubinrote *1999er Romanée-St-Vivant* offenbart Aromen von Himbeeren, Kirschen und Brombeeren, die sich mit frisch geschnittenen Blumen vermischen. Von mittlerem bis vollem Körper und äußerst würzig, ist dies ein Wein, der voll gepackt ist mit Brombeeren und Schwarzkirschen. Er zeigt sich ausgefeilt, aber doch fest und überaus strukturiert. Sein eichenwürziger Abgang offenbart etwas alkoholische Wärme. Voraussichtliche Genussreife: 2004–2010.

Weitere empfehlenswerte Weine: 1997er Chambolle-Musigny (87–89), 1997er Chambolle-Musigny Premier Cru (88), 1999er Nuits-St-Georges Les Fleurières (88), 1997er Vosne-Romanée Les Beauxmonts (88).

DOMAINE CONFURON-COTÉTIDOT (VOSNE-ROMANÉE)

1999 Mazis-Chambertin EE (90–92)

Dieses 11 Hektar umfassende Weingut mit altem Rebenbestand (Durchschnittsalter 65 Jahre) verzeichnete 1999 mäßig hohe Erträge von 35 hl/ha. Der Grund ist laut Yves Confuron das hohe Alter der Rebstöcke. Die Confurons sind Traditionalisten in dem Sinne, dass sie ihre Reben selbst auswählen, sie in einem Treibhaus vorziehen, und später selbst aufpfropfen. Ihre Weinberge werden regelmäßig umgepflügt. (»Wir waren die Ersten hier, die das taten«, sagt Confuron.) Sie vergären weiterhin die ganzen Trauben vor und haben ihre Weine noch nie geschönt oder filtriert. Ausgebaut werden die Weine dieser Domaine in Eichenfässern, die zu 25–30% neu und zu 25–30% ein Jahr alt sind, die restlichen 40–50% sind 2–4 Jahre alte Fässer.

Der rubinrote *1999er Mazis-Chambertin* hat ein süßes, pflaumenartiges, fast Amarone-ähnliches Bukett. Er hat mittleren bis vollen Körper, ist kernig texturiert und präsentiert sich als tiefer, frischer und dicklicher Wein. Mit Gewürzen und Lakritze vermischte hochreife Brombeeren finden sich in Hülle und Fülle in diesem bewundernswert langen und geschmeidigen, mit Tannin angefüllten Wein. Voraussichtliche Genussreife: 2004–2009.

Weiterer empfehlenswerter Wein: 1999er Echézeaux (88–90)

DOMAINE CORDIER PÈRE ET FILS (FUISSÉ)

1997	Pouilly-Fuissé Champs-Murgers	D	(89–91)
1998	Pouilly-Fuissé Juliette La Grande	E	94
1997	Pouilly-Fuissé Juliette La Grande	E	92
2000	Pouilly-Fuissé Au Metertière	D	90
1999	Pouilly-Fuissé Au Metertière	D	91
1998	Pouilly-Fuissé Au Metertière	D	92
1997	Pouilly-Fuissé Au Metertière	D	(90–92)
2000	Pouilly-Fuissé Vers Cras	D	(92–94)
1999	Pouilly-Fuissé Vers Cras	D	94
1998	Pouilly-Fuissé Vers Cras	D	94
1997	Pouilly-Fuissé Vers Cras	D	(91–93)
2000	Pouilly-Fuissé Vers Pouilly	D	(92–94)
1999	Pouilly-Fuissé Vers Pouilly	D	93+
1998	Pouilly-Fuissé Vers Pouilly	D	93
2000	Pouilly-Fuissé Vieilles Vignes	D	(92–93)
1999	Pouilly-Fuissé Vieilles Vignes	D	90
1998	Pouilly-Fuissé Vieilles Vignes	D	93
1997	Pouilly-Fuissé Vieilles Vignes	D	(89–91)
2000	Pouilly-Fuissé Vignes Blanches	D	(90–91)
1999	Pouilly-Fuissé Vignes Blanches (1. Abfüllung)	D	92
1999	Pouilly-Fuissé Vignes Blanches (2. Abfüllung)	D	(92–93)
1998	Pouilly-Fuissé Vignes Blanches	D	91
1997	Pouilly-Fuissé Vignes Blanches	D	(90–92)
1998	Pouilly-Loché	D	90
2000	St-Véran Clos la Côte	D	90
1999	St-Véran Clos la Côte	D	90+
2000	St-Véran Les Crais	D	90+

Christophe Cordier, der engagierte, nachdenkliche, aufgeweckte und fröhliche junge Mann, der dieses Weingut leitet, hat sich der Bereitung von qualitativ hochwertigen Weinen verschrieben. Ich war höchst beeindruckt von seinen 1996ern, hellauf begeistert, dass seine 1997er das Potenzial dieses aufgehenden Sterns am Himmel von Burgund bestätigten, und gänzlich überwältigt von seinen 1998ern, 1999ern und 2000ern! Cordier ist unzweifelhaft einer der allerbesten Winzer in Burgund. Seine Spitzen-Pouilly-Fuissés sind ebenso gut oder sogar besser als die meisten Premiers Crus oder Grands Crus von der Côte de Beaune, die ein Vielfaches kosten. Die Leser sollten eventuelle Vorbehalte vergessen, die sie vielleicht gegen Weine aus dem Mâconnais haben, und auf Entdeckungsreise gehen, um zu sehen, wie großartig diese Weine sein können. 20–25% der 80 000 Flaschen umfassenden Produktion von Christophe Cordier werden in die Vereinigten Staaten exportiert.

Der *1997er Pouilly-Fuissé Champs-Murgers* (ein Mischsatz von kürzlich erworbenen 15 Jahre alten Parzellen in der Champs/Murgers-Lage) wurde bei 14% natürlichem Alkoholgehalt gelesen. Er offenbart ein reichhaltiges, cremiges Bukett von weißen Blumen, Nüssen und Steinen. Am Gaumen zeigt sich dieser herrlich reife, samtige Wein von mittlerem bis vollem Körper voll gepackt mit Geschmacksnuancen von süßen Birnen, Marzipan und Anis. Ich vermute zwar, dass er über eine sehr bescheidene Menge Restsüße verfügt, doch kann er gewiss als trockener Wein gelten. Voraussichtliche Genussreife: jetzt–2005. Der *1997er Pouilly-Fuissé Vieilles Vignes*, der mit dem gleichen Reifegrad wie der vorangehende Wein gelesen wurde, zeigt einen vollkommen anderen Charakter. Düfte von gewürzter Birne und Erde gehen einher mit einer intensiven, pikanten, fast Chablis-ähnlichen Persönlichkeit. Er bietet großartige Konzentration und Geschmacksnuancen, die an zwei kreideverkrustete, gegeneinander geriebene Radiergummis erinnern, und einen ausgezeichneten Halt. Trinken Sie ihn jetzt–2005. Der beeindruckende *1997er Pouilly-Fuissé Au Metertière* offenbart ein tiefes, mit Erde und Mineralien voll gepacktes Bukett. Woge auf Woge von mit weißer Schokolade umhüllten Mineralien erobert den Gaumen bei diesem kraftvollen und klar gezeichneten Wein. Er ist bei mittlerem bis vollem Körper expansiv mit herzhaften Geschmackskomponenten, allerdings noch unentwickelt. Voraussichtliche Genussreife: jetzt–2006.

Cordiers komplettester Wein des Jahres 1997 ist sein herrlicher *1997er Pouilly-Fuissé Vers Cras*. Er offenbart ein Bukett mit Düften nach nasser Wolle, Schweiß und flüssigen Mineralien und einen prachtvoll eleganten, tadellos ausgewogenen Charakter von mittlerem bis vollem Körper. Mandelextrakt, Akazienblüten und unzählige Gewürze finden sich in diesem wunderbar harmonischen, seidig texturierten und straff gewirkten Tropfen. Voraussichtliche Genussreife: jetzt–2007. Der *1997er Pouilly-Fuissé Vignes Blanches* wurde mit einem gewaltigen natürlichem Alkoholgehalt von 14,7% gelesen und ist der intensivste 1997er von Cordier. Er zeigt Aromen, die an tropische Düfte grenzen, und eine erfrischende Persönlichkeit. Dieser vollmundige, körperreiche und dichte Wein erstürmt den Gaumen mit aufeinanderfolgenden Wogen kraftvoller Geschmacksnuancen von gewürzten Birnen, Bratäpfeln, Geißblatt, Mineralien und Feuerstein. Entwickelt er noch mehr Harmonie und Eleganz, könnte er eine höhere Bewertung verdienen. Voraussichtliche Genussreife: jetzt–2007.

Der aus spät gelesenen Trauben bereitete *1997er Pouilly-Fuissé Juliette La Grande* offenbart Ananas und gemischte tropische Früchte mit großen Mengen von Edelfäule. Dieser körperreiche, muskulöse, aber dennoch frische und opulente Wein erinnert an Sandkuchen, überrieselt mit Mineralien und ganz, ganz vielen Gewürzen. In jedem Fall ist er durch seinen Spätlese-Charakter kein typischer Pouilly-Fuissé, Mâconnais oder Burgunder. Dieser Wein passt am besten zu scharf gewürzten asiatischen Gerichten. Trinken Sie ihn in den nächsten 6–8 Jahren.

Als ich Cordier Ende Oktober 1998 besuchte, erfuhr ich, dass er gerade eine Woche zuvor die 1998er-Lese abgeschlossen hatte. Er probiert ständig neue Methoden und Techniken aus und hatte daher beschlossen, die Zahl der Erntehelfer zu halbieren und nur 15 geübte Leute statt der üblichen 30 einzustellen. »Ich dachte, es sei einfacher, 15 Leuten genau zu erklären, was sie tun sollten, statt 30. So konnte ich besser überwachen, ob sie korrekt arbeiteten.« Seine 1998er-Lese erstreckte sich über einen ganzen Monat und brachte wegen des Frostes und der Hagelschauer äußerst niedrige Erträge. Manche seiner Lagen wie Pouilly-Loché und Mâcon-Fuissé brachten Erträge von 10 hl/ha. Seine St-Véran-Parzellen produzierten ein Drittel der gesetzlich zugelassenen Menge. Cordier darf zum Beispiel 12 Fässer St-Véran bereiten, machte 1998 aber nur 4 und 1997 nur 5 Fässer.

Christophe Cordier hat einige der allerbesten weißen 1998er Burgunder gestaltet. In den Aromen des *1998er Pouilly-Loché* vermischt sich Eichenholzwürze mit weißen Früchten. Von mittlerem bis vollem Körper, samtig texturiert und ausdrucksvoll, ist er darüber hinaus konzentriert, ausladend und geschmacksintensiv. Birnen, Äpfel, Gewürze und Mineralien zeigen sich in diesem beeindruckenden und nachhaltigen Wein. Trinken Sie ihn in den nächsten 5 Jahren.

Der nach Birnen und Feuerstein duftende *1998er Pouilly-Fuissé Au Metertière* offenbart bei mittlerem bis vollem Körper eine erstaunliche Breite komplexer Geschmacksnuancen von Mineralien, Feuerstein und pikanten weißen Früchten. Dieser auf superbe Art konturierte, ausgewogene und noble Wein hat einen intensiven und außergewöhnlich langen Charakter. Voraussichtliche Genussreife: jetzt–2008. Große Mengen von Gewürzen, Steinen und Anklänge von Zitrusfrüchten sind im Bukett des *1998er Pouilly-Fuissé Vieilles Vignes* zu erkennen. Dieser seidig texturierte Wein von mittlerem bis vollem Körper zeigt wunderbare Reife in seiner mit Mineralien, Steinen, Gewürzen und Frucht voll gepackten Persönlichkeit. Er ist vorzüglich konturiert und klar gezeichnet und dabei auch reichhaltig, ausladend und ungemein ausdrucksstark. Voraussichtliche Genussreife: jetzt–2009.

Der *1998er Pouilly-Fuissé Vignes Blanches* ist der straffste dieser fünf Pouilly-Fuissés. Aromen von Zitronen und Äpfeln leiten über zu einer Persönlichkeit mit Geschmacksnuancen von Zitrusfrüchten, Mineralien, Gewürzen und Erde. Dieser konzentrierte und intensive Wein ist recht geschmacksbetont, scheint aber einen Großteil seiner Qualitäten noch in Reserve zu behalten. Trinken Sie ihn jetzt–2009. Der *1998er Pouilly-Fuissé Vers Pouilly* offenbart ein Bukett von Gewürzen und sahnigem Anis. Von mittlerem bis vollem Körper, breit angelegt und ölig texturiert, ist dies ein reichhaltiger, kraftvoller, aber dennoch vorzüglich detaillierter Wein. Feuerstein, Blumen und Birnen kommen in seiner überaus scharf konturierten und klar gezeichneten Persönlichkeit zum Ausdruck. Voraussichtliche Genussreife: jetzt–2010.

Müsste ich wählen zwischen der großen Mehrheit der Côte de Beaune Grands Crus und dem *1998er Pouilly-Fuissé Vers Cras von Cordier,* würde ich mich für den Wein des jungen Christopher Cordier entscheiden. Seine betörenden Aromen lassen toastwürzige Nüsse und Mineralien erkennen. Am Gaumen ist er von mittlerem bis vollem Körper, seidig texturiert und bietet herrliche Breite von reifen weißen Früchten, vermischt mit pikanten, lebendigen Zitronen und Limetten. Dieser reintönige, außergewöhnlich wohl ausgewogene und ausdrucksstarke Wein hat immense Präsenz am Gaumen, Noblesse und Ausdauer. Trinken Sie ihn jetzt–2010+. Der *1998er Pouilly-Fuissé Juliette La Grande* hat Aromen, die an das Bukett eines großartigen Vouvray erinnern. Quitten, Nüsse, kandierte Zitronen und weiße Blumen entquellen dem Glas. Er ist körperreich und gehaltvoll und explodiert förmlich am Gaumen mit seinen Geschmacksnuancen von gesüßtem Kräutertee, Mineralien und gewürzten Birnen. Tief reichhaltig und fett, ist er dennoch frisch und vorzüglich ausgewogen. Dieser ungestüme Wein ist zwar untypisch für diese Appellation, doch immens beeindruckend. Am besten schmeckt er zu höchst ausdrucksstarken Gerichten. Ich würde vorschlagen, diese Schönheit kurzfristig zu trinken. Die ausgiebige konzentrierte Frucht und würzige Säure könnten jedoch dafür sorgen, dass er anmutig altert. Genießen Sie ihn in den nächsten 5+ Jahren.

Während den Winzern von der Côte de Beaune 1999 ein lächerlich hoher PLC (gesetzlich gestattete Überproduktion) von 40% zugestanden wurde, was die maximalen Ernteerträge für Weißweine auf 63 hl/ha anhob, beantragten die Winzer von Pouilly-Fuissé 20%, die ihnen auch genehmigt wurden. Da sie normalerweise 50 hl/ha produzieren dürfen, konnten sie jetzt bis 60 hl gehen und so praktisch dieselben Erträge wie die Côte de Beaune erzielen. Interessant ist in diesem Zusammenhang, dass die Pouilly-Fuissé-Produzenten das Maximum von 40% bekommen hätten, wenn sie es gleich ihren Kollegen von der Côte de Beaune beantragt hätten. Sie entschieden sich jedoch dafür, in einem vernünftigen Rahmen zu bleiben. Christophe Cordiers Erträge in seinen Pouilly-Fuissé-Parzellen betrugen 35 hl/ha, mit einem natürlichen potenziellen Alkoholgehalt von 13,6% quer durch alle Lagen der Domaine.

Der *1999er St-Véran Clos la Côte* gibt ein zurückhaltendes, mineralisch duftendes Bukett zu erkennen. Er besitzt bei mittlerem Körper Geschmacksnuancen von Feuerstein, Steinen, Blumen und Birnen, ist elegant, wundervoll ausdrucksvoll und hat einen beeindruckenden Kern von Frucht. Trinken Sie diesen schönen Tropfen in den nächsten 6 Jahren. In einem

Jahrgang, der zahllose gute, sehr gute und manchmal sogar ausgezeichnete Weine hervorgebracht hat, findet man selten einen Weinmacher, der eine ansehnliche Zahl von hervorragenden Weinen bereitet hat, die auch die für hohe Punktnoten erforderliche Tiefe, Konzentration und Länge haben. Cordier sei Dank für das, was er vollbracht hat.

Der mit 14% natürlichem Alkoholpotenzial gelesene *1999er Pouilly-Fuissé Vieilles Vignes* offenbart Aromen von rauchigem Feuerstein und Mineralien. Dieser tiefe, präzise und reintönige Wein ist dicht bepackt mit Geschmacksnuancen von Kreide, Steinen und an Quarz erinnernden Noten, die während des bewundernswert langen Abgangs anhalten. Trinken Sie ihn in den nächsten 6 Jahren.

Wunderschön gezeichnete Blumen und Mineralien finden sich in den prächtigen Aromen des *1999er Pouilly-Fuissé Au Metertière*. Dieser breit gebaute, reichhaltige, aber doch wunderschön detaillierte Wein ist voll gepackt mit lebendigen Nuancen von Steinen, Akazienblüten und Mineralien. Er ist tief, konzentriert und besitzt einen äußerst langen Abgang. Dieser hervorragende Wein sollte in den nächsten 7–8 Jahren getrunken werden. Der *1999er Pouilly-Fuissé Vers Pouilly* weist ein hervorragendes Bukett von Gewürzen, frischer Sahne und Mandelgebäck auf. Wundervoll konzentriert und von mittlerem bis vollem Körper, überzieht dieser Wein den Gaumen mit reichhaltigen, seidigen Schichten von Mineralien, Blumen und hochreifer Frucht. Er ist wohl ausgewogen, präzise und kraftvoll, bleibt dabei jedoch elegant und ausgefeilt. Trinken Sie dieses Juwel von einem Wein in den nächsten 9–10 Jahren.

Cordier entschied sich dafür, von seiner Parzelle Pouilly-Fuissé Vignes Blanches zwei Flaschenabfüllungen vorzunehmen, auf den Etiketten werden jedoch keine Unterschiede vermerkt sein. Der *1999er Pouilly-Fuissé Vignes Blanches* (erste Abfüllung) gibt Aromen von Steinen und weißen Früchten zu erkennen. Dieser ausladende, breit angelegte, reintönige, muskulöse, reichhaltige und dennoch kristalline Wein ist bei mittlerem bis vollem Körper seidig texturiert. Seine gesamte Persönlichkeit ist durchsetzt mit Noten von Feuerstein, Steinen, überreifen Birnen und Äpfeln. Voraussichtliche Genussreife: jetzt–2010. Der *1999er Pouilly-Fuissé Vignes Blanches* (zweite Abfüllung) offenbart Aromen von hellen Rosinen, Äpfeln und Mineralien. Am Gaumen erweist er sich als etwas dichteres, fetteres, reichhaltigeres und längeres Spiegelbild der ersten Abfüllung. Trinken Sie beide Weine in den nächsten 10 Jahren.

Der mächtigste und kraftvollste weiße Burgunder, den ich aus dem 1999er Jahrgang verkostet habe, war wohl der *1999er Pouilly-Fuissé Vers Cras* von Cordier. Gelesen bei etwas über 14% natürlichem potenziellen Alkohol, entströmen ihm Aromen von hochreifen Früchten, Feuerstein und Mineralien. Eingangs im Mund ist er schon gewaltig kraftvoll, baut aber dann noch bis hin zum mittleren Gaumenbereich ein muskulöses Crescendo auf. Bei mittlerem bis vollem Körper ist er kernig und beladen mit Geschmacksnuancen von wuchtigen Gewürzen und überreifen weißen Früchten. Schon allein durch seine Kraft und die großen Mengen von nachhaltigen Geschmacksnuancen immens anziehend, beeindruckt er noch mehr durch die Tatsache, dass er ausgefeilt und wohl ausgewogen bleibt. Voraussichtliche Genussreife: jetzt–2010.

Laut Cordier hätte der 2000er »übergroße Erträge gebracht, wenn wir nicht ständig hart in den Weinbergen gearbeitet hätten. Das galt auch für mich, denn das Wetter im Juli war schrecklich. Die letzten drei Augustwochen waren jedoch super, so dass wir früh mit der Lese beginnen [er begann am 10. September] und außerordentlich reife Trauben einbringen konnten.«

Frische Birnen finden sich in den Aromen des *2000er St-Véran Clos la Côte*. Am Gaumen explodiert er mit Mineralien, würzigen Zitronen und pikanten Limetten. Er ist reichhaltig und hat hervorragenden Biss sowie einen seidig texturierten Charakter von mittlerem Körper. Voraussichtliche Genussreife: jetzt–2008. Der konzentrierte, kraftvolle *2000er St-Véran Les Crais* bietet ein nach Zitrusfrucht und Steinen duftendes Bukett. Bei mittlerem Körper ist er klar umrissen, sein Geschmacksprofil wird beherrscht von Mineralien, Limetten, kandierten Zitronen und knackigen Birnen. Voraussichtliche Genussreife: jetzt–2008.

Der *2000er Pouilly-Fuissé Vieilles Vignes* offenbart in seinen Aromen gewaltige Reife und Düfte von toastwürzigen Mineralien. Er ist ausnehmend kraftvoll, intensiv, würzig und konzentriert. Dieser Wein von mittlerem Körper präsentiert in Chinin getauchte Mineralien sowie Geschmackskomponenten von pochierten Birnen. Es ist ein seidig texturierter, unmittelbar ansprechender Tropfen, der mit zunehmender Kellerreife zivilisierter werden dürfte. Voraussichtliche Kellerreife: 2004–2012. Der *2000er Pouilly-Fuissé Au Metertière* wurde wegen der Regenfälle, die die Region Ende September und Anfang Oktober heimsuchten, erst Ende Oktober gelesen. Er offenbart ein rauchiges, nach Mineralien duftendes Bukett und eine hochreife, scharf konturierte und pikante Persönlichkeit. Obschon er hervorragend ist und den Gaumen mit ausgiebigen Mineralien und Zitrusfrüchten überzieht, fehlt es diesem Wein an der Konzentration und der Tiefe, die sonst die besten Metertières von Cordier aufweisen. Trinken Sie ihn in den nächsten 8–9 Jahren. Sprühend lebendig, mit Düften von Mineralien und Rauch, frisch und höchst ausdrucksvoll: Das ist der *2000er Pouilly-Fuissé Vignes Blanches.* Sein Charakter von mittlerem Körper zeigt Feigen, Zitronen und Steine. Voraussichtliche Genussreife: jetzt–2011.

Der verblüffende *2000er Pouilly-Fuissé Vers Pouilly* ist voll beladen. Seine zitrusduftigen und mineralischen Aromen entquellen mächtig dem Glas und gehen einher mit einer ehrfurchtgebietend konturierten Persönlichkeit von mittlerem Körper. Dieser kristalline, ungemein scharf konturierte Wein überzieht den Gaumen mit Quarz, Zitrusfrüchten, Mineralien und einem Hauch von Chinin, deren Geschmacksnuancen während des ausgedehnten Abgangs am Gaumen verweilen. Er ist kraftvoll, konzentriert, komplex, aber auch ungemein detailliert. Voraussichtliche Genussreife: 2004–2012. Der *2000er Pouilly-Fuissé Vers Cras* wurde in zu 90% neuen Eichenfässern vinifiziert und ausgebaut, und dennoch ist der Wein keineswegs von Eichenholzwürze geprägt. Er offenbart erdige, mineralische Aromen und eine pikante und würzige Persönlichkeit von mittlerem Körper. Gewaltig konzentriert, ist dies ein muskulöser, frischer und ungestümer Wein mit einem bewundernswert nachhaltigen Abgang. Voraussichtliche Genussreife: 2004–2012+.

Weitere empfehlenswerte Weine: 2000er Bourgogne Blanc Jean de la Vigne (89), 1999er Mâcon (1. Abfüllung) (88), 1999er Mâcon (2. Abfüllung) (88–89), 2000er Mâcon Au Bois d'Allier (88), 1997er Mâcon-Fuissé (88), 1999er Mâcon-Fuissé (88–89), 2000er Mâcon-Fuissé (89), 2000er Pouilly-Fuissé (89), 1997er Pouilly-Loché (88), 1999er Pouilly-Loché (89), 2000er Pouilly-Loché (89), 1997er St-Véran (88–90), 1999er St-Véran Les Crays (89+)

DOMAINE DE COURCEL (POMMARD)

1999 Pommard Rugiens E (89–90+)

Yves Confuron, der auch auf seinem Familien-Weingut in Vosne-Romanée (Confuron-Cotétidot) arbeitet, ist seit 1996 für die Verwaltung und die Weinbereitung auf der Domaine de Courcel verantwortlich. In den letzten paar Jahren hat dieser Agronom und Önologe bedeutende Veränderungen bei den landwirtschaftlichen Methoden des Weinguts eingeführt, unter anderem werden die Weinberge jetzt regelmäßig gepflügt und man bemüht sich um niedrige Erträge. 1999 wurden 39 hl/ha und im Jahre 2000 27 hl/ha erzielt. »Bei diesen Jahrgängen konnte man, wenn man sich etwas Mühe machte, mäßige Erträge erreichen«, sagt er. Bei der Lese werden die Trauben zweimal sortiert, einmal im Weinberg und dann noch einmal auf Sortiertischen, bevor sie in den Gärbottich kommen. Nur der Bourgogne Rouge wird entrappt, den Weinen wird nie Säure zugesetzt und die Trauben werden einer 5–6 Tage dauernden Kaltmazeration unterzogen.

Yves Confuron bereitet klassische Burgunder im alten Stil, mit einer unverfälschten, etwas rustikalen Persönlichkeit, beladen mit Frucht, doch fest und vierschrötig. Aus über 50 Jahre alten Reben auf einer 1 Hektar großen Parzelle gewonnen, offenbart der mittel- bis dunkelrubinrote *1999er Pommard Rugiens* Aromen von süßen Kirschen und dicklichen Himbeeren. Dieser tiefe, herrlich breit angelegte Wein ist voll gepackt mit süßen, kandierten roten Früchten. Er hat einen festen, mit Tanninen und Nuancen von Traubenstielen ausgestatteten Charakter, der dem Weinliebhaber etwas Geduld abverlangt. Voraussichtliche Genussreife: 2005–2012.

Weitere empfehlenswerte Weine: 1999er Pommard Fremiers (87–89), 1999er Pommard Grand Clos Des Epenots (87–89+?)

MAISON MICHEL COUTOUX (CHASSAGNE-MONTRACHET)

2000	**Chassagne-Montrachet La Maltroie**	**E**	**91**
2000	**Chassagne-Montrachet Morgeot**	**E**	**90**
2000	**Meursault Genevrières**	**E**	**92**
2000	**Montrachet**	**EEE**	**93+**
2000	**Puligny-Montrachet Les Referts**	**EE**	**90**

Michel Coutoux, der seit zehn Jahren für Michel Niellon, seinen berühmten Schwiegervater, arbeitet, hat vor kurzem ein Handelshaus gegründet. Der aus der Touraine stammende Coutoux arbeitet weiterhin als Vollzeitbeschäftigter für Niellon und benutzt die dort erlernten Techniken für seine *négociant*-Weine. Auf die Frage, was der wichtigste Unterschied zwischen seinem Weinbereitungsstil und dem seines Schwiegervaters sei, antwortete er, dass er selbst seine Weine fast gänzlich im Fass vinifiziert und ausbaut, während Niellon für einen gewissen Prozentsatz seiner Weine Edelstahltanks verwendet. Darüber hinaus benutzt Coutoux etwas mehr neue Eichenfässer. Alle Weine der Maison Michel Coutoux werden aus hinzugekauftem Saft bereitet.

Courtoux gehört zu jenen Winzern in Burgund, die den 2000er für einen bedeutend besseren Jahrgang als den 1999er halten. »Wir hatten ausgezeichnete Reife. Es regnete, wenn die Reben durstig waren, und direkt vor der Lese. Wir haben von Winden aus dem Norden profitiert, die die Trauben nach dem Unwetter vom 12. September getrocknet haben. Während die Roten in der Côte de Beaune erhebliche Fäulnisbildung aufwiesen, waren die Weißen gesund.« Coutoux, der wegen des Status seines Schwiegervaters schon früh von der Weinwelt beachtet wurde, wird den Erwartungen mit einer hervorragenden Palette von 2000ern gerecht. Der nach Mineralien und Ton duftende *2000er Chassagne-Montrachet Morgeot* ist ein molliger Wein mit Geschmacksnuancen von Birnen, Äpfeln und Gewürzen. Er ist breit angelegt, kraftvoll, beladen mit Frucht und besitzt einen bewundernswert langen, üppigen Abgang. Trinken Sie ihn in den nächsten 9 Jahren.

Der *2000er Chassagne-Montrachet La Maltroie* offenbart süße, rauchige Aprikosen und weiße Pfirsiche in seinem Bukett, das ansonsten voller Gewürze ist. Dieser sinnliche, expansive Wein zeigt hervorragende Tiefe, Ausgewogenheit und Frische. Er ist voll gepackt mit gewürzten weißen und roten, den Gaumen auskleidenden Früchten. Trinken Sie diesen höchst ausdrucksstarken, sinnlichen Tropfen in den nächsten 8 Jahren. Der nach Mandeln, Mineralien, Gewürzen und Aprikosen duftende *2000er Puligny-Montrachet Les Referts* ist ein molliger Wein von mittlerem Körper, charaktervoll und vorzüglich ausgewogen, saftig, geschmeidig, fruchtbetont und komplex. Er schmeichelt dem Mund mit Gewürzen, exotischen Früchten und Mineralien. Trinken Sie ihn in den nächsten 8–9 Jahren.

Der *2000er Meursault Genevrières* offenbart Aromen von toastwürzigen Haselnüssen und pochierten Birnen. Von mittlerem bis vollem Körper, samtig texturiert und kernig, tritt hier ein extravaganter Meursault ein Erscheinung. Dieser mit Mineralien, kandierten Äpfeln, weißen Pfirsichen und Toastwürze beladene Wein ist fett, gewaltig konzentriert und sowohl intensiv als auch vorzüglich lang. Voraussichtliche Genussreife: jetzt–2011. Der *2000er Montrachet* von Coutoux hat in seinen ausdrucksstarken Aromen rauchige Mineralien, Birnen und Äpfel aufzuweisen. Von mittlerem Körper und mollig, ist dies ein dichter und herrlich ausgewogener Wein. Große Mengen von weißen Früchten, Mineralien und Anflüge von

Chinin finden sich in seiner konzentrierten, nahtlosen Persönlichkeit sowie in seinem außergewöhnlich reintönigen und langen Abgang. Unstrittig der beste Wein, den dieses junge *négociant*-Unternehmen je bereitet hat. Voraussichtliche Genussreife: 2005–2015.

Weitere empfehlenswerte Weine: 1999er Meursault Les Genevrières (89), 2000er Meursault Narvaux (88), 1999er Meursault Les Perrières (89), 2000er Meursault Les Perrières (89+)

DOMAINE PIERRE DAMOY (GEVREY-CHAMBERTIN)

1999	**Chambertin**	**EE**	**(92–93)**
1999	**Chambertin Clos de Bèze**	**EE**	**(92–94)**

Dieses Weingut produzierte jahrelang Weine, die weit unter dem für das Haus üblichen Qualitätsniveau lagen. Heute ist es wieder auf dem richtigen Weg. Pierre Damoy (das Gut ist nach seinem Ur-Ur-Großvater benannt), der die Domaine seit 1992 leitet, hat die Ernteerträge beträchtlich heruntergeschraubt (seine Grand-Cru-Parzellen brachten 1999 durchschnittlich 24–35 hl/ha), hat sich für nicht-interventionistische Weinbereitungsmethoden (d.h. ohne dramatische Eingriffe durch Menschenhand) entschieden und vermeidet nun auch das Schönen und Filtrieren.

Wer die Geschichte von Burgund kennt, weiß, dass Napoleon die Gesetze des Ancien Régime zur Erbfolge des Erstgeborenen abgeschafft hat (wonach der älteste Sohn der Alleinerbe war). An deren Stelle traten Gesetze, wonach der Familienbesitz gleichmäßig unter allen Kinder aufgeteilt werden musste. Dies hat dazu geführt, dass die Parzellen und die Weingüter immer mehr fragmentiert wurden. Ein gutes Beispiel ist die Domaine Pierre Damoy, die einer Vielzahl von Familienmitgliedern gehört, wobei der heutige Verwalter, Pierre Damoy, weniger als 1% besitzt.

Brombeeren, Schwarzkirschen und kandierte schwarze Himbeeren zeigen sich im Bukett des mittel- bis dunkelrubinroten *1999er Chambertin Clos de Bèze*. Dieser Wein hat hervorragende Tiefe und Konzentration. Große Mengen von sprühend lebendigen roten Kirschen, Erdbeeren und Blaubeeren finden sich in seiner samtig texturierten Persönlichkeit. Darüber hinaus besitzt der Wein einen außergewöhnlich langen, reintönigen und hochreifen, mit Tanninen angefüllten Abgang. Voraussichtliche Genussreife: 2004–2012. Der *1999er Chambertin* von Pierre Damoy wurde mit einem Ertrag von 32 hl/ha gelesen. Von mittel- bis dunkelrubinroter Farbe, offenbart er Geschmacksnuancen von Lakritze, süßen Kirschen, Brombeeren, toastwürzigem Eichenholz und Gewürzen. Dieser körperreiche Wein ist in seinem reichhaltigen und intensiven Charakter gewaltig konzentriert. Er zeigt sich überaus strukturiert und jugendlich rau, hat aber doch kraftvolle schwarze Früchte und einen starken Eichenholzeinfluss. Voraussichtliche Genussreife: 2005–2013+.

Weiterer empfehlenswerter Wein: 1999er Chapelle-Chambertin (89–90)

DOMAINE VINCENT DANCER (CHASSAGNE-MONTRACHET)

2000	**Chassagne-Montrachet La Romanée**	**D**	**(90–92)**
1997	**Chassagne-Montrachet La Romanée**	**D**	**90**
2000	**Chevalier-Montrachet**	**EE**	**(92–93)**
2000	**Meursault Perrières**	**D**	**(90–92)**
1999	**Pommard Pézerolles**	**E**	**90**

Burgund ist voll von altehrwürdigen Weingütern, die im Laufe der Jahrhunderte vom Vater an den Sohn weitergegeben wurden. Nur selten findet man ein »start-up«-Unternehmen und noch seltener eine erfolgreiche junge Firma. Der junge, talentierte und wissbegierige Vincent Dancer hat jedoch innerhalb von ganz wenigen Jahren das erreicht, woran sich schon viele versuchten und an dem sie scheiterten. Er übernahm die im Besitz seiner Familie befindlichen Weinlagen, die an langfristige Teilpacht-Verbindlichkeiten gebunden gewesen waren, und machte ein kleines, aber gut ausgestattetes Weingut daraus. Bereits in seinem zweiten Jahr als Weinmacher und Domainen-Besitzer bereitete Dancer einen hervorragenden *1997er Chassagne-Montrachet La Romanée.* Seine ausgefeilten, süßen Aromen von Birnen und Blumen gehen einher mit einem ausdrucksvollen Charakter von mittlerem bis vollem Körper. Dieser reichhaltige, cremige Wein ist voll gepackt mit großen Mengen von weißen Früchten und Gewürzen, die während seines bewundernswert langen Abgangs anhalten. Zu Ihrer Information: Dancer besitzt ein Ar dieses erstklassigen Premier Cru. Voraussichtliche Genussreife: jetzt–2005.

Der köstliche *1999er Pommard Pézerolles* ist mittel- bis dunkelrubinrot und hat ein intensives Bukett von süßen kandierten Kirschen und Veilchen. Am Gaumen bietet dieser Wein von mittlerem bis vollem Körper Schichten von Brombeeren, Kirschen, Cassis, Blaubeeren, dicklichen Himbeeren und Myriaden von Gewürzen. Er ist seidig texturiert, hat hervorragende Präsenz am Gaumen und einen langen, geschmeidigen, süßen und mit Tanninen angefüllten Abgang. Trinken Sie diesen wunderschönen Pommard in den nächsten 8–9 Jahren.

Dancer, der wundervollen Humor hat, kam gerade von einem Urlaub in den Vereinigten Staaten zurück, als ich sein Gut aufsuchte, um den Jahrgang 2000 zu verkosten. »Sehr gut gefallen haben mir die natürliche Schönheit Ihrer Nationalparks und auch die unnatürliche Schönheit der mit Silikon ausgestopften Sonnenhungrigen in Venice Beach.« Er ist der Meinung, dass der 2000er ein ausgezeichneter Jahrgang ist. »Die 1999er waren vielleicht eleganter, aber die 2000er haben mehr Frucht und sind reichhaltiger.«

Große Mengen von Gewürzen und Mineralien treten im *2000er Meursault Perrières* hervor. Von mittlerem bis vollem Körper, breit angelegt und samtig texturiert, ist dies ein unmittelbar ansprechender, gewürzbetonter Wein mit einem langen, dicken Abgang. Diese Schönheit sollte in ihrer Jugend, in den nächsten 7 Jahren, getrunken werden. Der nach hochreifen Birnen und Äpfeln duftende *2000er Chassagne-Montrachet La Romanée* hat ausgezeichnete Tiefe in seinem weinigen Charakter von mittlerem bis vollem Körper. Er ist reichhaltig, vielschichtig und kleidet den Gaumen mit einer Fülle von weißen Früchten und Gewürzen aus. Trinken Sie ihn in den nächsten 9 Jahren.

Dancer produziert ein Fass Chevalier-Montrachet von einer 1952 bepflanzten Parzelle. Sein *2000er Chevalier-Montrachet* offenbart intensive Aromen von flüssigen Mineralien und Gewürzen. Er hat mittleren bis vollen Körper, ist ölig texturiert, mollig, dick und kernig. Beladen mit viskosen Schichten von Birnen- und Apfelkompott, verbindet dieser würzige Wein außergewöhnlich gut Frische mit Fett. Trinken Sie ihn jetzt–2013.

Weitere empfehlenswerte Weine: 1999er Chassagne-Montrachet La Romanée (89), 1999er Meursault Les Perrières (88–89)

DOMAINE RENÉ ET VINCENT DAUVISSAT (CHABLIS)

1997	**Chablis Les Clos**	**E**	**(91–93)**
1997	**Chablis Forest**	**D**	**(88–91)**
1997	**Chablis Les Preuses**	**E**	**(90–92)**
1997	**Chablis Vaillons**	**D**	**(88–90+)**

»Der 1997er Jahrgang hat sehr gute Weine hervorgebracht. Bei der Lese waren die Trauben goldfarben ohne jedes Anzeichen von Fäulnisbildung und hatten gewaltige physiologische Reife«, sagt Vincent Dauvissat, der tatkräftige und aufgeweckte Direktor dieses namhaften Weinguts. »Sie waren das genaue Gegenteil des 1996ers. Die 1997er sind Weine des Vergnügens *(vins de plaisir),* die zwar früh getrunken werden können, aber auch länger altern können, als die meisten Leute glauben. Sie sind keine überreifen Ungeheuer, nur weil sie nach den malolaktischen Gärungen ein bisschen Säure verloren haben.« Dauvissat sagte mir, dass seine Erträge 1997 hoch, »aber nicht überaus hoch waren«. (Sie reichten von 60 hl/ha bei den Premiers Crus bis zu 50 hl/ha bei den Grands Crus.) Keiner von Dauvissats 1997ern ist chaptalisiert worden, da sie bei der Lese bereits 12,5–13,2% natürliches Alkoholpotenzial aufwiesen. Dauvissat war überrascht, dass einige seiner 1996er ihre malolaktischen Gärungen erst nach den 1997ern abschlossen. (Die meisten Chablis-Produzenten greifen ein, damit diese zweite Gärung schnell erfolgt, Dauvissat dagegen lässt der Natur ihren Lauf.)

Diejenigen Leser, die sich sehr gut mit den historischen Jahrgängen des Chablis auskennen, interessiert es vielleicht, dass laut Dauvissat sein 1997er am meisten dem 1962er ähnelt, der auch ein warmer Jahrgang war, in dem die Trauben sehr reif und gesund waren. Von der Qualität her stuft er 1996 als den besten Jahrgang der 1990er Jahre ein: »In ihm sind perfekt gesunde Trauben, Säure und Reichhaltigkeit der Frucht so großartig kombiniert, wie ich es noch nie erlebt habe«, sagt er. In seiner Rangliste kommen nach 1996 die Jahrgänge 1990, 1995, 1997 und 1992.

Die folgenden Weine wurden aus dem Fass verkostet. Der *1997er Chablis Vaillons* hat ein Bukett, das sich aus Ananas, Holzwürze und Anis zusammensetzt. Er ist ausdrucksstark, feminin und von mittlerem Körper und besitzt einen geschmacksintensiven Kern von würzigen weißen Pfirsichen, Mineralien und Mandeln. Dieser Wein, der ein »super gut!« in meinem Notizbuch wert war, dürfte köstlich sein, wenn er im Laufe des Jahres 2005 getrunken wird. Frische, feuersteinähnliche Aromen finden sich in dem *1997er Chablis Forest,* der mittleren Körper aufweist. Er hat beeindruckende Reichhaltigkeit, Breite und Frische in seinem höchst ausdrucksstarken Charakter und Geschmacksnuancen von Mandeln und Mineralien. Dieser dicke, kernige Wein ist expansiv, kraftvoll und bewundernswert wohl ausgewogen. Voraussichtliche Genussreife: jetzt–2005. Der etwas barsche, strenge *1997er Chablis Les Preuses* hat ein Bukett, das an Zitrusfrüchte, Mineralien und rauchige Gewürze erinnert. Dies ist ein strukturierter, geschmacksintensiver und tadellos proportionierter Wein von mittlerem Körper. Seine reichhaltige und breit angelegte Persönlichkeit ist angefüllt mit Geschmacksnuancen von Birnen, Akazienblüten und Feuerstein, die während des langen und scharf konturierten Abgangs anhalten. Voraussichtliche Genussreife: jetzt–2007. Dauvissat hat einen superben *1997er Chablis Les Clos* bereitet. Sein kühles, stark verhalten entwickeltes, straffes und nach Mineralien duftendes Bukett geht mit einem gewaltig expansiven und muskulösen Charakter einher. Birnen, Äpfel, Stachelbeeren, Erde und Mineralien finden sich in diesem breitschultrigen, dicken Wein von mittlerem bis vollem Körper. Er ist maskulin, konzentriert und dicht, und besitzt bewundernswerte Länge. Trinken Sie ihn jetzt–2008.

Weitere empfehlenswerte Weine: 1996er Chablis (88), 1997er Chablis Séchet (88+)

MAISON JOSEPH DROUHIN (BEAUNE)

2000	**Bâtard-Montrachet**	**EEE**	**(89–91)**
1998	**Bâtard-Montrachet**	**EEE**	**90**
1998	**Beaune Clos des Mouches (weiß)**	**EE**	**90**
1999	**Bonnes Mares**	**EE**	**(90–91)**
2000	**Chablis Les Clos**	**E**	**90+**
1999	**Chambertin**	**EE**	**(89–91)**
1998	**Clos de Vougeot**	**EE**	**90**
1999	**Corton**	**E**	**(91–93)**
1999	**Griotte-Chambertin**	**EE**	**(90–92)**
2000	**Montrachet Marquis de Laguiche**	**EEE**	**(90–92)**
1999	**Montrachet Marquis de Laguiche**	**EEE**	**(89–91)**
1998	**Montrachet Marquis de Laguiche**	**EEE**	**90**
1997	**Montrachet Marquis de Laguiche**	**EEE**	**(90–92+)**

Der *1997er Montrachet Marquis de Laguiche* hat herrliche Aromen. Intensive Düfte von Mineralien, Erde, Blumen, Birnen und toastwürzigem Eichenholz gehen einher mit einem breit angelegten, ausladenden, konzentrierten und reichhaltigen Charakter. Dieser Wein von mittlerem bis vollem Körper hat Schichten von Mineralien, Steinen und weißen Früchten in seinem Kern wie auch in seinem nachhaltigen Abgang. Voraussichtliche Genussreife: jetzt–2012.

Das Aushängeschild der Maison Drouhin, der *1998er Beaune Clos des Mouches*, ist besonders gut ausgefallen. Seinen Aromen von Gewürzen, Steinen und Geißblatt folgt ein Charakter von hervorragender Geschmacksintensität. Getrockneter Honig und Zitronenbonbons dominieren die Persönlichkeit dieses expansiven, wohl ausgewogenen und äußerst nachhaltigen Weins. Voraussichtliche Genussreife: jetzt–2007. Der ausdrucksstarke *1998er Bâtard-Montrachet* zeigt attraktive Aromen von Nüssen, Blumen und gut gereiften weißen Früchten. Dieser liebliche, mollige, breit angelegte und ausladende Wein hat mittleren bis vollen Körper, ist dick und voll gepackt mit süßen Geschmacksnuancen von Birnen. Sein langer, pikanter Abgang offenbart Anklänge an zitronenhafte Früchte. Voraussichtliche Genussreife: jetzt–2007.

Der *1998er Montrachet Marquis de Laguiche* bietet Blumen, Nüsse und Gewürze in seinen Aromen. Dieser Wein von mittlerem Körper, beladen mit Geschmacksnuancen von Gewürzkuchen, getrocknetem Honig und Mineralien, ist harmonischer als die Mehrheit seiner 1998er Jahrgangsgenossen. Er ist expansiv, wohl ausgewogen und besitzt einen langen, geschmeidigen und kristallinen Abgang. Voraussichtliche Genussreife: jetzt–2009. Der mittel- bis dunkelrubinrote *1998er Clos de Vougeot*, der aus Trauben von hauseigenen Weinlagen bereitet wurde, hat ein Bukett von süßen roten Kirschen und Vanille. Von mittlerem Körper, intensiv und cremig, hat dieser opulent texturierte, reichhaltige Wein mit Geschmacksnuancen von dicklichen roten Früchten einen weichen Stil und ist köstlich. Trinken Sie ihn in den nächsten 6–7 Jahren.

Den Worten von Laurence Jobard, der Weinmacherin, zufolge, war 1999 kein Jahr, in dem übermäßiges Aufrühren der feinen Hefen (*bâtonnage*) bei den Weißen vorgenommen wurde: »Man kann ja nicht extrahieren, was gar nicht da ist.« Sie fügte hinzu, dass sowohl das natürliche Alkoholpotenzial als auch die Apfelsäure-Werte hoch waren, und es so ein Leichtes war, die Frische nach den malolaktischen Gärungen aufrechtzuerhalten. Da die Weine wenig Protein aufwiesen, nahm sie vor dem Abfüllen nur geringfügiges Schönen vor. Madame Jobard erklärte mir auch, dass die Weinlagen dieses Guts vollkommen nach ökologischen Anbauprinzipien bearbeitet werden, und dass auf manchen Parzellen Tests durchgeführt werden, um festzustellen, ob sie zu biodynamischem Weinbau übergehen sollten. Bei dem *1999er Montrachet Marquis de Laguiche* entquellen dem Glas Aromen von toastwürzigem Eichenholz, Mineralien und geräuchertem Schinken. Dieser breit angelegte, reichhaltige und expansive Wein verfügt über große Mengen an Geschmacksnuancen von Äpfeln, Birnen und weißen Pfirsichen. Er bietet auch einen langen, reintönigen Abgang, der überraschenderweise etwas Tannin zu offenbaren scheint (was kein charakteristisches Merkmal für weiße Burgunder ist). Voraussichtliche Genussreife: jetzt–2010.

Robert Drouhin sagt, dass der 1999er rote Burgunder ihn an den 1961er erinnert. »Er hat äußerst reife Tannine, zwar nicht so viel wie der 1985er, ist aber trotzdem vorzüglich. Dies ist einer der großartigsten Jahrgänge, die ich jemals gesehen habe.« Dann fügte er noch hinzu, dass die Region zwischen Volnay und Aloxe-Corton »Weine mit großartiger Konzentration hervorbringt«. Madame Laurence Jobard erläutert, dass sie »den Ausbau im Fass verlängert haben, damit die Weine mehr Reichhaltigkeit aufbauen«.

Der nach kandierten Herzkirschen duftende *1999er Griotte-Chambertin* hat ein würziges, sprühend lebendiges Bukett und einen mittel- bis dunkelrubinroten Charakter. Er ist voll gepackt mit Schichten von Himbeeren, Blaubeeren und dicklichen Kirschen, deren nahtlose Geschmacksnuancen von der Zunge bis hin zum geschmeidigen Abgang anhalten. Voraussichtliche Genussreife: jetzt–2010. Der *1999er Chambertin* besitzt eine ähnliche Farbe und ein beeindruckendes blumiges, von Beeren durchsetztes Bukett. Dieser gut bereitete Wein von mittlerem Körper hat eine beeindruckende Menge von Brombeeren und Kirsch-Frucht, die sein spürbares, aber doch reifes Tannin überdecken. Steine, frische Kräuter und eine deutliche Note von Eichenholzwürze treten in seinem langen Abgang auf. Voraussichtliche Genussreife: jetzt–2009. Der *1999er Bonnes Mares* offenbart eine satte mittel- bis dunkelrubinrote Farbe und ein würziges, von Schwarzkirschen getränktes Bukett. Dies ist ein maskuliner, muskulöser, breitschultriger Wein mit einer Persönlichkeit von mittlerem Körper, voll gepackt mit Kaffeebohnen, Brombeeren und Cassis. Er hat hervorragende Dichte in der Frucht und die für mäßiges Altern erforderliche Struktur und Tiefe. Trinken Sie ihn jetzt–2012.

Nach den Worten von Frédéric Drouhin, der die tagtäglichen Geschäftsvorgänge dieses Beaune-Handelshauses von seinem Vater Robert übernimmt, erging es dem Chablis im Jahre 2000 besser als dem Côte d'Or, weil es vor der Lese nicht regnete. Er sagte mir auch, dass die Preise, die die *négociants* für unabgefüllten 2000er zahlen, pauschal gefallen seien, mit Ausnahme der Preise für Grands Crus, die stabil geblieben seien.

Der blumige *2000er Chablis Les Clos* ist von mittlerem bis vollem Körper und beladen mit Geschmackskomponenten von Feuerstein, Mineralien und Gewürzen. Dieser Wein hat hervorragende Tiefe, Ausgewogenheit, Konzentration und Länge. Er ist nahtlos, höchst ausdrucksstark und auf lange Lebenserwartung ausgelegt. Voraussichtliche Genussreife: jetzt–2012. Der *2000er Bâtard-Montrachet* hat Aromen von cremigen Mineralien und Gewürzen. Er ist bei mittlerem Körperfett und prunkt mit ausgiebigen Nuancen von Birnen, gewürzten Äpfeln und toastwürzigen Mineralien in seinem Geschmacksprofil und in seinem umfassenden Abgang. Dazu gesellen sich hervorragende Tiefe der Frucht, Intensität und Ausgewogenheit. Voraussichtliche Genussreife: jetzt–2012. Kandierte Äpfel, pochierte Birnen und Anflüge von Tangerinen sind in dem pikanten Charakter von mittlerem Körper des *2000er Montrachet Marquis de Laguiche* zu erkennen. Dieser gut bereitete Wein offenbart außergewöhnliche Harmonie innerhalb seiner fetten, jedoch lebendigen Persönlichkeit. Zitrusfrüchte sind zusammen mit Mineralien, Blumen und Äpfeln in seinen hervorragenden Charakter eingestreut. Voraussichtliche Genussreife: 2005–2014.

Weitere empfehlenswerte Weine: 1997er Bâtard-Montrachet (88+), 1999er Bâtard-Montrachet (88), 1999er Beaune Clos des Mouches (weiß) (88), 1999er Beaune Clos des Mouches (rot) (87–89), 1997er Bonnes Mares (88), 1999er Chablis Les Clos (88), 1997er Chablis Vaudésir (89+), 2000er Chablis Vaudésir (89), 1997er Chambertin (89), 1999er Chambolle-Musigny (87–89), 1997er Chambolle-Musigny Les Amoureuses (88), 1998er Chassagne-Montrachet Marquis de Laguiche (weiß) (89), 1998er Corton-Charlemagne (88+), 2000er Corton-Charlemagne (87–89), 1997er Grands-Echézeaux (89), 1999er Grands-Echézeaux (88–90), 1997er Griotte-Chambertin (88), 1999er Meursault Les Charmes (88), 1997er Meursault Perrières (88), 2000er Meursault Perrières (88), 1997er Musigny (88), 1999er Nuits-St-Georges Les Procès (87–89), 1999er Puligny-Montrachet Les Folatières (88), 2000er Puligny-Montrachet Les Pucelles (88–89), 1997er Romanée-St-Vivant (88+), 1999er Volnay Clos des Chênes (88–90), 1999er Vosne-Romanée Les Petits Monts (88–90)

DOMAINE DROUHIN-LAROZE (GEVREY-CHAMBERTIN)

1997	**Clos de Vougeot**	**EE**	**91+**

Der mittel- bis dunkelrubinrote *1997er Clos de Vougeot* offenbart Aromen von reifer Frucht und höchst ausdrucksstarken Gewürzen. Dieser opulent texturierte, dichte Wein von mittlerem bis vollem Körper besitzt hervorragenden Biss, Struktur und Nachhaltigkeit. Schichten von dicklichen Brombeeren, Kirschen, Straßenteer und große Mengen von süßer Eichenholzwürze zeigen sich in diesem kraftvollen Wein. Voraussichtliche Genussreife: jetzt–2009.

DOMAINE CLAUDE DUGAT (GEVREY-CHAMBERTIN)

1999	**Charmes-Chambertin**	**EEE**	**96**
1998	**Charmes-Chambertin**	**EE**	**93**
1997	**Charmes-Chambertin**	**EE**	**(93–95)**
1999	**Gevrey-Chambertin**	**E**	**90**
1999	**Gevrey-Chambertin Lavaux St-Jacques**	**EE**	**90+**

1997	**Gevrey-Chambertin Lavaux St-Jacques**	**E**	**(92–93+)**
1999	**Gevrey-Chambertin Premier Cru**	**EE**	**(90–92)**
1998	**Gevrey-Chambertin Premier Cru**	**EE**	**90**
1997	**Gevrey-Chambertin Premier Cru**	**E**	**(90–92)**
1999	**Griotte-Chambertin**	**EEE**	**(93–96)**
1998	**Griotte-Chambertin**	**EEE**	**93**
1997	**Griotte-Chambertin**	**EEE**	**(93–95)**

Claude Dugat, einer der besten Winzer von Burgund und sogar weltweit, bearbeitet die Rebstöcke, die bereits sein Großvater, ein bekannter Gartenbauer, wegen ihrer kleinen Traubenbüschel und Beeren und wegen ihres konzentrierten Saftes ausgewählt hatte. »Meine Arbeit im Weinberg besteht eigentlich darin, an jeder Rebe 10–12 kleine Büschel zu erhalten und dafür zu sorgen, dass sie hart für ihren Unterhalt arbeiten. Ich sage nicht gerne, dass meine Reben leiden müssen, weil ich sie liebe. Daher sage ich lieber, dass sie bei mir hart arbeiten müssen. Das einzige Futter, das ich ihnen gebe, ist etwas Blut von Rindern aus ökologischer Viehzucht. Das bekommen sie, wenn ich sehe, dass die Blätter es brauchen, was normalerweise alle vier Jahre der Fall ist«, sagt er.

Dugat glaubt, dass der 1997er qualitativ kein großartiger Jahrgang ist, wenn auch besser als die 1989er (er stuft ihn zwischen 1994 und 1995 ein). »Vielleicht, weil meine Erträge in jenem Jahr zu hoch waren. Zuerst war ich enttäuscht, denn als ich die Trauben sah, dachte ich, dass ich einen großartigen Jahrgang in Händen hielt. Aber mit der Zeit, als sie an Stärke zunahmen, mochte ich die Weine schließlich doch.« Die Weinliebhaber, die das Glück haben, Dugats Weine zu erstehen, werden sehen, dass er erneut eine wunderschöne Reife erzielt und opulent texturierte Weine bereitet hat, die sich nach ihrer Freigabe herrlich trinken lassen. Doch während die 1995er und 1996er von Dugat auch gut altern werden, wollen die 1997er – wie übrigens die meisten Weine von der Côte d'Or – in den nächsten 10 Jahren getrunken sein.

Claude Dugats *1997er Gevrey-Chambertin Premier Cru* ist mittel- bis dunkelrubinrot und offenbart ein intensives Bukett von mit Gewürzen durchtränkten, süßen dunklen Früchten. Er hat mittleren bis vollen Körper, superbe Ausgewogenheit und Biss sowie eine seidige Textur und große Mengen von dicklicher Kirschfrucht, vermischt mit asiatischen Gewürzen. Dieser frische, geschmeidige und verführerische Wein sollte in den nächsten 6–7 Jahren getrunken werden. Der etwas dunklere *1997er Gevrey-Chambertin Lavaux St-Jacques* offenbart ein Bukett, das an ein Kompott von schwarzen Früchten und frischen Kräutern erinnert. Er explodiert am Gaumen mit pflaumenartiger Frucht, seidiger Textur und ausladendem Körper. Er ist üppig und reichhaltig, an der Grenze zur Überreife, weist jedoch einen schmeichelnden Anflug von Frische auf. Voraussichtliche Genussreife: jetzt–2006.

Die beiden Grands Crus sind spektakulär. Der mittel- bis dunkelrubinrote *1997er Charmes-Chambertin* wurde aus Erträgen von unter 30 hl/ha bereitet und offenbart Aromen von kandierten roten Kirschen und Gewürzen. Am Gaumen ist er opulent, sinnlich, ausgefeilt und herrlich samtig. Geschmacksnuancen, die an rote Kirschmarmelade mit einer Prise Zimt erinnern, überziehen den Gaumen, wo sie bis zu 30 Sekunden oder sogar noch länger verweilen. Dieser genussbetonte Wein lässt sich herrlich in den nächsten 6–10 Jahren trinken. Der *1997er Griotte-Chambertin* ist nahezu dunkelrubinrot. Auf den ersten Blick schien dieser Wein widerstrebend und verschlossen, nach etwas Kontakt mit der Luft offenbarte er jedoch süße schwarze Früchte, frische Kräuter, Parfüm und Gewürze. Am Gaumen zeigt dieser breit angelegte, mollige Wein backpflaumenartige Früchte, Muskatnuss, Zimt, braunen Zucker, Lakritze und hochreife Brombeeren. Weder so strukturiert noch so ausdrucksvoll, fortgeschritten entwickelt oder so opulent wie der Charmes, ist er doch im Dugat-Stil recht expansiv, von mittlerem bis vollem Körper und gut trinkbar. Seine komplexen Geschmacksnuancen scheinen endlos nachzuklingen. Er hat Kraft, Anmut, wunderschöne Tiefe und eine betörende seidige Textur. Voraussichtliche Genussreife: jetzt–2010.

Der mittel- bis dunkelrubinrote *1998er Gevrey-Chambertin Premier Cru* enthüllt Aromen von süßen roten Kirschen und Gewürzen. Von mittlerem Körper, breit angelegt und voll gepackt mit großen Mengen von Schwarzkirschen- und Brombeer-Frucht, ist dieser Wein gut konzentriert und bewundernswert nachhaltig im Abgang. Zwar besitzt er mit Sicherheit die für den Jahrgang charakteristische tanninherbe Struktur, doch ist diese eindrucksvoll in der für Dugat typischen süßen, üppigen Frucht begraben. Trinken Sie ihn in den nächsten 5–6 Jahren. Der mittel- bis dunkelrubinrote *1998er Charmes-Chambertin* bietet sensationelle Mengen von roten und schwarzen Frucht-Aromen. Von mittlerem bis vollem Körper und kernig texturiert, kleidet er den Gaumen mit Brombeeren, Schwarzkirschen und Cassis aus. Dieser intensive, konzentrierte und samtig texturierte Wein hat in süße, ausgereifte Frucht getauchte feste Tannine. Trinken Sie ihn in den nächsten 8 Jahren. Der samtig texturierte *1998er Griotte-Chambertin* ist mittel- bis dunkelrubinrot und hat Aromen von Schwarzkirschen aufzuweisen. Er mag weniger konzentriert als der vorhergehende Wein sein, ist aber wiederum eleganter, intensiver und nachhaltiger. Ausgiebige kandierte Himbeeren und Kirschen finden sich in seinem eleganten, vielschichtigen Charakter. Trinken Sie ihn in den nächsten 8 Jahren.

Der mittel- bis dunkelrubinrote *1999er Gevrey-Chambertin* legt schöne Aromen von roten Kirschen und süßer Eichenholzwürze an den Tag. Dieser reintönige, üppige Wein von mittlerem Körper ist samtig texturiert und angefüllt mit Veilchen und kandierten Kirschen. Samtweich und opulent, enthüllt er süße, geschmeidige Tannine in seinem frischen, langen Abgang. Trinken Sie ihn in den nächsten 5–6 Jahren. Der etwas dunklere *1999er Gevrey-Chambertin Premier Cru* weist ein Bukett auf, das nach toastwürzigem Eichenholz und kandierten Beeren duftet. Das Geschmacksprofil dieses Weines von mittlerem Körper erinnert an Plätzchenteig mit Schokoladenstückchen, eingetaucht in Kirschsirup und ganz leicht in Eichenholz mit einem Anflug von Vanille getränkt. Er ist extravertiert, opulent und besitzt eine sinnliche, seidige Textur. Dieser konzentrierte, nahtlose Wein sollte jetzt–2009 getrunken werden.

Geröstetes Eichenholz und kandierte Brombeeren treten in den Aromen des *1999er Gevrey-Chambertin Lavaux St-Jacques* zutage. In diesem ungemein strukturierten und straff gewirkten Wein sind Anklänge an Steine, Johannisbeeren und Schwarzkirschen zu finden. Für einen Dugat-Wein ist er streng, besitzt jedoch ungeheure untergründige Frucht. Er wird noch einige Kellerreife benötigen. Voraussichtliche Genussreife: 2005–2010+. Der mittel- bis dunkelrubinrote *1999er Charmes-Chambertin* hat ein appetitanregendes Bukett von asiatischen Gewürzen, Brombeeren und Schwarzkirschen. Dieser köstliche, opulente Wein von mittlerem bis vollem Körper ist cremig texturiert und ausgefeilt. Große Mengen von roten Kirschen, Gewürzen, kandierten Himbeeren und Spuren von süßem Eichenholz zeigen sich in diesem luxuriösen Tropfen. Er verfügt über eine ehrfurchtgebietende Tiefe der Frucht sowie große Mengen von vorzüglich gereiften, geschmeidigen Tanninen. Darüber hinaus hat er einen außergewöhnlich langen, reintönigen Abgang. Trinken Sie ihn 2005–2012. Der pikante, nach Kirschen, asiatischen Gewürzen und Hoisin-Sauce duftende *1999er Griotte-Chambertin* ist mittel- bis dunkelrubinrot. Diese seidig texturierte Schönheit ist beladen mit sahnigen Kirschen, Brombeersirup, Gewürzen und Vanille. Der Wein ist frisch, scharf konturiert und sinnlich, dabei aber gut strukturiert. Seine immens anziehenden Geschmacksnuancen von Früchten dauern während des außergewöhnlichen Abgangs an. Trinken Sie ihn 2005–2012.

Weiterer empfehlenswerter Wein: 1997er Gevrey-Chambertin (88–90)

DOMAINE BERNARD DUGAT-PY (GEVREY-CHAMBERTIN)

1999	**Chambertin**	**EEE**	**(96–98+)**
1997	**Chambertin**	**EEE**	**(95–97+)**
1999	**Charmes-Chambertin**	**EEE**	**(92–94)**

1998	**Charmes-Chambertin**	**EEE**	**(93–95)**
1997	**Charmes-Chambertin**	**EEE**	**(92–95)**
1998	**Gevrey-Chambertin Cœur du Roi**	**EE**	**(88–90+)**
1997	**Gevrey-Chambertin Cœur du Roi**	**EE**	**(89–91)**
1998	**Gevrey-Chambertin Les Evocelles**	**EE**	**(89–92)**
1999	**Gevrey-Chambertin Lavaux St-Jacques**	**EEE**	**(91–92)**
1998	**Gevrey-Chambertin Lavaux St-Jacques**	**EE**	**(91–93)**
1997	**Gevrey-Chambertin Lavaux St-Jacques**	**EE**	**(90–93)**
1998	**Gevrey-Chambertin Premier Cru**	**EE**	**(92–94)**
1997	**Gevrey-Chambertin Premier Cru**	**EE**	**(89–92)**
1999	**Mazis-Chambertin Vieilles Vignes**	**EEE**	**(94–95+)**
1998	**Mazis-Chambertin Vieilles Vignes**	**EEE**	**(92–95)**
1997	**Mazis-Chambertin Vieilles Vignes**	**EEE**	**(93–95)**

Bernard Dugat ist einer der besten Winzer von Burgund. Außerdem sind die Fortschritte, die seit dem Jahrgang 1992 auf diesem Weingut gemacht wurden, höchst bemerkenswert. Die 1993er waren zum Beispiel einige der besten Weine, die in jenem schwierigen Jahrgang produziert wurden. Seitdem scheint Dugat mit jedem Jahr besser geworden zu sein, wie man auch im *Wine Advocate* bereits lesen konnte.

Beim 1997er Jahrgang, der an der gesamten Côte de Nuits mäßige Erträge brachte, erzielte Dugat durchschnittlich 20 hl/ha – sein Bourgogne Rouge eingeschlossen. Einige seiner Weinlagen wurden mit 13 hl/ha gelesen. Weinliebhaber und Weinmacher fragen sich oft, worin das Geheimnis eines außergewöhnlichen Weinmachers besteht. Dugat, sein Cousin Claude Dugat, Lalou Bize-Leroy und andere Stars aus Burgund weisen immer wieder darauf hin, es liege darin, möglichst viel im Weinberg zu arbeiten und möglichst wenig in der Kellerei. Noch dazu haben die beiden Dugats das Glück gehabt, Reben von ihrem Großvater geerbt zu haben, die sehr kleine Beeren mit hochkonzentriertem Saft hervorbringen. Der 1997er dieser Domaine verbindet außerordentliche Reife mit schwarzer Farbe und harmonischer Persönlichkeit.

Aus 50 bis 88 Jahre alten Reben, die dürftige 16 hl/ha erbrachten, wurde der mittel- bis dunkelrubin-purpurrote *1997er Gevrey-Chambertin Cœur du Roi* (»Königsherz«) bereitet, der nach zimtbestäubten cremigen Kirschen duftet. Unermessliche Mengen von Cassis, schwarzen Himbeeren und Gewürzen finden sich in dieser samtig texturierten Persönlichkeit von mittlerem bis vollem Körper. Der Wein hat hervorragende Reichhaltigkeit, Fett und vorzügliche Reife. Trinken Sie ihn in den nächsten 8 Jahren.

Der mittel- bis dunkelrubinrote *1997er Gevrey-Chambertin Premier Cru* wurde von Parzellen in den Weinlagen Corbeaux, Fonteny und La Petite Chapelle bereitet, deren Erträge weniger als halb so groß waren wie 1996. Seine Aromen von Schwarzkirschen und asiatischen Gewürzen werden von einem dicken, ölig texturierten Charakter von mittlerem bis vollem Körper begleitet, der voll gestopft ist mit kandierten Brombeeren. Dieser kernige, konzentrierte, nachhaltige und tadellos ausgewogene Wein dürfte jetzt–2009 auf dem Höhepunkt seiner Trinkreife sein.

Der dunkelrubinrote *1997er Gevrey-Chambertin Lavaux St-Jacques* bietet Aromen, die an Kirschkuchen, weiße Trüffel, Schokolade, Zimt und Brombeersirup erinnern. Es ist ein intensiver, konzentrierter, expansiver, körperreicher und maskuliner Wein. In diesem breitschultrigen, muskulösen Tropfen finden sich kraftvolle und verhaltene Geschmacksnuancen von schwarzen Früchten, Mokka und toastwürzigem Eichenholz. Trinken Sie ihn jetzt–2010. Von dem dunkelrubinroten *1997er Charmes-Chambertin* wurden einhundert Kisten produziert. Sein herrlich süßes Bukett ist voll gepackt mit Aromen von Kirschen und cremiger Vanille. Er ist fast genauso charmant und sinnlich wie der schon überirdische 1996er. Von mittlerem bis vollem Körper, bietet er große Mengen von sirupartigen Brombeeren und Kirschen. Auch hat er die für eine Kellerreife erforderliche Struktur. Voraussichtliche Genussreife: jetzt–2009. Aus 53 bis 56 Jahre alten Reben wurde der dunkelrubinrote *1997er*

Mazis-Chambertin Vieilles Vignes bereitet. In seinem strengen und verhaltenen Aromaprofil offenbart er süße schwarze Früchte, asiatische Gewürze und Anklänge von Sattelleder. Dieser körperreiche, breitschultrige und muskulöse Wein hat Geschmackskomponenten von Soja- und Hoisin-Sauce, Erde, Leder und Cassis. Noch ist er ein wenig vierschrötig und man muss ihm etwas Geduld entgegenbringen. Voraussichtliche Genussreife: jetzt–2012.

Von dem praktisch schwarzen *1997er Chambertin* wurden nur 152 Flaschen bereitet. Wer bei einem jungen Burgunder Nuancen und Delikatesse sucht, wird mit diesem Wein nichts anfangen können – er ist eine genussbetonte wahre Fruchtbombe! In seinen Aromen enthüllt er cremige rote Wildbeeren, Kirschpastete, englischen Kuchen, Heidelbeermarmelade, Milchschokolade und einen Hauch von weißem Pfeffer. Dies ist ein kerniger, fast sirupartiger Riesenwein mit Geschmacksnuancen von kandierten und eingedickten roten Früchten, die den Gaumen durchtränken und anscheinend noch unendlich lange schwebend ausklingen. Voraussichtliche Genussreife: 2004–2015. Im Jahre 1997 ähnelte das Wetter in Burgund eher dem Wetter in der Neuen Welt, es war ganz untypisch für diese nördliche Region. Der Chambertin von Bernard Dugat reflektiert diese Tatsache in seinem überaus reifen Geschmacksprofil und in seiner Textur, dennoch ist es Dugat meisterhaft gelungen, genügend von jener Struktur aufrechtzuerhalten, die den Pinot aus Burgund in der ganzen Welt berühmt gemacht hat als einen Wein, der ausgewogen ist und Reifepotenzial hat. Trinken Sie diesen außerordentlichen Tropfen in den nächsten 8–10 Jahren. Bravo!

Diese Domaine ist die einzige, bei der alle verkosteten 1998er eine Empfehlung verdienen (der Bourgogne wurde nicht verkostet). Im März 2000 waren sie alle noch im Fass und Bernard Dugat traf die Vorbereitungen für das Abfüllen. Nach dem Sortieren der Trauben waren nur noch winzige Erträge übrig geblieben (zum Beispiel 9 hl/ha beim Gevrey-Chambertin Les Evocelles und 18 hl/ha beim Gevrey-Chambertin Cœur du Roi). Der *1998er Gevrey-Chambertin Vieilles Vignes*, der aus 30–50 Jahre alten Reben bereitet wurde, offenbart Aromen von süßen Kirschen und Pflaumen. Von mittlerem Körper und samtig texturiert, besitzt er einen dicklichen, mit dunkler Kirsche und Frucht angefüllten Charakter. Die für den Jahrgang typischen festen Tannine sind unter den beeindruckenden Schichten von Frucht zu erkennen und daher sollte er besser früher als später getrunken werden. Voraussichtliche Genussreife: jetzt–2004. Der mittel- bis dunkelrubinrote *1998er Gevrey-Chambertin Cœur de Roi* (50–80 Jahre alte Reben) hat ein Bukett, das nach Lakritze und Brombeeren duftet. Dieser intensive und strukturierte Wein von mittlerem bis vollem Körper hat ein festes, tanninherbes Rückgrat, das unter großen Mengen von lebendigen schwarzen Früchten verborgen ist. Manche würden diesen Wein wahrscheinlich im Keller einlagern, in der Hoffnung, dass die Frucht die Tannine überlebt. Ich aber schlage vor, ihn in den nächsten 5 Jahren zu trinken.

Der mittel- bis dunkelrubinrote *1998er Gevrey-Chambertin Les Evocelles* aus Trauben von Reben, die 70 und mehr Jahre alt sind, offenbart Aromen von süßen Kirschen, Brombeeren und Heidelbeeren. Von mittlerem bis vollem Körper, dick und tintenartig, ist dieser äußerst dichte, hochkonzentrierte und intensive Wein voll gepackt mit Geschmacksnuancen von kraftvollen schwarzen Früchten, vermischt mit toastwürzigem Eichenholz. Obwohl er durchaus das für seinen Jahrgang charakteristische tanninherbe Rückgrat besitzt, ist er derzeit von Frucht überdeckt. Voraussichtliche Genussreife: jetzt–2006. Der *1998er Gevrey-Chambertin Premier Cru* wurde von Reben bereitet, die (zu gleichen Teilen) in La Petite Chapelle, Fonteny und Corbeaux stehen. Er ist mittel- bis dunkelrubinrot und offenbart ein Bukett, das intensiv nach Brombeeren, Kirschwasser und Plätzchenteig duftet. Von mittlerem bis vollem Körper und mit wunderschöner Konzentration und Kraft, weist dieser Wein mit Geschmacksnuancen von Heidelbeeren, Schwarzkirschen und toastwürzigem Eichenholz gewaltige Tiefe und Eleganz auf. Er ist frisch, ausdrucksstark und klar umrissen und scheint von keinem der negativen Attribute seines Jahrgangs betroffen zu sein. Voraussichtliche Genussreife: jetzt–2010.

Der satt dunkelrubin-purpurrote *1998er Gevrey-Chambertin Lavaux St-Jacques* hat Aromen von toastwürzigem Eichenholz und überreifen schwarzen Früchten. Am Gaumen weist dieser Wein von mittlerem bis vollem Körper Geschmacksnuancen auf, die an Traubengelee, Hoisin-Sauce und Lakritze erinnern. Er ist frisch, rassig und intensiv und seine profunden Schichten von Frucht überdecken eine feste, tanninherbe Seite dieses Weines. Trinken Sie diesen Wein in den nächsten 4–5 Jahren.

Der *1998er Charmes-Chambertin* ist dunkelrubinrot und bietet ein Bukett, das eindringlich nach Gewürzen und kandierten Kirschen duftet. Große Mengen von schwarzen Früchten und süßen Kirschen sowie Teer und Eichenholz finden sich in diesem breit angelegten Wein von mittlerem bis vollem Körper. Süße, fast dickliche Früchte prägen den Geschmackseindruck über die gesamte, gut gereifte Persönlichkeit und den langen, scharf konturierten Abgang hinweg. Voraussichtliche Genussreife: jetzt–2007. Aus 60 Jahre alten Reben wurde der *1998er Mazis-Chambertin Vieilles Vignes* bereitet, der ein nach Teer und Brombeeren duftendes Bukett aufweist. Dieser muskulöse, maskuline und höchst ausdrucksvolle Wein ist körperreich, tintenartig und fest strukturiert. Da er ungemein konzentriert und intensiv ist, könnte dies einer der wenigen tanninherben Pinot Noirs sein, dessen Frucht einer Lagerung im Keller standhält. Voraussichtliche Genussreife: jetzt–2008+?

Bernard Dugat hat herrliche 1999er bereitet, darunter einen Chambertin, der sicherlich zu den zwei oder drei besten Weinen dieser Domaine gehört. Wachsartige rote Kirschen sind in den intensiven Aromen des *1999er Gevrey-Chambertin Lavaux St-Jacques* erkennbar. Dieser dichte, kandierte Wein ist vorzüglich reif und offenbart in seinem Geschmacksprofil ein Kompott von Schwarzkirschen, Brombeeren, Lakritze und Spuren von Eichenholz. Sein außergewöhnlich langer und reintöniger Abgang zeigt ungeheure Mengen von fantastisch gereiften Tanninen. Trinken Sie ihn 2004–2011. Der *1999er Charmes-Chambertin* ist mittelbis dunkelrubinrot und bietet ein umwerfendes Bukett von süßen Kirschen, Räucherspeck und Minze. Dieser gewaltige Wein von mittlerem bis vollem Körper ist hochkonzentriert und expansiv. In seinem vielschichtigen Charakter sind unermessliche Mengen von Brombeeren, Kirschen und Gewürzen sowie ein Hauch von frischem toastwürzigem Eichenholz zu erkennen. Dieser kraftvolle, jedoch feminine Wein ist beladen mit reifem Tannin. Voraussichtliche Genussreife: 2005–2012+. Der aus 55–60 Jahre alten Reben bereitete dunkle *1999er Mazis-Chambertin Vieilles Vignes* ist profund. Das Bukett, das nach Lakritze, Schwarzkirschsirup und mit Schokoladenstückchen vermischtem Plätzchenteig duftet, wird von einem überaus kraftvollen Charakter von mittlerem bis vollem Körper begleitet. Dieser Wein hat Geschmackskomponenten von Straßenteer, Brombeeren, Cassis und Gewürzen und verfügt über die Dichte, die Struktur und die Ausgewogenheit, die für mäßige bis langfristige Kellerreife erforderlich sind. Voraussichtliche Genussreife: 2006–2015+.

Die Chambertin-Parzelle von Bernard Dugat ist mit 3500 Reben pro Hektar bestockt, die durchschnittlich 80 Jahre alt sind. Diese dichtbestandene Parzelle kann nicht mit dem Traktor bearbeitet werden und daher müssen Bernard Dugat mit Frau, Tochter und Sohn alles in Handarbeit bestellen. Der *1999er Chambertin* ist ein wundervoller, sensationeller Wein. Er ist von schwarzer Farbe und entströmt mit seinen Aromen von Lakritze, Plätzchenteig, Brombeeren und Cassis mächtig dem Glas. Dies ist ein wuchtiger, körperreicher Wein mit großen Mengen an Geschmackskomponenten von süßen, kandierten schwarzen Früchten, Lakritze, frisch aufgetragenem Asphalt, Gewürzen, frischen Kräutern und toastwürzigem Eichenholz. Er ist verwirrend kraftvoll und erobert den Verkoster mit Woge auf Woge von geschmeidigen, sirupartigen Früchten, deren Geschmacksnuancen durch seinen scheinbar nicht enden wollenden Abgang hindurch anhalten. Dieser Kraftprotz von einem Burgunder sollte mindestens 10 Jahre lang im Keller gelagert werden und hält sich dann noch 20 Jahre oder länger. Es ist einer der seltenen Weine aus dieser Region, denen ich ohne Bedenken 30 Jahre Kellerreife zuteil werden lassen würde.

Weitere empfehlenswerte Weine: 1999er Gevrey-Chambertin Cœur du Roi (87–89), 1999er Gevrey-Chambertin Les Evocelles (89–90), 1999er Gevrey-Chambertin Premier Cru

(89–90), 1997er Gevrey-Chambertin Vieilles Vignes (87–89), 1998er Gevrey-Chambertin Vieilles Vignes (88), 1999er Vosne-Romanée Vieilles Vignes (88–90)

DOMAINE DUJAC (MOREY-ST-DENIS)

1999	**Bonnes Mares**	**EEE**	**(92–94)**
1997	**Bonnes Mares**	**EEE**	**94**
1999	**Charmes-Chambertin**	**EE**	**(90–91)**
1997	**Charmes-Chambertin**	**EE**	**90**
1999	**Clos de la Roche**	**EEE**	**(90–92+)**
1997	**Clos de la Roche**	**EEE**	**93+**
1999	**Clos St-Denis**	**EEE**	**(89–91)**
1997	**Clos St-Denis**	**EEE**	**92**
1999	**Echézeaux**	**EEE**	**(91–92)**
1997	**Echézeaux**	**EEE**	**90**
1999	**Gevrey-Chambertin Les Combottes**	**EE**	**(89–91)**
1997	**Gevrey-Chambertin Les Combottes**	**EE**	**90**

Die 1997er von der Domaine Dujac sind verführerische und bezaubernde Weine. »Dieser Jahrgang entspricht vollkommen meinem Weingeschmack«, sagte Jacques Seysses, der Besitzer und Weinmacher. »Ich will, dass meine Burgunder Sinnlichkeit, Charme, Komplexität und Harmonie haben. Wenn ein Weinmacher nach Kraft oder Farbe strebt, geht automatisch die Harmonie verloren«, fährt er fort. Durch niedrige Erträge (etwa um die 29–30 hl/ha) und das, was Seysses als »das Jahr« bezeichnet, »in dem der natürliche Zuckergehalt so hoch war, wie ich es noch nie erlebt habe«, ist es ihm gelungen, einige der besten Weine zu bereiten, die je auf diesem berühmten Weingut entstanden sind.

Der *1997er Gevrey-Chambertin Les Combottes* ist rubinrot und präsentiert Aromen von süßen rot-schwarzen, mit Talkumpuder überstäubten Früchten. Dieser pikante, frische, aber auch expansive Wein von mittlerem Körper gibt Geschmacksnuancen von Bruyère-überhauchten Brombeeren und Cassis zu erkennen. Er ist seidig texturiert, elegant und straff gewirkt. Voraussichtliche Genussreife: jetzt–2009. Würzig-erdige Kirschen sind in den wunderbaren Aromen des rubinroten *1997er Charmes-Chambertin* zu erkennen. Obwohl es nicht der komplexeste Wein von Seysse ist, nimmt er sich doch elegant, üppig und sprühend lebendig aus. Konzentrierte Schichten von schwarzen Früchten, vermischt mit roten Beeren, Steinen und asiatischen Gewürzen, sind sowohl in seinem Charakter als auch in seinem Abgang zu finden, der 30 Sekunden und noch länger anhält. Voraussichtliche Genussreife: jetzt–2008.

Der rubinrote *1997er Clos St-Denis* wartet auf mit süßen Aromen von kandierten Kirschen, vermischt mit Veilchen, Rosen und Gewürzen. Er besitzt hervorragende Breite, Präzision und filigranartige Finesse, zeigt aber auch eine beeindruckende untergründige Kraft. Dieser ausdrucksvolle, nach roten Beeren schmeckende und bewundernswert nachhaltige Wein ist bereits jetzt köstlich zu trinken, hat aber die Fähigkeit, in den nächsten 8–10 Jahren noch zu reifen und sich weiterzuentwickeln. Der wunderschön reife und rubinrote *1997er Echézeaux* offenbart herrliche Aromen, die an Blumen, rote Kirschen und Erdbeerbonbons erinnern. Er ist fester, strukturierter und weniger ausdrucksvoll als der Clos St-Denis, bietet aber eine ungeheuer angenehme und kraftvolle Flut von schwarzen Früchten, die den Gaumen durchströmen. Es ist ein Wein von mittlerem Körper, klar gezeichnet und ausgefeilt, der sich in den nächsten 7+ Jahren in Bestform befinden wird.

Der erstklassige *1997er Clos de la Roche* hat überschwängliche Aromen von roten Früchten und Lakritze. Ein Wein, in dem sich die typische Dujac-Eleganz mit Kraft, Dichte und dicklichen, hochreifen Geschmacksnuancen verbindet. Kandierte Beeren, mit Schokolade überzogene Kirschen und roter Johannisbeerlikör finden sich in diesem komplexen und ganz den Mund auskleidenden 1997er von mittlerem bis vollem Körper. Voraussichtliche Genussreife: jetzt–2009.

Der *1997er Bonnes Mares* von diesem Weingut ist einer der verführerischsten Weine, die in diesem generell opulenten und früh entwickelten Jahrgang bereitet wurden. Rubinrot und mit einem herrlich femininen Bukett von salzigen, mit einem Schuss Jod versehenen, süßen roten Früchten, ist dies ein fetter, hochreifer, konzentrierter Riesenwein. Er verwöhnt den Gaumen mit dichten Schichten von dicklichen schwarzen und roten Früchten, in die Erde und Steine eingestreut sind. Dieser komplexe, komplette Wein mit einem äußerst langen Abgang dürfte sich im ganzen nächsten Jahrzehnt als wundervoller Trinkgenuss erweisen. Bravo!

»Bei den Weinen von meiner Domaine waren die besten Jahrgänge der 90er Jahre der 1993er, der 1995er und der 1999er. Nur die Zeit kann uns sagen, welcher der Beste ist«, sagte Jacques Seysses und fuhr fort: »Da ist nicht vieles am 1999er, was man nicht mögen kann. Es ist sicherlich ein großer Jahrgang, sowohl mit Qualität als auch Quantität. Diese Weine sind unkompliziert zu trinken und sehr reif. Wir brauchten nicht zu chaptalisieren.«

Der rubinrote *1999er Gevrey-Chambertin Les Combottes* offenbart ein süßes, parfümiertes Bukett, das nach roten Früchten duftet. Er hat eine ausgezeichnete Tiefe von roten und schwarzen Kirschen in seiner geschmeidig texturierten Persönlichkeit von mittlerem Körper. Dieser Wein besitzt ausgezeichneten bis hervorragenden Biss, Dichte in der Frucht und Ausgewogenheit. Sein langer Abgang zeigt reichliche Mengen reifer Tannine, die nach einiger Kellerreife abschmelzen dürften. Voraussichtliche Genussreife: 2005–2012.

Der *1999er Charmes-Chambertin* legt in seinen Aromen süße rote und schwarze Beeren und Veilchen an den Tag. Er ist üppig, reif, konzentriert und hat ausgezeichnete Konturenschärfe in seiner Persönlichkeit von mittlerem Körper. Dieser von Kirschen dominierte Wein offenbart auch Anflüge von pikanten Himbeeren und frischem Eichenholz. Er ist reintönig, elegant, nahtlos und hat einen langen, klar gezeichneten Abgang. Voraussichtliche Genussreife: jetzt–2009.

Der rubinrote *1999er Clos St-Denis* zeigt Aromen von Erde und Brombeeren. Von mittlerem Körper und seidig texturiert, ist dies ein fester, von Steinen, schwarzer Frucht und Eichenholz beeinflusster Wein. Er hat hervorragende Konzentration, Ausgewogenheit und Harmonie. Trinken Sie ihn in den nächsten 10 Jahren. Erde, Steine, Brombeeren und Cassis sind im Bukett des *1999er Clos de la Roche* zu erkennen. Am Gaumen zeigt sich dieser Wein mit Geschmacksnuancen von dunklen Früchten, Mineralien und Gewürzen bei mittlerem Körper fest strukturiert und straff gewirkt. Er hat hervorragende Tiefe in seiner Frucht und eine Fülle reifer Tannine. Voraussichtliche Genussreife: 2004–2012. Der *1999er Echézeaux* gibt Aromen von frischen Kräutern, Himbeeren und Kirschen zu erkennen. Dieser süße, üppige, weich texturierte Wein von mittlerem Körper bietet Geschmacksnuancen von Brombeeren, Kirschen und Gewürzen. Er hat hervorragende Struktur, ausgiebige Frucht und einen langen, reintönigen Abgang. Voraussichtliche Genussreife: 2005–2010. Frische Kräuter und Gewürze finden sich in den Aromen des *1999er Bonnes Mares.* Dieser Wein ist der stämmigste unter Dujacs 1999ern, er zeigt einen Charakter von mittlerem bis vollem Körper, der voll gepackt ist mit hochreifen Kirschen, Cassis und Brombeeren. Er ist konzentriert, tief und bewundernswert harmonisch. Außerdem besitzt dieser Wein einen außergewöhnlich langen, reintönigen und klar umrissenen Abgang. Voraussichtliche Genussreife: 2005–2012.

Weitere empfehlenswerte Weine: 1997er Chambolle-Musigny Les Gruenchers (89), 1999er Chambolle-Musigny Les Gruenchers (87–89), 1997er Morey-St-Denis Premier Cru (89), 1999er Morey-St-Denis Premier Cru (88–89)

DOMAINE MAURICE ECARD ET FILS (SAVIGNY-LÈS-BEAUNE)

1999	**Savigny-lès-Beaune Les Jarrons**	**D**	**90**
1997	**Savigny-lès-Beaune Les Jarrons**	**D**	**90**
1999	**Savigny-lès-Beaune Les Narbantons**	**D**	**90+**
1997	**Savigny-lès-Beaune Les Narbantons**	**D**	**90+**

1999	**Savigny-lès-Beaune Les Peuillets**	**D**	**91**
1997	**Savigny-lès-Beaune Les Peuillets**	**D**	**90**
1999	**Savigny-lès-Beaune Les Serpentières**	**D**	**90**

Maurice Ecard, der beste Produzent von Savigny-lès-Beaune, hat wundervolle 1997er und 1999er bereitet. »Was soll ich über die 1998er sagen?« fragt er. »Sie sind nie voll ausgereift. Jahrgänge wie 1997 und 1999 sind Traumjahre für mich.« Ecards Liebe zum Wein ist nicht dadurch verblendet, dass er auch die derbsten Jahrgänge verkaufen muss, und er sagt: »Wenn alles, was wir je produziert haben, 1997er und 1999er wären, wären wir recht glücklich. Sie haben sehr viel Frucht und sind fett und rund.«

Der rubinrote, nach dunklen Früchten duftende *1997er Savigny-lès-Beaune Les Peuillets* ist ölig texturiert und von mittlerem Körper. Dieser konzentrierte Wein hat Geschmacksnuancen von Steinen, Metallspänen und dicklichen Brombeeren, hervorragenden Biss und Fruchtdichte. Voraussichtliche Genussreife: jetzt–2007. Der dunklere *1997er Savigny-lès-Beaune Les Narbantons* offenbart superbe Aromen von schwarzen Früchten. Dieser breit angelegte Wein von mittlerem Körper ist beladen mit Pflaumen, roten Kirschen und Gewürzen. Er ist üppig, gut strukturiert, komplex und nachhaltig. Trinken Sie ihn in den nächsten 5–6 Jahren.

Der *1997er Savigny-lès-Beaune Les Jarrons* ist mittel- bis dunkelrubinrot und hat Düfte von wachsartigen schwarzen Früchten aufzuweisen. Von mittlerem bis vollem Körper, reichhaltig und fest, ist dies ein seidig texturierter Wein, der voll gepackt ist mit einem Kompott von Schwarzkirschen, Gewürzen, Metallspänen, Trauben und Himbeeren. Voraussichtliche Genussreife: jetzt–2009.

»Ich glaube, dass diese 1999er genauso gut altern werden, wie es meine 1990er getan haben.« Ecards Erträge waren 1999 im Vergleich zu seinen Kollegen niedrig (45 hl/ha, ohne Mostabzug), aber hoch für sein Weingut. Im Jahre 2000, einem ebenfalls sehr produktiven Jahrgang, erzielte er durchschnittlich 45,6 hl/ha, was immer noch weit unter dem Ertrag seiner Kollegen lag. (»Die Behörden haben recht daran getan, unsere beantragten 40% PLC abzulehnen. Wenn Winzer vernünftig ihre Arbeit tun, bedarf es keiner so hohen Werte«, sagt er.)

Der mittel- bis dunkelrubinrote *1999er Savigny-lès-Beaune Les Serpentières* offenbart Aromen von Pflaumen und hochreifen Trauben, vermischt mit Düften, die an Kerzenwachs erinnern. Dieser Wein hat mittleren Körper, ist reichhaltig, fett und sinnlich. Große Mengen von wachsartigen Pflaumen, Kirschen und Brombeeren sind in seiner Persönlichkeit mit Anklängen von Lakritze vermischt. Er hat ausgezeichnete Struktur und die Fähigkeit zu altern. Voraussichtliche Genussreife: jetzt–2010. Der nach dunklen Kirschen duftende *1999er Savigny-lès-Beaune Les Peuillets* ist mittel- bis dunkelrubinrot. Von mittlerem Körper und üppig, verfügt er über hervorragende Substanz in seinem samtig texturierten Charakter. Rote Kirschen, gemischte Beeren und Gewürze finden sich in diesem seidig texturierten, harmonischen und nahtlosen Wein. Außerdem enthüllt er ausgiebige reife Tannine in seinem bewundernswert langen Abgang. Voraussichtliche Genussreife: jetzt–2010+. Brombeeren, Trauben und Veilchen sind in den Aromen des *1999er Savigny-lès-Beaune Les Narbantons* zu erkennen. Es ist ein maskulinerer Wein als der vorangehende und gibt Brombeeren und dunkle Kirschen zu erkennen. Etwas rustikal, mit einem festen und vierschrötigen Charakter ausgestattet, besitzt er jedoch Dichte und Tiefe der Frucht als Gegengewicht zu seinem Tannin. Voraussichtliche Genussreife: 2005–2011. Der mittel- bis dunkelrubinrote *1999er Savigny-lès-Beaune Les Jarrons* bietet Aromen von Schwarzkirschen, Rosen und Veilchen. In den Geschmacksnuancen dieses wohl ausgewogenen, saftigen, festen Weines von mittlerem Körper finden sich dunkle Beeren. Er hat hervorragende Tiefe und eine seidige Textur, die zu einem festen, jedoch fruchtgetränkten Abgang überleitet. Voraussichtliche Genussreife: 2004–2011.

Weitere empfehlenswerte Weine: 1999er Savigny-lès-Beaune Les Clous (88), 1997er Savigny-lès-Beaune Les Pimentiers (88), 1997er Savigny-lès-Beaune Les Serpentières (89)

DOMAINE RENÉ ENGEL (VOSNE-ROMANÉE)

1998	Echézeaux	E	90
1998	Grands-Echézeaux	EE	91

Der rubinrote *1998er Echézeaux* hat ein blumiges, nach roten Früchten duftendes Bukett und ist reichhaltig, dick bei mittlerem bis vollem Körper. Pralle, fette Kirschen finden sich in diesem gut bereiteten, konzentrierten, frischen Wein. Trinken Sie ihn in den nächsten 6–8 Jahren. Der rubinrote *1998er Grands-Echézeaux* enthüllt in seinen Aromen Pflaumen und wilde rote Kirschen. Er ist von mittlerem bis vollem Körper, dicht, kernig und konzentriert, und hat einen Kern mit Geschmacksnuancen von Teer, Lakritze und dicklichen Brombeeren. Obschon fest strukturiert, dürfte er die nötige Tiefe der Frucht als Gegengewicht zu seinen Tanninen besitzen – zumindest kurz- bis mittelfristig. Voraussichtliche Genussreife: jetzt–2006.

DOMAINE ARNAUD ENTE (MEURSAULT)

1997	Meursault La Goutte d'Or	E	(90–93)
1997	Meursault En l'Ormeau	D	(88–90+)
2000	Meursault Vieilles Vignes	E	(88–91)
1997	Puligny-Montrachet Les Referts	E	(91–94)

Arnaud Entes erster Jahrgang als Weinmacher war 1992, damals wurde die gesamte Produktion an Handelshäuser verkauft. Seit dem 1994er Jahrgang begann er mit der Flaschenabfüllung auf der Domaine, und heute ist das Weingut Ente auf dem besten Weg, sich einen Namen zu machen.

Der *1997er Meursault En l'Ormeau* wird aus Trauben von über 45 Jahre alten Reben bereitet. Er legt dichte Aromen von weißen Früchten an den Tag, gepaart mit einem mittleren bis vollen Körper und einem verblüffenden Geschmacksprofil von gelben Pflaumen, kandierten Haselnüssen, Akazien und Meersalz. Am wichtigsten ist jedoch, dass er wohl ausgewogen ist und eine dicke Textur, jedoch eine frische Persönlichkeit besitzt. Voraussichtliche Genussreife: jetzt–2005. Der *1997er Meursault La Goutte d'Or* lässt sich am besten als ein potenzierter En l'Ormeau beschreiben. Erde, Mineralien und weiße Früchte, die an *sur-maturité* grenzen, explodieren förmlich im Glas. Dieser recht kraftvolle, glyzerin-getränkte, ölige, seidig texturierte Wein von mittlerem bis vollem Körper ist voll gepackt mit süßen Pflaumen, gerösteten Haselnüssen und denselben salzigen Nuancen, die ich bei der vorangehenden Verkostung bemerkt hatte. Er dürfte sich ab seiner Freigabe bis mindestens 2005 als saftiger Tropfen erweisen.

Der *1997er Puligny-Montrachet Les Referts* ist ebenfalls ein außerordentlicher Wein. Zwar dominieren geröstete Mandeln das Bukett, doch nach etwas gutem Zureden tauchen auch Geschmacksnuancen von Geißblatt, Anis und Akazienblüten auf. Am Gaumen ist dieser intensive, mit weißem Trüffelöl, Mokka und Mineralien voll gepackte Wein opulent und supersexy. Er ist körperreich, dicht, mollig, ungemein geschmacksintensiv und anspruchsvoll. Ich glaube nicht, dass er sehr alt werden wird, bezweifle aber auch, dass jemand seinem Charme widerstehen kann. Was will man mehr? Trinken Sie ihn in den nächsten 5 Jahren.

»Der 1999er Jahrgang ist nicht schlecht, aber der 2000er wird großartig«, sagte Arnaud Ente. Seine Weine erlebten eine sehr lange Gärung. Er hatte zum Beispiel noch Fässer, die am 6. November 2000 gerade erst die alkoholische oder die malolaktische Gärung abschlossen (ich habe nur vollständig vergorene Fässer verkostet). »Diese späten Gärungen stören mich nicht. Die Leute, die verrückt werden, wenn es so lange dauert und irgendwas in die Fässer schütten, damit es schneller geht, fügen ihren Weinen nur Schaden zu. Ich lasse den Dingen lieber ihren natürlichen Lauf. Je länger es dauert, desto komplexer ist der Wein.« Arnaud Ente sagte mir auch, dass seine Weine 1999 durchschnittlich 14% natürlichen potenziellen Alkohol aufwiesen. Er bereitete 5 Fässer von dem hervorragenden *1999er Meursault Vieilles Vignes* (von über 100 Jahre alten Reben). Sein Bukett ist reichhaltig, mollig und voll gepackt mit süßen gelben Früchten und gewürzten Äpfeln. Von mittlerem bis vollem Körper, ausladend und konzentriert, ist dieser herrliche Wein harmonisch, tief und voll gepackt mit rauchigen Birnen, Äpfeln, weißen Pfirsichen und Anklängen von Aprikosen. Sein außerordentlich langer Abgang offenbart eine pikante Frische und ausgiebige Gewürze. Trinken Sie diesen superben 1999er im Laufe der nächsten 8–9 Jahre.

Arnaud Ente sagt: »Der Jahrgang 2000 ist ganz anders als der 1999er. Er hat mehr Säure und mehr Frucht. Das verheerende Unwetter vom 12. September hat sich auf unsere Weißweine nur geringfügig ausgewirkt, die Trauben sind unversehrt geblieben. Mit unseren Roten hatten wir allerdings große Probleme.« Der *2000er Meursault Vieilles Vignes* enthüllt ein ungemein würziges Bukett. Konzentriert und tief, hat dieser mollige Wein ausgezeichneten Biss in seinem pikanten Charakter, der Geschmacksnuancen von Äpfeln, Zitrus und Birnen zeigt. Trinken Sie diesen frischen, ausdrucksvollen Wein im Laufe der nächsten 8–9 Jahre.

Weitere empfehlenswerte Weine: 1997er Bourgogne Blanc (87–89), 1999er Meursault (87–89), 1999er Meursault La Goutte d'Or (88–90), 2000er Meursault La Goutte d'Or (88–90), 1999er Puligny-Montrachet Les Referts (88–90), 2000er Puligny-Montrachet Les Referts (87–89), 1999er Volnay Santenots (88–89)

DOMAINE DES EPENEAUX/COMTE ARMAND (POMMARD)

1999	**Pommard Clos des Epeneaux**	**D**	**(89–91+)**

Weinmacher Pascal Marchand hat die Domaine des Epeneaux verlassen. An seine Stelle getreten ist Benjamin Leroux, ein aufgeweckter junger Mann, der viele Ansichten mit seinem Vorgänger teilt. Der berühmte *1999er Pommard Clos des Epeneaux* wurde in mehreren Etappen – je nach Reifegrad – gelesen und vinifiziert. Die *assemblage* ergibt einen mittel- bis dunkelrubinroten Wein mit Noten von Brombeeren, Erde und frischen Kräutern. In den Aromen tritt etwas neue Eichenholzwürze hervor. Dies ist ein kräftiger, herzhafter, vierschrötiger, maskuliner Wein mit einer kernigen, unverfälschten und kraftvollen Persönlichkeit. Er ist beladen mit herrlich gereiftem Tannin und hat ungeheure Konzentration sowie einen langen, scharf konturierten Abgang. Voraussichtliche Genussreife: 2005–2012.

Weitere empfehlenswerte Weine: 1997er Meursault Les Meix Chavaux (88–89), 1997er Pommard Clos des Epeneaux (88–91)

DOMAINE JEAN-PHILIPPE FICHET (MEURSAULT)

1997	**Puligny-Montrachet Les Referts**	**E**	**(90–92)**

Sehr gefallen hat mir der einzige Premier Cru von Fichet, der *1997er Puligny-Montrachet Les Referts.* Seine Aromen sind getränkt mit weißen Blumen, Mineralien und einer deutlichen, dem Riesling ähnelnden Petrolnote. Dieser äußerst gut bereitete 1997er hat großartige Definition, Konturenschärfe und Ausgewogenheit. Er ist ein Wein von mittlerem Körper, voll gepackt mit Geschmacksnuancen von reifen Birnen, Steinen und Erde. Voraussichtliche Genussreife: jetzt–2006.

Weitere empfehlenswerte Weine: 1997er Meursault Les Chevalières (88–90), 1997er Meursault Le Tesson (88–90)

DOMAINE FONTAINE-GAGNARD (CHASSAGNE-MONTRACHET)

1997	**Bâtard-Montrachet**	**EEE**	**91**
1999	**Chassagne-Montrachet La Romanée**	**E**	**90**
1997	**Chassagne-Montrachet Les Vergers**	**E**	**90**
1999	**Criots-Bâtard-Montrachet**	**EEE**	**91**
1997	**Criots-Bâtard-Montrachet**	**EEE**	**93**

Richard Fontaine, ein früherer Flugzeug-Ingenieur bei der französischen Luftwaffe, wurde nach seiner Heirat mit Laurence Gagnard, der Tochter von Jacques Gagnard (von der Domaine Gagnard Delagrange) Direktor und Weinmacher auf dieser Domaine. Sein Schwager und Nachbar Jean-Marc Blain (Domaine Blain-Gagnard) ist mit der anderen Tochter von Jacques Gagnard, Claudine, verheiratet. Für diejenigen Leser, die mir bei meinem Versuch, den Stammbaum einer der führenden Familien in Chassagne nachzuvollziehen, noch folgen können, sei hinzugefügt, dass Jean-Noël Gagnard (dessen Domaine seinen Namen trägt) der Bruder von Jacques Gagnard ist. Jedes Jahr gibt Jacques Gagnard seinen Schwiegersöhnen ein kleines, mit Reben bestandenes Stück Land, um die Erbschaftssteuer so niedrig wie möglich zu halten. Im Gegensatz zu vielen Familien in Burgund, die sich als Rivalen begreifen, arbeiten Blain und Fontaine Hand in Hand, teilen sich Geräte und Maschinen, Ideen und Erntehelfer.

Richard Fontaine ist ein großer, ruhiger, aufrechter und einsatzfreudiger Mann. Da er mit den Fässern, die er bei angesehenen *tonneliers* gekauft hat, nicht zufrieden ist, hat er sich vorgenommen, selbst ein Experte in Sachen Fässern zu werden. Derzeit reist er jedes Jahr in die schönsten Eichenwälder Frankreichs, sucht sich die Bäume heraus, die nach seinem Geschmack sind, und übernimmt dann selbst das Ablagern des Holzes. Anschließend heuert er einen Handwerker an, der die Fässer genau nach seinen Angaben baut. Im Gegensatz zu seinen verschwiegenen Kollegen gibt Fontaine ganz ehrlich zu, dass er seinen Weinen Säure zusetzt. Der Morgeot wurde »korrigiert«, weil er meinte, sein pH-Wert wäre gefährlich hoch.

Der *1997er Chassagne-Montrachet Les Vergers* hat das Potenzial zu einem hervorragenden Wein, er ist dicht, reichhaltig, fett, aber doch überaus schön ausgewogen und von mittlerem Körper. Sein Bukett duftet nach Steinen und Mineralien, er hat eine ölige Textur und ist voll gepackt mit Geschmacksnuancen von Eisen und Stahl, die unmittelbar in eine wunderschöne mineralisch geprägte Art übergehen. Voraussichtliche Genussreife: jetzt–2007. Der *1997er Bâtard-Montrachet* duftet nach Ton, Erde und Mineralien. Er hat mittleren bis vollen Körper, ist ungemein reichhaltig, dicht, fett und kleidet den Mund vollständig aus. Seine *sur-maturité*, sein mit Geschmacksnuancen voll gepackter Charakter (Mineralien, gewürzte Birnen, Äpfel), seine verschwenderische Textur und bewundernswerte Länge garantieren ihm eine hervorragende Punktnote. Allerdings befindet er sich wie viele Bâtards aus diesem Jahrgang hart an der Grenze zu einem kraftlosen und überladenen Wein. Ein hervorragender Tropfen für die nächsten 5 Jahre. Der *1997er Criots-Bâtard-Montrachet* ist ganz herrlich. Feuerstein, Meersalz, Kreide und sonnenerwärmte Steine treten in seinen unwiderstehlichen Aromen hervor. Dies ist ein komplexer, wunderbar scharf konturierter, seidig texturierter und eher dicker Wein. Dichte Schichten von toastwürzigen Mineralien, getrocknetem Honig, gebratenen Birnen, Anis, Blüten, Gewürzen und eine äußerst anziehende Komponente von Erde überziehen den Gaumen des Verkosters. Dieser superbe Criots hat mittleren bis vollen Körper, er ist tadellos ausgewogen und äußerst lang im Abgang. Eine Wucht! Voraussichtliche Genussreife: jetzt–2008+.

»Ohne eine Naturkatastrophe«, entrüstet sich Richard Fontaine, »können wir nicht länger unter den höchstzulässigen Ertragsmengen bleiben. Das lassen unser Wetter und die ausgezeichneten Weinbautechniken einfach nicht zu. Jeder, der behauptet, dass er 1999 oder 2000 unter 45 hl/ha lag (die zulässige Ertragsmenge für weiße Burgunder), ist ein verfluchter Lügner, das war vollkommen unmöglich!« Um den Beweis zu erbringen, wollte er mir eine Parzelle zur Verfügung stellen, die ich ganz nach meinem Belieben beschneiden, erziehen und bearbeiten könnte. Und meine Parzelle würde garantiert über der gesetzlich festgelegten Ertragsmenge liegen, egal wie viel Arbeit ich hineingesteckt hätte. Wenn ich nicht immer zwischen Washington und Chassagne-Montrachet hätte hin- und herpendeln müssen, hätte ich diese Herausforderung angenommen.

Wie viele seiner Kollegen sah Fontaine sich gezwungen, seinen 1999ern Säure zuzusetzen. Er erzählte, dass er den 1991ern keine Säure zugegeben hätte, und dass ihm das »als unvergessliche Lektion gedient hat. Zahlreiche Kunden haben mir geschrieben, wie sehr sie meinen 1991er mochten, ich aber hasste sie, weil ich wusste, dass sie nicht altern würden!«

Der *1999er Chassagne-Montrachet La Romanée* offenbart frische Aromen von Talkumpuder und Blumen. Von mittlerem Körper, dicht und tief, ist dies ein harmonischer, reichhaltiger, molliger und extrovertierter Wein. Schichten von roten und weißen Beeren und Birnen dominieren die Persönlichkeit dieses lieblichen Tropfens. Mineralien und Steine finden sich in den Aromen des *1999er Criots-Bâtard-Montrachet.* Kräutertee, Mineralien und knackige Birnen sind in diesem scharf konturierten, molligen und reichhaltigen Wein von mittlerem Körper miteinander verflochten. Er weist superbe Reintönigkeit in seinem Geschmacksprofil und in seinem langen, weichen Abgang auf. Voraussichtliche Genussreife: jetzt–2011.

Weitere empfehlenswerte Weine: 1999er Bâtard-Montrachet (88+), 1997er Chassagne-Montrachet La Boudriotte (rot) (89), 1997er Chassagne-Montrachet Les Caillerets (89), 1999er Chassagne-Montrachet Les Caillerets (89), 1997er Chassagne-Montrachet Morgeot (rot) (88), 1997er Chassagne-Montrachet Morgeot (weiß) (88), 1999er Chassagne-Montrachet Les Vergers (89), 1997er Pommard Rugiens (88), 1997er Volnay Clos des Chênes (89), 1999er Volnay Clos de Chênes (87–89)

DOMAINE FOUGERAY DE BEAUCLAIR (MARSANNAY)

1997	Bonnes Mares	EE	90+?

Die endgültige Qualität dieses *1997er Bonnes Mares* wird von seiner Fähigkeit (bzw. Unfähigkeit) bestimmt werden, mit seinem alkoholreichen, warmen Charakter fertig zu werden sowie auch mit den harten Tanninen, die in seiner gesamten Persönlichkeit präsent sind. Der kraftvolle und bewundernswert konzentrierte Kern von dicklicher Frucht ist ungemein beeindruckend und verdient sicherlich eine Benotung im unteren bis mittleren 90er-Bereich. Die Erfahrung zeigt jedoch, dass die Pinot Noirs oft in der Lage sind, einen hohen Alkoholgehalt in ihre Frucht zu »absorbieren«, dagegen haben sie wesentlich mehr Schwierigkeiten, mit den Tanninen fertig zu werden. Voraussichtliche Genussreife: 2004–2010?

DOMAINE DU CHÂTEAU DE FUISSÉ (FUISSÉ)

1997	Château Fuissé Pouilly-Fuissé	D	91+
1997	Château Fuissé Pouilly-Fuissé Les Brûlées	D	90
1997	Château Fuissé Pouilly-Fuissé Le Clos	D	91+
1997	Château Fuissé Pouilly-Fuissé Vieilles Vignes	E	(91–92+)

Halten Sie nach den Spezialabfüllungen dieses Weinguts Ausschau, die an dem Schriftzug »Château Fuissé« erkennbar sind, der in großen, fetten Lettern quer auf dem Etikett steht. Dies sind köstliche, komplexe und konzentrierte Weine, die den anderen Weinen qualitativ einen großen Schritt voraus sind. Die »Château Fuissés«, auf der Domaine als »Crus« bezeichnet, werden jeweils in Gebinden zu 3500 bis 5000 Flaschen abgefüllt. Es sind Angebote von drei Einzellagen und zwei *assemblages.*

Obwohl auf dieser Domaine nie neue Eichenfässer verwendet werden, offenbart der *1997er Château Fuissé Pouilly-Fuissé Les Brûlées* interessanterweise von Eichenholzwürze getränkte Aromen von Geißblatt und weißen Blumen. Dieser wuchtige, breitschultrige und den Mund auskleidende Wein von mittlerem bis vollem Körper hat eine dicke und maskuline Persönlichkeit. Im Stil eher an einen Chassagne-Montrachet Morgeot als an einen Wein aus Fuissé erinnernd, besitzt er kraftvolle Geschmacksnuancen von Erde und Mineralien, die während seines ausgedehnten Abgangs anhalten. Voraussichtliche Genussreife: jetzt–2005. Der *1997er Château Fuissé Pouilly-Fuissé Le Clos* vereint in sich die besten Eigenschaften des oben genannten Fuissé Les Brûlées. Sein an Kiefernholz erinnerndes Bukett, das mit einem Schuss Mineralien durchzogen ist, geht einher mit einem steinigen, nussigen, rauchigen und floralen Charakter, der mit Früchten aus dem Obstgarten und mit hellen Rosinen angefüllt ist. Er hat die Konturenschärfe, Frische und Präzision eines Les Combettes und fast ebenso viel Kraft, Dichte und Länge wie der Les Brûlées. Dieser komplexe, gut extrahierte Wein dürfte gut altern. Trinken Sie ihn jetzt–2007.

Der *1997er Château Fuissé Pouilly-Fuissé* (nicht zu verwechseln mit dem einfachen Pouilly-Fuissé) ist eine *assemblage* von 13 Parzellen. Er offenbart Aromen von Holz, Mineralien und Blumen sowie eine sprühend lebendige, herrlich scharf konturierte Persönlichkeit von mittlerem bis vollem Körper. Dieser Wein ist außerordentlich ausgefeilt und hat Geschmacksnuancen von Obstkernen, Feuerstein, Zitrusfrüchten, Steinen und kaltem Stahl. Voraussichtliche Genussreife: jetzt–2007+. Während Elvis Presley im Hintergrund sang, verkostete ich den Wein aus den beiden Tanks, in denen sich der endgültige Mischsatz des *1997er Château Fuissé Pouilly-Fuissé Vieilles Vignes* befand. Zu meiner Überraschung und zur Bestürzung der Besitzer enthielt jeder Tank einen ganz unterschiedlichen Wein. Sie waren qualitativ gleich, wiesen aber verschiedene Texturen und Geschmacksprofile auf. Der Erste hatte ein etwas gedämpftes, steiniges Bukett und einen wunderschön konturierten, lebenssprühenden und intensiven Kern von salzigen Mineralien. Der Zweite, bedeutend öliger, bot Geschmacksnuancen, die an einen leicht mit Limettensaft überpinselten Nuss-Sahne-Kuchen erinnerten. Die Besitzer waren nicht sicher, ob sie die beiden wieder mischen und dann nochmals schönen oder filtrieren oder unverändert abfüllen sollten. Voraussichtliche Genussreife: jetzt–2008.

Weitere empfehlenswerte Weine: 1997er Château Fuissé Pouilly-Fuissé Les Combettes (88+), 1997er St-Véran (88)

DOMAINE JEAN-NOËL GAGNARD (CHASSAGNE-MONTRACHET)

2000	**Bâtard-Montrachet**	**EEE**	**(89–92)**
1999	**Bâtard-Montrachet**	**EEE**	**(91–92)**
1997	**Bâtard-Montrachet**	**EEE**	**(89–91+)**
2000	**Chassagne-Montrachet Blanchots-Dessus**	**E**	**(90–92)**
2000	**Chassagne-Montrachet Les Caillerets**	**E**	**(90–92)**
1999	**Chassagne-Montrachet Les Caillerets**	**E**	**(89–91)**
1997	**Chassagne-Montrachet Les Caillerets**	**E**	**(89–91)**
1997	**Chassagne-Montrachet Clos de la Maltroie**	**E**	**(89–90+)**
1997	**Chassagne-Montrachet Morgeot (weiß)**	**E**	**(89–91)**

Caroline Lestimé, Jean-Noël Gagnards charmante Tochter, hat weitere Verantwortungsbereiche auf der Domaine übernommen. Ich bin ein großer Anhänger der im Allgemeinen reichhaltigen und scharf konturierten Weine, die in diesen Kellern bereitet werden. 1997, in einem Jahrgang, mit dem Madame Lestimé »überaus glücklich« war, bereitete die Domaine Jean-Noël Gagnard opulente, verführerische und üppige Weine, die zum baldigen Trinkgenuss bestimmt waren. Im Gegensatz zu den 1996ern, die dem Weinliebhaber etwas Geduld abverlangen (die Les Caillerets und Bâtards sind ehrfurchtgebietende Weine!), werden die 1997er in den ersten 5–8 Jahren ihres Lebens enormes Trinkvergnügen bereiten.

Sehr bewundert habe ich das ungestüme Bukett des *1997er Chassagne-Montrachet Clos de la Maltroie*, das mit Birnen und toastwürzigen Nüssen angefüllt ist. Dieser ungemein ausdrucksvolle Wein offenbart gewaltige Reife, hat mittleren bis vollen Körper und strotzt vor sahnigen Haselnüssen. Er ist herzhaft, seidig texturiert und direkt aus dem Fass getrunken ein immens vergnüglicher Wein. Voraussichtliche Genussreife: jetzt–2004. Weinliebhaber auf der Suche nach üppigen Weinen, die sie nach dem Kauf noch am gleichen Tag trinken können, sollten nach dem *1997er Chassagne-Montrachet Morgeot* Ausschau halten. Seine schon auf den Lippen zu schmeckenden Aromen von cremigen Birnen und Äpfeln mit einem subtilen Anflug von Erde gehen einher mit einer höchst ausdrucksstarken, fetten und ziemlich lustbetonten Persönlichkeit. Reife Pfirsiche, Ton, Haselnusscreme und salzige Butter sind in diesem molligen Wein von mittlerem bis vollem Körper alle miteinander verflochten. Voraussichtliche Genussreife: jetzt–2004.

Das gebändigtere und strengere Bukett des *1997er Chassagne-Montrachet Les Caillerets* gibt nur zögernd mineralische und toastwürzige Aromen frei. Nach einiger Belüftung entsteigen dem unnachgiebigen 1997er allmählich herrlich reintönige Geschmacksnuancen von

Kalk, Mineralien, Feuerstein und Toastwürze. Dies ist einer der seltenen 1997er, der die Reichhaltigkeit seines Jahrgangs mit pikanter, natürlicher Säure vereint. Voraussichtliche Genussreife: jetzt–2008+. Madame Lestimé verwendet für ihren *1997er Bâtard-Montrachet* wie bei jedem Jahrgang 80% neue Eichenfässer. Der 1997er zeigt beeindruckende Reife und Aromen von gewürzten Birnen und geröstetem Eichenholz. Es ist ein schöner Tropfen, dicht bepackt mit buttrigen Haselnüssen, sahnigen Mandeln, toastwürzigen Äpfeln und pikanten Johannisbeeren. Dieser mollige, fette, breit angelegte Wein von mittlerem bis vollem Körper hat gute Ausgewogenheit und einen bewundernswert langen Abgang mit Geschmacksnuancen von Nüssen. Trinken Sie ihn jetzt–2006.

Die Weinmacherin der Domaine, Caroline Lestimé, findet die 1999er »fetter als die 1998er. Ich mag sie sehr.« Der *1999er Chassagne-Montrachet Les Caillerets* hat ein ausgefeiltes, reifes, mit Mineralien und Quarz beladenes Bukett. Von mittlerem Körper und hervorragend ausladend, ist dies ein präziser, jedoch reichhaltiger, breit angelegter, molliger und gut ausgewogener Wein. In seinem köstlichen Charakter finden sich Zitronen, Mineralien, Felsgestein und Birnen. Er hat hervorragenden Biss und einen langen, reintönigen Abgang. Voraussichtliche Genussreife: jetzt–2009. Der *1999er Bâtard-Montrachet* offenbart ein intensives Bukett von weißen Früchten, Toastwürze und Mineralien. Von mittlerem bis vollem Körper, kräftig, reichhaltig und mollig, ist dies ein beeindruckend vielschichtiger und dicker Wein. Es ist einer der robustesten und fettesten 1999er, die ich verkostet habe. Schichten von gelben Früchten überziehen den Gaumen und halten während des außergewöhnlich langen Abgangs an. Voraussichtliche Genussreife: jetzt–2011.

Der *2000er Chassagne-Montrachet Blanchots-Dessus*, ein hervorragender Wein, hat würzige Aromen von Zitrone, Toast und Mineralien aufzuweisen. Er ist intensiv, konzentriert, reichhaltig und wunderschön konturiert. Schichten von Mineralien, Gewürzen und Birnen finden sich in seinem seidig texturierten und üppigen Charakter. Außerdem besitzt dieser Wein einen bewundernswert langen Abgang. Voraussichtliche Genussreife: jetzt–2010. Der nach sahnigen Mineralien, Gewürzen und Vanille duftende *2000er Chassagne-Montrachet Les Caillerets* ist hervorragend. Er weist gewaltige Konzentration, intensive Geschmacksnoten von Mineralien, Gewürzen und Birnen sowie einen rassigen, lebendigen Charakter auf. Mit Frucht beladen, ist er höchst ausdrucksvoll und köstlich. Trinken Sie ihn in den nächsten 10 Jahren. Der *2000er Bâtard-Montrachet* hat ein Bukett, das nach Kardamom, Toastwürze und Mineralien duftet. Er gibt herrliche Konzentration, große Mengen von Tiefe und eine Persönlichkeit von mittlerem Charakter zu erkennen. Kandierte Zitronen, Mineralien und Gewürze sind in diesem samtig texturierten Tropfen vorhanden. Dieser vielschichtige Wein dürfte sich jetzt–2012 in Bestform befinden.

Weitere empfehlenswerte Weine: 1998er Bâtard-Montrachet (87–89), 1997er Chassagne-Montrachet Blanchots-Dessus (88–90), 1997er Chassagne-Montrachet Champs-Gain (88–90), 2000er Chassagne-Montrachet Champs-Gain (87–89), 1999er Chassagne-Montrachet Les Chaumées (87–89), 2000er Chassagne-Montrachet Les Chaumées (87–89), 1997er Chassagne-Montrachet Chenevottes (87–88+), 2000er Chassagne-Montrachet Chenevottes (89–89), 1999er Chassagne-Montrachet La Maltroie (88–89), 2000er Chassagne-Montrachet La Maltroie (88–89), 1999er Chassagne-Montrachet Clos de la Maltroie (88–90), 2000er Chassagne-Montrachet Clos de la Maltroie (87–89), 1997er Chassagne-Montrachet Les Mazures (87–88), 1999er Chassagne-Montrachet Morgeot (rot) (88–90), 1999er Chassagne-Montrachet Morgeot (weiß) (87–89), 2000er Chassagne-Montrachet Morgeot (weiß) (88–89), 1999er Chassagne-Montrachet Clos St-Jean (rot) (88–90), 1997er Santenay Clos des Tavannes (88–90)

MAISON ALEX GAMBAL (BEAUNE)

1999	**Chapelle-Chambertin**	**EE**	**(88–91)**
1999	**Charmes-Chambertin**	**EE**	**(90–92)**

1999	**Clos de Vougeot**	**EE**	**(91–93)**
1999	**Echézeaux**	**EE**	**(90–93)**
1999	**Mazis-Chambertin**	**EE**	**(90–93)**
1999	**Nuits-St-Georges Les Pruliers**	**E**	**(91–93+)**
1999	**Vosne-Romanée Vieilles Vignes**	**D**	**(90–91+)**

Alex Gambal, der seine Zeit zwischen Beaune und Boston aufteilt, hat zahlreiche herrliche 1999er rote Burgunder bereitet. »Ist das ein großartiger Jahrgang?« nahm er meine Frage vorweg. »Verdammt nahe dran. Wir hätten viel darum gegeben, wenn die Erträge nur ein bisschen geringer ausgefallen wären.« Der hervorragende, mittel- bis dunkelrubinrote *1999er Nuits-St-Georges Les Pruliers* hat ein sinnliches Bukett, voll gepackt mit wachsartigen Pflaumen und Brombeermarmelade. Von mittlerem bis vollem Körper, breitschultrig und dicht, offenbart er Geschmacksnuancen von kerniger Lakritze, gerösteten Brombeeren, Pflaumenmarmelade und Heidelbeersirup. Er hat gewaltige Tiefe sowie einen bewundernswert langen, harmonischen und süßen Abgang. Trinken Sie ihn in den nächsten 6–7 Jahren.

Von Reben, die schon 1945 gepflanzt wurden, stammt der dunkelrubinrote *1999er Vosne-Romanée Vieilles Vignes* mit einem eindringlich aromatischen Bukett. Große Mengen von Schwarzkirschen und Brombeeren finden sich in seinem würzigen Duft. Seine samtweiche, opulente, aber doch elegante Persönlichkeit zeigt Geschmacksnuancen von Plätzchenteig, Kirschen, Blaubeeren und kandierten Himbeeren. Dieser Wein von mittlerem Körper ist eine wahre Wonne für den genussbetonten Weinliebhaber. Er ist in keiner Weise kantig und präsentiert einen beeindruckend langen, geschmeidigen Abgang. Trinken Sie ihn in den nächsten 8–9 Jahren. Der mittel- bis dunkelrubinrote *1999er Echézeaux* aus 55 Jahre alten Reben offenbart intensive Aromen von süßen Kirschen. Er hat mittleren Körper und Opulenz, es ist ein komplexer, intensiver und parfümierter Wein. Große Mengen von Blumen, kandierten Kirschen und Heidelbeeren finden sich in seinem konzentrierten Geschmacksprofil und in seinem beeindruckend langen und geschmeidigen Abgang. Voraussichtliche Genussreife: 2004–2010.

Der hervorragende mittel- bis dunkelrubinrote *1999er Charmes-Chambertin* bietet appetitanregende Aromen von Plätzchenteig, Kerzenwachs und Kirschsirup. Ein üppiger, sinnlicher und femininer Wein, weist er ölige Kirschen, Himbeeren und Heidelbeeren in seiner ausdrucksstarken Persönlichkeit auf. Auch wenn ihm die Dichte fehlt, die die feinsten Weine dieses Jahrgangs haben, vermittelt er doch mit seiner unmittelbar ansprechenden, entwickelten, süßen Frucht riesiges Vergnügen. Voraussichtliche Genussreife: jetzt–2007. Der rubinrote *1999er Chapelle-Chambertin* weist würzige Brombeer-Aromen auf. Er hat mittleren Körper und ausgezeichnete Dichte der Frucht und kleidet den Gaumen mit seidig texturierten roten und schwarzen Kirschen aus. Sein Abgang ist zwar ein wenig streng und strukturiert, er besitzt aber einen ausgezeichneten bis hervorragenden Gehalt an Geschmacksnuancen von frischen, gut gereiften Früchten. Trinken Sie ihn in den nächsten 8 Jahren.

Der nach Räucherspeck duftende, mittel- bis dunkelrubinrote *1999er Clos de Vougeot* ist ein hervorragender Wein von mittlerem bis vollem Körper. Seidig texturiert, reintönig und sinnlich, ist dies ein schön scharf konturierter, in genussbetontem Stil bereiteter Tropfen mit Geschmacksnuancen von würzigen Brombeeren, kandierten Heidelbeeren und Kirschen. Seine dicken und dennoch saftigen Schichten von dichten Früchten kleiden den Gaumen aus. Er ist zwar voll gepackt mit hochreifen Geschmackskomponenten, diese sind jedoch klar umrissen. Sein beeindruckend langer Abgang offenbart große Mengen von geschmeidigem, mit Kirschen überhauchtem Tannin. Dieser wundervolle Clos de Vougeot sollte 2005–2012 getrunken werden. Der etwas dunklere, nach Schwarzkirschen und asiatischen Gewürzen duftende *1999er Mazis-Chambertin* hat eine herrliche Tiefe in seinen pikanten schwarzen Fruchtkomponenten. Dieser süße, samtweiche, breit angelegte Wein erinnert an dicken Schwarzkirschsaft, beladen mit Wacholderbeeren, Zimt und asiatischen Gewürzen.

Er hat mittleren Körper und ist harmonisch und nahtlos. Trinken Sie ihn in den nächsten 10–12 Jahren.

»Die 2000er mag ich wirklich sehr, weil sie so herrliche Frucht haben. Jedes Mal, wenn ich sie koste, bin ich ganz gefesselt von den weißen Pfirsichen, die sie präsentieren«, sagt Alex Gambal. »Sehen Sie, wir sind ein neuer Betrieb und machen Fortschritte sowohl bei der Weinbereitung als auch bei der Qualität unserer Trauben. Wir stecken enorm viel Arbeit in unsere Weine und ich bin sehr zufrieden mit den Ergebnissen«, fügt er hinzu. Bei Geld und Geldeswert liegt Gambal richtig. Dieser kleine *négociant*-Betrieb in Beaune in der Nähe der Bahnlinie bereitet nicht nur immer bessere Weine, auch die Preise bleiben in einem vernünftigen Rahmen. Wo sonst findet der Weinliebhaber drei köstliche weiße Burgunder zu einem wirklich günstigen Preis? Die 2000er von Gambal erreichen zwar nicht die magische 90-Punkt-Grenze (ab 90 Punkten werden die detaillierten Verkostungsnotizen aufgeführt), sie verdienen aber verstärkte Aufmerksamkeit aufgrund der hohen Qualität und des fairen Preises.

Weitere empfehlenswerte Weine: Bonnes Mares (88–90), 1999er Bourgogne Chardonnay Cuvée Prestige (88), 2000er Bourgogne Chardonnay Cuvée Prestige (88), 1999er Chassagne-Montrachet (weiß) (89), 2000er Chassagne-Montrachet Champs-Gain (87–89), 2000er Chassagne-Montrachet Maltroie (89–90), 2000er Chassagne-Montrachet Morgeot (88–90), 1999er Fixin (weiß) (89), 1999er Gevrey-Chambertin Lavaux St-Jacques (88–90), 1999er Meursault (88+), 2000er Meursault Cromin (88), 2000er Pouilly-Fuissé (87–89), 2000er St-Aubin Sur Gamay (87–89), 2000er St-Véran (88–89), 1999er Savigny-lès-Beaune (87–89), 1999er Vosne-Romanée Beaux Monts (88–89+), 1999er Vosne-Romanée Malconsorts (88–90)

DOMAINE JEAN GARAUDET (POMMARD)

1999	**Pommard Charmots**	**E**	**91+**
1997	**Pommard Charmots**	**E**	**92**
1997	**Pommard Noizons**	**D**	**90**

Der hochbegabte, aber wenig bekannte Jean Garaudet erläuterte, dass die Trauben 1997 bei äußerst hohen Temperaturen gelesen wurden. Er führt die Tatsache, dass er in der Lage war, seine übliche, 4–5 Tage dauernde Kaltmazeration durchzuführen, darauf zurück, dass er mit so geringen Weinmengen arbeitet. Die Weine wurden während der gesamten *élevage* (Ausbau) auf ihren Hefen belassen und früher abgefüllt als irgendein anderer Jahrgang in der Geschichte dieses Weinguts.

Aus durchschnittlich 45–50 Jahre alten Reben wurde der mittel- bis dunkelrubinrote *1997er Pommard Noizons* bereitet, der reife Aromen von Himbeeren, Schwarzkirschen und Parfum zeigt. Es ist ein fester, maskuliner, dichter, konzentrierter Wein von mittlerem bis vollem Körper, mit Geschmacksnuancen, die an *root beer*, Teer, Lakritze und Brombeeren erinnern. Er ist breitschultrig, kraftvoll und ungemein geschmacksintensiv. Trinken Sie diesen wundervollen Pommard in den nächsten 8 Jahren. Die Parzelle von Garaudets Pommard Charmots hat volle Südausrichtung und ist mit über 100 Jahre alten Reben bestockt. Der *1997er Pommard Charmots* präsentiert ein äußerst zurückhaltendes Bukett, das jedoch nach einiger Zeit an der Luft herrlich reife schwarze Früchte inmitten eines talkum- und parfümähnlichen Duftes offenbart. Er ist äußerst breit angelegt, körperreich, dicht, kraftvoll, vierschrötig und zutiefst reif. Geröstete Brombeeren und Cassis lassen sich in diesem köstlichen, straffen Wein entdecken. Sein bewundernswert langer Abgang legt prachtvolle Reife der ausgiebigen Tannine an den Tag. Voraussichtliche Genussreife: jetzt–2010+.

Frische Kirschen, Steine und Brombeeren präsentieren sich in den Aromen des *1999er Pommard Charmots*. Er ist mittel- bis dunkelrubinrot, hat ausgezeichnete bis hervorragende Intensität, Dichte, Tiefe und Länge. Dieser Wein ist beladen mit frischen, dicklichen Kirschen, deren Geschmacksnuancen mit Gewürzen und mineralischen Komponenten verflochten sind. Seine Tannine – eine Eigenheit des Pommard, einer Appellation, die für ihre muskulösen, rustikalen Weine berühmt ist – sind reif und geschmeidig. Ich habe das Gefühl, dass dieser Wein, der aus äußerst alten Reben bereitet wurde, bei niedrigeren Erträgen ein vollkommen überirdischer Wein geworden wäre. Voraussichtliche Genussreife: 2004–2010.

Weitere empfehlenswerte Weine: 1997er Beaune Clos des Mouches (88), 1999er Beaune Clos des Mouches (88), 1997er Monthélie (rot) (88), 1999er Monthélie (rot) (89), 1999er Pommard Noizons (89+)

DOMAINE GEANTET-PANSIOT (GEVREY-CHAMBERTIN)

1999	**Chambolle-Musigny Premier Cru**	**E**	**92**
1999	**Charmes-Chambertin**	**EE**	**93**
1998	**Charmes-Chambertin**	**EE**	**91**
1997	**Charmes-Chambertin**	**E**	**92**
1999	**Gevrey-Chambertin Le Poissenot**	**E**	**90+**
1998	**Gevrey-Chambertin Le Poissenot**	**E**	**90**
1997	**Gevrey-Chambertin Le Poissenot**	**D**	**90**

Wein ist ein Getränk des Vergnügens, und die Vertreter dieser Auffassung werden an den üppigen, verführerischen und opulenten Weinen der Domaine Geantet-Pansiot großen Gefallen finden. Es sind zwar nicht die komplexesten, intellektuell zufriedenstellendsten oder strukturiertesten Weine der Côte d'Or, aber sie gehören unbedingt auf die Liste der genussvollsten und angenehmsten Weine aus dieser Region. Vincent Geantet ist Mitglied der freiwilligen Feuerwehr von Gevrey-Chambertin und einer der besten Winzer dieses Ortes. Er führt bei seinen Rotweinen vor der malolaktischen Gärung einmal wöchentlich eine *bâtonnage* durch. »Das beschleunigt sicherlich den Ausbau, ich bin aber fest davon überzeugt, dass es meine Tannine weicher macht«, sagt er.

Der mittel- bis dunkelrubinrote *1997er Gevrey-Chambertin Le Poissenot* offenbart parfümierte, florale Aromen von reifen Beeren. Von mittlerem bis vollem Körper, ist dieser dichte, breit angelegte und herrlich reife Wein kraftvoll und enorm geschmacksintensiv. In seiner üppigen Persönlichkeit präsentieren sich sahniger Mokka, Eichenholzwürze, Kompott von roten und schwarzen Früchten, Mineralien und Steine. Sein Abgang zeigt ausgiebige Tannine, die allerdings geschmeidig sind und schon abschmelzen. Trinken Sie diesen schönen Tropfen in den nächsten 7 Jahren. Der mit einem ähnlichen Kleid ausgestattete *1997er Charmes-Chambertin* ist ein Traumwein für diejenigen Weinliebhaber, die sich ganz dem Genuss verschrieben haben. Sein Bukett mit Düften nach Brombeeren und asiatischen Gewürzen geht einher mit einem herzhaften Mund voll mit Schwarzkirschen, Kaffee und Eiscreme, die den Gaumen ganz durchsetzen, und mit großen Mengen von süßen Gewürzen. Dieser milde, reichhaltige, ungemein dichte, dicke und intensive Wein ist breit angelegt und körperreich. Voraussichtliche Genussreife: jetzt–2006+.

Der mittel- bis dunkelrubinrote *1998er Gevrey-Chambertin Le Poissenot* hat Aromen von Blumen, Brombeeren, Veilchen und Lakritze. Von mittlerem bis vollem Körper, ölig texturiert und dicht, zeigt dieser Wein hervorragende Reife und immer tiefer verborgene Schichten von dunklen Früchten. Die für den Jahrgang charakteristische Härte ist unter den üppigen schwarzen Himbeeren und Kirschen erkennbar. Trinken Sie ihn in den nächsten 5 Jahren. Der rubinrote *1998er Charmes-Chambertin* hat Aromen von Brombeeren und Schwarzkirschen. Von mittlerem Körper, reintönig und luxuriös texturiert, will dieser süße und sinnliche Wein kurzfristig getrunken sein, während er sich in Bestform befindet. Derzeit überdecken ausgiebige Schichten von dicklichen roten Früchten seine Tannine. Trinken Sie ihn in den nächsten 5 Jahren.

Vincent Geantet bereitet saftige rote Burgunder, die nur darauf warten, getrunken zu werden. Sie sind üppig, süß, voll gepackt mit Frucht und nur ganz selten etwas kantig. Geantet will unter allen Umständen Weine bereiten, die den Trinkenden zum Lächeln verführen, und es ist ihm gelungen! Er ist ein überzeugter Anhänger des Aufrührens der Hefen bei Rotweinen. »Das hüllt die Tannine in die Frucht ein«, sagt er, »und die Frucht bringt die Freude.«

Der *1999er Chambolle-Musigny Premier Cru* offenbart Aromen von süßen roten Beeren und Rosen. Pflaumen, Schwarzkirschen und Brombeeren finden sich in diesem sinnlichen, reichhaltigen, tiefen und konzentrierten Wein. Er hat mittleren bis vollen Körper, ist extravertiert, unmittelbar ansprechend und ungestüm. Die ausgiebige Frucht hält während des herrlich reintönigen und langen Abgangs an. Voraussichtliche Genussreife: jetzt–2007. Der *1999er Gevrey-Chambertin Le Poissenot* hat mittleren Körper und Aromen von Brombeeren, Johannisbeeren und frischen Kräutern. Er ist verschlossener als alle anderen vorher genannten Weine – ein konzentrierter, reintöniger, maskuliner und kraftvoller Tropfen, der in seinem nach Schwarzkirschen und Cassis schmeckenden Kern über hervorragende Tiefe der Frucht verfügt. Voraussichtliche Genussreife: jetzt–2010. Vincent Geantets *1999er Charmes-Chambertin* ist der Traum eines jeden Hedonisten. In seinen süßen, floralen Aromen finden sich Pflaumen, Kirschen und Himbeeren. Von mittlerem Körper, konzentriert und wunderschön klar gezeichnet, ist dieser hervorragende Wein voll gepackt mit Kirschen und gemischten roten Früchten, deren Geschmacksnuancen während seines nahtlosen, harmonischen und langen Abgangs anhalten. Trinken Sie ihn in den nächsten 12 Jahren.

Weitere empfehlenswerte Weine: 1997er Chambolle-Musigny Vieilles Vignes (88), 1999er Chambolle-Musigny Vieilles Vignes (89+), 1997er Gevrey-Chambertin Les Jeunes Rois (88), 1999er Gevrey-Chambertin Les Jeunes Rois (89), 1997er Gevrey-Chambertin Vieilles Vignes (89+), 1999er Gevrey-Chambertin Vieilles Vignes (89), 1999er Marsannay Les Champs Perdrix (88)

DOMAINE GÉNOT-BOULANGER (MEURSAULT)

1997	**Chassagne-Montrachet Les Chenevottes**	**D**	**(88–91)**
1997	**Corton-Charlemagne**	**E**	**(90–93)**

Das intensive, mit Erde, roten Beeren und Gewürzen angefüllte Bukett des *1997er Chassagne-Montrachet Les Chevenottes* ist einfach bezaubernd. Dieser Wein hat mittleren bis vollen Körper, er ist reichhaltig und herrlich vielschichtig mit Geschmackskomponenten von Birnen, Äpfeln, Blumen und Anflügen von Zitronendrops und Kuchenteig. Konzentriert und ölig texturiert, dürfte er letztlich nach dem Abfüllen eine hervorragende Punknote verdienen. Voraussichtliche Genussreife: jetzt–2005.

Der bei einem enorm hohen, natürlichen potenziellen Alkoholgehalt von 14% gelesene *1997er Corton-Charlemagne* ist ein fantastischer Wein! Aromen von Crème brûlée, bestreut mit gerösteten Haselnüssen, die das Wasser im Munde zusammenlaufen lassen, sind mit Geißblattblüten und großen Mengen von Gewürzen durchsetzt. Dieser überaus reichhaltige (Chardonnay-Essenz), dichte, dick texturierte Wein wird genussbetonten Weinliebhabern in der ganzen Welt gefallen. Seine öligen Schichten offenbaren toastwürzige Mineralien, tropische weiße und gelbe Früchte, die alle von köstlich süßen Geschmacksnuancen von neuem Eichenholz überflutet sind. Obwohl der hohe Alkoholgehalt in seinem langen Abgang zutage tritt, wird er durch die wuchtige Frucht dieses Weines ausgeglichen. Wer erstklassige kalifornische Chardonnays schätzt, dem wird auch dieser Corton-Charlemagne sehr gefallen. Entwickelt er mit fortschreitender *élevage* noch Eleganz und Finesse, wird sich meine Benotung sicher als zu bescheiden herausstellen. Voraussichtliche Genussreife: jetzt–2006.

Weitere empfehlenswerte Weine: 1997er Meursault Clos du Cromin (88), 1997er Meursault Les Vireuils (89)

MAISON VINCENT GIRARDIN (SANTENAY)

2000	**Bâtard-Montrachet**	**EEE**	**(90–92)***
1998	**Bâtard-Montrachet**	**EEE**	**92***
1997	**Bâtard-Montrachet**	**EEE**	**92+***
1999	**Bonnes Mares**	**EEE**	**(89–91)***

1999	Chambertin Clos de Bèze	EEE	(90–92)*
1997	Chambolle-Musigny Les Amoureuses	EE	90*
1999	Charmes-Chambertin	EE	(93–95)*
2000	Chassagne-Montrachet Le Cailleret	E	90*
1999	Chassagne-Montrachet Clos de la Truffière	E	90
1999	Chassagne-Montrachet Les Embrazées	E	90
1999	Chassagne-Montrachet Morgeot (weiß)	E	91+*
1997	Chassagne-Montrachet Morgeot (weiß)	E	90*
2000	Chevalier-Montrachet	EEE	90*
1999	Clos de la Roche	EE	(90–91)*
1999	Clos St-Denis	EE	(89–90+)*
1999	Clos de Vougeot	EE	(91–92)*
1999	Corton Perrières	E	(92–94)*
1999	Corton Renardes	EE	(93–95)*
1997	Corton Renardes	EE	90*
1997	Echézeaux	EE	90+*
1999	Meursault Charmes	E	92*
1997	Meursault Perrières	E	91*
2000	Montrachet	EEE	(91–93)*
1999	Montrachet	EEE	(89–91)*
1999	Pommard Grands Epenots	E	(92–93+)*
1997	Pommard Grands Epenots Vieilles Vignes	EE	91*
1999	Pommard Rugiens	EE	(90–92)*
1997	Pommard Rugiens	EE	91*
1997	Puligny-Montrachet Les Combettes	EE	91*
2000	Puligny-Montrachet Les Folatières	EE	90*
1997	Puligny-Montrachet Les Perrières	E	90*
2000	Puligny-Montrachet Les Referts	EE	91
1999	Volnay Clos des Chênes	E	(90–92)*
1999	Volnay Santenots	E	(89–91)*
1997	Volnay Santenots	E	90+*

* Diese Weine sind auch überall unter dem Label Baron de la Charrière erhältlich.

Vincent Girardin, der äußerst begabte Besitzer und Weinmacher dieses Handelshauses, hat für seine 1997er eine neue, hochmoderne pneumatische Presse benutzt. Diese neue Maschine ermöglicht einen sanfteren Druck während des Pressens und führt zu einer geringeren Menge an groben Hefen als in der Vergangenheit. Daher war die *débourbage* (Entfernen der Schalen und Trubteilchen aus dem Most) auch kürzer als üblich. Girardin sagte mir, dass er seine Weißweine vor der alkoholischen Gärung bei 8 °C kalt stabilisierte. Bei Weinen aus mäßigen Erträgen lag für Girardin 1997 das Geheimnis des Erfolgs in einer frühen Lese. »Auf diese Weise konnten wir gute natürliche Säure beibehalten.«

Girardins Spitzen-Weißweine, die Grands Crus und die Premiers Crus, haben dasselbe Qualitätsniveau wie die Weine, die von anderen ausgezeichneten Domainen und *négociants* in Burgund bereitet werden. Das Besondere an diesem Betrieb sind die Scharen von köstlichen, gut trinkbaren Weinen von weniger bekannten Appellationen, die er produziert, einschließlich Santenay, wo er seinen Sitz hat. Die Preise sind in den letzten Jahren gestiegen, die Qualität hat aber auch einen Schritt nach vorne gemacht. Der äußerst beeindruckende *1997er Meursault Perrières* offenbart kraftvolle Aromen von Mineralien, Nüssen und steinähnlichen Komponenten. Seine reichhaltige und expansive Persönlichkeit von mittlerem bis vollem Körper hat köstlich gewürzte Geschmacksnuancen von gebuttertem Toast. Er ist wohl ausgewogen (besonders für diesen Jahrgang), dicht und dürfte anmutig altern. Trinken Sie ihn jetzt–2008.

Vincent Girardin sagt, dass er für seine 50 Fässer des *1997er Chassagne-Montrachet Morgeot* Trauben und Most von fünf verschiedenen Besitzern gekauft habe. Der fertige Wein hat ein blumiges und nach Teeblättern duftendes Bukett und eine kühne, anspruchsvolle Persönlichkeit. Dieser mit Erde und Mineralien angefüllte Wein hat vorzügliche Reichhaltigkeit, mittleren Körper und pikante mineralische Komponenten in seinem Abgang. Trinken Sie ihn in den nächsten 6 Jahren. Girardins beeindruckender *1997er Puligny-Montrachet Les Perrières* hat ein herrliches Bukett, das erfüllt ist von Parfüm, Blüten, Steinen und Mineralien. Am Gaumen bietet er sonnendurchwärmte Felsen, Kreide und rote Beerenfrucht. Dies ist ein dichter, breit angelegter Wein von mittlerem bis vollem Körper, der aber dennoch scharf konturiert ist. Voraussichtliche Genussreife: jetzt–2007. Der *1997er Puligny-Montrachet Les Combettes* hat von Mineralien geprägte Aromen, die mit seinem komplexen und ausdrucksvollen Charakter von mittlerem bis vollem Körper einhergehen. Es ist ein geschmacksintensiver Wein, der voll gepackt ist mit Mandelkuchen, weißen Blumen, Mineralien, Steinen und einer pikanten Zitrus-Komponente. Dieser Super-Wein sollte jetzt–2008 getrunken werden.

Der *1997er Bâtard-Montrachet* von 40–50 Jahre alten Reben, die sich mitten in dieser berühmten Grand-Cru-Lage befinden, ist einer der erfolgreichsten Bâtards dieses Jahrgangs. Er offenbart superbe Reife in seinem erdigen Bukett, das von süßem Marzipan und von weißen Früchten durchzogen ist. Dieser Wein von mittlerem bis vollem Körper kleidet ganz den Mund aus, er ist dicht, äußerst dick und opulent, aber auch fantastisch scharf konturiert. Seine kompottähnlichen Geschmacksnuancen beinhalten Birnen, Äpfel, mit Vanille gewürzte Crème brûlée, Steine und Kräuter. Dieser Bâtard hat einen nachhaltigen, von gebuttertem Toast erfüllten Abgang. Trinken Sie ihn jetzt–2010.

Wie zu Anfang bereits erwähnt, ist Girardin der Ansicht, dass die roten 1997er früh gelesen werden mussten, damit die Säure erhalten blieb. Er sagt auch, dass die auf seinem Gut vinifizierten Weine weder chaptalisiert wurden noch dass ihnen Säure zugesetzt wurde, und dass er alle ungeschönt und unfiltriert abfüllt. Man muss jedoch feststellen, dass manche besser geworden wären, wenn sie etwas länger am Rebstock geblieben wären. Darauf deuten jedenfalls die festen Tannine hin. Dieses Handelshaus, das an der Südspitze der Côte de Beaune liegt, expandiert und nimmt Selektionen von der Côte de Nuits hinzu. Da Girardin mit gewissenhaften Weinbergbesitzern Kontakte herstellt und mit ihnen langfristige Verträge abschließt, wird er dem Betrieb durch sein beachtliches Talent bei der Weinbereitung sicherlich eine Spitzenstellung unter den Weinproduzenten von der nördlichen Côte d'Or verschaffen.

Der aus angekauften Trauben bereitete, rubinrote *1997er Volnay Santenots* zeigt frische, nach Brombeeren duftende Aromen. Dieser ausgefeilte, vollmundige Wein von mittlerem Körper ist voll gepackt mit Geschmacksnuancen von Blumen, Lakritze und Heidelbeeren. Er offenbart liebliche Tiefe der Frucht, Breite und einen langen, geschmeidigen Abgang. Trinken Sie ihn in den nächsten 7 Jahren. Für seinen rubinroten *1997er Corton Renardes* kaufte Girardin sowohl Trauben als auch Wein an. Hochreife, dickliche Brombeeren finden sich in den Aromen dieses seidig texturierten, breit angelegten Weines von mittlerem bis vollem Körper. Er ist kernig, beladen mit schwarzen Früchten und zeigt ausgiebige, geschmeidige Tannine in seinem nachhaltigen Abgang. Voraussichtliche Genussreife: jetzt–2008. Der etwas dunklere *1997er Pommard Grands Epenots Vieilles Vignes* offenbart in seinem Bukett Aromen von mit Mokkacreme überzogenen Kirschen. Der Wein hat mittleren bis vollen Körper, ist dicht, ungestüm und voll gepackt mit Geschmacksnuancen von Minze und Brombeer-Kompott mit einer Spur von *sur-maturité*. Er wird sicherlich nicht alt, verschafft jedoch in den nächsten 5 Jahren garantiert reichlich hedonistisches Vergnügen. Der strukturiertere, rubinrote *1997er Pommard Rugiens* legt Düfte von Wildbret und gewürzten roten Früchten an den Tag. Es ist ein breit gebauter, ausdrucksstarker, fester Wein mit Geschmacksnuancen, die an Zedernholz, Tabak und süße rote Kirschen erinnern. Er hat mittleren bis vollen Körper, ist kraftvoll und besitzt ein Rückgrat voller gut gereifter Tannine. Voraussichtliche Genussreife: jetzt–2007.

Der mittel- bis dunkelrubinrote *1997er Chambolle-Musigny Les Amoureuses* präsentiert betörende, von Veilchen durchsetzte Cassis-Aromen. Schichten von süßen schwarzen Johannisbeeren und asiatischen Gewürzen finden sich im Charakter dieses Weines von mittlerem bis vollem Körper ebenso wie in seinem beeindruckend langen, reintönigen Abgang. Trinken Sie ihn in den nächsten 7 Jahren. Aus angekauften Trauben und Wein bereitet wurde der mittel- bis dunkelrubinrote *1997er Echézeaux*, der ein Bukett von Räucherspeck und Brombeeren hat. Es ist ein straff gewirkter, verhalten entwickelter und strukturierter Wein mit hervorragender Breite und Geschmacksintensität. Steine, Schwarzkirschen und Cassis dominieren seine scharf konturierte und nachhaltige Persönlichkeit. Trinken Sie ihn in den nächsten 7+ Jahren.

Der *1998er Bâtard-Montrachet* bietet köstliche Aromen von reichhaltigen, buttrigen Birnen und Myriaden von Gewürzen. Samtig texturiert, dick und mollig, ist dieser kraftvolle, gut bereitete Wein körperreich und bis oben hin voll von Schichten üppiger Frucht. Er ist opulent, aber doch scharf konturiert, und ein äußerst gelungener 1998er. Er spiegelt die zahllosen Begabungen von Girardin als Weinmacher und Einkäufer der besten Früchte von der Côte de Beaune wider. Voraussichtliche Genussreife: jetzt–2007+.

Vincent Girardin beschreibt 1999 als ein »großartiges, aber nicht spektakuläres Jahr« für die Weißen und ist der Meinung, dass es für die Roten sogar noch besser war. »Es war eine vollkommen gesunde Lese«, sagt er, »die Trauben waren beispielhaft reif, mit einem goldenen Schimmer überzogen und mit perfekter Säure.« Auf die Frage, welche seine Lieblingsjahrgänge unter den weißen Burgundern aus den 1990er Jahren seien, setzte Girardin den 1992 an die erste Stelle, und es folgten 1999,1990, 1996, 1997, 1995, 1998, 1994, 1991 und 1993.

Der hervorragende *1999er Meursault Charmes* präsentiert blumige Aromen und eine köstlich reichhaltige Persönlichkeit. Dieser fette, konzentrierte, seidig texturierte Wein hat mittleren Körper und besitzt ein intensives Geschmacksprofil, voll gepackt mit gewürzten Birnen, Steinen und Mineralien, deren Geschmacksnuancen durch den betörend geschmeidigen und langen Abgang hindurch anhalten. Dieser herrlich sinnliche Wein sollte in den nächsten 7–8 Jahren getrunken werden. Der reichhaltige *1999er Chassagne-Montrachet Les Embrazées* offenbart einen Duft von süßen Birnen. Von mittlerem Körper, üppig und sinnlich, ist es ein fetter, seidig texturierter Wein mit großen Mengen von Geschmacksnuancen von gewürzten Äpfeln, Anis und Wacholderbeeren. Ein hervorragender Wein, der noch besser wäre, wenn er klarer umrissen und komplexer wäre. Voraussichtliche Genussreife: jetzt –2007. Der beeindruckende *1999er Chassagne-Montrachet Clos de la Truffière* hat die Qualitäten, die dem Embrazées fehlen, aber nicht dessen sinnlich anziehende Persönlichkeit. Dies ist ein nach Erde und Eichenholz duftender Wein mit einem herrlich komplexen Charakter von mittlerem Körper. Subtile Äpfel, Mineralien und Birnen treten eingangs auf der Zunge hervor, werden am mittleren Gaumen stärker und erscheinen dann kraftvoll im langen, scharf konturierten Abgang. Voraussichtliche Genussreife: jetzt–2009. In völliger Missachtung der *terroirs* habe ich den Embrazées und den Clos de la Truffière zu gleichen Teilen in meinem Glas gemischt und fand die Summe großartiger als die einzelnen Teile.

Der opulente *1999er Chassagne-Montrachet Morgeot* hat ein zurückhaltendes, von Mineralien dominiertes Bukett. Dieser samtig texturierte Wein von mittlerem bis vollem Körper ist tief, ausgewogen und hat eine ungemein mollige, kernige Persönlichkeit. Schichten von gewürzten Birnen, kandierten Äpfeln und Anis finden sich im Charakter dieses sinnlichen Weins sowie in seinem bewundernswert langen und reintönigen Abgang. Trinken Sie ihn in den nächsten 8–9 Jahren. Hätte der *1999er Montrachet* von Girardin mehr Tiefe der Frucht, würde er Furore machen, da er außergewöhnliche Reintönigkeit, Konturenschärfe, Ausgewogenheit und einen erstaunlichen Abgang besitzt. Dieser Wein von mittlerem Körper zeigt ein betörendes, mit weißen Blumen und Kies angefülltes Bukett, sowie ein delikates Geschmacksprofil von frischen Akazienblüten und Mineralien, die eine Ewigkeit lang am Gaumen schweben. Zwar besitzt er alle Eigenschaften eines gut vinifizierten und brillant ausgebauten Weines, doch lässt er aufgrund der zu hohen Erträge Großartigkeit vermissen. Trinken Sie ihn in den nächsten 8–9 Jahren.

Girardin hat eine beeindruckende Serie von 1999er Rotweinen bereitet. Steine, Gewürze und Brombeeren finden sich in den nuancierten Aromen des *1999er Volnay Santenots.* Am Gaumen offenbart dieser wunderbare Wein Veilchen, süße Schwarzkirschen und Cassis, gepaart mit einer betörenden Frische. Es ist ein konzentrierter Wein, der auch einen äußerst langen, geschmeidigen und fruchterfüllten Abgang aufzuweisen hat. Trinken Sie ihn in den nächsten 8 Jahren. Der dunkelrubinrote *1999er Volnay Clos des Chênes* bietet ein appetitanregendes Bukett von Brombeermarmelade, die mit würzigem neuem Eichenholz durchsetzt ist. Von mittlerem bis vollem Körper, reichhaltig und saftig, ist dieser kraftvolle Wein voll gepackt mit Schwarzkirschen, Cassis und vanillegetränkter Eichenholzwürze. Voraussichtliche Genussreife: jetzt–2010.

Der *1999er Pommard Grands Epenots* hat eine fast schwarze Farbe und ein überschwängliches, nach Brombeeren und Cassis duftendes Bukett. Dies ist ein wuchtiger, körperreicher, kraftvoller und reintöniger Wein. Konzentrierte Schichten von Brombeeren, Lakritze und Cassis zeigen sich in diesem unwiderstehlichen Pommard, der auch wunderbar reife Tannine in seinem langen und geschmeidigen Abgang aufweist. Voraussichtliche Genussreife: jetzt–2010. Der etwas hellere *1999er Pommard Rugiens* hat ein herrliches Bukett von Blumen, vermischt mit roten und schwarzen Kirschen. Frische Kräuter, Himbeeren, Brombeeren und Kirschen finden sich in diesem würzigen Wein von mittlerem bis vollem Körper. Er ist breitschultrig, strukturiert, muskulös und voll gepackt mit Frucht. Trinken Sie ihn in den nächsten 10 Jahren.

Von 60 Jahre alten Reben wurde der dunkelrubinrote *1999er Corton Perrières* bereitet. Er bietet ein wunderschönes Bukett von Brombeeren, schwarzen Johannisbeeren und toastwürzigem neuen Eichenholz. Dieser untersetzte, samtig texturierte Wein hat mittleren bis vollen Körper und ist bei hervorragender Tiefe der Frucht hochkonzentriert. Sukzessive Schichten von Brombeeren, Johannisbeeren, kandierten Trauben und Blumen erobern bei diesem kraftvollen, aber doch eleganten Wein den Gaumen. Die im langen Abgang erkennbaren Tannine sind erstaunlich geschmeidig und süß. Voraussichtliche Genussreife: jetzt–2012. Der *1999er Corton Renardes* hat ein ähnliches Kleid und ein appetitanregendes Bukett von dicklichen Pflaumen, Veilchen, Plätzchenteig und süßen Brombeeren. Dieser Wein hat prachtvolle Tiefe, Reichhaltigkeit und Konzentration. Sirupartige rote und schwarze Früchte sind in dieser ölig texturierten, nahtlosen Persönlichkeit mit kandierten Kirschen verwoben. Es ist ein majestätischer Corton. Voraussichtliche Genussreife: 2004–2014.

Der mittel- bis dunkelrubinrote *1999er Clos St-Denis* war bei der Verkostung in den Aromen gedämpft. Es ist ein hoch extrahierter Wein von mittlerem Körper, der Geschmacksnuancen von Brombeeren, Lakritze und frisch aufgetragenem Asphalt zeigt. Er ist kraftvoll, hat aber doch eine feste, vierschrötige Struktur. Der Luftkontakt vor dem Abfüllen wird diesen Wein wohl weicher und seine Frucht expansiver werden lassen. Voraussichtliche Genussreife: 2004–2010+. Süße Eichenholzwürze, Gewürze und frische Brombeeren und Kirschen finden sich in den Aromen des *1999er Clos de la Roche.* Dieser muskulöse Wein ist hoch extrahiert, tanninherb und beladen mit Schwarzkirschen, Lakritze und Brombeeren. Er ist extravertiert, kraftvoll und besitzt einen langen tanninreichen Abgang. Voraussichtliche Genussreife: 2004–2010+. Der mittel- bis dunkelrubinrote *1999er Clos de Vougeot* hat ein würziges, von Kirsche und Eichenholz erfülltes Bukett. Große Mengen von Vanille, Himbeeren, Brombeeren und Kirschen zeigen sich in diesem von Frucht dominierten Wein. Er besitzt zwar ausgiebiges reifes Tannin, das in seinem bewundernswert langen Abgang erkennbar ist, aber insgesamt ist seine Persönlichkeit von süßer, üppiger Frucht geprägt. Voraussichtliche Genussreife: jetzt–2012.

Der prächtige, dunkelrubinrote *1999er Charmes-Chambertin* hat ein Bukett, das nach frischen Kirschen, Rosen und Veilchen duftet. Dieser Wein von mittlerem bis vollem Körper hat vorzügliche Breite in seinem Charakter, der mit süßem Eichenholz durchzogene Geschmacksnuancen von Kirschsirup und Parfum aufweist. Harmonisch und dicht bepackt mit hochreifen Geschmackskomponenten, besitzt er auch einen beeindruckend langen, geschmeidigen und reintönigen Abgang. Dieser hervorragende Wein sollte in den nächsten 10–12 Jahren getrunken werden. Der mittel- bis dunkelrubinrote *1999er Bonnes Mares* offenbart Aromen von Kaffee, Mokkacreme und Brombeeren. Er hat mittleren Körper und zeigt Geschmacksnuancen von süßen Kirschen, Kaffeebohnen und frischen Kräutern, es ist ein lebendiger Wein für den baldigen Trinkgenuss. Dazu besitzt er gute Struktur und große Mengen von reifem Tannin, wobei die fortgeschritten entwickelte Art seiner Frucht darauf hindeutet, dass er in den nächsten 5–6 Jahren getrunken werden sollte. Frische Kräuter, Steine und Brombeeren präsentieren sich in den Aromen des mittel- bis dunkelrubinroten *1999er Chambertin Clos de Bèze*. Er hat mittleren Körper und ist beladen mit Gewürzen, süßer Schokolade, Brombeeren und Johannisbeeren: ein fester Wein, dessen ausgiebige Tannine in reife Frucht gebettet sind. Voraussichtliche Genussreife: jetzt–2010.

Der *2000er Chassagne-Montrachet Le Cailleret* hat ein herrliches Bukett von flüssigen Mineralien, Anis und Akazienblüten aufzuweisen. Saftig, samtig texturiert und von mittlerem Körper, besitzt er ein Geschmacksprofil, das voll gepackt ist mit zitronengetränkten Mineralien. Er ist lebendig und würzig. Voraussichtliche Genussreife: jetzt–2008. Der *2000er Puligny-Montrachet Les Referts* zeigt Aromen von erdigen Mineralien und einen reichhaltigen Kern der Frucht von mittlerem Körper. Konzentriert und weinig, offenbart er große Mengen von Geschmacksnuancen von Gewürzen, Toastwürze, Butter und Rauch. Trinken Sie ihn in den nächsten 9 Jahren. Frisch geschnittene Blumen treten im Bukett des *2000er Puligny-Montrachet Les Folatières* zutage. Er hat leichten bis mittleren Körper, ist weich texturiert, klar umrissen und verfügt über Geschmacksnuancen von Erde, Gewürzen und Birnen einhergehend mit einem filigranen Charakter. Voraussichtliche Genussreife: jetzt–2009.

Salzige Butter und Myriaden von Gewürzen finden sich in den Aromen des *2000er Chevalier-Montrachet*. Dieser überaus klar gezeichnete Wein mit leichtem bis mittlerem Körper ist frisch, rassig und pikant. Mineralien, Limetten und Zitronen zeigen sich in seinem Geschmacksprofil und in seinem langen, filigranen Abgang. Trinken Sie ihn in den nächsten 10 Jahren. Der *2000er Bâtard-Montrachet* offenbart Aromen von cremigen weißen Früchten und Toastwürze. Von mittlerem Körper und breit angelegt, hat dieser Wein hervorragende Tiefe und einen Charakter mit Geschmacksnuancen von gerösteten, toastwürzigen Birnen, Äpfeln und Mineralien. Er ist dicht, aber doch ungemein scharf konturiert und zeigt einen bewundernswert langen und geschmacksintensiven Abgang. Voraussichtliche Genussreife: jetzt–2011. Der *2000er Montrachet* offenbart ein appetitliches Bukett, das von süßer Butter und kandierten Birnen durchzogen ist. Toastwürzige Mineralien, knackige Birnen und Äpfel finden sich in dem dichten, seidig texturierten, mittleren Körper dieses hervorragenden Weines. Er ist wunderschön bereitet, voller Tiefe und besitzt einen langen, ausdrucksstarken Abgang. Voraussichtliche Genussreife: jetzt–2013.

Weitere empfehlenswerte Weine: 1997er Aloxe-Corton Clos du Chapître (88+)*, 1999er Bâtard-Montrachet (87–89)*, 1999er Chambolle-Musigny Les Charmes (87–89)*, 1997er Chassagne-Montrachet Les Caillerets (89+)*, 1998er Chassagne-Montrachet Les Caillerets (88+)*, 1999er Chassagne-Montrachet Les Caillerets (88)*, 1999er Chassagne-Montrachet Clos de la Boudriotte (88–90), 1998er Chassagne-Montrachet Les Morgeots (weiß) (88)*, 2000er Chassagne-Montrachet Les Morgeots (weiß) (89)*, 1999er Chassagne-Montrachet La Romanée (88)*, 2000er Chassagne-Montrachet Clos de la Truffière (89), 1997er Corton-Charlemagne (89+)*, 1998er Corton-Charlemagne (89+)*, 1999er Chevalier-Montrachet (88–90)*, 1997er Corton-Perrières (88+)*, 1997er Corton Clos du Roi (89)*, 1999er Maranges Clos des Loyères (87–89)*, 1997er Meursault Les Charmes (89+)*, 1998er Meursault Les Charmes

(88)*, 2000er Meursault Les Charmes (89)*, 1999er Meursault Les Genevrières (89)*, 2000er Meursault Les Genevrières (89)*, 1999er Meursault Les Narvaux (88)*, 2000er Meursault Les Narvaux (89)*, 1998er Meursault Les Perrières (89)*, 2000er Meursault Poruzots (88), 1999er Morey-St-Denis Les Millandes (88–89)*, 1997er Pommard Les Argillières (88+)*, 1997er Pommard Clos des Lambots Vieilles Vignes (88)*, 1999er Pommard Clos des Lambots Vieilles Vignes (88–90)*, 1999er Pommard Les Vignots (88–90)*, 1999er Puligny-Montrachet Champs-Gain (88), 1999er Puligny-Montrachet Enseignères (89)*, 1999er Puligny-Montrachet Les Perrières (88)*, 2000er Puligny-Montrachet Les Pucelles (89)*, 1997er Puligny-Montrachet Les Referts (89+), 1998er Puligny-Montrachet Les Referts (88), 1999er Romanée-St-Vivant (89–90), 1997er St-Aubin Les Murgers des Dents de Chiens (88)*, 1997er Santenay Les Gravières Vieilles Vignes (rot) (88–89)*, 1997er Santenay Clos du Beauregard (weiß) (88+)*, 1999er Santenay Clos du Beauregard (weiß) (88), 1997er Santenay Beaurepaire (weiß) (88), 1999er Santenay Beaurepaire (weiß) (88), 1997er Santenay Les Gravières (weiß) (88)*, 1999er Santenay Les Gravières (rot) (88–89)*, 1999er Savigny-lès-Beaune Les Peuillets (88–89), 1997er Volnay Champans (89+)*, 1997er Volnay Clos des Chênes (89)*

DOMAINE HENRI GOUGES (NUITS-ST-GEORGES)

1997	**Nuits-St-Georges Clos des Porets St-Georges**	**E**	**(89–90+)**
1999	**Nuits-St-Georges La Perrière (weiß)**	**EE**	**92**
1999	**Nuits-St-Georges Les Pruliers**	**E**	**(89–92)**
1997	**Nuits-St-Georges Les Pruliers**	**E**	**(90–92)**
1999	**Nuits-St-Georges Les St-Georges**	**EE**	**(89–91+)**
1997	**Nuits-St-Georges Les St-Georges**	**E**	**(91–93+)**
1999	**Nuits-St-Georges Les Vaucrains**	**EE**	**(89–92)**
1997	**Nuits-St-Georges Les Vaucrains**	**E**	**(91–93+)**

Die 1997er von der Domaine Henri Gouges, einem Weingut, das eine bemerkenswerte (und längst überfällige) Wiederkehr von qualitativ hochwertigen Weinen erlebt, wurden direkt aus dem Fass verkostet und gehörten zu den besten Weinen von der Côte d'Or. Christian Gouges, der für die Weinbereitung zuständig ist, beschreibt den 1997er als »einen außergewöhnlichen Jahrgang aufgrund seiner Originalität und der überaus großen Reife des Pinot Noir. Die Erntebedingungen waren perfekt, die Trauben waren klein und hatten sehr wenig Saft. Wir hatten einen Durchschnittsertrag von 29,5 hl/ha.« Im Gegensatz zur Mehrheit der anderen Weingüter entschied sich die Domaine Gouges dafür, »der Natur ihren Lauf zu lassen«, und ließ die Gärungen früh beginnen. Während die Kollegen von Christian Gouges sich beeilten, ihre Trauben und ihren Most zu kühlen, ließ er allem seinen natürlichen Lauf. Nach zwei Tagen setzte die Gärung ein und die Temperaturen stiegen auf ein Niveau, das er als normal bezeichnete. Da nicht chaptalisiert wurde, war die alkoholische Gärung innerhalb von 12 Tagen abgeschlossen.

Gouges sagte mir auch, dass er an einem Tank die Säureanreicherung ausprobiert habe. Der Wein sei »streng, trocken und tanninherb« geworden. Seit dem 1995er Jahrgang arbeitet Christian Gouges mit den Hefen seiner Weine: Er gibt 8–10 Liter davon in jedes Fass, da er der Meinung ist, dass es den Weinen größere Dichte und Reichhaltigkeit verleiht. Als praktisches Beispiel gab er den *1997er Nuits-St-Georges Village* an, dem er 10 Liter Hefen in jedes Fass zugegeben hatte, als die malolaktische Gärung im März abgeschlossen war. Als er für das Abfüllen abgezogen wurde, direkt vor unserer Verkostung, enthielt jedes Fass nur noch 4–5 Liter Hefen. Alle Domainenweine werden nun ungeschönt und unfiltriert abgefüllt. »Das mache ich, weil die Weine rassig sind und weiche, reife Tannine haben. Warum also nicht so natürlich wie möglich verfahren?«

In seinen Aromen bietet der mittel- bis dunkelrubinrote *1997er Nuits-St-Georges Clos des Porets St-Georges* einen Duft von *garrigue,* vermischt mit Gewürzen und Brombeeren. Von mittlerem bis vollem Körper und seidig texturiert, bietet er konzentrierte Schichten von Cassis, Zedernholz, Kaffee, Straßenteer und Brombeeren. Dieser geschmacksintensive, würzige, komplexe und ausladende Wein sollte innerhalb der nächsten 7 Jahre getrunken werden. Der mittel- bis dunkelrubinrote *1997er Nuits-St-Georges Les Pruliers* offenbart Aromen voller Gewürze, Rosmarin und schwarzer Früchte. Dies ist ein fetter, dichter, samtig texturierter und konzentrierter Wein, der mittleren bis vollen Körper und auch die für einen Nuits-St-Georges typische vierschrötige Persönlichkeit aufweist. Mit Schokolade überzogene Brombeeren und Steine finden sich in diesem ungemein ausdrucksstarken und gut extrahierten, nachhaltigen Wein. Voraussichtliche Genussreife: jetzt–2008+. Wacholderbeeren, Gewürznelken, feinherbe Schokolade und asiatische Gewürze zeigen sich im Bukett des mittel- bis dunkelrubinroten *1997er Nuits-St-Georges Les Vaucrains.* Es ist ein breit gebauter, dichter, kerniger und vielschichtiger Wein, dessen frisches Geschmacksprofil bis oben hin voll ist von süßen Heidelbeeren, Pflaumen und Gewürzen. Er ist bewundernswert ausgewogen und besitzt die Frucht und das Rückgrat, die für eine wunderbare Entwicklung während der Kellerreife unverzichtbar sind. Voraussichtliche Genussreife: jetzt–2010. Nachdem er ein bisschen geatmet hatte, offenbarte der straff gewirkte *1997er Nuits-St-Georges Les St-Georges* zögernd Düfte von Lakritze, schokoladeüberzogenen Schwarzkirschen und frischen Kräutern. Dieser expansive, reichhaltige und muskulöse Wein von mittlerem bis vollem Körper ist voll gepackt mit Geschmacksnuancen von Schokolade, Mokkabohnen und Kaffee. Er bietet eine außerordentliche Präsenz am Gaumen, nimmt sich im Mund mollig und seidig texturiert aus und präsentiert einen langen, würzigen, reifen und tanninerfüllten Abgang. Voraussichtliche Genussreife: jetzt–2010+.

Der *1999er Nuits-St-Georges Les Pruliers* legt ein Bukett von frischen Kräutern, Schwarzkirschen und Lakritze an den Tag. Von mittlerem bis vollem Körper, seidig texturiert und intensiv, explodiert er förmlich am Gaumen mit Nuancen von Brombeeren und Straßenteer. Große Mengen von überaus süßen Tanninen zeigen sich in diesem sehr ausdrucksstarken und nachhaltigen Wein. Voraussichtliche Genussreife: jetzt–2012. Der mittel- bis dunkelrubinrote *1999er Nuits-St-Georges Les Vaucrains* hat wunderschön reintönige Aromen von dunklen Beeren. Von mittlerem Körper und kraftvoll, weist dieser Wein mit seinen Geschmacksnuancen von Steinen, Brombeeren, Johannisbeeren und Lakritze eine hervorragende Tiefe der Frucht auf sowie einen bewundernswert langen, klar umrissenen Abgang. Seine vierschrötige Persönlichkeit benötigt noch Kellerreife. Trinken Sie ihn 2005–2012. Der mit einem ähnlichen Kleid ausgestattete *1999er Nuits-St-Georges Les St-Georges* hat Aromen von Brombeeren, Johannisbeeren und Rosmarin. Reichhaltig, ausladend und fest, ist dies ein Wein mit Geschmacksnuancen von Kirschen, Brombeeren und Himbeeren. Dieser Wein von mittlerem Körper enthält große Mengen von Frucht, die seine sehr tanninherbe Struktur einrahmen. Trinken Sie ihn 2006–2012+.

Pochierte Birnen und gewürzte Äpfel sind in den superben Aromen des *1999er Nuits-St-Georges La Perrière* erkennbar. Er hat mittleren bis vollen Körper, ist mollig und fett: ein außerordentlich reifer Wein, der voll gepackt ist mit großen Mengen von Birnen, Anis und toastwürzigen Geschmacksnuancen. Er ist harmonisch, nahtlos und zeigt einen bewundernswert langen, reintönigen und klar umrissenen Abgang. Trinken Sie ihn in den nächsten 10 Jahren.

Weitere empfehlenswerte Weine: 1997er Nuits-St-Georges Les Chaignots (87–89+), 1997er Nuits-St-Georges Chaines Carteaux (87–89), 1999er Nuits-St-Georges Chaines Carteaux (88–90), 1999er Nuits-St-Georges Clos des Porets (87–89), 1997er Nuits-St-Georges La Perrière (weiß) (89)

DOMAINE ALBERT GRIVAULT (MEURSAULT)

1999 Meursault Perrières Clos des Perrières EE 91

Die 1985 vollständig neu bestockte, knapp 1 Hektar große Monopol-Lage Meursault Perrières Clos des Perrières produziert nun allmählich – mit den zur Reife gelangenden Reben – unwiderstehliche Weine. Eine vertikale Verkostung (von 1989 bis 1999) der Weine von diesem Gut, die wir im Dezember 2000 in Washington durchgeführt haben, zeigte deutlich, dass das Gut in der Lage ist, harmonische, seidig texturierte Weine zu bereiten, die ein beträchtliches Alterungspotential haben, sogar in einigen »schwierigen« Jahrgängen. Obwohl der 1998er, der 1993er und der 1989er, dessen Blütezeit übrigens vorbei ist, mich nicht besonders beeindruckt hatten, war ich vollkommen überrascht von der Qualität der Jahrgänge 1990, 1991 und 1994. Der *1999er Meursault Perrières Clos des Perrières* offenbart frische Aromen von Gewürzen und Mineralien in seinem Bukett. Von mittlerem Körper und reichhaltig, ist dies ein Wein, der Geschmacksnuancen von Meersalz, Eisenkraut, Gewürzen und sahnigen Birnen aufweist. Er hat eine fantastisch seidige Textur, hervorragende Ausgewogenheit und bewundernswerte Länge. Trinken Sie ihn in den nächsten 10 Jahren.

Bisherige große Jahrgänge: 1996er Meursault Perrières Clos des Perrières (89), 1995er Meursault Perrières Clos des Perrières (90), 1994er Meursault Perrières Clos des Perrières (89), 1992er Meursault Perrières Clos des Perrières (92), 1991er Meursault Perrières Clos des Perrières (89), 1990er Meursault Perrières Clos des Perrières (90), 1929er Clos de Vougeot (93)

DOMAINE JEAN GRIVOT (VOSNE-ROMANÉE)

1999	**Clos de Vougeot**	**E**	**(89–91+)**
1997	**Clos de Vougeot**	**E**	**(91–93+)**
1999	**Echézeaux**	**EE**	**(92–94)**
1997	**Echézeaux**	**E**	**(89–91)**
1999	**Nuits-St-Georges Les Boudots**	**E**	**(89–91)**
1997	**Nuits-St-Georges Les Boudots**	**D**	**(89–91)**
1997	**Nuits-St-Georges Les Pruliers**	**D**	**(89–91+)**
1999	**Richebourg**	**EEE**	**(95–97)**
1997	**Richebourg**	**EEE**	**(92–95)**
1999	**Vosne-Romanée Les Beaumonts**	**E**	**(90–92)**
1999	**Vosne-Romanée Les Suchots**	**E**	**(89–91)**
1997	**Vosne-Romanée Les Suchots**	**D**	**(88–91)**

Anmerkung: Die Preise der Domaine Grivot haben mit der Qualitätsverbesserung der Weine nicht Schritt gehalten und sind vernünftig geblieben.

Etienne Grivot, Direktor und Weinmacher, sagt, dass die Trauben der 1997er Lese bei 12–13,8% natürlichem potenziellen Alkoholgehalt geerntet wurden und keine Anzeichen von Fäulnisbildung aufwiesen. »Die Vinifizierung war relativ einfach, das Ergebnis jedoch enttäuschend. Im darauf folgenden Frühling bekamen die Weine dann Kraft und Reichhaltigkeit. Einen oder zwei Monate nach dem Ende der malolaktischen Gärung wurde mir klar, dass es ein sehr guter Jahrgang werden würde.« Er glaubt auch nicht, dass die 1997er »großartige Lagerweine« werden, »aber wenn sie offen gelassen werden, um zu atmen, bleiben sie ziemlich frisch«. Er vergleicht diesen Jahrgang mit 1964, glaubt aber, dass er einige der Eigenschaften des 1959ers habe. Es ist »ein Jahrgang der Verführung und des Charmes. Die Weinliebhaber werden mit dem, was wir erreicht haben, zufrieden sein«, sagt Etienne Grivot. Während sich die meisten Weinmacher an der Côte d'Or beeilten, die warmen Trauben herunterzukühlen, als sie in der Kellerei ankamen, ließ Grivot sie zunächst in Ruhe. Er sagte, die Gärung habe auf natürliche Weise vier Tage später begonnen und er habe den Saft erst gekühlt, als sich der Hut zu bilden begann, um den Wein in einen reduktiven Zustand zu versetzen und weniger SO_2 einzusetzen.

Der mittel- bis dunkelrubinrote *1997er Vosne-Romanée Les Suchots* offenbart Aromen von Rosen, Veilchen und Kirschen. Dies ist ein ölig texturierter, dicker, dichter Wein mit ausgezeichnetem Biss. Große Mengen von pikanten Johannisbeeren und gemischten roten Beeren finden sich in seiner Persönlichkeit von mittlerem Körper, die ein Lächeln auf das Gesicht des Verkosters zaubert. Trinken Sie ihn in den nächsten 6 Jahren. Mit einem natürlichen potenziellen Alkoholgehalt von 13,8% wurde der rubinrote *1997er Nuits-St-Georges Les Pruliers* gelesen, der überreife, beerenfruchtige, mit Erde und Gewürzen verwobene Aromen aufweist. Er ist wuchtig, ausdrucksstark, kraftvoll und herzhaft. Geschmacksnuancen von fleischigen schwarzen Früchten, Steinen und Bruyèreholz überziehen den Gaumen und klingen 30 Sekunden und länger nach. Meine Benotung wird sich wahrscheinlich als zu bescheiden herausstellen, wenn dieser ungestüme Tropfen bei seiner Einlagerung im Keller an Komplexität und Konturenschärfe zunimmt. Voraussichtliche Genussreife: jetzt–2006+. Der verhaltener entwickelte, vierschrötige und strukturierte *1997er Nuits-St-Georges Les Boudots* hat eine mittel- bis dunkelrubinrote Farbe. Von mittlerem bis vollem Körper, offenbart er Erde, Blumen und schwarze Früchte in seinen Aromen. Am Gaumen lässt dieser feste Wein präzise Geschmacksnuancen von Metall, Hagebutten, Wild, Steinen und Brombeeren erkennen. Voraussichtliche Genussreife: jetzt–2007+. Der *1997er Clos de Vougeot* ist mittel- bis dunkelrubinrot und offenbart ein äußerst reifes Bukett von dunklen Beeren, Gewürzen und Parfum. Dieser herrliche Wein explodiert am Gaumen mit schwarzen Früchten, asiatischen Gewürzen, Kirschen und einem Anflug von Lakritze. Von mittlerem bis vollem Körper, kraftvoll, expansiv, breit angelegt und doch elegant, ist dies ein erstklassiger Wein von einer Grand-Cru-Lage, die generell unter dem erreichbaren Qualitätsniveau bleibt. Seine unmittelbar ansprechende Frucht, die mit einem Schuss *sur-maturité* durchsetzt ist, geht über in einen etwas strengen und strukturierten, aber doch geschmeidigen, tanninbeladenen, langen Abgang. Voraussichtliche Genussreife: jetzt–2008. Der *1997er Echézeaux* von Grivot ist mittel- bis dunkelrubinrot und zeigt Aromen von schwarzen Himbeeren und Kirschen. Er bietet bewundernswerte Reife und Breite, einen mittleren bis vollen Körper, sowie große Mengen von Geschmacksnuancen von Blumen, Gewürzen, schwarzen und roten Beeren und toastwürzigem Eichenholz. Dieser ausgefeilte Wein wird dem Weinliebhaber ein wenig Geduld abverlangen, da seine Struktur etwas fest ist. Voraussichtliche Genussreife: jetzt–2008. Der spektakuläre *1997er Richebourg* bietet ein fesselndes Bukett, das nach Talkumpuder, Parfüm und roten Kirschen duftet. Dieser herzhafte, ausdrucksstarke, kraftvolle Wein besitzt die Art und Intensität, die mit seinem mit großem Applaus bedachten Weingut assoziiert werden. Immens komplex und muskulös, ist dieser komplette Wein maskulin, ausgefeilt, ausladend und voll gepackt mit hochreifen, in Gewürze und schwarzen Pfeffer getauchten Kirschen. Trinken Sie diese Schönheit von einem Wein in den nächsten 12 Jahren.

Die 1999er von Etienne Grivot wurden aus Erträgen von durchschnittlich 50 hl/ha bereitet, es wurde eine zweimalige *vendange verte* vorgenommen (Herausschneiden noch grüner Trauben vor der Lese), wobei etwa 15% des Traubenbehangs ausgedünnt wurde (später wurde noch ein Mostabzug von 8% vorgenommen). Seine Weine beendeten ihre malolaktische Gärung in den ersten Januartagen des Jahres 2001. Grivot beschreibt 1999 als »einen Jahrgang der Harmonie, der sowohl leibliches als auch geistiges Vergnügen bereitet. Es ist ein Pinot Noir wie ich ihn mir erträume: mit Kraft und Charme.« Gemäß der Tradition wird auf diesem Weingut der Wein weder geschönt noch filtriert.

Die blumigen, parfümierten Aromen des rubinroten *1999er Nuits-St-Georges Les Boudots* gehen einher mit einer ausladenden und seidig texturierten Persönlichkeit von mittlerem Körper. Dieser üppige, breit gebaute, reichhaltige Wein präsentiert in seiner köstlich samtigen Persönlichkeit ausgezeichnete bis hervorragende Tiefe von kandierten Kirschen. Trinken Sie ihn in den nächsten 8 Jahren. Der mit einem ähnlichen Kleid ausgestattete *1999er Vosne-Romanée Les Beaumonts* weist hinreißende Aromen von roten Früchten auf. Er ist ein intensiver Wein mit samtweichen, saftigen, ungemein detaillierten und süßen Geschmacksnuancen von Schwarzkirschen. Sein Charakter ist pikant, lebendig und zeigt einen äußerst langen, scharf konturierten und weichen Abgang. Voraussichtliche Genussreife: jetzt–2008. Süße Himbeeren, rote Johannisbeeren und frische Kräuter finden sich in den Aromen des *1999er Vosne-Romanée Les Suchots*. Von mittlerem Körper und seidig texturiert, ist er fester und maskuliner als die vorhergehenden Weine. Kirschen, Erdbeeren und Himbeeren dominieren in seinem ausdrucksvollen und strukturierten Charakter. Voraussichtliche Genussreife: jetzt–2008.

Der rubinrote *1999er Clos de Vougeot* präsentiert herrlich würzige und reintönige Aromen von Himbeeren. Bei mittlerem Körper ausgefeilt, ist dies ein harmonischer, wunderbar gereifter und seidig texturierter Wein. Asiatische Gewürze mischen sich in diesem süßen, tanninbeladenen Tropfen mit Johannisbeeren, Himbeeren und Kirschen. Dies ist ein femininer, präziser und reintöniger Clos de Vougeot, der in den nächsten 9 Jahren getrunken werden sollte. Der mittel- bis dunkelrubinrote *1999er Echézeaux* bietet ein Bukett mit intensiven Aromen von Brombeeren und frischen Kräutern. Er ist bei mittlerem bis vollem Körper reichhaltig und ausladend sowie mit üppigen Schichten von Kirschen, Brombeeren und Gewürzen beladen. Dieser sinnliche, extravertierte Wein weist große Mengen von süßem Tannin in seiner Persönlichkeit auf. Er ist nahtlos, voll gepackt mit Frucht und aufregend. Trinken Sie ihn in den nächsten 12+ Jahren. Der mit einem ähnlichen Kleid ausgestattete *1999er Richebourg* ist unwiderstehlich. Seine Aromen zeigen großartige Reife in ihrem Duft von gerösteten dunklen Beeren, frischen Kräutern, Talkumpuder und Pflaumen. Er hat mittleren bis vollen Körper, ist breit angelegt und gehaltvoll. Dies ist ein eleganter Wein mit großen Mengen von würziger, unmittelbar ansprechender Frucht, deren Geschmacksnuancen während des unglaublich langen Abgangs anhalten. Er hält ein wunderbares Gleichgewicht zwischen extravertierter süßer Frucht einerseits und Ausgefeiltheit, Präzision und klarer Linienführung andererseits. Dies ist zwar kein dichter, kerniger Wein, dafür aber ein außerordentlich detaillierter und profunder Tropfen. Voraussichtliche Genussreife: 2004–2012+.

Weitere empfehlenswerte Weine: 1999er Nuits-St-Georges Les Roncières (88–89), 1997er Vosne-Romanée Les Beaumonts (86–89)

DOMAINE ROBERT GROFFIER (MOREY-ST-DENIS)

1999	Bonnes Mares	EEE	93
1998	Bonnes Mares	EEE	91
1997	Bonnes Mares	EEE	94+
1999	Chambertin Clos de Bèze	EEE	95
1998	Chambertin Clos de Bèze	EEE	93
1997	Chambertin Clos de Bèze	EEE	95+
1999	Chambolle-Musigny Les Amoureuses	EE	92
1997	Chambolle-Musigny Les Amoureuses	EE	92
1997	Chambolle-Musigny Les Hauts Doix	E	90+
1998	Chambolle-Musigny Les Sentiers	EE	90
1997	Chambolle-Musigny Les Sentiers	EE	92

Robert Groffier und sein Sohn Serge habe einige der fantastischsten roten Burgunder des Jahrgangs 1997 bereitet. Dieses Weingut hat in den letzten Jahren außerordentliche Fortschritte gemacht und gehört derzeit zur Spitzengruppe der Burgunder-Produzenten. Alle seine 1997er sind wärmstens zu empfehlen, denn sie wurden allesamt mit der gleichen Sorgfalt und dem gleichen Respekt behandelt, der Bourgogne Passe-Tout-Grains eingeschlossen. Die Groffiers führten eine einwöchige Kaltmaischung (bei 10 °C) vor der Gärung durch und senkten dann die Temperatur der Keller auf 10 °C ab, bevor die Weine in die Fässer umgefüllt wurden. Sie blieben während des gesamten Ausbaus auf ihren Hefen und SO_2 wurde direkt mit langen Spritzen in diese Hefen injiziert. Die Weine wurden Anfang November in Flaschen abgefüllt, um Frucht und Frische beizubehalten. Die höchsten Erträge lagen hier im Jahr 1997 bei 38 hl/ha für den Bourgogne. Dies ist einer der besten Weine regionaler Appellation, den ich angetroffen habe.

Der einzigartige *1997er Chambolle-Musigny Les Hauts Doix* ist mittel- bis dunkelrubinrot und zeigt Aromen von Lakritze, Veilchen und kandierten Brombeeren. Dieser hochkonzentrierte, ausdrucksvolle und sinnliche Wein ist ölig texturiert, von mittlerem bis vollem Körper und dicht. Darüber hinaus sind in seiner kernigen, jedoch ausgefeilten Persönlichkeit üppige Schwaden von samtigen, prallen schwarzen Früchten und Kräutern zu finden. Voraussichtliche Genussreife: jetzt–2005. Der mittel- bis dunkelrubinrote *1997er Chambolle-Musigny Les Sentiers* offenbart ein Bukett von süßen roten Beeren, frischen Kräutern und toastwürzigem Eichenholz. Er ist ein prächtiger Wein mit einer weichen, geschmeidigen Persönlichkeit, die zum Bersten mit roten Kirschen und dichten Schichten von schokoladeüberzogenen Brombeeren angefüllt ist. Dieser elegante, doch kraftvolle und strukturierte Wein zeigt große Mengen von seidigen Tanninen in seinem langen und komplexen Abgang. Ein opulenter und auch nuancierter Wein, der enormes Vergnügen bringen wird, wenn er in den nächsten 7 Jahren getrunken wird. Der etwas dunklere *1997er Chambolle-Musigny Les Amoureuses* hat ein Bukett, das an süßen, in Kirschsirup getauchten Plätzchenteig erinnert. Dies ist ein breiter angelegter, dickerer, dichterer und strukturierterer Wein als der Les Sentiers. Seine muskulöse Persönlichkeit offenbart Geschmacksnuancen von Steinen, schwarzen Früchten, Cassis und rotem Fleisch. Sein leicht warmer Abgang und die dicklichen Geschmackskomponenten lassen an eine hypothetische Mischung aus einem erstklassigen kalifornischen Pinot Noir und einem Burgunder denken. Voraussichtliche Genussreife: jetzt–2009.

Die beiden Grands Crus von der Domaine Robert Groffier sind die Stars des Jahrgangs 1997. Der dunkelrubinrote *1997er Bonnes Mares* bietet betörende Aromen von wachsartigen schwarzen und roten Früchten, frischen Kräutern, würzigem Eichenholz und geröstetem Kaffee. Seine körperreiche, samtig texturierte Persönlichkeit explodiert am Gaumen mit ausgiebigen Geschmacksnuancen von dicklichen, aber doch klar umrissenen Früchten. Dies ist ein ehrfurchtgebietender Wein, dick, dicht, gut strukturiert, ausgewogen, harmonisch und enorm komplex. Er lässt sich zwar schon jetzt sehr gut trinken, hat aber das Potenzial, sich in diesem Jahrzehnt weiter zu entwickeln und an Komplexität zuzunehmen. Der *1997er Chambertin Clos de Bèze* weist eine ähnliche Farbe und ein Bukett von immenser Reife und Tiefe auf. Dieser expansive, breit angelegte, kraftvolle Wein besitzt beispielhafte Reintönigkeit und klare Linienführung in seinen den Mund ganz auskleidenden Geschmacksnuancen von kandierten Kirschen und Plätzchenteig. Körperreich und seidig texturiert, zeigt dieser harmonische, komplette Wein blumige und erdige Töne in seinem außerordentlich langen und geschmeidigen Abgang. Voraussichtliche Genussreife: jetzt–2010+. Bravo!

Der rubinrote *1998er Chambolle-Musigny Les Sentiers* gibt Aromen von roten Kirschen, Himbeeren und Gewürzen zu erkennen. Er ist von mittlerem Körper und mild, zeigt Opulenz, Tiefe und ausgezeichnete Struktur und Länge. Schichten von roten Früchten finden sich in seinem seidig texturierten Charakter. Trinken Sie ihn in den nächsten 5–6 Jahren. Der nach wilden roten Beeren duftende *1998er Bonnes Mares* von ähnlicher Farbe weist in seiner Persönlichkeit Geschmacksnuancen von Steinen, rot-schwarzen Kirschen und Dornengestrüpp auf. Er zeigt wundervolle Breite und Konzentration in seinem festen, maskulinen und muskulösen Charakter. Trinken Sie ihn in den nächsten 7–8 Jahren. Mittel- bis dunkelrubinrot ist der *1998er Chambertin Clos de Bèze*. Er präsentiert ein Bukett, das nach dunklen Kirschen, Gewürzen und frischen Kräutern duftet, und ist zweifellos einer der gelungensten Weine aus diesem Jahrgang. Bei mittlerem bis vollem Körper ist er breit angelegt und kraftvoll – ein reintöniger, wohl ausgewogener und ausgereifter Wein. Seine ausgiebigen aber dennoch geschmeidigen Tannine sind zur Zeit noch unter Schichten von roten und schwarzen Früchten verborgen. Dieser gut strukturierte und bewundernswert nachhaltige Wein dürfte sich in den nächsten 8–9 Jahren in Bestform befinden.

Die Groffiers haben 1999 noch eine weitere Serie von wunderschönen Weinen bereitet. Der *1999er Chambolle-Musigny Les Amoureuses* von mittlerem Körper ist mittel- bis dunkelrubinrot und gibt in seinen Aromen dickliche Brombeeren und Erde zu erkennen. Dieser Wein zeigt hervorragende Dichte in seinem Charakter, der angefüllt ist mit Schwarzkirschen, Lakritze und Brombeeren. Er ist konzentriert und kraftvoll, bleibt aber dennoch ausgefeilt und klar umrissen. Voraussichtliche Genussreife: 2004–2010. Große Mengen von Himbeeren, Metallspänen und Leder finden sich im intensiven Bukett des scharf konturierten *1999er Bonnes Mares*. Dieser mittel- bis dunkelrubinrote Wein hat eine explosive und kraftvolle Persönlichkeit von mittlerem Körper. Er ist klar umrissen, dabei aber üppig und hochreif. Voraussichtliche Genussreife: 2004–2012. Der außergewöhnliche, mittel- bis dunkelrubinrote *1999er Chambertin Clos de Bèze* verströmt ungestüme Aromen von asiatischen Gewürzen und kandierten Kirschen. Plätzchenteig, Brombeersirup, Veilchen, kandierte Kirschen und ein Anflug von Lakritze tauchen in diesem muskulösen, opulenten Wein auf. Seine flüssige samtartige Persönlichkeit strotzt vor *sur-maturité* (Überreife), doch ist er frisch und klar umrissen, mit einem herrlich langen, kandierten und geschmeidigen Abgang. Voraussichtliche Genussreife: 2004–2014.

Weitere empfehlenswerte Weine: 1997er Bourgogne (89), 1999er Bourgogne (88), 1999er Chambolle-Musigny Les Hauts Doix (89+), 1999er Chambolle-Musigny Les Sentiers (89–90), 1997er Gevrey-Chambertin (88+), 1999er Gevrey-Chambertin (89)

DOMAINE ANNE GROS (VOSNE-ROMANÉE)

1999	**Clos de Vougeot Le Grand Maupertui**	**EEE**	**(92–94)**
1998	**Clos de Vougeot Le Grand Maupertui**	**EE**	**91**
1997	**Clos de Vougeot Le Grand Maupertui**	**EE**	**92**
1999	**Richebourg**	**EEE**	**(94–97)**
1998	**Richebourg**	**EEE**	**93**
1997	**Richebourg**	**EEE**	**94**

Anne Gros, eine der erfolgreichen Persönlichkeiten des Jahrgangs 1997, schreibt die positiven Eigenschaften, die man ihren Weinen nachsagt, den niedrigen Erträgen und der Tatsache zu, dass ihre Beeren so klein waren. Alle ihre Weine wurden bei 13–13,5% natürlichem potenziellen Alkoholgehalt gelesen, was für Burgund extrem hoch ist. Die pH-Werte nach den malolaktischen Gärungen lagen bei 3,5 ohne jegliche Säurezugabe. Die 1997er von Madame Gros sind nicht so dunkel oder so hoch extrahiert wie ihre 1995er oder 1996er. Sie scheinen jedoch harmonischer, großzügiger und genussbetonter zu sein. Der mittel- bis dunkelrubinrote *1997er Clos de Vougeot Le Grand Maupertui* hat ein Bukett von schwarzen Früchten und zerstoßenem schwarzen Pfeffer, das fast dem eines Weins von der Rhône ähnelt. Am Gaumen präsentiert dieser bei mittlerem bis vollem Körper elegante, würzige, kräuterhafte Wein mit Kümmelnote ein Kompott aus hochreifen Brombeeren und Cassis. Er ist dick, geschmacksintensiv, scharf konturiert und weist einen wunderschönen, geschmeidigen Abgang auf. Trinken Sie ihn in den nächsten 9 Jahren. Der etwas dunklere *1997er Richebourg* ist ein Superwein. Sein nach Veilchen duftendes, kräuterhaftes, gewürzduftiges und toastwürziges Bukett geht einher mit einem seidig texturierten Kern von erstaunlicher Tiefe, Reife und Harmonie. Er ist expansiv und beladen mit eingedickten schwarzen Früchten, die für immer und ewig über dem mit Eichenwürze durchzogenen Abgang zu schweben scheinen. Dies ist sicherlich nicht der kräftigste Richebourg, den Anne Gros in den letzten Jahren bereitet hat, doch wird er in seiner Jugend der vergnüglichste sein. Trinken Sie ihn in den nächsten 10+ Jahren. Dunkle Früchte und Eichenholzwürze treten in den Aromen des *1998er Clos de Vougeot Le Grand Maupertui* zutage. Er verfügt über mittleren bis vollen Körper, ist dicht und konzentriert und ein fetter, von Frucht dominierter Wein. Brombeeren, Kirschen und große Mengen von Gewürzen überdecken den strukturierten Charakter dieses Tropfens. Trinken Sie ihn in den nächsten 7 Jahren. Der mittel- bis dunkelrubinrote *1998er Richebourg* offenbart ein Bukett, das nach Gewürzen und roten Früchten duftet. Körperreich, süß und geschmeidig, besitzt dieser seidig texturierte Wein hervorragende Tiefe in seinem Charakter, der Geschmackskomponenten von roten Früchten aufweist. Dieser feminine, klar umrissene, elegante Richebourg hat große Mengen von gut gereiften Tanninen, die ihm ein festes Rückgrat verleihen. Voraussichtliche Genussreife: jetzt–2010.

Über den 1999er sagt Madame Gros: »Ich liebe diesen Jahrgang. Er passt perfekt zu meinem persönlichen Geschmack und er hat sich selbst bereitet. Ich brauchte nichts hinzuzufügen. Er ist superb ausgereift, sowohl im Zucker als auch in den Phenolen, verfügt dabei aber trotzdem über ausgezeichnete Säure.« Ihre Erträge reichten von hohen 53 hl/ha für ihren Vosne-Romanée Les Barreaux bis zu 43 Hektolitern für ihren Richebourg. Sie nahm keinen Mostabzug vor.

Räucherschinken, Wacholderbeeren, Kerzenwachs und Kirschen finden sich im Bukett des mittel- bis dunkelrubinroten *1999er Clos de Vougeot Le Grand Maupertui.* Dieser körperreiche, kernig texturierte und hoch extrahierte Wein ist randvoll mit Toastwürze, Brombeersirup, asiatischen Gewürzen und Räucherspeck. Er zeigt sich intensiv, samtweich, klar umrissen und hat hervorragende Tiefe. Voraussichtliche Genussreife: 2005–2015. Der *1999er Richebourg* besitzt eine ähnliche Farbe und ein sensationelles, ehrfurchtgebietendes Bukett von Himbeeren, Erdbeeren, Rosen, roten Johannisbeeren, kandierten Kirschen und Veilchen. Er ist ein eindringlicher, femininer, eleganter und präziser Wein von mittlerem bis vollem Körper. Auch wenn er ungemein ausgefeilt und sehr klar gezeichnet ist, geht doch nichts von seiner Kraft und von seiner Konzentration verloren. Dieser außergewöhnliche Wein besitzt alle Komponenten, die einen großartigen Wein ausmachen. Seine Struktur wird von großen Mengen hochreifer Tannine gebildet und gewaltig dichte Schichten von Frucht dominieren seine Persönlichkeit. Voraussichtliche Genussreife: 2006–2017.

Weitere empfehlenswerte Weine: 1999er Bourgogne (88), 1999er Bourgogne Chardonnay (88), 1997er Chambolle-Musigny La Combe d'Orveaux (89), 1997er Vosne-Romanée Les Barreaux (89+), 1999er Vosne-Romanée Les Barreaux (88–89)

DOMAINE GUFFENS-HEYNEN (VERGISSON)

2000	**Mâcon-Pierreclos**	**D**	**(89–91)**
2000	**Mâcon-Pierreclos En Chavigne**	**D**	**(94–96)**
1997	**Mâcon-Pierreclos En Chavigne**	**D**	**(90–92)**
1997	**Pouilly-Fuissé Clos des Petits Croux**	**EE**	**(92–93+)**
2000	**Pouilly-Fuissé Les Croux**	**EE**	**(91–93)**
2000	**Pouilly-Fuissé Les Hauts de Vignes**	**EE**	**(94–96)**
1998	**Pouilly-Fuissé Premier Jus**	**E**	**(89–92)**
1997	**Pouilly-Fuissé La Roche**	**E**	**(93–95)**

Guffens-Heynen ist das Privatgut von Jean-Marie Guffens (von der berühmten Maison Verget) und seiner Frau. Während Guffens in Verget danach strebt, die besten Weine aus angekauften Trauben und Most (unvergorenem Saft) zu bereiten – wobei er oft auf allerhand Kunstgriffe und Technologien zurückgreift –, kommen auf der Domaine Guffens-Heynen nur die einfachsten und natürlichsten Verfahren zum Einsatz. Die Ergebnisse können ehrfurchtgebietend sein. Der hervorragende *1997er Mâcon-Pierreclos En Chavigne* bietet sprühend lebendige Aromen von Akazien- und Geißblattblüten. Dieser samtig texturierte, scharf konturierte und herrlich reife Wein ist breit angelegt, kraftvoll und strukturiert. Seine intensiv mineralische Art scheint von kandierten Nüssen und Myriaden von Zitrusfrüchten ausgekleidet, die während des nachhaltigen Abgangs anhalten. Ein erstaunlicher Mâcon! Trinken Sie ihn jetzt–2006.

Der *1997er Pouilly-Fuissé La Roche* von Guffens-Heynen ist unvorstellbar großartig! Wer noch nie einen Wein aus dem Mâconnais verkostet hat, der es mit den besten Grands Crus von der Côte de Beaune aufnehmen kann, sollte dieses Meisterstück probieren! Sein zutiefst reifes Bukett bietet Aromen von flüssigen Steinen, Felsen, Kies und Marzipanmasse. Er hat eine vergeistigte Art (was die Franzosen *aérien* nennen), die man manchmal in den besten Chevalier-Montrachets und Montrachets antrifft. Dazu besitzt er wunderschöne Konturenschärfe, herzhafte und intensive Geschmacksnuancen von Feuerstein und weißen Früchten, tadellose Ausgewogenheit und intensive Konzentration. Dieser ölig texturierte, doch rassige und sprühend lebendige Wein von mittlerem bis vollem Körper ist auch mit einem überraschend langen, frischen und reintönigen Abgang gesegnet. Donnerwetter! Voraussichtliche Genussreife: jetzt–2008+. Ein erdiges Bukett voller Steine bietet der *1997er Pouilly-Fuissé Clos des Petits Croux*, ein noch größer angelegter Wein, der aufgrund seiner Dimension, Dichte und seiner betörenden, fast hochreifen Aromen außerordentlich eindrucksvoll ist. Dieser körperreiche Riesenwein ist viskos, aber weder schwerfällig noch kraftlos. Seine Geschmacksnuancen von pochierten/gewürzten Birnen, Mineralien und Erde überziehen den Gaumen in aufeinanderfolgenden geschichteten Wogen. Voraussichtliche Genussreife: jetzt–2008.

Der beeindruckende *1998er Pouilly-Fuissé Premier Jus* offenbart filigrane Aromen von Steinen und Feuerstein. Dieser kristalline Wein hat mittleren Körper und ist voll gepackt mit ungemein nuanciertem Quarz, Kies und Zitrusfrüchten. Seine pikante Persönlichkeit offenbart ehrfurchtgebietende Präzision, Biss und Klarlinigkeit. Sein überaus langer Abgang endet mit salzigen, limettenartigen Noten. Voraussichtliche Genussreife: jetzt–2008.

»1999 habe ich gewaltige Risiken auf mich genommen, um gute Weine zu bereiten, und es hat nicht geklappt«, sagt Guffens. »Im Jahr 2000 hat sich mein Glücksspiel ausgezahlt, das war eine große Nummer.« Der *2000er Mâcon-Pierreclos* ist ein reichhaltiger, gewaltiger, samtig texturierter Wein mit mittlerem bis vollem Körper. Flüssige Mineralien, Gewürze und ein Anflug von Rauch sind in seinen Aromen und Geschmacksnuancen zu erkennen. Er ist üppig, konzentriert und opulent. Trinken Sie ihn in den nächsten 8–10 Jahren.

Peter Vezan, der Makler dieser Domaine, ist ein äußerst ehrlicher Mann, der mich nie in die Irre geführt hat. Wenn er nichts Gutes über einen von ihm vertretenen Wein sagen kann, sagt er gar nichts. Als wir aus der Domaine Guffens-Heynen hinausgingen, erklärte er: »Wir haben gerade die großartigsten Mâcon-Weine aller Zeiten verkostet.« Und er hatte Recht. Der wunderschöne *2000er Mâcon-Pierreclos En Chavigne* explodiert im Glas mit toastwürzigen, mineralischen Aromen. Von mittlerem bis vollem Körper und viskos, ist dies ein muskulöser, kraftvoller und intensiv konzentrierter Wein. Er zeigt unglaubliche Tiefe und Länge; große Mengen von rauchigen Mineralien und weißen Früchten offenbaren sich im Kern dieses erstaunlichen Weines. Ich würde ihn den Montrachet des Mâconnais nennen, doch ist er feiner als die Mehrheit der Montrachets, die ich in den letzten Jahren verkostet habe. Voraussichtliche Genussreife: jetzt–2012.

Der *2000er Pouilly-Fuissé Les Croux* offenbart appetitanregende Aromen von Mineralien und Gewürzen. Am Gaumen ist er breit angelegt, saftig, konzentriert und von mittlerem Körper. Gewürze, weiße Beeren, Feuerstein und Birnen sind in seiner ungemein ausdrucksvollen, wohl ausgewogenen und klar umgrenzten Persönlichkeit zu erkennen. Voraussichtliche Genussreife: jetzt–2012. Der kernige *2000er Pouilly-Fuissé Les Hauts de Vignes* ist ein gebieterischer Wein. In seinen Aromen zeigen sich Mineralien, Toastwürze, Steine und Rauch. Er explodiert am Gaumen mit intensiven roten und weißen Johannisbeeren, Mineralien und Birnen. Er ist wuchtig, hat großartige Breite, Reintönigkeit und Definition. Dieser außerordentlich komplexe Wein dürfte 2005–2015 auf dem Höhepunkt seiner Reife stehen.

Weitere empfehlenswerte Weine: 1997er Mâcon-Pierreclos (88–90), 1999er Mâcon-Pierreclos (89), 1999er Mâcon-Pierreclos En Chavigne (88–90), 1997er Pouilly-Fuissé Les Croux (89–90)

DOMAINE GUILLEMOT-MICHEL (QUINTAINE)

1999 Mâcon-Villages Quintaine Sélection de Grains Cendrés D/375ml 90

Auf dieser erstklassigen Domaine bekommen Sie hervorragende Weine zu vernünftigen Preisen. Marc und Pierrette Guillemot sind begeisterte Anhänger des biodynamischen Weinbaus und nehmen die ökologische Landwirtschaft äußerst ernst. Sie lesen sehr spät und sind bekannt dafür, dass sie auf ihrem Tandem durch die Weinberge fahren, während die anderen längst ernten. Erst Wochen später beginnen die Guillemots mit dieser Arbeit.

Der *1999er Mâcon-Villages Quintaine Sélection de Grains Cendrés* besitzt herrliche Aromen, die mit süßen, von Edelfäule durchsetzten weißen Früchten und großen Mengen von Mineralien dem Glas entquellen. Er hat mittleren bis vollen Körper, ist reichhaltig, cremig und üppig: ein bewundernswert tiefer und opulenter Spätlese-Chardonnay. Schichten von kandierten Aprikosen, Quitten und süßen Pfirsichen vermischen sich mit einer Fülle von Gewürzen. Er ist dick texturiert und besitzt einen langen, weichen, süßen, von Orange durchzogenen Abgang. Trinken Sie ihn in den nächsten 10 Jahren.

Weitere empfehlenswerte Weine: 1997er Mâcon-Clessé Quintaine (89), 1998er Mâcon-Villages Quintaine (89), 1999er Mâcon-Villages Quintaine (88), 2000er Mâcon-Villages Quintaine (89)

DOMAINE GUYON (VOSNE-ROMANÉE)

1999	**Aloxe-Corton Les Guerets**	**E**	**90**
1997	**Aloxe-Corton Les Guerets**	**D**	**90**
1999	**Echézeaux**	**EE**	**(91–93)**
1997	**Savigny-les-Beaune Les Peuillets**	**D**	**90**
1999	**Vosne-Romanée Les Orveaux**	**E**	**(90–92)**

Dieses Weingut trat mit köstlichen 1997ern ins Rampenlicht. Der mittel- bis dunkelrubinrote *1997er Savigny-lès-Beaune Les Peuillets* bietet einzigartige Aromen von rauchdurchsetzten süßen Kirschen. Es ist ein üppiger, unmittelbar ansprechender, opulent gestalteter Wein mit hervorragender Intensität und Dichte. Diese samtig texturierte Schönheit mit Geschmacksnuancen von Brombeeren und Cassis sollte in den nächsten 5 Jahren getrunken werden. Der *1997er Aloxe-Corton Les Guerets* hat eine ähnliche Farbe und präsentiert Düfte von Räucherspeck, Brombeeren und asiatischen Gewürzen. Dieser fruchtbetonte (»eine genussbetonte Fruchtbombe«), weiche, saftige Wein von mittlerem Körper ist voll gepackt mit kandierten Schwarzkirschen. Er wird wohl nicht alt werden, aber was soll's? Dieser Renner wird Vergnügen bereiten, und was will man mehr? Trinken Sie ihn in den nächsten 5+ Jahren.

Der hervorragende *1999er Aloxe-Corton Les Guerets* ist mittel- bis dunkelrubinrot und entquillt dem Glas mit großen Mengen von süßen Schwarzkirschen. Am Gaumen ist dieser herrlich reife, samtig texturierte Wein reichhaltig, breit angelegt und angefüllt mit Brombeeren, Heidelbeeren und dicklichen roten Kirschen. Er ist dicht, samtweich und besitzt einen bewundernswert langen, reichfruchtigen, geschmeidigen Abgang. Trinken Sie ihn in den nächsten 7 Jahren.

Der *1999er Vosne-Romanée Les Orveaux* von Guyon wurde bei Erträgen von unter 35 hl/ha gelesen. Sein Bukett duftet nach Schwarzkirschen und Brombeeren. Er ist ein harmonischer, dichter Wein mit Geschmacksnuancen von dunklen Früchten und Lakritze, der hervorragende Konzentration und einen beeindruckend langen, süßen Abgang aufweist. Er ist stark strukturiert, doch seine Tannine sind bewundernswert reif und in Kirschfrucht eingehüllt. Dieser Wein erfordert noch Geduld. Trinken Sie ihn 2005–2012. Der dunkelrubinrote *1999er Echézeaux* hat ein ungemein ausdrucksvolles Bukett von Schwarzkirschen und Brombeeren. Er explodiert am Gaumen mit Gewürzen, kandierten Pflaumen, dicklichen Schwarzkirschen und Noten, die an frisch aufgetragenen Straßenteer erinnern. Von mittlerem Körper, offenbart er superbe Ausgewogenheit und besitzt eine kraftvolle, jedoch ausgefeilte und vielschichtige Persönlichkeit, beladen mit ausgiebigen, prächtig gereiften Tanninen. Voraussichtliche Genussreife: 2005–2012+.

Weiterer empfehlenswerter Wein: 1999er Vosne-Romanée Les Brûlées (88–89)

DOMAINE ANTONIN GUYON (SAVIGNY-LÈS-BEAUNE)

1997	**Corton-Charlemagne**	**EE**	**(89–91)**

Der *1997er Corton-Charlemagne* ist ein hervorragender Wein, auch wenn er nicht das Niveau des überirdischen 1995ers dieser Domaine erreicht. Süßes Parfüm, Äpfel, Birnen und

Blumen finden sich in seinen Aromen. Am Gaumen offenbart er eine seidige Textur, schönen Biss, Breite und Geschmacksnuancen, die an Nüsse, getrockneten Honig und Akazienblüten erinnern. Er ist ziemlich körperreich und besitzt hervorragende Dichte und Reichhaltigkeit. Voraussichtliche Genussreife: jetzt–2006.

Weitere empfehlenswerte Weine: 1999er Aloxe-Corton Les Fournières (87–89), 1997er Meursault Les Charmes du Dessus (88–90), 1999er Pernand-Vergelesses Les Vergelesses (87–88+)

MAISON LOUIS JADOT (BEAUNE)

2000	Bâtard-Montrachet	EEE	(90–91)
1999	Bâtard-Montrachet	EEE	(89–91)
1998	Bâtard-Montrachet	EEE	(88–91)
1997	Bâtard-Montrachet	EEE	(91–93)
1997	Beaune Clos des Ursules	D	(89–91)
1997	Bonnes Mares	EE	(93–95+)
1997	Chambertin	EEE	(90–92+)
1999	Chambertin Clos de Bèze	EEE	(88–91)
1997	Chambertin Clos de Bèze	EEE	(94–96+)
1997	Chambolle-Musigny Les Amoureuses	EE	(90–93)
1999	Chambolle-Musigny Les Fuées	E	(90–92)
1999	Chapelle-Chambertin	EE	(92–95)
1997	Chapelle-Chambertin	EE	(91–93)
1997	Charmes-Chambertin	EE	(88–91)
1999	Chassagne-Montrachet Les Caillerets	E	(89–90+)
1997	Chassagne-Montrachet Morgeot (weiß)	E	(90–91)
1997	Chassagne-Montrachet Morgeot Duc de Magenta (weiß)	E	(89–90+)
1997	Chassagne-Montrachet La Romanée (weiß)	E	(89–91)
1999	Chevalier-Montrachet	EEE	(90–92)
1997	Chevalier-Montrachet	EEE	(91–93)
1999	Chevalier-Montrachet Les Demoiselles	EEE	(91–92+)
1998	Chevalier-Montrachet Les Demoiselles	EEE	(89–92)
1997	Chevalier-Montrachet Les Demoiselles	EEE	(93–94+)
1999	Clos de la Roche	EE	(89–91)
1997	Clos de la Roche	EE	(89–92)
1999	Clos St-Denis	EE	(89–91)
1997	Clos St-Denis	EE	(90–93)
1999	Clos de Vougeot	EE	(92–95)
1997	Clos de Vougeot	EE	(90–94)
2000	Corton-Charlemagne	EE	(90–92)
1999	Corton-Grèves	E	(88–91+)
1999	Corton-Pougets	E	(89–92+)
1997	Corton-Pougets	E	(89–91+)
1999	Criots-Bâtard-Montrachet	EEE	(89–91+)
1997	Criots-Bâtard-Montrachet	EEE	(90–91)
1999	Echézeaux	EE	(90–93)
1997	Echézeaux	EE	(89–92+)
1999	Gevrey-Chambertin Clos St-Jacques	EE	(91–93)
1997	Gevrey-Chambertin Clos St-Jacques	EE	(92–94+)
1997	Gevrey-Chambertin Estournelles St-Jacques	E	(89–92)
1997	Grands-Echézeaux	EEE	(90–93)

1997	Mazis-Chambertin	EE	(90–93)
1999	Meursault Charmes	E	(89–91)
2000	Meursault Perrières	E	(90–91)
2000	Montrachet	EEE	(91–92)
1999	Montrachet	EEE	(93–95)
1998	Montrachet	EEE	(91–94)
1999	Musigny	EEE	(90–92)
1997	Musigny	EEE	(93–95+)
1999	Nuits-St-Georges Les Boudots	E	(90–91)
1997	Nuits-St-Georges Les Boudots	E	(90–92)
1999	Pommard Rugiens	E	(89–90+)
2000	Puligny-Montrachet Clos de la Garenne Duc de Magenta	E	(91–92+)
1998	Puligny-Montrachet Clos de la Garenne Duc de Magenta	E	(88–91+)
1997	Puligny-Montrachet Clos de la Garenne Duc de Magenta	E	(91–92+)
2000	Puligny-Montrachet Les Folatières	E	(89–91)
1999	Puligny-Montrachet Les Folatières	E	(89–91)
1997	Puligny-Montrachet Les Folatières	E	(89–91)
2000	Puligny-Montrachet Les Perrières	E	(91–92)
2000	Puligny-Montrachet Les Referts	E	(89–91)
1997	Puligny-Montrachet Les Referts	E	(91–92)
1997	Richebourg	EEE	(91–93+)
1997	Romanée-St-Vivant	EEE	(90–93)
1997	Ruchottes-Chambertin	EE	(90–93)
1997	Volnay Clos de la Barre	D	(89–92)
1997	Volnay Santenots	D	(88–91)
1999	Vosne-Romanée Les Beaumonts	E	(91–93)
1997	Vosne-Romanée Les Malconsorts	E	(90–92)

Jacques Lardière, der Weinmacher der Maison Louis Jadot, feierte im Jahre 2000 seine 30-jährige Betriebszugehörigkeit. In dieser Zeit ist Jadot das geachtetste große Handelshaus von Beaune geworden. Lardière und der Unternehmensdirektor, Pierre-Henry Gagey, teilen sich die Verantwortung dafür, dass der Name Jadot gleichbedeutend mit herausragender Qualität ist.

Wohin ich im Oktober und November 1998 in Burgund auch kam, überall war es dasselbe Lied: Die weißen 1997er sind fortgeschritten entwickelte Weine mit niedriger Säure, die eine rasche malolaktische Gärung durchlaufen haben. Die einzige Ausnahme war: Maison Jadot. Ich habe mich schon daran gewöhnt, dass bei Lardière alles immer anders ist als bei den anderen, aber trotzdem hat er immer noch Überraschungen für mich parat. Die Tatsache, dass einige seiner weißen Burgunder immer noch mitten in der malolaktischen Gärung begriffen waren, erschien verblüffend genug, aber was mich wirklich vollkommen verwirrte, war die Äußerung, die er am Ende unserer Verkostung von Weißweinen machte: »Die Weißen sind köstlich, aber die Roten könnten die großartigsten in meinem ganzen Leben sein. Es sind meine 1947er oder 1959er. Wahrscheinlich werde ich nie wieder einen solchen Jahrgang erleben.« Ich sah ihn so ungläubig an, dass er mit mir zu einigen Fässern hinüberging und mich einige profunde Weine verkosten ließ. Natürlich werde ich das weiterverfolgen und bei meinem Besuch im nächsten Jahr die gesamte Palette verkosten.

Wie macht er das? Warum stehen die Dinge bei Lardière so ganz anders als bei anderen? Wie schon gesagt, die richtigen Fragen zu stellen, genügt nicht, um verständliche Antworten zu bekommen. Bei meinem letzten Besuch fragte ich Lardière zum Beispiel, ob er die malolaktischen Gärungen bei einigen 1997er weißen Burgundern blockiert habe, ein Verfahren, das dieser Betrieb häufig bei säurearmen Jahrgängen (1983 und 1989 sind zwei herausragende Beispiele) oft anwendet. Und seine Antwort? »Bei Jadot blockieren wir die malolaktischen Gärungen nicht. Wir bringen die Bakterien, die diese Gärung verursachen, durcheinander. Denn wissen Sie, sie sind wesentlich leichter durcheinander zu bringen als Menschen.« Mehr war aus ihm nicht herauszubringen, egal wie sehr ich ihn auch drängte.

Die 1997er weißen Burgunder von Jadot sind super und gehören zu den besten ihres Jahrgangs. Lardières magischer Touch (er behauptete fest, dass er Weißweinen keine Säure zusetzt) haben diesen Weinen das Fett und die Reichhaltigkeit verliehen, die für diesen Jahrgang typisch sind, wobei der größte Teil jedoch seine Konturenschärfe, Ausgewogenheit und Struktur beibehielt. Sehr gut haben mir die Weine aus der Morgeot-Lage in Chassagne-Montrachet gefallen. Der *1997er Chassagne-Montrachet Morgeot Duc de Magenta* besitzt ein mit Mineralien und Erde beladenes Bukett und einen hochreifen, dichten Charakter von mittlerem bis vollem Körper. Sein Geschmacksprofil ist voll gepackt mit Ton, pochierten Birnen und Bratäpfeln. Ein konzentrierter, dicker Wein, der in Bestform sein dürfte, wenn er in den nächsten 5–6 Jahren getrunken wird. Der *1997er Chassagne-Montrachet Morgeot* (Domainen-Abfüllung) offenbart Aromen von frischer Erde, Felsgestein und geröstetem Eichenholz. Es ist ein kraftvoller, komplexer und profunder Wein mit einer herrlichen Geschmackspalette von Ton, Birnen, Bratäpfeln und würzigem Holz, die in seinem langen Abgang anhält. Dieser fabelhaft ausdrucksvolle Wein von mittlerem bis vollem Körper hat ausgezeichnete Struktur. Voraussichtliche Genussreife: jetzt–2006. Der anziehende *1997er Chassagne-Montrachet La Romanée* zeigt ein herzhaftes, mineralisch geprägtes Bukett und ist kraftvoll und konzentriert. Sein breit angelegtes, dick texturiertes und gut extrahiertes Geschmacksprofil ist beladen mit roten Früchten, Erde und Eichenholzwürze. In einem Jahrgang, der schwere Weine an der Grenze zur Schlaffheit hervorbrachte, ist es erstaunlich, wie frisch und scharf konturiert dieser Wein ist. Voraussichtliche Genussreife: jetzt–2006.

Der *1997er Puligny-Montrachet Les Referts* ist mit einem appetitanregenden Bukett von hochreifen Birnen und Äpfeln ausgestattet. Dieser dichte, ölig texturierte und fette Wein zeigt Spuren von *sur-maturité* in seinem ansonsten rassigen, würzigen Charakter, der Geschmacksnuancen von Mandelplätzchen aufweist. Er hat mittleren bis vollen Körper, ist dick, überraschend wohl ausgewogen und bietet einen eindrucksvollen Abgang. Voraussichtliche Genussreife: jetzt–2004. Der *1997er Puligny-Montrachet Les Folatières* mit Aromen von Blumen und Anis ist breit angelegt und kraftvoll, aber dennoch feminin. Von mittlerem Körper, samtig texturiert und unmittelbar ansprechend, ist dieser Wein angefüllt mit Geschmacksnuancen, die an Birnen, Mineralien, Äpfel und Geißblatt erinnern. Trinken Sie ihn in den nächsten 6 Jahren. Der hervorragende *1997er Puligny-Montrachet Clos de la Garenne Duc de Magenta* hat ein Bukett, das nach frischer Erde und Steinen duftet. Dieser körperreiche, den Mund füllende, explosive Wein ist dicht, aber dennoch ausgefeilt. Kerzenwachs, weiße Pfirsiche und Ton finden sich in seinem kraftvollen, harmonischen und konzentrierten Geschmacksprofil. Er könnte letztendlich eine begeistertere Beschreibung verdienen, wenn sich die leichte Wärme (Alkohol), die ich in seinem Abgang entdeckt habe, gelegt hat. Trinken Sie ihn jetzt–2006.

Aus angekauftem Traubenmost wurde der *1997er Criots-Bâtard-Montrachet* bereitet. Sein würziges Bukett ist mit Anis und Mineralien getränkt. Dieser ausdrucksvolle und unmittelbar ansprechende Wein zeigt sich tief, intensiv, scharf konturiert und bis an den Rand gefüllt mit nussigen Geschmacksnuancen von Birnen. Er ist überaus gut bereitet, hat mittleren bis vollen Körper und hervorragende Extraktion, Dichte und Kraft. Er dürfte sich jetzt–2006 auf seinem Höhepunkt befinden. Der *1997er Bâtard-Montrachet* aus der Maison Jadot ist wohl der beste 1997er aus dieser Lage, da er die gewaltige Reichhaltigkeit und Dichte seines Jahrgangs treffend widerspiegelt, aber dennoch Ausgewogenheit bewahrt hat. Er bietet überreife Aromen von tropischen Früchten, vermischt mit Düften von Ton und Mandarinen. Am

Gaumen ist er ungemein breit angelegt und dick texturiert, seine Geschmacksnuancen von kandierten Birnen und Äpfeln haben aber trotzdem eine sehr schön umrissene Art. Da er konzentriert und kraftvoll ist, scheint er die Fähigkeit zum Altern zu haben. Voraussichtliche Genussreife: jetzt–2008.

Der *1997er Chevalier-Montrachet* zeigt ein bezauberndes Bukett von Mineralien, Kies und frischen weißen Birnen. Dieser tadellos umrissene und scharf konturierte Wein zeichnet sich aus durch hervorragende Tiefe, mittleren bis vollen Körper und eine reichhaltig geschichtete Persönlichkeit. Sein Geschmacksprofil ist intensiv von Mineralien geprägt, die den Gaumen und den langen Abgang überziehen. Voraussichtliche Genussreife: jetzt–2008. Der *1997er Chevalier-Montrachet Les Demoiselles* ist ein fabelhafter Wein. Sein Bukett war am Tag meiner Verkostung etwas zurückhaltend und gab nur zögernd Nüsse, Mineralien und Steine preis. Seine spektakuläre Präsenz am Gaumen demonstrierte jedoch nur allzu gut seine Großartigkeit. Er ist ein Wein mit hervorragender Reichhaltigkeit und Dichte, zum Bersten gefüllt mit kandierten Haselnüssen, Mandeln und würzigen Mineralien. Doch hat er auch jene ätherische Seite, die ich manchmal bei den besten Chevaliers finde. Dies ist einer der seltenen 1997er von der Côte de Beaune, die mindestens ein Jahrzehnt lang altern werden. Trinken Sie ihn jetzt–2012.

Diejenigen Weinliebhaber, die etwas verächtlich auf Weine von *négociants* (Handelshäusern) herabsehen und der Meinung sind, dass nur Domainen-Abfüllungen außergewöhnlich gut sein können, verpassen einige der besten 1997er. Die Maison Louis Jadot hat einige Spitzenrotweine des Jahrgangs 1997 gestaltet. Allerdings stammen Jadots gelungenste 1997er aus Weingärten, die der Domaine Jadot, der Domaine Gagey, der Domaine des Héritiers Jadot und den verschiedenen Weingütern gehören, die Jadot gestatten, ihre Weinberge zu bestellen. Weinmacher Jacques Lardière schreibt die hohe Qualität seiner Weine dieses heterogenen Jahrgangs einer Anzahl von Faktoren zu. Die Erträge waren niedrig, um 30–40% niedriger als 1996. 1997 brachte sogar die niedrigsten Erträge, die das Haus Jadot im vergangenen Jahrzehnt erlebt hat. Bei den Rotweinen waren Erträge zwischen 15 und 24 hl/ha bei manchen Grands Crus die Regel, nicht die Ausnahme. Während Jadot sonst 110 Fässer von seinem Santenay Clos de Malte produziert, waren es 1997 nur 61 Fässer von diesem außergewöhnlichen Wein. Lardière ist auch der Meinung, dass es unumgänglich war, erst spät zu ernten. Er beschreibt die Wetterbedingungen zwischen dem 10. September und dem 10. Oktober als »außergewöhnlich und erstaunlich«. Er fährt fort: »Die meisten Winzer begannen früh mit der Lese, weil sie sich Sorgen über den Säuregehalt machten. Wir haben spät gelesen, weil es unser Ziel war, volle physiologische Reife zu erreichen.« Die Ergebnisse sprechen für sich selbst. Der natürliche potenzielle Alkoholgehalt bei Jadot reichte bei den Roten von 13,2–13,8%.

Im Gegensatz zu ihren Kollegen an der gesamten Côte d'Or sorgen sich weder Direktor Gagey noch Lardière übermäßig um den Säuregehalt. »Große Jahrgänge haben nie hohe Säure«, sagt Lardière. »1996 war ein besonderes Jahr. Es war eine Ausnahme, weil es äußerst hohe Reifegrade aufwies. Die Kombination von hohem Säuregehalt und hoher Reife ist außergewöhnlich selten.« Auf die Bitte, den 1997er mit früheren Jahrgängen zu vergleichen, konzentrierte sich Lardière auf 1947 und 1959. »Die 1997er haben wie die 1959er geringe Säure, aber wunderschöne Reife. Ich gehe davon aus, dass sie sich in den kommenden Jahren wie jener spektakuläre Wein vor gut 40 Jahren verhalten werden.« Als ich ihm entgegenhielt, dass der 1997er ein unregelmäßiger Jahrgang bei den roten Burgundern sei, lachte Lardière spöttisch und sagte: »Die Leute wollten kein Risiko eingehen. Sie haben die Burgunder vinifiziert, als ob es einfache Pinot Noirs gewesen wären. Nur wenige hatten den Mut zu einer ausreichenden Maischdauer. Der 1997er brauchte eine mindestens 25–26 Tage währende Maischung und Gärung.«

Jadots eigene und zugekaufte Trauben wurden bei ihrer Ankunft im neuen Kellereikomplex unverzüglich auf 16 °C heruntergekühlt. Durch den hohen natürlichen potenziellen Alkoholgehalt wurden nur sehr wenige Cuvées chaptalisiert. Während fast jede andere Domaine in Burgund eine äußerst schnelle malolaktische Gärung als eines der Charakteristika des 1997ers nannte, war hier die Rede von langen, ausgedehnten sekundären Gärungen (Säureumwandlungen). Lardière schreibt sogar die Frische seiner Weine den späten und langen malolaktischen Gärungen zu. Als wir gerade mit der Verkostung beginnen wollten, lächelte Lardière und sagte: »Es wäre ein Verbrechen gewesen, wenn ich diesen Jahrgang verpfuscht hätte. Ein solches Reifeniveau erlebe ich vielleicht nur zweimal in meinem ganzen Leben.«

Kluge Leser des *Wine Advocate* wissen, dass die Maison Louis Jadot eine erstklassige Quelle für Weine von jenen Hügeln ist, die die malerische Stadt Beaune überragen. Sie werden mit dem Ziel bereitet, schon in ihrer Jugend köstlichen Trinkgenuss zu gewähren, haben aber wiederholt auch ihre Fähigkeit zum Altern bewiesen. Es sind Weine, die man kistenweise kauft. Jadots berühmtester Beaune ist der Clos des Ursules. In meinem kühlen Keller erreicht der 1990er gerade erst seine volle Ausreifung und der *1997er Beaune Clos des Ursules* verspricht, hinsichtlich der Qualität mit ihm zu konkurrieren. Er ist mittel- bis dunkelrubinrot und bietet Aromen von Schwarzkirschen, Metall und Gewürzen. Dieser intensive, von Schwarzkirschen dominierte Wein gibt mittleren bis vollen Körper zu erkennen, ist kraftvoll, gut strukturiert und besitzt hervorragende Reichhaltigkeit und Länge. Wie sein Bruder aus dem Jahrgang 1990 braucht (und verdient) er noch Kellerreife. Voraussichtliche Genussreife: jetzt–2009.

Der mittel- bis dunkelrubinrote *1997er Volnay Santenots* war eine Herausforderung für den Verkoster, er offenbarte jedoch genug, um eine erstklassige Beurteilung zu gerechtfertigen. Derzeit werden seine Aromen noch von süßem toastwürzigem Eichenholz dominiert und sein straff gewirktes Geschmacksprofil bietet nur einen Anflug von Zedernholz, Fleisch und Brombeeren. Es besteht jedoch kein Zweifel daran, dass dieser Wein hervorragende Tiefe, Dichte, Reichhaltigkeit und Konzentration besitzt. Er ist dick, samtig texturiert, kraftvoll und intensiv. Voraussichtliche Genussreife: jetzt–2007+. Sechzehn Monate nach der Lese schloss der mittel- bis dunkelrubinrote *1997er Volnay Clos de la Barre* gerade erst seine malolaktische Gärung ab. Düfte von frischen roten und schwarzen Früchten und toastwürzigem Eichenholz lassen sich in seinen betörenden Aromen erkennen. Dieser herrlich dichte, konzentrierte und süße Wein von mittlerem bis vollem Körper ist voll gepackt mit Geschmacksnuancen von frischen, doch leicht gebackenen Brombeeren. Sein nachhaltiger Abgang zeigt geschmeidige Tannine, eingetaucht in vielschichtige Frucht. Trinken Sie ihn in den nächsten 8 Jahren.

Der mittel- bis dunkelrubinrote, einzigartige *1997er Nuits-St-Georges Les Boudots* zeigt überschwängliche Aromen von Brombeeren und toastwürzigem Eichenholz. Dieser reichhaltige, weich texturierte, kraftvolle und reintönige Wein hat mittleren bis vollen Körper und ist außergewöhnlich reif. Frisch aufgetragener Straßenteer, Brombeeren, Steine, Feigen und Backpflaumen sind in seinem klar umrissenen, ausgewogenen und ungemein ausdrucksvollen Charakter zu erkennen. Voraussichtliche Genussreife: jetzt–2010. Anregende Aromen von Brombeeren und toastwürzigem Eichenholz zeigen sich im Bukett des mittel- bis dunkelrubinroten *1997er Chambolle-Musigny Les Amoureuses.* Diese samtig texturierte, körperreiche Fruchtbombe ist expansiv, ungemein reichhaltig und profund. Komplex, gut strukturiert und bis an den Rand gefüllt mit Geschmacksnuancen von Heidelbeerlikör, Steinen, Fleisch und veilchenähnlichen, ist dies ein äußerst beeindruckender und betörender Tropfen. Voraussichtliche Genussreife: jetzt–2010.

Der erstaunliche, dunkelpurpurrote *1997er Bonnes Mares* bezaubert die Nase des Verkosters mit seinen außerordentlichen Aromen von gebackenen Brombeeren. Das ist ein Wein von unglaublicher Kraft und Konzentration und außergewöhnlicher Extraktion. Tiefe Schichten von mit Kakaopulver überstäubten Feigen und Backpflaumen wetteifern mit einem Kompott von roten Kirschen, Steinen und sahnigen Mokkanuancen um die Aufmerksamkeit des Verkosters. Dieser körperreiche, samtig texturierte Wein, der mit einem Schuss *sur-maturité* durchsetzt ist, verweilt mindestens 40 Sekunden lang am Gaumen. Es ist einer der für seinen Jahrgang typischen Weine, ein atemberaubender Burgunder. Voraussichtliche Genussreife: jetzt–2012+. Ebenfalls ehrfurchtgebietend, aber strukturierter und maskuliner ist der dunkelrubinrote *1997er Musigny*, der schmeichelnde Aromen von Heidelbeeren und Toastwürze besitzt. Dieser feste, muskulöse, ja fast schon vierschrötige Wein offenbart Geschmacksnuancen von Schwarzkirschen, Brombeeren, Felsen und Mineralien. Derzeit noch straff gewirkt und verhalten entwickelt, ist dieser Kraftprotz von einem Wein ungemein komplex und nachhaltig. Voraussichtliche Genussreife: jetzt–2012+.

Der mittel- bis dunkelrubinrote, feminine *1997er Vosne-Romanée Les Malconsorts* bietet ein ausdrucksvolles Bukett von Rosen, Veilchen und roten Johannisbeeren. Dies ist ein expansiver, seidig texturierter, ungemein detaillierter Wein mit mittlerem bis vollem Körper. Johannisbeerkompott, Kirschen, Himbeeren und eine Vielzahl von Blumen lassen sich in seinem herrlich reifen und reintönigen Geschmacksprofil entdecken. Trinken Sie diese Schönheit in den nächsten 8 Jahren. Der mittel- bis dunkelrubinrote *1997er Echézeaux* zeigt Aromen, die süße schwarze Früchte auf einer mit Zimt und Vanille überstäubten Scheibe französischem Toastbrot vor Augen führen. Er ist körperreich, konzentriert und komplex, ein kraftvoller Wein, der angefüllt ist mit Geschmackskomponenten von chinesischem schwarzen Tee, Lakritze, Brombeermarmelade, Steinen, Erde und speckähnlichen Noten. Sein bewundernswert nachhaltiger Abgang hat ausgiebige süße Tannine aufzuweisen, die in Wogen von Frucht untergehen. Voraussichtliche Genussreife: jetzt–2010+.

Intensive Aromen von roten Kirschen und Rosen finden sich im Bukett des mittel- bis dunkelrubinroten *1997er Grands-Echézeaux*. Allerlei gebackene Beeren und asiatische Gewürze zeigt dieser samtig texturierte, ausladende, äußerst reichhaltige und eher dicke Wein. Er besitzt mittleren bis vollen Körper, ist hochkonzentriert und ordentlich extrahiert, ungemein geschmacksintensiv und opulent, jedoch gut strukturiert. Dieser außergewöhnliche Wein dürfte sich jetzt–2012 auf dem Höhepunkt seiner Reife befinden. Der etwas dunklere *1997er Clos de Vougeot*, eine Lage, die in diesem Jahrgang besonders gelungene Weine hervorgebracht hat, enthüllt in seinen Aromen kandierte rote Früchte und Myriaden von Gewürzen. Dieser überreife, äußerst dichte, jedoch frische und außergewöhnlich gut strukturierte Wein ist voll gepackt mit vielschichtiger Frucht, die einem Kompott von roten und schwarzen Früchten ähnelt. Große Mengen von geschmeidigen, jedoch spürbaren Tanninen verleihen diesem kraftstrotzenden Wein das Rückgrat, das für eine mittel- bis langfristige Kellerreife erforderlich ist. Voraussichtliche Genussreife: jetzt–2012+.

Der *1997er Clos St-Denis* von Jadot zeigt ein mittel- bis dunkelrubinrotes Kleid und ein Bukett, das derzeit noch von Düften nach geröstetem Eichenholz dominiert wird. Dies ist ein ungemein kraftvoller, expansiver und dicker Wein, der mittleren bis vollen Körper zeigt. Sein Kern von gebackenen Brombeeren, Erde und Wildbret ist mit einem außergewöhnlich langen, reintönigen und frischen Abgang gepaart. Voraussichtliche Genussreife: jetzt–2010+. Der schwarz-purpurrote *1997er Clos de la Roche* entströmt dem Glas mit Aromen von Mokka und gebackenen Beeren. Es ist ein gewaltiger, dicker, muskulöser Wein mit Geschmackskomponenten von Kakaopulver und Brombeermarmelade. Tief, intensiv und kernig, verfügt dieser kraftvolle Tropfen auch über einen beeindruckend nachhaltigen, frischen Abgang. Trinken Sie ihn jetzt–2012.

Aus einem Jahrgang, in dem sich die überwiegende Mehrheit der Weingüter darüber beklagten, dass die malolaktischen Gärungen ungewöhnlich früh und schnell vor sich gingen, stammt auch der *1997er Corton-Pougets*, der bei meinem Besuch 16 Monate nach der Lese gerade erst diese malolaktische Gärung abschloss. Er ist mittel- bis dunkelrubinrot und sowohl in seinen Aromen als auch in seinem Geschmacksprofil straff. Nach einiger Zeit an der Luft waren Düfte von schwarzen Früchten und Teer zu entdecken. Am Gaumen enthüllte dieser dichte, hochkonzentrierte und strenge Wein von mittlerem bis vollem Körper zögernd

Nuancen von wilden Himbeeren, Steinen und Lakritze. Er ist verhalten entwickelt, zum Platzen voll mit gut gereiften Tanninen und braucht noch Kellerreife. Voraussichtliche Genussreife: 2004–2012.

Wie von Jacques Lardière zu erwarten war, hat er aus dem 1997er Jahrgang zwei hervorragende Gevrey Chambertin Premiers Crus bereitet. Der *1997er Gevrey-Chambertin Estournelles St-Jacques* enthüllt Aromen von süßen Kirschen und schwarzen Johannisbeeren, eingetaucht in vanillegetränktes Eichenholz. Dies ist ein Wein mit gewaltiger Konzentration und gewaltigem Extrakt, der kraftvolle Geschmacksnuancen von Kirschen, Steinen und Mineralien aufweist. Er ist bei mittlerem bis vollem Körper nachhaltig und ziemlich elegant. Der Höhepunkt der Trinkreife dürfte jetzt–2010 liegen. Wer das Glück hatte, den 1990er Gevrey-Chambertin Clos St-Jacques kennen zu lernen, wird begeistert sein, wenn er hört, dass Lardière mit dem *1997er Gevrey-Chambertin Clos St-Jacques* erneut einen Volltreffer gelandet hat. Dieser verblüffende, dunkelrubinrote Wein wurde mit einem beachtlichen natürlichen potenziellen Alkoholgehalt von 13,8% gelesen und zeigt appetitanregende Aromen von Brombeeren, Räucherspeck und steinähnliche Noten. Der körperreiche, äußerst dichte, kraftvolle und ungemein ausdrucksvolle Wein ist bepackt mit Lakritze, Minze, Eukalyptus und Kirschsirup. Tadellos ausgewogen, opulent, unmittelbar ansprechend, aber doch zurückhaltend und sehr gut strukturiert, wird dieser wuchtige, ausgefeilte Wein in den nächsten 12+ Jahren außergewöhnlichen Trinkgenuss gewähren.

Der mittel- bis dunkelrubinrote *1997er Charmes-Chambertin* bietet köstliche Aromen von roten Kirschen und einen unkomplizierten Charakter von mittlerem bis vollem Körper. Geschmacksnuancen von süßen Brombeeren, Kirschen und Mokka finden sich in diesem geschmeidigen, verführerischen Wein. Zwar fehlen ihm die Kraft, die Konzentration und die Dichte des Spitzen-1997ers von Jadot, doch verspricht sein fruchtgeprägter Charakter enormen sinnlichen Genuss. Voraussichtliche Genussreife: jetzt–2006+. Der mit einem ähnlichen Kleid ausgestattete *1997er Chapelle-Chambertin* enthüllt Aromen von Kirschen, Brombeeren und steinähnliche Noten. Dies ist ein komplexer, gut extrahierter, maskuliner und konzentrierter Wein, der angefüllt ist mit Geschmacksnuancen von hochreifen Kirschen und Erde. Kraftvoll, gut strukturiert und harmonisch, wird er jetzt–2009+ in Bestform sein.

Hätte der ansonsten ungemein beeindruckende *1997er Mazis-Chambertin* nicht etwas alkoholische Wärme in seinem Abgang gezeigt, hätte er eine höhere Punktnote verdient. Er ist mittel- bis dunkelrubinrot und offenbart betörende und intensive Düfte von roten Kirschen und Veilchen. Dieser weiche, expansive, gewaltig konzentrierte Wein von mittlerem bis vollem Körper bietet außergewöhnlichen Trinkgenuss. Komplex, äußerst kraftvoll und erstaunlich nachhaltig, ist dies ein maskuliner und muskulöser, aber dennoch ausgefeilter Tropfen. Voraussichtliche Genussreife: jetzt–2010+.

Einer der wahren Stars dieses Jahrgangs ist zweifellos der *1997er Chambertin Clos de Bèze.* Dieser schwarz-purpurrote, Maßstäbe setzende Wein wurde mit einem (für Burgund) unerhört hohen natürlichen potenziellen Alkoholgehalt von 14,2% gelesen. Er enthüllt Aromen von Plätzchenteig und Kirschsirup, die das Wasser im Munde zusammenlaufen lassen. Immens reif und konzentriert, jedoch reintönig, frisch und edel, erobert er den Verkoster mit nicht enden wollenden Schichten von dicklichen, kompottähnlichen Früchten in Mund und Gaumen. Ehrfurchtgebietend dicht, tief, frisch und ausgefeilt, hat dieser verblüffende Wein das Potenzial, letztendlich eine Punktnote im oberen 90er-Bereich zu bekommen. Er scheint die Überreife und die fruchtgeprägten Charakteristika der Neuen Welt mit der für Burgund typischen Ausgewogenheit, Eleganz und Struktur zu vereinen. Den wenigen Glücklichen, die ein paar Flaschen von diesem Nektar ergattern können, sei gesagt, dass er sich jetzt–2015 auf dem Höhepunkt seiner Reife befinden dürfte. Bravo!

Jacques Lardière, eine schon fast mythische Persönlichkeit, ist zu Recht stolz auf seine 1998er weißen Burgunder. »Es war ein Jahr, in dem man nachdenken musste«, sagt er. »Nichts kam einfach so.« Die Trauben von den verschiedenen Weingütern, die zum Unternehmen gehören (Domaine Jadot, Domaine des Héritiers de Louis Jadot, Domaine Gagey etc.) wurden sorgfältig aussortiert. »Diejenigen Traubenbüschel, die auch nur die geringste Spur von Mehltau oder durch die Sonne verbrannte Beerenhaut zeigten, mussten unbedingt aussortiert werden. Ich bin überzeugt, dass die befremdlichen Aromen, Geschmacksnuancen und Texturen, die Sie sicher auf anderen Weingütern angetroffen haben, vom Mehltau kommen, der praktisch ganz Burgund überzog.« Da ein beträchtlicher Prozentsatz von Jadots Produktion aus angekauftem Most (unvergorener Traubensaft) hergestellt wird, machte Lardière sich »sehr große Sorgen« darüber, ob seine Most-Lieferanten ihr infiziertes Traubengut vor dem Verkauf wohl aussortiert hatten. »Wir nahmen eine intensivere *débourbage* (Entfernen der groben Hefen) als üblich vor und verkosteten im Januar alle Weine, um festzustellen, ob auch nur Spuren von Aroma- oder Geschmacksveränderungen vorlagen. Erst dann begannen wir mit unseren zweimal pro Woche durchgeführten *bâtonnages* (Aufrühren des Hefesatzes). Wir wollten keinen Wein aufrühren, der minderwertige Hefen hatte«, erklärt Lardière.

Auch wenn der Jahrgang nur wenig Apfelsäure hatte (»sie wurde von der Augusthitze aufgezehrt«, sagt Lardière), unterbrach er die malolaktischen Gärungen, denn so können »großartige und alterungsfähige Burgunder entstehen.« Die 1998er Grands Crus von Jadot »können leicht 30 Jahre oder mehr altern«, rühmte sich Lardière. Generell waren Jadots Weine (insbesondere die Domainenabfüllungen und die vom Weingut Duc de Magenta stammenden) harmonischer als die Mehrzahl der 1998er.

Der *1998er Puligny-Montrachet Clos de la Garenne Duc de Magenta* wurde aus Trauben von 75–100 Jahre alten Reben bereitet, die bei 13,8% natürlichem potenziellen Alkoholgehalt gelesen wurden. Seine ungemein reichhaltigen Aromen von Mokka und Gewürzen gehen einher mit einer frischen Persönlichkeit von mittlerem bis vollem Körper. Er ist voller reifer Früchte, Steine, Mineralien, Kreide, frischer Erde und einem Hauch von roten Beeren. Dieser dichte, ausdrucksvolle Wein dürfte sich jetzt–2008 am schönsten trinken lassen. Die Maison Louis Jadot kauft Most von drei verschiedenen Traubenerzeugern für ihren Bâtard-Montrachet an. Der nach pochierten Birnen duftende *1998er Bâtard-Montrachet* ist breit angelegt, seidig texturiert und von mittlerem Körper. Weiße Früchte, Mineralien und Anis lassen sich in seinem langen, mit Zitrone durchsetzten Charakter entdecken. Voraussichtliche Genussreife: jetzt–2010+.

Ein typisches Beispiel für die langlebigsten weißen Burgunder von Jadot ist der *1998er Chevalier-Montrachet Les Demoiselles*, der durchaus seinem Ruf entspricht. Blumen, Steine und Mineralien finden sich in seinen Aromen. Dieser Wein verfügt über bewundernswerte Breite, klar umrissene Art, Reichhaltigkeit und Frische in seinem Charakter von mittlerem Körper. Mineralien und kandierte Zitronen zeigen sich in seinem Geschmacksprofil und in seinem nachhaltigen Abgang. Voraussichtliche Genussreife: 2004–2012.

1998 kaufte die Maison Louis Jadot ihren *Montrachet* von zwei Winzern und produzierte insgesamt 8 Fässer (200 Kisten). Sein Bukett von Akazien, Gewürzen, Steinen und Mineralien geht einher mit einer lebendigen, breitschultrigen Persönlichkeit von mittlerem bis vollem Körper. Dieser prächtige Wein bietet schichtenweise weiße Früchte, einen Hauch von gerösteten Nüssen, Kies und pochierten Birnen. Er vereint auf wunderbare Weise Muskelkraft mit Anmut und explosive, ausdrucksvolle Frucht mit ausgefeilter Art. Voraussichtliche Genussreife: 2005–2012+.

Pierre-Henri Gagey beschreibt 1999 als »einen Jahrgang von großartiger Reintönigkeit und Eleganz«. Laut Jacques Lardière »bringt er uns eine wunderschöne Definition des Pinot Noir«. Beide sind sich einig, dass der 1999er Jahrgang trotz seiner enorm hohen Erträge von drei Wochen sonnigem Wetter vor der Lese gerettet wurde. Dieser Betrieb nahm drastische Behangausdünnung auf seinen eigenen Rebflächen vor, »aber sogar diejenigen unter uns, die sehr viel im Weinberg arbeiten, hatten 1999 hohe Erträge«, sagt Gagey. Er fügt hinzu: »Wir haben die unterstützt, die die 40% PLC (genehmigter Ertrag, der über den festgelegten

Höchstertrag hinausgeht) beantragt haben, denn sogar die 25 Weingüter der Côte d'Or, die 1997 und 1998 die niedrigsten Erträge hatten, lagen 1999 über der Grenze. Im Jahre 2000 hatten die Behörden jedoch Recht, den PLC auf 20% zu begrenzen. Ihre Leser sollten auch wissen, dass selbst mit einem PLC von 40% der genehmigte Höchstertrag für die Grands Crus der Côte nur 49 hl/ha beträgt, das ist der weltweit niedrigste.« Laut Lardière war ausgiebige Arbeit mit den Hefen erforderlich, damit die weißen 1999er Tiefe bekamen. Er sagte auch, dass seine Trauben normalen Apfelsäuregehalt hatten, dagegen einen niedrigen Weinsäuregehalt. Sowohl Lardière als auch Gagey mögen die 1999er weißen Burgunder und glauben, dass ihre Weine in ihrer Jugend bereits köstlich sein werden und dass viele Leute erstaunt sein werden, wie gut sie altern. »Meine Lieblings-1999er? Die Chassagne-Montrachets von tiefen, fetten Böden. Sie haben vorzügliche Tiefe«, sagt Gagey.

Der *1999er Meursault Charmes* von mittlerem bis vollem Körper enthüllt ein reichhaltiges Bukett voller Nüsse, frisch geschnittener Blumen und Gewürze. Dies ist ein femininer Wein mit hervorragender Ausgewogenheit, Reichhaltigkeit und Üppigkeit. Sein herrliches Geschmacksprofil ist voll gepackt mit Gewürzen, pochierten Birnen und einem Anflug von Vanille, die während seines langen, weichen Abgangs anhalten. Voraussichtliche Genussreife: jetzt–2010. Der nach Blumen und Nüssen duftende *1999er Puligny-Montrachet Les Folatières* hat mittleren bis vollen Körper und ist tief und breit angelegt. Reife Birnen, kandierte Äpfel und ein Anflug von Minze lassen sich in diesem gut ausgereiften, reichhaltigen, jedoch scharf konturierten Wein entdecken. Er ist wunderschön gestaltet, hat ausgezeichnete bis hervorragende Konzentration und einen beispielhaften Abgang. Voraussichtliche Genussreife: 2004–2011. Der *1999er Chassagne-Montrachet Les Caillerets* zeigt ein appetitanregendes, nach Plätzchenteig duftendes Bukett. Von mittlerem bis vollem Körper, tief und reichhaltig, ist dies ein molliger Wein mit Geschmacksnuancen von pochierten Birnen, kandierten Äpfeln und roten Beeren. Seine Schichten von Frucht überziehen den Gaumen und klingen noch im weichen, langen Abgang nach. Voraussichtliche Genussreife: 2004–2010.

Der *1999er Criots-Bâtard-Montrachet* hat ein zurückhaltendes, jedoch gehaltvolles und von Birnen dominiertes Bukett. Bei mittlerem bis vollem Körper üppig und sinnlich, ist dieser breit angelegte, mollige Wein voll gepackt mit Mineralien und allerlei weißen Früchten, deren Geschmackskomponenten im beeindruckend langen Abgang anhalten. Voraussichtliche Genussreife: 2004–2010. Gewürze und Mineralien zeigen sich im Bukett des *1999er Bâtard-Montrachet.* Bei mittlerem bis vollem Körper ist er reichhaltig, tief und kraftvoll. Dieser opulente Wein ist bis zum Bersten gefüllt mit Birnen, Mineralien, Gewürzen und Anis und zeigt sich samtig texturiert und wohl ausgewogen. Voraussichtliche Genussreife: jetzt–2010. Der *1999er Chevalier-Montrachet* offenbart ein Bukett voller Mineralien, Gewürze und Toastwürze. Er hat mittleren Körper, ist auf luxuriöse Art gehaltvoll und auch vielschichtig: ein scharf konturierter Wein mit Geschmacksnuancen von Mineralien, Zitronen und Birnen. Tief und komplex, besitzt er einen bewundernswert langen, weichen Abgang. Voraussichtliche Genussreife: 2004–2012. Der *1999er Chevalier-Montrachet Les Demoiselles* zeigt herrliche, appetitliche Aromen von Mandeln und Blumen. Bei mittlerem bis vollem Körper präsentiert er sich sinnlich, breit gebaut und opulent sowie klar umrissen und ausgefeilt. Blumen, frische Birnen und kandierte Äpfel finden sich in seinem reintönigen, frischen und beeindruckend langen Abgang. Voraussichtliche Genussreife: 2008–2018.

Mit einem natürlichen potenziellen Alkoholgehalt von 13,6% geerntet, hat der *1999er Montrachet* ein wunderschönes, mit Honigkuchen, Marzipanmasse und Haselnüssen angefülltes Bukett. Von mittlerem bis vollem Körper und an flüssigen Samt erinnernd, ist dies ein kräftiger, tiefer, breit angelegter und scharf konturierter Wein. Birnen, Äpfel, Steine und Myriaden von Gewürzen zeigen sich in seinem ungemein ausdrucksvollen und geschmacksintensiven Charakter. Ein gewaltiger Erfolg in diesem Jahrgang und ein außergewöhnlicher Wein ganz aus sich heraus. Er dürfte der Zeit standhalten. Voraussichtliche Genussreife: 2005–2014.

Toastwürziges Eichenholz, süße rote Kirschen und kandierte Himbeeren zeigen sich im Bukett des mittel- bis dunkelrubinroten 1999 *Pommard Rugiens*. In diesem kernig texturierten Wein mischen sich große Mengen von roten Früchten und Eichenholzwürze mit frisch zerstoßenem schwarzen Pfeffer. Seine samtigen Schichten von Frucht überziehen den Gaumen und leiten über zu einem weichen, geschmeidigen Abgang, der ganz ungewöhnlich ist für einen Pommard. Voraussichtliche Genussreife: jetzt–2009. Der mittel- bis dunkelrubinrote *1999er Corton-Pougets* hat ein prächtiges, nach ungemein süßen Kirschen duftendes Bukett. Von mittlerem Körper und dicht, quillt er über von Brombeeren, Cassis, Kirschen und festen, aber doch reifen Tanninen. Dieser Wein benötigt noch Kellerreife. Voraussichtliche Genussreife: 2006–2012+. Der *1999er Corton-Grèves* hat eine ähnliche Farbe und ein nach Lakritze duftendes Bukett. Er ist ein fester, steiniger und frischer Wein voller Brombeeren und mit leichtem bis mittlerem Körper. Straff gewirkt, verhalten entwickelt und unnachgiebig, scheint er aber die Dichte der Frucht und die Struktur zu besitzen, die für eine Einlagerung im Keller erforderlich sind. Er ist konzentriert, tief und legt einen langen, reintönigen Abgang an den Tag. Trinken Sie ihn 2006–2012.

Der nach dunklen Kirschen und asiatischen Gewürzen duftende, mittel- bis dunkelrubinrote *1999er Nuits-St-Georges Les Boudots* ist ein hervorragender Wein von mittlerem Körper. Üppige Schichten von kandierten Himbeeren, süßen Kirschen und asiatischen Gewürzen finden sich in seinem weichen, samtigen, reintönigen und saftigen Charakter sowie in seinem langen, seidigen Abgang. Trinken Sie ihn in den nächsten 8–9 Jahren. Der parfümierte, nach kandierten Kirschen duftende *1999er Chambolle-Musigny Les Fuées* gibt eine mittel- bis dunkelrubinrote Farbe zu erkennen. Dieser weiche, reintönige und parfümierte Wein ist üppig, opulent und sinnlich. Von mittlerem Körper und angefüllt mit Kirschen, kandierten Himbeeren, Talkum und Parfum, besitzt dieser geschmeidige Wein einen langen, hochreifen, mit Tanninen angefüllten Abgang. Trinken Sie ihn in den nächsten 10 Jahren.

Der nach Eichenholz duftende, mittel- bis dunkelrubinrote *1999er Musigny* bietet einen mittleren Körper und einen pikanten Charakter. Dieser blumige, feminine, gut bereitete und elegante Wein offenbart Geschmacksnuancen von süßen roten Kirschen und Himbeeren in seinem langen, seidig texturierten Charakter. Ihm fehlen zwar die Tiefe und die Kraft, die die besten Musignys von Jadot besitzen, dennoch ist er ein hervorragender, ungemein detaillierter und köstlicher Wein. Trinken Sie ihn 2004–2012. Der mittel- bis dunkelrubinrote *1999er Vosne-Romanée Les Beaumonts* ist ausgestattet mit einem Bukett, das nach asiatischen Gewürzen und Dörrpflaumen duftet. Dieser fette Wein von mittlerem Körper ist bis an den Rand gefüllt mit Kirschen, Himbeeren und eingedickten Erdbeeren. Er wartet auf mit hervorragender Tiefe der Frucht und einem beeindruckend langen, süßen Abgang. Trinken Sie ihn 2004–2012. Der nach süßem Kirschsirup und Plätzchenteig duftende *1999er Echézeaux* ist mittel- bis dunkelrubinrot. Von mittlerem Körper und ungemein ausdrucksvoll, ist dies ein frischer, reintöniger und klar umrissener Wein. Pikante Kirschen und Himbeeren zeigen sich in seiner ungestümen Persönlichkeit und in seinem bewundernswert langen, süßen und geschmeidigen Abgang. Er ist konzentriert, tief und herrlich reif. Trinken Sie ihn in den nächsten 12 Jahren.

Der *1999er Clos de Vougeot* duftet nach süßem Parfum, Talkumpuder, frisch geschnittenen Blumen und kandierten Kirschen und ist ein kernig texturierter Wein von mittlerem bis vollem Körper. Dieser dichte (»der dichteste Wein, den wir 1999 produziert haben«, sagt Pierre-Henri Gagey), kraftvolle und intensive Wein weist große Mengen von Brombeeren und cassisähnlicher Frucht auf, die sich mit wunderschön reifem Tannin vermischt. Sein beeindruckend langer Abgang enthüllt zusätzliche Schichten von kandierten Früchten. Trinken Sie ihn 2005–2012+. Der mittel- bis dunkelrubinrote *1999er Clos St-Denis* präsentiert ein herrliches Bukett von Blumen, Talkum, roten Johannisbeeren und Kirschen. Dieser saftige Wein von mittlerem Körper ist angefüllt mit Himbeeren, Erdbeeren, roten Kirschen und Blumen, dabei reintönig, würzig und tadellos ausgewogen. Trinken Sie ihn in den nächsten 10

Jahren. Der *1999er Clos de la Roche* zeigt ein Bukett, das nach Erde, Steinen und dunklen Früchten duftet. Brombeeren, Lakritze und Johannisbeeren finden sich im seidigen Charakter dieses Weines von mittlerem Körper. Er ist mit herrlich reifem Tannin beladen, allerdings lässt er die Dichte und Länge vermissen, die ihm den Status eines großartigen Weines verleihen würden. Trinken Sie ihn in den nächsten 10 Jahren. Der mittel- bis dunkelrubinrote *1999er Gevrey-Chambertin Clos St-Jacques* ist mit einem Bukett versehen, das nach gerösteten schwarzen Früchten duftet. Von mittlerem Körper, üppig und köstlich, ist dies ein reintöniger Wein mit Geschmacksnuancen von süßen roten Kirschen und Brombeeren. Auch wenn er nicht über die Kraft oder die Konzentration der besten Jahrgänge des Clos St-Jacques von Jadot verfügt, setzt dieser Wein auf Eleganz, Reintönigkeit und Definition. Dies ist ein herrlicher, geschmacksintensiver und ungemein klar umrissener Tropfen, der ausgiebiges geschmeidiges Tannin besitzt. Voraussichtliche Genussreife: jetzt–2012. Der *1999er Chapelle-Chambertin* ist mittel- bis dunkelrubinrot und zeigt ein intensives und eindringliches Bukett, das nach Johannisbeeren und Brombeeren duftet. Gebackene Kirschen, Pflaumen, Gewürze und ein Hauch von Kaffee finden sich in diesem kernigen Wein von mittlerem bis vollem Körper. Er ist reichhaltig, reintönig, kraftvoll und hat großartige Länge. Trinken Sie diesen dichten, konzentrierten Wein 2005–2014. Der mittel- bis dunkelrubinrote *1999er Chambertin Clos de Bèze*, der im Allgemeinen zu meinen Lieblingsweinen aus dem Jadot-Angebot gehört, enthüllt subtile Aromen von dunklen Früchten. Er gibt mittleren Körper zu erkennen, ist frisch, pikant und enthüllt Brombeeren, würzige Johannisbeeren und frische schwarze Himbeeren. Ein Hauch von Teer lässt sich in seinem festen, vierschrötigen Abgang erkennen. Voraussichtliche Genussreife: 2005–2012.

Die Aromen des *2000er Meursault Perrières* spiegeln die intensive Reife dieses Weines wider. Düfte nach pochierten Birnen und gewürzten Äpfeln entströmen dem Glas. Bei mittlerem Körper ist er sirupartig texturiert und weist einen schönen, breit angelegten, geschmeidigen und üppigen Charakter auf. Dieser Wein ist mollig, zeigt aber hervorragende Ausgewogenheit. Voraussichtliche Genussreife: 2004–2012.

Gehaltvolle Gewürze zeigen sich in den Aromen des *2000er Puligny-Montrachet Les Perrières*. Er besitzt mittleren Körper, ist breit angelegt und elegant, und stellt einen intensiven, mit Gewürzen, Mineralien und Birnen angefüllten Wein dar. Gut konzentriert und kraftvoll, weist er die explosive Kraft eines Sprinters und die Anmut einer Ballerina auf. Trinken Sie ihn 2004–2012. Der nach Erde, Mineralien und kandierter Zitrusfrucht duftende *2000er Puligny-Montrachet Les Referts* ist ein würziger Wein mit mittlerem Körper. Seidig texturiert und weinig, besitzt er hervorragende Intensität, Tiefe und Konzentration. Dieser nach Mineralien und Steinen schmeckende Wein zeigt in seinem umfassenden Abgang auch Töne von Limetten, die an einen Margarita-Cocktail erinnern. Voraussichtliche Genussreife: 2004–2012. Der nach rauchigen weißen Früchten duftende *2000er Puligny-Montrachet Les Folatières* offenbart hervorragende Tiefe, Kraft und einen reichhaltigen Charakter von mittlerem Körper. Seidig texturiert, präsentiert er einen weinigen Stil, der diesem Jahrgang oft fehlt. Mineralien, spritzige Äpfel und Birnen finden sich in seiner klar definierten Persönlichkeit und in seinem nachhaltigen Abgang. Trinken Sie ihn 2005–2012. Die Honigkuchen-Aromen des reichhaltigen und ausladenden *2000er Puligny-Montrachet Clos de la Garenne Duc de Magenta* explodieren förmlich im Glas. Dieser prächtige Wein zeigt gewaltige Tiefe in seiner von karamellisierten Mineralien und gerösteten Haselnüssen geprägten Persönlichkeit. Er ist nahtlos, harmonisch, konzentriert mit einem ausgedehnten Abgang. Voraussichtliche Genussreife: 2004–2012.

Der nach buttrigen Mineralien duftende *2000er Bâtard-Montrachet* ist reichhaltig, opulent und von mittlerem Körper. Große Mengen von buttertriefendem Popcorn finden sich in der würzigen, konzentrierten Persönlichkeit dieses Weines. Zitronen und Limetten tauchen in seinem Abgang auf und verleihen seiner ansonsten üppigen Art eine pikante, würzige Komponente. Voraussichtliche Genussreife: 2004–2012. Der nach Mineralien und Gewürzen duftende *2000er Montrachet* hat leichten bis mittleren Körper, ist dabei jedoch reichhaltig und seidig texturiert. Dieser scharf konturierte Wein zeigt hervorragende Tiefe und Konzentration. Wogen von Mineralien, vermischt mit Zitrusfrüchten und Birnen, lassen sich in seinem ausdrucksvollen Charakter und in seinem recht langen Abgang erkennen. Voraussichtliche Genussreife: 2004–2012. Der *2000er Corton-Charlemagne* legt ein cremiges Bukett mit einem Duft von Talkum und Mokka an den Tag. Bei mittlerem bis vollem Körper ist er geschmeidig, samtig texturiert und ein äußerst geschmacksintensiver Tropfen. Den Gaumen überzieht er mit Geschmacksnuancen von sahniger Frucht und Mineralien. Trinken Sie diesen harmonischen und üppigen Wein 2004–2012.

Weitere empfehlenswerte Weine: 1997er Beaune Boucherottes (88–90), 1997er Beaune Les Bressandes (87–89), 1997er Beaune Les Chouacheux (88–90), 1997er Beaune Clos des Couchereaux (88–90+), 1999er Beaune Clos-des-Ursules (88–90+), 1999er Beaune Grèves (weiß) (87–89), 1997er Beaune Les Theurons (87–89+), 1997er Bienvenue-Bâtard-Montrachet (88–89?), 1998er Bienvenue-Bâtard-Montrachet (87–90), 1999er Bienvenue-Bâtard-Montrachet (88–90), 1999er Chambolle-Musigny (87–89), 1999er Chambolle-Musigny Les Amoureuses (87–89), 1999er Chambolle-Musigny Les Baudes (88–90), 1997er Chambolle-Musigny Les Fuées (88–90), 1997er Chassagne-Montrachet Les Grandes Ruchottes (weiß) (89–90), 1999er Chassagne-Montrachet Morgeot (weiß) (88–90), 1997er Chassagne-Montrachet Morgeot Duc de Magenta (rot) (87–89), 1999er Chassagne-Montrachet Morgeot Duc de Magenta (weiß) (88–90), 2000er Chassagne-Montrachet Morgeot Duc de Magenta (weiß) (88–90), 1997er Corton (88–90), 1997er Corton-Charlemagne (89–90), 1998er Corton-Charlemagne (87–89+), 1999er Corton-Charlemagne (88–89), 1997er Corton-Grèves (88–89+), 1997er Corton-Vergennes (88–89), 1997er Côtes de Nuits-Villages (87–89), 1998er Criots-Bâtard-Montrachet (87–90), 1997er Meursault Bouchères (87–89), 1997er Meursault Les Charmes (89–90), 2000er Meursault Les Charmes (87–89), 1999er Meursault Les Genevrières (87–89), 2000er Meursault Les Genevrières (88–89), 1997er Meursault La Goutte d'Or (88–89), 1999er Meursault La Goutte d'Or (88–89), 1997er Nuits-St-Georges Les Porrets (87–90), 1999er Nuits-St-Georges Les Porrets (88–89), 1997er Pernand-Vergelesses Clos de la Croix de Pierre (87–89+), 1999er Pommard Clos de la Pouture (87–89), 1997er Puligny-Montrachet Les Champs Gains (88–89+), 1999er Puligny-Montrachet Les Champs Gains (88–90), 2000er Puligny-Montrachet Les Combettes (88–89), 1997er Puligny-Montrachet Les Folatières (87–90), 1999er Puligny-Montrachet Clos de la Garenne Duc de Magenta (88–90), 1999er Puligny-Montrachet Les Perrières (88–90), 1997er Santenay Clos de Malte (rot) (88–90), 1999er Santenay Clos de Malte (rot) (87–89), 1999er Santenay Clos de Malte (weiß) (87–89), 1997er Savigny-lès-Beaune La Dominode (88–90), 1997er Savigny-lès-Beaune Clos des Guettes (rot) (88–90), 1997er Savigny-lès-Beaune Clos de Guettes (weiß) (87–89), 1999er Savigny-lès-Beaune Clos des Guettes (rot) (87–89), 1997er Savigny-lès-Beaune Lès Narbantons (88–90), 1997er Savigny-lès-Beaune Les Vergelesses (87–89), 1999 Volnay Clos de la Barre (88-90), 1997er Vosne-Romanée Les Beaumonts (88–90+), 1997er Vosne-Romanée Les Petits Monts (87–89), 1999er Vosne-Romanée Les Suchots (88–90)

DOMAINE PATRICK JAVILLIER (MEURSAULT)

2000	**Meursault Charmes »Mise Spéciale«**	**E**	**(88–91)**
1997	**Meursault Cuvée Tête de Murger**	**E**	**90+**
2000	**Meursault Cuvée Tête de Murger »Mise Spéciale«**	**E**	**(88–91)**
1997	**Meursault Les Narvaux »Mise Spéciale«**	**E**	**(89–91+)**

Anmerkung: Javillier gestaltet oft zwei Abfüllungen: eine *mise spéciale* (»Spezialabfüllung«; auf dem Etikett vermerkt) und eine reguläre Abfüllung (kein Vermerk auf dem Etikett). Die *mise spéciale* ist komplexer, breiter angelegt und körperreicher als die Standardcuvées und wird 18 Monate nach der Lese abgefüllt, während die reguläre Abfüllung, die hauptsächlich für den europäischen Markt bestimmt ist (der anscheinend »magerere« Weine bevorzugt), schon nach 11–14 Monaten vorgenommen wird. Die *mise spéciale* wird soweit möglich unfiltriert abgefüllt. Vor 1996 wurde sie als *cuvée spéciale* bezeichnet.

Die »hauseigene *assemblage*« von Meursault Casse Tête und Meursault Murgers ist hervorragend. Javillier hat beschlossen, seine gesamte Produktion des *1997er Meursault Cuvée Tête de Murger* im September abzufüllen und von einer *mise spéciale* Abstand zu nehmen. Dieser Wein zeigt intensive Aromen von reifen Birnen und Hefen, sowie einen reichhaltigen, ölig texturierten Charakter von mittlerem bis vollem Körper. Sein Geschmacksprofil bietet dichte Schichten von süßen weißen Früchten, Feuerstein, Rauch und große Mengen von Gewürzen, die während seines überaus langen Abgangs am Gaumen verweilen. Voraussichtliche Genussreife: jetzt–2005. Von den zwei Cuvées des *1997er Meursault Les Narvaux* habe ich die *mise spéciale* verkostet. Hinter einem Hauch von Reduktion waren im Bukett dieses Weins dichte Nüsse und Mineralien zu erkennen. Am Gaumen nimmt er sich vielschichtig aus, voll gepackt mit süßer weißer Frucht, von mittlerem bis vollem Körper und ungemein reichhaltig, doch ausgewogen. Dies ist ein höchst beeindruckender Tropfen, der einen kräftigen Abgang mit Eindrücken von gewürzten und gebackenen Birnen aufweist. Voraussichtliche Genussreife: jetzt–2006.

Laut Patrick Javillier war 1999 »ein klassischer Jahrgang« und 2000 ist »eleganter und ausgefeilter. Er ist eine hypothetische Mischung aus zwei Dritteln 1992 und einem Drittel 1986.« Er ist der Meinung, dass »er ausgezeichnete Säure aufweist, wenn auch weniger als 1996, und dass er sowohl in seiner Jugend als auch in hohem Alter viel Vergnügen bereiten wird«. Auf die Frage, warum die Erträge 2000 so hoch waren, antwortet Javillier: »Die Rebstöcke haben überhaupt nicht unter der Trockenheit gelitten. Sonne und Regen haben sich ständig abgewechselt. Aber auch wenn die Erträge ziemlich groß waren, erreichten die Trauben dennoch eine auszeichnete Reife. 1999 war ein mineralisch geprägter Jahrgang, weil die Fruchtnuancen vom Regen aufgelöst wurden, 2000 dagegen ist voll gepackt mit Frucht.«

Javilliers *2000er Meursault Cuvée Tête de Murger »Mise Spéciale«* offenbart Aromen von Kräutertee, gewürzten Birnen und Obstsalat. Am Gaumen zeigt dieser harmonische Wein einen hervorragenden Gehalt an Mineralien, deren Geschmacksnuancen im langen und reintönigen Abgang anhalten. Trinken Sie ihn in den nächsten 7–8 Jahren. Große Mengen von gewürzten weißen Früchten finden sich in den Aromen des *2000er Meursault Charmes »Mise Spéciale«*. Dieser ausgefeilte Wein hat mittleren Körper, ist reintönig und seidig texturiert. Er offenbart ein hübsch gefächertes Geschmacksprofil von Äpfeln, Birnen, Aprikosen und einem schwachen Anflug von Litschis, die alle in seinem langen, geschmeidigen Abgang nachklingen. Trinken Sie ihn in den nächsten 8–9 Jahren.

Weitere empfehlenswerte Weine: 1997er Bourgogne Blanc Cuvée des Forgets »Mise Spéciale« (87–89), 2000er Bourgogne Blanc Cuvée des Forgets »Mise Spéciale« (87–89), 1997er Bourgogne Blanc Cuvée Oligocéne »Mise Spéciale« (88–90+), 2000er Bourgogne Blanc Cuvée Oligocéne »Mise Spéciale« (87–89), 1999er Corton-Charlemagne »Mise Spéciale« (88), 2000er Corton-Charlemagne »Mise Spéciale« (87–89+), 1997er Meursault Les Clous (89), 1997er Meursault Clos du Cromin (88), 2000er Meursault Clos du Cromin (88), 1998er Meursault Cuvée Tête de Murger (88), 1998er Meursault Cuvée Tête de Murger »Mise Spéciale« (88-89+), 1999er Meursault Cuvée Tête de Murger »Mise Spéciale« (88–90), 1999er Meursault Narvaux (88), 2000er Meursault Narvaux (88), 1997er Meursault Les Tillets (88), 1997er Meursault Les Tillets »Mise Spéciale« (88–90), 1999er Meursault Les Tillets »Mise Spéciale« (89+), 1997er Puligny-Montrachet Le Levron (88), 2000er Puligny-Montrachet Le Levron »Mise Spéciale« (88–90), 1997er Savigny-lès-Beaune Les Serpentières (rot) (88)

DOMAINE JAYER-GILLES (MAGNY-LES-VILLERS)

1999	**Echézeaux**	**EEE**	**(90–92)**
1997	**Echézeaux**	**EEE**	**92+**
1997	**Nuits-St-Georges Les Damodes**	**EE**	**92**

Laut Gilles Jayer lagen seine Erträge zwischen hohen 37 hl/ha bei den Bourgogne Hautes Côtes de Beaune und niedrigen 28 hl/ha beim Nuits-St-Georges Les Hauts Poirets und beim Echézeaux. Die Weine wurden ohne jegliches Abstechen auf ihren Hefen belassen und anschließend ungeschönt und unfiltriert abgefüllt. Jayer erklärte, dass er keinem seiner Weine Säure zugesetzt habe. »Die Frische in meinen Weinen kommt vom CO_2, das sie absorbiert haben, als sie sich auf ihren Hefen befanden.«

Der *1997er Nuits-St-Georges Les Damodes* gibt das für dieses Weingut charakteristische Bukett zu erkennen, das nach Tabak, verbranntem Laub und Cassis duftet. Am Gaumen ist er pikant, voll bepackt mit Brombeeren, Lakritze und einem Anflug von Veilchen. Dieser Wein von mittlerem bis vollem Körper enthüllt herrliche Reintönigkeit der Frucht, eine samtige Textur und große Mengen von süßen, geschmeidigen Tanninen. Er dürfte sich in den nächsten 7–8 Jahren in Bestform befinden. Der etwas dunklere *1997er Echézeaux* bietet ein ausdrucksvolles Bukett von frischen, würzigen roten Früchten mit eingestreuten Noten von Zedernholz und Zigarrenrauch. Schichten von Brombeeren, Straßenteer, Lakritze und Kirschen finden sich in diesem geschmeidigen, jedoch strukturierten Wein von mittlerem bis vollem Körper. Beeindruckend reif, kraftvoll, muskulös und intensiv, zeigt er die für diesen Jahrgang typische überreife Frucht (*sur-maturité*), ist dabei aber überraschend lebendig und gut strukturiert. Voraussichtliche Genussreife: jetzt–2010.

1999 begann Jayer am 22. September mit der Lese seiner roten Burgunder; die Lagen Echézeaux und Nuits-St-Georges kamen als Erste an die Reihe. Am 23. und 24. ernteten er und seine Mannschaften die Côtes de Nuits-Villages-Parzellen, während seine Hautes Côtes-Parzellen vom 25. bis 30. gelesen wurden. Die letztgenannten Weinberge bringen üblicherweise kraftvolle, geschmacksintensive Weine hervor, aber 1999 waren ihnen die am 23. einsetzenden Regenfälle abträglich. Jayers Erträge erreichten durchschnittlich 48 hl/ha beim Côte de Nuits nach einem Mostabzug von 10%, und 55 hl/ha beim Hautes Côtes nach einem Mostabzug von 15%. Der *1999er Echézeaux* hatte einen Ertrag von 40 hl/ha und zeigt Aromen von dunklen Früchten, asiatischen Gewürzen und süßem Eichenholz. In seiner reintönigen, dichten Persönlichkeit weist er hervorragende Tiefe von roten und schwarzen Früchten (hauptsächlich Kirschen und Brombeeren) und asiatischen Gewürzen auf. Dieser Wein von mittlerem bis vollem Körper ist frisch, harmonisch und überschwänglich. In seinem langen Abgang enthüllt er ausgiebiges reifes Tannin und süße Eichenholzwürze. Trinken Sie ihn 2004–2012.

Weitere empfehlenswerte Weine: 1998er Bourgogne Hautes Côtes de Beaune (weiß) (88), 1997er Bourgogne Hautes Côtes de Nuits (rot) (89), 1997er Bourgogne Hautes Côtes de Nuits (weiß) (88+), 1998er Bourgogne Hautes Côtes de Nuits (weiß) (89+), 1999er Bourgogne Hautes Côtes de Nuits (weiß) (88), 1997er Côte de Nuits-Villages (89), 1999er Côte-de-Nuits-Villages (87–89), 1999er Nuits-St-Georges Les Damodes (88–90), 1997er Nuits-St-Georges Les Hauts Poirets (89+?), 1999er Nuits-St-Georges Les Hauts Poirets (87–89)

DOMAINE FRANÇOIS JOBARD (MEURSAULT)

1997	**Meursault Charmes**	**EE**	**(89–92+)**
1997	**Meursault Genevrières**	**E**	**(89–91)**
1997	**Meursault Poruzots**	**E**	**(89–91+)**

In flüssige Mineralien getauchte kandierte Äpfel zeigen sich im Bukett des *1997er Meursault Poruzots*. Wie Jobard es geschafft hat, einen eleganten Wein mit Nuancen von Birnenkompott und Haselnuss-Sahnetörtchen zu gestalten, die typische Kennzeichen von Überreife sind, ist einfach bewundernswert! Dies ist ein super Poruzots, von mittlerem bis vollem Körper, opulent, scharf konturiert, etwas streng im Abgang, aber sooo gut! Voraussichtliche Genussreife: jetzt–2004. In seinen Aromen wartet der *1997er Meursault Genevrières* von Jobard mit reichhaltigen, toastwürzigen reifen Birnen auf, die einhergehen mit einem süßen, vielschichtigen Charakter von mittlerem bis vollem Körper. Dieser Wein ist bis zum Platzen gefüllt mit kandierten Nüssen und Mokka und hat alle Komponenten für eine höhere Bewertung (Dichte, Reife, Kraft, Frucht, Komplexität und Konzentration), mit Ausnahme von Eleganz, Konturenschärfe und einem langen, nahtlosen Abgang. Trotzdem dürften die fabelhaften Attribute dieses Weins ihm letztendlich eine hervorragende Bewertung einbringen. Trinken Sie ihn jetzt–2006. Der aus Trauben von 34 Jahre alten Reben bereitete *1997er Meursault Charmes* ist erstklassig und präsentiert ein nach Äpfeln, hellen Rosinen und roten Johannisbeeren duftendes Bukett. Dieser expansive, breit gebaute und beeindruckend nachhaltige Wein besitzt Geschmacksnuancen von Erde, Aprikosen und Mineralien. Selbst unter Berücksichtigung seiner Strenge und seines etwas warmen (alkoholischen) Abgangs dürfte er nach dem Abfüllen eine hervorragende Bewertung erhalten. Trinken Sie ihn jetzt–2006.

Weitere empfehlenswerte Weine: 1997er Meursault en la Barre (87–89), 1999er Meursault Charmes (87–89), 2000er Meursault Charmes (88–90), 1996 Meursault Genevrières (92+), 1998er Meursault Genevrières (87–90), 1998er Meursault Poruzots (87–89), 2000er Meursault Poruzots (88–90)

DOMAINE RÉMI JOBARD (MEURSAULT)

2000	**Meursault Charmes**	**EE**	**(90–92+)**
1997	**Meursault Charmes**	**EE**	**94**
1997	**Meursault Chevalière**	**E**	**(89–90+)**
1997	**Meursault En Luraule**	**E**	**90**
1997	**Meursault Les Genevrières**	**EE**	**92+**
1999	**Meursault Poruzots-Dessus**	**E**	**(89–91)**
1997	**Meursault Poruzots-Dessus**	**E**	**(90–92)**

Rémi Jobard, der junge, intelligente und engagierte Direktor dieses Weinguts, hat seinem bereits beeindruckenden Einsatz für qualitätsorientierte Weinbereitung eine neue Dimension hinzugefügt. (In seinen Weinbergen verwendet er keinen Kunstdünger, pflügt die Böden durch, hat mäßige Erträge und erntet so spät wie irgend möglich.) Er hat sich nun entschieden, seine 1997er unfiltriert abzufüllen. Der Verzicht auf Filter ist mittlerweile bei den besten Rotweinproduzenten Burgunds gang und gäbe. Es ist ein Verfahren, das noch bei der Mehrheit der Weißweine angewendet wird, weil die Produzenten befürchten, dass die Weinliebhaber Weißweine ablehnen, die keine geschliffene Brillanz aufweisen. Die meisten Winzer glauben nämlich, dass ihr Publikum bereit ist, Geschmack und Qualität im Austausch für einen glanzklaren Weißwein zu opfern. Ich habe bei den fünf unfiltrierten 1997ern, die Jobard mir einschenkte, keine Probleme bezüglich der Klarheit festgestellt. Am wichtigsten ist und bleibt die Qualität eines Weines, und Rémi Jobards 1997er tanzen auf der Zunge!

Der *1997er Meursault En Luraule* zeigt ein betörendes Bukett von Kies und zitronenduftigen weißen Früchten. Seine Persönlichkeit ist breit angelegt, komplex, rassig und äußerst klar umrissen. Geschmacksnuancen von reifen weißen Pfirsichen und gebuttertem Toast klingen im langen Abgang dieses schönen Weines nach. Voraussichtliche Genussreife: jetzt–2005. Überraschenderweise erinnert das Bukett des *1997er Meursault Chevalière*, das nach kurz angebratenen Steinpilzen duftet, eher an einen roten als an einen weißen Wein. Sein ausladender Charakter gemahnt an Schichten von Mineralien, Zitrusfrucht und weißen Früchten. Dies ist ein wahrhaft eleganter 1997er Côte de Beaune. Er hat auch die für seinen Jahrgang typische Molligkeit, gewaltige Reife und dicke Frucht. Er dürfte sich jetzt–2006 in Bestform befinden. Der *1997er Meursault Poruzots-Dessus* legt ehrfurchtgebietende Aromen von gewürzten Äpfeln und roter Beerenfrucht an den Tag. Dieser intensive, wuchtige, aber doch äußerst klar umgrenzte Wein von mittlerem bis vollem Körper ist kraftvoll und elegant zugleich. Damit nicht genug, setzen sich seine den Mund wässrig machenden Geschmacksnuancen von karamellisierten Äpfeln bis in seinen überaus langen Abgang fort. Voraussichtliche Genussreife: jetzt–2005.

Rémi Jobard hat einen spektakulären *1997er Meursault Les Genevrières* gestaltet. Sein Duft nach Butter, Sahnetorte, Gewürzen und Toastwürze geht einher mit einem explosiven und opulenten Charakter. Dieser Wein von mittlerem bis vollem Körper ist voll gepackt mit Anis, Zimt, hochreifen Birnen und Ladungen von süßer Butter. Ein Wein für Hedonisten, samtig texturiert, Vergnügen bereitend, ungemein breit angelegt und überaus geschmacksintensiv. Trinken Sie ihn in den nächsten 6 Jahren. Ungewöhnlich niedrige Erträge (insbesondere für Chardonnay), eine warme Wachstumsperiode und die berühmte späte Lese ergaben in ihrem Zusammenwirken einen unglaublich dichten, überaus reifen und wuchtigen *1997er Meursault Charmes*. Er ist nichts für Zaghafte, auch nicht für diejenigen, die sich nach Eleganz und klarer Linienführung sehnen. Dieser nach Buttertoffee, tropischen Früchten und Gewürzen duftende Wein ist reines, unverfälschtes sinnliches Vergnügen. Zur Zeit weist sein Geschmacksprofil, das voll gepackt ist mit reichhaltig texturierten Schichten von pürierten Quitten, Aprikosen, Pfirsichen, Geißblattblüten und Mineralien, noch eine Komponente von kandierten Limetten auf, die diesem ansonsten ganz den Mund auskleidenden Juwel etwas Frische verleiht. Ist dies die Meursault-Version von Helen Turleys Marcassin Chardonnay? Ich glaube fast, dass dieses Beispiel von ehrfurchtgebietender Reife keine längere Einlagerung im Keller überstehen wird, aber wen kümmert das schon? Voraussichtliche Genussreife: jetzt–2004.

Rémi Jobard mag die 1999er. »Sie sind sehr rund, nichts sticht hervor, es gibt keine Ecken und Kanten, und ich bin zunehmend der Meinung, dass sie gute Alterungsfähigkeit haben.« Wie bei so vielen Produzenten von weißem Burgunder gingen 1999 die alkoholischen und malolaktischen Gärungen bei Jobard äußerst langsam vonstatten. Dies war ein echtes Problem, da er keinen Platz hatte, um zwei Jahrgänge gleichzeitig in seinem Keller zu lagern. Statt die Gärungen durch Zugabe von künstlichen Hefen oder Bakterien zu beschleunigen, kaufte Jobard moderne Edelstahltanks, die er in einer verlassenen Scheune in der Nähe seines Hauses unterbrachte. In dieser Scheune wurden auch die 1999er verkostet, da Jobard mit allem Möglichen, was irgendwie zum Abdichten gegen die Kälte dienen konnte, die Löcher in den Mauern zustopfte.

Der *1999er Meursault Poruzots-Dessus* gibt ein reichhaltiges, nach gelben Früchten duftendes Bukett zu erkennen. Von mittlerem bis vollem Körper, opulent, üppig und konzentriert, ist dies ein Wein, der hervorragende Molligkeit und auch Biss und Tiefe aufweist. Birnen, Äpfel und ein Hauch von Aprikosen finden sich in seiner geschmeidigen, geschmacksintensiven Persönlichkeit. Trinken Sie ihn in den nächsten 7–8 Jahren. Der intensive *2000er Meursault Charmes* enthüllt Aromen von Akazienblüten und Mineralien. Dieser Wein ist ungemein ausdrucksvoll und kleidet den Gaumen mit pikanten weißen Früchten, Quarz, Mineralien und Gewürzen aus. Rassig und konzentriert, zeigt er einen wundervoll langen, frischen Abgang. Trinken Sie ihn in den nächsten 10–12 Jahren.

Weitere empfehlenswerte Weine: 1998er Meursault Les Charmes (87–89+), 1999er Meursault Chevalières (87–89), 2000er Meursault Les Genevrières (88–90), 2000er Meursault En Luraule (87–89), 1998er Meursault Poruzots-Dessus (88), 2000er Meursault Poruzots-Dessus (88–90), 1997er Meursault Sous la Velle (88–89), 2000er Meursault Sous la Velle (88–90), 1997er Volnay Santenots (89)

DOMAINE JOBLOT (GIVRY)

1999	**Givry Bois Chavaux**	**C**	**90**
1999	**Givry Clos du Cellier aux Moines**	**D**	**93+**
1997	**Givry Clos du Cellier aux Moines**	**D**	**(89–92)**
1999	**Givry Clos de la Servoisine (rot)**	**D**	**93+**
1997	**Givry Clos de la Servoisine (rot)**	**D**	**(88–90+)**
1999	**Givry Pied de Chaume**	**C**	**90**

Jean-Marc Joblot, einer der besten Pinot-Noir-Produzenten weltweit, hat 1997 extrem früh geerntet, um »einen angemessenen Gehalt an natürlicher Säure beizubehalten«. Da Joblot seine Reben so bearbeitet, dass sie stets geringe Erträge bringen (der 1997er Clos du Cellier aux Moines wurde mit 28 hl/ha gelesen), erreichen sie ihre physiologische Reife früher als die meisten anderen und er kann sich den Luxus gönnen, seine Lese auf frühe Daten festzulegen. Der *1997er Givry Clos de la Servoisine* (rot) zeigt die für Joblot typische dunkelrubinrote Farbe sowie ein wunderschön reifes Bukett, beladen mit schwarzen Früchten. Am Gaumen besitzt dieser expansive, gut extrahierte, tiefe und mit Schwarzkirschen voll gepackte Wein Geschmacksnuancen, die 25 Sekunden lang anhalten. Voraussichtliche Genussreife: jetzt–2007+. Der dunkelpurpurrote *1997er Givry Clos du Cellier aux Moines* zeigt cassisähnliche Aromen und einen den Mund auskleidenden Charakter, der mit Brombeeren, Steinen und Anklängen von Eichenholzwürze angefüllt ist. Dies ist ein maskuliner, kraftvoller und strukturierter Wein, der Teer und lakritzeähnliche Geschmacksnuancen in seinem langen, geschmeidigen Abgang zu erkennen gibt. Wie bereits frühere Jahrgänge dieses Spitzenweines von der Côte Chalonnaise eingehend bewiesen haben, ist dies ein Tropfen, der bei Lagerung im Keller wunderbar altert und sich weiterentwickelt. Voraussichtliche Genussreife: jetzt–2010.

Während der Jahrgang 1999 in manchen Gegenden hervorragend ausfiel, sich in anderen gut und in einigen sogar schwierig zeigte, war er in Givry ganz erstaunlich – sofern die Reben so erzogen waren, dass sie früh reiften, wie es bei der Domaine Joblot der Fall war. »Ich habe noch nie einen derartigen Jahrgang erlebt, und werde ihn wohl auch nie mehr erleben«, sagt Jean-Marc Joblot nicht ohne Übertreibung. »Es ist fraglos ein großartiges Jahr, mit praktisch perfekter Reife und Ausgewogenheit, mit fast perfektem Gesundheitszustand.« Im *Wine Advocate* preise ich Joblots Weine schon seit Jahren, aber wenn es je einen Jahrgang von diesem hochbegabten Weinmacher gegeben hat, den man sich nicht entgehen lassen darf, dann ist es der 1999er. Diese Weine haben eine unerhörte Reintönigkeit der Frucht, Opulenz, Kraft und Eleganz, und das alles zu absolut unschlagbaren Preisen. Von diesen Pinots lädt man sich am besten den ganzen Kofferraum voll!

Der mittel- bis dunkelrubinrote *1999er Givry Pied de Chaume* wurde gänzlich in einjährigen Eichenfässern ausgebaut. In seinen ausdrucksvollen Aromen finden sich Haselnüsse und Brombeeren. Dieser süße, breit angelegte Wein von mittlerem bis vollem Körper kleidet den Mund mit seinen anscheinend nicht enden wollenden Schichten von Kirschen und kandierten Himbeeren aus. Er ist herrlich ausgewogen, beeindruckend lang in seinem Abgang und hat perfekt ausgereiftes, geschmeidiges Tannin. Voraussichtliche Genussreife: jetzt–2010. Bei dem etwas helleren *1999er Givry Bois Chavaux* entquellen dem Glas Aromen von Cassis, Leder und Brombeeren. Von mittlerem Körper und seidig texturiert, ist er frisch, nahtlos und harmonisch. Seine unglaublich wohl ausgewogene Persönlichkeit ist beladen mit roten Früchten, hauptsächlich kandierten Kirschen, deren Geschmacksnuancen sich über den scheinbar unendlichen Abgang hinweg fortsetzen. Trinken Sie ihn in den nächsten 10 Jahren.

Der mittel- bis dunkelrubinrote *1999er Givry Clos de la Servoisine* (rot) beschämt viele Côtes de Nuits Grands Crus. Seine durchdringenden Aromen von Cassis, Brombeeren, frischen Kirschen und Blumen gehen einher mit einem superben Charakter von mittlerem Körper. Große Mengen von dunklen Beeren, Gewürzen und kandierten Brombeeren sind in diesem profunden, herrlich scharf konturierten Wein verwoben mit toastwürzigem Eichenholz und Myriaden von Gewürzen. Darüber hinaus legt er bewundernswerte Reintönigkeit und einen überwältigenden Abgang an den Tag. Trinken Sie ihn zwischen 2004 und 2012+. Der mit einem ähnlichen Kleid ausgestattete *1999er Givry Clos du Cellier aux Moines* zeigt Aromen von roten und schwarzen Kirschen. Von mittlerem Körper und kernig texturiert, ist er opulent, üppig und ehrfurchtgebietend strukturiert. Ausgiebige, parfümierte Brombeeren, Cassis, Heidelbeeren, Kirschen und Eichenholzwürze finden sich in seinem eindringlichen Charakter. Er ist strukturierter als der Servoisine, doch sein Tannin erweist sich als wunderbar ausgereift. Voraussichtliche Genussreife: 2005–2015. Diese Burgunder sind ganz wunderbare Schnäppchen! Gepriesen sei die Familie Joblot!

DOMAINE MICHEL LAFARGE (VOLNAY)

1997	Pommard Pézerolles	EE	(89–91)
1997	Volnay Clos des Chênes	EE	(89–92)
1999	Volnay Clos du Château des Ducs	EE	(89–92)
1997	Volnay Clos du Château des Ducs	EE	(90–92)

Frédéric Lafarge und sein Vater Michel haben im Jahrgang 1997 köstliche Weine bereitet, was für die Leser des *Wine Advocate* nichts Neues ist. Angefangen von ihrem Bourgogne-Passe-Tout-Grains bis hin zu ihren Premier Cru Volnays ist jeder Wein nur zu empfehlen. Die Lafarge sagen, dass dieser Jahrgang von dem trockenen, heißen Sommer gestaltet wurde, der einer schnellen Reifung sehr zuträglich war. Sie sind der Meinung, dass man unbedingt mit der Lese beginnen musste, sobald die physiologische Reife erreicht war, um die Trauben dann unverzüglich herunterzukühlen. Sie erklärten, dass sie ihren Weinen keine Säure zugesetzt hätten, weil genügend Säure vorhanden war, auch wenn sie »mit der fortgeschritten entwickelten Frucht des Weines verschmolzen war«. Die malolaktischen Gärungen fanden relativ früh statt (im Januar und Februar), und die Weine waren danach leicht reduktiv und mussten im April abgestochen werden. »Die Frucht ist wundervoll und die Unterschiede der *terroirs* kommen fantastisch gut zum Ausdruck.« Nur einige Weine wurden chaptalisiert und es wurde beträchtlich weniger neues Eichenholz verwendet als sonst, was dazu führte, dass sie heller waren, als man es von diesem Weingut kennt.

Der hell- bis mittelrubinrote *1997er Volnay Clos du Château des Ducs* besitzt ein fabelhaftes Bukett von kandierten Kirschen und rotem und schwarzem Fruchtsirup. Am Gaumen zeigt er fantastische Breite, mittleren bis vollen Körper, erhabene Eleganz, Struktur und ein blumiges, von Schwarzkirschen dominiertes Geschmacksprofil. Er ist äußerst geschmacksintensiv, weich und enorm genussreich. Trinken Sie ihn in den nächsten 6–8 Jahren. Der *1997er Volnay Clos des Chênes* hat eine ähnliche Farbe und weist Aromen von Cassis und Veilchen auf. Dies ein Wein, der von Reintönigkeit und Struktur geprägt ist. Vierschrötig und von mittlerem bis vollem Körper, ist er beladen mit Steinen, Brombeeren und Himbeergesträuch. Dieser breitschultrige, muskulöse Wein benötigt noch ein oder zwei Jahre Kellerreife und dürfte sich in den kommenden 7–8 Jahren äußerst gut entwickeln. Der rubinrote *1997er Pommard Pézerolles* von Lafarge besitzt ein opulentes, appetitanregendes Bukett, das mit überaus ausdrucksvollen Aromen von kandierten roten Kirschen prunkt. Dieser verführerische, gut strukturierte Wein von mittlerem bis vollem Körper ist ausladend und auf schwelgerisch-wollüstige Art von schwarzen Himbeeren geprägt. Maskulin, kraftvoll und extravertiert, vereint er die für seinen Jahrgang typische hohe Reife mit einer Frische und einem Rückgrat, die bewundernswert sind. Voraussichtliche Genussreife: jetzt–2007.

Der mittel- bis dunkelrubinrote *1999er Volnay Clos du Château des Ducs* besitzt ein pikantes, nach Herzkirschen und Erde duftendes Bukett. Er ist ein Wein von mittlerem bis vollem Körper, angefüllt mit üppigen, dunklen Früchten, darunter Pflaumen, Trauben, Brombeeren und Kirschen. Dieser mollige, reichhaltige und konzentrierte Wein besitzt große Mengen von gut gereiftem Tannin. Trinken Sie ihn jetzt–2010.

Weitere empfehlenswerte Weine: 1997er Beaune Grèves (87–89), 1999er Pommard Pézerolles (87–89), 1997er Volnay (87–89), 1999er Volnay Clos des Chênes (88–90+), 1997er Volnay Premier Cru (88–90), 1997er Volnay Vendanges Sélectionnées (88–90)

DOMAINE DES COMTES LAFON (MEURSAULT)

2000	Meursault Charmes	E	(92–94)
1999	Meursault Charmes	E	(90–92)
1998	Meursault Charmes	E	(89–92)
1997	Meursault Charmes	E	(91–93)
2000	Meursault Clos de la Barre	E	(89–91)
1997	Meursault Clos de la Barre	E	(90–92)

1997	**Meursault Désirée**	**E**	**(89–91)**
2000	**Meursault Genevrières**	**E**	**(92–94)**
1997	**Meursault Genevrières**	**E**	**(93–95)**
2000	**Meursault La Goutte d'Or**	**E**	**(90–92)**
1999	**Meursault La Goutte d'Or**	**E**	**(89–91)**
1997	**Meursault La Goutte d'Or**	**E**	**(90–92)**
2000	**Meursault Perrières**	**E**	**(93–96)**
1998	**Meursault Perrières**	**E**	**(88–91)**
1997	**Meursault Perrières**	**EE**	**(93–95)**
2000	**Montrachet**	**EEE**	**(93–95)**
1999	**Montrachet**	**EEE**	**(93–95)**
1998	**Montrachet**	**EEE**	**(91–94+)**
1997	**Montrachet**	**EEE**	**(95–97+)**
2000	**Puligny-Montrachet Champs-Gains**	**EE**	**(89–91)**
1997	**Puligny-Montrachet Champs-Gains**	**EE**	**(91–93)**
1999	**Volnay Champans**	**E**	**90+**
1998	**Volnay Clos des Chênes**	**E**	**(88–91)**
1997	**Volnay Clos des Chênes**	**E**	**(89–92)**
1999	**Volnay Santenots du Milieu**	**E**	**92**
1998	**Volnay Santenots du Milieu**	**E**	**(89–91)**
1997	**Volnay Santenots du Milieu**	**E**	**(91–93)**

Dominique Lafon ist ein Weinmacher, der schon seit Jahren mit großem Applaus bedacht wird, der sich aber mit jedem Jahrgang noch zu verbessern scheint. Im Gegensatz zu vielen anderen Kollegen setzt Lafon nicht auf ein Patentrezept oder eine Formel, die er jedes Jahr wieder anwendet. Er wägt seine Handlungen jedes Mal ab, prüft die Stärken und Schwächen des jeweiligen Jahrgangs und passt sich ihnen an. 1997 hat Lafon sowohl bei seinen Rotweinen als auch bei den Weißen den Nagel auf den Kopf getroffen. Ich habe seine Weine schon immer genossen, besonders in ihrer Jugend, glaube aber, dass Lafons Weinbereitung wieder neue Höhen erreicht hat. Ich dachte zwar immer, dass er sich bemüht, seinem guten Ruf gerecht zu werden, jetzt aber glaube ich, dass er dabei ist, ihn zu übertreffen.

Im Gegensatz zu 1996, als Lafon versuchte, die Gärung seiner Weißweine zu verlängern, tat er 1997 das Gegenteil. »Das Erfolgsrezept für 1997 waren kurze Gärungen, sehr wenig Aufrühren der Hefen (*bâtonnage*), und beim Ausbau (*élevage*) möglichst viel CO_2 (das bei der Gärung auf natürliche Weise entsteht) zurückzubehalten.« Der *1997er Meursault Désirée* ist opulent und hat einen langen Abgang. Er zeigt Düfte von Aprikosen, Akazienblüten und geröstetem Holz sowie einen verführerisch reichhaltigen Charakter. Weiße Pfirsiche, Johannisbeeren und Mineralien finden sich in seiner unmittelbar ansprechenden, reichhaltigen, jedoch strukturierten Persönlichkeit von mittlerem bis vollem Körper. Voraussichtliche Genussreife: jetzt–2006. Mit einem natürlichen potenziellen Alkoholgehalt von 13,3% wurde der *1997er Meursault Clos de la Barre* gelesen, der süße Aromen von kandierten Birnen, Äpfeln und Geißblatt preisgibt. Dieser sprühend lebendige, ungemein reichhaltige Wein von mittlerem bis vollem Körper ist bis zum Bersten gefüllt mit Pfirsichen, Mineralien und Ton. Samtig texturiert, dick, exquisit dicht, gibt er einen bewundernswert langen Abgang zu erkennen. Trinken Sie ihn jetzt–2007.

Enorm beeindruckt hat mich der äußerst würzige *1997er Puligny-Montrachet Champs-Gains*, der nach Toastwürze und weiß-gelben Früchten duftet. Dieser überschwängliche, opulent texturierte, aber doch herrlich ausgefeilte Wein von mittlerem bis vollem Körper ist breit gebaut, reichhaltig und weist beeindruckende Konzentration auf. Sein harmonisches, komplexes und vielschichtiges Geschmacksprofil offenbart weiße Pfirsiche, Blumen, Steine und einen Hauch von tropischen Früchten. Er dürfte jetzt–2007 in Bestform sein. Der köstliche *1997er Meursault La Goutte d'Or*, der bei einem enormen natürlichen potenziellen

Alkoholgehalt von 13,5% gelesen wurde, enthüllt ein Bukett, das sich aus Mineralien, Geißblattblüten, Steinen und Zitrusfrüchten zusammensetzt. Dieser cremig texturierte, maskuline und dichte Wein explodiert am Gaumen mit einer betörenden Palette von tropischen Früchten, Haselnusscreme, kandierten Zitronen und Eichenholzwürze. Er ist körperreich, genussbetont und kraftvoll. Seine Beschreibung wäre enthusiastischer ausgefallen, hätte nicht sein Abgang den hohen Alkoholgehalt verraten. Trinken Sie ihn jetzt–2006.

Der *1997er Meursault Genevrières* ist spektakulär! Beim Einschenken sagte Lafon begeistert: »Das ist der beste Wein in meinem ganzen Leben, ich bin sehr stolz auf ihn.« In den Aromen dieser Schönheit enthüllen sich süße Mandelplätzchen vermischt mit saftigen Zitrusfrüchten. Am Gaumen explodiert er mit gehaltvoll texturierten, expansiven Geschmacksnuancen, die an gewürzte Äpfel, Erde, Mineralien und Mangos erinnern. Dieser Wein hat mittleren bis vollen Körper, ist äußerst geschmacksintensiv, opulent und erstaunlich ausgefeilt. Sein außergewöhnlich langer Abgang hält mindestens 40 Sekunden lang an. Beeindruckend! Voraussichtliche Genussreife: jetzt–2008+.

Der *1997er Meursault Charmes* bietet ein außerordentlich elegantes Bukett von Erde, Mineralien, Nüssen und Blumen. Dieser sprühend lebendige, harmonische Wein von mittlerem bis vollem Körper besitzt süße Geschmacksnuancen von Mineralien, Kreide, Zitrusfrucht und Blumen. Er ist gehaltvoll, herrlich ausgefeilt und samtig texturiert. Trinken Sie ihn jetzt –2008. Der prachtvolle *1997er Meursault Perrières* bietet profunde Aromen von Steinen, Limetten, Blumen und knackigen Birnen. Dieser dicke, dichte und seidig texturierte Wein bietet große Mengen von mit Karamell überzogenen Äpfeln, frischer Butter, Mineralien und Eichenwürze in seiner explosiven, doch eleganten Persönlichkeit. Er ist körperreich, fett, tadellos ausgewogen und besitzt einen erstaunlich langen Abgang. Voraussichtliche Genussreife: jetzt–2009+. Der *1997er Montrachet* ist ein Anwärter auf den Titel »Wein des Jahrgangs«. Lafon glaubt, dass es einer der beiden besten ist (der andere war 1992), den er je bereitet hat. Ich ziehe den 1996er vor, aber auf einem so hohen Qualitätsniveau ist das Haarspalterei. Er zeigt intensive Aromen von Steinen, Mineralien, Geißblattblüten, kandierten Haselnüssen und süßer Eichenwürze. Es ist ein außerordentlicher Wein, expansiv, reintönig, reichhaltig texturiert und wunderbar klar gezeichnet. Er ähnelt flüssiger Seide und hat enorm reife, aber dennoch frische Geschmacksnuancen von roten Johannisbeeren, Himbeeren, Mineralien, Pfirsichen, Aprikosen und pochierten Birnen, die im Abgang nachklingen. Seine Verkostung war eine erhebende Erfahrung, die ich nicht vergessen habe. Voraussichtliche Genussreife: 2005–2014+.

Alle vier 1997er Rotweine von Lafon haben das Potenzial für eine hervorragende Punktnote, sogar der Monthélie Les Duresses, ein Wein, um den er sich jahrelang bemüht hat. Der mittel- bis dunkelrubinrote *1997er Volnay Clos des Chênes* wurde in zu 33% neuen Eichenfässern ausgebaut und bietet Aromen von roten und schwarzen Kirschen. Dieser samtig texturierte, elegante, wunderschön gestaltete Wein ist reichlich mit süßen Kirschen und Eichenwürze versehen. Er erinnert an den 1995er und enthüllt flüssige Seide zusammen mit sirupartiger, frischer Frucht. Schon jetzt ein köstlicher Trinkgenuss, dürfte er sich aber mühelos 6–7 Jahre halten. Der mit einem ähnlichen Kleid ausgestattete *1997er Volnay Champans* offenbart üppige Aromen von Schwarzkirschen, Steinpilzen und Brombeeren. Er zeigt absolut keine Kanten, ist samtig texturiert, breit angelegt, verführerisch und hat Geschmacksnuancen von schwarzen Früchten. Da er strukturierter ist als der Clos des Chênes, dürfte er sich für eine etwas längere Einlagerung im Keller eignen. Voraussichtliche Genussreife: jetzt bis 2007+.

Der rassige, dunkelrubinrote *1997er Volnay Santenots du Milieu* stammt aus einem Ertrag von kärglichen 25 hl/ha und wurde bei einem enormen natürlichen potenziellen Alkoholgehalt von 13,5% gelesen. Er bietet intensive Aromen von pflaumenhaften Kirschen. Seine ehrfurchtgebietenden Aromen enthüllen den Grad der *sur-maturité* in Lafons Trauben. Dies ist ein ganz den Mund auskleidender, breit angelegter, samtiger Wein von mittlerem bis vollem Körper, der reichliche Schichten von süßen schwarzen Früchten aufweist. Sein kandierter, schon fast an Zuckerwerk erinnernder Abgang ist überaus lang und präsentiert geschmeidige, reife Tannine. Voraussichtliche Genussreife: jetzt–2007.

»Was kann ich Ihnen über den 1998er Jahrgang erzählen?« sagt Lafon. »Nach Kälte, Hagel, Regen, Krankheit, Trockenheit und Hitze ließ uns die Natur eine kurze Ernteperiode, nicht länger als fünf Tage, um alles einzubringen. Am letzten Tag brachen dann schon gewaltige Gewitter über uns herein.« Lafon nennt 1998 »den schwierigsten Jahrgang, den ich je erlebt habe. Wir haben alle wie verrückt gearbeitet, aber alles war umsonst«, und zeigt auf seinen Keller, der nur 120 Fässer Wein enthält (normalerweise werden hier mindestens 200 produziert). Nach Beendigung der alkoholischen Gärung stellte Lafon dasselbe fest, was praktisch alle Winzer an der Côte entdeckten: Die 1998er weißen Burgunder, insbesondere jene, die aus vom Aprilfrost heimgesuchten Weingärten stammten, waren überaus oxidiert. Als sich die erste Dosis Schwefel (um die möglicherweise unheilvollen Auswirkungen der Oxidierung zu begrenzen) als unzureichend herausstellte, wurde Lafon klar, dass er vor einem sehr großen Problem stand. Im Gegensatz zu der Mehrheit seiner Kollegen, die den unablässigen Aufrufen der Önologen folgten und noch mehr Schwefel zugaben (was bei allzu vielen 1998ern dazu führte, dass sie ihre natürliche, sowieso schon geringe Frucht verloren), suchte Lafon nach einer anderen Lösung und fand sie beim Kohlendioxid. Er pumpte 200 Milligramm CO_2 in jedes Fass, das in seinem Keller stand, versiegelte es und wartete. Dieses Verfahren schützte seine Weine vor den verheerenden Auswirkungen des Sauerstoffs und hielt ein hohes Niveau an Frische und Reintönigkeit aufrecht.

Die Meursault-Charmes-Parzelle von Lafon liegt genau unterhalb der Meursault-Perrières-Lage an der Grenze zu Puligny-Montrachet. Der *1998er Meursault Charmes* enthüllt appetitanregende Düfte von Mandeln, Haselnüssen und weißen Blumen. Von mittlerem Körper, seidig texturiert, superb ausgefeilt und scharf konturiert, ist dies ein Wein mit Geschmacksnuancen von Mineralien, Birnen und Äpfeln. Sein Charakter findet harmonische Stützung vom Mund bis zum mittleren Gaumen. Darüber hinaus ist der Abgang lang, scharf konturiert und geschmacksintensiv. Dieser komplette 1998er hat keine Ecken oder Kanten. Voraussichtliche Genussreife: jetzt–2008. Delikate blumige Aromen zeigen sich im Bukett des *1998er Meursault Perrières.* Wunderschön intensiv und scharf konturiert, ist dieser seidig texturierte Wein von mittlerem Körper komplex und harmonisch und hat einen langen, geschmacksintensiven Abgang. Mineralien, Zedernholz, Akazienblüten und Haselnüsse finden sich in seinem breit angelegten, reintönigen Geschmacksprofil. Voraussichtliche Genussreife: jetzt–2008.

Dominique Lafons Montrachet-Parzelle erreichte 1998 die höchsten Erträge (30 hl/ha). Viereinhalb Fässer wurden von diesem herrlichen Nektar bereitet. Er wurde mit einem natürlichen potenziellen Alkoholgehalt von 14% gelesen und enthüllt Birnen, Pfirsiche, Aprikosen und Blumen in seinem intensiven Aromaprofil. Von mittlerem bis vollem Körper, expansiv und den Gaumen auskleidend, ist dieser elegante, noble und reichhaltige Wein voll gepackt mit Gewürzen, weißen Früchten und Mineralien. Er zeigt hervorragende Präsenz, Detaillierung und Konturenschärfe. Zwar kein muskulöser Wein, besitzt er jedoch in seinem präzisen Charakter außerordentliche untergründige Kraft. Diese Glanzleistung der Weinbereitung präsentiert einen außergewöhnlich langen, klar umrissenen Abgang voller Mineralien. Voraussichtliche Genussreife: jetzt–2012+.

Der rubinrote *1998er Monthélie Les Duresses* wurde mit einem natürlichen potenziellen Alkoholgehalt von 12,5–12,8% gelesen und zeigt ein süßes, mit roten Kirschen angefülltes Bukett. (Er sollte direkt nach meinem Besuch abgefüllt werden.) Dieser Wein von mittlerem Körper ist seidig texturiert und offenbart einen anziehenden, weichen Abgang. Reichliche Frucht von roten Waldbeeren ist in seiner frischen, saftigen Persönlichkeit zu finden. Trinken Sie ihn in den nächsten 4–5 Jahren. Aus mikroskopisch kleinen Erträgen (18 hl/ha) wurde der rubinrote 1998 *Volnay Clos des Chênes* bereitet, der ein Bukett von kandierten Pflaumen und Kirschen aufweist. Bei mittlerem Körper ist dieser Wein gut detailliert und ausgefeilt und präsentiert Geschmacksnuancen von Kirschen, Himbeeren und Heidelbeeren. Er hat eine hervorragende Breite der Frucht, die seine reifen, aber ausgiebigen Tannine umhüllt. Voraussichtliche Genussreife: jetzt–2006. Der *1998er Volnay Santenots du Milieu* von ähnlicher Farbe zeigt sich ungemein aromatisch und geschmacksintensiv. Würzige Düfte von Schwarzkirsche gehen einher mit einem Charakter von mittlerem Körper, der den Gaumen mit Nuancen von Steinen und frischen schwarzen Früchten auskleidet. Dieser seidig texturierte, jedoch angemessen strukturierte Wein sollte in den nächsten 7 Jahren getrunken werden.

Der *1999er Meursault La Goutte d'Or* entströmt dem Glas mit intensiven Aromen von Pfirsichen, pochierten Birnen und Aprikosen. Von mittlerem Körper und mit hervorragender Tiefe und Konzentration, ist dies ein fetter und molliger Wein mit Geschmacksnuancen von Birnen und Pfirsichen. Seine sinnliche Persönlichkeit hält während seines harmonischen, langen und samtweichen Abgangs an. Trinken Sie ihn in den nächsten 7 Jahren. Talkumpuder, Parfüm und Blumen sind in den Aromen des *1999er Meursault Charmes* zu erkennen. Von mittlerem Körper und seidig, bietet er Geschmacksnuancen von Toastwürze, Mineralien, weißen Johannisbeeren und knackigen Birnen. Er ist pikant, geschmacksintensiv, ungemein gut ausgewogen und anmutig. Darüber hinaus verfügt er auch über einen bewundernswert langen, weichen Abgang. Trinken Sie ihn in den nächsten 7–9 Jahren.

Der *1999er Montrachet* bildet einen der wenigen Kraftprotze in diesem Jahrgang. Schwelgerische Düfte nach Blumen, Mineralien und Birnen sind in seinen explosiven Aromen zu erkennen. Von mittlerem Körper und tadellos klar umrissen und nuanciert, ist dieser gehaltvolle, breit angelegte und opulente Wein außergewöhnlich ausgefeilt. Seidig texturiert und beladen mit Steinen, Birnen, Äpfeln, Toastwürze und einem Anflug von Crème brûlée und Vanilleschoten, ist dies ein kraftvoller, harmonischer, eleganter und kompletter Wein. Sein majestätischer Abgang zeigt gebutterten Toast und Myriaden von Gewürzen. Voraussichtliche Genussreife: 2004–2012.

Dominique Lafon ist ganz verliebt in seine 1999er Pinot Noirs und erklärt, dass dies sein bester Jahrgang bei den Rotweinen sei. Während er seine Pinots in den letzten 10 Jahren mit durchschnittlich 20–25 hl/ha geerntet hat, belief sich 1999 der Ertrag auf 40 hl/ha. Der mittel- bis dunkelrubinrote *1999er Volnay Champans* bietet ungemein ausdrucksvolle und reintönige Aromen von roten Kirschen, Erde und Brombeeren. Am Gaumen ist er von mittlerem bis vollem Körper und zeigt ausgezeichnete Dichte in seiner Persönlichkeit, die Geschmacksnuancen von Kirschen, Brombeeren, Steinen und Cassis aufweist. Dies ist ein stämmiger, fester, konzentrierter und strukturierter Wein, der 2004–2012 in Bestform sein dürfte. Der hervorragende dunkelrubinrote *1999er Volnay Santenots du Milieu* hat Aromen von Pflaumen, Lakritze, Kirschen, Johannisbeeren und dicklichen schwarzen Himbeeren. Von mittlerem bis vollem Körper und voll gepackt mit großen Mengen von roten und schwarzen Früchten, ist dies ein würziger, enorm konzentrierter, pikanter Wein, der Geschmackskomponenten von Brombeeren, Kirschen, Himbeeren und roten Johannisbeeren an den Tag legt. Dieser Wein besitzt enorme Tiefe und auch Struktur und benötigt daher noch Kellerreife. Voraussichtliche Genussreife: 2006–2012.

Für Dominique Lafon ist der 2000er »ein Jahrgang, den ich unheimlich genieße. Und auch wenn ich die 1999er sehr gerne mochte, glaube ich, dass dieser noch einen Hauch besser ist.« Der *2000er Meursault Clos de la Barre* entströmt dem Glas mit Aromen, die an reife Birnen und süße weiße Pfirsiche erinnern. Er ist weich, zeigt mittleren Körper und ist beladen mit Apfelkompott, Mineralien und Gewürzen. Dieser gut strukturierte Wein sollte in den nächsten 7–8 Jahren getrunken werden. Der nach frischen Äpfeln duftende *2000er Puligny-Montrachet Champs-Gain* ist ein femininer, üppiger Wein von mittlerem bis vollem Körper, ohne Ecken und Kanten. In seinem vielschichtigen Charakter enthüllt er Toastwürze, Himbeeren, kandierte Birnen und Äpfel. Voraussichtliche Genussreife: jetzt–2010. Der *2000er Meursault La Goutte d'Or* explodiert im Glas mit einem Duft von gebutterten Gewürzen, rauchigen Birnen und gerösteten Äpfeln. Von mittlerem bis vollem Körper und samtig texturiert, ist dies ein weicher, saftiger und molliger Wein. Ausgiebige hochreife weiße Früchte finden sich in seinem ausdrucksvollen Charakter und in seinem bewundernswert langen, reintönigen Abgang. Voraussichtliche Genussreife: jetzt–2010.

Der herrliche *2000er Meursault Genevrières* offenbart Wacholderbeeren, Gewürze und Anis in seinen Aromen. Reichhaltig, fett und weinig, ist dieser Tropfen eine Gewürz-Frucht-Bombe mit einem sinnlichen, fruchtbetonten Charakter und einem langen, nachhaltigen Abgang. Er ist konzentriert, tief und dicht. Trinken sollten Sie diesen ungemein ausdrucksvollen Wein im Laufe der nächsten 10–11 Jahre. Der nach Mineralien, Äpfeln und Birnen duftende *2000er Meursault Charmes* vereint Kraft mit Finesse. Er explodiert am Gaumen mit Geschmacksnuancen von kandierten Birnen, Butter, Anis und gewürzten Äpfeln, die, auch wenn sie ungemein ausdrucksvoll sind, delikat und filigran erscheinen. Er hat mittleren Körper, ist präzise und außergewöhnlich lang im Abgang. Trinken Sie ihn in den nächsten 10 Jahren. Der *2000er Meursault Perrières* zeigt einen intensiven Duft nach Rauch und Mineralien und große aromatische Tiefe. Von mittlerem bis vollem Körper und weinig, ist dieser nahtlose, mit Steinen und Mineralien beladene Tropfen reichhaltig, wohl ausgewogen und sehr lang im Abgang. Voraussichtliche Genussreife: jetzt–2012.

Der nach Gewürzen und Anis duftende *2000er Montrachet* ist ein üppiger Wein von mittlerem Körper. In seinem breit angelegten, weichen Charakter finden sich weiche Schichten von sahnigen Mineralien und Gewürzen. Er ist expansiv und gibt große Mengen von untergründigen Mineralien in seinem nachhaltigen Abgang zu erkennen. Voraussichtliche Genussreife: jetzt–2014.

Weitere empfehlenswerte Weine: 1997er Meursault (88–90), 2000er Meursault (88–90), 1999er Meursault Clos de la Barre (88–90), 1999er Meursault Désirée (87–89), 2000er Meursault Désirée (87–89), 1999er Meursault Les Genevrières (88–90), 1999er Meursault Les Perrières (88–89), 1997er Monthélie Les Duresses (88–90), 1999er Puligny-Montrachet Champs-Gains (88–89), 1999er Volnay (88), 1997er Volnay Champans (88–90+), 1999er Volnay Clos des Chênes (89+)

DOMAINE DES LAMBRAYS (MOREY ST-DENIS)

1999	**Clos des Lambrays**	**EE**	**(89–91)**
1997	**Clos des Lambrays**	**EE**	**91**

Der *1997er Clos des Lambrays* ist ein mittel- bis dunkelrubinroter Wein mit Aromen, die an Blutorangen, Kümmel, Gewürze und Schwarzkirschen erinnern. Er bietet eine expansive, weiche, unkomplizierte und samtig texturierte Persönlichkeit mit einem ungemein würzigen Kern, der Geschmacksnuancen von Tabak, Zedernholz und Brombeeren enthüllt. Dieser tiefe, aber doch weiche Wein sollte jung getrunken werden. Voraussichtliche Genussreife: jetzt–2005.

Der mittel- bis dunkelrubinrote *1999er Clos des Lambrays* gibt Aromen von Brombeeren, Cassis, Blutorangen und Gewürzen zu erkennen. Er besitzt mittleren Körper mit einer gut bereiteten Persönlichkeit, die Geschmackskomponenten von Kerzenwachs, Brombeeren, Cassis und Hoisin-Sauce zeigt. Dieser würzige, extravertierte Wein ist samtig texturiert und anziehend. Trinken Sie ihn im Laufe der nächsten 10–12 Jahre.

Weiterer empfehlenswerter Wein: 1997er Morey-St-Denis Premier Cru (88+)

DOMAINE LAROCHE (CHABLIS)

1997	**Chablis Blanchots**	**EE**	**(89–91)**
1997	**Chablis Blanchots Réserve de l'Obédiencerie**	**EEE**	**(92–95)**
1997	**Chablis Les Clos**	**EE**	**(90–93)**

Michel Laroche mag den 1997er Jahrgang sehr, weil er dieselbe Reichhaltigkeit hat wie der 1996er, aber 30% weniger Säure. Seine Meinung: »Grundlegend für die Bereitung von großartigen Weinen ist eine hohe Reife bei der Lese.« In seinen Kellern stehen Eichenfässer, sogar neue, was für Chablis eine Seltenheit ist. »Man lernt nur, wenn man etwas Neues ausprobiert«, sagt er und erklärt, dass er noch nie Säure zugesetzt habe und es auch nie tun werde, da er reichhaltige, dichte und geschmacksintensive Weine liebe.

Der *1997er Chablis Blanchots* bietet ein Bukett mit fabelhafter Reife der Frucht. Am Gaumen ist er samtig texturiert, dicht und dick. Mineralien, Haselnüsse, weiße Blumen und ein Hauch von Erdnussöl finden sich in diesem ungemein geschmackvollen und nachhaltigen Wein. Voraussichtliche Genussreife: jetzt–2006.

Der *1997er Chablis Les Clos* ist fabelhaft. Er hat ein intensives Bukett von Marzipan, Mineralien, Steinen, Erde und toastwürzigen Haselnüssen aufzuweisen. Dieser ausschließlich in Eichenfässern ausgebaute Wein kleidet den Mund aus mit flüssigen Mineralien, pochierten Birnen, nach Äpfeln schmeckenden Bonbons und Anklängen von Vanille. Er ist überaus gut ausgewogen, hat mittleren bis vollen Körper, zeigt sich kernig, breit angelegt, dicht und besitzt einen beeindruckend langen und milden Abgang. Voraussichtliche Genussreife: jetzt–2007.

Der teure, aber superbe *1997er Chablis Blanchots Réserve de l'Obédiencerie* von Laroche ist ein Kraftprotz. Frische weiße Blumen, geröstete Gewürze und Birnen finden sich in seinen komplexen Aromen. Es ist ein femininer Wein, tadellos bereitet, ätherisch und auf erhabene Art elegant. Vielschichtige präzise Geschmacksnuancen von Feuerstein, Mineralien, Geißblatt und kandierten Äpfeln prägen seinen mittleren bis vollen Körper und seinen überaus langen Abgang. Donnerwetter, welch ein Tropfen! Trinken Sie diesen verblüffenden Wein jetzt–2008.

Weiterer empfehlenswerter Wein: 1997er Chablis Les Fourchaumes Vieilles Vignes (88–90)

DOMAINE LOUIS LATOUR (BEAUNE)

2000	**Bâtard-Montrachet**	**EEE**	**(90–92)**
1999	**Bâtard-Montrachet**	**EEE**	**(91–92)**
1997	**Bâtard-Montrachet**	**EEE**	**(92–93)**
1997	**Beaune Vignes Franches**	**D**	**90**
1998	**Bienvenue-Bâtard-Montrachet**	**EEE**	**(89–92)**
1997	**Chambertin**	**EEE**	**90+**
1999	**Charmes-Chambertin**	**EE**	**92+**
1997	**Chevalier-Montrachet**	**EEE**	**(92–94)**
1999	**Corton-Charlemagne**	**EE**	**(90–91)**
1997	**Corton-Charlemagne**	**EE**	**(91–93+)**
1999	**Corton Clos du Roi**	**E**	**91+**
1999	**Corton Clos de la Vigne au Saint**	**E**	**90**
2000	**Criots-Bâtard-Montrachet**	**EEE**	**(90–92)**
1997	**Criots-Bâtard-Montrachet**	**EEE**	**(91–93)**
2000	**Montrachet**	**EEE**	**(90–92)**
1999	**Montrachet**	**EEE**	**(90–92)**
1998	**Montrachet**	**EEE**	**(90–93)**
1997	**Montrachet**	**EEE**	**(92–94)**
1997	**Romanée-St-Vivant**	**EEE**	**90**
1999	**Volnay Clos des Chênes**	**E**	**91**

Jean-Pierre Jobard, der talentierte und stets lächelnde Weinmacher dieses Unternehmens, ist nun seit 35 Jahren bei der Maison Louis Latour. Während seine Brüder François und Charles ihre eigenen Domainen gegründet haben (Charles hat kürzlich sein Weingut an seinen Sohn Rémi übergeben), gestaltet Jean-Pierre in aller Ruhe weiterhin fabelhafte weiße Burgunder für diesen berühmten *négociant* (Handelshaus).

Auf meine Frage, ob den 1997ern Säure zugesetzt wurde, sagte der junge Direktor der Maison Latour, Louis-Fabrice Latour: »Die Säure gehört nicht zu den Prioritäten bei Latour.

Was wir anstreben, ist Reife. Wenn wir meinen, dass unsere Trauben bessere Säure brauchen, lassen wir sie länger hängen, damit sie sie durch Konzentration auf natürliche Weise bekommen.« Jobard nahm 1997 keine *débourbage* (Entfernen der Schalen und anderer Trubteilchen aus dem Most) und keine *bâtonnage* (Aufrühren der Hefen) vor. Gemäß der Firmentradition wurden die Weißweine erst nach Beginn der Gärung in Fässer gefüllt. (In Burgund findet normalerweise die gesamte Gärung in Holz statt.)

Der Corton-Charlemagne ist das Aushängeschild des Handelshauses Latour. Das Bukett des *1997er Corton-Charlemagne* war ziemlich unnachgiebig bei meinem Besuch in der Kellerei des dem Unternehmen gehörenden Château Grancey in Aloxe-Corton. Als er etwas geatmet hatte, enthüllte er gewaltige Reife in seinen Aromen von pochierten weißen Früchten und Haselnüssen. Am Gaumen erweist er sich breit angelegt, cremig, üppig und genussbetont. Das Geschmacksprofil dieses Cortons von mittlerem bis vollem Körper setzt sich aus süßen Birnen, kandierten-gewürzten Äpfeln, zuckerüberzogenen Nüssen und einem Anflug von frischem Eichenholz zusammen. Außerdem besitzt er einen langen, dichten und geschmacksintensiven Abgang. Voraussichtliche Genussreife: jetzt–2007.

In seinen Aromen zeigt sich der *1997er Criots-Bâtard-Montrachet* streng mit einem Duft von salzigen Mineralien. Er ist für einen 1997er überaus scharf konturiert, besitzt mittleren bis vollen Körper und ist angefüllt mit Nuancen von Kies, Kreide, sonnenerwärmtem Felsgestein und Komponenten, die getrockneter Erde ähneln. Dieser Wein erfüllt wie so viele Criots nicht ganz die genussbetonten Bedürfnisse des Verkosters, ist er doch komplex, klar umrissen und intellektuell. Er dürfte sich jetzt–2008 in Bestform befinden. Der *1997er Bâtard-Montrachet* hat mir enormes Vergnügen bereitet. Er ist das absolute Gegenteil der Criots, denn er liefert auf eine kühne, anspruchsvolle und auffallende Art leibliches Vergnügen. Süße weiße Früchte, Haselnusscreme, Geißblatt und Rosen lassen sich in seinen herausfordernden Aromen erkennen. Dieser wuchtige, breitschultrige und körperreiche Wein ist nichts für zarte Gemüter. Dicke, fabelhaft reife Schichten von kandierten Äpfeln, gewürzten Birnen, toastwürzigem Eichenholz und ein Hauch von tropischen Früchten bieten sich in seinem ausladenden Charakter dar. Er ist nicht geschaffen für längere Kellerreife, wird aber in den nächsten 5–6 Jahren enormes Vergnügen bereiten.

Der *1997er Chevalier-Montrachet* ist ausgefeilter, schärfer konturiert und besser ausgewogen. Düfte von Mineralien, Toastwürze und Blumen gehen einher mit einer reichhaltigen, körperreichen und detaillierten Persönlichkeit. Geschmacksnuancen, die an Muscheln, Steine, geröstetes Eichenholz und Feuerstein erinnern, zeigen sich in diesem ölig texturierten, dichten und komplexen Wein. Er spiegelt die Reichhaltigkeit, das Gewicht und das Fett seines Jahrgangs wider, bietet aber gleichzeitig auch klare Linienführung und Präzision und ist etwas weniger entwickelt. Voraussichtliche Genussreife: jetzt–2008. Meine Bemühungen, mich mit den Aromen des *1997er Montrachets* vertraut zu machen, blieben ohne Erfolg, da er völlig verschlossen war. In seiner eleganten, expansiven Persönlichkeit von mittlerem bis vollem Körper bietet er wunderbar scharf konturierte Schichten von Mineralien, süßen Nüssen, weißen Blumen und gewürzten Birnen. Es ist ein höchst ausgefeilter und gut bereiteter Tropfen, der fantastisch ausladend, konturiert, konzentriert und komplex ist. Ein prächtiger 1997er, in dem sich die Reichhaltigkeit seines Jahrgangs mit Struktur, hervorragender Ausgewogenheit und einem beeindruckend langen, detaillierten Abgang verbinden. Voraussichtliche Genussreife: jetzt–2009+.

Obwohl die Rotweine von Latour oft mager und tanninherb sind, entstehen in Jahrgängen mit hoher physiologischer Reife dennoch Pinots, die süße Frucht, Eleganz und Komplexität bewundernswert gut vereinen.

Der *1997er Beaune Vignes Franches* ist mittel- bis dunkelrubinrot und hat ein köstliches Bukett, das angefüllt ist mit hochreifen roten und schwarzen Früchten. Dies ist ein gewaltiger, reichhaltiger, fetter und tiefer Wein mit Geschmacksnuancen von Pflaumen, sirupübergossenem Plätzchenteig und einem Anflug von kandierter Orangenschale. Von mittlerem bis vollem Körper, seidig texturiert und mit deutlichen Anzeichen von *sur-maturité*, ist dies ein Tropfen, der enormen genussbetonten Trinkgenuss gewährt. Voraussichtliche Genussreife: jetzt–2004. Der mittel- bis dunkelrubinrote *1997er Romanée-St-Vivant* enthüllt Aromen von Blumen und mit Mokka überzogenen roten und schwarzen Früchten. Dieser dick texturierte Wein von mittlerem bis vollem Körper ist dicht, feminin und voll gepackt mit Schokolade und roten Kirschen. Er ist weich, ausgefeilt, opulent und besitzt einen langen, etwas kreidigen Abgang (was seine Punktnote geringer ausfielen ließ). Trinken Sie ihn in den nächsten 7 Jahren. Der dunkelrubinrote *1997er Chambertin* hat würzige, mit Zimt durchsetzte Aromen von Brombeeren. Er ist dicht, konzentriert, gut extrahiert, maskulin und breitschultrig. Dieser dicke, mit Schokolade, Mokka und Cassis voll gepackte Wein von mittlerem bis vollem Körper ist im Vergleich zu den meisten Weinen aus diesem großzügigen Jahrgang verhalten entwickelt, aber dennoch mit der Intensität der Frucht und der Struktur ausgestattet, die für mäßige Kellerreife erforderlich sind. Voraussichtliche Genussreife: jetzt–2008.

Mittleren bis vollen Körper besitzt der *1998er Bienvenue-Bâtard-Montrachet.* Die Intensität seiner Aromen und Geschmackskomponenten lässt kaum einen Zweifel an seiner Qualität aufkommen. Er präsentiert Düfte von gut gereiften gelben Früchten und Mineralien, ist tief, kraftvoll, seidig texturiert, reichhaltig und besitzt einen außerordentlich langen Abgang. Gut konzentriert und ungemein ausdrucksvoll, dürfte er sich in den nächsten 5–6 Jahren in Bestform befinden. Mineralien, weiße Blumen und toastwürziges Eichenholz lassen sich im Bukett des *1998er Montrachet* entdecken. Dieser tiefe, dichte und cremige Wein von mittlerem bis vollem Körper ist voll gepackt mit vielen Schichten von Mineralien, Birnen und Steinen. Komplex, harmonisch, unwiderstehlich, enthüllt er einen äußerst langen, geschmacksintensiven und scharf konturierten Abgang. Voraussichtliche Genussreife: jetzt–2010.

Jobard und Latour haben die weißen 1999er als eine Kreuzung zwischen dem 1989er und dem 1990er beschrieben. Beide sind der Meinung, dass dies ein »sehr kommerzieller« Jahrgang ist, in dem es große Mengen an köstlichen, leicht zugänglichen weißen Burgundern gibt. Der *1999er Corton-Charlemagne* legt Aromen von Mineralien und Steinen an den Tag. Von mittlerem Körper, fett und ausladend, jedoch elegant, ist dies ein wohl ausgewogener, strenger Wein. Mineralien, weiße Früchte und toastwürziges Eichenholz lassen sich in seinem Charakter und seinem beeindruckend langen Abgang entdecken. Voraussichtliche Genussreife: jetzt–2009. Der nach toastwürzigem Eichenholz duftende *1999er Bâtard-Montrachet* strotzt am Gaumen mit viel Kraft und Dichte. Dieser expansive Wein von mittlerem Körper ist kernig texturiert, tief und beladen mit würzigen weißen Früchten. Er ist wohl ausgewogen, üppig und besitzt einen bewundernswert langen, geschmacksintensiven Abgang. Voraussichtliche Genussreife: jetzt–2008. Gewürze, Anis, rote Beeren und Birnen zeigen sich im Bukett des *1999er Montrachet.* Dieser Wein von mittlerem Körper weist hervorragende Breite, Konzentration und Länge auf. Toastwürziges Eichenholz, Gewürze, kandierte Äpfel und ein Hauch von Mineralien lassen sich in seiner seidig texturierten Persönlichkeit erkennen. Voraussichtliche Genussreife: jetzt–2009.

Louis-Fabrice Latour liebt die Rotweine, die er und der Weinmacher Jean-Pierre Jobard 1999 und 1997 bereitet haben. »Sie gehören zu den besten Weinen, die wir in den letzten 50 Jahren produziert haben«, sagt er. Der 1999er war in zwei Gebieten ein besonders gelungener Jahrgang: Volnay Premiers Crus und Charmes-Chambertin. Der rubinrote *1999er Volnay Clos des Chênes* weist Aromen von dunklen Früchten und eine dichte, üppige Persönlichkeit auf. Er ist beladen mit Brombeeren, Pflaumen, Kirschen und Gewürzen. Seine fette, samtig texturierte Persönlichkeit von mittlerem Körper offenbart einen bewundernswert langen, mit herrlich gereiftem Tannin durchsetzten Abgang. Voraussichtliche Genussreife: jetzt–2010.

Die bezaubernden Aromen des rubinroten *1999er Corton Clos de la Vigne au Saint* setzen sich aus Brombeeren, Himbeeren, Veilchen und Gewürzen zusammen. Dies ist ein tiefer und intensiver Wein von mittlerem Körper, mit reichlichen Mengen von kaffeegetränkten roten und schwarzen Früchten ausstaffiert. Er ist frisch, besitzt große Mengen von geschmeidigem Tannin und einen langen, würzigen Abgang. Trinken Sie ihn jetzt–2010. Sogar noch besser nimmt sich der etwas dunklere *1999er Corton Clos du Roi* aus, der ein nach kandierten Himbeeren duftendes Bukett und eine reichhaltige, vielschichtige Persönlichkeit enthüllt. Dies ist ein seidig texturierter Wein von mittlerem Körper mit herrlicher Tiefe, Wogen von süßer Kirschfrucht und einem überaus langen und kandierten Abgang. Voraussichtliche Genussreife: 2004–2012. Der mittel- bis dunkelrubinrote *1999er Charmes-Chambertin* ist der beste junge Rotwein, den ich bei Louis Latour verkostet habe. Er entströmt mächtig dem Glas mit Düften von dunklem Kirschsirup und toastwürzigem Eichenholz. Von mittlerem bis vollem Körper und üppig, gibt er in seinem sinnlichen, komplexen und nachhaltigen Charakter unerhörte Mengen von kandierten roten und schwarzen Früchten zu erkennen. Trinken Sie ihn in den nächsten 10 Jahren.

Louis-Fabrice Latour glaubt, dass es den 2000er weißen Burgundern »an Kraft fehlt, dass sie aber ausgefeilt sind«. Er fügt auch hinzu, dass sie preiswerter als die vorherigen Jahrgänge sein werden, weil die Preise für unabgefüllten Wein fallen. Sie hatten für die 2000er etwa 15% weniger bezahlt, so dass diese etwa 10% billiger im Markt zu haben sein sollten als die 1999er. Er erläuterte, dass ein Wein, den er 1992 für 6500 FF pro Fass gekauft hatte, 1998 einen nie wieder erreichten Höchststand von 20000 FF erreicht hatte. 1999 lagen die gleichen Weine bei 17500 FF und 2000 nur noch bei 15500 FF. »Diese Fluktuation der Preise lässt sich auf das große Interesse Japans an unseren Weinen und auf unser großes Interesse am japanischen Markt zurückführen. Da die Japaner irgendwann mehr und mehr Burgunder kauften, solange bis sie unser größter Exportkunde waren, sowohl wert- als auch mengenmäßig, versuchten viele *négociants* einen Marktanteil in Japan zu ergattern, indem sie mehr produzierten. Daher mussten sie zusätzliche Weine ankaufen, und die verstärkte Nachfrage trieb die Preise bis 1998 ungemein in die Höhe. Doch die Japaner kaufen nicht mehr so viel einst, und sind mittlerweile nur der fünft- oder sechstgrößte Exportpartner Burgunds.«

Apfelkompott und rote Beeren lassen sich in den Aromen des *2000er Criots-Bâtard-Montrachet* erkennen. Bei mittlerem bis vollem Körper gehaltvoll, reif und rund, ist dieser samtige, mollige, sinnliche Wein seidig texturiert und lustbetont. Große Mengen von würzigen weißen und gelben Früchten lassen sich in dem fruchtgeprägten Charakter dieses Tropfens finden. Trinken Sie ihn in den nächsten 12 Jahren. Der schwelgerische *2000er Bâtard-Montrachet* ist gehaltvoll, weinig, pikant und scharf konturiert. In Duft und Geschmack zeigt er würzige Nuancen von Mineralien und Toast. Beladen mit Frucht, besitzt dieser breit gebaute und geschmacksintensive Wein hervorragende Tiefe, einen sprühend lebendigen Charakter und einen bewundernswert langen und geschmacksbetonten Abgang. Trinken Sie ihn in den nächsten 12 Jahren. Der nach Zimt, Ingwer und Vanille duftende *2000er Montrachet* weist in seiner Persönlichkeit von mittlerem Körper ganze Ladungen von Gewürzen und Mineralien auf. Breit angelegt, ausladend und ausdrucksvoll, überzieht er den Gaumen mit seinen buttrigen Geschmacksnuancen. Dieser konzentrierte und wohl ausgewogene Wein wird sich 2004–2012 auf dem Höhepunkt seiner Reife befinden.

Weitere empfehlenswerte Weine: 1997er Aloxe-Corton Les Chaillots (88), 2000er Bienvenue-Bâtard-Montrachet (87–89), 1999er Chassagne-Montrachet Les Caillerets (87–89), 2000er Chassagne-Montrachet Les Chenevottes (88–89), 1997er Chassagne-Montrachet Morgeot (rot) (87–89), 1999er Chevalier-Montrachet (88–89+), 2000er Chevalier-Montrachet (89–90), 1998er Corton-Charlemagne (87–89+), 1997er Corton-Grancey (88), 1999er Criots-Bâtard-Montrachet (88–89), 1997er Meursault La Goutte d'Or (88–90+), 2000er Meursault La Goutte d'Or (88–89), 1997er Puligny-Montrachet Les Folatières (88–90+), 1999er Puligny-Montrachet Les Folatières (88–89), 1997er Puligny-Montrachet La Garenne (87–89), 1997er Puligny-Montrachet Les Referts (87–89), 1999er Romanée-St-Vivant (88?)

DOMAINE LATOUR-GIRAUD (MEURSAULT)

2000	**Meursault Charmes**	**E**	**(90–91)**
2000	**Meursault Genevrières**	**E**	**(89–91)**
2000	**Meursault Genevrières Cuvée des Pierre**	**EE**	**(91–93)**
1999	**Meursault Genevrières Cuvée des Pierre**	**EE**	**(89–91)**
1997	**Meursault Genevrières Cuvée des Pierre**	**EE**	**(90–92)**

Jean-Pierre Latour hat seine hochmoderne Presse 1997 zum ersten Mal benutzt. Auch wenn er sich gezwungen sah, den Säuregehalt einiger Weißweine zu »korrigieren«, führt er die Tatsache, dass er den Trauben so viel Säure wie möglich entziehen konnte, auf diese neue Presse zurück. Die 1997er sind ausgezeichnet, und seine Luxus-Cuvée des Meursault Genevrières ist sogar hervorragend. Sie alle demonstrieren auf wunderbare Weise die für den Jahrgang charakteristische Reife und dichte Frucht. Der *1997er Meursault Genevrières Cuvée des Pierre* (hiervon wurden nur 75 Kisten produziert) gibt Aromen von ungemein reifen weißen Früchten und kandierten Orangenschalen preis, die mit einem ehrfurchtgebietend süßen, dichten Wein einhergehen. Dieser körperreiche, konzentrierte und komplexe Tropfen steckt voller karamellisierter Äpfel, gewürzter und pochierter Birnen und Spuren von geröstetem Eichenholz. Für einen so gehaltvollen Wein besitzt er eine bewundernswerte Ausgewogenheit. Mit dem langen, den Mund auskleidenden Abgang sollte diese opulente Schönheit jetzt–2006 getrunken werden.

»Die 1999er sind gute, ehrliche Weine«, sagte Jean-Pierre Latour, der Besitzer und Weinmacher dieser Domaine, »haben aber sicher nicht das Niveau der drei besten Jahrgänge der 1990er Jahre: 1996, 1992 und 1995. Von den 1999er Roten würde ich jedoch das Gegenteil behaupten. Sie können wundervoll sein, sofern die Erträge in einem vernünftigen Rahmen gehalten wurden. Für mich ist 1999 der drittbeste Jahrgang der 1990er Jahre bei den Rotweinen, nach dem 1990er und dem 1996er.« Als wir über die hohen Erträge sprachen, die 1999 und 2000 in Burgund erzielt wurden, sagte Latour: »Was viele Winzer nicht verstehen, ist, dass die zusätzlichen 10–20% ihre Weine einfach verderben. Ob sie sie vor den Behörden verbergen oder sie in die Destillerie schicken, kommt auf das Gleiche heraus, die Qualität ihrer Weine leidet darunter.« Gehaltvolle, gelbe Früchte bestimmen das Bukett des *1999er Meursault Genevrières Cuvée des Pierre.* Aprikosen, Pfirsiche, Mineralien und Toastwürze finden sich in seinem vielschichtigen, samtig texturierten Charakter von mittlerem Körper. Dieser weiche, geschmacksintensive Wein hat auch einen langen, lustbetonten Abgang. Trinken Sie ihn in den nächsten 7–8 Jahren.

Laut Jean-Pierre Latour wird der 2000er ein Jahrgang sein, der in seiner Jugend getrunken wird, während der 1999er eingelagert werden sollte. »Ich mag die 2000er wirklich sehr. Es ist ein sehr hübscher Jahrgang. Er hat ein außergewöhnliches Niveau an Reichhaltigkeit und Fett, viel mehr als der 1999er«, sagt er. Der nach Blumen und Aprikosen duftende *2000er Meursault Charmes* ist ein konzentrierter, weiniger Tropfen von mittlerem bis vollem Körper. Seidig texturiert, überzieht er den Gaumen mit reifen Birnen und Äpfeln, deren Geschmacksnuancen noch in seinem langen Abgang anhalten. Voraussichtliche Genussreife: jetzt–2009. Der enorm ausdrucksvolle *2000er Meursault Genevrières* platzt aus allen Nähten mit seinen Aromen von Gewürzen und flüssigen Mineralien. Dieser köstliche, breit angelegte Wein hat mittleren bis vollen Körper. Voll gepackt mit Butter, Gewürzen, saftigen Äpfeln und Birnen, zeigt er sich vielschichtig, muskulös, samtweich mit unmittelbar ansprechender Frucht. Genießen Sie ihn in den nächsten 10 Jahren.

Der *2000er Meursault Genevrières Cuvée des Pierre* von Latour-Giraud zeichnet sich aus durch ein ungestümes Bukett voller Gewürze und Mineralien. Von mittlerem Körper und herrlich ausdrucksvoll, schmeichelt er dem Gaumen mit rot-weißen Beeren, Gewürzen, Mineralien und pochierten Birnen. Seidig texturiert, konzentriert und scharf konturiert, ist dies ein bewundernswert nachhaltiger Wein. Voraussichtliche Genussreife: jetzt–2012.

Weitere empfehlenswerte Weine: 2000er Meursault Bouchères (88–90), 2000er Meursault Cuvée Charles Maxime (87–89), 1999er Meursault Les Charmes (88–89), 1997er Meursault

Les Genevrières (87–89), 1999er Meursault Les Genevrières (88–89), 2000er Meursault Le Limozin (88–89), 1997er Meursault Narvaux (87–89), 2000er Meursault Narvaux (88–90), 1997er Meursault Les Perrières (88–90), 1999er Meursault Les Perrières (88–89), 2000er Meursault Les Perrières (88–90), 2000er Meursault Poruzots (89–90), 1999er Pommard Refène Cuvée Sélectionnée (87–89), 1999er Puligny-Montrachet Champs-Canet (88–90), 2000er Puligny-Montrachet Champs-Canet (88–90), 1997er Volnay Caillerets Cuvée Sélectionnée (87–89), 1997er Volnay Clos des Chênes Cuvée Selectionnée (87–89), 1999er Volnay Clos des Chênes Cuvée Selectionnée (87–89)

DOMAINE PHILIPPE ET VINCENT LÉCHENEAUT (NUITS-ST-GEORGES)

1997	Chambolle-Musigny Premier Cru	E	(89–91)
1997	Clos de la Roche	EE	(92–94)
1999	Nuits-St-Georges Les Cailles	E	(90–93)
1997	Nuits-St-Georges Les Cailles	E	(91–93)
1999	Nuits-St-Georges Les Pruliers	E	(90–93)

Die Brüder Lécheneaut waren mit ihren 1997ern »äußerst zufrieden«. »Wir haben hart gearbeitet, um die Erträge zu regulieren. Unser Ziel ist, dass jeder Rebstock dieselbe Menge an Frucht hervorbringt. Das ist viel wichtiger als der Gesamtertrag.« 1997 ernteten die Lécheneauts zwischen 24 und 35 hl/ha und ihre Trauben waren »wundervoll gesund und reif«. Keinem der Weine wurde Säure zugesetzt, es wurde leicht chaptalisiert, und die Weine blieben, ohne abgestochen zu werden, während des gesamten Ausbaus auf ihren Hefen. Der mittel- bis dunkelrubinrote *1997er Chambolle-Musigny Premier Cru* zeigt köstlich frische Aromen von reifen Kirschen. Er hat mittleren bis vollen Körper, einen eleganten Stil und ist unmittelbar ansprechend, dabei feminin, reintönig und tief. Sein Abgang enthüllt ein strukturiertes Rückgrat, dem 2–3 Jahre Kellerreife gut tun würden. Voraussichtliche Genussreife: jetzt–2007.

Der dunkelrubinrote *1997er Nuits-St-Georges Les Cailles* hat ein fabelhaftes Bukett von ungemein süßen schwarzen Früchten, Parfüm und Talkumpuder. Dieser opulente, ölig texturierte, cremige Wein ist voll bepackt mit kraftvollen, doch geschmeidigen und femininen roten Beeren. Er ist verführerisch, sinnlich, enorm ausdrucksvoll und ganz einfach köstlich! Trinken Sie diese Schönheit in den nächsten 6+ Jahren.

Der überreife, fast schwarze *1997er Clos de la Roche* offenbart ein Bukett von Teer, Brombeerlikör und süßem, würzigem Eichenholz. Mandeln, Blumen, rote Beeren und Lakritze finden sich in diesem muskulösen, aber doch eleganten Wein von mittlerem bis vollem Körper. Das ist ein Riesenkerl von einem Wein, und dennoch besitzt er die Eleganz, die Burgunds großartige Pinot Noirs weltweit berühmt gemacht haben. Sein immens langer und mit Geschmackskomponenten voll bepackter Abgang enthüllt eine Fülle geschmeidiger, runder Tannine. Trinken Sie diese Schönheit in den nächsten 10 Jahren.

Laut Philippe und Vincent Lécheneaut mussten sie 1999 selbst nach umfangreichen Maßnahmen zur Reduzierung der Erträge noch die dicksten Traubenbüschel (10% der Lese) aussortieren und weitere 10% des Safts abziehen, um auf 45–50 hl/ha zu kommen. Wie es so oft der Fall ist, schmecken ihre Fassproben immer straffer und härter als der fertig abgefüllte Wein. Dies liegt hauptsächlich daran, dass sie an eine reduktive (sauerstofffreie) Weinbereitung glauben. Der *1999er Nuits-St-Georges Les Pruliers* stammt von einer 0,5 Hektar großen Parzelle mit einem 25 Jahre alten Rebbestand, die die Gebrüder Lécheneaut vom Château de Bligny erworben haben. Er ist ein mittel- bis dunkelrubinroter Wein mit frischen Aromen von süßen Kirschen und schwarzen Früchten. Dieser dichte, breit angelegte und profunde Wein ist bei mittlerem bis vollem Körper seidig texturiert. Große Mengen von kandierten roten und schwarzen Früchten finden sich in dieser üppigen, opulenten Schönheit mit außergewöhnlich langem Abgang. Voraussichtliche Genussreife: 2004–2012. Der dunkelrubinrote, fast schwarze *1999er Nuits-St-Georges Les Cailles* hat steinige Düfte und Aromen von schwarzen Früchten in seinem Bukett. Von mittlerem bis vollem Körper und würzig, ist dies ein harmonischer, kraftvoller und muskulöser Wein, voll gepackt mit Gewürzen, Brombeeren, Schwarzkirschen, Cassis und kandierten Himbeeren. Veilchen und asiatische Gewürze lassen sich in seinem bewundernswert langen, reintönigen Abgang entdecken. Voraussichtliche Genussreife: 2004–2012.

Weitere empfehlenswerte Weine: 1997er Nuits-St-Georges (87–89), 1999er Nuits-St-Georges (87–89), 1997er Vosne-Romanée (87–89)

DOMAINE RENÉ LECLERC (GEVREY-CHAMBERTIN)

1997	Gevrey-Chambertin Combe aux Moines	E	(91–92+)
1997	Gevrey-Chambertin Lavaux St-Jacques	E	(89–92)
1997	Griotte-Chambertin	EE	(91–93)

»Ich musste mich dem Geschmack anderer anpassen«, antwortet René Leclerc niedergeschlagen auf meine Frage, warum er so viele neue Fässer in seinem Keller habe (33% neue Eichenholzfässer werden für die Gevreys verwendet). Auch wenn er mit den Veränderungen, die er eingeführt hat, nicht glücklich ist, bin ich der Meinung, dass die Weine dieser Domaine noch nie besser waren.

Das zurückhaltende Bukett des mittel- bis dunkelrubinroten *1997er Gevrey-Chambertin Lavaux St-Jacques* zeigt nur leichte Spuren von roten Früchten. Dennoch verwöhnt seine beeindruckende Persönlichkeit von mittlerem bis vollem Körper den Verkoster mit Ladungen von weichen, würzigen und frischen rot-schwarzen Früchten. Dies ist ein ölig texturierter, verführerischer Wein mit einer beeindruckenden, alterungsfähigen Struktur. Voraussichtliche Genussreife: jetzt–2008. Der mit einem ähnlichen Kleid ausgestattete *1997er Gevrey-Chambertin Combe aux Moines* offenbart Aromen von gewürztem Mais und kandierten Kirschen. Am Gaumen ist dieser wachsartige, äußerst reichhaltige, kraftvolle und dichte Wein zum Bersten gefüllt mit Brombeeren, Kirschen und lakritzähnlichen Noten. Gut bereitet und bewundernswert lang, wird sich diese Schönheit jetzt–2008 auf dem Höhepunkt ihrer Reife befinden. Honigkuchen, Kümmel, Zimt und Räucherspeck sind in den Aromen des *1997er Griotte-Chambertin* zu erkennen. Ein ausgefeilter und doch muskulöser Tropfen, ist er angefüllt mit roten Kirschen an der Grenze zur *sur-maturité*. Dabei ist er seidig texturiert, geschmeidig, süß und üppig. Voraussichtliche Genussreife: jetzt–2009.

Weitere empfehlenswerte Weine: 1997er Gevrey-Chambertin (87–89), 1997er Gevrey-Chambertin Clos Prieur (87–90)

MAISON OLIVIER LEFLAIVE (PULIGNY-MONTRACHET)

2000	Bâtard-Montrachet	EEE	(88–91)
1997	Bâtard-Montrachet	EEE	(89–91)
1997	Chevalier-Montrachet	EEE	(89–91)
2000	Criots-Bâtard-Montrachet	EEE	(92–94)
1998	Criots-Bâtard-Montrachet	EEE	(88–91)
2000	Montrachet	EEE	(93–95)
1999	Montrachet	EEE	(91–93)
1998	Montrachet	EEE	(89–92+)
1997	Montrachet	EEE	(90–92)
2000	Puligny-Montrachet Champs-Gain	EE	(89–91)
1999	Puligny-Montrachet Les Pucelles	EE	(89–91)

Dieses in Puligny ansässige Handelshaus wird geleitet von Olivier Leflaive, dem Cousin von Anne-Claude Leflaive (von der Domaine Vincent Leflaive). Es liegt nur ein paar Meter von der Domaine Leflaive entfernt, und 32 Aktionäre dieser *négociant*-Firma zählen auch zu dem 36-Personen-Konsortium, dem die Domaine Vincent Leflaive gehört. Der gesellige Olivier Leflaive, dessen gutes Aussehen und adrette Kleidung an das Hollywood-Klischee vom typischen romantischen Franzosen erinnern, ist vor allem ein Geschäftsmann. Mit Unterstützung seines nun verstorbenen Onkels Vincent hat Leflaive dieses Unternehmen in dem Gedanken aufgebaut, alle seine Weine auf Subskriptionsbasis zu verkaufen. Heute werden 70% seiner Produktion auf diese Weise abgegeben, und der Rest ist verkauft, bevor die *élevage* (Ausbau) abgeschlossen ist. Die Vereinigten Staaten und Großbritannien, die beiden größten Absatzmärkte dieses Unternehmens, kaufen jeweils 15000 Kisten der Gesamtproduktion von 70000 Kisten.

Das Unternehmen wurde 1984 gegründet, und der erste Weinmacher war Jean-Marc Boillot, der 1989 die Firma verließ, um sein eigenes Weingut zu managen. Der begabte Franck Grux, der zuvor die Domaine Guy Roulot in Meursault geleitet hatte, hat seitdem die Zügel in der Hand und gestaltet eine köstliche Palette von Weinen aus 65 unterschiedlichen Appellationen. Um die Kontrolle über die Qualität zu behalten, besteht Olivier Leflaive darauf, nur Trauben oder Most einzukaufen (98% der 1997er wurden auf diese Weise erworben). Vom Stil her will Leflaive elegante Wein produzieren, die an die auf der Domaine bereiteten erinnern. Während ich fand, dass diese Philosophie beim 1996er nicht sehr erfolgreich war, gelang sie bei den fetten und dichten 1997ern recht gut.

Franck Grux ist der Meinung, dass 1997 »zwar für Sammler und Profis kein faszinierender Jahrgang, aber dessen ungeachtet ein sehr gutes Jahr ist«. Er fügt hinzu, dass das Wetter und nicht die Winzer den Jahrgang »lenken«. Auf eine gute Blütenbildung folgte ein äußerst heißer und trockener Sommer. Die Ausreifung der Trauben wurde von der Dürre blockiert, und als der *ban de vendange* (der Tag, an dem mit der Lese begonnen werden darf) bekannt gegeben wurde, stellte Grux fest, dass viele Lagen nicht reif waren. Der Säuregehalt war niedrig, und Grux »rettete« etwa 20% der Produktion durch Säurezugabe. »Es ging mir nicht darum, einen bestimmten pH-Wert zu erreichen, so wie man es im Studium lernt. Alles, was ich wollte, war, dass der Wein genügend Säure zum Überleben hatte.«

Die Weine der Maison Olivier Leflaive sind keine Kraftprotze. Sie sind gut bereitet, oft ausgefeilt, und sie hätten manchmal mehr Beachtung verdient. Wie Grux sagt: »Wir wollen Eleganz und nicht Reichhaltigkeit oder Kraft.« Der nach toastwürzigen Birnen duftende *1997er Bâtard-Montrachet* ist ein typischer Fun-Wein; er zeigt sich extravagant und wird hedonistische Weinliebhaber sehr zufrieden stellen. Dieser mollige, opulente Wein, der ein Lächeln auf das Gesicht des Verkosters zaubert, hat mittleren bis vollen Körper und intensive Geschmacksnuancen von reifen weißen Früchten, Gewürzen und Anis aufzuweisen. Voraussichtliche Genussreife: jetzt–2005. Der *1997er Chevalier-Montrachet* enthüllt Aromen von roten Johannisbeeren und Veilchen. Dieser frische, konzentrierte, dicke Wein von mittlerem Körper ist samtig texturiert. Sein mit Mineralien und Birnen angefülltes Geschmacksprofil bietet ausgezeichneten Biss und Intensität. Trinken Sie ihn jetzt–2005.

Die Maison Leflaive kaufte drei Fässer des *1997er Montrachet* als Traubenmost. Am Tag meiner Verkostung befand er sich in einem Zustand der Oxidation und zeigte etwas Gold in seiner Farbe. Er legt ein reichhaltiges, würziges Bukett voll von Buttertoffee und Mineralien an den Tag sowie eine intensive und dicht bepackte Persönlichkeit. Geschmacksnuancen von Mandelplätzchen, Steinen, Ton und Bratäpfeln finden sich in diesem sinnlichen und dicken Tropfen. Franck Grux beabsichtigte, nach meiner Verkostung Schwefel in die Fässer zu geben, um den Montrachet aus seiner Oxidation herauszuholen. Voraussichtliche Genussreife: jetzt–2006.

Aus einer Grand-Cru-Lage gewonnen, die in diesem schwierigen Jahrgang sehr gute Ergebnisse gezeitigt hatte, wurde Olivier Leflaives *1998er Criots-Bâtard-Montrachet* bereitet, der durchdringende mineralische Aromen zu erkennen gibt. Dieser cremige und reichhaltige Wein von mittlerem bis vollem Körper vereint auf beeindruckende Weise Kraft, Reichhaltigkeit und Konzentration mit Eleganz. Gebutterter Toast, Anis, Myriaden von Gewürzen, süße Zitronen und reife Birnen lassen sich in diesem ausdrucksvollen, nachhaltigen und intensiven Wein erkennen. Voraussichtliche Genussreife: jetzt–2006+. Der bewundernswerte

1998er Montrachet offenbart komplexe Aromen von Mineralien und weißen Früchten. Dieser tiefe, fette und reichhaltige Wein von mittlerem bis vollem Körper ist samtig texturiert, konzentriert und elegant. Reife Birnen, Steine und ein Anflug von geröstetem Eichenholz finden sich in seiner symmetrischen Persönlichkeit und in seinem langen, üppigen Abgang. Voraussichtliche Genussreife: jetzt–2007+.

Franck Grux charakterisierte die 1999er Weißweine als »Fun-Weine, die vergnüglich, aber nicht großartig sind. Die Ernte war einfach zu groß und die Augustdürre hat das Ausreifen der Trauben verhindert.« Auch seine Aussagen über den 2000er könnten sich als zutreffend erweisen: »Die Erträge sind sehr hoch und die Trauben ungleichmäßig reif. Die Weißen sehen sehr gut aus, von den Roten reden wir besser nicht.«

Leflaive produzierte 5 Fässer (125 Kisten) von dem *1999er Puligny-Montrachet Les Pucelles*. Er offenbart Aromen von Mineralien und Erde und eine hervorragende, tiefe, scharf konturierte und konzentrierte Persönlichkeit. Flüssige Mineralien, Quarz und Birnen zeigen sich in diesem kristallinen, reintönigen und eleganten Wein, der einen langen, spritzigen und weichen Abgang besitzt. Voraussichtliche Genussreife: jetzt–2009. Der hervorragende *1999er Montrachet* präsentiert Aromen von Toastwürze, Steinen und weißen Blumen. Dieser Wein von mittlerem Körper dehnt sich am Gaumen aus und gibt eine Fülle von Mineralien, frischen Birnen, Äpfeln und Gewürzen frei. Er ist rasiermesserscharf konturiert und eindringlich. Er kleidet den Gaumen mit seinen Geschmacksnuancen aus und präsentiert einen außergewöhnlich langen Abgang. Voraussichtliche Genussreife: 2004–2012.

Der köstliche *2000er Puligny-Montrachet Champs-Gain* bietet Aromen von Gewürzen, Aprikosen, gebuttertem Toast und weißen Pfirsichen. Dieser breit angelegte, cremig texturierte Wein ist bei mittlerem Körper üppig, zeigt jedoch hervorragende Konturenschärfe. Seine samtigen Wogen von Birnen und Äpfeln kleiden den Gaumen des Verkosters aus. Voraussichtliche Genussreife: jetzt–2010. Der mollige, sinnliche *2000er Bâtard-Montrachet* bietet Aromen von pochierten Birnen. Er hat mittleren Körper und besitzt hervorragende Tiefe und Intensität sowie Geschmacksnuancen von gewürzten Äpfeln, kandierten Birnen und Butter. Er wird am mittleren Gaumen etwas straffer, expandiert aber dann und zeigt einen mit Frucht angefüllten Abgang. Voraussichtliche Genussreife: jetzt–2012.

Dem hervorragenden *2000er Criots-Bâtard-Montrachet* entströmen Mineralien, Steine und Gewürze. Er hat mittleren bis vollen Körper, ist fett und üppig: ein seidig texturierter Wein mit außergewöhnlicher Reife. Schichten von öligen Birnen, Wacholderbeeren und gewürzten Äpfeln durchdringen den Gaumen und klingen noch außergewöhnlich lange nach. Dieser superbe 2000er dürfte sich 2004–2014 am besten trinken. Der *2000er Montrachet* enthüllt Aromen von toastwürzigen Mineralien und gewürzter Butter. Von mittlerem Körper, ist dieser weinige und mollige Tropfen reichhaltig und opulent. Seine sinnliche Persönlichkeit überschwemmt den Mund mit Geschmackskomponenten von buttrigen Birnen, Apfelkompott und Honigkuchen. Sein Abgang ist so nachhaltig und geschmacksintensiv wie der eines Criots. Voraussichtliche Genussreife: 2004–2015.

Weitere empfehlenswerte Weine: 1998er Bâtard-Montrachet (87–89), 1999er Bâtard-Montrachet (88–90), 1997er Bienvenue-Bâtard-Montrachet (88–90), 1998er Bienvenue-Bâtard-Montrachet (87–90), 2000er Chablis Fourchaume (88+), 2000er Chablis Valmur (88–90), 2000er Chassagne-Montrachet Abbaye de Morgeot (87–89), 1997er Chassagne-Montrachet Chaumées (87–89), 1997er Chassagne-Montrachet Ruchottes (87–89), 1997er Chassagne-Montrachet Vergers (87–89), 1997er Corton-Charlemagne (88–89), 1999er Corton-Charlemagne (88–89+), 1997er Criots-Bâtard-Montrachet (89–90), 1997er Meursault Les Charmes (87–89), 2000er Meursault Les Charmes (88–89), 1997er Meursault Les Perrières (88–89), 2000er Meursault Les Perrières (87–89), 1999er Pommard Charmots (87–89), 1997er Puligny-Montrachet Champs-Gain (88–89), 1999er Puligny-Montrachet Les Folatières (88–89), 2000er St-Aubin En Remilly (89)

DOMAINE VINCENT LEFLAIVE (PULIGNY-MONTRACHET)

2000	Bâtard-Montrachet	EEE	(90–92)
1999	Bâtard-Montrachet	EEE	(90–91)
1997	Bâtard-Montrachet	EEE	(91–93)
2000	Bienvenue-Bâtard-Montrachet	EEE	(92–93+)
1999	Bienvenue-Bâtard-Montrachet	EEE	(89–91)
1997	Bienvenue-Bâtard-Montrachet	EEE	(91–92+)
2000	Chevalier-Montrachet	EEE	(91–93)
1999	Chevalier-Montrachet	EEE	(90–92)
1997	Chevalier-Montrachet	EEE	(92–94)
2000	Montrachet	EEE	(92–94)
1999	Montrachet	EEE	(91–93)
2000	Puligny-Montrachet Clavoillon	EE	(89–91)
2000	Puligny-Montrachet Les Combettes	EEE	(90–92)
2000	Puligny-Montrachet Les Folatières	EEE	(89–91)
2000	Puligny-Montrachet Les Pucelles	EEE	(91–93)
1997	Puligny-Montrachet Les Pucelles	EEE	(90–92)

Sowohl der Direktorin Anne-Claude Leflaive als auch Pierre Morey, dem Weinmacher, gefallen die 1997er. »Es war ein leicht zu vinifizierender Jahrgang, die malolaktischen Gärungen verliefen einwandfrei, im Gegensatz zu 1996«, sagt Morey. »Sehr zufrieden« sind sie mit dem Gleichgewicht in ihren 1997ern, das sie auf ihre biodynamischen Weinbereitungsmethoden zurückführen. Morey war ganz begeistert vom Gesundheitszustand des Jahrgangs und von dem idealen Wetter bei der Lese. »Im Nachhinein kann man vielleicht sagen, dass wir mit der Lese noch etwas länger hätten warten sollen«, sagt er. »Doch wenn wir die Lese hinausgeschoben hätten, hätten wir möglicherweise nicht die ausgleichende Säure in unseren 1997ern gehabt.« Morey erwähnte, dass die alkoholischen Gärungen »recht schnell« vonstatten gegangen seien und dass seine damaligen Kühlsysteme nicht ausgereicht hätten, um den Wein herunterzukühlen. Der natürliche potenzielle Alkoholgehalt betrug bei den 1997ern 12,2–13%. (Zum Vergleich: Einige 1996er erreichten 14%!) Die Erträge hielten sich innerhalb der Norm. Ich war jedoch überrascht zu hören, dass die Erträge 1996 um 5–8 hl/ha unter dem Durchschnitt gelegen hatten.

Morey ist der Meinung, dass der 1997er Jahrgang »viele Weine hervorbrachte, die kurz- bis mittelfristig Vergnügen bereiten, dass aber auch viele Weine 10–15 Jahre lang aushalten werden«. Auf meine Bitte, eine Rangliste der Jahrgänge der 1990er Jahre zu erstellen, angefangen beim besten, ordnete er sie wie folgt ein: 1996, 1995, 1992, 1990, 1997, 1993, 1994, 1991. Madame Leflaives Aufstellung war etwas anders: 1995, 1996, 1997, 1993, 1994, 1992 und 1991 mit 1990 zusammen auf dem letzten Platz. Insgesamt glaube ich, dass die 1997er von der Domaine Leflaive äußerst gelungene Weine für ihren Jahrgang sind. Sie spiegeln die herrliche Reife des Jahres 1997 wider und sind ausgewogener und schärfer konturiert als viele ihrer Jahrgangskollegen.

Es sei nochmals gesagt: Die Domaine Leflaive hat einen superben Puligny-Montrachet Les Pucelles gestaltet. Der *1997er Puligny-Montrachet Les Pucelles* zeigt rassige Aromen von Zitronensaft, Steinen und weißen Blumen, sowie einen ungemein ausdrucksvollen Charakter von mittlerem bis vollem Körper. Das samtig texturierte Geschmacksprofil dieses Weins ist prächtig und präsentiert Schichten von Nüssen, toastwürzigem Eichenholz und eine fabelhafte Mineralität. Er ist mit kristalliner Reintönigkeit ausgestattet, eine Seltenheit bei diesem Jahrgang, sowie mit einem langen, frischen und klar umrissenen Abgang. Voraussichtliche Genussreife: jetzt–2008. Der *1997er Bienvenue-Bâtard-Montrachet* besitzt ein wesentlich strengeres Bukett als der Les Pucelles. Nach einigem Zureden ließ er sich widerstrebend Düfte nach weißen Blumen, Mandeln und Zitrusfrüchten entlocken. Dieser breit angelegte und unleugbar reichhaltige Wein von mittlerem bis vollem Körper hat eine köstliche Palette von Mineralien, Ton, Toastwürze, Steinen und Birnen aufzuweisen. Er ist seidig texturiert, scharf konturiert, konzentriert, und vereint beeindruckende Reife mit Ausgewogenheit. Voraussichtliche Genussreife: jetzt–2008+.

Leflaives fabelhafter *1997er Bâtard-Montrachet* bietet hochreife Aromen von kandierten Äpfeln, vermischt mit Mineralien, Kreide, Meersalz und rassigen Zitronen. Dieser konzentrierte Wein hat ehrfurchtgebietende Dichte, mittleren bis vollen Körper und Schichten von den Mund auskleidenden, gerösteten Mandeln, Zitrusfrüchten, knackigen Birnen und toastwürzigem Eichenholz. Im Gegensatz zu den anderen 1997er Bâtards besitzt er außergewöhnliche Ausgewogenheit, klare Linienführung und Noblesse. Er dürfte sich jetzt–2010 auf dem Höhepunkt seiner Reife befinden. Sehr gut gefallen hat mir die Präzision, Reintönigkeit und Lebendigkeit der mit Zitrone getränkten Mineralien im Aroma des *1997er Chevalier-Montrachet.* Er ist ein wunderschöner Wein, in dem sich Ausgefeiltheit mit Kraft und Präzision mit Reichhaltigkeit paart. Er besitzt mittleren bis vollen Körper, ist seidig texturiert und unwiderstehlich. Den Gaumen erquickt er mit gegrillten Birnen, Kreide und einer expansiven mineralischen Prägung. Er hat die Dichte und Reife, die für den 1997er typisch sind, aber die Konturenschärfe und Rasse eines 1996ers, eine selten anzutreffende Leistung. Voraussichtliche Genussreife: jetzt–2010+.

Der *1997er Montrachet* ist gewiss einer der besten 1997er Côte de Beaune. Er bietet frische, aber ungemein reife Aromen von Birnen, Äpfeln, roten Beeren und kandierten Mandeln. Am Gaumen enthüllt er wuchtige Breite, spektakuläre Ausgefeiltheit sowie gewaltige Konzentration und Komplexität. Toastwürzige weiße Früchte, Mineralien, Zitronen, Johannisbeeren, Haselnüsse, Salz und Mineralien finden sich in seiner ungemein klar umrissenen und extrahierten Persönlichkeit. Er ist die Quintessenz eines Montrachet, der die Dichte, Reife und Reichhaltigkeit eines Bâtard mit der Eleganz, Präzision und Reintönigkeit eines Spitzen-Chevaliers verbindet. Schade, dass nur eine Hand voll Millionäre die nötigen Mittel besitzen, um diesen Wein ausfindig zu machen und ihn zu kaufen. *C'est la vie!* Voraussichtliche Genussreife: jetzt–2012.

Nur einige 1998er der Domaine Leflaive sind empfehlenswert (siehe unten), die anderen wurden für ungenerös und hart befunden und schienen einen hohen Schwefelgehalt zu haben.

Morey sagte mir, dass das Wetter 1999 für hohe Erträge wie geschaffen war. »Die Blütenbildung erfolgte äußerst früh und schnell, mit einer außerordentlichen Anzahl an Blüten. Die Reben haben nie unter Stress gelitten und waren sehr gesund. Die Regenfälle während der Lese waren ausgiebig, aber ich glaube nicht, dass sie zu einer Verwässerung führten. Um die Trauben zu trocknen, bevor die Erntehelfer losgingen, ließen wir Hubschrauber über die Weinberge fliegen.«

Reichhaltige Mandelaromen entströmen dem *1999er Bienvenue-Bâtard-Montrachet.* Von mittlerem Körper und ölig texturiert, ist er ausladend, mollig und hat ausgezeichneten Biss. Sein Geschmacksprofil, das sich aus mit Nüssen vermischten weißen und gelben Früchten zusammensetzt, hält noch im Abgang an. Voraussichtliche Genussreife: jetzt–2009. Der *1999er Bâtard-Montrachet* enthüllt intensive, süße Aromen von Mineralien und weißen Früchten. Von mittlerem Körper, gut strukturiert und straff gewirkt, ist dies ein reichhaltiger, konzentrierter und frischer Wein. Er hat Geschmacksnuancen von Mineralien, Äpfeln und Birnen und dürfte jetzt–2010 auf dem Höhepunkt seiner Reife stehen. Reintönige und nuancierte mineralische Aromen bestimmen das Bukett des *1999er Chevalier-Montrachet.* Expansiv, breit angelegt und tief, ist dieser würzige Wein mit Geschmacksnuancen von Mineralien und Birnen ein harmonischer und wohl ausgewogener Tropfen. Er gibt einen langen, spritzigen, kristallinen und weich texturierten Abgang zu erkennen. Trinken Sie ihn in den nächsten 10 Jahren.

Leflaives *1999er Montrachet* ist, wie so viele 1999er aus dieser berühmten Lage, erstklassig. Er bietet ein herrlich klar umrissenes Bukett, das nach Mineralien und Honigkuchen duftet. Am Gaumen ist er von mittlerem Körper, kraftvoll, tief, breit angelegt und harmonisch.

Er überzieht den Gaumen mit Schichten von üppigen und geschmeidigen weißen und gelben Früchten, Gewürzen und Sahne. Voraussichtliche Genussreife: jetzt–2012.

Der nach reifen Äpfeln und Akazienblüten duftende *2000er Puligny-Montrachet Clavoillon* hat mittleren Körper und eine weiche Textur. Er schmeichelt dem Gaumen mit einer Fülle von süßen weißen Früchten, Toastwürze und untergründigen Mineralien. Dieser seidige Wein ist mit hervorragender Konzentration und einem ungemein klar umrissenen, präzisen Charakter ausgestattet. Voraussichtliche Genussreife: jetzt–2008. Der nach Gewürzen und Mineralien duftende *2000er Puligny-Montrachet Les Folatières* hat mittleren Körper, ist breit gebaut und seidig. Mineralien, Kies und Blumen finden sich in der Persönlichkeit dieses detaillierten Weines. Er ist ausladend, voller Frucht und offenbart einen langen, reintönigen Abgang. Voraussichtliche Genussreife: jetzt–2009. Das Bukett des *2000er Puligny-Montrachet Les Combettes* setzt sich aus kandierten Birnen und Äpfeln zusammen. Von mittlerem Körper und weinig, ist dies ein wohl ausgewogener, harmonischer und breit angelegter Tropfen. Er zeigt sich feminin, beladen mit Mineralien, Blumen, Birnen und Butter und mit einem ausgedehnten Abgang. Voraussichtliche Genussreife: jetzt–2014. Toastwürzige Mineralien offenbart das Bukett des *2000er Puligny-Montrachet Les Pucelles.* Von leichtem bis mittlerem Körper und ungemein definiert, zeigt dieser Wein hervorragende Tiefe in seiner seidigen, üppigen Persönlichkeit. Mineralien und Birnen finden sich im Charakter dieses konzentrierten Tropfens und in seinem geschmeidigen, frischen und außergewöhnlich langen Abgang. Trinken Sie ihn in den nächsten 13 Jahren.

Aus 45 Jahre alten Reben, den ältesten auf diesem Weingut, wurde der *2000er Bienvenue-Bâtard-Montrachet* bereitet. Er präsentiert ein sinnliches Bukett, das nach tropischen Früchten duftet. Dies ist ein extravaganter Wein mit einem breit angelegten, ungemein intensiven Geschmacksprofil, das voll gepackt ist mit Gewürzen, Mineralien und toastwürzigem Eichenholz. Er ist überschwänglich, ganz voller Frucht und lang. Voraussichtliche Genussreife: jetzt–2010. Der nach Mineralien und Toastwürze duftende *2000er Bâtard-Montrachet* ist breit angelegt, seidig und von leichtem bis mittlerem Körper. Myriaden von Gewürzen, Mineralien und gerösteten weißen Früchten sind in der Persönlichkeit dieses detaillierten Weines zu erkennen. Voraussichtliche Genussreife: jetzt–2011.

Der mit intensiven Aromen ausgestattete *2000er Chevalier-Montrachet* wartet auf mit Düften von toastwürzigen Mineralien. Dieser Wein von mittlerem Körper ist weinig, tief und voll gepackt mit Geschmacksnuancen von Blumen und Mineralien. Voraussichtliche Genussreife: jetzt–2013. Anis, Mineralien, Butter und Toastwürze finden sich im Bukett des *2000er Montrachet* von Leflaive. Ein intensiver Wein von mittlerem Körper, saftig und randvoll beladen mit Geschmacksnuancen von französischem Toastbrot, Mineralien und Akazienblüten. Er ist ungemein ausdrucksvoll, konzentriert und profund. Voraussichtliche Genussreife: jetzt–2014.

Weitere empfehlenswerte Weine: 1996er Bienvenue-Bâtard-Montrachet (95), 1998er Bâtard-Montrachet (88), 1998er Bienvenue-Bâtard-Montrachet (88), 2000er Bourgogne Blanc (88–89), 1996er Chevalier-Montrachet (96), 1996er Puligny-Montrachet (94–96), 1997er Montrachet (94–96), 2000er Puligny-Montrachet (88–89), 1996er Puligny-Montrachet Clavoillon (91+), 1997er Puligny-Montrachet Clavoillon (87–89), 1999er Puligny-Montrachet Clavoillon (87–89), 1996er Puligny-Montrachet Les Combettes (92+), 1997er Puligny-Montrachet Les Combettes (88–90+), 1999er Puligny-Montrachet Les Combettes (88–89), 1996er Puligny-Montrachet Les Folatières (93+), 1997er Puligny-Montrachet Les Folatières (88–89+), 1999er Puligny-Montrachet Les Folatières (88–89), 1996er Puligny-Montrachet Les Pucelles (95), 1999er Puligny-Montrachet Les Pucelles (89–90)

DOMAINE LEROY (VOSNE-ROMANÉE)

1999	**Chambertin**	**EEE**	**95**
1998	**Chambertin**	**EEE**	**94+?**

1997	Chambertin	EEE	97+
1999	Chambolle-Musigny Les Charmes	EEE	92+
1997	Chambolle-Musigny Les Charmes	EEE	93
1998	Chambolle-Musigny Les Fremières	EEE	90
1997	Chambolle-Musigny Les Fremières	EEE	92
1999	Clos de la Roche	EEE	96+
1998	Clos de la Roche	EEE	96?
1997	Clos de la Roche	EEE	98
1999	Clos de Vougeot	EEE	93+
1998	Clos de Vougeot	EEE	92?
1997	Clos de Vougeot	EEE	96
1999	Corton-Charlemagne	EEE	90+
1997	Corton-Charlemagne	EEE	93
1999	Corton-Renardes	EEE	97+
1998	Corton-Renardes	EEE	95
1997	Corton-Renardes	EEE	96
1999	Gevrey-Chambertin Les Combottes	EEE	92
1998	Gevrey-Chambertin Les Combottes	EEE	92
1997	Gevrey-Chambertin Les Combottes	EEE	94
1999	Latricières-Chambertin	EEE	94
1998	Latricières-Chambertin	EEE	95
1997	Latricières-Chambertin	EEE	93+
1999	Musigny	EEE	94+
1998	Musigny	EEE	96?
1997	Musigny	EEE	95+
1999	Nuits-St-Georges Aux Allots	EE	90+
1997	Nuits-St-Georges Aux Allots	EE	90
1999	Nuits-St-Georges Les Boudots	EEE	94+
1998	Nuits-St-Georges Les Boudots	EEE	92
1997	Nuits-St-Georges Les Boudots	EEE	93
1997	Nuits-St-Georges Aux Lavières	EE	90
1999	Nuits-St-Georges Les Vignesrondes	EEE	91?
1997	Nuits-St-Georges Les Vignesrondes	EEE	91+
1998	Pommard Les Vignots	EE	90+
1997	Pommard Les Vignots	EE	90
1999	Richebourg	EEE	95
1998	Richebourg	EEE	95
1997	Richebourg	EEE	98
1998	Romanée-St-Vivant	EEE	93
1997	Romanée-St-Vivant	EEE	95+
1999	Savigny-lès-Beaune Les Narbantons	EE	93
1997	Savigny-lès-Beaune Les Narbantons	EE	92
1999	Volnay Santenots	EEE	93
1997	Volnay Santenots	EEE	94
1999	Vosne-Romanée Les Beaux Monts	EEE	93
1997	Vosne-Romanée Les Beaux Monts	EEE	94
1997	Vosne-Romanée Aux Brûlées	EEE	93+
1999	Vosne-Romanée Les Genevrières	EE	90
1998	Vosne-Romanée Les Genevrières	EE	90
1997	Vosne-Romanée Les Genevrières	EE	91+

Von diesem Weingut, das im Besitz eines Konsortiums ist, zu dem Madame Lalou Bize-Leroy und japanische Investoren gehören, stammen die besten Burgunder des letzten Jahrzehnts. Der einzige Weißwein der Domaine Leroy, der *1997er Corton-Charlemagne*, enthüllt wunderbar reife Aromen von pochierten Birnen, Äpfeln, Rauch, Anis, Erde und geröstetem Eichenholz. Dieser süße, reichhaltige, pikante und lebendige Wein von mittlerem bis vollem Körper bietet ein Geschmacksprofil, das sich aus kandierten Zitronen, Mineralien und Nüssen zusammensetzt. Er ist äußerst gut ausgewogen, konzentriert und besitzt einen langen, toastwürzigen Abgang. Trinken Sie ihn in den nächsten 10–12 Jahren. Bravo!

Der mittel- bis dunkelrubinrote *1997er Pommard Les Vignots* enthüllt süße Aromen von dunklen Kirschen, vermischt mit frischen Kräutern. Dieser Wein von mittlerem bis vollem Körper explodiert am Gaumen mit Geschmacksnuancen von lakritzegetränkten rot-schwarzen Früchten. Seine reichlichen, aber geschmeidigen Tannine und der von Eichenwürze dominierte Abgang dürften innerhalb von ein oder zwei Jahren von der beeindruckend dichten Frucht dieses Weins absorbiert werden. Voraussichtliche Genussreife: jetzt–2008. Der etwas hellere *1997er Nuits-St-Georges Aux Allots* bietet ein Bukett, das an mit Mokka-Creme überzogene Kirschen erinnert. Die strukturierte Persönlichkeit dieses explosiven Weins ist voll gepackt mit Brombeeren und Steinen, die mit Geschmacksnuancen von neuem Eichenholz in seinem nachhaltigen Abgang einhergehen. Er hat ausgezeichneten Biss sowie die für einen Nuits-St-Georges charakteristische vierschrötige Art und ist wunderbar geschmacksintensiv. Trinken Sie ihn jetzt–2007. Das Bukett des mittel- bis dunkelrubinroten *1997er Nuits-St-Georges Aux Lavières* bietet Parfum, Heidelbeeren und Brombeeren dar. Er hat mittleren bis vollen Körper, ist fleischig, frisch und kernig. Das Geschmacksprofil dieses dichten Weines bietet Steine, Mineralien und schwarze Früchte. Sein Abgang wird derzeit noch sehr stark von Eichenwürze bestimmt, dies dürfte jedoch nach einer gewissen Zeit der Lagerung im Keller abklingen. Voraussichtliche Genussreife: jetzt–2008.

Der mittel- bis dunkelrubinrote *1997er Vosne-Romanée Les Genevrières* enthüllt Veilchen, Rosen und rote Beeren in seinen Aromen. Seidig texturiert, von mittlerem bis vollem Körper und intensiv, überzieht er den Gaumen mit kandierten roten Kirschen, Heidelbeeren und asiatischen Gewürzen. Seine hervorragende Tiefe der Frucht und seine nahtlose Struktur deuten auf eine strahlende Zukunft hin. Voraussichtliche Genussreife: jetzt–2010. Von ähnlicher Farbe ist der *1997er Chambolle-Musigny Les Fremières*, der ein nach Blumen, Mokka und rot-blauen Früchten duftendes Bukett aufweist. Den Mund auskleidende Schichten von Kirschen und Teer finden sich in diesem konzentrierten, verführerischen Wein von mittlerem bis vollem Körper. Gut strukturiert und bewundernswert nachhaltig, ist er bereits jetzt köstlich zu trinken, kann aber gut ein Jahrzehnt oder länger gelagert werden. Der mittel- bis dunkelrubinrote *1997er Savigny-lès-Beaune Les Narbantons* besitzt ein dichtes, verhalten entwickeltes Bukett voll überreifer Frucht (*sur-maturité).* Am Gaumen ist er bepackt mit gebackenen Brombeeren, frisch aufgetragenem Straßenteer und Steinen. Dieser hoch konzentrierte, intensive, kraftvolle und feste Wein besitzt auch einen langen, warmen (leicht alkoholischen), ausgedehnten Abgang. Voraussichtliche Genussreife: jetzt–2008.

Madame Leroys *1997er Volnay Santenots* ist praktisch schwarz und weist ein Bukett mit Düften nach Lakritze und Brombeersirup auf. Dieser unglaublich wuchtige, dichte und verhalten entwickelte Wein stellt den Inbegriff eines Pinot Noir dar. Es ist ein äußerst kerniger, fast viskoser und körperreicher Wein, der voll gepackt ist mit Datteln, Feigen und eingedickten schwarzen Früchten und eine starke, tanninherbe Struktur zu erkennen gibt. Wer glaubt, dass Pinot Noir gleichbedeutend ist mit Finesse, den wird die Geschmacksintensität dieses Kraftprotzes umwerfen. Voraussichtliche Genussreife: jetzt–2010+.

Der rubinrote *1997er Nuits-St-Georges Les Vignesrondes* enthüllt süße, mit roten Kirschen und Veilchen beladene Aromen. Von mittlerem bis vollem Körper und kraftvoll, ist dieser straff gewirkte, vierschrötige Wein voller Geschmacksnuancen von Straßenteer, Steinen und Brombeeren. Er ist beeindruckend strukturiert, muskulös und intensiv. Voraussichtliche Genussreife: jetzt–2010+. Frische Kaffeebohnen bietet der mittel- bis dunkelrubinrote *1997er Nuits-St-Georges Les Boudots* in seinen Aromen. Dieser muskulöse, dichte Wein von mittlerem bis vollem Körper ist hoch konzentriert, fest und samtig texturiert. Schicht auf Schicht von frischen, dunklen Früchten mit einem Hauch von Kräutern finden sich in diesem ungemein ausdrucksvollen, aber vierschrötigen Tropfen. Trinken Sie ihn jetzt–2010.

Der rubin-purpurrote *1997er Vosne-Romanée Les Brûlées* enthüllt ein äußerst würziges Bukett voller roter und schwarzer Kirschen. Dieser mollige, glyzeringetränkte, ölig texturierte und breit angelegte Wein bietet hochreife, gewürzte rote Früchte. Dick, harmonisch, elegant und äußerst nachhaltig, dürfte sich dieser komplette Wein jetzt–2010 in Bestform befinden. Der *1997er Vosne-Romanée Les Beaux Monts* bietet in seinen profunden Aromen rote Früchte, Rosen und Orangenwein aus kandierter Frucht dar. Dieser tanninherbe, verhalten entwickelte und superkonzentrierte Wein ist ebenso kraftvoll und intensiv wie der Les Brûlées, dabei aber eleganter und präziser. Voraussichtliche Genussreife: 2005–2010+.

Der mittel- bis dunkelrubinrote *1997er Chambolle-Musigny Les Charmes* besitzt ein sublim feminines und elegantes Bukett von Veilchen und Rosen. Herrlich seidig, dicht, kraftvoll und intensiv, zeigt er sich beladen mit frischen, lebendigen schwarzen Früchten und roten Kirschen. Lang, ausgefeilt, äußerst geschmacksintensiv und gut strukturiert, dürfte sich dieser Wein jetzt–2010 auf seinem Höhepunkt befinden. Der etwas dunklere *1997er Gevrey-Chambertin Les Combottes* enthüllt überreife rote Früchte und Gewürze in seinem gehaltvollen aromatischen Bukett. Große Mengen von Glyzerin finden sich in diesem breit angelegten, femininen, immens schmackhaften und ehrfurchtgebietend nachhaltigem Wein. Teer, Lakritze, Schwarzkirschen und Brombeeren bestimmen das Geschmacksprofil dieses körperreichen Tropfens. Er vereint die hochreife Art eines Weines aus der Neuen Welt mit der Eleganz, die generell mit der Côte d'Or assoziiert wird. Voraussichtliche Genussreife: jetzt–2011. Der satt purpurrot-schwarze *1997er Corton-Renardes* bietet intensive, würzige Aromen von roten Früchten. Dieser reichhaltige, breit angelegte und intensive Wein verfügt über fabelhafte Brombeer-Nuancen im Geschmack. Körperreich, expansiv und mit tadellos reifen Tanninen in seiner festen Struktur, dürfte er die Fähigkeit haben, bemerkenswert gut zu altern. Voraussichtliche Genussreife: jetzt–2012. Der mittel- bis dunkelrubinrote *1997er Richebourg* besitzt ein zurückhaltendes Bukett, das nur nach Kontakt mit der Luft einen Duft nach süßem Kerzenwachs freigibt. Er ist ausladend, körperreich, kraftvoll und muskulös. Dieser breitschultrige, straff gewirkte und tanninherbe Tropfen verwöhnt den Gaumen mit Schwaden von saftigen schwarzen Früchten, Kirschen, Gewürzen, frischen Kräutern und Hoisin-Sauce. Voraussichtliche Genussreife: jetzt–2014. Blumen, Gewürze, Parfum und ein Hauch von Kaffee finden sich in den Aromen des *1997er Romanée-St-Vivant.* Mit dieser Lage assoziiere ich generell einen reichhaltigeren und breiter angelegten Wein. Dennoch besitzt er die für ihn charakteristische Präzision, Eleganz und Definition. Pikante Johannisbeeren und Kirschen bestimmen den immens erfreulichen Charakter dieses dicken, komplexen Weins von mittlerem bis vollem Körper. Voraussichtliche Genussreife: jetzt–2013.

Der *1997er Clos de Vougeot* ist mittel- bis dunkelrubinrot und weist überreife Aromen von gemischten Früchten auf. Ölig texturiert, unglaublich dicht, breit angelegt, süß und körperreich, verfügt dieser mit Geschmacksnuancen von Kirschen und Brombeeren ausgestattete Kraftprotz über unermessliche Intensität und Kraft. Fast schon kandiert und eingedickt, überzieht er den Gaumen mit dicklicher Frucht. Trinken Sie diesen genussbetonten Wein in den nächsten 8–10 Jahren. Der *1997er Musigny* ähnlicher Farbe zeigt herrliche Aromen von Blumen, Brombeeren, Mokka und Kirschen. Es ist ein intensiver, samtig texturierter, körperreicher und kraftvoller Wein, der in Anbetracht der Charakteristika seines Jahrgangs überraschend fett, elegant und reintönig daherkommt. Dieser breit angelegte, ausladende Tropfen besitzt einen langen, klar umrissenen Abgang voller Gewürze. Voraussichtliche Genussreife: jetzt–2012. Der etwas dunklere *1997er Clos de la Roche* bietet in seinem fesselnden Aroma Feigen, gebackene Brombeeren, Räucherspeck und asiatische Gewürze. Ungemein strukturiert, körperreich und frisch, zeigt dieser muskulöse Wein Geschmacksnuancen, die an Zedernholz, überreife Äpfel, Mineralien und Steine erinnern. Voraussichtliche Genussreife: jetzt–2012.

Der mittel- bis dunkelrubinrote *1997er Latricières-Chambertin* offenbart süße Aromen von roten und schwarzen Früchten. Maskulin, hochstrukturiert, vierschrötig und straff, besitzt dieser Wein Geschmackskomponenten von Lakritze und Cassis. Ungemein kraftvoll, dicht und verhalten entwickelt, braucht er noch etwas Kellerreife. Voraussichtliche Genussreife: 2004–2012+.

Der *1997er Chambertin* von Lalou Bize-Leroy muss auf jeder Liste stehen, die Spitzenweine aus diesem Jahrgang aufführt. Mittel- bis dunkelrubinrot, mit einem Bukett, das nach dicklichen Brombeeren, Lakritze und Kirschen duftet, ist dies ein breit angelegter, frischer, komplexer Wein. Dieser vollmundige Wein mit Geschmacksnuancen von Blaubeer- und Kirschmarmelade, Teer, Erde und pikanten Johannisbeeren ist ungemein konzentriert, reif und dick, besitzt aber superbe Reintönigkeit und Präzision. Ein profunder Kraftprotz, sollte er bis 2004 im Keller gelagert werden und dürfte sich bis 2012+ noch fantastisch entwickeln.

Die Erträge von Lalou Bize-Leroy lagen 1998 durchschnittlich bei 18 hl/ha (im Vergleich zu 24 im Jahrgang 1999). »Ich mag sie, auch wenn sie einen anderen Stil haben als die 1997er. Insgesamt gesehen ist 1998 ein sehr harmonischer Jahrgang. Die 1998er Côtes de Nuits waren gelungener als die 1997er, was nicht weiter verwundert, da die 1997er wahrscheinlich in der Côte de Beaune stärker waren.« Madame Bize-Leroy füllte ihre 1998er im Dezember 1999 und im Januar 2000 ab. Der rubinrote *1998er Pommard Les Vignots* zeigt außergewöhnliche Tiefe in seinen Aromen von Brombeeren und Schwarzkirschen. Von mittlerem bis vollem Körper und konzentriert, wartet dieser samtig texturierte Wein mit großen Mengen von roten und schwarzen Früchten in seiner Persönlichkeit auf. Trinken Sie ihn in den nächsten 7–8 Jahren.

Der hell- bis mittelrubinrote *1998er Nuits-St-Georges Au Bas de Combe* bietet Erdbeeren, rote Johannisbeeren und Kirschen in seinem Bukett. Von leichtem bis mittlerem Körper, elegant und schön detailliert, offenbart das Geschmacksprofil dieses Weines rote Früchte und toastwürziges Eichenholz. Voraussichtliche Genussreife: jetzt–2005. Der dunklere *1998er Vosne-Romanée Les Genevrières* hat ein nach Blumen und roten Beeren duftendes Bukett. Er besitzt mittleren bis vollen Körper, ist seidig texturiert und zeigt einen Charakter mit Geschmacksnuancen von Kirschsirup und gebackenen schwarzen Früchten. Voraussichtliche Genussreife: jetzt–2007.

Der rubinrote *1998er Chambolle-Musigny Les Fremières* gibt Düfte zu erkennen, die an Schwarzkirschen, Veilchen und Rosen erinnern. Dieser gut strukturierte Wein besitzt mittleren bis vollen Körper, ist feminin und seidig texturiert. Sein langer Abgang enthüllt Noten von süßem, leicht angekohltem Eichenholz. Trinken Sie ihn in den nächsten 7 Jahren. Der mit einem ähnlichen Kleid ausgestattete *1998er Nuits-St-Georges Les Boudots* weist Aromen von Milchkaffee, Mokka und sahnigen Kirschen auf. Von mittlerem bis vollem Körper und strukturiert, hat er hervorragende Konturenschärfe, Tiefe und Länge. Spuren von Minze lassen sich in seinem von Beeren geprägten fruchtigen Kern erkennen. Voraussichtliche Genussreife: jetzt–2007. Der *1998er Gevrey-Chambertin Les Combottes* ist rubinrot und enthüllt köstliche Aromen von roten und dunklen Früchten. Süßer schwarzer Kirschsirup und Eichenholzwürze finden sich im eleganten Charakter dieses Weines von mittlerem bis vollem Körper. Er ist klarlinig, feminin und besitzt einen langen, reintönigen Abgang. Voraussichtliche Genussreife: jetzt–2008. Rote Beeren, Himbeeren und Kirschen finden sich im Bukett des rubinroten *1998er Romanée-St-Vivant.* Er hat mittleren bis vollen Körper, eleganten Stil und ist mit Erdbeermarmelade und frischen Himbeeren angefüllt. Er ist komplex, klar umrissen und konzentriert. Trinken Sie diesen femininen Wein in den nächsten 8–9 Jahren. Der mit einer satten, mittel- bis dunkelrubinroten Farbe ausgestattete *1998er Clos de Vougeot* hat superbe Aromen von Talkumpuder, Rosen, Gewürzen und saftigen Brombeeren. Eingangs auf der Zunge und am mittleren Gaumen bietet er gewaltige Süße mit Geschmacksnuancen von schwarzem Steinobst und Cassis. Dann endet er überaus wuchtig mit rauen, harten Tanninen, die höchstwahrscheinlich niemals weicher werden. Voraussichtliche Genussreife: jetzt–2009. Der *1998er Richebourg* zeigt eine ähnliche Farbe und enthüllt zurückhaltende Aromen von Gewürzen und süßen dunklen Kirschen. Von mittlerem bis vollem Körper und kraftvoll, ist er ein breit gebauter, muskulöser Wein. Fest strukturiert, jedoch von Frucht dominiert, ist er voll gepackt mit großen Mengen von Cassis, roten Kirschen, Gewürzen und Pflaumen. Er besitzt zwar die starken Tannine, die für seinen Jahrgang charakteristisch sind, derzeit sind sie jedoch in dicker, ausdrucksvoller Frucht verborgen. Trinken Sie ihn in den nächsten 8–9 Jahren. Der mittel- bis dunkelrubinrote *1998er Latricières-Chambertin* wartet auf mit einem appetitanregenden Bukett von würzigen Brombeeren, Zimt und Heidelbeeren. Von mittlerem bis vollem Körper und ausladend, samtig texturiert und muskulös, zeigt er einen beeindruckend langen Abgang. Dieser kraftvolle Wein ist fest strukturiert, scheint aber die nötige Dichte der Frucht zu besitzen, um kurz- bis mittelfristig seinen Tanninen ein Gegengewicht zu bieten. Voraussichtliche Genussreife: jetzt–2008.

Der mittel- bis dunkelrubinrote *1998er Chambertin* ist einer von Madame Leroys 1998ern, bei denen ich mich frage: Wird dieser Wein aufblühen oder austrocknen? Er zeigt ein Bukett von dunklen Früchten und frischen Kräutern, das mit einem breit angelegten Charakter von mittlerem bis vollem Körper einhergeht. Dieser Wein hat wuchtige Schichten von teeriger schwarzer Frucht, besitzt aber auch die holzigen, kratzigen Tannine, die in der Zukunft wohl vielen Weinen aus diesem Jahrgang zum Verhängnis werden. Trinken Sie ihn entweder sehr bald zu einem Gericht, das viel tanninverdeckendes Fett enthält, oder warten Sie 10+ Jahre und beten Sie. Der mittel- bis dunkelrubinrote *1998er Musigny* legt herrliche Aromen von roten und schwarzen Früchten an den Tag sowie eine wunderschöne Palette von Gewürzen und Blumen. Auch wenn er außerordentliche Mengen an Frucht hat (darunter Himbeeren, Brombeeren und von Blumen getränkte Kirschen), ist er doch äußerst tanninstreng und hart. Dieser ausdrucksvolle, gut gereifte Wein bringt den Weinkritiker in Verlegenheit: Seine Frucht ist enorm beeindruckend, doch sein Tannin ist gleichermaßen schauderhaft. Trinken Sie ihn in den nächsten 7 Jahren. Sobald der mittel- bis dunkelrubinrote *1998er Clos de la Roche* seinen verführerischen Babyspeck abgelegt hat, wird sich sein zukünftiges Schicksal entscheiden. Er besitzt gewaltige Mengen von süßen Kirschen, Brombeeren und mit Veilchen durchsetzten Heidelbeeren, einen gewaltigen samtig texturierten Charakter und vollen Körper. Allerdings ist er wie auch seine Brüder aus diesem schwierigen Jahrgang erstaunlich tanninherb und fest. Selbst wenn er wohl die nötige Kraft und Tiefe besitzt, um eine längere Kellerreife zu überstehen, stellt sich die Frage, ob er seine rauen Tannine überleben wird.

Lalou Bize-Leroy, die regierende Königin von Burgund, sagte mir, dass 1999 die zweithöchsten Erträge in der kurzen, aber illustren Geschichte der Domaine Leroy verzeichnet wurden: 24 hl/ha, 1996 waren es 24,4 hl/ha. Der nach Blumen und Anis duftende *1999er Corton-Charlemagne* hat mittleren Körper, ist kraftvoll und straff gewirkt. Dies ist ein strenger Wein mit hervorragend reichhaltigen Geschmacksnuancen von Kies, Mineralien und Steinen. Seine Tiefe, Konzentration und Länge weisen darauf hin, dass dieser jugendliche Wein noch ein langes Leben vor sich hat. Voraussichtliche Genussreife: 2004–2014+.

Der mittel- bis dunkelrubinrote *1999er Nuits-St-Georges Aux Allots* hat ein straffes, gedämpftes Bukett. Dies ist ein reichhaltiger, kraftvoller Wein von mittlerem Körper, der den Mund mit konzentrierten Schichten von schwarzen Früchten und frischen Kräutern auskleidet, deren Geschmacksnuancen in seinem hervorragend langen und reifen Abgang anhalten. Voraussichtliche Genussreife: jetzt–2010. Der *1999er Vosne-Romanée Les Genevrières* bietet ein betörendes Bukett von Veilchen, verschiedenen Blumen und frischen Früchten. Von mittlerem Körper, mollig und dicht, ist dies ein fetter, femininer und köstlicher Wein. Er ist bepackt mit Schichten von süßen, reifen Früchten, die in seinem bewundernswert langen Abgang anhalten. Voraussichtliche Genussreife: jetzt–2010. Der *1999er Savigny-lès-Beaune*

Les Narbantons ist ein hervorragender Wein. Er offenbart komplexe Aromen von gerösteten Brombeeren, hochreifen Pflaumen und kandierten Kirschen. Er manifestiert ehrfurchtgebietende Tiefe und eine profunde, konzentrierte und muskulöse Persönlichkeit. Ausgiebige Geschmacksnuancen von Brombeeren, Metall, Steinen und cassisähnlichen Noten lassen sich in der Persönlichkeit und im üppigen Abgang dieses wunderschönen Weins entdecken. Voraussichtliche Genussreife: 2004–2015.

Mit einem natürlichen potenziellen Alkoholgehalt von 14,7% gelesen wurde der *1999er Volnay Santenots*, der eine satte mittel- bis dunkelrubinrote Farbe und Aromen von Rosen, Veilchen und Kirschen aufweist. Dies ist ein kraftvoller Wein von mittlerem bis vollem Körper, der gewaltige, den Gaumen überschwemmende Wogen von Brombeeren, Cassis und Pflaumen enthüllt. Er ist ungemein strukturiert und besitzt ein festes Rückgrat, hat aber dennoch die Tiefe der Frucht, die für eine mittel- bis langfristige Kellerreifung erforderlich ist. Voraussichtliche Genussreife: 2005–2015. Der *1999er Nuits-St-Georges Les Vignesrondes* von ähnlicher Farbe hat mittleren bis vollen Körper und enthüllt Aromen von Brombeeren. Er besitzt hervorragende Tiefe der Frucht, ist aber so strukturiert und so tanninherb, dass ich nicht davon überzeugt bin, dass die Frucht jemals die Oberhand über das Tannin gewinnen wird. Eichenholz, Lakritze und Brombeeren sind in dem kraftvollen Charakter dieses maskulinen, muskulösen Weins zu erkennen. Wenn seine Frucht das Tannin besiegt, wird es sicherlich ein hervorragender Wein. Wenn nicht, habe ich ihn großzügig überbewertet. Voraussichtliche Genussreife: 2006–2015?

Der dunkle *1999er Nuits-St-Georges Les Boudots* enthüllt ausgefeilte Aromen von Rosen, Veilchen, Heidelbeeren und Brombeeren. Dies ist ein profunder, hoch konzentrierter, intensiver und eleganter Wein. Große Mengen von Kirschen, Brombeeren, Heidelbeeren und Gewürzen sind in diesem gebieterisch fruchtdominierten und harmonischen Tropfen zu erkennen. Er ist bewundernswert lang im Abgang und offenbart eine hervorragende Struktur. Voraussichtliche Genussreife: 2005–2015. Der *1999er Vosne-Romanée Les Beaux Monts* ist mit einer ähnlichen Farbe ausgestattet und enthüllt ein komplexes Bukett von Veilchen, Rosen und Herzkirschen. Dieser Wein von mittlerem bis vollem Körper hat bemerkenswerte Tiefe von dunklen Kirschen, Brombeeren und cassisähnlicher Frucht, die im langen, harmonischen Abgang anhält. Er zeigt ausgiebige reife, geschmeidige Tannine und ist ein samtig texturierter, extravertierter, eleganter und überschwänglicher Wein, der 2005–2015 getrunken werden sollte.

Der satt mittel- bis dunkelrubinrote *1999er Chambolle-Musigny Les Charmes* hat ein Bukett, das nach frischen Kirschen und Erde duftet. Von mittlerem bis vollem Körper, seidig texturiert und rund, bietet er große Mengen von süßen Kirschen in seiner femininen, prachtvollen Persönlichkeit dar. Dies ist ein expansiver Wein, der beim Kontakt mit der Luft an Kraft und Stärke zuzunehmen scheint. Darüber hinaus besitzt er einen nahtlosen, überaus langen Abgang. Voraussichtliche Genussreife: 2004–2015+. Der mit einem ähnlichen Kleid ausgestattete *1999er Gevrey-Chambertin Les Combottes* hat ein Bukett, das nach dunklen, gerösteten Beeren duftet. Dieser mit Glyzerin bepackte Wein von mittlerem bis vollem Körper ist zum Bersten angefüllt mit Geschmacksnuancen von Heidelbeeren, Vanille, Eichenwürze und Brombeeren. Im Mund fühlt er sich ehrfuchtgebietend und ölig texturiert an, mit geschmacksintensiver Art und kraftvoller Struktur. Voraussichtliche Genussreife: 2005 bis 2015+. Der dunkelrubinrote *1999er Corton-Renardes* wurde mit einem natürlichen potenziellen Alkoholgehalt von 14,9% gelesen. (»Fast hätte ich Portwein gemacht«, sagte Madame Bize-Leroy.) Er ist ein großartiger Wein, der ein Bukett von kandierten Kirschen, dicklichen Erdbeeren und Heidelbeergelee zeigt. Am Gaumen nimmt sich dieser wunderschöne Wein unbeschreiblich intensiv und kraftvoll, aber auch auf majestätische Art harmonisch und elegant aus. Große Mengen von Kirschen und anderen Früchten mischen sich in seinem samtig texturierten und körperreichen Charakter mit Gewürzen, frischen Kräutern und einem Anflug von neuem Eichenholz. Dieses Juwel besitzt auch einen erstaunlich langen, reintönigen und geschmeidigen Abgang. Voraussichtliche Genussreife: 2006–2018.

Der mittel- bis dunkelrubinrote *1999er Richebourg* hat ein zurückhaltendes Bukett, das mit einer breitschultrigen, kraftvollen und konzentrierten Persönlichkeit einhergeht. Dieser muskulöse, maskuline Wein ist voll gepackt mit gewaltigen Schwaden von Schwarzkirschen, Pflaumen und Heidelbeeren. Samtig texturiert und dicht, dürfte sich dieser fantastische Wein 2005–2018 auf dem Höhepunkt seiner Reife befinden. Der etwas dunklere *1999er Clos de Vougeot* enthüllt herausfordernde Aromen von Toast und Vanilleschoten. Dieser Wein von mittlerem bis vollem Körper ist dicht bepackt mit Kirschen, Gewürzen, Lakritze und kandierten Heidelbeeren. Er ist samtig texturiert, intensiv und besitzt einen erstaunlich langen und geschmeidigen Abgang. Dieser harmonische und ungemein gut ausgewogene Wein dürfte 2005–2018 auf dem Höhepunkt seiner Reife stehen. Die zurückhaltenden Aromen des *1999er Musigny* zeigen Gewürze, Veilchen, Kirschen und einen Hauch von Kalbfleisch mit *demi-glace*-Sauce. Von mittlerem bis vollem Körper und seidig texturiert, ist dies ein lieblicher, detaillierter und femininer Wein mit ungeheurer Tiefe in seiner Persönlichkeit, die Geschmacksnuancen von roten Früchten, Gewürzen und Blumen darbietet. Dieser nahtlose und elegante Tropfen besitzt einen außergewöhnlich langen, reintönigen, geschmeidigen Abgang. Als ich ihn im Januar 2000 aus dem Fass verkostete, dachte ich, dass er das Potenzial zu einem perfekten Wein habe. Kurz nach dem Abfüllen sieht er jedoch nach einem außergewöhnlichen Wein aus, der das Potenzial besitzt, nach einer gewissen Kellerreife sogar noch besser zu werden. Voraussichtliche Genussreife: 2006–2018.

Der mittel- bis dunkelrubinrote *1999er Clos de la Roche* ist mit Aromen von süßen Schwarzkirschen, Erde und pflaumenähnlichen Noten versehen. Dieser kraftvolle, intensive, fleischige Wein ist angefüllt mit Pflaumen, Brombeeren, gelatinöser Kalbsbrühe und asiatischen Gewürzen. Er zeigt sich reintönig, muskulös, dicht und profund. Voraussichtliche Genussreife: 2006–2018. Die zurückhaltenden Aromen des mittel- bis dunkelrubinroten *1999er Latricières-Chambertin* gehen mit einer maskulinen, ungemein strukturierten und festen Persönlichkeit einher. Dieser Wein ist intensiv und voller steiniger Brombeerfrucht und gerösteter schwarzer Johannisbeeren. Dieser dichte, kraftvolle, kernige Wein dürfte 2006–2018 auf dem Höhepunkt seiner Reife sein. Der mittel- bis dunkelrubinrote *1999er Chambertin* von Madame Bize-Leroy enthüllt ein Bukett von frischen Kräutern, Gewürzen, Brombeeren und Veilchen. Von mittlerem bis vollem Körper, intensiv und kraftvoll, ist dieser Wein voll von Geschmacksnuancen von dunklen Früchten und Toast. Es ist ein strukturierter, steiniger Tropfen mit einer hervorragenden, muskulösen und maskulinen Persönlichkeit. Voraussichtliche Genussreife: 2006–2018.

Weitere empfehlenswerte Weine: 1999er Chambolle-Musigny Les Fremières (89+), 1998er Nuits-St-Georges Au Bas de Combe (88), 1999er Nuits-St-Georges Au Bas de Combe (89), 1999er Nuits-St-Georges Aux Lavières (89), 1999er Vosne-Romanée Les Brûlées (88?)

Bisherige große Jahrgänge: 1996er Chambertin (96+), 1995er Chambertin (93+), 1994er Chambertin (91?), 1993er Chambertin (91?), 1992er Chambertin (93), 1991er Chambertin (92+?), 1990er Chambertin (94), 1989er Chambertin (89), 1996er Clos de la Roche (99), 1995er Clos de la Roche (94+?), 1994er Clos de la Roche (92), 1993er Clos de la Roche (98), 1992er Clos de la Roche (93), 1991er Clos de la Roche (92), 1990er Clos de la Roche (98+), 1989er Clos de la Roche (94), 1996er Clos de Vougeot (95+), 1995er Clos de Vougeot (93+), 1994er Clos de Vougeot (92+), 1993er Clos de Vougeot (93?), 1992er Clos de Vougeot (89), 1991er Clos de Vougeot (92+), 1990er Clos de Vougeot (96), 1989er Clos de Vougeot (88), 1996er Corton-Renardes (94+), 1995er Corton-Renardes (93+), 1994er Corton-Renardes (92), 1993er Corton-Renardes (94), 1992er Corton-Renardes (90), 1991er Corton-Renardes (91), 1990er Corton-Renardes (92+), 1989er Corton-Renardes (88), 1996er Latricières-Chambertin (97+), 1995er Latricières-Chambertin (95+?), 1994er Latricières-Chambertin (88?), 1993er Latricières-Chambertin (89+?), 1991er Latricières-Chambertin (100), 1990er Latricières-Chambertin (95), 1989er Latricières-Chambertin (91), 1996er Musigny (96+), 1995er Musigny (93+), 1994er Musigny (90), 1993er Musigny (92?), 1992er Musigny (89), 1989er Musigny (90),

1996er Richebourg (97+), 1995er Richebourg (96+), 1994er Richebourg (92), 1993er Richebourg (96+), 1992er Richebourg (91), 1991er Richebourg (90+?), 1990er Richebourg (96+), 1989er Richebourg (93+), 1996er Romanée-St-Vivant (97), 1995er Romanée-St-Vivant (95+?), 1994er Romanée-St-Vivant (91), 1993er Romanée-St-Vivant (99), 1992er Romanée-St-Vivant (88), 1991er Romanée-St-Vivant (95+), 1990er Romanée-St-Vivant (93), 1989er Romanée-St-Vivant (89)

DOMAINE HUBERT LIGNIER (MOREY-ST-DENIS)

1997	Chambolle-Musigny Les Baudes	EE	90
1999	Charmes-Chambertin	EEE	(92–94)
1997	Charmes-Chambertin	EEE	(91–93)
1999	Clos de la Roche	EEE	(94–96)
1997	Clos de la Roche	EEE	95
1999	Gevrey-Chambertin Les Combottes	EE	(92–94)
1997	Gevrey-Chambertin Les Combottes	EE	(91–93)
1999	Morey-St-Denis Premier Cru Vieilles Vignes	EE	(91–93)
1997	Morey-St-Denis Premier Cru Vieilles Vignes	E	93
1999	Morey-St-Denis La Riotte	EE	(89–92)
1997	Morey-St-Denis La Riotte	E	(88–91)

Ungeachtet der Tatsache, dass dieses Weingut in der Vergangenheit von den Weinkritikern der ganzen Welt (mit Ausnahme des *Wine Advocate*) nicht mit sehr großem Applaus bedacht worden ist, rühmen Burgunder-Anhänger seine Weine, weil sie Eleganz mit Kraft und Reintönigkeit mit Komplexität vereinen. Die Erfolgsgeschichte dieses Guts ist noch lange nicht abgeschlossen. Der manchmal schwierige Übergang vom Vater zum Sohn ist bei Hubert Lignier einwandfrei vonstatten gegangen: Er hat die Zügel seinem rechtschaffenen, intelligenten, energischen, gewissenhaften und hochbegabten Sohn Romain übergeben. Unter der Leitung des jungen Romain Lignier bereitet dieses Weingut weiterhin einige der besten Weine der Côte d'Or. Vielleicht sind sie sogar besser als die superben Weine, die sein Vater gestaltete.

Als begeisterter Reisender, der gerne die besten Weine überall in der Welt verkostet, ist Romain Lignier ein Mann des Weinbergs. Seine wahre Liebe gilt, natürlich abgesehen von seiner amerikanischen Braut, seinen Parzellen, wo er sich unsagbar viele Stunden abmüht. Das Kronjuwel des Guts, seine Parzelle in der Grand-Cru-Weinlage Clos de la Roche in Morey-St-Denis, wurde vor kurzem um 0,2 Hektar Rebflächen erweitert. Durch diesen Kauf umfasst die Fläche seiner Parzelle nun genau einen Hektar.

Der rubinrote *1997er Morey-St-Denis La Riotte* bietet kräuterhafte Aromen von roten Früchten und einen wunderschön reifen Charakter von mittlerem Körper. Es ist ein seidig texturierter, sinnlicher Wein mit dichten und konzentrierten Geschmacksnuancen von roten und schwarzen Früchten. Dieser nahtlose, gut gestaltete Tropfen sollte in den nächsten 6 Jahren getrunken werden. Der mittel- bis dunkelrubinrote *1997er Morey-St-Denis Premier Cru Vieilles Vignes* zeigt würzige Aromen von Räucherspeck, eingetaucht in Cassis und Brombeersaft. Dies ist ein samtig texturierter, kraftvoller Wein von mittlerem Körper, der sich am Gaumen expansiv, präzise, ausgefeilt und ungemein gut ausgewogen präsentiert. Er hat ausgiebige dunkle Früchte voller asiatischer Gewürze aufzuweisen, die in seinem beeindruckend langen und weichen Abgang nachklingen. Trinken Sie diese Schönheit in den nächsten 7–8 Jahren

Der rubinrote *1997er Chambolle-Musigny Les Baudes* wurde zweimal verkostet, einmal aus dem Fass und ein weiteres Mal kurz nach der Abfüllung, wobei er sich bemerkenswert beständig erwies. In seinem Bukett enthüllt er Himbeeraromen und pikante Rosendüfte. Am Gaumen ist dieser Wein von mittlerem Körper weich, üppig, samtig texturiert und äußerst geschmacksintensiv. Sein harmonischer Kern aus Frucht zeigt Geschmacksnuancen von kandierten Brombeeren, vermischt mit Rosmarin und Hoisin-Sauce. Voraussichtliche Genussreife: jetzt–2006.

Leider wurde nur ein Fass (25 Kisten) von dem köstlichen *1997er Charmes-Chambertin* produziert. Er bietet Aromen von süßen roten Früchten, Gewürzen und toastwürzigem Eichenholz. Dieser breit angelegte, cremige, frische, sinnliche Wein hat mittleren Körper und ist komplex und köstlich. Opulente Schichten von sirupartigen roten Kirschen und allerlei anderen Früchten kleiden den Gaumen aus. Voraussichtliche Genussreife: jetzt–2007. Der etwas dunklere *1997er Gevrey-Chambertin Les Combottes* enthüllt ein blumiges Bukett von Brombeeren, Gewürzen und eichenholzgetränkten Noten. Er besitzt hervorragende Dichte der Frucht, Kraft, Komplexität und Tiefe. Dieser Wein von mittlerem Körper legt intensive Geschmacksnuancen von Fleisch und Brombeeren an den Tag. Wie es für einen von Lignier gestalteten Wein typisch ist, sind alle seine Komponenten auf harmonische und gut ausgewogene Weise miteinander verflochten. Voraussichtliche Genussreife: jetzt–2007.

Veilchen, Rosen, Erde, dunkle Früchte und asiatische Gewürze finden sich in den betörenden Aromen des mittel- bis dunkelrubinroten *1997er Clos de la Roche*. Sicherlich einer der Stars in diesem Jahrgang, bietet dieser Wein gewaltige Reife der Frucht, vorzügliche Definition, Opulenz und die für eine Kellerreife erforderliche Struktur. Ungemein süße schwarze Früchte, Schokolade, Kümmel und Zimt scheinen am Gaumen zu expandieren, wobei sie den Mund ausfüllen und bis zu 45 Sekunden nachklingen. Seidig texturiert und beladen mit großen Mengen von geschmeidigen Tanninen, ist dies ein Wein von außergewöhnlicher Reintönigkeit und Präzision. Er hat den kraftvollen Einschlag eines Schwergewichtlers, die Opulenz eines Showgirls und die Eleganz einer Tänzerin. Voraussichtliche Genussreife: jetzt–2010.

»1999 ist ein großartiges Jahr für den Burgunder«, sagt Romain Lignier. »Der Jahrgang hat wunderschöne Reife und hochwertige Tannine.« Ligniers Erträge beliefen sich auf durchschnittlich 50 hl/ha für seine *Village*-Weine und auf 40 für seine Premiers Crus und Grands Crus. Süße Kirschen und kandierte Himbeeren finden sich in den Aromen des rubinroten *1999er Morey-St-Denis La Riotte*. Dieser Wein präsentiert hervorragende Reintönigkeit der Frucht in seinen Geschmacksnuancen von kandierten Himbeeren, Kirschen, toastwürzigem Eichenholz und saftigen Heidelbeeren. Er ist lebendig, ungemein geschmacksintensiv und besitzt einen bewundernswert langen, klar umrissenen Abgang. Trinken Sie ihn in den nächsten 8–9 Jahren. Der rassige, mittel- bis dunkelrubinrote *1999er Morey-St-Denis Premier Cru Vieilles Vignes* enthüllt große Mengen von dicklichen roten und schwarzen Früchten in seinen Aromen. Dieser opulente Wein von mittlerem bis vollem Körper besitzt in seiner dick texturierten Art hervorragende Breite. Kirschen, Brombeeren, Erdbeeren, Himbeeren und ein Anflug von Lakritze finden sich in seinem süßen, reintönigen und extrovertierten Charakter. Trinken Sie ihn in den nächsten 10 Jahren.

Der rubinrote *1999er Gevrey-Chambertin Les Combottes* enthüllt ein betörendes Bukett, das nach Schwarzkirschen, kandierten Brombeeren und asiatischen Gewürzen duftet. Von mittlerem Körper und ausladend, ist dies ein verfeinerter, außergewöhnlich gut ausgewogener Wein. Große Mengen von süßen Kirschen, Heidelbeeren und Steinen lassen sich in seinem herrlich klar definierten, kandierten Charakter erkennen. Dieser wundervolle Wein sollte bis 2012 getrunken werden. Der etwas dunklere *1999er Charmes-Chambertin* präsentiert Aromen von roten eingemachten Kirschen. Dieser feminine Wein von mittlerem Körper ist eine sinnliche Fruchtbombe. Sein Charakter ist voll gepackt mit üppigen Schichten von dicklichen Kirschen, kandierten Himbeeren und mit Zucker überstreuten Erdbeeren, deren Geschmacksnuancen in seinem außergewöhnlich langen, nahtlosen Abgang anhalten. Voraussichtliche Genussreife: jetzt–2009. Der *1999er Clos de la Roche* grenzt in seiner Farbe an Dunkelrubinrot und ist der dunkelste Wein von Lignier. Er zeigt ein Bukett mit einem Duft von Schwarzkirschen, Brombeeren, Lakritze und Veilchen, das mit einem explosiven, ungemein geschmacksintensiven Charakter gepaart ist. Bei mittlerem bis vollem Körper ist er reintönig, frisch und süß. Dieser Wein ist voll gepackt mit Kirschen, Himbeeren, Heidelbeeren und Brombeeren. Ausladend, aber doch ungemein klar gezeichnet, hat er einen wunderschön langen, fruchterfüllten Abgang.

Weitere empfehlenswerte Weine: 1997er Chambolle-Musigny (87–89), 1999er Chambolle-Musigny (87–89), 1999er Chambolle-Musigny Les Baudes (89–90), 1997er Morey-St-Denis (88–90), 1997er Morey-St-Denis Les Chaffots (87–90), 1999er Morey-St-Denis Les Chaffots (88–89)

Bisherige große Jahrgänge: 1992er Clos de la Roche (92), 1991er Clos de la Roche (94+), 1990er Clos de la Roche (95), 1989er Clos de la Roche (89), 1988er Clos de la Roche (94), 1986er Clos de la Roche (89), 1983er Clos de la Roche (88), 1980er Clos de la Roche (96), 1978er Clos de la Roche (95)

DOMAINE PHILIPPE LIVERA (GEVREY-CHAMBERTIN)

1999	Chapelle-Chambertin Vieilles Vignes Réserve	EE	91

Der hervorragende mittel- bis dunkelrubinrote *1999er Chapelle-Chambertin Vieilles Vignes Réserve* weist intensive Aromen von Schwarzkirschen und Brombeeren auf. Von mittlerem Körper und explosiv, überzieht er den Gaumen mit saftigen Schichten von Kirschen und Himbeeren. Dieser köstliche, scharf konturierte, nahtlose Wein besitzt auch einen beeindruckend langen, reintönigen Abgang. Voraussichtliche Genussreife: jetzt–2010.

Weiterer empfehlenswerter Wein: 1999er Gevrey-Chambertin En Vosne Vieilles Vignes Réserve (88)

MAISON FRÉDÉRIC MAGNIEN (MOREY-ST-DENIS)

1999	Bonnes Mares	EEE	95+
1998	Bonnes Mares Réserve	EEE	92+
1997	Bonnes Mares Réserve	EEE	92
1999	Chambertin Clos de Bèze	EEE	93
1998	Chambertin Clos de Bèze Réserve	EEE	92
1997	Chambertin Clos de Bèze Réserve	EEE	93
1999	Chambolle-Musigny Les Amoureuses	EEE	94
1998	Chambolle-Musigny Les Amoureuses Réserve	EE	91
1997	Chambolle-Musigny Les Hauts Doix Réserve	E	90
1999	Chapelle-Chambertin	EEE	90
1999	Charmes-Chambertin	EE	92
1997	Charmes-Chambertin Réserve	EE	91
1999	Gevrey-Chambertin Les Cazetiers	EE	90
1997	Gevrey-Chambertin Les Cazetiers Réserve	E	90
1999	Morey-St-Denis Les Blanchards	E	91
1999	Morey-St-Denis Clos Baulet	E	92
1999	Morey-St-Denis Les Ruchots	E	90
1997	Morey-St-Denis Les Ruchots Réserve	E	91
1999	Vosne-Romanée Les Suchots	EE	91

Der französische Begriff *négociant* (Handelshaus) hat viele Bedeutungen und beinhaltet ganz verschiedenartige Unternehmen: 1. Firmen, die bereits abgefüllte Domainenweine aufkaufen, 2. Firmen, die fertige Weine unmittelbar vor dem Abfüllen kaufen, 3. Firmen, die Weine direkt nach der alkoholischen Gärung erwerben und dann den Ausbau (*élevage*) übernehmen, 4. Firmen, die Trauben kaufen und selbst die Weine bereiten, 5. Firmen, die bestimmte Parzellen auswählen und verlangen, dass die Erträge vor dem Verkauf niedrig gehalten werden, und somit von einer sehr frühen Produktionsstufe an beteiligt sind. Alle diese Firmen heißen *négociants.*

Um die zukünftige Qualität der von ihm bereiteten Weine vollständig unter Kontrolle zu haben, treffen Frédéric Magnien und sein neues *négociant*-Unternehmen in Morey-St-Denis

Vereinbarungen mit Besitzern von Rebflächen, aufgrund derer sie berechtigt sind, alle anfallenden Arbeiten auf denjenigen Parzellen, deren Traubenertrag sie später kaufen wollen, vorzunehmen. Das Ergebnis spricht für sich.

Der mittel- bis dunkelrubin-purpurrote *1997er Morey-St-Denis Les Ruchots Réserve* bietet Aromen von Schwarzkirschen, feinherber Schokolade, Estragon und Wacholderbeeren. Dies ist ein Tropfen von ungeheurer Reichhaltigkeit, Tiefe und hedonistischer Art. Viele Schichten von süßen roten Früchten nehmen bei diesem nachhaltigen und ungemein ausdrucksvollen Wein von mittlerem bis vollem Körper den Gaumen gefangen. Trinken Sie ihn in den nächsten 6–7 Jahren. Der *1997er Gevrey-Chambertin Les Cazetiers* hat eine ähnliche Farbe und bietet elegante Aromen, die an Pflaumen, Rosen und reife rote Früchte erinnern. Er ist strukturierter als der Les Ruchots und besitzt einen kernigen und ausgefeilten Charakter von mittlerem bis vollem Körper. Erdbeeren, Kirschen und Himbeeren finden sich in diesem komplexen, jedoch verführerischen und aufgeschlossenen Tropfen. Voraussichtliche Genussreife: jetzt–2006. Der purpurrote *1997er Chambolle-Musigny Les Hauts Doix Réserve* offenbart ein Bukett von mit Mokka überzogenen Schwarzkirschen, Mineralien und asiatischen Gewürzen. Er hat mittleren bis vollen Körper, ist ungemein ausdrucksvoll, breit angelegt, und seine Persönlichkeit ist fruchtbetont, aber strukturiert. Hätte er nicht einen leicht warmen (alkoholischen) Abgang, wäre dieser Wein, der Geschmacksnuancen von Heidelbeeren und Brombeerlikör aufweist, von mir besser bewertet worden. Trinken Sie ihn jetzt–2006. Der nach Kräutern, Gewürzen und dunklen Früchten duftende, mittel- bis dunkelrubinrote *1997er Charmes-Chambertin* präsentiert mittleren bis vollen Körper. Er ist kraftvoll, kernig und dick texturiert. Es ist ein breit angelegter, opulenter Wein mit Geschmacksnuancen von Beeren und Zedernholz, der hervorragenden Biss, Länge und Konturenschärfe hat. Voraussichtliche Genussreife: jetzt–2006+.

Alle Weine der Maison Frédéric Magnien werden ungeschönt und unfiltriert abgefüllt. Von Zeit zu Zeit können sie leicht trübe sein, wie der mittel- bis dunkelrubinrote *1997er Bonnes Mares Réserve*. In seinen Aromen sind Waldbeeren, Wildbret, Leder und Brombeeren zu erkennen. Dies ist ein wuchtiger, maskuliner, muskulöser Wein, der eine gewaltige Breite in seinen Geschmacksnuancen von schwarzen Früchten, Steinen, Erde, Teer, Lakritze und Eichenholz an den Tag legt. Fest, gut strukturiert, von mittlerem bis vollem Körper und kraftvoll, wird dieser Wein etwas Kellerreife benötigen. Voraussichtliche Genussreife: jetzt bis 2008+. Der purpur-rubinrote *1997er Chambertin Clos de Bèze Réserve* offenbart Aromen von überreifen Pflaumen und Kirschen. Dieser gewaltige, samtig texturierte, kraftvolle, intensive und kernige Wein ist äußerst konzentriert. Große Mengen von mit Schokolade überzogener Lakritze, mit *sur-maturité* durchsetzte rote und schwarze Früchte und gemischte Gewürze wie Nelken, Wacholder und Kümmel lassen sich in seinem komplexen und ausdrucksvollen Kern entdecken. Von mittlerem bis vollem Körper und überschwänglich, dürfte sich dieser komplette Wein jetzt–2010 in Bestform befinden.

Der junge, tatkräftige und hochbegabte Frédéric Magnien füllte klugerweise alle seine *1998er* schon früh ab (im Dezember 1999). Der nach Vanille und sahnigen Kirschen duftende *1998er Chambolle-Musigny Les Amoureuses Réserve* ist frisch, von mittlerem bis vollem Körper und breit angelegt. Süße rote Früchte, Erde, Eichenholz und weißer Pfeffer sind in seinem köstlichen, wohl ausgewogenen und konzentrierten Geschmacksprofil zu entdecken. Trinken Sie ihn in den nächsten 5–6 Jahren. Der mittel- bis dunkelrubinrote *1998er Bonnes Mares Réserve* bietet Aromen, die an Kaffee und Schwarzkirschen erinnern. Körperreich, kernig texturiert und intensiv, ist dies ein Wein mit Geschmacksnuancen von gerösteten schwarzen Früchten, Mokka und Kirschwasser. Er ist dicht, breitschultrig und außergewöhnlich lang im Abgang. Dieser hervorragende Tropfen sollte jetzt–2009 getrunken werden. Der *1998er Chambertin Clos de Bèze Réserve* zeigt eine ähnliche Farbe und Aromen von gebackenen, aber doch glänzenden Früchten. Maskulin, äußerst konzentriert und kraftvoll, besitzt er eine ungemein ausdrucksvolle Persönlichkeit mit Geschmacksnuancen von Brombeeren, Lakritze und Kirschwasser. Dieser muskulöse Wein dürfte jetzt–2009 in Bestform sein.

Laut Magnien war »1999 ein durchweg gutes Jahr. Man brauchte kein Genie zu sein, um guten Wein zu bereiten, da keine Probleme gemeistert werden mussten.« Um sicher zu sein, dass die Trauben, die er kaufen wollte, aus annehmbar niedrigen Erträgen kamen, nahm Magnien in denjenigen Lagen, für die er mit dem Besitzer Verträge abgeschlossen hatte, die *vendange verte* (Behangausdünnung) selbst vor. Er führte einen Mostabzug von 5–10% durch und rührte bei all seinen roten 1999ern mindestens einmal die Hefen auf. Der hervorragende dunkelrubinrote *1999er Morey-St-Denis Clos Baulet* hat ein ehrfurchtgebietendes Bukett von süßen Kirschen, kandierten Himbeeren, saftigen Brombeeren und Thymian. Von mittlerem bis vollem Körper und intensiv, ist er ein dichter, molliger und ausladender Wein. Diese konzentrierte, reichhaltige, sinnliche Fruchtbombe ist beladen mit beeindruckenden Schichten von Kirschen und Himbeeren, deren Geschmacksnuancen in dem scharf konturierten, samtweichen Abgang anhalten. Trinken Sie diesen Wein in den nächsten 7–8 Jahren. Der *1999er Morey-St-Denis Les Ruchots* von ähnlicher Farbe besitzt zurückhaltende Aromen von Brombeeren. Am Gaumen enthüllt dieser ausgefeilte, gut konturierte Wein von mittlerem Körper dichte Wogen von kandierten Schwarzkirschen, Heidelbeeren, Brombeeren und rotem Johannisbeerlikör. Er hat eine hervorragende, von süßem Tannin gestützte Struktur. Trinken Sie ihn in den nächsten 8 Jahren.

Aus über 50 Jahre alten Reben bereitet wurde der satt dunkelrubinrote *1999er Vosne-Romanée Les Suchots*, der Aromen von dunklen gerösteten Kirschen offenbart. Dies ist ein ausladender Wein von mittlerem bis vollem Körper, der breit angelegte, dichte und kernige Geschmackskomponenten zu erkennen gibt. Er ist reintönig, äußerst gut konturiert und präsentiert samtige rote und schwarze Früchte, die in seinem Geschmacksprofil mit toastwürzigem Eichenholz vermischt sind. Darüber hinaus weist er einen herrlich reifen Abgang voller Tannin auf. Voraussichtliche Genussreife: jetzt–2010. Der *1999er Gevrey-Chambertin Les Cazetiers*, von ähnlicher Farbe, präsentiert ein Bukett, das an süße, saftige Himbeeren und Kirschen denken lässt. Von mittlerem Körper und fest, ist dies ein Wein, der voll gepackt ist mit Geschmacksnuancen von kandierten Brombeeren und Lakritze. Er verfügt zwar über ausgiebige Tannine, die aber reif und geschmeidig sind. Trinken Sie ihn 2004–2010.

Der mittel- bis dunkelrubinrote *1999er Morey-St-Denis Les Blanchards* besitzt Aromen von kandierten Brombeeren und eine süße, dichte Persönlichkeit von mittlerem bis vollem Körper. Große Mengen von Kirschen finden sich in seinem ungemein ausdrucksvollen, konzentrierten Geschmacksprofil. Er enthüllt einen langen, geschmeidigen und weich texturierten Abgang. Trinken Sie ihn in den nächsten 8–9 Jahren. Der nach Eichenholz duftende, mittel- bis dunkelrubinrote *1999er Chapelle-Chambertin* ist ein weicher, intensiver Wein von mittlerem Körper. Brombeeren, Cassis und toastwürziges Eichenholz sind in seinem dichten, gut gereiften Charakter präsent. Er ist ein konzentrierter und nahtloser Tropfen, der in den nächsten 8–9 Jahren getrunken werden sollte.

Der dunkelrubinrote *1999er Charmes-Chambertin* hat appetitanregende Aromen von rotem Kirschsirup. Von mittlerem Körper und reintönig, ist er geschliffen, nahtlos und ungemein konzentriert. Dieser profunde, kandierte Wein ist lustbetont und mit einem opulenten Stil ausgestattet. Trinken Sie ihn in den nächsten 8–9 Jahren. Der dunkelrubinrote *1999er Chambolle-Musigny Les Amoureuses* hat mittleren bis vollen Körper und ist ein außergewöhnlicher Wein. Er enthüllt ein Bukett, das an in Brombeersirup getauchten Plätzchenteig erinnert. Breit angelegte Schichten von samtigen Brombeeren, Cassis und Schwarzkirschen kleiden den Mund aus. Er ist reichhaltig, dick und der Traum eines jeden genussbetonten Weinliebhabers. Im Charakter dieses prächtig gereiften Weines finden sich keine Ecken und Kanten, er ist feminin, harmonisch und das weinige Gegenstück zu flüssiger Seide. Trinken Sie ihn in den nächsten 9 Jahren. Der mit einem ähnlichen Kleid ausgestattete *1999er Chambertin Clos de Bèze* hat intensive Aromen von Schwarzkirschen. Kernig texturiert und maskulin, ist dies ein dichter und kraftvoller Wein mit Geschmacksnuancen von Brombeeren und Cassis. Er ist frisch, voller hochreifer Tannine, und besitzt einen außergewöhnlich langen, geschmeidigen und süßen Abgang. Trinken Sie ihn in den nächsten 12 Jahren. Der prachtvolle, dunkelrubinrote *1999er Bonnes Mares* gibt Aromen von Brombeersirup und Cassis zu erkennen. Von mittlerem bis vollem Körper und beladen mit frisch aufgetragenem Asphalt, Brombeeren, asiatischen Gewürzen, Lakritze und Cassis, ist dies ein gewaltiger, kernig texturierter Wein, dessen Geschmacksnuancen scheinbar nicht enden wollen. Geschmeidig, kraftvoll und dick, hat er all diejenigen Komponenten, die ein wunderbares Reifepotenzial garantieren. Voraussichtliche Genussreife: 2004–2015. Bravo!

Weitere empfehlenswerte Weine: 1999er Chambolle-Musigny Les Grands-Mûres (88+), 1999er Chambolle-Musigny Les Hauts Doix (88+), 1997er Chambolle-Musigny Les Sentiers Réserve (89+), 1997er Chambolle-Musigny Vieilles Vignes Réserve (88), 1998er Charmes Chambertin Réserve (88), 1999er Chassagne-Montrachet La Maltroie (weiß) Cuvée Unique (89–90), 2000er Chassagne-Montrachet La Maltroie (weiß) (87–89), 1999er Corton-Charlemagne Cuvée Unique (89–90), 2000er Corton-Charlemagne (88–89), 1999er Gevrey-Chambertin La Perrière (88), 1997er Gevrey-Chambertin Les Seuvrées Réserve (88), 1997er Morey-St-Denis Les Herbuottes (rot) Vieilles Vignes Réserve (88), 1999er Morey-St-Denis Les Herbuottes (rot) (88), 1999er Morey-St-Denis Les Larrets (weiß) Cuvée Unique (87–89), 1998er Morey-St-Denis Les Ruchots Réserve (89), 1999er Morey-St-Denis Clos Sorbè (88), 1997er Morey-St-Denis Les Sorbès Réserve (88), 1999er Vosne-Romanée Les Beaux Monts (89)

DOMAINE MICHEL MAGNIEN ET FILS (MOREY-ST-DENIS)

1999	**Chambolle-Musigny Les Fremières**	**D**	**90**
1999	**Charmes-Chambertin**	**EE**	**95**
1999	**Clos de la Roche**	**EEE**	**93**
1999	**Clos St-Denis**	**EEE**	**96**
1999	**Gevrey-Chambertin Les Cazetiers**	**EE**	**92**
1999	**Gevrey-Chambertin Aux Echézeaux**	**D**	**90**
1999	**Gevrey-Chambertin Vieilles Vignes**	**D**	**90**
1999	**Morey-St-Denis Les Chaffots**	**E**	**92+**
1999	**Morey-St-Denis Les Millandes**	**E**	**92+**

Die Domaine Michel Magnien et Fils brachte keinen einzigen 1997er und 1998er auf den Markt. Als ich Frédéric Magnien, der dieses Weingut und sein eigenes Handelshaus leitet, vor ein paar Jahren traf und seine Burgunder verkostete, fand ich, dass buchstäblich jeder Wein einen Korkgeschmack hatte. Das Gleiche galt für die zweite Serie von Proben, die er schnell hervorholte – in der verzweifelten Hoffnung, dass nicht seine gesamte Produktion verdorben war. Es stellte sich heraus, dass die neue Kellerei, die Frédéric und Michel Magnien gebaut hatten, Bakterien enthielt, die die gesamte Produktion von 1997 und 1998 infiziert hatten. Zweieinhalb Jahre später war diese Kellerei immer noch versiegelt und stand unter Quarantäne, während sich die verschiedenen beteiligten Parteien vor Gericht stritten, um herauszufinden, wer letztendlich der Verantwortliche war. Glücklicherweise war Jacques Seysses von der Domaine Dujac so großzügig und freundlich, den Magniens Raum zur Verfügung zu stellen, so dass deren herrliche 1999er in einer gesunden, tadellosen Umgebung produziert werden konnten. Derzeit bauen die Magniens einen neuen Keller. Es ist äußerst lobenswert, wie die Magniens mit diesem Desaster umgegangen sind. Statt ihre 1997er und 1998er zu verkaufen, was viele getan hätten, kauften sie die bereits freigegebenen 1997er zurück und mussten zweieinhalb Jahre auf ein Einkommen aus Weinverkäufen verzichten. Zur Einweihung des 1999er Jahrgangs, zur Wiedergeburt der Domaine Michel Magnien et Fils, wurden neue Etiketten entworfen.

Der rubinrote *1999er Chambolle-Musigny Les Fremières* zeichnet sich aus durch pikante Aromen von Heidelbeeren und Kirschen. Von mittlerem Körper und köstlich, präsentiert er reichliche Mengen von kernig texturierten kandierten Kirschen und frischen Heidelbeeren im Geschmack. Dieser süße, geschmeidige und nachhaltige Wein wird sich in den nächsten 5–6 Jahren in Bestform befinden. Der rubinrote *1999er Gevrey-Chambertin Aux Echézeaux* bietet frische Aromen von dunklen Früchten. Er hat mittleren Körper und ist seidig texturiert. Den Gaumen kleiden enorm viele süße Kirschen aus. Dieser opulente Wein nimmt sich im Mund ungemein anziehend aus. Er ist detailliert, aber auch samtweich und mit wunderbar gut gereiftem Tannin ausgestattet. Voraussichtliche Genussreife: jetzt–2008. Ausgiebige asiatische Gewürze und Schwarzkirschen finden sich in den Aromen des *1999er Gevrey-Chambertin Vieilles Vignes.* Von mittlerem Körper und geschmeidig, ist dies ein dichter Wein mit Geschmacksnuancen von kandierten schwarzen Himbeeren. Seine Frucht verdeckt große Mengen von weichen Tanninen im langen, samtigen Abgang. Trinken Sie ihn in den nächsten 7 Jahren.

Der hervorragende, mittel- bis dunkelrubinrote *1999er Morey-St-Denis Les Millandes* hat ein wunderschönes Bukett von Cassis und Brombeersirup. Von mittlerem bis vollem Körper und samtig texturiert, ist dies ein kerniger, ungemein würziger Wein. Kirschen, Pflaumen, schwarze Himbeeren und Schokolade lassen sich in seinem explosiven Charakter und in seinem außergewöhnlich langen, süßen Abgang entdecken. Dieser konzentrierte, nahtlose, lustbetonte Tropfen sollte in den nächsten 9 Jahren getrunken werden. Eine ähnliche Farbe hat der *1999er Morey-St-Denis Les Chaffots* bei Aromen von Mokka, Veilchen und Rosen. Von mittlerem bis vollem Körper und ungeheuer dicht, ist dies ein Wein mit Geschmacksnuancen von hochreifen Kirschen. Er ist reintönig, kraftvoll und opulent texturiert. Dieser hervorragende Morey dürfte sich in den nächsten 8 Jahren in Bestform befinden. Der mittel- bis dunkelrubinrote *1999er Gevrey-Chambertin Les Cazetiers* legt betörende Aromen von Blumen und süßen rot-schwarzen Kirschen an den Tag. Er ist reintönig, frisch, von mittlerem Körper und dick texturiert. Dieser höchst elegante, sehr klar umrissene, jedoch reichhaltige Wein besitzt einen beeindruckend langen, weichen Abgang. Voraussichtliche Genussreife: jetzt–2010.

Der dunkelrubinrote, nach Räucherspeck und Gewürzen duftende *1999er Clos de la Roche* ist ein sinnlicher Wein von mittlerem bis vollem Körper. Große Mengen von Gewürzen, kandierten Kirschen, Steinen, Wacholderbeeren und Pflaumen lassen sich in seinem tiefen, seidig texturierten Charakter entdecken. Er ist außergewöhnlich lang und besitzt ausgiebiges, prächtig gereiftes Tannin. Voraussichtliche Genussreife: jetzt–2014.

Von ähnlicher Farbe ist der *1999er Charmes-Chambertin,* der ein herrliches Bukett von asiatischen Gewürzen, Kirschen, Brombeeren und Blumen präsentiert. Bei mittlerem Körper sogar etwas überspannt, stellt er dennoch einen nahtlosen, reintönigen und harmonischen Wein dar. Seine anscheinend nicht enden wollenden Wogen von kandierten Früchten sind ungemein ausdrucksvoll und geschmacksintensiv. Er ist zwar nicht für ausgedehnte Kellerreife gemacht, bietet aber dennoch ehrfurchtgebietende Mengen konzentrierter Frucht und verleitet garantiert jeden Weinliebhaber zum Lächeln. Trinken Sie ihn in den nächsten 8 Jahren. Der verblüffende *1999er Clos St-Denis* hat eine dunkelrubinrote, fast schwarze, satte Farbe. Leder, Lakritze und Brombeersirup finden sich in seinen überschwänglichen Aromen. Dieser körperreiche, kernige Wein besitzt wunderschöne Breite von schwarzer Frucht, Kirschen, Heidelbeeren und Gewürzen in seinem dichten Charakter. Er ist seidig texturiert, dick, kraftvoll und nahtlos. Dieser außergewöhnliche Wein sollte 2004–2012 getrunken werden.

Weitere empfehlenswerte Weine: 1999er Morey-St-Denis Les Monts Luisants (88), 1999er Morey-St-Denis Les Très Girard (89)

DOMAINE JOSEPH PIERRE THIERRY MATROT (MEURSAULT)

2000	**Meursault Charmes**	**E**	**(89–91)**
1998	**Meursault Charmes**	**E**	**91**

2000	**Meursault Perrières**	**E**	**(88–91)**
1999	**Meursault Perrières**	**E**	**91**
1997	**Meursault Perrières**	**E**	**90**
2000	**Puligny-Montrachet Les Chalumeaux**	**E**	**(91–92)**
2000	**Puligny-Montrachet Les Combettes**	**E**	**(91–92)**
1998	**Puligny-Montrachet Les Combettes**	**E**	**90**

Thierry Matrot ist der sehr umgängliche Direktor und Weinmacher der Weingüter Joseph/Pierre/Thierry Matrot (die drei separaten juristischen Personen werden 2004 zu einem einzigen Weingut zusammengefasst werden: Thierry et Pascal Matrot). Matrot war überaus glücklich über seine 1998er Weißweine, als ich ihn besuchte, um seine 1997er zu verkosten. »Mit etwas Abstand betrachtet«, sagte er, »sind die 1998er wohl ebenso gut wie die 1996er.« Daraufhin bat ich ihn, wie schon viele andere Burgunder Weinmacher bei meinen Besuchen, eine Rangfolge der Jahrgänge der 1990er Jahre zu erstellen, angefangen beim Besten. Matrot ist äußerst geradlinig und würde den 1997er ehrlich einstufen, aber die meisten seiner Kollegen haben die Angewohnheit, immer gerade den Jahrgang lobend hervorzuheben, den sie verkaufen müssen. Die Frage nach der Rangfolge zwingt sie, sich mit ihren Gedanken, Vorlieben und Abneigungen festzulegen. Matrot setzt bei den weißen Burgundern den 1996er an die erste Stelle (dies ist auch sein Lieblings-Jahrgang bei den Roten). Darauf folgen 1990, 1992, 1995 (er sagt, dass die 1995er Weißen so konzentriert und alkoholisch sind, dass sie in den nächsten 7–8 Jahren getrunken werden müssen), 1993 (»die halten ewig«), 1997, 1994 (»zu schwer und zu viel *surmaturité*«) und schließlich 1991 (»ein bitterer und vegetabiler Jahrgang«).

Matrot hatte beantragt, seine 1997er vor dem *ban de vendange* lesen zu dürfen, was ihm auch bewilligt wurde. »Meine Trauben waren vollreif (1997 wurde bei ihm kein Weißwein chaptalisiert) und die Säurewerte sanken, obwohl der *ban de vendange* noch nicht bekannt gegeben worden war. Da ich einem Weißwein noch nie Säure zugegeben habe und es auch nie tun werde, musste ich rasch mit der Lese beginnen«, sagt er. Der nach Birnen und Kies duftende *1997er Meursault Perrières* ist Thierry Matrots nobelster, komplexester und komplettester 1997er. Dieser seidige Wein von mittlerem Körper ist randvoll mit komplexen Schichten von Zitrusfrüchten, Aprikosen, frischen Birnen, Geißblattblüten und Kies. Der gut ausgewogene Abgang dieses Weines ist außerordentlich lang und endet mit weißen Blüten und gerösteten Haselnüssen.

Thierry Matrot ist der freundliche, intelligente und heitere Vorsitzende der Winzergenossenschaft von Meursault. Er sagt, dass seine letzten Lesen ein durchschnittliches natürliches Alkoholpotenzial von 14% erreichten, was für Burgund erstaunlich hoch ist. Den *1998er Meursault Charmes* aus Erträgen von 25 hl/ha beschreibt Matrot als »den besten Charmes, den ich je bereitet habe«. Seine würzigen, mineralischen Aromen gehen einher mit einem breit angelegten, intensiven und kraftvollen Charakter von mittlerem Körper. Gemischte Blumen, Geißblatt und Akazienblüten sind in diesem herrlich scharf konturierten, eleganten und nuancierten Wein mit Zitronen und frischen Birnen vermischt. Er ist konzentriert, besitzt hervorragende Tiefe der Frucht und einen bewundernswert langen Abgang mit Nuancen von Zitrusfrüchten, was ihn zweifellos zu einem der besten Premiers Crus aus dem 1998er Jahrgang macht. Voraussichtliche Genussreife: jetzt–2007. Der hervorragende *1998er Puligny Montrachet Les Combettes* bietet zurückhaltende Aromen von Nüssen und Mineralien. Süße geröstete Haselnüsse, Birnen, Kräutertee und Blumen finden sich in diesem gut bereiteten Wein von mittlerem Körper. Er stammt aus niedrigen Erträgen und hat hervorragende Tiefe der Frucht und einen langen, von Zitronen und Limetten geprägten Abgang. Trinken Sie ihn in den nächsten 7 Jahren.

Der *1999er Meursault Perrières* ist zwar zurückhaltend, zeigt aber mittleren Körper und hervorragende Konzentration. Dichte, hochreife Schichten von flüssigen Mineralien, weißen Früchten und Gewürzen finden sich in diesem herrlich scharf konturierten, komplexen Wein. Er ist tief, harmonisch und reintönig. Voraussichtliche Genussreife: jetzt–2009.

Matrot ist der Meinung, dass der 2000er ein »äußerst interessanter Jahrgang ist. Er begann mit einer fantastischen Blüteperiode, sehr reichlich, genauso wie 1999. Die Rebstöcke brauchten nie Durst zu leiden und das Wetter war wie geschaffen für hohe Erträge. Im Gegensatz zu 1999, das von mineralischer Art geprägt war, spiegelt 2000 Blumennuancen wider.« Der *2000er Meursault Charmes* hat intensive Aromen und entquillt dem Glas mit einem Duft von Mineralien. Reichhaltig, breit angelegt und fett, ist dies ein überschwänglicher Wein mit bewundernswürdiger Tiefe und Konzentration. Große Mengen von Mineralien und reifen Früchten finden sich in dem Charakter dieses nachhaltigen Tropfens. Voraussichtliche Genussreife: jetzt–2009.

Der *2000er Puligny-Montrachet Les Chalumeaux* hat ein Bukett, das bis zum Bersten angefüllt ist mit Gewürzen, pochierten Birnen, kandierten Äpfeln und Blumen. Er ist reichhaltig, reif und hat mittleren bis vollen Körper. Kandierte Zitronen sind in der Persönlichkeit dieses ausgefeilten Weines mit weichen, süßen Birnen verwoben. Er ist breit gebaut, samtweich, ungemein ausdrucksvoll und verbindet auf eine beeindruckende Weise Sinnlichkeit mit Rasse. Voraussichtliche Genussreife: jetzt–2010. Blumen und Mandeln finden sich in den Aromen des *2000er Puligny-Montrachet Les Combettes.* Dieser weinige, geschichtete Tropfen ist kraftvoll, konzentriert und randvoll mit gehaltvollen Wogen von Mineralien, Nüssen, Zitronen und weißen Früchten. Ein höchst gelungener 2000er, der in Höchstform sein dürfte, wenn er 2004–2011 getrunken wird. Lebendig gewürzte Zitronen zeigen sich in den Aromen des *2000er Meursault Perrières.* Ein reichhaltiger Wein, straff, der aber nach etwas gutem Zureden eine gehaltvolle untergründige mineralische Note in seinem konzentrierten Charakter aufweist. Von mittlerem Körper, wird dieser beeindruckend ausgewogene Wein noch Kellerreife benötigen. Voraussichtliche Genussreife: 2005–2012.

Weitere empfehlenswerte Weine: 1997er Meursault Blagny (88), 1999er Meursault Blagny (88), 2000er Meursault Blagny (87–89), 1997er Meursault Les Charmes (88), 1999er Meursault Les Charmes (88+), 1997er Puligny-Montrachet Les Chalumeaux (88), 1999er Puligny-Montrachet Les Chalumeaux (89), 1997er Puligny-Montrachet Les Combettes (89+), 1999er Puligny-Montrachet Les Combettes (89+)

DOMAINE MÉO-CAMUZET (VOSNE-ROMANÉE)

1997	**Clos Vougeot**	**EE**	**(89–91)**
1999	**Corton**	**EEE**	**(93–95)**
1997	**Corton Clos Rognet**	**EE**	**(90–93)**
1999	**Echézeaux**	**EEE**	**(90–91)**
1999	**Richebourg**	**EEE**	**(91–93)**
1997	**Richebourg**	**EEE**	**(91–93)**
1997	**Vosne-Romanée Les Brûlées**	**EEE**	**(90–93)**
1999	**Vosne-Romanée Cros Parentoux**	**EEE**	**(90–93)**

Jean-Nicolas Méo, der Besitzer und Weinmacher dieses Weinguts, beschreibt, welche seelischen Höhen und Tiefen er 1997 durchgestanden hat. Er war zunächst »leicht beunruhigt und besorgt« und empfand dann bei der Lese »eine euphorische Stimmung«. Laut Méo war 1997 am Sortiertisch nur noch wenig zu tun. 1996 hatte er einige unreife Trauben aussortieren müssen, 1998 hatte er 15–20% seiner Lese weggeworfen, 1997 aber brauchte er nur 3–4% der Trauben auszusortieren. Als die Vinifizierung begann, befürchtete er, dass die Säurewerte äußerst niedrig seien. »Ich war enttäuscht, weil ich etwas viel Besseres erwartet hatte, nachdem ich die Lese gesehen hatte.« Seine Bedenken, überreife und kraftlose Weine ohne Farbdichte zu bekommen, verschwanden mit fortschreitender *élevage* (Ausbau), als die Weine dichter und gehaltvoller wurden. »Das erinnert mich ein bisschen an die 1992er. Bei jenem Jahrgang war allerdings der Ausbau den Weinen abträglich, während er beim 1997er eine große Hilfe war.« Seiner Meinung nach ist der 1997er ein Jahrgang, der früh getrunken und nicht im Keller vergessen werden sollte.

Méos 1997er waren äußerst beeindruckend und zeigten die für den Jahrgang typische herrliche Reife, obschon sie auch gute Konturenschärfe und Präzision aufwiesen. Aus welchem Grund auch immer ist dies der zweite aufeinanderfolgende Jahrgang, in dem der Vosne-Romanée Cros Parentoux enttäuschend war, wenn man seinen Ruf und seinen Preis bedenkt. Ihm fehlt die Tiefe, die Kraft und die Struktur, die diese Lage weltweit so berühmt gemacht haben. Méo ist sich dieser Tatsache bewusst, hat aber auch keine Erklärung dafür.

Der mittel- bis dunkelrubinrote *1997er Clos Vougeot* offenbart gewaltige Reife in seinen ansonsten straffen Aromen. Dies ist ein kräftiger, breit angelegter und mit *sur-maturité* durchsetzter Wein, der Geschmacksnuancen zeigt, die an ein Kompott von roten und schwarzen Früchten erinnern. Lieblich, von mittlerem bis vollem Körper, besitzt er schöne Intensität und einen mit Gewürzen beladenen Abgang. Dieser Wein sollte in den nächsten 6–7 Jahren getrunken werden. Mit einem erstaunlichen natürlichen potenziellen Alkoholgehalt von 13,9% bei der Lese bietet der dunkelpurpurrote *1997er Corton Clos Rognet* einen Duft nach süßem Wachs. Es ist ein explosiver Wein, angefüllt mit Geschmackskomponenten von roten Früchten und steinähnlichen Nuancen. Frisch, von mittlerem bis vollem Körper, ist er expansiv und kraftvoll und verbindet die für diesen Jahrgang typische Reife mit Konturenschärfe und einer klar gezeichneten Art. Voraussichtliche Genussreife: jetzt–2007.

Der schwarz-purpurrote *1997er Vosne-Romanée Les Brûlées* zeigt Aromen von Pflaumen und süßen Trauben, vermischt mit rauchigen Gewürzen. Dies ist ein schöner Wein mit bewundernswerter Komplexität, Expansivität und Intensität. Von mittlerem bis vollem Körper, elegant, scharf konturiert und gut ausgewogen, ist er reichlich mit Cassis, Brombeeren und asiatischen Gewürzen ausstaffiert. Voraussichtliche Genussreife: jetzt–2007. Der rubin-purpurrote *1997er Richebourg* prunkt mit betörenden Aromen von Parfum, Blumen, Kirschen und Heidelbeeren. Am Gaumen strotzt er vor unerhörten Schichten von Kirschen, Brombeeren und Eichenwürze. Ein Wein von mittlerem Körper mit hervorragender Breite, detailliert und ausgefeilt, der enorme intellektuelle Befriedigung verschafft. Voraussichtliche Genussreife: jetzt–2007+.

Jean-Nicolas Méo glaubt, dass die besten Jahrgänge der 1990er Jahre der 1990er, der 1993er, der 1996er und der 1999er sind: »Das sind alles großartige Jahrgänge.« Die Erträge dieses berühmten Weinguts lagen 1999 durchschnittlich bei über 40 hl/ha. Interessant ist auch, dass Méo ein *négociant*-Unternehmen gegründet hat, die Maison Méo-Camuzet, »die sich auf kleinere Appellationen konzentrieren wird«.

Der mittel- bis dunkelrubinrote *1999er Echézeaux* hat zurückhaltende Aromen von süßen Brombeeren. Von mittlerem bis vollem Körper, breit angelegt und expansiv, ist er voll gepackt mit roten und schwarzen Kirschen und Brombeeren. Sein langer Abgang enthält große Mengen von weichen, gut gereiften Tanninen. Voraussichtliche Genussreife: jetzt bis 2011. Der mittel- bis dunkelrubinrote *1999er Corton* ist hervorragend. Sein Bukett, das nach Rosen, Veilchen, Parfum, Gewürzen und kandierten Himbeeren duftet, geht einher mit einer öligen Persönlichkeit von mittlerem bis vollem Körper. Kirschsirup, mit Zucker überzogene Brombeeren, Myriaden von Gewürzen und mit Vanille durchzogenes Eichenholz finden sich in diesem samtweichen, genussbetonten und kraftvollen Wein. Sein bewundernswert langer Abgang enthüllt große Mengen von überreifem, süßem Tannin, das diesem Wein ein bemerkenswert gutes Alterungspotenzial garantiert. Voraussichtliche Genussreife: 2005–2015.

Der mittel- bis dunkelrubinrote *1999er Vosne-Romanée Cros Parentoux* ist mit einem herrlichen Bukett von ungemein süßen Kirschen ausgestattet. Von mittlerem bis vollem Körper, zeigt er in seiner überschwänglich würzigen Persönlichkeit herrliche Breite von üppiger roter und schwarzer Kirschfrucht. Toastwürziges Eichenholz und ausgiebiges, fantastisch reifes Tannin charakterisieren seinen beeindruckend langen Abgang. Voraussichtliche Genussreife: 2004–2012. Der dunklere *1999er Richebourg* hat ein Bukett, das nach Brombeeren, Gewürzen und Eichenholz duftet. Von mittlerem Körper und expansiv, enthüllt er Schwarzkirschen, kandierte Himbeeren und Brombeeren in seiner seidigen Textur. Er zeigt hervorragende Tiefe und Konzentration und einen langen, reintönigen Abgang. Voraussichtliche Genussreife: 2005–2015.

Weitere empfehlenswerte Weine: 1999er Clos Vougeot (88–90), 1999er Nuits-St-Georges (87–89), 1997er Nuits-St-Georges Les Murgers (89), 1999er Nuits-St-Georges Les Murgers (88–90), 1999er Vosne-Romanée Les Brûlées (88–90), 1997er Vosne-Romanée Les Chaumes (88+), 1999er Vosne-Romanée Les Chaumes (88–90)

MAISON/DOMAINE OLIVIER MERLIN (LA ROCHE VINEUSE)

1998 Pouilly-Fuissé Terroir de Vergisson D 90

Olivier Merlin ist ein ehrlicher, intelligenter, lustiger, engagierter und aufmerksamer Mann aus der Gegend von Charolais in Burgund, der beschlossen hat, ins Mâconnais zu gehen, um Wein zu bereiten (sein erster Jahrgang war 1987). Er ist sowohl als Domaine als auch als *négociant* tätig (im Jahre 2000 stammten zum Beispiel 65% seiner Weine von selbst angebauten Trauben) und hat sich zum Ziel gesetzt, »harmonische und ausgewogene Weine« zu produzieren. Er beklagt die Tatsache, dass die Mâconnais-Weingärten heutzutage mit ertragskräftigen Chardonnay-Klonen bepflanzt werden (60–70% nach seiner Meinung), und dass seine Nachbarn nun fast alle mit der Maschine ernten. Merlin liest seine Parzellen vollständig von Hand. Anstatt wie seine Nachbarn eine moderne Kellerei mit vielen Edelstahltanks zu bauen, entschied er sich dafür, ein altes Gebäude in La Roche Vineuse zu kaufen. Dieses Dorf war übrigens vor den antiklerikalen Zeiten der Französischen Revolution als St-Sorlin bekannt. In den Kellergewölben fand er Steinbänke für die Fässer vor, auf die er immer freudig zeigt, wenn seine Winzerkollegen behaupten, dass ein Ausbau im Fass für das Mâconnais untypisch sei.

Äpfel, Birnen und ein Hauch von Zitrusfrüchten und Eichenholz sind in den lebendigen Aromen des *1998er Pouilly-Fuissé Terroir de Vergisson* zu erkennen. Dieser scharf konturierte Wein mit Geschmacksnuancen von kandierten Zitronen und Mineralien zeigt hervorragende Konzentration und Tiefe. Er ist gehaltvoll, elegant und hat einen prächtigen, reintönigen Abgang. Voraussichtliche Genussreife: jetzt–2006+.

Weitere empfehlenswerte Weine: 1999er Mâcon-la Roche Vineuse Les Cras (89–90), 1999er Mâcon-la Roche Vineuse Vieilles Vignes (88–89), 1998er Pouilly-Fuissé Terroir de Fuissé (88+), 1999er Pouilly-Fuissé Terroir de Vergisson (87–89), 1999er St-Véran Grande Bussière (88–89), 1999er Viré-Clessé (88)

DOMAINE LOUIS MICHEL (CHABLIS)

1997 Chablis Les Clos E 90

1997 Chablis Les Grenouilles E 90

Anhängern der Weine von der Domaine Louis Michel sei gesagt, dass das Weingut seit dem 1997er Jahrgang neue Etiketten hat. Das neue Design hebt den Namen jeder Weinlage besonders hervor, während der Name der Domaine klein gedruckt ganz unten auf dem Etikett steht. Jean-Loup Michel beschreibt den 1997er Jahrgang als »reichhaltig, gesund und reif, aber ohne die Breite der 1996er«. Genau wie viele andere seiner Winzerkollegen sagt Michel: »Anfangs befürchtete ich, dass es den 1997ern an Säure fehlen würde, aber nach der malolaktischen Gärung haben sie sich als sehr gut herausgestellt. Da sie sofort einen köstlichen Trinkgenuss bieten, können die 1996er, die noch Geduld brauchen, in der Zwischenzeit noch lagern.« Michels Weine werden zwar mehrmals abgefüllt, aber da sie in luftdichten Edelstahltanks aufbewahrt werden, gibt es nur ganz geringe Unterschiede. Alle Weine der Domaine Louis Michel werden mit der Maschine gelesen und dann in Tanks vinifiziert und ausgebaut.

Der *1997er Chablis Les Clos* bietet Aromen von Blumen, rot-schwarzen Johannisbeeren und kandierten Birnen. Er hat superbe Reichhaltigkeit und komplexe Geschmacksnuancen, die an Feuerstein, Obstkerne und Rauch erinnern. Dieser Wein von mittlerem bis vollem

Körper präsentiert hervorragenden Biss und einen langen, knochentrockenen Abgang. Voraussichtliche Genussreife: jetzt–2007. Der *1997er Chablis Les Grenouilles* duftet nach Kreide, Mineralien und Feuerstein und zeigt superbe Reichhaltigkeit, Breite und Konzentration in seinem mittleren bis vollen Körper. Es ist ein ölig texturierter Wein, der voll gepackt ist mit Geschmacksnuancen von Erde, Steinen und geißblattähnlichen Nuancen, die im nachhaltigen Abgang andauern. Voraussichtliche Genussreife: jetzt–2007.

Weitere empfehlenswerte Weine: 1995er Chablis Les Grenouilles (92), 1997er Chablis Montée de Tonnerre (88), 1997er Chablis Vaudésir (88+)

DOMAINE FRANÇOIS MIKULSKI (MEURSAULT)

2000	**Meursault Charmes**	**E**	**(88–91)**
1997	**Meursault Charmes**	**E**	**(88–91+)**
2000	**Meursault Genevrières**	**E**	**(89–92)**
1997	**Meursault Genevrières**	**E**	**(90–91)**

François Mikulski hat köstlich reife und gehaltvolle 1997er bereitet. Auf die Frage nach deren pH-Werten antwortete er, dass er noch nie pH-Tests vorgenommen habe und dass er kein großer Freund von Önologen sei. 1997 habe er seinen Weinen weder Säure zugegeben noch sie chaptalisiert. Das Bukett des *1997er Meursault Genevrières* ist zum Bersten voll mit hochreifen Aromen von roten Beeren, Mangos und Passionsfrucht. Am Gaumen sind rote Johannisbeeren, gewürzte bzw. kandierte Äpfel, pochierte Birnen und mit Vanille durchzogenes Eichenholz zu erkennen. Es ist ein kerniger, viskoser Wein von mittlerem bis vollem Körper, der scharf konturiert und ungemein geschmacksintensiv ist. Voraussichtliche Genussreife: jetzt–2005. Zwei Drittel von Mikulskis Meursault-Charmes-Parzellen wurden 1930 bepflanzt, das andere Drittel 1913. Der 1997er zeigt Düfte von frischen grünen Äpfeln und einen konzentrierten, klar gezeichneten und äußerst gut ausgewogenen Kern von mittlerem Körper. Dieser Wein hat superben Biss und einen Charakter mit Geschmacksnuancen von Blumen, Nüssen und Mineralien. Wie bei den Poruzots ist der Abgang dieses Weines leicht trocken und kreidig. Die Tatsache, wie Mikulski vor dem Abfüllen hiermit fertig wird, legt letztendlich die Punktnote innerhalb der angegebenen Spanne fest. Trinken Sie ihn jetzt–2007.

Nach Meinung des offenen Mikulski ist »2000 der einzige gute Jahrgang bei den Weißen seit 1995. Er zeigt Tiefe, Ausgewogenheit und gute Säure.« Der *2000er Meursault Charmes* stammt von Reben aus dem Jahre 1930 und 1913 und hat köstliche Aromen von gewürzten Haselnüssen und Blumen. Er offenbart mittleren Körper und prächtige Breite und ist ein intensiver, frischer Wein mit Geschmacksnuancen von Mineralien, Talkum, Gewürzen und Zitronenschale. Voraussichtliche Genussreife: jetzt–2009. Der *2000er Meursault Genevrières* enthüllt Aromen von pochierten Birnen, Gewürzen, Babypuder, weißen Blumen und Äpfeln, Er hat mittleren Körper, ist fett und mit Geschmacksnuancen von Blumen und Mineralien ausgestattet. Ein breit angelegter, üppiger und rassiger Tropfen, der jetzt–2008 getrunken werden sollte.

Weitere empfehlenswerte Weine: 2000er Meursault (87–89), 1997er Meursault Poruzots (87–89), 2000er Meursault Poruzots (88–89+), 1997er Volnay Santenots du Milieu (89+), 1998er Volnay Santenots du Milieu (88)

MAISON LUCIEN LE MOINE (BEAUNE)

1999	**Bonnes Mares**	**EEE**	**92**
1999	**Chambolle-Musigny Les Amoureuses**	**EE**	**93**
1999	**Charmes-Chambertin**	**EE**	**90**
1999	**Chassagne-Montrachet Morgeot (weiß)**	**E**	**90**
1999	**Clos de la Roche**	**EE**	**93**
1999	**Echézeaux**	**EE**	**93**
1999	**Montrachet**	**EEE**	**93**

1999	**Nuits-St-Georges Les St-Georges**	**E**	**90**
1999	**Pommard Les Rugiens**	**E**	**90+**
2000	**Puligny-Montrachet Les Folatières**	**EE**	**(90–92)**
1999	**Puligny-Montrachet Les Folatières**	**EE**	**92**
1999	**Volnay Caillerets**	**E**	**91**

Dieses brandneue *négociant*-Unternehmen mit Sitz in Beaune wurde von Mounir Saouma, einem libanesischen Immigranten, zusammen mit seiner israelischen Freundin gegründet. Saouma war aus den Kriegswirren im Libanon geflohen und auf Einladung seines Onkels in ein Zisterzienserkloster in Israel gegangen, wo dieser als Mönch lebte. Mounir wurde in den sechs Jahren, die er in der Kloster-Kellerei gearbeitet hatte, vom Weinfieber gepackt und verließ das Kloster, um an der französischen Universität von Montpellier Önologie zu studieren. Er arbeitet als Weinmacher für eine große Firma in Beaune (Maison Picard) und führt nun in seiner Freizeit sein eigenes Unternehmen. Der Name seiner Firma erklärt sich folgendermaßen: Die französische Übersetzung von Mounir ist Lucien und Saouma wird von seinen Freunden *le moine* (der Mönch) genannt, weil er so viele Jahre im Kloster verbracht hat.

Saouma arbeitet nur mit kleinen Mengen (nicht mehr als drei Fässer bzw. 75 Kisten von jedem Wein, und eine Gesamtproduktion von 32 Fässern im Jahre 1999, 45 im Jahre 2000). Er möchte, dass seine Weine aus nicht mehr als zwei Quellen stammen. Sie werden allesamt als Wein angekauft, dann in zu 100% neuen Eichenfässern (Séguin-Moreau) ausgebaut, die Hefen werden regelmäßig aufgerührt (1999 sogar bei den Roten) und schließlich ungeschönt und unfiltriert abgefüllt.

Der hervorragende 1999 *Chassagne-Montrachet Morgeot* hat mittleren bis vollen Körper und ist gehaltvoll und mollig. Pikante Zitronen, Anis, Gewürze und pochierte Birnen lassen sich in diesem ungestümen, fetten Wein entdecken. Obwohl er dick, samtig texturiert und cremig ist, bleibt er dennoch frisch, reintönig und scharf konturiert. Voraussichtliche Genussreife: jetzt–2006. Der *1999er Puligny-Montrachet Les Folatières* ist ein verblüffender Wein. Er präsentiert sich üppig, von mittlerem bis vollem Körper, nahtlos, konzentriert und kraftvoll. Seine wunderschön ausgefeilte Persönlichkeit ist seidig texturiert, beladen mit kandierten weißen Früchten und mit hervorragender Konturenschärfe, Reichhaltigkeit und Länge versehen. Voraussichtliche Genussreife: jetzt–2009. Der *1999er Montrachet* enthüllt zurückhaltende Aromen von Mineralien und süßem Parfum. Am Gaumen nimmt er sich feminin, filigran und herrlich reintönig aus. Seine Geschmacksnuancen von toastwürzigen Birnen, reifen Äpfeln, Steinen und Gewürzen halten noch in seinem umfassenden und beispielhaften Abgang an. Trinken Sie ihn in den nächsten 12 Jahren.

Alle nachfolgenden 1999er Rotweine wurden als Wein von Winzern angekauft (nicht mehr als zwei Quellen pro *cru*) und in zu 100% neuen Eichenfässern (Séguin-Moreau) ausgebaut. Außerdem rührte Saouma bei seinen roten 1999ern wiederholt die Hefen auf, »weil dieser Jahrgang meiner Meinung nach das Fett und die Dichte benötigt, die durch das Aufrühren der Hefen entstehen. Ich finde auch, dass sich umso weniger Eichenholzwürze in den Weinen zeigt, je mehr *bâtonnage* ich vornehme.« Der rubinrote *1999er Volnay Caillerets* offenbart zurückhaltende Aromen von Heidelbeeren und Kirschen. Von mittlerem bis vollem Körper, üppig und saftig, ist er voll gepackt mit Geschmacksnuancen von frischen und kandierten Brombeeren. Dieser Wein ist eine süße, geschmeidige Fruchtbombe voller Tannin. Er ist seidig texturiert, nuanciert und ungemein gefällig. Voraussichtliche Genussreife: jetzt–2009. Der etwas dunklere *1999er Pommard Les Rugiens* präsentiert ein Bukett, das nach Brombeeren und würzigem Eichenholz duftet, mittleren bis vollen Körper und ist dicklich, ja voll gestopft mit Brombeeren und Cassis. Er ist fester strukturiert als der Volnay, sein Tannin ist jedoch reif und geschmeidig. Voraussichtliche Genussreife: jetzt–2009.

Der mittel- bis dunkelrubinrote *1999er Nuits-St-Georges Les St-Georges* hat ein appetitanregendes Bukett, das nach asiatischen Gewürzen und dicklichen Trauben duftet. Dieser kräftige, kernige Wein von mittlerem bis vollem Körper ist beladen mit Geschmackskomponenten von Schwarzkirschen. Er ist äußerst strukturiert, aber seine Tannine zeigen sich außerordentlich reif und geschmeidig. Voraussichtliche Genussreife. 2004–2009. Der etwas dunklere *1999er Clos de la Roche* hat Aromen von dunklen Kirschen und schwarzen Himbeeren aufzuweisen. Von mittlerem bis vollem Körper, gehaltvoll und opulent, ist dies ein samtweicher, seidig texturierter und eindringlicher Wein. Seine Schichten von kandierten Schwarzkirschen und Himbeeren durchdringen den Gaumen. Dies ist ein lebendiger, außerordentlich langer, wohl ausgewogener und nahtloser Tropfen. Er dürfte in Bestform sein, wenn er 2004–2012 getrunken wird. Der nach Schwarzkirschen duftende, mittel- bis dunkelrubinrote *1999er Chambolle-Musigny Les Amoureuses* ist von mittlerem bis vollem Körper und opulent. Er überschwemmt den Gaumen mit großen Mengen von süßen Kirschen, kandierten Himbeeren und saftigen Brombeeren. Es ist ein ungemein ausdrucksvoller Wein mit einem betörend süßen, samtigen Charakter, dessen Geschmacksnuancen noch im außerordentlich langen Abgang anhalten. Voraussichtliche Genussreife: jetzt–2010. Der in seinen Aromen zurückhaltende, mittel- bis dunkelrubinrote *1999er Charmes-Chambertin* ist ein herrlich dichter Wein. Von mittlerem bis vollem Körper und beladen mit rauchigem Schinken, dicklichen Kirschen und lebendigen Brombeeren, zeigt dieser fest strukturierte Wein große Mengen von feinem, geschmeidigem Tannin. Trinken Sie ihn in den nächsten 10 Jahren.

Der hervorragende, mittel- bis dunkelrubinrote *1999er Echézeaux* hat Aromen von schwarzen Himbeeren, süßem Eichenholz, Kirschen und dicklichen Brombeeren, die das Wasser im Munde zusammenlaufen lassen. Er überzieht den Gaumen mit unglaublichen Mengen von eingedickten roten und schwarzen Früchten und Myriaden von Gewürzen. Von mittlerem bis vollem Körper, scharf konturiert und frisch, enthüllt er auch einen erstaunlich langen und klar gezeichneten Abgang. Der etwas dunklere *1999er Bonnes Mares* wurde aus drei Fässern bereitet, die aus zwei verschiedenen Quellen stammen. Er hat ein Bukett, das nach dicklichen Brombeeren duftet, und eine herrlich mollige Persönlichkeit von mittlerem bis vollem Körper. Dieser dichte, dicke und samtige Wein birst aus allen Nähten mit Geschmacksnuancen von dunklen Früchten sowie einer Spur von frisch aufgetragenem Straßenteer und Lakritze. Er ist kraftvoll, maskulin, expansiv und besitzt einen festen, mit Tannin angefüllten Abgang. Trinken Sie ihn 2005–2012.

Der hervorragende *2000er Puligny-Montrachet Les Folatières* aus Trauben von Rebstöcken, die beinahe 100 Jahre alt sind, enthüllt prächtige Aromen von Blumen, Äpfeln und Gewürzen. Von mittlerem bis vollem Körper und robust, ist dies ein ausladender, weiniger Tropfen mit sehr viel Substanz. Toastwürzige weiße Früchte, Anis und Kardamom finden sich in seinem wunderschön klar gezeichneten Charakter. Trinken Sie ihn in den nächsten 9 Jahren.

Weitere empfehlenswerte Weine: 2000er Corton-Charlemagne (87–89), 2000er Meursault Les Perrières (87–89), 2000er Montrachet (90–92), 1999er Gevrey-Chambertin Les Cazetiers (88)

DOMAINE MONGEARD MUGNERET (VOSNE-ROMANÉE)

1997	**Clos de Vougeot**	**E**	**90**
1997	**Echézeaux Vieilles Vignes**	**E**	**(89–91)**
1997	**Grands-Echézeaux**	**EE**	**(89–92)**
1997	**Richebourg**	**EEE**	**(90–92+?)**
1997	**Vosne-Romanée Les Suchots**	**E**	**(88–91)**

Vincent Mongeard, der nun dieses berühmte Weingut leitet, ist äußerst zufrieden mit seinen 1997ern. »Wenn ich meine Weine mit denen meiner Kollegen vergleiche, kann ich mit dem, was ich erreicht habe, zufrieden sein. Auch wenn er kein Jahrhundert-Jahrgang ist, ist er gewiss äußerst gut.« Der unmittelbar vor dem Abfüllen verkostete *1997er Vosne-Romanée Les Suchots* enthüllt Düfte von roten Kirschen, Himbeeren und Veilchen. Dieser Wein von mittlerem bis vollem Körper weist am Gaumen dicke Schichten von schwarzen Früchten auf. Er ist dicht, kraftvoll, ausdrucksstark, seidig und bewundernswert nachhaltig im Abgang. Voraussichtliche Genussreife: jetzt–2006. Aus Trauben von 1929 und 1931 gepflanzten Rebstöcken (letztere wurden vor dem 1998er Jahrgang gerodet) stammt der rubinrote *1997er Echézeaux Vieilles Vignes*, der Aromen von Parfum, Obstkernen und Schwarzkirschen zu erkennen gibt. Dieser Wein mit Geschmacksnuancen von Jod, Brombeeren, Lakritze und Teer ist körperreich, muskulös und dick. Seine samtig texturierte Persönlichkeit nimmt sich maskulin und ungemein strukturiert aus. Voraussichtliche Genussreife: jetzt–2008.

Süße rote Kirschen und Gewürze lassen sich in den Aromen des rubinroten *1997er Clos de Vougeot* erkennen. Dieser weiche, seidig texturierte und dickliche Wein ist mit mittlerem bis vollem Körper und einem molligen Geschmacksprofil ausgestattet, das Nuancen von sahnigen Kirschen enthüllt. Er ist opulent, unmittelbar ansprechend und leicht warm (alkoholisch), hat aber nicht die für eine längere Kellerreife erforderliche Struktur und sollte in den nächsten 4–5 Jahren getrunken werden. Der *1997er Grands-Echézeaux* hat ein ähnliches Kleid und zeigt Aromen von schwarzen Früchten, vermischt mit Noten von Tabak und Zedernholz. Dies ist ein kraftvoller, körperreicher, geschmeidiger Wein mit Geschmacksnuancen, die an Steine, Erde, Mineralien, Zigarrenrauch und allerlei Beeren erinnern. Gut strukturiert und äußerst geschmacksbetont, dürfte er in den nächsten 6 Jahren in Bestform sein. Der etwas dunklere *1997er Richebourg* enthüllt Aromen, die an ein Kompott von roten und schwarzen Früchten, an Feigen und Veilchen erinnern. Am Gaumen nimmt sich dieser Wein von mittlerem bis vollem Körper komplex, expansiv und breit gebaut aus und bietet Geschmacksnuancen von dornigen Brombeeren, weißem Pfeffer und erdähnlichen Komponenten. Sein Abgang wirkte komprimiert und etwas sehr warm (daher das Fragezeichen). Wird Mongeard damit beim Ausbau fertig, hat er allerdings die Machart eines erstklassigen Weines. Voraussichtliche Genussreife: jetzt–2010.

DOMAINE DE MONTILLE (VOLNAY)

1999	**Puligny-Montrachet Les Caillerets**	**EE**	**(89–91)**
1998	**Puligny-Montrachet Les Caillerets**	**EE**	**92**

Zum Besitz dieses für seine Rotweine bekannten Volnay-Weinguts gehört auch eine Parzelle des Premier Cru Puligny-Montrachet, dessen Weine in den letzten Jahren von Jean-Marc Roulot (von der Domaine Guy Roulot) aus Meursault bereitet wurde. Es waren durchgehend ausgezeichnete bis hervorragende Leistungen. Seit dem Jahrgang 2000 übernimmt Etienne de Montille die Vinifikation, unterstützt von Roulot, seinem früheren Schwager.

Der *1999er Puligny-Montrachet Les Caillerets* bietet weiße Blumen, Steine und einen Hauch von getrocknetem Honig in seinen Aromen. Dieser gehaltvolle, breit angelegte, wunderschön elegante Wein von mittlerem Körper ist voll gepackt mit honigduftigen Geschmacksnuancen von Steinen und Myriaden von Gewürzen. Er ist gut konzentriert, elegant und verlangte förmlich danach, direkt aus dem Fass getrunken zu werden. Voraussichtliche Genussreife: jetzt–2006.

Der *1998er Puligny-Montrachet Les Caillerets* ist einer der am besten gelungenen Weine aus diesem Jahrgang. Er bietet ein prächtiges, exotisches Bukett von Gewürzen und gerösteten Mandeln. Von mittlerem Körper, subtil und seidig texturiert, ist er ein üppiger, wunderschön ausgewogener Tropfen, der voll gepackt ist mit herrlichen Schichten von Mineralien, Birnen und Toast. Dieser fortgeschritten entwickelte, ausdrucksvolle und doch ausgefeilte Wein sollte in den nächsten 5–6 Jahren getrunken werden.

DOMAINE ALICE ET OLIVIER DE MOOR (COURGIS)

1998	**Sauvignon de St-Bris Réserve**	**C**	**90**

Nachdem ich schon mehr als genügend magere, grüne und unangenehm schmeckende Sauvignons de St-Bris getrunken habe – die überwältigende Mehrheit schmeckte eher nach Batteriesäure als nach Wein –, war ich angenehm überrascht, als ich mit den Leistungen von

Alice und Olivier de Moor konfrontiert wurde, die sie 1998 vollbracht haben. Das ausdrucksvolle Bukett des *1998er Sauvignon de St-Bris Réserve* entströmt dem Glas mit ungestümen Aromen von Stachelbeeren und Grapefruit. Dieser kräftige, breit gebaute, gehaltvolle und unmittelbar ansprechende Sauvignon erinnert sehr an einige der besten neuseeländischen Weine. Von mittlerem bis vollem Körper, bringt er in seiner Persönlichkeit und in seinem umfassenden Abgang Geschmacksnuancen von Blumen, Zitrus, frisch gemähtem Gras und roten Himbeeren zum Ausdruck. Dies ist eindeutig der beste Sauvignon de St-Bris, den ich je zum Mund und an meine Nase geführt habe. Bravo! Trinken Sie ihn in den nächsten 2–3 Jahren.

DOMAINE MOREAU-NAUDET (CHABLIS)

1999	**Chablis Valmur**	**D**	**91**
1997	**Chablis Valmur**	**D**	**90+**

Dieses wenig bekannte, 15 Hektar große Weingut hat köstliche 1997er bereitet. Der intelligente junge Direktor der Domaine sagte mir, dass er den Ausbau seiner Weine verlängern wolle, um auf das Filtrieren verzichten zu können. (Er führt bereits keine Kaltstabilisierung durch, ein dem Wein abträgliches Verfahren, das von der Mehrzahl seiner Nachbarn noch eingesetzt wird.) Er muss allerdings noch weitere Schritte in Erwägung ziehen, wenn er möchte, dass sein Weingut das nächsthöhere Niveau erreicht (weniger häufiges Schönen, eigenes Abfüllen und Fassausbau, um nur drei zu nennen). Trotz allem meine ich, dass dies ein Produzent ist, dessen Weine die Aufmerksamkeit der Weinliebhaber verdienen.

Moreau-Naudet besitzt 0,6 Hektar Chablis Valmur. Der *1997er Chablis Valmur* ist ein wundervoller Wein, der ein komplexes Bukett von Mineralien, Nüssen, Beeren, Geißblatt und Akazienblüten an den Tag legt. Von mittlerem bis vollem Körper und ganz den Mund ausfüllend, enthüllt dieser ungemein konzentrierte Wein eine ungeheure Fülle von Muscheln, Feuerstein, Rauch und weißen Früchten. Er ist knochentrocken, aber doch sehr gehaltvoll und reif. Darüber hinaus besitzt er einen langen und komplexen Abgang. Voraussichtliche Genussreife: jetzt–2006. Der nach weißen Blumen und Mineralien duftende *1999er Chablis Valmur* ist bei mittlerem Körper reichhaltig und ölig texturiert. Dieser breit angelegte Wein voller Glyzerin ist beladen mit salzigen Geschmacksnuancen von Zitrusfrüchten und einem Hauch von Chinin. Er ist reintönig, frisch, kraftvoll und geschmacksintensiv. Trinken Sie diesen hervorragenden Chablis in den nächsten 6–7 Jahren.

Weitere empfehlenswerte Weine: 1997er Chablis Montée de Tonnerre (89+), 1999er Chablis Montée de Tonnerre (89), 1996er Chablis Montmain (88), 1997er Chablis Montmain (89), 1999er Chablis Montmain (89), 1997er Chablis Vaillons (88), 1999er Chablis Vaillons (88), 1996er Chablis Valmur (91)

MAISON BERNARD MOREY ET FILS (CHASSAGNE-MONTRACHET)

2000	**Bâtard-Montrachet**	**EEE**	**90+**
1999	**Bâtard-Montrachet**	**EEE**	**90+**
1998	**Bâtard-Montrachet**	**EEE**	**92**
1997	**Bâtard-Montrachet**	**EEE**	**92**
2000	**Chassagne-Montrachet Les Caillerets**	**E**	**93**
1999	**Chassagne-Montrachet Les Caillerets**	**E**	**91**
1998	**Chassagne-Montrachet Les Caillerets**	**E**	**90**
1997	**Chassagne-Montrachet Les Caillerets**	**E**	**93**
2000	**Chassagne-Montrachet Les Embrazées**	**E**	**92**
1997	**Chassagne-Montrachet Les Embrazées**	**D**	**91**
2000	**Chassagne-Montrachet Les Macherelles**	**E**	**90**
2000	**Chassagne-Montrachet La Maltroie**	**E**	**91**
2000	**Chassagne-Montrachet Morgeot (weiß)**	**E**	**90**

1998	**Chassagne-Montrachet Morgeot (weiß)**	**D**	**90**
1997	**Chassagne-Montrachet Morgeot (weiß)**	**D**	**91+**
2000	**Chassagne-Montrachet Vide Bourse**	**E**	**92**
1997	**Chassagne-Montrachet Vide Bourse**	**E**	**92**
2000	**Puligny-Montrachet La Truffière**	**E**	**92**
1999	**Puligny-Montrachet La Truffière**	**E**	**92**
1998	**Puligny-Montrachet La Truffière**	**E**	**92**
1997	**Puligny-Montrachet La Truffière**	**E**	**90+**
1997	**Santenay Grand Clos Rousseau (rot)**	**D**	**90**

Sehr beeindruckt haben mich Bernard Moreys weiße Burgunder aus dem Jahrgang 1997. Er hat es verstanden, sich die für diesen Jahrgang typische Reife und Dichte zunutze zu machen und gleichzeitig eine schöne Ausgewogenheit und Präzision aufrechtzuerhalten. Außerdem scheinen Moreys 1997er das Potenzial zu haben, mit zunehmender Kellerreife besser zu werden, was bei diesem Jahrgang eine Seltenheit ist. Der *1997er Chassagne-Montrachet Les Embrazées* enthüllt Aromen, die an Mineralien und Erde erinnern, die von süßen Zitronen überflutet werden. Sein herrlich ölig texturierter Kern von Birnen, Äpfeln, Beeren und intensiver Würze hat mittleren bis vollen Körper, ist dick und kleidet den Mund ganz aus. Darüber hinaus bietet dieser mollige, jedoch frische und ausgewogene Wein einen verlockenden, langen und reintönigen Abgang. Voraussichtliche Genussreife: jetzt–2006. Der *1997er Chassagne-Montrachet Morgeot* zeigt ein Bukett von Blumen, weißen Johannisbeeren und Mandeln. Es ist ein kraftvoller, ungemein ausdrucksstarker Wein, der beladen ist mit toastwürzigen Birnen und Geißblatt. Dieser konzentrierte, schön gezeichnete Tropfen hat mittleren bis vollen Körper, ist intensiv, tief und kleidet ganz den Mund aus. Er ist bereits jetzt köstlich, könnte aber mit etwas Kellerreife noch besser werden. Voraussichtliche Genussreife: jetzt–2007.

Wie die Punktnote zeigt, hat mir der *1997er Chassagne-Montrachet Les Caillerets* ganz besonders gefallen. Sein etwas überspanntes Bukett von nasser Wolle, Erde, Felsen und Mineralien geht einher mit einer superben Persönlichkeit von mittlerem bis vollem Körper. Geschmacksnuancen von reintöniger Zitrone, Steinen, Toast und Ton zeigen sich in diesem profunden, breit angelegten, expansiven und bewundernswert nachhaltigen Wein. Er ist ungemein gut ausgewogen, ausgefeilt, muskulös und alterungsfähig. Voraussichtliche Genussreife: jetzt–2007. Von 70 Jahre alten Reben stammt der *1997er Chassagne-Montrachet Vide Bourse*, der intensive Aromen von Mineralien und Steinen aufweist. Es ist ein breit angelegter, reichhaltiger Wein von mittlerem bis vollem Körper, der komplexe und detaillierte Schichten von weißen Früchten, Kies und Blumen in seinem Geschmacksprofil präsentiert. Dieser klar gezeichnete, tiefe, konzentrierte, elegante und herrlich geschmacksintensive Tropfen dürfte jetzt–2007 auf seinem Höhepunkt sein.

Der *1997er Puligny-Montrachet La Truffière* besitzt ein wundervolles Bukett, das an Babypuder, Kreide und Erde erinnert. Es ist ein ausgefeilter Wein mit einem ungemein detaillierten Kern von weißen Früchten, Zitronen, Limetten und Mineralien sowie einem mittleren bis vollen Körper. Seit der Abfüllung im September 1998 habe ich ihn viermal verkostet und er scheint mit zunehmendem Alter dichter und reichhaltiger zu werden. Voraussichtliche Genussreife: jetzt–2006. Der *1997er Bâtard-Montrachet* wurde aus Traubenmost bereitet, der von Reben mitten im Herzen dieser Grand-Cru-Lage stammt. Er präsentiert ein immens reifes Bukett von tropischen Früchten, süßen Mineralien und pochierten Birnen. Dieser Wein ist ausgewogen, klar gezeichnet und gut definiert, aber auch hochreif und opulent. Große Mengen von kandierten weißen Früchten, Mangos und würzigem Eichenholz finden sich in diesem äußerst langen, superben Bâtard von mittlerem bis vollem Körper. Trinken Sie ihn in den nächsten 7 Jahren.

Das Verkosten von Moreys opulenten, fruchtbetonten 1997er Rotweinen war ein echtes Vergnügen. Sein mittel- bis dunkelrubinroter *1997er Santenay Grand Clos Rousseau* weist

Aromen auf, die an parfümierte, mit Babypuder überstäubte Kirschmarmelade erinnern. Es ist eine immens reife, kraftvolle und expansive Fruchtbombe von mittlerem bis vollem Körper. Dieser opulente, sinnliche Tropfen steckt zum Bersten voll mit Schwarzkirschen, deren Geschmacksnuancen bis zu 30 Sekunden im Abgang anhalten. Trinken Sie diese Schönheit in den nächsten 4–5 Jahren.

Der berühmte Bernard Morey, einer von Burgunds besten Winzern – und auch ein Mann, der für sein Leben gern gut isst und lacht –, hat sich auf bewundernswerte Weise an die Eigenheiten dieses schwierigen Jahrgangs angepasst. »Nach der alkoholischen Gärung gingen alle meine Weine in einen Zustand der Oxidation über. Ich gab Schwefel zu, merkte aber schon nach einer Woche, dass diese Tendenz wiederkehrte.« Obwohl die Önologen, die dasselbe Phänomen in vielen Burgunder Kellereien feststellten, zur wiederholten Zugabe von Schwefel rieten, hatte Morey Bedenken, dass der Schwefel den Weinen die Frucht entziehen würde. Er und seine Söhne nahmen wöchentliche *bâtonnages* (Aufrühren der Hefen) vor, um sicherzustellen, dass der anfänglich zugegebene Schwefel gut verteilt wurde. Und das Ergebnis? Viele von Moreys Weinen haben mehr Tiefe der Frucht, mehr Reichhaltigkeit und Körper als die seiner Nachbarn.

Steine und weiße Früchte finden sich in den Aromen des *1998er Chassagne-Montrachet Morgeot*. Dieser seidig texturierte, intensive Wein von mittlerem bis vollem Körper enthüllt bewundernswerte Konzentration, Tiefe und Kraft. Birnen, Äpfel und frische, erdähnliche Geschmackskomponenten bestimmen den Charakter dieses ausdrucksvollen und breitschultrigen Weines. Trinken Sie ihn in den nächsten 5 Jahren. Der *1998er Chassagne-Montrachet Les Caillerets* besitzt ein rassiges Bukett, das nach Steinen, Mineralien und Zitronen duftet. Von mittlerem Körper, reichhaltig, mollig und bewundernswert konzentriert, verfügt dieser tiefe, von Zitrusnoten dominierte Tropfen über die erforderliche Frucht und Ausgewogenheit, um schön zu altern. Voraussichtliche Genussreife: jetzt–2007+.

Der betörende *1998er Puligny-Montrachet La Truffière* hat ein cremiges, blumiges und würziges Bukett. Gehaltvoll, breit angelegt und expansiv, vereint dieser Wein von mittlerem bis vollem Körper auf beeindruckende Weise Kraft und Eleganz in seiner samtig texturierten Persönlichkeit. Voraussichtliche Genussreife: jetzt–2007. Moreys *1998er Bâtard-Montrachet* ist in diesem Jahrgang ganz besonders gut gelungen. Seine dichten, steinigen Aromen gehen einher mit einer sauberen, kräftigen Persönlichkeit. Er weist mittleren bis vollen Körper auf, ist rassig, dick (für einen 1998er), hat Geschmacksnuancen von Zitronen, Birnen und Gewürzen und besitzt eine bewundernswürdige mineralisch geprägte Note. Dieser reichhaltige, scharf konturierte und äußerst lange Bâtard wird sich am besten jetzt–2008 trinken lassen.

Der *1999er Chassage-Montrachet Les Caillerets* zeigt verhaltene mineralische Aromen. Er hat hervorragende Breite, Konzentration, Kraft und mittleren Körper. Dieser ausgefeilte und klar umrissene Wein besitzt schöne Geschmackskomponenten von Rauch, Steinen, Mineralien und Birnen in seiner harmonischen und außergewöhnlich langen Persönlichkeit. Voraussichtliche Genussreife: jetzt–2009. Ausgefeilte Aromen von Blumen und Talkum lassen sich im Bukett des *1999er Puligny-Montrachet La Truffière* erkennen. Dieser Wein von mittlerem Körper enthüllt eine herrlich ausdrucksvolle Persönlichkeit von Mineralien, Steinen, Birnen und Anis. Er ist breit angelegt, aber doch detailliert und elegant und zeigt hervorragende Tiefe und einen beispielhaften Abgang. Voraussichtliche Genussreife: jetzt–2010. Räucherspeck und geröstetes Brot finden sich in den Aromen des *1999er Bâtard-Montrachet*. Dieser hervorragende Wein von mittlerem Körper expandiert am Gaumen mit ganz den Mund ausfüllenden Schichten von Toastwürze, Mineralien und weißen Früchten. Er ist mollig und gehaltvoll und hat beeindruckenden Biss. Die im Abgang noch vorhandene Wärme (vom Alkohol) ist ein Grund für die zurückhaltende Bewertung, sie kann noch revidiert werden. Voraussichtliche Genussreife: jetzt–2010.

Für Morey ist der 2000er ein großartiger Jahrgang. »Diese Weine haben große Mengen von Frucht, hervorragende Ausgewogenheit und stammen aus einer äußerst gesunden Ernte«, sagt er. Der *2000er Chassagne-Montrachet Les Macherelles* zeigt appetitanregende Aromen von frischer Erde, süßer Butter und gehaltvollen Birnen. Von mittlerem Körper und opulent, erweist er sich als üppig, tief und fett. Es ist ein Weißwein, der denjenigen Weintrinkern gefallen wird, die sonst Rotweine vorziehen, ist er doch konzentriert, ungemein ausdrucksvoll und samtig texturiert. Voraussichtliche Genussreife: jetzt–2008. Der nach Mineralien und Erde duftende *2000er Chassagne-Montrachet La Maltroie* ist von mittlerem Körper und seidig texturiert. Pikante Äpfel, gewürzte Birnen und Toastwürze finden sich in seiner breit angelegten, konzentrierten Persönlichkeit. Dieser geschmacksintensive, nahtlose Wein enthüllt auch einen bewundernswert langen Abgang. Trinken Sie ihn in den nächsten 9 Jahren.

Der herausragende *2000er Chassagne-Montrachet Les Embrazées* (Morey deklassifiziert übrigens alle Reben in seinen Weinbergen, die noch nicht das Teenager-Alter von 16 Jahren erreicht haben) explodiert förmlich im Glas und gibt Duft- und Geschmacksnuancen von Vanille, Mandeln, Anis und Gewürzen frei. Er ist gehaltvoll, opulent und von mittlerem bis vollem Körper. Dieser vielschichtige, tiefe Wein ist ganz besonders ausladend und hat einen beeindruckend langen, geschmeidigen Abgang. Trinken Sie ihn in den nächsten 10 Jahren. Der *2000er Chassagne-Montrachet Morgeot* hat ein Bukett von weißen Blumen, Vanille, Anis und Gewürz. Er ist breit angelegt, von mittlerem Körper und enthüllt große Mengen von erdigen Mineralien, Toastwürze und kandierten Zitronen in seinem frischen und nachhaltigen Charakter. Voraussichtliche Genussreife: jetzt–2010.

Aus 75 Jahre alten Reben wurde der *2000er Chassagne-Montrachet Vide Bourse* bereitet, der ein nach weißen Blumen, schwarzen Johannisbeeren und Joghurt duftendes Bukett zu erkennen gibt. Er ist konzentriert, intensiv, ausladend und hat mittleren bis vollen Körper. Schichten von sahnigen Birnen und Honigkuchen sind in seiner weinigen Persönlichkeit mit Mineralien vermischt. Voraussichtliche Genussreife: 2004–2012. Der in seinen Aromen reichhaltige *2000er Chassagne-Montrachet Les Caillerets* zeigt Düfte von gebutterten Haselnüssen. Er ist breitschultrig, würzig und fett. Von mittlerem bis vollem Körper, zeigt dieses Weinangebot Geschmacksnuancen von kandierten Zitronen, Birnenkompott, gewürzten Äpfeln und zimtähnlichen Komponenten, die alle noch in seinem vorzüglichen Abgang verweilen. Voraussichtliche Genussreife: jetzt–2012+.

Der nach frischer Erde, Mineralien und Blumen duftende *2000er Puligny-Montrachet La Truffière* hat mittleren Körper und ist seidig texturiert. Seine breit gebaute Persönlichkeit offenbart Geschmacksnuancen von Steinen, Mineralien, Gewürzen und Birnen. Ein femininer, aber doch muskulöser Wein. Voraussichtliche Genussreife: jetzt–2012. Moreys *2000er Bâtard-Montrachet* weist ein äußerst würziges Bukett auf, das sich aus Vanille, Zimt, Anis und Kardamom zusammensetzt. Am Gaumen ist er von mittlerem Körper mit einem ausladenden Kern von Frucht, der von Birnen und Gewürzen dominiert wird. Dieser ungemein detaillierte, aber doch mollige und seidig texturierte Wein dürfte in Bestform sein, wenn er jetzt–2013 getrunken wird.

Weitere empfehlenswerte Weine: 1997er Chassagne-Montrachet Les Baudines (88), 1999er Chassagne-Montrachet Les Baudines (89), 2000er Chassagne-Montrachet Les Baudines (89), 1999er Chassagne-Montrachet Clos St-Jean (89), 2000er Chassagne-Montrachet Clos St-Jean (89), 1999er Chassagne-Montrachet Les Embrazées (89), 1999er Chassagne-Montrachet Les Macharelles (88), 1997er Chassagne-Montrachet La Maltroie (weiß) (89), 1998er Chassagne-Montrachet La Maltroie (weiß) (88), 1999er Chassagne-Montrachet La Maltroie (weiß) (89), 1999er Chassagne-Montrachet Morgeot (weiß) (89+), 1998er Chassagne-Montrachet Vide Bourse (89), 1999er Chassagne-Montrachet Vide Bourse (89+), 1997er Chassagne-Montrachet Vieilles Vignes (rot) (88+), 1999er Chassagne-Montrachet Vieilles Vignes (rot) (87–89), 1997er Maranges (88), 2000er Meursault (88), 1997er Puligny-Montrachet (88), 1999er Santenay Grand Clos Rousseau (rot) (87–89)

MAISON/DOMAINE MARC MOREY (CHASSAGNE-MONTRACHET)

1998	Bâtard-Montrachet	EEE	91
1997	Bâtard-Montrachet	EEE	92
1998	Chassagne-Montrachet Morgeot	E	90
1997	Chassagne-Montrachet Les Virondots	E	90
1999	Chevalier-Montrachet	EEE	90

Bernard Mollard, der Direktor und Weinmacher dieses Weinguts und Unternehmens, ist ein einnehmender und freundlicher Mann. Er glaubt, dass 1997 »zwar ein sehr guter Jahrgang war, auch wenn ich die 1996er vorziehe. Die 1997er sind allerdings schmeichelnder und werden eher fertig sein.« Auf meine Bitte, die weißen Burgunder-Jahrgänge der 1990er Jahre in eine Rangfolge zu stellen, nominierte er 1996 und 1990 zusammen für den ersten Platz, gefolgt von 1995, 1992, 1997, 1994, 1993 und 1991.

Von dem *1997er Chassagne-Montrachet Les Virondots* war ich bei jeder Verkostung sehr begeistert (bis heute habe ich mindestens sechsmal die Gelegenheit dazu gehabt). Er hat ein frisches, erdiges Bukett, das nach weißen/roten Früchten und nach Kies duftet. Am Gaumen zeigen sich cremige Birnen, Äpfel und ein herrlich reintöniges mineralisches Element. Er hat mittleren bis vollen Körper, ist pikant, seidig, frisch, gehaltvoll und besitzt einen klar umrissenen und komplexen Abgang. Voraussichtliche Genussreife: jetzt–2007. Mollards *Bâtard-Montrachet*, einer meiner Favoriten aus dem Jahrgang 1997, enthüllt Aromen von süßen Birnen, Talk, Gewürzen, sahnigen Haselnüssen und gebuttertem Toast. Dies ist ein körperreicher Wein von beträchtlicher Reichhaltigkeit, Reife und Tiefe. Er kleidet den Mund mit öligen Schichten von Erde, Mineralien, Vanilleschoten und Crème brûlée aus, die noch im gesamten, beeindruckend nachhaltigen und reintönigen Abgang nachklingen. Er lässt sich bereits jetzt herrlich trinken, verweilte jedoch bei einer Verkostung eine ganze Stunde lang ohne jedes Anzeichen von Oxidation in meinem Glas. Voraussichtliche Genussreife: jetzt–2008.

Intensive Aromen von Kräutertee und Steinen finden sich im Bukett des *1998er Chassagne-Montrachet Morgeot.* Er enthüllt ausgezeichnete Konzentration, Tiefe, Kraft und eine mollige, intensive, mit weißen Früchten angefüllte Persönlichkeit. Dieser harmonische, geschmacksintensive und nachhaltige Wein wird sich in den nächsten 7 Jahren in Bestform befinden. Mollard erntete den *1998er Bâtard-Montrachet* mit einem natürlichen potenziellen Alkoholgehalt von 13,4%. Er ist wunderbar reif und enthüllt Aromen von roten Beeren, frischer Erde und Mineralien. Dieser breit gebaute, intensive und wuchtige Wein hat mittleren bis vollen Körper, ist mollig, frisch und sprühend lebendig. Gerösteter, mit Butter bestrichener Toast, Mineralien und gelbe Früchte finden sich in seinem ausdrucksvollen und nachhaltigen Abgang. Voraussichtliche Genussreife: jetzt–2008.

Der *1999er Chevalier-Montrachet* bietet Aromen, die an eine vanilleduftige Crème brûlée erinnern. Er verfügt über ausgezeichnete Tiefe, leichten bis mittleren Körper und einen Kern mit Geschmacksnuancen von Mineralien und pochierten Birnen. Dieser frische, wunderschön ausgewogene, reintönige Wein hätte eine hervorragende Punktnote bekommen, wenn er mehr Tiefe der Frucht gezeigt hätte. Trinken Sie ihn in den nächsten 6–7 Jahren.

Weitere empfehlenswerte Weine: 1999er Bâtard-Montrachet (89), 1998er Chassagne-Montrachet (88), 1997er Chassagne-Montrachet Les Caillerets (88), 1997er Chassagne-Montrachet Morgeot (89+), 1997er Chassagne-Montrachet Vergers (88+), 1999er Chassagne-Montrachet Vergers (89), 1998er Chassagne-Montrachet Virondots (88), 1998er Chassagne-Montrachet Virondots (89), 1997er Puligny-Montrachet Les Pucelles (88), 1998er Puligny-Montrachet Les Pucelles (88+)

DOMAINE PIERRE MOREY (MEURSAULT)

2000	Bâtard-Montrachet	EEE	(90–92)
1999	Bâtard-Montrachet	EEE	(89–91)

1997	**Bâtard-Montrachet**	**EEE**	**(90–93)**
1997	**Meursault Perrières**	**EE**	**(89–91)**

Pierre führt sowohl dieses Weingut als auch ein Handelshaus, das seinen Namen und den seiner Frau trägt (Maison Morey-Blanc), und ist auch als Weinmacher bei der Domaine Leflaive tätig. Der *1997er Meursault Perrières* besitzt überaus ausgefeilte Aromen von Zitrusfrüchten und Mineralien. Es ist ein Wein von mittlerem bis vollem Körper, breit angelegt, komplex und sprühend lebendig. Er zeigt erstklassige Ausgewogenheit, klare Linienführung und eine geschmacksintensive Persönlichkeit, die voll gepackt ist mit Kies, Limetten und Äpfeln. Voraussichtliche Genussreife: jetzt–2006. Der *1997er Bâtard-Montrachet* wartet auf mit superben Aromen von weißen Früchten und kandierten Nüssen. Dieser frische, scharf konturierte, ausdrucksstarke, breit angelegte und kraftvolle Wein besitzt mittleren bis vollen Körper. Er überzieht den Gaumen mit seiner großartigen mineralisch geprägten Art, mit Birnen und gewürzten Äpfeln. Er ist konzentriert, wohl ausgewogen und hat hervorragend klare Linienführung in seinen Geschmacksnuancen sowie einen langen, detaillierten Abgang. Trinken Sie ihn jetzt–2008+.

Der nach Birnen, Äpfeln und Mineralien duftende *1999er Bâtard-Montrachet* hat mittleren Körper, ist prächtig konturiert und voll gepackt mit Mineralien, weiß-gelben Früchten und Steinen. Er ist tief, breit gebaut, klar umrissen und hat einen langen, kristallinen Abgang. Trinken Sie ihn in den nächsten 8 Jahren. Weiße Pfirsiche und allerlei andere gelbe Früchte finden sich in den Aromen des *2000er Bâtard-Montrachet.* Dieser gehaltvolle, opulente und vielschichtige Wein ist weich und breit gebaut und auch nachhaltig. Große Mengen von reifen Birnen lassen sich in seinem komplexen Charakter entdecken. Voraussichtliche Genussreife: 2004–2012.

Weitere empfehlenswerte Weine: 2000er Meursault Les Perrières (87–89), 1997er Meursault Les Tessons (88–89), 1997er Pommard Epenots (87–89)

MAISON MOREY-BLANC (MEURSAULT)

1997	**Meursault Les Genevrières**	**EE**	**(89–91)**
1997	**Montrachet**	**EEE**	**(91–94)**

Hochreife Fruchtaromen, verwoben mit toastwürzigen Mineralien und Rauch, weist das Bukett des *1997er Meursault Les Genevrières* auf. Äußerst gehaltvoll, dick und breit angelegt, gelingt es ihm, Lebendigkeit mit einer ausgefeilten Art zu vereinen. Dabei enthüllt er überreife Geschmacksnuancen von kandierten Äpfeln, pochierten Birnen und Aprikosen. Er sollte in den nächsten 5–6 Jahren getrunken werden.

Der *1997er Montrachet* von Morey-Blanc ist ein erstklassiger Wein. Er bietet elegante und doch hochreife Aromen von Pfirsichen und Aprikosen, vermischt mit Mineralien. Dieser ölig texturierte, dicke und expansive Wein verfügt über Geschmackskomponenten von Steinen, Kies, Birnen und Mineralien in seinem mittlerem bis vollem Körper und in seinem beeindruckend langen, detaillierten Abgang. Voraussichtliche Genussreife: jetzt–2008.

Weitere empfehlenswerte Weine: 1998er Corton-Charlemagne (88), 1997er Meursault Les Bouchères (88–90), 1997er Meursault Les Charmes (88–90), 1999er Meursault Les Charmes (87–89), 1999er Meursault Les Genevrières (88–90), 2000er Meursault Les Genevrières (88–90), 1997er Meursault Les Narvaux (88–90), 2000er Meursault Les Narvaux (87–89)

DOMAINE ALBERT MOROT (BEAUNE)

1997	**Beaune Bressandes**	**D**	**(89–92)**
1997	**Beaune Marconnets**	**D**	**(88–91)**
1997	**Beaune Teurons**	**D**	**(90–92)**
1997	**Beaune Toussaints**	**D**	**(88–91)**

Mademoiselle Choppin hat allen Grund, auf ihre köstlichen 1997er stolz zu sein. Die Erträge waren recht mäßig, insgesamt lagen sie durchschnittlich bei 28 hl/ha und kein 1997er wurde chaptalisiert. Nach der 1999er Lese übergab Mademoiselle Choppin die Zügel an ihren Neffen Geoffroy Choppin de Janvry.

Der mittel- bis dunkelrubinrote *1997er Beaune Toussaints* hat ausgezeichnete Tiefe in seinen hochreifen Aromen von schwarzen Früchten. Sein von *sur-maturité* geprägtes Geschmacksprofil besteht aus kandierten Brombeeren und einem Anflug von toastwürzigem Eichenholz. Außerdem bietet dieser Wein von mittlerem Körper einen langen, reintönigen und üppigen Abgang. Er lässt sich bereits jetzt sehr schön trinken, dürfte aber leicht noch 6 Jahre halten. Der hellere *1997er Beaune Marconnets* ist ein Traum für Weintrinker, die Weine voller Frucht mögen. In diesem überraschend frischen Wein von mittlerem Körper sind hochreife rot-schwarze Früchte, vermischt mit pikanter Orangenschale und Metallspänen. Dieser den Gaumen durchdringende, seidigweiche und nachhaltige Wein sollte in den nächsten 6 Jahren getrunken werden.

Der mittel- bis dunkelrubinrote *1997er Beaune Bressandes* hat ausgezeichnete Tiefe in seinen rauchigen, wachsartigen und lakritzähnlichen Aromen. Am Gaumen verbindet er die cremige Textur und opulente, entfaltete Geschmacksnuancen von hochreifen, gebackenen roten und schwarzen Früchten mit einer strukturierten, festen Persönlichkeit. Dieser ausdrucksvolle Wein von mittlerem Körper hat einen langen, komplexen Abgang, der ausgiebige Mengen von weichen Tanninen enthüllt. Er ist bereits jetzt köstlich, kann aber bis zu 7 Jahre lang im Keller gelagert werden. Der *1997er Beaune Teurons* weist würzige Brombeer-Düfte auf und bietet einen Mund voll von ungemein ausdrucksvollen Brombeeren und Cassis, die mit *sur-maturité* durchsetzt sind. Dieser überquellende, mit Frucht voll gepackte Wein von mittlerem bis vollem Körper ist mit ausgezeichneter Reintönigkeit und Präzision versehen, aber dennoch dicht, dick und hat kräftige Geschmackskomponenten. Voraussichtliche Genussreife: jetzt–2007.

Weitere empfehlenswerte Weine: 1997er Beaune Cent Vignes (88–90), 1999er Beaune Cent Vignes (87–89), 1999er Beaune Toussaints (88–90), 1997er Savigny-lès-Beaune La Batailliére (87–89)

DOMAINE DENIS MORTET (GEVREY-CHAMBERTIN)

1997	**Chambertin**	**EEE**	**(92–95)**
1997	**Chambolle-Musigny Les Beaux Bruns**	**E**	**(90–93)**
1997	**Clos de Vougeot**	**EE**	**(90–93)**
1997	**Gevrey-Chambertin Les Champeaux**	**E**	**(90–92)**
1997	**Gevrey-Chambertin En Champs**	**E**	**(88–91)**
1997	**Gevrey-Chambertin Lavaux St-Jacques**	**E**	**(90–92)**

Denis Mortet darf nun als einer der besten Weinbereiter Burgunds gelten. Er ist äußerst zufrieden mit seinen 1997ern: Drei Viertel dieser Weine brauchten nicht chaptalisiert zu werden. »Nicht ein Gramm Fäule war bei dieser herrlichen Lese zu entdecken. Die Trauben waren schön klein und schwarz. Ich hatte noch nie äußerlich schönere Trauben gesehen«, sagt Mortet. Dann zwinkerte er mir zu, lächelte und sagte: »Aber die 1998er werden großartig.« Mortet begann recht früh mit der Lese, am 15. September, aber der natürliche potenzielle Alkoholgehalt war sehr hoch: Ein Gevrey-Chambertin En Champs wurde bei 13,9% natürlichem potenziellem Alkoholgehalt gelesen, der erste Chambertin in der Geschichte dieses Weinguts, der keine Chaptalisierung benötigte. Mortet sagt wie viele andere Winzer von der Côte d'Or, dass er zunächst um die Qualität fürchtete. »In den ersten drei Monaten verschwanden die Weine, dann aber nahmen sie enorm an Gehalt zu.« Diese positive Entwicklung führt er darauf zurück, dass er die Weine mit so viel Hefen wie möglich 24 Stunden nach dem Pressen in Fässer füllte.

Mortets satt schwarz-purpurroter *1997er Gevrey-Chambertin En Champs* bietet dichte Aromen von schwarzen Früchten. Außerordentlich süß (durch Reife, nicht durch Zucker) und ausdrucksvoll, enthüllt dieser kernige, strukturierte Wein Geschmackskomponenten von Teer, Lakritze, Kirschsirup und Cassis. Es ist ein überschwänglicher Wein, der förmlich aus allen Nähten platzt vor großen Mengen von Frucht, deren Geschmacksnuancen auf bewundernswerte Weise in seinem umfassenden Abgang nachklingen. Allerdings benötigt sein recht festes Rückgrat noch etwas Geduld, das heißt Kellerreife. Voraussichtliche Genussreife: jetzt–2007. Obwohl er von relativ jungen (1984 gepflanzten) Reben stammt, ist der *1997er Chambolle-Musigny Les Beaux Bruns* durchweg einer der besten Weine, die auf diesem Weingut bereitet werden. Der 1997er wurde mit einem erstaunlichen natürlichen potenziellen Alkoholgehalt von 13,9% gelesen und bietet ein prächtiges Bukett von Rosenblättern, Veilchen und Brombeeren dar. Dieser seidig texturierte, weiche und expansive Wein von mittlerem bis vollem Körper steckt bis an den Rand voll von Brombeeren, kandierten Kirschen und Räucherspeck. Er ist frisch, rassig, gut strukturiert, ausgefeilt und hat einen Abgang, der sich wie ein Pfauenschwanz auffächert und zunehmend intensiver wird. Dieser üppige und verführerische Wein sollte in den nächsten 7 Jahren getrunken werden. Der mittel- bis dunkelrubinrote *1997er Gevrey-Chambertin Les Champeaux* enthüllt komplexe Aromen von Zimt, Erde und Brombeeren. Er besitzt Geschmacksnuancen von pikanten roten Früchten, Bruyèreholz und Brombeeren und gewaltige Tiefe der Frucht, vereint mit ausgiebigen Mengen von reifen Tanninen: die ideale Kombination, die das Potenzial für ein langes Leben darstellt. Er hat mittleren bis vollen Körper, ist konzentriert und kraftvoll. Voraussichtliche Genussreife: jetzt–2010+.

Dank einer Unterbrechung in der Hügelkette, die seinen Reben von Westen her kühlen Wind zukommen lässt, erreichte Mortets Parzelle Gevrey-Chambertin Lavaux St-Jacques 1997 eine noch nie dagewesene Reife. Der *1997er Gevrey-Chambertin Lavaux St-Jacques* ist ein dunkelrubinroter Wein mit steinigen Aromen von schwarzen Früchten und einem festen, ausgefeilten und frischen Charakter, der bis zum Bersten angefüllt ist mit Geschmacksnuancen von Heidelbeermarmelade, schwarzen Früchten und metallähnlichen Noten. Dieser maskuline, ungemein ausdrucksvolle und klar umrissene Wein wird in den nächsten 7–8 Jahren in Höchstform sein. Ein ähnliches Kleid zeigt der *1997er Clos de Vougeot*, der würzige und erdige Düfte von Brombeeren enthüllt. Es ist ein breit gebauter, dichter und mit ungemein reifer Frucht voll gepackter Wein. Teer, Lakritze und Eukalyptus sind mit Brombeergestrüpp vermischt in diesem strukturierten Tropfen von mittlerem bis vollem Körper, der einen beeindruckend langen Abgang aufweist. Voraussichtliche Genussreife: jetzt–2008. Der Jahrgang 1997 brachte besonders bei den Chambertin-Lagen sehr gute Ergebnisse. Laut Mortet war er der Beste überhaupt. Der *1997er Chambertin* hat eine dunkelrubinrote Farbe und ein wunderbar reifes, ausdrucksvolles Bukett, das auf ungestüme Art Brombeermarmelade, frische Kräuter und asiatische Gewürze darbietet. Dieser ehrfurchteinflößende Wein explodiert förmlich am Gaumen mit samtigen Wogen voller Geschmacksnuancen von mit Schokolade überzogenen Kirschen, Heidelbeerkuchen, Zimt und Noten, die an Bruyèreholz erinnern. Er ist körperreich, expansiv, ungemein kraftvoll, wuchtig und auf beeindruckende Art strukturiert. Seine erstaunliche Präsenz am Gaumen hält im geschmeidigen und süßen Abgang bis zu 40 Sekunden an. Dieser superbe Chambertin ist in Bestform jetzt–2010+.

Weitere empfehlenswerte Weine: 1997er Gevrey-Chambertin (87–89), 1997er Gevrey-Chambertin Combe du Dessus (87–89), 1997er Gevrey-Chambertin En Motrot (88–90), 1997er Gevrey-Chambertin au Vellé (88–90)

DOMAINE GEORGES MUGNERET/MUGNERET-GIBOURG (VOSNE-ROMANÉE)

1997	**Chambolle-Musigny Les Feusselottes**	**E**	**(89–92)**
1997	**Clos de Vougeot**	**EE**	**93**
1997	**Echézeaux**	**EE**	**(88–91)**
1997	**Ruchottes-Chambertin**	**EE**	**(90–93)**

Die beiden Töchter von Madame Georges Mugneret, Marie-Christine und Marie-Andrée, sagten mir, dass ihre Erträge 1997 recht niedrig waren. Obwohl auch der Frost im Frühjahr einige Schäden angerichtet hatte, führten sie die geringen Erträge darauf zurück, dass »die Natur die hohen Erträge von 1996 ausgleicht«. Sie reichten von 18 hl/ha beim Ruchottes-Chambertin bis zu hohen Werten von 35–38 hl/ha beim Vosne-Romanée. Selbst die regionale Appellation Bourgogne wurde mit kärglichen 22 hl/ha gelesen. Marie-Andrée sagt: »Alles war klein: die Beeren, die Traubenbüschel und die Erträge.« Wie bei vielen anderen Weingütern wurden zahlreiche 1997er nicht chaptalisiert. Die alkoholischen Gärungen verliefen recht turbulent und Marie-Andrée sagte, dass sie bei der Vinifizierung extrem wachsam sein musste, um zu verhindern, dass sich flüchtige Säure einstellte. Die malolaktischen Gärungen setzten ziemlich früh ein und das Abfüllen (ohne Schönen und Filtrieren) wurde früher als sonst eingeplant.

Der mittel- bis dunkelrubinrote *1997er Chambolle-Musigny Les Feusselottes* zeigt intensive Aromen von roten und schwarzen Früchten und asiatischen Gewürzen. Er ist breit angelegt, expansiv, maskulin und bietet komplexe Geschmacksnuancen von Heidelbeeren, Kümmel, Steinen, Maulbeeren und schwarzen Johannisbeeren. Von mittlerem bis vollem Körper, gut strukturiert und bewundernswert nachhaltig, wirft dieser breitschultrige und ausdrucksvolle Wein die Theorie über den Haufen, wonach Chambolles delikate und feminine Burgunder sind. Voraussichtliche Genussreife: jetzt–2006+. Der rubinrote *1997er Echézeaux* besitzt ein Bukett, das nach Orangenschalen, Parfum und Talkum duftet. Dieser wunderbar reife (nicht-chaptalisierte), breit angelegte, gehaltvolle Wein ist voll gepackt mit roten Beeren und hat eine ausgezeichnete Struktur. Wenn sein etwas abgeschnitten wirkender Abgang vor dem Abfüllen noch mehr Substanz bekommen sollte, würde er eine hervorragende Punktnote erhalten. Trinken Sie ihn jetzt–2007.

Der mittel- bis dunkelrubinrote *1997er Ruchottes-Chambertin* zeigt zutiefst würzige Aromen, die an Rosenwasser, rote Beeren und Parfum erinnern. Am Gaumen strotzt er mit Geschmacksnuancen von süßen Kirschen, Rauch, schwarzen Himbeeren und Pflaumen. Seine verführerische, samtige Textur und seine Persönlichkeit von mittlerem bis vollem Körper gehen einher mit einem etwas festen und strukturierten, aber doch tanninreichen Abgang. Dieser komplexe, harmonische Wein wird sich jetzt–2008 in Bestform befinden. Der mit einem ähnlichen Kleid ausgestattete *1997er Clos de Vougeot* zeigt dichte Aromen von eingedickten Kirschen. Am Gaumen steckt dieser wunderschön strukturierte, frische Wein von mittlerem bis vollem Körper bis an den Rand voll mit roter und schwarzer kandierter Beerenfrucht, asiatischen Gewürzen und toastwürzigem Eichenholz. Er vereint wunderbar die für diesen Jahrgang typischen, von *sur-maturité* durchwobenen Geschmacksnuancen mit hervorragendem Biss und Struktur. Voraussichtliche Genussreife: jetzt–2009.

Weiterer empfehlenswerter Wein: 1997er Nuits-St-Georges Chaignots (88–90)

DOMAINE JACQUES-FRÉDÉRIC MUGNIER (CHAMBOLLE-MUSIGNY)

1998	**Bonnes Mares**	**EE**	**(88–92)**
1999	**Chambolle-Musigny Les Amoureuses**	**EEE**	**(91–93+)**
1999	**Chambolle-Musigny Les Fuées**	**EE**	**(89–90+)**
1999	**Musigny**	**EEE**	**(90–93)**
1997	**Musigny**	**EEE**	**93**

Jacques-Frédéric Mugnier hat seine Teilzeitbeschäftigung als Pilot bei einer Fluggesellschaft aufgegeben und arbeitet nun das ganze Jahr als Vollzeit-Winzer in Burgund. Wie so viele andere Burgunder glaubt auch Mugnier, dass der Jahrgang 1997 Weine hervorgebracht hat, die zum baldigen Trinkgenuss bestimmt sind, findet aber keine Erklärung dafür, warum diese gehaltvollen und doch anscheinend empfindlichen Weine auch nach mehreren Stunden Luftkontakt noch keinerlei Anzeichen von Oxidation aufweisen. Intensive, süße und pflaumenhafte Früchte finden sich in den köstlichen Aromen des *1997er Musigny.* Kandierte Kirschen, dickliche Pflaumen und eine dicke, samtige Textur bestimmen die Persönlichkeit dieses Weines. Seidig texturiert, aber doch gut strukturiert, bietet er einen langen, gut gewirkten Abgang, der Schichten von Schokolade und süßen kandierten Früchten enthüllt. Diese Flasche wurde viereinhalb Stunden vor der Verkostung geöffnet und beweist, dass die 1997er wesentlich alterungsfähiger sind, als viele glauben, einschließlich Monsieur Mugnier. Voraussichtliche Genussreife: jetzt–2012+.

Der rubinrote *1998er Bonnes Mares* bietet intensive Aromen von wilden Beeren. Von mittlerem bis vollem Körper und seidig texturiert, hat er hervorragende Tiefe der Frucht, Kraft und Detail. Große Mengen von roten und schwarzen Kirschen umkleiden seine reifen, aber doch festen Tannine. Voraussichtliche Genussreife: jetzt–2006.

Über die 1999er sagt Jacques-Frédéric Mugnier: »Ich habe noch nie mehr Fässer in meinem Keller gehabt. Mir gefallen diese Weine und ich bin überrascht, wie voll sie trotz der hohen Erträge schmecken. Ich habe einen Mostabzug von 15–20% vorgenommen und musste trotzdem noch Weine in die Destillerie geben.« (Jeder Wein, der die zulässige Erntemenge überschreitet, muss in staatlichen Destillerien abgeliefert werden.) Der aus 50 Jahre alten, an Bonnes Mares grenzenden Reben bereitete mittel- bis dunkelrubinrote *1999er Chambolle-Musigny Les Fuées* hat mittleren Körper und ist seidig texturiert. Seine breit gebaute und konzentrierte Persönlichkeit bietet große Mengen von roten und schwarzen Kirschen und einen langen, reifen und tanninreichen Abgang. Voraussichtliche Genussreife: jetzt–2008. Süße Kirschen, Mineralien und Erde finden sich in den Aromen des *1999er Chambolle-Musigny Les Amoureuses.* Dies ist ein üppiger, herrlich sinnlicher, reintöniger und präziser Wein. Saftige Schichten von Himbeeren, Kirschen und würzigen Erdbeeren zeigen sich in seiner samtig texturierten Persönlichkeit und in seinem bewundernswert langen, geschmeidigen Abgang. Dieser köstliche Wein sollte jetzt–2010 getrunken werden. Der mittel- bis dunkelrubinrote *1999er Musigny* besitzt ein verhaltenes Bukett, das nach Himbeeren, Kirschen und Kies duftet. Er präsentiert Schichten von Schwarzkirschen, süßen Brombeeren, Steinen und mit Veilchen erfüllten Früchten. Seine konzentrierte Persönlichkeit enthüllt eine Fülle von wunderschön gereiftem Tannin und einen beeindruckend langen, klar umrissenen Abgang. Voraussichtliche Genussreife: 2004–2011.

Weiterer empfehlenswerter Wein: 1997er Chambolle-Musigny (88)

DOMAINE MICHEL NIELLON (CHASSAGNE-MONTRACHET)

2000	**Bâtard-Montrachet**	**EEE**	**94**
1999	**Bâtard-Montrachet**	**EEE**	**91+**
1997	**Bâtard-Montrachet**	**EEE**	**93**
2000	**Chassagne-Montrachet Les Champs-Gains**	**E**	**91**
1997	**Chassagne-Montrachet Les Champs-Gains**	**E**	**90**
1999	**Chassagne-Montrachet Les Chaumées**	**E**	**90**
1997	**Chassagne-Montrachet Les Chenevottes**	**E**	**91+**
1999	**Chassagne-Montrachet Clos St-Jean**	**E**	**90**
1999	**Chassagne-Montrachet La Maltroie**	**E**	**91**
2000	**Chevalier-Montrachet**	**EEE**	**92**
1999	**Chevalier-Montrachet**	**EEE**	**92**
1997	**Chevalier-Montrachet**	**EEE**	**92+**

Michel Niellon beschrieb wie viele andere seiner aufrichtigen Winzerkollegen die 1997er Weißweine als »köstlich und leicht trinkbar«. In einer Ecke von Niellons Keller steht ein Fass, auf das er die Flaschen stellt, die er seinen Besuchern serviert. Als ich zu meiner jährlichen Verkostung eintraf, nahm Niellon wie immer neue, ungeöffnete, versandbereite Flaschen aus dem Regal. Zu meinem Entsetzen waren sie äußerst verschlossen und rochen stark nach Schwefel. Nach einigem Zureden ließ Niellon mich die Weine verkosten, die schon ein paar Stunden offen standen. Den Lesern sei also gesagt, dass sich meine Verkostungsnotizen auf abgefüllte Weine beziehen, die vorher geöffnet wurden und Luftkontakt hatten (mit Ausnahme des Vergers).

Der *1997er Chassagne-Montrachet Les Champs-Gains* bietet pikante Aromen von Zitronen und Mineralien und ist bei mittlerem bis vollem Körper gut ausgewogen. Dieser Wein gibt sich wunderschön klar umrissen mit präzisen Geschmacksnuancen von Ton, Erde, Steinen und Anis sowie einer samtig texturierten Persönlichkeit. Er ist reichhaltig und dicht, Niellon hat irgendwie seine hervorragende Ausgewogenheit aufrechterhalten. Voraussichtliche Genussreife: jetzt–2005. Der *1997er Chassagne-Montrachet Les Chenevottes* hat blumige Aromen von roten Beeren und eine äußerst reichhaltige, aber dennoch ausgewogene Persönlichkeit. Dieser Wein ist angefüllt mit köstlichen Schwaden von Mineralien, Feuerstein, Kreide, Zitronen und frischen Birnen. Sein mittlerer Körper ist wunderschön klar umrissen und konzentriert und weist bewundernswerte Nachhaltigkeit auf. Voraussichtliche Genussreife: jetzt–2006+.

Beide 1997er Grands Crus von Niellon sind hervorragend. Der *1997er Chevalier-Montrachet* enthüllt superbe Reife in seinem ausdrucksvollen, mit Mineralien und Kreide voll gepackten Bukett. Dieser fabelhafte Wein hat mittleren Körper, ist reichhaltig, konzentriert, wunderschön konturiert und bietet appetitliche mineralische Geschmackskomponenten, die in seinem ausgedehnten und knochentrockenen Abgang nachklingen. Voraussichtliche Genussreife: jetzt–2009. Niellon spielt mit dem Gedanken, die Reben auf der Parzelle, von der er den *1997er Bâtard-Montrachet* bereitet hat, nach der 2000er Lese ausreißen. Die alten Rebstöcke wurden 1928 gepflanzt und haben zahlreiche erstaunliche Weine hervorgebracht. Der 1997er ist sicherlich einer der besten Bâtards dieses Jahrgangs. Er weist ganz hochreife Aromen von Birnen und Äpfeln auf und hat einen hoch konzentrierten und extrahierten Kern von Frucht. Es ist ein äußerst profunder Wein mit intensiven honigduftigen Geschmacksnuancen von Königskuchen und einer opulenten, viskosen und fast kraftlosen Textur. Bei einer besseren Ausgewogenheit wäre meine Punktnote pfeilartig hochgeschnellt. Trinken Sie ihn in den nächsten 5–6 Jahren.

Auf meine Frage, ob ihm der 1999er Jahrgang gefällt, sagte Niellon, der sich stets kurz fasst: »Einiges an ihm: ja. Anderes: nein.« Ich habe es nicht geschafft, eine ausführlichere Antwort zu bekommen. Da die malolaktischen Gärungen erst so spät abgeschlossen waren, sah sich Niellon gezwungen, seinen Weinen eine einzige große Dosis Schwefel zuzugeben (die Weine werden leichter mit der Schwefelzugabe fertig, wenn sie in mehreren kleinen Dosen erfolgt). Daher war die Beurteilung der von ihm geöffneten Flaschen äußerst schwierig und wir verkosteten auch Flaschen, die 24 Stunden vorher geöffnet worden waren. Langjährige Freunde von Michel Niellons Weinen sollten wissen, dass er kürzlich die alten Reben von seiner außergewöhnlichen Parzelle Chassagne-Montrachet Les Vergers ausgerissen hat. »Sie waren krank und einfach nicht mehr produktiv«, sagte er. Nachdem er jedoch die Vergers ausgerissen hatte, verschob er seine ursprünglichen Pläne, der 74 Jahre alten Bâtard-Montrachet-Parzelle das gleiche Schicksal zukommen zu lassen.

Gehaltvolle Aromen von Mineralien, Steinen und Erde kennzeichnen das Bukett des *1999er Chassagne-Montrachet Clos St-Jean.* Von mittlerem Körper, breit angelegt, tief und seidig texturiert, ist dies ein äußerst gut ausgewogener und reintöniger Wein. Gemischte weiße Früchte, Mineralien, Quarz und Gewürze lassen sich in seiner Persönlichkeit und in seinem langen, üppigen Abgang entdecken. Voraussichtliche Genussreife: jetzt–2010. Zwei Flaschen des *1999er Chassagne-Montrachet Les Chaumées* zeigten die negative Wirkung des Schwefels. Die erste Flasche hatte ein vollkommen verschlossenes Bukett. Am Gaumen war der Wein reintönig, scharf konturiert und von leichtem bis mittlerem Körper. Er zeigte Mineralien, Zitronen und einen langen, frischen Abgang. Die zweite Flasche, nach 24 Stunden an der Luft, enthüllte Aromen von Birnen, Äpfeln, Gewürzen und Mineralien. Von mittlerem Körper, war dies ein breit angelegter, reintöniger, konzentrierter und fetter Wein mit großen Mengen von weißen Früchten und Mineralien in seiner tiefen Persönlichkeit. Voraussichtliche Genussreife: jetzt–2010. Der mineralisch duftende *1999er Chassagne-Montrachet La Maltroie* präsentiert mittleren Körper und ist wunderbar scharf konturiert. Dieser tiefe, konzentrierte, präzise Wein ist beladen mit Quarz, Zitrusfrüchten und Birnen. Es ist ein seidig texturierter Tropfen mit einem langen, geschmeidigen Abgang. Voraussichtliche Genussreife: jetzt–2010.

Niellons *1999er Chevalier-Montrachet* enthüllt herrlich reintönige, mineralische Aromen. Von mittlerem Körper, ausgefeilt und ungemein klar umrissen, bietet dieser seidig texturierte Wein in seiner tiefen Persönlichkeit Geschmacksnuancen von Steinen, frischen Birnen und Äpfeln. Er hat ebenfalls einen langen Abgang. Voraussichtliche Genussreife: 2004–2012. Nach etwas gutem Zureden enthüllt der in seinen Aromen zurückhaltende, straff gewirkte *1999er Bâtard-Montrachet* eine breit angelegte, konzentrierte und tiefe Persönlichkeit. Frische, würzige und pikante Geschmacksnuancen von frischen Birnen und Äpfeln kommen nach beträchtlicher Luftzufuhr zum Vorschein. Voraussichtliche Genussreife: 2005–2011+.

Laut Michel Niellon ist der 2000er »ein guter Jahrgang, mit dem man sich selbst Vergnügen bereiten kann. Schon von Anfang an stellte er sich als dem 1999er ebenbürtig oder überlegen dar, und ich glaube nicht, dass wir von seiner Qualität enttäuscht sein werden. Er dürfte besser ausfallen, als der 1999er je sein konnte.« Als wir über die 2000er und über weiße Burgunder generell sprachen, sagte Niellon: »Sicher, die 2000er sollten in ihrem ersten Lebensjahrzehnt getrunken werden, aber das gilt für die meisten weißen Burgunder. Meine Philosophie ist, dass unsere hiesigen Weine in den ersten 6–8 Jahren getrunken werden sollen, solange sie sich noch schön trinken lassen. Warum warten und den Tod der Weine riskieren?« Seine Ausbaumethoden schirmen den Wein vor dem Kontakt mit der Luft ab und daher glaubt Niellon, dass man seine Weine 30–45 Minuten vor dem Servieren dekantieren sollte, damit »sie zum Leben wiedererweckt werden«.

Der prächtige *2000er Chassagne-Montrachet Les Champs-Gains* entströmt dem Glas mit hochreifen Apfel-Aromen. Frisch, gehaltvoll und opulent überzieht er den Gaumen mit einer Vielzahl von Gewürzen, Mineralien, weißen Früchten und gebuttertem Toast. Im Kontakt mit der Luft nimmt sein Geschmacksprofil an Intensität und Konturenschärfe zu. Voraussichtliche Genussreife: jetzt–2011. Der *2000er Bâtard-Montrachet* explodiert förmlich im Glas mit Aromen von gewürzten Birnen. Dieser superbe Wein begießt den Gaumen mit tropischen Früchten, Gewürzen, kandierten Äpfeln, gebuttertem Toast und einem Anflug von Himbeeren. Er ist kraftvoll, von mittlerem bis vollem Körper und weist einen außergewöhnlich langen Abgang auf. Dieser herrliche Bâtard sollte in den nächsten 11 Jahren getrunken werden. Der *2000er Chevalier-Montrachet* hat ein nach Toast und Gewürzen duftendes Bukett, ist klar umrissen, von mittlerem Körper und hat große Mengen von Geschmackskomponenten von Kies, Mineralien, Steinen und Äpfeln. Er ist straffer als der Bâtard, aber dennoch intensiv, konzentriert und besitzt einen langen, bewundernswert reintönigen Abgang. Voraussichtliche Genussreife: jetzt–2013.

Weitere empfehlenswerte Weine: 1999er Chassagne-Montrachet Les Champs-Gains (89), 2000er Chassagne-Montrachet Chaumées (89), 1997er Chassagne-Montrachet Clos de la Maltroie (89), 2000er Chassagne-Montrachet Clos de la Maltroie (89), 2000er Chassagne-Montrachet Clos St-Jean (89), 1997er Chassagne-Montrachet Les Vergers (88+)

DOMAINE DES PERDRIX (NUITS-ST-GEORGES)

1997	**Echézeaux**	**EE**	**92+**
1997	**Nuits-St-Georges Aux Perdrix**	**E**	**92**

Dieses Monopol-Weingut ist Eigentum der Maison Antonin Rodet und produziert prächtige Weine, die unsere aufmerksame Beachtung verdienen. Keiner der 1997er wurde chaptalisiert, angesäuert, geschönt oder filtriert. Außerdem sind sie das Ergebnis einer der spätesten Lesen an der Côte d'Or. Von Trauben, die mit einem natürlichen Alkoholpotenzial von über 14% gelesen wurden, stammt der *1997er Nuits-St-Georges Aux Perdrix*. Er ist dunkelrubinrot und weist ein herrlich reifes Bukett voller Kirschen und Gewürze auf. Dies ist ein opulenter, üppiger Wein mit einem eindringlichen Geschmacksprofil, voll beladen mit roten und schwarzen kandierten Kirschen. Von mittlerem bis vollem Körper und sinnlich, hat er große Mengen von süßen, geschmeidigen Tanninen in seinem sehr langen Abgang. Voraussichtliche Genussreife: jetzt–2008+.

Der hellere *1997er Echézeaux* hat ätherische, florale Aromen. Ein femininer, seidig texturierter, klar umrissener und eleganter Wein mit einer zum Lächeln verführenden Persönlichkeit und erhabenen Geschmacksnuancen von Veilchen und roten Beeren. Er weist hervorragenden Biss, Ausgewogenheit und Struktur auf. Voraussichtliche Genussreife: jetzt–2008.

Weitere empfehlenswerte Weine: 1997er Nuits-St-Georges (89), 1997er Vosne-Romanée (89+)

DOMAINE HENRI PERROT-MINOT (MOREY-ST-DENIS)

1999	Chambertin	EE	(88–92?)
1999	Chambolle-Musigny La Combe d'Orveaux Vieilles Vignes	EE	(89–91)
1997	Chambolle-Musigny La Combe d'Orveaux Vieilles Vignes	EE	(91–93)
1999	Chambolle-Musigny Les Fuées	E	(89–91)
1997	Chambolle-Musigny Les Fuées	EE	(90–93)
1999	Charmes-Chambertin Vieilles Vignes	EE	92+
1997	Charmes-Chambertin Vieilles Vignes	EE	(91–93)
1999	Mazoyères-Chambertin Vieilles Vignes	EE	(90–92+)
1997	Mazoyères-Chambertin Vieilles Vignes	EE	93
1997	Morey-St-Denis La Riotte	E	(89–92)

Christophe Perrot-Minot hat sich zu einem der vier oder fünf besten Weinmacher in Morey-St-Denis und auch zu einem der besten in ganz Burgund entwickelt. Im Februar 2000 erwarb Perrot mit Hilfe von externen Investoren die Domaine Pernin-Rossin und vergrößerte damit seinen Besitz auf 14 Hektar. Zu Beginn der Wachstumsperiode 1997 stellte er ungleichmäßige Blütenbildung fest, die zu unregelmäßiger Ausreifung führt. Daraufhin ging er in die Weinberge (die sowieso schon niedrige Erträge hatten, 28 hl/ha beim Chambolle-Musigny La Combe d'Orveaux zum Beispiel) und nahm eine Behangausdünnung vor (Orveaux ging so auf 22 hl/ha herunter), um alle Trauben auf dasselbe hohe Reifeniveau zu bringen. Durchschnittlich waren seine Ernten 1997 um 60% geringer als 1996. Er führte vor der Gärung eine 10 bis 13 Tage dauernde Kaltmaischung durch und verwendete äußerst geringe Dosen von Schwefeldioxid (5–7 cl). Perrot-Minot experimentiert gerne, und daher fand 1997 bei seinen beiden Grands Crus der Großteil der alkoholischen Gärung in neuen Eichenfässern und nicht in den traditionellen *cuves* statt. Keiner der Weine wurde vor der *assemblage*, die vor dem Abfüllen stattfand, abgestochen. Der mittel- bis dunkelrubinrote *1997er Morey-St-Denis La Riotte* enthüllt liebliche Aromen von schwarzen Früchten und gewürztem Eichenholz. Von mittlerem bis vollem Körper, ist dies ein weicher, üppiger, konzentrierter und mit Schwarzkirschen und Pfefferminzschokolade voll gepackter Wein. Darüber hinaus bietet dieser tiefe, komplexe und sinnliche Tropfen einen langen, reintönigen und geschmeidigen Abgang. Trinken Sie ihn in den nächsten 6–7 Jahren. Nur 62 Kisten wurden von dem mittel- bis dunkelrubinroten *1997er Chambolle-Musigny Les Fuées* produziert (1998 waren es nur 37!). Dieser (und auch die folgenden drei) Weine wurden in zu 100% neuen Eichenfässern bereitet. Er bietet Aromen von Räucherschinken und gerösteter Eiche, sowie einen fetten, dichten und konzentrierten Charakter voller Frucht. Bei diesem maskulinen, kraftvollen und strukturierten Wein von mittlerem bis vollem Körper durchsetzen Lakritze, Steine und Brombeerlikör den Gaumen. Wunderschön geschichtet und samtig texturiert, ist dies ein intensiver, ungemein geschmacksbetonter und kompletter Wein, der in den nächsten 7 Jahren getrunken werden sollte. Der dunkelrubinrote *1997er Chambolle-Musigny La Combe d'Orveaux* (ausschließlich in brandneuen Rémond-Fässern bereitet) enthüllt Düfte von kandierten Kirschen und Cassis. Er ist ein kräftiger, körperreicher, teeriger, gehaltvoller und kerniger Wein, der Geschmacksnuancen von Leder, gebackenen Brombeeren, Felsen und toastwürzigem Eichenholz zu erkennen gibt. Dieser konzentrierte und muskulöse Wein offenbart einen überschwänglichen Charakter, der in seinem gesamten, sehr geschmacksintensiven und geschmeidigen, tanninerfüllten Abgang anhält. Voraussichtliche Genussreife: jetzt–2006. Der mittel- bis dunkelrubinrote *1997er Mazoyères-Chambertin Vieilles Vignes* zeigt Aromen, die an gezuckerte Kirschen erinnern. Es ist ein Wein von hervorragender Konzentration, Dichte, Frische und Konturenschärfe. Von mittlerem bis vollem Körper, ungemein ausdrucksvoll und voll gepackt mit kandierten roten Früchten, asiatischen Gewürzen und süßem, toastwürzigem Eichenholz, ist dies ein gut strukturierter, aber doch opulenter roter Burgunder. Voraussichtliche Genussreife: jetzt–2007.

Der genussbetonteste und sinnlichste von Perrot-Minots 1997ern ist sein mittel- bis dunkelrubinroter *1997er Charmes-Chambertin Vieilles Vignes*. Himbeermarmelade, Veilchen, Rosen und Gewürze lassen sich in seinem überschwänglichen Bukett entdecken. Seine ungestüme Persönlichkeit ist breit angelegt, komplex, konzentriert und von üppiger Süße und voll gepackt mit hochreifen roten Früchten und einem Hauch von Steinen. Dieser herrlich lange, gut bereitete und harmonische Wein wird in Bestform sein, wenn er in den nächsten 8 Jahren getrunken wird.

Perrot-Minot ist der Meinung, dass 1999 »ein großartiger, reifer Jahrgang für diejenigen ist, die ihre Erträge unter Kontrolle hatten«. Seine *villages*-Lagen erbrachten 45 hl/ha und die Premiers und Grands Crus zwischen 35 und 37 hl/ha. Mir haben seine außerordentlichen 1996er sehr gefallen, aber sein Streben nach Kraft haben dazu geführt, dass der Extrakt mit jedem Jahrgang zunahm. Die Verbindung von Reintönigkeit und Eleganz mit Kraft und Reife im 1996er hat zu einem hoch extrahierten Charakter geführt.

Der dunkelrubinrote *1999er Chambolle-Musigny Les Fuées* zeigt Aromen von dunklen Früchten und frischen Kräutern. Sein Charakter mit Geschmacksnuancen von geröstetem Kaffee, Brombeeren und roten Kirschen zeigt hervorragende Tiefe der Frucht, eine frische Persönlichkeit und einen langen, klar umgrenzten und eleganten Abgang. Dieser gut ausgewogene Wein von mittlerem Körper dürfte sich 2004–2010 auf dem Höhepunkt seiner Reife befinden.

Der dunkelrubinrote *1999er Chambolle-Musigny La Combe d'Orveaux Vieilles Vignes* zeigt ein Bukett, das nach hochreifen schwarzen Früchten duftet. Von mittlerem Körper und hoch extrahiert, ist dies ein muskulöser und süßer Wein, der voll gepackt ist mit Brombeeren, Pflaumen und Heidelbeeren. Er enthüllt hervorragende Reife in seinen Tanninen sowie kraftvolle teer- und lakritzeähnliche Geschmacksnuancen, die man in seinem langen, geschmeidigen Abgang wieder findet. Voraussichtliche Genussreife: jetzt–2010+. Der nach süßen roten Kirschen und Rosen duftende *1999er Charmes-Chambertin Vieilles Vignes* ist ein breit gebauter, hochreifer, üppiger Wein, der den Mund ganz auskleidet. Reichliche kandierte Kirschen und Brombeeren finden sich in diesem weichen, geschmeidigen, vorzüglich langen und reintönigen Wein. In seinem überaus detaillierten Abgang lassen sich Töne von Erdbeeren und Veilchen erkennen. Trinken Sie ihn in den nächsten 12–15 Jahren.

Nach Eichenholz und Brombeeren duftet der *1999er Mazoyères-Chambertin Vieilles Vignes*, ein ungemein strukturierter und maskuliner Wein. Brombeeren, Lakritze, Teer und Kräuter charakterisieren seinen kraftvollen Charakter von mittlerem Körper. Dieser extrahierte Wein hat eine ausgezeichnete Dichte der Frucht und feste, aber doch gut gereifte Tannine, die sich in seinem langen Abgang manifestieren. Trinken Sie ihn 2005–2015.

Perrot-Minots *1999er Chambertin* wird aus 5 Reihen von Rebstöcken bereitet, die einem seiner Freunde gehören. Dieser mittel- bis dunkelrubinrote Wein hat ein sinnliches, pflaumenhaftes, süßes und parfümiertes Bukett. Eingangs im Mund und am mittleren Gaumen nimmt er sich unmittelbar ansprechend, weich und opulent aus und zeigt große Mengen von dunklen, pflaumenhaften Früchten. Dennoch hat dieser Wein von mittlerem Körper einen festen, äußerst strukturierten und tanninreichen Abgang. Die Frage ist, welche Persönlichkeit sich letztendlich durchsetzen wird: die extrovertierte, üppige und entgegenkommende oder die tanninstrenge, verhalten entwickelte und straffe? Die Zeit wird diese Frage entscheiden. Voraussichtliche Genussreife: jetzt–2008+?

Weitere empfehlenswerte Weine: 1997er Chambolle-Musigny (88–90), 1999er Chambolle-Musigny Vieilles Vignes (87–89), 1997er Gevrey-Chambertin (87–89), 1997er Morey-St-Denis La Riotte Vieilles Vignes (89–92), 1999er Morey-St-Denis La Riotte Vieilles Vignes (88–90), 1997er Morey-St-Denis en la Rue Vergy (87–89), 1999er Morey-St-Denis en la Rue Vergy (88)

MAISON NICOLAS POTEL (NUITS-ST-GEORGES)

1999	**Bonnes Mares**	**EE**	**(91–93)**
1998	**Bonnes Mares**	**EE**	**(89–91)**
1999	**Charmes-Chambertin**	**EE**	**(91–93)**
1999	**Clos St-Denis**	**EE**	**(92–93)**
1997	**Clos St-Denis**	**EE**	**(90–93)**
1997	**Clos de la Roche**	**EE**	**(89–91)**
1997	**Clos de Vougeot**	**EE**	**(90–92)**
1997	**Echézeaux**	**EE**	**(88–91)**
1999	**Grands-Echézeaux**	**EE**	**(89–91)**
1997	**Pommard Rugiens**	**E**	**(91–93)**
1997	**Volnay Champans**	**E**	**(89–91)**
1999	**Volnay Chevret**	**D**	**(90–92)**
1999	**Volnay Mitans**	**D**	**(90–91)**
1997	**Volnay Pitures**	**E**	**(89–92)**
1997	**Volnay Santenots**	**E**	**(90–93)**
1999	**Vosne-Romanée Les Suchots**	**E**	**(90–92)**

Nicolas Potel, der Sohn des verstorbenen Gérard Potel von der berühmten Volnay-Domaine de la Pousse d'Or, hat ein neues *négociant*-Unternehmen gegründet. Nicolas Potel wird an der ganzen Côte d'Or geschätzt und respektiert und er ist in der Lage, Trauben, Most und Weine von einigen der großen Burgunder-Stars anzukaufen. Er hat ausgezeichnete Kontakte zu den Winzern von der Côte d'Or, ein umfassendes Wissen über die Burgunder Weinlagen und große Erfahrung, die er während der jahrelangen Zusammenarbeit mit seinem Vater erworben hat. Sein Ziel ist es, Trauben aus gut platzierten Lagen mit über 30 Jahre alten Reben anzukaufen. Er ist vollkommen gegen das Schönen von Pinot Noir und glaubt auch nicht an neue Eichenholzfässer. Er sagt: »Ich werde nur filtrieren, wenn ich unbedingt muss. Keiner meiner 1996er ist filtriert worden.« Bei den 1997ern wurde auch keine Säure zugegeben oder chaptalisiert.

Der satt rubinrote *1997er Volnay Pitures* stammt von Trauben, die von einem Winzer gekauft wurden, der sich biodynamischen Anbaumethoden verschrieben hat. Er offenbart Aromen von Tabak und Brombeeren und ist ein ausgefeilter Wein von mittlerem bis vollem Körper mit hervorragender Kraft, Biss, Linienführung und Ausgewogenheit. Seidig texturiert und kernig, bietet dieser maskuline Wein Schichten von rot-schwarzen Früchten und zedernholzähnliche Anklänge. Trinken Sie ihn in den nächsten 6 Jahren. Der dunklere *1997er Volnay Champans* hat ein beerenfruchtiges, eichenholzwürziges und blumiges Bukett aufzuweisen. Er erinnert an einen jungen, in Eichenholz ausgebauten Châteauneuf-du-Pape (La Nerthe Cuvée des Cadettes zum Beispiel) und bietet Geschmacksnuancen von hochreifen Cassis und Kräutern der Provence, die deutlich von süßem, toastwürzigem Eichenholz geprägt sind. Was diesem Wein von mittlerem bis vollem Körper an Eleganz und Raffiniertheit fehlt, macht er durch schiere Kraft und Stämmigkeit wieder wett. Voraussichtliche Genussreife: jetzt–2006+.

Wie bei Potels hervorragenden Kontakten in der Côte de Beaune zu erwarten, ist sein *1997er Volnay Santenots* absolute Spitzenklasse. Dieser mittel- bis dunkelrubinrote Wein mit zutiefst süßen Fruchtaromen hat hervorragende Tiefe, Kraft und Rückgrat. Er gibt mittleren bis vollen Körper zu erkennen, ist fast bis zum Platzen voll von explosiven Geschmacksnuancen von schwarzen Früchten, Blumen und kandierten Noten und ist frisch, wunderbar konzentriert und bewundernswert lang. Voraussichtliche Genussreife: jetzt–2008. Der ungemein beeindruckende, mittel- bis dunkelrubinrote *1997er Pommard Rugiens* bietet Aromen von überzuckerten Kirschen und Heidelbeeren. Es ist ein kerniger, breit angelegter, expansiver, muskulöser und maskuliner Güterzug von einem Wein, der den Gaumen mit Schwaden von dichten Brombeeren überzieht. Dieser pikante, überschwängliche und ungemein erfreuliche Pommard der Spitzenklasse ist einer der besten Weine, die 1997 in diesem berühmten Dorf bereitet wurden. Voraussichtliche Genussreife: jetzt–2008. Aus angekauftem Wein gestaltet wurde der mittel- bis dunkelrubinrote *1997er Echézeaux*, der einen Duft von rauchigen schwarzen Früchten an den Tag legt. Er hat mittleren bis vollen Körper, ist tief, gewaltig, kraftvoll und voll beladen mit Kirschen, Räucherschinken, Brombeeren und Cassis. Hätte er nicht diesen etwas trockenen und wie abgeschnitten wirkenden Abgang, hätte er eine höhere Punktnote bekommen. Voraussichtliche Genussreife: jetzt–2007.

Aus alten Reben mitten im Clos St-Denis wurde Potels rubin-purpurroter *1997er Clos St-Denis* bereitet. Seine gedämpften, aber dennoch hochreifen Aromen gehen einher mit einer profunden Persönlichkeit, die voll gepackt ist mit dicklichen Kirschen. Von mittlerem bis vollem Körper, bietet er hervorragenden Biss, Eleganz und Kraft: Dieser harmonische und gut strukturierte Wein dürfte sich für eine mittelfristige Kellereinlagerung eignen. Trinken Sie ihn jetzt–2009. Der satt rubinrote *1997er Clos de la Roche* gibt Aromen zu erkennen, die nach Blumen, Cassis und Rosen duften. Schwarze Johannisbeeren, Schwarzkirschen und metallähnliche Geschmacksnuancen lassen sich in diesem Wein von mittlerem bis vollem Körper entdecken. Dieser Wein ist ungemein ausdrucksvoll, rassig und wohlstrukturiert, außerdem besitzt er ein festes, tanninreiches Rückgrat, das Geduld erfordert. Voraussichtliche Genussreife: jetzt–2008. An der Grenze zur Überreife ist der dunkelrubinrote *1997er Clos de Vougeot* mit seinen Mokka- und traubenhaften Aromen. Kirschen, asiatische Gewürze, Feigen, Datteln und Pflaumen finden sich in diesem überschwänglichen, breit angelegten Wein von mittlerem bis vollem Körper. Durch seinen etwas tanninherben Abgang hat er eine leicht zurückhaltendere Bewertung bekommen, ist aber dennoch ein herausragender Wein. Voraussichtliche Genussreife: jetzt–2010.

Der junge, aufgeweckte und stets lächelnde Potel sagte ganz unverblümt: »1998 ist kein großer Jahrgang, wir hatten einfach nicht genügend Reife.« Der *1998er Bonnes Mares* ist mittel- bis dunkelrubinrot und bietet ein traubenduftiges, pflaumenhaftes Bukett. Von mittlerem Körper, dicht, konzentriert und maskulin, ist dies ein tiefer, intensiver und harmonischer Wein. Große Mengen von süßen schwarzen Früchten finden sich in seinem Charakter und in seinem langen, reintönigen Abgang. Trinken Sie ihn in den nächsten 7–8 Jahren.

Der mittel- bis dunkelrubinrote *1999er Volnay Mitans* ist mit Aromen von dicklichen Pflaumen und Brombeeren ausgestattet. Er ist ein maskuliner, muskulöser Wein von mittlerem Körper mit einer scharf konturierten Persönlichkeit voller Frucht. Er überzieht den Gaumen mit großen Mengen von dicklichen schwarzen Früchten und kandierten Kirschen. Sein Abgang enthüllt ausgiebiges, tadellos reifes Tannin. Trinken Sie ihn in den nächsten 10 Jahren. Der hervorragende mittel- bis dunkelrubinrote *1999er Volnay Chevret* hat erdige, steinige Aromen von dunklen Beeren. Von mittlerem Körper und voll gepackt mit süßen Brombeeren und Lakritze, ist dies ein dichter, runder, seidig texturierter Wein. Seine üppige, hochreife Persönlichkeit hüllt sein ausgiebiges, geschmeidiges Tannin ein. Trinken Sie ihn in den nächsten 10–12 Jahren.

Hochreife Kirschen, Pflaumen und kandierte Himbeeren präsentieren sich in den appetitlichen Aromen des mittel- bis dunkelrubinroten *1999er Vosne-Romanée Les Suchots.* Dies ist ein Wein mit ungemein süßen Geschmackskomponenten von Brombeeren, Heidelbeeren, Kirschen und asiatischen Gewürzen. Von mittlerem Körper und reintönig, bietet er einen üppigen, opulenten Charakter, der seine zwar präsenten, aber doch geschmeidigen Tannine überschwemmt. Voraussichtliche Genussreife: 2004–2010. Eine ähnliche Farbe weist der *1999er Grands-Echézeaux* auf, seine Aromen zeigen süße Himbeeren und toastwürziges Eichenholz. Es ist ein expansiver Wein mit üppigen Schichten von Schwarzkirschen, Himbeeren und Erdbeeren, die in einen festen und doch langen und etwas seidigen Abgang übergehen. Voraussichtliche Genussreife: jetzt–2009.

Der nach dunklen Beeren und toastwürziger Eiche duftende *1999er Bonnes Mares* hat eine intensive, konzentrierte Persönlichkeit von mittlerem bis vollem Körper. Schwarzkirschen, Räucherschinken und kandierte Himbeeren finden sich in diesem kernig texturierten, festen Wein, der einen nachhaltigen Abgang aufweist. Er ist frisch und reintönig. Voraussichtliche Genussreife: 2004–2012. Der etwas dunklere *1999er Clos St-Denis* verfügt über betörende Aromen von Lakritze und Veilchen. Dieser fette, runde Wein von mittlerem bis vollem Körper hat hervorragende Dichte und Konzentration. Er ist randvoll mit üppigen Schichten von Heidelbeeren, Kirschen, Brombeeren und Myriaden von Gewürzen, und alle diese Geschmacksnuancen halten in seinem beeindruckend reintönigen und langen Abgang an. Trinken Sie ihn jetzt–2012. Der nach pikanten Morellen duftende *1999er Charmes-Chambertin* ist mittel- bis dunkelrubinrot. Dieser würzige, frische und ungemein klar umrissene Wein zeigt eine ungeheure Fülle von Himbeeren, Kirschen, pikanten Johannisbeeren und saftigen Heidelbeeren. Er hat hervorragende Reintönigkeit und einen außerordentlich langen, milden Abgang. Trinken Sie ihn in den nächsten 8–10 Jahren.

Weitere empfehlenswerte Weine: 1997er Beaune Boucherottes (87–89), 1999er Beaune Epenottes (87–89), 1999er Bourgogne Vieilles Vignes (88), 1997er Pommard Arvelets (87–89), 1999er Pommard Epenots (87–89), 1997er Santenay Les Gravières (88–89+), 1997er Savigny-lès-Beaune La Dominode (88–90), 1997er Volnay (87–89+), 1997er Volnay Mitans (87–89+), 1999er Volnay Santenots (88–89+)

DOMAINE JACQUES PRIEUR (MEURSAULT)

1997	**Chambertin**	**EEE**	**94+**
2000	**Chevalier-Montrachet**	**EEE**	**(91–93)**
1999	**Chevalier-Montrachet**	**EEE**	**(89–91)**
1998	**Chevalier-Montrachet**	**EEE**	**(89–92)**
1997	**Chevalier-Montrachet**	**EEE**	**(90–93)**
1997	**Clos de Vougeot**	**EE**	**91**
1999	**Corton-Bressandes**	**EE**	**(91–93)**
1997	**Corton-Bressandes**	**E**	**91+**
1999	**Corton-Charlemagne**	**EE**	**(89–91)**
1998	**Corton-Charlemagne**	**EE**	**(88–91)**
1997	**Corton-Charlemagne**	**EE**	**(91–93)**
1997	**Echézeaux**	**EEE**	**(89–91)**
1998	**Meursault Perrières**	**EE**	**(88–91)**
1997	**Meursault Perrières**	**EE**	**(90–92)**
2000	**Montrachet**	**EEE**	**(93–94)**
1999	**Montrachet**	**EEE**	**(92–94)**
1998	**Montrachet**	**EEE**	**(90–94)**
1997	**Montrachet**	**EEE**	**(93–95)**
1999	**Musigny**	**EEE**	**(91–93)**
1997	**Musigny**	**EEE**	**(93–95)**

2000	**Puligny-Montrachet Les Combettes**	**E**	**(89–91)**
1997	**Puligny-Montrachet Les Combettes**	**EE**	**(88–91)**
1999	**Volnay Champans**	**E**	**(91–92+)**
1999	**Volnay Clos des Santenots**	**E**	**(89–92)**
1997	**Volnay Clos des Santenots**	**E**	**(91–93)**

Unter der Ägide von Martin Prieur, unterstützt von der überaus talentierten Weinmacherin Nadine Gublin von der Maison Rodet, hat die Domaine Jacques Prieur im Jahrgang 1997 fabelhafte Weine hervorgebracht. Die Erträge lagen bei durchschnittlich 28 hl/ha. Keiner der Weine hat einen natürlichen potenziellen Alkoholgehalt unter 12,5% und kein einziger wurde nach Aussagen von Prieur und Gublin chaptalisiert oder angesäuert. Der *1997er Puligny-Montrachet Les Combettes* bietet anziehende, komplexe und elegante Aromen von Mineralien, Geißblatt und Aprikosen. Er ist ein dichter Wein mit seidigen Schichten von weißen Früchten, Blüten und pikanten Zitronen sowohl in seinem Geschmacksprofil von mittlerem bis vollem Körper als auch in seinem langen und scharf konturierten Abgang. Voraussichtliche Genussreife: jetzt–2005+. Prieurs *1997er Meursault Perrières* präsentiert einen Duft von frischer Sahne und eine expansive, den Mund auskleidende (aber doch ausgefeilte) Persönlichkeit. Dieser hervorragende Wein ist breit angelegt, dick, von mittlerem bis vollem Körper und randvoll mit Nüssen, Mineralien, Steinen und reifen Birnen. Sein langer, detaillierter Abgang zeigt Geschmacksnuancen, die an Muscheln und sonnenerwärmte Felsen erinnern. Voraussichtliche Genussreife: jetzt–2005. Nur zwei Fässer wurden von dem in seinen Aromen zurückhaltenden *1997er Chevalier-Montrachet* bereitet. Am Gaumen weist er herrliche Kraft, Intensität und Konzentration auf. Dies ist ein dichter, öliger Wein von mittlerem bis vollem Körper voller Birnen, Äpfel und Mineralien. Auch der Abgang ist beeindruckend. Obwohl das Bukett etwas verschlossen war, verfügt dieser Wein über alle Attribute eines großen Weines. Voraussichtliche Genussreife: jetzt–2008.

14 Monate nachdem er mit einem natürlichen potenziellen Alkoholgehalt von 14,5% gelesen worden war, gärte der *1997er Montrachet* immer noch leicht (er hatte noch 3g Zucker). Weder Prieur noch Gublin schienen besorgt über die abnormal lange Dauer der Umwandlung des Zuckers in Alkohol. Im Gegenteil, sie waren ganz begeistert davon, wie viel Komplexität und Tiefe diese äußerst langsam fortschreitende Gärung ihrem Montrachet verleihen würde. Er ist ein spektakulärer Wein mit dichten Aromen von Blüten, Mineralien, Anis, Gewürzen, Äpfeln und Aprikosen. Am Gaumen zeigte sich etwas CO_2 (was ganz normal ist während der Gärung und bei langem Kontakt mit der Hefe), aber seine schiere Kraft, Komplexität, Konzentration und Expansivität waren ganz einfach sinnenverwirrend. Seine explosive Persönlichkeit, beladen mit tropischen Früchten, gebuttertem Toast, Piment, pochierten Birnen und Johannisbeeren, ist angesichts seiner Korpulenz überraschend frisch und strukturiert. Es ist ein körperreicher, den Mund auskleidender, eleganter und herrlich langer Wein. Bravo! Voraussichtliche Genussreife: jetzt–2014.

Auch der *1997er Corton-Charlemagne* schloss gerade seine Gärung ab (mit weniger als 3 g Restzucker); er war am 10. Oktober mit einem potenziellen Alkoholgehalt von 14% gelesen worden. Sein ungemein gehaltvolles und reifes Bukett enthüllt Aromen von Birnen und Toast, die mit einer leicht warmen Persönlichkeit einhergehen, angefüllt mit Himbeeren, Äpfeln, Anis und Gewürzen. Dieser Wein von mittlerem bis vollem Körper ist dick texturiert, breit angelegt und von genussbetonter Art. Seine verschwenderischen Geschmacksnuancen von hochreifen Früchten und toastwürzigem Eichenholz und seine konzentrierte Frucht halten noch im beeindruckenden Abgang an. Voraussichtliche Genussreife: jetzt–2011.

Aus unglaublich niedrigen Erträgen von nur 6 hl/ha wurde der verblüffende *1997er Volnay Clos des Santenots* bereitet, der superbe Aromen von Blumen, sahnigen Kirschen und Gewürzen an den Tag legt. Dieser komplexe, frische und herrlich konzentrierte Wein von mittlerem bis vollem Körper steckt voller hochreifer schwarzer Früchte und Rosen. Er ist ungemein geschmacksintensiv, samtig texturiert und besitzt einen bewundernswert langen, frischen und reintönigen Abgang. Voraussichtliche Genussreife: jetzt–2012. Der mit einem ähnlichen Kleid ausgestattete *1997er Corton Bressandes* (der wie die meisten Weine der Domaine Jacques Prieur ungeschönt und unfiltriert abgefüllt wird) weist ein Bukett auf, das von *sur-maturité* durchzogen ist und nach Kirschen und Lakritze duftet. Es ist ein expansiver, wunderschön gestalteter, eleganter und kraftvoller Wein von mittlerem bis vollem Körper, komplex, opulent und süß, und sein Geschmacksprofil setzt sich aus Brombeeren und Teer zusammen. Voraussichtliche Genussreife: jetzt–2009.

Bei einem natürlichen potenziellen Alkoholgehalt von 14–14,5% wurde der rubinrote *1997er Clos de Vougeot* gelesen, der Aromen von Feigen und Backpflaumen bietet. Dieser überaus reife, massive, fette und schon fast obszön opulente Wein explodiert förmlich am Gaumen mit Geschmacksnuancen von Kirschmarmelade und Lakritze. Von mittlerem bis vollem Körper und aufreizend sinnlich, ist dieser Wein nichts für Weintrinker, die in einem Burgunder Eleganz, Noblesse oder Rasse suchen. Dies ist vielmehr ein Wein für all jene, die sofortige leibliche Befriedigung finden wollen. Trinken Sie ihn in den nächsten 4 Jahren. Der dunklere *1997er Echézeaux* weist Aromen von gewürztem Mais, Talkum und Toast auf. Stilistisch ist dieser Wein das genaue Gegenteil des vorherigen: Er ist ausgefeilt, elegant, am Detail orientiert und bietet breit angelegte, aber doch delikate Geschmacksnuancen von Kirschen in seinem Kern von mittlerem bis vollem Körper. Dieser wohl ausgewogene, seidig texturierte Wein sollte in den nächsten 7+ Jahren getrunken werden.

Der *1997er Musigny* aus dem Hause Prieur wurde kurz vor dem Abfüllen verkostet und präsentiert intensive Aromen von Schwarzkirschen, Veilchen und Mokka. Er ist breit gebaut, ausgefeilt, klar umrissen, körperreich und angefüllt mit überreifen Geschmackskomponenten von Brombeeren und Schokolade. Dieser gut bereitete, harmonische und elegante Wein scheint auf seinem Weg von eingangs auf der Zunge bis hin zum beeindruckend langen und detaillierten Abgang zu expandieren und zunehmend kräftiger zu werden. Er ist einer der beeindruckendsten Weine dieses Jahrgangs und dürfte sich jetzt–2010+ in Höchstform befinden. Der etwas dunklere *1997er Chambertin* wurde mit einem erstaunlichen natürlichen potenziellen Alkoholgehalt von 14,5% gelesen und bietet ein überschwängliches Bukett von Rosen und äußerst reifen roten und schwarzen Früchten dar. In ihrer Jugend sind die Chambertins normalerweise eher verhalten entwickelt und verschlossen, dieser Riesenkerl von einem Wein explodiert jedoch förmlich am Gaumen mit unerhörten Schichten von süßen Kirschen und Heidelbeeren. Samtig texturiert, von mittlerem bis vollem Körper, breit gebaut, muskulös und dennoch ausgefeilt und nobel, lässt er sich bereits jetzt wunderbar trinken, dürfte sich aber in den nächsten 12 Jahren noch wunderschön weiterentwickeln.

Der toastwürzige, nach weißen Früchten und Steinen duftende *1998er Meursault Perrières* ist ein ausgefeilter Wein von mittlerem Körper. Sein mit Zitrone und Mineralien angefülltes Geschmacksprofil ist detail-orientiert, klar gezeichnet und nachhaltig im Abgang. Wenn dieser Wein nach abgeschlossenem Ausbau Reichhaltigkeit und Körper vereint, verdient er eine Punktnote im oberen Bereich der angegebenen Spanne. Voraussichtliche Genussreife: jetzt–2005.

Der *1998er Corton-Charlemagne* hat mittleren Körper und bietet weiche Aromen von Mineralien und Erde. Dieser strenge, strukturierte und straff gewirkte Wein wird derzeit durch Geschmacksnuancen von würziger Zitrusfrucht beherrscht. Er ist gut ausgewogen, harmonisch und besitzt einen langen, detaillierten Abgang. Voraussichtliche Genussreife: jetzt–2008. In weiße Schokolade getauchte Mineralien lassen sich in den Aromen des *1998er Chevalier-Montrachet* entdecken. Von mittlerem Körper, kraftvoll und ungemein scharf konturiert, zeigt dieser komplexe, seidig texturierte Wein hervorragenden Biss in seiner frischen, sauberen Persönlichkeit. Weiße Blumen, Steine, Kies und Anklänge von Birnen finden sich in seinem Geschmacksprofil und in seinem gesamten, langen Abgang. Voraussichtliche Genussreife: jetzt–2009. Der ungemein beeindruckende *1998er Montrachet* hat ein Bukett, das sich aus weißen Früchten, toastwürzigem Eichenholz und Mineralien zusammensetzt. Von mittlerem Körper, muskulös und dick, ist dies ein dichter, würziger Wein, der angefüllt ist mit reifen Äpfeln, roten Beeren und Anis. Er ist äußerst gut ausgewogen, harmonisch und hat einen außerordentlich langen Abgang, der große Mengen von warmer (vom Alkohol) Frucht enthüllt, die mit fortschreitendem Ausbau verschmelzen dürfte. Voraussichtliche Genussreife: jetzt–2010.

Der *1999er Corton-Charlemagne* präsentiert ein appetitanregendes Bukett von Mandeln, Sahne und Gewürzen. Er hat mittleren Körper, ist gehaltvoll und gleichzeitig streng, dabei reintönig und besitzt Geschmacksnuancen von Limetten, Mineralien und Steinen. Im Abgang ist er seidig texturiert und bewundernswert lang. Da er konzentriert und tief ist, verdient er vielleicht eine bessere Note, wenn er sich noch öffnet. Voraussichtliche Genussreife: jetzt–2011. Der *1999er Chevalier-Montrachet* zeigt Aromen von Blumen, Mineralien und Birnen. Von mittlerem Körper, tief und rund, mit Geschmacksnuancen von weißen Früchten und Akazienblüten, ist dies ein molliger, gehaltvoller und üppiger Wein. Er ist schön konzentriert, äußerst gut ausgewogen und mit einem langen, kristallinen Abgang ausgestattet. Voraussichtliche Genussreife: jetzt–2010. Der hervorragende *1999er Montrachet* enthüllt toastwürzige Birnen, Äpfel und Mineralien in seinen nuancierten Aromen. Von mittlerem Körper und komplex, ist dies ein gehaltvoller, tiefer, dichter und intensiver Wein. Samtweiche Wellen von weißen Früchten, Gewürzen (darunter Kardamom und Muskatnuss) und mit Honig überzogenen Mineralien lassen sich in der Persönlichkeit dieses Juwels und in seinem bewundernswert langen, reintönigen und weichen Abgang entdecken. Voraussichtliche Genussreife: jetzt–2012.

Der *1999er Volnay Clos des Santenots* (aus Erträgen von 38 hl/ha) offenbart süße, pflaumenhafte Aromen von Brombeerfrucht. Von mittlerem Körper und breit gebaut, ist dies ein kandierter, pikanter Wein, der voll gepackt ist mit konzentrierten Schichten von Heidelbeeren, Brombeeren und Kirschen. Er ist frisch, würzig und besitzt einen langen, geschmeidigen, reifen und tanninreichen Abgang. Voraussichtliche Genussreife: 2005–2012. Der *1999er Volnay Champans* hat ein ungestümes Bukett von gebackenen Pflaumen und Brombeeren. Von mittlerem bis vollem Körper, üppig und opulent, ist dies ein wuchtiger, samtig texturierter Wein. Er ist randvoll mit Kirschen, Brombeeren, Heidelbeeren und kandierten Himbeeren, deren Geschmacksnuancen in seinem vorzüglich reintönigen und langen Abgang anhalten. Trinken Sie diese Schönheit 2004–2012.

Der mittel- bis dunkelrubinrote *1999er Corton-Bressandes* hat ein parfümiertes Bukett, das nach Veilchen und roten Kirschen duftet. Es ist ein kraftvoller, wuchtiger Wein von mittlerem bis vollem Körper, der Schichten über Schichten von Kirschen, Pflaumen und Brombeeren in seinem kernigen, seidig texturierten Charakter aufweist. Er besitzt große Mengen von herrlich gereiftem Tannin, das ihm eine beispielhafte Struktur verleiht. Dieser konzentrierte, muskulöse Wein wird 2005–2012 in Höchstform sein. Der nach Veilchen und Heidelbeeren duftende, mittel- bis dunkelrubinrote *1999er Musigny* hat eine Persönlichkeit von mittlerem bis vollem Körper. Sein Bukett entströmt dem Glas mit einem mächtigen Schwall von Himbeeren, Pflaumen und einem Anflug von Feigen und Lakritze. Dies ist ein opulenter, süßer, üppiger und weich texturierter Wein, der hochreif ist. Sein festes, tanninstrenges Rückgrat ist umhüllt von großen Mengen an *sur-maturité*-Frucht. Trinken Sie ihn 2005–2012.

Der nach weißen Früchten duftende *2000er Puligny-Montrachet Les Combettes* ist ein weicher, molliger Wein von mittlerem Körper. Mineralien und Steine sind in diesem kernig texturierten, gehaltvollen, frischen Tropfen, vermischt mit gebuttertem Toast und reifen Birnen. Er hat hervorragende Tiefe der Frucht und einen wunderschön nuancierten Charakter. Voraussichtliche Genussreife: jetzt–2009. Der *2000er Chevalier-Montrachet* entströmt dem Glas mit ungestümen Aromen von Gewürzen. Kandierte Beeren, große Mengen von Mineralien und Steine lassen sich im intensiven Charakter dieses gehaltvollen, ausladenden

Weins entdecken. Er ist weinig, konzentriert und mit hervorragender Tiefe ausgerüstet. Voraussichtliche Genussreife: 2004–2012. Der superbe *2000er Montrachet* hat ein Bukett, das nach Blumen, Anis, Gewürzen und Mineralien duftet. Von mittlerem bis vollem Körper und profund, bietet dieser reichhaltige, konzentrierte Wein intensive Schichten von Mineralien, gemischten weißen Früchten, Gewürzen und Vanille. Auch wenn er nicht die überwältigende Tiefe der besten Montrachets von Prieur hat, so ist er dennoch einer der besten Weine des Jahrgangs 2000, der Kraft mit Ausgefeiltheit und Ausdrucksstärke mit Harmonie vereint. Voraussichtliche Genussreife: 2004–2014.

Weitere empfehlenswerte Weine: 2000er Corton-Charlemagne (89–90), 1999er Meursault Clos Mazerey (rot) (89), 1999er Meursault Les Perrières (88–89+), 2000er Meursault Les Perrières (89–90), 1995er Montrachet (97), 1999er Puligny-Montrachet Les Combettes (87–89), 1997er Volnay Champans (89), 1997er Volnay Santenots (89)

CHÂTEAU DE PULIGNY-MONTRACHET (PULIGNY-MONTRACHET)

1997	**Bâtard-Montrachet**	**EEE**	**(88–92)**
2000	**Chevalier-Montrachet**	**EEE**	**(92–94)**
1997	**Chevalier-Montrachet**	**EEE**	**(93–94)**
1997	**Meursault Perrières**	**E**	**(89–91)**
2000	**Montrachet**	**EEE**	**(88–91)**
1999	**Montrachet**	**EEE**	**(90–93)**
1998	**Montrachet**	**EEE**	**(90–93)**
1997	**Montrachet**	**EEE**	**(93–95)**
1997	**Puligny-Montrachet Les Folatières**	**E**	**(89–91)**
2000	**Puligny-Montrachet La Garenne**	**EE**	**(89–91)**
1997	**Puligny-Montrachet La Garenne**	**E**	**(89–91)**

Jacques Montagnon, der hochbegabte Weinmacher des Château de Puligny-Montrachet, hat die besten Eigenschaften des 1997er Jahrgangs herausgearbeitet und alle eventuellen Schwächen dieses Jahres ausgeschaltet. Damit ist er einem auserwählten Kreis von Weinmachern beigetreten, zu dem auch Jacques Lardière von Jadot, Lalou Bize-Leroy von der Domaine d'Auvenay und Dominique Lafon gehören und die allesamt 1997 sehr gelungene Weine bereitet haben. Montagnon hat seinen Weinen keine Säure zugegeben. »Warum hätte ich das tun sollen? Ich kannte den Säuregehalt und war mir klar darüber, dass er sich nach den malolaktischen Gärungen nicht ändern würde«, sagt er zuversichtlich.

Der *1997er Meursault Perrières* offenbart fesselnde Mandelcreme-Aromen sowie einen fetten, cremigen Charakter. Er bietet Geschmacksnuancen von getrocknetem Honig, Mineralien und Haselnussextrakt, ist herzhaft, ungemein reif und besitzt eine schöne Länge. Ein außergewöhnlich gut ausgewogener Wein für seinen Jahrgang, der sich bei Kellerreife schön entfalten dürfte. Voraussichtliche Genussreife: jetzt–2006+.

Der *1997er Puligny-Montrachet La Garenne* war leicht reduktiv, aber im Kontakt mit der Luft kam sein intensives Bukett von Mineralien, Zitronen und Geißblatt zum Vorschein. Ein schön konzentrierter Wein von mittlerem bis vollem Körper mit ausgiebigen Schichten von Ton, Zitrusfrüchten und toastwürzigem Eichenholz sowie einem nachhaltigen Abgang. Voraussichtliche Genussreife: jetzt–2006+. Der *1997er Puligny-Montrachet Les Folatières* ist eleganter. Seine Aromen offenbaren Akazienblüten, geröstete Nüsse und Holzwürze. Am Gaumen bietet dieser geschmacksintensive Wein von mittlerem bis vollem Körper klar umrissene Geschmacksnuancen von Mineralien und Haselnüssen. Auch wenn er nicht so dicht ist wie der La Garenne, erscheint er harmonischer. Die für 1997 typische alkoholische Wärme war in seinem ansonsten köstlich mit Eichenholz durchzogenen Abgang spürbar, wodurch seine Punktnote etwas geringer ausfiel. Trinken Sie ihn in den nächsten 5–6 Jahren.

Der *1997er Chevalier-Montrachet* wurde bei einem natürlichen potenziellen Alkoholgehalt von 14% gelesen. Er hat ein außerordentliches Bukett von Mineralien, Kardamom, Erdnüssen, Akazienblüten und Anis. Dieser tadellos konturierte, präzise und konzentrierte Wein hat enorme Komplexität, einen mittleren bis vollen Körper und einen wunderschön langen Abgang. Sein Geschmacksprofil besteht aus Kreide, Feuerstein, knackigen Birnen, ungestümen Mineralien und süßem würzigem Eichenholz. Voraussichtliche Genussreife: jetzt bis 2008+. Der *1997er Bâtard-Montrachet* zeigt Aromen von Passionsfrucht, Mangos und überreifen Birnen. Er erinnert an Chardonnay-Gelee und ist ein gewaltig dicker, überaus dichter und körperreicher Wein, der sich herrlich schmückt mit Kirschen, Himbeeren und tropischen Früchten. Seine Kraft, Textur und Gewicht sind äußerst beeindruckend. Könnte es sein, dass er zu intensiv bzw. über das Ziel hinausgeschnellt ist? Trinken Sie ihn in den nächsten 4–6 Jahren. Der *1997er Montrachet* offenbart Aromen von staubigen Mineralien, Pfirsichen und Erde. Dieser kraftvolle, opulente, viskose Wein von mittlerem bis vollem Körper erinnert zwar an den enormen Bâtard, ist aber im Wesen besser ausgewogen und klarer gezeichnet. Gebutterter Toast, Steine, Kreide, Mineralien, pochierte Birnen, Aprikosen und rote Johannisbeeren lassen sich in seiner komplexen, explosiven und ungemein konzentrierten Persönlichkeit entdecken. Voraussichtliche Genussreife: jetzt–2009.

Der *1998er Montrachet* wurde in einem brandneuen Halbstück (ein Fass mit 114 l Fassungsvermögen) gestaltet, aber er besitzt die erforderliche Tiefe der Frucht und die Struktur, um dem Angriff des Eichenholzes zu widerstehen. Mineralien, Akazienblüten und Toast finden sich in seinen ausdrucksvollen Aromen. Körperreich, kernig texturiert und breit angelegt, erobert dieser dichte, ganz den Mund auskleidende, kraftvolle Wein den Gaumen mit Schichten von herrlich reifen Birnen, Äpfeln, Mineralien und Gewürzen. Dieser komplexe, unwiderstehliche Tropfen ist harmonisch und wohl ausgewogen und wird sich als ein klassischer Montrachet herausstellen. Voraussichtliche Genussreife: jetzt–2012.

Jacques Montagnon sagte mir, dass die Erträge 1999 durchschnittlich bei 54 hl/ha lagen, und damit weit unter den zulässigen 63 hl. Auf meine Bitte, die weißen Burgunder der 1990er Jahre in eine Rangfolge zu stellen, nannte er den 1992er als seinen Favoriten, gefolgt von 1995, 1996, 1998, 1999, 1997, 1994, 1991 und schließlich 1993. Der 1999er Montrachet (von dem er nur 170 Liter bereitete) wurde in einem 57-Liter-Fass sowie in einem 114-Liter-Fass vinifiziert und ausgebaut. Er enthüllt süße, cremige Aromen von Vanille und Gewürzkuchen. Von mittlerem Körper, reichhaltig, tief und mollig, zeigt dieser samtig texturierte Wein große Mengen von Gewürzen und Mineralien in seiner Persönlichkeit und in seinem außergewöhnlich langen, reintönigen und weichen Abgang. Voraussichtliche Genussreife: jetzt–2010.

Der *2000er Puligny-Montrachet La Garenne* bietet blumige und steinige Aromen. Von mittlerem Körper und ausgefeilt, ist dies ein reintöniger, scharf konturierter und doch breit gebauter Wein. Er zeigt hervorragenden Biss in seinen Geschmacksnuancen von Gewürzen, Mineralien und Birnen. Voraussichtliche Genussreife: jetzt–2009. Der vorzügliche *2000er Chevalier-Montrachet* entströmt dem Glas mit Aromen von Geißblatt, Mineralien und weißen Blumen. Von mittlerem Körper und breit angelegt, bietet dieser seidig texturierte Wein konzentrierte Wogen von Gewürzen, Mineralien, Birnen und Äpfeln in seinem intensiven Geschmacksprofil sowie in seinem außergewöhnlich langen Abgang. Es ist ein wunderschön gestalteteter, eleganter, komplexer und intensiver Wein. Trinken Sie ihn 2005–2014. Der nach reifen weißen Früchten duftende *2000er Montrachet* hat eine Persönlichkeit von mittlerem Körper. Dieser Wein enthüllt hervorragende Tiefe in seiner Persönlichkeit, die Geschmacksnuancen von pikanten Zitrusfrüchten und Mineralien aufweist. Er leidet unter der Straffheit, die man oft in diesem Jahrgang antrifft, hat aber dennoch große Mengen von Tiefe und einen langen, scharf konturierten Abgang. Wenn sich dieser Wein im Verlaufe seines Ausbaus noch abrundet, wird er letztendlich eine Punktnote im oberen Bereich innerhalb der angegebenen Spanne bekommen. Voraussichtliche Genussreife: jetzt–2015.

Weitere empfehlenswerte Weine: 1999er Bâtard-Montrachet (88–90?), 1999er Chevalier-Montrachet (88–90), 2000er Meursault Les Perrières (88–90), 1999er Puligny-Montrachet

(88–89), 1997er Puligny-Montrachet Les Chalumeaux (88–90), 2000er Puligny-Montrachet Les Folatières (87–89), 1997er St-Aubin En Remilly (88–89), 1999er St-Aubin En Remilly (88–89), 2000er St-Aubin En Remilly (87–89)

DOMAINE RAMONET (CHASSAGNE-MONTRACHET)

1998	**Bâtard-Montrachet**	**EEE**	**(89–92)**
1997	**Bâtard-Montrachet**	**EEE**	**(90–93)**
1998	**Bienvenue-Bâtard-Montrachet**	**EE**	**91**
1997	**Bienvenue-Bâtard-Montrachet**	**EE**	**(90–92+)**
2000	**Chassagne-Montrachet Les Ruchottes**	**E**	**(90–92)**
1998	**Chassagne-Montrachet Les Ruchottes**	**E**	**90**
2000	**Montrachet**	**EEE**	**(91–93)**
1999	**Montrachet**	**EEE**	**(90–92?)**
1998	**Montrachet**	**EEE**	**(91–94)**
1997	**Montrachet**	**EEE**	**(92–95)**

Noël Ramonet beschreibt seine 1997er als nicht für eine langfristige Lagerung geeignet, aber geschmeidig und köstlich direkt vom Fass. Im Gegensatz zu vielen weniger geradlinigen Nachbarn gab Ramonet unverblümt zu, dass er Säure zugeben musste. »1997 war es bei vielen Weinen eine Notwendigkeit, man hatte gar keine Wahl.« Als ich bei meinen späteren Besuchen die 1999er und 2000er verkostete, vermeldete er, dass er diesen Jahrgängen ebenfalls Säure zugesetzt hatte. So wie viele seiner Kollegen in Burgund verwendet Ramonet lieber Fässer, die von verschiedenen *tonneliers* angefertigt wurden. Sie alle sind der Meinung, dass sie so die aromatischen und geschmacklichen Besonderheiten eines einzigen Küfers ausschalten, da die jeweiligen Fässer mit ihren Holznoten den fertigen Wein dominieren könnten. Ramonet kredenzte mir die 1997er Grands Crus aus Fässern von sechs verschiedenen *tonneliers* und die folgenden Beschreibungen beziehen sich auf eine hypothetische *assemblage* der Fässer.

Der *1997er Bienvenue-Bâtard-Montrachet* wurde in zu 35–45% neuen Eichenfässern ausgebaut und bietet Aromen, die an Karamell, Gewürze, süße Birnen und toastwürziges Eichenholz erinnern. Er besitzt einen fetten, dichten, breit angelegten Charakter von mittlerem bis vollem Körper, angefüllt mit Schichten von hochreifen Pfirsichen, Quitten, getrocknetem Honig und pikanten Johannisbeeren. Dieser reichhaltige und mollige Wein präsentiert ausgezeichneten Biss, eine dicke Textur und einen entgegenkommenden, sinnlich betörenden Stil, der für ein so jugendliches Ramonet-Angebot ungewöhnlich ist. Voraussichtliche Genussreife: jetzt–2005. Ramonets hervorragender *1997er Bâtard-Montrachet* (aus sechs Fässern verkostet) hat ein blumiges und honigduftiges Bukett mit Düften von gerösteten Pfirsichen, gewürzten Äpfeln und kandierten Mandeln. Am Gaumen fand ich ihn dicht, mollig, dick texturiert und von mittlerem bis vollem Körper. Proben aus einem zwei Jahre alten Fass von Toutant und aus einem von Berthomieu waren rassig und pikant, dagegen waren die Weine aus dem Damy-Fass und aus einem neuen Toutant-Fass dichter und öliger. Insgesamt ist es ein opulenter Wein mit gewaltiger Reife, der angefüllt ist mit roten Früchten, getrocknetem Honig, Äpfeln, Birnen, weißen Johannisbeeren und gebuttertem Toast. Voraussichtliche Genussreife: jetzt–2007. 200 Kisten wurden von dem fantastischen *1997er Montrachet* produziert. Rauchige Birnen, geröstete Mandeln und elegante Aromen von Mineralien finden sich in seinem ausdrucksvollen Bukett. Er ist äußerst nobel, hat mittleren bis vollen Körper, gute Konturenschärfe und ist expansiv am Gaumen. Breite Schichten von verschwenderisch eichenwürzigen süßen weißen Früchten, Räucherschinken, Kies, gerösteten Pfirsichen und Haselnüssen bilden das Geschmacksprofil dieses konzentrierten und komplexen Weins. Er ist eine Kombination jener Kraft, Eleganz, Tiefe, Ausgewogenheit und Reife, die einen großartigen, weißen Burgunder ausmachen. Voraussichtliche Genussreife: jetzt–2009.

Es ist lobenswert, dass die Familie Ramonet ihre Preise seit 1990 nicht angehoben hat. »Ab Weingut verkaufe ich die Weine zum gleichen Preis wie vor 10 Jahren, weiß aber, dass die Preise vervielfacht werden, bevor sie in die Hände des Verbrauchers gelangen«, beklagte sich Noël Ramonet.

Da ich davon ausgegangen war, dass 1998 von geringerer Qualität ist als 1997, 1996 und 1995, war ich überrascht, dass die Domaine Ramonet im schwierigen Jahrgang 1998 genauso gute oder sogar bessere Weine gestaltet hat als in den drei vorhergehenden. Auch wenn in der Heimat von Ramonet (Chassagne-Montrachet) die besten 1998er entstanden, sind sie üblicherweise nicht so konzentriert wie die 1995er, nicht so reintönig wie die 1996er und nicht so gehaltvoll wie die 1997er. Bei diesem Weingut »ist jedoch 1998 die Frucht gefälliger als 1997«, sagt Ramonet, »und der natürliche Säuregehalt ist auch höher«. Er sah sich gezwungen, einigen seiner 1998er-Cuvées Säure zuzusetzen, während bei anderen Jahrgängen aus der jüngeren Vergangenheit mehr erforderlich gewesen war.

Der *1998er Chassagne-Montrachet Les Ruchottes* zeigt Aromen von gerösteten Haselnüssen, Mineralien und frischen, reifen Äpfeln. Dieser breit angelegte, tiefe, kraftvolle Wein ist voll gepackt mit Geschmacksnuancen von Zitronen, Birnen und kiesähnlichen Noten. Von mittlerem Körper, intensiv und bewundernswert lang, dürfte dieser klar umrissene, geschmacksintensive Wein das Potenzial haben, den Einflüssen der Zeit standzuhalten. Voraussichtliche Genussreife: jetzt–2009+. In seinen Aromen bietet der beeindruckende *1998er Bienvenue-Bâtard-Montrachet* gehaltvolle reife Äpfel und Birnen. Dieser breit angelegte, dicke und überschwängliche Wein von mittlerem Körper offenbart Geschmackskomponenten, die an Mineralien, Kies, Gewürze und allerlei weiße Früchte erinnern. Er ist schön konzentriert und tief und sollte jetzt–2008 getrunken werden. Der nach Zitrusfrüchten, Steinen, frischer Erde und Gewürzen duftende *1998er Bâtard-Montrachet* weist hervorragende Tiefe, Kraft und Ausgewogenheit auf. Von mittlerem Körper, angefüllt mit Mineralien, weißen Früchten und Zitronen, besitzt dieser wohl ausgewogene Tropfen auch einen beeindruckend langen, detaillierten Abgang. Voraussichtliche Genussreife: jetzt–2009.

Ramonets vieldimensionaler *1998er Montrachet* ist sicherlich einer der Stars des Jahrgangs. Sein nach Gewürzen, Sternanis, toastwürzigem Eichenholz und Mineralien duftendes Bukett geht einher mit einem gehaltvollen, breit angelegten, kraftvollen Charakter. Von mittlerem bis vollem Körper, enthüllt er Schichten von reifen Äpfeln, weißen Birnen und steinähnlichen Geschmackskomponenten: ein intensiver, konzentrierter und unwiderstehlicher Tropfen. Voraussichtliche Genussreife: jetzt–2010. Das explosive Bukett des *1999er Montrachet* offenbart Toast, Hefe, Rauch, Birnen, Quitten und Mineralien. Dieser Wein von mittlerem bis vollem Körper hat gewaltige Reichhaltigkeit, Breite, Dichte und Kraft. Er ist mollig, zeigt hervorragenden Biss und hätte zweifelsohne eine außergewöhnlich hohe Punktnote bekommen, wenn seine Säure nicht etwas scharf und rau wäre. Dennoch lassen die Dichte der Frucht und die Konzentration dieses Weines die berechtigte Hoffnung zu, dass er dies mit fortschreitender Kellerreife ablegen wird. Voraussichtliche Genussreife: 2005–2014.

Nach Ramonets Meinung ist der 2000er »ein charmanter, schmeichelnder Jahrgang, der rasch getrunken werden sollte«. Wie es schon oft bei den letzten Jahrgängen der Fall war, wurden auch die 2000er größtenteils mit Säure angereichert und chaptalisiert. Manche Weine entzogen sich jedoch der Säurezugabe, entweder weil sie genug Dichte der Frucht aufwiesen, oder weil Ramonet entschied, keine Säure zuzugeben. Der nach gerösteten Mineralien duftende *2000er Chassagne-Montrachet Les Ruchottes* ist zum Beispiel ein hervorragender Wein. Von mittlerem bis vollem Körper und breit angelegt, überzieht er den Gaumen mit Himbeeren, rauchigen Birnen, Äpfeln und Mineralien. Breit gebaut, seidig texturiert und nachhaltig im Abgang, ist dies ein herrlicher, üppiger Wein. Trinken Sie ihn in den nächsten 7–9 Jahren. Der nach reifen Äpfeln, Mineralien und Toast duftende *2000er Montrachet* ist ein konzentrierter, intensiver und tiefer Wein. Er enthüllt eine anziehende weinige Art, reichlich Geschmacksnuancen von gewürzten Birnen und verhalten entwickelte Charakterzüge. Derzeit ist er noch jugendlich straff, allerdings nicht im selben Ausmaße wie der Bâtard. Der Abgang ist außerordentlich lang, beladen mit Geschmacksnuancen und zeigt enorme Tiefe der Frucht. Voraussichtliche Genussreife: 2005–2015.

Weitere empfehlenswerte Weine: 1999er Bâtard-Montrachet (88–89), 2000er Bâtard-Montrachet (88–90?), 1999er Chassagne-Montrachet Clos de la Boudriotte (rot) (88), 1998er Chassagne-Montrachet Les Caillerets (89), 1997er Chassagne-Montrachet Morgeot (weiß) (88), 1998er Chassagne-Montrachet Morgeot (weiß) (89), 1997er Chassagne-Montrachet Les Ruchottes (88–90+), 1997er Chassagne-Montrachet Les Vergers (87–89), 1999er Chevalier-Montrachet (88–89), 1997er Puligny-Montrachet Champs-Canet (87–89)

DOMAINE ROLAND RAPET (PERNAND-VERGELESSES)

1997	Corton-Charlemagne	EE	93
1997	Corton-Pougets	D	90+

Mit dem superben Corton-Charlemagne hat Rapet sich einen Namen gemacht. (Das Weingut besitzt sage und schreibe 2,5 Hektar von diesem Grand Cru!) Der *1997er Corton-Charlemagne* wurde drei Wochen nach dem offiziellen Beginn der Weinlese geerntet und zeigt fabelhafte Aromen von *sur-maturité*, roten Früchten und pochierten Birnen. Dieser opulente, ölig texturierte und geschmacksintensive Wein ist voll gepackt mit Aprikosen, Pfirsichkernen, gebuttertem Toast und gewürzten Äpfeln. Er besitzt wundervolle Reichhaltigkeit, massive Reife und einen langen, detaillierten Abgang. Dieser tadellos bereitete Corton-Charlemagne kann schon jetzt getrunken oder noch bis 2008 gelagert werden.

Der satt rubin-purpurrote *1997er Corton-Pougets* zeigt wachsartige Aromen und einen Charakter von mittlerem bis vollem Körper. Er enthüllt hervorragende Reife, Tiefe und Dichte in seiner Persönlichkeit, die Geschmacksnuancen von schwarzen Früchten, frischen Kräutern, Mokka und Kirschen aufweist. Breit angelegt, ausdrucksvoll und nachhaltig, ist er bereits jetzt köstlich und wird noch 7+ Jahre halten.

DOMAINE JEAN RAPHET ET FILS (MOREY-ST-DENIS)

1999	Chambertin Clos de Bèze Réserve	EEE	92
1999	Charmes-Chambertin Réserve	EE	91
1997	Charmes-Chambertin Réserve	EE	91+
1999	Clos de la Roche Réserve	EEE	92
1999	Clos de Vougeot Réserve	EE	90
1999	Gevrey-Chambertin Les Combottes Réserve	EE	90
1997	Morey-St-Denis Les Millandes Réserve	E	90

Der rassige, mittel- bis dunkelrubinrote *1997er Morey-St-Denis Les Millandes Réserve* enthüllt intensive Aromen von Wachs und Kirschen. Es erweist sich als ein kräftiger, breit angelegter, konzentrierter und tiefer Wein mit Schicht auf Schicht von süßer roter Beerenfrucht, Steinen und Mineralien. Von intensivem Geschmack, geschmeidig und samtig texturiert, wird dieser Tropfen in den nächsten 6–7 Jahren enorm viel Vergnügen bereiten. Leser, die einen genussbetonten Wein suchen, sind hier am Ziel: Raphets dunkelpurpurroter *1997er Charmes-Chambertin Réserve* ist beladen mit Aromen von dunkler Schokolade und Kirschsirup. Dieser Wein ist ungemein reif, seidig texturiert, von mittlerem bis vollem Körper und in einem sinnlichen, opulenten Stil gestaltet. Kandierte rote Früchte, Mokka und Kirschwasser lassen sich in seinem öligen Charakter entdecken. Voraussichtliche Genussreife: jetzt–2006+.

Der mittelrubinrote *1999er Gevrey-Chambertin Les Combottes Réserve* hat ein köstliches Bukett von Gewürzen, Kerzenwachs, Erdbeeren und Kirschen. Von mittlerem bis vollem Körper, üppig und dicht, überzieht er den Gaumen mit einer Fülle von kandierten Kirschen und zuckerbestäubten Erdbeeren. Mit einem längeren Abgang wäre dieser frische, gut ausgewogene und harmonische Wein ehrfurchtgebietend ausgefallen. Trinken Sie ihn in den nächsten 8 Jahren.

Reichliche Gewürze, Kirschen und Brombeeren lassen sich in Duft und Geschmack des *1999er Clos de Vougeot Réserve* erkennen. Bei mittlerem Körper ausladend und den Gaumen auskleidend, zeigt er einen langen, geschmeidigen, reintönigen und scharf konturierten Abgang. Trinken Sie ihn in den nächsten 8 Jahren. Der hervorragende *1999er Clos de la Roche Réserve* ist mit einem Bukett ausgestattet, das nach Potpourri-Blütenmischung, Brombeeren und Kirschen duftet. Von mittlerem bis vollem Körper, dicht und samtig texturiert, ist dieser würzige und pikante Wein voll gepackt mit Schwarzkirschen und gezuckerten Heidelbeeren und sein langer Abgang enthüllt große Mengen von außergewöhnlich gut gereiftem Tannin. Voraussichtliche Genussreife: jetzt–2011.

Die ungemein ausdrucksvollen Aromen des *1999er Charmes-Chambertin Réserve* zeigen enorme Mengen an roten und schwarzen Kirschen. Dieser Wein von mittlerem Körper ist mollig, gehaltvoll und fett, bleibt aber dennoch reintönig und präzise. Er verfügt über hervorragende Tiefe in seinem von Kirschen und Brombeeren dominierten Geschmacksprofil und hat einen bewundernswert langen, seidigen Abgang. Trinken Sie ihn in den nächsten 9 Jahren. Der dunkelrubinrote *1999er Chambertin Clos de Bèze Réserve* weist ein Bukett auf, das an mit Schokolade überzogene Kirschen erinnert. Von mittlerem Körper, präzise und reintönig, enthüllt dieser hervorragende Wein sahnigen Mokka, Schwarzkirschen und cassisähnliche Frucht. Er ist frisch, klar umrissen und äußerst geschmacksintensiv.

Weitere empfehlenswerte Weine: 1999er Bourgogne Les Grands Champs Réserve (88), 1999er Chambolle-Musigny Les Bussières Réserve (89), 1997er Clos Vougeot Réserve (89+), 1999er Gevrey-Chambertin Les Champs Chenys Réserve (89), 1999er Gevrey-Chambertin Lavaux St-Jacques Réserve (89), 1997er Morey-St-Denis Vieilles Vignes Réserve (89)

DOMAINE RAVENEAU (CHABLIS)

1997	**Chablis Blanchots**	**EE**	**(89–91+)**
1997	**Chablis Les Clos**	**EE**	**(93–95)**
1997	**Chablis Montée de Tonnerre**	**EE**	**(89–91+)**
1997	**Chablis Valmur**	**EE**	**(90–93)**

Im Gegensatz zu den meisten Weingutbesitzern, die sich dessen rühmen, »als Letzte gelesen zu haben«, erklärte Bernard Raveneau mir ganz stolz, dass er 1997 der Erste gewesen sei. In der Tat hatte die Domaine Raveneau ihre Lese bereits abgeschlossen, als andere erst begannen. »Wir haben die Trauben analysieren lassen und gesehen, dass sie nur noch sehr wenig Zucker zusetzten, aber rasch an Säure verloren. Und wir haben dementsprechend reagiert.« Raveneau fuhr fort: »Die 1997er ähneln im Stil den 1995ern, haben aber nicht das Niveau der 1996er erreicht. Warme Nächte haben zu einem Säureverlust geführt, aber die Ausreifung der Trauben war wegen der Dürre nicht besser als 1996.« Raveneau chaptalisierte seine 1997er nur um ein halbes Grad, ein Beweis für ihre Reife. Die Erträge lagen 1997 bei 48 hl/ha und 1996 bei 35 hl – im Vergleich zu den in Chablis üblichen Mengen mäßige Erträge.

Die Kellereien in Chablis haben einen industriellen Anstrich. Breite Einfahrten führen zu modernen Anlagen. In riesigen, Lagerhallen ähnelnden Räumen stehen gewaltige Edelstahltanks, die an Computer angeschlossen sind, und überall blinken Lämpchen in den verschiedensten Farben auf. High-Tech-Ausstattung, die neuesten Pumpen, Filter und alle möglichen Temperaturregler erblickt man in einem Gewimmel von Rohren, Bedienungsgängen aus Stahl, und das alles auf glänzenden, kurz zuvor desinfizierten Böden. Die Räumlichkeiten sind industriell, und allzu oft auch der Wein … Eine Ausnahme bilden die zwei besten Chablis-Weingüter Domaine René et Vincent Dauvissat und Domaine Raveneau. In die Keller von Raveneau gelangt man durch eine kleine Tür, die direkt auf die Straße führt. Die wenigen Glücklichen, die hier verkosten dürfen, müssen sich bücken, um durch die Türöffnung zu passen, und die Augen müssen sich erst an die Dunkelheit gewöhnen, die in diesem feuchten und kühlen Keller herrscht. Wie in der Côte d'Or sind auch hier die Fässer aufeinandergestapelt, der Boden ist schmutzig und die Wände sind feucht und modrig: Dies ist eben die Domaine eines Winzers und keine Kellerei-Anlage.

Der *1997er Chablis Montée de Tonnerre* präsentiert wunderbare Aromen von süßen weißen Früchten, kandierten Äpfeln, Mandeln und roten Beeren. Dieser konzentrierte Wein von mittlerem Körper bietet große Mengen von Mineralien, Kreide und Feuerstein in seiner den Mund auskleidenden Persönlichkeit und weist die für Raveneau typischen Merkmale wie Reintönigkeit der Frucht, Biss und klare Linienführung auf. Voraussichtliche Genussreife: jetzt–2006. Der strukturierte, feste und maskuline *1997er Chablis Blanchots* enthüllt ein Bukett von Mineralien vermischt mit Zitronenschale. Sein Charakter von mittlerem Körper ist straff gewirkt, gut proportioniert und offenbart Geschmackskomponenten, die an Felsenstaub, Feuerstein und sonnenerwärmte Steine erinnern. Es ist ein frischer, lebendiger, nachhaltiger und kristalliner Blanchots, den Sie jetzt–2007 trinken sollten. Der *1997er Chablis Valmur* ist superb: Frische Aromen von roten Johannisbeeren, Geißblattblüten und Birnen gehen einher mit einer explosiven Persönlichkeit von mittlerem bis vollem Körper. Sein komplexes und tadellos ausgewogenes Geschmacksprofil ist beladen mit Feuerstein, Quarz, Steinen und einer herrlich reintönigen Mineralität. Wer sich einige Flaschen von diesem Wein leisten kann, sollte sich mit Geduld wappnen und auf etwas Kellerreife einstellen. Voraussichtliche Genussreife: jetzt–2009.

Raveneaus *1997er Chablis Les Clos* ist zweifelsohne ein Grand Vin. Er bietet nuancierte Aromen in Hülle und Fülle, darunter Zitronen, Mineralien, Feuerstein, Ton und Blumen. Am Gaumen präsentiert dieser expansive, kraftvolle, den Mund auskleidende Wein außerordentliche Reintönigkeit in seinen Geschmackskomponenten, die von flüssigen Mineralien beherrscht werden. Er ist zwar nicht so gehaltvoll wie der Valmur, besitzt jedoch erstaunliche Konturenschärfe und Länge. Die Weine aus Les Clos, die von vielen als die beste Chablis-Lage angesehen wird, neigen dazu, bei Kellerreifung an Kraft und Körper zuzunehmen. Ich sage voraus, dass sich dieser jetzt filigrane, aber doch äußerst geschmacksintensive und ausdrucksvolle Wein zu einem Tropfen von beachtlicher Tiefe und Reichhaltigkeit entfalten wird. Trinken Sie ihn jetzt–2009+.

Weitere empfehlenswerte Weine: 1994er Chablis Montée de Tonnerre (88), 1996er Chablis Montée de Tonnerre (92), 1996er Chablis Valmur (94+)

MAISON JEAN RIJCKAERT (LEYNES)

1999	**Arbois En Paradis Vieilles Vignes (Savagnin)**	**C**	**90**
1999	**Arbois Pré Levron Vieilles Vignes (Chardonnay)**	**C**	**90**
1999	**Mâcon-Bissy Les Crays Vers Vaux**	**C**	**90**
1999	**Viré-Clessé Les Vercherres Vieilles Vignes**	**C**	**90**
1998	**Viré-Clessé Les Vercherres Vieilles Vignes**	**C**	**90**

Der Name Jean Rijckaert ist den Liebhabern von Burgunder Weinen weitgehend unbekannt: Er war der wichtigste Geldgeber und Vorsitzender der Maison Verget. Dort lernte er während seiner Zusammenarbeit mit Jean-Marie Guffens die Kunst der Weinbereitung. Rijckaert, ein belgischer Flame, verließ die Maison Verget nach dem 1997er Jahrgang und hat seither seine Anteile an diesem Unternehmen verkauft und das Geld in Rebflächen im Mâconnais und im Jura investiert. Darüber hinaus hat er im Städtchen Leynes eine neue Kellerei gebaut, die seinen Namen trägt. Alle Weine der Maison Rijckaert wurden handgelesen, in kleinen Kisten zurück zur Kellerei gebracht und vollständig in Eichenholz vinifiziert. Die Produktion ist in zwei Kategorien unterteilt: Die erste stammt aus Weinbergen, die Rijckaert selbst gehören (sie tragen grüne Kapseln mit Aufschrift) und die zweite von Traubengut, das er von anderen Anbauern dazugekauft hat (braune Kapseln und Aufschrift). Alle Weine dieser Maison sind Monopol-Weine (aus in Alleinbesitz befindlichen Einzel-Lagen) und führen den Domainen-Namen auf dem Etikett.

Der *1998er Viré-Clessé Les Vercherres Vieilles Vignes* (Domaine Jean Rijckaert) weist ein parfümiertes Bukett auf, das an weiße Blüten und Erde erinnert. Mollig, konzentriert und intensiv, verfügt dieser kraftvolle, ausdrucksvolle Wein von mittlerem Körper über eine seidige, gehaltvolle Persönlichkeit. Seine hervorragende mineralisch geprägte Art ist durchsetzt von Zitrusfrüchten und blumigen Noten, die in seinem beeindruckend langen und scharf konturierten Abgang anhalten. Trinken Sie diesen Wein in den nächsten 6 Jahren.

Rijckaert ist mit dem 1999er Jahrgang zufrieden, da er vor den starken Regenfällen ernten konnte, die am Freitag, dem 21. September einsetzten. »Es war gut, dass wir alles getan hatten, um mäßige Erträge zu bekommen. So hatten wir schon früh einen hohen Zuckergehalt und physiologische Reife. Für manche Parzellen mussten wir sogar eine Sondergenehmigung einholen, um vor dem offiziellen Termin mit der Lese beginnen zu können, und dann eine weitere Genehmigung für dieselben Parzellen, weil unser natürlicher Zuckergehalt die zulässigen Höchstwerte überschritt. Wenn die Leute sowohl im Mâconnais als auch im Jura daran arbeiten würden, die Erträge zu senken, wären ihre Trauben längst vor dem offiziellen Beginn der Lese reif.«

Der *1999er Mâcon-Bissy Les Crays Vers Vaux* stammt von 50 Jahre alten Reben und aus einem (für 1999) mäßigen Ertrag von 40–45 hl/ha. Geröstete Nüsse finden sich in den gehaltvollen Aromen dieses Weins (obwohl kein Eichenholz verwendet wurde). Er ist kräftig, von mittlerem bis vollem Körper und konzentriert. Weiße und gelbe Früchte lassen sich im Geschmacksprofil dieses fast schon sirupartig texturierten Weins entdecken, und sein ausgedehnter Abgang zeigt Schichten von Mineralien, die den Gaumen überziehen. Voraussichtliche Genussreife: jetzt–2005. Der hervorragende *1999er Viré-Clessé Les Vercherres Vieilles Vignes* wurde mit einem erstaunlichen natürlichen potenziellen Alkoholgehalt von 14% gelesen und hat ein frisches, sprühend lebendiges Bukett, das nach Zitronen und Limetten duftet. Am Gaumen bietet dieser kristalline, herrlich scharf konturierte Tropfen vorzügliche Tiefe, Reichhaltigkeit und Konzentration. In seinem von Mineralien und Steinen dominierten Charakter gleicht dieser Wein von 50 Jahre alten Reben stark einem Chevalier-Montrachet und dürfte sich jetzt–2006 auf seinem Höhepunkt befinden. Der *1999er Arbois Pré Levron Vieilles Vignes (Chardonnay)* (Domaine D. Horbach) ist mit wunderschönen Aromen von toastwürzigen Birnen, Mineralien und Kreide versehen. Dieser mollige, konzentrierte und gehaltvolle Wein gibt in seiner vielschichtigen, von Mineralien dominierten Persönlichkeit hervorragende Tiefe zu erkennen. Er ist fett, zeigt aber dennoch fantastische Präzision und einen langen, geschmeidigen Abgang. Trinken Sie ihn in den nächsten 6 Jahren.

Der folgende Wein wurde aus der Savagnin-Traube bereitet, einer wenig bekannten, im Jura aber häufig vorkommenden Rebsorte. Lebendige Gewürze, Mandeln und geröstete Haselnüsse sind in den Aromen des *1998er Arbois En Paradis Vieilles Vignes (Savagnin)* (Domaine Pierre Morin) zu erkennen. Dieser tiefe Wein mit Geschmackskomponenten von Gewürzkuchen, Orangenschale und süßen roten und weißen Johannisbeeren ist komplex, von mittlerem Körper und mollig. Er erweist sich als gehaltvoll und fett, jedoch gut ausgewogen und detailliert, und besitzt einen bewundernswert langen, geschmeidigen Abgang. Trinken Sie ihn in den nächsten 6–7 Jahren.

Jean Rijckaert erklärt, dass sich 2000 als außergewöhnliches Jahr im Jura und als ausgezeichneter Jahrgang für das Mâconnais erwiesen habe. »Auch wenn 2000 die Erträge an der Côte d'Or und im Mâconnais hoch waren, fielen sie im Jura normal aus. Die Reife war durchweg geringer als 1999, die physiologische Reife jedoch besser«, sagte Rijckaert. Wie viele andere *négociants* erläuterte er mir, dass sich im Beaujolais eine wirtschaftliche Katastrophe abzeichne, da die Preise für Fasswein auf unter 100 Euro pro Fass (25 Kisten) gefallen seien, und dass sich im Mâconnais die gleiche Entwicklung anbahne. »Wenn die hiesigen Spitzenproduzenten dir ihren Wein zum Kauf anbieten, weiß man, dass die Krise da ist.« Keiner der 2000er von diesem Weingut erhielt hervorragende Punktnoten und daher werden auch keine detaillierten Verkostungsnotizen aufgeführt. Gleichwohl sind dies ausgezeichnete Weine, die zu sehr vernünftigen Preisen erstanden werden können.

Weitere empfehlenswerte Weine: 1998er Arbois En Paradis Vieilles Vignes Savagnin (Domaine Pierre Morin) (89), 1999er Arbois En Paradis Vieilles Vignes Savagnin (Domaine Pierre Morin) (90+), 2000er Arbois Pré-Levron Vieilles Vignes (Domaine Dominique Horbach) (88), 2000er Côtes du Jura Les Sarres Chardonnay (Domaine Jean Rijckaert) (87–89), 1999er Côtes du Jura Les Sarres Savagnin (Domaine Jean Rijckaert) (89), 2000er Côtes du Jura Vigne Des Voises Chardonnay (Domaine Jean Rijckaert) (89), 1999er Mâcon-Fuissé Grandes Bruyères Vieilles Vignes (Domaine M. Panay) (87), 1998er Mâcon-Montbellet En Pottes Vieilles Vignes (Domaine Jean Rijckaert) (88), 1999er Mâcon-Montbellet En Pottes Vieilles Vignes (Domaine Jean Rijckaert) (87), 1999er Pouilly-Fuissé Vers Chânes (Domaine Serge Mornand) (89), 1999er St-Véran En Avonne Vieilles Vignes (Domaine Jean Rijckaert) (89), 1999er St-Véran En Faux (Domaine J-P Voluet) (88), 1999er Viré-Clessé l'Epinet (Domaine Jean Rijckaert) (88)

DOMAINE DANIEL RION (PRÉMEAUX-PRISSEY)

1997	**Chambolle-Musigny Les Charmes**	**EE**	**90**
1997	**Nuits-St-Georges Clos des Argillières**	**E**	**90**
1997	**Vosne-Romanée Les Beauxmonts**	**E**	**90**

Patrice Rion, der Weinmacher dieses Guts (bis einschließlich 1998), erklärte, dass er 1997 zum ersten Mal in seiner Laufbahn nur einen einzigen Wein chaptalisiert habe: den Bourgogne Aligoté. Für Rion lag 1997 der Schlüssel zum Erfolg in einer späten Lese. Der Traubenzuckergehalt war hoch, aber die Schalen und Kerne hatten ihre physiologische Reife noch nicht erreicht, als der offizielle Beginn der Lese festgesetzt wurde. Er meint, dass die Mehrzahl der 1997er den 1985ern und 1989ern ähneln, wobei die besten 1997er ihn allerdings an die 1990er erinnern.

Der mittel- bis dunkelrubinrote *1997er Nuits-St-Georges Clos des Argillières* enthüllt Aromen von frischen roten und schwarzen Kirschen, kandierten Himbeeren und Vanille. Er besitzt eine eingedickte Textur, mittleren bis vollen Körper und opulente Schichten von fetter, dichter Frucht. Dieser süße, verschwenderische und genussbetonte Wein wird sich in den nächsten 6–7 Jahren in Bestform befinden. Ein ähnliches Kleid trägt der *1997er Vosne-Romanée Les Beauxmonts.* Er bietet ein Bukett von gewürzten Kirschen, Veilchen und sahnigem Mokka und gibt sich als dichter, strukturierter und komplexer Wein mit Geschmackskomponenten von Kaffeebohnen, Räucherschinken, Lakritze und Brombeeren zu erkennen. Von mittlerem bis vollem Körper und fest, dürfte er sich jetzt–2007 in Bestform befinden Nach würzigem Eichenholz duftet der satt rubin-purpurrote *1997er Chambolle-Musigny Les Charmes.* Dieser schöne, ausgefeilte und klar umrissene Wein ist von mittlerem bis vollem Körper, reintönig und dick texturiert und enthüllt hochreife Geschmackskomponenten von mit Schokolade überzogenen Kirschen. Rion ist es bei diesem köstlichen Tropfen gelungen, Eleganz erfolgreich mit der für 1997 typischen Dichte der Frucht zu vereinen. Trinken Sie ihn in den nächsten 7 Jahren.

Weitere empfehlenswerte Weine: 1997er Chambolle-Musigny (88+), 1997er Nuits-St-Georges Les Grandes Vignes (88), 1997er Nuits-St-Georges Les Lavières (88+), 1997er Nuits-St-Georges Les Vignes Rondes (89+), 1997er Vosne-Romanée (88), 1997er Vosne-Romanée Les Chaumes (89+)

DOMAINE ROBERT-DENOGENT (POUILLY)

1997	**Pouilly-Fuissé Les Carrons Vieilles Vignes**	**D**	**94**
1997	**Pouilly-Fuissé Cuvée Claude Denogent**	**D**	**92+**
1997	**Pouilly-Fuissé Les Reisses Vieilles Vignes**	**D**	**91+**

Jean-Jacques Robert definierte 1997 als »einen Jahrgang wie aus dem Lehrbuch« und erläuterte: »Die Analysedaten waren außerordentlich positiv. Wir hatten wunderbare Reife und

Säure.« Er glaubt, dass die 1995er möglicherweise zu reichhaltig sind und die 1996er »wunderschön reintönig sind, einen hohen Säuregehalt haben und außergewöhnlich gut altern werden«. Seiner Meinung nach werden die 1997er nicht so lange halten wie die 1996er, besitzen jedoch ein ausgezeichnetes Reifepotenzial.

Von über 60 Jahre alten Reben stammt der *1997er Pouilly-Fuissé Les Reisses Vieilles Vignes*, dessen Bukett nach Erdnüssen, Haselnüssen und weißen Blüten duftet. Dieser komplexe und strukturierte Wein von mittlerem Körper bietet große Mengen von Akazienblüten, Kreide und Birnen in seinem straff gewirkten und konzentrierten Fruchtkern. Trinken Sie ihn jetzt–2006. Ebenso wie der vorhergehende Wein wurde der *1997er Pouilly-Fuissé Cuvée Claude Denogent* in zu 60% neuen Eichenfässern vinifiziert, die übrigen waren ein Jahr alt. Aus 77 Jahre alten Reben wurde dieser prächtige Tropfen bereitet, der in seinen konzentrierten Aromen bewundernswerte Reife an den Tag legt. Er hat eine komprimierte, intensive und kraftvolle Persönlichkeit mit Geschmackskomponenten von Mineralien, Kreide und Zitrusfrüchten. Im beeindruckend langen und reintönigen Abgang lassen sich Spuren von Eichenholzwürze erkennen. Voraussichtliche Genussreife: jetzt–2007+.

Jean-Jacques Robert beschreibt seinen *1997er Pouilly-Fuissé Les Carrons Vieilles Vignes* als »vom Geist des Zen geprägt«, d.h. von sehr ausgeglichener und harmonischer Art. Dieser erstaunliche Wein wurde aus 82 Jahre alten Reben bereitet und in zu 100% neuen Eichenfässern ausgebaut. Er enthüllt ein intensives Bukett, das sich aus Akazienblüten, Rauch und sonnengetränktem Kies zusammensetzt. Explosiv und voll gepackt mit Geschmacksnuancen, die den Gaumen überströmen (flüssige Mineralien, Kreide, knackige Birnen und Erde), tritt er auch mit außergewöhnlicher Reintönigkeit, Präzision, Reife und Ausgewogenheit auf. Dieser ungemein konzentrierte und komplexe Wein dürfte bemerkenswert gut altern. Trinken Sie ihn jetzt–2009.

Weitere empfehlenswerte Weine: 1997er Mâcon-Solutré Bertillonnes (88), 1997er Pouilly-Fuissé La Croix Vieilles Vignes (88–89)

MAISON ANTONIN RODET (MERCUREY)

1999	**Charmes-Chambertin Cave Privée**	**EE**	**(92–94)**
1997	**Charmes-Chambertin Cave Privée**	**EE**	**(89–91)**
1999	**Clos de Vougeot Cave Privée**	**EE**	**(91–93)**
1997	**Clos de Vougeot Cave Privée**	**E**	**(91–93)**
1997	**Mazis-Chambertin Cave Privée**	**EE**	**(92–94)**
2000	**Meursault Perrières Cave Privée**	**E**	**(89–91)**
1999	**Meursault Perrières Cave Privée**	**E**	**(89–91)**
1997	**Meursault Perrières Cave Privée**	**E**	**(89–91)**
1999	**Nuits-St-Georges Les Porets Cave Privée**	**E**	**(89–91)**
1997	**Nuits-St-Georges Les Porets Cave Privée**	**E**	**(90–91+)**
1999	**Nuits-St-Georges Les St-Georges Cave Privée**	**E**	**(89–91)**
1999	**Pommard Epenots Cave Privée**	**E**	**(89–90+)**
1997	**Puligny-Montrachet Le Cailleret Cave Privée**	**EE**	**(88–91)**
1997	**Puligny-Montrachet Hameau de Blagny Cave Privée**	**E**	**(91–94)**
1999	**Vosne-Romanée Beaumonts Cave Privée**	**E**	**(89–91)**

Einige der gelungensten Weine aus dem Jahrgang 1997 wurden von Nadine Gublin von der Maison Antonin Rodet bereitet. »Bei diesem Jahrgang lag der Erfolg in einer späten Lese. Außerdem musste man bereit sein, die Weine auf ihren Hefen zu belassen. Kurz gesagt, man musste einige Risiken eingehen, um großartige Weine zu machen«, sagte Nadine Gublin, die überaus talentierte Weinmacherin bei Rodet. Als von den eigenen Lagen die Rede war, erklärte Gublin, dass die Rodet-Teams an die Ernte gegangen seien, als alle anderen Winzer ihre Lese praktisch schon beendet hatten, und dass keine einzige Traube einen natürlichen Alkoholgehalt unter 12,5% hatte. Die Leser sollten wissen, dass die *cave-privée*-Angebote von Rodet aus

Trauben, Most oder Weinen von Monopol-Lagen bereitet wurden (d.h. der gesamte Clos Vougeot wurde bei einer einzigen Domaine gekauft, der Mazis-Chambertin bei einer anderen). Die Weine spiegeln daher die Anbaumethoden und oft auch die Vinifizierungstechniken des jeweiligen Winzers wider, wobei jedoch die *élevage* und die unmanipulierte Abfüllung (ungeschönt und unfiltriert) nach Art von Nadine Gublin sich ganz deutlich hervorheben.

Der *1997er Meursault Perrières Cave Privée* wurde in zu 100% neuen Eichenfässern vergoren und ausgebaut. Das Bukett dieses Weines erinnert an Blüten, Feuerstein und Felsen, zeigt eine den Mund ganz auskleidende Reichhaltigkeit, seidige Textur und ein ausgefeiltes Geschmacksprofil von Mineralien, sonnenerwärmten Steinen und süßen Birnen. Dieser Wein ist gut konzentriert, komplex und besitzt einen nachhaltigen, würzigen und scharf konturierten Abgang. Voraussichtliche Genussreife: jetzt–2006. Meinen Lieblingswein unter den 1997er Cave Privée von Rodet trifft man nur ganz selten an: den Premier Cru *1997er Puligny-Montrachet Hameau de Blagny Cave Privée* (er liegt genau zwischen La Garenne und La Truffière). Er wurde in Eichenfässern (zu 50% neu, der Rest jeweils zur Hälfte ein und zwei Jahre alt) vinifiziert und bietet hefige Aromen von roten Beeren und gewürzten Äpfeln, die einem das Wasser im Munde zusammenlaufen lassen. Dieser Wein besitzt großartige Dichte, eine expansive Persönlichkeit, herzhafte Geschmacksnuancen und herrliche Reichhaltigkeit. Seine Mineralien, kandierten Orangen und roten Johannisbeeren scheinen sich sowohl am Gaumen als auch in seinem ehrfurchtgebietenden Abgang aufzubauen. Beeindruckend! Voraussichtliche Genussreife: jetzt–2008. Der *1997er Puligny-Montrachet Le Cailleret Cave Privée* wurde als Most angekauft und verfügt über gehaltvolle, toastwürzige, cremige, mineralische und salzige Aromen. Dieser elegante, mit Feuerstein und weißen Früchten angefüllte Tropfen hat zwar superbe Aromen und Geschmackskomponenten, lässt aber den Schwung des vorgenannten Weins vermissen. Auch sein Abgang ist kürzer und eine Spur staubig. Obwohl sicherlich ausgezeichnet – möglicherweise sogar hervorragend –, weist er nicht die Tiefe und die Kraft eines Hameau de Blagny auf. Trinken Sie ihn in den nächsten 6 Jahren.

Der mittel- bis dunkelrubinrote *1997er Clos de Vougeot Cave Privée* enthüllt ein Bukett von Kirschmarmelade, Rosen und Lakritze. Dieser breit gebaute, expansive, feminine, ausgefeilte Wein von mittlerem bis vollem Körper besitzt superbe Präzision in seinem von Geschmacksnuancen von dicklichen roten Beeren bestimmten Charakter. Er erweist sich als konzentriert, ungemein gefällig und nachhaltig im Abgang. Trinken Sie ihn in den nächsten 8–9 Jahren. Der mittel- bis dunkelrubinrote *1997er Charmes-Chambertin Cave Privée* enthüllt intensive Aromen von roten und schwarzen Früchten, Rosen und Toastwürze. Dieser expansive Wein gibt Geschmacksnuancen von gewürzten Kirschen und leicht angekohltem Eichenholz sowie mittleren bis vollen Körper zu erkennen. Er bietet einen geschmeidigen, üppigen Charakter und hätte eine höhere Bewertung erhalten, wäre sein Abgang nicht leicht trocken gewesen. Trinken Sie ihn jetzt–2007. Leider wurden nur 25 Kisten von dem spektakulären, mittel- bis dunkelrubinroten *1997er Mazis-Chambertin Cave Privée* bereitet. Seine überreifen Aromen von Feigen, Datteln und Mokka gehen einher mit einer ölig texturierten, ausladenden und tiefen Persönlichkeit. Von mittlerem bis vollem Körper, herrlich reintönig und elegant, offenbart dieser kraftvolle und geschmacksintensive Wein Schichten über Schichten von mit Eichenwürze getränkten kandierten Kirschen. Harmonisch, überaus gut ausgewogen und komplett, bietet dieser Wein auch einen langen, geschmeidigen, mit Frucht voll gepackten Abgang. Trinken Sie ihn jetzt–2010+.

Mineralien, Steine und frische grüne Trauben finden sich in den Aromen des *1999er Meursault Perrières Cave Privée*. Diese Schönheit weist prächtige Tiefe, Harmonie und Üppigkeit in ihrem Charakter von mittlerem Körper auf. Große Mengen von weißen und gelben Früchten sind in der molligen, saftigen, frischen und opulenten Persönlichkeit dieses Weins sowie in seinem langen und geschmeidigen Abgang zu erkennen. Trinken Sie ihn in den nächsten 6 Jahren.

Der mittel- bis dunkelrubinrote *1999er Pommard Epenots Cave Privée* ist mit einem ungemein reichhaltigen Bukett ausgestattet, das nach Gewürzen, Schwarzkirschen und Brombeeren duftet. Dieser kräftige, herzhafte, muskulöse und wuchtige Wein hat mittleren bis vollen Körper und ist voll gepackt mit Brombeeren, Schwarzkirschen und Cassis. Mit seinem muskulösen und maskulinen Charakter und seiner ungestümen, ungemein ausdrucksvollen Persönlichkeit ist er höchst eindrucksvoll. Auch wenn er etwas rustikal daherkommt, macht er dies mit ehrfurchtgebietenden Mengen von Frucht wieder wett. Voraussichtliche Genussreife: 2004–2010. Der 1999 *Vosne-Romanée Beaumonts Cave Privée* hat eine ähnliche Farbe und ein Bukett, das nach süßen Kirschen und neuem Eichenholz duftet. Dieser seidig texturierte Wein enthüllt Geschmackskomponenten von Räucherschinken, geröstetem Eichenholz und süßen Kirschen in seiner frischen Persönlichkeit von mittlerem bis vollem Körper. Er weist ausgezeichnete, wenn nicht sogar hervorragende Tiefe der Frucht, große Mengen von reifen Tanninen und einen langen, nahtlosen Abgang auf. Voraussichtliche Genussreife: 2004–2010.

Der mittel- bis dunkelrubinrote *1999er Nuits-St-Georges Les St-Georges Cave Privée* hat ein nach Eichenholz, Räucherschinken und Brombeergelee duftendes Bukett. Von mittlerem Körper und lebendig, ist er schön scharf konturiert, erfrischend und ungemein ausdrucksvoll. Dieser feste Wein mit Geschmackskomponenten von Schwarzkirschen und geröstetem Eichenholz dürfte sich 2004–2010 in Höchstform befinden. Der *1999er Nuits-St-Georges Les Porets Cave Privée* hat ein ähnliches Kleid und köstliche Aromen von Talkumpuder, kandierten Brombeeren und Heidelbeersaft. Von mittlerem Körper und lebendig, zeigt er einen Charakter, der geprägt ist von Geschmackskomponenten von Cassis, Brombeeren und Heidelbeersauce. Sein Abgang erweist sich als fest, doch das Tannin tritt herrlich reif und geschmeidig hervor. Trinken Sie ihn 2004–2011.

Der dunkle *1999er Clos de Vougeot Cave Privée* gibt ein prächtiges Bukett von süßen Brombeeren und Gewürzen zu erkennen und hat gefällige Tiefe in seinem wuchtigen Charakter von mittlerem bis vollem Körper. Er verbindet Kraft mit Eleganz in seiner würzigen, ungemein ausdrucksvollen Persönlichkeit, die von Brombeeren, schwarzen Johannisbeeren und Gewürzen bestimmt wird. Darüber hinaus besitzt dieser harmonische, nahtlose Wein einen langen, geschmeidigen und süßen Abgang. Trinken Sie ihn 2005–2012. Der äußerst beeindruckende, mittel- bis dunkelrubinrote *1999er Charmes-Chambertin Cave Privée* zeigt prächtige Aromen von gebratenen roten Früchten, die sich mit Feigen, Pflaumen und Gewürzen vermischen. Dieser üppige, opulente, cremig texturierte Wein von mittlerem Körper enthüllt Kaffee, Kakao, Kirschen und Himbeeren in seinem sinnlichen Charakter und in seinem außergewöhnlich langen, reintönigen Abgang. Voraussichtliche Genussreife: jetzt–2008.

»Wann verstehen die Leute in Burgund endlich, dass Säure und Zucker nichts mit Reife zu tun haben?« sagt Nadine Gublin. »Was zählt, sind die Beerenhäute, die Kerne und die physiologische Reife. Trauben sind Früchte, und man will sie doch erst essen oder Wein daraus machen, wenn sie im Mund lecker sind!« ereifert sie sich zu Beginn unserer Verkostung der 2000er Weißweine. Laut Nadine Gublin war keine einzige Traube in Burgund reif, als 2000 offiziell der Beginn der Lese ausgerufen wurde, und das erste Gebot hieß abwarten. Der *2000er Meursault Perrières Cave Privée* zeigt ansprechende Aromen von gerösteten Mineralien und einen scharf konturierten Charakter von leichtem bis mittlerem Körper. Er erinnert an einen gelungenen 1996er: ein geradliniger, messerscharf gezeichneter Tropfen mit einer anziehenden weinigen Art. Große Mengen von Mineralien und Zitronen finden sich in seiner Persönlichkeit und in seinem reintönigen, äußerst klar umrissenen Abgang. Trinken Sie ihn in den nächsten 8–9 Jahren.

Weitere empfehlenswerte Weine: 1997er Beaune Cave Privée (88–89+), 1997er Chablis Côte de Léchet Cave Privée (88–89), 1997er Chambolle-Musigny Cave Privée (88+), 1997er Chassagne-Montrachet Cave Privée (87–89), 1999er Chassagne-Montrachet La Grande

Montagne (89–90), 1998er Corton-Charlemagne (87–90), 1998er Meursault Les Perrières Cave Privée (87–90), 1997er Nuits-St-Georges Cave Privée (87–89), 1997er Pouilly-Fuissé Cave Privée (88–90), 1998er Pouilly-Fuissé Cave Privée (88–90+), 2000er Puligny-Montrachet Cave Privée (87–89), 1998er Puligny-Montrachet Hameau de Blagny Cave Privée (87–90), 2000er Viré-Clessé Cave Privée (87–89)

DOMAINE DE LA ROMANÉE-CONTI (VOSNE-ROMANEE)

1999	Echézeaux	EEE	(91–93)
1999	Grands-Echézeaux	EEE	(90–93)
1997	Grands-Echézeaux	EEE	91
1999	Montrachet	EEE	93
1998	Montrachet	EEE	92
1997	Montrachet	EEE	94+
1996	Montrachet	EEE	96+
1999	Richebourg	EEE	(94–97)
1997	Richebourg	EEE	93
1999	Romanée-Conti	EEE	(95–99)
1997	Romanée-Conti	EEE	95
1999	Romanée-St-Vivant	EEE	(88–91)
1997	Romanée-St-Vivant	EEE	90
1999	La Tâche	EEE	(93–96+)
1997	La Tâche	EEE	93+
1999	Vosne-Romanée Premier Cru	EEE	(90–92+)

Der helle *1996er Montrachet* von der Domaine de la Romanée-Conti ist spektakulär: Sein intensives, gehaltvolles und umfassendes Bukett enthüllt toastwürzige Mineralien, weiße Früchte und einen Anflug von Zitronen. Am Gaumen offenbart er enorme Komplexität, einen breit angelegten, vielschichtigen Kern von tropischen Früchten (hauptsächlich Mangos), flüssigen Mineralien und Steinen. Er ist ungeheuer ausgefeilt, anregend, seidig texturiert, von mittlerem bis vollem Körper und erstaunlich lang in seinem Abgang. Der straff gewirkte Kern der Frucht verlangt nach längerer Kellerreife, um aufblühen zu können und das gesamte Potenzial dieses prächtigen Weines in Erscheinung treten zu lassen. Voraussichtliche Genussreife: 2004–2016.

»Der 1997er Jahrgang gebärdete sich wie ein Kind, dessen Qualitäten in seiner Jugend schwer erkennbar sind. Er blühte im Laufe der *élevage* auf wie ein Kind, das sich zu einem liebenswürdigen Erwachsenen entwickelt«, sagte Aubert de Villaine, einer der beiden Leiter dieses berühmten Weinguts. 1997 lagen die Erträge der Domaine unter 25 hl/ha, sehr wenig für diesen Jahrgang, der sowieso schon niedrige Ernten hatte. Zur Information der Leser sei gesagt, dass diese Domaine im Bestreben, ihre Weine so sanft wie möglich zu behandeln, alles direkt vom Fass per Hand abfüllt. Dies ist ein löbliches Vorgehen, weil es die nachteiligen Auswirkungen des Pumpens ausschaltet, es führt allerdings zu Schwankungen zwischen den einzelnen Flaschen, da jedes Fass verschieden ist. Als de Villaine 1997 seine Erntehelfer zur Lese seines Montrachet aussandte, war die gesamte Lage mit Ausnahme der Parzelle der Domaine Jacques Prieur bereits geerntet. Der *1997er Montrachet* zeigt ein strohfarbenes, goldähnliches Kleid und große Mengen von tropischen Früchten, Mineralien, Anis und buttrigen Aromen. Dieser wuchtige Wein von mittlerem bis vollem Körper enthüllt in seinem opulenten Geschmacksprofil Schichten von Gewürz, cremigen hochreifen Birnen, *Crème brûlée* und einen Anflug von Buttertoffee. Samtig texturiert und breit angelegt, ist er fortgeschritten entwickelt, aber besser ausgewogen, als ursprünglich anzunehmen war. Trinken Sie ihn jetzt–2012.

Der rubinrote *1997er Grands-Echézeaux* weist Aromen von rotem und schwarzem Himbeerlikör sowie mittleren bis vollen Körper, ölige Textur und gute Kraft und Dichte auf. Räucherschinken, süßes Wachs und Gewürze finden sich in diesem fetten, molligen und verführerischen Wein. Trinken Sie ihn in den nächsten 6–8 Jahren. Der nach Brombeeren, Veilchen und Rosen duftende *1997er Romanée-St-Vivant* ist ebenfalls rubinrot. Von mittlerem bis vollem Körper, verfügt er über hervorragende Konzentration und Dichte. Große Mengen von frischen und lebendigen roten Früchten mischen sich in seiner Persönlichkeit mit würzigen, rauchigen und gerösteten Noten. Der Anflug von Trockenheit in seinem Abgang hat eine höhere Bewertung verhindert. Voraussichtliche Genussreife: jetzt–2007. Der *1997er Richebourg* hat eine ähnliche Farbe und ist ganz entschieden kräftiger und geschmacksintensiver. Das nach Rosen, Veilchen, Talkumpuder und zerstoßenen Beeren duftende Bukett geht mit einer schwelgerischen, dichten Persönlichkeit einher. Von mittlerem bis vollem Körper und voll gepackt mit Gewürzen, frisch gemahlenem schwarzen Pfeffer und Brombeeren, ist dies ein zutiefst reifer, ausdrucksvoller Wein. Voraussichtliche Genussreife: jetzt–2009. Der dunkle, in seinem Aromaprofil straffe *1997er La Tâche* gibt asiatische Gewürze, Pfeffer, Kirschen und schwarze Johannisbeeren zu erkennen. Er ist ein samtig texturierter, expansiver und äußerst reifer Wein mit Geschmackskomponenten, die an Lakritze und Brombeermarmelade erinnern. Mit superber Tiefe der Frucht ausgestattet (insbesondere in diesem manchmal »einfachen« Jahrgang), weist er mittleren bis vollen Körper und bewundernswerte Länge in seinem geschmeidigen Abgang auf. Voraussichtliche Genussreife: jetzt–2012. Der *1997er Romanée-Conti* legt eine satt dunkelrubinrote Farbe sowie ein appetitanregendes Bukett von Leder, Wacholderbeeren, Kirschen und Gewürzen an den Tag. Am Gaumen verbindet er herrlich die für den Jahrgang typische kraftvolle, reife Frucht mit einer wunderbar klaren Linienführung und Eleganz. Dieser Wein präsentiert Geschmacksnuancen von Sojasauce, Lakritze, Blumen und Brombeeren, ist dicht und konzentriert, aber dabei filigran und fantastisch präzise. Wie bei seiner geringen Menge, seinem Preis und seinem Renommee zu erwarten war, haben wir es hier mit einem Star des Jahrgangs zu tun. Voraussichtliche Genussreife: jetzt–2012+.

Anklänge an *Botrytis cinerea* (Edelfäule) treten in dem genussbetonten, ansprechenden und rassigen goldfarbenen *1998er Montrachet* zutage. Auf seine honigduftigen Aromen von Gewürz und Vanille folgt eine sinnlich betörende Persönlichkeit. Dieser runde, äußerst gehaltvolle Wein ist bis zum Bersten gefüllt mit überreifen Früchten, Anklängen von Karamell und französischem, in Sirup getunktem Toastbrot. Obschon er herrlich geschmacksintensiv und gefällig ist, verfügt er nicht über die Kapazität, bei einer Kellerreifung an Komplexität zuzunehmen. Genießen Sie diese würzige Fruchtbombe in den nächsten 5–6 Jahren.

»Seit 1990 kommt auf unserer Domaine beim Montrachet eine neue Philosophie zum Einsatz«, sagt de Villaine. »Wir ernten nun so spät wie möglich und füllen so früh wie möglich ab.« Der *1999er Montrachet* legt einen goldenen Schimmer und ein Bukett von massiver Reife an den Tag, bei dem kraftvolle Gewürzdüfte sich mit tropischen gelben Früchten und Anis vermischen. Von mittlerem bis vollem Körper, erweist er sich als fett, mollig, ölig texturiert und unglaublich gehaltvoll. Seine Schichten von Gewürzen und äußerst reifen Früchten sind sinnlich und lustbetont und verweilen lange am Gaumen. Hier haben wir einen breit gebauten, äußerst dichten Montrachet zum Trinkgenuss in den nächsten 8–10 Jahren.

Bei den Rotweinen »ist der Jahrgang 1999 der großartigste seit langem, er ist sogar noch besser als der 1990er«, sagt de Villaine. Die Domaine de la Romanée-Conti erreichte 1999 durchschnittlich 32 hl/ha und nahm keinerlei Mostabzug vor. Sie verkauft die Weine von ihren jüngsten Grand-Cru-Reben und von allen Premier-Cru-Lagen an *négociants* (Handelshäuser); die unter der Bezeichnung Domaine de la Romanée-Conti etikettierten Weine stammen von Parzellen, die durchschnittlich zwischen 45 und 55 Jahre alt sind. Der mittelrubinrote *1999er Echézeaux* zeigt ein verhaltenes, nach dunklen Früchten duftendes Bukett. Er strotzt am Gaumen mit üppigen Schichten von überaus süßen Kirschen, kandierten schwarzen Himbeeren und Gewürzen. Dieser gefällige Wein ist unmittelbar ansprechend, feminin und seidig texturiert, von mittlerem bis vollem Körper, ungemein ausdrucksvoll und besitzt fantastisch ausgereiftes Tannin. Trinken Sie ihn in den nächsten 10–12 Jahren. Der dunklere *1999er Grands-Echézeaux* bietet prächtige Aromen von Talkumpuder, Parfüm und kandierten Kirschen. Dieser fantastisch süße, jedoch elegante Wein von mittlerem Körper ist beladen mit Brombeeren und mit zuckerüberzogenen Kirschen. Im seidigen Abgang tritt Eichenholzwürze an den Tag. Trinken Sie ihn in den nächsten 12 Jahren.

Der mittel- bis dunkelrubinrote *1999er Romanée-St-Vivant* besitzt hochreife Aromen von Schwarzkirschen und Veilchen. Bei mittlerem Körper erscheint er als dicht, streng, vierschrötig und fest. Dieser saftige Wein verfügt über Geschmackskomponenten von roten und schwarzen Beeren und hat einen tanninreichen Abgang, der von Eichenholzwürze getränkt ist. Voraussichtliche Genussreife: jetzt–2013. Ein ganz herrlicher Wein ist der satt dunkelrubinrote *1999er Richebourg*. Er explodiert förmlich im Glas mit großen Mengen von hochreifen dunklen Früchten, darunter Brombeeren, Cassis, Pflaumen und Schwarzkirschen. Dieser dichte, samtweiche und breit gebaute Wein besitzt herrliche Tiefe in seiner Persönlichkeit, die von Geschmacksnuancen von gerösteten roten und schwarzen Früchten geprägt ist. Myriaden von Gewürzen finden sich in seinem kernig texturierten, körperreichen, ungemein konzentrierten und kraftvollen Charakter. Sein außerordentlich langer Abgang wird zwar von Frucht dominiert, es lässt sich aber auch ausgiebiges süßes und geschmeidiges Tannin entdecken. Voraussichtliche Genussreife: 2006–2018.

Der mittel- bis dunkelrubinrote *1999er La Tâche* präsentiert Aromen von süßen, pikanten Himbeeren, schwarzen Johannisbeeren, kandierten Kirschen, Leder und Gewürzen. Bei mittlerem bis vollem Körper ist er harmonisch, ausgefeilt und kraftvoll. Für einen La Tâche gibt er einen expansiven, herrlich klar umrissenen und femininen Wein ab und sein Geschmacksprofil ist dicht bepackt mit gemischten hochreifen roten und schwarzen vanillegetränkten Früchten. In seinem bewundernswerten Abgang lassen sich große Mengen von süßem Tannin entdecken. Voraussichtliche Genussreife: 2006–2020. Der mittel- bis dunkelrubinrote *1999er Romanée-Conti* ist ganz und gar erstaunlich: Er hat ein gewaltig beeindruckendes Bukett von hochreifen schwarzen Kirschen, kandierten Pflaumen und Veilchen. Dies ist ein unglaublich komplexer Wein, körperreich und mit einer herrlichen Breite von süßen, eindringlichen Früchten, der den Gaumen mit seinen samtig süßen Kirschen, dicklichen Brombeeren und fruchtgetränkten Tanninen überzieht. Dieses Juwel zeigt sich perfekt ausgewogen und nahtlos mit einem bemerkenswert langen Abgang, ein Wein von beispielhafter Präzision, Linienführung und Kraft, der unbeschreibliche Noblesse und Raffinesse aufweist. Voraussichtliche Genussreife: 2006–2020. 1999 produzierte die Domaine de la Romanée-Conti zum ersten Mal einen *1995er Vosne-Romanée Premier Cru*. Er wurde aus dem Traubengut einer zweiten Lese bereitet, die einige Tage nach der ersten Lese in La Tâche stattfand. Dieser Wein ist mittel- bis dunkelrubinrot und hat ein Bukett, das nach Rosen, Veilchen und roten Kirschen duftet. Bei mittlerem Körper ist er üppig, expansiv, frisch, prallvoll mit knackigen roten und schwarzen Beeren und hat einen langen, süßen tanningetränkten Abgang. Voraussichtliche Genussreife: jetzt–2010.

Weiterer verkosteter Wein: 1997er Echézeaux (89)

DOMAINE ROSSIGNOL (VOLNAY)

1999	**Pommard Jarollières**	**D**	**90+**
1997	**Volnay Les Caillerets**	**D**	**91**
1999	**Volnay Chevrets**	**D**	**90**
1999	**Volnay Santenots**	**D**	**90+**
1997	**Volnay Santenots**	**D**	**91+**

Anmerkung: Mit Ausnahme der Vereinigten Staaten ist dieses Gut weltweit als Domaine Nicolas Rossignol und als Domaine Rossignol-Jenniards bekannt.

Diese Domaine wird von Nicolas Rossignol geleitet, der hier seit 9 Jahren für die Vinifizierung verantwortlich ist. Er und sein Vater besitzen bzw. bestellen 16 Hektar Rebland, die zwischen Pommard und Meursault verteilt sind. Während Nicolas sich um die Arbeit im Weinkeller kümmert, ist sein Vater für die Weinberge zuständig. Laut Rossignol haben sie mäßige Erträge: 30–38 hl/ha. Entlaubungsmittel werden nicht verwendet, doch wird eine *taille verte* (Behangausdünnung) vorgenommen; darüber hinaus hacken die Rossignols den Boden rund um die Rebstöcke auf, um die Vegetation unter Kontrolle zu behalten und dem Boden Luft zukommen zu lassen.

Im Weinkeller bedient man sich – wie die jüngere Generation in Burgund generell – vieler neuer Techniken. Die Trauben werden vollständig entstielt, es findet eine Kaltmaischung statt, und während der Gärung trennt Rossignol den Saft von den Feststoffen, lässt die Temperatur auf 40 °C ansteigen und schüttet dann den Saft wieder auf den Schalenhut. Presswein und frei ablaufender Saft werden getrennt, und bei den Abfüllungen für den amerikanischen Markt wird weder geschönt noch filtriert. Weine für andere Absatzmärkte werden nach dem Kieselgur-System filtriert. Nicolas Rossignol liebt das Experimentieren. In seinen Kellern liegen Weine, die nach verschiedenen Verfahren bereitet wurden, und die Ergebnisse klaffen daher sehr weit auseinander.

Aus 12 Jahre alten Reben, die im Sinne einer Ertragsbegrenzung erzogen wurden, stammt der mittel- bis dunkelrubinrote *1997er Volnay Les Caillerets*, der mit einem pH-Wert von 3,55 gelesen wurde. Er bietet ein ungemein süßes, nach Brombeeren und dunklen Kirschen duftendes Bukett sowie einen ausgefeilten Charakter mit Geschmackskomponenten von Räucherschinken und Cassis. Er zeigt sich als ein molliger, samtig texturierter und kerniger Wein mit einem langen und geschmeidigen, sehr tanninreichen Abgang. Er ist so wunderbar, dass man sich auf einen hervorragenden Trinkgenuss innerhalb der nächsten 6 Jahre freuen darf. Der mittel- bis dunkelrubinrote *1997er Volnay Santenots* stammt von Reben im unteren Bereich dieser Lage, die durchschnittlich 30 Jahre alt sind. Seine Aromen von Schwarzkirschsirup gehen einher mit einer groß dimensionierten, breitschultrigen und festen Persönlichkeit, die angefüllt ist mit Geschmackskomponenten von roten und schwarzen Früchten, Lakritze und asiatischen Gewürzen. Dieser Wein von mittlerem bis vollem Körper gibt sich kraftvoll, konzentriert und sättigt den Gaumen. Köstlich schmeckt er schon heute, hat aber das Potenzial, sich noch bis 2007 weiterzuentwickeln. Der mittel- bis dunkelrubinrote *1999er Volnay Chevrets* wurde zweimal verkostet. Er bietet mit Eichenholzwürze getränkte Aromen von dunklen Früchten und hervorragende Dichte in seinen Geschmackskomponenten von süßen Schwarzkirschen, Brombeeren und Lakritze. Bei mittlerem bis vollem Körper ist er hoch extrahiert und mit ausgiebigem, reifem Tannin beladen. Voraussichtliche Genussreife: jetzt–2010. Mittel- bis dunkelrubinrot ist auch der *1999er Volnay Santenots*, der cremige rote Kirschen, Himbeeren und Gewürze in seinen Aromen bietet. Von mittlerem Körper, tief und konzentriert, verfügt er über eine ausdrucksvolle, mit roten und schwarzen Früchten voll gepackte Persönlichkeit. Sein langer, seidiger Abgang offenbart den Einfluss von toastwürzigem frischem Eichenholz. Trinken Sie ihn in den nächsten 8–9 Jahren. Der dunklere *1999er Pommard Jarollières* gibt ein ungemein ansprechendes, frisches blumiges Bukett zu erkennen, das nach Kirschen, Brombeeren und Gewürzen duftet. Dieser kräftige, kernige Wein von mittlerem bis vollem Körper kommt breitschultrig daher und ist voll gepackt mit großen Mengen von köstlichen kandierten Kirschen und Brombeeren. Er ist lebendig, ungemein ausdrucksvoll, konzentriert und dürfte mittelfristig schön altern. Voraussichtliche Genussreife: jetzt–2010.

Weitere empfehlenswerte Weine: 1997er Pernand-Vergelesses (88–90), 1997er Volnay Chevret (89), 1999er Volnay Fremiets (88), 1999er Volnay Roncerets (89)

DOMAINE JOSEPH ROTY (GEVREY-CHAMBERTIN)

1999	**Charmes-Chambertin Très Vieilles Vignes**	**EEE**	**(95–97)**
1999	**Gevrey-Chambertin Fonteney**	**EE**	**(89–91)**

1999 Griotte-Chambertin **EEE** **(95–98)**
1999 Mazis-Chambertin **EEE** **(92–94)**

Der mittel- bis dunkelrubinrote *1999er Gevrey-Chambertin Fonteney* bietet Aromen von Lakritze und Schwarzkirschen. Bei mittlerem bis vollem Körper ist er konzentriert und kraftvoll und weist in seinem Charakter Geschmackskomponenten von gebratenen schwarzen Früchten und toastwürzigem Eichenholz auf. Er ist überaus gut bereitet und besitzt eine solide Struktur sowie einen langen, klar umrissenen Abgang. Voraussichtliche Genussreife: 2004–2013.

Der dunkle, nach Brombeeren duftende *1999er Mazis-Chambertin* zeigt ein ausladendes Geschmacksprofil von außerordentlicher Konzentration. In seiner muskulösen, verhalten entwickelten Persönlichkeit lassen sich Steine, schwarze Früchte und frisch aufgetragener Straßenteer entdecken. Körperreich und tief, erweist er sich als ein maskuliner, etwas robuster Wein, der Geduld braucht. Voraussichtliche Genussreife: 2008–2015+.

Der sublime, dunkelrubinrote *1999er Griotte-Chambertin* wurde in zu 80–90% neuem Eichenholz ausgebaut. Sein nach Schwarzkirschen und Brombeeren duftendes Bukett geht einher mit einer körperreichen Persönlichkeit von herrlicher Breite und Konzentration. Dieser kraftvolle Wein kleidet den Gaumen mit Schichten von dicklichen Brombeeren, Cassis, Lakritze und Räucherschinken aus. Voraussichtliche Genussreife: 2008–2016.

Wie schon der Name vermuten lässt, stammt der 1999 *Charmes-Chambertin Très Vieilles Vignes* von äußerst alten Rebstöcken (65% dieser Parzelle gehen bis in das Jahr 1881 zurück). Räucherschinken, dickliche Schwarzkirschen und kandierte Brombeeren lassen sich in seinem Aromaprofil entdecken. Dieser gewaltige Wein ist bei mittlerem bis vollem Körper außerordentlich konzentriert, kraftvoll und kernig texturiert. Seine Geschmackskomponenten von schwarzen Früchten, Lakritze, Teer und Kirschen sind ungemein ausdrucksvoll und halten während des unglaublich langen, dicken und süßen Abgangs an. Trinken sollten Sie diesen wunderschönen Wein 2007–2016+. Leider wurden nur 50 Kisten Griotte, 75 Kisten Mazis und 225 Kisten Charmes produziert.

Weiterer empfehlenswerter Wein: 1999er Gevrey-Chambertin Champs-Cheney (87–89)

DOMAINE EMMANUEL ROUGET (FLAGEY-ECHÉZEAUX)

1997 Echézeaux **EE** **91+**
1997 Vosne-Romanée Les Beauxmonts **EE** **91+**
1997 Vosne-Romanée Cros Parentoux **EEE** **94**

Emmanuel Rouget gehört zu jenen Winzern, die 1997 einen gelungenen Wein bereitet haben. Er hat es geschafft, dass seine Weine Struktur beibehielten und gleichzeitig die außerordentliche Reife dieses warmen und reichfruchtigen Jahres zum Ausdruck brachten. Zwei seiner Weine, der Bourgogne und der Nuits-St-Georges, sollten in nächster Zeit getrunken werden, die anderen jedoch, d.h. auch der *village*-Vosne-Romanée, verfügen über die für etwas Kellerreife erforderliche Struktur. Der satt rubin-purpurrote *1997er Vosne-Romanée Les Beauxmonts* enthüllt frische Aromen mit einem Schuss von würzigen gebratenen Früchten. Er ist opulent, dick, reichhaltig und sinnlich. Schichten von Kirschsirup, Mokka, kandierten Brombeeren und Hoisin-Sauce finden sich in seiner genussbetonten Persönlichkeit von mittlerem bis vollem Körper und in seinem ungemein beeindruckenden Abgang. Trinken Sie diese Schönheit in den nächsten 6–7 Jahren.

Der mittel- bis dunkelrubinrote *1997er Echézeaux* bietet ein Bukett, das voll gepackt ist mit dunklen Kirschen und Anklängen von geröstetem Eichenholz. Er ist ein groß gebauter, maskuliner, strukturierter Wein voller Brombeeren und Cassis, reichhaltig, süß, komplex und von mittlerem bis vollem Körper. Außerdem verfügt er über einen bewundernswert nachhaltigen Abgang. Voraussichtliche Genussreife: jetzt–2009. Rougets mittel- bis dunkelrubinroter *1997er Vosne-Romanée Cros Parentoux* ist ein ehrfurchtgebietender Wein. Er enthüllt superbe Aromen von Gewürzen, Noten von Eichenholz und kraftvolle, frische Düfte von roten Früchten. Äußerst gut ausgewogen, zeigt sich dieser Wein bei mittlerem bis vollem Körper dick, breit angelegt und gut extrahiert. Darüber hinaus legt er ein Geschmacksprofil an den Tag, das beladen ist mit schokoladeüberzogenen Kirschen, rotem Fruchtsirup und einer reichlichen Dosis von vanillegetränktem Eichenholz, die während des beeindruckend langen Abgangs am Gaumen verweilen. Hier haben wir einen Wein, der Kraft mit Eleganz paart und schon früh Vergnügen bereiten wird, sich allerdings bei etwas Lagerung im Keller noch wunderschön weiterentfalten wird. Voraussichtliche Genussreife: jetzt–2008.

Weiterer empfehlenswerter Wein: 1997er Nuits-St-Georges (89)

DOMAINE GUY ROULOT (MEURSAULT)

2000	**Meursault Bouchères**	**EE**	**(90–91)**
1999	**Meursault Bouchères**	**EE**	**(89–91)**
2000	**Meursault Charmes**	**EE**	**(91–93)**
1999	**Meursault Charmes**	**EE**	**(89–91)**
1997	**Meursault Charmes**	**EE**	**(89–92)**
2000	**Meursault Perrières**	**EE**	**(91–93)**
1997	**Meursault Perrières**	**EE**	**(92–94)**
1997	**Meursault Les Tessons**	**E**	**(89–90+)**
2000	**Meursault Les Tillets**	**D**	**(89–91)**
1997	**Meursault Les Tillets**	**D**	**(89–90+)**

Ich genieße stets die kurze Zeit, die ich jedes Jahr mit Jean-Marc Roulot verbringe. Zu seinen angenehmen Charakterzügen gehören unverblümte Aufrichtigkeit. Während praktisch jeder Winzer in Burgund mir versicherte, dass die 1997er Ernte fast so gesund gewesen sei wie die 1996er, sagte Roulot mir, dass er aufgrund der Fäulnisbildung 10–15% seines Ertrags aussortiert habe. Die Tatsache, dass er als einziger Burgunder, mit dem ich gesprochen habe, mich so bereitwillig aufklärte, spricht Bände über die Ehrlichkeit dieses Mannes. Er fährt fort, dass er von dem 1997er »angenehm überrascht gewesen sei«. Seine anfänglichen Sorgen über die niedrige Säure und die relativ schnellen alkoholischen Gärungen wurden besänftigt, als er sah, dass die malolaktischen Gärungen die Ausgewogenheit und die Struktur der Weine nicht beeinträchtigten.

Aus einer Lage, die 1997 bewundernswerte Leistungen erbrachte, wurde der *1997er Meursault Les Tillets* mit seinem reintönigen, kristallinen Bukett mit Düften nach Stahl, Mineralien und Anis gekeltert. Dieser elegante Wein bietet leicht angeröstete weiße Früchte, Blumen und Steine. Er nimmt sich stilvoll und ätherisch aus und besitzt eine filigrane, jedoch geschmacksintensive Persönlichkeit von mittlerem Körper. Voraussichtliche Genussreife: 2000–2006. Der ebenfalls beeindruckende *1997er Meursault Les Tessons* ist stilistisch anders gestaltet. Der Les Tillets wird den Liebhabern ausgefeilter Weine gefallen, der Les Tessons den Anhängern hedonistischer Weine. Der Les Tessons bietet dicke Aromen von süßen gelben und weißen Früchten und ein Geschmacksprofil an der Grenze zur *surmaturité*. Bei mittlerem Körper ist er zum Bersten voll gepackt mit gewürzten Birnen, Pfirsichen und Noten von Kreide. Er ist der opulenteste 1997 von Roulot, dennoch mangelt es ihm nicht an Frische, Ausgewogenheit und Konturenschärfe. Trinken Sie ihn in den nächsten 4–5 Jahren. Von 65 Jahre alten Rebstöcken im unteren Teil der Lage (»ein schlechter Platz« sagt Roulot) stammt der *1997er Meursault Charmes*, der in seinem Bukett Äpfel, Birnen, Akazienblüten und Limetten offenbart. Er ist seidig texturiert, von mittlerem bis vollem Körper, dick und mit Geschmacksnuancen von Schokolade, Zitrone und Eichenholz durchtränkt. Dieser beeindruckende Wein besitzt große Mengen gut gereifter Frucht und einen langen, reintönigen Abgang. Voraussichtliche Genussreife: jetzt–2006. Roulot besitzt eine winzige Parzelle (knapp 0,3 Hektar), woraus er einen erstaunlichen 1997er bereitet hat. Im Gegensatz zu seinem fantastischen 1996er, der mindestens 5 Jahre Kellerreife benötigt, bevor er überhaupt zugänglich wird, dürfte der *1997er Meursault Perrières* – wenngleich alterungsfähig – schon in seiner Jugend köstlich sein. Er zeigt ein frisches, stahliges Bukett von toastwürzigen Mineralien sowie einen scharf konturierten, ungemein klar umrissenen Charakter. Bei mittlerem bis vollem Körper ist er reintönig, rassig und herrlich ausgefeilt. Seine kraftvollen Geschmackskomponenten von Kies, Steinen und Zitrusfrüchten klingen noch in seinem langen Abgang nach. Er paart die für 1997 charakteristische Reichhaltigkeit mit einer herrlichen Ausgewogenheit, was in diesem Jahrgang eine seltene Kombination darstellt. Voraussichtliche Genussreife: jetzt–2008.

Für Roulot ist der Jahrgang 1999 eine »hypothetische Mischung aus dem 1982er und dem 1992er; ich mag diesen Jahrgang sehr, da er äußerst gesund und gefällig ist.« Der *1999er Meursault Charmes* legt reife Aromen von Birnen und weißen Pfirsichen an den Tag. Von mittlerem bis vollem Körper, reif, dicht und ausladend, tritt hier ein molliger, gehaltvoller, fetter Wein auf, der sich gleichzeitig ausgefeilt und elegant ausnimmt. Blumen, weiße und gelbe Früchte sowie ein Anflug von Eichenholzwürze lassen sich in seinem kernig texturierten Charakter und in seinem langen, korpulenten Abgang erkennen. Voraussichtliche Genussreife: jetzt–2009. Der *1999er Meursault Bouchères* hat ein recht zurückhaltendes Bukett, das nach Zitronen und Mineralien duftet. Bei leichtem bis mittlerem Körper ist dies ein fantastisch eleganter, filigraner, detaillierter und herrlich strukturierter Wein. Mineralien, Blumen und ein Hauch von Äpfeln lassen sich in seiner Persönlichkeit und in seinem reintönigen, kristallinen Abgang entdecken. Voraussichtliche Genussreife: jetzt–2009.

Roulot ist einer der wenigen Winzer in Burgund, der im Jahr 2000 den PLC nicht auszunutzen brauchte (PLC = *Plafond Limite de Classement,* d.h. der auf Antrag eventuell genehmigte Prozentsatz, um den die Winzer den festgelegten maximalen Ernteertrag überschreiten dürfen), weil seine Meursault-*villages*-Parzellen am 12. September durch Hagel gelitten hatten. Roulot glaubt, dass 2000 bei den Meursault Premiers Crus ein besserer Jahrgang als 1999 sein wird, dass aber die *village*-Weine nicht so gut werden, weil sie durch dieses Unwetter etwas Säure und Reife eingebüßt haben. Nach seiner Meinung sind die 2000er mit den 1997ern vergleichbar, aber geringfügig besser. »Es sind leicht zu trinkende Weine mit einem frischen, geschmacksbetonten Charakter.«

Bei mittlerem Körper besitzt der *2000er Meursault Les Tillets* hervorragende Tiefe in seiner reifen, dichten und weinigen Persönlichkeit. Flüssige Mineralien und Birnen kommen im Geschmacksprofil dieses femininen, nahtlosen Weins zum Ausdruck. Voraussichtliche Genussreife: jetzt–2010. Der hervorragende *2000er Meursault Charmes* entquillt dem Glas mit Aromen von pochierten Birnen, gewürzten Äpfeln und Mineralien. Hier zeigt sich ein kraftvoller, breit gebauter, dichter und ungemein ausdrucksvoller Wein. Große Mengen von weißen Früchten, gemischten Gewürzen und ein Hauch von Kies sind in diesem harmonischen, in der Frucht fortgeschritten entwickelten Tropfen zu erkennen. Voraussichtliche Genussreife: jetzt–2012. Die herrlichen Aromen des *2000er Meursault Bouchères* bringen einen ausgefeilten Duft von Blumen, Gewürzen und Mineralien zum Ausdruck. Dieser elegante Wein mit Geschmackskomponenten von Kreide, Steinen und Birnen ist verhaltener entwickelt als der Charmes, hat aber eine zusätzliche Note von Finesse. Er ist konzentriert, klar umrissen und zeigt wunderschöne blumige Anklänge in seinem langen, weichen Abgang. Mineralien und weiße Blumen bilden das Bukett des hervorragenden *2000er Meursault Perrières.* Dieser Wein explodiert förmlich am Gaumen und zeigt herrliche Breite von würzigen Mineralien, Anis, Chinin, Quarz und Birnen. Er ist tief und besitzt hervorragenden Biss sowie einen üppigen, seidig texturierten Charakter. Voraussichtliche Genussreife: jetzt–2012.

Weitere empfehlenswerte Weine: 1998er Meursault Les Charmes (88), 2000er Meursault Les Luchets (87–89), 2000er Meursault Meix Chavaux (88–90), 1999er Meursault Les Perrières (88–89), 1995er Meursault Les Tessons (89), 1999er Meursault Les Tessons (88–89+), 2000er Meursault Les Tessons (88–90), 1999er Meursault Les Tillets (88–90), 2000er Meursault Vireuils (88–89)

DOMAINE GEORGES ET CHRISTOPHE ROUMIER (CHAMBOLLE-MUSIGNY)

1999	Bonnes Mares	EE	(92–94)
1998	Bonnes Mares	EE	90
1997	Bonnes Mares	EE	93+
1999	Chambolle-Musigny Les Amoureuses	EE	(92–94)
1997	Chambolle-Musigny Les Amoureuses	E	92
1997	Charmes-Chambertin	EE	90
1997	Corton-Charlemagne	EE	93
1999	Musigny	EEE	(90–92)
1998	Musigny	EEE	91
1997	Musigny	EEE	92
1997	Ruchottes-Chambertin	EE	92+

Der nachdenkliche, freundliche und intelligente Christophe Roumier füllte alle 1997er schon früh ab: »Ich wollte nicht, dass sie noch mehr von den Eichenfässern mitbekamen.« Er beurteilt diesen Jahrgang wie folgt: »ein freundlicher, harmonischer Jahrgang, den ich mit Leuten trinken möchte, die ich mag. Vom Premier Cru an aufwärts wird er sich halten. Er erinnert mich an die 1985er, auch wenn manche ihn mit dem 1962er vergleichen.« Roumiers 1997er sind sehr gut gelungene Weine für diesen Jahrgang. Was sie jedoch von den Spitzenweinen aus diesem berühmten Haus unterscheidet, ist, dass sie weniger Komplexität und weniger Struktur haben als die rühmlichen Weine aus früheren Jahrgängen.

Der mittel- bis dunkelrubinrote *1997er Chambolle-Musigny Les Amoureuses* legt ein blumiges Bukett von Veilchen, Schwarzkirschen und Gewürzen an den Tag. Er ist breit angelegt, süß, unkompliziert, weich, sinnlich und hat mittleren bis vollen Körper. Am Gaumen gibt er sich expansiv, ungemein ausdrucksvoll, ausgefeilt und anmutig. Rote und schwarze Früchte, Blumen, eine gute Struktur und ein köstlich langer Abgang kommen in diesem harmonischen Tropfen zum Ausdruck. Trinken Sie ihn in den nächsten 7–8 Jahren. Ein ähnliches Kleid hat der *1997er Charmes-Chambertin*, der Aromen und Geschmacksnuancen von schwarzen Früchten, Gewürzen und frischen Kräutern bietet. Dabei ist er fester und strukturierter als der Les Amoureuses. Bei mittlerem bis vollem Körper besitzt er hervorragende Breite und Konzentration und zeigt vorzügliche Ausgewogenheit und Biss. Voraussichtliche Genussreife: jetzt–2005. Der etwas dunklere *1997er Ruchottes-Chambertin* ist mit Roumiers Worten »ein leidenschaftlicher« Wein. Würzige rote Kirschen, dichte Schichten von schwarzen Johannisbeeren und ein Hauch von Eichenholzwürze sind in seinen intensiven Aromen zu erkennen. Es ist ein sinnlicher, seidig texturierter, femininer, tiefer und fantastisch strukturierter Wein von mittlerem bis vollem Körper. Steinige schwarze Früchte und rote Kirschen zeigen sich in seiner verführerischen Persönlichkeit und in seinem nachhaltigen harmonischen Abgang. Trinken Sie diese Schönheit in den nächsten 7 Jahren.

Roumiers *1997er Bonnes Mares* hat mir besser gefallen als der hervorragende, aber weniger sinnliche und intensive Musigny, der generell das Aushängeschild dieses Weinguts darstellt. Der Bonnes Mares hat eine mittel- bis dunkelrubinrote Farbe und bietet betörende Aromen von roten und schwarzen Früchten, Steinen und Erde. Er explodiert förmlich am Gaumen mit ausdrucksvollen kandierten roten Kirschen, Lakritze und Geschmacksnuancen von Straßenteer. Dieser gehaltvolle, dichte, herrlich strukturierte, kraftvolle und expansive Wein zeigt sich maskulin und breitschultrig, aber auch opulent und hedonistisch. Er weist mittleren bis vollen Körper auf, ist komplex und harmonisch und dürfte sich jetzt–2010 am schönsten trinken lassen.

Der rubinrote *1997er Musigny* ist mit einem fesselnden Bukett von frischen Kräutern, Blumen und Schwarzkirschen ausgestattet. Am Gaumen zeigt er sich ausdrucksvoll, aber nicht so ungestüm wie der Bonnes Mares. Tabak, Zedernholz, Brombeeren und Johannisbeeren finden sich in diesem ausgefeilten filigranen Tropfen von mittlerem Körper. Obschon er im Vergleich zu den Kraftprotzen, die 1995 und 1996 auf diesem Gut bereitet wurden, etwas verblasst, bleibt er dennoch ein wunderschön eleganter, detailorientierter und komplexer Wein. Trinken Sie ihn in den nächsten 8–10 Jahren.

Der *1997er Corton-Charlemagne* ist ein superber Wein, der die hochreifen Eigenschaften des Jahrgangs zum Ausdruck bringt und gleichzeitig hervorragende Frische, Konturenschärfe und Harmonie beibehält. In seinen Aromen offenbart er kandierte weiße und gelbe Früchte, gerösteten Toast und Vanille. Bei mittlerem bis vollem Körper ist dieser dichte, breit angelegte, kraftvolle, ganz den Mund ausfüllende Wein voll gepackt mit tropischen Früchten, geröstetem Eichenholz und einem Hauch von Mineralien. Sein beeindruckend langer und klar umrissener Abgang enthüllt üppige Aromen von Gewürzkuchen, die ihm zusätzliche Komplexität verschaffen. Voraussichtliche Genussreife: jetzt–2009.

Der rubinrote *1998er Chambolle-Musigny* ist mit einem kräuterhaften Bukett ausgestattet, das nach Gewürzen und Zedernholz duftet. Von mittlerem Körper und kernig texturiert, ist dieser Wein ein ausgezeichnetes Beispiel für all jene, die wissen möchten, wie ein ausgereifter Burgunder schmeckt. Anklänge von Kirschen finden sich in seinen süßen Geschmackskomponenten von exotischem Holz und vermodernden Blättern. Zwar eignet sich dieser Wein nicht zum Einlagern, da er sich sehr rasch entwickelt, doch ist er köstlich und sollte in den nächsten 1–2 Jahren getrunken werden. Der nach Schokolade und Erde duftende, mittelrubinrote *1998er Bonnes Mares* weist eine reichhaltige Persönlichkeit von mittlerem Körper auf. Gerösteter Kaffee und gebratene Kirschen sind in seinem ausladenden, warmen und umfassenden Charakter zu entdecken. Er besitzt reichliches Tannin, das jedoch in Frucht eingebettet ist. Darüber hinaus verfügt er über einen außergewöhnlich langen und scharf konturierten Abgang. Voraussichtliche Genussreife: jetzt–2007. Der nach Veilchen und Kirschen duftende *1998er Musigny* hat ein mittelrubinrotes Kleid. Es ist ein konzentrierter Wein mit hervorragender Tiefe der Frucht. Große Mengen von Blumen, Kirschen und Brombeeren kommen in seiner präzisen, lebendigen Persönlichkeit zum Ausdruck. Ich bin nicht überzeugt davon, dass seine Frucht den dominierenden Tanninen lange standhalten wird, und würde daher empfehlen, ihn in den nächsten 4–5 Jahren zu trinken.

Sorgsames Zurückschneiden der Triebe und eine zweimalige Behangausdünnung sorgten dafür, dass Roumiers Erträge 1999 unter 40 hl/ha lagen, mit Ausnahme des Chambolle-Musigny (52 hl) und des Morey-St-Denis Clos de la Bussière (53 hl). Der hervorragende *1999er Chambolle-Musigny Les Amoureuses* zeigt eine mittel- bis dunkelrubinrote Farbe und ein intensives Bukett mit einem Duft nach kandierten Himbeeren und süßen Kirschen. Bei mittlerem bis vollem Körper ist er ausladend und legt beeindruckende Konzentration und Struktur an den Tag. Er ist voll gepackt mit Brombeeren, Kirschen, Heidelbeeren und Veilchen, und diese Geschmacksnuancen halten in seinem bewundernswert langen, reifen und tanninerfüllten Abgang an. Voraussichtliche Genussreife: 2004–2012. Der mittel- bis dunkelrubinrote *1999er Bonnes Mares* hat ein nach Rosen und Schwarzkirschen duftendes Bukett. Er präsentiert sich bei mittlerem Körper gehaltvoll, breit angelegt und expansiv: ein fester, muskulöser und maskuliner Wein. Sein seidig texturiertes Geschmacksprofil setzt sich aus Brombeeren, verschiedenen Blumen, dicklichen Heidelbeeren und kandierten Kirschen zusammen und führt zu einem bewundernswert langen, mit schwarzem Pfeffer angefüllten Abgang. Voraussichtliche Genussreife: 2004–2014. Der mit einem ähnlichen Kleid ausgestattete *1999er Musigny* enthüllt ausgezeichnete aromatische Tiefe in seinen Düften nach Brombeeren und Räucherschinken. Von mittlerem Körper und vierschrötig, ist dies ein feiner Wein, der voll gepackt ist mit kandierten Kirschen und expansiven Geschmackskomponenten von dunklen Früchten. Breit angelegt und frisch offenbart er einen beeindruckend langen Abgang. Voraussichtliche Genussreife: 2005–2012.

Weitere empfehlenswerte Weine: 1997er Chambolle-Musigny (88), 1999er Chambolle-Musigny (87–89), 1997er Chambolle-Musigny Les Cras (88+), 1999er Chambolle-Musigny Les Cras (87–89), 1999er Charmes-Chambertin (87–89), 1997er Morey-St-Denis Clos de la Bussière (88+), 1999er Ruchottes-Chambertin (88–90)

DOMAINE ARMAND ROUSSEAU (GEVREY-CHAMBERTIN)

1999	Chambertin	EEE	(90–93+)
1997	Chambertin	EEE	(91–93+)
1999	Chambertin Clos de Bèze	EEE	(92–95)
1997	Chambertin Clos de Bèze	EEE	(91–94)
1999	Gevrey-Chambertin Clos St-Jacques	EEE	(90–92)
1997	Gevrey-Chambertin Clos St-Jacques	EE	(90–93)
1997	Ruchottes-Chambertin Clos des Ruchottes	EE	(89–92)

»1997 gab es etwas Fäulnisbildung und diejenigen, die das abstreiten, sind Lügner«, sagte der unverblümte und aufrichtige Charles Rousseau. »Es ist ein guter Jahrgang, aber kein so ein großartiger wie 1995 oder 1996. 1997 und 1998 hatten wir hohen natürlichen potenziellen Alkoholgehalt bei der Lese, aber niedrige Säure, was wir korrigieren mussten. Die Weine aus diesen beiden Jahrgängen benötigten allerdings nur minimale Chaptalisierung.« Rousseaus Lieblings-Jahrgänge der 1990er Jahre sind, beim besten angefangen, 1995, 1993, 1990, 1999, 1991, 1992, 1998, 1997 und 1994. Er ist der einzige Winzer, der den 1990er nicht an die Spitze gestellt hat.

Der rubinrote *1997er Ruchottes-Chambertin Clos des Ruchottes* enthüllt Aromen von zerdrückten wilden Beeren und eine ungemein ausdrucksvolle, feminine und elegante Persönlichkeit. Er ist üppig, äußerst geschmacksintensiv, dicht bepackt mit roten Kirschen und besitzt einen langen, reintönigen und seidigen Abgang. Trinken Sie ihn in den nächsten 7 Jahren. Eine ähnliche Farbe hat der *1997er Gevrey-Chambertin Clos St-Jacques*, der ein blumiges Bukett mit Düften von schwarz-roten Beeren aufweist. Dieser seidig texturierte, breit angelegte, komplexe und expansive Wein von mittlerem Körper zeigt Geschmacksnuancen von dicklicher Beerenfrucht. Sein überaus langer Abgang präsentiert zusätzliche Schichten von Frucht in dem oft erwähnten, aber nur selten anzutreffenden »Pfauenschwanz«-Effekt. Voraussichtliche Genussreife: jetzt–2008.

Der mittel- bis dunkelrubinrote *1997er Chambertin Clos de Bèze* enthüllt ätherische Aromen von schwarzen Früchten. Sein Charakter von mittlerem bis vollem Körper ist mit Geschmackskomponenten von dicklichen Feigen, Teer, Lakritze, gerösteten Steinen, Räucherschinken, Erde und würzigem Eichenholz ausgestattet. Trinken Sie diesen genussbetonten, muskulösen, klar umrissenen und komplexen Wein innerhalb der nächsten 10 Jahre. Rousseaus *1997er Chambertin* ist am kraftvollsten, wobei der Clos de Bèze mehr Opulenz und der *1997er Chambertin Clos St-Jacques* einen längeren Abgang hat. Die Düfte dieses Chambertins nach dunklen Beeren gehen einher mit einer Persönlichkeit, die Geschmackskomponenten von Teer, Zimt, Bruyèreholz, Brombeeren, schwarzen Himbeeren und gemischtem Trockenobst zu erkennen gibt. Er ist dick, kernig, von mittlerem bis vollem Körper und wird sich bestimmt als der langlebigste 1997er dieses Weinguts herausstellen. Voraussichtliche Genussreife: jetzt–2010+.

Rousseau zeigte mir Fotos von seiner Behangausdünnung 1999, wo man ihn bis zu den Knöcheln in limettengrünen Traubenbüscheln stehen sieht. Er erklärte: »Der beste Zeitpunkt für die Behangausdünnung ist zu Beginn der *véraison* (wenn die Trauben eine andere Farbe annehmen). Aber in Frankreich lässt sich das nicht realisieren, weil dies genau die Urlaubszeit für alle Feldarbeiter ist. Wir in Burgund dünnen zu früh aus, so kompensieren die Reben die Ausdünnung durch das Ausbilden von Büscheln, die größer werden, als sie eigentlich sollen. Rousseaus Erträge reichten 1999 von 50 hl/ha bei seinem Gevrey-Chambertin, über 45 hl beim Ruchottes, Charmes und Mazis-Chambertin, 42 hl beim Gevrey-Chambertin Clos St-Jacques, 39,5 hl beim Chambertin Clos de Bèze bis zu 36,5 hl/ha beim Chambertin. Er nahm keinen Mostabzug vor, entfernte aber 10% des im Saft enthaltenen Wassers durch Umkehrosmose.

Als ich zur Verkostung der 1999er auf Rousseaus Weingut eintraf, waren seine ersten Worte: »Sie werden es mir nicht glauben, aber meiner Tochter und mir hat man Flaschen von unserem eigenen 1959er serviert. Sie waren fantastisch! Meine hatte ich vor langer Zeit schon getrunken, direkt in den ersten Jahren. Sie hatten kein Reifepotenzial, weil es ihnen an Tannin und Säure fehlte. Aber diese Flaschen waren verblüffend gut! Wie erklären Sie sich das?« Als ich erklärte, dass ein Pinot Noir eher durch konzentrierte Frucht als durch Säure und Tannin reift, wollte Rousseau mir das nicht glauben und hielt mir entgegen, dass ja auch die 1997er rasch getrunken werden müssten. Aus der Lehre, die man aus seinen 1959ern hätte ziehen können, wurde somit kein Nutzen gezogen.

Der dunkelrubinrote *1999er Gevrey-Chambertin Clos St-Jacques* hat überschwängliche Aromen von süßer Brombeerfrucht. Bei mittlerem bis vollem Körper ist er ausladend in seinen ganz den Mund auskleidenden Geschmacksnuancen von Schwarzkirschen, Eichenholzwürze und Cassis. Er erweist sich als samtig texturiert, lebendig und ungestüm. Trinken Sie ihn in den nächsten 10–11 Jahren. Mittel- bis dunkelrubinrot ist der *1999er Chambertin Clos de Bèze,* der mit einem betörenden Parfum von roten Kirschen und Veilchen aufwartet. Bei mittlerem bis vollem Körper ist er elegant und ölig texturiert. Dieser saftige Wein mit Geschmacksnuancen von süßen roten Kirschen, Johannisbeeren und Himbeeren besitzt makellos gereifte Tannine, die in seinem außergewöhnlich langen und klar gezeichneten Abgang spürbar werden. Voraussichtliche Genussreife: 2004–2012. Von 45 Jahre alten Reben stammt der mittel- bis dunkelrubinrote *1999er Chambertin.* Er bietet hochreife Aromen von Talkumpuder und Brombeeren, die einen Wein von mittlerem bis vollem Körper und hervorragender Tiefe begleiten. Große Mengen von schwarzen Früchten mit einem Schuss Eichenholzwürze sind in seinem würzigen, festen Charakter zu finden. Voraussichtliche Genussreife: 2004–2012.

Weitere empfehlenswerte Weine: 1999er Charmes-Chambertin (87–89), 1997er Clos de la Roche (87–89), 1999er Clos de la Roche (87–89), 1997er Mazis-Chambertin (87–89), 1999er Mazis-Chambertin (88–90), 1999er Ruchottes-Chambertin Clos des Ruchottes (88–90+)

DOMAINE/MAISON ETIENNE SAUZET (PULIGNY-MONTRACHET)

2000	Bâtard-Montrachet	EEE	(93–94)
1999	Bâtard-Montrachet	EEE	93
1998	Bâtard-Montrachet	EEE	92
2000	Bienvenue-Bâtard-Montrachet	EEE	(91–92)
1999	Bienvenue-Bâtard-Montrachet	EEE	92
1998	Bienvenue-Bâtard-Montrachet	EEE	92
2000	Chevalier-Montrachet	EEE	(92–93)
1999	Chevalier-Montrachet	EEE	92+
1998	Chevalier-Montrachet	EEE	92+
2000	Montrachet	EEE	(93–94)
1999	Montrachet	EEE	93+
1998	Montrachet	EEE	94
2000	Puligny-Montrachet Les Champs-Canet	EE	(89–91)
1999	Puligny-Montrachet Les Champs-Canet	EE	92
2000	Puligny-Montrachet Les Combettes	EEE	(92–94)
1999	Puligny-Montrachet Les Combettes	EEE	94
1998	Puligny-Montrachet Les Combettes	EEE	90
1999	Puligny-Montrachet Les Folatières	EEE	90
1999	Puligny-Montrachet Hameau de Blagny	EEE	91
2000	Puligny-Montrachet Les Referts	EE	90

»1998 haben wir bis zur Lese mit dem Wetter auf Kriegsfuß gestanden«, sagte der Direktor und Weinmacher von Etienne Sauzet, der intelligente Gérard Boudot. Um seinen Weinen zu Harmonie zu verhelfen, sah sich Boudot gezwungen, die malolaktischen Gärungen durch

Schwefel abzustoppen. Bei der Mehrzahl seiner 1998er, d. h. bei allen, die in diesen Verkostungsnotizen aufgeführt sind, wurde die malolaktische Gärung unterbrochen, als noch etwa 20 % Apfelsäure übrig war. Wie die Punktnoten bezeugen, gehören Boudots 1998er zu den gelungensten Weinen in diesem Jahrgang.

Der nach Äpfeln und Toast duftende *1998er Puligny-Montrachet Les Combettes* ist ein breit angelegter, gehaltvoller, tiefer Wein von mittlerem bis vollem Körper. Dieser wunderschön bereitete Tropfen mit Geschmacksnuancen von Mineralien und Äpfeln zeigt sich konzentriert und harmonisch und besitzt einen äußerst langen Abgang mit subtiler Eichenholzwürze. Voraussichtliche Genussreife: jetzt–2010. Von 64 Jahre alten Reben stammt der *1998er Bienvenue-Bâtard-Montrachet*, der einen Ertrag von 30 hl/ha erzielte (drei Fässer bzw. 75 Kisten). Französisches Toastbrot, Aprikosen und Gewürze kommen in seinen appetitanregenden Aromen zum Ausdruck. Er hat mittleren bis vollen Körper, ist dick, reichhaltig, kraftvoll und scharf konturiert und bepackt mit ausdrucksvollen Geschmacksnuancen von gerösteten Mineralien. Er lässt sich schon heute wunderbar trinken und dürfte sich ohne Schwierigkeiten noch 6–7 Jahre halten.

Der *1998er Chevalier-Montrachet* enthüllt Aromen von Akazienblüten und Gewürzen. Herrlich scharf konturiert, elegant und von mittlerem Körper, ist er ein anmutiger und femininer Wein. Haselnüsse, Mandeln, Mineralien und gemischte weiße Blumen kommen in dieser delikaten und doch extravertierten Persönlichkeit zum Ausdruck. Die Leser interessiert es vielleicht, dass Gérard Boudot diesen Wein ganz besonders mag und glaubt, dass es einer der nobelsten ist, die er je bereitet hat. Voraussichtliche Genussreife: jetzt–2009.

Vom *Bâtard-Montrachet* produziert dieses Weingut nur 10 Fässer bzw. 250 Kisten. Der *1998er* enthüllt Aromen von tropischen Früchten, vermischt mit einem Hauch von Buttertoffee. Bei mittlerem bis vollem Körper gehaltvoll, pflaumenfarbig, dick und mit Geschmacksnuancen von Birnen, Äpfeln, Vanille und gebuttertem Toast ausgestattet, ist dieser Wein konzentriert, frisch und intensiv. Trinken Sie diese Schönheit im Lauf der nächsten 10 Jahre.

Sauzets *1998er Montrachet* ist ein superber Wein: Gefällige Aromen von Anis, Mandeln, Haselnüssen und Mineralien gehen einher mit einem unwiderstehlichen Charakter von mittlerem bis vollem Körper. Dieser geschmeidige, weiche, äußerst geschmacksbetonte und harmonische Wein ist angefüllt mit Schicht auf Schicht von gewürzten Birnen, kandierten Äpfeln, Mineralien und Toast. Ich bin erstaunt, einen so profunden Wein in einem Jahrgang anzutreffen, den man eigentlich nur als schwierig bezeichnen kann. Voraussichtliche Genussreife: jetzt–2012.

Boudot meint, dass sich 1999 am besten mit 1992, 1985, 1982, 1979 und 1973 vergleichen lässt. »Ja, die Erträge waren hoch, aber die Trauben waren herrlich gesund und hatten gute natürliche Säure. Es waren leicht zu bereitende Weine ohne Fäulnisbildung.« Boudot erklärte mir, dass er neuneinhalb Monate lang die Hefen aufgerührt habe, »was soll man denn sonst bei perfekten Hefen tun?« Auf meine Frage, an welche Position er den 1999er in einer Auflistung der besten Jahrgänge der 1990er Jahre stellen würde, sagte er: »An die zweite Stelle, direkt nach dem 1992er. Danach folgen 1990, 1996, gleich stark sind 1997 und 1993, dann 1995, 1998, 1994 und zuletzt 1991.«

Große Mengen von weißen Blüten sind in den Aromen des *1999er Puligny-Montrachet Les Folatières* spürbar. Von mittlerem Körper, tief, detailliert und elegant, hat dieser reintönige Wein Geschmackskomponenten von Kies, Steinen, Mineralien und reifen Birnen. Er verfügt über ausgezeichneten Biss und einen bewundernswert langen, ausgereiften Abgang. Voraussichtliche Genussreife: jetzt–2009. Von 40 Jahre alten Reben stammt der *1999er Puligny-Montrachet Les Champs-Canet*, der würzige Aromen von Blumen und Anis bietet. Dieser herrlich ausgewogene Wein gibt sich ausladend und reichhaltig, breit gebaut und konzentriert. Er hat eine unmittelbar ansprechende Persönlichkeit, die voll gepackt ist mit gerösteten Steinen, Akazienblüten und Gewürzen, verfügt aber doch über die für eine Reifung erforderliche Tiefe und Struktur. Sein Abgang ist reintönig, ungemein lang und geschmacksintensiv. Voraussichtliche Genussreife: jetzt–2010.

Gérard Boudot ist der Meinung, dass sein hervorragender *1999er Puligny-Montrachet Les Combettes* der beste Wein ist, den er seit 1992 aus dieser Lage bereitet hat. Aus über 50 Jahre alten Reben gekeltert, präsentiert er ein gehaltvolles, mit Gewürzen beladenes Bukett und einen gewaltig konzentrierten Charakter von mittlerem bis vollem Körper. Dieser profunde Wein wartet auf mit großartiger Reichhaltigkeit, superber Ausgewogenheit und großen Mengen von Tiefe in seinem Kern, der von Geschmacksnuancen von Steinen, flüssigen Mineralien und Gewürzen bestimmt ist. Hier haben wir einen der besten Weißburgunder des Jahrgangs 1999, dem 3–4 Jahre Kellerreife noch gut tun werden. Bis 2014 wird er sich dann als ein außergewöhnlich guter Wein erweisen.

Es gibt nur 750 Flaschen von dem *1999er Bienvenue-Bâtard-Montrachet* (64 Jahre alte Rebstöcke). Er besitzt ein reichhaltiges, mit Düften nach Gewürzen und pochierten Birnen angefülltes Bukett. Am Gaumen enthüllt dieser Wein von mittlerem bis vollem Körper Steine, Mineralien und kandierte Äpfel in seiner reintönigen, scharf konturierten und ausgewogenen Persönlichkeit. Voraussichtliche Genussreife: jetzt–2012. Die Aromen des *1999er Chevalier-Montrachet* setzen sich aus Kalk, Mineralien, Talkumpuder und Blumen zusammen. Dieser tiefe Wein ist wunderschön ausgefeilt und enthüllt in seiner Persönlichkeit Schichten von Kies, Steinen und Gewürzkomponenten. Bei mittlerem Körper besitzt er einen präzisen, reintönigen und umfassenden Abgang. Voraussichtliche Genussreife: jetzt–2012.

Der *1999er Bâtard-Montrachet* von der Domaine Etienne Sauzet hat ein fabelhaftes Bukett von kandierten weißen Früchten, Wacholderbeeren, pochierten Birnen und süßen, sinnlichen Gewürzen. Bei mittlerem bis vollem Körper kommt er breitschultrig daher und legt in seiner üppigen, lustbetonten Persönlichkeit großartige Konzentration an den Tag. Dieser Wein ist dicht bepackt mit Geschmackskomponenten von Früchten, Gewürzen, Parfum und talkumpuderähnlichen Noten, die während des langen Abgangs noch anhalten. Trinken Sie ihn in den nächsten 10–12 Jahren. 175 Kisten gibt es von dem nach Mineralien, Blumen und Parfum duftenden *1999er Montrachet.* Er zeigt sich frisch, hervorragend konzentriert, kraftvoll und ausgefeilt und bringt Geschmackskomponenten von flüssigen Mineralien, gemischten weißen Blumen und Äpfeln zum Ausdruck. Außerdem besitzt er beeindruckenden Biss und einen gefälligen, langen Abgang. Voraussichtliche Genussreife: jetzt–2012.

Gérard Boudot sagte: »Den 2000er mag ich sehr. Er unterscheidet sich nicht wesentlich vom 1999er und ich glaube nicht, dass die beiden in zwei oder drei Jahren noch viele Unterschiede aufweisen, sowohl was die Ausgewogenheit als auch die Aromen betrifft.« Er erklärte mir, dass die malolaktischen Gärungen 2000 recht schnell vor sich gegangen waren, während andere Erzeuger das Gegenteil behaupteten. Boudots Erträge waren in seinen Premier-Cru- und Grand-Cru-Lagen durchschnittlich »etwas geringer« und der natürliche potenzielle Alkoholgehalt lag 0,2% unter dem von 1999.

Aus Reben, die durchschnittlich über 35 Jahre alt sind, wurde der nach Erde duftende *2000er Puligny-Montrachet les Referts*, ein opulenter, molliger Wein von mittlerem Körper, gekeltert. Im Charakter dieses tiefen, sinnlichen Weines finden sich Anis, Birnen und Mineralien. Voraussichtliche Genussreife: jetzt–2008.

Große Mengen von weißen Früchten sind in den Aromen des *2000er Puligny-Montrachet Les Champs-Canet* zu erkennen. Es ist ein angenehmer Wein mit ungemein ausdrucksvollen Geschmacksnuancen von Äpfeln und Birnen in seiner tiefen, rassigen Persönlichkeit. Voraussichtliche Genussreife: jetzt–2011. Der *2000er Puligny-Montrachet Les Combettes* stammt von Rebstöcken, die zu den ältesten auf diesem Weingut zählen, und wurde in zu 40% neuen Eichenfässern vinifiziert und ausgebaut. Er explodiert förmlich im Glas mit süßen Mineralien und Anklängen von gebuttertem Toast. Dicht und tief, von mittlerem bis vollem

Körper, zeigt dieser Wein eine ausladende, mit weißen Früchten angefüllte Persönlichkeit und einen langen, weichen Abgang. Ein konzentrierter, intensiver und kraftvoller Wein, der sich jedoch die Eleganz bewahrt hat, die dieses Dorf weltberühmt gemacht hat. Voraussichtliche Genussreife: 2004–2014.

Jahrein, jahraus produziert Etienne Sauzet zweieinhalb Fässer des Bienvenue-Bâtard-Montrachet. Der *2000er Bienvenue-Bâtard-Montrachet* zeichnet sich durch frische, mineralische und blumige Aromen aus, einen mittleren Körper und einen konzentrierten, profunden Charakter. Er ist intensiv, überzieht den Gaumen mit Mineralien und enthüllt sehr viel klare Linienführung und Reintönigkeit. Voraussichtliche Genussreife: jetzt–2012. Der nach kandierten Äpfeln und Gewürzen duftende *2000er Bâtard-Montrachet* ist ungemein aromatisch: Von mittlerem bis vollem Körper, gehaltvoll und ausladend, zeigt sich dieser samtig texturierte Wein ganz weich und offenbart unglaubliche Mengen von Pfirsichen und Birnen. Außerdem besitzt er einen vielschichtigen mit Frucht angefüllten Abgang. Dies ist ein hervorragender Bâtard mit einem frischen, kraftvollen Charakter. Voraussichtliche Genussreife: jetzt–2013. Der nach Mineralien und Birnen duftende *2000er Chevalier-Montrachet* ist seidig texturiert, dicht und von mittlerem Körper. Ungemein elegant und profund, besitzt dieser konzentrierte Wein mit Geschmackskomponenten von weißen Früchten und Kies die für eine längere Kellerreifung erforderliche Tiefe und auch die fortgeschritten entwickelte Frucht, die einen baldigen Trinkgenuss verspricht. Trinken Sie ihn in den nächsten 12–14 Jahren. Mit einem natürlichen potenziellen Alkoholgehalt von 13,4% geerntet, ist der nach Erde, Steinen, Mineralien, Birnen, Äpfeln und kandierten Limetten duftende *2000er Montrachet* ein öliger Wein von mittlerem bis vollem Körper. Gewaltig konzentriert und ölig texturiert, nimmt sich dieser ungemein würzige, von weißen Früchten bestimmte Tropfen tief, vorzüglich ausgewogen und nachhaltig aus. Voraussichtliche Genussreife: 2004–2015.

Weitere empfehlenswerte Weine und bisherige große Jahrgänge: 1986er Bâtard-Montrachet (96), 2000er Chassagne-Montrachet (88), 1999er Puligny-Montrachet (88), 2000er Puligny-Montrachet (88), 2000er Puligny-Montrachet Les Folatières (89), 1999er Puligny-Montrachet La Garenne (89), 2000er Puligny-Montrachet La Garenne (88+), 1998er Puligny-Montrachet Les Perrières (89), 1999er Puligny-Montrachet Les Perrières (89), 2000er Puligny-Montrachet Les Perrières (89), 1999er Puligny-Montrachet Les Referts (89)

DOMAINE FRANCINE ET OLIVIER SAVARY (MALIGNY-CHABLIS)

2000	**Chablis Sélection Vieilles Vignes**	**D**	**90**

Der *2000er Chablis Sélection Vieilles Vignes* besitzt ein verhaltenes, von Mineralien dominiertes Bukett. Bei mittlerem Körper ist dieser Wein ausladend, mollig und konzentriert. Große Mengen von sauberen, frischen weißen Früchten und Mineralien lassen sich in seinem rassigen, molligen Charakter und in seinem beeindruckend langen, geschmeidigen Abgang entdecken. Trinken Sie ihn in den nächsten 5 Jahren.

Weitere empfehlenswerte Weine: 1997er Chablis (88), 2000er Chablis Fourchaume (88)

DOMAINE CHRISTIAN SERAFIN (GEVREY-CHAMBERTIN)

1999	**Chambolle-Musigny Les Baudes**	**E**	**90**
1997	**Chambolle-Musigny Les Baudes**	**E**	**(88–91)**
1999	**Charmes-Chambertin**	**EE**	**97+**
1997	**Charmes-Chambertin**	**EE**	**(91–93)**
1999	**Gevrey-Chambertin Les Cazetiers**	**E**	**(90–92+)**
1997	**Gevrey-Chambertin Les Cazetiers**	**E**	**(90–92)**
1999	**Gevrey-Chambertin Le Fonteny**	**E**	**(91–93)**
1997	**Gevrey-Chambertin Le Fonteny**	**E**	**(89–91)**
1999	**Gevrey-Chambertin Vieilles Vignes**	**E**	**91**

1999	**Morey-St-Denis Les Millandes**	**E**	**90**
1997	**Morey-St-Denis Les Millandes**	**E**	**(88–91)**

Der äußerst begabte und aufrichtige Christian Serafin beschrieb den 1997er als einen modernen 1989er. »Die 1997er sind köstlich, aber sie werden 10 Jahre halten, nicht länger.« Er sagt, dass der Regenmangel zusammen mit übermäßiger Hitze zu einem unausgewogenen Jahrgang geführt habe. Satt rubinrot, enthüllt der *1997er Gevrey-Chambertin Le Fonteny* Aromen von süßen roten Johannisbeeren und Kirschen. Bei mittlerem Körper ist er elegant, jedoch ungemein fruchtig und voll gepackt mit roten und schwarzen Kirschen und asiatischen Gewürzen. Voraussichtliche Genussreife: jetzt–2005. Der *1997er Gevrey-Chambertin Les Cazetiers* ist mittel- bis dunkelrubinrot und hat ein verhalten entwickeltes, aber äußerst reifes Bukett. Am Gaumen lassen sich in diesem intensiven, molligen und dick texturierten Wein von mittlerem bis vollem Körper schwarze Früchte, Lakritze und würziges Eichenholz entdecken. Er ist kernig, ungemein geschmacksbetont und bietet einen langen, geschmeidigen Abgang. Voraussichtliche Genussreife: jetzt–2006.

Serafin hat kürzlich zwei neue Weine in sein Programm aufgenommen: Er kaufte von der Domaine Pierre Amiot Parzellen von den Premiers Crus Morey-St-Denis und Chambolle-Musigny. In den ersten beiden Jahren nach dem Kauf, 1996 und 1997, übernahm Amiot die Weinberg-Bearbeitung und die Vinifizierung. Nach Abschluss des Transfers im Jahr 1998 hat Serafin die vollständige Kontrolle über die Reben und die daraus entstehenden Weine übernommen. Aus Trauben von 22 Jahre alten Reben stammt der mittel- bis dunkelrubinrote *1997er Chambolle-Musigny Les Baudes*, der Aromen und Düfte verströmt, die an schwarze Himbeeren, Kirschen, Plätzchenteig und Brombeeren erinnern. Er erweist sich als ein umkomplizierter, femininer, weicher, geschmeidiger Wein von mittlerem Körper mit einem reizvollen langen Abgang. Trinken Sie ihn in den nächsten 6 Jahren. Der mit einem ähnlichen Kleid ausgestattete *1997er Morey-St-Denis Les Millandes* (29 Jahre alte Reben) legt Düfte von süßen kandierten Früchten, vermischt mit Rosmarin und Thymian, an den Tag. Bei mittlerem Körper ist er gut gereift und ausgefeilt. Er ist weder so üppig noch so nachhaltig wie der Les Baudes, bietet aber wunderschöne klare Linienführung und einen köstlich würzigen Charakter. Voraussichtliche Genussreife: jetzt–2005.

Serafins fantastischer dunkelrubinroter *1997er Charmes-Chambertin* zeigt Aromen von süßen kandierten Kirschen, asiatischen Gewürzen und Plätzchenteig. Der Wein explodiert förmlich am Gaumen mit überaus süßen Geschmackskomponenten von roten und schwarzen Früchten, verwoben mit frischen Kräutern, Gewürzen und Anklängen von Zimtbonbons. Es ist ein ungemein ausdrucksvoller Wein, obschon er nicht so kraftvoll ist wie manche andere 1997er von Serafin. Dennoch verwöhnt er den Gaumen mit seiner *surmaturité*-Frucht, seiner Komplexität und Ausgefeiltheit. Trinken Sie diese Schönheit in den nächsten 8 Jahren.

Der mittel- bis dunkelrubinrote *1999er Gevrey-Chambertin Vieilles Vignes* enthüllt Aromen von süßen Schwarzkirschen. Bei mittlerem Körper ist dies ein samtweicher, mit dunklen Früchten angefüllter Wein. Er präsentiert sich reichhaltig, wunderschön reif, mollig, ungemein anziehend und ist möglicherweise der beste *village*-Gevrey, den ich verkostet habe. Trinken Sie ihn in den nächsten 5–6 Jahren. Der hervorragende mittel- bis dunkelrubinrote *1999er Gevrey-Chambertin Le Fonteny* hat ein Bukett, das nach Veilchen und süßen schwarzen Johannisbeeren duftet. Von mittlerem bis vollem Körper und konzentriert, quillt dieser Wein über von Heidelbeeren, süßen Kirschen und kandierten Himbeeren. Er stellt sich harmonisch, nahtlos, geschmeidig, ungemein elegant und doch kraftvoll und mit reichhaltigem Geschmack dar. Sein außergewöhnlich langer, scharf konturierter Abgang offenbart reichliche, vorzüglich gereifte Tannine und einen Hauch von mit Vanille getränktem Eichenholz. Trinken Sie ihn 2004–2011. Der mittel- bis dunkelrubinrote *1999er Gevrey-Chambertin Les Cazetiers* kommt muskulös und breitschultrig daher. Er bietet Aromen von Schwarzkirschen und asiatischen Gewürzen, denen ein ausladender, fetter Charakter mit

Geschmackskomponenten von geröstetem Eichenholz und dunkler Beerenfrucht folgt. Er ist fest, besitzt aber die nötige Dichte und Tiefe der Frucht, um mühelos sein Tannin zu überdecken. Voraussichtliche Genussreife: 2005–2012.

Der nach Pflaumen und kandierten Trauben duftende *1999er Chambolle-Musigny Les Baudes* weist einen kraftvollen Charakter mit Geschmackskomponenten von Brombeeren und Gewürzen auf. Bei mittlerem Körper ist er vierschrötig und fest, gibt große Mengen von Frucht zu erkennen, ist aber dennoch strukturiert und streng. Trinken Sie ihn 2005–2010. Das Gleiche gilt für den etwas dunkleren *1999er Morey-St-Denis Les Millandes.* Er quillt förmlich aus dem Glas mit pflaumenhaften Aromen von dunklen Früchten, hat aber doch eine fest strukturierte, maskuline und vierschrötige Persönlichkeit. Dieser kraftvolle Wein gibt frisch aufgetragenen Straßenteer, Brombeeren und Johannisbeeren zu erkennen, allerdings dämpfen die aggressiven Tannine seine ausgiebige Frucht. Er ist ausgezeichnet und wird 2005–2009 für köstlichen Trinkgenuss sorgen.

Der spektakuläre dunkelrubinrote *1999er Charmes-Chambertin* (der Ertrag lag bei 40 hl/ha) enthüllt Aromen von Veilchen und süßen Beeren, die einem das Wasser im Munde zusammenlaufen lassen. Dieser gehaltvolle Wein von mittlerem bis vollem Körper quillt über vor kandierten Kirschen, Heidelbeeren, asiatischen Gewürzen und mit Zucker überstäubten Brombeeren. Er besitzt einen betörenden, süßen, geschmeidigen und außerordentlich langen Abgang, in dem sich üppige Frucht und herrlich reifes Tannin zeigen. 2005 bis 2012+ dürfte dieses Juwel auf dem Höhepunkt seiner Genussreife sein. Hut ab vor Christian Serafin für seine spektakulären 1999er!

Weitere empfehlenswerte Weine: 1997er Gevrey-Chambertin Les Corbeaux (87–89), 1999er Gevrey-Chambertin Les Corbeaux (88–90), 1997er Gevrey-Chambertin Vieilles Vignes (87–89)

DOMAINE DU CLOS DE TART (MOREY ST-DENIS)

1999 Clos de Tart EEE (93–95)

Sylvain Pithiot, der (zusammen mit seinem Schwiegervater Pierre Poupon) für die außerordentlich gelungenen Geländekarten mit den Weinlagen Burgunds verantwortlich ist, ist auch Direktor und Weinmacher auf diesem schönen Weingut. Er charakterisiert 1999 als »ein Traumjahr, das ich auf dieselbe Stufe wie 1990 und 1996 stellen würde«. Er erläuterte mir, dass die Philosophie seines Hauses in den letzten Jahren darin bestand, fünf Traubenbüschel pro Rebe zu belassen, was einem Ertrag von 30 hl/ha entspricht. »1999 war das Wetter aber so außerordentlich gut, dass wir sechs Büschel hängen ließen und auf einen Ertrag von 42 hl/ha kamen. 2000 sind wir wieder zu unseren 5 Büscheln zurückgekehrt und haben 31 hl/ha geerntet.« Der *1999er Clos de Tart* ist gewiss hervorragend und potenziell außergewöhnlich. Er gibt ein herrliches Bukett von gehaltvollen Pflaumen, süßen Brombeeren, kandierten Heidelbeeren und große Mengen von Gewürzen zu erkennen. Bei mittlerem bis vollem Körper ist er opulent, üppig, tief und frisch. Sein samtig texturiertes Geschmacksprofil ist dicht bepackt mit Heidelbeeren, roten Kirschen und Brombeeren, die im Mund zu explodieren scheinen und ihren süßen, erfrischenden Saft auf eine Art freisetzen, die an die besten 1996er erinnert. Zum Ausdruck kommen ebenfalls komplexe Nuancen von Gewürzen, Eichenholzwürze und ein Hauch von Orangenschale. Dieser fantastische Wein dürfte sich 2005–2012 auf dem Höhepunkt seiner Genussreife befinden.

MAISON ERIC TEXIER (CHARNAY)

1999 Noble Rot »Botrytis« Sélection de Grains Nobles D/375ml 94

Auch wenn heutzutage fast jedermann süße Spätlese-Chardonnays bereitet, erzeugen nur sehr wenige Weinmacher wirklich hervorragende Weine (zu diesen gehören Jean Thevenet in Mâcon und Alois Kracher in Österreich). Auch Eric Texier hat einen erstaunlichen *1999er Noble Rot »Botrytis« Sélection de Grains Nobles* bereitet, allerdings gibt es nur 900 halbe Flaschen von dieser bernsteinfarbenen Schönheit. In den intensiven Aromen kommen Karamell, süße Kräutertees, Gewürze und Kerzenwachs zum Ausdruck. Von mittlerem bis vollem Körper, mächtig und kandiert, schmeichelt er dem Gaumen mit eingedickten Mandarin-Orangen, Himbeeren und Gewürzen. Er erweist sich als üppig, opulent, ungemein ausdrucksvoll, frisch und vorzüglich ausgewogen. Trinken Sie diesen fantastischen Wein in den nächsten 12–15 Jahren.

Weiterer empfehlenswerter Wein: 1999er Mâcon-Bussières Vielles Vignes (89)

DOMAINE THIBERT PÈRE ET FILS (FUISSÉ)

1999	**Pouilly-Fuissé Vignes de la Côte**	**D**	**90+**

125 Kisten existieren von diesem Wein, der aus den zwei Lagen Vignes Blanches und Vers Cras stammt und 18 Monate lang in einjährigen Eichenfässern auf seinen Hefen ausgebaut wurde. Er hat Aromen von Mineralien und Anis sowie eine breit angelegte Persönlichkeit von mittlerem Körper aufzuweisen. Dies ist ein dicker, ölig texturierter Wein voller Glyzerin. Birnen, Gewürze und Mineralien lassen sich in seinem weinigen, kraftvollen und intensiven Charakter entdecken. Ich empfehle, diesen beeindruckenden Pouilly-Fuissé in den nächsten 6–8 Jahren zu trinken.

DOMAINE TOLLOT-BEAUT (CHOREY-BEAUNE)

1997	**Corton**	**E**	**(89–91)**
1999	**Corton-Bressandes**	**E**	**(89–91)**
1997	**Corton-Bressandes**	**E**	**(90–92)**
1999	**Corton-Charlemagne**	**EE**	**(89–91)**
1998	**Corton-Charlemagne**	**EE**	**92**
1997	**Corton-Charlemagne**	**EE**	**(91–94)**

Auch 1997 war wieder ein erfolgreicher Jahrgang für dieses (für burgundische Verhältnisse) große Familienunternehmen. Laut Nadine Thollot waren die Erträge um 20% geringer als gewöhnlich und um 30% geringer als 1996. Sie führt dies einerseits auf *millerandage* (kleine, nur im Ansatz entwickelte Beeren als Ergebnis von unzureichender Blütenbildung) und andererseits auf die Tatsache zurück, dass sie und ihre Familie die Situation falsch eingeschätzt und zu viel Traubengut entfernt hatten. Generell sind die 1997er aus dem Hause Tollot-Beaut wahrhaft köstlich. Sie sind voll gepackt mit Frucht, von cremiger Textur und die Rotweine besitzen weiche, geschmeidige Tannine.

Der fabelhafte *1997er Corton-Charlemagne* wurde äußerst spät gelesen. Seine komplexen Aromen präsentieren Pfirsichkerne, Aprikosen, Mineralien und Spuren von gebuttertem Toast. Dieser überaus gut ausgewogene Wein verfügt über mittleren bis vollen Körper, zeigt gewaltige Reife und ist randvoll mit den Mund auskleidenden Schichten von öligen Nüssen, pochierten Birnen und Räucherschinken. Als Anhänger des Corton-Charlemagne von Tollot-Beaut, der generell elegant, ungemein scharf konturiert und in der Jugend oft auch streng ist, fand ich, dass der 1997 nicht die für dieses Weingut typischen Merkmale aufwies. Er zeigt ausgezeichnete Linienführung und Definition, ist aber dennoch opulent, fortgeschritten entwickelt, auf luxuriöse Art fruchtig und sinnlich. Trinken Sie ihn an jetzt bis 2006+.

Der rubinrote *1997er Corton* hat betörende Aromen von roten Kirschen und frischen Himbeeren. Bei mittlerem bis vollem Körper bietet er am Gaumen einen samtig texturierten Kern von roten Früchten, Brombeeren und Pflaumen. Er zeigt guten Biss, einen Anflug von Mokka und ist mollig und lang im Abgang. Aus dem Fass verkostet, war er bereits ein Genuss. Voraussichtliche Genussreife: jetzt–2007. Sogar noch besser ist der *1997er Corton-Bressandes* mit seinem kandierten Bukett von süßen Schwarzkirschen und roten Johannisbeeren. An der Grenze zum Bonbongeschmack, von mittlerem bis vollem Körper und mit Nuancen von Kirschen und toastwürzigem Eichenholz, ist dieser feminine Wein üppig, unmittelbar ansprechend und großzügig. Ein seidiger und opulenter Tropfen, der in den nächsten 8 Jahren einen herrlichen Trinkgenuss verspricht.

Der nach Vanille und Mineralien duftende *1998er Corton-Charlemagne* ist ein reichhaltiger, samtig texturierter Wein. Von mittlerem Körper, dick und dicht, ist er voll gepackt mit Noten von Birnen, Äpfeln und gemischten Gewürzen. Durch seine wunderbare Harmonie vermittelt er den Eindruck, aus gut gereifter Frucht bereitet worden zu sein, und ist dabei süß und opulent. Trinken Sie ihn jetzt–2009.

Der *1999er Corton-Charlemagne* bietet köstliche Aromen von Gewürzen und Birnen. Bei mittlerem Körper ist er detailliert und äußerst gut ausgewogen. Dieser fette, reichhaltige und breit angelegte Wein verfügt über ausgezeichnete bis hervorragende Konzentration und einen langen, geschmeidigen, geschmacksintensiven Abgang. Voraussichtliche Genussreife: jetzt–2011. Der nach Herzkirschen, kandierten Erdbeeren und dicklichen schwarzen Himbeeren duftende *1999er Corton-Bressandes* präsentiert sich als frischer Wein von mittlerem bis vollem Körper. In seinem breitschultrigen, ungemein strukturierten Charakter zeigt er sehr viel Tiefe. Große Mengen von süßem Tannin sind vorhanden, aber er scheint mehr als genügend Frucht zu besitzen, um dies auszugleichen. Voraussichtliche Genussreife: 2005–2012.

Weitere empfehlenswerte Weine: 1997er Aloxe-Corton Les Vercots (87–89+), 1999er Savigny-lès-Beaune Les Lavières (87–89)

DOMAINE JEAN ET JEAN-LOUIS TRAPET (GEVREY-CHAMBERTIN)

1997	**Chambertin**	**EE**	**(93–95)**
1997	**Chapelle-Chambertin**	**E**	**(91–94+)**
1997	**Gevrey-Chambertin Petite Chapelle**	**D**	**(89–91+)**
1997	**Latricières-Chambertin**	**E**	**(91–93)**

Das Wiederaufleben der Domaine Jean et Jean-Louis Trapet ist erfreulich und eine wunderbare Nachricht für Liebhaber von roten Burgundern, da das Weingut ungeheuer viele Spitzenlagen besitzt (und die Preise die Qualität noch nicht eingeholt haben). Angesichts dessen, was Jean-Louis Trapet wegen der Hitze, der Trockenheit und des hohen natürlichen potenziellen Alkoholgehalts als einen »mediterranen Jahrgang« bezeichnet, entschied er sich dafür, die Trauben direkt nach dem Aussortieren herunterzukühlen. Er nahm eine 8- bis 10-tägige Kaltmaischung mit täglichen *pigeages* (Aufbrechen und Untertauchen des Schalenhuts während der Gärung) jedoch ohne *remontage* (Hochpumpen des Mostes über den Schalenhut) vor und anschließend eine 21- bis 27-tägige Gärung. Die Weine verblieben während des Ausbaus auf ihren Hefen, wobei der Schwefel mit Hilfe einer langen Spritze direkt in die Hefen gegeben wurde. Auf der Domaine Jean et Jean-Louis Trapet werden 30–70% neue Eichenfässer verwendet.

Der mittel- bis dunkelrubinrote *1997er Gevrey-Chambertin Petite Chapelle* bietet Aromen von Brombeeren, Rosmarin und teerähnliche Noten. Er zeigt sich als ein gut extrahierter, dichter, kraftvoller, intensiver und breit angelegter Wein. An hochreife Brombeeren und Gewürze erinnernde Geschmackskomponenten finden sich in seinem komplexen und geschmacksbetonten Kern. Voraussichtliche Genussreife: jetzt–2008. Der rassige, mittel- bis dunkelrubinrote *1997er Chapelle-Chambertin* zeigt Düfte von Rosmarin, Thymian, Brombeeren und gerösteten Steinen. Am Gaumen strotzt er vor Geschmacksnuancen von Lakritze, Brombeermarmelade, Jod und Eichenholzwürze und durchsetzt den Mund mit seiner ungestümen und muskulösen Persönlichkeit, behält aber dennoch eine weiche, kernige Textur bei. Sein beeindruckend langer und komplexer Abgang bringt durch die liebliche Art seines tanninherben Rückgrats die wunderschöne Reife seiner Trauben zum Ausdruck. Voraussichtliche Genussreife: jetzt–2012. Der dunklere *1997er Latricières-Chambertin* hat intensive Geschmacksnuancen von Backpflaumen, Pflaumen und Lakritze. Dieser seidig texturierte, explosive, tiefe und maskuline Wein ist sogar noch tanninreicher, strukturierter und kraftvoller als der Chapelle-Chambertin. Brombeersaft, Minze und Pflaumen finden sich in seinem intensiven Geschmacksprofil und in seinem opulent nuancierten, nachhaltigen Abgang. Er gehört zu den seltenen 1997ern, die etwas Geduld verlangen, doch über das Potenzial für mittel- bis langfristige Kellerreifung verfügen. Voraussichtliche Genussreife: jetzt–2012+. Trapets mittel- bis dunkelrubinroter *1997er Chambertin* ist einer der Superstars des Jahrgangs. Sein frisches, nach Brombeeren, asiatischen Gewürzen und Erde duftendes Bukett geht einher mit einer verblüffend profunden, tiefen und expansiven Persönlichkeit. Backpflaumen, Erde, Brombeeren, Leder und Wacholderbeeren lassen sich in diesem kernigen, dicken und samtig texturierten Wein entdecken. Wenn die Farbe Schwarz einen Geschmack hat, so verkörpert ihn dieser Wein. Diese Glanzleistung der Weinbereitung und der Weinbergpflege sollte jetzt–2012+ genossen werden.

Weiterer empfehlenswerter Wein: 1997er Gevrey-Chambertin Clos Prieur (88)

DOMAINE VALETTE (VINZELLES)

2000	**Pouilly-Fuissé Clos de M. Noly Réserve Vieilles Vignes**	**E**	**(92–94)**
1997	**Pouilly-Fuissé Clos de M. Noly Réserve Vieilles Vignes**	**E**	**(92–94)**
2000	**Pouilly-Fuissé Clos Reyssié Réserve Particulière**	**E**	**(91–93)**
1997	**Pouilly-Fuissé Clos Reyssié Réserve Particulière**	**E**	**(90–92)**

Gérard Valette ist ebenso wie andere Weinmacher der Spitzenklasse im Mâconnais besorgt darüber, dass er möglicherweise die Appellationsbezeichnung für seine Weine verliert. Für die Behörden, die von den Winzern aus der Region demokratisch verwaltet werden (von denen die Mehrheit mittelmäßige Weine produziert), ist »Typizität« eines der wichtigsten Kriterien. Valettes Weine sind wie viele andere Stars aus dem Mâconnais entscheidend besser als die Norm und daher »untypisch«. Wenn dieser Trend anhält, wird es dem Mâconnais wie der Toskana ergehen, wo die begehrtesten Weine nur noch die Bezeichnung »Tischwein« tragen dürfen. Seit dem 1997er Jahrgang werden alle Weine der Domaine Valette mit einer hochmodernen Abfüllmaschine auf dem Weingut abgefüllt.

Der *1997er Pouilly-Fuissé Clos Reyssié Réserve Particulière* wurde in Eichenfässern vinifiziert, von denen zwei Drittel neu waren. Er enthüllt Aromen von Rauch, Birnen, Äpfeln, Geißblattblüten und geröstetem Holz. Bei mittlerem bis vollem Körper zeigt dieser dichte, kraftvolle Wein am Gaumen bewundernswerte Reintönigkeit der Frucht (hauptsächlich weiße Pfirsiche und Äpfel) und eine ganz den Mund ausfüllende ölige Textur ohne Ecken und Kanten. Dieser Wein bietet pures unverfälschtes Vergnügen und es bedurfte beträchtlicher Selbstbeherrschung, um ihn bei der Verkostung nicht einfach herunterzuschlucken. Voraussichtliche Genussreife: jetzt–2004. Valettes komplettester Wein ist der *1997er Pouilly-Fuissé Clos de M. Noly Réserve Vieilles Vignes.* Seine hoch konzentrierten Aromen bringen *sur-maturité* und Düfte zum Ausdruck, die an Mandel- und Akazienblüten-Extrakt erinnern. Seine muskulöse, kraftvolle, überraschend sprühend lebendige Persönlichkeit von mittlerem bis vollem Körper überzieht den Gaumen schichtenweise mit Geschmackskomponenten von Pfirsichkernen, Mineralien, Erdnussöl, Anis und pochierten Birnen. Dieses genussbetonte, dicke, ölig texturierte Juwel erstaunt ganz besonders durch seine herrliche Ausgewogenheit und seinen klar umrissenen Abgang. Voraussichtliche Genussreife: jetzt–2008.

Gérard Valette ist »recht zufrieden« mit dem Jahrgang 2000. »Es sind gefällige Weine mit großen Mengen von Frucht, die unseren Kunden in den nächsten Jahren Freude bereiten werden.« Der ungemein ausdrucksvolle *2000er Pouilly-Fuissé Clos Reyssié Réserve Particulière* entströmt dem Glas mit Düften nach Mineralien, gerösteten weißen Früchten und gebuttertem Toast. Bei mittlerem Körper zeigt er sich intensiv und präsentiert eine schöne Definition sowie einen außergewöhnlich langen, reintönigen Abgang. Voraussichtliche Genussreife: 2004–2012. Nach frischen Birnen und Äpfeln duftet der *2000er Pouilly-Fuissé Clos de M. Noly Réserve Vieilles Vignes,* ein opulenter Wein von mittlerem Körper. Er besitzt hervorragende Tiefe in seinem hochreifen Charakter mit Geschmackskomponenten von weißen Früchten und Mineralien. Weinig, durchsetzt mit Mineralien und rassig, ist dies ein sprühend lebendiger, üppiger, hoch konzentrierter Tropfen mit einem außergewöhnlich langen, reintönigen Abgang. Wenn man von Valettes unbeirrbarem Glauben an eine lange *élevage* ausgeht, dürfte er wahrscheinlich irgendwann im Lauf des Jahres 2003 oder 2004 abgefüllt werden. Voraussichtliche Genussreife: 2004–2012.

Weitere empfehlenswerte Weine: 1997er Mâcon-Chaintré Vieilles Vignes (88–90), 1998er Mâcon Chaintré Vieilles Vignes (88), 1999er Mâcon-Chaintré Vieilles Vignes (87–89), 2000er Mâcon-Chaintré Vieilles Vignes (88–89), 1998er Pouilly-Fuissé Clos de M. Noly Réserve Vieilles Vignes (92–94), 1999er Pouilly-Fuissé Clos Reyssié Réserve Particulière (89–90), 1997er Pouilly-Fuissé Tradition (88–90), 1998er Pouilly-Fuissé Tradition (89), 1999er Pouilly-Fuissé Tradition (88–89), 2000er Pouilly-Fuissé Tradition (88–90), 1997er Pouilly-Vinzelles (88–89), 2000er Pouilly-Vinzelles (89–90)

MAISON VERGET (SOLOGNY)

2000	**Bâtard-Montrachet**	**EEE**	**(91–93)**
1999	**Bâtard-Montrachet**	**EEE**	**(90–91)**
1998	**Bâtard-Montrachet**	**EEE**	**91**
1997	**Bâtard-Montrachet**	**EEE**	**(89–91)**
1997	**Chablis Bougros**	**EE**	**(91–93)**
2000	**Chablis Bougros Côte de Bouquereaud**	**E**	**(90–91)**
1997	**Chablis Fourchaume**	**D**	**90**
1997	**Chablis Fourchaume Vieilles Vignes**	**E**	**(90–92)**
2000	**Chablis Montée de Tonnerre**	**D**	**(90–92)**
2000	**Chablis Terroir de Chablis**	**C**	**91**
2000	**Chablis Vaillons**	**D**	**91+**
1997	**Chablis Vaillons**	**D**	**90+**
1997	**Chablis Valmur**	**EE**	**(92–94)**
2000	**Chassagne-Montrachet Franchemont**	**E**	**(91–93)**
1999	**Chassagne-Montrachet Franchemont**	**E**	**(90–92)**
1997	**Chassagne-Montrachet Morgeot Vieilles Vignes**	**EE**	**(91–93+)**
1997	**Chassagne-Montrachet En Remilly**	**EE**	**(89–91)**
1997	**Chassagne-Montrachet La Romanée**	**EE**	**(91–93)**
1997	**Corton-Charlemagne**	**EEE**	**(92–94)**
2000	**Mâcon-Burgy En Châtelaine**	**D**	**91**
2000	**Mâcon-Bussières Vieilles Vignes de Montbrison**	**C**	**90**
1997	**Meursault Les Casses Têtes**	**E**	**(88–91)**
1997	**Meursault Charmes Vieilles Vignes**	**EE**	**(92–93+)**
1997	**Meursault Poruzots**	**EE**	**(92–94+)**
2000	**Meursault Rougeots**	**E**	**(90–91)**
2000	**Meursault Les Tillets**	**E**	**(91–93)**
1997	**Meursault Les Tillets**	**E**	**(89–91+)**
2000	**Pouilly-Fuissé Cuvée des 10 Ans**	**D**	**(91–93)**
1999	**Pouilly-Fuissé Terroirs de Vergisson**	**D**	**90+**
1997	**Pouilly-Fuissé Tête de Cuvée**	**D**	**90+**
1997	**Puligny-Montrachet Les Enseignères**	**E**	**(88–91)**
1997	**Puligny-Montrachet Sous le Puits**	**EE**	**(90–93)**
2000	**St-Véran Terres Noires**	**D**	**90**
1999	**St-Véran Terres Noires**	**D**	**90**
2000	**St-Véran Vigne de St-Claude**	**D**	**90+**
1999	**St-Véran Vigne de St-Claude**	**D**	**90+**

Mein alljährlicher Besuch in Jean-Marie Guffens Handelshaus ist aufgrund der beständig hohen Qualität der Weine stets einer der Höhepunkte des Jahres. Guffens ist ein freimütiger Mann, der keine Unwissenheit duldet. Kurz: eine Verkostung bei Guffens enthält immer ein erzieherisches Element. Die Leser, die bereits Weine von der Maison Verget erworben haben, interessiert vielleicht die Erfahrung, die ich nach der Verkostung gemacht habe: Jean-Marie Guffens öffnete, dekantierte und kredenzte ein paar Flaschen von seinen älteren Jahrgängen. Zuerst präsentierten sie die Merkmale, die man mit Weißweinen assoziiert, die ihren Höhepunkt überschritten haben: dunkel, nach Karamell oder Buttertoffee duftende Buketts und Geschmacksprofile mit einer oxidierten Note. Nach ein paar Minuten an der Luft wurden die Farben hell, klar und jugendlich, und auch die aromatischen und geschmacklichen Elemente, die Oxidation vermuten ließen, waren verschwunden. Guffens erklärte, dass er seine Weine in einem oxidativen Zustand abgefüllt habe und dass sie deswegen langlebig und frisch seien. Luft und Sauerstoff bedeuteten hier nicht ihr Todesurteil, sondern brachten sie nach dem Entkorken zum Leben zurück. Auch wenn diese Erklärung meinen rudimentären Chemiekenntnissen widerspricht, muss ich glauben, was ich gesehen und verkostet habe …

Über den 1997er sagte Guffens: »Manche glauben vielleicht, dass 1997 ein besserer Jahrgang als 1996 war. Ich habe den 1996er mit einem Film von Ingmar Bergman verglichen. Man muss ihn verstehen, um ihn genießen zu können. Er kann sehr intellektuell sein. 1997 ist wie der Kinofilm *Titanic,* viel mehr im Hollywood-Stil. Es ist ein sehr guter Jahrgang.« Laut Guffens ist im Mâconnais der 1997er dem 1996er überlegen, weil die Erträge oft niedriger waren. Einer von Guffens unleugbaren Erfolgen 1997 ist der *1997er Pouilly-Fuissé Tête de Cuvée.* Zu gleichen Teilen aus Traubengut bereitet, das in den Dörfern Fuissé und Vergisson gekauft und in zu 30% neuen Eichenfässern ausgebaut wurde, bietet er Aromen von Birnen, die mit weißer Schokolade überzogen sind. Bei mittlerem bis vollem Körper ist er voll gepackt mit weißen Früchten, Feuerstein, Steinen und Blüten. Dicht geschichtet, fett und intensiv reif, verfügt dieser Wein, abgesehen von einem langen, knochentrockenen Abgang, auch über enorme Süße der Frucht. Mein Instinkt sagt mir, dass er mit etwas Kellerreife sogar noch besser werden kann. Voraussichtliche Genussreife: jetzt–2007+.

Ungemein beeindruckend ist der *1997er Chablis Vaillons,* der ein kristallines, reintöniges Bukett von Birnen, Mineralien und Kreide an den Tag legt. Von mittlerem Körper und gewaltig geschmacksbetont, ist dies ein gehaltvoller, bewundernswert klar gezeichneter Wein, der zum Bersten voll gepackt ist mit Geschmacksnuancen von reifen Mineralien, Süßwasser und kühlem Meerwasser, die in seinem überaus langen Abgang anhalten. Voraussichtliche Genussreife: jetzt–2007. Der *1997er Chablis Fourchaume* offenbart Aromen von süßen Mineralien, Muscheln und würzigem Eichenholz. Er zeigt sich als ein schwelgerischer, mit Birnen, Geißblatt- und Akazienblüten durchzogener, konzentrierter, körperreicher Wein von mittlerem bis vollem Körper. Im Gegensatz zu den Vaillons ist er ein größer dimensionierter und kraftvollerer Wein, der mit Kellerreife zusätzliche Komplexität entfalten dürfte. Trinken Sie ihn jetzt–2006.

Mit seinen Aromen von Mokka, Toast und süßen Mineralien ist der *1997er Chablis Fourchaume Vieilles Vignes* ein süßer, intensiver und kraftvoller Wein. Sein Geschmacksprofil strotzt vor flüssigen Mineralien, kandierten Birnen, Stahl und Feuerstein. Dieser komplexe, ausdrucksvolle Chablis von mittlerem bis vollem Körper ist das Ergebnis von vorzüglich reifer Frucht, die in seinen nicht enden wollenden ölig texturierten und vielschichtigen Wogen von Geschmack zum Ausdruck kommt. Voraussichtliche Genussreife: jetzt–2006+. Nach Salz, Mineralien und Kreide duftet der *1997er Chablis Bougros,* der fetter, dichter und gehaltvoller, aber nicht so intensiv und geschmacksbetont ist wie der Fourchaume Vieilles Vignes. Es ist ein komplexer, konzentrierter und unverfälschter Wein mit außerordentlicher Ausgewogenheit (besonders für diesen Jahrgang). Süße Eichenholzwürze, Steine und eine salzige Meeresbrise sind im Geschmacksprofil und im langen

Abgang dieses superben Weines enthalten. Voraussichtliche Genussreife: jetzt–2007. Der *1997er Chablis Valmur* zeigt Aromen von gerösteten Haselnüssen, Eukalyptus, Zitrone und steinähnlichen Noten. Als der kräftigste und am klarsten gezeichnete 1997er Chablis von Verget verfügt er über einen samtig texturierten, präzisen und komplexen Kern von weißroten Beeren vermischt mit gewürzten Birnen und Anis. Er verweilt sogar länger am Gaumen als der Bougros. Dieser Kraftprotz von einem Wein lässt sich von der Qualität her nicht mit dem heroischen 1995er vergleichen, ist aber dennoch ein außerordentlicher Wein und ein weiterer Beweis für Guffens brillante Beherrschung der Weinbereitung. Trinken Sie ihn jetzt–2007+.

Ganz besonders gefallen hat mir der samtig texturierte *1997er Chassagne-Montrachet Morgeot Vieilles Vignes!* Sein Bukett duftet wie eine Schaufel voll frischer Erde und er besitzt betörende Reichhaltigkeit. Dieser dicke, kraftvolle, ungemein reife Wein ist bis zum Bersten angefüllt mit Mineralien, roten Kirschen, pochierten Birnen, Eichenholzwürze und Erde. Er offenbart herrliche Konzentration und Schwaden von dichter, aber ausdrucksvoller Frucht sowie einen reintönigen Abgang, der einfach sinnenverwirrend lang ist. Voraussichtliche Genussreife: jetzt–2008. Der *1997er Chassagne-Montrachet En Remilly* legt ein nach gewürztem Eichenholz und gerösteten Mandeln duftendes Bukett und eine dicke, fette, süße Persönlichkeit an den Tag. Obschon ihm die Intensität eines Morgeot Vieilles Vignes fehlt, ist er durch seine unmittelbar ansprechende Frucht ungemein gefällig. Mit seinen Geschmacksnuancen von Birnen, Pfirsichen und Anis hat er allerdings nicht die Ausgewogenheit der besten 1997er von Verget. Als breit angelegter, ausladender und dichter Wein dürfte er in naher bis mittelfristiger Zukunft einen wunderschönen Trinkgenuss bieten. Voraussichtliche Genussreife: jetzt–2005. Der *1997er Chassagne-Montrachet La Romanée* offenbart Aromen von Obstkuchen, Akazienblüten und Anis. Am Gaumen erschienen seine Säure und seine Frucht etwas ungefüge, obwohl über das hervorragende Potenzial dieses Weines keinerlei Zweifel aufkommt. Das körperreiche, konzentrierte, komplexe und ölig texturierte Geschmacksprofil ist voll gepackt mit Haselnusscreme, Gewürzen, Mineralien und einem Hauch von roten Beeren. Ich bin sicher, dass dieser superbe Wein nach vollendetem Ausbau alle seine Bestandteile gut eingebunden hat. Trinken Sie ihn jetzt–2008.

Der *1997er Puligny-Montrachet Les Enseignères* ist ein süßer, nach weißen Früchten und gebuttertem Toast duftender Wein, der sich gewiss zu einem ausgezeichneten entwickeln wird. Wenn es seinem kraftvollen, scharf konturierten und hochreifen Kern von Birnen und Äpfeln bei mittlerem bis vollem Körper gelingt, seine Säure besser einzubinden, dann verdient er eine hervorragende Punktnote. Trinken Sie ihn jetzt–2005. Bei dem unwiderstehlichen *1997er Puligny-Montrachet Sous le Puits* gibt es keinen Zweifel. Er besitzt ein prächtiges Bukett von roten Johannisbeeren, Felsen und kandierten Äpfeln. Am Gaumen präsentiert sich dieser komplexe, wunderschön klar umrissene und präzise Wein von mittlerem bis vollem Körper als harmonisch und voll gepackt mit herrlich reifen Birnen und Kirschen. Sein beeindruckend langer Abgang bietet eine elegante Komponente von Mineralien und Steinen, die eher an einen würzigen, schön gezeichneten 1996er als an den oft säurearmen, etwas kraftlosen 1997er erinnert. Voraussichtliche Genussreife: jetzt–2007.

Der *1997er Meursault Les Casses Têtes* war in seinen Aromen reduziert, aber seine Qualität kam am Gaumen durchaus zum Ausdruck. Bei mittlerem bis vollem Körper ist es ein herrlich reifer, dichter und wunderschön ausgewogener Wein mit einem köstlichen Kern, der Geschmacksnuancen von Haselnüssen und Mandeln aufweist. Trinken Sie ihn jetzt–2006. Der *1997er Meursault Les Tillets* (ein *terroir*, das bei vielen Weingütern beeindruckend gute Ergebnisse erzielt hat) präsentiert ein betörendes Bukett, das an eine nussige Sahnesauce erinnert. Er ist frisch, klar umrissen und gibt einen mittleren bis vollen Körper und eine Persönlichkeit mit einem Schuss gewürzter Äpfel und Johannisbeeren zu erkennen. Dieser eindringliche, kraftvolle, elegante und äußerst gut bereitete Tropfen erweist sich als ein Spitzen-*village*-Wein. Bedenken Sie, dass Les Tillets, eine Lage hoch oben auf dem Hügel über Poruzots (ein Premier Cru), 1997 zahlreiche erfolgreiche Weine hervorgebracht hat. Auf dem Höhepunkt dürfte er jetzt–2007 sein. Im Gegensatz dazu wird der wunderschöne *1997er Meursault Charmes Vieilles Vignes* den Weinliebhabern viele Jahre lang Freude bereiten. Seine ungemein ausdrucksvollen Aromen enthüllen einen erdigen Duft von roten Früchten, verwoben mit frischer Eichenholzwürze. Am Gaumen bietet dieser körperreiche, breit angelegte, kraftvolle, äußerst konzentrierte und herrlich scharf konturierte Wein zahlreiche Dimensionen von Geschmacksnuancen: Mineralien, Nüsse, hochreife Äpfel und geröstetes Eichenholz. Dieser gewaltige und doch ausgefeilte Meursault schmeichelt dem Intellekt mit seiner Reintönigkeit und Komplexität, stellt aber mit seiner dicken, kernigen und sinnlichen Tiefe der Frucht auch Hedonisten zufrieden. Voraussichtliche Genussreife: jetzt–2008. Vergets *1997er Meursault Poruzots* ist ein Kunstwerk! Sein erhebendes Bukett von kandierten Haselnüssen und Zitronen geht einher mit einer körperreichen und superben Persönlichkeit, die dicht bepackt ist mit tropischen Früchten und Nüssen. Auch wenn dieser Wein erstaunlich reif erscheint, hat er doch untadelige Präzision und Ausgewogenheit, was bei seiner öligen, fast viskosen Textur schon ungewöhnlich ist. Viele Weine, die ich in diesem Stadium ihres Ausbaus verkostet habe, scheinen einige ihrer Komponenten zurückzuhalten. Dieser Tropfen trägt alles, was er hat, auf eine sinnliche und üppige unerschrockene Art zur Schau. Voraussichtliche Genussreife: jetzt–2007.

Als ich Vergets *1997er Bâtard-Montrachet* verkostete, war die Großartigkeit des 1996ers noch in meiner Erinnerung lebendig. 1996 war ein wahrhaftiger Bâtard-Jahrgang, 1997 dagegen nicht. Ich möchte diesem Wein nichts absprechen – er ist ausgezeichnet und verdient letztendlich sicher eine hohe Bewertung –, aber es fehlt ihm doch an der Konturenschärfe, Eleganz, Konzentration und Komplexität, die für einen großartigen Wein unabdingbar sind. Er offenbart Aromen von Mangos, Papayas und kandierten Orangenschalen, die in einen enorm fetten (bis kraftlosen) Kern von Geschmacksnuancen tropischer Früchte übergehen. Er zeigt sich körperreich und sehr geschmacksbetont, auf genussbetonte Art anziehend und wird in den nächsten 5–6 Jahren einen enormen Trinkgenuss bereiten. Dem *1997er Corton-Charlemagne* entströmt ein Duft von frischer Butter, Mineralien und kandierten Zitronen. Er nennt viele Eigenschaften sein Eigen, die dem Bâtard fehlen. Dieser profunde und doch strukturierte Wein zeigt sich intensiv, hoch konzentriert, kraftvoll, körperreich, ausgefeilt und wunderschön klar umrissen. Bratäpfel, Kiwis, Steine und ein Anflug von Mangos lassen sich in seinem Geschmacksprofil und während des beeindruckend langen Abgangs entdecken. Er bietet schon jetzt köstlichen Trinkgenuss, ist aber einer der wenigen 1997er, die nach ein paar Jahren Kellerreife wahrscheinlich noch besser sein werden. Voraussichtliche Genussreife: jetzt–2008+.

»1998 ist ein durchschnittlicher Jahrgang, von der Qualität her vergleichbar mit 1994 oder 1988«, erklärt Jean-Marie Guffens, der nie ein Blatt vor den Mund nimmt. Seinen Worten folgten die entsprechenden Taten: Er mochte den 1998er nicht besonders und verkaufte daher einen Großteil dessen, was er den Winzern abnehmen musste, um auch in Zukunft von ihnen beliefert zu werden, wieder weiter. *Négociants* (Handelshäuser) aus Beaune – darunter auch die angesehensten hinsichtlich der Qualität der Weine – kauften auf, was Guffens verschleuderte, um die weltweite Nachfrage zu befriedigen. Die Produktion der Maison Verget war 1998 (als knapper Jahrgang bezeichnet) nur halb so hoch wie 1997.

Als ich bei der Maison Verget ankam, um die 1998er zu verkosten, begrüßte Guffens mich mit der Bemerkung, dass er diesen Jahrgang »wie alle anderen Winzer auch, vor einem Regenguss« geerntet habe. Dann brach er in schallendes Gelächter aus und erklärte, dass es vor der dritten Septemberwoche 1998 kontinuierlich geregnet hätte und dass der Himmel erst am 26. wieder freundlicher geworden wäre. Als ich ihm sagte, dass seine Kollegen mich mit der Bemerkung begrüßten, sie hätten während »einer kurzen Schönwetterperiode« gelesen, sagte Guffens: »Um 1998 gute Qualität zu erzielen, hätten wir im ganzen August und September ausgezeichnetes Wetter haben müssen, und nicht nur ein paar Tage lang! In den nächsten drei Jahren wird Ihnen jeder in Burgund erzählen, dass der 1998er ein besserer Jahrgang war als 1994. Wenn dann der 1998er vollständig verkauft ist, werden sie zugeben, dass er dem 1994 ebenbürtig ist, aber nicht besser. Daher habe ich die Preise meiner restlichen 1997er angehoben, denn es wäre ein Verbrechen, die Preise der 1998er anzuheben. Wir alle sollten den Jahrgang 1998 so akzeptieren, wie er ist, aber wir sollten nicht diese Preise akzeptieren. Ich persönlich würde keinen einzigen 1998er weißen Burgunder zu einem so verrückten Preis kaufen.« Guffens unterhält einen erstklassigen privaten Weinkeller und versteht, wie schwierig es für den Verbraucher ist, die besten Weinangebote herauszufinden. Außerdem weiß er, seit die Maison Verget in Burgund keine Rebflächen mehr besitzt, wovon er spricht, wenn es um steigende Einzel- und Großhandelspreise geht. »Ich verstehe diese Preise einfach nicht, die Weintrinker müssen große Mengen von Geld verdienen. Der Dow Jones und der NASDAQ bestimmen die Preise. Wenn Sie mir sagen, wie sich Dow Jones und NASDAQ in der Zukunft entwickeln, kann ich Ihnen sagen, was mit den Preisen für Burgunder geschehen wird«, beklagte sich Guffens.

Der *1998er Bâtard-Montrachet* ist hervorragend. In seinen Aromen verströmt er rote Beeren, Butter, Gewürze und frische Kräuter und zeigt sich als ein cremiger und doch rassiger Wein von mittlerem bis vollem Körper. Pochierte Birnen, Pfirsiche, Bratäpfel und kandierte Zitronen machen die rassige Persönlichkeit dieses lebendigen, nachhaltigen Weines aus. Voraussichtliche Genussreife: jetzt–2008.

»1999 und 2000 habe ich kein einziges Kunstwerk vollbracht«, sagte Jean-Marie Guffens, als ich zum Verkosten der 1999er eintraf. Obwohl er nach seinen mir gegenüber geäußerten Bemerkungen (»Ich persönlich würde keinen einzigen 1998er weißen Burgunder zu einem so verrückten Preis kaufen«) unter enormen Beschuss von Seiten der Importeure und *négociants* geraten war, konnte dieser verwegen aufrichtige Mann nicht zum Schweigen gebracht werden. »Diese Weine sind nicht schlecht, manche sind sogar gut, aber sie haben Preise, als ob es sich um ganz außergewöhnliche Weine handelte. Da Sie ja so gerne Zahlen mögen, gebe ich Ihnen Beispiel, anhand dessen Sie leicht verstehen werden, mit welchem Problem wir konfrontiert sind:

Der 1998er und der 1999er, zwei 14-Punkt-Jahrgänge (von 20) bei den Weinen von der Côte d'Or, werden zu 20-Punkt-Preisen verkauft.« Guffens ist überzeugt, dass die Weinpreise ihren Höhepunkt erreicht haben und dass eine Krise unmittelbar bevorsteht. »Krisen kündigen sich an durch große Produzenten, zum Beispiel aus dem Bordelais, der Champagne und beim Châteauneuf-du-Pape, weniger bei burgundischen Winzern, weil sie vergleichsweise kleine Mengen produzieren. Es gibt heute in ganz Europa jede Menge Bestand an Champagnern und Bordeaux-Weinen, und die Preise sind immer noch nicht gefallen ... Das werden sie aber, weil sie fallen müssen. Und wenn sie es dann tun, reißen sie Burgund mit in die Tiefe. Ich hoffe, dass das Pendel bald wieder zur Seite der Verbraucher, *négociants* und Einzelhändler ausschlägt. Die Preise, die heute von den Weingütern verlangt werden, haben nichts mit der Realität zu tun.«

Im Gegensatz zu fast allen seiner Kollegen glaubt Guffens nicht, dass bei den Weißweinen von der Côte d'Or der 1999er oder der 2000er besser ist als der 1998er. »Bei den Côte d'Or würde ich allen drei Jahrgängen 14 von 20 möglichen Punkten geben, dem 1999er Mâconnais 18 von 20.« Er beschreibt den 1999er als »einen durch den Regen geprägten Jahrgang. Alles, was nach Freitag, dem 21. gelesen wurde, war voller Wasser. Daher stellte sich das Problem, dass die Frucht und Säure der Weine verdünnt war. Den Weinen von der Côte de Beaune fehlt es sowohl an Konzentration als auch an Fett. Einem Jahrgang wie dem 1999er Säure zugeben – das ist ja wohl das Allerletzte, was man je tun würde. Wir sind folgendermaßen vorgegangen: Wir haben den säurearmen Presswein ausgesondert, so dass die gute Säure des frei ablaufenden Safts erhalten blieb. Was die Dichte betrifft, konnte man die Hefen beim Côte de Beaune nicht aufrühren, denn man kann ja kein Fett suchen, wenn einfach keines vorhanden ist. Beim Mâconnais haben wir sehr viel *bâtonnage* vorgenommen, denn er hatte mehr Dichte und das Aufrühren der Hefen konnte nützlich sein.«

Guffens macht sich gerne über die wenig aufrichtigen Erklärungen bzw. die Propaganda seiner Kollegen lustig: so zum Beispiel, als praktisch jeder Burgunder behauptet hatte, dass »eine kurze Schönwetterperiode« den Jahrgang 1998 gerettet hatte. (»Was wir brauchten, war gutes Wetter im ganzen August und September, und nicht nur eine kurze Schönwetterperiode.«) Während alle Burgunder behaupten, dass ihre Weine 1999 superbe Reife erzielt haben, sagte Guffens: »natürlich, denn hier in Burgund erreichen wir die Reife durch den Boden und nicht durch das Sonnenlicht. Die Ausreifung wird durch Regenfälle erhöht, wenn man dem Beispiel der Côte d'Or glaubt.« Guffens kennt den Unterschied zwischen hohem Zuckergehalt und tatsächlicher Reife. »1999 brauchte ich kaum etwas zu chaptalisieren; ich rede von Reife, nicht von Zucker.« Dann brach er in Gelächter aus und fügte hinzu: »Im Luberon (wo Guffens das Weingut Château des Tourettes besitzt) haben wir nicht die großartigen *terroirs* der Côte d'Or, daher sind wir dort von der Sonne abhängig, die unsere Trauben reif werden lässt.« Und doch bleibt er dabei, dass der 1999er im Mâconnais ein *grand millésime* (großartiger Jahrgang) war. Ein Jahr zuvor hatte er gesagt: »1999 gab es die besten Rohstoffe, die ich in den letzten 10 Jahren im Mâconnais gesehen habe. Nicht so sehr, weil die Qualität insgesamt herrlich war, sondern eher weil so große Mengen produziert wurden, dass ich mir den Luxus erlauben konnte, das Traubengut auszuwählen und nur das Beste zu kaufen. Viele Winzer, die mit den maschinengelesenen jüngeren Reben auf die für den *en-gros*-Verkauf benötigte Menge kamen, waren bereit, später ihre Parzellen mit älterem Rebenbestand (für Maschinen unzugänglich) von Hand zu lesen, gegen Aufschlag natürlich. Für diese Trauben habe ich denselben Preis bezahlt wie andere für fertigen Wein. 1999 konnte ich im Mâconnais das Feinste vom Feinen bekommen und habe das auch ausgenutzt.«

Der *1999er St-Véran Terres Noires* enthüllt prächtige Aromen von Kreide und Kalkstein. Er erinnert an den Riesling des berühmten Elsässer Winzers Mark Kreydenweiss, strotzt vor Mineralien und ist von exquisiter Eleganz. Bei mittlerem Körper und samtiger Textur bietet dieser Wein auch einen langen und seidigen Abgang mit einem Hauch von Bitterkeit. Voraussichtliche Genussreife: jetzt–2005. Einer der besten St-Vérans, die ich je verkostet habe, ist der *1999er St-Véran Vigne de St-Claude*: Er entströmt dem Glas mit Aromen, die nach Blumen, frischer Erde und Steinen duften. Er präsentiert hervorragende Intensität, Konturenschärfe und Ausgewogenheit in seinem Charakter und weist extravagante Geschmacksnuancen von Akazienblüten und Steinen auf. Dieser wunderschöne, pikante und mit einem langen Abgang gekrönte Wein dürfte sich in den nächsten 6 Jahren am besten trinken lassen.

Gehaltvolle weiße Früchte und Gewürze finden sich in den Aromen des *1999er Puligny-Fuissé Terroirs de Vergisson*. Dieser sirupartig texturierte Wein von mittlerem Körper ist beladen mit Mineralien, Gewürzen, Vanille und einem Hauch von Zitrone, außerdem tief, frisch und mit kraftvollen Geschmacksnuancen versehen. Voraussichtliche Genussreife: jetzt–2007. Der *1999er Chassagne-Montrachet Franchemont* (Guffens Lieblingswein aus diesem Jahrgang) legt üppige Aromen von Birnen und Äpfeln an den Tag. Bei mittlerem bis vollem Körper zeigt er sich kraftvoll und konzentriert und explodiert förmlich am mittleren Gaumen mit großen Mengen von seidigen weißen Früchten, Mineralien und einem Hauch von frischer Erde. Dieser hervorragende Wein erweist sich als scharf konturiert, fett, dicht und opulent. Voraussichtliche Genussreife: jetzt–2007. Geröstete weiße Früchte und Mineralien charakterisieren die Aromen des *1999er Bâtard-Montrachet*. Dieser konzentrierte, reichhaltige und gut bereitete Wein zeigt eine beeindruckende geschmackliche Linie von dichten Äpfeln und Birnen, die an der vorderen Zunge ansetzt und sich bis zum langen, geschmeidigen Abgang fortsetzt. Der Wein ist geschmacksintensiv und kraftvoll, jedoch elegant und detailliert. Voraussichtliche Genussreife: jetzt–2008.

Als wir über die 2000er sprachen, sagte Guffens: »Sie sind wie die 1999er von der Côte de Beaune, vielleicht etwas unter den Weinen aus dem Mâconnais. Beim Chablis sind sie sicherlich viel besser. Da Sie ja so gerne alles in Zahlen ausdrücken, würde ich sagen, der 2000er Côte de Beaune verdient 14 von 20 Punkten, der Mâconnais 17 von 20 und der Chablis 16,5 von 20. Die besten 2000er kommen von Hanglagen, da dort der vor der Ernte gefallene Regen ablaufen konnte.« Guffens fährt fort: »Die Wirtschaftskrise ist da und trifft in Burgund zuerst unsere preiswertesten Weine. Ein Hektoliter Beaujolais kostet etwa 4300 Euro in der Herstellung und das Beste, was ein Winzer bei den heutigen Preisen erwarten kann, ist ein Gewinn von 2300 Euro. Das Mâconnais ist auch in Mitleidenschaft gezogen worden, aber nicht in demselben Maß wie das Beaujolais.« Er fügt hinzu: »Mein größtes Problem hier bei Verget – abgesehen von dem Verhalten der Winzer von der Côte d'Or – ist die Qualität der Korken, die es auf dem Markt gibt. Der Trend geht immer mehr zu synthetischen Korken, denn es bricht einem das Herz, mit anzusehen, wie unsere Arbeit durch fehlerhafte Korken ruiniert wird.«

Ausdrucksvolle Aromen von flüssigen Mineralien und Gewürzen gibt das Bukett des *2000er Mâcon-Bussières Vieilles Vignes de Montbrison* zu erkennen. Gewaltig konzentriert und breit angelegt, ist dieser ausladende Wein von mittlerem bis vollem Körper angefüllt mit klar umrissenen Geschmackskomponenten von Steinen, Quarz und Mineralien. Er gibt sich breit gebaut, reintönig und präzise. Trinken Sie ihn in den nächsten 8 Jahren. Mit dem ausdrucksvollen, nach Eisenkraut duftenden *2000er Mâcon-Burgy En Châtelaine* tritt ein kraftvoller, reichhaltiger und konzentrierter Wein auf. Bei mittlerem Körper ist er voll gepackt mit Mineralien und weißen Früchten, die ganz den Gaumen des Verkosters überziehen. Er zeigt sich intensiv, gehaltvoll, wunderschön reif und tief. Trinken Sie ihn in den nächsten 10 Jahren.

Wunderschön definiert ist der *2000er St-Véran Vigne de St-Claude*, der sowohl in seinem Aroma- als auch in seinem Geschmacksprofil kandierte Zitronen und Mineralien enthüllt. Hier haben wir einen munteren Wein von mittlerem Körper, beladen mit Frucht und äußerst detailliert, der in den nächsten 7 Jahren getrunken werden sollte. Der kristalline *2000er St-Véran Terres Noires* ist straff gewirkt und zeigt dennoch große Mengen von untergründiger Reichhaltigkeit. In seinem Charakter ist dieser wunderschön gereifte und doch rassige und lebendige Tropfen mit Ton, Zitronen und Mineralien ausgestattet. Eine gewisse Kellerreife wird ihm zugute kommen. Voraussichtliche Genussreife: jetzt–2009.

Zum 10-jährigen Geburtstag der Maison Verget hat Guffens zwei »Geburtstags-Cuvées« bereitet: einen Pouilly-Fuissé und einen Chablis. Die *2000er Pouilly-Fuissé Cuvée des 10 Ans* enthüllt Aromen von gerösteten weißen Früchten und eine köstliche Persönlichkeit von mittlerem Körper. In diesem Wein sind Breite und Konturenschärfe im Geschmacksprofil, das von Zitronen, Limetten und Mineralien geprägt ist, herrlich vereint. Er verfügt über intensive Konzentration, Tiefe und außergewöhnliche Länge. Voraussichtliche Genussreife: 2004–2012. Das appetitliche Bukett des ausladenden, muskulösen und klar gezeichneten *2000er Chablis Terroir de Chablis* legt Erde, Feuerstein, weiße Blumen und Mineralien an den Tag. Bei mittlerem Körper ist dies ein intensiver Wein, voll beladen mit Äpfeln, Birnen und Zitrusfrüchten, deren Geschmacksnuancen noch im ausgedehnten Abgang verweilen. Trinken Sie ihn in den nächsten 10 Jahren.

Der *2000er Chablis Vaillons* zeigt ein lebendiges, von Zitrusfrüchten, Mineralien, Kies und Feuerstein dominiertes Bukett. Dieser gewaltige, konzentrierte Wein ist reintönig, beladen mit kandierten Zitronen, Mineralien und Kräutertee, und mit außergewöhnlicher Linienführung, superber Länge und Reintönigkeit ausgestattet. Er wurde zu 95% in Edelstahltanks und zu 5% in alten Fässern vinifiziert und ausgebaut. Voraussichtliche Genussreife:

jetzt–2011. Mit seiner ungemein ausdrucksvollen, konzentrierten Persönlichkeit und einem mittleren Körper erweist sich der nach Mineralien und Zitronen duftende *2000er Chablis Montée de Tonnerre* als ein gehaltvoller, opulenter und ausladender Wein. In seinem langen und gut definierten Abgang lassen sich ohne weiteres süße Zitronen und Limetten entdecken. Trinken Sie ihn 2004–2010. Reife weiße Früchte kommen in den Aromen des *2000er Chablis Bougros Côte de Bouquereaud* zum Ausdruck. Von mittlerem bis vollem Körper und stämmig, ist dies ein seidig texturierter Wein mit Geschmacksnuancen von Birnen und Äpfeln. Sein Charakter stellt sich üppig und ungemein ausdrucksvoll dar und besitzt einen langen mit Frucht angefüllten Abgang. Voraussichtliche Genussreife: 2004–2012.

Die Maison Verget produziert heute wesentlich weniger Weine von der Côte de Beaune und hat stattdessen Chablis- und Mâconnais-Weine in ihr Programm aufgenommen. Der pikante *2000er Meursault Rougeots* ist bei mittlerem Körper ein molliger Wein und Birnen und Äpfel sind sowohl in seinem Aroma- als auch in seinem Geschmacksprofil zu erkennen. Er ist konzentriert, intensiv und bietet einen langen, geschmacksintensiven Abgang. Trinken Sie ihn in den nächsten 8–9 Jahren. Große Mengen von Gewürzen und Birnen kommen in den Aromen des hervorragenden *2000er Meursault Les Tillets* zum Ausdruck. Dieser reichhaltige, opulente Wein von mittlerem Körper ist zum Bersten voll mit gerösteten Nüssen und pikanten kandierten Zitronen, die den Gaumen des Verkosters auskleiden. Hier haben wir einen seidig texturierten, beeindruckend nachhaltigen, üppigen und kompletten Wein vor uns, der jetzt–2011 getrunken werden sollte.

Der superbe *2000er Chassagne-Montrachet Franchemont* präsentiert sich als ein tiefer, breit angelegter und konzentrierter Wein, der dem Glas mit Aromen von reifen Birnen und Mineralien entströmt. Es folgt ein breit angelegter Charakter von mittlerem bis vollem Körper. Dieser intensive, klar umrissene Wein überzieht den Gaumen mit erdigen Äpfeln, Anis, Mineralien, Toast und einem Anflug von Vanille. Er ist äußerst nuanciert und reichhaltig, aber gleichzeitig auch ausdrucksvoll. Darüber hinaus ist dieser prächtige Wein mit einem langen, geschmacksbetonten und geschmeidigen Abgang ausgestattet. Trinken Sie ihn in den nächsten 12 Jahren. Sahnige weiße Pfirsiche und Mineralien lassen sich im Aromaprofil des *2000er Bâtard-Montrachet* aufspüren. Bei mittlerem bis vollem Körper ist er opulent und sinnlich, beladen mit hochreifen Äpfeln, Mandeln und Birnen. Er zeigt sich gehaltvoll und mollig, ist aber auch in seiner kraftvollen und komplexen Persönlichkeit mit bewundernswerter Präzision versehen. Voraussichtliche Genussreife: jetzt–2013.

Weitere empfehlenswerte Weine: 2000er Chablis Cuvée des 10 Ans (89+), 1998er Chablis Bougros (89), 1999er Chablis Bougros (88–90), 1999er Chablis Bougros Côte de Bouquereaud (89–90), 2000er Chablis Les Forêts (89), 1998er Chablis Fourchaume Vieilles Vignes (89), 1999er Chablis Fourchaume Vieilles Vignes de Vaulorens (87–89), 2000er Chablis Terroir de Fleys (89), 2000er Chablis Terroir de Poinchy (89), 1998er Chablis Vaillons (89), 1999er Chablis Vaillons Les Minodes (88–90), 1997er Chassagne-Montrachet (88+), 1997er Chassagne-Montrachet Les Chaumées (88–90+), 1998er Corton-Charlemagne (89+), 1999er Corton-Charlemagne (89–90), 1997er Ladoix (88), 1999er Mâcon-Burgy En Chatelaine Cuvée Levroutée (89), 2000er Mâcon-Burgy Les Prusettes (89), 1999er Mâcon-Bussières Vieilles Vignes de Montbrison (89+), 1999er Mâcon-La Roche Vineuse Vieilles Vignes de Sommëré (88), 1999er Mâcon-Vergisson La Roche (88), 2000er Mâcon-Vergisson La Roche (89), 1997er Mâcon-Villages Tête de Cuvée (88), 1997er Meursault Les Charmes (89–90), 1997er Meursault Rougeots (88–89), 1998er Meursault Tête de Cuvée (88), 1999er Meursault Les Tillets (89–90), 1998er Pouilly-Fuissé Tête de Cuvée (89), 1999er Pouilly-Vinzelles Cuvée Levroutée (88), 1999er Pouilly-Vinzelles Les Quarts (88+), 2000er Pouilly-Vinzelles Les Quarts (88), 1998er Puligny-Montrachet Les Enseignères (88), 1999er Puligny-Montrachet Les Enseignères (88–89), 2000er Puligny-Montrachet Les Enseignères (89–90), 2000er Puligny-Montrachet Sous le Puits (89–90), 1999er St-Véran Terroirs de Davayé (89), 2000er

St-Véran Terroirs de Davayé (88), 1997er St-Véran Tête de Cuvée (88), 1999er Viré-Clessé Vieilles Vignes de Roally (89)

DOMAINE DU COMTE DE VOGÜÉ (CHAMBOLLE-MUSIGNY)

1997	**Bonnes Mares**	EEE	(91–93+)
1997	**Bourgogne Blanc**	D	91
1997	**Chambolle-Musigny Les Amoureuses**	EEE	(91–93)
1999	**Musigny**	EEE	(90–92)
1997	**Musigny**	EEE	(93–95)

Die Domaine du Comte de Vogüé ist eines der Weingüter, das die weltbesten Weine produziert, weil es erstens außerordentliche Weinlagen besitzt (darunter 70% des Musigny Grand Cru), sein Weinmacher François Millet zweitens unendlich viel Talent hat und drittens wahrhaftig an seiner Philosophie »Qualität um jeden Preis« festhält. Wie auch bei anderen qualitätsbewussten Weingütern erzielt man bei de Vogüé äußerst niedrige Erträge, aber dieses Gut geht noch einen Schritt weiter und deklassifiziert all die Weine, die seiner Meinung nach nicht ihre stolze Appellation verdienen. Vogüés *village*-Chambolle-Musigny stammt zum Beispiel nur teilweise aus Rebflächen der Appellation. Er enthält auch gutseigene Trauben von den Premiers Crus Baudes und Fuées. Darüber hinaus stammt der Wein, der unter dem Etikett Chambolle-Musigny Premier Cru verkauft wird, gänzlich von den jüngsten Reben von Musigny. Und schließlich hat ihr Bourgogne Blanc das Recht, die Bezeichnung Appellation Musigny Grand Cru zu tragen. Laut Millet und dem Verwaltungsdirektor Jean-Luc Pépin enthält aber die Besitzerin des Guts, die Baronin Bertrand de Ladoucette, ihrem Weißwein das Musigny-Etikett so lange vor, bis er es ihrer Meinung nach verdient.

Die 1997er wurden weder chaptalisiert, noch wurde ihnen Säure zugegeben. Pépin beschreibt sie als »mild« und Millet als »elegant, sinnlich, ausgewogen und strukturiert, mit ungemein ausgefeilten Tanninen«. Sie bieten schon jetzt immenses Trinkvergnügen und haben dennoch die Fähigkeit, gut zu altern und sich zu entfalten. Millet nahm mit seinen 1997ern eine Reihe von Experimenten vor, um festzustellen, welche Wirkung Sauerstoff und Luft auf sie ausübten. Seine Ergebnisse, von denen man mir auch auf anderen Weingütern berichtete, die dieselben Versuche durchführten, zeigen, dass die Weine der Luft äußerst gut standhalten und nicht rasch oxidieren.

Der rubinrote *1997er Chambolle-Musigny Les Amoureuses* präsentiert ein herrlich blumiges Bukett, voll gepackt mit Veilchen und Rosen. Am Gaumen prunkt dieser dicke, seidig texturierte Wein mit kräftigen und tiefreifen Geschmackskomponenten. Er ist so süß wie Marmelade, aber doch ausgefeilt, und birst vor roten Früchten und steinähnlichen Nuancen. Er zeigt sich opulent, sinnlich, komplex, reichhaltig, präzise und besitzt einen langen und geschmeidigen Abgang. Dieser sinnliche, genussbetonte Wein sollte in den nächsten 7–8 Jahren getrunken werden. Ein ähnliches Kleid trägt der *1997er Bonnes Mares.* Er verfügt über gewaltige aromatische Tiefe in seinem Bukett, das nach Steinen, Erde, Parfum und kandierten Brombeeren bzw. Kirschen duftet. Hier zeigt sich ein breit angelegter, maskuliner, muskulöser und expansiver Wein mit einer wilden Ader in seiner strukturierten Persönlichkeit. Auch wenn dieser kraftvolle Wein nicht so sinnlich ist wie der Les Amoureuses, besitzt er dennoch den erforderlichen Rahmen, um für eine mäßige Einlagerung im Keller gewappnet zu sein. Voraussichtliche Genussreife: jetzt–2010.

Vogüés *1997er Musigny* ist mittel- bis dunkelrubinrot und legt ein atemberaubendes Bukett von Heidelbeeren, Lakritze, dicklichen Brombeeren, Veilchen, asiatischen Gewürzen und Steinen an den Tag. Dieser wunderschöne Wein hat mittleren bis vollen Körper und erweist sich als sublim ausgefeilt und detailliert. Es ist sicherlich einer der Spitzen-Musignys dieses Weinguts, aber in einem leichteren und filigraneren Stil als die meisten rühmlichen Weine aus vergangenen Jahren bereitet. Rote Johannisbeeren und Kirschen wetteifern um die Aufmerksamkeit des Verkosters und bringen Gewürze und frischen Ton in der luxuriösen und doch klar umrissenen Persönlichkeit zum Ausdruck. Als Krönung ist dieser ehrfurcht gebietende Wein mit einem immens langen Abgang ausgestattet, der große Mengen von geschmeidigen Tanninen enthüllt, die das erforderliche Rückgrat für eine Kellerreife darstellen. Voraussichtliche Genussreife: jetzt–2012+.

Der *1997er Bourgogne Blanc* (von dem 2000 Flaschen bereitet wurden) offenbart rauchige, toastwürzige und mineralische Aromen, durchsetzt mit kandierten Zitronen und frischen weißen Früchten. Hier präsentiert sich ein dicker, breit angelegter und sinnlicher Wein von mittlerem bis vollem Körper, der bis zum Bersten voll gepackt ist mit Geschmackskomponenten von pochierten Birnen, Haselnüssen, Steinen, Zitronengras und tropischen Früchten (mit etwas Banane). Er spricht unmittelbar an, ist direkt und luxuriös und verlangt danach, in den nächsten 5–6 Jahren getrunken zu werden.

Millet sagt, dass sie 1999 die Hälfte der Trauben ausgedünnt haben, um einen Durchschnitt von 35 hl/ha zu erreichen. »Der natürliche Umfang dieser Lese, das, was die Natur produzieren wollte, war gewaltig, daher war das Ausdünnen von großer Bedeutung. Aber auch der Lese-Termin war äußerst wichtig. Wir haben mit dem Musigny und dem Bonnes Mares am 20. September begonnen. Es war bereits etwas Regen gefallen, der aber noch keinen Schaden angerichtet hatte. Die Regenfälle, die am 24. einsetzten und nicht enden wollten, waren problematisch für diejenigen, die noch nicht abgeerntet hatten«, sagte Millet. Insgesamt sieht Millet 1999 als einen »sehr zugänglichen, positiven Jahrgang, der eine Menge Freude bereiten wird«. Der rubinrote *1999er Musigny* besitzt liebliche Aromen von Veilchen, Heidelbeeren und kandierten Kirschen. Bei mittlerem Körper zeigt er sich tief und angefüllt mit roten Früchten, Steinen, Granatäpfeln und Erdbeeren. Große Mengen von geschmeidigen, reifen Tanninen lassen sich in seinem frischen, langen und reintönigen Abgang erkennen. Trinken Sie ihn jetzt–2009.

Weitere empfehlenswerte Weine: 1998er Bonnes Mares (88), 1999er Bonnes Mares (89–90), 1999er Chambolle-Musigny Les Amoureuses (88–90), 1998er Chambolle-Musigny Premier Cru (88), 1998er Musigny (89)

DOMAINE JOSEPH VOILLOT (VOLNAY)

1999 Volnay Les Fremiets D 90+

Jean-Pierre Charlot, ein aufrichtiger *bon vivant*, hat die Qualität der Weine dieses Guts erheblich verbessert, seit er die Funktionen des Weinmachers und Direktors der Domaine Joseph Voillot übernommen hat.

Der *1999er Volnay Les Fremiets* zeigt eine mittel- bis dunkelrubinrote Farbe und ein Bukett, das nach geröstetem Eichenholz und Brombeeren duftet. In diesem stämmigen Wein liegt ungeheure Tiefe und er ist beladen mit würzigen, von Zimt durchsetzten Brombeeren und Cassis. Dieser kraftvolle, extrahierte und feste Wein endet mit einem langen, reintönigen Abgang. Voraussichtliche Genussreife: jetzt–2010.

Weitere empfehlenswerte Weine: 1997er Pommard Clos Micault (87–89), 1997er Pommard Pézerolles (87–89), 1997er Pommard Rugiens (88–90), 1997er Volnay Les Caillerets (88–90), 1997er Volnay Les Champans (87–89), 1997er Volnay Les Fremiets (88)

Weitere Weingüter mit sehr empfehlenswerten Weinen

DOMAINE AMIOT-SERVELLE (CHAMBOLLE-MUSIGNY)

Empfehlenswerter Wein: 1999er Chambolle-Musigny Derrière La Grange (88–90)

DOMAINE CHARLES AUDOIN (MARSANNAY)

Empfehlenswerte Weine: 1997er Gevrey-Chambertin (88), 1997er Marsannay (weiß) (88), 1998er Marsannay (weiß) (89), 1997er Marsannay Longeroies (88)

DOMAINE BACHELET-RAMONET (CHASSAGNE-MONTRACHET)

Empfehlenswerte Weine: 1997er Bâtard-Montrachet (88), 1997er Bienvenue-Bâtard-Montrachet (88)

DOMAINE LUCIEN CAMUS-BROCHON (SAVIGNY-LÈS-BEAUNE)

Empfehlenswerte Weine: 1997er Savigny-lès-Beaune Les Lavières (88), 1997er Savigny-lès-Beaune Les Narbantons (89)

CHÂTEAU DE CHAMIREY (MERCUREY)

Empfehlenswerter Wein: 1998er Mercurey La Mission (87–89)

MAISON CHAMPY (BEAUNE)

Empfehlenswerte Weine: 1999er Corton-Bressandes (87–89), 1999er Corton-Charlemagne (88–89), 1999er Gevrey-Chambertin Les Cazetiers (88–90), 1999er Nuits-St-Georges La Richemone (88–90), 1999er Volnay Les Caillerets (87–89), 1999er Vosne-Romanée Les Suchots (87–89)

DOMAINE DE CHASSORNEY (ST-ROMAIN)

Empfehlenswerter Wein: 1997er Nuits-St-Georges Clos des Argillières (89+)

DOMAINE CHAVY-CHOUET (MEURSAULT)

Empfehlenswerte Weine: 1999er Meursault Les Casses-Têtes Vieilles Vignes (88), 1999er Puligny-Montrachet Hameau de Blagny Vieilles Vignes (89)

DOMAINE CHEVALIER PÈRE ET FILS (LADOIX)

Empfehlenswerte Weine: 2000er Corton-Charlemagne (89–92), 2000er Ladoix Les Gréchons (89–90)

DOMAINE DU CLOS NOLY (MÂCONNAIS)

Empfehlenswerter Wein: 1999er Pouilly-Fuissé Elevé en Fût de Chênes (89)

DOMAINE ALAIN COCHE-BIZOUARD (MEURSAULT)

Empfehlenswerter Wein: 1999er Meursault Les Charmes (88–89+)

DOMAINE DE LA CONDEMINE (PERRONE)

Empfehlenswerter Wein: 2000er Mâcon-Péronne Cuvée Réserve (89)

DOMAINE EDMOND ET PIERRE CORNU (LADOIX)

Empfehlenswerte Weine: 1997er Aloxe-Corton Les Valozières (89), 1997er Corton-Bressandes (89+)

DOMAINE DE LA CROIX-SENAILLET (DAVAYÉ)

Empfehlenswerter Wein: 2000er St-Véran (88)

DOMAINE BERNARD DEFAIX (MILLY-CHABLIS)

Empfehlenswerter Wein: 1997er Chablis Côte de Léchet (89)

DOMAINE DESAUNAY-BISSEY (FLAGEY-ECHÉZEAUX)

Empfehlenswerter Wein: 1997er Grands-Echézeaux (88–90)

MAISON DRUID (MOREY-ST-DENIS)

Empfehlenswerte Weine: 1997er Meursault Le Limozin (88), 1997er Puligny-Montrachet (88)

DOMAINE JEAN-LUC DUBOIS (CHOREY-LES-BEAUNE)

Empfehlenswerte Weine: 1997er Aloxe-Corton Les Brunettes Réserve (88), 1997er Beaune Bressandes Réserve (89), 1997er Chorey-les-Beaune Clos du Margot Réserve (88), 1997er Savigny-lès-Beaune Les Picotins Réserve (89)

DOMAINE DE LA FOLIE (RULLY)

Empfehlenswerter Wein: 1998er Rully Clos St-Jacques (weiß) (88)

DOMAINE ANDRÉ FOREST (VERGISSON)

Empfehlenswerte Weine: 1999er Pouilly-Fuissé Les Crays (88), 1999er Pouilly-Fuissé Vieilles Vignes (89+)

DOMAINE DE FUSSIACUS (FUISSÉ)

Empfehlenswerte Weine: 2000er Pouilly-Fuissé Cuvée Vieilles Vignes (89), 2000er St-Véran (89)

DOMAINE PAUL GARAUDET (MONTHÉLIE)

Empfehlenswerte Weine: 1997er Monthélie Clos Gauthey (88), 1997er Monthélie Les Duresses (89), 1997er Volnay (88)

DOMAINE DES GERBEAUX (SOLUTRÉ)

Empfehlenswerte Weine: 1999er Mâcon-Solutré Le Clos (88), 1999er Pouilly-Fuissé En Champs Roux (88), 1996er Pouilly-Fuissé Cuvée Prestige Très Vieilles Vignes (90), 1997er Pouilly-Fuissé Cuvée Prestige Très Vieilles Vignes (90), 1999er Pouilly-Fuissé Cuvée Prestige Très Vieilles Vignes (89), 1999er Pouilly-Fuissé Terroirs de Pouilly et Fuissé Vieilles Vignes (88), 1999er Pouilly-Fuissé Terroir de Solutré Vieilles Vignes (2. Abfüllung) (88)

DOMAINE THIERRY HAMELIN (LIGNORELLES-CHABLIS)

Empfehlenswerte Weine: 1997er Chablis Vieilles Vignes (88), 1999er Chablis Vieilles Vignes (88)

DOMAINE VINCENT ET FRANÇOIS JOUARD (CHASSAGNE-MONTRACHET)

Empfehlenswerter Wein: 1999er Bâtard-Montrachet Vieilles Vignes (88+)

DOMAINE DES HÉRITIERS DU COMTE LAFON (MÂCON-MILLY)

Empfehlenswerter Wein: 2000er Mâcon-Milly Clos du Four (87–89)

DOMAINE LORENZON (MERCUREY)

Empfehlenswerter Wein: 1999er Mercurey Les Champs Martin Vieilles Vignes (89+)

DOMAINE DES MARRONNIERS (PRÉHY)

Empfehlenswerter Wein: 1999er Chablis Montmains (89)

CHÂTEAU DE MONTHÉLIE/ERIC DE SUREMAIN (MONTHÉLIE)

Empfehlenswerter Wein: 1997er Monthélie Sur la Velle (88–90)

DOMAINE BERNARD MOREAU (CHASSAGNE-MONTRACHET)

Empfehlenswerte Weine: 1997er Chassagne-Montrachet Champs-Gains (88), 1997er Chassagne-Montrachet Chenevottes (88), 1997er Chassagne-Montrachet Morgeot (88+), 1997er Chassagne-Montrachet Grandes Ruchottes (89)

DOMAINE LUCIEN MUZARD (SANTENAY)
Empfehlenswerter Wein: 1999er Santenay Clos Faubard (88)

DOMAINE ALAIN NORMAND (LA ROCHE VINEUSE)
Empfehlenswerter Wein: 1999er Mâcon-La Roche Vineuse Vieilles Vignes (88)

DOMAINE CORINNE PERCHAUD (FLEYS)
Empfehlenswerter Wein: 1998er Chablis Vaucoupin (89+)

DOMAINE PERRAUD (FUISSÉ)
Empfehlenswerter Wein: 1997er St-Véran Les Crays Roses Réserve (89)

DOMAINE HENRI PERRUSSET (FARGUES-LÈS-MÂCON)
Empfehlenswerter Wein: 1999er Mâcon-Farges Sélection de Vieilles Vignes (88)

MAISON JEAN-MARC PILLOT (CHASSAGNE-MONTRACHET)
Empfehlenswerte Weine: 1998er Chassagne-Montrachet Les Caillerets (88), 1997er Puligny-Montrachet Les Caillerets (88+), 1998er Puligny-Montrachet Les Caillerets (88)

DOMAINE DENIS POMMIER (POINCHY-CHABLIS)
Empfehlenswerte Weine: 2000er Chablis (88), 1997er Chablis Beauroy (89), 1999er Chablis Beauroy (88), 1999er Chablis Côte de Léchet (88), 2000er Chablis Côte de Léchet (88)

DOMAINE ROBLET-MONNOT (VOLNAY)
Empfehlenswerter Wein: 1997er Volnay St-François (89)

DOMAINE DU CHÂTEAU DES RONTETS (FUISSÉ)
Empfehlenswerte Weine: 1997er Pouilly-Fuissé Les Birbettes (88–90), 1997er Pouilly-Fuissé Pierrefolle (87–89)

DOMAINE F. SERVIN (CHABLIS)
Empfehlenswerter Wein: 1998er Chablis Les Clos (88)

DOMAINE J. TRUCHOT-MARTIN (MOREY-ST-DENIS)
Empfehlenswerter Wein: 1999er Clos de la Roche Vieilles Vignes (89)

DOMAINE DE VIEUX MURS (FUISSÉ)
Empfehlenswerter Wein: 2000er Pouilly-Fuissé (88)

DOMAINE CHRISTOPHE VIOLOT-GUILLEMARD (POMMARD)
Empfehlenswerter Wein: 1997er Pommard Epenots (88+)

CHÂTEAU VITALLIS (FUISSÉ)
Empfehlenswerte Weine: 1998er Pouilly-Fuissé Les Rochettes (88), 1998er Pouilly-Fuissé Vieilles Vignes (89+)

Beaujolais

DOMAINE GUY BRETON

2000 Morgon Vieilles Vignes C 92

Dieser mittel- bis dunkelrubin-purpurrote *2000er Morgon Vieilles Vignes* besitzt außerordentlich einladende Aromen von roten und schwarzen Früchten. Am Gaumen zeigt er unglaubliche Reintönigkeit in seiner öligen, von Kirschen, Himbeeren und Heidelbeeren bestimmten Persönlichkeit. Er vereint Kraft mit Eleganz und Präzision mit ungemeiner Dichte der Frucht und prunkt bei mittlerem bis vollem Körper mit einem außergewöhnlich langen, geschmeidigen Abgang: Hier haben wir es mit einem aufsehenerregenden Morgon zu tun, den Sie in den nächsten 5–6 Jahren trinken sollten.

DOMAINE JEAN-MARC BURGAUD

2000 Morgon Vieilles Vignes Côte de Py — B 89

Das köstliche, nach Brombeeren und dunklen Kirschen duftende Bukett des *2000er Morgon Vieilles Vignes Côte de Py* geht mit einem Rotwein von mittlerem Körper einher, der große Tiefe in seinem mit Trauben, Kirschen, Brombeeren und Gewürzen angefüllten Charakter aufweist. Hier präsentieren sich ausgezeichnete Struktur, hervorragende Länge und eine expansive Persönlichkeit. Da er beim Kontakt mit der Luft besser wird, glaube ich, dass es ein Beaujolais ist, den es sich lohnt, einzulagern. Voraussichtliche Genussreife: jetzt–2006.

DOMAINE CHIGNARD

2000 Fleurie Les Moriers — C 91

Der rubin-purpurrote *2000er Fleurie Les Moriers* entströmt dem Glas mit Schwarzkirscharomen. Bei mittlerem Körper und hervorragender Tiefe in seinem mit roten Früchten voll gepackten Charakter ist dies ein frischer, komplexer und köstlicher, wohlschmeckender Wein. Er zeigt sich samtig texturiert mit einem außerordentlich langen Abgang, der mit Johannisbeeren und Blaubeeren angefüllt ist. Hier präsentiert sich ein traumhafter Beaujolais, nach dem Weinliebhaber sich schnell auf die Suche machen sollten, um ihn in den nächsten 4 Jahren zu genießen.

DOMAINE DIOCHON

2000 Moulin-à-Vent Vieilles Vignes — C 89

Dieser rubinrote *2000er Moulin-à-Vent Vieilles Vignes* offenbart anziehende Aromen von roten Kirschen. Am Gaumen weist er mittleren Körper und eine vielschichtige Persönlichkeit auf, die mit frischen Herzkirschen angefüllt ist. Er wird von Frucht dominiert und hat ausgezeichneten Biss und einen langen, geschmeidigen Abgang: ein köstlicher Wein zum Trinkgenuss in den nächsten 2–3 Jahren.

GEORGES DUBŒUF

2000	Brouilly Domaine des Pierreux	B	89
2000	Chiroubles (Blumenetikett)	B	89
2000	Chiroubles Château de Javernand	B	88
2000	Fleurie (Blumenetikett)	B	(86–88)
2000	Fleurie Château de Bachelard	B	(89–91)
2000	Fleurie Château des Déduits	B	(87–89)
2000	Morgon (Blumenetikett)	B	(88–89)
2000	Morgon Jean Descombes	B	(89–91)
2000	Moulin-à-Vent (Blumenetikett)	B	(89–91)
2000	Moulin-à-Vent Cuvée Prestige	C	(91–92+)
2000	Moulin-à-Vent Tour de Bief	B	(89–91)
2000	Régnié (Blumenetikett)	A	89

Georges Dubœuf glaubt, dass 2000 ein »glorreicher« Jahrgang für den Beaujolais ist. »Nur 1947 und 1976, als Hitzewelle und Dürre herrschten, waren ebenso frühreif wie 2000 … Dies sind meiner Erinnerung nach die drei einzigen Jahrgänge, in denen wir im August geerntet haben«, sagte Dubœuf. »Und im Gegensatz zu 1999, als die Reife in einem Endspurt ganz kurz vor der Lese erreicht wurde, hatten wir 2000 eine langsame, gleichmäßige Reifung«, fügte er hinzu. Der Jahrgang 2000 brachte 10% weniger Wein hervor als 1999 bei 10% mehr Sonnenscheindauer. Auf meine Frage nach eventuellen Schwierigkeiten der Weinmacher sagte Dubœuf, dass das warme Wetter bei der Lese vielleicht für diejenigen Weingüter ein Problem darstellte, die nicht über Kühleinrichtungen verfügten. »Heute hat jeder Winzer in meiner Region, der etwas auf sich hält, das nötige Handwerkszeug, um mit einem warmen Jahrgang fertig zu werden«, sagte er.

Wie immer haben manche Appellationen bessere Ergebnisse erzielt als andere. Für Chiroubles, Régnié, Morgon, Fleurie, Moulin-à-Vent und Brouilly war es ein prima Jahr, während Chénas, Juliénas und St-Amour Ende Juli durch mehrere Hagelstürme hintereinander Schaden erlitten haben. Die besten 2000er haben wunderschöne Farben mit tiefrubinrotem und purpurrotem Schimmer. Sie sind auch vorzüglich aromatisch, was sich sofort bemerkbar machte, da der ganze Verkostungsraum mit Himbeer- und Kirschdüften ausgefüllt war, als die ersten beiden Weine kredenzt wurden. Der 2000er Beaujolais präsentiert bei den gelungensten Appellationen eine höchst eindrucksvolle Tiefe der Frucht, eine praktisch perfekte Säure für die Ausgewogenheit und reife Tannine. Manche Weine sind fest strukturiert und enthüllen große Mengen von Tannin, generell sind sie reif, süß und geschmeidig. Die Weine aus den Gemeinden, die keine allzu guten Ergebnisse erzielt haben, besitzen einen adstringierenden Abgang und werden in diesem Buch nicht empfohlen. Alle im Folgenden beschriebenen Weine sind ihren Preis wert.

Der *2000er Régnié* (Blumenetikett) zeigt eine dichte, mittel- bis dunkelrubin-purpurrote Farbe. Hier präsentiert sich ein fabelhafter Régnié mit einem explosiven Bukett, das nach kandierten Kirschen, Talkumpuder, Heidelbeeren und Himbeeren duftet. Von mittlerem Körper und sinnlich, strömt der Charakter dieses Weines über vor saftigen roten, blauen und schwarzen Früchten, deren Geschmacksnuancen noch in seinem wundervoll süßen und geschmeidigen Abgang anhalten. Voraussichtliche Genussreife: jetzt–2005.

Ein ähnliches Kleid trägt der *2000er Chiroubles Château de Javernand*, der ein verhalteneres Bukett von Rosen- und Kirscharomen aufweist. Er ist herrlich ausladend und überzieht den Gaumen des Verkosters mit weich texturierten, hochreifen Heidelbeeren und Kirschen, vermischt mit Veilchen und anderen Blumen. Insgesamt ein eleganter, gut strukturierter, nahtloser und geschmacksintensiver Wein. Voraussichtliche Genussreife: jetzt–2005.

Der ausgezeichnete hell-purpurrote *2000er Chiroubles* (Blumenetikett) enthüllt ein fabelhaftes Bukett von frisch geschnittenen Blumen in seinem Aromaprofil. Dieser harmonische Wein von mittlerem Körper ist voll gepackt mit kandierten Brombeeren, Heidelbeeren, Schwarzkirschen und Veilchen und besitzt einen langen, üppigen und mit Frucht angefüllten Abgang. Trinken Sie ihn in den nächsten 4 Jahren.

Satt mittel- bis dunkelrubin-purpurrot ist der *2000er Brouilly Domaine des Pierreux*. Er weist betörende Aromen von Rosen und Veilchen auf, ist mit mittlerem Körper versehen, strukturiert, breit angelegt, expansiv und angefüllt mit Schichten von wilden Heidelbeeren, dunklen Kirschen und Blumen. Er ist ungemein ausdrucksvoll und besitzt einen festen, aber doch langen und geschmacksintensiven Abgang. Voraussichtliche Genussreife: jetzt–2006.

Der *2000er Morgon* (Blumenetikett) bietet eine dunkel-purpurrote Farbe und Aromen von schwarzen und roten Kirschen. Hier zeigt sich ein vierschrötiger Beaujolais von beeindruckender Tiefe und Konzentration. Große Mengen von roten und schwarzen Früchten lassen sich in seinem derzeit noch straff gewirkten und unnachgiebigen Charakter entdecken. Er weist mittleren bis vollen Körper auf, ist kraftvoll und wird die Weintrinker belohnen, die einem Beaujolais einen Platz in ihrem Keller einräumen. Voraussichtliche Genussreife: jetzt–2006.

Dubœuf ist kein Mann, der falsche Behauptungen über seine Weine verbreitet. Er meint, dass der *2000er Morgon Jean Descombes* der beste ist, den er verkostet hat. Er entströmt dem Glas mit reintönigen Aromen von rot-schwarzen Früchten und Steinen. Am Gaumen ist dieser Wein von mittlerem bis vollem Körper fantastisch ausgefeilt, breit angelegt und wunderschön ausgewogen. Er bietet große Mengen von Kirschen, süßen Brombeeren und Pflaumen in seiner ernsthaften, aber doch unmittelbar ansprechenden Persönlichkeit. Voraussichtliche Genussreife: jetzt–2007.

Die Appellation Fleurie, auch als »Königin des Beaujolais« bekannt, hat im Jahr 2000 ganz besonders gute Ergebnisse erzielt. Eine dichte, rubin-purpurrote Farbe und ein feminines Bukett von Parfum und süßen Kirschen zeigt der *2000er Fleurie* (Blumenetikett). Bei mittlerem Körper ist er gut strukturiert und beladen mit schwarzen Früchten, Veilchen und süßem, reifem Tannin. Voraussichtliche Genussreife: jetzt–2005.

Ein steiniges, nach Brombeeren duftendes Bukett hat der *2000er Fleurie Château des Déduits*. Dieser vierschrötige Wein von mittlerem Körper bietet ausgiebige schwarze Früchte und kandierte Trauben in seinem ernsthaften, festen Charakter. Als ein konzentrierter und extrahierter Fleurie benötigt er noch Kellerreife. Voraussichtliche Genussreife: jetzt–2006.

Der hervorragende mittel- bis dunkelrubin-purpurrote *2000er Fleurie Château de Bachelard* zeigt Brombeer- und Schwarzkirscharomen, die an einen erstklassigen Premier Cru aus Beaune erinnern. Dies ist ein kraftvoller, maskuliner Wein: reichhaltig, breit angelegt und muskulös. Bei mittlerem bis vollem Körper weist er eine seidige Textur, zahlreiche Schichten von dunklen Kirschen, Cassis und pflaumenähnlichen Geschmacksnuancen auf. Voraussichtliche Genussreife: jetzt–2006.

Der dunkle *2000er Moulin-à-Vent* (Blumenetikett) wies zunächst etwas Reduktion in seinem Aroma- und Geschmacksprofil auf. Beim Kontakt mit der Luft entfaltete sich jedoch das Bukett und enthüllte die klassischen Pinot-Noir-Aromen von Mineralien und roten Kirschen, ein Beweis dafür, dass er alle reduktiven Merkmale verliert, wenn vor dem Abfüllen ein Kontakt mit der Luft gewährleistet wird. Er gibt Frische, mittleren Körper und ausgezeichnete Tiefe in seinem mit Geschmacksnuancen von reifen Kirschen angefüllten Charakter sowie eine fabelhaft samtige Textur zu erkennen. 13 Euro für diesen Wein, das ist fast geschenkt! Voraussichtliche Genussreife: jetzt–2006.

Der *2000er Moulin-à-Vent Tour de Bief* ist mit einer ähnlichen Farbe und mit einem intensiven Bukett von roten Früchten ausgestattet. Er explodiert förmlich am Gaumen mit großen Mengen von ungestümen und doch eleganten Kirsch-Geschmacksnuancen, ist breit angelegt, ausladend, konzentriert und hat die Art eines Pinot Noir. Dieser saftige, seidig texturierte Wein ist kraftvoll, tief, ausgefeilt und fest. Sie sollten ihn jetzt–2007 trinken.

2000 markiert den Beginn eines neuen Projektes von Dubœuf: In enger Zusammenarbeit mit fünf seiner Traubenlieferanten hat er einen Moulin-à-Vent bereitet, der »von den besten Winzern und den besten *terroirs*, sowie aus niedrigen Erträgen (unter 40 hl/ha) und von alten Reben stammt … Mein Ziel ist es, wieder wunderschöne, alterungsfähige Moulin-à-Vents zu kreieren, ähnlich denen aus dem Jahr 1945 und 1947, die ich kürzlich verkostet habe.« Dieses Ziel will er wie folgt erreichen: Dubœuf und seine Mitarbeiter besuchen regelmäßig die Rebflächen der Traubenlieferanten, um sicherzustellen, dass die erforderlichen Arbeiten durchgeführt werden; Dubœuf bezahlt die fünf Traubenlieferanten, als ob sie die innerhalb der Appellation zulässige Höchstmenge produziert hätten, und nimmt schließlich an allen bei der Weinbereitung anfallenden Entscheidungen teil.

Die *2000er Moulin-à-Vent Cuvée Prestige* ist dunkelrubinrot und enthüllt Aromen von toastwürzigem Eichenholz und Schwarzkirschen. Dieser Wein ist kräftig, langsam reifend, intensiv und kraftvoll, von mittlerem bis vollem Körper, hoch konzentriert und extrahiert. Große Mengen von Brombeeren, Cassis und dunklen Kirschen sind in seinem ungemein strukturierten Charakter zu erkennen und sein umfassender, mit Frucht angefüllter Abgang zeigt sehr viel wunderschön reifes Tannin. Voraussichtliche Genussreife: 2005–2012+.

DOMAINE J. FOILLARD

2000	**Morgon Côte de Py**	**C**	**89+**

Rote Himbeeren und Rosen kommen in den frischen und ausdrucksvollen Aromen des *2000er Morgon Côte de Py*, eines Weines von mittlerem Körper, zum Ausdruck. In seiner dicht bepackten, fruchtbestimmten Persönlichkeit und in seinem langen, geschmeidigen Abgang zeigen sich große Mengen von kernigen Kirschen, Erdbeeren und Himbeeren. Trinken sollten Sie diesen Wein in den nächsten 4–5 Jahren.

DOMAINE MARCEL LAPIERRE

2000 Morgon C 90

Marcel Lapierres *2000er Morgon* entströmt dem Glas mit dunklen Kirschen und Himbeeren. Bei mittlerem Körper ist er frisch, scharf konturiert und beladen mit Pflaumen, Erde, Kirschen und Gewürzen. Dieser hervorragende Morgon wurde weder geschönt noch filtriert noch geschwefelt. Eine tadellose Lagerung ist für diesen prächtigen, aber empfindlichen Wein unerlässlich. Bewahren Sie ihn in einem kühlen Raum auf und vergewissern Sie sich, dass Ihr Händler dasselbe getan hat. Trinken Sie ihn im Lauf der nächsten 5–6 Jahre.

DOMAINE DES NUGUES

2000 Beaujolais-Villages B 89

Von 25 bis 40 Jahre alten Reben stammt der mittel- bis dunkelrubin-purpurrote *2000er Beaujolais-Villages*, der dem Glas mit Düften nach kandierten Brombeeren und Schwarzkirschen mächtig entströmt. Dieser reichhaltige Tropfen von mittlerem Körper ist mit ausgezeichneter Tiefe der Frucht und einer weichen, sinnlichen und opulenten Persönlichkeit ausgestattet. Er überzieht und umkleidet den Gaumen des Verkosters mit großen Mengen von süßen, saftigen roten Früchten, deren Geschmacksnuancen noch während seines zuckerwatteähnlichen Abgangs anhalten. Dieser Wein hat ein sehr gutes Preis-Leistungsverhältnis und sollte in den nächsten 2 Jahren getrunken werden.

DOMAINE J-P THEVENET

2000 Morgon C 91

Der intensive *2000er Morgon* explodiert förmlich im Glas mit Myriaden von roten Früchten, hauptsächlich Kirschen. Bei mittlerem Körper besitzt er hervorragende Konturenschärfe und Konzentration und erweist sich als ein vielschichtiger, nahtloser Wein, beladen mit Himbeeren, Erdbeeren, Kirschen und Heidelbeeren. Hier haben wir einen außerordentlichen Morgon, der durch 1–2 Jahre Kellerreife noch besser werden dürfte. Voraussichtliche Genussreife: jetzt–2008.

CHÂTEAU DE THIVIN

2000 Côte de Brouilly Cuvée Zaccharie Geoffrey D 91

Der mittel- bis dunkelrubin-purpurrote *2000er Côte de Brouilly Cuvée Zaccharie Geoffrey* hat intensive Aromen von Kirschsirup. Bei mittlerem Körper besitzt er enorme Dichte der Frucht und zeigt sich gehaltvoll, opulent und kernig texturiert. Er ist ein außerordentlicher Côte de Brouilly mit ungeheuren Mengen von Kirschen, Himbeeren und kandierten Erdbeeren, dessen seidenweicher Abgang mindestens 40 Sekunden anhält. Hier präsentiert sich der beste Wein, den ich aus dieser Appellation verkostet habe! Trinken Sie ihn in den nächsten 4 Jahren.

DOMAINE DU TRACOT

2000 Régnié Cuvée de Montmeron et du Portet B 89

Tracots ausgezeichnete *2000er Régnié Cuvée de Montmeron et du Portet* ist ein erstaunlicher Wein, der nach einem Jahr Kellerreife sicherlich gute Aussichten auf eine hervorragende Punktnote haben wird. Er entströmt dem Glas mit lebendigen Aromen von Pflaumen und schwarzen Himbeeren. Bei mittlerem Körper prunkt er mit einem herrlichen, ölig texturierten Charakter und ist beladen mit Kirschen, Heidelbeeren und süßen Pflaumen. Er ist gehaltvoll, glyzeringetränkt und fett. Voraussichtliche Genussreife: jetzt–2004.

DOMAINE DU VISSOUX

2000	**Beaujolais Pierre Chermette**	**B**	**88**
2000	**Fleurie Les Garants**	**C**	**89**

Der rubinrote *2000er Beaujolais Pierre Chermette* zeigt pikante Aromen von roten Früchten. Er hat mittleren Körper und ist beladen mit üppigen roten Kirschen, Himbeeren und Erdbeeren. Mit seinem geschmeidigen Abgang ist dieser fruchtbetonte, zum Lächeln anregende Beaujolais ein Wein, der in den nächsten 18 Monaten in einem Zug hinuntergehen wird.

Ebenfalls rubinrot ist der *2000er Fleurie Les Garants*, der köstliche Aromen von Heidelbeeren und Kirschen zu bieten hat. Er zeigt gute Struktur, ist angefüllt mit Herzkirschen, wilden Heidelbeeren und saftigen Brombeeren. Bei mittlerem Körper ist er mild und für einen Trinkgenuss in den nächsten 3 Jahren bestimmt.

DIE CHAMPAGNE

Erinnern Sie sich noch an all die Schauergeschichten, die uns das Schreckbild vor Augen führten, dass aufgrund der Millenniums-Feierlichkeiten der Spitzen-Champagner knapp werden könnte? Natürlich ist nichts dergleichen eingetreten. Stattdessen erlebten wir eine weltweite Wirtschaftsflaute, die ernüchternde Wirkung der Terroranschläge gegen die Vereinigten Staaten und einen relativ starken Dollar, der den Gesetzen der Schwerkraft zu trotzen scheint. Dies alles hat einen Käufermarkt geschaffen. Soweit die gute Nachricht. Die schlechte Nachricht ist, dass es beim Champagner seit 1990 keinen großartigen Jahrgang mehr gegeben hat. Diese Weine werden immer noch versteigert oder auch jetzt erst freigegeben (z. B. vom Hause Salon), aber Jahrgangs-Champagner von 1992, 1993 und 1994 weisen eine Qualität auf, die bestenfalls etwas über dem Durchschnitt liegt. 1995 ist ein besseres Jahr, auch wenn diese Weine nicht annähernd so aufregend sind wie die cremigen, reichhaltigen, strukturierten 1990er. Aufgrund seiner hohen Säurewerte und intensiven Geschmacksmerkmale verspricht 1996 der beste Jahrgang seit 1990 zu werden. Frühe Verkostungen des 1996ers enthüllen straff gewirkte und doch vielversprechende Weine. Dennoch muss man sagen, dass die Verbraucher verrückt wären, Höchstpreise für einen Champagner zu zahlen, da es von günstigen Angeboten nur so wimmelt.

Eine der positiven Entwicklungen im Champagnergeschäft ist, dass es mittlerweile immer mehr kleinere Champagner-Häuser gibt, so dass sich ein größerer Wettbewerb herausbilden konnte.

Insgesamt gesehen kann man derzeit gut Champagner kaufen und die Verbraucher haben die Möglichkeit, messerscharf zu verhandeln.

Grundwissen

WEINTYPEN

In der Champagne, einem Weinbaugebiet 145 km nordöstlich von Paris, werden nur moussierende Weine hergestellt (etwa 200 Millionen Flaschen pro Jahr). Champagner wird gewöhnlich aus einer Mischung von drei Trauben bereitet – Chardonnay, Pinot Noir und Pinot Meunier. Der »Blanc de Blancs« genannte Champagner muss zu 100% aus der Chardonnay-Traube bestehen. »Blanc de Noirs«, bedeutet, dass der Champagner aus roten Trauben hergestellt wurde, und der Begriff »Crémant« sagt aus, dass dieser Wein eine Spur weniger moussierend ausfällt als der typische Champagner.

REBSORTEN

Chardonnay Erstaunlicherweise werden nur 25% der Weingärten der Champagne mit Chardonnay bepflanzt.
Pinot Meunier Diese beliebteste Traubensorte in der Champagne steht in 40% der gesamten Rebfläche der Appellation unter Kultur.
Pinot Noir Diese Traube nimmt 35% des Weinanbaugebiets in der Champagne ein.

DUFT- UND GESCHMACKSNOTEN

Die meisten Menschen trinken Champagner jung, häufig nur wenige Stunden, nachdem sie ihn gekauft haben. Doch viele Fachleute meinen, dass Jahrgangs-Champagner von gehobener Qualität nicht vor seinem zehnten Lebensjahr getrunken werden sollte. Das französische Gesetz bestimmt, dass Champagner ohne Jahrgangsbezeichnung mindestens ein Jahr lang in der Flasche reifen muss, bevor er zum Verkauf freigegeben werden darf; das gesetzlich vorgeschriebene Reifeminimum für Champagner mit Jahrgangsbezeichnung beträgt sogar drei Jahre. Generell lässt sich sagen, dass die meisten Spitzenproduzenten in den Jahren 1999/2000 ihre 1990er auf den Markt bringen. Der Grund dafür ist, dass ein guter Champagner nicht nur frisch schmecken, sondern auch Geschmacksnuancen aufweisen sollte, die an gebutterten Weizentoast, reife Äpfel und frisches Backwerk (Biskuits) denken lassen. Wird Champagner unsachgemäß hergestellt, schmeckt er sauer, grün und modrig. Falls er beim Transport oder während der Lagerung falsch behandelt wurde, schmeckt er flach und lässt keine Frucht erkennen. Der Blanc de Blancs ist ein delikaterer, feinerer, leichterer Wein als der Champagner, der einen hohen Prozentsatz von den beiden dunklen Traubensorten Pinot Noir und Pinot Meunier besitzt.

ALTERUNGSPOTENZIAL

Champagner aus so illustren Häusern wie Krug, Bollinger und Pol Roger können 25–30 Jahre altern, wobei sie viel von ihrer Perlage verlieren und eine cremige, üppige, buttrige Fülle annehmen, die sich nicht allzu sehr von der eines weißen Burgunders der Spitzenqualität unterscheidet. Moët & Chandons Dom Pérignons aus den Jahren 1947, 1964, 1969 und 1971 waren überwältigend, als ich sie 1994 probierte. Die 1982er und 1985er waren im Spätjahr 2001 superb. Auch Krugs 1947er, 1962er, 1964er und 1972er, und Bollingers 1966er, 1969er und 1975er R. D., waren exquisit, als ich sie 1994 trank. Das gilt auch für Pol Rogers 1992 getrunkene 1928er und 1929er.
Sie alle sind Beispiele dafür, wie wunderbar ein gealterter Champagner sein kann. Doch der Leser sollte sich dessen bewusst sein, dass jedes Champagner-Haus einen eigenen Stil hat

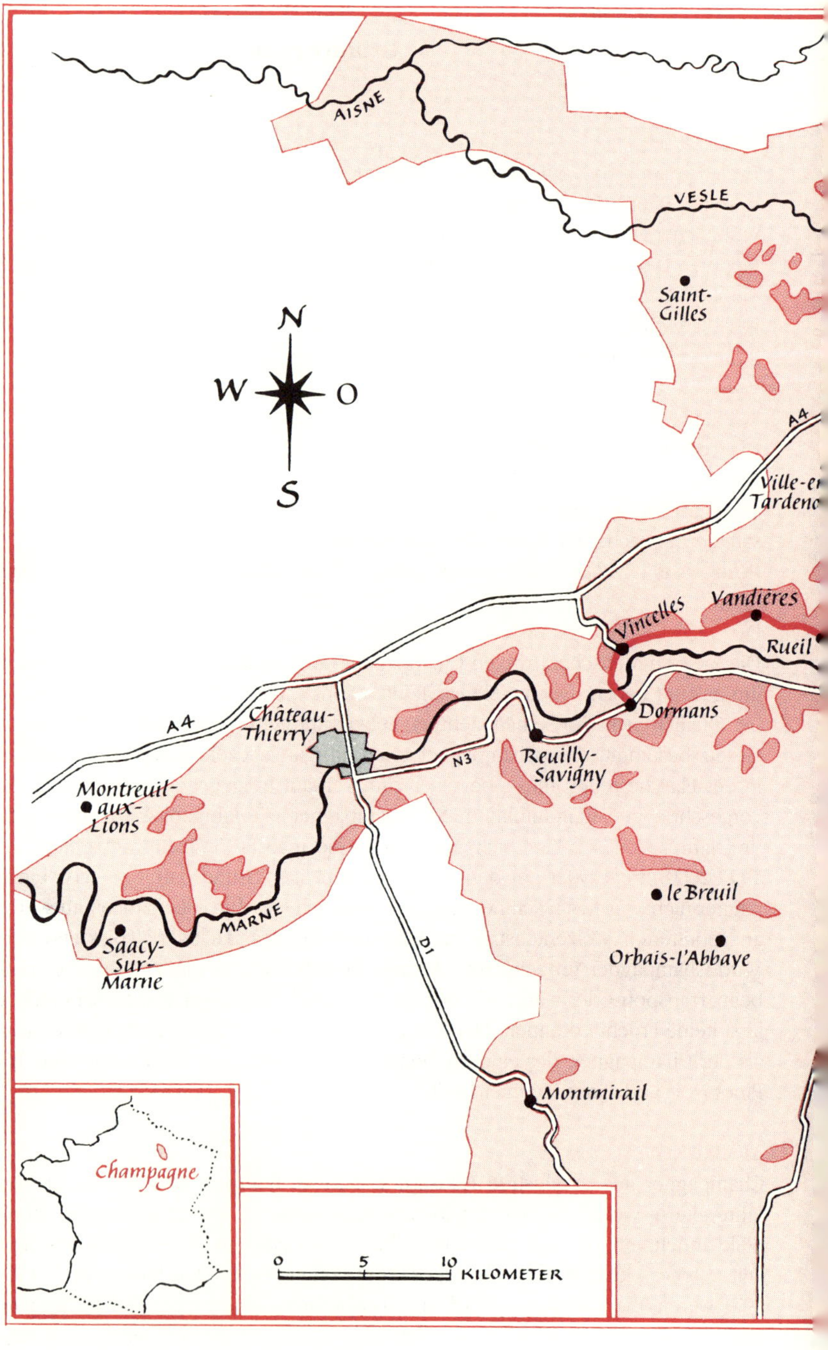
AISNE
VESLE
Saint-Gilles
N
W
O
S
A4
Ville-en-Tarden
Vincelles
Vandières
Rueil
Dormans
Château-Thierry
A4
N3
Reuilly-Savigny
Montreuil-aux-Lions
MARNE
Saacy-sur-Marne
le Breuil
Orbais-l'Abbaye
D1
Montmirail
Champagne
0
5
10
KILOMETER

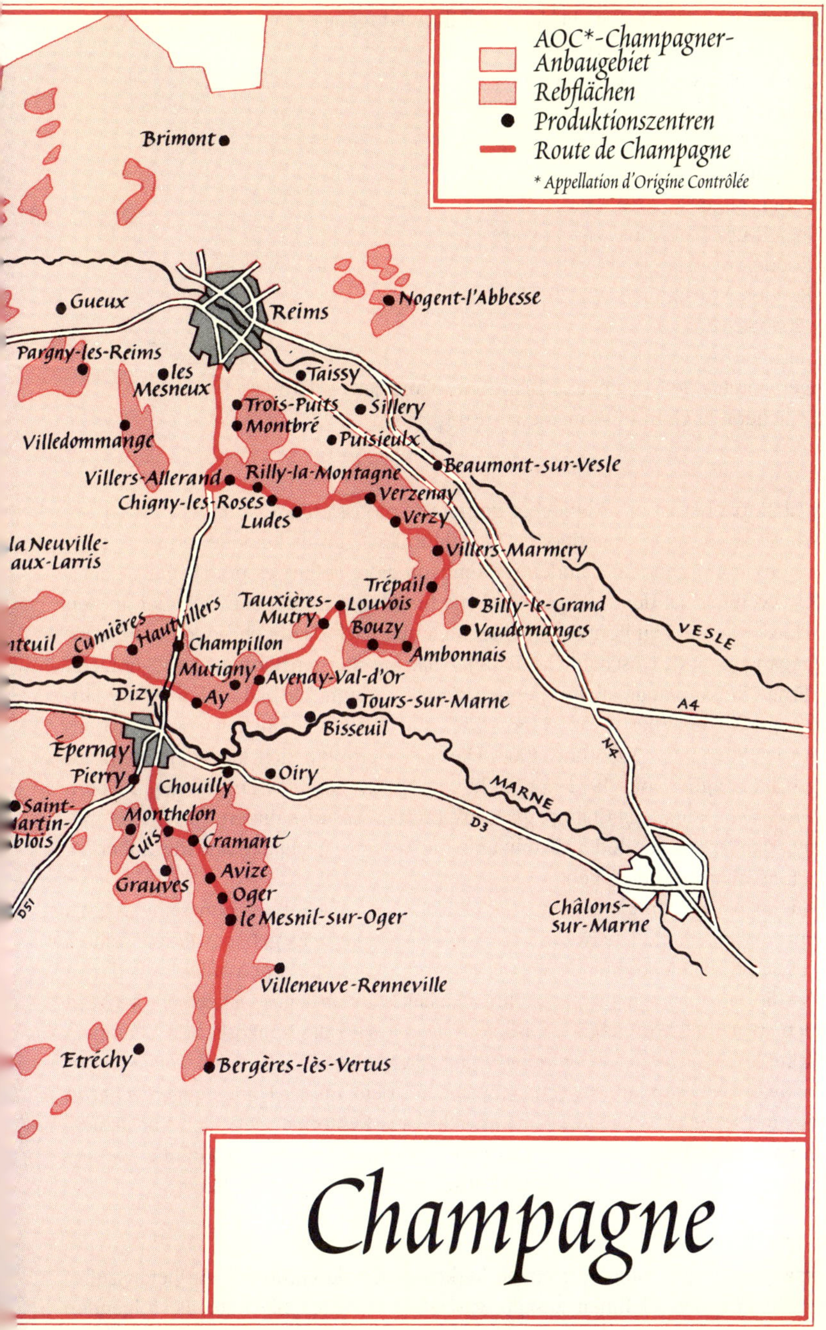
AOC*-Champagner-Anbaugebiet
Rebflächen
Produktionszentren
Route de Champagne
* Appellation d'Origine Contrôlée
Brimont
Gueux
Reims
Nogent-l'Abbesse
Pargny-les-Reims
les Mesneux
Taissy
Trois-Puits
Sillery
Montbré
Puisieulx
Villedommange
Beaumont-sur-Vesle
Villers-Allerand
Rilly-la-Montagne
Chigny-les-Roses
Verzenay
Ludes
Verzy
la Neuville-aux-Larris
Villers-Marmery
Trépail
Tauxières-Mutry
Louvois
Billy-le-Grand
Hautvillers
Cumières
Bouzy
Vaudemanges
VESLE
Champillon
Ambonnais
Mutigny
Avenay-Val-d'Or
Dizy
Ay
Tours-sur-Marne
A4
Bisseuil
Épernay
N4
Pierry
Oiry
Chouilly
MARNE
Saint-Martin-
Monthelon
D3
Cuis
Cramant
Avize
Grauves
Oger
D51
le Mesnil-sur-Oger
Châlons-sur-Marne
Villeneuve-Renneville
Etréchy
Bergères-lès-Vertus
Champagne

und dass das Alterungspotenzial vom jeweiligen Stil abhängt, den der Produzent bevorzugt. Im Folgenden finden Sie Schätzungen der Lebensdauer für einige der bekanntesten Marken aufgelistet, die zur Zeit auf dem Markt erhältlich sind. Ausgangspunkt für das geschätzte Alterungspotenzial ist das Jahr 2002, nicht der angeführte Jahrgang.

1990er Bollinger Grande Année: jetzt–2015
1990er Bollinger Vieilles Vignes: jetzt–2020
1989er Krug: jetzt–2020
1985er Krug: jetzt–2020
1993er Dom Pérignon: jetzt–2005
1990er Dom Pérignon: jetzt–2010
1990er Pol Roger Brut Chardonnay: jetzt–2008
1995er Louis Roederer Cristal: jetzt–2012
1990er Louis Roederer Cristal: jetzt–2020
1990er Salon: 2004–2020
1985er Salon: jetzt–2010
1990er Taittinger Comtes de Champagne Blancs de Blanc: jetzt–2010
1990er Veuve Clicquot La Grande Dame: jetzt–2015

ALLGEMEINES QUALITÄTSNIVEAU

Französischer Champagner ist unwiderlegbar der feinste moussierende Wein der Welt. Trotz des Rummels und der riesigen Investitionen in Kalifornien, gibt es keinerlei ernst zu nehmende Konkurrenz von irgendeiner anderen Weinbauregion, sofern es primär um Qualität geht. Nichtsdestoweniger hat der außergewöhnliche finanzielle Erfolg, den viele der großen Champagner-Häuser verbuchen konnten, meiner Meinung nach dazu geführt, dass die Standards zurückgegangen sind. Geschäftliche Raffgier hat die meisten Firmen dazu gebracht, beinahe jede Ernte ein Jahrgangs-Jahr zu nennen. So gab es zum Beispiel in den 1950er Jahren vier Jahrgangs-Champagner: 1952, 1953, 1955 und 1959, und in den 1960er gab es davon fünf: 1961, 1962, 1964, 1966 und 1969. Die Sache erhöhte sich in den 1970ern auf acht Jahrgangs-Champagner (nur 1972 und 1977 wurden ausgeschlossen). In den 1980ern wurden wiederum acht Jahrgangs-Champagner ausgerufen, die Ausnahmen waren 1984 und 1987. Eine Reihe der Tophäuser in der Champagne müssen ihre Qualitätsstandards anheben, was den Jahrgangs-Champagner angeht.

Es gibt nicht nur allzu viele Jahrgangs-Jahre, die Qualität der Cuvées Bruts ohne Jahrgang hat sich obendrein verschlechtert. Die Weine, die für den Markt freigegeben werden sollten, wenn sie Zeichen von Reife erkennen lassen, sind grüner und schärfer geworden, was darauf hindeutet, dass die Produzenten nicht nur ihre Qualitätsstandards gesenkt haben, sondern ihre Weine auch so schnell wie möglich ausliefern. Leider sind die französischen Champagner in ihrer Komplexität und Finesse wirklich ohne Alternative. Es gibt zwar weniger kostspielige Alternativen, insbesondere die Schaumweine aus dem Tal der Loire, einige *Crémants* aus dem Elsass und Burgund sowie die Schaumweine aus Kalifornien, Spanien und Italien, doch, von ein paar Ausnahmen abgesehen, kommt keines der perlenden Getränke aus diesen Quellen auch nur entfernt an die Qualität französischen Champagners heran.

WAS SIE UNBEDINGT WISSEN MÜSSEN

Zunächst einmal müssen Sie einige ernsthafte Verkostungen durchführen, um herauszufinden, welcher Champagner-Stil Ihnen zusagt. Zusätzlich beachten Sie bitte die folgenden Richtlinien:

1. Die Luxus- oder Prestige-Cuvées der Champagner-Häuser sind stets überteuert. Diese Preispolitik wiegt den Verbraucher in dem Glauben, dass ein üppiger Preis gleichbedeutend sei mit einem höheren Qualitätsniveau. In vielen Fällen trifft das nicht zu. Darüber hinaus sind allzu viele Luxus-Cuvées nur noch Figuren in dem egozentrischen Spiel zwischen den

Spitzen-Champagner-Häusern, in dem es darum geht, wer den teuersten Wein in der ausgefallensten Flasche herstellen kann. Der Verbraucher zahlt oft nur für die mundgeblasene Flasche und ein teures, handgemaltes, aufwändig hergestelltes Etikett.

2. Kaufen Sie Ihren Champagner bei einem Händler mit raschem Lagerumschlag. Mehr als jeder andere Wein reagiert Champagner empfindlich auf unsachgemäße Lagerung und helles Licht. Wenn Sie Flaschen erstehen, die schon 6–12 Monate in den Regalen des Einzelhändlers gelitten haben, gehen Sie tatsächlich ein Risiko ein. Wenn der gerade erworbene Champagner flach schmeckt, eine tiefgoldene Farbe und nur wenige Perlen aufweist, ist er entweder zu alt oder durch falsche Lagerung zerstört.

3. Zögern Sie nicht, einige der besten Champagner ohne Jahrgangsbezeichnung zu kosten, die ich empfehle. Die besten von ihnen stehen in der Qualität den besten Luxus-Cuvées gar nicht so sehr nach, werden jedoch zu einem Viertel oder Fünftel des Preises verkauft.

4. Es lässt sich ein gewaltiger Zustrom von Champagnern hoher Qualität aus kleinen Häusern der Champagne feststellen. Die meisten dieser Weine sind vielleicht außerhalb der Metropolen schwer zu finden, doch einige der kleinen Häuser produzieren hervorragenden Wein, für den es sich lohnt, den Markt zu durchforschen. Halten Sie nach den Gutsabfüllungen der folgenden Produzenten Ausschau: Baptiste-Pertois, Paul Bara, Bonnaire, Cattier, Delamotte, Drappier, Duval-Leroy, Egly-Ouriet, Michel Gonet, Lancelot-Royer, Guy Larmandier, Lassalle, Legras, Mailly, Serge Mathieu, Pierre Moncuit, Joseph Perrier, Ployez-Jacquemart, Alain Robert und Tarlant.

5. Verschiedene technische Fachbegriffe, die auf dem Etikett der Champagnerflasche eines Produzenten erscheinen, können Ihnen einiges über den Wein mitteilen. *Brut*-Champagner sind trocken, können jedoch bis zu 0,2% Zucker enthalten (*dosage* genannt). *Extra-sec*-Champagner sind all jene, die eine Zuckerzugabe zwischen 1,2 und 2% aufweisen. Die meisten Verkoster nennen diese Champagner trocken, doch tendieren Letztere dazu, runder und anscheinend fruchtiger zu sein als die Brut-Champagner. Die Begriffe *ultra brut, brut absolu* oder *dosage zéro* bedeuten, dass dem so bezeichneten Champagner kein Zucker zugefügt wurde und dass er knochentrocken ist. Diese Champagner sieht man selten, doch können sie recht eindrucksvoll, streng und mager im Geschmack sein.

6. Es folgt ein Überblick über die verschiedenen Champagner-Flaschengrößen:
Nebukadnezar = 20 Flaschen = 16 Liter
Balthasar = 16 Flaschen = 12,8 Liter
Salmanazar = 12 Flaschen = 9,6 Liter
Methusalem = 8 Flaschen = 6,4 Liter
Rehoboam = 6 Flaschen = 4,8 Liter
Jeroboam = 4 Flaschen = 3,2 Liter
Magnum = 2 Flaschen = 1,6 Liter
Normalflasche = 0,75 Liter
Halbe Flasche = 0,375 Liter
Viertelflasche = 0,120 Liter

KAUFSTRATEGIE

Es gibt nur einen einzigen Rat für die Kaufstrategie bei Champagner – kaufen Sie alle Champagnerflaschen des Jahrgangs 1990, die Sie sich leisten können. Dies bleibt der größte Champagner-Jahrgang, den ich je verkostet habe, und es ist das beste Jahr überhaupt seit 1959. Der nächste große Jahrgang ist 1996.

NEUERE JAHRGÄNGE

1996 – Ein superber Jahrgang mit frischer Säure und beträchtlichem, gebieterischem Geschmack. Es ist der beste Jahrgang nach 1990, aber die meisten Spitzencuvées werden jetzt erst allmählich freigegeben.

1995 – Ein guter bis sehr guter, aber nicht außergewöhnlicher Jahrgang.

1994 – Sehr schwierige Wetterbedingungen (zwischen dem 20. August und dem 14. September fielen beträchtliche Mengen Regen) führten zu einer kleinen Ernte von durchschnittlicher Qualität. Aufgrund dieser Tatsache werden wohl die Preise unter Druck geraten und bedeutend steigen.

1993 – Eine große Ertragsmenge von vorwiegend durchschnittlicher Qualität wird 1993 wohl kaum zu einem sehr begehrenswerten Jahrgang machen.

1992 – Dieser ungeheuer ertragreiche, aber potenziell auch qualitativ hochrangige Jahrgang hatte nur wenig unter dem schlechten Wetter zu leiden, das die Südhälfte Frankreichs heimgesucht hat. Die Qualität liegt über dem Durchschnitt und der Ertrag ist enorm. Ein Jahrgangs-Jahr, aber ich erwarte nicht sehr viele inspirierende Weine.

1991 – Ein kleiner, außergewöhnlich schwieriger Jahrgang, der wahrscheinlich nicht zum Jahrgangs-Champagner erklärt werden wird – außer von den habgierigsten Produzenten. Er macht den Jahren 1987 und 1984 den Rang unter den schlimmsten Jahrgängen für Champagner innerhalb der letzten 15 Jahren streitig.

1990 – Eine gigantische Ernte ergab wunderbar reichhaltige, opulent texturierte und großartig proportionierte Champagner mit vollem Körper. Dies ist ohne jeden Zweifel der beste Champagner-Jahrgang, den ich kenne. Keiner der Weine, die ich verkostet habe, war schlechter als ausgezeichnet. Besonders die Blancs de Blanc-Cuvées sind angesichts ihrer mit Eleganz verbundenen Reichhaltigkeit überirdisch.

1989 – Ein weiteres Jahr mit reichlichen Erträgen von hoher Qualität; es dürfte Weine hervorbringen, die einen ähnlichen Stil aufweisen wie die reifen, reichhaltigen, cremigen 1982er Champagner.

1988 – Wegen der geringen Ernte wurde nicht viel Champagner erzeugt, doch wird 1988 zweifellos ein Jahrgangs-Jahr. Die 1988er fallen magerer, strenger und säurereicher aus als die überschwänglichen 1989er und 1990er.

1987 – Ein schreckliches Jahr, das schlimmste des Jahrzehnts.

1986 – Ein Jahrgangs-Jahr, das eine reichliche Menge von weichen, reifen, fruchtigen Weinen hervorgebracht hat.

1985 – Neben 1982 und 1989 erscheint 1985 als der beste Jahrgang der 1980er Jahre, wofür eine exzellente Reife und eine gute Ernte gesorgt haben. Ein superber Champagner-Jahrgang.

1984 – Ein schlechtes Jahr, doch es gab auf dem Markt tatsächlich Jahrgangs-Champagner von 1984. Erinnern Sie sich, was P. T. Barnum einst gesagt hat?

1983 – Eine gigantische Menge von Champagner guter Qualität wurde erzeugt. Wenngleich die Weine vielleicht die Opulenz und cremige Fülle der 1982er vermissen lassen, sind sie kaum unter Normalformat. Die meisten 1983er haben sich rasch entwickelt und sind nun köstlich. Sie sollten jetzt getrunken werden.

1982 – Ein großer Jahrgang mit reifen, reichen, cremigen und intensiven Weinen. Als einziges wären vielleicht ihre sehr aufdringlichen, unter dem Normalniveau liegenden Säuren zu kritisieren, die darauf hindeuten, dass diese Champagner rasch altern werden. Niemand sollte sich die Spitzenchampagner von 1982 entgehen lassen – es sind wundervoll abgerundete, reife Weine mit generöser Geschmackspalette.

1981 – Die Champagner aus dem Jahr 1981 sind ziemlich mager und streng, was jedoch viele Spitzenhäuser nicht daran gehindert hat, 1981 zum Jahrgangs-Jahr zu erklären.

ÄLTERE JAHRGÄNGE

Der Jahrgang 1980 ist mittelmäßig ausgefallen, der 1979er ausgezeichnet, der 1978er zeigt sich langweilig, der 1976er, einst erstrangig, ist jetzt im Nachlassen begriffen. Der 1975er ist superb, ebenso diejenigen Flaschen aus den Jahrgängen 1971, 1969 und 1964, die sachgerecht im Keller eingelagert wurden. Wenn Sie Champagner kaufen, sei er nun 3 oder 20 Jahre alt, achten Sie sorgfältig darauf, wie er behandelt wurde, bevor er in Ihre Hände gelangte. Champagner ist der fragilste Wein im Markt und verträgt unsachgemäße Lagerung überhaupt nicht.

DIE BESTEN CHAMPAGNER-PRODUZENTEN

Wenn ein Produzent in zwei Kategorien fällt (***/****), wird er in der niedrigeren eingeordnet.

****** (HERVORRAGEND)*

Bollinger (voller Körper)
Egly-Ouriet (voller Körper)
Gosset (voller Körper)
Henriot (voller Körper)
Krug (voller Körper)
J. Lassalle (leichter Körper)
Laurent-Perrier (mittlerer Körper)
Alain Robert (voller Körper)
Louis Roederer (voller Körper)
Pol Roger (mittlerer Körper)
Salon (mittlerer Körper)
Taittinger (leichter Körper)
Veuve Clicquot (voller Körper)

***** (AUSGEZEICHNET)*

Baptiste-Pertois (leichter Körper)
Paul Bara (voller Körper)
Billecart-Salmon (leichter Körper)
Bonnaire (leichter Körper)
de Castellane (leichter Körper)
Cattier (leichter Körper)
Charbaut (leichter Körper)
Delamotte (mittlerer Körper)
Diebolt-Vallois (mittlerer Körper)
Drappier (mittlerer Körper), ab 1985
Alfred Gratien (voller Körper)
Grimonnet (mittlerer Körper)
Heidsieck Monopole (mittlerer Körper)
Jacquart (mittlerer Körper)
Jacquesson (leichter Körper)
Lancelot-Royer (mittlerer Körper)
Guy Larmandier (voller Körper)
Lechère (leichter Körper)
R. & L. Legras (leichter Körper)
Mailly (mittlerer Körper)
Serge Mathieu (mittlerer Körper)
Moët & Chandon (mittlerer Körper)****/*****
Pierre Moncuit (mittlerer Körper)
Bruno Paillard (leichter Körper)
Joseph Perrier (mittlerer Körper)
Perrier-Jouët (leichter Körper)
Ployez-Jacquemart (mittlerer Körper)
Dom Ruinart (leichter Körper)
Jacques Selosse (leichter Körper)
Taillevent (mittlerer Körper)
Tarlant****/*****

**** (GUT)*

Ayala (mittlerer Körper)
Barancourt (voller Körper)
Bricout (leichter Körper)
Canard Duchêne (mittlerer Körper)
Deutz (mittlerer Körper)
Duval-Leroy (mittlerer Körper)
H. Germain (leichter Körper)
Michel Gonet (mittlerer Körper)
Georges Goulet (mittlerer Körper)
Charles Heidsieck (mittlerer Körper)
Lanson (leichter Körper)
Launois Père (leichter Körper)
Mercier (mittlerer Körper)
Mumm (mittlerer Körper)
Philipponnat (mittlerer Körper)
Piper Heidsieck (leichter Körper)
Pommery und Greno (leichter Körper)

*** (DURCHSCHNITTLICH)*

Beaumet-Chaurey (leichter Körper)
Besserat de Bellefon (leichter Körper)
Boizel (leichter Körper)
Nicolas Feuillatte (leichter Körper)
Goldschmidt-Rothschild (leichter Körper)
Jestin (leichter Körper)
Oudinot (mittlerer Körper)
Rapeneau (mittlerer Körper)
Alfred Rothschild (leichter Körper)
Marie Stuart (leichter Körper)

DIE BESTEN PRODUZENTEN VON JAHRGANGSLOSEM CHAMPAGNER BRUT

Billecart-Salmon
Bollinger Special Cuvée
Cattier
Charbaut
Delamotte
Drappier Maurice Chevalier
Egly-Ouriet
Gosset Grand Réserve
Alfred Gratieu
Krug
Larmandier
Lechère Orient Express
Pierre Moncuit
Bruno Paillard Première Cuvée
Perrier-Jouët
Ployez-Jacquemart
Pol Roger
Louis Roederer Brut Premier
Tarlant Cuvée Louis
Veuve Clicquot Gelbes Etiquett

DIE BESTEN PRODUZENTEN VON CHAMPAGNER ROSÉ

Billecart-Salmon o. J.
Billecart-Salmon Cuvée Elizabeth Salmon 1990, 1995
Bollinger Grande Année 1985, 1988, 1990
Nicolas Feuillatte 1995
Gosset 1990
Heldsieck Monopole Diamant Bleu 1990, 1995
Krug o. J.
Laurent-Perrier Grand Siècle Cuvée Alexandra 1990
Moët & Chandon Brut Imperial 1988, 1989, 1990
Moët & Chandon Dom Pérignon 1986, 1990
Perrier-Jouët Blason de France o. J.
Perrier-Jouët Fleur de Champagne 1986, 1988, 1990
Louis Roederer Cristal Rosé 1995
Pol Roger 1985, 1986, 1988, 1990
Dom Ruinart 1985, 1988
Taittinger Comtes de Champagne 1990, 1993, 1995
Veuve Clicquot La Grand Dame 1988, 1990

DIE BESTEN PRODUZENTEN VON BLANCS DE BLANC AUS 100 % CHARDONNAY-TRAUBEN

Ayala 1988, 1990
Baptiste-Pertois Cuvée Réservée o. J.
Billecart-Salmon 1990, 1995
Delamotte 1990, 1992
Jacquesson 1990, 1995
Krug Clos de Mesnil 1983, 1985, 1988, 1989, 1990
Lassalle 1985, 1990
Lancelot-Royer
Guy Larmandier Crémant o. J.
R. & L. Legras
A. R. Lenoble 1995
Jean Milan o.J.
Moncault o.J.
Bruno Paillard
Joseph Perrier Cuvée Royale
Alain Robert
Louis Roederer 1995
Pol Roger Brut Chardonnay 1985, 1990, 1995
Salon 1985, 1988, 1990
Taittinger Comtes de Champagne 1990, 1995

DIE BESTEN PRODUZENTEN VON LUXUS-CUVÉES

Billecart-Salmon Grande Cuvée 1990, 1995
Bollinger R. D. 1975, 1982, 1985, 1998
Bollinger Grande Année 1985, 1988, 1990, 1992
Bollinger Vieilles Vignes 1985, 1990
Cattier Clos du Moulin 1985, 1990
Deutz Cuvée William Deutz 1995
Drappier Grand Sendrée 1985, 1990
Nicolas Feuillatte Cuvée Palmes d'Or 1990, 1995
Gosset Celebris Brut 1990, 1995
Heidsieck Monopole Diamant Bleu 1985, 1988, 1990, 1995
Henriot Cuvée des Enchanteleurs 1990
Krug 1982, 1985, 1989, 1990
Lassalle Cuvée Angélique 1985, 1990
Laurent-Perrier Grand Siècle 1985, 1988, 1990
Moët & Chandon Dom Pérignon 1982, 1985, 1988, 1990
Mumm René Lalou 1985, 1990
Joseph Perrier Cuvée Josephine 1985, 1990
Perrier-Jouët Fleur de Champagne 1990, 1995
Philipponnat Clos des Goisses 1988, 1990
Ployez-Jacquemart d'Harbonville 1990
Pommery Cuvée Louise 1989
Alain Robert Le Mesnil Séléction 1979
Louis Roederer Christal 1985, 1988, 1990
Pol Roger Cuvée Winston Churchill 1985, 1988, 1990, 1993
Salon Blanc des Blancs 1985, 1988, 1990
Jacques Selosse Origine o. J.
Taittinger Comtes de Champagne 1985,1988, 1990, 1995
Veuve Clicquot La Grande Dame 1985, 1988, 1990, 1993

DAS LOIRETAL

Grundwissen

Das Loiretal ist bei weitem das größte Weinanbaugebiet Frankreichs und erstreckt sich gut 1000 km von den klimatisch begünstigten, warmen Anbaugebieten am Fuße des Zentralmassivs (eine kurze Autofahrt westlich von Lyon und den Weingärten des Rhônetals) bis zur windumtosten Atlantikküste der Bretagne. Die meisten Weintrinker können mehr Namen von berühmten Loire-Schlössern als von Loire-Weinen aufzählen. Das ist schade, denn die Weinbaugebiete im Tal der Loire haben die stattlichste Reihe von Weinen von ganz Frankreich zu bieten. Sie werden aus einer Vielzahl von Traubensorten bereitet; die bekanntesten sind Sauvignon Blanc, Chenin Blanc, Pinot Noir und Cabernet Franc. Obwohl einige der Weingärten zu den ältesten der Welt zählen, gehören die Loireweine doch zu den relativ preiswerten Weinen. Das stilistische Spektrum der Weißweine reicht von knochentrocken bis erstaunlich süß. Auch die Rotweine können eine große stilistische Vielfalt aufweisen, von beaujolaisartigen, nach der *macération carbonique*-Methode hergestellten und zum sofortigen Genuss bestimmten Weinen bis hin zu alterungsfähigen und seriösen Cabernets.

Während der letzten Jahre haben die Verbraucher erlebt, dass die Preise der berühmtesten Weinregionen der Welt schwindelnde Höhen erklommen, wobei Kalifornien, Italien und Bordeaux den Weg wiesen. Das Loiretal, eine weniger bekannte und unterbewertete Region, produziert Weine, bei denen das Preis-Leistungsverhältnis stimmt. Diese Weine verdienen die Aufmerksamkeit der Verbraucher.

WARUM SIND DIE LOIREWEINE SO WENIG BEKANNT?

Die Mehrheit der Weinliebhaber haben nur eine vage Kenntnis von den Loireweinen. Warum? Bedenken Sie:

1. Das Loiretal ist verwirrend. Seine stetig wachsende Anzahl von Appellationen (weit über 60), Tausende von Winzernamen, zahlreiche Rebsorten und zahllose Weinberge unterschiedlichster Art machen das Verständnis von Burgund vergleichsweise zu einem Kinderspiel.
2. Insgesamt ist die Qualität der Weine durchschnittlich bis sehr gut. Verbraucher, die die Weine dieser Region blindlings kaufen, gehen ein großes Risiko ein, da die meisten Loire-Weine (sehr) mittelmäßig sind (weit über 50% der verkosteten Weine der ausgezeichneten Jahrgänge 1995, 1996 und 1997 kann man nicht empfehlen).
3. Die Qualität der Jahrgänge ist höchst ungleichmäßig, da die Loire in einer Region fließt, wo das Wetter eher unvorhersehbar ist. In großen Jahrgängen verbinden die Weine dieser Region Reife mit hohem Säureanteil und sind ebenso hervorragend wie überall auf der Welt. In Jahrgängen jedoch, die von kalten, feuchten Sommern geprägt sind, besitzen diese Weine scharfe, beißende Säure und nicht genügend Frucht.
4. Letztendlich wird die Loire auch weitgehend ignoriert. Abgesehen von wenigen Ausnahmen haben die Importeure das Loiregebiet als eine zweitklassige Weinbauregion eingestuft; weder verschwenden sie viel Zeit und Energie darauf, gute Produzenten aufzuspüren, noch arbeiten sie mit denjenigen zusammen, deren Produkte sie vertreten, um die Qualität ihrer Weine zu verbessern. Die Anstrengungen von tüchtigen, qualitätsbewussten Importeuren, deren positiver Einfluss in Burgund, dem Rhônetal und in Südfrankreich so stark spürbar ist, bewirken im Loiretal überraschenderweise wenig. Auch haben Weinhändler und Weinschriftsteller ihre Aufgabe nicht erfüllt, da sie die Verbraucher über die spektakulären Weine, die diese Region hervorzubringen vermag, nur unzureichend unterrichtet haben.

WEINTYPEN

Trockene weiße Tischweine prägen die Produktion ebenso wie die drei wichtigsten weißen Traubensorten, die an der Loire zu finden sind. Die Sauvignon Blanc kommt am besten im Sancerre und Pouilly-Fumé zur Geltung. Dagegen bringt die Chenin Blanc trockene, süße und spritzige Weißweine hervor. Sie erreicht den Gipfel ihrer Vollendung in Vouvray, Savennières, Bonnezeaux, Coteaux du Layon und Quarts de Chaume. Schließlich gibt es noch die Muscadet-Traube (ihr richtiger Name ist Melon de Bourgogne), aus der die Muscadet-Weine bereitet werden.

Eine Fülle von leichten, offenherzigen, fruchtigen Rotweinen mit kräuterhafter Note sowie einige seriöse und alterungsfähige Rotweine werden aus den Traubensorten Gamay, Cabernet Franc und Cabernet Sauvignon in Appellationen wie etwa Bourgueil, Chinon, St-Nicholas-de-Bourgueil, Tourraine und Anjou gemacht. Roséweine, die köstlich sein können, jedoch schrecklich ungleichmäßig in der Qualität ausfallen, entstehen eher in den Anbaugebieten Anjou, Sancerre, Chinon und Reuilly.

REBSORTEN

Chenin Blanc, Sauvignon Blanc, Muscadet und Gros Plant sind die vier vorherrschenden Weißweintrauben, doch sieht man auch häufig die Chardonnay-Traube, besonders in der Region Haut-Poitou. Für Rotweine stehen die Gamay-, Grolleau- und die Pinot-Noir-Rebe in einigen Teilen des Loiretals unter Kultur (die Pinot Noir-Traube wird für roten Sancerre verwendet), doch die Spitzen-Rotwein-Appellationen der Loire verwenden alle Cabernet Sauvignon und Cabernet Franc.

EINE EINFÜHRUNG IN DIE VIELFALT DES LOIRETALS VON WESTEN NACH OSTEN

DIE WEINE DES PAYS NANTAIS

Das Gebiet Pays Nantais ist die westlichste Weinbaugegend des Loiretals und leitet seinen Namen von Nantes, einer Hafenstadt am Atlantik, ab. Zwei Rebsorten dominieren hier, und die daraus bereiteten Weine werden nach der jeweiligen Rebsorte benannt. Leider werden die Weine dieser Region aus hohen Erträgen gewonnen, die man maschinell erntet. Außerdem erfahren sie selten die Sorgfalt und Aufmerksamkeit während der Vinifizierung und des Ausbaus, die anderen, höher respektierten Weinen zuteil wird.

Gros Plant du Pays Nantais Leider habe ich viele Weine verkostet, die aus Gros Plant vinifiziert wurde. Ähnlich wie andere Rebsorten, wird Gros Plant in verschiedenen Anbaugebieten verschieden bezeichnet. Einige meiner Favoriten sind Folle, Fou (beide Worte bedeuten »verrückt« in Französisch), Enragé (»außer sich«), denn sie beschreiben diese Rebsorte meiner Meinung nach adäquat. Sogar die besten Produzenten stellen Weine von solcher Schärfe her, dass ich nur empfehlen kann, irgendeinen anderen Wein zu kaufen – oder Wasser zu trinken!

Muscadet Diese riesige Weinbaufläche ist für ihre preisgünstigen, frischen Weine bekannt, die innerhalb weniger Jahre nach der Ernte getrunken werden wollen. Es gibt den gebietsspezifischen Muscadet-Wein, doch noch besser ist der Muscadet aus dem Gebiet Sèvre-et-Maine, der von den besten Produzenten auf seinen feinen Hefen (*sur lie*) belassen auf Flaschen gefüllt wird. Der Muscadet, der eine faszinierende Frische und Spritzigkeit aufweist, trinkt sich wunderbar zu frischem Schellfisch. Diese riesige Region bietet eine riesige Bandbreite an Qualitäten, von faden, schalen, hohlen Weinen bis zu Weinen mit beachtlicher Persönlichkeit. Spitzenproduzenten können Weine mit bemerkenswerter Reichhaltigkeit, Komplexität und Charakter herstellen. Zwar glaube ich, dass diese Weine am besten in ihrer Jugend schmecken, wenn sie beträchtliche Frische und Traubenfrucht an den Tag legen, doch auch im Alter fehlt es ihnen an nichts. Ältere Spitzen-Muscadets nehmen während der Kellerreife cheninähnliche Nuancen von Mandeln und Kräutern an. Die besten jüngeren Jahrgänge für Muscadet sind 1997 und 1996.

Zu den besten Produzenten von Muscadet gehören Château de Chasseloir, Chéreau-Carré (besonders ihr »Château l'Oiselinière«), Domaine des Dorices, Domaine de l'Ecu, Domaine le Fief Dubois (besonders ihr »Le Fief du Breil«), Domaine de la Haie Trois Sols, Louis Métaireau, Domaine du Moulin de la Minière (besonders ihr »Cuvée Prestige«), Domaine La Quilla und die Vignerons de la Noëlle (besonders ihr »Les Follies Siffait«).

DIE WEINE AUS ANJOU UND DEM SAUMUROIS

Angers (seine Umgebung wird Anjou genannt) und Saumur (seine Umgebung nennen seine Bewohner Saumurois) sind zwei westfranzösische Städte an der Loire. Angers liegt etwa 160 km und Saumur weniger als 320 km Luftlinie vom Atlantik entfernt. Die Weingärten rund um Angers und Saumur befinden sich alle ziemlich nahe an der Loire und ihren vielen Nebenflüssen, was erheblich zum Temperaturausgleich in den Weinbergen beiträgt.

Loiretal und Zentralfrankreich

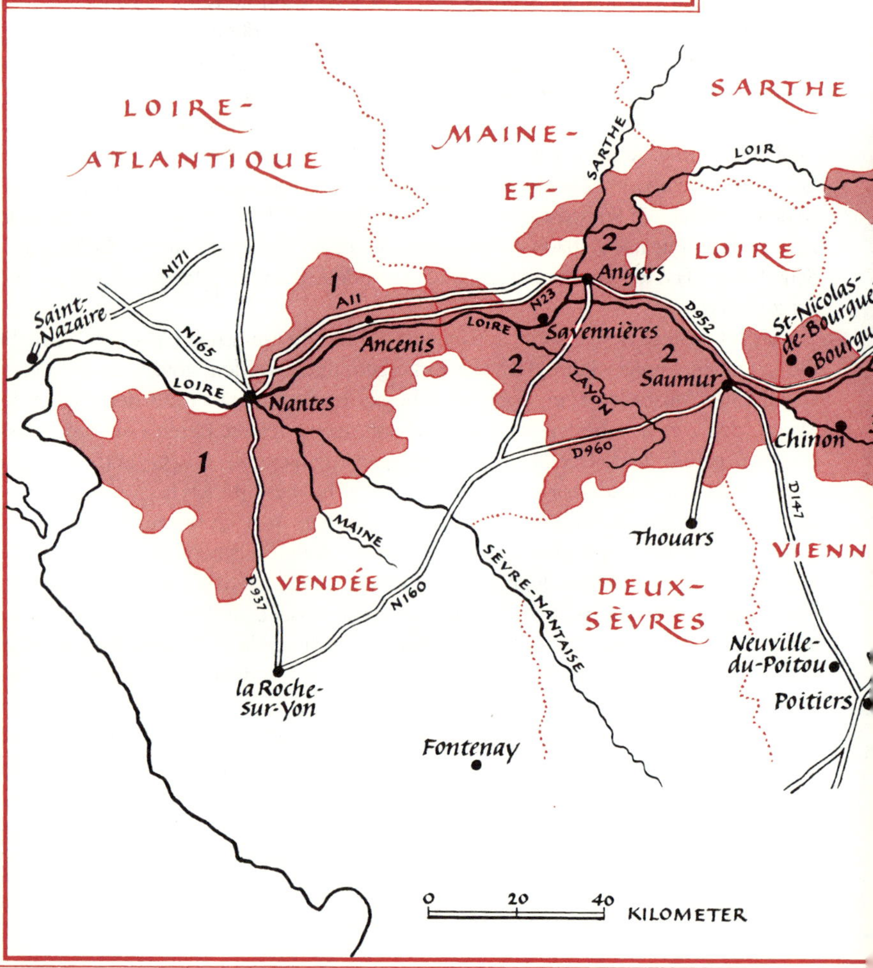

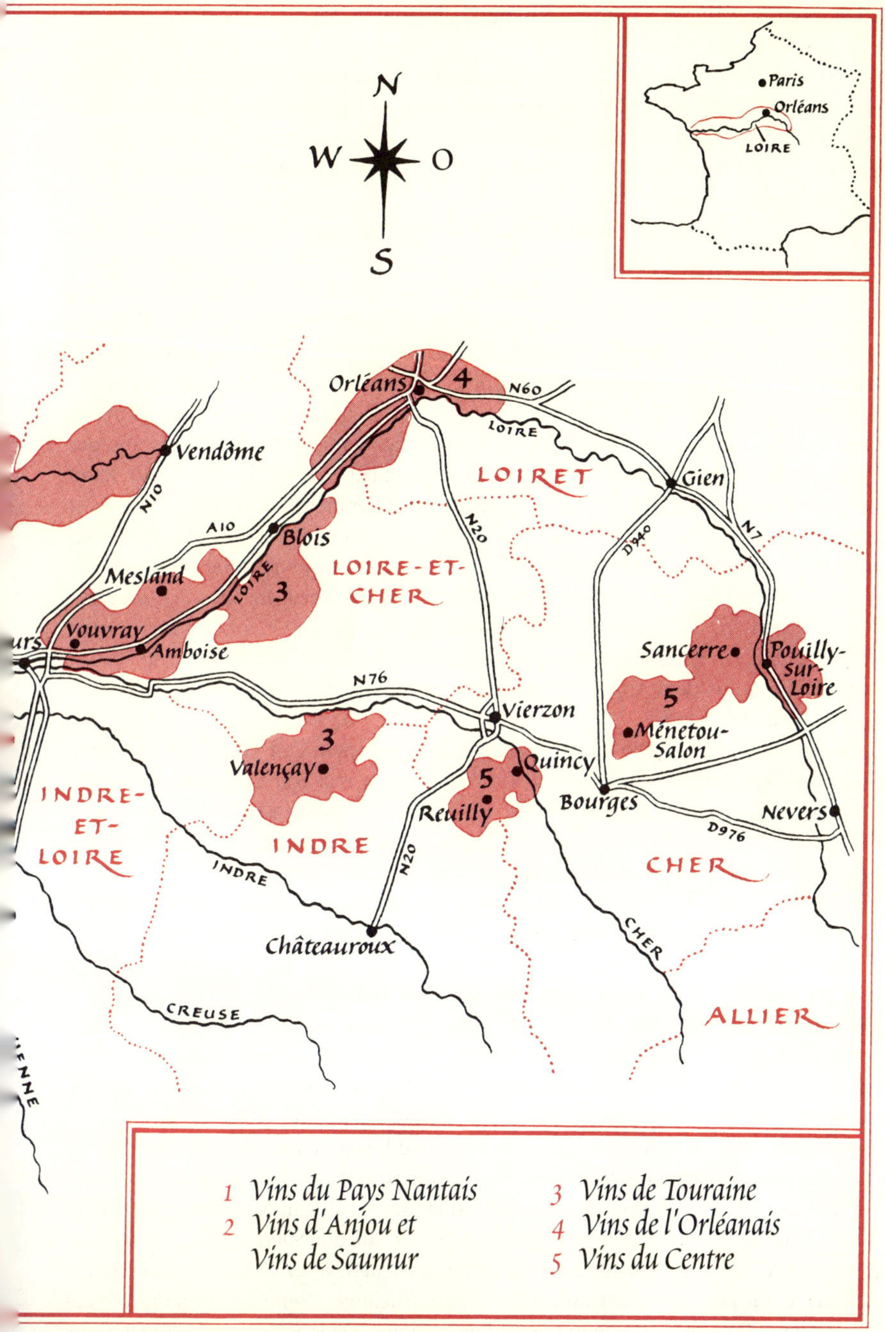
N
W
O
S
Paris
Orléans
LOIRE
Orléans
4
N60
LOIRE
Vendôme
N10
LOIRET
Gien
A10
Blois
N20
D940
N7
Mesland
LOIRE
3
LOIRE-ET-CHER
Vouvray
Amboise
Sancerre
Pouilly-sur-Loire
N76
5
Vierzon
3
Ménetou-Salon
Valençay
Quincy
5
Reuilly
Bourges
INDRE-ET-LOIRE
Nevers
D976
INDRE
INDRE
N20
CHER
Châteauroux
CHER
CREUSE
ALLIER
1 Vins du Pays Nantais
2 Vins d'Anjou et Vins de Saumur
3 Vins de Touraine
4 Vins de l'Orléanais
5 Vins du Centre

Tatsächlich verhindern Frost im Winter und Frühjahr nur einige Kilometer nördlich der Loire den Weinanbau. Die geologischen Gegebenheiten jeder Region unterscheiden sich erheblich, das Anjou besteht vornehmlich aus Schiefer, vulkanischem Gestein, Sedimentdepots, Sandstein und Schiefer und das Saumurois hauptsächlich aus Kalk und Sedimentdepots.

Weißweine Die Weine beider Regionen basieren auf der Chenin-Blanc-Traube. Alle Weißweine der Appellationen Anjou und Saumur werden vollständig aus der Chenin Blanc vinifiziert und in den Distrikt-Appellationen spielt diese Rebsorte zumindest eine vorherrschende Rolle. Weißweine aus diesen Nachbargebieten können entweder trocken, halbtrocken oder süß sein.

Süße Weißweine Eines der am besten gehüteten Geheimnisse in der Welt des Weins sind die süßen Weine aus dem Anjou. Sie gehören ohne Zweifel zu den süßen Weinen Frankreichs, die den besten Gegenwert fürs Geld bieten. Der Chenin Blanc ist wie der Riesling eine Traube, die sowohl süße als auch trockene Weine auf Weltklassenniveau hervorbringen kann, und viele dieser hier angebotenen Weine haben eine erstaunliche Lagerfähigkeit. Jeder, der einmal einen Spitzen-Quarts de Chaume, einen Coteaux du Layon oder Bonnezeaux verkostet hat, weiß von den erstaunlichen Höhen zu berichten, die diese Weine in Spitzenjahrgängen erklimmen können. Während junge Sauternes oder Süßweine aus der Neuen Welt oftmals schwer (manchmal sogar fade) und allzu eichenholzbetont sind, kann der süßer Anjou Chenin Blanc ein erstaunlich delikater, filigraner, feinduftiger und höchst nuancierter Wein sein. Sie sind in ihrer Jugend oftmals zugänglicher als die deutschen Süßweine, da ihre Säure – obwohl ziemlich hoch – normalerweise mehr integriert und die Frucht dominanter ist. Wie alle Süßweine nehmen die Anjou-Weine mit der Zeit eine zusätzliche Dimension an, wenn ihre Süße und Frucht gemeinsam zu einem mineralbetonten Kern verschmelzen. Einige der außerordentlichsten Weine, die ich jemals verkostet habe, waren reife Chenins aus dem Anjou (besonders René Renous 1947 Bonnezeaux und Baumards 1945 Quarts de Chaume).

Halbtrockene Weißweine Die halbtrockenen Weine des Anjou und Saumurois sind nicht nur praktisch unbekannt, sondern sie erleiden auch noch das Schicksal aller lieblichen Weine dieser Welt – sie werden von den Konsumenten missachtet, die anscheinend trockene *oder* süße Weine wollen. Ich denke, dass das ein Fehler ist. Die halbtrockenen Weine aus Anjou und dem Saumurois vereinigen oft das Beste beider Welten. Sie weisen eine Spur Restsüße auf, die dem Gaumen schmeichelt und gut zu pfeffrigen und intensiv gewürzten Essen passt, besitzen aber nicht das überwältigende Gewicht eines vollen Süßweines.

Trockene Weißweine Der trockene Chenin Blanc hat viele Gesichter, die am besten bei einem extrem alterungsfähigen, mineralisch geprägten Savennières und einem spritzig limettenartigen Saumur, die sofort getrunken werden wollen, zur Geltung kommen. Sie besitzen oftmals erfrischende Säure, und stellen eine lebensprühende Alternative zu den dicken und oft trockenen, faden Weißweinen dar, die auf dem Markt zu haben sind.

Rot- und Roséweine Das Anjou ist fälschlicherweise bekannt für seine Roséweine, die trocken bis lieblich sein können. In den 1980er Jahren produzierte man in Anjou und Saumur aus Cabernet Franc, Cabernet Sauvignon, Gamay und Grolleau Rotweine, die alsbald beträchtliche Aufmerksamkeit von Schnäppchen-Jägern auf der Suche nach preiswerten, leichtgewichtigen, fruchtigen Rotweinen Ausschau erhielten. Speziell die Gamay-Traube hatte sich im Anjou gut entwickelt und reichhaltige, fruchtige Weine hervorgebracht. Cabernet Franc und Cabernet Sauvignon machten in den 1990er Jahren gute Fortschritte, weil einige Produzenten erkannten, dass die Trauben nicht reif genug wurden. Seit kurzem produzieren einige Winzer Weine mit intensiven schwarz-dunklen Fruchtaromen und reichhaltiger Cabernet-Persönlichkeit, voll gepackt mit Brombeeren und frischen Kräutern. Harte Tannine bleiben in dieser nördlichen Region weiter ein Problem, aber man macht doch beträchtliche Fortschritte. Obwohl es noch viel zu tun gibt, bieten die Anbaugebiete Anjou, Anjou-Villages, Saumur und Saumur-Champigny einige köstliche (und preislich sehr vernünftige) Alternativen zu den schrecklich teueren Cabernets aus dem Bordelais an.

EINIGE BEMERKENSWERTE APPELLATIONEN

Anjou (trockene Weißweine) Weine aus dieser Distrikt-Appellation (vergleichbar den gebietsspezifischen »Bourgogne«- und »Bordeaux«-Appellationen) müssen einen Mindestanteil von 80% Chenin Blanc vorweisen können. Meist werden sie mit etwas Chardonnay und Sauvignon Blanc zur geschmacklichen Balance verschnitten. Die letzten Verkostungen haben belegt, dass das Anjou bei der Qualitätsverbesserung seiner Weine enorme Fortschritte macht. Die Erträge werden reduziert und innovative Winzer tun ihr Bestes, um dem Verbraucher eine Alternative zur allgegenwärtigen Chardonnay-Traube anzubieten. In den letzten Jahren haben die Anjou-Winzer (und einige wenige Appellationen wie Bonnezeaux) Schritte zu einer Wiederbelebung der Qualität ihrer Weine unternommen. Um den Appellations-Status zu erhalten, muss nun jeder Winzer während der Pflanzzeit Fachleuten freien Zugang zu seinen Weinbergen gewähren, die überprüfen, ob die richtigen Weinanbaumethoden angewendet werden, damit die gesetzlich vorgeschriebene Ertragsmenge nicht überschritten wird.
Die besten jüngeren Jahrgänge waren 1997 (reichhaltig) und 1996 (lebendig und zitronenhaft). Verbraucher, die auf der Suche nach preisgünstigen zitronenhaften, mineralbetonten Weißweinen sind, sollten die Angebotspalette der Domaine de la Bergerie, des Château du Breuil, des Château de Fesles (»F« de Fesles), der Domaine Vincent Ogereau oder der Domaine Richou studieren.

Cabernet d'Anjou (süßer Rosé) Der Name lässt einen Rotwein vermuten, aber in Wirklichkeit ist dies ein Roséwein, der etwas krautig und süß schmeckt. Der Stil dieses Weins ist nicht unbedingt mein Geschmack, aber in superreifen Jahrgängen wie 1997 haben einige Winzer geschmeidige, süße Rosé-Weine mit Kirschgeschmack produziert, die so manchen Verbraucher entzücken werden. Die Domaine Vincent Ogereau und Château de Passavent sind verdiente Cabernet d'Anjou-Produzenten.

Coteaux de l'Aubance (halbtrocken oder süß) Diese Appellation ist alles andere als unbekannt. Ihre Weine sind im Allgemeinen halbtrocken/lieblich oder süß, delikat, blumig, mit Anklängen an Geißblatt, Mandelextrakt und mit Düften, die an einen kalten Earl Grey-Tee mit Zucker und Sahne erinnern. Sie sind nicht so langlebig wie einige andere Weine dieser Region und sollten innerhalb ihrer ersten 10 Lebensjahre getrunken werden. Sie passen gut zu Speisen, da ihre Süße nicht überwältigend ist (außer in sehr reifen Jahrgängen wie 1997). Ich liebe diese Weine besonders in Verbindung mit Fisch oder leicht pfeffrigen Hähnchengerichten, trinke sie, wenn eine Elsässer Vendages Tardives mit vollem Körper für ein Essen zu gewichtig wäre oder wenn ein trockener Wein von intensivem Geschmack der Mahlzeit überdeckt würde. Die besten jüngeren Jahrgänge sind 1997, 1996, 1995, 1990 und 1989. Zu den besten Produzenten gehören die Domaine des Charbotières, die Domaine de Montgilet, die Moulin des Besneries und die Domaine Richou.

Coteaux du Layon (süß) Das ist wahrlich einer der am meisten unterbewerteten Süßweine weltweit. Ein Coteaux du Layon kann die Namen von sieben anerkannten Weinorten (darunter Faye, St-Aubin, St-Lambert, Rablay, Beaulieu, Rochefort und Chaume) tragen. Die lokalen Kenner erachten Chaume als die beste Appellation (gegenwärtig versuchen die Produzenten von Chaume, eine Aufwertung ihrer Appellation zum Grand Cru zu erreichen). Bonnezeaux und Quarts de Chaume sind »Crus« der Coteaux de Layon. Sie dürfen nur aus Traubengut hergestellt werden, das aus speziell begrenzten Gebieten kommt; zusätzlich muss ein gewisses Minimum an Zuckergehalt erreicht werden, um sich legal Bonnezeaux und Quarts de Chaume nennen zu dürfen. Wenn die Weine diese Anforderungen nicht erfüllen können, werden sie nur als einfache Coteaux du Layon-Weine verkauft. Die besten jüngeren Jahrgänge sind 1997, 1996, 1995, 1990 und 1989.

Bei den Coteaux du Layon handelt es sich um Süßweine, die im Allgemeinen nicht so wuchtig sind wie die Bonnezeaux oder Quarts de Chaume, aber beträchtlich reichhaltiger als die Weine von den Coteaux de l'Aubance. Der Geschmack der Coteaux du Layon ist denen von den Coteaux de l'Aubance schon sehr ähnlich, besitzt aber mehr Dichte und mineralische Dimensionen. Es sind oftmals elegante Weine mit einem ausgefeilten Zusammenklang von Frucht, Süße und Säure. In Frankreich werden die Weine der Coteaux du Layon, Bonnezeaux und Quarts de Chaume oft als idealer Aperitif oder als Begleitung für *foie gras* getrunken, ich genieße sie jedoch als Dessertersatz. Die Weine altern erstaunlich gut und in der Flasche gereift enthüllen sie Geschmacknuancen von gewürzten Äpfeln, Mineralien, Spuren von Honig, Karamell, Butterkaramell und Ladungen von Geißblatt.

Einige der besten Produzenten von Coteaux du Layon sind Patrick Baudoin, Domaine des Baumards, Domaine de la Bergerie, Château de Breuil, Philippe Delesvaux, Domaine Gaudard, Château de la Genaiserie, Domaine des Grandes Vignes, Château de la Guimonière, Domaine Vincent Ogereau, Domaine du Petit Val, Jo Pithon, Château de Plaisance, Château de la Roulerie, Domaine des Sablonnettes, Domaine Sauveroy und Château Soucherie.

Zu den besten Produzenten von Bonnezeaux gehören Château de Fesles, Domaine des Grandes Vignes, Domaine de Petit Val, Domaine des Petits Quarts und Domaine René Renou. Einige der besten Produzenten von Quarts de Chaume sind Domaine des Baumards, Château de Plaisance und Château de Suronde.

Coteaux de Saumur (halbtrocken) Diese Weine werden aus 100% Chenin Blanc vinifiziert und können delikate, filigrane Schönheiten mit superber Kontur sein. Lebendige Geschmackskomponenten nach Kräutertee, Mineralien und Zitrusfrüchten werden abgemildert durch Spuren von Restzucker. Ich empfehle, diese Weine als Aperitif zu trinken oder zu Speisen, die auf Sahne basieren, gegrillt oder scharf gewürzt sind. Die 1997er sind ausgezeichnet, jedoch reichhaltiger als dies sonst der Fall ist und die 1996er sind hellglänzend, zitronenhaft und sprühend lebendig. Beide Jahrgänge können wärmstens empfohlen werden. Zu den besten Produzenten von Coteaux de Saumur gehören die Domaine des Champs Fleuris und die Domaine de Nerleux.

Saumur (rot) Durch geringere Erträge, weniger Manipulation und gute Jahrgänge sind einige ausgezeichnete Weine in dieser einst unterbewerteten Appellation produziert worden. Die preislich vernünftigen Weine basieren hauptsächlich auf Cabernet Franc und Cabernet Sauvignon und können, wenn sie von den besten Produzenten der Region stammen, köstliche Weine zum baldigen Trinkgenuss sein.

Zu den verdienten Saumur-Produzenten gehören die Domaine Langlois-Château und die Domaine des Raynières.

Saumur (trockene Weißweine) Saumur, eine Stadt an der Loire östlich von Angers, ist zwar am besten für ihre Rotweine bekannt, doch verdienen auch ihre erfrischenden, spritzigen, lebendigen und nach Zitrusfrüchten duftenden Weißweine Beachtung. Wie die Weißweine aus dem Anjou müssen auch die Weine dieser Distrikt-Appellation aus mindestens 80% Chenin Blanc produziert werden (Sauvignon Blanc und Chardonnay können zum Verschnitt verwendet werden). Die besten jüngeren Jahrgänge sind 1997 (reichhaltig) und 1996 (lebendig und zitronenhaft). Zu den besten Produzenten gehören die Domaine des Nerleux und die Domaine de Saint Jean.

Saumur-Champigny (rot) Hauptsächlich aus Cabernet Franc (in dieser Gegend bekannt als »Breton«) produziert, kann der Saumur-Champigny auch 20% Cabernet Sauvignon oder Pinot d'Aunis im Verschnitt enthalten (die letztgenannte Rebsorte ist allerdings im Verschwinden begriffen). Noch vor einigen Jahren war der Ruf dieser Appellation, erstklassige Rotweine herzustellen, nicht gerechtfertigt. Die Weine waren oftmals hohl, legten einen offensichtlichen Mangel an Frucht an den Tag und besaßen einen harten, adstringierenden tanninbetonten Abgang. In letzter Zeit jedoch haben die Anstrengungen einer Hand voll Produzenten reiche Früchte getragen. Obwohl die Spitzenweine von Saumur-Champagnys wirklich nicht billig sind, bieten sie einen beachtlichen Gegenwert im Vergleich zu den absurd hohen Preisen für Bordeaux-Weine. In seiner Jugend zeigt der beste Saumur-Champagny schwarzrubinrote Farbe, Aromen von Cassis und frischen Kräutern und eine reiche Persönlichkeit voll gepackt mit Brombeeren und Schwarzkirschen. Harte Tannine bleiben in einigen Jahrgängen trotzdem ein Problem. Mit zunehmendem Alter entwickeln diese Weine beträchtliche Komplexität, mit Schiefer, Erde und mineralischen Noten, verflochten mit Erdbeeren, Himbeeren sowie Johannisbeeren. Die Verbraucher sollten sich eines merken: Diese Appellation hat einige Produzenten, die wahrlich herausragende Weine herstellen. Die besten jüngeren Jahrgänge sind 1997 (der reifste und äußerst geschmeidig), 1996 (glänzend – benötigt Kellerreife), 1990 und 1989 (die beiden letzten Jahrgänge befinden sich nun auf ihrem Höhepunkt).

Zu den besten Produzenten von Saumus-Champigny gehören Domaine des Champs Fleuris, Château de Hureau, Domaine René Noël Legrand (besonders der »Les Rogelins«), Château de Parnay, Domaine des Roches Neuves (besonders die »Cuvée Marginale«), Clos Rougeard (die berühmten Brüder Foucault), Domaine de Saint-Just (besonders der »Clos Moleton«).

Savennières (normalerweise trocken, kann aber auch lieblich-halbtrocken oder süß sein) Am nördlichen Ufer der Loire, etwas westlich von Angers und direkt gegenüber den Weinbergen von Coteaux du Layon und Coteaux de l'Aubance gelegen, profitieren die Weinberge von Savennières vom ausgleichenden Einfluss des milden Klimas der Loire. Dies sind keine üppigen, eichenholzbetonten, sondern strenge, stahlige, spritzige, klar konturierte und erstaunlich langlebige Weine, die Geschmackskomponenten von Mineralien, Steinen, Blumen und Erde an den Tag legen. Vor dem ersten Weltkrieg zahlten Weinliebhaber für eine Flasche Savennières oftmals mehr als für einen Montrachet! Heutzutage sind sie nahezu vergessen und so können außerordentliche, komplexe und alterungsfähige Weine für wenig Geld erworben werden. Diese Weine sind köstlich in den ersten vier Jahren nach ihrer Freigabe, wenn sie traubenfruchtige Geschmackskomponenten an den Tag legen. Danach fallen sie in sich zusammen und schmecken 5–6 Jahre lang plump. Etwa 10 Jahre Kellerreife führt zu Weinen von beträchtlicher Komplexität und einer wundervollen mineralischen Note.

Zu den besten Produzenten von Savennières gehören Domaine des Baumards, Château de Chamboureau, Domaine du Closel, Château d'Epiré, Domaine de la Monnaie, Château Soucherie und Clos des Varennes.

DIE WEINE DER TOURAINE

Aus der Touraine, wie die Landschaft um Tours genannt wird, kommen einige der berühmtesten Rot- und Weißweine der Loire. Namen wie Vouvray und Chinon sind der Mehrheit der Weinliebhaber auf der ganzen Welt nicht unbekannt. Es ist aber interessant, dass zwar die Namen bekannt sind, die Weine selbst jedoch nicht. Diese bukolische Landschaft erstreckt sich von Bourgueil, St-Nicolas de Bourgeuil und Chinon im Westen (ungefähr 45 Autominuten von Tours) bis zu den Weinbergen der Distrikt-Appellation Touraine, die sich über die weiten Ebenen und sanften Hügel im Osten und Südosten von Tours zieht.

Die glorreiche Chenin Blanc ist die vorherrschende Rebsorte für Weißwein (Vouvray, Montlouis und die Weine von Chinon bestehen aus 100% Chenin). Die Cabernet Franc-Traube liegt den Rotweinen von Chinon, Bougeuil und St-Nicolas de Bourgueil zugrunde, und eine Fülle unterschiedlicher Rebsorten finden sich in den Weinen der Distrikt-Appellationen (wobei Sauvignon Blanc, Gamay, Cabernet Franc und Cabernet Sauvignon dominieren).

Bourgueil Wenn Sie sich bei einem Bewohner von Paris nach dem Bourgueil erkundigen, kann es leicht sein, dass es sich um einen seiner Lieblingsweine handelt. In Frankreich beliebter als anderswo, gilt der Bourgueil als fruchtiger Wein mit Himbeernote in Duft und Geschmack, der in den ersten fünf bis sechs Jahren seines Lebens getrunken werden sollte. Problematisch ist nur, dass die Weine auffallend vegetabil sind, es sei denn, der Jahrgang ist, wie 1989, 1990, 1996 und 1997, außergewöhnlich ausgereift.

Zu den besten Produzenten gehören Jean-Yves Billet (wegen seiner Vieilles Vignes und Cuvée les Bezards), die Domaine de la Chanteleuserie (Thierry Boucard), die Domaine des Chesnaies, die Domaine de la Chevalerie (Pierre Caslot) und alle Cuvées des hochtalentierten Pierre-Jacques Druet (besonders sein großartiger und preislich moderater Bourgeuil-Rosé).

Chinon Diese Appellation bringt nach allgemeiner Ansicht die besten Rotweine des Loiretals hervor. Aus der Cabernet-Franc-Traube bereitet, besitzen sie in Jahren mit außergewöhnlich reifem Lesegut – wie etwa 1997, 1996, 1990 und 1989 – reichliche Mengen von Himbeerfrucht mit kräuterhafter Note. In anderen Jahren erscheinen Chinon-Weine intensiv säurehaltig und vegetabil. Etliche Winzer verfechten die Ansicht, man dürfe bei der Vinifizierung nur so wenig wie möglich intervenieren, und bringen handwerklich bereitete Weine heraus, die es wert sind, gekostet zu werden; trotzdem wird meist das Traubengut für den Chinon offensichtlich unreif geerntet, ein Problem, das den Rotweinen von der Loire anhaftet. Zwar kann der Zuckergehalt der Trauben ein angemessenes Niveau erreichen (zumal oftmals wahllos durch Chaptalisation nachgeholfen wird), aber wenn die Traubenhäute, Kerne und Stiele (dort wo nicht entrappt wird) nicht genug Zeit gehabt hatten, zu reifen, besitzen die daraus gewonnenen Weine einen harten, adstringierenden und rustikalen Abgang. Die besten jüngeren Jahrgänge waren 1997, 1996, 1990 und 1989.

Zu den besten Produzenten von Chinon gehören Philippe Alliet, Bernard Baudry, Couly-Dutheil (besonders der »Clos de l'Echo«), Pierre-Jacques Druet, Château de la Grille, Charles Joguet, Wilfred Rousse (besonders die »Vieilles Vignes«) und Gérard Spelty (besonders der »Clos de Neuilly«).

Jasnières Diese 19 Hektar große Appellation nördlich von Tours bringt sehr trockene, manchmal ausgezeichnete Weine aus der Chenin Blanc-Traube hervor. Diese wuchtigen, mineralisch geprägten Weine sind nicht leicht zu finden, aber sollten Sie zufällig auf sie stoßen, sind Sie gut beraten, sie wegen sowohl ihrer Delikatesse als auch wegen ihrer Seltenheit zu verkosten.

Montlouis Montlouis wird oft als das Stiefkind seines anderen, nördlich gelegenen Nachbarn Vouvray betrachtet. Die Weine dieser Appellation können trocken, halbsüß oder süß sein und sind im Allgemeinen weniger teuer als die Weine von Vouvray. Wenn man die Großartigkeit der Chenin Blanc-Traube in Betracht zieht sowie das ausgezeichnete *terroir*, das den dortigen Produzenten zur Verfügung steht, dann ist es ein Hohn, dass diese Winzer keine besseren Weine herstellen. Zu den besten Produzenten gehören Olivier Delétang und François Chidaine.

St-Nicolas-de-Bourgueil Dies dürfte wohl die am meisten überschätzte Rotwein produzierende Appellation an der Loire sein. Die Pariser, in den Namen dieser Appellation verliebt, haben die einstmals vernünftigen Preise in den Himmel steigen lassen. Wenn diese Weine gut sind, dann sind sie entweder leicht, zum sofortigen Trinkgenuss geeignet, mit köstlichen Aromen von Himbeeren und Geschmacksnuancen von Johannisbeerfrucht, die einhergeht mit einer weichen, runden geschmeidigen Textur; oder sie sind mit dunkler Frucht gefüllt, reich strukturiert und benötigen Kellerreife. Bedauerlicherweise wird jedoch die Mehrheit der Weine von St-Nicolas-de-Bourgueil unreif geerntet, durch *chaptalisation* auf einen »vernünftigen« Alkoholgehalt gebracht und bietet so einen rustikalen, tanninhaltigen Abgang – perfekt für die Pariser Bistros, die diese Weine genauso kalt servieren wie ihre Weißweine.

Touraine Diese große Appellation umfasst eine riesige Anbaufläche und eine Reihe von Unter-Appellationen. Es ist daher wichtig, die besten Produzenten zu kennen, da man keine verallgemeinernden Feststellungen über die Weine treffen kann. Unter den Weißen aus den Rebsorten Sauvignon-Blanc und Chenin-Blanc sind sicherlich minderwertige, aber auch köstlich-fruchtige, lebendige Weine zu finden, die Skala unter den Roten reicht von abstoßend vegetabil bis reichhaltig fruchtig und aromatisch. Allgemein gilt, dass jeder Weiße oder Rote aus der Touraine zwei bis drei Jahre nach der Ernte getrunken werden sollte. Die besten jüngeren Jahrgänge waren 1997 und 1996.

Der beste Weinmacher dieser Region, die Domaine de la Charmoise von Henri Marionet, produziert in Spitzenjahrgängen einen in Frankreich und sogar weltweit besten Sauvignon Blanc (den »M de Marionet«). Seine Rotweine sind sorgfältig bereitet, voll gepackt mit Frucht und bieten erstklassigen Gegenwert. Zu den besten Produzenten der Region gehören die Domaine de la Charmoise und Maurice Barbous Domaine des Corbillières (der Sauvignon ist ständig ein Schnäppchen).

Vouvray Vouvray wetteifert mit Sancerre um den Titel der bekanntesten Appellation des Loiretals. Anders als in Sancerre, wird in Vouvray weder Rosé noch Rotwein, sondern lediglich Weißwein erzeugt – und dieser entsteht zu 100% aus der Chenin-Blanc-Traube, die auf dem Kalkstein und den kreidigen, lehmigen Böden dieser zauberhaft gelegenen Weinberge östlich von Tours einen beeindruckend hohen Säuregehalt erreichen kann. Als riesige Appellation (über 1500 Hektar Anbaufläche) produziert Vouvray auch schmackhafte Schaumweine, wundervoll spritzige, köstlich-frische trockene Weine und einige der spektakulärsten honigfeinen Süßweine, die es gibt.

Bedauerlicherweise lebt die Mehrheit der Produzenten dieser Appellation von ihrem in England und Frankreich erworbenen Ruf und produziert im Allgemeinen verwässerte und überschwefelte Weine aus von Beerenfäule befallenem Traubengut. Der Pinot Noir mag die heikelste und launischste Traube sein, aber der Chenin Blanc ist wahrscheinlich weltweit die Rebsorte, die am wenigsten verzeiht; jeder geringste Fehler in diesen Weinen tritt doppelt hervor. Ein Vouvray von einem guten Produzenten kann ebenso großartig ausfallen wie jeder andere Wein in der Welt. Von einem schlechten Produzenten hergestellt, sind diese Weine aber entsetzlich. Die Süßweine, die manchmal auf dem Etikett durch das Wort *moëlleux* oder *liquoreux* angezeigt werden (oder mit dem Namen eines Produzenten oder einer Variation von *réserve*), sind das Ergebnis von Edelfäule und können 40–50 Jahre und mehr halten. Die besten Süßweine der Jahrgänge 1997, 1996, 1995, 1990 und 1989 sind sinnenverwirrend und ehrfurchtgebietend. Der 1996er ist ein ganz besonders großartiger Jahrgang, da er sogar mittelmäßige Produzenten dazu brachte, hochkarätige Weine herzustellen; allerdings waren nur die besten Winzer in der Lage, sich die potenzielle Größe des 1995ers und 1997ers nutzbar zu machen. Die besten Weine dieser jüngeren Jahrgänge sind die modernen Gegenstücke zu den 1959ern und 1947ern (beide Jahrgänge sind auch noch heute köstlich); die Verbraucher sind also gut beraten, wenn sie ihre Keller auffüllen.

Es folgt eine Auflistung der Spitzenproduzenten von Vouvray, jedoch sollen zwei von ihnen besonders hervorgehoben werden. Noël Pinguet und seine Domaine Gaston Huet und Philippe Foreau mit seiner Domaine du Clos Naudin gehören zu den besten Weißwein-Produzenten auf dieser Welt. Pinguet, der seinen Weinberg nach biodynamischen Kriterien bearbeitet, stellte in den Jahren 1989, 1995 und 1997 hochkarätige, trockene, halbtrockene (halbsüße) und süße Weine von Weltklasse her. Foreau, einer der besten Verkoster, die ich je die Ehre hatte kennen zu lernen, stellte 1990 und 1996 Weine her, die ganz einfach überirdisch sind. Beide Winzer produzieren auch Schaumweine (Pinguet auf seiner Domaine Huet einen »Pétillant« und Foreau einen »Brut Traditionnel«), die superb sind und qualitativ mit den Spitzen-Champagnern zu einem Bruchteil von deren Preisen konkurrieren können. Aber bedauerlicherweise ziehen die beiden Qualitätslokomotiven (Piguet und Foreau) der Appellation nur sehr wenige Waggons hinter sich her. Von den etwa 200–300 Winzern und *négociants*, die Weine aus dem großartigen *terroir* von Vouvray herstellen, kann nur eine Hand voll empfohlen werden. Zu den besten Produzenten gehören die Domaine Huet – Noël Pinguet und die Domaine du Clos Naudin – Philippe Foreau (bei beiden handelt es sich um Fünf-Sterne-Besitztümer) sowie in alphabetischer Reihenfolge: Domaine des Aubuisières (Bernard Fouquet), Domaine de la Biche (Christophe und Jean-Claude Pichot), Domaine Bourillon-Dorléans, Domaine Champalou, Domaine de la Fontainerie (Cathérine Dhoye-Deruet), Château Gaudrelle, Thierry Nérisson, Domaine des Orfeuilles (Bernard Hérivault), Domaine François Pinon, Domaine de la Saboterie, Vigneau-Chevreau, Vignobles Brisebarre und Domaine du Viking.

DIE WEINE DES SANCERROIS

Ménétou-Salon Ménétou-Salon, eine relative kleine, etwa 101 Hektar Rebland umfassende Appellation, erzeugt exzellente Weißweine aus der Sauvignon-Blanc-Traube und einige würzige, kräuterhafte Rosé- und Rotweine mit leichtem Körper aus der Pinot-Noir-Traube. Meiner Meinung nach lohnen die Sauvignons, die ein pikantes, kräuterhaftes, erdiges Johannisbeerbukett und frische, reiche, grasige Geschmackskomponenten offenbaren, einen Kauf. Die besten jüngeren Jahrgänge waren 1997 und 1996. Bester Produzent in Ménétou-Salon ist Henri Pellé.

Pouilly-Fumé Pouilly lautet der Name des Ortes und *fumé* bedeutet geräuchert. In der ganzen Welt berühmt für ihre reichduftigen, in Aroma und Geschmack an Feuerstein erinnernden, erdigen, kräuterhaften Weißweine mit melonenartiger Note bei mittlerem bis vollem und intensivem Körper, erzeugt diese Appellation in der Tat aus der Sauvignon-Rebe einige der aufregendsten Weine der Welt. Zu den besten jüngeren Jahrgängen zählen die spektakulären 1990er (sie lassen sich noch weitere 2–3 Jahre schön trinken), die 1996er (sie werden in den nächsten 5–7 Jahren ausgezeichnet schmecken) sowie die 1997er (sie wollen in den nächsten 2–3 Jahren getrunken sein). Übrigens schmeckt Ziegenkäse zu einem Pouilly-Fumé himmlisch!

Didier Dagueneau ist eindeutig der beste Produzent dieser Appellation. Seine Weine besitzen Reintönigkeit, Reichhaltigkeit, Tiefe, Komplexität, Konzentration und ein beträchtliches Alterungspotenzial. Ist es verwunderlich, dass Dagueneau einer der wenigen Winzer ist, der auf niedrige Erträge abzielt und Erntemaschinen ablehnt? Auf Didier Dagueneau folgen Francis Blanchet, Domaine A. Cailbourdin, Jean-Claude Châtelain, Domaine La Croix Canat (F. Tinel-Blondelet), Domaine Serge Dagueneau et Filles, Charles Dupuy (insbesondere seine »Vieilles Vignes«), Domaine des Fines Caillottes (Jean Pabiot), Masson-Blondelet, Château de Nozet/de Ladoucette, Régis Minet, La Moynerie (insbesondere seine »Cuvée Majorum«) und Hervé Seguin.

Pouilly-sur-Loire Diese winzige, aber interessante Appellation erzeugt ihre Weine aus der Chasselas-Traube, einer als minderwertig betrachteten Rebsorte, die fruchtige, weiche Weine hervorzubringen vermag, wenn die Erträge begrenzt werden. Weine aus dieser Appellation sollten nicht teuer sein und innerhalb eines Jahres nach der Ernte getrunken werden. Die besten Weine von Pouilly-sur-Loire, die ich verkostet habe, kommen von der Domaine Serge Dagueneau et Filles.

Quincy Eine weitere Appellation, die sich der Produktion von Weißweinen aus Sauvignon Blanc widmet. Quincy, das in der Nähe der historischen Stadt Bourges liegt, führt die Sauvignon-Traube an ihre kräuterhafteste – manche würden sagen vegetabile – Grenze. Das kann in Jahren mit nicht ausgereiften Trauben zu einem Wein mit einer fast erschreckenden Spargelnote in Duft und Geschmack führen, doch in Spitzenjahren wie 1997 wird dieser Charakter überwunden. Die Weine aus der Appellation Quincy sind knochentrocken und sollten innerhalb von vier Jahren nach ihrer Freigabe getrunken werden.

Sancerre Sancerre und Vouvray sind wahrscheinlich die bekanntesten Appellationen des gewaltigen Weinbaugebietes im Tal der Loire. Der Sancerre ist während der letzten zwei Jahrzehnte und länger ganz groß in Mode gewesen – sein Erfolg beruht auf seiner frischen Säure, die sich mit reichhaltiger, würziger Sauvignon-Fruchtigkeit paart. Eine geringe Menge von meiner Meinung nach enttäuschendem Rotwein wird aus der Pinot Noir-Traube gemacht, auch er wird Sancerre genannt. Der Erfolg des Sancerre ist aufgrund der Anzahl von qualitativ hochstehenden Produzenten in dieser Region begreiflich. Allein der hohe Preis des Sancerre-Weines gibt zu Sorge Anlass. Die steilen Kalk- und Kieshänge, die Sancerres beste Weinbau-Dörfer umgeben – Bué, Chavignon und Verdigny – sind zweifellos für den kiesel- und feuersteinähnlichen, subtilen, erdigen Charakter verantwortlich, der sich in so vielen Spitzenweinen zeigt.

Die Leser sollten sich merken, dass zwei der besten Produzenten dieser Appellation, Edmond Vatan und Paul Cotan (dessen Weine auch unter dem Namen Francis und François Cotat erscheinen), Sancerre-Weine im alten Stil herstellen, die sich ziemlich von den heutigen Sancerres unterscheiden. Cotats und Vatans Weine sind reichhaltig, geschmacksintensiv, dick und manchmal nicht knochentrocken. Sie gehören zu den besten Sauvignon Blancs, die je über meine Lippen gekommen sind.

Die besten jüngeren Jahrgänge waren 1997, 1996, 1995 und 1990. Der weiße Sancerre und die begrenzten Mengen der Rosé-Weine sollten innerhalb von zwei bis drei Jahren nach der Ernte getrunken werden, wenngleich einige auch länger durchhalten können. Der rote Sancerre hat eine Lebenserwartung von vier bis fünf Jahren.

Es ist eine kleine Gruppe herausragender Produzenten, die die besten Weine der Appellation herstellt, nämlich Paul Cotat, Lucien Crochet (Gilles Crochet), André Neveu, Vincent Pinard und Edmond Vatan. Sancerre hat viele Spitzen-Produzenten; zu ihnen gehören Franck et Jean-François Bailly, Henri Bougeois, Domaine le Colombier (Roger Neveu), Vincent Delaporte, Charles Dupuy (»Vieilles Vignes«-Cuvée), Compte Lafond, Domaine de Montigny, (Henri Natter), Domaine de la Moussière (Alphonse Mellot), Domaine Henri Pellé (von Ménétou-Salon), Hippolyte Reverdy, Étienne Riffault, Domaine Jean-May Roger, Domaine de la Rossignole (Pierre Cherrier et Fils), Domaine de St-Pierre (Pierre Prieur et Fils), Domaine de St-Romble (Paul Vattan) und Domaine Lucien Thomas (Jean und Ginette Thomas).

KAUFSTRATEGIE

Wenn Sie immer noch einige Flaschen der großen Jahrgänge 1989, 1990, 1995, 1996 und 1997 der Appellationen Vouvray, Savennières, Bonnezeaux, Coteaux de l'Aubance, Coteaux du Layon und Quarts de Chaume auftreiben können, sollten Sie schnell zugreifen. Die jüngsten Jahrgänge sind durch Regen während der Ernte, Fäule und Mehltau beeinträchtigt worden.

NEUERE JAHRGÄNGE

2000 – Ein schwieriges Jahr für die Loire. Ständiger Regen förderte den Ausbruch von Fäule und verwässerte die Weine. Wie 1999 brachte eine Reihe von Winzern gute Weine hervor, einige sogar bessere.

1999 – Ein weiterer guter Jahrgang für Muscadet, aber ein kleiner Jahrgang für die Mehrzahl der Loire-Weine. Regen während der Ernte und Fäule stellte die Winzer vor große Probleme.

1998 – Dieses Jahr wird nicht als guter Jahrgang in Erinnerung bleiben, zumindest nicht für trockenen Weißwein und die Rotweine. Einigen Produzenten von Süßweinen in Anjou und Vouvray gelang es dennoch, ausgezeichnete, wenn nicht sogar herausragende Weine herzustellen.

1997 – Die Hitze, unter der ganz Europa im Sommer und Frühherbst 1997 litt, und Regenfälle in einigen Regionen der Loire zur Unzeit, haben diesen Jahrgang beeinflusst. Die hohen Temperaturen sind verantwortlich für die reifsten, zugänglichsten und saftigsten Rotweine der Loire seit Menschengedenken. In allen Rotwein-Appellationen des Loiretals wurden von den besten Besitztümern dicke, geschmeidig und fruchtbepackte Weine produziert. Angesichts der absurd hohen Preise in den berühmten Rotwein produzierenden Regionen Frankreichs sollten sich die Verbraucher auf alle Fälle in die 1997er Loireweine retten. Die Weißweine sind vom Sancerre im Osten bis zum Muscadet im Westen im Allgemeinen reife, dichte und oftmals schwerfällig daherkommende (von der Loire!) Weine. Einige Produzenten von Süßweinen, besonders Florent Baumard von der Domaine des Baumard (Quarts de Chaume), Noël Pinguet von de Domaine Gaston Huet (Vouvray) und René Renou in Bonnezeaux, vermochten Frische und Lebendigkeit in diesen ungeheuer reichhaltigen und superreifen Jahrgängen aufrechtzuerhalten.

1996 – Im gesamten Anbaugebiet der Loire war 1996 ein superber Jahrgang. Auf einen warmen und sonnigen Sommer folgte ein ebenso schöner Spätsommer und Herbst (einige Winzer erzählten, dass sie noch nie einen derartig schönen Herbst erlebt hätten, und hoben seine gleißende Helligkeit hervor) mit gemäßigten Tagestemperaturen und kühlen Abenden; hinzu kam ein ständiger trockener Wind vom Norden. Diese Verbindung von Licht (Fotosynthese) und relativ kühlen Temperaturen beschleunigte den Reifeprozess der Trauben, die dabei aber nicht an Säure verloren. (Hitze vermindert den Säuregehalt der Trauben, sagt man.) Hinzu kam, dass der Nordwind die Trauben dehydrierte, den Fruchtgehalt in der Traube aber dabei konzentrierte. Die daraus entstandenen Weine – Weiß- und Rotweine – besitzen eine außergewöhnliche Reife (zusammen mit reifen Tanninen in den Rotweinen), Lebendigkeit und ausgezeichnetes Alterungspotenzial. Für das Loiretal war 1996 sicherlich einer der besten Jahrgänge des Jahrhunderts.

1995 – Wie in vielen Gegenden Frankreichs war 1995 auch an der Loire ein Jahr intensiver Konzentration. Warme und trockene Sommermonate führten zu großer Reife im Zuckergehalt der Trauben, obwohl sporadische Regenfälle kurz vor der Ernte in vielen der Weingärten der Region Beerenfäule begünstigten. Eine Auslese wurde nötig. Die Rotweine von der Loire sind voll gepackt mit schwarzen Früchten in Duft und Geschmack (aufgrund der Hitze), haben aber alle eines gemeinsam: adstringierendes Tannin (sie wurden wegen der Regenfälle vor ihrer vollen Reife geerntet). Von den Rotweinen des Anjou, über die berühmten Rotwein-Appellationen der Touraine bis zu den Rotweinen von Sancerre – alle Loireweine des Jahrgangs 1995 beeindrucken durch Farbe, Aroma eingangs im Mund und am Gaumen, sind aber aggressiv und rau im Abgang. Bei den Weißweinen war 1995 ein großer Erfolg im Sancerrois, bei den Spitzenproduzenten von Vouvray Domaine Huet (Pinguet), Domaine du Clos Naudin (Foreau) und Domaine François Pinon sowie den vielen Spitzenproduzenten im Anjou (z. B. Domaine Baumard).

1994 – Ein stürmischer, heißer Sommer hatte die meisten Produzenten hoffen lassen, dass sich die guten Jahre 1989 und 1990 wiederholen würden. Doch drei Wochen ununterbrochener Regenfälle und Gewitterstürme im September verhinderten, dass 1994 ein großer Jahrgang wurde. Gleichwohl haben die Spitzenproduzenten sehr gute trockene Weißweine gestaltet, solange die von Fäule befallenen Trauben im Weinberg gelassen wurden. Bei den besten Herstellern, die eine strenge Auslese trafen, ist die Produktion kleiner als gewöhnlich ausgefallen. Infolgedessen ist ein Preisanstieg sehr wahrscheinlich. Die erfolgreichste Rebsorte 1994 ist die Sauvignon Blanc. Bei den Rotweintrauben war die Gamay am wenigsten von den Regenfällen betroffen. Die Chenin Blancs waren uneinheitlicher.

1993 – Mit einer weiteren von Regenfällen heimgesuchten Ernte hat sich 1993 als guter bis sehr guter Jahrgang bei trockenen Weißweinen, als Jahrgang von durchschnittlicher Qualität bei Rotweinen und als uneinheitlicher Jahrgang bei süßen Weißweinen herausgestellt. Die

1993er trockenen Sauvignons sind frische, lebendige Weine von mittlerem Körper mit gefälligeren Aromen als die weichen, diffusen 1992er oder die mageren, säurereichen 1991er. Alles in allem ist 1993 ein weit erfolgreicherer Jahrgang, als man nach dem hässlichen, nassen, kalten September erwartet hatte.

1992 – Das Loiretal entging den meisten der schrecklichen Unwetter, die den Süden Frankreichs heimsuchten, doch die Erntemenge fiel erschreckend hoch aus. Übererträge wurden praktisch aus jeder Appellation gemeldet. Die Winzer hatten das Glück, relativ reife Trauben lesen zu können, so dass mit einem guten Jahrgang zu rechnen gewesen wäre. Tatsächlich aber haben nur diejenigen Winzer gute Weine erzeugt, die ihre Erträge niedrig hielten. Dies ist ein Jahrgang, der gefällige, gradlinige, fruchtige, weiche Weine hervorgebracht hat, die bereits 1996 getrunken sein sollten. Die besten Appellationen für Weißweine sind Muscadet, Sancerre und Pouilly-Fumé. Bei den Rotweinen war Chinon am erfolgreichsten.

1991 – Dieser Jahrgang hat sich für das gesamte Tal der Loire als schwierig erwiesen. Den relativ säurehaltigen, mageren Weinen mit leichtem Körper mangelt es an Reife und Geschmacksautorität. Erfolgreiche Leistungen sind zwar zu finden, doch insgesamt führte eine geringe Ernte, gepaart mit unzulänglicher Reife, zu kargen Weinen, denen es an Frucht und Charme fehlt.

1990 – Dieses Jahr ist einer der größten Jahrgänge aller Zeiten für so gut wie jede Region des Loiretals, insbesondere die Süßwein-Appellationen und die großen trockenen Weißweine von Savennières, Pouilly-Fumé und Sancerre. Die Fülle und Intensität der 1990er ist betörend. Weintrinker, die das Glück haben, die Spitzen-Cuvées der dekadent süßen Weine aus Bonnezeaux, Coteaux du Layon, Quarts de Chaume und Vouvray sowie einige der spektakulär körperreichen, ehrfurchtgebietend gehaltvollen trockenen Savennières zu finden und auch bezahlen zu können, werden Schätze in ihren Keller tragen, die 25–30 Jahre oder länger halten dürften.

Auch die Rotweine sind erstaunlich gut, da sie aufgrund von Dürre und Überreife weniger krautig ausgefallen sind als gewöhnlich und reichlich rote und schwarze Früchte offenbaren.

1989 – Dieser Jahrgang ist dem 1990er recht ähnlich. Wenngleich die Erträge höher waren und es weniger Botrytis-Befall in den Süßwein-Rebgärten gab, ist 1989 ein ausgezeichneter, in vielen Fällen superber Jahrgang für Vouvray, Quarts de Chaume, Coteaux du Layon und Bonnezeaux. Auch für Savennières ist dies ein Super-Jahrgang. Alle trockeneren Weine aus Sancerre, Pouilly-Fumé, der Touraine und dem Gebiet Muscadet aus diesem Jahr sollten inzwischen getrunken sein.

1988 – Ein guter, jedoch nicht weiter aufregender Jahrgang, der angenehme Weine wie aus dem Lehrbuch hervorbrachte, die ihrer Appellation oder Region bewundernswerten Ausdruck verleihen. Es fehlen ihnen jedoch die gewaltigen Parfüms, die Fülle und Tiefe der feinsten 1990ern und 1989ern.

1987 – Ein durchschnittliches bis schlechtes Jahr.

ÄLTERE JAHRGÄNGE

Die überreichen Dessertweine von den Coteaux du Layon, aus Bonnezeaux, Quarts de Chaume und Vouvray der Jahrgänge 1983, 1976, 1971, 1962, 1959, 1949 und 1947 können spektakuläre Weine sein. Sie sind auf dem Gebiet der üppigen Dessertweine weltweit die günstigsten Einkäufe. Obwohl es nicht leicht ist, diese älteren Jahrgänge zu finden, sollten die Verbraucher diese Information insofern nutzen, als sie ihre Bestände an den Jahrgängen 1989, 1990, 1995, 1996 und den besten Weinen von 1997 aufstocken.

Der Savennières stellt wahrscheinlich im Bereich der trockenen körperreichen Weißweine den weltweit günstigsten Kauf dar. Ältere Jahrgänge des Savennières, nach denen man sich umschauen sollte, sind 1986, 1985, 1978, 1976, 1971, 1969, 1962 und 1959. Ab und zu tauchen kleine Posten dieser Weine auf Auktionen auf. Sie sind jeden Pfennig der mäßigen Preise, die für sie verlangt werden, mehr als wert.

Verbrauchern, die die Möglichkeit haben, ins bukolische Loiretal zu reisen, möchte ich eines der größten Geheimnisse der Weinwelt anvertrauen: Ich kenne keine andere Weinbauregion, die bessere natürliche Keller besitzt als Vouvray. Die kalten und feuchten, tief in die Tuffsteinhänge eingegrabenen Keller bieten außerordentlich gute Bedingungen für die Weinlagerung. Die Produzenten von Vouvrey haben dies offenbar immer gewusst und so beherbergen ihre Keller große Mengen älterer Jahrgänge (sogar Weine aus dem 19. Jahrhundert) – und viele von ihnen werden noch zum Kauf angeboten.

LANGUEDOC-ROUSSILLON

Weine mit dem besten Gegenwert

Die Zweimonatszeitschrift *The Wine Advocate*, Robert Parkers Weinjournal, gehörte zu den ersten Publikationen, die die Region Languedoc-Roussillon als eine Bastion köstlicher, preiswerter Weine entdeckten. Dieses Weinanbaugebiet gewinnt für die Verbraucher immer mehr an Bedeutung, da die Weinpreise in vielen weltbekannten Regionen mittlerweile ein absurdes Niveau erreicht haben.

Grundwissen

Beim Languedoc-Roussillon handelt es sich in der Tat um zwei verschiedene, jedoch aneinander angrenzende südfranzösische Provinzen. Zusammen umfassen sie ein weites Gebiet, das nördlich der spanischen Grenze beginnt und sich halbmondförmig bis zu den Hügeln westlich des Rhône-Deltas erstreckt. (Beide Weinanbaugebiete berühren einander nördlich von Perpignan, der alten französischen Hauptstadt Kataloniens.)

Wenn auch keine der beiden Regionen beim Verbraucher den Ruf genießt, Spitzengewächse hervorzubringen, spielen beide in der Welt des Weins dennoch eine äußerst wichtige Rolle, und sei es auch nur aufgrund ihrer schieren Größe. Zusammengenommen besitzt das Languedoc-Roussillon mit über 337000 Hektar mehr Rebfläche als die Vereinigten Staaten insgesamt, die im Vergleich nur 310000 Hektar vorweisen können.

Die Rebflächen des Languedoc-Roussillon an der französischen Mittelmeerküste findet man sowohl auf flachem Schwemmland (Languedoc) als auch an den Berghängen, von denen einige ziemlich steil sein können, und zu denen auch die Ausläufer der Pyrenäen gehören (Roussillon). Hier finden wir sonnendurchflutete Weingärten, die direkt bis an das Mittelmeer heranreichen (z.B. La Clape, Banyuls und Frontignan), aber auch viele Weinberge im Landesinneren (z.B. Pic-St-Loup, Montpeyroux und Minervois).

Die durchschnittliche jährliche Niederschlagsmenge ist sehr gering; 1998 litt man besonders unter der extremem Dürre (einige Appellationen verzeichneten eine Niederschlagsmenge von nur 150 mm Regen im gesamten Jahr). Zum Vergleich: Dies ist weniger, als 1998 und 1999 im September im gesamten Bordelais fiel. Die Temperaturen können im Sommer 32 °C übersteigen. Einzig die *Tramontane*, ein kühler Wind aus den Bergen, verschafft hier Erleichterung.

Im Languedoc-Roussillon werden viele verschiedene Rebsorten angepflanzt. Für Rotweine verwendet man üblicherweise die Rebsorten Carignan (eine ertragreiche Sorte, die durch die Trockenheit und das heiße Klima nicht leidet), Grenache, Cinsault, Mourvèdre und immer häufiger Merlot, Syrah und Cabernet Sauvignon. Bei Weißweinen herrscht eine ebenso große Vielfalt: Muscat, Grenache Blanc, Rolle, Malvoisie, Chardonnay, Viognier, Sauvignon Blanc, Marsanne und Roussanne – sie alle kann man in den Weingärten des Languedoc-Roussillon finden.

VERGANGENHEIT, GEGENWART UND ZUKUNFT

Die Mehrzahl der Historiker sind sich darüber einig, dass Frankreichs erster Weingarten im Languedoc, nahe der Stadt Narbonne, zwischen 150 und 125 v. Chr. von den Römern angelegt wurde. Nach einer Reblaus-Epidemie Ende des 19. Jahrhunderts baute man im Languedoc-Roussillon hauptsächlich ertragreiche Rebsorten und Klone an, und so kam aus diesem Weinanbaugebiet bald die Hälfte der jährlichen französischen Weinproduktion. Quantität war wichtiger als Qualität. Das Languedoc, und in einem geringeren Ausmaß das Roussillon, hatten in Frankreich keinen guten Ruf. Man betrachtete sie als eine Produktionsstätte von Tischweinen und des *gros rouge qui tache* (eines plumpen Roten, der Flecken macht – ein ziemlich entwertender Ausdruck). Stärker noch fiel die Tatsache ins Gewicht, dass Weinliebhaber weltweit von dieser Region kaum Notiz nahmen.

Wie es scheint, sind Languedoc und Roussillon auf der Suche nach sich selbst. Obwohl sich auf ihrem Boden das erste Weinanbaugebiet Frankreichs überhaupt befand, sind sie in der Weinwelt weniger etabliert und blicken weniger zuversichtlich in die eigene Gegenwart und Zukunft als andere große Weinanbaugebiete dieser Nation. Während Regionen wie das Bordelais und Burgund sich mit bestimmten Grund-Rebsorten und Stilausprägungen der Weinbereitung eigenständig etabliert haben, hatte das Languedoc-Roussillon versucht, sich den Bedingungen des Marktes anzupassen – sehr zu seinem Nachteil. Die Region verlor in den ersten Jahren nach 1900 – die Tafelweine wurden damals oft mit Rotweinen aus Algerien aufgepolstert – ihre marktbeherrschende Stellung. Heute betrachtet man die süßen (meist verstärkten) *vins doux naturels* und die billigen Tafelweine als einen modischen Unfall. Preiswerte rebsortenreine Weine (meist Merlot, Cabernet Sauvignon und Chardonnay), die in den 1980er und frühen 1990er Jahre Mode wurden, scheinen nun Marktanteile an ähnlich preiswerte Weine aus Südamerika und Australien verloren zu haben.

Ein schlechter Ruf stirbt nur langsam. Sogar die besten Produzenten in den Anbaugebieten des Languedoc und Roussillon finden es heute einfacher, ihre Weine im Ausland zu verkaufen als in Frankreich selbst. Glücklicherweise stehen die Engländer und Amerikaner diesem Anbaugebiet nicht mit demselben Vorurteil gegenüber wie die Franzosen. Aufgrund dieses Interesses floss dringend benötigtes Kapital in die Region, das es vielen Produzenten und Winzergenossenschaften (*coopératives*) ermöglichte, Investitionen zu tätigen und ihre Keller auf den letzten Stand der Technik zu bringen. Dazu gehörte vor allem die Einführung von temperaturgeregelten Edelstahltanks, einst ein seltener Luxus in dieser heißen, sonnendurchfluteten Region.

Amerikanische Importeure wie Robert Kacher, Kermit Lynch, Eric Solomon und Peter Weygandt, aber auch Weinagenten in Frankreich wie etwa Jeffrey Davies, Patrick Lesec und Peter Vezan befürworteten niedrige Erträge, eine kompromisslose Philosophie der Weinbereitung ohne manipulatorische Interventionen und setzten sich für die Eliminierung des exzessiven Schönen und Filterns ein. Dies führte bei ihren Lieferanten ganz offensichtlich zu immer besseren Weinen. Robert Kacher nutzte seinen Einfluss auf die von ihm vertretenen Weingüter und bewirkte, dass diese modernen Techniken wie *microbullage* (ein System, mit dessen Hilfe winzige Luftperlen in Tanks oder Fässer geleitet werden, um die in dieser Region oftmals vorhandenen rustikalen Tannine abzuschwächen) bei der Herstellung ihrer Weine verwendeten. Hauptsächlich dank des Einsatzes dieser Importeure und Agenten wie auch der Bemühungen von Martin Sinkoff kann man heute im Languedoc-Roussillon Spitzenweine finden, die qualitativ mit den besten Tropfen weltweit konkurrieren können.

Auch bei den wenig bekannten Weißweinen dieser Region konnte Kermit Lynch gute Resultate erzielen. Er ermutigte die Weinmacher, die malolaktische Gärung bei der Weinbereitung zuzulassen. Es ist bezeichnend für das Anbaugebiet Languedoc-Roussillon, wo es nach vorherrschender Meinung der dortigen Weinkenner den Weißweinen an Säure fehlt, dass die Weinmacher diese zweite Gärung zu blockieren pflegten, um die lebendige Apfelsäure ihrer Weine aufrechtzuerhalten. Das Ergebnis sind dann allzu oft leichtgewichtige Leistungen der

Weinbereitung mit einem scharfen, adstringierenden Abgang. Die Mehrzahl der für diesen Überblick verkosteten Weine, die eine gute Punktnote erhielten, hatten von der malolaktischen Gärung profitiert.

Wenngleich das Languedoc schon seit 2000 Jahren Wein produziert, ist es immer noch auf der Suche nach den feinsten Rebsorten, die sich am besten für die hier herrschenden unterschiedlichen Klimata und *terroirs* eignen. Die meisten Produzenten scheinen davon überzeugt zu sein, dass ihre ertragreichsten Rebsorten Carignan und Cinsault in der Zukunft keinen Platz haben werden. In meinen Verkostungen legten die zwei Qualitätsgiganten unter den Rebsorten aus dem Rhônetal, Syrah und Roussanne, das größte Potenzial an den Tag. Die Syrah-Traube, ein relativer Neuling in diesem Anbaugebiet (die ältesten Gewächse, auf die wir bei der Recherche für dieses Buch trafen, stammen aus dem Jahre 1967), war verantwortlich für die besten Rotweine, die ich verkostet habe. Die Roussanne-Traube, eine kürzlich entdeckte Ergänzung für die Palette an Rebsorten im Languedoc und Roussillon, scheint sich als Weißweintraube mit dem besten Stammbaum in der heißen und trockenen Region äußerst wohl zu fühlen.

Bei der Verkostung von Rotweinen aus diesen Anbaugebieten befällt einen oftmals ein zwiespältiges Gefühl. Weine, die vom Aussehen her an Bordeaux-Weine erinnern, stehen neben rebsortenreinen Angeboten, die im Stil der Neuen Welt bzw. in einem internationalen Stil bereitet sind. Oder man trifft auf die rustikalen Languedoc-Versionen der Weine aus dem Rhônetal. Dazwischen gibt es Tropfen, die in Duft und Geschmack Nuancen von Zedernholz, *garrigue* (das Aroma sonnengetrockneter Kräuter, die man gewöhnlich in Südfrankreich findet), Gewürzen und schwarzen Früchten an den Tag legen. Sie scheinen das typische Potenzial dieser Region zu verkörpern und sind den Spitzenweinen des südlichen Rhônetals nicht unähnlich. Wenn die astronomisch hohen Erträge reduziert und moderne Techniken in der Weinbergpflege und der Weinbereitung übernommen werden und auch Exzesse (Verwendung von Eichenholz sowie Unter- oder Überextraktion) ein Ende finden, kann sich allmählich eine eigene Identität des Languedoc-Roussillon herausbilden. Freilich ist vielerorts noch alles im Werden begriffen – Weingärten und Kellereien eingeschlossen. Dennoch liegt unabwendbar eine glänzende Zukunft vor dem Languedoc-Roussillon. Einerseits durch die internationale Nachfrage nach gutem Wein und andererseits durch die geradezu stratosphärisch hohen Preisen, die von den weltweit bekanntesten Weinanbaugebieten gefordert werden, hat das Languedoc-Roussillon nunmehr die Bühne betreten und sein Schattendasein aufgegeben.

JÜNGERE JAHRGÄNGE

1999 – Eine weitere Studie in Kontrasten. Fraglos kühler als 1998, erfreute sich die Region bis Mitte August eines guten Wachstums. Dann begannen die Regenfälle und hielten den ganzen September hindurch an. In bestimmten Gebieten hatte dies sintflutartige Auswirkungen, in anderen wiederum waren diese Folgen kaum spürbar. (Die mit Mourvèdre bestockten Rebflächen der Domaine Prieuré St-Jean de Bébian wurden durch Hagel zerstört, während benachbarte Weinberge davon unberührt blieben; am 6. September verwüstete ein Unwetter nordwestlich von Montpellier Weinberge, als über 150 mm Regen in nur einer einzigen Nacht fielen, aber im wenige Kilometer entfernten Weingut La Grange des Pères fiel kein einziger Tropfen.)

Insgesamt lässt sich 1999 weder im Languedoc noch im Roussillon als guter Jahrgang bezeichnen. Dennoch gibt es positive Ausnahmen, was für ein derartig weites und vielfältiges Gebiet nicht weiter überraschend ist. In Pic-St-Loup zum Beispiel konnte man nur wenige gute Weine finden, doch waren diejenigen Reben begünstigt, die im Schutz der Roque-Abhänge vom herannahenden Sturm verschont blieben. In Collioure, wo hauptsächlich Grenache und Syrah auf weiten Flächen angepflanzt werden, waren nur solche Weine erfolgreich, die einen großen Anteil an Mourvèdre aufwiesen. Weingärten mit ausgezeichneter Drainage haben gute Ergebnisse erbracht, wobei hier vor allem Winzer erfolgreich waren, die ihre Lektion der niedrigen Erträge gelernt hatten. Daher haben Weingüter wie La Grange des Pères (Vin de Pays de l'Hérault) und Château de la Négly (La Clape) wunderbare Weine produziert.

1998 – Schreckliche Hitze (die Temperaturen kletterten im Sommer regelmäßig über 40 °C) und schlimme Trockenheit charakterisierten den Jahrgang 1998. Einige der 1998er Rotweine aus dem Languedoc-Roussillon verdienen aufgrund ihrer prachtvollen Tiefe und Fruchtintensität hervorragende Bewertungen. Die besten besitzen Konzentration, Kraft und einen langen, geschmeidigen Abgang. Produzenten, denen es gelang, das Potenzial des Jahrgangs voll zu nutzen, brachten die ersten Spitzenweine in ihrer kurzen Geschichte zustande. Soweit die gute Nachricht.

Am anderen Pol des Spektrums litt ein großer Prozentsatz der Weine an den unverkennbaren Folgen der astronomisch hohen Erträge. Insgesamt gesehen sind die 1998er Rotweine grundsätzlich besser als die Weißweine dieses Jahrgangs (deren Aromen und Ausgewogenheit – wie es scheint – oftmals durch ihre Reichhaltigkeit erdrückt werden). Es ist interessant, dass die Weißweine des 1997er Jahrgangs, eines schwierigen Jahres für Rotweine, im Geschmack besser gelungen sind als die 1998er.

Die Spitzen-Weingüter dieser Region sind sich darin einig, dass der Schlüssel zu einer erfolgreichen Ernte niedrige Erträge waren. Die Weine, die unter exzessivem Traubenbehang und der Trockenheit litten, erreichten niemals ihre physiologische Reife. Kennzeichen dieser Weine sind Mangel an Fleisch und Konzentration sowie ein bitterer und adstringierender Abgang. Eine Anzahl von Rotweinen des Jahrgangs 1998 aus dem Languedoc-Roussillon erinnern mit ihrer dicklichen, konturlosen Persönlichkeit und ihren harten Tanninen an die 1976er roten Burgunder. Es ist traurig, dass es in einem derartig aufregenden Jahrgang so viele Enttäuschungen gibt.

EIN BLICK AUF DEN JAHRGANG 2000

Der Jahrgang 2000 ist besser als 1999 ausgefallen, aber vor allem durch seine hohen Erträge ebenfalls problematisch. Das Wetter war während der Wachstumsperiode, von der Blüte bis zur *véraison* (der Zeitpunkt, an dem sich die Farbe der Trauben von Grün in Gelbgrün bzw. Purpurrot wandelt), ausgezeichnet. Diese Wetterbedingungen führten zu riesigen Ladungen an Traubengut. Regenfälle vor und während der Ernte ließen die Erträge noch größer werden.

Nur wenige 2000er Spitzenweine sind in diesem Kapitel zu finden, da sie sich zum Zeitpunkt unseres Besuches noch immer im Fass befanden und erst in einigen Monaten auf den Markt kommen werden. Die Verkostungen der in der Presse weniger groß herausgestellten Rotweine, die oft sehr schnell in Flaschen abgefüllt werden, sowie die Fassverkostungen der Luxus-Erzeugnisse zeigen jedoch an, dass die Weingüter, die sich bewusst auf maßvolle Erträge beschränkt haben, in der Lage waren, superbe 2000er Rotweine zu produzieren. Im Gegensatz hierzu scheint es den Weißweinen selbst der Spitzenproduzenten an Tiefe zu fehlen. Das Roussillon, das so viele ausgezeichnete *terroirs*, aber nur wenige große Weinmacher vorweisen kann, erfreute sich eines etwas besseren Jahrgangs als das Languedoc.

Ein Überblick über die wichtigsten Anbaugebiete des Languedoc-Roussillon

Obwohl über ein Drittel der französischen Reben im Languedoc-Roussillon stehen, liefern diese beiden Regionen nur etwa 15% der französischen Weinproduktion mit dem Status *Appellation d'origine contrôlée* (AOC). Viele dieser AOC-Weine wurden erst in den letzten 15 Jahren dazu ernannt, wobei die größten (z.B. Coteaux du Languedoc) sich in viele Sub-

Appellationen aufgliedern. Die Anbaugebiete, die vom *Institut National des Appellations d'Origine* (auch bekannt als INAO, der französischen Organisation, die den AOC-Status verleiht) für den AOC-Status vorgesehen sind, können auch den VDQS-Status erhalten (*Vin Délimité de Qualité Supérieure*). Weine, die nicht aus den AOC- oder VDQS-klassifizierten Anbaugebieten stammen, sowie Weine aus Rebsorten, die vom INAO für dieses Anbaugebiet nicht akzeptiert wurden, und rebsortenreine Weine werden vom INAO als *Vin de Pays* (VDP) eingestuft. Die Leser sollten wissen, dass viele der Spitzenweine aus dem Languedoc-Roussillon VDP-Weine sind.

Costières de Nîmes Die östlichste Appellation des Languedoc-Roussillon, die 1986 den Status einer Appellation Contrôlée erhielt, erzeugt Weiß-, Rot- und Rosé-Weine und war in den 1980er Jahren allgemein als Costières du Gard bekannt. Seinen Namen verdankt das Gebiet der alten, von den Römern gegründeten Stadt Nîmes. Das Weinareal setzt sich aus einer Gruppe von Hügeln mit Kiesböden und einer Plateau-Landschaft im Rhône-Delta zusammen. Die Produktion besteht zu 75% aus Rotweinen, zu 20% aus Rosés, die verbleibenden 5% aus Weißweinen. Die besten Weingüter sind zweifellos Château de Nages, Château de la Tuilerie, Château de Campuget, Grande Cassagne, Mas des Bressades, Mas Carlot und Morgue du Grès. Weitere interessante Produzenten sind die Domaine St-Louis-La-Perdrix, Domaine St-Antoine, Valcombe und Château Belle-Coste. Laut Gesetz dürfen die Rotweine aus maximal 50% Carignan-Trauben gekeltert werden. Zu den weiteren erlaubten Traubensorten zählen Cinsault, Counoise, Grenache, Mourvèdre, Syrah, Terret Noir und zwei obskure rote Traubensorten namens Aspiran Noir und Œillade. Die weißen Rebsorten werden von Clairette und Grenache Blanc beherrscht, hinzu kommen geringe Mengen von Picpoul, Roussanne, Terret Blanc, Ugni Blanc, Malvoisie, Marsanne, Maccabeo und Viognier. Die gesamte Rebfläche beträgt etwas über 25 000 Hektar. Leser, die auf ein ausgezeichnetes Preis-Leistungsverhältnis Wert legen, sollten sich die Costières de Nîmes merken.

Coteaux du Languedoc Dieses umfangreiche Gebiet (das 1985 den Appellation-Contrôlée-Status erhielt) umfasst Weingärten in drei französischen Departements: Aude, Gard und Hérault. Es erstreckt sich von Nîmes im Norden bis nach Narbonne im Süden. Sie werden Weine finden, die lediglich den Namen der Appellation Coteaux du Languedoc tragen, daneben aber auch solche, bei denen zusätzlich der jeweilige Name des Dorfes erscheint. Zwei der besten Weindörfer, Saint-Chinian und Faugères, erhielten im Jahr 1982 ihren eigenen Appellation-Contrôlée-Status. Die Traubensorten sind im Wesentlichen dieselben wie in den Costières de Nîmes, wenngleich die ambitionierteren Weingüter höhere Prozentsätze von Syrah, Mourvèdre, Grenache und Counoise in ihren Rotweinen verwenden, im Allgemeinen zu Lasten von Carignan und Cinsault. Die Spitzenweine von Faugères kamen beständig von Haut-Fabrègues und Gilbert Alquier. Zu den Spitzenweinen aus Saint-Chinian gehören die der Domaine des Jougla und Cazal Viel. Vielleicht der größte Wein der gesamten Appellation der Coteaux du Languedoc (und gleichzeitig der teuerste) ist der Prieuré de Saint-Jean-de-Bébian. Zusammen mit dem Mas de Daumas Gassac, einem Vin de Pays, haben wir hier unleugbar die beiden größten Rotweine der Region Languedoc-Roussillon vor uns. Die gesamte Rebfläche beträgt über 7 500 Hektar.

Minervois Das Minervois, das seinen Appellation-Contrôlée-Status 1985 erhielt, hat vielleicht auf lange Sicht das beste Potenzial aller Appellationen im Gebiet Languedoc-Roussillon. Die Aussage, dass es hier noch viele Güter gibt, die bessere Leistungen erbringen könnten, ist sicher nicht ungerechtfertigt. Dieses Areal von fast von fast 5 700 Hektar Rebland wird im Westen von der großartigen alten Festungsstadt Carcassonne und im Osten von Saint-Chinian begrenzt. Das Minervois war seit der römischen Herrschaft eine blühende Region, als Weinbaugebiet erholte es sich aber niemals von der Reblaus-Epidemie, die im späten 19. Jahrhundert Frankreichs Weinberge verheerte.

Die besten Weingärten liegen auf sanften, nach Süden ausgerichteten, vor dem Nordwind geschützten Kalksteinhängen und müssen das heißeste Mikroklima der Region ertragen.

Praktisch die gesamte Weinproduktion besteht aus Rotwein, wenngleich es nicht verwundert, dass hier auch minimale Mengen eines erstaunlich schmackhaften Rosé zu finden sind. Der Anteil des Weißweins macht weniger als 2% der Gesamtproduktion aus. Besondere Aufmerksamkeit sollten die Leser der Tatsache widmen, dass einige der Spitzenweine zur Zeit aus Weinbergen mit niedrigen Erträgen kommen, die an den Abhängen des nach Süden ausgerichteten *terroir* der Region Cévennen liegen. Zu den besten Weingütern gehören Château de Paraza, Château de Gourgazaud, Daniel Domergue, Tour-St-Martin und die Domaine St-Eulalie.

Corbières Die Weinanbaufläche der Corbières ist südlich des Minervois nahe der Küste gelegen und erhielt kürzlich den Status einer Appellation Contrôlée. In diesem größten Anbaugebiet der gesamten Region Languedoc-Roussillon (über 23 000 Hektar) macht Rotwein 90% der Produktion aus. Die allgegenwärtige Carignan ist die vorherrschende Rebsorte, wenngleich die seriöseren Güter begonnen haben, einen immer größeren Prozentsatz von Syrah und Mourvèdre einzusetzen. Zu den hervorragenden Produzenten in den Corbières gehören das brillante Château Le Palais, Château Mansenoble, Château Étang des Colombes, Domaine Saint-Paul und die Domaine de Villemajou.

Angesichts der Unterschiede zwischen den hoch gelegenen Weingütern im Landesinneren und jenen an der Mittelmeerküste ist es unmöglich, verallgemeinernde Feststellungen über die Bodenverhältnisse und Mikroklimata zu machen. Die Weinlese kann in den warmen *terroirs* bereits im September beginnen und in den kühleren Weinbergen bis Mitte Oktober dauern.

Faugères Über 1620 Hektar Rebfläche werden in dieser kleinen, aber viel versprechenden Rotwein-Appellation bestockt, die früher zu den Coteaux du Languedoc gehörte. Die meisten der besseren Weingärten liegen oberhalb des Meeresspiegels auf felsigem Untergrund. Die örtlichen Behörden haben veranlasst, die allgegenwärtige Carignan durch hochwertigere Rebsorten wie Syrah, Grenache und Mourvèdre zu ersetzen. Die momentanen Gesetze bestimmen, dass kein Wein mehr als 40% Carignan enthalten darf, obwohl die besseren aus extrem alten Carignan-Reben stammenden Cuvée*s* (wie die von Alquier und Léon Barral) durch einen wachsenden Anteil von Syrah, Grenache und Mourvèdre im Mischsatz ausgepolstert werden. Es werden in Faugères auch Weißweine produziert, aber sie sind nicht so viel versprechend wie die fleischigen, rustikalen Rotweine.

Fitou Fitou, die älteste der Appellation-Contrôlée-Regionen des Languedoc-Roussillon-Gebiets (der AOC-Status wurde ihr bereits 1948 verliehen), besteht aus zwei verschiedenen Arealen, die im Norden von den Corbières begrenzt werden. Zum einen liegen diese Areale nahe der Küste, und die Reben wachsen auf flachen Kiesgeröllböden mit Kalksteingrund. Niemand, mit dem ich je gesprochen habe, glaubt, dass Spitzenqualitäten aus diesem speziellen Sektor kommen können. Zum anderen wächst der beste Wein auf abfallenden, gut durchlässigen Mischböden aus Sandstein und Kalkstein, wie man sie auf Hügeln im Landesinneren finden kann. Die reifsten, fettesten, fruchtigsten Weine aus Fitou gehen im Allgemeinen aus dieser Region hervor. Die Traubensorten für den Fitou sind dieselben wie in den übrigen Weinbaugebieten des Languedoc, wobei die Carignan auch hier die vorherrschende Rebsorte ist. Die ambitionierteren Produzenten verwenden nun in größerem Umfang die Rebsorten Mourvèdre, Syrah und Grenache. Die gesamte Rebfläche beträgt 2510 Hektar.

Côtes du Roussillon und **Côtes du Roussillon-Villages** Die Weingärten des Roussillon erstrecken sich alle vom Mittelmeer bis in das Land um Perpignan, Frankreichs letzter befestigter Stadt vor der spanischen Grenze, und produzieren nachweislich schon seit dem 7. Jahrhundert v. Chr. Wein. Hier ist ein immenses Potenzial nicht nur für trockene rote Tischweine, sondern auch für die süßen, verstärkten Dessertweine vorhanden, für die in dieser windigen, sonnendurchglühten Region exzellente Bedingungen bestehen. Die besten Rebflächen, denen die Appellation Côtes du Roussillon oder Côtes du Roussillon-Villages vorbehalten ist, dehnen sich über einen Halbkreis von Hügeln aus, der sich zum Mittelmeer hin öffnet. Diese Weingärten in Hanglage, deren Reben auf Kalkstein- und Granitböden wachsen, sind extrem sonnigen, heißen Sommern ausgesetzt. Hier geht bei Unwettern praktisch der gesamte Regen nieder. Es hat mich stets in Erstaunen versetzt, dass diese Weine angesichts der harten Arbeit, die zur Kultivierung der vielen terrassenförmig angelegten Weinberge der Region nötig ist, immer noch zu so vernünftigen Preisen gehandelt werden. Der hier in winzigen Mengen produzierte Weißwein basiert im Allgemeinen auf so obskuren Rebsorten wie Malvoise du Roussillon und Maccabeo. Die roten Weine werden gewöhnlich aus der allgegenwärtigen Carignan sowie der Grenache, Syrah und Mourvèdre gekeltert. Es sind dies körperreiche, relativ gehaltvolle Weine mit einem kräftigen, fleischigen, pfeffrigen Charakter. Ungeachtet ihrer Weichheit und Süffigkeit in der Jugend, entstehen hier jedoch auch einige Weine, die bis zu einem Jahrzehnt lang halten können. Die besten Weingüter der Côtes du Roussillon und Côtes du Roussillon-Villages sind Pierre d'Aspres, Cazes Frères, Château de Jau, Domaine Sarda-Malet, Domaine Salvat und Domaine Saint-Luc. Daneben gibt es eine Reihe von Kooperativen, von denen etliche sehr gerühmt werden, insbesondere die von Maury.

Collioure Diese winzige Appellation, die kleinste für trockenen Rotwein in der Region Languedoc-Roussillon, liegt im Süden der Côtes du Roussillon und besteht aus terrassenförmig in Hügel eingeschnittenen Weingärten. Das ist die so genannte Côte Vermeille. Tatsächlich liegen alle Weinberge von Collioure an diesen steilen, terrassierten Abhängen. Der Rotwein wird hauptsächlich aus einer Mischung von Grenache, Carignan, Mourvèdre, Syrah und Cinsault bereitet. In Collioure sind geringe Erträge an der Tagesordnung, daher fallen die Weine relativ reichhaltig und vollmundig aus. Die besten Collioures stammen aus dem großen Gut Domaine du Mas Blanc des verstorbenen Dr. Parcé, der auch für seinen fabelhaften verstärkten, portweinähnlichen Banyuls bekannt ist. Im Allgemeinen gibt es zwei Cuvées in Collioure, nämlich Les Piloums und Cosprons Levants. Als weitere interessante Produzenten sind Thierry Parcé von der Domaine de la Rectorie und die Celliers des Templiers zu nennen.

Montpeyroux Dieses winzige Anbaugebiet innerhalb der Appellation Coteaux du Languedoc wird für sein Potenzial gelobt. Einige der höchst beeindruckenden, konzentrierten und intensivsten Weine wachsen auf dem felsigen Boden von Montpeyroux und seinem nächsten Nachbarn Pic-St-Loup.

Pic-St-Loup Pic-St-Loup bietet einige Produzenten auf, die zur Avantgarde des Languedoc-Roussillon gehören und deren Weine allerhöchste Qualität darstellen. Sie verdanken ihren Ruf der Tatsache, dass ihre Anbaugebiete auf felsigem Boden nördlich von Montpellier liegen. Die Qualität ihres Syrah, Grenache und Mourvèdre war beeindruckend und die besten von ihnen können es mit manchen Spitzenerzeugnisse des Rhônetals aufnehmen. Zusammen mit Montpeyroux gehört Pic-St-Loup zu den aufregendsten Weinanbaugebieten im Languedoc-Roussillon des 21. Jahrhunderts.

Vins Doux Naturels Obwohl sie weiterhin aus der Mode sind, ist das Languedoc-Roussillon reich an einigen der wertvollsten Süßweine und verstärkten süßen Dessertweine Europas. Die berühmtesten stammen aus Banyuls und Maury (südlich bzw. nördlich von Perpignan). Nach den gesetzlichen Vorschriften, denen die beiden Appellationen unterliegen, müssen diese überreichen, verstärkten Weine aus mindestens 50% Grenache-Trauben gekeltert werden. Weine, die das Anrecht auf die Bezeichnung Banyuls Grand Cru haben, müssen aus mindestens 75% Grenache erzeugt sein.

Zu den anderen Gebieten, die Süßweine erzeugen, gehören Muscat de Rivesaltes, Muscat de Lunel, Muscat de Frontignan und die beiden kleineren Appellationen Muscat de Mireval und Saint-Jean-de-Minervois. Sowohl Muscat de Frontignan als auch Muscat de Mireval befinden sich in der Nähe des Hérault. Muscat de Lunel wird östlich von Nîmes im nördlichen Teil des Languedoc-Roussillon erzeugt.

Der berühmteste dieser Weine ist der große Banyuls von Dr. Parcé. In Frankreich besitzen diese Tropfen alle einen legendären Ruf, doch außerhalb der Landesgrenzen sind sie zu meinem Erstaunen zumeist nur Eingeweihten bekannt. Fast alle diese Weine weisen eine beachtliche Lebenserwartung auf und bieten ein bemerkenswertes Preis-Qualitäts-Verhältnis, besonders wenn man die Tatsache bedenkt, in welche Höhen die Preise für Jahrgangs- oder Tawny-Portwein gestiegen sind.

DIE BESTEN PRODUZENTEN DES LANGUEDOC-ROUSSILLON

****** (HERVORRAGEND)*

Domaine Clavel
Clos des Truffiers
La Grange des Pères
Domaine du Mas Blanc (Dr. Parcé)
Château de la Négly

***** (AUSGEZEICHNET)*

Domaine de l'Aiguelière
Gilbert Alquier et Fils
Domaine d'Aupilhac
Domaine Les Aurelles****/*****
Domaine Léon Barral
Domaine de Baubiac
Hugues Beaulieu
Domaine Borie de Maurel
Château de Campuget
Domaine Canet-Valette****/*****
La Cazenove
Domaine Cazes
Clos de l'Escandil
Clos Marie****/*****
Les Clos des Paulilles****/*****
Col des Vents
Domaine a Combe Blanche
Domaine Cros
Domaine Ferrer Ribière
Domaine Foulaquier
Domaine Gardiés
Domaine Gauby
Château Grande Cassagne
Château Grès St-Paul****/*****
Domaine de l'Hortus
Château de Jau (Muscat- und Talon-Weine)
Château de Lancyre
Château Mansenoble
Domaine Mas Amiel****/***** (Süßweine)
Mas des Aveylans****/*****
Mas des Bressades****/*****
Mas Cristine
Mas de la Dame
Mas de Gourgonnier
Mas Jullien
Château de Montpezat****/*****
Domaine Mortiès****/*****
Mourgues du Grès
Château Les Palais
Domaine Peyre Rose
Domaine Picquemal
Prieuré de St-Jean-de-Bébian
Domaine Puech Chaud****/*****
Domaine Richeaume
Château La Roque
Tardieu-Laurent****/*****
Château Tour Boisée

**** (GUT)*

Domaines des Aires-Hautes
Domaine de l'Arjolle
Château de Belles Eaux
Château de Caladroy
Domaine des Cantarelles
Château de Capitoul***/****
Clos Bagatelle***/****
Domaine La Colombette
Château Coupe Roses
Domaine de la Croix Belle
Guilhem Durand
Domaine de l'Ermitage du Pic-St-Loup***/****
Domaine Font Caude***/****
Domaine Fontsainte
Domaine La Gauphine

Domaine du Grand Crés
Château Hospitalet La Clape
Domaine Lacroix-Vanel***/****
Domaine Lalande
Château de Landure***/****
Château Lavabre***/****
Societé Vinicole de Lesquerde (Cuvée Georges Pous)
Mas de la Barben***/****
Mas Carlot
Mas de Daumas Gassac***/****
Mas de Guiot***/****
Château Mas Neuf
Domaine Massamier
Château de Nages***/****
Novellum***/****
Château d'Or et de Gueules
Domaine Piccinini***/****
Château Puech-Haut***/****
Domaine Rimbert***/****
Domaine du Roc
Château Russol-Gardey***/****
Domaine de St-Antoine***/****
Domaine St-Martin de la Garrigue
Domaine de la Tour Vieille
Val d'Orbieu (Cuvée Mythique)
Château de Valcombe***/****
Château de Valflaunes***/****

*** * (DURCHSCHNITTLICH)***

Abbaye de Valmagne**/***
Clos Fantine
Domaine Fontanel**/***
Domaine Gautier**/***
Château de Jau (einfache *Cuvées*)
Les Jamelles
Château Lascaux**/***
Domaine Mas Amiel**/*** (trockene Weine)
Mas Champart
Mas de Fournel**/***
Mas Gabinelle**/***
Domaine des Moulines
Domaine la Noble
Domaine de Poujol
Château Prat de Cest**/***
Domaine St-Sernin**/***
Château St-Eulalie**/***
Domaine St-Hilaire**/***
Domaine Salvat**/***
Domaine Sarda-Mallet**/***
Val d'Orbieu
Vignerons d'Octaviana**/***
Château de Villenouvette**/***

DOMAINE DE L'AIGUELIÈRE

1997 Coteaux du Languedoc-Montpeyroux Côte Dorée — D 90

1997 Coteaux du Languedoc-Montpeyroux Côte Rousse — D 90

1999 Coteaux du Languedoc-Montpeyroux Tradition Elevé en Fûts de Chêne — C 88

Der *1997er Coteaux du Languedoc-Montpeyroux Côte Dorée* wurde in Burgunderfässern ausgebaut. Er bietet eine dunkelrubinrote Farbe und wartet auf mit wunderschöner Eichenholzwürze und einem pflaumenhaften, fruchtigen Bukett. Am Gaumen offenbart dieser äußerst gut konzentrierte und extrahierte Wein Geschmackskomponenten von Speck, Brombeeren, Karamell und Kaffee. Von mittlerem bis vollem Körper und samtig texturiert, besitzt dieser Tropfen einen langen, harmonischen und geschmeidigen Abgang. Er wird in den nächsten 4 Jahren den besten Trinkgenuss gewähren.

Der *1997er Coteaux du Languedoc-Montpeyroux Côte Rousse* wurde vollkommen in Burgunderfässern ausgebaut. Sein Bukett offenbart Brombeeren und Spuren von geröstetem Eichenholz. Bei mittlerem bis vollem Körper und seidiger Textur ist dieser Wein strukturierter und strenger als der vorgenannte, verwöhnt jedoch den Gaumen mit Geschmacksnuancen von pikanten schwarzen Johannisbeeren und Gewürzen. Dieser überaus gut bereitete und kraftvolle Wein sollte innerhalb der nächsten 5 Jahre getrunken werden.

Der mittel- bis dunkelrubinrote *1999er Coteaux du Languedoc-Montpeyroux Tradition Elevé en Fûts de Chêne* offenbart ein Bukett mit Düften nach Cassis und weißem Pfeffer. In seiner seidig texturierten Persönlichkeit von mittlerem Körper legt er Geschmacksnuancen von schwarzen Johannisbeeren, Brombeeren und Himbeeren an den Tag. Er ist klar umrissen, elegant und bietet einen langen Abgang, in dem frisch gemahlener Pfeffer spürbar wird.

GILBERT ALQUIER ET FILS

1998	Faugères	B	88

Bei dem mittel- bis dunkelrubinroten *1998er Faugères* vermischen sich im Bukett Düfte von Kirschen und schwarzen Brombeeren mit sonnengetrockneten Kräutern. Von mittlerem Körper und ausgewogen, ist dies ein gut bereiteter, seidig texturierter Wein mit Geschmackskomponenten von Teer, *garrigue* (Kräuter der Provence) und dunklen Früchten. Er ist maskulin, muskulös, irgendwie ungefüge und sollte mit zunehmendem Alter besser werden. Voraussichtliche Genussreife: jetzt–2008.

DOMAINE DE L'ARJOLLE

1998	Côtes de Thongue Lyre de l'Arjolle	C	88
1998	Vin de Pays de Côtes de Thongue Equinoxe de l'Arjolle	B	88

Der *1998er Vin de Pays de Côtes de Thongue Equinoxe de l'Arjolle*, eine *assemblage* aus 50% Viognier, 40% Sauvignon Blanc und als geschmackliches Gegengewicht 10% Muscat, offenbart in seinem Bukett reiche, reife Düfte von Orangenschale, Aprikosen und Rauch. Von mittlerem Körper, ist der ölig texturierte, geschmacksintensive und breite Wein voll gepackt mit gelben Früchten und besitzt ausgezeichnete Ausgewogenheit. Ein superber Aperitif, der sich auch als Begleiter zu leichten Fischmahlzeiten eignet. Trinken Sie ihn in den nächsten 2 Jahren.

Der *1998er Côtes de Thongue Lyre de l'Arjolle* ist ein spät gelesener Muscat-Dessertwein. Er legt wunderbare Düfte von Orangenmarmelade und weißen Blumen an den Tag. Bei mittlerem Körper und geleeartigem Charakter ist dies ein ausgewogener Wein, der angefüllt ist mit Geschmackskomponenten von Aprikosen, Orangenblüten und einem Hauch Himbeeren. Ein ausgezeichneter Tropfen, dem es aber für eine hervorragende Bewertung an Länge und Komplexität mangelt. Trinken Sie ihn in den nächsten 5 Jahren.

DOMAINE D'AUPILHAC

1998	Coteaux du Languedoc Le Clos	D	(87–89)
1999	Coteaux du Languedoc-Montpeyroux	C	88+
1998	Coteaux du Languedoc-Montpeyroux	C	88+

Der *1998er Coteaux du Languedoc Le Clos*, eine *assemblage* aus 40% Mourvèdre, 40% Carignan und 20% Grenache, wurde 30 Monate lang in neuen und einjährigen Eichenholzfässern ausgebaut und zeigt ein sattes, schwarz-rubinrotes Kleid. In seinem intensiven Bukett offenbart der Wein superbe Düfte von Brombeeren, Lakritze und Cassis. Bei mittlerem bis vollem Körper zeigt er sich am Gaumen gut strukturiert und voll gepackt mit süßer schwarzer Johannisbeerfrucht. Intensiv, kraftvoll, aber dennoch von feiner Art, dürfte er jetzt–2005 seinen Höhepunkt erleben.

Der dunkelrubinrote *1998er Coteaux du Languedoc-Montpeyroux* besitzt ein nach Brombeeren, gerösteten Kaffeebohnen und Teer duftendes Bukett. Von mittlerem Körper, kernig texturiert und mit einem Geschmack von schokoladigen, schwarzen Früchten, ist dies ein strukturierter, intensiver und kraftvoller Wein. Voraussichtliche Genussreife: jetzt–2008.

Leser, die nichts gegen strenge, tanninreiche Weine einzuwenden haben, werden den *1999er Coteaux du Languedoc-Montpeyroux* der Domaine d'Aupilhac lieben. Er wartet auf mit einem ehrfurchtgebietenden Bukett mit Düften nach *garrigue* (Kräuter der Provence), Gewürzen, schwarzen Früchten und frischem Asphalt. Dies ist ein expansiver, mittelgewichtiger Wein, voll beladen mit Geschmackskomponenten von Brombeeren, Schokolade, Gewürzen und Mokka, der Kanten und Ecken und einen strengen, ungefügen Abgang zeigt. Voraussichtliche Genussreife: 2005–2009.

DOMAINE LES AURELLES

1998	**Coteaux du Languedoc Aurel**	**D**	**90**
1999	**Coteaux du Languedoc Solen**	**C**	**89**

Der mittel- bis dunkelrubinrote *1999er Coteaux du Languedoc Solen* wurde aus Grenache, Carignan und Syrah hergestellt. Er bietet ein etwas zurückhaltendes Aroma von schwarzen Früchten und eine reintönige Persönlichkeit von mittlerem Körper mit reichlichen Geschmacksnuancen von Brombeeren, Teer und Spuren von Lakritze. In seinem langen und geschmeidigen Abgang zeigt der harmonische Wein ganze Ladungen überreifer Tannine. Trinken Sie ihn innerhalb der nächsten 7–8 Jahre.

Der *1998er Coteaux du Languedoc Aurel* enthält in seinem Mischsatz 50% Syrah, während der Rest zwischen Grenache und Carignan aufgeteilt wird. Sein mächtiges Bukett mit Düften nach schwarzen Früchten, Gewürzen und cremigen Aromen explodiert förmlich im Glas. Von mittlerem bis vollem Körper und nahtlos, ist dies ein intensiver Tropfen, dick bepackt mit Nuancen von frischem Asphalt, saftigen Brombeeren und schwarzen Kirschen. Der klar gezeichnete und ausdrucksvolle Wein besitzt einen bewundernswerten Abgang. Voraussichtliche Genussreife: jetzt–2008.

DOMAINE LÉON BARRAL

1998	**Faugères**	**B**	**90**
1998	**Faugères Jadis**	**C**	**90**
1997	**Faugères Jadis**	**C**	**88**

Der dunkelrubinrote *1997er Faugères Jadis* wartet auf mit einem parfümierten und kräuterhaften Aromaprofil. Bei mittlerem Körper und schöner Tiefe in seinem floralen Charakter bietet er Geschmacksnuancen von schwarzen Beeren und reifen Tomaten. Zwar besitzt der feste, strukturierte Tropfen nichts von der überreifen, fruchtgeprägten Art des 1998ers, zeigt aber eindrucksvolle Komplexität in seiner ein wenig rustikalen Persönlichkeit. Trinken Sie ihn während der nächsten 4–5 Jahre.

Der hervorragende, mittel- bis dunkelrubinrote *1998er Faugères* bietet ein wachsartiges Bukett mit Aromen von vollreifer, dunkler Kirschenfrucht. Von mittlerem bis vollem Körper, samtig texturiert und expansiv, offenbart der beeindruckende Wein in seinem ausdrucksvollen Charakter Ladungen von kernigen Kirschen, Brombeeren und Gewürzen. Ausgestattet mit einem intensiven, kraftvollen Geschmack, besitzt er einen langen, tannin- und fruchtreichen Abgang. Ein großartiger Einkauf! Voraussichtliche Genussreife: jetzt–2008.

Der dunkelrubinrot-schwarze *1998er Faugères Jadis* trumpft mit einem extravaganten Bukett von Brombeeren und Zederndut auf. Dies ist ein unglaublich konzentrierter, aber noch verhalten entwickelter Wein, angefüllt mit reichlichen Geschmackskomponenten von Schokolade, Teer und *garrigue* (Kräuter der Provence). Seine massive, konzentrierte und extraktreiche Persönlichkeit besitzt einen hervorragenden Biss. Voraussichtliche Genussreife: jetzt bis 2010.

DOMAINE DE BAUBIAC

1998	**Coteaux du Languedoc**	**B**	**89+**
1998	**Vin de Pays d'Oc Merlot**	**A**	**88**

Der sattrubin-purpurrote *1998er Vin de Pays d'Oc Merlot* bietet in seinem Bukett Düfte nach Brombeeren, Oliven und italienischen Tomaten. Der kraftvolle, dichte und intensive Wein ist voll gepackt mit Geschmackskomponenten, die teerig schwarze Früchte und Schokolade enthüllen. Von mittlerem bis vollem Körper, kernig und mit bewunderungswürdig langem Abgang ausgestattet, wird er in den nächsten 4–5 Jahren am besten schmecken.

Der *1998er Coteaux du Languedoc*, eine *assemblage* aus 60% Syrah und 40% Mourvèdre, ist ein mittel- bis dunkelrubinroter Wein, der in seinem Bukett deutlich die Düfte von geröstetem Thymian und Rosmarin zu erkennen gibt. Prachtvoll reif und konzentriert, von mittlerem bis vollem Körper, kleidet der Wein mit seinen Geschmackskomponenten von Brombeeren, wilden Beeren, Tabak, Zedernholz und teerähnlichen Nuancen den Gaumen aus. Dieser intensive Tropfen gibt Vollgas und ist nichts für zarte Gemüter. Voraussichtliche Genussreife: jetzt–2006.

HUGUES BEAULIEU

2000 Picpoul de Pinet **A 89**

Möglicherweise der beste Picpoul, den ich je verkostet habe! Der *2000er Picpoul de Pinet* (der Muscadet Südfrankreichs) bietet ein explosives, nach Zitrusfrucht und Grapefruit duftendes Bukett, exzellente Textur und einen trockenen, frischen Abgang. Da diese Weine nicht langlebig sind, sollten Sie ihn jetzt trinken.

CHÂTEAU DE BELLES EAUX

1997 Coteaux du Languedoc Elevé en Fût de Chêne Cuvée Sylveric **B 89**

Dieses Weingut, das unter der aufmerksamen Leitung der Besitzerin Hélène Mir und ihres Schwagers steht, hat eine glänzende Zukunft vor sich – dies zeigte sich bei meiner Verkostung der neun Weine aus ihrem Angebot von verschiedenen Jahrgängen (da die meisten Weine ohnehin nicht mehr erhältlich sind, werden sie hier nicht mehr aufgeführt). Die Besitzer haben nämlich bereits jetzt eine der härtesten Herausforderungen für Weinmacher gelöst: Alle ihre Weine besitzen eine prachtvolle Textur. Die 50 Hektar große Domaine produziert jedes Jahr 350 000 Flaschen Wein und verkauft 250 000 davon an *négociants*. Die Luxuscuvée des Gutes, der mittel- bis dunkelrubinrote *1997er Coteaux du Languedoc Elevé en Fût de Chêne Cuvée Sylveric* ist nach dem Namen der Söhne der Besitzer benannt (Sylvain und Americ). Dieser Wein, eine *assemblage* aus 70% Syrah, 20% Grenache und 10% Mourvèdre, offenbart hochreife Aromen von Kerzenwachs und dicklicher Brombeerfrucht. Bei mittlerem bis vollem Körper legt er eine dicke Persönlichkeit an den Tag, die voll gepackt ist mit Geschmackskomponenten von gerösteten, schwarzen Früchten und Myriaden von Gewürzen. Noch etwas streng, benötigt er 1–2 Jahre Kellerreife. Trinken Sie ihn zwischen 2004–2008.

DOMAINE BORIE DE MAUREL

1999 Minervois Cuvée Sylla **C 89+**

1998 Minervois Cuvée Sylla **C (89–91)**

Der beeindruckende *1998er Minervois Cuvée Sylla*, aus 100% Syrah gekeltert, handgelesen bei einer Ertragsmenge von 30 hl/ha, wartet mit einer satten, dunkelrubinroten Farbe auf. Sein vollreifes Bukett offenbart ganze Duftladungen von kandierten schwarzen Himbeeren. Am Gaumen offenbart dieser den Mund auskleidende und massiv reife Wein von mittlerem bis vollem Körper einen unglaublichen Eindruck von im Tank vergorener Syrah-Frucht. Noten von Schokolade tauchen in seinem bewundernswert langen und geschmeidigen Abgang auf. Trinken Sie den wunderbaren Wein innerhalb der nächsten 4–5 Jahre.

Der *1999er Minervois Cuvée Sylla* wurde aus 100% Syrah produziert und vollständig im Edelstahltank vinifiziert und ausgebaut. Sein sinnliches Bukett mit Düften nach süßem Sattelleder, schwarzen Himbeeren und Brombeeren kann sich sehen lassen. Ladungen von dunklen Früchten und Tanninen kleiden Mund und Gaumen des Verkosters aus. Von mittlerem bis vollem Körper, kraftvoll und intensiv, ist dies ein gut bereiteter Wein. Noch etwas rustikal in seiner Jugend, wird er letztlich eine hervorragende Punktnote verdienen, wenn Kellerreife seine Struktur gezähmt hat. Voraussichtliche Genussreife: jetzt–2008.

CHÂTEAU DE CALADROY

1998 Côtes du Roussillon-Villages La Cuvée du Docteur Bobo **C 89**

1998 Côtes du Roussillon-Villages Les Grenats **C 88+**

Der *1998er Côtes du Rousillon-Villages Les Grenats* zeigt Düfte von süßen Brombeeren und Leder in seinem Bukett. Von mittlerem bis vollem Körper, versorgt der dichte, mollige und mit fortgeschritten entwickelter Frucht ausgestattete Wein den Gaumen mit einer vollmundigen, prachtvollen Geschmackspalette von reifen Früchten, Teer und Lakritze. Der strenge, jedoch fruchtbepackte Wein, eine *assemblage* aus 10% Grenache, 20% Mourvèdre und 70% Syrah, bietet in den nächsten 4–5 Jahren köstlichen Trinkgenuss.

Der *1998er Côtes du Roussillon-Village La Cuvée du Docteur Bobo* ist mächtig, breit angelegt und intensiv strukturiert. Seine dunkelrubinrote Farbe und das nach schwarzen Himbeeren duftende Bukett leiten über zu einem vielschichtigen Geschmacksprofil mit von Teer und Lakritze durchtränkten schwarzen Früchten. Wenn dieser mächtige Wein altert, wird er sogar eine bessere Bewertung verdienen – falls sein tanninreiches Rückgrat wegschmilzt, bevor die Frucht vergangen ist. Voraussichtliche Genussreife: jetzt–2007.

CHÂTEAU CALISSANNE

1998	Clos Victoire Coteaux d'Aix	C	90

Obwohl dieses Weingut nicht im Languedoc-Roussillon liegt, verdient es, in diesen Überblick aufgenommen zu werden, da es so wenige Besitztümer gibt, die unter der Appellation Coteaux d'Aix-en-Provence Weine dieser Qualität herstellen. Der superbe *1998er Clos Victoire Coteaux d'Aix* stammt aus einer Rebparzelle von gut 4 Hektar und wird hauptsächlich aus Syrah gekeltert, wobei Cabernet Sauvignon als Gegengewicht beigemischt wird. Er prunkt mit einer dichten purpurroten Farbe und einem gewaltigen, süßen Bukett, das Düfte nach Brombeermarmelade, Zedernholz, Lakritze, Trüffeln und Pfeffer enthüllt. Unglaubliche Fruchtintensität und Reintönigkeit, ein voller Körper und schön integriertes Tannin, Säure und frisches Eichenholz ergeben einen beeindruckenden Wein von den Coteaux d'Aix. Voraussichtliche Genussreife: jetzt–2012.

CHÂTEAU DE CAMPUGET

2000	Costières de Nîmes (weiß)	A	89
1998	Costières de Nîmes Cuvée Prestige	B	(89–91)
1998	Vin de Pays du Gard Syrah Cuvée Prestige	C	90
2000	Vin de Pays du Gard Viognier Cuvée Prestige	B	89
1999	Vin de Pays du Gard Viognier Cuvée Prestige	B	88
2000	Vin de Pays d'Oc	A	88

Der potenziell hervorragende *1998er Costières de Nîmes Cuvée Prestige*, ein Verschnitt aus 50% Syrah und 50% Grenache (zwei Drittel werden in neuen Eichenholzfässern ausgebaut, ein Drittel als Gegengewicht dazu in einjährigen Fässern), bietet ein elegantes florales, nach roten und schwarzen Früchten duftendes Bukett. Sein explosives Geschmacksprofil offenbart Noten von Cassis, Kirschen, Leder und Gewürzen und erfreut den Gaumen mit seiner den Mund auskleidenden Art. Ölig texturiert und vollreif, wird der Wein mit seinem langen, geschmeidigen Abgang voller Tannine im Lauf der nächsten 6–7 Jahre wunderbaren Trinkgenuss gewähren.

Der *1998er Vin de Pays du Gard Syrah Cuvée Prestige* hat gehalten, was der Wein im Fass versprochen hatte. Er trägt das gleiche Etikett wie die einfachen Rotweine dieses Weingutes, kann aber dennoch leicht von diesen unterschieden werden, denn der Wein wurde in Burgunderflaschen abgefüllt und trägt ein schwarzes Etikett mit der Bezeichnung »Syrah Prestige«. Die Ernte lag bei 30 hl/ha. Ausschließlich in neuen Eichenholzfässern und *demi-muids* ausgebaut, besitzt der dunkelrubinrote Wein ein nach dichter schwarzer Frucht und frischem Asphalt duftendes Bukett. Streng in seiner Struktur, stark extrahiert, dick, intensiv und körperreich, ist er voll gepackt mit Geschmacksnoten von Brombeeren, Teer und Anklängen an Cassis. Dies ist ein ausgezeichneter Gegenwert für Ihr Geld. Voraussichtliche Genussreife: jetzt–2008.

Dem Mischrezept des *1999ers Vin de Pays du Gard Viognier Cuvée Prestige* wurde eine kleine Dosis Muscat (5%) beigefügt. Im Bukett dieses köstlichen, charaktervollen Weins mischen sich Düfte von frischen, weißen Pfirsichen und Orangenschalen. Von mittlerem Körper, offenbart er in seinem weich texturierten Charakter Geschmackskomponenten von spritzigen gelben Früchten, Potpourri-Blütenmischungen und Aprikosen. Dieser ausgezeichnete Wert ist ein erstklassiger Aperitif. Trinken Sie ihn jetzt.

Der tiefrubin-purpurrote *2000er Vin de Pays d'Oc*, eine im Tank vergorene und ausgebaute *assemblage* aus 55% Grenache und 45% Syrah, bietet ein prächtiges Aromaprofil mit Düften nach Beeren, Pfeffer und Gewürzen, dazu eine schöne Textur, überreiche Geschmacksnuancen von süßen Früchten, unglaubliche Reintönigkeit und einen langen Abgang. Ein ernsthafter, trockener Rotwein von bezaubernder Köstlichkeit, den man auch leicht gekühlt servieren kann.

Der weiße *2000er Costières de Nîmes*, dessen Mischsatz 65% Roussanne, 30% Grenache Blanc und 5% Clairette enthält, wurde im Stahltank vergoren und ausgebaut. Er bietet Duftnuancen von Rosenblättern, Geißblatt und Bananen. Dieser reichfruchtige, trockene Wein von mittlerem Körper wurde makellos vinifiziert und abgefüllt. Ein köstlicher provenzalischer Weißwein, den Sie jetzt genießen sollten.

Der im Fass vergorene *2000er Vin de Pays du Gard Viognier Cuvée Prestige* ist ebenso gut. Er offenbart ein üppiges Bukett von Geißblatt, Pfirsichen und Orangenmarmelade, dazu schöne untergründige Säure. Der frische, lebendige und außerordentlich gut bereitete Wein sollte jetzt getrunken werden.

DOMAINE CANET-VALETTE

1998	**St-Chinian Une et Mille Nuits**	**B**	**88**
1997	**St-Chinian Le Vin Maghani**	**C**	**90**
1998	**St-Chinian Le Vin Maghani Réserve**	**C**	**90**

Dieses ökologisch geführte Weingut besteht aus einer einzigen 18 Hektar großen Rebparzelle und ist von *garrigue*, den wilden Kräutern Südfrankreichs, umgeben. Der *1997er St-Chinian Le Vin Maghani* zeigt eine satte dunkelrubin-purpurrote Farbe. Mit seinem Bukett von kräuterüberhauchten Brombeeren birst er förmlich aus dem Glas. Der nahtlose Wein besitzt eine sinnliche Persönlichkeit von mittlerem bis vollem Körper und offenbart einen langen, üppigen, süßen und leicht warmen Abgang (reich an Alkohol und Extrakten). Trinken Sie ihn in den nächsten 6–8 Jahren.

Ein duftiges Bukett von Himbeeren, Blaubeerkuchen und Aromen, die an Grand-Marnier erinnern, entströmt dem mittelrubinroten *1998er St-Chinian Une et Mille Nuits*. Im Mund gibt er würzige und pfeffrige Geschmackskomponenten zu erkennen, die durch Noten von getrockneten provenzalischen Kräutern, Rinderblut und Blaubeeren sowie Orange ergänzt werden. Dominiert von seinem Anteil an Grenache (fast 60%, hinzu kommen Syrah und Carignan), ist dies ein erdiger, rustikaler Wein voller Persönlichkeit. Trinken Sie diesen hervorragenden Tropfen, der ein erstklassiges Preis-Leistungsverhältnis bietet, in den nächsten 5–7 Jahren.

Rote und schwarze Früchte mischen sich im Bukett des *1998ers St-Chinian Le Vin Maghani Réserve* mit Düften nach Gewürzen und Lakritze. Von mittlerem Körper und tief, gibt er sich in seinem Geschmack voll gepackt mit Kirsch- und Brombeeraromen, ausgewogen und mit Kraft und Konzentration. In seinem extensiven Abgang findet man riesige Mengen an Tanninen, die jedoch reif und geschmeidig sind. Voraussichtliche Genussreife: 2004–2009.

DOMAINE DES CANTARELLES

1998	**Vin de Pays du Gard Cabernet Syrah**	**B**	**88+**

Der *1998er Vin de Pays du Gard Cabernet Syrah* wird aus Cabernet Franc, Cabernet Sauvignon (zusammen 40%) und Syrah gekeltert (50% des Syrah-Anteils wurde in neuen Eichenholzfässern ausgebaut). In seinem Bukett bietet er Düfte von süßem Cassis und würzigem

Eichenholz. Am Gaumen offenbart der kernige, jugendliche und ausgewogene Wein Geschmacksnuancen von schwarzen Himbeeren und Kirschen. Tief, strukturiert und voller reifer Tannine, dürfte er nach 1–2 Jahren Kellerreife noch besser sein.

CHÂTEAU DE CAPITOUL

2000 Coteaux du Languedoc-La Clape Les Rocailles B 89

1998 Vin de Pays d'Oc Les Oubliées Viognier Vendanges Tardives C/0,5 l 89

Der intensive mittel- bis dunkelrubinroter *2000er Coteaux du Languedoc-La Clape Les Rocailles* gibt in seinem Aromaprofil kandierte rote Kirschen zu erkennen. Dieser üppige Wein, ein Verschnitt aus Syrah, Mourvèdre und Carignan, ist voll gepackt mit Geschmackskomponenten, die Anklänge an saftige Blaubeeren, süße Brombeeren und dickliche Kirschen preisgeben. Dies ist ein breiter, ausladender und samtig texturierter Wein mit einem langen, üppigen Abgang. Trinken Sie ihn in den nächsten 4–5 Jahren.

Vom wunderschönen *1998er Vin de Pays d'Oc Les Oubliées Viognier Vendanges Tardives* (*Les Oubliées* bedeutet »Die Vergessenen«) wurden 5 hl/ha geerntet, danach folgte ein 36-monatiger Ausbau in neuen Eichenholzfässern. In seinem ungestümen Aromaprofil lassen sich gegrillte Pfirsiche und Aprikosen ausmachen. Am Gaumen gibt er sich ausgewogen, frisch und voller Geschmacksnuancen von gelben Früchten (hauptsächlich Pfirsichen), die noch in seinem extensiven Abgang zu schmecken sind. Von diesem exzellenten Süßwein wurden nur 1500 Flaschen produziert. Trinken Sie ihn in den nächsten 5–6 Jahren.

LA CAZENOVE

1998 Côtes de Roussillon Cuvée Commandant Jaubert D (90–92)

Achtzig Prozent der Cuvée bestehen aus reifen Syrah-Trauben, die mit einem überaus niedrigen Ertrag von 20–25 hl/ha geerntet wurden. Der *1998er Côtes de Roussillon Cuvée Commandant Jaubert* kam in seiner Jugend mit reichlichem frischen Eichenholz in Kontakt. Er war schon immer einer der Stars der Côtes du Roussillon und 1998, zusammen mit der zusätzlichen Reife und Wucht des Jahrgangs, wurde dies ein Wein von außergewöhnlicher Intensität, Wucht, Reichhaltigkeit und viel versprechendem Potenzial. Mit der dunkelrubinpurpurroten Farbe geht ein körperreicher, dicker, gehaltvoller und gemäßigt tanninreicher Wein einher, der 12–18 Monate Flaschenreife benötigt. Beeindruckend reintönig, ausgewogen und vollmundig, sollte sich dieser groß angelegte Wein jetzt–2012 schön trinken lassen.

DOMAINE CLAVEL

1998 Coteaux du Languedoc-Terroir La Méjanelle La Copa Santa C (91–93)

1998 Coteaux du Languedoc-Terroir La Méjanelle Les Garrigues B (88–91)

Der *1998er Coteaux du Languedoc-Terroir La Méjannelle Les Garrigues* besteht aus Syrah und Grenache zu gleichen Teilen und ist erstklassig. Seine schwarz-purpurrote Farbe und sein süßes, florales, nach schwarzem Brombeerlikör duftendes Bukett gehen einher mit einer den ganzen Mund auskleidenden Persönlichkeit. Im Geschmacksprofil dieses muskulösen Weins von mittlerem bis vollem Körper finden sich pikante Brombeeren, Teer und Spuren von Minze, die in einen lang anhaltenden Abgang münden. Dies ist ein vollmundiger, gradliniger Wein voller Geschmack. Voraussichtliche Genussreife: jetzt–2007.

Der hervorragende *1998er Coteaux du Languedoc-Terroir La Méjannelle La Copa Santa* (80% Syrah, 10% Grenache und 10% Mourvèdre) besitzt eine satte schwarze Farbe. Das nach Tinte und süßen Brombeeren duftende Bukett geht einher mit einer massiven, maskulinen, unglaublich wuchtigen Persönlichkeit. Geschmackskomponenten von Rinderblut, Lakritze und Straßenteer überwältigen den Gaumen und verweigern ihm scheinbar die Kontrolle. Dieser körperreiche, expansive Macho von einem Wein ist hoch konzentriert und äußerst gut extrahiert. Voraussichtliche Genussreife: jetzt–2010.

CLOS BAGATELLE

1998	**St-Chinian La Gloire de Mon Père**	**C**	**(87–89)**

Der mittel- bis dunkelrubinrote *1998er St-Chinian La Gloire de Mon Père* besitzt ein florales, vollreifes Aroma von roten Früchten. Bei mittlerem bis vollem Körper kraftvoll und intensiv, überzieht dieser Wein den Gaumen mit Geschmackskomponenten von Lakritze, Teer und Brombeeren. Sein bewunderungswürdiger langer Abgang offenbart eine ganze Ladung reifer, geschmeidiger Tannine. Voraussichtliche Genussreife: jetzt–2006.

CLOS MARIE

1998	**Coteaux du Languedoc-Pic-St-Loup Les Glorieuses**	**E**	**91**
1998	**Coteaux du Languedoc-Pic-St-Loup Les Olivettes**	**B**	**89**
1998	**Coteaux du Languedoc-Pic-St-Loup Simon**	**D**	**90+**

Clos Marie ist zweifellos eines von Pic-St-Loups aufstrebenden Weingütern, litt allerdings unter dem 1999er Jahrgang. »Er war sehr schwierig. Der August war eine einzige Katastrophe«, meinte der Besitzer und Weinmacher, der jedoch hervorragende 1998er produzierte. Der dunkelrubin-purpurrote *1998er Coteaux du Languedoc-Pic-St-Loup Les Olivettes* (ein Verschnitt aus 45% Syrah, 45% Grenache und 10% Mourvèdre, im Tank vergoren und ausgebaut) ist ein köstlicher, eleganter Wein mit verschwenderischen Mengen von Brombeeren, in Lakritze eingeweichten Früchten und einem Hauch von Pfeffer in seinem Geschmacksprofil. Mit seiner niedrigen Säure, prachtvollen Reife und den Mund auskleidenden Reichhaltigkeit sowie seiner runden Art sollte sich dieser Wein 4–5 Jahre schön trinken lassen.

Der *1998er Coteaux du Languedoc-Pic-St-Loup Simon* ist ein mittel- bis dunkelrubinroter Wein mit einem nach Zedernholz und Brombeeren duftenden Bukett. Breit angelegt, kernig und von mittlerem bis vollem Körper, ist sein breitschultriger, leicht rustikaler Charakter voll gepackt mit Geschmackskomponenten von Brombeeren, Cassis und Anklängen an Cola. Ein intensiver, strenger und kraftvoller Wein. Voraussichtliche Genussreife: 2005–2012.

Der *1998er Coteaux du Languedoc-Pic-St-Loup Les Glorieuses,* den ich drei Tage nach der Flaschenabfüllung verkostete, offenbart ein Bukett mit Düften nach Veilchen, Brombeeren und Blaubeeren. Dies ist ein femininer Wein von mittlerem bis vollem Körper, äußerst ausdrucksvoll, samtig texturiert und üppig. In seiner saftigen, gewaltig strukturierten Persönlichkeit findet man Geschmackskomponenten von Gewürzen, Zimt, roten Kirschen und schwarzen Himbeeren. Ein eleganter und dennoch muskulöser Wein. Voraussichtliche Genussreife: 2005–2012.

LES CLOS DES PAULILLES

2000	**Banyuls Rimage**	**C/0,375 l**	**92**
1998	**Banyuls Rimage**	**B/0,375 l**	**(87–89)**
1993	**Banyuls Rimage**	**B/0,375 l**	**88**
1998	**Banyuls Rimage Mise Tardive**	**C/0,5 l**	**92**
1995	**Banyuls Rimage Mise Tardive**	**D**	**89**
1998	**Banyuls Cap Béar**	**D**	**93**
1994	**Banyuls Cap Béar**	**D**	**90**
1999	**Collioure**	**C**	**91+**

Les Clos des Paulilles hat gegenwärtig eine Anzahl unwiderstehlicher Banyuls auf dem Markt. Diese verstärkten Süßweine (ausschließlich aus Grenache gekeltert) gehören zu jenen seltenen Weinen, die man zu Schokoladedesserts servieren kann. Sie sind bereits köstlich in ihrer Jugend zu trinken, vertragen aber auch eine lange Kellerlagerung. Der dunkelrubinrote *1993er Banyuls Rimage* offenbart in seinem Bukett Aromen von gebackenen Kirschen und Pflaumen, die sich mit Spuren von Karamell vermischen. Er besitzt eine Persönlichkeit von mittlerem Körper, die stolze 105 g Restzucker aufweisen kann, obwohl man den Eindruck eines fast trockenen Weins hat. In seinem Geschmacksprofil finden wir Nuancen von herrlichem Brombeerlikör, Mokka und dunkler Schokolade, die bis zu seinem seidigen Abgang nicht nachlassen. Voraussichtliche Genussreife: jetzt–2010+.

Der sattschwarze *1998er Banyuls Rimage* legt Düfte von Mokkaeis und dicklichen roten Kirschen in seinem Bukett an den Tag. Von mittlerem bis vollem Körper und cremig texturiert, ist er voll gepackt mit Geschmackskomponenten, die ganze Ladungen an Schokolade, Blaubeeren und einer Auswahl schwarzer Früchte bieten. Der warme (reich an Alkohol und Extrakten), extrovertierte, schmackhafte und ausgefeilte Wein besitzt exzellenten Biss. Voraussichtliche Genussreife: jetzt–2015+.

Der *1995er Banyuls Rimage Mise Tardive* offenbart Düfte von sahnigen Brombeeren, Kerzenwachs und gerösteten Gewürzen. Dieser samtig texturierte Wein prunkt in seinem überreichen Charakter mit Tiefe, Biss und Konturenschärfe. In seinem Geschmacksprofil lassen sich in roten Kirschsirup getauchte Mokkabonbons finden. Trinken Sie ihn innerhalb der nächsten 15–20 Jahre.

Der mahagonifarbene *1994er Banyuls Cap Béar* zeigt an den Rändern des Weinglases eine ins Orange gehende Bernsteinfarbe. Er wurde eineinhalb Jahre im Freien in Ballonflaschen gelagert, bevor man ihn für 6 Monate 3 Jahre alten Holzfässern anvertraute. Der daraus entstandene Wein ist hervorragend. Man kann im Bukett dieses cremig texturierten Weines von mittlerem bis vollem Körper Düfte von Mokka, Gewürzkuchen, Tabak und süßem Zedernholz entdecken. Seine ausgefeilte, detaillierte aber kraftvolle Persönlichkeit bietet Myriaden an Geschmacksnuancen von Gewürzen, Backpflaumen, Pflaumen und gebackenen Kirschen. Da er den heißen Temperaturen dieser an Spanien angrenzenden Gegend ausgesetzt war, ist der komplexe und ausgewogene Wein durchaus für eine extrem lange Kellerlagerung geeignet. Voraussichtliche Genussreife: jetzt–2030+.

Während manche Produzenten in Collioure 1999 zu kämpfen hatten, da als einzige Rebsorte die Mourvèdre-Traube voll ausreifte, war der Besitzer Bernard Dauré in Hochstimmung, denn das ist genau die Rebsorte, auf die er sich für seinen Collioure hauptsächlich stützt. Der tiefschwarze *1999er Collioure* legt in seinem Bukett Düfte von teerigen, schwarzen Früchten an den Tag sowie einen mittleren bis vollen Körper mit immenser Tiefe. Die *assemblage* aus 72% Mourvèdre und 28% Syrah ist ein wuchtiger, intensiver, männlicher Wein, der mit Geschmackskomponenten von prachtvollen schwarzen Früchten, Veilchen, frischem Asphalt und dicklichen Trauben nur so bepackt ist. Voraussichtliche Genussreife: 2004–2012.

Der dunkle *2000er Banyuls Rimage* besitzt ein verschwenderisches Bukett von kandierten Brombeeren, dicklichen Pflaumen und Mokka. Der geschmeidige, gehaltvolle und köstliche Wein verwöhnt den Gaumen mit opulenten Schwaden an Kirschen, Schokolade und Komponenten von schwarzen Himbeeren. Er ist breit angelegt, frisch und samtig texturiert, besitzt wunderbare Ausgewogenheit und einen langen, geschmacksbetonten Abgang. Trinken Sie ihn in den nächsten 15 Jahren.

Im Bukett des dunkelrubinroten *1998er Banyuls Rimage Mise Tardive* kann man Duftnuancen von wachsartigen schwarzen Himbeeren finden. Von mittlerem Körper, gleicht die geradezu göttliche Textur reiner Seide. Seine breit angelegte Persönlichkeit und sein extensiver Abgang offenbaren Geschmackskomponenten von gebackenen Kirschen, Zedernholz, Mokka, kandierten Pflaumen und dicklichen schwarzen Himbeeren. Voraussichtliche Genussreife: jetzt–2015.

Der mahagoni-bernsteinfarbene *1998er Banyuls Cap Béar* wurde auf eine ganz andere Art hergestellt. Man stellte ihn ungeachtet der Witterungsverhältnisse in einer 60-Liter-Ballonflasche ein Jahr lang ins Freie, dann wurde er für vier Monate in Fässer abgefüllt, »um ihn wieder zusammenzufügen«, wie Bernard Dauré sagte. Aus jeder Ballonflasche verdunsteten in diesem Jahr 5 Liter Flüssigkeit, was der geschmacklichen Konzentration des Weins nur förderlich war. Das unglaublich klar definierte Bukett zeigt Düfte von Zigarrenkiste, Zedernholz und süßem Pfeifentabak, die mit einer überraschend frischen, intensiv-komplexen Persönlichkeit einhergehen. Breit angelegt, üppig, seidig texturiert und von mittlerem Körper, offenbart dieser Wein einen Vielklang von Geschmackskomponenten, die Kirschen, Himbeeren, Zedernholz, Schokolade, Pflaumen, Brombeeren und Tabak zu erkennen geben und auch während seines außerordentlich langen Abgangs andauern. Interessanterweise zeigt die Erfahrung, dass einige Weintrinker diesen Weinstil anbeten (ich gehöre sicherlich dazu), während andere seinen etwas oxidierten Charakter problematisch finden. Trinken Sie dieses Juwel in den nächsten 20+ Jahren.

CLOS DES TRUFFIERS

1998 Coteaux du Languedoc Hommage à Max E (92–95)

Der spektakuläre *1998er Coteaux du Languedoc Hommage à Max* wurde aus Reben von den ältesten Syrah-Rebstöcken im Languedoc (sie wurden 1967 gepflanzt) gekeltert. Zur Zeit der Ernte betrug der natürliche potenzielle Alkoholgehalt der Trauben 15,6%, die Erträge lagen bei unglaublich niedrigen 11 hl/ha. Der weder geschönte noch gefilterte Wein legt eine satte schwarz-purpurrote Farbe und ein außergewöhnliches Bukett mit Düften nach Blaubeersirup, Zedernholz und Plätzchen an den Tag. Seine ehrfurchtgebietende Persönlichkeit ist voll gepackt mit Geschmackskomponenten von süßen Kirschen und Himbeerfrucht, in die sich Anklänge an Eichenholzwürze mischen. Mächtig, verfeinert, imprägniert dieser riesige, ausgewogene, komplexe Wein den Gaumen – ein wirklich außerordentlicher Tropfen! Tief konzentriert und extrahiert, dennoch nahtlos, ist es eine Meisterleistung der Weinbereitung. In anderen Worten: Dies ist der beste trockene 1998er Rotwein, den ich aus dem Anbaugebiet Languedoc-Roussillon verkostet habe. Voraussichtliche Genussreife: jetzt bis 2012.

COL DES VENTS

1998 Corbières Grand Cuvée Castelmaure B 90

Dies ist im Grunde genommen eine Kooperative, in der sich 20 Familien zusammengeschlossen haben, die einige der besten Weinberge in den Corbières kontrollieren. Die Produktion des hervorragenden *1998er Corbières Grand Cuvée Castelmaure* (45% Grenache, 45% Syrah und 10% Carignan) – er verbrachte einige Zeit in neuen Eichenholzfässern – ist auf 15 000 Flaschen limitiert. Der Wein zeigt eine dichte rubin-purpurrote Farbe, sein Bukett offenbart reichliche Mengen von duftendem schwarzen Pfeffer und süßen schwarzen Himbeeren; in seinem Geschmacksprofil findet sich schwarze Johannisbeerfrucht. Ein tiefer, geschmeidiger, gehaltvoller und körperreicher Wein mit schönem Glyzerin, Reintönigkeit und einem zu Kopf steigenden üppigen Abgang. Trinken Sie ihn in den nächsten 2–3 Jahren.

DOMAINE LA COMBE BLANCHE

1998 Minervois-La Livinière »La Chandelière« D 88+

2000 Vin de Pays des Côtes de Brian Tempranillo Le Dessous de l'Enfer D 89

Der *1998er Minervois-La Livinière »La Chandelière«* wurde aus Trauben von 12–15jährigen Syrah- (60%) und 60–70jährigen Grenache-Weinstöcken (40%) gekeltert und 16 Monate in neuen französischen Eichenholzfässern ausgebaut. Man kann in seinem appetitanregenden Aromaprofil Anklänge an Tabak, Zigarrenkiste und Zedernholz entdecken. Von mittlerem Körper und äußerst würzig, bietet der gut bereitete, strukturierte und komplexe Wein ganze Ladungen an seidig texturierten Geschmacksnuancen von schwarzen Früchten, die während seines langen Abgangs anhalten. Voraussichtliche Genussreife: jetzt–2006.

Der *2000er Vin de Pays des Côtes de Brian Tempranillo Le Dessous de l'Enfer*, eine *assemblage* aus 50% Viognier und 50% Roussanne, besitzt ein reifes, florales, nach Birnen und Pfirsichen duftendes Bukett. Dies ist ein seidig texturierter Wein von mittlerem Körper mit einer reichen, molligen, aber doch frische Persönlichkeit. Seine Geschmackskomponenten offenbaren Nuancen von ausgewählten weißen und gelben Früchten. Im Abgang kann man allerdings alkoholische Wärme erkennen, was meine Bewertung nur bis gut klettern ließ. Trinken Sie ihn in den nächsten 12 Monaten.

CHÂTEAU COUPE ROSES

1999 Minervois Cuvée Orience C 88

1998 Minervois Cuvée Orience B (88–89+)

Der *1998er Minervois Cuvée Orience* legt eine mittel- bis dunkelrubinrote Farbe an den Tag. Die *assemblage* aus 75% Syrah, 19% Grenache und 6% Carignan offenbart in ihrem Bukett Duftnoten von schwarzen Früchten, *garrigue* (provenzalische Kräuter) und Eichenholzwürze. Das ist ein breit angelegter, stattlicher Wein von mittlerem bis vollem Körper. In den Geschmackskomponenten dieses warmen (reich an Alkohol und Extrakten) und gut strukturierten, muskulösen Tropfens lassen sich ganze Ladungen von minzigen schwarzen Früchten, Lakritze und Straßenteer feststellen. Voraussichtliche Genussreife: jetzt–2006.

Ähnlich in seiner Farbe ist der *1999er Minervois Cuvée Orience*, der aus 70% Grenache, 20% Carignan (beide Rebsorten wurden in neuen ein- und zweijährigen Eichenholzfässern ausgebaut) sowie 10% Grenache (Edelstahltank) gekeltert wurde. In seinem Bukett offenbart er würzige getoastete Brombeeraromen. Der konzentrierte Wein ist voller Geschmacksnuancen, die auf rauchige Himbeeren, Brombeeren, Cassis und etwas Schokolade verweisen. Von mittlerem Körper und rassig (die Weinberge dieses Gutes liegen in großer Höhe), ist dies ein äußerst ausgewogener, ausdrucksvoller und geschmacksbetonter Tropfen. Voraussichtliche Genussreife: jetzt–2007.

DOMAINE DE LA CROIX BELLE

2000 No. 7 Vin de Pays des Côtes de Thongue (weiß) B 88

Der Name des *2000er No. 7 Vin de Pays des Côtes de Thongue* erklärt sich aus den sieben Rebsorten (Viognier, Chardonnay, Grenache Blanc, Sauvignon Blanc, Carignan Blanc, Muscat und Chasan), die im etwas abenteuerlichen Verschnittrezept dieses Weins auftauchen. Er legt ein duftiges Bukett von gegrillten weißen Früchten und Gewürzen an den Tag. Gehaltvoll, samtig texturiert und von mittlerem Körper, bietet der herrliche Tropfen eine ganze Palette an fruchtigen Geschmackskomponenten, die von Äpfeln über Aprikosen zu weißen Pfirsichen und Birnen reichen. Im Abgang lässt sich neues toastwürziges Eichenholz erkennen, das der komplexen Geschmackspalette eine weitere Note hinzufügt. Trinken Sie ihn in den nächsten 1–2 Jahren.

DOMAINE CROS

1998 Minervois Vieilles Vignes B 90

Der dunkelrubin-purpurrote *1998er Minervois Vieilles Vignes* wurde aus Trauben gekeltert, die von 1905 gepflanzten Carignan-Rebstöcken stammen. Der Wein bietet herrliche Fruchtaromen und fortgeschritten entwickelter Düfte von kandierten Brombeeren und Cassis. Von mittlerem bis vollem Körper und samtig texturiert, brüstet sich diese mächtige, dickliche Persönlichkeit mit durchdringenden Geschmackskomponenten von roten und schwarzen Kirschen, Blaubeeren und Lakritze. Der äußerst gut bereitete Wein ist ein konzentrierter, geschmeidiger, fruchtiger, den Mund füllender Tropfen. Trinken Sie ihn in den nächsten 5 Jahren.

GEORGES DUBŒUF

2000 Merlot Domaine de Bordeneuve A (88–90)

Das ungemein ausdrucksvolle Bukett des dunklen *2000er Merlot Domaine de Bordeneuve* fand ich schlicht umwerfend. Überreife Kirschen mischen sich im Aromaprofil dieses intensiven Weins von mittlerem bis vollem Körper mit Düften nach süßen Veilchen und Johannisbeermarmelade. Geschmacklich zeigt er sich konzentriert, gut extrahiert und voll gepackt mit saftigen Brombeeren, sein Abgang ist lang, köstlich und nahtlos. Der Wein ist eine einzige hedonistische Freude! Trinken Sie ihn in den nächsten 4 Jahren.

GUILHEM DURAND

2000	**Vin de Pays d'Hauterive Merlot**	**A**	**88**

Wäre ich ein Diktator, ich schwöre, ich würde alle kalifornischen Merlot-Produzenten zwingen, diesen Wein zu verkosten, um ihnen zu zeigen, was man in Frankreich für wenige Euro bekommt. Dieser mittel- bis dunkelrubinrote *2000er Vin de Pays d'Hauterive Merlot* gibt stolz ein intensiv nach süßen Pflaumen und Brombeeren duftendes Aroma zu erkennen, mittleren Körper, eine samtige Textur und einen langen, geschmeidigen Abgang. Fett, kraftvoll und expansiv, überziehen seine Geschmackskomponenten den Gaumen mit überquellenden, konzentrierten Schichten von kernigen Brombeeren, Kirschen und Spuren von Teer. Trinken Sie diesen superben Gegenwert für Ihr Geld in den nächsten 4 Jahren.

DOMAINE DE L'ERMITAGE DU PIC-ST-LOUP

1998	**Coteaux du Languedoc-Pic-St-Loup Cuvée St-Agnès**	**C**	**89**
1998	**Coteaux du Languedoc-Pic-St-Loup Guilhem Gaucelm**	**C**	**(90–92)**

Es gibt keinen Zweifel an der hervorragenden Qualität des *1998ers Coteaux du Languedoc-Pic-St-Loup Guilhem Gaucelm.* Produziert aus 90% Syrah und 10% Grenache, 18–24 Monate lang ausgebaut in zu 40% neuen Eichenholzfässern, offenbart der Wein ein außergewöhnlich wachsartiges, nach Blütenmischungen duftendes Bukett. Vielschichtige Geschmacksnuancen von Brombeeren, Toast und Myriaden von Gewürzen überziehen den Gaumen. Dies ist ein wuchtiger, nahtloser, äußerst ausdrucksvoller Wein von mittlerem bis vollem Körper. Samtig texturiert und intensiv, dürfte er jetzt–2007+ auf seinem Höhepunkt sein.

Der mittel- bis dunkelrubinrote *1998er Coteaux du Languedoc-Pic-St-Loup Cuvée Ste-Agnès* ist für eine lange Kellerlagerung ausgelegt. Seine tiefen Aromen von Gewürzen und gerösteten schwarzen Früchten führen zu einem ölig texturierten Charakter von mittlerem bis vollem Körper, der voll gepackt ist mit einem seidigen Geschmack nach Blaubeeren und Brombeeren. Der Wein besitzt hervorragende Tiefe und Struktur sowie einen beeindruckend langen, reifen Abgang voller Tannine. Voraussichtliche Genussreife: 2004–2012.

DOMAINE FERRER RIBIÈRE

1998	**Côtes du Roussillon Cana**	**C**	**(88–89+)**
1998	**Côtes du Roussillon Cuvée Caroline**	**B**	**(88–90)**
1999	**Vin de Pays Catalan Carignan Empreinte du Temps**	**C**	**89**

Der *1998er Côtes du Roussillon Cana* legt eine dunkelrubinrote Farbe an den Tag und offenbart ein überaus süßes, nach Himbeeren und Kirschen duftendes Bukett. Er ist reich an weichen, dicklichen Geschmackskomponenten von kandierten roten und schwarzen Früchten, ölig texturiert und offenbart in seinem etwas strengen (aber reifen) Abgang Anklänge an Mokka. Trinken Sie ihn in den nächsten 4 Jahren.

Der dunkelrubinrote *1998er Côtes du Roussillon Cuvée Caroline* wartet mit einem nach gerösteten schwarzen Früchten, Gewürzen und Schokolade duftenden Bukett auf. Dies ist ein mit fortgeschritten entwickelter Frucht und samtiger Textur ausgestatteter Wein, der in seinen kraftvollen Geschmackskomponenten rotes Fleisch, Kirschsirup und Schokolade offenbart. Von dichter und extrovertierter Art, ist er nichts für zarte Gemüter. Trinken Sie ihn jetzt–2005.

Die Trauben für den *1999er Vin de Pays Catalan Carignan Empreinte du Temps* stammen von 123-jährigen Carignan-Rebstöcken. Der mittel- bis dunkelrubinrote Wein prunkt mit einem Bukett von Lakritze und süßen Brombeeren. In seinem seidig texturierten Charakter von mittlerem Körper lassen sich Myriaden von schwarzen Früchten und Gewürzen ausmachen. Der lange, fruchtbetonte Abgang offenbart reichliche Mengen Tannin, die jedoch reif und geschmeidig sind. Trinken Sie ihn in den nächsten 4–5 Jahren.

DOMAINE FONT CAUDE

1998 Coteaux du Languedoc-Montpeyroux »Alain Chabanon« Les Boissières — C 88

Der nach süßen roten Himbeeren duftende *1998er Coteaux du Languedoc-Montpeyroux »Alain Chabanon« Les Boissières* (der Name des Weingutes ist auf dem Etikett kaum auszumachen, da »Alain Chabanon« der alles beherrschende Text ist) zeigt eine mittel- bis dunkelrubinrote Farbe und eine üppige Persönlichkeit von mittlerem Körper. Sein würziger Charakter ist geprägt von Ladungen weicher, samtiger Frucht. Im strengen Abgang kann man in rote und schwarze Himbeeren getauchtes Tannin erkennen. Trinken Sie ihn in den nächsten 4–5 Jahren.

DOMAINE FONTSAINTE

1999 Corbières Réserve de la Demoiselle — A 88+

Der rubinrote *1999er Corbières Réserve de la Demoiselle* offenbart ein Bukett mit Düften nach frisch gestoßenem Pfeffer und saftigen Kirschen. Bei mittlerem Körper ist dies ein netter, eleganter, femininer Wein, der in seinem Geschmacksprofil sowohl ausgezeichnete Konturenschärfe als auch tiefe, vielschichtige, pfeffrige rote und schwarze Beerenfrucht enthüllt. Diesen nahtlosen, ausgefeilten Wein sollte man am besten in den nächsten 5 Jahren trinken.

DOMAINE FOULAQUIER

1999 Coteaux du Languedoc-Pic-St-Loup l'Orphée — B 90

1999 Coteaux du Languedoc-Pic-St-Loup Le Rollier — C 89

1999 kauften zwei Schweizer die Domaine Foulaquier. Pierre Jequier, einer der beiden, gab seine Karriere als Architekt auf und ging frühzeitig in den Ruhestand, um seiner Passion für Wein zu frönen. Die Weinmacher debütierten mit zwei herrlichen Leistungen. Bei beiden handelt es sich um Weine mit einem ausgezeichneten Preis-Leistungsverhältnis. Der *1999er Coteaux du Languedoc-Pic-St-Loup Le Rollier*, eine zu gleichen Teilen aus Syrah und Grenache bereitete *assemblage*, mit einem natürlichen potenziellen Alkoholgehalt von 14,2% geerntet, zeigt eine mittel- bis dunkelrubinrote Farbe sowie ein intensiv duftendes Bukett von süßen Kirschen. Bei mittlerem Körper kernig texturiert und immens breit gebaut, offenbart er eine Fülle an Geschmackskomponenten von Herzkirschen, flüssigen Potpourri-Blütenmischungen und Gewürzen. Obwohl der Wein leicht rustikale Ecken und Kanten besitzt, ist er reintönig und legt einen langen, fruchtbetonten Abgang an den Tag. Trinken Sie ihn in den nächsten 9 Jahren.

Sogar noch besser ist der mittel- bis dunkelrubinrote *1999er Coteaux du Languedoc-Pic-St-Loup L'Orphée* aus 90% Grenache und 10% Syrah. Das nach Brombeeren und kandierten roten Kirschen duftendes Bukett bricht förmlich aus dem Glas hervor. Gehaltvoll und dick, ist sein Geschmacksprofil mit Ladungen überreifer Brombeeren, kandierten Kirschen und dicklichen Himbeeren ausgestattet. Er wartet auf mit hervorragender Tiefe der Frucht, wunderbarer Ausgewogenheit und einer hedonistischen Persönlichkeit. Dieser süße, vordergründige und gehaltvolle Rotwein wird sich in den nächsten 8 Jahren schön trinken lassen.

DOMAINE GARDIÉS

1999 Côtes du Roussillon-Villages Les Millères — B 88

1999 Tautavel — C 90

Der *1999er Côtes du Roussillon-Village Les Millères*, eine *assemblage* aus 50% Syrah, 25% Grenache und 25% Mourvèdre, verströmt ein nach Trauben und Brombeeren duftendes Bukett. Der gehaltvolle, ausladende, intensive und extrovertierte, kraftvolle Wein offenbart Geschmackskomponenten von gerösteten schwarzen Früchten, Gewürzen und *garrigue* und bietet einen langen, süßen, fruchtbetonten Abgang. Trinken Sie ihn in den nächsten 6–7 Jahren.

Der *1999er Tautavel* zeigt eine dunkelrubinrote Farbe. Produziert aus 40% Syrah, 30% Grenache und 30% Mourvèdre und ausgebaut in 20% neuen Eichenholzfässern, enthüllt der Wein in seinem Bukett Düfte nach Zedernholz, Tabak und Lakritze. Von mittlerem bis vollem Körper und kernig texturiert, ist dies ein muskulöser, äußerst extraktreicher Tropfen, der in seinem Geschmacksprofil voll gepackt ist mit massiv geschichteten schwarzen Früchten, Teer und Gewürzen. Ein intensiver Kraftprotz mit reichlichen Mengen erstaunlich reifer Tannine. Voraussichtliche Genussreife: jetzt–2008.

DOMAINE GAUBY

1998 Côtes du Roussillon La Muntada — D — (88–89+)

Der *1998er Côtes du Roussillon La Muntada* ist eine *assemblage* aus 80% Syrah und 20% Grenache (50-jährige Rebstöcke). In seinem Bukett offenbart er Düfte nach süßer Cassisfrucht, Gewürzen und frischen Kräutern. Seine kernige, konzentrierte, den Mund füllende und den Gaumen auskleidende Persönlichkeit hat ausgezeichneten Biss. In der Geschmackspalette des dicklich texturierten, frischen und ungestümen Weins kann man Brombeeren, Straßenteer und schwarze Johannisbeeren entdecken. Voraussichtliche Genussreife: jetzt bis 2009.

DOMAINE LA GAUPHINE

1998	**St-Chinian Cuvée Vieilles Vignes**	**B**	**88**
2000	**St-Chinian Viognier**	**B**	**89**

Als eine Art Doppelgänger eines Condrieu (aber zu einem Viertel seines Preises) erscheint der *2000er St-Chinian Viognier* als ein tiefer, gehaltvoller und trockener Wein, der mit superben Aromen von Geißblatt, Zitronenbutter, Orangen und Pfirsichen aufwartet. Er sollte bald getrunken werden.

Die erdige, pfeffrige, nach Brombeeren, Schokolade und Rauch duftende *1998er St-Chinian Cuvée Vieilles Vignes* ist eine *assemblage* aus 70% Syrah, 25% Grenache und 5% Mourvèdre und wurde in französischen und amerikanischen Eichenholzfässern ausgebaut. Der Wein zeigt gute fleischige Art, mittleren bis vollen Körper und eine weiche, erdige Persönlichkeit. Denken Sie sich ihn als einen größer dimensionierten Côtes du Rhône. Er sollte sich 2–3 Jahre schön trinken lassen.

DOMAINE DU GRAND CRÉS

1999 Corbières — B — 87

Im Verschnittrezept des dunkelrubinroten *1999er Corbières* findet man 50% Grenache, 25% Syrah und 25% Cinsault. Er wartet auf mit einem Bukett, in dem sich brombeergetränkte Düfte nach Tinte feststellen lassen. Intensive Geschmackskomponenten von Brombeeren, Teer und Cassis überraschen den Gaumen. Von mittlerem Körper und rustikaler Art, ist dies ein hoch konzentrierter Wein, der für Verbraucher bestimmt ist, die mächtige, kernige und geröstete Weine lieben. Voraussichtliche Genussreife: jetzt–2005.

CHÂTEAU GRANDE CASSAGNE

2000	**Costières de Nîmes (weiß)**	**A**	**88**
2000	**Costières de Nîmes »GS« La Civette**	**A**	**89**
1999	**Costières de Nîmes »S« Les Ramaux**	**A**	**88+**

Der dunkelrubinrote *1999er Costière de Nîmes »S« Les Ramaux* wurde aus einer *assemblage* von 90% Syrah und 10% Grenache produziert. Seine zurückhaltenden, nach Mokka und schwarzen Früchten duftenden Aromen führen zu einem Charakter von mittlerem bis vollem Körper, dessen Geschmackskomponenten von frischen schwarzen Kirschen und Cassis auch während des anhaltenden Abgangs spürbar sind. Dieser hervorragende Gegenwert für Ihr Geld sollte jetzt–2005 getrunken werden.

Der weiße *2000er Costières de Nîmes*, eine *assemblage* aus 60% Roussanne und 40% Grenache Blanc, schmeckt wie ein Chablis aus der Provence. Er besitzt ausgezeichnete Frucht, gute zitronenhafte Säure, ausgeprägte Würzigkeit, aber auch schön gezeichnete Art, sowie einen klar umrissenen, mineralischen und floralen Abgang. Trinken Sie ihn jetzt.

Der sensationelle *2000er Costières de Nîmes »GS« La Civette* (aus jeweils gleichen Anteilen von Grenache und Syrah) prunkt mit einer tiefrubinroten Farbe sowie einem süßen, nach Brombeeren und Cassis duftenden Bukett, in das sich Aromen von Pfeffer und Lakritze mischen. Von dichter, kerniger, fleischiger Art, mit hervorragender Reintönigkeit, einer wundervollen Reife und Präsenz am Gaumen, sollte dieser fesselnde Wein in den nächsten 2–3 Jahren getrunken werden.

LA GRANGE DES PÈRES

1999	**Vin de Pays de l'Hérault (weiß)**	**E**	**93**
1998	**Vin de Pays de l'Hérault (weiß)**	**E**	**91**
1996	**Vin de Pays de l'Hérault (weiß)**	**D**	**93**
1998	**Vin de Pays de l'Hérault (rot)**	**D**	**93**
1997	**Vin de Pays de l'Hérault (rot)**	**D**	**(88–91+)**

Der junge Laurent Vaillé hat sich an die Spitze der größten Weinproduzenten des Languedoc katapultiert. Es überrascht nicht, dass sich sein Lebenslauf liest wie ein »Who is Who« von Frankreichs Spitzenweingütern (er war für die Domaine Trevallon, Domaine Jean-Louis Chave und die Domaine Coche-Dury tätig). Wird er nach seinen Lieblingsweinen gefragt, dann lächelt er und sagt: »Rayas ist Rayas, der größte Wein im Süden.« Vaillés Weißwein, hauptsächlich aus der Roussanne-Traube gekeltert, ist nicht nur der beste Weißwein, den wir im Languedoc-Roussillon gefunden haben. Darüber hinaus wetteifert er mit dem Roussanne Vieilles Vignes des Château de Beaucastel um die Ehre, der beste und am reichsten dimensionierte Roussanne von ganz Frankreich zu sein.

Der körperreiche *1996er Vin de Pays de l'Hérault* (weiß) offenbart Aromen, die an gebutterten, von Honig und Gewürzen triefenden Toast erinnern. Dieser frische, samtig texturierte, wundervoll ausgewogene Wein offenbart eine große, breite Geschmackspalette von kandierten Mineralien, gelben Früchten und Pfirsichen. Harmonisch, nuanciert und tief, legt dieser Weltklasse-Weißwein einen erstaunlich langen Abgang an den Tag. Voraussichtliche Genussreife: jetzt–2005+.

Wir verkosteten die verschiedenen Partien, die im Mischsatz des *1997er Vin de Pays de l'Hérault* (rot) verwendet werden, und die obere Bewertungsskala spiegelt diese hypothetische *assemblage* wider. Der dunkelrubinrote Cabernet (aus Erträgen von 14 hl/ha) bietet komplexe, würzige, nach Brombeeren duftende Aromen und elegante Geschmackskomponenten von schwarzen Kirschen, Gewürzen, Kräutern und Rosen. Der Mourvèdre (geerntet bei 16,5% natürlichem potenziellem Alkoholgehalt) war im Geschmack einem Rayas unglaublich ähnlich. Die hedonistische Fruchtbombe offenbart in ihrem Bukett Düfte nach kandierten Kirschen und Kirschwasser, die den Weg freigeben für einen den Mund füllenden Geschmack von mit Mokkacreme überzogenen roten Beeren. Dies ist ein köstlicher, sinnlicher, cremiger und eigenständiger Wein, der schließlich ein wesentlicher Bestandteil im endgültigen Mischsatz sein wird. Der abgefüllte 1997er wird zweifellos ein hervorragender Wein werden, sicherlich einer der besten dieses schwierigen Jahrgangs. Voraussichtliche Genussreife: jetzt–2010.

Der *1998er Vin de Pays de l'Hérault* (weiß) ist mit seinem extrovertierten, nach getrocknetem Honig, Rauch, Aprikosen und Gewürzen duftenden Aroma ein gehaltvoller Wein.

Von mittlerem bis vollem Körper und expansiver Art, verbirgt er in seinem fetten, überreifen Charakter breite, vielschichtige Geschmackskomponenten von Birnen, weißen Pfirsichen und Blumen. Voraussichtliche Genussreife: jetzt–2010.

Der satt dunkelrubinrote *1998er Vin de Pays de l'Hérault* (rot) birst förmlich aus dem Glas mit seinen Düften nach kandierten roten und schwarzen Früchten. Ein wuchtiger Wein von mittlerem bis vollem Körper, der in seinem Geschmacksprofil große Mengen von Brombeeren, Kirschen, Johannisbeeren und Gewürzen offenbart, die den Gaumen überwältigen und sich scheinbar nie wieder verflüchtigen. Wunderbar reintönig, detailliert und mit ganzen Ladungen von exquisit reifen Tanninen gesegnet, ist dies ein Wein, den man bereits in seiner Jugend trinken, aber auch über ein Jahrzehnt in den Keller legen kann. Voraussichtliche Genussreife: jetzt–2015.

Nach Vaillés Meinung werden »die 1999er Weißweine ebenso gut oder sogar besser sein als meine 1996er«. Er hat Recht. *Der 1999er Vin de Pays de l'Herault* (weiß) legt ein ungestüm gehaltvolles Bukett mit Düften nach Mineralien, getrocknetem Honig und gebuttertem Toast an den Tag. Von mittlerem Körper, intensiv und im Geschmack voll beladen mit gelben Früchten, Mineralien, Rauch und Gewürzen, ist dies ein komplexer Wein, der exemplarische Konturenschärfe und Ausgewogenheit und einen langen, geschmeidigen Abgang offenbart. Vaillé ist der Meinung, dass er sich in seiner Jugend verschließen und nach einigen wenigen Jahren Kellerreife wieder erblühen wird, was bei roussannebetonten Weinen oft geschieht. Trinken Sie ihn zwischen 2005 und 2014.

CHÂTEAU GRÈS ST-PAUL

1999	**Coteaux du Languedoc Cuvée Antonin**	**B**	**90**
1998	**Coteaux du Languedoc Cuvée Antonin**	**B**	**90**

Der *1998er Coteaux du Languedoc Cuvée Antonin* offenbart in Duft und Geschmack reichliche Mengen von dicklicher schwarzer Himbeer- und Cassisfrucht, subtile Eichenholzwürze, eine viskose Textur und einen unglaublichen, langen Abgang. Er dürfte sich 5–6 Jahre schön trinken lassen.

Was duftet wie ein Côte Rôtie und schmeckt wie ein Côte Rôtie, kostet aber nur ein Fünftel des Preises? Antwort: der *1999er Coteaux du Languedoc Cuvée Antonin* vom Château Grès St-Paul. Die 100%ige Syrah-Cuvée prunkt mit einem mächtigen, süßen, nach Speck und schwarzen Brombeeren duftenden Bukett, in das sich Anklänge an Geißblatt mischen (man vermutet Viognier in der *assemblage*, was aber nicht stimmt). Steinobst, nasse Steine, Mineralien und prachtvolle Schichten von Frucht kämpfen in der samtweichen Textur um die Aufmerksamkeit des Weinfreundes. Dieser Tropfen sollte in den nächsten 4–5 Jahren getrunken werden.

CHÂTEAU HOSPITALET LA CLAPE

1998	**Vin de Pays d'Oc Cuvée Béatrice**	**B**	**88+**

Der *1998er Vin de Pays d'Oc Cuvée Béatrice* offenbart in seinem Bukett toastartige Aromen, die sich mit Düften von schwarzen Johannisbeeren und Lakritze in seiner schwarz-purpurroten Persönlichkeit verflechten. Dick, gehaltvoll und körperreich, ausgestattet mit niedriger Säure und gemäßigten Tanninen, sollte sich dieser Wein jetzt–2010 gut trinken lassen.

CHÂTEAU DE JAU

2000	**Muscat de Rivesaltes**	**C/0,375 l**	**89**
1998	**Muscat de Rivesaltes**	**B/0,375 l**	**88+**
2000	**Côtes du Roussillon-Villages Talon Rouge**	**C**	**90**
1998	**Côtes du Roussillon-Villages Talon Rouge**	**C**	**89**

Nach der Meinung von Bernard Dauré, dem Besitzer von Château de Jau, »trugen während der Regierungszeit von Ludwig XIV. die eleganten Aristokraten in Versailles stets Schuhe mit roten Absätzen (*talons rouges*), und von daher stammt die Idee für den Namen unseres Spitzenweins«. Die Käufer wird es interessieren, dass die Augen, die den Käufer aus dem Etikett anblicken, Monsieur Daurés Tochter Estelle gehören, die viel von der täglich anfallenden Arbeit auf dem Weingut erledigt. Wenn man eine ganze Kiste Wein kauft, hat man das Vergnügen, die Augen eines jeden Mitglieds der Familie Dauré im Keller liegen zu haben. Der dunkelrubin-purpurrote *1998er Côtes du Roussillon-Villages Talon Rouge* wartet mit einem Bukett auf, das an kandierte Brombeeren und schwarze Kirschen erinnert. Bei mittlerem bis vollem Körper ist dieser Wein voll gepackt mit intensiven Geschmackskomponenten von schwarzen Früchten, Lakritze, *garrigue* und Himbeeren. Hauptsächlich aus Syrah mit etwas Mourvèdre gekeltert, wurde er vollständig im Tank vergoren und ausgebaut. Trotzdem offenbaren sich im Abgang deutliche Noten von toastwürziger Vanille. Voraussichtliche Genussreife: jetzt–2009.

Dauré beschreibt 1999 als »einen schwierigen Jahrgang auf dem Weingut. Die Weine scheinen sich schnell zu entwickeln, so dass wir uns entschieden haben, in diesem Jahr keinen Talon Rouge zu produzieren.« Der 2000er jedoch, so schätzt er, »ist der beste Jahrgang, den wir je erlebt haben«. Der schwarze *2000er Côtes du Roussillon-Villages Talon Rouge* mit seinem Röstaroma offenbart in seiner Persönlichkeit von mittlerem bis vollem Körper ein Geschmacksprofil von Schichten süßer schwarzer Himbeeren, Cassis und überreifen Pflaumen. Groß dimensioniert und breit angelegt, ist dies ein intensiver, hervorragender Wein, der in bewunderungswürdiger Weise Kraft, Finesse und Ausgewogenheit in sich vereint. Voraussichtliche Genussreife: 2004–2010.

Das Château de Jau stellt seinen Muscat de Rivesaltes (ein verstärkter Süßwein) vollständig aus Muscat à Petit Grains-Trauben, der vornehmsten Muscat-Sorte, her. Der zitrusduftige *1998er Muscat de Rivesaltes* brüstet sich mit wundervoller Konturenschärfe und Reife. Ganze Schichten von kandierten Zitronen, weißen Früchten und roten Beeren lassen sich in Duft und Geschmack dieses elegant dargebotenen, geschmacksintensiven Weins finden. In Frankreich würde man diesen Wein üblicherweise vor dem Essen servieren, aber er vollbringt Wunder, wenn man ihn zu mächtig-intensiven Käsearten (z. B. Roquefort) isst, die die meisten Rotweine zerstören würden. Voraussichtliche Genussreife: jetzt–2005.

Der *2000er Muscat de Rivesaltes* mit seinem delikaten Bukett bietet Düfte nach Orangenblüten und Himbeeren. Von leichtem Körper, ist dieser köstliche, florale Aperitifwein voll bepackt mit zurückhaltenden Geschmacksnuancen von Mandarinen und Orangen. Eine filigrane Persönlichkeit, die diejenigen Käufer zufrieden stellen wird, die einen eleganten Süßwein vor oder nach dem Essen kredenzen möchten. Trinken Sie ihn in den nächsten 2 Jahren.

DOMAINE LACROIX-VANEL

1999	**Coteaux du Languedoc Clos Mélanie**	**C**	**89**

Der mittel- bis rubinrote *1999er Coteaux du Languedoc Clos Mélanie* wurde aus 70% Syrah und 30% Grenache hergestellt. Sein Bukett birst förmlich aus dem Glas mit ganzen Duftladungen von Zedernholz, *garrigue* (Kräuter der Provence) und schwarzen Früchten. Von mittlerem Körper und strenger Art, ist der seidig texturierte Wein voller Geschmackskomponenten von saftigem, intensiven Straßenteer, schwarzen Früchten und Gewürzen. Sein langer Abgang ist voll von reifen Tanninen. Voraussichtliche Genussreife: jetzt–2007

CHÂTEAU DE LANCYRE

1998	**Coteaux du Languedoc-Pic-St-Loup Grande Cuvée**	**C**	**91**
1998	**Coteaux du Languedoc-Pic-St-Loup Vieilles Vignes**	**C**	**89**

Der dunkle *1998er Coteaux du Languedoc-Pic-St-Loup Vieilles Vignes* besitzt ein intensives, nach schwarzen Beeren duftendes Bukett. Dies ist ein groß dimensionierter, breit angelegter, extrovertierter Wein mit köstlichen Schichten von Brombeeren, Cassis, Pflaumen und

Teer in seinem Geschmacksprofil. Ausgestattet mit guter Ausgewogenheit und Konturenschärfe, sollte der ausgezeichnete Wein von mittlerem Körper in den nächsten 4–5 Jahren getrunken werden.

Der dunkelrubinrote *1998er Coteaux du Languedoc-Pic-St-Loup Grande Cuvée* offenbart in seinem Bukett florale Düfte nach Veilchen, schwarzen Kirschen und Cassis. Dieser äußerst gut bereitete, wuchtige und breit angelegte Wein von mittlerem bis vollem Körper zeigt eine Persönlichkeit mit großer Tiefe der Frucht und Geschmackskomponenten von schwarzem Pfeffer, Kirschwasser, schwarzen Johannisbeeren, Zedernholz und Teer. Es ist befriedigend, dass man solch einen hervorragenden Wein immer noch für einen vernünftigen Preis kaufen kann. Dies ist ein exzellenter Gegenwert für Ihr Geld. Voraussichtliche Genussreife: jetzt–2008.

CHÂTEAU DE LANDURE

1998 Minervois Cuvée Abbé Frégouse C 90

Der hervorragende, dunkelfarbige *1998er Minervois Cuvée Abbé Frégouse* ist eine *assemblage* aus 30% Mourvèdre, 30% Syrah und zu gleichen Teilen Grenache und Carignan. Sein eindringliches Aroma von kandierten Brombeeren und Zedernholz geht einher mit einer dichten Persönlichkeit von mittlerem Körper. Er besitzt prachtvolle Tiefe der Frucht und sein Geschmacksprofil gibt Wogen um Wogen von dicklichen roten und schwarzen Himbeeren, Kirschen und Brombeeren frei. Voraussichtliche Genussreife: jetzt–2007.

CHÂTEAU LAVABRE

1998 Coteaux du Languedoc-Pic-St-Loup B (88–90+)

Der *1998er Coteaux du Languedoc Pic-St-Loup* ist von mittel- bis dunkelrubinroter Farbe und gibt in seinem Bukett Düfte von schwarzem Pfeffer, Leder und Brombeeren zu erkennen. Dieser cremig texturierte Wein ist voll gepackt mit Geschmackskomponenten von kandierten Brombeeren, dicklichem Cassis und Anklängen an Leder. Von mittlerem bis vollem Körper, intensiv und den Mund auskleidend, besitzt er einen extensiven, weichen und geschmeidigen Abgang. Trinken Sie ihn in den nächsten 6–7 Jahren.

PATRICK LESEC

1998 Vin de Pays d'Oc Merlot Tonneaux B (87–90)

1998 Vin de Pays d'Oc Syrah Tonneaux B (88–89+)

Der in Paris ansässige Weinagent Patrick Lesec hat es auf sich genommen, Weinbauern zu finden, die bereit waren, ihm – falls sie seinen Richtlinien einer nicht-interventionistischen Weinbereitung folgten – ihre Trauben und/oder Weine zu verkaufen und sie unter seinem Namen zu verkaufen. Keiner der folgenden Weine wurde geschönt und/oder gefiltert.

Der *1998er Vin de Pays d'Oc Merlot Tonneaux* ist eine *assemblage* aus 80% Merlot und 20% Cabernet und wurde zu 80% in neuen Eichenholzfässern und zu 20% im Tank ausgebaut. Sein Bukett von Düften nach Kirschen, Brombeeren und frischem toastwürzigem Eichenholz geht einher mit einem kernigen, dicklich texturierten Charakter von mittlerem bis vollem Körper. Der dichte Wein mit Geschmackskomponenten von roten und schwarzen Früchten, aber auch von Schokolade, ist von intensiver, geschmacksbetonter Art und offenbart einen ansprechend langen, geschmeidigen Abgang. Voraussichtliche Genussreife: jetzt bis 2004.

Der köstliche, dunkel rubinrote *1998er Vin de Pays d'Oc Syrah Tonneaux* wurde aus 90% Syrah und 10% Carignan (sie stammen von 50-jährigen Rebstöcken) hergestellt. Er legt ein tiefreifes, wachsartiges Bukett von schwarzen Früchten sowie eine ehrfurchtgebietend dicke, cremige Persönlichkeit an den Tag. Dies ist ein intensiver, tiefer, fruchtbepackter Wein von mittlerem bis vollem Körper, der zwei Jahre Kellerreife benötigt und dann möglicherweise eine hervorragende Bewertung verdient.

SOCIÉTÉ VINICOLE DE LESQUERDE

1998	**Côte de Roussillon-Lesquerde Cuvée Georges Pous**	**B**	**88**

Die Kooperative produziert mit ihrem qualitativ hochstehenden Traubengut eine Luxus-Cuvée mit dem Namen Cuvée Georges Pous. Die *1998er Côte de Roussillon-Lesquerde Cuvée Georges Pous* besitzt eine mittel- bis dunkelrubinrote Farbe und offenbart Kirschen und frisch gestoßenen schwarzen Pfeffer in Duft und Geschmack. Von mittlerem bis vollem Körper und seidig texturiert, ist dies ein bewundernswert reifer Wein mit ausgezeichneter Tiefe in einem würzigen, mit Pflaumen, Kirschen und schwarzem Pfeffer beladenen Charakter. Im Augenblick gibt er sich noch etwas streng und vierschrötig, aber nach 1–2 Jahren Kellerreife dürfte er zu einem geschmacksbetonten, intensiven und komplexen südfranzösischen Rotwein aufblühen. Dies ist ein ausgezeichneter Gegenwert für Ihr Geld. Voraussichtliche Genussreife: jetzt–2007.

CHÂTEAU MANSENOBLE

1998	**Corbières Réserve du Château Mansenoble**	**B**	**(89–91+)**

Der dunkelrubin-purpurrote *1998er Corbières Réserve du Château Mansenoble* besitzt ein Bukett von Düften nach Brombeerlikör, Vanille und gebuttertem Toast. Dies ist ein dicker, intensiver, dichter und mächtiger Wein, der voll gepackt ist mit Geschmackskomponenten von schwarzen Früchten, Lakritze und Straßenteer. Der wundervolle, den Gaumen betörende Tropfen ist von massiv reifer, einhüllender, warmer Art (reich an Alkohol und Extrakten) und besitzt einen bewunderungswürdig langen Abgang. Voraussichtliche Genussreife: jetzt–2005+.

DOMAINE MAS AMIEL

o.J.	**10 Ans d'Age Cuvée Spéciale**	**C**	**89**
o.J.	**15 Ans d'Age Prestige**	**D**	**90**
1980	**Millésime**	**D**	**94**
2000	**Muscat Collection Vin Doux Naturel Muscat de Rivesaltes**	**C**	**90**
2000	**Muscat Vin Doux Naturel Muscat de Rivesaltes**	**B**	**89**
2000	**Plénitude Maccabeu Maury**	**C**	**90**
2000	**Plénitude Muscat d'Alexandrie Vin de Table**	**D/0,375 l**	**90**
2000	**Vintage Maury**	**C**	**91**
1999	**Vintage Maury**	**C**	**89**
2000	**Vintage Blanc Maury**	**C**	**89**
2000	**Vintage Charles Dupuy Maury**	**D**	**(91–93)**
1999	**Vintage Réserve Maury**	**C**	**88+**

Im Juli 1999 kaufte der Tiefkühlkostmagnat Olivier Decelle die berühmte Domaine Mas Amiel, die zu diesem Zeitpunkt eine Gesamtanbaufläche von 150 Hektar aufwies. Bei den Rebstöcken handelte es sich hauptsächlich um Grenache Noir (90%), und Decelle entschloss sich, Syrah anzupflanzen. Dabei wurde die Gesamtanbaufläche auf 180 Hektar erweitert. Obwohl das Gut in erster Linie Süßwein produzierte, plant Decelle, ein letztendlich ausgewogenes Angebot an süßen und trockenen Weinen zu produzieren. Der 2000er Jahrgang teilt sich beispielsweise auf in 70% Süßwein und 30% trockenen Wein.

Das Weingut ist vor allem für seinen Maury bekannt, einen roten Süßwein, der auf die gleiche Art bereitet wird wie ein Banyuls oder Portwein. (Dabei handelt es sich um *vins doux naturels.* Man reichert den gärenden Most mit Alkohol an, d.h. man spritet ihn auf, um den Gärprozess abzustoppen. Unvergorener Traubenzucker verbleibt dabei im Wein.) Decelle weiß natürlich, dass ein Maury zwar außerordentlich komplex sein kann, dass aber der Markt für diese Art Wein nicht mehr so groß ist wie früher. So beabsichtigt er, die traditionelle Produktion des Maury weiterzuführen, aber sein Angebot an trockenen Weinen zu vergrößern.

Der mittelrubinrote *1999er Vintage Maury*, ausschließlich aus Grenache Noir produziert, erfreut sich eines komplexen Buketts von kandierten Blutorangen und Brombeeren. Dieser vorzüglich ausgewogene Wein (15,5% Alkohol und 105 g/l Restzucker) erfreut den Gaumen mit Geschmackskomponenten von süßen Pflaumen, schwarzen Himbeeren, dunklen Kirschen und Melasse. Dies ist ein breit angelegter, geschmacksintensiver und extrovertierter Wein. Trinken Sie ihn in den nächsten 5–9 Jahren.

Der rubinrote *1999er Vintage Réserve Maury* wurde in Eichenholzfässern vergoren und ausgebaut (keines davon war neu), während die reguläre Abfüllung ihren Entwicklungsprozess im Tank erlebte. Man kann in Duft und Geschmack dieses ausgezeichneten Weins würzige schwarze Himbeeren ausmachen. Er ist tief, reintönig, frisch und voller Frucht. Von mittlerem Körper und kraftvoll, kann dieser Wein höchst intensiv schmeckenden Desserts, sogar Schokolade, Paroli bieten. Voraussichtliche Genussreife: jetzt–2014.

Der mittel- bis dunkelrubinrote *2000er Vintage Maury* besitzt ein köstlich nach Pflaumen und Melasse duftendes Bukett. Breit angelegt, gehaltvoll, intensiv und reintönig, ist dieser Wein voll gepackt mit Geschmackskomponenten von dicklichen Himbeeren, kandierten Kirschen, Myriaden von schwarzen Früchten und Gewürzen. Ein mächtiger, aber dennoch eleganter Wein von mittlerem bis vollem Körper, fett und gut ausgewogen, den Sie in den nächsten 15 Jahren trinken sollten.

Der dunkle *2000er Vintage Charles Dupuy Maury* wurde vollständig in neuen Eichenholzfässern vergoren und ausgebaut. In seinem intensiven Bukett vermischen sich Düfte nach üppigen Mengen schwarzer Früchte mit Gewürzen. In seiner extrovertierten, von Eichenholzwürze beeinflussten Persönlichkeit kann man Ladungen von schwarzen Himbeeren, Melasse, Kirschen und Pflaumen entdecken. Seidig texturiert und von mittlerem bis vollem Körper, wird sich dieser superbe Maury in den nächsten 15+ Jahren schön trinken lassen.

Der *2000er Vintage Blanc Maury* (100% Grenache Gris) prunkt mit 114 g/l Restzucker. Sein nach Haselnüssen duftendes Bukett führt uns zu einem mit Geschmackskomponenten von frischen, weißen Pfirsichen und Aprikosen ausgestatteten Charakter. Von mittlerem Körper und prachtvoll ausgewogen, ist dies ein delikater, eleganter und komplexer Wein. Trinken Sie ihn in den nächsten 5 Jahren.

Der *2000er Plénitude Maccabeu Maury* ist wohl der beste Wein, den ich bis jetzt von dieser Rebsorte verkostet habe. Decelle erklärte mir, dass er im Juni 2000 seine Arbeiter beauftragte, die Traubenstiele am Weinstock zu verdrehen, um die Saftzirkulation zu hemmen (das sog. Rosinieren) und damit die Reifung der Trauben zu verlangsamen (diese Rebsorte neigt dazu, besonders schnell zu reifen). Dann ließ er zwei Wochen später die Traubenbüschel abschneiden, um diese dann drei Wochen lang in der Sonne auf dem Boden im Weinberg vortrocknen zu lassen. Bei den Pressungen des Maccabeu stellte man fest, dass die Trauben bei 18% natürlichem potenziellem Alkoholgehalt geerntet worden waren (der fertige Wein enthielt schließlich 15,5% Alkohol und 115 g/l Restzucker). Er offenbart ein frisches, florales, nach Aprikosen duftendes Bukett und einen lebendigen, delikaten, klar konturierten Charakter. Von leichtem bis mittlerem Körper und angefüllt mit Geschmackskomponenten von weißen Beeren, Aprikosen und Pfirsichen, ist dies ein geschmacksintensiver Wein mit einem langen, ausdrucksvollen Abgang. Trinken Sie ihn in den nächsten 5–6 Jahren.

Der *2000er Muscat Vin Doux Naturel Muscat de Rivesaltes*, eine *assemblage* aus 80% Muscat à Petits Grains und 20% Muscat d'Alexandrie, wartet mit einem exquisiten, nach Orangen und kandierten Mandarinen duftenden Bukett auf. Im Geschmacksprofil dieses filigranen, komplexen und präzisen Weins kann man frische Zitrusblüten und Kumquatfrüchte finden. Er ist lebendig, geschmacksintensiv und äußerst ausgewogen. Trinken Sie ihn in den nächsten 3–4 Jahren.

Vom *2000er Muscat Collection Vin Doux Naturel Muscat de Rivesaltes* wurden 15 hl/ha geerntet. Seine Trauben stammen aus den besten mit Muscat à Petits Grains bestockten Parzellen des Weingutes. Der mit leichtem Körper ausgestattete Wein legt ein nach Orangenblüten duftendes, ausdrucksvolles Bukett, klar umrissene Art, hervorragenden Biss und ein Geschmacksprofil von Orangen und Kandiszucker an den Tag. Trinken Sie ihn in den nächsten 3–4 Jahren.

Der *2000er Plénitude Muscat d'Alexandrie* musste als *vin de table* anstelle einer etwas anspruchsvolleren Appellationsbezeichnung etikettiert werden, da er ganz natürlich bereitet wurde, ohne Alkoholbeigabe, um die Gärung zu stoppen. Ein exquisiter Wein, der auf ein nach Mandarinen- und Orangenblüten duftendes Bukett stolz sein kann. Intensiv, frisch und komplex, offenbart er florale Geschmackskomponenten von roten Beeren, Johannisbeeren, Himbeeren und kandierten Kumquatfrüchten. Dieser filigrane Wein von leichtem bis mittlerem Körper sollte innerhalb der nächsten 4 Jahre getrunken werden.

Die jahrgangslose mahagonifarbige Cuvée *10 Ans d'Age Cuvée Spéciale* bietet ein nach Schokolade und Kaffee duftendes Bukett. Am Gaumen kann man Geschmackskomponenten von süßem Zedernholz, getrockneter Melasse, Himbeeren, Kirschen, Gewürzen, Kaffee und Mandeln ausmachen. Von mittlerem Körper, seidiger Textur und geschmeidigem Charakter, kann der extrovertierte Wein als Aperitif oder anstelle eines Desserts in den nächsten 10 Jahren kredenzt werden.

Es ist interessant, dass der jahrgangslose *15 Ans d'Age Prestige* die gleiche Menge an Restzucker enthält wie seine 10-jährige Schwester, obwohl dieser Wein uns als vollkommen trocken erscheint. Er präsentiert ein intensiv nach kandierten Nüssen duftendes Bukett und ein Geschmacksprofil, das an süßen Zigarrentabak, Zedernholz und Haselnüsse erinnert. Von mittlerem Körper und hervorragender Ausgewogenheit, präsentiert sich der Wein als eine seidig texturierte Persönlichkeit. Trinken Sie ihn in den nächsten 10 Jahren.

Der überwältigende *1980er Millésime* ist ein unwiderstehlicher Wein von wunderbarer Komplexität und Feinheit. Er präsentiert süßen Pfeifentabak, Zedernholz, getrocknete Melasse und Pflaumen in Duft und Geschmack. Ein reintöniger, frischer Wein, geschmeidig wie Seide, der einen außerordentlich langen, sinnlichen Abgang offenbart. Dieser große Wein kann in den nächsten 12–15 Jahren getrunken werden.

MAS DES AVEYLANS

1998 Vin de Pays du Gard Syrah B 90

Der *1998er Vin de Pays du Gard Syrah* hat mir zweimal enormes Vergnügen bereitet – einmal in Frankreich und einmal im Restaurant als Wein zu einem Pfeffersteak. Er besitzt ein extrovertiertes Bukett mit Düften nach Brombeermarmelade und Lakritze, einen mittleren bis vollen Körper und im Mund äußerst ausdrucksvolle Geschmackskomponenten voller süßer Cassisfrucht und schwarzen Himbeeren. Dieser fruchtbepackte Wein ist geschmeidig, von intensiver Reife und Süße und offenbart in seinem langen, seidigen Abgang Anklänge an Leder. Trinken Sie ihn in den nächsten 3 Jahren.

MAS DE LA BARBEN

1998 Coteaux du Languedoc B (88–90)

Der *1998er Coteaux du Languedoc* ist von dunkelrubinroter Farbe und offenbart Aromen, die an Pökelfleisch vom Rind inmitten ganzer Ladungen von süßen roten Früchten und Zedernholz erinnern. Dieser den Gaumen auskleidende, riesige, muskulöse, mächtige Wein – eine *assemblage* aus 80% Syrah und 20% Grenache – ist angefüllt mit Geschmackskomponenten von Teer und Lakritze. Körperreich, expansiv und intensiv, benötigt er einige Zeit der Kellerlagerung, um eine gewisse Weichheit anzunehmen. Er befindet sich jetzt–2007 auf seinem Höhepunkt.

DOMAINE DU MAS BLANC (DR. PARCÉ)

o.J. Banyuls Cuvée du Dr. Andre Parcé D 91

o.J. Banyuls Hors d'Age Vieilli en Solera (Abfüllung 1999) D 94

2000	**Banyuls Blanc**	**C**	**89**
2000	**Banyuls Rimage**	**D**	**90**
1998	**Banyuls Rimage**	**D**	**89**
1997	**Banyuls Rimage**	**D**	**90**
2000	**Banyuls Rimage La Coume**	**D**	**94**
1998	**Banyuls Rimage La Coume**	**D**	**94+**
1996	**Banyuls Rimage La Coume**	**D**	**94+**
1999	**Collioure Clos du Moulin**	**D**	**89+**
1998	**Collioure Clos du Moulin**	**D**	**89+**
1997	**Collioure Clos du Moulin**	**D**	**93+**
1998	**Collioure Les Cosprons Levants**	**C**	**88+**
1997	**Collioure Les Cosprons Levants**	**D**	**90**
1997	**Collioure Les Junguets**	**D**	**92**

Berühmt geworden durch den kürzlich verstorbenen Dr. André Parcé, produziert die Domaine weiterhin einige der besten Weine von Banyuls und Collioure, zwei französische Städte, die nur einige wenige Kilometer von der spanischen Grenze entfernt an der Mittelmeerküste gelegen sind. Der Sohn des Doktors, Jean-Michel Parcé, war für die Weinbereitung der Domaine seit 1976 verantwortlich. Während sein Vater dafür sorgte, das Gut und seine Weine berühmt zu machen, war Jean-Michel der Weinmacher. Die Kellerei liegt nur gut 100 Meter vom malerischen, kleinen Fischerhafen von Banyuls entfernt. Collioure, eine befestigte pittoreske Hafenstadt, nur einige Kilometer nördlich entlang der Küste gelegen, wird von den dortigen Einwohnern (und von dem Autor dieses Buches und Feinschmecker) als die Welthauptstadt der Anchovis (Sardelle) betrachtet. Ganz anders als die salzig-fischigen Anchovis, die man gewöhnlich findet, werden in Collioure diese Fische in Olivenöl mariniert und sind ein wundervoller Begleiter für die in Knoblauch getränkten und für diese Region typischen gerösteten süßen Paprikaschoten. Weine aus Collioure profitieren vom warmen Mikroklima und den Schieferböden. Seine Weine werden hauptsächlich aus Mourvèdre und Syrah produziert, jedoch sind Grenache, Counoise und andere Rebsorten ebenfalls vertreten. Die besten Collioure-Weine können schon jung getrunken werden und bis zu 20 Jahre gut altern.

Der Banyuls, einer der wenigen Weine, die man zu Schokolade trinken kann, ist ein verstärkter Rotwein auf Grenache-Basis. Dem gärenden Most wird Alkohol beigegeben, bis der erhöhte Alkoholspiegel die Gärung stoppt und den gewünschten restlichen Traubenzucker im Wein zurücklässt. Diese Weine werden auf verschiedene Art und Weise hergestellt (wie wir in den folgenden Degustationsnotizen sehen werden) und können bis zu 25 Jahre und mehr im Keller lagern.

Der mittel- bis dunkelrubinrote *1998er Collioure Les Cosprons Levants* wurde aus 60% Syrah, 30% Mourvèdre und 10% Counoise gekeltert. Seine pflaumenhaften Aromen führen zu einer Persönlichkeit von mittlerem bis vollem Körper, in deren Geschmackskomponenten ganze Ladungen von schwarzen Früchten, dunklen Kirschen und Anklänge an frischen Straßenteer zu finden sind. In seinem bewunderungswürdig langen Abgang offenbaren sich äußerst reife und geschmeidige Tannine. Voraussichtliche Genussreife: jetzt–2008+.

Der mittel- bis dunkelrubinrote *1998er Collioure Clos du Moulin* ist eine *assemblage* aus 80% Mourvèdre und 20% Counoise. Er besitzt ein nach süßen Blaubeeren, Kirschen und ausgesuchten schwarzen Früchten duftendes Bukett. Am Gaumen gibt sich der vierschrötige Wein von mittlerem bis vollem Körper voll gepackt mit Brombeeren, Teer und pikanten Johannisbeeren. Er ist gut strukturiert und besitzt reichliche Mengen an Tannin, die aber unter Ladungen von Frucht begraben sind. Voraussichtliche Genussreife: jetzt–2009+.

Während Jean-Michel Parcé den 1998er Jahrgang bevorzugt (er würde besser altern, sagt er), geht meine Vorliebe in Richtung des 1997ers. Der rubinrote *1997er Collioure Les Cosprons Levants* wartet mit einem nach parfümierten, süßen Veilchen duftenden Bukett auf.

Der komplexe Wein von mittlerem Körper besitzt ein äußerst ausdrucksvolles Geschmacksprofil, in dem Wildbret, Blumen, Sattelleder, Pflaumen, schwarze Oliven, Salz und Parfüm verschmolzen sind. Trinken Sie diesen Wein in den nächsten 7 Jahren.

Der noch dunklere *1997er Collioure Clos du Moulin* kann ein extravagantes, nach rotschwarzen Früchten und Rosen duftendes Bukett vorweisen. Von mittlerem bis vollem Körper, kleidet sein überwältigender Charakter den Gaumen aus mit intensiven Schichten gerösteter dunkler Früchte, süßen schwarzen Kirschen, Steinen und einer dem nördlichen Rhônetal ähnlichen Lederkomponente. Die samtig texturierte Schönheit kann ganze Ladungen weicher, reifer, wirklich perfekter Tannine vorweisen, die im exquisit langen Abgang auftauchen. Voraussichtliche Genussreife: jetzt–2010+.

Der mittel- bis dunkelrubin-purpurrote *1997er Collioure Les Junguets* legt in seinem Bukett wildbretartige Düfte von schwarzen Johannisbeeren und Brombeeren an den Tag. In diesem besonders gut ausgewogenen, seidig texturierten Wein offenbaren sich Geschmackskomponenten von Blaubeeren, Maulbeeren und Anklänge an Lakritze. Das superbe Geschmacksprofil hält auch während seines extensiven Abgangs an. Voraussichtliche Genussreife: jetzt–2007+.

Die Banyuls Rimage- und Banyuls Rimage La Coume-Weine der Domaine werden aus dem Traubengut einer Parzelle namens La Coume del Mas gewonnen, die mit 90% Grenache Noir, 5% Syrah und 5% Mourvèdre bestockt ist.

Der dunkle *1998er Banyuls Rimage* wartet mit einem intensiv pflaumenhaften Aroma auf, in das sich Anklänge an Mokka mischen. Von mittlerem bis vollem Körper, samtig texturiert, gehaltvoll und breit angelegt, ist dies ein frischer, präziser, mit Geschmackskomponenten von dunklen Früchten und schwarzem Pfeffer ausgestatteter Wein. Voraussichtliche Genussreife: jetzt–2015.

Der *1997er Banyuls Rimage* von ähnlicher Farbe hat in seinem Aromaprofil Düfte nach cremigen Pflaumen, süßen Brombeeren, warmer Schokolade und Himbeeren anzubieten, die alle an jungen Portwein erinnern. Von mittlerem bis vollem Körper, samtig texturiert und unglaublich intensiv, ist dieser gut ausgewogene, klar umrissene, elegante Wein voll gepackt mit Geschmackskomponenten von süßen Himbeeren, Lakritze und ausgesuchten schwarzen Früchten. Voraussichtliche Genussreife: jetzt–2015.

In ausgesuchten Jahrgängen führt Parcé eine Selektion seiner besten Rimage-Partien durch, um den Banyuls Rimage La Coume zu produzieren. Der *1998er Banyuls Rimage La Coume* offenbart in seinem Bukett spektakuläre Aromen von Kumquats, Orangenschalen und schwarzen Früchten. Breit angelegt, seidig texturiert und ehrfurchtgebietend detailliert, ist dies ein mächtiger, eleganter Wein, der reich ist an Geschmackskomponenten von Rosen, Veilchen und einer Auswahl weiterer Blumen sowie roten und schwarzen Früchten. Er verbindet auf bewunderungswürdige Weise verfeinerte mit muskulöser Art. Trinken Sie ihn in den nächsten 15–20 Jahren.

Mandelkuchen, Blumen, Marzipan und Linzer Torte – all die Düfte kann man im Bukett des hervorragenden *1996er Banyuls Rimage La Coume* finden. Die Geschmackspalette offenbart Himbeer- und Kirschmarmelade, die sich in dem prachtvoll eleganten, reintönigen und klar konturierten Wein mit frisch zerstoßenem Pfeffer vermischen. Bei mittlerem bis vollem Körper ist er ölig texturiert und die reichlichen Mengen an Frucht halten während seines unglaublich langen Abgangs an. Voraussichtliche Genussreife: jetzt–2020+.

Jean-Michel Parcé hat einen neuen Wein kreiert (und ihn zu Ehren seines Vaters nach ihm benannt), in der Hoffnung, dass er »junge Weinliebhaber zu den außergewöhnlichen sekundären Aromen führen wird, die man in einem leicht oxidierten Wein finden kann«. Er wird unter Verwendung der *solera*-Methode bereitet, bei der viele verschiedene Jahrgänge unter kontrollierter Oxidation verschnitten werden, d.h. alter, aus dem Fass verdunsteter Wein wird durch jüngeren ersetzt. Die jahrgangslose *Banyuls Cuvée du Dr. André Parcé* ist das Ergebnis einer *solera-assemblage* aus drei Jahrgängen Banyuls Rimage. Mittel- bis dunkelrubinrot, mit etwas Gold an den Rändern, offenbart der Wein in seinem Bukett Düfte nach frischem Zedernholz, Mokka und Zigarrenkisten. Von mittlerem Körper, seidig texturiert und herrlich lebendig, zeigt er sich voller Geschmackskomponenten von süßen Pflaumen und Brombeeren sowie Anklängen an cremigen Kaffee. Dieser detaillierte Wein mit seinem langen Abgang hat das Potenzial, 20+ Jahre im Keller zu reifen.

Der jahrgangslose *Banyuls Hors d'Age Vieilli en Solera* (die Kostprobe für dieses Buch ist einer Abfüllung von 1999 entnommen) stammt aus einer *solera*, die 1925 begonnen worden war und Banyuls-Weine aus allen Parzellen der Domaine du Mas Blanc verwendete. Dieser *solera* werden Weine eines jeden Jahrgangs hinzugefügt. Alle zwei Jahre werden einige Flaschen abgefüllt. Der zedernholz-bernsteinfarbene Wein zeigt ein nach Schokolade und gebackenen Pflaumen duftendes Bukett. Von mittlerem bis vollem Körper und seidig texturiert, setzt sich sein Geschmacksprofil aus Komponenten von mit Schokolade überzogenen Kirschen, Mandelplätzchen und Himbeerpüree zusammen. Ein verführerischer Wein, dessen komplexer Charakter während seines erstaunlich langen Abgangs spürbar bleibt. Angesichts der Tatsache, dass er bereits eine kontrollierte Oxidation erlebt hat, dürfte der Wein in der Lage sein, noch etwa 20 Jahre gut zu altern.

In ganz Collioure hörte man von den Weinbauern immer wieder das Gleiche: »Ja, 1999 war ein schwieriges Jahr, aber die Weine mit hohem Mourvèdre-Anteil sind ein Erfolg.« Der *1999er Collioure Clos du Moulin* – der Collioure des Weinguts, der den größten Anteil Mourvèdre aufweist – belegt diese Tatsache. Sein nach frischem Asphalt und Brombeeren duftendes Aroma führt uns zu einer Persönlichkeit von mittlerem bis vollem Körper, deren Geschmacksprofil voll gepackt ist mit Noten von Myriaden dunkler Früchte und Teer. Klar konturiert, wundervoll reif und intensiv, besitzt der samtig texturierte Wein hervorragende Konzentration, Tiefe und Ausgewogenheit. Sein bewunderungswürdig langer Abgang ist voll gepackt mit Frucht und ganzen Wagenladungen an reifen Tanninen. Trinken Sie ihn in den nächsten 8 Jahren.

Gekeltert aus der Muscat d'Alexandrie, offenbart der *2000er Banyuls Blanc* ein Bukett von Düften nach Orangenblüten und Mandarinen. Bei diesem üppig-reifen, herausfordernden Wein vermischen sich am Gaumen Geschmackskomponenten von roten Früchten mit pikanten Zitrusnoten. Parcé meint zwar, dass er zu reif sein könnte, aber nach meiner Meinung bietet er genau das, was den meisten Weißweinen aus dem Languedoc-Roussillon fehlt: intensiven Geschmack und Frucht. Voraussichtliche Genussreife: jetzt–2004.

Der dunkle *2000er Banyuls Rimage* wartet auf mit einem nach dunklen Früchten und Orangenschalen duftenden Bukett. Der ungeheuer konzentrierte Wein besitzt marmeladige Geschmackskomponenten von Brombeeren, Melasse, Mokka, Gewürzen und Blaubeeren. Er ist fett, jedoch saftig und herrlich ausgewogen. Voraussichtliche Genussreife: jetzt–2015.

Es ist traurig, dass Parcé im Jahr 2000 die Hälfte seiner 1,25 Hektar großen La Coume-Parzelle durch Waldbrände verloren hat, so dass nur eine kleine Menge (10 Hektoliter) des *2000er Banyuls Rimage La Coume* produziert wurden. Da die verkohlten Rebstöcke ersetzt werden müssen, wird es viele Jahre dauern, bis die Produktion aus diesem wunderbaren Weinberg wieder auf dem normalen Stand sein wird. Der 2000er ist mit seinem nach Brombeeren, Blaubeeren, Pflaumen und Gewürzen duftenden Aroma ein wunderbarer Wein. Mittel- bis dunkelrubinrot in der Farbe, von mittlerem Körper, seidig texturiert, komplex, wartet er auf mit vielschichtigen Geschmackskomponenten von kandierten schwarzen Früchten, Melasse, süßem Zedernholz, Pfeifentabak und Gewürzen. Dies ist ein verführerischer Wein mit komplexen Nuancen in Duft und Geschmack, einer sublimen Ausgewogenheit und einem gewaltig langen, samtigen Abgang. Trinken Sie ihn in den nächsten 20 Jahren.

MAS DES BRESSADES

2000	**Costières de Nîmes**	**A**	**90**
2000	**Vin de Pays du Gard Cabernet/Syrah**	**B**	**90**

1998	**Vin de Pays du Gard Cabernet/Syrah**	**B**	**(90–92)**
2000	**Vin de Pays du Gard Roussanne/Viognier**	**B**	**89**
2000	**Vin de Pays du Gard Syrah/Grenache**	**A**	**90**

Der *1998er Vin de Pays du Gard Cabernet/Syrah* ist ein besonders gutes Beispiel dafür, was in einem warmen, trockenen Jahr in Südfrankreich erreicht werden kann. Er besitzt eine sattschwarz-purpurrote Farbe und bietet ein Bukett mit Düften nach dicklichen, süßen, schwarzen Himbeeren. Dies ist ein intensiver, geschmacksbetonter Wein, der voll gepackt ist mit Geschmackskomponenten von Straßenteer, Lakritze, dicklichen schwarzen Früchten, Gewürzen und Eichenholzwürze. Von mittlerem bis vollem Körper, seidig texturiert und bewundernswert lang, legt der hervorragende Wein einen Abgang voll von süßem Cassisgeschmack an den Tag. Voraussichtliche Genussreife: jetzt–2006.

Diese Weine sind stets wahre Schnäppchen, die einen größeren Einkauf lohnen. In einem Spitzenjahrgang für Südfrankreich, wie es das Jahr 2000 war, erwartet man von Mas des Bressade Spitzenleistungen. Mit diesen Cuvées haben sie genau das getan. Der *2000er Vin de Pays du Gard Roussanne/Viognier* hatte etwas Kontakt mit Eichenholzfässern, aber die ganze Traubenernte aus den Besitztümern der Costières de Nîmes wurde deklassifiziert. Dieser verschwenderische, quasi condrieuartige Wein bietet in seinem Bukett Düfte von Rosenblättern, Orangenmarmelade, Aprikosenlikör und ausgesuchten, weißen Früchten. Er vermittelt wunderbare Reife, gute, untergründige Säure und ein frisches, fruchtiges Gefühl. Holznoten können weder in Duft noch Geschmack entdeckt werden. Trinken Sie ihn im Laufe des nächsten Jahres, um von seiner überschwänglichen Art, Reintönigkeit und vordergründigen Frucht zu profitieren.

Der *2000er Costières de Nîmes* wird von Grenache (75%) dominiert und ist ein Wein von geschmeidiger, frischer Art. Seine dunkelrubinrote Farbe geht einher mit spritziger Kirsch- und Beerenfrucht und einem kompletten, sinnlichen Stil. Obwohl diese Weine hervorragende Qualität bieten, sollte man nicht erwarten, dass sie lange halten. Man sollte sie in den ersten 2–3 Jahren konsumiert haben.

Der *2000er Vin de Pays du Gard Syrah/Grenache* ist ein, wie die Franzosen sagen, ein *vin de plaisir* (ein Wein zu alltäglichem Trinkgenuss). Der Verschnitt (je 50%) wurde im Tank vergoren und ausgebaut. Weder protzig noch komplex, ist er breit angelegt, expansiv, fleischig und voll beladen mit dicklichen roten und schwarzen Früchten in Duft und Geschmack. Ein Wein zum Genießen, der aber innerhalb der nächsten 12–18 Monate konsumiert werden sollte.

Leser, die auf der Suche nach einem Wein aus der Provence sind, der jedoch wie ein Médoc schmeckt, sollten nach dem *2000er Vin de Pays du Gard Cabernet/Syrah* der Mas des Bressades Ausschau halten. Obwohl 45% dieser Cuvée mit neuen Eichenholzfässern in Berührung kamen, bietet sie ein pauillacähnliches Bukett mit Aromen von Zedernholz, Tabak, schwarzen Johannisbeeren und Vanille. Von mittlerem bis vollem Körper und reif (der Cabernet erreichte einen natürlichen Alkoholgehalt von 14,3%), bietet der Wein einen gemäßigt tanninhaltigen Abgang. Er ist strenger, strukturierter als die anderen großen Fruchtbomben-Cuvées. Obwohl er ein Jahrzehnt lang gut altern und reifen wird, würde ich dennoch empfehlen, ihn in den nächsten 3–4 Jahren zu trinken.

MAS CARLOT

2000	**Cuvée Tradition (Marsanne)**	**A**	**88**
2000	**Vin de Pays d'Oc**	**A**	**90**
2000	**Vin de Table (100% Riesling)**	**A**	**89**

Diese Weine sind zu gut, um wahr zu sein. Die *2000er Cuvée Tradition* wurde im Tank vergoren und ausgebaut. Aus 100% Marsanne gekeltert, von mittlerem Körper und frischer, lebendiger Art, offenbart der Wein eine Fülle von Mineralien, Orangenblüten und Zitrusfrüchten in Duft und Geschmack. Dieser köstliche Tropfen kann es leicht mit einem weißen Spitzen-Châteauneuf-du-Pape aufnehmen. Trinken Sie ihn in den nächsten 1–2 Jahren.

Der *2000er Vin de Table* (100% Riesling) stammt aus einem 42 Jahre alten Weinberg und ist wahrscheinlich der einzige in der Provence hergestellte Riesling. Noten von grünen Äpfeln, nassen Steinen, Steinobst und ein feiner Petrolton bestimmen Duft und Geschmack dieses trockenen Weins. Sein Abgang ist gebieterisch. Trinken Sie ihn in den nächsten 1–2 Jahren. Der beste Wein in diesen außergewöhnlich günstigen Angeboten ist der *2000er Vin de Pays d'Oc*, eine *assemblage* aus 55% Grenache und 45% Syrah, die zu keinem Zeitpunkt mit Eichenholzfässern in Berührung kam. Aus Erträgen von 46 hl/ha gewonnen, schmeckt dieser preisgünstige Tropfen wie ein Wein, der 3–4-mal teurer ist. Ausgestattet mit bewundernswerter Textur, großer Reintönigkeit und überreichen Mengen an Fett, Pfeffer, Gewürzen, schwarzen Kirschen und Beerenfrucht, wird dieser köstliche Wein seinen Charakter und seine Komplexität in den nächsten 2–3 Jahren entfalten.

MAS CHAMPART

1998	**St-Chinian**	**C**	**88**

Der dunkelrubinrote, nach Teer duftende *1998er St-Chinian* wartet mit Geschmackskomponenten von kernigen Brombeeren und frischem Straßenasphalt auf. Von mittlerem bis vollem Körper, fest und tanninreich, ist dies ein ausgezeichneter Wein besonders für die Lesern, die dunkle, breit angelegte, vierschrötige Weine als Begleitung zu gegrillten, geschmacksintensiven Mahlzeiten schätzen. Trinken Sie ihn in den nächsten 7–8 Jahren.

MAS CRISTINE

1996	**Rivesaltes**	**B**	**88**
1997	**Rivesaltes**	**B**	**89**

Das Weingut gehört der Familie Dauré, die auch das Château de Jau und die Domaine du Clos des Paulilles besitzt. Für die Besucher der Kellerräume des Guts hat man im Château de Jau ein kleines Restaurant eingerichtet und in einem der Nebengebäude kann man die weltberühmte Sammlung Moderner Kunst von Sabine Dauré besichtigen. Das Restaurant ist in der ganzen Gegend auch für sein Dessert bekannt, das die ganz eigene Handschrift seines Schöpfers trägt: eine Portion Eiscreme, übergossen mit dem Rivesaltes der Mas Cristine. Der golden-bernsteinfarbene *1996er Rivesaltes* wurde vollständig aus Grenache Blanc produziert und 2 ½ Jahre in hölzernen Fässern ausgebaut, ohne den verdunsteten Wein wieder aufzufüllen. Dank der temperaturgeregelten Keller (immer noch eine Seltenheit in dieser Gegend) ist dies ein frischer und lebhafter Wein, der nicht oxidiert oder schwer daherkommt. In seinem lebendigen Aromaprofil findet man Düfte nach Orangenblüten und ausgesuchten weißen Blumen. Am Gaumen prunkt der mollige, tiefe und gehaltvolle Wein mit 120 g Restzucker. Von mittlerem bis vollem Körper, dicklich texturiert (hart an der Grenze zum Sirup) ist er voll gepackt mit Geschmackskomponenten von weißen/gelben Früchten und kandierten Zitronen. Man kann ihn nach dem Essen anstelle eines Desserts servieren. Trinken Sie ihn in den nächsten 12+ Jahren.

Der golden-bronzefarbene *1997er Rivesaltes* legt dickliche Aprikosen, kandierte Orangen, Blumen und gelierte Mandarinen-Orangen in Duft und Geschmack an den Tag. Dies ist ein sinnlicher, köstlicher, ölig texturierter Wein, fast eine Art Grenache Blanc-Sirup. Trinken Sie ihn in den nächsten 12 Jahren.

MAS DE LA DAME

1998	**Les Beaux Coin Caché**	**B**	**90**
1998	**Les Beaux Cuvée Gourmande**	**A**	**88**
1998	**Les Beaux Cuvée de la Stèle**	**B**	**90**
1998	**Les Beaux Réserve du Mas**	**B**	**88**

Mas de la Dame, eines der besten und am konstantesten arbeitenden Weingüter in dieser Region Frankreichs, hat diese vier völlig verschiedenen Cuvée*s* produziert. Leser, die zum baldigem Trinkgenuss geeignete Weine suchen, sollten sich nach der 1998er Cuvée Gourmande oder dem 1998er Réserve du Mas umsehen. Hauptsächlich aus Grenache, etwas Carignan und anderen lokalen Rebsorten bereitet, wurde die *1998er Les Beaux Cuvée Gourmande* in großen Zementbottichen ausgebaut, ohne jemals mit Holzfässern in Berührung zu kommen. Der dunkelrubin-purpurrote Wein besitzt ein wunderschönes, nach Kirschen, Gewürzen, Pfeffer und getrockneten Kräutern der Provence duftendes Bukett. Bei mittlerem Körper zeigt dieser gehaltvolle, fleischige, zugängliche rote Südfranzose im Mund Geschmackskomponenten von schwarzen Früchten, Pfeffer und Gewürzen. Er ist ideal zum Trinkgenuss in den kommenden Jahren geeignet. Der *1998er Les Beaux Réserve du Mas* kann im Mischsatz 50% Grenache, 30% Syrah und 20% Cabernet Sauvignon vorweisen. Beim Ausbau wurden einige wenige kleine Eichenholzfässer verwendet, um dem Wein etwas mehr Rückgrat und Tannin zu verleihen. So ist es keine Überraschung, dass dies ein dichterer Wein wurde als die Cuvée Gourmande, allerdings ist er daher anfangs nicht so ansprechend und bezaubernd. Dabei gibt er gute, unmittelbar ansprechende Frucht, mehr Tannin und die für die Syrah-Traube typische Brombeernote zu erkennen und es sind – ähnlich wie bei seiner Schwester, der Cuvée Gourmande – genügend Geschmackskomponenten von Kirschwasser und Kirschfrucht vorhanden, um die meisten Hedonisten zu befriedigen. Trinken Sie ihn in den nächsten 3–4 Jahren.

Die tanninreiche, holzbetonte *1998er Les Beaux Cuvée de la Stèle* ist eine *assemblage* aus hauptsächlich Cabernet Sauvignon und etwa 30% Syrah. Der Wein wurde zu 100% in Eichenholzfässern ausgebaut, von denen 20% neu waren. Obwohl er zum Zeitpunkt meiner Verkostung noch verschlossen und verhalten entwickelt war, steht es außer Frage, dass er voller Potenzial steckt. Die dichte rubin-purpurrote Farbe geht einher mit einer grasigen, schwarzen Johannisbeerfrucht, die sich mit Noten von Cassis, Tabak und Gewürzen vermischt. Man sollte ihm 1–2 Jahre Kellerreife gewähren und ihn dann innerhalb der nächsten zehn Jahre trinken. Der *1998er Les Beaux Coin Caché* ist eine Mikrocuvée aus 90% Grenache und 10% Syrah. Die wunderbare Süße des Weins, seine reiche, dickliche Frucht und nahtlose Textur, seine Geschmackskomponenten von schwarzen Himbeeren und Kirschwasser erinnern an einen guten Jahrgang des berühmten Château Rayas in Châteauneuf-du-Pape. Eine ätherische Reichhaltigkeit ohne Schwere verleiht diesem Wein seine Extraklasse und Komplexität. Er sollte sich 7–10 Jahre schön trinken lassen. Jean-Luc Colombo ist der beratende Önologe dieses Weinguts.

MAS DE DAUMAS GASSAC

2000 Vin de Pays de l'Hérault D 89

Während ich von den 1999er und 2000er Rotweinen dieses Weingutes enttäuscht war, ist der weiße *2000er Vin de Pays de l'Hérault* ein Riesenerfolg. Er offenbart große Reichhaltigkeit sowohl in seinem mit Birnen und Orangenblüten beladenen Aromaprofil als auch in seinem breit angelegten, geschmacksbetonten Charakter. In den Geschmackskomponenten von mittlerem bis vollem Körper wie in seinem üppigen Abgang lassen sich Gewürze, Mandarinen, Aprikosen, Birnen, Äpfel und weiße Pfirsiche ausmachen. Trinken Sie ihn in den nächsten 2–3 Jahren.

MAS DE FOURNEL

1999 Coteaux du Languedoc-Pic-St-Loup Cuvée Classique B 88

Der mittel- bis dunkelrubinrote *1999er Coteaux du Languedoc-Pic-St-Loup Cuvée Classique* bietet ein Bukett mit Düften nach Kräutern und schwarzen Früchten. Von mittlerem Körper, rustikaler aber saftiger Art, ist dies ein kräftig gebauter, mit Geschmackskomponenten von Brombeeren, Cassis, Gewürzen und *garrigue* (provenzalischen Kräutern) ausgestatteter Wein. Er besitzt exzellente Tiefe der Frucht und einen frischen, geschmacksbetonten Charakter. Genießen Sie ihn in den nächsten 6 Jahren.

MAS GABINELE

1998 Faugères C 88

Der *1998er Faugères,* ein Verschnitt aus Grenache, Syrah und Mourvèdre zu gleichen Teilen, wurde aus winzigen Erträgen von 18 hl/ha gekeltert. Der Wein enthüllt tadellose Ausgewogenheit, einen für diese Region eleganten, delikaten Stil und köstliche Geschmacksnuancen von Himbeeren und Johannisbeeren, in die sich Noten von Erde und Rauch mischen. Trinken Sie ihn in den nächsten 4–5 Jahren.

MAS DE GOURGONNIER

1997 Les Baux de Provence B 89

Dieses Weingut produziert auf der Basis von ökologischem Anbau beständig ausgezeichnete Weine. Der mittel- bis dunkelrubinrote *1997er Les Baux de Provence* bietet in seinem bezaubernden Bukett Düfte nach süßen schwarzen Kirschen, Plätzchenteig und Gewürzen. Am Gaumen entwickelt der seidig texturierte Wein von mittlerem Körper Geschmackskomponenten von dunklen Kirschen, schwarzen Früchten und *garrigue* (provenzalischen Kräutern) und einen geschmeidigen, aber gut strukturierten Charakter. Sein langer, ausgedehnter Abgang offenbart Ladungen an schön gereiften Tanninen. Voraussichtliche Genussreife: jetzt bis 2005.

MAS DE GUIOT

2000 Vin de Pays du Gard B 89

1998 Vin de Pays du Gard B 89

Der *1998er Vin de Pays du Gard* ist eine *assemblage* aus 60% Cabernet (ausgebaut in neuen Eichenholzfässern) und 40% Syrah (ausgebaut in einjährigen Eichenholzfässern). In seinem Aroma lassen sich Düfte nach dicklichen schwarzen Himbeeren und Gewürzen ausmachen. Außergewöhnlich reif, strukturiert und von mittlerem bis vollem Körper, ist er voll gepackt mit Geschmackskomponenten von schwarzen Früchten, Leder und Spuren von Straßenteer. Dieser Wein wird seinen Höhepunkt erreichen, wenn man ihm noch gut ein Jahr Kellerreife gewährt, damit er seinen Eichenholzton besser integrieren und sich die Frucht am Gaumen ausbreiten kann. Voraussichtliche Genussreife: jetzt–2005. Der *2000er Vin de Pays du Gard,* eine im Tank vergorene und ausgebaute *assemblage* von 40% Grenache und 60% Syrah, prunkt mit einer dichten purpurroten Farbe sowie einem verschwenderischen Bukett, das an einen Châteauneuf-du-Pape erinnert. Noten von Kirschwasser, Brombeeren, Rauch, Erde und Leder in Duft und Geschmack leiten über zu einer überaus reintönigen, körperreichen, gehaltvollen und intensiven Weinpersönlichkeit ohne harte Ecken und Kanten. Es erstaunt mich immer wieder, dass man solche Weine zu einem so günstigen Preis bekommen kann. Voraussichtliche Genussreife: jetzt–2006.

CHÂTEAU MAS NEUF

1999 Costières de Nîmes Cuvée Prestige B 89

1998 Costières de Nîmes Cuvée Prestige B 88

Ich habe die Weine von der Costières de Nîmes jahrelang gepriesen. Im Süden von Châteauneuf-du-Pape, Lirac und Tavel gelegen, ist dies eine Appellation mit ungeheuerem Potenzial. Die *1998er Costières de Nîmes Cuvée Prestige,* eine *assemblage* aus 85% Syrah, 5% Grenache und 10% Mourvèdre, die in alten Holzfässern und im Tank ausgebaut wurde, ist ein dunkelrubin-purpurroter, rauchiger und würziger Wein, der dichte Brombeer- und Johannisbeerfrucht zeigt, eine ausgezeichnete Textur, vibrierende Säure und gute Länge. Er dürfte sich 3–4 Jahre schön trinken lassen.

Die *1999er Costières de Nîmes Cuvée Prestige* ist ein dichter, kerniger, tief rubin-purpurroter Wein, der reichliche Nuancen von Brombeer- und Cassisfrucht offenbart, in die sich Noten von Lakritze und Rindfleischnuancen mischen. Kräftig gebaut und ausgestattet mit einer geschmeidigen Textur und einem bewundernswerten Abgang, dürfte er sich 7–8 Jahre schön trinken lassen.

DOMAINE MASSAMIER

2000	**Vin de Pays des Côtes de Peyriac Carignan La Mignarde**	**C**	**88**

Der schwarze *2000er Vin de Pays des Côtes de Peyriac Carignan La Mignarde* wurde aus Traubengut von 55-jährigen Rebstöcken produziert. Dieser nach Brombeeren duftende Wein von mittlerem Körper kann mit Geschmackskomponenten aufwarten, die mit Noten von Lakritze, Cassis, Schokolade und Gewürzen angefüllt sind. Er ist seidig texturiert, konzentriert und intensiv. Voraussichtliche Genussreife: jetzt–2007.

CHÂTEAU DE MONTPEZAT

1999	**Coteaux du Languedoc La Pharaonne**	**C**	**92**
2000	**Vin de Pays d'Oc Cuvée Prestige**	**C**	**91+**
1999	**Vin de Pays d'Oc Cuvée Prestige**	**B**	**91**

Ein spektakulärer Wein, der in vergangenen Jahrgängen alle Glocken läuten ließ – und der 1999er macht da keine Ausnahme. Der *1999er Vin de Pays d'Oc Cuvée Prestige,* der Le Pin des Languedoc, ist eine *assemblage* aus 60% Cabernet Sauvignon und 40% Syrah und wurde in zu 50% neuen Eichenholzfässern ausgebaut. Äußerst reif, in seinem Bukett mit Noten von Brombeeren, Crème de Cassis und dem Duft von frischem Eichenholz ausgestattet, ist dies ein opulenter, gehaltvoller, viskoser, körperreicher Wein, der prachtvollen Fruchtgeschmack und einen langen Abgang zu bieten hat. Ein erstaunlich ernsthafter Wein, der zwar nicht wie ein Spitzen-Bordeaux altern, der aber in den nächsten 4–6 Jahren makellosen Trinkgenuss gewähren wird.

Der *2000er Vin de Pays d'Oc Cuvée Prestige* wurde vollständig in neuen französischen Eichenholzfässern ausgebaut und besitzt ein bezauberndes, nach kandierten Himbeeren duftendes Bukett. Am Gaumen gibt sich dieser hervorragende Wein samtig texturiert, von mittlerem bis vollem Körper und voll gepackt mit Geschmackskomponenten von schwarzen Johannisbeeren, dunklen Kirschen und schwarzen Himbeeren. Er ist saftig, makellos ausgewogen und besitzt einen langen, üppigen, fruchtbetonten Abgang. Trinken Sie ihn in den nächsten 6–7 Jahren.

Der luxuriöse *1999er Coteaux du Languedoc La Pharaonne* ist der Spitzenwein des Weingutes. Er wurde fast ausschließlich aus Mourvèdre gekeltert, wobei der Fruchtbehang des Rebstocks bis auf 3–4 Traubenbüschel ausgedünnt wurde. So entstand eine dunkle Schönheit, die mächtige schwarze Fruchtaromen offenbart. Von mittlerem bis vollem Körper, breit angelegt, zeigt der Wein große Wucht bei gleichzeitiger exquisiter Eleganz. In den Geschmackskomponenten des frischen, dichten Weins lassen sich seidige Brombeeren, Cassis, Leder und Anklänge an Pflaumen finden. Sein extensiver Abgang gibt ganze Ladungen von bewundernswert reifen Tanninen frei. Er ist bereits jetzt trinkbar, wird aber sicherlich noch ein Jahrzehnt halten.

DOMAINE MORTIÈS

1998	**Coteaux du Languedoc-Pic-St-Loup Classique**	**B**	**(89–91)**
1998	**Vin du Pays d'Oc Que Sera Sera**	**C**	**(91–92+)**

Zwei der drei 1998er Weine, die ich von der Domaine Mortiès verkostete, waren fabelhaft. Der dritte Wein, die Grand Cuvée, schien mir etwas zu viel Eichenholzwürze abbekommen zu haben. Der *1998er Coteaux du Languedoc Pic-St-Loup Classique* zeigt eine dunkelrubinrote Farbe und bietet ein erstklassiges, nach dicklichen Brombeeren duftendes Bukett. Der hoch konzentrierte und extraktreiche Wein ist wuchtig und mit prachtvoll geschichteten schwarzen Früchten ausgestattet. Von mittlerem bis vollem Körper, intensiv und noch verhalten entwickelt, benötigt er etwas Geduld. Voraussichtliche Genussreife: jetzt–2007.

Der *1998er Vin de Pays d'Oc Que Sera Sera* (100% Syrah) hat eine schwarz-purpurrote Farbe. Im Bukett dieses wundervollen Weins findet man superbe Düfte nach Leder und Teer. Mehrere Schichten von roten Kirschen, Cassis, schwarzen Himbeeren und Schokolade, vermischt mit Anklängen an Vanille, kleiden den Gaumen aus. Dies ist ein wuchtiger, körperreicher, verhalten entwickelter, intensiver, wunderschöner Wein, der zeigt, wie verführerisch die Syrah-Traube im Languedoc sein kann. Voraussichtliche Genussreife: jetzt bis 2010.

MOURGUES DU GRÈS

1999	**Costières de Nîmes Capitelles des Mourgues**	**B**	**90**
2000	**Costières de Nîmes Les Galets**	**B**	**89**

Mourgues du Grès gehört zu den besten Weingütern der Costières de Nîmes und hat einen sensationellen Rosé sowie einen köstlichen, körperreichen Rotwein hergestellt – und beide kann man spottbillig bekommen. Der *2000er Costières de Nîmes Les Galets* (ein trockener Rosé aus 60% Syrah und 40% Grenache) offenbart ein prachtvolles, nach Cassis und Erdbeerlikör duftendes Bukett, mittleren Körper und reichen Fruchtgeschmack am Gaumen. Dies ist ein ernst zu nehmender Rosé, den man jetzt konsumieren sollte.

Der *1999er Costières de Nîmes Capitelles des Mourgues* ist eine 100%ige Syrah-Selektion, die aus den ältesten (40 Jahre alten) Rebstöcken des Weingutes gewonnen wird. Dies ist ein dichter, undurchdringlich-purpurroter Wein mit einem superben Bukett von Brombeeren, Kirschfrucht und Gewürzen. Unfiltriert abgefüllt, hat der reintönig bereitete 1999er reichlich Fett und kernige Art zu bieten. Trinken Sie ihn in den nächsten 5–6 Jahren.

CHÂTEAU DE NAGES

1998	**Costières de Nîmes Cuvée Joseph Torres (rot)**	**B**	**89**
1998	**Costières de Nîmes Cuvée Joseph Torres (weiß)**	**B**	**88**

Wenn der rote *1998er Costières de Nîmes Cuvée Joseph Torres* (100% Syrah) etwas mehr Komplexität vorweisen könnte, würde er eine hervorragende Bewertung erhalten. Trotzdem handelt es sich um einen körperreichen Wein mit einer undurchdringlichen rubin-purpurroten Farbe und einem prächtigen, nach Brombeeren, Lakritze, Gewürzkiste und Pfeffer duftenden Bukett. Eine gewisse *sur-maturité* verleiht diesem üppigen, saftig texturierten Syrah eine noch verführerischere Note. Trinken Sie ihn in den nächsten 5–6 Jahren.

Der nahezu hervorragende weiße *1998er Costières de Nîmes Cuvée Joseph Torres* wurde aus 95% Roussanne und 5% Viognier gekeltert (es wurden 28 hl/ha geerntet), die Produktion ergab 1000 Kisten Wein). Er offenbart in seinem Geschmacksprofil duftige, honigartige Noten und Nuancen von Akazienblüten, Rosenblättern und reifen tropischen Früchten. Körperreich, mit öliger Textur und einem trockenen, üppigen Abgang, sollte er innerhalb der nächsten 1–2 Jahre getrunken werden.

CHÂTEAU DE LA NÉGLY

1998	**Coteaux du Languedoc-La Clape l'Ancely**	**E**	**95**
2000	**Coteaux du Languedoc-La Clape La Côte**	**A**	**88**
1999	**Coteaux du Languedoc-La Clape La Falaise**	**C**	**91**
1998	**Coteaux du Languedoc-La Clape La Falaise**	**B**	**(90–92)**
1999	**Coteaux du Languedoc-La Clape La Porte du Ciel**	**E**	**96**
1998	**Coteaux du Languedoc-La Clape La Porte du Ciel**	**E**	**(92–94)**

Der Besitzer Jean Paux-Rosset und sein brillanter Weinmacher Claude Gros (ein beratender Önologe, der weltweite Anerkennung genießt) bereiten spektakuläre Weine, indem sie auf niedrige Erträge und eine kompromisslose Philosophie der Weinbereitung ohne manipulatorische Interventionen setzen. Die Trauben werden geerntet, wenn sie physiologisch reif sind, ungeachtet ihres pH-Wertes (die meisten liegen ohnehin über 4) oder Säuregehalts.

Jeder im Weinverkauf verdiente Euro wird in die Kellerei reinvestiert. So konnte ich bei meinem Besuch erleben, wie zum Beispiel neue Edelstahltanks eingebaut wurden, mit Hilfe derer alle Umfüllungen nur durch die Schwerkraft erfolgen können; oder den Bau von temperaturgeregelten Kellerlagerräumen (eine Rarität in Südfrankreich, obwohl es im Sommer extrem heiß werden kann). Dies ist ein erstklassiges Unternehmen, in dem sich jedes Mitglied des Teams, vom *régisseur* (Weinbergmanager) bis zum Önologen, der Produktion von Weinen widmet, die zu den besten in ganz Frankreich zählen.

Das Château de la Négly hat 1998 drei spektakuläre Weine produziert. Der *1998er Coteaux du Languedoc-La Clape La Falaise* besitzt eine mittel- bis dunkelrubinrote Farbe und bietet ein supersüßes, nach Kirschen, Kirschwasser und Gewürzen duftendes Bukett. Hauptsächlich aus Syrah gekeltert, mit etwas Grenache und Mourvèdre im Mischsatz, und vollständig ausgebaut in neuen Eichenholzfässern, legt der hoch konzentrierte Wein eine außergewöhnlich sirupartige Textur an den Tag. In seiner mächtigen Persönlichkeit und seinem extensiven Abgang kann man tintenschwarze Früchte und Cassis finden. Voraussichtliche Genussreife: jetzt–2008.

Der spektakuläre *1998er Coteaux du Languedoc-La Clape La Porte du Ciel* wurde vollständig aus Syrah-Trauben produziert, von denen man 14 hl/ha geerntet hatte. Jedes Traubenbüschel wurde von Hand entrappt und mit den Füßen zerquetscht. Die alkoholische Gärung dauerte 40 Tage, danach erfolgte das Umfüllen in neue Seguin-Moreau-Fässer. Kurz gesagt: Dieser Wein wurde ohne Kompromisse hergestellt. Sein ehrfurchtgebietend elegantes und komplexes Bukett setzt sich aus Düften nach Cassis und kandierten roten Himbeeren zusammen. Am Gaumen zeigt er sich massiv, wuchtig, unglaublich intensiv und doch verfeinert. Körperreich und beladen mit von *sur-maturité* geprägten roten und schwarzen Früchten, kombiniert dieser Maßstäbe setzende Languedoc-Wein die einhüllende Wärme, die oft mit den Weinen dieser Region in Verbindung gebracht wird, mit dem Adel und der Klasse, die man allgemein mit den höher gelobten Weinanbaugebieten in Verbindung bringt. Leser, die Syrah anbeten oder profunde Weine lieben, sollten sich diesen Tropfen nicht entgehen lassen. Voraussichtliche Genussreife: jetzt–2008.

Der *1998er Coteaux du Languedoc-La Clape L'Ancely* ist ein gewaltiger Wein, der aus Erträgen (10 hl/ha) gemacht wurde, die selbst Lalou Bize-Leroy in Burgund vor Neid erblassen lassen. Bedauerlicherweise wurden nur 100 Kisten dieses Nektars produziert. Ausgebaut in *demi-muids*, wurde der Wein niemals abgezogen, filtriert oder geschönt. Cassis dominiert seinen Duft und Geschmack. Von mittlerem bis vollem Körper, ist er ehrfurchtgebietend gehaltvoll, unglaublich konzentriert und üppig. Schichten von kandierten roten und schwarzen Früchten erobern den Gaumen des Verkosters. Er besitzt unerhörte Wucht, jedoch behält er anmutige Feinheit und einen sublim ausgewogenen Charakter. Dazu kommt ein exquisit langer, fruchtbeladener und opulenter Abgang. Trinken Sie ihn in den nächsten 12 Jahren.

Der mittel- bis dunkelrubinrote *1999er Coteaux du Languedoc-La Clape La Falaise* ist eine *assemblage* aus 60% Syrah und 40% Mourvèdre. Mit seinen Aromen von Brombeermarmelade und Cassis explodiert er förmlich im Glas. Der intensiv gehaltvolle Wein von mittlerem bis vollem Körper kleidet den Gaumen aus mit vielschichtigen Geschmackskomponenten von Himbeeren, Brombeeren, Blaubeeren und Pflaumen. Er ist seidig texturiert, wuchtig, intensiv und tiefgründig. Trinken Sie ihn in den nächsten 10 Jahren.

Der unglaubliche *1999er Coteaux du Languedoc-La Clape La Porte du Ciel* steht als Vermächtnis für das, was in dieser oftmals missachteten Weinanbauregion Frankreichs erreicht werden kann. Produziert aus einem Niedrigertrag von 11 hl/ha, wurden die Trauben bei einem pH-Wert von 4,3 geerntet. Sein Aroma von kandierten Kirschen explodiert förmlich im Glas. Geschmackskomponenten von Ingwer, Melasse, Gewürzen, gelierten Brombeeren, Cassis und wilden Blaubeeren umhüllten den Gaumen. Der Wein ist außerordentlich gehaltvoll, dennoch etwas zurückhaltend hinsichtlich Frische und Eleganz. Sein langer, verschwenderischer Abgang offenbart reichliche Mengen superb reifer Tannine. Trinken Sie ihn in den nächsten 15 Jahren.

Der *2000er Coteaux du Languedoc-La Clape La Côt,* eine *assemblage* aus 70% Carignan und ausgleichenden 30% Grenache, besitzt ein sinnliches, schweißartiges und süßes brombeerduftiges Aroma. Von mittlerem Körper und gehaltvoll, kleiden seine reichlichen Mengen von dunklen Früchten und Cassis und Anklänge an Lakritze den Gaumen aus. Gut bereitet und fortgeschritten in der Fruchtentwicklung, ist dies ein köstlicher, samtig texturierter Wein zum Trinkgenuss in den nächsten 4 Jahren.

NOVELLUM

1998	**Côtes du Roussillon**	**B**	**(88–90)**
1999	**Vin de Pays d'Oc Chardonnay**	**A**	**88**

Der *1999er Vin de Pays d'Oc Chardonnay* erlebte keine malolaktischen Gärung. Dies ist ein gehaltvoller, fruchtiger Wein, der auf Viognier-Hefen ausgebaut wurde, um ihm ein größeres Geißblattaroma zu verleihen. Es kamen nur wenig Eichenholzfässer zum Einsatz und das hat dem Wein nur gut getan. Dieser mittelgewichtige, saftige, reintönige, honigartige Chardonnay bietet in Duft und Geschmack süße, reife Düfte nach Ananas, Pfirsichen und Geißblatt. Für einen Wein dieser Preiskategorie offenbart er erstaunlich viel Charakter und Geschmack. Kaufen Sie ihn kistenweise und trinken Sie ihn jetzt mit Genuss.

Der mittel- bis dunkelrubinrote *1998er Côtes du Roussillon* bietet ein mokkadurchtränktes, nach süßen roten Himbeeren duftendes Bukett. Dieser dickliche, dichte, verhalten entwickelte Wein zeigt in seiner Geschmackspalette kraftvolle Schichten von roten Himbeeren und Kirschfrucht. Intensiv, mächtig und bewundernswert lang im Abgang, sollten Sie ihn in den nächsten 5 Jahren trinken.

CHÂTEAU D'OR ET DE GUEULES

1998	**Costières de Nîmes**	**A**	**88?**

Dieser *1998er Costières de Nîmes*, eine *assemblage* aus Mourvèdre, Syrah und Carignan, ist in einem erdigen, nach Pilzen duftenden Stil bereitet und nicht so fruchtbetont wie einige andere Weine dieser aufstrebenden Appellation. Eine tiefrubinrote Farbe geht einher mit einem würzigen, pfeffrigen und erdigen Aroma und jeder Menge Tannin. In seinem Stil ähnelt der Tropfen einem Spitzen-Bandol. Wenn auch der Wein vermutlich niemals das ganze Tannin und seine Rustikalität ablegen wird, ist er trotzdem voller Leben. Trinken Sie ihn in den nächsten 4–5 Jahren.

CHÂTEAU LES PALAIS

1998	**Corbières Cuvée Randolin Vieilles Vignes**	**B**	**(90–91)**
1998	**Corbières Cuvée Tradition**	**A**	**(88–89)**

Der mittel- bis dunkelrubinrote *1998er Corbières Cuvée Tradition* bietet ein herrliches Bukett von Düften nach Kirschen, Blumen und frischem Parfum. Seine eindringlichen Geschmackskomponenten von roten, blauen und schwarzen Früchten vermischen sich mit Zedernholz, was dem Wein zusätzliche Komplexität verleiht. Der attraktive, exquisit ausgewogene Wein von mittlerem bis vollem Körper legt auch einen langen, geschmeidigen Abgang an den Tag. Trinken Sie ihn in den nächsten 4–5 Jahren.

Der sattschwarze *1998er Corbières Cuvée Randolin Vieilles Vignes* offenbart in seinem Bukett Brombeeren und geröstete Kräuter. Dies ist ein kraftvoller, überaus extraktreicher, dichter und konzentrierter Wein, der voll gepackt ist mit Geschmackskomponenten von Schokolade und schwarzer Himbeerfrucht. Seidig texturiert, von mittlerem bis vollem Körper und strenger Art, sollte dieser bewundernswert lange Wein seinen Reifehöhepunkt jetzt–2007 haben.

DOMAINE PEYRE ROSE

1998	Coteaux du Languedoc Cistes	D	(88–89)
1996	Coteaux du Languedoc Cistes	D	88
1998	Coteaux du Languedoc Léone	D	(89–90)
1996	Coteaux du Languedoc Léone	D	88

Mit jedem Jahr, das ins Land zieht, hat die Domaine Peyre Rose die Extraktion ihrer Weine (im Augenblick werden die Trauben einer 75tägigen Maischung unterzogen) wie auch die Dauer der *élevage* (Ausbau) verlängert. Als ich das Weingut besuchte, waren die 1998er drei Jahre nach der Ernte noch immer nicht in Flaschen abgefüllt. Die Weine sind wuchtig und intensiv, mit beißendem Tannin und Geschmack, und man kann sie nur mit dem Wort »schwarz« beschreiben. Leser, die versucht sind, das Weingut zu besuchen, sollten wissen, dass man am besten einen Geländewagen nimmt, da die lange, staubige und steinige Zufahrtstraße mit Furchen und Schlaglöchern übersät ist. Das Gut liegt oben auf einem Berg in einem Gebiet, das einer Mondlandschaft gleicht. Hier produziert die Domaine Peyre Rose zwei Weine, Cistes (85% Syrah und 15% Grenache) und Léone (90–95% Syrah und zum Ausgleich Mourvèdre). Der satte mittel- bis dunkelrubinrote *1996er Coteaux du Languedoc Cistes* besitzt ein nach Zedernholz und schwarzen Früchten duftendes Aromaprofil. Bei mittlerem bis vollem Körper ist der strenge und rustikale Wein beladen mit einem Geschmack nach in Tabak getränktem Teer und dunklen Früchten. Er offenbart ausgezeichnete Tiefe, ist harmonisch in seiner Art, gut bereitet und intensiv. Voraussichtliche Genussreife: jetzt–2010.

Der dunklere *1996er Coteaux du Languedoc Léone* ist ein strenger, vierschrötiger und tanninreicher Wein. Hoch extrahierter schwarzer Fruchtgeschmack vermischt sich im etwas kantigen aber beeindruckenden Charakter dieses Weins mit Noten von Straßenteer. Voraussichtliche Genussreife: 2004–2012.

Der ähnlich gefärbte *1998er Coteaux du Languedoc Cistes* legt ein intensiv nach Brombeeren und Cassis duftendes Bukett an den Tag, das sich in dem überaus konzentrierten, massiv extrahierten, rustikalen Wein mit Geschmackskomponenten von Lakritze und schwarzen Früchten vermischt. Er offenbart sich als ein intensiv wuchtiger Wein, der den Mund auskleidet und den Gaumen überzieht. Voraussichtliche Genussreife: 2006–2012.

Der *1998er Coteaux du Languedoc Léone* ist das sprichwörtliche »schwarze Loch«. Man kann in seiner körperreichen Persönlichkeit Noten von getrocknete Lakritze, Teer, Minze und geröstete Kräuter entdecken. Dieser hyper-extraktreiche Wein wird 5–6 Jahre Kellerreife benötigen, sollte dann aber zu einer zivilisierten Persönlichkeit erblühen. Trinken Sie ihn zwischen 2007 und 2015.

DOMAINE PICCININI

1998	Minervois Clos L'Angély	B	89
1999	Minervois Cuvée Line et Laetitia	B	88
1998	Minervois Cuvée Line et Laetitia	B	90?

Piccinini hat drei sehr gute Weine hervorgebracht, obwohl sich der am höchsten bewertete von ihnen, die 1998er Cuvée Line et Laetitia, als vielleicht zu holzbetont herausstellen wird (ich hoffe, dass die Holznote besser integriert wird, daher die etwas optimistische Bewertung). Der *1998er Minervois Clos L'Angély* offenbart Düfte nach dicklichen Kirschen, Brombeeren, Pfeffer und getrockneten Kräutern der Provence in seinem Bukett. Gehaltvoll, von mittlerem bis vollem Körper und mit einem, dem Châteauneuf-du-Pape-ähnlichen Fruchtgeschmack, ist dies ein hedonistischer, üppiger Wein, den man in den nächsten 2–3 Jahren trinken sollte – während seines jugendlichen Überschwangs.

Wie bereits erwähnt, legt die *1998er Minervois Cuvée Line et Laetitia* reichliches toastwürziges Eichenholz an den Tag. Der Wein besitzt gute Länge und Dichte sowie reife Frucht und zeigt sich durch und durch ausgewogen. Wenn die Holznote besser integriert werden kann, wird dies ein hervorragender Wein sein, der wahrscheinlich das größte Alterungspotenzial von den drei Weinen besitzt (5–6 Jahre). Gönnen Sie ihm 3–4 Monate Flaschenreife, und er wird Ihnen in den kommenden 5 Jahren köstlichen Trinkgenuss gewähren.

Die mit Tabak- und Brombeeraromen ausgestattete *1999er Minervois Cuvée Line et Laetitia* bietet einen mittleren Körper, eine seidige Textur und duftet nach Kirschen und schwarzen Himbeeren. Von guter Ausgewogenheit, rassig und voller Frucht, zeigt der Wein ein enorm verführerisches Gefühl im Mund. Weich und üppig, wird er Trinkgenuss in den nächsten 4–6 Jahren bieten.

DOMAINE DE POUJOL

1999	**Vin de Pays de l'Hérault (weiß)**	**C**	**88**

Der *1999er Vin de Pays de l'Hérault* (weiß) wurde aus 46% Rolle (bekannt auch als Vermentino), 43% Carignan Blanc und Roussanne als ausgleichende Rebsorte hergestellt. In seinem ausdrucksvollen Bukett lassen sich Pfirsiche und Aprikosen ausmachen. Von mittlerem Körper und gehaltvoll, ist der breit angelegte, den Mund auskleidende Wein voll gepackt mit Geschmackskomponenten von ausgewählten weißen Früchten, sowie Mangos und Pfirsichen. Dies ist ein beeindruckender, geschmacksbetonter und geschmeidiger Wein zum idealen Trinkgenuss vor 2004.

CHÂTEAU PRAT DE CEST

2000	**Corbières**	**A**	**88**

Dieser mittel- bis dunkelrubinrote, expansive *2000er Corbières* bietet einen leichten bis mittleren Körper, frische, nach Brombeeren und Kirschen duftende Aromen und Geschmackskomponenten von Lakritze, Brombeeren und Teer. Trinken Sie diesen gefälligen, nahtlosen 2000er in den nächsten 4 Jahren.

PRIEURÉ DE ST-JEAN-DE-BÉBIAN

1999	**Coteaux du Languedoc (rot)**	**D**	**88**
1998	**Coteaux du Languedoc (rot)**	**D**	**91+?**
2000	**Coteaux du Languedoc (weiß)**	**D**	**88**
1998	**Coteaux du Languedoc (weiß)**	**D**	**88**

Philippe Le Brun und Chantal Lacouty, die ehemaligen führenden Köpfe der *Revue du Vin de France*, Frankreichs führendem Weinmagazin, betreiben dieses Weingut. Madame Lacouty, die für die Weinbereitung verantwortlich ist, sortiert das Traubengut zweimal: einmal bereits im Weinberg und ein zweites Mal nach der Lese auf dem Sortiertisch. Sie hat ihre Kellerei dahingehend umgebaut, dass alle Umfüllungen des Mosts und des Weins nur durch die Schwerkraft erfolgen können. Ihre Rotweine werden weder geschönt noch gefiltert (die Weißweine allerdings filtriert man, um Klarheit zu erreichen). Madame Lacouty ist eine kluge und engagierte Frau, die permanent ihre Weinbereitungstechniken hinterfragt, um die Weine ihres Besitztums auf die qualitativ nächsthöhere Ebene zu heben.

Der weiße *1998er Coteaux du Languedoc* wartet mit reichhaltigen, toastwürzigen, nach Hefe und Rauch duftenden Aromen auf. Von mittlerem bis vollem Körper, samtig texturiert und breit angelegt, sollte dieser köstliche, mit Geschmackskomponenten von Birnen und Eichenholzwürze ausgestattete Wein in den nächsten 3 Jahren getrunken werden.

Der weiße *2000er Coteaux du Languedoc* bietet verführerische Düfte nach Gewürzen, Birnen und Mineralien. Er ist ein Wein von mittlerem bis vollem Körper mit einer gehaltvollen, breit angelegten Persönlichkeit, die reichlich Fruchtgeschmack vorweisen kann. Sein Abgang offenbart einige Wärme (reich an Alkohol) und ist etwas zusammenziehend; dennoch ist dies ein köstlicher Wein, den Sie in den nächsten 3–5 Jahren trinken sollten.

Der rote *1999er Coteaux du Languedoc*, eine *assemblage* aus Syrah, Grenache und 5% Mourvèdre (in anderen Jahrgängen enthält dieser Wein einen größeren Anteil dieser letzten

Traubensorte, aber 1999 wurden die Mourvèdre-Rebstöcke des Gutes kurz vor der Ernte durch Hagel verwüstet), besitzt eine mittel- bis dunkelrubinrote Farbe. In seinem Aroma- und Geschmacksprofil findet man Brombeeren, Gewürze und Johannisbeeren. Von mittlerem Körper und dick, legt er eine bewundernswerte Fülle und einen fetten, mit gerösteten Früchten gefüllten Kern an den Tag. Im Abgang tauchen Alkohol und rustikale Tannine auf, die eine höhere Bewertung verhindern. Voraussichtliche Genussreife: 2004–2010.

Der rote *1998er Coteaux du Languedoc* ist dank seiner mächtigen, massiv dichten, mit schwarzen Früchten und Schokolade angefüllten Persönlichkeit ein beeindruckender Wein. Dennoch bin ich nach dreimaligem Verkosten wegen seiner harten Tannine noch immer besorgt. Wenn er etwas von seiner rustikalen Art abwerfen könnte, wäre dies sehr gut, ansonsten wird er austrocknen. Voraussichtliche Genussreife: 2006–2015+?.

DOMAINE PUECH CHAUD

1999 Coteaux du Languedoc — D 91

Was geschieht, wenn man einen Star der Appellation Côte Rôtie ins Languedoc bringt? Sie erhalten einen überwältigenden Wein aus 100% Syrah, der wie ein Côte Rôtie gestaltet ist, dennoch aber die markante Reichhaltigkeit und Tiefe des Südens besitzt: *1999er Coteaux du Languedoc*. René Rostaing, der für seine Weine aus dem nördlichen Rhônetal berühmt ist, hat die Domaine gekauft und nun mit einem außergewöhnlichen Wein debütiert. Ein nach süßen schwarzen Himbeeren duftendes Bukett geht einher mit einer breit angelegten, würzigen, mit roten und schwarzen Himbeeren angefüllten Persönlichkeit. Der kernig texturierte, wuchtige, riesige, konzentrierte Wein besitzt dennoch Rostaings Markenzeichen: Eleganz und Differenziertheit. Er ist komplex, sinnlich, voll gepackt mit Frucht und kann einen glänzenden, reintönigen und langen Abgang vorweisen. Voraussichtliche Genussreife: jetzt bis 2012.

CHÂTEAU PUECH-HAUT

1999	**Coteaux du Languedoc-Pic-St-Loup**	**C**	**89+**
2000	**Coteaux du Languedoc-St-Drézéry Le Blanc Epicurien/ Tête de Cuvée**	**D**	**(88)**
1999	**Coteaux du Languedoc-St-Drézéry Le Rouge Epicurien/ Tête de Cuvée**	**C**	**88+**
1997	**Coteaux du Languedoc-St-Drézéry Le Rouge Epicurien/ Tête de Cuvée**	**C**	**(87–89)**

Das Weingut, das von dem äußerst erfolgreichen Geschäftsmann Gérard Bru gekauft wurde, hat 80 Hektar (von möglichen 105 Hektar) mit Rebstöcken bepflanzt. Es gibt einige ältere Rebstöcke (z.B. 60-jährige Carignan und 25-jährige Syrah und Mourvèdre), aber 80% der Domaine ist mit 20 Jahre alten oder jüngeren Rebstöcken ausgestattet. Mit der Unterstützung des Super-Önologen Michel Rolland will Gérard Bru sein Ziel erreichen, die besten Weine dieser Region herzustellen. Der mittel- bis dunkelrubinrote *1997er Coteaux du Languedoc-St-Drézéry Le Rouge Epicurien/Tête de Cuvée* bietet ein Bukett von Düften nach roten Johannisbeeren, Gewürzen, Himbeeren und Zedernholz. Bei mittlerem bis vollem Körper offenbart der Wein ausgezeichnete Tiefe, Kraft und einen vielschichtigen Geschmack von schwarzen Früchten. Voraussichtliche Genussreife: jetzt–2007.

Der *2000er Coteaux du Languedoc-St-Drézéry Le Blanc Epicurien/Tête de Cuvée*, eine *assemblage* aus 60% Roussanne, 30% Marsanne, 5% Viognier (von 7 Jahre alten Rebstöcken) und 5% Grenache Blanc, legt in seinem Bukett Anklänge von Rauch und Mineralien an den Tag. Dies ist ein Wein von mittlerem Körper, der in seinen vielschichtigen Geschmackskomponenten reichliche Noten von weißen Pfirsichen, Birnen, Aprikosen und Äpfeln zu bieten hat. Ein üppiger Weißwein, eine Rarität im Languedoc, der mit einer samtigen Textur, Ladungen an Frucht und einem langen, geschmeidigen Abgang aufwarten kann. Voraussichtliche Genussreife: jetzt–2005.

Der *1999er Coteaux du Languedoc-St-Drézéry Le Rouge Epicurien/Tête de Cuvée* offenbart ein Bukett mit Düften nach schwarzen Früchten und *garrigue* (provenzalische Kräuter). Der Wein zeigt einen bezaubernden, seidig texturierten Kern – er beeindruckt besonders, bedenkt man die strenge Natur dieses Jahrgangs – und ganze Ladungen an schwarzem Fruchtgeschmack. In seinem Abgang macht sich etwas Wärme (Alkohol) bemerkbar. Voraussichtliche Genussreife: jetzt–2007.

Der *1999er Coteaux du Languedoc Pic-St-Loup* besitzt ein Bukett, das an ein würziges Kompott von schwarzen Früchten erinnert. Am Gaumen offenbart er sich als ein Wein von mittlerem bis vollem Körper, vierschrötiger Art, der angefüllt ist mit Geschmackskomponenten von Brombeeren, Cassis und schwarzen Himbeeren. In seinem Abgang tauchen Wagenladungen an Tannin auf, die jedoch in Frucht getaucht sind. Voraussichtliche Genussreife: 2004–2008.

DOMAINE RICHEAUME

1998	**Côtes de Provence Cuvée Tradition**	**B**	**(87–89)**
1998	**Cuvée Columelle**	**D**	**(90–92+)**
1998	**Vin de Pays d'Oc Cabernet Sauvignon**	**C**	**(89–91)**

Obwohl die Domaine Richeaume geographisch nicht zum Languedoc-Roussillon gehört (die Provence liegt weiter im Osten), verdienen ihre Weine jedoch hier aufgeführt zu werden, denn der 1998er Jahrgang traf genau ins Schwarze. Der *1998er Côtes de Provence Cuvée Tradition*, eine *assemblage* aus 60% Grenache und 40% Syrah, hat eine mittel- bis dunkelrubinrote Farbe und offenbart in seinem Bukett Düfte, die an frisch gegrillte Steaks mit frisch gemahlenem, in rote Früchte eingetauchten Pfeffer erinnern. Am Gaumen bietet der köstliche, verfeinerte, wunderschön bereitete Wein von mittlerem Körper einen mit kandierten roten Kirschen beladenen Geschmack. Der seidig texturierte Wein wird sich in den nächsten 4–5 Jahren in Bestform befinden.

Der mittel- bis dunkelrubinrote *1998er Vin de Pays d'Oc Cabernet Sauvignon* (er hat 10% Syrah in seinem Mischsatz) offenbart in seinem Aromaprofil geröstete Kräuter, Schokolade und Brombeeren. Bei mittlerem bis vollem Körper ist dies ein noch verhalten entwickelter, wunderbar ausgewogener, eleganter Wein, der voll gepackt ist mit Geschmackskomponenten von Lakritze, schwarzen Kirschen und dicklichen Brombeeren. Es kann sehr gut möglich sein, dass man ihn eines Tages bei einer Blindverkostung mit einem doppelt so teuren Wein aus der Neuen Welt verwechselt. Voraussichtliche Genussreife: jetzt–2006+.

Die superbe *1998er Cuvée Columelle* (fast ganz aus Syrah mit einigen Beigaben von Merlot hergestellt) ist ein mittel- bis dunkelrubinroter Wein, der ein prachtvolles Bukett von Düften nach roten Kirschen, Himbeeren und Vanille an den Tag legt. Der kraftvolle, körperreiche, aber äußerst detaillierte und verfeinerte Wein ist voll gepackt mit Geschmackskomponenten von roten Früchten, Teer, Lakritze, gerösteten Kräutern, Mokka und frischer Eichenholzwürze. Höchst ausdrucksvoll, gut strukturiert, besitzt er alle notwendigen Komponenten, um gut zu altern. Voraussichtliche Genussreife: jetzt–2009.

DOMAINE RIMBERT

1999	**St-Chinian Le Mas au Schiste**	**C**	**89**
1999	**Vin de Pays d'Oc Le Chant de Marjolaine**	**B**	**89**

Der dunkelrubinrote *1999er Vin de Pays d'Oc Le Chant de Marjolaine* wurde vollständig aus Traubengut von alten Carignan-Rebstöcken gekeltert. Ein Bukett von Düften nach Lakritze und dicklichen Brombeeren geht einher mit einem prachtvoll intensiven Wein von mittlerem bis vollem Körper, der in seinem Geschmacksprofil reichliche Mengen von pflaumenhaften Brombeeren, Kirschen, Cassis, Leder, Zedernholz und Tabak offenbart. Dieser ausgezeichnete Gegenwert für Ihr Geld zeigt schöne, breit angelegte Art, einen konzentrierten, strengen, leicht rustikalen Charakter. Trinken Sie ihn in den nächsten 6–7 Jahren.

Der mittel- bis dunkelrubinrote *1999er St-Chinian Le Mas au Schiste* legt ein nach gebackenen roten Kirschen duftendes, hochwürziges Bukett an den Tag. Sein Rayas-ähnliches Geschmacksprofil ist angefüllt mit Kischwasser, frisch gemahlenem Pfeffer und süßen Brombeeren. Von mittlerem Körper und äußerst ausdrucksvoller Art, zeigt der Wein einen leicht rustikalen, groben Abgang, der eine höhere Bewertung verhindert. Trinken Sie ihn in den nächsten 6 Jahren.

DOMAINE DU ROC

2000	**Minervois Expression**	**A**	**88**
2000	**Minervois Tradition**	**B**	**89**

Der mittel- bis dunkelrubinrote *2000er Minervois Expression* ist eine *assemblage* aus 65% Grenache, 30% Carignan und 5% Syrah und offenbart ein köstliches, nach Kirschen und Brombeeren duftendes Bukett. Der weiche, reintönige und seidig texturierte Minervois besitzt einen mittleren Körper, der voll gepackt ist mit Brombeeren, Kirschen und Blaubeeren. Ein ungemein ausdrucksvoller Wein, der ganze Ladungen an Frucht in einem ausgewogenen, verbraucherfreundlichen Stil bietet. Trinken Sie ihn in den nächsten 4–5 Jahren. Der *2000er Minervois Tradition* wurde vollständig aus Syrah-Trauben gekeltert, von denen 35 hl/ha geerntet wurden. Prächtige Düfte nach Brombeeren, Veilchen und Plätzchen lassen sich im Aromaprofil dieses intensiven, mächtigen Weins ausmachen, der mit Geschmackskomponenten von Himbeeren, Kirschen, Blaubeeren und Brombeeren angefüllt ist. Durch seine reifen und geschmeidigen Tannine strukturierter als die Cuvée Expression, besitzt er einen bewunderungswürdig langen, fruchtgefüllten Abgang; er wird sich 7–8 Jahre schön trinken lassen. Beide Weine wurden im Edelstahltank vergoren und ausgebaut und präsentieren damit den reinen, unverfälschten Ausdruck ihrer Rebsorte.

CHÂTEAU LA ROQUE

2000	**Coteaux du Languedoc**	**B**	**88**
2000	**Coteaux du Languedoc Cuvée Clos des Bénédictins**	**B**	**88**
1999	**Coteaux du Languedoc Mourvèdre Vieilles Vignes**	**B**	**88**
1999	**Coteaux du Languedoc-Pic-St-Loup**	**B**	**89**
1999	**Coteaux du Languedoc-Pic-St-Loup Cupa Numismae**	**C**	**91**
1998	**Coteaux du Languedoc-Pic-St-Loup Cupa Numismae**	**B**	**90**
1998	**Coteaux du Languedoc-Pic-St-Loup Vieilles Vignes de Mourvèdre**	**B**	**89+**

Der *1998er Coteaux du Languedoc-Pic-St-Loup Vieilles Vignes de Mourvèdre* ist eine *assemblage* aus 95% Mourvèdre (von 55-jährigen Rebstöcken) und 5% Grenache. Das Bukett enthüllt hochreife Düfte nach wachsartigen schwarzen Früchte. Seine Persönlichkeit kombiniert Eleganz mit Kraft. In den intensiven Geschmackskomponenten dieses muskulösen, jedoch ausgefeilten Weins von mittlerem bis vollem Körper lassen sich Noten von Brombeeren, Lakritze und Teer finden. Sein langer und geschmeidiger Abgang offenbart Ladungen von exquisit reifen Tanninen. Voraussichtliche Genussreife: jetzt–2010.

Der *1998er Coteaux du Languedoc-Pic-St-Loup Cupa Numismae* ist der Spitzenwein. Er offenbart eine dunkelrubin-purpurrote Farbe sowie ein nach Brombeeren duftendes, eichenholzwürziges Bukett. Im Mund setzt dieser verführerische, in seiner Frucht fortgeschritten entwickelte, doch gut strukturierte Wein Schwaden von Cassis, dunklen Beeren, schwarzen Himbeeren und Kirschen frei. Von mittlerem bis vollem Körper und muskulös, benötigt er 1–2 Jahre Kellerreife. Voraussichtliche Genussreife: jetzt–2012.

Der nach Äpfeln und weißen Pfirsichen duftende *2000er Coteaux du Languedoc* wurde aus Viognier, Rolle, Marsanne und Grenache Blanc gekeltert. Von mittlerem Körper, lebendig und gehaltvoll, besitzt der zu einem seligen Lächeln verführende Weißwein exzellente Ausgewogenheit, seidige Textur und Geschmackskomponenten von kandierten Äpfeln,

Rauch, Mineralien und Gewürzen. Lassen Sie sich diesen reintönigen, erfrischenden und gut bereiteten 2000er in diesem Jahr schmecken.

Der *2000er Coteaux du Languedoc Cuvée Clos des Bénédictins* ist ein konzentrierter, kraftvoller und mit einem längeren Abgang gesegneter Wein. Seine lebendigen, nach weißen Früchten duftenden Aromen führen zu einem Charakter von mittlerem Körper, in dem Anklänge an Eichenholz zu spüren sind, das bei seiner Vinifizierung zum Einsatz kam. Er kann zwar nicht die Lebensfreude und die Würzigkeit der regulären Cuvée vorweisen, besitzt dafür aber Dichte und Üppigkeit. Trinken Sie diesen erstklassigen weißen Südfranzosen in den nächsten 2–3 Jahren.

Der dunkelrubinrote *1999er Coteaux du Languedoc Mourvèdre Vieilles Vignes* zeigt ein überschwänglich nach roten Kirschen und Straßenteer duftendes Bukett. Rustikal, kraftvoll und streng, ist dies ein Wein für die Freunde von muskulösen, teerigen Tropfen. Im Geschmacksprofil dieses dichten, konzentrierten und intensiven Rotweins sind Noten von frischem Asphalt, Brombeeren und Kräutern der Provence (*garrigue*) zu finden. Voraussichtliche Genussreife: jetzt–2009.

Der etwas zivilisiertere *1999er Coteaux du Languedoc-Pic-St-Loup* offenbart Aromen von Pflaumen, Brombeeren und Mokka. Von mittlerem bis vollem Körper, wundervoll geschichtet und massiv, ausgestattet mit Geschmackskomponenten von kernigen Mokkabohnen, Kirschen, Pflaumen und Brombeeren, ist er zwar harmonischer als die Mourvèdre-Cuvée, jedoch nichts für diejenigen, die auf der Suche nach Feinheit sind. Der mit großer Geschmacksfülle ausgestattete Kraftprotz wird zwischen 2004–2009 auf seinem Höhepunkt sein.

Der herrliche dunkelrubinrote *1999er Coteaux du Languedoc-Pic-St-Loup Cupa Numismae* wartet mit einem intensiv nach Brombeeren, Straßenteer und Lakritze duftenden Bukett auf. Dieser wuchtige, muskulös gebaute Wein bietet ein Geschmacksprofil, das sich aus reichlichen Mengen von Kirschen, Brombeeren, Kirschwasser, Cassis, frischem Asphalt und *garrigue* (Kräuter der Provence) zusammensetzt. Dieser Wein ist nichts für schwache Naturen. Dies ist eine gradlinige, wuchtige und mit großer Geschmacksfülle ausgestattete Schönheit zum Trinkgenuss in den nächsten 12 Jahren.

CHÂTEAU RUSSOL-GARDEY

o.J.	**Elevé en Fût de Chêne**	**C**	**88**
1999	**Minervois Grand Réserve Syrah**	**C**	**90**
1998	**Minervois Grand Réserve Syrah**	**C**	**89**

Das Weingut etikettiert seine Weißweine entweder mit Château Russol-Gardey oder Domaine Russol.

Der *1998er Minervois Grand Réserve Syrah* wurde 8–9 Monate in neuen Eichenholzfässern ausgebaut. Er zeigt eine mittel- bis dunkelrubinrote Farbe und seine süßen, nach schwarzen Himbeeren duftenden Aromen lassen einem das Wasser im Mund zusammenlaufen. Der seidig texturierte, mollige und geschmacksbetonte Wein wurde weder geschönt noch gefiltert. Er ist gehaltvoll, besitzt herrliche Ausgewogenheit und ist voller Geschmackskomponenten von reifen Brombeeren und frisch gemahlenem schwarzen Pfeffer. Sein extensiver Abgang offenbart ganze Ladungen geschmeidiger, reifer Tannine. Voraussichtliche Genussreife: jetzt–2005.

Der jahrgangslose golden-bernsteinfarbene *Elevé en Fût de Chêne* wartet mit einem Bukett auf, in dem sich Düfte nach süßen Orangen und Kumquatfrüchten zeigen und zu einer Persönlichkeit von mittlerem bis vollem Körper und öliger Textur führen. Reichhaltige Geschmackskomponenten von roten Beeren, honigfeinen gelben Früchten machen aus ihm einen ausgezeichneten Wein. Das Weingut plant, ab dem 1999er Jahrgang diesen Wein zu datieren. Trinken Sie ihn in den nächsten 3–4 Jahren.

Der dunkelrubinrote *1999er Minervois Grande Réserve Syrah* besitzt ein intensives, würziges, pflaumenhaftes Aroma. Sein enorm verführerisches Bukett geht einher mit einem wuchtigen, konzentrierten Charakter von mittlerem bis vollem Körper. Der Wein ist kernig texturiert, ausgewogen und voll von intensiven Geschmackskomponenten von Pflaumen, Lakritze, schwarzen Kirschen und Brombeeren. Er offenbart höchste Reife und einen langen, üppigen Abgang. Voraussichtliche Genussreife: jetzt–2008.

DOMAINE DE ST-ANTOINE

2000	**Vin du Pays du Gard Syrah**	**A**	**90**

Der *2000er Vin de Pays du Gard Syrah* ist ein sensationeller Kauf. Er offenbart Noten von *garrigue* (Kräuter der Provence), Rauch, Lakritze und reichliche Mengen schwarzer Johannisbeerfrucht. Reif, mit ausgezeichneter Opulenz und einem langen, kernigen, reintönigen und überraschend intensiven Abgang, wird er sich 2–3 Jahre schön trinken lassen.

CHÂTEAU ST-MARTIN DE LA GARRIGUE

1999	**Coteaux du Languedoc**	**C**	**88**
1998	**Coteaux du Languedoc La Bronzinelle**	**B**	**(87–89)**
1998	**Coteaux du Languedoc Cuvée St-Martin**	**B**	**(88–90)**

Dieses große Weingut produziert im Moment 300000 Flaschen Wein im Jahr (diese Zahl wird sich bald auf 350000 Flaschen erhöhen, wenn das Traubengut der neu gepflanzten Rebstöcke in die Produktion aufgenommen wird).

Der mittel- bis dunkelrubinrote *1998er Coteaux du Languedoc La Bronzinelle* legt ein würziges, dunkles, cremiges Fruchtaroma an den Tag. Dies ist ein extrovertierter, fetter, samtig texturierter, mit Geschmackskomponenten von Teer und gerösteten schwarzen Früchten ausgestatteter Wein von mittlerem bis vollem Körper. Seine vollmundige Persönlichkeit liefert für seinen Preis ein enorm wuchtiges Geschmackspotenzial. Voraussichtliche Genussreife: jetzt–2004. Die schwarz-purpurrote *1998er Coteaux du Languedoc Cuvée St-Martin* offenbart in ihrem elegant nuancierten Bukett Aromen von Gewürzen und Zedernholz. Im Geschmacksprofil dieses körperreichen, strukturierten Charakters finden sich ehrfurchtgebietende Schichten von Kirschen, Brombeeren, Teer, Minze und Cassis. Der beeindruckend ausgestattete Wein wurde aus 70% Mourvèdre hergestellt (der Restanteil verteilt sich auf traditionelle regionale Rebsorten), hat aber nichts von der rustikalen Art, die man allgemein mit dieser Traube verbindet. Voraussichtliche Genussreife: jetzt–2007.

Der *1999er Coteaux du Languedoc* besitzt eine mittel- bis dunkelrubinrote Farbe und kommt stolz daher mit prächtiger aromatischer Tiefe in einem nach Kirschfrucht duftenden Bukett. Von mittlerem Körper und ausdrucksvoller Art, kann dieser Wein durch seine Geschmackskomponenten von Brombeeren, Talkumpuder, gemahlenem Pfeffer und Schokolade ausgezeichnete Präsenz am Gaumen vorweisen. Voraussichtliche Genussreife: jetzt bis 2007.

TARDIEU-LAURENT

1998	**Corbières d'Embres**	**D**	**(90–92)**
1998	**Corbières d'Ornaison**	**D**	**(88–90)**
1998	**Corbières Roquefort**	**D**	**(90–93)**
1998	**Minervois**	**D**	**(87–89)**
1998	**Vin de Pays d'Oc Les Grands Augustins**	**B**	**88**

Es gibt fünf erstaunliche Cuvées vom brillanten Team Michel Tardieu und Dominique Laurent. Entsprechend ihrer Firmenpolitik werden alle fünf Weine ohne Schönung und Filtration abgefüllt. Leser, die auf der Suche nach äußerst gehaltvollen, reifen, nahtlosen Weinen aus dem Languedoc-Roussillon sind, sollten sich diese spektakulären Angebote nicht entgehen lassen. Obwohl kein sonderlich komplexer Wein, bietet der *1998er Vin de Pays d'Oc Les Grands Augustins* (80% Syrah, 10% Merlot und 10% Grenache) eine schwarzrubinrote Farbe, süße, unkomplizierte, dickliche Brombeer-Cassis-Frucht und ein körperreiches, fleischiges Gefühl im Mund. Trinken Sie diese geschmeidige Fruchtbombe in den nächsten 1–3 Jahren.

Der *1998er Minervois*, eine *assemblage* aus 90% Syrah und 10% Grenache, legt eine burgunderähnliche Eleganz und ausgefeilte Art an den Tag. Von mittlerem Körper, aber ohne das Format der Corbières-Auswahl, bietet er gut ausgewogene, subtile Aromen von schwarzen Kirschen und Beeren, die einhergehen mit Geschmackskomponenten von süßem Eichenholz, Erde und Gewürzen. Trinken Sie ihn in seinen ersten 2–3 Lebensjahren.

Zu der Auswahl an Corbiéres-Weinen, die aus Trauben von alten Rebstöcken produziert werden, gehört der *1998er Corbières d'Ornaison*, eine *assemblage* aus 70% Grenache und 30% Carignan. Er offenbart in seiner kräuterhaften, von Lakritze und rauchigem Cassis geprägten Persönlichkeit schwarze Früchte in Hülle und Fülle. Dicht, körperreich, rustikal, herrlich fruchtig und den Mund auskleidend, sollte dieser frische, geschmacksintensive Wein in den nächsten 2–3 Jahren getrunken werden, um von seinem jugendlichen Überschwang zu profitieren. Mein Favorit in dieser spektakulären Gruppe von Weinen ist der *1998er Corbières Roquefort*. Diese sattschwarz-purpurrote *assemblage* aus gleichen Anteilen von Grenache, Mourvèdre und Carignan, die alle auf felsigem Boden wachsen, bietet ein reifes (fast überreifes) Bukett, das an einen Spitzen-Turley-Cellars-Zinfandel aus Nordkalifornien erinnert. Dickliche, saftige schwarze Frucht, vermischt mit Düften nach Zedernholz, Gewürzkiste, Obstkuchen, Pfeffer und Leder entströmen dem Glas. Dieser ölig texturierte, dicke Wein, der seinen hohen Alkoholgehalt von 14,9% gut verbirgt, ist ein großes Beispiel für einen Corbières und sollte in den nächsten 7–8 Jahren schwelgerischen Trinkgenuss bieten. Wow!

Klassischer im Stil und weniger überschwänglich, aber von seinem Potenzial her komplex und beeindruckend ist der *1998er Corbières d'Embres*. Er wartet auf mit einem Bukett von Düften nach süßer Blaubeermarmelade, Blumen, Erde, Pfeffer und Gewürzen. Eine *assemblage* aus gleichen Anteilen von Carignan, Grenache und Syrah, ist dieser gehaltvolle und lange Mini-Hermitage beeindruckend gebaut. Er ist der am wenigsten entwickelte dieser fünf Cuvées, wird von weiteren 12 Monaten Kellerlagerung profitieren und dürfte sich danach ein Jahrzehnt schön trinken lassen.

Diese Debütweine aus Tardieu-Laurents Produktion im Languedoc-Roussillon sind bezeichnend für die Hingabe dieses *négociant* an die Qualität. Wie Michel Tardieu sagt, liegt der Schlüssel zum Erfolg darin, hochklassiges Traubengut von Mourvèdre, Syrah und Grenache aus guten Lagen zu bekommen. Und wenn es um Carignan geht, müssen die Winzer zu niedrigen Erträgen von 10–15 hl/ha verpflichtet werden! Genau das ist 1998 geschehen.

CHÂTEAU TOUR BOISÉE

1998	**Minervois**	**B**	**88**
1998	**Minervois Marie-Claude**	**B**	**(88–90+)**
1998	**Minervois Marielle et Frédérique**	**C**	**(89–92)**

Der *1998er Minervois* präsentiert eine dunkle, satte Farbe und ein überreifes, nach Pflaumen und Teer duftendes Bukett. Von mittlerem bis vollem Körper und muskulöser Art, ist dies ein etwas gradliniger Wein. Ausgestattet mit dicker Textur, kleiden seine Geschmackskomponenten von saftigen Brombeeren, frischem Asphalt, von *sur-maturité* geprägten Pflaumen und *garrigue* (Kräuter der Provence) den Mund aus. Die *assemblage* aus Syrah, Grenache und von alten Rebstöcken stammenden Carignan-Trauben gibt sich streng und strukturiert und legt einen rustikalen Abgang an den Tag. Voraussichtliche Genussreife: jetzt–2006.

Der dunkelrubinrote *1998er Minervois Marie-Claude* offenbart ein erstklassiges, dickliches, nach Brombeeren und Cassis duftendes Aroma. Der von *sur-maturité* geprägte, dichte, lange und intensive Wein von mittlerem bis vollem Körper ist voll gepackt mit Geschmackskomponenten von gerösteten Beeren, schwarzen Früchten und Anklängen an Zedernholz. Diese überaus gut bereitete Schönheit dürfte sich in den nächsten 6 Jahren gut trinken lassen.

Der dunkelrubinrote *1998er Minervois Marielle et Frédérique* bietet ein kraftvoll würziges, verführerisches Bukett. Unglaubliche Reife, dickliche Brombeeren, Teer und Lakritze kann man in Duft und Geschmack dieses riesigen, muskulösen, äußerst beeindruckenden Minervois finden. Offensichtlich aus wundervoll reifen Trauben gekeltert, ist dies ein dichter, wuchtiger Wein, der einen langen, geschmeidigen und tanninhaltigen Abgang vorweisen kann. Die Leser, die das Glück haben, einige Flaschen dieses Weins zu ergattern, sollten ihn jetzt–2007 trinken.

DOMAINE LA TOUR VIEILLE

1997	**Banyuls Mise Tardive**	**C**	**90**
1999	**Banyuls Vintage**	**C/0,5 l**	**91**
1999	**Collioure La Pinède**	**C**	**89**
1999	**Collioure Puig Oriol**	**C**	**90**

Der mittel- bis dunkelrubin-bernsteinfarbene *1997er Banyuls Mise Tardive* besitzt ein profundes Aroma von Mokka, Wachs, Pflaumen und Gewürzen. In den Geschmackskomponenten dieses opulent strukturierten Weins kann man süße, geschmeidige und üppige rote Früchte, dunkle Pflaumen, Veilchen, Rosen und kandierte Kirschen ausmachen. Dies ist ein expansiver, reifer und intensiver Wein zum Trinkgenuss jetzt–2014+ bestimmt.

Der *1999er Collioure La Pinède* von sattdunklem Rubinrot prunkt mit pflaumenhaften, traubigen, nach schwarzen Himbeeren duftenden Aromen. Von mittlerem Körper, legt dieser Wein in seiner von Mokka und Kirschsirup geprägten Persönlichkeit eine kernige Textur und prachtvolle Tiefe an den Tag. Ein kraftvoller Wein, der ausgestattet ist mit vielschichtigem Fruchtgeschmack und bewundernswert reifen Tanninen. Trinken Sie ihn im Laufe der nächsten 10 Jahre. Der *1999er Collioure Puig Oriol* kann eine ähnliche Farbe vorweisen wie der La Pinède und bietet ein nach schwarzen Himbeeren und Brombeeren duftendes Bukett. Der dunkle, mit Frucht angefüllte Wein ist üppig, reintönig und gehaltvoll. Intensive Schwaden von schwarzem Himbeerlikör und ein langer, geschmeidiger Abgang dominieren seine Persönlichkeit. Voraussichtliche Genussreife: jetzt–2012.

Der dunkelrubinrote *1999er Banyuls Vintage* offenbart ein intensives und komplexes Aromaprofil, das sich aus süßen Pflaumen-, Kirschen-, Rosen- und Veilchendüften zusammensetzt. Bei mittlerem Körper zeigt sich der samtig texturierte Wein am Gaumen voll gepackt mit Geschmackskomponenten von Melasse, Kirschen, Brombeeren und Pflaumen. Dies ist ein fetter, jedoch klar konturierter Wein, der einen verschwenderischen Abgang an den Tag legt. Trinken Sie ihn in den nächsten 15 Jahren.

CHÂTEAU DE VALCOMBE

1998	**Costières de Nîmes Prestige de Valcombe**	**B**	**(88–91+)**

Der mittel- bis dunkelrubinrote *1998er Prestige de Valcombe*, eine *assemblage* aus Grenache und Syrah, offenbart ein kräuterhaftes, nach Teer und Lakritze duftendes Bukett. Von mittlerem bis vollem Körper und kerniger Textur, besitzt er ein fabelhaftes Geschmacksprofil. Vielschichtige Noten von roten Kirschen, schwarzen Früchten, Teer und Anklänge an Eukalyptus kleiden den Gaumen aus. Dies ist ein tiefer, immens geschmacksbetonter, intensiver Wein, der am besten jetzt–2006 schmecken wird.

CHÂTEAU DE VALFLAUNES

1998	**Coteaux du Languedoc-Pic-St-Loup Cuvée Favorite**	**D**	**91**
1998	**Coteaux du Languedoc-Pic-St-Loup Cuvée Hardiesse**	**C**	**88**

Zwei beeindruckende Weine vom Pic-St-Loup, die beide konzentriert und mit wunderbar reintönigen Geschmackskomponenten und einer ausgezeichneten Textur ausgestattet sind.

Der *1998er Coteaux du Languedoc-Pic-St-Loup Cuvée Hardiesse*, eine im Eichenholzfass ausgebaute *assemblage* von 90% Grenache und 10% Syrah, trägt ein undurchdringlich rubin-purpurrotes Kleid, das mit einem körperreichen, im internationalen Stil (aufgrund des neuen Eichenholzes) gemachten Wein einher geht. Reichliche Mengen von Glyzerin, Fruchtextrakt, süßen Tanninen, verschwenderischer Eichenholzwürze in Duft und Geschmack leiten über zu einem kernigen, fleischigen Abgang. Diese Schönheit wird Ihnen 4–5 Jahre herrlichen Trinkgenuss gewähren. Der in einer limitierten Produktion auf den Markt gekommene *1998er Coteaux du Languedoc-Pic-St-Loup Cuvée Favorite* (100% Syrah, die 16 Monate in neuen französischen Eichenholzfässern ausgebaut wurden) wartet auf mit einer undurchdringlich purpurroten Farbe sowie einem explosiven Bukett von Düften nach schwarzem Kirschlikör, in die sich Brombeeren und Cassis mischen. Muskulös, tief und körperreich, ausgestattet mit hervorragendem Extrakt, Reintönigkeit und einer alles umfassenden Harmonie, ist dieser weitgespannte Wein zum Trinkgenuss in den nächsten 7–8 Jahren bestimmt. Leider wurden nur 4500 Flaschen produziert.

VIGNERONS D'OCTAVIANA

1998 Corbières Cuvée Sextant B 88

Der *1998er Corbières Cuvée Sextant* (40% Carignan, 20% Grenache, 20% Syrah und 20% Mourvèdre) ist ein Wein, der von Vintex, einem *négociant* aus Bordeaux, in dieser großen Kooperative ausgewählt wurde. Er offenbart etwas frische Eichenholzwürze, besitzt aber eine tiefrubin-purpurrote Farbe mit schwarzen Kirsch- und Johannisbeernoten in Duft und Geschmack. Würzig und pfeffrig, ist dies ein gehaltvoller, ausgewogener Wein von mittlerem Körper, der in den nächsten 2–4 Jahren idealen Trinkgenuss bieten wird.

CHÂTEAU DE VILLENOUVETTE

1998 Corbières Cuvée Marcel Barsalou C (87–89)

Das Château de Villenouvette ist im Besitz von Yves Barsalou, dem leutseligen Gründer und Vorsitzenden der Val d'Orbieu Mega-Kooperative (er ist auch Vorsitzender des Crédit Agricole, eine der weltgrößten Banken überhaupt). Der *1998er Corbières Cuvée Marcel Barsalou* wurde aus Carignan gekeltert, von der man 20 hl/ha geerntet hatte. Er legt ein süßes, nach Teer und schwarzen Früchten duftendes Bukett an den Tag. Von mittlerem bis vollem Körper und intensiv, ist der ausgezeichnete Wein voll gepackt mit vielschichtigen Geschmackskomponenten von kernig texturierten Brombeeren, gerösteten Gewürzen und Anklängen an Minze. Voraussichtliche Genussreife: jetzt–2007.

DIE PROVENCE

Es ist allzu einfach, die Provence nur als Tummelplatz der Millionäre und Berühmtheiten dieser Welt anzusehen, während nur einige wenige Weinliebhaber wissen, dass dieses immens große Weinanbaugebiet in Südfrankreich auf eine mindestens 2600jährige Geschichte zurückblicken kann. Seit Jahrhunderten lassen sich Reisende, die in die Provence kommen, von den aromatischen und geschmacksintensiven, durstlöschenden Roséweinen bezaubern, die eine so wunderbare Ergänzung zur charakteristischen Küche dieser Region bilden. Heute ist die Provence eine aufregende und abwechslungsreiche Weinbauregion, die nicht nur ungemein zufrieden stellende Roséweine hervorbringt, sondern auch äußerst viel versprechende Rotweine und einige verheißungsvolle Weißweine. Trotz allem ist diese Region für Weinliebhaber immer noch weitgehend Neuland.

Die Provence ist eine Region von Mammutgröße mit sieben Weinanbaugebieten. Man gewinnt am besten eine Vorstellung von der Region und ihren Weinen, wenn man sich einprägt, was jedes dieser Areale zu bieten hat und welche Weingüter zu den führenden Produzenten gehören. Wenngleich die Provence mit idealen Wetterbedingungen für den Weinbau gesegnet ist, fallen durchaus nicht alle Jahrgänge gleich gut aus. Von den provenzalischen Weißweinen und Rosés, die jung genossen werden wollen, sollte man heute nur den 2001er trinken. Spitzenjahrgänge für die gesamte Provence waren 2000, 1998 und 1995. Als Grundregel lässt sich festhalten, dass die Spitzen-Rotweine der Provence bis zu einem Jahrzehnt halten können, wenn sie aus einem der genannten Jahrgänge stammen. Nachstehend finden Sie eine kurze Übersicht über die sieben wichtigsten Weinanbaugebiete der Provence, sowie eine Liste der besten Weine aus jeder dieser Regionen, die Sie probieren sollten. Die Provence-Weine sind nicht überteuert. Vergleicht man die Spitzenweine aus dieser Region mit Produkten ähnlicher Qualität aus Burgund und dem Bordelais, so wird deutlich, dass sie ihr Geld durchaus wert sind.

Bandol In Frankreich selbst wird Bandol oft als die Appellation bezeichnet, die wegen ihrer Lage von allen am meisten begünstigt ist. Und tatsächlich kann man sich kaum eine schönere Landschaft vorstellen als diese mit ihren Ausblicken auf das azurblaue Mittelmeer und Weingärten, die auf den Hügeln über dem Wasser angelegt sind. In Bandol werden rote und weiße Weine sowie Rosés erzeugt. Am berühmtesten ist die Appellation für ihren Rosé, den manche Wein-Liebhaber für den besten in ganz Frankreich halten, sowie für ihren langlebigen, intensiven, tanninherben Rotwein, der im Lande einzigartig dasteht, da er zu mindestens 50% aus der wenig bekannten Mourvèdre-Traube vinifiziert wird. Wer noch immer an der Qualität der Mourvèdre-Traube zweifelt, dem seien Pradeauxs 1989er und 1990er Mourvèdre Vieilles Vignes empfohlen – sie sind gigantische Weine. Die Preise für Bandol-Weine sind nie niedrig gewesen, hauptsächlich wegen der Touristen, die in diese Gegend strömen und die meisten der von den örtlichen Produzenten hergestellten Weine kaufen.

Unter Weinkennern scheint Einigkeit darüber zu herrschen, dass die besten Rotweine von Produzenten wie der Domaine Pradeaux, Domaine Tempier, der Domaine de Pibarnon, dem Château Romassan der Familie Ott, dem Château Vannières und zwei Weingütern namens Moulin des Coste und Mas des Rouvière kommen. Zwar erzeugen die meisten dieser Produzenten auch Weißweine, doch ich kann keinen davon mit viel Begeisterung empfehlen, da anscheinend alle stumpf und schwer schmecken. Doch die Rotweine und die fri-

Provence
0 5 10 15 KILOMETER
St-Rémy-de-Provence
Plan d'Orgon
les Baux
1
Eygalières
2
Arles
N7
DURANCE
A7
Salon-de-Provence
Lambesc
N113
Meyrargues
2
2
Rian
Eguilles
RHÔNE
2
Aix-en-Provence
Vauvenargu
N568
Istres
ETANG DE BERRE
La Fare-les-Oliviers
3
Palette
4
N7
BOUCHES-DU-RHÔNE
Rognac
Vitrolles
A8
A52
Trets
4
Martigues
A55
A51
St-Zachari
Allauch
Marseille
A52
A50
7
4
Cassis
A50
La Ciotat
Bandol
MITTELMEER
Paris
Provence
Marseille

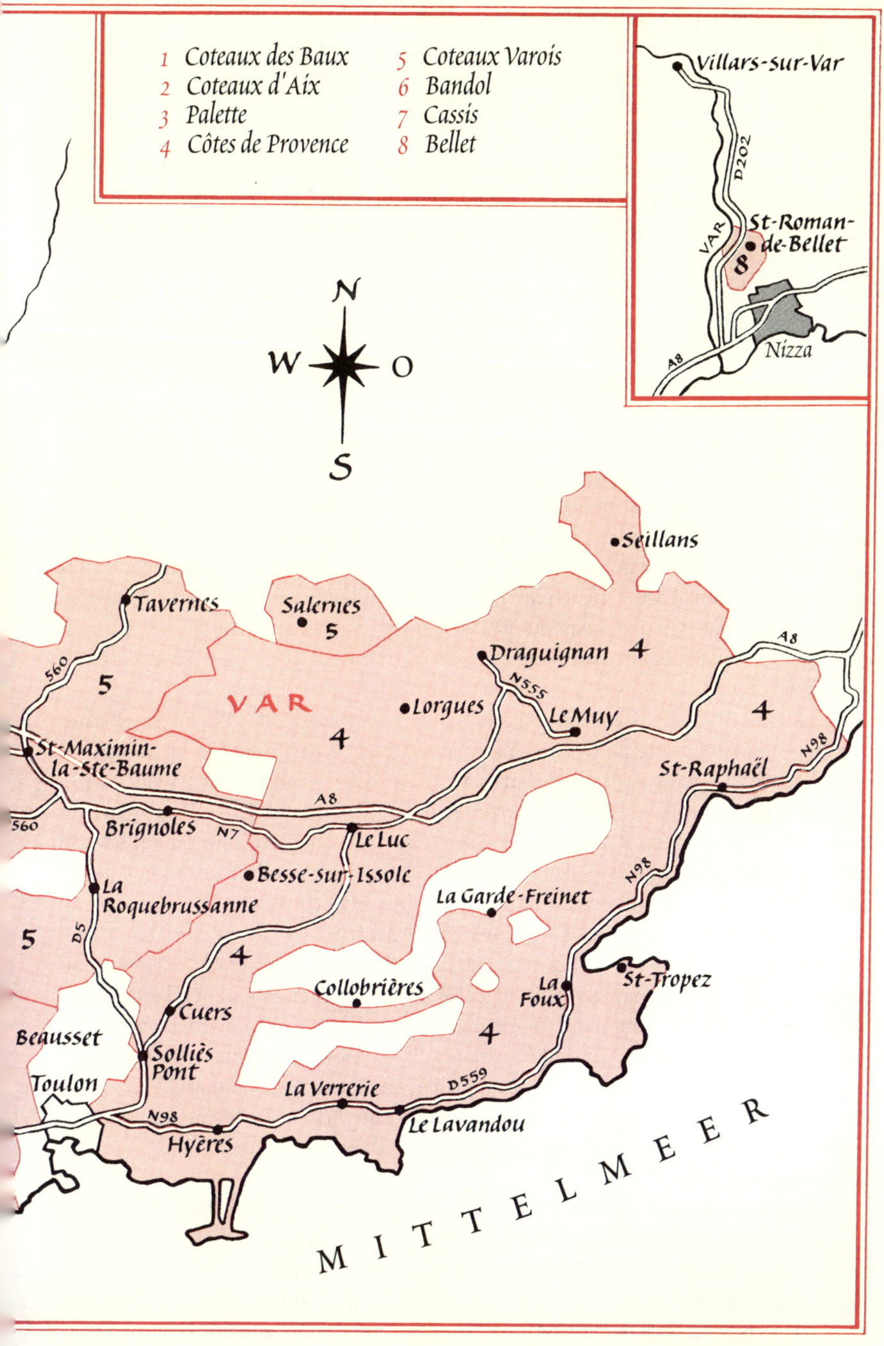
1 Coteaux des Baux
2 Coteaux d'Aix
3 Palette
4 Côtes de Provence
5 Coteaux Varois
6 Bandol
7 Cassis
8 Bellet
Villars-sur-Var
D202
VAR
St-Roman-de-Bellet
8
A8
Nizza
N
W
O
S
Seillans
Tavernes
Salernes
5
Draguignan
4
A8
560
5
N555
VAR
Lorgues
Le Muy
4
4
St-Maximin-la-Ste-Baume
N98
St-Raphaël
A8
560
Brignoles
N7
Le Luc
Besse-sur-Issole
La Roquebrussanne
La Garde-Freinet
N98
5
D5
4
Collobrières
La Foux
St-Tropez
Cuers
4
Beausset
Solliès Pont
Toulon
La Verrerie
D559
N98
Hyères
Le Lavandou
MITTELMEER

schen Rosés voller Persönlichkeit, die aus diesen Weingütern hervorgehen, sind es durchaus wert, dass man nach ihnen Ausschau hält; sie sind überwiegend auch außerhalb Frankreichs auf dem Markt. Obwohl ich das Glück hatte, Rotweine aus Bandol zu verkosten, die 15–20 Jahre alt waren, scheinen doch die meisten ihren Höhepunkt nach 6 Jahren in der Flasche zu erreichen. Bandol, eine der am strengsten geregelten Appellationen Frankreichs, steht mit Sicherheit an der Spitze aller Appellationen der Provence als Produzent der langlebigsten und bekanntesten Rotweine.

Bellet Wie alle Provence-Appellationen, produziert die winzige Appellation auf den Hügeln hinter dem weltberühmten Seebad Nizza rote und weiße Weine sowie Rosé-Weine. Die Geschichte von Bellet reicht weit zurück, wurden seine Weingärten doch erstmals von den Phöniziern 500 v. Chr. kultiviert. Doch wer nicht selbst Gelegenheit hat, die Riviera zu besuchen, wird wahrscheinlich kaum erleben können, wie ein guter Bellet schmeckt, denn der größte Teil des Weines, der in dieser winzigen Appellation von etwas über 40 Hektar Anbaufläche erzeugt wird, gelangt nie über die Grenzen Frankreichs hinaus, da die Nachfrage der inländischen Restaurants schier unbegrenzt ist. Hier gibt es nur eine Handvoll von Weingütern, unter denen sich das im Besitz der Familie Bagnis befindliche Château de Crémat als bestes hervortut, ein prachtvolles Besitztum von 20 Hektar Land, auf dem fast 6000 Kisten Wein erzeugt werden. Auch wenn er außerhalb Frankreichs erhältlich ist, wissen wegen seines relativ hohen Preises doch nur wenige, wie er schmeckt. Château de Crémat ist für die Provence insofern ein außergewöhnliches Weingut, als sein Weißwein extrem hohe Qualität an den Tag legt und seine Rotweine und Rosés bei den Connaisseurs vor Ort als die besten aus diesem Teil der französischen Riviera gelten. Unter den jüngeren Jahrgängen waren 2000 und 1988 die besten, doch habe ich die Rotweine von Château de Crémat bis zum Jahrgang 1978 zurück verkostet und keinerlei Zeichen eines Nachlassens entdeckt. Indessen bleiben die Weine von Bellet etwas Esoterisches: Sie werden nur von einer Handvoll Menschen genossen, zumal ihre Preise für die Qualität als zu hoch erscheinen.

Cassis Das kleine Dorf Cassis am westlichen Ende der französischen Côte d'Azur ist einer der zauberhaftesten Fischerorte an der Riviera. An einer geschützten Bucht gelegen, wird es von stellen Kalksteinklippen überragt. Scharen von Touristen fallen immer wieder in das Gebiet ein, so dass der größte Teil des hier erzeugten Weins in den örtlichen Bistros zusammen mit der allgegenwärtigen Fischsuppe genossen wird. Obwohl diese Appellation sowohl Rotwein als auch Rosé erzeugt, ist es der Weißwein, der Cassis so berühmt gemacht hat. Die Roten fallen zumeist schwer und belanglos aus, und obwohl der Rosé gut sein kann, reicht er nicht an das Qualitätsniveau seines unmittelbaren Nachbarn Bandol heran. Der Weiße, der oft aus einem Mischsatz von wenig bekannten Trauben wie Ugni Blanc, Clairette und Bourboulenc besteht, ist ein würziger, fleischiger Wein, der für sich genommen häufig unattraktiv wirkt, doch in Verbindung mit den reichhaltigen, wohlgewürzten Fischgerichten dieser Region eine ganz eigene Persönlichkeit entwickelt. Zu den Besitztümern in Cassis mit den besten Weißweinen gehören Clos Ste-Magdelaine, La Ferme Blanche und die Domaine du Bagnol. Auch die Preise für diese Weißweine sind relativ hoch. Die Weine haben einen ganz eigenen Charakter, der recht würzige Fischgerichte erfordert, um seine einmalige Persönlichkeit hervorzuheben.

Coteaux d'Aix-en-Provence Dieses riesige Weinbaugebiet, das hauptsächlich im Norden und Süden von Aix-en-Provence liegt, weist zahlreiche kleine Weingüter auf, die akzeptable, jedoch im Allgemeinen überteuerte Weine herstellen, welche innerhalb der ersten 7–8 Jahre ihres Lebens getrunken werden sollten. Doch auch zwei der allerbesten Rotweinproduzenten der Provence sind hier zu finden: die Domaine Trevallon und das bekanntere Château Vignelaure. Beide Hersteller haben sich auf Rotwein spezialisiert, der 15–20 Jahre zu altern vermag und in dem zwei große Rotweintrauben verschnitten sind: Cabernet Sauvignon und Syrah.

Der Besitzer der Domaine Trevallon ist der markant aussehende Eloi Durrbach, dessen Rebfläche in der Nähe des mittelalterlichen Städtchens Baux über einer Art Mondlandschaft liegt.

Den ersten Jahrgang gab es erst 1978, doch diesem sind inzwischen weitere erfolgreiche Jahrgänge gefolgt, die unwiderstehlich reichhaltige, intensive Weine mit enorm komplexen Buketts, bedeutender Konzentration und gewaltigem Alterungspotenzial hervorgebracht haben. Die neuesten erfolgreichen Jahrgänge sind 1995 und 1990, ein märchenhaft reichhaltiger Wein mit einer Kaskade von seidigem, konzentriertem Cassis und Brombeerfrucht, vermischt mit den Düften wilden Thymians. Die 1997er, 1998er und 1999er waren erstaunlich uninspiriert.

Es ist nicht weiter überraschend, dass Monsieur Durrbach in jüngeren Jahren eine offensichtlich erfolgreiche Lehre in Château Vignelaure absolviert hat, dem anderen großen Weingut in der Appellation Coteaux d'Aix-en-Provence. Alle Weine von Vignelaure, wenngleich nicht so herzhaft und eindrucksvoll wie die von Trevallon, sind dennoch ein eleganter Ausdruck bester provenzalischer Weinbereitungskunst.

Die Weine von Trevallon und Château Vignelaure sind angesichts der Qualität und des Alterungspotenzials nicht gerade bescheiden.

Côtes du Lubéron Fast der gesamte Wein von den Côtes du Lubéron stammt aus einer der vielen Kooperativen, die den Weinbau der Region beherrschen. Diese Appellation, deren Rebflächen sich in den nördlichen Gebieten der Provence bei den Dörfern Apt und Pertuis befinden, besitzt jedoch ein immenses Potenzial. Das besten Weingut hier ist Château Mille, akribisch geführt von Conrad Pinatel. Es gibt auch ein neues und sehr viel versprechendes Gut, das Château Val-Joanis, das 1978 mit einer Erstinvestition von rund 6 Millionen Euro startete. Die Rebfläche umfasst fast 200 Hektar. Hinter diesem außergewöhnlichen Investment steht die Familie Chancel, die fest daran glaubt, dass schlussendlich in den Côtes du Lubéron Weine von Spitzenqualität erzeugt werden können. Derzeit machen sie einen guten, frischen Weißwein, einen köstlichen, duftenden Rosé und einen zunehmend besseren Rotwein. Das Preis-Leistungsverhältnis ist hervorragend.

Côtes de Provence Die Appellation Côtes de Provence ist die bekannteste und umfangreichste Weinbauregion der Provence: Ihre gesamte Rebfläche beträgt etwa 23 000 Hektar. Diese Appellation ist für ihre riesigen Mengen von trockenem, schmackhaftem Roséwein bekannt, den Touristen in großen Mengen genießen, um ihren Durst zu löschen. Es gibt viele gute Erzeuger von Côtes-de-Provence-Weinen, doch zu den besten gehören die sehr bekannte Domaine Ott, die praktisch auf der Weinkarte eines jeden Restaurants in Südfrankreich zu finden ist, sowie die Domaine Gavoty, die Domaine Richeaume und die Domaine St-André de Figuière. Mit Ausnahme der Domaine Richeaume produzieren all diese Güter hervorragende Rosés. Die Domaine Richeaume hat sich auf intensive, reichhaltige, komplexe Rotweine spezialisiert, die nur von den oben erwähnten Weinen der Domaine Trevallon und des Châteaus Vignelaure übertroffen werden. Darüber hinaus wird einer der besten in der Provence erzeugten Weißweine von der Domaine Saint-André de Figuière hergestellt. Alle diese Weine sind zur Zeit auf dem internationalen Markt erhältlich, doch sind sie nicht billig. Die Ott-Weine haben recht happige Preise, zweifellos wegen ihrer Berühmtheit in Frankreich, doch ich habe noch nie gehört, dass sich jemand über die Qualität dieser superben Rosés und der unterbewerteten Rotweine beklagt hätte. Der von Saint-André de Figuière erzeugte Weißwein ist mit Sicherheit nicht überteuert, zeigt er doch beispielhaft, wie gut ein Weißwein aus der Provence sein kann. Saint-André de Figuière erzeugt auch einen köstlichen, geschmeidigen Rotwein, den zu probieren sich lohnt. Sollten Sie eine Flasche Rotwein aus der Domaine Richeaume finden – von einem sehr engagierten Deutschen namens Henning Hoesch bereitet –, dann greifen Sie zu. Es lohnt sich wirklich, diesen Rotwein zu probieren, der zu den besten aus der Provence gehört. Die bedeutenden, dicht gefärbten Rotweine dieses Weinmachers, die mit Frucht, Kraft und Tannin beladen sind, können gewiss mühelos über ein Jahrzehnt lang altern, da sie gewöhnlich aus einer Mischung von Cabernet Sauvignon und Syrah sowie manchmal etwas Grenache entstehen.

Palette Palette ist eine winzige Appellation im Südosten von Aix-en-Provence, die in Wirklichkeit nur aus einem einzigen ernst zu nehmenden Weingut, Château Simone, besteht. Dieses winzige Gut, das von René Rougier geführt wird, produziert auf seinen 15 Hektar Rebland einen erstaunlich langlebigen und komplexen Rotwein, einen Rosé im alten Stil mit recht kräftiger Eichenholznote und einen muskulösen, körperreichen Weißwein, der wirkt, als stamme er aus dem nördlichen Rhônetal. Die Weine von Château Simone sind nicht billig, doch sie altern außergewöhnlich gut und haben in Frankreich stets eine treue Anhängerschaft besessen.

Grundwissen

WEINTYPEN
Eine gewaltige Menge von knochentrockenen, spritzigen, duftigen Rosés sowie ziemlich neutrale, jedoch fleischige Weißweine und sogar Rotweine gehobener Qualität werden hier erzeugt.

REBSORTEN
Als traditionelle Rebsorten für Rotweine wurden Grenache, Carignan, Syrah, Mourvèdre und Cinsault eingesetzt. Neuerdings jedoch hat man in den Côtes de Provence und den Coteaux d'Aix-en-Provence einiges Land mit Cabernet Sauvignon bepflanzt. Die interessantesten Rotweine sind gewöhnlich diejenigen mit höheren Anteilen von Syrah, Mourvèdre oder Cabernet Sauvignon. Für Weißweine werden die Ugni Blanc, Clairette, Marsanne, Bourboulenc und in geringerem Maß auch die Sémillon, Sauvignon Blanc und Chardonnay verwendet.

DUFT- UND GESCHMACKSNOTEN
Wegen des von Gebiet zu Gebiet unterschiedlichen Mikroklimas und wegen der verschiedenen Traubensorten gibt es eine Vielzahl von Geschmacksvarianten. Die meisten Rotweine besitzen intensiv nach roten Früchten duftende Buketts, die in den Coteaux des Baux intensiver sind als anderswo. In Bandol sind Düfte von Baumrinde, Leder und Johannisbeeren vorherrschend. Die Weißweine erscheinen neutral und schwerfällig, wenn man sie ohne Essen zu sich nimmt, doch wenn sie als Begleiter der würzigen provenzalischen Küche auftreten, erwachen sie zum Leben.

ALTERUNGSPOTENZIAL
Rosés: 1–3 Jahre
Weißweine: 1–3 Jahre; die Weißweine von Château Simone können 5–10 Jahre lang halten.
Rotweine: 5–12 Jahre; häufig länger bei den Roten von Bandol und ausgewählten Weinen wie denen von Pradaux und Tempier, zwei Bandol-Gütern, die bislang hervorragend alterungsfähige Weine gemacht haben.

ALLGEMEINES QUALITÄTSNIVEAU
Das Qualitätsniveau ist gestiegen und liegt im Allgemeinen über dem Durchschnitt, man sollte jedoch darauf achten, keine Rosés und Weißweine zu kaufen und zu trinken, die älter als drei Jahre sind.

WAS SIE UNBEDINGT WISSEN MÜSSEN
Prägen Sie sich die Weintypen jeder Appellation der Provence wie auch die Namen der Spitzenproduzenten ein.

KAUFSTRATEGIE

Die von mir bevorzugten Jahrgänge für Weine sind 2000 und 1998 für Rotweine und 2001 für Weißweine und Rosés.

DIE BESTEN PRODUZENTEN DER PROVENCE

****** (HERVORRAGEND)*

Domaine des Béates Terra d'Or (Coteaux d'Aix-en Provence)
Château Pradeaux (Bandol)
Château Pradeaux Mourvèdre Vieilles Vignes (Bandol)
Domaine Tempier Cabasseau (Bandol)
Domaine Tempier La Migoua (Bandol)
Domaine Tempier La Tourtine (Bandol)

***** (AUSGEZEICHNET)*

Antoine Arena (Corsica)
Château de Calissanne (Coteaux d'Aix-en-Provence)
Domaine Canorgue (Côtes du Lubéron)
Domaine Champagna (Côtes du Ventoux)
Commanderie de Peyrassol (Côtes de Provence)
Jean-Pierre Gaussen (Bandol)
Domaines Gavoty (Côtes de Provence)
Domaine Hauvette (Coteaux des Baux)
Domaine de l'Hermitage (Bandol)
Mas de la Dame (Coteaux d'Aix-en-Provence-Les Baux)
Mas de Gourgonnier (Coteaux d'Aix-en-Provence-Les Baux)
Domaines Ott – sämtliche *Cuvées* (Bandol und Côtes de Provence)
Domaine de Pibarnon (Bandol)
Domaine Richeaume (Côtes de Provence)
Tardieu-Laurent-Domaine Bastide de Rodares (Côtes du Lubéron)
Domaine Tempier Rosé (Bandol)
Domaine Tempier Cuvée Spéciale
Domaine de la Tour de Bon (Bandol)
Domaine de Trevallon (Coteaux d'Aix-en-Provence-Les Baux)

**** (GUT)*

Domaine du Bagnol (Cassis)
Château Barbeyrolles (Côtes de Provence)
Château Bas (Coteaux d'Aix-en-Provence)
La Bastide Blanche (Bandol)
Domaine de Beaupré (Coteaux d'Aix-en-Provence)
Domaine La Bernarde (Côtes de Provence)
Domaine Caguelouf (Bandol)
Château de Calissanne (Coteaux d'Aix-en-Provence)
Castel Roubine (Côtes de Provence)
Chapoutier Matines Beats (Coteaux d'Aix-en-Provence)
Clos St-Magdelaine (Cassis)
Château de Crémat (Bellet)
Domaine de Curebreasse (Côtes de Provence)
Domaine de Féraud (Côtes de Provence)
Château Ferry-Lacombre (Côtes de Provence)
Château de Fonscolombe (Coteaux d'Aix-en-Provence)
Domaine du Fontenille (Côtes du Lubéron)
Domaine Frégate (Bandol)
Domaine Le Gallantin (Bandol)
Domaine de la Garnaude Cuvée Santane (Côtes de Provence)
Hervé Goudard (Côtes de Provence)
Château de l'Isolette (Côtes du Lubéron)
Domaine de Lafran-Veyrolles (Bandol)
Domaine La Laidière (Bandol)
Domaine du Loou (Coteaux Varois)
Château Maravenne (Côtes de Provence)
Mas de Cadenet (Côtes de Provence)
Mas de la Rouvière (Bandol)
Mas Ste.-Berthe (Coteaux d'Aix-en-Provence)
Château de Mille (Côtes du Lubéron)
Moulin des Costes (Bandol)
Domaine de la Noblesse (Bandol)
Domaine de Paradis (Coteaux d'Aix-en-Provence)
Château de Rasque (Côtes de Provence)
Domaine Ray-Jane (Bandol)

Château Real-Martin (Côtes de Provence)
Domaine de Rimauresq (Côtes de Provence)
Château St-Estève (Côtes de Provence)
Château St-Jean Cuvée Natasha (Côtes de Provence)
Domaine St-Jean de Villecroze (Coteaux Varois)
Château Ste-Anne (Bandol)
Château Ste-Roseline (Côtes de Provence)
Domaine des Salettes (Bandol)
Domaine de la Sanglière (Côtes de Provence)
Château Simone (Palette)
Domaine de Terrebrune (Bandol)
Domaine de la Vallongue (Coteaux des Baux)
La Vieille Ferme (Côtes du Lubéron)
Château Vignelaure (Coteaux d'Aix-en-Provence-Les Baux)

DAS RHÔNETAL

REBSORTEN

ROTWEIN

Cinsault Alle Winzer im Gebiet Châteauneuf-du-Pape scheinen geringe Mengen der Cinsault zu verwenden. Diese Traube reift sehr früh, liefert gute Erträge und bringt Weine mit reichlich Frucht hervor. Sie bildet ein Gegengewicht zu dem Alkoholgehalt der Grenache und den Tanninen von Syrah und Mourvèdre. Trotz ihres Wertes scheint sie zugunsten der beiden letztgenannten ein wenig an Reiz verloren zu haben, doch stellt sie immer noch einen wertvollen Bestandteil im Mischsatz eines Weines aus dem südlichen Rhônetal dar. Sie ist wichtiger Bestandteil zwei der besten Côtes du Rhônes, der Weine von Fonsalette und Tardieu-Laurent.

Counoise Wegen ihres kapriziösen Wachstumsverhaltens ist diese Traube im Süden nur sehr wenig verbreitet. Ich habe sie getrennt verkostet in Château Beaucastel und Clos des Papes in Châteauneuf-du-Pape, wo sie vermehrt eingesetzt wird. Die Proben wiesen große Finesse auf und boten tiefe, reichhaltig fruchtige Geschmackskomponenten sowie ein komplexes Parfüm von Rauchfleisch, Blumen und Beerenfrucht. Die Counoise-Traube hat das gleiche Alterungspotenzial wie die Mourvèdre und ist ein wichtiger Bestandteil der Verschnitte von Beaucastel und Clos des Papes.

Grenache Die Grenache ist eine klassische Rebsorte für heiße Klimazonen und die vorherrschende Traube des südlichen Rhônetals. Die Qualität des Weines, den sie hervorbringt, reicht von feurig, alkoholstark, unausgewogen und plump bis zu reichhaltig, majestätisch, sehr langlebig und üppig. Die Unterschiede entstehen zum großen Teil durch den Mostertrag pro Rebstock. Wo die Grenache zurückgeschnitten und nicht übermäßig gedüngt wird, kann sie Wunder wirken. Viele der besten Châteauneuf-du-Papes bleiben hinreißende Beispiele dafür, welch majestätische Höhen die Grenache-Traube erklimmen kann. In Bestform bietet sie Atomen von Kirschgeist, schwarzen Johannisbeeren, Pfeffer, Lakritze und gerösteten Erdnüssen.

Mourvèdre Alle scheinen sich über die Tugenden der Mourvèdre einig zu sein, aber nur wenige nehmen das Risiko auf sich, sie anzupflanzen. Sie gedeiht prächtig in der mediterranen Appellation Bandol, doch nur eine Hand voll Châteauneuf-du-Pape-Güter hat sie zu einem bedeutenden Teil ihres Mischsatzes gemacht (ein Drittel oder mehr). Zu diesen Ausnahmen gehören Beaucastel und die Cuvée des Cadettes von La Nerthe. Wenn sie ausgereift geerntet wird, verleiht sie dem Wein großartige Farbe, ein komplexes, ledriges Aroma mit Walddüften sowie superbe Struktur und ist dabei oxidationsbeständig. Jedoch reift sie sehr spät und ist, anders als andere Rebsorten, vor der vollkommenen Reife ohne jeden Wert. Im unreifen Zustand können die Winzer, wie sie sagen, mit dieser Traube nichts anfangen, da sie sich dann als farblos und säurescharf erweist. Angesichts ihrer Eigenwilligkeit wird diese Traube wohl nur bei wagemutigen und leidenschaftlich engagierten Winzern zum Einsatz kommen. Ihre typischen Aromen enthalten Düfte nach Leder, Trüffeln, frischen Pilzen und Baumrinde.

Muscardin Die Muscardin-Traube, die verbreiteter als Terret Noir ist, verleiht dem Wein viel Duft und ein solides Maß an Alkohol und Kraft. Beaucastel verwendet zwar auch Muscardin, doch die weitaus bedeutendsten Anpflanzungen dieses Gewächses in einem seriösen Weingut sind bei Chante Perdrix in Châteauneuf-du-Pape zu finden. Die Familie Nicolet verwendet einen Anteil von bis zu 20% in ihrem exzellenten Châteauneuf-du-Pape.

Syrah Die Syrah, eine der bedeutendsten Rotwein-Rebsorten der Welt, liegt allen Rotweinen des nördlichen Rhônetals zugrunde, im Süden wird ihr jedoch eine untergeordnete Rolle zugewiesen. Es wird allerdings niemand bestreiten, dass sie die fleischige Grenache harmonisch ausgleicht und die erforderliche gesättigte Farbe, die Struktur, das nötige Rückgrat und Tannin liefert. Einige Winzer meinen, sie reife in der heißen Sonne zu schnell, doch meiner Meinung nach ist sie eine sehr wichtige Beigabe zu einigen Weinen des südlichen Rhônetals. Immer mehr Weingüter der Côtes du Rhône produzieren spezielle Abfüllungen von Weinen aus 100% Syrah, die ein immenses Potential besitzen. Die besten Syrah, die im südlichen Rhônetal erzeugt werden, sind die Cuvées aus dem Château de Fonsalette und aus der Domaine Gramenon. Beide Weine können sich 15–25 Jahre halten und entfalten. In ihren Aromen verbinden sich Beerenfrucht, Kaffee, rauchiger Teer und Hickory-Holz.

Terret Noir Von dieser Traube ist im südlichen Rhônetal heute wenig zu finden, obwohl sie zu den zugelassenen Rebsorten gehört. Sie wurde früher verwendet, um einem Wein Säure zu verleihen und den von der Grenache und der Syrah geprägten mächtigen Charakter zu modifizieren. Keines der erstrangigen Weingüter hat noch Lust, sie zu verwenden.

Vaccarese Wiederum war es auf dem Besitztum Beaucastel, dass ich einen aus dieser Traube bereiteten Wein verkostete, da die Perrins sie separat vinifizieren. Wenngleich weder so tief und mächtig wie der Syrah noch so alkoholreich wie der Grenache, besitzt dieser Wein doch einen einzigartigen Charakter, der durch Aromen von Pfeffer, heißem Teer, Tabak und Lakritze gekennzeichnet ist.

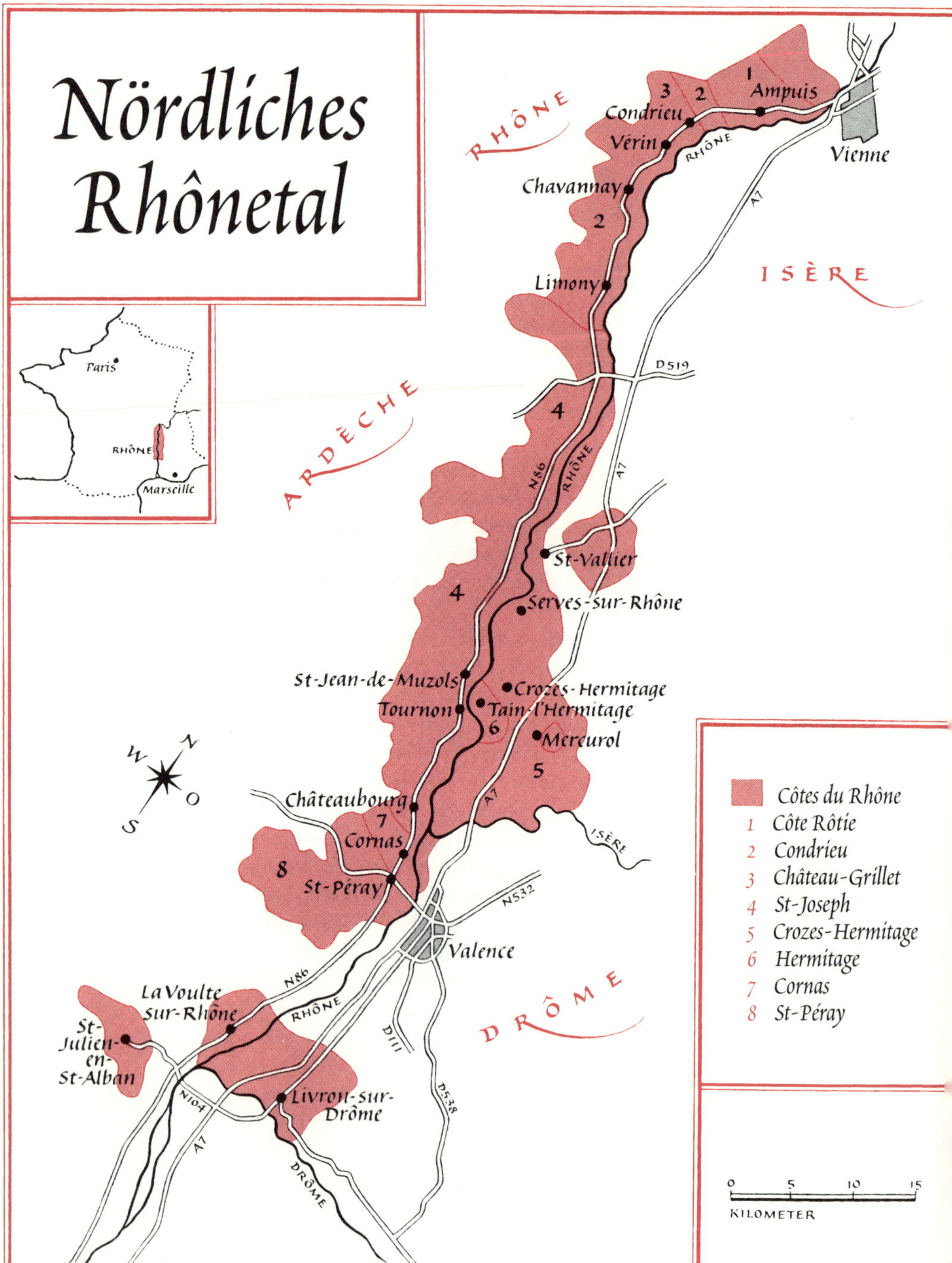
Nördliches Rhônetal
Paris
RHÔNE
Marseille
RHÔNE
ISÈRE
ARDÈCHE
DRÔME
Ampuis
Condrieu
Vérin
Vienne
Chavannay
Limony
D519
N86
A7
St-Vallier
Serves-sur-Rhône
St-Jean-de-Muzols
Crozes-Hermitage
Tournon
Tain-l'Hermitage
Mercurol
Châteaubourg
Cornas
St-Péray
Valence
N532
La Voulte sur-Rhône
St-Julien-en-St-Alban
Livron-sur-Drôme
N104
D111
D538
N
O
S
W
Côtes du Rhône
1 Côte Rôtie
2 Condrieu
3 Château-Grillet
4 St-Joseph
5 Crozes-Hermitage
6 Hermitage
7 Cornas
8 St-Péray
0 5 10 15
KILOMETER

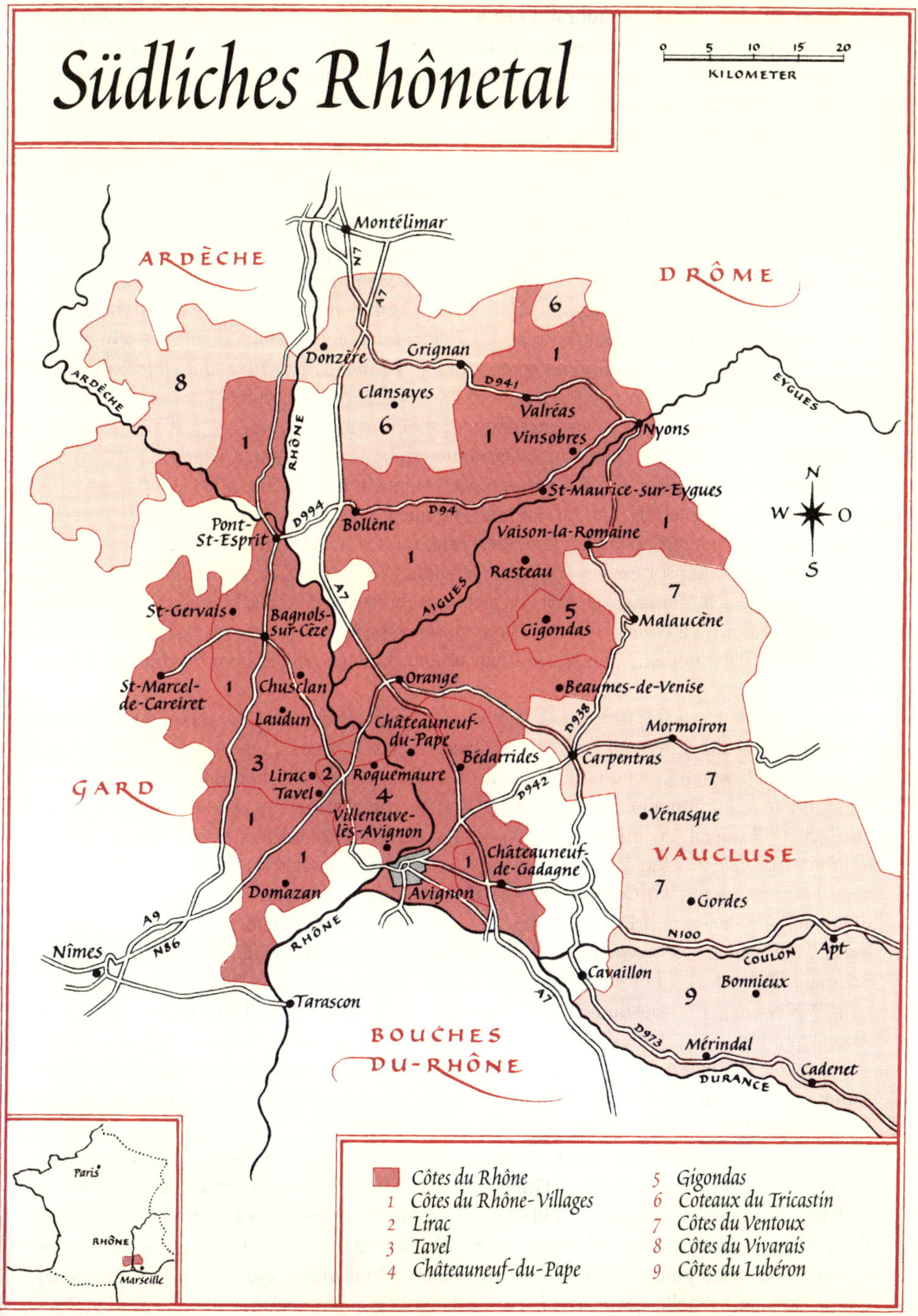

Südliches Rhônetal
0 5 10 15 20
KILOMETER
ARDÈCHE
DRÔME
GARD
VAUCLUSE
BOUCHES DU-RHÔNE
Montélimar
Donzère
Grignan
Clansayes
Valréas
Vinsobres
Nyons
St-Maurice-sur-Eygues
Pont-St-Esprit
Bollène
Vaison-la-Romaine
Rasteau
Gigondas
Malaucène
St-Gervais
Bagnols-sur-Cèze
St-Marcel-de-Careiret
Chusclan
Laudun
Orange
Beaumes-de-Venise
Châteauneuf-du-Pape
Bédarrides
Mormoiron
Carpentras
Lirac
Tavel
Roquemaure
Villeneuve-lès-Avignon
Vénasque
Châteauneuf-de-Gadagne
Avignon
Domazan
Gordes
Apt
Nîmes
Cavaillon
Bonnieux
Tarascon
Mérindal
Cadenet
RHÔNE
ARDÈCHE
EYGUES
AIGUES
COULON
DURANCE
N7
A7
D941
D994
D94
D938
D942
N100
A9
N86
D973
N
W
O
S
Paris
RHÔNE
Marseille
Côtes du Rhône
1 Côtes du Rhône-Villages
2 Lirac
3 Tavel
4 Châteauneuf-du-Pape
5 Gigondas
6 Coteaux du Tricastin
7 Côtes du Ventoux
8 Côtes du Vivarais
9 Côtes du Lubéron

WEISSWEIN

Bourboulenc Diese Traube gibt einem Wein viel Körper. Die örtlichen Weinkenner schreiben ihr außerdem einen Rosenduft zu, was ich freilich nicht bestätigen kann.

Clairette Blanc Bis zur Einführung der Kaltfermentierung und der modernen kellertechnischen Ausrüstung zur Verringerung des Oxidationsrisikos ergab die Clairette Blanc schwere, alkoholreiche und häufig tief bernsteinfarbene Weine, die dick und massig waren. Mit Hilfe der neuen, ausgefeilten High-Tech-Verfahren der Weinbereitung lässt sich nun aus dieser Rebsorte ein weicher, blumiger und fruchtiger Wein erzeugen, der jung getrunken werden muss. Der ausgezeichnete weiße Châteauneuf-du-Pape von Vieux Télégraphe zum Beispiel enthält einen bedeutenden Anteil Clairette.

Grenache Blanc Zutiefst fruchtige, höchst alkoholreiche, jedoch säurearme Weine werden aus der Grenache erzeugt. Wenn sie bei niedrigen Temperaturen vergoren und die malolaktische Gärung unterbrochen wird, kann sie einen sprühend lebendigen, köstlichen Wein ergeben, der einen baldigen wundervollen Trinkgenuss bietet. Der exquisite weiße Châteauneuf-du-Pape von Henri Brussier, Vieux Télégraphe, enthält zu 25% Grenache Blanc, der von den Brüdern Gonnet erzeugte Font de Michelle zu 50%. Bei einigen Weinen aus dieser Traube, wie den oben genannten, finde ich den Blütenduft schneeweißer Narzissen und einen Charakter, der vage an einen Condrieu gemahnt.

Marsanne Die im Süden gepflanzte Marsanne ergibt recht stämmige Weine, sie muss also von anderen Rebsorten unterstützt werden, weil sie nicht für sich allein bestehen kann. Jancis Robinson behauptet oft, ihr Duft erinnere sie »nicht unangenehm an Klebstoff«. Ich finde, dass sie häufiger einem hochklassigen Sherry mit nussigem Charakter gleicht.

Picardin Diese Rebsorte ist in Ungnade gefallen. Das geschah zu einem großen Teil deshalb, weil sie nach Meinung der Winzer nichts zu ihren Verschnitten beitrug. Offensichtlich hat ihr neutraler Charakter bewirkt, dass man nichts mehr mit ihr zu tun haben will. Doch die Jaboulets haben einige gute weiße Châteauneuf-du-Papes mit hohem Picardin-Anteil gemacht.

Picpoul Ehrlich gesagt, habe ich keine Ahnung, wie dieses Gewächs schmeckt. Ich habe es nie isoliert oder in einem prozentual überwiegenden Anteil präsentiert bekommen, so dass es identifizierbar gewesen wäre. Heute sieht man es im südlichen Rhônetal sehr selten.

Roussanne Jahrhundertelang war diese Traube die Essenz des weißen Hermitage im nördlichen Rhônetal, doch ihre geringen Erträge und ihre Anfälligkeit für Krankheiten führten dazu, dass sie zu einem großen Teil von der Marsanne ersetzt wurde. Im südlichen Rhônetal erlebte sie eine Art Comeback. Von allen Weißwein-Rebsorten besitzt sie am meisten Charakter – Aromen von Honig, Kaffee, Blumen und Nüssen – und sie bringt einen Wein hervor, der sehr langlebig sein kann, was für einen Weißwein aus dem südlichen Rhônetal ungewöhnlich ist. Das berühmte Gut Beaucastel in Châteauneuf-du-Pape verwendet in seinem Weißwein 80% Roussanne. Nicht verwunderlich, dass er der langlebigste Weiße der Appellation ist. Seit 1986 produziert Beaucastel auch einen Roussanne von alten Rebstöcken, der profund ausfallen kann. Grand Veneur, Janasse und La Nerthe verwenden Roussanne ebenfalls in erwähnenswertem Ausmaß. Da die Traube leicht oxidiert, ist die Vinifizierung nicht einfach.

Viognier Aus der Viognier geht ein großer und einzigartiger Weißwein hervor, der mit dem Condrieu und dem Château Grillet des nördlichen Rhônetals gleichzusetzen ist. Im Süden, besonders in den Côtes du Rhône, gibt es ausgedehnte Neupflanzungen. Als bestes Beispiel im südlichen Rhônetal gilt die Domaine Ste-Anne in dem Dorf Gervais im Anbaugebiet Côtes du Rhône. St-Estève ist eine weitere Domaine in diesem Gebiet, die einen guten Viognier herstellt. Beaucastel hat 1991 damit begonnen, diese Traube im weißen Coudoulet einzusetzen. Unglücklicherweise ist die Viognier in der Appellation Châteauneuf-du-Pape nicht zugelassen, während sie doch den neutralen Charakter so vieler Weißweine dieser Gemeinde immens bereichern könnte. Die Viognier-Traube wird aber immer häufiger zu einem wichtigen Bestandteil der Weißweine der Côtes du Rhône und ist der wichtigste Grund dafür, dass diese Weine ihre Qualität verbessert haben.

APPELLATIONEN

NÖRDLICHES RHÔNETAL

Condrieu Dieser exotische, häufig überwältigend duftende Wein ist säurearm und muss jung getrunken werden, doch bietet er betörende Aromen und Geschmacksnuancen von Pfirsichen, Aprikosen und Honig sowie einen unglaublich sinnlichen, üppigen, opulenten Abgang.

Cornas Die undurchdringlich schwarz-rubinrote Farbe, die brutalen, fast wilden Tannine, die er in der Jugend zeigt, die massive Struktur und das trübe Depot in der Flasche sind Charakteristika eines Weines, der schmeckt, als wäre er im 19. Jahrhundert bereitet worden. Die Cornas-Weine gehören zu den virilsten und robustesten der Welt, sie legen ein mächtiges Aroma von Cassis und Himbeeren an den Tag, das sich während des Alterungsprozesses in den Duft von Kastanien, Trüffeln, Lakritze und schwarzen Johannisbeeren verwandelt. Diese Weine zählen zu den am stärksten unterbewerteten großen Rotweinen der Welt, doch man muss Geduld mit ihnen haben.

Côte Rôtie Ein gewaltiger, fleischiger, gehaltvoller, duftiger, rauchiger, körperreicher, hinreißender Wein mit Schwaden von Cassis-Frucht, die häufig mit dem Duft von gebratenem Speck verflochten erscheint. Der Côte Rôtie ist einer der größten französischen Weine und kann bei sachgemäßer Lagerung bis zu 25 Jahre halten.

Crozes-Hermitage Trotz der Nähe dieser Appellation zur berühmteren Hermitage, fallen ihre Weine weich, würzig, fruchtig, stämmig, vegetabil und eher eindimensional als nobel aus. Die Qualität der Weißweine unterliegt enormen Schwankungen. Sie können angenehm sein, erweisen sich aber auch häufig als mittelmäßig und allzu säurebetont.

Hermitage In seiner Bestform ist der Hermitage ein gehaltvoller, fast portweinähnlicher, viskoser, sehr körperreicher, tanninhaltiger Rotwein, der anscheinend ewig halten kann. Er ist gekennzeichnet durch ein großes pfeffriges Bukett mit dem Duft von Cassis, häufig mit einer zusätzlichen Note von provenzalischen Kräutern, die für Komplexität sorgt. Der weiße Hermitage kann neutral ausfallen, doch die großen Vertreter warten auf mit einem Bukett von Kräutern, Mineralien, Nüssen, Pfirsichen und einem steinigen Duft nach nassem Schiefer. Der seltene süße *vin de paille* bietet im Alter von 8–10 Jahren einen eindringlichen Geruch nach Trüffeln.

St-Joseph Die am meisten unterbewertete Appellation für Weiß- und Rotweine des nördlichen Rhônetals. Sowohl die Weißen wie auch die Roten sind saftig, und man trinkt sie am besten jung, d.h. innerhalb von 10 Jahren nach der Ernte. Keine andere Appellation der nördlichen Rhône hat qualitativ solche Fortschritte gemacht wie St-Joseph. Auch haben die Weine einen angemessenen Preis.

St-Péray Winzige Mengen stiller Weißweine und Schaumweine kommen aus dieser vergessenen Appellation des Rhônetals. Nur wenige verdienen das Interesse des Verbrauchers, da die Weine häufig stumpf, schwer und diffus sind. Jedoch versuchen einige Produzenten, vor allem Clape und Voge de Cornas, interessante Weißweine zu erzeugen.

SÜDLICHES RHÔNETAL

Châteauneuf-du-Pape Die Weine von Châteauneuf-du-Pape bieten eine enorme Stilvielfalt. Da gibt es einen, der wie ein Beaujolais hergestellt wird. Er zeigt dickliche, weiche, fruchtige Geschmackskomponenten und sollte recht jung getrunken werden. Ein anderer, nach klassischer Art bereiteter Wein, kann sehr dicht in der Farbe, recht gehaltvoll und körperreich sein und 15–20 Jahre lang halten. Oft ist er von Düften nach Sattelleder, Fenchel, Lakritze, schwarzen Trüffeln, Pfeffer, Muskatnuss und Rauchfleisch gekennzeichnet. Weine, die nach diesen beiden Methoden vinifiziert, dann miteinander vermischt werden und in denen die Grenache-Traube dominiert, duften oft nach gerösteten Erdnüssen und hochreifen Herzkirschen. Weiße Châteauneuf-du-Pape-Weine dagegen sind in den meisten Fällen neutral und uninteressant; es gibt jedoch Ausnahmen, denn einige von ihnen besitzen ein blumiges Bukett mit Aromen von tropischen Früchten. Im Allgemeinen müssen sie sehr jung getrunken werden.

Côtes du Rhône Villages Angesichts der steigenden Zahl von Gütern mit hoher Qualität muss diese Appellation etwas genauer betrachtet werden. Die aufregendsten *villages* sind Cairanne, Rasteau, Sablet, Séguret, St-Gervais, Beaumes de Venise, Lirac und Tavel (hier wird der berühmteste Rosé Frankreichs erzeugt).

Côtes du Rhône Die besten Côtes du Rhône offenbaren unkomplizierte, jedoch köstlich saftige, kernige, pfeffrige Brombeer- und Himbeerfrucht in einem geschmeidigen, körperreichen Stil. Dieser Wein sollte innerhalb von 5–6 Jahren nach der Ernte genossen werden. Einige können 10–15 Jahre halten. Die besten Côtes du Rhônes und Côtes du Rhône Villages gehören zu den Rotweinen mit dem besten Preis-Leistungsverhältnis der Welt.

Gigondas Gigondas bietet einen robusten, kernigen, körperreichen gehaltvollen, generösen Rotwein, der ein betörendes Bukett und geschmeidige, reichhaltige, würzige Geschmackskomponenten enthält. Häufig werden hier in winzigen Mengen stark unterbewertete Rosés erzeugt. Weintrinker, die etwas Besonderes suchen, sollten nicht an ihnen vorübergehen.

Muscat de Beaumes-de-Venise Dieser süße, alkoholreiche, doch außergewöhnlich parfümierte exotische Wein wartet auf mit Düften nach Pfirsichen, Aprikosen, Kokosnüssen und Litschis. Um ihn voll würdigen zu können, muss man ihn in seiner Jugend trinken.

Vacqueyras Das Gebiet wurde 1990 zur Appellation erhoben und strotzt vor Aktivitäten. Die Weine werden zunehmend von klugen, preisbewussten Käufern gesucht, die einen Chateauneuf-du-Pape-ähnlichen Wein zum halben Preis wünschen. Insgesamt gibt es in Vacqueyras mehr Spitzengüter als beim benachbarten Konkurrenten Gigondas.

ALTERUNGSPOTENZIAL

Château Grillet: 5–15 Jahre
Châteauneuf-du-Pape (rot): 5–25 Jahre
Châteauneuf-du-Pape (weiß): mit wenigen Ausnahmen 1–2 Jahre
Condrieu: 2–5 Jahre
Cornas: 5–15 Jahre
Côtes du Rhône: 4–8 Jahre
Côte Rôtie: 5–25 Jahre
Côtes du Rhôn Villages: 4–8 Jahre
Crozes-Hermitage: 3–10 Jahre
Gigondas: 5–15 Jahre
Hermitage (rot): 5–30 Jahre
Hermitage (weiß): 3–25 Jahre
Muscat de Beaumes-de-Venise: 1–3 Jahre
St-Joseph: 3–6 Jahre
Tavel: 1–2 Jahre

ALLGEMEINES QUALITÄTSNIVEAU

In den Appellationen Côte Rôtie, Hermitage, Condrieu und Cornas im nördlichen Rhônetal ist das allgemeine Niveau der Weinbereitung ausgezeichnet. In den anderen Appellationen ist es uneinheitlich. Im südlichen Rhônetal schlägt das Pendel in Châteauneuf am stärksten aus, von aufregenden, prächtigen Weltklasse-Weinen zu dünnen, verwässerten, industriell gefertigten Massenprodukten. Châteauneuf-du-Pape ist jedoch eine der spannendsten Weinregionen Frankreichs. Hier gibt es eine neue Generation von Weinmachern, die immer größere Weine erzeugen. Unmittelbar nach Châteauneuf-du-Pape folgen Vacqueyras und Gigondas.

NÖRDLICHES RHÔNETAL

Côte Rôtie – ein Uberblick

Appellation seit:	18. Oktober 1940
Produzierter Weintyp:	Ausschließlich Rotwein
Rebbestand:	Syrah und Viognier (bis zu 20% Viognier dürfen beigemischt werden, doch in der Regel gehen nur wenige Erzeuger über 5% hinaus; Guigals berühmter La Mouline prunkt in den meisten Jahrgängen mit 11%)
Derzeit unter Ertrag stehende Rebfläche:	201 ha
Qualitätsniveau:	Mindestens gut, im besten Fall außergewöhnlich; zählt zu den besten Rotweinen der Welt.
Alterungspotenzial:	Die besten Jahrgänge altern 5–30 Jahre.
Allgemeine Charakteristika:	Fleischige, reich duftende, rauchige, körperreiche, hinreißende Weine
Größte jüngere Jahrgänge:	1999, 1998, 1997, 1995, 1991, 1990, 1989, 1988, 1985, 1983, 1978, 1976, 1969
Aromaprofil:	Die intensiv duftenden Weine entfalten ein unwiderstehliches Bukett von schwarzen Johannisbeeren, schwarzen Himbeeren, Rauch, Speck, Veilchen, Oliven und Grillfleisch in Duft und Geschmack. Bei Weinen, die in neuen Eichenholzfässern ausgebaut wurden, kommen rauchige Vanillenoten hinzu.
Textur:	Die Weine sind elegant, doch gebieterisch kraftvoll und häufig kernig und tief. Sie besitzen in der Regel einen mittleren bis vollen Körper und für ihre beachtliche Reife und Kraft einen überraschend günstigen Säuregrad. Der Tanningehalt ist im Allgemeinen mäßig.

DIE BESTEN WEINE DER APPELLATION CÔTE RÔTIE

P. et C. Bonnefond Les Rochains
Chapoutier La Mordorée
Clusel-Roch Les Grandes Places
Delas Frères La Landonne (ab 1997)
Delas Frères Seigneur de Maugiron (ab 1997)
Pierre Gaillard Côte Rozier
Pierre Gaillard Le Cret
Pierre Gaillard Les Viallières
Jean-Michel Gérin La Landonne
Jean-Michel Gérin Les Grandes Places
Guigal Château d'Ampuis
Guigal La Landonne
Guigal La Mouline
Guigal La Turque
Jasmin (ab 1999)
Domaine Monteillet Les Grandes Places
Michel Ogier (ab 1991)
Michel Ogier Belle-Hélène
René Rostaing Côte Blonde
René Rostaing Côte Brune La Landonne
Vidal-Fleury La Chatillonne

DIE BESTEN PRODUZENTEN DER CÔTE-RÔTIE

****** (HERVORRAGEND)*

Chapoutier La Mordorée
Clusel-Roch Les Grandes Places
Delas Frères La Landonne
Pierre Gaillard Côte Rozier-La Rose Pourpre
Pierre Gaillard Le Cret
Jean-Michel Gérin Les Grandes Places
Jean-Michel Gérin La Landonne
Guigal Château D'Ampuis
Guigal La Landonne
Guigal La Mouline

Guigal La Turque
Jean-Paul et Jean-Luc Jamet
Michel Ogier
Michel Ogier Belle-Hélène
René Rostaing Côte Blonde
René Rostaing Côte Brune La Landonne
Tardieu-Laurent

***** (AUSGEZEICHNET)*

Patrick et Christophe Bonnefond
Patrick et Christophe Bonnefond Les Rochains
Bernard Burgaud
Domaine Clusel-Roch (andere Cuvées)
Yves Cuilleron Bassonon
Yves Cuilleron Terres Sombres
Delas Frères Les Seigneurs de Maugiron
Pierre Gaillard
Henri Gallet
Yves Gangloff
Jean-Michel Gérin Champin Seigneur
Guigal Côtes Brune et Blonde
Jasmin
Laffoy et Gasse
Laffoy et Gasse Vieilles Vignes
Domaine de Monteillet Les Grande Places
René Rostaing (einfache Cuvée)
René Rostaing Côte Brune
Eric Texier
Vidal-Fleury La Chatilhonne
Vidal-Fleury Côtes Brune et Blonde

**** (GUT)*

Gilles Barge Côte Brune
Gilles Barge Cuvée du Plessy
Guy et Frédéric Bernard
De Boisseyt Côte Blonde
Domaine de Bonserine Côte Brune
Domaine de Bonserine La Garde
Domaine de Bonserine Les Moutonnes
Domaine de Bonserine La Sarrasine
Emile Champet
Joel Champet La Viaillère
Chapoutier (einfache Cuvée)
Domaine Clusel-Roch (einfache Cuvée)
Albert Dervieux-Thaize
Edmund et David Duclaux
André François
Mouton Père et Fils
Domaine de Rosiers (Louis Drevon)
J. Michel-Stephan
J. Michel-Stephan Vieilles Vignes en Coteaux

Condrieu – ein Überblick

Appellation seit:	27. April 1940
Produzierter Weintyp:	Ausschließlich Weißwein
Rebbestand:	Viognier
Derzeit unter Ertrag stehende Rebfläche:	Condrieu: 101 ha, Château Grillet: 3 ha
Qualitätsniveau:	Die Spitzenweine sind außergewöhnlich, es handelt sich um die seltensten und einzigartigsten Weine der Welt, doch ist ihre Qualität zunehmend ungleichmäßig.
Alterungspotenzial:	1–4 Jahre; Château Grillet 4–8 Jahre
Allgemeine Charakteristika:	Der exotische, oft überwältigende Duft von Aprikosen, Pfirsichen, Geißblatt verbindet sich mit säurearmen, sehr reichhaltigen, gewöhnlich kurzlebigen Weinen; paradoxerweise halten sich die weniger erfolgreichen Jahrgänge mit höherem Säuregehalt länger.
Größte jüngere Jahrgänge:	2001, 1998
Aromaprofil:	Einem mit erstklassigem Condrieu gefüllten Glas sollte das Aroma von Geißblatt, Pfirsichen, Aprikosen und kandierten tropischen Früchten entquellen.

Textur: In reifen Jahrgängen neigt der Condrieu zu niedriger Säure, ohne jedoch schlaff zu wirken. Seine fleischigen, dekadenten, trockenen und herrlich fruchtigen, vielschichtigen Geschmackskomponenten sollten intensiv, aber nicht schwer sein. In den meisten Jahrgängen wird eine winzige Menge Viognier-Spätlese erzeugt. Sie ist in der Regel sehr süß und etwas unangenehm.

DIE BESTEN WEINE DER APPELLATION CONDRIEU

Yves Cuilleron Condrieu Les Chaillets Vielles Vignes
Yves Cuilleron Condrieu Les Eguets Vendange Tardive
Delas Frères Clos Boucher
Madame P. Dumazet Coteau de Côte Fournet
Madame P. Dumazet Rouelle Midi
Yves Gangloff
Guigal La Doriane
Domaine du Monteillet (Antoine Montez)
André Perret Coteau du Chéry
René Rostaing
Georges Vernay Les Chaillées de l'Enfer
Georges Vernay Coteaux du Vernon
François Villard Deponcins

DIE BESTEN PRODUZENTEN VON CONDRIEU

** * * * * (HERVORRAGEND)*

Yves Cuilleron Les Chaillets Vieilles Vignes
Yves Cuilleron Les Eguets
Madame P. Dumazet Côte Fournet
Yves Gangloff
Guigal La Doriane
Guigal (*négociant*-Abfüllung)
Domaine du Monteillet (Antoine Montez)
André Perret Clos Chanson
André Perret Coteau du Chéry

** * * * (AUSGEZEICHNET)*

Patrick et Christophe Bonnefond Côte Chatillon
Chapoutier
J. L. Chave
Yves Cuilleron (einfache Cuvée)
Delas Frères Clos Boucher
Madame P. Dumazet Rouelle Midi
Philippe et Christophe Pichon
Hervé Richard
René Rostaing
Georges Vernay
François Villard (verschiedene Cuvées)

** * * (GUT)*

Gilles Barge
Domaine du Chêne-Marc Rouvière
Domaine Louis Chèze
Delas Frères La Galopine
Domaine Farjon
Philippe Faury
Philippe Faury La Berne
Château Grillet
Vidal-Fleury

Hermitage – ein Überblick

Appellation seit: 4. März 1937
Produzierter Weintyp: Rotwein, Weißwein und *vin de paille*, eine Art weißer Dessertwein
Rebbestand: Syrah für den Rotwein, vornehmlich Marsanne sowie etwas Roussanne für den Weißwein. Dem Rotweinverschnitt können bis zu 15% Weißweintrauben zugefügt werden; dies wird in der Praxis jedoch weitgehend vermieden
Derzeit unter Ertrag stehende Rebfläche: 130 ha

Qualitätsniveau:	Großartig bei den besten Rotweinen, gut bis außergewöhnlich bei den Weißweinen.
Alterungspotenzial:	*Rotwein:* 5–40+ Jahre; *Weißwein:* 3 bis 25 Jahre
Allgemeine Charakteristika:	Reichhaltige, viskose, sehr körperreiche, tanninstrenge Rotweine. Körperreiche Weißweine mit einem einzigartigen Duft nach Kräutern, Mineralien, Nüssen, Pfirsichen und gelegentlich nach hervorragendem Fino-Sherry. Größte jüngere Jahrgänge: 1999, 1998, 1997, 1995, 1991, 1990, 1989, 1979, 1978, 1972, 1970, 1966, 1961, 1959.
Aromaprofil:	*Rotwein:* Cassis, schwarzer Pfeffer, Teer und sehr reife rote und schwarze Beeren sind für einen feinen jungen Jahrgang charakteristisch. Nach 10-jähriger Flaschenreife können es die Weine mit ihrem Aroma aus Zedernholz, Gewürzen und Cassis zuweilen durchaus mit einem Premier Cru aus Pauillac aufnehmen. *Weißwein:* Ananasaromen, verwoben mit den Düften von Akazienblüten, Pfirsichen und Honig. Bei fortgeschrittener Reife (15+ Jahre) sind die Düfte von gerösteten Nüssen, Fino-Sherry und Honig manchmal überwältigend.
Textur:	*Rotwein:* ungewöhnlich körperreich, kraftvoll und tanninreich, unempfindlich gegen Oxidation – ein Wein, der im Schneckentempo reift. *Weißwein:* in jungen Jahren fruchtig, körperreich und duftig, verschließt sich der weiße Hermitage etwa 4–5 Jahre nach der Abfüllung, um sich 15–25 Jahre später als öliger, dicker, trockener Weißwein erneut zu entfalten.

DIE BESTEN WEINE DER APPELLATION HERMITAGE:

Chapoutier Cuvée l'Orée (weiß)
Chapoutier Le Pavillon (rot)
Chapoutier L'Ermite (rot)
Chapoutier Le Méal (rot und weiß)
J. L. Chave (rot)
J. L. Chave (weiß)
J. L. Chave Cuvée Cathelin (rot)
Bernard Faurie Le Méal (rot)
Delas Frères Les Bessards (rot)
Paul Jaboulet-Ainé La Chapelle (rot)
Domaine des Remizières Cuvée Émile (rot und weiß)
Marc Sorrel Le Gréal (rot)

DIE BESTEN PRODUZENTEN VON ROTEM HERMITAGE

** * * * * (HERVORRAGEND)*

Chapoutier l'Ermite
Chapoutier Le Méal
Chapoutier Le Pavillon
J. L. Chave Cuvée Cathelin
J. L. Chave (einfache Cuvée)
Delas Frères Les Bessards (ab 1997)
Domaine des Remizières Cuvée Emilie

** * * * (AUSGEZEICHNET)*

Albert Belle
Chapoutier (La Sizeranne) (ab 1989)
Domaine du Colombier
Delas Frères (Les Bessards)
Bernard Faurie (einfache Cuvée)
Bernard Faurie Le Méal
Paul Jaboulet-Ainé La Chapelle (vor 1996 hervorragend)
Marc Sorrel Cuvée Classique
Marc Sorrel Le Gréal

**** (GUT)*

Bernard Chave
Delas Frères Marquise de la Tourette
Domaine Fayolle
Ferraton Père et Fils Les Dionnières
Ferraton Père et Fils Le Méal
Alain Graillot
Guigal
Paul Jaboulet-Ainé Pied La Côte
Jean-Michel Sorrel
Vidal-Fleury

DIE BESTEN PRODUZENTEN VON WEISSEM HERMITAGE

****** (HERVORRAGEND)*

Chapoutier Cuvée de l'Orée
J. L. Chave
Domaine des Remizières Cuvée Émile

***** (AUSGEZEICHNET)*

J. L. Grippat
Guigal
Paul Jaboulet-Ainé Chevalier de Stérimberg (ab 1989)
Marc Sorrel Les Rocoules
J. L. Grippat
Guigal
Paul Jaboulet-Ainé Chevalier de Stérimberg (ab 1989)
Marc Sorel Les Rocoules

Crozes-Hermitage – ein Überblick

Appellation seit:	3. März 1937
Produzierter Weintyp:	Rotwein und Weißwein
Rebbestand:	Marsanne und Roussanne für Weißwein; Syrah für Rotwein, der 90% der Appellation ausmacht
Derzeit unter Ertrag stehende Rebfläche:	1032 ha
Qualitätsniveau:	Durchschnittlich bis gut, gelegentlich ausgezeichnet, einige Weine sind superb
Alterungspotenzial:	*Weißwein:* 1–4 Jahre; *Rotwein:* 3–10 Jahre
Allgemeine Charakteristika:	Die Rotweine weisen eine bemerkenswerte Vielfalt auf; die Weißen sind fleischig, stämmig, kompakt und eher gewöhnlich.
Größte jüngere Jahrgänge:	1999, 1998, 1995, 1991, 1990, 1989, 1988, 1978
Aromaprofil:	Er ist einem Hermitage nicht unähnlich, besitzt jedoch nicht dessen Intensität und ist stärker mit Düften von Kräutern der Provence und Oliven ausgestattet. Die Crozes-Hermitage-*terroirs* sind sehr unterschiedlich und die Syrah-Trauben gelangen hier nicht zu jener außergewöhnlichen Reife, die man vom Hermitage kennt. Die Spitzenweine haben mittleren bis vollen Körper mit attraktiven, rauchigen, pfeffrigen Cassisnoten in Duft und Geschmack, die an einen kleineren Hermitage erinnern können.
Textur:	Der tief rubin- bis purpurrote Wein besitzt im Allgemeinen mittleren bis vollen Körper und mäßiges Tannin sowie feine Tiefe in den besten Beispielen. Mit Ausnahme der Jahrgänge 1978, 1989 und 1990 liegt das Alterungspotenzial bei 10 Jahren.

DIE BESTEN WEINE DER APPELLATION CROZES-HERMITAGE:

Albert Belle Cuvée Louis Belle (rot)
Chapoutier Les Varonnières (rot)
Laurent Colombier Clos des Grives (rot)
Delas Frères Clos St-Georges (rot)

Dela Frères Tour d'Albon (rot)
Ferraton Le Grand Courtil (rot)
Alain Graillot Les Guiraudes (rot)
Paul Jaboulet-Ainé Domaine Raymond Roure (rot)
Paul Jaboulet-Ainé Domaine de Thalabert (rot)
Domaine du Pavillon Vieilles Vignes (Stephan Cornu)
Domaine Remizières Cuvée Christophe (rot und weiß)

DIE BESTEN PRODUZENTEN VON CROZES-HERMITAGE

***** (AUSGEZEICHNET)*

Albert Belle Cuvée Louis Belle (rot)
Chapoutier Les Varonnières (rot)
Domaine du Colombier Cuvée Gaby (rot)
Domäine du Colombier Clos des Grives (rot)
Delas Frères Clos St-Georges (rot)
Delas Frères Tour d'Albon (rot)
Alain Graillot Cuvée La Guiraude (rot)
Paul Jaboulet-Ainé Domaine de Thalabert (rot)
Domaine du Pavillon (G.A.E.C. Cornu) Cuvée Vieilles Vignes (rot)
Domaine Remizières Cuvée Christophe (rot und weiß)

**** (GUT)*

Albert Belle (Cuvée Les Pierrelles) (rot)
Chapoutier Les Meysonnières (rot)
Chapoutier Petite Ruche (rot)
Bernard Chave (rot)
Domaine Collonge (rot)
Dard et Ribo/Domaine Blanche Laine (rot)
Domaine des Entrefaux Le Dessus des Entrefaux (rot)
Domaine Fayolle La Grande Séguine (rot)
Domaine Fayolle Les Voussères (rot)
Michel Ferraton Le Grand Courtil (rot)
Alain Graillot Cuvée Classique (rot)
Domaines Pochon/Château de Courson (rot)
Domaine Jacques et Jean-Louis Pradelle Les Hirondelles (rot)
Raymond Roure (von Paul Jaboulet-Ainé 1996 gekauft)
Vidal Fleury (rot)

St-Joseph – ein Überblick

Appellation seit:	15. Juni 1956
Produzierter Weintyp:	Rotwein und Weißwein
Rebbestand:	Marsanne und Roussanne für Weißwein, Syrah für Rotwein
Derzeit unter Ertrag stehende Rebfläche:	700 Hektar
Qualitätsniveau:	Durchschnittlich bis ausgezeichnet
Alterungspotenzial:	*Weißwein:* 1–5 Jahre; *Rotwein:* 3–8 Jahre
Allgemeine Charakteristika:	Die Roten sind die leichtesten, fruchtigsten und femininsten Weine des nördlichen Rhônetals. Die Weißweine sind parfümiert, fleischig mit Düften von Aprikosen und Birnen
Größte jüngere Jahrgänge:	1999, 1998, 1997, 1995, 1990, 1989, 1978.
Aroma:	*Weißwein:* Die feinsten Weißweine sind erfrischend, duften nach Pfirsichen und Aprikosen, gelegentlich auch Birnen und offenbaren ansehnliche Zitrussäure und mittlerem Körper. Sie bieten 2–3 Lebensjahre köstlichen Trinkgenuss. Leider gilt dies nur für eine kleine Anzahl trockener Weißweine. Die Mehrzahl der weißen Saint-Josephs sind neutrale, monolithische Weine, denen es an Charme und Persönlichkeit fehlt. *Rotwein:* Die Syrah-Traube entwickelt in dieser Appellation bisweilen ein Höchstmaß an Frucht, Leichtigkeit und Charme.

Ein guter St-Joseph entfaltet ein burgunderähnliches Bukett von Schwarzkirschen, Himbeeren, gelegentlich auch Cassis, und besitzt einen mittleren Körper, mildes Tannin und prickelnde Säure. Dies sind die leichtesten Rotweine des Rhônetals und sollten daher am besten in ihren ersten 5–6 Lebensjahren getrunken werden.

Struktur: *Weißwein:* Die Weine haben normalerweise einen leichten bis mittleren Körper und wenig Gewicht. Eine schöne Frische, spritzige Säure und unkomplizierte Frucht verleihen ihnen einen ansprechenden leichten Charakter.

Rotwein: Schöne Frucht, in einem herzhaft-würzigen Format präsentiert, ist das Markenzeichen eines feinen roten Saint-Joseph. Die Weine sollten sich nicht auf Tannin, sondern auf eine spritzige Säure stützen.

DIE BESTEN WEINE DER APPELLATION SAINT-JOSEPH

F. Boissonnet Cuvée de la Belive (rot)
Chapoutier Les Granits (rot und weiß)
J. L. Chave (rot)
Domaine du Chêne Anaïs (rot)
Domaine Chèze Cuvée des Anges (rot)
Domaine Chèze Cuvee Prestige de Caroline (rot)
Domaine Courbis Les Royes (rot)
Pierre Coursoden La Sensonne (rot)
Yves Cuilleron Coteau St-Pierre (weiß)
Yves Cuilleron Lyseras (weiß)
Yves Cuilleron Prestige l'Amarybelle (rot)
Yves Cuilleron Prestige Le Lombard (weiß)
Yves Cuilleron les Serines (rot)
Delas Frères François de Touron (rot)
Delas Frères Sainte-Epine (rot)
Paul Jaboulet-Ainé Le Grand Pompée (rot)
Pierre Gaillard Clos de Cuminaille (rot)
L. Grippat Vignes de l'Hospices (rot)
J. L Grippat (weiß)
Domaine du Monteillet (Antoine Montez) Cuvée de Papy (rot)
Alain Parent 420 Nuits (rot)
Alain Parent Rochecourbe (rot)
André Perret (weiß)
André Perret Cuvée Les Grisières (rot)
Pascal Perrier Domaine de Gachon (rot)
Pascal Perrier Cuvée de Collonjon (rot)
Tardieu-Laurent Les Ruches (rot)
Raymond Trollat (rot)
L. de Vallouit Les Anges (rot)
François Villard Les Côtes du Mairlant (rot und weiß)
Francois Villard Reflet (rot)

DIE BESTEN PRODUZENTEN VON ST-JOSEPH

** * * * * (HERVORRAGEND)*

Chapoutier Les Granits (rot)
Domaine Louis Chèze Cuvée des Anges (rot)
Domaine Louis Chèze Cuvée Prestige de Caroline (rot)
Pascal Perrier Domaine de Gachon (rot)

** * * * (AUSGEZEICHNET)*

Chapoutier Les Granits (weiß)
J. L. Chave (rot)
Domaine du Chêne Cuvée Anaïs (rot)
Courbis Les Reyes (rot)
Coursodon Le Paradis (rot)
Coursodon St-Pierre (rot)
Coursodon La Sensonne (rot)
Yves Cuilleron (weiß)
Yves Cuilleron Cuvée Prestige Le Bois Lombard (weiß)
Bernard Faurie (rot)
Alain Graillot (rot)
Jean-Louis Grippat (weiß)
Paul Jaboulet-Ainé Le Grand Pompée (rot)
Domaine du Monteillet (Antoine Montez) Cuvée du Papy (rot)

André Perret (weiß)
André Perret Les Grisières (rot)
Pascal Perrier Cuvée de Collonjon (rot)
Raymond Trollat (rot)

**** (GUT)*

Clos de l'Arbalestrier (rot)
Roger Blachon (rot)
Chapoutier Les Deschants (rot und weiß)
Domaine du Chêne (rot)
Domaine Louis Chèze (rot)
Domaine Collonge (rot)
Courbis (einfache Cuvée)
Pierre Coursodon l'Olivaie (rot)
Yves Cuilleron (rot)
Yves Cuilleron Cuvée Prestige (rot)
Bernard Faurie (weiß)
Philippe Faury (rot)
Bernard Grippa (rot)
Bernard Grippa Cuvée Le Berceau (weiß und rot)
J. L. Grippat (rot)
Paul Jaboulet-Ainé (weiß)
Jean Marsanne (rot)
Domaine du Monteillet (Antoine Montez) (rot)
Alain Paret Chais St-Pierre l'Arm de Père (rot)
Alain Paret Chais St-Pierre Domaine de la Couthiat (rot)
André Perret (rot)
St-Désirat Cave Coopérative (rot und weiß)
Vidal-Fleury (rot)

Cornas – ein Überblick

Appellation seit:	5. August 1938
Produzierter Weintyp:	Ausschließlich Rotwein
Rebbestand:	Ausschließlich Syrah
Derzeit unter Ertrag stehende Rebfläche:	90 ha
Qualitätsniveau:	Gut bis außergewöhnlich
Alterungspotenzial:	5–20 Jahre
Allgemeine Charakteristika:	Rubinrot bis schwarz, sehr tanninstrenge, körperreiche, männliche und robuste Weine mit kraftvollem Aroma und rustikaler Persönlichkeit
Größte jüngere Jahrgänge:	1998, 1997, 1991, 1990, 1989, 1985, 1979, 1978, 1976, 1969
Aromaprofil:	Hauptsächlich schwarze Früchte, Erde, Mineralien, gelegentlich Trüffel, geräucherte Kräuter und Fleisch.
Textur:	Massive, tanninreiche, fast schroffe Geschmacksnoten mit viel Körper, Intensität, Länge und Festigkeit, doch sind sie vielen Verkostern häufig zu ungebärdig.

DIE BESTEN WEINE DER APPELLATION CORNAS

Auguste Clape
Jean-Luc Colombo La Louvée
Jean-Luc Colombo Les Ruchets
Domaine Courbis Cornas Les Eygats
Domaine Courbis Cornas La Sabarotte
Paul Jaboulet-Ainé Domaine de St-Pierre
Michel Perraud (Patric Lesec)
Tardieu-Laurent Coteaux
Tardieu-Laurent Vieilles Vignes
Noël Verset
Alain Voge Les Vieilles Fontaines
Alain Voge Cuvée Vieilles Vignes

DIE BESTEN PRODUZENTEN VON CORNAS

****** (HERVORRAGEND)*

Auguste Clape
Jean-Luc Colombo La Louvée
Jean-Luc Colombo Les Ruchets
Tardieu-Laurent Coteaux
Alain Voge Les Vieilles Fontaines
Alain Voges Cuvée Vieilles Vignes

***** (AUSGEZEICHNET)*

Thierry Allemand Cuvée Les Chaillots
Thierry Allemand Cuvée Reynard
L. et D. Courbis-Domaine des Royes Champelrose
L. et D. Courbis-Domaine des Royes La Sabarotte
Eric et Joel Durand Empreintes
Paul Jaboulet-Ainé Domaine St-Pierre
Jacques Lemencier
Domaine du Tunnel
Domaine du Tunnel Cuvée Prestige
Noël Verset

**** (GUT)*

René Balthazar
Cave Coopérative de Tain l'Hermitage
Caves Guy de Barjac
Chapoutier
Jean-Luc Colombo Terres Brûlées
L. et D. Courbis (einfache Cuvée)
Delas Frères Cuvée Chante-Perdrix
Charles Despesse Les Côtes
Cave Dumien-Serette
Eric et Joel Durand Les Coteaux
Eric et Joel Durand Cuvée Classique
Domaine de la Fauterie (Sylvain Bernard)
Paul Jaboulet-Ainé (*négociant*-Abfüllung)
Paul Jaboulet-Ainé Domaine St-Pierre
Marcel Juge (einfache Cuvée)
Jean Lionnet Cuvée Rochepertuis
Robert Michel Cuvée des Coteaux
Robert Michel Cuvée le Pied du Coteau
Robert Michel Le Geynale
J. L. Thiers
Alain Voge Cuvée Barriques

St-Péray – ein Überblick

Appellation seit:	8. Dezember 1936
Produzierter Weintyp:	Weiße Still- und Schaumweine (Letztere machen 60% der Gesamtproduktion aus)
Rebbestand:	Marsanne und Roussanne
Derzeit unter Ertrag stehende Rebfläche:	65 Hektar
Qualitätsniveau:	Unterdurchschnittlich bis durchschnittlich
Alterungspotenzial:	2–4 Jahre
Allgemeine Charakteristika:	Fade, etwas eigenartige, uninteressante Weine, schwer und diffus
Größte jüngere Jahrgänge:	keine
Aromaprofil:	Die leider nur allzu wenigen annehmbaren Weine entfalten einen vagen Duft von Limonen und Pfirsichen und präsentieren neutrale Fruchtnuancen. Zumeist trifft man auf schwere Weine mit hohem Säuregehalt, denen es an Frucht mangelt.
Textur:	Die Schaumweine sind spritzig und zuweilen auf einfache Art erfrischend. Die Stillweine können recht kraftlos, körperreich und kernig ausfallen und zeigen keine wahre Beschwingtheit.

DIE BESTEN SCHAUMWEIN-PRODUZENTEN VON SAINT-PÉRAY

** * * (GUT)*

Jean-François Chaboud
Pierre und Guy Darona
Jean-Marie Teysseire
Jean-Louis Thiers

DIE BESTEN STILLWEIN-PRODUZENTEN VON SAINT-PÉRAY

** * * (GUT)*

Auguste Clape
Jean-Louis Thiers
Domaine du Tunnel
Alain Voge

SÜDLICHES RHÔNETAL

Côtes du Rhône – ein Überblick

Appellation seit:	19. November 1937
Produzierter Weintyp:	Über 95% Rotwein sowie Weiß- und Roséwein
Rebbestand:	Es gibt 24 autorisierte Sorten, darunter 14 Hauptsorten und 10 weitere, eher unbekannte, die als Ergänzung im Mischrezept dienen. Die beliebteste rote Traube ist Grenache, danach folgen Syrah, Mourvèdre und Cinsault. Bei den Weißen gehören die Sorten Grenache Blanc, Clairette, Bourboulenc sowie zunehmend Viognier und Roussanne zu den bevorzugten Trauben
Derzeit unter Ertrag stehende Rebfläche:	44 715 ha
Qualitätsniveau:	Die Qualität der Genossenschaftsweine, die in der allgemeinen Kategorie 75–80% der Gesamtproduktion ausmachen, reicht von nichtssagend und steril bis zu sehr gut oder ausgezeichnet; die Qualität der Gutsabfüllungen schwankt zwischen unterdurchschnittlich und außergewöhnlich bei etwa einem halben Dutzend Ausnahmewinzern.
Alterungspotenzial:	Mehr als 95% der gebietsspezifischen Côtes-du-Rhône-Erzeugnisse sollten jung getrunken werden, die Weiß- und Roséweine innerhalb von 2, die Roten innerhalb von 2–4 Jahren nach der Ernte. Einige der gehaltvolleren Weine der Spitzengüter verfügen über ein Alterungspotenzial von 20+ Jahren.
Allgemeine Charakteristika:	Die Qualität der besten Weißweine ist infolge der modernen Niedrigtemperaturgärung und der Beimischung von Viognier und Roussanne im Mischrezept enorm gestiegen. Durch diese Verbesserungen sind die Weine frisch und lebendig und wollen jung getrunken werden. Die Rotweine leiden unter erheblichen Qualitätsschwankungen. Ein gut gemachter Côtes du Rhône sollte überquellen von roter und schwarzer Beerenfrucht und ein pfeffriges Bukett von Kräutern der Provence, eine geschmeidige, samtige Struktur sowie einen alkoholreichen, kräftigen und würzigen Abgang besitzen.
Größte jüngere Jahrgänge:	2001, 2000, 1999, 1998, 1995

DIE BESTEN PRODUZENTEN DER CÔTES DU RHÔNE UND DER CÔTES DU RHÔNE VILLAGES

****** (HERVORRAGEND)*

Daniel et Denis Alary La Font d'Estevanas Cairanne
Daniel et Denis Alary La Jean de Verde Cairanne
Domaine des Aphillantes Cuvée des Galets
Domaine des Aphillantes Cuvée du Gros
Domaine des Aphillantes Trois Cépages
André Brunel Cuvée Sommelongue
Robert Charavin Coteaux des Travers Cairanne
Charvin
Coudoulet de Beaucastel
Clos du Caillou Bouquet des Garrigues
Clos du Caillou Très Vieilles Vignes
Olivier Cuilleras Visan Vieilles Vignes
Fèraud-Brunel Cairanne
Château de Fonsalette
Château de Fonsalette Cuvée Syrah
Domaine Gramenon Ceps Centenaire
Domaine de la Janasse Les Garrigues
Mordorée-Reine des Bois Lirac
Mourre du Tendre
Domaine de L'Oratoire St.-Martin
Domaine La Réméjeanne Les Eglantiers
Domaine La Réméjeanne Les Genevrières
A. Romero Cuvée Confiance Rasteau (Soumade)
A. Romero Cuvée Prestige Rasteau (Soumade)
A. Romero Fleur de Confiance Rasteau (Soumade)
St-Cosme Les Deux Albion
Tardieu-Laurent Cuvée Guy Louis
Eric Texier Brezeme Vieilles Vignes
Eric Texier Séguret
Eric Texier Vaison-La-Romaine
Les Vins de Vienne Cairanne
Les Vins de Vienne Crannite

***** (AUSGEZEICHNET)*

Daniel et Denis Alary (einfache Cuvée)
Domaine de l'Ameillaud
Domaine di Andezon
Domaine des Anges
Max Aubert Galifay
Max Aubert Velours Rouge
Domaine de la Bécassonne
Bressy-Masson Rasteau
Domaine de la Cabasse
De la Canorgue
Jean-Luc Colombo Les Abeilles
Domaine de Couroulu
Cros de la Mure
Domaine de Ferraud
Domaine de Ferraud Cuvée des Demoiselles
Domaine Gramenon (verschiedene Cuvées)
Château du Grand Moulas
Château du Grand Prébois
Domaine des Grand Devers
Domaine Les Grands Bois Cuvée Eloise Cairanne
Domaine Les Grands Bois Cuvée Gabrielle Carianne
Domaine Les Grands Bois Cuvée Maximilien Cairanne
Domaine Les Grands Bois Cuvée Mireille Cairanne
Domaine de la Guichard
Guigal
Paul Jaboulet-Ainé Parallel 45
Patrick Lesec Aurore
Patrick Lesec Les Beaumes
Patrick Lesec Cairanne Vieilles Vignes
Patrick Lesec Perillière
Patrick Lesec Pierredon
Patrick Lesec Rasteau Vieilles Vignes
Jean-Marie Lombard
Domaine de la Réméjeanne Les Arbousiers
Domaine de la Réméjeanne Les Chevrefeuilles
Domaine des Richaud l'Ebrescade Cairanne
Domaine des Richaud Les Garrigues
Roharse-Charavin
Domaine St-Gayan
Château St-Maurice
Domaine St-Apollinaire
Domaine Santa Duc
Domaine de la Solitude
Eric Texier St. Gervais Vieilles Vignes
Château des Tours

Domaine des Treilles
Vidal-Fleury
La Vieille Ferme
(Perrin Réserve de Vieilles Vignes)
Domaine du Vieux Chêne
(verschiedene Cuvées)

** * * (GUT)*

Domaine des Aires Vieilles
Daniel Combe
Château de Domazan
Domaine de l'Espigouette
Domaine les Goubert
Domaine du Grand Prieur
Domaine de la Millière
Domaine Mireille et Vincent
Domaine Mitan
Domaine de Mont Redon
Domaine des Moulins
Domaines Mousset
Domaine Pélaquie
Domaine de la Présidente
(verschiedene Cuvées)
Domaine de la Renjarde
Château St-Estève d'Uchaux
Château de Segries
Château de Trignon (verschiedene Cuvées)
La Vieille Ferme (andere Cuvées)

Châteauneuf-du-Pape – ein Überblick

Appellation seit:	15. Mai 1936
Produzierter Weintyp:	93% Rotwein, 7% Weißwein
Rebbestand:	Zugelassen sind 13 Rebsorten (mit dem geklonten weißen Grenache sind es 14); für *Rotwein:* Grenache, Syrah, Mourvèdre, Cinsault, Muscardin, Counoise, Vaccarèse und Terret Noir; für *Weißwein:* Grenache Blanc, Clairette, Bourboulenc, Roussanne, Picpoul und Picardin.
Derzeit unter Ertrag stehende Rebfläche:	3287 ha
Qualitätsniveau:	*Rotwein:* Erzeugerabfüllungen sehr gut bis außergewöhnlich, Händlerabfüllungen (*négociant*-Abfüllungen) mittelmäßig bis sehr gut *Weißwein:* mittelmäßig bis außergewöhnlich
Alterungspotenzial:	*Rotwein:* 5–20 Jahre je nach Weinstil; *Weißwein:* 1–3 Jahre, mit Ausnahme von Beaucastel und des Beauvenir von La Nerthe
Allgemeine Charakteristika:	*Rotwein:* die beträchtliche Vielfalt der Weinstile reicht von körperreichen, generösen, gehaltvollen, runden, alkoholreichen und langlebigen Weinen bis zu weichen, fruchtigen, die man als Beaujolais der Provence bezeichnen könnte. *Weißwein:* blumig, fruchtig, gradlinig und frisch, wenn er innerhalb von 2 Jahren nach der Freigabe getrunken wird.
Größte jüngere Jahrgänge:	2001, 2000, 1999, 1998, 1995, 1990, 1989, 1981, 1979, 1978, 1970, 1967, 1961
Aromaprofil:	*Rotwein:* Bei der ungeheuren Vielfalt der Weinbereitungsmethoden in dieser Appellation gilt die folgende, vereinfachte Einschätzung: Mit Kohlensäuremaischung (*macération carbonique*) arbeitende Erzeuger streben eine sehr frühe Abfüllung und ein leicht zu verstehendes, dickliches und ansprechendes Aroma von roten und schwarzen Beeren an. Ist das Ziel hingegen ein eher körperreicher, klassischer Châteauneuf-du-Pape-Stil, so entstehen Weine mit einem breiten Aromaprofil, das von Schwarzkirschen, schwarzen Johannis-

beeren und Blaubeeren über den bekannten provenzalischen Geruch der *garrigue* bis zu überreifen Pfirsichen und Himbeermarmelade reicht.

Weißwein: Bei der überwiegenden Mehrzahl der Châteauneufs wird die malolaktische Gärung abgebrochen, die Vinifikation erfolgt ohne Einsatz von Eichenfässern und die Weine werden sehr früh (meist innerhalb von 3 bis 4 Monaten nach der Lese) abgefüllt. Sie wollen innerhalb von ein bis zwei Jahren getrunken sein und zeigen Düfte von Blumen und tropischen Früchten in einem gefälligen, aber unkomplizierten Bukett.

Textur:

Rotweine: Die leichteren Rotweine, die einer teilweisen oder vollständigen Kohlensäuregärung unterzogen wurden, können körperreich sein, neigen aber eher zu weicher und fruchtiger Art mit dem für die Appellation typischen kräftigen Alkoholgehalt, nicht aber dem gleichen Gewicht und der vielschichtigen, multidimensionalen Persönlichkeit. Die klassischeren Weine variieren von muskulösen, körperreichen, konzentrierten bis zu kernigen, dicken Tropfen von ungeheuren Proportionen und hohem Glyzerin- und Alkoholgehalt. Sie kleiden den Gaumen förmlich aus und man ist versucht zu denken, sie würden dunkle Flecken auf den Zähnen verursachen.

Weißweine: Die ohne malolaktische Gärung im modernen Stil bereiteten, früh abgefüllten Weine sind überraschend körperreich und alkoholstark, mollig und vollmundig. Ihr Format lässt auf Langlebigkeit schließen, sie sind aber zum baldigen Verbrauch geschaffen. Die wenigen Erzeuger, die mit einer vollen malolaktischen Gärung und späterem Abfülltermin arbeiten, bringen honigfeine, ölige, dicke und saftige Weine hervor, die etwas Besonderes darstellen können, wenn eine Oxidation bei der Abfüllung vermieden wird.

DIE BESTEN WEINE DER APPELLATION CHÂTEAUNEUF-DU-PAPE

WEISSWEINE

Château Beaucastel Cuvée Classique
Château Beaucastel Roussanne Vieilles Vignes
Les Cailloux
Clos des Papes
Font de Michelle
Grand Veneur La Fontaine
Domaine de la Janasse
Domaine du Marcoux
Domaine de Nalys
Château de la Nerthe Cuvée Beauvenir
Château Rayas
St-Benôit Vieille Vigne de Roussanne
Vieux Télégraphe

ROTWEINE

Paul Autard La Côte Ronde
Château Beaucastel Cuvée Classique
Château Beaucastel Jacques Perrin
Domaine de Beaurenard Cuvée Boisrenard
Bois de Boursan Cuvée des Felix
Henri Bonneau Réserve des Céléstins
Bosquet des Papes Cuvée Chantemerle
Du Caillou Réserve Le Clos du Caillou
Du Caillou Cuvée Unique (auch Tradition genannt)

Les Cailloux
Les Cailloux Cuvée Centenaire
Chapoutier Barbe Rac
Chapoutier Croix de Bois
Domaine de la Charbonnière
  Mourre des Perdrix
Domaine de la Charbonnière
  Vieilles Vignes
Charvin
Clos du Mont Olivet Cuvée Papet
Clos des Papes
Clos St-Michel Cuvée Réservée Grand Clos
Domaine de Ferrand
Font de Michelle Cuvée Etienne Gonnet
Les Galets Blonds (Sélection Patrick Lesec)
Château de la Gardine
  Cuvée des Générations
Domaine du Grand Tinel
  Cuvée Alexis Establet
Domaine du Grand Veneur
  Cuvée Les Origines
Domaine de la Janasse Cuvée Chaupin
Domaine de la Janasse
  Cuvée Vieilles Vignes
Domaine de Marcoux Cuvée Vieilles Vignes
Domaine de la Mordorée
  Cuvée de la Reine des Bois
Château de la Nerthe
  Cuvée des Cadettes
Pierre Paumel
Domaine du Pégau Cuvée de Capo
Domaine du Pégau Cuvée Laurence
Domaine du Pégau Cuvée Réservée
Domaine du Père Pape La Crau de Ma Mère
Roger Perrin Réserve des Vieilles Vignes
Château Rayas
Domaine Roger Sabon Cuvée Prestige
Domaine Roger Sabon Le Secret des Sabon
Domaine St-Benoit Cuvée de Grande Garde
Domaine St-Benoit Truffière
Tardieu-Laurent Vieilles Vignes
Pierre Usseglio Cuvée de Mon Aïeul
Pierre Usseglio Réserve Deux Frères
Raymond Usseglio Cuvée Impériale
Cuvée du Vatican Réserve Sixtine
Domaine de la Vieille Julienne
  Cuvée Réservée
Domaine de la Vieille Julienne Vieilles Vignes
Le Vieux Donjon
Vieux Télégraphe

DIE BESTEN PRODUZENTEN ROTER CHÂTEAUNEUF-DU-PAPE-WEINE

****** (HERVORRAGEND)*

Château Beaucastel
Château Beaucastel
  Hommage à Jacques Perrin
Domaine de Beaurenard Cuvée Boisrenard
Bois de Boursan Cuvée Félix
Domaine Henri Bonneau Réserve des
  Céléstins
Le Bosquet des Papes Cuvée Chantemerle
Les Cailloux
Les Cailloux Cuvée Centenaire
Chapoutier Barbe Rac
Chapoutier Croix de Bois
Charbonnières Les Hautes Brusquières
Charbonnières Vieilles Vignes
Gérard Charvin
Clos du Mont Olivet Cuvée Papet
Clos des Papes
Font de Michelle Cuvée Etienne Gonnet
Château de la Gardine
  Cuvée des Générations
Domaine de la Janasse
  Cuvée Chaupin
Domaine de la Janasse
  Cuvée Vieilles Vignes
Domaine de Marcoux
  Cuvée Vieilles Vignes
Domaine de la Mordorée
  Cuvée de la Reine des Bois
Château du Mourre du Tendre
Château de la Nerthe Cuvée des Cadettes
Domaine du Pégau Cuvée de Capo
Domaine du Pégau Cuvée Laurence
Domaine du Pégau Cuvée Réservée
Domaine Roger Perrin Réserve
  de Vieilles Vignes
Château Rayas
Domaine Roger Sabon Cuvée Prestige
Domaine Roger Sabon la Secret
  des Sabon
Tardieu-Laurent Vieilles Vignes
Pierre Usseglio Mon Aïeul
Pierre Usseglio Réserve des Deux Frères
Raymond Usseglio Cuvée Impériale
Vieille Julienne Cuvée Réservée

Vieille Julienne Vieilles Vignes
Le Vieux Donjon
Domaine du Vieux Télégraphe

***** (AUSGEZEICHNET)*

Pierre André
Paul Autard Cuvée La Côte Ronde
Paul Autard Cuvée Mireille
Lucien Barrot
Domaine de Beaurenard Cuvée Classique
Domaine Bois de Boursan
Henri Bonneau Cuvée Marie Beurrier
Le Bosquet des Papes Cuvée Classique
Château Cabrières Cuvée Prestige
Domaine de Chante-Perdrix
Domaine de la Charbonnière Mourre des Tendre
Domaine Les Clefs d'Or
Domaine Clos du Caillou
Clos du Mont Olivet Cuvée Classique
Clos St-Michel
Domaine de la Côte de l'Ange
Domaine de Cristia
Henriet Crouzet-Féraud
Cuvée de Boisdauphin
Cuvée du Vatican
Domaine de Ferrand
Font du Loup Le Puy Rolland
Font de Michelle Cuvée Classique
Domaine de Fontavin
Château Fortia (ab 1994)
Domaine du Galet des Papes
Château de la Gardine
Grand Veneur Les Origines
Domaine Haut des Terres Blanches
Domaine de la Janasse Cuvée Classique
Domaine de Marcoux Cuvée Classique
Mas de Bois Lauzon
Domaine de Montpertuis Cuvée Tradition
Domaine de la Mordorée Cuvée Classique
Moulin-Tacussel
Domaine de Nalys
Château de la Nerthe Cuvée Classique
Père Caboche Cuvée Elisabeth Chambellan
Domaine du Père Pape
Domaine de la Présidente
Domaine de la Roquette
Domaine Roger Sabon Cuvée Réservée
Domaine St-Benoît Grande Garde
Domaine St-Benoît La Truffière
Domaine de St-Siffrein
Tardieu-Laurent Cuvée Classique
Pierre Usseglio Cuvée Classique
Raymond Usseglio Cuvée Classique
Domaine de la Vieille Julienne Cuvée Classique
Domaine de Villeneuve

**** (GUT)*

Paul Autard
Jean Avril
Domaine de Bois Dauphin
Domaine des Chanssaud
Domaine Chantadu
Domaine Chante-Cigale
Chapoutier La Bernardine
Clos de l'Oratoire des Papes
Clos St-Jean
Domaine Durieu
Château des Fines Roches
Lou Fréjau
Domaine du Grand Tinel
Domaine Grand Veneur
Guigal
Domaine Haut des Terres Blanches
Paul Jaboulet-Ainé Les Cèdres (***** vor 1970)
Domaine de la Jaufrette
Domaine Mathieu
Château Maucoil
Château Mongin
Domaine de Mont Redon
Domaine de Montpertuis Cuvée Tradition
Domaine de Palestor
Père Anselme
Père Caboche Cuvée Classique
Roger Perrin
Domaine de la Pinède
Domaine Pontifical
Domaine des Relagnes
Domaine Riche
Domaine Roger Sabon Les Olivets
St-Benoît Cuvée Elise
St-Benoît Soleil et Festins
Domaine des Sénéchaux
Château Simian

Domaine de la Solitude
Domaine Terre Ferme
Domaine Trintignant
Jean-Pierre Usseglio
Château Vaudieu
Vidal Fleury

DIE BESTEN PRODUZENTEN WEISSER CHÂTEAUNEUF-DU-PAPE-WEINE

****** (HERVORRAGEND)*

Château Beaucastel Roussanne Vieilles Vignes
Grand Veneur La Fontaine
Domaine de la Janasse Cuvée Prestige
Domaine de la Nerthe Cuvée Beauvenir

***** (AUSGEZEICHNET)*

Château Beaucastel Cuvée Classique
Domaine de Beaurenard
Domaine du Caillou
Clos des Papes
Font de Michelle
Domaine de la Janasse
Domaine du Marcoux
Domaine de Nalys
Domaine Roger Perrin
Château Rayas
Domaine du Vieux Télégraphe

**** (GUT)*

Château de la Gardine
Domaine de Mont Redon
Château de la Nerthe
Domaine du Père Caboche
Domaine de la Roquette
Domaine Trintignant La Reviscoulado

Gigondas – ein Überblick

Appellation seit:	6. Januar 1971
Produzierter Weintyp:	97% Rotwein. Daneben ist Roséwein der einzige weitere zugelassene Weintyp.
Rebbestand:	Die Hauptsorten sind Grenache, Syrah, Mourvèdre und Cinsault.
Derzeit unter Ertrag stehende Rebfläche:	1040 ha
Qualitätsniveau:	Durchschnittlich bis außergewöhnlich
Alterungspotenzial:	5–15 Jahre
Allgemeine Charakteristika:	Robuster, kerniger, körperreicher, generöser Rotwein; leichter, sprühend lebendiger, frischer, unterbewerteter Rosé
Größte jüngere Jahrgänge:	2001, 2000, 1999, 1998, 1995, 1990, 1989, 1985, 1979, 1978
Aromaprofil:	In den Spitzenerzeugnissen finden sich deutliche Noten von Erde, *garrigue*, Pfeffer, süßen Schwarzkirschen, Heidelbeeren und Cassisfrucht.
Textur:	Es werden leichte, fruchtige, weiche Weine im kommerziellen Stil erzeugt, doch besitzt der klassische Gigondas auch körperreiche, muskulöse, ungezügelte Kraft, die in den besten Exemplaren fein abgestimmt und in anderen rustikal bis animalisch sein kann.

DIE BESTEN WEINE DER APPELLATION GIGONDAS

Domaine des Bosquets
Domaine La Bouissière Cuvée Prestige La Font de Tonin
Domaine La Bouissière Cuvée Tradition
Brusset Les Hauts de Montmirail
Domaine de Cayron

Clos du Joncuas
Domaine des Espiers Cuvée des Blanches
Domaine Font Sane Cuvée Futée
Domaine Les Gouberts Cuvée Florence
Moulin de la Gardette Cuvée Spéciale
Château Redortier
Château de Saint-Cosme Cuvée Tradition
Château de Saint-Cosme Cuvée Valbelle
Santa Duc Cuvée des Hautes Garrigues
Santa Duc Cuvée Tradition
Tardieu-Laurent Cuvée Vieilles Vignes
Domaine de la Tourade Font des Aieux
Château du Trignon (ab 1995)

DIE BESTEN PRODUZENTEN VON GIGONDAS

****** (HERVORRAGEND)*

Les Bouissière La Font de Tonin
Les Hauts Montmirail (Daniel Brusset)
Château de Saint-Cosme Cuvée Valbelle
Domaine Santa Duc
  Cuvée des Hautes Garrigues
Tardieu-Laurent Vieilles Vignes

***** (AUSGEZEICHNET)*

Domaine des Bosquets Préférence
Domaine la Bouissière Cuvée Tradition
Clos du Joncuas
Clos du Joncuas Cuvée Esprit de Grenache
Cros de la Mure
Domaine de la Garrigue
Domaine les Goubert
Domaine de Longue-Toque
Montirius
Moulin de la Gardette
Moulin de la Gardette Cuvée Ventabren
Domaine les Pallieroudas (Edmonde Burle)
Domaine de Piauger
Domaine Raspail (Dominique Ay)
Château Redortier
Château de Saint-Cosme
Domaine St-Gayan
Domaine du Terme

**** (GUT)*

La Bastide St-Vincent
Domaine des Bosquets Cuvée Tradition
Domaine de Cassan
Caves des Vignerons de Gigondas
Domaine le Clos des Cazaux
Domaine des Espiers
Domaine de Font-Sane
Domaine de Font-Sane Cuvée Futée
Domaine du Gour de Chaulé
Domaine Grand-Romane
Domaine du Grapillon d'Or
Guigal
Domaine de la Mavette
Château de Montmirail
Notre Dame Les Pallières
L'Oustau Fouquet
Domaine Les Pallières
Domaine du Pesquier
Château Raspail (Familie Meffre)
Domaine Romane-Machotte
Domaine Roucas de St-Pierre
Domaine Ste-Anne
La Soumade
Domaine Les Teyssonières
Domaine Les Teyssonières
  Cuvée Alexandre
Domaine de la Tourade
Domaine des Tourelles
Château du Trignon
Vidal Fleury

Muscat de Beaumes de Venise – ein Überblick

Produzierter Weintyp: Die bekanntesten Weine der Appellation sind die süßen *vins doux naturels*, zumeist gespritete, aus Muscat gewonnene Likörweine; darüber hinaus werden auch trockene, zum Teil ausgezeichnete Rot-, Weiß- und Roséweine hergestellt.

Rebbestand:	Alle im südlichen Rhônetal zugelassenen Rebsorten, zusätzlich findet sich hier die einzige legale Pflanzung von weißem und dunklem Muscat à petits grains des Rhônetals.
Derzeit unter Ertrag stehende Rebfläche:	440 ha
Qualitätsniveau:	Gut bis außergewöhnlich
Alterungspotenzial:	2–4 Jahre
Allgemeine Charakteristika:	Der Muscat ist ein süßer, alkoholstarker, außerordentlich duftiger und exotischer, genussbetonter und schwelgerischer Dessertwein. Bei den besten Rotweine handelt es sich um klassische Côtes du Rhône-Villages mit reichlich roter und schwarzer Kirschenfrucht, einem pfeffrigen Bukett von Kräutern der Provence und einem kraftvollen, lustbetonten Geschmack.
Größte jüngere Jahrgänge:	2001, 2000
Geheimtipp:	Die ausgezeichneten trockenen Rotweine der Domaine de Fenouillet, der Domaine les Goubert und des Château Redortier.

DIE BESTEN PRODUZENTEN VON MUSCAT DE BEAUMES DE VENISE

** * * * * (HERVORRAGEND)*

Domaine de Baumalric
Domaine de Durban
Paul Jaboulet-Ainé

** * * * (AUSGEZEICHNET)*

Domaine des Bernardins
Chapoutier
Domaine de Coyeux
Domaine de Fenouillet
Château St-Sauveur
Vidal-Fleury

** * * (GUT)*

Caves des Vignerons de Vacqueyras
Vignerons de Beaumes de Venise

Vacqueyras – ein Überblick

Appellation seit:	9. August 1990
Produzierter Weintyp:	95% Rotwein, 4% Rosé, 1% Weißwein
Rebbestand:	Für *Rotwein* und *Rosé:* Grenache, Syrah, Mourvèdre und Cinsault, für *Weißwein:* Grenache Blanc, Clairette und Bourboulenc
Derzeit unter Ertrag stehende Rebfläche:	1300 ha
Qualitätsniveau:	sehr gut, zunehmend eine Appellation, in der Qualität förmlich explodiert
Alterungspotenzial:	4–12 Jahre
Allgemeine Charakteristika:	Kraftvoller, rustikaler, körperreicher Rotwein, der zunehmend mit einem Châteauneuf-du-Pape konkurrieren kann und der den Gigondas zu überholen scheint.
Größte jüngere Jahrgänge:	2001, 2000, 1999, 1998

Aromaprofil:	Ein klassisches provenzalisch-mediterranes Bukett von Kräutern der Provence, *garrigue*, roten und schwarzen Früchten, Erde und Oliven.
Textur:	Ungezügelte Kraft sowie derbes Tannin und eine fleischige Persönlichkeit ergeben einen gehaltvollen, vollmundigen Wein.

DIE BESTEN VACQUEYRAS-PRODUZENTEN

** * * * * (HERVORRAGEND)*

Domaine des Amouriers Les Genestes
Domaine Le Couroulu Vieilles Vignes
Sang des Cailloux
Sang des Cailloux Cuvée Doucinello
Sang des Cailloux Cuvée Lopy
Tardieu-Laurent Vieilles Vignes

** * * * (AUSGEZEICHNET)*

Domaine Bouletin Sélecion Michel
Domaine de la Charbonnière
Domaine le Clos des Cazaux
Domaine Le Couroulu Cuvée Classique
Féraud-Brunel
La Font de Papier
Domaine La Fourmone
Domaine La Garrigue Cuvée de l'Hostellerie
Domaine La Garrigue Cuvée Traditionnelle
La Monardière Réserve des Deux Monarchs Vieilles Vignes
Domaine de la Tourade
Château des Tours
Vidal-Fleury
Les Vins de Troubadour (verschiedene Cuvées)
Les Vins de Vienne La Sillote

** * * (GUT)*

La Bastide St-Vincent
Domaine de Boissan
Domaine Chamfort
Domaine le Clos des Cazaux
Paul Jaboulet-Ainé
Domaine des Lambertins
Château de Montmirail
Domaine de Montvac
Château des Roques
Domaine de Verquière

Tavel – ein Überblick

Appellation seit:	15. Mai 1936
Produzierter Weintyp:	Ausschließlich trockener Rosé – die einzige Appellation in Frankreich, die den Rosé als einzig zugelassenen Wein anerkennt.
Rebbestand:	Es gibt neun autorisierte Rebsorten; dabei dominieren Grenache und Cinsault, gefolgt von Clairette, Syrah, Bourboulenc, Mourvèdre, Picpoul, Carignan und Calitor.
Derzeit unter Ertrag stehende Rebfläche:	947 ha
Qualitätsniveau:	Durchschnittlich bis sehr gut
Alterungspotenzial:	1–3 Jahre
Allgemeine Charakteristika:	Die besten Weine aus Tavel sind trocken, körperreich und mit herzhaftem Geschmack.
Größte jüngere Jahrgänge:	2001
Aromaprofil:	Erdbeeren, Kirschen und ein vager Hauch von provenzalischer *garrigue*

Textur:	Der trockene, manchmal spröde, körperreiche Tavel kann einem an halbsüße, weiche, schlaffe Rosés aus der Neuen Welt gewöhnten Gaumen erstaunlich robust erscheinen und schockieren.

DIE BESTEN PRODUZENTEN VON TAVEL

** * * (GUT)*

Château d'Acqueria
Domaine Canto-Perdrix
Domaine de Corne-Loup
Domaine de la Forcadière
Domaine de la Genestière
Guigal
Domaine Méjan-Taulier
Domaine de la Mordorée
Domaine de Roc Epine
Château de Trinquevedel

Lirac – ein Überblick

Appellation seit:	14. Oktober 1947
Produzierter Weintyp:	5% Weißwein, 75% Rotwein, 20% Roséwein
Rebbestand:	*Rotwein:* Grenache Noir, Syrah, Mourvèdre, Cinsault und Carignan *Weißwein:* Grenache Blanc, Clairette, Bourboulenc, Ugni Blanc, Picpoul, Marsanne, Roussanne und Viognier
Derzeit unter Ertrag stehende Rebfläche:	420 ha
Qualitätsniveau:	Mittelmäßig bis gut, mit steigender Tendenz
Alterungspotenzial:	2–8 Jahre
Allgemeine Charakteristika:	Weiche, sehr fruchtige Rotweine von mittlerem Körper; neutrale Weißweine; überschwänglich frische und fruchtige Roséweine (der Tavel für den frugalen Verbraucher)
Größte jüngere Jahrgänge:	2001, 2000, 1999, 1998
Aromaprofil:	Das Aroma von rotem Beerenobst, Gewürzen und Kräutern der Provence ähnelt dem eines Côtes du Rhône.
Textur:	Weiche, fruchtige Rotweine mit zumeist mittlerem Körper und relativ anspruchslose, eindimensionale Weißweine; die zum Teil ausgezeichneten Roséweine und einem Spitzen-Tavel nicht unähnlich sind.

DER BESTE WEIN DER APPELLATION LIRAC:

Domaine de la Mordorée

DIE BESTEN PRODUZENTEN VON LIRAC

** * * * * (HERVORRAGEND)*

Domaine de la Mordorée Reine des Bois

** * * * (AUSGEZEICHNET)*

Domaine de Cantegril
Domaine Roger Sabon
Château St-Roch
Domaine de Ségriès

**** (GUT)*

Château Boucarut
Domaine Canto-Perdrix
Domaine des Causses et de St-Eymes
Domaine Les Costes
Domaine de la Forcardière
Domaine des Garrigues
Domaine Jean Marchand
Domaine de Roc Epine

JÜNGERE JAHRGÄNGE

2000 – In diesem Jahr konnte man beträchtliche Unterschiede zwischen dem südlichen und nördlichen Rhônetal feststellen. In beiden Anbauregionen gab es keine Probleme hinsichtlich der Reife. Aber durch die Gleichgültigkeit der Winzer im Norden, die keine oder keine genügende Behangausdünnung vornahmen, wurden zu hohe Erträge erzielt, die zu einem reifen, aber oberflächlichen Jahrgang führten. Von der Côte Rôtie bis Cornas sind die Weine zwar attraktiv und mit satter Farbe, niedriger Säure und süßer Frucht ausgestattet. Aber: »Wo bleibt das Fleisch?« Obwohl es einige namhafte Ausnahmen gibt (z. B. die Weine von Gérard und Jean-Louis Chave oder die Weine Guigals aus seinen Monopol-Lagen an der Côte Rôtie), mangelt es den Weinen an Fett, Konzentration und Tiefe. Der 2000er Jahrgang wird im nördlichen Rhônetal wohl als ein moderner Klon des in seinem Stil ähnlichen 1985er Jahrgangs in die Geschichte eingehen. Mit Ausnahme der gewichtigeren Weine aus Hermitage sollten die 2000er des nördlichen Rhônetals früh trinkbar sein und 10–15 Jahre halten.

Im Süden konnten sich Châteauneuf-du-Pape, Gigondas, Vacqueyras und die Dörfer der Appellation Côtes du Rhône über einen blendenden Jahrgang mit hohem Reifegrad und Konzentration freuen. Anders als im Norden gab es bei den besten 2000er Weinen des südlichen Rhônetals keinerlei Probleme hinsichtlich Tiefe oder Reichhaltigkeit. Stilistisch ähneln sie mit ihrem hohen Alkoholgehalt, ihrer niedrigen Säure und konzentrierten, reifen, fleischigen und üppigen Persönlichkeit den 1999er Weinen. Dies ist für dieses Anbaugebiet der dritte beeindruckende Jahrgang in Folge. Die Leser werden von diesen Weinen begeistert sein, die, wenn auch von unterschiedlichem Stil, mit den prachtvollen 1998ern konkurrieren können. Die meisten 2000er werden bereits bei ihrer Freigabe trinkbar sein. Die Spitzenweine von Châteauneuf-du-Pape und die äußerst konzentrierten, aus dem Traubengut alter Rebstöcke produzierten Cuvées der Appellationen Côtes du Rhône, Gigondas und Vacqueyras werden 15 Jahre schön altern.

1999 – Der beste Côte Rôtie-Jahrgang, den ich seit meiner nun fast ein Vierteljahrhundert währenden Verkostertätigkeit gesehen habe. Zugegeben, eine junge Generation von Winzern legt die Qualitätsmesslatte immer höher und höher, und so ist es heute – im Gegensatz zu der Zeit von vor zehn Jahren – nicht mehr so einfach, enttäuschende Weine zu finden. Aber in Bezug auf pure Opulenz, Konzentration und außergewöhnlich hohen Glyzeringehalt und Extrakt sind die 1999er Côte Rôtie-Weine einfach unvergleichlich. Es handelt sich schlicht um den besten Jahrgang dieser Region seit 1978. Seltsamerweise können beide mit reichlichen Erträgen und spektakulärer Qualität aufwarten. In den anderen Appellation des nördlichen Rhônetals ist dies fraglos ebenfalls ein Spitzenjahrgang, der aber hier vielleicht weniger einheitlich ausgefallen ist als an der Côte Rôtie. Der 1999er Hermitage besitzt süße Tannine, große Reife und eine opulente, sinnliche Textur mit reichlich untergründiger Struktur. In Crozes-Hermitage, St-Joseph und Cornas kann man ebenfalls hohe Qualität vorweisen, wobei sich hier die Weine der Appellation St-Joseph am einheitlichsten zeigen. Am unbeständigsten sind Cornas und Condrieu – eine Folge der hohen Erträge. Den Weißweinen aus Condrieu fehlt die Konzentration der 1998er. Obwohl es in Cornas einige beeindruckende Weine gibt, kann man doch sagen, dass sie generell weniger Konzentration, mehr Säure und eine frustrierende Uneinheitlichkeit an den Tag legen.

Im südlichen Rhônetal wird man den 1999er Jahrgang bald weitgehend vergessen. Die immer größer werdende Schar der Liebhaber dieser Rhôneweine wird nämlich langsam ihre

1998er austrinken und sich dann zusammenrotten, um die Jahrgänge 2000 und 2001 zu kaufen, zweifellos zwei große Jahre im südlichen Rhônetal. Der ausgezeichnete 1999er Jahrgang wird ganz einfach von diesen überschattet werden. Alle Rebsorten erreichten einen hohen Reifegrad, wobei sich Mourvèdre und Syrah 1999 als noch besser herausstellten, als dies 1998 der Fall war. Obwohl immer noch sehr gut, konnte Grenache die satte, fette und fleischige Art und Komplexität der Jahre 1998 und 2000 nicht erreichen. Trotzdem ist dies ein sehr guter Jahrgang in Châteauneuf-du-Pape, Gigondas, Vacqueyras und den Dörfern der Appellation Côtes du Rhône. Gelegentlich produzierten Winzer, die einen höheren Anteil an Mourvèdre und Syrah im Mischsatz verwenden, bessere Weine als 1998. Eleganz und Ausgewogenheit – mit diesen Worten lassen sich die 1999er Weine des südlichen Rhônetals am besten beschreiben, ein Jahrgang, der eine immer bessere Presse bekommen wird, je länger man ihm Zeit gibt, sich zu entwickeln. Im Moment jedoch ist dies ein vergessener Jahrgang angesichts der Hysterie für die Vorläufer- und Nachläufer-Jahrgänge.

1998 – Im nördlichen Rhônetal minderte ein später Frost im Frühjahr die Erträge ganz erheblich. Besonders betroffen hiervon waren das Côte Rôtie-Plateau sowie einige Sektoren von Condrieu, St-Joseph, Hermitage und Crozes-Hermitage. Nun befinden sich die Weine in der Flasche und der Jahrgang ist ausgezeichnet, wobei alle Spitzen-Domainen konzentrierte, reife, strukturierte, jedoch auch tanninreiche und noch verschlossene Weine produzierten, die in ihrer Art dem Stil des 1995er nahe kommen. In den Weinen der besten Güter kann man viel Charakter und hohe Qualität finden, aber die nunmehr abgefüllten Weine haben sich verschlossen und benötigen mindestens 5 Jahre (der Hermitage ein Jahrzehnt und mehr) Kellerreife, um ihren Charakter zu entwickeln. Tanningehalt und Konzentration sind hoch. Dies ist ein Jahrgang für geduldige Kenner, die über geeignete Lagerräume verfügen. Während die 1998er Côte Rôtie, Hermitage, Crozes-Hermitage, St-Joseph und Cornas sehr gut sind, können sie doch nicht mit ihren Kollegen von 1999 mithalten. Condrieu freute sich über einen fabelhaften Jahrgang, aber diese Weine sollten bereits Ende 2002 ausgetrunken sein.

Im südlichen Rhônetal ist 1998 ein großer Jahrgang, der an majestätischer Statur immer weiter zunimmt. Für Châteauneuf-du-Pape ist es ein Maßstäbe setzender Jahrgang. Als ich das erste Mal in meiner Zeitschrift *The Wine Advocate* über diese Weine berichtete (zwölf Monate nach der Ernte), meinte ich, dass dies der beste Jahrgang seit 1990 wäre. Jedoch – er ist besser als der 1990er, denn es wurden Weine mit hervorragender Ausgewogenheit produziert. Überdies wurde der 1998er Jahrgang teilweise von Winzern der jüngeren Generation gestaltet, die sich der Produktion von Weltklasse-Weinen verschrieben haben. Von jungen Heißspornen wie Sophie und Karine Armenier (Châteauneuf-du-Pape der Domaine de Marcoux), Vincent Avril (Châteauneuf-du-Pape des Clos des Papes), Louis Barruol (Gigondas von St-Cosme), Nicolas Boiron (Châteauneuf-du-Pape von Bosquet des Papes), Philippe Bravay (Châteauneuf-du-Pape der Domaine de Ferrands), André Brunel (Châteauneuf-du-Pape von Les Cailloux), Daniel Brunier (Châteauneuf-du-Pape von Vieux Télégraphe), Gérard Charvin (sein Châteauneuf-du-Pape), Frédéric und Daniel Coulon (Châteauneuf-du-Pape der Domaine de Beaurenard), Christopher Délorme (Châteauneuf-du-Pape und Lirac der Domaine La Mordorée), Jean-Marie Diffonty (Châteauneuf-du-Pape von Cuvée de Vatican), Laurence Féraud (Châteauneuf-du-Pape der Domaine de Pégau), Pierre Perrin (Châteauneuf-du-Pape der Domaine Perrin), Christophe Sabon (Châteauneuf-du-Pape der Domaine La Janasse), Michel Tardieu (ein *négociant*, der Weine aus allen Appellationen des nördlichen und südlichen Rhônetals produziert), Thierry und Jean-Pierre Usseglio (Pierre Usseglios Châteauneuf-du-Pape) und Jean-Paul Versino (Châteauneuf-du-Pape der Domaine Bois de Boursan) wurden großartige Weine in die Welt gesetzt, die es 1990 noch nicht gab. Viele Verkostungen der 1998er Châteauneuf-du-Pape aus der Flasche (ich kaufte so viel ich mir leisten konnte) haben gezeigt, dass diese Weine seit ihrer Abfüllung erstaunliches Gewicht und Reichhaltigkeit hinzugewonnen haben und besser sind als vor der Flaschenabfüllung. Dies ist ein profunder, möglicherweise ein »Das-gibt-es-nur-einmal-im-Leben-Jahrgang«, den man in größtmöglichen Mengen kaufen sollte. Darüber hinaus lassen sich diese Weine schon jung gut trinken oder können auch 15–20+ Jahre im Keller gelagert werden. Zwar war der Jahrgang in Châteauneuf-du-Pape großartig, doch konnten die umgebenden Anbaugebiete Gigondas, Vacqueyras und Côtes du Rhône ebenfalls ausgezeichnete, oftmals hervorragende Weine produzieren; jedoch gibt es hier mehr qualitative Unterschiede.

1997 – Ein zweifellos vorzüglicher Jahrgang für das nördliche Rhônetal, dessen Weine niedrige Säure, herausragende Reife, einen konzentrierten Stil und beträchtliche Zugänglichkeit aufweisen.

Im südlichen Rhônetal ist meiner Meinung nach der 1997er Jahrgang etwas unterhalb des 1996ers anzusiedeln. Aufgrund der schwierigen Erntebedingungen sind die Weine dieses Jahrgangs etwas ungleichmäßiger ausgefallen, sie zeigen sich jedoch reif, mit niedriger Säure ausgestattet, aber ein bisschen verwässert. Sie besitzen viele der Eigenschaften des 1996ers, sind unmittelbar ansprechend, fruchtig und charmant, aber nicht sonderlich konzentriert oder langlebig.

DANIEL ET DENIS ALARY

1999	**Côtes du Rhône**	**A**	**86**
2000	**Côtes du Rhône-Villages Cairanne**	**B**	**87**
1999	**Côtes du Rhône-Villages Cairanne**	**B**	**88**
2000	**Côtes du Rhône-Villages Cairanne La Font d'Estevenas**	**C**	**90**
2000	**Côtes du Rhône-Villages Cairanne Le Jean de Verde**	**C**	**90**
2000	**Côtes du Rhône-Villages Cairanne Réserve du Vigneron**	**D**	**88**
1999	**La Grange Vin de Pays**	**A**	**87**

Daniel und Denis Alary sind die Superstars des sonnendurchglühten, dem Mistral ausgesetzten provenzalischen Dorfes Cairanne, eine kurze 30-minütige Autofahrt von Châteauneuf-du-Pape entfernt. Sie produzieren einige der gehaltvollsten, komplexesten und komplettesten Weine im südlichen Rhônetal. Selbst in den leichteren Jahrgängen sind ihre Weine zu loben. Ihre Domaine ist eine sehr gute Quelle für Côtes du Rhône und für Vin de Pays zu vernünftigen Preisen. Sie produzieren einen Côtes du Rhône (eine *assemblage* aus Syrah und Grenache) und einen Côtes du Rhône-Village Cairanne (ebenfalls eine *assemblage* aus Syrah und Grenache). Beide werden im Tank und in Eichenholzbottichen ausgebaut und unfiltriert abgefüllt. Das Gut produziert aber auch drei Prestige-Cuvées: die Réserve du Vigneron, La Font d'Estevenas sowie eine spezielle Cuvée namens Le Jean de Verde, die zu 100% aus Trauben von 60-jährigen Grenache-Reben gekeltert wird. Alle Trauben werden entrappt, der 2000er ist der Debüt-Jahrgang.

Der *2000er Côtes du Rhône-Village Cairanne* (80% Grenache und 20% Syrah) offenbart die typisch provenzalischen *garrigue*-Aromen (eine Mischung aus Kräutern der Provence und Erde) zusammen mit reichlichen Mengen an reintöniger Kirschfrucht. Dies ist ein eleganter Côtes du Rhône von mittlerem Körper, den man in seinen ersten Lebensjahren trinken sollte. Der *2000er Côtes du Rhône-Villages Réserve du Vigneron*, eine *assemblage* aus 70% Grenache und 30% Mourvèdre, offenbart eine dunkelrubinrote Farbe und mittleren Körper. In Duft und Geschmack vermischt sich saubere, süße Beerenfrucht mit Kirschen, Erde und Lakritze. Dies ist ein frischer, gut gestalteter Wein mit ausgezeichneter Definition und Länge. Genießen Sie ihn in den nächsten 4–5 Jahren. Der außergewöhnliche *2000er Côtes du Rhône-Villages La Font d'Estevenas* ist eine *assemblage* aus 60% Syrah und 40% Grenache. Er wartet mit dem klassischen reifen Syrah-Charakter von Crème de Cassis auf, einer für den Jahrgang überraschenden guten Säure, Üppigkeit am mittleren Gaumen, guter Definition, Tiefe, einem mittleren bis vollen Körper, gut integrierten Tanninen und ordentlichem Alkoholgehalt. Er sollte sich in den nächsten 5–8 Jahren schön trinken lassen. Alarys neue Cuvée, der *2000er Côtes du Rhône-Villages Le Jean de Verde* (14,5% natürlicher Alkoholgehalt; es wurden nur 300 Kisten produziert), offenbart eingangs im Mund ein üppiges, nach Kirschgeist duftendes Bukett, elegante, süße Frucht am mittleren Gaumen und im attraktiven Abgang gute untergründige Säure, überraschende Konturenschärfe sowie Würze und mittleren Körper. Er sollte sich 4–5 Jahre schön trinken lassen.

Alle 1999er Weine der Domaine Alary haben im Durchschnitt etwas mehr Alkoholgehalt als ihre großartigen 1998er. Der mittelrubinrote *1999er La Grange Vin de Pays* (eine *assemblage* aus 50% Grenache, 20% Syrah und 30% Cabernet Sauvignon) bietet Aromen von Kräutern der Provence, schwarzem Kirschlikör, Pfeffer und Gewürzen. Von mittlerem Körper, reichfruchtig, würzig und geschmeidig, ist er zum Trinkgenuss in den nächsten 2–3 Jahren bestimmt. Der *1999er Côtes du Rhône* (eine *assemblage* aus 80% Grenache und 20% Syrah) war an dem Tag, an dem ich ihn verkostete, stumm und verschlossen. Obwohl er eine dunkelrubin-purpurrote Farbe und gute Dichte und Reife an den Tag legt, bleibt er ein ausdrucksloser Geselle. Er mag in einiger Zeit eine höhere Bewertung verdienen, aber im Augenblick muss man ihn aufgrund seines geradezu monolithischen Charakters eher konservativ beurteilen. Der *1999er Côtes du Rhône-Villages Cairanne* erreicht fast 14% Alkoholgehalt. Er bietet ein pfeffriges, nach süßen schwarzen Kirschen duftendes Bukett, füllige Geschmackskomponenten, eine geschmeidige Textur, bewundernswerten Körper und auch Tiefe. Er sollte sich 5–6 Jahre schön trinken lassen.

DOMAINE DE L'AMEILLAUD

2000	**Côtes du Rhône**	**B**	**86**
2000	**Côtes du Rhône-Villages Cairanne**	**B**	**88**
1999	**Côtes du Rhône-Villages Cairanne**	**B**	**87**
2000	**Vin de Pays du Vaucluse**	**B**	**85**
1999	**Vin de Pays du Vaucluse**	**B**	**86**

Diese Weine sind unglaublich günstig und stellen einen hervorragenden Gegenwert für ihren Preis dar.

Der *2000er Vin de Pays du Vaucluse*, eine *assemblage* aus 60% Grenache, 20% Syrah und 20% Carignan), gibt eine mittelrubinrote Farbe zu erkennen, die von einem charmanten, nach Beeren und Erdbeeren duftenden Bukett begleitet wird. Von mittlerem Körper und weicher Textur, ist dies eine leicht zu verstehende Persönlichkeit. Genießen Sie ihn in den nächsten 1–2 Jahren. Etwas rustikaler ist der tiefrubin-purpurrote *2000er Côtes du Rhône*. Er besitzt reichlich schwarze Kirschfrucht, die sich mit Pfeffer, Erde und Gewürzen in Duft und Geschmack vermischt. Trinken Sie diesen gut bereiteten 2000er in den nächsten 2–3 Jahren. Der *2000er Côtes du Rhône-Villages Cairanne* wurde aus 65% Grenache, 30% Syrah sowie Carignan und Mourvèdre produziert. Er prunkt mit einer tiefrubin-purpurroten Farbe, einem ausgezeichneten Bukett von Brombeer- und Kirschfrucht, einem mittleren bis vollen Körper, niedriger Säure und einer bewundernswerten Reintönigkeit und Textur. Trinken Sie ihn in den nächsten 3–4 Jahren.

Der köstliche, fortgeschritten entwickelte dunkelrubinrote *1999er Vin de Pays du Vaucluse* zeigt die für den Jahrgang typische reife schwarze Kirschfrucht in einem seidig texturierten Format von mittlerem Körper. Mit überraschender Tiefe und Länge ausgestattet, sollte er sich 2 Jahre lang schön trinken lassen. Der mit einer dichteren rubin-purpurroten Farbe ausgestattete *1999er Côtes du Rhône-Villages Cairanne* offenbart in Duft und Geschmack mehr Brombeer-, Pflaumen- und Kirschfrucht. Von mittlerem bis vollem Körper, süß und seidig texturiert, wird er 4–5 Jahre lang halten.

DOMAINE DES AMOURIERS

1999	**Vacqueyras Les Genestes**	**C**	**90**
1998	**Vacqueyras Les Genestes**	**C**	**89+**

1999	**Vin de Pays Les Hautes Terrasses**	**B**	**(87–88)**
1998	**Vin de Pays Les Hautes Terrasses**	**B**	**86**

Dies war lange Zeit mein Lieblingsweingut in Vacqueyras und eine Referenzadresse für die Appellation. Leider habe ich seit Mitte der 1990er Jahre die Jahrgänge dieser Domaine vernachlässigt, und als ich kürzlich die Weine auf dem Gut verkostete, war dies ein Erlebnis.

Der *1999er Vin de Pays Les Hautes Terrasses* aus 100% Syrah ist ein rustikaler Wein, voll gepackt mit schwarzen Früchten, Glyzerin und niedrigem Tannin. Obwohl er niemals ein komplexer Wein werden wird, dürfte er aufgrund seiner Intensität und Reichhaltigkeit ein langes Leben haben, wird aber am besten in seiner überschwänglichen, robusten Jugend schmecken. Der *1998er Vin de Pays Les Hautes Terrasses* besitzt mehr handfestes Tannin in seiner tiefen, würzigen und kernigen Persönlichkeit. Beide Weine präsentieren jedoch in Duft und Geschmack eine Fülle von Gewürzen, Pfeffer und Kirschfrucht.

Der Star dieser Domaine ist der Vacqueyras Les Genestes. Von undurchdringlich schwarzpurpurroter Farbe, bietet der *1999er Vacqueyras Les Genestes* ein prachtvolles Bukett mit Düften nach gerösteten Kräutern, gegrilltem Fleisch, Brombeeren und Rauch. Körperreich und mit geschmeidigen Tanninen und großer Konzentration ausgestattet, ist dies ein superber Vacqueyras. Wie beim 1998er sind im Mischsatz 50% Grenache, 48% Syrah und 2% Mourvèdre zu finden. Voraussichtliche Genussreife: jetzt–2012.

Der *1998er Vacqueyras Les Genestes* kann sich als ebenso gut wie der 1999er herausstellen, besitzt er doch mehr Tannin, Kraft und Substanz am Gaumen. Im Vergleich zum 1999er wartet er zusätzlich auf mit Aromen von Lakritze, Fenchel und Unterholz und Geschmackskomponenten von schwarzen Früchten, Leder und Erde. Beide Weine sind äußerst reintönig und gehaltvoll. Voraussichtliche Genussreife: jetzt–2012.

DOMAINE LES APHILLANTHES

2000	**Côtes du Rhône-Villages Cuvée du Cros**	**D**	**(91–93)**
1999	**Côtes du Rhône-Villages Cuvée du Cros**	**D**	**91**
2000	**Côtes du Rhône-Villages Cuvée des Galets**	**D**	**90**
1999	**Côtes du Rhône-Villages Cuvée des Galets**	**D**	**(91–93)**
2000	**Côtes du Rhône-Villages Cuvée des Trois Cépages**	**D**	**92**
1999	**Côtes du Rhône-Villages Cuvée des Trois Cépages**	**D**	**91**
2000	**Côtes du Rhône-Villages Cuvée Vieilles Vignes**	**D**	**91**

Dieses Weingut in Travaillan stellt auf spektakuläre Weise gestaltete, wuchtige und konzentrierte Rhôneweine her, die ungeheuer erfolgreich sein werden. Die Mengen sind relativ klein und alle Weine werden ohne Filtration auf Flaschen gezogen. Es handelt sich möglicherweise um die gehaltvollsten Weine der Côtes du Rhône, die ich verkostet habe. Obwohl sie für Weine dieser Appellation teuer sind, stellen sie doch einen günstigen Einkauf dar, denn man kann sie jederzeit mit den besten Gigondas und Châteauneuf-du-Pape vergleichen. Sie sind überwältigend konzentrierte, brillante Leistungen der Weinbereitung des Besitzers Daniel Boulle.

Zu Beginn sei der *2000er Côtes du Rhône-Villages Cuvée des Trois Cépages* (gleiche Anteile von Grenache, Syrah und Mourvèdre im Mischsatz) genannt. Er präsentiert sich mit einer undurchdringlichen, purpurroten Farbe, die von einem prächtigen, nach süßem Cassis und Brombeerfrucht duftenden Bukett begleitet wird. Körperreich und von bemerkenswerter Reintönigkeit und beträchtlicher Wucht, wird sich dieser Wein angesichts seiner Konzentration über ein Jahrzehnt oder länger entwickeln. Ich habe aber den Verdacht, dass sein niedriger Säuregehalt die meisten Käufer dazu verführen wird, ihn früher zu trinken. Ein äußerst beeindruckender Wein! Der mit einer undurchdringlichen purpurroten Farbe ausgestattete *2000er Côtes du Rhône-Villages Cuvée des Galets* (eine *assemblage* aus 60% Grenache, 20% Syrah und 20% Mourvèdre aus niedrigen Erträgen) ist ein Kraftprotz von einem Côtes du Rhône, der süße, dickliche Brombeer- und Kirschfrucht in Duft und Geschmack offenbart und zudem eine üppige, offen gewirkte Textur, einen vollen Körper und wunderbare Opulenz an den Tag legt. Er hat das Potenzial, sich ein Jahrzehnt schön zu entwickeln. Der schwarz-purpurrote *2000er Côtes du Rhône-Villages Cuvée du Cros* (100% Syrah) bietet in seinem Bukett Noten von Crème de Cassis, Mineralien, Lakritze und Schokolade. Körperreich, überaus konzentriert und tanninreich sowie unglaublich extrahiert, ist dieser Wein sogar größer und gehaltvoller als der berühmte Fonsalette Côtes du Rhône Cuvée Syrah von Château Rayas. Die *Cuvée du Cros* sollte in 4–5 Jahren auf ihrem Höhepunkt sein und dann 15+ Jahre halten. Ein bewundernswertes Meisterstück eines Syrah aus dem südlichen Rhônetal.

Das süße Aroma von schwarzem Brombeerlikör des *2000er Côtes du Rhône-Villages Cuvée Vieilles Vignes* ist bestimmten Weinen aus Châteauneuf-du-Pape nicht unähnlich. Er besitzt mittleren bis vollen Körper, reintönige Art und makellose Ausgewogenheit. In der Tat – je länger sich der Wein im Glas befindet, desto ähnlicher wird er einem Grand Cru der Appellation Musigny. Wenngleich er leichter als seine Geschwister ist, offenbart er eine wundervolle vergeistigte Art, Reintönigkeit, Frische. Er wird in den nächsten 8–10 Jahren idealen Trinkgenuss gewähren.

Der *1999er Côtes du Rhône-Villages Cuvée des Trois Cépages* (gleiche Anteile von Grenache, Syrah und Mourvèdre im Mischsatz) ist ein Wein von undurchdringlicher purpurroter Farbe, der ein fleischiges, nach Lakritze und Rauch duftendes Bukett und Geschmackskomponenten von süßer Brombeer- und Cassisfrucht an den Tag legt. Er zeigt gute Säure, einen vollen Körper, beeindruckende Konzentration und Länge und kann einen Alkoholgehalt von 14,7% vorweisen. Der Wein kann sich mühelos 10, vielleicht 15 Jahre weiterentwickeln. Der *1999er Côtes du Rhône-Villages Cuvée des Galets* (60% Grenache, 20% Syrah und 20% Mourvèdre aus Erträgen von 20–22 hl/ha) präsentiert sich mit einer undurchdringlichen, schwarz-purpurroten Farbe und ist ein weicherer Wein geworden. In seiner robusten, geschmacksintensiven Persönlichkeit offenbart er Aromen von schwarzen Kirschen, Lakritze, Rauch, getrockneten Kräutern und gebratenem Fleisch. Es wäre ideal, wenn man ihm einige Jahre Kellerreife gönnen würde, denn er kann weitere 12–20 Jahre überdauern. Schlussendlich sei der *1999er Côtes du Rhône-Villages Cuvée du Cros* (100% Syrah aus Erträgen von 17–18 hl/ha) genannt, der eine ähnlich schwarz-purpurrote Farbe an den Tag legt, aber deutlichere Noten von gerösteten Kräutern, Schokolade und Espresso in seinem nach Brombeeren und Kirschgeist duftenden Bukett aufweist. Hervorragend extrahiert, gehaltvoll, wuchtig und körperreich, wird sich dieser 1999er von jetzt–2015 auf seinem Höhepunkt befinden.

Dies sind äußerst beeindruckende, unfiltrierte Côtes du Rhône-Cuvées, die in einem dem wuchtigen Château de Fonsalette ziemlich ähnlichen, manchmal aber sogar noch konzentrierteren Stil bereitet sind. Lassen Sie sich diese außergewöhnlichen Weine nicht entgehen!

DOMAINE MAX AUBERT

1999	**Châteauneuf-du-Pape Domaine de la Présidente**	**D**	**(85–86)**
1998	**Châteauneuf-du-Pape Domaine de la Présidente**	**D**	**85**

Keiner dieser Weine zeigt annähernd so viel Konzentration oder Intensität wie die meisten seiner Kollegen. Jedoch handelt es sich bei diesen Weinen nicht um Max Auberts Spitzencuvées, sondern um seine traditionellen Verschnitte. Der *1999er Châteauneuf-du-Pape Domaine de la Présidente* offenbart eine dunkelrubinrote Farbe, die zu würziger, kräuterüberhauchter, pfeffriger Frucht in Duft und Geschmack führt, sowie einen mittleren Körper und weichen Abgang. Er sollte sich 4–5 Jahre gut trinken lassen. Der *1998er Châteauneuf-du-Pape Domaine de la Présidente* ist ein solider, kompetent bereiteter und mit einer mittelgranatroten Farbe ausgestatteter Wein, der einen etwas weichen Unterleib und in seinen Duft- und Geschmackskomponenten viel Gewürz und Kräuter bietet. Allerdings legt er nur wenig Tiefe oder Textur an den Tag. Man sollte ihn in den nächsten 3–4 Jahren trinken.

PAUL AUTARD

2000	Châteauneuf-du-Pape	C	(88–89)
1999	Châteauneuf-du-Pape	C	87
1998	Châteauneuf-du-Pape	C	89
1997	Châteauneuf-du-Pape	D	85
2000	Châteauneuf-du-Pape Cuvée La Côte Ronde	D	(91–93)
1999	Châteauneuf-du-Pape Cuvée La Côte Ronde	D	90
1998	Châteauneuf-du-Pape Cuvée La Côte Ronde	D	92
1997	Châteauneuf-du-Pape Cuvée La Côte Ronde	D	87

Das ausgezeichnete Weingut, das nicht weit von Château Beaucastel entfernt im nördlichen Teil der Appellation liegt, produziert zwei verschiedene Cuvées von Châteauneuf-du-Pape. Die einfache Cuvée ist ein eher weicher, fruchtiger Wein zum frühen Trinkgenuss. Die Cuvée La Côte Ronde, aus einer etwa 2 Hektar großen Parzelle und aus Trauben von 70- bis 90-jährigen Rebstöcken bereitet, wird einer längeren Gärmaischung unterzogen, dann erfolgt ein 18-monatiger Ausbau. Dabei wird 50% der Produktion 12 Monate lang in neuen Eichenfässern ausgebaut, dann erfolgt die *assemblage.* Autard hat in den letzten Jahren stets sehr gute Weine produziert, die besten im Jahre 1998, gefolgt von den erstklassigen Jahrgängen 1999 und 2000.

Körperreich und in Duft und Geschmack mit Glyzerin, süßer Brombeer- und Kirschfrucht, getrockneten Kräutern, Fleisch und würzigen Noten ausgestattet, ist dieser dunkelrubinrote *2000er Châteauneuf-du-Pape* ein saftig texturierter, ausgezeichneter Wein. Er sollte sich 8–12 Jahre schön trinken lassen. In dem undurchdringlich rubin-purpurroten *2000er Châteauneuf-du-Pape Cuvée La Côte Ronde* überlagern die Tannine riesige Mengen von Glyzerin und in Lakritze getränkte Schwarzkirsch- und Cassisfrucht. Der Wein offenbart cremige Textur und einen langen, 30 Sekunden andauernden Abgang. Dieser ernst zu nehmende, konzentrierte und muskulöse Châteauneuf-du-Pape benötigt 2–3 Jahre Kellereife und sollte dann 15–18 Jahre halten.

Der *1999er Châteauneuf-du-Pape* ist ein in seiner Würzigkeit (Nelkenpfeffer, Zimt) untypischer, pfeffriger und erdiger Wein, der reichliche Mengen von schwarzen Kirschen an den Tag legt. Von mittlerem Körper, weicher und runder Art, ist dies ein leicht zu trinkender Châteauneuf, den man in den nächsten 7–8 Jahren konsumieren sollte. Der *1999er Châteauneuf-du-Pape Cuvée La Côte Ronde* offenbart in Duft und Geschmack Aromen von geräucherten Kräutern der Provence, Schwarzkirsch- und Beerenfrucht. Sein üppiger, komplexer Stil gibt eine ölige Textur und Noten von Hackfleisch zu erkennen. Ausgestattet mit hervorragender Konzentration und Reintönigkeit sowie unmittelbar ansprechender Art, sollte er in den nächsten 12–14 Jahren getrunken werden.

Einige Leser werden beide 1998er hervorragend bewerten und ich kann durchaus verstehen warum. Der *1998er Châteauneuf-du-Pape* bietet ein unglaubliches Bukett von Aromen aus der Gewürzkiste, Kirschmarmelade, Pfeffer und ausgesuchten Beeren. Von mittlerem bis vollem Körper, ist er ausgestattet mit einer Menge Glyzerin, gemäßigten süßen Tanninen, fetter Art am mittleren Gaumen sowie einem dichten, dicken und kraftvollen Abgang. Bereits jetzt zugänglich, verspricht er weitere 10–15 Jahre zu halten. Der sensationelle, undurchdringlich pflaumendunkle-granatrote *1998er Châteauneuf-du-Pape Cuvée La Côte Ronde* zeigt ein expansives Aromaprofil von Tabak, Holzkohle, Rauch, Kirschgeist und Brombeeren. Dieser körperreiche, groß angelegte Châteauneuf besitzt süßes Tannin, niedrige Säure und ganze Bootladungen an Glyzerin. Voraussichtliche Genussreife: jetzt–2016.

Der *1997er Châteauneuf-du-Pape* wartet mit einer entwickelten mittleren Pflaumenfarbe auf, einem süßen, würzigen, nach Kirschen duftenden Bukett, schmackhafter guter Frucht, mittlerem Körper und einem angenehmen, reintönigen, eleganten und würzigen Abgang. Er eignet sich zum idealen Trinkgenuss in den nächsten Jahren. Der *1997er Châteauneuf-du-Pape Cuvée La Côte Ronde* offenbart in seinem Bukett Düfte nach Kirschgeist, Zedernholz und Gewürzen. In seinen Geschmackskomponenten mischt sich süße Schwarzkirschfrucht mit Kaffee und englischem Kuchen. Von mittlerem bis vollem Körper, mag sich dieser saftige, reintönige und expansive Wein als genauso gut herausstellen wie der 1996er – vielleicht sogar als besser. Trinken Sie ihn in den nächsten 5–6+ Jahren.

RENÉ BALTHAZAR

2000	**Cornas**	**D**	**(88–90)**
1999	**Cornas**	**D**	**81**
1998	**Cornas**	**D**	**87**

Was für ein stilistischer Unterschied zwischen den 2000er- und 1999er-Weinen! Der *2000er Cornas* ist für diese Domaine, die in den letzten Jahren eine enttäuschende Quelle für Cornas-Weine war, ein gewaltiger Fortschritt. Ein beeindruckend dichtes, undurchdringliches Purpurrot geht einher mit einem klassischen Syrah-Aroma von neuem Sattelleder, dicklicher Brombeerfrucht, Lakritze und Mineralien. Er besitzt die für diesen Jahrgang charakteristischen Merkmale: niedrigen Säuregehalt und korpulenten, fetten Stil. Dennoch zeigt er mehr Geschmack und Länge am Gaumen als viele seiner Kollegen aus dem nördlichen Rhônetal. Voraussichtliche Genussreife: jetzt–2014. Dem scharfen, strengen und mageren *1999er Cornas* mangelt es zwar an Frucht, trotzdem ist er ein typischer Cornas, denn er besitzt viel Authentizität der Appellation. Der Wein wird ein Jahrzehnt halten, aber erwarten Sie keinen großen Trinkgenuss. Zusammen mit dem 2000er ist der *1998er Cornas* zweifellos der beste Wein, den ich von Balthazar verkostet habe. Das Rebgut stammt aus einem Weingarten in Hanglage und daraus ist ein schwarz-purpurroter Cornas mit niedriger Säure geworden, der in Duft und Geschmack prachtvolle, seidige Cassis- und rauchige Brombeerfrucht präsentiert, die im Hintergrund Noten von Unterholz erkennen lässt. Körperreich und konzentriert, ohne Plumpheit oder Härte, sollte sich dieser verschwenderische Cornas in den nächsten 10–12 Jahren schön trinken lassen.

GILLES BARGE

2000	**Côte Rôtie Côte Brune**	**D**	**(86–88)**
1999	**Côte Rôtie Côte Brune**	**D**	**89**
1998	**Côte Rôtie Côte Brune**	**D**	**87**
1997	**Côte Rôtie Côte Brune**	**D**	**87**
2000	**Côte Rôtie Cuvée du Plessy**	**D**	**(83–85)**
1999	**Côte Rôtie Cuvée du Plessy**	**D**	**85**
1998	**Côte Rôtie Cuvée du Plessy**	**D**	**87**
1997	**Côte Rôtie Cuvée du Plessy**	**D**	**85**

Gilles Barge, der Präsident des Côte Rôtie-Syndikats, bleibt ein zuverlässiger Bewahrer des traditionellen Weinstils dieser Appellation. Seine im traditionellen Stil bereiteten Weine von der Côte Rôtie sind zu bewundern. Als einer der wenigen Winzer vinifiziert er seine Weine weiterhin mit allen Traubenstielen. Allerdings scheint es mir, als ob er für seinen Côte Brune mehr Barriques einsetzt als für die leichtgewichtigere Cuvée du Plessy. Letztere (hauptsächlich aus Côte Blonde im Verschnitt mit etwas Viognier vinifiziert) ist fraglos eine eher elegante, aromatische Interpretation dieser Appellation. Barge nennt sie seine *cuvée de plaisir*. Nicht nur bevorzugen einige Kunden diesen Stil, es ist auch wichtig, dass die Winzer der Côte Rôtie ihrem Publikum verschiedene Geschmacksrichtungen anbieten.

Sein *2000er Côte Rôtie Côte Brune* offenbart in Duft und Geschmack rauchige Komponenten von Oliven und schwarzen Früchten, mittleren Körper, weiches Tannin, niedrige Säure und einen unmittelbar ansprechenden Stil. Trinken Sie ihn in den ersten 8–10 Jahren seines Lebens. Der weiche, fruchtige *2000er Côte Rôtie Cuvée du Plessy* legt einen nach Traubenstielen schmeckenden, grün-vegetabilen Charakter an den Tag.

Der gut bereitete *1999er Côte Rôtie Côte Brune* offenbart Anklänge an frisches Eichenholz sowie Aromen von Kräutern, Erde, Leder und abgehangenem Rindfleisch. Sein kräuterhafter Charakter lässt den Geschmack von Traubenstielen ahnen. Er zeigt ordentliche Säure, einen mittleren Körper, süßen Fruchtgeschmack auf der Zunge und einen mäßig langen Abgang. Gewähren Sie ihm 1–2 Jahre Kellerreife und trinken Sie ihn dann in den nächsten 10 Jahren. Der erdige, nach Traubenstielen schmeckende *1999er Côte Rôtie Cuvée du Plessy* legt in Duft und Geschmack Gewürze und Kräuter sowie etwas Cassis an den Tag. Trinken Sie ihn in den nächsten 2–4 Jahren.

Der *1998er Côte Rôtie Côte Brune* zeigt in Duft und Geschmack die nach Traubenstielen schmeckende, erdige Kräuterhaftigkeit, die das Resultat einer Gärung ist, bei der sämtliche Traubenstiele mitvergoren wurden. Hinzu kommt der hohe Säuregehalt dieses Jahrgangs, aber auch süße Brombeer- und Himbeerfrucht und Anklänge an eingelegte Oliven. Von mittlerem Körper und mit gemäßigten Tanninen, sollte er sich ein Jahrzehnt gut trinken lassen. Der *1998er Côte Rôtie Cuvée du Plessy* ist ein in einem gradlinigen Stil bereiteter weicher, fruchtiger Wein, in dem Anklänge an getrocknete Kräuter, schwarze Himbeeren und Kirschen zu finden sind. Von mittlerem Körper, mit schöner Süße auf der Zunge und einem weichen Abgang, sollte er sich in den nächsten 4–5 Jahren gut trinken lassen.

Der *1997er Côte Rôtie Côte Brune* bietet mehr Struktur und ein tieferes Rubinrot als die Spezialcuvée. Von mittlerem Körper und ausgestattet mit erdigen Duft- und Geschmackskomponenten von schwarzen Himbeeren, Lakritze und Trüffeln sowie mäßigem Tannin, sollte dieser sehr gute, möglicherweise ausgezeichnete Côte Rôtie vor 2008 am besten schmecken. Der mittelrubinrote (am Glasrand etwas granatrote) und in einem weichen, runden und parfümierten Stil bereitete *1997er Côte Rôtie Cuvée du Plessy* offenbart ein kräuterhaftes, pfefferiges Aromaprofil mit Noten von Fett. Dieser entwickelte, offen gewirkte, weiche Côte Rôtie sollte in seinen ersten 5–6 Lebensjahren getrunken werden.

LUCIEN BARROT

2000	**Châteauneuf-du-Pape**	**C**	**(87–88)**
1999	**Châteauneuf-du-Pape**	**C**	**87**
1998	**Châteauneuf-du-Pape**	**C**	**89**
1997	**Châteauneuf-du-Pape**	**C**	**(85–87)**

Kürzlich trank ich meine letzte Flasche von Barrots üppig-verschwenderischem 1981er Châteauneuf-du-Pape und dachte bei mir, wie bemerkenswert gleichmäßig seine Weine in der Vergangenheit waren – und doch bekommt er kaum die Lobeshymnen, die er verdient. Wenn Leser unglücklich über die stetig wachsenden Weinpreise sind, sollten sie sich diese Quelle für sehr guten Châteauneuf-du-Pape merken. Dennoch muss ich leider sagen, dass Barrots jüngste Jahrgänge nicht an seine Leistungen der Jahre zuvor heranreichen können.

Der überraschend entwickelte, pflaumendunkle-granatrote *2000er Châteauneuf-du-Pape* wartet auf mit einem ausgezeichneten süßen, nach dicklichen Kirschen und Pflaumen duftenden Bukett. Von mittlerem bis vollem Körper und offen gewirkt, von verbraucherfreundlicher, molliger Art, sollte er sich in den nächsten 6–8 Jahren gut trinken lassen.

Der *1999er Châteauneuf-du-Pape* offenbart eine entwickelte rubinrote Farbe mit reichlich Pink am Saum. Körperreich, pfeffrig und würzig, mischen sich im Duft- und Geschmacksprofil dieses Châteauneuf-du-Pape Noten von Kräutern der Provence (*garrigue*) und Kirschgeist. Trinken Sie ihn in den nächsten 5–6 Jahren, da er nicht die nötige Substanz für eine ausgedehnte Kellerlagerung besitzt.

Der komplexe, erdige nach Pflaumen, Kräutern, Kirschen und Johannisbeeren duftende *1998er Châteauneuf-du-Pape* ist kompletter, gehaltvoller und vielschichtiger. Er offenbart im Moment beträchtliche Struktur (er war gerade auf Flaschen abgezogen worden) und gemäßigte Tannine, ein würziges Bukett animalischer Gerüche und Geschmackskomponenten von schwarzen Kirschen, Kirschgeist und Weihrauch. Er hat das Potenzial, sich 5–6

Jahre zu entwickeln, und wird darauf 12–14 Jahre schönen Trinkgenuss gewähren. Der *1997er Châteauneuf-du-Pape* ist für den Jahrgang ein zweifellos erfolgreicher Wein. Er legt eine mitteldunkle rubinrote Farbe an den Tag und bietet in seinem Aromaprofil Düfte nach Jod, Lakritze, gerösteten Kräutern und schwarzen Kirschen, in die sich Kräuter der Provence mischen. Würzig, fett und saftig, ausgestattet mit niedriger Säure, einer gewissen *sur-maturité* und einem lustbetonen Abgang, zeigt dieser sanfte, seidig texturierte Châteauneuf-du-Pape, was die Winzer in diesem Jahrgang erreichen konnten, wenn sie ihre Weine nicht überextrahierten. Er sollte sich 3–4 Jahre lang schön trinken lassen.

DOMAINE DE LA BEARDIÈRE

1999	Côtes du Rhône	A	85
1998	Côtes du Rhône Cuvée de l'An 2000	A	89

Der *1999er Côtes du Rhône* (eine *assemblage* aus 60% Grenache und 40% Syrah) ist in einem weichen Stil bereitet. Von leichtem bis mittlerem Körper, offenbart der Wein in Duft und Geschmack reichliche Mengen an Gewürzen, Pfeffer und Beerenfrucht. Er ist ein schmackhafter, gut gemachter, angenehmer Côtes du Rhône, der sich in den nächsten 1–2 Jahren zum alltäglichen unkomplizierten Trinkgenuss eignet. Der *1998er Côtes du Rhône Cuvée de l'An 2000* ist ein wirklicher Prachtkerl. Die 400 Kisten, die es von diesem Wein gibt, sollten sich alle Leser sichern, die auf der Suche nach einer körperreichen Fruchtbombe aus Grenache und Syrah sind, die sich in einer überschwänglichen, konzentrierten Persönlichkeit ohne Ecken und Kanten präsentiert. Eine *assemblage* aus 70% Grenache und 30% Syrah, besitzt dieser Tropfen große Mengen von Fett, in seinem kernigen Geschmacksprofil Schwarzkirsch- und Beerenfrucht, dazu eine opulente Textur, einen zu Kopf steigenden natürlichen Alkoholgehalt von 14,5% und einen sinnlichen Abgang. Dies ist ein ausdrucksvoller, herzhafter, hedonistischer Côtes du Rhône, den man in den nächsten 2–3 Jahren trinken sollte.

CHÂTEAU DE BEAUCASTEL

2000	Châteauneuf-du-Pape	D	(92–94)
1999	Châteauneuf-du-Pape	D	91+
1998	Châteauneuf-du-Pape	D	95
1997	Châteauneuf-du-Pape	D	(89–91)
2000	Châteauneuf-du-Pape Blanc	D	94
1999	Châteauneuf-du-Pape Blanc	D	95
1998	Châteauneuf-du-Pape Blanc	D	89
1997	Châteauneuf-du-Pape Blanc	D	93
1996	Châteauneuf-du-Pape Blanc	D	89
2000	Châteauneuf-du-Pape Hommage à Jacques Perrin	EEE	(96–100)
1999	Châteauneuf-du-Pape Hommage à Jacques Perrin	EEE	96+
1998	Châteauneuf-du-Pape Hommage à Jacques Perrin	EEE	100
1997	Châteauneuf-du-Pape Roussanne Vieilles Vignes	EE	95
1996	Châteauneuf-du-Pape Roussanne Vieilles Vignes	EE	92
1995	Châteauneuf-du-Pape Roussanne Vieilles Vignes	EE	96
2000	Châteauneuf-du-Pape Roussanne Vieilles Vignes Blanc	EE	96
1999	Châteauneuf-du-Pape Roussanne Vieilles Vignes Blanc	EE	97
1998	Châteauneuf-du-Pape Roussanne Vieilles Vignes Blanc	EE	92
2000	Côtes du Rhône Coudoulet	C	(90–92)
1999	Côtes du Rhône Coudoulet	C	90
1998	Côtes du Rhône Coudoulet	C	90
2000	Côtes du Rhône Coudoulet Blanc	C	88
1999	Côtes du Rhône Coudoulet Blanc	C	87

1998	**Côtes du Rhône Coudoulet Blanc**	**C**	**88**
1998	**Côtes du Rhône Perrin Réserve Blanc**	**B**	**86**

François und Jean-Pierre Perrin produzieren weiterhin weiße und rote Referenzweine, die aus den Weingärten von Château de Beaucastel im Nordosten der Appellation Châteauneuf-du-Pape kommen. Nach seinen spektakulären Erfolgen im Jahr 1998 hat nun Château de Beaucastel sowohl 1999 als auch 2000 fabelhafte Weine hergestellt. Die 1999er offenbaren frischere Säure und klarer gezeichnete Art. Sie werden sich zweifellos wie die meisten jungen Weine von Beaucastel nach ihrer Flaschenabfüllung verschließen. Ausnahmen dürften die 2000er sein, die den niedrigsten Säuregehalt aufweisen und die reifsten, fleischigsten und zugänglichsten Persönlichkeiten sind, die seit vielen Jahren in Beaucastel produziert wurden.

Eine nicht ganz so teure Einführung in die Weine dieser Domaine ist ihr superber Côtes du Rhône. Der *2000er Côtes du Rhône Coudoulet* ist ein üppiger, reichfruchtiger Wein mit beträchtlichem Fett und beachtlicher Textur. Er gibt eine dichte, purpurrote Farbe zu erkennen, unglaubliche Aromen von Lakritze und Cassis, einen vollen Körper sowie niedrige Säure. Dieser Tropfen wird zweifellos früher als üblich abgefüllt werden, um seine Frucht und Frische zu bewahren. Obwohl er nicht allzu langlebig sein dürfte, wird er ein Jahrzehnt köstlichen Trinkgenuss gewähren. Eine köstliche *assemblage* aus 30% Viognier, 30% Marsanne, 30% Bourboulenc und 10% Clairette, die nie mit Eichenholz in Berührung kam, ist der *2000er Côtes du Rhône Coudoulet Blanc*. Er bietet exotische, florale Düfte nach reifen Aprikosen, dazu Fett, niedrige Säure, Geschmackstiefe, gute Frische und überquellende Frucht. Da er in dem kraftvollen, säurearmen Stil der 2000er Weißweine gekeltert wurde, sollte man ihn in den nächsten 2–3 Jahren trinken. Der außergewöhnliche, leicht goldfarbene *2000er Châteauneuf-du-Pape Blanc* wurde aufgrund seines extrem niedrigen Säuregehalts keiner malolaktischen Gärung unterzogen (seit 1995 war dies das erste Mal). Er offenbart ein Bukett von zerdrückten Johannisbeeren, Quitte, Geißblatt, Zitrusfrüchten und Butter. Entwickelt und gehaltvoll, mit vollem Körper und sensationeller Textur, wurde diese *assemblage* aus 80% Roussanne und 20% Grenache Blanc zu 80% in Bottichen (*cuves*) und zu 20% in Eichenholzfässern vergoren. Man sollte sie wegen der fragilen Säurebalance in ihren ersten 5–6 Lebensjahren trinken. Das Gleiche lässt sich vom *2000er Châteauneuf-du-Pape Roussanne Vieilles Vignes Blanc* sagen. Dieser Kraftprotz ist der Inbegriff eines Roussanne-Weins und zeigt sich überaus körperreich, extrem konzentriert und ölig texturiert. Das ist der Montrachet des südlichen Rhônetals. Seine honigfeine, florale, marmeladige und buttrige Persönlichkeit ist etwas fragil, so dass Sie ihn in den nächsten 5–6 Jahren austrinken sollten.

Superreife Brombeer- und Cassisfrucht dominieren das Aromaprofil des *2000er Châteauneuf-du-Pape*. Der mit niedriger Säure ausgestattete, zugängliche Beaucastel erinnert an die Versionen von 1985, wenngleich diese Weine damals in Duft und Geschmack noch vollmundiger waren und noch mehr Rindfleischnuancen zu bieten hatten als der *2000er*. Nach Meinung von François Perrin wird dieser Weine nun früher als üblich in Flaschen abgefüllt werden. Diese klassische tiefrubin-purpurrote *assemblage* von 30% Grenache, 30% Mourvèdre, 10% Syrah und 10% Counoise und verschiedenen anderen Rebsorten besitzt ein süßes Bukett, das von schwarzen Früchten und Ladungen von Glyzerin dominiert wird, dazu einen vollen Körper und superbe Reintönigkeit. Er wird untypischerweise bereits in seiner Jugend köstlich schmecken, aber auch 15–20 Jahre halten. Der spektakuläre *2000er Châteauneuf-du-Pape Hommage à Jacques Perrin* wurde nach dem gleichen Mischrezept gekeltert wie der 1999er, ist aber wahrscheinlich opulenter als dieser. Ausgestattet mit einem geradezu unwirklichen Glyzeringehalt, offenbart sein verblüffendes Bukett Düfte nach schwarzen Früchten, neuem Sattelleder, Lakritze, Unterholz, Trüffeln, gerösteten Kräutern und Fleisch. Den Gaumen durchtränkt er mit süßer Frucht, Glyzerin – und Freude. Er ist ein Kandidat für eine perfekte Bewertung und sollte bei seiner Freigabe bereits zugänglich sein, aber auch 20–25 Jahre halten. Voraussichtliche Genussreife: 2004–2025. Der 1999er und der 2000er repräsentieren den Inbegriff sowohl eines Châteauneuf-du-Pape als auch eines Beaucastels.

Der *1999er Côtes du Rhône Coudoulet Blanc* (eine *assemblage* aus 30% Viognier, 30% Marsanne, 30% Bourboulenc und 10% Clairette) ist ein eleganter Wein von mittlerem Körper mit spritzigen Noten von Zitrusfrüchten, Orangenschalen und weißen Pfirsichen. Dieser Weißwein wird wegen seiner frischen Säure 4–5+ Jahre halten. Diejenigen Leser, die auf der Suche nach weißen Beaucastels mit einer langen Lebensdauer sind, sollten sich den *1999er Châteauneuf-du-Pape Blanc* sichern. Er offenbart ein sensationelles Bukett, aber sein Säureprofil verleiht ihm klarer umrissene Art sowie ein größeres Alterungspotenzial. Vollmundig, konzentriert und vielschichtig, wird er sich 10–15 Jahre schön trinken lassen. Ein einzigartiger Wein von großer Konzentration ist der *1999er Châteauneuf-du-Pape Roussanne Vieilles Vignes Blanc*, der in Duft und Geschmack Geißblatt, Marmelade, Rosenblätter und Akazienblüten offenbart. Hinzu kommen ein immenser Körper und hoher Glyzerin- und Säuregehalt. Er kann schon jetzt getrunken werden, aber ebenso 12–15 Jahre halten. In Bezug auf Alterungsfähigkeit führen diese Weine alle ihr Eigenleben. Sie bieten nach ihrer Flaschenabfüllung einige Jahre prächtigen Trinkgenuss, dann verschließen sie sich und nehmen einen oxidierten Fino-Sherry-Stil an, um im Alter von 8–10 Jahren mit einer frischen, vibrierenden und sogar noch komplexeren Persönlichkeit hervorzutreten.

Der leicht scharfe *1999er Côtes du Rhône Coudoulet* bietet Aromen von mit Lakritze durchtränkter Brombeer- und Cassisfrucht, einen mittleren bis vollen Körper und deutlich mehr Mourvèdre (Noten von Leder, Baumrinde und Gewürzen). Der geschmeidige 1999er ist ein Kandidat für 10–15 Jahre Kellerreife. Wie bei den meisten Coudoulet-Jahrgängen kann man in seinem Mischsatz 30% Mourvèdre, 30% Grenache, 20% Syrah und 20% Cinsault finden, die alle in alten Eichenfässern (*foudres*) ausgebaut wurden, bevor man sie unfiltriert abfüllte.

Der gewaltige *1999er Châteauneuf-du-Pape* prunkt mit einem Aroma von Brombeerfrucht, das sich mit Düften nach Cassis, Lakritze, gebratenem Fleisch, Leder und Trüffeln mischt. Während er weder das Fett noch die frühreife Art der 1998er und 2000er besitzt, zeigt er mehr Definition und Eleganz. Dieser körperreiche, konzentrierte, klassische Beaucastel ähnelt in seiner Struktur den 1995ern und 1990ern. Voraussichtliche Genussreife: 2007 bis 2025.

Der *1999er Châteauneuf-du-Pape Hommage à Jacques Perrin*, ein klassischer Verschnitt aus 60% Mourvèdre, 20% Grenache, 10% Syrah und 10% Counoise, besitzt ein dem 1998er vergleichbares Potenzial. Bevor der Wein unfiltriert in Flaschen abgefüllt wurde, erfolgte ein Ausbau in *foudres*. Er repräsentiert damit die Quintessenz des eigenwilligen, untypischen, von Mourvèdre dominierten Stil eines Châteauneuf-du-Pape von Château de Beaucastel. Seine tintenschwarz-purpurrote Farbe geht einher mit einem fabelhaften, nach Lakritze, Rauch, Trüffeln, Tapenade, Brombeeren und Cassis duftenden Bukett. Äußerst körperreich und mit einer Überfülle an Extrakt, hohem Tanningehalt und einem strukturierten, langen Abgang (der fast eine Minute lang anhält), wird dieser üppige Wein 6–7 Jahre Flaschenreife benötigen. Er dürfte 25–35 Jahre halten. Angesichts seines Säuregehalts wird sich dieser Tropfen eher früher als später verschließen.

Der *1998er Côtes du Rhône Perrin Réserve Blanc* wird vom weißen Klon der Grenache-Traube dominiert, enthält aber auch 20% Viognier, der in seinem exotischen, nach Geißblatt und Aprikosen duftenden Bukett offenbar wird. Er ist ein stämmiger, kräftiger, trockener Weißwein, den man in den nächsten 1–2 Jahren genießen sollte. Der *1998er Côtes du Rhône Coudoulet Blanc* (30% Marsanne, 30% Bourboulenc, 30% Viognier und 10% Clairette) ist ein gehaltvoller, honigfeiner Wein mit Anklängen an weiße Früchte, ausgezeichneter Reintönigkeit, einem mittleren bis vollen Körper und einem fleischigen Abgang. Er sollte sich 3–4 Jahre schön trinken lassen, sich aber noch ein Jahrzehnt entwickeln. Es ist kein Geheimnis, dass es sich bei Beaucastels Châteauneufs-du-Pape um die besten trockenen Weißweine des südlichen Rhônetals handelt. Der *1998er Châteauneuf-du-Pape Blanc* (80% Roussanne, 15% Grenache und 5% Picardin) ist ein gehaltvoller, körperreicher, mächtiger Weißwein mit Noten von Geißblatt, Rosenblättern, Zimt und Orangen. Er zeigt sich zurückhaltend und benötigt mehrere Jahre Kellerreife. Diese Weine sind ungemein langlebig (ein 1980er, den ich jetzt im Juni auf Beaucastel verkostete, war bemerkenswert frisch und lebendig), seien Sie also nicht überrascht, wenn sich der 1998er langsam entwickelt und 2 Jahrzehnte halten wird. Der Montrachet des südlichen Rhônetals ist fraglos die aus Trauben von alten Rebstöcken gewonnene Roussanne-Cuvée von Perrin. Der *1998er Châteauneuf-du-Pape Roussanne Vieilles Vignes Blanc* mag ja nicht so auftrumpfend und konzentriert sein wie die 1997er, 1996er und 1995er, aber mit seinen Duft- und Geschmackskomponenten von Grapefruit, Orangenmarmelade, Honig und weißen Blumen ist er ein äußerst beeindruckender Wein. Körperreich, dicht und überaus konzentriert, ist dies ein überwältigend reintöniges Beispiel der Weinbereitung, das auf bewunderungswürdige Weise zeigt, was in ausgesuchten *terroirs* des südlichen Rhônetals erreicht werden kann. Er sollte 20 Jahre wunderschön altern.

Der offen gewirkte *1998er Côtes du Rhône Coudoulet* wird von der Wärme und dem Glyzerin der Grenache-Komponente dominiert. Seine dunkelrubin-purpurrote Farbe geht einher mit einem dicklichen, süßen Bukett von schwarzen Früchten, Pfeffer und Gewürzen. Im Mund wird der Geschmack von Kirschmarmelade spürbar und führt zu einem kernigen, langen Abgang. Der 1998er wird von 1–2 Jahren Kellerreife profitieren und dann 12–15 Jahre halten.

Etwas zugänglicher ist der spektakuläre *1998er Châteauneuf-du-Pape*. Der Wein enthält in seinem endgültigen Mischsatz einen größeren Anteil von Grenache (40%) sowie 20% Mourvèdre, 10% Syrah, 10% Counoise und noch weitere in diesem Anbaugebiet erlaubte Rebsorten. Er ist ein explosiv reichhaltiger, bemerkenswert einschmeichelnder Beaucastel, sogar nach der Flaschenabfüllung. Die meisten Weine von Beaucastel haben ja die Eigenschaft, sich völlig zu verschließen und sich erst nach 6–10 Jahren wieder zu öffnen. Der 1998er, der bereits im Sommer in Flaschen abgefüllt wurde, ist ein schwelgerischer Wein, was zweifellos auf einen höheren Anteil an Grenache als üblich zurückzuführen ist. Er prunkt mit explosiver Reichhaltigkeit und dem Duft und Geschmack von dicken, saftigen Brombeeren, Kirschgeist, Rauch, Lakritze, gebratenem Fleisch und Trüffeln. Dies ist ein fetter, körperreicher und intensiver Wein, der den Eindruck eines niedrigen Säuregehalts vermittelt (analytisch ist er genauso hoch wie 1999). Es wird schwer sein, die Finger von diesem Wein zu lassen, obwohl er sich noch 25–30 Jahre entwickeln wird. Wird er möglicherweise dem 1981er ähnlicher sein als dem 1989er?

Der *1998er Châteauneuf-du-Pape Hommage à Jacques Perrin* enthält in seinem Mischsatz einen untypisch hohen Anteil an Grenache (60%), dazu kommen 20% Mourvèdre, 10% Syrah und 10% Counoise. Dies ist der sinnlichste, am üppigsten texturierte Beaucastel, den ich jemals verkostet habe. Anders als die früheren Beispiele eines Jacques Perrin, die alle ein Jahrzehnt Kellerreife benötigten, kann der 1998er bereits in 2–3 Jahren getrunken werden. Er wartet auf mit einem hohen Glyzerinspiegel, vielschichtigen Aromen von saftigen schwarzen Kirschen und Beerenfrucht, prächtiger Reintönigkeit und dem Inbegriff der für einen Châteauneuf-du-Pape so typischen Geschmackskomponenten von Kräutern, Sattelleder, Kaffee, Trüffeln und schwarzer Kirschmarmelade. Dieser massive Wein wird in einigen Jahren ehrfurchtgebietenden Trinkgenuss verheißen und 25–30 Jahre halten.

François Perrin erzählte, dass 1997 für die nördlichen Anbaugebiete von Châteauneuf-du-Pape ein schwieriges Jahr gewesen sei. Nach den Frostschäden im Frühjahr gab es ein großes Hagelunwetter, was die Erträge ganz erheblich reduzierte. Der August war außerordentlich verregnet und die früh reifenden Rebsorten (Syrah und Cinsault) wurden von *pourriture* (Fäule) befallen. Auf Beaucastel beendete man die Lese der Rotweinsorten am 15. Oktober, und trotz der Enttäuschung über die Situation bei Syrah und Grenache war man doch zufrieden mit den alten Rebbeständen der später reifenden Grenache, Mourvèdre und Counoise.

Der *1997er Châteauneuf-du-Pape Blanc* ist eine *assemblage* aus 80% Roussanne, 15% Grenache Blanc und 5% verschiedenen anderen weißen Rebsorten. 1997 war ein guter Jahrgang für Châteauneuf-du-Pape Blanc und so offenbart dieser Wein die für diesen Jahrgang so typische herzhafte, frische, saftige und körperreiche Frucht. Der 1997er bietet in seinem floralen (Rosen) Bukett reichliche Düfte von honigfeinen Zitrusfrüchten, eine ölige Textur, gutes Glyzerin und zu Kopf steigenden Alkohol in seinem langen, üppigen Abgang. Dieser beeindruckend ausgestattete Châteauneuf ist zum Trinkgenuss in diesem Jahrzehnt und darüber hinaus ideal geeignet. Den *1997er Châteauneuf-du-Pape Roussanne Vieilles Vignes* (100% Roussanne von 50jährigen Rebstöcken) kann man ruhig als den Montrachet oder Chevalier-Montrachet von Châteauneuf-du-Pape bezeichnen. Diese Cuvée war in der Vergangenheit bemerkenswert und ist 1997 spektakulär. Der Wein zeigt mehr Definition als die einfache Flaschenabfüllung, darüber hinaus großartige Konzentration, viskose Textur, honigfeinen floralen und zitrusähnlichen Geschmack, vollen Körper und einen Abgang, der 40–50 Sekunden lang anhält. Er ist der Inbegriff eines Roussanne und ein großartiges Beispiel dafür, welche Höhen diese wenig geschätzte Traubensorte erreichen kann. Der 1997er sollte sich 2 Jahrzehnte und länger schön trinken lassen. Es gibt 1997 deutlich weniger Wein, was sehr bedauerlich ist, denn das Jahr brachte einen entgegenkommenden Weinstil für das Gut, das ja dazu neigt, klassische *vins de garde* zu produzieren, die meist viele Jahre Flaschenreife benötigen. Die Erträge für den *1997er Châteauneuf-du-Pape* waren winzig und betrugen durchschnittlich 22 hl/ha. Der Wein gehört zu den verführerischsten und bereits in seiner Jugend am fortgeschrittensten entwickelten Beaucastel-Weinen, die ich seit 1985 verkostet habe. Im Mischsatz finden wir 35% Mourvèdre, 30% Grenache, 10% Counoise, 5% Syrah, 5% Cinsault und weitere Rebsorten aus dem südlichen Rhônetal. Die tiefrubinrote Farbe führt zu einem entfalteten, attraktiven Bukett mit Düften nach schwarzen Himbeeren, Kirschen und floralen, kräuterhaften Aromen. Dies ist ein fruchtbestimmter Wein, der weniger Struktur als üblich aufweist, während saftiges Cassis, Lakritze und Brombeeren ohne Ecken und Kanten den Gaumen überschwemmen. Bei mittlerem bis vollem Körper ist dies ein verführerischer, geschmeidig texturierter Beaucastel, der sich bereits in seiner Jugend schön trinken lässt und 15 Jahre und länger halten wird.

Die 1996er Cuvées von weißem Châteauneuf-du-Pape enthalten deutlich mehr Säure als die 1997er. Der *1996er Châteauneuf-du-Pape Blanc* (70% Roussanne, 20% Grenache Blanc und 10% andere Rebsorten) bietet ein zitrusduftiges, würziges Bukett, mittleren Körper, pikante Säure (ein Kennzeichen dieses Jahrgangs), gutes Gewicht und Reichhaltigkeit. Er hat bereits begonnen, sich zu verschließen und benötigt 2–3 Jahre Kellerreife. Er sollte 15 Jahre und länger halten. Der *1996er Châteauneuf-du-Pape Roussanne Vieilles Vignes* war äußerst verschlossen, zeigte aber Ladungen an Extrakt, einschmeichelnde Düfte nach Mineralien, Minze, Honig, Akazienblüten und Gewürzen. Von mittlerem bis vollem Körper, lang und mächtig, werden alle Eigenschaften von würziger Säure gestützt. Dies ist ein äußerst verhalten entwickelter Wein, besonders wenn man ihn zusammen mit dem schwelgerischen, auftrumpfenden 1997er verkostet. Geben Sie diesem Wein 2 Jahrzehnte für seine Entwicklung.

Der *1995er Châteauneuf-du-Pape Roussanne Vieilles Vignes* ist ein außergewöhnlich gehaltvoller Wein, mit einem tiefgründigen Bukett und überreichlichen, profunden Aromen von Rosenblättern, Honig und Rauch, einer öligen Textur und unglaublicher Dichte. Dieser körperreiche Muskelprotz ist ein multidimensionaler, prachtvoller Tropfen. Die Meinungen über seine Alterungsfähigkeit sind geteilt, aber der 1986er als Debüt-Jahrgang dieses Weins ist immer noch relativ jung und sogar die Vertreter der leichtgewichtigeren Jahre erweisen sich noch immer als überwältigende Tropfen; sie sind sogar besser, als viele Menschen (mich eingeschlossen) ursprünglich dachten. Diese Cuvée jedoch entwickelt sich viel schneller als üblich, also trinken Sie sie bis 2005.

Bisherige große Jahrgänge: Beaucastel (rot) 1990er (95), 1989er (97), 1988er (90), 1985er (92), 1983er (91), 1979er (90), 1978er (91?), 1970er (91?); Hommage à Jacques Perrin 1990er (100), 1989er (100)

CHÂTEAU BEAUCHÊNE

1998	**Châteauneuf-du-Pape Vignobles de la Serrière**	**C**	**86**
1998	**Châteauneuf-du-Pape Vignobles de la Serrière Grande Réserve**	**D**	**88**

Der *1998er Châteauneuf-du-Pape Vignobles de la Serrière* bietet in seinem Bukett Düfte nach Tabak, Aromen aus der Gewürzkiste, Oliven und roten Früchten. Bei mittlerem Körper ist er ein mäßig dimensionierter Wein, der sich im Mund mit dezenter Säure, reichlichen Gewürzen und einem guten Abgang darstellt. Trinken Sie ihn in den nächsten 8–9 Jahren. Der *1998er Châteauneuf-du-Pape Vignobles de la Serrière Grande Réserve* ist ein gehaltvollerer, körperreicher Wein, der in Duft und Geschmack mit reichlichen Mengen von pfeffrigen Gewürzen, schwarzen Kirschen und Beerenfrucht ausgestattet ist. Er offenbart zudem eine dichtere Konstitution und mehr Tannin, Körper und Extrakt in seinem Abgang. Bereits jetzt trinkreif, verspricht er nach 2–3 Jahren Kellerreife sogar noch besser zu sein; er wird 12+ Jahre halten.

DOMAINE DE BEAURENARD

2000	**Châteauneuf-du-Pape**	**D**	**(90–91)**
1999	**Châteauneuf-du-Pape**	**D**	**89**
1998	**Châteauneuf-du-Pape**	**D**	**90**
1997	**Châteauneuf-du-Pape**	**D**	**85**
2000	**Châteauneuf-du-Pape Cuvée Boisrenard**	**E**	**(92–95)**
1999	**Châteauneuf-du-Pape Cuvée Boisrenard**	**E**	**90**
1998	**Châteauneuf-du-Pape Cuvée Boisrenard**	**E**	**94**
1997	**Châteauneuf-du-Pape Cuvée Boisrenard**	**E**	**87**

Dieses 30 Hektar große Weingut bleibt weiterhin an der Spitze der führenden Châteauneuf-du-Pape-Produzenten und bietet sowohl eine Cuvée classique als auch eine Luxuscuvée mit Eichenholznote an. Außerdem werden ein runder, generöser Côtes du Rhône sowie ein rustikaler Rasteau Côtes du Rhône-Villages produziert. Die Familie Coulon setzt ihre erfolgreiche Reihe von Jahrgängen mit den Spitzenerfolgen in den Jahren 2000, 1999 und 1998 fort.

Der sinnliche, körperreiche und geradezu wollüstige *2000er Châteauneuf-du-Pape* offenbart eine tiefrubin-purpurrote Farbe, die mit Geschmackskomponenten von dicklichen, fleischigen schwarzen Früchten, ganzen Wagenladungen von Glyzerin (keinerlei Anklänge an frisches Eichenholz machen sich bemerkbar) und einem verbraucherfreundlichen, substanziellen Gefühl am Gaumen einhergeht. Es ist schon jetzt schwierig, ihm zu widerstehen, man kann aber auch 12–14 Jahre auf den Trinkgenuss warten. Einer der erstaunlichsten Weine seines Jahrgangs ist der sattpurpurrote *2000er Châteauneuf-du-Pape Cuvée Boisrenard*, der Eleganz mit Kraft verbindet. Zwar ist in seinem Aromaprofil eine Spur von Eichenholz zu verspüren, doch wird es dennoch von Düften nach Cassis, Brombeeren und Lakritze dominiert. Außergewöhnlich reintönig und vielschichtig und mit superber Konzentration und einem 40 Sekunden andauernden Abgang ausgestattet, ist dieser erstklassige Wein ein Star des Jahrgangs. Voraussichtliche Genussreife: 2004–2020.

Der *1999er Châteauneuf-du-Pape* offenbart eine dunkelrubin-purpurrote Farbe, die mit einem süßen, nach zerdrückten Kirschen, Cassis, Lakritze und Gewürzen duftenden Bukett einhergeht. Mit niedrigem Säuregehalt, von gehaltvoller und opulenter Art und schön texturiert, wird dieser Wein in den nächsten 10 Jahren prächtigen Trinkgenuss gewähren. Der sattrubin-purpurrote *1999er Châteauneuf-du-Pape Cuvée Boisrenard* bietet ein erstklassiges Bukett mit Düften von schwarzen Früchten, vermischt mit Zedernholz- und Vanillearomen (ein Teil dieser Cuvée verbrachte einige Zeit in neuen Eichenholzfässern), das zu kraftvollen, körperreichen und bewundernswert reintönigen Geschmackskomponenten überleitet.

Als Châteauneuf im modernen Stil verbindet er seine provenzalische Seele mit einem entwickelten, früh trinkbaren, progressiven Stil. Er benötigt 2–3 Jahre Kellerreife und sollte sich dann 15–16 Jahre schön trinken lassen. Beaurenards hervorragender dunkelrubin-purpurroter *1998er Châteauneuf-du-Pape* legt ein lebendiges, nach Brombeeren, Cassis, Aromen aus der Gewürzkiste und Trüffeln duftendes Bukett an den Tag. Körperreich und mit superber Textur, nimmt er sich am mittleren Gaumen dicht aus. Im langen Abgang machen sich Tannine bemerkbar, die jedoch süß und gut integriert sind. Voraussichtliche Genussreife: jetzt bis 2014. Der *1998er Châteauneuf-du-Pape Cuvée Boisrenard* ist der beste Wein, den die Familie Coulon seit 1990 hergestellt hat – und er kann durchaus mit dem 1990er in Wettbewerb treten. Dieses grandiose, aus 65–90-jährigen Rebstöcken gewonnene Meisterwerk, eine *assemblage* aus 85% Grenache, 10% Mourvèdre und 5% anderen Rebsorten, ist nur begrenzt zu erhalten (1500 Kisten). Der tiefrubin-purpurrote *1998er Châteauneuf-du-Pape Cuvée Boisrenard* wartet mit einem exquisit reintönigen Bukett von Düften nach dicklichen Brombeeren und Cassis, gerösteten Kräutern und Vanille auf. In einem quasi-modernen Stil bereitet, aber mit der Wucht und Reichhaltigkeit, die man von einem Spitzen-Châteauneuf-du-Pape erwartet, ist dies ein vielschichtiger, mit wundervoll integrierter Säure, Tanninen und einem Holzton ausgestatteter Wein (es wurden ungefähr 20% neue Eichenholzfässer verwendet). In diesem Tropfen offenbaren sich unglaubliche Reintönigkeit und Präsenz am Gaumen. Der Abgang hält 40+ Sekunden an. Voraussichtliche Genussreife: jetzt–2020. Bravo!

Der pflaumendunkle-granatrote *1997er Châteauneuf-du-Pape* ist ein entwickelter, reichfruchtiger Wein von mittlerem Körper, der in Duft und Geschmack getrocknete Kräuter, Pfeffer, Pflaumen, schwarze Kirschen und Beeren zu erkennen gibt. Dieser weiche, fruchtbetonte, charmante und köstliche Châteauneuf sollte in den nächsten 3–4 Jahren getrunken werden. Beim *1997er Châteauneuf-du-Pape Cuvée Boisrenard* (das Traubengut stammt von 70–90-jährigen Rebstöcken, der 12-monatige Ausbau erfolgte in kleinen Eichenfässern und *foudres*) handelt es sich um einen vollkommen anderen Burschen. Er legt eine dunkelrubin-purpurrote Farbe an den Tag sowie ein intensiv nach Brombeeren und Himbeeren duftendes Bukett mit Anklängen an toastwürziges Eichenholz. Dicht, gehaltvoll, von mittlerem bis vollem Körper und mit üppiger Textur, gutem Glyzerin- und Alkoholgehalt sowie einem zu Kopf steigenden Abgang, sollte sich dieser schwelgerische, schmackhafte und gehaltvolle Châteauneuf-du-Pape ein Jahrzehnt schön trinken lassen.

Bisheriger großer Jahrgang: Boisrenard 1990er (94)

DOMAINE DE LA BÉCASSONNE

2000	**Côtes du Rhône Cuvée Sommelongue**	**B**	**90**
1999	**Côtes du Rhône Cuvée Sommelongue**	**B**	**90**
1998	**Côtes du Rhône Cuvée Sommelongue**	**B**	**88**

André Brunel ist einer der gelehrtesten und vorausschauendsten Weinmacher in Châteauneuf-du-Pape, in seinem Besitz befindet sich auch Les Cailloux. Es ist erstaunlich, wie er die Qualitäts-Messlatte immer höher und höher legt. Die außergewöhnliche Cuvée Sommelongue, eine *assemblage* aus Grenache und Syrah, kommt mit keinerlei Eichenholz in Kontakt. Das Traubengut stammt von 35jährigen Rebstöcken mit beschränkter Ertragsmenge, die in einem Weingarten nahe der alten ehemaligen römischen Stadt Orange stehen. Der Wein bietet beständig ein erstklassiges Preis-Leistungsverhältnis.

Der *2000er Côtes du Rhône Cuvée Sommelongue* stellt sich als noch marmeladiger, dicker und sogar hedonistischer als Brunels 1999er dar. Eine *assemblage* aus 85% Grenache und 15% Syrah, von dichter und kerniger Art, körperreich und schwelgerisch, ist dies ein Côtes du Rhône wie aus dem Bilderbuch, den man in den nächsten 2–3 Jahren trinken sollte. Der *1999er Côtes du Rhône Cuvée Sommelongue* bietet in Duft und Geschmack prachtvoll süße schwarze Kirschfrucht, die sich mit *garrigue*, Pfeffer und Sandelholznoten vermischt.

Körperreich, üppig und samtig texturiert, mit einem molligen, fetten Abgang, sollte er sich 2–3 Jahre schön trinken lassen. Der köstliche *1998er Côtes du Rhône Cuvée Sommelongue* wäre eine hervorragende Wahl für die Bestellung eines offenen Weins im Restaurant. Er ist ein Côtes du Rhône wie aus dem Bilderbuch, offenbart eine mittelrubinrote Farbe und ein reifes, nach Kirschgeist duftendes und mit Pfeffer und Gewürzen vermischtes Bukett. Der samtig texturierte, köstlich fruchtige Wein von mittlerem Körper kann in den nächsten 2 Jahren getrunken werden.

ALBERT BELLE PÈRE ET FILS

1999	**Crozes-Hermitage Blanc**	**C**	**87**
1999	**Crozes-Hermitage Cuvée Louis Belle**	**D**	**91**
1997	**Crozes-Hermitage Cuvée Louis Belle**	**D**	**88**
1997	**Crozes-Hermitage Cuvée Louis Belle Blanc**	**D**	**83**
1999	**Crozes-Hermitage Les Pierrelles**	**D**	**90**
1996	**Hermitage Blanc**	**E**	**85**
1999	**Hermitage Les Murets**	**E**	**91+**

Meiner Meinung nach zeigen die Weine von Belle eine stetig ansteigende Qualität. Sie gewinnen mit jedem hochklassigen Jahrgang an Komplexität und Reichhaltigkeit. Angesichts ihrer Preise handelt es sich um Super-Schnäppchen!

Der *1999er Crozes-Hermitage Blanc* (eine *assemblage* aus 70% Marsanne und 30% Roussanne) bietet in seinem Bukett Düfte von Rosenblättern und Aromen aus der Gewürzkiste. Mit seiner reifen Frucht, ausgezeichneten Textur, einem üppigen, reichfruchtigen Charakter und genügend Säure für seine Definition, wird er in den nächsten 3–4 Jahren köstlichen Trinkgenuss gewähren.

Die 1999er Rotweine gehören zu den stärksten Angeboten der Domaine Albert Belle, die ich je verkostet habe. Der *1999er Crozes-Hermitage Les Pierrelles* (es kamen 10% neue Eichenholzfässer zum Einsatz) ist ein verschwenderischer, fleischiger, dicht rubin-purpurroter Wein, dessen Syrah-Frucht aus dem Glas geradezu hervorbricht. Von mittlerem Körper und ausgestattet mit Wagenladungen an Glyzerin, niedriger Säure, reichlicher Süße, aber auch voller Charakter, wird sich diese Fruchtbombe 8–10 Jahre schön trinken lassen. Der *1999er Crozes-Hermitage Cuvée Louis Belle*, ein Wein aus der Selektion alter Rebstöcke, wurde 12 Monate in zu 30% neuen Eichenholzfässern ausgebaut. Das ganze Traubengut stammt von der Hanglage Larnage. Es gibt nahezu 4000 Kisten dieses spektakulären Weins, der mehr mit Hermitage als mit Crozes-Hermitage zu tun hat. Eine sattrubin-purpurrote Farbe geht einher mit einem fabelhaften Aroma von Crème de Cassis, Lakritze, Mineralien und Gewürzen. Vielschichtig und körperreich, von superber Reintönigkeit und Harmonie, kann er schon jetzt getrunken oder 12–15 Jahre im Keller gelagert werden. Ein weiterer beeindruckender Wein ist der *1999er Hermitage Les Murets*, eine Hermitage-Lage, die eher für ihre Weißweine bekannt ist. Aber dieser ernst zu nehmende, hoch extrahierte, gehaltvolle und körperreiche rote Hermitage wurde in bis zu 50% neuen Eichenholzfässern ausgebaut. Noch verhaltener entwickelt als ihre billigeren Kollegen, offenbart die *1997er Crozes-Hermitage Cuvée Louis Belle* Noten von Mineralien, Blaubeeren, Brombeeren und Blumen in Duft und Geschmack. Dicht, körperreich und kernig, benötigt der Wein 4–5 Jahre Kellerreife. Dies ist Albert Belles profundester Hermitage, den er jemals produziert hat. Voraussichtliche Genussreife: 2007–2020.

Der *1997er Crozes-Hermitage Cuvée Louis Belle* wurde mit einem hohen Gehalt an Traubenzucker gelesen, der einen natürlichen Alkoholgehalt von nahezu 13% zur Folge hatte. Dieser weiche, sinnliche Crozes bietet in seinem Bukett viel Erdbeer- und dickliche Kirschfrucht, die sich mit Aromen von geräucherten Kräutern, Fleisch und Eichenholzwürze vermischen. Der Wein legt ausgezeichnete Reintönigkeit und Reife an den Tag, mittleren bis vollen Körper, eine geschmeidige Textur und einen kernigen Abgang. Er wird sich 5–7

Jahre schön trinken lassen. Der mineralische, zitrusduftige *1997er Crozes-Hermitage Cuvée Louis Belle Blanc* (80% Marsanne und 20% Roussanne) ist von leichtem bis mittlerem Körper, korrekt bereitet und ordentlich. Er sollte in den nächsten 2–3 Jahren getrunken werden.

Der *1996er Hermitage Blanc* hatte sich verschlossen, als ich ihn verkostete. Der Wein (70% Marsanne und 30% Roussanne) wurde zur Hälfte im Barrique und zur Hälfte im Edelstahltank ausgebaut, bevor man die *assemblage* vornahm. Von mittlerem Körper, ist er ein frischer, zitrusduftiger weißer Hermitage mit floralen Noten in seinem Bukett und spritziger, pikanter Säure. Er sollte sich 4–5 Jahre schön trinken lassen. Ich hätte mich allerdings über etwas mehr fleischige Art und Fruchtkonzentration gefreut.

GUY ET FRÉDÉRIC BERNARD-GAEC BERNARD

1998	**Côte Rôtie**	**E**	**87**

Die Rebflächen dieses Weinguts liegen im südlichen Teil der Côte Rôtie in direkter Nachbarschaft zu Condrieu. Es hat mit dem sehr guten, würzigen, dunkelrubinroten *1998er Côte Rôtie* einen Wein produziert, der in seinem ersten Lebensjahrzehnt idealen Trinkgenuss bereiten wird. Die Bernards haben die Tendenz, kräuterhafte, ja manchmal etwas krautige Weine herauszubringen. Jedoch ist es ihnen durch das Entrappen der Trauben gelungen, in dieser Cuvée den Eindruck von Unreife zu vermeiden. Im Geschmacksprofil dieses delikaten Weins lassen sich reichliche Mengen von Pfeffer, Brombeer- und Cassisfrucht ausmachen, dazu ein mittlerer Körper, gute Reintönigkeit und bewundernswerte Ausgewogenheit. Voraussichtliche Genussreife: jetzt–2008.

DOMAINE BERTHET-RAYNE

1999	**Châteauneuf-du-Pape**	**C**	**(88–90)**
1998	**Châteauneuf-du-Pape**	**C**	**89**

Der *1999er Châteauneuf-du-Pape* offenbart ein hervorragendes Potenzial und ist eine der stärksten Leistungen unter den Angeboten dieses Weinguts. In einem beeindruckenden quasi-modernen Stil bereitet, legt der Wein eine tiefrubin-purpurrote Farbe an den Tag, verweist auf offensichtlichen Ausbau im Barrique, einen vollen Körper und gehaltvolle, konzentrierte Noten von schwarzen Kirschen und Cassis in Duft und Geschmack. Dies ist kein quietschsauberer, harmloser Wein, vielmehr bietet er Substanz, Reichhaltigkeit und gute Ausgewogenheit zwischen Eichenholz, Frucht und Struktur. Voraussichtliche Genussreife: jetzt–2015. *Der 1998er Châteauneuf-du-Pape* gibt eine weniger satte rubin-purpurrote Farbe zu erkennen. Dazu offenbart er ein süßes, wohlriechendes Bukett mit Düften nach in Rauch und Kräuter eingelegten schwarzen Kirschen. Am Gaumen ist ein Beigeschmack von Eichenholzwürze spürbar. Der Wein kann schon jetzt getrunken werden, aber weitere 10–12 Jahre schön altern.

DOMAINE BOIS DE BOURSAN

2000	**Châteauneuf-du-Pape**	**D**	**(89–90)**
1999	**Châteauneuf-du-Pape**	**D**	**89**
1998	**Châteauneuf-du-Pape**	**D**	**90**
1997	**Châteauneuf-du-Pape**	**D**	**(87–89)**
2000	**Châteauneuf-du-Pape Cuvée des Felix**	**E**	**(92–95)**
1999	**Châteauneuf-du-Pape Cuvée des Felix**	**E**	**94**
1998	**Châteauneuf-du-Pape Cuvée des Felix**	**E**	**97**
1997	**Châteauneuf-du-Pape Cuvée des Felix**	**D**	**88**

Unter der Leitung von Jean und Jean-Paul Versino entwickelte sich die Domaine Bois de Boursan zu einem Spitzengut in Châteauneuf-du-Pape. Dies ist eines der wenigen Weingüter, wo der aus der Flasche verkostete Châteauneuf-du-Pape besser schmeckt als aus dem Fass (*foudre*).

Es ist keine Überraschung, dass die 2000er von Bois de Boursan die Reife und dickliche rote und schwarze Frucht aufweisen, die in diesem Spitzenjahrgang erreicht werden konnten. Der dicht rubin-purpurrote *2000er Châteauneuf-du-Pape* bietet ein großes, süßes Bukett mit Crème de Cassis-Düften, fleischige, verführerische Geschmackskomponenten, eine ölige Textur und einen reifen, langen, konzentrierten Abgang, der von schwarzen Früchten dominiert wird. Er sollte aufgrund seines niedrigen Säuregehalts früh trinkreif sein. Voraussichtliche Genussreife: jetzt–2014. Wenn sich der körperreiche *2000er Châteauneuf-du-Pape Cuvée des Felix* in der Flasche wie sein Pendant von 1998er entwickelt, wird er sich als gewaltig herausstellen. Eine dichte, sattpurpurrote Farbe geht einher mit einem nach Brombeerlikör, Lakritze, getrockneten Kräutern und neuem Sattelleder duftenden Bukett. Dieser Wein ist der Inbegriff eines Châteauneuf-du-Pape, in dem beträchtliches Tannin und Struktur unter einem Reichtum an Frucht, Glyzerin und Extrakt begraben sind. Etwas zugänglicher als es der 1998er in diesem Stadium war, ist dies ein formidabler Wein, der in den kommenden 2 Jahrzehnten verführerischen Trinkgenuss bieten wird.

Der sattdunkelrubinrote *1999er Châteauneuf-du-Pape* wartet auf mit einem großen, nach Erde, frisch gemahlenem Pfeffer, *garrigue* und schwarzen Früchten duftenden provenzalischen Bukett. Pikant und würzig, mit gehaltvollen, weichen und körperreichen Geschmackskomponenten, eignet er sich zum idealen Trinkgenuss in den nächsten 10–12 Jahren. Der superbe *1999er Châteauneuf-du-Pape Cuvée des Felix* ist ein profundes Beispiel für diesen Jahrgang. Eine undurchdringliche purpurrote Farbe geht einher mit einem intensiven Aromaprofil von salziger Seeluft, in die sich Geschmackskomponenten von *garrigue*, Brombeeren und Kirschmarmelade, getrockneten Kräutern und asiatischen Gewürzen mischen. Dies ist ein außergewöhnlich wuchtiger, aber auch superkonzentrierter Wein, der große Reintönigkeit und eine allumfassende Symmetrie besitzt. Gönnen Sie ihm weitere 2–3 Jahre im Keller und genießen Sie ihn dann in den kommenden 16–18 Jahren.

Beide 1998er sind hervorragend, wobei die Cuvée des Felix einem die Sinne verwirren kann. Der *1998er Châteauneuf-du-Pape* ist ein opulenter, sinnlicher Wein mit seidigen Tanninen, einer tiefpflaumenhaften-purpurroten Farbe und Noten von Kirschlikör, vermischt mit Rauch, Erde und Kräutern. Das Tannin wird nahezu von dem hohen Gehalt an Frucht, Glyzerin und Extrakt überlagert. Reif, zu Kopf steigend und in einem hedonistischen Stil bereitet, wird er sich in den nächsten 10–12 Jahren schön trinken lassen. Der *1998er Châteauneuf-du-Pape Cuvée des Felix* ist eine erstaunliche Kreation, die alle Sinne auf Hochtouren bringt. Er stellt eine beeindruckend satte rubin-purpurrote Farbe zur Schau. Sein Bukett bietet schwelgerische Düfte nach Eichenholzwürze, versengter Erde, Brombeeren und Kirschlikör. Extrem dicht und ölig texturiert, mit massiver Reichhaltigkeit, einem vollen Körper und einer multidimensionalen Persönlichkeit, ist dieser exquisite Châteauneuf-du-Pape hervorragend ausgewogen, sehr reintönig und legt einen 45 Sekunden andauernden Abgang an den Tag. Ich würde mit denjenigen Lesern, die ihn schon jetzt trinken möchten, nicht streiten; trotzdem wird er nach weiteren 1–2 Jahren Kellerreife noch besser sein und sich 12–20 Jahre gut entwickeln.

Der *1997er Châteauneuf-du-Pape* offenbart eine dichte rubin-purpurrote Farbe sowie ein überwältigendes Aroma von überreifer Brombeerfrucht, in das sich Düfte nach Cassis, Kirschen und Anklänge an Eichenholzwürze mischen. Von mittlerem bis vollem Körper, zeigt dieser Spitzen-Châteauneuf-du-Pape am Gaumen unglaubliche Fruchtintensität und einen vielschichtigen, reintönigen und konzentrierten Abgang. Er dürfte einer der konzentriertesten und köstlichsten Weine seines Jahrgangs werden. Voraussichtliche Genussreife: jetzt bis 2012. Der *1997er Châteauneuf-du-Pape Cuvée des Felix* legt einen eher internationalen Stil an den Tag, da er während der Vinifizierung mit frischem Eichenholz in Kontakt kam. Sein undurchdringliches sattes Purpurrot wird von dicken, saftigen und körperreichen Geschmackskomponenten von schwarzen Himbeeren und Brombeeren begleitet, die explosive Reichhaltigkeit und Tiefe erkennen lassen. Ganz untypisch für den 1997er Jahrgang, ist er beeindruckend ausgestattet und sollte 12 Jahre und länger schön altern.

DOMAINE DE BOIS DAUPHIN

1998	**Châteauneuf-du-Pape**	**C**	**86**
2000	**Châteauneuf-du-Pape Clos des Pontifes**	**E**	**(88–90)**
1999	**Châteauneuf-du-Pape Clos des Pontifes**	**E**	**87**
1998	**Châteauneuf-du-Pape Clos des Pontifes**	**E**	**89**

Der Eigentümer Jean Marchand bringt Châteauneufs hervor, die eindeutig in einem modernen Stil bereitet wurden. Sie offenbaren den Einfluss von Barrique-Ausbau und weniger von den typischen provenzalischen Eigenarten als viele andere Spitzenweine der Appellation. Dennoch handelt es sich um tieffruchtige, attraktive Tropfen, die zum idealen Trinkgenuss in ihren ersten 8–12 Lebensjahren geeignet sind. Die einfache Cuvée ist ein typischer Châteauneuf-du-Pape, weich, pfeffrig und mit all den Komponenten von Salz, Algen, Jod, *garrigue* und Kirschgeist ausgestattet, die so sehr Bestandteil der Weine aus diesem provenzalischen Dorf sind. Der Clos des Pontifes wurde in kleinen neuen Eichenholzfässern ausgebaut und steht für einen konzentrierteren, internationalen Stil der Weinbereitung, ist aber dennoch ein authentischer Châteauneuf-du-Pape. Er ist nur ein größerer, gehaltvollerer und mehr von neuem Eichenholz beeinflusster Wein.

Der sattrubin-purpurrote *2000er Châteauneuf-du-Pape Clos des Pontifes* offenbart in Duft und Geschmack frische Eichenholzwürze, die sich mit Brombeer- und Cassisfrucht vermischt. Zwar von mittlerem Körper, eleganter Art und ausgezeichneter Reintönigkeit, fehlt ihm dennoch das typische Profil eines Châteauneuf-du-Pape. Der *1999er Châteauneuf-du-Pape Clos des Pontifes* bietet eine dunkelrubinrote Farbe und ein Aromaprofil von süßen schwarzen Kirschen, toastwürzigem Eichenholz, Johannisbeeren und Lakritze. Von mittlerem Körper, fleischig, offen gewirkt und bereits jetzt zugänglich, wird er sich 7–8 Jahre gut trinken lassen.

Der *1998er Châteauneuf-du-Pape* ist ein weicher, gradliniger, in einem eher kommerziellen Stil bereiteter Wein, in dessen Duft- und Geschmacksprofil sich reichlich Kirschfrucht mit Pfeffer, Kräutern der Provence und Gewürzen vermischt. Von mittlerem Körper und fruchtig, sollte er in den nächsten 5–6 Jahren getrunken werden. Der *1998er Châteauneuf-du-Pape Clos des Pontifes* ist ein ernsthafterer Wein. Von mittlerem bis vollem Körper und rubinroter Farbe, besitzt er mehr fleischige Art, Glyzerin, Konzentration und Intensität als sein Kollege. Ein geschmacksintensiver Tropfen, der Noten von Kräutern, frisch gemahlenem Pfeffer, Kirschgeist und Gewürzen anbietet. Trinken Sie ihn in den nächsten 7–8 Jahren.

DE BOISSEYT-CHOL

1999	**Côte Rôtie Côte Blonde**	**D**	**(86–87)**
1998	**Côte Rôtie Côte Blonde**	**D**	**86**

In gewisser Hinsicht handelt es sich hier um recht unbeständige Weine von der Côte Blonde – fruchtig, weich und rund und mit wenig Konzentration. Stilistisch erinnern sie an die Weine des jungen Jean-François Garon (er füllt seine Weine auf dem eigenen Gut ab), was nicht weiter verwundert, da die Weingärten fast nebeneinander liegen.

Der *1999er Côte Rôtie Côte Blonde* offenbart einen besseren Reifezustand als der 1998er und eine elegante, finessenreiche Persönlichkeit mit reichlichen Fruchtkomponenten. Bedauerlicherweise hat der offen gewirkte Wein keine Tiefe. Sein attraktiver, fruchtiger Charakter könnte auch mehr Gewicht vertragen. Trinken Sie diesen 1999er in seinen ersten 7–8 Lebensjahren. Der pflaumendunkle, weiche, runde *1998er Côte Rôtie Côte Blonde* bietet in seinen Duft- und Geschmackskomponenten mäßig intensive schwarze Himbeer- und Kirschfrucht sowie Gewürze. Mit seiner niedrigen Säure eignet er sich zum idealen Trinkgenuss in den nächsten 4–5 Jahren.

FRÉDÉRIC BOISSONNET

1999	**Condrieu**	**D**	**86**
1999	**St-Joseph**	**C**	**(85–87)**
1998	**St-Joseph**	**C**	**86**
1999	**St-Joseph Blanc**	**C**	**82**
1999	**St-Joseph Cuvée de la Bélive**	**D**	**(87–89)**
1998	**St-Joseph Cuvée de la Bélive**	**D**	**87**

Den Qualitätssprung dieses Weinguts im nördlichen Rhônetal kann man dem 35-jährigen Besitzer Frédéric Boissonnet zuschreiben. Seine Spitzen-Cuvée, Cuvée de la Bélive, wird aus ausgewählten Trauben von alten Reben gekeltert. Der Most wird dann in zu einem Drittel neuen Eichenholzfässern ausgebaut. Bei den Rotweinen handelt es sich um ernster zu nehmende Produkte als bei den Weißweinen, denen es in der Regel an Intensität fehlt.

Der *1999er Condrieu* und der *1999er St-Joseph Blanc* sind beide kompetente Weine, obwohl sie eine leichtgewichtigere Persönlichkeit offenbaren, ohne die erwartete Intensität.

Der reintönige *1999er St-Joseph* bietet einen an flüssige Mineralien erinnernden Charakter, der auf das von Granitgestein geprägte *terroir* der St-Joseph-Hanglage zurückzuführen ist, sowie reife Brombeer- und Kirschfrucht. Er sollte sich 4–5 Jahre schön trinken lassen. Der mit einer beeindruckend satten rubin-purpurroten Farbe ausgestattete *1999er St-Joseph Cuvée de la Bélive* legt ein reichhaltiges Aroma- und Geschmacksprofil von schwarzen Johannisbeeren, Kirschen, Mineralien und toastwürzigem Eichenholz an den Tag. Der reintönige und reife 1999er wird in den nächsten 10+ Jahren idealen Trinkgenuss gewähren.

Der tiefrubin-granatrote *1998er St-Joseph* bietet in Duft und Geschmack süße, würzige Kirschfrucht, eine runde, spritzige Art, einen mittleren Körper, dezente Säure und eine gradlinige Persönlichkeit. Trinken Sie ihn in den nächsten 3–4 Jahren. Der ausgezeichnete, undurchdringlich rubin-purpurrote *1998er St-Joseph Cuvée de la Bélive* offenbart reichlich toastwürziges Eichenholz, Mineralien, schwarze Johannisbeeren und würzige Noten. Er ist ein gehaltvoller, mit bewundernswerter Reintönigkeit ausgestatteter Wein von mittlerem Körper. Voraussichtliche Genussreife: jetzt–2012.

HENRI BONNEAU

1997	**Châteauneuf-du-Pape**	**D**	**(87–89)**
2000	**Châteauneuf-du-Pape (wahrscheinlich Marie Beurrier)**	**E**	**(88–91)**
1999	**Châteauneuf-du-Pape (wahrscheinlich Marie Beurrier)**	**E**	**(87–88)**
1998	**Châteauneuf-du-Pape Cuvée Speciale**	**E**	**(90–94)**
2000	**Châteauneuf-du-Pape (wahrscheinlich Réserve des Célestins)**	**EEE**	**(92–95)**
1999	**Châteauneuf-du-Pape (wahrscheinlich Réserve des Célestins)**	**EEE**	**(90–92)**
1998	**Châteauneuf-du-Pape Réserve des Célestins**	**EEE**	**(95–98+)**

Henri Bonneau bleibt eine der faszinierendsten Weinpersönlichkeiten auf dieser Welt. Aus vielerlei Gründen wird mein alljährlicher Besuch – einer der von mir begierig erwarteten Termine meines Verkostungsjahres – immer zum denkwürdigen Ereignis. Natürlich sind die Weine gewaltig, besonders in den Jahren, in denen das südliche Rhônetal einen Spitzenjahrgang hervorbringt. Hinzu kommt, dass Bonneaus anregende Ausstrahlung, sein strenger provenzalischer Dialekt, sein spitzer, leicht boshafter Humor und seine zunehmende Vorliebe zu philosophischen Exkursen über die Themen, die ihn besonders interessieren – Küche und Weine –, zu einem Besuch in seinem Keller gehören. Für einen Önologen von heute muss Henri Bonneau der Antichrist schlechthin sein. Er produziert weiterhin üppige, verschwenderische Weine in einem Keller, der beengt, schmutzig und mit unwahrscheinlich viel Moder(geruch) angefüllt ist. Kaum ein Jahrgang der Réserve des Célestins schafft es, in weniger als fünf Jahren in Flaschen abgefüllt zu werden, was moderne Önologen als einen beklagenswerten Zustand betrachten würden. Aber was dann nach 4–5 Jahren Ausbau in alten Fässern, prähistorischen *foudres* und antiken *demi-muids* hervortritt, sind Weine von geradezu beglückender Komplexität, Reichhaltigkeit und Alterungspotenzial. Es war ein Privileg und eine Ehre für mich, einige von Bonneaus alten Jahrgängen verkosten zu dürfen (1981, 1978, 1970, 1967, 1961, 1959, 1949, 1947 und 1935). Es handelte sich um entweder perfekte oder fast perfekte Weine. Bonneau bleibt der vehementeste Verfechter und Hüter eines im traditionellen Stil bereiteten Châteauneuf-du-Pape. Auf seiner 6 Hektar großen, mit alten Reben bestockten Rebfläche in La Crau produziert er Weine, die jeder Logik trotzen.

Henri Bonneau bezeichnete den 2000er als »trop facile«, womit er meinte, dass 2000 ein zu einfacher Jahrgang für den Châteauneuf-du-Pape ist. Darüber hinaus sagte er, dass die Weine zu fruchtig seien und sich eher wie »nette Huren« denn als »richtige« Châteauneufs verhalten. Es ist klar, dass ein guter Jahrgang für ihn gewöhnlich ein großer für mich ist. Seit mehr als einem Jahrzehnt mache ich nun meine Besuche Chez Bonneau und sie haben mich gelehrt, dass es, selbst wenn er etwas Erstaunliches und Gewaltiges hervorgebracht hat, schwer für ihn ist, etwas anderes als »ça c'est correct« zu sagen. Erst ausführliches Nachfragen entlockte Bonneau eine Stellungnahme und er verglich den 2000er mit dem 1985er, einem anderen »leicht zu trinkenden Jahrgang«. Seine Spitzencuvée des *2000er Châteauneuf-du-Pape* – zweifellos wird daraus die *Réserve des Célestins* werden – ist ein großartiger, saftiger, üppiger, fetter Wein mit fabelhaften Noten von Kirschlikör, *herbes de Provence*, gebratenem Fleisch und Lakritze. Dieser dichtrubinrote Châteauneuf besitzt einen gewaltigen Glyzerinspiegel sowie einen ungeheuer beeindruckenden, langen Abgang. Der Alkoholgehalt der verschiedenen Partien reicht von 15–17%; der Wein wurde vollkommen trocken vergoren. Mit etwas Glück könnte Bonneau ihn bis 2004 in Flaschen abgefüllt haben und dieser Wein ist dann ein Kandidat für eine 30-jährige Kellerlagerung. Der *2000er Châteauneuf-du-Pape*, aus dem wahrscheinlich die *Marie Beurrier* werden wird, wurde in einem fetten Stil gemacht und offenbart ganze Wagenladungen von Erde, Pfeffer, *garrigue* und dicklichen Kirschen. Obwohl breit angelegt und mit süßem Tannin ausgestattet, ist dieser Wein nicht ganz so spektakulär, massiv oder multidimensional wie sein größerer Bruder.

Henri Bonneau zieht die Kraft, Energie, Definition und den Biss der 1999er vor, obwohl ich glaube, dass diese Weine ähnlich mächtig sind wie seine 2000er oder 1998er. Beide Cuvées besitzen einen Alkoholgehalt von 14,6–15%. Der *1999er Châteauneuf-du-Pape* (wahrscheinlich *Marie Beurrier*) offenbart Aromen von Lakritze, Rauch und Pfeffer sowie animalisch durchsetzte Noten von Kirschgeist, Pflaumen und Dörrzwetschgen. Sein leicht rauer Abgang sollte sich während des Ausbaus abmildern, bevor dieser körperreiche Wein in Flaschen abgefüllt wird. Der *1999er Châteauneuf-du-Pape* (wahrscheinlich *Réserve des Célestins*) wartet auf mit einer gewissen Eleganz (ein Wort, das man für Bonneaus Weine nicht oft gebraucht), einem vollen Körper, ausgezeichneter Dichte und einem mäßig hohen Tanningehalt. Er benötigt 4–5 Jahre Kellerreife und sollte dann 2 Jahrzehnte halten. Sein sprichwörtliches wildbretartiges Bukett mit Düften nach Rinderblut, Räucherfleisch, Kräutern sowie seine Geschmackskomponenten von dicklichen roten und schwarzen Früchten dauern während der Verkostung und des Abgangs an. Dieser Wein wird vermutlich ein ähnlicher Wein wie die majestätischen 1986er Célestins werden. Voraussichtliche Genussreife: 2006–2025.

Der ehrfurchtgebietende 1998er ist wohl Bonneaus größter Jahrgang seit dem 1990er. Sein Alkoholgehalt bewegt sich zwischen 16,2 und 16,7%. Bonneau hält aber dennoch seine Weine aus den 1950er Jahren für die größten. Er stellt fest, dass 1959, 1957, 1956, 1955, 1954 und 1953 jeweils sensationelle Weine hervorbrachten, während in den 1990er Jahren nur 1999, 1998, 1995 und 1990 superbe Châteauneufs produzierten. Der dicht rubinrote *1998er Châteauneuf-du-Pape Réserve des Célestins* ist dicht bepackt. Bonneau glaubt, dass die verbleibenden wenigen Gramm Restzucker innerhalb des nächsten Jahres vergoren sein werden. Er wird den Wein nicht vor 2004–2005 in Flaschen abfüllen, je nach Laune. Der massive, körperreiche Wein bietet ein Bukett mit Noten von Rinderblut und Rauch und Geschmackskomponenten von in Alkohol eingelegten schwarzen Kirschen, Backpflaumen,

Feigen und Pflaumen. Vielschichtig, texturiert, verschwenderisch und ölig und ausgestattet mit einem Abgang, der fast eine Minute lang anhält, ist dies ein Châteauneuf-du-Pape mit einem Alterungspotenzial von 30–40 Jahren. 1998 gibt es auch einen *Châteauneuf-du-Pape Cuvée Spéciale*, der dem 1990 von Bonneau produzierten sehr ähnlich ist. Dieser ölige, portweinähnliche Tropfen besitzt eine kleine Menge Restzucker. Er ist von geradezu zauberischer Art, exzentrisch und backpflaumenhaft, aber auch fabelhaft konzentriert und voll gepackt mit solch provenzalischen Eigenschaften wie dem Duft von getrockneten Kräutern und *charcuterie* (Fleisch- und Wurstwaren). Mein Instinkt sagt mir, dass dieser Wahnsinnswein 30–40 Jahre lang halten wird.

1997 wird es keine Réserve des Célestins und wahrscheinlich auch keine Marie Beurrier geben. Wie stets wird dies vom Besitzer in letzter Minute entschieden werden. Der *1997er Châteauneuf-du-Pape* ist ein gradliniger, würziger, Pinot-Noir-ähnlicher Wein, der Noten von verfaulten Blumen, vermischt mit Duft- und Geschmackskomponenten von Herbstlaub, Kirschgeist, Lakritze und Gewürzen zu erkennen gibt.

Bisherige große Jahrgänge: Réserve des Célestins 1995er (95+), 1992er (93), 1990er (100), 1989er (98+), 1988er (95), 1986er (95), 1985er (96), 1981er (94), 1978er (100), 1970er (98), 1957er (96), 1949er (100); Marie Beurrier 1990er (92), 1989er (93), 1988er (90)

PATRICK ET CHRISTOPHE BONNEFOND

1999	**Condrieu Côte Châtillon**	**E**	**88**
2000	**Côte Rôtie**	**E**	**(81–83)**
1999	**Côte Rôtie**	**E**	**90**
1998	**Côte Rôtie**	**E**	**86**
2000	**Côte Rôtie Les Rochains**	**EE**	**(87–90)**
1999	**Côte Rôtie Les Rochains**	**EE**	**93**
1998	**Côte Rôtie Les Rochains**	**EE**	**90**

Patrick und Christophe Bonnefond sind zwei junge Weinmacher von der Côte Rôtie. Die beiden Brüder haben von ihrem Vater den Betrieb übernommen und produzieren nun Weine, die mit ihrer sehr guten, ja bisweilen hervorragenden Qualität die frühere mittelmäßige Qualität hinter sich gelassen haben. Ihre Cuvée Les Rochains aus einer Monopol-Lage kommt aus einer Parzelle, die nahe der La Landonne-Lage an der Côte Brune gelegen ist. Die Brüder Bonnefond produzieren auch einen guten Condrieu. Die 1999er sind die besten Côte Rôtie, die ich jemals von diesem Weingut verkostet habe. Sie beweisen darüber hinaus, dass dieser Jahrgang nicht nur dem 1991er qualitativ gleichkommt, sondern zu den besten Côte Rôtie-Jahrgängen der letzten 25 Jahre überhaupt zählt.

Der fade, verwässerte, aber durchaus angenehme, mittelrubinrote *2000er Côte Rôtie* sollte in seinen ersten 4–6 Lebensjahren getrunken werden. Der *2000er Côte Rôtie Les Rochains* legt eine tiefrubinrote Farbe mit einem purpurroten Schimmer an den Tag. Von mittlerem Körper, zeigt er in seinen Duft- und Geschmackskomponenten reichliche Noten von Eichenholzwürze, schwarze Früchte und Vanille. Angesichts des Jahrgangs ist dies ein ausgezeichneter Wein, dem aber die Tiefe und majestätische Reichhaltigkeit des 1999ers fehlen. Trinken Sie diesen mit niedriger Säure ausgestatteten, charmanten und verführerischen 2000er in seinen ersten 7–8 Lebensjahren.

Der *1999er Condrieu Côte Châtillon* offenbart in Duft und Geschmack exotische Früchte (Mango) und die für den Condrieu typische Mischung aus Pfirsichen, Aprikosen und Mandarinen. Er gibt gute Tiefe, eine Spur von Eichenholz und einen mittleren Körper zu erkennen sowie einen in Glyzerin getränkten, erfrischenden Abgang. Der tiefsatte rubinrote *1999er Côte Rôtie* bietet süße Aromen von Pflaumen, Cassis und Blumen. Saftig, reif und zu Kopf steigend, mit reichlichem Fett, niedriger Säure und in einem verführerischen, gehaltvollen Stil bereitet, dürfte er sich bereits jetzt und in den nächsten 12–14 Jahren schön trinken lassen. Der *1999er Côte Rôtie Les Rochains* prunkt mit einer undurchdringlichen purpurroten Farbe, die einhergeht mit einem wunderbar komplexen Bukett mit Düften nach Espresso, schwarzen Kirschen, Cassis, Lakritze, frischem Eichenholz und einer schwer fassbaren, floralen Komponente, die an blütenweiße Narzissen oder Veilchen erinnert. Von mittlerem bis vollem Körper, intensiv und opulent texturiert, mit niedriger Säure, süßem und gut integriertem Tannin und einem überwältigenden, 40 Sekunden und länger andauernden Abgang, ist dies ein verschwenderischer und dennoch strukturierter Côte Rôtie. Obwohl bereits jetzt zugänglich, benötigt er weitere 3–4 Jahre Kellerreife. Voraussichtliche Genussreife: 2004–2015.

Der *1998er Côte Rôtie* gibt zwar eine für die Syrah-Traube manchmal typische krautige Seite zu erkennen, dennoch ist dies ein gut bereiteter Wein von mittlerem Körper, der in den nächsten 4–5 Jahren getrunken sein will. Interessanter ist der *1998er Côte Rôtie Les Rochains.* Er offenbart in seinem Bukett frische Eichenholzwürze und Geschmackskomponenten von intensiven schwarzen Johannisbeeren und Cassisfrucht, gute Würze, eine geschmeidige Textur und mäßiges Tannin. Er dürfte sich 10–12 Jahre schön trinken lassen.

DOMAINE DE BONSERINE

2000	**Côte Rôtie Côte Brune**	**E**	**(85–87?)**
1999	**Côte Rôtie Côte Brune**	**E**	**87+?**
1998	**Côte Rôtie Côte Brune**	**E**	**89**
2000	**Côte Rôtie La Garde**	**E**	**(87–89)**
1999	**Côte Rôtie La Garde**	**E**	**89?**
1998	**Côte Rôtie La Garde**	**E**	**89**
2000	**Côte Rôtie Les Moutonnes**	**E**	**(85–87)**
1999	**Côte Rôtie Les Moutonnes**	**E**	**87+?**
1998	**Côte Rôtie Les Moutonnes**	**E**	**87**
2000	**Côte Rôtie La Sarcasine**	**E**	**(83–85)**
1999	**Côte Rôtie La Sarcasine**	**E**	**86**

Die vier Angebote der Domaine de Bonserine beinhalten einen Wein von der Côte Blonde (La Garde) und drei von der Côte Brune (Côte Brune, Les Moutonnes und La Sarcasine). Alle diese Weine stellten sich als gute Tropfen heraus, obwohl sie natürlich in einem eichenholzbetonten, internationalen Stil bereitet wurden, der weniger typische Eigenschaften der Appellation zeigt als manch anderer Wein dieser Gegend.

In den 2000ern spiegeln sich die exzessiv hohen Erträge wider, die es an der Côte Rôtie gab. Keiner dieser Weine ist sonderlich konzentriert und einige von ihnen, besonders aber der Côte Brune, geben sich überraschend streng und tanninreich. Die übrigen sind zwar elegante, aber allzu eichenholzbetonte Tropfen, die kaum ein Jahrzehnt halten werden.

Die 1999er werden von Eichenholz-Süchtigen sicherlich höher bewertet werden als von mir. Der *1999er Côte Rôtie La Sarcasine* ist der zugänglichste und am weitesten entwickelte Wein und gibt süße, von Eichenholz dominierte Kirschfrucht zu erkennen. Von mittlerem Körper, mit leichten Tanninen und guter Tiefe, wird er sich 7–8 Jahre gut trinken lassen. Besonders eichenholzbetont und voller harter Tannine gibt sich der dunkelrubin-purpurrote *1999er Côte Rôtie Côte Brune.* Ich bin mir nicht sicher, ob der unentwickelte und extrem holzige Wein genügend Frucht aufbieten kann, um diesen starken Eichenholzton zu absorbieren. Das Gleiche kann man vom *1999er Côte Rôtie Les Moutonnes* sagen, dessen Geschmackskomponenten von schwarzen Kirschen und rauchiger Cassisfrucht mit toastwürzigen Merkmalen überlagert werden. Ein Wein von mittlerem Körper, kurz, komprimiert, eng und mit aggressiven Tanninen im Abgang. Der *1999er Côte Rôtie La Garde* ist besser. Obwohl auch hier der Eichenholzton dominiert, zeigt der Wein mehr Tiefe, süßere Frucht und eine gewisse runde und üppige Art, die den anderen Cuvées fehlt. Eingangs im Mund gibt er gute Frucht und Reife zu erkennen sowie mittleren Körper und einen würzigen Abgang. Er sollte sich ein Jahrzehnt gut trinken lassen.

Die Gesamtproduktion der Domaine wurde 1998 von den späten Junifrösten schwer beeinträchtigt. Der internationale Stil kommt am besten im dunkelrubin-purpurrote *1998er Côte Rôtie Les Moutonnes* zum Vorschein. Er bietet sowohl verschwenderisches toastwürziges Eichenholz als auch attraktive Schwarzkirsch- und Johannisbeerfrucht, einen mittleren Körper, süße Tannine und einen niedrigen Säuregehalt. Trinken Sie ihn in den nächsten 7–8 Jahren. Der *1998er Côte Rôtie La Garde* offenbart in Duft und Geschmack mehr Cassis und schwarze Himbeeren, die sich mit Rauch und gebratenem Speck vermischen. Eichenholzwürze ist präsent, aber sie ist süßer und besser integriert als im Les Moutonnes. Gehaltvoll, von mittlerem bis vollem Körper, sollte sich dieser ausgezeichnete Wein ein Jahrzehnt schön trinken lassen. Der *1998er Côte Rôtie Côte Brune* wartet auf mit Aromen von Oliven, schwarzen Johannisbeeren, Rauch und Mineralien in seiner mäßig eichenholzbetonten Persönlichkeit von mittlerem Körper. Auch ihn sollte man in diesem Jahrzehnt trinken.

LE BOSQUET DES PAPES

2000	**Châteauneuf-du-Pape**	**D**	**(90–92)**
1999	**Châteauneuf-du-Pape**	**D**	**90**
1998	**Châteauneuf-du-Pape**	**D**	**90**
1997	**Châteauneuf-du-Pape**	**D**	**(84–86)**
2000	**Châteauneuf-du-Pape Cuvée Chante Le Merle**	**D**	**(90–93)**
1999	**Châteauneuf-du-Pape Cuvée Chante Le Merle**	**D**	**91**
1998	**Châteauneuf-du-Pape Cuvée Chantemerle**	**E**	**93**
2000	**Châteauneuf-du-Pape Cuvée Grenache**	**D**	**(88–90)**
1999	**Châteauneuf-du-Pape Cuvée Grenache**	**D**	**89**
1998	**Châteauneuf-du-Pape Cuvée Grenache**	**D**	**89**

Diese Domaine mittlerer Größe produziert einige der besten Châteauneufs dieser sonnendurchfluteten Appellation. Ab 1990 hatte man der Angebotspalette des Weingutes eine Cuvée aus Lesegut von alten Rebstöcken (das Durchschnittsalter beträgt 90 Jahre) namens Chantemerle hinzugefügt; aus handelsrechtlichen Gründen wurde diese dann ab dem Jahrgang 1999 in Chante Le Merle umgetauft. 1998 hat man eine neue Cuvée Grenache vorgestellt, deren Trauben von 60–80-jährigen Rebstöcken stammen. Alle drei Angebote sollte man verkosten.

Der *2000er Châteauneuf-du-Pape* zeigt die satteste rubin-purpurrote Farbe aller 2000er Weine. Körperreich, fett, saftig, üppig und lang, bietet er Aromen von süßen schwarzen Himbeeren und Johannisbeeren, die sich mit Pfeffer, Kräutern der Provence, Leder und Hackfleisch vermischen. Obwohl es sich nicht bemerkbar macht, gibt es keinen Zweifel darüber, dass jede Menge Tannin unter der Frucht und dem Glyzerin verborgen liegt. Voraussichtliche Genussreife: jetzt–2015. Der herausfordernde, unmittelbar ansprechende *2000er Châteauneuf-du-Pape Cuvée Grenache* wartet auf mit ganzen Wagenladungen an schwarzer Kirsch- und Erdbeerfrucht. Die dunkelrubinrote Farbe geht einher mit einem Châteauneuf von mittlerem Körper, der in seinem mäßig ausgestatteten Abgang staubige Tannine zu erkennen gibt. Trinken Sie ihn im ersten Jahrzehnt seines Lebens. Das fabelhafte Bukett des *2000er Châteauneuf-du-Pape Cuvée Chante Le Merle* offenbart in Duft und Geschmack eine exotische Mischung von asiatischen Gewürzen, gerösteten Kräutern, Lakritze, Lavendel, Hackfleisch und schwarzen Früchten. Ein mächtiger, aber dennoch eleganter, äußerst reintöniger Wein von mittlerem bis vollem Körper, der mit niedriger Säure, superber Konzentration und einer Pomerol-ähnlichen (ohne jegliche Eichenholzwürze) Samtigkeit und Dichte ausgestattet ist. Dieser provokative, verführerische 2000er sollte leicht eine Punktebewertung in der ersten Hälfte der 90er-Skala bekommen. Voraussichtliche Genussreife: 2004 bis 2018.

Der *1999er Châteauneuf-du-Pape* offenbart eine dunkelrubinrote Farbe mit etwas Pink am Glasrand. Seine superben Aromen geben Noten von gerösteten Kräutern, Fleischsaft, süßen Kirschen, Pfeffer und Gewürzen zu erkennen. Körperreich, fleischig und charmant, ohne Ecken und Kanten und voller Glyzerin, wird sich dieser Wein ein Jahrzehnt schön trinken lassen. Obwohl er das satteste Rubinrot aller 1999er Weine an den Tag legt, ist der *1999er Châteauneuf-du-Pape Cuvée Grenache* nicht so expansiv, komplex und konzentriert wie seine beiden Kollegen. Er ist ein leichterer, in der Frucht weiter entwickelter Wein, mit Tiefe am mittleren Gaumen, der aber weder die Länge noch die Komplexität der beiden anderen Cuvées besitzt. Trotzdem ist viel Liebenswertes an diesem zweifellos entwaffnenden 1999er. Sein nach schwarzen Kirschen, Himbeeren, gerösteten Kräutern, Erdnüssen und Gewürzen duftendes Bukett geht einher mit einem tiefen, geschmeidigen Wein von mittlerem bis vollem Körper, den man in den nächsten 8–10 Jahren trinken sollte. Der verschlossenere, stark in der Entwicklung zurückgebliebene, dunkelrubinrote *1999er Châteauneuf-du-Pape Cuvée Chante Le Merle* gibt ein Alterungspotenzial von 15–20 Jahren zu erkennen. Nach Belüftung öffnet er sich und gibt Aromen von Pfeffer, Lavendel, Kräutern der Provence, Lakritze, Brombeeren und Kirschen zu erkennen. Körperreich und mäßig tanninhaltig, benötigt er 2–3 Jahre Kellerreife. Voraussichtliche Genussreife: jetzt–2018.

Der tiefrubin-pflaumenhafte *1998er Châteauneuf-du-Pape* ist ein dichter, konzentrierter und muskulöser Wein mit einem intensiven Aromaprofil von getrockneten Kräutern der Provence, neuem Sattelleder, geschmolzener Lakritze, gebratenem Fleisch und reichlichen Mengen schwarzer Früchte. Körperreich, wuchtig, reif und dicht, sollte man ihn für 2–3 Jahre in den Keller legen und ihn in den folgenden 15 Jahren trinken. Der Charakter des *1998er Châteauneuf-du-Pape Cuvée Grenache* ist fortgeschrittener entwickelt. Tiefrubinrot, mit etwas Pink am Glasrand, offenbart er süße Noten von Erdbeermarmelade und Kirschgeist in seinem fruchtbetonten, gradlinigen, aber zweifellos bezaubernden Aroma. Fleischig, fett und dicht, mit niedriger Säure, ist dies eine Châteauneuf-du-Pape-Fruchtbombe. Trinken Sie diesen Wein in den nächsten 7–8 Jahren. Der *1998er Châteauneuf-du-Pape Cuvée Chantemerle* (es wurden 500 Kisten produziert) besitzt eine dichte pflaumendunkle-granatrote Farbe und hat ein verschlossenes Aroma. Aber nach Belüftung beginnt er einige Eigenschaften seiner explosiven Persönlichkeit zu offenbaren. Düfte von Unterholz, Rauch, Sattelleder, Sojasauce und anderen asiatischen Gewürzen entströmen dem Glas und vermischen sich mit Noten von Kirschgeist und schwarzen Früchten. Wenn der Wein über den Gaumen strömt, gibt es eine Explosion, die gänzlich zufrieden stellt. Dieser 1998er ist spektakulär konzentriert, unglaublich vielschichtig und ausgestattet mit riesigen Mengen Glyzerin, überraschend strengem Tannin und Tiefe. Nach 2–3 Jahren Kellerreife wird er noch besser sein und dann 16–20 Jahre halten.

Bosquet des Papes produzierte einen pfeffrigen, kräuterhaften *1997er Châteauneuf-du-Pape* mit verführerischer Kirschfrucht, die sich mit Noten von Lakritze, Kaffee und Zedernholz vermischt. Dies ist ein angenehmer, offen gewirkter, runder, leicht verwässerter, aber fruchtiger Wein zum Trinkgenuss in den nächsten 4–5 Jahren.

Bisheriger großer Jahrgang: Cuvée Chantemerle 1990er (96)

DOMAINE DES BOSQUETS

1999	**Gigondas**	**C**	**(90–93)**
1999	**Gigondas Préférence**	**C**	**(91–94)**

Ich weiß nicht, warum mir der Besitzer der Domaine des Bosquets seine 1998er nicht zeigt, aber beide 1999er sind bemerkenswert. Bei ihnen handelt es sich um explosive Beispiele eines Gigondas, deren herausfordernde Persönlichkeiten einen umwerfenden Gehalt an Crème de Cassis und Brombeeren an den Tag legen. Der *1999er Gigondas* gibt einen etwas höheren Säuregehalt als die Luxuscuvée *Préférence*, aber erstaunlichen Körper, Extrakt und Reichhaltigkeit zu erkennen. Der *1999er Gigondas Préférence* erinnert in seiner superkonzentrierten, intensiven und multidimensionalen Art an einen trockenen Vintage-Portwein. Ich habe noch nie solche Weine von der Domaine des Bosquets verkostet und ich hoffe, dass diese Qualität nach der Flaschenabfüllung bestehen bleibt. Beide Weine besitzen ein Alterungspotenzial von 15–18 Jahren.

DOMAINE LA BOUISSIÈRE

2000	**Gigondas**	**D**	**(85–87)**
1999	**Gigondas**	**D**	**88**
1998	**Gigondas**	**D**	**89**
2000	**Gigondas La Font de Tonin**	**D**	**(88–90)**
1999	**Gigondas La Font de Tonin**	**D**	**89**
1998	**Gigondas La Font de Tonin**	**D**	**91**
1997	**Gigondas La Font de Tonin**	**D**	**(88–90)**

Unter der Leitung von Thierry Faravel ist das Weingut als einer der Stars von Gigondas hervorgetreten. Man produziert zwei Cuvées: eine einfache Cuvée (von einer 7 Hektar großen Rebfläche; eine *assemblage* aus 70% Grenache und 30% Syrah, obwohl in manchen Jahren Mourvèdre hinzugegeben wird) und die Luxuscuvée La Font de Tonin (aus einem 0,48 Hektar großen, 45-jährigen Weinberg; eine *assemblage* aus 85% Grenache und 15% Syrah, die in zu 60% neuen Eichenholzfässern ausgebaut wurde). Beide Weine werden ungeschönt und unfiltriert abgefüllt. Die 1998er sind die bislang besten Weine, während die 1999er strenger ausgefallen sind und einen höheren Säuregehalt an den Tag legen. Ich glaube nicht, dass sowohl die 1999er als auch die 2000er die Qualität des 1998ers besitzen.

Der sinnliche, eichenholzwürzige und in einem internationalen Stil bereitete *2000er Gigondas* offenbart tiefpurpurrote Farbe, mittleren bis vollen Körper, niedrige Säure und kernige Frucht. Dies ist ein langer Wein, der die hedonistischen Wünsche des Weinliebhabers befriedigt und sich ein Jahrzehnt schön trinken lässt. Der *2000er Gigondas La Font de Tonin* ist vielschichtiger und besitzt mehr Konzentration. Er wartet auf mit einem nach Rauch und würzigem Eichenholz duftenden Bukett, das sich mit Geschmackskomponenten von Brombeer- und Johannisbeerfrucht, Mineralien, Pfeffer und *garrigue* vermischt. Körperreich, üppig-saftig und ausgestattet mit niedriger Säure, wird sich dieser Wein 10–11 Jahre schön trinken lassen. Der sattpurpurrote *1999er Gigondas* zeigt ein süßes, reintöniges, nach Blaubeeren und Cassis duftendes Bukett, überraschend scharfe Säure, einen strengen mineralischen Unterbau, reife Tannine, einen mittleren Körper und einen gradlinigen Abgang. Obwohl ausgezeichnet, ist er doch nicht so beeindruckend, wie ich es mir erhofft hatte. Voraussichtliche Genussreife: jetzt–2011. Der *1999er Gigondas La Font de Tonin* (eine *assemblage* aus 70% Grenache und 30% Mourvèdre) offenbart mehr Süße und Weite. Am mittleren Gaumen zeigt er sich schmackhaft, von mittlerem bis vollem Körper, gut definiert, fleischig und mit etwas Eichenholzwürze im Hintergrund. Ein beeindruckender Wein, der nur knapp eine hervorragende Bewertung verfehlt. Voraussichtliche Genussreife: jetzt bis 2012.

Die 1998er zeigen beträchtliche Struktur, haben sich aber seit ihrer Flaschenabfüllung verschlossen. Trotzdem sind sie voller Potenzial, aber die Leser müssen für sie Geduld aufbringen. Der *1998er Gigondas* (70% Grenache und 30% Syrah) offenbart eine dichte purpurrote Farbe sowie ein süßes, noch unentwickeltes, nach Mineralien und schwarzen Früchten duftendes Bukett. Er besitzt gute untergründige Säure, Finesse, süße Cassisfrucht, große Dichte und Konzentration. Der Wein wird ein langes Leben haben, benötigt allerdings 3–5 Jahre Kellerreife. Voraussichtliche Genussreife: 2005–2018. Der satt dunkelpurpurrote-pflaumenhafte *1998er Gigondas La Font de Tonin* (70% Grenache und 30% Mourvèdre) wartet auf mit einem nach toastwürzigem frischem Eichenholz, Mineralien, schwarzen Kirschen und Cassis duftenden Aroma, das einhergeht mit überraschend eleganten aber kraftvoll konzentrierten Geschmackskomponenten. Ausgestattet mit mäßigen Tanninen und Intensität, benötigt dieser 1998er Gigondas 2–3 Jahre Kellerreife und sollte sich dann zwei Jahrzehnte schön trinken lassen. Der beeindruckend schwarz-purpurrote *1997er Gigondas La Font de*

Tonin offenbart in seinem Aroma den Duft von toastwürzigem frischem Eichenholz, Batzen von Cassis und Brombeerfrucht und mächtige, konzentrierte Geschmackskomponenten von mittlerem bis vollem Körper. Sein mit niedriger Säure ausgestatteter und molliger, fortgeschritten entwickelter Stil spricht dafür, ihn in seinen ersten 8–10 Lebensjahren zu trinken. Wollen wir hoffen, dass er ohne allzu exzessives Schönen und Filtrieren abgefüllt wird.

DOMAINE BRESSY-MASSON

1999	**Côtes du Rhône-Villages Rasteau**	**C**	**86**
1998	**Côtes du Rhône-Villages Rasteau Cuvée Paul-Emile**	**C**	**88**

Dies sind zwei beeindruckende Weine aus Rasteau, einem Weindorf, das langsam aus seinem Schattendasein hervortritt, denn eine Handvoll junger Produzenten versucht, mit dem unangefochtenen Superstar der Appellation, André Romero von der Domaine La Soumade, in Wettstreit zu treten. Bressy-Masson hat einen *1999er Côtes du Rhône-Villages Rasteau* von mittlerem bis vollem Körper produziert, der Duft- und Geschmackskomponenten von Schokolade, Brombeeren und pflaumenhafte Frucht in einem erdigen, gradlinigen, robusten Stil präsentiert. Er eignet sich ideal zum Trinkgenuss in den nächsten 2–3 Jahren. Sogar noch besser ist der *1998er Côtes du Rhône-Villages Rasteau Cuvée Paul-Émile* (die Spitzencuvée der Domaine). Seine dichte rubin-purpurrote Farbe geht einher mit einem süßen Bukett von Düften nach schwarzem Kirschlikör, Rauch, Schokolade und Erde. Körperreich und kernig, sollte er sich 5–6 Jahre gut trinken lassen.

DANIEL BRUSSET – LES HAUTS DE MONTMIRAIL

2000	**Gigondas**	**D**	**(88–90)**
1999	**Gigondas**	**D**	**87**
1998	**Gigondas**	**D**	**89**
1997	**Gigondas**	**D**	**(89–92)**
2000	**Gigondas Les Hauts de Montmirail**	**E**	**(89–91)**
1999	**Gigondas Les Hauts de Montmirail**	**E**	**89**
1998	**Gigondas Les Hauts de Montmirail**	**E**	**91**

Das Weingut, dessen 68 Parzellen auf den terrassierten Anbauflächen an den felsigen, schroffen Steilhängen der Dentelles oberhalb des Dorfes Gigondas liegen, produziert weiterhin einen der außergewöhnlichsten Weine der Appellation. 1997 feierte man den 50. Geburtstag der Domaine. Daniel Brusset gehörte zu den ersten Gigondas-Produzenten, der beim Ausbau seiner Spitzencuvée Les Hauts de Montmirail (eine *assemblage* aus 60% Grenache, 25% Mourvèdre und 15% Syrah, die zu 60% in neuen und zu 40% in 1- und 2-jährigen Eichenfässern ausgebaut wurden) neue Eichenholzfässer verwendete. Sein einfacher Gigondas, Domaine Le Grand Montmirail, eine *assemblage* aus 75% Grenache, 15% Syrah und 10% Cinsault, wurde in einer Kombination aus *foudres*, Tanks und 2–3-jährigen Eichenfässern ausgebaut.

Der *2000er Gigondas* besitzt eine ziemlich satte pflaumendunkle-purpurrote Farbe sowie Duft- und Geschmackskomponenten von Pflaumen, Brombeeren, Kirschen, Erde, Trüffeln und Blumen. Er ist ein weicher, saftiger, mit niedriger Säure ausgestatteter Gigondas, den man in den nächsten 7–8 Jahren trinken sollte. Mit mehr Pfeffer, toastwürzigem Eichenholz und Bleistiftcharakter in seinem Bukett sowie Geschmackskomponenten von schwarzen Kirschen, Himbeeren und Blaubeermarmelade offenbart der *2000er Gigondas Les Hauts de Montmirail* Konzentration, mittleren bis vollen Körper und hervorragende Reintönigkeit. Voraussichtliche Genussreife: jetzt–2013. Der *1999er Gigondas* ist eine dichtrubin-purpurrote, runde, würzige Persönlichkeit von mittlerem Körper, feiner Reife, die in Duft und Geschmack Pflaumen, Johannisbeeren und Rosinen offenbart. Genießen Sie ihn in den nächsten 5–6 Jahren. Der in einem aromatischen Stil bereitete *1999er Gigondas Les Hauts de Montmirail* bietet in seinem Aroma Düfte nach toastwürzigem Eichenholz, Blaubeeren, schwarzen Kirschen und Mineralien. Von mittlerem bis vollem Körper, reif, mollig, offen gewirkt und samtig, sollte er sich 8–10 Jahre schön trinken lassen.

Die 1998er hatten sich seit ihrer Flaschenabfüllung ein wenig verschlossen, sind aber voller Potenzial, und ich vermute, dass sie ein bis zwei Punkte besser sind als in der obigen Liste aufgeführt. Der mit einer dichten rubin-purpurroten Farbe ausgestattete *1998er Gigondas* offenbart ein festes, aber viel versprechendes Bukett mit Düften nach schwarzen Kirschen, Pfeffer, *garrigue* und Himbeeren. Dies ist ein tanninreicher, dichter, würziger und langer Wein von mittlerem bis vollem Körper. Voraussichtliche Genussreife: jetzt–2012. Der *1998er Gigondas Les Hauts de Montmirail* prunkt mit einer satten purpurroten Farbe, die mit einem nach toastwürzigem Eichenholz und exotischen Gewürzen duftenden Bukett einhergeht, dessen Aromen sich mit schwarzen Himbeeren, Mineralien, Kirschgeist und Brombeeren vermischen. Von ausgezeichneter Tiefe, intensiv und mäßig tanninhaltig, benötigt dieser Wein 2–3 Jahre Kellerreife; er sollte 12–14 Jahre halten.

Brussets *1997er Gigondas* ist seiner Meinung nach ein Bilderbuch-Gigondas – eichenholzbetont, mit riesigen dicklichen Aromen von Brombeeren, Cassis und Toast. Stark extrahiert und wundervoll ausgestattet, ist dies ein Gigondas, der in einem internationalen Stil bereitet wurde und überwältigender sein dürfte als der 1996er. Bedenkt man seinen niedrigen Säuregehalt und seine pralle, fortgeschritten entwickelte Frucht, sollte er sich bereits jung trinken lassen. Voraussichtliche Genussreife: jetzt–2010.

BERNARD BURGAUD

2000	**Côte Rôtie**	**E**	**(87–89)**
1999	**Côte Rôtie**	**E**	**91+**
1998	**Côte Rôtie**	**D**	**91**
1997	**Côte Rôtie**	**D**	**87**

Burgaud hat sich als Weinmacher gut entwickelt. Seine Côte Rôtie-Weine, die ich seit fast zwei Jahrzehnten beobachte und verkoste, waren einstmals dominiert von rustikalen Tanninen, animalischen Gerüchen nach Stalltieren und Düften nach altem Leder und einer bestimmten Hefeart, die unter dem Namen »Brett« (von *Brettanomyces*) bekannt ist. In den letzten Jahrgängen konnte man nun weniger animalische Noten feststellen, dafür aber größere Reintönigheit und Reife der Frucht. Dies wurde erreicht, ohne dabei die Kraft und Muskeln zu opfern, die so sehr zum Stil von Burgaud gehören. Seine Côte Rôtie-Weine wurden stets in einem derart konzentrierten Stil bereitet, dass sie mühelos 15–20 Jahre im Keller überstanden. Dies hat sich auch jetzt nicht geändert, sondern es fällt nur auf, dass die Weine nun eine süßere, sauberere Frucht besitzen.

Der *2000er Côte Rôtie* ist ein leichterer Wein als der 1999er (ein allgemeines Merkmal des Jahrgangs), aber, wie es scheint, hat Burgaud mehr aus ihm gemacht als seine Kollegen. Er offenbart eine tiefrubin-purpurrote Farbe sowie einen verhalten entwickelten, konzentrierten, mäßig tanninreichen Stil, der mit mehr Tiefe und Kernigkeit ausgestattet ist als die meisten 1999er aus dem nördlichen Rhônetal. Hinzu kommen reichliche Geschmackskomponenten von erdigen schwarzen Früchten, die sich mit Noten von Unterholz und Fleisch vermischen. Voraussichtliche Genussreife: jetzt–2014. Der *1999er Côte Rôtie* wird um den Titel des besten Weins kämpfen, den Burgaud jemals produziert hat. Eine undurchdringliche rubin-purpurrote Farbe geht einher mit einem straffen, aber blühenden, nach Brombeeren, rauchigem Hickoryholz, feuchter Erde, Unterholz und Lakritze duftenden Bukett. Körperreich, kernig, dick, aber zivilisiert, besitzt dieser tintige, mächtige und vollmundige 1999er jede Menge Tannin und genügend Säure, um für ausreichend Definition zu sorgen. Jedoch ist Geduld vonnöten. Voraussichtliche Genussreife: 2004–2016.

Der undurchdringliche rubin-purpurrote *1998er Côte Rôtie* besitzt einen vollen Körper und in Duft und Geschmack reichliche Mengen an Brombeer- und Himbeerfrucht, die sich mit Mineralien und Noten von verbrannter Erde vermischen. Tief, gehaltvoll und mit mäßigem

Tannin bei gleichzeitig kräftiger Reintönigkeit der Frucht, überzieht der Wein mit breiten, substanzreichen Schwaden den ganzen Gaumen. Voraussichtliche Genussreife: jetzt–2016.

Der *1997er Côte Rôtie* ist ein kräftiger und dichter Wein, aber etwas ungefüge und nicht ausgewogen. Er besitzt eine dunkelrubin-purpurrote Farbe, ein explosives, nach Lakritze, Weihrauch, schwarzer Frucht und Erde duftendes Bukett, reichlich Kraft und Reife und für den Jahrgang einen überraschend hohen Tanningehalt. Die Partien für diese *assemblage* stammen aus dem Barrique und dem *foudre*. Der Wein lässt gute Kraft und Reichhaltigkeit erkennen, muss aber noch eine bessere Integration seiner verschiedenen Bestandteile erreichen. Er gehört zu den wenigen 1997ern, die ein Jahrzehnt und länger halten werden.

CHÂTEAU CABRIÈRES

2000	**Châteauneuf-du-Pape**	**D**	**(87–88)**
1999	**Châteauneuf-du-Pape**	**D**	**87**
1998	**Châteauneuf-du-Pape**	**D**	**88**
1997	**Châteauneuf-du-Pape**	**D**	**85**
2000	**Châteauneuf-du-Pape Cuvée Prestige Tête de Cru**	**D**	**(90–91)**
1999	**Châteauneuf-du-Pape Cuvée Prestige Tête de Cru**	**D**	**90**
1998	**Châteauneuf-du-Pape Cuvée Prestige**	**D**	**91**
1997	**Châteauneuf-du-Pape Cuvée Prestige**	**D**	**87**
2000	**Châteauneuf-du-Pape La Lettre à Louis Arnaud**	**E**	**(92–95)**

Die 2000er von Château Cabrières scheinen genauso gut wie die Spitzenweine von 1998 zu werden. Der *2000er Châteauneuf-du-Pape* ist im Gewicht dem 1999er ähnlich, aber er besitzt weniger Würze und mehr schwarze Frucht. Eingangs im Mund nimmt er sich süß und sinnlich texturiert aus (wegen seines hohen Glyzerin- und Alkoholgehalts) und legt dabei einen fleischigen, fetten, offen gewirkten, expansiven Stil an den Tag. Trinken Sie diesen gefälligen Wein in seinen ersten 8–9 Jahren. Der *2000er Châteauneuf-du-Pape Cuvée Prestige Tête de Cru* hat einen volleren Körper und mehr Konzentration aufzubieten. Er zeigt eine dichte rubinrote Farbe mit etwas Purpurrot am Glasrand. Voll gepackt mit Duft- und Geschmackskomponenten von schwarzen Johannisbeeren, Backpflaumen und Kirschgeist, gibt er sich körperreich, komplex, sinnlich und opulent am mittleren Gaumen. Der Abgang ist von seiner niedrigen Säure und viskosen Art geprägt. Er sollte sich 14–15 Jahre schön trinken lassen.

In Erinnerung an ihren Vater hat die Tochter die auf 110 Kisten limitierte Cuvée des *2000er Châteauneuf-du-Pape La Lettre à Louis Arnaud* produziert, eine fabelhafte, konzentrierte Leistung der Weinbereitung. Wenn es gelingen würde, dieses Qualitätsniveau auch in der Cuvée Prestige zu erreichen, würde dies das Château Cabrières sofort in die Reihe der erstaunlichen und wunderbaren Châteauneuf-du-Pape-Produzenten zurückkatapultieren, in der es sich in den späten 1950er und frühen 1960er Jahren befand. Dieser Wein prunkt mit einer dichten pflaumendunklen Farbe sowie einem fabelhaft intensiven, nach Rauch, Backpflaumen, schwarzen Kirschen und Schokolade duftenden Bukett. Äußerst körperreich und ausgestattet mit einer öligen Textur, niedriger Säure und einer Fülle von Frucht und Glyzerin, ist dies ein gigantischer Châteauneuf-du-Pape, der schon in seiner Jugend zugänglich ist, aber auch zwei Jahrzehnte halten wird.

Der *1999er Châteauneuf-du-Pape* ist ein entwickelter, weicher, sinnlicher, mittelrubinroter Wein, der in Duft und Geschmack Noten von Gewürzen, Pfeffer und Kirschgeist an den Tag legt. Gefällig und reif, ausgestattet mit dezenter Säure und einem mittleren bis vollen Körper, sollte er in den nächsten 6–7 Jahren getrunken werden. Der geschmacklich expansive *1999er Châteauneuf-du-Pape Cuvée Prestige Tête de Cru* offenbart ein großes Bukett mit Düften nach Zimt und rauchigen schwarzen Kirschen, einen opulenten, sinnlichen und körperreichen Stil, süßes Glyzerin und ein nahtloses Gefühl im Mund. Dies ist ein prächtiger Wein, den man in den nächsten 7–10 Jahren trinken sollte.

Der dunkelgranatrote-pflaumendunkle *1998er Châteauneuf-du-Pape* wartet auf mit einem würzigen, nach Leder und Zedernholz duftenden Aroma mit dicklicher Frucht im Hintergrund. Genussbetont, von mittlerem bis vollem Körper und mit reichlichen fruchtigen Geschmackskomponenten, ist dies ein Wein, der in einem offen gewirkten, expansiven Stil bereitet ist und geradezu fordert, in seinem ersten Lebensjahrzehnt getrunken zu werden. Der *1998er Châteauneuf-du-Pape Cuvée Prestige* dürfte sich als sensationell herausstellen, und wie es scheint, wird er der beste Château Cabrières seit 1961 werden. Eine dunkelrubinpurpurrote Farbe geht einher mit Düften nach geräucherten Kräutern, gegrilltem Fleisch, Aromen aus der Gewürzkiste, Lakritze und einer Fülle von roten und schwarzen Früchten. Körperreich und mäßig tanninhaltig, mit kerniger Textur und einem beeindruckenden Abgang, sollte er sich zwei Jahrzehnte schön trinken lassen.

Der dunkelrubinrote *1997er Châteauneuf-du-Pape* offenbart in Duft und Geschmack reichliche Mengen an Schwarzkirsch- und Erdbeerfrucht, die sich mit Kräutern der Provence, Rauch und Gewürzen vermischen. Von mittlerem Körper, ist dieser weiche Wein ideal zum sofortigen Trinkgenuss geeignet. Aus Traubengut von ältesten Rebstöcken der Domaine produziert, ist der *1997er Châteauneuf-du-Pape Cuvée Prestige* ein Wein mit mehr Glyzerin, Alkohol, Frucht und Reife. Er überzieht in breiten Schwaden den Gaumen, besitzt mehr Volumen, aber bleibt dennoch ein fortgeschritten entwickelter Wein, der einen Duft nach schwarzer Kirschfrucht verströmt, in den sich Erde, Pfeffer und Kräuter der Provence vermischen. Trinken Sie ihn in den nächsten 4–5 Jahren.

LES CAILLOUX

2000	**Châteauneuf-du-Pape**	**D**	**(91–93)**
1999	**Châteauneuf-du-Pape**	**D**	**90**
1998	**Châteauneuf-du-Pape**	**D**	**90**
1997	**Châteauneuf-du-Pape**	**D**	**87**
2000	**Châteauneuf-du-Pape Cuvée Centenaire**	**EEE**	**(94–96)**
1998	**Châteauneuf-du-Pape Cuvée Centenaire**	**EEE**	**100**

Die Familie Brunel leitet dieses Weingut seit mehr als zwei Jahrzehnten mit untadeligem Können. Durch harte Arbeit, offen für alle Facetten des Weinanbaus und der Weinbereitung, wurde André Brunel einer der Stars von Châteauneuf-du-Pape. Seine Weine sind in schwierigen Jahren bemerkenswert beständig und in großen Jahren das Nonplusultra schlechthin. In den großen Jahrgängen von Châteauneuf-du-Pape sind sie ätherisch. Auf Les Cailloux produziert er neben einer Standardcuvée eine Luxuscuvée namens Cuvée Centenaire, die aus einer 2,2 Hektar großen Parzelle stammt, deren Grenache-Reben 1889 gepflanzt wurden. Die jährliche Produktion dieses Weins beläuft sich auf 500 Kisten.

Brunel beurteilt den 2000er Jahrgang wie den 1998er, als ein Jahr hoher Reife bei der Grenache, die massiven Extrakt und beachtliche Wucht an den Tag legt. Sein *2000er Châteauneuf-du-Pape* schaut wie ein Gewinner aus, brüstet sich mit einer tiefrubin-purpurroten Farbe und einem prachtvollen, nach Rauch, Unterholz, Brombeer- und Kirschmarmelade, Pfeffer und Gewürzen duftenden Bukett. Von öliger Textur, vielschichtig und körperreich, mit süßem Tannin und niedriger Säure, dürfte er sich 12–16 Jahre schön trinken lassen. Er erinnert an den glorreichen 1990er von Les Cailloux. Der sattrubin-purpurrote *2000er Châteauneuf-du-Pape Cuvée Centenaire* ist ein Wein von außergewöhnlicher Konzentration, zu der sich majestätische Reife und Reichhaltigkeit gesellen sowie eine multidimensionale Persönlichkeit, ein riesiger Körper, süßes Tannin sowie unaufdringliche Säure und Alkohol (15%). Der Abgang hält nahezu eine Minute lang an. Am Gaumen vermischen sich Brombeer- und Kirschgeschmack mit Noten von Unterholz und Pfeffer. Diese faszinierende Leistung der Weinbereitung ist ein Kandidat für zwei Jahrzehnte Kellerlagerung. Bravo!

Der Most der berühmten Cuvée Centenaire (aus Trauben von über 100-jährigen Rebstöcken) wurde 1999 für die Cuvée Classique verwendet. In einem für den Besitzer ungewöhnlichen, früh entwickelten Stil bereitet, zeigt der *1999er Châteauneuf-du-Pape* eine pflaumendunkle-rubinrote Farbe, ein süßes, würziges, nach roten und schwarzen Früchten duftendes Bukett, in das sich Geschmackskomponenten von *garrigue*, Pfeffer, Aromen aus der Gewürzkiste und Tabak mischen. Gehaltvoll, körperreich, vielschichtig und von unleugbar bezaubernder Art, kann dieser schwelgerische, fortgeschritten entwickelte, geschmacksbetonte, duftende Châteauneuf bereits jetzt und in den nächsten 12–14 Jahren getrunken werden.

Im klassischen *1998er Châteauneuf-du-Pape* offenbaren sich traditionelle und fortschrittliche Weinbereitungstechniken. In ihm finden wir das für das südliche Rhônetal typische intensive Bukett mit Düften nach *garrigue* (das provenzalische Erde-Kräuter-Aroma), Pfeffer, Eichenholzwürze und die verführerischen Geschmackskomponenten von süßen schwarzen Kirschen und Pflaumen. Es offenbart sich ein dunkelrubin-granatroter, körperreicher, mächtiger, vielschichtiger Wein, der einen beeindruckenden Glyzerinpegel, reife Frucht und Extrakt an den Tag legt. Das Tannin ist vorhanden, aber süß. Dieser 1998er wird sich unschwer 10–12 Jahre schön trinken lassen. Die Spezialcuvée aus über 100-jährigen Reben, die *1998er Châteauneuf-du-Pape Cuvée Centenaire,* ist ein ehrfurchtgebietender Wein. Er wurde über ein Jahr lang trocken vergoren und ist in Châteauneuf-du-Pape einer der zahlreichen Kandidaten für den Titel »Wein des Jahrgangs«. Eine sattdunkle purpurrote Farbe geht einher mit einem außerordentlich viel versprechenden, nach dicklichen roten und schwarzen Früchten, Lakritze, Espresso und Lavendel duftenden Bukett. Am Gaumen ist er ein Wolkenkratzer, vielfältig geschichtet, mit hohem Extrakt und von einer für einen Wein von solcher Tiefe, Masse und Intensität erstaunlich klar gezeichneten Art. Es ist sicher, dass er den 1995er überholen und mit den im Grunde genommen perfekten 1990ern und 1989ern rivalisieren wird. Er stellt sowohl das Wesen der Grenache-Traube als auch eines Châteauneuf-du-Pape dar. Voraussichtliche Genussreife: 2005–2025.

Von der hohen Qualität des *1997er Châteauneuf-du-Pape* war ich nicht überrascht. Der dunkelrubinrote Wein bietet eine saftige, fruchtbetonte Persönlichkeit, eine von schwarzen Himbeeren und Kirschgeist geprägte reiche Fruchtigkeit, gutes Glyzerin, niedrige Säure, mittleren bis vollen Körper und einen üppigen Abgang. Der Wein sollte sich 5–6 Jahre schön trinken lassen.

Bisherige große Jahrgänge: Les Caillou 1990er (94), 1989er (90), 1978er (92); Cuvée Centenaire 1990er (99), 1989er (96+)

CAVE DE CAIRANNE

1998	**Côtes du Rhône-Villages Cairanne Cuvée Antique**	**B**	**85**
1998	**Côtes du Rhône-Villages Cairanne Cuvée Temptation**	**B**	**86**
1998	**Côtes du Rhône-Villages Cairanne Réserve des Voconces**	**B**	**87**

Dies sind alles beachtenswerte Weine aus der Kooperative (Winzergenossenschaft) der kleinen Gemeinde Cairanne im Anbaugebiet der Appellation Côtes du Rhône-Villages. Sie wurden alle von dem bekannten, aus dem nördlichen Rhônetal kommenden Önologen Jean-Luc Colombo selektioniert und abgefüllt. Diese Weine stellen nicht nur einen guten Gegenwert für Ihr Geld dar, sondern sind auch köstliche Tropfen, die unmittelbar Freude bereiten.

Die 1998er profitieren von der reifen, üppigen Frucht des Jahrgangs. Der *1998er Côtes du Rhône-Villages Cairanne Cuvée Temptation* (100% Grenache) offenbart eine stämmige Persönlichkeit, die einhergeht mit einer in Duft und Geschmack umwerfenden Palette von Kirschgeist, frisch gemahlenem Pfeffer und lebendiger Kirschfrucht. Dies ist ein robuster, tiefer, zu Kopf steigender Côtes du Rhône, den man in den nächsten Jahren trinken sollte. Der *1998er Côtes du Rhône-Villages Cairanne Cuvée Antique* nahm weniger für sich ein, was zweifellos daran lag, dass man dem Mischsatz etwas Mourvèdre beigegeben hatte, was den Wein magerer, strenger und strukturierter machte. So erscheint er als ein seriöser, aber weniger angenehmer Côtes du Rhône. Er sollte sich 2–3 Jahre gut trinken lassen. Der beste

Wein dieses Trios ist der *1998er Côtes du Rhône-Villages Cairanne Réserve des Voconces*. Hauptsächlich aus Grenache gekeltert, mit einer winzigen Beigabe von Syrah, kam der Wein auch mit etwas Eichenholz in Berührung. Reintönig und mit einer rubin-purpurroten Farbe sowie Komponenten von Brombeeren, Cassis und Kirschen in Duft und Geschmack, einem niedrigen Säuregehalt und mittlerem Körper, eignet sich dieser fruchtbetonte Côtes du Rhône ideal zum Trinkgenuss in den nächsten 5–6 Jahren. Ein hervorragender Kauf!

DOMAINE DE CASSAN

2000	**Gigondas**	**D**	**(86–88)**
1999	**Gigondas**	**D**	**87**
1998	**Gigondas**	**D**	**89**
1997	**Gigondas**	**D**	**88**

Die Gigondas der Domaine de Cassan stammen von den 8 Hektar großen terrassierten Weinbergen, die aus Kalksteinböden bestehen. Bei dieser *assemblage* aus 55% Grenache, 40% Syrah und 5% Mourvèdre wird das Untertauchen des Schalenhuts per Hand ausgeführt; der Ausbau erfolgt sowohl im *foudre* als auch im Barrique.

Der *2000er Gigondas* legt eine satte rubin-purpurrote Farbe an den Tag sowie Duft- und Geschmacksaromen von Kirschen, Himbeeren, Kieselsteinen und Blumen. Von mittlerem bis vollem Körper, üppig und in einem kräftigeren, dicklicheren Stil bereitet als der 1999er, dürfte er sich 7–8 Jahre gut trinken lassen. Der tiefrubin-purpurrote *1999er Gigondas* ist elegant und zurückhaltend und legt mehr Säure sowie ein nach Mineralien, Pfeffer und *garrigue* duftendes Bukett und Geschmackskomponenten von schwarzer Kirsch- und Beerenfrucht an den Tag. Von mittlerem Körper und reintönig, sollte er am besten in den nächsten 4–5 Jahren getrunken werden.

Der *1998er Gigondas* ist einer der beeindruckendsten Weine, die ich jemals von der Domaine de Cassan verkostet habe. Dieser möglicherweise hervorragende Wein offenbart unglaubliche Reinheit der Frucht und Intensität. Seine dunkelrubin-purpurrote Farbe geht einher mit der für den Jahrgang so typischen Reintönigkeit, Opulenz und superben Konzentration. Das beträchtliche Tannin im Abgang sagt mir, dass der Wein allerdings wohl noch 2–3 Jahre Kellerreife benötigt. Nervig, dick und äußerst konzentriert, sollte er sich von 2005–2014 auf seinem Höhepunkt befinden.

Ein weiterer beeindruckender Wein ist der *1997er Gigondas* der Domaine de Cassan. Er bietet eine undurchdringliche rubin-purpurrote Farbe und ein großes, dickes, nach schwarzen Kirschen, Brombeeren, Pfeffer und *garrigue* duftendes Bukett. Im Mund gibt er reintönige Geschmackskomponenten von Brombeerfrucht zu erkennen, überraschend viel Kraft und Tannin, einen vollen Körper und langen Abgang. Dies ist einer der größten Gigondas, den ich aus diesem Jahrgang verkostet habe. Voraussichtliche Genussreife: jetzt bis 2012.

DOMAINE CAYRON

2000	**Gigondas**	**D**	**(88–91)**
1999	**Gigondas**	**D**	**92**
1998	**Gigondas**	**D**	**86**
1997	**Gigondas**	**D**	**(86–88)**

Nach einem enttäuschenden 1998er Jahrgang hat der Besitzer Faraud einen klassischen 1999er Gigondas und einen soliden, fleischigen 2000er produziert. Der dicht rubin-purpurrote *2000er Gigondas* wartet mit einem Bukett auf, das weniger Nuancen zeigt, aber von reintönigen Düften nach Brombeer- und Kirschfrucht dominiert wird, in die sich Rauch, Erde und Lakritze mischen. Ein hoher Glyzerin- und Alkoholgehalt ergibt einen süßen Geschmackseindruck auf der Zunge. Dieser schön texturierte, mollige, saftige 2000er ist mit niedriger Säure ausgestattet und wird in seinen ersten 7–8 Lebensjahren beträchtlichen

Trinkgenuss gewähren. Der exzentrische *1999er Gigondas* besitzt eine undurchdringliche pflaumendunkle-purpurrote Farbe und ein bizarres Aromaprofil von Weihrauch, gebratenem Fleisch, Würstchen, Kräutern, Lakritze, Trüffeln und schwarzen Kirschen. Körperreich, äußerst gehaltvoll und ohne Ecken und Kanten, ist der Wein mit reichlich Glyzerin und einem 30+ Sekunden andauernden Abgang ausgestattet. Dieser schwelgerische, im alten Stil bereitete Gigondas ist voller Persönlichkeit. Trinken Sie ihn in den nächsten 10–12 Jahren.

Aus welchem Grund auch immer: Der Besitzer Faraud hat auf seiner Domaine, die zu den besseren Adressen der Appellation gehört, mit seinem *1998er Gigondas* einen mittelgewichtigen, uninspirierten Wein produziert. Der dunkelrubinrote 1998er gibt einen überraschend hohen Säuregehalt und einen sehnigen Unterbau zu erkennen, jedoch ohne die intensive, reife Frucht, die man normalerweise in seinen Weinen findet. Dies ist ein strenger, aber solide bereiteter, kompetenter Gigondas, den man in den nächsten 10 Jahren trinken sollte.

Die pflaumendunkle Farbe des *1997er Gigondas* geht einher mit einem süßen, nach Lakritze, Teer, Weihrauch und Kirschmarmelade duftenden Bukett. Von mittlerem bis vollem Körper, ist er in einem würzigen, rustikalen Stil bereitet und gibt ziemliches Gewicht und Reichhaltigkeit zu erkennen. Aufgrund seiner niedrigen Säure und prallen, kernigen, fortgeschritten entwickelten Frucht sollte man ihn in seinen ersten 7–8 Lebensjahren trinken.

DOMAINE CHANABAS

2000	**Châteauneuf-du-Pape**	**D**	**(88–90+)**
1999	**Châteauneuf-du-Pape**	**D**	**88**
1998	**Châteauneuf-du-Pape**	**D**	**90**

Robert Champs Weinkeller liegen in Piolenc, einer kleinen Stadt nördlich von Châteauneuf-du-Pape, die als französische Hauptstadt des Knoblauchs gilt. Er produziert superbe Weine, die Beachtung verdienen. Der möglicherweise hervorragende *2000er Châteauneuf-du-Pape* ist voll gepackt mit Aromen von schwarzen Früchten, Gewürzen, getrockneten Kräutern der Provence und Brombeer-Kirschfrucht. Er prunkt am Gaumen mit einem vielschichtigen, unglaublich reichhaltigen, fruchtbeladenen Geschmack. Wenn sich noch mehr Komplexität entwickelt, ist er ein Kandidat für eine 90er Punktebewertung. Voraussichtliche Genussreife: jetzt–2015. Der komplexe *1999er Châteauneuf-du-Pape* offenbart in seinem Duft- und Geschmacksprofil Erde, Algen, schwarze Kirschmarmelade und Pfeffer, ausgezeichnete Textur, reife Frucht, mittleren bis vollen Körper und einen verführerischen Stil ohne Ecken und Kanten. Trinken Sie ihn in den nächsten 10 Jahren. Der muskulöse, gewichtige *1998er Châteauneuf-du-Pape* wartet auf mit einem ähnlichen, nach Holzkohle, verbrannter Erde, Rinderblut und schwarzen Früchten duftenden Bukett. Im Mund gibt er sich körperreich und kernig, mit mächtigen, überaus konzentrierten Geschmackskomponenten und hohem Tanningehalt. Dies ist kein Wein für Leser, die unmittelbaren Trinkgenuss suchen oder einen in modernem Stil bereiteten, geschmeidig texturierten Tropfen bevorzugen. Voraussichtliche Genussreife: 2005–2018.

DOMAINE DES CHANSSAUD

1999	**Châteauneuf-du-Pape**	**D**	**(85–87)**
1998	**Châteauneuf-du-Pape**	**D**	**89**

Der dunkelrubinrote, fruchtige und weiche *1999er Châteauneuf-du-Pape* besitzt einen mittleren Körper und dürfte wegen seiner unmittelbaren Zugänglichkeit Bewunderer finden. Obwohl er nicht genügend Substanz und Frucht besitzt, um lange Zeit zu halten, wird er doch in den nächsten 6–7 Jahren attraktiven Trinkgenuss bieten. Der *1998er Châteauneuf-du-Pape* ist strukturierter und in einem verführerischen Stil bereitet, denn er wartet auf mit einem sinnlichen Bukett von Düften nach schwarzen Früchten und Gewürzen, reichlichem Glyzerin, ausgezeichneter Reintönigkeit und Geschmackskomponenten von reifer schwarzer Kirsch- und Cassisfrucht. Ich bin vielleicht kleinlich, wenn ich ihm nicht den einen Extrapunkt für eine hervorragende Bewertung gebe. Voraussichtliche Genussreife: jetzt–2010.

DOMAINE CHANTE PERDRIX

2000	Châteauneuf-du-Pape	D	(87–88)
1999	Châteauneuf-du-Pape	D	89
1998	Châteauneuf-du-Pape	D	89
1997	Châteauneuf-du-Pape	D	86

Mir haben die Weine dieser Domaine immer gefallen und ich dezimiere auch weiterhin meinen einst beträchtlichen Vorrat des verschwenderisch-üppigen 1989ers (übrigens, er trinkt sich noch ausnehmend gut). Ihre Besitzer, Guy und Frédéric Nicolet, achten auf Überreife in ihren Weinen und produzieren daher einen der mehr schwelgerischen, exotisch duftenden, provenzalischen Châteauneufs-du-Pape.

Der *2000er Châteauneuf-du-Pape* offenbart Düfte nach exotischen Gewürzen in seinem Bukett und reichliche Nuancen von Pflaumen, Dörrzwetschgen und schwarzen Früchten in seinem Geschmack. Bei mittlerem bis vollem Körper ist dies ein opulenter, offen gewirkter und freundlicher Wein. Sein niedriger Säuregehalt und die dickliche Frucht ergeben eine üppige, entwaffnende Persönlichkeit. Genießen Sie ihn in seinem ersten Lebensjahrzehnt. Aus ganz ähnlichem Stoff ist der verführerische, komplexe *1999er Châteauneuf-du-Pape* gemacht. Exotischer in seiner Art, bietet er ein aromatisches Feuerwerk, in dem sich Noten von Kräutern der Provence, Weihrauch, Sojasauce, Lakritze sowie Brombeer-und Kirschfrucht finden lassen. Geschmeidig, sinnlich und mit Schichten von Frucht und Glyzerin sowie einem saftigen, samtig texturierten Abgang, wird er sich 7–9 Jahre schön trinken lassen.

Der tiefrubinrote *1998er Châteauneuf-du-Pape* ist sogar noch ausdrucksvoller in seiner Art und offenbart ein nach Algen, Pfeffer, Oliven, Leder und schwarzer Kirsch- und Cassisfrucht duftendes Bukett. Er besitzt einen intensiven Geschmack, mittleren bis vollen Körper, reichlich Glyzerin und einen weichen Abgang. Mehr Tiefe und ein längerer Abgang hätte ihm ein oder zwei Punkte mehr eingebracht. Voraussichtliche Genussreife: jetzt–2012.

Der *1997er Châteauneuf-du-Pape* wartet auf mit einem Bilderbuch-Bukett mit Aromen von Oliven, Pfeffer und schwarzen Kirschen, die sich mit erdigen *garrigue*-Düften vermischen. Es gibt reichliche dicke Geschmackskomponenten und für den Jahrgang überraschendes Glyzerin, tiefe Frucht und eine pflaumenhafte Reife und Reichhaltigkeit. Seine niedrige Säure und sein geschmeidiger, unmittelbar ansprechender Charakter sagen mir, dass er in seinen ersten 5–6 Lebensjahren köstlichen Trinkgenuss bieten wird.

CHAPOUTIER

1996	Banyuls	D	92
1995	Banyuls	D	93
1999	Banyuls Terra Vinya	D	(90–92)
1998	Banyuls Terra Vinya	D	93
1996	Banyuls Terra Vinya	D	92
1995	Banyuls Terra Vinya	D	91
2000	Châteauneuf-du-Pape Barbe Rac	EE	(94–96)
1999	Châteauneuf-du-Pape Barbe Rac	EE	92
1998	Châteauneuf-du-Pape Barbe Rac	EE	95
1997	Châteauneuf-du-Pape Barbe Rac	EE	(87–88)
2000	Châteauneuf-du-Pape La Bernardine	D	(90–92)
1999	Châteauneuf-du-Pape La Bernardine	D	89
1998	Châteauneuf-du-Pape La Bernardine	D	89

1997	Châteauneuf-du-Pape La Bernardine	EE	(87–89)
2000	Châteauneuf-du-Pape Croix de Bois	EE	(93–95)
1999	Châteauneuf-du-Pape Croix de Bois	EE	91
1998	Châteauneuf-du-Pape Croix de Bois	EE	94
2000	Condrieu	D	90
2000	Cornas	D	(83–85)
1999	Cornas	D	84
1998	Cornas	D	88
1997	Cornas	D	(83–85)
1997	Côte Rôtie	D	(87–89)
2000	Côte Rôtie Les Bécasses	D	(84–86)
1999	Côte Rôtie Les Bécasses	D	90
1998	Côte Rôtie Les Bécasses	D	88
2000	Côte Rôtie La Mordorée	EEE	(86–88)
1999	Côte Rôtie La Mordorée	EEE	95
1998	Côte Rôtie La Mordorée	EEE	94
1997	Côte Rôtie La Mordorée	EEE	(92–94)
2000	Coteaux d'Aix Domaine des Béates Terra d'Or	E	(92–95)
1999	Coteaux d'Aix Domaine des Béates Terra d'Or	E	93
1998	Coteaux d'Aix Domaine des Béates Terra d'Or	E	94
1997	Coteaux d'Aix Domaine des Béates Terra d'Or	E	(90–93)
2000	Coteaux d'Aix Les Béatines	B	86
1999	Coteaux d'Aix Les Béatines	B	87
1998	Coteaux d'Aix Les Béatines	B	87
2000	Coteaux du Tricastin Château des Estubiers	A	(87–89)
1999	Coteaux du Tricastin Château des Estubiers	A	88
1998	Coteaux du Tricastin Château des Estubiers	A	85
2000	Coteaux du Tricastin La Ciboise	A	(81–84)
2000	Côtes du Rhône Belleruche	A	86
2000	Crozes-Hermitage Les Meysonniers	C	(85–86)
1999	Crozes-Hermitage Les Meysonniers	C	87
1998	Crozes-Hermitage Les Meysonniers	C	87
2000	Crozes-Hermitage Les Meysonniers Blanc	C	88
1999	Crozes-Hermitage Les Meysonniers Blanc	C	84
2000	Crozes-Hermitage La Petite Ruche	C	84
1997	Crozes-Hermitage La Petite Ruche	C	86
2000	Crozes-Hermitage La Petite Ruche Blanc	C	87
1997	Crozes-Hermitage La Petite Ruche Blanc	C	85
2000	Crozes-Hermitage Les Varonniers	E	(90–93)
1999	Crozes-Hermitage Les Varonniers	E	88+
1998	Crozes-Hermitage Les Varonniers	E	91
1997	Crozes-Hermitage Les Varonniers	E	(90–93)
2000	Ermitage L'Ermite	EEE	(91–93)
1999	Ermitage L'Ermite	EEE	96+
1998	Ermitage L'Ermite	EEE	98
1997	Ermitage L'Ermite	EEE	(91–94)
2000	Ermitage L'Ermite Blanc	EEE	(98–100)
1999	Ermitage L'Ermite Blanc	EEE	100
2000	Ermitage Le Méal	EEE	(91–94)
1999	Ermitage Le Méal	EEE	93+
1998	Ermitage Le Méal	EEE	96+

1997	Ermitage Le Méal	EEE	(91–94)
2000	Ermitage Le Méal Blanc	EEE	(96–100)
1999	Ermitage Le Méal Blanc	EEE	95+
1998	Ermitage Le Méal Blanc	EEE	96
1997	Ermitage Le Méal Blanc	EEE	(96–100)
2000	Ermitage De l'Orée	EEE	(94–97+)
1999	Ermitage De l'Orée	EEE	99
1998	Ermitage De l'Orée	EEE	99
1997	Ermitage De l'Orée	EEE	(98–100)
1996	Ermitage De l'Orée	EEE	99
2000	Ermitage Le Pavillon	EEE	(96–98+)
1999	Ermitage Le Pavillon	EEE	96+
1998	Ermitage Le Pavillon	EEE	98+
1997	Ermitage Le Pavillon	EEE	(96–98)
2000	Hermitage Chante-Alouette	D	(92–94)
1999	Hermitage Chante-Alouette	D	91
1998	Hermitage Chante-Alouette	D	91
1997	Hermitage Chante-Alouette	D	90
1995	Hermitage Chante-Alouette	D	93
2000	Hermitage Mûre de Larnage	D	(86–88)
1999	Hermitage Mûre de Larnage	D	88
2000	Hermitage Mûre de Larnage Blanc	D	89
2000	Hermitage La Sizeranne	E	(87–89)
1999	Hermitage La Sizeranne	E	88
1998	Hermitage La Sizeranne	E	91
1997	Hermitage La Sizeranne	E	(87–88+?)
2000	Hermitage Vin de Paille	EEE	(91–96)
1999	Hermitage Vin de Paille	EEE	91
1997	Hermitage Vin de Paille	EEE	(96–99)
1996	Hermitage Vin de Paille	EEE	(96–99)
1995	Hermitage Vin de Paille	EEE	97
2000	Muscat de Beaumes de Venise	C	89
2000	Muscat de Rivesaltes	C	91
1997	Muscat de Rivesaltes	C	90
1997	Muscat Sec VDP Côtes Catalane	A	89
2000	St-Joseph Deschants	D	(86–88)
1999	St-Joseph Deschants	D	88
1998	St-Joseph Deschants	D	86
1997	St-Joseph Deschants	D	85
2000	St-Joseph Deschants Blanc	D	87
1999	St-Joseph Deschants Blanc	D	87
1997	St-Joseph Deschants Blanc	D	86
2000	St-Joseph Les Granits	E	(91–94)
1999	St-Joseph Les Granits	E	91
1998	St-Joseph Les Granits	E	92
1997	St-Joseph Les Granits	E	92
2000	St-Joseph Les Granits Blanc	E	(91–93)
1999	St-Joseph Les Granits Blanc	E	91
1998	St-Joseph Les Granits Blanc	E	94
1997	St-Joseph Les Granits Blanc	E	(90–93)
1996	St-Joseph Les Granits Blanc	E	93

1995	**St-Joseph Les Granits Blanc**	**E**	**94**
2000	**St-Péray Blanc**	**C**	**89**

Michel Chapoutier ist eine der faszinierendsten Persönlichkeiten in der Welt des Weins. Seine Übernahme der väterlichen Firma zog außerordentliche Folgen nach sich, denn die damit verbundene Neuorientierung hat die Weinbereitung vollkommen revolutioniert, was auch hinreichend dokumentiert wurde. Er vergrößerte den Anteil der Firma an Rebflächen in Südfrankreich, hob das qualitative Niveau seiner *négociant-* und Erzeugerabfüllungen und debütierte mit einer exquisiten Serie von Mikrocuvées aus verschiedenen Appellationen, deren Traubengut von ausgesuchten, mit alten Reben bestockten Parzellen stammt. Chapoutiers umwerfende verbale Offenheit sowie seine überschwängliche Jugendlichkeit wird von manchen seiner Winzerkollegen nicht immer mit Wohlwollen betrachtet, aber es gibt keinerlei Zweifel, dass er in weniger als zehn Jahren viele brillante Weine hergestellt hat. Seine Leidenschaft für biologisch-dynamische Anbaumethoden ist eine weitere Quelle für Streitereien mit seinen Nachbarn, aber ich habe festgestellt, dass Michel Chapoutier in den letzten Jahren reifer geworden ist und weniger kritisch mit jenen umgeht, die nicht diesem Weg folgen. Chapoutier entwickelt sich aber auch als Weinmacher. Man hat seinen Ausspruch oft zitiert: »In den späten 1980er und frühen 1990er Jahren machte ich viel ›Lärm‹, heute mache ich ›Musik‹.«

Chapoutier investiert auch weiterhin in seine Weingärten und Kellerausrüstung. Eine neue Abfüllanlage wurde installiert und der Fasskeller wurde kürzlich vervollständigt. Man hat auch das Problem der vielfachen Flaschenabfüllung behoben, und die Spitzenweine werden nun in einem einzigen Abfüllvorgang abgezogen. Dies ist ein wichtiger Unterschied zu früher, der garantiert, dass die Verbraucher in aller Welt den gleichen Wein erhalten, im Gegensatz zu solchen *négociants* und Winzern, die weiterhin eine mehrfache *mise* durchführen, was eine frustrierende Anzahl von Abfüllungen auf dem Markt zur Folge hat. Ganz gleich, welche Änderungen Chapoutier vornimmt (er klingt allmählich wie Kaliforniens Tim Mondavi, wenn er von »Obsession für Geschmeidigkeit und Finesse« spricht), jedenfalls hat er dem Rhônetal und der ganzen Welt viel Gesprächsstoff geliefert. Die Qualität seiner Weine ist oftmals hervorragend und seine ehrgeizigen neuen Projekte in Südfrankreich, ganz zu schweigen von Australien, ergeben Weine von oftmals hoher und manchmal brillanter Qualität.

Ein Gebiet, auf dem Chapoutier merkliche Fortschritte gemacht hat, sind die im Edelstahltank vergorenen und ausgebauten leichteren Weißweine. Dies wird ganz offensichtlich in Weinen wie dem 2000er Crozes-Hermitage Petite Ruche, 2000er Crozes-Hermitage Les Meysonniers, 2000er St-Péray Blanc und 2000er St-Joseph Deschants. All diese Cuvées sind voll gepackt mit Frucht. Der *2000er Crozes-Hermitage Petite Ruche* offenbart ein bezauberndes Bukett und reife, mineralische Geschmackskomponenten von Orangen, gute Frucht, ausgezeichnete Reintönigkeit und einen spritzigen, trockenen Abgang. Der *2000er Crozes-Hermitage Les Meysonniers* gibt mehr Textur zu erkennen, einen ähnlich zitrusfruchtigen, mineralisch getränkten Stil, lebendige Frucht am mittleren Gaumen, einen mittleren Körper und Länge. Beide Weißweine sollten sich einige Jahre schön trinken lassen. Die für mich größte Überraschung ist Chapoutiers *2000er St-Péray Blanc*. Es ist gut, dass Chapoutier und einige wenige Kollegen versuchen, diese lang vergessene Appellation südlich von Cornas wieder zu beleben. Eine *assemblage* aus Marsanne und Roussanne, deren Reben in zersetztem Kalkstein wachsen, offenbart dieser Wein in seiner mineralischen und spritzigen, zitronenhaften und würzigen Persönlichkeit Chablis-ähnliche Eigenschaften. Von leichtem bis mittlerem Körper, reintönig und messerscharf konturiert, ist dies ein Überraschungserfolg in Chapoutiers Portfolio. Leider wurden nur 8000 Kisten produziert. Der *2000er St-Joseph Deschants,* dessen Reben auf Granitböden wachsen, offenbart in Duft und Geschmack Aromen von Orangen, Mandarinen und anderen tropischen Früchten, ausgezeichnete Konzentration und einen langen, spritzigen Abgang. Von mittlerem Körper, ist er wie seine Brüder voll gepackt mit Frucht. Leser, die nach einem überraschend starken und nicht ganz so teuren weißen Hermitage Ausschau halten, sollten sich den *2000er Hermitage Mûre de Larnage* besorgen, der aus Trauben von jungen Rebstöcken gekeltert wurde. Der körperreiche, kernige, fleischige weiße Hermitage wird in Duft und Geschmack von Aromen von Akazienblüten, Fino-Sherry und Anklängen von Honig dominiert. Um diesen Wein herstellen zu können, wird Chapoutier die Produktion seines Chante-Alouette einstellen. Er sollte sich ein Jahrzehnt schön trinken lassen.

Michel Chapoutier, der nie um Worte verlegen ist, erklärte den 2000er zum besten Jahrgang für Weißweine seit seiner Übernahme der Firma in den späten 1980er Jahren. Die Kraft des *2000er Hermitage Chante-Alouette* würde jeden zum gläubigen Menschen machen. Dies ist eine sensationelle, körperreiche Cuvée mit einer öligen Textur, prächtigen Noten rauchiger, hefeduftiger Frucht und einem reifen, nach Chinin, Geißblatt, Ananas und Fino-Sherry duftenden Bukett. Reich ausstaffiert und lang, sollte dieser Wein 20–25 Jahre lang halten und 4–5 Jahre köstlich schmecken, bevor er sich dann verschließen wird. Obwohl die *1999er Hermitage Chante-Alouette* in einem ganz ähnlichen Stil bereitet wurde, ist sie dennoch weniger voluminös und expansiv. Ein Bilderbuch-Bukett mit Düften nach Mineralien, Kalk, weißen Blumen und honigfeinen Zitrusfrüchten führt zu einem wuchtigen, konzentrierten, körperreichen Wein, der mit guter Säure, einer markanten Geschmacksqualität von flüssigen Mineralien und kraftvollem Abgang ausgestattet ist. Im Glas offenbart dieser viskose, konzentrierte Wein dem Elsässer Riesling ähnliche Petrolnoten. Der superbe *1998er Hermitage Chante-Alouette* zeigt sich von seiner guten Seite. Eine leicht goldene Farbe geht einher mit tiefen, konzentrierten Nuancen von geschmolzener Lakritze, Mineralien, Ananas, Chinin und Honig. Körperreich, gehaltvoll und dicht, sollte man diesen Wein jetzt–2005 probieren, ihn dann von 2005–2010 in den Keller legen und ihn danach in den folgenden 10–15 Jahren trinken. Der burgunderähnliche *1997er Hermitage Chante-Alouette* erreicht einen natürlichen potenziellen Alkoholgehalt von 13,9%. Er bietet das für einen weißen Spitzen-Hermitage sprichwörtliche Aromaprofil von Akazienblüten, weißen Pfirsichen, honigfeinen Zitrusfrüchten. Körperreich und mit gutem Fett und Glyzerin ausgestattet, eignet er sich ideal zum Trinkgenuss in den nächsten 8 Jahren (obwohl er zweifellos länger halten wird). Der mächtige *1995er Hermitage Chante-Alouette* ist ein intensiv konzentrierter Wein mit Aromen von honigfeinen Pfirsichen und Birnen. Er offenbart große Mengen von Frucht und kernige Textur, einen langen und üppigen Geschmack und eine für einen derartig mächtigen und intensiven Wein dezente Säure. Entweder Sie trinken ihn jetzt oder legen ihn für 10–15 Jahre in den Keller.

Chapoutier stellt auch weiterhin gute Condrieus her. Der *2000er Condrieu* (ein guter Jahrgang für diese Appellation) wartet auf mit hervorragender Reife und Reichhaltigkeit, sowie einem texturierten, vielschichtigen Gefühl im Mund. Der Wein besitzt in Duft und Geschmack die für die Viognier-Traube typischen Condrieu-Eigenschaften wie Mineralien, die sich mit Aprikosen und Pfirsichmarmelade vermischen. Trinken Sie ihn in den nächsten 1–2 Jahren.

Der beste Weißwein der St-Joseph-Appellation ist Chapoutiers aus 100% Marsanne hergestellter Les Granits. Der leicht goldfarbene *2000er St-Joseph Les Granits Blanc* zeigt ein pfirsichhaftes Bukett (erinnert an Viognier), in das sich Düfte nach Äpfeln, Marmelade und Mandarinen mischen. Vielschichtig, körperreich, extrahiert und gehaltvoll, mit dem Gewicht und der Tiefe eines weißen Grand Cru aus Burgund, sollte er sich 7–8 Jahre schön trinken lassen. Der *1999er St-Joseph Les Granits Blanc* bietet ein überwältigendes Bukett von Grand Marnier, flüssigen Mineralien und Akazienblüten. Weich, reif und körperreich, ist dies ein erstaunlich vollendeter Wein. Genießen Sie ihn in den nächsten 5–6 Jahren. Der *1998er St-Joseph Les Granits Blanc* wartet auf mit einem explosiven Bukett, in dem sich Düfte nach Orangenlikör, Geißblatt, Pfirsichen und Akazienblüten vermischen. Körperreich und ausgestattet mit vielschichtiger Konzentration, lebendiger Säure und einem verführerischen Abgang, sollte dieser Wein sich ein Jahrzehnt gut trinken lassen. Leicht alkoholbetont, bietet der *1997er St-Joseph Les Granits Blanc* ein nach Aprikosen- und Orangenlikör duftendes Bukett, das einhergeht mit dem ausgesprochen mineralischen Charakter des Granitbodens der Parzelle, in der die 80-jährigen Reben wachsen. Die Trauben für den *1996er St-Joseph Les Granits Blanc* stammen aus unglaublich winzigen Erträgen von 10–15 hl/ha. Er offenbart in Duft und Geschmack einen bemerkenswerten, von flüssigen Mineralien und Orangenmarmelade geprägten Charakter. Der intensive, wundervoll reintönige Wein von mittlerem bis vollem Körper dürfte sich ein Jahrzehnt schön trinken lassen. Sollten Sie auf der Suche nach unmittelbarem Trinkgenuss sein, sollten Sie lieber nach dem 1997er Ausschau halten, der aufgrund seiner niedrigen Säure eine schnellere Entwicklung erleben wird, als dies beim 1996er der Fall sein dürfte – ungefähr 7–10 Jahre. Der *1995er St-Joseph Les Granits Blanc* ist ein gehaltvoller, körperreicher Wein, der voll gepackt ist mit Glyzerin und einer deutlich mineralischen Komponente, die sich mit Aprikosen-Pfirsichfrucht verbindet. Er ist ein wunderbar dichter, kräftiger, aber eleganter weißer St-Joseph, der zusammen mit dem 1996er 10–15 Jahre schön altern wird.

Ich bin ein riesiger Fan von Chapoutiers weißen Hermitages, die für mich, zusammen mit den Weißweinen von Chave, zu den besten der ganzen Appellation gehören. Keiner von ihnen ist gewaltiger als der Ermitage De l'Orée, ein Wein, der zu 100% aus Marsanne von alten Reben gekeltert wurde und von dem es leider nur 600 Kisten gibt. Ich habe seit 1991 von diesem Wein so viel gekauft, wie ich bekommen konnte. Der Montrachet von Hermitage wartet mit einem vollen Körper auf, einem nahezu nicht enden wollenden Alterungspotenzial (mindestens 50 Jahre), einer außergewöhnlichen Textur und einer komplexen, nuancierten Persönlichkeit. Chapoutier meint, dass sein *2000er Ermitage De l'Orée* sogar noch besser ist als sein 1999er – was einiges heißen will. Seine leicht mittelgoldene Farbe geht einher mit prächtigen Aromen von blumigen Früchten, einem hohen Glyzeringehalt, reichlich Muskeln und Struktur. Dennoch offenbart er einen verschlossenen und verhalten entwickelten Stil. Obwohl er sich im Mund voluminös und gewichtig zeigt (ohne Zweifel ist dies ein 50-Jahre-Wein), ist es nicht einfach, schon jetzt eine ähnlich transparente Interpretation seines *terroirs* zu erkennen, wie dies beim abgefüllten 1999er der Fall ist. Trotzdem ist dies ein verführerischer, körperreicher, massiv ausgestatteter Weißwein, der nach seiner Flaschenabfüllung sogar noch besser werden sollte. Der ehrfurchtgebietende *1999er Ermitage De l'Orée* liebäugelt mit Perfektion. Er ist körperreich und legt ein unglaubliches Aromaprofil von flüssigen Mineralien, Lakritze, Geißblatt, Zitrusfrüchten und Spuren von tropischen Früchten an den Tag. Der Ausbau erfolgte in zu 100% neuen Eichenholzfässern, wobei die geschmacklichen Folgen vollständig von der Frucht und dem Glyzerin dieses Weins absorbiert wurden. Aus unglaublich niedrigen Erträgen von 12–15 hl/ha ist dies eine Glanzleistung der Weinbereitung. Jedoch sollten die Leser verstehen, dass dies auch ungewöhnliche Weine hinsichtlich ihrer Trinkreife sind. Sie geben sich 4–5 Jahre nach ihrer Flaschenabfüllung außergewöhnlich gut, dann verschließen sie sich, bis sie 12 Jahre alt sind und können dann 4–5 Jahrzehnte halten. Voraussichtliche Genussreife: jetzt–2006; 2012–2050.

Der *1998er Ermitage De l'Orée* wartet auf mit einem explosiven, nach flüssigen Mineralien, honigfeinen Früchten, Pfirsichen und Akazienblüten duftenden Bukett. Erstaunlicherweise wurden die geschmacklichen Folgen des Ausbaus in zu 100% neuen Eichenholzfässern vollkommen absorbiert. Der Wein ist extrem körperreich, frisch und reintönig und offenbart eine immense Präsenz am Gaumen und während seines Abgangs. Trinken Sie ihn in den nächsten 4–5 Jahren oder vergessen Sie ihn während der nächsten 10 Jahre. Der *1997er Ermitage De l'Orée* ist ein riesiger, kerniger, multidimensionaler Wein mit spektakulärer Konzentration und Reichhaltigkeit. Kurz gesagt, diese Weine muss man verkostet haben, um es zu glauben. Der *1996er Ermitage De l'Orée* besitzt mit den erstaunlichsten Glyzeringehalt, den ich jemals bei einem trockenen Weißwein angetroffen habe. Es ist wahr, beide Weine stellen den Inbegriff eines weißen Hermitage dar. Sie besitzen außergewöhnliche Intensität, vollen Körper, die vielschichtige Textur eines großartigen Montrachet und intensive, honigfeine, mineralische Frucht, die sich mit bemerkenswerter Reichhaltigkeit und ohne eine Spur von Schwerfälligkeit über den Gaumen verbreitet. Beide Weine sollten mindestens 40–50 Jahre halten – sorgsame Lagerung vorausgesetzt. Öffnen Sie sie nicht vor 2010.

1997 führte Michel Chapoutier mit dem Namen Le Méal eine weitere Luxuscuvée von weißem Hermitage ein. Dieser weiße Ermitage Le Méal ist kein muskelbepackter, körperreicher und öliger Wein wie der l'Orée. Trotzdem handelt es sich normalerweise um einen beeindruckenden Wein. Der erstaunliche *2000er Ermitage Le Méal* besitzt einen riesigen Glyzeringehalt, Intensität und Konzentration, wie ich es in ähnlicher Weise nie vorher bei einem weißen Hermitage verkostet habe. Es ist schwer zu sagen, wohin dieser Wein gehen oder wie lange er brauchen wird, um dorthin zu gelangen, aber dies wird ein fesselndes Anschauungsobjekt für wahre Kenner werden. Voraussichtliche Genussreife: 2012–2060+? Die brillanten Leistungen gehen weiter mit Chapoutiers *1999er Ermitage Le Méal*, dem Inbegriff eines Likörs aus weißem Hermitage. Aromen von Birnenlikör vermengen sich mit Fino-Sherry, Pfirsichen, Mineralien, Nüssen und Lakritze in einem erstaunlich konzentrierten, superextrahierten Stil, dem es gelingt, sowohl köstlich als auch präzise zu sein. Ein weiterer trockener 40–50-Jahre-Weißwein, der sich zweifellos in 3–4 Jahren verschließen und ein Jahrzehnt später wieder öffnen wird. Der *1998er Ermitage Le Méal* bietet in Duft und Geschmack Aromen von Butterkaramell in seiner körperreichen, dicken und saftigen Persönlichkeit. Er besitzt die gleiche flüssige mineralische Art wie die anderen Hermitage-Cuvées, aber gibt mehr Eichenholzwürze zu erkennen. Ein erstaunlich vielschichtiger Wein! Voraussichtliche Genussreife: 2007–2030. Der *1997er Ermitage Le Méal* bietet in seiner Frucht zusätzlich zu den Kirschnoten noch weitere Grand-Marnier-Eigenschaften. Er ist ein immenser, körperreicher, fabelhaft wuchtiger und konzentrierter Weißwein mit einem stahligen Abgang. Es gibt ungefähr 300 Kisten dieses spektakulären Tropfens. Gehen Sie auf die Suche nach ihm, da er sich in 3–4 Jahren verschließen und 3–4 Jahrzehnte halten wird.

Zu den größten trockenen Weißweinen, die ich jemals verkostet habe, gehören der 1999er und 2000er Ermitage L'Hermite. Der *2000er Ermitage L'Hermite Blanc* ist im Grunde genommen mit seinem 1999er Kollegen identisch, obwohl er eine Spur mehr Gewicht und Öl, dabei aber erstaunliche Frische und Definition besitzt. Der *1999er Ermitage L'Hermite Blanc* ist ein einziger flüssig gewordener, mineralischer und kristalliner Traum. Er ist der Inbegriff seiner Trauben und seines *terroirs*. Er mag überhaupt die größte Interpretation von *terroir* sein, die ich neben einigen Elsässer Rieslingen (Clos St-Hune kommt mir in den Sinn) erlebt habe. Er besitzt diesen transparenten Charakter, von dem die *Terroir*-isten mehr reden, als ihn zu erkennen. Ihn zu trinken ist wie der Genuss flüssig gewordenen Steins, in den sich Aromen von weißen Blumen, Lakritze und honigfeine Früchte mischen. Von geradezu erschreckender Reintönigkeit, dicht und klar umrissen, gibt es keinen wirklichen Fruchtcharakter, nur Glyzerin, Alkohol und flüssige Steine. So viel dazu, aber, wow, was für ein Ausdruck! Voraussichtliche Genussreife: 2012–2050. Dies sind alles enorme Weine für wenige Kenner.

Michel Chapoutier produziert auf seiner Domaine des Béates die besten Weine der Coteaux d'Aix en Provence. Die Spitzencuvée, sie kommt aus einer Monopol-Lage, heißt Terra d'Or. Normalerweise ist das eine *assemblage* aus 40% Cabernet Sauvignon, 40% Syrah und 20% Grenache und wird in zu 100% neuen Eichenholzfässern ausgebaut, ohne Schönung und Filtration in Flaschen abgefüllt. Sie kann 20–25 Jahre halten. Die beiden anderen Cuvées heißen Les Béatines und Les Matines.

Der *2000er Coteaux d'Aix Les Béatines* ist ein süßer, dicklicher Wein, der viel Kirschgeist in seinen Aromen vorweisen kann, in denen aber auch Noten von harzigem Balsaholz auftauchen. Ausgestattet mit feiner Reife und einer weichen Textur, sollte er 2–3 Jahre halten. Der *1999er Coteaux d'Aix Les Béatines* ist sogar ein besserer Wein, der ein dramatisches

Aroma von Kräutern der Provence, Kirschlikör und Erde an den Tag legt. Dieser würzige, frische, an einen Zinfandel erinnernde Wein von mittlerem Körper besitzt süße Frucht und leichtes Tannin. Voraussichtliche Genussreife: jetzt–2005. Der *1999er Coteaux d'Aix Domaine des Béates* könnte sich als hervorragend herausstellen. Er ist ein wuchtiger, schwarzrubinroter Wein von mittlerem bis vollem Körper, der in Duft und Geschmack reichliche Mengen süßer schwarzer Johannisbeeren und Brombeerfrucht zu erkennen gibt, niedrige Säure und süßes Tannin und zusätzlich ein Gefühl von Eleganz und Harmonie vermittelt. Ein beeindruckend gebauter Wein, dessen Abgang lange anhält. Er sollte 15 Jahre halten. Der dunkelrubinrote *1998er Coteaux d'Aix Domaine des Béates* ist ebenfalls ein sehr guter Wein, der in Duft und Geschmack mehr Aromen von Sattelleder, schwarzen Kirschen, Kräutern, Erde und Düfte aus der Gewürzkiste aufweist. Hinzu kommen ein mittlerer Körper und leichtes Tannin. Er dürfte sich ein Jahrzehnt oder länger schön trinken lassen.

Die tintenschwarze-purpurrote Farbe des *2000er Coteaux d'Aix Domaine des Béates Terra d'Or* geht einher mit verschwenderischen Aromen von Brombeeren und Cassis, die sich mit Rauch, geröstetem Kaffee, Schokolade, Lakritze und Mineralien vermischen. Mächtig, dicht und blendend konzentriert, sollte sich dieser nahtlose 2000er zwei Jahrzehnte lang schön trinken lassen. Der exquisite, undurchdringlich purpurrote *1999er Coteaux d'Aix Domaine des Béates Terra d'Or* bietet ein prächtiges, nach Mineralien und in Lakritze getauchten schwarzen Früchten duftendes Bukett, einen riesigen Körper, fabelhafte Konzentration und einen langen, süßen Abgang, in dem sich ein beachtenswerter Gehalt an Crème de Cassis, Brombeeren und toastwürzigem Eichenholz ausbreitet. Dieser enorme Wein zeigt bemerkenswerte Ausgewogenheit. Voraussichtliche Genussreife: 2006–2020. Der *1998er Coteaux d'Aix Domaine des Béates Terra d'Or* ist eine erstaunliche Leistung. Ausgestattet mit einer undurchdringlichen purpurroten Farbe, einem explosiven, nach Brombeerlikör, Mineralien, Blumen und Toast duftenden Bukett, füllt dieser massive, konzentrierte Wein den Mund mit Schichten von reifen schwarzen Früchten, die in Rauch, Mineralien und toastwürzigem Eichenholz eingeweicht wurden. Befindet er sich im Glas, entströmen ihm Noten von Lakritze. Von außergewöhnlicher Konzentration, Reintönigkeit und Ausgewogenheit, wird er jetzt–2020 am besten sein. Es ist bemerkenswert, dass der *1997er Coteaux d'Aix Domaine des Béates Terra d'Or* gehaltvoller und konzentrierter ist. Wahrscheinlich der beste Wein, den ich aus dieser Region jemals verkostet habe. Er legt eine satte schwarz-purpurrote Farbe an den Tag und bietet dickliche Aromen von schwarzen Himbeeren, Brombeeren, Weihrauch, Rauch, Fenchel und toastwürzigem Eichenholz. Äußerst körperreich, kernig und ölig texturiert, ist er ein eindrucksvoll konzentriertes, verführerisches Beispiel dafür, was man in dieser Region Südfrankreichs erreichen kann. Voraussichtliche Genussreife: jetzt bis 2020. Die Angebote des Château des Estubiers von den Coteaux du Tricastin lohnen ebenfalls die Mühe, sie näher unter die Lupe zu nehmen. Der *2000er Coteaux du Tricastin Château des Estubiers* offenbart eine satte rubin-purpurrote Farbe, die einhergeht mit Glyzerin und Alkohol. Er dürfte sich 6–7 Jahre schön trinken lassen. Der üppige und saftige *1999er Coteaux du Tricastin Château des Estubiers* liegt knapp unterhalb der Grenze zur hervorragenden Leistung. Ganze Wagenladungen an Düften nach Schwarzkirsch- und Johannisbeerfrucht entströmen dem Glas. Von mittlerem bis vollem Körper, fruchtbetont und ausgestattet mit jeder Menge Glyzerin und Säure, um sowohl Konturenschärfe als auch ein sauberes Gefühl im Mund zu vermitteln, ist dies ein hedonistischer Rotwein, den Sie in den nächsten 3–4 Jahren trinken sollten. Der *1998er Coteaux du Tricastin Château des Estubiers* ist ein solide gebauter, rustikaler und komprimierter Wein, der in Duft und Geschmack Aromen von getrockneten Kräutern und Kirschfrucht bietet.

Der geschmeidige, weiche und reichfruchtige *2000er Crozes-Hermitage La Petite Ruche* ist sicherlich einer der besten Crozes, die Chapoutier jemals gemacht hat, und zum Trinkgenuss in seinen ersten Lebensjahren bestimmt. Sein Syrah-Charakter wird durch seine von schwarzer Frucht geprägte und kräuterüberhauchte Eleganz sichtbar.

Der weiche *2000er Crozes-Hermitage Les Meysonniers* offenbart mittleren Körper, niedrige Säure, angenehm fruchtige, von Düften nach Johannisbeeren und Kräutern überhauchte Geschmackskomponenten und schöne Reife. Er ist gut bereitet und ein verbraucherfreundlicher, nicht gerade bemerkenswerter Tropfen. Das Gleiche kann man vom *1999er Crozes-Hermitage Les Meysonniers* sagen. Er besitzt eine mittelrubinrote Farbe, pikante Beerenfrucht und einen frischen Abgang, in dem Noten von Fenchel und Lakritze spürbar werden. Trinken Sie ihn in den nächsten 3–4 Jahren. Der *1998er Crozes-Hermitage Les Meysonniers* stellt sich als ein schmackhafter, gehaltvoller, kerniger Vertreter seiner Appellation dar, der gerade dabei ist, sich zu verschließen. Er offenbart reichliche Mengen an roten und schwarzen Früchten, viel getrocknete Kräuter, Noten von Fleisch und Rauch, einen mittleren Körper und einen etwas tanninhaltigen Abgang. Trinken Sie ihn während seiner ersten 5–7 Lebensjahre, um von seiner Überschwänglichkeit und Würze zu profitieren.

Um die Qualität seines Hermitage La Sizeranne zu heben, hat Chapoutier den Most aus Traubengut von jüngeren Rebstöcken deklassifiziert und eine eigene Cuvée namens Ermitage Mûre de Larnage auf den Markt gebracht. Der *2000er Ermitage Mûre de Larnage* ist ein süßer, reifer und fruchtiger Wein, der jedoch weder die Tiefe noch die Konzentration seines 1999er Kollegen besitzt. Er ist wohl zum Trinkgenuss in seinen ersten 5–7 Lebensjahren bestimmt. Der köstliche *1999er Ermitage Mûre de Larnage* bietet ein nach Cassis, Rauch, Fenchel und Erde duftendes Bukett. Dieser vordergründige, geschmeidige, sinnliche und zugängliche Wein von mittlerem Körper wird sich 7–8 Jahre schön trinken lassen.

Der Hermitage La Sizeranne ist ein beständig günstiger Kauf. Der *2000er Hermitage La Sizeranne* zeigt sich als eleganter, reintöniger Wein mit sehr guter bis ausgezeichneter Tiefe und offenbart einen größeren Tanningehalt und beträchtlich mehr Konzentration und Reife sowie am mittleren Gaumen eine süßere, fettere und fleischigere Art als sein Kollege des 1999er Jahrgangs. Voraussichtliche Genussreife: 2004–2014. Der *1999er Hermitage La Sizeranne* ist ein eleganterer und in einem leichteren Stil bereiteter Wein. Von tiefrubinroter Farbe, offenbart er Noten von Pflaumen, Feigen, Cassis und das beim Hermitage gelegentlich auftretende tintige Aroma. Von mittlerem bis vollem Körper, mit mäßigem Tanningehalt und einem kurzen Abgang, wird dieser Wein jetzt–2012 am besten schmecken. Der *1998er Hermitage La Sizeranne* gehört zu den besten Hermitage-Weinen, die Chapoutier jemals gelungen sind. Er schmeckt aus der Flasche sogar noch besser als aus dem Fass und wartet auf mit einem nach Erde, Rauch und süßen Johannisbeeren duftenden Bukett, großen, kernigen, körperreichen Geschmacksnuancen und einer ausgezeichneten Textur. Eine fesselnde Note von flüssigen Mineralien verbindet sich mit seinen tiefen, süßen, reifen Geschmackskomponenten. Dieser Wein wurde aus niedrigen Erträgen von 15 hl/ha hergestellt und in zu 50% neuen Eichenholzfässern ausgebaut. Die Erntemenge war um 40% kleiner, als dies normalerweise der Fall ist. Voraussichtliche Genussreife: 2004–2025. Der *1997er Hermitage La Sizeranne* besitzt Tannin in Hülle und Fülle, von denen einige vegetabil und grün sind. Der Wein ist trocken und strukturiert, mit einem harten Abgang. Michel Chapoutier meint, dass dies sein bester La Sizeranne seit 1990 ist, aber meine Degustationsnotizen sprechen eine andere Sprache. Er legt zwar eine beeindruckende Farbe an den Tag, aber der Wein ist besonders im Abgang schmalbrüstig und komprimiert.

Chapoutier leistet mit seinem St-Joseph wirklich gute Arbeit und der Deschants ist beständig einer der besten Weine, die man aus seiner Angebotspalette für Geld bekommen kann. Der *2000er St-Joseph Deschants* offenbart eine weiche, runde, burgunderähnliche Persönlichkeit, die in Duft und Geschmack angefüllt ist mit Aromen von großen, süßen schwarzen Kirschen und Johannisbeeren, in die sich Düfte aus der Gewürzkiste und von Lavendel mischen. An diesem köstlichen, molligen Wein werden in den nächsten 6–7 Jahren viele Menschen großen Gefallen finden – ein Wein für jedermann. Der dunkelrubinrote *1999er St-Joseph Deschants* offenbart einen typischen, von flüssigem Granit geprägten Charakter, in dem auch florale Komponenten und der Duft von schwarzen Früchten zu erkennen sind. Auf der Zunge werden bei diesem bereits jetzt zugänglichen und köstlichen Wein ganze Wagenladungen an Frucht spürbar. Genießen Sie ihn in den nächsten 5–6 Jahren. Der *1998er St-Joseph Deschants* offenbart eine dunkelrubin-purpurrote Farbe sowie ein ausgezeichnetes, nach schwarzen Kirschen und Beeren duftendes Bukett, das eine hintergründige mineralische Komponente erkennen lässt. In seinem sauberen Abgang taucht pikante Säure auf.

Chapoutier kauft das Traubengut für seinen Cornas von einem recht bekannten Produzenten dieser Appellation. Der *2000er Cornas* ist von leichtem bis mittlerem Körper und offenbart Aromen von Pflaumen und Johannisbeerfrucht, die sich mit Erde und staubigen Tanninen vermischen. Trinken Sie ihn in den nächsten 5–6 Jahren, bevor er noch mehr austrocknet. Aus welchen Gründen auch immer: Der abgefüllte *1999er Cornas* schmeckt streng, mager und lässt keine Frucht erkennen. Die Anklänge an Feigen, Pflaumen und ausgewaschene Johannisbeerfrüchte enttäuschten. Der *1998er Cornas*, der im vorherigen Jahr sehr gut war, scheint zwar rustikaler und tanninhaltiger, aber ohne dieses Mehr an Tiefe und Konzentration, das ich im vergangenen Jahr feststellen konnte. Seine dunkelrubinrote Farbe geht einher mit einem pfeffrigen, nach Brombeeren und Staub duftenden Bukett und einem mäßig ausgestatteten, tanninhaltigen und komprimierten Geschmack. Er wird wohl austrocknen, und ich bin auch über einen höheren Säuregehalt als im vorherigen Jahr besorgt. Der gradlinige, im Barrique ausgebaute *1997er Cornas* offenbart eine dunkelrubin-purpurrote Farbe und in seinem Aromaprofil reife Brombeer- und Cassisfrucht. Jedoch ist dies ein schmalbrüstiger Wein, der in seinem mageren, strengen Abgang austrocknet.

Der *2000er Côte Rôtie Les Bécasses* gibt ein Aromaprofil von Beeren, Oliven und getrockneten Kräutern zu erkennen, aber ihm fehlen Volumen, Geschmacksintensität und die komplette Art des 1999ers. Trinken Sie diesen Wein von leichterem Stil in seinen ersten 7–8 Lebensjahren. Der *1999er Côte Rôtie Les Bécasses* ist der beste Côte Rôtie seit Jahren, den Chapoutier auf diesem Preisniveau hergestellt hat. Er wartet auf mit einem klassischen, nach Cassis, Rauch, Espresso und Tapenade duftenden Bukett. Würzig, gehaltvoll und von mittlerem bis vollem Körper, ist dies ein sowohl sinnlicher als auch eleganter Wein. Er sollte sich 12–15 Jahre schön trinken lassen. Der beeindruckende, dunkelrubin-purpurrote *1998er Côte Rôtie Les Bécasses* bietet Aromen von schwarzen Oliven, Rauch, Speck und Cassis. Dieser frische, herbe, aber konzentrierte Côte Rôtie von mittlerem Körper kann jetzt und auch in den nächsten 10–12 Jahren getrunken werden.

Der *1997er Côte Rôtie* ist ein süßer und schmeichelnder Wein mit einem Bilderbuch-Bukett mit Düften nach schwarzen Oliven, Speck, schwarzen Himbeeren und Kirschen. Von mittlerem Körper, guter Dichte und Reife ist er in einem zugänglichen, weichen Stil bereitet. Es sind zwar genügend Tannine vorhanden, aber da der Wein einen niedrigen Säuregehalt aufweist, erscheinen sie verbraucherfreundlich.

Chapoutier ist eine ausgezeichnete Quelle für Châteauneuf-du-Pape, obwohl ja seine Keller in Tain l'Hermitage liegen und nicht im südlichen Rhônetal. Aus seinem bedeutenden Weinbergbestand in Châteauneuf-du-Pape produziert er drei Cuvées: La Bernardine und zwei nach ihrer Lage benannte Weine, Barbe Rac und Croix de Bois. Der *2000er Châteauneuf-du-Pape La Bernardine* offenbart ein klassisches, nach Kräutern der Provence duftendes Bukett mit Anklängen an Lavendel und Kirschgeist. Ausdrucksvoll, weich, fett, sinnlich und mit prachtvollem Fruchtgeschmack, ist dies ein dekadent gehaltvoller, konzentrierter 2000er, den Sie in seinem ersten Lebensjahrzehnt trinken sollten. Der *1999er Châteauneuf-du-Pape La Bernardine* bietet ein süßes, nach dicklichen schwarzen Kirschen, Cassis, Lakritze und Mineralien duftendes Bukett, mäßiges Tannin, einen mittleren bis vollen Körper und ausgezeichnete Reife und Fülle. Der Wein sollte 10–12 Jahre gut halten. Chapoutiers *1998er Châteauneuf-du-Pape La Bernardine* (es wurden 100000 Flaschen produziert) könnte sich als hervorragend erweisen. Er schmeckt aus der Flasche sogar noch besser als aus dem Fass. Chapoutier ist der Meinung, dass dies sein bester Châteauneuf-du-Pape La

Bernardine seit dem 1990er ist, den er noch höher einstuft, gefolgt vom 1995er. Der 1998er offenbart eine tiefe pflaumendunkle-granatrote Farbe und ein kräftiges, rauchiges Bukett mit Düften nach getrockneten Kräutern, schwarzer Kirschmarmelade, Pflaumen und Lakritze. Der Wein zeigt exzellente Konzentration, beträchtliche Geschmacksaromen aus der Gewürzkiste, am mittleren Gaumen dichte, kernige Art und einen langen, mäßig tanninreichen Abgang. Er kann schon jetzt getrunken werden, sollte aber weitere 12–15 Jahre halten. Der *1997er Châteauneuf-du-Pape La Bernardine* gibt ein nach Kräutern der Provence, Kirschgeist, Lakritze, Kirschen und Gewürzen duftendes Bukett zu erkennen. Von mittlerem bis vollem Körper, weich, rund und in seinem geschmeidigen Abgang mit zu Kopf steigendem Alkohol, wird er sich schon jetzt trinken lassen, aber auch weitere 5–7 Jahre halten.

Vom Barbe Rac und dem Croix de Bois gibt es jeweils ungefähr 500 Kisten. Der Barbe Rac stammt aus einer im Jahr 1901 bestockten Parzelle im Westen von Châteauneuf-du-Pape. Der Croix de Bois stammt aus Weingärten im Osten der Appellation, auf deren Lehmboden die berühmten Les Galets Roulés liegen (unter denen sich Steine und Felsbrocken in der Größe von Melonen und Fußbällen finden lassen und die einen großen Teil der Appellation bedecken). Beide Weine sind in der Regel reif, konzentriert, wuchtig und mit einem Alkoholgehalt von 15,5%, was typisch ist in großen Jahrgängen wie 2000, 1999 und 1998.

Der *2000er Châteauneuf-du-Pape Barbe Rac* scheint einer der größten jemals produzierten Barbe Rac zu sein und wird mit seinen Rivalen aus den Jahren 1998 und 1990 mithalten können. Er offenbart in seinem Aromaprofil die Quintessenz von schwarzer Kirschfrucht, die sich mit rosinenhaften Anklängen sowie Kräutern der Provence (insbesondere Lavendel), gebratenem Fleisch und extrem reifer Frucht, die sich schon fast backpflaumenhaft ausnimmt, vermischt. Mit seiner fabelhaften, öligen Textur, einem sinnlichen, körperreichen Geschmack am Gaumen und einem 45 Sekunden andauernden Abgang, ist dies ein verschwenderischer Châteauneuf-du-Pape. Voraussichtliche Genussreife: jetzt–2020. Obwohl der *1999er Châteauneuf-du-Pape Barbe Rac* nicht ganz so hervorragend ausgefallen ist wie der 1998er, ist er dennoch ein wunderschöner, mittel-dunkelrubinroter Wein mit einem prächtigen, süßen Bukett, das nach Kirschgeist, Kräutern der Provence, Lakritze, Erde und Gewürzen duftet. Der Ertrag lag bei erstaunlich niedrigen 15 hl/ha. Der Wein besitzt einen vollen Körper, ausgezeichnete Konzentration und einen langen Abgang. Voraussichtliche Genussreife: jetzt–2016. Der *1998er Châteauneuf-du-Pape Barbe Rac* prunkt mit einer pflaumendunklen purpurroten Farbe, die einhergeht mit einem nach Rauch, Kirschgeist, gebratenem Fleisch und Sattelleder duftenden Bukett. Der Wein benötigte ein ganzes Jahr, um trocken zu vergären. Das Ergebnis ist ein gigantischer, körperreicher, überragend konzentrierter Châteauneuf-du-Pape, der in seinem Geschmack vielfache Nuancen von Gewürzen und Christstollen offenbart. Sein lustbetonter, zu Kopf steigender, alkoholreicher Abgang wird von reichlichen Mengen Glyzerin und dichter, vielschichtiger Frucht gut im Gleichgewicht gehalten. Zögern Sie nicht, ihn sowohl schon jetzt als auch in den nächsten zwei Jahrzehnten zu trinken. Der tiefrubinrote *1997er Châteauneuf-du-Pape Barbe Rac* offenbart in seinem fleischigen, duftenden Bukett reichliche Aromen von Kirschgeist, Rauch und Kräutern. Körperreich, dicht, gehaltvoll, vielschichtig und ausgestattet mit gutem Volumen und Nachhaltigkeit (besonders für einen 1997er), gibt er sich im Abgang hart und derb und sollte in den nächsten 7–8 Jahren getrunken werden.

Der pflaumendunkle-rubinrote *2000er Châteauneuf-du-Pape Croix de Bois* vermittelt in seinen Aromen von in Alkohol eingelegten schwarzen Kirschen eine Spur von *sur-maturité* (Überreife). Die sprichwörtlichen Noten von *garrigue* (jene provenzalische Mischung aus Kräutern und Erde) sind reichlich in diesem körperreichen, vollmundigen und überwältigenden Châteauneuf-du-Pape zu finden. Dies ist einer der besten Weine der Appellation und des Jahrgangs; er wird sich sofort nach seiner Freigabe in den folgenden 14–15 Jahren trinken lassen. Der *1999er Châteauneuf-du-Pape Croix de Bois* offenbart ein klassisches provenzalisches Bukett mit Düften nach Rosmarin, Thymian, Erde und Kirschgeist. Sobald sich der Wein im Glas befindet, entströmen ihm Düfte nach Lakritze. Reif, körperreich und ausgestattet mit mäßigen Tanninen, reichlichen Gewürzen und einer festen Struktur, wird er sich jetzt–2016 in Bestform befinden. Der *1998er Châteauneuf-du-Pape Croix de Bois* stammt aus Rebflächen in Bédarrides im Südosten der Appellation. Ein klassisches Beispiel eines Weins, der die typischen Charakteristika eines Châteauneuf-du-Pape zeigt. Seine pflaumendunkle-rubinpurpurrote Farbe geht einher mit den Aromen von neuem Sattelleder, Balsaholz, *garrigue* (provenzalische Mischung aus Kräutern und Erde), Pfeffer und süßen, nahezu überreifen schwarzen Kirschen und Pflaumen. Körperreich, gehaltvoll und kernig, mit niedriger Säure, hohem Glyzeringehalt und mäßigen Tanninen, kann dieser verschwenderische, den Mund füllende Châteauneuf-du-Pape bereits jetzt getrunken werden, obwohl er verspricht, zwei Jahrzehnte schön zu altern.

Die folgenden Degustationsnotizen beziehen sich auf Michel Chapoutiers Luxuscuvées der Monopol-Lagen-Weine. Diese Weine wurden alle in zu 100% neuen Eichenholzfässern ausgebaut, kaum abgestochen, erhielten nur minimale SO_2-Beigaben und wurden schließlich ohne Schönung und Filtration in Flaschen abgefüllt. Viele von ihnen sind so gut wie ein Wein aus der betreffenden Appellation nur sein kann. Obwohl von jedem dieser Tropfen nur 500–700 Kisten produziert wurden, sollte man Chapoutier dafür danken, dass er uns beweist, was man auf höchstem Qualitätsniveau erreichen kann.

Es ist schwer, einen besseren Crozes-Ermitage als den Les Varonniers zu finden. Dieser Wein wird aus einer 2,4 Hektar großen Rebparzelle gewonnen, die mit Syrah-Reben im Durchschnittsalter von 65–70 Jahren bestockt ist. Die Luxuscuvée des Crozes-Ermitage Les Varonniers stammt von den Granithügeln, die nördlich hinter der Hermitage-Appellation liegen. Er ist der beste Wein der Appellation, aber bedauerlicherweise wurden nur etwa 500 Kisten produziert. Der süße, expansive und opulent texturierte *2000er Crozes-Ermitage Les Varonniers* war ganz offensichtlich bei sehr hohem potenziellem Alkoholgehalt geerntet worden, bedenkt man seinen Glyzerin- und Alkoholgehalt und die süße Frucht, die mit seinen reifen, nahtlosen Tanninen eine ideale Verbindung eingegangen sind. Im Aromaprofil dieses kernigen, körperreichen und bereits zugänglichen 2000ers mischt sich kräftige, erdige, pfeffrige Beerenfrucht mit Cassis und Lakritze. Voraussichtliche Genussreife: jetzt bis 2015. Der *1999er Crozes-Ermitage Les Varonniers* ist etwas weniger erfolgreich als vorherige Weine. Obwohl er letztendlich ebenfalls eine hervorragende Bewertung verdienen wird, besitzt er doch mehr Strenge und harte Tannine als die vorhergehenden Beispiele. Der satt dunkelrubinrote 1999er bietet einen mittleren Körper und Aromen von Pflaumen, Johannisbeeren, Kirschen, Rauch und getrockneten Kräutern. Obwohl er guten Biss und beeindruckende Konzentration aufweist, ist er dennoch ein strenger Geselle, der zusätzliche Kellerreife benötigt. Voraussichtliche Genussreife: 2004–2012. Der *1998er Crozes-Ermitage Les Varonniers* zeigt sich aus der Flasche besser als aus dem Fass. Ein profunder Crozes, der mit seiner undurchdringlichen, purpurroten Farbe prunkt und der ein außerordentliches Bukett mit Aromen aus der Gewürzkiste und Düften nach Rauch, Blumen, Lakritze und zu Staub zermahlenen Steinen offenbart. Äußerst ausdrucksvoll, körperreich, gehaltvoll, würzig und geschmeidig texturiert, sollte sich dieser Wein bereits jung trinken lassen und 15+ Jahre schön altern. Wow! Der *1997er Crozes-Ermitage Les Varonniers* ist weicher, fetter und mit weniger Säure ausgestattet. Er besitzt eine satte dunkelrubin-purpurrote Farbe sowie ein ausgesprochen nach Kirschlikör duftendes Bukett, in das sich im Hintergrund Aromen von Rauch, gerösteten Kräutern und Noten von Unterholz mischen. Körperreich, dicht, kernig und in einem verbraucherfreundlichen Stil bereitet, sollte dieser Wein bereits bei seiner Freigabe trinkbar sein und weitere 12–15 Jahre schön altern.

Ich glaube nicht, dass es einen besseren St-Joseph gibt als Chapoutiers Les Granits, von dem es aber leider nur 500+ Kisten gibt. Dieser außergewöhnliche Wein stammt aus einer Hanglage mit altem Rebbestand (das Durchschnittsalter beträgt 60–70 Jahre) in der Nähe von Mauves, deren Böden aus zerfallenem Granit bestehen und die vollkommen nach Süden ausgerichtet ist. Potenziell besser als der 1999er ist der *2000er St-Joseph Les Granits*, da er geschmeidiger und zugänglicher ist. Seine Geschmacksnuancen von Brombeeren und Himbeeren haben fast eine Qualität von Überreife. Er zeigt in seiner Frucht einen Charakter von flüssigen Steinen, eine Menge Lakritze und eine vielschichtige, reintönige, reife Persönlichkeit. Die Frucht und das Glyzerin verbergen zweifellos beträchtliches Tannin. Voraussichtliche Genussreife: 2004–2016. Wie viele von Chapoutiers 1999ern ist auch der superbe *1999er St-Joseph Les Granits* straff gewirkt, aber es gibt keinen Zweifel an seinen mineralischen, rauchigen Aromen von schwarzen Johannisbeeren und Beerenfrucht, in die sich subtile Eichenholzwürze mischt. Die dunkelrubin-purpurrote Farbe und der strenge Eindruck auf der Zunge verweisen auf einen fleischigen, überaus konzentrierten Wein, der viel Tiefe, Reintönigkeit und Länge an den Tag legt. Voraussichtliche Genussreife: 2004–2015. Der mit einer undurchdringlichen purpurroten Farbe ausgestattete *1998er St-Joseph Les Granits* offenbart ein explosives, nach Blaubeeren und Brombeerlikör, Mineralien und Rauch duftendes Bukett. Dies ist ein Wein von außergewöhnlicher Reichhaltigkeit, Textur, Länge und Reintönigkeit. Der mäßige Tanningehalt zeigt an, dass er eigentlich 2–3 Jahre Kellerreife benötigt, aber dieser 1998er lässt sich schon jung trinken und wird 15–18 Jahre halten. Der *1997er St-Joseph Les Granits* ist ein massiver und körperreicher Wein mit einer floralen Komponente, die einhergeht mit Aromen von Brombeer- und Cassisfrucht und dem besonderen feuersteinähnlichen Element seines *terroirs*. Ausgezeichnete Reife, ein niedriger Säuregehalt und fleischige, reife Frucht ergeben einen opulenten, prächtigen Wein. Voraussichtliche Genussreife: jetzt–2012.

Chapoutiers Cuvée La Mordorée wird aus Parzellen mit 75–80jährigen Syrah-Reben gewonnen, die sowohl an der Côte Blonde als auch an der Côte Brune liegen. Der Wein wird in zu 100% neuen Eichenholzfässern ausgebaut und ohne Schönung und Filtration abgefüllt. Der etwas leichtere, weniger konzentrierte *2000er Côte Rôtie La Mordorée* legt eine pflaumendunkle Farbe an den Tag, aber im Vergleich mit den Kollegen von 1999 und 1998 mangelt es ihm an Substanz. Er gibt Noten von Tapenade, Rauch und Erde zu erkennen, aber sein kurzer Abgang besitzt nur wenig Biss und Tiefe. Voraussichtliche Genussreife: jetzt bis 2012. Der *1999er Côte Rôtie La Mordorée* ist der beste Côte Rôtie, den Chapoutier seit 1991 produziert hat. Er hat sich seit der Fassverkostung verschlossen. Der dichte und kräftige Wein besitzt eine tintige, purpurrote Farbe und gibt Noten von rauchigen Brombeeren, teeriger Arznei und Espresso zu erkennen. Sein konzentrierter Geschmack offenbart einen hohen Tanningehalt (was angesichts des Berichts vom Vorjahr überrascht) und einen gehaltvollen, langen, 45 Sekunden andauernden Abgang. Dieser beeindruckende 1999er braucht mehr Zeit, um zu seinem Reifeplateau zu gelangen, als ich ursprünglich dachte. Voraussichtliche Genussreife: 2009–2023. Der *1998er Côte Rôtie La Mordorée* offenbart eine undurchdringliche rubin-purpurrote Farbe, die einhergeht mit einem spektakulären, nach gegrilltem Toast, eingelegten Oliven, Cassis, gebratenem Speck und Rauch duftenden Bukett. Einmal im Glas, entströmen ihm zusätzliche Aromen. Tief, körperreich, mächtig und konzentriert, ist dieser 1998er bereits jetzt zugänglich. Seine ölige Textur und sein langer, 45 Sekunden andauernder Abgang versprechen ihm eine noch glänzendere Zukunft. Voraussichtliche Genussreife: 2004–2020. Der *1997er Côte Rôtie La Mordorée* ist ein ausdrucksvoller, offen gewirkter, aromatischer und verführerischer Wein. Chapoutier glaubt zwar, dass dies der beste La Mordorée ist, den er je gemacht hat, aber diese Ehre gebührt doch wohl eher dem 1991er. Seine sattrubin-purpurrote Farbe geht einher mit den typischen Aromen von schwarzen Himbeeren, gerösteten Kräutern, Rauch und Fleisch. Von mittlerem bis vollem Körper, ist der Wein mit mäßigem Tannin, niedriger Säure, superber Konzentration und intensiven Geschmackskomponenten von schwarzen Kirschen, Kampfer und Oliven ausgestattet. Dieser Tropfen dürfte bereits bei seiner Freigabe zu trinken sein und zwei Jahrzehnte lang halten.

Es gibt drei Luxuscuvées des Hermitage: Le Méal, der aus dem gleichnamigen Weingarten kommt, Le Pavillon, aus den ältesten Reben von Les Bessards (70–80 Jahre alt) und L'Ermite, der aus einer Parzelle gleichen Namens gewonnen wird, die hoch oben auf dem Hügel von Hermitage liegt. Diese drei repräsentieren Hermitage-Weine in höchster Vollendung: Le Pavillon ist der konzentrierteste, der von Mineralien dominierte L'Ermite der eleganteste und Le Méal eine Synthese aus beiden Stilen.

Der *2000er Ermitage Le Méal* duftet nach Cassis und Tinte. Er prunkt mit Kraft, Konzentration, Textur, hohem Tannin und niedrigerer Säure als der 1999er sowie einem von süßem Crème de Cassis angefüllten Abgang. Zweifellos werden sich seine Tannine wieder zu Wort melden, wenn der Wein in Flaschen abgefüllt ist. Voraussichtliche Genussreife: 2010–2045. Der *1999er Ermitage Le Méal* wird erst in etwa 15 Jahren trinkbar sein. Man muss Michel Chapoutier bewundern, dass er einen Wein entgegen der heutigen Vorliebe für Weine zum schnellen Trinkgenuss macht. Diese Leistung der Weinbereitung erinnert an das berühmte Château Ausone im Bordelais. Seine dichte rubin-purpurrote Farbe geht einher mit subtilen Noten von zermahlenen Steinen, Kalk, Veilchen, Cassis, Grafit und Pfeffer. Dicht, derb texturiert, straff und tanninreich, besitzt der Wein beträchtliches Gewicht und Tiefe, gibt aber nicht die Opulenz zu erkennen, die er im letzten Jahr hatte. Voraussichtliche Genussreife: 2015–2050. Der *1998er Ermitage Le Méal* stellt die Quintessenz eines Hermitage dar – ein Wein mit Eleganz, Wucht, Symmetrie und außerordentlicher Reintönigkeit. In seinen Duft- und Geschmacksaromen treten schwarze und rote Früchte und flüssiger Granit hervor. Der Abgang dieses superben, vielschichtigen und mit fabelhafter Intensität und Länge ausgestatteten Weins hält fast eine ganze Minute lang an. Sein hoher Tanningehalt spricht für ein Jahrzehnt Kellerlagerung. Dieser 1998er wird ein halbes Jahrhundert halten. Der *1997er Ermitage Le Méal* zeigt mehr Fett, Reichhaltigkeit und mollige Art, ohne aber die florale mineralische Note preiszugeben, die beim 1996er hervortritt. Er ist ein finessenreicher Hermitage, der mehr konzentrierte schwarze Früchte und eine reich ausstaffierte, strukturierte, klar gezeichnete Persönlichkeit an den Tag legt. Aufgrund seiner niedrigen Säure und molligen, samtigen Textur wird dieser Wein bereits in seiner Jugend zugänglich sein. Voraussichtliche Genussreife: 2005–2035.

Der sattschwarze-purpurrote *2000er Ermitage Le Pavillon* offenbart Aromen von Crème de Cassis, Rauch und Lakritze, mehr Üppigkeit und eine tintige Art. Doch ein niedriger Säuregehalt, brutale Tannine im Abgang, massive Konzentration und Extrakt und ein kompromissloser Stil sagen dem potenziellen Käufer: »Rühr mich nicht vor 12–15 Jahren an.« Der Wein besitzt das Potenzial, eine weitere Legende aus diesem Weinberg zu werden, der seit 1989 beständig verführerische Weine hervorgebracht hat. Voraussichtliche Genussreife: 2015–2060. Der erstaunliche *1999er Ermitage Le Pavillon* prunkt mit Aromen von Crème de Cassis, die sich mit unverkennbaren Aromen von Tinte vermischen. Verglichen mit der Mineralität des L'Ermite ist er pure Fruchtigkeit. Dieser körperreiche, wuchtige und fabelhaft texturierte, sattschwarze-rubinrote 1999er ist mit einem 50 Sekunden andauernden Abgang ausgestattet und offenbart bemerkenswerte Symmetrie, Reintönigkeit und umfassende massive Größe, bei gleichzeitiger Eleganz und Zurückhaltung. Er ist eine monumentale Leistung der Weinbereitung, aber letztendlich doch weniger erfolgreich als die großen 2000er und 1998er. Der *1998er Ermitage Le Pavillon* liebäugelt wieder einmal mit Perfektion. Er wartet auf mit einem umwerfenden, nach Veilchen, Brombeeren, Rauch, Lakritze und Mineralien duftenden Bukett, ist von geradezu luxuriöser Reichhaltigkeit, besitzt einen vollen Körper und überzieht den Gaumen mit vielschichtigen Geschmackseindrücken. Dies ist ein weiterer Wein mit einem Abgang, der länger als eine Minute lang anhält. Anzumerken ist, dass die Erträge, aus denen dieser Wein gekeltert wurde, bei nur 10 hl/ha lagen. Es gibt reichliches Tannin im Abgang, aber es ist reif und gut integriert. Voraussichtliche Genussreife: 2010 bis 2050. Der *1997er Ermitage Le Pavillon* legt eine ähnlich satte purpurrote Farbe sowie ein fabelhaft intensives, nach Brombeerlikör duftendes Bukett an den Tag, in das sich florale Aromen und Rauch, Lakritze, Teer und chinesischer schwarzer Tee mischen. Dieser dekadent gehaltvolle Hermitage besitzt wundervolle Konzentration, einen massiven Körper und einen Wahnsinnsabgang. Er gibt einen niedrigeren Säuregehalt als der 1996er zu erkennen, aber ebenso viel Konzentration, Extrakt und Länge. Voraussichtliche Genussreife: 2008 bis 2035.

Chapoutiers Ermitage L'Ermite besitzt einen derart transparenten Charakter, dass der Verkoster die vielfältigen Schichten fast zu erkennen vermag. Er wird aus einer kleinen Parzelle gewonnen, die – so erzählt man sich – mit über 100-jährigen Rebstöcken bepflanzt ist. Sie befindet sich ganz in der Nähe der kleinen weißen Kapelle, die den Jaboulets gehört und ganz oben auf dem Hermitage-Hügel liegt. Die Erträge lagen bei winzigen 9–15 hl/ha. Der *2000er Ermitage L'Ermite* verhält sich genauso wie der 1999er in diesem Stadium. Er offenbart Strenge, straffe Art, einen hohen Tanningehalt und mehr mineralische Eigenschaften von flüssigem Granit als Frucht. Die wird ohne jeden Zweifel mit der Zeit hervortreten, da reichliche Mengen an Kirschen und schwarzen Johannisbeeren erkennbar sind. Obwohl er einen vollen Körper und Gewicht besitzt, wird der Wein von seiner Struktur und Mineralität beherrscht. Wie es scheint, ist er ein Kandidat für eine 15+jährige Kellerlagerung. Voraussichtliche Genussreife: 2016–2060. Ein Wein, der nahe an der Grenze zur Vollkommenheit steht, vergleicht man ihn heute mit seiner damaligen verhaltenen Entwicklung im Fass, ist der *1999er Ermitage L'Ermite*. Aus der Flasche verkostet, offenbart er mit seinem Geschmacks- und Aromaprofil von Kirschgeist, Himbeeren, Brombeeren und seiner umwerfenden mineralischen Art einen Charakter, der dem im alten Stil bereiteten Lafleur sehr ähnlich ist. Er hat seit dem letzten Jahr erheblich an Gewicht zugelegt, bleibt aber in seinem Wesen ein eleganter, ätherischer Wein mit unglaublicher Intensität und erstaunlicher Leichtigkeit. Der Wein ist eine phänomenale Interpretation seines *terroirs*. Seien Sie jedoch vorgewarnt: Jeder, der freudigen Trinkgenuss bei diesem Tropfen erwartet, bevor weitere 15 Jahre vergangen sind, wird enttäuscht werden. Voraussichtliche Genussreife: 2015–2060.

Der elegante *1998er Ermitage L'Ermite* (rot) ist ein leichterer Wein als der Le Méal oder der Le Pavillon. Aber er ist von exquisiter Ausgewogenheit und gibt subtile Noten von Rauch und schwarzen Johannisbeeren zu erkennen. Die Geschmackskomponenten entfalten sich vornehm und anmutig, nichts wird übertrieben. Die Kraft ist zurückhaltend, das Tannin gut integriert und die Säure kaum zu spüren. Der Wein erscheint jedoch frisch und wunderschön gezeichnet. Voraussichtliche Genussreife: 2010–2040. Der fabelhafte *1997er Ermitage L'Ermite* besitzt die Reife und exotischen Eigenschaften eines großen Pomerol, aber die Struktur, rauchige mineralische Art und Wucht eines Hermitage. Er zeigt eine satte schwarz-rubinrote Farbe und ist gehaltvoll, kernig, dick und tadellos ausgewogen. Der Wein wird bereits in seiner Jugend zugänglicher sein als der 1996er L'Ermite, kann dabei aber auch 30–40 Jahre halten.

Für die Leckermäuler unter den Lesern wird der hellgoldfarbene *2000er Muscat de Rivesaltes* interessant sein, da er beträchtliche florale und honigfeine Aprikosenfrucht bietet. Äußerst süß, ist er ein Wein, der nach dem Essen getrunken wird. Er sollte 1–3 Jahre halten. Der *2000er Muscat de Beaumes de Venise* ist eine Auslese aus Weinen der örtlichen Kooperative. Aromen von Orangenmarmelade mischen sich mit Düften eines tropischen Fruchtcocktails. Bei mittlerem bis vollem Körper ist dies ein mäßig süßer, leicht zu durchschauender Wein. Trinken Sie ihn im nächsten Jahr. Der *1999er Banyuls Terra Vinya* offenbart ebenfalls ein kräftiges, rauchiges Bukett, gibt sich aber unentwickelt und weniger nuanciert und detailliert als der 1998er. Der 1999er ist ein kräftiger, kerniger und gehaltvoller Wein, mit gemäßigter Süße und einer von gerösteter Schokolade und Brombeeren durchtränkten Persönlichkeit. Er sollte nach der Kellerreife schärfere Konturen bekommen haben und näher an die Qualität der 1998er heranrücken. Der exquisite *1998er Banyuls Terra Vinya* wurde aus 90-jährigen Carignan-Reben mit einer kleinen Beigabe von Grenache produziert. Die Erträge lagen bei minimalen 10 hl/ha. Er bietet ein großes, rauchiges, schokoladiges, nach schwarzen Kirschen und Brombeeren duftendes Bukett, makellose Intensität und Reintönigkeit, eine üppige Textur und einen mäßig süßen, langen, reintönigen Abgang, der von dezenter Säure und süßem Tannin im Gleichgewicht gehalten wird. Er wird sich 15+ Jahre schön trinken lassen. Wie die meisten Leser wissen, ist das die französische Antwort auf den Vintage Port. Der *1996er Banyuls*, der *1996er Banyuls Terra Vinya* und der *1995er Banyuls Terra Vinya* sind reichhaltige, schokoladige Weine, die nach Cappuccino mit Kirschlikör duften. Gehaltvoll und reintönig, sind sie kein bisschen schwerfällig. Der *1995er Banyuls* ist ein fruchtiger, nicht oxidierter Banyuls, mit Noten von schokoladiger schwarzer Kirschfrucht, mäßiger Süße, mittlerem bis vollem Körper, hervorragender Reintönigkeit, echter Lebendigkeit und Frische, was man bei einem Banyuls normalerweise nicht erwartet. Dieser Wein passt perfekt zu einem Schokoladendessert. Er sollte ein Jahrzehnt und länger halten.

Von Chapoutiers süßem, öligem und viskosem *vin de paille* gibt es eine beschränkte Anzahl von Cuvées. Obwohl es sich bereits jetzt um großartigen »Stoff« handelt, hatte der *2000er Hermitage Vin de Paille*, als ich ihn im August 2001 verkostete, seine Gärung immer noch nicht beendet und war dennoch schon außergewöhnlich gehaltvoll und zuckersüß. Die Trauben waren Ende Oktober/Anfang November geerntet worden, ruhten dann zwei Monate lang auf den Strohmatten, bevor sie zerquetscht und vinifiziert wurden. Diese Weine können 100+ Jahre halten. Der bernsteinfarbene *1999er Hermitage Vin de Paille* offenbart mehr Eichenholzwürze als erwartet, hatte aber gerade seine Gärung beendet und ist im Moment vielleicht nicht so nahtlos, wie er es in einigen Jahren sein wird. Die *1997er Hermitage Vin de Paille* und *1996er Hermitage Vin de Paille* sind beide riesige, dicke, ölig texturierte, süße Weine, die 50 Jahre und länger halten werden. Ich fand das Bukett des 1996er verblüffend, war es doch identisch mit dem Duft nach weißen Trüffeln. Chapoutiers *1995er Hermitage Vin de Paille* ist ebenfalls ein außergewöhnlicher, nektarähnlicher Wein. Er offenbart Orangenmarmelade, honigfeinen Mais und supersüße Reichhaltigkeit, die fast zu intensiv ist, um den Wein zu einem Dessert zu trinken. Während der 1996er eine etwas stärker ausgeprägte Säure an den Tag legt, ist der 1995er schwerer und fetter. Dieser Wein wird 50+ Jahre halten.

Bisherige große Jahrgänge: Châteauneuf-du-Pape Barbe Rac 1994er (92), 1993er (92), 1992er (90), 1990er (96), 1989er (93); Ermitage De l'Orée 1994er (97), 1993er (92), 1992er (96), 1991er (94+); Ermitage Le Pavillon 1994er (95), 1993er (92), 1992er (94), 1991er (100), 1990er (100), 1989er (100); Côte Rôtie La Mordorée 1994er (92), 1993er (90), 1992er (90), 1991er (100), 1990er (93)

DOMAINE DE LA CHARBONNIÈRE

2000	**Châteauneuf-du-Pape**	**D**	**(87–89)**
1999	**Châteauneuf-du-Pape**	**D**	**87**
1998	**Châteauneuf-du-Pape**	**D**	**88**
1997	**Châteauneuf-du-Pape**	**D**	**78**
2000	**Châteauneuf-du-Pape Les Hautes Brusquières**	**E**	**(91–93)**
1999	**Châteauneuf-du-Pape Les Hautes Brusquières**	**E**	**89**
1998	**Châteauneuf-du-Pape Les Hautes Brusquières**	**E**	**91**
1997	**Châteauneuf-du-Pape Les Hautes Brusquières**	**E**	**87**
2000	**Châteauneuf-du-Pape Mourre des Perdrix**	**E**	**(90–93)**
1999	**Châteauneuf-du-Pape Mourre des Perdrix**	**E**	**90**
1998	**Châteauneuf-du-Pape Mourre des Perdrix**	**E**	**90**
1997	**Châteauneuf-du-Pape Mourre des Perdrix**	**E**	**86**
2000	**Châteauneuf-du-Pape Vieilles Vignes**	**E**	**(91–93)**
1999	**Châteauneuf-du-Pape Vieilles Vignes**	**E**	**90+**
1998	**Châteauneuf-du-Pape Vieilles Vignes**	**E**	**89+**
1999	**Vacqueyras**	**C**	**89**
1998	**Vacqueyras**	**C**	**89**

Die Liebhaber von Rhôneweinen sollten auf den fahrenden Zug aufspringen, bevor die Domaine de la Charbonnière besser bekannt wird. Ihr Besitzer Michel Maret macht alles richtig: Er setzt auf niedrige Erträge, nimmt bei der Flaschenabfüllung keine Filtration vor und produziert auf diese Weise Weine mit unglaublich individuellem Charakter. Dies ist eine der seriösesten Châteauneuf-du-Pape-Domainen aber auch eine sehr gute Quelle für Vacqueyras. Übrigens habe ich beständig die 1998er Châteauneufs des Weinguts ein bis drei Punkte zu tief bewertet und hoffe, dass ich diesen Fehler bei den beiden Spitzenjahrgängen 2000 und 1999 nicht wieder gemacht habe. Die 1997er und 1996er sind alles in allem gut gemachte Weine, die von dem gradlinigen, unkomplizierten Charakter dieser Jahrgänge profitieren. Die 1995er der Domaine de la Charbonnière können eine sattere Farbe als die 1996er vorweisen, hinterlassen einen tieferen, volleren Eindruck am Gaumen und besitzen mehr Charakter und Aromen. Die Leser sollten sich auch merken, dass Michel Maret ebenfalls kompetente weiße Châteauneufs herstellt (normalerweise eine eher harmlose Kategorie). Im Mischsatz verwendet er ungefähr 40% Roussanne. Es sind sehr gute Weine, die aber in ihren ersten beiden Lebensjahren getrunken werden sollten.

Michel Marets 2000er offenbaren einen süßeren Glyzeringehalt und zusätzliche Reife, Fett und Frucht, obwohl genügend untergründige Struktur und Tannin vorhanden sind. Dies ist ein weiterer Spitzenjahrgang für Maret, der aber auch in den letzten drei Jahren erfolgreich war. Der pflaumendunkle-rubinrote *2000er Châteauneuf-du-Pape* offenbart ein klassisches provenzalisches Bukett mit Düften nach getrockneten Kräutern, Sattelleder, Pfeffer und der Frucht von Pflaumen und schwarzen Kirschen. Von mittlerem Körper, üppig und aufgrund seines hohen Glyzeringehalts und seiner Reife leicht zu trinken, wird er in den nächsten 10 Jahren köstlich schmecken. Der ebenso pflaumendunkle-rubinrote, gehaltvolle und körperreiche *2000er Châteauneuf-du-Pape Mourre des Perdrix* bietet Aromen von Blumen, Pflaumen, Kirschen, Johannisbeeren und Lavendel. Er ist ein beeindruckender Tropfen, in dem sich Kraft und Eleganz verbinden. Sein mäßig tanninhaltiger Abgang hält lange an. Voraussichtliche Genussreife: jetzt–2016. Der *2000er Châteauneuf-du-Pape Les Hautes Brusquières Cuvée Spéciale* erinnert an seinen 1998er Gegenspieler. Er offenbart einen explosiven Grad an Reife und Glyzerin, einen nahtlosen, fetten und sinnlichen Eindruck am mittleren Gaumen wie auch im Abgang. Körperreich, groß angelegt und gehaltvoll, ist dies ein gradliniger Châteauneuf-du-Pape, mit einem prachtvollen hohen Fruchtanteil von schwarzen Kirschen und Kirschgeist. Im Augenblick werden seine Struktur und die Tannine von seiner üppigen Reichhaltigkeit verdeckt. Voraussichtliche Genussreife: jetzt–2017. Der verhaltenste dieses Quartetts ist der groß angelegte, aber noch verschlossene *2000er Châteauneuf-du-Pape Vieilles Vignes*. Er ist ein eher intellektueller Wein, der eine Menge Tannin und Struktur sowie eine Fülle von Blaubeeren und schwarzer Kirschfrucht besitzt. Der lange, reintönige, körperreiche 2000er benötigt 4–5 Jahre Kellerreife. Voraussichtliche Genussreife: 2005–2018.

Die 1999er sind die am fortgeschrittensten entwickelten Weine, die Maret in den letzten drei Jahren produziert hat, ausgenommen den Mourre des Perdrix und die Vieilles Vignes, die beide noch etwas Flaschenreife benötigen. Der mittelrubin-pflaumenhafte *1999er Châteauneuf-du-Pape* offenbart ein kräftiges, würziges, nach Balsaholz, Beeren und Kirschfrucht duftendes Bukett – ein unkomplizierter Châteauneuf von mittlerem Körper, den Sie in den nächsten 4–5 Jahren trinken sollten. Der tiefrubinrote *1999er Châteauneuf-du-Pape Mourre des Perdrix* ist eine *assemblage* aus 70% Grenache, 15% Syrah und 15% Mourvèdre, die von im Durchschnitt 30–50-jährigen Rebstöcken stammen. Untypisch für den Jahrgang, benötigt der Wein 1–3 Jahre Kellerreife. Er gibt wundervolle Noten von Brombeeren und Aromen von neuem Sattelleder zu erkennen. Von mittlerem bis vollem Körper, beeindruckend konzentriert, reintönig und ausgestattet mit mäßigem Tannin, ist dies ein wundervoll gewirkter, ausgewogener Wein. Voraussichtliche Genussreife: jetzt–2015. Leser, die einen Wein mit mehr Aufgeschlossenheit suchen, sollten sich nach dem *1999er Château-*

neuf-du-Pape Les Hautes Brusquières Cuvée Spéciale umsehen (eine ungewöhnliche *assemblage* aus 60% Grenache und 40% Syrah). Obwohl kein Muskelprotz wie der 1998er (ein 93–94-Punkte-Wein), ist er aber ein hedonistischer und körperreicher Wein, der in Duft und Geschmack Nuancen von dicklichen schwarzen Früchten und Kirschen in Hülle und Fülle offenbart. Üppig, mollig und ein aufregendes Trinkvergnügen, sollte dieser sinnliche Châteauneuf-du-Pape in den nächsten 10 Jahren getrunken werden. Der *1999er Châteauneuf-du-Pape Vieilles Vignes* gibt weniger gesättigte Farbe als der Mourre des Perdrix zu erkennen. Er offenbart ein von Mineralien durchtränktes, nach schwarzen Kirschen und Pflaumen duftendes Bukett. Körperreich und mit außergewöhnlicher Reintönigkeit sowie reichlichem Tannin im Abgang, ist dies ein ernst zu nehmender *vin de garde*, besonders angesichts des Jahrgangs. Voraussichtliche Genussreife: 2004–2017.

Marets bester Wein hinsichtlich seines Preis-Leistungsverhältnisses ist der Vacqueyras und der 1999er stellt eine weitere Spitzenleistung dar. Seine pflaumendunkle Farbe geht einher mit reichlichen Mengen an Schwarzkirsch- und Beerenfrucht, die sich mit Erde, Rauch und Gewürzen verbindet. Kernig, reif und mit niedriger Säure ausgestattet, eignet er sich ideal zum Trinkgenuss in den nächsten 3–4 Jahren. Die Leser werden feststellen, dass auch der *1998er Châteauneuf-du-Pape* ein vernünftiges, preiswertes Kaufangebot ist. Er ist ein langer, gehaltvoller und fetter Wein, der in Duft und Geschmack reichliche Komponenten von Kräutern der Provence bietet, die sich mit Noten von Kirschlikör, Pfeffer und Oliven vermengen. Von mittlerem bis vollem Körper, reintönig und mit einem niedrigen Säuregehalt und einer molligen Textur ausgestattet, ist dies ein hedonistischer Châteauneuf-du-Pape zum Trinkgenuss in den nächsten 10 Jahren. Der *1998er Châteauneuf-du-Pape Mourre des Perdrix* ist ein strengerer und tanninreicherer Wein, der Düfte nach Pinien, Balsaholz, Harz, schwarzen Kirschen und Beerenfrucht verströmt. Erdig und mit mäßigem Tanningehalt, wird er von 2–3 Jahren Kellerreife profitieren und dann 14+ Jahre halten. Es mag sein, dass in diesem Fall der 1999er der bessere Wein ist, es lässt sich aber noch kein endgültiges Urteil fällen, da er noch zu verschlossen ist. Ich war von den zurückhaltenden, eleganten, mineralischen, würzigen und von roten und schwarzen Früchten geprägten Eigenschaften des *1998ers Châteauneuf-du-Pape Vieilles Vignes* überrascht. Seine mittelrubin-granatrote Farbe zeigt sich unerwartet fortgeschritten. Obwohl ausgezeichnet, fehlt es dem 1998er an der zusätzlichen Dimension von Reichhaltigkeit, Konzentration und Tiefe, die eine 90-Punkte-Bewertung rechtfertigen würde. Trotzdem wird er sich 10–12 Jahre schön trinken lassen. Wenn man diese Weine unmittelbar nacheinander verkostet, wird klar, dass der *1998er Châteauneuf-du-Pape Les Hautes Brusquières Cuvée Spéciale* der vielschichtigste, konzentrierteste und kompletteste unter seinen Kollegen ist. Auch hinsichtlich seiner viskosen Art sowie einer hervorragenden Kombination von Kräutern der Provence und Gewürzen und den intensiven, aber reintönigen Noten von Kirschgeist ist er seinen Brüdern überlegen. Körperreich und mächtig, hat er doch nicht die sprichwörtliche Eleganz und milde, zurückhaltende Art verloren, die Maret seinen Weinen verleiht. Am Gaumen offenbart dieser 1998er eine beeindruckende Textur, Reichhaltigkeit und Länge. Voraussichtliche Genussreife: jetzt–2018.

Wie üblich ist der Vacqueyras der Überraschungserfolg im Angebot. Im Allgemeinen genauso gut wie der Châteauneuf-du-Pape, ist er in dem sprichwörtlich eleganten, aber konzentrierten, körperreichen Stil gemacht, den Maret bevorzugt. Der *1998er Vacqueyras* wartet mit Düften von Erdbeeren, schwarzer Kirschmarmelade, Mineralien und Gewürzen auf, die ein einladendes und komplexes Aromaprofil schaffen. Im Mund zeigt sich der Wein von mittlerem Körper und ausgestattet mit wunderschöner Reintönigkeit, erstklassiger Ausgewogenheit und einem langen Abgang, in dem sich reichliche Mengen von Frucht, Glyzerin und süßem Tannin offenbaren. Trinken Sie ihn in den nächsten 7–8 Jahren.

Während der *1997er Châteauneuf-du-Pape Cuvée Tradition* ein eher strenger, scharfer und unkomplizierter Wein war, ist der *1997er Châteauneuf-du-Pape Mourre des Perdrix* ein eleganter, stilvoller Wein, der burgunderähnliche Schwarzkirschfrucht mit floralen Düften,

Pfeffer und Erde verbindet. Mit guter Tiefe, gefälliger weicher Art, etwas Struktur, aber einer fortgeschritten entwickelten und sinnlichen, vielschichtigen Textur und Reichhaltigkeit, sollte er sich 7–8 Jahre schön trinken lassen. Der *1997er Châteauneuf-du-Pape Les Hautes Brusquières Cuvée Spéciale* offenbart mehr Glyzerin, das mit einer entwickelten, lustbetonten, gradlinigen Persönlichkeit einhergeht. Trinken Sie ihn in den nächsten 5–7 Jahren.

G. A. E. C. CHARVIN

2000	**Châteauneuf-du-Pape**	**D**	**(94–96)**
1999	**Châteauneuf-du-Pape**	**D**	**92**
1998	**Châteauneuf-du-Pape**	**D**	**93**
1997	**Châteauneuf-du-Pape**	**D**	**87**
2000	**Côtes du Rhône**	**A**	**(89–92)**
1999	**Côtes du Rhône**	**A**	**86**

Dieses Schmuckstück von einem Besitztum liegt ganz versteckt in einem Teil von Châteauneuf-du-Pape, der unter dem Namen Grès bekannt ist. Unter den Liebhabern der Rhôneweine ist es immer noch weitgehend unbekannt. Bis 1990 verkaufte Charvin einen großen Teil seiner Produktion an verschiedene *négociants*. Ab 1990 änderte er seine Geschäftspolitik und begann, einen Teil seiner Weine selbst auf Flaschen zu ziehen; heute wird der größte Teil auf dem Gut abgefüllt. Der junge Laurent Charvin steigert weiterhin die Qualität seiner Weine, die aus den sehr alten Reben des Guts (sie ähneln kleinen Bäumen) gewonnen werden, indem er auf eine traditionelle, natürliche und kompromisslose Weinbereitung setzt. In seinen Châteauneufs spiegeln sich Ausdruck und Wesen ihrer Weingärten und Jahrgänge. Sie ähneln mit ihren reintönigen Noten von schwarzen Himbeeren und Kirschgeist in Duft und Geschmack oftmals den Weinen von Rayas und bieten auch eine beeindruckende, expansive, kernige Textur. Die Domaine ist auch eine gute Quelle für preiswerten Côtes du Rhône, der aus einer 35-jährigen Parzelle gewonnen wird, die mit 85% Grenache, 10% Syrah und 5% Carignan bestockt ist. Es gibt 2000 Kisten von Charvins Châteauneuf-du-Pape und etwas mehr Côtes du Rhône.

Leser, die nach einer wunderbaren Einführung in Charvins Stil Ausschau halten, sollten sich auf die Suche nach seinem *2000er Côtes du Rhône* machen, dem besten, den Laurent Charvin im letzten Jahrzehnt gemacht hat. Dabei handelt es sich um einen sinnlichen Wein mit einer dichten rubin-purpurroten Farbe, der eine cremige Textur vorzuweisen hat, einen prächtigen Gehalt an Lakritze, schwarzer Kirsch- und Brombeerfrucht, Wagenladungen an Glyzerin (er erreicht einen Alkoholgehalt von 14%) und einen authentischen Geschmack. Genießen Sie diesen verschwenderischen Côtes du Rhône in den nächsten 3–4 Jahren, obwohl er sicherlich länger halten wird. Der explosive *2000er Châteauneuf-du-Pape* besitzt ein Potenzial, das es ihm erlaubt, Charvins große 1998er und 1990 zu übertreffen. Er erreicht 14,5% natürlichen Alkoholgehalt. Es wurde während der Vinifikation kein Eichenholz verwendet und es gab keinerlei Mostabzug, um die Konzentration zu erhöhen. Gewonnen aus sehr alten Reben, ist dies ein fabelhafter Wein geworden, dessen undurchdringliche Farbe einhergeht mit einem prächtigen süßen, nach kandierter Lakritze, Brombeerlikör, Unterholz, Pfeffer und Kirschgeist duftenden Bukett. Von wunderbarer Konzentration, mit vielschichtiger, sinnlicher Textur, ist er auch mit einem außergewöhnlich langen Abgang (45 Sekunden) versehen. Wie seine Vorgänger ist er eine traditionelle *assemblage* aus 82% Grenache, 8% Syrah, 5% Mourvèdre und 5% Vacqueyras. Er dürfte in 4–6 Jahren seine Bestform erreichen, auf diesem Höhepunkt 10–15 Jahre verharren und dann weitere 20+ Jahre halten. Es ist eine ehrfurchtgebietende Leistung der Weinbereitung von einem der aufstrebenden Stars von Châteauneuf-du-Pape.

Eine ebenso brillante Leistung ist der *1999er Châteauneuf-du-Pape* (14% natürlicher Alkoholgehalt), der ein kräftiges, würziges, nach Balsaholz duftendes Bukett an den Tag legt sowie saftige, fette Geschmackskomponenten von schwarzen Kirschen und Beeren. Hinzu kommen ein voller Körper, eine cremige Textur, superbe Reintönigkeit und ein langer Abgang. Er wird in den nächsten 12–15 Jahren unglaublichen Trinkgenuss bieten. Der *1999er Côtes du Rhône* offenbart würzige, pfeffrige *garrigue*-Aromen und einen Geschmack nach Kirschfrucht. Trinken Sie diesen weichen, fruchtigen 1999er von mittlerem Körper in den nächsten 1–2 Jahren.

In der Flasche hält nun der *1998er Châteauneuf-du-Pape* all das, was er beim Verkosten aus dem Fass versprochen hat. Die *assemblage* aus 82% Grenache, 8% Syrah, 5% Mourvèdre und 5% Vaccarèse ist ein kraftvoller gebauter Wein als der 1999er, mit mehr Tannin und gegenwärtig weniger Charme als dieser. Jedoch zeigt er sich voll gepackt mit reichlichen Mengen an getrockneten Kräutern, Rauch, Brombeeren, Kirschen und pflaumenhafter Frucht. Er legt einen sensationellen Eindruck am mittleren Gaumen an den Tag sowie einen unglaublichen Abgang. Ein traditioneller Châteauneuf-du-Pape von reintöniger, ausdrucksvoller und beeindruckender Art, der sich von 2004–2019 auf seinem Höhepunkt befinden wird.

Der *1997er Châteauneuf-du-Pape* besitzt eine dunkelrubinrote Farbe, eigenwillige Himbeer-Erdbeerfrucht, mittleren Körper, gute Reife, ausgezeichnete Reintönigkeit und eine fruchtbetonte, offen gewirkte, fortgeschritten entwickelte Persönlichkeit. Er sollte in den nächsten 5–7 Jahren getrunken werden.

J. L. CHAVE

1998	**Ermitage Cuvée Cathelin**	**EEE**	**98**
2000	**Hermitage**	**EE**	**(95–99)**
1999	**Hermitage**	**EE**	**96**
1998	**Hermitage**	**EE**	**93+**
1997	**Hermitage**	**EE**	**92**
2000	**Hermitage Blanc**	**EE**	**(91–94)**
1999	**Hermitage Blanc**	**EE**	**94**
1998	**Hermitage Blanc**	**EE**	**92+**
1997	**Hermitage Blanc**	**EE**	**94**
1996	**Hermitage Blanc**	**E**	**93**
1995	**Hermitage Blanc**	**E**	**94**
1997	**Hermitage Vin de Paille**	**EEE**	**(96–98+)**
1996	**Hermitage Vin de Paille**	**EEE**	**99**
2000	**St-Joseph**	**C**	**(87–89)**
1999	**St-Joseph**	**C**	**88**
1997	**St-Joseph**	**D**	**86**
1999	**St-Joseph Offerus**	**C**	**88**

Dies ist ein Paradebeispiel für einen Weinberg im Familienbesitz – eine große Familie, eine große Domaine, ein großes *terroir* und große Weine. Es mag ja sein, dass Vater und Sohn Verkoster von Weltklasse, superbe Chefs und begnadete Geschichtenerzähler sind, genau wie dies alle Mitglieder der Chaves-Familie in den vergangenen 500 Jahren gewesen sind, die Weine aus den heiligen Hügeln von Hermitage gewonnen haben. Tatsache ist aber, dass Gérard Chave und in zunehmenden Maße auch sein junger talentierter Sohn Jean-Louis, zu den zuverlässigsten Hütern der *terroir*-Philosophie und der handwerklichen-künstlerischen Weinbereitung in Frankreich gehören. Die Demut, mit der sie ihre Arbeit verrichten (sie betrachten sich nur als Verwalter eines privilegierten Stücks Erde), ist erfrischend, besonders in einer Welt, die von Gier und industrieller Weinbereitung beherrscht ist.

Nur Michel Chapoutiers Luxuscuvée Ermitage De l'Orée besitzt die gleiche Magie wie Chaves weißer Hermitage. Eine Verkostung von Chaves weißem Hermitage (es wurden nur 1000 Kisten produziert), eine *assemblage* aus 80% Marsanne und 20% Roussanne, ist eine wunderbare Reise durch die verschiedenen *terroirs*, aus denen er das Traubengut gewinnt: Les Rocoules, Maison Blanche, L'Ermite und Péleat.

Seit nun der Sohn Jean-Louis Chave mit seinem Vater in der Firma arbeitet, gibt es subtile Verfeinerungen in der Weinbereitung. Die Weißweine wurden immer einer völligen malolaktischen Gärung unterzogen, aber nun gibt es eine *bâtonnage* (Aufrühren des Hefesatzes während der Maischung) sowie mehr Fassgärung und einen größeren Anteil an neuen Eichenholzfässern. Ich habe Chaves weißen Hermitage immer geliebt und ihn seit 1978 stets gekauft. Nun aber konnte ich feststellen, dass, falls der 1994er ein neues Qualitätsniveau signalisieren sollte, die darauf folgenden Jahrgänge diesen Trend fortgesetzt haben. Es sind gigantische weiße Hermitages produziert worden, die die Textur eines großen weißen Burgunders besitzen, aber zusätzlich außergewöhnliche Intensität und Reichhaltigkeit bieten. Die weißen Hermitages lassen sich wundervoll 4–5 Jahre nach ihrer Freigabe trinken und verschließen sich dann. Sie scheinen ihre Frucht zu verlieren, monolithisch und neutral zu werden und gelegentlich zu oxidieren, um dann wie durch ein Wunder nach 10–15 Lebensjahren magisch wieder aufzuerstehen. Mit dieser zusätzlichen Reife offenbaren sie eine von gerösteten Haselnüssen geprägte, buttrige, honigfeine, körperreiche, wuchtige, außergewöhnlich komplexe Persönlichkeit. Die Amerikaner haben den weißen Hermitage nie sonderlich gemocht. Da er aber genauso gut altert wie der rote, sollte man ihn nicht in seinen ersten 2–3 Lebensjahren trinken, sondern am besten zwei Jahrzehnte lang damit warten, da er durch eine lange spröde und stumme Periode geht.

Der *2000er Hermitage Blanc* war noch nicht verschnitten, als ich ihn verkostete. Aber jede einzelne Partie, vom l'Ermite über den Rocoules bis zum Péleat, verdiente leicht 92–95 Punkte. Äußerst wuchtig, opulent und konzentriert, scheint dies für die Domaine ein weiterer Jahrgang der Superlative zu sein. Die Chaves erkannten, dass der Schlüssel zum Erfolg beim 2000er (ein Jahr, in dem Mutter Natur überaus großzügig war) bei drakonischer Behangausdünnung lag, die nicht nur einmal, sondern mehrmals durchgeführt wurde. Die Erträge der Domaine Chave waren die niedrigsten im nördlichen Rhônetal. Dies spiegelt sich in der erreichten Konzentration wieder. Der 2000er Hermitage Blanc wird sich in seiner Jugend schön trinken lassen, sich 6–7 Jahre verschließen, dann wieder auferstehen und 10–25+ Jahre wunderbaren Trinkgenuss gewähren.

Der *1999er Hermitage Blanc* ist ein weiterer glorreicher Erfolg, von dem es aber nur 1000 Kisten gibt. Wie der 2000er, ist er eine *assemblage* aus 80% Marsanne und 20% Roussanne, die beide aus den Lagen Les Rocoules, Maison Blanche, l'Ermite und Péleat kommen. Er ist ein öliger, dickflüssig texturierter Wein mit niedriger Säure und fabelhaft konzentrierten Geschmackskomponenten von Geißblatt, Zitrusfrüchten, flüssigen Mineralien und Akazienblüten. Der Abgang dauert nahezu 45 Sekunden an. Er wird in seiner Jugend prachtvoll schmecken, aber sich zwei Jahrzehnte und länger entwickeln. Eine erneute Verkostung des *1998er Hermitage Blanc* bestätigte seine brillante Qualität. Er ist ein eleganter, mit floralen Düften ausgestatteter, strukturierter weißer Hermitage, der eine fabelhafte Konzentration zur Schau stellt, aber weniger einschmeichelnd und frühreif ist als der 1999er und der 2000er. Wenn diese beiden letztgenannten Weine zu einem eher schwelgerischen Stil neigen, sollte sich der 1998er als ein eher muskulöser, langlebiger und noch verhalten entwickelter Wein herausstellen, der Geduld erfordert. Der brillante *1997er Hermitage Blanc* ist ein ölig texturierter Tropfen, der in seinen Duft- und Geschmackskomponenten Geißblatt, Pfirsiche, weiße Johannisbeeren und Quitte offenbart. Gehaltvoll und mit niedrigem Säuregehalt, ist dies ein fortgeschritten entwickelter, superkonzentrierter Wein, der unglaublich köstlich schmeckt und in diesem Zustand 1–2 Jahre bleibt, bevor er sich verschließen wird. Was dann nach 10–12 Jahren wieder auferstehen wird, dürfte faszinierend sein, wenngleich ich den Eindruck habe, dass er nicht so alterungsfähig ist wie seine 1998er- und 1999er-Kollegen. Der *1996er Hermitage Blanc* ist sensationell. Obwohl nicht so fett wie der 1997er, ist er doch ein wuchtiger, zu Kopf steigender, alkoholreicher, tiefer, kerniger, superber weißer Hermitage mit Noten von gegrillten Nüssen und Düften nach Sherry Fino, dicken, saftigen, honigfeinen Zitrusfrüchten und Anklängen an Pfirsiche und Rosen. Strukturiert und wuchtig, sollte er eine

Lebenszeit von 10–15 Jahren vor sich haben. Der *1995er Hermitage Blanc* legt einen niedrigen Säuregehalt an den Tag, ist aber ein äußerst gehaltvoller, mit außergewöhnlich floralem Charakter und Aromen von Geißblatt und Pfirsichfrucht ausgestatteter Wein. Seine ehrfuchtgebietende Intensität und ölige Textur machen ihn zu einem der besten weißen Hermitages, die Chave jemals produziert hat. Er ist im Augenblick wuchtig und extrem auffällig. Aufgrund seiner Ausgewogenheit und umfassenden Dichte sollte der Wein 20+ Jahre halten. Chave sagte mir, dass 1995 die Erträge bei niedrigen 20 hl/ha lagen im Gegensatz zu 30 Hektolitern im Jahre 1996. (Dies ist die Hälfte des Ertrags, den die meisten burgundischen Produzenten von Spitzen-Weißweinen aus ihren Chardonnay-Weinbergen gewinnen.)

Sich durch die Rotweine der Domaine Chave zu verkosten, ist immer immens lehrreich. Es ist faszinierend zu erleben, wie unterschiedlich die einzelnen Parzellen sind. Obwohl Les Diognières und l'Hermite normalerweise die am wenigsten beeindruckenden Weine sind, offenbaren sie doch gute Himbeer-Cassisfrucht, wobei Les Diognières meist aus Pfeffer und rauen, harten Tanninen zu bestehen scheint. Die superben Cuvées umfassten Le Méal (reine Cassisfrucht, voller Körper und Batzen von Frucht), Beaumes (explosive Reichhaltigkeit, sehr burgunderähnlich, mit schwarzen Himbeeren, Erde, Trüffeln und Gewürzen), Péleat (äußerst reif, fleischig, sinnlich texturiert, niedrige Säure, aber explosive, gehaltvolle Crème de Cassis) und als Giganten unter ihnen, den körperreichen, tiefen Les Bessards (riesig, kernig, dicklich, Brombeer-Cassisfrucht, geröstete Kräuter und ein an Eisen erinnernder, mineralischer Charakter, der einhergeht mit einem Wein von großer Komplexität). Les Bessards, der ein Drittel der *assemblage* ausmacht, ist normalerweise die beste Cuvée, obwohl natürlich auch Péleat, Beaumes und Le Méal außergewöhnlich sind und der l'Hermite für Eleganz zuständig ist. Aus den besten Jahrgängen produziert Chaves eine entsprechend teure Luxuscuvée namens Cuvée Cathelin, von der es meist kaum mehr als 200 Kisten gibt.

Chaves *2000er Hermitage* ist ein ernsthafter Anwärter auf den Titel Wein des Jahrgangs. Die brutale Behangausdünnung sowie eine strenge Selektion im Keller hat einen Wein hervorgebracht, der den Charakter des Jahrgangs transzendiert. Die meisten 2000er Weine aus dem nördlichen Rhônetal offenbaren einen oberflächlichen Geschmack, der auf die hohen Erträge zurückzuführen ist, denn diese sind für den Mangel an Tiefe und Konzentration verantwortlich (trotz der Tatsache, dass es charmante, reife und mit niedriger Säure ausgestattete Weine sind). Der 2000er ist eine Glanzleistung der Weinbereitung. Eine Verkostung der verschiedenen Partien für den Mischsatz ist Anschauungsunterricht, in dem man die unterschiedlichen *terroirs* von Hermitage kennen lernt. Überdies ist die *assemblage* immer besser als ihre einzelnen Bestandteile. Dieser profunde Hermitage prunkt mit einer satten blauschwarz-purpurroten Farbe und prachtvollen Aromen von flüssigen Mineralien, in die sich Noten von Crème de Cassis und Grafit mischen. Körperreich und mit niedrigem Säuregehalt, hohem Tannin und sensationellem Extrakt und Länge, ist dies ein fabelhafter Hermitage, der außergewöhnliche Wucht, fleischige und saftige Art mit bemerkenswerter Frische und Konturenschärfe verbindet. Voraussichtliche Genussreife: 2005–2040.

1999 war Chave der Meinung, dass jede Cuvée derartig überwältigend sei, dass es keine Rechtfertigung für eine spezielle Cuvée Cathelin gab, die man 1998, 1995, 1991 und 1990 noch produziert hatte. Eine brillante Leistung ist der dichte sattpurpurrote *1999er Hermitage*, der eine fabelhafte Textur, Reintönigkeit und Süße sowie einen Abgang an den Tag legt, der fast eine Minute lang anhält. Es gibt hohes Tannin und einen bemerkenswert gehaltvollen, konzentrierten Extrakt, die typischen fruchtigen Charakteristika (Brombeeren, Cassis) des Hermitage, Mineralien und Gewürze. Der Inbegriff eines Syrah und der größte Jahrgang, den Chave seit dem 1990er produziert hat. Er benötigt 7–10 Jahre Kellerreife und wird 4–5 Jahrzehnte halten.

In dem Spitzenjahrgang 1998 (er erinnert an 1995 und 1989) gab es zwei Cuvées, die ohne Filtration abgefüllt wurden. Der *1998er Hermitage* ist ein tanninreicher, verhalten entwickelter, groß angelegter Wein mit einer dichten rubin-purpurroten Farbe, sensationellem Extrakt und herrlicher Wucht und Länge. Er benötigt 5–10 Jahre Kellerreife. Voraussichtliche

Genussreife: 2007–2030. Der undurchdringliche schwarz-purpurrote *1998er Ermitage Cuvée Cathelin* (200 Kisten) bietet ein riesiges, nach geräucherter Lakritze, Brombeeren, Cassis, neuem Sattelleder und Vanille duftendes Bukett. Der Wein schmeckt eigentlich wie ein Syrah-Likör, ist extrem körperreich, ehrfurchtgebietend konzentriert und ausgestattet mit herrlichem Tannin und einem atemberaubenden Gehalt an Glyzerin und Dichte. Das Tannin ist süß und der Wein für einen jungen Hermitage von Chave nahtlos.

Der *1997er Hermitage* ist ungewöhnlich wegen seiner fortgeschritten entwickelten Frucht und seines verbraucherfreundlichen Stils. Er offenbart eine dichte rubin-purpurrote Farbe, ein prächtiges, entwickeltes, nach Cassis, Mineralien, Kräutern, Unterholz und Lakritze duftendes intensives Bukett. Cremig texturiert, körperreich und opulent, kann dieser mit niedriger Säure ausgestattete, herrlich reife, vielschichtige 1997er bereits jetzt getrunken werden, verspricht aber, nach weiteren 5–6 Jahren Kellerreife noch besser zu sein. Er wird 20–25 Jahre halten.

Jean-Louis Chave ist in das *négociant*-Geschäft eingestiegen, um Vorteile aus den Kontakten seiner Familie zu den besseren Winzern der Appellation St-Joseph zu ziehen. Der produzierte Wein heißt Offerus (nach dem Mann genannt, der der Überlieferung nach die erste Syrah-Rebe im Rhônetal gepflanzt haben soll). Chaves Ziel ist es, eine limitierte Menge von hochklassigem St-Joseph aus gekauften Trauben zu erzeugen. Der Wein wird in einem neuen Gebäude in der Nähe der Keller der Familie vinifiziert. Das Traubengut für den *1999er St-Joseph Offerus* stammt aus einem superben Jahrgang. Der köstliche Wein prunkt mit seiner tiefrubin-purpurroten Farbe und seinem großen, pfeffrigen, nach schwarzen Johannisbeeren, Mineralien, Lakritze und Erde duftenden Bukett. Man sollte diesen süßen, fleischigen und reifen hedonistischen Wein in den nächsten 4–5 Jahren trinken.

Die Chaves haben an den St-Joseph-Hängen hinter ihrem Heimatdorf Mauves gut 2 Hektar Rebflächen bestockt. Ihr St-Joseph ist schnell zu einem der köstlichsten Weine der ganzen Appellation geworden. Der *2000er St-Joseph* ist ein eleganter, nach Mineralien und Beeren duftender Wein, der einen mittleren Körper und einen burgunderähnlichen, floralen Geschmack nach schwarzen Kirschen und etwas Cassis offenbart. Fruchtbetont, mit der richtigen Säure und guter Länge ausgestattet, sollte man ihn am besten in seinen ersten 5–7 Lebensjahren trinken. Der tiefrubin-purpurrote *1999er St-Joseph* bietet ein sprühend lebendiges, kerniges, nach schwarzen Himbeeren und Cassis duftendes Aromaprofil und feuersteinähnliche, mineralische Noten im Geschmack und Abgang. Er wird bereits in seiner Jugend köstlich sein, sollte aber auch ein Jahrzehnt oder länger halten. Der *1997er St-Joseph* ist ein ausgezeichnetes Beispiel für einen üppigen, reichfruchtigen und eleganten Wein mit Beeren und Kirschen in Duft und Geschmack. Dieser St-Joseph wird in den nächsten 5–7 Jahren köstlichen Trinkgenuss gewähren.

Gérard und Jean-Louis Chave produzierten 1997 und 1996 auch einen *Vin de Paille.* Zuvor war diese Cuvée nur in den Jahren 1990, 1989 und 1986 hergestellt worden. Sowohl der *1997er* als auch der *1996er Hermitage Vin de Paille* sind spektakuläre, äußerst ölig texturierte Weine mit ehrfurchtgebietenden Geschmackskomponenten, massiver Süße, hohem Glyzeringehalt und Extrakt sowie bewunderungswürdigen honigfeinen, erdigen, würzigen, dicklichen Aromen. Nachdem man den 1997er wieder ausgespuckt hatte, verweilten Geschmackskomponenten von Orangen- und Aprikosenmarmelade und weißen Trüffeln weiter am Gaumen, obwohl kein Wein mehr im Mund verblieb. Diese legendären Weine haben eine Lebenserwartung von 50–100 Jahren.

Bisherige große Jahrgänge: Hermitage (rot) 1991er (90), 1990er (100), 1989er (95), 1988er (94), 1985er (92), 1983er (91?), 1982er (92), 1978er (92); Ermitage Cuvée Cathelin 1991er (93), 1990er (100)

DOMAINE DU CHÊNE

1999	**Condrieu**	**E**	**89**
1998	**St-Joseph**	**D**	**87**

1998	**St-Joseph Anaïs**	**E**	**90**
1999	**St-Joseph Blanc**	**D**	**87**

Die Familie Rouvier bereitet weiterhin feine Weine auf ihrem Gut, das noch immer nicht die Anerkennung bekommt, die es verdient. Die Leser sollten davon Notiz nehmen, da die Preise immer noch im vernünftigen Rahmen bleiben. Bei den Weißweinen gab es in den vergangenen Jahrgängen einen Höhepunkt nach dem anderen. Der *1999er St-Joseph Blanc* gibt ein rauchiges, mineralisches, nach weißen Pfirsichen duftendes Bukett zu erkennen, guten Biss, im Geschmacksbereich spritzigen mittleren Körper, gute Säure und einen attraktiven, mäßig langen Abgang. Trinken Sie ihn in den nächsten 3–4 Jahren. Der *1999er Condrieu* zeigt ein Zusammenspiel von Finesse und Kraft. Er offenbart etwas von der subtilen Zurückhaltung, die ein Merkmal einiger 1999er Condrieus ist, darüber hinaus aber auch eine bewundernswerte Reichhaltigkeit, mittleren bis vollen Körper und gute Länge. Obwohl er im Augenblick gedämpft ist, besitzt er ausgezeichnete Reintönigkeit und Tiefe. Trinken Sie ihn in den nächsten 2–3 Jahren.

Der *1998er St-Joseph* bietet ein pikantes, nach Brombeeren und Cassis duftendes Bukett, mittleren bis vollen Körper und reichlich Frucht, Glyzerin und Reife. Er ist ein mäßig gewichtiger, fruchtbetonter Wein, der einiges Tannin im Abgang aufweist. Trinken Sie diesen 1998er in den nächsten 5–6 Jahren. Der *1998er St-Joseph Anaïs* gibt mehr Konzentration und Alterungspotenzial zu erkennen. Der Wein, der in seinem toastwürzigen Bukett verrät, dass bei der Vinifizierung wahrscheinlich eine Menge neuer Eichenholzfässer zum Einsatz kamen, bietet eine dunkelrubin-purpurrote Farbe, süße schwarze Kirschen und schwarze Himbeerfrucht, gut integrierte Säure und Tannin und einen gehaltvollen, körperreichen Abgang. Dies ist ein beeindruckender St-Joseph, der ganz offensichtlich im Barrique ausgebaut wurde. Voraussichtliche Genussreife: jetzt–2012.

LOUIS CHÈZE

1999	**Condrieu**	**D**	**89**
1999	**Condrieu Coteau de Brèze**	**D**	**89**
2000	**St-Joseph Cuvée des Anges**	**D**	**(85–86)**
1999	**St-Joseph Cuvée des Anges**	**D**	**91**
1998	**St-Joseph Cuvée des Anges**	**D**	**89+**
1997	**St-Joseph Cuvée des Anges**	**D**	**(88–90)**
2000	**St-Joseph Cuvée Prestige de Caroline**	**D**	**(84–86)**
1999	**St-Joseph Cuvée Prestige de Caroline**	**D**	**88**
1998	**St-Joseph Cuvée Prestige de Caroline**	**D**	**90**
1997	**St-Joseph Cuvée Prestige de Caroline**	**D**	**(86–87)**
2000	**St-Joseph Cuvée Ro Rée**	**D**	**(85–86)**
1999	**St-Joseph Cuvée Ro Rée**	**D**	**88**
1998	**St-Joseph Cuvée Ro Rée**	**D**	**87**
1997	**St-Joseph Cuvée Ro Rée**	**D**	**(85–86)**
1999	**St-Joseph Cuvée Ro Rée Blanc**	**D**	**87**

Dies ist eine Domaine im nördlichen Rhônetal, die man sorgfältig im Augen behalten muss. Chèze, ein Mann Ende Dreißig, hat beträchtliche Fortschritte hinsichtlich der Qualität seiner Rot- und Weißweine gemacht. Mehr noch, er scheint in den kommenden 4–5 Jahren vor einem neuen Qualitätsschub zu stehen. Die Investitionen, die er im Weinberg und in seinen Kellerräumen getätigt hat und seine geradezu philosophische Verpflichtung, besondere Weine zu produzieren, sind ganz offensichtlich. So bieten alle seine Weine dem Kunden einen exzellenten Gegenwert für ihr Geld.

Die Rotweine sind sehr gut, wobei zwei Cuvées eine hervorragende Bewertung verdienen. Der *2000er St-Joseph Cuvée Prestige de Caroline* ist eine leichtere, etwas verwässerte Version des 1999ers, mit einem beschränkten Alterungspotenzial von 3–5 Jahren. Obwohl der *2000er St-Joseph Cuvée Ro Rée* mehr Tiefe als der 2000er St-Joseph Cuvée Prestige de Caroline besitzt, bleibt er doch ein weicher, oberflächlicher, fruchtiger, unkomplizierter Wein mit süßem Tannin. Er sollte sich 4–5 Jahre schön trinken lassen. Der *2000er St-Joseph Cuvée des Anges* offenbart mehr Eichenholzwürze, da die Fruchtkonzentration nicht ausreicht, um den Einsatz von 100% neuen Eichenholzfässern aufzufangen. Dieser dunkelrubin-purpurrote Wein von mittlerem Körper ist fruchtig, weich und angenehm texturiert, aber eindimensional. Trinken Sie ihn in den nächsten 4–5 Jahren.

Bei den drei 1999er Weißweinen handelt es sich um drei starke Leistungen, vor allem, wenn man bedenkt, dass 1999 für Weißwein ein eher schwierigeres Jahr war als für Rotwein. Der *1999er St-Joseph Cuvée Ro Rée Blanc* ist eine *assemblage* aus 75% Marsanne und 25% Roussanne, die in zu 100% gebrauchten Eichenholzfässern ausgebaut wurde. Der Wein offenbart reife Noten von Pfirsichen, Aprikosen und Orangenmarmelade, gut integrierte Säure und eingebundenen Holzton sowie am Gaumen einen tiefen, konzentrierten Geschmack von mittlerem bis vollem Körper. Dies ist ein köstlicher trockener Weißwein, den man in den nächsten 2–3 Jahren trinken sollte. 1999 war für Condrieu ein Jahrgang der gemischten Gefühle, aber diejenigen Produzenten, die alles richtig machten, haben Spitzenweine hervorgebracht, wenngleich sie nicht die hohe Konzentration des glorreichen 1998ers besitzen. Der *1999er Condrieu* ist ein sehr guter Wein, der in seinem Bukett Noten von reifen Aprikosen und Geißblatt offenbart, dazu eine opulente, sinnliche Textur, offen gewirkte Fruchtigkeit und Glyzerin. Trinken Sie ihn in den nächsten 12–24 Monaten. Der *1999er Condrieu Coteau de Brèze* entstammt einer Hanglage und zeigt ein ähnliches Gewicht, mehr Konturenschärfe sowie das gewisse Element von flüssigen Mineralien, das man in Spitzen-Condrieus findet. Er ist weniger opulent, aber feiner und ausgewogener in seiner Art, mit eher zurückhaltenden Noten von Aprikosenmarmelade und Geißblatt ausgestattet. Er sollte in den kommenden Jahren getrunken werden.

Der dunkelrubin-purpurrote *1999er St-Joseph Cuvée Prestige de Caroline* wartet mit beträchtlicher Reife auf, die am Gaumen einhergeht mit großartigem Fruchtgeschmack, toastwürzigem Eichenholz, einem mittleren bis vollen Körper und einem molligen, fleischigen Abgang. Der in einem ähnlichen Stil bereitete *1999er St-Joseph Cuvée Ro Rée* bietet in seiner süßen, reintönigen Persönlichkeit von mittlerem bis vollem Körper Noten von getrockneten Kräutern, Schokolade und schwarzem Kirschlikör. Er offenbart den Einfluss von toastwürzigem Eichenholz (40% neue Fässer), unglaubliche Vielschichtigkeit und ausgezeichnete Tiefe. Trinken Sie ihn in den nächsten 6–7 Jahren. Der brillante *1999er St-Joseph Cuvée des Anges* (100% neue Eichenholzfässer) ist ein dichter, undurchdringlicher, purpurroter Wein, der ein außergewöhnliches Aromaprofil von Brombeeren und Johannisbeeren an den Tag legt, in das sich Düfte von Rauch, Mineralien, Lakritze und Espresso mischen. Er besitzt gut integrierte Säure, Tannin und Alkohol sowie eine vielschichtige Persönlichkeit von mittlerem bis vollem Körper und beeindruckende Wucht am Gaumen, die aber ohne jegliche Schwere daherkommt. Er sollte sich 10–12 Jahre schön trinken lassen.

Der *1998er St-Joseph Cuvée des Anges* wurde ebenfalls aus Chèzes besten Parzellen mit Syrah-Reben gewonnen und wiederum in zu 100% neuen Eichenholzfässern ausgebaut. Obwohl er sich im Moment verschlossen hat und voller Tannine zeigt, ist er ein äußerst gehaltvoller Wein mit einer satten purpurroten-pflaumenhaften Farbe, einem großen Volumen und Dicke sowie den charakteristischen Noten von frischem Eichenholz, Mineralien, Brombeeren und Cassis. Beeindruckend gebaut, benötigt dieser 1998er 2–4 Jahre Kellerreife und wird dann 15 Jahre halten. Der hervorragende *1998er St-Joseph Cuvée Prestige de Caroline* wird in den nächsten 10–12 Jahren köstlichen Trinkgenuss gewähren. Sein Bukett bietet Düfte nach toastwürzigem Eichenholz, dicklichen schwarzen Früchten, zerquetschten Steinen und geschmolzenem Asphalt. Dies ist ein reifer, üppig texturierter, fetter, fleischiger und alles in allem bezaubernder Wein. Voraussichtliche Genussreife: jetzt–2012. Der in einem fortgeschrittenen Stil bereitete *1998er St-Joseph Cuvée Ro Rée* zeigt Noten von Schokolade,

Pflaumen, schwarzen Kirschen und Kräutern. Obwohl ein würziger, mit Frucht bepackter Wein, besitzt er weder Volumen, Dichte, Extrakt oder Struktur der anderen Cuvées. Er sollte sich aber 7–8 Jahre schön trinken lassen.

Die Domaine hat auch sehr gute 1997er produziert, die eine satte purpurrote Farbe, niedrigen Säuregehalt, zugängliche reiche Fruchtkonzentration, einen mittleren Körper und einen entgegenkommenden Stil an den Tag legen. Der Anteil an neuem Eichenholz wächst mit jeder Cuvée, wenig bei der Cuvée Ro Rée, deutlich mehr bei der Cuvée Prestige Caroline und zu 100% neue Eichenfässer bei der Cuvée des Anges. Der *1997er St-Joseph Cuvée des Anges* ist ein gehaltvoller, kerniger, körperreicher und beeindruckend ausgestatteter Wein, der sich ein Jahrzehnt schön trinken lässt.

AUGUSTE CLAPE

2000	**Cornas**	**D**	**(90–93)**
1999	**Cornas**	**D**	**91**
1998	**Cornas**	**D**	**90+**
1997	**Cornas**	**D**	**88**
1999	**Cornas Renaissance**	**D**	**88**
1998	**Cornas Renaissance**	**D**	**86**
2000	**Côtes du Rhône**	**B**	**87**
1999	**Côtes du Rhône**	**B**	**86**
2000	**Vin de Pays Le Vin des Amis**	**A**	**85**
1999	**Vin de Pays Le Vin des Amis**	**A**	**86**

Auguste Clape und sein Sohn Pierre-Marie sind ein Synonym für Weine aus Cornas. Sie produzieren auf den Steilhängen ihres Besitztums oberhalb dieses winzigen Dorfes raue, alterungsfähige und oftmals profunde Cornas. Die beiden haben nun eine neue Cuvée Renaissance aus jungen Reben auf den Markt gebracht. Außerdem produzieren Vater und Sohn gute Tropfen zu erschwinglichen Preisen, die für Käufer gedacht sind, die Weine auf Syrah-Basis suchen, wie zum Beispiel ihren Côtes du Rhône und den Vin de Pay Le Vin des Amis. Der erste dieser Weine wird aus Syrah-Reben gewonnen, die in St-Péray stehen und einen Hauch von Cornas zum Ausdruck bringen, der zweite stammt aus der Ebene zwischen den Dorf Cornas und der Rhône.

Der rustikale, tanninreiche und dunkelpurpurrote *2000er Vin de Pays Le Vin des Amis* besitzt eine Menge vordergründige Fruchtigkeit, gibt sich aber etwas grob und adstringierend. Obwohl er sich nicht zu einem besonderen Wein entwickeln dürfte, bietet er doch ungezähmte Syrah-Frucht in einem muskulösen Format. Ein besserer Wein ist der *2000er Côtes du Rhône*. Die Reben dieser 100%igen Syrah-Cuvée stehen knapp außerhalb der Appellation Cornas. Ich wäre nicht überrascht, wenn etwas deklassifizierter Cornas von jungen Reben dem Mischsatz beigefügt wäre (der größte Fruchtanteil ist Syrah, die innerhalb der Appellation St-Péray wächst und hier allerdings nur zur Produktion von Weißwein verwendet werden darf). Seine dunkelrubin-purpurrote Farbe geht einher mit köstlicher Himbeer- und Cassisfrucht, Erde, Teer und mit mineralischen Eigenschaften im Hintergrund. Ein zu Kopf steigender, kraftvoller und den Mund füllender Wein, den man in den nächsten 4–5 Jahren trinken sollte.

Der dunkelrubin-purpurrote *1999er Vin de Pays Le Vin des Amis* (aus Trauben von 25-jährigen Syrah-Reben) ist ein fruchtbetonter, solide gemachter Wein mit einer monolithischen Persönlichkeit, doch herzhaft und überschwänglich – der ideale Bistrowein. Trinken Sie ihn in den nächsten Jahren. Der *1999er Côtes du Rhône* offenbart eine dichte rubin-purpurrote Farbe, gutes Fett, Noten von Brombeeren und Mineralien und einen Abgang von mittlerem Körper. Er dürfte sich 2–4 Jahre schön trinken lassen.

Clapes *2000er Cornas* ragt als einer der besten der Appellation hervor. Er prunkt mit einer undurchdringlichen purpurroten Farbe, einem auffallend reintönigen Bukett von Brombeerlikör und Anklängen an Eichenholz (durch den Ausbau in alten Barriques und *foudres*), einem vollen Körper, süßem Tannin, niedriger Säure und konzentrierten, vielschichtigen Geschmackskomponenten. Anders als vielen Produzenten des nördlichen Rhônetals ist es Clape gelungen, seinen 2000er-Weinen einen ernst zu nehmenden Geschmackseindruck am mittleren Gaumen mitzugeben. Dieser Wein erinnert mich an den 1985er (der im Sommer 2001 noch wahnsinnig gut schmeckte). Voraussichtliche Genussreife: jetzt–2016.

Der *1999er Cornas Renaissance* von sattem Dunkelpurpurrot präsentiert sich in einem ähnlichen Stil wie der 2000er Côtes du Rhône und zeigt ein dickes, saftiges Bukett von Cassis- und Brombeerfrucht. Der Renaissance legt jedoch mehr Säure, erdige Strenge und Tannin an den Tag und sollte leicht 10–12 Jahre halten. Der *1999er Cornas* besitzt zwar nicht das Fett oder die frühreife Art des 2000ers, ist aber eine brillante Leistung in einem Jahrgang, in dem in Cornas ungewöhnlich viele Flops produziert wurden. Der 1999er zeigt weiche Tannine, aber gute untergründige Säure, unglaubliche Brombeer- und Cassisfrucht, eine satte schwarz-purpurrote Farbe und Aromen von gebratenem Fleisch, prallen schwarzen Früchten, rauchigem Hickoryholz und Lakritze. Gute Reintönigkeit, süßes Tannin und schön integrierte Säure samt Alkohol ergeben einen nahtlosen Geschmackseindruck auf der Zunge. Dieser körperreiche, groß angelegte Wein wird sich 2005–2016 in Bestform befinden. Der *1998er Cornas Renaissance* ist ein cremiger Wein von mittlerem Körper, der mit rassiger, dicklicher, schwarzer Kirsch- und Brombeerfrucht, schöner Reintönigkeit, niedriger Säure und leichtem Tannin im Abgang ausgestattet ist. Trinken Sie ihn in den nächsten 7–8 Jahren. Der kräftig gebaute, klassische *1998er Cornas* offenbart harte Tannine, mittleren bis vollen Körper und eine dichte rubin-purpurrote Farbe. Sein muskulöser, breitschultriger und rauer Stil fordert 5–6 Jahre Kellerreife. Er wird wohl 16–18 Jahre halten, besitzt aber weder das Fett und das Glyzerin noch die Süße des 1999ers.

Der 1997er ist ausgezeichnet. Clapes *1997er Cornas* liebäugelt mit einer hervorragenden Bewertung. Der Wein prunkt mit einer satten purpurroten Farbe und einem süßen, nach Brombeeren duftenden Bukett und Geschmackskomponenten von Veilchen, Teer und Trüffeln. Von mittlerem bis vollem Körper und ausgestattet mit mäßigem Tannin, ist dies ein untypisch weicher, expansiver und fortgeschritten entwickelter Cornas, den man bereits bei seiner Freigabe trinken kann und der ein Jahrzehnt oder länger halten wird.

Bisherige große Jahrgänge: Cornas 1995er (92), 1991er (90), 1990er (90), 1985er (90), 1983er (90?), 1978e (91), 1976er (90)

LES CLEFS D'OR

2000	**Châteauneuf-du-Pape**	**D**	**(87–88)**
1999	**Châteauneuf-du-Pape**	**D**	**87**
1998	**Châteauneuf-du-Pape**	**D**	**88**

Hätten diese Weine mehr Substanz und Konzentration (aufgrund niedrigerer Erträge und/oder strikterer Selektion der Trauben im Keller), könnten sie mühelos eine hervorragende Punktebewertung erhalten, denn dieser Domaine gehört sehr gutes Rebland. Trotzdem gibt es viel Erfreuliches in diesen gradlinigen, offen gewirkten, verbraucherfreundlichen Châteauneufs. Es ist nun einmal die traurige Wahrheit, dass Weine, die allzu freundlich und früh trinkbar sind, also Weine mit geringem Alterungspotenzial, im Vergleich zu solchen, die das größte Alterungspotenzial und mehr Konzentration besitzen, wahrscheinlich eine zu niedrige Punktnote bekommen. Mir ist klar, dass viele Leser ganz einfach einen guten Wein zum unmittelbaren Trinkgenuss wollen – und Les Clefs d'Or erfüllt genau diesen Wunsch.

Der *2000er Châteauneuf-du-Pape* offenbart marmeladige Frucht, potenziell mehr Substanz, süßes Tannin, einen mittleren bis vollen Körper sowie den Geschmack von Pflaumen und Kirschen im Abgang. Er sollte in seinem ersten Lebensjahrzehnt getrunken werden. Der dunkelrubinrote *1999er Châteauneuf-du-Pape* wartet auf mit einem provenzalischen, nach gerösteten Kräutern, frisch gemahlenem Pfeffer, Pflaumen und Kirschen duftenden Bukett.

Von mittlerem Körper und weicher Art, sollte man ihn am besten in den nächsten 6–7 Jahren trinken. Der dunkelrubinrote *1998er Châteauneuf-du-Pape* ist ein dichter Wein mit Noten von Mineralien, Pfeffer und *garrigue*, schien aber verstummt, als ich ihn verkostete. Er zeigte alle Eigenschaften eines Weins, der gerade abgefüllt worden war, und so habe ich den Verdacht, dass mehr an und in ihm ist, als er jetzt zeigt. Der Wein bietet ein nach *garrigue* und Gewürzen duftendes Bukett, einen mittleren bis vollen Körper, offensichtliche Noten von Kirschgeist, in die sich Anklänge von zerquetschten Steinen mischen, eine angenehme Erdigkeit, bewundernswert vielschichtige Geschmackskomponenten und mäßiges Tannin. Er benötigt einige Jahre Kellerreife. Voraussichtliche Genussreife: jetzt–2012.

DOMAINE CLOS DU CAILLOU

2000	**Châteauneuf-du-Pape**	**D**	**(91–92)**
1999	**Châteauneuf-du-Pape**	**D**	**90**
1998	**Châteauneuf-du-Pape**	**D**	**90**
2000	**Châteauneuf-du-Pape Les Quartz**	**E**	**(92–94)**
1999	**Châteauneuf-du-Pape Les Quartz**	**E**	**93**
2000	**Châteauneuf-du-Pape Réserve Le Clos du Caillou**	**E**	**(97–99+)**
1999	**Châteauneuf-du-Pape Réserve Le Clos du Caillou**	**E**	**94**
1998	**Châteauneuf-du-Pape Réserve Le Clos du Caillou**	**E**	**96**
1998	**Châteauneuf-du-Pape Cuvée Unique**	**E**	**90**
2000	**Côtes du Rhône Bouquet des Garrigues**	**C**	**90**
1999	**Côtes du Rhône Bouquet des Garrigues**	**C**	**90**
1999	**Côtes du Rhône Très Vieilles Vignes**	**C**	**91**
2000	**Côtes du Rhône-Villages Clos du Caillou**	**C**	**90+**

Die Familie Vacheron (sie stammt aus dem Loiretal) hat stets außergewöhnliche Weine auf ihrem Gut im Norden von Châteauneuf-du-Pape produziert. Alle drei Cuvées von Châteauneuf-du-Pape sind fabelhafte Weine, die zu den besten der Appellation gehören. Die 1999er sind starke Leistungen und die 2000er den 1998ern ebenbürtig. Die Abfüllung erfolgte ohne Schönung und Filtration. Die Domaine ist auch eine unglaublich gute Adresse für großen Côtes du Rhône. Es ist sehr traurig, dass im März 2002 Jean Denis Vacheron, der Architekt dieser Weine, bei einem Unfall auf tragische Weise sein Leben verloren hat.

Der tintige, purpurrote *2000er Châteauneuf-du-Pape* bietet spektakuläre Aromen, überwältigende Reife und einen langen, vielschichtigen Abgang, der einen niedrigen Säuregehalt, reife Frucht und einen vollen Körper zu erkennen gibt. Wenn man den bekannten Lafleur aus Pomerol noch einmal erschaffen würde, könnte er in manchem den Cuvées der Domaine Clos du Caillou ähneln. Voraussichtliche Genussreife: jetzt–2015. Der bewundernswerte *2000er Châteauneuf-du-Pape Les Quartz* ist ein dicklicher, mit Noten von Crème de Cassis, schwarzen Himbeeren und Erdbeeren angefüllter Wein, der im Hintergrund Anklänge an flüssige Mineralien und Blumen zu erkennen gibt. Er legt Überreife, spektakuläre Reintönigkeit und Konturenschärfe an den Tag sowie einen körperreichen, massiven Abgang, der mit Sicherheit genauso lang anhält wie der des 1999ers. Das Tannin ist fast völlig von der reichen Frucht überlagert. Voraussichtliche Genussreife: jetzt–2018. Der erstaunliche *2000er Châteauneuf-du-Pape Réserve Le Clos du Cailloux* ist eine Legende der Weinbereitung. Er ist der Inbegriff eines Châteauneuf-du-Pape, ein tintiger, purpurroter Wein, dessen Konzentration mit der eines trockenen Vintage-Portweins verwandt ist. Er prunkt mit erstaunlichen Schichten von Lakritze, Brombeeren, schwarzen Kirschen und Cassis. Eigentlich schmeckt er durch und durch wie der Likörwein eines Châteauneuf-du-Pape, ausgestattet mit phänomenaler Reintönigkeit, perfekter Ausgewogenheit und einem Abgang, der 50 Sekunden lang anhält (einer der längsten, die ich bei einem trockenen Rotwein erlebt habe). Der Stil der Domaine Clos du Caillou ist eine Synthese aus moderner und aus der Vergangenheit überlieferter, traditioneller Weinbereitung. Der 2000er ist ein typischer Châteauneuf-du-Pape, dessen Konzentration und Reichhaltigkeit aber auf ein unglaubliches Niveau gehoben wurden. Voraussichtliche Genussreife: 2005–2025.

Der *1999er Châteauneuf-du-Pape* ist ein süßer, molliger und sinnlicher Wein, der reichliche, dichte Aromen von Brombeer- und Kirschfrucht an den Tag legt. Von außerordentlicher Reintönigkeit, vollem Körper und öliger Textur, ist dies ein Wein mit niedriger Säure, sprühender Frische und Konturenschärfe. Trinken Sie ihn in den nächsten 12–14 Jahren. Im Jahr 1999 brachte die Familie Vacheron-Pouzin einen neuen Wein mit Namen Les Quartz auf den Markt (nach dem Boden ihres *terroirs*). Der *1999er Châteauneuf-du-Pape Les Quartz* hat gehalten, was er vor der Abfüllung versprochen hatte. Er ist ein Star des Jahrgangs, denn er ist gehaltvoller, komplexer und vielschichtiger als die meisten 1999er Châteauneufs. Sein provokantes Bukett verströmt Düfte von *garrigue*, würzigem Hackfleisch, schwarzen Johannisbeeren, Mineralien und heißem Kies. Körperreich und multidimensional, ist er ausgestattet mit subtilen, süßen Tanninen, immenser Konzentration und einem langen, fast 45 Sekunden anhaltenden Abgang. Voraussichtliche Genussreife: jetzt–2018. Der Clos du Caillou ist das Flaggschiff der Domaine und 1998 stellte er sich als nahezu perfekter Wein heraus (bei drei verschiedenen Verkostungen nach der Flaschenabfüllung erreichte er 96 Punkte). Der *1999er Châteauneuf-du-Pape Réserve Le Clos du Caillou* gehört ohne Zweifel zu dem halben Dutzend Spitzenweinen dieses Jahrgangs. Normalerweise eine *assemblage* aus 45% Grenache, 40% Mourvèdre und Syrah sowie anderen Rebsorten, prunkt dieser undurchdringlich purpurrote 1999er mit einem spektakulär nuancierten Bukett, das nach Brombeeren, Crème de Cassis, Lakritze, *garrigue* und Gewürzen duftet. Massiv, aber opulent und ölig texturiert, ausgestattet mit außergewöhnlicher Reintönigkeit und einem sinnlichen Abgang, wird sich dieser Wein fabelhaft trinken lassen, und aufgrund seiner Reichhaltigkeit und umfassenden Harmonie wird das auch 15–16 Jahre so bleiben. Eine Glanzleistung!

Der *1998er Châteauneuf-du-Pape* (80% Grenache, 10% Syrah und 10% Mourvèdre) bietet ein wundervoll süßes, nach schwarzen Himbeeren, Kirschgeist und flüssigen Mineralien duftendes Bukett. Der Wein besitzt hohen Glyzeringehalt, vielschichtige Konzentration, exquisite Reintönigkeit und einen körperreichen Abgang. Wie viele Weine der Domaine Clos du Caillou ist er ein brillantes Beispiel für Reintönigkeit, Finesse und Kraft. Voraussichtliche Genussreife: jetzt–2015. Der monumentale *1998er Châteauneuf-du-Pape Réserve Le Clos du Caillou* (50% Grenache, 40% Mourvèdre und 10% Syrah) ist ein ehrfurchtgebietender Wein. Dies ist ein großer, konzentrierter Châteauneuf-du-Pape, dem es gelingt, seine Reintönigkeit, Ausgewogenheit und sein bemerkenswertes Gleichgewicht zu bewahren. Dieser tintige, purpurrote 1998er ist straff und unentwickelt, ausgestattet mit einer Menge von strengem Tannin, unwirklich erscheinender Reichhaltigkeit und einem verführerischen Abgang, der fast eine Minute lang anhält. Er ist der Inbegriff dieser Appellation und sein Stil eine Synthese zwischen modern und traditionell bereitetem provenzalischem Rotwein. Ein erstaunlicher Châteauneuf-du-Pape, der allerdings Geduld erfordert. Voraussichtliche Genussreife: 2004–2020.

Die unglaublich faszinierenden Weine der Côtes du Rhône sind in einem ganz ähnlichen Stil bereitet wie die profunden Châteauneufs der Domaine. Der undurchdringlich rubin-purpurrote *2000er Côtes du Rhône Bouquet des Garrigues* ist ein prachtvoll fetter, mit einem breiten Geschmacksprofil ausgestatteter, vielschichtiger Wein mit verschwenderischer Frucht, körperreicher Textur und niedriger Säure. Er dürfte sich 4–6 Jahre schön trinken lassen – wenn man ihm so lange widerstehen kann. Um einiges besser ist der ernsthaftere, strukturiertere und muskulösere *2000er Côtes du Rhône-Villages Clos du Caillou*. Der undurchdringliche purpurrote Wein ist besser als viele Châteauneufs und Gigondas. Süß, gehaltvoll und reintönig, ausgestattet mit ganzen Batzen von Crème de Cassis, flüssigen Mineralien, Pfeffer und Gewürzen, ist er nicht ganz so verführerisch (im Moment jedenfalls) wie der Bouquet des Garrigues, aber er dürfte sich nach einem weiteren Jahr Kellerreife schön trinken lassen und dann ein Jahrzehnt lang halten. Die beiden verschwenderischen

1999er Côtes du Rhône sind ganz erstaunliche Weine für ihren Preis. Gut texturiert, körperreich, gehaltvoll und reintönig, sind sie zum Trinkgenuss in den nächsten 4–6 Jahren bestimmt. Zwar wird der *1999er Côtes du Rhône Bouquet des Garrigues* von Grenache dominiert, er enthält aber trotzdem noch ziemlich viel Syrah und Mourvèdre in seinem Mischsatz. Im Gegensatz dazu wird der *1999er Côtes du Rhône Très Vieilles Vignes* generell aus 70–85jährigen Grenache-Reben gewonnen und ihm wird nur ein Hauch von Syrah und Mourvèdre beigegeben. Kaufen Sie diese Weine kistenweise.

CLOS DU CAVEAU

2000	**Vacqueyras**	**C**	**(85–86)**
2000	**Vacqueyras Cuvée Lao Muse**	**D**	**(90–92)**
2000	**Vacqueyras Cuvée Prestige**	**D**	**(86–87)**

Wenn man von diesen 2000er Cuvées ausgeht, scheint der Clos du Caveau zu den aufsteigenden Stars von Vacqueyras zu gehören. Der leicht verständliche, »trendy« gemachte *2000er Vacqueyras* besitzt reichliche Mengen an schwarzer Kirschfrucht, *garrigue*, Pfeffer und Gewürzen. Genießen Sie diesen köstlichen Wein in seinen ersten 3–4 Lebensjahren. In einem ähnlichen Stil bereitet, offenbart der weiche, expansive *2000er Vacqueyras Cuvée Prestige* zusätzliche Konzentration und Geschmackskomponenten sowie viele typisch provenzalische Eigenschaften. Er dürfte sich 5–6 Jahre schön trinken lassen. Der gigantische *2000er Vacqueyras Cuvée Lao Muse* ist großer Stoff – vorausgesetzt, er schafft es, nur wenig oder kaum geschönt und gefiltert in die Flasche zu kommen. Seine tiefpurpurrote Farbe geht einher mit einem konzentrierten, nach Brombeerlikör, Kirschen, Lakritze, Pfeffer und Trüffeln duftenden Bukett. Ausgestattet mit großer Reichhaltigkeit, einer opulenten, sinnlichen Textur und einem reintönigen, reifen und vielschichtigen Abgang, kann dieser Wein mühelos mit dem besten Wein der Appellation, dem Sang de Cailloux, mithalten. Voraussichtliche Genussreife: jetzt–2010.

CLOS DU JONCUAS

1998	**Gigondas**	**C**	**88**
1997	**Gigondas**	**C**	**87**

Dieses Weingut produziert weiterhin beeindruckend gemachte, konzentrierte, opulente Gigondas. Dem spektakulären 1995er folgten in den schwierigeren Jahren 1996 und 1997 zwei bemerkenswerte Weine. Der 1998er ist ausgezeichnet. In seinem Mischsatz kann man im Allgemeinen 80% Grenache und 20% Mourvèdre finden, die von einem weitestgehend homogenen Weinberg mit Kalksteinboden kommen.

Der *1998er Gigondas* ist ein sattschwarz-purpurroter Wein mit Aromen von süßer Kirschgeist-Cassisfrucht, gepaart mit einem mittleren Körper, Reichhaltigkeit am mittleren Gaumen und dem süßen Tannin des Jahrgangs. Der Alkoholgehalt ist angesichts des Jahrgangs mäßig. Der Wein dürfte sich ein Jahrzehnt oder länger halten. Der sattschwarz-rubin-purpurrote *1997er Gigondas* offenbart in seinem würzigen Bukett süße, reintönige Düfte nach prallen schwarzen Himbeeren und Cassis, eine üppige Textur, Fett, niedrigen Säuregehalt, samtige Geschmackskomponenten und einen zu Kopf steigenden, glyzerin- und alkoholreichen Abgang. Dieser hedonistische, mollige Gigondas sollte sich 7–8 Jahre schön trinken lassen.

CLOS DU MONT OLIVET

2000	**Châteauneuf-du-Pape**	**D**	**(89–91)**
1999	**Châteauneuf-du-Pape**	**D**	**89**
1998	**Châteauneuf-du-Pape**	**D**	**89**
1997	**Châteauneuf-du-Pape**	**D**	**84**
2000	**Châteauneuf-du-Pape La Cuvée du Papet**	**D**	**(91–93)**
1998	**Châteauneuf-du-Pape La Cuvée du Papet**	**D**	**92+**

Die Familie Sabon gehört zu den größten und wichtigsten Winzern in Châteauneuf-du-Pape und produziert den auf traditionelle Weise bereiteten, alterungsfähigen Clos du Mont Olivet. Wenn Sie zufällig auf einen ihrer großen Jahrgänge (1990, 1989, 1985, 1978, 1970 und 1957) stoßen sollten, zögern Sie nicht, ihn sofort zu kaufen. In Spitzenjahrgängen wird die Luxus-Cuvée du Papet produziert. Die 1990er und 1989er Cuvée du Papet sind himmlisch.

Der *2000er Châteauneuf-du-Pape* offenbart eine satte dunkelrubin-granatrote Farbe, die einhergeht mit einem wenig entwickelten Bukett mit Düften nach süßer Beerenfrucht, Kirschgeist und Pfeffer, in die sich Aromen aus der Gewürzkiste mischen. Körperreich und kernig, ist dies ein Wein mit bewundernswerter Tiefe sowie dicklicher, von Glyzerin durchtränkter Frucht. Obwohl ein fortgeschritten entwickelter Wein (2000 ist ein säurearmer, reifer Jahrgang), wird er doch von 1–2 Jahren Kellerreife profitieren und dann 15 Jahre halten. Der *2000er Châteauneuf-du-Pape La Cuvée du Papet* (sie wurde nur 1998, 1990 und 1989 produziert) aus Trauben von alten Grenache-Reben offenbart in ihrem umwerfend intensiven Duft den Inbegriff von Kirschfrucht. Körperreich und expansiv, mit reichlich Kraft, Struktur und Muskeln, bietet der Wein in seiner provokanten, reichhaltigen, konzentrierten, zu Kopf steigenden Persönlichkeit das ganze Spektrum von Kräutern der Provence. Sie können damit rechnen, dass er nach der Flaschenabfüllung an Statur gewinnen und sich dann zwei Jahrzehnte schön trinken lassen wird. Voraussichtliche Genussreife: 2004–2020.

Leser, die einen unmittelbaren Trinkgenuss erleben möchten, sollten sich nach dem *1999er Châteauneuf-du-Pape* umsehen. Er wartet auf mit einem komplexen, nach Hackfleisch, getrockneten Kräutern der Provence, Balsaholz, Pfeffer und süßer Kirschfrucht duftenden Bukett, einem mittleren bis vollen Körper, und einer runden, breit angelegten Persönlichkeit ohne Ecken und Kanten. Er zeigt eine entwickelte granatrote Farbe, die an den Rändern in Pink übergeht. Die Weine des Clos du Mont Olivet haben aufgrund ihrer umfassenden Ausgewogenheit eine unglaubliche Fähigkeit, gut zu altern. Voraussichtliche Genussreife: jetzt–2013.

Ein kräftigerer Tropfen, der mehr Gewürze, Pfeffer und Tannin an den Tag legt, ist der *1998er Châteauneuf-du-Pape.* Seine dichtrubin-pflaumen-purpurrote Farbe geht einher mit einem körperreichen Wein, der in seinem Geschmack die sprichwörtlichen Aromen von Kirschgeist, vielschichtiges Fett und Textur offenbart. Obwohl er kein Gigant ist, bin ich doch der Meinung, dass er vielleicht einer werden könnte. Auf jeden Fall ist er ein beeindruckender Châteauneuf-du-Pape, der mehr Strenge und Würzigkeit zeigt als der fruchtbetonte 1999er. Voraussichtliche Genussreife: jetzt–2015. Der *1998er Châteauneuf-du-Pape La Cuvée du Papet* wurde aus überaus alten Reben gewonnen, wird aber kein Weltmeister im Schwergewicht wie der 1990er und der 1989er werden. Trotzdem ist er ein wunderschön bereiteter Châteauneuf-du-Pape im alten Stil, der in seiner Entwicklung weiter fortgeschritten ist, als es der 1990er und der 1989er in diesem Stadium waren. Seine tiefe, satt rubin-granatrote Farbe geht einher mit Noten von *garrigue* (die typische provenzalische Mischung aus Erde und Kräutern), Pfeffer, Kirschmarmelade und harzigem Balsaholz. Enorm dickflüssig und viskos (beachten Sie die Schlieren an der Innenseite des Glases), besitzt dieser körperreiche, dichte und mäßig tanninhaltige Klassiker große Mengen an kirschgeistähnlicher Frucht. Er benötigt 2–3 Jahre Kellerreife. Voraussichtliche Genussreife: jetzt–2020.

Der *1997er Châteauneuf-du-Pape* ist ein sehr guter Wein aus dem Clos du Mont Olivet. Er offenbart ein würziges, pfeffriges und kirschenduftiges Bukett, einen fortgeschritten entwickelten Stil, gute, pralle Frucht und einen molligen, schmackhaften Eindruck am mittleren Gaumen. Trinken Sie diesen entwickelten (achten Sie auf seine rubin-granatrote Farbe), säurearmen, eleganten Châteauneuf-du-Pape in den nächsten 4–5 Jahren.

CLOS DE L'ORATOIRE DES PAPES

2000	**Châteauneuf-du-Pape**	**C**	**(88–90)**
1999	**Châteauneuf-du-Pape**	**C**	**89**
1998	**Châteauneuf-du-Pape**	**C**	**88**

Clos de l'Oratoire des Papes war eines der ersten Weingüter, das Erzeugerabfüllungen auf den Markt brachte, und bis vor 30–40 Jahren entstanden hier die zum Teil eindrucksvollsten Weine der Appellation. Die neue Zeit jedoch brachte neue Methoden der Vinifikation, die einen leichten, fruchtigen, köstlichen aber in seinem Wesen eindimensionalen Châteauneuf-du-Pape zum Ziel hatten. Das scheint sich in den letzten Jahren geändert zu haben, denn der 2000er und der 1999er gehören zu den besten Jahrgängen von Clos de l'Oratoire seit vielen Jahrzehnten. Das ist eine wunderbare Nachricht, da dieses Gut auch über ausgezeichnetes Rebland verfügt.

Der *2000er Châteauneuf-du-Pape* offenbart ein erstaunliches Potenzial und zeigt eine sattpflaumen-purpurrote Farbe, die einhergeht mit einem süßen, dicklichen, nach schwarzen Früchten, Rauch, Weihrauch und Mineralien duftenden Bukett. Opulent, gehaltvoll und vielschichtig, besitzt er trockenes Tannin und einen kraftvollen Abgang. Voraussichtliche Genussreife: 2004–2016. Beide Jahrgänge bedeuten einen bewundernswerten Abschied von den leichten, Beaujolais-ähnlichen Weinen der 1980er und 1990er Jahre. Der *1999er Châteauneuf-du-Pape* prunkt mit einer satten dunkelrubin-purpurroten Farbe sowie dichten, beeindruckenden Aromen aus der Gewürzkiste, von Pfeffer, getrockneten Kräutern und schwarzer Kirsch- und Johannisbeerfrucht. Für einen 1999er ist er kraftvoll und mit einer äußerst vielschichtigen Textur und mäßigem Tannin im Abgang ausgestattet. Wenn er mehr Komplexität entwickeln sollte, wird er eine hervorragende Bewertung erhalten. Voraussichtliche Genussreife: jetzt–2015. In einem eleganten Stil ist der *1998er Châteauneuf-du-Pape* bereitet, der reichliche Mengen von schwarzer Kirsch- und Beerenfrucht bietet, die sich mit Pfeffer und Gewürzen vermischt. Sinnlich, üppig und fortgeschritten entwickelt, mit niedriger Säure und einer hedonistischen Persönlichkeit ausgestattet, wird er sich 8–10 Jahre schön trinken lassen.

CLOS DES PAPES

2000	**Châteauneuf-du-Pape**	**D**	**(91–93)**
1999	**Châteauneuf-du-Pape**	**D**	**91**
1998	**Châteauneuf-du-Pape**	**D**	**89**
1997	**Châteauneuf-du-Pape**	**D**	**87**
2000	**Châteauneuf-du-Pape Blanc**	**D**	**90**
1999	**Châteauneuf-du-Pape Blanc**	**D**	**88**

Dieses außergewöhnliche Weingut kann sich noch höherer Qualität rühmen, seitdem Vincent, der Sohn des Besitzers Paul Avril, seinem Vater jetzt ganztägig zur Verfügung steht. Die meisten Clos des Papes benötigen etwas Kellerreife, denn in den letzten Jahrzehnten hatte man die Tendenz, den Anteil an Mourvèdre (jetzt 20%) im Mischsatz zu erhöhen.

Der *2000er Châteauneuf-du-Pape* (14,3% Alkohol) wurde aus für das Gut relativ hohen Erträgen von 30 hl/ha gewonnen. Seine dichte rubin-purpurrote Farbe geht einher mit einem eleganten, nach schwarzen Himbeeren duftenden Bukett, in das sich Aromen von Kirschen, Mineralien, Baumrinde und Gewürzen mischen. Es gibt reichlich Kraft und Eleganz sowie einen reintönigen Stil zu entdecken und für einen Châteauneuf-du-Pape überraschende Finesse. Wie viele großen Jahrgänge von Clos des Papes, benötigt der 2000er 3–4 Jahre Kellerreife. Voraussichtliche Genussreife: 2005–2020. Der *1999er Châteauneuf-du-Pape* wurde aus einem Ertrag von 27 hl/ha gewonnen. Dies entspricht ungefähr der Hälfte des Durchschnittsertrags im Bordelais und einem Drittel dessen, was man in den Weinbergen von Burgund erreicht. Der Wein erinnert an einen Grand Cru Corton und offenbart reichliche Mengen an süßer Kirschfrucht, die sich mit Blumen und Mineralien vermischt. Er offenbart einen gewissen erdigen *terroir*-Charakter sowie reichliche Geschmackskomponenten von roten und schwarzen Früchten, vollen Körper, gute Würzigkeit und mäßiges Tannin im langen, strengen Abgang. Dies ist ein wunderschön gewirkter Châteauneuf-du-Pape, der den 1998er von Clos des Papes in überzeugender Weise weit hinter sich lässt. Der 1999er benötigt 3–4 Jahre Kellerreife und dürfte dann zwei Jahrzehnte halten. Sehr beeindruckend!

Dem *1998er Châteauneuf-du-Pape* fehlt es an der Kraft und Konzentration, die man normalerweise in den Weinen dieser Domaine findet. Obwohl ausgezeichnet, gibt er sich am mittleren Gaumen leichter als andere große Jahrgänge (1995, 1990 und 1989). Vincent Avril meint jedoch, dass der Wein besser ist, als ich glaube; die Zeit wird es an den Tag bringen, wer Recht hat. Die dunkelrubinrote Farbe des Weins zeigt einen gewissen Stich ins Purpurrote. Aromen von süßen schwarzen Kirschen und Johannisbeeren vermischen sich mit Noten von Pfeffer, englischem Kuchen und Düften aus der Gewürzkiste. Von mittlerem Körper und mit mäßigem Tannin, guter Tiefe ausgestattet, besitzt er aber nicht das Fett, die Konzentration und Wucht des umwerfenden 1999ers. Der Wein wird sich jetzt–2015 auf seinem Höhepunkt befinden.

In dem etwas leichtgewichtigen Jahr 1997 war das Weingut recht erfolgreich. Es entstanden sinnliche Weine, die mit beträchtlich mehr Dichte und Reichhaltigkeit gesegnet sind, als es in diesem Jahr bei den meisten Châteauneufs der Fall war. Der *1997er Châteauneuf-du-Pape* zeigt eine tiefrubinrote Farbe, die einhergeht mit Aromen von Kirschmarmelade, vermischt mit Pfeffer, Pinien und Erde. Im Mund tauchen Geschmackskomponenten von Cassis- und Brombeerfrucht auf (zweifellos von den Mourvèdre- und Syrah-Komponenten). Der weiche, säurearme und verführerische Wein von mittlerem Körper sollte sich 5–8 Jahre schön trinken lassen.

Zu den anderen bemerkenswerten Weinen gehört Avrils prächtiger *2000er Châteauneuf-du-Pape Blanc*. Die *assemblage* aus Roussanne, Grenache Blanc, Clairette, Bourboulenc, Picardin und Picpoul besitzt ein unglaubliches, nach geschmolzenem Wachs, Geißblatt und Birnen duftendes Bukett, einen vollen Körper und einen frischen, lebendigen Geschmack. Sie sollte sich 5–6 Jahre schön trinken lassen. Leider gibt es davon nur 1000 Kisten. In der Vergangenheit habe ich mich über die meisten weißen Châteauneufs kritisch geäußert, aber in den letzten Jahren hat sich die Qualität dramatisch verbessert. Clos des Papes produzierte auch 1999 einen der besten Weißweine von Châteauneuf-du-Pape.

Bisherige große Jahrgänge: Châteauneuf-du-Pape 1995er (94), 1990er (95), 1981er (92), 1978er (94)

CLOS SAINT-MICHEL

2000	**Châteauneuf-du-Pape**	**C**	**(87–89)**
1999	**Châteauneuf-du-Pape**	**C**	**89**
1998	**Châteauneuf-du-Pape**	**C**	**86**
2000	**Châteauneuf-du-Pape Cuvée Réservée**	**D**	**(91–93)**
1999	**Châteauneuf-du-Pape Cuvée Réservée**	**D**	**90**
1998	**Châteauneuf-du-Pape Cuvée Réservée**	**D**	**90**
1999	**Châteauneuf-du-Pape Cuvée Réservée Grand Clos**	**E**	**90**
1998	**Châteauneuf-du-Pape Cuvée Réservée Grand Clos**	**E**	**91+**

Das aufstrebende Weingut verdient Beachtung aufgrund der großen Mühe, die sich Franck Mousset gibt. 1998 hat der junge Produzent mit der Cuvée Réservée Grand Clos einen neuen Wein (in einer sehr schweren Flasche) auf den Markt gebracht.

Erstaunlicherweise offenbart der *2000er Châteauneuf-du-Pape* zwar mehr Tannin und Strenge, zeigt aber das gleiche Gewicht und die gleiche Tiefe wie der 1999er, was angesichts des Gesamtstils der beiden Jahrgänge untypisch ist. Voraussichtliche Genussreife: jetzt bis 2012. Der stark extrahierte, dichte *2000er Châteauneuf-du-Pape Cuvée Réservée* wartet auf mit einem nach Kräutern der Provence und reichlichem Pfeffer duftenden Bukett und intensiven Geschmackskomponenten von Kirschen und schwarzen Johannisbeeren. Mit ganzen Wagenladungen von Glyzerin, einem niedrigen Säuregehalt und einem hedonistischen Abgang ist dies ein nahtloser Châteauneuf-du-Pape, der vor 2016 am besten schmecken wird.

Der dunkelrubinrote *1999er Châteauneuf-du-Pape* offenbart ein nach Erde, Pfeffer, Kräutern und Unterholz duftendes Bukett, mittleren Körper, niedrige Säure und einen dichten, glyzerinbepackten Fruchtgeschmack. Trinken Sie ihn in den nächsten 10 Jahren. Der superbe, tiefrubin-purpurrote *1999er Châteauneuf-du-Pape Cuvée Réservée* ist ein für diesen Jahrgang kraftvoller, körperreicher Wein. Er besitzt Aromen von *garrigue*, die sich mit Pfeffer, Brombeer- und Kirschfrucht vermischen. Würzig, muskulös, gehaltvoll und lang, mit ausgezeichneter Definition und Länge, wird er sich jetzt–2016 in Bestform befinden. Der *1999er Châteauneuf-du-Pape Cuvée Réservée Grand Clos* prunkt mit einem parfümierten, nach Pfeffer, Kräutern der Provence, Hackfleisch, Kirschlikör und Johannisbeeren duftenden Bukett. Kräftig gebaut, körperreich, üppig texturiert und reintönig, ist dies ein hedonistischer, klassischer Châteauneuf-du-Pape, den man in den nächsten 12+ Jahren trinken sollte.

Zu den 1998ern gehört ein attraktiver, würziger, pfeffriger *1998er Châteauneuf-du-Pape* von mittlerem Körper, der in den nächsten 7–8 Jahren getrunken werden will. Das Niveau an Konzentration, Alterungspotenzial und Trinkgenuss steigert sich beim *1998er Châteauneuf-du-Pape Cuvée Réservée* beträchtlich. Wuchtig und tanninreich, benötigt er 3–4 Jahre Kellerreife. Er trumpft auf mit den traditionellen Eigenschaften von Schwarzkirschmarmelade, Gewürzen, getrockneten Kräutern und Fleisch. Dieser muskulöse Wein sollte jetzt bis 2018 am besten schmecken. Der *1998er Châteauneuf-du-Pape Cuvée Réservée Grand Clos* hat das Niveau an Kraft, Konzentration, Tannin und Körper nochmals angehoben. Er prunkt mit konzentrierten Aromen von *garrigue* (einer Mischung aus Kräutern der Provence und Erde) und reichlichem Pfeffer, hohem Tanningehalt und muskulösen, kraftvollen, tiefen und intensiven Geschmackskomponenten. Dieser 1998er benötigt 4–5 Jahre Kellerlagerung und sollte dann zwei Jahrzehnte halten.

CLUSEL-ROCH

2000	**Côte Rôtie**	**E**	**(88–89)**
1999	**Côte Rôtie**	**E**	**92**
1998	**Côte Rôtie**	**E**	**87**
2000	**Côte Rôtie Les Grandes Places**	**E**	**(90–92)**
1998	**Côte Rôtie Les Grandes Places**	**E**	**90**

Clusel-Roch findet man am Nordrand der Côte Rôtie in dem Weiler Verenay. Fast alle Weingärten der Domaine liegen an der nördlichen Côte Brune, darunter ihre wichtigsten Lagen Les Viallières und Les Grandes Places. Die Spezialcuvée Les Grandes Places ist ein 100%iger Syrah, der in (zu 50% neuen) Eichenholzfässern ausgebaut wird.

Der tiefrubin-purpurrote *2000er Côte Rôtie* ist von mittlerem Körper und offenbart Aromen von neuem Sattelleder, Kirschlikör, etwas Geißblatt (vom Viognier-Anteil), Oliven, Cassis, Rauch, Erde und Mineralien. Säurearm und in einem offen gewirkten Stil bereitet, ist er ein Wein, der in seinem ersten Lebensjahrzehnt getrunken werden will. Der *2000er Côte Rôtie Les Grandes Places*, eine limitierte Mikrocuvée, offenbart in Duft und Geschmack Aromen von süßem toastwürzigem Eichenholz, die sich mit Noten von Brombeeren, Cassis, Rauch und Mineralien vermischen. Der gehaltvolle, vielschichtige und elegante Wein von mittlerem bis vollem Körper ist einer der konzentriertesten des Jahrgangs. Voraussichtliche Genussreife: jetzt–2014.

Ich kann mir nicht vorstellen, wie profund der *1999er Côte Rôtie Les Grandes Places* aus der Flasche schmecken mag, denn es wurde nur ein Fass (etwas weniger als 25 Kisten) produziert, und so ist es wenig wahrscheinlich, dass einem Leser auch nur eine Flasche in die Hand fallen wird. Als ich ihn vom Fass verkostete, war der Wein jedenfalls ganz erstaunlich. Der profunde *1999er Côte Rôtie* prunkt mit einer dichten rubin-purpurroten Farbe sowie einem explosiven, nach Pfirsichmarmelade, Crème de Cassis, Rauch, Mineralien und Lakritze duftenden Bukett. Körperreich und opulent, ist er ein durch und durch hedonistischer Aufreger. Zweifellos gibt es einiges Tannin unter seinem Reichtum an Frucht und Fleischigkeit, aber diesem prachtvollen Wein kann man nicht widerstehen. Er sollte sich 12–15 Jahre schön trinken lassen. Bravo!

Der dichtrubin-purpurrote *1998er Côte Rôtie*, der nicht die Frucht des Les Grandes Places besitzt, bietet in Duft und Geschmack Noten von gebratenem Fleisch, schwarzen Früchten und Rauch sowie gute Säure. Klassisch, gehaltvoll, von mittlerem Körper und solide bereitet, wird er sich 10 Jahre gut entwickeln. Der *1998er Côte Rôtie Les Grandes Places* ist ein verschlossener, dichter und körperreicher Wein, der in seinem Aromaprofil reichliche Mengen von schwarzer Johannisbeer- und rauchiger Himbeerfrucht zu bieten hat, die sich mit toastwürzigem Eichenholz, Düften aus der Gewürzkiste und Erde vermengen. Tief, tanninreich und muskulös, dürfte dieser beeindruckende Wein am besten vor 2016 schmecken.

JEAN-LUC COLOMBO

2000	**Cornas La Louvée**	**D**	**(90–92)**
1999	**Cornas La Louvée**	**D**	**93+**
1998	**Cornas La Louvée**	**D**	**92**
1997	**Cornas La Louvée**	**D**	**90**
2000	**Cornas Les Méjeans**	**D**	**(86–88)**
1999	**Cornas Les Méjeans**	**D**	**90**
1997	**Cornas Les Méjeans**	**D**	**(86–88)**
2000	**Cornas Les Ruchets**	**D**	**(88–90)**
1999	**Cornas Les Ruchets**	**D**	**91**
1998	**Cornas Les Ruchets**	**D**	**92**
1997	**Cornas Les Ruchets**	**D**	**88**
1999	**Cornas Terres Brûlées**	**D**	**88**
1998	**Cornas Terres Brûlées**	**D**	**90**
1997	**Cornas Terres Brûlées**	**D**	**(88–90)**

Anmerkung: Mit Ausnahme von Les Méjeans stammen alle Weine von eigenen Trauben.

Jean-Luc Colombo ist zu einem Star von Cornas geworden. Da er als Önologe für ein Dutzend Kunden im Rhônetal tätig ist, konnte er dort einen positiven Einfluss ausüben und die Qualität vieler Erzeugerabfüllungen verbessern. Er selbst bereitet einige der besten Cornas. Seine Weine, die in einem völlig anderen Stil gemacht sind als die Angebote von Superstars wie Auguste Clape, sind eine intelligente Mischung aus Barrique und konzentriertem Syrah, die von den Hängen dieser sonnendurchfluteten Appellation kommt. Er bietet vier Cuvées an, die er alle in Bordeaux-Flaschen abfüllt (es sind die einzigen Weine dieser Appellation, die nicht in einer Burgunder-Flasche auf den Markt kommen). Les Ruchets wird aus 80–100jährigen Reben, La Louvée aus 70jährigen und Terres Brûlées aus jungen Reben gewonnen. Die größten und gehaltvollsten Wein Jean-Luc Colombos stammen aus den Weinberglagen Les Ruchets und La Louvée. Diese Parzellen in Hanglage neigen dazu, strukturierte, konzentrierte Weine hervorzubringen, die auf bewundernswerte Weise den bei ihrem Ausbau freigesetzten strengen Eichenholzton absorbieren. Die Cuvée La Louvée war früher unter dem Namen Cuvée JLC bekannt. Colombo hat 1999 und 1998 zwei der besten aufeinander folgenden Jahrgänge von Cornas produziert. Im Vergleich zu den meisten anderen Weinen der Appellation sind seine 1999er Cornas ganz untypisch in ihrer Konzentration und milden Säure.

Ziemlich zurückhaltend und leichtgewichtig, bietet der *2000er Cornas Les Méjeans* gute Frucht und einen weichen, vordergründigen Stil, dem die Tiefe und Weite der 1999er fehlt. Der undurchdringlich purpurrote *2000er Cornas Les Ruchets* hat weniger Tannin und Körper aufzuweisen, aber er zeigt prächtige Frucht in einem weichen, subtilen und verführerischen Stil. Mit seiner niedrigen Säure und reifen Frucht wird er kein wirklich langlebiger Klassiker werden, aber er ist gut gebaut, intensiv konzentriert und beeindruckend gemacht. Voraussichtliche Genussreife: jetzt–2012. Der *2000er Cornas La Louvée* prunkt mit einer tintigen schwarz-purpurroten Farbe sowie einer opulenten Persönlichkeit, in der sich schwelgerische Noten von schwarzen Früchten, geschmolzener Lakritze, Teer und Mineralien zeigen.

Man spürt etwas toastwürziges Eichenholz, aber die niedrige Säure des Weins und seine süßen Tannine ergeben einen üppigen Cornas, den man allerdings in seiner Jugend genießen sollte. Trotzdem besitzt er Konzentration und umfassende Ausgewogenheit, um 12–15 Jahre gut zu altern.

Der hervorragende *1999er Cornas Les Méjeans* (2000 Kisten) offenbart eine schwarz-purpurrote Farbe sowie ein süßes, nach Lakritze, Cassis und teeriger Arznei duftendes Bukett. Von mittlerem bis vollem Körper, tief, reif, voll gepackt mit Frucht, Glyzerin und süßem Tannin und mit genügend Säure zur Definition, wird der Wein von 2004–2015 am besten schmecken. Der *1999er Cornas Terres Brûlées* bietet sowohl rote wie schwarze Johannisbeeraromen, die sich mit Noten von Mineralien und Rauch vermischen. Dazu macht sich ein subtiler toastwürziger Eichenholzton bemerkbar. Der Wein ist bei mittlerem Körper elegant und legt in seinem Abgang eine Spur von Tannin an den Tag. Voraussichtliche Genussreife: jetzt–2014. Der *1999er Cornas Les Ruchets* enthüllt toastwürziges Eichenholz und beschwört den Geist eines in einem internationalen Stil bereiteten Cornas. Hinter dem Eichenholzton offenbart der dicht purpurrote Wein zwar Noten von Mineralien, Pfeffer, Brombeeren und Cassis, nicht jedoch das unzivilisierte, rustikale Tannin mancher Cornas-Weine. Dieser körperreiche 1999er wartet auf mit einem vielschichtigen mittleren Geschmacksbereich, beträchtlichem Glyzerin, hervorragender Reintönigkeit der Frucht und einem langen, beeindruckenden Abgang (20–25 Sekunden). Voraussichtliche Genussreife: 2004–2015. Der undurchdringlich purpurrote *1999er Cornas La Louvée* ist ein Cornas von höchster Intensität und Konzentration mit einer Neigung zu modernem Barrique-Ausbau. Er besitzt superbe Aromen von Crème de Cassis und flüssigen Mineralien. Körperreich und mit riesigem Extrakt sowie genügend Säure ausgestattet, um seiner groß angelegten Persönlichkeit Konturenschärfe zu verleihen, benötigt der Wein 3–5 Jahre Kellerreife, um die Eichenholzwürze zu absorbieren und einiges Tannin abzuschmelzen.

Die 1998er sind aus der Flasche verkostet beeindruckend. Der dichtpurpurrote *1998er Cornas Terres Brûlées* bietet eine erdige, geröstete Duftmischung aus schwarzen Früchten, Mineralien, toastwürzigem Eichenholz und Blumen. Gehaltvoll und fleischig, mit reichlichen Mengen an Mineralien und Gewürzen, ist er bereits jetzt aufgrund seiner niedrigen Säure und der süßen Tannine trinkreif, kann aber auch ein Jahrzehnt schön altern. Dies ist der einzige von Colombos Cornas-Weinen, der aus den niedrigeren Hanglagen der Appellation kommt. Der *1998er Cornas La Louvée* ist eine erstaunliche Leistung. Seine schwarz-purpurrote Farbe geht einher mit einem süßen, nach Mineralien, gerösteten Nüssen, versengter Erde, schwarzen Johannisbeeren und Beerenfrucht duftenden Bukett. Dieser körperreiche, fleischige, beeindruckend ausgestattete Wein bietet süßes Tannin und einen niedrigen Säuregehalt. Voraussichtliche Genussreife: jetzt–2016. Der dichte, pflaumenhaft-purpurrote *1998er Cornas Les Ruchets* bietet Noten von dicklichem Cassis, Rauch, Erde und Mineralien. Der Wein ist samtig texturiert, körperreich und mit relativ niedriger Säure und mäßigem Tannin ausgestattet. Aufgrund seines fleischigen Eindrucks am mittleren Gaumen und seiner üppigen Textur ist er schon jetzt zugänglich und trinkbar, kann aber auch 15 Jahre halten.

Der *1997er Cornas Les Méjeans* ist ein fortgeschritten entwickelter, säurearmer, samtiger Wein von ungewöhnlich zugänglicher Art. Der Wein offenbart eine dunkelrubinrote Farbe, ein süßes, nach gegrilltem Fleisch, gerösteten Kräutern und schwarzen Früchten duftendes Bukett, ausgezeichnete Reichhaltigkeit und vermittelt einen süßen, runden, überraschend eleganten Geschmackseindruck am Gaumen. Er sollte in den nächsten 7–8 Jahren getrunken werden. Der sattrubin-purpurrote *1997er Cornas Terres Brûlées* gibt mehr Brombeerfrucht in Duft und Geschmack zu erkennen, mittleren bis vollen Körper, subtiles Tannin, niedrige Säure und einen tieferen, volleren und länger anhaltenden Abgang. Er wird 10–12 Jahre halten. Der *1997er Cornas Les Ruchets* besitzt eine tiefe, undurchdringliche rubin-purpurrote Farbe und eine zurückhaltende, aber beeindruckend gebaute Persönlichkeit mit den sprichwörtlichen Aromen von Cassis, Lakritze, Mineralien und Rauch in Duft und Geschmack. Dicht und körperreich, mit hervorragender Reintönigkeit und Länge, ist dieser 1997er weiter fortgeschritten als die anderen Jahrgänge und wird 12–15 Jahre halten. Der *1997er Cornas La Louvée* ist in einem ähnlichen Stil bereitet, besitzt jedoch noch mehr Körper und mineralische Eigenschaften sowie ein gewichtigeres Gefühl im Mund. Dicht, konzentriert und wuchtig, mit hervorragender Reintönigkeit, ist er bereits jetzt (aufgrund der niedrigen Säure des Jahrgangs) zugänglich. Trotzdem bleibt er ein verhalten entwickelter, hervorragend ausgestatteter Cornas, der 15 Jahre und länger halten wird.

JEAN-LUC COLOMBO

1999	**Châteauneuf-du-Pape Les Bartavelles**	**D**	**90**
1998	**Châteauneuf-du-Pape Les Bartavelles**	**D**	**89**
1999	**Condrieu Amour Dieu**	**D**	**90**
1999	**Côtes du Rhône Les Abeilles**	**A**	**87**
2000	**Côtes du Rhône Les Abeilles Blanc**	**A**	**87**
1999	**Côtes du Rhône Les Figuières Blanc**	**A**	**87**
1998	**Côtes du Rhône Les Figuières Blanc**	**A**	**87**
2000	**Côtes du Rhône Les Forot Vieilles Vignes**	**A**	**86**
1999	**Côtes du Rhône Les Forot Vieilles Vignes**	**A**	**85**
2000	**Crozes-Hermitage La Tuilière**	**C**	**(85–87)**
1999	**Crozes-Hermitage La Tuilière**	**C**	**85**
1999	**Crozes-Hermitage La Tuilière Blanc**	**C**	**87**
1999	**Hermitage Le Rouet**	**E**	**90**
1999	**Hermitage Le Rouet Blanc**	**E**	**90**
1997	**Hermitage Le Rouet Blanc**	**E**	**90**
2000	**St-Joseph Les Lauves**	**C**	**(86–87)**
1999	**St-Joseph Les Lauves**	**C**	**86**
1998	**St-Joseph Les Lauves**	**C**	**86**
2000	**St-Joseph Le Prieuré**	**C**	**(84–86)**
1999	**St-Joseph Le Prieuré**	**C**	**85**
1999	**St-Péray La Belle de Mai Blanc**	**B**	**86**

Anmerkung: Alle hier besprochenen Weine stammen aus zugekauften Trauben.

Während die Menge seiner Erzeugerabfüllungen aus eigenem Lesegut klein bleibt, hat Jean-Luc Colombo begonnen, ein großes Weinhandelshaus aufzubauen, das schließlich auf eine Gesamtproduktion von 60000 Kisten Wein kommen wird. Zu Beginn handelte es sich um glanzlose und indifferente Cuvées, aber nun scheint er eine bessere Fruchtigkeit der Weine zu erreichen und ihre Frische und ihren Charakter bei der Abfüllung zu erhalten. Colombos *négociant*-Weine werden besser und es lohnt sich, nach ihnen Ausschau zu halten. Im Rhônetal, wo jeder wild entschlossen an seiner Unabhängigkeit festhält, ist Colombo der einflussreichste Önologe.

Zu den *négociant*-Weißweinen gehören der 2000er Côtes du Rhône Les Abeilles und der 1999er Côtes du Rhône Les Figuières, die beide erstklassige Angebote sind. Der *2000er Côtes du Rhône Les Abeilles* ist eine *assemblage* aus Viognier, Clairette und Grenache Blanc. Der Wein besitzt in Duft und Geschmack köstliche Noten von Pfirsichen, Geißblatt und Zitrusfrüchten, einen leichten bis mittleren Körper, ausgezeichnete Reintönigkeit und einen sauberen, trockenen Abgang. Noch besser ist der *1999er Côtes du Rhône Les Figuières Blanc*, eine *assemblage* aus 60% Viognier und 40% Roussanne. Überquellende florale und honigfeine Noten sowie ein mittlerer Körper präsentieren sich in einem frischen, lebendigen, überschwänglichen Stil. Der Wein dürfte sich 12–14 Monate gut trinken lassen. Der *1999er Hermitage Le Rouet Blanc* bietet ein fesselndes, nach Pfirsichen, Rosenblättern und Geißblatt duftendes Bukett. Breit, expansiv und körperreich, mit beeindruckender Konzentration, erlebte er eine 100%ige malolaktische Gärung im Eichenholzfass und verblieb dann vor seiner Flaschenabfüllung 18 Monate auf seinen Hefen. Die *assemblage* aus 80% Marsanne und 20% Roussanne dürfte ein Jahrzehnt schön altern. Übrigens, wenn einige Leser auf Colombos besten Weißwein, den *1997er Hermitage Le Rouet Blanc* stoßen sollten, kaufen Sie ihn! Dies ist ein brillanter Weißwein voller Charakter, der Noten von Haselnüssen, Rauch, Blumen und Geißblatt anbietet. Der hervorragende *1999er Condrieu Amour Dieu* offenbart reichliche Mengen von Litschis, Pfirsichen und honigfeinen Früchten, die in einem körperreichen, kernigen und öligen Stil präsentiert werden. Mit hervorragender Reintönigkeit und einem molligen, fleischigen Gefühl im Mund, wird er sich nicht für eine lange Lagerung eignen, aber wunderschönen Trinkgenuss im nächsten Jahr bieten.

Der sehr gute *1999er Crozes-Hermitage La Tuilière Blanc*, eine *assemblage* aus 80% Marsanne und 20% Roussanne, verbrachte acht Monate im Eichenfass und bietet ein attraktives, nach Aprikosenmarmelade duftendes Bukett, einen mittleren Körper und eine Menge Frucht und Glyzerin. Genießen Sie ihn in den nächsten 2–3 Jahren. Im Mischsatz des *1999er St-Péray La Belle de Mai Blanc* finden sich Roussanne und Marsanne zu gleichen Teilen. Von mittlerem Körper und schöner Frische, wird der Wein in Duft und Geschmack von Zitrus- und Grapefruitaromen dominiert. Ein weiterer sehr guter trockener Weißwein ist der *1998er Côtes du Rhône Les Figuières Blanc*. Eine *assemblage* aus 70% Viognier (aus dem nördlichen Rhônetal) und 30% Roussanne (aus St-Péray), besitzt der Wein eine bewundernswerte Textur, die in Duft und Geschmack einhergeht mit Noten von getrockneten Aprikosen, tropischen Früchten und Geißblatt.

Der Côtes du Rhône Les Forot Vieilles Vignes ist ein 100%iger Syrah. Der tiefrubin-purpurrote *2000er Côtes du Rhône Les Forot Vieilles Vignes* offenbart eine für den Jahrgang überraschend hohe Säure, einen mittleren Körper und einen rauchigen Geschmack nach schwarzen Johannisbeeren. Er muss in seinen ersten 2–3 Lebensjahren getrunken werden. Der *1999er Côtes du Rhône Les Forot Vieilles Vignes* präsentiert einen Charakter, der an Bruyèreholz und wilde Beeren erinnert und einem Zinfandel nicht unähnlich ist. Mit hohem Säuregehalt, einer monolithischen Persönlichkeit, sauberer Frucht und guter Reife ausgestattet, wird sich dieser attraktive 1999er 2–3 Jahre schön trinken lassen.

Zu den *négociant*-Weinen aus dem nördlichen Rhônetal gehören der *2000er* und der *1999er Crozes-Hermitage La Tuilière*. Beide besitzen gute Würze und offenbaren in Duft und Geschmack Noten von Pfeffer, Kräutern und roten Früchten. Sie sind keine sonderlich inspirierten Weine, aber korrekte Vertreter ihrer Appellation. Trinken Sie sie in ihren ersten 5 Lebensjahren. Der *2000er St-Joseph Le Prieuré* legt einen für den Jahrgang überraschend hohen Säuregehalt an den Tag. Würzig und mit guter Frucht, wird sich dieser gradlinige 2000er 3–4 Jahre schön trinken lassen. Der *1999er St-Joseph le Prieuré* offenbart nach der Flaschenabfüllung mehr Säure, bietet aber in Duft und Geschmack gute, reife und knackig-pikante Aromen von Brombeer- und Kirschfrucht, die sich mit untergründiger mineralischer Art mischen.

Der *2000er St-Joseph Les Lauves* wird aus Weinbergen in Hanglage gewonnen, die hinter dem Dorf Mauves liegen. Er besitzt süße Cassisfrucht, mineralischen Charakter und einen tiefen, fleischigen Stil und sollte sich 7–8 Jahre schön trinken lassen. Der tiefrubin-purpurrote *1999er St-Joseph Les Lauves* offenbart gute Säure, einiges Tannin und einen herben Charakter, aber wunderschöne reife Erdbeer- und Kirschfrucht. Er dürfte sich 5–6 Jahre schön trinken lassen. Der ausgezeichnete, dunkelrubinrote *1998er St-Joseph Les Lauves* besitzt schwarze Kirschfrucht, einen eleganten, weichen Geschmackseindruck am Gaumen, mittleren Körper und einen sauberen Abgang. Dieser Wein stammt aus den Weingärten hinter der Stadt Tournon.

Colombos brillanter Hermitage Le Rouet enthält in seinem Mischsatz 5% Roussanne und wird in zu 70% neuen Barriques ausgebaut. Der *1999er Hermitage Le Rouet* ist ein eindrucksvoller, gut bereiteter, verhalten entwickelter, aber kerniger Wein, der mit gehaltvoller Cassisfrucht, beeindruckender Reintönigkeit und einem langen Abgang aufwartet. Voraussichtliche Genussreife: 2005–2020. Der *1999er Côtes du Rhône Les Abeilles* ist eine *assem-*

blage aus 40% Grenache, 30% Mourvèdre und 30% Syrah, das Traubengut stammt in erster Linie aus den Rebflächen in Vacqueyras und Rasteau. Er besitzt eine tiefe purpurrote Farbe, erfrischende Säure (typisch für manche 1999er) und in Duft und Geschmack viele Aromen von roten und schwarzen Johannisbeeren, die sich mit Rauch und Wildbretnoten verbinden. Trinken Sie ihn in den nächsten Jahren.

Der beste Wein in Colombos *négociant*-Angebot aus dem südlichen Rhônetal ist der *1999er Châteauneuf-du-Pape Les Bartavelles.* Die *assemblage* aus Grenache (von den Brüdern Gonnet der Domaine Font de Michelle) und Syrah (Château Fortia) zeigt eine ausgezeichnete tiefrubin-purpurrote Farbe und einen hohen Alkoholgehalt (14,5%). Am Gaumen offenbart er einen süßen, gut texturierten, fleischigen Geschmackseindruck und einen langen, konzentrierten Abgang. Trinken Sie diesen reintönigen, gehaltvollen, körperreichen Châteauneuf-du-Pape jetzt–2015. Beeindruckend! Der *1998er Châteauneuf-du-Pape Les Bartavelles* (eine *assemblage* aus 50% Grenache, 30% Syrah und 20% Mourvèdre) gibt Aromen von Kirschgeist, Blumen, Lavendel und schwarzen Johannisbeeren in Duft und Geschmack zu erkennen sowie bewundernswerte Struktur, einen vollen Körper, ausgezeichnete Reintönigkeit und den Stil eines authentischen Châteauneuf-du-Pape. Er dürfte sich ein Jahrzehnt gut trinken lassen.

DOMAINE COMBIER

1999	**Crozes-Hermitage Rouge**	**C**	**87**
1999	**Crozes-Hermitage Blanc**	**C**	**86**
1999	**Crozes-Hermitage Clos des Grives Rouge**	**D**	**(88–90)**
1998	**Crozes-Hermitage Clos des Grives Rouge**	**D**	**88**
1999	**Crozes-Hermitage Clos des Grives Blanc**	**D**	**88**
1998	**Crozes-Hermitage Clos des Grives Blanc**	**D**	**88**

Laurent Combier ist ein weiterer junger Produzent (35+ Jahre), der sein Weingut auf ein höheres Qualitätsniveau hebt. Wie Michel Chapoutier hat sich auch er der ökologischen biodynamischen Philosophie im Weinbau verschrieben. Die Domaine Combier produziert je zwei weiße und zwei rote Cuvées von Crozes-Hermitage. Der *1999er Crozes-Hermitage Blanc* offenbart die sprichwörtlichen aromatischen Eigenschaften der Marsanne-Traube wie Zitronenhonig, Zitrusfrüchte, Grapefruit und Noten von weißen Blumen (die Fachleute meinen damit Akazienblüten). Frisch, mit guter Textur und Reife, mittlerem Körper und einem trockenen Abgang, sollte er sich 2–3 Jahre schön trinken lassen. Der ernsthafter ausgestattete, barriquegereifte *1999er Crozes-Hermitage Clos des Grives Blanc* ist eine *assemblage* aus 50% Roussanne und 50% Marsanne. Dies ist ein größerer, gehaltvollerer, stärker texturierter, honigfeiner Wein mit toastwürzigen Eichenholzaromen und Batzen von Frucht, zusätzlichem Glyzerin und Dicke, der 4–5 Jahre schönen Trinkgenuss bieten wird.

Der *1999er Crozes-Hermitage Rouge* von Combier offenbart ein kräuterhaftes, rauchiges, nach schwarzen Kirschen und Gewürzen duftendes Bukett, mittleren Körper, gute Frucht und einen weichen, fortgeschrittenen Charakter. Trinken Sie ihn in den nächsten 4–5 Jahren. Der zu 100% in Eichenholzfässern (die Hälfte davon waren neue Fässer, die andere Hälfte einjährige) ausgebaute *1999er Crozes-Hermitage Clos des Grives Rouge* zeigt eine tiefrubin-purpurrote Farbe und ein dichtes, nach schwarzem Kirschlikör, Rauch, Toast, Mineralien und Tapenade duftendes Bukett. Von mittlerem bis vollem Körper, ist dies ein Wein mit bewundernswerter Säure und ausgezeichneter Konzentration, der sich in seinem ersten Lebensjahrzehnt schön trinken lässt.

Der ernst zu nehmende *1998er Crozes-Hermitage Clos des Grives Blanc* ist einer der besten Weißweine, die in dieser Appellation der Vielfalt produziert werden. Aromen von reifen honigfeinen Zitronen, Pfirsichen und Grapefruit in Duft und Geschmack haben den Holzton der neuen Eichenholzfässer absorbiert. Der muskulöse und konzentrierte Wein, der seine Säure gut integriert hat, dürfte sich 4–5 Jahre schön trinken lassen. Der pflaumendunkle-purpurrote *1998er Crozes-Hermitage Clos des Grives Rouge* offenbart weniger Säure. Er wartet auf mit einem Aromaprofil von toastwürzigem Eichenholz, gehaltvollen, konzentrierten Cassis- und Kirschnoten und einem subtilen kräuterhaften provenzalischen Charakter. Er ist ein gut bereiteter, gefällig texturierter, den Mund füllender Wein, der sich ein Jahrzehnt schön trinken lässt.

DOMAINE DE LA CÔTE DE L'ANGE

2000	**Châteauneuf-du-Pape**	**D**	**(86–87)**
1999	**Châteauneuf-du-Pape**	**D**	**86**
1998	**Châteauneuf-du-Pape**	**D**	**89**
2000	**Châteauneuf-du-Pape Cuvée Vieilles Vignes**	**D**	**(87–90)**
1999	**Châteauneuf-du-Pape Cuvée Vieilles Vignes**	**D**	**87**

Die Domaine de la Côte de l'Ange produziert rustikale, würzige und fleischige Châteauneufs, denen es manchmal an Frucht mangelt. Es sind jedoch markante Weine mit den für das südliche Rhônetal typischen Aromen von gerösteten Kräutern und Leder und dem Geschmack nach Würstchen und ziemlich intensivem Wildbret. Wer solche Tropfen liebt, wird diese Weine mehr bevorzugen, als ich es tue.

Die 2000er Cuvées zeigen alle eine satte Farbe. Der *2000er Châteauneuf-du-Pape* nimmt sich zu Beginn der Verkostung gut aus und bietet in seinem Bukett Düfte nach süßer Kirschfrucht, in die sich Aromen aus der Gewürzkiste, Pfeffer und Kräutern der Provence mischen, im Mund jedoch erweist er sich als kurz. Der superbe *2000er Châteauneuf-du-Pape Cuvée Vieilles Vignes* offenbart würzige, erdige Aromen von süßen Kirschen, Algen und Pfeffer in Duft und Geschmack, gute Länge, Reife und Dichte und staubiges Tannin im Abgang. Ein beeindruckender, im alten Stil bereiteter Châteauneuf, der 12–14 Jahre halten sollte.

Der pflaumen-rubinrote *1999er Châteauneuf-du-Pape* offenbart ein übertrieben nach Pfeffer und Gewürzen duftendes Bukett, mittleren Körper und Geschmackskomponenten von Soja, Algen und Erde. Kurz und oberflächlich, sollte er in den nächsten 3–5 Jahren konsumiert werden. Etwas tiefer ist der *1999er Châteauneuf-du-Pape Cuvée Vieilles Vignes*, der Noten von italienischer Wurst an den Tag legt, die sich mit Aromen aus der Gewürzkiste und Düften nach getrockneten Kräutern, Lavendel, Gewürzen und getrockneter Kirschfrucht vermischen. Sein Abgang ist eckig und mit mäßigem Tannin ausgestattet.

Mit seinem rustikalem Tannin gibt sich der *1998er Châteauneuf-du-Pape* ziemlich männlich. Er wartet auf mit einem muskulösen, körperreichen Geschmackseindruck am Gaumen, Noten von Kräutern der Provence, feuchter Erde und Schwarzkirsch- und Pflaumenfrucht. Er ist immer noch ein strenger und strukturierter Wein, der bis 2018 halten wird.

DOMAINE DES CÔTEAUX DES TRAVERS

1999	**Côtes du Rhône-Villages Cairanne**	**B**	**89**

Der *1999er Côtes du Rhône-Villages Cairanne* ist eine superbe *assemblage* aus 60% Grenache, 30% Mourvèdre und 10% Syrah. Dies ist ein heißer Tipp für sparsame Käufer. Der fast hervorragende Wein zeigt eine satte dunkelrubinrote Farbe, die einhergeht mit süßen Aromen von Pfeffer, schwarzen Früchten, Kirschgeist und Düften aus der Gewürzkiste. Gehaltvoll, texturiert, von mittlerem bis vollem Körper, mit süßen Tanninen und einem unaufdringlichen Gehalt von Alkohol und Säure, wird er sich 4–5 Jahre schön trinken lassen.

DOMAINE COURBIS

1999	**Cornas Champelrose**	**D**	**(86–87)**
1998	**Cornas Champelrose**	**D**	**89**
1997	**Cornas Champelrose**	**D**	**83**
1999	**Cornas Les Eygats**	**D**	**(88–90)**

1998	**Cornas Les Eygats**	**D**	**90**
1997	**Cornas Les Eygats**	**D**	**87**
1999	**Cornas La Sabarotte**	**D**	**(88–90+)**
1998	**Cornas La Sabarotte**	**D**	**91**
1997	**Cornas La Sabarotte**	**D**	**88**
1999	**St-Joseph**	**D**	**88**
1999	**St-Joseph Blanc**	**D**	**85**
1999	**St-Joseph Les Royes**	**D**	**90**
1998	**St-Joseph Les Royes**	**D**	**87**

Die Gebrüder Laurent und Dominique Courbis produzieren einen Cornas in modernem Stil, der aus drei verschiedenen Sektionen der Appellation kommt. Der Champelrose wird in 2 bis 3 Jahre alten Barriques ausgebaut, Les Eygats in zu 20% neuen und 80% alten Barriques und La Sabarotte in zu 50% neuen und 50% einjährigen Eichenholzfässern. Alle Syrah-Trauben werden entrappt und der Wein kommt nach minimaler Schönung in die Flasche. Die Domaine produziert auch einen sehr guten St-Joseph, der aber weniger beeindruckt als ihr Cornas. Die Domaine Courbis macht rasche Fortschritte, wie die folgenden Degustationsnotizen zeigen.

Der *1999er Cornas Champelrose* zeigt eine dunkelpurpurrote Farbe, mittleren Körper, pikante Säure und einen erfrischenden, mäßig schweren Stil, der Cassis- und Beerenfrucht bietet. Ein gefälliger, leicht tanninhaltiger Wein, den man in den nächsten 6–8 Jahren trinken sollte. Die Trauben für den *1999er Cornas Les Eygats* kommen von den steilen Terrassen im Süden, wo man die Reben in höherer Lage als für den Champelrose gepflanzt hat. Der Wein offenbart mehr rauchige Eigenschaften von Brombeeren und Mineralien, einen besseren Reifezustand, vollen Körper, ausgezeichnete Dichte, mäßiges Tannin und eine tintenschwarze Farbe. Die Rebstöcke sind zwar erst 10 Jahre alt, doch ist dies eine möglicherweise hervorragende Cuvée. Voraussichtliche Genussreife: jetzt–2015. Aus mittlerer Hanglage und von älteren Reben stammt der *1999er Cornas La Sabarotte*, eine in einem internationaleren Stil bereitete Cuvée, die einen kräftigeren Eichenholzton sowie merkliche Säure an den Tag legt. Der reife Wein von mittlerem bis vollem Körper gibt sich verschlossen und unzugänglich, doch lässt er Beeindruckendes ahnen. Voraussichtliche Genussreife: 2005–2016. Sicherlich ein *vin de garde.*

Der *1999er St-Joseph Blanc* (zu 50% im Tank und zu 50% im Fass ausgebaut) ist ein spritziger, eleganter und in einem modernen Stil bereiteter trockener Weißwein, der Noten von tropischen Früchten (hauptsächlich Ananas) bietet. Trinken Sie ihn in den nächsten 2 Jahren.

Die beiden 1999er St-Joseph offenbaren nach ihrer Flaschenabfüllung mehr Charakter als während der *élevage.* Der *1999er St-Joseph* ist ein ernsthafter konzentrierter Wein, der eine tiefrubin-purpurrote Farbe zeigt, die mit einem süßen, nach Johannisbeeren, Pflaumen, Feigen, Mineralien und Kirschen duftenden Bukett einhergeht. Ein reifer, köstlicher, hedonistischer und reintöniger Wein ohne Ecken und Kanten, der sich 6–7 Jahre schön trinken lässt. Der *1999er St-Joseph Les Royes* kommt aus einer Kalkstein-Hanglage unweit des Dorfes Châteaubourg. Dies ist eine außergewöhnlicher, undurchdringlich purpurroter Wein, der ein fabelhaftes, nach schwarzer Johannisbeerfrucht duftendes Bukett vorweisen kann, in das sich Düfte nach Kirschlikör, Lakritze, Rauch und Mineralien mischen. Der frische Eichenholzton ist vollkommen integriert, der Wein texturiert, körperreich und beeindruckend. Dieser opulente St-Joseph wird sich ein Jahrzehnt und länger schön trinken lassen. Bravo!

Die 1998er sind besser als ihre Pendants des Jahrgangs 1999. Sie offenbaren weniger Säure, mehr Tiefe und Kraft, süßeres Tannin und eine expansivere Textur (was zweifellos auf den niedrigen Säuregehalt zurückzuführen ist). Der dunkelrubin-purpurrote *1998er Cornas Champelrose* bietet ein elegantes, süßes, nach Wildbret, Rauch und Cassis duftendes Bukett und am Gaumen gute Textur, niedrige Säure und einen fleischigen Charakter. Trinken Sie ihn jetzt und in den nächsten 10–12 Jahren. Der *1998er Cornas Les Eygats* zeigt eine undurchdringliche purpurrote Farbe, die einhergeht mit einem nach Pfeffer, Holzkohle, Erde und Trüffeln duftenden Bukett und reichlichen Geschmackskomponenten von Brombeer- und Cassisfrucht. Er schmeckt mehr wie ein Côte Rôtie als ein Cornas, aber der Eichenholzton ist gut integriert, der Säuregehalt niedrig und das Tannin zwar spürbar, aber ebenfalls gut eingebunden. Gehaltvoll und komplex, sollte sich dieser 1998er 12–15 Jahre schön entwickeln. Der sattschwarz-purpurrote *1998er Cornas La Sabarotte* bietet Aromen von reiner Crème de Cassis, Brombeeren und toastwürzigem Eichenholz. Mit süßem Tannin, superber Textur und beeindruckender Konzentration und Dichte, dürfte sich dieser Wein in 2–3 Jahren trinken lassen und dann 18 Jahre halten. Sehr beeindruckend! Der substanzielle *1998er St-Joseph Les Royes* ist ein Wein von mittlerem bis vollem Körper und bietet in seinem vibrierenden, eichenholzbetonten Stil schwarze Kirsch- und Preiselbeerfrucht. Dieser fruchtbetonte, säurearme *1998er* ist zum Trinkgenuss in den nächsten 5–7 Jahren geeignet.

Obwohl der *1997er Cornas Champelrose* eine dunkelrubinrote Farbe an den Tag legt, ist er weder extraktreich noch sonderlich gehaltvoll. Diesen würzigen, gradlinigen und monolithischen Cornas von mittlerem Körper mit Aromen von Teer und schwarzen Johannisbeeren sollte man in seinen ersten 5–6 Lebensjahren trinken. Der *1997er Cornas Les Eygats* ist eine ernsthaftere Leistung. Der rubin-purpurrote Wein offenbart superbe Reife, mittleren bis vollen Körper, ausgezeichnete Fruchtextraktion und reichliche Mengen an Tannin, das den Mund verbrennt. Überraschenderweise besitzt er einen höheren Säuregehalt, als ich angesichts des Jahrgangs erwartet hatte. Er wird sich wohl von jetzt–2012 in Bestform befinden. Der Spitzenwein dieses 1997er-Trios ist der *1997er Cornas La Sabarotte.* Er zeichnet sich aus durch einen intensiven Geschmackseindruck am Gaumen – eine Folge der alten Reben, aus denen dieser Wein gewonnen wurde – sowie durch Batzen von süßer Pflaumen-, schwarzer Himbeer- und Johannisbeerfrucht und toastwürzigem Eichenholz. Ich habe den Verdacht, dass diese Cuvée mehr neue Eichenholzfässer gesehen hat als ihre beiden Geschwister. Ein Wein von mittlerem bis vollem Körper, reintönig, mit mäßigen Tanninen und beeindruckend lang. Voraussichtliche Genussreife: jetzt–2014.

DOMAINE LE COUROULU

2000	**Vacqueyras**	**C**	**(87–89)**
1999	**Vacqueyras**	**C**	**87**
2000	**Vacqueyras Vieilles Vignes**	**C**	**(88–90)**
1999	**Vacqueyras Vieilles Vignes**	**C**	**90**

Das Weingut produziert auch köstlichen Côtes du Rhône. Aufgrund der früheren Erfolge rate ich meinen Lesern, nach diesen Weinen Ausschau zu halten. Der Vacqueyras ist ebenfalls erstklassig und beide Vacqueyras-Cuvées liegen qualitativ nahe beisammen. Die reifen, saftigen 2000er Vacqueyras-Cuvées sind beeindruckend, bieten sie doch ganze Wagenladungen an Glyzerin und konzentrierter Frucht sowie mehr Fett als die 1999er. Der *2000er Vacqueyras Vieilles Vignes* offenbart mehr Körper und Brombeeraromen als sein Bruder, der *2000er Vacqueyras.* Beide sollten in ihren ersten 5–8 Lebensjahren getrunken werden. Der dunkelrubinrote *1999er Vacqueyras* bietet ein riesiges, süßes und charmantes, nach schwarzen Früchten (vornehmlich erdigen schwarzen Kirschen) duftendes Bukett, reichliche Würze, niedrige Säure und eine sinnliche, üppige und fesselnde Persönlichkeit von mittlerem bis vollem Körper. Trinken Sie diesen 1999er in den nächsten 5–6 Jahren. Der *1999er Vacqueyras Vieilles Vignes* offenbart eine sattere rubin-purpurrote Farbe, die einhergeht mit expansiven Aromen von Pflaumenlikör, Kirschgeist, Erde und Pfeffer. Körperreich und fett, wird er sich 7–8 Jahre schön trinken lassen – absolut köstlich!

DOMAINE COURSODON

1999	**St-Joseph**	**C**	**87**
2000	**St-Joseph Blanc**	**C**	**85**

1999	**St-Joseph l'Olivare**	**C**	**88**
1999	**St-Joseph Le Paradis St-Pierre**	**D**	**89+**
2000	**St-Joseph Le Paradis St-Pierre Blanc**	**C**	**86**
1999	**St-Joseph Le Sensonne**	**D**	**88+**

Der engagierte junge Winzer hat auf seinem Weingut in den letzten Jahren angenehme, fruchtige Weine produziert. Der *2000er St-Joseph Blanc* bietet Duft- und Geschmacksaromen von Pfirsichen und Aprikosen in einem gradlinigen, molligen Stil. Der *2000er St-Joseph Le Paradis St-Pierre Blanc* offenbart mehr mineralische Art (sie ist auf die Granitböden zurückzuführen) und zusätzliche Komplexität, jedoch bietet er weniger Frucht. Beide 2000er sollten in den nächsten 1–2 Jahren getrunken werden.

Die Stars in diesem Portfolio sind die Rotweincuvées, deren Qualität sich in den letzten Jahren dramatisch verbessert hat. Der *1999er St-Joseph* (30000 Flaschen) wurde in alten *foudres* und Barriques ausgebaut und offenbart eine dichte rubin-purpurrote Farbe sowie ein kräftiges, süßes, nach Kirschen, Pflaumen, Feigen und Johannisbeeren duftendes Bukett. Von mittlerem Körper, mit ausgezeichneter Reife und einem weichen, molligen Stil, sollte er sich 5–7 Jahre schön trinken lassen. Der *1999er St-Joseph l'Olivare* (10000 Flaschen) wird aus 60-jährigen Syrah-Reben gewonnen. Reichhaltiger und komplexer, mit besserer Struktur, Definition und einem dickeren, gehaltvolleren Eindruck am mittleren Gaumen, bietet der Wein Aromen von erdigen schwarzen Früchten, die sich mit Noten von teeriger Arznei und Pflaumen vermischen. Er besitzt eine vielschichtige Textur, gute Säure und eine reintönige, erfrischende Persönlichkeit. Er sollte sich 7–8 Jahre schön trinken lassen. Mein Favorit in diesem Quartett ist St-Joseph Le Paradis St-Pierre, eine Cuvée, von der es nur 3000 Flaschen gibt und die von 85-jährigen Syrah-Reben stammt, die auf einer Hanglage mit Granitboden wachsen. Der *1999er St-Joseph Le Paradis St-Pierre* offenbart ein durchdringendes Bukett mit Düften nach flüssigen Mineralien, Cassis und Blumen, in das sich Anklänge von Brombeeren mischen. Reif und körperreich, mit gutem Tannin, Biss, Reintönigkeit und Länge, wird dieser Wein nach weiteren 1–3 Jahren Kellerreife eine hervorragende Bewertung verdienen. Voraussichtliche Genussreife: jetzt–2015. Von dem in einem mehr internationalen Stil bereiteten *1999er St-Joseph La Sensonne* – er wurde in zu 80% neuen Eichenholzfässern ausgebaut – gibt es nur 4 000 Flaschen. Ihm fehlt zwar etwas von der typischen Art eines St-Joseph, er bietet aber ganze Wagenladungen an Cassisfrucht, eine ölige Textur, eine Menge toastwürziges Eichenholz und einen langen, vielschichtigen Abgang. Die intellektuellen Weintrinker mögen den Le Paradis St-Pierre bevorzugen, die Hedonisten aber werden sich auf den La Sensonne stürzen.

DOMAINE DE CRISTIA

2000	**Châteauneuf-du-Pape**	**C**	**(87–88)**
1999	**Châteauneuf-du-Pape**	**C**	**85**
2000	**Châteauneuf-du-Pape Cuvée Renaissance**	**D**	**(90–93+)**

Dies ist ein Weingut, auf das man ab dem 2000er Jahrgang achten muss. Der junge, energische Baptiste Grangeon hat nun die volle Kontrolle über das Gut und leistet eine kreative Arbeit, wie die 2000er-Cuvées belegen. Beide Jahrgänge (2000er und 1999er) der Standardcuvée seines Châteauneuf-du-Pape weisen in ihrem Mischsatz 70% Grenache, 20% Syrah und 10% Mourvèdre auf. Die Châteauneuf-du-Pape Cuvée Renaissance wird aus einem 4 Hektar großen Weingarten gewonnen, der mit alten Reben (80–100 Jahre) bestockt ist und an die Rebflächen von Château Rayas angrenzt.

Der *2000er Châteauneuf-du-Pape* ist ein ziemlich konzentrierter Wein. Er zeigt eine tiefrubinrote Farbe und offenbart ein mäßig intensives, nach Brombeeren, Kirschen und Gewürzen duftendes Bukett. Von mittlerem bis vollem Körper, offen gewirkt und zugänglich, mit leichten bis mäßigen Tanninen im Abgang, wird er sich jetzt–2012 in Bestform befinden. Der sensationelle *2000er Châteauneuf-du-Pape Cuvée Renaissance* besitzt eine undurchdringliche rubin-purpurrote Farbe, die einhergeht mit einem erstklassigen Bukett von Brombeeren, Kirschgeist, Mineralien und Aromen aus der Gewürzkiste. Dick und körperreich, mit unglaublicher Reintönigkeit, einer gewissen Eleganz und einem vielschichtigen, multidimensionalen Abgang, ist dieser Wein der Durchbruch für die Domaine Cristia. Voraussichtliche Genussreife: jetzt–2018.

Der gefällige, weiche *1999er Châteauneuf-du-Pape* ist von mittlerem Körper und bietet Noten von Kirschen und Johannisbeeren, gute Würze und Reintönigkeit. Er ist ein eleganter Wein, den Sie in seinen ersten 7–8 Lebensjahren trinken sollten.

Die Leser sollten sich auch den *2000er Côtes du Rhône* und den *2000er Côtes du Rhône-Villages* merken. Sie verdienen alle eine Bewertung im mittleren 80-Punkte-Bereich und sind preislich attraktive Angebote.

OLIVIER CUILLERAS

2000	**Côtes du Rhône Domaine La Guintrandry**	**A**	**87**
2000	**Côtes du Rhône Cuvée Louise**	**A**	**(86–88?)**
2000	**Côtes du Rhône-Villages Visan Vieilles Vignes**	**A**	**90**

Die Côtes du Rhône von Olivier Cuilleras stammen aus dem Dorf Visan im Norden des südlichen Rhônetals. Der Visan Vieilles Vignes und der Domaine La Guintrandry werden vollständig im Tank ausgebaut, bevor sie unfiltriert abgefüllt werden. Die Cuvée Louise verbringt acht Monate im Barrique, ein geringer Prozentsatz sind neue Fässer. Als ich den *2000er Côtes du Rhône Cuvée Louise* (eine *assemblage* aus 80% Grenache und 20% Syrah) verkostete, verlieh ihm der Eichenholzton zwar einen internatonaleren Stil und weniger Typizität. Trotzdem besitzt er reichliche Frucht und fleischige Art, die einhergehen mit einem körperreichen Stil, der den Gaumen durchtränkt. Mein Instinkt sagt mir, dass der Holzton in weiteren sechs Monaten besser integriert sein wird. Der billigere *2000er Côtes du Rhône Domaine La Guintrandy* ist ein tiefrubin-purpurroter, eleganter, süßer Wein, der aus 70% Grenache, 20% Carignan und 10% Syrah produziert wurde. Er besitzt reichliche Mengen an schwarzer Johannisbeer- und Kirschfrucht, mittleren Körper und ausgezeichnete Reintönigkeit. Genießen Sie ihn in den nächsten 1–2 Jahren. Noch besser ist der *2000er Côtes du Rhône-Villages Visan Vieilles Vignes.* Die *assemblage* aus 90% Grenache und 10% Syrah offenbart gute Säure (typisch für Weine aus dem nördlichen Teil des südlichen Rhônetals), superbe Frische, Batzen von schwarzer Kirsch- und Johannisbeerfrucht und Anklänge an Lakritze und Mineralien. Dieser lebendige 2000er wird 4–5 Jahre schön altern. Olivier Cuilleras scheint ein ernsthafter Weinmacher zu sein, der gute Arbeit verrichtet.

YVES CUILLERON

2000	**Condrieu Les Chaillets Vieilles Vignes**	**E**	**87**
1999	**Condrieu Les Chaillets Vieilles Vignes**	**E**	**90**
1999	**Condrieu Essence d'Automne**	**EE**	**93**
2000	**Condrieu La Petite Côte**	**E**	**89**
1999	**Condrieu La Petite Côte**	**E**	**89**
1999	**Côte Rôtie Coteau de Bassenon**	**E**	**89**
1998	**Côte Rôtie Coteau de Bassenon**	**E**	**86**
2000	**Côte Rôtie Terres Sombres**	**D**	**(87–89)**
1999	**Côte Rôtie Terres Sombres**	**D**	**87?**
1999	**St-Joseph l'Amarybelle**	**D**	**89**
1998	**St-Joseph l'Amarybelle**	**D**	**87**
2000	**St-Joseph Le Bois Lombard**	**D**	**89**
1999	**St-Joseph Le Bois Lombard**	**D**	**87**
2000	**St-Joseph Coteau St-Pierre**	**D**	**88**
1999	**St-Joseph Coteau St-Pierre**	**D**	**89**

2000	**St-Joseph Izeras**	**D**	**86**
1999	**St-Joseph Izeras**	**D**	**86**
2000	**St-Joseph Les Serines**	**D**	**(87–88)**
1999	**St-Joseph Les Serines**	**D**	**90**
1998	**St-Joseph Les Serines**	**D**	**85?**

Yves Cuilleron gehört zu den brillantesten Weißweinmachern im nördlichen Rhônetal und scheint das gewisse Etwas seiner magischen Weißweine auch seinen neuesten Rotweincuvées verliehen zu haben, besonders was seine St-Joseph-Weine betrifft. Die prachtvollen Weißweine aus St-Joseph stützen sich in ihrem Mischsatz hauptsächlich auf die Marsanne-Traube, obwohl der Coteau St-Pierre eine 100%ige Roussanne-Cuvée ist! Die Qualität der Côte Rôties liegt jedoch unter der seiner anderen Weine.

Obwohl die 2000er Weißweine leichter und nicht so intensiv sind, wie dies normalerweise der Fall ist, bleiben sie doch schmackhafte Tropfen. Zu den drei St-Joseph-Weinen gehört der *2000er St-Joseph Izeras* (75% Marsanne und 25% Roussanne, die beide im Fass vergoren wurden), der spritzige, honigfeine Noten von Zitrusfrüchten und Grapefruit bietet. Dies ist ein angenehmer, eleganter Wein von mittlerem Körper, den Sie im nächsten Jahr genießen sollten. Der beste aus diesem Trio ist der *2000er St-Joseph Le Bois Lombard* (100% Marsanne von alten Reben), der ein komplexes, nach honigfeinen Zitrusfrüchten und exotischen Blumen duftendes Bukett, mittleren Körper, wunderschöne Frucht und Üppigkeit sowie beeindruckende Konturenschärfe offenbart. Er sollte aufgrund des jahrgangstypischen, niedrigen Säuregehalts in den nächsten 2–3 Jahren getrunken werden. Der *2000er St-Joseph Coteau St-Pierre* ist eine 100%ige Roussanne-Cuvée und gibt das sprichwörtliche Bukett mit Düften nach Rosenwasser, Honig, gerösteten Nüssen und etwas Karamell zu erkennen. Fett, körperreich und expansiv, wird er sich 2–3 Jahre schön trinken lassen.

Die Condrieu-Cuvées von Cuilleron offenbaren die hohen Erträge des Jahrgangs. Der *2000er Condrieu La Petite Côte* ist ein eleganter, floraler und von Mineralien dominierter Wein mittleren Körpers, der in einem vordergründigen, frühreifen Stil bereitet wurde. Er dürfte sich zwei Jahrzehnte lang schön trinken lassen. Der *2000er Condrieu Les Chaillets Vieilles Vignes* konnte sich während seiner Entwicklung über 40% neue französische Eichenholzfässer freuen (im Gegensatz zum La Petite Côte, der in alten Fässern ausgebaut wurde). Der Les Chaillets besitzt ein schwelgerisches Bukett mit Düften nach tropischen Früchten, Pfirsichen und Gewürzen. Ungewöhnlich spritzig und pikant, mit spürbarer Säure, ist dieser Wein magerer und strenger als der fette La Petite Côte.

Der aus 100% Marsanne gekelterte *1999er St-Joseph Izeras* wurde vor seiner *assemblage* in alten Eichenholzfässern ausgebaut. Er ist ein zitronenhafter, sauberer Wein von leichtem bis mittlerem Körper, den man am besten in den nächsten 2 Jahren trinken sollte. Der sehr gute *1999er St-Joseph Le Bois Lombard* ist eine *assemblage* aus 80% Marsanne und 20% Roussanne, die in zu 50% neuen und 50% gebrauchten Eichenholzfässern ausgebaut wurde. Er offenbart ein honigfeines, nach Holzrauch, Birnen und Grapefruit duftendes Bukett, mittleren Körper, gute Säure und einen eleganten, sauberen Abgang. Er sollte sich 2–3 Jahre schön trinken lassen. Der *1999er St-Joseph Coteau St-Pierre* ist eine 100%ige Roussanne-Cuvée, die in zu 100% neuen Eichenholzfässern ausgebaut wurde. Der Wein zeigt eine leicht goldene Farbe und bietet in Duft und Geschmack Aromen von exotischen, honigfeinen tropischen Früchten. Trinken Sie diesen bewundernswert fetten und intensiven Tropfen in den nächsten 2–3 Jahren.

Der 1999er Jahrgang ergab bei den Condrieu-Weinen kein einheitliches Bild, da die Erträge deutlich höher lagen als 1998. Manche Weine waren verwässert, andere unausgewogen. Cuilleron hat zweifellos einige der besten 1999er Condrieus produziert. Es gibt zwei trockene und zwei süße Cuvées. Der *1999er Condrieu La Petite Côte* ist ein finessenreicher, wunderbar ausgewogener Condrieu von mittlerem Körper, der Noten von weißen Pfirsichen, Aprikosenmarmelade und Anklänge an Mineralien offenbart. Der *1999er Condrieu Les*

Chaillets Vieilles Vignes gibt in seinem Aromaprofil mehr flüssige Mineralien zu erkennen, die von Düften nach getrockneten Aprikosen, Pfirsichmarmelade und Akazienblüten ergänzt werden. Reich texturiert und von mittlerem bis vollem Körper, bietet der Wein einen mit lebendiger Säure ausgestatteten Abgang. Dieser superbe Condrieu sollte sich in den nächsten 2–3 Jahren schön trinken lassen. Vom *1999er Condrieu Essence d'Automne* gibt es nur winzige Mengen. Der Wein offenbart eine sensationell süße, nektarähnliche Persönlichkeit. Mit 9% Alkoholgehalt und 300 gr Restzucker zeigt der ernsthafte, körperreiche und opulente Condrieu einen Botrytis-artigen, honigfeinen Charakter, erstaunlich viel viskose Art und angesichts solcher Dicke und Süße eine überraschende Leichtigkeit. Er dürfte 10–20 Jahre gut halten, vielleicht sogar noch länger. Es ist schwer für mich, hier genauere Vorhersagen zu treffen, da ich mit dieser Art Wein keine Erfahrung habe. Trotzdem zeigt er sich aus der Flasche besser als aus dem Fass.

Yves Cuilleron hat die Qualität seiner Rotweine in den letzten Jahren verbessert. Der schwarz-rubinrote *2000er St-Joseph Les Serines* bietet attraktive, mit dem Geschmack von Teer durchsetzte schwarze Johannisbeer- und Kirschfrucht, mittleren Körper und mehr Tiefe als viele Weine dieses Jahrgangs. Trinken Sie ihn in seinem ersten Lebensjahrzehnt. Bei meinem letzten Besuch verkostete ich von den 2000er Côte Rôties nur den *2000er Côte Rôtie Terres Sombres.* Er offenbart eine tiefpurpurrote Farbe, ausgezeichnete Konzentration, süße Cassisfrucht, die sich mit Noten von Oliven und frischem Eichenholz sowie einigem Tannin verbinden. Voraussichtliche Genussreife: 2004–2012.

Der dichte, purpurrote *1999er St-Joseph l'Amarybelle* legt ein intensives Aroma von schwarzen Früchten, Mineralien, Eichenholz und Grafit an den Tag. Von mittlerem bis vollem Körper, mit prachtvoll süßer Frucht eingangs auf der Zunge und einem langen, vielschichtigen Abgang, wird er sich 5–8 Jahre schön trinken lassen. Der *1999er St-Joseph Les Serines* ist sogar noch besser. Seine dichte pflaumen-purpurrote Farbe geht in Duft und Geschmack einher mit Aromen von Cassis, Blumen und Mineralien. Von mittlerem bis vollem Körper, in einem gediegenen, konzentrierten Stil bereitet, mit viel Muskelkraft und mäßigen Tanninen, benötigt der Wein 2–3 Jahre Kellerreife und sollte dann 15 Jahre halten. Im Mischsatz des *1999er Côte Rôtie Coteau de Bassenon* finden sich ungefähr 9% Viognier. Der Wein schmeckt aus der Flasche besser als letztes Jahr. Er besitzt ein klassisches, nach Speck, Cassis und Tapenade duftendes Bukett, im Hintergrund sind Anklänge an Eichenholz zu erkennen. Von mittlerem Körper und elegant, mit beträchtlicher aromatischer Komplexität, süßer Frucht eingangs auf der Zunge, ausgezeichneter Reintönigkeit und einem mäßig langen Abgang, wird er sich gut 12 Jahre halten. Der *1999er Côte Rôtie Terres Sombres* ist in einem eher internationalen Stil bereitet, vor allem wegen seines Ausbaus in zu 100% neuen Eichenholzfässern. Diese Komponente dominiert gegenwärtig das Aromaprofil des Weins. Ein strenger Abgang gibt ebenfalls Anlass zur Sorge. Dennoch besitzt dieser 1999er viel Geschmack am Gaumen, Reichhaltigkeit und Dichte. Er dürfte ein langes Leben vor sich haben, aber wird er alle Komponenten vollständig in Übereinstimmung bringen? Voraussichtliche Genussreife: 2005–2016.

Der *1998er St-Joseph l'Amarybelle* offenbart eine gewisse Krautigkeit, aber auch Aromen von süßen schwarzen Kirschen, die sich mit Noten von Rauch, Pfeffer und Mineralien vermischen. Dies ist ein weicher, verführerischer Wein, den man in den nächsten 6–7 Jahren trinken sollte. Der *1998er Côte Rôtie Coteau de Bassenon,* in den ich so große Hoffnungen gesetzt hatte, scheint etwas zuviel Eichenholzwürze absorbiert zu haben, denn er zeigt viel mehr Tannin als letztes Jahr. *C'est la vie* (eines Weinkritikers).

CUVÉE DU VATICAN

2000	**Châteauneuf-du-Pape**	**D**	**(90–91+)**
1999	**Châteauneuf-du-Pape**	**D**	**90**
1998	**Châteauneuf-du-Pape**	**D**	**89**

1995	**Châteauneuf-du-Pape**	**D**	**90**
2000	**Châteauneuf-du-Pape Réserve Sixtine**	**E**	**(91–94)**
1999	**Châteauneuf-du-Pape Réserve Sixtine**	**E**	**91**
1998	**Châteauneuf-du-Pape Réserve Sixtine**	**E**	**91+**
2000	**Côtes du Rhône-Villages**	**A**	**85**

Das Weingut hat unter der jugendlich beschwingten engagierten Leitung von Jean-Marc Diffonty eine Neubelebung erfahren. Er gehört zu den vielen jungen Besitzern im Rhônetal, die eine Revolution entfacht haben, die im Augenblick stattfindet. Cuvée du Vatican hat beeindruckende 1998er produziert, aber ihre 1999er sind besser und die 2000er gehören zu den besten Weinen, die ich jemals von dieser Domaine verkostet habe. 1998 stellte Jean-Marc Diffonty eine neue Cuvée vor, die er Réserve Sixtine nannte und von der es 20000 Flaschen gibt. Es ist eine *assemblage* aus ungefähr 50% Grenache, 30% Syrah und 20% Mourvèdre, die zu gleichen Teilen in Barriques und *foudres* ausgebaut wurde. Das Weingut produziert auch einen guten Côtes du Rhône.

Der *2000er Châteauneuf-du-Pape* ist ein wuchtiger, hoch extrahierter, mäßig tanninreicher Wein, der 1–2 Jahre Kellerreife benötigt. Seine dichte purpurrote Farbe geht einher mit einem hohen Gehalt an Glyzerin. Voraussichtliche Genussreife: 2004–2018. Der undurchdringlich purpurrote *2000er Châteauneuf-du-Pape Réserve Sixtine* prunkt mit einer beeindruckenden, konzentrierten, muskulösen und altmodischen Persönlichkeit, die eine Menge reifer Tannine, bewundernswerte Tiefe und ein 20-jähriges Alterungspotenzial an den Tag legt. Voraussichtliche Genussreife: 2006–2025.

Der *1999er Châteauneuf-du-Pape* ist ein strenger, mächtiger Wein, der einige Kellerreife benötigt, was für den Jahrgang ungewöhnlich ist. Die *assemblage* aus 70% Grenache sowie Syrah, Cinsault und Mourvèdre zu gleichen Teilen offenbart eine gesunde pflaumenhafte rubin-purpurrote Farbe, die einhergeht mit einem kräftigen, süßen, nach schwarzen Früchten, Harz, Algen und Erde duftenden Bukett. Er bietet makellose Konzentration, einen strengen, tanninreichen Unterbau, einen ernsthaften, extrahierten Stil und einen straffen, aber langen, mächtigen Abgang. Voraussichtliche Genussreife: jetzt–2015.

Der tiefrubin-purpurrote *1999er Châteauneuf-du-Pape Réserve Sixtine* zeigt eine grimmige, verhalten entwickelte Persönlichkeit. Äußerst gehaltvoll und körperreich, mit Noten von Blaubeeren, neuem Sattelleder, zermahlenen Mineralien und Gewürzen, hat der Wein zusätzliches Gewicht gewonnen, seit ich ihn letztes Jahr verkostet habe, und es sieht ganz so aus, als hätte er ein langes Leben von 20+ Jahren vor sich. Voraussichtliche Genussreife: 2005–2020.

Der *1998er Châteauneuf-du-Pape* bietet ein komplexes, nach Kirschlikör duftendes Bukett, in das sich Noten von Rauch, Pfeffer und Gewürzen mischen. Bei mittlerem bis vollem Körper besitzt der Wein ausgezeichnete Kraft und Harmonie unter seinen einzelnen Elementen. Obwohl er noch verschlossen ist, zeigt er im Mund Gewicht und Intensität. In einem quasi traditionellen Stil bereitet, ist seine Frucht frischer und der Wein süßer und mit mehr Konturenschärfe ausgestattet, als dies bei älteren Jahrgängen der Domaine Cuvée du Vatican der Fall war. Voraussichtliche Genussreife: jetzt–2016. Der außergewöhnliche *1998er Châteauneuf-du-Pape Réserve Sixtine* prunkt mit reichlichen Mengen an dicklicher Schwarzkirschenfrucht, subtilen Noten von Holz, Rauch, Kräutern und Erde. Im Glas verströmt der Wein Düfte nach Pflaumenlikör und Nelkenpfeffer. Er ist dick, strukturiert und tanninreich, also ist Geduld erforderlich. Körperreich, tief und vielschichtig, ist dies eine *assemblage* aus Grenache, Mourvèdre und Syrah zu gleichen Teilen, die sowohl im Barrique als auch im *foudre* ausgebaut wurde und nun einige Jahre Kellerreife benötigt. Voraussichtliche Genussreife: 2006–2020.

Ich bin beeindruckt, wie gut sich der *1995er Châteauneuf-du-Pape* entwickelt hat. Er ist wohl der beste Wein, den das Weingut in vielen Jahrzehnten produziert hat, und meine Bewertung ist vielleicht zu konservativ. Dies ist ein großer, klassischer, gigantischer und körperreicher Châteauneuf-du-Pape, der im alten Stil bereitet wurde, mit einer satten pflaumen-granatroten Farbe, einem prächtigen Aromaprofil von gerösteten Kräutern der Provence, Lakritze, Kirschgeist, Trüffeln und Erde. Am Gaumen explodiert er förmlich und kleidet den Mund mit Glyzerin aus; reichliche Mengen an dicklichen Früchten ergießen sich kaskadenartig und ohne Ecken und Kanten über den Gaumen. Ein üppiger, schwelgerischer Wein mit einer unglaublichen Persönlichkeit. Voraussichtliche Genussreife: jetzt–2012.

Leser, die auf der Suche nach eleganten, zurückhaltenden Côtes du Rhône-Villages sind, sollten nach dem *2000er Côtes du Rhône-Villages* Ausschau halten. Er bietet Aromen von Sauerkirschen, Balsaholz und Pfeffer in einem eleganten, zugänglichen Stil von mittlerem Körper. Genießen Sie ihn in den nächsten 2 Jahren.

DELAS FRÈRES

1999	**Châteauneuf-du-Pape Les Calcerniers**	**C**	**(85–86)**
1998	**Châteauneuf-du-Pape Les Calcerniers**	**C**	**86**
1999	**Châteauneuf-du-Pape Haute Pierre**	**C**	**88**
2000	**Condrieu Clos Boucher**	**E**	**92**
2000	**Condrieu La Galopine**	**D**	**90**
2000	**Cornas Chante-Perdrix**	**D**	**(85–87)**
1999	**Cornas Chante-Perdrix**	**D**	**(81–83)**
1998	**Cornas Chante-Perdrix**	**D**	**91**
2000	**Côte Rôtie La Landonne**	**EE**	**(87–89)**
1999	**Côte Rôtie La Landonne**	**EE**	**96**
1998	**Côte Rôtie La Landonne**	**EE**	**95+**
2000	**Côte Rôtie Seigneur de Maugiron**	**E**	**(82–85)**
1999	**Côte Rôtie Seigneur de Maugiron**	**E**	**92**
1998	**Côte Rôtie Seigneur de Maugiron**	**E**	**91**
2000	**Crozes-Hermitage Le Clos**	**D**	**(87–89)**
1999	**Crozes-Hermitage Le Clos**	**D**	**90**
1998	**Crozes-Hermitage Clos St-Georges**	**E**	**90**
2000	**Crozes-Hermitage Les Launes**	**C**	**(82–85)**
1999	**Crozes-Hermitage Les Launes**	**C**	**86**
2000	**Crozes-Hermitage Les Launes Blanc**	**C**	**85**
2000	**Crozes-Hermitage Cuvée Tour d'Albon**	**C**	**(84–86)**
1999	**Crozes-Hermitage Cuvée Tour d'Albon**	**C**	**89**
1998	**Crozes-Hermitage Cuvée Tour d'Albon**	**C**	**88**
1999	**Gigondas**	**C**	**(90–92)**
1998	**Gigondas**	**C**	**86**
1999	**Gigondas Les Reinages**	**C**	**88**
2000	**Hermitage Les Bessards**	**EE**	**(90–92)**
1999	**Hermitage Les Bessards**	**EE**	**95+**
1998	**Hermitage Les Bessards**	**EE**	**96+**
2000	**Hermitage Marquise de la Tourette**	**E**	**(86–88?)**
1999	**Hermitage Marquise de la Tourette**	**E**	**90+**
1998	**Hermitage Marquise de la Tourette**	**E**	**92+**
2000	**Hermitage Marquise de la Tourette Blanc**	**E**	**(90–92)**
1999	**Hermitage Marquise de la Tourette Blanc**	**E**	**90**
2000	**St-Joseph Les Challeys**	**C**	**(84–86)**
1999	**St-Joseph Les Challeys**	**C**	**87**
1998	**St-Joseph Les Challeys**	**C**	**87**
2000	**St-Joseph Les Challeys Blanc**	**C**	**85**
2000	**St-Joseph Cuvée François de Tournon**	**D**	**(85–87)**

1999	**St-Joseph Cuvée François de Tournon**	**D**	**89**
1998	**St-Joseph Cuvée François de Tournon**	**D**	**90**
2000	**St-Joseph Sainte-Epine**	**D**	**(87–88)**
1999	**St-Joseph Sainte-Epine**	**D**	**91**
1998	**St-Joseph Sainte-Epine**	**D**	**93**
2000	**St-Joseph Sainte-Epine Blanc**	**D**	**87**
2000	**St-Péray Blanc**	**B**	**87**
1999	**Vacqueyras**	**B**	**(84–86)**
1998	**Vacqueyras**	**B**	**86**
2000	**Vin de Pays Viognier**	**A**	**86**

Die Firma Delas hat rangmäßig zu den besten Produzenten des Rhônetals aufgeschlossen. Der Grund für diesen Wandel ist Jacques Grange, ein Mann aus Burgund, der mit Michel Chapoutier gearbeitet hat, bevor er zu Delas wechselte. Er revolutionierte die Weinbereitungstechniken dieses Besitztums und setzte auf neue Methoden: 1) Einsatz von mehr neuen Eichenholzfässern, 2) 100%iges Entrappen der Trauben, 3) kalte Vormaischung, 4) minimales Abstechen des Weins, 5) Reduzierung der Schwefelbeigaben, 6) extensives Ruhen auf den Hefen und 7) Abfüllen der Spitzencuvées ohne Schönen und Filtrieren. Seit 1997 erzielt er außerordentliche und spektakuläre Ergebnisse, wobei seine besten Weine aus dem nördlichen Rhônetal so majestätisch sind wie ein Côte Rôtie, Hermitage, St-Joseph und Crozes-Hermitage nur sein kann. An der Qualität seiner Weine aus dem südlichen Rhônetal muss noch gearbeitet werden, sie geraten aber von Jahr zu Jahr immer besser. Obwohl sie nicht so aufregend sind wie ihre Kollegen aus dem nördlichen Rhônetal, findet man doch gute Weine mit einem günstigen Preis-Leistungsverhältnis darunter.

Zu den Weißweinen: Der *2000er Vin de Pays Viognier* (5 000 Kisten) ist ein guter Kauf. Er ist ein gradliniger Wein, der Aromen von Pfirsichen, Aprikosen und Geißblatt bietet. Trinken Sie ihn im nächsten Jahr. Das Gleiche kann man vom *2000er Crozes-Hermitage Les Launes Blanc* sagen. Geschmacklich ist dieser 100%ige Marsanne in einem gradlinigen, monolithischen Stil gebaut. Dies muss das Jahr des Durchbruchs für den weißen St-Péray werden, da es eine ganze Anzahl guter Exemplare gibt. Am interessantesten ist der *2000er St-Péray Blanc*, eine *assemblage* aus 60% Marsanne und 40% Roussanne. Ein ausgezeichneter Wein, der mit seiner wunderschönen Frucht auch ein guter Kauf ist. Zu den anderen Weißweinen, die ich verkostete, gehören gute kommerzielle Tropfen wie der *2000er St-Joseph Les Challeys Blanc* und der *2000er St-Joseph Sainte-Epine Blanc.* Beeindruckender ist der *2000er Hermitage Marquise de la Tourette Blanc.* Aus 90% Marsanne und 10% Roussanne gekeltert und zu 100% in Eichenholzfässern ausgebaut, offenbart der Wein tiefe Geschmackskomponenten, eine ölige Textur und einen langen, konzentrierten Abgang. Der *1999er Hermitage Marquise de la Tourette Blanc* ist ebenfalls hervorragend. Er prunkt mit 14% natürlichem Alkoholgehalt, einer Überfülle an Glyzerin und Noten von Geißblatt, in die sich Aromen von Fino-Sherry, Ananas, Mineralien und eine Spur Akazienblüten mischen. Ich verkostete auch zwei außerordentliche Condrieus. Der *2000er Condrieu La Galopine* offenbart reichliche, zu Kopf steigende, berauschende Aromen von Geißblatt und dicklicher Pfirsichfrucht. Von mittlerem bis vollem Körper und intensiv, eignet er sich ideal zum Trinkgenuss im kommenden Jahr. Ernsthafter und auch konzentrierter ist der exotische, körperreiche und üppig mit Frucht ausgestattete *2000er Condrieu Clos Boucher*, der zu den vier oder fünf besten Weinen der Appellation gehört. Im Fass vergoren, verbrachte der Condrieu 70% seiner Zeit in Barriques und ist sichtlich besser als der 1999er. Trinken Sie ihn in den nächsten 2–3 Jahren.

Der tiefrubin-purpurrote *2000er Crozes-Hermitage Les Launes* besitzt zwar einen mittleren Körper, überraschend gute Säure sowie gute Frucht eingangs auf der Zunge, aber dennoch steckt nicht viel in ihm. Trinken Sie ihn in den nächsten 2–3 Jahren. Der tiefrubinrote *1999er Crozes-Hermitage Les Launes* offenbart süßere Frucht bei ähnlichem Körper und Gewicht, aber mehr Tiefe und Vielschichtigkeit. Man trinkt ihn am besten in den nächsten 2–4 Jahren.

Der Crozes-Hermitage Cuvée Tour d'Albon ist ein ernsthafter Wein, der seine malolaktische Gärung im Eichenfass erlebt hat. Es wurden ungefähr 20000 Flaschen produziert. Der *2000er Crozes-Hermitage Cuvée Tour d'Albon* zeigt eine dunkle rubin-purpurrote Farbe, die einhergeht mit Aromen von süßem Cassis, Kräutern und Pfeffer. Er ist gut bereitet, besitzt einen mittleren Körper und ist ein gradliniger Wein, den Sie in seinen ersten 3–4 Lebensjahren genießen sollten. Ein völlig anderer Bursche ist der *1999er Crozes-Hermitage Cuvée Tour d'Albon*, denn er gibt sich mächtig, fett und fleischig in seiner Art. Seine süßere Frucht geht einher mit einem beeindruckenden aromatischen Feuerwerk. Dies ist ein prachtvoller Crozes-Hermitage, der Eleganz, Kraft, Länge und Harmonie miteinander verbindet. Von seinem köstlichen primären Fruchtcharakter wird er die nächsten 4–6 Jahre profitieren. Schon jetzt ein komplexer Wein ist der *1998er Crozes-Hermitage Cuvée Tour d'Albon*, der Aromen von dicklichen schwarzen Früchten, Lakritze und Blumen offenbart. Bei mittlerem bis vollem Körper ist dies ein dichtrubin-purpurroter 1998er mit genügend Gewicht, Tiefe und Intensität. Voraussichtliche Genussreife: jetzt–2015.

Von dem Crozes-Hermitage Le Clos gibt es 7000 Flaschen. Er wird aus einem 4,6 Hektar großen Weingarten gewonnen, der nahe der Rhône in der Lage Les Chassis situiert ist. In dieser außerordentlichen Crozes-Hermitage-Cuvée werden nur die besten Trauben vom Clos St-Georges verwendet. Der Wein wird zu 100% in Eichenfässern ausgebaut. Seit dem 1999er musste aber aus rechtlichen Gründen »St-Georges« aus dem Namen entfernt werden. Der *2000er Crozes-Hermitage Le Clos* ist die Crozes-Hermitage-Spitzencuvée und besitzt die meiste Tiefe, Reife und mineralische Art aller 2000er. Seine dunkelrubin-purpurrote Farbe leitet über zu einem tiefschwarzen Fruchtgeschmack, der von einem noch tieferen, durchdringenderen Gefühl im Mund begleitet wird. Mit seiner feinen Eleganz und Reintönigkeit sollte sich dieser Wein 5–6 Jahre schön trinken lassen. Der außergewöhnliche *1999er Crozes-Hermitage Le Clos* offenbart eine satte rubin-purpurrote Farbe, Anklänge an Lakritze, Rauch und Mineralien und süße Geschmackskomponenten von schwarzen Johannisbeeren, schwarzen Himbeeren und Kirschen. Er wartet auf mit wunderschöner Reintönigkeit, beträchtlicher Finesse und makelloser Ausgewogenheit. Man sollte diesen 1999er aber noch für 1–3 Jahre in den Keller legen. Voraussichtliche Genussreife: jetzt–2012. Der hervorragende, tiefrubin-purpurrote *1998er Crozes-Hermitage Clos St-Georges* paart Wucht mit Eleganz. Ein intensiv nach Cassis, Mineralien, Lakritze und Rauch duftendes Bukett geht einher mit einem Wein von superber Konzentration, vielschichtigem mittleren Gaumen, mittlerem bis vollem Körper und exquisiter Reintönigkeit. Kein Gigant, aber ein wundervoll umrissener 1998er, der vor 2015 am besten schmecken wird.

Die Basiscuvée des St-Joseph heißt Les Challeys und neigt zu fruchtbetonter Art. 60% des Weins wird in neuen und 40% in alten Eichenfässern ausgebaut. Der *2000er St-Joseph Les Challeys* zeigt eine dunkelrubinrote Farbe, die einhergeht mit einem gradlinigen, nach Johannisbeeren, Kirschen, Erde und Kräutern duftenden Bukett. Der Wein von mittlerem Körper und gefälliger Art ist ein recht eindimensionaler Geselle. Der *1999er St-Joseph Les Challeys* besitzt eine ähnlich satte dunkelrubinrote Farbe, aber ein komplexeres, nach Kirschen, Himbeeren und Mineralien duftendes Bukett. Frisch, mit pikanter Säure, ausgezeichneter Reife im Mund und am Gaumen und ausgestattet mit einem vielschichtigen, reintönigen Abgang, wird sich dieser Wein 5–6 Jahre schön trinken lassen. Der pflaumendunkle-purpurrote *1998er St-Joseph Les Challeys* offenbart ein süßes Bukett mit Düften nach kandierten Kirschen und Mineralien, einen mittleren Körper sowie einen trockenen, mäßig tanninreichen Abgang. Er benötigt 1–2 Jahre Kellerreife und sollte ein Jahrzehnt und länger halten.

Die beeindruckende Cuvée François de Tournon steht qualitativ an der Spitze der St-Joseph-Weine. Dieser Tropfen wird aus drei verschiedenen Weingärten gewonnen – der eine liegt hinter der Stadt Tournon, der zweite hinter dem Dorf Mauves und der dritte nahe dem Delas-Hauptsitz in St-Jean-de-Muzols. Jährlich werden von diesem Wein 16000 Flaschen produziert.

Der *2000er St-Joseph Cuvée François de Tournon* gibt überraschende Säure zu erkennen. Er ist in einem eleganten, finessenreichen aber entgegenkommenden Stil bereitet und bietet reife Beerenfrucht und Anklänge an Eichenholzwürze. Wie Jacques Granges sagt: »Das Jahr 2000 produzierte zu große Mengen an Frucht, um beeindruckende Konzentration zu erreichen.« Trinken Sie diesen Wein in den nächsten 3–4 Jahren. Der wunderschöne *1999er St-Joseph Cuvée François de Tournon* macht in der Flasche eine bessere Figur als im Fass. Die dichtrubinrote Farbe geht einher mit einem starken, nach schwarzen Himbeeren duftenden Bukett, in das sich Aromen von Kirschlikör mischen. Süß und verführerisch, besitzt dieser hedonistische 1999er einen mittleren bis vollen Körper, prächtige Reife, hervorragende Konzentration und gute, untergründige Säure, die ihm Lebendigkeit, Definition und Frische verleiht. Er sollte sich 12–15 Jahre schön trinken lassen. Der außergewöhnliche *1998er St-Joseph Cuvée François de Tournon* prunkt mit einer undurchdringlichen purpurroten Farbe und einem prächtigen, süßen, nach dicklichen schwarzen Früchten duftenden Bukett, in das sich Aromen von Unterholz, Mineralien und Rauch mischen. Eingangs im Mund und am mittleren Gaumen zeigt sich der Wein wunderbar konzentriert und elegant. Säure, Alkohol und Anklänge an toastwürziges Eichenholz (ungefähr 5%) sind gut integriert. Wie viele 1998er besitzt er strenges Tannin. Voraussichtliche Genussreife: jetzt–2018.

Zu den großen jetzt produzierten St-Joseph-Weinen gehört der St-Joseph Sainte-Epine von Delas, von dem allerdings nur sehr kleine Mengen hergestellt werden. Aus Rebflächen direkt hinter der Domaine gewonnen, wird der Wein zu 100% in Eichenfässern ausgebaut, von denen 50% neu sind. Er gehört zusammen mit der Luxuscuvée St-Joseph Les Granits von Chapoutier zu den wenigen Referenzweinen, die belegen, was in dieser Appellation der Vielfalt erreicht werden kann. Diese Weine besitzen den mineralischen und eleganten Charakter eines St-Joseph, aber die Konzentration und Intensität eines profunden Hermitage.

Der dunkelrubinrote *2000er St-Joseph Sainte-Epine* bietet bei mittlerem Körper Aromen von schwarzen Früchten, Mineralien und Grafit. Die hohen Erträge dieses Jahrgangs führten zu einem schwächeren Geschmackseindruck am Gaumen, als dies normalerweise der Fall ist. Trinken Sie diesen 2000er in seinen ersten 5–6 Lebensjahren. Der außergewöhnliche *1999er St-Joseph Sainte-Epine* demonstriert auf bewundernswerte Weise die Eigenschaften eines großen Jahrgangs. Seine satte rubin-purpurrote Farbe geht einher mit Aromen von Crème de Cassis, flüssigen Mineralien, Rauch und Blumen. Von mittlerem Körper und ausgestattet mit einer nahtlosen Persönlichkeit, prachtvollem Fruchtgehalt und einem langen, 30 Sekunden anhaltenden Abgang, rivalisiert dieser unglaubliche St-Joseph mit dem superben Les Granits von Michel Chapoutier. Voraussichtliche Genussreife: jetzt–2016.

Nach seiner Flaschenabfüllung zeigt sich der *1998er St-Joseph Sainte-Epine* sogar noch bemerkenswerter als aus dem Fass. Ein explosiver Wein, mit bewundernswerter Nachhaltigkeit im vielschichtigen mittleren Geschmacksbereich, der eine fesselnde Duftmischung aus Mineralien, Crème de Cassis und Blumen zeigt. Voraussichtliche Genussreife: jetzt–2016.

Nun zu den Cornas-Weinen: Der *2000er Cornas Chante-Perdrix* offenbart attraktive Charakteristiken in einem süßen Stil, zeigt sich aber am mittleren Gaumen defizient. Der Abgang gibt Spuren von Lakritze und schwarzen Johannisbeeren zu erkennen, wird aber in erster Linie von Muskelkraft und Tannin bestimmt. Eine unerhörte Enttäuschung für mich ist der *1999er Cornas Chante-Perdrix*. Als ich ihn aus dem Fass verkostete, war ich begeistert, aber nun, aus der Flasche verkostet, zeigt er sich ausgetrocknet und hart, mit einer mageren, adstringierenden, harten Persönlichkeit und Strenge, die nur ein alter Puritaner bewundern würde. Wer weiß, was geschehen ist oder was ich verkostet habe, aber ich nehme die Schuld auf mich. Der *1998er Cornas Chante-Perdrix* offenbart eine schwarz-purpurrote Farbe, die einhergeht mit einem konzentrierten, kraftvollen und muskulösen Stil und ist für eine 15+ Jahre lange Kellerlagerung bestimmt. Er wird sich seines Gehalts nicht vor 5–6 Jahren rühmen können, aber 2 Jahrzehnte lang halten.

Zu den Côte Rôtie-Weinen: Sie werden alle aus 100% Syrah gewonnen und verbringen nahezu zwei Jahre in kleinen Eichenholzfässern (von denen die Hälfte neu und die andere Hälfte ein Jahr alt sind). Der Wein besteht aus einem Mischsatz von Trauben der Côte Blonde (30%) und der Côte Brune (70%). Die Dominanz der Côte Brune zeigt sich in seiner dichten schwarz-purpurroten Farbe und der körperreichen, kernigen, robusten, konzentrierten und fleischigen Persönlichkeit. Der *2000er Côte Rôtie Seigneur de Maugiron* ist ein enttäuschender, strenger, harter und tanninreicher Wein, der kein Fleisch, keine Mitte und keinen Abgang zu bieten hat. Dagegen ist der *1999er Côte Rôtie Seigneur de Maugiron* brillant. Er prunkt mit einer schwarz-purpurroten Farbe, die einhergeht mit üppigen Aromen von Espresso, Grafit, Veilchen und Brombeer-/Cassisfrucht. Alles ist mit reichlich Kraft unterlegt, und gute Säure verhilft dem Wein zu Konturenschärfe, Frische und einem superben, reintönigen Abgang. Dieser außergewöhnliche Côtes du Rhône benötigt 4–5 Jahre Kellerreife. Voraussichtliche Genussreife: 2005–2018. Der *1998er Côte Rôtie Seigneur de Maugiron* (15000 Flaschen) zeichnet sich aus durch eine schwarz-purpurrote Farbe und präsentiert in seinem strukturierten und überaus konzentrierten Stil Duft- und Geschmackskomponenten von Tapenade, Lakritze, Speck, Fett, Likör von schwarzen Himbeeren und Brombeeren sowie hervorragenden Tanningehalt. Dieser 1998er benötigt 6–7 Jahre Kellerreife und hat ein Alterungspotenzial von 15–16 Jahre. Stilistisch erinnert er an Chapoutiers Côte Rôtie La Mordorée. Im Vergleich zu seinem 1999er Bruder erscheint der *2000er Côte Rôtie La Landonne* unterernährt. Er besitzt eine tiefrubin-purpurrote Farbe, die einhergeht mit einem komplexen, nach Erde, Blumen, schwarzer Johannisbeerfrucht und neuem Eichenholz duftenden Bukett. Am Gaumen gibt er etwas von der Hohlheit des Jahrgangs zu erkennen, aber der Abgang ist mit süßem Tannin, reifer Frucht und niedriger Säure wohl ausgewogen. Da die Erträge zu hoch waren, ist dies kein Jahrgang, in dem die Weine beim Heranreifen an Fülle zunehmen. Voraussichtliche Genussreife: 2004–2014. Der *1999er Côte Rôtie La Landonne* ist ein erstaunlicher Wein. Leser, die das Glück haben, eine oder zwei Flaschen zu ergattern, halten eine Legende der Weinbereitung in ihren Händen. Es werden jedoch 8–9 Jahre Kellerreife vergehen, bis sich der Wein rundet und trinkreif ist. Eine undurchdringliche schwarz-purpurrote Farbe leitet über zu sublimen Aromen von Lakritze, Espresso, versengter Erde, Tapenade, Speck und Brombeer-Cassislikör. Dieser verführerische, majestätische Côte Rôtie ist ein Wein von großer Intensität, explosiver Reichhaltigkeit und brutal hohem Tanningehalt und sollte sich 2008 bis 2025 auf seinem Höhepunkt befinden. Der undurchdringlich schwarz-purpurrote *1998er Côte Rôtie La Landonne* bietet Anklänge an Vanille, Kaffeebohnen, Lakritze, Brombeer- und Cassisfrucht in Duft und Geschmack, wobei sich im Hintergrund Noten von versengter Erde und Oliven zeigen. Am Gaumen äußerst körperreich, tanninhaltig und kraftstrotzend, besitzt er ungeheure Reife und Extraktion sowie einen den Mund verbrennenden hohen Tanningehalt. Der Wein benötigt 8–10 Jahre Flaschenreife, dann sollte er sich 3–4 Jahrzehnte schön trinken lassen. Diese Weine sind ganz profunde Vertreter der Côte Rôtie!

Die Hermitage-Cuvées sind wuchtige, gehaltvolle Weine, die wie die Côte Rôties in zu 50% neuen und zu 50% einjährigen Eichenfässern ausgebaut wurden. Sie werden ohne Schönung und Filtration abgefüllt. Die dramatischen Unterschiede zwischen 2000 und 1999 sind auch bei den Hermitages spürbar. Der dichte, purpurrote *2000er Hermitage Marquise de la Tourette* offenbart eine strenge Persönlichkeit, in der sich mit mineralisch-staubigen Noten vermischte süße Schwarzkirsch- und Cassisfrucht zeigt. Der komprimierte, ausgetrocknete Abgang wird sich wohl nach 5–6 Jahren Kellerlagerung als problematisch herausstellen. Der tiefrubin-purpurrote, samtig texturierte, körperreiche und bereits zugängliche *1999er Hermitage Marquise de la Tourette* bietet ein offen gewirktes Bukett mit Düften nach Pfeffer, Cassis, Mineralien und Zedernholz. Bei mittlerem bis vollem Körper mit süßem Tannin und einer geschmeidigen Textur ausgestattet und dennoch klar umrissen, sollte er sich 2004 bis

2016 in Bestform befinden. Im Gegensatz dazu offenbart der *1998er Hermitage Marquise de la Tourette* einen bemerkenswert großen, kernigen Geschmackseindruck am Gaumen sowie ausgezeichnete Nachhaltigkeit. Der Wein ist aber sehr tanninhaltig und verhalten entwickelt. Leser, die nicht willens sind, 8–10 Jahre Kellerlagerung hinzunehmen, sollten diesen Wein vergessen. Zwar ist etwas toastwürziges Eichenholz vorhanden, im Vordergrund steht aber der vielschichtige Fruchtcharakter, der sich mit mineralischen Noten verbindet.

Der Titan aus dem Portfolio von Delas ist seine Luxuscuvée Hermitage Les Bessards, von der es allerdings nur 500 Kisten gibt. Der Wein wird aus 70-jährigen Reben gewonnen, die in der berühmten Lage Les Bessards wachsen (die vorherrschende Partie von Chaves großem Hermitage). Der *2000er Hermitage Les Bessards* dürfte sich als hervorragend herausstellen. Er besitzt eine tiefblaue-purpurrote Farbe und sein Bukett bietet klassische Düfte nach Crème de Cassis, geschmolzener Lakritze und teeriger Arznei. Süß, aber noch unentwickelt, ist dies ein Wein von mittlerem bis vollem Körper, der aber nicht die Not so vieler 2000er Weine aus dem nördlichen Rhônetal kennt: ein Loch in der Mitte. Reif, fleischig und gehaltvoll, mit mäßig hohem Tanningehalt, wird er 20–25 Jahre halten. Voraussichtliche Genussreife: 2008–2025. Der verführerische *1999er Hermitage Les Bessards* zeigt eine undurchdringliche purpurrote Farbe mit einem außergewöhnlichen, nach Brombeerfrucht, Crème de Cassis, teeriger Arznei und Mineralien duftenden Bukett. Körperreich, mit großer Reintönigkeit und Präsenz am Gaumen, verbrachte dieser überaus extrahierte, gehaltvolle aber noch verhaltene 1999er 23 Monate im Eichenfass, bevor er ungeschönt und unfiltriert abgefüllt wurde. Ich warne die Leser schon jetzt, denn dieser Wein ist nur für Menschen gemacht, die Geduld aufbringen. Er offenbart übrigens noch mehr Struktur und Muskelkraft als letztes Jahr. Voraussichtliche Genussreife: 2005–2030. Der *1998er Hermitage Les Bessards* gibt mehr Düfte nach Lakritze, Kaffee, Cassis, Mineralien, Rauch und Fleisch zu erkennen, einen vollen Körper, große Tiefe und reichliches, deftiges Tannin. Der nachhaltige, süße, klar umrissene Abgang halt 45 Sekunden lang an. Dies ist einer der größten Hermitages des Jahrgangs (der in dieser Appellation überwältigend war). Er wird sich 2007–2035 auf seinem Höhepunkt befinden.

Aus dem südlichen Rhônetal kommt der außergewöhnliche, tiefpurpurrote *1999er Gigondas*, der mit bewundernswertem Fett, beeindruckender Textur, mittlerem bis vollem Körper, süßen Tanninen und einem langen, konzentrierten, nach schwarzen Kirschen schmeckenden Abgang aufwartet. Der *1998er Gigondas* ist rustikaler, mit trockenerer Frucht und Noten von pfeffrigen Kräutern und Kirschen. Der *1999er Gigondas Les Reinages* ist ein Wein von mittlerem bis vollem Körper und wurde sowohl im Edelstahltank als auch im *foudre* ausgebaut, bevor er ohne Filtration abgefüllt wurde. Seine dunkle rubinrote Farbe geht einher mit einem muskulösen, konzentrierten Wein, in dem sich Noten von Schwarzkirsch- und Beerenfrucht mit Anklängen an getrocknete Kräuter und Pfeffer vermischen. Trinken Sie ihn in den nächsten 5–8 Jahren. (Der Gigondas von Delas wird von einer Spitzendomaine der Appellation hergestellt und ich wurde gebeten, den Namen nicht zu nennen. In seinem Mischrezept sind 95% Grenache und 5% Syrah zu finden.)

Von mittlerem Körper, zurückhaltend und leichter im Stil ist der *1999er Châteauneuf-du-Pape Les Calcerniers*, ein gefälliger, aber nicht besonders aufregender Wein. Der *1998er Châteauneuf-du-Pape Les Calcerniers* offenbart eine mitteldunkle rubinrote Farbe, ein pfeffriges, würziges, nach Leder duftendes Bukett, aber nur wenig Tiefe und Intensität. Der überraschend elegante *1999er Châteauneuf-du-Pape Haute Pierre* ist ein weicher, runder, geschmeidig texturierter Rotwein, aber ohne die Muskeln und die Geschmacksbreite, die viele der besten Weine dieser Appellation besitzen. Er offenbart in Duft und Geschmack süße Schwarzkirschfrucht, gute Intensität und ausgezeichnete Reintönigkeit. Trinken Sie ihn in den nächsten 6–7 Jahren.

Der dunkelrubinrote, fruchtbetonte *1999er Vacqueyras* (ein Mischsatz aus Grenache und Carignan) wartet auf mit guter Frische, mittlerem Gewicht und Noten von Kräutern, schwarzen Kirschen und Leder. Der *1998er Vacqueyras* gibt eine dichtere Farbe als sein 1999er Pendant zu erkennen, da er offensichtlich von der Tatsache profitiert, dass 1998 ein besseres Jahr für Grenache war als 1999. Tiefer und mit einem expansiveren Geschmackseindruck am Gaumen, sollte er in den nächsten 3–4 Jahren getrunken werden.

LOUIS DREVON

2000	**Côte Rôtie Domaine de Rosièrs**	**D**	**(84–86)**
1999	**Côte Rôtie Domaine de Rosièrs**	**D**	**87**
1998	**Côte Rôtie Domaine de Rosièrs**	**D**	**87**

Drevon war niemals einer der führenden Produzenten der Côte Rôtie, aber sein Stil hat sich beständig entwickelt, vom rustikalen, ausgetrockneten und im *foudre* ausgebauten Wein hin zu einer Synthese aus moderner und eher handwerklicher Weinbereitung. Er baut auch weiterhin seine Weine hauptsächlich in *foudres* und *cuves* aus, obwohl einige neue Barriques bereits ihren Weg in seinen Keller gefunden haben. Drevon hat damit begonnen, alle Trauben zu entrappen, was die scharfe Säure und die vegetabilen Eigenschaften der Traubenstiele eliminiert. Obwohl sein *2000er Côte Rôtie Domaine de Rosièrs* fortgeschritten entwickelten Stil und auch Charme besitzt, fehlen ihm doch Reichhaltigkeit und Länge (wie dies bei vielen Weinen dieses Jahrgangs der Fall ist). Er zeigt eine mittelrubinrote Farbe, weiche Art, pfeffrige, kräuterhafte Noten, niedrige Säure und einen reifen, mäßig konzentrierten Stil. Trinken Sie ihn in den nächsten 5–6 Jahren. Ebenso fortgeschritten entwickelt, aber mit mehr Fleisch an den Knochen, offenbart der *1999er Côte Rôtie Domaine de Rosièrs* eine tiefrubinrote Farbe sowie ein süßes, nach Beerenfrucht, Kräutern und Erde duftendes Bukett. Dicklich, reichfruchtig, rund und auffallend kommerziell in seiner Art, wird der Wein in den nächsten 4–8 Jahren köstlichen Trinkgenuss bieten. Der pflaumen-granatrote *1998er Côte Rôtie Domaine de Rosièrs* ist ein überraschend molliger, schmackhafter Wein mit attraktiven Noten von süßer Schwarzkirschfrucht, Erde und getrockneten Kräutern. Von mittlerem Körper und weicher Art, sollte man ihn am besten in den nächsten 6–7 Jahren trinken.

DOMAINE DUCLAUX

2000	**Châteauneuf-du-Pape**	**D**	**(89–91)**
1999	**Châteauneuf-du-Pape**	**D**	**88**
1998	**Châteauneuf-du-Pape**	**D**	**89**

Das Weingut von Jérôme Quiot ist im Aufstieg begriffen. Der möglicherweise hervorragende *2000er Châteauneuf-du-Pape* ist ein kräftig gebauter, kerniger und ölig texturierter Wein mit explosivem Fruchtgehalt, wunderschöner Reintönigkeit, guter Reife, niedriger Säure und den Mund füllendem Extrakt. In diesem nahtlosen, modernen Wein lassen sich keine Ecken und Kanten finden. Trinken Sie ihn in den nächsten 10–12 Jahren. Der ausgezeichnete *1999er Châteauneuf-du-Pape* bietet ein Aromaprofil von Kräutern der Provence, gemahlenem Pfeffer, Hackfleisch, schwarzen Johannisbeeren und Kirschen. Rund, würzig und offen gewirkt, sollte man ihn in den nächsten 7–8 Jahren trinken. Der *1998er Châteauneuf-du-Pape* ist ein tiefer, körperreicher, offen gewirkter, duftiger Wein, der niedrige Säure und reichliche Mengen an Frucht, Glyzerin und Extrakt zu bieten hat. Angesichts seiner fleischigen, reifen und dicklichen Art ist es schwierig, ihm zu widerstehen. Er sollte sich 10–12 Jahre schön trinken lassen.

EDMOND & DAVID DUCLAUX

2000	**Côte Rôtie**	**D**	**(87–88)**
1999	**Côte Rôtie**	**D**	**90**
1998	**Côte Rôtie**	**D**	**87**

Edmonds Sohn David hat nun die Weinbereitung der Domaine in die Hand genommen, deren Weinberge alle am Südrand der Appellation liegen. Der Stil hat sich geändert – alle

Trauben werden zu 100% entrappt, es kommen mehr Eichenfässer, darunter einige neue, zum Einsatz. Seine Weine sind nun subtile Côte Rôties, mit süßer Frucht und einer fortgeschritten entwickelten Persönlichkeit. David will das qualitative Niveau dieser kleinen Domaine anheben, wie der 1999er Jahrgang zeigt, der den besten Duclaux Côte Rôtie hervorbrachte, den ich jemals von diesem Gut verkostet habe.

Der dunkelrubinrote, elegante *2000er Côte Rôtie* offenbart für den Jahrgang gute Frucht und Reife. Das Bukett bietet Düfte nach süßem toastwürzigem Eichenholz (Ausbau in zu 50% neuen Barriques), schwarzen Johannisbeeren, Rauch und Mineralien. Voraussichtliche Genussreife: jetzt–2012. Der außergewöhnliche *1999er Côte Rôtie* ist eine hedonistische Fruchtbombe mit dunkelrubinroter Farbe, cremiger Textur und einem süßen, entwickelten, nach schwarzen Früchten, Rauch, getrockneten Kräutern, Speck und Gewürzen duftenden Bukett. Gehaltvoll, rund und verführerisch, wird er sich 12+ Jahre schön trinken lassen. Der pflaumendunkle-granatrote *1998er Côte Rôtie* bietet reife Aromen von schwarzen Kirschen und Brombeeren, Mineralien und Düften aus der Gewürzkiste, die einhergehen mit einem mittelschweren, dichten, süßen und reifen Geschmackseindruck am Gaumen. Er dürfte sich mühelos ein Jahrzehnt entwickeln.

MADAME P. DUMAZET

2000	**Condrieu Coteau Fournet**	**E**	**90**
2000	**Condrieu Cuvée de la Myriade Coteau Fournet**	**E**	**88**
2000	**Condrieu Rouelle Midi**	**E**	**91**

Einige der besten 2000er Condrieus, die ich verkostete, hatte Madame Dumazet bereitet. Der *2000er Condrieu Coteau Fournet* offenbart eine Spur von Grün in seiner Farbe von mittlerem Strohgelb. Er bietet eine sinnverwirrende, präzise Kombination aus Finesse, Fett, vollem Körper, guter untergründiger Säure und bemerkenswerter Definition und dürfte sich 3–4 Jahre schön trinken lassen. Der exotische, mineralisch betonte *2000er Condrieu Rouelle Midi* offenbart mehr Noten von tropischen Früchten, die einhergehen mit den typischen Geschmackskomponenten von Pfirsichen und Aprikosen. Fesselnde Noten von flüssigen Steinen fügen dem Wein ein komplexes Element hinzu. Er sollte sich 2–3 Jahre schön trinken lassen. Ich bin im Allgemeinen kein Freund von übersüßen, spät geernteten Condrieus, aber der *2000er Condrieu Cuvée de la Myriade Coteau Fournet* ist gut gemacht, etwas schwergewichtig, aber reif und süß. Trinken Sie ihn in den nächsten 3–5 Jahren.

DUMIEN-SERETTE

2000	**Cornas Vieilles Vignes**	**D**	**(87–89)**
1999	**Cornas Vieilles Vignes**	**D**	**87**

Der *2000er Cornas Vieilles Vignes* offenbart eine satte Brombeerfarbe und milde Säure (untypisch für diese Appellation, zeigt aber den Charakter des Jahrgangs), reichliche Mengen an flüssigen Mineralien und Cassisfrucht, einen guten Geschmackseindruck am Gaumen, mittleren bis vollen Körper und einen tanninreichen Abgang. Dies ist ein eher üppiger, robuster Wein, der sich ein Jahrzehnt schön trinken lässt. Der *1999er Cornas Vieilles Vignes* ist ein eleganter, süßer und zivilisierter Wein in einem zurückhaltenden, maßvollen Stil. Noten von Kirschen, schwarzen Früchten und Mineralien dominieren Duft und Geschmack des würzigen, mittelschweren 1999ers. Er ist fast zu poliert und ausgefeilt, um ein echter Cornas zu sein. Trinken Sie ihn in seinen ersten 10–12 Jahren.

ERIC ET JOËL DURAND

2000	**Cornas Cuveé Classique**	**D**	**(87–88)**
1999	**Cornas Cuveé Classique**	**D**	**86**
1998	**Cornas**	**D**	**(87–88?)**
1997	**Cornas**	**D**	**(87–88)**

2000	**Cornas Empreintes**	**D**	**(88–90)**
1999	**Cornas Empreintes**	**D**	**90**
2000	**Cornas Les Coteaux**	**D**	**(87–88)**
1999	**Cornas Les Coteaux**	**D**	**85?**
1998	**St-Joseph Les Coteaux**	**C**	**(87–88)**

Der dunkelrubin-purpurrote *2000er Cornas Les Coteaux* offenbart mit seiner niedrigeren Säure und süßeren Frucht einen für den Jahrgang typischen Charakter, in dem sich Noten von Cassis mit Rauch, Erde und Mineralien mischen. Dieser 2000er von mittlerem Körper ist zum Trinkgenuss in seinen ersten 5–6 Lebensjahren geeignet.

Die gefällige, in einem modernen Stil bereitete *2000er Cornas Cuvée Classique* besitzt eine tiefpurpurrote Farbe, mittleren Körper und einen kurzen Abgang, aber eine Menge ansprechender Frucht eingangs auf der Zunge und am Gaumen. Dieser Wein wird in seinen ersten 5–6 Lebensjahren schönen Trinkgenuss bieten. Der Star dieses Portfolios ist der Cornas Empreintes. Der gewichtig ausgestattete *2000er Cornas Empreintes* prunkt mit einer satten, dichten purpurroten Farbe und einer kräftig gebauten, fetten, dicklichen Persönlichkeit, in der sich eine Fülle von Düften nach Rauch, Mineralien, Lakritze und Brombeer-Cassisfrucht offenbaren. Er gibt die für den Jahrgang typische niedrige Säure zu erkennen, einen saftigen Geschmackseindruck in der Mitte und einen reintönigen, reifen Abgang mit gut integriertem Tannin. Voraussichtliche Genussreife: jetzt–2014.

Ich hatte gehofft, dass der *1999er Cornas Les Coteaux* von Durand sich als ein Wein mit einer Punktnote im oberen 80er-Bereich herausstellen würde. Aus der Flasche verkostet, offenbart er nun die für ein kühles Klima typischen Duft- und Geschmacksnoten von unreifen roten Johannisbeeren und sauren Kirschen, einen strengen Geschmack in der Mitte und einen scharfen, herben Abgang. Er bietet ein attraktives Bukett und ich hoffe, dass er nach einigen wenigen Jahren Kellerreife weicher daherkommen wird. Trotzdem ist er viel weniger überzeugend, als dies meine früheren Verkostungen aus dem Fass versprachen. Ganz anders als der Les Coteaux, war die aus der Flasche verkostete *1999er Cornas Cuvée Classique* ebenso gut wie die Probe aus dem Fass. So hoffe ich, dass der Les Coteaux an dem Tag, als ich ihn verkostete, ganz einfach nicht in Form war. Die 1999er Cornas Cuvée Classique bietet in ihrem Aromaprofil reichliche Mengen von roten Johannisbeeren, Pflaumen, Kräutern, Erde, Leder und Lakritze. Rund und süß, mit reifen Tanninen sowie dezenter Säure, wird sich dieser Wein 5–8 Jahre schön trinken lassen. Der *1999er Cornas Empreintes* ist ein eleganter Wein mit Aromen von reinen schwarzen Früchten, in die sich Noten von Rauch, Mineralien, Grafit und frischem Eichenholz mischen. Geschmackskomponenten von süßem Cassis, Sattelleder, Erde und Gewürzen strömen kaskadenartig über den Gaumen. Gehaltvoll und körperreich, ist der Wein mit ausreichend Säure ausgestattet, um für Biss und Definition zu sorgen. Trinken Sie diese Schönheit in den nächsten 12–14 Jahren.

Ich war überrascht von der scharfen Säure des *1998er Cornas*, trotzdem gibt es keinen Zweifel an seiner Konzentration. Obwohl er in einem ungestümen, unentwickelten, tanninreichen Stil gemacht ist, offenbart er einen bewundernswerten Charakter von schwarzen Früchten und einen reifen Syrah-Stil. Voraussichtliche Genussreife: jetzt–2012.

Dagegen ist der *1998er St-Joseph Les Coteaux* von Durand ein viel runderer Wein mit einer dichten rubin-purpurroten Farbe und vordergründigen, intensiven Noten von eingedickten schwarzen Kirschen, die von roten und schwarzen Johannisbeeren überlagert werden. Dieser fruchtbetonte St-Joseph offenbart ausgezeichnete Konzentration, eine leicht steinige, mineralische Art und einen sinnlichen, konzentrierten Abgang von mittlerem bis vollem Körper. Trinken Sie diesen köstlichen Wein in den nächsten 3–4 Jahren. Der *1997er Cornas* zeigt dunkelrubin-purpurrote Farbe, ein ausgezeichnetes florales, nach Teer und Brombeeren duftendes Bukett, eine gehaltvolle Geschmackspalette von mittlerem bis vollem Körper, niedrige Säure und süßes Tannin. Dieser Cornas ist zum baldigen Trinkgenuss bestimmt, er besitzt aber auch die nötige Reichhaltigkeit, um 4–5 Jahre zu halten.

DOMAINE DURBAN

2000	Côtes du Rhône-Villages Beaumes-de-Venise Cuvée Prestige	B	88
1999	Côtes du Rhône-Villages Beaumes-de-Venise Cuvée Prestige	B	88
1999	Muscat de Beaumes-de-Venise	C	91

Das Weingut ist zwar für seine süßen Muscatweine bekannt, hat aber auch einen wunderschönen, dunkelrubin-purpurroten *2000er Côtes du Rhône-Villages Beaumes-de-Venise Cuvée Prestige* ohne Ecken und Kanten produziert. Der samtig texturierte, üppige Wein von mittlerem bis vollem Körper wird von süßer, cremiger Brombeer- und Johannisbeerfrucht dominiert. Da er nicht sehr alt werden wird, sollte man diese hedonistische Fruchtbombe eines Côtes du Rhône-Villages in den nächsten 3–4 Jahren trinken. Der kräftig gebaute, dickliche *1999er Côtes du Rhône-Villages Beaumes-de-Venise Cuvée Prestige* bietet reichliche Mengen von kräuterüberhauchter Schwarzkirsch- und Pflaumenfrucht, die sich mit Aromen von Pfeffer, Lakritze und Erde vermischen. Trinken Sie diesen dichten, körperreichen, nahtlosen, den Mund füllenden, wundervoll saftigen Beaumes-de-Venise in den nächsten 2–3 Jahren.

Es ist schwer, einen besseren Süßwein als den *1999er Muscat de Beaumes-de-Venise* der Domaine Durban zu finden. Er zeigt eine leicht strohgelbe Farbe mit Spuren von Bernstein und Kupfer. Sein spektakuläres Aromaprofil offenbart kandierte Aprikosen und Pfirsiche sowie Orangenmarmelade als zusätzliche Verlockung. Der Wein ist ölig texturiert und besitzt ausreichend untergründige Säure, um das Glyzerin und die Süße zu strukturieren. Dies ist der ideale Wein, den man trinkt, während man in der provenzalischen Sonne sitzt (oder man stellt es sich vor). Trinken Sie ihn in den nächsten 2 Jahren.

DOMAINE DURIEU

2000	Châteauneuf-du-Pape	C	(87–88)
1999	Châteauneuf-du-Pape	C	87
1999	Châteauneuf-du-Pape Réserve Lucile Avril	D	89

Es ist zwar schon einige Jahre her, dass ich Durieus Châteauneuf-du-Pape das letzte Mal verkostet habe, aber seine Weine haben mir stets geschmeckt und einige Magnumflaschen seines erdigen 1986er in meinem Keller bereiten mir immer noch beträchtliche Freude.

Der tiefrubin-purpurrote *2000er Châteauneuf-du-Pape* bietet Aromen von reifer, dicklicher Schwarzkirsch- und Beerenfrucht, vollen Körper, einen weichen, fleischigen Geschmackseindruck am Gaumen und im Abgang reichlich Glyzerin und Alkohol. Trinken Sie diesen fortgeschritten entwickelten Châteauneuf in seinen ersten 10–12 Lebensjahren.

Der *1999er Châteauneuf-du-Pape* offenbart in seinem klassischen, pfefferigen Bukett die typische, als *garrigue* bekannte, provenzalische Duftmischung aus Erde und Kräutern. Dazu gibt er reichliche schwarze Kirschfrucht, einen mittleren Körper, mäßiges Gewicht, ausgezeichnete Konzentration und gute umfassende Ausgewogenheit zu erkennen. Dies ist ein fortgeschritten entwickelter Wein zum Trinkgenuss in den nächsten 6–7 Jahren. Der *1999er Châteauneuf-du-Pape Réserve Lucile Avril* offenbart eine sattere rubin-granatrote Farbe sowie mehr Tannin und Gewicht. Ein kräftig gebauter Wein mit ausgezeichneter Konzentration und mäßigem Tannin. Noten von Sattelleder, getrockneten Kräutern, Brombeer- und Kirschfrucht, Rauch und Hackfleisch ergeben ein provokantes Aroma- und Geschmacksprofil. Er wird von 2 Jahren Kellerreife profitieren und 12–15 Jahre halten.

DOMAINE DES FILLES DURMA

2000	Côtes du Rhône	A	85
1999	Côtes du Rhône	A	86
2000	Côtes du Rhône La Galance	A	87

Das neue Weingut in Vinsobres wird von zwei Schwestern geführt und 1999 war der erste Jahrgang, mit dem die Domaine des Filles Durma auf den Markt kam. Ähnlich wie sein

1999er Pendant offenbart auch der *2000er Côtes du Rhône* niedrigen Säuregehalt und süße Frucht, wobei der 1999er mehr Definition zu erkennen gibt. Der *1999er Côtes du Rhône* ist ein gradliniger, solide bereiteter Wein von mittlerem Körper, der Noten von fleischiger schwarzer Johannisbeer- und Kirschfrucht und gute Tiefe zeigt. Beide auf Grenache-Basis hergestellten Weine sollte man in den nächsten 1–2 Jahren trinken. Der *2000er Côtes du Rhône La Galance* (eine *assemblage* aus Syrah und Grenache zu gleichen Teilen) ist ein erdiger, pfeffriger Wein, der in seinen Aromen reichliche Mengen von Schwarzkirsch- und Johannisbeerfrucht bietet, die sich mit Noten von Kräutern vermischt. Von mittlerem Körper und gut bereitet, sollte er sich 3–4 Jahre gut trinken lassen.

DOMAINE DES ESPIERS

1999	**Gigondas Cuvée des Blanches**	**C**	**(90–91)**
1998	**Gigondas Cuvée des Blanches**	**C**	**92**

Obwohl er sich noch unentwickelt gibt, ist der *1999er Gigondas Cuvée des Blanches* voll gepackt mit Extrakt. Mit undurchdringlicher purpurroter Farbe, vollem Körper und Schichten von Konzentration, süßem Tannin, adäquater Säure und einer den Mund füllenden Art, benötigt dieser intensive Gigondas 4–5 Jahre Kellerreife und sollte dann 18+ Jahre halten. Der superbe *1998er Gigondas Cuvée des Blanches* ist der beste Wein, den ich jemals von diesem kleinen Produzenten verkostet habe. Seine schwarz-purpurrote Farbe geht einher mit einem verschwenderischen, nach Brombeeren, Lakritze, Rauch und versengter Erde duftenden Bukett. Der tanninhaltige, körperreiche und ernst zu nehmende Wein benötigt 3–4 Jahre Kellerreife und sollte dann 16–20 Jahre halten. Hier ist ein gigantischer Wein im Werden.

BERNARD FAURIE

2000	**Hermitage**	**E**	**(87–89)**
1999	**Hermitage**	**E**	**89**

Bernard Faurie ist ein ernsthafter Produzent, der in der Vergangenheit einige große Weine hergestellt hat. Der beste Wein von Faurie, den ich jemals verkostet habe, ist sein 1990er (von dem noch einige Flaschen in meinem Keller liegen), der auch Jahre nach seinem Höhepunkt immer noch ein jugendlicher, wuchtiger und gigantischer Hermitage bleibt.

Der *2000er Hermitage* von Faurie ist, ähnlich wie die meisten 2000er aus dem nördlichen Rhônetal, ein fetter, saftiger, reifer, säurearmer Wein mit ziemlich viel Frucht, aber ohne Definition, Biss und Intensität. Er bietet wunderschöne schwarze Johannisbeerfrucht, die sich mit Noten von Mineralien und geschmolzenem Asphalt verbindet. Doch wie gesagt gibt es keine Definition und Tiefe. Voraussichtliche Genussreife: jetzt–2012. Etwas kompletter, mit zusätzlicher Fülle, ist der undurchdringlich purpurrote *1999er Hermitage*, der Aromen von Cassis, Lakritze, Gewürzen und Pfeffer offenbart. Von mittlerem bis vollem Körper, dick und gehaltvoll, ist er ein ausgezeichneter, möglicherweise hervorragender Hermitage, den man 2006–2018 trinken sollte.

PHILIPPE FAURY

2000	**Condrieu**	**D**	**86**
1999	**Condrieu**	**D**	**89**
2000	**Condrieu La Berne**	**D**	**87**
1999	**Condrieu La Berne**	**D**	**89**

Philippe Faury, inzwischen Präsident der Winzervereinigung von Condrieu, produziert immer bessere Weine. Sie werden zur Hälfte im Tank und zur Hälfte in zu 10% neuen Eichenfässern vinifiziert.

Der *2000er Condrieu* ist frisch und gefällig, aber im Wesentlichen ein monochromatischer Wein, der Noten von unreifen Pfirsichen und Zitrusfrüchten offenbart. Sie sollten diesen leichten, aber belanglosen Wein im nächsten Jahr trinken. Der *2000er Condrieu La Berne* ist eine Cuvée, die aus älteren Reben gewonnen wurde und gute Säure, bessere Reife und Noten von honigfeinen Früchten offenbart. Er dürfte 3–4 Jahre gut halten.

Der *1999er Condrieu* ist ein eleganter, nach tropischen Früchten duftender Wein, mit subtilen toastwürzigen Eichenholznoten, guter Struktur, einem beeindruckenden Geschmackseindruck in der Mitte und Länge. Er sollte sich 1–2 Jahre schön trinken lassen. Der *1999er Condrieu La Berne*, der aus einer 25-jährigen Hanglage kommt, wurde in zu 25% neuen und auch in älteren Eichenfässern ausgebaut. Dies ist ein subtiler, zurückhaltender, von flüssigen Mineralien geprägter Wein mit beeindruckender Eleganz, Noten von weißen Früchten, Geißblatt, Aprikosen und Litschis, einem mittleren bis vollen Körper und einem reintönigen Abgang.

EDDIE FÉRAUD

2000	Châteauneuf-du-Pape	D	(87–89)
1999	Châteauneuf-du-Pape	D	85
1998	Châteauneuf-du-Pape	D	88

Der *2000er Châteauneuf-du-Pape*, der weit besser gelungen ist als sein 1999er Pendant, zeigt sich als intensiver, rauchiger, erdiger Wein, der in seinen Aromen reichliche Mengen an pfeffrigen schwarzen Johannisbeeren bietet, die sich mit jener *garrigue* genannten provenzalischen Duftmischung aus Kräutern und Erde vermischen. Gehaltvoll, von mittlerem bis vollem Körper und würziger Art, legt er einen beträchtlich längeren Abgang an den Tag als sein älterer Bruder. Er dürfte ein Jahrzehnt schön altern. Voraussichtliche Genussreife: jetzt bis 2014. Der pflaumendunkle-rubinrote *1999er Châteauneuf-du-Pape* zeigt einen deutlichen Hang zum Pinkfarbenen. Er bietet gute Frucht eingangs im Mund, einen mittleren Körper, ausreichend fleischige Art, Noten von *garrigue*, Pfeffer und Kirschen, aber einen kurzen, uninspirierten Abgang. Trinken Sie ihn in den nächsten 5–6 Jahren. Der dicht rubinrote *1998er Châteauneuf-du-Pape* wartet auf mit Noten von frisch gemahlenem Pfeffer, süßem Sattelleder, Kirschmarmelade, Cassis und Kräutern der Provence. Der Wein besitzt eine ausgezeichnete Textur, gute Substanz und einen längeren, gehaltvolleren Abgang mit mehr Glyzerin und Extrakt. Voraussichtliche Genussreife: jetzt–2012.

FÉRAUD-BRUNEL

1999	Châteauneuf-du-Pape	C	89
2000	Côtes du Rhône-Villages Cairanne	B	87
2000	Gigondas	C	(88–90)
1999	Gigondas	C	89
2000	Vacqueyras	B	90

Dies ist eine Gemeinschaftsarbeit von zwei der besten Châteauneuf-du-Pape-Produzenten, André Brunel von Les Cailloux und Laurence Féraud der Domaine de Pégaü. Sie haben die folgenden Weine aus Trauben gekeltert, die sie im südlichen Rhônetal gekauft haben. Es gibt ungefähr 1700 Kisten Côtes du Rhône und Châteauneuf-du-Pape, 500 Kisten Vacqueyras und 900 Kisten Gigondas. Es handelt sich durchweg um ausgezeichnete Weinangebote zu realistischen Preisen.

Der *2000er Côtes du Rhône-Villages Cairanne* enthält in seinem Mischsatz 70% Grenache, 10% Carignan und 20% Syrah und offenbart die rustikale Seite dieser Appellation: mäßiges Tannin, reichliche Aromen von erdigen, ledrigen schwarzen Früchten und mittleren Körper. Er dürfte sich 3–4 Jahre schön trinken lassen. Der superbe *2000er Vacqueyras* prunkt mit einer tiefen, sattrubinroten Farbe und einem bombastischen, nach Kirschgeist, Erde, Kräutern und Leder duftenden Bukett. Dicht, körperreich und kernig, bietet er einen üppig-verschwenderischen vollmundigen Geschmack, der in erster Linie von alten Grenache-Reben herzuleiten ist. Trinken Sie ihn in den nächsten 4–5 Jahren. Der ausgezeichnete, tiefrubin-purpurrote *2000er Gigondas*, eine *assemblage* aus 90% Grenache und 10% Mourvèdre, wurde in *foudres* ausgebaut und offenbart Aromen von flüssigen Mineralien, Blaubeeren und Himbeeren.

Der *1999er Gigondas* enthält 70% Grenache und 30% Syrah in seinem Mischsatz und bietet Noten von Erdbeeren, Schokolade, Mineralien und Kirschgeist. Körperreich, konzentriert und reintönig, zählt er zu den besseren Weinen der Appellation. Der *1999er Châteauneuf-du-Pape* ist ein dunkelpurpurroter Wein, der reife Aromen von schwarzen Früchten offenbart, die sich mit Lakritze und Harz vermischen. Er besitzt gediegene Konzentration, vollen Körper, Kraft und einen konzentrierten Geschmack. Sein mit merklichem Tannin angefüllter strenger Abgang lässt 2–3 Jahre Kellerreife ratsam erscheinen. Voraussichtliche Genussreife: jetzt–2015.

DOMAINE DE FERRAND

2000	**Châteauneuf-du-Pape**	**D**	**(91–93)**
1999	**Châteauneuf-du-Pape**	**D**	**90**
1998	**Châteauneuf-du-Pape**	**D**	**92**
1998	**Côtes du Rhône**	**B**	**88**
2000	**Côtes du Rhône Cuvée Antique Vieilles Vignes**	**C**	**(87–88)**
2000	**Côtes du Rhône Cuvée des Demoiselles**	**C**	**(81–83)**

Die 5 Hektar große Domaine de Ferrand liegt im Norden von Châteauneuf-du-Pape, in einem Sektor, den man Quartier de Grès nennt; dieses Gut sollte man im Auge behalten. Früher wurden die Weine an den Händler Bernard verkauft, aber der junge Winzer Philippe Bravay hat nun damit begonnen, seinen Wein auf dem eigenen Gut abzufüllen. Der 1996er Jahrgang ist der erste, der vollkommen unter der Kontrolle der Domaine produziert wurde. Domaine de Ferrand ist auch eine gute Einkaufsquelle für Côtes du Rhône.

Der *2000er Châteauneuf-du-Pape* wird genauso gut, vielleicht sogar besser als Bravays sensationeller 1998er. In seinem Charakter erinnert der Wein an einen trockenen Vintage Port, in seinem kompromisslosen Aromaprofil zeigt er die typische provenzalische Mischung aus Wildblumen, Kräutern, Rauch, Würsten, schwarzen Kirschen und Beeren. Mäßig tanninhaltig, vielschichtig, körperreich und reintönig, erfordert er allerdings etwas Geduld. Voraussichtliche Genussreife: 2005–2020.

Im Vergleich zum ausgezeichneten Châteauneuf-du-Pape von Bravay offenbart der *2000er Côtes du Rhône Cuvée des Demoiselles* überraschend wenig Frucht. Vielleicht habe ich ihn in einem eckigen Stadium verkostet. Obwohl er Aromen von Pfeffer, Gewürzen und *garrigue* besitzt, offenbart er in seinem Geschmack hohen Tanningehalt und einen komprimierten Abgang. Um einiges besser ist der *2000er Côtes du Rhône Cuvée Antique Vieilles Vignes*. Seine dunkelrubinrote Farbe geht einher mit Aromen von süßem Kirschlikör und fleischigen, ledrigen, erdigen und gehaltvollen Geschmackskomponenten, die den Gaumen auskleiden. Trinken Sie diesen attraktiven, muskulösen Côtes du Rhône in den nächsten 5–6 Jahren. Der *1999er Châteauneuf-du-Pape* bietet ein Aromaprofil von Jod, süßer kandierter Lakritze, Pfeffer, Algen, Schwarzkirsch- und Pflaumenfrucht und Düften aus der Gewürzkiste. Dieser ungewöhnliche, eigenwillige und körperreiche Châteauneuf besitzt einen strengen, mäßig tanninhaltigen Abgang, ist aber wegen seiner hervorragenden Tiefe, Reife und saftigen Art schon jetzt zugänglich. Er dürfte sich in den nächsten 14–15 Jahren schön trinken lassen.

Der *1998er Châteauneuf-du-Pape* schmeckt aus der Flasche besser als aus dem Fass. Die Weine von Bravay sind äußerst handwerklich gemacht und beginnen erst in der Flasche aufzuleben, während sie vor ihrer Flaschenabfüllung ein wenig gedämpft erscheinen. Der 1998er offenbart eine beeindruckend satte rubin-purpurrote Farbe und ein prachtvolles, nach schwarzen Früchten duftendes Bukett, in das sich Aromen von Lakritze, Walnüssen, Kräutern der Provence und gebratenem Fleisch mischen. Im Mund gibt er sich dick, ölig texturiert, saftig und körperreich und wartet auf mit beträchtlichem Tannin und großen Mengen an konzentrierten schwarzen Früchten. Obwohl jugendlich in seiner Art und bereits zugänglich, ist er noch unentwickelt und benötigt daher 2–3 Jahre Kellerreife. Darauf wird er sich 2 Jahrzehnte schön trinken lassen. Der *1998er Côtes du Rhône*, eine *assemblage* aus 80% Grenache, 15% Syrah und 5% Cinsault, wird aus Reben gewonnen, die von 1933–1946 gepflanzt wurden. Er ist ein wunderschönes Beispiel dafür, wie viel Geschmack, Charakter und Komplexität man in einen Côtes du Rhône packen kann. Seine tiefrubin-purpurrote Farbe geht einher mit einem süßen, nach schwarzen Früchten, Pfeffer, Lakritze, Algen und Gewürzen duftenden Bukett. Reif, mit dichter, eingedickter Schwarzkirschenfrucht, Rauch, Erde und Kräutern, ist dies ein gehaltvoller, tiefer Wein von mittlerem bis vollem Körper. Der Tanningehalt in seinem Abgang verrät, dass dieser Côtes du Rhône 8–10 Jahre halten wird. Sehr beeindruckend!

FERRATON

2000	**Châteauneuf-du-Pape Les Parvis**	**D**	**89**
1998	**Châteauneuf-du-Pape Les Parvis**	**D**	**86**
2000	**Côtes du Rhône Samorens**	**A**	**86**
1999	**Côtes du Rhône Samorens**	**A**	**82**
2000	**Crozes-Hermitage Le Grand Courtil**	**B**	**(86–88)**
1999	**Crozes-Hermitage Le Grand Courtil**	**B**	**90**
1998	**Crozes-Hermitage Le Grand Courtil**	**C**	**87**
2000	**Crozes-Hermitage La Matinière**	**B**	**85**
1999	**Crozes-Hermitage La Matinière**	**B**	**(84–83)**
1998	**Crozes-Hermitage La Matinière**	**B**	**87**
2000	**Crozes-Hermitage La Matinière Blanc**	**B**	**87**
1999	**Crozes-Hermitage La Matinière Blanc**	**B**	**86**
2000	**Hermitage Les Dionnières**	**E**	**(88–90)**
1998	**Hermitage Les Dionnières**	**E**	**90**
2000	**Hermitage Le Méal**	**EE**	**(90–92)**
1999	**Hermitage Le Méal**	**EE**	**88+**
1998	**Hermitage Le Méal**	**EE**	**89+**
1999	**Hermitage Le Méal Blanc**	**E**	**86**
1998	**Hermitage Le Méal Blanc**	**E**	**86**
2000	**Hermitage Les Miaux**	**D**	**(85–86)**
2000	**Hermitage Les Miaux Blanc**	**D**	**90**
2000	**Hermitage Le Reverdy**	**E**	**90**
1999	**Hermitage Le Reverdy**	**E**	**89+**
1998	**Hermitage Le Reverdy**	**E**	**87+**
2000	**St-Joseph Les Oliviers**	**D**	**88**
1999	**St-Joseph Les Oliviers**	**D**	**89**
1998	**St-Joseph Les Oliviers**	**D**	**88**
2000	**St-Joseph La Source**	**C**	**86**
1998	**St-Joseph La Source**	**C**	**84**
2000	**St-Joseph La Source Blanc**	**C**	**87**

Ferratons Angebotspalette hat sich seit der Teilhaberschaft der Firma Chapoutier beträchtlich erweitert. Ab 1997 haben Michel Chapoutier und sein talentierter Önologe Albéric Mazoyer die Weinbereitung auf diesem Gut übernommen. Sie brachten ein Angebot an *négociant*-Weinen auf den Markt, die man getrennt von den Domaine-Weinen betrachten muss. Letztere kommen von den eigenen, im Besitz der Domaine befindlichen Rebflächen. Ferratons Weißweine betonen einen spritzigen, pikanten Stil, während die Rotweine, obwohl sie rustikaler Natur sind, in einem eher frischen, fruchtigen Stil bereitet werden.

Zu den *négociant*-Weinen gehört ein spritziger, zitronenhafter, vollmundiger, mittelschwerer, weicher *2000er Crozes-Hermitage La Matinière Blanc* und ein von Mineralien dominierter, reifer, üppiger *2000er St-Joseph La Source Blanc.* Beide Weine sollte man am besten in ihren ersten 1–2 Lebensjahren trinken. Ein ernsthafter Wein ist der *2000er Hermitage Les Miaux Blanc,* der in seiner körperreichen, gehaltvollen, kernigen und trockenen Persönlichkeit honigfeine Noten mit Aromen von Lakritze und Akazienblüten mischt. Er dürfte sich 4–5 Jahre schön trinken lassen, sich dann verschließen, um nach 10–12 Jahren wieder zu erblühen.

Der *1999er Crozes-Hermitage La Matinière Blanc,* in dessen Mischrezept man etwas Roussanne finden kann, erlebte eine vollständige malolaktische Gärung, was aber an seinem hohen Säurespiegel nichts änderte. Von mittleren Körper, ist er mit Noten von Orangenschalen, gerösteten Nüssen und Zitrusfrüchten ausgestattet. Von mittlerem bis vollem Körper, offenbart der *1998er Hermitage Le Méal Blanc* entwickelte Aromen von Karamell und Noten von Orangenmarmelade und Fino-Sherry. Hinter allem steht eine pikante, scharfe Säure. Man sollte diesen Wein in den nächsten 1–2 Jahren trinken.

Der Mischsatz des pflaumendunklen-rubinroten *2000er Côtes du Rhône Samorens* enthält Grenache und Syrah. Der Wein offenbart Aromen von süßer Brombeer- und Kirschgeistfrucht, einen mittleren Körper, adäquate Säure und reichlichen Fruchtgeschmack. Er eignet sich ideal zum Trinkgenuss in den nächsten Jahren. Der gradlinige, leichtgewichtige, gefällige und saubere *1999er Côtes du Rhône Samorens* bietet Aromen von Kirschen in Duft und Geschmack. Trinken Sie ihn bald. Der *2000er Châteauneuf-du-Pape Les Parvis* wird von Grenache dominiert (80% im Mischsatz). Dieser dunkelrubinrote Châteauneuf offenbart ein klassisches, nach Veilchen, Kirschgeist und Lakritze duftendes Bukett, gute untergründige Säure, einen vollen Körper und einen tiefen, konzentrierten Geschmack. Ein ausgezeichneter Châteauneuf-du-Pape, den Sie in den nächsten 7–10 Jahren trinken sollten. Mehr Substanz hat der attraktive *1998er Châteauneuf-du-Pape Les Parvis.* Seine pflaumenhafte Farbe geht einher mit einem intensiv nach Kirschgeist duftenden Bukett, in das sich im Hintergrund Noten von Leder, Erde, Fleisch und Pfeffer mischen. Obwohl kein großer Châteauneuf, ist er doch schmackhaft, von mittlerem Körper und ideal zum Trinkgenuss in den nächsten 2–3 Jahren geeignet. Der *2000er Crozes-Hermitage La Matinière* gehört ebenfalls zu den Angeboten von *négociant*-Rotweinen. Er bietet ein rauchiges, nach Tapenade duftendes, krautiges Bukett, einen mittleren Körper und Geschmackskomponenten von Johannisbeeren und Kirschen. Dieser würzige, leichtgewichtige, aber fruchtige Rotwein eignet sich zum Trinkgenuss in den nächsten 2–3 Jahren. Der *1999er Crozes-Hermitage La Matinière* offenbart pikante Säure, mäßiges Tannin und reife, kräuterüberhauchte Duft- und Geschmackskomponenten von Brombeeren und Kirschen. Er ist reintönig, von mittlerem Körper und eignet sich ideal zum Trinkgenuss in den nächsten 5–6 Jahren. Der tiefrubinpurpurrote *1998er Crozes-Hermitage La Matinière* ist sogar noch besser, weil er mehr Fett und reichliche Aromen von Brombeer- und Cassisfrucht besitzt. Da die Säure beim 1998er weicher ist, besitzt der Wein mehr Textur und samtige Art.

Der reife, fruchtige und gradlinige *2000er St-Joseph La Source* ist ein Wein von mittlerem Körper, der mehr pfeffrige Aromen von süßen Johannisbeeren sowie eine gewisse traubige Art an den Tag legt. Er sollte sich 4–5 Jahre schön trinken lassen. Der dunkelrubinrote *1998er St-Joseph La Source* offenbart einen hohen Säuregehalt, mineralische Düfte und einen robusten, tanninreichen, strengen Abgang. Er gehörte zu den Weinen aus der Angebotspalette von *négociant*-Weinen, die ich weniger geschätzt habe. Leser, die auf der Suche nach mehr Tannin, Struktur und Ernsthaftigkeit sind, sollten sich den *2000er Hermitage Les Miaux* merken, der in Duft und Geschmack erdige, würzige, pfeffrige und florale Noten sowie Aromen von schwarzen Johannisbeeren bietet. Hätte er nicht diesen mageren, komprimierten Abgang, würde dieser mittelschwere Wein durchaus eine höhere Bewertung verdienen.

Die Domaine-Weine sind alle interessanter als die *négociant*-Weine. Der *2000er St-Joseph Les Oliviers* offenbart in seinem Aromaprofil mehr toastwürziges Eichenholz, Alkohol, Glyzerin und Konzentration. Er bietet vollmundige Frucht in einem herzhaften, fortgeschritten entwickelten Stil. Er sollte in seinen ersten 3–4 Lebensjahren getrunken werden. Der beeindruckende *1999er St-Joseph Les Oliviers* ist ein trockener, körperreicher Wein, der mit Düften nach Rauch, Orangenmarmelade und Rosenwasser aufwartet. Zu Kopf steigend und fruchtig, mit beträchtlichem Glyzerin und Länge, sollte man ihn in den nächsten 2–3 Jahren trinken. Der beeindruckende, fette, honigfeine und intensive *1998er St-Joseph Les Oliviers* bietet Aromen von flüssigen Mineralien in Duft und Geschmack sowie einen langen, konzentrierten Abgang. Er dürfte sich 4–5 Jahre schön trinken lassen.

Der Hermitage Le Reverdy, eine *assemblage* aus Marsanne und Roussanne zu gleichen Teilen, stammt aus den zwei Hermitage-Lagen Les Beaumes und Dionnières. Der *2000er Hermitage Le Reverdy* zeigt eine helle bis mittelgoldene Farbe und offenbart Aromen von Birnen, Pfirsichen und Rauch in einem nahezu überreifen Stil. Körperreich, texturiert und saftig sowie überraschend frühreif, dürfte er früher trinkbar sein als sein 1999er Gegenspieler und sich schneller entwickeln. Der *1999er Hermitage Le Reverdy* ist eine 100%ige Marsanne-Cuvée, die Noten von Fino-Sherry, Nüssen, weißen Blumen und Mineralien bietet. Rauchig und tief, mit vollem Körper und einer prächtig strukturierten Persönlichkeit, dürfte er sich ein Jahrzehnt schön trinken lassen.

Der *1998er Hermitage Le Reverdy* war im Vergleich zum 1999er verschlossen, offenbarte aber doch dichte, kernige Geschmackskomponenten von Mineralien, gerösteten Nüssen, Rhabarber und Kirschen, gute Säure und eine feste Struktur. Voraussichtliche Genussreife: jetzt–2010.

Der *Crozes-Hermitage Le Grand Courtil* ist ebenfalls sehr gut. Der *2000er* bietet gradlinige, pfeffrige Noten von schwarzen Johannisbeeren mit Anklängen an Kräuter im Hintergrund. Er besitzt einen niedrigen Säure- aber hohen Tanningehalt und zeigt sich etwas hart texturiert und ungefüge. Jedenfalls offenbart er nicht den Charme und die Tiefe des 1999ers. Der hervorragende *1999er Crozes-Hermitage Le Grand Courtil* schmeckt aus der Flasche noch besser als letztes Jahr. Noten von pikanter roter und schwarzer Johannisbeerfrucht dominieren den gut definierten, würzigen und wunderschön texturierten Wein, der wie alle Rotweine aus den Monopol-Lagen weder geschönt noch filtriert wird. Er dürfte sich ein Jahrzehnt schön trinken lassen. Der *1998er Crozes-Hermitage Le Grand Courtil* ist ein ausdrucksvolles Beispiel wildartiger, kräuterüberhauchter, brombeer- und cassisfruchtiger Syrah-Trauben. Der Wein besitzt pikante Säure, gute Finesse, ausgezeichnete Dichte und einen reifen, mittelschweren Abgang. Trinken Sie ihn in den nächsten 5–6 Jahren.

Unter dem Namen der Domaine Ferraton werden auch zwei Cuvées von rotem Hermitage produziert, Le Méal und Les Dionnières. Der *2000er Hermitage Le Méal* offenbart eine etwas sattere, dichte purpurrote Farbe sowie ein kräftiges, süßes, nach dicklichem Cassis duftendes Bukett, in das sich Aromen von Mineralien, Rauch und Spuren von frischem Eichenholz mischen. Opulenter und mit süßerem Tannin ausgestattet als der 1999er, wird diese herausfordernde Persönlichkeit von 2004–2018 schönen Trinkgenuss bieten. Obwohl er vor seiner Abfüllung enttäuschend war, ist der *1999er Hermitage Le Méal* ein nahezu hervorragender Wein. Obwohl noch verschlossen, gibt er sich einschmeichelnd und zeigt eine sattrubinrote Farbe sowie ein auffallendes, nach Crème de Cassis und Mineralien duftendes Bukett. Mit ausgezeichneter Konzentration und mäßig hohem Tannin ist er um einiges besser, als meine Degustationsnotizen vom letzten Jahr sagen. Jedoch wird Geduld vonnöten sein. Voraussichtliche Genussreife: 2006–2015. Der *1998er Hermitage Le Méal* offenbart ein nach geschmolzenem Asphalt, Rauch, Mineralien und Fleisch duftendes Bukett, ein rustikales, muskulöses Format und mittleren bis vollen Körper. Obwohl er ein riesiger und gehaltvoller Wein ist, besitzt er sprödes Tannin und zeigt sich verschlossen. Gönnen Sie ihm 4–5 Jahre Kellerreife und trinken Sie ihn in den nächsten 15–20 Jahren.

Der *2000er Hermitage Les Dionnières* legt den größten Tanningehalt von allen Ferraton-Rotweinen an den Tag. Seine dichte rubin-purpurrote Farbe geht einher mit einem süßen, nach Brombeeren, Johannisbeeren, Erde, Trüffeln und Mineralien duftenden Bukett. Tief und kernig, aber äußerst tanninreich, ist dies ein *vin de garde* für echte Wein-Kenner, die die geeigneten Bedingungen für eine fachgerechte Kellerlagerung haben. Voraussichtliche Genussreife: 2007–2020+. Der *1998er Hermitage Les Dionnières* ist eine hervorragende Cuvée, die aus dem südlichen Sektor der Hermitage-Appellation kommt. Der Wein prunkt mit einer dichten rubinroten-schwarzen Farbe und einem intensiven, nach geräucherten Kräutern, Erdbeeren, Veilchen und Brombeeren duftenden Bukett. Reintönig und gehaltvoll, mit bewundernswerter Finesse, vollem Körper und einem süßen, konzentrierten, mäßig tanninhaltigen Abgang, benötigt dieser 1998er 2–3 Jahre Kellerreife und sollte 2 Jahrzehnte lang halten.

DOMAINE DE FONDRÈCHE

2000	**Côtes du Ventoux**	**A**	**88**
2000	**Côtes du Ventoux Cuvée Nadal**	**B**	**(90–91)**
1999	**Côtes du Ventoux Cuvée Nadal**	**B**	**90**
2000	**Côtes du Ventoux Cuvée Persia**	**B**	**(90–92)**
1999	**Côtes du Ventoux Cuvée Persia**	**B**	**90**
2000	**Côtes du Ventoux Cuvée Persia Blanc**	**B**	**89**

Die Domaine de Fondrèche ist ein Synonym für qualitativ hochwertige Weine der Côtes du Ventoux geworden. Das Gut leistet mit seinen weißen und roten Rebsorten wunderbare Arbeit. Alle seine Weine bieten einen sensationellen Gegenwert für Ihr Geld. Der ernsthafte *2000er Côtes du Ventoux Cuvée Persia Blanc* ist eine Cuvée aus 100% Roussanne, die ein Jahr in Eichenfässern auf ihren Hefen lag und bei ihrer Flaschenabfüllung nur minimal geschönt wurde. Ganz ohne Frage der beste Weißwein der der Appellation Ventoux, offenbart er ein zitronenhaftes, nach Geißblatt duftendes Bukett mit Noten von Rosenblättern. Von mittlerem Körper und lebendig, mit einer Spur von toastwürzigem Eichenholz im Hintergrund, sollte dieser frische, gefällig texturierte trockene Weißwein in den nächsten 2 Jahren getrunken werden.

Der *2000er Côtes du Ventoux* (die *assemblage* aus 60% Grenache, 30% Syrah und 10% Carignan wurde in Edelstahltanks ausgebaut) offenbart eine dichte purpurrote Farbe, eine sinnliche, reife Persönlichkeit, die voll gepackt ist mit Noten von Johannisbeeren, Brombeeren und Kirschen sowie einer leicht rauchigen Komponente (obwohl keine Eichenholzfässer zum Einsatz kamen). Diesen korpulenten Rotwein sollten Sie am besten in seinen ersten 2–3 Lebensjahren trinken. Der barriquegereifte, gigantische *2000er Côtes du Ventoux Cuvée Nadal* (55% Grenache und 45% Syrah) wartet mit erstaunlichen 15,5% Alkoholgehalt auf. Körperreich und ölig texturiert, mit verführerischer Fruchtigkeit (Brombeeren und Kirschen), Reife und Reintönigkeit, dürfte dieser Wein in den nächsten 7–8 Jahren breiten Anklang finden. Der *2000er Côtes du Ventoux Cuvée Persia* enthält in seinem Mischrezept 80% Syrah und 20% Grenache und wurde in zu 50% neuen Barriques ausgebaut. Von diesem 2000er wurden nur 550 Kisten hergestellt (dies ist die kleinste Produktion der Domaine de Fondrèche). Er verkörpert die Quintessenz eines Crème de Cassis. Ein schwarz-purpurroter Wein mit einer öligen Textur, großer Reintönigkeit und sensationellem Extrakt und großer Reichhaltigkeit – es ist kaum zu glauben, dass dies ein Côtes du Ventoux ist. Er dürfte sich 7–8 Jahre schön trinken lassen

Leser, die das Glück haben, einige Flaschen der 1999er Rotweine von Fondrèche zu finden, sollten nicht zögern, diese zu kaufen. Der hervorragende *1999er Côtes du Ventoux Cuvée Nadal* (Grenache und Syrah zu gleichen Teilen) ist ein körperreicher Wein, der mit riesigen, kernigen und reifen Geschmackskomponenten, ausgezeichneter Reintönigkeit und einem langen Abgang ausgestattet ist. Trinken Sie ihn in den nächsten 2–3 Jahren. Der

1999er Côtes du Ventoux Cuvée Persia offenbart einen höheren Tanningehalt als sein 2000er Pendant. Dennoch ist dies ein körperreicher Wein, der in Duft und Geschmack von Brombeer- und Crème de Cassis-Frucht dominiert wird. Dicht, vielschichtig und ungeheuer beeindruckend, sollte er sich 8–10 Jahre hindurch schön trinken lassen. Meine Vorhersage bezüglich seines Alterungspotenzials mag etwas zu konservativ sein. Warum? Kein Weingut im Ventoux hat bislang derartig konzentrierte und ausgewogene Weine hergestellt.

CHÂTEAU LA FONT DU LOUP

2000	**Châteauneuf-du-Pape**	**C**	**(87–89)**
1999	**Châteauneuf-du-Pape**	**C**	**85**
1998	**Châteauneuf-du-Pape**	**C**	**86**
1999	**Châteauneuf-du-Pape Le Château**	**C**	**87**
2000	**Châteauneuf-du-Pape La Comtesse**	**C**	**(88–90)**
2000	**Châteauneuf-du-Pape Les Demoiselles**	**C**	**(78–82?)**
2000	**Châteauneuf-du-Pape Les Fondateurs**	**C**	**(85–86?)**
2000	**Châteauneuf-du-Pape Le Puy Rolland**	**D**	**(87–89)**
1999	**Châteauneuf-du-Pape Le Puy Rolland**	**D**	**88**
1998	**Châteauneuf-du-Pape Le Puy Rolland**	**D**	**87**

Der Besitzer der Domaine, Charles Mélia, ist weiter dabei, die Anzahl der auf dem Gut produzierten Cuvées zu erhöhen. Es handelt sich bei ihnen um relativ elegante Châteauneufs, die einen mittleren Körper und rassige Frucht bieten und alle in einem progressiven, modernen Weinbereitungsstil hergestellt sind. Obwohl zum frühen Trinkgenuss gedacht, ist der *2000er Châteauneuf-du-Pape Les Demoiselles* ein inkonsequenter Wein. Er bietet Aromen von Erdbeerfrucht, aber das trockene Tannin beeinträchtigt den ansonsten delikaten, zurückhaltenden Wein. Der *2000er Châteauneuf-du-Pape* gibt Aromen von süßen schwarzen Kirschen zu erkennen, die sich mit Noten von feuchter Erde, Vanille und Pfeffer vermischen. Fest strukturiert und konzentriert, mit einem mittleren bis vollen Körper und einem langen, reintönigen, beeindruckenden Abgang, wird er sich von jetzt–2012 schön trinken lassen. Mäßig intensive Aromen von Pflaumen, Kirschen, Balsaholz und Gewürzen lassen sich in dem dunkelrubinroten *2000er Châteauneuf-du-Pape La Comtesse* finden. Von mittlerem bis vollem Körper, mit merklichem Tanningehalt, einem süßen Geschmackseindruck am Gaumen und einem eckigen, trockenen Abgang, sollte er sich von jetzt–2014 gut trinken lassen. Der weniger satt gefärbte, mittelrubinrote *2000er Châteauneuf-du-Pape Les Fondateurs* offenbart deutlich mehr Tannin und Würze sowie einen trockenen, mageren Abgang. Sollte er mehr expansivere Art und einen weniger komprimierten Abgang entwickeln, verdient er eine höhere Punktnote. Der *2000er Châteauneuf-du-Pape Le Puy Rolland* ist ein dunkelrubinroter Wein von mittlerem Körper, der in seinem Aromaprofil reichliche Mengen von süßer Kirsch- und Himbeerfrucht offenbart, die von einer mineralischen Note durchtränkt werden. Sauber, maßvoll und zurückhaltend, dürfte er sich 12–13 Jahre schön trinken lassen.

Der *1999er Châteauneuf-du-Pape* ist ein leichter, gradliniger Wein mit süßer Kirschfrucht, mittlerem Körper und ohne Ecken und Kanten, ein Wein, den man in den nächsten 3 Jahren trinken sollte. Tiefer und mit mehr Struktur ausgestattet ist der *1999er Châteauneuf-du-Pape Le Château*. Der Wein wartet auf mit einer pflaumendunklen-rubinroten Farbe, einem süßen, nach Kirschgeist duftenden Bukett, mittlerem bis vollem Körper, mäßigem Tannin und einem leicht strengen, dem Bordeaux nicht unähnlichen Abgang. Voraussichtliche Genussreife: jetzt–2011. Der *1999er Châteauneuf-du-Pape Le Puy Rolland* zeigt einen mittleren Körper und offenbart ein fesselndes, nach roter Johannisbeer- und Himbeerfrucht duftendes, mineralisches Bukett. Er ist eher im Stil eines Burgunders als eines Weins aus der Provence gemacht und sein mäßiger Tanningehalt lässt 2–3 Jahre Kellerreife ratsam erscheinen. Voraussichtliche Genussreife: jetzt–2012.

Der überraschend entwickelte mittelrubin-granatrote *1998er Châteauneuf-du-Pape* bietet einen mäßigen Gehalt an Schwarzkirschfrucht, die mit Aromen von Gewürzen, Rauch und Kräutern der Provence durchtränkt ist. Im Mund zeigt er sich als gefälliger, leicht zu trinkender Wein, dem es jedoch an Substanz und Länge fehlt. Trinken Sie ihn in den nächsten 6–7 Jahren. Der *1998er Châteauneuf-du-Pape Le Puy Rolland* gibt mehr Glyzerin, Süße und Konzentration zu erkennen. Er ist in einem mäßig schweren Stil bereitet, mit subtilem Tannin, niedriger Säure sowie sehr guter Frucht und Textur. Er dürfte sich ein Jahrzehnt schön trinken lassen.

DOMAINE FONT DE MICHELLE

2000	**Châteauneuf-du-Pape**	**C**	**(87–89)**
1999	**Châteauneuf-du-Pape**	**C**	**88**
1998	**Châteauneuf-du-Pape**	**C**	**90**
2000	**Châteauneuf-du-Pape Cuvée Etienne Gonnet**	**E**	**(90–92)**
1999	**Châteauneuf-du-Pape Cuvée Etienne Gonnet**	**E**	**90**
1998	**Châteauneuf-du-Pape Cuvée Etienne Gonnet**	**E**	**94**

Dies ist eines der bestgeführten Weingüter in Châteauneuf-du-Pape, das konzentrierte, charaktervolle Spitzenweine im modernen Stil herstellt. Ich denke aber, dass niemand die eleganten, leichtgewichtigeren 1999er mit den sensationellen 1998ern der liebenswürdigen Gebrüder Gonnet verwechseln wird.

Der weiche, üppige und hedonistische *2000er Châteauneuf-du-Pape* zeigt eine satte Farbe und Noten von Kräutern, Rauch, Erde, Lavendel und Pfeffer. Von mittlerem bis vollem Körper mit reichlichen Mengen an Glyzerin und ohne Ecken und Kanten, eignet sich diese üppige Fruchtbombe zum Trinkgenuss in den nächsten 10 Jahren. Der tiefpurpurrote *2000er Châteauneuf-du-Pape Cuvée Étienne Gonnet* offenbart einen strengeren Unterbau aus Tannin und Struktur als sein 1999er Pendant. Süße, von Lakritze durchtränkte Noten von Brombeerfrucht, Kirschen, Rauch und getrockneten Kräutern in Duft und Geschmack lassen sich in diesem tiefen, kernigen, fleischigen und untypisch würzigen Wein finden. Er besitzt einen hohen Tanningehalt, niedrige Säure und unglaubliche Reife und Reintönigkeit. So gesehen, ist er ein etwas kompletterer Wein als der 1999er. Voraussichtliche Genussreife: jetzt bis 2014. Der *1999er Châteauneuf-du-Pape* bietet eine mittelrubin-purpurrote Farbe sowie ein kräftiges, mächtiges parfümiertes Bukett mit Düften nach Lakritze, frisch gemahlenem Pfeffer, Kräutern der Provence, Brombeeren und Kirschen. Das aromatische Feuerwerk geht einher mit einem weichen, entgegenkommenden Wein von mittlerem bis vollem Körper, den die Franzosen einen *vin de plaisir* nennen. Das komplexe Bukett, der entfaltete Geschmack am Gaumen, die üppige Frucht, das reichlich vorhandene Glyzerin und die samtige Textur – all das hat einen charmanten, fortgeschritten entwickelten Châteauneuf ergeben, den Sie in den nächsten 6–8 Jahren genießen sollten. Von dem *1999er Châteauneuf-du-Pape Cuvée Étienne Gonnet* gibt es nur 1000 Kisten (65% Grenache, 15% Cinsault, 10% Syrah und 10% Mourvèdre). Der Wein zeigt eine ziemlich satte dunkelrubin-granatrote Farbe und sein Bukett offenbart intensive Düfte von Brombeermarmelade, die sich mit Noten von Kirschen, *garrigue*, Pfeffer und Rauch vermischen. Ein hervorragender Wein im modernen Stil, der viel regional-typische Art zeigt. Sinnlich, körperreich und vielschichtig, kann er jetzt und in den nächsten 12 Jahren oder noch länger getrunken werden.

Der *1998er Châteauneuf-du-Pape* stellt sich nun als ein verführerisches, prachtvolles klassisches Beispiel dieser Appellation heraus. Im Glas verströmt dieser komplexe und entwickelte Wein Noten von eingelegten Oliven, Kräutern der Provence, Leder, Sojasauce, geräuchertem Fleisch und schwarzen Kirschen. Dies ist ein sinnlicher, kompletter, generös ausgestatteter, molliger Wein zum Trinkgenuss in den nächsten 12–14 Jahren. Der außergewöhnliche *1998er Châteauneuf-du-Pape Cuvée Étienne Gonnet* (ich habe bereits zwei Flaschen aus meinem Versteck getrunken) ist einer der Giganten des Jahrgangs. Die sattrubin-purpurrote Farbe geht einher mit Aromen von Crème de Cassis, Lakritze, Lavendel, Trüffeln und Gewürzen. Der Wein ist ölig texturiert und mit großer Reichhaltigkeit, riesigen Mengen von Glyzerin, außerordentlicher Reintönigkeit und einem Abgang ausgestattet, der beinahe 40 Sekunden lang anhält. Es ist schwer, ihm aufgrund seiner extremen Reife und Intensität zu widerstehen, aber disziplinierte Leser sollten zumindest einige Flaschen 1–2 Jahre in den Keller legen und sie dann in den kommenden 10–15 Jahren trinken.

DOMAINE DE FONT SANE

1998	**Gigondas**	**C**	**89**
1998	**Gigondas Cuvée Futée**	**C**	**90**

Die Domaine de Font Sane hat zwei ausgezeichnete und möglicherweise hervorragende Gigondas produziert. Der *1998er Gigondas* besitzt eine dichte rubin-purpurrote Farbe und säurearme, geschmeidige und konzentrierte Geschmackskomponenten von schwarzen Kirschen und Beeren. Im Hintergrund sind Noten von Lakritze, Rauch und Mineralien zu entdecken. Aus 70% Grenache, 25% Syrah, 3% Cinsault und 2% Mourvèdre gekeltert, eignet sich dieser wuchtige Wein zum Trinkgenuss in den nächsten 10–12 Jahren. Der *1998er Gigondas Cuvée Futée* (in zum Teil neuen Barriques ausgebauter Wein) offenbart einen volleren Körper und etwas straffer gewirkten Stil, in dem sich Batzen von Schwarzkirsch- und Brombeerfrucht, Noten von toastwürziger Vanille und Mineralien zeigen. Dicht, konzentriert und mit mäßigem Tannin, wird dieser Wein von jetzt–2015 am besten schmecken.

DOMAINE DE FONTAVIN

2000	**Châteauneuf-du-Pape**	**C**	**(88–90)**
1999	**Châteauneuf-du-Pape**	**C**	**89**
1998	**Châteauneuf-du-Pape**	**C**	**88**
1998	**Gigondas**	**C**	**(86–88)**

Die Domaine de Fontavin war bislang nicht sonderlich ins Licht der Öffentlichkeit getreten, aber mittlerweile stellt sie sich als eine Quelle für qualitativ hochwertigen Châteauneuf-du-Pape heraus. Die Besitzer Michel und Martine Chouvet haben letzthin jedes Jahr sehr gute Weine hervorgebracht, und dies selbst in leichtgewichtigeren Jahren.

Der *2000er Châteauneuf-du-Pape* ist ein dicklicher, von superber Reintönigkeit und einer nahtlosen Persönlichkeit von mittlerem bis vollem Körper geprägter Wein, der reichliche Geschmackskomponenten von schwarzen Kirschen, schwarzen Johannisbeeren, Pfeffer und *garrigue* bietet. Trinken Sie diesen beeindruckend ausgestatteten 2000er bis zum Jahr 2014. Der dichte, rubin-purpurrote *1999er Châteauneuf-du-Pape* bietet ein kräftiges, süßes Bukett und Geschmackskomponenten von Pflaumen, schwarzen Kirschen, Pfeffer, Kräutern der Provence und Erde. Konzentriert, körperreich und vielschichtig, mit beträchtlichem Volumen sowie Dichte und seidigen Tanninen, wird er sich 5–6 Jahre schön trinken lassen. Der in einem leichteren Stil bereitete, üppige, sauber gemachte, mittelschwere *1998er Gigondas* zeigt eine dunkelrubinrote Farbe und ist für den Jahrgang ziemlich entwickelt. Er bietet in Duft und Geschmack Noten von süßen schwarzen Früchten, eine samtige Textur und einen attraktiven, langen Abgang. Der Wein dürfte sich in seinem ersten Lebensjahrzehnt schön trinken lassen. Der Besitzer Chouvet hat einen typischen *1998er Châteauneuf-du-Pape* produziert. Dies ist ein dunkelrubin-purpurroter, fruchtbetonter und körperreicher Wein mit öliger Textur, ausgezeichneter Reintönigkeit und Reife, einer gewissen dicklichen Komponente, niedriger Säure und fleischiger, saftiger Reichhaltigkeit. Er dürfte sich schon jung trinken lassen, aber auch 10–12 Jahre halten.

CHÂTEAU FORTIA

2000	**Châteauneuf-du-Pape**	**D**	**(85–86)**
1999	**Châteauneuf-du-Pape**	**D**	**87**

1998	**Châteauneuf-du-Pape**	**D**	**88**

Das Weingut hat schon jetzt von seinem neuen jungen Leiter Baron Leroy profitiert, der den einzelnen Details der Weinbereitung mehr Aufmerksamkeit schenkt. Trotzdem hat das Gut noch nicht wieder die Form erreicht, die es bei seinen 1970er Weinen hatte, einem Jahrzehnt, in dem es fast jedes Jahr einen von sechs Châteauneufs der Spitzenklasse produzierte. Nachdem ich gerade zwei Flaschen des 1978ers und 1970ers von Château Fortia getrunken habe (beides majestätische Weine), ist für mich ganz klar, dass dieses Gut wesentlich bessere Weine hervorbringen kann. Der überraschend helle (Mittelrubinrot mit einem ziemlichen Pinkton am Saum) *2000er Châteauneuf-du-Pape* offenbart mittleren Körper, einen kurzen Abgang und nur wenig Gewicht, Reichhaltigkeit und Tiefe. Möglicherweise wird er nach seinem Ausbau im Eichenfass mehr Substanz hervorbringen, aber wie es scheint, ist er ein lose gewirkter, mittelschwerer Châteauneuf-du-Pape, den man jetzt–2008 trinken sollte.

Der *1999er Châteauneuf-du-Pape* hinterließ nach seiner *élevage* einen leichteren Geschmackseindruck als vorher. Er ist ein Wein von mittlerem Körper, dem es an Wucht, Substanz und Länge fehlt. Er bietet in Duft und Geschmack süße Aromen von schwarzer Johannisbeerfrucht, die sich mit Noten von Gewürzen und Blumen mischen. Sie sollten diesen gefälligen, leicht verständlichen, doch im Grunde genommen oberflächlichen Wein in den nächsten 6–7 Jahren trinken.

Der *1998er Châteauneuf-du-Pape* wurde als einer der letzten Châteauneufs-du-Pape abgefüllt. Seine tiefrubinrote Farbe geht einher mit einem mäßig intensiven Aromaprofil von getrockneten Kräutern, Pfeffer, Cassis- und Brombeerfrucht, guter Frische, mittlerem bis vollem Körper und einem korpulenten, gehaltvollen und langen Abgang. Der Wein wird bereits bei seiner Freigabe schön zu trinken sein, dürfte aber auch 10 Jahre gut altern.

Bisherige große Jahrgänge: 1978er (94), 1970er (92)

DOMAINE LA FOURMONE L'OUSTEAU-FAUQUET

2000	**Gigondas**	**C**	**(87–88)**
1999	**Gigondas**	**C**	**89**

Der dickliche, expansive, offen gewirkte, fette und fleischige *2000er Gigondas* besitzt eine satte rubin-purpurrote Farbe, Batzen von Frucht, niedrige Säure und einen molligen Stil. Obwohl es ihm etwas an Definition fehlt, gibt es an seinem hedonistischen Reiz keinerlei Zweifel. Trinken Sie ihn in den nächsten 5–7 Jahren. Der *1999er Gigondas* ist ein weiterer beeindruckender Wein, der eine dichte rubinrote Farbe zeigt, die einhergeht mit einem süßen, nach schwarzen Früchten duftenden Bukett, in das sich Aromen von toastwürzigem Eichenholz mischen. Von mittlerem bis vollem Körper und voll gepackt mit Ladungen von Frucht und Glyzerin bietet der Wein einen reifen, reintönigen Abgang mit guter Definition. Trinken Sie ihn in den nächsten 10 Jahren.

PIERRE GAILLARD

2000	**Condrieu Fleurs d'Automne**	**E**	**89**
2000	**Côte Rôtie Côte Rozier Réserve**	**EE**	**(85–88)**
1999	**Côte Rôtie Côte Rozier Réserve**	**EE**	**92+**
1998	**Côte Rôtie Côte Rozier Réserve**	**EE**	**91+**
1999	**Côte Rôtie Côte Rozier La Rose Pourpre**	**EE**	**94+**
2000	**Côte Rôtie Le Cret Réserve Côte Blonde**	**EE**	**(87–88)**
1999	**Côte Rôtie Le Cret Réserve Côte Blonde**	**EE**	**95**
1998	**Côte Rôtie Le Cret Réserve Côte Blonde**	**EE**	**89+**
2000	**Côte Rôtie Les Viallères Réserve**	**EE**	**(87–88?)**
1999	**Côte Rôtie Les Viallères Réserve**	**EE**	**94**
1998	**Côte Rôtie Les Viallères Réserve**	**EE**	**93+**
2000	**Côtes du Rhône**	**B**	**86**

1999	**Côtes du Rhône**	**B**	**88**
2000	**St-Joseph**	**C**	**(85–87)**
2000	**St-Joseph Blanc**	**C**	**86**
1999	**St-Joseph Les Pierres Réserve Clos de Cuminaille**	**D**	**90**
1998	**St-Joseph Les Pierres Réserve Clos de Cuminaille**	**D**	**87**
1999	**Vin de Pays Roussanne**	**B**	**86**
1999	**Vin de Pays Viognier**	**B**	**88**

Pierre Gaillard war schon immer ein Winzer, von dem ich mir viel versprochen habe. Als ich ihn vor einem Jahrzehnt besuchte, gehörte er noch zu den jüngsten Weinmachern der neuen Winzer-Generation im nördlichen Rhônetal. Vor einigen Jahren waren Gaillards Weine noch von recht unterschiedlicher Qualität. Auf gute Weine folgten uneinheitliche, uninteressante Tropfen. Aber seit etwa 4–5 Jahren hat Gaillard nun begonnen, sein Potenzial voll auszuschöpfen. Die 1999er und 1998er sind die besten Weine, die er bislang produziert hat, und zeigen nicht nur die ausgezeichnete Qualität des betreffenden Jahrgangs sondern auch Gaillards Fortschritte als Weinmacher.

Die 2000er Weißweine sind leicht, aber fruchtig, frühreif und charmant. Der hellgrüngoldfarbene *2000er St-Joseph Blanc* (100% Roussanne, im Fass vergoren und Ausbau *sur lie*) enthüllt einen bezaubernden honigfeinen, zitronenhaften Charakter, mittleren Körper und gute untergründige Säure. Der elegante, mittelschwere *2000er Côtes du Rhône* (100% Viognier, die auf dem Gebiet der Appellation St-Joseph wachsen) bietet Aromen von frischen Zitrusfrüchten und Mineralien. Schmackhaft und gradlinig in der Art, sollte er am besten in den nächsten 1–2 Jahren getrunken werden. Der *2000er Condrieu Fleurs d'Automne* ist ein interessanterer Wein, der eine gewisse mineralische Art an den Tag legt, einhergehend mit honigfeinen Geschmackskomponenten von Aprikosen und Pfirsichen, die in einem frischen, reintönigen Format von mittlerem Körper präsentiert werden. Leser, die nach intensiv duftenden Weißweinen Ausschau halten, sollten sich den 1999er Roussanne und den 1999er Viognier merken. Der ausgezeichnete, hell- bis mittelstrohgelbe *1999er Vin de Pays Roussanne* (100% Roussanne, die hauptsächlich in alten und etwa 10% neuen Eichenfässern ausgebaut wurde) offenbart ein honigfeines, fleischiges Bukett und reiche, kernige Geschmackskomponenten mit guter untergründiger Säure. Zusätzlich zur geißblattähnlichen Frucht der Roussanne-Traube kann man eine Menge Frucht und Reife entdecken. Trinken Sie ihn in den nächsten 1–2 Jahren. Der *1999er Vin de Pays Viognier* (50% dieser Cuvée sind deklassifizierter Condrieu) zeigt die elegante Seite dieser Traubensorte. Düfte von weißen Pfirsichen und Aprikosen entströmen dem stilvollen, reintönigen Aromaprofil. Im Mund ist dies ein mittelschwerer, klar umrissener, reintöniger und mit reichlicher Frucht ausgestatteter Wein, der mit einem attraktiven, sauberen Abgang ohne Holznoten (Gott sei Dank) aufwartet. Trinken Sie ihn im nächsten Jahr. Der *1999er Côtes du Rhône* ist ein Wein auf Viognier-Basis, der aus einem Weinberg aus der Umgebung von St-Joseph gewonnen wird. Er ist ein sinnlicher, verführerischer Tropfen mit einem reifen, honigfeinen Bukett, ausgezeichneter Frucht, mittlerem bis vollem Körper und einem langen, trockenen und spritzigen Abgang. Trinken Sie ihn in den nächsten 1–2 Jahren.

Von den Côte Rôties des Jahrgangs 2000 verkostete ich den *2000er Côte Rôtie Le Cret Réserve Côte Blonde*, den *2000er Côte Rôtie Côte Rozier Réserve* und den *2000er Côte Rôtie Les Viallières Réserve* sowie den *2000er St-Joseph*. Obwohl es sich durchweg um gute Weine handelt, mangelt es ihnen an der Tiefe und Konzentration der 1999er. Der Les Viallières ist ein strengerer und tanninhaltigerer und der Le Cret Réserve Côte Blonde ein weicherer, mittelschwerer Wein, beide haben aber nicht die Dimensionen oder Nuancen der 1999er. Gleichwohl handelt es sich um gut bereitete Weine, die qualitativ über dem Durchschnitt liegen und die zum Trinkgenuss in ihren ersten 8–10 Lebensjahren bestimmt sind.

Die 1999er Côte Rôties sind ganz einfach ehrfurchtgebietend. Der *1999er Côte Rôtie Le Cret Réserve Côte Blonde* ist mein Favorit, hauptsächlich weil sein 10%iger Anteil an Viognier im Mischsatz dem Wein ein erstaunlich komplexes Bukett und subtilere Geschmacksnoten verleiht. Seine schwarz-purpurrote Farbe geht einher mit einem umwerfenden, nach Geißblatt, Pfirsichen, Cassis und gebratenem Speck duftenden Bukett. Konzentriert, saftig, opulent texturiert, körperreich, gehaltvoll und reintönig, wird er sich von jetzt–2016 gut trinken lassen. Der *1999er Côte Rôtie Les Viallières Réserve* (20% Viognier im Mischsatz) wartet auf mit einem mächtigen, nach Veilchen, Frühlingsblumen, Würstchen, schwarzen Früchten und Vanille duftenden Bukett. Er besitzt mehr Tannin und Körper als der Le Cret und ist ein dichter und noch verhalten entwickelter, langer Wein, der sich auch weniger zugänglich und zivilisiert als dieser gibt. Trinken Sie ihn 2005–2016. Der gigantische *1999er Côte Rôtie Côte Rozier La Rose Pourpre* ist tanninreich und verhalten entwickelt, aber süße Tannine und rauchige Geschmackskomponenten von schwarzer Johannisbeer- und Cassisfrucht dominieren die Frucht. Zudem präsentieren sich in diesem körperreichen, massiven Côte Rôtie Noten von Weihrauch, Mineralien, Eichenholz und Erde sowie Spuren von geschmolzenem Straßenteer. Er benötigt fünf Jahre Kellerreife. Voraussichtliche Genussreife: 2006–2020.

Hinsichtlich des Preis-Leistungsverhältnisses in diesem Portfolio ist der *1999er St-Joseph Les Pierres Réserve Clos de Cuminaille* der beste Kauf. Er prunkt mit einer tiefen rubin-purpurroten Farbe, die einhergeht mit Aromen von süßer Brombeerfrucht, die sich mit Düften nach Grafit, frischem Eichenholz und Gewürzen vermischen. Lang, gehaltvoll und geschmeidig texturiert, wird sich diese Schönheit ein Jahrzehnt gut trinken lassen.

Die 1998er Rotweine offenbaren die rauen Tannine und den strukturierten, verhaltenen Stil des Jahrgangs. Der tiefrubinrote *1998er St-Joseph Les Pierres Réserve Clos de Cuminaille* legt ein kräftiges, nach Brombeeren und Cassis duftendes Bukett an den Tag, das im Hintergrund Spuren von Kirschmarmelade bietet. Reif und lang, mit mäßigem Tannin, dürfte er sich 7–8 Jahre schön trinken lassen. Der dunkelrubinrote *1998er Côte Rôtie Le Cret Réserve Côte Blonde* ist ein fester, tanninhaltiger, härterer Wein, der mit viel Tiefe und ausgezeichneter Reichhaltigkeit am Gaumen aufwartet, aber auch großartiges Tannin und einen verschlossenen, straff gewirkten Stil bietet. Man spürt auch gutes Gewicht und Süße, aber der Tanningehalt ist hoch und so benötigt der Wein 3–4 Jahre Kellerreife. Voraussichtliche Genussreife: jetzt–2018. Leser auf der Suche nach Duft- und Geschmacksnoten von Tierfellen und Hacksteak, vermischt mit Noten von Oliven, Brombeer- und Cassisfrucht, sollten sich den duftigen, erdigen und muskulösen *1998er Côte Rôtie Les Viallières Réserve* merken. Eine undurchdringliche purpurrote Farbe geht einher mit einem außergewöhnlich dichten Wein, der mehr geschmeidiges Tannin aufweist als der Le Cret und zusätzliche Konzentration, Tiefe und Potenzial bietet. Gewähren Sie ihm 3–5 Jahre Kellerreife und trinken Sie ihn in den folgenden 15–18 Jahren. Der undurchdringlich purpurrote, etwas monolithische, aber wuchtige, konzentrierte und verhalten entwickelte *1998er Côte Rôtie Côte Rozier Réserve* besitzt Duft- und Geschmacksaromen von Schwarzkirsch- und Cassisfrucht, Erde, Gewürzen, Oliven, frischem Eichenholz sowie eigenwillige, an Eisen und Vitamintabletten erinnernde Noten. Körperreich, tief, kernig und muskulös, mit mäßigem Tannin im Abgang, benötigt der Wein 2–4 Jahre Kellerreife und dürfte sich darauf 15–18 Jahre schön trinken lassen.

DOMAINE DU GALET DES PAPES

2000	**Châteauneuf-du-Pape**	**D**	**(86–87)**
1999	**Châteauneuf-du-Pape**	**D**	**85**
1998	**Châteauneuf-du-Pape**	**D**	**88**
2000	**Châteauneuf-du-Pape Vieilles Vignes**	**E**	**(89–90)**
1999	**Châteauneuf-du-Pape Vieilles Vignes**	**E**	**87**
1998	**Châteauneuf-du-Pape Vieilles Vignes**	**E**	**90**

Jean-Luc Mayard führt eines der besten Weingüter in Châteauneuf-du-Pape. Auf der 12,5 Hektar großen Domaine entstehen Weine, die eine Synthese darstellen zwischen den Châteauneufs im alten, traditionellen Stil und den in einem mehr fruchtbetonten, modernen Stil bereiteten Tropfen.

Der *2000er Châteauneuf-du-Pape* zeigt eine pflaumendunkle Farbe, die einhergeht mit einem süßen, fleischigen Wein von mittlerem Körper, der in Duft und Geschmack Aromen von *garrigue*, Rauch, Balsaholz und Johannisbeer-Kirschfrucht bietet. Trinken Sie diesen säurearmen Châteauneuf in den nächsten 6–8 Jahren. Der außergewöhnliche, pflaumendunkle *2000er Châteauneuf-du-Pape Vieilles Vignes* wartet auf mit einem unglaublichen Bukett mit Düften nach geräucherten Kräutern, Pflaumenlikör, Cassis, Kirschen, Unterholz und Lakritze. Dieses provokante Bukett leitet über zu einem körperreichen 2000er, der Schichten von Frucht und Glyzerin, einen süßen Geschmack am mittleren Gaumen und Abgang vorweisen kann. Er dürfte sich 10–15 Jahre schön trinken lassen. Der weiche, ausentwickelte *1999er Châteauneuf-du-Pape* offenbart eine mittelgranatrote Farbe, die an ihren Rändern einen Stich ins Pinkfarbene zeigt. Noten von Kräutern der Provence, Sojasauce, Erde und Rauch verbinden sich mit der Kirschfrucht. In der Summe ergibt dies einen gradlinigen, üppigen, leichten, aber attraktiven Wein von mittleren Körper, den Sie am besten in den nächsten 3–4 Jahren trinken sollten. Der dunkelgranatrote *1999er Châteauneuf-du-Pape Vieilles Vignes* offenbart ein erdiges, nach Kirschen und reifen Pfirsichen duftendes Bukett. Gute Tiefe, mittlerer Körper, intensive Düfte nach Gewürzen und Noten von Leder gehen einher mit trockenen Tanninen und einem mageren Abgang. Dies ist ein strenger, aber gut gemachter Wein, der jetzt und in den nächsten 5–6 Jahren getrunken werden will.

Die 1998er besitzen alle mehr Wucht, Muskeln, Konzentration und Alterungspotenzial als ihre Pendants von 1999. Der mittelrubin-granatrote *1998er Châteauneuf-du-Pape* offenbart ein komplexes, nach Zigarrenkiste, Mineralien, Kirschgeist und Pfeffer duftendes Bukett. Von mittlerem bis vollem Körper, ist er ein Wein mit einer gewissen Eleganz, guter Textur, niedriger Säure und beeindruckender Reife. Trinken Sie ihn in den nächsten 10 Jahren. Der *1998er Châteauneuf-du-Pape Vieilles Vignes* bietet mehr Intensität und gehaltvollere Noten von *garrigue*, frisch gemahlenem schwarzen Pfeffer, Kirschgeist und Aromen aus der Gewürzkiste. Körperreich und intensiv, mit beeindruckendem Glyzeringehalt, niedriger Säure und reifen Tanninen, kann dieser dichte, lange, fette Châteauneuf-du-Pape jetzt oder nach 10 Jahren Kellerreife getrunken werden.

HENRI ET PHILIPPE GALLET

2000	**Côte Rôtie**	**E**	**(87–88)**
1999	**Côte Rôtie**	**E**	**89+**
1998	**Côte Rôtie**	**E**	**89**
1997	**Côte Rôtie**	**E**	**86**

Die Domaine der Familie Gallet liegt auf der Hochebene über den Steilhängen der Côte Rôtie, von der man über die Côte Blonde und Côte Brune blicken kann. Die Rebflächen des Weinguts umfassen jetzt stattliche 3,5 Hektar. Im Mischrezept der Weine tauchen stets 5% Viognier auf. Sohn Philippe, der nun mit der Weinbereitung betraut ist, begann 1998, die Trauben vollständig zu entrappen. Gallets Weine werden in alten Fässern und größeren *demi-muids* ausgebaut und dann unfiltriert abgefüllt. Dabei kommen ungefähr 5–10% neue Eichenholzfässer zum Einsatz.

Der *2000er Côte Rôtie* wurde aus verschiedenen Fässern verkostet. Er ist ein weicher, reifer, leicht verständlicher Wein, der Noten von schwarzen Früchten, Kirschen und Kräutern bietet. Sobald der Wein im Glas ist, macht sich in seinem Bukett etwas von dem Viognier-ähnlichen Duft nach Pfirsichmarmelade bemerkbar. Obwohl nicht besonders konzentriert, ist dies ein saftiger, säurearmer Wein mit einer gefälligen Persönlichkeit. Er dürfte sich 5–10 Jahre schön trinken lassen. Gallets *1999er Côte Rôtie* ist der beste Jahrgangs des kleinen Winzers seit 1991 und 1990. Der Wein besitzt eine dunkle rubin-purpurrote Farbe, mittleren Körper und ein süßes, nach Veilchen, schwarzen Johannisbeeren, Cassis und Erde duftendes

Bukett. Es ist zwar einiges Tannin vorhanden, aber der Geschmack wird von der vordergründigen Fleischigkeit der Frucht dominiert. Er wird sicherlich von ein bis zwei Jahren Kellerreife profitieren, ist aber bereits jetzt zugänglich. Der Wein dürfte sich 12–15 Jahre schön trinken lassen.

Ich verkostete die dritte Flaschenabfüllung des *1998er Côte Rôtie* (es gibt drei getrennte, die das Spektrum der verschiedenen Duft- und Geschmacksaromen vergrößern, obwohl das Gut natürlich versucht, für jede Abfüllung das gleiche Mischrezept zu verwenden). Der Wein, den ich verkostete, zeigt eine pflaumendunkle Farbe, die von einem süßen, nach getrockneten Kräutern, neuem Sattelleder, schwarzen Himbeeren und Johannisbeeren duftenden Bukett begleitet wird. Er ist straffer und komprimierter im Abgang als der 1999er, von mittlerem bis vollem Körper und gibt merkliches Tannin und eine würzige, mineralische Fruchtnote zu erkennen. Obwohl er ein ausgezeichneter Wein ist, mag der Tanninspiegel etwas zu hoch für seinen Gehalt an Extraktion und Reichhaltigkeit sein. Trinken Sie ihn in den nächsten 12–15 Jahren. Der letzte Wein, der noch mit all seinen Stielen vergoren wurde, ist der *1997er Côte Rôtie*. Er offenbart in seinem würzigen, nach Zedernholz duftenden Bukett mehr krautige, vegetabile Aromen. Obwohl reif, rund und verführerisch im Mund, sollten die Leser wissen, dass dieser Wein viele vegetabile Geschmacksnoten von Traubenstielen aufweist, die manche Verkoster als unangenehm empfinden. Ein fortgeschritten entwickelter Wein, der in den nächsten 7 Jahren am besten schmecken wird.

CHÂTEAU DE LA GARDINE

2000	**Châteauneuf-du-Pape**	**D**	**(87–88)**
1999	**Châteauneuf-du-Pape**	**D**	**(88–90)**
1998	**Châteauneuf-du-Pape**	**D**	**90**
1997	**Châteauneuf-du-Pape**	**D**	**(85–86)**
2000	**Châteauneuf-du-Pape Cuvée des Générations**	**E**	**(91–92)**
1999	**Châteauneuf-du-Pape Cuvée des Générations**	**E**	**(90–93)**
1998	**Châteauneuf-du-Pape Cuvée des Générations**	**E**	**93+**
1996	**Châteauneuf-du-Pape Cuvée des Générations**	**E**	**88+**
1995	**Châteauneuf-du-Pape Cuvée des Générations**	**E**	**92**
2000	**Châteauneuf-du-Pape Cuvée l'Immortelle**	**EE**	**(90–92)**
1999	**Châteauneuf-du-Pape Cuvée l'Immortelle**	**EE**	**(91–92+)**

Die Familie Brunel besitzt 57 Hektar Rebland, das für Rotwein ausgewiesen ist; der größte Teil dieser Rebflächen liegt im Nordwesten von Châteauneuf-du-Pape. 1999 hat die Familie eine dritte Cuvée auf den Markt gebracht, die sie l'Immortelle nannte. Ihre Cuvée des Générations wird weiterhin nur in den besten Jahren hergestellt. Ich übertreibe nicht, wenn ich sage, dass die Besitzer seit etwa zehn Jahren Weine der Superlative produziert haben. Einige Kritiker bemäkeln zwar, dass die Cuvée des Générations in einem allzu internationalen Stil gemacht wird (der Wein verbringt 9–18 Monate in zu 100% neuen Eichenholzfässern). Ich habe aber Weine aus verschiedenen Jahrgängen gekauft und sie entwickeln sich nach über einem Jahrzehnt Kellerreife zu anscheinend typischen Châteauneufs. Es sind langlebige Weine, die in Jahren wie 1998, 1990 und 1989 ein Alterungspotenzial von mindestens 20–25 Jahren zur Verfügung haben.

Im Jahr 2000 hat man drei Cuvées hergestellt, darunter den *2000er Châteauneuf-du-Pape Cuvée l'Immortelle*, der in einer schweren Burgunder-Flasche auf den Markt kommt. Dies ist ein saftiger, komplexer, hedonistischer Wein, der eine sinnliche Aromamischung von Pfeffer, getrockneten Kräutern der Provence, Schwarzkirschmarmelade und rauchigem Espresso bietet. Verführerisch, fleischig und opulent, mit Schichten von Konzentration, wird dieser vollmundige, üppige 2000er seinen Höhepunkt jetzt–2014 erleben. Der dichtrubin-purpurrote *2000er Châteauneuf-du-Pape* ist von mittlerem bis vollem Körper und wartet auf mit einem süßen, nach schwarzen Kirschen und Johannisbeeren, Lakritze, Vanille und Gewürzen duftenden Bukett. Lang, dicklich und beeindruckend konzentriert, sollten Sie ihn von jetzt–2015 trinken. Der berühmte *2000er Châteauneuf-du-Pape Cuvée des Générations* ist noch extrem jung und unentwickelt. Er zeigt eine undurchdringliche, dichte purpurrote Farbe sowie ein kräftiges, dickliches, nach Brombeerlikör duftendes Bukett, in das sich Aromen von Espresso, Vanille und Toast mischen. Körperreich und mächtig, besitzt dieser moderne Châteauneuf-du-Pape genügend Tannin, um 1–2 Jahre Kellerreife zu rechtfertigen. Er wird sich 20–25 Jahre entwickeln. Der Wein ist zwar in einem eher internationalen Stil bereitet, aber er legt doch den typisch provenzalischen Charakter eines Châteauneuf-du-Pape an den Tag. Voraussichtliche Genussreife: 2005–2025. Der dunkelrubin-purpurrote *1999er Châteauneuf-du-Pape* wartet auf mit einer beeindruckenden Konstitution, einem vollen Körper, beträchtlicher Struktur und bewundernswerter Konturenschärfe. Aromen aus der Gewürzkiste und Geschmackskomponenten von Vanille und schwarzen Früchten machen sich bemerkbar, aber der Wein ist kräftig gebaut und noch verhalten entwickelt und benötigt 2–3 Jahre Kellerreife, was für einen 1999er untypisch ist. Er dürfte 15+ Jahre halten. Der tintige purpurrote *1999er Châteauneuf-du-Pape Cuvée des Générations* offenbart toastwürziges Eichenholz, Mineralien, Cassis, Lakritze und geröstete Nüsse in seinem Bukett. Körperreich, hoch extrahiert, dicht und unentwickelt, benötigt er Geduld, dürfte sich aber als einer der langlebigsten 1999er herausstellen. Voraussichtliche Genussreife: 2005–2020. Der *1999er Châteauneuf-du-Pape Cuvée l'Immortelle*, der eine gewisse *sur-maturité* zu erkennen gibt, besitzt die Extraktion eines Vintage Portweins. Obwohl er von dicklicher Art ist und der Einsatz von neuen Eichenfässern offensichtlich ist, ist der Wein dennoch ein typischer Châteauneuf-du-Pape. Er ist aber ein Kraftprotz – sehr tanninreich, konzentriert und mit einer tintenschwarzen-purpurroten Farbe ausgestattet. Dieser Wein erfordert mindestens 5 Jahre Kellerlagerung und wird dann 25+ Jahre halten.

Die beiden 1998er sind echte Spitzenweine und kommen jenem Tropfen gleich, den La Gardine in ihrem letzten großartigen Jahrgang 1990 produziert hat. Der *1998er Châteauneuf-du-Pape* prunkt mit einer dichten, sattpurpurroten Farbe und einem aufregenden, süßen, nach schwarzen Früchten, Lakritze und Veilchen duftenden Bukett. Körperreich, mäßig tanninhaltig, beeindruckend konzentriert und mit einem langen Abgang ausgestattet, wird er sich jetzt–2006 von seiner besten Seite zeigen. Der tintenschwarze-purpurrote *1998er Châteauneuf-du-Pape Cuvée des Générations* bietet ein kräftiges, rauchiges, nach Lakritze, Brombeeren und Cassis duftendes Bukett, das ganz offensichtliche Noten von toastwürzigem Eichenholz enthält. Der Wein ist noch unentwickelt und jugendlich, mit superber Reintönigkeit, ungeheuer hohem Extrakt- und Tanningehalt und üppigen Mengen von Früchten und Glyzerin. Ein wuchtiger, muskulöser Wein, der 5 Jahre Kellerreife benötigt und 20–30 Jahre halten wird.

Der *1997er Châteauneuf-du-Pape* ist ein dunkelrubinroter Wein von mittlerem Körper, mit attraktiver Cassisfrucht, in der man Aromen von Erde, Kirschen und Pfeffer ausmachen kann. Dies ist ein weicher, fruchtiger Tropfen zum baldigen Trinkgenuss – in den nächsten 3 Jahren.

Bisheriger großer Jahrgang: Châteauneuf-du-Pape Cuvée Générations 1990er (94+)

DOMAINE LA GARRIGUE

1998	**Gigondas**	**C**	**89**
1999	**Vacqueyras**	**C**	**90**
1999	**Vacqueyras Cuvée l'Hostellerie**	**C**	**90**

Die Gigondas und Vacqueyras werden vom Besitzer von Les Florets hergestellt, einem wunderschönen Landrestaurant, das idyllisch hinter dem Dorf Gigondas an einem Hang gelegen ist. Ich empfehle dieses Restaurant mit großer Begeisterung, da hier nicht nur ausgezeichnet gekocht wird, sondern weil man hier auch die vielleicht weltbeste Karte mit Gigondas-Weinen findet. Meines Wissens kann man die Weine der Domaine im Restaurant zu einem Spottpreis bekommen.

Sowohl der *1999er Vacqueyras* als auch der *1999er Vacqueyras Cuvée l'Hostellerie* sind außergewöhnliche Weine. Sie bieten ein unglaubliches, nach Kräutern der Provence, Erde und Pfeffer duftendes Bukett und reichliche Geschmackskomponenten von süßem Kirschgeist und schwarzen Früchten. Beide sind körperreiche, texturierte, gehaltvolle und mollige Weine, die man in den nächsten 4–5 Jahren trinken sollte.

Der *1998er Gigondas* ist ein gut gemachter, fruchtbetonter, überschwänglicher Wein, der voll gepackt ist mit rauchiger Schwarzkirschfrucht. Aufgrund der hohen Qualität des Jahrgangs besitzt er auch Kraft und Dichte. Voraussichtliche Genussreife: jetzt–2012.

VINCENT GASSE

2000	**Côte Rôtie**	**E**	**(86–88)**
1999	**Côte Rôtie**	**E**	**88+**
2000	**Côte Rôtie Vieilles Vignes**	**E**	**(88–89)**
1999	**Côte Rôtie Vieilles Vignes**	**E**	**90**

Für diese traditionell bereiteten Weine von der Côte Rôtie wird die Hälfte der Traubenbüschel entrappt. Nach der Gärung wird der Wein in alte, kleine Eichenfässer umgefüllt, in denen er 22 Monate ruht. Danach wird er ohne Filtration abgefüllt. Der dunkelrubinrote *2000er Côte Rôtie* bietet ein süßes Aroma mit Düften nach Beerenfrucht, Erde, Pfeffer und getrockneten Kräutern. Reif, säurearm und von mittlerem Körper, ist er weiter entwickelt und frühreifer als der 1999er. Genießen Sie ihn in seinem ersten Lebensjahrzehnt. Im Jahr 2000 entschloss sich Gasse, für seinen *2000er Côte Rôtie Vieilles Vignes* die Trauben überhaupt nicht zu entrappen. Obwohl er keine wesentliche Tiefe vorweisen kann, ist dies doch ein vielschichtiger, süßer Wein mit guter Reintönigkeit. Noten von frisch gemahlenem Pfeffer, schwarzen Früchten, Rauch, Leder und Kräutern dominieren das komplexe Aromaprofil. Im Mund legt er gute Süße an den Tag, mittleren Körper und ausgezeichnete Dichte und Reife. Voraussichtliche Genussreife: jetzt–2013. Der *1999er Côte Rôtie* offenbart eine für den Jahrgang überraschende scharfe Säure, pikante Schwarzkirsch- und Johannisbeerfrucht, Rauch und Noten von Oliven. Von mittlerem Körper und würziger Art, mit mäßigem Tannin und einer verschlossenen Persönlichkeit, wird dieser Wein sich 2004 bis 2016 auf seinem Höhepunkt befinden. Der hervorragende *1999er Côte Rôtie Vieilles Vignes* wartet auf mit einer tiefrubin-purpurroten Farbe und einem rauchigen, erdigen Bukett mit Düften nach Blumen, Brombeeren, Himbeeren, Kirschen und Unterholz. Konzentriert, gehaltvoll, mittelschwer, fest gewirkt und reintönig, ist dies ein eleganter, noch unentwickelter 1999er, der von 3–4 Jahren Kellerreife profitieren wird. Voraussichtliche Genussreife: 2004–2016.

JEAN-MICHEL GÉRIN

2000	**Côte Rôtie Champin Le Seigneur**	**D**	**(88–90)**
1999	**Côte Rôtie Champin Le Seigneur**	**D**	**90**
1998	**Côte Rôtie Champin Le Seigneur**	**D**	**90**
1997	**Côte Rôtie Champin Le Seigneur**	**D**	**89**
2000	**Côte Rôtie Les Grandes Places**	**EE**	**(89–91)**
1999	**Côte Rôtie Les Grandes Places**	**EE**	**95**
1998	**Côte Rôtie Les Grandes Places**	**EE**	**91**
1997	**Côte Rôtie Les Grandes Places**	**EE**	**91**
2000	**Côte Rôtie La Landonne**	**EE**	**(90–92)**
1999	**Côte Rôtie La Landonne**	**EE**	**94+**
1998	**Côte Rôtie La Landonne**	**EE**	**91**
1997	**Côte Rôtie La Landonne**	**EE**	**90**

Jean-Michel Gérin gehört zu den ernsthaftesten Weinmachern an der Côte Rôtie, einer starken, jungen Generation, die in ihrer Appellation eine großartige Philosophie der Weinbereitung verfolgt. Er steht Winzern, die unter ihren Möglichkeiten bleiben, sehr kritisch gegenüber und ist begeistert von der Anzahl junger Produzenten von Côte Rôtie, die immer bessere Weine herstellen. Selbst noch relativ jung, hat Gérin bei der Weinbereitung viele Methoden übernommen, die Guigals drei Crus (La Mouline, La Turque und La Landonne) weltweit so berühmt gemacht haben. So wird dem Wein während des Ausbaus nur minimal SO_2 beigegeben, vor der Flaschenabfüllung wird er kaum abgestochen und weder geschönt noch filtriert. In den letzten Jahren gehörten die Weine von Jean-Michel Gérin zur Spitzenklasse.

Der ausgezeichnete *2000er Côte Rôtie Champin Le Seigneur* ist das Ergebnis einer drastischen Behangausdünnung, die zur Reduzierung der exzessiv hohen Erträge durchgeführt wurde. Er bietet eine tiefrubin-purpurrote Farbe, sowie ein süßes, nach Toast, schwarzen Früchten und Espresso duftendes Bukett. Von mittlerem Körper, mit solidem Tanningehalt und einem süßen Abgang, sollte er sich 10–12 Jahre schön trinken lassen. Der dunkelrubinpurpurrote *2000er Côte Rôtie Les Grandes Places* ist ein Wein von mittlerem bis vollem Körper, der ein klassisches, rauchiges, nach Speck, Tapenade und Johannisbeeren duftendes Bukett offenbart, das einhergeht mit dichten, eichenholzbetonten Geschmackskomponenten, die schöne Süße, niedrige Säure und viel Fleisch bieten. Wenn er sich weiterhin so gut entwickelt, wird er eine hervorragende Wertung verdienen. Voraussichtliche Genussreife: jetzt–2015. Der undurchdringlich purpurrote *2000er Côte Rôtie La Landonne* bietet Düfte von Mineralien, Lakritze, Cassis, gebratenem Fleisch und schwarzen Früchten. Kernig, muskulös und mäßig tanninhaltig, wird er seinen Höhepunkt 2004–2016 erreichen.

Der *1999er Côte Rôtie Champin Le Seigneur* ist der am weitesten entwickelte Wein. Er zeigt eine dichte purpurrote Farbe, reichliche Mengen von süßem, würzigem Eichenholz, mittleren bis vollen Körper und eine opulente, fleischige Textur, die voll gepackt ist mit ganzen Wagenladungen an Frucht und Glyzerin. Sein niedriger Säuregehalt und die außergewöhnliche Reife lassen es ratsam erscheinen, ihn schon jetzt und in den nächsten 10–12 Jahren zu trinken. Es ist traurig, dass es von dem *1999er Côte Rôtie La Landonne* nur 175 Kisten gibt. Er ist ein makelloses Beispiel für den Jahrgang und prunkt mit einem gerösteten, fleischigen und rauchigen Bukett, in dem Düfte nach Mineralien, Brombeeren und Unterholz zu erkennen sind. Körperreich, dick und muskulös, mit superber Extraktion, benötigt dieser tintenschwarze-purpurrote Wein 4–6 Jahre Kellerreife. Voraussichtliche Genussreife: 2005–2020. Der üppige, profunde *1999er Côte Rôtie Les Grandes Places* (625 Kisten) ist ein großartiger Wein aus einem unglaublich reifen, konzentrierten Jahrgang. Dieser undurchdringlich purpurrote Wein ist ein Meisterwerk eines Syrah, der auf wunderbare Weise seine Muskeln, Wucht und Tiefe mit beträchtlicher Eleganz und Präzision paart. Das Tannin ist süß, die Säure angemessen und der Wein vielschichtig, majestätisch gehaltvoll und mäßig tanninreich. Er kann schon jetzt getrunken werden, doch werden sich 3–4 Jahre Kellerreife als segensreich erweisen. Voraussichtliche Genussreife: 2004–2020.

Der *1998er Côte Rôtie Champin Le Seigneur* offenbart eine tiefrubin-purpurrote Farbe, die einhergeht mit einem süßen, nach gerösteter Erde, schwarzen Früchten, Lakritze, Kaffee und Toast duftenden Bukett. Von mittlerem bis vollem Körper, fleischiger Art und ausgestattet mit einer ausgezeichneten Textur, kann dieser beeindruckende Côte Rôtie schon jetzt getrunken oder für ein Jahrzehnt in den Keller gelegt werden. Zwar erweist sich der *1998er Côte Rôtie Les Grandes Places* als tanninreicher, ist aber voll gepackt mit Geschmack und Potenzial. Seine dichte rubin-purpurrote Farbe geht einher mit Aromen von Brombeeren, Himbeeren, Kirschen, Lakritze und Holzkohle. Dicht und körperreich, dürfte er mit seinem hohem Tanningehalt 15+ Jahre halten. Der *1998er Côte Rôtie La Landonne* legt eine Komponente von Erde, gebratenem Fleisch und Rauch an den Tag, die an gebackene Mineralien erinnert. In seinen Duft- und Geschmackskomponenten kann man aufregenden Gehalt an

Brombeer- und Pflaumenfrucht entdecken. Tief, körperreich und opulent texturiert, ist der Wein auch mit dem Glyzerin und der Konzentration ausgestattet, die erforderlich sind, um den hohen Tanningehalt zu verbergen. Dieser Côte Rôtie dürfte sich jetzt–2018 auf seinem Höhepunkt befinden.

Gérin produzierte wunderbare 1997er Weine. Sogar der *1997er Côte Rôtie Champin Le Seigneur* dürfte eine hervorragende Bewertungsnote erhalten. Er ist ein säurearmer, sinnlicher, üppig texturierter Wein, der mit Noten von rauchigem frischem Eichenholz und Batzen von süßer Schwarzkirsch- und Brombeerfrucht auf sich aufmerksam macht. Auf der Zunge und am Gaumen gibt er sich süß, körperreich und vollmundig. Seine Frucht und Eichenholzwürze präsentieren sich in diesem ungeheuer erfreulichen und hedonistischen Wein geradezu aufdringlich. Voraussichtliche Genussreife: jetzt–2007. Der *1997er Côte Rôtie La Landonne* prunkt mit einer satten schwarz-purpurroten Farbe; in seinem Aroma manifestiert sich ein verführerischer, süßer Eichenholzton, der sich bei Belüftung mehr und mehr mit Noten von Pflaumen, Brombeeren, Lakritze und Speck vermischt. Überraschend seidig und viel verführerischer, als ich es von einem Wein von der Côte Brune erwartet hätte, dürfte sich dieser gehaltvolle, säurearme, konzentrierte Côte Rôtie als ein Kopfverdreher herausstellen. Voraussichtliche Genussreife: jetzt–2012. Der glänzende *1997er Côte Rôtie Les Grandes Places* offenbart eine beeindruckend satte purpurrote Farbe. Das Bukett bietet prachtvolle, reichliche Düfte nach hochreifen schwarzen Himbeeren, Brombeeren, toastwürzigem Eichenholz und Rauch. Expansiv und körperreich, mit fabelhafter Konzentration, hervorragender Reintönigkeit und niedriger Säure, ist dies ein hedonistischer, üppiger, zu Kopf steigender, dekadenter Côte Rôtie, den man in den nächsten 10+ Jahren trinken sollte.

DOMAINE GIRAUD

2000	**Châteauneuf-du-Pape**	**C**	**(85–86)**
1999	**Châteauneuf-du-Pape**	**C**	**85**
1998	**Châteauneuf-du-Pape**	**C**	**86**
2000	**Châteauneuf-du-Pape Les Gallimardes**	**D**	**(86–88)**
1999	**Châteauneuf-du-Pape Les Gallimardes**	**D**	**88**
1998	**Châteauneuf-du-Pape Les Gallimardes**	**D**	**88**

Der frühere Rugby-Spieler Pierre Giraud verbessert nur langsam die Qualität seiner Weine. Die gut gelegenen Rebflächen des Weinguts (einige liegen bei Rayas und andere ganz in der Nähe von Vieux Télégraphe, La Crau und La Nerthe) haben in den letzten Jahren zwar sehr gute, aber uninspirierte Weine hervorgebracht.

Der *2000er Châteauneuf-du-Pape* ist ein weicher, im kommerziellen Stil bereiteter, gradliniger Wein mit dunkelrubinroter Farbe, niedriger Säure und dicklicher Beerenfrucht. Er hat nicht viel zu bieten, doch ist er ein traubiger, leicht verständlicher Tropfen, den man ohne viel Nachdenken schlürfen kann. Er dürfte sich 5–7 Jahre gut trinken lassen. Der dunkelrubin-purpurrote *2000er Châteauneuf-du-Pape Les Gallimardes* ist ein ernsthafterer, würziger Wein, der in Duft und Geschmack Noten von Erde, Lakritze, Pfeffer, Kirschen und schwarzen Früchten offenbart. Von mittlerem bis vollem Körper, bietet der gut gemachte 2000er mäßiges Tannin in seinem Abgang, der allerdings 2–3 Jahre Kellerreife ratsam erscheinen lässt. Genießen Sie ihn in den folgenden 10–12 Jahren.

Der mittelgranat-pflaumenfarbene *1999er Châteauneuf-du-Pape* wartet mit einem pfeffrigen, würzigen Bukett mit Düften nach schwarzen Früchten und herbstlichem Waldlaub auf. Üppig, rund und gefällig in der Art, sollte man ihn in den nächsten 4–5 Jahren trinken. Ernst zu nehmender, gehaltvoller und konzentrierter ist der *1999er Châteauneuf-du-Pape Les Gallimardes*, der auch eine Barrique-Note offenbart. Seine dunkle granatrote-pflaumenhafte Farbe geht einher mit mäßig intensiven Aromen von Pfeffer, Gewürzen, Kirschgeist und Erde. Von mittlerem bis vollem Körper, gehaltvoll und üppig, wird der Wein in diesem Jahrzehnt köstlichen Trinkgenuss bieten.

Der *1998er Châteauneuf-du-Pape* offenbart das sprichwörtliche provenzalische Aromaprofil von Kräutern, Sojasauce, Lakritze, Erde und Pfeffer. Diese würzigen Komponenten vermischen sich mit gradliniger Schwarzkirschenfrucht. Obwohl er ein würziger, gut gemachter und reifer 1998er ist, kommt er nicht sonderlich tief und lang daher. Trinken Sie ihn in den nächsten 5–6 Jahren. Der *1998er Châteauneuf-du-Pape Les Gallimardes* ist ein körperreicher, dichter Wein mit reichlichem Tannin, einer tiefrubinroten Farbe, einem konzentrierten, erdigen Geschmack nach Schwarzkirschfrucht und einem überschwänglichen, aber rustikalen Abgang. Er dürfte sich 10–12 Jahre halten.

DOMAINE LES GOUBERT

2000	**Gigondas**	**C**	**(85–86)**
1999	**Gigondas**	**C**	**85**
1998	**Gigondas**	**C**	**87**
2000	**Gigondas Cuvée Florence**	**D**	**(87–89)**
1999	**Gigondas Cuvée Florence**	**D**	**89**
1998	**Gigondas Cuvée Florence**	**D**	**91**

Jean-Pierre Cartier hatte in den 1980er Jahren sehr viel dafür getan, um die Aufmerksamkeit auf die qualitativ hochwertigen Weine von Gigondas zu lenken. Am Ende der 1980er und Anfang der 1990er Jahre erlebt die Domaine aufgrund von allzu großen Erträgen und exzessivem Schönen und Filtrieren einen Qualitätseinbruch. Mitte der 1990er Jahre kehrte man zu natürlicheren Methoden der Weinbereitung zurück und die Domaine erlebt mit ihren letzten Weinen ein starkes Comeback. Cartier produziert nicht nur Gigondas, sondern auch einen der besten Viogniers des südlichen Rhônetals. Zusätzlich gestaltet er sehr gute Weine in Beaumes de Venise und aus der Côtes du Rhône-Lage Sablet. Sein Spitzenwein ist der Gigondas Cuvée Florence, ein Wein, der aus den besten Trauben gekeltert wird und nach seiner 1985 geborenen rothaarigen Tochter benannt wurde. Dieses Weingut ist heute wieder eine zuverlässige Quelle für guten Gigondas, obwohl anscheinend weder der 2000er noch der 1999er so gelungen ist wie die 1998er Cuvées.

Der pflaumenfarbene *2000er Gigondas* bietet expansive, offen gewirkte, frische Frucht, aber wenig Tiefe und durchgehenden Geschmackseindruck. Er sollte besser in seinen ersten 3–4 Lebensjahren getrunken werden. Es ist keine Überraschung, dass der *2000er Gigondas Cuvée Florence* in Duft und Geschmack reichliche Aromen von Erde, Brombeer- und Kirschfrucht, Grafit, Pfeffer und Mineralien bietet, obwohl er mit seinen frischen Eichenholznoten einen eher internationalen Stil pflegt. Er ist kein Kraftprotz, sondern ein leicht zu trinkender Gigondas, der 7–8 Jahre anmutig reifen wird. Der *1999er Gigondas* ist ein weicher Wein von mittlerem Körper und offenbart in Duft und Geschmack Noten von Blaubeer- und Kirschfrucht, Pfeffer und Mineralien. Er wird in den nächsten 3–4 Jahren am besten schmecken. Beeindruckender ist der *1999er Gigondas Cuvée Florence.* Seine dunkle rubinrote-pflaumenhafte Farbe geht einher mit einem kräftigen, süßen, rauchigen Bukett, in dem sich Düfte von schwarzen Johannisbeeren und frischem Eichenholz mischen. Von mittlerem bis vollem Körper, weich und rund, wird er in diesem Jahrzehnt ausgezeichneten Trinkgenuss gewähren.

Der *1998er Gigondas* ist ein solide bereiteter, dichter, maskuliner Wein mit einer rubinroten-pflaumenhaften Farbe. Der Wein bietet Duft- und Geschmacksnoten von Johannisbeeren und Kirschen, mittleren bis vollen Körper, eine samtige Textur und einen von Mineralien durchtränkten Stil. Er kann schon jetzt getrunken werden, verspricht aber in 5–6 Jahren noch besser zu sein. Der *1998er Gigondas Cuvée Florence* ist ein regelrechter Kraftprotz. Er kam während seines Ausbaus mit frischem Eichenholz in Kontakt, aber hat sich mehr zu einem klassischen Gigondas als zu einem seelenlosen, im internationalen Stil produzierten Wein entwickelt. Von purpurroter-pflaumenhafter Farbe, mittlerem bis vollem Körper, mit reichlichem Glyzeringehalt, dürfte sich dieser opulente, gehaltvolle Gigondas 10 Jahre schön trinken lassen.

ALAIN GRAILLOT

2000	Crozes-Hermitage	D	(85–86)
1999	Crozes-Hermitage	D	89
1998	Crozes-Hermitage	D	89
1997	Crozes-Hermitage	D	88
1999	Crozes-Hermitage La Guiraude	E	90
1998	Crozes-Hermitage La Guiraude	E	90
1999	Hermitage	E	87
1998	Hermitage	E	(88–90)
1997	Hermitage	E	87
2000	St-Joseph	C	(84–86)
1999	St-Joseph	C	87
1998	St-Joseph	C	88
1997	St-Joseph	C	86

Alain Graillot produziert beständig klassische Crozes-Hermitage-Weine, die meist aus der hervorragenden Lage Les Chassis stammen. Seine Spitzencuvée La Guiraude ist eine *assemblage* aus den besten Fässern und entsteht 15 Monate nach der Ernte.

Der *2000er Crozes-Hermitage* und der *2000er St-Joseph* offenbaren krautige, pfeffrige Noten, mittleren Körper und gute Geschmackskomponenten von roten und schwarzen Früchten. Dennoch zeigen sie eine gewisse Strenge und einen Mangel an saftiger Art, besonders, wenn man sie mit den brillanten 1999ern vergleicht. Obwohl die 2000er gute Weine sind, lassen Sie Tiefe vermissen.

Der dichte rubin-purpurrote *1999er Crozes-Hermitage* ist Graillots beste Cuvée seit 1990. Der Wein bietet ein auffallendes Bukett mit Düften nach Rauch, Erde, Kräutern der Provence, Speck und schwarzen Johannisbeeren. In seinem konzentrierten, strukturierten und klar gezeichneten Stil zeigen sich ausgezeichnete Reintönigkeit und ein mittlerer Körper. Gönnen Sie diesem 1999er weitere 1–2 Jahre Kellerreife und genießen Sie ihn in den folgenden 2 Jahren. Der außergewöhnliche, noch verhalten entwickelte *1999er Crozes-Hermitage La Guiraude* ist eine Meisterleistung der Weinbereitung. Das Bukett wird von Düften nach Brombeeren und Cassis dominiert, in die sich Noten von Lakritze, Lavendel, Fenchel und Anklänge an frisches Eichenholz mischen. Körperreich, reif, mäßig tanninhaltig und konzentriert, wird er sich jetzt–2015 auf seinem Höhepunkt befinden. Der *1998er Crozes-Hermitage* offenbart in seinem Bukett Aromen von Pfeffer und Wildbret sowie die klassischen Geschmackskomponenten von Brombeeren, Cassis und Tapenade. Ein gut ausgestatteter Crozes-Hermitage, der einen mittleren bis vollen Körper und mäßiges Tannin besitzt und dessen subtile Vanillenoten von seinem Kontakt mit frischem Eichenholz künden. Voraussichtliche Genussreife: jetzt–2015. Der außergewöhnliche schwarz-purpurrote *1998er Crozes-Hermitage La Guiraude* (es wurden etwa 900 Kisten produziert) bietet eine beeindruckende Harmonie sowie prachtvolle Duft- und Geschmacksnoten von versengter Erde, getrockneten Kräutern der Provence, Brombeeren, Oliven und Cassis. Holzton, Säure und Tannin sind wundervoll integriert. Der Wein lässt sich schon jung trinken, wird aber auch 12 Jahre halten. Der offen gewirkte, untypisch fortgeschritten entwickelte und üppige *1997er Crozes-Hermitage* zeigt eine tiefrubin-purpurrote Farbe sowie reichliche Duft- und Geschmacksaromen von Schwarzkirschmarmelade, Rauch, Lakritze und getrockneten Kräutern. Der niedrige Säuregehalt und seine sinnliche, unmittelbar ansprechende Art verraten, dass er sich in den nächsten 4–5 Jahren in Bestform befinden wird.

Der *1999er St-Joseph* offenbart süße Schwarzkirschfrucht, die sich mit steinigen Noten verbindet. Reif, von mittlerem Körper und eleganter Art, wird er sich 5–6 Jahre schön trinken lassen. Der attraktive *1998er St-Joseph* wartet auf mit einem leicht kräuterhaften, nach reifen schwarzen Kirschen und Cassis duftenden Bukett, einem mittleren Körper, konzentrierten Geschmacksaromen, niedriger Säure und mäßigen Tanninen. Ein offener und beeindruckender Wein, den man aber in den nächsten 7–8 Jahren trinken sollte. Der dunkelrubinrote *1997er St-Joseph* ist ein Wein von mittlerem Körper, der gute Frucht und ein florales, nach Cassis duftendes Bukett zu erkennen gibt. Seine unkomplizierte Persönlichkeit lässt es ratsam erscheinen, ihn in den nächsten 1–2 Jahren zu trinken.

Graillots Hermitage ist gewöhnlich sein am wenigsten beeindruckender Wein. Denn trotz seiner berühmten Herkunftsbezeichnung, stammt er aus der Lage Les Greffieux, die anscheinend keine Weine mit großer Tiefe oder Gewicht hervorzubringen vermag. Der elegante, mittelschwere und stilvolle *1999er Hermitage* aus einer der weniger begünstigten Lagen der Appellation offenbart Düfte von Mineralien, die sich mit Noten von roten und schwarzen Johannisbeeren vermischen. Dem Wein fehlen die Substanz und Majestät der Spitzenweine der Appellation. Er besitzt zwar einen bewundernswerten Charakter, kann aber weniger Konzentration aufbieten als der Crozes-Hermitage La Guiraude und die Cuvée Classique. Voraussichtliche Genussreife: jetzt–2014. Beim *1998er Hermitage* hat Graillot gute Arbeit geleistet, denn er hatte mehrere *pigéages* durchgeführt und alle Trauben entrappt. Der Wein zeigt eine dichte purpurrote Farbe, einen von schwarzen Früchten geprägten Charakter, süßen Geschmack am Gaumen und gute Länge. Sein Tannin ist geschmeidig und der Wein zeigt sich elegant und gehaltvoll. Sie können damit rechnen, ihn in seiner Jugend zu trinken, obwohl er auch 10–15 Jahre halten wird. Der *1997er Hermitage* besitzt einen mittleren Körper und bietet dickliche Kirscharomen, die sich mit Düften nach Tomatenhaut, Pfeffer, Mineralien und Rauch verbinden. Trinken Sie diesen weichen Wein in seinen ersten 5–6 Lebensjahren. Interessanterweise hatte ich den Eindruck, dass der St-Joseph mehr Tiefe besitzt als der Hermitage. Wie kann das sein?

DOMAINE GRAMENON

1998	**Côtes du Rhône Cuvée des Ceps Centenaires**	**C**	**90**
1998	**Côtes du Rhône Cuvée à Pascal**	**C**	**90**
1998	**Côtes du Rhône Le Gramenon**	**C**	**86**
1998	**Côtes du Rhône Les Laurentides**	**C**	**89**
1998	**Côtes du Rhône La Sagesse**	**C**	**87**
1998	**Côtes du Rhône Sierra du Sud**	**C**	**86**

Dies sind die besten Weine, die das Gut seit dem gigantischen 1990er Jahrgang produziert hat. Der 1990er Côtes du Rhône Cuvée des Ceps Centenaires ist übrigens immer noch ein wunderbar gehaltvoller, exotischer und kraftvoller Côtes du Rhône, der kaum seinesgleichen hat. Alle nun folgenden Weine sind beachtenswerte Vertreter dieser Appellation, die in Anbetracht ihrer hohen Qualität für einen mehr als vernünftigen Preis zu haben sind. Sie werden aus extrem reifen Trauben gewonnen und bei äußerst niedrigem SO_2- und hohem CO_2-Gehalt ungeschönt und unfiltriert von Hand abgefüllt. So gehören sie zu den natürlichsten Weinen in Frankreich. Interessanterweise trägt das Schild am Gramenongebäude die Aufschrift *vin du raisin.* Dieser Hinweis spiegelt die auf Nichteinmischung beruhende, minimalistische Philosophie der Familie Laurent wider.

Der *1998er Côtes du Rhône Le Gramenon* ist ein schmackhafter, frischer, saftiger Wein von mittlerem Körper, der einen kernigen, würzigen Duft verströmt. Da er keine Ecken und Kanten zeigt, ist er zum köstlichen und unkomplizierten Trinkgenuss in den nächsten 2 Jahren gedacht. Der *1998er Côtes du Rhône Sierra du Sud* (100% Syrah) wurde vollständig in Eichenholz-*cuves* (Bottichen) ausgebaut und dann in alte Eichenholzfässer umgefüllt. Ein säurearmer, reifer, fleischiger Syrah, der reichliche Cassisfrucht, einen Hauch von Teer und nicht ausgeschiedenes CO_2 offenbart, das dem Wein seine Frische und Lebendigkeit verleiht. Obwohl er sicherlich nicht zu den komplexesten und konzentriertesten Cuvées von Gramenon gehört, ist er doch ein lebendiger, reintöniger, schmackhafter und köstlicher Wein. Trinken Sie ihn in den nächsten 3–4 Jahren.

Der *1998er Côtes du Rhône Les Laurentides*, eine *assemblage* aus 80% Grenache und 20% Syrah, ist ein möglicherweise hervorragender Wein. Seine dunkelrubin-purpurrote Farbe geht einher mit üppigen Aromen von getrockneten Kräutern, Kirschgeist und Pfeffer, wunderbarer Reintönigkeit, lebendiger, kerniger und knackiger roter und schwarzer Frucht, gutem Glyzerin und einem Hauch von toastwürzigem Eichenholz (ungefähr 20% des Grenache-Anteils werden in neuen Eichenfässern ausgebaut). Dieser komplexe, expansive Wein bietet ein ausgezeichnetes Preis-Leistungsverhältnis. Er sollte sich 4–5 Jahre schön trinken lassen. Der *1998er Côtes du Rhône La Sagesse* (90% Grenache und 10% Syrah) offenbart ein mehr florales, burgunderähnliches Bukett mit Düften nach schwarzen Früchten, Teer und Pfeffer. Der größere Gehalt an natürlicher Säure macht aus dieser Cuvée eine pikante Persönlichkeit. Tief, verhalten entwickelt und unentfaltet, besitzt der Wein den in dieser Domaine allgegenwärtigen erhöhten Kohlendioxidgehalt. Es ist wichtig, das CO_2 zu erwähnen, denn es verleiht dem Wein in seiner Jugend eine leichte Spritzigkeit, schützt seine Frucht und erlaubt dem Produzenten, nur sehr niedrige Beigaben von SO_2 vorzunehmen – zuviel Schwefeldioxid kann den Wein austrocknen und ihn übertrieben adstringierend machen. Leser, die eine erst kürzlich abgefüllte Flasche trinken möchten, das erhöhte CO_2-Gas aber nicht schätzen, sollten den Wein 10–15 Minuten dekantieren. Dabei wird sich das CO_2 verflüchtigen.

Der fabelhafte *1998er Côtes du Rhône Cuvée des Ceps Centenaires* (20 Fässer bzw. knapp 500 Kisten) ist der Inbegriff alter Grenache-Reben. Der dichte Wein wird aus einer Parzelle mit 100-jährigen, zu buschigen kleinen Bäumchen geschnittenen (Gobelet-Rebschnitt) Grenache-Reben gewonnen, und man glaubt, das Blut des Grenache zu trinken. Der viskose, dicke und üppige 1998er bietet, ganz anders als der 1990er, in seinem Fruchtgeschmack mehr Säure und Lebendigkeit. Dies ist ein wuchtiger, aber wundervoll gewirkter, symmetrischer Wein, der sowohl in Duft als auch Geschmack mit großer Reintönigkeit und Präsenz aufwartet. Ein meisterlicher Côtes du Rhône, der 8 Jahre und länger halten wird. Die Grenache-Reben für den *1998er Côtes du Rhône Cuvée à Pascal* (knapp 475 Kisten) wurden im späten Oktober geerntet. Er ist das Côtes du Rhône-Äquivalent eines spät geernteten Zinfandels, aber komplexer, lebendiger und konzentrierter als dieser. Er vermeidet jene Schwere und Gewichtigkeit, den Alkohol, und die zu Kopf steigende Art und Dicklichkeit, die Weine mit Restzucker häufig an den Tag legen. Reintönig, mit Batzen von schwarzen Früchten, die mit pikanter Säure und einer leichten Restzuckernote unterlegt sind, ist er ein süßer, fetter, gehaltvoller Tropfen, den man am besten zu einem schmackhaften Bistro-Menü oder sehr geschmacksintensiven Käsesorten genießen sollte. Er dürfte mühelos 8 Jahre und länger halten.

DOMAINE DU GRAND TINEL

2000	**Châteauneuf-du-Pape**	**D**	**(88–90)**
1999	**Châteauneuf-du-Pape**	**D**	**88**
1998	**Châteauneuf-du-Pape**	**D**	**90**
2000	**Châteauneuf-du-Pape Cuvée Alexis Establet**	**D**	**(90–92)**
1999	**Châteauneuf-du-Pape Cuvée Alexis Establet**	**D**	**89+**
1998	**Châteauneuf-du-Pape Cuvée Alexis Establet**	**D**	**91**

Dieses 55 Hektar große Weingut produziert einen klassischen und beständig erfolgreichen Châteauneuf-du-Pape. Grand Tinels Châteauneufs sind unschwer erhältlich und finden breiten Anklang, was nicht überrascht. Sie erreichen niemals die höchsten Höhen, sind aber immens genussbetonte Weine. 1997 debütierte die Domaine mit dem Alexis Establet, einer Cuvée aus alten Reben.

In dem vielschichtigen, fetten, fleischigen und säurearmen *2000er Châteauneuf-du-Pape* vermischt sich süße, dickliche Frucht mit Noten von gemahlenem Pfeffer, getrockneten Kräutern und neuem Sattelleder. Diesem reintönigen, sinnlichen Wein von tiefrubinroter

Farbe kann man nicht widerstehen. Trinken Sie ihn in seinen ersten 10–12 Lebensjahren. Der *2000er Châteauneuf-du-Pape Cuvée Alexis Establet* ist gut ausgestattet, vielschichtig, mollig und bietet einen volleren Körper und einen expansivere Art als sein kleiner Bruder. In Duft- und Geschmack offenbart er Aromen aus der Gewürzkiste und mit Pfeffer und Kräutern durchtränkte Schwarzkirschfrucht. Er besitzt alles, was man auch in der einfachen Cuvée finden kann, aber mehr davon und ohne zusätzlich erhöhten Tanninspiegel. Der Wein dürfte in 2–3 Jahren seinen Höhepunkt erreichen und 15 Jahre halten. Der entwickelte pflaumen-mittelrubinrote *1999er Châteauneuf-du-Pape* offenbart ein klassisches, nach Erde, Aromen aus der Gewürzkiste, roten Früchten und Kräutern duftendes Bukett. Von mittlerem bis vollem Körper, dürfte sich dieser reife, üppige und typische Châteauneuf die nächsten 8–9 Jahre schön trinken lassen. Der *1999er Châteauneuf-du-Pape Cuvée Alexis Establet* aus alten Reben zeigt eine dunklere pflaumenhafte Farbe und mehr Muskeln, Tiefe und Tannin. Im Augenblick jedoch gibt er sich wenig charmant und zugänglich. Doch ist er ein körperreicher, würziger und ernst zu nehmender Wein, der mit Noten von Rauch, Kräutern, Pflaumen- und Kirschfrucht und Erde ausgestattet ist und nach weiteren 2–3 Jahren Kellerreife eine hervorragende Bewertung erhalten dürfte. Voraussichtliche Genussreife: 2004–2015.

Der dunkelrubin-granatrote *1998er Châteauneuf-du-Pape* bietet ein sinnliches, nach englischem Kuchen, Gewürzkiste, Pflaumen und Kirschgeist duftendes Bukett. Er ist immens verführerisch und üppig texturiert, mit Ladungen von Alkohol, Glyzerin und Frucht. Diesem unglaublich gehaltvollen und dekadenten Châteauneuf-du-Pape kann man kaum widerstehen. Trinken Sie ihn in den nächsten 8 Jahren. Der tief pflaumen-granatrote *1998er Châteauneuf-du-Pape Cuvée Alexis Establet* ist ein breiterer, expansiverer Wein mit seidigen, aber merklichen Tanninen. Er zeigt sich tief und körperreich, mit großer reintöniger Kirschgeist-Kirschfrucht, die sich mit der süßen, konzentrierten Fülle des Jahrgangs verbindet, einem tiefen, kernigen Geschmackseindruck am Gaumen und einem langen, säurearmen Abgang. Dies ist ein klassischer, sehr gehaltvoller, herzhafter und vollmundiger Châteauneuf-du-Pape. Voraussichtliche Genussreife: jetzt–2016.

Die Leser sollten wissen, dass die Domaine die Abfüllung ihres Weins erst kurz vor dem Verkauf vornimmt, womit sich die Abfülltermine eines einzigen Jahrgangs über sechs Jahre und länger erstrecken können; es gibt unzählige *mises en bouteilles*. Doch Weinen, die zu lange in den großen *foudres* lagern, fehlt es oft an der Frische und Frucht der ersten Abfüllungen. Ich glaube, dass die ersten Abfüllungen von Grand Tinel das größte Alterungspotenzial besitzen.

DOMAINE DU GRAND VENEUR

2000	**Châteauneuf-du-Pape**	**C**	**(90–92)**
1999	**Châteauneuf-du-Pape**	**C**	**89**
1998	**Châteauneuf-du-Pape**	**C**	**89**
1999	**Châteauneuf-du-Pape Cuvée La Fontaine**	**E**	**90**
1998	**Châteauneuf-du-Pape Cuvée La Fontaine**	**E**	**93**
2000	**Châteauneuf-du-Pape Cuvée Les Origines**	**D**	**(91–93)**
1999	**Châteauneuf-du-Pape Cuvée Les Origines**	**D**	**91**
1998	**Châteauneuf-du-Pape Cuvée Les Origines**	**D**	**93**
1998	**Côtes du Rhône**	**A**	**88**

Alain Jaume produziert einen der besten weißen Châteauneufs-du-Pape (verkosten Sie seine 100%ige Roussanne-Cuvée La Fontaine) und hat das Qualitätsniveau seiner Rotweine beträchtlich erhöht. Mit seinen ausgezeichneten 2000ern, 1999ern und 1998ern hat er drei Jahrgänge der Superlative in Folge produziert. 1998 debütierte er mit der neuen Luxuscuvée Châteauneuf-du-Pape Cuvée Les Origines, einer *assemblage* aus 35% Grenache, 35% Syrah und 30% Mourvèdre, die in Holzfässern aus Allier-Eiche ausgebaut wurde. Das Gut produziert auch erstklassige Côtes du Rhône-Weine. Die Preise bleiben für derartig hochwertige Weine immer noch erstaunlich vernünftig.

Der superbe *2000er Châteauneuf-du-Pape* besitzt eine tiefe, undurchdringlich rubinrote Farbe und ist die beste einfache Cuvée, die Jaume nach meiner Erfahrung jemals produziert hat. Sinnlich, opulent und überschwänglich, mit prachtvollen Duftnoten von süßem Cassis und Schwarzkirschlikör, körperreichen Geschmackskomponenten, brillanter Reintönigkeit und einem vielschichtigen Geschmackseindruck am Gaumen, ist dieser 2000er zum Trinkgenuss in seinen ersten 10–12 Lebensjahren bestimmt. Der beste Wein, den ich jemals aus dem Hause Alain Jaume verkostet habe, ist der *2000er Châteauneuf-du-Pape Cuvée Les Origines*, der das Potenzial besitzt, den fabelhaften 1998er Les Origines zu übertreffen. Von undurchdringlicher rubin-purpurroter Farbe und mit einem umwerfenden, nach Kirschgeist duftenden Bukett, in das sich Noten von Crème de Cassis, Lakritze, Gewürzkiste und Erde mischen, prunkt dieser geschmacklich expansive, vielschichtige, texturierte, fette und opulente 2000er mit aufregender Reife, Reintönigkeit und Konturenschärfe – eine schwierige Aufgabe bei Weinen mit solch offensichtlicher Reife der Frucht. Trinken Sie ihn in den nächsten 12–15 Jahren. Ein betörender Tropfen!

Der *1999er Châteauneuf-du-Pape* offenbart ein süßes, komplexes Bukett mit Düften nach gerösteten Kräutern, Hackfleisch, Schwarzkirschlikör, Pfeffer und Aromen aus der Gewürzkiste. Von mittlerem bis vollem Körper, ist dies ein fesselnder, reifer und mit reichlichem Glyzerin ausgestatteter Tropfen. Da der größte Teil seiner verführerischen Kraft von oberflächlicher Natur ist, wird der Wein wahrscheinlich nur ein Jahrzehnt halten. Aber 2001 sang dieser reintönige, köstliche 1999er jedenfalls ein herrliches Lied. Der *1999er Châteauneuf-du-Pape Cuvée Les Origines* zeigt jenes wundervolle herbstliche Bukett mit sauberen Waldaromen, die sich mit Düften nach getrockneten Kräutern der Provence, gebratenem Fleisch, Pfeffer, schwarzen Kirschen und Leder vermischen. Der dunkelrubin-granatrote 1999er ist ein außergewöhnlich verführerischer Wein, vielschichtig, expansiv aber auch elegant und reintönig. Gehaltvoll, füllig und lang, ist er zum Trinkgenuss in seinen ersten 12 bis 14 Lebensjahren bestimmt.

Der *1998er Châteauneuf-du-Pape* ist ein körperreicherer und kräftiger gebauter Wein, der Duft- und Geschmacksaromen von Kirschgeist, Pfeffer, Gewürzen, schwarzen Himbeeren und erdiger *garrigue* (die provenzalische Mischung aus Kräutern und Erde) an den Tag legt. Von mittlerem bis vollem Körper, weich und mit leichtem Tannin im Abgang, dürfte er sich ein Jahrzehnt schön trinken lassen. Die *1998er Châteauneuf-du-Pape Cuvée Les Origines* zeigt eine dunkelrubinrote Farbe, die einhergeht mit einem eleganten, klassischen, nach neuem Sattelleder, schwarzen Pflaumen, Himbeeren und Kirschgeist duftenden Bukett. Der Wein prunkt mit seiner vielschichtigen Textur, wundervollen Reife und Intensität, einem vollen Körper und mäßigem Tannin. Diese Schönheit dürfte 10–15 Jahre gut altern. Der *1998er Côtes du Rhône* (ein Verschnitt aus 80% Grenache und 20% Syrah) ist ein saftiger Wein und ein erstklassiger Einkauf. Dunkelrubinrot, mit Aromen von Kirschgeist und einem Geschmack von reichlicher süßer Kirschfrucht am Gaumen, besitzt dieser mittelschwere, weiche, saftig texturierte 1998er enorme hedonistische Anziehungskraft. Trinken Sie ihn in den nächsten Jahren.

Neben Beaucastel mit seiner berühmten Roussanne-Cuvée aus alten Reben produziert keine Domaine in Châteauneuf-du-Pape derart betörende Weißweine wie Grand Veneur. Obwohl der *1999er Châteauneuf-du-Pape Cuvée La Fontaine* nicht ganz so gehaltvoll erscheint wie der 1998er, ist er dennoch ein prachtvoller, honigfeiner und fruchtbetonter Wein mit beträchtlicher Persönlichkeit und Charakter. Der spektakuläre *1998er Châteauneuf-du-Pape Cuvée La Fontaine* ist eine erstaunliche Meisterleistung der Weißweinbereitung, besonders wenn man bedenkt, dass dieser Tropfen aus dem südlichen Rhônetal kommt. Im Glas verströmt der körperreiche, konzentrierte und viskose Wein aromatische Impressionen, in denen man Düfte nach Orangenmarmelade, honigfeinen Nüssen, Gewürzen und Rosenblättern wahrnehmen kann. Es ist schwer zu sagen, wie lang er halten wird, ich würde aber dafür plädieren, ihn in den nächsten 3–4 Jahren zu trinken.

DOMAINE LES GRANDS BOIS

2000	**Côtes du Rhône**	**A**	**85**
2000	**Côtes du Rhône-Villages Cuvée Gabrielle**	**B**	**86**
1999	**Côtes du Rhône-Villages Cuvée Gabrielle**	**B**	**89**
1998	**Côtes du Rhône-Villages Cuvée Gabrielle**	**B**	**87**
2000	**Côtes du Rhône-Villages Cairanne Cuvée Maximilien**	**B**	**88**
1999	**Côtes du Rhône-Villages Cairanne Cuvée Maximilien**	**B**	**90**
2000	**Côtes du Rhône-Villages Cairanne Cuvée Mireille**	**B**	**89**

Das Gut bietet bei seinen Weinen ein ausgezeichnetes Preis-Leistungsverhältnis. Sein *2000er Côtes du Rhône* ist ein derber, monolithischer, würziger, pfeffriger Wein von mittlerem Körper, der in Duft und Geschmack reichliche Kirschfrucht sowie einen vordergründigen Stil zu bieten hat. Trinken Sie ihn im nächsten Jahr. Der *2000er Côtes du Rhône-Villages Cuvée Gabrielle* (unfiltriert) zeigt ein satteres Rubinrot, das mit einem süßen, nach Cassis und Kirschlikör duftenden Bukett einhergeht. Im rustikalen Abgang kann man eine Menge Tannin, mittleren Körper und ausgezeichnete Tiefe finden. Der Wein dürfte sich 3–4 Jahre schön trinken lassen.

Zu den Weinen aus Cairanne gehören auch die Cuvée Maximilien und die Cuvée Mireille. Der sattpurpurrote *2000er Côtes du Rhône-Villages Cairanne Cuvée Maximilien* bietet ein intensives, nach Brombeer- und Kirschfrucht duftendes Bukett, süßes Tannin, mittleren Körper sowie ausgezeichnete Reintönigkeit und Länge. Trinken Sie diesen beeindruckenden Côtes du Rhône-Villages in den nächsten 5–6 Jahren. Der *2000er Côtes du Rhône-Villages Cairanne Cuvée Mireille* offenbart eine ebenso satte, tiefrubin-purpurrote Farbe. Sein Bukett wartet auf mit Düften nach Veilchen, Brombeeren und reifen Kirschen. Saftig und mit süßem Tannin, mittlerem bis vollem Körper und geschichteten Geschmackskomponenten von schwarzen Früchten, Mineralien und Lakritze, ist dies ein langer, reifer, geschmeidig texturierter Wein, den Sie in den nächsten 6–7 Jahren genießen sollten.

Viele Kenner sind der Meinung, dass 1999 in den Côtes du Rhône-Villages-Appellationen Gigondas, Rasteau, Cairanne, Vacqueyras und Sablet ein besserer Jahrgang war als 1998. So gut die 1998er der Domaine Les Grands Bois auch waren, die 1999er sind noch besser. Marc Besnardeaus 1999er offenbaren eine tiefere Farbe und einen etwas höheren Alkoholgehalt. Sie gehören zweifellos zu den Weinen mit dem besten Preis-Leistungsverhältnis, die man auf dem Markt bekommen kann, und die Liebhaber von Rhôneweinen sollten sie kistenweise kaufen. Der außergewöhnliche *1999er Côtes du Rhône-Villages Cairanne Cuvée Maximilien* (eine *assemblage* aus 55% Grenache, 25% Mourvèdre und 20% Syrah) erreicht einen natürlichen Alkoholgehalt von unerhörten 14,4%. Der Wein wurde im Barrique ausgebaut, bevor er unfiltriert abgefüllt wurde. Ein sensationell günstiger Tropfen, der eine dichte purpurrote Farbe und ein süßes, nach Kirschgeist, schwarzen Himbeeren, Gewürzkiste, Kräutern und Lakritze duftendes Bukett bietet. Reif und körperreich, unglaublich gut konzentriert, mit ausgezeichneter Frische und Harmonie, dürfte sich dieser intensive, ungemein saftige Cairanne 7–8 Jahre schön trinken lassen, obwohl mir mein Instinkt sagt, dass er noch länger halten wird.

Der *1999er Côtes du Rhône-Villages Cuvée Gabrielle* (50% Grenache, 25% Syrah und als Ausgleich Mourvèdre und Carignan zu gleichen Teilen) ist ein ziemlich reichhaltiger, komplexer und aromatischer Wein, der 13,7% natürlichen Alkoholgehalt auf die Waage bringt. Er zeigt eine tiefe, dichte rubin-purpurrote Farbe und ein wunderbar süßes, nach Brombeeren, Erdbeeren, Pfeffer und Kirschlikör duftendes Bukett. Dies ist ein opulenter, üppiger, körperreicher, kräftig gebauter, kerniger Wein mit hervorragender Reintönigkeit, der am Gaumen und im Abgang mit einem gefällig texturierten Geschmack überrascht. Er dürfte sich 5–6 Jahre schön trinken lassen.

Marc Besnardeau hat einen köstlichen, unfiltrierten *1998er Côtes du Rhône-Villages Cuvée Gabrielle* produziert, der in seinem Mischsatz zwei Drittel Grenache und ein Drittel Syrah enthält. Ich habe bereits sechs Flaschen von diesem Wein getrunken und alle waren höchst erfreulich. Im Glas verströmt der dunkelrubinrote 1998er ein fruchtbetontes Bukett mit Düften von Himbeerlikör, Kirschen und Walderdbeeren. Üppig, rund, verführerisch, sinnlich und fruchtig in seiner Art, findet man in diesem köstlichen, entwaffnenden Côtes du Rhône keinerlei Ecken und Kanten. Er dürfte sich 2–3 Jahre schön trinken lassen – aber warum warten?

E. GUIGAL

1999	**Châteauneuf-du-Pape**	**D**	**(89–91)**
1998	**Châteauneuf-du-Pape**	**D**	**91**
2000	**Condrieu**	**D**	**91**
1999	**Condrieu**	**D**	**90**
2000	**Condrieu La Doriane**	**E**	**93**
1999	**Condrieu La Doriane**	**E**	**94**
1999	**Condrieu Luminescence**	**E**	**92**
2000	**Côte Rôtie Brune et Blonde**	**D**	**(87–89)**
1999	**Côte Rôtie Brune et Blonde**	**D**	**(91–93)**
1998	**Côte Rôtie Brune et Blonde**	**D**	**90**
2000	**Côte Rôtie Château d'Ampuis**	**EE**	**(88–91)**
1999	**Côte Rôtie Château d'Ampuis**	**EE**	**(95–97)**
1998	**Côte Rôtie Château d'Ampuis**	**EE**	**(92–95)**
1997	**Côte Rôtie Château d'Ampuis**	**EE**	**91+**
2000	**Côte Rôtie La Landonne**	**EEE**	**(91–95)**
1999	**Côte Rôtie La Landonne**	**EEE**	**100**
1998	**Côte Rôtie La Landonne**	**EEE**	**99**
1997	**Côte Rôtie La Landonne**	**EEE**	**98**
2000	**Côte Rôtie La Mouline**	**EEE**	**(90–93)**
1999	**Côte Rôtie La Mouline**	**EEE**	**100**
1998	**Côte Rôtie La Mouline**	**EEE**	**97**
1997	**Côte Rôtie La Mouline**	**EEE**	**96**
2000	**Côte Rôtie La Turque**	**EEE**	**(91–93)**
1999	**Côte Rôtie La Turque**	**EEE**	**100**
1998	**Côte Rôtie La Turque**	**EEE**	**98+**
1997	**Côte Rôtie La Turque**	**EEE**	**96**
2000	**Côtes du Rhône**	**A**	**(87–89)**
1999	**Côtes du Rhône**	**A**	**87**
1998	**Côtes du Rhône**	**A**	**87**
2000	**Côtes du Rhône Blanc**	**A**	**87**
1999	**Côtes du Rhône Blanc**	**A**	**86**
2000	**Côtes du Rhône Rosé**	**A**	**87**
2000	**Crozes-Hermitage**	**C**	**(86–88+)**
1999	**Crozes-Hermitage**	**C**	**87**
1999	**Gigondas**	**C**	**(88–89)**
1998	**Gigondas**	**C**	**89**
1999	**Hermitage**	**E**	**(91–94)**
1998	**Hermitage**	**E**	**90**
1997	**Hermitage**	**E**	**89**
2000	**Hermitage Blanc**	**E**	**(90–92)**
1999	**Hermitage Blanc**	**E**	**(89–91)**

1998	**Hermitage Blanc**	**E**	**89**
2000	**St-Joseph**	**C**	**(87–88)**
1999	**St-Joseph**	**C**	**(88–89)**
2000	**St-Joseph Vignes de l'Hospice**	**D**	**(91–93)**
1999	**St-Joseph Vignes de l'Hospice**	**D**	**(90–91)**
2000	**Tavel**	**B**	**89**

So schwierig es auch ist, die limitierte Produktion des Côte Rôtie La Mouline, La Turque und La Landonne zu finden (jeweils 400–800 Kisten), so einfach dürfte es sein, Guigals sehr guten Côtes du Rhône und üppigen Condrieu aufzutreiben. Ich kann mich an die Zeit erinnern, als dieses Haus noch eine winzige *négociant*-Firma war, aber heute scheint das ganze untere Dorf Ampuis ein einziges Labyrinth aus Guigals Kellern zu sein. Es werden über 100 000 Kisten von roten Côtes du Rhône hergestellt, und auch die Produktion von Weißweinen hat sich vergrößert. Zusätzlich ist Guigal sowohl der bedeutendste Produzent von Condrieu als auch der größte Produzent von Côte Rôtie. Wie ich in den vergangenen zwanzig Jahren immer wieder betont habe, ist Marcel Guigal nicht nur ein brillanter Weinmacher, sondern auch noch ein genialer *éleveur* (*élevage* = Ausbau des Weins). Das praktische Können, einen Wein zu ziehen, zu wissen, wann man schwefelt und wann man absticht, hat Marcel von seinem Vater gelernt, von dem er sagt, dass er der eigentliche Genius dieser verloren gegangenen Kunst ist. Welcher Winzer mit gesundem Menschenverstand würde seinen Wein über 40 Monate in 100% neuen Eichenfässern ausbauen? Marcel Guigal tut dies regelmäßig mit seinen Côte Rôties aus den Monopol-Lagen. Nachdem ich ihre Entwicklung mehr als 2 Jahrzehnte verfolgt habe, kann ich sagen, dass ihre betonte Eichenholzwürze in ihren ersten 5–7 Lebensjahren völlig von den Weinen absorbiert wird.

Die Qualität von Guigals Roséweinen ist ebenfalls beeindruckend. Der ausgezeichnete, frische *2000er Côtes du Rhône Rosé* ist von mittlerem Körper, zeigt eine mittlere Erdbeerfarbe und ein köstliches, nach Himbeeren und Kirschen duftendes Bukett. Ein Rosé für die Spaßgesellschaft, den Sie jetzt trinken sollten. Der mit einer tieferen Farbe und einem volleren Körper ausgestattete *2000er Tavel* ist sogar noch besser. Voll gepackt mit Glyzerin, Geschmack und Noten von Himbeeren und Kräutern der Provence, schmeckt dieser herrliche Tavel genauso gut wie jede andere Erzeugerabfüllung der Appellation.

Der *2000er Côtes du Rhône Blanc* (50% Viognier und des Weiteren Marsanne, Roussanne und andere weiße Rebsorten) ist ein ausgezeichneter, fleischiger und überraschend charaktervoller, trockener Weißwein, den man in den nächsten 12–18 Monaten trinken sollte. Er besitzt Frische und Tiefe sowie beträchtlichen Charakter. Der *1999er Côtes du Rhône Blanc* offenbart deutlich, dass Guigal auf einen größer werdenden Anteil von Viognier (40%) im Mischsatz setzt. Dies ist ein trockener, schmackhafter Wein von mittlerem Körper, der ein gradliniges aber verlockendes Bukett mit Düften nach Geißblatt und Pfirsichen sowie ausgezeichnete Reintönigkeit bietet. Trinken Sie ihn in den nächsten 1–2 Jahren.

Guigal gehört beständig zu den zwei bis drei besten Produzenten von Condrieu. Er verkündet, dass er etwa ein Drittel der Gesamtproduktion dieser kleinen Appellation herstellt, obwohl einige seiner Kollegen der Meinung sind, dass es eher fast 50% sind. Wer immer auch recht hat – wir sollten dankbar sein. Seine *1998er Condrieus* (ein großer Jahrgang für die Appellation, der dem 1999er überlegen ist) halten sich trotz ihres Alters und meiner Grundregel, diese Weine bis spätestens drei Jahre nach ihrem Jahrgang zu trinken, immer noch gut. Das besonders hohe Konzentrationsniveau, das die winzige Ernte 1998 erreichte, hat jedoch die Spitzenweine am Leben erhalten. Trotzdem würde ich mein Glück nur noch höchstens ein Jahr strapazieren. Der *2000er Condrieu* bietet ein ausgezeichnetes, nach Pfirsich- und Aprikosenmarmelade duftendes Bukett, eine fette Persönlichkeit, niedrige Säure, superbe Reife und eine ölige Textur. Genießen Sie ihn in seinen ersten Lebensjahren. Der *2000er Condrieu La Doriane* stammt aus einer Monopol-Lage und offenbart neben den typischen dicklichen Aromen von Aprikosen, Pfirsichen und Geißblatt zusätzliche Noten von

Rauch, Gewürzen und Mineralien. Zwar verhaltener entwickelt, aber strukturierter als die einfache Cuvée, zeigt sich La Doriane zutiefst konzentriert, exotisch und gehaltvoll. Sie dürfte sich 2–4 Jahre schön trinken lassen. Der klassische *1999er Condrieu* ist ein eleganter, parfümierter und mittelschwerer Wein, der zwar einen höheren Säuregehalt, aber nicht das gleiche Fett wie der 1998er zu bieten hat. In seinen Duft- und Geschmacksaromen offenbaren sich Noten von Bananen, Pfirsichen und Aprikosen. Bei Tisch ist er zu einem Essen sicherlich flexibler einsetzbar als der fettere 1998er. Sie sollten ihn in den nächsten 1–3 Jahren trinken. Der *1999er Condrieu La Doriane* stammt aus Guigals eigenem Weinberg, wo er zum Zwecke der Ertragsreduzierung eine zweimalige Behangausdünnung vornahm. Ein überwältigender Condrieu, der intensive Aromen von Pfirsichen, Aprikosen und Bananen und einen langen, vielschichtigen, gehaltvollen, körperreichen Geschmackseindruck am Gaumen zu bieten hat, der von exquisiter Reintönigkeit und Intensität spricht.

Guigals ausgezeichneter Côtes du Rhône ist stets ein sehr guter Einkauf. Die Produktionsmenge dieser Cuvée ist gigantisch, man vermutet, dass es sich um ca. 500 000 Kisten handelt. Da ist es schon bemerkenswert, dass Guigal zum einen seinen außerordentlich hohen Qualitätsanspruch und zum anderen qualitative Beständigkeit von Flasche zu Flasche aufrechterhält, obwohl es normalerweise zwischen fünf und sechs unterschiedliche Abfüllungen gibt. Verkostet man sich durch die verschiedenen Partien des *2000er Côtes du Rhône*, hat man den Eindruck, dass der Wein sogar noch besser als der 1998er werden wird. Die Syrah-Komponente offenbart einen vollen Körper und einen Crème de Cassis-ähnlichen Geschmack. Die Grenache-Komponente bietet süße Noten von Kirschgeist. Dies dürfte ein köstlicher, samtig texturierter, geschmacksintensiver und umwerfender Wein werden, ein Schnäppchen, das Sie in seinen ersten 2–4 Lebensjahren genießen sollten. Der köstliche, tiefrubin-purpurrote *1999er Côtes du Rhône* enthält in seinem etwas veränderten Mischsatz 55% Syrah, 40% Grenache und 5% Mourvèdre. Der Wein bietet reichliche Frucht, einiges Tannin, ein höheres Säureprofil als der 1998er, mittleren Körper und ausgezeichnete Reintönigkeit.

Der tiefrubin-purpurrote *1998er Côtes du Rhône* (50% Syrah, 30% Grenache und 20% andere Rebsorten) wartet auf mit einem mäßig intensiven Bukett mit Düften nach Cassis, Lakritze und Blumen. Ein bewundernswerter Tropfen, der mäßiges Tannin und ausgezeichnete Konzentration an den Tag legt und ein Alterungspotenzial offenbart, das ihm eine mehrjährige Entwicklung ermöglicht. Er wird 6–8 Jahre halten – ein Wein, den man kistenweise kaufen sollte.

Unter Guigals höchst bemerkenswerten *négociant*-Weinen (für die er Most zum Verschneiden kauft) befindet sich auch sein Hermitage. Es ist kein Geheimnis, dass er auf der Suche nach einer Spitzendomaine dieser geheiligten Appellation war. Im Moment kauft er Most von mehreren kleinen Produzenten. Diese Weine werden abwechselnd im Tank, *foudre* und kleinen Eichenfässern ausgebaut. Weinmacher wie Chave und Chapoutier produzieren bessere weiße Hermitages, aber Guigal bereitet beständig körperreiche, konzentrierte Weine, die sich 4–5 Jahre schön trinken lassen, sich dann verschließen, um nach 10–12 Jahren erneut zu erblühen. Der fette, dichte, kernige, säurearme *2000er Hermitage Blanc* zeigt in seinem rauchigen, hefigen Charakter Duft- und Geschmacksaromen von Ananas, Aprikosen und Akazienblüten. Dieser schwelgerische Wein lässt sich schon in seiner Jugend gut trinken und wird ein Jahrzehnt halten. Der *1999er Hermitage Blanc* kann zwar mehr Struktur vorweisen, benötigt aber Kellerreife, da er sich noch verhalten entwickelt und streng gibt. Er dürfte 15 Jahre halten. Der mächtige, strukturierte und dichte *1998er Hermitage Blanc* bietet Aromen von weißen Blumen, Mineralien, Orangen und Ananas. Ein kräftig gebauter Wein, der Flaschenreife braucht und sich als der langlebigste dieses Trios herausstellen dürfte. Voraussichtliche Genussreife: 2005–2016. Dieser groß ausgelegte, verhalten entwickelte Wein wird letztendlich besser als der 1997er und der 1996er sein.

Der *2000er Crozes-Hermitage*, der in seinem Mischsatz Reben aus der Lage De Vallouit enthält, ist schwieriger einzuschätzen. Er besitzt in seinem weichen, offen gewirkten, rauchigen Charakter Aromen von gegrilltem Fleisch, geräucherten Kräutern, roten und schwarzen Früchten. Er kann nicht den Biss oder die Konzentration des 1999er vorweisen, aber nach Guigals *élevage* (Ausbau) mag das noch kommen. Der Debütjahrgang von Guigals Crozes-Hermitage ist der *1999er Crozes-Hermitage*, ein dichter rubinroter Wein, der ein unglaubliches Parfüm von Pfeffer, getrockneten Kräutern der Provence, Cassis und Gewürzen an den Tag legt. Lang, rund und sinnlich, sollte dieser üppige Wein in seinen ersten 7–8 Lebensjahren getrunken werden.

Im Jahr 2000 wird es unter dem Guigal-Label zwei Cuvées des St-Joseph geben, vielleicht mit dem Hinweis, dass die Rebflächen für diese Weine ursprünglich zur Domaine von Jean-Louis Grippat gehörten. Dabei handelt es sich um die einfache St-Joseph-Cuvée und um die spektakuläre Vignes de l'Hospice. Grippat produzierte noch den 1999er und 2000er und Guigal übernahm ab 2001 die Kontrolle bei der Vinifikation. Doch auch die 1999er sind überwältigend. Die 2000er St-Joseph sind fetter und fleischiger als viele Weine dieses Jahrgangs. Der weiche, säurearme *2000er St-Joseph* ist in einem einschmeichelnden, gradlinigen, reifen, fetten Stil bereitet und bietet reichliche schwarze Johannisbeerfrucht. Er sollte in seinen ersten 3–4 Lebensjahren getrunken werden. Der *2000er St-Joseph Vignes de l'Hospice* ist ein sinnlicher, fruchtbetonter Wein mit Aromen und Geschmacksnuancen von schwarzen Früchten, Rauch, Lakritze und Mineralien. Auch wenn er nicht die Dichte oder die Definition des 1999ers besitzt, zeigt er doch ausgiebiges Fett und Fleisch, niedrige Säure und einen zugänglichen, unkomplizierten Stil. Er dürfte sich 7–8 Jahre lang schön trinken lassen. Der *1999er St-Joseph* ist ein burgunderähnlicher Tropfen, der reichliche Noten von Schwarzkirschfrucht, Johannisbeeren, Lakritze und Gewürzen aufbietet. Weich und köstlich in seiner Art, wird er am besten in seinen ersten 5–7 Lebensjahren getrunken. Der spektakuläre *1999er St-Joseph Vignes de l'Hospice* legt weiter an Gewicht zu. Er präsentiert eine dichte rubin-purpurrote Farbe und ein prachtvolles, mächtiges, nach eingelegter Brombeer- und Cassisfrucht duftendes Bukett, in dem auch unverkennbare Noten von flüssigen Mineralien zu erkennen sind. Ein großartiger Wein aus einer großen St-Joseph-Hanglage, der mindestens ein Jahrzehnt wunderbaren Trinkgenuss gewähren wird. Leser auf der Suche nach preisgünstigen Weinen aus dem nördlichen Rhônetal sollten sich diesen 1999er notieren.

Die roten Hermitages werden in erster Linie aus Traubengut der beiden Hermitage-Spitzenlagen Le Méal und Les Bessards vinifiziert, wobei noch Most aus der Lage Les Diognières ergänzend hinzukommt. Die Leser werden bei Guigals Hermitages ab dem 1999er ein beträchtlich gestiegenes Qualitätsniveau feststellen, was in erster Linie auf das Traubengut von Grippat und De Vallouit (hier vor allem Les Greffières) zurückzuführen ist. Der *1999er Hermitage* ist wohl ein Anwärter für eine Bewertung zwischen 91 und 94 Punkten. Vermutlich ist er der beste rote Hermitage, den Guigal produziert hat, wobei die neuen Partien den Wein qualitativ gefördert haben. Ich wäre wirklich nicht überrascht, wenn Guigal am Ende eine Selektion der besten roten Hermitage-Partien vornehmen und eine neue Luxus-Cuvée Spéciale auf den Markt bringen würde. Der *1999er Hermitage* ist jedenfalls großartiger »Stoff«. Er bietet eine satte rubin-purpurrote Farbe, ein umwerfendes Bukett mit Noten von Crème de Cassis, eine vielschichtige Textur und süßes Tannin. Im Mund nimmt er sich verschwenderisch aus. Er dürfte sich als ein überwältigender, reichhaltiger Hermitage erweisen, den man von 2006–2020 trinken sollte. Der kraftvolle, noch verhalten entwickelte *1998er Hermitage* ist aus gekauftem Most gekeltert worden, der aus den Lagen Les Bessards, Les Baumes, Le Méal und Les Diognières gewonnen wurde. Dies ist ein mächtiger, tanninreicher, leicht strenger Wein, der mit seinen reichlichen Noten von Cassisfrucht lange im Mund verweilt. Voraussichtliche Genussreife: 2007–2020. Der ausgezeichnete, verführerische *1997er Hermitage* besitzt eine dichte rubinrote Farbe, reichliche Cassisfrucht, ausgezeichnete Textur, süßes Tannin und einen säurearmen, langen Abgang. Ein Wein zum Trinkgenuss in den nächsten 10–12 Jahren.

Guigals andere *négociant*-Weine kommen aus zwei seiner Lieblingsappellationen im südlichen Rhônetal: Gigondas und Châteauneuf-du-Pape. Die Châteauneufs werden in erster Linie aus Grenache hergestellt, obwohl er damit begonnen hat, dem Verschnittrezept etwa 20% Mourvèdre beizugeben, um dem Wein mehr Struktur und Alterungspotenzial zu verleihen.

Der Châteauneuf-du-Pape wird aus gekauftem Most gekeltert, den Guigal dann in großen Holz-*foudres* verschneidet und ausbaut. Der möglicherweise hervorragende *1999er* ist eine *assemblage* aus Most von 25 verschiedenen Châteauneuf-du-Pape-Winzern. Er offenbart eine tiefrubinrote Farbe sowie ein süßes, nach Pfeffer, schwarzen Kirschen und Erde duftenden Bukett. Dies ist ein würziger, fleischiger, im provenzalischen Stil bereiteter Wein mit beträchtlichem Glyzeringehalt und Tiefe, der ein Jahrzehnt schönen Trinkgenuss bieten wird. Der *1998er Châteauneuf-du-Pape* ist sogar noch besser, sicherlich der beste Châteauneuf, der von einem *négociant* im Rhônetal aus gekauftem Most hergestellt wurde. Von diesem 1998er gibt es 200000 Flaschen. Ein körperreicher, dichter, gehaltvoller und kerniger Wein mit einer opulenten Textur und einem klassischen Bukett mit Düften nach Kräutern der Provence, die sich mit Noten von Kirschgeist, Pfeffer und Balsaholz verbinden. Trinken Sie ihn in den nächsten 15 Jahren.

Wie der Côtes du Rhône wurde auch Guigals Gigondas in *cuves* vinifiziert und kam mit keinerlei Eichenholz in Berührung. Der *1999er Gigondas* offenbart eine dichte, sattrubinpurpurrote Farbe, die mit einem nach schwarzen Johannisbeeren und anderen Beeren duftenden Bukett einhergeht, das mit Noten von Pfeffer, Gewürzen und Blumen getränkt ist. Er dürfte bereits bei seiner Freigabe köstlichen Trinkgenuss bieten und ein Jahrzehnt halten. Der dunkelrubinrote *1998er Gigondas* bietet ein süßes Parfüm von mit Mineralien durchsetzten, pfeffrigen schwarzen Kirschen. Von mittlerem Körper, elegant und schmackhaft, eignet er sich zum idealen Trinkgenuss in den nächsten 7–8 Jahren.

Guigal gibt zu, dass er mehr als 20000 Kisten vom Côte Rôtie Brune et Blonde produziert. Ich habe aber den Verdacht, dass es sogar noch wesentlich mehr sind, wenn man bedenkt, dass es in jedem Jahrgang einen speziellen Verschnitt der Extraklasse gibt und 3–5 verschiedene *mises en bouteilles*. Nachdem ich häufig Verkostungen seiner Côte Rôtie Blonde et Brune aus verschiedenen Abfüllungen desselben Jahrgangs durchgeführt habe, bemerkte ich zwar feine Unterschiede, aber im Allgemeinen handelte es sich um den gleichen Wein. Der eine oder andere mag etwas duftiger sein, aber Reichhaltigkeit und Qualität sind gleich.

Marcel Guigal hat das einzige Château in Ampuis erworben, das Château d'Ampuis, und ist nun dabei, das riesige Gebäude zu renovieren. 1995 brachte er seine Côte Rôtie-Cuvée Château d'Ampuis auf den Markt, die in einer limitierten Anzahl von 28000 Flaschen hergestellt wird. Diese Cuvée ist eine *assemblage* aus Trauben der besten Weinlagen: La Garde, Le Clos, La Grande Plantée, La Pommière, Le Pavillon Rouge und La Mouline. Das Ansehen dieses *négociant* gründet sich aber auch auf seine weltweit bekannten, sündhaft teuren Côte Rôties La Mouline, La Turque und La Landonne, die sagenhafte 42 Monate lang in neuen Eichenholzfässern ausgebaut werden und es vollbringen, den Holzton in perfekter Weise zu absorbieren, da sie stets unglaublich konzentriert, gehaltvoll und wuchtig sind und phänomenale Extraktion besitzen.

Der leichtere *2000er Côte Rôtie Brune et Blonde* besitzt weniger Deftigkeit, Konzentration und Struktur, bietet aber süße, mit Speck und Rauch getränkte schwarze Johannisbeerfrucht. Obwohl der Wein Noten von toastwürzigem Eichenholz und eine würzige, verführerische Art an den Tag legt, fehlen ihm doch Tiefe und Länge. Er dürfte in seinen ersten 8–9 Jahren am besten sein. Ich fand die sechs Partien des *2000er Côte Rôtie Château d'Ampuis* in ihrer Qualität ziemlich unterschiedlich. Die Bewertung reichte von einer Punktnote in den hohen 80ern bis in die untere 90er-Region. Aber machen Sie keinen Fehler: Der Wein wird noch an Gewicht zulegen. Trotzdem spielt er nicht in der gleichen Liga wie der 1999er, 1998er, 1997er und 1995er. In einem leichteren Stil bereitet und von mittlerem Körper, besitzt er einen süßen dicklichen Fruchtgeschmack und Noten von Speck. Er lässt sich bereits jetzt gut trinken, kann aber nicht die Struktur, das Gewicht und die Tiefe der anderen Jahrgänge vorweisen. Trotzdem wird er sich aufgrund seines Charmes, seiner Reintönigkeit und seines gradlinigen, leicht verständlichen Charakters seinen Platz erobern. Voraussichtliche Genussreife: 2004–2014. Sogar der 2000er Jahrgang, der sicherlich kein so viel versprechendes Traubengut hervorbrachte wie die Jahre 1999, 1998 und 1997, konnte bei diesen Cuvées gute Erfolge verzeichnen. Erinnern Sie sich, was ich immer und immer wieder gesagt habe: Guigals Weine legen stets während ihrer *élevages* außergewöhnlich an Gewicht zu, wie Flaschenverkostungen so oft bewiesen haben. Obwohl der *2000er Côte Rôtie La Mouline* als leichterer Wein auftritt als in den vorangehenden Jahrgängen, ist er doch hervorragend. Er besitzt süße Frucht, mittleren Körper und die sprichwörtlichen La Mouline-Eigenschaften, die sich in einem frühreifen, kompakten Stil manifestieren. Vermutlich wird er nach dem Vorbild des 1987ers und 1982ers gebaut sein. Der *2000er Côte Rôtie La Turque*, der ebenfalls leichter ausfallen wird als in den Jahren zuvor, bietet süße Schwarzkirschenfrucht, die sich mit Noten von Rauch, Teer und Trüffeln vermischt. Er offenbart gute Dichte und Reichhaltigkeit. Obwohl er scheinbar kräftiger und kerniger gebaut ist als der La Mouline, besitzt er doch nicht die Größe und Dimension seiner Vorgänger aus den Jahren 1999, 1998 und 1997. Wie den La Mouline sollte man ihn am besten in seinen ersten 12–15 Lebensjahren trinken. Der *2000er Côte Rôtie La Landonne* ist wohl der beste unter den 2000ern. Er wartet auf mit rauchigen Aromen von Erde, Teer und Trüffeln, die sich mit Noten von dicklichen Brombeeren und teeriger Arznei mischen. Von mittlerem bis vollem Körper, bewundernswerten Tanninen und Gewicht, wird der Wein nach seiner Freigabe 3–4 Jahre Kellerreife benötigen und dann 15–18 Jahre halten.

Marcel Guigal sagt: »1999 ist der größte Jahrgang für den Côte Rôtie in meinem Leben.« Sein *1999er Côte Rôtie Brune et Blonde* besitzt das beste Potenzial, das ich jemals bei einem Brune et Blonde in fast 20 Jahren feststellen konnte. Seine tiefrubin-purpurrote Farbe geht einher mit einem prachtvollen, fetten exotischen Bukett mit Düften nach Speck, Geißblatt, Cassis und Tapenade. Auch ein Hauch von neuem Sattelleder ist in diesem opulenten, fleischigen und körperreichen 1999er zu finden. Er wird bereits bei seiner Freigabe verführerisch sein und sich 15+ Jahre schön trinken lassen. Der *1999er Côte Rôtie Château d'Ampuis* hat zusätzliches Gewicht gewonnen und ist der ehrfurchtgebietendste Wein, den Guigal unter diesem Namen produziert hat. Alle Partien des Mischsatzes wurden verkostet und einige – besonders La Pommière, Pavillon Rouge und Le Moulin – waren fast perfekt. Der üppige 1999er prunkt mit einem spektakulär süßen Bukett, in dem sich Düfte nach dicklicher Brombeer- und Cassisfrucht mit Noten von Rauch, Tapenade und neuem Sattelleder mischen. Ölig texturiert, explosiv gehaltvoll und erstaunlich klar umrissen für einen Wein von solcher Größe und Fülle, dürfte sich dieser exquisite Côte Rôtie bereits in seiner Jugend gut trinken lassen, aber auch 2 Jahrzehnte schön altern. Alle drei 1999er »La-Las« (La Landonne, La Mouline und La Turque) sind perfekte Weine. Dies ist ohne jeden Zweifel Guigals größter Jahrgang seit 1978. Nehmen Sie alle Eigenschaften, die ich bei den 1998er und 1997er Weinen beschreibe und fügen Sie noch ätherische Leichtigkeit, überirdische Aromen und nahtlose Art hinzu, was angesichts der massiven Fülle und vielschichtigen Geschmackskomponenten dieser Weine unwirklich anmutet. Bei den 1999ern wird das explosive Aromaprofil noch stärker betont. Diese drei Crus sind der Inbegriff des Côte Rôtie. Alle drei geben sich entwickelter und verführerischer als die 1998er, aber man sollte ihr Alterungspotenzial nicht unterschätzen. La Mouline und La Turque können auf eine Lebenserwartung von 2 Jahrzehnten hoffen, bei La Landonne geht es um 30–40 Jahre. Kurz gesagt: Guigal hat 1999 mit seinen drei »La-Las« einen klassischen Hattrick erzielt.

Der *1998er Côte Rôtie Brune et Blonde* gibt einiges von den harten Tanninen des Jahrgangs zu erkennen und bietet ein komplexes, nach gerösteten Oliven, schwarzen Johannisbeeren, cremigem Eichenholz, süßen Kirschen und getrockneten Kräutern duftendes Bukett. Von mittlerem bis vollem Körper, strukturiert, mit einem süßen Geschmack auf der Zunge, wird er von weiteren zwei Jahren Kellerreife profitieren und 15 Jahre halten. Der außergewöhnliche *1998er Côte Rôtie Château d'Ampuis* ist strukturierter, mächtiger und konzentrierter. Meine Bewertungsskala der einzelnen Partien reicht von 90–92 Punkten für La Grande Plantée bis zu hohen 94–96 Punkten für La Pommière und Pavillon Rouge. Alle einzelnen Bestandteile im Mischrezept sind von überwältigender Farbintensität und besitzen in ihrem Aromaprofil erdige, rauchige Noten von Speck und schwarzen Johannisbeeren und verschieden hohen Tanningehalt. Dies ist zweifellos ein Jahrgang für geduldige Kenner, da die Weine Kellerreife benötigen. Dicht, kernig und muskulös, dürfte er von 2007–2020 auf seinem Höhepunkt sein. Der ehrfurchtgebietende *1998er Côte Rôtie La Mouline* ist ein nahtloser, körperreicher Klassiker, der zusätzlich zu den vorher beschriebenen Eigenschaften mehr Struktur, Tannin und Muskeln ins Spiel bringt. Er benötigt 2 Jahre Kellerreife und wird 20 Jahre halten. Stilistisch erinnert er an den 1988er. Der *1998er Côte Rôtie La Turque* wird letztendlich ein perfekter Wein sein. Rauchige Aromen von schwarzen Früchten, vermischt mit Noten von Lakritze, gebratenem Fleisch, Cassis und Blumen, schaffen ein explosives, exotisches Parfüm. Der Wein offenbart beträchtliches Tannin, immense Struktur und eine mächtige, geradezu legendäre Tiefe und Intensität. Voraussichtliche Genussreife: 2005 bis 2022. Der *1998er Côte Rôtie La Landonne* ist ein perfekter Wein – zumindest für meinen Gaumen. Seine satte schwarz-purpurrote Farbe geht einher mit einem außergewöhnlichen Bukett mit Aromen von Rauch, Weihrauch, Tapenade, teeriger Arznei, Brombeeren und Johannisbeeren. Dicht bepackt mit Geschmackskomponenten von Brombeeren, Trüffeln, Schokolade und Leder, besitzt der Wein zwar einen hohen Tanningehalt, aber ebenso perfekte Harmonie und tadellose Ausgewogenheit. Säure, Alkohol und Tannin sind wundervoll integriert. Eine wahre Meisterleistung der Weinbereitung. Voraussichtliche Genussreife: 2007 bis 2025.

Der *1997er Côte Rôtie Château d'Ampuis* ist nun freigegeben. Seine dichte rubinrote Farbe geht einher mit prachtvollen Aromen von süßen Trüffeln, vermischt mit Noten von Straßenteer, Cassis, Rauch und Kaffee. Säurearm, aber reif und konzentriert, ausgestattet mit einer sinnlichen Textur, ist dieser überwältigende Côte Rôtie fortgeschrittener entwickelt und aufgeschlossener als die 1998er, 1996er und 1995er. Voraussichtliche Genussreife: 2004 bis 2018. Der spektakuläre, dichtrubin-purpurrote *1997er Côte Rôtie La Mouline* prunkt mit einem komplexen, nach Veilchen, Pfirsichen und Cassis duftenden Bukett. Weich, sinnlich, von mittlerem bis vollem Körper und unglaublich verführerisch, erinnert er mich an den 1991er und den 1987er. Voraussichtliche Genussreife: jetzt–2015. Der dichte, purpurrote, profunde *1997er Côte Rôtie La Turque* (5–7% Viognier in seinem Mischsatz) bietet mehr Aromen von Crème de Cassis, Lakritze und Espresso sowie Anklänge an geschmolzenen Asphalt. Vergleicht man ihn mit dem La Mouline, fällt auf, dass er vielschichtiger ist und mehr Struktur, süßes Tannin und einen geradezu erhebenden Gehalt an Opulenz und reifer Frucht aufweisen kann. Voraussichtliche Genussreife: jetzt–2018. Der nahezu perfekte *1997er Côte Rôtie La Landonne* ist für den Jahrgang ein bewundernswerter Wein. Seine erstaunlich satte purpurrote Farbe geht einher mit Düften nach Lakritze, gebratenem Fleisch, Kaffee, toastwürzigem Eichenholz, Pflaumen und Brombeeren. Äußerst rauchig, erdig und mit mehr Betonung seiner *terroir*-Eigenschaften, bietet der 1997er außergewöhnlich expansive Art am Gaumen, süßes Tannin, niedrige Säure und einen reifen, robusten Abgang. Ich empfehle 1–3 Jahre Kellerreife, danach wird er 2 Jahrzehnte halten.

Guigals neuester Wein ist ein süßer Dessertwein und ein im Stil des vergangenen Jahrhunderts gemachter Condrieu. Es wurden insgesamt 10 200 halbe Flaschen (375 ml) des *1999er Condrieu Luminescence* produziert. Dies ist ein reifer, konzentrierter Condrieu, der 37 g/l Restzucker und 15% Alkohol vorweisen kann. Der Wein wurde in zur Hälfte neuen und zur Hälfte alten Eichenholzfässern ausgebaut, die malolaktische Gärung wurde blockiert (zum ersten Mal in Guigals Keller). Das Resultat ist ein honigfeiner Wein, den man entweder als Aperitif oder mit einem Fruchtdessert kredenzen kann. Er besitzt Noten von öliger, honigfeiner Orangenmarmelade und Birnenlikör in Duft und Geschmack. Diesen reintönigen, beeindruckend süßen Dessertwein sollte man am besten in den nächsten 2–5 Jahren trinken.

Bisherige große Jahrgänge: Côte Rôtie La Landonne 1995er (99+), 1994er (92), 1991er (99), 1990er (98), 1989er (98), 1988er (100), 1987er (96), 1985er (100), 1983er (100), 1982er (95), 1980er (94), 1978er (100); Côte Rôtie La Mouline 1995er (99), 1994er (94), 1991er (100), 1990er (99), 1989er (98), 1988er (100), 1987er (95), 1985er (100), 1983er (100), 1982er (96), 1980er (95), 1978er (100), 1976er (100), 1969er (100); Côte Rôtie La Turque 1995er (100), 1994er (92), 1991er (99), 1990er (98), 1989er (99), 1988er (100), 1987er (96), 1985er (100)

DOMAINE LES HAUTES CANCES

1999	Côtes du Rhône-Villages Cairanne Clos du Débat	C	86
1999	Côtes du Rhône-Villages Cairanne Cuvée Tradition	C	89
1999	Côtes du Rhône-Villages Cairanne Vieilles Vignes	C	89

Leser, die auf der Suche nach mächtigen, konzentrierten, muskulösen und dazu preiswerten Rotweinen sind, sollten sich die Weine der Domaine Les Hautes Cances notieren. Die unfiltrierten und ungeschönten Weine der Appellation Cairanne besitzen reichliche Mengen von erdiger, muskulöser Frucht, rustikale Tannine und eine fast ungezähmte Persönlichkeit. Falls diese beeindruckenden Weine weicher werden sollten, dann verdienen sie eine bessere Punktnote, als meine Bewertung anzeigt. Der *1999er Côtes du Rhône-Villages Cairanne Cuvée Tradition*, eine *assemblage* aus Grenache (42%) und Syrah, Cinsault, Mourvèdre und Carignan zu gleichen Teilen, zeigt eine satte, dichte pflaumenhafte Farbe, vollen Körper und tiefe, grimmig-verhaltene Geschmackskomponenten von Pilzen und Kirschen, die sich mit Noten von Unterholz, Pfeffer und Fleisch vermischen. Kräftig gebaut, vollmundig und tanninreich, dürfte er sich noch 5–6 Jahre entwickeln. Der *1999er Côtes du Rhône-Villages Cairanne Clos du Débat* besitzt vielleicht mehr Tannin, als ihm gut tut. Sein ausgezeichnetes Aromaprofil (Erde, Mineralien, Bratensaft, getrocknete Kräuter) geht einher mit einem konzentrierten, intensiven Fruchtgeschmack und hohem Tanningehalt. Die *assemblage* aus 64% Grenache, 19% Carignan, 13% Syrah und 4% Counoise wird sich 6–7 Jahre schön trinken lassen. Der *1999er Côtes du Rhône-Villages Cairanne Vieilles Vignes* (70% Grenache, 15% Syrah und 15% Mourvèdre) offenbart superbe Reife und Reintönigkeit und ganze Wagenladungen von Kirschgeist, die sich mit Noten von schwarzen Johannisbeeren vermischen. Trotz der Frucht, dem Glyzerin und Extrakt muss sich der Wein mit dem ernst zu nehmenden hohen Tannin auseinandersetzen, das abschmelzen wird oder auch nicht. Er kann sich als ein Spätentwickler oder als ein tanninreicher, harter Wein herausstellen. Es gibt vieles an dieser Domaine zu schätzen, die den Extraktionsgehalt ihrer Weine auf das Maximum hebt.

PAUL JABOULET-AINÉ

2000	Châteauneuf-du-Pape	D	87
2000	Condrieu	D	89
1999	Condrieu	D	85
2000	Cornas	D	(78–82)
1999	Cornas	D	77
1998	Cornas	D	86
2000	Cornas Domaine St-Pierre	D	(85–86)
1999	Cornas Domaine St-Pierre	D	84
1998	Cornas Domaine St-Pierre	D	91
2000	Côte Rôtie Les Jumelles	E	(77–80)
1999	Côte Rôtie Les Jumelles	E	85
1998	Côte Rôtie Les Jumelles	E	87*

2000	Côtes du Rhône Parallèle 45	A	87
1999	Côtes du Rhône Parallèle 45	A	85
1998	Côtes du Rhône Parallèle 45	A	85
2000	Côtes du Rhône-Villages	B	87
1999	Côtes du Rhône-Villages	B	(79–82)
1998	Côtes du Rhône-Villages	B	85
2000	Côtes du Ventoux	A	85
2000	Crozes-Hermitage Les Jalets	C	(83–85)
1999	Crozes-Hermitage Les Jalets	C	85
1998	Crozes-Hermitage Les Jalets	C	78
1999	Crozes-Hermitage La Mule Blanche	C	87
1998	Crozes-Hermitage La Mule Blanche	C	87
2000	Crozes-Hermitage Raymond Roure	D	(88–90)
1999	Crozes-Hermitage Raymond Roure	D	85
1998	Crozes-Hermitage Raymond Roure	D	86
2000	Crozes-Hermitage Raymond Roure Blanc	D	86
1999	Crozes-Hermitage Raymond Roure Blanc	D	87
1998	Crozes-Hermitage Raymond Roure Blanc	D	86
1997	Crozes-Hermitage Raymond Roure Blanc	D	87
2000	Crozes-Hermitage Thalabert	C	(87–89)
1999	Crozes-Hermitage Thalabert	C	88
1998	Crozes-Hermitage Thalabert	C	86
2000	Gigondas Pierre Aiguille	D	(86–88)
1998	Gigondas Pierre Aiguille	D	88
2000	Hermitage La Chapelle	EE	(87–89)
1999	Hermitage La Chapelle	EE	87?
1998	Hermitage La Chapelle	EE	90?
1997	Hermitage La Chapelle	EE	(95–98+)
2000	Hermitage Chevalier de Stérimberg	EE	90
1999	Hermitage Chevalier de Stérimberg	EE	90
1998	Hermitage Chevalier de Stérimberg	EE	92
1997	Hermitage Chevalier de Stérimberg	EE	92
1996	Hermitage Chevalier de Stérimberg	EE	91
2000	Hermitage Pied de la Côte	E	(85–87)
1999	Hermitage Le Pied de la Côte	D	84
1998	Hermitage Le Pied de la Côte	D	78
2000	Muscat de Beaumes-de-Venise	C	88
1999	Muscat de Beaumes-de-Venise	C	90
1999	Muscat de Beaumes-de-Venise Réserve Spéciale	C	91
2000	St-Joseph Le Grand Pompée	C	(84–86)
1999	St-Joseph Le Grand Pompée	C	87
1998	St-Joseph Le Grand Pompée	C	85
1999	St-Joseph Le Grand Pompée Blanc	C	85
1998	St-Joseph Le Grand Pompée Blanc	C	86
2000	Vacqueyras	B	88
1998	Vacqueyras	B	87

Meine letzte Verkostung bei Jaboulet war die größte Enttäuschung, die ich auf diesem Gebiet je erlebt habe, und ist vor allem auf den frustrierenden Mangel an Beständigkeit zurückzuführen. Es ist schwer zu sagen, was hier vorgeht. Aber die Jaboulets sind eine große Familie und vielleicht hat das bekannte Haus durch den Tod von Gérard Jaboulet vor einigen Jahren zu viele Chefs bekommen. Es gibt keinen Zweifel am großen, ja unvergleichlichen Talent von Jacques Jaboulet und der jüngeren Jaboulet-Generation, die jetzt die Führung übernimmt. Tatsache aber ist, dass nach und nach viele von Jaboulets Weinen nicht mehr so eindrucksvoll sind, wie sie es einmal waren. Darüber hinaus schmecken viele der abgefüllten Flaschen weniger beeindruckend, und ich frage mich, ob hier zu viel geschönt und filtriert wird und daher die Weine ihrer Textur und Duft- und Geschmacksintensität beraubt worden sind. Für mich als Weinliebhaber, dessen Weinkeller voll gepackt ist mit vielfältigen Jahrgängen Hermitage La Chapelle, vielen Jahrgängen Crozes-Hermitage Thalabert und einigen wenigen Restflaschen ihres außerordentlichen Châteauneuf-du-Pape Les Cèdres 1967, besteht kein Zweifel, dass dieses Haus stets eine Referenzadresse für viele Appellationen des Rhônetals war. Auf der Basis dessen, was aber in den Jahren 2000, 1999 und 1998 produziert wurde, muss man leider sagen, dass Jaboulet hinter seine Rivalen Guigal, Delas und Chapoutier zurückgefallen ist.

Der *2000er Côtes du Ventoux* ist eine Cuvée auf Grenache-Basis mit einem geringen Anteil Syrah, da die Domaine Jaboulet mit ihrer 2000er Syrah-Ernte im südlichen Rhônetal nicht sonderlich glücklich war. Er offenbart gute Reife, fette Art und einen gradlinigen, mittelschweren Stil. Er dürfte sich 2–3 Jahre gut trinken lassen. Nach Jacques Jaboulets Meinung ist der *2000er Côtes du Rhône Parallèle 45* (85% Grenache und 15% Syrah) »der Beste seit 1970«. Ein sinnlicher, körperreicher Wein, der um einiges besser ist als der leichtere, harmlose 1999er. Der mit einer tiefen Farbe ausgestattete 2000er bietet in seinem Bukett Aromen von süßer Schwarzkirschfrucht, die sich mit Düften nach Kirschgeist, Pfeffer und Gewürzen vermischen. Trinken Sie diesen gehaltvollen, fleischigen Côtes du Rhône in den nächsten 2–3 Jahren. Der *1999er Côtes du Rhône Parallèle 45* enthält in seinem Mischsatz 65% Syrah und 35% Grenache. Er offenbart eine dichte purpurrote Farbe, mittleres Gewicht, ein nach Cassis duftendes Bukett und für einen Wein dieser Preisklasse einen monolithischen, frischen, lebendigen und beeindruckenden Fruchtgehalt. Er dürfte sich 3–5 Jahre schön trinken lassen. Der *1998er Côtes du Rhône Parallèle 45* enthält etwas weniger Syrah, offenbart in seinem reifen, pfeffrigen Stil den Geschmack von süßen Kirschen und gibt sich in seinem Kern als ein eindimensionaler Wein zu erkennen. Trotzdem ist dies ein kompetent bereiteter Tropfen, der sich 3–4 Jahre gut trinken lässt. Der *2000er Côtes du Rhône-Villages* ist ebenfalls ein dicht gefärbter Wein. Reichliche Aromen von Straßenteer, Trüffeln, schwarzen Früchten, Pfeffer und *garrigue* gehen einher mit einem fleischigen, gefälligen, säurearmen und reichfruchtigen Tropfen. Der *1999er Côtes du Rhône-Villages* und der *1998er Côtes du Rhône-Villages* sind beide strenger und tanninhaltiger, aber nicht so genussvoll, obwohl der 1998er reichhaltiger ausgestattet ist als der 1999er.

Jaboulet produzierte keinen 1999er Vacqueyras, aber 2000 war ein Spitzenjahrgang für dieses Dorf im südlichen Rhônetal. Der *2000er Vacqueyras* offenbart die klassischen provenzalischen Aromen von Lavendel, Thymian und Rosmarin, die sich mit Noten von Kirschgeist und Johannisbeeren verbinden. Fett, opulent, von mittlerem bis vollem Körper und pfeffriger Art, könnte dieser prächtige Vacqueyras eine hervorragende Punktnote bekommen. Trinken Sie ihn in den nächsten 4–5 Jahren. Der sinnliche *1998er Vacqueyras* besitzt bewundernswerte Mengen von Schwarzkirsch- und Kirschgeistfrucht, mittleren bis vollen Körper, schön integriertes Tannin und süßes Glyzerin am mittleren Gaumen.

Obwohl er nicht die Kraft und Muskeln des 2000er Vacqueyras vorweisen kann, gibt der *2000er Gigondas Pierre Aiguille* mehr Mineralien, ein ausgewogenes Gefühl im Mund und eine gewisse Eleganz zu erkennen. Sichtlich gehaltvoller und konzentrierter als der 1999er (der eine Punktnote im unteren 80er-Bereich verdient), wird er sich 5–10 Jahre gut trinken lassen. Der pflaumendunkle *1998er Gigondas Pierre Aiguille* offenbart einen süßen Geschmackseindruck auf der Zunge und am Gaumen, gute fleischige Art, mittleren bis vollen Körper und überhaupt mehr von der typischen Gigondas-Identität. Er dürfte sich 6–7 Jahre schön trinken lassen.

In einem Jahrgang, der viele verschwenderische, außerordentlich gehaltvolle und reintönige Châteauneufs hervorbrachte, hat Jaboulet mit seinem *2000er Châteauneuf-du-Pape* nur einen gefälligen Wein von leichtem bis mittlerem Körper zustande gebracht, dem es an Tiefe und Reichhaltigkeit mangelt. Er wird sich beeilen müssen, um eine 80er-Punktenote nach seiner Flaschenabfüllung zu verdienen. Die Jaboulets haben keinen 1999er Châteauneuf-du-Pape produziert, da ihnen die Qualität des Traubenguts nicht gefiel. Der *1998er Châteauneuf-du-Pape* (eine *assemblage* aus 80% Grenache, mit Syrah und Cinsault als Ergänzung) offenbart eine entwickelte pflaumendunkle-granatrote Farbe, weiche, reife Beeren- und Kirschgeistnoten, gute pfeffrige und würzige Art, mittleren bis vollen Körper und einen gradlinigen, gefälligen Abgang. Er dürfte sich 7–8 Jahre schön trinken lassen.

Die Crozes-Hermitage Les Jalets ist die preisgünstigste und leichteste rote Crozes-Hermitage-Cuvée. Der *2000er Crozes-Hermitage Les Jalets* ist ein rauchiger, gefälliger Wein, der Düfte nach zerdrückten Kirschen, Pfeffer und Kräutern offenbart. Man sollte ihn am besten in seinen ersten 2–3 Lebensjahren trinken. Der *1999er Crozes-Hermitage Les Jalets* legt gute Kirsch- und Johannisbeerfrucht zusammen mit einer pfeffrigen, krautigen Art an den Tag. Obwohl fruchtig und attraktiv, ist er doch im Grunde genommen ein oberflächlicher Wein. Trinken Sie ihn in den nächsten 4–5 Jahren. Der *1998er Crozes-Hermitage Les Jalets* ist ein vegetabiler, unterernährter Wein, den man in den nächsten 2–4 Jahren trinken muss.

Der weiche, säurearme und harmlose *2000er St-Joseph Le Grand Pompée* ist ein gefälliger, oberflächlicher Wein. Er sollte am besten in den nächsten 3–4 Jahren getrunken werden. Der *1999er St-Joseph Le Grand Pompée* besitzt etwas mehr Säure und Tiefe und eine klarer umrissene Art. Er offenbart Aromen von Kirschen, Pflaumen und flüssigen Mineralien. Ausgestattet mit einem guten, würzigen und pfeffrigen Bukett, ausgezeichneter Frische und einem mittelschweren Abgang, dürfte er sich 7–8 Jahre schön trinken lassen. Der dunkelrubinrote *1998er St-Joseph Le Grand Pompée* bietet Noten von Mineralien, schwarzen Kirschen und Beerenfrucht, niedrige Säure und eine cremige Textur. Trinken Sie diesen mittelschweren, erfrischenden St-Joseph in den nächsten 4–5 Jahren.

Bei klugen Käufern galt der Crozes-Hermitage Thalabert hinsichtlich seines Preis-Leistungsverhältnisses wahrscheinlich lange Zeit als einer der besten Weine Jaboulets. Und auch ich habe in den letzten 20 Jahren die besseren Jahrgänge gekauft. Er ist stets ein solide gemachter Mini-Hermitage, der sich 10–15 Jahre lang außergewöhnlich gut trinken lässt. Der *2000er Crozes-Hermitage Thalabert* gehört zu den besseren Weinen, die ich bei Jaboulet verkostet habe, und er scheint mir genauso gut wie das Flaggschiff Hermitage La Chapelle zu sein. Das scheint absurd, aber Geschmack ist alles. Der Thalabert bietet eine tiefrubinpurpurrote Farbe und einen runden, opulenten Geschmack, niedrige Säure und einen verführerischen, gradlinigen Stil. Der sinnliche, mit reichlichen Aromen von schwarzen Früchten, Pfeffer, Kräutern und Weihrauch ausgestattete Wein will in seinen ersten 8–10 Lebensjahren getrunken werden. Der ebenfalls ausgezeichnete *1999er Crozes-Hermitage Thalabert* ist ein komplexer, parfümierter Wein, der zwar weniger Fett als der 2000er auf die Waage bringt, dafür aber gute Würzigkeit und Reife, mittleren Körper und strenge, untergründige Säure zu bieten hat. Er benötigt weitere 1–2 Jahre Kellerreife und dürfte 10–14 Jahre halten. Der *1998er Crozes-Hermitage Thalabert* hat sich verschlossen, offenbart aber strenge, kräuterhafte Noten.

Ein weiterer beeindruckender Crozes-Hermitage ist Jaboulets Crozes-Hermitage Raymond Roure. Man hat 1000 Kisten dieses fabelhaften Weins produziert, der nahezu 2 Jahre im Eichenfass ausgebaut wurde. Jacques Jaboulet erklärte den *2000er Crozes-Hermitage Raymond Roure* zum besten, den er je gemacht habe. Möglicherweise ist er tatsächlich ein hervorragender Wein, jedenfalls ist er einer der besten 2000er, die ich aus dieser Appellation verkostet habe. Seine tiefrubin-purpurrote Farbe geht einher mit einem explosiven Aromaprofil von dicklichen schwarzen Früchten, Lakritze, Trüffeln, Kräutern der Provence und Mineralien. Üppig, rund und vielschichtig, mit überraschender Tiefe und Intensität, wird er sich 10–12 Jahre schön trinken lassen. Warum auch immer – der *1999er Crozes-Hermitage Raymond Roure* ist gut, aber nicht sonderlich inspirierend. In diesem weichen mittelschweren Wein lassen sich krautige Noten, Anklänge an altes Sattelleder und vage Kirsch-Johannisbeerfrucht ausmachen. Es fehlen ihm jene Tiefe und Reife, die man von diesem überwältigenden Jahrgang erwartet. Trinken Sie ihn in seinen ersten 5–7 Lebensjahren. Aus dem Fass verkostet war der *1998er Crozes-Hermitage Raymond Roure* beeindruckend. Jetzt, da er in der Flasche ist, erscheint er hart texturiert, mager, tanninreich, verschlossen und uninteressant. Ich habe entweder bei meiner ersten Fassverkostung gepfuscht oder der Wein hat sich im Augenblick vollkommen versteckt.

Cornas gehörte nie zu Jaboulets großen Erfolgen, aber jetzt hat man zwei Cuvées produziert, den einfachen Cornas und den Cornas Domaine St-Pierre. Der uninteressante *2000er Cornas* ist ein oberflächlicher, hohler Wein ohne Mitte, mit scharfer Säure und trockenem, kratzigem Tannin im Abgang. Der *1999er Cornas* ist sogar noch schlimmer. Auch er stellte sich vor seiner Flaschenabfüllung als ein beeindruckender Wein dar, aber heraus kam ein mediokrer Tropfen mit hohem Säuregehalt, wenig Reife und einem ausgewaschenen, verstümmelten mittleren Gaumen und Abgang. Was geschah hier? Der *1998er Cornas* offenbart nun doch nicht die krautige Art, die ich während seiner *élevage* (Ausbau) feststellen musste. Er besitzt jedoch einen erhöhten Säuregehalt und einen monolithischen, faden Charakter, der von einem harten Abgang begleitet ist.

Der *2000er Cornas Domaine St-Pierre* ist ein recht guter Wein. Seine dunkelrubinrote Farbe geht zwar mit einem schweren Geschmackseindruck auf der Zunge einher, aber trotzdem wird der Wein von Magerkeit dominiert. Es gibt gute Reintönigkeit und Eleganz zu entdecken, aber einen für dieses säurearmen Jahrgang überraschend hohen Säuregehalt. Trinken Sie ihn in seinen ersten 8–10 Lebensjahren. Der *1999er Cornas Domaine St-Pierre* war bis zu seiner Flaschenabfüllung ebenfalls ein hervorragender Wein – nun ist er mager, mittelschwer und verschlossen, mit wenig Substanz, Dichte und Muskelkraft. Er ist ein ausgezehrter Wein, der seine Abfüllung nicht überlebt hat. Obwohl er sicherlich 10–12 Jahre altern wird, dürfte er nur sehr wenig Freude bereiten. Der satt dunkelpurpurrote *1998er Cornas Domaine St-Pierre* bietet Noten von süßen schwarzen Früchten, Erde, Mineralien, Rauch und neuem Sattelleder in Duft und Geschmack. Weicher als der 1999er, mit vollem Körper, hervorragender Konzentration und umfassender Ausgewogenheit, dürfte er sich 15 Jahre schön trinken lassen.

Ich war nie ein großer Anhänger von Jaboulets Côte Rôtie Les Jumelles. Er kann sehr gut sein, manchmal sogar hervorragend (1961 und 1959), aber im Allgemeinen handelt es sich nur um einen soliden Wein mit hohem Säuregehalt, der eine große Enttäuschung dieses Weinguts ist und bleibt. Der *2000er Côte Rôtie Les Jumelles* ist inakzeptabel. Dies ist ein hohler, dünner, scharfer Wein mit einer rubinroten Farbe von mittlerer Tiefe, unreifen Geschmackskomponenten und einem ausgetrockneten, mageren und strengen Abgang. Der *1999er Côte Rôtie Les Jumelles* ist sogar noch enttäuschender – ein Wein, der vor seiner Abfüllung ein hervorragendes Potenzial an den Tag legte. Aus der Flasche verkostet, behält er zwar seine dunkelrubinrote Farbe, die aber einhergeht mit einer mageren, verwässerten Art, kraftlosen Geschmackskomponenten von Kirschen und Johannisbeeren, einer markanten, offensichtlichen Krautigkeit und adstringierenden Tanninen. Der Abgang ist so gut wie nicht vorhanden. Dies ist ein verwirrender, jammervoller Wein aus einem großen Jahrgang für Côte Rôtie. Obwohl der *1998er Côte Rôtie Les Jumelles* ein guter Tropfen ist – der Weinmacher Jacques Jaboulet nennt ihn »vollkommen burgundisch in seiner Art« –, bleibt er dennoch ein problematischer Kandidat, denn es fanden zwei verschiedene Flaschenabfüllungen statt. Die erste Abfüllung erhielt von mir 87 Punkte und die zweite offenbarte weit mehr Krautigkeit und war ausgetrocknet.

Jahrelang haben die Jaboulets ihre Weine von jüngeren Reben und ihre leichteren Hermitage-Cuvées unter dem Etikett Hermitage Le Pied de la Côte abgefüllt. Dieser Wein hat normalerweise sehr viel mehr mit dem Crozes-Hermitage gemeinsam als mit einem ernst zu nehmenden Hermitage. Sowohl der *2000er Hermitage Le Pied de la Côte* als auch der

1999er Hermitage Le Pied de la Côte sind offen gewirkte, krautige, mittelschwere Weine, die auf eine oberflächliche Weise attraktiv sind. Obwohl sie einigen Hermitage-Charakter vorweisen können, bleiben sie in ihrem Wesen weich und dünnflüssig. Der 2000er besitzt zwar runde, unkomplizierte und verbraucherfreundliche Geschmackskomponenten, aber minimale Tiefe. Das gleiche kann man vom 1999er sagen, der eine markante, krautige Note in Duft und Geschmack sein Eigen nennt. Beide Weine sollte man besser in ihren ersten 7–8 Lebensjahren konsumieren. Der *1998er Hermitage Le Pied la Côte* ist scharf, tanninreich, hohl und kräuterhaft.

Die letzten Jahrgänge von Jaboulets Hermitage La Chapelle waren eine einzige große Enttäuschung, die über den 1998er von Flasche zu Flasche immer größer wurde. (Ich bewertete ihn während seiner *élevage* mit 90? Punkten, aber bei zwei kürzlich erfolgten Verkostungen stürzte er in die mittlere 80er-Region ab.) Der 1999er Hermitage La Chapelle, der aus der Flasche verkostet weniger zu bieten hatte als vorher aus dem Fass, und der uninspirierte 2000er Hermitage La Chapelle gehören auch in diese Reihe. Der 1997er Hermitage La Chapelle und der 1996er Hermitage La Chapelle sind in einem erstklassigen, aber völlig anderen Stil bereitet. Wie dem auch sei: Die letzten profunden La Chapelles waren der 1990er und der 1989er. Der *2000er Hermitage La Chapelle*, den Jaboulet mit dem 1988er und 1982er vergleicht, ist ein offener, weicher und duftiger, aber relativ leichter Wein (und das vor seiner Flaschenabfüllung). Er bietet süße, dickliche Noten von Johannisbeeren und Kirschen, untermischt mit Gewürzen, Pfeffer und Mineralien. Er ist weich, von oberflächlichem Stil, und man fragt sich: Wo sind die vielfältigen Schichten, wo die Textur und Geschmacksintensität am mittleren Gaumen und im Abgang? Trinken Sie ihn in seinen ersten 12–14 Lebensjahren. Der *1999er Hermitage La Chapelle* ist ein eleganter, dunkelrubinroter Wein von mittlerem Körper, dem es jedoch an Farbdichte fehlt. Er offenbart einen mäßig intensiven Cassis-Geschmack, in den sich Noten von Mineralien, Kräutern und ein Hauch von Pfeffer mischen. Sein Abgang ist deutlich verwässert und leicht. Der Wein benötigt 2–3 Jahre Kellerreife und dürfte 12–15 Jahre halten. Zieht man aber in Betracht, dass Jaboulets Hermitage la Chapelle seit 50 Jahren zu den größten Weinen weltweit gehört, dann ist dieser Wein eine Enttäuschung. Der elegante, hervorragende *1998er Hermitage La Chapelle* besitzt eine pflaumendunkle-purpurrote Farbe, die mit Düften nach neuem Sattelleder, schwarzen Johannisbeeren, Brombeeren und Unterholz einhergeht. Im Mund enthüllt der Wein süßes Tannin, einen mittleren bis vollen Körper, ausgezeichnete Tiefe und fesselnde rauchige Art. Er legt einen etwas niedrigeren Säuregehalt an den Tag. Kein großer Hermitage, eher eine moderne Ausgabe des 1991ers und 1988ers. Der *1997er Hermitage La Chapelle* konkurriert mit den monumentalen Weinen von 1990, 1978 und 1961. Man beendete die Ernte am 14. Oktober, wobei einige Cuvées einen natürlichen Alkoholgehalt von 14,5% erreichten (der Alkoholgehalt im endgültigen Mischsatz beträgt 13,5%). Der Wein kommt eindrucksvoll daher, viskos und mit öliger Reichhaltigkeit. Er ist erstaunlich fett und kernig, mit spektakulären Aromen von überreifen schwarzen Johannisbeeren und Brombeeren, die sich mit Grillgewürzen, Sojasauce und dicklichen schwarzen Früchten mischen. Das Tannin scheint sich in seinem körperreichen, seidig texturierten, sinnlich gehaltvollen und verblüffend konzentrierten Stil zu verlieren. Am mittleren Gaumen explodieren süße Geschmacksnuancen, Glyzerin und Extrakt. Der Abgang hält 40+ Sekunden lang an. Der 1997er müsste eigentlich aufgrund seiner Opulenz bemerkenswert zugänglich sein, aber, wie der 1990er auch, ist er im Begriff, sich zu verfestigen und zu verschließen. Man beschloss, den Wein im Februar 1998 ohne Filtration abzufüllen und ihn dann Ende 1999 freizugeben. Zweifellos ein sinnenverwirrender Hermitage La Chapelle. Voraussichtliche Genussreife: 2004–2035.

Jaboulets Weißweine haben im vergangenen Jahrzehnt beträchtlich an Qualität gewonnen. Die 2000er Weißwein-Cuvées sind weiche, fruchtige und angenehme Tropfen. Der *2000er Crozes-Hermitage Raymond Roure Blanc* ist ein zitronenhafter, betont mineralischer Wein von mittlerem Körper, der Noten von Leim und Fino-Sherry offenbart. Trinken Sie ihn in den nächsten 2–3 Jahren. Sowohl der *1999er Crozes-Hermitage Raymond Roure Blanc* als auch der *1998er Crozes-Hermitage Raymond Roure Blanc* (100% Marsanne) sind kernige, gradlinige, fruchtige Weine von mittlerem Körper. Die *1999er St-Joseph Le Grand Pompée* und *1998er St-Joseph Le Grand Pompée* bieten beide Noten von Zitrusfrüchten, Birnen und Mineralien, wobei der 1999er etwas mehr Gewicht auf die Waage bringt. Bei den *1999er Crozes-Hermitage La Mule Blanche* und *1998er Crozes-Hermitage La Mule Blanche* (ein Verschnitt aus Roussanne und Marsanne zu gleichen Teilen) handelt es sich um zwei Weine von besserer Qualität in Jaboulets Portfolio. Der elegante 1999er bietet gute honigfeine Zitrusfrucht, während der 1998er reichhaltiger und tiefer ist, mit viel kandierter Zitrusfrucht, einem mittleren Körper und guter Frische. Der gute und elegante *2000er Condrieu* wartet auf mit einer klassischen Kombination von Geißblatt und Aprikosen-Pfirsichfrucht. Der gradlinige *1999er Condrieu* ist ein leichterer Geselle, mit angemessener Konzentration und Reintönigkeit, aber wenig Länge. Beide Condrieus sollte man im nächsten Jahr trinken.

Der interessanteste und mit dem größten Alterungspotenzial ausgestattete Weißwein ist der Hermitage Chevalier de Stérimberg, eine *assemblage* aus 50% Roussanne und 50% Marsanne, die zu einer malolaktische Gärung prädestiniert ist. Der beste der 2000er Weißweine ist der *2000er Hermitage Chevalier de Stérimberg*, eine im Fass vergorene *assemblage* aus 66% Marsanne und 34% Roussanne. Mit seiner großartigen Textur, außerordentlichen Reife, einer hellgoldenen Farbe und reichlich Kraft, Konzentration und Tiefe, ist dies einer der profundesten Weine, die Jaboulet in den letzten Jahren produziert hat. Er erreicht mühelos die Qualität des 1998ers. Unnötig zu sagen, dass der gesellige Jacques Jaboulet verkündet, dass dies »der beste seit dem 1964er« sei. Der *1999er Hermitage Chevalier de Stérimberg* offenbart Noten von tropischen Früchten, Honig, Gewürzen und Nüssen. Obwohl straff gewirkt, ist er doch ein Wein von mittlerem bis vollem Körper, dicht und eindrucksvoll. Er dürfte 12–15 Jahre halten. Der fettere *1998er Hermitage Chevalier de Stérimberg* offenbart eine unglaubliche Textur, einen kraftvollen, körperreichen und wuchtigen Stil sowie außergewöhnliche Reintönigkeit und Konzentration. Der Wein ist im Augenblick trinkreif, wird sich aber zweifellos für 3–4 Jahre verschließen und ein Jahrzehnt auf Tauchstation bleiben. Der *1997er Hermitage Chevalier de Stérimberg* ist in einem ähnlichen Stil wie der 1996er gebaut, dabei aber ein kräftigerer, gehaltvollerer, fülligerer Wein mit massiven honigfeinen Eigenschaften, der Textur eines weißen Burgunders und einem beeindruckenden natürlichen Alkoholgehalt von 14%. Trotzdem ist genügend Säure vorhanden, um in diesem superb ausgefallenen, körperreichen und ölig-dicken Wein für Klarheit und Frische zu sorgen. Der spektakuläre *1996er Hermitage Chevalier de Stérimberg* (33% Roussanne und 67% Marsanne) wurde zu 100% in Eichenfässern vergoren, zu 100% einer malolaktischen Gärung unterzogen und in zu 100% neuen Eichenfässern ausgebaut. Der Eichenholzton wird jedoch vollständig von den außerordentlich gehaltvollen Duft- und Geschmacksnoten von Rosenblättern, Aprikosen, Nüssen und Pfirsichen überlagert. Der Wein zeigt riesige Mengen von Glyzerin, eine sensationelle Textur und unerhörte Reintönigkeit und Tiefe. Dieser spektakuläre Tropfen hat durchaus die Fähigkeit, 10–20+ Jahre zu altern.

Ganz ähnlich wie Vidal-Fleury in Ampuis produzieren die Jaboulets seit langer Zeit eine Spitzencuvée Beaumes-de-Venise. Der gehaltvolle, fette, honigfeine, nach Aprikosen und Pfirsichen duftende *2000er Muscat de Beaumes-de-Venise* ist ein beeindruckender Wein, der in seinem ersten Lebensjahr getrunken werden will. 1999 produzierte man zwei Cuvées. Der wunderschöne *1999er Muscat de Beaumes-de-Venise* bietet reichliche Aromen von Mandarinen, gebutterten Aprikosen und honigfeinen Früchten in Duft und Geschmack, eine ölige Textur und mäßige Süße. Er sollte in den nächsten Jahren getrunken werden. Komplexer und vieldimensionaler ist der *1999er Muscat de Beaumes-de-Venise Réserve Spéciale*, ein Wein von etwas weniger sirupartiger Konsistenz, aber mit floralen, mineralischen Noten, exquisitem Parfüm und gehaltvollem, körperreichem Gaumen. Er dürfte sich 1–2 Jahre schön trinken lassen.

Jeder geht einmal im Leben durch ein tiefes Tal, und angesichts der unglaublichen Erfolgsgeschichte dieser Firma bin ich mir sicher, dass Jaboulet auch wieder ganz nach oben kommen wird. Jeder, der Rhôneweine liebt und Jaboulets Weine bewundert hat, wird hoffen, dass diese Rückkehr möglichst bald geschieht.

JEAN-PAUL ET JEAN-LUC JAMET

2000	**Côte Rôtie**	**E**	**(90–91)**
1999	**Côte Rôtie**	**E**	**96**
1998	**Côte Rôtie**	**E**	**92+**
1997	**Côte Rôtie**	**E**	**(91–94)**

Dieses Weingut gehört zu den am gleichmäßigsten arbeitenden kleinen Produzenten von Côte Rôtie in den letzten zehn Jahren. Abgesehen von einem enttäuschenden 1993er hat die Familie Jamet 1997, 1996, 1995, 1991, 1989 und 1988 erstklassige Weine hervorgebracht. Die Weine werden zwei Jahre lang sowohl in kleinen Fässern als auch in größeren *foudres* ausgebaut und danach ohne Schönung und Filtration abgefüllt. Ich fragte Jean-Luc Jamet, wann man seine Weine am besten trinken solle, und überraschenderweise antwortete er, dass sie »zwischen ihrem 8. und 12. Lebensjahr« am besten seien. Ich fand dagegen, dass Jamets Weine aus den dichten, kraftvollen Jahrgängen sich nach 10 Jahren erst zu öffnen beginnen (d.h. der 1988er und der 1991er).

Einer der besten Weine seines Jahrgangs ist der *2000er Côte Rôtie*, der überraschende Wucht und Fülle zu erkennen gibt. Seine tiefrubin-purpurrote Farbe geht einher mit Noten von Cassis, Brombeeren, Rauch, Unterholz, Kräutern und Teer. Er ist tief, kernig und für einen Côte Rôtie von Jamet untypisch ausgefeilt. Mit seinem niedrigen Säuregehalt und seiner feinen Reife wird der 2000er bereits bei der Freigabe köstlich sein und sich 10–12 Jahre schön trinken lassen. Der profunde *1999er Côte Rôtie* ist der beste Wein, den ich jemals von Jamet verkostet habe. Aus der Flasche zeigt er sich sogar noch besser als aus dem Fass. Von diesem sattrubin-purpurroten Wein gibt es 25000 Flaschen. Er besitzt ein umwerfendes Bukett mit Düften nach gebratenem Fleisch, Veilchen, Grafit, Brombeeren, Himbeeren und Kirschlikör. Rauchig, intensiv, körperreich, muskulös, konzentriert, vielschichtig, dominiert von reifer Frucht und ausgestattet mit Tanninen, die von einer Fülle an Extrakt, Glyzerin und Frucht verborgen werden, dürfte dieser Tropfen von 2004–2020 auf seinem Höhepunkt sein.

Der *1998er Côte Rôtie*, ein moderner Doppelgänger des brillanten, mächtigen 1988ers, legt eine tiefe, undurchdringliche, pflaumenhaft-granatrote Farbe an den Tag und wartet auf mit einem rauchigen, nach gebratenen Speisen, Brombeeren und Cassis duftenden Bukett, in dem auch Noten von Erde und Lakritze auszumachen sind. Ein Wein mit klassischen Proportionen, vollem Körper, superber Reife, hohem Tannin und vielschichtiger Konzentration und Extrakt, aber kein Côte Rôtie für Menschen, die sich nicht in Geduld fassen können. Er benötigt Zeit in der Flasche. Voraussichtliche Genussreife: 2005–2018.

1997 haben die Jamets als Letzte ihre Ernte beendet; dies zeigt sich in ihrem *1997er Côte Rôtie*, der Elemente von *sur-maturité* und phänomenale Reife besitzt. Mit seiner undurchdringlichen, sattpurpurroten Farbe gehört er zu den am intensivsten gefärbten Weinen des Jahrgangs. Das spektakuläre Aromaprofil lässt Erdbeeren, Speck, Leder, Kaffee, Pfeffer und asiatische Gewürze erkennen. Körperreich und von massiver Fruchtigkeit geprägt, ist dieser gigantische Côte Rôtie einer der konzentriertesten und gehaltvollsten Weine von 1997. Seine niedrige Säure und sein explosiver, schwelgerischer Stil sprechen für eine frühe Reife, aber zweifellos wird er 10–12+Jahre halten.

Bisherige große Jahrgänge: 1995er (92+), 1991er (94), 1989er (92), 1988er (95), 1985er (90)

DOMAINE DE LA JANASSE

2000	**Châteauneuf-du-Pape Cuvée Chaupin**	**D**	**(92–94)**
1999	**Châteauneuf-du-Pape Cuvée Chaupin**	**D**	**91**

1998	**Châteauneuf-du-Pape Cuvée Chaupin**	**D**	**93**
1997	**Châteauneuf-du-Pape Cuvée Chaupin**	**D**	**88**
2000	**Châteauneuf-du-Pape Cuvée Classique**	**D**	**(90–91)**
1999	**Châteauneuf-du-Pape Cuvée Classique**	**D**	**89**
1998	**Châteauneuf-du-Pape Cuvée Classique**	**D**	**89**
1997	**Châteauneuf-du-Pape Cuvée Classique**	**D**	**87**
2000	**Châteauneuf-du-Pape Cuvée Vieilles Vignes**	**E**	**(92–95)**
1999	**Châteauneuf-du-Pape Cuvée Vieilles Vignes**	**E**	**92+**
1998	**Châteauneuf-du-Pape Cuvée Vieilles Vignes**	**E**	**95+**
1997	**Châteauneuf-du-Pape Cuvée Vieilles Vignes**	**E**	**89**
2000	**Côtes du Rhône**	**A**	**(87–89)**
2000	**Côtes du Rhône Les Garrigues**	**A**	**(87–89)**
1998	**Côtes du Rhône Les Garrigues**	**A**	**89**
2000	**Côtes du Rhône-Villages**	**A**	**(90–91)**
1998	**Côtes du Rhône-Villages**	**A**	**88**
1999	**Vin de Pays d'Orange (Merlot/Syrah)**	**A**	**87**

Dies ist ein dynamisch geführter Betrieb mit einem jungen Weinmacher, Christoph Sabon, der üppige Châteauneufs, köstliche, preiswerte Côtes du Rhône und einen herrlichen Vin de Pays aus einer *assemblage* von Syrah und Merlot herstellt. Sabon ist erst Anfang Dreißig, was heißt, dass er noch 30+ Jahre Wein machen kann – eine gute Nachricht für Weintrinker. In den vergangenen Jahren habe ich seine bemerkenswerte *assemblage* aus Merlot und Syrah zu gleichen Teilen angepriesen und sein Vin de Pays d'Orange ist im Allgemeinen ein fruchtbetonter, prachtvoller Wein, den man zu einem Spottpreis bekommen kann.

Der *2000er Châteauneuf-du-Pape*, der mit Sabons bislang besten Weinen – den 1998ern – konkurrieren kann, besitzt außerordentliche Reife, sinnliche Textur und einen nahtlosen, langen Abgang. Der *2000er Châteauneuf-du-Pape Cuvée Classique* offenbart eine vielschichtige, saftige Persönlichkeit, Batzen von Frucht, bewundernswerte Reintönigkeit und einen umwerfenden Abgang. Es dürfte schwer sein, einen anderen, ebenso alterungsfähigen, komplexen und befriedigenden Wein in dieser Preisklasse zu finden. Trinken Sie ihn in den nächsten 12–15 Jahren. Der sinnliche *2000er Châteauneuf-du-Pape Cuvée Chaupin* prunkt mit einem nach schwarzen Himbeeren und Kirschgeist duftenden Bukett, einer makellosen Textur, feiner Süße (aufgrund des hohen Glyzeringehalts), niedriger Säure und einem fehlerlosen, 40+ Sekunden anhaltenden Abgang. Dieser große Wein kommt leicht und überaus konzentriert daher. Er dürfte sich 15+ Jahre schön trinken lassen. Der undurchdringlich purpurrote *2000er Châteauneuf-du-Pape Cuvée Vieilles Vignes* ist ein Meisterstück aus dem südlichen Rhônetal. Obwohl er nicht so zugänglich ist wie seine Brüder, zeigt er für einen Wein von solcher Masse und Dichte eine geradezu unheimliche Reintönigkeit und bemerkenswerte Konturenschärfe. Seine vieldimensionale Persönlichkeit offenbart reichliche schwarze Früchte, mehr Definition und Noten von Mineralien, Lakritze und Blumen. Aufgrund der ausgezeichneten Konzentration von Kraft und Tannin wird Geduld vonnöten sein. Voraussichtliche Genussreife: 2005–2020.

Auch die 1999er sind köstlich, und so können die Leser nichts falsch machen, wenn sie Weine dieses talentierten Winzers aus den vergangenen Jahrgängen kaufen. Der wunderschön bereitete *1999er Châteauneuf-du-Pape Cuvée Classique* offenbart eine undurchdringliche rubin-purpurrote Farbe und ein süßes, nach schwarzen Kirschen duftendes Bukett, eine vielschichtige Textur, geschmeidiges Tannin und einen reifen, langen, körperreichen Abgang mit hervorragender Reintönigkeit. Trinken Sie ihn in den nächsten 10–12 Jahren. Der *1999er Châteauneuf-du-Pape Cuvée Chaupin* bietet eine dichte rubin-purpurrote Farbe, die einhergeht mit einem kräftigen, süßen Bukett von Düften nach Brombeeren, Cassis und Anklängen an Kirschgeist. Dieser sinnliche, körperreiche und opulente 1999er verbindet Fett und Fleisch mit Eleganz, Reintönigkeit und Konturenschärfe. Schon jetzt köstlich, wird er 12–15 Jahre halten. Der blumenduftige, strukturierte und noch verhalten entwickelte mächtige *1999er Châteauneuf-du-Pape Cuvée Vieilles Vignes* prunkt mit einer dichten purpurroten Farbe. Herrlich gehaltvolle Geschmackskomponenten eingangs auf der Zunge gehen einher mit einem wuchtigen, muskulösen, langen Wein, der 2–3 Jahre Kellerreife nötig hat; er dürfte 2 Jahrzehnte gut halten.

Die nunmehr abgefüllten 1998er bestätigen, wie großartig der Jahrgang für Christoph Sabon war. Der *1998er Châteauneuf-du-Pape Cuvée Classique* ist ein ausgezeichneter Wein, aber in der Gesellschaft seiner Brüder hat er keine Chance. Jedoch darf man ihn auch nicht unterschätzen. Er besitzt eine pflaumendunkle-rubinrote Farbe und ein gehaltvolles, süßes, nach schwarzen Früchten, gebratenem Fleisch, Gewürzen und Pfeffer duftendes Bukett. Da ist deutlich mehr Biss, Fett und Tannin vorhanden als beim 1999er, trotzdem kann er schon jetzt und in den nächsten 10–12 Jahren getrunken werden. Ein ausgezeichneter, möglicherweise hervorragender Châteauneuf-du-Pape. Der *1998er Châteauneuf-du-Pape Cuvée Chaupin* (14,5% Alkohol) ist ein sinnlicher, opulent texturierter Kraftprotz, der mit unglaublich reintöniger Frucht und prächtigen Aromen von gerösteten Kräutern, Kirschgeist, Brombeeren und asiatischen Gewürzen aufwartet. Am Gaumen hinterlässt er aufgrund seines hohen Glyzeringehalts und seiner reifen, dicklichen Frucht einen süßen Geschmackseindruck. Der kernige, lange Abgang hält 40+ Sekunden lang an. Der Wein kann schon jetzt getrunken werden, aber die Leser sollten zumindest eine Flasche in den Keller legen und sie in zehn Jahren öffnen. Voraussichtliche Genussreife: jetzt–2018. Der *1998er Châteauneuf-du-Pape Cuvée Vieilles Vignes* ist ein weiterer exquisiter Tropfen, der mit einigen der besten Châteauneufs des vergangenen Jahrzehnts konkurrieren kann. Er prunkt mit fabelhafter Intensität, explosiven Aromen und Tiefe, einem höherem Tanningehalt und mit mehr Struktur als seine Brüder. Darüber hinaus besitzt er einen scheinbar noch unerforschlicheren mittleren Gaumen. Der Wein offenbart riesiges Gewicht, superbe Konzentration und viel Eigenschaften der Cuvée Chaupin, ist aber einfach kräftiger gebaut, dicker, dichter und tanninreicher als diese. Er benötigt 4–5 Jahre Kellerreife und dürfte 2 Jahrzehnte und länger halten.

Ein später Frühlingsfrost und Hagel haben die 1997er Produktion der Domaine de la Janasse beträchtlich reduziert. Der satte dunkelrubinrote *1997er Châteauneuf-du-Pape Cuvée Classique* offenbart sein typisches, nach Kirschen, Kirschgeist und Pfeffer duftendes Bukett, vollen Körper, bewundernswerte Reife und Reintönigkeit und einen säurearmen, zu Kopf steigenden, frühreifen Stil. Er dürfte sich 5 Jahre schön trinken lassen. Der *1997er Châteauneuf-du-Pape Cuvée Chaupin* besitzt eine größere Farbsättigung (dunkelrubin-purpurot), ein zu Kopf steigendes, nach schwarzer Himbeer- und Kirschmarmelade duftendes Bukett und Geschmacksaromen von Pfeffer, Nelkenpfeffer und englischem Kuchen. Üppig texturiert und saftig, mit makelloser Verschmelzung von roten und schwarzen Früchten, in die sich Noten von Kräutern der Provence mischen, dürfte sich dieser schmackhafte, gefällig texturierte und geschmeidige Châteauneuf-du-Pape weitere 5 Jahre schön trinken lassen. Der hervorragende *1997er Châteauneuf-du-Pape Cuvée Vieilles Vignes* zeigt eine eindrucksvolle, satte dunkelrubin-purpurrote Farbe. Der Wein bietet ein zurückhaltenderes Aromaprofil mit Düften nach Weihrauch, Lakritze, Fenchel, Oliven und schwarzem Himbeerlikör. Noten von Kirschen und Brombeeren machen sich im Mund bemerkbar. Dieser Wein besitzt von den drei 1997ern den höchsten Gehalt an Extrakt und Glyzerin, den vollsten Körper und die meiste Kraft, die stärksten Muskeln und das höchste Tannin. Trotzdem ist er ein frühreifer Geselle und sollte in der Kraft seiner Jugend getrunken werden – in den nächsten 7–8 Jahren.

Das Gut ist auch eine zuverlässige Quelle für preiswerte Côtes-du-Rhône-Weine. Alle drei 2000er zeigen dichte rubin-purpurrote Farbe und ein prachtvoll hedonistisches Bukett von Cassis, Himbeeren und Kirschlikör, gepaart mit geschmeidiger Textur und reichlichem Glyzerin. Zwischen dem *2000er Côtes du Rhône* und dem *2000er Côtes du Rhône Les Garrigues* besteht wenig Unterschied, außer dass der letztgenannte Wein in seinem Duft mehr von dem provenzalischen Kräutergemisch voll Rosmarin und Thymian an den Tag legt. Der unglaublich verschwenderische *2000er Côtes du Rhône-Villages* bietet ein hervorragendes Preis-Leistungsverhältnis. Ein gehaltvoller, überreicher Wein, der sich durch Fülle von Brombeer- und Kirschfrucht auszeichnet, wird er unmittelbaren Genuss gewähren und sich 3–5 Jahre hindurch schön trinken lassen.

Der *1999er Vin de Pays d'Orange (Merlot/Syrah)* ist ein weiterer fruchtbetonter, herrlicher Tropfen, den man zu einem Spottpreis bekommen kann. Der Wein bietet Noten von Orangenschalen, Brombeerfrucht, Schokolade und Rauch in einem unkomplizierten, aber wunderbar molligen, fetten und saftigen Stil. Er wird kein alter Knabe werden, aber wer kann ihm ohnehin in den nächsten 2–3 Jahren widerstehen?

Der fast hervorragende, gehaltvolle *1998er Côtes du Rhône Les Garrigues* besitzt das Geschmacksaroma von Schwarzkirschfrucht, mittleren Körper, ausgezeichnete Reintönigkeit und einen langen, gefällig texturierten Abgang. Der *1998er Côtes du Rhône-Villages* ist fast genauso gut, ganz ähnlich im Stil, aber nicht ganz so duftig.

PATRICK JASMIN

2000	**Côte Rôtie**	**E**	**(87–88)**
1999	**Côte Rôtie**	**E**	**90**
1998	**Côte Rôtie**	**E**	**90**

Traurigerweise ist Robert Jasmin vor kurzem gestorben und sein Sohn Patrick hat nun die Leitung des Weinguts übernommen. Er hatte aber bereits in den vergangenen Jahren die Weinbereitung inne und er war es, der den Vater davon überzeugte, 1999 und 1998 die Tauben vollständig zu entrappen. Im Gegensatz zu den vielfachen *mises en bouteilles* seines Vaters und zum Glück für die Verbraucher führt Patrick nur noch zwei Flaschenabfüllungen durch. Der elegante, in einem leichteren Stil bereitete *2000er Côte Rôtie* gibt einen niedrigen Säuregehalt zu erkennen sowie süße, reife Aromen von Kirsch-, Himbeer- und Johannisbeerfrucht, die sich mit Noten von Mineralien und Blüten vermischen. Weiches Tannin und ein mittlerer Körper vervollständigen den blumigen, filigranen Stil. Trinken Sie diesen gut gemachten 2000er in den nächsten 7–8 Jahren. Der *1999er Côte Rôtie* bietet gefällige Geschmackskomponenten und ein nach schwarzen Kirschen, Himbeeren, Pflaumen und Kirschen duftendes Bukett, mit Noten von Rauch, Mineralien und schneeweißen Narzissen im Hintergrund. Bei mittlerem Körper ist er ein reintöniger, geschmeidig texturierter und köstlicher Wein. Wenn er sich in der Flasche zusammenfügt, wird er eine höhere Punktnote verdienen. Dies ist zweifellos der beste Côte Rôtie, den Jasmin in den letzten zehn Jahren produziert hat. Voraussichtliche Genussreife: jetzt–2016.

Der *1998er Côte Rôtie* bietet sowohl Finesse als auch Konzentration. 1998 wurde etwa ein Drittel der Ernte durch den Frost Ende Juni vernichtet, was aber einen finessenreichen, konzentrierten Wein ergab, der die Komplexität und Nuancen eines Burgunders an den Tag legt. Im Glas verströmt der dunkelrubinrote Wein Aromen von schwarzen Kirschen, Himbeeren und Blumen. Im Mund schmeckt er wie ein Grand Cru von der Côte de Beaune und gibt reichliche Noten von schwarzen Früchten, gute untergründige mineralische Art, außergewöhnliche Eleganz und gute Säure zu erkennen. Der Eichenton ist nicht aufdringlich, Frucht und delikate Eleganz dominieren. Sowohl in Fässern als auch *demi-muids* ausgebaut, dürfte er 10–15 Jahre halten.

Bisherige große Jahrgänge: 1978er (95), 1976er (92)

LAFFOY ET GASSE

1997	**Côte Rôtie**	**D**	**(84–86)**
1997	**Côte Rôtie Vieilles Vignes**	**E**	**(86–88+)**

Die Weine dieser Domaine werden von ihren Besitzern Vincent Gasse und Marie-Claude Laffoy nach strengen bio-dynamischen Methoden hergestellt. Der *1997er Côte Rôtie* zeigt eine dunkelrubinrote Farbe, die einhergeht mit einem süßen, nach Kirschen- und Beerenfrucht duftenden Bukett, mittlerem Körper und einem für den Jahrgang überraschend guten Säuregehalt. Jedoch kommt der Wein eindimensional und vierschrötig daher, zumindest im jetzigen Stadium seiner Entwicklung. Trinken Sie ihn in den nächsten 2–4 Jahren. Der *1997er Côte Rôtie Vieilles Vignes* besitzt mehr geschmackliche Dimensionen und aromatische Komplexität als sein Bruder. Die tiefrubinrote Farbe geht einher mit einem kräuterüberhauchten Bukett von Brombeerfrucht, die sich mit Noten von Nelkenpfeffer, Preiselbeeren, Kirschen, Cassis und Erde vermischt. Gute Reife, ausgezeichnete Definition, ein mittlerer Körper und gefällig texturiertes Gefühl im Mund ergeben einen sehr guten bis ausgezeichneten Côte Rôtie. Voraussichtliche Genussreife: jetzt–2008.

JACQUES LEMENICIER

1999	Cornas	D	(84–86)
1998	Cornas	D	88

Wir haben hier zwei ganz unterschiedliche Weine vor uns. Lemeniciers *1999er Cornas* offenbart die qualitative Bandbreite, die dieser Jahrgang in der Appellation Cornas hervorbrachte. Sein hoher Säuregehalt und Mangel an Tiefe und Konzentration lassen es ratsam erscheinen, diesen mittelschweren, komprimierten 1999er in seinen ersten 7–8 Lebensjahren zu trinken. Lemenicier, der bei der Vinifizierung keine neuen Eichenholzfässer verwendet und die Trauben zu 100% entrappt, produzierte 1998 bedeutsamere Weine. Der *1998er Cornas* enthüllt ein komplexes, nach Erde, Trüffeln, Cassis und Unterholz duftendes Bukett. Bei mittlerem bis vollem Körper bietet der süße Wein niedrige Säure, reife Tannine und einen komplexen, samtig texturierten Abgang. Er dürfte sich 8 Jahre gut trinken lassen.

PATRICK LESEC SELEKTIONEN AUS DEM RHÔNETAL

2000	Châteauneuf-du-Pape Aurore	E	(86–88)
1999	Châteauneuf-du-Pape Aurore	E	(87–88)
2000	Châteauneuf-du-Pape Les Galets Blonds	E	(91–93)
1999	Châteauneuf-du-Pape Les Galets Blonds	E	91
1998	Châteauneuf-du-Pape Les Galets Blonds	E	92
2000	Châteauneuf-du-Pape Les Galets Blonds-Tonneaux	E	(88–91)
2000	Châteauneuf-du-Pape Marquis	D	(89–91)
2000	Cornas Cuvée Sarah	E	(87–89)
1999	Cornas Cuvée Sarah	E	88
2000	Cornas Le Vignon	E	(90–91)
1999	Cornas Le Vignon	E	90
2000	Côtes du Rhône Aurore	B	89+
1999	Côtes du Rhône Aurore	B	89
2000	Côtes du Rhône Les Beaumes	B	(87–89)
2000	Côtes du Rhône Domaine de Pierredon	A	87
2000	Côtes du Rhône Pierrot	A	(84–86)
1999	Côtes du Rhône-Villages Cairanne Vieilles Vignes	B	87
1998	Côtes du Rhône-Villages Cairanne Vieilles Vignes	B	87
2000	Côtes du Rhône-Villages Perillière Vieilles Vignes	A	89
1999	Côtes du Rhône-Villages Perillière Vieilles Vignes	A	88
1999	Côtes du Rhône-Villages Rasteau Beaumistral Vieilles Vignes	B	(87–88)
1998	Côtes du Rhône-Villages Rasteau Beaumistral Vieilles Vignes	B	86
2000	Côtes du Rhône-Villages Rasteau Vieilles Vignes	B	(88–89+)
1999	Côtes du Rhône-Villages Rasteau Vieilles Vignes	B	85?

2000	**Gigondas Les Blanches**	**C**	**(86–87)**
2000	**Gigondas Les Espalines-Les Tendrelles**	**C**	**(88–90)**
1999	**Gigondas Les Espalines-Les Tendrelles**	**C**	**(90–92)**
1998	**Gigondas Les Espalines-Les Tendrelles**	**C**	**89**

Die folgenden Weine sind Selektionen des französischen Weinmaklers Patrick Lesec. Er erkundet Spitzen-Weingüter (manchmal auch Kooperativen) mit extrem altem Rebbestand und wählt eigenhändig für einen Mischsatz geeignetes Traubengut aus, das dann streng methodisch behandelt wird, um unmanipulierte, natürliche Weine hervorzubringen. Dazu gehören ein niedriger SO_2-Gehalt, minimales oder gar kein Abstechen bis zur Flaschenabfüllung und weder Schönung noch Filtration. Die Erzeugung dieser Cuvées reicht von etwa 200 Kisten bis zu fast 1000. Obwohl Lesec dieses Verfahren erst seit einigen Jahren übernommen hat, ist die Qualität dieser Weine untadelig und sie verdienen es durchaus, als authentische Beispiele ihrer Appellationen im südlichen Rhônetal gekauft zu werden. Jeder einzelne Wein in Lesecs Portfolio liegt mindestens über dem Durchschnitt.

Die preiswertesten Angebote sind Lesecs Selektionen aus einer Kooperative südlich von Avignon. Die Weine wurden alle im Tank vergoren und ausgebaut und betonen ihre reife, konzentrierte Frucht.

Der ausgezeichnete *2000er Côtes du Rhône Domaine de Pierredon* (mit 6500 Kisten der zahlenmäßig größte) ist ein Verschnitt aus Grenache, Mourvèdre und Syrah zu gleichen Teilen. Seine dichte rubin-purpurrote Farbe geht einher mit reichlichen Mengen von ungebundener Brombeer- und Kirschfrucht. Trinken Sie diesen köstlichen, reintönigen, außergewöhnlich preisgünstigen Wein im Lauf der nächsten 12–18 Monate. Der dunkelrubin-purpurrote *2000er Côtes du Rhône-Villages Perillière Vieilles Vignes*, ein Verschnitt aus Grenache und Syrah zu gleichen Teilen, wird von schwarzen Früchten dominiert. Saftig, reif und beeindruckend, ist dieser säurearme Wein von mittlerem bis vollem Körper ein aufregender Tropfen, der beim breiten Publikum ankommt. Genießen Sie diese Fruchtbombe im Lauf der nächsten 2 Jahre. Ein weiterer viel versprechender Wein zum Schnäppchen-Preis, der *2000er Côtes du Rhône Les Beaumes* (ein Verschnitt aus 70% Grenache und 30% Syrah) wurde gerade auf Flaschen abgezogen, als ich mit ihm Bekanntschaft machte. Er besitzt eine tiefrubin-purpurrote Farbe, eine sinnliche, geschichtete Textur und Noten von Pfeffer, Kirschgeist, Himbeeren und *garrigue* (die typische Mischung aus Erde und Kräutern der Provence). Ein kräftigerer Wein als seine beiden Brüder, wird er sich 2–3 Jahre hindurch gut trinken lassen. Der *2000er Côtes du Rhône Pierrot*, dessen Mischrezept 60% Grenache aufweist, während sich der restliche Prozentsatz aus Carignan, Mourvèdre und Syrah zusammensetzt, war zur Zeit meines Besuches noch nicht abgefüllt worden und nahm sich rustikal und hart aus. Wenn die Frucht beherrschender und das Tannin weniger aufdringlich wird, dürfte er sich zu einem Wein entwickeln, der 80 Punkte oder mehr verdient. Ein Côtes du Rhône der teureren Art ist der *2000er Côtes du Rhône Aurore* (1500 Kisten wurden produziert). Größtenteils aus Grenache-Trauben von alten Reben aus einem alten, an Châteauneuf-du-Pape angrenzenden Weinberg gewonnen (95%), legt diese außergewöhnliche Leistung ein weiteres Mal Zeugnis davon ab, wie günstig man in diesem Teil Frankreichs einkaufen kann. Dieser Wein könnte mühelos als ein Châteauneuf-du-Pape durchgehen. Aromen von Kirschgeist, *garrigue*, Fleisch und Lakritze gehen einher mit einem gediegen ausgestatteten, geschmeidig texturierten Côtes du Rhône mit einem erstaunlich langen Abgang. Trinken Sie ihn im Lauf der nächsten 5–6 Jahre.

Patrick Lesec hat begonnen, qualitativ hoch stehende Selektionen aus so bekannten Dörfern wie Cairanne und Rasteau der Appellation Côtes-du-Rhône Villages sowie aus der Appellation Vacqueyras anzubieten. Lesecs Fähigkeit, feine Châteauneufs aufzuspüren, ist besonders beeindruckend. Der *2000er Côtes du Rhône-Villages Rasteau Vieilles Vignes*, eine gute Leistung der Weinbereitung, hat von der niedrigeren Säure, dem süßeren Tannin und der dicklichen Frucht des Jahrgangs profitiert. Seine sattrubin-purpurrote Farbe geht einher mit einem Parfüm von Lakritze, Schokolade und Brombeeren und einem angenehm herzhaften Geschmackseindruck im Mund. Er dürfte 5–6 Jahre schön altern. Der *2000er Châteauneuf-du-Pape Les Galets Blonds-Tonneaux* (eine Mikro-Cuvée von 1000 Flaschen) offenbart mehr Festigkeit sowie Barrique-Einfluss. Aus diesen Gründen schmeckt er weniger typisch. Ansonsten ähnelt er dem nicht im Fass ausgebauten Les Galets Blonds. Voraussichtliche Genussreife: jetzt–2012. Die neueste Cuvée von Patrick Lesec, der *2000er Châteauneuf-du-Pape Marquis* ist ein Verschnitt aus 90% Grenache und 10% Syrah (3000 Kisten). Sein Kleid von mittlerem Dunkelrubinrot wird begleitet von einem dicklichen Bukett mit Erdbeer-, Schwarzkirschen-, Pfeffer- und Harzaromen. Gehaltvoll und reichfruchtig, mit bewundernswerter Süße (von Glyzerin), wird er sich 7–8 Jahre hindurch gut trinken lassen. Starke krautige Noten in dem *2000er Châteauneuf-du-Pape Aurore* ließen meine Bewertung niedrig ausfallen. Ansonsten legt dieser 400 Kisten umfassende Wein klassische Aromen von Kirschgeist, Pfeffer und *garrigue* an den Tag. Von mittlerem bis vollem Körper, mit mäßigem Tannin und einem wuchtigen Abgang, dürfte er sich 8–10 Jahre hindurch gut trinken lassen. Der *1999er Châteauneuf-du-Pape Aurore* kommt von demselben Weingut, in dem Lesec den Côtes du Rhône Aurore bereitet. Hauptsächlich aus Grenache gekeltert, ist dies ein weicher, offen gewirkter Châteauneuf von mittlerem bis vollem Körper mit Batzen von Schwarzkirschfrucht, aufgeschlossener, frühreifer Textur und seidigem Abgang. Er will in seinen ersten 7–8 Lebensjahren getrunken werden. Früher wurden die Cornas-Angebote unter dem Namen Michel Perraud aufgelistet, dabei handelt es sich aber um den von Patrick Lesec geschaffenen Markennamen. Nun setzt er jedoch seinen eigenen Namen auf das Etikett, um jeden Irrtum und eventuelle Verwirrung auszuschließen. Wie auch immer der Name lauten mag, diese Weine sind prachtvolle Leistungen der Weinbereitung. Nach Art eines Burgunders gestaltet, erleben sie eine 5 Tage währende Kaltmaischung, niedrige Schwefelzugaben, und werden nicht von den Hefen abgestochen. Die Flaschenabfüllung wird ohne Schönung und Filtration durchgeführt. Es ist schon bemerkenswert, dass ein Außenseiter (aus Paris über Santa Barbara) aus einer Appellation mit zahlreichen Winzern, die unter ihren Möglichkeiten bleiben, einen Cornas mit solcher Reichhaltigkeit, Komplexität und Authentizität der Appellation hervorzubringen vermag.

Im Jahrgang 2000 haben die Cornas-Weine zwar weniger Ausstaffierung als ihre Pendants von 1999, sind aber unstrittig gelungen. Der *2000er Cornas Cuvée Sarah* gibt eine tiefsatte rubin-purpurrote Farbe sowie Aromen von süßen schwarzen Früchten, Lakritze, Asphalt, Mineralien und Rauch zu erkennen. Von mittlerem Körper, mit süßem Tannin und ärmer an Säure als der 1999er, wird er sich im ersten Jahrzehnt seines Lebens gut trinken. Der *2000er Cornas Le Vignon* zeigt erneut eine eher von flüssigen Mineralien geprägte Art, gepaart mit einem trockenen Charakter, der an einen Vintage Port denken lässt, sowie reichlicher Frucht von überreifen Pflaumen, Brombeeren, Feigen und schwarzen Johannisbeeren, vermischt mit Leder und Rauch. Wenngleich nicht so reichhaltig wie der 1999er Le Vignon, ist er eine beeindruckende Leistung mit superber Reife, vielschichtiger Textur und gut integriertem Säure- und Tanningehalt. Er dürfte sich die nächsten 12–15 Jahre hindurch gut trinken lassen.

Der *1999er Cornas Cuvée Sarah* stammt von 80-jährigen Reben aus der Lage Les Chaillets. Seine pflaumenhafte-purpurrote Farbe geht einher mit einem kräftigen, dicken, saftigen Bukett, das nach Asphalt, Brombeeren und Cassis duftet. Bei dieser für einen Cornas relativ zivilisierten und ausgefeilten Cuvée mit reifem Tannin wurden zu 80% neue Eichenholzfässer eingesetzt und sie wurde vor der Flaschenabfüllung 15 Monate ohne Abstich auf ihren Hefen liegend (*sur lie*) ausgebaut. Voraussichtliche Genussreife: jetzt–2012. Der großartige *1999er Cornas Le Vignon* ist einer der besten Weine des Jahrgangs. Aus Trauben von 80-jährigen Rebstöcken gewonnen, offenbart er in seinem superben nach Brombeeren und Cassis duftenden Bukett mehr mineralisch geprägte Art. Auch Spuren von Veilchen, neuem Sattelleder und Trüffeln sind vorhanden. Bemerkenswerterweise wurden bei der Gärung

79% Stiele verwendet, was sich zwar weder im Duft noch im Geschmack bemerkbar macht, aber zu Biss und Definition des Weins beträchtlich beigetragen hat. Der groß ausgelegte, massive Cornas nimmt einen Stil zwischen den traditionellen Giganten der Vergangenheit und den geschliffeneren, in Barriques ausgebauten Cornas-Weinen der Zukunft ein. Voraussichtliche Genussreife: jetzt–2016.

Lesec produziert einige ausgezeichnete Cuvées aus den berühmtesten Rotwein-Appellationen des südlichen Rhônetals, Gigondas und Châteauneuf-du-Pape. Der *2000er Gigondas Les Blanches* (90% Grenache und 10% Mourvèdre ohne Einsatz von Eichenholz) besitzt eine tiefe rubinrote Farbe, ein Bukett von Herbstlaubaromen und feuchten Walddüften, raues Tannin sowie Kirsch- und schwarze Johannisbeerfrucht. Er ist ein traditioneller, rustikaler Wein mit hartem Tannin. Ein besseres Angebot ist der *2000er Gigondas Les Espalines-Les Tendrelles*, ein Verschnitt aus 70% Grenache und 30% Mourvèdre, der zu etwa 30% in neuen Eichenholzfässern ausgebaut wird. Dieser attraktive Gigondas präsentiert körperreiche, von Schwarzkirschfrucht dominierte Geschmacksnuancen. Wenngleich nicht komplex, wird er während dieses Jahrzehnts angenehmen Trinkgenuss gewähren. Der *1999er Gigondas Les Espalines-Les Tendrelles* (750 Kisten) scheint sogar noch besser zu sein, mit seidigerem Tannin, reiferer, konzentrierterer, dicklicher Frucht, gehobenem Glyzeringehalt und einem körperreichen, dichten, seidigen Abgang. Er dürfte sich 10–12 Jahre gut trinken. Der *1998er Gigondas Les Espalines-Les Tendrelles* (500 Kisten) bietet eine dunkelpurpurrote Farbe und eine dichte Konstitution mit frischem Eichenholz, Pflaumen, Kirschen und Baumrinde in Duft und Geschmack. Körperreich, tief und mäßig tanninhaltig, wird er sich jetzt–2012 in Bestform befinden.

Der tiefrubinrote *1999er Côtes du Rhône-Villages Cairanne Vieilles Vignes* (60% Grenache, während der restliche Prozentsatz aus Syrah, Carignan und Mourvèdre besteht) legt Noten von Lavendel, Pfeffer und Kirschen an den Tag und zeigt in seinem strengen Abgang rustikales Tannin. Trinken Sie ihn im Lauf der nächsten 3–4 Jahre. Der *1999er Côtes du Rhône-Villages Rasteau Beaumistral Vieilles Vignes* schmeckte bei meiner Verkostung verschlossen, enthüllte aber grobes Tannin, schokoladige, kirschengetränkte Frucht und mittleren Körper. Ich zweifle daran, ob das Tannin jemals abschmelzen wird. Der *1999er Côtes du Rhône Domaine de Pierredon* (ein Verschnitt aus gleichen Anteilen von Grenache, Syrah und Mourvèdre) zeigt Noten von Unterholz, schwarzen Kirschen und Cassis, eine weiche, mollige Textur mit erstaunlicher Reichhaltigkeit für einen Wein dieser Preisklasse, ordentlicher Säure und einem schön texturierten, reifen, zu Kopf steigenden Abgang. Er wurde praktisch ohne SO_2-Zugaben vinifiziert und ausgebaut. Trinken Sie ihn im Lauf der nächsten 2–3 Jahre. Der *1999er Côtes du Rhône-Villages Perillière Vieilles Vignes* (ein Verschnitt aus Grenache und Syrah zu gleichen Teilen) ist fett, mit einer Fülle von süßer, säurearmer Brombeerfrucht, hohem Glyzeringehalt und einem kernigen, fruchtigen Eindruck am Gaumen. Im Mund fühlt er sich mollig und lustbetont an. Trinken Sie ihn im Lauf der nächsten 2–3 Jahre. Der *1999er Côtes du Rhône Aurore*, aus Trauben von 80-jährigen Grenache- (95%) und Syrah-Reben (5%) gewonnen, die alle ungeschönt und unfiltriert aus dem Tank in die Flasche gelangten, ist eine großartige Verkörperung eines Grenache. Seine dunkelrubinrote Farbe geht einher mit einem Wein, der an einen kräftigen, herzhaft-schmackhaften, körperreichen Châteauneuf-du-Pape erinnert. Intensive, reintönige Noten von Kirschgeist, Gewürzen und Pfeffer werden begleitet von einem erstaunlich reichhaltigen Wein, der am Gaumen Himbeernuancen freisetzt. Die niedrige Säure des Weins, sein hoher Glyzeringehalt und seine genussbetonte Persönlichkeit legen nahe, ihn im Lauf der nächsten 2–3 Jahre zu trinken, aber ich wäre nicht erstaunt, wenn er noch länger halten würde. Diesen Wein sollte man kistenweise kaufen!

Patrick Lesec arbeitet auch mit der Domaine Beau Mistral in Rasteau zusammen (ebenso Kermit Lynch). Der *1999er Côtes du Rhône-Villages Rasteau Beaumistral Vieilles Vignes* zeigt eine bessere Integration des Tannins und die gleichen Aromen von versengter Erde,

Schokolade, Schwarzkirschen und Pflaumen, mittleren bis vollen Körper sowie eindrucksvolle Sättigung und Länge. Er dürfte sich 7–8 Jahre hindurch gut trinken lassen.

Der *1998er Côtes du Rhône Villages Rasteau Beaumistral Vieilles Vignes* (ein Verschnitt aus 60% Grenache, 25% Syrah und 15% Mourvèdre) ist ein rustikaler Tropfen, der im Geschmack stämmige, schokoladige Noten von versengter Erde, Schwarzkirschen und Pflaumen und im Abgang hohen Tanningehalt erkennen lässt. Er besitzt zwar einen unzivilisierten Charakter, ist aber kräftig, substanziell und vollmundig. Trinken Sie ihn im Lauf der nächsten 3–5 Jahre. Ein weiterer feiner Wein ist der *1998er Côtes du Rhône-Villages Cairanne Vieilles Vignes*, ein im Tank ausgebauter Verschnitt aus 70% Grenache, 10% Counoise, 10% Syrah und 10% Mourvèdre. Er bietet mehr Struktur als einige seiner älteren Genossen, wobei die fette, kernige, mit Kirschgeist und Kräutern überhauchte Frucht mit einem harzigen und von Balsaholz geprägtem Charakter unterlegt ist. Bei mittlerem bis vollem Körper reichhaltig, überschwänglich und robust zugleich, wird er sich 5–6 Jahre schön trinken lassen.

Der feinste Châteauneuf-du-Pape ist der Les Galets Blonds, eine aus Trauben von alten Rebstöcken gewonnene Cuvée, deren Mischsatz aus 93% Grenache und 7% Syrah aus der berühmten La Crau-Lage von Châteauneuf-du-Pape besteht. Der *2000er Châteauneuf-du-Pape Les Galets Blonds* besitzt »nur« 15% Alkohol. Er ist ein kräftiger, dicklicher Wein mit einer satten rubin-purpurroten Farbe, wollüstigen Geschmackskomponenten, vollem Körper, fabelhafter Konzentration von schwarzen Früchten, untermischt mit getrockneten Kräutern und versengtem Felsgestein sowie eindrucksvollem Glyzeringehalt, der dem Wein viel Süße verleiht. Dieser üppig-saftige, nahtlose, vollmundige Châteauneuf wird in den ersten 12–14 Jahren seines Lebens köstlichen Trinkgenuss gewähren. Es gibt 600 Kisten von dem in Edelstahltanks und in alten Holzfässern (*foudres*) ausgebauten außergewöhnlichen *1999er Châteauneuf-du-Pape Les Galets Blonds*, einem beeindruckenden Wein, der kolossale 15,7% Alkohol zu bieten hat (nichts davon ist in seinem Duft und Geschmack zu verspüren). Seine tiefrubin-purpurrote Farbe geht einher mit einem süßen Bukett von dicklichen schwarzen Früchten, verwoben mit Düften nach Mineralien, englischem Kuchen, Balsaholz und Kräutern. Dieser dichte, ölig texturierte, geschichtete Châteauneuf kann schon jetzt, aber auch während der nächsten 12–15 Jahre getrunken werden. Der *1998er Châteauneuf-du-Pape Les Galets Blonds* wurde aus überaus alten Grenache-Reben in La Crau gewonnen, der Lage im Osten der Appellation Châteauneuf-du-Pape, aus der einige der feinsten Weine kommen (z.B. der Réserve des Celéstins, der Vieux Télégraphe und der Font de Michelle von Henri Bonneau). Er schmeckt sogar noch sensationeller aus der Flasche verkostet als zuvor aus dem Fass. Seine klassischen Noten von neuem Leder, getrockneten Kräutern der Provence, Kirschgeist und Rauch sind intensiv und nachhaltig. Am Gaumen erweist sich der Wein als körperreich, mit Schichten von Glyzerin und Extrakt. Der Abgang währt über 30 Sekunden. Es gibt zwar einiges Tannin, das noch abgeworfen werden muss, aber der Gesamteindruck spricht von einem groß ausgelegten, konzentrierten, traditionell gemachten Châteauneuf-du-Pape. Leider stehen nur 8600 Flaschen dieses Kraftprotzes zur Verfügung. Voraussichtliche Genussreife: jetzt–2020.

DOMAINE DE LONGUE TOQUE

2000	**Gigondas**	**C**	**(90–92)**
1999	**Gigondas**	**C**	**90**

Dieses Weingut, das vor einigen Jahren den Besitzer gewechselt hat, erbrachte mit den Weinen, die es in den späten 1970er und 1980er Jahren produziert hatte, einen eindrucksvollen Leistungsnachweis, erlebte jedoch anschließend eine Periode des Niedergangs. Die beiden hier vorgestellten Angebote sind unstrittig die feinsten Weine, die seit über einem Jahrzehnt aus Longue Toque hervorgegangen sind. Meine erste Degustationsnotiz über den *2000er Gigondas* sagt nur: »lecker«. Seine undurchdringlich rubin-purpurrote Farbe geht einher mit süßen Noten von Crème de Cassis, dicklichen fruchtähnlichen Nuancen, niedriger Säure und einem fetten, opulenten, üppig-saftigen Stil mit herrlichem Glyzerin- und Extraktniveau. Trinken Sie ihn während seiner ersten 10–12 Lebensjahre. Das verlockende Parfüm von Veilchen, roten Johannisbeeren, Brombeeren und Mineralien des tiefrubin-purpurroten *1999er Gigondas* wird begleitet von ausgezeichneten, sinnlichen Geschmackskomponenten mit mittlerem bis vollem Körper, die mit blütenüberhauchten roten und schwarzen Früchten durchsetzt sind. Dieser elegante, hochklassige, komplexe, gut definierte Gigondas lässt sich jetzt–2009 genießen.

DOMAINE DE MARCOUX

2000	**Châteauneuf-du-Pape**	**D**	**(90–93)**
1999	**Châteauneuf-du-Pape**	**D**	**90**
1998	**Châteauneuf-du-Pape**	**D**	**90**
2000	**Châteauneuf-du-Pape Vieilles Vignes**	**EE**	**(93–95)**
1999	**Châteauneuf-du-Pape Vieilles Vignes**	**EE**	**91**
1998	**Châteauneuf-du-Pape Vieilles Vignes**	**EE**	**98**

Dieses mit biodynamischen Methoden arbeitende Weingut hat seine drei besten aufeinander folgenden Jahrgänge in den Jahren 1998, 1999 und 2000 herausgebracht. Auf die superben 1998er folgten starke 1999er und profunde 2000er. Der *2000er Châteauneuf-du-Pape* prunkt mit einem fabelhaften blumenduftigen Bukett mit den für dieses Weingut so typischen Noten von Brombeerlikör. Körperreich und dicklich, mit niedriger Säure, einer üppig-sinnlichen Textur, vielschichtigen Geschmacksnuancen und einem molligen, fetten, fleischigen Abgang, wird er sich über 14–15 Jahre hinweg schön trinken lassen. Der unwiderstehliche, pflaumenhaft-purpurrote *2000er Châteauneuf-du-Pape Vieilles Vignes* besitzt zusätzliche Konzentration und Glyzerin sowie ausgezeichnete Reintönigkeit und markante Brombeer-, Lakritz- und Blüten-Komponenten in Duft und Geschmack. Im Mund vermittelt er den Eindruck eines Châteauneuf-du-Pape-Likörs. Voraussichtliche Genussreife: jetzt–2020.

Der dunkelrubinrote *1999er Châteauneuf-du-Pape* bietet ein herrliches Parfüm aus Lakritze, Kirschmarmelade, Frühlingsblumen und Brombeeren. Relativ entwickelt (typisch für den Châteauneuf aus diesem Jahrgang), mit süßer Frucht, vielschichtigen Geschmacksnuancen und einem langen, nahtlosen Abgang, lässt sich dieser bezaubernde, opulente 1999er schon jetzt, aber auch während der nächsten 12–14 Jahre genießen. Sogar noch besser ist der *1999er Châteauneuf-du-Pape Vieilles Vignes.* Seine dunkelrubinrote Farbe mit einem Anflug von Pink am Saum geht einher mit einem fesselnden veilchenduftigen Bukett, in das sich Aromen von Brombeermarmelade, Lakritze und Tapenade mischen. Dieser körperreiche, expansive, konzentrierte, würzige Wein ist vielleicht nicht so profund wie der 1998er, der 1995er oder der 1990er, aber herrlicher Stoff. Voraussichtliche Genussreife: jetzt–2016.

Die 1998er sind fraglos die feinsten Weine, die in dieser Domaine seit 1990 und 1989 produziert wurden. Der *1998er Châteauneuf-du-Pape* präsentiert ein pfeffriges, nach Pflaumen, Kirschlikör und Cassis duftendes Bukett, gefolgt von opulenten, langen, offen gewirkten Geschmacksnuancen voller Glyzerin und Alkohol. Die Reichhaltigkeit und der hohe Glyzeringehalt des Weins verdecken einen Großteil seiner Struktur und seines Tannins. Dieser sinnliche, üppig texturierte, cremige 1998er dürfte 10–12 Jahre und länger herrlichen Trinkgenuss gewähren. Der profunde, dichte, rubin-purpurrote *1998er Châteauneuf-du-Pape Vieilles Vignes* kann sich all der oben angeführten Eigenschaften und einiger anderer dazu rühmen. Die typischen Noten von Brombeerlikör in Duft und Geschmack sind ebenso vorhanden wie gewaltiger Glyzeringehalt, bewundernswerte Reichhaltigkeit und ein überströmendes Bukett von schwarzen Früchten, Mineralien, Lavendel und exotischen Gewürzen. Der Abgang währt über 50 Sekunden und die Reintönigkeit und die vielfältigen Dimensionen des Weins sind einfach verblüffend. Dies ist ein faszinierender, vollmundiger Châteauneuf-du-Pape, der sich als unglaublich konzentriert, ölig, ausgewogen und seidig texturiert erweist und keinerlei raue Ecken und Kanten bietet. Voraussichtliche Genussreife: jetzt–2020.

Bisherige große Jahrgänge: Châteauneuf-du-Pape Vieilles Vignes 1995er (95), 1992er (93), 1990er (100), 1989er (100)

MAS DE BOIS LAUZON

2000	**Châteauneuf-du-Pape**	**D**	**(89–91)**
1999	**Châteauneuf-du-Pape**	**D**	**88**
1998	**Châteauneuf-du-Pape**	**D**	**90**
2000	**Châteauneuf-du-Pape Cuvée du Quet**	**E**	**(90–93)**
2000	**Côtes du Rhône-Villages**	**A**	**(86–87)**
1999	**Côtes du Rhône-Villages**	**A**	**86**

Dieser zuverlässige Châteauneuf-du-Pape-Produzent gestaltet elegante, aber im Wesentlichen geschmacksintensive Weine, die sowohl nahtlos als auch unmittelbar zugänglich sind. Der *2000er Châteauneuf-du-Pape* ist der Traum jedes Hedonisten. Samtig texturiert, reif und von explosiver Fruchtigkeit, mit Ladungen von Glyzerin, einem süßen, nach Kirschgeist duftenden Parfüm und einem langen, herzhaften Abgang, wird er zwar angesichts seiner niedrigen Säure und seines aufgeschlossenen Stils keinen alten Knaben (Lagerwein) abgeben, aber als Trinkgenuss während der nächsten 10–12 Jahre breiten Anklang finden. Im Jahrgang 2000 führte der Eigentümer des Guts, Chaussy, eine Spezial-Cuvée ein. Der *2000er Châteauneuf-du-Pape Cuvée du Quet* ist ein stark verhalten entwickelter, weniger aufgeschlossener und charmanter Wein als die einfache Cuvée. Sein tieferer, wuchtigerer, konzentrierterer Charakter ist geprägt von schwarzen Früchten, Unterholz, Pfeffer, Kirschen und Brombeeren und geht mit mehr Struktur und weniger Zugänglichkeit einher. Reichliche Mengen von süßem Tannin legen die Notwendigkeit von 2–3 Jahren Kellerreife nahe. Voraussichtliche Genussreife: jetzt–2018. Eine gute Einführung in den Stil dieses Weinguts und dazu ein günstiger Kauf, ist der *2000er Côtes du Rhône-Villages* ein fruchtiger, in Duft und Geschmack von Pfeffer- und Kirscharomen dominierter Wein. Von mittlerem Körper und geschmeidig, sollte er am besten in den nächsten 1–3 Jahren getrunken werden.

Der geschmeidige *1999er Châteauneuf-du-Pape* legt klassische provenzalische Aromen von zerdrückten Pfefferkörnern, getrockneten Kräutern, neuem Sattelleder und Schwarzkirschlikör an den Tag. Er besitzt eine ausgezeichnete Textur, mittleren bis vollen Körper und schöne Reintönigkeit. Genießen Sie ihn in seinen ersten zehn Lebensjahren. Der *1999er Côtes du Rhône-Villages* von Mas de Bois Lauzon ist ein überschwänglicher, robuster Wein mit reichlich pfeffriger Frucht von getrockneten Kräutern und Schwarzkirschen. Trinken Sie ihn im Lauf der nächsten 2 Jahre.

Der sinnliche *1998er Châteauneuf-du-Pape* von Daniel und Monique Chaussy offenbart eine tiefe rubin-purpurrote Farbe und ein superb reintöniges Bukett von Schwarzkirschlikör, vermischt mit Himbeeren, Mineralien und Gewürzen. Im Mund zeigt er bei mittlerem bis vollem Körper eine elegante, finessenreiche Persönlichkeit. Schmeichelnd, fleischig, mit herrlich reintöniger Frucht und wunderschöner Symmetrie, wird dieser gut ausgestattete Châteauneuf-du-Pape jeden Weintrinker betören, doch verfügt er auch über ausgezeichnete Struktur und ausreichend Tannin, um sich 12 Jahre hindurch weiter zu entwickeln.

MAS DE GOURGONNIER

1999	**Les Baux**	**C**	**91**
1999	**Réserve du Mas Les Baux**	**C**	**91**

Der *1999er Les Baux* (ein Verschnitt aus 50% Cabernet Sauvignon, 25% Grenache und 25% Syrah, Mourvèdre und Carignan) zeichnet sich aus durch eine undurchdringlich schwarzpurpurrote Farbe sowie herrliche Aromen von Pflaumenlikör, Lakritze, Trüffeln, gerösteten Kräutern und Grafit. Tief und körperreich, mit superber Reintönigkeit, einer üppigen Textur und reichlich Frucht und Glyzerin, wurde diese Cuvée von 5000 Kisten ungeschönt und unfiltriert auf Flaschen abgezogen. Trinken Sie diesen Wein im Lauf der nächsten 7–8 Jahre. Der *1999er Réserve du Mas les Baux* (8000 Kisten eines Verschnitts aus Syrah, Cabernet Sauvignon und Grenache zu gleichen Teilen) kommt etwas mit frischer Eichenholzwürze in Kontakt, doch wird diese vollkommen von der explosiven Brombeer- und Cassisfrucht des Weins verdeckt. Unglaublich genussbetont, reichhaltig und verschwenderisch gebaut, gibt er vollen Körper, gepaart mit fabelhafter Konzentration und Reintönigkeit, zu erkennen. Dieser prachtvolle, vollmundige, reich ausstaffierte, nahtlose, den Mund füllende Wein bietet die Quintessenz schwarzer Früchte dar, untermischt mit getrockneten Kräutern der Provence und Lakritze. Er dürfte sich 10–12 Jahre hindurch schön trinken lassen. Das sind ehrfurchtgebietende Beispiele großer Weine, die zu sehr fairen Preisen verkauft werden. Machen Sie es wie ich – kaufen Sie sie kistenweise.

DOMAINE MATHIEU

1999	**Châteauneuf-du-Pape**	**C**	**86**
1998	**Châteauneuf-du-Pape**	**C**	**87**
1999	**Châteauneuf-du-Pape Marquis Anselme Mathieu**	**D**	**87**
1998	**Châteauneuf-du-Pape Marquis Anselme Mathieu**	**D**	**90**

Die beiden 1998er sind die zwei eindrucksvollsten Weine, die ich bislang von der Domaine Mathieu verkostet habe, einem weiteren im Aufstieg begriffenen Châteauneuf-du-Pape-Produzenten. Die 1999er sind beide leichter als ihre 1998er Genossen, was nicht weiter verwundert, wenn man die Unterschiede im jeweiligen Charakter der Jahrgänge bedenkt (1998 ist ein großer Jahrgang, 1999 ein sehr guter).

Der mittelrubinrote *1999er Châteauneuf-du-Pape* zeigt beträchtliches Pink am Saum. Er ist ein charmanter Wein von mittlerem bis vollem Körper mit süßer Kirschfrucht, die getränkt ist mit Noten von Balsaholz und Gewürzen. Trinken Sie ihn im Lauf der nächsten 4–5 Jahre. Dichter texturiert, reichhaltiger und fruchtiger, mit zusätzlicher Ausstaffierung, ist der *1999er Châteauneuf-du-Pape Marquis Anselme Mathieu* ein mittelgewichtiger Châteauneuf mit süßem Tannin und einer nahtlosen Textur. Er will in den nächsten 5–7 Jahren getrunken sein.

Die uninspirierende mittelrubinrote Farbe des *1998ers Châteauneuf-du-Pape* ist trügerisch angesichts der Tatsache, dass es sich bei diesem Wein um einen sinnlichen, offen gewirkten, reifen, hedonistischen, expansiven, körperreichen, dicklichen Wein handelt. Große Mengen von Kirsch- und Johannisbeerfrucht wetteifern mit Gewürzen, Pfeffer und Kräutern, um einen verführerischen, reintönigen, gut ausgewogenen Wein zu ergeben. Trinken Sie diesen köstlichen 1998er jetzt und während der nächsten 7 Jahre. Auch der *1998er Châteauneuf-du-Pape Marquis Anselme Mathieu* zeigt eine eindrucksvolle mittelrubinrote Farbe, doch bietet der Wein ein herrliches Bukett von Schwarzkirschlikör und Gewürzen. Im Mund nimmt er sich üppig-sinnlich aus, mit verschwenderischem Glyzeringehalt, starker Extraktion von schwarzen und roten Früchten, einer weichen, fetten Mitte und einem langen, saftigen, üppigen Abgang. Er wird sich zwar nicht als Lagerwein (»alte Knaben«) eignen, doch für die nächsten 10 Jahre einen verbraucherfreundlichen fruchtigen Tropfen auf der Basis von Grenache bieten.

CHÂTEAU MAUCOIL

2000	**Châteauneuf-du-Pape**	**C**	**(87–88)**
1999	**Châteauneuf-du-Pape**	**C**	**87**
1998	**Châteauneuf-du-Pape**	**C**	**87**
2000	**Châteauneuf-du-Pape Privilège**	**D**	**(88–90)**
1999	**Châteauneuf-du-Pape Privilège**	**D**	**88**
1998	**Châteauneuf-du-Pape Privilège**	**D**	**90**
2000	**Côtes du Rhône**	**A**	**86**

Ein guter Gegenwert mit erfreulichem Preis-Qualitätsverhältnis ist der in Flaschen abgefüllte *2000er Côtes du Rhône.* Er zeigt eine Fülle von süßer Kirschfrucht und pfeffrige Noten, die in einem unkomplizierten, leicht zu trinkenden, fleischigen Stil präsentiert werden. Mit bewundernswertem Glyzerin- und Alkoholgehalt ausgestattet, sollte er im Lauf der nächsten 1–2 Jahre getrunken werden.

Die 2000er Cuvées enthalten noch mehr Frucht, Glyzerin, Alkohol und Fett als die 1999er, weil der Jahrgang besser ausgefallen ist. Der dunkelrubinrote *2000er Châteauneuf-du-Pape* offenbart ein intensives, nach süßer Schwarzkirschfrucht, Pflaumen, Leder und Pfeffer duftendes Bukett. Er ist bei mittlerem Körper würzig, mit niedriger Säure, und attraktivem Gehalt an Glyzerin und seidigem Tannin. Trinken Sie ihn im Lauf der nächsten 8–9 Jahre. Der *2000er Châteauneuf-du-Pape Privilège* könnte eine hervorragende Punktnote verdienen. Seine fruchtgeprägte Persönlichkeit ist gekennzeichnet von süßen schwarzen Johannisbeeren und Kirschlikör. Körperreich, mit beeindruckendem Glyzerin und geschmeidigem Tannin, fühlt er sich im Mund mollig und voluminös an. Er wird sich in den nächsten 8–10 Jahren gut trinken lassen.

Der mittelrubinrote *1999er Châteauneuf-du-Pape* ist ein voll ausgereifter, fruchtiger Wein mit Noten von Pflaumen, Pfeffer und Kirschen, mittlerem Körper und einem runden, angenehmen, im modernen kommerziellen Trend liegenden Stil. Trinken Sie diesen verbraucherfreundlichen Châteauneuf im Lauf der nächsten 3–5 Jahre. Mehr zu bieten hat der *1999er Châteauneuf-du-Pape Privilège,* einschließlich Aromen von Orangenschale, Kirschlikör, Pfeffer und Pflaumen. Zwar zeigt er sich bei mittlerem bis vollem Körper fleischig, doch liegt wenig Tiefe hinter seiner insgesamt anziehenden Oberflächlichkeit. Trinken Sie ihn im Lauf der nächsten 6–7 Jahre.

Der *1998er Châteauneuf-du-Pape* ist ein reifer, fleischiger, von Schwarzkirschen dominierter Wein mit vollem Körper, superber Reichhaltigkeit und einer Fülle würziger, kerniger Frucht. Er dürfte sich in seinen ersten 7–8 Lebensjahren schön trinken lassen. Der *1998er Châteauneuf-du-Pape Cuvée Privilège* kommt zwar mit Eichenholz in Kontakt, doch alle seine herrlichen Geschmackskomponenten, sein Glyzerin, seine Reichhaltigkeit und seine Duftnuancen bleiben intakt, da er nicht der Schönung und Filtration unterworfen wird, die andere Cuvées erleiden müssen. Dieser Vertreter eines Grenache aus alten Reben bietet eine tiefrubin-purpurrote Farbe, gepaart mit einem süßen Bukett von asiatischen Gewürzen, Lakritze, Pfeffer und dicklichen schwarzen Früchten. Körperreich, reif und kernig, mit hohem Alkoholgehalt, eindrucksvollem Extrakt und einem Hauch von frischem Eichenholz, dürfte er sich bereits bei seiner Freigabe gut trinken lassen und 12 Jahre+ halten.

LA MONARDIÈRE

2000	**Vacqueyras Réserve des Deux Monarques**	**C**	**(87–89)**
1999	**Vacqueyras Réserve des Deux Monarques**	**C**	**87**
2000	**Vacqueyras Vieilles Vignes**	**D**	**(88–90)**
1999	**Vacqueyras Vieilles Vignes**	**D**	**89**

Im Vergleich zu den 1999ern besitzen die 2000er Cuvées ein satteres rubin-purpurrotes Kleid und dicklichere Frucht, darüber hinaus legt die Cuvée Vieilles Vignes eine Spur von Eichenholzwürze an den Tag. Dessen ungeachtet sind die 1999er gediegene Leistungen. Der *2000er Vacqueyras Vieilles Vignes* ist körperreich und entwickelt, mit dicken, muskulösen Geschmackskomponenten und Ladungen von schwarzen Früchten, die sich mit Lakritze, getrockneten Kräutern und Vanille mischen. Trinken Sie ihn im Lauf der nächsten 7–8 Jahre. Der tiefrubin-purpurrote *2000er Vacqueyras Réserve des Deux Monarques* prunkt mit einem kräftigen, süßen Bukett von Brombeeren, Johannisbeeren und Kirschgeist, verwoben mit Erde und Gewürzen. Expansiv und korpulent, sollte er am besten in seiner überschwänglichen Jugend während der nächsten 4–5 Jahre getrunken werden. Der *1999er Vacqueyras Réserve des Deux Monarques* ist ein kräftiger, würziger, erstaunlich eleganter Wein mit großen Mengen von traubiger, johannisbeerartiger Frucht mit einem Anflug von Kirschen. Bei mittlerem Körper rund und gut ausgewogen, dürfte er sich 4–5 Jahre hindurch schön trinken lassen. Expansiver und körperreicher, mit süßerer, dicklicherer Frucht und höherem Extrakt, offenbart der *1999er Vacqueyras Vieilles Vignes* die für diese Region typischen Noten von Kirschgeist, Pfeffer und getrockneten Kräutern. Er dürfte sich 5–6 Jahre hindurch schön trinken lassen.

DOMAINE MONPERTUIS

1999	Châteauneuf-du-Pape	D	89

Die Verkostung der 1998er dieser Domaine, die hervorragend gewesen sein dürften, habe ich irgendwie verpasst. Paul Jeune, der talentierte Besitzer von Monpertuis, ist dafür bekannt, langlebige Weine zu produzieren. Sein *1999er Châteauneuf-du-Pape* legt eine pflaumendunkle-rubinrote Farbe an den Tag, begleitet von einem ernsthaften Bukett, das nach reifer Frucht, *garrigue*, Pfeffer, Mineralien und Erde duftet. Körperreich, mit ausgezeichneter Tiefe, Reintönigkeit und einem geschichteten Abgang, ist er ein komplexer, erstaunlich zugänglicher Wein (fraglos Teil des Jahrgangscharakters), der schon jetzt und etwa in den nächsten zwölf Jahren getrunken werden kann.

DOMAINE MONTEILLET

2000	Condrieu	E	89
1999	Condrieu	E	90
1998	Condrieu	E	92
2000	Condrieu Les Grandes Chailles	D	87
1998	Côte Rôtie Les Grandes Places	EE	90+
1997	Côte Rôtie Les Grandes Places	EE	92
2000	St-Joseph	C	(85–86)
1999	St-Joseph	C	(85–87)
1997	St-Joseph	C	90
1999	St-Joseph Blanc	C	86
2000	St-Joseph Cuvée du Papy	D	(86–88)
1999	St-Joseph Cuvée du Papy	D	(88–90)
1997	St-Joseph Cuvée du Papy	D	90+
1999	St-Joseph Fortior	C	88

Der Besitzer des Weinguts, Stephan Montez, ist Angehöriger der jungen Generation im Rhônetal. Er hat bei Joseph Phelps in Kalifornien und bei Brown Brothers in Australien gearbeitet und vertritt die weise Ansicht, dass Frankreich sich nicht nur an seine berühmte Hierarchie der *terroirs* klammern kann, um weiterhin an der Weltspitze der qualitativ hoch stehenden Weine zu bleiben. Die Leser sollten sich merken, dass dieser Produzent Weine unter zwei Etikettierungen herstellt. Die Weine von seiner Domaine sind als Domaine Monteillet gekennzeichnet und die anderen als Vignobles de Monteillet. Ich hatte keine Gelegenheit, seine 1999er noch einmal aus der Flasche zu verkosten, doch vom Fass nahmen sie sich eindrucksvoll aus, insbesondre der 1999er St-Joseph Cuvée du Papy.

Was die Angebote unter dem Etikett Domaine Monteillet betrifft, so wird der *1999er St-Joseph Blanc* (hauptsächlich Marsanne mit einer Spur Roussanne) zu einem Drittel im Tank und zu zwei Dritteln in alten Eichenholzfässern ausgebaut. Er bietet ein frisches, mineralisches, nach Zitronen und Orangenblüten duftendes Bukett, elegante Geschmackskomponenten von mittlerem Körper, gute, saubere, reife Frucht und einen würzigen Abgang. Trinken Sie ihn im Lauf der nächsten 2 Jahre.

Der *2000er Condrieu* ist eine gediegene Leistung der Weinbereitung aus Erträgen von 35 hl/ha (angesichts der überreichen Ernte des Jahrgangs bescheiden). Dieser ausgezeichnete aprikosenduftige Wein enthüllt eine Fülle von tropischer Frucht, gepaart mit einer faszinierenden mineralisch geprägten Komponente. Von mittlerem bis vollem Körper, mit guter unterlegter Definition und Reintönigkeit, wird er sich 1–2 Jahre hindurch gut trinken. Der *1999er Condrieu* (der zu etwa einem Drittel in neuen Eichenfässern ausgebaut wird) ist außergewöhnlich. Einer der feinsten Weine der Appellation, aus einem eher guten als außergewöhnlichen Jahrgang für dieses Gebiet, stammt dieser Wein hauptsächlich von der Côteau Chanson. Er legt einen von exotischer Frucht geprägten Charakter an den Tag, der sich aus Ananas, Mandarinen und Orangenmarmelade zusammensetzt, gepaart mit den Geißblatt-Noten der Viognier-Traube. Von mittlerem bis vollem Körper, trocken, aber ölig, reichhaltig und eindrucksvoll, ist dies ein prachtvoller Wein, wenngleich etwas weniger konzentriert als der kraftstrotzende 1998er. Der verschwenderische *1998er Condrieu*, einer der fesselndsten Condrieus, die ich im Lauf der letzten Jahre verkostet habe, wurde aus einem kärglichen Ertrag von 17 hl/ha bereitet. Dieser zu 100% im Fass vergorene (davon 25% neue Eichenholzfässer) Wein erreichte 14% natürlichen Alkoholgehalt (was in Kalifornien leicht ist, aber weit schwieriger im nördlichen Rhônetal). Er bietet ein faszinierendes Bukett von Pfirsichmarmelade, verflochten mit Aprikosen, Frühlingsblumen und Geißblatt. Körperreich, dicht und lebendig, mit explosiver Reife und herrlicher Reintönigkeit, ist dies ein überwältigender Wein zum Trinkgenuss während der nächsten 2 Jahre.

Die St-Joseph-Weine von Montez sind hervorragend, wobei die in neuen Barriques ausgebaute Cuvée du Papy sich verschlossener gibt und mehr Zeit benötigt, aber letztendlich der bessere der beiden Weine ist. Die beiden Cuvées der 1999er Rotweine sind eleganter und etwas weniger dicht und klassisch als die 1998er. Darüber hinaus nimmt sich ihre Säure pikanter, das Tannin weniger spürbar und die Frucht vibrierender und lebendiger aus. Doch sind die Weine nicht so konzentriert wie ihre Gegenstücke von 1998.

Der *2000er St-Joseph* (aus um das Dorf Chavannay gelegenen Weingärten) offenbart einen bei mittlerem Körper weichen, reifen Stil, schöne Kirsch- und Johannisbeerfrucht, niedrige Säure und attraktive Reife. Er wurde sowohl in *demi-muids* als auch in alten Fässern ausgebaut. Genießen Sie ihn im Lauf der nächsten 4–5 Jahre.

Von dem *2000er St-Joseph Cuvée du Papy* gibt es 7000 Flaschen. Dies ist der Spitzenwein des Guts, der aus einer Auslese von alten Reben gewonnen und in zu 100% neuen Eichenholzfässern ausgebaut wird. Es verwundert nicht, dass er eine sattere rubin-purpurrote Farbe an den Tag legt sowie ein reintöniges Bukett von schwarzen Früchten, Lakritze und Toast. Bei mittlerem Körper elegant, will er in seinen ersten 7–8 Lebensjahren getrunken sein.

Der dunkelrubinrote *1999er St-Joseph* präsentiert ein fruchtiges, nach Erdbeeren und Kirschen duftendes Bukett mit einem Hauch von Granit und Mineralien im Hintergrund. Herbe Säure verleiht dem Wein gute Definition und pikante Art. Trinken Sie ihn im Lauf der nächsten 4–5 Jahre. Dieser Wein wird nur in alten *demi-muids* ausgebaut. Von dem tiefrubinroten *1999er St-Joseph Cuvée du Papy* (aus Trauben von 35-jährigen Reben gekeltert und in zu 66% neuem Eichenholz ausgebaut) gibt es nur 5000 Flaschen. Er zeigt ein mäßig intensives Bukett von schwarzer Himbeermarmelade, vermischt mit toastwürzigen Kirschen und Mineralien. Dieser 1999er ist reichhaltig, reif und lebendig, mit vibrierender Säure, mittlerem Körper und ausgezeichneter, fast hervorragender Konzentration. Der *1997er St-Joseph* (13% natürlicher Alkohol; aus Erträgen von 32 hl/ha produziert, ohne Einwirkung von Eichenholz ausgebaut) ist ein reifer, dichter Wein von purpurroter Farbe mit großen Mengen von dicklichen schwarzen Früchten, einem verführerischen, üppigen, konzentrierten Eindruck am Gaumen, bewundernswerter Reintönigkeit der Frucht, einer Fülle von Glyzerin und vielschichtiger Frucht. Wie alle Rotweine von Montez nur in *demi-muids* ausgebaut, wird er unfiltriert auf Flaschen abgezogen. Der *1997er St-Joseph Cuvée du Papy* (eine Auslese aus den ältesten Reben des Guts, in zu 50% neuen Eichenholzfässern ausgebaut) gibt toastwürzige Noten zu erkennen, die sich mit Brombeer- und an Kirschlikör erinnernder Frucht verbinden. Wenngleich bei der Verkostung verschlossen, zeigten sich am Gaumen bedeutendes Gewicht und Fülle sowie mäßiges Tannin und außergewöhnliche Reintönigkeit im Abgang.

Während der einfache St-Joseph im Lauf der nächsten 8 Jahre getrunken werden kann, dürfte die Cuvée du Papy 14–15 Jahre halten.

Die Familie Montez hat 1997 eine winzige (etwa 0,4 Hektar) umfassende Parzelle von Côte Rôtie Les Grandes Places erworben. Aus den mit zersetztem Granitgestein bedeckten Böden dieser Parzelle werden jährlich 150 Kisten Wein gewonnen. Dieser Côte Rôtie wird 30 Monate lang in zu 100% neuen Eichenholzfässern ausgebaut und ungeschönt und unfiltriert auf Flaschen abgefüllt. Wie Marcel Guigal (und auch eine zunehmende Anzahl von jungen Winzern) hält Montez wenig vom Abstechen des Weins und von dem Einsatz von SO_2, daher wird der Wein ins Fass gefüllt, abgestellt und oft 12–18 Monate nicht abgestochen.

Der *1998er Côte Rôtie Les Grandes Places*, der 32 Monate in neuen Eichenfässern verbrachte, lässt die Saftigkeit und Üppigkeit der aufregenden 1997er Les Grandes Places vermissen. Wie viele Weine des Jahrgangs 1998 aus dem nördlichen Rhônetal ist er im Augenblick verschlossen. Gleichwohl zeigt er eine undurchdringliche rubin-purpurrote Farbe sowie ein verhalten entwickeltes, aber verheißungsvolles Bukett von schwarzen Früchten, verwoben mit Frühlingsblumen, Vanille und Grafit. Tanninherb, von mittlerem Körper, muskulös und tief, benötigt er 3–4 Jahre Kellerreife. Voraussichtliche Genussreife: 2005–2016. Der *1997er Côte Rôtie Les Grandes Places* ist ein spektakulärer Côte Rôtie! Ich muss daran erinnern, dass 1997 ein höchst erfolgreiches Jahr für das nördliche Rhônetal war, wo die Rotweine säurearm, aber reif, konzentriert und dicklich ausgefallen sind. Er ist ein verführerischer, ein wenig unterschätzter Jahrgang, der von den übertriebenen Hymnen auf den Jahrgang 1998 in den Schatten gestellt wurde. Aus 100% Syrah (also sortenrein) bereitet, offenbart der Wein eine Farbe von dichtem Purpurrot sowie ein prachtvolles Bukett von Brombeeren, Cassis, Lakritze und Toast. Körperreich und nahtlos, mit wunderschön integriertem Säure-, Tannin- und Alkoholgehalt, ist dieser sinnliche Wein unleugbar ein schon jetzt aufregender Trinkgenuss. Sie können damit rechnen, dass sich dieser großartige Côte Rôtie 12–15 Jahre und länger schön trinken lassen wird. Bravo!

Der unter dem Etikett Vignobles de Monteillet angebotene *2000er Condrieu Les Grandes Chailles* bietet in seiner frischen, fruchtorientierten Persönlichkeit von mittlerem Körper Anklänge von Geißblatt und Aprikosen. Er sollte am besten im Lauf des nächsten Jahres getrunken werden. Der *1999er St-Jospeh Fortior* gibt exzellente Reichhaltigkeit sowie süße Pflaumen- und Kirschfrucht zu erkennen, die er in einem unkomplizierten, üppigen Stil von mittlerem Körper mit schön integriertem Eichenholz, Säure und Tannin präsentiert. Er ist dazu bestimmt, in seinen ersten 3–4 Lebensjahren getrunken zu werden.

DOMAINE DE LA MORDORÉE

2000	**Châteauneuf-du-Pape Cuvée de la Reine des Bois**	**E**	**(96–98)**
1999	**Châteauneuf-du-Pape Cuvée de la Reine des Bois**	**E**	**94**
1998	**Châteauneuf-du-Pape Cuvée de la Reine des Bois**	**E**	**99+**
1999	**Côtes du Rhône**	**A**	**88**
1999	**Lirac Cuvée de la Reine des Bois**	**C**	**89+**
1998	**Lirac Cuvée de la Reine des Bois**	**C**	**91**
1999	**Lirac Cuvée de la Reine des Bois Blanc**	**C**	**89**

Die im Besitz von Christophe Delorme befindliche Domaine La Mordorée hat sich zu einem Superstar des südlichen Rhônetals entwickelt und bringt exquisiten Châteauneuf-du-Pape, hochklassigen Lirac, Côtes du Rhône und Tavel Rosé hervor. Nicht alle lassen sich zu den »Schnäppchen« zählen, aber wer von den Lesern diese provenzalischen Weine liebt, wäre schlecht beraten, die Angebote aus diesem tadellos geführten Weingut nicht zu probieren. Generell gibt es zwei Cuvées von den Spitzenweinen aus Lirac und Châteauneuf-du-Pape: eine einfache Cuvée und die Cuvée de la Reine des Bois, wobei die letztgenannte aus den ältesten Reben des Guts und dem konzentriertesten Most gewonnen wird. Die Domaine de la Mordorée befindet sich auf dem Höhepunkt ihrer Leistungsfähigkeit und produziert einige der besten Weine des südlichen Rhônetals.

Auch die Weißweine gehören zu den feinsten im südlichen Rhônetal produzierten und sind erstaunlich kraftvoll und reichhaltig. Der *1999er Lirac Cuvée de la Reine des Bois Blanc* (die Kellerauslese des Weinguts) wurde zu gleichen Teilen aus weißem Grenache, Roussanne, Viognier, Bourboulenc und Picpoul hergestellt. Dieser fruchtbetonte 1999er gibt reichliche Mengen von getrockneten Aprikosen und Pfirsichen, mittleren Körper und beeindruckende Reife zu erkennen und nimmt sich am mittleren Gaumen und im Abgang cremig texturiert aus, mit gerade genügend Säure, um ihm Definition zu verleihen. Er ist ein würdiger Nachfolger des eindrucksvollen 1998ers. Trinken Sie ihn im Lauf der nächsten 2–3 Jahre.

Der *2000er Châteauneuf-du-Pape Cuvée de la Reine des Bois* ist dem eigentlich vollkommenen 1998er verwandt. Er besitzt eine Reichhaltigkeit, wie man sie nur in einer Hand voll der größten Weine der Welt findet. Seine dichte Purpurfarbe geht einher mit einem Wein von vielfältigen Dimensionen, massiver Konzentration und Dicke. Er erinnert an einen trockenen Vintage Port ohne Schwere. Seinem umwerfenden Bukett von Himbeeren, Brombeerlikör, Cassis, Lakritze und Bleistiftspänen folgen vielschichtige Geschmacksnuancen, bemerkenswerte Reintönigkeit und ein Abgang, der fast eine Minute lang anhält. Ein verschwenderisch üppiger, profunder Wein. Voraussichtliche Genussreife: 2004–2020. Ein Anwärter auf den Titel Wein des Jahrgangs ist der *1999er Châteauneuf-du-Pape Cuvée de la Reine des Bois.* Er prunkt mit einer satten schwarz-rubinroten Farbe sowie erstaunlich konzentriertem Fruchtextrakt (Brombeeren und Kirschen), untermischt mit Grafit und Crème de Cassis. Spektakulär konzentriert, körperreich, überaus reintönig, klar gezeichnet und opulent, ist dieser superbe Wein fortgeschrittener entwickelt und zugänglicher als der in einem ähnlichen Stil gestaltete 1998er, der sogar noch mehr Muskelkraft und Struktur aufweist. Voraussichtliche Genussreife: jetzt–2018.

Ich habe den *1998er Châteauneuf-du-Pape Cuvée de la Reine des Bois* dreimal verkostet und fand ihn ganz erstaunlich. Er wartet auf mit einer undurchdringlichen schwarz-purpurroten Farbe und einem außergewöhnlichen Bukett mit Düften nach Pfeffer, Brombeeren, Likör, Kirschen, Rauch, versengter Erde und *garrigue.* Wenn sich der Wein im Glas befindet, machen sich auch Noten von Lakritze und Crème de Cassis bemerkbar. ehrfurchtgebietend konzentriert, mit immensem Körper, massiver Frucht, süßem Tannin und fabelhafter Symmetrie, ist dies einer der bemerkenswertesten Châteauneufs, die ich je verkostet habe. Voraussichtliche Genussreife: 2004–2022.

Bei den Rotweinen produziert Mordorée neben seinem Spitzen-Châteauneuf-du-Pape Cuvée de la Reine des Bois auch köstliche Côtes du Rhône und eindrucksvolle Liracs. Der *1999er Côtes du Rhône* (eine *assemblage* aus 50% Grenache, 20% Syrah, 10% Mourvèdre, 10% Carignan und 10% Counoise) ist ein ernsthafter Wein mit dichter rubin-purpurroter Farbe und ausgezeichneter Reichhaltigkeit. Noten von Pfeffer und süßen, dicklichen Schwarzkirschen entströmen mächtig dem Glas mit diesem schmackhaften, saftigen Côtes du Rhône. Reif, gehaltvoll, reintönig und gut ausgewogen, lässt er sich über die nächsten 3–4 Jahre hinweg genießen. Sogar noch ernsthafter, mit etwas mehr Tannin, zeigt sich der schwarz-purpurrote *1999er Lirac Cuvée de la Reine* des Bois. Die Weine des südlichen Rhônetals des Jahrgangs 1999 neigen dazu, milder und fruchtiger zu sein als die strukturierteren, muskulöseren, wuchtigeren 1998er. Dieser Wein enthüllt intensive Frucht, eine Fülle von mit Lakritze und Pfeffer verwobenen schwarzen Himbeeren und Brombeeren in Duft und Geschmack. Er ist ein wunderschön bereiteter, weicher, säurearmer Tropfen, der sich 4–5 Jahre hindurch schön trinken lassen dürfte. Ich hatte zuvor den *1998er Lirac Cuvée de la Reine des Bois* vor der Flaschenabfüllung verkostet und fand ihn meinen Erwartungen entsprechend. Er präsentiert eine dunkelrubin-purpurrote Farbe sowie ein mäßig intensives Bukett von schwarzen Früchten, Lakritze, Gewürzen, Pfeffer und Rauch. Mit mäßigem Tannin und außergewöhnlicher Konzentration ausgestattet, ist er einer jener seltenen Liracs, die 10–15 Jahre lang altern.

MOULIN DE LA GARDETTE

1999	**Gigondas**	**D**	**(87–88+)**
1998	**Gigondas**	**D**	**91**
1999	**Gigondas Cuvée Ventabren**	**D**	**(88–90)**
1998	**Gigondas Cuvée Ventabren**	**D**	**90+**

Der Besitzer Jean-Baptiste Meunier stellt auf seinem kleinen, 7 Hektar umfassenden Gut beeindruckende Weine her. Neben einem Standard-Gigondas, der 18 Monate im Bottich altert, davon 10% in alten Holzfässern, produziert er eine Luxus-Cuvée mit der Bezeichnung Ventabren aus Trauben von 70jährigen Reben. Diese wird in zu 100% Eichenholzfässern ausgebaut, von denen ein Drittel neu ist. Beide Weine kommen ungeschönt und unfiltriert in die Flasche.

Wenn sich die 1999er in einem Jahr ebenso stark verbessern wie ihre 1998er Pendants, werden sich meine Punktnoten als zu niedrig herausstellen. Der dunkelrubin-purpurrote *1999er Gigondas* offenbart Mineralien, schwarze Himbeeren und Kirschenfrucht, mittleren Körper und mäßiges Tannin. Der eindrucksvolle *1999er Gigondas Cuvée Ventabren* besitzt eine sattere Purpurfarbe sowie süße, reintönige schwarze Früchte, vermischt mit Rauch, Lakritze und Mineralien. Bei mittlerem bis vollem Körper ist er mäßig tanninhaltig. Beide 1999er legen nahe, dass sie bei ihrer Freigabe trinkreif sein werden und ein Jahrzehnt oder länger halten dürften. Ich war angenehm überrascht, wie überzeugend sich die 1998er von Gardette bei der Flaschenverkostung darstellten. Sie haben sich während ihrer *élevage* (Ausbau) immens verbessert, und ich habe sie im Fass deutlich unterschätzt. Der *1998er Gigondas* (ein Verschnitt aus 80% Grenache, 10% Mourvèdre und 10% Cinsault) ist ein beeindruckender, saftiger, undurchdringlich purpurroter Wein mit einer hedonistischen Fülle von Brombeer-, Kirschen-, Trüffel-, Lakritzaromen und Noten von asiatischen Gewürzen. Körperreich und süß, mit niedriger Säure und faszinierendem Extraktgehalt, wird er sich vor 2015 in Höchstform befinden. Der *1998er Gigondas Cuvée Ventabren* (mit einem Mischsatz von 70% Grenache, 20% Syrah, 10% Cinsault) ist verhaltener entwickelt, mit Eichenholzwürze und einer Note von Schwarzkirschen-Kirschgeist im Bukett. Im Mund deuten eine cremige Textur, kraftvolle, süße, reintönige Geschmackskomponenten, angemessene Säure und süßes Tannin darauf hin, dass dieser Wein in etwa 3 Jahren »auf Touren kommen« und sich weitere 12 Jahre entwickeln wird.

MOULIN-TACUSSEL

2000	**Châteauneuf-du-Pape**	**C**	**(88–89)**
1999	**Châteauneuf-du-Pape**	**C**	**87**
1998	**Châteauneuf-du-Pape**	**C**	**87**

Einer der vielen Gentlemen von Châteauneuf-du-Pape ist Monsieur Moulin, ein sanfter, enthusiastischer Mann, der Weine von leichterem Stil voller Charakter gestaltet. Der in dieser Art bereitete reintönige *2000er Châteauneuf-du-Pape* von mittlerem bis vollem Körper bietet Aromen von Zedernholz, Tabak, Johannisbeeren und Kirschgeist sowie Düfte aus der Gewürzkiste. Er dürfte sich 10–12 Jahre schön trinken lassen. Der dunkelrubinrote *1999er Châteauneuf-du-Pape* enthüllt ein kräftiges, süßes Bukett von reifen Kirschen, verwoben mit Hackfleisch, Pfeffer und Balsaholz. Von mittlerem Körper, weich und reichfruchtig mit exzellenter Reintönigkeit, wird er sich 7–8 Jahre hindurch schön trinken lassen. Der *1998er Châteauneuf-du-Pape* präsentiert ein Kleid von mittlerem Pflaumen-Granatrot und ein komplexes Bukett von Pfeffer, getrockneten Kräutern der Provence, Nelkenpfeffer und Kirschlikör. Bei mittlerem bis vollem Körper rund, mit sehr guter bis ausgezeichneter Fruchtintensität, ist er schon jetzt schön zu trinken und sollte sich 5 Jahre lang halten.

DOMAINE DE MOURCHON

2000	**Côtes du Rhône-Villages Séguret**	**C**	**(85–87)**
1999	**Côtes du Rhône-Villages Séguret**	**C**	**85**
1998	**Côtes du Rhône-Villages Séguret**	**C**	**87**
2000	**Côtes du Rhône-Villages Séguret Grande Réserve**	**C**	**(86–87)**
1999	**Côtes du Rhône-Villages Séguret Grande Réserve**	**C**	**(86–87)**
1998	**Côtes du Rhône-Villages Séguret Grande Réserve**	**C**	**87**

Dieses neue Weingut ist die Schöpfung des nach Frankreich ausgewanderten Engländers W. McKinley, und sein Debüt-Jahrgang 1998 stellt einen guten Anfang dar. Die traditionelle Cuvée ist ein Verschnitt aus 60% Grenache, 25% Syrah, 10% Cinsault und 5% Carignan, der im Tank ausgebaut wird. Der Grande Réserve beinhaltet 35% Syrah (im Barrique gealtert) und 65% Grenache. Alle diese Angebote geben exzellente dunkelrubin-purpurrote Farbe zu erkennen, dazu süße Schwarzkirsch- und Cassisfrucht, mittleren bis vollen Körper, hervorragende Reintönigkeit und qualitativ hoch stehende Weinbereitung. Die Grandes Réserves besitzen mehr Struktur und Muskelkraft, aber nicht mehr Charme als ihre Genossen. Als für das südliche Rhônetal ernst zu nehmender Neuankömmling dürfte die Domaine de Mourchon ein gutes Preis-Qualitätsverhältnis bieten. Die 2000er und 1998er besitzen mehr Ausstaffierung und Alterungspotenzial. Alle Jahrgänge dürften sich 3–5 Jahre hindurch schön trinken lassen, wobei die am besten gelagerten Flaschen sogar 7–10 Jahre halten können.

CHÂTEAU DU MOURRE DU TENDRE

2000	**Châteauneuf-du-Pape**	**E**	**(94–96)**
1999	**Châteauneuf-du-Pape**	**E**	**(92–93+)**
1998	**Châteauneuf-du-Pape**	**E**	**(92–94)**
1999	**Côtes du Rhône**	**B**	**(86–87)**
2000	**Côtes du Rhône-Villages Vieilles Vignes**	**C**	**(89–91)**

Der gediegen ausgestattete, körperreiche, kraftstrotzende *2000er Côtes du Rhône Villages Vieilles Vignes* könnte mühelos als Châteauneuf-du-Pape durchgehen. Seine dichte Pflaumenfarbe geht einher mit einem umwerfenden Bukett von Kräutern der Provence, gebratenem Fleisch, Balsaholz, Kirschlikör und Bratensaft. Es scheint, dass der weiche, trinkfertige *1999er Côtes du Rhône* in Flaschen abgefüllt und auch getrunken werden sollte.

Sobald der *2000er Châteauneuf-du-Pape* freigegeben ist, werden mir die Châteauneuf-du-Pape-Liebhaber zustimmen, dass er das Warten wert war. Dieser undurchdringlich pflaumenfarbige Wein von gigantischem Stil präsentiert vollen Körper, immensen Extrakt, den Mund verbrennendes Tannin und einen schweren, vollmundigen Stil. Ein Kraftprotz, der Geduld verlangt, wird er mühelos 2–3 Jahrzehnte halten. Voraussichtliche Genussreife: 2007 bis 2030. Der *1999er Châteauneuf-du-Pape* ist einer der wuchtigsten Weine des Jahrgangs. Seine dichte, pflaumenhafte-granatrote Farbe wird begleitet von Düften nach gebratenem Fleisch, Erde, Trüffeln, getrockneten schwarzen Früchten, Pfeffer und Aromen aus der Gewürzkiste. Massiv konzentriert, erinnert er an eine Cornas-Cuvée aus alten Reben aus dem nördlichen Rhônetal. Neben reichlichem Tannin besitzt er fabelhaften Extrakt sowie prachtvolle Süße, die nur von niedrigen Erträgen und/oder alten Reben kommen kann. Voraussichtliche Genussreife: 2007–2020.

Der *1998er Châteauneuf-du-Pape* ist ein ehrfurchtgebietender Wein, der bei Erträgen von weniger als 3,4 Tonnen Frucht pro Hektar 15% natürlichen Alkohol erreichte. Er zeichnet sich aus durch eine dichte, undurchdringliche rubin-purpurrote Farbe und ein überaus süßes, dickes, saftiges Bukett von schwarzen Früchten, vermischt mit Aromen aus der Gewürzkiste, Kirschgeist, getrockneten Kräutern und animalischen Gerüchen. Prachtvoll am Gaumen, mit Schichten von Konzentration, hat er noch einiges rustikales Tannin abzuwerfen, aber mehr als genug Glyzerin, Extrakt und Reichhaltigkeit, um die strukturale Komponente des Weins auszubalancieren. Während er im Abgang nachklingt, wirkt er fast wie Candy (Zuckerwerk), das über den Gaumen strömt, aber reif, konzentriert und im Vollbesitz all der guten Dinge, die Weinliebhaber beglücken. Voraussichtliche Genussreife: 2005–2025. Leser, die einen den Mund auskleidenden, dicken, alten Châteauneuf-du-Pape im traditionellen Stil lieben, werden von diesen Angeboten begeistert sein.

MOUTON PÈRE ET FILS

2000	**Côte Rôtie**	**E**	**(85–86)**
1999	**Côte Rôtie**	**E**	**88**

Der leichte, delikate, gradlinige *2000er Côte Rôtie* legt Anklänge von Mineralien, Kräutern, Rauch, Erde und Beerenfrucht an den Tag. Obschon sauber gemacht, hat er nicht viel zu bieten. Trinken Sie ihn in seinen ersten 7–8 Lebensjahren. Der interessantere, sinnlichere, attraktivere dunkelrubinrote *1999er Côte Rôtie* ist zum unmittelbaren Trinkgenuss bestimmt, da er nicht viel Substanz, Tiefe und Struktur aufzuweisen hat. Er ist ein entwaffnend charmanter, reifer Wein, der Noten von süßer Beerenfrucht, Rauch und getrockneten Kräutern an den Tag legt. Genießen Sie diesen schmeichelnden 1999er im Lauf der nächsten 5–7 Jahre.

DOMAINE DE NALYS

2000	**Châteauneuf-du-Pape**	**D**	**86**
1999	**Châteauneuf-du-Pape**	**D**	**87**
1998	**Châteauneuf-du-Pape**	**D**	**88**
1999	**Châteauneuf-du-Pape Cuvée Châtaignier**	**E**	**(88–90)**

Der *2000er Châteaneuf-du-Pape* offenbart dickliche Frucht und eine sehr gute Textur. Er ist ein offen gewirkter 2000er von samtiger, fetter Art mit einer großen Menge von Johannisbeeren und Kirschen und einem verführerischen hedonistischen Stil. Trinken Sie ihn im Lauf seiner ersten 10–12 Lebensjahre. Der in einem ähnlichen Stil gestaltete *1999er Châteauneuf-du-Pape* nahm sich aus der Flasche verkostet besser aus als aus dem Fass. Mit seinen klassischen Noten von Erdbeerlikör, vermischt mit Pfeffer und Gewürzen, ist er ein mittelgewichtiger, charmanter, verführerischer und von Frucht dominierter Wein. Offen gewirkt, rund, großzügig ausstaffiert und nahtlos, sollte er im Lauf der nächsten 7–10 Jahre getrunken werden. Die Spitzencuvée, der *1999er Châteauneuf-du-Pape Cuvée Châtaignier*, die ich nach der Flaschenabfüllung nicht mehr verkosten konnte, enthüllt eine dichtere rubinpurpurrote Farbe, gepaart mit einem komplexen Bukett von *garrigue* (Kräuter der Provence und Erde) und pfeffriger, kirschen- und pflaumenähnlicher Frucht, sowie einen tiefen, reichhaltigen, konzentrierten Stil von mittlerem bis vollem Körper mit ausgezeichneter Reintönigkeit. Der Wein wird ein Jahrzehnt lang köstlichen Trinkgenuss gewähren. Den *1998er Châteauneuf-du-Pape Cuvée Châtaignier* habe ich nicht erneut verkostet (ich hatte ihm eine potenzielle Punktnote von 88–90+ verliehen, als er sich noch im Fass befand), aber der *1998er Châteauneuf-du-Pape* ist ausgezeichnet. Als eine der besten traditionellen Cuvées, die Nalys in den letzten Jahrgängen produziert hat, zeigt dieser Wein eine dunkelrubinrote-pflaumenhafte Farbe sowie ein eindrucksvolles Bukett von süßer kandierter Erdbeer- und Kirschfrucht, untermischt mit Pfeffer, getrockneten Kräutern und Leder. Der Wein ist süß, reichhaltig und fett, ausgestattet mit Kirschgeist, mittlerem bis vollem Körper, einer schön geschichteten Textur, gut integriertem Tannin und einem seidigen Abgang. In meinen Notizen steht: »Kirschlikör zuhauf«. Voraussichtliche Genussreife: jetzt–2010.

CHÂTEAU LA NERTHE

2000	**Châteauneuf-du-Pape**	**D**	**(88–91)**
1999	**Châteauneuf-du-Pape**	**D**	**88**
1998	**Châteauneuf-du-Pape**	**D**	**90**
1997	**Châteauneuf-du-Pape**	**D**	**(87–90)**

2000	**Châteauneuf-du-Pape Blanc**	**D**	**89**
1999	**Châteauneuf-du-Pape Blanc**	**D**	**88**
1999	**Châteauneuf-du-Pape Clos de Beauvenir**	**E**	**91**
1998	**Châteauneuf-du-Pape Clos de Beauvenir**	**E**	**89**
1997	**Châteauneuf-du-Pape Clos de Beauvenir**	**E**	**88**
1995	**Châteauneuf-du-Pape Clos de Beauvenir**	**E**	**89**
2000	**Châteauneuf-du-Pape Cuvée des Cadettes**	**EE**	**(91–94)**
1999	**Châteauneuf-du-Pape Cuvée des Cadettes**	**EE**	**91**
1998	**Châteauneuf-du-Pape Cuvée des Cadettes**	**EE**	**93**
1997	**Châteauneuf-du-Pape Cuvée des Cadettes**	**EE**	**(90–91)**

Unter der gewissenhaften Verwaltung von Alain Dugas beginnt dieses Weingut, sein beträchtliches Potenzial auszuschöpfen. Die Weine sind beständig sehr gut bis ausgezeichnet ausgefallen, doch ich habe den Eindruck, dass man die Qualität noch weiter steigern möchte. In den meisten Jahrgängen stehen jeweils zwei Cuvées von weißem und rotem Châteauneuf-du-Pape zur Verfügung. Bei den Rotweinen sind dies die Cuvée Classique und die limitierte Cuvée des Cadettes, die vorwiegend aus Trauben von alten Mourvèdre-Reben hergestellt wird. Bei den Weißweinen gibt es die Cuvée Classique und einen hauptsächlich aus der Roussanne-Traube hergestellten Châteauneuf-du-Pape Clos de Beauvenir.

Der *2000er Châteauneuf-du-Pape*, eine *assemblage* aus 47% Grenache, 25% Syrah, 18% Mourvèdre und für den restlichen Prozentsatz Cinsault und verschiedene andere Rebsorten, ist ein sinnlicher, weicher, molliger Wein, der Noten von Lakritze, Brombeeren, Cassis und Kirschen zu erkennen gibt. Von dichter Farbe, würzig, körperreich und opulent, wird er 12–14 Jahre lang sinnlichen Trinkgenuss gewährleisten. Der undurchdringlich purpurrote *2000er Châteauneuf-du-Pape Cuvée des Cadettes* (40% Grenache, 29% Mourvèdre und 31% Syrah) bietet in seinen Noten von süßem Brombeerlikör und Toast eine Verbindung von Kraft und Eleganz. Mit hohem Glyzerin- und Extraktgehalt ausgestattet, dürfte dieser geschichtete, komplexe, reichhaltige, süße, säurearme 2000er schon in einem jugendlichen Alter trinkbar sein, jedoch 2 Jahrzehnte hindurch halten. Er besitzt das Potenzial, ebenso gut wie der 1998er zu sein (die beste Cuvée des Cadettes, die seit 1978 produziert wurde).

Der *1999er Châteauneuf-du-Pape* offenbart die höhere Säure des Jahrgangs, gepaart mit einer finessenreichen Persönlichkeit, dunkelrubinroter Farbe und einem würzigen, krautigen, nach Leder duftenden Bukett. Dieser fein abgestimmte Châteauneuf-du-Pape von mittlerem Körper bietet eine Fülle von Beeren- und Kirschfrucht sowie schöne Frische. Wenn auch nicht so kräftig wie der 2000er oder der 1998er, dürfte er sich 10–12 Jahre hindurch schön trinken lassen. Die Luxus-Cuvée des *1999er*s *Châteauneuf-du-Pape Cuvée des Cadettes* (eine 1000 Kisten umfassende *assemblage* aus 39% Grenache, 36% Syrah und 25% Mourvèdre, in kleinen Fässern ausgebaut, davon 50% neu) besitzt weder das Fett noch das Volumen des 2000ers oder des 1998ers. Gleichwohl ist dies ein Spitzenwein, der ein attraktives, mäßig intensives Bukett mit Aromen aus der Gewürzkiste und Düften nach Brombeeren, Vanille und Mineralien an den Tag legt. Von mittlerem bis vollem Körper und geschichtet, mit superber Reife und Reintönigkeit, einem süßen Geschmackseindruck eingangs im Mund und mäßigem Tannin im Abgang, ist er schon jetzt zugänglich, wird aber in 2–3 Jahren sogar noch besser sein und 15–18 Jahre halten.

Mit einem Mischsatz aus 49% Grenache, 15% Mourvèdre, 22% Syrah, 8% Cinsault und verschiedenen anderen Rebsorten hergestellt, offenbart der *1998er Châteauneuf-du-Pape* (25000 Kisten) in Duft und Geschmack noch mehr charakteristische Attribute von Pflaumen, Lakritze, Fleisch, Kräutern und Pfeffer, gepaart mit Schwarzkirsch- und Beerenfrucht. Er besitzt auch eine fettere, saftigere Textur, mehr Gewicht und Masse, doch ebenso wie sein jüngerer Bruder süßes Tannin, niedrige Säure und eine zugängliche fleischige Persönlichkeit. Er dürfte sich 12–14 Jahre schön trinken lassen. Der *1998er Châteauneuf-du-Pape Cuvée des Cadettes* wurde in einem Mischsatz aus 39% Grenache, 37% Mourvèdre und 24%

Syrah hergestellt. Körperreich, wuchtig und fett, mit Schichten von Konzentration, präsentiert dieser Châteauneuf-du-Pape frisches Eichenholz, reichliche Mengen von Glyzerin, Extrakt und Reichhaltigkeit und ein komplexes Bukett von schwarzen Früchten, Mineralien, Toast und Gewürzen. Kräftiger und gewichtiger als der 1999er, aber weniger elegant, dürfte er sich 2 Jahrzehnte hindurch schön trinken lassen.

Der *1997er Châteauneuf-du-Pape* (44% Grenache, 24% Syrah, 20% Mourvèdre, 7% Cinsault und für den Rest winzige Portionen anderer Rebsorten) ist reichhaltiger und erfolgreicher. Seine Farbe ist ein tieferes, satteres Rubinrot mit purpurroten Nuancen. Der Wein bietet süße, dickliche Aromen von Pflaumen, Schwarzkirschen und Himbeeren, dazu tiefe, gehaltvolle, körperreiche, fette Geschmackskomponenten, etwas von den typischen Pfeffer- und Gewürznoten und einen Abgang mit substanzieller Frucht und Glyzerin. Dieser Wein, der die erste Cuvée Classique darstellen wird, die ungeschönt und unfiltriert in die Flasche gelangt, scheint das Potenzial zu besitzen, ein Jahrzehnt hindurch schönen Trinkgenuss zu gewähren. Der hervorragende *1997er Châteauneuf-du-Pape Cuvée des Cadettes* (36% Grenache, 32% Mourvèdre und 32% Syrah, Produktion: 11 000 Flaschen) ist unstrittig ein Star des Jahrgangs. Seine Farbe zeigt ein sattes Rubin-Purpurrot. Das Bukett wartet auf mit einer Duftfülle von Cassis, Kirschgeist, neuem Sattelleder, asiatischen Gewürzen und Erde. Gehaltvoll und körperreich, mit cremiger Textur, niedriger Säure und einem für den Jahrgang üppigen, massiven Abgang, ist dieser Wein ein superbes Beispiel aus einem leichtgewichtigen Jahr. Er dürfte sich 10–15 Jahre hindurch gut trinken lassen.

Aus dem Château de La Nerthe kommen einige der feinsten weißen Châteauneufs. Der *2000er Châteauneuf-du-Pape Blanc* (eine 30 000 Flaschen umfassende Cuvée, deren Mischrezept sich aus 39% Grenache Blanc, 15% Bourboulenc, 21% Clairette und 25% Roussanne zusammensetzt) gibt eine Farbe von hellem Strohgelb zu erkennen, gepaart mit einem reichhaltigen, parfümierten Bukett von Birnen, weißen Blumen und Zitrusfrüchten. Mit exzellentem Körper, Frucht und Textur, dürfte er sich 3–4 Jahre hindurch gut trinken lassen. Der *1999er Châteauneuf du Pape Blanc* ist ein parfümierter, fruchtgeprägter Wein, der über die nächsten paar Jahre köstlichen Trinkgenuss gewähren wird. Die Luxus-Cuvée des weißen Châteauneuf-du-Pape, der *1999er Châteauneuf-du-Pape Clos de Beauvenir*, ist ein Verschnitt aus 62% Roussanne, 29% Clairette, 4% Bourboulenc und 5% Grenache Blanc. Leider gibt es nur 500 Kisten dieses im Fass vergorenen Tropfens. Er besitzt ein aufregendes Bukett von honigfeinen Zitrusfrüchten, verwoben mit weißen Blumen, Geißblatt und einem Hauch Wachs. Dicht, körperreich, angenehm texturiert, frisch und lebendig, ist er ein substanzieller trockener Wein, der 5–6 Jahre gut altern dürfte. Bei beiden dieser Weißweine wurde die malolaktische Gärung abgestoppt, was nach meiner 15–20-jährigen Erfahrung als Verkoster von weißen Châteauneufs bedeutet, dass sie dazu neigen, sich in ihrer Jugend ausnehmend gut darzubieten, um dann in einen stumpfen, dumpfen, oxidierten Zustand zu verfallen, nur um nach einem Jahrzehnt wieder aufzuerstehen. Der *1998er Châteauneuf-du-Pape Clos de Beauvenir* (ein Verschnitt aus 28% Roussanne, 54% Clairette, 15% Grenache Blanc und 3% Bourboulenc) präsentiert ausgezeichnete Frische und geißblattgeprägte buttrige Frucht in seiner toastwürzigen Persönlichkeit von mittlerem Körper. Er strömt in einem üppigen Schwall über den Gaumen. Trinken Sie ihn im Lauf der nächsten 5–6 Jahre. Der *1997er Châteauneuf-du-Pape Clos de Beauvenir* (53% Roussanne, 47% Clairette) wurde in einer limitierten Menge von etwas über 400 Kisten hergestellt. Die malolaktische Gärung dieses zu 100% fassvergorenen Weins wird blockiert, was zu einem gehaltvollen, körperreichen, würzigen Stil mit Eichenholzton führt. Er erinnert in seiner Ausrichtung eher an einen Burgunder, wobei der Einfluss der Eichenholzwürze spürbarer ist als in der Cuvée Classique. Der Clos de Beauvenir dürfte 3–4 Jahre lang anmutig altern.

Der *1995er Châteauneuf-du-Pape Clos de Beauvenir* (59% Roussanne und 41% Clairette) enthüllt einige der toastwürzigen Düfte, die das Ergebnis einer Fassvergärung sind, dazu gute, reife Geschmackskomponenten von Geißblatt und tropischen Früchten, mittleren Körper, schöne Reichhaltigkeit, durchschnittliche Säure und einen würzigen langen Abgang. Er ist ein klassisches, nahezu hervorragendes Beispiel eines weißen Châteauneuf-du-Pape, der mit der herrlichen Cuvée aus alten Roussanne-Reben, die von Beaucastel produziert wird, rivalisieren soll.

ROBERT NIERO

1999	**Condrieu**	**E**	**88**
1998	**Condrieu**	**E**	**90**
1999	**Condrieu Coteaux du Chéry**	**E**	**93**
1998	**Condrieu Coteaux du Chéry**	**E**	**92**

In einem unberechenbaren Jahrgang mit erschwerter Vergärung und relativ hohen Erträgen hat Niero zwei sehr feine Cuvées produziert. Der *1999er Condrieu* zeigt dichte, exotische, saubere, konzentrierte Früchte, mittleren bis vollen Körper, schönes Glyzerin und hohen Alkoholgehalt. 20% neue Eichenholzfässer werden bei dieser Cuvée eingesetzt. Der außergewöhnliche *1999er Condrieu Coteaux du Chéry* erhält eine etwas höhere Dosis von frischem Eichenholz. Er ist ein reichhaltiger Wein mit Düften nach honigfeiner Aprikosen- und Pfirsichmarmelade mit vollem Körper, superber Konzentration und einer explosiven, wunderbar hedonistischen, fruchtigen Persönlichkeit. Dieser trockene Condrieu dürfte 2–3 Jahre lang halten. Der *1998er Condrieu* (in 1–2 Jahre alten Fässern ausgebaut) gibt die herrliche Frucht des Jahrgangs zu erkennen, die eine zusätzliche Dimension an Konzentration aufgrund niedriger Erträge aufweist (ein großer Teil der Appellation erlitt im Frühling Frostschäden, so dass die Lese-Erträge dramatisch reduziert wurden). Dieser üppige, körperreiche, reintönige und saubere, mit einer Melange von tropischen Früchten ausgestattete Wein sollte in den nächsten paar Jahren getrunken werden. Der wuchtigere *1998er Condrieu Coteaux du Chéry* ist ein wundervoll strukturierter Wein mit Eleganz, Kraft und Definition. Zusätzlich zu den typischen Geschmackskomponenten des Condrieu wie aus dem Lehrbuch offenbart dieser dicke Wein auch eine interessante Textur mit Batzen von Frucht. Sein Ausbau im Fass (25% davon sind neue Eichenholzfässer) verleiht ihm klarere Umrisse als seinem Bruder. Er dürfte sich mehrere Jahre hindurch schön trinken lassen.

MICHEL OGIER

2000	**Côte Rôtie**	**E**	**(88–90)**
1999	**Côte Rôtie**	**E**	**95**
1998	**Côte Rôtie**	**E**	**90+**
1997	**Côte Rôtie**	**E**	**89**
2000	**Côte Rôtie Cuvée Belle Hélène**	**EE**	**(90–92)**
1999	**Côte Rôtie Cuvée Belle Hélène**	**EE**	**100**
1998	**Côte Rôtie Cuvée Belle Hélène**	**EE**	**95**
1997	**Côte Rôtie Cuvée Belle Hélène**	**EE**	**94**
2000	**Vin de Pays La Rosine Syrah**	**C**	**86**
1999	**Vin de Pays La Rosine Syrah**	**C**	**88**

Michel Ogier, dem sein kräftiger, großer, gut aussehender 23-jähriger Sohn Stephane kompetent zur Seite steht, ist und bleibt eine in der Öffentlichkeit wenig propagierte Quelle von profunden Côte-Rôtie-Weinen. Zur Zeit füllt Ogier die gesamte Produktion des Côte Rôtie sowie 3000 Flaschen eines reinsortigen Syrah aus 12 Jahre alten Reben auf der Domaine ab. Der La Rosine Syrah stammt von 12 Jahre alten Reben, die knapp jenseits der südlichen Grenze der Côte Rôtie, am Ende der Côte Blonde, gepflanzt wurden. Ogiers einfache Cuvée des Côte Rôtie kommt zu 25–30% mit neuen Eichenholzfässern in Berührung. Der Wein verbringt 18 Monate im Fass und über 70% der Trauben kommen aus dem Bestand des Gutes an der Côte Blonde. Wie alle Côte Rôties von Ogier gelangt dieser Wein unfiltriert in die Flasche, wenngleich der Presswein geschönt wird.

Dieser Produzent stellt in Bezug auf das Preis-Leistungsverhältnis einen der besten Weine der Côte Rôtie her und produziert auch einen der elegantesten, stilvollsten Côte Rôties des Ortes, vorzugsweise aus Trauben von der Côte Blonde. Daneben produziert er auch eine seiner Frau Hélène gewidmete Cuvée, einen beeindruckenden Wein, der aus Trauben von 45-jährigen Reben an der Côte Rozier bei La Landonne gewonnen und zu 100% in neuen Eichenholzfässern ausgebaut wurde (125 Kisten wurden im Jahr 1997 erzeugt). Der Wein verbringt 30 Monate im Fass, bevor er unfiltriert abgefüllt wird. Der Debüt-Jahrgang war 1997.

Der *2000er Côte Rôtie* (ein Verschnitt aus drei verschiedenen Parzellen) wurde zu 80% aus entrappten Trauben bereitet. Bei meinem alljährlichen Besuch sagte mir Orgier, dass er sich vielleicht entscheiden wird, bei der Cuvée Belle Helène ein »back-blending« vorzunehmen (d. h. nach der Gärung, unmittelbar vor der letzten Filtrierung und der Abfüllung süßen, unvergorenen Traubenmost als Süßreserve beizumischen), je nachdem, wie dieser Wein sich entwickelt. Er scheint hervorragendes Potenzial zu besitzen, was aber im Moment noch nicht ganz sicher ist. Mit seiner tiefrubinroten Farbe gehen Aromen von Tapenade, schwarzen Früchten, Erde, Fleisch und Kräutern einher. Eingangs im Mund nimmt er sich süß aus und zeigt niedrige Säure, schöne Reife, mittleren Körper und einen runden, großzügigen Abgang. Im Gegensatz hierzu offenbart der substanziellere *2000er Côte Rôtie Cuvée Belle Hélène* (aus einer nördlichen Hanglage namens Rozier) einen von süßen Brombeeren, Erde und Grafit geprägten Charakter mit einer reichlichen Dosis von frischer Eichenholzwürze. Zwar ist er konzentriert, reif und rund, mit beträchtlicher Ausdehnung, doch die Leser sollten nicht vergessen, dass diese hervorragende, aus 125 Kisten bestehende Cuvée letztendlich in den einfachen Côte Rôtie gemischt werden könnte, je nachdem, wie sich dieser letztgenannte Wein entwickelt. Falls nicht, wird er 30 Monate in zu 100% neuen Fässern aus französischem Eichenholz verbringen und kaum abgestochen werden. Wer Guigals Weine aus Monopol-Lagen wie etwa La Mouline, La Turque und La Landonne liebt, wird mehr als eine flüchtige Ähnlichkeit mit Ogiers brillanter Cuvée Belle Hélène in ihnen finden. Falls der 2000er auf Flaschen abgezogen wird, beträgt seine Lebensdauer 15 Jahre.

Die besten von Ogier geschaffenen Côte Rôtie-Weine sind (auch seiner Meinung nach) die 1999er. Der fabelhafte, undurchdringlich purpurrote *1999er Côte Rôtie*, der zwei Jahre in Holzfässern verbrachte (30% davon neu) enthüllt ein herrliches Bukett mit Düften nach Speck, Crème de Cassis, Lakritze, Veilchen und Aromen aus der Gewürzkiste. Er ist körperreich, im Mund stark präsent, mit süßem Tannin und einem umwerfenden Abgang. Obwohl er bereits in seiner Jugend zugänglich sein wird, dürften sich 3–4 Jahre Kellerreife als segensreich erweisen. Voraussichtliche Genussreife: 2004–2018. Der vollkommene *1999er Côte Rôtie Cuvée Belle Hélène ist* ein nahtloser, majestätischer, klassischer Wein mit jener Art von Konzentration, wie man sie nur in Guigals Spitzen-Cuvées findet. Er prunkt mit wunderbar süßem Tannin, riesigen Mengen von Extrakt und Konzentration und ist nicht nur eine Glanzleistung der Weinbereitung, sondern auch eine Fruchtbombe von einem Côte Rôtie Syrah mit massivem Glyzerin, vielschichtigem Extrakt und einer Fülle von toastwürzigem frischen Eichenholz, das wunderbar integriert ist, wenn man bedenkt, dass der Wein 30 Monate in zu 100% neuen Eichenfässern verbrachte, bevor er unfiltriert in Flaschen abgefüllt wurde. Dieser hervorragende Tropfen erfordert 5–6 Jahre Kellerreife. Voraussichtliche Genussreife: 2008–2030.

Der *1998er Côte Rôtie* legt in Duft und Geschmack Nuancen von versengter Erde, Rauch, Mineralien und Cassis an den Tag. Der Wein ist körperreich, gehaltvoll und dicht, mit reichlichem Tannin im Abgang. Die Franzosen würden ihn wohl einen echten *vin de garde* nennen. Er verlangt 4–5 Jahre Lagerung im Keller und wird sich weitere 15–18+ Jahre halten. Der *1998er Côte Rôtie Cuvée Belle Hélène* zeichnet sich aus durch eine undurchdringliche schwarz-purpurrote Farbe und ein zwar straffes, aber verheißungsvolles Bukett von neuem Sattelleder, gebratenem Fleisch, getrockneten Kräutern, schwarzen Früchten und Mineralien. Er ist überaus körperreich, superkonzentriert, ein grimmiger, tanninstrenger Spätentwickler, und besitzt genügend Extrakt, Frucht und Tiefe, um der Struktur des Weins als Gegengewicht zu dienen. Dieser klassische, herrlich proportionierte Côte Rôtie wird eine Generation lang halten. Voraussichtliche Genussreife: 2006–2025.

Der *1997er Côte Rôtie Cuvée Belle Hélène* ist ein spektakulärer Wein, der eine satte rubinpurpurrote Farbe zu erkennen gibt, die einhergeht mit einem umwerfenden Bukett von toastwürzigem frischem Eichenholz, verwoben mit Cassis, Brombeeren und gerösteten Gewürzen. Körperreich, mit gut absorbiertem Holzton, besitzt dieser maskuline, massive Côte Rôtie spektakuläre Intensität und Reintönigkeit, hat aber trotz der ausgiebigen Eichenholz-Dosierung weder seine Typizität noch seine Eleganz eingebüßt. Er dürfte sich bereits bei seiner Freigabe gut trinken lassen und 10–12 Jahre und länger halten. Der *1997er Côte Rôtie* könnte sich ebenfalls als hervorragend erwiesen. Er präsentiert eine tiefpurpurrote Farbe sowie ein süßes, nach Rauch, Fichtennadeln, Brombeer-Cassisfrucht duftendes Bukett mit blumiger Note. Der Wein besitzt bei mittlerem Körper hervorragende Reintönigkeit, eine säurearme, opulente Textur und bewundernswerte Tiefe und Länge. Obwohl einiges Tannin vorhanden ist, wird sich diese Schönheit schon jung schön trinken lassen und 12 Jahre lang halten.

Der *2000er Vin de Pays La Rosine Syrah* wurde aus zu 85% entstielten Trauben gekeltert und einer fünf Tage währenden Kaltmaischung unterzogen, um die Syrah-Frucht zu betonen. Er zeigt tiefe Farbe, reichliche Mengen von Lakritze und schwarzer Johannisbeerfrucht, mittleren Körper und niedrige Säure. Dieser weiche 2000er eignet sich ideal zum Trinkgenuss während der nächsten 2–3 Jahre. Der großartige *1999er Vin de Pays La Rosine Syrah* offenbart ein tiefrubin-purpurrotes Kleid sowie reichliche Frucht von schwarzen Himbeeren und Cassis und einen attraktiven, molligen Abgang. Stéphane Ogier, der Sohn des Besitzers, nennt ihn »sehr genussbetont«. Er wird sich 3–4 Jahre hindurch schön trinken lassen. Wie alle Weine von Ogier wurde er ungeschönt und unfiltriert abgefüllt.

LES PAILLIÈRES

2000	**Gigondas**	**D**	**(90–93)**
1999	**Gigondas**	**D**	**90**
1998	**Gigondas**	**D**	**85**

Die Begeisterung zahlreicher Liebhaber von Rhôneweinen angesichts der Nachricht, dass der amerikanische Importeur Kermit Lynch und der bekannte Besitzer von Vieux Télégraphe, Daniel Brunier, dieses Gut gekauft hatten, wurde durch den glanzlosen 1998er von Les Pallières auf eine harte Probe gestellt. Doch ist zu bedenken, dass Brunier und sein Team die Weinbergpflege und die Weinbereitung erst ab 1999 übernahmen. Die in den Jahren 1999 und 2000 erbrachten Ergebnisse erinnern an die großartigen Weine des Guts aus den frühen 1980er und späten 1970er Jahren. Wer das *terroir* von Les Pallières kennt, weiß, dass es sich um einen Gigondas-Weinberg mit kühlem Klima und kargen Boden handelt. Daniel Brunier nennt ihn den »Château Rayas von Gigondas«.

Der *2000er Gigondas* ist sogar noch beeindruckender als der superbe 1999er, legt er doch noch vielfältigere Schichten und mehr Glyzerin, Extrakt und Fülle an den Tag. Über die Hälfte der Cuvée erreichte 15% natürlichen Alkoholgehalt. Der 2000er ist der beste seit 1981 und 1979 in diesem Gut produzierte Wein und wartet auf mit einer tiefrubin-purpurroten Farbe, einem herrlichen Parfüm von Brombeer- und Kirschfrucht, Mineralien und subtilen *garrigue*-Düften, niedriger Säure, vollem Körper und außergewöhnlicher Reintönigkeit. Er wird sich 10–15 Jahre hindurch schön trinken lassen.

Aus 80% Grenache, 15% Syrah und 5% Mourvèdre bereitet, die im *foudre* blieben (14,3% natürlicher Alkoholgehalt), ist der *1999er Gigondas* ein eleganter, parfümierter, dunkelrubinroter Wein mit vollem Körper, süßem Tannin und einer geschichteten, samtigen Textur. Noten von geräucherten Kräutern, Schwarzkirschen, Kirschgeist und Mineralien sind in diesem wunderschönen Wein zu finden, einem der feinsten des Jahrgangs. Er dürfte sich 10–12 Jahre schön trinken. Bravo!

Die neuen Besitzer hatten 1998 noch keinen kontrollierenden Einfluss auf den Weinbau, was wohl die gradlinige Art des *1998er Gigondas* erklärt. Er besitzt eine mittelrubinrote Farbe, die einhergeht mit Düften nach Gewürzen, Sauerkirschen und *garrigue*. Von mittlerem Körper, mit durchschnittlicher Konzentration und trockenem, adstringierenden Tannin im Abgang, ist er ein mittelschwerer, strenger Gigondas, der in den nächsten 2–3 Jahren getrunken sein sollte.

DOMAINE DE PANISSE

2000	**Châteauneuf-du-Pape**	**C**	**(87–89)**
2000	**Châteauneuf-du-Pape Cuvée Spéciale**	**D**	**(90–93)**

Hier haben wir ein weiteres Weingut vor uns, das immer bessere Leistungen hervorbringt. Der *2000er Châteauneuf-du-Pape* ist nahezu hervorragend. Seine dichte rubin-purpurrote Farbe wird begleitet von Düften nach süßer Frucht, Lakritze, Rauch und getrockneten Kräutern. Von mittlerem bis vollem Körper, im modernen Stil bereitet, reintönig und voller Charakter, wird er während der nächsten 7–8 Jahre Genuss bereiten. Der dichte und sattrubin-purpurrote *2000er Châteaneuf-du-Pape Cuvée Spéciale* offenbart ein herrliches Bukett von Crème de Cassis, verflochten mit Kirschgeist, Rauch und einem Anflug von Grafit. Er besitzt superbe Reintönigkeit, vollen Körper und eindrucksvolle Konzentration, Textur und Länge. Voraussichtliche Genussreife: 2004–2016.

ALAIN PARET

2000	**Condrieu Les Ceps du Nébadon**	**E**	**90**
2000	**Condrieu Lys du Volan**	**E**	**92**
1999	**St-Joseph Les Larmes du Père**	**D**	**87**
2000	**St-Joseph Rochecourbe**	**D**	**(87–89)**
1999	**St-Joseph Rochecourbe**	**D**	**89**
1999	**St-Joseph 420 Nuits**	**D**	**88**
1997	**St-Joseph 420 Nuits**	**D**	**(89–91)**

Alain Paret hat zwei der feinsten Condrieus des Jahrgangs 2000 gestaltet. Sein Geheimnis sind niedrige Erträge, reife Frucht, ein Ausbau *sur lie* (auf den feinen Hefen), wobei die Hefen regelmäßig umgerührt werden (*bâtonnage*) und kein frisches Eichenholz für Les Ceps du Nébadon, aber 100% neue Eichenholzfässer für die Luxus-Cuvée Lys du Volan. Seine Erträge übersteigen niemals 25 hl/ha, selbst in einem so überaus ertragreichen Jahr wie 2000. Der *2000er Condrieu Les Ceps du Nébadon* offenbart ein typisches, nach Pfirsichen und Aprikosen duftendes Parfüm, köstliche, schön texturierte, fleischige Geschmacksnuancen, ausgezeichnete Reintönigkeit und Batzen von Frucht. Diese klassische Fruchtbombe von einem Condrieu will unbedingt in ihren ersten 1–2 Lebensjahren getrunken sein. Der *2000er Condrieu Lys du Volan* gibt keine Beweise seines Ausbaus in zu 100% neuen Eichenholzfässern zu erkennen. Aus winzigen Erträgen eines Weinbergs in Hanglage mit Schieferböden, besitzt er wundervolle Aromen, eine konzentrierte, von flüssigen Mineralien geprägte Art und zurückhaltende Noten von Pfirsich- und Aprikosenmarmelade, vermischt mit Geißblatt. Dieser prachtvolle, texturierte, geschichtete, gut ausgewogene 2000er Condrieu wird sich 3–4 Jahre lang halten. Er ist ein würdiger Rivale für den besten Wein der Appellation, den Condrieu La Doriane von Guigal.

Alain Parets brillante Methoden der Weinbereitung erstrecken sich auch auf seine St-Joseph-Cuvées, die zu vernünftigen Preisen zu haben sind. Ich habe nur einen 2000er verkostet, den *2000er St-Joseph Rochecourbe*, der sowohl in kleinen Fässern als auch in größeren *demi-muids* ausgebaut wird. Seine dichte purpurrote Farbe geht einher mit sanftem Tannin, dicker, saftiger Frucht und erstaunlicher Konzentration und Tiefe. Er wird schon nach der Flaschenabfüllung zugänglich sein und sich 7–8 Jahre hindurch gut trinken lassen.

Es gibt drei Cuvées des 1999ers St-Joseph. Der *1999er St-Joseph Les Larmes du Père* ist ein weicher Wein, der wenig mit frischem Eichenholz in Kontakt kommt (weniger als 5%). Er präsentiert krautige Geschmacksnuancen von Johannisbeeren und Schwarzkirschen, mittleren Körper und einen gefälligen Abgang. Trinken Sie ihn im Lauf der nächsten 4–5 Jahre. Der ernsthafte, tanninstrengere, dichtere und muskulösere *1999er St-Joseph Rochecourbe* zeigt dichte purpurrote Farbe, gepaart mit viel Kraft, Reintönigkeit, Reife und Tannin. Eine untergründige mineralische Komponente legt den Gedanken an einen von Bleistift/Grafit geprägten Charakter nahe. Dieser ordentlich extrahierte 1999er benötigt noch etwas Zeit in der Flasche. Voraussichtliche Genussreife: jetzt–2014. Der substanziellere *1999er St-Joseph 420 Nuits* zeigt eine dunkelrubin-purpurrote Farbe sowie pikante Cassis-Aromen mit Noten von Kräutern der Provence (insbesondere Lavendel). Dieser schön texturierte, gut gebaute St-Joseph von mittlerem Körper benötigt 1–2 Jahre Kellerreife und wird sich ein Jahrzehnt lang halten. Wer von den Lesern einen großartigen, massiven reinsortigen Syrah sucht, sollte nach dem *1997er St-Joseph 420 Nuits* Ausschau halten. Aus Trauben von 15 Jahre alten Syrah-Reben gewonnen und in zu 100% neuen *demi-muids* ausgebaut, ist er sensationell extrahiert und reichhaltig, mit überaus intensiven Düften nach Holzrauch, Cassis, Pfeffer und einem Hauch von getrockneten Tomaten. Körperreich, wunderschön reintönig und gehaltvoll, wobei das Eichenholz eine subtile Rolle spielt, dürfte dieser groß ausgelegte St-Joseph schon früh herrlichen Trinkgenuss bieten (wegen seiner niedrigen Säure und seines entfalteten Stils), aber 8 Jahre lang halten.

DOMAINE PAVILLON-MERCUROL (STEPHAN CORNU)

1999	**Crozes-Hermitage**	**C**	**88**

Eine enttäuschend vegetabile Fassprobe des 2000er Crozes-Hermitage gelangte zur Verkostung, aber ich bin sicher, dass dieser hoch stehende Produzent Besseres leisten kann als das. Die Qualität des *1999ers Crozes-Hermitage*, der in zu 25% neuen Eichenfässern ausgebaut wurde, ist nicht zu bezweifeln. Er ist ein kräftiger, saftiger, fleischiger Wein von mittlerem Körper, der eine Fülle von reifer Johannisbeer- und Kirschfrucht an den Tag legt, vermischt mit Lakritze, einem subtilen Anklang von Kräutern und Gewürzen. Weich, rund und generös, wird er sich 5–7 Jahre lang trinken lassen.

DOMAINE DU PÉGAU

2000	**Châteauneuf-du-Pape Cuvée da Capo**	**EEE**	**(96–98+)**
1998	**Châteauneuf-du-Pape Cuvée da Capo**	**EEE**	**100**
1998	**Châteauneuf-du-Pape Cuvée Laurence**	**D**	**91**
2000	**Châteauneuf-du-Pape Cuvée Réservée**	**D**	**(93–96)**
1999	**Châteauneuf-du-Pape Cuvée Réservée**	**D**	**92**
1998	**Châteauneuf-du-Pape Cuvée Réservée**	**D**	**93**
1997	**Châteauneuf-du-Pape Cuvée Réservée**	**D**	**87**

Da die meisten Leser niemals Zugang zu einer Flasche von Henri Bonneaus phänomenalem Châteauneuf-du-Pape, der Réserve des Célestins, haben werden, sollten sie eine Flasche des Weins probieren, der seinem Stil am nächsten kommt. Paul Féraud produziert kraftstrotzende, kernige Châteauneufs im alten Stil auf ziemlich dieselbe Weise wie sein Mentor, Henri Bonneau. Férauds Angebote sind kompromisslose, alkoholreiche, massive Weine, die in großen Jahrgängen höchste Gipfel erklimmen, aber auch in leichteren Jahren erstaunlich gut ausfallen. Zweifellos durch den Einfluss seiner Tochter Laurence zieht Féraud seine Weine viel früher auf Flaschen ab als Bonneau, der oftmals einen Jahrgang Célestins erst dann abfüllt, wenn dieser mindestens 5 Jahre *élevage* im dunklen, engen Keller unter seinem Haus erlebt hat. In der Domaine de Pégau wird innerhalb von zwei Jahren abgefüllt, mit Ausnahme der limitierten Erzeugung Cuvée Laurence, die erst nach 5–6 Jahren Ausbau im Fass abgezogen wird. Laurence hat ferner im Jahr 1998 die kraftstrotzende Cuvée da Capo eingeführt.

Mit ihrer Produktion traditionell bereiteter Châteauneufs kann die Domaine Pégau auf eine beeindruckende fast 20-jährige Leistung zurückblicken. Im Dezember 1998 (den ich liebevoll die Zeit des Schluckens und nicht des Ausspuckens nenne) vergnügten sich meine Frau und ich mit einer minimalen Vertikal-Verkostung, die uns durch die Pégau-Jahrgänge 1990, 1989, 1985, 1983, 1981 und 1979 führte. Ich war erfreut, dass alle diese Jahrgänge meine hohen Erwartungen erfüllten. Jedoch sollten Besitzer von Weinen aus den Jahren 1983, 1981 und 1979 langsam planen, sie in den nächsten Jahren zu trinken (der 1981er ist ein phänomenaler Châteauneuf-du-Pape). Man neigt vielleicht dazu, diese Weine rustikal zu nennen, was ich jedoch für eine unzulässige Herabsetzung halte. Es sind körperreiche, konzentrierte Weine, die in Duft und Geschmack all das enthalten, was für die Provence und die Appellation Châteauneuf-du-Pape typisch ist. Die Weine basieren auf reifer Grenache-Frucht, die aus niedrigen Erträgen von alten Reben stammt. Sie werden nun früher auf Flaschen gefüllt, was ihnen gut bekommt, obwohl diese herzhaften und kraftvollen Châteauneufs mit langen Ausbauphasen in den alten *foudres* des Weinguts gut zurechtkommen.

Das Jahr 2000 erwies sich als weiterer außergewöhnlicher Jahrgang für Châteauneuf-du-Pape, und die Weine von Pégau zählten zu den Stars der Appellation. Der *2000er Châteauneuf-du-Pape Cuvée Réservée* (ein Verschnitt aus 75% Grenache, 20% Syrah und 5% verschiedenen Rebsorten) offenbart eine undurchdringlich rubin-purpurrote Farbe sowie ein märchenhaftes Bukett von schwarzen Früchten, vermischt mit gebratenem Fleisch, Lakritze, Pfeffer und einem Anflug von *garrigue.* Er ist überladen mit Extrakt, besitzt hohen Gyzeringehalt, extrem vollen Körper, süßes Tannin und einen langen Abgang von fast 40 Sekunden. Er könnte den 1998er übertreffen und sich als die größte Cuvée Réservée seit dem 1990er, 1989er und 1981er herausstellen. Voraussichtliche Genussreife: 2004–2025. Auf den Debüt-Jahrgang des *Châteauneuf-du-Pape Cuvée da Capo* im Jahr 1998 (nach 5 getrennten Flaschenverkostungen würde ich ihn zur Zeit mit runden 100 Punkten bewerten) folgte im Jahr 2000 eine weitere schwarze Schönheit. Der *2000er Châteauneuf-du-Pape Cuvée da Capo* präsentiert extreme Dicke und Intensität der Geschmackskomponenten, hohen Tanningehalt, kraftstrotzende Fülle und alle Eigenschaften der Cuvée Réservée, aber aufs Höchste gesteigert. Dieser Wein, der aus einem alten Weinberg in dem berühmten La Crau genannten Sektor von Châteauneuf-du-Pape stammt, wird aus allen 13 erlaubten Rebsorten bereitet, wenngleich über 99% aus Grenache besteht. Sie können erwarten, dass der 2000er ein wenig zugänglicher und aufgeschlossener ist als der 1998er und sich 30 Jahre und länger halten wird. Ein weiterer prachtvoller Wein, der sich zu einem historischen Châteauneuf-du-Pape entwickeln sollte. Voraussichtliche Genussreife: 2007–2035.

In Château Pégau wurde einer der wuchtigsten, konzentriertesten 1999er Châteauneufs produziert. Der dicht rubin-purpurrote *1999er Châteauneuf-du-Pape Cuvée Réservée* prunkt mit einem kraftvollen Bukett von Pfeffer, *garrigue,* schwarzen Früchten und Erde. Körperreich und expansiv, mit süßem Tannin, das ihm einen offener gewirkten, zugänglicheren Stil verleiht als den meisten anderen jungen Jahrgängen von Pégau, kann man diesen Wein schon jetzt trinken, während man auf die volle Ausreifung des 1998ers wartet. Wie alle Rotweine auf diesem Gut wurde er ungeschönt und unfiltriert auf Flaschen abgefüllt.

Der *1998er Châteauneuf-du-Pape Cuvée Réservée* wurde einen Monat vor meinem Besuch auf Flaschen abgefüllt und ist sogar noch besser ausgefallen als ich gehofft hatte. Er ist der wuchtigste Wein, den Pégau seit 1990 und 1989 gestaltet hat und legt die klassische Châteauneuf-du-Pape-Trilogie von gemahlenem Pfeffer, *garrigue* und Kirschgeist an den Tag. Körperreich, superkonzentriert und vielschichtig mit viskoser Textur, ist dies ein Kraftprotz von einem Châteauneuf, mit reichlichen Mengen von Fleisch, Ausstaffierung und Alkohol. Voraussichtliche Genussreife: 2004–2020.

Der *1998er Châteauneuf-du-Pape Cuvée da Capo* ist ein Verschnitt aus den 13 erlaubten Rebsorten der Appellation, der einen unglaublichen Alkoholgehalt von 16,6% erreichte und trocken endete. Er ist ein exquisiter, vieldimensionaler, unwiderstehlicher Kraftprotz, der dem Réserve des Célestins von Henri Bonneau stilistisch am nächsten kommt. Seine Farbe ist ein dichtes Purpurrot. Sein blumig duftendes Bukett enthüllt dicke Noten von Kirschgeist, verwoben mit Brombeeren, geräuchertem Fleisch und Gewürzen. Am Gaumen ist der Wein gewaltig, ölig texturiert, mit einem Abgang, der fast eine Minute lang andauert. Dieser majestätische Châteauneuf-du-Pape wird fast 3 Jahrzehnte lang mühelos altern. Voraussichtliche Genussreife: 2005–2030. Wenn Sie ihn finden können, kaufen Sie ihn unbedingt!

Eine *1998er Châteauneuf-du-Pape Cuvée Laurence* erhält ihre Freigabe, nachdem sie zwei Jahre in *foudres* und anschließend ein Jahr in kleinen Fässern verbracht hat (der einzige Pégau-Wein, der in kleineren Barriques altert). Der gehaltvolle Wein gibt reichliche Eichenholzwürze zu erkennen, gepaart mit einem von Gewürzen und Bruyèreholz geprägten Charakter und vollen Körper, aber mit weniger Typizität als die Cuvée da Capo und die Cuvée Réservée (die den Inbegriff eines Châteauneuf-du-Pape verkörpern). Gleichwohl ist dies ein kräftiger, wuchtiger Wein von modernerem Stil, der sich schon jung gut trinken und 10–15 Jahre schön altern dürfte. Meine Erfahrung mit vorhergehenden Jahrgängen der Cuvée Laurence (insbesondere 1990 und 1989) besagt, dass der längere Ausbau um Holz sie austrocknet und sie nicht so gut altern wie die Cuvée Réservée – das ist meine unmaßgebliche Meinung.

Die *1997er Châteauneuf-du-Pape Cuvée Réservée* ist in einem festen, tanninstrengen Stil bereitet und wartet auf mit guter Schwarzkirschfrucht und einem trockenen, von Nelkenpfeffer und Pfeffer geprägten Charakter. Im Mund erweist sich der ein wenig strenge Wein als gewürzbetont, mit mittlerem Körper und einem mäßig langen Abgang. Obwohl kein Star des Jahrgangs, ist dies ein sehr guter 1997er Châteauneuf-du-Pape, jedoch fester und verhaltener entwickelt als die meisten Weine dieses Jahrgangs.

DOMAINE DU PÈRE CABOCHE

2000	**Châteauneuf-du-Pape**	**C**	**(87–88)**
1999	**Châteauneuf-du-Pape**	**C**	**88**
1998	**Châteauneuf-du-Pape**	**C**	**87**
1997	**Châteauneuf-du-Pape**	**C**	**85**
2000	**Châteauneuf-du-Pape Cuvée Elisabeth Chambellan**	**D**	**(88–89)**
1999	**Châteauneuf-du-Pape Cuvée Elisabeth Chambellan**	**D**	**90**
1998	**Châteauneuf-du-Pape Cuvée Elisabeth Chambellan**	**D**	**90**
1997	**Châteauneuf-du-Pape Cuvée Elisabeth Chambellan**	**D**	**(86–88)**

Jean-Pierre Boisson, der Bürgermeister von Châteauneuf-du-Pape, neigt dazu, diese Weine früh abzufüllen, um ihre Frucht und ihren Charme zu bewahren. Seine Weine sind reichfruchtige, leicht zugängliche, in einem modernen Stil bereitete Klassiker. In den größeren, muskulöseren, strukturierteren und konzentrierteren Jahrgängen besitzen sie eine zusätzliche Tiefendimension, doch lässt sich nicht leugnen, dass die beiden Cuvées, der Standard-Châteauneuf-du-Pape und die Cuvée Elisabeth Chambellan, breiten Anklang finden.

Der entgegenkommende, verbraucherfreundliche, üppige *2000er Châteauneuf-du-Pape* ist beladen mit würziger Schwarzkirschfrucht, die in einem geschmeidigen, fleischigen Stil von mittlerem Körper präsentiert wird. Trinken Sie ihn im Lauf der nächsten 6–7 Jahre. Der *2000er Châteauneuf-du-Pape Cuvée Elisabeth Chambellan* zeigt eine ähnliche mittelrubinrote Farbe, aber mehr Struktur und Fett. Er bietet Aromen aus der Gewürzkiste, schwarze Himbeeren, Kirschen und Pfeffer, mittleren Körper, ausgezeichnete Reintönigkeit und eine fleischige, samtige Textur. Trinken Sie ihn im Lauf seiner ersten 7–8 Lebensjahre.

Der dunkelrubinrote *1999er Châteauneuf-du-Pape* enthüllt ein kräftiges, dickes, mit Früchten angefülltes Bukett mit Düften nach Schwarzkirschen, Gewürzen und Blumen. Bei mittlerem bis vollem Körper weich, mit üppiger Textur und niedriger Säure in seinem fleischigen, gut proportionierten Abgang, wird er sich 6–8 Jahre gut trinken lassen. Der *1999er*

Châteauneuf-du-Pape Cuvée Elisabeth Chambellan ist ein breiterer Wein mit mehr Glyzerin, Alkohol und Tiefe der nach Schwarzkirschen und Kirschgeist schmeckenden Frucht. Noten von Himbeeren, Lakritze und Gewürzen sind in diesem sinnlichen Châteaneuf-du-Pape ebenso zu finden wie wunderschöne Harmonie und Reintönigkeit. Trinken Sie diesen körperreichen Wein im Lauf dieses Jahrzehnts.

Wenn die Leser den 1998er von Père Caboche vermisst haben, dann sei ihnen gesagt, dass diese Weine ebenfalls erstklassig sind, mit mehr Tannin und Struktur, aber mit ähnlichem Gewicht und Charakter wie die 1999er. Der sinnliche, fruchtige *1998er Châteauneuf-du-Pape* ist bei mittlerem bis vollem Körper weich, zu Kopf steigend und reintönig. Kirschen, Pfeffer und Gewürze sind ebenso vorhanden wie reichliches Glyzerin und Fett. Trinken Sie diesen köstlichen Châteauneuf im Lauf der nächsten 7–8 Jahre. Die *1998er Châteauneuf-du-Pape Cuvée Elisabeth Chambellan* bietet einen verschwenderischen Schluck eines seidig texturierten, reichhaltigen, fruchtbetonten, in modernem Stil bereiteten Châteauneuf-du-Pape. Eine pflaumendunkle Farbe und ein explosives, nach Pfeffer und schwarzen Kirschen duftendes Bukett gehen einher mit einem reichhaltigen, opulenten, reintönigen, körperreichen Wein mit nahtloser Textur. Voraussichtliche Genussreife: jetzt bis 2012.

Die mittelrubinrote Farbe des *1997er Châteauneuf-du-Pape* wird begleitet von einem expansiven, süßen Bukett von Schwarzkirschenbonbons mit einem Hauch *sur-maturité* (Orangen- und Aprikosendüfte). Der von tropischer Frucht geprägte Charakter setzt sich fort in dem weichen, runden Gaumeneindruck von mittlerem Körper. Trinken Sie diesen expansiven, köstlichen, vordergründigen Châteauneuf im Lauf der nächsten 3 Jahre. Der aus älteren Reben gewonnene und expansivere *1997er Châteauneuf-du-Pape Cuvée Elisabeth Chambellan* weist Schichten von Frucht mit mehr Glyzerin und Alkohol auf. Es gibt praktisch kein Tannin in diesem hedonistischen, runden, würzigen, fruchtbetonten Wein. Trinken Sie ihn im Lauf der nächsten 3 Jahre.

DOMAINE DU PÈRE PAPE

2000	**Châteauneuf-du-Pape**	**C**	**(87–89)**
1999	**Châteauneuf-du-Pape**	**C**	**88**
2000	**Châteauneuf-du-Pape Clos du Calvaire**	**D**	**(88–89)**
1999	**Châteauneuf-du-Pape Clos du Calvaire**	**D**	**89**
1998	**Châteauneuf-du-Pape Domaine du Grand Coulet**	**D**	**85**
2000	**Châteauneuf-du-Pape La Crau de la Mère**	**D**	**(88–90)**
1999	**Châteauneuf-du-Pape La Crau de la Mère**	**D**	**89**
1998	**Châteauneuf-du-Pape La Crau de la Mère**	**D**	**90**

Die Weine der Domaine du Père Pape sind modern, reichfruchtig, konzentriert und dazu gedacht, in ihren ersten 10 Lebensjahren getrunken zu werden. Wie die Punktnoten und folgenden Degustationsnotizen besagen, stellen sie beständig feine Leistungen der Weinbereitung dar. Das Weingut bringt vier Cuvées heraus. Unstrittig das beste Angebot ist der Châteauneuf-du-Pape La Crau de la Mère, der von dem *lieu-dit* (einer nicht als Grand Cru klassifizierten Rebfläche) La Crau stammt, dem wärmsten *terroir* der Appellation, wo die Trauben am frühesten reifen. Ein großer Sektor dieses Areals befindet sich im Besitz von Vieux Télégraphe. Der aus den Reben von La Crau gewonnene Wein bildet das Rückgrat von Henri Bonneaus berühmter Réserve des Célestins, wenn nicht seines gesamten Verschnitts. Erstaunlicherweise erlangen die in La Crau wachsenden Grenache-Trauben ihre volle Reife 10–14 Tage vor den Gewächsen, die in knapp 1,5 Kilometer Entfernung angebaut werden.

Aus dem gleichen Holz geschnitzt, mit etwas höherem Alkoholgehalt und mehr spürbarer Brombeer- und Kirschfrucht, offenbart der *2000er Châteauneuf du Pape* einen hohen Glyzerinspiegel, niedrige Säure und eine kernige Textur. Der *2000er Châteauneuf-du-Pape*

Clos du Calvaire zeigt eine sattere rubin-purpurrote Farbe und dickliche Noten von Brombeeren, Kirschgeist, Lakritze und Pfeffer. Fett und reintönig, mit einem hedonistischen Geschmackseindruck am mittleren Gaumen und einem langen, von Frucht beherrschten Abgang, muss er im ersten Jahrzehnt seines Lebens getrunken werden. Der *2000er Châteauneuf-du-Pape La Crau de la Mère* weist eine dichtere rubin-purpurrote Farbe auf, dazu süße, fette dickliche Frucht, cremige Textur, eine sinnliche, mollige Mitte, niedrige Säure und einen herzhaften, hedonistischen Abgang. Unleugbar reizvoll in einem öligen, eingängigen Stil, bringt er 14,5% Alkohol auf die Waage. Voraussichtliche Genussreife: jetzt–2010.

Der *1999er Châteauneuf-du-Pape* besitzt kräftige Frucht und einen komplexen, geschichteten, körperreichen Stil, der Glyzerin, Üppigkeit, Alkohol, Frucht und eine freundliche Persönlichkeit zu erkennen gibt. Trinken Sie ihn im Lauf der nächsten 6–7 Jahre. Die Farbe des aus einer Monopol-Lage (im Alleinbesitz befindliche Lage) gewonnenen *1999ers Châteauneuf-du-Pape Clos du Calvaire* ist dunkelrubinrot und geht einher mit Aromen von Pflaumen, Kirschen und Erde, präsentiert in einem geschichteten, opulent texturierten, sinnlichen, reichfruchtigen Stil. Dieser wunderschön bereitete 1999er kann schon jetzt und über die nächsten 12 Jahre getrunken werden. Der *1999er Châteauneuf-du-Pape La Crau de la Mère* ist ein im provenzalischen Stil bereiteter Châteauneuf, der in seinem Charakter die berühmte *garrigue* zu erkennen gibt (eine Mischung aus erdigen Tönen, Thymian, Rosmarin und Lavendel), gepaart mit Noten von zerstoßenem Pfeffer, Gewürzen, Pflaumen und Kirschgeist. Dieser ausgezeichnete, komplexe, schmackhaft-würzige, körperreiche, fleischige Wein sollte im Lauf der nächsten 7–8 Jahre getrunken werden.

Der *1998er Châteauneuf-du-Pape La Crau de la Mère* offenbart ein bemerkenswertes, nach Kräutern der Provence, Erde und schwarzen Kirschen duftendes Bukett. Dieser gut gemachte Wein ist expansiv und seidig texturiert, mit dicklichen schwarzen Früchten, reichlichem zu Kopf steigenden Alkohol und üppigem Glyzeringehalt. Falls er ein wenig mehr Komplexität entwickelt, könnte er eine hervorragende Punktnote verdienen. Voraussichtliche Genussreife: jetzt–2012. Der gradlinigere *1998er Châteauneuf-du-Pape Domaine du Grand Coulet* zeigt schöne Frucht, aber wenig Komplexität. Er sollte im Lauf der nächsten 3 Jahre getrunken werden.

ANDRÉ PERRET

2000	**Condrieu Clos Chanson**	**E**	**88**
1999	**Condrieu Clos Chanson**	**E**	**92**
2000	**Condrieu Coteaux du Chéry**	**E**	**89**
1999	**Condrieu Coteaux du Chéry**	**E**	**95**
2000	**St-Joseph**	**C**	**(85–86)**
1999	**St-Joseph**	**C**	**(86–88)**
1998	**St-Joseph**	**C**	**86**
1999	**St-Joseph Blanc**	**D**	**(87–89)**
2000	**St-Joseph Les Grisières**	**D**	**(85–87)**
1999	**St-Joseph Les Grisières**	**D**	**90**
1998	**St-Joseph Les Grisières**	**D**	**90**

Als langjähriger Anhänger der Weißweine von Perret, die zu den besten des nördlichen Rhônetals gehören, freue ich mich, feststellen zu können, dass seine Rotweine an Qualität zunehmen. Seine 1999er und 1998er Cuvées des St-Joseph sind die besten, die er bislang produziert hat. Doch die 2000er Rotwein-Cuvées scheinen oberflächlich zu sein, bieten sie doch dichte Farbe und schöne Reife, aber wenig Fett, Tiefe und Präsenz am Gaumen. Der *2000er St-Joseph* offenbart im Abgang trockenes Tannin. Der *2000er St-Joseph Les Grisières* legt mehr Reife an den Tag, ist aber ein leichter Wein, besonders im Vergleich zu dem superben *1999er St-Joseph Les Grisières*. Der letztgenannte Wein erinnert in seinen herrlich gezeichneten Schwarzkirsch- und Blumennoten in Duft und Geschmack an einen Burgunder.

Er offenbart mäßiges Tannin, hervorragende Tiefe, Reintönigkeit und Reife und eine unverkennbar elegante Ausrichtung. Er dürfte sich ein Jahrzehnt hindurch schön trinken lassen. Der *1999er St-Joseph* zeigt die dichte, undurchdringlich rubin-purpurrote Farbe des Jahrgangs sowie ein elegantes Bukett von Blaubeeren, Brombeeren und Mineralien, süßes Tannin, mittleren Körper, gut integrierte Säure und einen verführerischen, üppigen Stil. Er dürfte sich 5–7 Jahre hindurch schön trinken lassen.

Die 1998er präsentieren jeweils mehr Tannin und anscheinend niedrigere Säure sowie eine anmutige, konzentrierte Persönlichkeit. Der *1998er St-Joseph* ist ein erdiger, kräuterhafter Wein mit einer Fülle von Kirschen und schwarzen Früchten, aber einem etwas strengen Abgang. Trinken Sie ihn im Lauf der nächsten 3–5 Jahre. Der *1998er St-Joseph Les Grisières* gibt Schwarzkirschen, Blaubeeren und Cassis sowie mehr spürbares Tannin als sein Pendant von 1999 zu erkennen. Hervorragende Reintönigkeit, ein anmutiger, stilvoller Eindruck im Mund mit reichlichen Mengen von süßer Frucht samt beeindruckendem Glyzerin sowie Symmetrie sind vorhanden. Gönnen Sie ihm 2–3 Jahre Kellerreife und genießen Sie ihn im Lauf der nächsten 10 Jahre.

Perrets Weißweine sind ungeachtet der Bedingungen des Jahrgangs beständig brillant. Sie erreichen stets komplexe Aromen und eine geschichtete Textur, die in den übrigen Weißweinen von der Rhône selten zu finden sind. Die 2000er Condrieus von Perret sind bedeutend leichter und weniger konzentriert als seine 1999er und 1998er, was in unserer Vorstellung das Gespenst hoher Erträge, selbst bei diesem peniblen, qualitätsbewussten Winzer und Weinmacher heraufbeschwört. Der *2000er Condrieu Coteaux du Chéry* legt neben schöner Reife auch Körper und Geschmack an den Tag, doch muss man ihn im Lauf des nächsten Jahres trinken, um sein mäßig intensives, nach Aprikosen und Geißblatt duftendes Bukett genießen zu können. Wenngleich von mittlerem Körper und sehr gut, ist der 2000er nicht so profund wie in den vorherigen Jahrgängen ausgefallen. Oberflächlicher, aber fruchtig und üppig, zeigt sich der *2000er Condrieu Clos Chanson*. Er besitzt nicht die mineralische Art des Coteaux du Chéry, ist aber eine sehr gute Leistung. Wie viele 2000er Weine aus dem nördlichen Rhônetal lässt er Tiefe vermissen. Trinken Sie ihn im Lauf des Jahres.

Der *1999er St-Joseph Blanc* offenbart ein elegantes, florales, nach Aprikosen und Pfirsichen duftendes Bukett mit ausgezeichneter Frische. Dieser Tropfen verbindet Finesse mit beträchtlicher konzentrierter Frucht und Intensität und dürfte sich während der nächsten Jahre schön trinken lassen. Perret ist ein Meister der Condrieu-Weine; der Jahrgang 1999 brachte keine Weine mit der Konzentration und Komplexität der 1998er hervor, doch von den Angeboten Perrets lässt sich das keineswegs ablesen. Der *1999er Condrieu Clos Chanson* ist ein dichter, körperreicher, honigfeiner Tropfen mit ausgezeichneter Reife, einer kräftigen, dicken, saftigen Textur und einem komplexen, hefigen, nach Geißblatt und exotischen Früchten duftenden Bukett. Trinken Sie ihn während der nächsten 2 Jahre. Perrets brillanter Condrieu Coteaux du Chéry ist neben Guigals La Doriane und Vernays Coteau Vernon der beste überhaupt produzierte Condrieu. Der *1999er Condrieu Coteaux du Chéry* ist ein Anwärter auf den Titel Condrieu des Jahrgangs, bindet er doch seine Säure und seinen Alkohol in fabelhafte Komponenten von Litschis, Aprikosen, Orangenmarmelade und honigfeine Birnen ein. Dazu gesellen sich massiver Körper und eine für einen Wein von solcher Intensität unglaubliche Eleganz und Reintönigkeit. Doch erwarten Sie nicht von ihm, dass er gut altert; er will im Lauf der nächsten 2–3 Jahre getrunken sein.

PERRIN

2000	**Châteauneuf-du-Pape Les Sinards**	**D**	**(88–90)**
1999	**Châteauneuf-du-Pape Les Sinards**	**D**	**(88–89)**
2000	**Côtes du Rhône Réserve**	**A**	**87**
1999	**Côtes du Rhône Réserve**	**A**	**89**
2000	**Côtes du Rhône Réserve Blanc**	**A**	**86**

2000	**Côtes du Rhône-Villages Rasteau**	**A**	**88**
2000	**Côtes du Rhône-Villages Vinsobres**	**B**	**85**
2000	**Côtes du Ventoux La Vieille Ferme**	**A**	**86**
2000	**Gigondas**	**B**	**86**
1999	**Gigondas**	**B**	**(87–88)**
1998	**Gigondas**	**B**	**86**
2000	**Vacqueyras**	**B**	**87**
1999	**Vacqueyras**	**B**	**88**
1998	**Vacqueyras**	**B**	**86**

Diese preiswerten, im Tank ausgebauten Weine, die unter dem *négociant*-Etikett von Jean-Pierre Perrin und seinem Sohn Pierre angeboten werden, erleben ihre Flaschenabfüllung schon frühzeitig, damit so ihre Frucht bewahrt bleibt. Am billigsten sind die Weine von La Vieille Ferme. Der *2000er Côtes du Rhône Réserve Blanc* ist ein Verschnitt aus 65% Grenache Blanc, 20% Viognier und 15% Roussanne. Die blumigen, an Geißblatt und Pfirsiche erinnernden Eigenschaften der Viognier-Traube sind im Bukett dieses Weins von leichtem bis mittlerem Körper nicht zu übersehen. Fruchtig und sauber, sollte er am besten während des nächsten Jahres getrunken werden. Der von Grenache dominierte *2000er Côtes du Ventoux La Vieille Ferme* (150000 Kisten) bietet eine tiefrubinrote Farbe, reichliche Mengen an Kirschfrucht, eine angenehme, offen gewirkte Textur und mildes Tannin. Er ist der Typus eines köstlichen Rotweins, wie man ihn häufig im südlichen Rhônetal findet, doch nirgendwo in der Welt mit diesem Qualitätsniveau und zu diesem Preis. Der beeindruckende, tiefrubinrote *2000er Côtes du Rhône Réserve* besitzt ganze Ladungen von Schwarzkirsch- und Johannisbeerfrucht, mittleren Körper und bewundernswerte Struktur. Genießen Sie ihn im Lauf der nächsten 2–3 Jahre.

Die Perrins haben ihre Aktivitäten ausgedehnt, um viele Weine der Appellation Côtes du Rhône-Villages anzubieten. Sie alle sind bemerkenswerte Leistungen, die ihren gebietsspezifischen Charakter beibehalten. Der *2000er Côtes du Rhône-Villages Vinsobres* (60% Grenache und 40% Syrah) offenbart ein erdiges, pfeffriges Bukett, trockenes Tannin und großen Mengen schwarzer Früchte, die in einem strengen Stil präsentiert werden. Er dürfte sich 3–4 Jahre hindurch schön trinken lassen. Wer von den Lesern mehr Schokolade, gepaart mit tieferen, konzentrierten schwarzen Früchten und volleren Körper sucht, sollte nach dem *2000er Côtes du Rhône-Villages Rasteau* Ausschau halten. Er ist ein Verschnitt aus 80% Grenache und 20% Syrah, ein kräftiger, den Gaumen auskleidender Rotwein, der 4–5 Jahre zu halten vermag. Ein weiterer ernsthafter Wein mit beträchtlichem hedonistischem Reiz ist der *2000er Vacqueyras* (ein Verschnitt aus 85% Grenache und 15% Syrah). Aus der Lage Sarrians – so genanntes *garrigue*-Land – dieser Appellation gewonnen, prunkt er mit einer tiefrubin-purpurroten Farbe, die einhergeht mit einem Bukett mit Düften nach Kirschgeist, Pfeffer und Erde. Trinken Sie diesen runden, weichen, fleischigen 2000er von mittlerem bis vollem Körper im Lauf der nächsten 4–5 Jahre. Etwa 20% des *2000er Gigondas* werden kurze Zeit im Holzfass verbringen. Er wartet auf mit roten und schwarzen Früchten, durchsetzt mit Mineralien, Erde und Gewürzen, gepaart mit hohem Säuregehalt und rustikalem Tannin im Abgang. Obwohl solide gemacht, lässt er den Charme und die verführerische Art des Vacqueyras ebenso vermissen wie die Wucht, das Glyzerin und die Frucht des Rasteau. Er dürfte sich 7–8 Jahre hindurch schön trinken lassen. Der dunkelrubinrote *2000er Châteauneuf-du-Pape Les Sinards* wird von Grenache dominiert (80%). Körperreich, mit viel Glyzerin und Frucht, einem süßen Beerencharakter, niedriger Säure und einem molligen, fleischigen, langen Abgang, wird er schon bei seiner Freigabe trinkbar sein, aber weitere 15 Jahre gut altern.

Die 1999er Weine werden angeführt von dem fleischigen *1999er Côtes du Rhône Réserve* und dem *1999er Vacqueyras.* Beide sind ausgezeichnete, dicht rubinrote Tropfen, die reichliche Mengen von Kirschen, Erde und Pfeffer in ihren Persönlichkeiten von mittlerem bis vollem Körper an den Tag legen – es sind Fruchtbomben zum Trinkgenuss für die nächsten 3–4 Jahre. Als sehr gute Leistungen der Weinbereitung können sie ein Jahrzehnt lang halten. Während der rustikale Vacqueyras Wucht und Überschwänglichkeit verkörpert, zeigt der *1999er Gigondas* die elegantere Seite des südlichen Rhônetals. Mit süßer Beeren- und Kirschfrucht ausgestattet, ist er weniger massiv als der Vacqueyras und von finessereicherem Stil. Auch er weist dunkelrubinrote Farbe und eine frühreife Persönlichkeit auf, die nahe legt, ihn im Lauf der nächsten 7–8 Jahre zu trinken. Der verschlossene *1998er Gigondas* und der *1998er Vacqueyras* besitzen mehr Tannin, sind aber reintönig und gut bereitet. Zuletzt sei noch der ausgezeichnete, fast hervorragende *1999er Châteauneuf-du-Pape Les Sinards* erwähnt. Er ist ein Verschnitt aus dem Rebbestand eines Freundes bei dem Dorf Grès, unweit Beaucastel, sowie einem deklassifizierten Wein von Beaucastel. Seine tiefpurpurrote Farbe wird begleitet von süßer Schwarzkirschfrucht, getränkt mit Rauch, Leder und gebratenem Fleisch. Der Wein hat mittleren bis vollen Körper, gute unterlegte Säure und einen klar gezeichneten Abgang. Seine Reintönigkeit und Frische sind bewundernswert. Genießen Sie ihn im Lauf der nächsten 10–12 Jahre.

DOMAINE ROGER PERRIN

2000	**Châteauneuf-du-Pape**	**C**	**(88–90)**
1999	**Châteauneuf-du-Pape**	**C**	**(87–88)**
1998	**Châteauneuf-du-Pape**	**C**	**89**
2000	**Châteauneuf-du-Pape Réserve des Vieilles Vignes**	**D**	**(93–95)**
1998	**Châteauneuf-du-Pape Réserve des Vieilles Vignes**	**D**	**94**
2000	**Côtes du Rhône**	**A**	**(86–88)**
2000	**Côtes du Rhône Réserve des Vieilles Vignes**	**B**	**(88–90)**

Roger Perrin ist ein weiterer aufgehender Stern am Himmel von Châteauneuf-du-Pape. Er hat prachtvolle 1998er produziert, wobei seine Réserve des Vieilles Vignes (anfänglich mit 90+ Punkten bewertet, doch nun bereits auf 93+ geklettert …) zumindest ein potenzieller Superstar zu sein scheint. Seine 2000er und 1999er sind beeindruckend. Dieses bescheidene, etwa 12 Hektar große Weingut ist deutlich auf dem Weg nach oben. Wer ein günstiges Preis-Qualitätsverhältnis sucht, sollte Perrins Côtes du Rhône-Cuvées in Betracht ziehen. Der köstliche *2000er Côtes du Rhône* ist ein cremig texturierter, krautiger, pfeffriger, von Kirschen dominierter Wein mit einer gewissen Eleganz. Genießen Sie ihn im Lauf der nächsten 2–3 Jahre. Der *2000er Côtes du Rhône Réserve des Vieilles Vignes* zeigt sich als herzhafter, fetter, hedonistischer Wein, der aus allen Nähten platzt vor schwarzen Früchten, reichlichem Glyzerin und einem geschichteten, konzentrierten Stil, der viele der kommerziellen Châteauneufs beschämt, die ohne Respekt für die Appellation oder das *terroir* gemacht werden. Trinken Sie ihn im Lauf der nächsten 3 Jahre.

Der kräftige, dichte, fruchtige, dunkelrubin-purpurrote *2000er Châteauneuf-du-Pape* bietet reichliche Noten von Schwarzkirschlikör, die in einem verführerischen, körperreichen, fleischigen Stil präsentiert werden. Dieser verbraucherfreundliche, wuchtige, konzentrierte, dickliche Wein wird noch klarer umrissen werden und sich 10–15 Jahre schön trinken lassen. Der kraftstrotzende *2000er Châteauneuf-du-Pape Réserve des Vieilles Vignes* (15% natürlicher Alkoholgehalt) ist ein grimmiger und gigantischer Spätentwickler mit immensem Körper, gewaltiger Reintönigkeit und von einem dem berühmten Les Cailloux Cuvée Centenaire von André Brunel nicht unähnlichen Stil. Spektakulär reichhaltig, weist er eine dichte rubin-purpurrote Farbe auf, die einhergeht mit Batzen von Brombeer- und Kirschfrucht, untermischt mit Balsaholz, Pfeffer und getrockneten Kräutern. Ölig texturiert, überaus reintönig und geschichtet, sollte dieser potenziell großartige Châteauneuf-du-Pape in 2–3 Jahren trinkreif sein und über 2 Jahrzehnte lang halten.

Der *1999er Châteauneuf-du-Pape* präsentiert den weichen, eleganten, fruchtbetonten Charakter des Jahrgangs sowie umfassende Ausgewogenheit und Finesse. Er bietet Ladungen von Beeren- und Kirschfrucht, schönes Glyzerin, mittleren bis vollen Körper und einen verführerischen, schmeichelnden Stil. Er dürfte sich 7–8 Jahre hindurch gut trinken lassen. Der *1998er Châteauneuf-du-Pape* besitzt mehr Struktur und Tannin plus schöner Zugänglichkeit. Seiner entwickelten pflaumendunklen-granatroten Farbe folgt ein fesselndes Bukett von gerösteten Kräutern, Fleischsaft, Kirschlikör und Pflaumen. Von mittlerem bis vollem Körper, mit ausgezeichnetem mittlerem Gaumen, einer gefälligen geschichteten Textur und einem üppig-saftigen, fleischigen Abgang, wird er sich 12–14 Jahre hindurch schön trinken lassen. Perrins Debüt-Jahrgang der limitierten Produktion einer erstklassigen Cuvée von alten Reben ist der *1998er Châteauneuf-du-Pape Réserve des Vieilles Vignes*, der unfiltriert auf Flaschen abgezogen wurde. Überaus konzentriert, wuchtig und muskulös, prunkt er mit einer dichten rubin-purpurroten Farbe, gepaart mit dicken Aromen von eingelegten Oliven, getrockneten Kräutern, Brombeeren, Kirschen und Thymian. Dieser körperreiche, mäßig tanninstrenge Wein erfordert 2–3 Jahre Kellerreife und dürfte 16–20 Jahre halten. Beeindruckend!

DOMAINE DU PESQUIER

1999	**Gigondas**	**D**	**(87–89)**
1998	**Gigondas**	**D**	**88**

Zwei Cuvées des *1999ers Gigondas* wurden verkostet. Beide offenbarten eine ausgezeichnete pflaumendunkle-purpurrote Farbe, weiche Säuren, reichlich pfeffrige *garrigue*, Kirsch- und Brombeerfrucht, bewundernswertes Glyzerin, schöne Opulenz, eine geschmeidige, sinnliche Textur und mittleren bis vollen Körper. Dieser 1999er dürfte 10 Jahre lang halten. Der pflaumendunkle-rubinrote *1998er Gigondas* von Pesquier zeigt Noten von Kräutern der Provence, Lakritze und Schwarzkirschmarmelade. Gut gemacht, vordergründig, weich, fleischig und anziehend, wird er sich über 10 Jahre hinweg gut trinken lassen.

DOMAINE DE PIAUGER

1998	**Côtes du Rhône Montmartel**	**B**	**86**
1998	**Côtes du Rhône Réserve Alphonse Latour**	**B**	**87**
1998	**Côtes du Rhône Réserve de Maude**	**B**	**85**
1998	**Côtes du Rhône Tenebi**	**B**	**78**

Diejenigen Leser, die nach einem Côtes du Rhône von leichtem Stil Ausschau halten, den man in den nächsten 2–3 Jahren genießen kann, sollten sich nach diesen 1998ern umsehen. Es sind erdige, pfeffrige Tropfen im provenzalischen Stil, aber nicht furchtbar konzentriert und alterungsfähig, mit einer Ausnahme, dem *1998er Côtes du Rhône Réserve Alphonse Latour*. Er ist der Beste aus der Gruppe, kompletter als die anderen und sehr geschmeidig, mit tiefer Schwarzkirschfrucht, verwoben mit Lakritze und Rauch. Er besitzt ein Alterungspotenzial von 5 Jahren, ganz wie der *1998er Côtes du Rhône Réserve de Maude*, der als einzige Cuvée Noten von frischem Eichenholz aufgrund des Ausbaus in Barriques an den Tag legte. Den enttäuschenden kräuterhaften, dünnen *1998er Côtes du Rhône Tenebi* kann man schnell wieder vergessen, doch die übrigen Weine, darunter der *1998er Côtes du Rhône Montmartel*, sind korrekte, angenehme Angebote mit ordentlicher Textur. Sie werden sich während der nächsten Jahre gut trinken lassen.

DOMAINE PONTIFICAL

2000	**Châteauneuf-du-Pape**	**C**	**(87–89)**
1999	**Châteauneuf-du-Pape**	**C**	**89**

Der *2000er Châteauneuf-du-Pape* von diesem Weingut ist das qualitative Äquivalent des 1999ers. Von mittlerem bis vollem Körper und würzig, mit etwas reiferer, dicklicherer Frucht sowie mehr Glyzerin und Fett, ist er ein reintöniger, ausgezeichneter Châteauneuf, der knapp die Note »hervorragend« verfehlt hat. Voraussichtliche Genussreife: jetzt–2012. Der attraktive, dunkelrubinrote *1999er Châteauneuf-du-Pape* zeigt bereits einen pink- und bernsteinfarbigen Saum. Ein würziges Parfüm von getrockneten Kräutern, Zedernholz, Pfeffer sowie roten und schwarzen Früchten geht einher mit einem dichten, geschmeidig texturierten Wein von mittlerem bis vollem Körper, der leicht zu verstehen und zu trinken ist. Er ist komplex, fleischig und insgesamt ganz so, wie ein Châteauneuf-du-Pape sein sollte. Er wird sich ein Jahrzehnt lang gut trinken lassen.

RABASSE-CHARAVIN

2000	**Côtes du Rhône-Villages Cairanne**	**B**	**87**

Die Besitzerin Corinne Coutourier hat einen sinnlichen Verschnitt aus 75% Grenache, 15% Syrah und 10% Consault gestaltet. Seine dunkelrubinrote Farbe geht einher mit einem offen gewirkten Bukett von zerdrückten schwarzen Kirschen, Pfeffer und Mineralien. Dieser gut gemachte, elegante, geschmacksbetonte *2000er Côtes du Rhône-Villages Cairanne* von mittlerem bis vollem Körper enthüllt reichliche Frucht und keine harten Ecken und Kanten. Trinken Sie ihn im Lauf der nächsten 2–3 Jahre.

DOMAINE RASPAIL-AY

1999	**Gigondas**	**C**	**(87–88)**
1998	**Gigondas**	**C**	**89**
1997	**Gigondas**	**C**	**86**

Der dunkelrubinrote *1999er Gigondas* ist ein verführerischer, mittelschwerer, offen gewirkter Wein mit reichlichen Noten von Kirschgeist, Pfeffer, Kräutern und Leder. Da er sich mollig, entwickelt und zugänglich zeigt, schlage ich vor, ihn während seiner ersten 10 Lebensjahre zu trinken. Im Gegensatz hierzu hat sich der *1998er Gigondas* seit der Flaschenabfüllung vollkommen verschlossen. Er bietet eine gesunde, dichte rubin-purpurrote Farbe sowie eine strukturierte, wuchtige Persönlichkeit mit mäßig intensiver Kirsch- und Brombeerfrucht, untermischt mit Rauch, Mineralien und Trüffeln. Elegant, dicht, mäßig tanninhaltig und klar umrissen, wird er sich jetzt–2015 in Bestform befinden. Der *1997er Gigondas* weist ein tiefrubin-purpurrotes Kleid, ein süßes cassis- und beerenduftiges Bukett und eine opulente, weiche, offen gewirkte Persönlichkeit mit niedriger Säure und schöner Molligkeit auf. Hoffentlich wird er frühzeitig auf Flaschen abgefüllt, damit seine Frucht erhalten bleibt, denn er sollte in den nächsten 4–5 Jahren getrunken werden sollte.

CHÂTEAU RAYAS

2000	**Châteauneuf-du-Pape**	**EEE**	**(91–94)**
1999	**Châteauneuf-du-Pape**	**EEE**	**92**
1998	**Châteauneuf-du-Pape**	**EEE**	**94**
1997	**Châteauneuf-du-Pape**	**EEE**	**88**
2000	**Châteauneuf-du-Pape Blanc**	**D**	**89**
1999	**Châteauneuf-du-Pape Blanc**	**D**	**89**
1997	**Châteauneuf-du-Pape Blanc**	**D**	**87**
2000	**Châteauneuf-du-Pape Pignan**	**E**	**(86–88)**
1999	**Châteauneuf-du-Pape Pignan**	**E**	**89**
1997	**Châteauneuf-du-Pape Pignan**	**E**	**87**
2000	**Côtes du Rhône Fonsalette**	**E**	**(89–91)**
1999	**Côtes du Rhône Fonsalette**	**E**	**89**
1998	**Côtes du Rhône Fonsalette**	**E**	**90**
1997	**Côtes du Rhône Fonsalette**	**D**	**(86–87)**
2000	**Côtes du Rhône Fonsalette Blanc**	**D**	**88**
1999	**Côtes du Rhône Fonsalette Blanc**	**D**	**87**
1997	**Côtes du Rhône Fonsalette Blanc**	**D**	**84**

2000	**Côtes du Rhône Fonsalette Cuvée Syrah**	**E**	**(89–91+)**
1999	**Côtes du Rhône Fonsalette Cuvée Syrah**	**E**	**91**
1998	**Côtes du Rhône Fonsalette Cuvée Syrah**	**E**	**91**
1997	**Côtes du Rhône Fonsalette Cuvée Syrah**	**E**	**88**
1999	**Côtes du Rhône Pialade**	**B**	**85**
1998	**Côtes du Rhône Pialade**	**B**	**86**

Françoise Rayas hat nach dem Tod ihres Bruders im Jahr 1997 die Verantwortung auf Château Rayas übernommen. (Jacques Reynaud leitete die Lese und die Weinbereitung der 1996er, starb aber, bevor sie verschnitten und auf Flaschen abgezogen wurden.) Sie wird tatkräftig von ihrem Neffen, Emmanuel Reynaud unterstützt.

In Kreisen der Weinwelt ist es zunehmend Mode geworden, die klagende Frage zu stellen: »Was läuft schief bei Rayas?« Der Tod von Jacques Reynaud war fraglos ein bestürzendes Ereignis, aber Françoise und Emmanuel hatten immerhin unter der peniblen Leitung von Reynaud gelernt. Vor zehn Jahren wurden nur 7–8 profunde Châteauneufs produziert, während es heute 40–50 sind. Andere Produzenten haben ihre Leistungen verbessert, während der Rayas im Grunde der Alte geblieben ist. Darüber hinaus mag der Rayas vielleicht ein wenig an Konzentration verloren haben, weil ein Drittel der Rebfläche 1992 neu bestockt wurde und die Trauben von diesen jungen Reben in den endgültigen Verschnitt eingebracht werden müssen. Doch nachdem ich den superben 2000er verkostet hatte (der alle Merkmale eines außergewöhnlichen Jahrgangs an den Tag legt), den 1999er (der wirklich aus der Flasche besser schmeckt) und auch den 1998er, fand ich die Kritik weitgehend übertrieben. Es ist freilich wahr, dass Weingüter nicht auf ihren Lorbeeren ausruhen können, doch hier handelt es sich um einen exzentrischen Wein, der von einem sehr ungewöhnlichen *terroir* stammt (mit einem kalten Mikroklima in einer heißen Zone). Jedenfalls besitzen die letzten unter dem Regime von Françoise und Emmanuel Reynaud erzeugten Weine alle die gleichen Charakteristika wie bei dem verstorbenen Jacques Reynaud.

Wie überall sonst in Châteauneuf-du-Pape war der Jahrgang 2000 in Rayas überaus süß und dicklich ausgefallen. Der *2000er Côtes du Rhône Fonsalette*, ein Verschnitt aus 60% Grenache, 25% Cinsault und 15% Syrah, offenbart eine dunkelrubinrote Farbe und üppige Aromen von schwarzen Früchten, Balsaholz und Erde. Von mittlerem bis vollem Körper und reich an süßem Tannin, dürfte er sich als Spitzenjahrgang für den Fonsalette herausstellen. Der Cinsault wurde mit einem gewaltigen natürlichen Alkoholgehalt von 16,5% eingebracht und der Grenache mit 15%, so dass in dieser Cuvée kein Mangel an Wucht und Glyzerin herrscht. Der undurchdringlich bläulich-purpurrote *2000er Côtes du Rhône Fonsalette Cuvée Syrah* zeigt Wucht, gepaart mit riesigem Tanningehalt. Wenn dieser Wein eine hervorragende Punktnote verdienen soll, muss einiges von seinem adstringierenden Tannin abschmelzen, mit dem er jedoch voll gepackt ist. Ein erstaunlich verhaltener Spätentwickler für diesen zugänglichen Jahrgang.

Der *2000er Châteauneuf-du-Pape Pignan* nimmt sich leichter aus als andere Spitzenjahrgänge, doch die Weine aus diesen Kellereien schmecken häufig nach der Flaschenabfüllung beträchtlich besser. Darüber hinaus liegt es in der Natur des Grenache, sowohl beim Fonsalette als auch beim Rayas, dass er Zeit in der Flasche benötigt. Diese Weine legen wirklich an Gewicht zu und vertiefen ihre Farbe, was ihre Kritiker sich bewusst machen sollten. Der mittelrubinrote 2000er bietet süße, staubige Geschmackskomponenten von schwarzen Kirschen, Eleganz und einen verkürzten Abgang. Er wirkt eher sehr gut bis ausgezeichnet statt außergewöhnlich. Ich war beeindruckt von dem *2000er Châteauneuf-du-Pape*. Er verbirgt seine 15,5% Alkohol vollkommen und wurde aus winzigen Erträgen gewonnen, ganz ähnlich wie der 1999er. Ein Drittel der Cuvée hatte die trockene Gärung gerade abgeschlossen, was eine Vorstellung von seiner Wucht und Reichhaltigkeit vermitteln dürfte. Er ist ein Rayas von sinnlichem, aromatischem Stil mit einer trügerisch hell bis mittelrubinroten Farbe (ganz ähnlich dem 1998er) sowie süßer, kandierter Schwarzkirschfrucht, die sich mit schwarzen Himbeeren und Gewürzen mischt. Opulent, mit einer Wagenladung Glyzerin, vollem Körper, einer samtigen Textur und schöner Länge, dürfte er sich als eine süßere, dicklichere – möglicherweise sogar bessere – Version des 1998ers herausstellen, doch es ist noch zu früh, dies festzustellen. Voraussichtliche Genussreife: 2004–2018.

Bei den Weißweinen herrscht größere Ungleichmäßigkeit. Der *2000er Côtes du Rhône Fonsalette Blanc* von mittlerem bis vollem Körper (ein Verschnitt aus Grenache Blanc, Clairette und Marsanne) gibt ein ausgezeichnetes Bukett mit zitrusähnlichen Düften und eine fette Textur zu erkennen. Als er sich im Glas befand, entstiegen dem Wein Aromen von weißen Blumen und ein Hauch Honig. Er sollte 5–7 Jahre altern. Der *2000er Châteauneuf-du-Pape Blanc* (aus Clairette und Grenache Blanc zu gleichen Teilen) enthüllt kräftige, saftige, buttrige Geißblatt-artige Noten in Duft und Geschmack, ausgezeichnete Konzentration, einen kernigen Gaumen und einen langen Abgang. Er dürfte sich ein Jahrzehnt oder länger gut trinken lassen, da diese Cuvée die unheimliche Fähigkeit besitzt, sich zusammenzufügen und jedermann überrascht, der eine Voraussage über ihr Verhalten wagt.

1999, in einem Jahrgang, der im Allgemeinen leichtere Tropfen hervorbrachte, war die Rayas-Produktion extrem gering und erbrachte sehr feine Weine. Der *1999er Côtes du Rhône Fonsalette* mit einem Kleid von mitteldunklem Rubinrot zeigt ein fesselndes Parfüm von pfeffrigen Schwarzkirschen, Erde und Unterholz, mittleren Körper, ausgezeichnete Reintönigkeit sowie leichtes Tannin im Abgang. Wenn er Gewicht zulegt, wird er einen oder zwei Punkte mehr verdienen. Voraussichtliche Genussreife: jetzt–2014. Auf die sensationelle, 250 Kisten umfassende Cuvée des schwarz-purpurroten *1999er Côtes du Rhône Fonsalette Cuvée Syrah* werden sich die Anhänger dieses Weins förmlich stürzen. Dieser Weinberg mit kühlem Klima, dessen Reben auf nach Norden ausgerichteten Abhängen wachsen, bringt fabelhafte Weine hervor, die 2–3 Jahrzehnte hindurch anmutig altern. (Der Debüt-Jahrgang 1978 steckt immer noch in den Kinderschuhen.) Der süße, gehaltvolle, körperreiche 1999er präsentiert reifes Tannin, gepaart mit Noten von gebratenem Fleisch, Brombeeren, Trüffeln und Lakritze. Legen Sie diesen Riesen 4–8 Jahre in den Keller und genießen Sie seine zauberhafte Verwandlung im Lauf der nächsten 10–12 Jahre. Voraussichtliche Genussreife: 2007 bis 2020. Der *1999er Châteauneuf-du-Pape Pignan* zeigt eine hell- bis mittelrubinrote Farbe und ein herrliches Bukett mit süßen Düften nach Kirschgeist, Tabak und Blumen. Von mittlerem bis vollem Körper, üppig und zugänglich, mit leichtem Tannin im Abgang, dürfte er sich jetzt–2014 in Bestform befinden. Der dunkelrubinrote *1999er Châteauneuf-du-Pape* verbirgt bewundernswert seine 15% Alkoholgehalt. Mit mehr strenger Struktur und Tannin, nicht aber mit dem Fett des 1998ers Rayas ausgestattet, bietet dieser verschlossene 1999er von mittlerem bis vollem Körper wunderschöne süße Noten von Kirschgeist in seinem Aromaprofil und eingangs im Mund, wird aber im Abgang straffer. Er könnte sich als eine moderne Version des 1979ers erweisen.

Die Weinpartien, die nach der Flaschenabfüllung des Rayas, des Fonsalette und des Pignan übrig geblieben sind, werden in einer Cuvée namens Pialade zusammengeführt. Der *1999er Côtes du Rhône Pialade* (1000 Kisten) besitzt eine hellrubinrote Farbe sowie Anklänge an den Rayas/Pignan-Stil, klingt jedoch rasch aus. Er ist ein angenehmer, eleganter, von Kirschfrucht geprägter Wein, der im Lauf der nächsten 3–4 Jahre getrunken werden sollte.

Zwar sind die 1999er Weißwein-Cuvées nicht so fett und ölig wie die 2000er, doch sind sie reife, markante Weine, die sich vollständig von den meisten Weißweinen des südlichen Rhônetals unterscheiden (die zu Belanglosigkeit und Milde neigen). Der blumenduftige, fette *1999er Côtes du Rhône Fonsalette Blanc* ist eindimensional, aber konzentriert. Der *1999er Châteauneuf-du-Pape Blanc* ist sogar noch konzentrierter, mit ganzen Ladungen von Glyzerin sowie einer an Zitrusfrüchte und Ananas erinnernden Komponente. Als ich Françoise Reynaud fragte, was sie zu diesen Weinen gern isst, sagte sie »ich bevorzuge sie als Aperitif«. Vielleicht ist das ihre wirkliche Berufung.

Die Cuvées des roten Fonsalette beinhalten den dunkelrubin-purpurrot schimmernden, tanninstrengen *1998er Côtes du Rhône Fonsalette.* Eingangs im Mund und am mittleren Gaumen enthüllt er reichhaltige, konzentrierte, pfeffrige, erdige Frucht. Die meisten Leser nehmen wahrscheinlich an, dass der Côtes du Rhône früher trinkreif sein würde als der Rayas, doch dieser körperreiche, dichte, strukturierte 1998er verlangt 3–4 Jahre Kellerreife und dürfte länger halten als der *1998er* Rayas. Voraussichtliche Genussreife: 2004–2020. Der *1998er Côtes du Rhône Fonsalette Cuvée Syrah* legt eine typische schwarz-purpurrote Farbe an den Tag sowie ein umwerfendes Bukett mit Düften nach Tierfell, Lakritze, Crème de Cassis, Trüffeln und feuchter Erde. Dieser dichte, mächtige, konzentrierte, prachtvoll ausgestattete Wein ist ein superber Ausdruck eines Syrah von der südlichen Rhône. Er ist nur für ernsthafte Sammler bestimmt. Voraussichtliche Genussreife: 2006–2020. Das am wenigsten eindrucksvolle Angebot der Domaine ist alljährlich ihr Pialade. Der *1998er Côtes du Rhône Pialade* ist ein angenehmer Wein zum Trinkgenuss für die nächsten 2–4 Jahre. Seine hell- bis mittelrubinrote Farbe geht einher mit Erdbeer- und Kirschfrucht, mittlerem Körper und pfeffrigen Gewürzen. Es fehlt ihm lediglich an Tiefe und Dimension.

Die 1998er besitzen nicht die Farbsättigung der 1995er, 1990er oder 1989er, aber an der außergewöhnlichen Tiefe und geschmacklichen Vielschichtigkeit des *1998ers Châteauneuf-du-Pape* ist nicht zu zweifeln. Seine Farbe ist ein mittleres bis tiefes Rubinrot und sein Bukett bietet reife Aromen von Erdbeer- und Kirschbonbons, abgerundet durch Kirschgeist. Am Gaumen ist der Wein körperreich und fett, mit hohem Gehalt an süßer Frucht, einer samtigen Textur, vielfältigen Dimensionen und einem explosiven Abgang. Er ist ein unleugbar sinnlicher, unwiderstehlicher Rayas, der sich schon jetzt außergewöhnlich gut ausnimmt. Der Ernteertrag war 30% größer als 1999, was bedeutet, dass einige Tausend Flaschen zusätzlich für den Weltmarkt zur Verfügung stehen. Meiner Einschätzung nach wird sich dieser verschwenderisch-üppige, sinnliche Rayas schon jung gut trinken, aber mühelos 15–16 Jahre altern. Seien Sie nicht überrascht, wenn er in den nächsten paar Jahren beträchtlich an Gewicht zulegt.

Die beiden 1997er Weißweine, die eine 100%ige malolaktische Gärung durchlaufen haben, sind weiche, runde, fruchtige Weine, wobei der *1997er Côtes du Rhône Fonsalette Blanc* spritzig und frisch mit weißer pfirsichähnlicher Frucht glänzt. Er ist ein Wein von mittlerem Körper, der in den nächsten paar Jahren getrunken sein will. Der *1997er Châteauneuf-du-Pape Blanc* zeigt etwas von dem gleichen pfirsichähnlichen Charakter, doch hat er zusätzlich noch an Aprikosenlikör und Sherry erinnernde Noten zu bieten. Der Wein besitzt schöne Fruchtnuancen im Geschmack, mittleren Körper und eine etwas exzentrische Persönlichkeit.

Wie es scheint, wird sich der rote *1997er Côtes du Rhône Fonsalette* als offen gewirkt und attraktiv erweisen. Geschmacklich bewegen sich alle Cuvées innerhalb des Bereichs von 86–89 Punktnoten. Der Wein ist mittelrubinrot, mit Kirsch- und Himbeerfrucht, einer gewissen Eleganz und einem reichfruchtigen, runden, großzügigen Stil, der ansprechen dürfte. Der *1997er Châteauneuf-du-Pape Pignan* aus 100% Grenache zeigt eine trügerische, wenig beeindruckende mittelrubinrote Farbe, aber intensive, süße, mit Kirschgeist vermischte Himbeer- und Kirschfrucht. Würzig, mit Pfeffer, gerösteten Erdnüssen und schöner Reife versehen, wird er sich jung gut trinken lassen und 7–10 Jahre halten. Der *1997er Châteauneuf-du-Pape* ist ein mittelrubinroter, mäßig gewichtiger Wein mit einer Fülle von süßer Himbeer- und Kirschfrucht, einem ausgezeichneten bis hervorragenden Aromaprofil, der aber nicht die Tiefe und Konzentration besitzt, die in einem großen Jahrgang zu finden sind. Eine Menge von zu Kopf steigendem Alkohol ist vorhanden und der Wein legt eine unverkennbare Komponente von Kirschlikör an den Tag. Trockenes Tannin ist im Abgang zu entdecken. Sie können erwarten, dass sich dieser Wein jung wunderbar trinken lassen und 10 bis 12 Jahre halten wird. Er erinnert mich an eine bessere, fruchtigere Version des 1986ers. Der *1997er Côtes du Rhône Fonsalette Cuvée Syrah* zeigt eine undurchdringliche schwarz-purpurrote Farbe und ein süßes Bukett von Brombeeren mit animalischen Düften. Obwohl der Wein eingangs im Mund reichhaltig ist, verengt er sich und enthüllt beträchtliches Tannin und eine harte, rustikale Persönlichkeit. Wenn dieser Tropfen im Abgang Fleisch zulegt, wird er eine Punktnote im oberen 80er-Bereich verdienen. Wenn nicht, erwarten Sie einen eindrucksvoll aussehenden Wein, der sich aber im Mund eckig und rau ausnimmt. Er wird zweifellos 10–20 Jahre lang halten.

Bisherige große Jahrgänge: Châteauneuf-du-Pape (rot) 1994er (90), 1990er (100), 1989er (97), 1988er (93), 1985er (94), 1983er (95), 1981er (96), 1979er (94?), 1978er (96?); Fonsalette 1994er (90), 1990er (92), 1989er (93); Fonsalette Cuvée Syrah 1995er (94+), 1994er (94), 1991er (92+), 1990er (95), 1989er (93), 1988er (92), 1985er (92), 1978er (93); Pignan 1990er (96)

CHÂTEAU REDORTIER

1999	**Gigondas**	**D**	**(88–90)**
1998	**Gigondas**	**D**	**90**
1997	**Gigondas**	**D**	**84**

Dies ist eines der ausgezeichneten, manchmal hervorragenden Weingüter in Gigondas, das von seiner kleinen Rebfläche von etwa 5 Hektar knapp 2000 Kisten produziert. Die Weine werden alle im Tank ausgebaut und ohne Filtration auf Flaschen gefüllt.

Der opulente, sinnliche, fortgeschritten entwickelte *1999er Gigondas* präsentiert eine tiefrubin-purpurrote Farbe und süße Aromen von Gewürzkiste, Kräutern und Schwarzkirsch-Marmelade. Dicht, körperreich und kernig, mit süßerem Tannin als sein älterer Bruder, wird der 1999er 10–12 Jahre lang halten. In einem ernsthaften *vin-de-garde*-Stil bereitet, ist der dichte, rubin-purpurrote *1998er Gigondas* klar gezeichnet, intensiv und rauchig, mit einer Fülle rauchiger Geschmacksnuancen von schwarzer Frucht, vermischt mit Düften aus der Gewürzkiste und getrockneten Kräutern. Während seiner *élevage* hat er beträchtlich an Gewicht zugelegt. Voraussichtliche Genussreife: jetzt–2014.

Der *1997er Gigondas* ist ein süßer, offen gewirkter, attraktiver, gradliniger Wein in einem modernen »trendy« Stil, dem es an der Wucht und Reichhaltigkeit eines großen Jahrgangs fehlt, der jedoch viel Charme und hedonistischen Reiz zu bieten hat, vorausgesetzt, er wird in seinen ersten 4–6 Lebensjahren getrunken. Dieser 1997er zeigt mittleren Körper, ein pfeffriges, nach Kirschen und *garrigue* duftendes Bukett und einen weichen, gefälligen, säurearmen Abgang.

DOMAINE DES RELAGNES

2000	**Châteauneuf-du-Pape**	**C**	**(87–88)**
1999	**Châteauneuf-du-Pape**	**C**	**82**
1998	**Châteauneuf-du-Pape**	**C**	**88**
1997	**Châteauneuf-du-Pape**	**C**	**83**
2000	**Châteauneuf-du-Pape Cuvée Vigneronne**	**D**	**(90–91)**
1999	**Châteauneuf-du-Pape Cuvée Vigneronne**	**D**	**89**
1998	**Châteauneuf-du-Pape Cuvée Vigneronne**	**D**	**90**
1997	**Châteauneuf-du-Pape Cuvée Vigneronne**	**D**	**87**

Beide 2000er sind sinnliche, vordergründige, dickliche Weine mit schöner Frucht, Glyzerin und Fett. Der *2000er Châteauneuf-du-Pape* bietet mittelrubinrote Farbe und reichliche Mengen von Schwarzkirschfrucht, präsentiert in einem sinnlichen, opulenten Format. Von mittlerem bis vollem Körper, mit niedriger Säure, wird sich dieser verbraucherfreundliche Wein 7–8 Jahre hindurch schön trinken lassen. Der *2000er Châteauneuf du Pape Cuvée Vigneronne* legt eine sattere Rubinfarbe sowie zusätzliche Ausstaffierung und Konzentration an den Tag. Er besitzt reichlich pfeffrige und erdige Noten in seinem dicklichen Bukett, dazu Struktur, mittleren bis vollen Körper und einen dichten, erstaunlich langen Abgang. Dies ist ein verführerischer Châteauneuf von expansivem Geschmack, der sich schon jung schön trinken lassen wird, aber auch 12–15 Jahre lang halten dürfte.

Beide 1999er Cuvées sind in der Frucht fortgeschritten entwickelt und müssen auf kurze Sicht getrunken werden: die traditionelle Cuvée innerhalb von 4–5 Jahren und die Cuvée Vigneronne innerhalb von 7–10 Jahren. Der *1999er Châteauneuf-du-Pape* besitzt mittelrubinrote Farbe sowie weiche Beerenfrucht, vermischt mit Noten von getrockneten Kräutern, Pfeffer und Gewürzen. Rund, nahtlos, samtig texturiert und leicht zu verstehen, ist er ein verbraucherfreundlicher, im modernen Trend liegender Wein, der die Konzentration vermissen lässt, die zu echter Größe erforderlich ist. Das Kleid des *1999er Châteauneuf-du-Pape Cuvée Vigneronne* von mittlerem bis dunklem Rubinrot geht einher mit einem kräftigen, würzigen Bukett von Kirschmarmelade, Pfeffer, *garrigue* und englischem Kuchen. Zwar wird einiges Tannin spürbar, doch zeigt sich dieser Wein von seiner Frucht dominiert. Bei mittlerem Körper ist er rund mit ausgezeichneter Reintönigkeit.

Die 1998er sind in einem ähnlichen Stil bereitet. Der dunkelrubinrote *1998er Châteauneuf-du-Pape* wartet auf mit einem kräftigen, süßen Bukett mit Düften nach Rauch, Kirschen, Pflaumen und *garrigue*, einer samtigen Textur, mittlerem bis vollem Körper und etwas mehr Tannin als sein Pendant von 1999. Obwohl bereits zugänglich, dürfte er ein Jahrzehnt hindurch halten. Der außergewöhnliche *1998er Châteauneuf-du-Pape Cuvée Vigneronne* prunkt mit einer tiefrubinroten Farbe und überschwänglichen Aromen von Schwarzkirsch-Marmelade, Rauch und Unterholz. Er ist opulent und sinnlich, mit niedriger Säure, eindrucksvollem Gehalt an Glyzerin, Alkohol und einem kernigen, verbraucherfreundlichen, unleugbar reichhaltigen, langen Abgang ohne Ecken und Kanten. Trinken Sie diesen nahtlosen fleischigen Tropfen im Lauf der nächsten 12 Jahre.

Der *1997er Châteauneuf-du-Pape* zeichnet sich aus durch eine rubinrote Farbe von mittlerer Tiefe und ein Bukett wie aus dem Bilderbuch, das nach Kräutern der Provence, verwoben mit Noten von Pflaumen, Branntwein und Kirschen, duftet. Der Wein gibt süße Frucht, mittleren Körper und etwas Verwässerung zu erkennen, ist dabei aber reif und verführerisch. Trinken Sie ihn im Lauf der nächsten 2 Jahre. Der *1997er Châteauneuf-du-Pape Cuvée Vigneronne* ist dichter, von tiefrubinroter Farbe und mit einer Fülle dicklicher Frucht von schwarzen Kirschen im Bukett, schönem Glyzerin und leichtem Tannin im Abgang und mit einem schön konzentrierten und texturierten Stil von mittlerem Körper. Wenngleich kein Kraftprotz, wird dieser verführerische Châteauneuf während der nächsten 4 Jahre idealen Trinkgenuss gewähren.

DOMAINE DE LA RÉMÉJEANNE

2000	**Côtes du Rhône Les Arbousiers**	**B**	**86**
1999	**Côtes du Rhône Les Arbousiers**	**B**	**87**
2000	**Côtes du Rhône Les Chèvrefeuilles**	**B**	**87**
2000	**Côtes du Rhône Les Eglantiers**	**B**	**90**
1999	**Côtes du Rhône Les Eglantiers**	**B**	**90**
1998	**Côtes du Rhône Les Eglantiers**	**B**	**88**
2000	**Côtes du Rhône-Villages Les Genévrières**	**B**	**90**
1999	**Côtes du Rhône-Villages Les Genévrières**	**B**	**88**
1998	**Côtes du Rhône-Villages Les Genévrières**	**B**	**87**

Dieses Gut ist eine beständige und erstklassige Quelle für makellos bereitete Weine, die zu einem Spottpreis zu haben sind. Réméjeanne befindet sich seit Mitte der 1990er Jahre qualitativ im Aufschwung, und die 2000er der Domaine könnten durchaus die feinsten bislang produzierten Weine darstellen. Der dunkelrubinrote *2000er Côtes du Rhône Les Chèvrefeuilles* ist ein Verschnitt aus 40% Syrah, 40% Grenache und 20% Cinsault. Er besitzt ein sanftes, mit Gewürzen und Erde verwobenes Bukett von reifer Beerenfrucht. Rund, dicklich und von mittlerem Körper, wird er sich 2 Jahre hindurch schön trinken lassen. Der in einem ähnlichen Stil gestaltete *2000er Côtes du Rhône Les Arbousiers*, der aber mehr Struktur und Noten von Kräutern der Provence und Pfeffer an den Tag legt, ist ein Verschnitt aus 70%

Grenache und 30% Syrah. Seine tiefrubinrote Farbe und sein würziger Abgang von mittlerem Körper werden von mehr spürbarem Tannin begleitet. Er dürfte sich 2–3 Jahre hindurch schön trinken lassen.

Der außergewöhnliche *2000er Côtes du Rhône Les Eglantiers* ist ein reinsortiger Syrah von undurchdringlicher purpurroter Farbe mit einem außergewöhnlichen Bukett von reintönigem Cassis, Brombeerlikör und einem Hauch Schokolade. Körperreich und gehaltvoll, mit niedriger Säure und einer geschichteten Textur, ist er schon jetzt zugänglich (wegen der dicklichen Art und niedrigen Säure des Jahrgangs), sollte aber auch 4–5 Jahre hindurch gut altern. Er ist gegenüber dem *2000er Côtes du Rhône Villages Les Genévrières* (einem Verschnitt aus 65% Grenache, 20% Syrah und für den Rest Cinsault und Mourvèdre) in einem ausgeprägten internationalen Stil bereitet. Der letztgenannte Wein offenbart typische Merkmale der Weine von der südlichen Rhône, nämlich Nuancen von Leder, *garrigue*, Kirschgeist, Gewürzkiste und Pfeffer. Fleischig und fett, kann er es mühelos mit den Spitzenweinen so berühmter Appellationen wie Châteauneuf-du-Pape aufnehmen. Trinken Sie ihn im Lauf der nächsten 3–5 Jahre.

Die 1999er weisen alle eine tiefrubin-purpurrote Farbe und üppige Mengen von Frucht auf. Der *1999er Côtes du Rhône Les Arbousiers* präsentiert mehr Gewürze, Pfeffer und Kräuter der Provence in seinen Geschmacksnuancen von Brombeeren und Kirschen. Der erstaunliche *1999er Côtes du Rhône Les Eglantiers* (aus 100% Syrah von einem 30 Jahre alten Rebbestand) zeigt ein nach Brombeerlikör duftendes Bukett, vollen Körper, niedrige Säure und eine opulente Textur. Schon jetzt und während der nächsten 7–8 Jahre wird er herrlichen Trinkgenuss gewähren. Der *1999er Côtes du Rhône-Villages Les Genévrières* ist der eleganteste und ausgefeilteste Wein unter diesen Cuvées. Obschon nicht so gewichtig und konzentriert wie seine Genossen, bietet er attraktive Erdbeer- und Blaubeeraromen sowie eine harmonische Textur und einen ebensolchen Abgang von mittlerem Körper. Alle diese 1999er sind auf Flaschen abgezogen worden und können jetzt getrunken werden. Der Les Arbousiers und der Les Genévrières werden sich 3–4 Jahre schön trinken lassen.

Von den 1998ern habe ich zwei verkostet. Der *1998er Côtes du Rhône Les Eglantiers* offenbart mehr Tannin und Erde sowie eine festere Struktur als der 1999er. Er ist zwar weniger charmant, doch eine beeindruckende Leistung mit reichlicher Cassisfrucht, vermischt mit Lakritze und Rauch. Er dürfte sich 4–5 Jahre gut trinken lassen. Der *1998er Côtes du Rhône-Villages Les Genévrières* bietet in Duft und Geschmack komplexe Nuancen von Kräutern der Provence, Schwarzkirschen, Pflaumen, Beeren und Kirschen, präsentiert in einem geschmeidigen Format von mittlerem Körper. Er dürfte sich 2–3 Jahre gut trinken lassen.

DOMAINE DE REMIZIÈRES

2000	Crozes-Hermitage Cuvée Christophe	D	(88–90)
1999	Crozes-Hermitage Cuvée Christophe	D	91
1998	Crozes-Hermitage Cuvée Christophe	D	90
1997	Crozes-Hermitage Cuvée Christophe	D	90
2000	Crozes-Hermitage Cuvée Christophe Blanc	D	(87–89)
1999	Crozes-Hermitage Cuvée Christophe Blanc	D	88
1998	Crozes-Hermitage Cuvée Christophe Blanc	D	88
2000	Hermitage Cuvée Emilie	E	(91–93)
1999	Hermitage Cuvée Emilie	E	96
1998	Hermitage Cuvée Emilie	E	93+
1997	Hermitage Cuvée Emilie	E	89
2000	Hermitage Cuvée Emilie Blanc	E	(88–90)
1999	Hermitage Cuvée Emilie Blanc	E	90
1998	Hermitage Cuvée Emilie Blanc	E	93

1997	**Hermitage Cuvée Emilie Blanc**	**E**	**90**
1996	**Hermitage Cuvée Emilie Blanc**	**E**	**88**

Philippe Desmeures gestaltet diese Cuvées in Abstimmung mit dem französischen Weinmakler Patrick Lesec. Von daher unterscheiden sie sich von anderen Cuvées. Der Name von Lesec erscheint auf dem Etikett der Bauchbinde zusammen mit seiner Importeur-Information. Diese Weine werden zumeist in neuen Eichenfässern mit minimalen Abstichen und limitierter Schwefelbeigabe ausgebaut, und es wäre einfach wunderbar, wenn Desmeures sich dafür entscheiden würde, alle Weine in seinem Keller auf diese Weise zu behandeln, da dieses Weingut unbegrenztes Potenzial zu besitzen scheint.

Bei den Weißweinen sind die 1999er leichter als ihre Pendants von 1998, aber immer noch beeindruckend. Es besteht größere Ähnlichkeit zwischen den 2000er und 1999er Weißweinen, als ich erwartet hatte. Beide sind säurearme Jahrgänge, doch besitzen die 1999er mehr Fett und Fleisch. Gegenüber dem 1999er hatte ich eine leichte Vorliebe für den *2000er Crozes-Hermitage Cuvée Christophe Blanc.* Beide Jahrgänge des Crozes-Hermitage Cuvée Christophe trinkt man am besten in ihren ersten 6–7 Lebensjahren. Der *1998er Crozes-Hermitage Cuvée Christophe Blanc* (90% Marsanne und 10% Roussanne) gibt ein honigfeines, würziges Bukett mit waldähnlichen Noten und eine Fülle von tropischen Früchten zu erkennen. Körperreich, dick und reichhaltig, mit einem Stil, der an einen Elsässer Vendange Tardive Tokay-Pinot Gris erinnert (obwohl er vollkommen trocken ist), sollte er im Lauf der nächsten 5–7 Jahre getrunken werden.

Der Hermitage Cuvée Emilie Blanc wird in Partien zu 4000 Flaschen produziert. Der *2000er Hermitage Cuvée Emilie Blanc* und der *1999er Hermitage Cuvée Emilie Blanc* sind qualitativ beinahe identisch, wenngleich stilistisch ein wenig unterschiedlich, wobei der 1999er ein größeres Alterungspotenzial aufweist. Diese Weine sind körperreiche, dicke, saftige Tropfen. Beide zeigen mäßig intensive Aromen von Rosenblättern, Mineralien, honigfeiner Grapefruit und einen Anflug von Fino-Sherry. Sie können erwarten, dass sich der 1999er bis zu 20 Jahre hindurch schön trinken lassen wird. Der 2000er sollte am besten in seinen ersten 10–12 Lebensjahren genossen werden. Der *1998er Hermitage Cuvée Emilie Blanc* (reinsortiger Marsanne mit einer Prise Roussanne) ist superb. Er ist ein ölig texturierter, körperreicher, wuchtiger, konzentrierter Wein mit Noten von toastwürzigem frischem Eichenholz, flüssigen Mineralien, Rosenblättern, honigfeiner Grapefruit und Birnen und zeigt sich fabelhaft reif, dick und saftig. Ich frage mich oft, ob die Leser diese Weine verstehen, da sie sich als Paradoxon darstellen können. So sind sie in ihren ersten 3–5 Lebensjahren köstlich zu trinken, worauf sie in einen Zustand der Oxidation und der Verschlossenheit verfallen, nur um noch prachtvoller zu werden, wenn sie im Alter von 10–12 Jahren wieder auferstehen. Trinken Sie sie zu einem frühen oder späten Zeitpunkt, aber nicht in der dazwischen liegenden Phase. Die *1998er Hermitage Cuvée Emilie Blanc* ist ein ölig texturierter, körperreicher, wuchtiger, konzentrierter Wein mit Noten von toastwürzigem frischem Eichenholz, flüssigen Mineralien, Rosenblättern, honigfeiner Grapefruit und Birnen. Fabelhaft reif, dick und saftig, wird er sich 15+ Jahre weiterentwickeln. Der ungefüge *1997er Hermitage Cuvée Emilie Blanc* legt reichliche Mengen von frischer Eichenholzwürze an den Tag. Er ist ein Hermitage von eher hefigem, buttrigen, honigfeinen Stil mit mehr Reichhaltigkeit, Textur und Länge. Dieser groß ausgelegte Wein dürfte sich jung gut trinken lassen, aber auch ein Jahrzehnt lang halten. Der *1996er Hermitage Cuvée Emilie Blanc* (der fast zur Gänze aus dem *lieu-dit* Les Rocoules kommt) zeigt in seinem nach Grapefruit und Ananas duftenden Bukett hochklassige, ausgefeilte Frucht. Im Mund machen sich mineralische Noten bemerkbar. Der Wein hat mittleren Körper und ist mit spritziger, pikanter Säure gut bereitet. Er dürfte 5–6 Jahre lang halten.

Der in einem herausfordernden Jahrgang (aus dem einzigen Grund, weil die Ernteerträge allzu groß waren) entstandene rote *2000er Crozes-Hermitage Cuvée Christophe* besitzt erstaunliches Gewicht, Fett und Reife. Weder verwässert noch flach (wie so viele 2000er Rotweine) präsentiert er eine Farbe von dunklem Purpurrot, reife, süße Cassisnuancen und reichliche Noten von Erde, Lakritze, Pfeffer und Gewürzen im Geschmack. Obwohl er nicht die extreme Tiefe des ehrfurchtgebietenden 1999ers zu bieten hat, dürfte er in den nächsten 7–10 Jahren erfreulichen Trinkgenuss gewähren. Der profunde rote *1999er Crozes-Hermitage Cuvée Christophe* (1 000 Kisten) ist ein verschwenderischer Wein mit undurchdringlich purpurroter Farbe und einem fantastischen Bukett von rauchigem Espresso, verwoben mit Crème de Cassis, Grafit und Lakritze. Körperreich, opulent und voll bepackt mit Konzentration, könnte er in einer Blindverkostung leicht mit einem erstklassigen Hermitage verwechselt werden. Seine niedrige Säure, Hochreife, Reintönigkeit und umfassende Ausgewogenheit sprechen dafür, dass er sich jetzt–2015 auf seinem Höhepunkt befinden wird. Der rote *1998er Crozes-Hermitage Cuvée Christophe* zeigt eine undurchdringlich tintige, pflaumendunkle-schwarze Farbe sowie Aromen von Dörrzwetschgen, Cassis und Brombeeren in seinem intensiven Bukett. Säurearme, reichhaltige, superb konzentrierte Geschmackskomponenten kleiden den Gaumen aus, und es gibt einen langen, opulenten Abgang. Dieser Wein verspricht für die nächsten 10 Jahre hervorragenden Trinkgenuss. Der phänomenale *1997er Crozes-Hermitage Cuvée Christophe* ist einer der feinsten Crozes, die ich je verkostet habe. Seine sattschwarze-purpurrote Farbe geht einher mit superben Aromen von geröstetem Kaffee, Brombeeren, Cassis, Toast und Rauch. Reichhaltig, mit superber Definition, vollem Körper, großen Mengen von Frucht und Glyzerin und einem langen Abgang, ist er so gut, wie ein Crozes-Hermitage überhaupt nur sein kann. Voraussichtliche Genussreife: jetzt–2015.

Der rote *2000er Hermitage Cuvée Emilie* gehört zusammen mit dem Hermitage von Gérard und Jean-Louis Chave und etlichen Cuvées aus Monopol-Lagen von Chapoutier zu den feinsten Weinen des Jahrgangs. Er erlebte eine Gärung von 30 Tagen und eine zweimal täglich durchgeführte *pigeage* (Aufbrechen und Untertauchen des Schalenhuts während der Gärung). Nach den Aromen und dem eindrucksvollen Geschmack auf der Zunge geben sich süßes Tannin, außergewöhnliche Reife sowie substanzielle Konzentration und Tiefe zu erkennen. Reintönige schwarze und blaue Früchte mischen sich in diesem dichten, geschmacksintensiven Tropfen mit Grafit- und toastwürzigen Düften. Er ist zwar ein brillanter Wein für den Jahrgang, kann sich aber mit der Majestät des 1999ers nicht messen. Der 2000er wird in 2–5 Jahren trinkreif sein und 15 Jahre und länger halten. Der rote *1999er Hermitage Cuvée Emilie* (1 000 Kisten) ist ein Anwärter auf den Titel Hermitage des Jahrgangs. Etwa 70 % der Trauben für diese Cuvée kommen von alten Reben in l'Hermite (hoch oben auf der Kuppe des Hermitage), der Rest von Les Rocoules. Dieser außergewöhnlich intensive Wein prunkt mit einer undurchdringlich schwarz-purpurroten Farbe sowie einem Bukett von süßem Brombeerlikör, vermischt mit Düften nach Espresso, Lakritze, Tabak, Mineralien und Toast. Massive Geschmackskonzentration, Vielschichtigkeit, voller Körper, bewundernswerte Reintönigkeit sowie wunderschön integrierte Säure und Tannin sind hier zu finden. Dieser unwiderstehliche Hermitage dürfte sich 3 Jahrzehnte hindurch weiterentwickeln. Der rote *1998er Hermitage Cuvée Emilie* (30% der Trauben kommen aus Les Rocoules und 70% von L'Ermite) mit sattschwarz-purpurrotem Kleid ist ein unglaublich reichhaltiger Wein mit wundervoll süßen, dicklichen Düften nach Brombeerlikör, Tabak, Lakritze und Kies. Massiv im Mund, mit Schichten von konzentrierten schwarzen Früchten im Geschmack, gewaltigem Glyzerin, niedriger Säure und einem kraftstrotzenden Abgang, sollte sich dieser Wein 20–30 Jahre weiterentwickeln. Zusätzlich zu seinen süßen, dicklichen Fruchtkomponenten offenbart er spürbares Tannin. Voraussichtliche Genussreife: 2005 bis 2025. Der fabelhafte *1997er Hermitage Cuvée Emilie* ist ein explosives Beispiel eines Syrah aus ausgewählten Hermitage-Weinbergen. Seine undurchdringlich schwarze Farbe geht einher mit einem überschwänglichen Bukett von Speck, rauchiger Lakritze und Cassis. Körperreich, superkonzentriert und massiv im Abgang, dürfte dieser säurearme, prachtvoll ausgestattete Hermitage 2 Jahrzehnte mühelos altern, aber schon in seiner Jugend zugänglich sein.

DOMAINE DE LA RENJARDE

1999	**Côtes du Rhône**	**A**	**(85–86)**
2000	**Côtes du Rhône-Villages**	**A**	**87**
2000	**Côtes du Rhône-Villages Réserve de Cassagne**	**B**	**88**
1999	**Côtes du Rhône-Villages Réserve de Cassagne**	**B**	**87**

Wer von den Lesern Weine mit ausgezeichnetem Preis-Qualitätsverhältnis sucht, wird in den Appellationen der südlichen Côtes du Rhône fündig werden, denn dort gibt es Schätze aus den letzten Jahrgängen wie die hier vorgestellten. Diese Weine werden von den Besitzern des Château de la Nerthe produziert.

Der *2000er Côtes du Rhône-Villages* (ein Verschnitt aus 55% Grenache, 25% Syrah, 10% Cinsault und 10% Carignan, der gänzlich im Tank ausgebaut wurde) von der Domaine de la Renjarde ist ein fetter, köstlich fruchtiger, durchschaubarer, aber üppiger, hedonistischer Wein mit reichlichen Mengen von Schwarzkirschfrucht. Wenngleich nicht komplex, füllt er den Mund, hat eine nahtlose Textur und wird auf 2–3 Jahre schönen Trinkgenuss gewähren. Die limitiertere Cuvée des *2000er Côtes du Rhône-Villages Réserve de Cassagne* (ein Verschnitt aus 50% Grenache, 45% Mourvèdre und 5% Carignan, in *foudres* ausgebaut) ist dazu bestimmt, im Lauf der nächsten 4–5 Jahre getrunken zu werden. Der Wein besitzt eine Fülle von schwarzen Früchten, untergründige Noten von Mineralien, Leder und Baumrinde, nimmt sich eingangs im Mund süß aus und zeigt ausgezeichnete Reintönigkeit und Definition. Dieser bei mittlerem bis vollem Körper hochklassige, komplexe Wein von der südlichen Rhône dürfte sich 5 Jahre lang gut halten. Der elegante *1999er Côtes du Rhône-Villages Réserve de Cassagne* enthüllt weniger Körper und Volumen, könnte jedoch in einer Blindverkostung mühelos als ein Burgunder Premier Cru durchgehen. Er bietet süße Frucht von roten Beeren, vermischt mit schwarzen Johannisbeeren und Brombeeren. Von mittlerem Körper und mit geschmeidiger Textur, dürfte sich dieser sauber gemachte 1999er 2–3 Jahre hindurch gut trinken lassen. Der *1999er Côtes du Rhône* (25 000 Kisten) ist ein Wein wie aus dem Bilderbuch, der aufgrund der frischen, lebendigen Schwarzkirsch- und Beerenfrucht des Jahrgangs erfreuliche Eleganz an den Tag legt. Von mittlerem Körper und weich, eignet er sich ideal zum Trinkgenuss während der nächsten 2–3 Jahre.

DOMAINE DE LA ROQUETTE

2000	**Châteauneuf-du-Pape**	**C**	**(87–89)**
1999	**Châteauneuf-du-Pape**	**C**	**87**
1998	**Châteauneuf-du-Pape**	**C**	**90**

Diese Weine werden von Daniel und Frédéric Brunier gemacht, deren Familie dieses Weingut 1986 erwarb. Obwohl die Weine schon in der Vergangenheit gut waren, hat sich die Qualität unter den Bruniers immens verbessert. Der *2000er Châteauneuf-du-Pape* ist mollig, fett und saftig mit mäßigem Tannin im Abgang und offenbart eine satte rubin-purpurrote Farbe sowie süße Schwarzkirsch- und Beerenfrucht, mit einem Hauch Erdbeerlikör verflochten. Da er die typischen Merkmale des Jahrgangs, nämlich Reife, niedrige Säure und Süße (von hohem Alkoholgehalt und Glyzerin) zu erkennen gibt, lässt er sich während der nächsten 10–12 Jahre genießen, obwohl er zweifellos länger halten wird. Der dunkelrubinrote *1999er Châteauneuf-du-Pape*, ein Standard-Verschnitt aus 70% Grenache, 20% Syrah und 10% Mourvèdre, ist ein eleganter, leichter, burgunderähnlicher Wein mit weicher Kirschfrucht in einem verbraucherfreundlichen Stil. Der *1998er Châteauneuf-du-Pape* ist einer der besten La Roquettes, die ich je verkostet habe. Er prunkt mit einer dunkelrubinpurpurroten Farbe sowie einem mächtigen Bukett von Schwarzkirsch-Marmelade, Kirschgeist, Pfeffer und Kräutern der Provence, mit reichlich Glyzerin, niedriger Säure und einem fleischigen, körperreichen Abgang. Tannin und Struktur sind vorhanden, doch spielen sie gegenüber der fortgeschritten entwickelten Frucht, dem Glyzerin und der Wucht dieses Tropfens die zweite Geige. Voraussichtliche Genussreife: jetzt–2012.

RENÉ ROSTAING

2000	Condrieu La Bonette	EE	90
2000	Côte Rôtie	EE	(88–90)
1999	Côte Rôtie	EE	92
1998	Côte Rôtie	EE	89
1997	Côte Rôtie	EE	87
2000	Côte Rôtie Côte Blonde	EE	(90–92)
1999	Côte Rôtie Côte Blonde	EE	100
1998	Côte Rôtie Côte Blonde	EE	98
1997	Côte Rôtie Côte Blonde	EE	(90–91)
2000	Côte Rôtie La Landonne	EE	(88–90+)
1999	Côte Rôtie La Landonne	EE	98
1998	Côte Rôtie La Landonne	EE	93
1997	Côte Rôtie La Landonne	EE	(88–91)
1997	Côte Rôtie La Viallière	EE	87?

René Rostaing beweist weiterhin seine beträchtlichen Fähigkeiten als Weinmacher und legt mit jedem Jahrgang größeres Selbstvertrauen an den Tag. Er hat seinem Schwiegervater Albert Dervieux sowie seinem Onkel, Marius Gentaz, bei der Weinbereitung über die Schulter geschaut und viel Nutzen daraus gezogen. Beide Männer waren traditionelle Weinmacher von der Côte Rôtie und besaßen einige der besten Rebparzellen wie La Fongent (La Garde) und La Viallière. Rostaing beschloss, ab 1998 keinen separaten Viallière zu bereiten, sondern ihn als Teil des Verschnitts seiner Cuvée Classique beizumischen. Die Erträge betragen im Durchschnitt 30 hl/ha, was nach modernen Standards recht niedrig ist. Die Weine werden unfiltriert abgefüllt, nachdem sie 16–18 Monate in einer Kombination von Holzfässern und *demi-muids* verbracht haben. Je nach Jahrgang verwendet dieser Produzent nicht mehr als 10–20% neue Eichenfässer, ein leichter Rückgang gegenüber den letzten Jahren und vor allem gegenüber den 30% in den frühen 1990er Jahren. Die 1999er und 1998er sind superb, die 2000er sehr gut und die 1997er wundervoll weich ausgefallen.

Der *2000er Côte Rôtie* präsentiert eine dunkelrubin-purpurrote Farbe, gepaart mit einem eleganten Bukett von Cassisfrucht, getrockneten Kräutern und Gewürzen. Der Wein, der in *demi-muids* ruhte, enthüllt niedrige Säure, einen weichen, eleganten Stil und mittleren Körper. Dieser erfreuliche, frühreife Côte Rôtie dürfte sich in seinen ersten 10–12 Lebensjahren schön trinken. Der tanninreichere, muskulösere, in einem strengeren Stil gestaltete *2000er Côte Rôtie La Landonne* (etwa 50% der Stiele wurden mitvergoren) war gerade abgestochen worden und zeigte sich bei meinem Besuch wahrscheinlich nicht von seiner besten Seite. Er scheint 2–3 Jahre Kellerreife zu benötigen und sollte 15 Jahre lang halten. Die Farbe ist ein dichtes Rubinrot mit purpurnen Nuancen. Noten von Erde, Trüffeln und Lakritze mischen sich mit den typischen Merkmalen von Cassis und Rauch dieser Cuvée. Auch bei der Vinifikation meines Lieblingsweins, des *2000er Côte Rôtie Côte Blonde*, wurden 50% der Stiele verwendet. Er ist eine samtig texturierte Côte-Rôtie-Fruchtbombe. Selbst in einem leichteren Jahrgang wie 2000 offenbart diese Cuvée hinreißende Süße und einen reichhaltigen Beerencharakter mit Geißblattnoten. Sie ist reif, fleischig, säurearm sowie hedonistisch und kommt beim breiten Publikum an. Gleichwohl liegt all der verlockenden Köstlichkeit eine gute Struktur zugrunde. Voraussichtliche Genussreife: jetzt bis 2014.

René Rostaing rechtfertigte sich beinahe für seine 1999er, zweifellos der größte Jahrgang, den er je hervorgebracht hat. Er beeilte sich, darauf hinzuweisen, dass sie »untypisch und allzu reichhaltig« seien. Da bin ich anderer Meinung. Dies sind Côte Rôtie-Weine in ihrer konzentriertesten und verführerischsten Form. Zwei von ihnen sind im Werden begriffene Legenden. Der *1999er Côte Rôtie* (14000 Flaschen) ist ein brillantes Exempel, das 15 Jahre und länger gut altern sollte. Seine sinnliche Duftmischung aus dicklichen schwarzen Früchten, vermischt mit Veilchen, Akazienblüten, Kirschlikör und Crème de Cassis, springt förmlich aus dem Glas. Exotisch und fast portweinähnlich, mit süßem, den Mund auskleidenden Glyzerin, niedriger Säure und fabelhafter Konzentration sowie Reintönigkeit, ist er schon jetzt unwiderstehlich, wird aber 2 Jahrzehnte überdauern. Der profunde *1999er Côte Rôtie La Landonne* zeichnet sich durch eine sattschwarze-purpurrote Farbe aus sowie Düfte nach Grafit, Trüffel, Rauch, Speck, Brombeeren und Erde. Dieser körperreiche, muskulöse, wuchtige Tropfen zeigt für einen Wein von diesem *terroir* erstaunlich süßes Tannin, ehrfurchtgebietende Konzentration und einen Abgang, der 40 Sekunden und länger anhält. Gönnen Sie ihm 2–3 Jahre Kellerreife und genießen Sie ihn während der nächsten 25 Jahre. Was kann ich über den *1999er Côte Rôtie Côte Blonde* sagen? Er ist ein trockener, einem Vintage Port ähnlicher Côte Rôtie, besitzt außergewöhnliche Intensität, brillante Harmonie und ein überwältigendes Bukett von Veilchen, durchsetzt mit anderen Blumen (weiße Narzissen fallen mir dazu ein), Brombeeren, Cassis, Vanille und einer Spur Honig. Ölig texturiert, aber bemerkenswert gut definiert, mit Eleganz in Verbindung mit intensiver Konzentration und einem überaus langen Abgang, ist dies einer der profundesten und verlockendsten Côte Rôties, die ich je verkostet habe. Von diesem Nektar gibt es 500 Kisten. Voraussichtliche Genussreife: jetzt–2018.

Der *1998er Côte Rôtie* (100% Syrah) zeigt eine dunkelrubin-purpurrote Farbe sowie Düfte nach Gewürzen, gebratenem Fleisch, Tierfell und Cassis. Von mittlerem Körper und für einen Côte Rôtie elegant, mit Geschmacksnuancen von Veilchen und schwarzen Himbeeren, verflochten mit Gewürzen und Erde, ist er ein geschmeidiger, schon jetzt zugänglicher Wein. Trinken Sie ihn im Lauf seiner ersten 10–12 Lebensjahre. Leider gibt es nur 7700 Flaschen von dem *1998er Côte Rôtie La Landonne.* Dieser spektakuläre Wein prunkt mit einer tiefpurpurroten Farbe und einem dichten Bukett, dessen Düfte an eine Konfitüre aus schwarzen Früchten erinnern, insbesondere Pflaumen, Brombeeren und schwarze Johannisbeeren. Superbe Aromen entströmen dem mit diesem jungen, noch unentwickelten 1998er gefüllten Glas. Am Gaumen ist er tief und dicht, mit vielschichtiger Textur, herrlicher Reintönigkeit und Konzentration. Er besitzt einen süßen, konzentrierten mittleren Gaumen, gut integriertes Tannin und einen langen Abgang. Dieser Wein benötigt einige Jahre Kellerreife, ist jedoch schon jetzt ein aufregender Trinkgenuss. Er wird sich jung schön trinken lassen, jedoch 15–20 Jahre lang halten. Es ist kein Geheimnis, dass die feinste Cuvée von Rostaing der Côte Rôtie Côte Blonde ist (500 Kisten). Der *1998er Côte Rôtie Côte Blonde* (alle aus der La-Garde-Lage) wurde aus Trauben von 1934 und 1970/71 gepflanzten Reben gewonnen. Er enthält etwa 4% Viognier (die einzige Rostaing-Cuvée, die diese Rebsorte enthält); 50% Stiele werden bei der Vinifizierung mitvergoren. Der exquisite, dichte, rubin-purpurrote 1998er wartet mit dem Glas mächtig entströmenden Aromen von Pfirsich- und Brombeer-Marmelade auf. Der Wein ist samtig texturiert und voll, mit Schichten von Glyzerin, Extrakt und konzentrierter Frucht, superber Reichhaltigkeit, eindrucksvoller Reintönigkeit und einem Abgang, der 40 Sekunden und länger andauert. Voraussichtliche Genussreife: jetzt bis 2015.

Die weiche Art der 1997er ist quer durch die Reihen spürbar und offensichtlich. So ist zum Beispiel der dunkelrubinrote *1997er Côte Rôtie* ein entwickelter, aufgeschlossener, fetter Wein mit Geschmacksnuancen von Cassis und Himbeerfrucht, mittlerem Körper und von entgegenkommendem, üppig-saftigem, gradlinigem Reiz. Trinken Sie ihn im Lauf der nächsten 7–8 Jahre. Der *1997er Côte Rôtie La Viallière* zeigt eine ähnliche dunkelrubinrote Farbe, eine Fülle von Pfeffer, Kräutern und reifen schwarzen Früchten im Bukett, Vanille und toastwürziges Eichenholz und einen reichhaltigen, geschichteten Abgang von mittlerem Körper. Sie können erwarten, dass sich dieser letzte Jahrgang von La Viallière nach der Ernte 7–8 Jahre lang schön trinken lassen wird. Der intensiv pfeffrig, animalisch, ledrig und nach Kräutern und schwarzen Johannisbeeren duftende *1997er Côte Rôtie La Landonne* ist schon jetzt betörend und exotisch. Schmeichelnd und reichhaltig im Mund, ungeachtet seiner Herkunft von der Côte Brune, dürfte sich dieser elegante, gehaltvolle, konzentrierte, würzige, überschwängliche Côte Rôtie schon bei seiner Freigabe schön trinken lassen, aber auch ein Jahrzehnt lang halten. Jahrein, jahraus ist der feinste Wein von Rostaing seine limitierte Produktion (gewöhnlich 4000 Flaschen) des *Côte Rôtie Côte Blonde* (der häufig 3–4% Viognier im Mischsatz aufweist). Der 1997er präsentiert dunkelrubinrote Farbe und ein sinnliches, nach Aprikosen, Brombeeren, Himbeeren, Speck und Toast duftendes Bukett sowie üppige, offen gewirkte Geschmackskomponenten von mittlerem bis vollem Körper, die den Gaumen mit Glyzerin und Frucht umschmeicheln. Die niedrige Säure, fleischige Textur und sein aufgeschlossener, entwickelter Stil sind faszinierend. Er dürfte sich in den nächsten 5–7 Jahren schön trinken lassen.

Der *2000er Condrieu La Bonette* schließlich ist zwar nicht so komplett wie der 1999er, bietet aber Aromen von Orangenschale, Aprikosen und Blumen. Bei mittlerem bis vollem Körper gut definiert, eignet er sich ideal zum Trinkgenuss schon jetzt und in den nächsten 2 Jahren.

DOMAINE ROGER SABON

2000	**Châteauneuf-du-Pape Cuvée Réservée**	**D**	**(87–89)**
1999	**Châteauneuf-du-Pape Cuvée Réservée**	**D**	**88**
1998	**Châteauneuf-du-Pape Cuvée Réservée**	**D**	**90**
2000	**Châteauneuf-du-Pape Cuvée Prestige**	**D**	**(90–93)**
1999	**Châteauneuf-du-Pape Cuvée Prestige**	**D**	**90**
1998	**Châteauneuf-du-Pape Cuvée Prestige**	**D**	**95**
2000	**Châteauneuf-du-Pape Les Olivets**	**C**	**(87–88)**
1999	**Châteauneuf-du-Pape Les Olivets**	**C**	**87**
1998	**Châteauneuf-du-Pape Les Olivets**	**C**	**86**
2000	**Châteauneuf-du-Pape Le Secret de Sabon**	**EE**	**(94–96)**
1999	**Châteauneuf-du-Pape Le Secret de Sabon**	**EE**	**96**
1998	**Châteauneuf-du-Pape Le Secret de Sabon**	**EE**	**99**

Roger Sabon, der ehemalige Bürgermeister von Châteauneuf-du-Pape, stellt weiterhin ein sehr beeindruckendes Portfolio von Châteauneufs her. Seine Weine sind im Allgemeinen charmante, reichfruchtige, expansive Tropfen, die leicht zu verstehen und zu trinken sind. Neben der Cuvée Les Olivets und der Cuvée Réservée enthält die Palette eine Luxus-Cuvée Prestige, die in den meisten Jahrgängen den Spitzenwein darstellt, sowie eine Mikro-Cuvée namens Le Secret de Sabon, deren Debüt der Jahrgang 1996 war. Dieser Wein, der nur in den besten Jahren produziert wird, stammt aus einer kleinen Parzelle mit sehr alten Reben (sie sind über 70 Jahre alt) und wird in winzigen Mengen hergestellt (1000 Kisten). Der Mischsatz besteht zumeist aus 70% Grenache, 10% Syrah, 10% Mourvèdre und 10% verschiedenen Rebsorten. Man könnte Roger Sabon kritisieren, weil er in jedem Jahrgang vier Cuvées erzeugt, doch bestehen zwischen ihnen markante Unterschiede in Bezug auf Gewicht, Reichhaltigkeit und Konzentration.

Der *2000er Châteauneuf-du-Pape Les Olivets* besitzt dickliche Frucht, niedrige Säure und reichliche Noten von gerösteten Kräutern, Rauch und Pfeffer. Dieser weiche 2000er wird 7–8 Jahre lang halten. Der bezaubernde *2000er Châteauneuf-du-Pape Cuvée Réservée* zeigt mehr Glyzerin und einen fesselnden, fetten, fleischigen Stil mit dicklicher Schwarzkirsch- und Beerenfrucht, die in einem üppigen Format von mittlerem bis vollem Körper präsentiert wird. Er will in den nächsten 7–10 Jahren getrunken sein. Der mit mehr Glyzerin und Alkohol ausgestattete »sexy, sexy, sexy« (wie meine Degustationsnotizen sagen) *2000er Châteauneuf-du-Pape Cuvée Prestige* ist ein verschwenderisch texturierter Wein, der die Quintessenz von Pflaumen-, Kirschen-, Johannisbeer-, Feigen- und Dörrzwetschgen-ähnlicher Frucht verkörpert. Er besitzt riesige Mengen von Glyzerin, eine ölige Textur und einen körperreichen, geschichteten Abgang. Trinken Sie diesen fortgeschritten entwickelten 2000er in seinen ersten 15 Lebensjahren. Der ehrfurchtgebietende, hedonistische, korpulente *2000er Châteauneuf-du-Pape Le Secret de Sabon* prunkt mit sinnverwirrenden Düften, geschmeidigen, reintönigen Geschmacksnuancen und einem langen Abgang. Beide Weine verweilen nahezu eine Minute lang am Gaumen, was den Lesern eine Vorstellung davon gibt, wie tief und dick sie sind. Beide sind Glanzleistungen der Weinbereitung. Voraussichtliche Genussreife: jetzt–2016.

Der am wenigsten konzentrierte Wein unter den 1999ern ist der kräftige, sinnliche, offen gewirkte, traditionell gestaltete *Châteauneuf-du-Pape Les Olivets*. Dieser 1999er ist ein gut bereiteter, reichfruchtiger, mittelschwerer Wein mit Düften nach Kräutern und Gewürzen. Trinken Sie ihn im Lauf der nächsten 7–8 Jahre. Der dunkelrubin-granatrote *1999er Châteauneuf-du-Pape Cuvée Réservée* offenbart ein pfeffriges, nach getrockneten Kräutern der Provence duftendes Bukett (besonders Rosmarin und Thymian) sowie süße Noten von Kirschgeist, mittleren bis vollen Körper und einen weichen Abgang. Voraussichtliche Genussreife: jetzt–2009.

Der *1999er Châteauneuf-du-Pape Cuvée Prestige* (14,5% Alkohol) offenbart eine pflaumendunkle-granatrote Farbe sowie ein herrlich komplexes Bukett mit Düften von Lakritze, Pfeffer, Schwarzkirschen und Cassis. Im Glas entwickeln sich zusätzliche Nuancen. Zwar ist der 1999er nicht so strukturiert wie der kraftstrotzende 1998er, stellt sich jedoch als verführerischer, offen gewirkter, geschichteter, üppig-saftiger, fleischiger Wein dar, der jetzt und im Lauf der nächsten 12–15 Jahre schönen Trinkgenuss gewähren wird.

Wenn der *1998er Châteauneuf-du-Pape Le Secret de Sabon* ein vollkommener Wein ist (wovon ich überzeugt bin), stehen ihm der 2000er und der 1999er kaum nach. Beide verkörpern die Quintessenz eines Grenache aus alten Reben mit niedrigen Erträgen. Der *1999er Châteauneuf-du-Pape Le Secret de Sabon* bietet ein kraftstrotzendes Bukett von gebratenem Fleisch, Trüffeln, geräucherten Kräutern, Backpflaumen und Schwarzkirsch-Marmelade. Man hat den Eindruck, alten Vintage Port zu trinken. Der Alkoholgehalt muss über 15% betragen, doch liegt er unter einer Fülle von Frucht und Fleisch begraben. Der 1999er wirkt entwickelter und aufgeschlossener als der 1998er im gleichen Alter, es erscheint daher ratsam, ihn in den nächsten 10–12 Jahren zu trinken.

Der *1998er Châteauneuf-du-Pape Les Olivets* präsentiert ein würziges, nach Kräutern, Leder und Kirschen duftendes Bukett, attraktive, fruchtbetonte Geschmackskomponenten von mittlerem Körper und mehr Tannin und Biss als der 1999er. Dennoch schlage ich vor, ihn im Lauf der nächsten 7–8 Jahre zu trinken. Der hervorragende, satt pflaumendunkle *1998er Châteauneuf-du-Pape Cuvée Réservée* besitzt Noten von versengter Erde, geräucherter Ente und großen Mengen von mit Kirschgeist getränkter Frucht. Dieser körpereiche, mit mäßigem Tannin und eindrucksvoller Reintönigkeit und Konzentration ausgestattete Wein sollte im Lauf der kommenden 12 Jahre getrunken werden. Der *1998er Châteauneuf-du-Pape Cuvée Prestige* ist profund und kann sich einer dichten Farbe von sattem Rubin-Purpurrot rühmen. Im Kontakt mit der Luft wird die erdige Duftmischung des Buketts zunehmend von Kirschgeist- und Brombeeraromen beherrscht. Dieser duftige, immens konzentrierte Wein verfügt über süßes Tannin, Geschmacksnuancen von geräucherter Ente und ist überaus komplex, reich an Glyzerin und lang. Der Abgang währt fast 45 Sekunden. Etwas Tannin muss noch abgeworfen werden; die Käufer sollten sich also mit Geduld wappnen und ihren Genuss 1–2 Jahre aufschieben, um den Wein in den nächsten 20 Jahren zu trinken. Der *1998er Châteauneuf-du-Pape Le Secret de Sabon* ist praktisch vollkommen. Er ist einer der großartigsten Châteauneufs, die ich je verkostet habe, und erinnert an die 1990er Cuvée des Célestins von Henri Bonneau. Er besitzt ein Bukett mit Düften nach geschmolzenen schwarzen Trüffeln, Brombeeren und Blut mit Anklängen von Kaffee, geräucherten Kräutern und gebratenem Fleisch. Dick und sogar noch öliger texturiert als die Cuvée Prestige, ähnelt dieser Wein mehr einem Vintage Port als einem Châteauneuf-du-Pape. Er ist massiv, intensiv und ein Anwärter auf 20–30 Jahre der Entwicklung. Leider ist er überaus begrenzt verfügbar (etwa 100 Kisten) – ist das nicht ständig das Problem?

DOMAINE ST-BENOÎT

2000	Châteauneuf-du-Pape Grande Garde	D	(89–91)
1999	Châteauneuf-du-Pape Grande Garde	D	(89–90)
1998	Châteauneuf-du-Pape Grande Garde	D	90+
2000	Châteauneuf-du-Pape Laureline	D	(86–88?)
2000	Châteauneuf-du-Pape La Truffière	D	(88–90)
1999	Châteauneuf-du-Pape La Truffière	D	(88–89)
1998	Châteauneuf-du-Pape La Truffière	D	89+
2000	Châteauneuf-du-Pape Soleil et Festins	D	(85–87)
1999	Châteauneuf-du-Pape Soleil et Festins	D	(85–86)
1998	Châteauneuf-du-Pape Soleil et Festins	D	86

Dieses Weingut bietet drei Cuvées an. Von diesen ist der leichteste, gradlinigste Wein der Soleil et Festins und der konzentrierteste, alterungsfähigste der Grande Garde. Dieses neue Weingut, das im Jahr 1989 gegründet wurde, bringt weiterhin interessante, qualitativ hoch stehende Châteauneufs aus fast vier Dutzend über die ganze Appellation verstreuten Rebparzellen hervor.

Der entgegenkommende, in der Frucht fortgeschritten entwickelte, mittelschwere, dunkelrubinrote *2000er Châteauneuf-du-Pape Soleil et Festins* ist ein gradliniger Wein zum Trinkgenuss für die nächsten 5–6 Jahre. Ein neues Angebot im Portfolio ist der *2000er Châteauneuf-du-Pape Laureline*, ein Wein von internationalem Stil, der Eichenholzwürze, gepaart mit Frucht von schwarzen Johannisbeeren und Kirschen, zu erkennen gibt. Wenngleich ein gut gemachter Wein mit ausgezeichneter Reintönigkeit, wirkt er doch wegen seines Barrique-Einflusses etwas seelenlos. Er dürfte sich 10–12 Jahre hindurch gut trinken lassen.

Weit interessanter sind der 2000er La Truffière und der 2000er Grande Garde. Klassische Aromen von schwarzen Früchten, vermischt mit Tapenade, Kräutern der Provence und Kirschlikör kommen in dem pflaumenfarbenen *2000er Châteauneuf-du-Pape La Truffière* gut zum Ausdruck. Er besitzt mittleren bis vollen Körper, ausgezeichnete Reintönigkeit, reichhaltige, erdige Geschmacksnuancen und einen langen Abgang. Sein spürbares Tannin dürfte innerhalb von 2–3 Jahren Kellerreife abgeschmolzen sein. Voraussichtliche Genussreife: jetzt–2015. Der ernsthaft konzentrierte *2000er Châteauneuf-du-Pape Grande Garde* bietet klassische Aromen von zerstoßenem Pfeffer, Balsaholz, *garrigue*, Kirschlikör und Pflaumen. Er ist der sinnlichste Wein dieses Quartetts, ausgestattet mit beträchtlichem Glyzerin und ansehnlicher Süße. Mäßiges Tannin legt etwas Kellerreife nahe. Voraussichtliche Genussreife: 2004–2018.

Die 1999er sind gelungene Leistungen. Der *1999er Châteauneuf-du-Pape Soleil et Festins*, ein fruchtbetonter Wein von mittlerem Körper, der etwas Gewürz offenbart, ist im Wesentlichen ein eindimensionaler, ein wenig oberflächlicher Wein, dazu bestimmt, in seinen ersten 5–6 Lebensjahren getrunken zu werden. Weit besser ist der *1999er Châteauneuf-du-Pape La Truffière*, ein tiefrubinroter Wein mit Noten von schwarzen Himbeeren, Kirschlikör, Aromen aus der Gewürzkiste und Pfeffer, ausgezeichneter Textur, mittlerem bis vollem Körper, niedriger Säure und süßem Tannin. Voraussichtliche Genussreife: jetzt–2012. Der *1999er Châteauneuf-du-Pape Grande Garde* bietet eine tiefrubinrote Farbe sowie ein beeindruckendes Bukett mit Düften nach zerstoßenem Pfeffer, Kräutern der Provence, Oliven und Kirschgeist. Von mittlerem bis vollem Körper, mit mehr Dichte, einem fetteren mittleren Gaumen und einem längeren Abgang als der La Truffière, ist er möglicherweise hervorragend und dürfte 15 Jahre und länger gut altern. Voraussichtliche Genussreife: jetzt–2016.

Der eleganteste der drei gut bereiteten 1998er ist der *1998er Châteauneuf-du-Pape Soleil et Festins.* Seine dunkelrubinrote Farbe geht einher mit reichlichen blumigen Noten und Nuancen von Schwarzkirschen, Erde, Zedernholz und Gewürzkiste. Mit niedriger Säure, attraktivem Glyzeringehalt und guter Konzentration versehen, wird er sich jetzt–2008 auf seinem Höhepunkt befinden. Der satt pflaumen-purpurrote *1998er Châteauneuf-du-Pape La Truffière* ist tanninreicher und offenbart ein größeres Volumen und eine kräftigere, muskulösere Präsenz am Gaumen. Straff gewirkt, mit Schwarzkirschfrucht, vermischt mit Pfeffer, Gewürzen und Kräutern, verlangt dieser reichhaltige, gut strukturierte und ausgestattete Wein 3–4 Jahre Kellerreife. Voraussichtliche Genussreife: 2004–2015. Der *1998er Châteauneuf-du-Pape Grande Garde* ist ein eher erdiger Wein mit Noten von Mineralien, zerstoßenen Meeresmuscheln und den typischen roten und schwarzen Früchten, Gewürzen und Pfeffer. Eingangs im Mund süß und expansiv (aufgrund von Extrakt und Reife, nicht Restzucker), ist dieser tiefe, körperreiche Tropfen offener gewirkt als sein Genosse, La Truffière. Beide Weine sind potenziell hervorragend und haben 15+ Jahre Lebenserwartung.

ST-COSME

2000	**Château Saint-Cosme Gigondas**	**D**	**(90–92)**
1999	**Château Saint-Cosme Gigondas**	**D**	**89**
1998	**Château Saint-Cosme Gigondas**	**D**	**89**
1997	**Château Saint-Cosme Gigondas**	**D**	**91**
1998	**Château Saint-Cosme Gigondas Cuvée Valbelle**	**D**	**92**
2000	**Saint-Cosme Condrieu**	**E**	**(90–92)**
1999	**Saint-Cosme Condrieu**	**E**	**90**
2000	**Saint-Cosme Côte Rôtie**	**E**	**(89–91)**
1999	**Saint-Cosme Côte Rôtie**	**E**	**95**
2000	**Saint-Cosme Côtes du Rhône**	**A**	**88**
1999	**Saint-Cosme Côtes du Rhône**	**A**	**89**
2000	**Saint-Cosme Côtes du Rhône Les Deux Albions**	**A**	**89**
1999	**Saint-Cosme Côtes du Rhône Les Deux Albions**	**A**	**90**
1997	**Saint-Cosme Côte Rôtie Montsalier**	**E**	**90**
o.J.	**Saint-Cosme Little James Basket Press**	**A**	**85**

Der junge, leidenschaftlich engagierte Louis Barruol, einer der aufstrebenden Superstars im südlichen Rhônetal, hat das Schicksal dieser günstig gelegenen Gigondas-Domaine zum Besseren gewendet. Er hat begonnen, eine kleine Reihe von eindrucksvollen *négociant*-Weinen herzustellen (der Côte Rôtie Montsalier ist dafür ein wunderbares Beispiel), aber was am wichtigsten ist: Er macht einen kraftstrotzenden Gigondas, der es mit den feinsten Weinen der Appellation aufnehmen kann. Unter den gutseigenen Weinen gibt es auch einen guten jahrgangslosen Wein aus Reben, die er nicht für alt genug hält, in den Gigondas einzugehen. Dieser jahrgangslose, aus jungen Grenache-Reben produzierte Vin de Table (gänzlich aus dem Jahrgang 2000) namens *Saint-Cosme Little James Basket Press*, lässt zwar Körper vermissen, ist jedoch ein angenehmer, eleganter, fruchtiger Wein, der reichliche Noten von Kirschen zu erkennen gibt. Er ist ein preiswerter Tropfen, der im nächsten Jahr getrunken sein will.

Die Gigondas-Cuvées der Domaine kommen aus den 15 Hektar umfassenden Rebflächen, die in günstiger Lage rings um das Dorf liegen. In Spitzenjahren werden zwei Cuvées produziert, die Cuvée Classique und eine im Barrique ausgebaute Cuvée namens Valbelle. Die Prestige-Cuvée aus über 100jährigen, kurz nach der Reblaus-Epidemie angepflanzten Reben, wird zu 50% in neuen Eichenfässern und zu 50% in einjährigen Fässern ausgebaut. Diese Weine bleiben lange Perioden hindurch in Kontakt mit ihren feinen Hefen und in dieser Zeit gibt es sehr wenige Abstiche. Alle Angebote von St-Cosme werden ungeschönt und unfiltriert mit extrem niedrigem SO_2-Gehalt abgefüllt. In den Jahren 2000 und 1999 deklassifizierte St-Cosme seine Spitzen-Cuvée Valbelle und verarbeitete sie zu dem einfachen Gigondas der Domaine. Der *2000er Château Saint-Cosme Gigondas* ist ein säurearmer, fetter, molliger Wein, der aus einem Verschnitt von 75% Grenache, 20% Syrah und 5% Cinsault besteht. Der natürliche Alkoholgehalt betrug 14,4% und, wie Louis Barruol sagt, ist er »sehr genussreich«. Ich stimme ihm voll und ganz zu. Er ist ein üppiger, fleischiger, vordergründiger, in der Frucht fortgeschritten entwickelter Gigondas mit Batzen von Brombeer- und Kirschfrucht, beträchtlichem Glyzeringehalt und bewundernswerter Reintönigkeit. Trinken Sie ihn im Lauf der nächsten 8–10 Jahre. Der *1999er Château Saint-Cosme Gigondas* offenbart eine tiefrubinrote Farbe, gepaart mit einem erdigen Bukett, das Noten von Rauch, Mineralien, Lakritze, schwarzen Früchten und Pfeffer freigibt. Er besitzt weder die Wucht noch die Tiefe des 1998ers, ist aber dafür eleganter, von mittlerem bis vollem Körper, mit süßer Reife und leichtem bis mäßigem Tannin. Er dürfte sich ein Dutzend Jahre hindurch gut trinken lassen.

Der *1998er Château Saint-Cosme Gigondas* (zu 60% im Tank und zu 40% in gebrauchten Fässern ausgebaut) zeichnet sich aus durch ein süßes kirsch- und brombeerduftiges Bukett mit Anklängen von Rauch und Mineralien. Bei mittlerem bis vollem Körper fett, kernig, köstlich, kann er im Lauf der nächsten 10 Jahre genossen werden. Der *1998er Château Saint-Cosme Gigondas Cuvée Valbelle* (1350 Kisten) wurde einer Maischung von 40 Tagen unterzogen und erlebte einen einjährigen Ausbau in Fässern, von denen 20% neu waren. Er wurde ungeschönt und unfiltriert abgefüllt, das Standard-Verfahren in St-Cosme. Als wirklich sensationeller Wein prunkt er mit verschwenderischen Aromen von Rauch, Brombeeren, Kirschlikör und Lakritze, die in einem körperreichen, opulent texturierten, konzentrierten Stil präsentiert werden. Dieser junge Wein, der mäßiges Tannin, ausgezeichnete Konzentration, Intensität, Reintönigkeit und Ausgewogenheit an den Tag legt, erfordert 2–3 Jahre Kellerreife und dürfte 15–16 Jahre hindurch halten. Das während seines Ausbaus verwendete frische Eichenholz hat er gänzlich absorbiert. Voraussichtliche Genussreife: jetzt bis 2016. Aus dem Jahrgang 1997 gibt es keinen Valbelle, doch der *1997er Château Saint-Cosme Gigondas* ist bemerkenswert. Seine satte dunkelrubin-purpurrote Farbe geht einher mit Aromen von süßem Brombeerlikör, vermischt mit Pfeffer, blumigen Düften, Trüffeln und asiatischen Gewürzen. Körperreich, mit spektakulärer Konzentration, niedriger Säure und einem kraftstrotzenden Abgang, dürfte sich dieser wundervoll harmonische Wein 8 Jahre hindurch gut trinken lassen.

Bei den *négociant*-Weinen aus dem südlichen Rhônetal gibt es zwei Côtes-du-Rhône-Cuvées, die beständig einen guten Gegenwert verkörpern. Der tiefrubin-purpurrote *2000er Saint-Cosme Côtes du Rhône* (100% Syrah) ist ein fetter, saftiger, üppiger Wein, der rauchige Brombeerfrucht, niedrige Säure und beträchtliche Korpulenz zu bieten hat. Trinken Sie ihn im Lauf der nächsten 1–2 Jahre. Sogar noch besser ist der *2000er Saint-Cosme Côtes du Rhône Les Deux Albions.* Nur gut 2 000 Kisten gibt es von diesem verschwenderischen Wein, den man auch wegen der weißen Rebsorte Clairette im Mischsatz »den kleinen La Mouline« nennen könnte. Dunkelrubinrot, mit einem faszinierenden Bukett von honigfeinen weißen und schwarzen Früchten, mittlerem bis vollem Körper, hervorragender Reife und einem langen, molligen Abgang, wird er sich 3–4 Jahre hindurch gut trinken lassen.

Der *1999er Saint-Cosme Côtes du Rhône* (7 000) Kisten, der aus alten, im nördlichen Rhônetal angepflanzten Syrah-Reben gewonnen wurde, blieb im Tank, bevor er unfiltriert auf Flaschen abgezogen wurde. Seine undurchdringlich purpurrote Farbe wird begleitet von einem herrlich süßen, nach Brombeeren, Lakritze und einer Spur von Rauch duftenden Bukett. Bei mittlerem bis vollem Körper seidig texturiert, ausgestattet mit guter Frische und bemerkenswertem Gehalt an Frucht und Intensität, könnte dieser *1999er Côtes du Rhône* eine hervorragende Punktnote verdienen, falls er mehr Komplexität entwickelt. Genießen Sie ihn im Lauf der nächsten 4–5 Jahre. Der spektakuläre *1999er Saint-Cosme Côtes du Rhône Les Deux Albions* ist ein Verschnitt aus 50% Syrah, 40% Grenache und 10% Clairette Blanc, die gemeinsam vergoren wurden. Er ist ein sinnlicher, opulenter, körperreicher Wein, der aus Rebbeständen in Cairanne und Rasteau stammt. Leider stehen von diesem Tropfen, der zur Gänze im Tank ausgebaut wurde, bevor er unfiltriert in die Flasche gelangte, nur etwa 525 Kisten zur Verfügung. Die Clairette verleiht diesem Côtes du Rhône in seiner Brombeer- und

Kirschfrucht einen von Geißblatt geprägten Viognier-ähnlichen Charakter. Dicklich und viskos, wird diese ausdrucksvolle, überschwängliche, hedonistische Fruchtbombe viele Köpfe verdrehen. Trinken Sie diesen Wein im Lauf der nächsten 5–6 Jahre.

Der in einem leichteren Stil bereitete *2000er Saint-Cosme Côte Rôtie*, ein Verschnitt aus zugekauftem Wein von so renommierten Hanglagen wie Les Roziers, Les Grandes Places, Viallière und Champin, offenbart pfeffrige Düfte nach Kräutern der Provence und Oliven, vermischt mit gebratenem Fleisch und schwarzer Johannisbeerfrucht. Reif, fleischig und weich, sollte dieser mittelschwere Wein am besten in seinen ersten 10 Lebensjahren getrunken werden. Der *1999er Saint-Cosme Côte Rôtie* bietet ein klassisches Parfüm von Speck, Lakritze, geräucherten Kräutern, Tapenade, Brombeeren und Crème de Cassis. Mit öliger Textur und fabelhafter Reife, angemessener Säure und süßem, unaufdringlichem Tannin, dürfte sich dieser 1999er 15+ Jahre schön trinken lassen. Ein brillanter Côte Rôtie!

Der *1997er Saint-Cosme Côte Rôtie Montsalier* ist unwiderstehlich. So oft ich auch fragte, Barruol war nicht bereit, mir die Quelle dieses außergewöhnlichen Weins zu verraten. Er entstammt drei getrennten Côte-Rôtie-*terroirs* und wurde in zu 100% neuen Fässern ausgebaut. Leider wurden nur 2400 Flaschen dieses hervorragenden Weins produziert, so ist die folgende Degustationsnotiz eigentlich nur von akademischem Interesse. Dieser schwarze Wein, ein Sirup aus Syrah, prunkt mit einem herrlichen rauchigen Bukett mit Düften nach Cassis, Speck und Grillnoten im Hintergrund. Gehaltvoll und körperreich, mit niedriger Säure, spektakulärer Konzentration und einem Abgang, der fast eine Minute lang anhält, könnte dieser klassische Côte Rôtie mit einigen von Marcel Guigals großen Weinen aus Monopol-Lagen (im Alleinbesitz befindlichen Lagen) konkurrieren. Er dürfte sich 10 Jahre und länger gut trinken lassen.

Der *2000er Saint-Cosme Condrieu* ist wuchtig, reichhaltig und konzentriert. Er besitzt süße Frucht, ölige Textur und eine Fülle von Komponenten, die an Mineralien, Geißblatt, Blumen, Pfirsiche und Aprikosen denken lassen. Genießen Sie ihn im Lauf der nächsten 1–2 Jahre. Der *1999er Saint-Cosme Condrieu* ist gut ausgefallen. Mit ausgezeichneter Reife, ausgestattet mit einem blumigen, nach Geißblatt und Aprikosen duftenden Bukett, vollem Körper und mineralischen Charakteristika, zeigt er sich als brillanter Condrieu. Obwohl er noch jugendlich ist, würde ich ihn nicht länger als 18 Monate aufheben. Bei beiden Weinen wurden 25% der Cuvée im Tank und 25% in alten Barriques ausgebaut, dagegen 50% in neuen Eichenfässern.

DOMAINE DE ST-SIFFREIN

1999	**Châteauneuf-du-Pape**	**C**	**89**
1998	**Châteauneuf-du-Pape**	**C**	**88**

Dieses 17 Hektar umfassende Weingut im Besitz der Familie Chastan produziert einen zuverlässigen Châteauneuf-du-Pape wie aus dem Lehrbuch. Der *1999er Châteauneuf-du-Pape* ist ein heißer Tipp für Verbraucher und offenbart ein wohlduftendes, pfeffriges, würziges Parfüm mit Anklängen an Dörrzwetschgen, Pflaumen und schwarzen Früchten. Von mittlerem bis vollem Körper, mit ausgezeichneter Konzentration, eindrucksvoller Ausgewogenheit und süßem, gut integriertem Tannin, dürfte sich dieser reife, köstliche 1999er vor 2012 in Bestform befinden. Der *1998er Châteauneuf-du-Pape* ist ein Wein von größerer Substanz, mit zusätzlichem Glyzerin sowie einem sinnlichen, duftigen Bukett von reintöniger Kirschmarmelade. Rund, opulent und körperreich, mit Geschmacksnuancen von schwarzen Kirschen, verkörpert er nicht gerade den komplexesten Stil eines Châteauneuf, ist aber unleugbar einschmeichelnd. Er dürfte sich 10–12 Jahre hindurch schön trinken lassen.

LE SANG DES CAILLOUX

2000	**Vacqueyras**	**C**	**(90–92)**
1999	**Vacqueyras**	**C**	**90**

1998	**Vacqueyras**	**C**	**90**
2000	**Vacqueyras Cuvée Lopy**	**D**	**(92–93)**
1999	**Vacqueyras Cuvée Lopy**	**D**	**93**
1998	**Vacqueyras Cuvée Lopy**	**D**	**93**

Während der letzten Jahre ist dieses Weingut als Superstar in Vacqueyras hervorgetreten. Seine Angebote liegen ein gutes Stück über dem bereits erreichten relativ hohen Qualitätsniveau dieser Appellation, die jenseits der Straße südlich von Gigondas liegt. Der Sang des Cailloux kann sich mit den feinsten Gigondas und Châteauneufs messen und kostet doch nur ein Drittel von deren Preis. Kurz, es handelt sich hier um Weine mit einem außergewöhnlich günstigen Preis-Leistungsverhältnis. Anders als die Mehrzahl der Weingüter im Rhônetal, ist die Domaine Le Sang des Cailloux 1999 erfolgreicher gewesen als 1998. Die 2000er sind ebenfalls superb.

Der undurchdringlich purpurrote *2000er Vacqueyras* scheint in jeder Einzelheit ebenso spektakulär wie der 1999er zu sein, mit niedriger Säure, hochreifer Frucht und vielschichtiger Konzentration. Das sind feurige Vacqueyras, die von ihrem überströmenden Duft bis zu ihrem üppigen Geschmack außergewöhnliche Reichhaltigkeit aufweisen. Und doch fällt keine Komponente aus dem ganzheitlichen Gefüge heraus. Der 2000er dürfte mühelos 10 Jahre hindurch halten, aber wer wird seinen schon jetzt bestehenden Reizen widerstehen können? Der *2000er Vacqueyras Cuvée Lopy* ist erstaunlich. Ich habe ihn bei einer Blindverkostung beim Syndikat von Vacqueyras probiert, und mein erster Eindruck war: »Was ist das?« Von schwarzpurpurroter Farbe, mit Aromen von cremigem Blaubeer-Brombeerlikör, bringt dieser opulente, körperreiche 2000er die dickliche Reife des Jahrgangs ebenso bewundernswert zum Ausdruck wie seine niedrige Säure und seinen viskosen Stil. Ähnlich wie der 1999er, mit etwas dicklicherer Frucht, ist er ein fesselnder Vertreter eines Vacqueyras, der schon jung köstlich zu trinken ist, aber auch 10 Jahre lang halten wird. Der hedonistische, dicht rubin-purpurrote *1999er Vacqueyras* präsentiert außergewöhnlich konzentrierte, reife Schwarzkirsch- und Beerenfrucht, vollen Körper, wundervolle Textur und Reintönigkeit. Dieser voll bepackte, nahtlose 1999er ist ein überwältigender Kopfverdreher. Genießen Sie ihn im Lauf der nächsten 7–8 Jahre. Der kraftstrotzende *1999er Vacqueyras Cuvée Lopy* (ein Verschnitt aus 70% Grenache und 30% Syrah, der zu einer Hälfte in *foudres* und zur anderen Hälfte in alten Barriques ausgebaut wurde) prunkt mit einer undurchdringlichen Purpurfarbe und einem nach gebratenem Fleisch, Brombeeren, Kirschfrucht, Lakritze und Erde duftenden Bukett. Dieser körperreiche, überschwängliche Vacqueyras enthüllt unglaubliche Reichhaltigkeit gepaart mit einem langen, üppig-sinnlichen Abgang ohne Ecken und Kanten. Er übertrifft die Reichhaltigkeit der einfachen Cuvée, doch sind beide verblüffende Leistungen der Weinbereitung.

Der *1998er Vacqueyras*, ein Verschnitt aus 60% Grenache, 30% Syrah und 10% Mourvèdre, ist ein Star der Appellation. Er zeichnet sich aus durch ein hochreifes Bukett von Brombeer- und Kirschlikör, vermischt mit Pfeffer, gerösteten Kräutern und Erde. Körperreich, mit süßem Tannin plus einer üppig-saftigen, vielschichtigen Textur, ist dies eine hedonistische, komplexe Fruchtbombe aus dem südlichen Rhônetal, die sich ein Jahrzehnt hindurch wunderschön trinken lassen wird. Der in einem ähnlichen Stil bereitete *1998er Vacqueyras Cuvée Lopy* ist strukturierter, dichter und schwerer mit nahezu vollkommener Ausgewogenheit. Diese Weine dürften sich 6–10 Jahre hindurch gut trinken. In Anbetracht ihrer vernünftigen Preise sollte man sie kistenweise kaufen.

Mit Ausnahme des superben *négociant* Tardieu-Laurent (in dem schönen mittelalterlichen Dorf Lourmarin) wüsste ich keinen, der einen Vacqueyras von solcher Seltenheit und Intensität wie Sang des Cailloux produziert. Hier heißt es zugreifen!

DOMAINE SANTA DUC

2000	**Domaine Santa Duc Côtes du Rhône Les Quatre Terres**	**A**	**88**
2000	**Domaine Santa Duc Gigondas**	**D**	**(89–91)**

1999	**Domaine Santa Duc Gigondas**	**D**	**89**
1998	**Domaine Santa Duc Gigondas**	**D**	**90**
1997	**Domaine Santa Duc Gigondas**	**D**	**86**
2000	**Domaine Santa Duc Gigondas Les Hautes Garrigues**	**E**	**(91–94)**
1999	**Domaine Santa Duc Gigondas Les Hautes Garrigues**	**E**	**92**
1998	**Domaine Santa Duc Gigondas Les Hautes Garrigues**	**E**	**93**
2000	**Domaine Santa Duc Vin de Pay du Vaucluse**	**A**	**87**
1999	**Santa Duc Selections Côtes du Rhône Vieilles Vignes**	**A**	**87**
1999	**Santa Duc Selections Côtes du Rhône-Villages Cairanne Les Buissens**	**A**	**87**
2000	**Santa Duc Selections Côtes du Rhône-Villages Rasteau Vieilles Vignes Les Blovac**	**A**	**87**

Die Domaine Santa Duc ist wahrscheinlich das führende Weingut von Gigondas. Dort produziert Yves Gras nach wie vor einige der komplettesten, konzentriertesten und potenziell komplexesten Weine des südlichen Rhônetals. Neben seinem Standard-Gigondas bringt er auch eine Cuvée Les Hautes Garrigues hervor. Sie wird aus einer Parzelle in Hanglage mit 50 Jahre altem Rebbestand gewonnen, die mit 70% Grenache, 15% Syrah und 15% Mourvèdre bepflanzt ist und deren Erträge ein niedriges Niveau von 1,12 Tonnen Traubenfrucht pro Hektar aufweisen. Unfiltriert abgefüllt, verkörpert dieser Wein den Inbegriff eines Gigondas. Yves Gras bietet auch eine Palette von *négociant*-Weinen unter dem Etikett Santa Duc Sélections an.

Der mittelrubinrote *2000er Domaine Santa Duc Vin de Pays Vaucluse* ist beladen mit Kirschfrucht und einem Hauch Harz und Gewürzen. Trinken Sie diesen üppigen, lebendigen 2000er im Lauf des nächsten Jahres, um seine Frische voll auszunützen. Gras hat auch einen großartigen *2000er Domaine Santa Duc Côtes du Rhône Les Quatre Terres* (14,3% Alkohol) aus einem Verschnitt von 70% Grenache, 22% Syrah und 8% Cinsault, Carignan und Mourvèdre gestaltet. Als mollige Fruchtbombe enthüllt er reichliches Glyzerin, ausgezeichnetes Fett und eine Textur und einen Charakter, die einem sehr guten Châteauneuf-du-Pape nicht unähnlich sind.

Der fette, dickliche, körperreiche *2000er Domaine Santa Duc Gigondas* (14,9% natürlicher Alkoholgehalt) bietet Aromen von Mineralien, Blaubeeren, schwarzen Himbeeren und Kirsch. Er zeigt sich zwar reintönig und fruchtbetont, doch ich bin davon überzeugt, dass unter seiner Fülle von Frucht und Glyzerin mehr Tannin und Struktur vorhanden sind. Voraussichtliche Genussreife: jetzt–2012. Der prachtvolle *2000er Domaine Santa Duc Gigondas Les Hautes Garrigues* ähnelt einem Likör von Gigondas. Seine Farbe ist ein sattes Purpurrot. Das Bukett mit Düften nach Pfeffer, Brombeeren und Blaubeerlikör geht einher mit immensem Körper, fabelhafter Konzentration, ausgezeichneter Reintönigkeit und mäßigem Tannin. Dieser vollmundige 2000er scheint dem legendären 1998er Les Hautes Garrigues Cuvée Prestige ebenbürtig zu sein. Voraussichtliche Genussreife: jetzt–2015. Die einfache Cuvée des *1999ers Domaine Santa Duc Gigondas* (75% Grenache, 10% Mourvèdre, 10% Syrah und 5% verschiedene Rebsorten) wurde zu gleichen Teilen im Barrique und im *foudre* ausgebaut. Seine dunkelrubin-purpurrote Farbe wird begleitet von eleganten mineralischen Geschmackskomponenten und Kirschnuancen, verflochten mit Noten von Lakritze. Ein strenger Abgang ließ meine Punktnote zwar niedrig ausfallen, doch besitzt dieser Gigondas von mittlerem Körper ausgezeichnete Reintönigkeit, Ladungen von Frucht und eine vielschichtige Textur. Trinken Sie ihn im Lauf der nächsten 8–10 Jahre. Der überwältigende *1999er Domaine Santa Duc Gigondas Les Hautes Garrigues* verbrachte 23 Monate in Barriques, von denen 40% neu waren. Aus 80% Grenache und 20% Mourvèdre bereitet, die 15,5% natürlichen Alkoholgehalt erreichten, prunkt er mit einer satten Purpurfarbe sowie immensem Körper, geschichteter Textur und reintönigen Cassis-, Kirschgeist- und Brombeernuancen im Geschmack, gepaart mit einer subtilen Eichenholznote. Der Abgang währt

30–35 Sekunden. Es gibt 1500 Kisten von dem 1999er – offensichtlich der Wein des Jahrgangs. Voraussichtliche Genussreife: jetzt–2016.

Der *1998er Domaine Santa Duc Gigondas* (der einen satten Alkoholgehalt von 15,3% erreichte) ist ein großartiger, wuchtiger, vieldimensionaler Wein mit herrlichen Schichten von Glyzerin wie auch Schwarzkirsch- und Cassisfrucht. Ausdrucksvoll und überschwänglich, aber frisch, körperreich und lebendig, wird er ein Jahrzehnt oder länger halten. Freilich wird man ihm schon in seiner Jugend schwer widerstehen können. Der *1998er Domaine Santa Duc Gigondas Les Hautes Garrigues* erreichte 15,64% Alkoholgehalt, doch der 1998er Mourvèdre schlug alle Rekorde, da er mit einem überwältigenden natürlichen Alkoholgehalt von 15,8% eingebracht wurde. Natürlich würde dieser Wein seine hohe Punktnote nicht verdienen, wenn er seinen kräftigen Alkohol nicht verstecken würde. Einer der Vorteile des mit niedrigen Erträgen geernteten und konzentrierten Grenache liegt darin, dass er seinen hohen Alkoholgehalt mühelos verbirgt. Diese körperreiche schwarze Schönheit wartet auf mit einem herrlichen Bukett von Lakritze, Brombeeren, Cassis und einer rauchigen, subtilen Dosis von Eichenholzwürze im Hintergrund. Im Mund zeigt er sich großzügig ausgestattet, sehr körperreich und texturiert, außergewöhnlich reintönig, mit einem cremigen mittleren Gaumen, seidigem Tannin und einem profunden Abgang. Voraussichtliche Genussreife: jetzt bis 2018. Die 1997er sind weiche, aufgeschlossene, offen gewirkte, säurearme Weine mit schöner Reife, aber einem Hauch von Verwässerung. Der *1997er Domaine Santa Duc Gigondas* besitzt eine etwas sattere Farbe sowie mehr Pfeffer und zeigt sich im Mund größer ausgelegt. Beide 1997er sind entgegenkommende, fortgeschritten entwickelte Rotweine im Bistrostil, die in den nächsten 3–5 Jahren getrunken sein wollen.

Alle drei Cuvées der Santa Duc Sélections sind ausgezeichnete Schnäppchen. Der *1999er Santa Duc Sélections Côtes du Rhône Vieilles Vignes* kommt aus den berühmten, flachen, windigen Rebflächen im Nordosten der Appellation Châteauneuf-du-Pape, genannt Le Plan de Dieu. Von diesem Wein auf Grenache-Basis stehen 7000 Kisten zur Verfügung. Dieser bei mittlerem Körper gradlinige, stämmige, reichfruchtige Côtes du Rhône duftet nach Beeren, Gewürzen und Schokolade und dürfte in den nächsten 1–2 Jahren köstlichen Trinkgenuss gewähren. Die 1 000 Kisten umfassende Cuvée des *1999er Santa Duc Sélections Côtes du Rhône-Villages Cairanne Les Buissens* ist ein Wein von eher erdigem Stil mit Gerüchen nach feuchtem Wald, mit mittlerem Körper und reichlicher Kirschfrucht. Sein Tanningehalt ist zwar höher, jedoch süß, und der Wein zeigt sich offen gewirkt, sollte daher am besten im Lauf der nächsten 1–2 Jahre getrunken werden. Der *2000er Santa Duc Sélections Côtes du Rhône-Villages Rasteau Vieilles Vignes Les Blovac* ist der kräftigste und rustikalste aus diesem Trio. Ein Verschnitt aus 70% Grenache, 15% Mourvèdre und 15% Syrah, die auf den steilen Hängen von Rasteau wachsen, enthüllt er überschwängliche Frucht von Schwarzkirschen und Brombeeren mit einem Hauch von Espresso und Schokolade. Mit mehr Tannin und Muskelkraft ausgestattet als die anderen Cuvées, wird er von weiteren sechs Monaten Kellerreife profitieren und mindestens 2–3 Jahre halten.

CHÂTEAU DE SÉGRIES

1999	**Côtes du Rhône**	**A**	**86**
1998	**Côtes du Rhône**	**A**	**85**
1999	**Lirac Cuvée Réservée**	**B**	**88**
1998	**Lirac Cuvée Réservée**	**B**	**88**

Der Eigentümer Henri de Lanzac hat bedeutende Verbesserungen bei diesem bekannten, oftmals unter seinen Möglichkeiten arbeitenden Weingut eingeführt. Mit Hilfe seines Vetters Christian Delorme von der superb geführten Domaine de la Mordorée (die hochklassigen Châteauneuf-du-Pape und Lirac produziert) stellt Lanzac immer bessere, sauberere, komplettere und konzentriertere Weine her und hat Château de Ségries zu einem Gut gemacht, das man im Auge behalten muss. Insbesondere der Lirac und die einfachen Côtes du Rhône-

Weine stellen einen ausgezeichneten Gegenwert für ihren Preis dar, wobei der Côtes du Rhône Clos de l'Hermitage wegen seines hohen Tanningehalts kontrovers beurteilt wird. Der *1999er Côtes du Rhône* offenbart Aromen von gegrillten Kräutern, vermischt mit fleischiger Schwarzkirschfrucht, präsentiert in einem runden, geschmeidigen Format von mittlerem Körper. Er ist ein fruchtbetonter Wein, der für den 1999er Jahrgang aus dem südlichen Rhônetal viel Gutes verspricht. Trinken Sie ihn im Lauf der nächsten 2–3 Jahre. Der *1999er Lirac Cuvée Réservée* (beachten Sie das tolle Etikett am Flaschenhals) zeigt eine dichte dunkelrubinrote Farbe, gepaart mit Batzen von mit Kräutern der Provence getränkter Schwarzkirschfrucht und Noten von Kirschgeist. Er besitzt auch eine saftige, üppige Textur und einen würzigen, reifen Abgang von mittlerem Körper. Es gibt keine harten Ecken und Kanten an diesem reichfruchtigen, komplexen Wein. Trinken Sie ihn im Lauf der nächsten 5–6 Jahre. Der dunkelrubinrote, pfeffrige, saftige *1998er Côtes du Rhône* von mittlerem Körper ist ein geschmeidig texturierter, köstlicher, offen gewirkter Wein, der viele Bewunderer finden wird. Er dürfte sich 2 Jahre hindurch gut trinken lassen. Sogar noch besser ist der *1998er Lirac Cuvée Réservée*. Er enthält 60% Grenache und 40% Syrah im Mischsatz und ist ein körperreicher, dichter, saftiger, rubin-purpurroter Wein mit Schichten von konzentrierter Frucht und einem nach dicklichem Kirschgeist und Brombeeren duftenden Bukett. Wenngleich jung, dürfte er noch mehr Komplexität entwickeln und 3–4 Jahre lang halten.

DOMAINE DES SÉNÉCHAUX

2000	**Châteauneuf-du-Pape**	**D**	**(88–90)**
1999	**Châteauneuf-du-Pape**	**D**	**89**
1998	**Châteauneuf-du-Pape**	**D**	**89**

Der *2000er Châteauneuf-du-Pape* legt eine tiefrubin-purpurrote Farbe an den Tag sowie einen texturierten, geschichteten Eindruck im Mund, hohen Glyzeringehalt und Reife, vermutlich hohen Alkoholgehalt und einen fleischigen, verführerischen, üppig-sinnlichen Stil. Er sollte im Lauf der nächsten 10–12 Jahre getrunken werden.

Der cremig texturierte, pflaumendunkle *1999er Châteauneuf-du-Pape* bietet süße Aromen von Pfeffer, englischem Kuchen, Gewürzen und reifen Kirschen. Wenn sich der Wein im Glas befindet, gibt er Düfte nach Pflaumen und Erde frei. Schmackhaft-würzig, geschmeidig texturiert und komplex, mit mittlerem bis vollem Körper, angemessener Säure und einem geschichteten Abgang, wird er sich 10–12 Jahre gut trinken lassen.

Einer der feinsten in diesem Gut produzierten Weine ist der *1998er Châteaneuf-du-Pape*. Er zeigt eine pflaumenhafte-purpurrote Farbe, gepaart mit einem entfalteten Bukett von schwarzen Früchten, englischem Kuchen, Harz und Pfeffer. Dicht, opulent und ölig texturiert, hat dieser tiefe, reintönige, konzentrierte Wein das Potenzial, hervorragend zu sein. Voraussichtliche Genussreife: jetzt–2012.

CHÂTEAU SIMIAN

2000	**Châteauneuf-du-Pape**	**D**	**(87–89)**
1999	**Châteauneuf-du-Pape**	**D**	**87**
1998	**Châteauneuf-du-Pape**	**D**	**87**
2000	**Côtes du Rhône**	**A**	**86**

Dieses kleine 4 Hektar umfassende Weingut befindet sich in schöner Lage auf dem Plateau von Châteauneuf-du-Pape, hinter den Ruinen des Papstpalastes. Die Keller liegen weiter nördlich im Dorf Piolenc, der französischen »Hauptstadt des Knoblauchs«. Dieses Gut verdient größere Aufmerksamkeit, aber die winzige Produktion von nur 1700 Kisten Rotwein bringt es mit sich, dass das meiste davon an private Kunden verkauft wird. Neben dem Châteauneuf-du-Pape bietet das Château auch gute Weine von der Côtes du Rhône, die beständig einen hohen Gegenwert für ihren Preis darstellen. Der traubige, schlichte, aber köstliche, runde, saftige *2000er Côtes du Rhône* ist ein Charmeur zum Trinkgenuss für die nächsten 1–2 Jahre. Sogar noch dicklicher, süßer und fleischiger ausstaffiert, enthüllt der dunkelrubin-purpurrote *2000er Châteauneuf-du-Pape* in Duft und Geschmack Nuancen von Pflaumen, Kirsch-Hustensaft und Pfeffer. Von mittlerem bis vollem Körper und reif, mit mäßigem Tannin, dürfte er sich in den nächsten 10–14 Jahren gut trinken lassen. Der leichte bis mittelschwere elegante *1999er Châteauneuf-du-Pape* gibt reintönige Geschmackskomponenten von Kirschen, Himbeeren und Pflaumen zu erkennen. Noten von Unterholz und Pfeffer tauchen zusammen mit Tannin im Abgang auf, doch insgesamt ist dies ein attraktiver, pflaumenhafter, fleischiger 1999er zum Trinkgenuss über die nächsten 7–8 Jahre. Der pflaumendunkle *1998er Châteauneuf-du-Pape* enthüllt mehr Mineralien, Pfeffer, Pflaumen und Kirscharomen, gewichtigeren Körper, mehr Biss und Tannin sowie zusätzliche Länge und einen tieferen mittleren Gaumen. Er wird sich 8–10 Jahre lang halten.

DOMAINE DE LA SOLITUDE

2000	**Châteauneuf-du-Pape**	**D**	**(89–90)**
1999	**Châteauneuf-du-Pape**	**D**	**90**
1998	**Châteauneuf-du-Pape**	**D**	**88**
2000	**Châteauneuf-du-Pape Cuvée**	**D**	**(90–92)**
1999	**Châteauneuf-du-Pape Cuvée**	**D**	**90**

Es ist lange her, seit ich so beeindruckende Weine von diesem Weingut verkostet habe, das einst zu den führenden Domainen von Châteauneuf-du-Pape gehörte. Ich habe viele Flaschen des verschwenderischen 1967ers der Domaine de la Solitude getrunken, der als einziger Wein von Spitzenklasse hervorragt, der aber seit einigen Jahren Ermüdungserscheinungen zeigt. Seit kurzem hat sich jedoch ein bedeutender Wandel im Stil der Weinbereitung und der Qualität des Solitude vollzogen wie die folgenden Cuvées beweisen:

Der *2000er Châteauneuf-du-Pape* offenbart eine dichte pflaumen-purpurrote Farbe sowie ein reizvolles, nach süßem Pfeffer duftendes Bukett, vermischt mit Aromen von *garrigue*, Kirschen und Beeren. Körperreich und reif, mit niedriger Säure, bewundernswerter Reintönigkeit und beeindruckender Länge, wird er sich jetzt–2014 auf dem Höhepunkt seiner Reife befinden. Der *2000er Châteauneuf-du-Pape Cuvée* scheint der beste Wein zu sein, der von der Domaine de la Solitude seit dem erwähnten legendären 19967er produziert wurde. Etwas Eichenholz ist zu verspüren (nur 15% Eichenfässer wurden eingesetzt im Gegensatz zu 100% für die 1999er Cuvée). Die undurchdringlich tintenschwarze-purpurrote Farbe wird begleitet von einem Wein mit ungeheurer Dichte, einem verschwenderischen, körperreichen Gaumen, explosiver Reife, einem langen, texturierten Abgang und vollkommener Harmonie zwischen dem Alkohol, Tannin und Extrakt. Obwohl immer noch etwas traubig, dürfte er eine mächtige Statur bekommen. Voraussichtliche Genussreife: 2004 bis 2020.

Der *1999er Châteauneuf-du-Pape* ist ein tiefrubin-purpurroter Klassiker mit gewaltiger Konzentration, opulenter Textur, hedonistischem Glyzeringehalt, superber Reintönigkeit, Batzen von Frucht und einem vollmundigen, reichhaltigen Stil. Seine niedrige Säure sowie die frühreife Art des Jahrgangs sprechen dafür, dass er im Lauf der nächsten 12–15 Jahre getrunken werden sollte. Frisches Eichenholz verträgt sich im Allgemeinen nicht gut mit dem Châteauneuf-du-Pape, doch obwohl die *1999er Châteauneuf-du-Pape Cuvée* in zu 100% neuen Eichenfässern ausgebaut wurde, legt sie die klassischen Merkmale der Weine aus dem südlichen Rhônetal an den Tag mit lediglich einem subtilen Hauch von Eichenholz in Duft und Geschmack – sehr zu meinem Erstaunen. Die satte, undurchdringliche Purpurfarbe dieses Weins geht einher mit dicken, saftigen Geschmacksnuancen von Brombeeren und Cassis, vermischt mit *garrigue* und Pfeffernoten. Lang, geschichtet, kraftvoll und reichhaltig, könnte er wegen der Einführung von Holz-Tannin länger halten als die einfache Cuvée.

Der *1998er Châteauneuf-du-Pape* ist fraglos ein fruchtiger Châteauneuf-du-Pape im modernen Stil, besitzt jedoch eine Fülle von erdigen, süßen schwarzen Früchten, eine offen gewirkte, samtige, geschmeidige Textur, ausgezeichnete Reintönigkeit, einen Anflug von würzigem Eichenholz und sehr gute Länge. Ich schlage vor, ihn im Lauf der nächsten 8 Jahre zu trinken.

MARC SORREL

2000	Crozes-Hermitage	B	(84–85)
1999	Crozes-Hermitage	B	85
2000	Crozes-Hermitage Blanc	B	85
1999	Crozes-Hermitage Blanc	B	87
2000	Hermitage	E	(87–88)
1999	Hermitage	E	88
1998	Hermitage	E	87+
1997	Hermitage	E	(86–88)
2000	Hermitage Blanc	E	(87–88)
1999	Hermitage Blanc	E	90
1998	Hermitage Blanc	E	87
1997	Hermitage Blanc	E	(85–87)
1996	Hermitage Blanc	E	86
1995	Hermitage Blanc	E	85
2000	Hermitage Le Gréal	EE	(89–92)
1999	Hermitage Le Gréal	EE	90
1998	Hermitage Le Gréal	EE	95+
1997	Hermitage Le Gréal	EE	(90–92)
2000	Hermitage Les Rocoules	EE	(88–90)
1999	Hermitage Les Rocoules	EE	93
1998	Hermitage Les Rocoules	EE	90+
1997	Hermitage Les Rocoules	EE	(88–90)
1996	Hermitage Les Rocoules	EE	90
1995	Hermitage Les Rocoules	EE	87

Dieses kleine Gut, das Weine in einem handwerklichen Stil herstellt, erreicht mit seinen Weinen Hermitage Les Rocoules (weiß) und Hermitage Le Gréal (rot) aus Monopol-Lagen (tatsächlich ein Verschnitt aus Trauben der Lagen Méal und Greffieux) gewöhnlich hohe Punktnoten. Marc Sorrel hat auch seine Produktion von rotem und weißem Crozes-Hermitage erweitert und Weine erzeugt, die sich leicht und schnell trinken lassen.

Der *2000er Crozes-Hermitage Blanc* wurde fassvergoren und erlebte auch seine malolaktische Gärung im Holzfass. Die reinsortige Marsanne-Cuvée zeigt einen entfalteten, honigfeinen/mineralischen Stil, mittleren Körper und einen kurzen Abgang. Trinken Sie diesen Wein in den nächsten paar Jahren. Der *1999er Crozes-Hermitage Blanc* ist sehr fruchtig und weist honigfeine zitrusartige Noten auf, dazu eine gradlinige Persönlichkeit, einen reichhaltigen, schön texturierten Gaumen von mittlerem Körper und einen reintönigen Abgang. Er muss auf nahe Sicht getrunken werden.

Der *2000er Hermitage Blanc* gibt typische Merkmale von Fino-Sherry, Akazienblüten, honigfeinen Zitrusfrüchten und einen Anflug von Ananas zu erkennen. Trinken Sie diesen säurearmen, angenehmen, leichten Wein von mittlerem Körper in seinen ersten 5–6 Lebensjahren. Die winzige Produktion des *2000ers Hermitage Les Rocoules* (200 Kisten) ist ein Verschnitt aus 90% Marsanne und 10% Roussanne, der 15 Monate lang in alten Holzfässern ausgebaut wurde. Vor der Flaschenabfüllung wird er geschönt, jedoch nicht filtriert. Dieser Wein ist stets der reichhaltigste Weißwein in Sorrels Keller und ich habe von ihm viele Jahrgänge erworben (insbesondere 1990, 1989, 1988), die alle nach einer Schlafperiode gerade wieder zu neuem Leben erwacht sind (Thomas Jefferson hielt ihn für den größten trockenen Weißwein Frankreichs). Der lange 2000er von mittlerem bis vollem Körper ist fortgeschrittener entwickelt als üblich und sollte daher am besten in seinen ersten 10 Lebensjahren getrunken werden. Seine Persönlichkeit weist reichhaltige Nuancen von Geißblatt, Zitrusfrüchten, Erde, Mineralien und Haselnüssen in Duft und Geschmack auf.

Die beiden 1999er sind ernsthafte weiße Hermitages, die von den wenigen Anhängern dieser unterschätzten trockenen Weißweine begeistert genossen werden dürften. Der *1999er Hermitage Blanc* (der hauptsächlich aus Trauben von Les Greffieux gewonnen wird), zeigt superbe Konzentration, lange, Geißblatt-ähnliche Geschmacksnuancen, viel Opulenz, eine Wagenladung Glyzerin und einen kernigen, üppigen, von honigfeinen weißen Früchten und Blumen geprägten Geschmackseindruck am Gaumen. Dies ist eine der besten einfachen Cuvées eines weißen Hermitage von Sorrel; ihre fortgeschritten entwickelte Art legt nahe, dass sie im Lauf der nächsten 10 Jahre getrunken werden sollte. Der *1999er Hermitage Les Rocoules* mit seinem außergewöhnlich hohen Glyzeringehalt verdient echten Beifall. Der natürliche Alkohol beträgt 14,8% und der Wein (93% Marsanne und 7% Roussanne) ist ölig texturiert mit einem prachtvollen Bukett von Rosenblättern, flüssigen Mineralien, honigfeiner Ananas und einem Hauch Sherry. Er zeichnet sich aus durch explosive Reife, viskose Textur sowie herrliche Reintönigkeit und Länge. Er wird sich in einigen Jahren sicherlich verschließen, nach einem Jahrzehnt wieder auferstehen und weitere 25 Jahre hindurch halten. Voraussichtliche Genussreife: jetzt–2006; 2012–2025. Der *1998er Hermitage Blanc* erreichte 13,2% natürlichen Alkohol. Der Wein ist dicht und reichhaltig, mit einem an flüssigen Granit erinnernden Bukett, mittlerem bis vollem Körper und niedriger Säure. Er ist dazu bestimmt, in den nächsten 7–8 Jahren getrunken zu werden. Der *1998er Hermitage Les Rocoules* (14,7% natürlicher Alkoholgehalt) sollte 2–3 Jahre nach der Flaschenabfüllung getrunken oder für ein Jahrzehnt in den Keller gelegt werden. Dieser Wein, der auch 7–8% Roussanne in seinem Mischsatz enthält, ist ziemlich strukturiert, aber auch mit reichlichen Nuancen von honigfeinen Zitrusfrüchten, gerösteten Nüssen und flüssigen Mineralien versehen. Dieser Stil eines Weißweins (wie auch weißer Hermitage im Allgemeinen) ist nicht nach jedermanns Geschmack, doch sind diese Tropfen überaus charaktervoll. Freilich müssen sie sehr jung getrunken oder ein Jahrzehnt gelagert werden, da sie im Allgemeinen im Alter von 5 Jahren in einen Schlafzustand versinken, in dem sie 5–6 Jahre verharren. Der *1998er Hermitage Les Rocoules* besitzt eine Wagenladung voll Glyzerin, doch ich glaube immer noch, dass er sich in ein paar Jahren verschließen wird.

Der *1997er Hermitage Blanc* ist erstaunlich fortgeschritten entwickelt und viel leichter als üblich. Er erreichte 12,4% Alkoholgehalt und nimmt sich mit seinen zarten Düften nach mit Mineralien vermischten weißen Pfirsichen erfrischend aus. Doch lässt er den Körper und die Kraft vermissen, die in dieser Cuvée normalerweise zu finden sind. Der *1997er Hermitage Les Rocoules* offenbart ein an kalifornischen Wein erinnerndes, tropisches, nach Früchten duftendes Bukett, mit einer erstaunlichen Aprikosen-Honignote, die an einen Condrieu denken lässt. Dieser Wein von mittlerem Körper ist in seinem entwickelten Stil für Sorrel untypisch. Frühreif und vordergründig, wird er sich innerhalb der nächsten 2–3 Jahre ideal trinken lassen.

Der *1996er Hermitage Blanc* ist elegant, stilvoll und gut bereitet, mit zitrusartiger Frucht, aber wenig Kraft und Tiefe. Er wurde aus 100% Marsanne gewonnen, hauptsächlich aus der Hanglage Les Greffiers auf dem Hermitage-Hügel. Der *1996er Hermitage Les Rocoules* (13,5% Alkoholgehalt) enthält in seinem Mischsatz 10–15% Roussanne. Er ist ein mehr zu honigfeiner Art neigender, reichhaltigerer, gehaltvollerer weißer Hermitage und daher typischer für Sorrels Weinbereitung dieser Cuvée. Noten von weißen Blumen sind in diesem Tropfen zu entdecken, der ordentliche Säure besitzt, jedoch nicht den aufdringlichen Gehalt einiger 1996er Weine. Der *1995er Hermitage Blanc* legt spritzige Säure an den Tag, ein gradliniges Bukett von weißen Früchten, Mineralien, Gewürzen sowie einen mittleren Körper. Er bietet in den nächsten 3–4 Jahren idealen Trinkgenuss. Der *1995er Hermitage Les Rocoules* offenbart eine entwickelte hellgoldene Farbe, gute Kraft, niedrige Säure und eine Tendenz zur Schlaffheit sowie Nuancen von Kirschen, Mandeln sowie Radiergummi und

Zement in Duft und Geschmack. Das ist ein würziger, ungefüger Wein, der recht linkisch daherkommt. Trinken Sie ihn lieber früher als später.

Sorrel traf die wichtige Entscheidung, seine Syrah-Trauben aus seinem Crozes-Hermitage-Weinberg in Larnage zu entrappen. Das hat die offenkundige Krautigkeit dieser Weine vermindert, obwohl sie immer noch etwas vegetabil wirken. Der *2000er Crozes-Hermitage* ist extrem leicht. Obwohl zu 100% von seinen Stielen befreit, enthüllt er einen Charakter von grünem Pfeffer in seiner Kirschfrucht. Trinken Sie ihn im Lauf der nächsten paar Jahre. Aus einem weichen, entgegenkommenden, verbraucherfreundlichen Jahrgang für den roten Hermitage stammend, ist der 2000er Hermitage ein in einem leichteren Stil bereiteter, freundlicher, eleganter Wein mit schöner Schwarzkirschfrucht, vermischt mit Lakritze, getrockneten Kräutern und Erde. Er sollte am besten in seinen ersten 7–8 Lebensjahren getrunken werden. Der tiefrubinrote, körperreiche *2000er Hermitage Le Gréal* ist ein ernsthafterer Wein, der reichliche Mengen von erdigen, rauchigen schwarzen Johannisbeeren und Kirschen bietet. Mit süßem Tannin und hervorragender Konzentration versehen, ist er fraglos ein Erfolg für den Jahrgang. Leider gibt es von diesem Tropfen nur 225 Kisten. Voraussichtliche Genussreife: 2004–2015.

Der *1999er Hermitage* präsentiert einen weichen, von Johannisbeeren geprägten Charakter mit erstaunlich scharfer Säure. Obschon ein eleganter, reintöniger Wein von mittlerem Körper, ist er doch strenger und lässt die Dichte und Kraft von Sorrels 1998er oder 1997er vermissen. Er muss frühzeitig in seinem Leben getrunken werden, da er während des Alterungsprozesses weiter abmagern wird. Der hellfarbige *1999er Crozes-Hermitage* ist ein angenehmer, kirschduftiger Wein mit einem aromatischen Bukett von Erdbeeren, Kirschen, Pfeffer und Gewürzen. Genießen Sie diesen fruchtigen 1999er im Lauf der nächsten paar Jahre. Der verschlossene, verhalten entwickelte *1999er Hermitage Le Gréal* schien mehr Potenzial zu haben, als ich ihn während seiner *élevage* verkostete. Er zeigt bei mittlerem Körper scharfe Säure und ein süßes Bukett von Erdbeer- und Schwarzkirschfrucht, vermischt mit Erde, Lakritze und einem Hauch Pfeffer. Ein krautiger Charakter tut sich kund, wenn sich der Wein im Glas befindet. Im Mund verleiht ihm erfrischende Säure Lebendigkeit, doch das Gewicht, die Substanz und das Fett eines Spitzen-Hermitage fehlen. Hier haben wir den seltenen Fall, dass ein 2000er aus dem nördlichen Rhônetal besser als sein Pendant von 1999 ist.

Die 1998er Hermitages haben angefangen, sich zu verschließen, doch sie reflektieren das Vertrauen von Marc Sorrel, der daran glaubt, dass sie das Potenzial besitzen, sich als seine feinsten Weinen herauszustellen, insbesondere seine Spitzencuvée Le Gréal. Der *1998er Hermitage*, der vor allem aus Weinlagen wie Greffieux, Vignon und Bessards gewonnen wird, war vollkommen verschlossen, als ich ihn verkostete. Er zeigte eine dichte rubin-purpurrote Farbe, einen Anflug von Brombeerfrucht und eine Wagenladung voll Tannin. Doch klang er mit einem Bordeaux-ähnlichen strengen Charakter aus. Bei der Fassverkostung sagte ich voraus, dass dieser 1998er hervorragend ausfallen würde, was ich jetzt aber zurücknehme. Er verlangt mindestens 4–5 Jahre Kellerreife, doch das harte Tannin gibt Anlass zur Sorge. Er dürfte sich 15–20 Jahre lang halten. Der *1998er Hermitage Le Gréal* ist zweifellos der beste, den Sorrel während seines Regimes in diesem Gut gemacht hat. Sein Vater hat zwei Weine dieses Kalibers (1979 und 1978) gestaltet. Mit einem natürlichen Alkoholgehalt von 13,7% ist das kein schwächlicher Wein, aber wer hat das je von einem Hermitage behauptet? Er prunkt mit einer undurchdringlich schwarz-purpurroten Farbe, gepaart mit einem superben Bukett von Brombeeren, Zedernholz, flüssigen Mineralien, Aromen aus der Gewürzkiste und Erde. Konzentration wie vielschichtige Textur in diesem dicken, viskosen, tanninreichen Riesen sind einfach fabelhaft. Als sich der *1998er Hermitage Le Gréal* im Glas befand, nahm er den Charakter eines Premier Cru Pauillac oder eines Deuxième Cru St-Julien wie Léoville-Barton an. Er wird fraglos Geduld erfordern. Voraussichtliche Genussreife: 2010–2035. Übrigens, 50% der Trauben für diese Cuvée wurden entrappt – es war das erste Mal, dass Sorrel dieses Verfahren anwandte. Der köstliche, sinnliche, üppige, fruchtige *1997er Hermitage* ist ein dunkelrubinroter Wein mit niedriger Säure, der sich während der nächsten 5–9 Jahre schön trinken lassen wird. Der undurchdringlich purpurrote *1997er Hermitage Le Gréal* ist entwickelter und überschwänglicher als der reservierte und elegante 1996er. Sinnlich und reichhaltig, mit reichlicher Frucht von Crème de Cassis, mittlerem Körper und guter würziger fleischiger Fülle am mittleren Gaumen, ist er ein auffallender Hermitage, der sich jung gut trinken lassen dürfte und ein Jahrzehnt oder länger halten wird.

DOMAINE LA SOUMADE

2000	**Cabernet Sauvignon**	**B**	**(88–91)**
1999	**Cabernet Sauvignon Cuvée Prestige Vin de Pays d'Orange**	**B**	**89**
2000	**Côtes du Rhône Les Violettes**	**B**	**(89–92)**
1999	**Côtes du Rhône Les Violettes**	**B**	**90**
2000	**Merlot**	**B**	**(88–91)**
2000	**Rasteau Cuvée Confiance**	**D**	**(92–94)**
1999	**Rasteau Cuvée Confiance**	**D**	**92**
2000	**Rasteau Cuvée Prestige**	**E**	**(90–92)**
1999	**Rasteau Cuvée Prestige**	**E**	**90**
2000	**Rasteau Fleur de Confiance**	**E**	**(92–95)**
1999	**Rasteau Fleur de Confiance**	**E**	**94**
2000	**Vin Doux Rasteau**	**C**	**88**

Der Besitzer von La Soumade, André Romero, ist eine Legende in diesem ein wenig verlorenen Dorf im Hügelland an der Rhône: Rasteau besitzt ebenso viele alte Reben auf steilen Abhängen wie irgend ein anderes Dorf in der Region, aber anders als Romero, hat das Dorf nicht die Anerkennung erhalten, die es verdient. Es gibt einige aufstrebende Rasteau-Produzenten, die danach streben, Romero aus seiner führenden Position zu verdrängen (z.B. Helen Durand von der Domaine Trapadis und Jerôme Bressy von der Domaine Court-Mauten), doch im Augenblick ist er immer noch der unbestrittene Star von Rasteau und produziert Weine von betörender Reichhaltigkeit und langer Lebenserwartung. Meine Besuche bei Romero, einem kleinen, absonderlichen Mann mit einem großen Kopf, strahlenden Augen und einer Respektlosigkeit, die an den berühmten Henri Bonneau aus Châteauneuf-du-Pape erinnert, sind gewöhnlich Höhepunkte meiner Reise. Die meisten Verbraucher sind sich gar nicht bewusst, wie gut diese Weine sein können.

Unter den Überraschungserfolgen dieses Weinguts befinden sich der Merlot (Mitte der 1980er Jahre gepflanzte Reben) und Cabernet Sauvignon (aus Trauben von fünf- und achtjährigen Reben), die knapp außerhalb der Appellation gemacht wurden und nur als Vin de Pays d'Orange gekennzeichnet werden dürfen. Die übermächtigen, fast überlebensgroßen Rasteau-Cuvées beinhalten stets eine Cuvée Prestige und eine Cuvée Confiance, doch der berühmte Fleur de Confiance (aus einem alten Weinberg in Hanglage unweit von Romeros Kellern) wird nur in den größten Jahrgängen produziert. Das sind keine Weine für Verbraucher, die nach delikater und zurückhaltender Art Ausschau halten, sondern Côtes du Rhône-Weine in ihrer überschwänglichsten und wuchtigsten Form. Romero, der stolz bekräftigt, er sei der erste Produzent aus dem Rhônetal gewesen, der *pigeage* eingesetzt habe, erzielt bei seinen Weinen erstaunliche Farbe und Intensität. Seine 2000er sind superb und seine 1999er sind sogar noch besser als seine 1998er.

André Romeros 2000er besitzen fabelhafte Frucht, hohen Glyzeringehalt und den dicklichen, überreifen Charakter des Jahrgangs. Tannin ist vorhanden, zeigt sich aber süßer und besser integriert als im Jahrgang 1999. Falls der bemerkenswerte *2000er Merlot* (eine 1000 Kisten umfassende Cuvée aus Trauben von 15 Jahre alten Reben) mehr Komplexität entwickelt, heißt es für den Bordeaux auf der Hut zu sein! Er ist ein Wein mit dichtem purpurroten Kleid mit herrlichem Fruchtgehalt, erstaunlichem Glyzerin, eindrucksvoller Konzentration und süßem Tannin. Die Frage ist nur, wird er Komplexität entwickeln? Voraussichtliche Genussreife: jetzt–2010. Der schwarz-purpurrote *2000er Cabernet Sauvignon* (ein Verschnitt aus 95% Cabernet Sauvignon und 5% Petit Verdot) offenbart ein pfeffriges, nach Zedernholz und Gewürzen duftendes Bukett sowie reichliche Cassisfrucht. Zwar nicht so üppig-saftig wie der Merlot, bietet er authentische Cabernet-Geschmacksnuancen. Er dürfte sich 10–12 Jahre schön trinken lassen. Die 2000er Rasteau-Cuvées erreichten 15% natürlichen Alkoholgehalt und sind zugänglicher, fetter, sogar molliger, als es die 1999er und 1998er im gleichen Alter waren. Der *2000er Rasteau Cuvée Prestige* präsentiert eine dichte purpurrote Farbe, die einhergeht mit einem prachtvollen Bukett von Brombeerfrucht, Vanille, Lakritze und Gewürzen. Üppig und fett, ohne die Struktur des 1999ers, werden seine wundervolle Zugänglichkeit und sein verbraucherfreundlicher Stil jene Leser erfreuen, die nach einem Wein suchen, der ihren Gaumen auskleidet. Er dürfte sich 14–15 Jahre hindurch schön trinken lassen. Der *2000er Rasteau Cuvée Confiance* lässt sich mit einer dick eingekochten Marmelade vergleichen. Seine dichte purpurrote Farbe wird begleitet von spektakulären Aromen von Blaubeeren und Brombeeren. Mit einer Wagenladung von Glyzerin, massivem Körper und bemerkenswerter Reintönigkeit, Symmetrie und Länge, wird er sich 12–15 Jahre hindurch schön trinken lassen. Der *2000er Côtes du Rhône Les Violettes* (ein Verschnitt aus 80% Syrah, 10% Viognier und 10% Roussanne) enthüllt ein überspanntes, exotisches Bukett von Blumen, Geißblatt und schwarzen Früchten. Körperreich, ölig texturiert und im Stil eines Weins von der südlichen Côte Rôtie bereitet, ist er eine einzigartige Leistung für diesen Teil der Rhône. Genießen Sie ihn im Lauf der nächsten 10 Jahre. Zuletzt sei der *2000er Rasteau Fleur de Confiance* (15,5% natürlicher Alkoholgehalt) genannt, ein monumentaler Wein. Von schwarz-purpurroter Farbe, dicht, körperreich, voller Extrakt, mit hohem Gehalt an Cassis, Brombeeren, Glyzerin und Tannin (gut verborgen), wird sich dieser fette, kernige, enorm ausstaffierte 2000er 15 Jahre und länger schön trinken lassen. Leider gibt es nur 7000 Flaschen davon.

Die Appellation Rasteau ist bekannt für ihre süßen Weine, von denen die Domaine La Soumade einige der feinsten produziert. Der *2000er Vin Doux Rasteau* bietet Noten von weichem Toffee, Kakao, dicklicher Erdbeer- und Kirschfrucht, vollen Körper sowie leichte bis mäßige Süße. Diese Weine müssen als Aperitif oder als Begleiter zu bestimmten Desserts getrunken werden (insbesondere Schokolade). Obwohl der 2000er Vin Doux Rasteau nicht so sensationell ist wie Romeros andere Angebote, ist er eine gute Leistung der Weinbereitung.

Der im Barrique ausgebaute *1999er Cabernet Sauvignon Cuvée Prestige Vin de Pays d'Orange* entstand aus entrappten Trauben, die dem in Burgund geübten Verfahren der *pigeage* unterworfen wurden (regelmäßiges Aufbrechen und Untertauchen des Schalenhuts während der Gärung) und ungeschönt und nach einer zu vernachlässigenden Filtration durch Schwerkraft auf Flaschen abgefüllt wurden. Dieser undurchdringlich rubin-purpurrote Cabernet offenbart schwelgerische Frucht von schwarzen Johannisbeeren und eine dicke, körperreiche Textur. Seine fehlende Komplexität mag sich zwar als Nachteil erweisen, doch sein den Mund auskleidender Gehalt an Extrakt und Reichhaltigkeit sind eindrucksvoll. Ich habe eine 5 Jahre alte Cuvée dieses Weins verkostet, die Noten von Zedernholz, Gewürzkiste und Lakritze zum Ausdruck brachte, wie sie für den Cabernet Sauvignon typisch sind. Leider gibt es von dem 1999er nur 7000 Flaschen, einem Verschnitt aus 80% Cabernet Sauvignon, 15% Merlot und 5% Petit Verdot. Trinken Sie ihn im Lauf der nächsten 10 Jahre.

Die 1999er sind besser als ihre Pendants von 1998, was einiges heißt. Der kräftige, ernsthafte, körperreiche *1999er Rasteau Cuvée Prestige* (ein im Tank ausgebauter Verschnitt aus 80% Grenache, 10% Syrah und 10% Mourvèdre) legt Noten von Crème de Cassis, Teer, Schokolade, Lakritze und Gewürzen an den Tag. Körperreich und mäßig tanninhaltig, verlangt er 2 weitere Jahre Kellerreife und dürfte 15 Jahre hindurch gut altern. Der schwarz-purpurrote *1999er Rasteau Cuvée Confiance* (80% Grenache und 20% Syrah und

Moruvèdre, alle aus 50-jährigen Reben und im Tank und kleinen Fässern ausgebaut) ist prachtvoll. Obwohl er 14,5% Alkohol mitbringt, ist dieser gut verborgen. Diese Cuvée von 18000 Flaschen besitzt ein fabelhaft süßes Parfüm von Brombeeren, Cassis, Mineralien, heißen Steinen und einem Hauch Kakao. Mit dicken, körperreichen, tanninherben Geschmacksnuancen ausgestattet, präsentiert er sich als kraftvoller Wein, selbst nach den Kriterien der Neuen Welt. Der Abgang dauert 35–40 Sekunden. Voraussichtliche Genussreife: jetzt–2015. Eine Kuriosität (300 Kisten wurden produziert) ist Romeros Côtes du Rhône Les Violettes. Ein Côte Rôtie-ähnlicher Verschnitt aus 80% Syrah und 20% Viognier, bietet der *1999er Côtes du Rhône Les Violettes* ein exotisches Bukett von Orangenschale, Geißblatt, Crème de Cassis und Eichenholzwürze. Körperreich, saftig, üppig, reintönig und konzentriert, dürfte er sich ein Jahrzehnt lang entwickeln. Der zu 100% aus Trauben von alten Reben bereitete *1999er Rasteau Fleur de Confiance* (aus mikroskopisch kleinen Erträgen von 12–15 hl/ha und ausgebaut in einer Kombination von kleinen Fässern und Tanks) brauchte ein Jahr, um trocken zu vergären und verbirgt mühelos seine 15,8% Alkoholgehalt. Sein extravagantes Bukett von schwarzem Himbeerlikör, vermischt mit Brombeeren, blumigen und lakritzartigen Noten entströmt dem Glas. Dieser körperreiche Kraftprotz besitzt einen tanninhaltigen Unterbau, gepaart mit gewaltiger Konzentration und Tiefe. Wie bei den anderen Weinen führt Romero wenig Abstiche durch und gewährt dem Wein viel Kontakt mit seinen feinen Hefen. Die in seinem Keller verwendeten Schwefelmengen sind extrem gering. Diese Cuvée, die untypischerweise in eine schwere Bordeauxflasche gefüllt wurde, dürfte 2 Jahrzehnte hindurch gut altern.

JEAN-MICHEL STEPHAN

2000	**Côte Rôtie**	**D**	**(82–86)**
1999	**Côte Rôtie**	**D**	**88**
1998	**Côte Rôtie**	**D**	**87**
2000	**Côte Rôtie Coteaux de Tupin**	**D**	**(87–89)**
2000	**Côte Rôtie Vieilles Vignes en Coteau**	**E**	**(88–89+)**
1999	**Côte Rôtie Vieilles Vignes en Coteau**	**E**	**89**
1998	**Côte Rôtie Vieilles Vignes en Coteau**	**E**	**89**

Der junge Jean-Michel Stephan hat sich schnell zu einem Winzer entwickelt, den man im Auge behalten muss. Er verwendet bei der Vinifizierung ausschließlich Barriques, von denen etwa 50% neu sind. Darüber hinaus entrappt er seine Trauben vollständig. Das Traubengut für seine Weine kommt aus der südlichen Hälfte der Côte Rôtie, hauptsächlich von der Côte Blonde. Der *2000er Côte Rôtie Coteaux de Tupin* ist ein weicher, cremiger Wein von mittlerem Körper, der Aromen von süßem Eichenholz und Noten von roten und schwarzen Früchten offenbart. Der reife, säurearme, entwickelte 2000er sollte in seinen ersten 5–7 Lebensjahren getrunken werden. Der *2000er Côte Rôtie* ist krautiger und vegetabiler. Viele Weine dieser Appellation legen eine Note von schwarzen Oliven an den Tag (manchmal als Tapenade bezeichnet), aber dieser Wein geht allzu sehr in die Richtung grüne Oliven. Dies ist ein gefälliger, aber in seinem Wesen oberflächlicher, leichter Wein, den Sie in seinen ersten 5–6 Lebensjahren trinken sollten. Es ist keine Überraschung, dass der *2000er Côte Rôtie Vieilles Vignes en Coteau* die Spitzencuvée von Stephan ist. Der Wein offenbart in Duft und Geschmack Aromen von Cassis, Veilchen, Erde und süßem toastwürzigem Eichenholz. Dunkelrubinrot, von mittlerem Körper, guter Reife, niedriger Säure und mäßiger Konzentration, dürfte er sich ein Jahrzehnt gut trinken lassen.

Der *1999er Côte Rôtie* bringt die pfeffrigen, erdigen, gerösteten Eigenschaften der Appellation zum Ausdruck, gepaart mit ausgezeichneter Süße und einem reintönigen, nach schwarzen Johannisbeeren und zerdrückten schwarzen Oliven duftenden Bukett. Von mittlerem Körper und rund, wird er sich in seinen ersten 7–8 Lebensjahren in Bestform befinden. Der *1998er Côte Rôtie* bietet ein würziges, nach Kaffee und schwarzen Johannisbeeren duftendes Bukett, das im Hintergrund Noten von getrockneten Kräutern und Eichenholz zu erkennen gibt. Er offenbart ausgezeichnete Konzentration, Eleganz und mehr Tiefe als andere Weine dieses Stils. Trinken Sie ihn in den nächsten 6–8 Jahren. Der *1998er Côte Rôtie Vieilles Vignes en Coteau* legt den gleichen eleganten Stil an den Tag, der aber mit mehr Noten von schwarzen Himbeeren, Rauch und Kirschfrucht gestützt wird. Der Wein ist reif und von mittlerem Körper, mit süßem, gut integriertem Tannin, niedriger Säure und gutem Gewicht. Er dürfte sich 10–12 Jahre schön trinken lassen.

TARDIEU-LAURENT

2000	**Châteauneuf-du-Pape**	**E**	**(90–92)**
1999	**Châteauneuf-du-Pape**	**E**	**(91–94)**
1997	**Châteauneuf-du-Pape**	**E**	**90**
2000	**Châteauneuf-du-Pape Vieilles Vignes**	**E**	**(93–96)**
1999	**Châteauneuf-du-Pape Vieilles Vignes**	**E**	**(92–94+)**
1998	**Châteauneuf-du-Pape Vieilles Vignes**	**E**	**94**
2000	**Cornas Coteaux**	**E**	**(89–91?)**
1999	**Cornas Coteaux**	**E**	**(90–92)**
1998	**Cornas Coteaux**	**E**	**87**
1997	**Cornas Coteaux**	**E**	**90**
2000	**Cornas Vieilles Vignes**	**E**	**(91–93)**
1999	**Cornas Vieilles Vignes**	**E**	**(91–93+)**
1998	**Cornas Vieilles Vignes**	**E**	**98**
1997	**Cornas Vieilles Vignes**	**E**	**91**
2000	**Costières de Nîmes**	**C**	**(88–90)**
1999	**Costières de Nîmes**	**C**	**(90–92)**
1998	**Costières de Nîmes**	**C**	**(90–92)**
2000	**Côte Rôtie**	**EE**	**(87–90)**
1999	**Côte Rôtie**	**EE**	**95**
1998	**Côte Rôtie**	**EE**	**93**
1997	**Côte Rôtie Côte Brune**	**EE**	**94**
1999	**Côte Rôtie Cuvée Spéciale Vieilles Vignes**	**EE**	**98**
2000	**Côtes du Lubéron Bastide de Rodares**	**B**	**(88–90)**
1998	**Côtes du Lubéron Bastide de Rodares**	**B**	**(90–91)**
2000	**Côtes du Rhône Les Becs Fins**	**B**	**91**
2000	**Côtes du Rhône Guy Louis**	**B**	**(91–93)**
1998	**Côtes du Rhône Guy Louis**	**B**	**(88–90)**
1997	**Côtes du Rhône Guy Louis**	**B**	**(89–91)**
2000	**Côtes du Rhône-Villages Rasteau Vieilles Vignes**	**D**	**(91–93)**
1999	**Côtes du Rhône-Villages Rasteau Vieilles Vignes**	**D**	**(87–89)**
1998	**Côtes du Rhône-Villages Rasteau Vieilles Vignes**	**D**	**(91–92)**
2000	**Crozes-Hermitage Cuvée Coteaux**	**D**	**(88–89)**
1999	**Crozes-Hermitage Cuvée Coteaux**	**D**	**(88–91)**
2000	**Gigondas**	**D**	**(89–91)**
1998	**Gigondas**	**D**	**(87–89)**
1997	**Gigondas**	**D**	**89**
1999	**Gigondas Vieilles Vignes**	**E**	**(90–92)**
1998	**Gigondas Vieilles Vignes**	**E**	**92**
2000	**Hermitage**	**EE**	**(90–92)**
1999	**Hermitage**	**EE**	**(95–98)**
1998	**Hermitage**	**EE**	**91+**
1997	**Hermitage**	**EE**	**92+**

1998	**Hermitage Blanc**	**EE**	**(87–88)**
1997	**Hermitage l'Hermite**	**EE**	**(91–92)**
1998	**St-Joseph Les Roches**	**D**	**(87–89)**
2000	**St-Joseph Les Roches Vieilles Vignes**	**D**	**(90–92)**
1999	**St-Joseph Les Roches Vieilles Vignes**	**D**	**(91–93)**
2000	**Vacqueyras Vieilles Vignes**	**D**	**(93–96)**
1999	**Vacqueyras Vieilles Vignes**	**D**	**(91–92)**
1998	**Vacqueyras Vieilles Vignes**	**D**	**92**
1997	**Vacqueyras Vieilles Vignes**	**D**	**88**
1999	**Vin de Pays d'Oc Les Grands Augustins**	**A**	**89**

Michel Tardieu und Dominique Laurent produzieren einige der fesselndsten und verführerischsten Weine im Rhônetal. Jeder der hier ausgewählten Weine ihrer Produktpalette aus dem nördlichen und südlichen Rhônetal ist fabelhaft. Tardieu, dessen Keller in dem wunderschönen Dorf Lourmarin liegen, ist der Inbegriff eines Minimal-Interventionalisten. Er kauft den fertigen Wein nur von Winzern, die niedrige Erträge aus alten Reben gewonnen haben. Dann wird der größte Teil dieses Weins in Eichenfässer umgefüllt, die nach Dominique Laurents Angaben hergestellt wurden. Dort ruht der Wein zwei Jahre lang ohne jegliche Eingriffe seitens des Kellermeisters. Die Schwefelbeigaben sind minimal, es gibt keinen Abstich und die Flaschenabfüllung erfolgt ohne vorherige Schönung und Filtration. Diese brillanten Weine sind der Inbegriff ihrer jeweiligen Appellation und besitzen ein fabelhaftes Alterungspotenzial. Ich war von Anfang an ein großer Fan von Tardieu-Laurent, die Mitte der 1990er Jahre mit ihrer Arbeit begonnen haben. In nur fünf Jahren hat sich diese *négociant*-Firma unglaublichen Respekt seitens einiger der besten Winzer im südlichen Rhônetal erworben.

Der außergewöhnliche *2000er Côtes du Rhône Les Becs Fins* (3200 Kisten) ist eine im Tank ausgebaute *assemblage* aus Trauben von alten Carignan-Reben (50%) sowie Grenache und Syrah zu gleichen Teilen. Der spektakuläre Wein (der bei meinem Besuch schon abgefüllt war) ist eine fabelhafte Einführung in Tardieu-Laurents Stil der Weinbereitung. Seine undurchdringliche rubin-purpurrote Farbe geht einher mit einem schwelgerischen, nach schwarzer Brombeer- und Himbeermarmelade duftenden Bukett. Fruchtbetont, mit hohem Glyzeringehalt, mittlerem bis vollem Körper und reintönigem Geschmack, ist dies nicht nur ein großartiger Côtes du Rhône, sondern auch ein erstaunlicher Gegenwert für seinen Preis. Mein Instinkt sagt mir, dass man ihn in seiner überschwänglichen, kraftvollen Jugend trinken sollte (in den nächsten 1–2 Jahren), aber ich habe den Verdacht, dass er 4–5 Jahre halten könnte. Der eindrucksvolle, opulente, tiefpurpurrote *2000er Côtes du Lubéron Bastide de Rodares* offenbart süße Frucht, Noten von toastwürzigem Eichenholz (es kamen ein Drittel neue Eichenfässer zum Einsatz) und einen saftigen, langen Abgang. Er besitzt mehr Struktur als der Les Becs Fins, aber nicht dessen charmante und schmeichelnde Art und dürfte sich ein Jahrzehnt schön trinken lassen. Der undurchdringliche, schwarz-purpurrote *2000er Côtes du Rhône Guy Louis* ist möglicherweise der beste Côtes du Rhône, den Michel Tardieu bislang hergestellt hat. Die *assemblage* aus 50% Grenache (von 80-jährigen Reben) und 50% Carignan (von 20–60jährigen Reben) verwendet Traubengut von Winzern aus Rasteau, Gigondas, Valréas und St-Joseph. Man kann gar nicht glauben, dass der Wein in zu 100% neuen Eichenholzfässern ausgebaut wurde, da kein Holzton in seinen Geschmackskomponenten wahrzunehmen ist. Der vielschichtige, körperreiche Wein prunkt mit seiner Brombeer- und Cassisfrucht und wird in den nächsten 10–12 Jahren üppigen Trinkgenuss bieten.

Ich werde mir sowohl den Côtes du Rhône-Villages Rasteau Vieilles Vignes als auch den Vacqueyras Vieilles Vignes in den Keller legen. Der rustikale, maskuline *2000er Côtes du Rhône-Villages Rasteau Vieilles Vignes* (500 Kisten) ist eine *assemblage* aus 75% Grenache, 10% Syrah und 15% Carignan, die alle aus einer 50-jährigen Hanglage kommen. Dieser schwarz-purpurrote *Rasteau* hat den Alkoholgehalt von 14,5% makellos eingebunden. Er bietet bewundernswerte Konzentration, viel Kraft und Noten von Lakritze, Brombeeren, Cassis und Trüffeln. Äußerst reif und korpulent, mit einem erstaunlich langen Abgang, konkurriert er mit einigen der besten Weine der Appellation, etwa mit den Tropfen eines André Romero. Der undurchdringliche, schwarz-purpurrote *2000er Vacqueyras Vieilles Vignes* ist vielleicht der beste Vacqueyras, den ich verkostet habe. Er prunkt mit einem überwältigenden, nach schwarzen Früchten, Rauch und Erde duftenden Bukett. Konzentriert, viskos und kernig, mit 14% Alkohol, die unter seinem Reichtum an Frucht und Glyzerin begraben sind, wirft dieser ehrfurchtgebietende Vacqueyras mühelos viele Châteauneufs und Gigondas aus dem Rennen. Der Abgang hält 45 Sekunden an. Der Wein ist dermaßen extraktreich und gehaltvoll – man muss ihn einfach verkosten, um es glauben zu können. Voraussichtliche Genussreife: jetzt–2017. Hier entsteht eine Legende!

Verglichen mit den Vacqueyras und den Rasteaus ist der *2000er Gigondas* ein zurückhaltender, eleganter, mittelschwerer Wein mit einer beeindruckenden, satten schwarz-purpurroten Farbe, guter Säure und einer mageren, gemessenen Persönlichkeit. Lang und reif, mit reichlichen, von Mineralien durchtränkten schwarzen Früchten, ist dies ein Wein zum Trinkgenuss in den nächsten 10–12 Jahren.

Tardieu ist ein riesiger Fan von Châteauneuf-du-Pape und kauft viel Most bei drei der besten Produzenten dieser Appellation. Der dichte, purpurrote *2000er Châteauneuf-du-Pape* (500 Kisten) wartet mit Ladungen von dicklicher Schwarzkirsch- und Johannisbeerfrucht auf sowie Noten von Lakritze und Gewürzkiste. Dies ist ein fetter, dicklicher und offen gewirkter Châteauneuf-du-Pape, dessen Struktur von Glyzerin und Frucht gut verborgen wird. Er dürfte bereits bei seiner Freigabe köstlich zu trinken sein und 15 Jahre gut altern. Der profunde *2000er Châteauneuf-du-Pape Vieilles Vignes* (425 Kisten) wird aus einem 60jährigen Rebbestand gewonnen. Der verschwenderische schwarz-purpurrote Wein offenbart ein fabelhaft konzentriertes, nach dicklichen schwarzen Früchten duftendes Bukett, das von gewaltigem Glyzeringehalt, Lakritze und Trüffelnoten abgepolstert wird. Ein gewaltiger Wein, der anscheinend nicht enden will und sich magisch am Gaumen entfaltet: eine Meisterleistung der Weinbereitung! Voraussichtliche Genussreife: 2005–2025.

Der *2000er Costières de Nîmes* (eine *assemblage* aus 90% Syrah und 10% Grenache) zeigt eine beeindruckend satte, undurchdringliche purpurrote Farbe. In einem eher mageren, eleganten Stil bereitet und von mittlerem bis vollem Körper, offenbart der Wein einen ausgezeichneten Charakter von schwarzen Früchten, die sich mit Noten von Holz, Erde und Mineralien vermischen. Er sollte in seinen ersten 7–8 Lebensjahren getrunken werden.

Der *2000er Crozes-Hermitage Cuvée Coteaux* offenbart in seiner fortgeschritten entwickelten, säurearmen und würzigen Persönlichkeit Noten von Tapenade, schwarzen Kirschen und Pflaumen. Der *2000er St-Joseph Les Roches Vieilles Vignes* ist ein ernsthafterer Wein, der Geschmackskomponenten von Brombeeren und Cassis bietet, die sich mit Noten von flüssigen Mineralien verbinden. Bei mittlerem bis vollem Körper besitzt dieser geschmeidige, elegante St-Joseph superbe Tiefe, Reintönigkeit und Ausgewogenheit. Das Tannin ist süß, die Säure niedrig und Frucht und Glyzerin sind in reichem Maße vorhanden. Trinken Sie ihn in seinen ersten 10–12 Lebensjahren.

Tardieu-Laurent produzieren zwei verschiedene Cuvées von Cornas. Die Cuvée Coteaux stammt von 20–40-jährigen und die Vieilles Vignes von 100-jährigen Reben. Der schwarzpurpurrote, männliche *2000er Cornas Coteaux* offenbart schöne Fülle auf der Zunge, aber grimmige Tannine im Abgang. Er dürfte während seiner *élevage* an Textur gewinnen. Sein Schwefelgehalt liegt äußerst niedrig. Der Wein besitzt gute Länge, aber der hohe Tanningehalt gibt Anlass zur Sorge – zumindest im Augenblick. Verheißungsvoller ist der sattschwarzpurpurrote *2000er Cornas Vieilles Vignes.* Er prunkt mit einem superben, nach Brombeerfrucht duftenden Bukett, in das sich Noten von Grafit, Erde und Mineralien mischen. Würzig, mäßig tanninhaltig, mit süßer Frucht und reichlichem Glyzerin und Extrakt, dürfte er seinen Höhepunkt 2006–2016 erleben.

Nach dem potenziell perfekten 1999er Côte Rôtie überrascht es nicht, dass der *2000er Côte Rôtie* (100% Syrah von 20–60-jährigen Reben) anscheinend sehr langweilig ausgefallen ist. Während ihm das Fett und die majestätische Tiefe des 1999ers fehlen, offenbart der 2000er angemessenes Tannin, ein nach Erde, Oliven und schwarzen Johannisbeeren duftendes Bukett, einen guten, aber uninspirierten mittleren Gaumen und einen trockenen Abgang. Wenn die verlängerte *élevage sur lie* wirkt, wie Tardieu hofft, dann sollte sich der mittlere Gaumen ausfüllen. Voraussichtliche Genussreife: 2004–2016. Vom *2000er Hermitage* gibt es 250 Kisten. Er ist, verglichen mit dem kraftstrotzenden, gigantischen 1999er und dem 1998er ein eher eleganter, finessenreicher Wein. Konzentriert für den Jahrgang, bietet er eine tiefpurpurrote Farbe, die einhergeht mit Noten von Lakritze und Crème de Cassis, süßem Tannin, niedriger Säure und einem fortgeschritten entwickelten, molligen und konzentrierten Stil. Dieser ausgewogene Hermitage wird früher trinkreif sein als der 1999er. Voraussichtliche Genussreife: 2004–2016.

Der dichte, purpurrote *1999er Crozes-Hermitage Cuvée Coteaux* offenbart ein wildes Bukett mit Düften nach getrockneten Kräutern, Cassis, Himbeeren, Pfeffer und Lakritze. Ein dichter Wein von mittlerem bis vollem Körper, mäßig tanninreich, in dem pikante untergründige Säure für Frische sorgt und der 10–12 Jahre schönen Trinkgenuss gewähren wird. Die Leser sollten wissen, dass einige Hanglagen von St-Joseph zu den größten, aber bis heute noch nicht genutzten Weinbergen im nördlichen Rhônetal zählen. Es ist eine sehr unterschiedliche Appellation mit vielen mittelmäßigen Rebflächen, aber auch einer kleinen, stetig wachsenden Zahl von unglaublich guten Lagen, die nunmehr von Leuten wie Jacques Granges (der Weinmacher von Delas), Michel Chapoutier, Gérard und Jean-Louis Chave und Michel Tardieu ausgeschöpft werden. Der *1999er St-Joseph Les Roches Vieilles Vignes* stammt aus einer Hanglage nahe dem Dorf Châteaubourg. Dieser sensationelle Wein gehört zu den besten, die ich je verkostet habe, und kann mit den Vorgenannten ohne weiteres konkurrieren. Seine rauchige, in Lakritze getränkte Brombeer- und Cassisfrucht enthüllt auch Eigenschaften von flüssigen Mineralien. Mit ausgezeichneter Textur, vollem Körper, brillanter Reintönigkeit und einer umfassenden Symmetrie, ist dies ein fabelhafter, himmlischer St-Joseph, den Sie in den nächsten 15 Jahren genießen sollten.

In einem Cornas-Jahr mit hohen Erträgen und einer insgesamt unterschiedlichen Qualität gehören die zwei Weine von Michel Tardieu zu den besseren Exemplaren der Appellation. Der schwarz-purpurrote *1999er Cornas Coteaux* offenbart kraftvolle, rauchige, erdige und konzentrierte Geschmackskomponenten von schwarzen Früchten, versengter Erde und geschmolzenem Asphalt. Körperreich, wuchtig und muskulös, wird sich dieser 1999er von 2005 bis 2015 auf seinem Höhepunkt befinden. Der überwältigende *1999er Cornas Vieilles Vignes* zeigt eine tintenschwarze-purpurrote Farbe, die einhergeht mit einem prachtvollen, nach Brombeerlikör, geschmolzenem Teer, Trüffeln und versengter Erde duftenden Bukett. Dicht und mit öliger Textur, angemessener Säure und einem 30+ Sekunden anhaltenden Abgang, ist dies ein potenziell sublimer Cornas. Voraussichtliche Genussreife: 2005–2020.

Drei Weine liebäugeln mit Perfektion: der 1999er Côte Rôtie, der 1999er Côte Rôtie Cuvée Spéciale Vieilles Vignes und der 1999er Hermitage. Die Côte Rôtie erlebte einen der größten Jahrgänge des 20. Jahrhunderts und dieses Potenzial ist in beiden Cuvées von Tardieu-Laurent offensichtlich vorhanden. Es gibt sagenhafte 30 Fässer (annähernd 750 Kisten) des *1999er Côte Rôtie.* Er prunkt mit einer satten schwarz-purpurroten Farbe sowie einem prächtigen, nach überreifen Brombeeren, Cassis, Veilchen und Vanille duftenden Bukett. Ölig texturiert, unglaublich fett und dicht und ausgestattet mit einer den profunden 1947er Pomerols nicht unähnlichen Textur und Reichhaltigkeit, übertreibt dieser säurearme Wein schon fast ein bisschen, gleichzeitig ist er aber derart gehaltvoll, konzentriert und reintönig, dass er 20 bis 25 Jahre lang sinnenverwirrendes Vergnügen und Freude bereiten wird. Der *1999er Côte Rôtie Cuvée Spéciale* (eine limitierte Produktion von ungefähr 125 Kisten) stammt aus den Lagen Les Roziers, La Landonne und Les Grandes Places). Er ist ein gewaltiger Côte Rôtie aus 100% Syrah, ausgebaut in zu 100% neuen Eichenholzfässern, der 13,5% natürlichen Alkoholgehalt erreicht. Er zeigt auf erstaunliche Weise die von der Côte Brune geprägte Interpretation der Syrah-Traube. Das intensive Aroma von Veilchen, geschmolzener Lakritze, Espresso, Cassis und Brombeeren scheint von geradezu unwirklicher Art zu sein. Am Gaumen gibt sich der körperreiche Wein mächtig, aber nicht schwer. Reich ausgestattet mit einer viskosen Textur, umwerfendem Glyzeringehalt und einem verführerischen Abgang, der fast eine Minute lang anhält, tritt das Tannin des Weins aufgrund der verblüffenden Konzentration und des Glyzerinpegels kaum in Erscheinung. Voraussichtliche Genussreife: 2007 bis 2030. Fast genauso spektakulär ist der erstaunliche *1999er Hermitage.* Eine weitere schwarze Schönheit, begabt mit hervorragender Reichhaltigkeit, Schichten von Extrakt und Glyzerin, wartet der Wein jedoch mit noch mehr Struktur und Tannin auf als die beiden Vertreter der Côte Rôtie. Dieser ungeheuerliche Kraftprotz (voll gepackt mit Crème de Cassis, Lakritze, flüssigen Mineralien und Rauch) benötigt 8–10 Jahre Kellerreife und wird dann 35 Jahre halten.

Von dem bemerkenswerten *1999er Vin de Pays d'Oc Les Grands Augustins* gibt es knapp 7000 Kisten. Die *assemblage* aus Grenache, Syrah und Carignan zeigt eine schwarz-purpurrote Farbe, die zu einem gradlinigen, nach Crème de Cassis, Lakritze und Mineralien duftenden Bukett überleitet. Lang, körperreich und sowohl am mittleren Gaumen als auch im Abgang prachtvoll texturiert, dürfte er sich 5–7 Jahre schön trinken lassen. Michel Tardieu produzierte auch einen erstaunlichen *1999er Costières de Nîmes* (eine *assemblage* aus Syrah, Carignan und Grenache). Der schwarz-purpurrote Wein hat die Spuren seines Ausbaus in zu 100% neuen Eichenfässern absorbiert und kleidet den Gaumen mit außergewöhnlicher Reife, Fülle und öliger Art aus. Dies ist ein erstaunlicher Wein, der sich noch ein Jahrzehnt gut entwickeln dürfte, obwohl sein niedriger Säuregehalt und der hohe Glyzerinspiegel eher einen frühen Trinkgenuss ratsam erscheinen lassen. Leser, die auf der Suche nach vollmundigen, preiswerten Weinen von den Côtes du Rhône sind, hatten es noch nie so gut wie heute, da sowohl 1999 als auch 1998 eine Überfülle an ausgezeichneten Weinen hervorbrachten.

Der rustikale *1999er Côtes du Rhône-Villages Rasteau Vieilles Vignes* offenbart hohes Tannin und satte Geschmackskomponenten von Schwarzkirschen und Beeren, die sich mit Noten von gerösteten Kräutern, verbrannter Erde und Kaffee vermischen. Dieser robuste Wein benötigt Zeit, um etwas zur Ruhe zu kommen, da er im Moment noch ziemlich unzivilisiert daherkommt. Voraussichtliche Genussreife: 2004–2010. Der verschwenderische *1999er Vacqueyras Vieilles Vignes* ist da ein besserer Kamerad. Die *assemblage* aus 90% Grenache und 10% Syrah erreicht einen natürlichen Alkoholgehalt von 14%. Dieser spektakuläre, körperreiche, verschwenderisch konzentrierte, dichte 1999er verspricht, 8–15 Jahre zu halten. Ein weiterer umwerfender Tropfen ist der elegante und finessenreiche *1999er Gigondas Vieilles Vignes.* Der Most für diesen Wein stammt von zwei der besten Domainen der Appellation (ich wurde gebeten, die Namen nicht zu verraten). Er offenbart süße Noten von Brombeeren und Blumen, die sich mit Aromen von Lakritze, Trüffeln und Gewürzen vermischen. Von mittlerem bis vollem Körper und anmutig, ist dies ein stilvoller Gigondas, der 10–12 Jahre schönen Trinkgenuss bieten wird.

Es gibt zwei Cuvées von Châteauneuf-du-Pape. Der *1999er Châteauneuf-du-Pape* stammt aus der Lage Grès im Nordwesten der Appellation und ist eine üppige, hedonistische Fruchtbombe, die hauptsächlich aus Grenache und ein wenig Syrah hergestellt wurde. Körperreich, mit niedriger Säure, einer dicken, öligen Textur, hohem Alkoholgehalt und mit einer regelrechten aromatischen Sprengladung von Kirschgeist und Gewürzen, dürfte dieser vielschichtige Châteauneuf-du-Pape bereits bei seiner Freigabe trinkreif sein und weitere 15

Jahre halten. Der tanninreichere, verschlossene und reich ausstaffierte *1999er Châteauneuf-du-Pape Vieilles Vignes* ist ein Verschnitt aus 95% Grenache und 5% Syrah und Counoise. Seine undurchdringliche, dicht purpurrote Farbe geht einher mit einem zurückhaltenden Bukett mit Düften nach Erde, Mineralien, schwarzen Früchten und Lakritze, einem massiven Körper, brennenden Tanninen und einem strengen, reich ausgestatteten Abgang. Er besitzt das Potenzial, ein ganz Großer zu werden und wirkt in seiner Struktur eher wie ein junger Beaucastel als ein typischer Châteauneuf-du-Pape auf Grenache-Basis. Voraussichtliche Genussreife: 2006–2020.

Der *1998er Hermitage Blanc* (95% Marsanne und 5% Roussanne) ist ein zurückhaltender, eleganter weißer Hermitage von mittlerem Körper, der subtile Eichenholzwürze und gute Reife an den Tag legt. Er wird sicherlich keinen Preis in der Sparte »überschwängliche Art« gewinnen, aber man muss seine delikate Art respektieren. Voraussichtliche Genussreife: jetzt bis 2006. Konzentrierter und beeindruckender ist der *1998er St-Joseph Les Roches*, der aus Erträgen von 20 hl/ha hergestellt wurde. Er offenbart eine dunkelrubin-purpurrote Farbe, hohen Tanningehalt und mineralisch durchsetzte, feuersteinähnliche Noten von Schwarzkirsch- und Cassisfrucht. Von mittlerem bis vollem Körper und noch verhalten entwickelt, benötigt dieser St-Joseph 2–3 Jahre Kellerreife und wird dann 15 Jahre halten. Es gibt auch zwei Cuvées von Cornas. Der schwarz-purpurrote *1998er Cornas Coteaux* besitzt bemerkenswerte Aromen von Crème de Cassis, die sich mit Noten von Rauch und toastwürzigem Holz verbinden. Ganz offensichtlich aus niedrigen Erträgen gewonnen, ist dies ein rustikaler, tanninreicher, verhalten entwickelter Wein, der von 3–4 Jahren Kellerreife profitieren und 12–15 Jahre halten wird. Wenn es ihm gelingen sollte, seine Tannine besser zu integrieren, kommt er einer hervorragenden Punktnote sehr nahe. Es gibt keinen Grund, sich um die Harmonie der verschiedenen Elemente in dem spektakulär schwarz-purpurroten *1998er Cornas Vieilles Vignes* zu sorgen (es wurden 125 Kisten produziert). Er prunkt mit einem außergewöhnlichen, nach Veilchen, Trüffeln, schwarzen Himbeeren, Cassis und Brombeeren duftenden Bukett. Überaus gehaltvoll und äußerst körperreich (er erreicht 13% natürlichen Alkoholgehalt), benötigt dieser profunde Cornas 5–6 Jahre Kellerreife und wird dann 20–25 Jahre halten. Ein wunderbarer Tropfen!

Ein weiterer erstaunlicher Wein ist der *1998er Côte Rôtie*, der aus drei Hanglagen kommt – La Landonne, Les Grandes Places und Côte Rozier. Das dunkle Purpurrot des Weins geht mit einem explosiven, exotischen Bukett einher, das Düfte nach Speck, Kirschlikör, schwarzen Oliven, gebratenem Fleisch und toastwürzigen Eichenholz preisgibt. Im Abgang dieses ausdrucksvollen, sinnlich texturierten, körperreichen, wuchtigen und konzentrierten Côte Rôtie macht sich einiges Tannin bemerkbar. Voraussichtliche Genussreife: jetzt–2020. Der superbe *1998er Hermitage* offenbart eine satte purpurrote Farbe und ein klassisches, reintöniges Aromaprofil von Cassis, Rauch und Lakritze. Körperreich und reintönig in seiner Art, hat der korpulente, überaus konzentrierte Hermitage Säure und Tannin gut integriert. Er benötigt 3–7 Jahre Kellerreife und wird dann 20–25 Jahre halten.

Der schwärzeste Wein im gesamten 1998er-Portfolio von Tardieu-Laurent ist der *1998er Costières de Nîmes*. Gewonnen aus 60% Syrah, 20% äußerst alten Grenache-Reben und 20 % Carignan (dessen Erträge bei nur 15 hl/ha lagen), bringt dieser Wein 13,5% natürlichen Alkoholgehalt mit sich. Es gibt ungefähr 300 Kisten dieses spektakulären Tropfens, der aus einer der weltweit besten Quellen für qualitativ hochstehenden Wein stammt, der aber zu einem vernünftigen Preis zu haben ist. Einige Leser mögen zwar den immensen Tanningehalt abstoßend finden, aber der Wein besitzt unglaublich konzentrierte Geschmackskomponenten von Brombeeren, Cassis, Rauch, getrockneten Kräutern und Lakritze. Wunderbar opulent, dick und saftig, wird er natürlich immer eine ungezähmte Seite haben, aber dies ist einer der größten Weine hinsichtlich seines Preis-Leistungsverhältnisses, der jemals produziert wurde. Mehr noch, nach 10–12 Jahren wird er sich weiter entwickelt haben und zivilisierter sein. Bewundernswert! Ein weiterer erstaunlicher

Gegenwert für Ihr Geld ist der *1998er Côtes du Lubéron Bastide de Rodares*. Von dieser *assemblage* aus 60% Grenache (von 40jährigen Reben, deren Trauben 14,9% natürlichen Alkoholgehalt erreichten) und 40% Syrah wurden ungefähr 650 Kisten produziert. Die satte blau-purpurrote Farbe geht einher mit spektakulären dicklichen Noten von schwarzen Früchten, Rauch, Mineralien und Gewürzen. Dicht, von mittlerem bis vollem Körper, mit aufregender Reintönigkeit, muss man diesen geschichteten, konzentrierten, immensen Côtes du Lubéron probiert haben, um es zu glauben. Seine Opulenz wird ihm in der Jugend gut zustatten kommen, aber seien Sie nicht überrascht, wenn Sie bemerken, dass sich der Wein in den nächsten 5–6 Jahren weiter entwickelt; er dürfte ein Jahrzehnt und länger halten.

Der *1998er Côtes du Rhône Guy Louis* (ein Verschnitt aus Syrah und Grenache zu gleichen Teilen) offenbart eine satte rubin-pflaumen-purpurrote Farbe und ein elegantes, klar definiertes Bukett, das Düfte nach schwarzen Johannisbeeren und Mineralien sowie einen Hauch Straßenteer entfaltet. Von mittlerem Körper, reintönig und fruchtbetont, ist dies ein unglaublicher Côtes du Rhône, der vielleicht weniger Alkoholgehalt bietet als frühere Vertreter, der aber ein beeindruckender und wunderschön gewirkter Wein geworden ist. Er dürfte sich 5–6 Jahre schön trinken lassen.

Aus den Dörfern Rasteau und Vacqueyras im südlichen Rhônetal kommen zwei geradezu unwirklich erscheinende Cuvées von Michel Tardieu und Dominique Laurent. Der *1998er Côtes du Rhône-Villages Rasteau Vieilles Vignes* kann jederzeit mit den Weinen von André Romero, des besten Weinmachers dieses Dorfes, konkurrieren. Die *assemblage* aus 80% Grenache und 20% Carignan erreicht 14,5% natürlichen Alkoholgehalt. Der dicht purpurrote Wein prunkt mit Düften nach schwarzen Früchten, Kirschgeist, Lakritze und Rauch. Reif, körperreich, mit beeindruckender Süße und Harmonie sowie einem überreichen mittleren Gaumen, kann man diesen verblüffenden Wein für einen Spottpreis bekommen. Voraussichtliche Genussreife: jetzt–2012. Aus einem Anbaugebiet, das die Einheimischen *plateau de garrigue* nennen, stammt der schwarz-rubinrote *1998er Vacqueyras Vieilles Vignes* (100% Grenache, der 14,8% natürlichen Alkoholgehalt erreichte), von dem es 150 Kisten gibt. Die explosive, hedonistische Fruchtbombe kleidet den Gaumen mit einem luxuriösen Frucht- und Glyzeringehalt aus, und obwohl sich der Wein 10–15 Jahre weiter entwickeln wird, werden nur wenige seinem hedonistischen Charme und der üppigen Persönlichkeit jetzt widerstehen können. Ein spektakulärer Tropfen! Voraussichtliche Genussreife: jetzt–2015.

Es gibt zwei verschiedene Cuvées von Gigondas. Der dunkelrubin-purpurrote 1998er *Gigondas* ist ein sehr guter, würziger, eleganter, zurückhaltender Wein, in dem sich reichliche Aromen von Beerenfrucht mit Düften nach Erde und toastwürzigem Eichenholz mischen. Von mittlerem Körper, wunderschön konzentriert, reif und ausgewogen, sollte er sich ein Jahrzehnt schön trinken lassen. Meine Degustationsnotizen über den *1998er Gigondas Vieilles Vignes* fassen sich kurz, da es von diesem Tropfen nur 50 Kisten gibt. Eine *assemblage* aus 80% Grenache und 20% Syrah, wurde der Wein in zu 100% neuen Eichenholzfässern ausgebaut und ist schlicht und ergreifend ein gigantischer Muskelprotz – aber es wird unmöglich sein, ihn aufzutreiben. Zum Trost sei gesagt, dass es viele spektakuläre 1998er Gigondas gibt, die die Leser verkosten und kaufen können.

Der *1998er Châteauneuf-du-Pape Vieilles Vignes* (125 Kisten) ist ein kraftvoller, aber bemerkenswert eleganter, Burgunder-ähnlicher Wein, der ein florales, nach schwarzen Kirschen duftendes Bukett offenbart, vollen Körper, herrlich konzentrierte Geschmackskomponenten und ein sinnlich wahrnehmbares Gefühl von Frische und Ausgewogenheit. Es ist bemerkenswert, dass der Alkoholgehalt von 14,6% vollständig von seiner Frucht, Konzentration und umfassenden Symmetrie verborgen wird. Dieser wundervoll gewirkte Châteauneuf war der so genannten 200%igen Behandlung mit frischem Eichenholz ausgesetzt. Trotzdem spielt der Eichenholzton nur eine subtile Rolle im Hintergrund, die Hauptrolle übernehmen die überschwängliche Frucht und Frische. Diese Schönheit dürfte 10–15 Jahre prachtvollen Trinkgenuss gewähren.

Der *1997er Vacqueyras Vieilles Vignes* ist ein potenziell superber Wein mit einer undurchdringlich purpurroten Farbe und üppigen Aromen von schwarzen Kirschen und Himbeeren, die sich mit Noten von Pfeffer und Erde vermischen. Dicht und körperreich, ist dies ein bemerkenswerter Vacqueyras, der 7–8 Jahre schönen Trinkgenuss bieten wird. Der *1997er Côtes du Rhône Guy Louis*, ein Verschnitt aus Syrah und Grenache zu gleichen Teilen, ist einer der am opulentesten texturierten, gehaltvollsten Côtes du Rhône-Weine, die ich je verkostet habe. Seine schwarz-rubinrote Farbe geht einher mit prachtvoll süßen Aromen von schwarzen Kirschen und Brombeeren, die sich mit Noten von Himbeeren und Lakritze vermischen. Fleischig, von *sur-maturité* geprägt und säurearm, wird dieser gut proportionierte Côtes du Rhône schon in seiner Jugend köstlich schmecken, aber auch ein Jahrzehnt und länger halten. Der hervorragende *1997er Gigondas* offenbart in Duft und Geschmack von *sur-maturité* geprägte Noten von dicklichem Brombeerlikör, eine superbe, körperreiche Textur, spektakuläre Konzentration. Keinerlei Holzaromen verraten, dass er in Barriques ausgebaut wurde. Der Wein ist sensationell lang, üppig und hedonistisch. Spricht man von dekadent reichhaltigen, vollmundigen Weinen aus dem südlichen Rhônetal, könnte das die Beschreibung des *1997er Châteauneuf-du-Pape* sein, der genau diese Kriterien erfüllt. Der wohlgestaltete, körperreiche und sinnlich texturierte Wein, ein Star des Jahrgangs dieser Appellation, birst vor schwarzer Himbeerfrucht, die sich mit Duft- und Geschmacksnoten von Kirschgeist, Pfeffer, Zedernholz und gerösteten Kräutern vermischt. Außerordentlich viskos, lang und säurearm, dürfte sich dieser geschmacksintensive, expansive und wunderbar konzentrierte Châteauneuf 10–15 Jahre schön trinken lassen.

Ich habe sechs 1997er Weine aus dem nördlichen Rhônetal verkostet, die alle potenziell hervorragend waren ..., und noch einige andere. Der *1997er Crozes-Hermitage Vieilles Vignes* stammt von einem gut bekannten Winzer aus l'Arnage. Michel Tardieu bat mich, seine Quelle nicht zu verraten, aus Sorge, dass andere *négociants* ihm dann auf die Schliche kommen würden. Dieser Wein prunkt mit einer verwirrend dicken, schwarz-purpurroten Farbe und süßen Düften nach Speck, Leder und Cassis. Der körperreiche, wunderbar gehaltvolle Crozes-Hermitage erreicht einen natürlichen Alkoholgehalt von 13,4–13,6% und dürfte sich ein Jahrzehnt schön trinken lassen.

Ich bewundere seit langem die Cornas-, Côte Rôtie- und Hermitage-Weine von Michel Tardieu; 1997 hat er fabelhafte Tropfen produziert. Es gibt zwei Cuvées von Cornas. Der *1997er Cornas Coteaux* offenbart eine satte schwarze Farbe sowie ein fabelhaftes, nach geschmolzener Lakritze, Akazienblüten, dicklichem Cassis, Mineralien und Rauch duftendes Bukett. Im Mund bietet der superbe, körperreiche und saftige Cornas Geschmackskomponenten von gebratenem Fleisch und Bratensaft sowie üppiges Tannin. Zweifellos wurde durch den Barrique-Ausbau etwas von dem rustikalen, groben Tannin gezähmt, das man so häufig in den Weinen dieser Appellation findet. Halten Sie nach diesem Cornas Ausschau, der 10–15+ Jahre schön altern wird. Einer der größten Cornas, die ich jemals getrunken habe, ist der *1997er Cornas Vieilles Vignes* von Tardieu-Laurent. Der Wein treibt Konzentration, Wucht und Körper bis an die Grenze, besitzt aber dennoch bemerkenswerte Balance, gute integrierte Säure, Tannin und Alkohol. Von schwarzer Farbe und mit den für einen Cornas typischen Aromen von Brombeeren, Cassis und Teer, besitzt er fabelhafte Konzentration und einen langen, intensiven Abgang. Er ist im Vergleich mit dem Cornas Coteaux noch verhalten entwickelt und dürfte sich jetzt–2020 in Bestform befinden. Ein erstaunlicher Tropfen!

Meine beiden Lieblingsweine dieser Domaine sind der 1997er Côte Rôtie Côte Brune und der Hermitage. Der *1997er Côte Rôtie Côte Brune* stammt aus Spitzenlagen wie Rozier, La Landonne und Les Grandes Places. Er bietet ein spektakuläres, komplexes Bukett mit Düften nach geröstetem Kaffee, gegrilltem Fleisch, Bratensaft, Speck und Batzen von schwarzer Himbeer- und Cassisfrucht. Ein Wein also, der die typischen »Röstaromen« besitzt, die dem Côte Rôtie seinen Namen geben. Körperreich, mit einem für einen derartig gewichtigen, gehaltvollen Wein mäßigen Alkoholgehalt von 13,3%, offenbart er bemerkenswerte Eleganz und Komplexität. Eine Meisterleistung der Weinbereitung, die es sogar mit den Monopol-Lagen-Weinen von Marcel Guigal aufnehmen kann. Aufgrund des niedrigen Säuregehalts wird der Wein bereits bei seiner Freigabe trinkreif sein und weitere 15–20 Jahre halten. Die Partien für den *1997er Hermitage* (13,7% Alkohol) stammen aus Lagen wie Le Méal, Les Greffieux, Les Diognières und Les Beaumes. Er ist ein Kandidat für den Titel »Bester Hermitage des Jahrgangs« und konkurriert möglicherweise mit den Hermitages von Jaboulet und Chapoutier. Von satter schwarz-purpurroter Farbe, offenbart der Wein ein dem Richebourg ähnliches florales, komplexes und nach Veilchen duftendes Bukett, das sich mit Noten von dicklichen Brombeeren, Kirschen und Cassis vermischt. Dicht, außergewöhnlich körperreich, massiv, ölig und reintönig, ist dies ein mächtiger Hermitage mit einem gigantischen Abgang. Das gesamte Tannin und der aus dem Barrique-Ausbau herrührende Holzton werden von der Textur des Weins und seiner außergewöhnlichen Fruchtextraktion überschwemmt. Wunderbar! Voraussichtliche Genussreife: jetzt–2020. Der *1997er Hermitage l'Hermite* ist ein beeindruckend ausgestatteter dunkelrubin-purpurroter Wein mit reichlichen Mengen von süßer schwarzer Johannisbeerfrucht, in die sich Noten von Kaffee, Teer und Erde mischen. Obwohl dies ein dichter, körperreicher und in allen Aspekten hervorragender Wein ist, wird er bei einer Verkostung ganz einfach von den profunden 1997er Côte Rôtie und 1997er Hermitage verdrängt. Sie können davon ausgehen, dass der 1997er Hermitage l'Hermite 2 Jahrzehnte schön altern wird.

DOMAINE DE TERRE FERME

2000	**Châteauneuf-du-Pape**	**D**	**(88–90)**
1999	**Châteauneuf-du-Pape**	**D**	**88**
1998	**Châteauneuf-du-Pape**	**D**	**90**

Dies ist eine relativ kleine Domaine, seit viele Rebflächen der alten Domaine de Terre Ferme an Château La Nerthe und Max Aubert verkauft wurden. Die restlichen verbliebenen Weingärten haben in den letzten Jahren jedoch hervorragende Weine hervorgebracht. Der dunkelrubin-purpurrote *1999er Châteauneuf-du-Pape* von Terre Ferme legt reichliche Noten von Lakritze, Fenchel, Brombeeren, Kirschen, Weihrauch und Gewürzen an den Tag. Reif, weich und voller Frucht und Glyzerin, wird er sich 8–10 Jahre schön trinken lassen. Von ähnlichem Stil ist der potenziell hervorragende *2000er Châteauneuf-du-Pape*, der eine satte schwarz-rubin-purpurrote Farbe, dickliche Geschmackskomponenten von Brombeeren und Kirschen sowie weniger Würze, jedoch Frucht bietet. Er offenbart gute Reintönigkeit und einen von deftiger Frucht und betontem Glyzerin geprägten Eindruck im Mund. Voraussichtliche Genussreife: jetzt–2014. Der *1998er Châteauneuf-du-Pape* erinnert an die Weine der benachbarten Domaine Font du Michelle. Der 1998er von Terre Ferme ist ein tiefrubin-purpurroter, wuchtiger, konzentrierter und dichter Wein, der einen vollen Körper, reichliches Glyzerin, eine ölige Textur und Schichten von reifer Frucht in einem dicken, robusten und überschwänglichen Stil präsentiert. Merkliches Tannin ist zwar vorhanden, aber der Wein ist reif und gehaltvoll und deshalb zugänglich. Voraussichtliche Genussreife: jetzt bis 2016.

ERIC TEXIER

2000	**Châteauneuf-du-Pape**	**E**	**87**
1999	**Châteauneuf-du-Pape**	**E**	**89**
1999	**Côte Rôtie Vieilles Vignes**	**EE**	**90+**

2000	**Côtes du Rhône Blanc**	**B**	**86**
2000	**Côtes du Rhône Brézème**	**C**	**87**
1999	**Côtes du Rhône Brézème**	**C**	**82?**
2000	**Côtes du Rhône Brézème Vieilles Vignes**	**C**	**(88–90)**
2000	**Côtes du Rhône-Villages Chusclan**	**C**	**86**
2000	**Côtes du Rhône-Villages St-Gervais Vieilles Vignes**	**C**	**89**
2000	**Côtes du Rhône-Villages Séguret**	**C**	**90**
2000	**Côtes du Rhône-Villages Vaison-la-Romaine**	**C**	**89**

Eric Texier gab seine Arbeit in der Nukleartechnologie auf und machte seine Liebe zum Wein zu seinem neuen Beruf. Von einem extrem kalten Keller im Beaujolais aus macht er alles selbst: Er führt die Weinbergpflege und die Weinbereitung selbst durch und füllt auch seine Weine ohne Schönung und Filtration selbst ab. Insgesamt gesehen ist seine Angebotspalette beeindruckend, obwohl es bei seinen Weißweinen und einigen seiner Rotweine Probleme mit einem exzessiv hohen Säuregehalt gab (speziell war dies beim 1999er Côtes du Rhône Brezème der Fall). Wie er mir sagte, könnte sein »burgundischer« Hintergrund für das hohe Säureprofil in einigen seiner Weine dafür verantwortlich sein. Wie dem auch sei, dies ist ein ernst zu nehmender Produzent, der mit alten Reben arbeitet und sowohl die Trauben als auch den fertigen Wein in Kühl-Containern transportiert. Darüber hinaus verfolgt er bei seiner Arbeit die Philosophie der minimalen Manipulation.

Der einzige Wein aus dem nördlichen Rhônetal, den ich aus dem Angebot Texiers verkostete, ist der *1999er Côte Rôtie Vieilles Vignes.* Da er sehr verhalten entwickelt ist, sollte man ihn dekantieren, denn es ist beträchtliche Belüftung nötig, um seine Persönlichkeit zu enthüllen. Seine tiefrubin-purpurrote Farbe geht mit einem kräftigen, süßen, toastwürzigen Bukett einher, das bei Belüftung Aromen von Cassis, schwarzen Himbeeren, Oliven, Speck und Mineralien freigibt. Von mittlerem Körper, mit süßem mittlerem Gaumen, aber verschlossenem und strengem Abgang, muss man ihn mehrere Stunden vor dem Trinkgenuss dekantieren – oder stattdessen 3–4 Jahre auf den magischen Moment warten. Voraussichtliche Genussreife: 2005–2015.

Der unkomplizierte *2000er Côtes du Rhône Blanc* (100% Viognier) offenbart frische, lebendige Aprikosen- und Birnenfrucht, feine Säure und ausgezeichnete Definition. Ein abgeschnittener Abgang ist der Grund, warum dies ein nur guter und kein aufregender Wein geworden ist. Voraussichtliche Genussreife: jetzt–2004.

Texiers Schlager sind seine Côtes du Rhône-Villages. Der *2000er Côtes du Rhône-Villages Vaison-la-Romaine* stammt in erster Linie von 80jährigen Grenache-Reben, die mit Syrah verschnitten werden. Von diesem im Tank vergorenen Rotwein gibt es nur 500 Kisten. Seine dichte purpurrote Farbe geht einher mit prachtvollen Noten von Brombeer- und Himbeerfrucht in Duft und Geschmack, einer unglaublichen Textur und bewundernswert saftiger und fleischiger Art. Er dürfte sich 4–5 Jahre schön trinken lassen. Der *2000er Côtes du Rhône-Villages St-Gervais Vieilles Vignes* hat in seiner dichten, mit Aromen von Blaubeeren und Kirschgeist angefüllten Persönlichkeit mehr mineralische Noten zu bieten. Der körperreiche, wunderschön gemachte 2000er dürfte sich 5–6 Jahre schön trinken lassen. Der sensationelle *2000er Côtes du Rhône-Villages Séguret* wurde zu 95% aus Grenache-Trauben gekeltert, die 14,5% natürlichen Alkoholgehalt erreichten. Der Wein, von dem es 10 000 Flaschen gibt, könnte unschwer als ein Spitzen-Châteauneuf-du-Pape durchgehen. Mit beneidenswerter Substanz und einem kräftigen, nach süßen Brombeeren, schwarzen Kirschen, Lakritze, Pfeffer und Gewürzen duftenden Bukett, bietet dieser opulente, körperreiche Séguret aufregenden Trinkgenuss. Etwas eckiger und mit Duft- und Geschmacksaromen, die von einem klimatisch kühleren Klima sprechen, offenbart der *2000er Côtes du Rhône-Villages Chusclan* gute Würze, deutliches frisches Eichenholz (ungefähr 25% neue Eichenfässer kamen zum Einsatz) und eine elegante, zurückhaltende Persönlichkeit. Er kann schon jetzt und in den nächsten 4–5 Jahren getrunken werden.

Beide Châteauneufs von Texier sind im Barrique ausgebaute Weine, die in ihrem Mischsatz 75% Grenache und 25% Mourvèdre enthalten. Obwohl zurückhaltender in seiner Art, ist der *2000er Châteauneuf-du-Pape* ein süßer, reifer Wein von mittlerem Körper, der jedoch für diese Appellation, die ja für ihre körperreichen Rotweine bekannt ist, ein zu geringes Gewicht bietet. Er dürfte sich ein Jahrzehnt schön trinken lassen. Der potenziell stärkere *1999er Châteauneuf-du-Pape* offenbart in seinem Bukett Duftelemente von *garrigue*, Seetang, schwarzen Kirschen und Lakritze sowie erdige, kräftige, körperreiche und mächtige Geschmackskomponenten, leichtes bis mäßiges Tannin und eine gewisse Eleganz, dazu Kraft und Fruchtgehalt. Er dürfte sich 10–12 Jahre schön trinken lassen.

Während der *1999er Côtes du Rhône Brézème* für meinen Gaumen einen zu hohen Säuregehalt aufweist, sind der *2000er Côtes du Rhône Brézème* und der *2000er Côtes du Rhône Brezème Vieilles Vignes* ausgezeichnet. Die zu 100% aus Syrah hergestellten Weine stammen aus einer kühleren Appellation des südlichen Rhônetals. Der Vieilles Vignes machte Erfahrung mit etwas frischem Eichenholz, aber für die einfache Cuvée (800 Kisten) kamen nur alte Barriques zum Einsatz. Der *2000er Côtes du Rhône Brezème* offenbart Aromen von Espresso, Rauch und Brombeeren, mittleren Körper, ausgezeichnete Reintönigkeit, dezente Säure und gute Definition. Genießen Sie diesen Rotwein in den nächsten 5–6 Jahren. Von dem *2000er Côtes du Rhône Brézème Vieilles Vignes* (aus 100% alten Syrah-Reben) gibt es 175 Kisten. Dies ist der Côte Rôtie für den kleinen Geldbeutel. Der Wein bietet wundervolle Aromen von Speck, Crème de Cassis, Tapenade und Gewürzen, einen dichten, körperreichen und konzentrierten Geschmack und eine lange Textur. Eine Meisterleistung der Weinbereitung in dieser abgelegenen Appellation, die von niemandem groß beachtet wurde – außer von Eric Texier.

CHÂTEAU DES TOURS

1999	**Côtes du Rhône**	**A**	**87**
1998	**Côtes du Rhône**	**A**	**87**
2000	**Vacqueyras**	**C**	**(88–90)**
1999	**Vacqueyras**	**C**	**89**
1998	**Vacqueyras**	**C**	**90**
1998	**Vin de Pays**	**A**	**87**

Der Besitzer Emmanuel Reynaud, der auch die Weine von Château Rayas und Fonsalette gestaltet, weigert sich, in seinem Vacqueyras Syrah zu verwenden. Für seine Spitzencuvées stützt er sich auf hochreif geerntete Grenache-Trauben von alten Reben. Sein köstlicher *2000er Vacqueyras* (15,5% natürlicher Alkohol) zeigt eine trügerisch helle rubinrote Farbe, die einhergeht mit ungeheuer hohem Glyzeringehalt und Geschmackskomponenten von reiner Erdbeerkonfitüre, die sich mit Noten von Kirschen vermischen. Den säurearmen, fleischigen Wein sollte man in seinen ersten 5–7 Lebensjahren trinken. Der *1999er Vacqueyras* ist in einem ganz ähnlichen Stil gebaut und kein Muskelprotz wie der 2000er und der 1998er. Er besitzt eine helle rubinrote Farbe, das für die Rebsorte typische Bukett mit Aromen von in Alkohol eingelegten Kirschen und eine duftige, weiche Persönlichkeit. Trinken Sie ihn in den nächsten 5–6 Jahren. Bei meinem letzten Besuch überraschte mich Reynaud, als er meinte, dass Weine wie die eben verkosteten besser schmeckten, wenn man sie drei bis vier Tage vorher öffnete. Ich bin mir nicht sicher, ob ich da zustimme, aber die Leser sollen selbst entscheiden.

Der *1999er Côtes du Rhône*, eine *assemblage* aus 75% Grenache, 20% Cinsault und 5% Syrah, besitzt eine nach modernem Standard helle Farbe, reichliche Schwarzkirschfrucht, die sich mit Noten von Harz, Pfeffer und Gewürzen vermischt. Er dürfte sich 3–4 Jahre gut trinken lassen.

Ein ausgezeichneter Kauf ist der *1998er Vin de Pays*, der in seinem Mischsatz einen Batzen Cinsault und eine Prise Syrah (3%) enthält. Er offenbart eine trügerisch helle rubinrote

Farbe und ein süßes, nach Kirschgeist und Erdbeeren duftendes Bukett. Ein kräftiger, sinnlicher Geschmackseindruck auf der Zunge geht einher mit einem niedrigen Säuregehalt, guter Reife und einem ansprechenden, üppigen Abgang. Trinken Sie ihn in den nächsten 2–3 Jahren. Der *1998er Côtes du Rhône* (eine *assemblage* aus 70% Grenache, 20% Cinsault und 10% Syrah) gibt eine größere geschmackliche Intensität und Textur zu erkennen, als sein helles Rubinrot vermuten lässt. Bei mittlerem bis vollem Körper bietet er genügend dickliche Kirschfrucht in einem molligen, korpulenten Stil. Auch ihn sollte man in den nächsten 2–3 Jahren trinken.

Der *1998er Vacqueyras* ähnelt dem Châteauneuf-du-Pape des berühmten Château Rayas. Erstaunlicherweise demonstriert er aber auch, was am französischen Appellations-System falsch ist. Die Vertreter der zuständigen örtlichen Behörde, die nach der Verkostung der Weine der Appellation die Genehmigungen für die Kennzeichnungen auf dem Etikett erteilen, haben entschieden, dass dieser Wein »nicht typisch« sei und ihm deshalb den Status der Vacqueyras-Appellation verweigert. Deshalb wird er in Frankreich »Cuvée du Grand Réserve Côtes du Rhône« genannt. Dies ist eine absurde Entscheidung, die letztendlich dazu führen wird, jungen Produzenten, die versuchen, große Weine herzustellen, die Freiheit zu nehmen, ausgezeichnete Weine anzustreben. Die einzige Erklärung, die das Verkostungs-Komitee Emmanuel Reynaud gab (der einflussreichste Verkoster war ein ortsansässiger Önologe), war, dass der Wein »oxidiert« sei. Natürlich ist er nicht oxidiert, er enthält aber keinerlei Syrah (im Unterschied zu den meisten Vacqueyras) und besitzt dagegen mehr Glyzerin, Geschmack, Alkohol und schwelgerische Art, als nach Meinung der örtlichen Behörden für einen »typischen« Vacqueyras erlaubt ist. Zweifellos haben Eifersucht und Angst diese Entscheidung mit beeinflusst. Jeder Weinliebhaber kann aber bei der Verkostung herausfinden, dass dieser Wein der außergewöhnliche Ausdruck von alten, wenig ertragreichen Grenache-Reben ist. Blind verkostet, werden viele diesen Wein fälschlich für einen Rayas aus dem Jahrgang 1997 oder 1996 halten. Seine Farbe ist ein trügerisch helles bis mittleres Rubinrot. In seinem schwelgerischen Bukett entfalten sich mit fabelhafter Emphase die im Zustand von *sur-maturité* geernteten Grenache-Trauben, deren Aroma durch den Ausbau in neuen Eichenfässern nicht komprimiert wurde. Die Geschmackskomponenten bieten Frucht, Glyzerin und Noten von Kirschgeist im Übermaß. Aus 100% Grenache gekeltert, offenbart der Wein eine vielschichtige Textur, niedrige Säure und 14–15% natürlichen Alkoholgehalt. Dies ist das superbe Beispiel eines Vacqueyras, der sich 5–8 Jahre schön trinken lässt. Offen gesagt ist die Entscheidung der örtlichen Bürokraten eine Schande!

CHÂTEAU DU TRIGNON

1999	**Côtes du Rhône**	**B**	**87**
1998	**Côtes du Rhône**	**B**	**85**
1999	**Côtes du Rhône-Villages Rasteau**	**B**	**87**
1998	**Côtes du Rhône-Villages Rasteau**	**B**	**87**
1998	**Côtes du Rhône-Villages Sablet**	**B**	**87**
1999	**Gigondas**	**C**	**89**
1998	**Gigondas**	**C**	**90**

Der elegante, Burgunder-ähnliche *1999er Gigondas* besitzt blumig durchsetzte Schwarzkirschfrucht, attraktive Reintönigkeit, einen süßen, runden Geschmack auf der Zunge, mittleren Körper und maßvolle, ausgezeichnet umrissene Geschmackskomponenten. Der Wein ist ein Musterbeispiel an Reintönigkeit und Zurückhaltung. Trinken Sie ihn in den nächsten 7–8 Jahren.

Trignons *1998er Gigondas* nimmt sich bereits jetzt gut aus – ein Jahrgang, der in dieser Appellation verschlossen und verhalten entwickelt ausgefallen ist. Seine dunkelrubin-purpurrote Farbe geht einher mit Aromen von süßen Brombeeren, Kirschen, Kirschgeist, Lakritze und feuchter Erde. Bei mittlerem bis vollem Körper wird der gehaltvolle, reintönige schön texturierte und überraschend elegante 1998er gut 12 Jahre und länger schönen Trinkgenuss gewähren.

Unter den preiswerten Vertretern der Appellation Côtes du Rhône gibt es einige köstliche, verführerische Tropfen, die ein gutes Preis-Leistungsverhältnis bieten. Der erschwingliche, schmackhafte *1999er Côtes du Rhône* ist ein köstlicher, runder Wein, der von pfeffrigen Kirschfrucht- und Gewürzaromen dominiert wird. Trinken Sie ihn in den nächsten 2 Jahren. Der ausgezeichnete *1999er Côtes du Rhône-Villages Rasteau* offenbart mittleren Körper, ein Bukett mit Aromen von Pfeffer, schwarzen Kirschen und Staub, gute Würze, Fleisch und Reintönigkeit, bewundernswertes Glyzerin und einen weichen, molligen Abgang. Trinken Sie ihn in den nächsten 3–4 Jahren. Der *1998er Côtes du Rhône* legt eine mittelrubinrote Farbe an den Tag, ein Grenache-Bukett mit Düften nach Kirschgeist, reichliches Glyzerin und einen mittelschweren, weichen, gradlinigen und entwaffnenden Stil. Trinken Sie ihn in den nächsten 2–3 Jahren. Der *1998er Côtes du Rhône-Villages Sablet* (eine *assemblage* aus 70% Grenache und 30% Syrah, die im Tank ausgebaut wurde) bietet eine tiefrubinrote Farbe, mehr Dichte, attraktive Schwarzkirsch- und Beerenfrucht, mittleren bis vollen Körper, niedrige Säure und einen molligen, hedonistischen Stil. Er dürfte sich 4–5 Jahre schön trinken lassen. Der *1998er Côtes du Rhône-Villages Rasteau* (70% Grenache und 30% Mourvèdre) offenbart in seinem Aromaprofil mehr Schokolade, rustikales Tannin und den Geschmack nach Traubenstielen und Baumrinde, der zweifellos auf die Mourvèdre-Komponente zurückzuführen ist. Dicht, mit gutem Fett und Reife, ist dies ein Côtes du Rhône in einem etwas strukturierteren, rustikalen, erdigen Stil. Er dürfte sich 5–6 Jahre schön trinken lassen.

DOMAINE DU TUNNEL (STÉPHANE ROBERT)

2000	**Cornas**	**C**	**(88–90)**
1999	**Cornas**	**C**	**87**
1998	**Cornas**	**C**	**88**
1999	**Cornas Cuvée Prestige**	**D**	**90**
1998	**Cornas Cuvée Prestige**	**D**	**90**

Stéphane Robert ist ein junger Produzent, der elegante Cornas in einem quasi modernen Stil herstellt. Er glaubt an vollständige Entrappung der Trauben und an den Ausbau in Eichenfässern. Der *2000er Cornas* wartet auf mit einem kräftigen, rauchigen, nach Feigen und Pflaumen duftenden Bukett, in das sich im Hintergrund toastwürziges Eichenholz mischt. Bei mittlerem bis vollem Körper ist dies ein zivilisierter Cornas, der aufgrund seiner niedrigen Säure und reifen Frucht typisch für den Jahrgang ist. Er dürfte sich 10–12 Jahre schön trinken lassen. Der elegante, stilvolle, dicht rubin-purpurrote *1999er Cornas* bietet Noten von Mineralien, Brombeeren, ledriger Frucht und einen untergründigen subtilen Holzton. Gute Säure verschafft dem Wein Biss und Definition. Reichliche Frucht und mäßiges Tannin im Abgang raten zu 2–3 Jahren Kellerreife. Trinken Sie ihn in den folgenden 12–14 Jahren. Der außergewöhnliche *1999er Cornas Cuvée Prestige* offenbart den subtilen Einfluss von frischem Eichenholz und eine Menge typischer Cornas-Eigenschaften. Dieser Wein hält das Gleichgewicht zwischen der Wucht und Rustikalität eines Cornas und verfeinerter Art. Von mittlerem bis vollem Körper, mit Noten von Brombeeren, Pflaumen, Feigen, Mineralien und Lakritze, wird der gehaltvolle, texturierte, dichte und muskulöse 1999er von 2–3 Jahren Kellerreife profitieren und 12–14 Jahre schön altern. Der *1998er Cornas* bietet in Duft und Geschmack rauchige, Ketchup-ähnliche Aromen von Cassis, in die sich im Hintergrund fesselnde Noten von Speck, toastwürzigem Eichenholz und Mineralien mischen. Ein weicher, gehaltvoller und mittelschwerer Wein mit ausgezeichneter Intensität und Tannin, das anzeigt, dass 2–3 Jahre Kellerreife erforderlich sind. Er wird 12–15 Jahre schön altern. Der *1998er Cornas Cuvée Prestige* zeigt eine satte rubin-purpurrote Farbe, ein üppiges Bukett mit Düften nach dicklichen schwarzen Früchten, flüssigen Mineralien und versengter Erde.

Ein körperreicher, mäßig tanninhaltiger, aber eindrucksvoll ausgestatteter Wein. Voraussichtliche Genussreife: jetzt–2016.

PIERRE USSEGLIO

2000	**Châteauneuf-du-Pape**	**D**	**(88–91)**
1999	**Châteauneuf-du-Pape**	**D**	**90**
1998	**Châteauneuf-du-Pape**	**D**	**90**
1997	**Châteauneuf-du-Pape**	**C**	**(87–88)**
2000	**Châteauneuf-du-Pape Cuvée de Mon Aïeul**	**E**	**(94–96)**
1999	**Châteauneuf-du-Pape Cuvée de Mon Aïeul**	**E**	**91+**
1998	**Châteauneuf-du-Pape Cuvée de Mon Aïeul**	**E**	**95**
1999	**Châteauneuf-du-Pape Cuvée du Cinquantenaire**	**EE**	**96**
2000	**Châteauneuf-du-Pape Réserve des Deux Frères**	**EE**	**(94–97)**

Dieses Weingut hat sich zu einem echten Superstar in Châteauneuf-du-Pape entwickelt, vor allem aufgrund der Anstrengungen der beiden jungen Brüder Thierry und Jean-Pierre Usseglio, die in den letzten Jahren die Verantwortung für das Gut übernommen haben. Die alte Familie stammt aus dem Piemont – von dort kommt der Barolo – und jeder, der schon einmal in Châteauneuf-du-Pape war, weiß, dass es viele Usseglios gibt. Raymond und Jean-Pierre sind die anderen berühmten Weinmacher. Zu den kürzlich vorgenommenen Veränderungen auf dem Gut gehören niedrigere Erträge, reiferes Traubengut sowie 1998 die Einführung der Cuvée Mon Aïeul und 1999 der Cinquantenaire (zur Feier des 50. Geburtstags der Domaine). Im Jahr 2000 wurde aus der Cuvée du Cinquantenaire die Réserve des Deux Frères. Diese Weine gehören zu den konzentriertesten im ganzen Ort, obwohl sie immer noch der Tradition der Region verpflichtet sind.

Die spektakulären 2000er sind vielleicht noch besser als die großartigen 1998er dieser Domaine. Der *2000er Châteauneuf-du-Pape* (14,5% Alkohol) ist eine *assemblage* aus 85% Grenache, 10% Mourvèdre und 5% Syrah, die in erster Linie in *foudres* ausgebaut wurde und nur sehr kurz mit Eichenholzfässern in Kontakt kam. Der Wein bietet in Duft und Geschmack reichliche Noten von schwarzer Himbeer- und Kirschfrucht, Gewürzen, Pfeffer und Mineralien. Körperreich, und süß, mit niedriger Säure und hohem Gehalt an reifen, gut integrierten Tanninen, dürfte sich dieser konzentrierte 2000er bereits bei seiner Freigabe schön trinken lassen. Voraussichtliche Genussreife: jetzt–2018. Der spektakuläre, körperreiche (15,2% Alkohol) *2000er Châteauneuf-du-Pape Cuvée de Mon Aïeul* (eine *assemblage* aus 95% Grenache und 5% Cinsault von 80-jährigen Reben und einer mikroskopisch kleinen Ernte von 15–20 hl/ha) ist atemberaubend. Seine schwarz-purpurrote Farbe geht einher mit einem außergewöhnlichen, nach Blaubeer- und Brombeerlikör duftenden Bukett, in das sich Noten von Kirschgeist, Mineralien und Blumen mischen. Äußerst körperreich und mit einem 45 Sekunden andauernden Abgang, dürfte dieser überwältigende, vollmundige Châteauneuf-du-Pape 20–25 Jahre halten. Der *2000er Châteauneuf-du-Pape Réserve des Deux Frères* ersetzt die einmalige 1999er Cuvée du Cinquantenaire. Das Mischrezept für diesen Wein wird sich von Jahrgang zu Jahrgang ändern, beim 2000er wurden Grenache und Syrah zu gleichen Teilen verwendet. Es gibt ungefähr 5000 Flaschen dieses Weins im Handel und er ist der einzige, der beträchtlichen Mengen von frischem Eichenholz ausgesetzt war (ungefähr 40% wurde im Eichenfass ausgebaut und der Rest im Tank und *foudre*). Ein enormer Châteauneuf (er erreicht 16% natürlichen Alkoholgehalt), der äußerst körperreich und auffallend reintönig ist und reichliche Aromen von Brombeer- und Kirschlikör offenbart, die sich mit Noten von Gewürzen und toastwürzigem Eichenholz vermischen. Enorm ausgestattet, mit vielfachen Geschmacksdimensionen, dürfte dieser sinnliche, mächtige Wein von 2006–2030 am besten sein. Er besitzt sogar noch mehr Tannin als seine Brüder. Die Subskribenten sollten aufwachen und nachsehen, was hier vor sich geht. Dies ist sicherlich eine der aufregendsten Domainen in Châteauneuf-du-Pape.

Der klassische, tiefrubin-purpurrote *1999er Châteauneuf-du-Pape* bietet Düfte nach *garrigue* (die typisch provenzalische Mischung aus Kräutern und Erde), Pfeffer, schwarzen Kirschen und Kirschgeist. Mit seiner bewundernswerten Struktur ist er gebieterischer Ausdruck eines im mediterranen Stil bereiteten Weins mit unverkennbar provenzalischem Charakter. Gehaltvoll, vielschichtig und körperreich, eignet er sich ideal zum Trinkgenuss in den nächsten 14–15 Jahren. Der *1999er Châteauneuf-du-Pape Cuvée de Mon Aïeul* (es wurden 10 000 Flaschen produziert) hat sich seit seiner Flaschenabfüllung verschlossen. Er ist ein dichtpurpurroter, konzentrierter Wein, der von 80jährigen Reben und aus unglaublich niedrigen Erträgen von 15–20 hl/ha gewonnen wurde. Eine *assemblage* aus 95% Grenache und 5% Cinsault, dürfte sich dieser tanninreiche, verhalten entwickelte und gigantische *vin de garde* in 4–5 Jahren wieder öffnen und dann 2 Jahrzehnte halten. Ein extrahierter, dichter und untypisch wuchtiger *1999er*. Der gewaltige, satte, undurchdringlich rubin-purpurrote *1999er Châteauneuf-du-Pape Cuvée du Cinquantenaire* (200 Kisten) ist ein Anwärter auf den Titel »Wein des Jahrgangs«. Eine Cuvée aus 100% Grenache und ausgebaut in älteren *demi-muids*, ist dies ein außergewöhnlich körperreicher Wein, der ein fabelhaftes Parfüm mit Düften nach Brombeerlikör, Cassis, Mineralien, Gewürzen und Blumen an den Tag legt. Die Textur ist üppig und verschwenderisch, der Wein zugänglich, obwohl ich Lesern, die das Glück hatten, einige wenige Flaschen zu ergattern, rate, ihn für 2–3 Jahre in den Keller zu legen und den magischen Zauber zu beobachten, der sich in den folgenden 2 Jahrzehnten entfalten wird. Ein ehrfurchtgebietender Stoff!

Aus der Flasche verkostet, sind die 1998er überwältigend. Der *1998er Châteauneuf-du-Pape* offenbart einen konzentrierten Stil mit Noten von gerösteten Kräutern, versengter Erde, Lakritze, Kirschlikör und Pfeffer. Körperreich und intensiv, repräsentiert er den traditionellen, hauptsächlich aus Grenache hergestellten Châteauneuf-du-Pape. Voraussichtliche Genussreife: jetzt–2015. Der spektakuläre, schwarz-purpurrote *1998er Châteauneuf-du-Pape Cuvée de Mon Aïeul* (eine *assemblage* aus 80% Grenache von 85jährigen Reben, 10% Syrah und 10% Cinsault) stammt aus dem Weinberg Grandes Serres und ist einer der komplettesten und profundesten Weine des Jahrgangs. Seine Frucht ist nach der Flaschenabfüllung noch gedämpft, dennoch sind bereits jetzt Noten von Rauch, Mineralien, gebratenem Fleisch, Brombeeren und Kirschgeist in Duft und Geschmack präsent. Im Mund zeigt sich der Wein enorm extrahiert und außergewöhnlich reintönig, mit vielfältigen Geschmacksdimensionen und einem wollüstigen Abgang. In diesem straffen 1998er ist reichliches Tannin vorhanden und deshalb benötigt der Wein 2–4 Jahre Kellerreife. Er dürfte 2 Jahrzehnte halten. Ein eindrucksvolles Debüt.

Der *1997er Châteauneuf-du-Pape* offenbart für den Jahrgang bewundernswerte Tiefe und die für dieses Jahr typische leicht zu trinkende Art. Bei mittlerem bis vollem Körper bietet der würzige, pfeffrige, duftige und geschmacklich expansive Wein Kirschfrucht in Hülle und Fülle. Ein idealer Châteauneuf-du-Pape für Anfänger, der aber auch die hartgesottenen Fans dieser Appellation zufrieden stellen wird. Genießen Sie ihn in den nächsten 3–4 Jahren.

RAYMOND USSEGLIO

2000	**Châteauneuf-du-Pape Cuvée Girard Non Filtré**	**EE**	**(90–92)**
1999	**Châteauneuf-du-Pape Cuvée Girard Non Filtré**	**EE**	**90**
1998	**Châteauneuf-du-Pape Cuvée Girard Non Filtré**	**EE**	**92**
2000	**Châteauneuf-du-Pape Cuvée Impériale**	**EE**	**(91–93)**
1999	**Châteauneuf-du-Pape Cuvée Impériale**	**E**	**92**

Anmerkung: Die 400 Kisten von Usseglios Châteauneuf-du-Pape Cuvée Girard wurden von dem Importeur Peter Weygandt selektiert und unfiltriert abgefüllt. Man erkennt den Wein an der Bezeichnung »Cuvée Girard« im unteren Teil des Etiketts. Ramond Usseglio hat seinen hochgeschätzten 1998ern starke 2000er und 1999er folgen lassen. Dieser Produzent befindet sich in Hochform und die Weintrinker sollten seine prächtigen Weine kaufen. Der dichte rubin-purpurrote *2000er Châteauneuf-du-Pape Cuvée Girard Non Filtré* ist ein echter Gewinner. Von hedonistischem, exotischem und körperreichem Stil, bietet er Noten von dicklichen Brombeeren und Kirschen, die sich mit Aromen aus der Gewürzkiste, Kirschgeist und Lakritze vermischen. Im Mund zeigt er sich vielschichtig, saftig und reif; trinken Sie ihn in seinen ersten 12–15 Lebensjahren. Wie bei seinem Bruder, dem 1999er, enthält der Mischsatz 70% Grenache, 20% Syrah und 10% Mourvèdre. Der *2000er Châteauneuf-du-Pape Cuvée Impériale* ist voll gepackt mit Glyzerin, konzentrierter Frucht und reichlichen Noten von Gewürzen, Erde, Pfeffer und Rauch. Körperreich, dick, ölig texturiert und gehaltvoll, besitzt er genügend Tannin, um 2–3 Jahre im Keller zu erfordern, man kann ihm aber schon jetzt kaum widerstehen. Genießen Sie ihn in den nächsten 15–20 Jahren. Der *1999er Châteauneuf-du-Pape Cuvée Girard Non Filtré* ist einer der besten Weine des Jahrgangs. Seine dichte rubin-purpurrote Farbe geht einher mit den klassischen Aromen von Pfeffer, Erde, Kräutern, Fleisch und Schwarzkirsch- und Beerenfrucht. Der großzügige Wein wartet auf mit einer cremigen Textur, vollem Körper und hervorragender Reintönigkeit und Tiefe. Trinken Sie diesen nahtlosen, den Mund auskleidenden 1999er in den nächsten 12–14 Jahren. Aus alten Reben gewonnen, offenbart der *1999er Châteauneuf-du-Pape Cuvée Impériale* eine ähnliche Farbe, aber die für eine Spitzencuvée nötige größere Komplexität im Bukett (Seetang, Balsaholz, reife Schwarzkirschen und Erde). Expansiv und körperreicher, mit merklich mehr Tannin in seinem fabelhaften Abgang, ist dieser üppige, wuchtige 1999er ein eindrucksvoller Tropfen, zumal angesichts des Jahrgangs. Voraussichtliche Genussreife: jetzt bis 2018.

Der *1998er Châteauneuf-du-Pape Cuvée Girard Non Filtré* (70% Grenache, 20% Syrah und 10% Mourvèdre) zeigt eine dichte rubin-purpurrote Farbe, die einhergeht mit einem unglaublichen, nach schwarzen Früchten, Pfeffer, Lakritze und Kirschgeist duftenden Bukett. Körperreich, strukturiert und tanninreich, wurde der dichte und vielschichtige Wein aus extrem niedrigen Erträgen von 28 hl/ha produziert, der natürliche Alkoholgehalt lag bei 14,2%. Wie erwähnt, wurde er ohne Filtration und ohne Schönung abgefüllt. Er benötigt 2–3 Jahre Kellerreife und dürfte 2 Jahrzehnte halten.

CHÂTEAU VALCOMBE

1999	**Côtes du Ventoux Les Cerisaies**	**C**	**88**
1999	**Côtes du Ventoux Les Genevrières**	**C**	**87**
1999	**Côtes du Ventoux La Sereine**	**C**	**90**

Château Valcombe ist ein ernst zu nehmendes Weingut in einem Gebiet, von dem ich vorhersage, dass es mehr und mehr Weine von beträchtlicher Qualität produzieren wird. Der *1999er Côtes du Ventoux Les Cerisaies* ist ein geschmeidiger, reichfruchtiger, sauber gemachter Wein, der reichliche Geschmackskomponenten von schwarzen Kirschen und Johannisbeeren in einem unkomplizierten, fleischigen Stil von mittlerem bis vollem Körper präsentiert. Genießen Sie ihn in den nächsten 3–4 Jahren. In einem ganz ähnlichen Stil ist der dunkelrubin-purpurrote *1999er Côtes du Ventoux Les Genevrières* gemacht, der aber zusätzliche Noten von Wildbeeren und Bruyèreholz zu bieten hat. Wie sein Bruder offenbart auch er ausgezeichnete Reintönigkeit, mittleren Körper und eine samtige Textur. Er dürfte sich 5–6 Jahre schön trinken lassen. Der *1999er Côtes du Ventoux La Sereine* ist ein groß ausgelegter Spitzenwein (15% Alkoholgehalt im Gegensatz zu 14% bei den beiden anderen Cuvées), der ein undurchdringliches Purpurrot und ein unglaubliches Bukett offenbart, das nach von Espresso durchtränkter Brombeer- und Cassisfrucht duftet. Hinzu kommen eine vielschichtige, üppige Textur, eindrucksvolle Konzentration, süßes Tannin und ein langer (20–25 Sekunden) Abgang. Der Wein wird von 1–2 Jahren Kellerreife profitieren und ein Jahrzehnt schön altern.

CHÂTEAU VAUDIEU

2000	Châteauneuf-du-Pape	C	(86–87)
1998	Châteauneuf-du-Pape	C	87
1998	Châteauneuf-du-Pape Préférence Syrah	D	90
2000	Châteauneuf-du-Pape Le Velours	D	(87–89)

Das südöstlich von Rayas gelegene riesige Weingut produziert nahezu 23000 Kisten Rotwein (80% Grenache, 10% Syrah, 5% Mourvèdre und 5% Cinsault). Man neigt unwillkürlich dazu, Château Vaudieu kritisch zu betrachten, da es im Besitz der allgegenwärtigen Meffre-Familie ist, die im ganzen Rhônetal bedeutende Rebflächen ihr Eigen nennt. Obwohl in einem modernen, risikofreien Stil bereitet, ist ihr Wein bei mittlerem bis vollem Körper reichfruchtig und unbestreitbar gut. Er wird nie hervorragend, aber beständig und vorhersagbar sein. Château Vaudieu präsentierte keine 1999er, aber zu ihren 1998ern gehört die beeindruckende 100%ige Syrah-Cuvée Préférence. Im Jahr 2000 brachte man die 100%ige Grenache-Cuvée Le Velours auf den Markt.

Der *2000er Châteauneuf-du-Pape Le Velours* ist ein sinnlicher, opulenter, glänzender Wein. Im Augenblick gibt er nicht viel Komplexität zu erkennen, aber er besitzt doch ganze Wagenladungen an Glyzerin, süße Geschmackskomponenten von Erdbeer- und Kirschlikör, mittleren bis vollen Körper und eine sanfte Textur. Trinken Sie diese sinnliche Fruchtbombe in den nächsten 10 Jahren. Der *2000er Châteauneuf-du-Pape* ist ein offen gewirkter, üppiger Mainstream-Wein, der köstliche Schwarzkirschfrucht mit Noten von Lavendel, Pfeffer und *garrigue* vermischt. Von mittlerem bis vollem Körper und geschmeidiger Art, will er in den nächsten 5–8 Jahren getrunken werden.

Der dunkelrubinrote *1998er Châteauneuf-du-Pape* bietet ein kräftiges, verführerisches und offen gewirktes Bukett mit Düften nach Kräutern der Provence, Brombeeren und Kirsch. Samtig texturiert, rund und voller Frucht, dürfte er sich ein Jahrzehnt schön trinken lassen. Der *1998er Châteauneuf-du-Pape Préférence Syrah* offenbart eine satte, dichte rubin-purpurrote Farbe und ein dickes Bukett mit Düften nach dicklichen Brombeeren, Lakritze und Rauch. Bereits jetzt attraktiv, mit reichlichem Glyzerin, vollem Körper und einem säurearmen, korpulenten Abgang, dürfte diese Spitzencuvée während ihrer Flaschenreife noch mehr Nuancen entwickeln. Voraussichtliche Genussreife: jetzt bis 2014.

GEORGES VERNAY

1999	Condrieu Les Chaillées de l'Enfer	E	88
1998	Condrieu Les Chaillées de l'Enfer	E	90
1999	Condrieu Coteau du Vernon	EE	98
1998	Condrieu Coteau du Vernon	EE	94
2000	Condrieu Les Terrasses de l'Empire	E	90
1999	Condrieu Les Terrasses de l'Empire	E	89
1999	Côte Rôtie	D	87
1998	Côte Rôtie Maison Rouge	E	86+
2000	Vin de Pays Viognier Grand Terroir	A	85

Die Domaine wird von der charmanten Christine Vernay geleitet, ihr Vater Georges, der dieses Gut berühmt gemacht hatte, befindet sich nun im Ruhestand. Unter den vier produzierten Viognier-Cuvées gibt es drei Condrieus.

Leser, die einen preiswerten Wein suchen, sollten nach dem *2000er Vin de Pays Viognier Grand Terroir* Ausschau halten. Aus 100% Viognier gekeltert, bietet er einen gefälligen Stil, mittleren Körper und süßen Geschmack auf der Zunge, der in einen engen Abgang übergeht. Der hervorragende *2000er Condrieu Les Terrasses de l'Empire* wartet auf mit Aromen von Blumen, Mineralien, Geißblatt, Pfirsichen und tropischen Früchten. Bei mittlerem bis vollem Körper ist dies ein trockener, eindrucksvoller Wein.

Die Basiscuvée des Condrieu ist der *1999er Condrieu Les Terrasses de l'Empire*, der ein wenig leichter ausgefallen ist als der superbe 1998er. Er offenbart ein florales, von Mineralien durchtränktes Bukett mit Noten von tropischen Früchten im Hintergrund. Gehaltvoll und von mittlerem bis vollem Körper, trocken und reintönig, dürfte er sich 1–2 Jahre schön trinken lassen.

Die Spitzencuvées unter den Condrieus sind der Les Chaillées de l'Enfer und der Coteaux du Vernon. Der Condrieu Les Chaillées de l'Enfer kann brillant sein (z.B. 1998), aber der *1999er Condrieu Les Chaillées de l'Enfer* ist scharf, mager und unterernährt. Obwohl er ein ausgezeichnetes Bukett und gute Länge besitzt, fehlen ihm Textur und mittlerer Gaumen. Der *1998er Condrieu Les Chaillées de l'Enfer* ist ein honigfeiner, nach Orangenkonfitüre und Aprikosenmarmelade duftender Wein, der einen vollen Körper, hervorragende Reife und große Tiefe und Fülle zu bieten hat. Trocken, intensiv und symmetrisch, sollte er in den nächsten 1–2 Jahren getrunken werden.

Das Flaggschiff unter den Condrieus der Domaine Vernay ist der Coteaux du Vernon, der aus einer 1,6 Hektar großen Parzelle stammt. Er wird aus 40-jährigen Reben gewonnen und 15–18 Monate in Eichenfässern ausgebaut, von denen 10% neu sind. Sowohl der 1999er als auch der 1998er sind sensationelle Weine, die einen natürlichen Alkoholgehalt von 14% aufweisen. Diese Cuvée (500 Kisten) ist einer der wenigen Condrieus, der aufgrund des überaus hohen Reifezustands der geernteten Trauben keine vollständige malolaktische Gärung durchlaufen hat. Nach Christine Vernays Aussage kommt es auf den jeweiligen Jahrgang an, ob die einzelnen Weine eine 100%ige malolaktische Gärung durchlaufen oder nicht. Der *1999er Condrieu Coteau du Vernon* zählt zu den Spitzenweinen des Jahrgangs, doch bedauerlicherweise gibt es von ihm nur 320 Kisten. Dies ist ein Wein, der beständig die Reichhaltigkeit eines Grand Cru aus Burgund besitzt, zudem fabelhafte Textur, eine intensive, von flüssigen Mineralien geprägte Art sowie die Duft- und Geschmackskomponenten eines klassischen Condrieus von Pfirsichen, Aprikosen, Geißblatt und Blumen. Trinken Sie den enorm ausgestatteten 1999er in den nächsten 2–3 Jahren.

Der spektakuläre *1998er Condrieu Coteau du Vernon* offenbart eine dem Montrachet vergleichbare Reichhaltigkeit, obwohl er nicht dessen Alterungspotenzial besitzt. Daher sollten diese Weine innerhalb von drei Jahren nach der Ernte getrunken werden. Nach etwa 4 Jahren verlieren sie ihre aromatische Anziehungskraft, während der Oxidationsprozess erst nach 7–8 Jahren einsetzt.

Das Haus produziert zwei Cuvées von Côte Rôtie, die Cuvée Classique und die Luxuscuvée Maison Rouge. Der elegante, kräuterüberhauchte *1999er Côte Rôtie* offenbart eine sattrubinrote Farbe und einen gradlinigen, mittelschweren Stil mit Noten von schwarzen Früchten, Oliven und Kräutern. Ein großer Fortschritt gegenüber vergangenen Jahrgängen. Die *1998er* Luxuscuvée *Côte Rôtie Maison Rouge* zeigt hartes Tannin und eine gewisse grüne Art. Es war schwierig für mich, für diesen Wein viel Begeisterung aufzubringen, aber Christine Vernay scheint die Qualität ihrer Rotweine mit jedem Jahr zu verbessern.

NOËL VERSET

2000	**Cornas**	**D**	**(87–88?)**
1999	**Cornas**	**D**	**?**
1998	**Cornas**	**D**	**88**
1997	**Cornas**	**D**	**?**

Der *2000er Cornas* offenbart zwar den Inbegriff von schwarzer Himbeerfrucht, aber er ist wieder überladen mit Tannin. Es sind reichliche mineralische Noten und überraschend gute Säure vorhanden. Angesichts seines strengen Abgangs stellt sich ähnlich wie beim 1999er die Frage, wie er sich nach seiner Flaschenabfüllung entwickeln wird. Der *1999er Cornas*, der aus dem Fass verkostet gutes Potenzial an den Tag legte, besitzt ein fesselndes, nach Blaubeeren, Blumen und Leder duftendes Bukett. Aber er hat ein Problem. Seine kreidigen, adstringierenden, harten Tannine ruinieren einen ansonsten interessanten Wein. Die Erfahrung zeigt, dass Tannine in einem Cornas kaum jemals vollständig abschmelzen, und dieser Cornas beginnt sein Leben gar mit exzessiven Tanninen. Mehr noch, wenn sich die Frucht in 5–6 Jahren erst einmal verflüchtigt, werden die Tannine noch brutaler zum Vorschein kommen. Der *1998er Cornas* besitzt mehr Tiefe und attraktive Reife, mittleren bis vollen Körper und Duft- und Geschmackskomponenten von feuchter Erde, Leder, Brombeeren und Mineralien. Er dürfte 14–15 Jahre halten. Den *1997er Cornas* habe ich zweimal verkostet und ich kann immer noch nicht glauben, wie schlecht er ist. Er war mit seinen bizarren, hölzernen und vermoderten Aromen ganz einfach ungenießbar.

J. VIDAL-FLEURY

1998	**Châteauneuf-du-Pape**	**C**	**87**
2000	**Condrieu**	**C**	**89**
1998	**Côte Rôtie**	**D**	**89**
1999	**Côte Rôtie La Chatillonne**	**E**	**(92–94)**
1998	**Côte Rôtie La Chatillonne**	**E**	**91**
1997	**Côte Rôtie La Chatillonne**	**E**	**92**
2000	**Côtes du Rhône**	**A**	**86**
2000	**Côtes du Rhône Blanc**	**A**	**86**
1999	**Côtes du Rhône-Villages**	**A**	**86**
1999	**Côtes du Rhône-Villages Cairanne**	**A**	**87**
1999	**Côtes du Ventoux**	**A**	**85**
2000	**Crozes-Hermitage**	**B**	**85**
2000	**Muscat de Beaumes-de-Venise**	**C**	**89**
1999	**St-Joseph**	**B**	**88**
1999	**Vacqueyras**	**B**	**87**
1998	**Vacqueyras**	**B**	**87**

Vidal-Fleury hat die Tendenz, seine Weine auf dem Markt später freizugeben als andere Produzenten. Die jetzigen Weine des Guts sind die besten, die ich in der letzten Zeit verkostet habe, und ich denke, sie werden immer besser werden, bedenkt man die großen Investitionen, die der Besitzer Marcel Guigal tätigen will.

Aus nahezu 100% Viognier produziert, ist der *2000er Côtes du Rhône Blanc* ein eleganter, schmackhafter Weißwein, der Noten von Aprikosen und honigfeinen Pfirsichen zu bieten hat. Von leichtem bis mittlerem Körper und ausgezeichneter Reintönigkeit ist diese Cuvée (4000 Kisten) zum Trinkgenuss im nächsten Jahr bestimmt. Der ausgezeichnete *2000er Condrieu* ist ein reifer, attraktiver, im Tank vergorener Wein, der nur sehr kurze Zeit im Eichenfass ausgebaut wurde. Er gibt die typischen aromatischen Condrieu-Merkmale von Geißblatt, Pfirsichen und Aprikosen zu erkennen. Genießen Sie ihn in den nächsten 1–2 Jahren.

Der *2000er Crozes-Hermitage* ist ein reifer, zum alsbaldigen Trinkgenuss bestimmter Wein, der saftige Johannisbeerfrucht, einen süßen Geschmack auf der Zunge und trockenes Tannin im Abgang zu erkennen gibt. Er ist zwar uninspiriert, aber gut gemacht. Wesentlich besser ist der *1999er St-Joseph*. Ein ausgezeichneter Kauf hinsichtlich seines Preis-Leistungsverhältnisses, bietet er eine tiefrubin-purpurrote Farbe, ein süßes, nach knackiger Cassisfrucht duftendes Bukett, in das sich Noten von Unterholz, Lakritze und getrockneten Kräutern mischen. Fett, dicht und kernig, mit niedriger Säure, dürfte er sich 5–6 Jahre schön trinken lassen.

Der *1999er Côtes du Ventoux* (eine *assemblage* aus 65% Grenache und 35% Syrah) ist ein dichtrubinroter Wein mit ausgezeichneten Aromen von schwarzen Früchten und

Kirschgeist. Diesen gradlinigen, mittelschweren, nahtlosen 1999er kann man im nächsten Jahr vergnüglich schlürfen. Ähnlich im Stil, aber unterschiedlich im Charakter ist der *2000er Côtes du Rhône*, eine *assemblage* aus 60% Grenache und 40% Syrah. Er besitzt mittleren Körper, eine von Cassis dominierte Persönlichkeit, ganze Wagenladungen an Frucht, niedrige Säure und einen offen gewirkten, zugänglichen und leicht verständlichen Stil. Trinken Sie ihn in den nächsten 2 Jahren. Der dunkelrubinrote, rauchige, nach Kräutern und Kirschen duftende *1999er Côtes du Rhône-Villages* bietet klassisch-provenzalischen Charakter, mittleren Körper, bewundernswerte Frucht und Noten von getrockneten Kräutern und Gewürzen. Ich empfehle, ihn in den nächsten 1–2 Jahren zu trinken.

Der *1999er Vacqueyras* bietet ein kräftiges, würziges, pfeffriges, nach schwarzen Früchten, Lakritze und feuchter Erde duftendes Bukett. Säurearm, mit guter Reife, ausgezeichneter Textur und reichlichen Mengen von rauchiger Beerenfrucht, sollte dieser mittelschwere, köstliche Vacqueyras in den nächsten 2–3 Jahren getrunken werden. Von eher rustikaler Art, aber dennoch äußerst geschmacksintensiv ist der *1999er Côtes du Rhône-Villages Cairanne*. Rauchige, erdige Geschmackskomponenten von schwarzen Kirschen offenbaren Noten von Pfeffer, Gewürzen und Mineralien. Trinken Sie diesen molligen, mittelschweren Côtes du Rhône in den nächsten 2–3 Jahren.

Ich war vom mageren, harten und strengen *1998er Gigondas* enttäuscht. Der *1998er Châteauneuf-du-Pape* ist ein besser gemachter, gewichtigerer Wein, der Aromen aus der Gewürzkiste und Noten von Zedernholz, Balsaholz, Pfeffer und Kirschfrucht in Duft und Geschmack zu bieten hat. Er wird 4–5 Jahre halten, ist aber kein sonderlich inspirierender Wein aus einem für die Appellation superben Jahrgang.

Ich habe im Allgemeinen Vidal-Fleury als Quelle für Vacqueyras hoch geschätzt. Auch der *1998er Vacqueyras* ist wieder ein expansiver, kräuterhafter, nach Aromen aus der Gewürzkiste duftender Wein, mit guter Tiefe, aber mit mehr Körper und zusätzlicher Konzentration als in den vorangegangenen Jahren. Er wird sich 4–5 Jahre gut trinken lassen.

Die Côte Rôtie-Weine der Domaine können sehr gut sein. Der *1998er Côte Rôtie* enthält in seinem Mischrezept auch 1–2% Viognier. Obwohl der Wein die trockenen Tannine des Jahrgangs offenbart, gibt es keinen Zweifel an seinem Bukett, das Noten von Speck, Geißblatt und schwarzen Johannisbeeren zu bieten hat. Dem Glas entströmen Düfte nach Blumen, Himbeeren und Pfeffer. Legen Sie diesen Wein für weitere 1–2 Jahre in den Keller und trinken Sie ihn dann in den kommenden 12–15 Jahren. Der *1999er Côte Rôtie La Chatillonne* ist ein klassischer Côte Rôtie, der Noten von Veilchen, schwarzen Früchten, Oliven und Aromen aus der Gewürzkiste an den Tag legt. Dicht und körperreich, besitzt er eine ölige Textur mit ausgezeichneter Länge. Wie viele Weine dieses Jahrgangs, wird er sich bereits jung gut trinken lassen, aber auch schön altern. Voraussichtliche Genussreife: jetzt bis 2016. Der exquisite *1998er Côte Rôtie La Chatillonne* (12% Viognier im Mischsatz) prunkt mit einem komplexen, nach Geißblatt, Cassis, Veilchen und Kirschlikör duftenden Bukett. Von mittlerem bis vollem Körper und eleganter Art, mit wundervoller Süße, beträchtlicher Finesse, einer gefälligen, geschichteten Textur, hervorragender Reintönigkeit und reifen, gut integrierten Tanninen, dürfte sich der Wein in den nächsten 12–13 Jahren gut trinken lassen. Der *1997er Côte Rôtie La Chatillonne* ist außergewöhnlich. Seine wunderschöne, tiefe, rubin-purpurrote Farbe geht einher mit einem prächtigen, nach geschmolzenem Asphalt, schwarzen Himbeeren, Kirschen und Cassis duftenden Bukett, einer superben, vielschichtigen Textur, mittlerem bis vollem Körper, sanftem Tannin und einer unleugbar verführerischen Persönlichkeit. Er dürfte sich 12–15 Jahre schön trinken lassen.

J. Vidal-Fleury ist bekannt für seinen hervorragenden Muscat de Beaumes-de-Venise. Der *2000er Muscat de Beaumes-de-Venise* ist aufgrund seiner mächtigen Geschmackskomponenten von Orangenmarmelade, Geißblatt und kandierten tropischen Früchten ein erlesener Jahrgang. Körperreich, mäßig süß und außergewöhnlich reintönig, hat man den Eindruck, als ob man einen flüssigen Fruchtcocktail mit 14% Alkohol trinkt. Genießen Sie ihn in den nächsten 1–2 Jahren. Als ich das letzte Mal Vidal-Fleury besuchte, war ich doch überrascht. Ich war nämlich immer der Meinung (und bin es eigentlich noch immer), dass man diese Weine in ihren ersten 2–3 Lebensjahren trinken muss, um von ihrer überschwänglichen Frucht und den fragilen Düften zu profitieren. Mir wurde jedoch ein 1990er Beaumes-de-Venise serviert, der sich seine frische, lebendige und aromatische Art erhalten hatte und nur ganz wenig oxidiert schien. Ich würde diese Weine dennoch in ihrer Jugend trinken, auch wenn einige Jahrgänge Ausnahmen erlauben.

DOMAINE DE LA VIEILLE JULIENNE

2000	**Châteauneuf-du-Pape**	**D**	**(92–94)**
1999	**Châteauneuf-du-Pape**	**D**	**90**
1998	**Châteauneuf-du-Pape**	**D**	**88**
1997	**Châteauneuf-du-Pape**	**D**	**82**
2000	**Châteauneuf-du-Pape Cuvée Réservée**	**E**	**(98–100)**
1999	**Châteauneuf-du-Pape Cuvée Réservée**	**E**	**95**
1998	**Châteauneuf-du-Pape Cuvée Réservée**	**E**	**93**
2000	**Châteauneuf-du-Pape Vieilles Vignes**	**EE**	**(96–99)**
1998	**Châteauneuf-du-Pape Vieilles Vignes**	**EE**	**93+**

In den letzten Jahren hat Jean-Paul Daumen die Domaine in die Stratosphäre katapultiert und begonnen, aus seinen hauptsächlich im Norden der Appellation gelegenen Rebflächen ernst zu nehmende Châteauneufs zu produzieren. Er bringe »nur das *terroir* zum Sprechen«, meint er lapidar. Daumen reduziert die Erträge, erntet nur reife Trauben und verpfuscht den Wein nicht mit Schönung und Filtration vor der Flaschenabfüllung. Es gibt drei Châteauneuf-du-Pape-Cuvées, zu denen die Cuvée Réserve gehört – sie wird aus 70–100-jährigen Reben gewonnen und nur in Spitzenjahrgängen hergestellt – und die Cuvée Vieilles Vignes, die nur in den Jahren 2000 und 1998 produziert wurde. Leser, die einen guten Gegenwert für ihr Geld suchen, sollten sich für den Côtes du Rhône Vieilles Vignes entscheiden. Bei mittlerem Körper ist dies ein gut gemachter, fruchtbetonter, weicher und leicht verständlicher Wein, der seinen Grenache-Charakter (geröstete Erdnüsse, Kirschgeist und *garrigue*) ausgezeichnet präsentiert.

Es ist bemerkenswert, dass Jean-Paul Daumens 2000er besser sind als seine 1998er. Der *2000er Châteauneuf-du-Pape* (2000 Kisten) ist ein superber, dicht purpurroter Wein mit fabelhaft reifer Frucht von schwarzen Himbeeren und Kirschen (der Inbegriff eines Rayas-ähnlichen Schwarzfrucht-Charakters), die sich mit floralen Noten vermischt. Üppig, körperreich und nahtlos, mit einem sensationellen mittleren Gaumen und einem 45 Sekunden anhaltenden Abgang, wird er sich bereits jung trinken lassen (aufgrund seiner niedrigen Säure und unglaublich reifen Frucht), dürfte aber auch 15–18 Jahre halten. Der potenziell perfekte *2000er Châteauneuf-du-Pape Cuvée Réservée* erinnert an Roger Sabons 1998er Châteauneuf-du-Pape Le Secret de Sabon, an den 1990er Châteauneuf-du-Pape von Rayas und den außerordentlichen 1967 Châteauneuf-du-Pape Les Cèdres von Paul Jaboulet-Ainé (der aus der Cuvée des Cadettes von la Nerthe produziert worden war). Der 2000er von Vieille Julienne prunkt mit einer dichten rubin-purpurroten Farbe, einem phänomenalen Bukett, in dem sich Düfte von Brombeer- und Blaubeermarmelade mit Noten von Pfeffer, etwas *garrigue* und Mineralien vermischen. Der massiv angelegte, körperreiche Wein besitzt riesige Mengen Glyzerin und einen verblüffend konzentrierten, vielschichtigen Geschmackseindruck auf der Zunge und am Gaumen. Sein üppiger Abgang hält fast eine Minute lang an, seine reintönige, nahtlose Art und umfassende Symmetrie sind spektakulär. Trotz seines Alkoholgehalts von 15% kommt der Wein relativ leichtfüßig daher. Dieser fesselnde Châteauneuf-du-Pape ist ein Anwärter auf den Titel »Wein des Jahrgangs«. Voraussichtliche Genussreife: 2005–2025. Der undurchdringlich purpurrote *2000er Châteauneuf-du-Pape Vieilles Vignes* ist der Inbegriff von Kirschgeist, vermischt mit Lakritze, Rauch und Mineralien. Er besitzt ein umwerfendes Bukett, aber der Wein erweckt den Eindruck, er sei verschlossener als der 2000er Réservée. In diesem spektakulär bereiteten Châteauneuf-du-Pape lassen sich große Präzision, überwältigende Reintönigkeit, Konzentration und Länge finden – ein Wein also, der sich als eine künftige Legende herausstellen dürfte. Man muss dem jungen, zielstrebigen, äußerst engagierten Weinmacher und Besitzer Jean-Paul Daumen ganz einfach Anerkennung dafür aussprechen, diese Meisterwerke geschaffen zu haben.

Die 1999er machen in der Flasche eine noch bessere Figur als im Fass. Der *1999er Châteauneuf-du-Pape* ist ein überwältigender, wunderschöner Wein, der sich in einer dichten, sattrubinroten Farbe präsentiert und mit einem prachtvollen, nach Zedernholz, Gewürzkiste, Kirschen, Kirschgeist und Pfeffer duftenden Bukett auf sich aufmerksam macht. Expansiv, körperreich, üppig und verführerisch, offenbart dieser sinnlich texturierte, lange Châteauneuf die nahtlose Art, die für die besten Weine dieses Jahrgangs typisch ist. Trinken Sie ihn in den nächsten 10–15 Jahren. Der *1999er Châteauneuf-du-Pape Cuvée Réservée* gehört zweifellos zu den Stars des Jahrgangs. Ein Gigant in einem Jahr, das nicht durchwegs Weine von solcher Wucht und Fülle hervorbrachte (natürlich taucht im Mischsatz etwas von der deklassifizierten Vieilles Vignes-Cuvée auf). Eine tiefpurpurrote Farbe geht einher mit Aromen von Cassis, Kirschgeist, Blumen, Pflaumen und Brombeeren. Körperreich, vielschichtig und fabelhaft texturiert, ausgestattet mit niedriger Säure, süßen Tanninen und wundervoller Reintönigkeit, ist dies ein verschwenderischer, gewaltiger Châteauneuf-du-Pape, der 15–20 Jahre herrlichen Trinkgenuss bieten wird. Es ist nur schwer zu glauben, dass so etwas Gutes 1999 produziert werden konnte, aber es gibt etwa ein halbes Dutzend Weine von diesem Niveau.

Die sanfteste 1998er Cuvée ist der fruchtbetonte, elegante, verführerische und offen gewirkte *1998er Châteauneuf-du-Pape*, der Aromen von würzigen schwarzen Kirschen, Pflaumenlikör, Rauch und Kräutern anbietet. Dazu gibt es in diesem konzentrierten aber geschmeidigen Wein eine Menge Glyzerin, Fleisch und Körper zu finden. Trinken Sie ihn in den nächsten 10 Jahren. Der *1998er Châteauneuf-du-Pape Cuvée Réservée* (14,5% Alkohol) ist ein tiefer, körperreicher Wein. Er wartet auf mit einer unglaublich vielschichtigen Textur, einem faszinierend tiefen Fruchtgeschmack von Brombeeren und Kirschlikör, superber Länge, bewundernswerter Reintönigkeit und großem Gewicht, Reife und Ausgewogenheit. Da das ausgeprägt vorhandene Tannin abschmelzen muss, empfiehlt es sich, den Wein 3–4 Jahre in den Keller zu legen. Er dürfte 2 Jahrzehnte halten. Sogar noch verhaltener in seiner Entwicklung, aber auch konzentrierter ist der *1998er Châteauneuf-du-Pape Vieilles Vignes*. Auch er bringt wuchtige 14,5% Alkohol auf die Waage, aber auch er begräbt wie sein Bruder den Alkohol unter Schichten schwarzer Früchte. Noten von Cassis, Brombeeren, Kirschen, Mineralien, Erde und Gewürzen sind in Hülle und Fülle vorhanden. Der Wein überschwemmt den Gaumen mit explosiven Schwaden von Tannin und unwahrscheinlicher Tiefe und Extrakt. Voraussichtliche Genussreife: 2006–2022.

Der *1997er Châteauneuf-du-Pape* gibt den weichen, offen gewirkten Stil des Jahrgangs zu erkennen, der reife Erdbeer- und Kirschnoten in Duft und Geschmack zu bieten hat. Man entdeckt gute Reife, einen mittleren Körper, niedrige Säure und eine entwickelte Persönlichkeit. Ich würde plädieren, ihn in den nächsten 2–3 Jahren zu trinken.

LE VIEUX DONJON

2000	**Châteauneuf-du-Pape**	**D**	**(90–93)**
1999	**Châteauneuf-du-Pape**	**D**	**91**

1998	**Châteauneuf-du-Pape**	**D**	**93**
1997	**Châteauneuf-du-Pape**	**C**	**86**

Ich berichte seit fast 20 Jahren über die Weine dieser Domaine, die seit dieser Zeit zu meinen Lieblingsweingütern in Châteauneuf-du-Pape gehört. Familie Michel (die Besitzer) bewirtschaftet das Gut und bereitet auf Le Vieux Donjon kompromisslose Weine in einem traditionellen Stil. Der 2000er wie auch der 1999er Châteauneuf-du-Pape kann fast mit ihrem superben 1998er konkurrieren. Wir die meisten Châteauneufs kommen auch diese Weine nicht mit frischem Eichenholz in Berührung und sind bei ihrer Freigabe im Allgemeinen noch verhalten entwickelt, so dass sie (besonders in äußerst konzentrierten Jahren) 5–6 Jahre Kellerreife benötigen. Es wurden die zwei Partien für den *2000er Châteauneuf-du-Pape* verkostet. Die erste offenbart fabelhafte Konzentration, groß ausgelegte, gigantische Kraft und Noten von Pfeffer, Leder, Tapenade und Brombeer-/Schwarzkirschfrucht. Die andere Cuvée gab sich opulenter, ebenso körperreich, betont dabei aber ihre reintönige schwarze Frucht. Dagegen sind weniger würzige, geröstete Noten vorhanden. Der 2000er wird nahe an seinen 1998er Rivalen heranreichen – und dabei den 1999er in den Schatten stellen. Voraussichtliche Genussreife: 2005–2018.

Der *1999er Châteauneuf-du-Pape* ist einer der Stars des Jahrgangs. Er bietet mächtige, duftende Aromen von Grillgewürzen, Lakritze, Kräutern, Teer, schwarzen Kirschen und Brombeeren. Dieser wuchtige, gehaltvolle und körperreiche Wein ist zwar vordergründiger und zugänglicher als die meisten Jahrgänge, aber hinsichtlich Reichhaltigkeit und vollmundiger Art, bei der die Domaine keinerlei Zugeständnisse macht, bleiben keine Wünsche offen. Trinken Sie diesen sinnlichen, verführerischen 1999er von 2004–2020.

Der *1998er Châteauneuf-du-Pape* ist stilistisch eine Synthese zwischen dem verführerischen 1990er und dem außergewöhnlichen 1989er. Seine dichte purpurrote Farbe geht einher mit einem festen, aber viel versprechenden Bukett mit Düften nach reifen Brombeeren und Kirschen, die sich mit Noten von Rauch, Mineralien, Lakritze, Tapenade und Erde vermischen. Im Mund zeigt sich der Wein enorm gut ausgestattet und körperreich, mit hohem Tanningehalt und niedriger Säure. Er überflutet den Gaumen mit seinem reintönigen Geschmack. Ein *vin de garde* und Châteauneuf-du-Pape für wahre Kenner. Voraussichtliche Genussreife: 2006–2020. Der *1997er Châteauneuf-du-Pape* bietet ein kräftiges, pfeffriges, nach Jod, Eisen, Kirschen und Kirschgeist duftendes Bukett, das dem Glas entströmt. Im Mund zeigt sich der Wein von mittlerem Körper, zwar weich, rund und verführerisch, aber ihm fehlen die Konzentration und Intensität der besten Jahrgänge dieser Domaine (also 1995, 1990, 1989 und 1988). Er sollte in den nächsten 4–5 Jahren getrunken werden, da er für einen Le Vieux Donjon ganz untypisch fortgeschritten entwickelt ist. Eine gute Wahl im Restaurant.

Bisherige große Jahrgänge: 1995er (91+), 1994er (90), 1990er (96), 1989er (90+), 1988er (90), 1981er (92)

DOMAINE DU VIEUX LAZARET

2000	**Châteauneuf-du-Pape**	**C**	**(87–88)**
1999	**Châteauneuf-du-Pape**	**C**	**86**
1998	**Châteauneuf-du-Pape**	**C**	**89**
2000	**Châteauneuf-du-Pape Cuvée Exceptionnelle**	**D**	**(90–93)**
1999	**Châteauneuf-du-Pape Cuvée Exceptionnelle**	**D**	**90**
1998	**Châteauneuf-du-Pape Cuvée Exceptionnelle**	**D**	**88**

Der Besitzer Jérôme Quiot hat 2000 und 1999 seine bislang besten Weine produziert. Der *2000er Châteauneuf-du-Pape* bietet eine köstliche Mischung aus schwarzen Früchten, Pfeffer und Gewürzen. Fleischig, üppig, dicklich und mit niedriger Säure ausgestattet, dürfte sich dieser köstliche 2000er 7–10 Jahre gut trinken lassen. Der schmackhafte, leicht zu verstehende und leicht zu trinkende *1999er Châteauneuf-du-Pape* offenbart eine dunkelrubinrote Farbe, ein typisches, nach Kräutern der Provence duftendes Bukett, in dem sich Noten von Pfeffer und Kirschgeist vermischen. Weich, freundlich, rund und generös, dürfte er sich 6–7 Jahre schön trinken lassen.

Der dunkelrubin-purpurrote *1998er Châteauneuf-du-Pape* wartet auf mit einem kräftigen, zu Kopf steigenden Bukett mit Düften nach Gewürzkiste, Tabak, schwarzen Früchten und Erde. Er vermittelt im Mund einen hedonistischen Geschmackseindruck von körperreicher, kerniger, gefällig texturierter Frucht, die den Gaumen ohne jegliche Schwere oder alkoholische Wärme auskleidet. Dieser wunderschöne, reintönige Wein verfehlt nur knapp eine hervorragende Punktnote.

Es ist gut zu sehen, dass Quiot bei seiner neuen Luxus-Cuvée Exceptionnelle die Qualität auf ein Maximum anhebt. Darüber hinaus verkünden die Worte »non filtré« auf dem Etikett, dass die Filtration seiner Weine der Vergangenheit angehört. Der *2000er Châteauneuf-du-Pape Cuvée Exceptionnelle* ist sogar noch genussreicher als sein 1999er Pendant. Seine tiefrubin-purpurrote Farbe geht einher mit einem spektakulären, nach Brombeerlikör, Cassis und Kirschgeist duftenden Bukett. Körperreich und fruchtbetont, besitzt der Wein Ladungen von Glyzerin, eine geschichtete Textur, außergewöhnliche Reintönigkeit und einen langen Abgang. Der pflaumendunkle-granatrote *1999er Châteauneuf-du-Pape Cuvée Exceptionnelle* bietet ein superbes Bukett mit Düften nach dicklicher schwarzer Himbeer- und Kirschfrucht, die sich mit Noten von neuem Sattelleder, Pfeffer, Gewürzkiste und Kräutern verbinden. Fleischig, körperreich und üppig, dürfte er sich 10–12 Jahre schön trinken lassen.

Der *1998er Châteauneuf-du-Pape Cuvée Exceptionnelle* legt eine dichte, satt granatrote-pflaumenhafte Farbe an den Tag, die einhergeht mit Aromen von geräucherten Kräutern, Sojasauce, Pfeffer, Kirschgeist und ausgesuchten Beerenfrüchten. Dies ist ein körperreicher, würziger Wein mit vielschichtigen Geschmacksebenen, die den Gaumen mit einer süßen, glyzerindurchtränkten Textur umschmeicheln. Er ist gut gemacht, fett und konzentriert. Genießen Sie ihn in den nächsten 12–15 Jahren. Voraussichtliche Genussreife: jetzt–2014.

VIEUX TÉLÉGRAPHE

2000	**Châteauneuf-du-Pape**	**E**	**(91–93)**
1999	**Châteauneuf-du-Pape**	**E**	**88**
1998	**Châteauneuf-du-Pape**	**E**	**93**
1997	**Châteauneuf-du-Pape**	**D**	**(87–89)**

Der *2000er Châteauneuf-du-Pape* zeigt eine tiefrubin-purpurrote Farbe und ein kräftiges, nach dicklichen schwarzen Früchten duftendes Bukett mit Noten von Pfeffer, Kirschlikör und Mineralien. Ein fetter und ölig texturierter Wein von überaus dicklicher Art, dem ein hoher Tanningehalt Struktur und Biss verleiht. Der 2000er könnte sich wie der 1998er verhalten und sich schnell nach der Flaschenabfüllung verschließen. Voraussichtliche Genussreife: 2005–2025. Ich halte den 1998er immer noch für den besten Châteauneuf-du-Pape von Vieux Télégraphe seit ihrem gigantischen 1978er (ich habe ihn kürzlich Mitte August mit außerordentlichem Vergnügen getrunken – 95 Punkte auf der Parkerschen sinnlichen Genuss-Skala). Der elegante, zurückhaltende *1999er Châteauneuf-du-Pape* besitzt wohl nicht die Wucht, Majestät und das Alterungspotenzial des 2000ers oder 1998ers, ist aber ein stilistisch gut gemachter Wein. Von dunkelrubinroter Farbe, mit einem Bukett von Düften nach schwarzen Früchten, die sich mit Noten von Mineralien, Lakritze und Harz verbinden, ist dies ein geschichteter, langer und tiefer Wein mit rassiger Säure und strengem Tannin im Abgang. Legen Sie ihn einige Jahre in den Keller und trinken Sie ihn in den nächsten 12–15 Jahren. Eingezwängt zwischen den vollmundigen 2000ern und 1998ern, wird man den 1999er Vieux Télégraphe übersehen.

Der mächtige, dunkelrubin-purpurrote *1998er Châteauneuf-du-Pape* hat sich nach seiner Flaschenabfüllung völlig verschlossen. Dem Glas entströmen typische Aromen von Seetang,

Pfeffer, Kirschlikör, Lakritze und ausgesuchten Blumen. Dies ist ein körperreicher, muskulöser 1998er mit hohem Extrakt und Tannin sowie einer hervorragend ausgestatteten Persönlichkeit. Ich war der Meinung, dass er gemessen an seiner Vorstellung im Fass zugänglicher sein würde. Er kann schon jetzt getrunken werden, aber eigentlich wäre es ideal, ihn für 4–5 Jahre in den Keller zu legen. Er wird sich entwickeln und 2 Jahrzehnte halten. Der Wein besitzt all die wunderbaren Eigenschaften eines profunden Vieux Télégraphe und scheint der beste Wein seit ihrem kolossalen 1978er zu sein. Voraussichtliche Genussreife: 2005 bis 2020.

Der *1997er Châteauneuf-du-Pape* ist ein fortgeschritten entwickelter, reichfruchtiger Wein von mittlerem Körper und mit reichlichen Aromen von Rauch, Pfeffer, Nelkenpfeffer, schwarzen Kirschen und Kräutern der Provence versehen. Er ist verführerisch, rund, charmant und sinnlich und gibt pfeffrige, würzige Geschmackskomponenten zu erkennen. Aufgrund seiner Fragilität hat Daniel Brunier den 1997er früher abgefüllt, um seinen attraktiven Fruchtgehalt zu bewahren. Er wird kein alter Herr werden, aber in den kommenden 3–4 Jahren köstlichen Trinkgenuss bieten.

Bisherige große Jahrgänge: 1995er (93), 1994er (92), 1990er (91), 1989er (91), 1988er (90), 1981er (90), 1978er (96)

FRANÇOIS VILLARD

1999	**Condrieu Coteaux de Poncin**	**E**	**90**
1999	**Condrieu Le Grand Vallon**	**E**	**87**
1999	**Condrieu Les Terrasses de Palat**	**E**	**89**
1999	**Côte Rôtie La Brocarde**	**E**	**90+?**
1999	**St-Joseph Les Côtes du Mairlant**	**D**	**89**
1999	**St-Joseph Reflet**	**D**	**88**
1997	**St-Joseph Reflet**	**D**	**(88–89)**

François Villard gehört zu den höchst talentierten jungen Weinproduzenten, die im nördlichen Rhônetal in den 1990er Jahren hervorgetreten sind. Schnell hatte er sich den Ruf erworben, sehr gute Condrieus und in zunehmendem Maße auch gute rote St-Joseph- und Côte Rôtie-Weine herzustellen. Von den drei 1999er Condrieus (jeweils 450 Kisten) offenbart jeder eine eigenwillige Persönlichkeit. Der *1999er Condrieu Les Terrasses de Palat* bietet intensive Aromen von Marmelade, vermischt mit Noten von Pfirsichen und Mandarinen. Er zeigt gehaltvolle Frucht, mittleren Körper und Anklänge an Holz. Trinken Sie ihn in den nächsten 1–2 Jahren. Spritzig und leicht, mit Noten von Melonen, Zitrusfrüchten und Mineralien präsentiert sich der *1999er Condrieu Le Grand Vallon.* Er besitzt gute Reife, einen frischen, lebendigen, pikanten Stil und mäßige Säure und dürfte sich 1–2 Jahre gut trinken lassen. Der eindrucksvollste Wein aus diesem Trio ist der *1999er Condrieu Coteaux de Poncin.* Er wird aus einem Weinberg gewonnen, dessen Böden einen Granituntergrund besitzen. Klar umrissen und gehaltvoll, ausgestattet mit Aromen von flüssigen Mineralien, die sich mit Noten von honigfeinen Orangen, Pfirsichen und Aprikosen vermischen, ist dies ein körperreicher, mächtiger, gut gebauter und muskulöser Wein, der 3–4 Jahre schön altern dürfte.

Ich war vom *1999er St-Joseph Les Côtes de Mairlant* beeindruckt, einer *assemblage* aus Marsanne und Roussanne zu gleichen Teilen, die in zu 30% neuen französischen Eichenholzfässern ausgebaut wurde. Der Wein offenbart die exotischen, honigfeinen Eigenschaften der Roussanne-Traube (Rosenblätter, Karamell, Nüsse), eine gewisse Mineralität, viel Glyzerin, gute Tiefe und einen gehaltvollen, kernigen Abgang. Er sollte in seinen ersten 1–3 Lebensjahren getrunken werden.

Villards Rotwein-Cuvées werden immer besser. In den letzten Jahren wurden 80% der Trauben entrappt, der Most drei Wochen vergoren, zwei *pigeages* pro Tag vorgenommen (regelmäßiges Aufbrechen und Untertauchen des Schalenhuts während der Gärung) und der Wein dann fast 20 Monate in neuen Eichenfässern ausgebaut. Dabei wurde der Wein nur einmal abgestochen. Die Abfüllung erfolgt ohne vorherige Filtration. Der *1999er St-Joseph Reflet* präsentiert sich in einer dichten, schwarz-purpurroten Farbe, die einhergeht mit einem eher international geprägten Bukett, das reichliche Eichenholzwürze zu erkennen gibt, dazu ein Bordeaux-ähnliches Gefühl im Mund und Noten von Vanille, schwarzen Johannisbeeren und Rauch bietet. Seine Reife, Reintönigkeit und umfassende Ausgewogenheit sind beeindruckend. Voraussichtliche Genussreife: jetzt–2010.

Die undurchdringliche purpurrote Farbe des *1997er St-Joseph Reflet* leitet über zu einem mittleren bis vollen Körper, viel toastwürzigem Eichenholz in Duft und Geschmack, das von reifer Cassisfrucht ergänzt wird. Der monolithische, aber ausgezeichnete Wein bietet gute Reintönigkeit, Fülle und Gaumenreiz.

Villard beweist auch beim Côte Rôtie eine zuverlässige Hand, wenngleich ich nicht sagen kann, dass diese Weine besser sind als sein exquisiter St-Joseph. Der dichte, rubin-purpurrote *1999er Côte Rôtie La Brocarde* enthält in seinem Mischrezept 10% Viognier (von der Côte Brune). Mit merklichem aber süßem Tannin, mittlerem Körper und einem strengen Abgang, in dem sich reichliche Noten von frischem Eichenholz bemerkbar machen, ist dieser 1999er ungefüge und unbeholfen, vor allem wegen seiner zu stark betonten Holznote und des hohen Tannins. Sein Extrakt ist jedoch beeindruckend.

VILLENEUVE

2000	**Châteauneuf-du-Pape Cuvée des Bien Aimés**	**D**	**(88–89?)**
2000	**Châteauneuf-du-Pape Vieilles Vignes**	**D**	**(90–91)**
1999	**Châteauneuf-du-Pape Vieilles Vignes**	**D**	**89**

Der *2000er Châteauneuf-du-Pape Cuvée des Bien Aimés* besitzt eine tiefere, sattpurpurrote Farbe, und die Präsenz von intensivem, toastwürzigem Eichenholz verleiht ihm einen internationalen Stil. Obwohl er ein körperreicher, kraftvoller und dichter Wein ist, enthüllt er doch nicht den provenzalischen Charakter, den man von einem Châteauneuf-du-Pape erwartet. Trotzdem ist er gut gemacht, und wenn der Holzton besser integriert werden kann (der möglicherweise für den eindrucksvollen Extrakt verantwortlich ist), wird er eine Punktnote in den oberen 80ern verdienen. Voraussichtliche Genussreife: jetzt–2016. Im Augenblick ziehe ich den *2000er Châteauneuf-du-Pape Vieilles Vignes* vor. In dem geschichteten, opulenten, körperreichen und multidimensionalen Wein machen sich keinerlei Spuren von Eichenholzwürze bemerkbar. Er offenbart Aromen von superber Brombeer- und Kirschfrucht, in die sich Noten von Erde, Pfeffer und Gewürzen mischen. Gehaltvoll, opulent und lang, mit Tanninen ausgestattet, die gut von der reichen Frucht verborgen werden, dürfte sich dieser 2000er jetzt–2015 auf seinem Höhepunkt befinden. Der mittelrubinrote-pflaumenfarbene *1999er Châteauneuf-du-Pape Vieilles Vignes* offenbart ein entfaltetes Bukett mit Aromen von geräucherten Kräutern, Kirschlikör, Johannisbeeren, Gewürzkiste und Pfeffer. Dicht, mit süßer Frucht und einem fortgeschritten entwickelten, samtigen, attraktiv texturierten Gaumen, seriöser Substanz, vollem Körper und einem geschmeidigen Abgang, wird er sich in den nächsten 10 Jahren gut trinken lassen.

LES VINS DE VIENNE

1999	**Châteauneuf-du-Pape Les Otéliées**	**E**	**87**
2000	**Condrieu La Chambée**	**E**	**88**
1999	**Condrieu La Chambée**	**E**	**90**
2000	**Cornas Les Barcillants**	**E**	**(88–90)**
1999	**Cornas Les Barcillants**	**E**	**86**
2000	**Côte Rôtie Les Essartailles**	**E**	**(86–87)**
1999	**Côte Rôtie Les Essartailles**	**E**	**89**

2000	**Côtes du Rhône Cranille**	**C**	**89**
2000	**Côtes du Rhône Les Vionniers**	**C**	**87**
2000	**Côtes du Rhône-Villages Cairanne La Perdendaille**	**C**	**(89–90)**
1999	**Côtes du Rhône-Villages Cairanne La Perdendaille**	**C**	**89**
2000	**Gigondas La Pimpignole**	**D**	**(87–89)**
1999	**Gigondas La Pimpignole**	**D**	**85**
1999	**Hermitage Les Chirats**	**D**	**88**
2000	**St-Joseph l'Arzelle**	**D**	**(86–87)**
1999	**St-Joseph l'Arzelle**	**D**	**85**
2000	**Sotanum**	**D**	**(88–90)**
1999	**Sotanum**	**D**	**89**
2000	**Taburnum (Viognier)**	**D**	**89**
2000	**Vacqueyras La Sillote**	**D**	**(86–88)**
1999	**Vacqueyras La Sillote**	**D**	**87**

Im nördlichen Rhônetal haben sich die drei jungen Produzenten Yves Cuilleron, François Villard und Pierre Gaillard zusammengetan und auf den Hügeln nördlich von Vienne eine Weinhandelsfirma (*négociant*) gegründet. Sie produzieren zum einen Weine, die aus einem neu bestockten Weinberg auf den Hängen nördlich der Côte Rôtie kommen. Zum anderen betreiben sie auch ein aufblühendes *négociant*-Geschäft, für das sie sowohl Traubengut als auch fertigen Most einkaufen, um ihre verschiedenen Cuvées aus dem gesamten nördlichen und südlichen Rhônetal herzustellen. Die Domainen-Weine heißen Sotanum (100% Syrah) und Taburnum (100% Viognier). Von jedem *négociant*-Wein gibt es ungefähr 450 Kisten, wobei die Angebotspalette nahezu alle Rhône-Appellationen beinhaltet. Die meisten Weißweine, insbesondere jene aus den Appellationen des nördlichen Rhônetals, produziert man aus gekauften Trauben. Die Rotweine stellt man aus gekauftem Most her. Dabei werden sie in Holzfässern ausgebaut, die sich in einem Lagerhaus nördlich von Vienne befinden. Das Geschäft ist natürlich erst im Entstehen begriffen und es lohnt sich, das Ganze weiter im Auge zu behalten. Die Domainen-Weine sind beeindruckend und ich erwarte von diesen 10,9 Hektar großen Hanglagen sogar noch bessere Ergebnisse, da die Reben in voller Südausrichtung gepflanzt wurden. Die *négociant*-Weine sind zumindest gut, einige Cuvées sogar ausgezeichnet. Jedoch wird der allmählich abflauende Weinmarkt den drei Winzern in Zukunft sicherlich bessere Einkaufsmöglichkeiten für Trauben und fertigen Most bieten. An Talent jedenfalls mangelt es diesen drei jungen Produzenten sicherlich nicht.

Der *2000er Côtes du Rhône Les Vionniers* ist ein Wein auf Viognier-Basis, der in seinem Aromaprofil viel tropische Frucht und Aprikosen und einen frischen, lebendigen, mittelschweren Stil mit guter Textur zu bieten hat. Er ist zum Trinkgenuss in seinem ersten Lebensjahr bestimmt. Der *2000er Taburnum* (100% Viognier) offenbart in seiner opulenten Orangen- und Pfirsichfrucht flüssige mineralische Art. Dieser reintönige Weißwein von mittlerem Körper sollte in seinen ersten 1–2 Lebensjahren getrunken werden. Fast genauso gut ist der elegante, in einem leichteren Stil bereitete *2000er Condrieu La Chambée*. Der Wein bietet gute Frische, mittleren Körper und eine fortgeschritten entwickelte, mit Noten von Pfirsichen und Aprikosen angefüllte Persönlichkeit. Genießen Sie ihn im nächsten Jahr. Der hervorragende, gehaltvollere und komplettere *1999er Condrieu La Chambée* besitzt einen mittleren bis vollen Körper, merkliche mineralische Art und Noten von tropischen Früchten.

Vom *2000er Côtes du Rhône Cranille*, einer *assemblage* aus Syrah und Grenache zu gleichen Teilen, gibt es 10000 Flaschen. Der Wein zeigt eine dichte purpurrote Farbe und gibt ein süßes, konzentriertes, nach Brombeeren, Kirschgeist, Lakritze und Vanille duftendes Bukett zu erkennen. Trinken Sie diesen körperreichen 2000er in den nächsten 5–6 Jahren. Der hedonistische *2000er Côtes du Rhône-Villages Cairanne La Perdendaille* ist eine *assemblage* aus 70% Syrah und 30% Mourvèdre, Carignan und Syrah. Dies ist ein Wein, den man in Frankreich *très gourmand* nennt, was soviel bedeutet wie fett, schmackhaft und üppig. Der

1999er Côtes du Rhône-Villages Cairanne La Perdendaille ist eleganter, maßvoller und konturenschärfer. Dies sind zwei kraftvolle, konzentrierte Tropfen von mittlerem bis vollem Körper, die in ihrem Aroma- und Geschmacksprofil reichliche schwarze und rote Früchte zu bieten haben. Sie gehören zu den besten Weinen, die von den drei Winzern produziert wurden und dürften sich 5–7 Jahre schön trinken lassen.

Bei mittlerem bis vollem Körper offenbart der konzentrierte *2000er Cornas Les Barcillants* Noten von Brombeeren, Erde und teeriger Arznei sowie überraschend zivilisiertes Tannin. Er dürfte sich 10–12 Jahre gut trinken lassen. Der *1999er Cornas Les Barcillants* legt rustikales Tannin, viel Muskelkraft und einen derben Abgang an den Tag. Typisch für ihren Jahrgang, geben sich der *2000er St-Joseph l'Arzelle* und der *2000er Côte Rôtie Les Essartailles* zwar als gefällige, reife und auf der Zunge reichfruchtige Weine zu erkennen, bleiben jedoch in ihrem Wesen oberflächlich. Es überrascht mich nicht, dass zu den besten 1999ern auch der *1999er Côte Rôtie Les Essartailles* gehört. Seine tiefrubin-purpurrote Farbe geht einher mit Aromen von süßen, rauchigen schwarzen Früchten, die sich mit Noten von Oliven und frischem Eichenholz verbinden. Von mittlerem Körper und gehaltvoll, ausgestattet mit angemessener Säure und einem langen Abgang, wird er sich 10–12 Jahre gut trinken lassen. Obwohl der *2000er Sotanum* von fünfjährigen Reben stammt, offenbart er bereits eine undurchdringliche purpurrote Farbe und prachtvoll süße Brombeerfrucht, die sich mit Noten von Cassis und Mineralien vermischt. Von mittlerem Körper, mit niedriger Säure und hervorragender Reintönigkeit, sollte er in seinem ersten Lebensjahrzehnt getrunken werden. Der *1999er Sotanum* ist brillant gemacht und prunkt mit einer schwarz-purpurroten Farbe, einem verschwenderisch süßen Bukett mit Aromen von Brombeer- und Johannisbeerfrucht, in die sich Noten von Teer, Pfeffer, Lakritze und Vanille mischen. Er besitzt große Fruchtigkeit, einen mittleren bis vollen Körper, eindrucksvolle Reife und einem gut integrierten Holzton, Säure und Alkohol. Er dürfte sich 12–15 Jahre schön trinken lassen.

Der dichte, rubin-purpurrote *2000er Vacqueyras La Sillote* offenbart kräftige, tannin- und körperreiche, rustikale Geschmackskomponenten. Er wird jedoch etwas Geduld erfordern. Voraussichtliche Genussreife: jetzt–2010. Der sehr gute *1999er Vacqueyras La Sillote* legt eine pflaumendunkle-rubinrote Farbe an den Tag. Im Mund gibt er sich staubtrocken und streng, offenbart aber in seinem Geschmacksprofil ausgezeichnete Frucht, spürbar frisches Eichenholz und Noten von Pflaumen, Kirschen und Johannisbeeren. Der nach Brombeeren, Blaubeeren und Mineralien duftende *2000er Gigondas La Pimpignole* besitzt einen süßen, mittelgewichtigen, eleganten Stil und einen guten Abgang. Der *1999er Gigondas La Pimpignole* ist ein magerer, strengerer Bursche, ohne die Süße des 2000ers. Eckig, mit Noten von Mineralien und Früchten, ähnelt er den meisten Gigondas des Jahrgangs 1999, der in dieser Appellation eine mittelmäßige bis etwas bessere Qualität hervorbrachte.

Der mittelschwere, strenge *1999er St-Joseph l'Arzelle* ist gut, aber uninspiriert. Voraussichtliche Genussreife: jetzt–2010. Ebenfalls gut ist der elegante *1999er Hermitage Les Chirats,* der mit Noten von süßer Cassisfrucht, Erde, Pfeffer und Gewürzen aufwartet und einen mittleren bis vollen Körper und mäßiges Tannin bietet. Voraussichtliche Genussreife: 2004–2012.

Der dunkelrubin-purpurrote *1999er Châteauneuf-du-Pape Les Otéliées* ist in einem internationalen Stil bereitet, offenbart in seinem Bukett süße, frische Eichenholznoten, mittleren Körper und reife Frucht. Trotzdem ist er irgendwie seelenlos, vergleicht man ihn mit den Spitzenweinen von Châteauneuf-du-Pape.

ALAIN VOGE

1998	**Cornas Vieilles Fontaines**	**D**	**92**
1999	**Cornas Vieilles Vignes**	**D**	**(90–91)**

Der *1999er Cornas Vieilles Vignes* gehört zusammen mit den Cornas von Clape, einigen in modernem Stil bereiteten Cuvées von Colombo und den limitierten Cuvées von Michel Tardieu und Patrick Lesec, zu den Stars des Jahrgangs. Dies ist ein schwarz-purpurroter, dichter und körperreicher Wein mit Batzen von rauchiger schwarzer Beerenfrucht und Noten von versengter Erde. Er dürfte bereits in seiner Jugend trinkreif sein und 15+ Jahre halten. Sogar noch besser ist der üppige, komplexe und samtig texturierte *1998er Cornas Vieilles Fontaines* – der beste Fontaines seit dem glorreichen 1991er und möglicherweise der Wein des Jahrgangs. Er prunkt mit seiner dunkelrubin-purpurroten Farbe und seinen umwerfenden Aromen von Rauch, schwarzen Früchten, Erde und Mineralien. Süß, wollüstig texturiert, zu Kopf steigend und sinnlich, ist dies ein dekadent gehaltvoller, verschwenderisch konzentrierter Cornas, den Sie jetzt und in den nächsten 14–15 Jahren trinken können.

BERGERAC UND DER SÜDWESTEN

Grundwissen

WEINTYPEN

Diese abgelegene Ecke Frankreichs bleibt, auch wenn Bordeaux nicht weit entfernt ist, ein unerforschtes Gebiet, wenn es um Wein geht. Einige Appellationen haben geläufige Namen, wie etwa Madiran, Bergerac, Cahors und Monbazillac. Doch wie viele Weintrinker können einen Erzeuger, ob gut oder schlecht, von den Côtes du Frontonnais, aus Gaillac, Pacherenc du Vic Bilh, den Côtes de Duras oder Pécharmant nennen? Zu den besten Weinen dieses Anbaugebiets gehören ernst zu nehmende unergründlich tiefe Rotweine von Madiran, Pécharmant und Cahors, ferner leichtere, überschwänglich fruchtige Rote aus Bergerac und von den Côtes du Frontonnais, dazu einige feine, süße Weiße aus Monbazillac und Jurancon. Bemerkenswerte trockene Weißweine, die ihr Geld wert sind, gibt es in Hülle und Fülle in den Côtes de Gascogne.

REBSORTEN

Zusätzlich zu den wohlbekannten Rebsorten wie etwa Cabernet Sauvignon, Merlot und Syrah beherbergt dieses große Anbaugebiet eine Reihe von Traubensorten, die dem Durchschnittsverbraucher wenig bekannt sind und ihm ein Geheimnis bleiben. In Madiran gibt es die Tannat-Traube, in den Côtes du Frontonnais die Mauzac und die Negrette. Für die Weißweine von Pacherenc du Vic Bilh und Jurancon werden seltene Arten wie etwa die Gros Manseng, Petit Manseng, Courbu und Arrufiac angepflanzt.

GESCHMACKSRICHTUNGEN

Die Rotweine von Bergerac sind leicht und fruchtig, diejenigen aus Madiran und Cahors dicht, dunkel, füllig und oft recht tanninwürzig. Rotweine von den Côtes de Buzet, Côtes de Duras und Côtes du Frontonnais, oft nach dem Verfahren der *macération carbonique* bereitet, sind weich, leicht und fruchtig. Die besten trockenen Weißweine sind spritzig, leicht und frisch. Einige erstaunlich gehaltvolle Süßweine, die einem feinen Sauternes ähneln, können aus Monbazillac und Jurancon hervorgehen.

ALTERUNGSPOTENZIAL

Mit Ausnahme der Spitzenrotweine von Madiran, Pécharmant und Cahors müssen alle Weine aus Frankreichs südwestlicher Ecke innerhalb von 5 Jahren getrunken werden.

Bergerac: 2–5 Jahre
Cahors: 4–12 Jahre
Côtes de Buzet: 1–5 Jahre
Côtes de Duras: 1–4 Jahre
Gaillac: 1–4 Jahre
Jurançon: 3–8 Jahre
Madiran: 6–15 Jahre
Monbazillac: 3–8 Jahre
Pécharmant: 3–10 Jahre

ALLGEMEINES QUALITÄTSNIVEAU

Die Qualität ist sehr uneinheitlich. Es ist zwar einiges besser geworden, doch die meisten Weine werden zu sehr niedrigen Preisen verkauft, so dass vielen Produzenten der Anreiz fehlt, die Qualität zu steigern. Bei den unten angeführten Spitzenweingütern ist die Qualität gut bis ausgezeichnet.

DAS BESTE PREIS-LEISTUNGSVERHÄLTNIS UNTER DEN FRANZÖSISCHEN WEISSWEINEN?

Fast jeder geschäftstüchtige Importeur hat schon eine Reise in das Gebiet von Armagnac unternommen, um in einer Region, die weder das Recht auf das Statut einer Appellation noch auf die Bezeichnung VDQS besitzt, nach frischen, fruchtigen, köstlich leichten, trockenen Weißweinen zu suchen: Dieses Gebiet nennt man die Côtes de Gascogne. Trauben wie die Ugni Blanc, Colombard, Gros Manseng und Sauvignon Blanc bringen trockenee Weine mit frischer Säure, duftigem, zitronenhaften, fruchtigem Bukett, würzigen, sprühend lebendigen Geschmackskomponenten und spritzigem Abgang bei leichtem bis mittlerem Körper hervor. Es sind Weine, die man kistenweise kaufen und innerhalb von 12 Monaten nach der Ernte trinken sollte. Der im Frühjahr 2003 freigegebene 2002er zum Beispiel sollte bis Frühjahr 2004 verbraucht sein.Wenn Sie diesen leichten, fruchtigen Weine noch nicht freudig zusprechen, ist Ihnen bisher eine der unglaublichsten Erfolgsgeschichten der Weinwelt entgangen. Die weitaus gelungensten, dem Gaumen wie dem Gelbeutel schmeichelnden trockenen Weißweine kommen von den Domainen de Pouy, de Pomès, de Tariquet, de Rieux, de Tuilerie, Varet, Lasalle, de Joy, de Puits und de Puts.

FRANKREICHS AM WENIGSTEN BEKANNTE UND SELTENSTE SÜSSWEINE?

Die abenteuerlustigsten unter den Lesern, die nach einem faszinierenden Süßwein Ausschau halten, der gleichzeitig ein Geheimtipp ist, sollten das bemerkenswerte Angebot der Domaine Cauhaupé, der Domaine Guirouilh, von Clos Uroulat und von Cru Lamouroux suchen. Diese süßen Weißweine altern in Spitzenjahrgängen 15–20 Jahre lang. Ihre Geschmackskomponenten sind denen eines Spitzen-Barsac oder -Sauternes nicht unähnlich, bei einem Charakter, der stärker von gerösteten Nüssen geprägt ist. Die Preise für Weine dieser Qualität sind mäßig.

WAS SIE UNBEDINGT WISSEN MÜSSEN

Prägen Sie sich 2 oder 3 Spitzenweingüter jedes bekannteren Gebiets und ihre Weinstile ein.

KAUFSTRATEGIE

Die besten jüngeren Jahrgänge sind 1995, 1996, 1998 und 2000 in Madiran sowie 1998 und 2000 in Cahors und Jurançon. Die meisten dieser Weine sind und bleiben unterschätzt.

DIE BESTEN PRODUZENTEN IN BERGERAC UND IM SÜDWESTEN

Wenn ein Produzent in zwei Kategorien fällt (***/****), wird er in der niedrigeren eingeordnet.

Trockene Rotweine

** * * * * (HERVORRAGEND)*

Château de Cedre Le Cedre (Cahors)
Château Montus Cuvée Prestige (Madiran)
Moulin des Dames (Bergerac)
Pigonnier (Lagrezette) (Cahors)

** * * * (AUSGEZEICHNET)*

Château d'Aydie-Laplace (Madiran)
Domaine de Barréjat (Madiran)
Domaine Bibian (Madiran)
Domaine Bouscassé (Madiran)
Château de Cedre Le Prestige (Cahors)
Clos de Gamot (Cahors)
Clos de Triguedina Prince Phobus (Cahors)
Château de Lagrezette (Cahors)
Château Montus (Madiran)
Domaine Pichard (Madiran)
Domaine Pichard Cuvée Vigneau (Madiran)
Tour des Gendres (Bergerac)

** * * (GUT)*

Domaine de l'Antenet (Cahors)
Château de Belingard (Bergerac)
Château Calabre (Bergerac)
Château de Cayrou (Cahors)
Château de Chambert (Cahors)
Château Champerel (Pécharmant)
Clos La Coutale (Cahors)
Clos de Triguedina (Cahors)
Château Court-les-Mûts (Bergerac)
Domaine Jean Cros (Gaillac)
Domaine de Durand (Côtes de Duras)
Domaine du Haut-Pécharmant (Pécharmant)
Domaine de Haute-Serre (Cahors)
Château de la Jaubertie (Bergerac)
Château Michel de Montague (Bergerac)
Château de Padère (Buzet)
Château de Panisseau (Bergerac)
Château Le Payssel (Cahors)
Château Pech de Jammes (Cahors)
Château du Perron (Madiran)
Château de Peyros (Cahors)
Château Pineraie (Cahors)
Château Poulvère (Bergerac)
Château St-Didier Parnac (Cahors)
Domaine des Savarines (Cahors)***/****
Château Thénac (Cahors)
Domaine Theulet et Marsalet (Bergerac)
Château de Tiregand (Pécharmant)

** * (DURCHSCHNITTLICH)*

Domaine de Boliva (Cahors)
Château La Borderie (Bergerac)
Château Le Caillou (Bergerac)
Domaine Constant (Bergerac)**/***
Les Côtes d'Oit (Cahors)
Duron (Cahors)
Château Le Fagé (Bergerac)
Domaine de Paillas (Cahors)
Château Peyrat (Cahors)
Domaine de Quattre (Cahors)

Trockene Weißweine

** * * * (AUSGEZEICHNET)*

Château de Bachen (Tursan)
Château Calabre (Bergerac)
Château Court-les-Mûts (Bergerac)
Château Grinou (Bergerac)
Domaine de la Jaubertie (Bergerac)
Moulin des Dames (Bergerac)
Château de Panisseau (Bergerac)
Château Tiregard-Les Galinux (Bergerac)
Tour des Gendres Cuvée des Doges (Bergerac)

** * * (GUT)*

Château Belingard (Bergerac)
Domaine de Puits (Côtes de Gascogne)
Château Haut-Peygonthier (Bergerac)
Domaine de Rieux (Côtes de Gascogne)
Domaine de Joy (Côtes de Gascogne)
Domaine de St-Lannes (Côtes de Gascogne)
Domaine Lasalle (Côtes de Gascogne)
Domaine Tariquet (Côtes de Gascogne)
Domaine de Pomès (Côtes de Gascogne)
Domaine de Tuilerie (Côtes de Gascogne)
Domaine de Pouy (Côtes de Gascogne)
Domaine Varet (Côtes de Gascogne)

Süße Weißweine

** * * * * (HERVORRAGEND)*

Domaine Cauhaupe Cuvée Quintessence (Jurançon)
Grande Maison Cuvée Madame (Monbazillac)
Tirecul La Gravière Cuvée Madame (Monbazillac)

** * * * (AUSGEZEICHNET)*

Domaine Cauhaupe (Jurançon)
Clos Uroulat (Jurançon)
Cru Lamouroux (Jurançon)
Grande Maison Cuvée Monsieur (Monbazillac)
Domaine Guirouilh Cuvée Petit Cuyalaa (Jurançon)
Tirecul La Gravière (Monbazillac)

** * * (GUT)*

Domaine Bellegarde Sélection de Petit Marseng (Jurançon)
Château Le Fage (Monbazillac)
Château du Treuil-de-Nailhac (Monbazillac)

** * (DURCHSCHNITTLICH)*

Domaine Bru-Baché (Jurançon)
Henri Burgue (Jurançon)
Clos Lapeyre (Jurançon)
Château Rousse (Jurançon)

ITALIEN

PIEMONT

Grundwissen

WEINTYPEN

Der ganze Stolz des Piemont sind (neben einer idyllischen Landschaft und den berühmten weißen Trüffeln) seine robusten, reichhaltigen, vieldimensionalen Rotweine aus der Nebbiolo-Traube. Die Spitzensorten – Barbaresco, Barolo, Gattinara und Spanna – sind nach 6–15 Jahren auf dem Höhepunkt ihrer Genussreife, können jedoch bis zu 25 Jahre gelagert werden. Ihnen gegenüber steht der einfache und reichfruchtige Dolcetto d'Alba, den man am besten nach spätestens 4–5 Jahren trinkt. Eine weitere Sorte ist der Barbera, der lange Zeit als allzu säurebetont galt, um außerhalb Italiens Anklang zu finden, doch eine neue Winzergeneration begann ihn in den letzten Jahren zunehmend edel auszubauen und entsprechend teuer zu verkaufen. Neben Cabernet Sauvignon findet man eine Masse eher uninteressanter, oft minderwertiger Rotweine, die jedoch auf dem internationalen Markt kaum eine Rolle spielen, wie Freisa, Grignolo und Brachetto. Die Weißweinproduktion des Piemont erlebt gerade einen Aufschwung, doch während die meisten Sorten schlaff und weit überteuert sind, besitzen Arneis und Cortese di Gavi ein gewisses Potenzial. Die Chardonnay-Traube ist allgegenwärtig, der Erbaluce di Caluso dagegen wird unterbewertet. Der leicht süßliche schäumende Moscato mit niedrigem Alkoholgehalt gehört zu den preiswertesten Weißweinen des Piemont. Ihm gegenüber steht ein ganzer Ozean aus industriell erzeugtem süßem Asti Spumante.

REBSORTEN

Nebbiolo, Barbera und Dolcetto sind die Spitzensorten unter den roten Trauben und ergeben die feinsten Rotweine. Unter den weißen stehen Moscato, Arneis, Cortese di Gavi und Erbaluce di Caluso an erster Stelle. Daneben gibt es noch eine Reihe weiterer Rebsorten, doch die daraus hergestellten Weine verdienen kaum Interesse.

Geschmacksnuancen

ROTWEINE

Barolo Der Barolo gehört zu den strukturiertesten, tanninreichsten und strengsten Weinen der Welt, die gleichzeitig eine reiche Geschmackspalette besitzen; es dominieren Nuancen von Teer, Leder, Herzkirschen, Tabak und getrockneten Kräutern in Duft und Geschmack. Ein schwerer, aber intensiv duftender Wein mit einem Alterungspotenzial von 10–30 Jahren.
Barbaresco Der Barbaresco ist häufig harmonischer ausgewogen und leichter als der Barolo (weniger Tannin, mehr Frucht), hat jedoch ähnliche Nuancen in Duft und Geschmack. Er besitzt eine intensivere dickliche Frucht, zuweilen stärkere Anklänge an Zedernholz und Schokolade; wie der Barolo ist er oft sehr elegant.
Dolcetto Purpurfarben und ganz und gar nicht süß, wie es sein Name (»der kleine Süße«) eigentlich suggeriert, schmeckt dieser trockene, überschwängliche, verschwenderisch fruchtige und traubige Wein nach Brombeeren, Mandeln, Schokolade und Gewürzen und ist überaus weich und geschmeidig. Ein angenehmer Tropfen, der in großen Jahrgängen wie 1999 und 2000 ein wahrer Genuss ist.
Barbera In früheren Zeiten oft allzu säurehaltig, herb und oxidiert – billig im wahrsten Sinne des Wortes. Der im neuen Stil bereitete Barbera wird häufig in zu 100% neuen Fässern aus französischer Eiche ausgebaut und zeigt einen satten Purpurton, großartige Frucht und Fülle, die den hohen natürlichen Säuregehalt hervorragend ausgleichen. Spitzenweine kosten um die 25 bis 75 Euro, so dass ihr potenzieller Marktanteil winzig ist. Eine Probe der besten 1998er, 1999er und 2000er wird einen bleibenden Eindruck hinterlassen. Aber seien Sie sich darüber im Klaren, dass die meisten dieser Weine innerhalb von 4–8 Jahren nach der Ernte getrunken werden müssen, gleichgültig, wie reich sie schmecken.
Gattinara/Spanna Diese Weine werden aus der Nebbiolo-Traube aus dem Hügelland nördlich des Barolo- und Barbaresco-Gebiets bereitet. Im Bukett, das an eine Gewürzschublade mit orientalischen Gewürzen erinnert, dominieren intensive Teer- und Erdaromen. Beide Gewächse sind meist weicher und fruchtiger als der Barolo, jedoch gibt es keine Spitzenweine, vielmehr sind sie schrecklich ungleichmäßig in der Qualität und medioker.
Carema Der leichteste unter den Weinen auf Nebbiolo-Basis aus Höhenlagen in einem klimatischen Grenzgebiet am Eingang des Aosta-Tals ist oft sehr geschmeidig, fruchtig und elegant; optimale Reife ist nicht immer gewährleistet.

BAROLO- UND BARBARESCO-GEBIETE IM ÜBERBLICK

Der Barolo-Distrikt erstreckt sich über insgesamt etwa 1200 Hektar Weinberge im Umkreis von 13 Dörfern; fünf von ihnen besitzen Lagen von Grand-Cru-Qualität – La Morra, Serralunga d'Alba, Monforte d'Alba, Barolo und Castiglione Falletto.
Barolo Die Weine um das alte Dorf südlich von La Morra verbinden nach Meinung örtlicher Kenner die samtige, geschmeidige, gefällige, eher »feminine« Seite der Nebbiolo-Traube mit beachtlicher Struktur und Konzentration – das Adjektiv »klassisch« wird hier gerne verwendet. Das Dorf selbst nimmt unter den fünf wichtigsten Wein produzierenden Gemeinden des Barolo den vierten Rang ein. Seine Anbaufläche umfasst etwa 150 Hektar, in die sich 139 Winzer teilen. Vergliche man es mit dem Bordelais, wäre der Barolo der Margaux oder St-Julien seines Ursprungsgebiets.
Renommierte Lagen: Bricco delle Viole, Brunate (verarbeitet auch Trauben von La Morra), Cannubi (nach allgemeiner Ansicht einer der traditionsreichsten und besten Winzer), Cannubi Boschis, Castellero, Cerequio (verarbeitet auch Trauben von La Morra), Costa di Rose, Sarmassa und La Villa.

Norditalien
0 100 KILOMETER
WEIN- REGIONEN
1 Aostatal
2 Piemont
3 Ligurien
4 Lombardei
5 Venetien
6 Trentino Südtirol
7 Friaul-Julisch Venetien
8 Emilia Romagna
Aosta
Gattinara
Novara
Vercelli
Torino
Asti
Alessandria
Alba
Cuneo
Savona
Genova
La Spezia
Como
Sondrio
Bergamo
Milano
Brescia
Piacenza
Cremona
Mantua
Bolzano
Trento
Verona
Vicenza
Soave
Treviso
Venezia
Udine
Gorizia
Trieste
Parma
Reggio nell'Emilia
Ferrara
Modena
Bologna
Ravenna
Forli
SAN MARINO
N

Süditalien
WEIN- REGIONEN
1 Kampanien
2 Apulien
3 Basilikata
4 Kalabrien
5 Sizilien
TYRRHENISCHES MEER
San Severo
Manfredonia
Foggia
Benevento
Bari
Napoli
Salerno
Rionero
Potenza
Matera
Ostuni
Brindisi
Taranto
Metaponto
Gallipoli
Cetraro
Ciro
Cosenza
Paola
Catanzaro
Caraffa
Reggio di Calabria
Messina
Palermo
Trapani
Marsala
Taormina
Catania
Agrigento
Siracusa
Ragusa
N
W
O
S
0 100 KILOMETER

Mittelitalien
0 50 100
KILOMETER
ADRIA
LIGURISCHES MEER
TYRRHENISCHES MEER
KORSIKA
Lucca
Pisa
Livorno
Firenze
Arezzo
Siena
Grosseto
Perugia
Spoleto
Terni
Viterbo
Roma
Latina
Pesaro
Ancona
Macerata
Ascoli Piceno
L'Aquila
Pescara
Chieti
Isernia
Olbia
Sassari
Alghero
Nuoro
Bosa
Tortolì
Oristano
Cagliari
N
W
O
S
WEINREGIONEN
1 Toskana
2 Marken
3 Umbrien
4 Abruzzen
5 Latium
6 Molise
7 Sardinien
8 San Marino

Castiglione Falletto Nach Anbaufläche und Zahl der Winzer kleinster der fünf wichtigsten Barolo-Orte, liegt Castiglione Falletto als Postkartenidyll auf einem Hügel zwischen Barolo und Serralunga d'Alba, umgeben von Weinbergen in steilen Hanglagen. Bei genauerer Differenzierung steht sein Name besonders für herzhafte, gehaltvolle, körperreiche Weine mit Kraft und Konzentration – kurz: den Pauillac des Barolo. Gut 100 Hektar Fläche verteilen sich auf 93 Winzer.

Renommierte Lagen: Bricco Boschis, Fiasc, Monprivato, Montanello, Rocche und Villero.

Monforte d'Alba Der ebenfalls auf einem Hügel liegende Ort ist der drittgrößte Weinbaubezirk des Barolo – 197 Hektar Fläche mit Weinbergen in steilen Hanglagen und 185 Winzern. In dem kleinen Dorf erhebt man den Anspruch, die langlebigsten, konzentriertesten und mächtigsten Barolo-Weine zu produzieren, quasi den »St-Estèphe« des Gebiets.

Renommierte Lagen: Bussia (mit einer ganzen Reihe kleinerer Subproduzenten, wie Bricotto, Cicala, Colonella, Gran Bussia und Soprana) und Ginestra (ebenfalls mit zahlreichen kleineren Betrieben, darunter Casa Mate, Ciabot, La Coste, Mentin, Pernot, Pian della Poldere, Sorì Ginestra, und Vigne del Gris).

La Morra Dieses postkartenschöne Dorf in Hügellage produziert nach Meinung vieler die geschmeidigsten, verführerischsten Barolo-Weine. Diese Pomerols unter den Barolos gelten als besonders samtig in der Textur und sind in ihrer Jugend am leichtesten zu trinken. (Allerdings ist zu bedenken, dass eine individuelle Winzerhandschrift sich immer einmal über die einem Wein traditionell zugeschriebenen Charakteristika hinwegsetzen kann.) Im größten der fünf Grand-Cru-Gebiete teilen sich 372 registrierte Winzer ca. 386 Hektar.

Renommierte Lagen: Arborina, Brunate, Cerequino, Fossati, Giachini, Marcenasco, Monfalletto, Rocche, Rocchette, La Serra und Tettimorra.

Serralunga d'Alba Mit gut 200 Hektar ist dies das zweitgrößte Anbaugebiet des Barolo, in dessen Hanglagen sich ein größerer Kalkanteil findet als in den anderen Distrikten. In dieser Gemeinde erwarb Angelo Gaja einst 30 Hektar Grund, um sein Barolo-Gut aufzubauen, und hier produziert auch Bruno Giacosa seinen legendären Barolo Rionda, der oft als Klassiker unter den Barolos bezeichnet wird. Die reichhaltigen Weine des Ortes besitzen sehr viel Körper und großes Standvermögen – um wiederum den Vergleich mit Appellationen im Bordelais zu bemühen: eine Synthese aus Pauillac und St-Estèphe, natürlich mit ausgeprägtem Nebbiolo-Charakter.

Renommierte Lagen: Arione, Brea, Ceretta, La Delizia, Falletto, Francia, Gabutti, Lazzarito, Ornato, Parafada, Rionda und Sperss.

Barbaresco Es gibt hier drei Anbaugebiete: Neive (um das gleichnamige Dorf), Barbaresco (um das alte malerische Dorf) und Treiso (um die gleichnamige Stadt). Alle Rebflächen befinden sich in Hanglagen.

Renommierte Lagen: in Barbaresco: Asili, Costa Russi, Montefico, Montestefano, Porra, Rabajà, Rio Sordo, Sorì San Lorenzo und Sorì Tilden; in Neive: Albesani, Basarin und Gallina; in Treiso: Marcarini und Pajore.

BAROLO UND BARBARESCO – TRADITIONELL ODER MODERN

Heute ist es unter Weinjournalisten Mode geworden, im Zusammenhang mit Barbaresco und Barolo den so genannten »modernen« Stil im Vergleich mit dem »traditionellen« zu diskutieren, dessen Anhänger die alten Vinifizierungsmethoden der Vergangenheit bewahren wollen. Das Ziel der Modernisten sind geschmeidigere Weine mit reiferer Frucht, die in kleinen Fässern aus neuem Eichenholz ausgebaut werden. Da sie aus reiferer Frucht bereitet werden, sind sie weniger säurebetont und besitzen eine cremiger texturierte Persönlichkeit mit süßeren Tanninen. Viele dieser Weine sind geradezu überwältigend und haben verdientermaßen das Lob vieler Weinkritiker aus der ganzen Welt auf sich gezogen. Anhänger des alten oder traditionellen Barolo- Stils hingegen lehnen den Ausbau in neuen Eichenfässern ab und lassen ihre Weine stattdessen lieber in großen, alten *foudres* reifen. Sie wollen keine Zugeständnisse an einen moderneren Geschmack machen, der nach vordergründigen, aufgeschlossenen, ansprechenden Weinen verlangt. Dabei können diese Weine aber auch sehr profund sein. Traditionelle Barolos und Barbarescos sind meist sehr tanninbetont. Weine modernen Zuschnitts dagegen können den Kenner tief beeindrucken, wenn sie – wie häufig – besonders reichhaltig und konzentriert sind, da sie nur durch die Intensität ihrer Frucht den Charakter des Weinbergs zum Ausdruck bringen. Allerdings können beide »Schulen« Spitzenprodukte hervorbringen, und in der Tat sind bei hochklassigen Barolos und Barbarescos, gleich welchen Zuschnitts, die Gemeinsamkeiten meist größer als die Unterschiede. So schwören beide Richtungen darauf, physiologisch reife Trauben zu ernten, und glauben, dass niedrige Erträge und Produktionsabläufe ohne Manipulationen am besten dazu geeignet sind, die Eigentümlichkeiten der jeweiligen *terroirs* zur Geltung zu bringen. Beide Schulen vermeiden außerdem übermäßige Schönung und Filtration. Barolo und Barbaresco sind Produkte eines der wohl saubersten, unberührtesten und unverdorbensten Gebiete Europas. Alle führenden Weinberge befinden sich in steilen Hanglagen, und in der jeweiligen Region ist man fest von der Qualität der Produkte aus den lokalen Weinbergen überzeugt.

WEISSWEINE

Arneis Dieser uralte Wein des Piemont, reichhaltig und herrlich fruchtig, ist vollmundig und weich, sogar ölig. Dies könnte zwar gleichzeitig auf eine gewisse Schwere hindeuten, doch die besseren Erzeugnisse sind leicht und angenehm zu trinken.
Gavi/Cortese di Gavi Oft extrem überteuert und schrecklich nichts sagend, hat dieser angebliche Prestigewein sehr viel Säure, einen zitronenhaften, feuersteinähnlichen und steinigen Charakter und guten Körper – zumindest die besten Vertreter seiner Art.
Moscato d'Alba In Duft und Geschmack einer der verführerischsten Tropfen der Welt, ist der Moscato – sofern er gut gemacht ist und innerhalb von 18 Monaten getrunken wird – ein herrlich nach Aprikosen und Blumen duftender, leicht süßer, frischer und spritziger Wein, der sich ideal zum Aperitif eignet. Nicht verwechseln sollte man ihn mit dem pappsüßen Asti Spumante!

ALTERUNGSPOTENZIAL

Barbaresco: 8–25 Jahre
Barbera: 5–15 Jahre
Barolo: 8–25 Jahre
Carema: 6–12 Jahre
Dolcetto: 3–5 Jahre
Gattinara/Spanna: 8–20 Jahre
Arneis: 2–3 Jahre
Gavi: 2–4 Jahre
Moscato: 12–18 Monate

ALLGEMEINES QUALITÄTSNIVEAU

Die Spitzenerzeugnisse des Piemont sind tadellos gemachte, brillante Weine. Spitzenerzeuger wie Bruno Giacosa, Angelo Gaja, Elio Altare und Luciano Sandrone, um nur einige zu nennen, gestalten Tropfen von höchst individuellem Charakter und kompromissloser Qualität. Doch trotz der großen Zahl bestechender Barolos, Barbarescos und einiger im Barrique gereifter Barberas lassen sehr viele Weine dieser Region mit ihrer schrillen Säure und einem unangenehm muffigen Geschmack technisch gesehen zu wünschen übrig. Einer der Gründe dafür ist minderwertiges Traubengut, das noch immer Verwendung findet, der wichtigste jedoch liegt in gedankenlosen oder nur wenig ambitionierten und primitiven Vinifizierungsmethoden. Kurz, das Piemont bietet qualitativ beide Extreme. Um mit Selbstvertrauen einzukaufen, sollten Sie wissen, welches die besten Produzenten sind.

WAS SIE UNBEDINGT WISSEN MÜSSEN

Wichtig ist es, die Namen der Spitzenproduzenten für Barbaresco, Barolo, Nebbiolo d'Alba, Barbera und Dolcetto zu kennen. Da jedoch seit den frühen 1980er Jahren führende Erzeuger verstärkt dazu übergingen, Weine einzelner Weinberge herauszubringen, ist auch detaillierteres Wissen über die besten Lagen und die dort tätigen Winzer vonnöten. Hier eine Liste mit den wichtigsten Lagen des Piemont, die bei meinen Verkostungen immer wieder herausstachen und deren Besitzer die besten Weine aus diesen Lagen machen.

DIE BESTEN ROTWEINE DES PIEMONT

LAGE	*WEIN(E)*	*BESTE(R) PRODUZENT(EN)*
Alfiera	Barbera d'Asti	Marchesi Alfieri
Annunziata	Barolo	Lorenzo Accomasso, Silvio Grasso, Renato Ratti
Arborina	Barolo, Nebbiolo	Elio Altare
Arionda oder Rionda	Barolo	Bruno Giacosa
Asili	Barbaresco	Ceretto, Produttori del Barbaresco, Bruno Giacosa
Baroco	Barbaresco	Roagna
Basarin	Barbaresco	Castello di Neive, Moccagatta
Batasiolo	Barolo	F.lli Dogliani
Bernadotti	Barbaresco	Giuseppe Mascarello & Figlio
Bianca	Barolo	Fontanafredda
Big	Barolo	Rocche dei Manzoni
Bofani	Barolo	Batasiolo
Boscareto	Barolo	F.lli Dogliani, Scarpa, Batasiolo
Briacca	Barolo	Vietti
Bric Balin	Barbaresco	Moccagatta
Bric del Fiasc	Barolo	Paolo Scavino, Azelia
Bric in Pugnane	Barolo	Giuseppe Mascarello & Figlio
Bricco Asili	Barbaresco	Ceretto
Bricco Asili Faset	Barbaresco	Ceretto
Bricco Boschis	Barolo	Cavallotto
Bricco Cicala	Barolo	Aldo Conterno
Bricco Colonello	Barolo	Aldo Conterno
Bricco del Drago Vigna Le Mace	Dolcetto	Cascina Drago
Bricco Faset	Barbaresco	La Spinona
Bricco Fiasco	Barolo	Azelia
Bricco della Figotta	Barbera d'Asti	Braida
Bricco Marun	Barbera d'Alba	Matteo Correggia
Bricco Punta	Barolo	Azelia
Bricco Rocche	Barolo	Ceretto
Bricco dell'Uccellone	Barbera	Braida
Bricco delle Viole	Barolo, Barbera d'Alba	G. D. Vajra
Bricco Visette	Barolo	Altilio Ghisolfi
Briccolina	Barolo	Batasiolo
Brich Ronchi	Barbaresco	Albino Rocca

LAGE	*WEIN(E)*	*BESTE(R) PRODUZENT(EN)*
Brunate	Barolo	Giuseppe Rinaldi, Elvio Cogno, Ceretto, Luigi Coppo & Figli, Roberto Voerzio, Vietti, Mauro Sebaste, Michele Chiarlo, Marcarini, Enzo Boglietti
Bussia	Barolo	Bruno Giacosa, Domenico Clerico, Giacomo Fenocchio, Giuseppe Mascarello & Figlio, Michele Chiarlo, Mauro Sebaste, Prunotto, Armando Parusso
Camp Gros	Barbaresco	Marchesi di Gresy
Campo Quadro	Barbaresco	Punset
Cannubi	Barolo	Luciano Sandrone, Francesco Rinaldi, Bartolo Mascarello, Marchesi di Barolo, Paolo Scavino, Enrico Scavino, E. Pira, Carretta, Giacomo Brezza & Figli, Prunotto
Cannubi Boschis	Barolo	Luciano Sandrone, Francesco Rinaldi
Casa Maté	Barolo	Elio Grasso
Cascina Alberta	Barbaresco	Contratto
Cascina Francia	Barolo, Dolcetto, Barbera	Giacomo Conterno
Cascina Nuova	Barolo	Elio Altare
Cascina Palazzo	Barolo	Francesco Rinaldi
Cascina Rocca	Barbaresco	Riccardo Cortese
Castelle	Gattinara	Antoniolo
Cerequio	Barolo	Michele Chiarlo, Marcarini, F.lli Oddero, Roberto Voerzio, Mario Marengo
Ciabot Berton	Barolo	Luigi Oberto
Ciabot Mentin Ginestra	Barolo	Domenico Clerico
Clara	Barbera d'Alba	Eraldo Viberti
Codana	Barolo	Paolo Scavino, Vietti
Cole	Barbaresco	Moccagatta
Collina della Vedova	Barbera d'Asti	Alfiero Boffa
Conca	Barolo	Renato Ratti
Conca Tre Pile	Barbera d'Alba	Aldo Conterno
Costa Russi	Barbaresco	Angelo Gaja
Crichet Pajé	Barbaresco	Roagna
Il Crottino	Barbera d'Asti	Giorgio Carnevale
Cua Longa	Barbera d'Asti	Alfiero Boffa
Darmagi	Cabernet Sauvignon	Angelo Gaja
Delizia	Barolo	Fontanafredda
D'la Roul	Barolo	Rocche dei Manzoni
Il Falé	Barbera d'Asti	Viarengo & Figlio
Falletto	Barolo	Bruno Giacosa
Faset	Barbaresco	F.lli Oddero, Luigi Bianco, Ceretto
Francia	Barolo	Giacomo Conterno

LAGE	WEIN(E)	BESTE(R) PRODUZENT(EN)
Gaiun	Barbaresco	Marchesi di Gresy
Gallina	Barbaresco	Giuseppe Rivetti
La Ghiga	Barbaresco	La Spinona
Giachini	Barolo	Corino
Giada	Barbera d'Alba	Andrea Oberto
Sorì Ginestra	Barolo	Domenico Clerico, Prunotto, F.lli Seghesio, Conterno Fantino
Gramolere	Barolo	Giovanni Manzone
Gran Bussia	Barolo	Aldo Conterno
Gris	Barolo	Conterno Fantino
Larigi	Barbera	Elio Altare
Lazzarito	Barolo	Fontanafredda, Vietti
Marcenasco	Barolo	Renato Ratti
Margaria	Barolo	Michele Chiarlo
Margheria	Barolo	Vigna Rionda
Maria di Brun	Barbaresco	Ca' Romè
Mariondino	Barolo	Armando Parusso
Martinenga	Barbaresco	Marchesi di Gresy
Masseria	Barbaresco	Vietti
Messoirano	Barbaresco, Barbera, Dolcetto	Castello di Neive
Moccagatta	Barbaresco	Produttori del Barbaresco
Monfalletto	Barolo	Cordero di Montezemolo
Monfortino	Barolo	Giacomo Conterno
Monprivato	Barolo	Giuseppe Mascarello & Figlio, F.lli Brovia
Montanello	Barolo	Montanello
Montefico	Barbaresco	Produttori del Barbaresco
Montestefano	Barbaresco	Produttori del Barbaresco, Prunotto
Montetusa	Barbera	Bertelli
La Mora	Barolo	Corino
Mugiot	Barbera d'Alba	Piazzo
Ornato	Nebbiolo, Barbera, Barolo	Pio Cesare
Osso San Grato	Gattinara	Antoniolo
Otinasso	Barolo	F.lli Brovia
Otin Fiorin Collina Gabutti	Barolo	Giuseppe Cappellano
Ovello	Barbaresco	Produttori del Barbaresco
Pajana	Barolo	Domenico Clerico
Panirole	Barbera d'Alba	Giuseppe Mascarello & Figlio
Pian della Polvere	Barolo	Giacomo Fenocchio
Pian Romualdo	Barbera d'Alba	Prunotto
Pomorosso	Barbera d'Asti	Luigi Coppo & Figli
Pora	Barbaresco	Produttori del Barbaresco
Pozzo	Barbera	Corino
Prapò	Barolo	Ceretto
Rabajà	Barbaresco	Produttori del Barbaresco, Giuseppe Cortese, Bruno Rocca
Rapet	Barolo	Ca' Romè
Ravera	Barolo	G. D. Vajra, Giuseppe Rinaldi

LAGE	*WEIN(E)*	*BESTE(R) PRODUZENT(EN)*
Rio Sordo	Barbaresco	F.lli Brovia, Produttori del Barbaresco
Rionda (oder Arionda)	Barolo	Bruno Giacosa, Michele Chiarlo, Giuseppe Mascarello, Vigna Rionda, Luigi Pira
Rocche	Barolo	F.lli Brovia, Corino, Andrea Oberto, Armando Parusso, Aurelio Settimo, Vietti
Rocche di Bussia	Barolo	F.lli Oddero, Armando Parusso
Rocche di Castiglione	Barolo	Vietti
Rocche di Castiglione Falletto	Barolo	Bruno Giacosa, Vietti, Armando Parusso
Rocche di La Morra	Barolo, Barbera	Rocche Costamagna
La Rosa	Barolo	Fontanafredda
Rosignolo	Barbera d'Alba	Cantine Sant'Evasio
San Pietro	Barolo	Fontanafredda
San Rocco	Barolo	Virginia Ferrero, Azelia
Santo Stefano	Barbaresco	Bruno Giacosa, Castello di Neive
La Serra	Barolo	Marcarini, Roberto Voerzio
Serraboella	Barbaresco	F.lli Cigliuti
Sorì Paitin	Barbaresco	Elia Pasquero
Sorì San Lorenzo	Barbaresco	Angelo Gaja
Sorì Tildin	Barbaresco	Angelo Gaja
Sorì Valgrande	Barbaresco	F.lli Grasso Cascina Valgrande
Sperss	Barolo	Angelo Gaja
Terlo Ravera	Barolo	Marziano & Enrico Abbona
La Val dei Preti	Nebbiolo	Matteo Correggia
Vecchie Vigne	Barbera d'Asti	Cantina Sociale di Vinchio e Vaglio Serra
Vignabajla	Dolcetto d'Alba	Angelo Gaja
Vignarey	Barbera d'Alba	Angelo Gaja
Vignasse	Barbera d'Alba	Roberto Voerzio
Le Vigne	Barolo	Luciano Sandrone
La Villa	Nebbiolo d'Alba, Barbera d'Alba	Elio Altare, F.lli Seghesio
Villero	Barolo	Giuseppe Mascarello & Figlio, Bruno Giacosa, Cordero di Montezemolo
La Volta	Barolo	Bartolomeo di Cabutto
Zonchera	Barolo	Ceretto

DIE BESTEN WEISSWEINE DES PIEMONT

Besonders Amerikaner hatten schon immer eine Vorliebe für den süßlichen, perlenden Asti Spumante. Auch wenn »seriöse« Weintrinker diesem Phänomen äußerst distanziert gegenüberstehen mögen, bleibt doch die Tatsache bestehen, dass Asti Spumantes auf dem Markt angeboten werden – selbst von solchen Industriegiganten wie Cinzano, Martini und Rossi sowie, in kleinerem Rahmen, Fontanafredda –, die frisch sauber, und ... ja, köstlich sind. Das Juwel freilich unter den süßlichen Schaumweinen Norditaliens ist der Moscato d'Asti. Während der Asti Spumante in seinem Alkoholgehalt von ca. 12 Vol.-% mit den meisten trockenen Weinen vergleichbar ist, liegt der Moscato d'Asti kaum über 5,5 Vol.-%. Obwohl diese Schaumweine statt eines Champagnerkorkens meist mit einem normalen Korken verschlossen sind, bleiben sie spritzig und schäumend. Wegen ihres niedrigen Alkoholgehalts, verbunden mit einem außerordentlich duftigen, aromatischen Charakter, gehören sie zu den meistunterschätzten feinen Aperitif- oder Dessertweinen Europas. Meist werden sie als Jahrgangsweine verkauft, und die Leser dieses Guide sollten keine älteren Jahrgänge als 2001er mehr kaufen. Diese Weine, die man innerhalb von 7–8 Monaten nach Erscheinen konsumieren sollte, sind aufregend leicht, übersprudelnd, frisch und duftend, der Mangel an aggressiver Kohlensäure und der niedrige Alkoholgehalt betonen ihre lebendige Frische. Die perfekten Sommerweine!

Die folgenden Hersteller von Moscato d'Asti treten jeweils durch gleich bleibend hohe Qualität ihrer Produkte hervor – Frische, Eleganz und ein wundervolles Bukett von Pfirsich-Aprikosen- und Blütennoten.

DIE BESTEN PRODUZENTEN VON MOSCATO D'ASTI

Giuseppe Barbero Bricco Riella
Gianni Luigi Bera
Giorgio Carnevale
Cascina Fonda
La Caudrina
La Caudrina La Galeisa
Tenuta del Fant Il Falchetto
Marchesi di Gresy La Serra
Sergio Grimaldi
Icardi La Rosa Selvatica
La Morandina
Elio Perrone Clarté
Elio Perrone Sourgal
La Spinetta di Giuseppe Rivetti (verschiedene *Cuvées*)
Paolo Saracco
Paolo Saracco Moscato d'Autunno
Gianni Voerzio Vigna Sergente

WEITERE HERVORRAGENDE WEISSWEINE AUS DEM PIEMONT

Angesichts dessen, was man wirklich im Glas hat, sind die weißen Spitzenweine des Piemont maßlos überteuert. (Die Preise des Gavi sind etwas gefallen, aber für mich bleibt dieser Wein von eher neutralem Geschmack weiterhin eher ein Blender.) Eine Ausnahme bilden lediglich der bereits erwähnte Moscato mit seinen lieblichen Blüten- und Aprikosentönen und die trockene Version des Erbaluce. Mein persönlicher Favorit unter den weißen Piemontesern ist der Arneis, ein duftiger trockener Wein mit sehr viel Charakter. Er ist allerdings nicht mehr gerade billig. Auch Chardonnay und Sauvignon haben Einzug gehalten, die besten unter den daraus hergestellten Weinen stammen von Angelo Gaja – ebenfalls nicht gerade preiswert.

Im Folgenden eine Zusammenstellung der besten Weißweine des Piemont. Alles was älter als der 1999er ist, sollte mit Vorsicht betrachtet werden.

WEIN	*PRODUZENT(EN)*
Arneis	Bruno Giacosa, Ceretto
Brut Spumante	Bruno Giacosa
Chardonnay Gaia & Rey	Angelo Gaja
Chardonnay Giarone	Bertelli
Cortese di Gavi	Pio Cesare, Albino Rocca
Erbaluce di Caluso	Carretta, Boratto, Luigi Ferrando & Figlio
Gavi	La Scolca, La Chiara
Sauvignon	Angelo Gaja
Traminer	Bertelli

KAUFSTRATEGIE

Der Markt ist voll von Spitzenjahrgängen von Weinen aus dem Piemont. Von 1996 bis 2000 gab es eine nie da gewesene Folge von bemerkenswerten Jahrgängen. Während die meisten der 1996er und 1997er Spitzenweine ausverkauft sind und in den Kellern der Liebhaber italienischen Weins gehortet werden, ist der 1998er in großer Menge vorhanden. Alles in allem finden wir eine verwirrende Vielfalt von Schätzen aus dem Piemont vor.

NEUERE JAHRGÄNGE

2000 – Ein außergewöhnlicher Jahrgang, der reife, konzentrierte Weine mit dichter Farbe, süßer Frucht, reifem Tannin und prächtigen Aromastoffen hervorgebracht hat – im Stil eine Synthese zwischen den exotischen, exzentrischen, überreifen 1997ern und den in einem klassischen Stil gehaltenen, duftigen, geschmeidigen 1998ern.

1999 – Der 1999er, (zumindest bei Nebbiolo) ein wenig unterhalb der Qualität der 2000er, 1998er, 1997er und 1996er, ist ein ausgezeichnetes Jahr, aber insgesamt weniger eindrucksvoll als die oben erwähnten Jahrgänge. Bei Dolcetto und Barbera jedoch ist er unbestreitbar ein spektakulärer Jahrgang.

1998 – Die 1998er können zwar weniger konzentriert und exotisch als die 1997er erscheinen, weniger kraftvoll und tanninbetont als die 1996er und weniger auffällig als die 2000er, aber sie sind bemerkenswert elegante, symmetrisch ausgewogene Weine mit mehr Tiefe, als die 1995er sie haben. Bei der Reifung im Keller wie auch in der Flasche haben sie Opulenz und Sinnlichkeit gewonnen. Für Leser, die das aromatische Feuerwerk der Nebbiolo-Traube lieben, mag dieser Jahrgang das auf eindrucksvolle Weise duftigste Jahr seit 1996 sein. Mit süßem Tannin und tadelloser Ausgewogenheit ist er ein erstklassiger, hoch eingeschätzter Jahrgang, den man in seiner Jugend trinken kann, der aber trotzdem bei den besten Weinen die notwendige Gesamtharmonie besitzt, damit man sie 15–20 Jahre einkellern kann. Der Produktionsmenge nach fiel der 1998er-Jahrgang ein wenig reichlicher als der 1997er aus.

1997 – Eine relativ kleine Ernte überreifer Nebbiolos und Barberas mit niedriger Säure, hohem Alkoholgehalt und öliger Textur. Der von ihnen gebotene hedonistische Genuss sprengt die Grenzen des Gewohnten. Dieser Jahrgang ist weder »klassisch« noch »typisch«, doch seine Barolos, Barbarescos und Barberas, die weit über der Spitze liegen, gehören zu den außergewöhnlichsten Tropfen, die ich je verkostet habe. Einen solchen Jahrgang gibt es nur alle drei oder vier Dekaden – vergleichbar nur mit dem 1947er, in dem der Alkohol extrem hoch, die Säure dagegen niedrig war. Skeptiker fürchten, dass einige der Winzer in den Barolo-Dörfern Barolo und Monforte d'Alba zu früh ernteten, um so den kompletten Verlust an Säure zu verhindern – ein Verdacht, den meine Proben allerdings nicht bestätigt haben, wenngleich es tatsächlich äußerst säurearme Weine waren. Zweifelsohne haben Dörfer wie La Morra und – im geringeren Maße – Castiglione Falletto ins Schwarze getroffen. Diese Weine sind extrem teuer. Entgegen meiner Ansicht, dass Barolos und Barbarescos in jungen Jahren ausgezeichnet seien, haben diese Weine bei der Flaschenverkostung größere Bestimmtheit und Stärke an den Tag gelegt als erwartet. Die meisten der großen Weine müssen 3–5 Jahre gelagert werden. Die 1998er haben mehr Charme und sind frühreifer als ihre eher exotischen Geschwister.

1996 – Ein großer, klassischer Jahrgang, im Stil ähnlich dem 1978er und 1971er. Die Weine sind tanninreich, konzentriert, gut strukturiert und muskulös und benötigen deshalb eine gewisse Reifezeit. Zwar war es das ganze Jahr über kühl mit wenig Sonne, doch wie ein Geschenk des Himmels für diesen fabelhaften Jahrgang gab es mit September und Oktober noch zwei extrem trockene und warme Monate. Die besten Weine stammen von den Winzern, die mit der Lese bis zum Oktober gewartet haben. Mit allen großen Weinen müssen Sie noch einige Geduld haben – etwa 8–10 Jahre.

1995 – Von den meisten als gut bis ausgezeichnet bezeichnet, ist dieser Jahrgang in Wirklichkeit eher ungleichmäßig – mit einigen Glanzpunkten, aber auch einer ganzen Masse wenig inspirierender Weine. Sie sind allgemein entwickelt, unmittelbar ansprechend, aber nicht immer gut konzentriert. Aufgrund der Qualitätsschwankungen sollte man hier besonders sorgfältig auswählen.

ÄLTERE JAHRGÄNGE

Die frühen 1990er Jahre waren ein echtes Desaster für die Region, der 1991er- und 1992er-Jahrgang war erbärmlich, der 1993er und 1994er zumindest von durchschnittlicher Qualität – trotz öffentlichkeitswirksamer Gegenpropaganda. Die letzten großen Jahrgänge im Piemont waren 1989 und 1990, dicht gefolgt vom Jahr 1988. Noch weiter zurück erweisen sich die Jahre 1985 und 1982 wenn auch nicht als herausragend, so doch als recht gut. Der 1978er dagegen stellte sich als fantastisch heraus mit seinen langlebigen Weinen, die augenblicklich gerade den Höhepunkt erreichen. Davor waren 1971 und 1964 große klassische Jahrgänge.

BEWERTUNG DER BESTEN PRODUZENTEN DES PIEMONT

Wenn ein Produzent in zwei Kategorien fällt (***/****), wird er in der niedrigeren eingeordnet.

** * * * * (HERVORRAGEND)*

Gianfranco Alessandria Barolo San Giovanni
Elio Altare Barolo Brunate
Elio Altare Barolo Vigneto Arborina
Azelia Barolo Bricco Fiasco
Azelia Barolo San Rocco
Braida Barbera d'Asti Ai Suma
Braida Barbera d'Asti Bricco dell'Uccellone
Cavallotto Barolo Bricco Boschis Vigna San Giuseppe
Ceretto Barbaresco Bricco Asili
Ceretto Barolo Bricco Rocche
Domenico Clerico Barolo Ciabot Mentin Ginestra
Domenico Clerico Barolo Mosconi Percristina Riserva
Domenico Clerico Barolo Pajana
Aldo Conterno Barolo Bussia Soprana
Aldo Conterno Barolo Gran Bussia Riserva
Aldo Conterno Barolo Cicala
Aldo Conterno Barolo Colonnello
Giacomo Conterno Barolo Cascina Francia Riserva
Giacomo Conterno Barolo Monfortino
Angelo Gaja Barbaresco
Angelo Gaja Conteisa
Angelo Gaja Costa Russi
Angelo Gaja Sorì San Lorenzo
Angelo Gaja Sorì Tildin
Angelo Gaja Sperss
Bruno Giacosa Barbaresco Asili
Bruno Giacosa Barbaresco Rabajà
Bruno Giacosa Barbaresco Santo Stefano
Bruno Giacosa Barolo Falletto dei Serralunga
Bruno Giacosa Barolo Collina Rionda
Bruno Giacosa Barolo Rocche di Falletto
Icardi Barbera d'Alba Surì di Mù
Icardi Barolo Parej
Insieme (sieben verschiedene *Cuvées,* erzeugt von Spitzenproduzenten wie Alessandria, Altare, Corino, Grasso, Molino, Revello, and Veglio)
Bartolo Mascarello Barolo
Giuseppe Mascarello & Figlio Barolo Monprivato
Armando Parusso Barolo Bussia Vigna Rocche
E. Pira Barolo Cannubi
Luigi Pira Barolo Marenca
Luigi Pira Barolo Margheria
Luigi Pira Barolo Vigna Rionda
Prunotto Barbaresco Bric Turot
Prunotto Barolo Bussia
F.lli Revello Barolo Vigna Rocche dell'Annunziata
Giuseppe Rivetti Barbaresco Valeirano

La Spinetta di Giuseppe Rivetti Barbaresco Vigneto Gallina
La Spinetta di Giuseppe Rivetti Barbaresco Vigneto Starderi
Albino Rocca Barbaresco Vigneto Brich Ronchi
Albino Rocca Barbaresco Vigneto Loreto
Sandrone Barolo Cannubi Boschis
Sandrone Barolo Le Vigne
Paolo Scavino Barolo Bric del Fiasc
Paolo Scavino Barolo Cannubi
Paolo Scavino Barolo Rocche dell'Annunziata
F.lli Seghesio Barolo Vigneto La Villa
G. D. Vajra Barolo Bricco delle Viole
Vietti Barolo Brunate
Vietti Barolo Rocche
Roberto Voerzio Barbera d'Alba Vigneto Pozzo dell'Annunziata
Roberto Voerzio Barolo Brunate
Roberto Voerzio Barolo Capalot delle Brunate Riserva
Roberto Voerzio Barolo Cerequio

** * * * (AUSGEZEICHNET)*

Marziano & Enrico Abbona Barbaresco
Marziano & Enrico Abbona Barbera d'Alba
Marziano & Enrico Abbona Barolo
Giovanni Abrigo Barbera d'Alba Marminela
Marchesi Alfieri Barbera d'Asti
Elio Altare Barbera Vigna Larigi
Elio Altare Barolo
Elio Altare Dolcetto d'Alba
Elio Altare Langhe La Villa
Azelia Dolcetto d'Alba Bricco Oriolo
Azelia Dolcetto d'Alba Vigneto Azelia
Batasiolo Barolo Bofani
Enzo Boglietti Barolo Brunate
Enzo Boglietti Barolo Case Nere
Enzo Boglietti Barolo Fossati
Alessandro Brero Barolo Poderi Roset
F.lli Brovia Barolo Ca' Mia
F.lli Brovia Barolo Monprivato
F.lli Brovia Barolo Rocche dei Brovia
F.lli Brovia Barolo Villero
Bussia Soprano Barolo Mosconi
Cantina Sociale di Vinchio e Vaglio Serra Barbera d'Asti Superiore Vigne Vecchie
Carretta Barolo Vigneta Cannubi
Cascina Drago Bricco del Drago
Cascina Drago Dolcetto d'Alba
Cascina Drago Nebbiolo
Cascina Luisin Barbera d'Alba Asili
Cascina Luisin Barbera d'Alba Maggiur
Cavallotto Barolo Vignolo
Ceretto Barolo Brunate
Ceretto Barolo Prapò
Ceretto Barolo Zonchera
Sergio Cerutti Barbera d'Alba Ca' du Ciuvin
Quinto Chionetti & Figlio Dolcetto di Dogliani Briccolero
Quinto Chionetti & Figlio Dolcetto di Dogliani San Luigi
F.lli Cigliuti Barbaresco Serraboella
Domenico Clerico Langhe Arte
Domenico Clerico Barolo Bricotto Bussia
Domenico Clerico Dolcetto d'Alba
Elvio Cogno Barbera d'Alba Bricco dei Merli
Elvio Cogno Dolcetto d'Alba
Elvio Cogno Langhe Rosso Montegrilli
Aldo Conterno Barbera d'Alba Conca Tre Pile
Paolo Conterno Barbera d'Alba Ginestra
Conterno Fantino Barolo Sorì Ginestra
Conterno Fantino Barolo Vigna del Gris
Luigi Coppo & Figli Barbera d'Asti Camp du Rouss
Luigi Coppo & Figli Barbera d'Asti Pomorosso
Cordero di Montezemolo Barolo Bricco Gattera
Cordero di Montezemolo Barolo Monfalletto
Cordero di Montezemolo Barolo Vigna Enrico VI
Corino Barbera Vigna Pozzo
Corino Barolo
Corino Barolo Arborina
Corino Barolo Vigna Giachini
Corino Barolo La Morra
Corino Barolo Vigneto Rocche
Corino Dolcetto d'Alba
Matteo Correggia Barbera d'Alba Bricco Marun
Matteo Correggia Nebbiolo d'Alba La Val dei Preti
Giuseppe Cortese Barbaresco Rabajà

Gianpaolo Destefanis Dolcetto d'Alba
Gianpaolo Destefanis Dolcetto d'Alba Vigna Monia Bassa
Luigi Einaudi Barolo
Luigi Einaudi Barolo Cannubi
Luigi Einaudi Barolo Costa Grimaldi
Luigi Einaudi Dolcetto d'Alba Vigna Tecc
Luigi Einaudi Dolcetto d'Alba I Filari
Stefano Farina Barbaresco
Stefano Farina Barolo
Giacomo Fenocchio Barolo Bussia
Giacomo Fenocchio Barolo Villero
F.lli Ferrero Barolo Annunziata
Fontanafredda Barolo Coste Rubin
Fontanafredda Barolo La Delizia
Fontanafredda Barolo Vigna Lazzarito
Fontanafredda Barolo Vigna La Rosa
Fontanafredda Barolo di Serralunga
Gianni Gagliardo Barolo Preve
Angelo Gaja Barbaresco
Angelo Gaja Barbera d'Alba Vignarey
Angelo Gaja Cabernet Sauvignon Darmagi
Attilio Ghisolfi Barolo Bricco Visette
Bruno Giacosa Barbaresco Gallina
Bruno Giacosa Barolo Villero
Silvio Grasso Barolo Bricco Luciani
Silvio Grasso Barolo Ciabot Manzoni
Marchesi di Gresy Barbaresco Martinenga
Marchesi di Gresy Barbaresco Camp Gros Martinenga
Marchesi di Gresy Barbaresco Gaiun Martinenga
Marchesi di Gresy Dolcetto Monte Aribaldo
Giovanni Manzone Barbera d'Alba
Marcarini Barolo Brunate
Marcarini Barolo La Serra
Mario Marengo Barolo Bricco delle Viole
Mario Marengo Barolo Brunate
Giuseppe Mascarello & Figli Barbera d'Alba Panirole
Mauro Molino Barolo Vigna Conca
Mauro Molino Barolo Vigna Gancia
F.lli Mossio Dolcetto d'Alba Bricco Caramelli
Andrea Oberto Barbera d'Alba Giada
Andrea Oberto Barolo Vigneto Rocche
Luigi Oberto Barolo Ciabot Berton
Palladino Barolo Serralunga
Palladino Barolo Vigna Broglio
Palladino Barolo Vigna San Bernardo
Armando Parusso Barolo
Armando Parusso Dolcetto d'Alba Mariondino
Elia Pasquero Barbaresco Sorì Paitin
F.lli Pecchenino Langhe La Castella
F.lli Pecchenino Dolcetto di Dogliani Bricco Botti
F.lli Pecchenino Dolcetto di Dogliani Sirì d'Jermu
Luigi Pelissero Barbaresco Vanotu
Vignaioli Elvio Pertinace Barbaresco Castellizzano
Vignaioli Elvio Pertinace Barbaresco Marcarini
Vignaioli Elvio Pertinace Barbaresco Nervo
Pio Cesare Barbaresco
Pio Cesare Barolo Ornato
Pio Cesare Barbera d'Alba
Pio Cesare Barolo
Pio Cesare Dolcetto d'Alba
Luigi Pira Barolo
Produttori del Barbaresco Barbaresco Asili
Produttori del Barbaresco Barbaresco Moccagatta
Produttori del Barbaresco Barbaresco Montestefano
Produttori del Barbaresco Barbaresco Ovello
Produttori del Barbaresco Barbaresco Rabajà
Prunotto Barbaresco Montestefano
Prunotto Barbera d'Alba Pian Romualdo
Prunotto Barolo Cannubi
Quorum Barbera d'Asti
Renato Ratti Barolo Marcenasco
Renato Ratti Barolo Marcenasco Conca
Renato Ratti Barolo Marcenasco Rocche
F.lli Revello Barolo
F.lli Revello Barolo Vigna Conca
F.lli Revello Barolo Vigna Giachini
Francesco Rinaldi Barolo
Giuseppe Rinaldi Barolo
Giuseppe Rinaldi Barolo Brunate Riserva
Giuseppe Rivetti Monferrato Rosso Pin
Roagna Barbaresco
Roagna Barbaresco Baroco
Bruno Rocca Barbaresco Coparossa
Bruno Rocca Barbaresco Rabajà
Rocche Costamagna Barolo Rocche di La Morra

Rocche Costamagna Barolo Rocche Vigna Francesco
Rocche dei Manzoni Barolo Riserva
Rocche dei Manzoni Barolo Riserva Vigna D'la Roul
Rocche dei Manzoni Barolo Riserva Vigna Big
Luciano Sandrone Dolcetto d'Alba
Giancarlo Scaglione Le Grive
Paolo Scavino Barbera d'Alba Affinato in Carati
Paolo Scavino Barolo
Mauro Sebaste Barolo Monvigliero
Mauro Sebaste Barolo Prapò
Mauro Sebaste Barolo La Serra
Aurelio Settimo Barolo Rocche
Sottimano Barbaresco Cottà Vigna Brichet ****/*****
Sottimano Barbaresco Currà Vigna Masué ****/*****
Sottimano Barbaresco Gaia Principe Vigna del Salto ****/*****
Sottimano Barbaresco Pajoré Vigna Lunetta ****/*****
La Tenaglia Emozioni Vino da Tavola
La Tenaglia Giorgio Tenaglia Vino da Tavola
Terra da Vino Barbera d'Asti La Luna e I Falò
Giuseppe Traversa Barbaresco Sorì Ciabot
Giuseppe Traversa Barbaresco Sorì Starderi
G. D. Vajra Barbera d'Alba Riserva Bricco delle Viole
Mauro Veglio Barolo Arborina
Mauro Veglio Barolo Castelletto
Mauro Veglio Barolo Gattera
Mauro Veglio Barolo Rocche
Viarengo & Figlio Barbera d'Asti Il Falé Superiore
Eraldo Viberti Barbera d'Alba Vigna Clara
Eraldo Viberti Barolo
Vietti Barbaresco Masseria
Vietti Barolo Castiglione
Vietti Barolo Lazzarito
Vietti Barolo Villero
Gianni Voerzio Barolo La Serra
Roberto Voerzio Barbera d'Alba Vignasse
Roberto Voerzio Barolo La Serra
Roberto Voerzio Dolcetto d'Alba Privino
Roberto Voerzio Vignaserra Vino da Tavola
Attilio Zunino Barolo Sorì di Baudana

** * * (GUT)*

Renato Anselma Barolo
Antoniolo Gattinara
Antoniolo Gattinara Osso San Grato
Antoniolo Gattinara San Francesco
Antoniolo Gattinara Vigneto Castelle
Azelia Barolo Bricco Punta ***/****
F.lli Barale Barbaresco Rabajà
F.lli Barale Barolo Castellero
Marchesi di Barolo Barbaresco
Marchesi di Barolo Barolo di Barolo
Marchesi di Barolo Barolo Cannubi
Marchesi di Barolo Barolo Sarmassa
Batasiolo Barbaresco
Batasiolo Barolo
Batasiolo Barolo Cru Boscareto
Batasiolo Barolo Cru Briccolina
Batasiolo Dolcetto d'Alba
Batasiolo Moscato d'Asti
Pietro Berruti Barbaresco La Spinona
Bersano Barbera d'Asti Cascina Cremosina
Bertelli Barbera d'Asti Giarone
Bertelli Barbera d'Asti Montetusa
Bertelli Cabernet Sauvignon I Fossaretti
Boasso Barolo Gabutti
Alfiero Boffa Barbera d'Asti Collina della Vedova
Alfiero Boffa Barbera d'Asti Vigna Cua Longa
Alfiero Boffa Barbera d'Asti Vigna More
F.lli Serio & Battista Borgogno Barolo Cannubi
Giacomo Brezza & Figli Barbera d'Alba Cannubi
Giacomo Brezza & Figli Barolo Bricco Sarmassa
Giacomo Brezza & Figli Barolo Cannubi
Ca' del Baio Barbaresco Asili
Ca' dei Gancia Barolo Cannubi
Ca' Romè Barbaresco
Ca' Romè Barbaresco Maria di Brun
Ca' Romè Barolo Vigneto Carpegna
Ca' Romè Barolo Rapet
Ca' Romè Barolo Vigna Rionda
Bartolomeo Di Cabutto Barbera d'Alba Bricco delle Viole

Bartolomeo Di Cabutto Barolo Vigna La Volta
Giuseppe Cappellano Barolo
Giuseppe Cappellano Barolo Otin Fiorin Collina Gabutti
Giorgio Carnevale Barbera d'Asti Il Crottino
Carretta Barbaresco
Carretta Barbera Bric Quercia
Carretta Nebbiolo d'Alba Bric Paradiso
Carretta Nebbiolo d'Alba Bric Tavoleto
Casa Vinicola Conte Vaselli Santa Giulia Rosso
F.lli Casetta Barbaresco Vigna Ausario
F.lli Casetta Barbera d'Alba Vigna Lazaretto
Cascina Castlèt Barbera d'Asti
Cascina Castlèt Barbera d'Asti Superiore
Castello di Neive Barbaresco Santo Stefano
Castello di Neive Dolcetto d'Alba Basarin
Castello di Neive Dolcetto d'Alba Messoriano
Cavallotto Barolo Bricco Boschis
Ceretto Barbaresco Asij
Ceretto Barbaresco Bricco Asili Faset
Ceretto Barbera d'Alba Piana
Ceretto Dolcetto d'Alba Rossana
Ceretto Nebbiolo d'Alba Lantasco
Michele Chiarlo Barbera d'Asti
Michele Chiarlo Barbera d'Asti Valle del Sole
Michele Chiarlo Barilot
Michele Chiarlo Barolo Brunate
Michele Chiarlo Barolo Vigna Rionda
Michele Chiarlo Countacc!
F.lli Cigliuti Barbera d'Alba Serraboella
Aldo Conterno Il Favot
Giacomo Conterno Barbera d'Alba Cascina Francia
Conterno-Fantino Barbera d'Alba Vignato
Cordero di Montezemolo Barbera d'Alba
Cordero di Montezemolo Barolo Enrico VI
Cordero di Montezemolo Dolcetto d'Alba Monfalletto
Giuseppe Cortese Dolcetto d'Alba
Luigi Dessilani & Figlio Gattinara
Luigi Dessilani & Figlio Ghemme
Luigi Dessilani & Figlio Spanna
Dosio Barolo Vigna Fossati
Cascina Drago Bricco del Drago Vigna Le Mace
Luigi Einaudi Dolcetto di Dogliani
F.lli Ferrero Barolo Manzoni
Fontanafredda Barbera d'Alba Vigna Raimondo
Fontanafredda Barolo
Gianni Gagliardo Barolo La Serra
Angelo Gaja Dolcetto d'Alba Vignaveja
Angelo Gaja Nebbiolo d'Alba Vignaveja
Attilio Ghisolfi Barolo Bricco Visette
F.lli Giacosa Barbaresco Rio Sordo
F.lli Giacosa Barolo Pira
F.lli Grasso Barbaresco Bricco Spessa
F.lli Grasso Barbaresco Riserva
Silvio Grasso Barbera d'Alba Fontanile
Icardi Barbera d'Alba Vigna dei Gelsi
Icardi Nebbiolo delle Langhe
Eredi Lodali Barbaresco Rocche dei Sette Fratelli
Giovanni Manzone Barolo Le Gramolere
Giovanni Manzone Barolo Le Gramolere Bricat
Giovanni Manzone Barolo Santo Stefano di Perno
Giovanni Manzone Dolcetto d'Alba
Giovanni Manzone Nebbiolo
Mario Marengo Barbaresco Le Terre Forti
Mario Marengo Barbera Le Terre Forti
Bartolo Mascarello Dolcetto d'Alba
Giuseppe Mascarello & Figlio Barbera d'Alba Fasana
Giuseppe Mascarello & Figlio Barolo Dardi
Giuseppe Mascarello & Figlio Dolcetto d'Alba Gagliassi
Il Milin di Michelino Rovero Barbera d'Asti
Il Milin di Michelino Rovero Barbera d'Asti Vigneto Gustin
Luigi Minuto Barbaresco Cascina Luisin Rabajà
Luigi Minuto Barbaresco Sorì Paolin
Moccagatta Barbaresco Basarin
Moccagatta Barbaresco Cole
Moccagatta Barbera Basarin
Mauro Molino Barolo
Luigi Oberto Barbera d'Alba Ciabot Berton
Ochetti Barbera d'Asti Superiore
F.lli Oddero Barbaresco
F.lli Oddero Barolo Mondoca di Bussia Soprana
F.lli Oddero Barolo Rocche di Rivera di Castiglione
F.lli Oddero Barolo Vigna Rionda
Armando Parusso Barbera Pugnane

Agostino Pavia e Figli Barbera d'Asti Bricco Blina
Elio Perrone Barbera delle Langhe Vigna Grivò
Piazzo Barbaresco Riserva
Piazzo Barbaresco Sorì Fratin
Piazzo Barbera d'Alba Mugiot
Piazzo Barolo Poderi di Mugiot
Pio Cesare Barbera d'Alba
Pio Cesare Barolo
Pio Cesare Dolcetto d'Alba
Produttori del Barbaresco Barbaresco
Produttori del Barbaresco Barbaresco Pora
Prunotto Barbaresco
Prunotto Barbera d'Alba
Prunotto Barbera d'Alba Fiulot
Punset Barbaresco Campo Quadro
Bruno Rocca Nebbiolo d'Alba
Rocche Costamagna Barbera d'Alba Rocche di La Morra
Rocche Costamagna Rocche della Rocche
Gigi Rosso Barbaresco Viglino
Gigi Rosso Barolo Arione
Scarpa Barbaresco
Scarpa Barbaresco Payore Barberis di Treiso
Scarpa Barolo Boscaretti di Serralunga d'Alba
Scarpa Barolo I Tetti di Neive
Scarpa Rouchet Vino da Tavola
Enrico Scavino Dolcetto d'Alba
Mauro Sebaste Barolo Le Coste
F.lli Seghesio Barbera
F.lli Seghesio Dolcetto d'Alba
Sigilla dell'Abate Barolo Riserva
Tenuta dei Fiori Barbera d'Asti
Renato Trinchero Barbera d'Asti La Barslina
Mauro Veglio Barolo Arborina
Mauro Veglio Barolo Castillero
Mauro Veglio Barolo Gattera
Mauro Veglio Barolo Rocche
Viarengo & Figlio Barbera d'Asti Il Falé
Viarengo & Figlio Barbera d'Asti Bricco Morra
Eraldo Viberti Barolo
Vietti Barbera d'Alba Pian Romualdo
Vietti Barbera d'Alba Scarrone
Vigna Rionda Barolo Parafada
Vigna Rionda Barolo Sorì Vigna Rionda
Vigna Rionda Barolo Sorì Vigneto Margheria
Vigna Rionda Barolo Vigna Rionda

GIOVANNI ABRIGO

1999	**Barbera d'Alba Marminela**	**C**	**89**
1998	**Barbera d'Alba Marminela**	**C**	**88**
2000	**Dolcetto Diano d'Alba Garabei**	**C**	**88**
1999	**Dolcetto Diano d'Alba Garabei**	**C**	**90**
2000	**Dolcetto Diano d'Alba Sorì Crava**	**C**	**89**
1999	**Dolcetto Diano d'Alba Sorì Crava**	**C**	**88**
1998	**Nebbiolo d'Alba**	**C**	**89**

Alle ungeschönten und ungefilterten Rotweine Abrigos bieten ein attraktives Preis-Leistungsverhältnis, insbesondere auf dem heutigen Weinmarkt. Sie werden im Tank vergoren und ausgebaut; die Produktion liegt bei 300–500 Kisten pro Jahr.

Der *2000er Dolcetto d'Alba Garabei* zeigt eine für diese Rebsorte überraschende Struktur, reichliche Noten von Schokolade und Beerenfrucht mit einem Hauch von Veilchen, einen mittleren Körper und eine sanfte Persönlichkeit. Trinken Sie ihn in den nächsten 2–3 Jahren. Als explosiv fruchtiger, rauchiger, reifer, durch Schwarzkirschen und Schokolade geprägter Dolcetto, der nicht im Barrique gereift ist, bietet der *2000er Dolcetto Diano d'Alba Sorì Crava* jede Menge Frucht sowie einen fleischigen, reintönigen Abgang. Trinken Sie ihn in den nächsten 3 Jahren.

Zwei erstklassige Dolcettos: Der *1999er Dolcetto d'Alba Sorì Crava* zeigt explosive Fruchtaromen von Schwarzkirschen, Brombeeren und Veilchen. Die Geschmacksnoten sind reintönige Kirsch- und Brombeermarmelade. Dieser ausgezeichnete Wein lässt sich 2–3 Jahre gut trinken. Noch besser ist der 1999er *Dolcetto Diano d'Alba Garabei.* Dieser undurchdringlich purpurfarbene Dolcetto besitzt interessante Aromen und Geschmacksnuancen von Schwarzkirsch- und Brombeerlikör, Schokolade und Blumen. Es gibt darin genug Säure, um für Lebhaftigkeit und einen klar umrissenen Charakter zu sorgen. Trinken Sie diese hedonistische Fruchtbombe in den nächsten 2 Jahren.

Der *1999er Barbera Marminela* stammt von einem mit alten Reben bestockten Weinberg gleichen Namens. Vergoren und ausgebaut wird er in französischen Fässern, von denen ein Drittel neu sind. Rubin-purpurrot in der Farbe, ist er am Gaumen süß und fett, von mittlerem Körper und fruchtbetont; er sollte bald getrunken werden.

Leser, die mehr Komplexität und einen intensiv duftigen Stil suchen, sollten sich an den *1998er Nebbiolo d'Alba* halten. Er zeigt klassische Merkmale von Rosenblättern, geschmolzenem Teer, Tabak und süßer Kirschfrucht und könnte bei einer Blindprobe leicht für einen Barolo durchgehen. Doch ist er teurer als die meisten Einsteiger-Barolos. Trinken Sie ihn im Laufe der nächsten 5–6 Jahre.

ORLANDO ABRIGO

1997	**Barbaresco Vigna Montersino**	**E**	**87**
1997	**Barbaresco Vigna Rongallo**	**E**	**88**

Dieser Erzeuger aus dem Dorf Treiso hat einen sehr guten dunkelrubinroten *1997er Barbaresco Vigna Montersino* produziert. Sein aromatisches Profil besteht aus neuem Sattelleder, Beerenfrucht und Gewürzen, dargeboten in einem anmutigen Stil von mittlerem bis vollem Körper. Wegen der starken Süße, die von seinem Glyzerin und Alkohol herrührt, sollte man diesen 1997 am besten in den nächsten 2 Jahren trinken. Der tiefere und längere *1997er Barbaresco Vigna Rongallo* zeigt typische Aromen von Pflaumen, Kirschen, Backpflaumen, Gewürzen, Lakritze und Rauch. Er ist von mittlerem bis vollem Körper, reichhaltiger als sein Bruder und sollte in den nächsten 2–3 Jahren konsumiert werden.

CLAUDIO ALARIO

1998	**Barolo Vigneto Riva**	**E**	**89**
1997	**Barolo Vigneto Riva**	**E**	**88**
1996	**Barolo Vigneto Riva**	**E**	**91**
1995	**Barolo Vigneto Riva**	**E**	**87**

Claudio Alario, ein neues Gut im Dorf Verduno, erzeugt kleine Mengen von hedonistischen, üppigen Barolos, die in offenen Gärbehältern vergoren und in großen Fässern aus französischer Eiche (zu 60–80% neu) ausgebaut werden.

Der *1998er Barolo Vigneto Riva* hat sich als ein wenig besser als der 1997er herausgestellt. Er bietet eine klassische Mischung von Balsaholz, Kaffee, Teer, Kirschen und Gewürzen, einen süßen Auftakt, mittleren Körper und sanfte, aber spürbare Tannine im Abgang. Trinken Sie ihn in den nächsten 8 Jahren. Der elegante dunkelrubinrote *1997er Barolo Vigneto Riva* war aus dem Fass besser als aus der Flasche. Er bietet zurückhaltende, subtile Aromen und Geschmacksnuancen von Schwarzkirschen, vermischt mit Teer, Tabak, Rauch und Erde. Für einen 1997er hat er ein untypisches mittleres Gewicht, ohne dass die schwelgerische Seite des Jahrgangs sichtbar wird. Voraussichtliche Genussreife: jetzt–2015. Der satt rubin-purpurrote *1996er Barolo Vigneto Riva* enthüllt ein intensives Bukett von Kirschen, Kaffee, Zedernholz und Rauch. Für einen 1996er gibt es darin großen Reichtum, vollen Körper, großartige Reintönigkeit und überraschend niedrige Säure sowie eine üppige, vielschichtige Persönlichkeit. Obwohl im Abgang Tannin zu spüren ist, handelt es sich um einen vielfältigen, hervorragend gemachten Barolo, der seine beste Qualität vor 2015 erreichen dürfte. Der *1995er Barolo Vigneto Riva* zeigt in seinen entwickelten Aromen Unmengen von Zedernholz, Rauch und Kirschfrucht. Mit gutem Fett und mittlerem bis vollem

Körper ist er ein hedonistischer, entwickelter, üppiger Barolo, den man in den nächsten 2–3 Jahren genießen kann.

ALASIA

1999	Barbera d'Asti Rive	C	89
1998	Barbera d'Asti Rive	C	92

Der dichte, undurchdringlich purpurrote *1999er Barbera d'Asti Rive* bietet ein großzügiges, süßes Bukett von schwarzen Früchten, Unterholz, Teer und Gewürz. Von mittlerem bis vollem Körper, mit ausgezeichneter Konzentration, wunderbarer Reintönigkeit und einem langen Abgang, kann man diesen fleischigen, vollmundigen Barbera in den nächsten 2–3 Jahren genießen. Der exquisite *1998er Barbera d'Asti Rive* von undurchdringlich rubin-purpurroter Farbe besitzt immensen Körper, enorme Fruchtkonzentration und Unmengen von toastwürzigem neuem Eichenholz. Als kraftstrotzender Barbera, der in einem modernen, internationalen Stil bereitet ist, bietet er verführerische Frucht, Glyzerin und neues Holz. Genießen Sie ihn in den nächsten 4–5 Jahren.

GIANFRANCO ALESSANDRIA

1997	Barolo	E	89
1996	Barolo	E	88
1995	Barolo	E	87
1998	Barolo San Giovanni	E	90+
1997	Barolo San Giovanni	E	92+
1996	Barolo San Giovanni	E	90
1995	Barolo San Giovanni	E	88

Dieser Erzeuger aus Monforte d'Alba vertraut auf kleine offene Gärbehälter und das Untertauchen des Tresterhuts – im Gegensatz zu vielen seiner Kollegen, die rotierende Gärbehälter verwenden. Der einfache Barolo wird in großen Holzfässern ausgebaut; der Wein San Giovanni, der aus einer Lage gegenüber von Bussia stammt, reift in großen Fässern und Barriques (ca. 30% davon neu). Diese klassischen Barolos bieten neben weiteren Nuancen Düfte von Rosenblättern und Tabakblättern sowie teerähnliche Noten. Im Allgemeinen sind sie weniger verführerisch und samtig, aber kraftvoller und dichter als ihre Gegenstücke aus La Morra.

Den einfachen *1998er Barolo* habe ich nicht probiert. Dafür habe ich den *1998er Barolo San Giovanni* genossen, der nur knapp hinter dem brillanten 1997er rangiert. Er besitzt eine undurchdringlich rubin-granatrote Farbe sowie ein faszinierendes Bukett von geschmolzener Schokolade, Zedern- und Balsaholz, Rosenblättern und Kirschlikör. Auf das opulente Fett, das man eingangs spürt, folgen im langen Abgang viel Kraft, Struktur und Tannin. Voraussichtliche Genussreife: 2005–2020.

Der *1997er Barolo* ist ein strukturierter granatfarbener Wein mit rosa und bernsteinfarbenen Tönen am Rand. Aromen von geschmolzenem Karamell, chinesischem Schwarztee, Kirschwasser, Tabak und Lakritze steigen von diesem dichten, fleischigen, kräftigen 1997er mit vollem Körper auf. Er ist ein mäßig tanninbetonter Wein, den man vor 2012 trinken sollte. Der eindrucksvoll ausgestattete dunkelpflaumenfarbene *1997er Barolo San Giovanni* ist ein Kraftprotz. Er verfügt über eine fantastische Konzentration sowie über ein süßes Bukett von Schokolade, Schwarzkirschen, Tabak, Asphalt und Rauch. Strukturiert, kraftvoll und mit überschüssiger Muskelkraft, benötigt dieser wuchtige Wein (trotz seiner geringen Säure) noch 1–2 Jahre im Keller. Voraussichtliche Genussreife: 2004–2020.

Die 1996er sind gehaltvoller und besitzen mehr Persönlichkeit als die 1995er. Der *1996er Barolo* beispielsweise bietet die typischen Aromen und Geschmacksnuancen der Nebbiolo-Traube: Tabak, feuchte Erde, Schwarzkirsche und geschmolzener Teer. Der Wein ist dicht, reichhaltig und von vollem Körper, mit beträchtlicher Muskelkraft, herausragender Reintönigkeit und einem tiefen, konzentrierten, mäßig tanninbetonten Abgang. Voraussichtliche Genussreife: jetzt–2014. Der lehrbuchmäßige *1996er Barolo San Giovanni* bietet ein klassisches, an Teer und Rosenblätter erinnerndes Bukett mit einem Hauch von Kirschlikör, Rauch und getrockneten Kräutern. Dieser dunkelrubinrote Wein ist körperreich, dicht und vielschichtig, mit hervorragender Konzentration und Reintönigkeit. Mäßiges Tannin ist mit herrlicher Tiefe und Muskelkraft gepaart. Voraussichtliche Genussreife: jetzt–2015.

Der im traditionellen Stil bereitete *1995er Barolo* besitzt Struktur, Tannin und eine männliche, strenge Persönlichkeit. Er ist zwar nicht so fruchtbetont wie einige Konkurrenten, aber er ist gut gemacht und lässt sich angenehm trinken. Trinken Sie ihn im Laufe der nächsten 8 Jahre. Der dunkelrubinrote *1995er Barolo San Giovanni* bietet ein kräftiges Bukett von Soja, Seetang, Schwarzkirschlikör, Rauch und getrockneten Kräutern. Dieser Wein ist exotisch, mit mittlerem bis vollem Körper und mäßig tanninhaltig. Seine beste Qualität besitzt er bis 2012.

GIOVANNI ALMONDO

1998	**Barbera d'Alba Bianchera**	**C**	**85?**
1998	**Roero Bric Valdiana**	**C**	**88**

Der bezaubernde *1998er Roero Bric Valdiana* enthüllt ein klassisches Nebbiolo-Bukett von Rosenwasser, Süßkirschen, Tabak und Teer. Dieser köstliche 1998er, der rund und geschmeidig ist und auf der Zunge süß schmeckt, lässt sich 2–3 Jahre gut trinken. Dichter und weniger bezaubernd, aber konzentrierter und strukturierter, mit kreideartiger Rauheit im Abgang, ist der *1998er Barbera d'Alba Bianchera.* Dieser Barbera hat mehr Umfang, aber weniger Charakter und sinnlich erregende Wirkung. Man sollte ihn ebenfalls in den nächsten 2 –3 Jahren trinken.

ELIO ALTARE

1996	**Barolo**	**E**	**89+**
1995	**Barolo**	**E**	**89**
1998	**Barolo Brunate**	**E**	**(92–94)**
1996	**Barolo Brunate**	**E**	**90?**
1995	**Barolo Brunate**	**E**	**90**
1998	**Barolo Vigneto Arborina**	**E**	**(91–93)**
1996	**Barolo Vigneto Arborina**	**E**	**92**
1995	**Barolo Vigneto Arborina**	**E**	**91**

Elio Altare, ein glänzender Erzeuger aus La Morra, verwendet rotierende Gärbehälter und für seinen einfachen Barolo große Eichenfässer sowie für seine beiden Weine aus Einzellagen kleine Barriques (50% neues Eichenholz für den Arborina und 75% für den Brunate). Die malolaktische Gärung findet im Fass statt; vor der Flaschenabfüllung wird keine Filtration durchgeführt. Sie gehören zu den femininsten, am herrlichsten duftenden Weinen aus dem Piemont und stellen schöne Beispiele von Symmetrie, Komplexität und reicher, reifer Frucht dar.

Elio Altare hat zwei elegante, duftige, konzentrierte, ungeheuer befriedigende 1998er geschaffen. Der *1998er Barolo Vigneto Arborina* besitzt einen herrlichen Duft von überreifen Schwarzkirschen, verbunden mit asiatischen Gewürzen, neuem Eichenholz und Blumen. Vielschichtig, großartig konzentriert, wunderbar ausgewogen und nahtlos, mit fabelhafter Frucht, mit gutem Tannin unterlegt und einem langen Abgang von mehr als 40 Sekunden, kann er jetzt und im Laufe der nächsten 15 Jahre getrunken werden. Der dunkelrubinpflaumenfarbene *1998er Barolo Brunate* bietet ein rauchiges, mineralisches, nach dicklichen Erdbeeren und Schwarzkirschen duftendes Bukett mit Noten von Leder, Toastbrot und Gewürzen. Der Wein hat wundervoll gut eingefügtes Holz, Tannin und Säure und ist ferner komplex und vielschichtig am mittleren Gaumen und im Abgang. Genießen Sie diesen 1998er Barolo im Laufe der nächsten 12–15 Jahre.

Die Geschichte von Altares 1997ern sollte erwähnt werden. Die Weine wirkten spektakulär, als sie vor ihrer Flaschenabfüllung verkostet wurden, aber aus Sorge um die Qualität wurden sie in einer Aktion zurückgerufen, die in der Weinwelt nahezu einmalig war. Elio Altare entdeckte nämlich, dass 40% oder noch mehr von seinen 1997ern mit einer Partie verdorbener Korken verkorkt waren. Die meisten Erzeuger, die feststellen, dass sie ein Problem mit verunreinigten Korken haben, überlassen dem Verbraucher das Risiko. Aber Altare konnte aufgrund seiner außergewöhnlichen ethischen Gesinnung und Ehrlichkeit nicht die Vorstellung ertragen, dass seine Anhänger mit mindestens 40% Wahrscheinlichkeit an einen seiner bis zu einem gewissen Grad durch einen schimmeligen Korken verdorbenen Weine geraten würden. Deshalb wurden alle seine 1997er Barolos zurückgerufen und werden im Handel nicht erhältlich sein. Natürlich ist dies ein riesiger finanzieller Verlust, aber noch mehr ein Verlust in moralischer Hinsicht. Altare verdient von allen Verbrauchern Bewunderung dafür, dass er diese Entscheidung traf, und dafür, dass er ein Mann von großen ethischen Grundsätzen ist und die Interessen des Verbrauchers über seine eigenen stellt. Die Leser sollten wissen, dass zu den Weinen, die nie freigegeben werden, alle seine 1997er Barolos gehören, darunter die Einzellagenweine Arborina (mit 93–96 bewertet) und Brunate (92–94) und der einfache Barolo (90–91) sowie seine 1999er Vigneto Arborina und Vigna Langhe Larigi.

Die 1996er sind superb. Der *1996er Barolo* zeigt eine satte, entwickelte, dunkelrubinrote Farbe. Er enthüllt in seinem reifen, fruchtigen Stil Noten von Überreife. Nicht so erregend und aufgeschlossen wie der 1995er, ist der 1996er weniger entwickelt, würzig, reichhaltig und stark extrahiert. Voraussichtliche Genussreife: jetzt–2010. Der *1996er Barolo Vigneto Arborina* erinnert an einen großartigen Grand Cru von der burgundischen Côte d'Or. Intensiv im Aroma, mit Unmengen von Schwarzkirschmarmelade, Erde, Toastbrot und blumigen Düften, enthüllt dieser satte dunkelrubinrote Wein herrliche Reife, beträchtlichen Reichtum, eine körperreiche, vielschichtige Persönlichkeit, angemessene Säure und süßes Tannin im Abgang. Er ist ein umwerfender Barolo, den man jetzt und in den nächsten 12 Jahren trinken kann. Der *1996er Barolo Brunate* ist die sprichwörtliche »Eisenfaust im Samthandschuh«. Er besitzt eine dunkle Rubinfarbe, eine verschlossene Persönlichkeit, kräftige, starke Geschmacksnuancen von Kirschen, Weihrauch und getrockneten Kräutern und einen tanninbetonten Abgang. Genießen Sie ihn in den nächsten 15–18 Jahren.

Altare hat einen fantastischen *1995er Barolo* von mittelrubinroter Farbe herausgebracht, mit einem süßen Bukett von erlesenem Tabak, das mit einer dicklichen Kirschfruchtigkeit verwoben ist. Er ist üppig, mit Gewürzen und Eichenholz im Hintergrund, einer angenehm vielschichtigen, exotischen Empfindung im Mund und ohne harte Ecken und Kanten. Diesen entwickelten Barolo sollte man in den nächsten 2 Jahren trinken. Die beiden Lagenweine stellen ebenfalls großartige Leistungen dar. Der üppige, sinnlich texturierte *1995er Barolo Vigneto Arborina* zeigt eine der sattesten dunkelrubin-pflaumenblauen Farben dieses Jahrgangs. Körperreich, mit großer Reintönigkeit und vielschichtiger Komplexität, die von niedrigen Erträgen und reifen Trauben herrührt, und mit einem Bukett aus asiatischen Gewürzen, Tabak, Rauch und Schwarzkirschen, ist er ein süßer, reichhaltiger, aufgeschlossener, aber in einem hedonistischen Stil gehaltener Barolo. Voraussichtliche Genussreife: jetzt–2008. Im Gegensatz dazu ist der herausragende *1995er Barolo Brunate* muskulöser und verhaltener entwickelt, obwohl er eine gute Dichte, herrliche Reife und mehr Tannin und Körper besitzt. Trinken Sie ihn im Laufe der nächsten 8 Jahre.

ANSELMA

1998	**Barolo Adasi**	**D**	**87**
1997	**Barolo Adasi**	**D**	**86**

Der mittelgranatrote *1998er Barolo Adasi*, trotz eines mäßigen Tanningehalts ein entwickelter, aufgeschlossener Barolo, besitzt Aromen von Karamell, feuchter Erde, Zedernholz, Zigarrenkiste und getrockneten roten Früchten. Er ist zwar von mittlerem Körper und komplex, aber es mangelt ihm am notwendigen Stoff wie auch an der Länge, als dass man ihn als superb betrachten könnte. Voraussichtliche Genussreife: jetzt–2013. Der im traditionellen Stil hergestellte dunkelrubin-granatrote *1997er Barolo Adasi* bietet Noten von Soja, getrockneten Kräutern, Erde und Leder. Auf eine gute Dichte im Auftakt folgt reichlich Tannin, was dem Wein einen komprimierten, adstringierenden Abgang verleiht. Trinken Sie ihn im Laufe der nächsten 10 Jahre.

GIACOMO ASCHERI

1997	Barolo Sorano	D	(76–78?)
1996	Barolo Sorano	D	87+
1995	Barolo Sorano	D	88

Dieser kleine Erzeuger brachte einen 1995er und 1996er heraus, die viel eindrucksvoller sind als der kräuterartige, leicht wässrige, aus dem Rahmen fallende 1997er.

Der *1997er Barolo Sorano* ist wenig beeindruckend, mit harten, trockenen Tanninen, einer leicht wässrigen Art und einem vegetabilen Charakter in der kärglichen Fruchtigkeit. Er offenbarte klassische Nebbiolo-Merkmale wie geschmolzenen Teer und eine blumige Komponente, war aber gleichzeitig zu dicht und mager. Der tanninbetonte, gut strukturierte, muskulöse *1996er Barolo Sorona* bietet ein faszinierendes Bukett sowie Aromen von geschmolzenem Teer, Tomatenschale und dicklicher Erdbeer- und Kirschfrucht im Geschmack. Er zeigt etwas Tannin, mehr Muskelkraft als der 1995er, einen zurückhaltenden, beherrschten Stil und einen längeren Abgang als sein älterer Bruder. Trinken Sie ihn im Laufe der nächsten 8–10 Jahre. Weniger strukturiert und weniger tanninreich als der 1996er, entfaltet der *1995er Barolo Sorano* einen Duft von Rosenblättern. Dieser elegante, vom Stil her feine, rassige Wein von mittlerem Körper bietet eine anmutige Kombination von Kirschfrucht, vermischt mit Zedernholz, Leder und getrockneten Kräutern. Trinken kann man diesen schönen, ansprechenden Barolo jetzt und in den nächsten 8 Jahren.

AZELIA

1997	Barolo	D	90
1998	Barolo Bricco Fiasco	E	(92–93)
1997	Barolo Bricco Fiasco	E	93
1996	Barolo Bricco Fiasco	E	(91–93+?)
1995	Barolo Bricco Fiasco	E	90+
1998	Barolo San Rocco	E	(91–93)
1997	Barolo San Rocco	E	94
1996	Barolo San Rocco	E	(91–93)
1995	Barolo San Rocco	E	90

Azelia, der auf rotierende Gärbehälter und kurze Maischung schwört und für den Ausbau seiner Barolos aus Einzellagen 40% neue Eichenfässer verwendet, war Feuer und Flamme hinsichtlich der jüngsten Jahrgänge. Er erzeugte großartige 1996er und ausgezeichnete 1995er sowie umwerfende 1997er und 1998er. Alle Weine kommen von seinen Weinbergen in Castiglione Falletto mit Ausnahme des San Rocco, der aus der angrenzenden Gemeinde Serralunga stammt. Sie sind alle erstklassig.

Die 1998er, zwei superbe Weine, sind seinen brillanten 1997ern praktisch ebenbürtig (wenn auch klassischer). Beim *1998er Barolo San Rocco* geht ein tiefer Pflaumen-Granat-Ton mit einem wunderbar duftigen Geruch von getrockneten Kräutern der Provence, Rauch, Teer, Schwarzkirschlikör, Zedernholz und Soja einher. Reife, üppig texturierte, körperreiche Geschmacksnuancen umschmeicheln den Gaumen ohne harte Ecken und Kanten. Diese hedonistische Nebbiolo-Fruchtbombe besitzt viel Komplexität. Der *1998er Barolo Bricco Fiasco* bietet zusätzliche Noten von asiatischen Gewürzen, neuem Sattelleder, Erde, Soja und

Nori (Seetang, mit dem Sushi umwickelt ist). Er zeigt eine phänomenale Süße auf der Zunge und am mittleren Gaumen, vollen Körper, keine harten Ecken und Kanten und einen samtweichen, reichhaltigen Abgang mit verschwenderischen Mengen von Frucht und Glyzerin. Trinken Sie beide 1998er im Laufe der nächsten 12–15 Jahre.

Der einfache *1997er Barolo* ist ein köstlicher, ansprechender, runder, geschmeidiger, zugänglicher Wein, den man im Laufe der nächsten 5–6 Jahre trinken sollte. Am Rand des Glases enthüllt er Bernstein- und Rosatöne und ist ein überschwängliches, süßes, aufregendes Exemplar mit Noten von überreifen Kirschen, Zedernholz, Lakritze, Rauch und Teer. Der *1997er Barolo San Rocco*, dunkelgranatrot mit bernsteinfarbenem Rand, besitzt einen phänomenalen Duft von Tabak, Leder, Zedernholz, Früchtebrot und Kirschlikör. Teer und Rosenblätter (klassische Düfte von reifen Nebbiolo-Trauben) kommen ebenfalls zum Vorschein. Hinter diesen fantastischen Aromen ist der Wein körperreich, gehaltvoll und geschmeidig, mit einer expansiven Textur, süßem Tannin, geringer Säure und Unmengen von Fett sowie Extrakt. Trinken sollte man diesen verführerischen Barolo am besten im Laufe der nächsten 10–12 Jahre. Stärker strukturiert, aber ebenfalls üppig, enthüllt der ölige, dunkelrubin-granatrote *1997er Barolo Bricco Fiasco* in reichem Maße Aromen und Geschmacksnuancen von Rauch, Tabak, Leder, Lakritze und Kirschwasser. Köperreich, kräftig und intensiv, kann er jetzt getrunken werden und dürfte sich fast 2 Jahrzehnte lang halten.

Azelia erzeugte zwei fesselnde 1996er. Der *1996er Barolo San Rocco* besitzt ein würziges, nach Zedernholz, Früchtebrot und Kirschlikör duftendes Bukett, eine süße, körperreiche Persönlichkeit mit einem Schwall von Glyzerin, Andeutungen von verkohltem Holz und Eichenholz und einen reichhaltigen, vielschichtigen, säurearmen, strukturierten und klar umrissenen Abgang. Er ist ein kräftiger, vollmundiger Barolo mit beträchtlicher Komplexität. Voraussichtliche Genussreife: jetzt–2020. Der *1996er Barolo Bricco Fiasco* explodiert förmlich im Glas mit Nuancen von Tabak, Balsaholz, Zedernholz, Teer und der typischen Kirschfrucht. Im Mund kommt toastwürziges Eichenholz zum Vorschein. Körperreich, tanninbetont, tief und kraftvoll, mit einer ungeheuren Wucht und Dichte, besitzt dieser in einem modernen Stil bereitete Wein den Körper und die Stärke eines auf traditionellere Weise hergestellten Barolo. Voraussichtliche Genussreife: 2004–2020.

Der *1995er Barolo San Rocco* zeigt die klassischen Aromen von Rosenblättern und geschmolzenem Teer, verbunden mit exotischen Sojadüften und an geröstetes Fleisch erinnernden Gerüchen. Intensiv, mit vollem Körper, toastwürzigem Eichenholz und Schwarzkirschfrucht, entwickelt sich dieser vielfältige, konzentrierte Wein rasant und zeigt schon jetzt unwiderstehliche Komplexität und Reichhaltigkeit. Voraussichtliche Genussreife: jetzt–2008. Der *1995er Barolo Bricco Fiasco* entfaltet ein ausgeprägtes Bukett von Tabakrauch, vermischt mit geschmolzenem Teer, Trüffeln sowie Kirschwasser und Kirschlikör. Dieser duftige, dichte, konzentrierte, körperreiche Barolo ist kräftig und lang, aber weniger entwickelt als der San Rocco. Voraussichtliche Genussreife: jetzt–2016.

FRATELLI BARALE

1998	**Barolo Castellero**	**D**	**85**

Aromen von Apfelschalen, Kirschfrucht, Erde und Pfeffer erinnern an einen geradlinigen Pommard aus Burgund. Dieser weiche *1998er Barolo Castellero* ist zwar von mittlerem Körper und reif, aber es mangelt ihm an Tiefe. Trinken Sie ihn in den der nächsten 2 Jahren.

MARCHESI DI BAROLO

1998	**Barolo Vigna Cannubi**	**E**	**(90–92)**
1997	**Barolo Vigna Cannubi**	**E**	**90**
1998	**Barolo Vigna Sarmassa**	**E**	**(90–92)**
1997	**Barolo Vigna Sarmassa**	**E**	**92**

Die beiden 1998er sind eindrucksvoll. Der 1998er *Barolo Vigna Cannubi* bietet einen dunklen Pflaumen-Purpur-Ton und einen weichen, modernen Stil, der Noten von Lavendel, Rosenblättern, reifen schwarzen Früchten und einen Hauch von toastwürzigem Eichenholz zeigt. Auf einen süßen Auftakt folgt ein reichhaltiger, langer Barolo von mittlerem bis vollem Körper, mit Tannin und hervorragender Ausgewogenheit. Voraussichtliche Genussreife: 2005–2015. Der sogar noch fleischigere und üppigere *1998er Barolo Vigna Sarmassa* ist in einem sinnlichen, modernen Stil bereitet, mit vollem Körper, reichlichem Glyzerin und Unmengen von Schwarzkirschfrucht, durchdrungen von Lakritze, Espresso und geschmolzenem Teer. Er ist vielschichtig, reintönig und beeindruckend und wird zwischen 2004 und 2016 seine Höchstform haben.

Der dunkelrubinrote *1997er Barolo Vigna Cannubi*, der in einem internationalen Stil gehalten ist, zeigt viel neues Eichenholz, überdeckt aber damit nicht die reiche dunkle Himbeer-, Johannisbeer- und Kirschfrucht des Weins. Süß, dicht und körperreich, mit geringer Säure und festem Tannin, lässt sich dieser reintönige, klare Barolo jung gut trinken, altert aber auch noch 15–20 Jahre. Extraktreicher, fleischig, kräftig und tanninbetont ist der *1997er Barolo Vigna Sarmassa*. Reichlich reife, konzentrierte, dunkle Himbeerfrucht, Lakritze, Rauch und Mineralien begleiten als Aromen und Geschmacksnuancen eine dunkelrubin-purpurrote Farbe. Diesen dichten, kraftvollen 1997er sollte man am besten 2–3 Jahre lang einkellern und im Laufe der folgenden 15+ Jahre trinken.

A. S. BIAGIO

1997	**Barolo**	**D**	**(88–90)**
1996	**Barolo**	**D**	**(87–89)**

Der *1997er Barolo* zeigt die typische überreife Frucht, die von den Franzosen im positiven Sinne des Wortes als *sur-maturité* (Überreife) bezeichnet wird. Seine dunkelrubinrote Farbe geht einher mit Aromen von Kirsch- und Brombeerfrucht und *garrigue* (einer typisch provenzalischen Mischung aus Erde und Kräutern) sowie körperreichen, fetten, saftigen Geschmacksnuancen. Der Wein besitzt nur geringe Säure und einen kernigen, alkoholreichen Abgang. Dieser ungestüme Barolo ist zwar nicht komplex, aber in einem hedonistischen Sinne eindrucksvoll. Voraussichtliche Genussreife: jetzt–2015. Der *1996er Barolo* ist ein opulenter dunkelrubinroter Wein mit Batzen von Kirschfrucht, Erde, Olive, Kräutern der Provence und Zedernholz. Reichhaltig, mit guter Reife und einem festen, aber fleischigen Abgang mittlerer Stärke, dürfte er vor 2014 in Bestform sein.

FRANCO BOASSO

1998	**Barolo Gabutti**	**D**	**87**
1997	**Barolo Gabutti**	**D**	**89**
1996	**Barolo Gabutti**	**D**	**(88–91+?)**
1995	**Barolo Gabutti**	**D**	**90**

Dieser Erzeuger aus Serralunga d'Alba verwendet offene Gärbehälter und setzt kein neues Eichenholz ein, sondern baut seine Weine lieber in etwas größeren Fässern aus. Seine Barolos kommen aus einem Weinberg in Südlage. Der im Stil leichte, aufgeschlossene *1998er Barolo Gabutti* von mittelrubin-granatroter Farbe bietet pralle Kirschfrucht, eine samtige Textur und gute Rundheit. Genießen Sie ihn in den nächsten 4 Jahren. Der *1997er Barolo Gabutti* ist dunkelgranatrot mit bernsteinfarbenem Rand. Auf Aromen von Rauch, Tabak, Kräutern der Provence, Kirschwasser und getrockneten Kirschen folgt ein dichter, konzentrierter, kräftiger Wein von mittlerem bis vollem Körper mit ausgezeichneter Reife, üppiger Textur und festen Tanninen im Abgang. Es gibt widersprüchliche Anzeichen dafür, ob er sich rasch entwickeln oder mehr Struktur gewinnen und sich einer Lebensdauer von 18 oder noch mehr Jahren erfreuen wird. In jedem Fall ist er ein ausgezeichneter Wein, der fast herausragend ist. Voraussichtliche Genussreife: jetzt–2016. Der dunkelpflaumen-rubinfarbene

1996er Barolo Gabutti bietet ein Bukett von überreifen Schwarzkirschen, Weihrauch, Lakritze, Rauch und Erde. Er ist monolithisch, dicht und konzentriert, aber ein wenig ungefüge – daher das Fragezeichen. Der Wein besitzt ein gewaltiges Potenzial, hat sich aber noch nicht zusammengefügt. Voraussichtliche Genussreife: 2005–2015. Der *1995er Barolo Gabutti* offenbart ein Bukett von Kirschlikör und Pfeffer, das an einen Châteauneuf-du-Pape erinnert, mit Nuancen von Lakritze und getrockneten Kräutern. Ich hatte einen muskulöseren Barolo im alten Stil erwartet, aber er ist eine Fruchtbombe mit außerordentlicher Reife und Glyzerin in einem üppig-sinnlichen Stil. Voraussichtliche Genussreife: jetzt–2012.

ENZO BOGLIETTI

1998	**Barbera d'Alba Vigna dei Romani**	**C**	**90**
1998	**Barolo Vigna delle Brunate**	**E**	**(88–89)**
1997	**Barolo Vigna delle Brunate**	**E**	**90+**
1996	**Barolo Vigna delle Brunate**	**E**	**(87–89)**
1998	**Barolo Vigna Case Nere**	**E**	**(90–91)**
1997	**Barolo Vigna Case Nere**	**E**	**91**
1996	**Barolo Vigna Case Nere**	**E**	**(87–88)**
1995	**Barolo Vigna Case Nere**	**E**	**85**
1998	**Barolo Vigna dei Fossati**	**E**	**(89–91)**
1997	**Barolo Vigna dei Fossati**	**E**	**91**
1996	**Barolo Vigna dei Fossati**	**E**	**(87–90)**
1999	**Dolcetto d'Alba Tigli Neri**	**C**	**90**
1998	**Langhe Rosso Buio**	**C**	**87**

Dieser aufstrebende Erzeuger aus La Morra, der attraktive Weine hervorbringt, verdient viel Beachtung. Geht man von den letzten Jahrgängen aus, scheint Boglietti, der in einem modernen Stil gehaltene, im Barrique ausgebaute Barolos produziert, sein Leistungsniveau Schritt für Schritt erhöht zu haben. Seine 1998er sind sehr schöne Erfolge. Die superben 1997er besitzen alle eine satte Purpurfarbe und reichlich Glyzerin und Extrakt. Jeder von ihnen scheint mehr schwarze Frucht, einen ausgeprägteren Charakter von Cassis und reifer Himbeere zu haben als die stärker von roten Früchten dominierten 1996er und 1997er. Diese Weine sind säureärmer und lockerer gewirkt als ihre älteren Brüder.

Leser, die nach einem erstaunlichen Dolcetto Ausschau halten, sollten sich an den *1999er Dolcetto d'Alba Tigli Neri* halten. Dieser schwarz-purpurrote Wein, opulent, körperreich und von erlesener Fruchtigkeit, zeigt in reichem Maße schwarze Früchte, vermischt mit Veilchen- und Schokoladennoten. Genießen sollte man diese ölig texturierte, aber trotzdem nicht schwere Schönheit innerhalb von 2 Jahren.

Der ebenfalls hervorragende *1998er Barbera d'Alba Vigna dei Romani* enthüllt viele würzige Toastnoten von seinem Ausbau im Barrique. Er ist ein körperreicher tiefrubin-purpurroter Barbera im modernen Stil, der ein explosives Bukett von eingedicktem Tomaten-Confit aufweist, verbunden mit Schwarzkirschen und Pflaumen. Dicht, kernig, aber trotzdem weich: Man kann ihn jetzt und in den nächsten 2–3 Jahren trinken. Der elegantere, erdige, leicht säurebetonte *1998er Langhe Rosso Buio* ist ein Verschnitt von herabgestuften Nebbiolos und Barberas, die von jungen Reben stammen. Er zeigt rauchige Kirschnoten, viel Gewürz, mittleren Körper und etwas Herbheit und dürfte 2 Jahre lang gut zu trinken sein. Der *1998er Barolo Vigna Case Nere* ist ein körperreicher undurchdringlich purpurroter Wein moderner Machart. Auf einen schweren Duft von schwarzen Früchten, die sich mit neuem Eichenholz vermischen, folgen süßes Tannin, eine vielschichtige Textur, außergewöhnlicher Reichtum und ein langer Abgang. Der dunkelpflaumen-purpurfarbene *1998er Barolo Vigna delle Brunate* ist ein in einem eleganteren Stil gehaltener Wein von mittlerem Körper, der in seinen runden, süßen Geschmacksnuancen einen weniger deutlichen Einfluss des Eichenholzes verrät, aber auch einen weniger eindrucksvollen Abgang als der Case Nere besitzt.

Trinken Sie ihn während seines ersten Lebensjahrzehnts. Der pflaumen-purpurfarbene *1998er Barolo Vigna dei Fossati*, würzig, rauchig, opulent und körperreich, bietet viel Schwarzkirsch- und Beerenfrucht, neues Eichenholz, süßes Tannin und einen langen, kernigen, üppigen Abgang. In diesem 1998er Barolo entdeckt man keine harten Ecken und Kanten. Zwar offenbart er im Augenblick die geringste Typizität dieser drei Weine, aber es ist unmöglich, ein gutes *terroir* zu verbergen, gleichgültig, wie der Wein behandelt wird, solange die Erträge nur niedrig und die Trauben reif sind. Ich vermute, dass sein Barolo- und Nebbiolo-Charakter bei einer Kellerreifung von weiteren 1–2 Jahren zum Vorschein kommen wird. Voraussichtliche Genussreife: jetzt–2016.

Der *1997er Barolo Vigna Case Nere* zeigt einen faszinierenden Geruch von Hickoryholz- und Barbecue-Rauch, vermischt mit Teer, Rosenwasser, Schwarzkirschen, Toffee und Ahornsirup. Körperreich, mit großer Fülle, einer samtigen, vielschichtigen Textur, geringer Säure und einer ganzen Wagenladung Glyzerin, ist er ein dickflüssiger, saftiger Barolo, den man jetzt und in den nächsten 12+ Jahren trinken kann. Der dunkelpflaumen-granatfarbene *1997er Barolo Vigna delle Brunate* bietet ein bemerkenswert reintöniges Bukett von geschmolzener Lakritze, Kirschwasser, Tabak, Gewürzen und toastwürzigem Eichenholz. Tief, wuchtig, körperreich und vielschichtig, mit gewaltigem Extrakt, ist er ein strukturierter, kraftvoller Wein, allerdings ohne den Charme seiner Brüder. Dennoch ist er ein ungemein eindrucksvoller 1997er und möglicherweise der langlebigste dieses Trios. Voraussichtliche Genussreife: jetzt–2020. Der satt rubin-granatrote *1997er Barolo Vigna dei Fossati* besitzt dicke Geschmacksnoten von Brombeere, Himbeere und Kirsche, vermischt mit neuem Eichenholz, Lakritze und Rauch. Dieser reintönige, opulente und saftige, intensive und säurearme Wein demonstriert die Exotik des Jahrgangs und hat reichlich Alkohol und Glyzerin. Voraussichtliche Genussreife: jetzt–2015.

Der dunkelrubinrote *1996er Barolo Vigna Case Nere* ist dicht (dichter als der 1995er sogar) mit Aromen von Lakritze, Fenchel, Zedernholz und Schwarzkirschen. Von mittlerem bis vollem Körper, mit mäßigem Tannin und ausgezeichneter Reintönigkeit, wird dieser Barolo traditionellen Zuschnitts seine beste Qualität vor 2012 haben. Der *1996er Barolo Vigna delle Brunate* bietet ein klassisches Bukett aus geschmolzenem Teer, Kirsch- und dunkler Himbeerfrucht, grasigem Tabak, Kräutern und Ledergerüchen. Der reichhaltige Wein von mittlerem Körper, mäßigem Tannin und einem staubtrockenen, rustikalen Abgang hält sich 8–10 Jahre. Das Bukett des *1996er Barolo Vigna dei Fossati* offenbart den Einfluss von neuem Eichenholz, gepaart mit Kirschlikör, Gewürzen und Lakritze. Breit und überschwänglich im Mund, von vollem Körper und mit mäßigem Tannin, dürfte er sich als Bogliettis langlebigster 1996er erweisen. Voraussichtliche Genussreife: jetzt–2018.

Der einzige Wein des Jahrgangs 1995, den ich verkostet habe, war der *1995er Barolo Vigna Case Nere*, ein eleganter mittelrubinroter Wein mit Aromen von geräucherten Kräutern, Zedernholz, Teer und Kirschen. Würzig, von guter Reife, mittlerem Körper und einem offen gewirkten, gut entwickelten Charakter, lässt er sich schon jetzt und in den nächsten 1–2 Jahren trinken.

BONGIOVANNI

1998	**Barolo**	**D**	**(85–86)**
1997	**Barolo**	**D**	**87**
1996	**Barolo**	**D**	**87**
1998	**Barolo Pernanno**	**D**	**(86–87)**
1997	**Barolo Pernanno**	**D**	**87**
1996	**Barolo Pernanno**	**E**	**90**
1999	**Dolcetto d'Alba**	**C**	**89**
1998	**Langhe Rosso Falletto**	**D**	**87**
1997	**Langhe Rosso Falletto**	**D**	**91+**

Diesen Erzeuger aus Castiglione Falletto kenne ich zwar nicht gut, doch sein Angebot ist beeindruckend. Der *1999er Dolcetto d'Alba* ist eine dichte rubin-purpurrote Fruchtbombe mit einer geschmeidigen Textur, dicken, saftigen Geschmacksnuancen, wenig Komplexität, aber einem eindrucksvollen, den Mund füllenden Frucht- und Extraktgehalt. Trinken Sie ihn in den nächsten 2 Jahren. Der *1998er Langhe Rosso Falletto* (ein Verschnitt von 50% Barbera, 25% Cabernet Sauvignon und 25% Nebbiolo, ausgebaut im Barrique) ist für mich zu sehr dem international gängigen Stil angenähert, doch die Qualität des Weins ist unbestreitbar. Elegante Schwarze-Johannisbeer- und Kirschnoten verbinden sich mit großen Mengen von toastwürzigem Eichenholz, was einen gut gemachten Wein von mittlerem Körper ergibt, den man im Laufe der nächsten 10 Jahre trinken sollte.

Die folgenden beiden 1998er sind gut, aber nicht sonderlich interessant. Der *1998er Barolo* zeigt einen sanften, würzigen Duft von Cola, Kaffee, Schokolade und roten Früchten. Dieser unkomplizierte, (für einen Barolo ungewöhnlich) süffige, geschmeidige 1998er besitzt einen maßvollen Abgang. Trinken Sie ihn in den nächsten 3–4 Jahren. Der dunklere pflaumenfarbene *1998er Barolo Pernanno* bietet mehr toastwürziges neues Eichenholz in den Aromen, zusammen mit Anklängen an Karamell, Schwarzkirschen und Vanille. Rund, großzügig und reif, aber nicht komplex, lässt er sich 5–6 Jahre lang gut trinken.

Die 1997er sind moderne fortschrittliche Barolos, die deutlich auf den Ausbau im Barrique hinweisen. Keiner wird besonders alt werden, aber wenn man sie im Laufe der nächsten 5–6 Jahre trinkt, bieten sie einen reizvollen, kommerziellen Stil mit einigem Charakter. Der *1997er Barolo* zeigt ein tiefes Rubinrot und einen fetten, samtweichen Stil mit geringer Säure sowie reichlicher Kirschfrucht. Der *1997er Barolo Pernanno* ist zwar im Stil ähnlich, enthüllt aber in seiner offen gewirkten, fleischigen, mittelgewichtigen Persönlichkeit mehr Schokolade. Er sollte ebenfalls in den nächsten 5–6 Jahren getrunken werden. Der *1997er Langhe Rosso Falletto* ist ein Ehrfurcht einflößender Wein! Dieser schwarz-purpurrote Verschnitt von 50% Barbera, 25% Cabernet Sauvignon und 25% Nebbiolo, allesamt in neuem französischem Eichenholz ausgebaut, ist ungeheuer extraktreich und extrem körperreich. Er bietet Schicht um Schicht eine dickliche, konzentrierte Frucht, die von Cassis beherrscht wird, mit Noten von Kirschlikör, Gewürzen, Lakritze und Zedernholz. Wenn sich der Wein länger im Glas befindet, kommen einige der für die Nebbiolo-Traube typischen Gerüche von geschmolzenem Teer und Rosenblättern zum Vorschein. Außerordentlich reichhaltig, reintönig und samtig texturiert, mit einem tanninbetonten Abgang, ist dies ein weiterer prächtiger Wein aus dem außergewöhnlichen, wenn auch untypischen 1997er-Jahrgang. Voraussichtliche Genussreife: jetzt–2015.

Der ziemlich helle, mittelschwere, runde *1996er Barolo* bietet Aromen und Geschmacksnoten von Kaffee, Tabak, Kirsche und Kräutern, gute Konzentration, sehr gute Reife und süßes Tannin. Man sollte ihn im Laufe der nächsten 7–8 Jahre trinken. Der *1996er Barolo Pernanno* enthüllt als Aromen und Geschmacksnuancen würziges neues Eichenholz (vom Ausbau im Barrique), geschmolzenen Teer, Rosenblätter und Schwarzkirschfrucht. Er ist reif, von mittlerem bis vollem Körper, konzentriert und geschmeidig. Trinken kann man ihn in den nächsten 8 Jahren.

BARTOLOMEO DI BORGOGNO DARIO

1998	**Barolo Vigneti Solanotto**	**D**	**(88–90)**
1997	**Barolo Vigneti Solanotto**	**D**	**88**

Dieser Erzeuger aus Castiglione Falletto hat einen ausgezeichneten mittelrubin-granatroten *1998er Barolo Vigneti Solanotto* mit einem kräftigen, würzigen, süßen, nach Schwarzkirschen duftenden Bukett mit einem Hauch von Soja und Balsamholz hervorgebracht. Man findet darin eine sehr gute Tiefe der Frucht, mittleren bis vollen Körper und mäßiges Tannin in dem wundervollen Abgang. Trinken Sie ihn im Laufe der nächsten 10 Jahre. Der *1997er Barolo Vigneti Solanotto,* ein angenehm texturierter, reichhaltiger, würziger Wein im alten

Stil, enthüllt Aromen von schwarzen Früchten, reifen Kirschen, Zedernholz, Erde und Tang. Er besitzt mittleren bis vollen Körper und ist reintönig und angenehm texturiert. Trinken kann man ihn jetzt und in den nächsten 8–10 Jahren.

BRAIDA

1998	**Barbera d'Asti Ai Suma**	**E**	**96**
1997	**Barbera d'Asti Ai Suma**	**E**	**95**
1998	**Barbera d'Asti Bricco dell'Uccellone**	**E**	**94**
1997	**Barbera d'Asti Bricco dell'Uccellone**	**E**	**90**
1999	**Monferrato Rosso Il Bacialé**	**D**	**90**

Braida, ursprünglich einer der Erzeuger von großartigen, im Barrique ausgebauten Super-Barberas, setzt auch weiterhin Maßstäbe, obwohl es eine wachsende Zahl von Herausforderern bei diesen exzessiven, erstaunlich konzentrierten, gewaltigen Weinen gibt, bei denen man fast nicht glauben mag, dass sie von der Barbera-Traube stammen. Die beiden Spitzencuvées des Hauses, die vor der Abfüllung 15 Monate lang in französischen Eichenfässern reifen, stellen die Essenz des Barbera in einem modernen, aber aufregend konzentrierten, vielschichtigen Stil dar. Zwar verbessern sich diese Weine in der Flasche nicht bedeutsam, aber in den ersten 5–7 Lebensjahren bieten sie einen prächtigen Trinkgenuss. Ihr Säure- und Extraktgehalt stellen sicher, dass sie 2 Jahrzehnte oder noch länger halten, aber schmecken sie im Alter von 10 Jahren wirklich besser als mit 5 Jahren? Ich glaube es nicht. Doch in ihrer Jugend sind diese Weine aufgrund ihrer hedonistischen Fülle von Frucht, Extrakt, Glyzerin und komplexen Aromastoffen erstaunlich.

Der billigere *1999er Monferrato Rosso Il Bacialé* (ein Verschnitt von 80% Barbera und 20% Pinot Noir) bietet erregende, komplexe Aromen von roten und schwarzen Früchten mit einem Anflug von Kräutern, vermischt mit Erde und würzigem Eichenholz. Er ist reif, rund und saftig, mit einem geschmeidigen Abgang. Genießen kann man ihn in den nächsten 2 Jahren.

Der undurchdringlich purpurrote *1998er Barbera d'Asti Bricco dell'Uccellone* bietet ein verführerisches Bukett von würzigen Toastnoten, vermischt mit Espresso, Rauchfleisch, Schwarzkirschen und Himbeeren. Dieser dichte, körperreiche Wein mit schwelgerischer Textur ist ein überaus intensiver, samtweicher Barbera, den man in den nächsten 5–6 Jahren mit Genuss trinken kann, obwohl er sich länger hält. Noch bemerkenswerter ist der *1998er Barbera d'Asti Ai Suma.* Er ist der Inbegriff eines hoch konzentrierten, im Barrique ausgebauten Barbera, den andere Erzeuger nachzuahmen versuchen (im Falle von Roberto Voerzio erfolgreich). Braidas tintenschwarz-purpurroter 1998er besitzt ein explosives Bukett von Schwarzkirsch- und Kirschmarmelade, vermischt mit Grafit, Vanille, Rauchfleisch und Gewürz. Der sinnliche, körperreiche, üppig texturierte Wein mit außerordentlicher Reintönigkeit ist ein monumentaler Barbera. Ob er sich über 5–7 Jahre hinaus verbessern wird, bleibt der Vermutung überlassen, aber wer kann seinen erregenden Reizen widerstehen?
Der kraftstrotzende *1997er Barbera d'Asti Ai Suma* (800 Kisten), unbestreitbar einer der mächtigsten Barberas, die je hergestellt wurden, offenbart eine alle Kategorien sprengende Dichte sowie ein großartiges Bukett von Rauch, Schwarzkirschen, Kirschlikör, Lakritze und Veilchen. Dank seines erlesenen Reichtums und seiner für einen so gewaltigen Wein erstaunlichen Harmonie dürfte dieser körperreiche Gigant 10–12 Jahre lang gut zu trinken sein. Doch sein niedriger Säuregehalt und seine fast übertriebene Fülle, die so typisch für viele 1997er sind, verleihen ihm unmittelbare Anziehungskraft. Er ist sehr aufregender Tropfen! Der dichte rubin-purpurrote *1997er Barbera d'Asti Bricco dell'Uccellone* steht im Schatten seines Bruders. Er bietet Aromen von konzentrierter Erdbeermarmelade, vermischt mit Kirschen, Schwarzkirschen, rauchig-toastwürzigem Eichenholz und Glyzerin. Minimaler Säuregehalt und starke Persönlichkeit ergeben einen bereits köstlichen Wein, aber er dürfte 8 Jahre lang halten. Dies sind zwei sehr eindrucksvolle Barberas!

ALESSANDRO BRERO

1998	Barbera d'Alba Poderi Roset	C	92
1998	Barolo Poderi Roset	E	88
1997	Barolo Poderi Roset	E	90
1996	Barolo Poderi Roset	E	92+
1995	Barolo Poderi Roset	E	89
2000	Dolcetto d'Alba Poderi Roset	C	88
1999	Dolcetto d'Alba Poderi Roset	C	90

Bei extrem niedrigen Erträgen, reifem Traubengut und einer ohne Filtration vorgenommenen Flaschenabfüllung überrascht es nicht, dass Breros Weine ungeheuer reichhaltig sind. Die in einer Menge von 600 Kisten erzeugte dichte purpurrote Cuvée von dem fetten, kernigen, fruchtbetonten *2000er Dolcetto d'Alba Poderi Roset* besitzt Ladungen von Beerenfrucht, einen Anklang an Kaffee und Schokolade sowie einen körperreichen, kompakten Abgang. Er ist zwar nicht sonderlich komplex, hat aber eine ausgezeichnete Reintönigkeit und einen vollmundigen Stil. Genießen Sie ihn in den nächsten 3 Jahren.

Der *1999er Dolcetto d'Alba Poderi Roset* wurde im Tank vergoren und ausgebaut. Sein sattes Rubin-Purpurrot geht einher mit einem mächtigen, nach Schwarzkirschen, Kirschen und Schokolade duftenden Bukett, überschwänglicher Frucht und geringer Säure. Dieser weiche, reife Dolcetto ist fesselnd und köstlich. Er dürfte sich 2 Jahre gut trinken lassen.

Eine weitere glänzende Leistung stellt der *1998er Barbera d'Alba Poderi Roset* dar. Sowohl in kleinen als auch in großen Fässern aus slawonischer Eiche ausgebaut, zeigt er eine dunkelrubin-purpurrote Farbe, ein herrliches kräuterartiges, rauchiges, toastwürziges, nach Schwarzkirschlikör duftendes Bukett, eine fantastische Textur, vollen Körper und Schichten von Barbera-Frucht. Der Säuregehalt ist niedrig, die Reintönigkeit großartig und der Wein kernig und intensiv. Trinken Sie ihn in den nächsten 5 Jahren. Der weiche, geschmeidige, im Burgunder-Stil bereitete *1998er Barolo Poderi Roset* bietet zusätzlich zu Düften von Rauch, Schokolade und Schwarzkirschen eine dunkelrubinrote Farbe. Von mittlerem Körper und verführerisch, lässt er sich ebenso jetzt wie im Laufe der nächsten 10 Jahre trinken. Er ist zwar nicht so exotisch oder konzentriert wie der 1997er, aber er ist schön ausgewogen, reintönig und harmonisch.

Der stark extrahierte, geschmackvolle, im quasi-modernen Stil bereitete *1997er Barolo Poderi Roset* besitzt die Kraft, das Tannin und die Stärke der Barolos alten Stils, aber die Farbe, die süße Frucht und das reife Tannin der modernen Barolos. Die dichten Geschmacksnoten von Schokolade, Brombeere und Kirsche sind dick, schwer und nachhaltig. Überraschend jugendlich und unentwickelt, ist er angenehm texturiert und äußerst lang. Voraussichtliche Genussreife: jetzt–2016.

Der eindrucksvolle *1996er Barolo Poderi Roset* erfordert zusätzliche Flaschenalterung. Vollständig in großen Fässern aus slawonischer Eiche ausgebaut und ohne Filtrierung auf Flaschen gezogen, bietet er ein tiefes Rubinrot mit bernsteinfarbenem Saum. Spektakuläre Aromen von süßem chinesischem Schwarztee, Rosenblättern, Teer und Batzen von Erdbeer- und Schwarzkirschfrucht explodieren förmlich im Glas. Dieser Wein ist zwar noch ein Kind, aber er ist gehaltvoll und körperreich, mit jeder Menge Geschmack, reichlich Glyzerin und genug Konzentration und Extrakt, um das Gerüst und das Tannin zu überdecken. Voraussichtliche Genussreife: jetzt–2020.

Der im traditionellen Stil bereitete *1995er Barolo Poderi Roset* zeigt ein entwickeltes, tiefes Granatrot mit Bernsteinnuancen am Rand. Er bietet ein würziges, an getrocknete Kräuter, Erde und Wald erinnerndes Bukett mit einem Hauch von Kirsch-Hustensirup, Rauch und Leder. Von mittlerem bis vollem Körper und ausladend, ist er weich genug, dass man ihn jetzt und in den nächsten 4–5 Jahren trinken kann.

GIACOMO BREZZA & FIGLI

1998	Barolo Sarmassa	D	88
1997	Barolo Sarmassa	D	89

Während ich von Brezzas 1999er enttäuscht war, habe ich seinen 1998er und 1997er genossen. Dieser ausgezeichnete, fette, saftig, seidig texturierte *1998er Barolo Sarmassa* ist ungewöhnlich entwickelt und aufgeschlossen. Er zeigt eine dunkelgranatrote Farbe und reichlich rauchige, grasige Kirschfruchtigkeit, vermischt mit Tabak und feuchter Erde. Er ist kernig, stämmig sowie überraschend opulent und lässt sich im Laufe der nächsten 8 Jahre angenehm trinken. Der *1997er Barolo Sarmassa* ist ein kräftiger, körperreicher, dickflüssiger, ölig texturierter Wein mit beträchtlichen Bernsteintönen am Rand. Noten von getrockneten roten Früchten, Blumen, Toffee, Schokolade, Pflaumen und Kirschen sind darin zu finden. Trinken sollte man ihn am besten im Laufe der nächsten 10 Jahre.

BROVIA

1997	Barbaresco Rio Sordo	E	(83–85)
1996	Barbaresco Rio Sordo	E	86
1995	Barbaresco Rio Sordo	E	86+
1998	Barolo Ca' Mia	E	(85–87)
1997	Barolo Ca' Mia	E	90+
1996	Barolo Ca' Mia	E	(86–87+?)
1995	Barolo Ca' Mia	E	88
1998	Barolo Rocche dei Brovia	E	(87–89+?)
1997	Barolo Rocche dei Brovia	E	91
1996	Barolo Rocche dei Brovia	E	(88–90)
1995	Barolo Rocche dei Brovia	E	86
1998	Barolo Villero	E	(88–89+)
1997	Barolo Villero	E	(86–88)
1996	Barolo Villero	E	(90–91+)
1995	Barolo Villero	E	89

Dieses Gut, dessen Kellerei in Castiglione Falletto liegt, hat einwandfreie 1995er, sehr gute 1996er und weniger beeindruckende 1997er erzeugt, die dennoch besser als die entsprechenden 1998er ausfielen. Man muss jedoch daran erinnern, dass Nebbiolo, ganz ähnlich wie Pinot Noir, eine extrem herausfordernde Traubensorte ist, wenn man den Wein in jungem Alter probiert und einschätzt. Die 1997er enthüllen eine geringere Farbsättigung und weniger Konzentration als die 1996er, was zu der von einer Minderheit vertretenen Ansicht beiträgt, 1997 wäre kein so durchgängig großartiger Jahrgang, wie immer angenommen wurde. Und Brovias 1996er sind viel dichtere, komplettere Weine, die auch tanninreicher als die 1995er sind.

Der dunkle Pflaumen-Granat-Ton des *1998er Barolo Ca' Mia* geht einher mit süßen Aromen von Schokolade, Kirschen, Rauch und getrockneten Kräutern. Er ist ein monolithischer Wein von mittlerem bis vollem Körper, der im Abgang kräftige Tannine aufweist. Wenn er sanfter wird und sich in der Textur ausweitet, wird er eine höhere Bewertung verdienen. Voraussichtliche Genussreife: 2005–2015. Der dunkelgranatrote *1998er Barolo Villero* offenbart mehr Sanftheit sowie Komplexität in seinem Bukett aus Gewürzen, Melasse und Kirschen. Er ist exzellent konzentriert, und man findet süßeres Tannin, eine vielschichtigere Persönlichkeit und einen nahtlosen Abgang mit hervorragender Konzentration der Frucht (hauptsächlich Kirschen mit einer Prise Erde und Gewürzen). Voraussichtliche Genussreife: 2004–2014. Der pflaumen-granatfarbene *1998er Barolo Rocche dei Brovia* schließlich ist äußerlich ansprechend. Seine sanfte Textur begleiten komplexe Noten von Karamell, Zedernholz, Kirschmarmelade, Rauch und Blumen. Doch im Mund macht der Wein zu und enthüllt wenig Textur oder Tiefe. Möglichweise hat er gerade eine schwierige Phase durchlaufen, als ich ihn verkostete. Ganz vorn entdeckt man eine Menge, aber es mangelt am Durchschwung, an der Tiefe und einer deutlichen Konzentration im Abgang. Er muss nochmals verkostet werden, damit seine potenzielle Qualität genau bestimmt werden kann. Voraussichtliche Genussreife: 2005–2016.

Die komplexen, geschmeidigen 1997er gehen keine Kompromisse hinsichtlich Stärke und Muskelkraft ein, die Brovias Weine regelmäßig erreichen. Der dunkelgranatrote *1997er Barolo Ca' Mia* bietet ein komplexes Bukett aus Soja, Tabak, Zedernholz, Lakritze und Rauch. Expansiv, körperreich und intensiv konzentriert, ist er ein untypisch unterentwickelter 1997er mit dicht gepackten Geschmacksnuancen. Voraussichtliche Genussreife: 2005–2018. Der dunkelpflaumen-granatfarbene *1997er Barolo Rocche dei Brovia* beginnt langsam, steigert sich aber schrittweise, bis er den Gaumen völlig überzieht. Dickflüssig und kraftvoll zeigt er aufregende Aromen von Backpflaumen, Kirschen und Pflaumen. Im Mund kommen in diesem intensiv schmeckenden, konzentrierten, muskulösen Wein auch Noten von Dörrfeigen zum Vorschein. Trotz seiner Frühreife entdeckt man unter der Dickflüssigkeit viel Tannin. Voraussichtliche Genussreife: jetzt–2018. Der *1997er Barbaresco Rio Sordo* schmeckt ähnlich wie ein Pinot Noir von leichtem bis mittlerem Körper. Seine Himbeer- und Kirschgeschmacksnoten sind verführerisch, aber der Wein ist rauchig und leicht. Trinken Sie ihn in den nächsten 3 Jahren. Der *1997er Barolo Villero* bietet in seinem verhaltenen Bukett Gewürze, Zimt und Kirschfrucht. Er ist elegant, von mittlerem bis vollem Körper und üppig, offenbart aber nichts von den Markenzeichen des Jahrgangs: Glyzerin, hoher Alkoholgehalt und süße Frucht. Voraussichtliche Genussreife: jetzt–2012.

Der *1996er Barbaresco Rio Sordo* ist der am meisten entwickelte. Er zeigt ein Rubinrot mit Purpurtönen und bietet frische, durchdringende Geschmacksnoten von schwarzer Johannisbeere mit getrockneten Kräutern im Hintergrund. Er besitzt eine gute Konzentration, aber einen komprimierten, schmalen Abgang. Voraussichtliche Genussreife: jetzt–2007. Das undurchdringliche Rubinrot des *1996er Barolo Rocche dei Brovia*, das Purpurtöne enthält, geht einher mit einer dichten Frucht von Schwarzkirschen, vermischt mit Himbeerlikör, Gewürzen und Erde. Er ist ein recht körperreicher, gehaltvoller, potenziell herausragender Wein mit mäßigem Tannin und einer Lebensdauer von 15 Jahren. Voraussichtliche Genussreife: 2005–2018. Der dunkelrubinrote *1996 Barolo Ca' Mia* ist streng und herb, mit einem hohen Tanningehalt und einer süßen Frucht, die wie Kirsch-Hustensirup schmeckt, vermischt mit Zedernholz und Gewürzen. Der Tanningehalt ist beunruhigend, deswegen das Fragenzeichen. Voraussichtliche Genussreife: 2004–2015. Der hervorragende rubin-purpurrote *1996er Barolo Villero* bietet ein Bukett von geschmolzenem Teer, Schokolade, Erde, Schwarzkirschen, getrockneten Kräutern und Kaffee. Gehaltvoll, körperreich und fast wuchtig, ist er ein klassischer Barolo, der 20–22 Jahre altern kann. Voraussichtliche Genussreife: 2007–2030.

Der *1995er Barbaresco Rio Sordo* ist ein Wein von leichtem bis mittlerem Körper, den man in den nächsten 1–2 Jahren trinken sollte. Aufgeschlossen und entwickelt, von mittlerem Granatrot, das am Rand bereits beträchtliche Bernsteintöne zeigt, bietet er in der Nase und im Mund Aromen von Tabakkraut, Rauch, Erde und getrockneten Früchten. Er ist zwar weich, elegant und von mittlerem Körper, aber es mangelt ihm an Tiefe. Voraussichtliche Genussreife: jetzt–2005. Der *1995 Barolo Rocche dei Brovia* ist ein Wein von dunklerem Pflaumenton, mit Kirschen, Preiselbeeren und roten Johannisbeeren in einem leicht würzigen Bukett. Elegant bereitet und von leichtem bis mittlerem Körper, ist er weich und leicht zu trinken. Der gewichtigere *1995er Barolo Ca' Mia* präsentiert sich in einem dunkleren Granatrot mit mehr reifer Himbeer- und Johannisfrucht im Bukett sowie Noten von neuem Sattelleder und Zigarrenrauch. Er besitzt gute Reintönigkeit, mittleren bis vollen Körper, ausgezeichnete Fülle und einen mäßig langen Abgang. Voraussichtliche Genussreife: jetzt–2009. Der dunkelrubin-granatrote *1995er Barolo Villero* ist der am wenigstens entwickelte, jugendlichste, konzentrierteste und kompletteste Wein unter den 1995ern. Obwohl noch verschlossen, bietet er Aromen von gerösteten Kräutern, Mineralien, Tabak und Leder.

Im Mund kommt eine süße Frucht von Schwarzkirschen zum Vorschein. Voraussichtliche Genussreife: jetzt–2012.

G. B. BURLOTTO

1998	Barolo Vigneto Cannubi	D	(87–88)
1997	Barolo Vigneto Cannubi	D	86

Dieser Erzeuger aus Verduno hat einen geschmackvollen, mittelschweren, elegant gehaltenen *1998er Barolo Vigneto Cannubi* mit guter Sanftheit, Feinheit und ohne Ecken und Kanten geschaffen. Man entdeckt darin nicht sehr viel Konzentration, aber der Wein ist wohl ausgewogen und eignet sich ideal dazu, dass man ihn in den nächsten 4–5 Jahren trinkt. Der erdige, kräftige, tanninbetonte, rustikale *1997er Barolo* von mittlerem Körper zeigt eine dunkelrubinrote Farbe und gute Lakritze- und Kirschfruchtnoten, aber eine gewisse Derbheit und zu sehr komprimierte Textur. Voraussichtliche Genussreife: jetzt–2012.

BUSSIA SOPRANA

1998	Barolo Mosconi	D	(90–92)
1997	Barolo Mosconi	D	89
1997	Barolo Vigna Colonnello	D	90

Bussia Soprana, ein Erzeuger aus Monforte d'Alba, den ich erst spät durch seine 1997er entdeckt habe, bringt einen Barolo Mosconi und einen Barolo Vigna Colonnello heraus, die fast herausragend zu nennen sind. Beide Weine sind im traditionellen Stil gemacht, werden aber früh auf Flaschen abgefüllt, damit sie ihre reichhaltige, konzentrierte Frucht bewahren. Man findet darin wenig Hinweise auf neues Eichenholz, obwohl subtile Rauch- und Vanillenoten vorhanden sind. Ich habe die beiden 1997er mit ungeheurem Genuss getrunken, aber nur eine 1998er Cuvée von diesem Erzeuger verkostet. Der körperreiche, traditionelle *1998er Barolo Mosconi* ist ein Geheimtipp des Jahrgangs. Ein dunkler Pflaumen-Granat-Ton geht einher mit Aromen von Espresso, Rauch, Kirschwasser, getrockneten Kräutern und Tabak. Die Harmonie und die Ausgewogenheit dieses dichten, kernigen Weins mit süßem Tannin und reifer Frucht deuten auf eine Alterungsfähigkeit von 10–12 Jahren hin.

Der cremig texturierte, (aufgrund des hohen Glyzeringehalts des Jahrgangs) fette *1997er Barolo Mosconi* offenbart eine ausgezeichnete Konzentration und ein komplexes Bukett von Rosenwasser, Lakritze, Rauch, Mineralien und Schwarzkirschen. Im Mund wirkt der Wein voll und reichhaltig; er ist trinkreif. Voraussichtliche Genussreife: jetzt–2014. Der dunkelpflaumen-granatfarbene *1997er Barolo Vigna Colonnello* bietet einen duftigen, intensiven Geruch von Holzrauch, Lakritze, Kirschwasser, Kräutern der Provence und Tabak. Er ist körperreich, kräftig und dicht und zeigt keine Ecken und Kanten sowie eine nahtlose Textur und einen 30-Sekunden-Abgang. Trinken Sie ihn jetzt und im Laufe der nächsten 12 Jahre.

PIERO BUSSO

1996	Barbaresco	D	86
1998	Barbera d'Alba Vigna Majano	C	91

Der *1998er Barbera d'Alba Vigna Majano* bietet würziges Eichenholz und konzentrierte Geschmacksnoten von üppiger Textur, die an Kirsch- und Erdbeermarmelade erinnern. Dieser reife, körperreiche und hoch konzentrierte Wein ist ein weiterer überraschend sinnlicher Barbera, den man im Laufe der nächsten 5–6 Jahre trinken sollte. Angesichts der Qualität des Weins bietet er ein sehr gutes Preis-Leistungsverhältnis. Weniger eindrucksvoll, aber kompetent bereitet ist der *1996er Barbaresco* von dunklem Pflaumen-Rubin-Ton, der ein reizvolles Bukett aus Leder, Holzrauch sowie Süß- und Sauerkirschen, mittleren Körper, mäßiges Tannin und einen eleganten, zurückhaltenden Stil bietet. Trinken sollte man ihn in den nächsten 4–5 Jahren.

CA' DEL BAIO

1998	Barbaresco Asili	D	(84–85)
1998	Barbaresco Valgrande	D	(83–86)

Beide 1998er sind gefällige, fruchtige, oberflächliche Barbarescos von leichtem bis mittlerem Körper, die man während ihrer ersten 4–5 Lebensjahre trinken sollte. Sie sind zwar sauber bereitet, aber es mangelt ihnen an Substanz.

CA' ROMÈ

1997	Barbaresco	D	87
1997	Barbaresco Maria di Brun	E	85
1997	Barolo Rapet	E	90
1996	Barolo Rapet	E	88
1997	Barolo Vigna Cerretta	E	89
1996	Barolo Vigna Cerretta	E	87

Dieser Erzeuger ist für mich am schwierigsten zu verstehen. Vielen seiner Weine scheint es an Intensität zu mangeln; außerdem sind sie für meinen Geschmack zu eckig und adstringierend (der 1998er Barbera d'Alba La Gamberaja; der 1997er Da Pruvé, ein Barbera-Nebbiolo-Verschnitt; der 1997er Barbaresco und der 1997er Barbaresco Maria di Brun). Genossen habe ich jedoch die jetzt auf den Markt kommenden Barolos.

Der einfache *1997er Barbaresco* bietet einen dunklen Pflaumenton sowie ein nicht sehr intensives Bukett von Süßkirschen, Zedernholz, Gewürzen, Lakritze und Kräutern. Er hat eine ausgezeichnete Fülle und Reintönigkeit und eine geschmeidige Textur und sollte im Laufe der nächsten 4–5 Jahre getrunken werden. Der *1997er Barbaresco Maria di Brun* zeigt ein entwickeltes Granatrot mit erheblichen Bernsteintönen am Rand. Dieser weiche Wein, der Noten von chinesischem Schwarztee, Zedernholz und Kirschen bietet, scheint auszutrocknen. Trinken Sie ihn in den nächsten 2–3 Jahren. Der opulente *1997er Barolo Rapet* zeigt ein tiefes Rubinrot, süße, konzentrierte Frucht (Kirschen, Rauch, Zedernholz und Lakritze), Texturschichten und einen würzigen, intensiven Abgang. Trinken Sie ihn im Laufe der nächsten 12+ Jahre. Der *1996er Barolo Rapet* enthüllt eine ausgezeichnete dunkelrubinrote Farbe sowie reichliche Aromen von Zedernholz, Gewürzen, Rosenblättern und Kirschen in seiner nicht sehr tanninreichen Persönlichkeit von mittlerem Körper. Er dürfte 5–6 Jahre lang gut zu trinken sein. Der *1996er* und der *1997er Barolo Vigna Cerretta* unterscheiden sich nur darin, dass der 1997er weniger Tannin, mehr Fruchtsüße und Glyzerin sowie die für den Jahrgang typische Opulenz besitzt. Der 1997er hat mehr Volumen, Reife, Fülle und Intensität. Beide Weine sollte man am besten während ihrer ersten 10–12 Lebensjahre trinken. Der 1996er bietet Soja- und Tabaknoten in seinem tanninbetonten, an Zedernholz und Gewürze erinnernden und von Schwarzkirschen dominierten Charakter von mittlerem bis vollem Körper.

GIUSEPPE CAPPELLANO

1998	Barolo Franco	E	90
1997	Barolo Franco	E	90
1998	Barolo Gabutti	E	88
1997	Barolo Gabutti	E	83

Beide Weine werden von dem Weinberg in Gabutti erzeugt, aber die Cuvée Franco stammt von alten, ungepfropften Nebbiolo-Reben, die angeblich über 100 Jahre alt sind. Der *1998er Barolo Franco* von mittlerem Granatrot bietet ein süßes, reizvolles Bukett von dicklicher Erdbeer- und Kirschfrucht, Rosenblättern, Lakritze und Blättern im Herbst. Man entdeckt darin gutes Fett, eine opulente Textur, eine fleischige Empfindung am mittleren Gaumen und einen üppigen Abgang mit gut verstecktem Tannin und ebenso gut verborgener Säure. Voraussichtliche Genussreife: 2004–2015. Die Aromen des in einem ähnlichen Stil gehaltenen dunkelrubinroten *1998er Barolo Gabutti* sind nicht so komplex, aber er entfaltet Düfte von Kirsch-Hustensirup, Lakritze, Tabak, Leder und Gewürzen. Er ist süß, reif, von mittlerem bis vollem Körper sowie verführerisch und lässt sich bis 2015 gut trinken.

Der Bessere der beiden 1997er, der dunkelgranatrote *1997er Barolo Franco*, offenbart ein explosives, dekadentes Aroma von Pilzen, dicklichen roten und schwarzen Früchten, Kaffee, Karamell, Rauch und getrockneten Kräutern. Er ist dickflüssig, fett, samtweich und kernig und schmeckt wie Konfekt. Trinken Sie ihn im Laufe der nächsten 8 Jahre. Der *1997er Barolo Gabutti* hingegen ist ein leichterer, freimütiger Wein von mittlerem Körper, der Kirschfrucht, aber nicht sehr viel Komplexität, Textur oder Länge zeigt. Trinken Sie ihn in den nächsten 3 Jahren.

CARRETTA

1997	**Barbaresco Cascina Bordino**	**E**	**88**
1996	**Barbaresco Cascina Bordino**	**E**	**87**
1995	**Barbaresco Cascina Bordino**	**E**	**86**
1998	**Barolo Vigneta Cannubi**	**E**	**(90–91)**
1997	**Barolo Vigneta Cannubi**	**E**	**90**
1996	**Barolo Vigneta Cannubi**	**E**	**(87–88)**
1995	**Barolo Vigneta Cannubi**	**E**	**86**
1997	**Bric Quercia**	**E**	**88**

Das Angebot von Carretta besteht zumeist aus fest strukturierten, männlichen Weinen mit beträchtlichem Körper und Tannin.

Der *1998er Barolo Vigneta Cannubi*, ein kräftiger Barolo im alten Stil, bietet Gerüche von neuem Sattelleder, Unterholz, Erde, Trüffeln, Vitaminen, Schwarzkirschfrucht, Rosenblättern und Teer. Reichliches Tannin, gründliche Konzentration, hoher Extraktreichtum und eine strukturierte, sehr starke Persönlichkeit deuten auf einen für einen 1998er untypischen Stil hin, aber auf einen Wein, bei dem es sich lohnt, ihn einzukellern. Voraussichtliche Genussreife: 2008–2020.

Im Gegensatz zum allgemeinen Stil des Guts ist der *1997er Barolo Vigneta Cannubi* zugänglich, auch wenn er idealerweise noch 1–2 Jahre zusätzliche Lagerung im Keller benötigt. Kampfernoten vermischen sich in diesem körperreichen, kraftvollen, im traditionellen Stil gemachten Barolo mit reifer Beerenfrucht, Erde, Soja, Tabak und Leder. Voraussichtliche Genussreife: 2004–2020. Im Unterschied zum tanninbetonten, kräftigen Barolo ist der aufregende, üppige, offen gewirkte *1997er Barbaresco Cascina Bordino* bezaubernder und zugänglich. Diesen weichen, runden Wein, der Aromen und Geschmacksnuancen von roten und schwarzen Früchten, Gewürzen und Früchtebrot bietet, sollte man am besten im Laufe der nächsten 6–7 Jahre trinken. Der *1997er Bric Quercia* (ein Vino da tavola aus Barbera und Bonarda) wurde im kleinen Holzfass ausgebaut und ungefiltert auf Flaschen abgefüllt. Er ist ein exotischer Wein von undurchdringlichem Purpurrot mit einem schönen Bukett von süßer Kirschmarmelade und Kirschwasser, das mit toastwürzigem, rauchigem Eichenholz und blumigen Düften verbunden ist. Dieser säurearme, hedonistische Wein, der üppig texturiert, fett und kernig ist (ein Kennzeichen dieses Jahrgangs), dürfte 4–5 Jahre lang angenehm zu trinken sein.

Der *1996er Barbaresco Cascina Bordino* bietet eine dunkelrubinrote Farbe sowie reizvolle Düfte und Geschmacksnoten von dicklichen Erdbeeren und Kirschen, gerösteten Nüssen, Zedernholz und Gewürzen. Lang, reichhaltig, von mittlerem Körper, mit mäßigem Tannin, wird er vor 2012 in Bestform sein. Der *1996er Barolo Vigneta Cannubi* ist ein kräftiger, männlicher Wein mit gutem Tannin und staubigen, erdigen Aromen, die mit Sauerkirschen verwoben sind. Tabak- und Teergerüche kommen ebenfalls zum Vorschein. Seine beste Qualität hat dieser strukturierte, muskulöse Wein vor 2012.

Der *1995er Barbaresco Cascina Bordino* ist für einen Wein von diesem Gut überraschend weich. Pflaumen-granatfarben, mit rauchigen, an Soja und Wildbret erinnernden, würzigen, erdigen und fruchtigen Aromen im Geschmack und Düften von feuchtem Wald, hat er mittleren Körper und ist rund; idealen Trinkgenuss bietet er in den nächsten 2 Jahren. Der *1995er Barolo Vigneta Cannubi* unterscheidet sich völlig von seinem jüngeren Bruder, dem 1996er. Lockerer gewirkt, mit einer für den Jahrgang guten Stärke, sollte man ihn in den nächsten 3 Jahren trinken. Er besitzt reizvolle Lakritze- und Teergerüche, mittleren Körper und etwas Tannin, aber nicht genug Tiefe, um zu einer weiteren Alterung zu ermutigen.

CASCINA LUISIN

1997	**Barbaresco Caseina Luisin Rabajà**	**D**	**90**
1996	**Barbaresco Caseina Luisin Rabajà**	**D**	**88**
1995	**Barbaresco Caseina Luisin Rabajà**	**D**	**87**
1997	**Barbaresco Sorì Paolin**	**D**	**86**
1996	**Barbaresco Sorì Paolin**	**D**	**81?**
1995	**Barbaresco Sorì Paolin**	**D**	**86**

Die Standard-Cuvées sind sehr gute Weine, doch die Barbarescos aus der Lage Cascina Luisin Rabajà sind deutlich besser als die Barbarescos aus der Reblage Sorì Paolin. Der samtige, geschmeidige, beeindruckend extrahierte *1997er Barbaresco Sorì Paolin* hat eine undurchdringlich rubin-purpurrote Farbe. Auf die Batzen von Brombeer- und Kirschfruchtaromen, einer süßen Mitte und dem für den Jahrgang typischen hohen Glyzerin- und niedrigen Säuregehalt folgt ein dickflüssiger, saftiger Abgang. Trinken Sie ihn im Laufe der nächsten 10 Jahre. Der hervorragende dunkelrubin-purpurrote *1997er Barbaresco Cascina Luisin Rabajà* bietet ein intensives Bukett von Lakritze, Schwarzkirschfrucht, getrockneten Kräutern und Holz. Zusätzlich zeigt er eine samtige Textur, vollen Körper und einen opulenten, üppigen, säurearmen Abgang. Bereits zugänglich, dürfte er köstlich schmecken, wenn er dieses Jahr freigegeben wird. Voraussichtliche Genussreife: jetzt–2010.

Der verschlossenere *1996er Barbaresco Sorì Paolin* besitzt mittleren Körper, hohe Säure, mehr Tannin und ist kälter im Mund als der großzügigere 1995er. Er ist ein kräftigerer, muskulöserer Wein mit viel Struktur und ausgezeichneter Frucht und Reintönigkeit, aber er ist verschlossen, eng gewirkt und streng. Voraussichtliche Genussreife: jetzt–2010. Der *1996er Barbaresco Cascina Luisin Rabajà* ist fast herausragend. Er besitzt ein unverkennbares, nach Zigarrentabak duftendes Bukett mit Aromen von Kirschwasser, Gewürzen und Erde. Von mittlerem bis vollem Körper, mit ausgezeichneter Reichhaltigkeit sowie guter Würzigkeit und Länge, zeigt er mehr Tannin als der 1995er, aber er sollte im Laufe der nächsten 5–6 Jahre getrunken werden.

Der *1995er Barbaresco Sorì Paolin* offenbart eine dunkelrubinrote Farbe und eine süße, reizvolle Kirschfrucht, die mit Zedernholz, Zigarrenkistennoten und Leder vermischt ist. Er hat mittleren Körper und ist geschmeidig, mit ordentlicher Säure. Diesen stilvollen, köstlichen Barbaresco sollt man in den nächsten 4–5 Jahren trinken. Der *1995er Barbaresco Cascina Luisin Rabajà* enthüllt ein offen gewirktes, intensiv würziges Bukett, das nach Zigarrenkiste und schwarzen Früchten duftet. Er ist fleischig, breit und vollreif, ideal für einen Trinkgenuss in den nächsten 3–4 Jahren.

CAVALLOTTO

1997	**Barolo**	**D**	**90**
1998	**Barolo Bricco Boschis Vigna San Giuseppe**	**E**	**(92–93+)**
1997	**Barolo Bricco Boschis Vigna San Giuseppe**	**E**	**93**
1998	**Barolo Vignolo**	**E**	**(91–93)**
1997	**Barolo Vignolo**	**E**	**91**

Cavallottos Weinberge befinden sich in guter Lage an den Hängen, die das Dorf Castiglione Falletto umgeben. Mit Bricco Boschis verfügt er über eine der großen Reblagen der Region in Alleinbesitz. Ältere Jahrgänge dieser Weine fielen zumeist gut, aber nie begeisternd aus.

Doch nachdem ich die 1997er, die 1998er und die 1999er durchprobiert habe, ist es offensichtlich, dass sich etwas geändert hat, denn dies sind umwerfende Barolos. Sie bilden im Stil eine Synthese zwischen den Traditionalisten der alten Garde und der neuen Welle von in rotierenden Gärbehältern vergorenen und im Barrique ausgebauten Weinen. Das Gut erzeugt einen Standard-Cuvée und zwei Sondercuvées, den Bricco Boschis und den Vignolo, wobei Letzterer von einem Weinberg in Castiglione Falletto, unmittelbar westlich vom Bricco Boschis und nordwestlich von dem berühmten Weinberg Monprivato, stammt.

Der tiefrubin-purpurrote *1998er Barolo Vignolo* bietet ein herrlich süßes Bukett wie aus dem Lehrbuch: Rosenblätter, geschmolzener Teer, Kirschlikör, Gewürze und Mineralien. Er ist körperreich, konzentriert, nahtlos und harmonisch und erinnert an einen roten burgundischen Grand Cru aus Musigny oder Flagey-Echézeaux. Voraussichtliche Genussreife: jetzt–2018. Der *1998er Bricco Boschis Vigna San Giuseppe* aus Cavallottos berühmtem Weinberg in Alleinbesitz ist ein in einem einzigartigen Stil gehaltener Barolo mit unglaublicher Frucht, einer vielschichtigen Textur, einem nicht sehr hohen Tanningehalt und einem enormen Durchhaltevermögen am Gaumen. Er verbindet glänzend Feinheit und Eleganz mit ungezügelter Stärke und Konzentration. Auch wenn er 2–3 Jahre Kellerlagerung erfordert, um etwas Tannin loszuwerden und sich voller zu entfalten, dürfte er ein spektakulärer 1998er sein, der es mit dem auffälligeren 1997er aufnehmen kann. Voraussichtliche Genussreife: 2006–2020.

Der *1997er Barolo* ist ein eindrucksvoller einfacher Barolo, dessen Trauben alle vom Bricco Boschis kommen. Er hat eine dichte rubin-purpurrote Farbe und ist ein überraschend vornehmer, klar umrissener Wein ohne den übertriebenen Stil, der in vielen 1997ern deutlich wird. Noten von Schwarzkirschen und Brombeeren sind mit Mineralien, nassen Steinen, Rosenblättern und Gewürzen verbunden. Gehaltvoll und körperreich, mit feiner Säure, dürfte dieser klassische, potenziell langlebige Barolo zwischen jetzt und 2018 in Bestform sein. Der *1997er Barolo Vignolo* ist ein eleganter Wein im alten Stil. Er hat einen dunklen Pflaumen-Rubin-Ton. Das Bukett bietet Aromen von geschmolzenem Teer, Kirschwasser, Leder, getrockneten Kräutern und Rauch. Er ist ein reintöniger, körperreicher, mäßig tanninbetonter Wein mit klassischem Ausbau, fantastischer Reintönigkeit und Ausgewogenheit sowie einem langen Abgang. Voraussichtliche Genussreife: 2004–2017. Der unerhört köstliche *1997er Barolo Bricco Boschis Vigna San Giuseppe* bietet ein sensationelles, großartiges Bukett von reifen Früchten, Kräutern, Leder, ausgedörrter Erde, Kaffee und Kirschlikör. Ein einzigartig gemachter Wein mit wunderbarer Würzigkeit, vollem Körper und ganz klar gezeichneten Umrissen sowie Klasse. Dieser Barolo großen Stils entfaltet einen klassischen Duft von Rosenblättern, sobald er sich länger im Glas befindet. Er ist der Inbegriff eines Barolo. Voraussichtliche Genussreife: jetzt–2025.

CEREQUIO

1997	**Barolo**	**D**	**84**

Dies ist ein monolithischer, ehrlicher *1997er Barolo* im internationalen Stil ohne viel Typizität oder Tiefe. Er besitzt neues Eichenholz und reife Frucht, aber wenig Charakter oder Seele. Trinken Sie ihn in den nächsten 3–4 Jahren.

CERETTO

1998	**Barbaresco Asij**	**EE**	**92**
1997	**Barbaresco Asij**	**EE**	**89**
1998	**Barbaresco Bricco Asili Bernadotte**	**EE**	**88**
1997	**Barbaresco Bricco Asili Bernadotte**	**EE**	**90**
1998	**Barbaresco Bricco Asili**	**EE**	**89+**
1997	**Barbaresco Bricco Asili**	**EE**	**91**
1996	**Barbaresco Bricco Asili**	**EE**	**(91–93)**

1995	**Barbaresco Bricco Asili**	**EE**	**89**
1998	**Barbaresco Bricco Asili Faset**	**EE**	**89+**
1997	**Barbaresco Bricco Asili Faset**	**EE**	**89+**
1996	**Barbaresco Bricco Asili Faset**	**EE**	**(89–91)**
1995	**Barbaresco Bricco Asili Faset**	**E**	**87**
1998	**Barolo Bricco Rocche**	**EEE**	**92**
1997	**Barolo Bricco Rocche**	**EEE**	**96**
1996	**Barolo Bricco Rocche**	**EEE**	**(92–96)**
1995	**Barolo Bricco Rocche**	**EE**	**90**
1998	**Barolo Brunate**	**EE**	**87**
1997	**Barolo Brunate**	**EE**	**94**
1996	**Barolo Brunate**	**EE**	**(91–93)**
1995	**Barolo Brunate**	**E**	**88+**
1998	**Barolo Prapò**	**EE**	**91**
1997	**Barolo Prapò**	**EE**	**95**
1996	**Barolo Prapò**	**EE**	**(92–94)**
1995	**Barolo Prapò**	**EE**	**89**
1998	**Barolo Zonchera**	**EE**	**90**
1997	**Barolo Zonchera**	**EE**	**91**

Die Brüder Ceretto erzeugen aus ihren Weinbergen in und um das Dorf Castiglione Falletto seit langem einige der elegantesten, komplexesten und aromatischsten Weine im Piemont. Sie haben ein eindrucksvolles Angebot an 1995ern, 1996ern, 1997ern und 1998ern. Ihre 1998er sind fast so sensationell wie ihre 1997er. Diese Weine sind alle relativ gut entwickelt und offenbaren so wunderbar den intensiven Duft des Jahrgangs, zusammen mit wundervoller Ausgewogenheit und Harmonie. Dem Jahrgang gemäß besitzen die 1997er mehr Glyzerin und eine geringere Säure als die 1996er sowie eine vorangeschrittene, unwirkliche, untypische Üppigkeit und Opulenz. Die 1996er, die ein satteres Rubinrot als die 1995er zeigen, sind auch gehaltvoller, mit mehr Extrakt, Tannin und Körper. Von den vier Jahrgängen sind die 1995er am stärksten entwickelt, mit einem Granatrot, das am Rand Bernsteintöne enthüllt. Sie sind köstliche Weine, die noch für weitere 6–7 Jahre gut zu trinken sein dürften.

Der prachtvolle *1998er Barbaresco Asij* ist von dunklem Pflaumen-Granat-Ton und bietet ein komplexes Bukett aus Erde, Trüffeln, Kirschlikör, Lakritze, Gewürzen und Tabak. Er ist süß und geschmeidig, mit fast vollkommener Symmetrie sowie viel Glyzerin und Länge und lässt sich 5–6 Jahre angenehm trinken. Der weichere, leichtere *1998er Barbaresco Bricco Asili Bernadotte* bietet Noten von Leder, Balsaholz, Unterholz und Kirschen. Geschmeidig texturiert, extrem duftig, elegant und von leichtem bis mittlerem Körper, lässt er sich 5–6 Jahre lang gut trinken. Der in einem ähnlichen Stil gehaltene *1998er Barbaresco Bricco Asili Faset*, der aber einen härteren Abgang besitzt, zeigt einen Pflaumen-Granat-Ton sowie intensive Aromen von Kirschlikör, Lakritze und Leder. Er ist von mittlerem Körper, mit mehr Konzentration als der Bernadotte, doch das harte Tannin im Abgang legt nahe, dass ein paar zusätzliche Monate der Kellerreifung notwendig sind. Möglicherweise wird dieser Wein ein wenig herber. Der in aromatischer Hinsicht komplexe dunkelgranatrote *1998er Barbaresco Bricco Asili* von mittlerem bis vollem Körper bietet intensive Aromen von Soja, Schwarzkirschen, Tabak, Gewürzen, Lakritze und Weihrauch. Mit reifen, aber spürbaren Tanninen und ausgezeichneter Länge benötigt dieser potenziell herausragende Barolo noch ein paar Monate mehr Lagerung im Keller. Voraussichtliche Genussreife: jetzt–2014. Der *1998er Barolo Zonchera* von dunklem Pflaumen-Granat-Ton ist ein eleganter, würziger Wein von mittlerem Körper, der den für den Jahrgang typischen Duft sowie ausgezeichnete Konzentration und Reintönigkeit enthüllt. Trinken Sie ihn im Laufe der nächsten 10–12 Jahre. Der konzentrierte, reichhaltige *1998er Barolo Prapò* von dunkler Pflaumen-Granat-Farbe bietet ein rauchiges, erdiges, nach Schwarzkirschen und neuem Sattelleder duftendes Bukett, das von

Lakritze und Espresso durchdrungen ist. Er ist zwar fest, aber mit Extrakt voll gestopft. Seine Bestform hat dieser dichte, körperreiche, lange Wein mit mäßigem Tannin bis 2016. Den eng gebauten, schlankeren und strengeren *1998er Barolo Brunate* kennzeichnen Noten von getrockneten Kräutern, Soja, Unterholz, Tabak und roten Kirschen. Er ist ein Beispiel dafür, wie der 1998er von seinem spektakulären, exotischen, fesselnden 1997er-Gegenstück klar in den Schatten gestellt wird. Voraussichtliche Genussreife: jetzt–2016. Cerettos bester Barolo aus diesem Jahrgang scheint der *1998er Barolo Bricco Rocche* zu sein. Ein unglaublich komplexer Geruch von Teeröl, Mineralien, Rauch, Soja, Schwarzkirschen und Weihrauch geht einher mit einem körperreichen, süßen, vielschichtigen, kräftigen Wein von außerordentlicher Ausgewogenheit. Er ist lang und elegant. Seine beste Qualität wird dieser schöne Tropfen vor 2017 haben.

Ich habe vier 1997er Barbarescos probiert. Der am stärksten entwickelte, der *1997er Barbaresco Asij*, offenbart ein Granatrot, bei dem schon beträchtliche Bernsteintöne sichtbar werden. Er zeigt Aromen von Soja, Zedernholz, reifer Frucht, getrockneten Kräutern, Lakritze und Rosenwasser sowie eine fleischige, offen gewirkte, überschwängliche Persönlichkeit und einen weichen Abgang von mittlerem bis vollem Körper. In den nächsten 4–5 Jahren wird er einen köstlichen Trinkgenuss bieten. Der dunkelrubin-purpurrote, am Rand bernsteinfarben getönte *1997er Barbaresco Bricco Asili Bernadotte* ist tanninreicher, mit einer klaren Kante und zusätzlicher Struktur. Dieser verhalten entwickelte, reife Wein von mittlerem bis vollem Körper besitzt Aromen von neuem Sattelleder, getrockneten Kräutern, in Branntwein eingelegten Kirschen und Lakritze. Trinken Sie ihn im Laufe der nächsten 10–12 Jahre. Der exquisite Duft des *1997er Barbaresco Bricco Asili Faset* bietet Aromen von Ingwer, Zedernholz, Zigarrenkistennoten und Kirschlikör. Ausgezeichnete Konzentration, mittlerer bis voller Körper, unbestreitbare Eleganz, sanftes Tannin und reichliches Glyzerin ergeben einen verführerischen Wein, den man im Laufe der nächsten 12 Jahre genießen kann. Der sagenhafte *1997er Barbaresco Bricco Asili* ist dunkelgranatrot mit Bernsteintönen am Rand und bietet Aromen von Rauch, Vanille, Leder, Kirschlikör, getrockneten Kräutern und feinem Eichenholz im Duft und im Geschmack. Dieser gehaltvolle, sanfte, verführerische 1997er von mittlerem bis vollem Körper, der komplexeste von Cerettos Barbarescos, kann jetzt und im Laufe der nächsten 12 Jahre getrunken werden.

Die entwickelte, reife Rubin-Bernstein-Farbe des *1997er Barolo Zonchera* ist verblüffend, denn der Wein schmeckt jung und vital. Es ist ein exotischer Wein und er entfaltet Aromen von Rauch, Kaffee, Vanille, Ahornsirup, braunem Zucker und überreifen Kirschen. Er ist ein körperreicher, verschwenderisch reichhaltiger, dekadenter, junger Barolo, den man jetzt und im Laufe der nächsten 8 Jahre trinken sollte. Der dunkelgranatrote, am Rand bernsteinfarben getönte *1997er Barolo Prapò*, der an einen Pomerol vom rechten Ufer aus den späten 1940er Jahren erinnert, besitzt Aromen und Geschmacksnoten von angesengtem Leder, Espresso, geschmolzenem Karamell, Schwarzkirschen, Rauch und Früchtebrot. Untypisch für einen jungen Nebbiolo, ist er saftig, fleischig und unbestreitbar fesselnd, reichhaltig, nahtlos und konzentriert. Trinken Sie ihn im Laufe der nächsten 12 Jahre. Der *1997er Barolo Brunate* zeigt eine ähnlich entwickelte dunkelgranatrote Farbe mit bernsteinfarbenem Rand. Doch im Geschmack ist er dicht, körperreich, nicht sehr tanninbetont, strukturiert und verhalten entwickelt, mit viel Stärke, Konzentration und Jugendlichkeit. Trotz der entwickelten Farbe dürfte dieser Wein 15+ Jahre lang gut altern. Der auffällige, umwerfende *1997er Barolo Bricco Rocche* besitzt ebenfalls eine dunkelgranatrote Farbe mit Bernsteintönen am Rand. Das Bukett aus Kaffeelikör, Lakritze, Gewürzen, Schwarzkirschen, Kirschwasser, Himbeeren und Zedernholz explodiert förmlich im Glas und ist einfach unwiderstehlich. Der Wein enthüllt zahlreiche Dimensionen und Nuancen sowie eine ganze Wagenladung Glyzerin. Körperreich, ungeheuer konzentriert und außergewöhnlich dickflüssig und saftig, mit einer Süße, die auf den hohen Glyzeringehalt und die Reife zurückgeht, ist er ein mit Anabolika gedopter Barolo. Voraussichtliche Genussreife: jetzt–2018.

Der verführerische dunkelrubinrote *1996er Barbaresco Bricco Asili* bietet ein klassisches Bukett von Teer, Kirschlikör, Tabak und getrockneten Kräutern. Er ist von mittlerem bis vollem Körper, für den Jahrgang überraschend geschmeidig und zeigt im Abgang feste Tannine. Voraussichtliche Genussreife: jetzt–2014. Der *1996er Barbaresco Bricco Asili Faset* ist nicht so aromatisch komplex wie der Bricco Asili. Außer einer Fruchtkomponente von Himbeeren und Schwarzkirschen enthüllt er mehr Eichenholz. Der reichhaltige, potenziell hervorragende Wein von mittlerem Körper wird sich vor 2014 in Bestform befinden. Der undurchdringlich rubin-purpurrote *1996er Barolo Prapò* bietet ein nicht sehr intensives Bukett von verbrannter Erde, getrockneten Kräutern und süßen schwarzen Früchten. Er ist von mittlerem bis vollem Körper mit einem aufregenden Gehalt an Fruchtextrakt, von superber Reintönigkeit und hat eine vielschichtige und vielfältige Persönlichkeit. Am besten wird dieser fantastische Barolo vor 2018 sein. Der dunkelrubinrote *1996er Barolo Brunate* präsentiert sich mit Aromen von chinesischem Schwarztee, Pfeffer, Erde und Kirschen. Diesen reifen, körperreichen, strukturierten Wein mit ausgezeichneter Tiefe, süß am mittleren Gaumen und mit einem festen Abgang, sollte man vor 2016 trinken. Cerettos undurchdringlich rubin-purpurroter *1996er Barolo Bricco Rocche* ist wirklich sensationell. Er ist der reichhaltigste Wein aus seinem Angebot und verbindet explosive Schichten von Frucht, Glyzerin und Extrakt mit einem unglaublichen Gefühl von Eleganz und Feinheit. Gewaltige Mengen von Schwarzkirschfrucht vermischen sich mit Himbeeren, Zedernholz, würzigem Eichenholz, Lakritze und Teer. Am besten dürfte dieser fantastische, komplexe, vielschichtige Barolo vor 2018 sein.

Der *1995er Barbaresco Bricco Asili* entfaltet ein schön umrissenes Bukett von Kirschmarmelade, Vanille und getrockneten Kräutern. Elegant im Stil, von mittlerem Körper, süßer, von Rauch erfüllter Frucht und sanftem Tannin, ist er ein aufregender, komplexer, unkomplizierter Barbaresco, den man im Laufe der nächsten 5–7 Jahre genießen kann. Der dunkelrubin-granatrote *1995er Barbaresco Bricco Asili Faset* ist weniger komplex, jedoch üppig, von mittlerem Körper, einem würzigen Bukett von Zedernholz und Zigarrenkistennoten, von reifer Frucht und einem geschmeidigen Abgang. Trinken Sie ihn in den nächsten 2–3 Jahren. Der *1995er Barolo Prapò* entfaltet ein Bukett von getrockneten Kräutern, Zedernholz, Tomaten und roten Johannisbeeren. Kirschen und Pflaumen machen sich neben geräucherten Kräutern und toastwürzigem Eichenholz bemerkbar. Er ist von mittlerem Körper, anmutig und vielschichtig. Trinken kann man ihn im Laufe der nächsten 4–5 Jahre. Der *1995er Barolo Brunate* ist eher ein fruchtbetonter Wein mit jeder Menge Kirschlikör sowie Sandelholz, Zedernholz und Blumen. Fester, mit mehr Tannin und einer erdigeren Persönlichkeit als der offener gewirkte Prapò, ist er trinkreif, kann sich aber mit ein paar Jahren Flaschenreifung vielleicht noch verbessern. Voraussichtliche Genussreife: jetzt–2010. Der konzentrierteste und wuchtigste unter den Barolos von Ceretto ist der *1995er Barolo Bricco Rocche.* Er bietet ein klassisches Bukett von geschmolzenem Teer, asiatischen Gewürzen, Weihrauch und Zedernholz sowie massenhaft schwarze Früchte, einen Hauch von erlesenem Tabak, vollen Körper und einen vielschichtigen, nicht sehr tanninhaltigen Abgang. Voraussichtliche Genussreife: jetzt–2015.

MICHELE CHIARLO

1997 Barolo Cannubi E 87

Dieser im internationalen Stil gemachte dunkelrubin-purpurrote Barolo bietet merklich neues Eichenholz. Er ist elegant und stilvoll, von mittlerem Körper und ohne viel regionaltypischen Charakter. Er ist jedoch gut gemacht, mit süßem Tannin, ausgezeichneter Konzentration und vielen schwarzen Früchten, vermischt mit Holz, Rauch und Gewürzen. Das Tannin und die Festigkeit des Weins weisen darauf hin, dass 1–2 Jahre Kellereifung vorteilhaft sind. Voraussichtliche Genussreife: 2004–2015.

QUINTO CHIONETTI & FIGLIO

1999	Dolcetto di Dogliani Briccolero	C	90
1999	Dolcetto di Dogliani San Luigi	C	89

Dieser Dolcetto-Spezialist enttäuscht nie, wie diese wunderschön gemachten 1999er beweisen. Der *1999er Dolcetto di Dogliani San Luigi* ist von dunkelrubin-purpurroter Farbe, die mit einem aufregenden, süßen Duft von Espresso, Schokolade, Mandeln und reichlich Beerenfrucht einhergeht. Üppig, vielschichtig, fett und sinnlich – er ist alles, was ein Dolcetto sein sollte. Genießen Sie ihn in den nächsten 2–3 Jahren, weil diese Weine in der Flasche nicht gewinnen. Der noch bessere *1999er Dolcetto di Dogliani Briccolero* ist eine in einer Menge von 4 000 Kisten erzeugte Cuvée, die eine satt rubin-purpurrote Farbe, mittleren bis vollen Körper und fesselnde Schichten von Schwarzkirschfrucht bietet, mit einem Hauch von Schokolade. Er ist ein kräftiger, kerniger, fleischiger, reintöniger Wein mit wunderbarer Lebhaftigkeit. Wann werden die Verbraucher die Anziehungskraft des Dolcetto – insbesondere, wenn man ihn mit 2–3 Jahren trinkt – entdecken?

FRATELLI CIGLIUTI

1998	Barbaresco Serraboella	D	90
1997	Barbaresco Serraboella	D	89
1996	Barbaresco Serraboella	D	?
1998	Barbera d'Alba Serraboella	C	88

Beim *1998er Barbaresco Serraboella* von mittlerer bis dunkler Pflaumenfarbe springt einem ein komplexes Bukett von Pilzen, Balsaholz, getrockneten roten und schwarzen Früchten, Zedernholz und Schwarzkirschen aus dem Glas entgegen. Er ist aufregend, aromatisch und reichhaltig, mit einem üppigen, konzentrierten, tanninbetonten Abgang, und sollte im Laufe der nächsten 5–6 Jahre getrunken werden. Er stellt ein klassisches Beispiel für den duftigen, harmonischen, seidig texturierten 1998er-Jahrgang dar. Der *1998er Barbera d'Alba Serraboella* zeigt eine dunkelrubin-purpurrote Farbe sowie ein süßes Bukett aus Brombeer-, Himbeer- und toastwürzigen Eichenholzaromen. Er ist von mittlerem Körper, stämmig und fleischig, mit genug durchdringender Säure, um für ein klares Profil und für Lebhaftigkeit zu sorgen. Trinken kann man ihn in den nächsten 2–3 Jahren. Der *1997er Barbaresco Serraboella* enthüllt eine hellere mittelrubinrote Farbe, ausgezeichnete Aromen von Rosenblättern, Zedernholz, Schwarzkirschen und Himbeeren, opulente Geschmacksnoten von mittlerem Körper, mäßiges Tannin und gute Säure. Er ist noch jung und kann sich 8 Jahre lang entwickeln.

Schwierigkeiten hatte ich mit der einzigen Probe, die ich von dem *1996er Barbaresco Serraboella* verkostete, denn er präsentierte sich mit sehr viel vegetabilem Tannin und einer ausgesprochen harten Struktur. Die Farbe ist ein sauberes Dunkelrubin-Purpurrot. Während der Wein im Auftakt süße Frucht zeigt, wird er danach schmal, wobei Grüngeschmack und Adstringenz seine Persönlichkeit dominieren. Angesichts der hohen Qualität dieses Erzeugers freue ich mich darauf, eine andere Flasche davon zu probieren.

DOMENICO CLERICO

1998	Barbera d'Alba Trevigne	C	90
1998	Barolo Ciabot Mentin Ginestra	E	93+
1997	Barolo Ciabot Mentin Ginestra	E	94
1996	Barolo Ciabot Mentin Ginestra	E	90
1995	Barolo Ciabot Mentin Ginestra	E	91
1998	Barolo Mosconi Percristina Riserva	E	(92–93+)
1997	Barolo Mosconi Percristina Riserva	E	93+
1996	Barolo Mosconi Percristina Riserva	E	95
1995	Barolo Mosconi Percristina Riserva	E	92

1998	**Barolo Pajana**	**E**	**92+**
1997	**Barolo Pajana**	**E**	**93**
1996	**Barolo Pajana**	**E**	**94**
1995	**Barolo Pajana**	**E**	**90+**
1998	**Langhe Arte**	**E**	**89**

Seit fast zwei Jahrzehnten bringt Domenico Clerico einige der fesselndsten Weine des Piemont hervor. Er ist ein weiterer Modernist, der rotierende Gärbehälter, eine kurze Maischung und einen unterschiedlichen Anteil von neuen Eichenfässern verwendet, der von mindestens 20% für seinen Ginestra bis zu 100% für seinen Mosconi Percristina Riserva (eine Cuvée, die nach seiner Tochter benannt ist, die im Alter von sieben Jahren starb) reicht. Clericos Weine könnte man als die Pauillac-Premiers-Crus von Monforte d'Alba bezeichnen. Sie sind strukturierte, umfangreiche, konzentrierte Barolos mit viel Muskelkraft und Tannin. Zudem werden sie eine Kellerreifung von 2 Jahrzehnten reichlich belohnen. Ich trinke gerade meine immer noch schönen 1982er aus, einen sehr guten, aber weniger konzentrierten und leichteren Jahrgang, als es die jüngsten Jahrgänge im Piemont (1996, 1997, 1998 und 1999) sind. Clericos Weine besitzen genug Charakter, um jung zugänglich zu sein, erfordern aber dennoch eine Kellerreifung. Diese Weine zeigen außerordentlichen Reichtum, erstaunliche Aromen und eine sinnliche Persönlichkeit, die sowohl die Sinnenlust als auch den Intellekt befriedigen. Im Allgemeinen sind die 1995er die aufgeschlossensten und am weitesten entwickelten Weine und die 1996er die muskulösesten und am stärksten strukturierten, während die 1997er hinsichtlich ihrer Dickflüssigkeit, Exotik und Pracht alle Kategorien sprengen. Die 1998er von Clerico sind zwar weniger duftig als einige ihrer Altersgenossen, aber sie sind klassische, verhalten entwickelte, gut strukturierte Weine mit superber Tiefe, Reintönigkeit und Ausgewogenheit.

Der *1998er Langhe Arte*, ist ein Verschnitt von 90% Nebbiolo, 5% Barbera und 5% Cabernet Sauvignon, der 20 Monate lang in zu 100% neuen französischen Eichenfässern ausgebaut wurde. Er ist im internationalen Stil bereitet und enthüllt reiche Aromen von toastwürzigem neuem Eichenholz, roten Johannisbeeren sowie Kirschfrucht, Leder, Zedernholz und Gewürzen. Von mittlerem Körper und elegant, sollte er am besten während seiner ersten 5–7 Lebensjahre getrunken werden. Der prächtigere, glänzende *1998er Barbera d'Alba Trevigne* besitzt explosive Frucht, vollen Körper, Kraft und hohe Konzentration sowie Feinheit, Eleganz und Gesamtausgewogenheit. Er ist ein hervorragend gemachter Barbera, den man in den nächsten 3–4 Jahren genießen kann. Der *1998er Barolo Pajana* von dichtem Rubin-Purpurrot enthüllt reichlich neues Eichenholz zusammen mit Aromen von Bleistift, Schwarzkirschen, Brombeeren, Lakritze und Erde. Dieser strukturierte, kraftvolle, kernige Wein muss 1–2 Jahre im Keller reifen. Voraussichtliche Genussreife: jetzt–2016. Der stark extrahierte Kraftprotz *1998er Barolo Ciabot Mentin Ginestra* greift den Gaumen mit einem Schwall von beunruhigend tanninbetonter, hoch konzentrierter Schwarzkirsch- und Himbeerfrucht an, die von Mineralien, neuem Eichenholz, Lakritze und Trüffeln durchdrungen ist. Trotz eines gewaltigen Geschmackseindrucks am mittleren Gaumen und eines erstaunlich langen Abgangs ist er noch nicht trinkreif. Voraussichtliche Genussreife: 2006–2020. Der *1998er Barolo Mosconi Percristina Riserva* enthüllt Aromen von süßer schwarzer Frucht, vermischt mit neuem Eichenholz, Heidelbeeren und Blumen sowie Mineralität darunter. Dieser jugendliche, verhalten entwickelte 1998er, der körperreich, kraftvoll, tief und kernig ist, nimmt es mit den Aufsehen erregenden Weinen auf, die 1996 und 1997 erzeugt wurden. Voraussichtliche Genussreife: jetzt–2018.

Der *1997er Barolo Pajana* von sattem Purpurrot bietet ein klassisches (an eine Kreuzung von Mouton und Lafite Rothschild erinnerndes) Bukett von Zedernholz, Cassis, Lakritze, Bleistift und mineralischen Gerüchen. Der Wein besitzt reichliche Mengen von schwarzer Frucht, Teer, Trüffeln und Zigarrenkistenaromen. Als mächtiger, gewaltiger Barolo gehört er nicht zu den am weitesten entwickelten 1997ern, so dass 1–2 Jahre Kellerreifung zu empfehlen sind.

Voraussichtliche Genussreife: 2004–2020. Der *1997er Barolo Ciabot Mentin Ginestra* ist ein Furcht erregend kraftvoller, tanninbetonter, überaus konzentrierter Wein, der vor Reichhaltigkeit förmlich birst und in dessen Geschmacksvielfalt am mittleren Gaumen man sich verirren könnte. Ein sattes Rubin-Purpurrot geht mit Gerüchen von Bleistift, Zedernholz, schwarzen Früchten, Rauch, Erde und Vanille einher. Gewaltige Fülle, ungeheurer Extrakt, süßes Tannin und ein kraftstrotzender Abgang charakterisieren diesen überwältigenden 20–25-Jahre-Wein. Voraussichtliche Genussreife: 2005–2025. Der *1997er Barolo Mosconi Percristina Riserva* ist der tanninreichste und am wenigsten entwickelte Wein aus dieser Gruppe von unentwickelten, wuchtigen 1997ern. Auf ein dichtes Rubin-Purpurrot folgen Aromen von neuem Sattelleder, Lakritze, Schwarzkirschen und den typischen Rosenblättern. In aromatischer Hinsicht verschlossener als seine Brüder, mit gewaltigen Geschmacksnoten, reichlich Glyzerin sowie Tannin in Hülle und Fülle, erfordert dieser körperreiche, schwer beladene 1997er eine Kellerreifung von weiteren 3–4 Jahren – ungewöhnlich für den exotischen, exzessiven Stil vieler 1997er. Voraussichtliche Genussreife: 2007–2030.

Die 1996er sind Aufsehen erregend kräftige, reichhaltige, konzentrierte Weine. Der *1996er Barolo Ciabot Mentin Ginestra* besitzt eine tiefe dunkelpurpurrote Farbe und ein Bukett von überreifen Pflaumen, Kirschen und Cassis. Gehaltvoll und körperreich, mit wunderbarem Glyzerin, subtilem Eichenholz und lakritzeartig-blumigen Nuancen, ist er ein umfangreicher, aber schön ausgewogener Barolo, den man zwischen 2004 und 2018 trinken kann. Die Ähnlichkeit des *1996er Barolo Pajana* mit einem Spitzen-Pomerol ist unverkennbar. Dieser mächtige Wein besitzt eine fabelhafte Reintönigkeit der Frucht und der Toastwürzigkeit, die die hoch konzentrierte, an Schwarzkirschen und Schokolade erinnernde Persönlichkeit des Weins ergänzt. Dicht und vielschichtig, mit beträchtlicher Viskosität, niedrigem Säuregehalt und mäßigem Tannin im eindrucksvollen, langen Abgang, wird er zwischen 2006 und 2020 in Bestform sein. Der tiefgründige *1996er Barolo Mosconi Percristina Riserva* entfaltet ein Bukett von dunklem Himbeerlikör. Wenn er sich länger im Glas befindet, kommen Noten von Kirschen, Cassis, Toast und Rauch zum Vorschein. Wuchtig, kraftvoll, kernig, ölig texturiert und lang, mit subtilem Eichenholz und ungeheurer Fruchtkonzentration, sollte dieser spektakuläre Barolo mühelos 15–16 Jahre altern.

Der *1995er Barolo Ciabot Mentin Ginestra* bietet ein umwerfendes Bukett von Tabak, Minze, getrockneten roten Früchten, Balsaholz und Kirschlikör. Man entdeckt Tonnen von Glyzerin, niedrige Säure, mittleren bis vollen Körper und eine verblüffende Fülle und Üppigkeit. Er ist so ziemlich der aufregendste 1995er Barolo, den die Leser finden werden. Ich würde mich dafür entscheiden, ihn in den nächsten 4–5 Jahren zu trinken, weil er bereits unwiderstehlich ist. Der *1995er Barolo Pajana* bildet vom Stil her eine Synthese zwischen einem burgundischen Grand Cru und einem Premier Cru aus dem Bordeaux. Er ist etwas weniger aromatisch als der *1995er Ciabot Mentin Ginestra* mit seinem satten Rubin-Purpurrot, üppiger dunkler Himbeer- und Kirschfrucht und einem Hauch von schwarzen Johannisbeeren. Trinken sollte man den fruchtbetonten, säurearmen 1995er Barolo Pajana, der von mittlerem bis vollem Körper ist, im Laufe der nächsten 8 Jahre. Der erstaunliche *1995er Barolo Mosconi Percristina Riserva* ist der reichhaltigste und kompletteste Wein aus diesem Angebot. Dieser Debüt-Jahrgang bietet Kirschwasser, chinesischen Schwarztee, Blüten, Lakritze und subtiles, würziges neues Eichenholz. Er ist erstaunlich gehaltvoll und körperreich, mit fantastischer Reintönigkeit, Symmetrie und Länge. Man kann ihn jetzt trinken, aber bei einer Kellerreifung von 1–2 Jahren dürfte er noch besser sein; er hält sich 10 Jahre lang.

ELVIO COGNO

1999	**Barbera d'Alba Bricco dei Merli**	**C**	**89**
1998	**Barbera d'Alba Bricco dei Merli**	**C**	**90**
1996	**Barolo Ravera**	**E**	**90**
2000	**Dolcetto d'Alba**	**B**	**89**

1999	**Dolcetto d'Alba**	**B**	**90**
1999	**Langhe Rosso Montegrilli**	**D**	**90**
1998	**Langhe Rosso Montegrilli**	**D**	**86**

Cogno, ein erstklassiger Barolo-Erzeuger, macht auch ausgezeichnete Dolcettos und Barberas sowie den großartigen Langhe Rosso Montegrilli, einen im Barrique ausgebauten Verschnitt von Barbera und Nebbiolo.

Der schwarz-purpurrote *2000er Dolcetto d'Alba* besitzt extrem kräftige, konzentrierte, monolithische, stämmige, dichte, wuchtige Geschmacksnoten. Wenn hinter der Masse von Frucht und Körper ein paar zusätzliche Nuancen zum Vorschein kommen, wird dieser Wein eine herausragende Punktzahl verdienen. Doch die Leser sollten im Gedächtnis behalten, dass sich diese Weine selten verbessern; deshalb muss sogar dieser Dolcetto während seiner ersten 3–5 Lebensjahre konsumiert werden.

Der *1999er Dolcetto d'Alba* ist ein ausgezeichnetes Beispiel für diese geschmackvolle Traubensorte. Ein undurchdringliches Purpurrot geht einher mit kernigen Beerenaromen im Geschmack, ausgezeichneter Reintönigkeit, nicht viel Komplexität, aber einer Reichhaltigkeit und Intensität, die den Mund ausfüllen. Er ist ein fruchtdominierter Kraftprotz, den man in den nächsten 3–4 Jahren trinken sollte. Der würzige, duftige *1999er Barbera d'Alba Bricco dei Merli* entfaltet Schwarzkirschfrucht, vermischt mit Erdbeermarmelade, Erde und würzigem Eichenholz. Er ist reintönig und fleischig, mit einem reifen, opulenten Abgang und wird seine beste Qualität vor 2007 haben. Der bedeutendste, aufregendste und komplexeste Wein des Jahrgangs 1999 ist der *1999er Langhe Rosso Montegrilli.* Dieser rauchige Wein von mittlerem bis vollem Körper bietet Düfte und Geschmacksnuancen von Toast, Pflaumen, Kirschmarmelade und Tabak. Rund, samtig texturiert und nahtlos, ist er ein hedonistischer Wein, der einen antörnt. Genießen Sie ihn in den nächsten 3–4 Jahren.

Der dunkelrubin-purpurrote *1998er Barbera d'Alba Bricco dei Merli* ist in einem aufregenden, opulenten, direkten Stil gehalten, mit süßen, dicklichen Erdbeer- und Brombeer-Geschmacksnuancen, guter Säure als Unterlage, Fett und Dichte sowie einem stämmigen, würzigen Abgang. Er dürfte 4–5 Jahre lang gut zu trinken sein. Leser, die nach einem Wein eher internationalen Stils suchen, werden am *1998er Langhe Rosso Montegrilli* ihre Freude haben. Er bietet große Mengen von würzigem neuem Eichenholz, süße Johannisbeer- und Kirscharomen im Geschmack sowie Toast. Von mittlerem Körper, mit guter Dichte und Reintönigkeit, offenbart er nicht die piemontesische Seele von Cognos anderen Erzeugnissen, aber er ist gut gemacht.

Echte Kenner werden völlig auf die Komplexität, Strenge und Vornehmheit des *1996er Barolo Ravera* abfahren. Seine dunkle Pflaumenfarbe geht einher mit einem süßen Bukett von geräucherten Kräutern, Schwarzkirschen, Mineralien, Gewürzen und Tabak. Dieser komplexe, körperreiche Wein mit seiner hervorragenden Reichhaltigkeit und dem nicht sehr hohem Tanningehalt ist zugänglich, verspricht aber, dass er bei einer zusätzlichen Kellerreifung von 1–2 Jahren noch besser sein wird. Voraussichtliche Genussreife: 2004–2020.

COLLA

1997	**Barbaresco Tenuta Roncaglia**	**D**	**89**
1996	**Barolo Bussia**	**D**	**88**

Diese Kellerei hat sowohl 1996 als auch 1997 frühreife Weine erzeugt. Der *1997er Barbaresco Tenuta Roncaglia* zeigt eine mittelrubinrote Farbe mit Granattönen am Rand. Ein klassisches Bukett von Rosenblättern, Erdbeermarmelade, Tabak und Gewürzen steigt anmutig aus dem Glas auf. Er ist reichhaltig, wohlschmeckend und fleischig, mit süßem Tannin, gut eingefügter Säure und einem mäßig langen Abgang. Er dürfte sich 10 Jahre lang angenehm trinken. Der *1996er Barolo Bussia* enthüllt die typischen Aromen von Zedernholz, Tabak und getrockneten Kräutern, zusammen mit Noten von Erde und Schwarzkirschfrucht. Eine geschmeidige Textur, wunderbare Konzentration, mittlerer Körper und spürbares Tannin im

Abgang ergeben als Gesamteindruck einen süßen, frühreifen, unverschlossenen Barolo, den man im Laufe der nächsten 10 Jahre genießen kann.

ALDO CONTERNO

1998	**Barolo Bussia Soprana**	**E**	**(90–92)**
1997	**Barolo Bussia Soprana**	**E**	**91+**
1996	**Barolo Bussia Soprana**	**E**	**92**
1995	**Barolo Bussia Soprana**	**E**	**88**
1998	**Barolo Cicala**	**EE**	**(87–89)**
1997	**Barolo Cicala**	**EE**	**91+**
1996	**Barolo Cicala**	**EE**	**94+**
1995	**Barolo Cicala**	**EE**	**87**
1998	**Barolo Vigna Colonnello**	**EE**	**(90–92)**
1997	**Barolo Vigna Colonnello**	**EE**	**91+**
1996	**Barolo Vigna Colonnello**	**EE**	**92+**
1995	**Barolo Gran Bussia Riserva**	**EEE**	**93**
1999	**Dolcetto d'Alba**	**B**	**88**
1998	**Langhe Rosso Quartetto**	**D**	**89**

Der über 70 Jahre alte Aldo Conterno, der Bruder von Giovanni Conterno und Inbegriff eines Gentleman, gehört zu den kompromisslosen Traditionalisten des Piemont. Sein Angebot umfasst drei Barolos aus Einzellagen sowie den Langhe Rosso Quartetto, der ein Verschnitt von Nebbiolo, Merlot, Cabernet Sauvignon und Barbera ist. In großen Jahrgängen wird auch ein in begrenzter Menge hergestellter Barolo Gran Bussia Riserva erzeugt. Die klassischen, langlebigen Barolos repräsentieren einen aufgeklärt traditionellen Stil und benötigen oft 5–6 Jahre, um ihren vollen Charakter zu offenbaren. Conterno war zwar schon 1995 erfolgreich, erzeugte aber 1996, 1997 und 1998 brillante Weine. Ich bin der Meinung, dass alle 1996er von Conterno größere Dichte und Konzentration sowie mehr Gesamtpotenzial als seine 1997er besitzen, die aber dennoch superb sind. Seine 1998er scheinen überdies große Klassiker zu sein.

Conternos herrliches Angebot an Rotweinen enthält auch den *1999er Dolcetto d'Alba.* Aromen von schwarzen Früchten und Veilchen springen bei diesem tiefen, sehr fruchtigen und dennoch eleganten, runden Wein förmlich aus dem Glas. In den nächsten paar Jahren wird er einen köstlichen Trinkgenuss bieten.

Der dunkelrubin-purpurrote *1998er Langhe Rosso Quartetto* bietet ein intensives Bukett von Schwarzkirschmarmelade, Johannisbeeren, Eichenholz, Erde und Gewürzen. Er ist dicht, von mittlerem Körper, rund und sehr fruchtig und sollte im Laufe der nächsten 5–6 Jahre getrunken werden. Von den drei Barolos besitzt der dunkelrubin-granatrote *1998er Barolo Cicala* die höchste Säure, das geringste Gewicht und die größte Eleganz. In diesem würzigen, mittelschweren, stilvollen, mäßig tanninhaltigen Wein findet man Noten von Soja, asiatischen Gewürzen, roten Kirschen, Mineralien und Kräutern. Voraussichtliche Genussreife: jetzt–2014. Der am stärksten texturierte, kräftigste und konzentrierteste Wein aus diesem Trio ist der *1998er Barolo Vigna Colonnello.* Er bietet Aromen und Geschmacksnuancen von geröstetem Kaffee, neuem Sattelleder, Schwarzkirschmarmelade, Unterholz, Erde und Gewürzen. Dieser fest strukturierte, körperreiche, dichte, eindrucksvoll extrahierte Wein benötigt noch Kellerreifung. Voraussichtliche Genussreife: 2006–2020. Der in einem ähnlichen Stil gemachte *1998er Barolo Bussia Soprana* entfaltet nicht sehr intensive Aromen von Zedernholz, Gewürzen, Lakritze, Teer und Kirschmarmelade. Dieser körperreiche, kraftvolle, konzentrierte Wein besitzt gute Säure, ausgezeichnete Reinheit und einen mäßig tanninhaltigen Abgang. Voraussichtliche Genussreife: 2005–2020.

Der eng verwobene *1997er Barolo Bussia Soprana* von dichtem Rubin-Granatrot bietet Noten von Erde, Kirschen und Balsaholz. Er ist körperreich, hat gute Säure (besonders für den Jahrgang), mäßig hohen Tanningehalt und einen festen Abgang. Er besitzt viel Stärke, wenn auch nicht so viel wie der 1996er. Trinken Sie diesen hervorragenden Wein zwischen 2006 und 2020. Der körperreiche dunkelgranatrote *1997er Barolo Vigna Colonnello* zeigt Lakritze-, Gewürz- und Kirschwassernuancen sowie eine spürbarere Säure. Wenn sich der Wein länger im Glas befindet, kommen Aromen von Soja, Kräutern und Weihrauch zum Vorschein. Er ist ein fest gebauter, köperreicher, kräftiger und dennoch verschwiegener Wein. Voraussichtliche Genussreife: 2006–2018. Der *1997er Barolo Cicala* (von einer Parzelle etwas oberhalb der Colonnello-Lage) bietet ein charakteristisches Bukett von Soja, frischen Sardinen, Erde, Zedernholz und Teer. Im Mund kommen zu dieser Mischung Ledernoten hinzu. Er war von dem Trio der Wein, den ich am wenigsten mochte, vielleicht, weil das Tannin den Schlussgeschmack des Weins dominiert und ihm einen komprimierteren Charakter verleiht. Aldo Conterno erklärte, dass dieser Wein immer länger braucht, um sich zu entfalten, und im Vergleich zum Colonnello oder zum Barolo aus der Lage Bussia Soprana häufig ein mineralisch-stahliges Gerüst besitze. Voraussichtliche Genussreife: 2005–2020.

Beim 1996er habe ich die drei Barolos aus Einzellagen verkostet. Der *1996er Barolo Vigna Colonnello* ist sehr aromatisch und bietet Gerüche von geschmolzenem Teer, Zedernholz, Gewürzen und verschiedenen roten und schwarzen Früchten. Nach einem sanften Auftakt werden die ungeheure Fülle und die fleischige, körperreiche Stärke dieses Weins sichtbar. Der Abgang zeigt beträchtliche Schlagkraft des Tannins und Stärke. Voraussichtliche Genussreife: 2005–2022. Der *1996er Barolo Bussia Soprana* von dichtem Rubin-Purpurrot entfaltet ein klassisches Nebbiolo-Barolo-Bukett von Tabak, Zigarrenkiste, Rosenblättern, geschmolzenem Teer und reichlich süßer Schwarzkirschfrucht. Er ist zwar beeindruckend körperreich, kraftvoll, tanninbetont und dicht, aber ach so jung und unentwickelt. Bitte Geduld! Voraussichtliche Genussreife: 2010–2025. Die überwältigenden Aromen des *1996er Barolo Cicala* bieten alles, was man im Bussia Soprana findet, aber noch mehr Intensität und Feuerwerk. Er ist körperreich und muskulös und besitzt einen hohen Tanningehalt sowie Extrakt und eine den Mund versehrende Säure, die dem Wein sowohl größere Präzision als auch einen noch sehr unentwickelten Charakter verleiht. Als überaus dichter, extraktreicher und gehaltvoller Barolo wird er ein Jahrzehnt lang nicht trinkreif sein. Disziplin in Form einer Einkellerung ist für diesen fabelhaften Barolo unbedingt erforderlich. Voraussichtliche Genussreife: 2012–2030.

Der dunkelrubinrote *1995er Barolo Cicala* besitzt ein gedämpftes, aber viel versprechendes Bukett von Gewürzen, Zedernholz, Tabak und Kirschfrucht. Er bietet gute Reife, mittleren Körper, hohen Tanningehalt und spürbares, aber dennoch subtiles Eichenholz. Diesen sehr guten Wein kann man jetzt wie auch in den nächsten 4–5 Jahren trinken. Der dichtere *1995er Barolo Bussia Soprana* zeigt ein satteres Rubinrot. Das reichhaltige Bukett von Zedernholz, Rauch, Tabak und Teer ist für die Nebbiolo-Traube klassisch. Er ist ausgezeichnet, mit einer vielschichtigen Textur und einem gehaltvollen, würzigen, herben, mäßig tanninbetonten Abgang und zugänglich genug, dass man ihn jetzt trinken kann, aber er dürfte sich 3–4 Jahre lang angenehm entwickeln.

Der Gran Bussia, dessen Produktion limitiert ist, wurde nur in den Jahren 1970, 1971, 1974, 1978, 1982, 1985, 1988, 1989, 1990 und 1995 erzeugt. Aller Wahrscheinlichkeit nach wird er auch für die Jahrgänge 1996, 1997, 1998 und 1999 hergestellt. 70% von diesem Wein kommen von dem Weinberg Romirasco, der Rest aus den Lagen Cicala und Colonnello. Er wird 3 Jahre in großen Holzfässern ausgebaut und reift 2 Jahre in der Flasche, bevor er freigegeben wird. Der *1995er Barolo Gran Bussia Riserva* von dichtem Granat-Rubinrot bietet klassische Düfte von Rosenblättern, geschmolzenem Teer, Kirschwasser und getrockneten Kräutern. Süß, körperreich und gehaltvoll, ist er für den Jahrgang eine fantastische Leistung, die in einer Reihe mit dem von Giacomo Conterno erzeugten fabelhaften 1995er Barolo Monfortino einzuordnen ist. Der Gran Bussia besitzt reifes Tannin sowie einen gewaltigen Abgang. Voraussichtliche Genussreife: jetzt–2020.

GIACOMO CONTERNO

1996	Barolo Cascina Francia	EE	88+?
1995	Barolo Cascina Francia	EE	92
1994	Barolo Cascina Francia	EE	90
1993	Barolo Cascina Francia	EE	91
1998	Barolo Monfortino	EEE	(93–95+)
1997	Barolo Monfortino	EEE	(91–94)
1996	Barolo Monfortino	EEE	(89–91)
1995	Barolo Monfortino	EEE	(94–95)
1993	Barolo Monfortino	EEE	92
1998	Dolcetto d'Alba Cascina Francia	B	87

Ein Besuch bei Giovanni Conterno, einem ernsten, anfangs humorlosen Mann, der auftaut, je länger man in den Kellern verweilt, und bei seinem Sohn Roberto bietet einen faszinierenden Einblick in die traditionelle Schule der piemontesischen Weinbereitung. Der 73 Jahre alte Giovanni hat fünf Kinder; Roberto, sein jüngster Sohn, macht den größten Teil der Arbeit im Keller. Seine beiden Barolo-Cuvées, Cascina Francia und Monfortino, kommen von Weinbergen in Hanglage in Serralunga d'Alba. Die einfache Barolo-Cuvée, der Cascina Francia, ist eigentlich der gleiche Wein wie der Monfortino, zumindest theoretisch. Es gibt jedoch Unterschiede in der Art und Weise, wie sie vinifiziert werden; zudem werden sie in einem frühen Stadium im Keller getrennt. In der Regel befindet sich der Monfortino länger auf den Traubenschalen; er scheint eine Auswahl von bestimmten Partien zu sein. Er wird auch viel später als der Cascina Francia abgefüllt, der zumeist innerhalb von vier Jahren nach der Lese auf Flaschen gezogen wird, während die Abfüllung für den Monfortino 7–10 Jahre nach der Lese erfolgt. Der 1993er Barolo Monfortino beispielsweise wurde 2000 abgefüllt. Diese Weine sind oft in ihrer Jugend schwer zu verstehen, weil sie nicht die Farbsättigung der meisten heutigen Rotweine haben und unnachgiebig, streng, tanninbetont und hart erscheinen. Glauben Sie jemandem, der es weiß. Ich kaufe diese Weine seit den späten 1960er Jahren und besitze noch immer ein paar Flaschen von dem majestätischen 1964er und 1967er, die erst jetzt allmählich nachlassen. Der 1970er und der 1971er sind relativ junge Weine geblieben, wobei der 1971er Monfortino einer der erstaunlichsten Barolos ist, die man über den Gaumen strömen lassen kann. Überraschenderweise erzeugt dieses Gut in Jahren, die beim Barolo als Spitzenjahrgänge gelten, nicht immer die besten Weine. Bei den Proben erschien mir der 1995er Barolo Monfortino als eine der großen Leistungen und deutlich reichhaltiger und komplexer als der 1996er und der 1997er. Der 1998er, der 8–10 Jahre lang nicht freigegeben wird, ist ein weiterer starker Jahrgang für Conterno, doch sowohl Roberto als auch Giovanni glauben, dass der 2000er ihr bester Jahrgang in den letzten 10 Jahren ist.

Der *1998 Dolcetto d'Alba Cascina Francia* ist ein rustikales, körperreiches, kräftiges Exemplar mit tiefrubinroter Farbe und beträchtlicher Beerenfrucht, vermischt mit Mineralien, Rauch, getrockneten Kräutern und frischen Mandeln. Trinken Sie ihn in den nächsten 2–3 Jahren.

Vermutlich wegen seiner erst vor kurzem erfolgten Abfüllung war der *1996er Barolo Cascina Francia* gedämpft, aber er scheint nicht die diesem Gut angemessene Tiefe eines großen Jahrgangs zu haben. Die Farbe ist ein mittleres Rubinrot mit rosa Tönen am Rand. Noten von Balsaholz, Gewürzen, Teer und Rosenholz kommen unter den Aromastoffen widerwillig zum Vorschein. Im Mund konkurrieren Geschmacksnuancen von Gewürzen und Leder mit staubiger Kirschfrucht in einem tanninbetonten, strengen, verschlossenen, stahligen Stil. Ich finde nicht genug Süße, Glyzerin oder Extrakt, damit dies tiefgründig wird, aber der Wein ist insgesamt sehr gut bis ausgezeichnet. Voraussichtliche Genussreife: 2008–2025.

Der jüngste und dichteste der gegenwärtig freigegebenen Barolos ist der *1995er Barolo Cascina Francia.* Er besitzt klassische Nebbiolo-Eigenschaften von geschmolzenem Teer, Zedernholz, Süßkirschen, Rosenblättern und Trüffeln. Körperreich, tief und kernig, mit einer faszinierenden erdigen Rauchigkeit, kann dieser tanninbetont, beeindruckend konzentrierte und gut ausgestattete Barolo jetzt getrunken werden, wird aber bei einer zusätzlichen Kellerreifung von 2–4 Jahren noch besser sein; er hält sich 15+ Jahre.

Der *1994er Barolo Cascina Francia* enthüllt in seinem Rubin-Granatrot mehr Bernsteintöne. Düfte von chinesischem Schwarztee, Zedernholz, geräucherter Ente, Soja, Lakritze und Tabak springen bei diesem aromatischen Barolo aus dem Glas. Er ist weiter vorangeschritten als der 1993er, mit süßen, runden Geschmacksnuancen im alten Stil, staubigem Tannin und wunderbarem Glyzerin und Konzentration. Er dürfte 12–15 Jahre lang angenehm zu trinken sein.

Der *1993er Barolo Cascina Francia* zeigt eine dunkelrubinrote Farbe mit purpurroten Tönen sowie Aromen von gerösteten Kräutern, Tabak, Teer, Kirschwasser und getrockneten Kirschen und etwas flüchtige Säure. Im Mund ist er dicht, von mittlerem bis vollem Körper, mit guter Konzentration und staubigem Tannin im Abgang. Diesen 1993 Barolo kann man jetzt trinken, aber er verspricht, dass er sich noch 15–20 Jahre lang entwickelt. Der hellgranat-rubinrote *1993er Barolo Monfortino* ist angesichts der Herausforderungen durch den eher problematischen Jahrgang zweifellos der Wein des Jahres. Wie alle Conterno-Weine wurde er ohne Schönung oder Filtrierung abgefüllt, so dass er seine *terroir*- und sortentypischen Merkmale vollständig bewahrt. Er bietet ein umwerfendes aromatisches Profil von Rosenblättern, Teer, neuem Sattelleder, süßen, dicklichen Schwarzkirschen, Lakritze und Himbeeren, angemessene Säure, süßes Tannin, reichlich Alkohol, wunderbare Dichte, eine fleischige Textur und schöne Harmonie sowie Eleganz. Trinken kann man ihn jetzt und im Laufe der nächsten 15 Jahre. Suchen Sie nach diesem Wein, der angesichts der Tatsache, dass die meisten 1993er Barolos streng und hart sind, einer der großen Geheimtipps unter den piemontesischen Weinen ist.

Einer der großen Monfortinos ist der *1995er Barolo Monfortino*, der – wie ich hoffe – vor 2005 abgefüllt und freigegeben wird. Er war der beste Wein, den ich in Conternos Kellerei probiert habe (als ich alles von den heute freigegebenen bis zu den 2000er Weinen verkostete). Deutlich konzentrierter als der 1996er Monfortino, repräsentiert er eine aufgrund von Hagelschäden winzige Ernte. Der Wein enthüllt die Essenz von Kirschwasser, Rauch, roten Johannisbeeren und Kirschen sowie die typischen Rosenblätter- und Lakritzenoten. Er ist reif und körperreich, mit süßer Frucht, reichlichem Glyzerin und einem nahtlosen Abgang, der fast 45 Sekunden dauert. Man findet darin Tannin in Hülle und Fülle. Zweifellos wird der Wein strukturierter schmecken, wenn er freigegeben wird. Voraussichtliche Genussreife: 2010–2040. Um es nochmals zu sagen: Der *1996er Barolo Monfortino* ist nicht so konzentriert wie der 1995er und auch nicht so reich oder komplex wie der 1993. Dennoch ist er ein eleganter, stilvoller, mittelschwerer Wein mit weniger Fleisch und mehr Strenge als bei den anderen Weinen. Ich weiß, dass dies angesichts der Voraussetzungen des Jahrgangs keinen Sinn ergibt, aber das ist es, was Giovanni und Roberto erzeugt haben. Der *1997er Barolo Monfortino* scheint ein aufregender, für dieses Gut untypisch weit entwickelter Wein zu sein. Dicht und sinnlich, mit reichlichem Glyzerin und üppigen, nahtlosen Geschmacksnuancen von Schwarzkirschen, Kirschwasser, Rauch und Teer sowie fleischähnlichen Noten, präsentiert in einem köperreichen, konzentrierten Stil. Er ist zwar dichter als der 1996er, aber nicht so komplex und konzentriert wie der 1995er. Voraussichtliche Genussreife: 2007–2022.

Ich habe auch den *1998er* und *1999er Barolo Monfortino* probiert, aber sie sind noch mindestens 7–10 Jahre von ihrer Freigabe entfernt. Beide scheinen fabelhafte Weine zu sein, die mühelos den 1997er sowie den leichteren 1996er übertreffen dürften. Aus einem riesigen Holzfass (in dem sich die gesamte Monfortino-Cuvée befindet) verkostet, ist der *1998er Barolo Monfortino* ein rubinroter Wein in einem vorangeschrittenen, entwickelten Stil (der für den Jahrgang typisch ist), mit einem süßen Bukett von Rosenwasser, Teer, Trüffeln, Mineralien und Kirschfrucht. Körperreich, aber wunderschön ausgewogen, lässt er sich jetzt köstlich trinken, obwohl so etwas in diesen Kellern als Ketzerei betrachtet werden würde.

Hoffen wir, dass sich der Stil dieser Kellerei nie ändert, denn sie erzeugt (zusammen mit Bruno Giacosa und einer Hand voll anderer piemontesischer Produzenten) den Inbegriff des traditionellen Barolo. In einer Welt, in der die unmittelbare Befriedigung oft das oberste Ziel ist, sieht die Realität so aus, dass die meisten Verbraucher keine 10 Jahre auf den Wein warten, bis er freigegeben wird, und noch einmal 10 Jahre, damit sie ihn auf dem Höhepunkt seiner Reife genießen. Für die wenigen, die das tun, ist die Belohnung unermesslich. Die von Giovanni Conterno erzeugten Weine sind ein Denkmal für die Nebbiolo-Traube wie auch für den Ruhm des Piemont.

PAOLO CONTERNO

1998	**Barolo Ginestra**	**E**	**(88–90)**
1997	**Barolo Ginestra**	**E**	**88+**

Der dunkelrubin-purpurrote *1998er Barolo Ginestra* von Paolo Conterno, einem weiteren Conterno aus Monforte d'Alba (der aber weniger berühmt ist als Giovanni und Aldo), entfaltet Aromen und Geschmacksnuancen von Soja, Balsaholz, getrockneten Kirschen, Tabak und Kräutern. Subtile Noten von neuem Eichenholz in den Aromastoffen deuten darauf hin, dass zumindest ein Teil dieser Cuvée einige Zeit im Barrique verbracht wurde. Er ist tief, körperreich und opulent, mit süßem Tannin, und dürfte jung angenehm zu trinken sein (was für diesen Erzeuger und diese Region untypisch ist). Voraussichtliche Genussreife: jetzt–2015. Der dunkelrubin-purpurrote *1997er Barolo Ginestra* ist ein auf traditionelle Weise hergestellter Wein mit beträchtlichem Tannin und einem zarten Hinweis auf neues Eichenholz. Er ist dicht, reif und überraschend tanninreich. Trinken sollte man ihn zwischen 2005 und 2015.

CONTERNO FANTINO

1999	**Barbera d'Alba Vignota**	**C**	**87**
1998	**Barbera d'Alba Vignota**	**C**	**90**
1998	**Barolo Sorì Ginestra**	**E**	**92**
1997	**Barolo Sorì Ginestra**	**E**	**92+**
1996	**Barolo Sorì Ginestra**	**E**	**92**
1995	**Barolo Sorì Ginestra**	**E**	**85?**
1998	**Barolo Vigna del Gris**	**E**	**90**
1997	**Barolo Vigna del Gris**	**E**	**93**
1996	**Barolo Vigna del Gris**	**E**	**90**
1995	**Barolo Vigna del Gris**	**E**	**87?**
2000	**Dolcetto d'Alba Bricco Bastia**	**C**	**87**
1999	**Dolcetto d'Alba Bricco Bastia**	**C**	**89**
1998	**Monprà**	**D**	**90**
1997	**Monprà**	**D**	**90**
1996	**Monprà**	**D**	**89**

Normalerweise ist Conterno Fantino mit Sitz in Monforte d'Alba ein verlässlicher Erzeuger, bei den Jahrgängen 1995, 1996, 1997 und 1998 hat er aber ein wechselhaftes Angebot vorzuweisen. Während die 1996er und 1998er gut gemacht sind, erweisen sich beide 1995er Barolos als tanninreich, mit strenger Persönlichkeit, und die 1997er sind spürbar holzbetont und in einem internationalen Stil bereitet, der etwas von dem Nebbiolo-Charakter hinter einem Furnier aus schwerem, toastwürzigem Holz verborgen hat.

Der *2000er Dolcetto d'Alba Bricco Bastia* ist ein liebenswürdiger, fruchtiger, weicher Wein, der in seinen unkomplizierten, aber gefälligen Aromen und Geschmacksnuancen Beeren, Kirschen, Cola und Erde bietet. Von mittlerem Körper, mit sehr guter Reintönigkeit, sollte man ihn am besten im Laufe der nächsten paar Jahre konsumieren.

Der gut gemachte *1999er Barbera d'Alba Vignota* ist durchdringender und leichtgewichtiger, mit Noten von Tomatenschalen, Erdbeeren, Kirschen und einem Hauch von Eichenholz. Er ist weder ein Kraftprotz noch ein kräftiger, holzbetonter piemontesischer Barbera, sondern ein stilvoller, zurückhaltender Wein, den man in den nächsten 3–4 Jahren genießen kann. Der *1999er Dolcetto d'Alba Bricco Bastia* verdient möglicherweise eine hervorragende Bewertung. Der Vorwurf gegen Dolcettos, insbesondere aus einem Spitzenjahrgang wie 1999, ist der, dass sie keine große Komplexität besitzen, auch wenn sie eine ganze Wagenladung an hedonistischem Feuerwerk liefern. Dieser undurchdringlich purpurrote Dolcetto, der dicht, kernig und körperreich ist, schlägt eine wunderbar robuste Schneise am Gaumen. Kraftvoll und überaus konzentriert, ist er ein so hedonistischer Dolcetto d'Alba, wie die Leser keinen anderen finden werden. Trinken Sie ihn in den nächsten 3–4 Jahren.

Der herausragende *1998er Monprà*, ein Verschnitt von gleichen Teilen Nebbiolo und Barbera, im Barrique ausgebaut, zeigt eine dunkelrubinrote Farbe mit purpurroten Schattierungen. Ein süßer Duft von roten und schwarzen Früchten, Rauch, Lakritze und Blumen steigt aus dem Glas. Am Gaumen ist er burgunderähnlich in seinem mittelschweren, samtweichen, runden, wunderschön reintönigen Stil mit ausgezeichneter Textur. Er ist kein Langstreckenläufer und sollte im Laufe der nächsten 3–4 Jahre konsumiert werden. Die 1998er Barolos, zwei herausragende Weine, kombinieren das Beste der traditionellen Schule mit dem modernen, aufgeklärten Ansatz, jungen Barolo etwas zugänglicher zu machen. Der *1998er Barolo Vigna del Gris* bietet ein tiefes Rubin-Granatrot, mittleren bis vollen Körper und ein süßes Bukett von Bleistift, neuem Eichenholz, Schwarzkirschen und Rosenblättern. Elegant, kraftvoll, schön harmonisch und klar umrissen, mit einem mäßig tanninhaltigen Abgang, wird er zwischen jetzt und 2016 in Bestform sein. Noch besser ist der fesselnde *1998er Barolo Sorì Ginestra.* Er ist ein dichter, körperreicher, stark extrahierter, komplexer, vielschichtiger Barolo und entfaltet im Duft und im Geschmack Aromen von Teer, Kampfer, Schwarzkirschlikör, Rauch, Mineralien und zartem neuem Eichenholz. Voll und samtig texturiert, mit einem 40-Sekunden-Abgang, wird dieser umfangreiche und dennoch ungeheuer elegante Wein zwischen 2004 und 2018 angenehm zu trinken sein. Eine weitere sehr gute Leistung stellt der komplexe *1998er Barbera d'Alba Vignota* dar. Von mittlerem bis vollem Körper, bietet er herrliche Schwarzkirschfrucht mit einem Hauch von Tomatenschalen, frischen Mandeln und Schokolade. Diesen würzigen, dichten, fruchtigen Barbera mit extravaganter Reife und einem komplexen, Médoc-artigen Duft von Bleistiftschnitzeln kann man im Laufe der nächsten 5–6 Jahre trinken.

Der *1997er Monprà*, ein hervorragender Verschnitt von gleichen Teilen Barbera und Nebbiolo, offenbart die opulente Persönlichkeit des Jahrgangs. Undurchdringlich rubin-purpurrot, mit einem kräftigen, rauchigen Bukett von schwarzen Früchten und neuem Eichenholz im internationalen Stil, besitzt er wunderbare Intensität, massenhaft Glyzerin, niedrige Säure und einen würzigen, kernigen Abgang. Trinken Sie ihn im Laufe der nächsten 10 Jahre. Der *1997er Barolo Vigna del Gris* zeigt süße schwarze Früchte in seinem aromatischen Profil und gewaltige, konzentrierte, körperreiche Geschmackskomponenten mit enormer Muskelkraft, erstaunlichem Glyzeringehalt und außergewöhnlicher Reintönigkeit. Dieser überaus konzentrierte Wein fängt gerade an, die für Nebbiolo und Barolo typischen Noten von Teer, Rosenblättern und süßer Schwarzkirschfrucht zu enthüllen. Er dürfte sich leicht 2 Jahrzehnte lang halten, obwohl ich bezweifle, dass er sich je verschließt. Der *1997er Barolo Sorì Ginestra* bietet ein tiefes Rubin-Purpurrot sowie komplexe Aromen von Tabakrauch und herrlich süßem, eingedicktem Kirschlikör. Reif, opulent und körperreich, mit riesigen Mengen von Glyzerin und Extrakt und dennoch einem hohen Tanningehalt im Abgang, benötigt dieser 1997er 2–3 Jahre Kellerlagerung und dürfte sich 20+ Jahre halten. Dies sind überaus eindrucksvolle Barolos.

Der 1996er-Jahrgang ist sehr erfolgreich. Der von Mineralien dominierte rubin-purpurrote *1996er Barolo Sorì Ginestra* bietet im Duft würziges Eichenholz sowie reizvolle Schwarzkirschfrucht, verbunden mit Backpflaumen und toastwürzigem Eichenholz. Mit mäßigem Glyzeringehalt, vollem Körper, hohem Tanningehalt, ausgezeichneter Reintönigkeit sowie mit superber Reichhaltigkeit und vorzüglichem Extrakt, erfordert dieser vielschichtige Wein eine Kellerreifung. Voraussichtliche Genussreife: 2005–2020. Der undurchdringlich purpurrote *1996er Barolo Vigna del Gris* ist dicht, mit beträchtlichen Anzeichen von neuem Eichenholz, kräftigen, muskulösen Aromen von schwarzer Johannisbeere und Kirsche im Geschmack sowie mit weniger Mineralität und Erde als beim Sorì Ginestra. Er ist ein gewaltiger Wein von großer Intensität. Voraussichtliche Genussreife: 2004–2020. Der *1996er Monprà* (ein Vino da tavola aus gleichen Anteilen Barbera und Nebbiolo) ist tanninbetont, aber er ist beeindruckend ausgestattet mit Noten von toastwürziger Vanille, Kirschen, getrockneten Kräutern, Leder und Gewürzen. Dicht, gewaltig und körperreich, aber verschlossen, dürfte er sich ein Jahrzehnt oder noch länger gut trinken lassen.

Der *1995er Barolo Sorì Ginestra* enthüllt Zedernholz und pflaumenartige Frucht im Bukett, ist aber sehr vegetabil und hart und hat einen Mangel an Länge. Der dunklere rubinrote *1995er Barolo Vigna del Gris* ist adstringierend tanninbetont, äußerst komprimiert und außergewöhnlich erdig. An der Luft kommen Zedernholz, getrocknete Kräuter, würziges Eichenholz und Kirschen zum Vorschein, aber dieser Wein ist schwer zu bewerten. Voraussichtliche Genussreife: jetzt–2012.

LUIGI COPPO & FIGLI

1997	**Alter Ego**	**D**	**87**
1999	**Barbera d'Asti Camp du Rouss**	**D**	**88**
1998	**Barbera d'Asti Camp du Rouss**	**D**	**88**
1998	**Barbera d'Asti Pomorosso**	**D**	**92**
1997	**Barbera d'Asti Pomorosso**	**D**	**90**

Für eine piemontesische Kellerei ist es ungewöhnlich, dass sie von jemandem außerhalb der Region beraten wird. Der berühmte umbrische Önologe Riccardo Cotarella ist seit mehreren Jahren Berater bei Coppo & Figli. Als Ergebnis davon gewinnen die Weine mehr Reife, Textur und Komplexität. Der *1999er Barbera d'Asti Camp du Rouss* wird zu 20% in neuem Eichenholz ausgebaut und ungefiltert auf Flaschen abgefüllt. Süße, dickliche Schwarzkirschen und erdige Aromen steigen von diesem geschmeidigen, üppigen, aufregenden Barbera von mittlerem bis vollem Körper auf. Genießen Sie ihn während seiner ersten 3–5 Lebensjahre.

1998 war ein sehr guter Jahrgang im Piemont, obwohl er nicht die Opulenz und den schwelgerischen Reichtum zu haben scheint, die man in den 1997ern findet, oder die klassische Struktur und das Alterungspotenzial der 1996er. Dennoch gibt es darin eine Menge, die man mögen kann, wie der *1998er Barbera d'Asti Camp du Rouss* beweist. Dieser tiefrubinrote Wein, der ein sehr gutes Preis-Leistungsverhältnis besitzt, bietet toastwürziges neues Eichenholz, Düfte von süßen, dicklichen Erdbeeren und Kirschen, gute Würzigkeit, mittleren Körper und eine runde, üppige Textur. Genießen Sie ihn in den nächsten 3–4 Jahren. Der fantastisch komplexe *1998er Barbera d'Asti Pomorosso* (2 500 Kisten) wurde in französischen Fässern ausgebaut, von denen 80% neu waren, und ungefiltert abgefüllt. Dieser körperreiche, dickflüssige, beeindruckend konzentrierte Barbera hat große Mengen von Düften, die an schwarze Früchte, Lakritze, Tomatenschalen und Gewürze erinnern. Er ist kraftvoll, reichhaltig und konzentriert und hat seinen Kontakt mit dem neuen Eichenholz vollständig verdaut – etwas, was die besseren Barberas mit überraschender Leichtigkeit zu schaffen scheinen. Trinken Sie ihn in den nächsten 4–5 Jahren.

Auch der in einem ehrgeizigeren Stil bereitete *1997er Barbera d'Asti Pomorosso* (von dem 13 500 Flaschen produziert wurden) wurde in französischer Eiche ausgebaut, wobei ebenfalls 80% der Fässer neu waren. Er zeigt mehr Dichte und Eichenholz, zusätzlich zu prächtigen, körperreichen, konzentrierten Geschmacksnuancen, die Noten von geräucherten Kräutern, Marmelade aus reifen Kirschen und Gewürzen bieten. Dieser reichhaltige, angenehm texturierte, hoch konzentrierte, mäßig säuerliche Barbera dürfte ein Jahrzehnt lang gut zu trinken sein. Der Alter Ego ist ein Verschnitt von 65% Cabernet Sauvignon, 30% Barbera und 5% Freisa. Der *1997er Alter Ego* besitzt Rote-Johannisbeer- und Kirschfrucht, toastwürziges Eichenholz, mittleren Körper, sehr gute Reife und einen mäßig konzentrierten Abgang. Obwohl er sehr gut ist, kann er mit der Qualität der beiden Barberas nicht mithalten.

COPPO-JULI

1999	**Barbera di Monferrato**	**D**	**(90–92)**

Roberto Cipresso ist der für diesen Wein verantwortliche Önologe. Dieser kräftige, dicke, körperreiche Barbera wurde von extrem niedrigen Erträgen (20 hl/ha) erzeugt, 18 Monate in neuen französischen Eichenfässern ausgebaut und ohne Filtration abgefüllt. Er bietet in seinen explosiven, demonstrativen Aromen Spuren von Eichenholz sowie lebhafte mineralische, Erdbeer- und Kirscharomen und einen hohen Gehalt an Glyzerin und Konzentration. Der Wein trifft auf den Gaumen mit einer konzentrierten, kräftigen Empfindung, aber die Säure verleiht Schwung und klare Zeichnung. Trinken Sie diesen eindrucksvollen Barbera in den nächsten 4–5 Jahren.

CORDERO DI MONTEZEMOLO

1996	**Barolo**	**D**	**(90–92)**
1995	**Barolo**	**D**	**86**
1998	**Barolo Bricco Gattera**	**E**	**(87–88)**
1997	**Barolo Bricco Gattera**	**E**	**90+?**
1998	**Barolo Monfalletto**	**E**	**(87–88)**
1997	**Barolo Monfalletto**	**E**	**90**
1996	**Barolo Monfalletto**	**E**	**(91–93)**
1995	**Barolo Monfalletto**	**E**	**88**
1998	**Barolo Vigna Enrico VI**	**E**	**?**
1997	**Barolo Vigna Enrico VI**	**E**	**91+**

Ich hatte eine leichte Vorliebe für die 1997er dieses Erzeugers aus La Morra gegenüber seinen 1998ern. Letztere sind zwar attraktive Weine, mit Preisen, die heutzutage von Spitzen-Barolos erzielt werden, aber es gibt preislich vernünftigere Alternativen. Die 1996er und 1995er sind ebenfalls sehr gute Erfolge. Die Weine von diesem Gut werden in Eichenfässern ausgebaut. Für den Barolo Vigna Enrico VI werden 50% neue Barriques verwendet, während es bei Bricco Gattera 100% und bei Monfalletto 33% sind.

Der *1998er Barolo Monfalletto* ist von mittlerem bis vollem Körper und entfaltet in einem angenehm texturierten, expansiven Stil Düfte von Erde, Leder, Kirschen und Lakritze. Er besitzt Eleganz und Harmonie und kann jetzt und in den nächsten 12–15 Jahren getrunken werden. Der dunkelrubin-granatrote *1998er Barolo Bricco Gattera* ist ein mittelgewichtiger, weicher Wein in einem feinen Stil, der ein wenig Einfluss von den Barriques zeigt. Er bietet gute Reichhaltigkeit im Auftakt, verengt sich aber im Mund. Ich wäre nicht überrascht, wenn ich erleben würde, dass er sich verschließt und mehr Tannin und weniger frühe Anziehungskraft als der Monfalletto offenbart (was möglicherweise auf den verwendeten Anteil an Barriques zurückzuführen ist). Voraussichtliche Genussreife: jetzt–2015. Ich war verblüfft über den verschlossenen, mageren, strengen *1998er Barolo Vigna Enrico VI.* Diese Cuvée kann kraftstrotzend sein, aber der 1998er war ledrig, komprimiert und spartanisch. Die Beurteilung ist zurückgestellt, bis dieser Wein erneut verkostet werden kann. Voraussichtliche Genussreife: 2005–2015?

Der *1997er Barolo Monfalletto* ist ein sanfter, strukturierter Wein mit kräftigen Aromen von Erde, Lakritze und Schwarzkirschen im Duft und im Geschmack. Bei einer Belüftung kommen Noten von Schokolade, Trüffeln, Fleisch und Pfeffer zum Vorschein. Muskulös und rustikal, aber stattlich und reichhaltig am Gaumen, erfordert er 1–2 Jahre Kellerreifung. Voraussichtliche Genussreife: 2004–2016. Der dunkelrubin-purpurrote *1997er Barolo Bricco Gattera* besitzt gute Struktur, gewaltiges Tannin und einen langen, kräftigen, rustikalen, intensiven Abgang. Er ist ein schwierig zu bewertender Wein, der im Mund mächtig ist; außerdem könnte das rustikale, trockene, adstringierende Tannin bei der Alterung störend sein. Er besitzt die potenzielle Tiefe, um herausragend zu sein, aber ist die notwendige Ausgewogenheit vorhanden? Voraussichtliche Genussreife: 2006–2020. Der *1997er Barolo Vigna Enrico VI* ist der komplexeste und intensivste Wein des Trios. Sein dichtes Rubin-Purpurrot geht einher mit klassischen Aromen von Teer, Rosenblättern, Leder, Zedernholz und schwarzen Früchten. Körperreich, dicht, kernig und kraftvoll, mit guter Säure als Grundlage und süßerem Tannin als beim Bricco Gattera, dürfte dieser Klassiker 2 Jahrzehnte lang gut altern. Voraussichtliche Genussreife: 2006–2020.

Die Großartigkeit des 1996er-Jahrgangs wird in der satten rubin-purpurroten Farbe von Coderos Weinen offensichtlich. Der umwerfende *1996er Barolo* erfordert Geduld. Er besitzt eine schwarz-rubin-purpurrote Farbe sowie überaus reiche Geschmacksnuancen von Brombeeren und Kirschen, verbunden mit Lakritze, Fenchel und subtilen Noten vom neuen Barrique. Er ist lang und dicht, mit den Mund versehrendem Tannin und wird zwischen 2007 und 2020 in Bestform sein. Der *1996er Barolo Monfalletto* enthüllt zusätzlich zu dunklen Himbeeren, Kirschen, Teer und Rosenblättern mineralischere Düfte und neues Sattelleder. Extrem körperreich, wobei in den Geschmacksnuancen neues Eichenholz durchscheint, sollte dieser kraftvolle, vielschichtige, sensationelle Barolo nach 4–5 Jahren Kellerreifung einen aufregenden Trinkgenuss bieten. Voraussichtliche Genussreife: 2008–2025.

Der dunkelrubinrote, entwickelte *1995er Barolo* entfaltet neben Noten von süßen schwarzen Früchten den typischen Duft von Rosenblättern und geschmolzenem Teer. Rund, von mittlerem Körper und köstlich, kann man ihn in den nächsten 3–4 Jahren genießen. Der klassische *1995er Barolo Monfalletto* ist ein *vin de garde* (zur Flaschenlagerung geeignet) alten Stils. Er enthüllt eine dunkelrubin-granatrote Farbe und ein erdiges Bukett von Trüffeln, Schwarzkirschen, Teer und getrockneten Kräutern. Er ist gehaltvoll und körperreich, mit ausgezeichneter Konzentration; man sollte ihn 12 Jahre aufheben. Für einen 1995 ist er ungewöhnlich langlebig.

CORINO

1997	**Barolo**	**D**	**89**
1996	**Barolo**	**D**	**87**
1995	**Barolo**	**D**	**88**
1998	**Barolo Arborina**	**E**	**92**
1997	**Barolo Arborina**	**E**	**90**
1996	**Barolo Arborina**	**E**	**(88–92)**
1995	**Barolo Arborina**	**E**	**90**
1998	**Barolo Vigna Giachini**	**E**	**91**
1997	**Barolo Vigna Giachini**	**E**	**94**
1996	**Barolo Vigna Giachini**	**E**	**90**
1995	**Barolo Vigna Giachini**	**E**	**89**
1998	**Barolo Giachini Vecchie Vigne**	**E**	**95+**
1997	**Barolo Giachini Vecchie Vigne**	**E**	**95**
1998	**Barolo Vigneto Rocche**	**E**	**90**
1997	**Barolo Vigneto Rocche**	**E**	**91**
1996	**Barolo Vigneto Rocche**	**E**	**(89–92)**
1995	**Barolo Vigneto Rocche**	**E**	**90**

Corino gehört zu der wachsenden Zahl von piemontesischen Erzeugern, die rotierende Gärbehälter verwenden. Wegen der hohen Kosten für den Küfer wird für den einfachen Barolo kein neues Eichenholz verwendet; etwa 40% große Fässer aus neuer Eiche werden für die Weine aus Einzellagen eingesetzt. 1997 war der erste Jahrgang einer limitierten Produktion, der Cuvée Vecchie Vigne, die von alten Reben (40–65 Jahre alte Nebbiolo-Rebstöcke) von einer winzigen Parzelle im Weinberg Giachini stammt und die im Osten an die berühmte Lage Rocche grenzt. Das Gut erzeugt auch einen Barolo Vigneto Rocche, der von einer größeren Lage westlich der Reblage Giachini kommt. Corinos Weine sind zumeist samtig und aufgeschlossen, sogar in den klassischen Jahrgängen, so dass sich die Leser die geradezu dekadente Reichhaltigkeit vorstellen können, die sie in Ausnahmejahren erreichen. Wer nach offenherzigen, aufregenden Barolos sucht, die mit einer Pomerol-artigen Üppigkeit bereitet sind, sollte die Weine von diesem Erzeuger aus La Morra ausprobieren. Ein wenig Kellerreifung ist notwendig, bevor die Käufer das immense Vergnügen genießen können, das diese Weine liefern.

Der *1998er Barolo Arborina* ist ein aufregender, aufreizender Wein von dunklem Rubin-Granatrot, mit einem kräftigen, süßen Duft von Soja, Nori (Seetang zum Umwickeln von Sushi), reifer Schwarzkirschfrucht und rauchigem Eichenholz. Er ist reichhaltig, voll, fett und opulent und sollte jetzt und in den nächsten 8 Jahren getrunken werden. Der stärker strukturierte und klarer umrissene *1998er Barolo Vigna Giachini* zeigt eine dunkelrubinrote Farbe sowie Aromen von Erde, Kaffee, Schwarzkirschen und Rauch. Körperreich, reif, mäßig tanninhaltig und lang, lässt er sich 12–15 Jahre lang gut trinken. Der schön ausgewogene, nahtlose *1998er Barolo Vigneto Rocche* ist von dunkelrubin-granatroter Farbe und besitzt feine Eleganz, eine fantastische Textur, herrliche Reintönigkeit, leichten bis mäßigen Tanningehalt, niedrige Säure und völlige Einbindung von Säure, Tannin und Holz. Trinken Sie ihn im Laufe der nächsten 10 Jahre. Der kraftstrotzende *1998er Barolo Giachini Vecchie Vigne* ist ein Ehrfurcht gebietender Nachfolger für den spektakulären 1997er. Dieser ausdrucksvolle dunkelrubin-granatrote Wein bietet ein aufreizendes Bukett von geröstetem Espresso, Schokolade, Schwarzkirschlikör, Soja, Erde, Kräutern, Leder und Kirsch-Hustensirup. Kräftige, ölig texturierte Geschmackskomponenten ergießen sich über den Gaumen und enthüllen dabei weder Ecken noch Kanten. Er ist ein Wein von großer Reintönigkeit und Intensität, mit einem Furcht einflößenden Abgang. Das ist ein wirklich spektakulärer Barolo. Voraussichtliche Genussreife: jetzt–2012.

Der *1997er Barolo* zeigt einen Pflaumen-Granat-Ton mit rosa Rand. Auf Düfte von schwarzem Tee, Kirschlikör und Sandelholz folgt ein opulenter, üppiger, fleischiger Wein mit reichlich Würzigkeit, Glyzerin und Alkohol sowie niedrigem Säuregehalt. Er ist ein sinnlicher, entwaffnender Barolo, den man im Laufe der nächsten 6–7 Jahre genießen kann. Von den 1997er Weinen aus Einzellagen bietet der dunkelpflaumen-granatfarbene *1997er Barolo Vigna Giachini* ein verschwenderisches Bukett von schwarzen Früchten, Espresso, gerösteten Kräutern und Kirschlikör. Körperreich und üppig, mit Schichten von Glyzerin, vielschichtigen Geschmacksnuancen und großer Nachhaltigkeit am Gaumen, ist er ein unglaublich konzentrierter, fesselnder Wein, den man jetzt und im Laufe der nächsten 15 Jahre trinken kann. Der explosive *1997er Barolo Giachini Vecchie Vigne* ist in ähnlichem Stil gehalten, mit zusätzlichen Schichten von Glyzerin und Geschmack. Die Pflaumen-Granat-Farbe geht einher mit einer beeindruckend vielschichtigen Textur, großer Reintönigkeit, Unmengen von Frucht und komplexen Aromen wie auch Geschmacksnuancen. Er dürfte sich im Laufe der nächsten 12–15 Jahre gut trinken lassen. Der *1997er Barolo Vigneto Rocche* zeigt ein tiefes Granatrot und entfaltet außerdem ein hedonistisches, sich explosionsartig entladendes Bukett von Soja, Harz, Schwarzkirschlikör, Balsaholz, Leder, Oliven und geröstetem Fleisch. Erstaunlich konzentriert, fleischig und schwelgerisch, mit riesigen Glyzerinmengen in seiner säurearmen, körperreichen Persönlichkeit, kann man ihm unmöglich widerstehen, aber dennoch verspricht er, 12–15 Jahre lang zu altern. Der *1997er Barolo Arborina* von einem winzigen, aber berühmten Weinberg zeigt das am stärksten entwickelte Granatrot mit beträchtlichen Bernsteintönen am Rand. Aromen von Gewürzen, Lakritze, Zedernholz, Kirschen, Johannisbeeren, Rosenblättern und Himbeeren steigen aus dem Glas dieses texturierten, körperreichen, fetten, üppigen Weins. Das ist ein aufregender, hedonistischer, nahtloser, von Kräutern erfüllter Barolo, den man im Laufe der nächsten 10 Jahre trinken kann.

Die 1996er besitzen, getreu dem Jahrgangscharakter, mehr Farbsättigung, Tannin, Struktur und Tiefe als die 1995er, aber sie sind weniger entwickelt. Der *1996er Barolo* ist geschmeidig und samtig, aber in aromatischer Hinsicht nicht sehr komplex. Vielleicht kommen bei einer weiteren Flaschenreifung zusätzliche Nuancen zum Vorschein. Er ist würzig, reif und attraktiv und kann jetzt und in den nächsten 5–6 Jahren getrunken werden. Der dunkelrubinrote *1996er Barolo Vigna Giachini* bietet ein kräftiges, rauchiges Bukett von asiatischen Gewürzen, Seetang und Kirschlikör. Von mittlerem bis vollem Körper, üppig und aufregend, mit etwas Tannin, dürfte dieser köstliche Wein vor 2012 seine beste Qualität haben. Der *1996er Barolo Arborina* ist ein dichter, strenger, muskulöser Wein mit faszinierenden pfeffrigen, Seetang-ähnlichen Düften (oder ist es *garrigue?*) im Bukett und einer reichen, konzentrierten Schwarzkirschfrucht mit subtilem Eichenholz im Hintergrund. Dieser kraftvolle, strukturierte Barolo, im Stil ein echter »Macho«, sollte vor 2015 getrunken werden. Der *1996er Barolo Vigneto Rocche* enthüllt einen an getrocknete Kräuter der Provence erinnernden, pfeffrigen, rauchigen Charakter, der an einige Weine aus Südfrankreich denken lässt. Der Wein besitzt viel Tannin und süße Schwarzkirschfrucht, vermischt mit Gerüchen von Holzkohle. Von mittlerem bis vollem Körper, mäßig tanninbetont und komplex, wird er vor 2012 in Höchstform sein.

Der überraschend weit entwickelte *1995er Barolo* zeigt ein Rubin-Granatrot mit Bernsteintönen am Rand. Er bietet in den duftigen, waldigen Aromen Schwarzkirschen im Überfluss. Saftig, rund und sanft, ist dies ein köstlicher Barolo, den man in den nächsten 1–2 Jahren genießen kann. Corinos 1995er aus Einzellagen sind komplexe, aromatische, entfaltete und aufgeschlossene Weine. Der mittelrubinrote *1995er Barolo Vigna Giachini* entfaltet ein überwältigendes Bukett von süßem Zimt, Piment, Kaffee, schwarzen Früchten und Toastbrot. Ein expansiver, reifer, verführerischer Wein von mittlerem bis vollem Körper, der zwar nicht mächtig, aber komplex und entwaffnend ist. Trinken Sie ihn in den nächsten 2–3 Jahren. Der *1995er Barolo Arborina* offenbart ein tieferes, satteres Rubinrot sowie ein reizvolles Bukett, das nach süßem Schwarzkirschlikör, getrockneten Kräutern, Tabak und Zedernholz duftet. Üppig und aufregend, von mittlerem bis vollem Körper, mit verlockender Textur und niedriger Säure, in einem entwickelten, komplexen Stil gehalten, kann er in den nächsten 3–4 Jahren mit Genuss getrunken werden. Der *1995er Barolo Vigneto Rocche* besitzt eine dunkelrubinrote Farbe, mittleren bis vollen Körper und würzige Aromen von gerösteten Kräutern, Tabak und Kirschfrucht. Wenn sich der Wein länger im Glas befindet, steigen mehr von den Nebbiolo-typischen Nuancen von Teer und Rosenblättern auf. Diesen herausragenden, tiefen, reichhaltigen Wein kann man im Laufe der nächsten 5–6 Jahre trinken.

MATTEO CORREGGIA

1998	**Barbera d'Alba Bricco Marun**	**C**	**90**
1998	**Nebbiolo d'Alba La Val dei Preti**	**C**	**88**
1998	**Roero Ròche d'Ampsej**	**C**	**90**
1997	**Roero Ròche d'Ampsej**	**C**	**91**

Correggia, der Ende 2001 starb, war zweifellos ein Star in dem aufstrebenden piemontesischen Gebiet Roero. Weinberge in Hanglage, geringe Erträge und höchste Sorgfalt im Detail ergaben herausragende Weine. Der *1998er Nebbiolo d'Alba La Val dei Preti* bietet herrliche Aromen von Kirschen, Tabak und Gewürzen, einen süßen Auftakt am Gaumen, reichlich Glyzerin, mittleren bis vollen Körper und einen seidigen Abgang. Er dürfte 2–3 Jahre gut zu trinken sein. Leser, die nach einem kraftstrotzenden, dickflüssigen, saftigen, fruchtdominierten Rotwein suchen, sollten es mit dem *1998er Barbera d'Alba Bricco Marun* versuchen. Auf seine schwarz-purpurrote Farbe folgen Aromen von süßer Frucht (Kirschen und Brombeeren), Rauch, neues Eichenholz und ein üppiger, saftiger Abgang. Trinken Sie ihn aufgrund seiner Überschwänglichkeit und Intensität in den nächsten 4–5 Jahren.

Sowohl der *1997er Roero Ròche d'Ampsej* als auch der *1998er* sind herausragende Beispiele für einen zu 100% von alten Reben (50–60 Jahre) stammenden Nebbiolo. Der 1997er zeigt mehr Saftigkeit, Glyzerin und Fett, aber beide sind hoch konzentrierte, dichte Weine, die Unmengen von Schwarzkirschfrucht, eine duftige Persönlichkeit, süßes Tannin und mittleren bis vollen Körper enthüllen. Der 1998er ist eleganter und gleichmäßiger, während der 1997er exotischer und dickflüssiger ist. Zwar kann man ihnen unmöglich widerstehen, aber beide dürften ein Jahrzehnt lang gut zu trinken sein.

GIUSEPPE CORTESE

1998	**Barbaresco Rabajà**	**D**	**89**
1997	**Barbaresco Rabajà**	**D**	**92**
1996	**Barbaresco Rabajà**	**D**	**86**
1995	**Barbaresco Rabajà**	**D**	**76**

Diese auf traditionelle Weise hergestellten piemontesischen Barbarescos werden vollständig in alten großen Fässern ausgebaut. Der köstliche, offen gewirkte *1998er Barbaresco Rabajà* enthüllt eine mittelrubinrote Farbe, wobei am Rand schon Bernsteintöne auftauchen. Erstaunliche Aromen von geschmolzener Lakritze, Kirschmarmelade, Gewürzen, Balsaholz und Kräutern steigen aus dem Glas dieses fleischigen, reifen Weins von mittlerem bis vollem Körper. Trinken Sie diesen verführerischen Wein in den nächsten 4–5 Jahren.

Der *1997er Barbaresco Rabajà* ist der beste Barbaresco von Cortese, den ich in mehr als einem Jahrzehnt verkostet habe. Dieser Wein, der Noten von Wurzelgemüse, Himbeer- und Kirschmarmelade, Zedern- und Balsaholz, Rauch und Mineralien bietet, ist körperreich, aber dennoch elegant, geschmeidig texturiert und überraschend tief sowie klar umrissen. Trinken Sie diesen hedonistischen Barbaresco, der auch den Intellekt befriedigt, im Laufe der nächsten 10 Jahre.

Der *1996er Barbaresco Rabajà* zeigt eine satte rubinrote Farbe und ein nach Gewürzen, Tabak, Lakritze und Kirschen duftendes Bukett. Ein im traditionellen Stil bereiteter Barbaresco mit trockenem Tannin, mittlerem Körper und sehr gutem Extrakt, der sich 10 Jahre lang halten dürfte.

Der *1995er Barbaresco Rabajà* ist enttäuschend, sogar in diesem uneinheitlich ausgefallenen Jahrgang. Würzige Düfte von Tabak und getrockneten Tomaten dominieren im Bukett. Der Wein ist von mittlerem Körper, komprimiert, streng und mager, mit hartem Tannin im Abgang. Mit zunehmendem Alter wird er weiter nachlassen. Trinken Sie ihn aus.

GIANPAOLO DESTEFANIS

2000	**Dolcetto d'Alba**	**C**	**86**
1999	**Dolcetto d'Alba**	**C**	**87**
2000	**Dolcetto d'Alba Vigna Monia Bassa**	**C**	**89**
1999	**Dolcetto d'Alba Vigna Monia Bassa**	**C**	**90**
1998	**Dolcetto d'Alba Vigna Monia Bassa**	**C**	**90**

Dieses Gut, eine neue Entdeckung für mich, erzeugt nur Dolcetto und Barbera, filtriert nie und macht, wenn man von diesen fünf Beispielen ausgeht, extrem reife, explosiv fruchtige Weine. Die beiden 1999er besitzen eine dichtere, reifere Frucht als ihre 2000er Gegenstücke, mit Unmengen von Beeren, einem Hauch von Schokolade und einer Persönlichkeit von mittlerem bis vollem Körper.

Der *1999er* insbesondere füllt den Mund mit herrlicher Frucht. Nur eine Stufe darunter befinden sich der *2000er Dolcetto d'Alba Vigna Monia Bassa* und der *2000er Dolcetto d'Alba*, die durchdringender, aber voller Reintönigkeit, Reife und Charakter sind. Dolcetto bleibt in der Weinwelt ein sehr günstiger Kauf, aber man muss ihn in den ersten 2–4 Lebensjahren trinken, bevor die Frucht schwindet. Der im Tank vergorene und ausgebaute *1998er Dolcetto d'Alba Vigna Monia Bassa*, eine gewaltige Fruchtbombe, wird von 50–60

Jahre alten Reben erzeugt. Er bietet explosive Brombeer- und Kirschfrucht mit einem Hauch von Veilchen im Hintergrund. Wenn sich der Wein länger im Glas befindet, kommen auch Aromen von Röstkaffee zum Vorschein. Er mag zwar nicht besser werden, aber 2–3 Jahre lang lässt er sich gut trinken.

LUIGI EINAUDI

1999	Barbera d'Alba	C	89
1998	Barbera d'Alba	C	87
1998	Barolo	D	(90–92)
1997	Barolo	D	90
1996	Barolo	D	90
1995	Barolo	D	86
1998	Barolo Cannubi	E	(91–94)
1997	Barolo Cannubi	E	90+
1996	Barolo Cannubi	E	92+
1995	Barolo Cannubi	E	89+?
1998	Barolo Costa Grimaldi	E	(92–93)
1997	Barolo Costa Grimaldi	E	92
1996	Barolo Costa Grimaldi	E	90+
1995	Barolo Costa Grimaldi	E	87+
1999	Dolcetto d'Alba I Filari	C	90
1998	Dolcetto d'Alba I Filari	C	90
1999	Dolcetto d'Alba Vigna Tecc	C	89
1998	Langhe Rosso	D	90
1997	Langhe Rosso	D	88
1996	Langhe Rosso	D	90

Dieser traditionelle Erzeuger besitzt ein ausgezeichnetes Angebot, das als Spitzenprodukte einige wirklich aufregende Weine enthält. Er produziert drei Barolo-Cuvées und einen Langhe Rosso, der zu gleichen Teilen aus Cabernet Sauvignon, Merlot, Barbera und Nebbiolo besteht und 18 Monate in französischer Eiche ausgebaut wird. Die 1998er scheinen ebenso eindrucksvoll zu sein wie die fantastischen 1997er. Sogar in diesem letztgenannten Jahrgang, der durch geringe Säure, überreife Frucht und einen exzessiven Stil gekennzeichnet ist, erzeugte Einaudi klassische, verhalten entwickelte, kernige, kraftstrotzende Barolos, die fast so viel Kellerreifung wie seine 1996er benötigen. Obwohl gut, sind die 1995er weniger gelungen als die anderen hier besprochenen Jahrgänge. Die frühzeitig freigegebenen 1999er sind köstliche Weine, die man innerhalb der nächsten paar Jahre trinken sollte.

Der beeindruckende *1999er Dolcetto d'Alba Vigna Tecc* zeigt ein sattes, dichtes Purpurrot sowie ein unkompliziertes, aber dennoch explosives Bukett von schwarzen Früchten, eine ausgezeichnete Textur, kräftige, kernige, dicke Aromen im Geschmack, reichliches Glyzerin und gute Intensität. Verkoster sollten jetzt oder auch in der Zukunft keinen großen Nuancenreichtum erwarten, aber für einen robusten, umfangreichen, wohl ausgewogenen Wein, den man zu Antipasti oder einem Steak trinkt, ist er genau das Richtige. Trinken Sie ihn in den nächsten 3 Jahren. Leider gibt es nur 100 Kisten vom *1999er Dolcetto d'Alba I Filari*, einer erstaunlichen, hoch konzentrierten Cuvée von alten Rebstöcken. Er besitzt eine überwältigende Menge an Beerenfrucht, vollen Körper, unglaubliche Länge und erstaunliche Konzentration, Extrakt und Gesamtausgewogenheit. In diesem saftigen, wunderbaren Dolcetto findet man keine Ecken und Kanten. Er hält sich zwar ein Jahrzehnt, wird aber dabei nicht besser. Deshalb sollten Sie seine Fruchtentladung und seine unkomplizierten Freuden in den nächsten 4 Jahren genießen. Neues Eichenholz kommt im *1999er Barbera d'Alba* zum Vorschein, einem dichten, kernigen Wein im modernen Stil mit vielen rauchigen und toastwürzigen Gerüchen, die sich mit Erdbeer- und Kirschmarmelade vermischen. Von mittlerem Körper und üppig, sollte man ihn am besten in seiner überschäumenden Jugend trinken – in den nächsten 4 Jahren.

Mit 14,5% Alkoholgehalt ist der sensationelle *1998er Dolcetto d'Alba I Filari* nicht gerade ein schüchterner Wein. Er ist ein mächtiger, wuchtiger Dolcetto von undurchdringlichem Purpurrot, der eine hoch konzentrierte, traubige Frucht und weder Ecken noch Kanten besitzt, sowie am mittleren Gaumen gewaltig ist. Trinken Sie diesen den Mund füllenden und die Zähne verfärbenden Wein im Laufe der nächsten 5 Jahre, obwohl ich vermute, dass er viel länger halten wird. Der *1998er Barbera d'Alba* offenbart eine für diesen traditionellen Erzeuger überraschend sanfte Persönlichkeit. Das tiefe Rubinrot geht einher mit runden, süßen Geschmacksnuancen von Kirsch- und Erdbeerfrucht, gutem Fett am mittleren Gaumen und einem klaren, reintönigen Abgang. Trinken Sie ihn in den nächsten 3–4 Jahren. Komplexer, aber genauso geschmeidig ist der *1998er Langhe Rosso.* Dieser körperreiche Wein bietet komplexe Noten von Tabak, schwarzen Johannisbeeren und Toastbrot. Glyzerin und Extrakt überziehen den Gaumen bei diesem tiefen, kernigen Wein, der fast in einem internationalen Stil gehalten ist, aber gleichzeitig viel piemontesische Typizität bewahrt. Trinken Sie ihn in den nächsten 4–5 Jahren, auch wenn er – wie ich vermute – viel länger halten wird. Der *1998er Barolo* zeigt eine satte pflaumen-rubinrote Farbe und einen klassischen Nebbiolo-Duft von geschmolzenem Teer, Rosenblättern, Tabak und süßer Kirschmarmelade. Er ist dicht, mäßig tanninbetont und ausgewogen und besitzt große Frucht auf der Zunge, am mittleren Gaumen und im Abgang. Verglichen mit dem 1997er, erscheint der 1998er weniger kraftvoll, aber ebenso konzentriert, mit süßerem Tannin und mehr Duft. Voraussichtliche Genussreife: 2004–2018. Der gut strukturierte, elegante *1998er Barolo Costa Grimaldi* ist von dunkler Farbe und bietet Reintönigkeit und Harmonie, gepaart mit Kraft, Dichte und Extrakt. Zwar ist er für einen so jungen Einaudi-Barolo relativ nahtlos, aber unter dem Glyzerin und der Frucht entdeckt man viel Tannin. Ich vermute, dass es nur eine Frage der Zeit ist, bis sich das Tannin durchsetzt und den Wein verschließt. Reichhaltig und eindrucksvoll, ohne harte Ecken und Kanten, ist er für eine lange Lagerung gebaut. Voraussichtliche Genussreife: 2004–2022. Der ungeheuer konzentrierte, dicht rubinrote *1998er Barolo Cannubi* besitzt eine erstaunliche Schwarzkirschfrucht, vermischt mit Trüffeln, Grafit, Teer und Rauch. Extrem körperreich, überaus kraftvoll und mit seiner Reichhaltigkeit und seinen dichten Geschmacksnuancen den Gaumen überziehend, ist er offensichtlich der tanninreichste Wein des Trios wie auch der konzentrierteste. Er ist nur für die bestimmt, die Geduld aufbringen. Voraussichtliche Genussreife: 2006–2025.

Alle drei 1997er Barolos sind fantastische Leistungen in diesem verrückten, aber fesselnden Jahrgang. Der dicht rubinrote 1997er Barolo bietet ein komplexes Bukett von Rosenblättern, geschmolzenem Teer, Kirschlikör und Parmesan-Käse. Körperreich, reif, dicht und kernig, mit angemessener Säure, reifem Tannin und einem 30–40-Sekunden-Abgang, wird sich dieser mächtige, robuste Barolo im alten Stil 10–12 Jahre lang weiter entfalten. Der *1997er Barolo Costa Grimaldi* zeigt ein satteres, dichtes Rubin-Purpurrot sowie Aromen von süßen Schwarzkirschen und Pflaumen, Lakritze, Rauch und Mineralien. Dieser körperreiche Wein mit eindrucksvoller Frucht, Reichhaltigkeit, Extrakt, den Mund füllendem reifem, kernigem Tannin und einem gewaltigen, süßen, konzentrierten, explosiven Abgang beginnt gerade, sekundäre Nuancen zu entwickeln. Er sollte mühelos 2 Jahrzehnte lang altern. Der umstrittenste Weins aus diesem Trio, der gigantische, strenge, tanninbetonte *1997er Barolo Cannubi* ist traubiger und schmeckt wie mit Branntwein versetzter Saft von Nebbiolo-Trauben im Amarone-Stil. Äußerst körperreich, mit hohem Tanningehalt, tiefen, kernigen, ungeheuer starken Geschmacksnuancen und einer wenig entwickelten, stämmigen Persönlichkeit, könnte sich dieser Wein Aufsehen erregend entwickeln – wenn alles gut geht. Voraussichtliche Genussreife: 2004–2025. Der *1997er Langhe Rosso* ist ein körperreicher Wein mit gewaltigen Mengen Frucht und Extrakt, aber nicht viel Komplexität. Das neue Eichenholz wird weitgehend von dem Reichtum des Weins an dicklichen roten und schwarzen

Früchten verdeckt. Wenn mehr Komplexität zum Vorschein kommt, dürfte die Bewertung um ein paar Punkte steigen, aber im Augenblick ist er eine mächtige, dickflüssige, monolithische Fruchtbombe internationalen Stils. Er sollte sich 10 Jahre lang gut halten.

Ich bin im Allgemeinen kein Fan von piemontesischen roten Gutsweinen, aber das fantastische Traubenmaterial, das im 1996er-Jahrgang verfügbar war, hat dem *1996er Langhe Rosso* einen vielschichtigen, leicht internationalen Charakter mit aufregenden Mengen von Schwarzkirsch- und Cassis-Frucht, würzigem neuem Eichenholz, getrockeneten Kräutern und einem langen, dichten, samtig texturierten Abgang beschert. Der verhalten entwickelte *1996er Barolo* bietet ein klassisches Bukett von Lakritze, Teer und Schwarzkirschen. Er ist extrem kraftvoll, umfangreich und körperreich, trotzdem streng, seriös ausgestattet und auf aggressive Weise tanninbetont. Eine Kellerlagerung dürfte ihn abmildern, aber er ist ein Kraftbolzen im alten Stil. Voraussichtliche Genussreife: 2004–2015. Ich stehe voll zu der hervorragenden Bewertung sowohl für den 1996er Barolo Costa Grimaldi als auch für den 1996er Barolo Cannubi. Beide sind fantastische, beeindruckend ausgestattete Weine im alten Stil. Der satt purpurrote *1996er Barolo Costa Grimaldi* ist ein körperreicher, stämmiger, kräftig gebauter Wein mit prächtigen Aromen von gerösteten Nüssen, Kirschen, getrockneten Kräutern, Lakritze und Blüten. Dieser reife, reichhaltige, mächtige Barolo erfordert 5–6 Jahre Kellerreifung. Voraussichtliche Genussreife: 2008–2020. Der undurchdringlich rubinpurpurrote *1996er Barolo Cannubi* ist ein kräftig gebauter, kompromissloser Wein mit gewaltigem Extrakt, kräftigen Aromen von Erde, Kirschen, Lakritze und Tabak im Geschmack und hohem Tanningehalt. Er ist ein auf traditionelle Weise hergestellter Barolo, der eine Kellerreifung von 5–6 Jahren erfordert. Alles ist für eine glänzende Zukunft angelegt, aber Geduld wird vonnöten sein. Voraussichtliche Genussreife: 2010–2025.

Der mittelgranat-rubinrote *1995er Barolo* zeigt einen sanften, eleganten Stil sowie eine von Kräutern durchdrungene Beerenfrucht, die mit Noten von Wald, Trüffeln, getrockneten Kräutern und Rauch verwoben ist. Rund und maßvoll ausgestattet, sollte er in den nächsten 4–5 Jahren getrunken werden. Der komplexe *1995er Barolo Costa Grimaldi* ist ein stilvoller, anmutiger, leicht zugänglicher und zu trinkender Wein aus diesem offen gewirkten Jahrgang. Von mittlerem Körper, mit Aromen von geräucherten Kräutern, Kirschen, Erde und Zedernholz, besitzt er süße Frucht und einen würzigen, mäßig tanninbetonten, liebenswürdigen Abgang. Voraussichtliche Genussreife: jetzt–2012. Der dunkelrubin-granatrote *1995er Barolo Cannubi* bietet Aromen von Zedernholz, Tabak, neuem Sattelleder, Kirschen und geschmolzenem Teer. Im Mund ist das Tannin adstringierend, der Wein streng. An der Luft tauchen Noten von süßer Kirschmarmelade, Fenchel und Erde auf. Er ist eindrucksvoll, aber besitzt er das Fett und die Konzentration, um seine Struktur zu stützen? Voraussichtliche Genussreife: jetzt–2014.

ALESSANDRO UND GIAN NATALE FANTINO

1998	**Barolo Vigna dei Dardi**	**D**	**(88–90)**
1997	**Barolo Vigna dei Dardi**	**D**	**88**

Fantino macht augenscheinlich gute Arbeit bei der Herstellung von Weinen im modernen Stil. Er erzeugt elegante, mittelgewichtige Weine voller Geschmack, die einen klugen Einsatz der Barriques verraten.

Der *1998er Barolo Vigna dei Dardi* ist ein weicher, aufregender Wein von dunkelrubinpurpurroter Farbe, der gut texturiert und beeindruckend reichhaltig ist und reichlich süße Schwarzkirschfrucht bietet, gepaart mit toastwürzigem neuem Eichenholz. Er ist sauber, reif und konzentriert, sowohl mit Tiefe als auch mit Persönlichkeit und lässt sich ein Jahrzehnt lang gut trinken. Der im internationalen Stil bereitete *1997er Barolo Vigna dei Dardi* besitzt Aromen und Geschmacksnuancen von reifen Kirschen und würzigem neuem Eichenholz, eine cremige Textur und genug Nebbiolo-Charakter, um Gewürze, Lakritze, Leder und Kirschfrucht zu liefern. Trinken Sie ihn im Laufe der nächsten 5–6 Jahre.

STEFANO FARINA

1997	**Barbaresco**	**D**	**89**
1996	**Barbaresco**	**D**	**89**
1995	**Barbaresco**	**D**	**87**
1997	**Barolo**	**D**	**91**
1996	**Barolo**	**D**	**90**
1995	**Barolo**	**D**	**89**

Zwar kannte ich diesen Erzeuger aus La Morra bisher noch nicht, aber ich war beeindruckt von dem, was er mit diesen sechs Weinen erreicht hat. Sie sind wohl ausgewogen, wobei sich Säure, Alkohol und Tannin schön eingefügt haben. Im Allgemeinen bieten die Barolos komplexere Aromen und intensive, reichhaltige, kernige Geschmacksnuancen. Wenn neues Eichenholz verwendet wurde, ist es besser integriert als bei den Barbarescos.

Der *1997er Barbaresco* zeigt eine undurchdringliche purpurrote Farbe und überreife Aromen von Kirschen, Brombeeren, Rauch und Eichenholz. Der Wein ist fleischig, mit ausgezeichneter Reichhaltigkeit und niedriger Säure sowie einem saftig texturierten Abgang. Voraussichtliche Genussreife: jetzt–2010. Der gigantischste Wein aus dieser Reihe ist der *1997er Barolo.* Er bietet typische Aromen von gerösteten Kräutern, dicklichen Kirschen und Brombeeren, Gewürzen und Teer. Dick und zähflüssig, mit hervorragender Reife, der niedrigen Säure des Jahrgangs, fleischiger, zugänglicher Persönlichkeit und einem berauschenden, alkoholreichen Abgang, wird er bei der Alterung zivilisierter werden. Voraussichtliche Genussreife: jetzt–2016.

Der undurchdringlich purpurrote *1996er Barbaresco* hätte eine hervorragende Bewertung verdient, wäre da nicht sein leichter Mangel an Komplexität gewesen. In diesem im modernen Stil bereiteten Wein findet man würziges neues Eichenholz, verwoben mit schwarzen Früchten, sowie gutes Fleisch, Textur und Reintönigkeit. Die Säure sorgt für Lebhaftigkeit und untermauert seine Gewichtigkeit. Trinken Sie ihn im Laufe der nächsten 8 Jahre. Der superbe *1996er Barolo* zeigt Purpurtöne in seiner Pflaumen-Rubin-Farbe. Er besitzt eine opulente Textur, große Reichhaltigkeit, Unmengen von süßen roten Früchten und Glyzerin am mittleren Gaumen und einen langen, angenehm nuancenreichen, vielschichtigen Abgang. Immer noch jugendlich, aber beeindruckend ausgestattet, wird er sich vor 2014 auf seinem Höhepunkt befinden.

Der *1995er Barbaresco* ist von sattem Rubin-Purpurrot und bietet ein süßes, eingedickt wirkendes Bukett von Kirschlikör mit Kräuterduft, vermischt mit einem Hauch von toastwürzigem neuem Eichenholz. Der Wein ist entwickelt, fleischig und rund, für Hedonisten gemacht. Trinken Sie ihn in den nächsten 3 Jahren. Der entwickelte pflaumen-rubinfarbene *1995er Barolo* entfaltet ein süßes, duftiges Bukett von Rosen, schwarzen und roten Früchten, Gewürzen und Teer. Er ist ein klassischer Barolo von mittlerem bis vollem Körper, feiner Tiefe und einer faszinierenden Erdigkeit im sanften Abgang. Voraussichtliche Genussreife: jetzt–2012.

GIACOMO FENOCCHIO

1997	**Barolo Bussia**	**D**	**86**
1996	**Barolo Bussia**	**D**	**(85–87)**
1995	**Barolo Bussia**	**D**	**84**
1997	**Barolo Villero**	**D**	**83**
1996	**Barolo Villero**	**D**	**(85–87)**
1995	**Barolo Villero**	**D**	**85**

Diese auf traditionelle Weise hergestellten Barolos im alten Stil werden in großen, alten Fässern aus slowenischer Eiche ausgebaut. Fenocchio, dessen Keller sich in Monforte d'Alba befinden, hat von den Jahrgängen 1995 und 1996 eine Reihe von ordentlichen, aber ziemlich uninteressanten Weinen herausgebracht. Seine 1997er sind für den Jahrgang relativ leicht.

Der *1997er Barolo Bussia* hat eine dunkelrubinrote Farbe mit Bernsteintönen am Rand. Aromen von Mineralien, Rauch, Kaffee, Himbeeren und Erde zeigen sich in diesem leicht säuerlichen Wein von mittlerem Körper. Voraussichtliche Genussreife: jetzt–2016. Der noch leichtere wie auch strengere *1997er Barolo Villero* ist ein für den Jahrgang überraschend mittelmäßiger Wein. Er bietet viel Erdigkeit und Tannin im Übermaß. Hände weg!

Der *1996er Barolo Bussia* zeigt eine sattere Farbe mit Bernsteintönen am Rand. Er ist ein eleganter, in einem leichteren Stil gehaltener Wein mit reizvollen Blüten- und Beerenfruchtnoten, verbunden mit Kräutern, Leder und Gewürzen. Man sollte ihn in den nächsten 2–3 Jahren trinken. Der *1996er Barolo Villero* enthüllt Geschmacksnuancen wie aus dem Lehrbuch: Rosenblätter, geschmolzenen Teer und Kirschfrucht, aber nicht viel Länge oder Tiefe. Ich war überrascht von seiner Weichheit wie auch von seinem Mangel an Intensität, obwohl der Wein gut bis sehr gut ist. Trinken sollte man ihn in den nächsten 2 Jahren.

Der entwickelte *1995er Barolo Bussia* bietet ein nach Erde, getrockneten Kräutern, Rauch und *garrigue* duftendes Bukett. Trinken Sie diesen weichen Barolo in den nächsten 1–2 Jahren. Der *1995er Barolo Villero* erinnert mit seinen klassischen Aromen von Rosenblättern, geschmolzenem Teer und Kirschfrucht an sein 1996er Gegenstück. Ebenso wie seinem jüngeren Bruder mangelt es ihm an Tiefe und Länge, aber er ist stärker strukturiert und intensiver als der 1996er. Trinken Sie ihn in den nächsten 2–3 Jahren.

FRATELLI FERRERO

1998	**Barolo Manzoni**	**D**	**(88–90)**
1997	**Barolo Manzoni**	**D**	**90**
1996	**Barolo Manzoni**	**D**	**(88–90)**
1995	**Barolo Manzoni**	**D**	**86**

Alle vier Weine von diesem lange Zeit unentdeckten Erzeuger aus La Morra sind mindestens sehr gut, wobei der 1996er, der 1997er und der 1998er potenziell herausragend sind.

Der ausgezeichnete dunkelrubinrote *1998er Barolo Manzoni* enthüllt süße Aromen und Geschmacksnuancen von Pflaumen, Kirschen, Lakritze, Espresso und Zedernholz, geschmeidiges Tannin, mittleren bis vollen Körper und einen samtigen, vielschichtigen Abgang. Der Gesamteindruck ist der von süßer Frucht, präsentiert in einem gut ausgestatteten Format ohne Ecken und Kanten. Er dürfte sich 10 Jahre lang gut trinken lassen, obwohl sich herausstellen könnte, dass er angesichts seiner tadellosen Ausgewogenheit noch langlebiger ist.

Der *1997er Barolo Manzoni* ist von dunklem Pflaumen-Purpur-Ton und bietet einen reichen, komplexen Duft von Zedernholz, Espresso, Lakritze, Himbeer- und Kirschfrucht. Dieser körperreiche, konzentrierte, herausragende Barolo ist lang, sauber gemacht und tadellos ausgewogen. Voraussichtliche Genussreife: jetzt–2016. Der *1996er Barolo Manzoni* ist kraftvoll, körperreich, tanninbetont und intensiv. Dieser auf traditionelle Weise hergestellte Wein enthüllt Erde, Leder, getrocknete Kräuter und Kirschfrucht sowohl in seinem Bukett als auch im Geschmack, dazu staubtrockenes, adstringierendes Tannin im Abgang, was nahe legt, dass sich ein paar weitere Jahre Kellerreifung empfehlen. Voraussichtliche Genussreife: 2004–2013. Der dunkelrubinrote *1995er Barolo Manzoni*, von leichterem Körper und weniger intensiv als der 1996er, bietet ein Bukett wie aus dem Lehrbuch: Teer, Rosen, Kirschfrucht und Gewürze. Der Auftakt ist süß, der Wein von mittlerem Körper, sauber gemacht und weich. Es mangelt ihm an Konzentration und Länge, aber in den nächsten 1–2 Jahren wird er für einen reizvollen Trinkgenuss sorgen.

VIRGINIA FERRERO

1998	**Barolo San Rocco**	**D**	**(86–87)**
1997	**Barolo San Rocco**	**D**	**86**

Ich habe die Barolos aus den 1960er Jahren in guter Erinnerung, aber die jüngsten Jahrgänge besaßen weniger Fülle und eine begrenzte Lebensdauer.

Der entwickelte mittelrubin-granatrote *1998er Barolo San Rocco*, ein geschmeidiger Wein in elegantem Stil, ohne die Fülle der prominentesten Weine dieses Jahrgangs, bietet Noten von Balsaholz, Rauch, getrockneten Kräutern, Tabak und Kirschen. Er ist weich und mäßig ausgestattet und sollte am besten während seines ersten Lebensjahrzehnts getrunken werden. Obwohl der *1997er Barolo San Rocco* eine entwickelte mittelgranatrote Farbe mit Bernsteintönen am Rand zeigt, besitzt er ausgezeichnete Aromen von Karamell, Toffee, Kirschen, Lakritze und Tabak. Weich und geschmeidig im Auftakt, mit mittlerem Körper, hat er nicht den Abgang, den man von einem Spitzenerzeuger erwartet. Trinken Sie ihn im Laufe der nächsten 5–6 Jahre.

FRANCO FIORINA

1997	**Barbaresco**	**D**	**(87–88)**
1997	**Barolo**	**D**	**(88–91)**

Diese beiden 1997er, die ich aus der Produktion des Weinhändlers Franco Fiorina verkostet habe, sind die eindrucksvollsten. Der dichte rubinrote *1997er Barbaresco* bietet reichliche Mengen von Lakritze-, Zedernholz- und Gewürzaromen, mittleren bis vollen Körper, eine seidige Textur und einen langen Abgang. Er dürfte 4–5 Jahre gut zu trinken sein. Der kraftvolle, hoch konzentrierte, reichhaltige, schokoladenartige, dichte, mächtige *1997er Barolo* zeigt Noten von Holzkohle, Hickoryholzrauch, Lakritze, Leder und Zedernholz. Was für ein Kraftprotz!

FONTANABIANCA

1998	**Barbaresco Sorì Burdin**	**D**	**(88–89)**
1997	**Barbaresco Sorì Burdin**	**D**	**89**

Der dunkelgranatrote *1998er Barbaresco Sorì Burdin*, ein Geheimtipp von diesem Erzeuger in Neive, enthüllt klassische Nebbiolo-Aromen von Kirsch-Hustensirup, vermischt mit Lakritze, Teer und getrockneten Kräutern der Provence. Von mittlerem bis vollem Körper, dicht, geschmeidig texturiert und mit Frucht und Glyzerin beladen, lässt er sich 5–6 Jahre lang angenehm trinken. Der gut gemachte *1997er Barbaresco Sorì Burdin* zeigt ein entwickeltes Granatrot sowie Aromen von Gewürzen, getrockneten Kräutern, Lakritze, Tabak und roten Beeren. Trinken Sie diesen mittelgewichtigen Wein in den nächsten 3–4 Jahren.

FONTANAFREDDA

1998	**Barbaresco Coste Rubin**	**E**	**(88–90)**
1997	**Barbaresco Coste Rubin**	**E**	**88**
1998	**Barolo Vigna Lazzarito**	**E**	**(89–91+?)**
1997	**Barolo Vigna Lazzarito**	**E**	**91**
1998	**Barolo Vigna La Rosa**	**E**	**(91–93)**
1997	**Barolo Vigna La Rosa**	**E**	**93+**
1998	**Barolo di Serralunga**	**E**	**(90–93)**
1997	**Barolo di Serralunga**	**E**	**92+**

Dieses Gut, einer der großen Namen unter den piemontesischen Erzeugern, zeigte in seiner Geschichte unterschiedliche Leistungen. Ich fing Ende der 1960er Jahre an, die Weine von Fontanafredda zu kaufen, und genoss einige fantastische Flaschen von seinem 1971er Barolo. In den späten 1970er Jahren und Anfang der 1980er Jahre begannen die Weine ungleichmäßig auszufallen, eine Periode, die bis in die 1990er Jahre andauerte. Doch mit seinen 1997ern, 1998ern und 1999ern scheint dieses ausgezeichnete Gut wieder glanzvoll nach oben geschnellt zu sein – eine wunderbare Nachricht für Liebhaber von piemontesischen Weinen.

Der eindrucksvoll extrahierte, körperreiche und trotzdem monolithische *1998er Barbaresco Coste Rubin* von dunklem Rubin-Purpurrot dürfte nach weiteren 1–2 Jahren Kellerreifung herausragend sein. Voraussichtliche Genussreife: jetzt–2015. Der exquisite, gut ausbalancierte, süße *1998er Barolo di Serralunga* zeigt in seinem körperreichen, konzentrierten Stil einen Graves-ähnlichen Charakter. Wegen des reichlichen Tannins im Abgang erfordert er eine zusätzliche Kellerreifung. Voraussichtliche Genussreife: 2005–2018. Noch kraftvoller und weniger entwickelt, mit einem ungeheuer süßen, dichten Mittelbereich im Geschmack, ist der fette, sinnlich und dennoch in der Entwicklung stark zurückgebliebene, sehr stark extrahierte *1998er Barolo Vigna La Rosa.* Er gehört zu den konzentriertesten und langlebigsten Weinen des Jahrgangs. Voraussichtliche Genussreife: 2005–2020. Monolithischer und gedämpfter ist der satte, tiefe purpurrote *1998er Barolo Vigna Lazzarito.* Er ist dicht, kernig, körperreich und tanninbetont und offenbart nicht die Komplexität, die Süße oder den Gesamtstil von Fontanafreddas anderen Barolos. Obwohl beeindruckend ausgestattet, benötigt dieser robust muskulöse Wein 4–5 Jahre Kellerreifung. Voraussichtliche Genussreife: 2006–2018.

Der dunkelrubinrote *1997er Barbaresco Coste Rubin* entfaltet einen faszinierenden Duft von gerösteten Erdnüssen, Vanille, Kirschen, Teer und Gewürzen. Er ist der am stärksten in einem internationalen Stil gehaltene 1997er von Fontanafredda und besitzt ausgezeichnete Frucht und eine Persönlichkeit von mittlerem bis vollem Körper. Er dürfte 10 Jahre lang gut zu trinken sein. Der *1997er Barolo di Serralunga* zeigt eine satte purpur-granatrote Farbe sowie ein tolles Bukett von Unterholz, Kirschwasser, Bleistift, Lakritze und toastwürzigem neuem Eichenholz. Körperreich und exotisch (aber nicht in übertriebenem Maße), ist er ein strukturierter, muskulöser, konzentrierter Barolo, der von 2–3 Jahren Kellerreifung profitieren und sich 2–3 Jahrzehnte halten wird. Er ist ein eindrucksvoller, klassischer Wein, der einen Mittelweg zwischen dem traditionellen und dem modernen Stil wählt. Der undurchdringlich pflaumenfarbene *1997er Barolo Vigna La Rosa* verrät den Einfluss von toastwürzigem neuem Eichenholz in seinem fabelhaft reintönigen, konzentrierten Bukett, das die Essenz von geschmolzener Lakritze, Brombeeren und gemischten schwarzen Früchten darstellt. Wenn sich der Wein länger im Glas befindet, steigen Düfte von Toastbrot, Rauch, Leder, Teer und Fenchel auf. Körperreich, ungeheuer konzentriert, kraftvoll und dicht, erfordert er 3–5 Jahre Kellerreifung. Voraussichtliche Genussreife: 2005–2022. Der undurchdringlich pflaumen-granatfarbene *1997er Barolo Vigna Lazzarito* schließlich besitzt körperreiche Noten von getrockneten Kräutern, Leder, Teer, schwarzen Früchten und Trüffeln, die sich in einem kraftvollen, monolithischen Stil präsentieren. In diesem wunderbar ausgestatteten, mäßig tanninhaltigen Barolo geht eine Menge vor sich, aber er ist vom Potenzial her nicht so komplex oder nuancenreich wie der Serralunga oder der La Rosa. Dennoch ist er ein hervorragender Wein, der möglicherweise an dem Tag, an dem ich ihn verkostete, gedämpft war. Voraussichtliche Genussreife: jetzt–2016.

GIANNI GAGLIARDO

1997	**Barolo Preve**	**D**	**(87–89)**
1996	**Barolo Preve**	**D**	**(88–89)**

Dies sind zwei ausgezeichnete Weine. Der *1996er Barolo Preve* ist ein körperreicher, in seiner Textur und seinen Aromen klassischer Wein mit leckeren Geschmacksnuancen von Zedernholz, Zigarrenkistennoten und Schwarzkirschen, verbunden mit geschmolzenem Teer. Reichhaltig, fleischig und sauber gemacht, dürfte er sich 10–12 Jahre lang gut trinken lassen. Der *1997er Barolo Preve* ist ein fetterer, vielschichtigerer Wein mit niedriger Säure und kräftigen Aromen und Geschmacksnuancen von Kirschlikör, Gewürzen, Früchtebrot und getrockneten Kräutern. Zusätzlich zu einer reichhaltigen, fleischigen Empfindung im Mund findet man darin eine gute Reintönigkeit. Voraussichtliche Genussreife: jetzt–2018.

ANGELO GAJA

1998	**Barbaresco**	**EEE**	**91**
1997	**Barbaresco**	**EEE**	**94**

1996	Barbaresco	EE	91
1995	Barbaresco	EE	90
1995	Barbaresco Costa Russi	EEE	90
1995	Barbaresco Sorì San Lorenzo	EEE	91+
1995	Barbaresco Sorì Tildin	EEE	91+
1997	Cabernet Sauvignon Darmagi	EEE	90+
1996	Cabernet Sauvignon Darmagi	EEE	90
1995	Cabernet Sauvignon Darmagi	EEE	88
1998	Conteisa	EEE	92
1997	Conteisa	EEE	98
1996	Conteisa	EEE	95+
1998	Costa Russi	EEE	92
1997	Costa Russi	EEE	96
1996	Costa Russi	EEE	93
1998	Sorì San Lorenzo	EEE	96
1997	Sorì San Lorenzo	EEE	98
1996	Sorì San Lorenzo	EEE	96
1998	Sorì Tildin	EEE	95
1997	Sorì Tildin	EEE	99+
1996	Sorì Tildin	EEE	96+
1998	Langhe Sperss	EEE	94
1997	Langhe Sperss	EEE	99
1996	Langhe Sperss	EEE	(94–96)

Es mag anmaßend, wenn nicht sogar lächerlich erscheinen, wenn man darauf hinweist, dass Angelo Gaja im Laufe der letzten Jahrgänge möglicherweise einige der besten Weine in seiner ruhmreichen Karriere erzeugt hat, aber mit Sicherheit sind die 1995er, 1996er, 1997er und 1998er erstaunliche Leistungen. Die Leser sollten beachten, dass Gaja ab 1996 bei seinen Weinen aus Einzellagen die Appellationsnamen Barbaresco und Barolo weggelassen hat. In diesem Stadium scheinen die 1997er die besten Weine zu sein, die er je gemacht hat. Meine Begeisterung ist offensichtlich zum Teil darauf zurückzuführen, dass ich beim Weinstil eine Vorliebe habe für opulenter texturierte Weine mit niedrigerer Säure, die somit ein breiteres Zeitfenster der Trinkbarkeit eröffnen. Doch die 1998er nehmen es fast mit den überaus exotischen, konzentrierten 1997ern und den monumentalen 1996ern auf. Vom Stil her sind die letzteren Jahrgänge klassischer und eleganter als die übertriebenen, aber fesselnden 1997er, aber es mangelt ihnen an Intensität. Alle Weine Gajas erleben in der Regel 40–50% neue Eichenfässer (zu 50% französisches Eichenholz und zu 50% aus Österreich wie auch aus Polen kommend) und verbringen 24 Monate im Holzfass, die Hälfte der Zeit in kleinen Fässern und die andere Hälfte in größeren, aufrecht stehenden Holzfässern.

Es gibt kaum einen Zweifel daran, dass Angelo Gaja lange Zeit im Piemont geistig und qualitativ die Führung innehatte. Seine jüngste, umstrittene Maßnahme, bei seinen drei Barbaresco-Crus und zwei Barolo-Crus die Bezeichnungen Barbaresco und Barolo wegzulassen, wirkte auf die einheimischen Kenner verunsichernd. Seine Gründe für diesen Schritt sind die, dass er seine Nebbiolo-Trauben in superreifem Zustand pflücken (um das zu erhalten, was die Franzosen *sur-maturité* nennen) und dann mit Barbera-Trauben verschneiden möchte, die eine höhere Säure enthalten (1997, 1998 und 1999 wurden bei den Barbaresco-Crus rund 5%, bei Sperss 6% und bei Conteisa 8% Barbera verwendet). Gaja ist der Ansicht, dass dies den Weinen mehr Frische sowie schärfere Konturen verleiht. Was auch immer seine Beweggründe sind, mir scheint, dass er diese Entscheidung nicht treffen würde, wenn sie die Weine nicht verbessern würde. Auf jeden Fall sind die Ergebnisse spektakulär.

Der geschmeidig texturierte dunkelrubin-purpurrote *1998er Costa Russi* besitzt süße, dickliche Himbeer- und Kirschfrucht, mittleren bis vollen Körper, prächtiges Glyzerin, niedrige Säure und einen leicht tanninbetonten Abgang. Trotz seines großen Umfangs hat er gute Finesse und wunderschön reintönige Frucht. Voraussichtliche Genussreife: jetzt–2020. Mehr Noten von Schokolade, Kaffee, Rauch, Lakritze und Tabak findet man in dem komplexen tiefpurpurroten *1998er Sorì Tildin*. Überraschend verführerisch für einen so jungen Wein, zeigt er ein reiches aromatisches Feuerwerk, fabelhafte Fruchtkonzentration, eine vielschichtige Opulenz, mehr Intensität, Glyzerin und Tiefe als der Costa Russi und einen sensationell langen Abgang. Voraussichtliche Genussreife: jetzt–2025. Der facettenreiche *1998er Sorì San Lorenzo* bietet Noten von Bleistift, Rauch, Tabak, Rosenblättern, schwarzen Früchten und Espresso. Er ist bereits unglaublich ausdrucksvoll, weich, aufregend und sinnlich; über den Gaumen strömen dickliche Früchte, erfüllt von toastwürzigem Eichenholz. Dieser leicht zugängliche, nahtlose, reintönige, klassische Wein dürfte sich 20–25 Jahre lang gut trinken lassen. Der *1998er Conteisa* aus der Barolo-Appellation bietet ein charakteristisches Bukett von Schwarzkirschmarmelade, vermischt mit Vitaminen, Rauch, Eisen, Mineralien und würzigem Eichenholz. Im Mund kommen Erde, Trüffeln, Bleistift und Espresso mit Kirschgeschmack zum Vorschein. Tief, reichhaltig und körperreich, mit mäßigem Tannin und Kraft, erfordert dieser eindrucksvolle Wein 2–3 Jahre Kellerreifung und dürfte 2 Jahrzehnte lang gut altern. Der duftigere, noch reichere *1998er Langhe Sperss* enthüllt ein Bukett von schwarzen Früchten, Trüffeln, Erde und Gewürzen. Dieser dichte, mächtige und dennoch nahtlose Wein, der wunderschön integriert ist, besitzt niedrige Säure und einen fantastischen Abgang. Obwohl er für einen so jugendlichen Barolo gut entwickelt und köstlich ist, wird er 20–25 Jahre lang gut altern. Der *1998er Barbaresco* mag zwar nicht an den außergewöhnlichen 1997er herankommen, aber er ist eine schöne Leistung und bietet fleischige, würzige, tiefe Düfte von Schwarzkirschen, Himbeeren, Teer und Trüffeln mit subtilem neuem Eichenholz im Hintergrund. Dicht, sinnlich texturiert und körperreich, mit herrlicher Gesamtsymmetrie und Tannin, Säure, Alkohol und Holz, die schön integriert sind, wird er 15 Jahre oder noch länger gut zu trinken sein.

Der *1997er Barbaresco* ist zweifellos der beste, den Gaja je gemacht hat. Ein exquisiter Wein, der ein dichtes Rubin-Purpurrot und ein außergewöhnliches Bukett von Schwarzkirschlikör, Rauch, Lakritze sowie mineralischen und blumigen Aromen besitzt. Er ist körperreich, opulent und voller Frucht. Trotz seiner frühreifen Natur findet man darin reichliches Tannin, so dass 3–4 Jahre Kellerreifung erforderlich sind. Er sollte mühelos 25 Jahre lang altern. Der undurchdringlich rubin-purpurrote *1997er Costa Russi* zeigt ein auffälliges Bukett von Brombeer- und Kirschfrucht, vermischt mit Espresso und Holzdüften. Er ist der am stärksten im internationalen Stil gehaltene Wein aus Gajas Angebot und wirkt wie ein Nebbiolo, der mit Anabolika gedopt ist. Körperreich, herrlich reintönig und gleichmäßig, dürfte er jetzt–2025 seine Bestform haben. Der beeindruckende *1997er Sorì Tildin* ist ein Anwärter auf den perfekten Wein. Auf das satte Purpurrot folgt ein dichter, körperreicher Wein, der für einen so schwergewichtigen, muskulösen Nebbiolo außerordentliche Lebhaftigkeit besitzt. Er bietet einen überaus süßen Auftakt, eine ganze Wagenladung Glyzerin, Noten von Erde, Lakritze, Zedernholz, Brombeer- und Kirschlikör und einen Hauch von Heidelbeeren. Dieser spektakuläre Wein, extrem voll, herrlich reintönig, mit nahtloser Textur, wird 3 Jahrzehnte im Keller lagern können. Der ebenso tiefgründige *1997er Sorì San Lorenzo* ist wie üblich der eleganteste, nuancenreichste und komplexeste von Gajas Weinen. Er bietet einen auffälligen Duft von Bleistift, gerösteten Nüssen, schwarzen Früchten, Gewürzen, Leder, Zedernholz und chinesischem Schwarztee. Aufgeschlossen, aber ungeheuer gut gebaut und reichhaltig, mit einer ätherischen Eleganz, die seine Persönlichkeit unterstreicht, zeigt er eine klassische Kombination aus Kraft und Feinheit. Wenn sich dieser Wein länger im Glas befindet, kommen Noten von japanischer Sojasauce zum Vorschein. Voraussichtliche Genussreife: jetzt–2030. Der *1997er Conteisa* bietet klassische Aromen von Lakritze, geschmolzenem Teer, Schwarzkirschen, nassen Steinen und Tabak. Er ist ein körperreicher, ölig texturierter Wein von bemerkenswerter Dichte und Dickflüssigkeit. Der Tanningehalt ist hoch, aber das Tannin ist süß. Dieser kräftige Wein schlägt am Gaumen eine gewaltige Schneise, aber man findet darin keine Ecken oder Kanten; alle Bestandteile sind reintönig und gut integriert. Von diesem spektakulären Wein gibt es 15 000 Flaschen. Voraussichtliche Genussreife: jetzt–2030. Eine weitere nahezu perfekte Leistung ist der *1997er Sperss*, der in seinen auffälligen Aromen und in seinem vielschichtigen, opulenten, körperreichen Geschmack die Essenz von Trüffeln, Erde und Schwarzkirschen darstellt. Der Säuregehalt erscheint niedrig wegen der riesigen Glyzerinmenge und der großartigen Fruchtkonzentration, aber ich vermute, dass er im Rahmen einer önologischen Messung normal ist. Dieser tiefgründige Wein erfordert 2–3 Jahre Kellerreifung und dürfte 30–35 Jahre lang gut altern. Der außergewöhnliche schwarz-purpurrote *1997er Cabernet Sauvignon Darmagi* (dem Verschnitt wurden 3–4% Cabernet Franc beigemischt) verströmt große Mengen von rauchiger, konzentrierter Frucht sowie Tannin. Er zeigt den niedrigen Säuregehalt des Jahrgangs, einen von Glyzerin durchdrungenen Charakter und einen vielschichtigen, körperreichen Abgang. Er dürfte sich 2 Jahrzehnte lang schön entwickeln.

Der *1996er Barolo Sperss*, einer der großen Weine des Jahrgangs, besitzt eine undurchdringlich rubin-purpurrote Farbe sowie reife Schwarzkirschen, Teer, Blumen und weiße Trüffeln. Extrem körperreich, mit überwältigender Intensität und Reintönigkeit, ist er ein umfangreicher, wuchtiger Barolo mit viel Tannin und einer Alterungsfähigkeit von 2–3 Jahrzehnten. Voraussichtliche Genussreife: 2005–2030. Angelo Gaja liebt seine 1996er Barbarescos ebenso sehr wie seine 1995er. Ich neige zu der Ansicht, dass die 1996er kraftvoller und konzentrierter sind. Vielleicht liegt es nur daran, dass Gaja die Feinheit und Eleganz der 1995er gegenüber der Struktur, der Muskelkraft und dem Potenzial der wuchtigeren 1996er bevorzugt. Der *1996er Barbaresco* zeigt ein dichtes Rubinrot und ein aufgeschlossenes Bukett von Kirschlikör, Erde, Trüffeln und mineralischen und würzigen Düften. Er ist reichhaltig, körperreich und verführerisch, wobei das mäßige Tannin zum großen Teil von der Fülle des Weins an Frucht und Extrakt überdeckt wird. Dieser herrliche reintönige Wein erhält meine Stimme als der beste Barbaresco, den Gaja seit 1990 erzeugt hat. Der dichte undurchdringlich purpurrote *1996er Sorì San Lorenzo* besitzt die komplexesten Aromen, bestehend aus klassischen Nebbiolo-Düften von Rosenblättern, getrockneten Kräutern, Gewürzen, Zedernholz und eingedickter Schwarzkirschen- und Beerenfrucht in Hülle und Fülle. Er ist beeindruckend kraftvoll und muskulös, mit mäßigem Tannin, einer süßen, öligen Textur und einem über 40 Sekunden langen Abgang. Obwohl die Aromen erstaunlich sind, bleibt dieser 1996er jugendlich und verhalten entwickelt. Voraussichtliche Genussreife: 2005–2025. Man kann kaum mit denen diskutieren, die behaupten, dass der beste Wein aus diesen Einzellagen immer der Sorì Tildin ist. Der *1996 Sorì Tildin* enthüllt eine pigmentreicheres, satteres Rubin-Purpurrot und dazu ein dichteres Bukett mit Aromen von Brombeeren, Kirschlikör, Rauch, Lakritze, Weihrauch und Gewürzen. Am Gaumen enorm, mit vielen Fruchtschichten, sanftem Tannin, mächtigem Körper und einem umwerfenden Abgang, ist er der in der Entwicklung am weitesten zurückgebliebene und kräftigste von den 1996ern aus Einzellagen. Voraussichtliche Genussreife: 2005–2030. Der *1996er Costa Russi* schließlich bringt mich immer auf den Gedanken, wie ein großer Zinfandel oder ein großer roter Burgunder wohl schmecken würde, wenn er von Angelo Gaja gemacht worden wäre. Auf ein verführerisches Bukett von dunklen Himbeeren, Veilchen, Lakritze und Toastbrot folgt ein reichhaltiger Wein mit reintönigen Geschmacksnuancen von schwarzen Früchten, verwoben mit süßem, rauchigem Eichenholz. Körperreich, mit reifem Tannin, wird dieser fantastisch proportionierte, kräftige, fesselnde 1996er im internationalen Stil zwischen jetzt und 2023 auf seinem Höhepunkt sein. Der undurchdringlich purpurrote *1996er Conteisa* offenbart ein süßeres, reifes Bukett mit einem Anflug von *sur-maturité* angesichts seiner überreifen Düfte von Cassis, geschmolzenem Teer, Lakritze und Gewürzen. Er ist zugänglicher als der Sperss und bietet eine sinnliche Textur, Schichten von konzentrierter Frucht und vollen Körper. Sein Tannin wird großenteils vom Glyzerin, Alkohol und Extrakt des Weins überdeckt. Voraussichtliche Genussreife: jetzt–2020. Der hervorragende *1996er Cabernet Sauvignon Darmagi* ist ein strukturierter, dichter schwarz-purpurroter Wein mit ausgezeichneter Cassis-Frucht und einer nicht entwickelten, aber viel versprechenden Persönlichkeit. Er erfordert jedoch erhebliche Geduld. Voraussichtliche Genussreife: 2008–2025.

1995 war im Piemont zumeist eher ein guter als ein großer Jahrgang, doch Gajas sensationelle 1995er zählen zu den Stars des Jahrgangs. Alle von den nachfolgenden Weinen besitzen eine extrem satte dunkelrubin-purpurrote Farbe, die für Nebbiolo fast untypisch ist. Der *1995er Barbaresco* bietet ein superbes Bukett, das nach Lakritze, Kirschfrucht, Erdbeeren, Blumen und Toastbrot duftet. Reif, dicht und üppig, mit einer verführerischen, aufregenden Persönlichkeit, gehört er zu den aufgeschlossensten einfachen Barbarescos, die Gaja je erzeugt hat. Voraussichtliche Genussreife: jetzt–2011. Die drei Einzellagen-Weine sind von der Qualität her ähnlich, stellen aber unterschiedliche Ausdrucksformen der Nebbiolo-Traube dar. Der *1995er Barbaresco Sorì San Lorenzo* bietet typische Düfte von Zigarrentabak, Gewürzen und Zedernholz, mit Schwarze-Johannisbeer- und Kirschfrucht im Hintergrund. Das neue Eichenholz spielt eine subtile Rolle. Strukturiert und spürbar tanninreicher als die einfache Cuvée, ist er ein dichter Wein mit überraschend viel Glyzerin, einer satten Pflaumenfarbe und faszinierenden Geschmacksnuancen von schwarzen Früchten, Soja und Zedernholz. Obwohl er schon zugänglich ist, braucht er noch Flaschenreife. Voraussichtliche Genussreife: jetzt–2016. Der *1995er Barbaresco Costa Russi* enthüllt das satteste Purpurrot von Gajas 1995er Barbarescos. Er ist ein körperreicher, fruchtbetonter und kraftvoller Wein und besitzt Unmengen von dunkler Himbeer- und Kirschfrucht sowie toastwürziges Eichenholz. Man findet in diesem umfangreichen Wein mit dem überschwänglichen Geschmack sogar Anzeichen von *sur-maturité*. Ich wäre nicht überrascht, zu sehen, dass er 20 Jahre alt wird. Voraussichtliche Genussreife: 2004–2020+. Der *1995er Barbaresco Sorì Tildin* offenbart in seiner Reichhaltigkeit eine likörartige Viskosität. Er bietet würzige, dunkle Himbeerfrucht, gepaart mit geschmolzenem Teer, Rauch, Trüffel und Toastbrot. Dieser komplexe, expansive Barbaresco besitzt nicht den satten Purpur-Pflaumen-Ton des Costa Russi, aber für den Jahrgang hat er eine tiefe Farbe sowie großartige Reichhaltigkeit, vollen Körper sowie Säure, Tannin und Alkohol, die schön integriert sind. Voraussichtliche Genussreife: 2004–2020+. Der *1995er Cabernet Sauvignon Darmagi* ist ein eleganter Wein mit mittlerem Körper, klassischen Tabakkraut- und Cassis-Aromen im Geschmack, süßem, geschmeidigem Tannin und ausgezeichneter Ausgewogenheit. Voraussichtliche Genussreife: jetzt–2018.

GASTALDI

1995	**Barbaresco**	**D**	**87**

Es fällt schwer, bei diesen Weinen genau zu sagen, ob sie aus der neuen Weinmacherschule des Barrique-Ausbaus stammen oder der klassischen, traditionellen Richtung anhängen, aber möglicherweise demonstrieren sie ein wenig mehr Loyalität gegenüber letzterer. Beim *1995er Barbaresco* geht das dunkle Granatrot einher mit einem klassischen Bukett von Kirsch-Hustensirup, Kaffee, Rosenblättern, Teer und Zedernholz. Würzig, von mittlerem Körper, mit feiner Dichte, einer geschmeidigen Textur und leichtem Tannin im Abgang, dürfte er sich 4–5 Jahre lang gut trinken lassen.

ATTILIO GHISOLFI

1998	**Barolo Bricco Visette**	**D**	**(87–88)**
1997	**Barolo Bricco Visette**	**D**	**85**
1996	**Barolo Bricco Visette**	**D**	**(86–87)**
1995	**Barolo Bricco Visette**	**D**	**86**

Dieser kleine Erzeuger aus Monforte d'Alba schuf einen sehr guten *1998er Barolo Bricco Visette.* Dieser Wein ist gemäßigt fortschrittlich bereitet, mit Schwarzkirschenfrucht, mittlerem bis vollem Körper und reifem Tannin. Wunderbarer Extrakt und Reichtum und eine untypisch früh reife, offene Persönlichkeit legen nahe, dass man ihn zwischen jetzt und 2012 trinken sollte.

Der leichte, in einem kommerziellen Stil bereitete *1997er Barolo Bricco Visette*, der nicht annähernd so dicht und reichhaltig ist, wie er aus dem Fass verkostet erschien, besitzt ansprechende Frucht, aber wenig Fülle oder Intensität. Trinken sollte man diesen mittelgewichtigen Wein in den nächsten 3–4 Jahren.

Der *1996er Barolo Bricco Visette* ist von dichtem, sattem Rubinrot, körper- und extraktreich und bietet Tabakkraut, vermischt mit getrockneten Kräutern, Kirschlikör und reichlich neuem Sattelleder. Der Wein beginnt eindrucksvoll, aber im Abgang wird er komprimierter und kürzer, was meine Bewertung niedrig hielt. Voraussichtliche Genussreife: jetzt–2012.

Der *1995er Barolo Bricco Visette* ist weich, entwickelt und reif. Die Farbe enthüllt bereits Bernstein- und Orangetöne am Rand. Dieser Barolo bietet das charakteristische Bukett von Teer, Rosenblättern und Gewürzen. Von mittlerem Körper und nicht sonderlich konzentriert, ist er ideal für einen Trinkgenuss in den nächsten 4 Jahren.

BRUNO GIACOSA

1998	**Barbaresco Asili**	**EE**	**93**
1997	**Barbaresco Asili**	**EE**	**94**
1996	**Barbaresco Asili (Riserva mit rotem Etikett)**	**EE**	**98+**
1995	**Barbaresco Asili**	**E**	**90**
1998	**Barbaresco Rabajà**	**EE**	**95**
1997	**Barbaresco Rabajà**	**EE**	**96**
1996	**Barbaresco Rabajà**	**EE**	**93**
1998	**Barbaresco Santo Stefano**	**E**	**92**
1997	**Barbaresco Santo Stefano**	**C**	**93**
1996	**Barbaresco Santo Stefano**	**E**	**94+**
1995	**Barbaresco Santo Stefano**	**E**	**91**
1998	**Barolo Falletto di Serralunga**	**EEE**	**(94–96)**
1997	**Barolo Falletto di Serralunga**	**EEE**	**93**
1996	**Barolo Falletto di Serralunga (Riserva mit rotem Etikett)**	**EEE**	**98+**
1995	**Barolo Falletto di Serralunga**	**EE**	**90+**
1998	**Barolo Rocche di Falletto**	**EEE**	**(96–98)**
1997	**Barolo Rocche di Falletto**	**EEE**	**96+**
1996	**Barolo Villero**	**EE**	**93**
1998	**Nebbiolo d'Alba Valmaggiore**	**C**	**89**
1997	**Nebbiolo d'Alba Valmaggiore**	**C**	**88**

Ein Besuch bei Bruno Giacosa, dem unbestrittenen Bewahrer der traditionellen Richtung der Weinbereitung im Piemont, ist immer ein aufregendes Erlebnis. Seine Barolos und Barbarescos (d.h. seine legendären 1978er, 1971er und 1964er) gehören zu den hinreißendsten Weinen der Welt. Vor mehreren Jahren erwarb er einige erstklassige Weinbergparzellen, von denen er die besten Weine macht, die je aus diesen Reblagen hervorgingen. Er besitzt jetzt Barbaresco-Weinberge in den Lagen Rabajà (der Debüt-Jahrgang dort der war 1996er) und Asili (der erste Wein dort 1995 produziert) sowie Barolo-Weinberge in Falletto, einer Lage, von der er zwei Cuvées herstellt. Seit 1997 werden vier der dortigen Rebblöcke für den fast perfekten Rocche di Falletto genutzt. Diese Partien liegen nach Südost ausgerichtet, was die bessere Reife der von dort kommenden Trauben erklärt. Kein Wein von Giacosa sieht ein Barrique von innen; abgefüllt werden sie, »wenn sie fertig sind«. Seine Bescheidenheit, sein nicht anmaßender Charakter, seine Würde, sein außerordentlicher Stolz und seine bemerkenswerte Integrität spiegeln sich in seinen Weinen wider, die für mich den Maßstab für einen großen Nebbiolo-Wein setzen. So sehr mich auch einige der Weine der Modernisten angemacht haben, die Giacosa-Schätze, die sich in meinem Keller befinden, sind in ihrer Komplexität und Reichhaltigkeit unübertroffen. Ich mache selten eine Flasche seiner Barbarescos oder Barolos auf, bevor sie 10 Jahre alt ist, und glaube, dass die meisten von ihnen bis zu einem Alter von 15–18 Jahren nicht in Schwung kommen. Ungeduldige Leser seien jedoch gewarnt: Diese Weine sind häufig unmittelbar nach ihrer Abfüllung und ihrer Ankunft im Empfängerland langweilig, doch nach einer Kellerreifung von 10 Jahren kommt ihr Zauber zum Vorschein. Ich habe dies bei Giacosas größten Jahrgängen (1964, 1971, 1978, 1982, 1985 und 1988) wie auch in kleineren Jahrgängen (1980 und 1986) erlebt. Aufgrund meiner 25-jährigen gloriosen Erfahrung mit Giacosas Weinen weiß ich, dass es nicht viel Vertrauen braucht, um sie einzukellern. Sie haben nie enttäuscht, vorausgesetzt, ich warte die 8–10 Jahre, die sie in großen Jahrgängen erfordern (seine 1978er tauchen noch immer aus einer langen Phase des Schlafes auf). Um es anders auszudrücken: Die Barolos und Barbarescos von Giacosa gehören zu den wenigen Weinen, die ich kaufen würde, ohne sie vorher probiert zu haben. Bruno Giacosa ist der Auffassung, dass sowohl 1996 als auch 1998 viel bessere Jahrgänge seien als 1997 (ihm zufolge ein schwieriges Jahr: zu heiß und trocken, mit rosinierten Trauben, niedriger Säure und übermäßigem Zucker- und Alkoholgehalt). Er war nicht der einzige Erzeuger, der eine solche Meinung äußerte (geteilt wird sie von Pio Boffa von Pio Cesare). Doch so kritisch Giacosa seinem 1997er auch gegenüberstand, dachte ich, diese Weine seien alle potenziell hervorragend, aber ich bin mehr denn je überzeugt davon, dass die 1996 noch spektakulärer sind (wegen einer katastrophalen Blüte 1996 fiel die Erntemenge um 50% geringer als üblich aus) und dass die 1998er ihnen praktisch ebenbürtig sind. Ansonsten sollten die Leser nicht vergessen, was dieser Erzeuger 1995 erreichte, auch wenn dieser Jahrgang keine Riserva mit rotem Etikett liefert. Die Standard-Cuvées des Guts tragen weiße Etiketten.

Der nach Gewürzen, Tabak, Kirschlikör und Rauch duftende *1998er Nebbiolo d'Alba Valmaggiore* erinnert an Giacosas in einem kräftigeren Stil gehaltene Barbarescos. Er ist äußerst komplex, intensiv, würzig und lang im Mund. Trinken Sie ihn in den nächsten 4–5 Jahren. Der *1998er Barbaresco Asili* braucht 4–5 Jahre Kellerreifung. Er zeigt eine dunkelrubinrote Farbe, gepaart mit einem kräftigen, süßen Bukett von getrockneten Kräutern, Zedernholz, Tabak, Teer und roten Früchten. Opulent auf der Zunge, mit nicht sehr hohem Tanningehalt und guter Säure als Unterlage, ist er ein duftiger Erfolg für Giacosa, ohne den schwelgerischen Umfang des 1997ers oder die mächtige Struktur und Dichte des 1996ers zu erreichen. Voraussichtliche Genussreife: 2006–2020. Unter den 1998ern ist der berühmte *1998er Barbaresco Santo Stefano* mit seiner mittelrubinroten Farbe, die am Rand schon Bernsteintöne zeigt, der am weitesten entwickelte Wein. Aromen von neuem Sattelleder, Fenchel, Rauch, Tabak, Kirschwasser und Lakritze steigen aus dem Glas dieses reifen, opulenten Barbarescos von mittlerem bis vollem Körper auf. Ich zögere zu sagen, dass man ihn jung trinken kann, angesichts der Neigung dieser Weine, sich zu verschließen, aber Leser, die ihn kaufen (mich eingeschlossen), sollten ihn 1–2 Jahre lang zur Ruhe kommen lassen und ihn dann im Laufe der folgenden 15+ Jahre trinken. Ein anderer fantastischer Barbaresco ist der *1998er Barbaresco Rabajà*. Komplexe Noten von Soja, Erde, kandierter Kirschfrucht und Zigarrenkiste kommen bei diesem konzentrierten, jedoch intellektuell herausfordernden Wein zum Vorschein. Körperreich, mit einem sanften Auftakt und einem tanninbetonten Abgang, wird er zwischen 2007 und 2020 trinkreif sein. Der fabelhafte *1998er Barolo Falletto di Serralunga* scheint besser als der 1997er zu sein. Wenn man die beiden nebeneinander verkostet, enthüllt der 1998er mehr Intensität und Volumen, obwohl das Haarspalterei ist. Eine dunkle Pflaumenfarbe geht einher mit einem klassischen Nebbiolo-Duft von Rosenblättern, geschmolzenem Teer, Trüffeln und Kirschmarmelade. Wenn sich der Wein länger im Glas befindet, tauchen auch Aromen von Gewürzen und Zigarrenrauch auf. Er ist körperreich, dicht und kraftvoll tanninbetont, aber dennoch äußerst harmonisch und wird seine Bestform zwischen 2008 und 2030 haben. Schließlich noch die limitierte Cuvée, die von vier Rebblöcken der Reblage Falletto namens Rocche erzeugt wird. Der *1998er Barolo Rocche di Falletto* grenzt an Perfektion. Ich war der Meinung, dass er besser als der 1997er ist, aber in den schwindelnden Höhen einer Wertung von über 95 Punkten ist das eine Sache des persönlichen Geschmacks. Auf jeden Fall ist der Wein spektakulär. Eine dunkle Pflaumenfarbe enthüllt am Rand eine Aufhellung. Fantastische Aromen bieten Düfte von zermahlenen Steinen, verbunden mit Kirschmarmelade und süßem Tabak. Man findet jede Menge Glyzerin, einen mäßig hohen Tanningehalt und einen erstaunlich langen Abgang von fast 50 Sekunden. So umwerfend er auch jetzt ist, ich bin sicher, dass er sich verschließen wird und 5–6 Jahre Kellerreifung erfordert. Voraussichtliche Genussreife: 2008–2035.

Der *1997er Nebbiolo d'Alba Valmaggiore* ist ein robuster Nebbiolo in kräftigem Stil, mit aggressivem Tannin, Unmengen von Teer-, Schwarzkirsch-, Zigarrenkisten- und Gewürznoten, mittlerem bis vollem Körper, ausgezeichneter Konzentration und einem feinen Abgang. Er dürfte sich 5–6 Jahre lang gut trinken lassen. Der *1997er Barbaresco Asili* hat sich fantastisch entfaltet, seitdem ich ihn aus dem Fass verkostete – ein typisches Kennzeichen von Giacosas Weinen. Überraschend früh reif und gut entwickelt für einen Wein von diesem Gut, besitzt er eine dunkelrubinrote Farbe mit bernsteinfarbenem Rand sowie reichliche Mengen von Tabak, Kirschlikör, Weihrauch, Zigarrenkistennoten und Lakritze in seinem schwelgerischen Bukett. Er wirkt wie kandiert, fleischig, körperreich, ölig und seidig. Dieser nahtlose Klassiker dürfte jung gut zu trinken sein und 10–12 Jahre lang halten. Der klassische *1997er Barbaresco Santo Stefano* ist entwickelter und schwelgerischer als sein noch nicht so weit entwickeltes 1996er Gegenstück. Eine mittelrubin-granatrote Farbe mit Bernsteinrand ist gepaart mit einem süßen Duft von Schwarzkirschen, Tabak, Leder, Gewürzen, Lakritze und Teer. Der körperreiche Wein mit cremiger Textur, großartiger Konzentration und einem erlesenen Abgang kann jetzt getrunken oder 15+ Jahre eingekellert werden. Giacosas zweiter Jahrgang aus der Lage Rabajà, der *1997er Barbaresco Rabajà*, ist möglicherweise besser als sein Debüt-Jahrgang, der 1996er. Der 1997er besitzt ein fabelhaftes Bukett von Karamell, Soja, Kräutern, Schwarzkirschen, Pflaumen und Kirschwasser. Dicht und körperreich, mit einer spektakulären, seidigen Textur, reichlich Glyzerin und einem vielschichtigen, vieldimensionalen Geschmack am Gaumen, ist er aus hedonistischer und intellektueller Perspektive ungeheuer befriedigend. Voraussichtliche Genussreife: jetzt–2020. Der 1997er *Barolo Falletto di Serralunga* ist ein exquisiter Barolo, der großartige Noten von Teer, Erde, Trüffeln, Lakritze, Mineralien sowie Kirsch- und Himbeerfrucht bietet. Man findet darin zwar viel Säure sowie einen hohen Tanningehalt, aber auch konzentrierte, kernige Geschmackskomponenten. Der Wein ist fest, dicht, eindrucksvoll und überraschend gut strukturiert für einen 1997er. Er wird jedoch zugänglicher werden als die meisten jungen Barolos von Giacosa. Voraussichtliche Genussreife: jetzt–2025. Der erstaunliche *1997er Barolo Rocche di Falletto*, der Debüt-Jahrgang aus einem Teil des Falletto-Weinbergs mit Südostlage, zeigt etwas reifere Trauben. Er ist von tiefer Pflaumen-Granat-Farbe und besitzt einen mächtigen Körper, ist süß, aufregend und fleischig am mittleren Gaumen und im Abgang. Klassische Aromen von Rosenblättern, geschmolzenem Teer und Kirschlikör steigen nicht nur als Duft auf, sondern erfüllen auch den Gaumen und überziehen die Zähne des Verkosters. Überaus komplex und vielschichtig, mit einer exquisiten Textur und Gesamtharmonie, ist er für einen Barolo von Giacosa ungewöhnlich früh reif, was mich zu der Ansicht veranlasst, dass er in 1–2 Jahren einen nachhaltigen Trinkgenuss liefern und 3 Jahrzehnte halten wird.

Die fantastische Reihe der 1996er enthält einen *1996er Barbaresco Santo Stefano* mit rotem Etikett, der einfach spektakulär ist. Giacosa ist weiterhin der Ansicht, dass dies der größte Wein ist, den er seit seinem legendären 1971er erzeugt hat (der immer noch ein wunderbarer Barbaresco ist, auch wenn er deutlich dem Ende seines Lebens nahe ist). Der feste, jugendliche 1996er erfordert 3–4 Jahre Flaschenreifung. Die Farbe ist ein dunkles Rubin- und Granatrot. Das Bukett beginnt sich gerade zu öffnen und enthüllt Düfte von getrockneten Kräutern der Provence, Kirschlikör, Tabak, Gewürzen und weißen Trüffeln. Im Mund ist der Wein erstaunlich konzentriert und extrem körperreich, mit hohem Tanningehalt und fabelhaft reintönigen, süßen Geschmacksnuancen von Kirsch-Hustensirup, Lakritze, Rauch und getrockneten Kräutern. Der Abgang dauert mehr als 45 Sekunden, obwohl dieser 1996er immer noch jung und dicht ist. Er dürfte eine prächtige Entwicklung erleben. Voraussichtliche Genussreife: 2006–2030. Der *1996er Barbaresco Rabajà* (Giacosas Debüt-Jahrgang von diesem berühmten Weinberg) zeigt ein faszinierendes Bukett von Soja, getrockneten Kräutern der Provence, neuem Sattelleder und roten und schwarzen Früchten. Tanninhaltig und köperreich, mit enormem Eindruck am Gaumen, ist er extrem konzentriert, doch die Frucht, der Alkohol, das Tannin und die Säure sind wunderbar integriert. Voraussichtliche Genussreife: 2006–2025. Der äußerst perfekte, dichte rubin-purpurrote *1996er Barbaresco Asili* (eine Riserva mit rotem Etikett) ist ein heroischer Wein, der meisterhaft sowohl Kraft als auch Eleganz demonstriert. Das Bukett entfaltet sich schrittweise und bietet Aromen von dunklen Himbeeren, Kirschen, Zigarrenkistennoten, Lakritze und Leder. Der Wein beeindruckt mit seinen Nuancen wie auch mit der Reichhaltigkeit und Dichte am mittleren Gaumen und einem Abgang, der fast eine Minute dauert. Man findet darin ungeheuer viel Tannin, aber ebenso ungeheure Konzentration, Extrakt und Gesamtharmonie. Das ist der beste Barbaresco von Giacosa seit seinen zwei größten Klassikern, dem 1990er und dem 1971er Barbaresco Santo Stefano (rotes Etikett). Voraussichtliche Genussreife: 2006–2025. Vom 1996er gibt es zwei Barolos mit rotem Riserva-Etikett. Der *1996er Barolo Villero* sollte als Anschauungsmaterial in einem Kurs dienen, wie ein großer Barolo riecht. Er besitzt ein klassisches Bukett mit Düften von Rosenblättern, geschmolzenem Teer und Kirschlikör, die aus dem Glas aufsteigen. Im Mund zeigt er Lakritze, Schwarzkirschfrucht, Früchtebrot, Gewürze und andere gemischte Nuancen in seiner überaus komplexen Persönlichkeit. Dieser körperreiche und wunderbar konzentrierte Wein mit exquisiter Harmonie scheint ein sagenhaft junger Barolo zu sein, der mühelos 3 Jahrzehnte altern wird. Voraussichtliche Genussreife: 2010–2035. Der *1996er Barolo Falletto di Serralunga* (ebenfalls rotes Riserva-Etikett) besitzt außerordentliche Präsenz und Statur. Er ist dunkelgranat-rubinrot und bietet ein dichtes, aber viel versprechendes Bukett von Teer, verbrannter Erde, Trüffeln, Schwarzkirschen, Kirschen und Espresso. Dieser muskulöse, mächtige Wein jagte mir einen Schauer über den Rücken. Er ist ein exquisiter, fast perfekter Barolo, der ein Jahrzehnt Kellerreifung erfordert und 30–40 Jahre lang halten dürfte. Ich erinnere mich, dass ich mir wünschte, ich wäre 20 Jahre jünger, als ich ihn vor der Flaschenabfüllung verkostete – ich habe immer noch die gleiche Empfindung. Beängstigend! Voraussichtliche Genussreife: 2010–2040.

Der hinreißend elegante *1995er Barbaresco Asili* kommt von dem berühmten Weinberg Asili in Barbaresco. Die Farbe ist ein trügerisch helles Rubinrot mit einigen Bernsteintönen am Rand. Das Bukett bietet Aromen, die nach Kirschwasser, getrockneten Kräutern der Provence, neuem Sattelleder und Rauch duften. Im Mund kommen asiatische Gewürze und Soja zum Vorschein neben den reichhaltigen Geschmacksnuancen von dicklichen Kirschen, die auch eine faszinierende tomatenähnliche Note bieten. Dieser üppige, offen gewirkte, körperreiche Barbaresco lässt sich bis 2014 gut trinken. Der *1995er Barbaresco Santo Stefano* enthüllt ein intensiv duftendes Bukett von Kaffee, Soja, Tabak, getrockneten Kräutern und Kirsch-Hustensirup. Körperreich, mit mäßigem Tannin im Abgang, ist er ein ausdrucksvoller, reichhaltiger Barbaresco mit überschwänglichem Geschmack, den man jetzt wie auch in den nächsten 10–12 Jahren trinken kann. Genossen habe ich auch den hervorragenden *1995er Barolo Falletto di Serralunga.* Er besitzt eine mittlere dunkelrubinrote Farbe, die sich am Rand etwas aufhellt. Auf das intensive Bukett von Zedernholz, Gewürzen, Soja, Teer, Rosenblättern und schwarzen Früchten folgt ein Wein mit süßem Auftakt, vollem Körper und dichten, vielschichtigen, konzentrierten, würzigen Geschmacksnuancen. Wenn sich dieser muskulöse, tanninbetonte Wein länger im Glas befindet, kommen zunehmend Piment und getrocknete Kräuter zum Vorschein. Kellern Sie ihn 2–3 Jahre lang ein und trinken Sie ihn in den folgenden 12 Jahren.

FRATELLI GRASSO

1998	Barbaresco	D	87
1997	Barbaresco	D	89
1998	Barbaresco Bricco Spessa	D	90
1997	Barbaresco Bricco Spessa	D	88
1998	Barbaresco Sorì Valgrande	D	89+
1997	Barbaresco Sorì Valgrande	D	88+

Dieser Erzeuger mit Sitz im Dorf Treiso renovierte 2000 seine Keller vollständig; dies wird, wie man glaubt, die Qualität auf ein noch besseres Niveau anheben. 1998 zeigte er ein wenig bessere Leistungen als 1997.

Eines der Markenzeichen des 1998er-Jahrgangs, prächtige Aromen, erscheint in allen drei Cuvées. Der *1998er Barbaresco* zeigt eine wenig beeindruckende mittelrubinrote Farbe, bietet aber süße, von Tabak und Kräutern durchdrungene Kirschfrucht, die sich in einem eleganten, schlanken und dennoch schön ausbalancierten, beherrschten Stil präsentiert. Genießen Sie ihn im Laufe der nächsten 5–6 Jahre. Der prächtige, außergewöhnlich duftige *1998er Barbaresco Bricco Spessa* besitzt ein entwickeltes Bukett von Zigarrentabak, Zedernholz, Kirschmarmelade, Erdöl und Rosenblättern. Dieser Wein von mittlerem Körper, mit Finesse sowie üppiger, reichhaltiger, konzentrierter Frucht ist ein klassischer Barbaresco, den man jetzt und im Laufe der nächsten 10 Jahre trinken kann. In einem ähnlichen Stil gehalten, mit mehr Struktur, bietet der dunkelgranatrote *1998er Barbaresco Sorì Valgrande* intensive, komplexe Aromen von Tabak, Zedernholz, würzigen Tomatenschalen, Kirschlikör und Kaffee. Der Abgang ist strukturierter und magerer als beim ausdrucksvolleren Bricco Spessa, deswegen auch die etwas niedrigere Bewertung. Dennoch ist er ein Barbaresco voller Geschmack, der wunderbar den außergewöhnlich komplexen Duft der Nebbiolo-Traube demonstriert. Trinken Sie ihn in den nächsten 10 Jahren.

Der *1997er Barbaresco* enthüllt eine entwickelte Farbe mit Bernsteintönen am Rand sowie ein reichhaltiges, exotisches Bukett von überaus reifen Kirschen, Kaffee, Kräutern und Gewürzen. Er ist fleischig und verführerisch, mit niedriger Säure, mittlerem Körper und einem aufregenden, offenherzigen Stil und sollte in den nächsten 4–5 Jahren getrunken werden. Der dunkelgranatrote *1997er Barbaresco Bricco Spessa* ist von mittlerem bis vollem Körper und dichter gewebt als sein einfacher Bruder, bietet aber ähnliche Aromen von getrockneten Kräutern, Schwarzkirschen, Tabak und Leder sowie deutlicher spürbares Tannin. Trinken Sie ihn im Laufe der nächsten 8 Jahre. Der am stärksten strukturierte und tanninreichste Wein aus diesem Trio, der *1997er Barbaresco Sorì Valgrande*, zeigt eine dunkelgranatrote Farbe, Aromen von Erde, Teer, Kirschen, Rauch und Gewürzen im Duft und im Geschmack sowie gute Dichte, Struktur und Tiefe. Obwohl er im Augenblick der am wenigsten Attraktive ist, wird er zum Schluss der Langlebigste sein. Voraussichtliche Genussreife: jetzt–2014.

SILVIO GRASSO

1998	Barolo	D	88
1997	Barolo	D	89
1996	Barolo	D	88
1995	Barolo	D	87
1998	Barolo Bricco Luciani	E	(90–92)
1997	Barolo Bricco Luciani	E	92
1996	Barolo Bricco Luciani	E	92
1995	Barolo Bricco Luciani	E	88
1998	Barolo Ciabot Manzoni	E	(90–91)

1997	**Barolo Ciabot Manzoni**	**E**	**90**
1996	**Barolo Ciabot Manzoni**	**E**	**91**
1995	**Barolo Ciabot Manzoni**	**E**	**87**

Silvio Grasso verwendet für seinen Standard-Barolo kein neues Eichenholz und für seine Weine aus Einzellagen an den Hängen von La Morra 20% neue Eichenfässer. In den letzten Jahrgängen hat er eine ganze Reihe sensationeller Weine erzeugt.

Der *1998er Barolo* zeigt große Mengen von Lakritze und Kirschfrucht in einem eleganten Stil von mittlerem Körper, mit viel Glyzerin, aber nicht gerade viel Gewicht. Trinken sollte man diesen weichen, durch Finesse geprägten Wein in den nächsten 3–4 Jahren. Der dunkelrubinrote *1998er Barolo Ciabot Manzoni* bietet ein schönes Bukett von süßer Schwarzkirschfrucht, vermischt mit Rosenblättern, Teer und neuem Eichenholz. Er besitzt sehr gute Reife, einen frischen, lebhaften, hocheleganten Stil und hübsche Geschmacksnuancen. Diesen Wein mit süßem Tannin, ordentlicher Säure und einem nahtlosen Stil kann man jetzt und in den nächsten 10–12 Jahren trinken. Erdiger und kerniger, mit Düften und Geschmacksnuancen von Zedernholz, Gewürzen und Schwarzkirschen, demonstriert der körperreiche, mäßig tanninhaltige *1998er Barolo Bricco Luciani* die beachtliche Duftigkeit des Jahrgangs, seine hervorragende Reintönigkeit und die schöne Symmetrie der Bestandteile. Voraussichtliche Genussreife: jetzt–2015.

Der ausgezeichnete *1997er* Barolo ist ein aufgeschlossener, seidig texturierter Wein, der süße, dickliche Frucht, einen Charakter von gerösteten Kräutern und Gewürzen, mittleren bis vollen Körper, ausgezeichnetes Gewicht, Fett und Samtigkeit sowie niedrige Säure zeigt. Am Gaumen ist er kernig und breit. Trinken Sie ihn in den nächsten 8 Jahren. Die dunkelrubinrote Farbe des *1997er Barolo Ciabot Manzoni* enthüllt am Rand einige Bernsteintöne. Er besitzt einen aufgeschlossenen Charakter von mittlerem bis vollem Körper, mit vielen Noten von Leder und in Branntwein eingelegten Kirschen, einem hohen Glyzeringehalt und einer samtigen Textur. Der Abgang ist tanninbetont. Voraussichtliche Genussreife: jetzt bis 2016. Der überaus intensive, kraftvolle, gewichtige, vielschichtige, körperreiche, süße, aufregende *1997er Barolo Bricco Luciani* zeigt einen aufgeschlosseneren Charakter als vor der Flaschenabfüllung. Man findet darin Schichten von Frucht, Glyzerin und Extrakt. Der Wein offenbart außerdem große Mengen von Schwarzkirsch- und Beerenfrucht, vermischt mit Noten von Gewürzen, Leder, Lakritze und chinesischem Schwarztee. Wenn er sich länger im Glas befindet, kommen Düfte von geschmolzenem Teer, Rosenblättern und Tabak zum Vorschein. Dies ist ein herrlicher, hedonistischer und dennoch kraftvoller, konzentrierter Barolo, den man zwischen jetzt und 2020 trinken sollte.

Der klassische Charakter des 1996er-Jahrgangs zeigt sich gut in den beiden Weinen aus Einzellagen. Der körperreichere, üppige *1996er Barolo* bietet eine aufregende Demonstration von Glyzerin und intensiven Kirsch- und Gewürzaromen. Er wird sich in den nächsten 8 Jahren gut trinken lassen. Der *1996er Barolo Ciabot Manzoni* zeigt eine satte rubin-purpurrote Farbe sowie ein verschwenderisches Bukett von Trüffeln, Sattelleder, Schwarzkirschen und blumigen Düften. Dieser expansive, körperreiche, kernige Kraftprotz ist sanft genug, dass man ihn früh trinken kann, dürfte aber 15 Jahre lang schön altern. Noch besser ist der *1996er Barolo Bricco Luciani.* Die klassischen Nebbiolo-Aromen von Rosenblättern und geschmolzenem Teer vermischen sich mit Toastbrot, Kirschlikör, Tabak und Gewürzen. Dieses prächtige Exemplar mit explosiver Reichhaltigkeit, hohem Glyzeringehalt und einem kraftvollen, muskulösen, konzentrierten Abgang besitzt einen hohen Tannin- und Extraktgehalt. Voraussichtliche Genussreife: jetzt–2016.

Der *1995er Barolo* zeigt einen mittleren Rubin-Granat-Ton, gepaart mit einem Bukett wie aus dem Lehrbuch: Kirschen, Gewürze, Balsaholz und ein Hauch von Teer. Er ist elegant und weich, von mittlerem Körper und wird in den nächsten 4–5 Jahren idealen Trinkgenuss bieten. Der dunkelrubinrote *1995er Barolo Ciabot Manzoni* bietet ein kräftiges, toastwürziges Bukett mit Düften von reifen Kirschen, Sattelleder, Zedernholz und Tabak. Dieser entwickelte Barolo von mittlerem Körper sollte in den nächsten 4–5 Jahren getrunken werden. Der *1995er Barolo Bricco Luciani* zeigt einen satteren Rubin-Granat-Ton ohne Bernsteinnuancen am Rand. Er besitzt würziges Eichenholz, mittleren bis vollen Körper, mäßiges Tannin und ein ausgezeichnetes, von Kirschen dominiertes Bukett sowie Andeutungen von asiatischen Gewürzen, Leder und Teer. Voraussichtliche Genussreife: jetzt–2010.

MARCHESI DI GRESY

1998	**Barbaresco Martinenga**	**E**	**87**
1997	**Barbaresco Martinenga**	**E**	**86**
1996	**Barbaresco Martinenga**	**E**	**87**
1995	**Barbaresco Martinenga**	**E**	**87**
1996	**Barbaresco Camp Gros Martinenga**	**E**	**89**
1995	**Barbaresco Camp Gros Martinenga**	**E**	**87**
1996	**Barbaresco Gaiun Martinenga**	**E**	**90**
1995	**Barbaresco Gaiun Martinenga**	**E**	**86**

Dies ist einer meiner Lieblingserzeuger von Spitzen-Barbaresco. Die Weine sind in einem Stil von außergewöhnlicher Verfeinerung und anmutiger Eleganz bereitet; sie haben zwar nicht das Gewicht der größten Weine der Region, aber einen recht gebieterischen Geschmack. Die 1995er sind sehr gut, die 1996er zumindest ausgezeichnet. Leider konnte ich vom 1997er und 1998er jeweils nur eine Cuvée verkosten, die einwandfrei war.

Die entwickelte dunkle Pflaumen-Granat-Farbe des *1998er Barbaresco Martinenga* enthüllt am Rand beträchtliche Bernsteintöne. Das Bukett bietet würziges Eichenholz, getrocknete Früchte (insbesondere Kirschen) und blumige Aromen von Rosenblättern. Der Abgang ist leicht tanninhaltig und kurz. Trinken Sie ihn in den nächsten 5–6 Jahren.

Der *1997er Barbaresco Martinenga* zeigt ein Granatrot mit Rosa- und Bernsteintönen am Rand. Er ist ein weicher Wein mit Noten von Bleistift, Kirschen, Erdbeeren und Espresso. Zwar bietet er wenig Geschmack am mittleren Gaumen, wenig Extrakt und Länge, aber er ist bezaubernd und elegant auf eine würzige, fruchtige Weise mit mittlerem Körper. Trinken Sie ihn im Laufe der nächsten 8 Jahre.

Der *1996er Barbaresco Camp Gros Martinenga* bietet mehr Noten von Schwarzkirschen und dunklen Himbeeren, mit Erdbeermarmelade im Mund. Er ist ein vollerer Wein mit mehr Frucht, Extrakt und Struktur. Diesen potenziell herausragenden Barbaresco kann man jetzt–2012 trinken. Der superbe *1996er Barbaresco Gaiun Martinenga* besitzt eine dunkelrubinpurpurrote Farbe und ein prächtiges, Musigny-artiges Bukett von Blumen, Mineralien und schwarzen Früchten. Er ist tadellos gemacht, mit großer Eleganz, mittlerem Körper, großartiger Fruchtintensität und keinerlei Gefühl von Schwere. Trinken Sie diesen stilvollen, harmonischen Barbaresco im Laufe der nächsten 10 Jahre. Aus welchen Gründen auch immer war der *1996er Barbaresco Martinenga* wenig entwickelt, mager und streng und ließ sich unmöglich bewerten. Ich bin sicher, dass er die gleiche Höhe des Potenzials besitzt wie die anderen Einzellagen-Weine, aber es war nicht möglich, dorthin durchzudringen. Ich werde warten, bis er sich noch ein Jahr weiterentwickelt hat, und ihn dann erneut verkosten.

Der *1995er Barbaresco Camp Gros Martinenga* enthüllt ein burgunderartiges Bukett von Schwarzkirschen, Blumen, Gewürzen und subtilem, toastwürzigem Eichenholz. Im Mund kommen bei diesem anmutigen, verfeinerten, geschmeidig texturierten, üppigen Wein von mittlerem Körper Tabaknoten zum Vorschein. Trinken Sie ihn in den nächsten 5–6 Jahren. Der in einem ähnlichen Stil gehaltene *1995er Barbaresco Gaiun Martinenga* zeigt mehr Tannin und eine stärker strukturierte Persönlichkeit. Der *1995er Barbaresco Martinenga* besitzt die klarsten Umrisse, unbestreitbare Finesse und viel schön gezeichnete Schwarzkirschfrucht, durchsetzt mit Düften von neuem Eichenholz, Mineralien, Blumen und Gewürzen. Er ist ein attraktiv gemachter Barbaresco von mittlerem Körper, den man in den nächsten 5–6 Jahren trinken sollte.

GIACOMO GRIMALDI

1998	Barolo Le Coste	E	90+
1997	Barolo Le Coste	E	92
1996	Barolo Le Coste	E	87

Dieser Erzeuger, ein ehemaliger Carabiniere aus dem Dorf Barolo, dessen Debüt-Jahrgang der 1996er war, brachte 1996, 1997 und 1998 eindrucksvolle Weine hervor.

Der *1998er Barolo Le Coste*, der potenziell so gut, wenn nicht besser als der 1997er ist, zeigt eine dunkelgranatrote Farbe und ein klassisches Barolo-Bukett von geschmolzenem Teer, Rosenblättern, Kirschsirup, Tabak und Gewürzen. Tief texturiert und körperreich, mit süßen kirschähnlichen Geschmacksnuancen, die von Teeröl und Teer durchdrungen sind, und mit einem mäßig tanninhaltigen Abgang, lässt sich dieser intensive Wein alten Stils zwischen jetzt und 2018 gut trinken. Der *1997 Barolo Le Coste*, ein muskulöser Wein von dunkler Pflaumenfarbe, bietet klassische Aromen von geschmolzenem Teer, Rosenblättern, neuem Sattelleder, Rinderblut und Kirschwasser. Eindrucksvoll ausgestattet, mit mäßig hohem Tanningehalt, ist dieser kraftvolle, dickflüssige, saftige Wein ein maßgebender Barolo, der eine Kellerreifung von 2–3 Jahren braucht und sich 2 Jahrzehnte halten dürfte. Der *1996 Barolo Le Coste* schmeckte sehr eingeschränkt; leider hatte ich keine Möglichkeit, eine zweite Probe zu verkosten. Bestimmt hat er viele positive Qualitäten. Dieser klassische Barolo alten Stils entfaltet Aromen von geschmolzenem Teer, Rosenblättern und Petroleum. Er lässt sich zwar schwer einschätzen, ist aber körperreich und zumindest ausgezeichnet. Ich freue mich darauf, ihn nochmals zu probieren. Er scheint ein Wein zu sein, der 10–12 Jahre altern wird.

ICARDI

1999	Barbera d'Alba Surì di Mù	D	92
1998	Barbera d'Alba Surì di Mù	D	89
1999	Barbera d'Asti Tabarin	D	89
1996	Barolo	D	87
1995	Barolo	D	86
1998	Barolo Parej	E	(90–92)
1997	Barolo Parej	E	92
1998	Langhe Nebbiolo Suris Jvan	D	88
1999	Monferrato Rosso Bricco del Sole	D	88

Dies ist ein beeindruckender Erzeuger modernen Stils, der bisweilen erstklassige Arbeit leistet, wie diese Weine beweisen.

Leser, die nach einem überwältigenden Tropfen suchen, sollten den *1999er Barbera d'Alba Surì di Mù* versuchen. Ein Jahr lang im Barrique ausgebaut, ist diese Cuvée, von der 3 000 Kisten erzeugt wurden, reines Dynamit. Undurchdringlich purpurrot und körperreich, mit einem hinreißenden Duft von Erdbeer-, Kirsch- und Brombeermarmelade, deren Aromen mit Holzkohle, Grafit und neuem Eichenholz vermischt sind, ist sie eine saftige, hedonistische Barbera-Fruchtbombe, die man in den nächsten 3–4 Jahren trinken sollte. Der *1999er Barbera d'Asti Tabarin* ist ebenfalls ein fantastischer Tropfen. Explosive Aromen von Rauch, Kirschfrucht und Erdbeeren springen bei diesem mittelrubinroten Wein förmlich aus dem Glas. Reichhaltig und fleischig, mit Frucht im Überfluss, ist er ein verführerischer Barbera, den man im Laufe der nächsten 5–6 Jahre trinken kann. Zurückhaltender ist der *1999er Monferrato Rosso Bricco del Sole*, ein Verschnitt von Barbera, Nebbiolo und Cabernet Sauvignon, der 15 Monate in neuen französischen Eichenfässern ausgebaut wurde; er verrät einen internationaleren Stil, hauptsächlich deshalb, weil das Eichenholz deutlicher wahrzunehmen ist. Er ist ein sehr guter Wein und enthüllt weniger Typizität und Charakter als der billigere Barbera d'Alba Surì di Mù. Er dürfte mühelos 10 Jahre lang reifen.

Der klassischere *1998er Langhe Nebbiolo Suris Jvan* zeigt in seinem mäßig intensiven Duft die sortentypischen Aromen von schwarzem Tee, Tabak, Rosenblättern und Teer. Man entdeckt darin hübsche Reife, eine geschmeidige Textur und einen reichhaltigen, runden Abgang. Bei einer Blindprobe könnte man ihn leicht für einen Barolo, wenn nicht sogar für einen Barbaresco halten. Trinken Sie ihn in den nächsten 5–6 Jahren. Der *1998er Barbera d'Alba Surì di Mù* ist besser ausbalanciert, von dunkelrubinroter Farbe und mit einem köstlichen Duft von Schwarzkirsch- und Erdbeermarmelade, reifen, geschmeidigen Geschmacksnuancen, mittlerem bis vollem Körper und genug Säure für klare Umrisse und Ausgewogenheit. Er dürfte sich 4–5 Jahre gut trinken lassen. Die Barolos im modernen Stil sind früh entwickelt und fruchtbetont. Der *1998er Barolo Parej*, ein Geheimtipp des Jahrgangs, besitzt eine undurchdringliche Purpurfarbe und einen süßen Duft von Schwarzkirsch- und Kirschlikör, verwoben mit Aromen von Barrique, Rauch und Grafit. Dicht, muskulös und reichhaltig, mit fantastischer Reife und Opulenz sowie einem vielschichtigen, mäßig tanninhaltigen Abgang, wird er zwischen 2006 und 2018 seine beste Qualität haben.

Ein Geheimtipp eines anderen Jahrgangs, der explosive, körperreiche, exotische *1997er Barolo Parej* ist von dichter purpurroter Farbe und bietet ein Bukett von dicklichen Schwarzkirschen und Kirschen mit Noten von toastwürzigem neuem Eichenholz (deutlich aus der modernen Schule der piemontesischen Weinbereitung). Man findet darin fantastische Dichte, Reintönigkeit und Symmetrie sowie einen öligen, langen Abgang mit Unmengen von süßem Tannin und Glyzerin. Trinken Sie diese Nebbiolo-Fruchtbombe im Laufe der nächsten 15 Jahre.

Der *1996er Barolo* zeigt einen mehr an Brombeerstrauch und Himbeeren erinnernden, zinfandelähnlichen Charakter, mit Pfeffer und getrockneten Kräutern im Hintergrund. Man entdeckt darin ausgezeichneten Extrakt, mittleren bis vollen Körper und mäßiges Tannin. Der ein wenig strenge, adstringierende Abgang deutet darauf hin, dass eine Kellerreifung von 1–2 Jahren günstig sein wird. Er dürfte sich 10 Jahre halten.

Der *1995er Barolo* besitzt eine dunkle Pflaumenfarbe, viel Glyzerin, eine reichhaltige, frühreife, fleischige Anziehungskraft, geringe Säure und eine Mischung von Tabak, Gewürzen, getrockneten Kräutern und dicklicher Kirschfrucht. Trinken Sie diesen Wein von mittlerem Körper in den nächsten 2–3 Jahren.

INSIEME

1998	**Alessandria**	**E**	**92**
1997	**Alessandria**	**E**	**92**
1998	**Altare**	**E**	**94**
1997	**Altare**	**E**	**96**
1997	**Corino**	**E**	**92**
1997	**Grasso**	**E**	**90**
1997	**Molino**	**E**	**89**
1998	**Revello**	**E**	**93**
1997	**Revello**	**E**	**91**
1998	**Veglio**	**E**	**92**
1997	**Veglio**	**E**	**94**

Diese Vereinigung, die von Elio Altare ins Leben gerufen wurde, um für die Restaurierung von historischen Bauwerken im Piemont Spenden aufzubringen, wurde von den unten aufgeführten Erzeugern aus La Morra gegründet. 15% des Gewinns fließen diesem Zweck zu. Alle Weine reifen in Barriques, die von 10% neuen Eichenfässern bei Revello bis zu 100% neuen Eichenfässern bei Grasso und Veglio reichen. Altare und Corino verwenden 80% neue Eichenfässer, Molino 60%. Verschnitten wird wie folgt: bei Grasso 44% Nebbiolo, 16% Barbera, 20% Cabernet Sauvignon und 20% Merlot; bei Molino 40% Nebbiolo, 20% Barbera, 20% Cabernet Sauvignon und 20% Merlot; bei Corino 50% Nebbiolo und 50% Barbera mit einem Hauch von Cabernet Sauvignon und Merlot; bei Alessandria 40% Nebbiolo, 20% Barbera und 40% Cabernet Sauvignon; bei Revello 40% Nebbiolo, 30% Barbera und 30%

Cabernet Sauvignon; bei Veglio 40% Nebbiolo, 30% Barbera und 30% Cabernet Sauvignon und bei Altare 50% Nebbiolo, 20% Nebbiolo und 20% Barbera (was nur 90% ergibt). Diese Weine werden alle unfiltriert abgefüllt; es gibt dabei vom Insieme eines jeden Erzeugers ungefähr 3000 Flaschen. Wie die Bewertung andeutet, sind das alles prächtige Weine mit viel Duft und Intensität. Angesichts der winzigen verfügbaren Mengen habe ich nur für die 1998er kurze Verkostungsnotizen erstellt, aber Leser, die das Glück haben, beide Jahrgänge ausfindig zu machen, sollten nicht zögern, sie zu kaufen. Sie bieten hohe Qualität für einen realistischen Preis.

Der *1998er Veglio-Insieme* ist ein spektakulärer Wein, der Noten von roten und schwarzen Früchten, Vanille, Rauch und Tabak bietet. Er ist in einem körperreichen, opulenten Stil bereitet und sollte im Laufe der nächsten 7–8 Jahre getrunken werden, obwohl ich vermute, dass er sich länger hält. Der *1998er Revello-Insieme* ist ein duftiger, verschwenderisch reichhaltiger, exotischer, konzentrierter Wein, den man am besten in seinen ersten 7–8 Lebensjahren trinken sollte. Der komplexe *1998er Altare-Insieme* ist wirklich großartig. Er ist ein im modernen Stil bereiteter piemontesischer Wein mit Barrique-Einfluss. Noten von Tabak, Lakritze, Schwarzkirschen, Johannisbeeren, Gewürzen und Zedernholz sind ebenso wahrzunehmen wie Schwarzkirschmarmelade und Cassis. Der Wein besitzt eine ölige Textur, mächtigen Körper und prächtige Frucht, Süße und Länge. Er sollte sich ein Jahrzehnt lang gut trinken lassen, aber wer wird die Selbstdisziplin aufbringen, so lange zu warten? Der *1998er Alessandria-Insieme* ist ein fabelhafter, äußerst körperreicher Wein, der Aromen und Geschmacksnuancen von Schwarzkirschen, Cassis, Zedernholz, Leder und Vanille präsentiert. Er ist dick- und zähflüssig, kernig, nahtlos und herrlich harmonisch und wird 7–8 Jahre lang gut zu trinken sein.

LA LICENZIANA

1998	**Barbaresco**	**D**	**85**
1998	**Barbaresco Licenziana**	**D**	**87**

Dies sind geradlinige Weine, wobei der pflaumen-granatfarbene *1998er Barbaresco* maßvolle Mengen an Frucht von Kirschen, Tabak und Kräutern, gute Würzigkeit sowie einen geringen bis mäßigen Tanningehalt zeigt. Trinken Sie diesen leicht zugänglichen Barbaresco in den nächsten 2–3 Jahren. Konzentrierter und tiefer ist der *1998er Barbaresco Licenziana.* Er bietet im Duft und im Geschmack ausgezeichnete Tabak-, Beeren-, Kirsch-, Gewürz- und Lakritzearomen, mittleren Körper, gute Frucht, süßes Tannin und bewundernswerte Struktur. Er dürfte sich 3–4 Jahre lang gut entwickeln.

GIOVANNI MANZONE

1998	**Barolo Le Gramolere**	**D**	**86**
1997	**Barolo Le Gramolere**	**D**	**87**
1996	**Barolo Le Gramolere**	**D**	**88**
1995	**Barolo Le Gramolere**	**D**	**91**
1998	**Barolo Bricat Gramolere**	**D**	**86**
1997	**Barolo Bricat Gramolere**	**D**	**87**
1996	**Barolo Bricat Gramolere**	**D**	**86**
1995	**Barolo Bricat Gramolere**	**D**	**89+**
1997	**Barolo Santo Stefano di Perno**	**D**	**88**
1996	**Barolo Santo Stefano di Perno**	**D**	**87**
1995	**Barolo Santo Stefano di Perno**	**D**	**90**
1997	**Langhe Rosso Tris**	**D**	**88**

Manzone, dessen Kellerei sich in dem Dorf Monforte befindet, besitzt einige der am höchsten gelegenen Weinberge dieser Gegend. Deshalb haben die Weine, die er erzeugt, zumeist Merkmale, die auf ein kühles Klima hinweisen. Sie sind in einem ziemlich krautigen Stil bereitet, eher mit Aromen von roten als von schwarzen Früchten, einer recht hohen Säure und einer gewissen Magerkeit. Leser, die einen solchen Stil gegenüber fleischigeren, opulenten, kraftvollen Weinen bevorzugen, werden diese Weine höher bewerten. Dieser Erzeuger ist Anhänger einer quasi-modernen Schule der Weinbereitung. Er verwendet offene Gärbehälter und vertraut auf regelmäßiges Umpumpen des Mostes; für den Ausbau setzt er für 20% der Menge neue Eichenfässer ein, während der restliche Wein vor der Flaschenabfüllung, die ohne Filtration vorgenommen wird, in großen Fässern reift. Die 1995er sind erfolgreich und möglicherweise ebenso gut wie die Weine, die Manzone 1996 und 1997 erzeugte. Die 1998er jedoch hinterlassen bei mir den Wunsch nach mehr Gehalt, denn sie sind zumeist mager, krautig und kurz.

Die Strenge und der hohe Tanningehalt des trockenen, dünnen *1998er Barolo Le Gramolere* sind ein gutes Beispiel für diesen Fehler, auch wenn der Wein attraktive Kirsch-, Erdbeer- und mineralische Noten besitzt. Dasselbe lässt sich vom *1998er Barolo Bricat Gramolere* sagen, einem delikaten Wein im burgundischen Stil, bei dem sich die süße Kirschfrucht mit Erde, nassen Steinen und Blüten vermischt. Diese beiden Weine müssen in den nächsten 5–6 Jahren getrunken werden.

Manzone erzeugte potenziell herausragende 1997er. Sie zeigen die Ausgewogenheit und die samtige Textur des Jahrgangs und eine breite, offen gewirkte Reichhaltigkeit, die den mäßig hohen Tanningehalt überdeckt. Der *1997er Barolo Le Gramolere* hat eine mittelrubinrote Farbe mit rosa Tönen am Rand. Er ist ein eleganter, in einem leichteren Stil gehaltener Wein mit würzigen, tabak- und kräuterartigen Noten, die sich mit Preiselbeeren, Kirschen und roten Johannisbeeren mischen. Trinken sollte man diesen lebendigen Wein mit besserer Säure, als sie die meisten 1997er haben, in seinen ersten 10 Lebensjahren. Der sehnigere, intellektuelle *1997er Barolo Bricat Gramolere* ist weniger hedonistisch als die meisten seiner Altersgenossen. Von mittlerem Körper und schmackhaft, mit Anklängen an Kirschen, Kaffee und Kräuter, ist er in einem strengen, beherrschten Stil bereitet. Trinken Sie ihn in den nächsten 8 Jahren.

Der *1997er Barolo Santo Stefano di Perno*, aus dem gleichen Holz geschnitzt, aber ein wenig reichhaltiger, kommt von einer Lage an den unteren Hängen, wo mehr Sonneneinstrahlung zu reiferer Frucht führt. Er bietet im Duft und im Geschmack Aromen von Teer, Rosenwasser, Mineralien und Kirschlikör. Von mittlerem Körper, reintönig, stilvoll und elegant, wird er bis 2015 trinkbar sein. Manzone hat auch einen interessanten Verschnitt von gleichen Anteilen Dolcetto, Barbera und Nebbiolo herausgebracht, der Langhe Rosso Tris heißt.

Der *1997er Langhe Rosso Tris* ist ein aufregender, runder dunkelrubinroter Wein mit reichlicher Frucht, aber nicht mit der Fülle oder der Explosivität seines Dolcetto. Er ist ein eleganterer, zurückhaltenderer Tropfen, den man in den nächsten 2–3 Jahren trinken sollte.

Manzones 1996er waren tanninstrenge Weine, die möglicherweise gerade eine störrische Phase ihrer Entwicklung durchliefen. Der rubin-purpurrote *1996er Barolo Santo Stefano di Perno* zeigt einen faszinierenden Duft von Lakritze, Kirschlikör, Eichenholz und Erde. Eingangs entdeckt man süße Frucht, aber Tannin und Struktur nehmen überhand und komprimieren die Mitte und den Abgang. Dieser Barolo hat das Potenzial für eine hervorragende Einstufung – wenn sich das Tannin besser einfügt. Ich bin gespannt darauf, ihn nach der Abfüllung nochmals zu probieren. Voraussichtliche Genussreife: 2004–2015. Der *1996er Barolo Le Gramolere* ist ein dunkelrubinroter Wein, der erdig und strukturiert ist und mittleren bis vollen Körper besitzt, mit viel Muskelkraft und Intensität. Er zeigt einen an Kräuter, Tabak, Rauch und getrocknete Früchte erinnernden Duft und einen traditionellen, adstringierenden Abgang im alten Stil. Dieser Wein könnte sich als Klassiker herausstellen, aber er könnte auch leicht rustikal und tanninhaltig sein. Die Zeit wird es zeigen. Voraussichtliche Genussreife: 2005–2016. Noch tanninreicher ist der *1996er Barolo Bricat Gramolere*. Dieser wenig entwickelte Barolo, ein eindrucksvolles, kraftvolles Beispiel mit Noten von Kirsch-Hustensirup, die mit getrockneten Kräutern, Röstgerüchen und einem Hauch von Teer und

Erde verwoben sind, benötigt eine Kellerreifung von 5–6 Jahren. Voraussichtliche Genussreife: 2006–2015.

Der *1995er Barolo Santo Stefano di Perno* zeigt eine trügerisch helle mittelrubinrote Farbe sowie umwerfende Aromen von süßer Beerenfrucht, die sich mit Gewürzen, blumigen Düften und feinem Toastbrot vermischen. Süß, reichhaltig und fruchtbetont, mit einer geschmeidigen, üppigen Textur, mittlerem bis vollem Körper und herrlicher Ausgewogenheit, kann man diesen Wein jetzt oder im Laufe der nächsten 10 Jahre trinken. Der *1995er Barolo Le Gramolere* offenbart einen durch kandierte schwarze Johannisbeeren geprägten Charakter und am Gaumen dunkle Himbeer- und Kirschfrucht. Die prächtigen Aromen und die seidige Textur erinnern an einen in einem opulenten Stil gehaltenen burgundischen roten Grand Cru der Spitzenklasse. Er ist köstlich und aufgeschlossen und bietet in den nächsten 10 Jahren idealen Trinkgenuss. Der *1995er Barolo Bricat Gramolere*, der von Manzones mit Nebbiolo bestockter Parzelle am Gipfel dieser Hanglage stammt, ist stärker strukturiert und weniger entwickelt und besitzt auch nicht die ausdrucksvollen Merkmale der anderen Cuvées. Voraussichtliche Genussreife: jetzt–2014.

MARCARINI

1997	**Barolo Brunate**	**E**	**89**
1996	**Barolo Brunate**	**E**	**89+**
1998	**Barbera Ciabot**	**D**	**86**
1997	**Barolo La Serra**	**E**	**88**
1996	**Barolo La Serra**	**E**	**90**
1999	**Dolcetto d'Alba Boschi di Berri**	**C**	**89**

Der berühmte *1999er Dolcetto d'Alba Boschi di Berri*, der von 150 Jahre alten, vor der Reblausinvasion angepflanzten Reben stammt (die angeblich die ältesten in Italien bestehenden Anpflanzungen der Dolcetto-Rebe sind), besitzt eine undurchdringlich purpurrote Farbe sowie dicke, saftige Beerenfrucht, Mandelextrakt und Unterholzaromen. Dieser reichhaltige, aber nicht komplexe Dolcetto, der den Mund füllt und den Gaumen überzieht, kann jetzt getrunken oder für 5+ Jahre eingekellert werden.

Der dunkelrubin-purpurrote *1998er Barbera Ciabot* zeigt eine rauere Kante sowie einen ausgezeichneten Auftakt, schroffe Säure und gute reife, Frucht. In einem rustikaleren Stil bereitet, lässt er sich 4–5 Jahre lang gut trinken.

Der 1997er Barolo La Serra und der 1997er Barolo Brunate sind beide im Augenblick verschlossen, so dass sie möglicherweise am Ende eine noch höhere Bewertung verdienen. Der *1997er Barolo La Serra* zeigt eine dunkelrubinrote Farbe sowie das für Barolo typische Bukett von Rosenblättern, Schwarzkirschen und Balsaholz mit Unterholz- und Tabaknoten. Man findet darin gute Reife, mittleren bis vollen Körper, mäßig hohen Tanningehalt und einen festen, aber im traditionellen Stil gehaltenen Abgang ohne Hinweise auf neues Eichenholz. Voraussichtliche Genussreife: 2004–2014. Süßer und eleganter wie auch potenziell komplexer ist der dunkelrubinrote *1997er Barolo Brunate*, der Aromen von Zigarrenkistennoten und Kirschmarmelade sowie einen süßen Auftakt mit Noten von Mineralien, feinwürzigem Holz, festem Tannin und mittlerem bis vollem Körper enthüllt. Voraussichtliche Genussreife: 2004–2015.

Das Erste, was mir in den Sinn kam, als ich an dem *1996er Barolo La Serra* roch, waren in Branntwein eingelegte Kirschen. Die mittelrubinrote Farbe des Weins ist trügerisch im Hinblick auf seine Konzentration. Dieser auffällige Wein bietet reiche Mengen an Schwarzkirschfrucht, vermischt mit hochgradigen, konzentrierten Gewürznoten, mittlerem bis vollem Körper, sehr guter Opulenz und einem langen, üppigen, kraftvollen Abgang, der zweifellos mehr Tannin verbirgt, als er zeigt. Er dürfte 10–12 Jahre lang gut zu trinken sein.

Der *1996er Barolo Brunate* hingegen offenbart eine sattere dunkelrubinrote Farbe sowie ein komplexes Bukett von getrockneten Kräutern, Rauch, Mineralien und schwarzen Früchten. Dicht, kernig und kräftig, erfordert dieser wuchtige, trotzdem verhalten entwickelte 1996er Disziplin. Voraussichtliche Genussreife: 2004–2018.

ALDO MARENCO

1999	**Barbera Pirona**	**D**	**85**
1999	**Barbera Pirona Barrique**	**D**	**87**
1999	**Dolcetto di Dogliani Bric**	**C**	**86**
1999	**Dolcetto di Dogliani Parlapà**	**C**	**89**
1999	**Dolcetto di Dogliani Surì**	**C**	**88**

Der geradlinige, nicht im Holzfass ausgebaute *1999er Barbera Pirona* zeigt eine mittel- bis dunkelrubinrote Farbe und gute Würzigkeit, aber vor allem ist er robust und monolithisch. In den nächsten 1–2 Jahren bietet er unbekümmerten Zechgenuss. Neues Eichenholz funktioniert bei Barbera gut. Der *1999er Barbera Pirona Barrique* offenbart mehr Charakter in seinem Bukett, das nach süßen Schwarzkirschen, Erde, Lakritze und Toastbrot duftet. Man entdeckt auch eine tiefere, sattere rubin-purpurrote Farbe, mittleren Körper und einen weichen Abgang. Genießen Sie ihn in den nächsten 1–2 Jahren. Der ehrliche *1999er Dolcetto di Dogliani Bric* ist von mittlerem Körper und bietet zusammen mit guter Reife und Reintönigkeit weiche Geschmacksnuancen von Mokka, Schokolade und Beerenfrüchten. Trinken Sie ihn in den nächsten 12–18 Monaten. Reichhaltiger, süßer und offensichtlich von niedrigeren Erträgen und/oder älteren Reben erzeugt, besitzt der *1999er Dolcetto di Dogliani Surì* die reichliche, dickliche Beerenfrucht der Dolcetto-Traube, vermischt mit Mokka und Kaffee. Er ist gut gemacht, mit süßer Frucht, ausgezeichneter Länge und einer saftigen, hedonistischen Persönlichkeit und sollte in den nächsten 1–2 Jahren getrunken werden. Der von den ältesten Reben des Guts erzeugte *1999er Dolcetto di Dogliani Parlapà* schließlich wirft Schwindel erregende 14% Alkohol in die Waagschale, was aber vom Glyzerin, der Frucht und dem rauchigen, beerigen, fleischigen Charakter gut überdeckt wird. Trinken Sie ihn in den nächsten 2 Jahren.

MARIO MARENGO

1998	**Barolo Brunate**	**E**	**(87–89)**
1997	**Barolo Bricco delle Viole**	**E**	**88**
1997	**Barolo Brunate**	**E**	**89**
1996	**Barolo Brunate**	**E**	**91**
1995	**Barolo Brunate**	**E**	**91**

Dieser Erzeuger aus La Morra verwendet offene Gärbehälter – im Gegensatz zu den rotierenden, die bei vielen piemontesischen Weinmachern neueren Stils so beliebt sind – und benutzt für den Ausbau seiner Barolos etwa 25% neue Eichenfässer.

Ein faszinierendes Bukett von Piment, Zimt und Gewürznelken, verwoben mit Kirsch-Hustensirup und Rauch, charakterisiert den komplexen und trotzdem zurückhaltenden *1998er Barolo Brunate* von mittlerem Körper. Trinken Sie ihn in den nächsten 10 Jahren.

1997 erzeugte Marengo zwei Barolos. Der ausgezeichnete, weiche, üppige, exotische *1997er Barolo Bricco delle Viole* zeigt den charakteristischen Erdbeerlikör, vermischt mit rauchigem Eichenholz, grasigem Tabak und getrockneten Kräutern. Offen, saftig, von mittlerem bis vollem Körper, ohne viel Struktur, dürfte sich dieser Wein jung gut trinken lassen und 10 Jahre lang halten. Der *1997er Barolo Brunate*, ein eleganter Tropfen im Burgunderstil, ist ein würziger, nach Schwarzkirschen und Blüten duftender Wein von mittlerem bis vollem Körper, mit viel Reintönigkeit, mäßigem Tannin und Struktur und einem mittelschweren Charakter, der weniger demonstrativ als bei vielen seiner Altersgenossen ist. Der subtile Abgang enthüllt gut integrierte Tannine, Säure und Alkohol. Man kann ihn jetzt genießen oder für 15+ Jahre in den Keller legen. Aus der Flasche getrunken, ist er etwas weniger beeindruckend als bei der Verkostung aus dem Barrique.

Der samtig texturierte *1996er Barolo Brunate* bietet ein Bukett wie aus dem Lehrbuch: Düfte von Rosenblättern, Kirschlikör und Tabakblättern. Geschmolzener Teer taucht ebenfalls auf, wenn man das Glas schwenkt. Am Gaumen entdeckt man herrliche Mengen von Schwarzkirsch- und Trüffelaromen. Dieser sensationelle Barolo, der dicht und körperreich ist, mit hohem, aber nicht übermäßigem Alkoholgehalt (14%), besitzt unter den Schichten von reichhaltiger, kerniger, vom Glyzerin durchdrungener Frucht nicht übermäßig viel Tannin. Voraussichtliche Genussreife: jetzt–2016.

Der *1995er Barolo Brunate* ist für den Jahrgang eine Schönheit. Er ist ein Wein voller Zartheit, sinnlicher, seidiger Frucht, von mittlerem bis vollem Körper und mit angenehmen Kirsch-, Erdbeer- und Tabakaromen im Geschmack sowie toastwürzigen, rauchigen Noten in einem subtilen Abgang. Dieser reichhaltige, fleischige Tropfen lässt sich ein Jahrzehnt lang gut trinken.

GIAN PIERO MARRONE

1997	**Barolo**	**D**	**87**

Dem tiefrubinroten *1997er Barolo,* einem modernen, im internationalen Stil bereiteten Wein, mangelt es an Typizität, aber er ist ein körperreicher, kräftiger, vollmundiger, köstlicher Rotwein. Voraussichtliche Genussreife: jetzt–2010.

FRANCO M. MARTINETTI

1997	**Montruc**	**D**	**91**
1997	**Sul Bric**	**D**	**89**

Ein fantastisches Beispiel für einen Barbera ist der *1997er Montruc* (775 Kisten). Der Ausbau in neuen französischen Eichenfässern verleiht diesem Wein zunächst einen internationalen Stil, aber an der Luft steigen von seinem dunklen Pflaumenton süße Kirschlikör- und Gewürznoten auf. Für einen Barbera sinnlich texturiert, demonstriert dieser fette, reife, körperreiche 1997er, wie erregend Weine aus diesem Jahrgang sein können. Er ist voller Frucht, am Gaumen explosiv und vermittelt eine hedonistische Erfahrung des Weintrinkens. Genießen Sie ihn in den nächsten 4–5 Jahren. Der elegante *1997er Sul Bric* (ein Verschnitt von gleichen Teilen Barbera und Cabernet Sauvignon, ein Jahr lang in französischen Eichenfässern ausgebaut) besitzt nicht die Kraft und Explosivität des Montruc. Er zeigt Schwarze-Johannisbeer-Frucht, die mit toastwürzigem neuem Eichenholz, Bleistift und getrockneten Kräutern verbunden ist. Im Mund entdeckt man ausgezeichnete Dichte, Reintönigkeit und Gesamtausgewogenheit. Zwar ist das Tannin im Abgang spürbar, aber der Wein ist fett und süß. Trinken Sie ihn in den nächsten 8 Jahren.

BARTOLO MASCARELLO

1998	**Barolo**	**E**	**(90–93)**
1997	**Barolo**	**E**	**94**
1996	**Barolo**	**E**	**(87–88+)**
1995	**Barolo**	**E**	**86**

Bartolo Mascarello, unter den Erzeugern im traditionellen Stil einer meiner Favoriten und der Inbegriff eines Traditionalisten, scheint 1995 und 1996 weniger erfolgreich gewesen zu sein als einige seiner Konkurrenten, aber seine 1997er und 1998er sind erstklassig.

Der *1998er Barolo* zeigt einen zunächst wenig beeindruckenden Pflaumen-Granat-Rubin-Ton. Die Aromen entladen sich im Glas und bieten Düfte von chinesischem Schwarztee, Lakritze, Schwarzkirschen, Teer und Trüffeln. Im Mund ist er süß, fleischig, kräftig und berauschend, mit vorzüglicher Reintönigkeit und Symmetrie. Die Aromen und Geschmacksnuancen dieses Weins werden die Leser davon überzeugen, dass Nebbiolo der Pinot Noir Italiens ist. Er wird nach der Flaschenabfüllung zweifellos straffer werden, in 2–3 Jahren aber wieder auftauchen und fast 2 Jahrzehnte lang gut altern.

Den *1997er Barolo* unterschätzte ich bei der Fassprobe, aber nachdem er sich nun in der Flasche befindet, ist er ein eindrucksvoller, im alten Stil bereiteter, schwergewichtiger Wein, der 3 Jahrzehnte altern wird. Ein dunkles Pflaumen-Granat-Rot geht einher mit einem auffälligen Bukett von Zimt, Balsaholz, Rosen, Teer, Mineralien und Kirschlikör. Für einen Wein dieses Jahrgangs hat er eine gute Säure und zeigt einen breiten, körperreichen, überaus konzentrierten Eindruck am Gaumen und sortentypische Noten von Trüffeln, Leder und getrockneten Kräutern. Kraftvoll und lang, aber nicht so exotisch wie viele 1997er, ist dieser gut gezeichnete, herrlich reintönige, strukturierte Barolo ein Klassiker aus der alten Schule der piemontesischen Weinbereitung. Voraussichtliche Genussreife: 2005–2030.

Der *1996er Barolo*, der sich relativ wenig entwickelt und tanninbetont zeigt, offenbart überraschend hohe Säure. Er war verschlossen und rau texturiert, als ich ihn erlebte, mit Noten von Sauerkirschen, getrockneten Nüssen und Kirschwasser. Der Wein entfaltete sich nicht im Glas und blieb streng und komprimiert. Voraussichtliche Genussreife: jetzt–2014.

Der *1995er Barolo* zeigt eine mäßig intensive preiselbeerrote Farbe mit einem rosaroten Rand, der in Bernsteintöne übergeht. Er ist von leichtem bis mittlerem Körper, mit faszinierenden Gewürzaromen, die sich mit Erdbeer- und Kirschfrucht mischen. Mäßiges Tannin im Abgang deutet darauf hin, dass dieser Wein eine begrenzte Lebensdauer von 7–10 Jahren hat. Er ist ein leichter Wein, sogar angesichts des Jahrgangs.

GIUSEPPE MASCARELLO & FIGLIO

1998	**Barolo Monprivato**	**E**	**(89–91)**
1997	**Barolo Monprivato**	**E**	**92**
1996	**Barolo Monprivato**	**E**	**(87–89)**
1995	**Barolo Monprivato**	**E**	**87**

Mascarellos Barolos zählen beständig zu den herausragenden Weinen im Piemont, insbesondere in Spitzenjahrgängen. Der *1998er Barolo Monprivato*, ein seidiger, körperreicher, opulenter Wein, offenbart gute Intensität und ein fleischiges, offenes Bukett von Lakritze, Tabak und Süßkirschen, vermengt mit Teer und Rosenblättern. Ein klassischer Nebbiolo. Diesen überraschend weichen, seidig texturierten Barolo kann man trinken oder 15 Jahre lang einkellern. Der 1998er ist zwar nicht so exotisch und explosiv wie der 1997er, aber immer noch Spitzenklasse.

Der *1997er Barolo Monprivato* zeigt eine dichte rubin-granatrote Farbe und ein süßes Bukett von Zedernholz, schwarzen Früchten, Erde, Teer und Rosenblättern. Auf diesen explosiven Duft folgt ein reichhaltiger, nahtloser, körperreicher, ölig texturierter Wein. Der 1997er, einer der frühreifsten und zugänglichsten Monprivatos, die ich je verkostet habe, ist der beste Wein seit dem glorreichen 1990er. Voraussichtliche Genussreife: jetzt–2015.

Der *1996er Barolo Monprivato* ist stärker strukturiert und muskulöser, aber nicht so konzentriert oder kraftvoll, wie ich angesichts der Erfolgsbilanz dieses Erzeugers erwartet hatte. Er bietet einen dunklen Pflaumenton mit Bernsteinnuancen am Rand. Die rauchigen Komponenten von getrockneten Kräutern, Zedernholz und Tabakblättern konkurrieren mit Kirschen, Leder und Lakritze. Von mittlerem bis vollem Körper, mit einem weichen Auftakt und mäßigem Tannin im Abgang, ist er ein sehr guter bis ausgezeichneter Barolo, der beinahe hervorragend ist. Voraussichtliche Genussreife: jetzt–2012.

Dieser traditionelle Erzeuger hat einen *1995er Barolo Monprivato* mit erdiger, staubiger Schwarzkirschfrucht und Trüffel- und Lakritzenoten herausgebracht. Der Wein von mittlerem bis vollem Körper, mit guter Reife, ausgezeichneter Reintönigkeit und einem gut extrahierten, rustikalen, großzügigen Stil ist schon zugänglich, verspricht aber trotzdem, dass er sich 10 Jahre lang hält.

MOCCAGATTA

1998	**Barbaresco Bric Balin**	**D**	**89**
1997	**Barbaresco Bric Balin**	**D**	**90**

1996	**Barbaresco Bric Balin**	**D**	**90**
1998	**Barbaresco Vigneto Basarin**	**D**	**84?**
1997	**Barbaresco Vigneto Basarin**	**D**	**90**
1996	**Barbaresco Vigneto Basarin**	**D**	**89**
1998	**Barbaresco Vigneto Cole**	**D**	**90+**
1997	**Barbaresco Vigneto Cole**	**D**	**90**
1996	**Barbaresco Vigneto Cole**	**D**	**90+**
1998	**Barbera d'Alba Vigneto Basarin**	**C**	**90**

Der dickflüssige, saftige *1998er Barbera d'Alba Vigneto Basarin* ist von undurchdringlicher purpurroter Farbe und verströmt Schwarzkirschfrucht, die mit Zedernholz, Erdbeeren und toastwürzigem Holz verbunden ist. Er zeigt eine geschmeidige Textur, einen enormen Eindruck am Gaumen und einen langen, üppigen Abgang. Genießen Sie ihn in den nächsten 2–3 Jahren.

Der *1998er Barbaresco Vigneto Basarin* ist ein eleganter, in einem leichteren Stil gehaltener Wein, in dessen mittelrubinroter Farbe man am Rand schon Bernsteintöne wahrnehmen kann. Düfte von Tabak sowie reifer Erdbeer- und Kirschfrucht sind vorhanden, aber der Abgang ist dünn und mager, ohne die Tiefe oder den Körper, die man bei einem Spitzen-Barbaresco erwartet. Der aromatisch fesselnde *1998er Barbaresco Bric Balin* bietet Aromen von neuem Sattelleder, die mit Tabak, Zedernholz, Schwarzkirschlikör und Rauch vermischt sind. Seine dunkelrubinrote Farbe enthüllt ebenfalls ein paar Bernsteintöne am Rand. Von mittlerem Körper, weich und gut ausbalanciert, sollte er im Laufe der nächsten 4–5 Jahre getrunken werden. Der mächtigste, am wenigsten entwickelte, konzentrierteste und komplexeste 1998er ist der *1998er Barbaresco Vigneto Cole.* Nach einer dichten dunkelgranatroten Farbe entdeckt man hoch elegante, duftige Aromen von Menthol, Leder, Gewürzen, Kirschen und Holz. Er ist dicht und reichhaltig, von mittlerem bis vollem Körper, mit mäßigem Tannin im langen Abgang, und hält sich ein Jahrzehnt oder noch länger.

Die 1997er sind einfach hervorragend. Zwar verdienen alle eine 90-Punkte-Bewertung, aber sie repräsentieren verschiedene Stile, wobei der Basarin der am stärksten entwickelte, der Balin der subtilste und der Cole der wuchtigste, am wenigsten entwickelte und exotischste Barbaresco ist. Alle haben ein Alterungspotenzial von 8–10 Jahren. Der köstliche *1997er Barbaresco Vigneto Basarin* ist der Aufgeschlossenste dieses Trios, mit einer tiefgranatroten Farbe und einem süßen Bukett von Schwarzkirschfrucht, Gewürzen, Lakritze, Rauch und Erde. Er ist körperreich, seidig texturiert und üppig, so dass man ihm kaum widerstehen kann. Weniger aromatisch, tanninreicher und fester strukturiert ist der *1997er Barbaresco Bric Balin.* Er zeigt eine tiefrubinrote Farbe, Mengen von Glyzerin, schwarzen Früchten, Kräutern, Zedernholz, Teer und würzigem Eichenholz, mittleren bis vollen Körper, eine wunderschön umrissene Art und feste Tannine im Abgang. Voraussichtliche Genussreife: jetzt–2013. Der dunkle Pflaumen-Granat-Ton des *1997er Barbaresco Vigneto Cole* enthüllt am Rand einige Bernsteinnuancen. Das Bukett bietet Gerüche von Pilzen, Soja, Rauchfleisch, dicklichen schwarzen Früchten, Wurzelgemüse und mehr Eichenholz als die anderen Cuvées. Komplex, saftig, üppig und körperreich, mit deutlichen Tanninen im Abgang, dürfte er sich 10–12 Jahre lang halten.

Die fantastischen 1996er sind zwar nicht mächtig, aber schön gewirkt, mit fruchtbetonter Persönlichkeit und beträchtlicher Komplexität. Der dunkelrubinrote *1996er Barbaresco Vigneto Basarin* bietet ein aufregendes Bukett von Brombeermarmelade, vermischt mit Gewürzen und Holz. Der Wein ist dicht und fett, mit reichlichem Glyzerin und einer hedonistischen, offenen Anmutung. Trinken Sie ihn in den nächsten 10 Jahren. Der sensationelle *1996er Barbaresco Bric Balin* zeigt eine satte rubinrote Farbe und ein aufreizendes Bukett von Schwarzkirschlikör, geschmolzenem Teer, Vanille und blumigen Düften. Körperreich, mit viel Glyzerin und Frucht, ist er ein den Mund auskleidender, reichhaltiger, überraschend seidig texturierter Barbaresco, den man im Laufe der nächsten 10–12 Jahre trinken sollte. Der *1996er Barbaresco Vigneto Cole* enthüllt in seinem rauchigen, toastwürzigen Bukett mehr Anzeichen von neuem Eichenholz. Man findet darin auch mehr Extrakt, Konzentration und Tannin sowie gute Reintönigkeit und einen 40-Sekunden-Abgang. Er ist körperreich und braucht eine Kellerreifung von 1–2 Jahren; halten dürfte er sich 12–15 Jahre.

MAURO MOLINO

1998	**Barolo**	**D**	**88**
1997	**Barolo**	**D**	**88**
1996	**Barolo**	**D**	**(84–86)**
1998	**Barolo Vigna Conca**	**E**	**(90–92+)**
1997	**Barolo Vigna Conca**	**E**	**91+**
1996	**Barolo Vigna Conca**	**E**	**92+**
1995	**Barolo Vigna Conca**	**E**	**90**
1998	**Barolo Vigna Gancia**	**E**	**(88–90)**
1997	**Barolo Vigna Gancia**	**E**	**89**
1996	**Barolo Vigna Gancia**	**E**	**92**
1995	**Barolo Vigna Gancia**	**E**	**87**

Molino erhöht das Qualitätsniveau seiner Barolos weiter, wobei seine 1998er so gut ausfallen wie seine 1997er. Die 1998er sind elegant und harmonisch, mit noch verlockenderen Aromen, die 1997er wirklich sehr gut.

Der dunkelrubinrote *1998er Barolo* präsentiert ein klassisches Bukett von Lakritze, Rosenblättern, Teer und süßer Schwarzkirschfrucht. Von mittlerem bis vollem Körper, delikat und geschmackvoll in einem vielschichtigen, harmonischen Stil, lässt er sich 5–6 Jahre gut trinken. Der undurchdringlich granatrote *1998er Barolo Vigna Gancia* ist in einem festeren Stil bereitet, mit vielen Nuancen sowie Muskelkraft, aber nicht mit der ausdrucksvollen Persönlichkeit, die seine beiden Brüder zeigen. Er besitzt ausgezeichnete bis hervorragende Tiefe, mittleren bis vollen Körper und mäßiges Tannin im Abgang. Lassen Sie ihn 1–2 Jahre im Keller reifen und genießen Sie ihn in den darauf folgenden 10–12 Jahren. Der superbe satt rubin-purpurrote *1998er Barolo Vigna Conca* mag nicht die Opulenz seines 1997er-Gegenstücks haben, aber er zeigt eindrucksvolle Ausgewogenheit, fantastische Reintönigkeit und duftige Noten von schwarzen Früchten, die sich mit Rauch, neuem Holz, Lakritze und Gewürzen mischen. Angesicht des mäßigen Tannins im Abgang würde ich ihn 1–2 Jahre lang einkellern und in den folgenden 10–15 Jahren trinken.

Der einfache *1997er Barolo* enthüllt am Rand seiner rubin-granatroten Farbe rosa Töne. Ein Duft von gerösteten Erdnüssen, getrockneten Kräutern der Provence, süßen Johannisbeeren und Kirschen erinnert mehr an einen erstklassigen Saint-Emilion als an einen Nebbiolo. Im Mund jedoch spiegeln die Opulenz, die Fleischigkeit und der weiche, aufgeschlossene Charakter des Weins den piemontesischen Stil dieses Jahrgangs wider. Genießen Sie ihn in den nächsten 4–5 Jahren. Der dunkelgranatrote *1997er Barolo Vigna Gancia*, der ein komplexeres Bukett bietet, offenbart Düfte von Balsaholz, Kräutern, Lakritze, Kirschlikör und Soja. Außerdem besitzt er festes Tannin, gute Dichte und Reife und eine reichhaltige, samtweiche und trotzdem klar umrissene Persönlichkeit von mittlerem bis vollem Körper. Lassen Sie ihn noch 1–2 Jahre im Keller reifen und trinken Sie ihn im Laufe der folgenden 10–12 Jahre. Der großartige *1997er Barolo Vigna Conca* ist der am wenigsten entwickelte, kräftigste und konzentrierteste Wein aus diesem Angebot. Die Farbe ist ein dunkles Granatrot; das Bukett bietet Aromen von Rauch, Fleisch, getrockneten Kräutern, schwarzen Früchten, Erde und Gewürzen. Er ist dicht, körperreich, konzentriert, kraftvoll und strukturiert. Seine beste Qualität hat er jetzt–2016.

1996 erzeugte Molino zusätzlich zu seinen beiden Cuvées aus Einzellagen noch einen einfachen Barolo. Dieser *1996er Barolo* ist ein gefälliger, ehrlicher, weicher Wein von mittelrubinroter Farbe, der in den nächsten 4–5 Jahren getrunken werden muss. Der superbe satt rubin-purpurrote *1996er Barolo Vigna Conca* dagegen ist ein mächtiger Wein mit reichlich Schwarzkirschfrucht, verbunden mit Lakritze, Rauch und würzigen Elementen. Körperreich und überaus konzentriert, mit großen Mengen von Glyzerin, ist er weich und sinnlich. Genießen Sie ihn jetzt und in den nächsten 10 Jahren. Der undurchdringlich dunkelrubin-purpurrote *1996er Barolo Vigna Gancia* bietet ein Bukett von *sur-maturité*. Dieser unentwickelte Wein besitzt kernige Pflaumen- und Kirschfrucht, großartige Extraktion, feine Reintönigkeit und einen körperreichen, mäßig tanninhaltigen, jugendlichen Abgang. Voraussichtliche Genussreife: jetzt–2016.

Der *1995er Barolo Vigna Gancia* ist attraktiv, entwickelt und offen gewirkt, von mittlerem Körper, mit feiner Reife und einer von Gewürzen und Kirschen dominierten Persönlichkeit. Er ist zwar kein Kraftprotz, aber elegant und weich, ein idealer Trinkgenuss in den nächsten 3–4 Jahren. Der reichhaltigere *1995er Barolo Vigna Conca* besitzt mehr Tiefe, als seine mittelrubinrote Farbe andeutet. Außerdem ist er reintönig, klar umrissen und in einem eleganten, sanften, appetitanregenden Stil gehalten, mit reichlich süßen roten Früchten, Zigarrenkistennoten, Gewürzen und einem Hauch von neuem Sattelleder. Er dürfte 7–8 Jahre lang gut zu trinken sein.

MONTI

1998	**Barbera d'Alba**	**C**	**89**
1997	**Barbera d'Alba**	**C**	**90+**

Diese zwei Barberas wurden von außergewöhnlich reifem Traubengut und mit niedrigen Erträgen erzeugt und in neuen französischen Eichenfässern ausgebaut. Leider gibt es nur 100 Kisten von dem schwelgerischen dunkelrubin-purpurroten *1998er Barbera d'Alba*. Dieser Wein bietet Aromen von exotischem, süßem neuem Eichenholz, vermischt mit dicklichen schwarzen Früchten, Kokosnüssen und getrockneten Kräutern. Körperreich und voll konzentrierter Frucht, mangelt es ihm an Komplexität, aber er sorgt mit seinem samtweichen Charakter für viel Trinkgenuss. Trinken Sie ihn in den nächsten 3–4 Jahren. Der im internationalen Stil bereitete, kraftstrotzende *1997er Barbera d'Alba* ist ein Wein von ungeheuren Ausmaßen, der eine undurchdringlich schwarz-purpurrote Farbe und prächtige Aromen von überreifen Kirschen, Erdbeeren, Lakritze und Toastbrot besitzt. Dickflüssig, mächtig, wuchtig und vielschichtig, mit einem Abgang, der über 30 Sekunden dauert. Man kann ihn jetzt trinken oder noch 10 Jahre aufheben.

FRATELLI MOSSIO

1999	**Dolcetto d'Alba**	**B**	**87**
1999	**Dolcetto d'Alba Bricco Caramelli**	**B**	**90**
1999	**Dolcetto d'Alba Piano delli Perdoni**	**B**	**86**

Diese Weine beweisen, dass 1999 bei Dolcetto und Barbera ein starker Jahrgang ist. Der *1999er Dolcetto d'Alba* und der *1999er Dolcetto d'Alba Piano delli Perdoni* sind süße Weine von dunkelrubin-purpurroter Farbe und mittlerem Körper, mit viel schokoladiger Kirschfrucht. Der Perdoni ist durchdringender, mit etwas höherer Säure. Der Kraftprotz dieses Trios ist der *1999er Dolcetto d'Alba Bricco Caramelli*. Er besitzt eine undurchdringliche rubin-purpurrote Farbe und ein umwerfendes Bukett von Schokolade, Espresso und Beeren. Mit reichlichem Glyzerin, einer fleischigen, fetten Textur und wunderbarer Reife und Reintönigkeit sollte er die nächsten 2–3 Jahre getrunken werden, da diese Weine selten besser werden.

ANDREA OBERTO

1996	**Barolo Vigneto Albarella**	**E**	**88+**
1997	**Barolo Vigneto Rocche**	**E**	**92**

1996	**Barolo Vigneto Rocche**	**E**	**91+**
1995	**Barolo Vigneto Rocche**	**E**	**86**

Die folgenden Weine, die von einem durchgängig sehr guten Erzeuger stammen, sind alles ebensolche Beispiele für ihren jeweiligen Jahrgang. Diese interessanten Barolos sind in einem quasi-modernen Stil bereitet und kombinieren das Beste der traditionellen und der modernen Schule der Weinbereitung.

Der *1997er Barolo Vigneto Rocche* enthält gewaltige Glyzerinmengen, die zusammen mit hohem Alkoholgehalt, niedriger Säure und dicklicher Schwarzkirsch- und Brombeerfrucht für eine opulente Textur und eine viskose Empfindung im Mund sorgen. Er weicht vom klassischen Barolo stark ab, aber er ist eine köstliche Entgleisung. Vielschichtig, dickflüssig und fast extrem, ist er ein umwerfender, dramatischer Wein, der ungeheuer beliebt sein wird. Voraussichtliche Genussreife: jetzt–2020.

Beim *1996er Barolo Vigneto Albarella* entdeckt man nach dem dunklen Pflaumen-Rubin-Ton süße Aromen, die aus Zedernholz, Kirschen, dunklen Himbeeren, Kaffee, Schokolade und Gewürzen bestehen. Trockenes Tannin im Abgang ist typisch für den 1996er Jahrgang. Er ist gehaltvoll und körperreich und erfordert Kellerreifung. Voraussichtliche Genussreife: 2005–2020. Der undurchdringlich pflaumen-rubin-purpurfarbene *1996er Barolo Vigneto Rocche* ist ein körperreicher, kraftvoller, tanninbetonter Wein mit Noten von Rosenblättern, Teer, Zedernholz, schwarzen Früchten, Mineralien, Lakritze und Früchtebrot. Komplex, vielschichtig, dickflüssig und reichhaltig, sollte man ihn am besten 3–4 Jahre einkellern und dann in den darauf folgenden 20–25 Jahren trinken.

Der dunkelrubinrote *1995er Barolo Vigneto Rocche* demonstriert einen reichhaltigen, modernen Stil und ein Bukett wie aus dem Lehrbuch: Rosen, Teer, würzige Schwarzkirschfrucht und ein Hauch von Barrique und Waldaromen. Dieser im Umfang maßvolle Barolo, der gehaltvoll ist und mittleren Körper, einen kurzen Abgang, aber ausgezeichnete Reife besitzt, kann jetzt und in den nächsten 10 Jahren getrunken werden.

FRATELLI ODDERO

1997	**Barbaresco**	**D**	**(85–87)**
1996	**Barbaresco**	**D**	**85**
1997	**Barolo Mondoca di Bussia Soprana**	**D**	**87**
1996	**Barolo Mondoca di Bussia Soprana**	**D**	**87?**
1995	**Barolo Mondoca di Bussia Soprana**	**D**	**88**
1997	**Barolo Vigna Rionda**	**D**	**86**
1995	**Barolo Vigna Rionda**	**D**	**87**
1997	**Barolo Rocche dei Rivera di Castiglione**	**D**	**88**
1996	**Barolo Rocche dei Rivera di Castiglione**	**D**	**87**
1997	**Furesté**	**D**	**89**

Die 1997er von Oddero, einem weiteren Erzeuger aus dem Dorf La Morra, bietet die attraktiven Mengen an Glyzerin und Fett, die niedrige Säure und den überreifen Stil des Jahrgangs. Alle besitzen die für die Nebbiolo-Traube typischen Aromen von Kirschmarmelade, getrockneten Kräutern, Teer und Gewürzen. Der *1997er Barbaresco* zeigt eine dunkelrubinrote Farbe und kernige, überschwängliche Geschmacksnuancen von Kirschlikör, die mit getrockneten Kräutern und Gewürzen verbunden sind. Er ist ein saftiger Barbaresco, den man im Laufe der nächsten 10 Jahre genießen kann. Der *1997er Barolo Vigna Rionda* (eine großartige Reblage in Serralunga) präsentiert eine dunkelgranatrote Farbe und ein süßes Bukett von Zedernholz, Gewürzen, Lakritze, Weichkaramellen und Tabak. Im Mund ist er cremig und rund, von mittlerem Körper; er lässt sich leicht trinken. Genießen Sie ihn innerhalb von 4–5 Jahren. Der dunkelrubin-purpurrote *1997er Barolo Rocche dei Rivera di Castiglione* ist körperreich, fett und monolithisch; es mangelt ihm an Komplexität, aber er ist kernig und gewichtig. Er ist ein stämmiger Barolo, den man jetzt–2015 trinken kann. Noch süßer und reifer ist der *1997er Barolo Mondoca di Bussia Soprana*. Von mittlerem bis vollem Körper, bietet er ein ausgezeichnetes Bukett, das nach Rauch, Kräutern, Lakritze und Kirschwasser riecht. Soja und Weihrauch kommen in den Aromen des Geschmacks ebenfalls zum Vorschein. Der Wein ist würzig, mit niedriger Säure und merklichem Glyzerin. Trinken Sie ihn in den nächsten 4–5 Jahren. Der dichte *1997er Furesté* (100% Cabernet Sauvignon) besitzt Schwarze-Johannisbeer-Frucht, toastwürziges neues Eichenholz und eine opulente Textur, aber er ist noch nicht völlig ausgebildet oder klar umrissen. Angesichts seiner Konzentration und Intensität dürfte er nach etwas mehr Flaschenreifung eine hervorragende Bewertung verdienen. Voraussichtliche Genussreife: jetzt–2012.

Der granatrote *1996er Barolo Rocche dei Rivera di Castiglione* von mittlerem Körper entfaltet Aromen von Leder, Sauerkirschen und reifer Frucht. Er ist gut gemacht, würzig, offen gewirkt und reizvoll; trinken kann man ihn in den nächsten 10 Jahren. Der *1996er Barbaresco* ist ein guter, eleganter Wein mit würziger, von Tabakduft erfüllter Kirschfrucht, mittlerem Körper und einem leicht tanninhaltigen Abgang. Idealen Trinkgenuss bietet er im Laufe der nächsten 7–8 Jahre. Der *1996er Barolo Mondoca di Bussia Soprana* besitzt eine dunkle Farbe, beträchtliche Konzentration, einen mächtigen Körper und einen brutalen Tanningehalt (deshalb das Fragezeichen). Der Wein wirkt lederartig, klobig und rustikal. Wenn das Tannin schwindet, ohne dass im gleichen Maße Frucht verloren geht, könnte er fast hervorragend werden, aber die Adstringenz des Tannins gibt Anlass zur Besorgnis. Voraussichtliche Genussreife: jetzt–2015.

Die beiden 1995er ähneln sich in der Qualität, obwohl der Vigna Rionda tanninreicher ist. Der *1995er Barolo Mondoca di Bussia Soprana* zeigt einen rauchigen Geruch, der an einen Aschenbecher denken lässt, mit Noten von Zedernholz, Leder, getrockneten Kräutern und Früchten. Wenn sich der Wein länger im Glas befindet, kommt die klassische Mischung von Teer und Rosenblättern zum Vorschein. Er ist ein im alten Stil bereiteter, rustikaler Barolo mit einem entwickelten Pflaumen-Granat-Ton, harten Tanninen und viel Charakter und Würzigkeit. Er dürfte sich 10 Jahre lang gut trinken. Der von Kräutern und Rauch erfüllte *1995er Barolo Vigna Rionda* besitzt rustikalere Tannine sowie gute Konzentration und einen robusten, kernigen Charakter im alten Stil, der bei Lesern, die lieber moderne, in einem geschmeidigen Stil bereitete Weine mögen, keinen Anklang finden mag. Dennoch ist er ein sehr guter Wein, den man jetzt trinken oder 10–12 Jahre lang einkellern kann.

PALLADINO

1998	**Barolo Serralunga**	**D**	**89**
1997	**Barolo Serralunga**	**D**	**89+**
1998	**Barolo Vigna Broglio**	**D**	**88**
1997	**Barolo Vigna Broglio**	**D**	**90**
1998	**Barolo Vigna San Bernardo**	**D**	**89**
1997	**Barolo Vigna San Bernardo**	**D**	**92**

Palladino, ein Erzeuger aus Serralunga, den ich vor ein paar Jahren entdeckt habe und der ein Geheimtipp ist, besitzt Weinberge in dem Dorf Serralunga d'Alba. Seine 1997er wie auch seine 1998er schnitten bei meinen Weinproben im Piemont äußerst gut ab. Diese Weine scheinen auf traditionelle Weise hergestellt worden zu sein, ohne Hinweise auf einen Ausbau im Barrique, obwohl sie nicht die verhaltene Entwicklung oder das Tannin zeigen, die man bei den Barbarescos und Barolos der meisten Traditionalisten findet.

Die 1998er sind stilvolle, elegante, entwickelte Weine, die sich alle in ihren ersten 10 Lebensjahren gut trinken lassen dürften. Der *1998er Barolo Vigna Broglio* präsentiert eine dunkelgranatrote Farbe, gepaart mit einem süßen Bukett von Gewürzen, Kaffee und Schwarzkirschmarmelade, mittlerem bis vollem Körper, angemessener Säure und einem samtigen Stil. Der stärker entwickelte *1998er Barolo Serralunga* hat eine dunkelgranatrote Farbe mit Bernsteintönen. Auf mäßig intensive Aromen von braunem Zucker, Melasse, reifen Kirschen, Soja und Erde folgt ein reifer, süßer, überschwänglicher Wein von mittlerem Körper. Es ist nur eine unwesentliche Anmerkung, aber möglicherweise besitzt der *1998er Barolo Vigna San Bernardo* mehr Überschwänglichkeit und Fülle als seine beiden Brüder. Von mittlerem Körper, lang und in reintönigem Stil gehalten, zeigt er in seinen reifen Noten von Tabak, Kirschfrucht und Erde eine fesselnde Süße.

Der einfache *1997er Barolo Serralunga* stellt eine starke Leistung dar. Er offenbart Noten von geschmolzenem Karamell, braunem Zucker, Rauch, Kirschwasser und getrockneten Kräutern und schmeckt wie ein Pomerol vom rechten Ufer, der aus einem extrem reifen Jahrgang stammt. Ölig, dickflüssig und saftig, aber ohne die Komplexität seiner beiden Brüder, würde dieser Wein eine noch höhere Bewertung verdienen, wenn Punkte für reinen Trinkgenuss vergeben werden würden. Voraussichtliche Genussreife: jetzt–2015. Der hervorragende *1997er Barolo Vigna Broglio* ist von undurchdringlicher Granatfarbe und ein kräftiger, eindrucksvoll ausgestatteter Wein mit reichlichen Aromen von Schwarzkirschfrucht, Zedernholz, Früchtebrot, getrockneten Kräutern, Lakritze und Noten von neuem Eichenholz. Beeindruckende Reintönigkeit, Symmetrie und die Gesamtvinifizierung machen ihn zu einem außergewöhnlichen Wein. Tannin im Abgang weist darauf hin, dass mehrere Jahre Kellerreifung gerechtfertigt sind. Voraussichtliche Genussreife: jetzt–2016. Der undurchdringlich rubin-purpurrote *1997er Barolo Vigna San Bernardo* schließlich demonstriert einen maßvollen Stil mit neuem Eichenholz im Bukett, fabelhaft konzentrierter dunkler Himbeer- und Kirschfrucht und subtilen Noten von Mineralien, Ahornsirup und Vanille im Hintergrund. Körperreich und außergewöhnlich konzentriert, mit schöner Reintönigkeit sowie Säure und Tannin, die sich gut eingefügt haben, ist dieser tolle Barolo ein Geheimtipp des Jahrgangs. Voraussichtliche Genussreife: jetzt–2020.

ARMANDO PARUSSO

1999	**Barbera d'Alba Ornati**	**D**	**91**
1997	**Barolo**	**D**	**(89–91)**
1996	**Barolo**	**D**	**88**
1996	**Barolo Bussia Vigna Fiurin**	**E**	**91**
1998	**Barolo Bussia Vigna Munie**	**E**	**(91–93)**
1997	**Barolo Bussia Vigna Munie**	**E**	**91+**
1996	**Barolo Bussia Vigna Munie**	**E**	**92**
1995	**Barolo Bussia Vigna Munie**	**E**	**90**
1998	**Barolo Bussia Vigna Rocche**	**E**	**(90–92)**
1997	**Barolo Bussia Vigna Rocche**	**E**	**92**
1996	**Barolo Bussia Vigna Rocche**	**E**	**92**
1995	**Barolo Bussia Vigna Rocche**	**E**	**90**
1998	**Barolo Mariondino**	**E**	**(87–88)**
1997	**Barolo Mariondino**	**E**	**90**
1996	**Barolo Mariondino**	**E**	**(90–92)**
1995	**Barolo Mariondino**	**E**	**87**
1998	**Barolo Piccole Vigne**	**E**	**(88–89)**
1997	**Barolo Piccole Vigne**	**E**	**90**
1998	**Langhe Rosso Bricco Rovella**	**D**	**89**

Der junge Marco Parusso, der seine Kellerei an den Hängen von Monforte d'Alba vollständig modernisiert hat, ist mit seinen 1995ern, 1996ern und 1997ern erwachsen geworden. Zudem folgten auf diese drei Jahrgänge sowohl 1998 als auch 1999 eindrucksvolle Weine. Wie man von so einem jungen Erzeuger erwartet, gehört Parusso zur modernen Schule der Weinbereitung. Er vertraut auf die Verwendung von rotierenden Gärbehältern, kurze Maischung und den Einsatz von 25–75% neuen Eichenfässern für seine besten Lagen.

Der *1999er Barbera d'Alba Ornati* ist ein im Barrique ausgebauter Barbera, der große Mengen von Erdbeermarmelade bietet, vermengt mit Schwarzkirschen, Kirschen und toastwürzigem, rauchigem Eichenholz. Tief, opulent und sinnlich, mit großer Reintönigkeit und Präsenz, ist er ein fabelhafter Kauf, den man aber in den nächsten 3–4 Jahren trinken muss. Die über 500 Kisten des *1998er Langhe Rosso Bricco Rovella*, eines Verschnitts von 60% Nebbiolo, 30% Barbera und 10% Cabernet Sauvignon, der 18 Monate in neuen französischen Eichenfässern reift, bieten viel rauchiges, toastwürziges Eichenholz, verwoben mit schwarzen Früchten, Rauch, Zedernholz und Zigarrenkistennoten. Der Wein hat mittleren Körper und ist für einen so modernen, im internationalen Stil gehaltenen Wein überraschend elegant. Trinken Sie ihn in den nächsten 3–4 Jahren.

Parusso hat einen tiefrubinroten *1998er Barolo Piccole Vigne* mit einem würzigen Bukett von Balsamholz und Schwarzkirschen herausgebracht. Im Mund entdeckt man viel Glyzerin und einen attraktiven, offen gewirkten Stil. Trinken Sie diesen Wein im Laufe der nächsten 5–6 Jahre. Der *1998er Barolo Mariondino*, der minziger, pfeffriger und eichenholzwürziger ist, zeigt in seiner unverkennbaren Persönlichkeit viel Holz- und Schwarzkirschnoten. Er wird ein Jahrzehnt lang gut altern. Der kräftigste Wein dieses Quartetts ist der *1998er Barolo Bussia Vigna Rocche*. Strukturiert, tanninreich, hoch konzentriert, deutlich umrissen, dicht, körperreich und noch stark in der Entwicklung zurückgeblieben, offenbart dieser eindrucksvolle Wein die für den Jahrgang 1998 typische Duftigkeit sowie die Stärke und das Glyzerin von 1997. Voraussichtliche Genussreife: jetzt–2015. Der anmutigere, delikate, rauchige, ledrige, erdige *1998er Barolo Bussia Vigna Munie* ist von dunkelrubin-granatroter Farbe und besitzt mittleren bis vollen Körper, fantastische Reintönigkeit und Reife und einen zarteren, an Spitze erinnernden Stil. Trinken kann man ihn in den nächsten 10–12 Jahren.

Die 1997er offenbaren den marmeladeartigen, säurearmen, exotischen, schwelgerischen Charakter dieses tollen Jahrgangs. Alle besitzen beträchtliches Tannin, aber ihre auffällige Persönlichkeit ist überwältigend. Wenn man beispielsweise an dem säurearmen dunkelrubinroten *1997er Barolo* nippt, ist das so ähnlich, als würde man Erdbeermarmelade trinken. Diese reife, fette, exotische, hedonistische Fruchtbombe ist trinkfertig, wenn der Wein freigegeben wird, und hält sich bis 2010. Der weichste und aufgeschlossenste 1997er ist der *1997er Barolo Piccole Vigne*. Von dunkler Pflaumenfarbe, mit einer Andeutung von Bernstein am Rand, bietet er aufregende, nach Kirschwasser duftende Aromen sowie einen fleischigen, körperreichen Eindruck am Gaumen und präsentiert sich gut entwickelt. Trinken Sie ihn im Laufe der nächsten 10 Jahre. Der *1997er Barolo Mariondino* von einem Weinberg in Castiglione Falletto besitzt eine dichte rubin-purpurrote Farbe, mehr Tannin und Struktur als Parussos andere Weine, Noten von Erde, Schwarzkirschmarmelade, Rauch, Kaffee, Lakritze und Soja, hervorragende Konzentration und einen würzigen, langen Abgang. Das Fett und das Glyzerin, das man in vielen 1997ern findet, sind vorhanden, werden aber von deutlichem Tannin untermauert. Voraussichtliche Genussreife: jetzt–2020. Der explosive, dichte rubin-purpurrote *1997er Barolo Bussia Vigna Rocche* besitzt eine dramatische, konzentrierte Persönlichkeit und ein außergewöhnliches Bukett von Mineralien, schwarzen Früchten, Teer, Tabak und feinem Eichenholz. Neben einem fleischigen, schön strukturierten, klar umrissenen Abgang bietet dieser wuchtige, konzentrierte Barolo einen fantastischen Glyzerin- und Fruchtgehalt. Voraussichtliche Genussreife: jetzt–2020. Der im Umfang ähnliche dunkelrubinrote *1997er Barolo Bussia Vigna Munie* zeigt in einer Kombination von Kirschwasser und gerösteten Kräutern der Provence einen Châteauneuf-du-Pape-artigen Charakter. Er ist zwar nicht so kraftvoll wie der Bussia Vigna Rocche, aber er ist ein breiter, kerniger, strukturierter Wein mit wunderbarer Intensität und der für den Jahrgang typischen Überreife und übermäßigen Exotik. Voraussichtliche Genussreife: jetzt–2017.

Der *1996er Barolo* bietet das meiste neue Eichenholz. Aufregend, aufgeschlossen, in einem üppigen Stil mit mittlerem Körper bereitet, mit Batzen von roten und schwarzen Früchten, verschwenderischem Holz, süßem Tannin und einer konzentrierten, fleischigen

Empfindung im Mund, ist er jetzt bis 2012 trinkreif. Der dunkelrubinrote *1996er Barolo Mariondino* hat ein unverwechselbares nach Mandeln, Kirschlikör, Lakritze und rauchigem Eichenholz duftendes Bukett. Von mittlerem bis vollem Körper, breit und reintönig, dürfte dieser klassische, schön strukturierte, vielschichtige Barolo jung zugänglich sein, sich aber trotzdem 10–12 Jahre lang halten. Der fantastische *1996er Barolo Bussia Vigna Munie* ist exotischer und bietet süße Düften von geschmolzenem Teer, Kirschen, Tabak und Zigarrenkiste. Dieser intensive Wein von mittlerem Körper, der dicht und voller Frucht ist, wird ebenfalls jung zugänglich sein, sich aber 12 Jahre oder noch länger halten. Noch besser ist der *1996er Barolo Bussia Vigna Rocche.* Zusätzlich zu den Aromen von Teer, Rauch, getrockneten Kräutern, Leder und Kirschfrucht offenbart er einen unverkennbaren Charakter, der an Mineralien und pulverisiertes Felsgestein erinnert. Der körperreiche, kraftvolle Barolo, der großartige Reichhaltigkeit, eine vielschichtige Persönlichkeit und eine ganze Wagenladung Tannin besitzt, ist der kräftigste und konzentrierteste 1996er von Parusso. Im Abgang entdeckt man mäßiges Tannin, aber die Frucht und die Merkmale des *terroir* dominieren. Voraussichtliche Genussreife: jetzt–2020. Der körperreiche *1996er Barolo Bussia Vigna Fiurin* ist zwar in der Entwicklung zurückgeblieben, tanninbetont und verschlossen, zeigt aber ein beeindruckendes Potenzial. Neben einem hohen Tanningehalt entdeckt man gute Würzigkeit, Rauch und intensive Fruchtkonzentration. Dieser 1996er erfordert Geduld. Voraussichtliche Genussreife: 2005–2020.

Beim *1995er Barolo Mariondino* entdeckt man neben der mittelrubinroten Farbe ein duftiges Bukett von getrockneten Kräutern, Tabak, Gewürzen und Kirsch-Cola. Er ist reif, mit subtilem Eichenholz, von mittlerem bis vollem Körper und gibt sich breit, fleischig und offen gewirkt. Man kann diesen Barolo im Laufe der nächsten 5–6 Jahre genießen. Der *1995er Barolo Bussia Vigna Munie* ist opulenter, aber ebenso entwickelt und schmackhaft. Er bietet faszinierende blumige Komponenten, die mit geschmolzenem Teer und Beerenfrucht verwoben sind. Trinken kann man diesen üppigen, überschwänglichen Wein, der toastwürziges Eichenholz und geringen Tanningehalt im langen Abgang bietet, im Laufe der nächsten 10 Jahre. Der *1995er Barolo Bussia Vigna Rocche* ist der körperreichste, kraftvollste und tanninhaltigste Wein unter den 1995ern. Neben den typischen Düften von getrockneten Kräutern, Kirschlikör, Leder und Blüten zeigt er vielschichtige, konzentrierte Geschmacksnuancen, hervorragende Reintönigkeit, wunderbare Muskelkraft und Glyzerin sowie mäßiges Tannin im beeindruckend ausgestatteten Abgang. Voraussichtliche Genussreife: jetzt–2012.

ELIA PASQUERO

1998	**Barbaresco Sorì Paitin**	**D**	**90**
1997	**Barbaresco Sorì Paitin**	**D**	**89**
1996	**Barbaresco Sorì Paitin**	**D**	**92**

Ein klassischer Barbaresco, der die Nebbiolo-Traube wie im Lehrbuch zum Ausdruck bringt, ist dieser außergewöhnlich komplexe *1998er Barbaresco Sorì Paitin* von dunkelrubin-granatroter Farbe. Er präsentiert herrliche Aromen von Zedernholz, chinesischem Schwarztee und Kirschen sowie einen Hauch von Teeröl. Der dichte, fleischige, sinnliche Wein, der trotzdem strukturiert und glänzend umrissen ist, lässt sich in den nächsten 4–5 Jahren schön trinken. Der strukturierte *1997er Barbaresco Sorì Paitin* enthüllt mehr Tannin und Strenge, als man bei diesem Jahrgang erwartet. Als ich ihn zusammen mit seinen 1998er und 1999er Gegenstücken verkostete, wirkten beide erheblich reichhaltiger und fleischiger. Dennoch ist der 1997er ein ausgezeichneter Tropfen. Er bietet Noten von Tabak, Gewürzen, Lakritze und Kirschen und einen Hauch von Krautigkeit. Von mittlerem Körper und fest strukturiert, dürfte er ein Jahrzehnt oder noch länger altern. Der *1996er Barbaresco Sorì Paitin* zeigt in den schwelgerischen Aromen zusammen mit Toastwürzigkeit eine großartige Intensität der Frucht. Neben Eichenholz entdeckt man eine Fülle von Tabakblättern, dicklichen Kirschen und getrockneten Kräutern. Dieser körperreiche, runde, saftige, zugängliche Barbaresco dürfte ein Jahrzehnt lang gut zu trinken sein.

FRATELLI PECCHENINO

1998	**Dolcetto di Dogliani Bricco Botti**	**C**	**92**
1997	**Dolcetto di Dogliani Bricco Botti**	**C**	**91**
1999	**Dolcetto di Dogliani Sirì d'Jermu**	**C**	**91**
1998	**Langhe La Castella**	**C**	**90**
1997	**Langhe La Castella**	**C**	**92**

Die Reichhaltigkeit und die Konzentration dieser Weine hauten mich fast um. Sie werden alle in großen Holzfässern ausgebaut, bevor sie mit minimalen Eingriffen auf Flaschen abgefüllt werden. Der Bricco Botti gehört zu den besten Dolcetto-Weinen, die ich je verkostet habe.

Der fabelhafte *1999er Dolcetto di Dogliani Sirì d'Jermu* präsentiert eine undurchdringlich pechschwarz-purrpurrote Farbe und ein verblüffendes Bukett von Brombeer- und Kirschfrucht, vermischt mit Mandelextrakt und Schokolade. Der körperreiche Wein mit großen Mengen Frucht und Glyzerin sowie Intensität wird nicht komplexer werden, ist aber ein prächtiger Dolcetto, der den Mund auskleidet und den Gaumen kitzelt; genießen kann man ihn in den nächsten 3–4 Jahren.

Auch wenn es kaum zu glauben ist, der *1998er Dolcetto di Dogliani Bricco Botti* ist noch kraftvoller, konzentrierter und explosiver. Er besitzt ebenfalls überraschende Struktur, eine Eigenschaft, die man bei den meisten Dolcettos nicht findet. Dieser wuchtige (aber nicht schwere) Wein von undurchdringlicher purpurroter Farbe ist wegen seiner intensiven Frucht und seines hohen Glyzeringehalts lebendig, opulent und kernig. Er verkörpert den Dolcetto in seiner extremsten und intensivsten Form. Wenn der berühmte Valpolicella- und Amarone-Erzeuger Dal Forno aus Venetien einen Dolcetto-Wein herstellen würde, könnte er wie dieser schmecken! Der hervorragende *1998er Langhe La Castella* ist ein Verschnitt von 45% Nebbiolo, 50% Barbera und 5% Cabernet Sauvignon. Von undurchdringlicher rubin-purpurroter Farbe und mit einer strukturierten Persönlichkeit, zeigt er weniger Charme und dichte Frucht als die Dolcettos, besitzt aber mehr Duft und Nuancen. Er hat mittleren Körper und ist reif, mit einem süßen Auftakt, der Noten von Erdbeeren, Kirschen, Tabak, Rosenblättern und Lakritze bietet. Der Abgang enthüllt etwas Tannin sowie Säure, aber sie ist gut integriert. Voraussichtliche Genussreife: jetzt–2012.

Der explosive *1997er Dolcetto di Dogliani Bricco Botti* ist einer der größten Dolcettos, die ich je probieren durfte. Er besitzt eine schwarz-purpurrote Farbe, beängstigende Extraktmengen, einen wuchtigen, kernigen, körperreichen Geschmack mit herrlicher Süße und Reife sowie einen Abgang von mehr als 30 Sekunden. Diese Weine entfalten selten viel Komplexität, sondern sind frucht- und texturbetont, aber dieser 1997er hält, was er verspricht. Genießen Sie ihn in den nächsten 4–5 Jahren. Er ist ein ungeheuer beeindruckender Wein. Der *1997er Langhe La Castella* schließlich, ein Verschnitt von Barbera und Nebbiolo sowie ein wenig Cabernet Sauvignon, offenbart eine undurchdringlich pechschwarze Farbe, überaus hohen Extrakt, vollen Körper, hohen Tanningehalt, eine Menge toastwürziges Eichenholz, erstaunliche Dichte und Länge und eine eng gewirkte und trotzdem opulente und sinnliche Persönlichkeit. Genießen Sie ihn im Laufe der nächsten 10–12 Jahre.

LUIGI PELISSERO

1998	**Barbaresco**	**D**	**87**
1998	**Barbaresco Vanotu**	**D**	**91**
1997	**Barbaresco Vanotu**	**D**	**(86–88)**
1996	**Barbaresco Vanotu**	**D**	**86?**
1995	**Barbaresco Vanotu**	**D**	**85**

Diese Barbarescos für ein breites Publikum sind kompetente, gut gemachte Weine, wobei die 1998er viel besser als die drei Jahrgänge zuvor abschneiden. Das Gut erzeugt eine Standard-Cuvée und einen besonderen Barbaresco Vanotu, der zwei Jahre in französischen Eichenfässern ausgebaut wird und dessen Produktionsmenge sich auf 575 Kisten pro Jahr beläuft.

Den köstlichen, offen gewirkten *1998er Barbaresco* mit den Aromen von Gewürzen, Zedernholz, Kräutern, Tabak und roten Früchten im Duft und im Geschmack und mit mittlerem Körper kann man jetzt und in den nächsten 3–4 Jahren genießen. Der glänzende *1998er Barbaresco Vanotu* ist sensationell. Eine dunkle Pflaumenfarbe geht einher mit prächtigen Aromen von Soja, Tabakrauch, chinesischem Schwarztee, Kirschwasser und Gewürzen. Körperreich und vielschichtig, mit einer vieldimensionalen Persönlichkeit, süßem Tannin und angemessener Säure, lässt sich dieser exquisite Barbaresco 10 Jahre lang gut trinken. Der Beste aus diesem Quartett ist der *1997er Barbaresco Vanotu*, ein tiefrubinroter Wein mit reifer Schwarzkirsch- und Schwarze-Johannisbeer-Frucht, einer würzigen Zedernholzkomponente, sehr guter Reife und einem mäßig langen Abgang. Trinken sollte man ihn in seinen ersten 5–6 Lebensjahren. Der *1996er Barbaresco Vanotu* zeigt einen mehr an Traubenstiele erinnernden, vegetabilen Charakter und einen mageren, tanninbetonten, harten Abgang. Ich habe Vorbehalte, ob er überhaupt je volle Harmonie erreichen wird. In Aromen und Geschmacksnuancen bietet der *1995er Barbaresco Vanotu* von mittlerem Körper staubige Kirschfrucht, Gewürze und Erde. Trinken Sie ihn in den nächsten 2–3 Jahren.

VIGNAIOLI ELVIO PERTINAGE

1998	**Barbaresco**	**E**	**89**
1997	**Barbaresco**	**E**	**87**
1998	**Barbaresco Castellizzano**	**E**	**91**
1998	**Barbaresco Marcarini**	**E**	**90**
1997	**Barbaresco Marcarini**	**E**	**90**
1998	**Barbaresco Nervo**	**E**	**88**
1997	**Barbaresco Nervo**	**E**	**92**
1996	**Pertinace**	**D**	**89**

Diese Genossenschaft aus zwölf Kellereien erzeugt Weine von tadellos hoher Qualität zu fairen Preisen. Die 1998er sind die besten Weine, die ich hier verkostet habe; die Genossenschaft scheint ihr Qualitätsniveau zu steigern. Sie zeigen die für den Jahrgang charakteristische Offenheit und Aufgeschlossenheit, sind aber ausgewogen und konzentriert genug, um sich 12–15 Jahre lang zu halten, insbesondere die drei Weine aus Einzellagen. Die 1997er haben ebenfalls eine hohe Qualität.

Der mittelrubinrote *1998er Barbaresco* entfaltet ein süßes Bukett von Zedernholz, Schwarzkirschen und Gewürzen, auf das reife, konzentrierte, reintönige Geschmacksnuancen von mittlerem Körper folgen. Trinken Sie ihn in den nächsten 5–7 Jahren. Alle drei Lagenweine besitzen eine ähnliche Farbe, die von Mittelrubinrot bis zu einem satten Rubinton reicht. Die Produktion ist mit rund 750 Kisten von jedem nicht sehr hoch. Der *1998er Barbaresco Marcarini* bietet einen kräftigen, saftigen, komplexen Duft von Tabak, Kirsch-Hustensirup, Balsaholz, Kräutern und Rosenblättern. Der tiefe Wein mit einer großartigen Textur, echter Eleganz, einem opulenten, fleischigen Eindruck am mittleren Gaumen und süßem Tannin im Abgang dürfte 10–12 Jahre gut zu trinken sein. Der eckigere, aber in einem ähnlichen Stil gehaltene, reizvolle *1998er Barbaresco Nervo* offenbart in seinen Aromen und Geschmacksnuancen mehr Lakritze. Er lässt sich ebenfalls 10–12 Jahre lang gut trinken. Der konzentrierteste und dichteste Wein ist der *1998er Barbaresco Castellizzano.* Er besitzt einen tiefen Pflaumen-Rubin-Ton und intensive Aromen, die aus Kirschmarmelade bestehen, durchdrungen von rauchigem Tabak, Kräutern der Provence, Lakritze und Trüffeln. Er ist körperreich, opulent, dicht und zugänglich und lässt sich 12 Jahre gut trinken.

Der mittelrubin-granatrote *1997er Barbaresco* bietet ein duftiges Bukett von Zedernholz, Tabak, Pflaumen, Himbeeren und Kirschen, mittleren bis vollen Körper, einen süßen mittleren Gaumen und einen würzigen, leicht tanninhaltigen Abgang. Trinken Sie ihn in den nächsten 3–4 Jahren. Der *1997er Barbaresco Marcarini* zeigt ein klassisches Nebbiolo-Bukett von Teer und Rosenblättern, vermischt mit Sauerkirschen, Leder und Erde. Er besitzt außergewöhnliche Komplexität, vollen Körper, ausgezeichnete Dichte und einen langen, eindrucksvollen Abgang. Er ist bereits zugänglich und dürfte noch 12 Jahre lang weiter gut zu trinken sein. Noch besser ist der spektakuläre *1997er Barbaresco Nervo.* Auf ein explosives Bukett von Zigarrentabak, Kirschlikör, Rosenblättern und Teer folgt ein körperreicher, herrlich fruchtbetonter Wein von dunkelrubinroter Farbe mit einer breiten, kernigen Textur und ausgezeichneter Reintönigkeit und Tiefe. Wie bei seinem Bruder, dem Barbaresco Marcarini, dauert der Abgang über 30 Sekunden. Er lässt sich ebenfalls 12 Jahre lang gut trinken.

Schließlich gibt es noch 700 Kisten vom *1996er Pertinace,* einem Verschnitt von 70% Nebbiolo und 30% Cabernet Sauvignon. Dieser im internationalen Stil bereitete, gut gemachte Wein besitzt eine undurchdringlich rubin-purpurrote Farbe, ein nach Schokolade, Schwarzkirschen, Tabak und Gewürzen duftendes Bukett, einen körperreichen, gehaltvollen, konzentrierten mittleren Gaumen und einen tiefen, strukturierten Abgang. Voraussichtliche Genussreife: jetzt–2012.

PIO CESARE

1998	**Barbaresco**	**E**	**87**
1996	**Barbaresco**	**E**	**(90–91)**
1995	**Barbaresco**	**E**	**88**
1998	**Barbaresco Bricco**	**E**	**(88–90)**
1997	**Barbaresco Bricco**	**E**	**90+**
1998	**Barolo**	**E**	**(86–87+)**
1997	**Barolo**	**E**	**(90–92)**
1996	**Barolo**	**E**	**(89–92)**
1995	**Barolo**	**E**	**(88–89)**
1998	**Barolo Ornato**	**E**	**(90–92)**
1997	**Barolo Ornato**	**E**	**(91–93)**

Pio Cesare, eine der ältesten Firmen im Piemont (1881 gegründet) und zugleich eine der wenigen, die von dem Dorf Alba aus operieren, ist der jüngste Vertreter in einer endlosen Reihe von traditionellen piemontesischen Weinerzeugern. Das Haus durchläuft eine Übergangsphase und versucht, einen Mittelweg zwischen den im traditionellen Stil der Vergangenheit bereiteten Weinen und den Modernisten der neuen Welle zu gehen. Bei der Weinbereitung nimmt es auch weiterhin vorsichtige Verbesserungen vor, um den Fruchtcharakter der Weine zu steigern, ohne ihren köperreichen, alterungsfähigen Stil zu beeinträchtigen. Ich habe immer noch Flaschen von 1969er und 1970er Barolos, die sich mit über 30 Jahren wunderschön trinken lassen. Der Besitzer Pio Boffa ist der Meinung, dass der 1998er von der Qualität her hinter dem 1996er, dem 1997er und dem 1999er liegt, aber wie die nachfolgenden Verkostungsnotizen zeigen, gibt es darin viel zu bewundern. Interessanterweise behauptet er auch, seine 1996er seien deutlich gelungener als seine 1997er. Er ist fest davon überzeugt, dass 1996 und nicht 1997 einmal als der große klassische Jahrgang für die Dörfer Barolo und Monforte d'Alba gelten wird. Die 1995er sind ordentlich gemacht.

Der elegante mittelrubinrote *1998er Barbaresco* (von den Weinbergen in Treiso) ist eine strengere Version des 1997ers. Auf Aromen von getrockneten Kräutern, Balsaholz, Blumen und Kirschen folgt ein Wein von mittlerem Körper, mit guter Dichte, aber einem leicht eckigen, herben Abgang. Voraussichtliche Genussreife: 2004–2012. Der aus einer Einzellage stammende *1998er Barbaresco Bricco* (von dem 750 Kisten produziert wurden) besitzt eine tiefrubinrote Farbe sowie ein enges, aber viel versprechendes Bukett von würzigem neuem

Eichenholz, Schwarzkirschen und Brombeeren. Er ist kraftvoll, körperreich und von hohem Tanningehalt. Voraussichtliche Genussreife: 2006–2015. Der dunkelrubinrote *1998er Barolo* ist ein robust texturierter, verhalten entwickelter Wein, der zusammen mit Noten von Mineralien, Erde, Pfeffer und Trüffeln eine gewisse Strenge zeigt. Rote Früchte tauchen auf, sobald sich der Wein länger im Glas befindet, aber er ist ein deutlich strengerer, unentwickelter, untypischer 1998er. Voraussichtliche Genussreife: 2006–2018. Der aus einer Einzellage stammende *1998er Barolo Ornato* (von einem Weinberg in Serralunga) bietet einen explosiveren Duft von süßen Schwarzkirschen, vermischt mit Brombeeren, neuem Sattelleder, Rauch und Vanille. Er besitzt hervorragende Reintönigkeit, vollen Körper, sehr gute Dichte und eine ganze Wagenladung von Tannin. Das Glyzerin, der Extrakt und die Konzentration sind jedoch mehr als ausreichend, um die Muskelkraft des Weins auszugleichen. Voraussichtliche Genussreife: 2007–2025.

Der *1997er Barbaresco Bricco* ist ein dichter, körperreicher, kraftvoller Wein mit Hinweis auf den Ausbau im Barrique, aber auch mit wunderbar süßer Schwarzkirsch- und Himbeerfrucht, die Noten von Gewürzen, Früchtebrot, Soja und Lakritze enthält. Lagern Sie ihn 1–2 Jahre und trinken Sie ihn in den folgenden 12–15 Jahren. Der *1997er Barolo* machte vor der Flaschenabfüllung einen guten Eindruck. Breite, süße, fette Geschmackskomponenten mit beträchtlichem Glyzerin und Alkohol sind in diesem körperreichen, strukturierten, kraftvollen, muskulösen Barolo vorhanden. Voraussichtliche Genussreife: jetzt–2020. Der spektakuläre *1997er Barolo Ornato* (1000 Kisten, nur in den besten Jahrgängen erzeugt) von einem Serralunga-Weinberg, der neben Bruno Giacosas berühmter Parzelle Falletto di Serralunga liegt, bietet einen fantastischen Duft von Himbeeren, Kirschen, Rauch, Leder und toastwürzigem Eichenholz. Man entdeckt darin riesige Mengen von Glyzerin, einen erstaunlichen Abgang und großartige Reintönigkeit sowie Symmetrie. Dieser 1997er erfordert 1–2 Jahre Kellerreifung, hält sich aber 2–3 Jahrzehnte lang.

Der *1996er Barbaresco* ist tanninreicher, mit einem festeren, muskulöseren Stil, aber ohne den Charme des 1995ers. Der Wein ist konzentriert, mit dichter Frucht und vielen Nuancen von Schwarzkirschen, Leder, Rauch und Tabak. Voraussichtliche Genussreife: jetzt–2016. Der klassische *1996er Barolo* ist potenziell herausragend. Seine dunkelrubinrote Farbe geht einher mit einem rauchigen Bukett von Schwarzkirschen, mit gerösteten Kräutern, Nüssen und mineralischen Nuancen. Er ist körperreich, würzig und lang und benötigt eine Kellerreifung von 1–2 Jahren, dürfte sich aber als ungewöhnlich langlebig erweisen. Voraussichtliche Genussreife: 2004–2022.

Der ausgezeichnete *1995er Barbaresco* ist einer der köstlichsten Weine des Jahrgangs. Er bietet ein nach Rauch, Schwarzkirschen und Leder riechendes Bukett, gepaart mit ausgezeichneter Reife, mittlerem bis vollem Körper, mäßigem Tannin, einer ausgezeichneten Textur und einem langen, würzigen Abgang. Voraussichtliche Genussreife: jetzt–2011. Der dunkelrubin-granatrote *1995er Barolo* entfaltet ein würziges, aromatisches Bukett mit Gerüchen von Erde, getrockneten Kräutern, Leder und süßen schwarzen Früchten. Im Mund ist er kraftvoll, mit ausgezeichneter Fülle, mäßigem Tannin und einem rustikalen, aber eindrucksvoll ausgestatteten Abgang.

E. PIRA

1998	**Barolo Cannubi**	**E**	**(90–91)**
1997	**Barolo Cannubi**	**E**	**91**
1996	**Barolo Cannubi**	**E**	**95**

Dieses Gut hat unter der Leitung der inspirierten Besitzerin Chiara Boschis eine vollständige Umwandlung erfahren. Die Vinifizierung und der Ausbau der Weine wurden ab dem Jahrgang 1994 geändert, aber der erste wirklich große Jahrgang war der 1996er.

Der elegante, süße, reintönige *1998er Barolo Cannubi* ist von mittelrubinroter Farbe und bietet Aromen von Teer, Rosenblättern und Kirschmarmelade. Es folgt ein Wein von mittlerem Körper mit einem festen Tanninunterbau, ausgezeichneter Reintönigkeit und würzigem, subtilem neuem Eichenholz. Nach einer weiteren Kellerreifung von 1–2 Jahren ist dieser Wein ein Anwärter auf eine hervorragende Bewertung. Voraussichtliche Genussreife: jetzt–2016.

Der *1997er Barolo Cannubi* ist ein weiterer prächtiger Wein, aber leider wurde sehr wenig davon erzeugt. Zu 100% in neuen Barriques ausgebaut und ohne Schönung oder Filtration auf Flaschen abgefüllt, ist er ein körperreicher, gehaltvoller, strukturierter Wein von granat-rubinroter Farbe, der ein sich entwickelndes Bukett von Rosenblättern, Kirschen, Leder, Gewürzen und Tabak präsentiert. Kräftig, konzentriert, reintönig, dicht und mäßig tanninhaltig, ist er nicht so auffällig und frühreif wie viele seiner Altersgenossen, aber unbestreitbar ein Klassiker. Voraussichtliche Genussreife: 2005–2020.

Der *1996er Barolo Cannubi*, ein fesselnder Barolo und auch ein klassisches Beispiel für die traditionellere Schule der Weinbereitung, zeigt eine wenig beeindruckende mittelrubinrote Farbe. Doch danach kommt ein explosives Bukett von Kirschmarmelade, erfüllt von Rauch, Rosenwasser, Tabak und Gewürzen. Mit einer erstaunlichen Textur, die eine fabelhafte Fruchtkonzentration beweist, mittlerem Körper, einer ganzen Wagenladung Glyzerin und mäßig hohem Tanningehalt, kann dieser mächtige, komplexe, tiefgründige Barolo jetzt getrunken werden, verspricht aber, dass er mühelos 2 Jahrzehnte lang altert.

LUIGI PIRA

1997	**Barolo**	**D**	**91**
1996	**Barolo**	**D**	**91**
1995	**Barolo**	**D**	**86**
1998	**Barolo Marenca**	**E**	**(94–96)**
1997	**Barolo Marenca**	**E**	**95**
1996	**Barolo Marenca**	**E**	**92**
1995	**Barolo Marenca**	**E**	**91+**
1998	**Barolo Margheria**	**E**	**(91–94+)**
1997	**Barolo Margheria**	**E**	**92+**
1996	**Barolo Margheria**	**E**	**90**
1995	**Barolo Margheria**	**E**	**91**
1998	**Barolo Vigna Rionda**	**E**	**(93–96)**
1997	**Barolo Vigna Rionda**	**E**	**97**

Pira hat sich rasch als großartiges Talent erwiesen; er erzeugt Weine von Reblagen rund um sein Heimatdorf Serralunga d'Alba. Im Barolo- und Barbaresco-Gebiet gibt es so viele außergewöhnliche Weinmacher, dass es ungerecht wäre, Luigi Pira als Star herauszustellen, aber seine Leistungen 1995, 1996, 1997 und 1998 sind mit Sicherheit bemerkenswert. Diese Weine, die sein Gut zu einem der führenden im Piemont machen, sind von außergewöhnlicher Komplexität und atemberaubender Reichhaltigkeit. Jede Cuvée wird anders ausgebaut, obwohl die malolaktische Gärung entweder im großen Fass oder im Barrique stattfindet. Diese Kellerei verwendet auch rotierende Gärbehälter. Während der einfache Barolo vollständig im großen Holzfass ausgebaut wird, werden für den Ausbau der Lagenweine große und kleine Fässer kombiniert, wobei der Anteil der neuen Eichenfässer von 20% für den Margheria bis zu 100% für den Rionda reicht.

Die 1998er sind fast so aufreizend und spektakulär wie die überirdischen 1997er. Der großartige *1998er Barolo Marenca* bietet in seinem süßen Bukett von geröstetem Espresso, Zedernholz, chinesischem Schwarztee, Soja und Schwarzkirsch- und Pflaumenfrucht die Quintessenz der Nebbiolo-Traube. Dies und seine Reintönigkeit machen diesen außergewöhnlichen Barolo, der dicht, körperreich und zähflüssig ist, zu einem fesselnden Wein, den man jetzt und im Laufe der nächsten 10–12 Jahre trinken kann. Der *1998er Barolo Margheria* ist von dunklem Pflaumenton und zeigt mehr Struktur und einen verhaltener entwickelten Charakter. Er ist zwar nicht so ausdrucksstark wie der Marenca, aber körperreich, mit hervorragender Konzentration, und entfaltet Noten von Schokolade, Schwarzkirschlikör, Gewürzen und Erde. In diesem eng gewirkten Wein findet man viel Glyzerin, mäßiges Tannin und einen 40 Sekunden langen Abgang. Er lässt sich 10–14 Jahre gut trinken. Der dichte, opulente, schwelgerische *1998er Barolo Vigna Rionda* besitzt erhabene Aromen von Pflaumen und Kirschwasser, Rauch, Balsaholz, schwarzem Tee, Lakritze und Tabak. Opulent, körperreich und herrlich reintönig, verfügt er über genug Glyzerin, Frucht und Tannin, um den Mund zu füllen und auszukleiden. Dieser kraftstrotzende Barolo verlangt eine Kellerreifung von 1–2 Jahren; er wird sich zwischen 2004 und 2018 angenehm trinken lassen.

Der *1997er Barolo* ist ein dekadenter, verschwenderisch reichhaltiger Wein, der eine opulente Textur und prächtige Noten von dicklichen Johannisbeeren und Kirschen, Lakritze, Rauch und gesalzenen Oliven bietet. Er zeigt einen aufregenden, aufgeschlossenen Stil mit wenig Säure und enthält große Mengen von Glyzerin, Frucht und Extrakt. Er ist ein fantastischer Wein, den man jetzt und im Laufe der nächsten 10 Jahre trinken kann. Der tiefgründige, dichte granat-rubinrote *1997er Barolo Marenca* besitzt ein Aufsehen erregendes Bukett von geröstetem Espresso, Kirschwasser, Brombeeren, Tabak, Sardinen, Zedernholz und Leder. Im Mund üppig und körperreich, mit einem exotischen, überreifen Charakter, schmeckt dieser dichte, dickflüssige Barolo wegen des hohen Glyzeringehalts süß. Da dieser 1997er Barolo im kleinen Fass ausgebaut wurde, bleibt er von seinem »Babyspeck« dominiert. Voraussichtliche Genussreife: jetzt–2015. Der *1997er Barolo Margheria* ist stärker strukturiert. Er wird klarere Umrisse gewinnen und zivilisierter werden, wenn er im kleinen und großen Fass gereift ist. Typische Noten von Kirschwasser, getrockneten Blüten, Rosenblättern, Lakritze, Soja, Leder und Tabak verbinden sich mit Düften von Seetang, Schokolade und roten und schwarzen Früchten. Der Margheria besitzt festeres Tannin und mehr Muskelkraft und ist weniger offen gewirkt und auch weniger überschwänglich als der Marenca. Dennoch ist er ein sensationell konzentrierter, körperreicher, kraftvoller Barolo, der eine Kellerreifung von 1–2 Jahren benötigt. Er dürfte 2004–2020 gut zu trinken sein. Einer der größten jungen Barolos, die ich je verkostet habe, ist der *1997er Barolo Vigna Rionda*. Die winzige Produktion wurde vollständig in einem neuen 600-Liter-Holzfass ausgebaut. Hinter einer dichten rubin-granatroten Farbe findet man ein explosives und dennoch beherrschtes Bukett von Tabak, Schwarzkirschen, Trüffeln, getrockneten Kräutern und neuem Sattelleder, das intensiver wird, wenn sich der Wein länger im Glas befindet. Am Gaumen bietet er außerordentliche Opulenz, verschwenderische Reichhaltigkeit, eine viskose Textur, außergewöhnliche Reintönigkeit, Säure, Tannin, Alkohol und Holz, die schön integriert sind, und einen Abgang, der fast eine Minute dauert. Wie so viele 1997er besitzt er unglaubliche Glyzerinmengen, die zu einer Textur führen, die sich – im Gegensatz zu einem Getränk – mit einer feinen Sauce vergleichen lässt, ist aber tadellos ausbalanciert. Er ist ein sensationeller Barolo, der auf magische Weise Exotik und klassischen Charakter vereint. Voraussichtliche Genussreife: 2004–2020.

1996 scheint Pira alles richtig gemacht zu haben. Sein *1996er Barolo* dürfte sich als sensationeller einfacher Barolo mit einem ungewöhnlichen Preis-Leistungsverhältnis erweisen. Er bietet Aromen von Teer, Rosenblättern, Tabak, holzigen Gewürzen und Kirschfrucht, die bei diesem entwickelten, herrlich proportionierten, körperreichen Wein förmlich aus dem Glas springen. Die dunkelrubinrote Farbe bildet den Auftakt für einen süßen, überschwänglichen, hedonistischen Wein, der viel Vergnügen schenkt. Er ist komplex, vollmundig und trinkreif. Voraussichtliche Genussreife: jetzt–2012. Der *1996er Barolo Margheria* kombiniert das Beste vom traditionellen Barolo-Stil mit einem fortschrittlicheren, modernen Stil der Weinbereitung. Die Farbe ist ein satter Pflaumenton. Überreife Aromen von schwarzen Früchten gehen einher mit Düften von Soja, Kaffee, Rauch, Lakritze und getrockneten Kräutern. Dicht und körperreich, mit fantastischer Fruchtintensität, ist dieser vieldimensionale, vielschichtige Wein außergewöhnlich reichhaltig und dennoch süß und aufgeschlossen. Voraussichtliche Genussreife: jetzt–2015. Der *1996er Barolo Marenca* ist noch tiefgründiger, von dunkelrubinroter Farbe und mit einem prächtigen Bukett von Pflaumenlikör und Schwarzkirschen. Er ist ein sinnlicher, körperreicher Wein mit einer opulenten Textur, fabelhaftem Extrakt und einem explosiven 50-Sekunden-Abgang. Er überzieht den Gaumen, ist unglaublich reich an Frucht, Glyzerin und Extrakt und dürfte sich als moderner Klassiker erweisen. Voraussichtliche Genussreife: 2005–2020.

Die klassischen 1995er gehören zu den Superstars dieses guten Jahrgangs. Der *1995er Barolo* zeigt eine entwickelte rubinrote Farbe mit Bernsteintönen am Rand. Er bietet Tabak-, Lakritze- und Kirschfruchtaromen, aber im Mund trocknet der Wein etwas aus. Vollkommen reif, mit einem mageren Abgang, sollte er am besten in den nächsten 3–4 Jahren getrunken werden. Der *1995er Barolo Margheria* präsentiert prachtvolle Aromen von rauchigem Holz, Trüffeln, Kirschlikör, Zedernholz und getrockneten Kräutern. Er ist entwickelt, mit einer sanften, weich texturierten Empfindung im Mund, vollem Körper und hervorragender Reife wie auch Reintönigkeit. Sein aufgeschlossener, zugänglicher Stil legt nahe, dass man ihn im Laufe der nächsten 10 Jahre trinken sollte. Der *1995er Barolo Marenca* bietet klassische Düfte von Rosenblättern sowie Aromen von geschmolzenem Teer, Trüffeln, neuem Sattelleder und Kirschen. Er ist ein vielschichtiger Wein mit Geschmacksnuancen von Tee und Kaffee, die zu dem vielen Glyzerin, der reichhaltigen Schwarzkirschfrucht und der körperreichen, samtigen Struktur hinzukommen. Voraussichtliche Genussreife: jetzt–2014.

GUIDO PORRO

1998	**Barolo Vigna Santa Caterina**	**D**	**(88–89)**
1997	**Barolo Vigna Santa Caterina**	**D**	**88**
1998	**Barolo Vigna Lazzairasco**	**D**	**(87–88)**
1997	**Barolo Vigna Lazzairasco**	**D**	**88**

Dieser Erzeuger aus dem Dorf Serralunga hat zwei ausgezeichnete, elegante, gut entwickelte 1998er Barolos produziert. Seine 1997er schnitten als Proben aus der Flasche besser ab als während der Ausbauphase im Fass.

Der *1998er Barolo Vigna Lazzairasco* ist ein weicher, geschmeidiger Wein, der große Mengen von rauchiger Kirschfrucht bietet, vermischt mit Lakritze, Tabak und grasigen Noten. Er ist reichhaltig im Auftakt und von mittlerem bis vollem Körper. Der satt rubinrote *1998er Barolo Vigna Santa Caterina* besitzt mehr Intensität und Tiefe und einen hohen Gehalt an flüchtiger Säure (was kein Problem sein dürfte, wenn er sich nicht noch weiter erhöht). Sein komplexes Bukett zeigt Aromen von süßen schwarzen Früchten, Rauch, Lakritze und Weihrauch. Von mittlerem bis vollem Körper, mit niedriger Säure und reifem Tannin, wird er 5–6 Jahre lang gut zu trinken sein.

Beide 1997er sind entwickelt und sollten während ihrer ersten 5–6 Lebensjahre getrunken werden. Der fette, runde, säurearme *1997er Barolo Vigna Lazzairasco*, der beträchtliche Anziehungskraft hat, präsentiert sich rauchig und vielschichtig, mit Noten von Kaffee, Kirschen, Kräutern und Tabak. Der *1997er Barolo Vigna Santa Caterina* ist von mittlerem bis vollem Körper und offenbart eine stärker entwickelte Farbe mit Bernsteintönen am Rand. Er besitzt staubtrockenes Tannin, pralle Kirschfrucht und Noten von getrockneten Rosen, geschmolzenem Teer, Kampfer und Lakritze.

FERDINANDO PRINCIPIANO

1998	**Barbera d'Alba La Romualda**	**D**	**90**
1997	**Barbera d'Alba La Romualda**	**D**	**90**

Ist es nicht erstaunlich, wie viele erstklassige Barberas im Piemont auftauchen? Der *1998er Barbera d'Alba La Romualda*, eine hervorragende Leistung dieses Erzeugers, ist ein vielschichtiger, tief rubin-purpurroter Wein, der Aromen von würzigem neuem Eichenholz, Unmengen von roten und schwarzen Früchten und darunter Rauch-, Unterholz- und

Lakritzenoten enthüllt. Trinken Sie ihn in den nächsten 4–5 Jahren. Den verlockenden, entwaffnenden, dickflüssigen, saftigen *1997er Barbera d'Alba La Romualda* werden Leser lieben, die nach Geschmacksnoten von süßen, dicklichen Erdbeeren und Kirschen mit toastwürzigem Eichenholz, viel Glyzerin und einem kräftigen, fleischigen, körperreichen Eindruck am Gaumen suchen. Genießen Sie ihn in den nächsten 5–7 Jahren.

PRODUTTORI DEL BARBARESCO

1996	**Barbaresco Asili**	**E**	**91**
1996	**Barbaresco Moccagatta Riserva**	**E**	**90**
1996	**Barbaresco Montestefano Riserva**	**E**	**88**
1996	**Barbaresco Ovello Riserva**	**E**	**88+**
1996	**Barbaresco Pora**	**E**	**89**
1996	**Barbaresco Rabajà**	**E**	**90+**
1996	**Barbaresco Rio Sordo Riserva**	**E**	**90**

Die Produttori del Barbaresco, eine der Spitzengenossenschaften im Piemont, bieten diese spät auf den Markt gekommenen 1996er Barbarescos an. Ich begann 1978 damit, diese Riservas aus Einzellagen zu kaufen, und habe dies in den meisten Spitzenjahrgängen auch beibehalten. Sie sind unglaublich beliebt und werden zu einem fairen Preis verkauft; deshalb verschwinden sie rasch vom Markt. Alle 1996er waren gerade abgefüllt worden und wurden für den Export vorbereitet, als ich sie 2001 erlebte; daher vermute ich, dass sie mit zusätzlicher Flaschenreifung und Lagerung noch besser sein werden. Als Erzeugnisse der traditionellen Schule der Weinbereitung werden sie 3–4 Jahre in alten Holzfässern ausgebaut, bevor sie abgefüllt werden. Auch wenn jeder davon seine Reblage widerspiegelt, sind sie alle fesselnde Weine, die komplexe Noten von Tabak, Süßkirschen, Lakritze, Rauch und Kräutern bieten. Der *Ovello* und der *Rio Sordo* sind die am stärksten entwickelten und elegantesten. Zu den süßesten und verführerischsten gehören der *Pora*, der *Montestefano* und der *Moccagatta*. Am tiefgründigsten sind der *Asili* und der *Rabajà*. Die Produktion reicht von 10 000 Flaschen für den Asili (von dem die geringste Menge erzeugt wird) bis zu knapp 19000 Flaschen für die anderen Reblagen. Alle sind in einem reintönigen Stil bereitet und verdienen große Beachtung. Sie erfordern alle eine zusätzliche Kellerreifung von 2 Jahren, sogar bei den weiterentwickelten Ovello und Rio Sordo. Das Alterungspotenzial für Ovello, Rio Sordo, Moccagatta und Porca liegt bei etwa 15 Jahren; für Montestefano, Asili und Rabajà beträgt es 15–20 Jahre.

PRUNOTTO

1998	**Barbaresco**	**D**	**87**
1996	**Barbaresco**	**D**	**87**
1995	**Barbaresco**	**D**	**78**
1998	**Barbaresco Bric Turot**	**E**	**91**
1998	**Barbera d'Alba Pian Romualdo**	**C**	**90**
1998	**Barbera d'Asti Costamiole**	**D**	**91**
1998	**Barolo**	**D**	**90**
1997	**Barolo**	**D**	**87**
1996	**Barolo**	**D**	**89+**
1995	**Barolo**	**D**	**88**
1998	**Barolo Bussia**	**E**	**(91–93)**
1997	**Barolo Bussia**	**E**	**94**

Dieses Weingut wurde von der berühmten Firma Marchesi Antinori erworben, die die Kellerei, die Weinberge und die Qualität der Weine weiter verbessert. In Anbetracht dessen, wie gut die Weine von Prunotto in schwierigen Jahrgängen wie 1993 und 1994 ausfielen, hatte ich von den folgenden Jahrgängen mehr erwartet, aber einige seiner Barbarescos (der

1995er und der 1996er) waren robust und monolithisch und besaßen nicht den Charakter, den ich von Prunottos Weinen eigentlich gewohnt bin, während die Barolos aus den gleichen Jahrgängen solide waren. Die 1997er zeigen eine klare Verbesserung, die von den ausgezeichneten 1998ern bestätigt wird.

In einem für Prunotto starken Jahrgang ist der *1998er Barbaresco* der leichteste Wein, aber er besitzt stilvolle, attraktive, süße Himbeer- und Kirschfrucht, vermischt mit getrockneten Kräutern und Gewürzen. Er ist zwar weder konzentriert noch tief, aber rund, saftig, gut ausgewogen, in reichem Maße fruchtig und harmonisch. Genießen Sie ihn in den nächsten 4–5 Jahren. Der im Barrique ausgebaute, kraftstrotzende *1998er Barbera d'Alba Pian Romualdo* präsentiert einen satten Pflaumen-Purpur-Ton und ein herrlich explosives Bukett von süßem, toastwürzigem Eichenholz, verbunden mit Schokolade, Gewürzen, schwarzen Früchten und Lakritze. Überaus reich, von mittlerem Körper und mit Frucht vollgepackt, lässt er sich 3–4 Jahre gut trinken; diese Weine verbessern sich selten durch längere Lagerung. Der komplexe *1998er Barbera d'Asti Costamiole* offenbart erdige, toastwürzige Noten, die sich mit Pflaumen, Cola, Blüten und gerösteten Kräutern mischen. Eine ganze Wagenladung von Frucht und Glyzerin trifft bei diesem körperreichen, fetten, fleischigen Barbera den Gaumen. 12 Monate in neuen Eichenfässern vergoren und ausgebaut, bevor er ohne Filtration abgefüllt wurde, lässt er sich 5–6 Jahre gut trinken. Der erstaunliche, tiefe, körperreiche *1998er Barbaresco Bric Turot* ist von dunklem Pflaumen-Rubin-Ton, vielschichtig, mit rauchigen Aromen von schwarzen Früchten, Grafit, neuem Sattelleder und Vanille. Der reichhaltige, konzentrierte Wein mit süßem Tannin wird zwischen jetzt und 2015 am besten sein. Der *1998er Barolo* ist ein körperreicher, fleischiger Wein, der typische Noten von Lakritze, Rosenblättern, geschmolzenem Teer und getrockneten roten und schwarzen Früchten offenbart. Er ist süß und opulent texturiert, mit für einen so jungen Barolo überraschender Harmonie. Tannin und Säure sind bei diesem fleischigen, offenen Wein gut integriert. Trinken Sie ihn während seiner ersten 10–12 Lebensjahre. Der dichte rubinrote *1998er Barolo Bussia* zeigt einen in den Kopf steigenden, berauschenden Duft von Ahornsirup, vermischt mit Kirschwasser, Zigarrenrauch, getrockneten Kräutern und Zedernholz. Sinnlich texturiert, schön konzentriert, reintönig, reichhaltig und lang (der Abgang dauert 35 Sekunden), ist er weich genug, dass man ihn schon jetzt trinken kann, aber ich vermute, dass das Tannin wieder zum Vorschein kommen und der Wein sich verschließen wird. Voraussichtliche Genussreife: 2005–2018.

Der einfache *1997er Barolo* bietet eine attraktive dunkelrubin-granatrote Farbe, niedrige Säure und weiche, fette, leicht rauchige Geschmacksnoten von Kirschfrucht, Zedernholz und Toastbrot. Reif und von mittlerem Körper, sollte er am besten in den nächsten 4–5 Jahren getrunken werden. Der tiefgründige *1997er Barolo Bussia* besitzt intensive Aromen von Melasse, Kirschlikör, geschmolzenem Teer, Lakritze und Toastbrot. Man kann diesen hedonistischen, dick- und zähflüssigen Barolo, der dicht und köperreich ist und enorme Mengen Glyzerin und Fett enthält, jetzt und im Laufe der nächsten 12–15 Jahre trinken.

Der dunkelrubinrote *1996er Barbaresco* zeigt im Bukett neben Zedernholz, gerösteten Mandeln und Kräutern eine attraktive Kirschfrucht. Gut gemacht, reintönig und von mittlerem Körper, mit mäßigem Tannin im eckigen Abgang, dürfte er vor 2008 seine Bestform haben. Der *1996er Barolo* bietet mehr Mineralität, zusammen mit Schwarzkirschen und geschmolzenem Teer. Der würzige, reichhaltige, potenziell sehr gute Wein von mittlerem bis vollem Körper ist robust und schlicht. Vielleicht kommt bei der Flaschenalterung mehr Komplexität zum Vorschein. Voraussichtliche Genussreife: jetzt–2014.

Der *1995er Barbaresco* präsentiert weiche, von Tabak durchdrungene Kirschfrucht, mäßige Konzentration und einen mageren, komprimierten, verwässerten, strengen Abgang. Trinken Sie ihn in den nächsten 2–3 Jahren. Der *1995er Barolo* ist ein eleganter, in einem leichteren Stil gehaltener Wein mit reizvoller, von Rauch erfüllter, kräuterartiger Kirschfrucht, mittlerem Körper und erdigem Charakter. Mäßiges Tannin im Abgang weist darauf hin, dass eine Alterung notwendig ist, aber dieser Wein besitzt nicht die Substanz für eine längere Kellerreifung. Trinken Sie ihn in den nächsten 3–4 Jahren.

QUORUM

1999	**Barbera d'Asti**	**E**	**95**
1998	**Barbera d'Asti**	**E**	**96**

Dieser Zusammenschluss einer Gruppe piemontesischer Erzeuger zu einer Genossenschaft demonstriert die Aufsehen erregende Qualität, die sich mit Barbera erreichen lässt. Der glänzende Önologe Riccardo Cotarella ist die magische Kraft hinter diesen Weinen, die von bescheidenen Erträgen (35 hl/ha) erzeugt werden, eine malolaktische Gärung durchlaufen, mit Umpumpen des Mosts und Untertauchen des Tresterhuts und ohne Filtration abgefüllt werden, nachdem sie 10 Monate in zu 100% neuen französischen Eichenfässern gereift sind.

Der *1999er Barbera d'Asti*, eine spektakuläre Leistung für diese Rebsorte, mag zwar nicht die Vornehmheit besitzen, dass er länger als 6–8 Jahre altern kann, aber wenn man ihn im Laufe der nächsten 5–6 Jahre trinkt, besteht kein Zweifel an seinen explosiven Qualitäten und an seiner außerordentlichen Reife und Reichhaltigkeit. Auf eine undurchdringliche purpurrote Farbe folgt ein prächtiges Bukett von schwarzen Früchten, Kaffee, Vanille, Schokolade und Lakritze. Dieser großartig ausgestattete, körperreiche, gehaltvolle, intensiv konzentrierte, opulente Barbera ist großartig. Voraussichtliche Genussreife: jetzt–2010.

Der *1998er Barbera d'Asti* besitzt satte 13,7% Alkohol und einen (für einen Barbera) ziemlich hohen pH-Wert von 3,6. Kurz gesagt: Er ist ein verblüffender Barbera. Auf eine intensive, dichte, undurchdringliche Pflaumen-Purpur-Farbe folgen hoch konzentrierte Brombeer-, Erdbeer- und Kirscharomen, eine opulente, fette, üppige Textur und explosive Frucht, Reintönigkeit und Reichhaltigkeit. Der berauschende, verschwenderisch reichhaltige Abgang dauert über 30 Sekunden. Man kann kaum einen besseren Barbera machen! Trinken Sie ihn in den nächsten 4–5 Jahren.

RENATO RATTI

1998	**Barolo Marcenasco**	**E**	**89**
1997	**Barolo Marcenasco**	**E**	**91**
1998	**Barolo Conca Marcenasco**	**E**	**87+?**
1998	**Barolo Rocche Marcenasco**	**E**	**87**
1997	**Barolo Rocche Marcenasco**	**E**	**92+**
1996	**Barolo Rocche Marcenasco**	**E**	**90**
1995	**Barolo Rocche Marcenasco**	**E**	**88**

Rattis Weine sind zumeist in einem modernen Stil bereitet, auch wenn sie so schmecken, als würde dieser Erzeuger immer noch mit einem Bein fest in der Vergangenheit stehen – keine schlechte Kombination. Alle 1998er Barolos sind mittelschwere, duftige, erdige Weine, die man am besten in ihrem ersten Lebensjahrzehnt trinken sollte. Ich habe zwei 1997er probiert, von denen beide die 1998er übertroffen haben. Der ausgezeichnete 1996er ist überdies besser als die solide hergestellten 1995er.

Der *1998er Barolo Marcenasco* ist von mittlerem Körper und zeigt in seinen Aromen und Geschmacksnuancen (Leder, Kirschen, Gewürze und Tabak) am meisten Süße und Duftigkeit. Obwohl er nicht viel Tiefe besitzt, ist er bezaubernd und gut gemacht. Etwas leichter, mit weniger Konzentration, ist der *1998er Barolo Rocche Marcenasco.* Möglicherweise habe ich ihn in einem weniger ausdrucksvollen Stadium erlebt, aber er erschien geradlinig, mit weniger Fülle und Tiefe als seine Brüder. Es empfiehlt sich, ihn während seiner ersten 8–10 Lebensjahre zu trinken. Der Tanninreichste aus diesem Trio ist der *1998er Barolo Conca Marcenasco.* Er offenbart zwar Magerkeit, Strenge und Tannin, besitzt aber auch viel Würzigkeit im Hintergrund und einen zurückhaltenden Charakter. Im Idealfall würde ich mit dem Entkorken 1–2 Jahre warten. Dieser Wein ist zwischen den erzkonservativen Traditionalisten (wie sie Giacomo Conterno und Bruno Giacosa verkörpern) und der Vorhut der Modernisten (z. B. Elio Altare) anzusiedeln. Voraussichtliche Genussreife: 2005–2015.

Der duftige, offen gewirkte, aufregende *1997er Barolo Marcenasco* zeigt herrliche Süße, einen expansiven, körperreichen Eindruck am Gaumen, eine cremige Textur und überreife Noten von Schwarzkirschen, Himbeeren und Johannisbeeren sowie einen Hauch von Ahornsirup. Fleischig, kraftvoll und klar umrissen, kann man ihn jetzt und im Laufe der nächsten 12 Jahre trinken. Der wundervolle *1997er Barolo Rocche Marcenasco* bietet komplexe Aromen von Soja, Erde, Wurzelgemüse, Sardinen und rauchiger Schwarzkirsch- und Brombeerfrucht. Dieser körperreiche Barolo besitzt mehr Struktur und Tannin als seine Brüder und einen dichteren, längeren Abgang. Voraussichtliche Genussreife: jetzt–2018.

Der *1996er Barolo Rocche Marcenasco* ist von eindrucksvollerem Rubin-purpurrot und zeigt ein aggressives Bukett von gerösteten Kräutern, Gewürzen sowie Schwarzkirsch- und Brombeerfrucht. Körperreich, mit feinem Eichenholz im Hintergrund, ist dieser dichte, konzentrierte, stark extrahierte Wein ein Klassiker. Voraussichtliche Genussreife: 2004–2018.

Der *1995er Barolo Rocche Marcenasco* ist für den Jahrgang ein sehr guter Wein, der Aromen von Tabakrauch, Zedernholz, Gewürzen und lebhaften, süßen, dicklichen Kirschen präsentiert. Man findet darin ausgezeichnete Reichhaltigkeit, eine offen gewirkte, runde Persönlichkeit, einen süßen mittleren Geschmack und reifes Tannin in einem mäßig langen Abgang von mittlerem bis vollem Körper. Dieser schon trinkreife Barolo verspricht, dass er sich 8 Jahre lang entwickeln kann.

FRATELLI REVELLO

1998	**Barbera d'Alba Ciabot du Re**	**C**	**92**
1997	**Barolo**	**D**	**89**
1996	**Barolo**	**D**	**88**
1995	**Barolo**	**D**	**90**
1998	**Barolo Vigna Conca**	**E**	**(92–94)**
1997	**Barolo Vigna Conca**	**E**	**93**
1998	**Barolo Vigna Giachini**	**E**	**(90–91)**
1997	**Barolo Vigna Giachini**	**E**	**93**
1996	**Barolo Vigna Giachini**	**E**	**90**
1995	**Barolo Vigna Giachini**	**E**	**89+**
1998	**Barolo Vigna Rocche dell'Annunziata**	**E**	**(88–90)**
1997	**Barolo Vigna Rocche dell'Annunziata**	**E**	**91**
1996	**Barolo Vigna Rocche dell'Annunziata**	**E**	**91+**

Revello, ein weiterer hochwertiger Erzeuger in La Morra, der immer bessere Weine hervorbringt, stellte 1998er her, die allesamt elegant und aromatisch sind und schöne Geschmacksnuancen bieten. Seine Crus aus Einzellagen sind sowohl beim 1996er als auch beim 1997er außergewöhnlich. Leser, die mehr Struktur, Muskelkraft und Tannin bevorzugen, werden die 1996er lieber mögen; wer schwelgerische, aufsehenerregende, reichhaltige, fast überreife, marmeladenartige Weine mit gewaltigen Glyzerin- und Extraktmengen gerne hat, wird an den 1997ern seine Freude haben.

Den *1998er Barbera d'Alba Ciabot du Re* sollten Leser probieren, die nach einem im Barrique gereiften Barbera mit spektakulärer Konzentration, Dichte und Duftigkeit suchen. Er besitzt eine dunkelrubin-purpurrote Farbe, große Intensität, phänomenale Aromen von Rauch, Schokolade, Erdbeeren, Kirschen und Brombeeren, eine dicke, fette, kernige Struktur und einen üppigen, rauchigen Abgang. Genießen Sie ihn in den nächsten 2–3 Jahren. Der *1998er Barolo Vigna Giachini* zeigt eine dunkelrubin-granatrote Farbe und ein intensiv duftendes Bukett von Rosenblättern, Kräutern, neuem Eichenholz, Pflaumen und Schwarzkirschen. Er offenbart eine klassische Struktur, mäßiges Tannin, gute Festigkeit und Reintönigkeit und einen langen, klar umrissenen Abgang von mittlerem bis vollem Körper.

Voraussichtliche Genussreife: jetzt–2015. Der dunkelrubin-granatrote *1998er Barolo Vigna Conca* bietet ein explosives Bukett von Teeröl, Kirschlikör, Zedernholz, neuem Sattelleder, Soja und Kräutern der Provence. Dicht, körperreich und überaus gehaltvoll, mit einem 45-Sekunden-Abgang, lässt sich dieser vielschichtige, vieldimensionale, gut ausbalancierte, überwältigende Wein jetzt–2016 gut trinken. Der dunkelrubinrote *1998er Barolo Vigna Rocche dell'Annunziata*, der symmetrisch, zurückhaltend und in einem delikaten Stil gehalten ist, besitzt eine sehr gute Gesamtausgewogenheit, aber nicht die Tiefe, das Gewicht oder die geschmackliche Textur und Fülle seiner beiden Brüder. Dennoch gibt es eine Menge, was man an diesem Wein mögen kann. Voraussichtliche Genussreife: jetzt–2012.

Der *1997er Barolo* präsentiert ein nach Erde, Wurzelgemüse, Kräutern und schwarzen Früchten duftendes Bukett, mittleren bis vollen Körper, viel Glyzerin und die für diesen Jahrgang im Piemont typische fette Textur und Saftigkeit. Er ist bereits köstlich und sollte am besten im Laufe der nächsten 5 Jahre getrunken werden. Der verblüffende Duft (Fleisch, Wurst und Gewürze) des *1997er Barolo Vigna Giachini* – er ist von dunklem Pflaumen-Granat-Ton – erinnert an eine französische Wurstplatte. Körperreich, opulent, fett und reichhaltig, mit Noten von Wurst, Kräutern, Pfeffer, Gewürzen, Soja und neuem Eichenholz, kann man diesen üppigen, cremig texturierten Wein jetzt und im Laufe der nächsten 15 Jahre trinken. Der *1997er Barolo Vigna Conca* (von dem 100 Kisten erzeugt wurden) offenbart ein an Ahornsirup und braunen Zucker erinnerndes Aroma, vermischt mit Düften von Kirschlikör, Rosenblättern, Tabak und Gewürzen. Der korpulente, stark extrahierte, säurearme, pflaumige Wein gehört zu den üppigsten Barolos aus diesem verschwenderischen, dekadent ausgefallenen Jahrgang. Trinken Sie ihn im Laufe der nächsten 12 Jahre. Auf der Grundlage meiner Fassproben hatte ich in den *1997er Barolo Vigna Rocche dell'Annunziata* höhere Erwartungen gesetzt. Er ist zwar hervorragend, aber meine Verkostungsnotizen deuteten darauf hin, dass er sich möglicherweise als tiefgründig herausstellen würde. Er besitzt einen entwickelten Pflaumen-Granat-Ton, mehr Struktur als seine Brüder, große Mengen von Tabak-, Kräuter-, Pfeffer- und Kirschwasseraromen, große Reichhaltigkeit und einen süßen, körperreichen Geschmack, aber nicht die Fülle und die Gesamtstruktur, die ich erwartet hatte. Dennoch ist er ein fantastischer Barolo, den man in seinen ersten 12–15 Lebensjahren trinken sollte.

Der *1996er Barolo* bietet ein durchdringendes, nach Schwarzkirschen duftendes Bukett mit Noten von Rauch, Erde und Leder. Würzig, von mittlerem Körper und mäßig tanninhaltig, ist er stärker strukturiert und muskulöser als sein weiter entwickelter Bruder von 1995. Voraussichtliche Genussreife: jetzt–2008. Der *1996er Barolo Vigna Giachini* besitzt eine tiefrubinrote Farbe und ein starkes, kräftig duftendes Bukett von Kirschfrucht, Zedernholz, Früchtebrot, getrockneten Kräutern und Lakritze. Im Mund kommen Tabaknuancen zum Vorschein. Dieser Wein ist vielschichtig, körperreich, opulent und dicht, wobei der größte Teil des Tannins vom hohen Extrakt und der Konzentration überdeckt wird. Er ist durch Stärke und Symmetrie gekennzeichnet, mit einem großartigen inneren Fruchtkern. Voraussichtliche Genussreife: jetzt–2020. Der *1996er Barolo Vigna Rocche dell'Annunziata* ist extrem duftig und entfaltet Aromen von getrockneten Kräutern, dicklicher Kirschfrucht, Rauch, asiatischen Gewürzen und neuem Sattelleder. Im Mund entdeckt man großartige Reintönigkeit, vollen Körper und riesige Mengen von Tannin. Dieser in der Entwicklung zurückgebliebene, dichte, im Umfang gewaltige Barolo wird seine Bestform zwischen 2005 und 2020 haben.

Wie die anderen einfachen Barolos wurde der *1995er Barolo* in 2–3 Jahre alten Holzfässern ausgebaut. Ein für den Jahrgang gelungener Wein. Er bietet ein aufregendes, explosives, nach Kirschen duftendes Bukett mit Noten von Schokolade, schwarzem Teer und würzigem Eichenholz. Er ist üppig und rund und einigen der eigenwilligen, opulenten 1997ern nicht unähnlich. Trinken sollte man diesen entwickelten Wein in den nächsten 3–4 Jahren. Der *1995er Barolo Vigna Giachini* ist ein tanninreicherer, zurückhaltenderer Wein mit einer nicht zu kräftigen rubinroten Farbe, die am Rand Bernsteintöne enthüllt. Das mäßig duftige Bukett zeigt Tabak, getrocknete Kräuter und Kirschfrucht. Dieser verschlossene Barolo braucht nochmals 1–2 Jahre Flaschenreifung. Er dürfte 10 Jahre lang gut zu trinken sein.

FRANCESCO RINALDI

1998	**Barolo Cannubio**	**D**	**87**
1997	**Barolo Cannubio**	**D**	**88**

Der in einem leichteren Stil gehaltene *1998er Barolo Cannubio* von dunklem Pflaumen-Granat-Ton zeigt klassische Nebbiolo-Aromen von geschmolzenem Teer, Rosenblättern und Kirschfrucht. Dieser weiche, reife Wein von mittlerem Körper, der auf traditionelle Weise hergestellt worden ist, lässt keine Anzeichen von neuem Eichenholz erkennen. Genießen Sie ihn in den nächsten 4–5 Jahren. Der dunkle Pflaumen-Ton des *1997er Barolo Cannubio* enthüllt am Rand rosa Nuancen. Diesen weichen, runden, sanften und trotzdem geschmackvollen Barolo, einen mittelgewichtigen Wein mit Noten von Rosenwasser, Kirschen, Leder und Teer, kann man jetzt und im Laufe der nächsten 10 Jahre genießen.

GIUSEPPE RINALDI

1998	**Barolo Brunate Le Coste**	**D**	**86?**
1997	**Barolo Brunate Le Coste**	**D**	**90+**

Extrem hohe Säure und adstringierendes Tannin machen es schwierig, den *1998er Barolo Brunate Le Coste* zu bewerten. Die Farbe ist ein dunkler Pflaumenton mit Bernsteintönen am Rand. Der verschlossene Geruchseindruck lässt Spuren von Teer, Rosenblättern, Kirschen und Tabak erkennen. Der Auftakt ist elegant, aber die hohe Säure und das Tannin pressen den mittleren Geschmacksbereich und den Abgang zusammen. Hinter der Säure und dem Tannin mag es mehr geben, als ich feststellen konnte, aber dieser verschlossene Wein braucht eine Kellerreifung von 2–3 Jahren, damit er sein ganzes Potenzial zeigen kann. Er ist bestimmt streng im Stil, aber ich bin mir nicht sicher, ob die Frucht je die strukturelle Härte überwinden kann. Der *1997er Barolo Brunate Le Coste*, ein Barolo im alten Stil, bietet einen dichten, satten Pflaumen-Granat-Ton sowie Aromen von Blüten, Zimt, Piment, getrockneten Kräutern, Erde, Lakritze und von mineralisch angehauchten Schwarzkirschen. Dieser klassische, straff texturierte Barolo, der vielschichtig und kraftvoll ist, mit adstringierendem Tannin und einer gewaltigen Fruchtkonzentration, wird von Traditionalisten bewundert werden. Der Zauber wird nach einer Kellerreifung von 2–3 Jahren zum Vorschein kommen, auch wenn Sie nicht erwarten sollten, dass dieser Wein die Geschmeidigkeit oder den aufregenden, von neuem Eichenholz geprägten Stil eines Barolos von einem modernistischen Weinmacher besitzen wird. Voraussichtliche Genussreife: 2005–2018.

VIGNA RIONDA

1999	**Barbera d'Alba Gisep**	**C**	**91**
1998	**Barolo**	**D**	**(82–85)**
1997	**Barolo**	**D**	**82**
1998	**Barolo Vigna Margheria**	**D**	**(83–87)**
1997	**Barolo Vigna Margheria**	**E**	**87**
1996	**Barolo Vigna Margheria**	**E**	**89+**
1998	**Barolo Vigna Parafada**	**E**	**(88–89)**
1997	**Barolo Vigna Parafada**	**E**	**90**
1996	**Barolo Vigna Parafada**	**E**	**90**
1998	**Barolo Vigna Rionda**	**E**	**(87–88)**
1997	**Barolo Vigna Rionda**	**E**	**90**
2000	**Dolcetto d'Alba Vigna Barilot**	**B**	**87**

1999 Langhe Rosso Piria D 88

1997 Langhe Rosso Piria D 89

Die Gebrüder Massolino, die Inhaber dieses Guts, besitzen viele Weinberge in Serralunga d'Alba und verfügen dabei über einige großartige Reblagen. Dieser traditionelle Weinmacher baut alle seine Cuvées in großen Fässern aus, mit Ausnahme seines Parafada, der zu etwa 50% im Barrique reift. Sein Markenwein Piria, ein Verschnitt, der zu gleichen Teilen aus Nebbiolo und Barbera besteht, wird in französischen Eichenfässern vergoren und ausgebaut. In den letzten Jahrgängen hat er immer bessere Weine erzeugt. Ansonsten glaube ich nicht, dass die 1998er so beständig wie die großartigen 1997er ausfielen, aber die früh auf den Markt gekommenen 1999er und 2000er bieten ein sehr gutes Preis-Leistungsverhältnis.

Der *2000er Dolcetto d'Alba Vigna Barilot* ist ein im modernen Stil bereiteter, reichhaltiger, fruchtiger Wein, der gute Tiefe, eine geschmeidige Textur und sehr gute Reintönigkeit zeigt. Er ist ein unkomplizierter Zechwein, den man in den nächsten 2–3 Jahren genießen kann.

Der spektakuläre, im modernen Stil bereitete *1999er Barbera d'Alba Gisep* reift zu 100% in neuen französischen Eichenfässern; seine Frucht hat die Toastbrot- und Vanillenoten des Holzes vollständig absorbiert. Eine schwarz-purpurrote Farbe geht einher mit einem prachtvollen Duft nach Lakritze, Brombeeren, Kirschen, Cola und Mokka. Der Abgang ist lang, texturiert, körperreich und geschmeidig. Superreifer Barbera scheint neues Eichenholz zu lieben und verdaut es besser als jeder andere Wein der Welt. Trinken Sie diesen schönen Wein in den nächsten 4–5 Jahren. Solche Weine mögen zwar überaus konzentriert und jugendlich wirken, altern aber selten länger ein halbes Dutzend Jahre gut. Der *1999er Langhe Rosso Piria* bietet ein komplexes Bukett von Tabak, Erdbeeren und Kirschen mit Lakritze und Gewürzen im Hintergrund. Er ist zwar reichhaltig, von mittlerem Körper und komplex, aber er besitzt nicht die Überschwänglichkeit, Fülle und Dickflüssigkeit des erstaunlichen Barbera. Leser, die nach mehr Subtilität und Nuancen suchen, sollten sich an den 1999er Piria halten.

Der ehrliche, leichte, elegante *1998er Barolo* ist von mittlerem Körper und besitzt gute Rundheit und Weichheit, aber es mangelt ihm an Tiefe und Substanz. Zudem enthüllt seine entwickelte Farbe am Rand beträchtliche Bernsteintöne. Diesen Barolo sollte man am besten in den nächsten 4–5 Jahren trinken. Der *1998er Barolo Vigna Parafada* zeigt ein komplexes Aromenprofil von getrockneten Kräutern und den an Herbstlaub erinnernden Stil, den man bei Barolos im traditionellen Stil oft findet. Im Mund ist er würzig und reif, mit ausgezeichneter Konzentration und einem Hauch von Vanille, der vom Barrique herrührt. Gute Süße, reichliche Schwarzkirschfrucht und reifes Tannin deuten darauf hin, dass man ihn zwischen 2004 und 2015 trinken kann. Ein anderer weicher, leichter Wein, der nur am Rande interessiert, ist der *1998er Barolo Vigna Margheria*, der mittleren Körper, Geschmeidigkeit und einen kurzen Abgang ohne Tiefe und Länge offenbart. Er muss im Laufe der nächsten 4–5 Jahre getrunken werden. Der seidig texturierte mittelgranatrote *1998er Barolo Vigna Rionda* schließlich bietet komplexe Aromen von Kirsch-Hustensirup, vermischt mit Kräutern der Provence, Gewürzen und Teer. Dicht, mit ausgezeichneter Fruchtkonzentration, guter Süße auf der Zunge und am mittleren Gaumen sowie reifem Tannin, wird er zwischen 2004 und 2014 auf seinem Höhepunkt sein.

Der *1997er Langhe Rosso Piria*, dunkelrubin-granatrot mit Bernsteintönen am Rand, zeigt in seinem duftigen Bukett Zedernholz, getrocknete Kräuter, Kirschen und Holzrauch. Rund, reif, würzig, von mittlerem Körper und geschmeidig texturiert, kann man ihn in den nächsten 5–6 Jahren trinken. Der *1997er Barolo* von mittlerem Körper, der eine für den Jahrgang überraschend gute Säure und eine entwickelte granatrote Farbe mit Bernsteinrand hat, ist ein gefälliger, auf traditionelle Weise hergestellter Wein, den man im Laufe der nächsten 4–5 Jahre trinken sollte. Der hervorragende *1997er Barolo Vigna Parafada* ist ein körperreicher Wein von dichter rubin-granatroter Farbe, vielschichtig auf der Zunge und mit großen Mengen von Aromen und Geschmacksnuancen, die an Lakritze, Rosenblätter, Teer und Kirschwasser erinnern. Tief, mit mäßigem Tannin und der Öligkeit und Süße des Jahrgangs, wird er bis 2016 in Bestform sein. Der *1997er Barolo Vigna Margheria*, der ebenfalls bereits recht entwickelt ist und beträchtliche Bernsteinnuancen am Rand zeigt, bietet in seinen Aromen im Duft und im Geschmack Noten von getrockneten Blüten, Feigen, Tabak, altem Eichenholz, Pilzen und Kirschen. Er ist von mittlerem Körper und würzig und dürfte 10 Jahre lang gut zu trinken sein. Der aufregende, vielschichtige, entwickelte *1997er Barolo Vigna Rionda* wurde offensichtlich von äußerst reifem Traubengut erzeugt, wie der dunkle Granat-Bernstein-Ton und der süße Duft von Rauch, Karamell, Toffee und Espresso beweisen, der Noten von Schwarzkirschen, Pflaumen und Backpflaumen enthält. Dieser körperreiche Wein hat einen nahtlosen Charakter ohne Ecken und Kanten. Er dürfte sich 15 Jahre lang gut trinken lassen.

Der hervorragende dunkelrubin-granatrote *1996er Barolo Vigna Parafada* bietet Aromen von Zigarrenkiste, Kirschlikör, Lakritze und Gewürzen und dichte, intensive, konzentrierte Geschmacksnuancen von Sauerkirschen im alten Stil mit Glyzerin und Extrakt. Er ist reichhaltig und zugänglich und wird sich 12 Jahre lang schön entwickeln. Der dunkelrubin-granatrote *1996er Barolo Vigna Margheria* hingegen ist verhaltener entwickelt, mit Noten von Gewürzen, Lakritze, Trüffeln, Erdbeeren und Schwarzkirschen, vollem Körper, nicht sehr hohem Tanningehalt, Süße, Glyzerin und einem staubtrockenen, konzentrierten, vielschichtigen Abgang. Voraussichtliche Genussreife: 2004–2018.

GIUSEPPE RIVETTI

1995	**Barbaresco La Spinetta**	**C**	**87**
1998	**Barbaresco Vigneto Valeirano**	**D**	**92**
1997	**Barbaresco Vigneto Valeirano**	**D**	**91**
1998	**Barbaresco Vigneto Gallina**	**D**	**92**
1997	**Barbaresco Vigneto Gallina**	**D**	**96**
1996	**Barbaresco Vigneto Gallina**	**D**	**90**
1998	**Barbaresco Vigneto Starderi**	**D**	**90+**
1997	**Barbaresco Vigneto Starderi**	**D**	**92+**
1996	**Barbaresco Vigneto Starderi**	**D**	**90**
1999	**Barbera d'Alba Vigneto Gallina**	**D**	**96**
1998	**Barbera d'Alba Vigneto Gallina**	**D**	**95**
1997	**Barbera d'Alba Vigneto Gallina**	**D**	**95**
1996	**Barbera d'Alba Vigneto Gallina**	**D**	**92**
1999	**Barbara d'Asti**	**D**	**94**
1998	**Barbara d'Asti**	**D**	**93**
1999	**Monferrato Rosso Pin**	**D**	**95**
1998	**Monferrato Rosso Pin**	**D**	**91**
1997	**Monferrato Rosso Pin**	**D**	**90**
1996	**Monferrato Rosso Pin**	**D**	**89+**

Für Giorgio Rivetti, der in der italienischen Presse ein ungeheuer gutes Echo gefunden hat, scheint alles richtig zu laufen. Er beweist eine meisterliche Hand, ob er nun Barbera, Barbaresco oder den roten Pin erzeugt. Seine berühmtesten Weine sind seine außergewöhnlichen, leicht süßen Moscato-Schaumweine, die hier nicht besprochen werden, weil sie, wenn sie auf den Markt kommen, innerhalb eines Jahres getrunken werden müssen. Seine schönen 1998er Barbarescos liegen nur knapp unter seinen schwelgerischen, überaus exotischen, fast extremen 1997ern, die bei der Verkostung aus der Flasche alle deutlich besser abschnitten als bei der Fassprobe. Alle seine Weinberge sind an Hängen angelegt, die rund um das Dorf Treiso liegen. Vor kurzem hat Rivetti einen Weinberg in Barolo gekauft, von dem kleine Weinmengen ab dem Jahrgang 2000er auftauchen werden. Die Barbarescos werden in verschiedenen Holzfässern ausgebaut, von denen etwa 18% neue französische Eichenfässer sind.

Der *1999er Monferrato Rosso Pin*, ein Verschnitt von Cabernet Sauvignon und Nebbiolo, ist ein exotischer, reifer, verschwenderisch intensiver Wein, der extravagante, fast schon exzessive Geschmacksnoten zeigt. Er ist sinnlich texturiert, mit fantastischen Aromen von roten und schwarzen Früchten, Rauch und neuem Eichenholz. Man neigt zwar zu der Ansicht, dies sei ein Wein im internationalen Stil, aber die Nebbiolo-Traube verleiht dem Wein eine Feinheit und Komplexität, die man in den meisten Weinen neuen Schlags nicht findet. Seine Textur, Reichhaltigkeit und Dickflüssigkeit ziehen einen ungeheuer an. Wer weiß, wie er altern wird, aber bestimmt ist es unmöglich, ihm im Augenblick zu widerstehen. Mein Instinkt sagt mir, dass man ihn in den nächsten 5–6 Jahren trinken sollte, aber möglicherweise ist er ungewöhnlich langlebig. Der *1999er Barbera d'Alba Vigneta Gallina* ist spitze! Ich bin nicht sicher, ob er noch besser wird, denn Barbera zählt hinsichtlich Komplexität und Intensität nicht zu den edelsten Rebsorten. Er bietet jedoch grandiose Konzentration und ein gewaltiges Bukett von Rauchfleisch sowie Brombeer-, Kirsch- und Erdbeermarmelade, verwoben mit Lakritze, neuem Eichenholz und Barbecue-Gewürzen. Zähflüssig, bemerkenswert dicht und aufregend – es ist unmöglich, ihm zu widerstehen. Für einen Trinkgenuss jetzt und in den nächsten 4–5 Jahren ist dies ein trockener Rotwein, wie die Leser keinen nachhaltigeren finden werden.

Der zurückhaltendere (auch wenn dies kaum das passende Wort ist) schwarz-purpurrote *1999er Barbera d'Asti* zeigt wunderbare Süße, dickliche Pflaumen- und Johannisbeernoten und toastwürziges Eichenholz durch seinen Ausbau in neuen Barriques. Er ist viskos, dickflüssig und marmeladig, mit großen Mengen von Frucht, Glyzerin und Extrakt. Trinken sollte man diesen außerordentlich reintönigen, faszinierenden Wein, der den Mund auskleidet, in den nächsten 3–4 Jahren, damit man in den Genuss seiner Überschwänglichkeit und seiner außergewöhnlichen Frucht kommt.

Der komplexe, elegante *1998er Barbaresco Vigneto Gallina* enthüllt Aromen und Geschmacksnuancen von Pfeffer, Zedernholz, Schwarzkirschen, Pflaumen, Soja, Erde und neuem Eichenholz. Körperreich, reintönig, nahtlos und gut ausbalanciert, mit niedriger Säure, dürfte dieser ausdrucksvolle, wunderschön gemachte Wein 10 Jahre lang gut zu trinken sein. Der hinreißend komplexe *1998er Barbaresco Vigneto Valeirano* besitzt ein unverkennbares Bukett von Lakritze, *root beer* (alkoholfreies Getränk aus Pflanzenwurzeln), Erde, Kirschlikör, Rosenblättern und Trüffeln. Trinken Sie diesen komplexen, dichten, opulent texturierten, hedonistischen Wein in den nächsten 10 Jahren. Der *1998er Barbaresco Vigneto Starderi* ist weniger ausdrucksstark als seine beiden Brüder und offenbart mehr Tannin und Struktur und ein zurückhaltendes, wenig entwickeltes Bukett. Der dunkelrubinrote Wein, der rund und körperreich ist, mit Noten von Lakritze, neuem Eichenholz und Schwarzkirschen, dürfte sich in den nächsten 10–12 Jahren gut trinken lassen. Der undurchdringlich purpurrote *1998er Barbera d'Alba Vigneto Gallina* (ein wundervoller Barbaresco-Weinberg außerhalb von Neive) wurde zu 100% in neuen Eichenfässern ausgebaut. Er bietet einen großartigen Duft nach Schokolade, Zedernholz, Schwarzkirschen, Kirschlikör und Rauch. Der massive und trotzdem gut ausbalancierte, vielschichtige Wein ist explosiv. Trinken Sie ihn in den nächsten 4–5 Jahren. Von ähnlicher Größe, Explosivität, Stärke und Reichhaltigkeit ist der *1998er Barbera d'Asti*. Noch fruchtbetonter, mit weniger Würzigkeit und Komplexität, aber mit der gleichen Gewichtigkeit, Masse und Intensität, stellt er einen dynamischen, vollmundigen Barbera dar. Der *1998er Monferrato Rosso Pin* ist ein Verschnitt von 50% Nebbiolo, 30% Barbera und 20% Cabernet Sauvignon, der 20 Monate in zu 100% neuen Eichenfässern verbringt. Der ist fantastisch und besitzt eine dichte rubin-purpurrote Farbe und komplexe Bordeaux-artige Aromen von Zedernholz und schwarzen Johannisbeeren, vollen Körper, mäßiges Tannin und ausgezeichnete Gesamtausgewogenheit. Er wird sich ein Jahrzehnt lang schön entwickeln.

Der großartige *1997er Barbaresco Vigneto Gallina* stammt von einem Weinberg an einem Steilhang unmittelbar außerhalb des Dorfs Neive, obwohl er bereits zur Gemeinde Treiso gehört. Ein dunkler Pflaumenton geht einher mit einem gewaltigen, komplexen Bukett, das nach Leder, Soja, Piment, Kirschlikör und Rauch duftet. Diesen körperreichen, eindrucksvoll ausgestatteten, vielschichtigen, hinreißenden Barbaresco kann man jetzt trinken oder 15 Jahre lang aufheben. Ebenso sensationell, aber stärker strukturiert ist der *1997er Barbaresco Vigneto Valeirano.* Dieser Wein bietet neben exotischen Gewürzen, Leder, Rauch und Kräutern mehr Lakritze, Glyzerin und Beerenfrucht. Würzig und körperreich, mit deutlicherem Tannin, Struktur und Muskelkraft als bei dem verführerischeren Gallina, sollte er sich 15–20 Jahre halten. Der *1997er Barbaresco Vigneto Starderi* ist der am wenigsten ergründbare und pompöse Wein aus diesem Trio. Er zeigt einen dunklen Pflaumen-Purpur-Ton und besitzt vollen Körper, großartige Frucht, Konzentration und Stärke, ist aber im Vergleich zu seinen Brüdern fest und verschlossen. Es gibt darin viel Potenzial, aber dieser Wein braucht eine Kellerreifung von 2–3 Jahren. Er dürfte sich 2 Jahrzehnte halten. Der *1997er Barbera d'Alba Gallina* ist vielleicht einer der besten Barberas, der je in Italien erzeugt wurde. Von undurchdringlichem Purpurrot, mit rasch aufsteigenden Aromen, ungeheurer Dichte und Reichhaltigkeit, einer sinnlichen Textur und einem Abgang, der fast eine Minute dauert, dürfte dieser Wein, der einen sprachlos macht, ein Jahrzehnt oder noch länger grandios altern. Der *1997er Monferrato Rosso Pin,* ein als Vino da tavola eingestufter Rotwein, der ein Verschnitt von gleichen Teilen Nebbiolo, Cabernet Sauvignon und Barbera ist, präsentiert eine hervorragende Verbindung von konzentrierten roten und schwarzen Früchten, würzige Vanille und gewaltige, dicke, saftige Geschmackskomponenten. Da das neue Eichenholz deutlich zum Vorschein kommt, sollte man den Wein 1–2 Jahre lang einkellern und dann in den darauf folgenden 10 Jahren trinken.

Die klassische Struktur und Stärke des Jahrgangs zeigen sich deutlich in den beiden 1996er Barbarescos. Beim *1996er Barbaresco Vigneto Starderi* folgt auf eine dunkelrubinrote Farbe ein explosives Bukett von süßem Kirschlikör, Vanille und Holzrauch. Dieser köperreiche, stark extrahierte, intensive, aufregende, mäßig tanninhaltige Wein ist kräftig, aber trotzdem gut ausbalanciert. Obwohl er sich 10–12 Jahre lang verbessern kann, lässt er sich im Augenblick gut trinken. Der äußerst fruchtige, einschmeichelndere *1996er Barbaresco Vigneto Gallina* ist körperreich, mit hervorragender Konzentration, einer Fülle von erdigen, rauchigen, würzigen, an Pflaumen und Kirschen erinnernden Düften, niedriger Säure und mäßigem Tannin im vielschichtigen Abgang. Er dürfte sich ein Dutzend Jahre oder noch länger gut trinken lassen. Der fantastische, eindrucksvoll ausgestattete, herrlich reintönige, körperreiche *1996er Barbera d'Alba Vigneto Gallina* hat sein neues Eichenholz wunderschön aufgesogen. Er besitzt so phänomenale Mengen von konzentrierten schwarzen Früchten, so vollen Körper und so erstaunlich viel Glyzerin und Tiefe, dass man ihn probiert haben muss, um es zu glauben. Ein anderer Wein von Rivetti, der es wert ist, dass man nach ihm Ausschau hält, ist der *1996er Monferrato Rosso Pin,* der 50% Nebbiolo, 25% Cabernet Sauvignon und 25% Barbera kombiniert. Der Wein von satter schwarz-purpurroter Farbe ist tanninreich und verhalten entwickelt und in einem Médoc-ähnlichen Stil bereitet. Trotz seiner Reichhaltigkeit war er verschlossen und zeigte zu viel Eichenholz, um eine hervorragende Bewertung zu verdienen (er wurde zu 100% in neuen Eichenfässern ausgebaut).

Der mittelgranat-rubinrote *1995er Barbaresco La Spinetta* präsentiert ein süßes Bukett von würzigem Eichenholz, Kirschlikör, Tabak und Vanille. Breit (13,5% Alkohol), reif und lang, mit großen Mengen von Frucht, dürfte dieser Barbaresco von mittlerem bis vollem Körper jetzt und in den nächsten 8 Jahren gut zu trinken sein.

ROAGNA

1998	**Barbaresco Pajé**	**E**	**(91–94)**
1997	**Barbaresco Pajé**	**E**	**90**

1998	**Barolo Rocche La Pira**	**E**	**(86–87)**
1997	**Barolo Rocche La Pira**	**E**	**87**

Ähnlich wie Roagnas 1997er zeigen auch die 1998er riesige Unterschiede hinsichtlich Reichhaltigkeit und Dichte. Der tanninreichere, verhalten entwickelte *1998er Barolo Rocche La Pira* bietet nur Andeutungen von Tabak, Kirsch-Hustensirup und getrockneten Kräutern. An der Luft tauchen Teer und zusätzliche Fruchtnoten auf. Der Gesamteindruck ist jedoch eine für diesen Jahrgang untypische Empfindung von Strenge, Magerkeit und hohem Tanningehalt. Voraussichtliche Genussreife: 2006–2014? Ganz im Gegensatz dazu verbindet der satt und undurchdringlich purpurfarbene *1998er Barbaresco Pajé* einen beeindruckenden Extraktreichtum mit außergewöhnlicher Präzision. Er ist von mittlerem bis vollem Körper und bietet Aromen und Geschmacksnuancen von flüssigen Mineralien, die von Schwarzkirsch- und Himbeermarmelade durchdrungen sind. Wenn sich der Wein länger im Glas befindet, kommen Brombeerdüfte zum Vorschein. Den Ausbau in kleinen Barriques haben die Konzentration und Dichte des Weins völlig absorbiert. Dieser wunderbare Barbaresco hat eine unheimliche Ähnlichkeit mit einem großartigen burgundischen Grand Cru (dem Musigny Vieilles Vignes von Comtes de Vogüé?). Voraussichtliche Genussreife: 2004–2016.

Obwohl der *1997er Barolo Rocche La Pira* etwas verschlossen ist, bietet er Noten von Tabak, Gewürzen, Kirschen und getrockneten Kräutern. In einem eleganten Stil von mittlerem Körper bereitet, ist er nicht so komplett oder konzentriert wie der Barbaresco Pajé. Beim *1997er Barbaresco Pajé* folgen auf die entwickelte granatrote Farbe, die am Rand Bernsteintöne zeigt, Noten von süßem Karamell, Kaffee, dicklicher Kirschfrucht, Lakritze und Rauch. Elegant, von mittlerem bis vollem Körper, mit wunderbarer Üppigkeit und einem breiten, säurearmen Abgang, sollte dieser Wein jetzt und im Laufe der nächsten 5–7 Jahre getrunken werden.

Ausschau halten sollten die Leser nach Roagnas spektakulärem 1998er, der von den drei jüngsten Jahrgängen, die ich verkostet habe, der beste war.

ALBINO ROCCA

1998	**Barbaresco Vigneto Brich Ronchi**	**E**	**90+**
1997	**Barbaresco Vigneto Brich Ronchi**	**E**	**97**
1996	**Barbaresco Vigneto Brich Ronchi**	**E**	**93**
1995	**Barbaresco Vigneto Brich Ronchi**	**E**	**87**
1998	**Barbaresco Vigneto Loreto**	**E**	**91**
1997	**Barbaresco Vigneto Loreto**	**E**	**95**
1996	**Barbaresco Vigneto Loreto**	**E**	**91**
1995	**Barbaresco Vigneto Loreto**	**E**	**89**

Albino Rocca, einer meiner Lieblingserzeuger im Piemont, produzierte sehr gute 1995er und aufregende 1996er, aber 1997 und 1998 landete er einen Volltreffer. Seine 1997er gehören zu den spektakulärsten Barbarescos, die ich je verkostet habe. Sie sind beeindruckend dickflüssig, reichhaltig und texturiert, mit unwirklicher Opulenz und Glyzerinmengen, die den Jahrgang kennzeichnen. Und als ich dachte, es wäre kaum möglich, diese Aufsehen erregenden, erstaunlichen Barbarescos zu überbieten, kam ihnen Rocca beim 1998er ziemlich nahe.

Der in einem zurückhaltenderen, eleganten Stil bereitete *1998er Barbaresco Vigneto Loreto* bietet eine dunkelrubinrote Farbe und ein elegantes, nach Rauch, Kirschen und Eichenholz duftendes Bukett. Dieser durch und durch elegante, geschmeidige, köstliche Barbaresco von mittlerem Körper lässt sich 6–7 Jahre lang gut trinken. Der dunkelrubin-granatrote *1998er Barbaresco Vigneto Brich Ronchi* offenbart reiche Aromen von neuem Sattelleder, vermischt mit Gewürzen, Kirschwasser, Roter Bete und Eichenholz. Im Mund wirkt er gehaltvoller und tanninreicher als sein Bruder. Man sollte diesen reintönigen, reifen, langen Barbaresco am besten noch ein Jahr einkellern und dann in den folgenden 10 Jahren trinken.

Der *1997er Barbaresco Vigneto Loreto* ist ein verschwenderisch fruchtiger Wein, der fast übertrieben wirkt. Extrem körperreich und überladen mit exotischem, überreifem Glyzerin sowie Aromen von Rauch, Zedernholz und Kirschen im Geschmack, ist er eine dicke, ölig texturierte »Schlampe« eines Barbaresco. Er mag zwar nicht alt werden, aber wen kümmert das angesichts der außergewöhnlichen hedonistischen Genüsse, die man jetzt und im Laufe der nächsten 5 Jahre in ihm findet! Der noch eindrucksvollere *1997er Barbaresco Vigneto Brich Ronchi* ist ein Kraftakt der Weinbereitung. Sein dunkler Pflaumen-Rubin-Ton geht einher mit explosiven Aromen von Brombeer- und Kirschfrucht. Im Mund sorgen seine viskose Textur, seine niedrige Säure und seine Merkmale von überreifen Nebbiolo-Trauben für eine bemerkenswerte Intensität und außerordentliche Reichhaltigkeit an Geschmacksnuancen mit Noten von Brombeeren, Kirschen, Kaffee, Rauch, Lakritze und Erde. Der Abgang dauert fast 45 Sekunden. Trinken Sie diesen spektakulären Barbaresco in den nächsten 5–6 Jahren.

Im Gegensatz zu dem zu 100% im Barrique gereiften Brich Ronchi wurde der *1996er Barbaresco Vigneto Loreto* in nicht sehr großen Holzfässern ausgebaut. Dieser überwältigende, aufregende Wein besitzt eine undurchdringliche rubin-purpurrote Farbe, fantastische Frucht und Reintönigkeit und genug Glyzerin und konzentrierte Geschmackskomponenten, um den mäßigen Tanningehalt zu überdecken. Der charakteristische Duft von Schwarzkirschen, verbunden mit Rauch-, Zedernholz- und Früchtebrotaromen, ist unwiderstehlich. Dieser körperreiche, intensive Barbaresco wird in den nächsten paar Jahren noch besser werden und kann 12 Jahre lang altern. Der ebenso umfangreiche wie fesselnde *1996er Barbaresco Vigneto Brich Ronchi* offenbart Aufsehen erregende Aromen von intensiven kandierten Kirschen, die von Schokolade umhüllt sind, vermischt mit rauchigem neuem Holz. Er ist dicht und körperreich, mit viel Konzentration und Glyzerin. Man kann diesen großartigen, vollmundigen Barbaresco jetzt trinken oder für 10–12 Jahre einkellern.

Der *1995er Barbaresco Vigneto Loreto* ist ein dunkelrubin-purpurroter Wein mit einem süßen Bukett von Zedernholz, Kräutern der Provence, Schokolade, Rauch, dicklicher Kirschfrucht und neuem Eichenholz. Er ist körperreich, gehaltvoll und rund und sollte am besten jetzt und im Laufe der nächsten 7–8 Jahre getrunken werden. Der *1995er Barbaresco Vigneto Brich Ronchi* ist ein stärker strukturierter, deutlich tanninhaltiger Wein mit einem mäßig intensiven Bukett von Zedernholz, Schwarzkirschen und getrockneten Kräutern. Er besitzt einen langen Nachgeschmack, erscheint aber verschlossen und ist weniger verführerisch als der Vigneto Loreto. Dies ist ein 1995er, den man ein Dutzend Jahre aufheben sollte.

BRUNO ROCCA

1998	**Barbaresco Coparossa**	**E**	**(90–92)**
1997	**Barbaresco Coparossa**	**E**	**90+**
1996	**Barbaresco Coparossa**	**E**	**90**
1995	**Barbaresco Coparossa**	**E**	**89**
1998	**Barbaresco Rabajà**	**E**	**(89–91)**
1997	**Barbaresco Rabajà**	**E**	**92+**
1996	**Barbaresco Rabajà**	**E**	**87**
1995	**Barbaresco Rabajà**	**E**	**88**

Der Ausbau im Barrique ordnet Bruno Rocca deutlich der modernen Schule der piemontesischen Weinbereitung zu. Dieser hervorragende Erzeuger hat nach seinem großartigen 1997er zwei eindrucksvolle 1998er herausgebracht. Die 1996er waren ebenfalls ausgezeichnet, wenn auch tanninreicher, stärker strukturiert und weniger exotisch als die 1997er.

Der *1998er Barbaresco Rabajà* bietet einen exotischen Duft von überreifer Schwarzkirschfrucht, vermischt mit Brombeeren, rauchigem Espresso und einem Hauch von Balsaholz und Schokolade. Körperreich, kräftig, tief und überaus konzentriert, dürfte dieser eindrucksvolle Wein 10 Jahre lang schön altern. Der satt rubin-purpurrote *1998er Barba-*

resco Coparossa ist zwar weniger komplex, besitzt aber süße, konzentrierte Aromen von neuem Eichenholz, schwarzen Johannisbeeren und Brombeeren, Glyzerin im Übermaß und ausgezeichnete Konzentration. Er ist jedoch direkter und weniger nuancenreich und vielschichtig als der Rabajà. Dennoch wird er in den nächsten 10 Jahren für einen hervorragenden Trinkgenuss sorgen.

Der größer angelegte *1997er Barbaresco Rabajà* erfordert ein wenig Kellerreifung, was für den Jahrgang ungewöhnlich ist. Eine undurchdringlich rubin-purpurrote Farbe geht einher mit Aromen von Schokolade, Kaffee sowie Brombeer- und Kirschfrucht und spürbarem neuem Eichenholz. In Bestform wird dieser enorme, kräftige, gehaltvolle, mäßig tanninhaltige jetzt–2016 sein. Der opulentere, zugänglichere *1997er Barbaresco Coparossa* zeigt große Mengen von Schwarzkirschfrucht mit Zedernholzaroma, eine viskose Textur, sehr gute Stärke und einen dichten Abgang mit süßerem Tannin als der Rabajà. Trinken kann man diesen körperreichen, prächtigen, reifen Wein jetzt und in den nächsten 12+ Jahren.

Der *1996er Barbaresco Coparossa* hat einen leicht höheren Alkoholgehalt und ist muskulöser und, obwohl nicht so aufregend oder aufgeschlossen wie der 1995er, potenziell der bessere Wein. Körperreich, mit Aromen von Kirsch-Hustensaft, Tabak, Erde und Spuren von weißen Trüffeln, ist dieser wunderschön vielschichtige Wein kräftig im Mund, ohne Ecken und Kanten und mit mäßig süßem Tannin im langen Abgang. Voraussichtliche Genussreife: jetzt–2012. Der *1996er Barbaresco Rabajà* bietet Düfte von toastwürzigem neuem Eichenholz, dicklichen Kirschen, getrockneten Kräutern und Gewürzen. Reif und dicht strukturiert, mit mittlerem Körper und einem muskulösen, adstringierenden, klar umrissenen Abgang, dürfte er sich jetzt–2012 gut trinken lassen.

Der *1995er Barbaresco Coparossa* ist ein aufregender, in einem opulenten Stil gehaltener Wein mit Noten von *garrigue* (einer Mischung von Erde und Kräutern), Zedernholz, Kaffee, Rauch und dicklicher Frucht. Rund und in einem opulenten Stil, mit einer üppigen Textur, einer aufgeschlossenen, entwickelten Persönlichkeit, sehr gutem Glyzerin und sehr guter Tiefe, kann dieser verlockende Barbaresco jetzt und in den nächsten 3–4 Jahren getrunken werden. Da man das Eichenholz deutlicher spürte und der Wein weniger exotisch und zugänglich war als sein Bruder, der 1995er Coparossa, wirkte der *1995er Barbaresco Rabajà* beherrschter. Er bot interessante Noten von Balsaholz, Kirschen, Toastbrot und Gewürzen sowie mittleren Körper, reizvolle süße Frucht, gute Reintönigkeit und einen gut ausgestatteten, aber dicht gewirkten Abgang. Voraussichtliche Genussreife: jetzt–2009.

ROCCHE DEI MANZONI

1997	**Barolo Vigna Big**	**E**	**91**
1997	**Barolo Cappella di Santo Stefano**	**E**	**90**
1997	**Barolo Vigna d'la Roul**	**E**	**90**

Dieser Erzeuger aus Monforte d'Alba, ein Modernist, vertraut bei seinen duftigen, körperreichen, eleganten Barolos aus Einzellagen auf einen Ausbau im Barrique. Obwohl sie zu 100% in Barriques reifen, sind sie nicht betont eichenholzwürzig.

Der dunkelpflaumenfarbene *1997er Barolo Cappella di Santo Stefano* bietet ein herrliches Bukett von Zedernholz, Gewürzen, Ahornsirup, braunem Zucker und Kirschen. Süß, aufregend und verführerisch, von mittlerem bis vollem Körper, wird dieser säurearme, von Glyzerin durchdrungene Wein zugänglich sein, wenn er freigegeben wird, und dürfte sich 12 Jahre lang gut trinken lassen. Der *1997er Barolo Vigna d'la Roul* präsentiert mehr Espressonoten, vermischt mit Holzkohle, Karamell, Leder und Schwarzkirsch- und Brombeerfrucht. Er ist körperreich und rauchig, mit einer geschmeidigen Textur und einer hedonistischen, verschwenderisch fetten, fleischigen Wirkung und kann jetzt und im Laufe der nächsten 12 Jahre getrunken werden. Der *1997er Barolo Vigna Big*, dessen dunkler Pflaumen-Purpur-Ton stärkste Farbsättigung zeigt, ist ein geschmackvoller, dichter Wein mit einer Fülle von Aromen und Geschmacksnuancen, die an Gewürze, Kirschwasser, Pfeffer,

Schokolade und Kaffee erinnern. Er besitzt ordentliche Säure, festes Tannin, das deutlicher zu spüren ist, einen breiten, konzentrierten, körperreichen Eindruck am Gaumen sowie Struktur. Voraussichtliche Genussreife: jetzt–2018.

GIGI ROSSO

1997	Barolo Arione	D	90+

Der *1997er Barolo Arione* ist in der Flasche deutlich besser, als er vor der Abfüllung schmeckte. Dieser dunkelgranatrote Barolo, ein explosiver, ausladender Wein mit hohem Tannin- und Extraktgehalt, bietet süße Lakritze, vermischt mit Leder, gerösteten Kräutern, Schwarzkirschen und Sardinen (ich weiß, dass das nicht verlockend klingt, aber – glauben Sie mir – es ist reizvoll). Er ist reichhaltig und vielschichtig und erfordert eine Kellerreifung von 1–2 Jahren, um den hohen Tanningehalt im Abgang aufzulösen. Da es darin auch eine ganze Wagenladung Glyzerin gibt, brauchen Sie sich um die Gesamtausgewogenheit keine Sorgen zu machen. Voraussichtliche Genussreife: 2004–2020.

LUCIANO SANDRONE

1999	Barbera d'Alba	C	90
1998	Barbera d'Alba	C	90
1998	Barolo Cannubi Boschis	EE	(94–96)
1997	Barolo Cannubi Boschis	EE	96
1996	Barolo Cannubi Boschis	EE	96
1995	Barolo Cannubi Boschis	EE	89
1998	Barolo Le Vigne	EE	95
1997	Barolo Le Vigne	EE	94
1996	Barolo Le Vigne	EE	92
1995	Barolo Le Vigne	EE	90
1998	Nebbiolo d'Alba Valmaggiore	C	87

Die Brüder Luca und Luciano Sandrone haben gerade den Bau einer fabelhaften neuen Kellerei unmittelbar außerhalb des Dorfs Monforte d'Alba abgeschlossen. Zwar schwärmt jeder von ihren Barolos, aber sie erzeugen auch spektakuläre Nebbiolo d'Alba und Dolcetto d'Alba. Leser, die auf einen dieser Weine stoßen, sollten sie sich schnappen, denn sie sind fantastisch. Die Dolcettos sollte man innerhalb ihrer ersten 2–3 Lebensjahre trinken, die Nebbiolos innerhalb der ersten 5–6 Jahre. Ich kaufe diese Weine seit dem 1982er Jahrgang. Es bietet sich zwar an zu behaupten, die Sandrones gehörten zur Generation der Modernisten im Piemont, aber in Wirklichkeit sind die Weine vom Stil her eine Synthese zwischen der traditionellen Schule der Weinbereitung und der neuen Schule des Barrique-Ausbaus. Barriques werden verwendet, aber Zurückhaltung wird geübt, wenn es um die Aromen und Geschmacksnuancen von toastwürzigem Eichenholz geht. Für den Ausbau der Weine setzt das Gut 10% neue Eichenfässer ein, während der Rest in großen Holzfässern reift. Man benutzt keine rotierenden, sondern offene Gärbehälter, wobei der Most häufig umgepumpt und der Tresterhut untergetaucht wird, um Geschmacks- und Farbstoffe zu extrahieren (die burgundische Methode). Für die Barolos werden mehr neue Fässer als für die anderen Weine verwendet. Zu meiner Überraschung habe ich bei zwei von drei Jahrgängen (dem 1995er und dem 1997er) den Barolo Le Vigne genauso genossen wie den berühmten Cannubi Boschis.

Einer der Sandrone-Weine, die am wenigsten gefeiert werden und dennoch beständig großartige Leistungen sind, ist der *Barbera d'Alba.* Sowohl der *1999er* als auch der *1998er* wurden in alten großen Fässern ausgebaut; sie sind schöne, geschmeidige, weiche, fruchtbetonte Weine mit feiner Eleganz und großen Mengen von Erdbeer- und Kirschfrucht, Erde und Gewürzen. Der 1998er ist eleganter, der 1999er fetter und von tieferer Farbe. Beide sollte man am besten während ihrer ersten 4–5 Lebensjahre trinken. Die anderen 1998er sind ebenso hervorragend wie die 1997er und die 1996er. Der mittel- bis dunkelgranatrote

1998er Nebbiolo d'Alba Valmaggiore (ein reinsortiger Nebbiolo-Wein, von dem 200 Kisten erzeugt wurden) bietet komplexe Aromen von Tabak, getrockneten Kräutern, dicklichen Kirschen und Rauch. Rund und großzügig, anmutig und gut ausbalanciert, lässt er sich 3–4 Jahre gut trinken. Die großartigen Barolos zeigen sowohl Stärke als auch Eleganz. Der vielschichtige *1998er Barolo Le Vigne* ist möglicherweise noch besser als sein 1997er Gegenstück. Er besitzt riesige Mengen von Schwarzkirschfrucht, die Noten von Rosenblättern, Teer, Balsaholz, Mineralien und feinem neuem Eichenholz enthalten. Dieser vorzügliche, jugendliche Barolo, der körperreich, beängstigend konzentriert und außergewöhnlich reintönig ist, wird zwischen 2004 und 2020 in seinem besten Alter sein. Der tiefrubin-purpurrote *1998er Barolo Cannubi Boschis* präsentiert ein spektakuläres Bukett von Schwarzkirschfrucht, das von mineralischen Noten, neuem Sattelleder und Toastbrot durchdrungen ist. Dieser kräftige, reife Wein bietet körperreiche Geschmackskomponenten, seidige Tannine, niedrige Säure, prächtige Mengen von Glyzerin und eine komplexe, vielschichtige, wunderbar reintönige Nebbiolo-Frucht mit cremiger Empfindung im Mund. Zweifellos wird er fester werden und mehr Tannin offenbaren, aber im Augenblick zeigt er sich zugänglicher als der Barolo Le Vigne. Kann ich es genau sagen? Voraussichtliche Genussreife: 2006–2020.

Der dunkelrubinrote *1997er Barolo Le Vigne* zeigt Bernsteinnuancen am Rand. Er bietet wundervolle Aromen von Blüten, schwarzen Früchten, Bleistift, Gewürzen und Mineralien. Wie es für Sandrones Weine typisch ist, findet man in der Brombeer- und Kirschfrucht der Geschmacksnuancen außerordentliche Reintönigkeit und Intensität. Ist der Wein länger im Glas, kommen mineralische und Teernoten deutlicher zum Vorschein. Das ist ein fantastischer, prächtiger, Château-Margaux-ähnlicher Barolo, den man jetzt–2018 trinken kann. Der wunderbare *1997er Barolo Cannubi Boschis*, der sich bei der Fassprobe im gleichen Stadium wie der Le Vigne befand, hat sich weiterentwickelt. Die Farbe ist ein dunkles, sattes Granatrot. Das süße Bukett von schwarzen Früchten, Mineralien, verbrannter Erde, Rauch, getrockneten Kräutern und nassen Steinen ist umwerfend. Erstaunlich konzentriert, mit enormer Öligkeit und dennoch großartig umrissener Art, besitzt dieser ausladende wie auch elegante Barolo sagenhaftes Extrakt und ist vielschichtig am mittleren Gaumen und im Abgang. Der 1997er, der aufgeschlossener ist, als der 1996er und der 1990er in der vergleichbaren Phase waren, wird sich 20 Jahre halten. Er ist ein erstaunlicher Tropfen! Voraussichtliche Genussreife: jetzt–2020.

Der dunkelrubin-purpurrote *1996er Barolo Le Vigne* ist ein eleganter, ausladender Barolo, bei dem sich alles im Gleichgewicht befindet. Man findet darin süßes Tannin und einen gemäßigten und trotzdem kraftvollen, reichhaltigen Stil mit großen Mengen von schwarzen Früchten, vermengt mit Mineralien, Gewürzen und getrockneten Kräutern. Der Wein ist dicht und braucht 3–4 Jahre Kellerreifung. Voraussichtliche Genussreife: 2004–2018. Der spektakuläre *1996er Barolo Cannubi Boschis* bietet Aromen von Cassis, Kirschlikör und Blüten. Muskulös, konzentriert, breit und kräftig, braucht er eine Kellerreifung von 3–4 Jahren. Voraussichtliche Genussreife: 2006–2020.

Beim 1995er hatte ich eine leichte Vorliebe für den Barolo Le Vigne. Der klassische *1995er Barolo Le Vigne* bietet typische Aromen von Teer, Rosenblättern und Kirschlikör. Er präsentiert mittleren bis vollen Körper, einen seidigen, offenen, zugänglichen Stil, süße, expansive Geschmacksnuancen, eine prächtige Textur und einen klassischen Abgang ohne Ecken und Kanten. Diesen schön gemachten Barolo kann man jetzt trinken oder 10–12 Jahre einkellern. Der *1995er Barolo Cannubi Boschis* ist verhaltener entwickelt, wird sich aber möglicherweise als ebenso aufregend erweisen, wenn nicht sogar als noch aufregender. Obwohl er körperreich ist, war er extrem verschlossen und schwierig zu ergründen. Er besitzt eine dunkelrubinrote Farbe sowie viel Aromen von getrockneten Kräutern, Balsaholz und Schwarzkirschen im Duft und im Geschmack. Er ist zwar unbestreitbar ausgezeichnet, möglicherweise hervorragend, braucht aber 2–3 Jahre Kellerreifung; halten dürfte er sich 15 Jahre oder noch länger.

PAOLO SCAVINO

1997	Barolo	E	92
1996	Barolo	E	89
1995	Barolo	E	90
1998	Barolo Bric del Fiasc	E	(92–94)
1997	Barolo Bric del Fiasc	E	95
1996	Barolo Bric del Fiasc	E	93
1995	Barolo Bric del Fiasc	E	91+
1998	Barolo Cannubi	E	(91–93)
1997	Barolo Cannubi	E	95+
1996	Barolo Cannubi	E	92
1995	Barolo Cannubi	E	91
1998	Barolo Caro Bric	E	(88–90)
1997	Barolo Caro Bric	E	93
1998	Barolo Rocche dell'Annunziata	E	(92–95)
1997	Barolo Rocche dell'Annunziata	E	97
1996	Barolo Rocche dell'Annunziata	E	95
1995	Barolo Rocche dell'Annunziata	E	92
1997	Langhe Rosso Corale	E	91

Paolo Scavino, seine Frau und seine beiden Töchter führen dieses 8 Hektar große Gut, das in der Gemeinde Castiglione Falletto liegt. Sie haben während der gesamten 1990er Jahre hervorragende Barolos erzeugt. Scavino verwendet rotierende Gärbehälter mit Rührschnecke und eine Gärung mit Temperaturregelung, während die malolaktische Gärung im Barrique stattfindet. Alle Spitzen-Barolos werden zu etwa 30% in neuen Eichenfässern ausgebaut und ohne Filtration abgefüllt. Wenn die Leser diese Barolos noch nicht entdeckt haben, sollten sie dies unbedingt tun, denn es sind fabelhafte Weine. Auf die überirdischen 1997er folgten die etwas leichteren, aber duftigeren und zugänglicheren 1998er. Die 1996er und 1995er sind ebenfalls ausgezeichnet.

Der *1998er Barolo Caro Bric* ist ein eleganter, stilvoller Wein ohne den schwelgerischen Charakter seines 1997er Gegenstücks. Auf Aromen von Schwarzkirschlikör, Rauch, Mineralien und neuem Sattelleder folgt ein Wein vom mittlerem Körper mit einem unverkennbaren, zurückhaltenden Stil. Der körperreiche, nahtlose *1998er Barolo Cannubi* bietet neben Erde, Mineralien, neuem Sattelleder, Kaffee, Lakritze, Tabak und neuem Holz die Quintessenz von Schwarzkirschmarmelade und -likör. Er ist Mund füllend ohne jegliche Schwere. Trinken Sie diesen kraftstrotzenden, eleganten, reintönigen, klassischen Barolo im Laufe der nächsten 12 Jahre. Ein weiterer dramatischer, aufregender Wein ist der *1998er Barolo Bric del Fiasc.* Er besitzt beeindruckend viel Konzentration, beträchtliche Stärke, ungeheuren Körper und einen sagenhaft reintönigen, konzentrierten Stil. Mit eindrucksvollen Mengen von schwarzen Früchten, Lakritze, Mineralien, Teer, Erde und Trüffeln ist dieser Barolo bekannt für seine Klarheit, seinen hohen Extrakt und seine Nahtlosigkeit. Voraussichtliche Genussreife: 2004–2016. Der *1998er Barolo Rocche dell'Annunziata* wird unbestreitbar eine Sensation werden. In diesem reifen, eleganten, reintönigen Barolo von mittlerem bis vollem Körper findet man eine vorzügliche Kombination von schwarzen Früchten, Kaffee, Rauch, neuem Eichenholz, Lakritze und Weihrauch. Auf explosive Aromen folgen ebenso fesselnde Geschmacksnuancen und ein 50-Sekunden-Abgang. Das Tannin ist süß und schön integriert. Voraussichtliche Genussreife: 2005–2018.

Scavino bezeichnet seine 1997er Barolos als »groß und fett«. Er ist einer von vielen piemontesischen Erzeugern, die Probleme damit hatten, diese Weine zu begreifen, die hinsichtlich ihrer üppigen Reichhaltigkeit, ihrer viskosen Art und ihres alkoholreichen, säurearmen Stils eigentlich Abweichungen darstellen. Leser, die nach einem erstaunlichen einfachen Barolo suchen, sollten Scavinos satt granatroten *1997er Barolo* probieren. Er bietet ein wunderbares Bukett von chinesischem Schwarztee, Vanille, Kirschwasser und dicklichen Johannisbeeren. Körperreich, kraftvoll, ölig texturiert und wunderbar konzentriert, ist er für einen einfachen Barolo eine bemerkenswerte Leistung. Übersehen Sie ihn bei Ihrem Einkauf von Weinen aus Einzellagen nicht. Voraussichtliche Genussreife: jetzt–2012. Der *1997er Barolo Caro Bric*, ein neu hinzugekommener Lagenwein, entpuppt sich im Vergleich mit den anderen Weinen von Scavino als elegant und stilvoll. Er offenbart die typische satte granatrote Farbe mit Bernsteintönen am Rand sowie intensive Aromen von Kaffee, Rauch, Kirschwasser, Kräutern, Leder und Früchtebrot. Obwohl körperreich, mit breiten, satten Fruchtmengen und viel Substanz sowie Reichhaltigkeit, zeigt er nicht die Nuancen von Scavinos größten Lagenweinen. Dennoch ist er ein außergewöhnlicher Barolo, den man ab jetzt bis 2016 genießen kann. Der traumhafte *1997er Barolo Cannubi* besitzt eine satte rubin-purpurrote Farbe und ein erlesenes Bukett von schwarzen Früchten, Bleistift, Mineralien, Rauch und Lakritze. Körperreich und opulent, mit offensichtlicherem Tannin als bei vielen 1997ern, wird dieser strukturierte, muskulöse, zähflüssige, wunderbar konzentrierte Wein zwischen 2004 und 2020 seine Bestform haben. Der *1997er Barolo Bric del Fiasc* von einem sehr bekannten Weinberg in Castiglione Falletto offenbart in seinem wuchtigen Bau die Quintessenz von Kirschmarmelade. Er ist ein kräftiger, körperreicher Wein, der ausgeprägte kirschlikörähnliche Aromen und Geschmacksnoten, riesige Extrakt- und Glyzerinmengen und 14,5–15% Alkohol bietet. Für einen Wein von solcher Wucht bemerkenswert reintönig, klar umrissen und ausgewogen, ist er weiter entwickelt als der Cannubi, braucht aber trotzdem noch eine weitere Kellerreifung von 1–2 Jahren. Voraussichtliche Genussreife: jetzt–2020. Der nahezu perfekte *1997er Barolo Rocche dell'Annunziata* entfaltet einen erstaunlichen Duft von gerösteten Nüssen, Zedernholz, Kräutern der Provence, Schwarzkirschmarmelade, Rosenblättern, Vanille und Fleisch. Unglaublich konzentriert, mit zahlreichen Geschmacksdimensionen und einer Textur, die im Mund anschwillt, ist dieser körperreiche, nahtlose, fesselnde Barolo dazu bestimmt, legendär zu werden. Er ist schon zugänglich und verspricht, dass er 2 Jahrzehnte lang altern kann. Der *1997er Langhe Rosso Corale* ist ein im Barrique (50% neue Eichenfässer) ausgebauter Verschnitt von 35% Nebbiolo, 35% Barbera, 20% Cabernet Sauvignon und 10% Merlot. Es gibt 250 Kisten von diesem Wein, der bei Anhängern der piemontesischen Weinbereitung nicht unbeachtet bleiben dürfte. Eine undurchdringlich rubin-purpurrote Farbe geht einher mit einem körperreichen, tiefen, kernigen, Bordeaux-ähnlichen Wein. Er offenbart Aromen von Cassis, Schwarzkirschen, Leder, Zedernholz und Gewürzen, mittleren bis vollen Körper, großartige Definition und Intensität und einen langen, reifen, opulenten Abgang. Er dürfte sich 7–8 Jahre gut trinken lassen.

Scavino erzeugte einen der großen Weine des klassischen Jahrgangs 1996, den *1996er Barolo Rocche dell'Annunziata*. Die Farbe ist ein gesundes Dunkelrubinrot. Das Bukett bietet Gerüche von rauchiger Holzkohle, Lakritze, Toastbrot, Schwarzkirschen, Weihrauch, Tabak und Leder. Körperreich und wuchtig, mit herrlicher Ausgewogenheit, schön integrierter Säure und Tannin und einem Abgang, der fast eine Minute dauert, ist er ein tiefgründiger Barolo, den man jetzt und in den beiden nächsten Jahrzehnten trinken kann. Fast ebenso spektakulär ist der *1996er Barolo Bric del Fiasc*. Er zeigt eine satte Pflaumenfarbe, ein rauchiges Bukett von Schwarzkirschen, explosive, fleischige Geschmacksnoten mit viel Glyzerin, einen stärker entwickelten und verführerischen Charakter als der umfangreichere Annunziata, außergewöhnliche Intensität und tadellose Ausgewogenheit. Aromen von exotischen, asiatischen Gewürzen und Früchtebrot runden ihn ab. Voraussichtliche Genussreife: jetzt–2018. Der *1996er Barolo Cannubi* ist von dunklem Pflaumen-Rubin-Ton und bietet Kirschen im Überfluss, vermischt mit Gerüchen von Rauch, Tabak und neuem Sattelleder. Dieser körperreiche, geschmeidig texturierte, prachtvolle Barolo besitzt außergewöhnlichen Extrakt und kann jetzt getrunken oder für 15–16 Jahre eingekellert werden. Der einfache *1996er Barolo*, der eine mehr fruchtbetonte Persönlichkeit besitzt, ist ebenfalls hervorragend. Aufregend und aufgeschlossen, hat er zwar nicht die Komplexität und die Statur der drei Einzellagenweine, aber er ist eine wunderbare Einführung in den Scavino-Stil. Er dürfte 10 Jahre schön altern.

Der mittelrubinrote *1995er Barolo* ist ein breiter, entwickelter, aromatischer Wein mit Zedern- und Balsaholz, süßer Kirschmarmelade und Rosenblättern. Die helle Farbe ist trügerisch angesichts seines intensiven Buketts und seines überschwänglichen, üppigen, konzentrierten Stils. Er wird keine lange Lebensdauer haben, aber für einen Trinkgenuss in den nächsten 5–6 Jahren ist er ein verführerischer Barolo in einem hedonistischen Stil. Der *1995er Barolo Cannubi* ist sehr aufregend. Zur dunkelrubinroten Farbe kommt ein prächtiges Bukett von Tabakrauch, Kaffee, schwarzen Früchten und Toastbrot hinzu. Der Wein ist dicht, samtig texturiert, körperreich und seidig, ohne Ecken und Kanten. Er ist ein sinnlicher Tropfen, den man in den nächsten 10 Jahren genießen kann. Der *1995er Barolo Bric del Fiasc* ist verhalten entwickelt, mit Düften von Rauch, Teer, Soja, dicklicher Schwarzkirsch- und Brombeerfrucht sowie Toastbrot. Körperreich, konzentriert, überschwänglich, weich und verführerisch, mit 13,5% Alkohol und mäßigem Tannin im Abgang, sollte man ihn im Laufe der nächsten 10 Jahre trinken. Der intensiv (nach Holzrauch, Piment, schwarzen Früchten und Tabak) duftende *1995er Barolo Rocche dell'Annunziata* besitzt eine dunkelrubinrote Farbe, fantastischen Extrakt, vollen Körper und große Mengen von Glyzerin. Er hat zwar nicht die samtige, entwickelte Persönlichkeit der anderen 1995er, aber man findet darin mehr Fülle und Reichhaltigkeit, wenn auch weniger Nuancen. Trinken Sie ihn im Laufe der nächsten 12–14 Jahre. Die schon komplexen und zugänglichen 1995er Barolos von Scavino sind durchweg sinnliche, duftige, burgunderähnliche, aufgeschlossene Weine von feiner Ausgewogenheit.

MAURO SEBASTE

1998	**Barbera d'Alba Santa Rosalia**	**D**	**88**
1997	**Barbera d'Alba Santa Rosalia**	**D**	**91**
1997	**Barolo Monvigliero**	**E**	**89**
1996	**Barolo Monvigliero**	**D**	**89+**
1995	**Barolo Monvigliero**	**D**	**87**
1997	**Barolo Prapò**	**E**	**90**
1996	**Barolo Prapò**	**D**	**89+**
1995	**Barolo Prapò**	**D**	**89**
1997	**Barolo La Serra**	**E**	**(88–91)**
1998	**Centobricchi**	**C**	**86**
1997	**Centobricchi**	**D**	**91**

Sebaste erzeugt zumeist Weine, die die besten Aspekte sowohl der traditionellen als auch der moderneren Schule der Weinbereitung zum Ausdruck bringen. Die Gesamtproduktion des Guts beläuft sich auf 1200 Kisten. Seine Barolos aus dem Weinberg Prapò sind körperreichere, kräftiger strukturierte, muskulösere Weine.

Der *1998er Barbera d'Alba Santa Rosalia* ist weniger überschwänglich und schwelgerisch als der 1997er, aber dennoch ein ausgezeichneter Wein mit vielen gleichen Merkmalen. Er dürfte sich 3–4 Jahre gut trinken lassen. Der *1998er Centobricchi*, ein Verschnitt von 90% Barbera und 10% Nebbiolo, der in 1 und 2 Jahre alten französischen Holzfässern ausgebaut wurde, bietet reizvolle Aromen und Geschmacksnuancen von Erdbeeren, Kirschen und Johannisbeeren, mittleren Körper, gute Reintönigkeit, würziges neues Eichenholz und einen geschmeidigen, fleischigen Abgang. Trinken Sie ihn in den nächsten 5–6 Jahren.

Der *1997er Centobricchi*, ein hervorragender Wein, präsentiert ein explosives Bukett mit Aromen von Zedernholz, Gewürzen, Tabak, Brombeeren und Kirschen, einen langen, üppigen, vielschichtigen, konzentrierten Geschmack mit herrlicher Würzigkeit und dicklicher Frucht. Reichhaltig, ölig texturiert und dickflüssig, bietet er jetzt und in den nächsten 10 Jahren einen idealen Trinkgenuss. Die Opulenz des Jahrgangs zeigt sich deutlich in dem duftigen

1997er Barolo Monvigliero. Die Farbe ist ein dunkles Rubinrot. Der Wein ist exotisch reichhaltig, reif und offensichtlich mehr ein Produkt des Jahrgangs als des *terroir.* Die cremige, fette, saftige Textur, die herrlich reiche Frucht und der lange, von Glyzerin durchdrungene Abgang sind wunderbar. Er ist ein Anwärter auf eine hervorragende Bewertung nach der Abfüllung. Voraussichtliche Genussreife: jetzt–2012. Der überreife, von Lakritze und rauchigen schwarzen Johannisbeeren geprägte Stil des *1997er Barolo Prapò* kennzeichnet diesen exotischen, schwelgerischen Jahrgang. Er ist dunkelrubin-purpurrot und besitzt reichlich Glyzerin, einen hohen Alkohol- und einen niedrigen Säuregehalt. Er dürfte jung köstlich sein, sich aber dennoch 15 Jahre halten. Der *1997er Barolo La Serra* ist der Debüt-Jahrgang dieses aufregenden, üppigen Weins, der in einem etwas pompösen Stil bereitet ist. Die Farbe ist ein dunkles Rubinrot. Der Wein ist viskos und offen gewirkt, mit großen Mengen von Frucht, Glyzerin, Alkohol und Extrakt. Dieser berauschende, kernige Barolo braucht klarere Umrisse, ist aber sehr vielversprechend. Zweifellos werden die Leser den klassischen Duft von dicklichen Kirschen, Rauch, Teer und Gewürzen genießen. Voraussichtliche Genussreife: jetzt–2016.

Die beiden 1996er Barolos sind verhalten entwickelt. Der mittel- bis dunkelrubinrote *1996er Barolo Monvigliero* bietet ein würziges, nach Tabak, Erdbeeren und Kirschwasser duftendes Bukett mit getrockneten Kräutern im Hintergrund. Dicht, reichhaltig, von mittlerem bis vollem Körper, mit hohem Tanningehalt, ist dieser Wein noch ein Säugling. Lassen Sie ihn 1–2 Jahre im Keller reifen und trinken Sie ihn dann bis 2015. Noch dichter, tanninreicher und muskulöser ist der *1996er Barolo Prapò.* Nach einer dunkelrubinroten Farbe entdeckt man Aromen von Gewürzen, Kirschlikör, Zedernholz, Rosenblättern und Teer. Dieser körperreiche, trockene, muskulöse Wein braucht eine Kellerreifung von mindestens 2 Jahren. Er ist eindrucksvoll gebaut und dicht. Bei zusätzlicher Flaschenreifung verdient er möglicherweise eine hervorragende Bewertung. Voraussichtliche Genussreife: 2005–2018.

Der *1995er Barolo Monvigliero* offenbart eine entwickelte granatrote Farbe mit Rosa- und Bernsteintönen am Rand und expansive Aromen von Fleisch, getrockneten Kräutern, Gewürzen, Zedernholz und Kirschen. Im Mund findet man ausgezeichnete Frucht, mittleren bis vollen Körper, eine geschmeidige Textur und einen sehr guten Abgang. Trinken Sie diesen zugänglichen Barolo in den nächsten 4–5 Jahren. Der *1995er Barolo Prapò* bietet das klassische Bukett der Nebbiolo-Traube mit Düften von geschmolzenem Teer, Rosenblättern und Kirschlikör. Von mittlerem bis vollem Körper, mit einer unverkennbaren Lakritze- und Kirschfruchtigkeit und einer ausgezeichneten Reichhaltigkeit und Reintönigkeit, ist er ein offen gewirkter Barolo, den man in den nächsten 12 Jahren genießen kann.

FRATELLI SEGHESIO

1998	**Barolo Vigneto La Villa**	**E**	**94**
1997	**Barolo Vigneto La Villa**	**E**	**93**
1996	**Barolo Vigneto La Villa**	**E**	**91**
1995	**Barolo Vigneto La Villa**	**E**	**90**

Dieser Erzeuger in Monforte d'Alba verwendet offene Gärbehälter und etwa 20% neue Eichenholzfässern; den darin ausgebauten Wein verschneidet er mit dem restlichen Wein, der in großen Holzfässern reift.

Der fabelhafte *1998er Barolo Vigneto La Villa* ist noch besser als der 1997er. Sein satter, dichter Pflaumen-Granat-Ton geht einher mit einem beeindruckend pompösen, herrlich aromatischen Bukett von rauchigem Tabak, Zedernholz, Pflaumen, Kirschlikör, Kaffee und getrockneten Kräutern. Der gehaltvolle, körperreiche Wein besitzt fabelhafte Würzigkeit und Frucht und einen frischen, hocheleganten Charakter. Kräftig, voll und schön gezeichnet, kann man ihn im Laufe der nächsten 10–12 Jahre trinken. Einen dichten Pflaumen-Granat-Ton und ein erlesenes Bukett von Zigarrenkistennoten, Rauch, Lakritze, Schwarzkirsch- und Brombeerfrucht und subtilem Eichenholz findet man in dem exotischen, schwelgerischen *1997er Barolo Vigneto La Villa.* Körperreich, mit einer viskosen Textur und viel Stärke und trotzdem tadelloser Ausgewogenheit und Harmonie zwischen Alkohol, Säure, Tannin und Holz, kann dieser fleischige, überaus konzentrierte, nahtlose Wein jetzt und im Laufe der nächsten 15 Jahre getrunken werden. Der explosive *1996er Barolo Vigneto La Villa* bietet Aromen, die an Kirschwasser, Brombeeren, Soja, toastwürziges Eichenholz, Lakritze und getrocknete Kräuter erinnern. Der Wein ist körperreich, mit riesigen Mengen von Glyzerin und fabelhafter Konzentration und Reichhaltigkeit. Im Abgang entdeckt man viel Tannin und Muskelkraft, so dass er von 3–4 Jahren Kellerreifung profitieren wird. Voraussichtliche Genussreife: 2004–2018. Der tiefrubinrote *1995er Barolo Vigneto La Villa* ist ein Wein im burgundischen Stil, mit einem Bukett von Kirschlikör, getrockneten Kräutern, Rauch, toastwürzigem Eichenholz und Seetanggerüchen. Man entdeckt darin niedrige Säure und eine samtige Textur von mittlerem bis vollem Körper. Ich würde dafür plädieren, ihn in den nächsten 4–5 Jahren zu trinken.

ENRICO SERAFINO

1998	**Barolo**	**D**	**(87–88)**
1997	**Barolo**	**D**	**89**

Dieser kleine Erzeuger aus dem Dorf Canale d'Alba hat einen attraktiven, gut gemachten rauchigen, nach Schwarzkirschen duftenden *1998er Barolo* hervorgebracht, der in den entwickelten Aromen beträchtliche Komplexität zeigt. Er bietet gute Dichte, mittleren Körper, mäßiges Tannin, bezaubernde Süße und saubere Vinifizierung. Trinken Sie ihn im Laufe der nächsten 12 Jahre. Der geschmeidig texturierte dunkelgranatrote *1997er Barolo* besitzt vollen Körper, eine fleischige, samtige Textur, niedrige Säure, ausgezeichnete Konzentration und wunderbare Länge. Er dürfte ein Jahrzehnt lang gut zu trinken sein. Ich mochte auch den leichteren, eleganteren, frischeren, weniger opulenten 1999er. Ein Geheimtipp?

AURELIO SETTIMO

1997	**Barolo Rocche**	**E**	**90**
1996	**Barolo Rocche**	**E**	**90**
1995	**Barolo Rocche**	**E**	**87**

Dies sind sehr gute Weine von einem kleinen Erzeuger in La Morra. Das süße Glyzerin, die niedrige Säure und der schwindelerregend hohe Alkoholgehalt des Jahrgangs zeigen sich deutlich im *1997er Barolo Rocche.* Er besitzt eine ganze Wagenladung Schwarzkirsch- und Brombeerfrucht sowie eine sinnliche Textur und einen kräftigen, langen, konzentrierten Abgang. Dieser eindrucksvolle Barolo im alten Stil wird trinkreif sein, wenn er auf den Markt kommt, und sollte sich 12 Jahre halten. Der auf traditionelle Weise hergestellte, eindrucksvoll ausgestatte *1996er Barolo Rocche* entfaltet ein duftiges Bukett von Schokolade, geschmolzenem Teer, Soja, Rauch und weißen Trüffeln. Er ist kraftvoll, wuchtig, mäßig tanninhaltig, dicht und kernig, mit beträchtlicher Intensität. Man findet darin ein paar Ecken und Kanten; Anhänger von Barolos in einem moderneren Stil werden das Gefühl haben, dass er rustikal sei, aber er ist voller Geschmack und Persönlichkeit. Ich habe ihn geliebt. Voraussichtliche Genussreife: jetzt–2015. Der *1995er Barolo Rocche* ist ein komplexer, entwickelter Wein mit Düften von Soja, Röstfleisch, getrockneten Kräutern und Erdfrüchten. Die Farbe ist dunkelgranatrot mit Bernstein- und Orangetönen am Rand. Komplex, schmackhaft, fleischig und trinkreif, dürfte dieser Barolo von mittlerem bis vollem Körper ab jetzt die nächsten 8 Jahre in seiner besten Form sein.

SOTTIMANO

1996	**Barbaresco Gaia Principe Vigna del Salto**	**D**	**89**
1998	**Barbaresco Cottà Vigna Brichet**	**D**	**90+**
1997	**Barbaresco Cottà Vigna Brichet**	**D**	**92**
1996	**Barbaresco Cottà Vigna Brichet**	**D**	**89+**
1998	**Barbaresco Pajoré Vigna Lunetta**	**D**	**90**

1997	**Barbaresco Pajoré Vigna Lunetta**	**D**	**89**
1998	**Barbaresco Currà Vigna Masué**	**D**	**90**
1997	**Barbaresco Currà Vigna Masué**	**D**	**91**
1996	**Barbaresco Currà Vigna Masué**	**D**	**(91–92)**
1998	**Barbaresco Fausoni Vigna del Salto**	**D**	**90**
1997	**Barbaresco Fausoni Vigna del Salto**	**D**	**90+**
1997	**Barbera d'Alba Pairolero**	**C**	**90**
1998	**Dolcetto d'Alba Cottà**	**B**	**89**

Sottimano hat seinen Sitz in Neive, wo die Barbaresco zumeist umfangreicher, in der Farbe tiefer, tanninhaltiger und stärker strukturiert ausfallen, als dies bei den eleganteren Weinen von Weinbergen um das Dorf Barbaresco herum oder von den kühleren Reblagen rund um Treiso der Fall ist. Alle 1998er Barbarescos sind komplexe, ausdrucksvolle Weine mit dramatischem Bukett und herrlich reifen, vielschichtigen Geschmacksnuancen. Der einzige Unterschied besteht darin, dass einige früher reif sind als ihre Brüder. Die 1997er sind Launen von Mutter Natur, mit einer Opulenz und einem Glyzerin-, Alkohol- und Fruchtgehalt, wie sie im Piemont fast noch nie da gewesen sind. Die 1996er erscheinen klassisch, im Stil von 1989 und 1971 gehalten. Ich wäre nicht überrascht, wenn alle 1996er Barolos mühelos 14% Alkohol erreichen würden, und ich bin mir sicher, dass die 1997er einen noch höheren Alkoholgehalt haben, auch wenn er von dem Reichtum der Weine an Frucht, Glyzerin und Konzentration völlig überdeckt wird.

Der *1998er Dolcetto d'Alba Cottà* ist von dichter purpurroter Farbe und nicht in diesem weichen Dolcetto-Stil, den Sottimano normalerweise erzeugt. Dieser Wein besitzt mehr Struktur als die meisten (ungewöhnlich für Dolcetto), ist aber zum Bersten vollgestopft mit Frucht, Extrakt und Reichhaltigkeit. Für einen Dolcetto wuchtig, mit ausgezeichneter Reintönigkeit, wird er sich 4–5 Jahre halten. Eine erdig wirkende Mischung von Kräutern, Leder, Zedernholz, Gewürzen sowie Schwarzkirsch- und Pflaumenfrucht bildet einen verführerischen Auftakt zu dem *1998er Barbaresco Pajoré Vigna Lunetta.* Geschmeidig texturiert und anscheinend von niedrigem Säuregehalt, mit wunderbarer Dichte, ausgezeichneter Reintönigkeit und einem fleischigen Abgang, lässt er sich ein Jahrzehnt lang gut trinken. Eine ähnliche Erdigkeit, zu der Noten von Wurzelgemüse, Pflaumen und Kirschen hinzukommen, findet man in dem *1998er Barbaresco Currà Vigna Masué.* Seine weichen, samtig texturierten Geschmacksnuancen von schwarzen Früchten zeigen eine unverkennbare würzige Erdigkeit, gepaart mit Ledernoten. Trinken Sie diesen hervorragenden Wein in den nächsten 8 Jahren. In dem tiefen, köperreichen, sehr fruchtigen, dichten, vielschichtigen *1998er Barbaresco Fausoni Vigna del Salto* begleitet eine Lederkomponente Noten von Zigarrentabak, Gewürzen, Zedernholz, Kräutern und Kirsch-Hustensirup. Dieser Wein lässt sich ebenfalls köstlich trinken, enthüllt aber im Abgang mehr Tannin als seine beiden Vorgänger. Zweifellos der am wenigsten entwickelte Barbaresco ist der *1998er Barbaresco Cottà Vigna Brichet.* Seine dunkelrubinrote Farbe geht einher mit eng gewirkten, aber viel versprechenden Aromen von Kirschlikör, Rosenblättern, geschmolzenem Teer, Eichenholz und Erde. Strukturiert, kraftvoll, stark in der Entwicklung zurückgeblieben und extrem gut vinifiziert, mit mäßigem Tannin, erfordert dieser eindrucksvolle Wein eine Kellerreifung von 1–2 Jahren. Voraussichtliche Genussreife: 2004–2020.

Der großartige *1997er Barbera d'Alba Pairolero* besitzt eine satte schwarz-rubin-purpurrote Farbe, herrliche Mengen von Brombeer- und kirschlikörartiger Frucht, niedrige Säure, eine sinnliche, dicke, viskose Textur und einen intensiven Abgang. Trinken Sie diesen großartigen, reintönigen Barbera in den nächsten 4–5 Jahren. Der dunkelgranatrote *1997er Barbaresco Pajoré Vigna Lunetta* bietet süße, reife, exotische Noten, die sich in einem offen gewirkten Stil präsentieren. Fleischig und würzig, mit Aromen und Geschmacksnuancen von Teer, getrockneten Kräutern und Kirschlikör, ist er ein üppiger Wein von mittlerem bis vollem Körper, den man am besten in den nächsten 4–5 Jahren trinken sollte. Aus was für einem Grund auch immer und so gut er auch ist (ich wäre glücklich, wenn ich in jederzeit trinken könnte), ist er der am wenigsten Nachhaltige aus diesem Quartett. Der dunkelgranatrote *1997er Barbaresco Currà Vigna Masué* besitzt Aromen von Soja, Rauch, Teer, Schwarzkirschen und Weihrauch, fast unwirkliche Opulenz, riesige Mengen Glyzerin, viel Stärke, einen süßen, expansiven Eindruck am Gaumen, herrliche Reintönigkeit, Unmengen von Frucht und einen hohen Alkoholgehalt. Unter dem Ganzen vergraben entdeckt man etwas deutlicheres Tannin, aber es bringt den Wein nicht dazu, dass er sich verschließen oder adstringierend schmecken würde. Er dürfte in der Flasche fester werden und sich 12 Jahre lang gut trinken lassen. Der komplexe *1997er Barbaresco Fausoni Vigna del Salto* zeigt in seinen explosiven Aromen ein durch asiatische Gewürze geprägtes Profil. Auf einen dunklen Pflaumenton folgen elegante, körperreiche Noten von Kaffee, Kirschen, Soja und Sternanis, dazu ein süßer, fleischiger, säurearmer Eindruck am Gaumen. Nicht so wuchtig wie der Currà Vigna Masué, ist er ein fleischiger Wein, den man im Laufe der nächsten 12 Jahre genießen kann. Der granat-pflaumenfarbene *1997er Barbaresco Cottà Vigna Brichet* ist der Strukturierteste aus dem Quartett, besitzt aber trotzdem außergewöhnliche Dichte, Konzentration und Intensität. Das Bukett präsentiert Aromen von asiatischen Gewürzen, Soja, getrockneten Kirschen, Tabak, Weihrauch und Rauch. Körperreich, dickflüssig, kernig, hoch konzentriert und mäßig tanninhaltig, braucht dieser 1997er noch eine weitere Kellerreifung von 1–2 Jahren; er dürfte sich 12 Jahre gut trinken lassen.

Der *1996er Barbaresco Gaia Principe Vigna del Salto* ist ein Wein, der sowohl Reichhaltigkeit als auch Struktur besitzt. Seine dunkelrubinrote Farbe geht einher mit einem faszinierenden Bukett von Gewürzen, Tabakrauch, Zedernholz und Kirschlikör. Der Wein ist dicht, von mittlerem Körper und strukturiert, mit mäßigem Tannin. Er erfordert mehrere Jahre Flaschenreifung. Voraussichtliche Genussreife: jetzt–2015. Der *1996er Barbaresco Cottà Vigna Brichet* ist in einem ähnlichen Stil gehalten, mit mehr Rauch- und Kirschlikörnoten, die mit reizvollen Gerüchen von neuem Sattelleder und Gewürzen vermischt sind. Der Wein ist reif und körperreich, mit mäßigem Tannin und hervorragender Reintönigkeit. Voraussichtliche Genussreife: jetzt–2015. Der *1996er Barbaresco Currà Vigne Masué* ist von den drei 1996ern der überschwänglichste, körperreichste und konzentrierteste. Der Wein zeigt eine dunkelrubinrote Farbe und ein explosives Bukett von Kirschlikör, Weihrauch, getrockneten Kräutern, Rauch, Zedernholz und Soja. Dicht, kraftvoll, mit sagenhafter Konzentration und einem süßen, vielschichtigen mittleren Geschmacksbereich und Abgang, wird dieser ausladendere, den Mund auskleidende Barbaresco seine beste Qualität jetzt-2016 haben.

LA SPINONA

1997	**Barbaresco**	**D**	**87**
1996	**Barbaresco**	**D**	**82**
1997	**Barolo**	**D**	**(87–90)**

Der interessantere *1997er Barbaresco* besitzt eine vielschichtige Textur, reifere, süßere Schwarzkirschfrucht mit getrockneten Kräutern und Gewürzen im Hintergrund und mittleren bis vollen Körper. Er bietet einen idealen Trinkgenuss im Laufe der nächsten 10 Jahre. Der dunkelrubinrote *1997er Barolo* zeigt in seinen Aromen die marmeladenartige Überreife des Jahrgangs. Körperreich, säurearm und dickflüssig, aber nicht komplex, wird er die höhere Bewertung verdienen, wenn mehr Komplexität zum Vorschein kommt. Voraussichtliche Genussreife: jetzt–2014. Der magere, geradlinige *1996er Barbaresco* zeigt eine attraktive Frucht, fällt aber im Mund ab. Trinken Sie ihn in den nächsten 3–4 Jahren.

STROPPIANA

1997	**Barolo**	**D**	**89**

Die letzten Jahrgänge dieses Erzeugers aus La Morra fielen alle gut aus. Sie sind zwar in einem soliden, muskulösen, tanninbetonten, monolithischen Stil bereitet, besitzen aber ausgezeichnete Tiefe, Überschwänglichkeit und rustikales Tannin im Abgang. Mehr Finesse wäre gut, aber es gibt eine Menge, was man an diesem auf traditionelle Weise hergestellten Barolo mögen kann. Der *1997er Barolo* von dunklem Pflaumen-Purpur-Ton offenbart eine ganze Wagenladung von Tannin sowie kräftige, dicke Geschmacksnoten mit reichlicher Stärke, Tiefe und Breite. Lassen Sie ihn 1–2 Jahre im Keller reifen und trinken Sie ihn in den folgenden 12–15 Jahren.

GIANOLIO TOMASO

1998	**Barbaresco**	**D**	**85**
2000	**Barbera d'Alba**	**C**	**87**
1997	**Barolo**	**D**	**90**
1999	**Nebbiolo d'Alba**	**C**	**88**
1998	**Nebbiolo d'Alba**	**C**	**85**
1997	**Nebbiolo d'Alba**	**C**	**89**

Der *2000er Barbera d'Alba* präsentiert Erdbeer- und Kirschfrucht sowie Säure, außerdem eine wunderbare Reife, mittleren Körper, eine ausgezeichnete Textur und einen sehr guten Abgang. Trinken Sie ihn in den nächsten 2–3 Jahren.

Die drei Nebbiolo-d'Alba-Weine spiegeln ihren Jahrgang wider. Der *1999er Nebbiolo d'Alba* scheint eine Mischung aus dem eleganten 1997er und dem eleganten, stromlinienförmigen 1998er zu sein. Er bietet süße Aromen von Erdbeeren, Kirschen, Leder und Tabak. Trinken sollte man ihn am besten in den nächsten 4–5 Jahren. Der Eleganteste, der *1998er Nebbiolo d'Alba,* ist maßvoller und zurückhaltender und weniger exotisch als der süßere, sinnliche, tiefe, kernige *1997er.* Beide sollten in den nächsten 2–3 Jahren getrunken werden.

Der *1998er Barbaresco* offenbart Noten von Gewürzen, Leder, Soja, Tabak und Kirschfrucht, mittleren Körper und einen kurzen Abgang.

Weit besser ist der *1997er Barolo,* ein süßer, exotischer, konzentrierter Wein, der Aromen und Geschmacksnuancen von Espresso, Kirschlikör und Soja sowie im Hintergrund Holz zeigt. Er hat mittleren bis vollen Körper und ausgezeichnete Reintönigkeit; man sollte ihn am besten jetzt und in den nächsten 7–8 Jahren trinken.

GIUSEPPE TRAVERSA

1998	**Barbaresco Sorì Ciabot**	**E**	**90+**
1997	**Barbaresco Sorì Ciabot**	**E**	**89**
1996	**Barbaresco Sorì Ciabot**	**E**	**91**
1995	**Barbaresco Sorì Ciabot**	**E**	**90**
1997	**Barbaresco Sorì Starderi**	**E**	**87**
1996	**Barbaresco Sorì Starderi**	**E**	**(90–91)**
1999	**Barbera d'Alba La Burdinota del Ciabot**	**D**	**88**
1997	**Barbera d'Alba La Burdinota del Ciabot**	**D**	**90**

Die hervorragenden, im modernen Stil bereiteten Barbarescos dieses Erzeugers werden im Barrique ausgebaut und auf schwere, dicke alte Flaschen abgefüllt. Traversa macht auch großartige Barberas.

Der *1999er Barbera d'Alba La Burdinota del Ciabot,* ein Wein von mittlerem Körper, zeigt eindringliche, süße Erdbeer- und Kirschfrucht, erfüllt von toastwürzigem französischem Eichenholz. Er ist stämmig und fleischig, elegant und reintönig und lässt sich 2 Jahre lang gut trinken.

Der im Barrique gereifte *1998er Barbaresco Sorì Ciabot* ist von dunklem Pflaumen-Purpur-Ton und bietet reife Kirsch- und Brombeerfrucht, verbunden mit Toastbrot-, Rauch- und Espressonoten. Gehaltvoll, körperreich und kräftig, mit mäßig hohem Tannin, gehört er zu den wenigen 1998er Barbarescos, die eine Kellerreifung erfordern. Voraussichtliche Genussreife: jetzt–2014.

Als sich der würzige, komplexe *1997er Barbaresco Sorì Starderi* länger im Glas befand, kamen Aromen von Tabak, neuem Sattelleder, Fenchel sowie Süß- und Sauerkirschen zum Vorschein. Von mittlerem bis vollem Körper, komplex und schon trinkreif, dürfte er sich ein Jahrzehnt oder noch länger halten. Der mittelrubinrote *1997er Barbaresco Sorì Ciabot* enthüllt am Rand bereits Bernsteintöne. Noten von Rosenblättern, Teer, Zedernholz, Gewürzen und reichlich rote und schwarze Früchte sind klassische Merkmale reifer Nebbiolo-Trauben. Er hat mittleren bis vollen Körper, genug Säure für klare Umrisse und Frische, gute Würzigkeit und Reichhaltigkeit und einen langen Abgang. Trinken sollte man ihn im Laufe der nächsten 10 Jahre. Der gediegene *1997er Barbera d'Alba La Burdinota del Ciabot* besitzt eine dichte rubin-purpurrote Farbe und ungeheuer fette, dickliche Brombeer- und Kirschfrucht, vermischt mit Lakritze und Gewürzen. Von mittlerem bis vollem Körper und intensiv, mit guter Säure als Unterlage, ist er ein herrlich reintöniger, schön texturierter Barbera, den man in den nächsten 5–6 Jahren trinken kann.

Der *1996er Barbaresco Sorì Ciabot* ist noch gehaltvoller und körperreicher, mit ungeheurem Extrakt und fantastischer Schwarzkirsch- und Himbeerfruchtigkeit, die sich mit Toastbrot, Rauch, neuem Sattelleder und Marmelade vermischt. Diesen großartigen Barbaresco, der wuchtig und trotzdem tadellos ausbalanciert ist, kann man ebenso jetzt wie auch im Laufe der nächsten 10 Jahre trinken. Der *1996er Barbaresco Sorì Starderi* ist ein ausdrucksvoll ausgestatteter Wein im modernen Stil, mit großen Mengen von Schwarzkirsch- und Cassis-Frucht, vermischt mit neuem Eichenholz, grasigem Tabak und Zigarrenkistennoten. Alles präsentiert sich in einem seidig texturierten Format. Voraussichtliche Genussreife: jetzt–2012.

Der *1995er Barbaresco Sorì Ciabot* besitzt einen tiefen Rubin-Pflaumen-Ton und umwerfende Aromen, die aus getrockneten Kräutern, Rauch, Tabak, roten und schwarzen Früchten, Zedernholz und Sojasauce bestehen. Der Wein ist fleischig, gehaltvoll und körperreich, mit subtilem neuem Eichenholz, fantastischem Extrakt und einer üppigen Textur. Er wird keine lange Lebensdauer haben, dürfte sich aber 4–5 Jahre gut trinken lassen.

G. D. VAJRA

1998	**Barolo**	**E**	**(88–90)**
1997	**Barolo**	**E**	**91**

Vajras Weine sind gut gemacht, körperreich und kraftvoll. Der *1998er Barolo* ist von dichter Pflaumenfarbe und entfaltet einen aufregenden, süßen, offen gewirkten Duft, der Aromen von geschmolzener Lakritze, Rauch, Pflaumen und Kirschen bietet. Er besitzt zwar nicht die Dickflüssigkeit oder den exotischen, extremen Charakter des kraftstrotzenden 1997ers, aber er ist geschmeidig, körperreich, vielschichtig, aufgeschlossen, konzentriert und beeindruckend reichhaltig. Für einen so jungen Barolo ist er überraschend duftig (ein durchgehendes Kennzeichen der meisten 1998er Barolos und Barbarescos). Harmonie ist das entscheidende Wort für diesen jungen, aber viel versprechenden Wein. Voraussichtliche Genussreife: 2005–2016.

Der *1997er Barolo* von dunkler Pflaumenfarbe präsentiert ein kräftiges, dichtes Bukett, das nach Schokolade, Lakritze, Kirschlikör, Rauch, Kampfer und Trüffeln duftet, und zeigt einen weichen, nicht entwickelten Charakter. Dennoch werden die meisten, die ihn probieren, seinem viskosen Stil nicht widerstehen können. Voraussichtliche Genussreife: jetzt–2016.

MAURO VEGLIO

1998	**Barolo Arborina**	**E**	**(91–93)**
1997	**Barolo Arborina**	**E**	**90**
1996	**Barolo Arborina**	**E**	**90**
1995	**Barolo Arborina**	**E**	**89**

1998	**Barolo Castelletto**	**E**	**(90–93)**
1997	**Barolo Castelletto**	**E**	**91**
1996	**Barolo Castelletto**	**E**	**91**
1998	**Barolo Gattera**	**E**	**(90–92)**
1997	**Barolo Gattera**	**E**	**89**
1996	**Barolo Gattera**	**E**	**87**
1995	**Barolo Gattera**	**E**	**?**
1998	**Barolo Rocche**	**E**	**(89–91)**
1997	**Barolo Rocche**	**E**	**91**
1996	**Barolo Rocche**	**E**	**91**
1995	**Barolo Rocche**	**E**	**86**

Nach wechselhaften Leistungen Mitte der 1990er Jahre ist dieser Erzeuger erwachsen geworden. Veglio verwendet moderne Vinifizierungsmethoden. Sein erster großer Jahrgang war der 1996er. Er hat erfolgreiche 1998er herausgebracht, die von der Qualität her ebenso interessant sind wie seine brillanten 1997er. All diese Weine haben die Kennzeichen des Jahrgangs gemeinsam: einen intensiven Duft und eine harmonische, entwickelte, zugängliche Persönlichkeit mit sanftem Tannin.

Der *1998er Barolo Gattera* präsentiert eine dunkle Pflaumenfarbe sowie ein süßes Bukett von Schwarzkirsch- und Pflaumenfrucht, Gewürzen, Röstfleisch und geräucherten Kräutern, eine schöne Textur, gute Weichheit und einen langen Abgang (über 30 Sekunden). Wenn man ihn der Luft aussetzt, scheint dieser klassische Barolo im Glas zu wachsen. Trinken Sie ihn in den nächsten 15 Jahren. Der vielschichtigere, körperreichere *1998er Barolo Arborina* bietet einen süßen Auftakt und einen intensiven Duft von Lakritze, Tabak, schwarzen Früchten, geräucherten Kräutern und toastwürzigem Eichenholz. Dieser reintönige, verführerische, reichhaltige dunkelgranatrote Barolo ist fast im Sinne eines 1997ers exotisch. Voraussichtliche Genussreife: jetzt–2015.

Obwohl Veglio aus La Morra stammt, kommt sein *1998er Barolo Castelletto* von einem Weinberg in Monforte d'Alba. Als am wenigsten entwickelter Wein von diesen Einzellagen-Barolos zeigt er eine undurchdringlich rubin-purpurrote Farbe und Noten von Zimt, Mineralien, Erde, Fleisch und schwarzen Früchten. Im Mund ist der Wein von mittlerem Körper und streng, mit mehr Tannin und weniger Verführungskraft. Er ist jedoch voller Glyzerin und Extrakt. Voraussichtliche Genussreife: 2005–2017. Der feminine, delikate *1998er Barolo Rocche* ist von Finesse und Eleganz erfüllt, ohne das Gewicht, die Reichhaltigkeit oder die Konzentration der anderen drei Crus. Auf einen mäßig intensiven Duft von Schwarzkirschen, feuchter Erde, Trüffeln und Kräutern der Provence folgt ein maßvoller, zurückhaltender, süßer, gut ausbalancierter Wein mit reifem Tannin und einem langen Abgang. Voraussichtliche Genussreife: jetzt–2012.

Der *1997er Barolo Gattera* bietet ein faszinierendes Bukett von Torfmoos, Lakritze, Fenchel, getrockneten Kräutern, Wurzelgemüse und Schwarzkirschfrucht. Er besitzt eine köstliche Textur, mittleren bis vollen Körper und eine unverblümte, vorangeschrittene Reife. Achten Sie darauf, dass Sie diesen Wein in seinem ersten Lebensjahrzehnt trinken. Der enger gewirkte *1997er Barolo Arborina*, der zusätzliche Struktur hat, zeigt einen dichten Pflaumenton mit Rosa- und Bernsteinnuancen am Rand. Körperreich und tanninhaltig, ist er ein zurückhaltender, aber konzentrierter Wein, der im Duft und im Geschmack Erdbeer- und Kirschliköraromen entfaltet, verbunden mit Rauch, Erde und Gewürzen. Voraussichtliche Genussreife: jetzt–2015. Der *1997er Barolo Castelletto* hat wunderbare Aromen von Gewürzen, Tabak, Kirschwasser, Lakritze, Rosenblättern und Zedernholz. Dieser korpulente, körperreiche, exotische und sehr vielschichtige Wein, der deutlich die für den Jahrgang typische Glyzerinmenge und niedrige Säure und den überdurchschnittlich hohen Alkoholgehalt demonstriert, ist ein fast extremer, exotischer Barolo, den man im Laufe der nächsten 10 Jahre trinken sollte. Der dunkelgranatrote, am Rand bernsteinfarbene *1997er Barolo*

Rocche offenbart in seinem entwickelten Bukett Anklänge an geschmolzenen Karamell, Schwarzkirschmarmelade, Lakritze, Fenchel und Teer. Von mittlerem bis vollem Körper, mit hohem Glyzeringehalt, vermittelt er eine hedonistische, fette, kernige Empfindung im Mund, wobei der Wein bei der Verkostung der Flasche besser abschnitt als bei der Fassprobe. Trinken Sie diesen außergewöhnlichen Barolo während seiner ersten 12–14 Lebensjahre.

Drei der vier 1996er von Veglio scheinen ein hervorragendes Potenzial zu haben. Der *1996er Barolo Gattera* ist interessanter als der 1995er. Von mittlerem Körper und weich, elegant wirkend und nach Kirschwasser duftend und schmeckend, ist er ideal für einen Trinkgenuss in den nächsten 5–6 Jahren. Der körperreiche, kräftige *1996er Barolo Rocche* besitzt große Mengen von Kirschlikör, vermischt mit Tabakblättern, gerösteten Nüssen, Rauch und Gewürzen. Am besten dürfte dieser mäßig tanninhaltige, klassische Barolo ab jetzt bis 2014 sein. Der *1996er Barolo Arborina* zeigt das typische, nach Rosenblättern, geschmolzenem Teer und dicklichen Kirschen duftende Bukett mit Tabak im Hintergrund. In einem weichen, aufgeschlossenen Stil bereitet, ist er ein Wein von mittlerem bis vollem Körper, mit überwältigender Fruchtintensität, hervorragender Reintönigkeit, süßem Tannin und einem weichen, üppigen Abgang. Voraussichtliche Genussreife: jetzt–2015. Der *1996er Barolo Castelletto* riecht wie ein Kräutergarten, der neben einem prasselnden Holzkohlenfeuer angelegt ist. Man entdeckt darin große Mengen von Kirschfrucht, neuem Sattelleder und an Tiergeruch erinnernde Aromen. Das ist ein eher »wilder« Barolo, mit tadelloser Dichte, mittlerem bis vollem Körper und großen Mengen von würzigen, kirschfruchtigen Geschmacksnoten. Er dürfte sich 10–12 Jahre gut trinken lassen.

Zu dem zitronenartigen, grasigen, vegetabilen *1995er Barolo Gattera* habe ich keinen Zugang gefunden. Er schmeckt mehr wie ein Weißwein als wie ein Rotwein und hat mit den anderen Weinen von Veglio überhaupt nichts gemein. Der *1995er Barolo Rocche* ist ein mittelgewichtiger, eleganter, in einem feinen Stil gehaltener Barolo mit guter Würzigkeit, etwas Tannin, mittlerem Körper und reizvoller Kirschfrucht. Trinken Sie ihn in den nächsten 5–6 Jahren. Der mittelrubinrote *1995er Barolo Arborina*, der Inbegriff von Feinheit, enthüllt schon Bernsteintöne am Rand. Entwickelt und stilvoll, mit süßer Kirschfrucht, mittlerem Körper und einem berauschenden Abgang, lässt er sich 3–4 Jahre gut trinken.

ERALDO VIBERTI

1998	**Barolo**	**E**	**88**
1997	**Barolo**	**E**	**90**
1996	**Barolo**	**E**	**(86–88)**
1995	**Barolo**	**E**	**87**

Diese vier attraktiven Barolos stellen vom Stil her eine Synthese zwischen modernen Vinifizierungsmethoden und Hochachtung vor der Tradition dar. Ein kräftiger, rauchiger, würziger Duft von Lakritze, Trüffeln, Zedernholz, Tabak und schwarzen Früchten springt einem bei diesem aufgeschlossenen *1998er Barolo* von dunklem Pflaumen-Rubin-Ton aus dem Glas entgegen. Auf die komplexen Aromen folgt ein eleganter, weicher, saftiger Barolo von mittlerem Körper, den man in den nächsten 10 Jahren genießen kann. Beim *1997er Barolo* folgt auf ein komplexes Bukett von Soja, Erde, Trüffeln, schwarzen Früchten, Eisen und einem Hauch von Vitaminen ein schön texturierter, würziger, üppiger, vielschichtiger Wein von mittlerem bis vollem Körper. Niedrige Säure und hoher Glyzeringehalt sorgen zusammen mit Frucht und Alkohol für einen sinnlichen Barolo, der trotzdem auch den Intellekt befriedigt. Voraussichtliche Genussreife: jetzt–2015. Der satt rubin-granatrote *1996er Barolo* besitzt eine klassische, strukturierte, in der Entwicklung stark zurückgebliebene Persönlichkeit mit einer Fülle von getrockneten Kräutern, Leder und kirschartiger Frucht. Der Wein ist von mittlerem bis vollem Körper und im Abgang komprimiert, aber wenn das Tannin sich ohne starken Verlust an Frucht auflöst, verdient er eine Bewertung in den oberen 80er-Punkte-Rängen. Der *1995er Barolo* zeigt eine gesunde, moderne dunkelrubin-purpurrote Farbe,

Toastnoten im Duft, süße Frucht, mittleren bis vollen Körper, mäßiges Tannin und einen üppigen, zugänglichen Stil. Trinken Sie ihn im Laufe der nächsten 5–6 Jahre.

VIETTI

1997	**Barbaresco**	**E**	**89**
1996	**Barbaresco**	**E**	**85**
1995	**Barbaresco**	**E**	**86**
1997	**Barbaresco Masseria**	**E**	**93**
1995	**Barbaresco Masseria**	**E**	**88**
1996	**Barolo**	**E**	**85**
1995	**Barolo**	**E**	**83**
1998	**Barolo Brunate**	**E**	**(88–90+)**
1996	**Barolo Brunate**	**E**	**89+**
1997	**Barolo Brunate**	**E**	**92**
1995	**Barolo Brunate**	**E**	**86+**
1998	**Barolo Lazzarito**	**E**	**(88–89+)**
1997	**Barolo Lazzarito**	**E**	**93**
1995	**Barolo Lazzarito**	**E**	**85**
1998	**Barolo Rocche**	**E**	**(90–91+)**
1997	**Barolo Rocche**	**E**	**90**
1996	**Barolo Rocche**	**E**	**90**
1995	**Barolo Rocche**	**E**	**85?**
1996	**Barolo Villero Riserva**	**E**	**91**

Trotz der in einem modernen Stil gestalteten Etiketten, die die Firma Vietti seit fast drei Jahrzehnten verwendet, bleiben diese Weine in der traditionellen Schule der Weinbereitung verankert. Ich kaufe Vietti-Weine seit dem Jahrgang 1971; sie haben hinsichtlich ihrer Fähigkeit, gut zu altern, nie enttäuscht. In Spitzenjahrgängen halten sich diese in einem kräftigen Stil bereiteten Barolos leicht 3 Jahrzehnte oder noch länger. Oft erweisen sie sich nach der Kellerreifung als deutlich besser, als sie in einer frühen Lebensphase sind (ganz ähnlich wie die Weine von Giacomo Conterno, Aldo Conterno und Bruno Giacosa).

Der satt rubinrote *1998er Barolo Lazzarito* zeigt einen eleganten, süßen Stil mit für einen jungen Vietti-Wein überraschender Geschmeidigkeit. In diesem Wein von mittlerem Körper findet man erdige Schwarzkirschfrucht, getrocknete Kräuter und Lakritze. Trinkreif dürfte er zwischen jetzt und 2015 sein. Der *1998er Barolo Rocche* offenbart in seiner körperreichen, wenig entwickelten, aber dennoch gut ausbalancierten Persönlichkeit mehr Muskelkraft, Volumen und Stärke. Der tiefe, kernige Wein von satter rubinroter Farbe, mit breiten Geschmacksnuancen und Tannin, das den Mund auskleidet, wird 2006–2020 seine beste Qualität haben. Der *1998er Barolo Brunate* schließlich ist für einen Vietti-Wein weich und aufgeschlossen. Das könnte auf den eleganten, harmonischen Stil des Jahrgangs zurückgehen, der in der Regel weniger extrovertiert und klassischer als 1997 und stärker entwickelt und zugänglicher als 1997 oder 1996 ausfällt. Bei diesem Wein entdeckt man nach dem Pflaumen-Rubin-Purpur-Ton süße Schwarzkirschfrucht und Noten von Balsaholz. Körperreich und muskulös, mit süßem Tannin und in einem geschmeidigen Stil bereitet, dürfte er zwischen 2004 und 2020 gut zu trinken sein.

Die 1997er sind die besten Vietti-Weine in 20 Jahren. Für Anfänger ist der *1997er Barbaresco Masseria* ein fabelhaftes Beispiel für diese Appellation. Auf eine satte, dunkle Pflaumen-Granat-Farbe folgt ein breites, verschwenderisches, süßes Bukett von Zedernholz, Pflaumen, Kirschen, Leder, Kräutern, Erde und Gewürzen. Tief, breit und körperreich, ohne Ecken und Kanten, lässt sich dieser gut ausbalancierte Wein, der den Mund auskleidet, jetzt und in den nächsten 15 Jahren gut trinken. Der fette, weiche dunkelrubinrote *1997er Barbaresco* zeigt die Saftigkeit des Jahrgangs sowie große Mengen von Tannin und Schwarzkirschfrucht, verwoben mit Rauch und Gerüchen von feuchtem Wald. Mit hohem Glyzerin- und niedrigem Säuregehalt ist er ideal im Laufe der nächsten 10 Jahre zu trinken. Der dunkelrubin-granatrote *1997er Barolo Lazzarito* zeigt eine gewisse Aufgeschlossenheit, zweifellos aufgrund des exotischen, opulenten, säurearmen Charakters des Jahrgangs. Man entdeckt darin viel Substanz, vollen Körper und Noten von Balsaholz, Gewürzen, Früchtebrot und Kirschen. Diesen früh reifen Wein, der viskos, kernig und tief ist, kann man trinken, wenn er auf den Markt kommt, oder 15–20 Jahre lang aufheben. Ein klassisches, nach Lakritze, getrocknetem Tabak, Rosenblättern, Kirschen und Teer duftendes Bukett findet man in dem dunkelpflaumenfarbenen *1997er Barolo Rocche*. Er ist zwar breit und gehaltvoll, mit spürbarem Tannin, aber auch überschwänglich und kernig. Mit mehr Länge, als sie der Lazzarito besitzt, wird der Rocche jung zugänglich sein und sich 15–20 Jahre lang halten. Der vorzügliche *1997er Barolo Brunate* ist der am wenigsten entwickelte von diesen Weinen. Er ist dunkelrubinrot mit purpurroter Nuance und bietet ein fesselndes Bukett von am Spieß gebratenem Schwein, Kirschsirup, geröstetem Kaffee, Rosenwasser und Lakritze. Körperreich, muskulös und kräftig, mit jeder Menge Tannin sowie ungeheurer Reichhaltigkeit und Dickflüssigkeit, braucht er eine Kellerreifung von 1–2 Jahren und dürfte 20–25 Jahre lang gut zu trinken sein.

Beim 1996er habe ich vier Barolos probiert, die alle erheblich besser waren als die 1995er. Der *1996er Barolo* zeigt zusätzlich zu einem charakteristischen, durch Zedernholz, Kräuter und Gewürze geprägten Aromenprofil, gute Süße. Er ist von mittlerem Körper, mit guter Konzentration und mäßigem Gehalt an adstringierendem Tannin. Voraussichtliche Genussreife: jetzt–2012. Der *1996er Barolo Villero Riserva* bietet würziges Eichenholz, vermischt mit großen Mengen von dicklichen Kirschen, *garrigue,* Rauch und Erde. Dieser herzhafte, männliche, kräftige Barolo mit klassischen Geschmacksnoten von Rosenblättern und Teer, der süß, tief und körperreich ist, besitzt viel Tannin. Er dürfte mühelos 2 Jahrzehnte altern. Voraussichtliche Genussreife: 2006–2020. Der *1996er Barolo Brunate*, der eine sattere Farbe zeigt, wirkte verschlossener, aber kraftvoll, reichhaltig und potenziell herausragend. Der Wein besitzt große Tiefe, ist aber in der Entwicklung stark zurückgeblieben. Voraussichtliche Genussreife: 2007–2020. Die satteste Farbe und die süßesten und reichsten roten und schwarzen Früchte findet man im *1996er Barolo Rocche*. Er ist äußerst körperreich und tanninhaltig, ein wenig hart, aber eindrucksvoll ausgestattet. Wenn das Tannin besser eingebunden ist, wird er ein hervorragender Wein sein, aber er verlangt von potenziellen Käufern Geduld. Voraussichtliche Genussreife: 2007–2015. Der dunkelrubinrote *1996er Barbaresco* offenbart ein würziges, an Zedernholz erinnerndes, süßes Bukett, ausgezeichnete Frucht, rauchiges Eichenholz, geröstete Kräuter und Fleischnoten. Der Abgang ist kurz, aber mit der Zeit dürfte der Wein sich öffnen. Zwar wird das kein kraftstrotzender Barbaresco, aber er ist elegant und gut gemacht. Voraussichtliche Genussreife: jetzt–2010.

Der *1995er Barbaresco* präsentiert eine entwickelte granatrote Farbe und ein würziges, von Tabak erfülltes Bukett mit Düften von Kirschmarmelade und Zigarrenrauch. Er ist ein unkomplizierter, runder, frucht- und gewürzbetonter Wein, den man in den nächsten 3–4 Jahren trinken sollte. Gehaltvoller ist der *1995er Barbaresco Masseria*. Das Bukett bietet getrocknete Kräuter der Provence, vermischt mit Seetang, Rauch und Kirschwasser. Dieser gewichtige, breite, üppige Wein von mittlerem bis vollem Körper lässt bei einer Belüftung einige der Nebbiolo-typischen Teernoten erkennen. Trinken Sie diesen schönen Wein im Laufe der nächsten 8 Jahre. Ich habe vier 1995er Barolos verkostet. Beim einfachen *1995er Barolo* entdeckt man nach der entwickelten Granatfarbe ein rundes, weiches, fruchtiges Bukett von getrockneten Kräutern, roten Früchten, Zedernholz und Gewürzen. Der Abgang ist etwas verkniffen, komprimiert und streng. Am besten sollte man diesen vollreifen Barolo in den nächsten 3 Jahren trinken. Ehrlich gesagt, erwartete ich mehr. Ich war von den drei Barolos aus Einzellagen nicht beeindruckt, auch wenn sie alle gute Weine sind. Der *1995er Barolo Lazzarito* bietet ein mäßig intensives Bukett von Preiselbeeren, Kirschen, getrockneten Kräutern, Rauch und Erde. Er wirkt im Mund komprimiert und besitzt einen hohen Gehalt an adstringierendem Tannin. Obwohl sich der Wein 5–6 Jahre lang gut trinken lässt, besitzt er nicht die Konzentration, um seiner Struktur standzuhalten. Der gut gemachte *1995er Barolo Brunate* gibt sich unauffällig, mit grasigen, zedernholz- und kräuterartigen, rauchigen Noten, einer mäßigen Menge von süßer Kirschfrucht und einem kurzen, tanninhaltigen Abgang. Voraussichtliche Genussreife: jetzt–2007. Der *1995er Barolo Rocche* besitzt von allen 1995ern die satteste Farbe, aber er ist entwickelt, mit einem hohen Tanningehalt, der den Gaumenrücken versengt. Das verleiht dem Wein einen schwachen, komprimierten, rau texturierten Abgang. Ich bin nicht sicher, ob er die richtige Ausgewogenheit besitzt, um anmutig zu altern.

VILLA GIADA

1998	**Barbera d'Asti La Quercia**	**D**	**90**
1998	**Barbera d'Asti Riserva Bricco Dani**	**D**	**90**
2000	**Barbera d'Asti Vigna d'Arturo**	**D**	**89**

Das sind im Barrique gereifte, in einem modernen Stil bereitete Barberas, die trotz ihrer wunderbaren Intensität und Reichhaltigkeit verlangen, dass man sie in ihren ersten 4–5 Lebensjahren trinkt. Der *2000er Barbera d'Asti Vigna d'Arturo* lässt deutliche Anzeichen für den Ausbau im Barrique erkennen. Von mittlerem bis vollem Körper, mit Noten von Toastbrot, Schwarzkirschmarmelade, Tomatenschalen und Gewürzen, herrlichen Mengen an Frucht und einem langen, unkomplizierten, aber köstlichen Abgang, dürfte er sich 3–4 Jahre lang gut trinken lassen. Der dichte purpurrote *1998er Barbera d'Asti La Quercia* bietet ein intensives Bukett von Schwarzkirschlikör, verbunden mit Gerüchen von neuem Holz. Da er cremig texturiert, intensiv, reif und voll ist, ohne Ecken und Kanten, ist ein früher Trinkgenuss obligatorisch. Der *1998er Barbera d'Asti Riserva Bricco Dani*, der eine noch undurchdringlichere Farbe hat (sie ähnelt Tinte), zeigt sich dickflüssiger und öliger und präsentiert in seinen Aromen zusätzliche Mengen von toastwürzigem neuem Eichenholz. Ein weiteres Jahr Flaschenreifung führt möglicherweise zu mehr Nuancen. Trinken sollte man diesen 1998er in den nächsten 3–4 Jahren.

VILLA LANATRA

1998	**Barolo**	**D**	**90**
1997	**Barolo**	**D**	**88**

Der *1998er Barolo*, noch besser als der ausgezeichnete 1997er, ist ein gut texturierter, tiefer, körperreicher Wein von undurchdringlicher rubin-purpurroter Farbe, der jede Menge Frucht von schwarzen Johannisbeeren und Brombeeren sowie Anzeichen eines Ausbaus im Barrique enthüllt. Kernig und fleischig, mit beträchtlichem Stoff, ist er ein Produkt der modernen Schule der piemontesischen Weinbereitung, aber man stellt einen Mangel an Nebbiolo- und Barolo-typischem Charakter fest. Voraussichtliche Genussreife: 2004–2018. Der körperreiche, tiefe, lange *1997er Barolo* ist ein im modernen Stil bereiteter Wein mit guter Harmonie, Finesse und anmutigen Geschmacksnuancen von roten Johannisbeeren und Kirschen, die von feinem toastwürzigem Eichenholz unterstützt werden. Voraussichtliche Genussreife: jetzt–2012.

GIANNI VOERZIO

1999	**Barbera d'Alba Ciabot della Luna**	**C**	**87**
1998	**Barbera d'Alba Ciabot della Luna**	**C**	**88**
1998	**Barolo La Serra**	**E**	**89**
1997	**Barolo La Serra**	**E**	**88**
1996	**Barolo La Serra**	**E**	**(90–92)**
1995	**Barolo La Serra**	**E**	**90**

2000	**Dolcetto d'Alba Rocchettevino**	**C**	**90**
1998	**Langhe Rosso Serrapiù**	**C**	**88**

Gianni Voerzio (der Bruder von Roberto) ist ein Anhänger der neuen Schule der Weinbereitung und verwendet einen hohen Anteil von Barriques für den Ausbau seiner Weine. Diese sind jedoch keine im internationalen Stil bereiteten Nebbiolos, denn sie zeigen alle sortentypischen Merkmale wie aus dem Lehrbuch. Von dem Weinberg Ciabot della Luna stellt dieser kleine Erzeuger aus La Morra auch ausgezeichnete Barbera-, Dolcetto- und Nebbiolo-Weine her.

Der *2000er Dolcetto d'Alba Rocchettevino* ist ein explosiver Wein voller schokoladenartiger Schwarzkirschfrucht. Man findet darin angemessene Säure für die Ausgewogenheit, herrliche Reintönigkeit und einen stämmigen, fleischigen Stil, der dazu einlädt, den Wein in den nächsten 2 Jahren zu trinken.

Der ebenfalls sehr gute *1999er Barbera d'Alba Ciabot della Luna* offenbart eine weniger satte Farbe, aber komplexere Beeren-, Lakritze- und Kräuternoten, einen fleischigen Eindruck am Gaumen mit spürbarem neuem Holz und einen rauchigen, würzigen Abgang. Er dürfte für 3 Jahre gut zu trinken sein.

Nicht zu überschwänglich, aber intensiv, mit einem würzigen, nach Erdbeeren, Schwarzkirschen, Lakritze und Schokolade duftenden Bukett, ist der *1998er Barbera d'Alba Ciabot della Luna.* Man entdeckt darin Hinweise auf toastwürziges Eichenholz, aber die Fruchtnoten dominieren. Trinken Sie ihn in den nächsten 3–4 Jahren. Der *1998er Langhe Rosso Serrapiù* (ein Verschnitt von gleichen Anteilen Nebbiolo und Barbera, der im Barrique reift) ist ein erdiger, ledriger Wein mit Aromen von getrockneten Kräutern, Pflaumen, Kirschlikör und Gewürzen im Duft und im Geschmack. Komplex in der Nase und reichhaltig und von mittlerem Körper im Mund, mit guter Säure als Unterlage für eine angenehm vielschichtige Struktur, sollte er in den nächsten 4–5 Jahren getrunken werden. Der elegante, weiche *1998er Barolo La Serra* ist von mittlerem Körper und besitzt Aromen von Kirschlikör, Tabak und Rauch und eine Note von herbstlichem Laub. Er ist dicht und reichhaltig, wobei die Frucht und die Gesamtharmonie seine Struktur und sein Tannin gut überdecken. Trinken sollte man diesen gut ausbalancierten, eleganten, stilvollen Wein am besten im Laufe der nächsten 12 Jahre.

Der *1997er Barolo La Serra* scheint nicht die Intensität des prächtigen 1998ers oder des 1999ers zu besitzen. Er ist ein säurearmer, würziger, runder, weicher, verführerischer Wein von mittlerem Körper, mit vielen Aromen und Geschmacksnuancen von Karamell, Tabak, Kirschen und Teer. Trinken Sie ihn in den nächsten 8 Jahren.

Der *1996er Barolo La Serra* präsentiert eine tiefere, sattere rubinrote Farbe sowie Aromen von getrockneten Kräutern, Tabak, Gewürzen, Kirschlikör und Kaffee, großartige Dichte, gewaltigen Extrakt und einen langen, körperreichen, mäßig tanninhaltigen Abgang. Dieser klassische Barolo besitzt herrliche Reintönigkeit und beträchtliches Glyzerin. Voraussichtliche Genussreife: 2004–2024.

Der *1995er Barolo La Serra* ist unbestreitbar einer der gelungensten Weine des Jahrgangs. Am Anfang geht das attraktive würzige Eichenholz in einer Welle von Schwarzkirschfrucht, Teer, Rosenblättern, getrockneten Kräutern und Gewürzen unter. Gehaltvoll, körperreich, offen gewirkt und kernig, mit einer beachtlichen Saftigkeit und Üppigkeit, bietet dieser schön zusammengefügte, entwickelte, in einem frühreifen Stil gehaltene, vollmundige Barolo in den nächsten 8 Jahren idealen Trinkgenuss.

ROBERTO VOERZIO

1999	**Barbera d'Alba Vigneto Pozzo dell'Annunziata Riserva**	**E**	**(92–94)**
1998	**Barbera d'Alba Vigneto Pozzo dell'Annunziata Riserva**	**E**	**96**
1997	**Barbera d'Alba Vigneto Pozzo dell'Annunziata Riserva**	**E**	**97**
1998	**Barolo Brunate**	**E**	**(91–92)**

1997	Barolo Brunate	E	92+
1996	Barolo Brunate	E	93
1998	Barolo Capalot delle Brunate Riserva	EEE	(93–95)
1997	Barolo Capalot delle Brunate Riserva	EEE	98+
1996	Barolo Capalot Riserva	EEE	93
1995	Barolo Capalot Riserva	EEE	91
1998	Barolo Cerequio	E	(90–91+)
1997	Barolo Cerequio	E	92+
1996	Barolo Cerequio	E	90
1995	Barolo Cerequio	E	86
1998	Barolo Sarmassa di Barolo	E	(91–93+)
1998	Barolo La Serra	E	(90–91)
1997	Barolo La Serra	E	92
1996	Barolo La Serra	E	92
1995	Barolo La Serra	E	87
1999	Dolcetto d'Alba Priavino	C	89
1998	Langhe Rosso Vignaserra	E	87
1997	Langhe Rosso Vignaserra	E	90

Roberto Voerzio ist im Piemont rasch zu einem Superstar geworden, auch wenn sein Gut nur 12 Hektar groß ist. Er ist ein Qualitätsfanatiker und erzeugt einen der nachhaltigsten Barberas der Region und einige der majestätischsten und komplexesten Barolos. Er ist ein heftiger Verfechter geringer Erträge, vertraut auf organischen Anbau und schneidet in seinem Weinberg oft vor der Lese bis zu 50% des Fruchtbehangs heraus. Das führt zu 4–5 Fruchtständen pro Rebe (verglichen mit 30–40 in vielen Weinbergen zum Beispiel in Kalifornien). Voerzio ist ein Modernist, der seine Weine mit Hilfe von Wildhefen vergärt und sie in Fässern aus neuem französischem Eichenholz aus Taransaud und Vicard ausbaut. Nach einer leichten Schönung werden sie ohne Filtration auf Flaschen gezogen. Die Barolos reifen 28 Monate im Eichenfass, wobei auch die malolaktische Gärung im Fass stattfindet. Der Schwefeldioxid-Gehalt gehört, was bei einem solchen Minimalisten nicht überrascht, zu den niedrigsten im Piemont. Im Laufe des letzten Jahrzehnts hat Voerzio einige der auf sensationelle Weise vollständigsten und komplexesten Weine Italiens erzeugt. Genau genommen kann man sagen, dass niemand besseren Barbera herstellt als er mit seinem sagenhaften Wein vom Vigneto Pozzo dell'Annunziata. Neben einer winzigen Parzelle in der Reblage Sarmassa di Barolo, die er 1998 kaufte, besitzt er drei Weinberge, von denen die Einzellagenweine Cerequio (350–400 Kisten), La Serra (400 Kisten) und Brunate (300 Kisten) stammen. Der Einzellagenwein Capalot Riserva wird von einer Parzelle mit den ältesten Reben im Weinberg Brunate produziert. Diesen Wein, der nur in Magnumflaschen (etwa 1000) abgefüllt wird, stellt Voerzio nur in Spitzenjahrgängen her. Im Jahr 2000 fügte er seiner Palette einen weiteren Lagenwein, den berühmten Pozzo dell'Annunziata hinzu. Folglich gibt es in seinem Angebot ab 2000 sechs Crus, während es 1997 und in den früheren Jahrgängen vier waren.

Der dunkelrubin-purpurrote *1999er Dolcetto d'Alba Priavino* bietet neben Aromen von Mokka, Brombeeren, Kirschen und Kräutern toastwürziges neues Eichenholz. Genießen Sie diesen fruchtbetonten Dolcetto in den nächsten 3 Jahren. Im Allgemeinen mag ich im Barrique gereiften Dolcetto nicht, aber bei dieser Cuvée funktioniert der subtile Einfluss des Eichenholzes gut. Der *1999er Barbera d'Alba Vigneto Pozzo dell'Annunziata Riserva* erreicht zwar möglicherweise nicht die schwindelerregenden Höhen des 1997ers und des 1998ers, ist aber dennoch ein bemerkenswerter Wein. Nach einer undurchdringlich blau-purpurroten Farbe entdeckt man dicke, saftige Aromen und Geschmacksnuancen von Schokolade, Espresso, Kirsch- und Erdbeerlikör, Rauch und Toastbrot. Von extrem niedrigen Erträgen (25–28 hl/ha) hergestellt, ist er ein erstaunlicher Wein.

Voerzio glaubt nicht, dass der 1998er das Niveau von 1997 besitzt. Obwohl die Trauben voller Stoff waren, ist er der Ansicht, dass die Weine insgesamt eleganter ausfielen, ohne den hohen Extraktgehalt, den man bei den 1997ern findet. Der *1998er Langhe Rosso Vignaserra* (ein Verschnitt von Cabernet Sauvignon, Barbera und Nebbiolo aus der Reblage La Serra) bietet klassische piemontesische Noten von Lakritze, Tabak, Schwarzkirschlikör und getrockneten Kräutern sowie am Gaumen einen eleganten, stilvollen, nicht allzu schweren Eindruck von mittlerem Körper. Trinken sollte man ihn während seiner ersten 5–7 Lebensjahre. Der *1998er Barolo La Serra* ist von diesen Weinen im Stil am stärksten durch Finesse geprägt und zeigt eine tiefrubinrote Farbe und ein aufregendes Bukett von süßen Schwarzkirschen, Fenchel, Vanille und Gewürzen. Samtige Textur, voller Körper und Gesamtharmonie deuten darauf hin, dass er sich jung ebenso gut trinken lässt wie in den nächsten 10–12 Jahren. Der ein wenig dichtere, männlichere und muskulösere *1998er Barolo Brunate* besitzt große Mengen von Aromen, die an Schwarzkirsch- und Kirschlikör erinnern, verwoben mit Vanille, Lakritze, Tabak und Rosenblättern. Das neue Eichenholz hat dieser süße, im Geschmack breite Barolo von mittlerem bis vollem Körper hervorragend absorbiert. Voraussichtliche Genussreife: jetzt–2016. Der dunkelrubin-purpurrote *1998er Barolo Cerequio* ist der strukturierteste und am wenigsten entwickelte Wein aus diesem Quintett. Er stammt von einem nach Süden liegenden Weinberg, von dem Angelo Gaja seinen Conteisa erzeugt. Dieser tanninreiche, strukturierte, in einem strengen Stil gehaltene Barolo ist voller Schwarzkirschfrucht-, Rosenblätter- und Teernoten. Er wird zunächst der am ungefälligsten zu trinkende Wein sein, aber in 4 Jahren wird er aus seinem Tanninmantel auftauchen und sich 2 Jahrzehnte lang entwickeln. Voraussichtliche Genussreife: 2006–2020. Der *1998er Barolo Sarmassa di Barolo*, der Debütjahrgang, stammt aus einer Weinbergparzelle, die ganz nach Süden liegt. Er besitzt eine undurchdringlich schwarz-purpurrote Farbe und ein prächtiges Bukett von Schwarzkirschlikör-, Heidelbeer- und Blütenaromen. Wenn sich der Wein länger im Glas befindet, entfaltet sich eine Note von flüssigen Mineralien. Man könnte diesen Wein für einen 1990er Grand Cru von der burgundischen Côte de Nuits halten. In der Entwicklung zurückgeblieben, dicht und potenziell komplex und konzentriert, ist er möglicherweise noch besser, als meine Noten andeuten. Er ist ein eindrucksvoller erster Wein aus dieser Lage. Voraussichtliche Genussreife: 2008–2025. Von seinen ältesten Reben (50 Jahre) hat Voerzio 1 200 Magnumflaschen des *1998er Barolo Capalot delle Brunate Riserva* erzeugt. Dieser Wein erhöht noch den Grad der Intensität und bietet mehr Volumen, Stärke, Dichte und Geschmacksextraktion. Er ist der kräftigste Wein aus diesem Jahrgang und potenziell der langlebigste. Der 1998er mag zwar dem fast perfekten 1997er nicht ebenbürtig sein, ist aber eine unglaubliche Leistung. Seine dichte rubin-purpurrote Farbe geht einher mit einem kräftigen, dichten Bukett von Schwarzkirschen, Kirschsirup, Espresso, Toastbrot und Röstfleisch. Der wuchtige, mächtige, tanninreiche Wein erfordert eine Kellerreifung von 6–7 Jahren; er dürfte sich 3 Jahrzehnte halten. Der *1998er Barbera d'Alba Vigneto Pozzo dell'Annunziata Riserva* ähnelt in seiner Farbe einem dichten, undurchdringlichen Purpurton, seiner Textur und seiner Geschmackssättigung einem Vintage-Portwein. Opulent, mit extremer Reichhaltigkeit, besitzt dieser körperreiche, überaus intensive, schwelgerische Barbera (von dem weniger als 1 400 Magnumflaschen produziert wurden) mehr Frische als der 1997er, aber trotzdem fast ebenso viel Exotik. Er bietet im Duft und im Geschmack ölige Aromen von Schwarzkirschen, Schokolade, Espresso, Lakritze und Erdbeerlikör, ungeheuren Körper, große Mengen von Glyzerin und großartig integriertes süßes Eichenholz (das von einer zu 100% in neuen Holzfässern durchgeführten malolaktischen Gärung herrührt). Zwar ist es unmöglich vorherzusagen, wie solch ein Wein altern wird, aber angesichts seines Umfangs und seiner Stärke wird er sich sicherlich ein Jahrzehnt lang gut trinken lassen. Ich empfehle, ihn jung zu trinken, damit man von seiner Überschwänglichkeit profitiert.

Der *1997er Barolo La Serra* ist ein aufregender, dichter rubin-purpurroter Wein, der Noten von Johannisbeeren, Schwarzkirschen und Lakritze, eine mächtige, kernige Textur, viel

Glyzerin und einen cremigen, geschmeidigen, samtigen Abgang bietet. Obwohl es unmöglich ist, ihm zu widerstehen, wird er in den nächsten 4–5 Jahren noch mehr Nuancen entfalten und dürfte sich 2 Jahrzehnte lang halten. Voraussichtliche Genussreife: 2004–2023. Der kräftigste Wein dieses Trios, der tanninreiche *1997er Barolo Brunate* ist von dichter, undurchdringlicher rubin-purpurroter Farbe und zeigt reichlich Aromen von Cassis, Schwarzkirschen, Kirschwasser, Lakritze, Rauch, Trüffeln und neuem Eichenholz. Kaffee- und Schokoladennoten kommen zum Vorschein, wenn sich der Wein länger im Glas befindet. Er besitzt erstaunliche Dichte, viel Muskelkraft und in seiner fruchtigen Persönlichkeit einen röstartigen Charakter. Dieser stramme, körperreiche Barolo braucht eine Kellerreifung von 2–3 Jahren und dürfte sich 25 Jahre lang halten. Der widersprüchliche *1997er Barolo Cerequio* besitzt vorzügliche Reintönigkeit und ein offen gewirktes Bukett, aber zurückhaltende, tanninbetonte, kräftige, wenig entwickelte Geschmackskomponenten. Dicht und reichhaltig, wobei sich die Dickflüssigkeit des Jahrgangs deutlich zeigt, aber tanninreicher als seine Brüder, wird er seine beste Qualität 2005–2025 haben. Der eindrucksvolle *1997er Barolo Capalot delle Brunate Riserva* ist ein Anwärter auf den Barolo des Jahrgangs. Er ist ein wuchtiger Wein und bietet im Duft wie im Geschmack Aromen von Vitaminen, Kaffee, Schokolade, Schwarzkirschlikör, Lakritze und Röstbrot, am Gaumen einen fantastischen Auftakt mit großen Mengen von Glyzerin und Extrakt, zahlreiche Geschmacksschichten und süßes Tannin in dem 60–Sekunden-Abgang. Unter der Oberfläche schlummert viel Tannin, so dass man ihn im Idealfall 4–5 Jahre lang reifen lassen sollte. Er wird 3 Jahrzehnte altern. Er ist eine *tour de force* der Weinbereitung. Der fesselnde *1997er Barbera d'Alba Vigneto Pozzo dell'Annunziata Riserva* (von dem nur 1350 Magnumflaschen produziert wurden) ist möglicherweise der größte Barbera, den ich je verkostet habe. Er stellt eine wunderbare Leistung dar und demonstriert neben der außerordentlichen Öligkeit, den unglaublichen Fruchtmengen und einem erstaunlichen Abgang, der fast 45 Sekunden dauert, die schwelgerische Opulenz des Jahrgangs. Mit reichlich Schwarzkirschfrucht, vermischt mit Schokolade, Zedernholz, Erdbeeren und Lakritze sowie einem Hauch von Minze im Hintergrund, wird dieser aufsehenerregende Wein mindestens ein Jahrzehnt lang altern. Der Verschnitt *1997er Langhe Rosso Vignaserra* schließlich, der zu 100% in neuen Eichenfässern ausgebaut und ohne Filtration abgefüllt wird, entfaltet ein Bukett von Wildblüten (vor allem Lavendel) und Brombeer- und Kirschfrucht. Man entdeckt in ihm sehr gute Geschmeidigkeit, Dichte und Würzigkeit sowie einen komplexen, eleganten, reichhaltigen, recht vielschichtigen Eindruck am Gaumen und Abgang. Er dürfte sich 6 Jahre gut trinken lassen.

Beim herrlichen *1996er Barolo La Serra* folgen auf die undurchdringlich rubin-purpurrote Farbe Aromen von schwarzen Früchten (Brombeere, Schwarzkirsche und ein Hauch von dunklen Himbeeren), großartige Reintönigkeit, stark extrahierte, kräftige Geschmacksnoten von ungeheurem Umfang, ein den Mund versengender Tanningehalt und ein eindrucksvoll ausgestatteter Abgang von mehr als 40 Sekunden. Dieser verhalten entwickelte, äußerst konzentrierte Barolo verlangt Geduld. Voraussichtliche Genussreife: 2008–2025. Der undurchdringlich rubin-purpurrote *1996er Barolo Cerequio* besitzt einen extrem hohen Tannin- und Extraktgehalt, ist aber in der Entwicklung stark stehen geblieben und noch verschlossener und fester als der Barolo La Serra. Körperreich, kräftig und gehaltvoll, aber sehr verhalten entwickelt und störrisch, besitzt er alle richtigen Komponenten, doch von den potenziellen Käufern wird Geduld verlangt. Voraussichtliche Genussreife: 2010–2025. Der schwarz-purpurrote *1996er Barolo Brunate* ist der gigantischste von allen Voerzio-Barolos, die ich probiert habe. Von riesigem Umfang, mit gewaltigem Alkoholgehalt, hohem Tannin und spektakulärem Extrakt, ist dieser vielschichtige, kernige Wein sensationell viel versprechend. Er ist zwar störrisch in seiner Entwicklung zurückgeblieben, besitzt aber wunderbare Reife; doch er ist so mächtig, dass er 3–4 Jahre braucht, um sich zu entwickeln. Voraussichtliche Genussreife: 2006–2030. Der tiefgründige *1996er Barolo Capalot Riserva* zeigt eine dichte rubin-purpurrote Farbe und ein reintöniges Bukett von Schwarzkirschen,

Himbeeren und Brombeeren. Der vielschichtige, vieldimensionale Wein mit einem süßen mittleren Geschmacksbereich und einem kraftstrotzenden Abgang ist ein gewaltiger Vollblut-Barolo, der mühelos 15–20 Jahre altern dürfte. Beeindruckend!

Der *1995er Barolo La Serra* bietet ein Bukett wie im Bilderbuch: geschmolzener Teer, Rosenblätter und Zigarrenkistenaromen, und einen trockenen, strengen Abgang. Er ist ein sehr guter, klassischer Barolo, aber die leichte Strenge hielt meine Bewertung etwas weiter unten. Trinken Sie ihn in den nächsten 10 Jahren. Überrascht war ich, dass der *1995er Barolo Cerequio* eine so entwickelte Farbe zeigte. Der bernsteinfarbene, rostbraune Rand deutete auf einen Wein hin, der viel älter als vier Jahre war. Das Bukett mit Aromen von Tee, getrockneten Kräutern und Zedernholz macht ihn zu einem eher gewürz- als fruchtbetonten Wein. Er ist von mittlerem Körper, entwickelt und vollkommen reif. Der Abgang wirkt ein wenig komprimiert, aber der Wein besitzt die lehrbuchmäßigen Geschmacksnuancen von Gewürzen, geschmolzenem Teer und getrockneten Kirschen eines Barolo im alten Stil. Trinken Sie ihn in den nächsten 3–4 Jahren. Der *1995er Barolo Capalot Riserva* ist ein dickflüssiger, kerniger Wein mit einer umwerfenden Demonstration von Aromen (Zigarrenrauch, chinesischer Schwarztee, neues Eichenholz, Kirschlikör und getrocknete Kräuter der Provence). Extrem körperreich und gehaltvoll und für einen 1995er überraschend mächtig, besitzt dieser Barolo erstaunlichen Extrakt und einen Abgang, der fast eine Minute dauert. Trinken kann man diesen äußerst kräftigen, aber zugänglichen Wein ebenso jetzt wie im Laufe der nächsten 12 Jahre.

ATTILIO ZUNINO

1997	**Barolo Sorì di Baudana**	**D**	**(88–89)**
1996	**Barolo Sorì di Baudana**	**D**	**(88–90)**
1995	**Barolo Sorì di Baudana**	**D**	**88**

Dieser kleine Erzeuger aus dem Dorf Serralunga hat drei sehr gute Weine hervorgebracht. Der potenziell hervorragende *1997er Barolo Sorì di Baudana* ist der süßeste davon und besitzt am meisten Viskosität und Körper. Er offenbart niedrige Säure und beeindruckend kernige Geschmacksnuancen von roten und schwarzen Früchten, durchwoben mit Noten von Erde, Soja, Teer und Gewürzen. Im üppigen, dicklichen Abgang entdeckt man mäßiges Tannin. Voraussichtliche Genussreife: jetzt–2018. Der verhalten entwickelte *1996er Barolo Sorì di Baudana* steht zwar vom Stil her dem 1995er sehr nahe, ist aber körperreicher, mit mehr Muskelkraft und kernigem Tannin. Voraussichtliche Genussreife: jetzt–2017. Der ausgezeichnete *1995er Barolo Sorì di Baudana* bietet im Duft und im Geschmack Aromen wie aus dem Lehrbuch: Teer, Rosenblätter, Zedernholz und Sauerkirschen. Man findet in ihm wunderbare Konzentration, eine kräftige Struktur, gute Süße am mittleren Gaumen und einen sehr guten Abgang. Er ist in einem dichten, traditionellen Stil bereitet. Voraussichtliche Genussreife: jetzt–2012.

TOSKANA

Grundwissen

WEINTYPEN

Die wunderschöne Toskana ist nicht nur die Heimat des bekanntesten Weins aus Italien, des Chianti, sondern auch des landesweit renommiertesten Weins, des Brunello di Montalcino. Beide können entweder entsetzlich oder großartig sein, denn sie zeigen geradezu erschütternde Qualitätsschwankungen. Ausgerechnet in der Toskana nahm die italienische Weinrevolution ihren Ausgang, in deren Folge sich risikofreudige und innovative Produzenten unbekümmert von den archaischen Bestimmungen abwandten, die die Weinbereitung dominierten. Sie produzieren Weine, meist auf der Basis von Cabernet-Sauvignon-, Merlot- und Sangiovese-Trauben, die zur Steigerung von Geschmack und Charakter in kleinen Eichenfässern ausgebaut und in Designerflaschen abgefüllt werden. Ich selbst stimme absolut nicht mit jenen Kritikern überein, die sie als Abklatsch der Franzosen diffamieren, denn obgleich sich diese Weine nicht mit dem Namen der Appellation schmücken dürfen, finden sich unter ihnen einige der aufregendsten Rotweine dieser Welt. Dies gilt allerdings nicht für die Weißweine der Toskana. Mit Ausnahme eines leichten, schmackhaften Vertreters mit der Bezeichnung Vernacchia, der aus der mittelalterlichen Festungsstadt San Gimignano stammt, sind die toskanischen Weißweine absolut neutral und langweilig. Schande über die Hersteller, die sie in protzige Flaschen abfüllen und zu unverschämt überzogenen Preisen verkaufen!

REBSORTEN

Die wichtigste und beste rote Traube der Toskana ist die Sangiovese. Die höchsten Erträge der fadesten Weine aus dieser Traube stammen aus einem weithin angebauten Klon mit der Bezeichnung Sangiovese Romano. Die ambitionierteren Hersteller allerdings verwenden solche Sangiovese-Klone wie Sangioveto, Prugnolo und Brunello, denn diese ergeben einen reichhaltigeren, tiefgründigeren und komplexeren Wein. Natürlich sind auch Traubensorten wie Cabernet Sauvignon, Merlot, Cabernet Franc, ja sogar Pinot Noir und Syrah in der toskanischen Weinlandschaft vertreten.

Bei den Weißweinen dominiert die scharfe, uninteressante Trebbiano-Traube, von der Erträge von ozeanartigen Dimensionen produziert werden. Die Trebbiano-Traube ist nur von minderer Qualität, und die daraus hergestellten Weine zeigen sich von einer geradezu erschreckenden Belanglosigkeit. Die Vernacchia-Traube besitzt ein gewisses Potenzial, und natürlich findet man auch hier Vertreter des internationalen »Adels«, wie Chardonnay oder Sauvignon Blanc. Die Toskana ist für meine Begriffe gleichbedeutend mit Rotwein, doch wenn Sie die Neigung verspüren sollten, einen Weißwein zu probieren, so werfen Sie einen Blick auf meine Liste der empfohlenen Hersteller von Vernacchia di San Gimignano.

GESCHMACKSNUANCEN

Chianti Classico Es ist praktisch unmöglich, hier detailliertere Informationen zu geben angesichts des außerordentlich breiten Qualitätsspektrums – von muffigen, erbärmlich gemachten, verwaschenen Weinen bis hin zu solchen mit weichen, üppigen Himbeer-, Kastanien und Tabaktönen, frischer Säure, mittlerem Körper und einem prächtigen Abgang.

Halten Sie sich am besten strikt an die Liste der unten empfohlenen Produzenten und denken Sie daran, dass mindestens 50% aller Weine mit der Bezeichnung Chianti – trotz strenger gesetzlicher Bestimmungen hinsichtlich Qualität – dünn, sauer, kurz: unerfreulich sind.

Brunello di Montalcino Ein echter Brunello sollte reichhaltig, kraftvoll, tanninbetont und ungemein konzentriert sein und leicht zu Kopfe steigen, mit einem großartigen, würzigen Bukett aus rauchigem Tabak, Fleisch und getrockneten roten Früchten. Doch nur die wenigsten Brunellos sind es auch wirklich. Meist offenbaren sie bei näherer Betrachtung einen Besorgnis erregenden Grad an Tannin und muffiger alter Eiche – zum Nachteil ihrer Frucht. Die richtige Wahl ist hier nicht einfach. Der Rosso di Montalcino ist ein Rotwein aus einem Brunello-Klon der Sangiovese-Traube, der nicht lange genug gereift ist, um die Bezeichnung Brunello di Montalcino tragen zu dürfen. Er ist meist wesentlich preisgünstiger und oft beträchtlich frischer.

Carmignano In diesem unterschätzten Weinbaugebiet zeigen die Weine gute Frucht, Ausgewogenheit und viel Charakter. Die besten von ihnen ähneln Chiantis mit größerer Persönlichkeit und Struktur. Dies kann nicht überraschen, denn der Carmignano wird aus Sangiovese-Trauben hergestellt – unter Zusatz von 10–15% Cabernet.

Vernacchia di San Gimignano Der beste weiße Tafelwein der Toskana ist dieser nussige, pikant-würzig, trockene, fruchtige Weißwein, den man im Laufe von 2–3 Jahren nach der Ernte trinken sollte. Insgesamt ein eher zufrieden stellender als ein wirklich aufregender Wein.

Vino Nobile di Montepulciano Ein Nachbar des Chianti mit identischen Merkmalen (er stammt von derselben Traube), ist der Vino Nobile di Montepulciano wesentlich teurer, bietet jedoch nur selten auch mehr Geschmack und Trinkvergnügen.

Morellino di Scansano Obgleich ich in dieser aufstrebenden Weinbauregion südlich von Siena bisher nur die Weine einer Hand voll Güter verkostet habe, scheint sie mir ein Gebiet zu sein, das größere Aufmerksamkeit verdient. Hergestellt aus Sangiovese-Trauben, mag der Morellino di Scansano für den sparsamen Verbraucher eine Alternative zum Brunello di Montalcino darstellen. Die Weine sind reichhaltig und expansiv und – zumindest im Moment noch – unterbewertet.

Weitere toskanische Weißweine Bezeichnungen wie Bianco di Pitigliano, Bianco Vergine della Valdichiana, Galestro, Montecarlo, Pomino sowie jeglicher toskanische Herstellername mit dem Zusatz *bianco* (weiß) sind gleichbedeutend mit Weinen, die sich im Geschmack als erbärmlich nichts sagend und fad erweisen und nicht mehr Aroma bieten als ein Glas Wasser. Leider sind die meisten recht teuer, so dass hier die Devise gelten sollte: *Caveat emptor!*

Vino da Tavola Die aufregendsten Rotweine der Toskana sind Repräsentativweine von Designern, die von den innovativsten Produzenten der Region hergestellt werden. Sie können aus 100% Cabernet Sauvignon, aus 100% Sangiovese oder aus einem Verschnitt beider Traubensorten mit Cabernet Franc bestehen. Selbst Anteile von Merlot, Syrah und Pinot Noir kann man heute finden. Sie werden in der Regel in meist neuen französischen Eichenfässern ausgebaut. Toskanische Spitzenjahrgänge, wie 1997, 1999 und 2000, bieten sensationelle aromatische Dimensionen und eine beachtliche geschmackliche Breite.

ITALIENS BESTE IGTS (INDICAZIONI GEOGRAFICHE TIPICHE) UND VDTS (VINI DA TAVOLA)

PRODUZENT	*WEIN*	*TRAUBE(N)*	*REGION*
L. Antinori	Masseto	Merlot	Toskana
Argiano	Solengo	Cabernet Sauvignon, Merlot, Syrah, Sangiovese	Toskana

PRODUZENT	*WEIN*	*TRAUBE(N)*	*REGION*
Il Borro		Merlot, Cabernet Sauvignon	Toskana
Casa Emma	Soloio	Merlot	Toskana
Castello di Ama	L'Apparita	Merlot	Toskana
Castello di Farnetella	Poggio Granoni	Sangiovese, Merlot, Cabernet Sauvignon	Toskana
Castello dei Rampolla	Sammarco	Cabernet Sauvignon, Sangiovese	Toskana
Castello dei Rampolla	Vigna d'Alceo	Cabernet Sauvignon, Sangiovese, Syrah, Petit Verdot	Toskana
Ciacci Piccolomini d'Aragona	Alteo	Sangiovese, Cabernet Sauvignon	Toskana
Ciacci Piccolomini d'Aragona	Sant'Antimo Favus	Syrah	Toskana
Collosorbo	Laurus	Sangiovese, Cabernet Sauvignon	Toskana
Andrea Costanti	Culbello Ardingo	Merlot, Cabernet Sauvignon	Toskana
Dei	Santa Catharina	Cabernet Sauvignon, Syrah, Sangiovese	Toskana
Del Cerro	Manero	Sangiovese	Toskana
Del Cerro	Poggio Golo	Merlot	Toskana
Falesco	Montiano	Merlot	Umbrien/Latium
Felsina	Fontalloro	Sangioveto	Toskana
La Fiorita–Lamborghini	Campoleone	Merlot, Cabernet Sauvignon, Sangiovese	Umbrien
Le Fonti	Vito Arturo	Sangiovese	Toskana
Fontodi	Flaccianello	Sangiovese	Toskana
Gagliole	Pecchia	Sangiovese	Toskana
Galardi	Terra di Lavoro	Aglianico, Piedirosso	Kampanien
I Giusti & Zanza	Belcore	Sangiovese, Merlot	Toskana
I Giusti & Zanza	Dulcamara	Cabernet Sauvignon, Cabernet Franc	Toskana
		Cabernet Sauvignon, Merlot, Syrah	Toskana
Le Macchiole	Messorio	Merlot	Toskana
Le Macchiole	Paleo Rosso	Sangiovese, Cabernet Sauvignon	Toskana
Le Macchiole	Rosso	Sangiovese, Merlot	Toskana
Le Macchiole	Scrio	Syrah	Toskana
Marchesi Antinori	Solaia	Cabernet Sauvignon, Sangiovese, Cabernet Franc	Toskana
Marchesi Antinori	Tignanello	Sangiovese	Toskana

PRODUZENT	WEIN	TRAUBE(N)	REGION
Monte Bernardi	Saetta	Sangiovese	Toskana
Montepeloso	Gabbro	Cabernet Sauvignon	Toskana
Montepeloso	Nardo	Sangiovese, Cabernet Sauvignon	Toskana
Montevetrano	Montevetrano	Cabernet Sauvignon, Merlot, Aglianico	Kampanien
Nozzole	Il Pareto	Cabernet Sauvignon	Toskana
Paradiso	Saxa Calida	Merlot, Cabernet Sauvignon	Toskana
Petrolo	Galatrona	Sangiovese, Merlot	Toskana
Petrolo	Il Torrione	Sangiovese	Toskana
Poggiopiano	Rosso di Sera	Sangiovese, Colorino	Toskana
Querciabella	Camartina	Sangiovese, Cabernet Sauvignon	Toskana
Riseccoli	Saeculum	Sangiovese, Cabernet Sauvignon, Merlot	Toskana
San Giusto a Rentennano	Percarlo	Sangiovese	Toskana
San Giusto a Rentennano	Ricolma	Merlot	Toskana
San Guido	Sassicaia	Cabernet Sauvignon, Cabernet Franc, Merlot	Toskana
Sportoletti	Villa Fidelia	Merlot, Cabernet Sauvignon, Cabernet Franc	Umbrien
Terrabianca	Ceppate	Cabernet Sauvignon, Merlot	Toskana
Terriccio	Lupicaia	Cabernet Sauvignon, Merlot	Toskana
Terriccio	Tassinaia	Cabernet Sauvignon, Sangiovese, Merlot	Toskana
Trinoro	Trinoro	Cabernet Franc, Merlot, Petit Verdot	Toskana
Trinoro	Palazzi	Cabernet Franc, Merlot	Toskana
Tua Rita	Giusto dei Notri	Cabernet Sauvignon, Merlot	Toskana
Tua Rita	Redigaffi	Merlot	Toskana
Valtellina	Il Duca	Merlot	Toskana
Villa Cafaggio	Cortaccio	Cabernet Sauvignon	Toskana
Villa Cafaggio	San Martino	Sangiovese	Toskana
Villa La Selva	Selvamaggio	Cabernet Sauvignon, Sangiovese	Toskana

ALTERUNGSPOTENZIAL

Brunello di Montalcino: 8–25 Jahre
Carmignano: 5–8 Jahre
Chianti Classico: 3–15 Jahre*

Rosso di Montalcino: 5–8 Jahre
Toskanische Weißweine: 1–2 Jahre
Vino Nobile di Montepulciano: 5–10 Jahre
VDTs und IGTs (Rotweinverschnitte): 5–20 Jahre
* Nur eine Hand voll Produzenten stellt Weine her, die so lange halten.

ALLGEMEINES QUALITÄTSNIVEAU

In der Toskana, einem der bekanntesten Weinbaugebiete der Welt, ist das Qualitätsniveau, wenngleich allgemein im Aufschwung begriffen, von einer entmutigenden Varianz. Einige bekannte Weingüter in Brunello zehren weiterhin von ihrem historischen Ruf, obgleich sie wirklich erbärmliche Weine produzieren, daneben gibt es ein riesiges Herr mittelmäßiger Chianti-Hersteller. Die aufregenden neuartigen Weine aus Sangiovese/Cabernet, Cabernet Franc und Merlot sind oft vorzüglich, doch werden sie nur in begrenzten Mengen hergestellt und sind sehr teuer. Was die Weißweine betrifft, so ist die Lage unerträglich, und die Italiener sollten ihre Augen nicht länger vor der Tatsache verschließen, dass computergesteuerte High-Tech-Edelstahltanks und -Zentrifugen, sterile Flaschenabfüllung und zwanghafter Einsatz von Mikroporenfiltern eine unfehlbare Methode sind, jegliches Vergnügen an einem Wein zu ersticken.

WAS SIE UNBEDINGT WISSEN MÜSSEN

Vergessen Sie die italienischen Richtlinien, die in erster Linie dem Zweck dienen, die Produkte besser zu vermarkten. Es gibt viele wirklich miese Weine, die das höchste Qualitätssiegel der Regierung tragen: DOCG (*Denominazione di Origine Controllata e Garantita*). Viele der so genannten Vini da tavola sind ihnen weit überlegen, auch wenn sie mit einer Bezeichnung versehen sind, die eigentlich Weinen des untersten Qualitätsniveaus vorbehalten sein sollte. Auch hier muss deshalb die wichtigste Frage lauten: Wer sind die Spitzenproduzenten? Denn nur über sie werden Sie bei dem schwierigen Prozess, einen guten italienische Wein auszuwählen, einen gangbaren Weg finden.

KAUFSTRATEGIE

Eine Grundregel für den Einkauf toskanischer Weine sollte heißen: Kaufen Sie so viele 1997er und 1999er Weine, wie Sie sich leisten können. Beide sind außergewöhnliche Jahrgänge hinsichtlich Reichhaltigkeit und Reife, die selbst die Spitzenprodukte aus so großartigen Jahren wie 1990 und 1985 in den Schatten stellen könnten. Durchweg prächtige Jahrgänge für das gesamte toskanische Weinbaugebiet.

NEUERE JAHRGÄNGE

2000 – Ein außergewöhnlich heißes, trockenes Jahr sorgte für aufregendes Potenzial, aber auch für Probleme hinsichtlich Dürre und Wasserstress für die Weinberge. Es wird mehr Ungleichmäßigkeit geben, als der Weinhandel andeutete, aber die Erzeuger, die ausgetrocknete Weinberge vermeiden und mit der reifen Frucht einwandfrei umgehen konnten, dürften Aufsehen erregend reife, sinnliche, konzentrierte Weine mit hohem Tanningehalt sowie intensiven Geschmacksnuancen hervorbringen. Dieser Jahrgang wird unregelmäßiger als 1999 sein, aber die Weine sind potenziell ebenso großartig, wenn auch etwas stärker durch die Sonne geröstet.

1999 – Ein Jahr, das mit 1997 als einem der großartigsten Jahrgänge der Toskana konkurriert. Beständigkeit ist das entscheidende Wort, von den bescheidenen Chiantis bis zu den majestätischen als IGT eingestuften roten Verschnittweinen und Brunellos di Montalcino. Die Weine sind extrem reif, mit niedriger Säure sowie einer Frische und klar umrissenen Art, die bei Weinen von solchem Umfang und Reichtum untypisch sind. Die Leser, die italienische Weine lieben, insbesondere die aus der Toskana, sollten sich von den 1999ern einen Vorrat anlegen.

1998 – Ein unregelmäßiger Jahrgang von strengen, trockenen, tanninreichen Weinen mit Ausnahme der Weine aus den toskanischen Küstengebieten Bolgheri, Suvereto und Val di Cornia. Er ist ein Jahrgang, dem man sich mit Vorsicht nähern muss, denn vielen Weinen mangelt es an Reife, Frucht und Intensität.

1997 – Ein spektakulärer Jahrgang von außergewöhnlich hoher Qualität, insbesondere bei Brunello di Montalcino und in der mittleren Toskana. Die Küstengebiete sind uneinheitlicher, wobei sich große Erfolge mit einigen langweilig ausgefallenen Weinen (vor allem Sassicaia) mischen.

1996 – Ein durchschnittliches Jahr, das strenge, trockene, harte Weine hervorbrachte, die austrocknen werden, bevor sie überhaupt viel Vergnügen bereiten.

1995 – Ein sehr guter Jahrgang, der allerdings die hohen Erwartungen nicht erfüllt hat und nun vom Potenzial der Jahre 1997, 1999 und 2000 in den Schatten gestellt wird.

1994 – Ein unterdurchschnittlicher Jahrgang mit verwässerter Frucht, der wegen der schweren Regenfälle vor und während der Ernte die Reife fehlt. Es gibt einige großartige Weine, aber dieser ungleichmäßige Jahrgang ist mit Vorsicht zu genießen

1993 – Ein unterdurchschnittlicher Jahrgang.

1992 – Ein schrecklicher Jahrgang mit nur wenigen gelungen Weinen.

1991 – Ein schlechter Jahrgang mit nur wenigen interessanten Weinen.

1990 – Das ist das beste Jahr in der Toskana seit der fabelhaften Ernte von 1985, erreicht diese aber nicht und wird nun von 1997, 1999 und wahrscheinlich 2000 überrundet. Der Jahrgang ist sehr gut, aber nicht die große Ernte, für die man sie vor zehn Jahren gehalten hat.

BEWERTUNG DER BESTEN ERZEUGER DER TOSKANA

Anmerkung: Die meisten Erzeuger stellen sowohl einen Chianti Classico als auch einen Chianti Classico Riserva her. In der nachfolgenden Tabelle beziehen sich aus Gründen der Vereinfachung die Sterne, die bei jedem Erzeuger den Chianti Classico bewerten, auch auf seinen Chianti Classico Riserva, wenn es nicht anders vermerkt ist. Brunello di Montalcino und Brunello di Montalcino Riserva habe ich in der gleichen Weise behandelt. Chiantis aus Einzellagen werden als eigene Qualitätskategorie behandelt, ebenso wie die große Zahl von *Vini da tavola.* Die Produktion der Einzellagen, VDTs (*vini da tavola*) und IGTs *(indicazione geografica tipica)* ist in der Regel äußerst klein, oft nicht mehr als 500–1000 Kisten. Deshalb ist die Verfügbarkeit wie bei so vielen großen Weinen der Welt gering, außer bei einer Hand voll Weinfachhandlungen, die auf italienische Spitzenweine spezialisiert sind.

** * * * * (HERVORRAGEND)*

Altesino Brunello di Montalcino Montosoli
Ambra l'Apparita
Ambra Carmignano Riserva Vigna Alta
L. Antinori Ornellaia
L. Antinori Masseto
Marchesi Antinori Solaia
Marchesi Antinori Tignanello
Argiano Solengo
Belvedere
Il Borro
Casa Emma Soloio
Castello di Farnetella Poggio Granoni
Castello dei Rampolla Sammarco
Castello dei Rampolla Vigna d'Alceo
Ciacci Piccolomini d'Aragona Alteo
Ciacci Piccolomini d'Aragona Brunello di Montalcino
Ciacci Piccolomini d'Aragona Sant'Antimo Favus
Collosorbo Laurus
Andrea Costanti Calbello Ardingo

Dei Santa Catharina
Guado al Tasso
Del Cerro Manero
Del Cerro Poggio Golo
Falesco Montiano
Felsina Chianti Classico Riserva Rancia Berardenga
Felsina Fontalloro
La Fiorita – Lamborghini Campoleone
Le Fonti Vito Arturo
Fontodi Flaccianello
Gagliole Pecchia
Galardi Terra di Lavoro
I Giusti & Zanza Belcore
I Giusti & Zanza Dulcamara
Le Macchiole Messorio
Le Macchiole Paleo Rosso
Le Macchiole Rosso
Le Macchiole Scrio
Monte Bernardi Saetta
Montepeloso Gabbro
Montepeloso Nardo
Montevetrano Montevetrano
Nozzole Il Pareto
Paradiso Saxa Calida
Petrolo Galatrona
Petrolo Il Torrione
Poggiopiano Rosso di Sera
Querciabella Camartina
Riseccoli Saeculum
San Giusto a Rentennano Percarlo
San Giusto a Rentennano Ricolma
San Guido Sassicaia
Livio Sassetti & Figli Brunello di Montalcino
Soldera Case Basse Brunello di Montalcino
Soldera Intistieti Brunello di Montalcino
Sportoletti Villa Fidelia
Terrabianca Ceppate
Terriccio Lupicaia
Terriccio Tassinaia
Trinoro
Trinoro Palazzi
Tua Rita Giusto di Notri
Tua Rita Redigaffi
Valtellina Il Duca
Villa Cafaggio Cortaccio
Villa Cafaggio San Martino
Villa La Selva Selvamaggio

** * * * (AUSGEZEICHNET)*

Altesino Alte d'Altesi
Altesino Brunello di Montalcino
Altesino Palazzo Altesi
Ambra Carmignano
Marchesi Antinori Chianti Classico Il Pèppoli
Marchesi Antinori Chianti Classico Riserva Badia a Passignano
Marchesi Antinori Chianti Classico Riserva Marchese
Marchesi Antinori Secentenario
Avignonesi Vino Nobile di Montepulciano
Baggiolino Poggio Brandi
Barbi Brunello di Montalcino Vigna del Fiore
Boscarelli Boscarelli
Boscarelli Vino Nobile di Montepulciano
La Braccesca Vino Nobile di Montepulciano
Caparzo Brunello di Montalcino La Casa
Caparzo Ca' del Pazzo
Federico Carletti Vino Nobile di Montepulciano
Castelgiocondo Brunello di Montalcino Riserva
Castell'in Villa Chianti Classico
Castell'in Villa Chianti Classico Riserva
Castell'in Villa Santacroce
Castello di Lilliano Anagallis
Castello della Paneretta Chianti Classico Vigneto Torre a Destra
Castello della Paneretta Quattrocentenario
Castello di Gabbiano R & R
Castello di Querceto Chianti Classico
Castello di Querceto Chianti Classico Riserva
Castello di Querceto Cignale
Castello di Querceto La Corte
Castello di Querceto Il Querciolaia
Castello dei Rampolla Chianti Classico Riserva
Castello di Volpaia Balifico
Castello di Volpaia Chianti Classico Riserva
Castello di Volpaia Coltassala
Cerbaiona Brunello di Montalcino
Ciacci Piccolomini d'Aragona Rosso di Montalcino

Corelli Brunello di Montalcino
Corrina I Cipressi
Andrea Costanti Brunello di Montalcino
Andrea Costanti Rosso di Montalcino
Dei Vino Nobile di Montepulciano
Dei Vino Nobile di Montepulciano Riserva
Farneta Bentivoglio
Felsina Chianti Classico Berardenga
Felsina Fontalloro Berardenga
Fontodi Syrah Case Via
Fontodi Chianti Classico
Fontodi Chianti Classico Riserva
Fontodi Chianti Classico Vigna del Sorbo Riserva
Agricoltori del Chianti Geografico I Vignet del Geografico
Gracciano Vino Nobile di Montepulciano
Isole e Olena Collezione di Marchi l'Ermo
Lisini Brunello di Montalcino
Luce Luce
Monsanto Chianti Classico Il Poggio
Monsanto Nemo
Monsanto Sangioveto Grosso
Monsanto Tinscvil
Monte Antico Rosso
Montevertine Le Pergole Torte
Montevertine Montevertine Riserva
Moris Farms Morellino di Scansano
Nozzole Chianti Classico Riserva
Il Palazzino Chianti Classico
Il Palazzino Chianti Classico Riserva
Il Palazzino Grosso Sanese
Pieve di Santa Restituta Brunello di Montalcino Rennina
Pieve di Santa Restituta Brunello di Montalcino Sugarille
Poggio Antico Altero
Poggio Scalette
Il Poggione Brunello di Montalcino
Le Pupille Saffredi
Ricasoli-Firidolfi Chianti Classico
Ricasoli-Firidolfi Chianti Classico Riserva
Ricasoli-Firidolfi Chianti Classico Riserva Rocca di Montegrossi
Ricasoli-Firidolfi Rocca di Montegrossi Geremia
Ruffino Chianti Classico Riserva Ducale Oro
Ruffino Chianti Classico Riserva Ducale
San Felice Brunello di Montalcino Campogiovanni
San Giusto a Rentennano Chianti Classico
Sant'Anna Vigna Il Vallone
Livio Sassetti & Figlio Rosso di Montalcino
Guicciardini Strozzi Sodole
Terrabianca Campaccio
Terrabianca Campaccio Riserva
Terrabianca Chianti Riserva Croce
Terrabianca Chianti Scassino
Terrabianca Cipresso
La Torre (Luigi Anania) Brunello di Montalcino
Villa Cafaggio Chianti Classico
Villa Cafaggio San Martino
Villa Cafaggio Solatio Basilica

**** (GUT)*

Altesino Rosso di Altesino
Altesino Rosso di Montalcino
Avignonesi Cabernet Sauvignon
Avignonesi Grifi
Badia a Coltibuono Chianti Cetamura
Badia a Coltibuono Chianti Classico
Badia a Coltibuono Coltibuono Rosso
Badia a Coltibuono Sangioveto di Coltibuono
Erik Banti Morellino di Scansano
Barbi Brunello di Montalcino
Barbi Brunello di Montalcino Riserva
Boscarelli Chianti Colli Senesi
Caparzo Brunello di Montalcino
Carpineto Chianti Classico Riserva
Castelgiocondo Merlot
Castellare di Castellina Chianti Classico
Castellare di Castellina I Sodi di San Niccolò
Castello di Ama Chianti Classico
Castello di Ama Chianti Classico (Einzel-Lagen)
Castello di Brolio Chianti Classico Riserva
Castello di Farnetella Chianti Colli Senesi
Castello di Fonterutoli Brancaia
Castello di Fonterutoli Chianti Classico
Castello di Fonterutoli Chianti Ser Lapo
Castello di Fonterutoli Concerto
Castello di Gabbiano Ania

Castello di Gabbiano Chianti Classico Riserva
Castello La Leccia Chianti Classico
Castello di Lilliano Chianti Classico
Castello di Lilliano Chianti Classico Riserva Eleanora
Castello della Paneretta Chianti Classico
Castello di Volpaia Chianti Classico
Castruccio
Cennatoio Chianti Classico
Cennatoio Etrusco
Cennatoio Mammolo
Colognole Chianti Ruffina
Dievole Chianti Classico Novecento
Dievole Chianti Classico Riserva
Dievole Chianti Classico Vigna Dieulele
Dievole Chianti Classico Vigna Sessina
Fossi Chianti
Marchesi de' Frescobaldi Montesodi Chanti Ruffina
Marchesi de' Frescobaldi Mormoreto
Cantina Gattavecchi Chianti Colli Senesi
Cantina Gattavecchi Vino Nobile di Montepulciano
Agricoltori del Chianti Geografico Brunello di Montalcino
Agricoltori del Chianti Geografico Chianti Classico
Agricoltori del Chianti Geografico Chianti Classico Castello di Fagnano
Agricoltori del Chianti Geografico Chianti Classico Contessa di Radda
Sorbaiano Montescudaio
Isole e Olena Cepparello
Isole e Olena Chianti Classico
Lanciola II Chianti Colli Fiorentini
Lanciola II Chianti Le Masse di Greve
Le Masse di San Leolino Chianti Classico
Le Masse di San Leolino Chianti Classico Riserva
Monsanto Chianti Classico Riserva
Montevertine Il Sodaccio
Petroio Chianti Classico Montetondo
Poggio Antico Brunello di Montalcino
Poggio Antico Rosso di Montalcino
Poggio Bonelli Chianti Classico Riserva
Poggio Galiga Chianti Rufina
Roccadoro Chianti Classico
Rodano Chianti Classico
Ruffino Cabreo Il Borgo
Ruffino Chianti Classico
Ruffino Chianti Classico Aziano
Ruffino Chianti Classico Nozzole
San Felice Vigorello
San Quirico Chianti
Sant'Anna Rosso di Santa Anna
Talosa Chianti
Talosa Rosso di Montalcino
Talosa Vino Nobile di Montepulciano
La Torre Rosso di Montalcino
Toscolo Chianti Classico
Toscolo Chianti Classico Riserva
Trerose Vino Nobile di Montepulciano Riserva
Val di Suga Brunello di Montalcino
Val di Suga Brunello di Montalcino Vigna Spuntali
Villa di Geggiano Chianti Classico Riserva

BEWERTUNG DER BESTEN ERZEUGER AUS DEM ÜBRIGEN ITALIEN

Die folgenden Weine und/oder Hersteller aus anderen Weinregionen Italiens sollten Sie nicht außer Acht lassen.

** * * * * (HERVORRAGEND)*

Tommaso Bussola Amarone TB (Venetien)
Tommaso Bussola Valpolicella TB (Venetien)
Dal Forno Romano Amarone della Valpolicella (Venetien)
Dal Forno Romano Recioto (Venetien)
Dal Forno Romano Valpolicella (Venetien)
Damijan (Friaul-Julisch-Venetien)
Falesco Montiano (Latium)
Maculan Acininobili (süß) (Venetien)
Maculan Breganze Torcolato (süß) (Venetien)
Montevetrano Montevetrano (Kampanien)
La Palazzola Rubino (Umbrien)
Quintarelli Alzero Cabernet Franc (Venetien)
Schiopetto (Friaul-Julisch-Venetien)
Terra di Lavoro (Kampanien)

***** (AUSGEZEICHNET)*

Abbazia di Novacella – Weißweine (Trentino–Südtirol)
Abbazia di Rosazzo – Weißweine (Friaul-Julisch-Venetien)
Allegrini La Poja (Venetien)
Allegrini Valpolicella La Grola (Venetien)
Allegrini Valpolicella Palazzo della Torre (Venetien)
Roberto Anselmi Capitel Croce (Venetien)
Roberto Anselmi Capitel Foscarino (Venetien)
Arano Amarone (Venetien)
Antonio Argiolas Costera (Sardinien)
Antonio Agriolas Turriga (Sardinien)
Bellavista Schaumweine (Lombardei)
Boccadigabbia Akronte (Marken)
Boccadigabbia Saltapicchio (Marken)
La Cadalora – Weißweine (Trentino)
La Carraia Fobiano (Umbrien)
Cataldi Madonna Montepulciano di Abruzzo (Abruzzen)
Ceuso (Sizilien)
Coffele – Soave-*Cuvées* (Venetien)
Cooperativa San Patrignano Sangiovese (Emilia-Romagna)
Di Majo Norante Don Luigi (Molise)
Diesel Farm (Friaul-Julisch-Venetien)
Girolamo Dorigo (Friaul-Julisch-Venetien)
Feudi di San Gregorio (Kampanien)
Walter Filiputti (Friaul-Julisch-Venetien)
Foradori Pinot Bianco Sgarzon (Trentino–Südtirol)
Foradori Teroldego Sgarzon (Trentino–Südtirol)
Gini – Soave-*Cuvées* (Venetien)
Giorgio Grai – Weißweine (Trentino–Südtirol)
Francesco Gravner – Weißweine (Friaul-Julisch-Venetien)
Il Carpino (Friaul-Julisch-Venetien)
Librandi Cirò Rosso Duca Sanfelice Riserva (Kalabrien)
Librandi Gravello (Kalabrien)
Roberto Mazzi Amarone (Venetien)
Roberto Mazzi Valpolicella (Venetien)
Salvatore Molettieri Aglianico (Kampanien)
Monti Montepulciano d'Abruzzo (Abruzzen)
Morgante Don Antonio (Sizilien)
Murgo Cabernet Sauvignon (Sizilien)
Cantina del Notaio Aglianico del Vulture (Basilikata)
La Palazza – Rotweine (Emilia-Romagna)
La Palazza Massa di Vecchiazzano (Emilia-Romagna)
Planeta – Rotweine (Sizilien)
F.lli Pra Soave (Venetien)
Regaleali Cabernet Sauvignon (Sizilien)
Ronchi di Manzano – Rot- und Weißweine (Friaul-Julisch-Venetien)
Sant'Elena (Friaul-Julisch-Venetien)
Santa Lucia (Apulien)
Schiopetto – Weißweine (Collio)
Le Terrazze (Marken)
Tormaresca (Apulien)
Valori Montepulciano d'Abruzzo (Abruzzen)
Vie di Romans – Weißweine (Friaul-Julisch-Venetien)
Zenato Amarone (Venetien)
Zenato Valpolicella (Venetien)

**** (GUT)*

Bellavista Solesine (Lombardei)
Bellavista Chardonnay Annunciata (Lombardei)
Bellavista Chardonnay Storica (Lombardei)
Bellavista Chardonnay Uccellanda (Lombardei)
Regaleali Chardonnay (Sizilien)

PROSECCO (ITALIENS GROSSER SCHAUMWEIN)

Leser, die nach einem hervorragenden leichten, knackigen und erfrischenden Schaumwein suchen, sollten sich nach den Proseccos aus der Weinregion rund 80 Kilometer nördlich von Venedig umsehen. Einige meiner (noch erschwinglichen) Lieblingshersteller sind Cartizze, La Cincie, Nino Franco, Zardetto. Beachten Sie, dass diese Weine innerhalb 12–18 Monate nach der Freigabe getrunken werden müssen, weil Frische und Jugendlichkeit essenziell sind.

ALTESINO

1998	**Alte d'Altesi**	**D**	**89**
1997	**Borgo d'Altesi**	**D**	**91**
1998	**Palazzo Altesi**	**D**	**90**
1998	**Quarto d'Altesi IGT**	**D**	**88**
1997	**Quarto d'Altesi IGT**	**D**	**88**
1999	**Rosso di Altesino IGT**	**B**	**88**

Altesino, eines der führenden Güter in der Appellation Brunello di Montalcino, gehört seit 1970 ein und demselben Besitzer. Die Weine waren immer von hoher Qualität, doch das letzte Jahrzehnt bot beständig ein Leistungsniveau der Superlative.

Der *1999er Rosso di Altesino,* ein hochwertiger, im Tank vergorener und ausgebauter Verschnitt von 95% Sangiovese und 5% Cabernet Sauvignon, bietet eine wunderbare Mischung von Espressobohnen, rauchigen schwarzen Johannisbeeren und Kirschfrucht, ausgezeichnete Textur, mittleren Körper und einen üppigen, zu Kopf steigenden Abgang. Man sollte ihn in seiner überschwänglichen Jugend genießen – in den nächsten 3–4 Jahren.

Der *1998er Palazzo Altesi,* eine reinsortig aus Sangiovese erzeugte Cuvée, die zu einem Drittel in neuen französischen Eichenfässern ausgebaut wurde (sie reift vollständig im Holzfass), enthüllt fantastische Aromen, darunter Veilchen, Zigarrenkistennoten, Schwarzkirschen und Kirschwasser. Er ist dicht, reichhaltig und reif, mit mäßigem Tannin sowie einem langen, körperreichen Abgang, der einen Hauch von Mokka und Schokolade zeigt. Er ist ein komplexer Wein, den man im Laufe der nächsten 7–8 Jahre trinken sollte, obwohl er sich möglicherweise länger hält. Der *1998er Alte d'Altesi,* ein im Barrique gereifter Verschnitt von 70% Sangiovese und 30% Cabernet Sauvignon, besitzt eine tiefrubinrote Farbe und ein kräftiges, süßes Bukett von Schokolade, Espresso und Beerenfrucht. Er zeigt auch etwas von dem an Tabakblätter erinnernden Charakter der Cabernet-Traube, ausgezeichnete Reife und einen langen, texturierten Abgang von mittlerem bis vollem Körper. Trinken Sie ihn in den nächsten 5–7 Jahren. Der *1998er Quarto d'Altesi* ist ein vom Merlot dominierter Verschnitt mit Sangiovese und Cabernet Sauvignon, der vor der Abfüllung 15 Monate in neuen französischen Eichenfässern reifte. Er ist zwar in aromatischer Hinsicht nicht so komplex wie die anderen Altesino-Weine, besitzt aber gute Tiefe, Fleisch und Saftigkeit sowie große Mengen von gerösteten Kräutern und schokoladeartigen schwarzen Früchten. Wenn er mehr aromatische Nuancen entfaltet, verdient er möglicherweise eine höhere Bewertung. Er dürfte sich 7–8 Jahre gut trinken lassen.

Der *1997er Borgo d'Altesi* (100% Cabernet Sauvignon, knapp unter 1000 Kisten, in französischen Fässern ausgebaut) erinnert an kalifornische Rotweine mit seiner dickflüssigen, marmeladig wirkenden Schwarze-Johannisbeer-Frucht, seiner niedrigen Säure, seiner opulenten Textur und seinem saftigen, fetten, runden Abgang. Angesichts seiner offenen Struktur sollte man ihn in den nächsten 10 Jahren trinken. Etwas weniger gelungen, aber dennoch reizvoll ist der *1997er Quarto d'Altesi* (ein Verschnitt von Merlot und Sangiovese, der in französischen Eichenfässern reift). Er bietet Noten von geröstetem Mokka, Kaffee und Beerenfrucht, einen monolithischen Auftakt, aber einen feinen Abgang. Trinken Sie ihn im Laufe der nächsten 6–7 Jahre.

AMBRA

1998	**Carmignano Elzana Riserva**	**D**	**88**
1997	**Carmignano Elzana Riserva**	**D**	**92**
1998	**Carmignano Le Vigne Alte Riserva**	**D**	**88**
1997	**Carmignano Le Vigne Alte Riserva**	**D**	**90+**
2000	**Carmignano Vigna di Santa Cristina in Pilli**	**B**	**89**

Der *2000er Carmignano Vigna die Santa Cristina in Pilli* von Ambra, einem meiner Lieblingsweingüter in der Toskana (die Preise sind in der Regel fair) ist ein umwerfend günstiger

Gelegenheitskauf. Eine dunkelrubin-granatrote Farbe geht einher mit süßen Aromen von Rauch, Leder, Kirschmarmelade und gerösteten Nüssen. Der würzige, lange, großzügige Wein von mittlerem Körper lässt sich 5 Jahre lang gut trinken.

Die aus zwei Einzellagen stammenden 1998er Riservas offenbaren etwas von der Strenge und dem staubtrockenen Tannin des Jahrgangs. Die erdige Komplexität des *1998er Carmignano Le Vigne Alte Riserva,* der mehr neues Eichenholz sowie ausgezeichnete Beerenfrucht, Kräuter der Provence, schwarze Früchte und Gewürze bietet, wird vielen gefallen. Leser, die ihre Weine lieber ein wenig streng mögen, werden noch mehr Freude daran haben als ich. Der gut gemachte, in einem ähnlichen Stil bereitete *1998er Carmignano Elzana Riserva* zeigt viel Tannin, eine zurückhaltende, schlankere Persönlichkeit, einen stärker komprimierten Geschmack und reizvolle rote und schwarze Früchte, die sich mit Rauch, Erde, Gewürzen und pfeffrigen Kräutern mischen. Diese beiden 1998er dürften sich 5–7 Jahre lang hübsch entwickeln.

Dies sind zwei fantastische 1997er aus Carmignano, einer unterbewerteten toskanischen Region. Der schwelgerische, herrlich reichhaltige *1997er Carmignano Elzana Riserva* von dunkelrubin-purpurroter Farbe bietet exotische Aromen von Rauch, Nüssen, neuem Sattelleder und Brombeer- und Kirschfrucht, mittleren Körper, eine üppige Textur und einen saftigen Abgang. Dieser vollkommen reife, prächtige Carmignano wird 5–6 Jahre altern. Im Gegensatz dazu ist der *1997er Carmignano Le Vigne Alte Riserva* ein weniger aufregender und nicht so üppig texturierter Wein, der Struktur, Tannin und Alterungsfähigkeit betont. Dicht, mit einem beeindruckend satten Rubin-Granat-Purpur-Ton sowie Noten von Rauch, geräucherten Kräutern und Leder in den Aromen, ist er fest und muskulös, mit stark in der Entwicklung zurückgebliebenen, konzentrierten Geschmacksnuancen. Kellern Sie ihn 2–3 Jahre ein und trinken Sie ihn im Laufe der darauf folgenden 10 Jahre.

MARCHESI ANTINORI

1996	**Brunello di Montalcino**	**E**	**90**
1999	**Chianti Classico Il Pèppoli**	**C**	**(87–88)**
1998	**Chianti Classico Il Pèppoli**	**C**	**89**
1998	**Chianti Classico Riserva Badia a Passignano**	**D**	**91**
1997	**Chianti Classico Riserva Badia a Passignano**	**D**	**92**
1998	**Merlot IGT**	**E**	**90**
1997	**Merlot IGT**	**E**	**93**
1998	**Solaia IGT**	**EEE**	**93+**
1997	**Solaia IGT**	**E**	**96**
1997	**Chianti Classico Riserva Tenute Marchese Antinori**	**D**	**92**
1998	**Tignanello IGT**	**E**	**91**
1997	**Tignanello IGT**	**D**	**93**
1998	**Chianti Classico Riserva Villa Antinori**	**D**	**90**
1997	**Chianti Classico Riserva Villa Antinori**	**C**	**90**
1997	**Vino Nobile del Montepulciano**	**C**	**89**

Piero Antinoris Tignanello und Solaia, beständig zwei der besten als IGT eingestuften Rotweine Italiens, sind die Leuchttürme der toskanischen Weine. Beide werden seit mehr als 20 Jahren erzeugt, aber man dürfte schwerlich einen früheren Jahrgang finden, der das übertrifft, was 1997 erreicht wurde.

Vom *1998er Tignanello* gibt es 30 000 Kisten. Er bietet ein klassisches Bukett von Beerenfrucht, neuem Sattelleder, Unterholz, Erde und Toastwürzigkeit von seinem Ausbau in neuen Barriques. Von mittlerem bis vollem Körper, mit mehr Tannin als der samtigere 1997er, von gut umrissener Art und in einem festen, klassischen Stil gehalten, erfordert er eine Kellerreifung von 2–3 Jahren und dürfte sich 15–16 Jahre gut trinken lassen. Der *1997er Tignanello* ist ein Verschnitt von 80% Sangiovese, 15% Cabernet Sauvignon und 5%

Cabernet Franc, der 12 Monate in kleinen französischen Eichenfässern ausgebaut und ohne Filtration abgefüllt wird. Er besitzt eine dichte rubin-purpurrote Farbe und ein breites Bukett von schwarzen Johannisbeeren, Kirschkompott, Vanille und Erde. Süß, dicklich und üppig texturiert, ist dieser überschwängliche, konzentrierte, säurearme Wein herausstechend und großartig proportioniert. Er dürfte sich 10–15 Jahre lang gut trinken lassen, doch wer kann ihn jetzt ignorieren?

Solaia ist seit Anfang der 1980er Jahre einer der brillantesten Weine Italiens. In einem Bordeaux-ähnlichen Stil bereitet, altert er 2 Jahrzehnte oder noch länger. Der *1998er Solaia,* ein Verschnitt von 75% Cabernet Sauvignon, 20% Sangiovese und 5% Cabernet Franc (8000 Kisten), wurde 14 Monate in neuen und ein Jahr alten französischen Eichenfässern ausgebaut, bevor er ohne Filtration abgefüllt wurde. Zwar ist der 1998er weniger schwelgerisch, exotisch und sinnlich als der 1997er, aber er ist ein klassisch strukturierter, jugendlicher, gut ausbalancierter Wein, der für die Kellerlagerung bestimmt ist. Seine undurchdringlich rubin-purpurrote Farbe geht einher mit einem klassischen Bukett von schwarzen Johannisbeeren, Vanille, Erde, Tabak und einem Hauch von Minze. Von vollem Körper und mäßigem Tanningehalt, dicht und konzentriert, braucht dieser verhalten entwickelte 1998er eine Kellerreifung von 3–4 Jahren. Voraussichtliche Genussreife: 2005–2020. Der ebenfalls nicht filtrierte *1997er Solaia* (gleicher Verschnitt aus Trauben von einem 10 Hektar großen Weinberg) wurde etwas länger als der Tignanello zu 100% in neuen französischen Eichenfässern ausgebaut. Es gibt davon ebenfalls 8000 Kisten. Er ist vielleicht der größte bisher erzeugte Solaia und nimmt es mit dem herausragenden 1985er auf. Der sensationelle Wein ist von undurchdringlich blau-purpurroter Farbe und präsentiert ein komplexes Bukett von Zedernholz, Gewürzen, Cassis und subtilem Eichenholz. Mit Erträgen von nur 30 hl/ha und einer (wie beim Tignanello) im Holzfass durchgeführten malolaktischen Gärung zeigt dieser Wein eine außergewöhnliche Konzentration und eine dicke, viskose Textur und dennoch keinerlei Schwere oder Schwerfälligkeit. Er ist ein aufregender Solaia, den man im Laufe der nächsten 20 Jahre trinken sollte. Wenn ein Premier Cru von Pauillac in der Toskana erzeugt werden würde, dann würde er so ausfallen!

Der *1998er Chianti Classico Riserva Villa Antinori,* ein hervorragender Verschnitt von 90% Sangiovese und 10% Canaiolo, reifte 14 Monate im Barrique und 12 Monate in der Flasche, bevor er freigegeben wurde. Auf seinen dichten Pflaumen-Granat-Ton folgt ein süßes Bukett von schwarzen Früchten, Unterholz, Erde, Leder und Gewürzen. Auf der Zunge süß schmeckend, von mittlerem bis vollem Körper, mit guter Säure als Grundlage und einem reichhaltigen, gebieterischen, konzentrierten Abgang, dürfte er ein Jahrzehnt oder noch länger gut altern. Der *1997er Chianti Classico Riserva Villa Antinori* (ebenfalls 90% Sangiovese und 10% Canaiolo; in großen französischen Eichenfässern ausgebaut) zeigt die Überreife des Jahrgangs und reichliche Mengen von Schwarze-Johannisbeer-Frucht, die sich mit Aromen von Kirschlikör, Tabak, Sattelleder und Gewürzen mischen. Trinken sollte man diesen wunderschön gemachten dunkelrubinroten Chianti, der stämmig, üppig und wegen des hohen Glyzerin- und des niedrigen Säuregehalts süß ist, in den nächsten 5–7 Jahren. Noch besser ist der *1997er Chianti Classico Riserva Tenute Marchesi Antinori.* Nach einem Ausbau von 14 Monaten in kleinen Eichen-Barriques und von einem Jahr in der Flasche offenbart er in seinem nach Erdbeeren und schwarzen Johannisbeeren duftenden Bukett Überreife. Körperreich und säurearm, mit herrlicher Konzentration von schwarzer Frucht, Gewürzen, Zedernholz, Erde und Rauch, ist er ein Wein von außergewöhnlichem Extrakt und wunderbarer Ausgewogenheit, der die niedrige Säure und die Opulenz und Sinnlichkeit des Jahrgangs widerspiegelt. Er dürfte 10–15 Jahre lang gut zu trinken sein. Bravo!

Das 50 Hektar große Weingut Badia a Passignano, das ausschließlich mit Sangiovese bestockt ist, gehört zu den Schätzen des Antinori-Imperiums. Zu 100% aus Sangiovese-Trauben erzeugt und 14 Monate in kleinen und großen Holzfässern ausgebaut, ist der hervorragende *1998er Chianti Classico Riserva Badia a Passignano* ein rauchiger, erdiger

Wein im toskanischen Stil mit Noten von Unterholz, Schwarzkirschen, Erdbeeren, Lakritze und Kräutern. Tabak- und mineralische Noten kommen ebenfalls zum Vorschein. Der Wein besitzt eine geschmeidige Textur, mittleren bis vollen Körper und ausgezeichnete Länge sowie Konzentration. Er wird von einer weiteren Kellerreifung von 1–2 Jahren profitieren und dürfte sich 15–16 Jahre halten. Der dichte rubin-purpurrote *1997er Chianti Classico Riserva Badia a Passignano* ist der beste Wein, den ich von diesem relativ jungen Gut (das Durchschnittsalter der Reben beträgt nur 12 Jahre) verkostet habe. Das Bukett bietet süße Schwarzkirsch-, Erdbeer- und Pflaumenaromen. Von mittlerem bis vollem Körper, mit niedriger Säure und reifem Tannin, ist er ein sinnlicher, reintöniger, überaus konzentrierter und dennoch zugänglicher Wein. Genießen Sie ihn im Laufe der nächsten 7–8 Jahre.

Der *1997er Vino Nobile di Montepulciano* ist ein liebenswürdiger, reichhaltiger, fruchtiger Wein, der ausgezeichnete Reife, wunderbare Reintönigkeit und eine reizvolle Textur von mittlerem Körper zeigt. Er dürfte 5–6 Jahre gut altern.

1996 kam ein reinsortiger Merlot zum Angebot hinzu. Der faszinierende, als IGT eingestufte *1998er Merlot* wurde 14 Monate in neuen französischen Eichenfässern ausgebaut. Er bietet Merlot-Aromen wie aus dem Lehrbuch: Erde, Mokka, Kaffee, Schokolade und Schwarzkirsch- und Brombeerfrucht mit getrockneten Kräutern im Hintergrund. Körperreich und dickflüssig, mit niedriger Säure, sollte man ihn am besten in den nächsten 7–8 Jahren trinken. Er ist ein eindrucksvoller Merlot aus dem toskanischen Montepulciano-Gebiet. Der *1997er Merlot,* von dem 1000 Kisten erzeugt wurden, ist ein wirklicher Kraftprotz. Nach ebenfalls 14 Monaten Ausbau in zu 100% neuen französischen Eichenfässern bietet er überreife Aromen von Schwarzkirschen, asiatischen Gewürzen, Zedernholz, Schokolade und Mokka. Körperreich, mit rustikalem Tannin, wirkt er mit seiner dicken, öligen Textur und seinem kraftvollen, konzentrierten Abgang wie ein mächtiger kalifornischer Merlot. Angesichts des Umfangs und der Intensität des Weins war ich überrascht, als ich erfuhr, dass der Alkoholgehalt nur 13,4% beträgt. Er dürfte sich 10–12 Jahre gut trinken lassen.

Die Weinberge Il Pèppoli (55 Hektar) sind hauptsächlich mit Sangiovese sowie kleinen Mengen Merlot und Canaiolo bestockt. Die nach Ost-Nordost gehenden Reblagen sind für die Toskana ungewöhnlich. Es gibt rund 30 000 Kisten von diesem Chianti Classico, der aus einem Verschnitt von 90% Sangiovese und 10% Merlot erzeugt wird. Der *1999er Chianti Classico Il Pèppoli* ist im Gegensatz zum 1998er, sobald die süße Kirschfrucht vorüber ist, von mittlerem Körper, auch kürzer und weniger komplex. Der dunkelrubinrote *1998er Chianti Classico Il Pèppoli* präsentiert ein rauchiges, erdiges, nach Kirschen und Leder duftendes Bukett, ausgezeichnete Reintönigkeit der Frucht und feine Eleganz sowie klare Konturen. Man sollte ihn am besten im Laufe der nächsten 5–6 Jahre trinken.

Antinori kaufte im Juli 1995 ein Brunello-Gut; obwohl der 1995er beim Brunello generell ein besserer Jahrgang als der 1996er ist, glaubt man, dass die Arbeit im Weinberg und die strengere Auslese 1996 einen besseren Wein hervorbrachten. Die meisten 1996er Brunellos, die ich probiert habe, sind streng und tanninreich, obwohl es einige prächtige Ausnahmen gibt. Dieser gehört sicherlich dazu. Der *1996er Brunello di Montalcino* vom Weingut Pian delle Vigne bietet ein komplexes Bukett von neuem Sattelleder, Gewürzen, Soja und erdiger Pflaumen- und Kirschfrucht. Seine tiefrubin-granatrote Farbe geht einher mit einem süßen Auftakt und einem reifen, leicht bitteren Abgang von mittlerem Körper. Er dürfte sich 10 Jahre gut trinken lassen.

ARGIANO

1999	**Rosso di Montalcino**	**C**	**88**
1998	**Rosso di Montalcino**	**C**	**91**
1999	**Solengo IGT**	**E**	**94**
1998	**Solengo IGT**	**E**	**91**
1997	**Solengo IGT**	**E**	**94+**

Argiano, ein beeindruckender Erzeuger, bringt weiterhin einige der besten Rotweine der Toskana hervor. Das 40 Hektar große Gut befindet sich im Besitz der Gräfin Cinzano und wird von Sebastiano Rosa geführt, der sechs Jahre an der University of California in Davis studierte und auch bei Lafite-Rothschild und Sassicaia arbeitete – kein schlechter Lebenslauf.

Der weiche, duftige mittelrubinrote *1999er Rosso di Montalcino* zeigt ein aufregendes Aromenprofil, das Düfte von Kräutern, Leder, Kirschen und Unterholz bietet. Rund und in reichem Maße fruchtig, mit gutem Glyzerin und einem üppigen Durchschwung, wird er 5–6 Jahre lang gut zu trinken sein. Einer der besten Argiano-Weine ist, was keine Überraschung darstellt, der *1999er Solengo,* ein Verschnitt von gleichen Teilen Cabernet Sauvignon, Merlot, Sangiovese und Syrah. Dieser undurchdringlich purpurrote Wein besitzt eine herrliche reife Brombeer- und Schwarze-Johannisbeer-Frucht, vermischt mit Gerüchen von Leder, Holzkohle, Erde und Holz. Dicht, opulent und körperreich, mit süßem Tannin im Abgang, ist er noch jugendlich und unentwickelt, verspricht aber, dass er sich zwischen 2004 und 2015 großartig trinken lässt.

Der als IGT eingestufte *1998er Solengo* ist zwar nicht so prächtig wie der 1997er, aber trotzdem ein toller Wein. Als faszinierender Verschnitt von Sangiovese und Cabernet Sauvignon mit einer winzigen Dosis Syrah, der vor der Abfüllung 16 Monate lang in zu 100% neuen französischen Eichenfässern reift, besitzt er eine undurchdringlich rubin-purpurrote Farbe und ein klassisches, nach schwarzen Johannisbeeren und Schwarzkirschen duftendes Bukett, das von hochwertigem, toastwürzigem Eichenholz und Noten von geröstetem Espresso durchdrungen ist. Intensiv, von mittlerem bis vollem Körper, kernig und reichhaltig, mit einem vielschichtigen Mittelbereich des Geschmacks und süßem Tannin, kann man diesen vollmundigen, trockenen Rotwein ebenso gut jetzt wie in den nächsten 10–15 Jahren trinken. Beeindruckend. Der *1998er Rosso di Montalcino,* ein Wein mit tollem Preis-Leistungsverhältnis, besitzt eine überaus süße, von Rauch erfüllte Schwarzkirschfrucht und Gewürze. Rund, von mittlerem bis vollem Körper, samtig texturiert, hedonistisch und verführerisch, kann er im Laufe der nächsten 6–7 Jahre getrunken werden.

Der tiefgründige *1997er Solengo* ist Aufsehen erregend. Er ist undurchdringlich purpurrot und bietet ein fabelhaft süßes Bukett von Crème de Cassis, neuem Sattelleder, toastwürzigem neuem Eichenholz, Lakritze und Blumen. Dieser Wein besitzt erstaunliche Reichhaltigkeit, einen gewaltigen, körperreichen Eindruck am Gaumen (und dennoch keinerlei Schwere), niedrige Säure, herrliche Reife und einen Abgang, der über 35 Sekunden dauert. Ich sage diesem fesselnden Wein eine brillante Zukunft voraus.

BADIA A COLTIBUONO

1998	**Chianti Classico**	**C**	**89**
1997	**Chianti Classico Riserva**	**D**	**91**
1997	**Chianti Classico Roberto Stucchi**	**C**	**90**
1997	**Sangioveto**	**E**	**93**

Dies ist eines der historischen Weingüter der Toskana (seine Ursprünge lassen sich bis ins 3. Jh. v. Chr. zurückverfolgen). Es befindet sich im Besitz der Stucchi Prinettis und erzeugt eine Reihe von Weinen, die den Verbrauchern ein fantastisches Preis-Leistungsverhältnis am unteren Ende und Weltklasseweine am oberen Ende bieten.

Der *1998er Chianti Classico,* ein seriöser Wein, ist ein Verschnitt von 90% Sangiovese und 10% Canaiolo. Er bietet charakteristische Düfte von Erdbeermarmelade, vermischt mit getrockneten Kräutern und Erde. Aufregend, mit einer runden, sinnlichen Textur, einem eleganten, süßen, in reichem Maße fruchtigen mittleren Geschmacksbereich und einem geschmeidigen Abgang von mittlerem Körper, wird er sich 3–4 Jahre gut trinken lassen.

Überwältigt war ich von der außerordentlichen Qualität des *1997er Chianti Classico Riserva.* Er besteht ebenfalls aus 90% Sangiovese und 10% Canaiolo und verbrachte einen Teil seiner 24-monatigen Fassreifung in einmal verwendeten französischen Eichenfässern.

Bei diesem Wein hatte ich die Empfindung, so würde möglicherweise ein Chianti schmecken, wenn er in Pomerol hergestellt werden würde. Der Jahrgangscharakter hat viel mit der opulenten, saftigen Frucht zu tun, aber der Wein zeigt viele komplexe Aromen von Vanille, Kräutern und Schwarzkirschfrucht mit einem bemerkenswerten Anklang an Bratensaft. Dicht und körperreich, mit fantastischer Frucht, hohem Glyzeringehalt und einer kernigen, samtigen Textur, ist er ein so hedonistischer und prächtiger Chianti, wie man wahrscheinlich keinen anderen findet. Trinken Sie ihn in den nächsten 7–10 Jahren. Der *1997er Chianti Classico Roberto Stucchi* ist ein hervorragender, bemerkenswert seidig texturierter Wein mit dem samtigen Tannin und der sinnlichen Textur, den die größten Jahrgänge in Italien, Frankreich oder anderswo zumeist besitzen. Noten von dicklicher Schwarzkirsch- und Brombeerfrucht steigen bei diesem dickflüssigen, saftigen, in einem üppigen Stil gehaltenen Chianti von mittlerem Körper aus dem Glas auf. Tannin und Säure lauern unmittelbar unter der Oberfläche dieses hedonistischen, im Geschmack vollen Weins. Er dürfte sich 7–10 Jahre gut trinken lassen. Ein anderer aufregender Wein ist der *1997er Sangioveto.* Zu 25% in französischen Holzfässern ausgebaut, besitzt er ein prächtiges Bukett von Aromen von überreifer Brombeer- und Erdbeerfrucht, Rauch, Lakritze und Gewürzen. Dieser körperreiche, dichte, konzentrierte Wein (der von einem hoch geschätzten Klon der Sangiovese-Rebe erzeugt wird) ist von dunkler Pflaumenfarbe und bietet einen explosiven mittleren Geschmacksbereich und Abgang. Er dürfte (wegen seiner niedrigen Säure und seiner ungeheuer reifen Frucht) ein Jahrzehnt oder noch länger gut zu trinken sein. Beeindruckend!

BASCIANO

1999 Il Corto — **C 89+**

Der *1999er Il Corto,* ein in einem modernen Stil bereiteter Wein, ist ein Verschnitt von 90% Sangiovese und 10% Cabernet Sauvignon. Dieser Wein offenbart komplexe Aromen von Leder, getrockneten Kräutern, Schwarzkirschen, Holzkohle und Erde. Reif, mit einem subtilen Anflug von toastwürzigem neuem Eichenholz, ausgezeichneten roten und schwarzen Früchten und einem hübsch texturierten Abgang von mittlerem Körper, dürfte er sich 7–12 Jahre gut trinken lassen.

BIBBIANO

1997 Chianti Classico Montornello — **C 88**

Man könnte sagen, dass Bibbiano Chianti im Pomerol-Stil herstellt. Seidig texturierte, hedonistische Weine sind sowohl von dem guten 1996er Jahrgang als auch vom prächtigen 1997er erzeugt worden. Der stämmige, berauschende *1997er Chianti Classico Montornello,* sinnlich, aufregend und üppig, mit Batzen von Frucht und niedriger Säure, wird gewaltige Anziehungskraft auf ein breites Publikum ausüben. Trinken Sie ihn in den nächsten 2 Jahren.

BORGO SALCETINO

1998	**Chianti Classico**	**B**	**88**
1998	**Chianti Classico Riserva Lucarello**	**D**	**88**
1997	**Chianti Classico Riserva Lucarello**	**D**	**90**
1999	**Rossole IGT**	**D**	**90**
1998	**Rossole IGT**	**D**	**90**

Der außergewöhnliche *1999er Rossole* (ein als IGT eingestufter Verschnitt von 70% Cabernet Sauvignon und 30% Merlot, der 12 Monate in französischen Eichenfässern ausgebaut wurde) ist ein fetter, dicklicher, verführerischer Wein von tiefer Rubin-Purpurfarbe, mit viel süßem Eichenholz sowie reichlicher Frucht, beträchtlichem Glyzerin und einem säurearmen, dickflüssigen, saftigen Abgang. Er dürfte in der Flasche eine klarere Linie entwickeln und 12–15 Jahre lang schön altern.

Der *1998er Rossole,* ein im Barrique ausgebaute Verschnitt von 65% Sangiovese und 35% Merlot, verbindet Stärke mit Eleganz und Feinheit und besitzt ein beträchtliches Geschmacksvolumen. Eine dunkelrubin-purpurrote Farbe geht einher mit süßer, dicklicher schwarzer Frucht, wobei das Eichenholz besser eingebunden und subtiler ist als beim 1997er Lucarello. Angenehme, reife Beerenfrucht ist am Gaumen zu spüren; der Geschmack von mittlerem bis vollem Körper zeigt beträchtliche Harmonie und Verfeinerung. Dieser Wein ist weich genug, dass man ihn jetzt trinken oder noch 10 Jahre einkellern kann. Der dunkelrubinrote *1998er Chianti Classico Riserva Lucarello* (24 Monate in französischen Eichenfässern ausgebaut) ist ein eindrucksvoller, stilvoller, aber zurückhaltender Wein. Er bietet Aromen von süßen, dicklichen Kirschen, durchwoben von Lakritze, Kräutern, Tabak und Erde. Von mittlerem Körper, mit ausgezeichneter Textur und sehr guter Reife sowie Üppigkeit (untypisch für die in einem strengen Stil gehaltenen 1998er Chiantis), wird er sich 5–7 Jahre gut trinken lassen. Der *1998er Chianti Classico* ist eines der besten Beispiele, die ich aus diesem Jahrgang probiert habe, der besser als der 1996er zu sein scheint, aber weniger schwelgerisch und opulent als 1997 oder 1999. Dieser Wein zeigt eine dunkelrubin-purpurrote Farbe und wunderbar reintönige, schön texturierte, reife, rauchige Aromen und Geschmackskomponenten von Schwarzkirschen und schwarzen Johannisbeeren, vermischt mit erstklassigem neuem Sattelleder und Kräutern der Provence. Er hat mittleren bis vollen Körper und besitzt ausgezeichnete Tiefe sowie eindrucksvolle Ausgewogenheit und Länge. Wie alle Weine des Besitzers Tonino Livon wurde er ohne Filtration abgefüllt.

Der tiefrubin-purpurrote *1997er Chianti Classico Riserva Lucarello* ist in einem mehr internationalen Stil gehalten, mit großen Mengen von würzigem neuem Eichenholz, dichten, reifen Geschmacksnuancen von mittlerem bis vollem Körper, die an schwarze Johannisbeeren, Erdbeeren und Kirschen erinnern, angemessener Säure und einem samtigen, angenehm vielschichtigen Abgang mit süßem Tannin. Er dürfte 7–8 Jahre lang gut zu trinken sein.

IL BORRO

1999	**Il Borro**	**E**	**92**

Dieser im Barrique ausgebaute *1999er Il Borro,* ein von Bordeaux inspirierter Verschnitt von 50% Merlot, 40% Cabernet Sauvignon und kleinen Mengen Syrah, Petit Verdot und Sangiovese, der von 5 Jahre alten Reben erzeugt wurde, ist ein eindrucksvolles Debüt. Er gleicht aufs Haar einem Médoc-Wein der Spitzenklasse und bietet eine tiefe Purpurfarbe sowie ein komplexes Bukett von Schokolade, Erde, schwarzen Johannisbeeren und Toastbrot. Er besitzt eine körperreiche, konzentrierte, vielschichtige, harmonische Persönlichkeit, süße Frucht, Glyzerin im Überfluss und außergewöhnliche Reintönigkeit. Der Abgang dauert 25–30 Sekunden. Trinken Sie ihn jetzt und in den nächsten 12–15 Jahren.

BOSCARELLI

1997	**Boscarelli IGT**	**D**	**88**
1998	**Vino Nobile di Montepulciano**	**D**	**90**
1997	**Vino Nobile di Montepulciano**	**D**	**89**
1997	**Vino Nobile di Montepulciano Riserva del Nocio**	**D**	**91**

Die Spitzenweine von Paola De Ferraris Gut sind die Vini Nobili di Montepulciano. Der *1998er Vino Nobile di Montepulciano,* eine sensationelle Leistung, ist ein Verschnitt von 90% Sangiovese, 7% Merlot und 3% Cabernet Sauvignon, der in Barriques von unterschiedlicher Größe ausgebaut wurde. Ein dunkler Pflaumen-Purpur-Ton geht einher mit einem exotischen, reifen, erdigen, blumigen, süßen Duft, herrlicher Frucht auf der Zunge, ausgezeichneter Textur, mittlerem Körper und einem eleganten, reintönigen, ausgewogenen Abgang. Da alle seine Komponenten perfekt miteinander harmonieren, kann man diesen Wein jetzt genießen oder ein Jahrzehnt lang im Keller lagern.

Beim *1997er Vino Nobile di Montepulciano* begleiten Aromen von angesengten getrockneten Kräutern, Sattelleder und Süßkirsch- und Sauerkirschfrucht eine dunkelrubin-purpurrote Farbe. Er besitzt eine attraktive Üppigkeit und einen verführerischen, aufregenden Stil mit wunderbarer Feinheit und wundervollem Geschmack. Trinken Sie ihn in den nächsten 7–8 Jahren. Der fantastische *1997er Vino Nobile di Montepulciano Riserva del Nocio,* ein Verschnitt von 85% Sangiovese, 7% Mammolo und 8% Merlot, zeigt eine satte rubin-purpurrote Farbe sowie Aromen von Bleistift, dicklicher Brombeer- und Kirschfrucht, vermischt mit Rauch und hochwertigem neuem Eichenholz. Man entdeckt darin bemerkenswerte Süße am Gaumen, eine üppige, konzentrierte, fleischige Textur, niedrige Säure und einen langen, würzigen Abgang mit einer Note von gerösteten Nüssen. Der tiefe, reife, intensive Wein kann jetzt getrunken oder 10–15 Jahre lang im Keller gelagert werden. Der *1997er Boscarelli* schließlich (ein im Barrique gereifter Verschnitt von 93% Sangiovese und 7% Cabernet Sauvignon) wartet mit Aromen von würziger Kirsch-, Erdbeer- und Rote-Johannisbeer-Frucht auf. Lang, elegant und süß, mit festem Tannin und einem umfassenden Gespür für Zurückhaltung und Ausgewogenheit, sollte er im Laufe der nächsten 7–8 Jahre getrunken werden.

CA' DEL VISPO

2000	**Rovai IGT**	**C**	**89**

Der in einem internationalen Stil bereitete und dennoch wirklich konzentrierte, ehrgeizige *2000er Rovai* zeigt eine undurchdringliche rubinrote Farbe und ein süßes Bukett von schwarzen Johannisbeeren, Schwarzkirschen, Lakritze und Gewürzen. Der fleischige, opulent texturierte Wein von mittlerem Körper, mit ausgezeichnetem Extrakt sowie tadelloser Ausgewogenheit und Reintönigkeit, ist ein aufregender, offener Tropfen, den man in den nächsten 5–6 Jahren genießen kann.

LE CALCINAIE

2000	**Chianti Colli Senesi Gimignano**	**B**	**88**
1999	**Teodoro**	**D**	**90**
1998	**Teodoro**	**D**	**92**

Unter diesen drei Weinen des Besitzers Simone Santini befindet sich ein Wein mit ausgezeichnetem Preis-Leistungsverhältnis: Der *2000er Chianti Colli Senesi Gimignano* (ein Verschnitt von 90% Sangiovese und 10% Merlot) ist ausgezeichnet, fett, kernig und gibt damit einen weiteren Hinweis darauf, dass 2000 ein aufregender Jahrgang für die Toskana sein wird. Er besitzt eine tiefe Farbe und viel Glyzerin sowie einen berauschenden Abgang von mittlerem Körper. Genießen Sie ihn in den nächsten 3–4 Jahren.

Der *1999er Teodoro* ist ein im Barrique ausgebauter Verschnitt von Sangiovese und Merlot. Dieser dichte, kernige, in einem internationalen Stil bereitete Wein offenbart im Duft und im Geschmack viele Aromen von Espresso, Toastbrot, Schokolade und Schwarzkirschfrucht. Trinken Sie ihn in den nächsten 10–12 Jahren.

Der ungeheuer konzentrierte *1998er Teodoro* (ein im Barrique gereifter Verschnitt von Cabernet Sauvignon, Sangiovese und Merlot), zweifellos der beste Rotwein, den ich aus der toskanischen Region San Gimignano verkostet habe, besitzt eine tief schwarz-purpurrote Farbe, kernige, körperreiche, opulent texturierte Geschmackskomponenten, wunderbare Reintönigkeit und einen langen, samtigen, nahtlosen Abgang. Trinken Sie diesen sehr reichhaltigen Wein im Laufe der nächsten 7–8 Jahre, damit Sie in den Genuss seiner überschäumenden Jugend kommen.

LE CALVANE

1997	**Borro del Boscone**	**D**	**92+**
1997	**Chianti Classico Riserva Il Trecione**	**B**	**89**

Meine erste Erfahrung mit den Weinen von Le Calvane war viel versprechend. Der *1997er Borro del Boscone,* ein herrlicher reinsortiger Cabernet Sauvignon, besitzt eine undurchdringlich purpurrote Farbe, überaus konzentrierte Cassis-Aromen im Duft und im Geschmack, mäßiges Tannin und einen vollen, dickflüssigen, öligen Stil. Dicht und kernig, mit großartiger Reife, benötigt er eine Kellerlagerung von 2–3 Jahren und dürfte 15–16 Jahre gut altern.

Der *1997er Chianti Classico Riserva Il Trecione* (ein von Sangiovese dominierter Verschnitt, von dem 800 Kisten erzeugt wurden) zeigt eine dunkelrubin-granatrote Farbe und ein klassisches Bukett mit Aromen von Erde, Zedernholz, Tabak, Schwarzkirschen und getrockneten Kräutern. Von mittlerem bis vollem Körper, süß, konzentriert, geschmeidig und fleischig, ist er ein hedonistischer Wein, dem man nicht widerstehen kann.

LA CAMPANA

1999	**Rosso di Montalcino**	**D**	**89**

Die verführerischen, aufregenden, weichen Noten von Pflaumen- und Kirschfrucht werden den *1999er Rosso di Montalcino* bei den Verbrauchern zu einem großen Schlager machen. Er zeigt Frucht und Glyzerin in Hülle und Fülle und eine üppige Textur. In den nächsten 4–5 Jahren wird er beträchtlichen Genuss schenken.

CAPANNELLE

o.J.	**Capannelle 2000 IGT**	**EEE (Magnum)**	**91+**
1997	**Capannelle & Avignonesi 50 & 50**	**EE**	**90+**
1997	**Chianti Classico Riserva**	**D**	**91**

Es ist fast ein Jahrzehnt her, dass ich diese Weine zum ersten Mal probiert habe. Sie waren zwar stets beeindruckend, wurden aber in äußerst beschränkten Mengen erzeugt und waren unerhört teuer. Die Firma hat ihren Besitzer gewechselt, aber bei der Preispolitik scheint es keinerlei Veränderung gegeben zu haben. Dem neuen Besitzer, dem Amerikaner James Sherwood, gehören viele berühmte Luxuseinrichtungen (das Hotel Splendido in Portofino, Cipriani in Venedig und der weltberühmte Orient-Express). Von den neu auf den Markt gekommenen Capannelle-Weinen sind nur winzige Mengen erhältlich, aber es besteht kein Zweifel daran, dass diese Kellerei, die sich auf dem neuesten Stand der Technik befindet, weder Mühen noch Kosten spart, um Weltklasseweine hervorzubringen, die vor der Abfüllung alle in französischen Eichenfässern ausgebaut werden.

Der nur in Magnum-Flaschen erhältliche, in sensationeller Aufmachung auf den Markt kommende *Capannelle 2000* ist ein faszinierender Verschnitt von 80% Sangiovese und 20% Cabernet Sauvignon, der sechs Jahrgänge kombiniert, 1990, 1991, 1992, 1993, 1994 und 1995 (offensichtlich bezieht sich 2000 auf das Jahr der Freigabe, nicht auf den Jahrgang). Er ist ein seriöser, konzentrierter Wein von mittlerem bis vollem Körper, der einen dunklen Pflaumen-Rubin-Ton und einen ausgezeichneten Duft von Balsamholz, schwarzen Früchten, Tabak, Gewürzen und Rauch bietet. Er ist reichhaltig, jugendlich und überschwänglich. Auch wenn er teuer sein mag, ist er ein außergewöhnlicher, seltener Tropfen. Voraussichtliche Genussreife: jetzt–2012.

Der preisgünstigste (und für meinen Gaumen der feinste) Wein ist der *1997er Chianti Classico Riserva,* ein im Barrique gereifter Verschnitt von 90% Sangiovese und 10% Cabernet Franc und Malvasia Nera. Er ist ein wunderschön texturierter, dichter, kerniger, reichhaltiger Wein mit einem prächtigen Bukett von Frühlingsblumen, roten und schwarzen Früchten, Tabak, Gewürzen, Leder und Erde. Das süße Tannin, die Säure und das Eichenholz sind in diesem wunderbar harmonischen Wein von mittlerem bis vollem Körper gut integriert. Auf seinem Höhepunkt wird er zwischen jetzt und 2018 sein. Bravo! Der *1997er Capannelle & Avignonesi 50 & 50,* ein Joint-Venture, ist ein Verschnitt von gleichen Teilen Sangiovese-Trauben aus dem Weinberg von Capannelle und Merlot-Trauben aus dem Weinberg von Avignonesi. Er wird nur in Subskription verkauft. Der seriös ausgestattete Wein von dichter rubin-purpurroter Farbe, mit viel neuem Eichenholz, ist in einem leicht internationalen Stil bereitet, mit jeder Menge Extrakt, Tannin und Reichhaltigkeit. Weine wie diesen kann man zu einem niedrigeren Preis finden, aber dann tragen sie nicht die Namen Capannelle und Avignonesi. Voraussichtliche Genussreife: jetzt–2016.

LA CAPPELLA

1997 Corbezzolo IGT — D 91

Ein herrlicher, süßer Duft von Schwarzkirschlikör, hochwertigem französischem Eichenholz und dunklen Himbeeren steigt aus dem Glas mit diesem dunkelrubin-purpurroten Wein, der geschmeidig texturiert, reichhaltig, vielschichtig und vieldimensional ist. Trotz seines Umfangs und seiner Reichhaltigkeit ist er äußerst elegant und gut ausbalanciert. Trinken Sie ihn jetzt und in den nächsten 10–15 Jahren. Sehr beeindruckend!

CASA EMMA

1997	**Chianti Classico**	**C**	**88**
1998	**Soloio IGT**	**D**	**90+**
1997	**Soloio IGT**	**D**	**90**

Der *1998er Soloio* (eine reinsortige Merlot-Cuvée, von der 500 Kisten erzeugt wurden und die 15 Monate in französischen Eichenfässern reifte) ist ein 1998er, der sich wunderbar entfaltet hat. Seine undurchdringlich rubin-purpurrote Farbe geht einher mit einem süßen Duft von Beerenmarmelade, vermischt mit Rauch, Espresso und Schokolade. Man entdeckt darin herrliche Konzentration, fantastische Reintönigkeit und einen vielschichtigen, opulenten, fast exotischen Charakter. Die Struktur des Jahrgangs ist spürbar, erdrückt aber nicht die Persönlichkeit des Weins. Voraussichtliche Genussreife: jetzt–2016.

Der hervorragende, dichte, reichhaltige dunkelrubin-purpurrote *1997er Soloio* zeigt intensive Aromen von gerösteten Kräutern, vermengt mit Schokolade, Mokka und schwarzen Früchten. Dieser eindrucksvolle Merlot, der lang, kernig und fleischig ist und ausgezeichnete Reintönigkeit besitzt, wurde 15 Monate ausschließlich in neuen französischen Eichenfässern ausgebaut. Die Produktion betrug 500 Kisten. Trinken Sie ihn in den nächsten 10–12 Jahren. Der *1997er Chianti Classico* offenbart alle Kennzeichen dieses faszinierenden Jahrgangs. Die dunkelrubinrote Farbe, die seidige Textur, die runden, opulenten, fruchtigen Geschmacksnuancen und die leichte Zugänglichkeit machen ihn zu einem Wein von recht gutem Preis-Leistungsverhältnis, der sich 5–6 Jahre gut trinken lassen dürfte.

CASALOSTE

1997	**Chianti Classico Riserva**	**D**	**90**
1997	**Chianti Classico Riserva Don Vincenzo**	**EE**	**91**

Der ehrgeizige, komplexe, körperreiche *1997er Chianti Classico Riserva Don Vincenzo,* der im Barrique ausgebaut wurde, zeigt eine dichte rubinrote Farbe und ein herrliches Bukett von schwarzen Früchten, Tabak, Gewürzen und Vanille. Diesen kernigen, vielschichtigen, intensiven Wein kann man jetzt und im Laufe der nächsten 8–9 Jahre trinken. Der fast ebenso gute *1997er Chianti Classico Riserva* ist ein gut ausgestatteter Wein, der Hinweise auf einen Barrique-Ausbau sowie reichliche Mengen von Erdbeer- und Schwarzkirschfrucht, neuem Sattelleder, Tabak und Gewürzen bietet. Er ist gehaltvoll und reichhaltig und sollte am besten in den nächsten 10 Jahren getrunken werden.

CASANOVA DI NERI

1999 Rosso di Montalcino — C 88

Dieser samtweiche *1999er Rosso di Montalcino* von mittlerem Körper, ein kräftiger, süßer Wein, der mit Aromen von überreifen Kirschen, neuem Sattelleder, Weihrauch und Gewürzen aufwartet, sollte am besten jetzt und in den nächsten 3–4 Jahren getrunken werden.

I CASCIANI

2000	Chianti di Montespertoli	B	88
1999	Villa Gaia	C	91

Der im Tank vergorene und ausgebaute *2000er Chianti di Montespertoli* (hauptsächlich Sangiovese), ein Wein von herzhafter Art, besitzt eine jugendliche dunkelrubinrote Farbe, eine ausgezeichnete Textur, feines Fleisch und große Mengen von Schwarzkirsch- und Johannisbeerfrucht, durchwoben von subtilen Kräuter- und Zedernholznoten. Genießen Sie diesen robusten, überschwänglichen Chianti in den nächsten 2–3 Jahren.

Der *1999er Villa Gaia,* ein 50:50-Verschnitt von Merlot und Cabernet Sauvignon, der 12 Monate in französischen Eichenfässern ausgebaut wurde, ist ein eindrucksvoller, unfiltrierter Wein von einem nach biologisch-dynamischen Prinzipien kultivierten Weinberg. Er besitzt eine dichte dunkel-purpurrote Farbe und ein süßes Bukett von Brombeer- und Schwarze-Johannisbeer-Frucht, das von toastwürzigem neuem Eichenholz durchwoben ist. Zunächst glaubte ich, er wäre zu international, aber an der Luft kamen die für die Toskana typischen erdigen Aromen von Unterholz, Leder, Trüffel, Gewürzen und getrockneten roten und schwarzen Früchten zum Vorschein. Beeindruckende Reintönigkeit, Textur und Länge deuten darauf hin, dass er 10–15 Jahre gut altern wird.

CASTELLO DI AMA

1998	L'Apparita IGT	EEE	(91–93)
1997	L'Apparita IGT	EEE	92+
1997	Chianti Classico	D	89
1997	Chianti Classico Bellavista	EEE	91
1997	Chianti Classico La Casuccia	EEE	92

Mit 200 Hektar, von denen etwa 80 Hektar mit Reben bestockt sind, gehört Castello di Ama zu den bedeutendsten hoch gelegenen Weinbergen der Toskana. Mein erstes Erlebnis mit einem Wein dieses Guts hatte ich mit dem 1985er L'Apparita, den ich vor mehr als einem Jahrzehnt in Brüssel probierte. Nach einer Phase des Experimentierens, als viele Weine aus Einzellagen erzeugt wurden, konzentrierte sich Ama darauf, einen Chardonnay, einen Rosé, einen Merlot, einen fantastischen einfachen Chianti und in Spitzenjahrgängen zwei Chiantis aus Einzellagen zu produzieren. Die zuletzt auf den Markt gekommenen Weine sind alle eindrucksvoll.

Leser, die nach einem sehr guten Chianti Classico suchen, sollten den *1997er Chianti Classico* versuchen. Erzeugt aus einem Verschnitt von 80% Sangiovese, 12% Merlot und 8% Canaiolo, wobei die Erträge bei 6 000 kg Trauben pro Hektar liegen, besitzt dieser dunkelrubinrote Chianti einen reintönigen Stil, hervorragende Reife und würzige Zedernholzaromen im Duft und im Geschmack, die von dunklen Himbeeren, Tabak und Vanille durchwoben sind. Der dichte, weiche, opulente Wein von mittlerem Körper lässt sich 7–8 Jahre lang gut trinken. Der dunkelrubinrote *1997er Chianti Classico Bellavista* (von dem 8000 Flaschen produziert wurden) ist voller Feinheit und Eleganz. Nach intensiven Schwarzkirscharomen, die mit Beerenfrucht, Tabak und Gewürzen vermischt sind, entdeckt man gute Dichte und Reichhaltigkeit, mittleren bis vollen Körper, süßes Tannin und tadellose Symmetrie und Ausgewogenheit. Dieser jugendliche Chianti ist zugänglich und dürfte sich ein Jahrzehnt gut trinken lassen. Der dichte purpurrote *1997er Chianti Classico La Casuccia* (eine weitere Miniproduktion von 8 000 Flaschen) ist körperreicher, kraftvoller und opulenter, mit der schwelgerischsten Persönlichkeit der Chiantis von Castello di Ama. Lang, mit mehr Tannin sowie Reichhaltigkeit und Struktur, wird er von 1–3 Jahren Kellerreifung profitieren und sich 15+ Jahre halten.

Der eindrucksvolle L'Apparita (eine reinsortige Merlot-Cuvée, von der rund 8000 Flaschen erzeugt werden) wird vollständig in französischen Eichenfässern ausgebaut. Bei einer vor kurzem durchgeführten kleinen vertikalen Weinprobe war es fast unmöglich, einen nicht beeindruckenden Jahrgang zu finden, wobei der 1993er mit 87 Punkten, der 1992er mit 90 Punkten und der 1990er mit 88 Punkten bewertet wurden. Der umwerfende *1997er L'Apparita* ist möglicherweise der beste L'Apparita seit dem 1985er. Er zeigt eine tiefrubinpurpurrote Farbe sowie ein unverkennbares Bukett von Mokka, Espressobohnen, Kirschlikör und Schwarzkirschen. Körperreich, trocken und gehaltvoll, mit guter Süße und Fett am mittleren Gaumen, erfordert dieser lange, dichte, noch jugendliche Wein eine zusätzliche Kellerreifung von 3–5 Jahren; er dürfte sich 2 Jahrzehnte lang halten. Neues Eichenholz (etwa 70% neue französische Holzfässer werden verwendet) spielt eine Nebenrolle beim Aromen- und Geschmacksprofil dieses Weins. Der ebenfalls eindrucksvolle, wenn auch weniger schwelgerische *1998er L'Apparita* ist von undurchdringlich purpurroter Farbe und enthüllt im Duft und Geschmack Aromen von neuem Sattelleder, würzigem Eichenholz und Brombeer- und Schwarzkirschfrucht. Kräftig, muskulös und tanninreich, ohne die süße, seidige Pracht des 1997ers, benötigt er eine Kellerreifung von 4–5 Jahren und dürfte sich 15+ Jahre halten.

CASTELLO DI BROLIO

1998 Chianti Classico Castello di Brolio — D 88

Dieser tanninreiche Wein von undurchdringlich purpurroter Farbe ist in einem leicht internationalen Stil gehalten, aber kernig und gut gemacht und erinnert an einen Bordeaux von mittlerem Niveau. Im Barrique ausgebaut, wobei 65% neue französische Eichenfässer waren, erträgt er seine 13,7% Alkohol mühelos, braucht aber angesichts seines kräftigen, wenig entwickelten Stils noch eine weitere Kellerreifung von 1–2 Jahren. Er dürfte 12–15 Jahre gut altern.

CASTELLO DI CACCHIANO

1997 Chianti Classico Millennio Riserva — D 90

1999 Rosso Toscano IGT — B 89

Der *1999er Rosso Toscano,* ein Schnäppchen, ist ein köstlicher, opulent texturierter Verschnitt von 85% Sangiovese und 15% Merlot. Er besitzt eine dunkelrubinrote Farbe und süße, marmeladeartige Aromen von Erdbeeren, Kirschen und Johannisbeeren, die von Erde, altem Holz und Leder unterstützt werden. Von mittlerem bis vollem Körper, üppig und fleischig, sorgt er für eine ausgewogene, kernige Empfindung im Mund. Trinken Sie ihn in den nächsten 3–4 Jahren. Der hervorragende *1997er Chianti Classico Millennio Riserva* von satter rubin-granatroter Farbe hat ein opulentes Bukett von reifen Pflaumen, Schwarzkirschen, Lakritze, Erde und Zedernholz. Dieser exotische, reichhaltige, konzentrierte, säurearme Chianti, der fleischig und körperreich ist, zeigt die schwelgerische Persönlichkeit des Jahrgangs. Genießen Sie ihn im Laufe der nächsten 10–12 Jahre.

CASTELLO DI FARNETELLA

1999 Chianti Colli Sensi — B 90

1999 Lucilla IGT — C 91

1998 Lucilla IGT — C 90

Toll! Der explosive *1999er Chianti Colli Senesi* besitzt eine tiefe, satte rubinrote Farbe und Noten von Marmelade aus ganz reifen Schwarzkirschen, vermischt mit Brombeeren, Grafit und Gewürzen. Saftig, von mittlerem bis vollem Körper, opulent, fleischig und reichhaltig, besitzt er zusätzlich zu sich entwickelnder Komplexität beträchtliche Tiefe. Mit seiner großen Reichhaltigkeit und Komplexität ist er ein Chianti, wie man fast keinen besseren kaufen kann. Zudem kann man ihn jetzt trinken oder für 7–8 Jahre einkellern. Der *1999er Lucilla* ist ein Wein von tollem Preis-Leistungsverhältnis. Dieser Verschnitt von 90% Sangiovese und 10% Merlot, der 10 Monate in französischen Barriques ausgebaut wurde, besitzt ein explosives Bukett von Rauch, Schwarzkirsch-, Pflaumen- und Schwarze-Johannisbeer-Frucht sowie Bleistiftschnitzeln. Dicht, körperreich und sinnlich texturiert, ist er ein hedonistischer Wein, dem man nicht widerstehen kann und der auch das intellektuelle Verlangen des Verkosters befriedigt. Trinken Sie ihn in den nächsten 5–7 Jahren. Mm, lecker!

Der *1998er Lucilla,* der 12 Monate in französischen Eichenfässern reifte, ist ebenfalls ein Wein von recht gutem Preis-Leistungsverhältnis. Seine opulente dunkelrubinrote Farbe, seine Pomerol-ähnliche Üppigkeit und seine Betonung auf Schwarzkirschlikör, durchdrungen von Kaffee- und Rauchnoten, sind beeindruckend. Der Wein zeigt herrliche Reife, wunderbare Reichhaltigkeit und einen langen, säurearmen, fleischigen Abgang. Er dürfte sich 5–7 Jahre gut trinken lassen.

CASTELLO DI FONTERUTOLI

1999	**Brancaia IGT**	**E**	**88**
1999	**Chianti Classico**	**C**	**89**
1998	**Chianti Classico Riserva**	**D**	**88**
1997	**Poggio alla Badiola IGT**	**B**	**88**
1999	**Siepi IGT**	**EE**	**90**

Der *1999er Siepi,* ein hervorragender Verschnitt von gleichen Teilen Sangiovese und Merlot, der 16 Monate in französischen Eichenfässern ausgebaut wurde, besitzt eine dichte rubinpurpurrote Farbe sowie prächtige Aromen von neuem Eichenholz, schwarzen Johannisbeeren, Brombeeren und neuem Sattelleder. Er ist dicht, kräftig und dennoch harmonisch, mit süßem Tannin und viel Struktur. Lagern Sie ihn 1–2 Jahre im Keller und genießen Sie ihn in den darauf folgenden 10 Jahren. Neben einer weniger satten dunkelrubinroten Farbe offenbart der *1999er Brancaia* einen interessanten Duft von Lakritze, getrockneten Kräutern und schwarzen Früchten sowie einen Anflug von animalischen Gerüchen. Am Gaumen ist er magerer und komprimierter als der Siepi, mit deutlicher spürbarem Tannin sowie mehr Struktur. Voraussichtliche Genussreife: jetzt–2012. Der herrlich reife, süße, vielschichtige, überschäumend fruchtige *1999er Chianti Classico* ist ein dunkelrubin-purpurroter Wein mit viel Dichte, reichlicher, von Mineralien durchdrungener Schwarzkirschfrucht und guter Würze sowie erdigen Obertönen. Er ist geschmeidig und dennoch dicht und strukturiert genug, um ein Jahrzehnt lang zu halten.

Der aus einem strengeren Jahrgang stammende *1998er Chianti Classico Riserva* zeigt eine tiefe rubin-purpurrote Farbe, Extrakt in Hülle und Fülle, mehr Muskelkraft und Tannin, aber weder den Charme noch die verführerische Wirkung seines jüngeren Bruders. Er dürfte 12–15 Jahre gut altern.

Ein weiteres ausgezeichnetes Preis-Leistungsverhältnis bietet der *1997er Poggio alla Badiola,* ein Verschnitt aus Sangiovese-Trauben mit ein wenig Merlot und Cabernet Sauvignon. Dieser fruchtdominierte Wein von dunkelrubin-purpurroter Farbe zeigt einen süßen mittleren Geschmacksbereich, ausgezeichnete Reintönigkeit und einen langen, reifen, saftigen Abgang. Man kann ihn jetzt und im Laufe der nächsten 4–5 Jahre trinken.

CASTELLO DI MELETO

1998	**Fiore IGT**	**D**	**89**
1997	**Fiore IGT**	**D**	**89**

Der *1998er Fiore* (95% Sangiovese und 5% Merlot) ist ein süßer, eichenholzwürziger, reifer, opulenter Wein mit süßem Tannin, viel Beerenfrucht und Kaffeenoten. Trinken sollte man diesen runden, großzügigen Rotwein in den nächsten 5–6 Jahren. Für einen 1998er hat er einen untypisch aufgeschlossenen, prallen Charakter. Ebenfalls hauptsächlich aus Sangiovese sowie ein klein wenig Merlot erzeugt, entfaltet der dunkelrubinrote *1997er Fiore* im Duft und im Geschmack Aromen von süßer, dicklicher Schwarzkirsch- und Schwarze-Johannisbeer-Frucht, Rauch und Espresso. Der fleischige, weiche Wein von mittlerem bis vollem Körper sollte in den nächsten 10 Jahren getrunken werden.

CASTELLO DELLA PANERETTA

1999	**Chianti Classico**	**C**	**88**
1998	**Chianti Classico**	**C**	**88**
1997	**Chianti Classico Riserva**	**C**	**91**
1997	**Chianti Classico Vigneto Torre a Destra Riserva**	**D**	**90**
1998	**Quattrocentenario 1596–1996 IGT**	**E**	**90**
1997	**Quattrocentenario IGT**	**E**	**91**
1998	**Le Terrine IGT**	**D**	**88**
1997	**Le Terrine IGT**	**D**	**89**

Dies sind reinsortig erzeugte Weine von einem Gut, das im Monsanto-Gebiet der Toskana liegt. Das kleine, 2000 Kisten produzierende Weingut hat eine über 400 Jahre lange Geschichte der Weinerzeugung. Seine Weine werden alle unfiltriert abgefüllt und repräsentieren den klassischen, reinen Ausdruck der Toskana. Der beste Kauf ist der köstlich fette, fruchtige dunkelrubinrote *1999er Chianti Classico.* Dieser fleischige, reife Chianti, der ein lebhaftes Bukett von Schwarzkirschen und eine subtile erdige Note sowie (für einen toskanischen Wein) niedrige Säure zeigt, dürfte sich 3–4 Jahre gut trinken lassen.

Der dunkelrubinrote *1998er Le Terrine,* ein ungewöhnlicher Verschnitt von gleichen Teilen Sangiovese und Canaiolo, reifte vor der Abfüllung 12 Monate in französischen Eichenfässern. Das komplexe Bukett enthüllt Düfte von schwarzen Früchten, Blüten und feinen Mineralien. Dieser faszinierende, charaktervolle, mittelgewichtige Rotwein, der komplex, geschmeidig texturiert und üppig ist, wird 5–6 Jahre lang gut zu trinken sein. Der ausschließlich von alten Sangiovese-Reben erzeugte *1998er Quattrocentenario 1596–1996* (der den 400. Geburtstag des Guts feierte) besitzt eine dunkelrubinrote Farbe sowie ein fantastisches Bukett von Brombeeren, Kirschen, Gewürzen und Erde. Diesen süßen, reichhaltigen, fleischigen und komplexen Wein kann man ebenso jetzt wie in den nächsten 7–8 Jahren trinken. Schwerlich findet man einen besseren *1998er Chianti Classico* als den von Paneretta. Er besitzt eine tiefe rubinrote Farbe sowie rauchige, von Kräutern erfüllte, an Fleisch erinnernde Aromen mit reichlicher Beerenfrucht und ausgezeichneter Geschmackskonzentration. Ein Gefühl für Feinheit, Eleganz und Intensität mit mittlerem Körper, süßem Tannin und feiner Säure charakterisiert ferner diesen Wein. Er dürfte 4–5 Jahre lang gut zu trinken sein.

Der *1997er Chianti Classico Riserva* von dunklem Pflaumen-Rubin-Ton bietet ein opulentes, süßes, dickliches Bukett von schwarzen Früchten, Erde und Gewürzen. Er ist geschmeidig texturiert, dicht und kernig und offenbart den herrlichen Reichtum des Jahrgangs sowie eine vorzügliche Ausgewogenheit zwischen Alkohol, Säure und Tannin. Der reife, reichhaltige, jugendliche und überschwängliche Wein sollte mühelos 7–10 Jahre altern. Der dunkelrubinrote *1997er Chianti Classico Vigneto Torre a Destra Riserva,* der zu 100% von Sangiovese-Trauben aus einer Einzellage stammt, zeigt neben Holzkohle, Kirschmarmelade und Gewürzen Noten von geschmolzenem Teer. Er besitzt mehr Säure und Tannin als der 1997er Riserva, demonstriert aber deutlich die cremige Textur und Opulenz des Jahrgangs. Trinken sollte man diesen reifen, dichten, eindrucksvollen Wein im Laufe der nächsten 10 Jahre. Monolithischer und – wie der Franzose sagen würde – »wilder« (aber nicht in einem pejorativen Sinn) ist der *1997er Le Terrine,* ein Verschnitt von gleichen Teilen Sangiovese und Canaiolo von alten Reben. Er bietet mehr schwarze Früchte und waldige, erdige Noten und wirkt klobig. Er besitzt in reichem Maße Konzentration, Körper und Dichte, zeigt aber nicht den Charme, die Komplexität oder die Seele der anderen Weine. Möglicherweise verbessert er sich, wenn er noch etwa ein Jahr in der Flasche reift.

In den besten Jahren wird die Cuvée *Quattrocentenario* erzeugt. Der *1997er* (der die ersten 400 Jahre des Weinguts feierte) wurde ausschließlich aus Sangiovese-Trauben hergestellt und in französischen Barriques ausgebaut. Etwa 200 Kisten wurden davon produziert. Er ist, was keine Überraschung darstellt, der konzentrierteste dieser Weine, aber nur unwesentlich konzentrierter als der Chianti Classico Riserva und der Torre a Destra Riserva. Er zeigt eine dichte rubin-purpurrote Farbe und Aromen von süßer Schwarzkirschfrucht im Überfluss, vermischt mit Mineralien, Rauch, Eisen und Fleisch. Kernig und körperreich, mit einer Frucht, die nach neuem Sattelleder und Schwarzkirschen schmeckt, ist er kräftig und dennoch elegant, reichhaltig und trotzdem ausgewogen. Süßes Tannin und gut eingefügte Säure machen ihn unmittelbar zugänglich, doch der Wein ist im Stande, sich 10–15 Jahre zu halten.

CASTELLO DI QUERCETO

1997 Cignale IGT **E** **91+**

Der tiefrubin-purpurrote *1997er Cignale,* ein beeindruckender, im französischen Barrique gereifter Verschnitt von 90% Cabernet Sauvignon und 10% Merlot aus dem Greve-Gebiet der Toskana, besitzt einen aufreizenden Duft von schwarzen Johannisbeeren, Kirschen, Balsaholz, Zedernholz, Tabak und Rauch. Obwohl er verhalten entwickelt ist, zeigt er kräftige, konzentrierte Geschmacksnuancen, mäßigen Tanningehalt, gute Säure und einen für lange Lagerung gebauten Stil. Leser, die eine unmittelbare Befriedigung suchen, sollten die Finger von ihm lassen. Wer Geduld und einen kühlen Keller hat, wird in 4–6 Jahren mit einem prächtigen Wein belohnt werden. Voraussichtliche Genussreife: 2004–2025.

CASTELLO DEI RAMPOLLA

1997	**Chianti Classico Riserva**	**D**	**89**
1998	**Sammarco IGT**	**EE**	**90**
1999	**Vigna d'Alceo IGT**	**EEE**	**99**
1998	**Vigna d'Alceo IGT**	**EEE**	**92**

Seit 25 Jahren ist dies einer meiner toskanischen Lieblingserzeuger. Dieses 36 Hektar große Gut befindet sich seit 300 Jahren im Besitz der Familie Di Napoli. Eleganz, Ausgewogenheit und Zurückhaltung sind die entscheidenden Begriffe, wenn es darum geht, die Weine zu beschreiben.

Seit mehr als zwei Jahrzehnten einer der größten toskanischen Rotweine ist der Sammarco, ein Verschnitt von Cabernet Sauvignon und Sangiovese. Was diesen Wein immer außergewöhnlich gemacht hat, insbesondere in den Spitzenjahrgängen, sind seine Komplexität und Eleganz. Er kommt einem großen Graves-Wein näher als jeder andere Wein, den ich außerhalb von Frankreich verkostet habe. Der *1998er Sammarco,* ein Verschnitt von 85% Cabernet Sauvignon und 15% Sangiovese, offenbart mehr Struktur und Tannin, als man sie beim 1997er oder – wie ich vermute – beim 1999er findet. Zusätzlich besitzt er darunter großartige Konzentration und Tiefe, zusammen mit jenem vielschichtigen Mittelbereich des Geschmacks, der außergewöhnliche Weine immer von guten Weinen zu trennen scheint. Seine tiefe, satte rubinrote Farbe geht einher mit einem komplexen Bukett von Holzkohle, gerösteten Kräutern, Rauch, warmem Kies, schwarzen Johannisbeeren und Kirschen. Er ist von mittlerem bis vollem Körper und tiefgründig, mit hohem, aber süßem Tanningehalt und außerordentlicher Reintönigkeit sowie klarer Zeichnung. Voraussichtliche Genussreife: jetzt bis 2016. Der monumentale *1999er Vigna d'Alceo* ist eine 20 000-Flaschen-Cuvée aus 85% Cabernet Sauvignon und 15% Sangiovese, die in Eichenfässern ausgebaut wurde. Er schmeckt wie ein durch Anabolika gedopter Sammarco. Er stellt die Quintessenz beider Rebsorten dar und besitzt ein außergewöhnlich aufreizendes Bukett von flüssigen Mineralien, Grafit, Pflaumen, Crème de Cassis und Kirschlikör. Er ist fabelhaft konzentriert und dennoch bemerkenswert leichtfüßig, mit mittlerem bis vollem Körper, süßem Tannin und übereinander gelagerten Geschmacksnuancen. In diesem reichhaltigen, aber weder schweren noch herrischen Wein findet man viel Glyzerin. Das ist eine aufregende Glanzleistung! Allerdings erfordert er eine Kellerreifung. Voraussichtliche Genussreife: 2005–2025. Bravo!

Der dunkelrubinrote *1997er Chianti Classico Riserva* (90% Sangiovese und 10% Cabernet Sauvignon) bietet Aromen von toastwürzigem Eichenholz, Holzrauch, Kirschen, Kräutern und neuem Sattelleder. Von mittlerem bis vollem Körper, konzentriert, dicht und reif, mit mäßigem Tannin, erreicht dieser fleischige, jugendliche Chianti gerade seine volle Reife, während er sich 10–12 Jahre halten dürfte. Ein noch besserer Wein ist der *1998er Vigna d'Alceo.* Der undurchdringlich purpurrote Verschnitt von Cabernet Sauvignon, Sangiovese und kleinen Mengen Syrah und Petit Verdot ist ein ausladender Wein mit außergewöhnlicher Eleganz und Komplexität sowie mehr Kraft und Reichhaltigkeit als beim Sammarco. Auf einen süßen Auftakt am Gaumen folgen große Mengen von komplexer, rauchiger Schwarze-Johannisbeer-Frucht, vermischt mit Bleistift- und Vanillearomen. Der wunderschön gewirkte, sanfte Wein von mittlerem Körper besitzt süßere Tannine als der Chianti Classico Riserva. Voraussichtliche Genussreife: jetzt–2017.

CASTIGLION DEL BOSCO

1997	Bernaia IGT	EE	90
1998	Rosso di Montalcino	C	89

Leser, die nach einem preiswerten Wein suchen, sollten diesen köstlichen, geschmeidig texturierten, komplexen *1998er Rosso di Montalcino* wählen. Eine dunkelrubinrote Farbe geht einher mit reichlichen Aromen von Gewürzen, süßer Beerenfrucht und gegrilltem Fleisch. Da er zugänglich ist und eine sehr gute Konzentration hat, befindet er sich nahe an seiner vollen Reife, hält sich aber trotzdem 4–5 Jahre. Der sehr teure *1997er Bernaia* (70% Sangiovese und 30% Cabernet Sauvignon) zeigt einen Pomerol-ähnlichen Stil. Neben einer Schwarzkirsch- und Schwarze-Johannisbeer-Frucht bietet er Kaffee-, Mokka- und Schokoladennoten. Toastwürziges Eichenholz kommt ebenfalls zum Vorschein, wenn sich der Wein länger im Glas befindet. Er ist ein duftiger Wein von mittlerem bis vollem Körper, mit hervorragender Reichhaltigkeit und Reintönigkeit. Leider wurden davon nur 500 Kisten produziert.

CENSIO

1999	Erte	B	89

Der *1999er Erte,* ein als IGT eingestufter Wein, ein Verschnitt von gleichen Teilen Sangiovese und Cabernet Sauvignon, sieht beim Ausbau kein neues Eichenholz, reift aber im Barrique. Er bietet ein sehr gutes Preis-Leistungsverhältnis und besitzt eine tiefe rubin-purpurrote Farbe und intensive Aromen, die aus Sattelleder, Kirschmarmelade, schwarzen Johannisbeeren, Lakritze und Zigarrenkistennoten bestehen. Dieser vollendete, elegante Wein von mittlerem Körper und mit geringem Tanningehalt hat Stärke, Reichhaltigkeit und Feinheit. Genießen Sie diesen erstklassigen Rotwein in den nächsten 2–3 Jahren.

CERBAIONA

1997	Cerbaiona IGT	D	88

Der *1997er Cerbaiona* ist ein Verschnitt von 60% Sangiovese und 40% Cabernet Sauvignon, Merlot und Syrah. Hinter seiner dunkelrubin-purpurroten Farbe entdeckt man ein süßes Bukett von neuem Sattelleder, Soja, Kirschen, feuchter Erde und toastwürzigem Eichenholz. Dieser runde, reife 1997er bietet in den nächsten 7–8 Jahren idealen Trinkgenuss.

DEL CERRO

1999	Manero	D	92
1998	Merlot Poggio Golo	D	91
1998	Vino Nobile di Montepulciano Vigneto Antica Chiusina	E	89+
1997	Vino Nobile di Montepulciano Vigneto Antica Chiusina	D	90

Der *1999er Manero,* eine hervorragende, reinsortig aus Sangiovese-Trauben erzeugte Cuvée, die im Barrique ausgebaut wurde, ist in einem internationalen Stil gehalten, aber es fällt schwer, seinen fesselnden Aromen und Geschmacksnuancen von Kirschlikör, Espresso, Toastbrot und Gewürzen zu widerstehen. Dicht, opulent, körperreich und dickflüssig, wird sich dieser hervorragend gemachte, schwelgerische, saftige 1999er 7–8 Jahre gut trinken lassen.

Der *1998er Vino Nobile di Montepulciano Vigneto Antica Chiusina* könnte sich nach einer zusätzlichen Kellerreifung von 1–2 Jahren als hervorragender Wein herausstellen. Der konzentrierte und (insbesondere für diesen Jahrgang) kräftige Wein zeigt einen dichten Pflaumen-Granat-Ton und süße, erdige, ledrige Beerenaromen, vermischt mit Unterholz, Lakritze und Kirschmarmelade. Körperreich und stark extrahiert, mit bemerkenswerter Struktur und mäßig hohem Tanningehalt, dürfte er seine beste Qualität zwischen jetzt und 2016 haben. Bei einer früheren Weinprobe waren die Spitzenweine der *1998er Merlot Poggio Golo* und der *1997er Vino Nobile di Montepulciano Vigneto Antica Chiusina.* Letzterer besitzt eine undurchdringliche rubin-purpurrote Farbe und ein kräftiges, rauchiges, süßes Bukett von Schwarzkirschen, Heidelbeeren und Zedernholz. Reif und körperreich, mit einer opulenten Textur und köstlichen, fetten, konzentrierten Geschmacksnuancen, ist er ein Verschnitt von 90% Prugnolo und 10% Colorino, der 18 Monate in französischen Eichenfässern ausgebaut wurde. Er wird sich ein Jahrzehnt oder noch länger gut trinken lassen. Noch auffälliger und schwelgerischer ist der undurchdringlich purpurrote *1998er Merlot Poggio Golo.* Dieser dichte, kernige, sinnlich texturierte Wein, der zu 100% aus Merlot-Trauben besteht, wirkt im Mund mächtig und bietet Batzen von dicklicher Schwarzkirschfrucht, durchdrungen von Schokolade und Mokka, eine ganze Wagenladung Glyzerin, niedrige Säure und süßes Tannin. Dickflüssig und fleischig, wird er enormen Anklang finden, wenn man ihn in den nächsten 7–8 Jahren trinkt.

VINCENZO CESANI

1997 Rosso di Pancole Luenzo C 90

Der *1997er Rosso di Pancole Luenzo* ist ein fantastischer Wein aus Sangiovese-Trauben, die in der Nähe des geschichtsträchtigen Dorfs San Gimignano angebaut werden. Er besitzt ein umwerfendes Bukett von gerösteten Haselnüssen, Cappuccino, schwarzen Johannisbeeren und toastwürzigem neuem Eichenholz. Der Wein ist mächtig, mit eindrucksvoller Struktur, großer Reintönigkeit und einem Abgang von mehr als 30 Sekunden. Man kann ihn jetzt trinken oder ein Jahrzehnt lang einkellern.

LE CINCIOLE

1997 Chianti Classico Riserva Petresco D 90

Der herrliche tiefrubinrote *1997er Chianti Classico Riserva Petresco* besitzt ein süßes Bukett von Himbeeren, Erdbeeren, Leder, getrockneten Kräutern und Zedernholz. Dieser elegante Wein verbindet Stärke und Fleisch mit einem stilvollen, anmutigen Auftakt am Gaumen. Von mittlerem bis vollem Körper und reintönig, wird er im Laufe der nächsten 10 Jahre einen köstlichen Trinkgenuss bieten.

CISPIANO

1997 Chianti Classico B 88

Was für ein aufregender, opulent texturierter, köstlicher Wein! Hinter seiner dunkelpurpurroten Farbe entdeckt man herrlich reichhaltige Aromen von Brombeer-, Himbeer- und Kirschfrucht, die sich mit einem Hauch von Erde und Holz mischen. Säurearm, fett und saftig, mit einem üppigen Abgang, ist er ein vollmundiger, glänzender Chianti, den man in den nächsten 5–7 Jahren genießen sollte. Ausgezeichnetes Preis-Leistungsverhältnis.

COLLE SANTA MUSTIOLA

1997 Poggio ai Chiari IGT D 90

Der komplexe dunkelrubin-purpurrote *1997er Poggio ai Chiari,* ein reinsortiger Sangiovese, offenbart die sprichwörtliche Opulenz, niedrige Säure und reife, dickliche Frucht des Jahrgangs. Aromen von Holzrauch, neuem Sattelleder, Schwarzkirsch- und Erdbeermarmelade, vermischt mit geröstetem Brot, kommen bei diesem tiefen, konzentrierten, samtig texturierten Wein von mittlerem bis vollem Körper zum Vorschein. Trinken Sie ihn in den nächsten 10–12 Jahren.

COLLELUNGO

1999	Chianti Classico	C	89
1998	Chianti Classico Riserva	E	89
1997	Chianti Classico Riserva	D	93
1999	Chianti Classico Roveto	E	91
1997	Chianti Classico Roveto	D	91

Dieses eindrucksvolle neue Gut (sein erster Jahrgang war der 1997er) bringt teure, aber glänzende Weine aus dem Castellina-Gebiet von Chianti hervor (die ohne Schönung oder Filtration abgefüllt werden). Der *1999er Chianti Classico* und sein Bruder, der *1999er Chianti Classico Roveto,* sind Weine von dichter rubin-purpurroter Farbe, die große Mengen von Brombeer- und Kirschfrucht, eine subtile Dosis Holz und eine vielfältig texturierte Persönlichkeit besitzen, die beträchtliches Fleisch und Reife zeigt. Der einzige Unterschied besteht darin, dass die einfache Abfüllung weich ist und am besten in den nächsten 3–4 Jahren getrunken werden sollte; der Roveto hat mehr Struktur, auch wenn er von seiner Frucht, seinem Glyzerin und seiner Konzentration dominiert wird. Beide verkörpern moderne, in einem üppigen Stil gehaltene Chiantis, die in ihrer Jugend zugänglich sein dürften.

1998 wurde kein Roveto erzeugt, aber der in einem modernen Stil bereitete *1998er Chianti Classico Riserva,* von dem 500 Kisten produziert wurden, ist ein Wein, der toastwürziges neues Eichenholz sowie große Mengen von Schwarze-Johannisbeer- und Kirschfrucht bietet, vermischt mit Noten von neuem Sattelleder und Tee. Tannin ist vorhanden, aber dieser Wein ist süßer als viele seiner Altersgenossen, mit guter Textur und Länge. Er ist ein ausgezeichneter Chianti, den man in den nächsten 10–12 Jahren trinken sollte.

Der hervorragende *1997er Chianti Classico Roveto* zeigt herrliche Reife, Reichhaltigkeit und Dichte, niedrige Säure und großartige Mengen von Brombeer- und Himbeerfrucht sowie Gewürz- und Toastbrotnoten. Er dürfte 7–8 Jahre gut zu trinken sein. Es ist ungewöhnlich, dass man einen Chianti Classico mit einem Burgunder vergleicht, aber zweifellos könnte der *1997er Chianti Classico Riserva* mühelos als sehr guter Volnay Premier Cru durchgehen. Reinsortig aus Sangiovese-Trauben erzeugt, in neuen französischen Eichenfässern ausgebaut und ohne Schönung und Filtration abgefüllt, besitzt er eine prächtige rubin-purpurrote Farbe sowie fabelhafte Aromen, unter anderem Blüten, dunkle Himbeeren und Kirschwasser. Wenn sich der Wein länger im Glas befindet, kommen Düfte von Mineralien und würzigem neuem Eichenholz zum Vorschein. Außergewöhnlich klar umrissen, körperreich und vielschichtig, mit einem sensationell tiefen Eindruck am mittleren Gaumen und einem herrlich proportionierten Abgang, kann man diesen überwältigenden Chianti jetzt trinken oder 10–12 Jahre lang im Keller lagern. Beeindruckend!

COLLOSORBO

1997	Brunello di Montalcino	EE	90
1999	Laurus IGT	D	92
1999	Rosso di Montalcino	C	90
1998	Rosso di Montalcino	C	90

Zum eindrucksvollen Angebot gehört ein hervorragender *1999er Rosso di Montalcino.* Eine tiefe rubin-purpurrote Farbe geht einher mit kräftigen, körperreichen, tiefen, kernigen Geschmacksnuancen, wunderbarer Süße, guter Reintönigkeit und einem satten Abgang voller Glyzerin, Schwarzkirschen, Gewürze und Johannisbeeren. Genießen Sie diesen herrlichen Rosso in den nächsten 5–7 Jahren. Der *1999er Laurus,* ein faszinierender, in seinen Düften und Geschmacksnuancen explosiver Verschnitt von gleichen Teilen Sangiovese und Cabernet Sauvignon, der in neuen Eichenfässern ausgebaut wurde, ist eine toskanische Fruchtbombe. Er besitzt eine tiefe purpurrote Farbe, überwältigende Mengen von Pflaumen-, Schwarzkirsch- und Johannisbeerfrucht und wirkt sinnlich, opulent, dick und reichhaltig. Trinken Sie ihn in seinen ersten 6–7 Lebensjahren, damit Sie in den Genuss seiner Überschwänglichkeit und seiner verschwenderisch fruchtigen Qualitäten kommen.

Den *1998er Rosso di Montalcino* könnte man leicht mit einem wirklichen Brunello di Montalcino verwechseln. Man findet darin süßes Tannin und viel Weichheit sowie kräftige, rustikale, starke Aromen von Erde, Fleisch und Kräutern im Duft und im Geschmack. Komplex, würzig und von mittlerem bis vollem Körper, sollte man ihn idealerweise in den nächsten 4–5 Jahren trinken.

Der dunkelrubin-granatrote *1997er Brunello di Montalcino* besitzt einen berauschenden Duft von neuem Sattelleder, Kirschmarmelade, getrockneten Kräutern der Provence und Gewürzen. Diesen komplexen, geschmeidig texturierten Wein kann man wegen seines Fetts und seines Glyzerins frühzeitig trinken, aber er verspricht, dass er 10–12 Jahre lang gut altert.

COLOGNOLE

1997	**Chianti Rufina Riserva del Don**	**C**	**88**

Ich weiß, es klingt unattraktiv, aber gelegentlich (häufiger bei Nebbiolo als bei Sangiovese) taucht zwischen Aromen von Kirschen, Erde, Leder, Unterholz usw. ein unverkennbarer Geruch von frischen Sardinen auf. Ich stellte dieses Merkmal in diesem mageren, aber eindrucksvoll gebauten *1997er Chianti Rufina Riserva del Don* von dunklem Pflaumenton fest. Er besitzt komplexe Aromen, ausgezeichnete Textur und einen markant gebauten Abgang von mittlerem Körper. Ich bin nicht sicher, ob er seine Rustikalität je aufgeben wird, aber in den nächsten 7–10 Jahren wird er einen kräftigen, den Mund ausfüllenden Chianti abgeben.

COLOMBAIO DI CENCIO

1997	**Chianti Classico Riserva**	**D**	**89**
1997	**Il Futuro IGT**	**D**	**90**

Zwei eindrucksvolle italienische Rotweine im modernen Stil. Der *1997er Chianti Classico Riserva* von dichter rubin-purpurroter Farbe bietet Aromen von schwarzen Früchten, Lakritze, Gewürzen und einem Hauch von Holz. Von mittlerem bis vollem Körper, mit vielschichtigen Geschmacksnuancen, ist er ein herrliches Beispiel für den so gerühmten Jahrgang. Trinken Sie ihn in den nächsten 10 Jahren. Der *1997er Il Futuro* ist ein gut ausgestatteter, im Barrique ausgebauter Wein mit viel Farbe, Eichenholz und Geschmack. Er zeigt eine satte rubin-purpurrote Farbe und besitzt ein überaus reifes Bukett von Schwarzkirschlikör, vermischt mit Crème de Cassis und subtilem Eichenholz. Dieser vielschichtige, reichhaltige, konzentrierte Wein dürfte sich 10–12 Jahre lang gut trinken lassen.

CONSTANTIA

1999	**Morellino di Scansano Malfatti**	**D**	**90**

Dieser *1999er Morellino di Scansano Malfatti,* eine in begrenzter Menge erzeugte Cuvée aus dem viel versprechenden, aufstrebenden Gebiet der Toskana, ist ein seriös ausgestatteter Wein von undurchdringlich rubin-purpurroter Farbe, der eine glänzende Demonstration von Veilchen, Brombeeren, schwarzen Johannisbeeren, Mineralien und neuem Eichenholz bietet. Reichhaltig, rund, von mittlerem bis vollem Körper, außergewöhnlich reintönig und wunderschön texturiert, dürfte dieser stilvolle, klassische Rotwein in seinem ersten Lebensjahrzehnt gut zu trinken sein.

CORRINA

1997	**Chianti Rufina**	**B**	**89**
1997	**I Cipressi IGT**	**C**	**89**
1997	**Vigna Spartigalla IGT**	**C**	**90**

Dieses ausgezeichnete Weingut pflegt eine faire Preispolitik, so dass die Weine angesichts der heutigen inflationären Weinpreise fast geschenkt sind. Der dunkelrubin-purpurrote *1997er Chianti Rufina* (93% Sangiovese) bietet ein süßes Bukett von Erdbeeren und Kirschen. Liebenswürdiges Glyzerin verleiht dem Wein eine cremige Textur; der Abgang ist reintönig, reif und gebieterisch, ohne Ecken und Kanten. Trinken Sie diesen dichten Chianti im Laufe der nächsten 5–6 Jahre. Er hat ein tolles Preis-Leistungsverhältnis. Ein Schnäppchen auf dem heute surreal gewordenen Weinmarkt ist auch der als IGT eingestufte *1997er Vigna Spartigalla*. Dieser Verschnitt aus 90% Sangiovese und 10% Cabernet Sauvignon, der zu 75% in neuen französischen Eichenfässern ausgebaut wurde, grenzt an einen im internationalen Stil gehaltenen Wein, bei dem mineralische und Bleistiftnoten beitragen, dem toastwürzigen Holz zusätzliche Komplexität zu verleihen. In diesem körperreichen Wein findet man große Mengen von schwarzen Johannisbeeren und Kirschen, durchdringende Säure und hervorragende Reintönigkeit sowie Harmonie. Er ist jetzt köstlich und wird sich 7–8 Jahre lang verbessern und 12–15 Jahre halten. Ein weiterer Wein von ausgezeichnetem Preis-Leistungsverhältnis ist der dichte rubin-purpurrote *1997er I Cipressi,* ein Verschnitt von gleichen Teilen Sangiovese und Cabernet Sauvignon. Von mittlerem Körper und strukturiert, mit eleganter, rauchiger Brombeer- und Cassis-Frucht, durchwoben von Toastbrot und Leder, wird er von weiteren 6–12 Monaten Flaschenreifung profitieren und sich ein Jahrzehnt lang halten.

ANDREA COSTANTI

1999	**Calbello Ardingo IGT**	**D**	**90**
1998	**Calbello Ardingo IGT**	**D**	**93**

Dies ist eine traditionelle Kellerei, die beständig klassische Weine hervorbringt. Seriöse, ernste, strenge Weine, die großartig altern, werden hier von Andrea Costanti erzeugt. Der fantastische *1998er Calbello Ardingo* (ein im Barrique ausgebauter Verschnitt von 75% Merlot und 25% Cabernet Sauvignon), der von einem Weinberg in Montosodi erzeugt wird, ist ein weiteres Beispiel für die sensationelle Qualität, die Merlot in der Toskana erreichen kann (meiner Meinung nach unübertroffen in der Welt mit Ausnahme von Pomerol). Dieser undurchdringlich purpurrote Wein besitzt ein umwerfendes Bukett von Kirschmarmelade, von Espresso durchdrungen, sowie dichte, körperreiche, ölig texturierte Geschmacksnuancen, die sich über den Gaumen ziehen. Die vom Barrique-Ausbau herrührenden Nuancen von neuem Eichenholz werden vom Frucht- und Extraktreichtum des Weins vollständig überdeckt. Dieser intensive, kernige Wein im internationalen Stil steht im völligen Gegensatz zu den strengen Brunellos di Montalcino, die Costanti erzeugt. Er dürfte sich ein Jahrzehnt oder noch länger gut trinken lassen. Was einem Rotwein im modernen Stil am nächsten kommt, ist der *1999er Calbello Ardingo,* ein aufregender Wein von dunklem Pflaumen-Purpur-Ton, der Aromen von Espresso, Schokolade und süßer Pflaumen- und Schwarzkirschfrucht offenbart. Körperreich und saftig, mit süßem Tannin und außergewöhnlicher Reife, wird er 5–6 Jahre gut zu trinken sein.

DEI

1997	**Santa Catharina IGT**	**D**	**92**
1997	**Vino Nobile di Montepulciano**	**C**	**90**
1997	**Vino Nobile di Montepulciano Riserva**	**D**	**90**

Die Opulenz des Jahrgangs 1997 zeigt sich deutlich in dem dunkelrubin-granatroten *1997er Vino Nobile di Montepulciano Riserva*. Er bietet dickliche schwarze Früchte, vermischt mit Unterholz, Leder, Tabak und Karamell, pralle, fleischige Frucht, mittleren bis vollen Körper und niedrige Säure, aber eindrucksvoll texturierte Geschmackskomponenten. Trinken Sie ihn in den nächsten 5–7 Jahren. Der spektakuläre undurchdringlich purpurrote *1997er Santa Catharina* (gleiche Anteile Cabernet Sauvignon, Syrah und Sangiovese) wirkt gehaltvoll, köperreich und kernig, mit großen Mengen von Schwarzkirsch- und Cassis-Frucht, vermischt mit rauchigem Holz. Dickflüssig, korpulent, dicht und mäßig tanninhaltig, kann dieser enorm ausgestattete, trotzdem harmonische Wein jetzt und in den nächsten 12+ Jahren getrunken werden. Der dunkelrubinrote *1997er Vino Nobile di Montepulciano,* ein weiterer ungeheuer köstlicher 1997er aus der Toskana, wartet mit süßer, dicklicher Schwarzkirschfrucht auf, die mit Düften von neuem Sattelleder durchwoben ist. Vor der Abfüllung in großen Holzfässern ausgebaut, bietet er Noten von Überreife, explosive Frucht und eine ganze Wagenladung Glyzerin. Trinken sollte man diesen verführerischen Wein von mittlerem Körper in den nächsten 5–6 Jahren.

ELISABETTA

1998	**Le Marze**	**C**	**89**

Der *1998er Le Marze,* ein Verschnitt von 45% Merlot, 45% Cabernet Sauvignon und 10% Cabernet Franc, erinnert an einen Saint-Emilion von mittlerem Niveau. Er bietet Düfte von Zedernholz, Tabak, Lakritze, getrockneten Kräutern und roten und schwarzen Johannisbeeren, aber keine Hinweise auf neues Eichenholz. Reif, von mittlerem Körper, komplex und geschmeidig, sollte er im Laufe der nächsten 5–6 Jahre getrunken werden.

FANTI

1999	**Rosso di Montalcino**	**C**	**90**
2000	**Sant'Antimo**	**C**	**89**

Stefano Chioccioli, einer der glänzendsten önologischen Berater Italiens, unterstützte dieses Gut in den letzten paar Jahren. Der *2000er Sant'Antimo* (von einem Weinberg in der Nähe der Appellation Montalcino) ist eine reinsortige, im Holzfass ausgebaute Sangiovese-Cuvée, von der 3000 Kisten produziert wurden. Er ist ein körperreicher Wein mit einer opulenten, fleischigen Textur und großen Mengen von roten und schwarzen Früchten, vermischt mit Lakritze und Rauch. Am besten trinkt man ihn in seinen ersten 4–6 Lebensjahren. Der großartige *1999er Rosso di Montalcino* protzt mit prächtigen Aromen von Erdbeerlikör, Kirschen, gerösteten Kräutern und Fleischnoten. Dicht, reichhaltig, köperreich und saftig, mit weichem Tannin, niedriger Säure und wunderbarer Samtigkeit, sollte diese Fruchtbombe in den nächsten 3–5 Jahren getrunken werden. Lassen Sie sich ihn nicht entgehen!

FELSINA

1999	**Chianti Classico**	**C**	**91**
1997	**Chianti Classico Riserva**	**D**	**90+**
1998	**Chianti Classico Rancia Riserva**	**D**	**90**
1997	**Chianti Classico Rancia Riserva**	**D**	**92+**
1997	**Fontalloro**	**E**	**92**
1997	**Maestro Raro**	**E**	**88**

Das Gut ist einer meiner toskanischen Lieblingserzeuger; seine Weinberge liegen in einem kühleren Mikroklima als das zentrale Chianti, nicht weit von Siena entfernt. Felsina präsentiert zwei Chianti Classico Riservas, seine erstklassige einfache Cuvée und seinen Aufsehen erregenden Einzellagen-Chianti Rancia Riserva.

Der kraftvolle, opulent texturierte, explosiv reife, fruchtige *1999er Chianti Classico,* ein strahlendes Beispiel für einen fabelhaften Chianti-Jahrgang, besitzt eine tiefrubinrote Farbe sowie gewaltige Mengen von Schwarzkirsch- und Beerenfrucht, vermischt mit Tabak und neuem Sattelleder. Er offenbart herrliche Reintönigkeit, eine großzügige Empfindung im Mund ohne Schwere, mit genug Säure, um für klare Umrisse zu sorgen. Dieser reife, vollmundige, tadellos ausbalancierte Chianti wird sich 7–8 Jahre gut trinken lassen, aber wer kann seinem gegenwärtigen Charme widerstehen?

Der *1998er Chianti Classico Rancia Riserva* zeigt sich für einen weniger hoch eingeschätzten Jahrgang sehr viel versprechend. Eine tiefrubin-purpurrote Farbe geht einher mit einem prächtigen Bukett von süßer Lakritze, verbunden mit Soja, Kräutern, Leder, Gewürzen, Schwarzkirschen und Pflaumen. Reif und von mittlerem Körper, mit guter Muskelkraft und Struktur, wird er früh trinkreif sein, besitzt aber nicht das Alterungspotenzial, das Volumen oder die Konzentration des 1997ers.

Der seriöse *1997er Chianti Classico Riserva* (4 000 Kisten von einem reinsortigen Sangiovese-Wein) ist strukturiert, dicht, konzentriert und alterungsfähig. Er gehört zu den wenigen 1997ern, die 1–2 Jahre Kellerreifung benötigen. Auf eine tiefrubin-granatrote Farbe folgen Aromen von getrockneten Kräutern, gebratenem Rindfleisch, Schwarzkirschen, Pflaumen, Zedernholz und Leder. Am Gaumen kommt Brombeerfrucht zum Vorschein. Süß, reintönig, lang, reif und mäßig tanninhaltig, wird er ab jetzt bis 2015 seine beste Qualität haben. Der dunkelrubinrote *1997er Chianti Classico Rancia Riserva* (3 000 Kisten) wurde zwei Jahre in großen Holzfässern und in kleinen Barriques ausgebaut. Mit seinen kernigen, kräftigen, fleischigen Aromen bettelt dieser Wein förmlich danach, dass man ihn zu einem Steak trinkt. In diesem reifen, konzentrierten, muskulösen Wein kann man Noten von Lakritze, Rauch, Gewürzen, Zedernholz und Schwarzkirschmarmelade finden. Legen Sie ihn 2–3 Jahre beiseite und trinken Sie ihn in den darauf folgenden 17–18 Jahren.

Felsina erzeugt zwei rote Spitzenweine, einen reinsortigen Sangiovese namens Fontalloro und einen Cabernet Sauvignon namens Maestro Raro. Der *1997er Fontalloro* ist möglicherweise der beste von diesem Weinberg erzeugte Wein (ich habe sie bis zurück zu den frühen 1980ern durchprobiert). Es gibt 3 000 Kisten von diesem spektakulären Wein, der zwei Jahre in französischen Eichenfässern ausgebaut wurde. Von dichter rubin-purpurroter Farbe und mit einem nach Schokolade und Espresso duftenden und von Kirschlikör erfüllten Bukett ist er ein körperreicher, süßer Wein mit wunderbarem Fett, fantastischer Reife, viel Glyzerin und einem kernigen, langen, würzigen Abgang. Man entdeckt etwas Tannin in diesem jugendlichen Wein, aber seine schwelgerische Anziehungskraft erregt Aufmerksamkeit. Er dürfte sich 12–15+ Jahre halten. Der *1997er Maestro Raro* schließlich (400 Kisten von einem reinsortigen Cabernet Sauvignon) ist noch unfertig. Ein reifer Pflaumen-Purpur-Ton geht einher mit gradliniger Cassis-Frucht, toastwürzigem Eichenholz und einer reichen, kernigen, aber monolithischen Persönlichkeit. Er braucht mehr Zeit, um sich zu stabilisieren und seine Komplexität und seine klaren Umrisse zu enthüllen. Voraussichtliche Genussreife: jetzt–2014.

LA FIORITA

1997 Brunello di Montalcino — EE 90

Komplexe Noten von Leder, Pflaumen, Backpflaumen, asiatischen Gewürzen, Lakritze und getrockneten Kräutern springen bei diesem körperreichen, gehaltvollen, gut ausgestatteten *1997er Brunello di Montalcino* aus dem Glas. Seine tiefe granat-rubinrote Farbe geht einher mit eindrucksvoller Süße, mäßigem Gehalt an reifem Tannin und einem langen Abgang. Auf der Grundlage dieses Weins, der zu den besten Brunellos gehört, die ich aus diesem Jahrgang verkostet habe, verspricht 1997 recht aufgeschlossene und zugängliche Weine. Voraussichtliche Genussreife: jetzt–2016.

FONTALEONI

1999 Rosso di San Gimignano — B 88

Der *1999er Rosso di San Gimignano* stellt ein hervorragendes Schnäppchen dar. Seine dunkelrubin-purpurrote Farbe geht einher mit einem hinreißenden Duft von Beerenfrucht, Gewürzen, Pfeffer und Mineralien, einem süßen Auftakt, gutem Fett und einem üppigen, hedonistischen Abgang. Er ist ein Wein, den man kistenweise kaufen und in den nächsten 2–3 Jahren trinken sollte.

LE FONTI

1997	**Chianti Classico Riserva**	**D**	**90**
1998	**Vito Arturo IGT**	**D**	**88**
1997	**Vito Arturo IGT**	**D**	**92**

Leser, die nach Chiantis mit unverkennbarer Üppigkeit sowie süßer, von Espresso erfüllter dunkler Schokolade und provozierender Schwarzkirsch- und Beerenfrucht suchen, sollten diese Weine ausprobieren. Sie zeigen eine aufregende, Pomerol-ähnliche Nahtlosigkeit sowie beträchtliches Fett und Reife.

Der reinsortig aus Sangiovese Grosso erzeugte *1998er Vito Arturo* bietet einen internationalen Stil (er wurde offensichtlich in französischen Eichenfässern ausgebaut) und einen überschwänglichen Charakter mit seinen erdigen Aromen von schwarzen Johannisbeeren, Lakritze und Leder im Duft und im Geschmack. Von mittlerem Körper, mit reifem Tannin und viel Klasse, kann dieser im modernen Stil bereitete Sangiovese jetzt und in den nächsten 7–8 Jahren getrunken werden.

Der *1997er Chianti Classico Riserva* (100% Sangiovese) enthüllt rauchige Noten, große Konzentration, eine sinnliche Persönlichkeit und große Mengen von süßen, dicklichen schwarzen Früchten, vermischt mit Rauch, Schokolade und Espresso. Mit enormer Reintönigkeit und Reife ist er ein Wein, dem man wirklich nicht widerstehen kann. Trinken Sie ihn in den nächsten 5–7 Jahren. Im selben Stil bereitet, mit mehr Fett sowie zusätzlichen Schichten von üppiger, praller Frucht, ist der *1997er Vito Arturo* (ebenfalls 100% Sangiovese Grosso, hauptsächlich in neuen französischen Eichenfässern gereift). Dieser nahtlose Wein schmeckt wie ein Schokolade-Mokka-Aufguss mit Schwarzkirscharoma. Eine dichte rubinpurpurrote Farbe begleitet einen cremig texturierten, verführerischen Wein von mittlerem bis vollem Körper. Er dürfte sich 7–10 Jahre gut trinken lassen.

FONTODI

1999	**Chianti Classico**	**D**	**91**
1998	**Chianti Classico**	**C**	**88**
1998	**Chianti Classico Vigna del Sorbo Riserva**	**D**	**89**
1997	**Chianti Classico Vigna del Sorbo Riserva**	**D**	**90**
1998	**Flaccianello della Pieve IGT**	**E**	**89**
1997	**Flaccianello della Pieve IGT**	**E**	**93**
1998	**Syrah Case Via IGT**	**D**	**90?**
1997	**Syrah Case Via IGT**	**D**	**90**

Fontodi, einer der besten Erzeuger der Toskana, ist ein Name, auf den sich die Leser bei hochwertigen Weinen verlassen können, insbesondere in den Spitzenjahrgängen. Vor allem sein aus einer Einzellage stammender Chianti Classico Vigna del Sorbo und sein als IGT eingestufter Sangiovese Flaccianello della Pieve gehören zu den besten Weinen ihres Typs.

Der umwerfende *1999er Chianti Classico* (100% Sangiovese) liefert einen weiteren Hinweis darauf, wie fantastisch dieser Jahrgang gerade in der Toskana ausgefallen ist, insbesondere für Chianti. Komplexe Aromen von neuem Sattelleder, eingedicktem Schwarzkirschlikör und anderen schwarzen Früchten springen aus dem Glas dieses Weins von dichter rubinroter Farbe. Man entdeckt darin eine Menge Frucht und Extraktion, vollen Körper, keine Kanten oder Ecken und einen explosiven, langen Abgang, der fast 30 Sekunden lang dauert. Genießen Sie ihn jetzt und in den nächsten 10 Jahren.

Die Qualität des 1999er-Jahrgangs wird noch offensichtlicher, wenn man den *1998er Chianti Classico Vigna del Sorbo Riserva* probiert. Dieser Einzellagenwein kann eine überwältigende Cuvée sein, aber bei dem strengeren, tanninreichen 1998er ist die Riserva nicht so gut wie die billigere einfache 1999er Abfüllung. Trotzdem ist er immer noch ein Spitzenwein. Auf eine dunkelrubin-purpurrote Farbe folgt beim ihm ein kräftiges Bukett von Lakritze, verflüssigten Mineralien, Teer, Unterholz und Pflaumen- und Beerenfrucht. Er ist würzig, dicht, von mittlerem Körper und mäßigem Tanningehalt. 1–2 Jahre Kellerreifung empfehlen sich, auch wenn sich das Tannin nie völlig auflösen wird. Voraussichtliche Genussreife: jetzt–2012. Der dunkelrubinrote *1998er Chianti Classico,* der weich, erdig, rauchig und voller Beerenfrucht ist, besitzt schöne Reintönigkeit, süße Frucht und angemessene Säure. Man sollte ihn in den nächsten paar Jahren trinken. Der *1998er Flaccianello della Pieve,* die als IGT eingestufte reinsortige Sangiovese-Cuvée, wurde 12 Monate in französischen Eichenfässern ausgebaut. Anders als der opulentere 1997er enthüllt dieser Jahrgang im Abgang trockenes, hartes Tannin. Auf eine tiefrubin-purpurrote Farbe folgen reichlich Düfte von toastwürzigem Eichenholz, Schwarzkirschen, Mineralien und Gewürzen. Trocken, lang und für den Jahrgang gut gemacht, wird er zwischen jetzt und 2012 am besten sein. Der *1998er Syrah Case Via* (100% Syrah, ein Jahr in französischen Eichenfässern gereift) zeigt einen klassischen, an Speck, Brombeeren und Crème de Cassis erinnernden Charakter, körperreiche, rauchige Geschmacksnuancen und einen großartigen Grad an Frucht, Extrakt und Reife. Der einzige Fehler in diesem eindrucksvollen, in einem leicht internationalen Stil bereiteten Wein ist der ein wenig hohe Tanningehalt. Trinken Sie ihn in den nächsten 10–12 Jahren.

Der hervorragende *1997er Chianti Classico Vigna del Sorbo Riserva* (ein Verschnitt von 85% Sangiovese und 15% Cabernet Sauvignon, von dem 2000 Kisten produziert wurden) zeigt eine dichte rubinrote Farbe und die für einen Chianti wesentliche Mischung von Eleganz und Stärke. Tief, reichhaltig und konzentriert, mit Noten von süßem Sattelleder, Schwarzkirchen, Balsaholz, Gewürzen und Rauch, hat er eine fantastische Fruchtintensität und Reintönigkeit sowie Ausgewogenheit und Feinheit. Dieser fesselnde Chianti dürfte sich ein Jahrzehnt lang gut trinken. Es gibt 3500 Kisten von dem *1997er Flaccianello della Pieve,* einem reinsortigen Sangiovese, der 18 Monate in neuen französischen Eichenfässern ausgebaut wurde. Dies ist der beste je erzeugte Flaccianello. Nach einer dunkelrubin-purpurroten Farbe entdeckt man ein erstaunlich duftiges Bukett von Sattelleder, Zedernholz, Lakritze, Vanille und Schwarzkirsch- und Brombeerfrucht. Der Wein besitzt mittleren bis vollen Körper, herrlich umrissene Art, sehr gute Reife und einen süßen, von Glyzerin erfüllten, langen Abgang. Angesichts des Glyzeringehalts und der Opulenz des Jahrgangs kann man ihn jetzt trinken, aber er verspricht, dass er sich 15 Jahre oder noch länger hält. Einer der Weine, mit denen die Toskana den Durchbruch bei Syrah schafft, ist der *1997er Syrah Case Via* (1000 Kisten). Er bietet pfeffrige Brombeernoten wie aus dem Lehrbuch, niedrige Säure (insbesondere für einen italienischen Wein), tiefe, kernige, ölig texturierte Frucht, vollen Körper und einen stämmigen, kräftig gebauten Abgang. Er dürfte sich 8–10 Jahre gut trinken lassen.

FRIGGIALI

1999 Rosso di Montalcino — C 90

Dieser Wein, ein weiterer prächtiger *1999er Rosso di Montalcino,* zeigt einen dunklen Pflaumenton und ein herrliches Bukett von Johannisbeeren, Kirschmarmelade, Unterholz, Gewürzen und Balsaholz. Äußerst würzig, mit enormer Frucht, einer geschmeidigen, fleischigen Textur und mittlerem bis vollem Köper, sollte man ihn in den nächsten 5–6 Jahren trinken.

LA FUGA

1999 Rosso di Montalcino — D 89

Der köstliche, süße, fleischige, außergewöhnlich reife *1999er Rosso di Montalcino* von tiefem Rubinrot offenbart große Mengen von Glyzerin sowie Erdbeer- und Schwarzkirschfrucht. Wegen seiner Überschwänglichkeit und Frucht sollte man diesen Rosso in den nächsten 3–4 Jahren genießen.

EREDI FULIGNI

1997	Rosso di Montalcino Sanjacopo	D	90

Der *1997er Rosso di Montalcino Sanjacopo* ist ein herrlich reichhaltiger, reifer, säurearmer Wein, der von 80% Cabernet Sauvignon und 20% Merlot erzeugt wird. Er bietet süße Noten, die an Erdbeermarmelade erinnern und mit asiatischen Gewürzen, Unterholz und Weihrauch vermischt sind. Dicht und gehaltvoll, mit einer sinnlichen Textur, niedriger Säure und hervorragender Reife und Frucht, sollte er in den nächsten 3–4 Jahren getrunken werden.

GAGLIOLE

1999	Pecchia IGT	E	92
1999	Rosso IGT	E	89
1998	Rosso IGT	E	90
1997	Rosso IGT	E	92

Es gibt 1 200 Kisten von dem 1999er Rosso und 250 Kisten von dem 1999er Pecchia. Was noch wichtiger ist, der önologische Berater von Gagliole ist der brillante Luca d'Attoma, der Mann, der für einige der aufregendsten Weine aus der Toskana verantwortlich ist.

Der *1999er Rosso* ist ein Verschnitt von 90% Sangiovese und 10% Cabernet Sauvignon, vor der ohne Filtration vorgenommenen Flaschenabfüllung 18 Monate in französischen Eichenfässern ausgebaut. Nach seiner dichten rubin-purpurroten Farbe entdeckt man rauchige, reife Düfte von schwarzen Johannisbeeren, Kirschen und Vanille. Vielschichtig, mit einem samtweichen Eindruck am mittleren Gaumen, einer verlockenden Textur und einem festen, eleganten, reintönigen Abgang, kann man diesen stilvollen Wein jetzt trinken oder ein Jahrzehnt lang einkellern. Der sensationelle *1999er Pecchia* (100% Sangiovese) demonstriert, wie ungewöhnlich reif und konzentriert der Jahrgang 1999 in der Toskana ausgefallen ist. Er besitzt eine undurchdringlich rubin-purpurrote Farbe und ein grandioses Bukett von schwarzen Früchten, Bleistift, Vanille, Rauch und Blüten. Dicht und köperreich, mit reichlicher Struktur, hervorragender Reintönigkeit, Harmonie und umfassender Tiefe, ist er ein starker Wein (14,5% Alkohol) von außerordentlicher Feinheit. Voraussichtliche Genussreife: jetzt–2020.

Dieser relativ junge Betrieb (der Debüt-Jahrgang war der 1994er) erzeugte 1997 und 1998 zwei schöne Verschnittweine von 90% Sangiovese und 10% Cabernet Sauvignon. Die Erträge wurden extrem niedrig gehalten (weniger als 30 hl/ha); die Produktion vor 1999 lag bei rund 1 300 Kisten pro Jahrgang. Der *1998er Rosso* ist zwar weniger opulent als der Vorgänger-Jahrgang, aber ein Wein von mittlerem bis vollem Körper, der reif und entwickelt ist und – mit einem Hauch von Tabak – nach Zedernholz, Gewürzen, roten Kirschen und schwarzen Johannisbeeren duftet und schmeckt, mit reifem Tannin, einem fetten, kernigen Eindruck am mittleren Gaumen und guter Säure für Frische und klare Umrisse. Er dürfte 7–8 Jahre lang gut zu trinken sein. Der eindrucksvolle *1997er Rosso* besitzt eine dichte purpurrote Farbe und ein reifes Bukett von Brombeeren, Rauch, Tabak, Schokolade und Toastbrot. Komplexe Aromen leiten über zu einem Wein von mittlerem bis vollem Körper, mit einem herrlich süßen, opulent texturierten Auftakt und Empfindung am mittleren Gaumen. Mit schöner Reintönigkeit, Frische und Gesamtharmonie lässt er sich ein Jahrzehnt lang gut trinken.

LA GERLA

1997	Birba IGT	D	88

Der tiefrubinrote *1997er Birba* offenbart ein kräftiges würziges, in einem internationalen Stil gehaltenes Bukett von neuem Eichenholz, roten und schwarzen Johannisbeeren und Rauch. Von mittlerem Körper, sauber und geschmeidig, sollte dieser Wein am besten im Laufe der nächsten 3–4 Jahre getrunken werden.

I GIUSTI E ZANZA

1999	Belcore	D	91
1998	Belcore	C	90
1998	Dulcamara	E	91+
1997	Dulcamara	E	93

I Giusti e Zanza, eine neue, in begrenzter Stückzahl produzierende Kellerei (der 1996er war ihr erster Jahrgang), erzeugt einen Verschnitt von 90% Sangiovese und 10% Merlot namens Belcore und einen Verschnitt von 80% Cabernet Sauvignon und 20% Cabernet Franc und Merlot namens Dulcamara. Beide Weine werden in französischen Eichenfässern ausgebaut und nach leichter Filtration auf Flaschen abgefüllt. Aus einem der wärmsten Mikroklimas der Toskana kommend, werden diese Weine von Stefano Chioccioli, einem der aufstrebenden, brillanten önologischen Berater Italiens, geschaffen. Der *1999er Belcore,* von dem über 3000 Kisten produziert wurden, reifte in großen 300-Liter-Fässern. Auf seine dichte purpurrote Farbe folgt ein aufregendes, offen gewirktes Bukett, das explosive Aromen von Toastbrot und Brombeer- und Kirschlikör bietet, vermischt mit Johannisbeeren. Würzig, fleischig, körperreich, reif und verführerisch, wird er sich 5–6 Jahre gut trinken lassen.

Vom *1998er Dulcamara* wurden nur 580 Kisten erzeugt. Undurchdringlich purpurrot, mit einer schweren Schicht aus Grafit und rauchigem Eichenholz, die sich mit dicklicher Cassis-Frucht mischt, wirkt er mit seinen Noten von Zedernholz, Mineralien und schwarzen Früchten wie ein Spitzen-Bordeaux. Der dichte, körperreiche, lange, reife, konzentrierte Wein mit eindrucksvoller klarer Zeichnung sowie Extrakt, süßem Tannin und niedriger Säure wird zwischen jetzt und 2017 am besten sein. Der *1998er Belcore* (17 000 Flaschen) ist typisch für die hochwertigen italienischen Weine im neueren Stil: säurearm, dicht und opulent, mit explosiver Reife (manche würden vielleicht Überreife sagen) und reichhaltiger Schwarzkirsch- und Brombeerfrucht, durchdrungen von toastwürzigem Eichenholz, Gewürz- und Zedernholznoten. Man findet darin einen herrlichen Grad von Konzentration. Da es keine Erfahrung mit diesem Wein gibt, sollte man ihn am besten während seiner ersten 7–8 Lebensjahre trinken.

Der undurchdringlich rubin-purpurrote *1997er Dulcamara* (500 Kisten) besitzt ein umwerfendes Bukett von Zigarrentabak, Zedernholz, Brombeerlikör, Cassis und Vanille. Am Gaumen erregend, bietet er eine Kombination von Stärke und Glyzerin sowie eine vielschichtige Textur. Der Abgang dieses kraftvollen, konzentrierten Weins ist ebenso eindrucksvoll. Er dürfte ein Jahrzehnt lang gut zu trinken sein.

GORELLI

1997	Brunello di Montalcino Le Potazzine	E	96
1999	Rosso di Montalcino Le Potazzine	C	89

Der *1999er Rosso di Montalcino Le Potazzine* ist ein weiterer wohlschmeckender Wein aus diesem großartigen Jahrgang. Der hoch gelegene Weinberg Le Potazzine erzeugte einen tiefrubin-purpurroten Wein mit einem süßen Bukett von dunkler Himbeer- und Kirschfrucht, von mittlerem Körper, ohne Ecken und Kanten und mit ausgezeichneter Reintönigkeit wie auch Lebhaftigkeit. Trinken Sie ihn in den nächsten 3–5 Jahren.

Der 1997er *Brunello di Montalcino Le Potazzine* erinnert an den berühmten spanischen Wein Pingus aus Ribera del Duero. Hinter seiner undurchdringlich granatroten Farbe entdeckt man einen außergewöhnlich aufreizenden Duft von schwarzen Früchten, Espresso, gebratenem Fleisch und Pflaumen- und Backpflaumennoten. Aromen von neuem Sattelleder und asiatischen Gewürzen kommen ebenfalls zum Vorschein. Viskos, mächtig und Konzentration ausstrahlend, ist dieser bemerkenswerte Wein reintönig, dickflüssig und für einen so jungen, wuchtigen Brunello überraschend zugänglich. Voraussichtliche Genussreife: jetzt–2016. Das ist eine Glanzleistung in der Weinbereitung.

LANCIOLA II

1997	Terricci IGT	D	89

Stefano Chioccioli, einer von Italiens jungen, talentierten önologischen Beratern, steht hinter Lanciolas Steigerung der Qualität. Der *1997er Terricci* ist ein Verschnitt von 80% Sangiovese, 10% Cabernet Sauvignon sowie gleichen Teilen Cabernet Franc und Merlot. Er ist ein komprimierter, komplexer pflaumen-purpurfarbener Wein mit viel kerniger Johannisbeer- und Kirschfrucht, Sattelleder, Tierfell, Erde und Grafit. Obwohl ungefähr 70% neue französische Barriques verwendet wurden, ist die Eichenholznote in den Aromen und Geschmacksnuancen gedämpft. Der Abgang ist mäßig tanninhaltig. Kellern Sie diesen Wein noch 1–2 Jahre ein und genießen Sie ihn in den darauf folgenden 12–14 Jahren.

LISINI

1999	Rosso di Montalcino	C	90

Beraten von Franco Bernabei, produziert Lisini nach einem Rückgang der Qualität in den späten 1970er- und frühen 1980er-Jahren sehr gute Weine. Es hat einen fantastischen *1999er Rosso di Montalcino* erzeugt. Seine tiefrubinrote Farbe geht einher mit wundervollen Noten von süßer Schwarzkirsch- und Erdbeerfrucht, vermischt mit neuem Sattelleder, Balsaholz, Gewürzen und Zedernholz. Süß, mit jeder Menge Glyzerin, mittlerem Körper, reifem Tannin und Würzigkeit im Überfluss, wird dieser Wein in den nächsten 8–10 Jahren einen aufregenden, fesselnden Trinkgenuss bieten.

LUCIGNANO

1999	Chianti Classico Colli Fiorentini	A	88

Es gibt 8000 Kisten von dem *1999er Chianti Classico Colli Fiorentini,* der beständig eines der besten Preis-Leistungsverhältnisse beim Chianti bietet. Er ist eine reichhaltige, köstliche, an Erdbeeren und Kirschen erinnernde Fruchtbombe mit geschmeidiger Textur, reichlicher Würzigkeit, mittlerem Körper und gutem Glyzerin. Genießen Sie ihn in den nächsten 2–3 Jahren.

LE MACCHIOLE

1999	Macchiole Rosso	D	90
1998	Macchiole Rosso	C	91
1998	Messorio	EEE	96+
1997	Messorio	EE	98
1997	Paleo Rosso	E	92
1999	Scrio	EEE	95
1997	Scrio	E	90

Dieses 17 Hektar große Gut, das an der toskanischen Küste liegt, befindet sich im Besitz von Eugenio Campolmi, der die Weitsicht besaß, einen der brillantesten Weinmacher der Region, Luca d'Attoma, hinzuzuziehen. Die Produktion reicht von mehr als 2000 Kisten beim Macchiole Rosso bis zu 2500 Kisten beim Paelo Rosso, während es beim Messorio (100% Merlot) und beim Scrio (100% Syrah) jeweils nur 250 Kisten oder noch weniger sind. Sie gehören zu den fesselndsten Weinen, die in Italien erzeugt werden, und sind außergewöhnliche Beispiele für die Absicht des Besitzers, kompromisslos Weltklasseweine zu produzieren.

Der *1999er Macchiole Rosso* ist ein Verschnitt von 95% Sangiovese und 5% Cabernet Sauvignon, der in französischen Barriques reift, bevor er ohne Schönung und Filtration abgefüllt wird. Sein komplexes Bukett bietet Düfte von Zedernholz, neuem Sattelleder, getrockneten Kräutern, Espressobohnen, Schokolade und schwarzen Früchten (Pflaumen und Johannisbeeren). Geschmeidig, komplett, konzentriert und üppig, wird er sich 7–8 Jahre gut trinken lassen.

Es gibt rund 2000 Kisten vom *1998er Macchiole Rosso,* einem Wein, der im Holzfass ausgebaut wurde, bevor er ohne Schönung oder Filtration abgefüllt wurde. Aromen von Brombeer- und Cassis-Frucht, durchwoben mit Rauch und Lakritze, springen bei diesem duftigen Wein aus dem Glas. Intensiv, in einem opulenten Stil bereitet, mit niedriger Säure, mittlerem bis vollem Körper und hübsch eingefügtem toastwürzigem Eichenholz, wird er in den nächsten 7–8 Jahren für einen fesselnden Trinkgenuss sorgen.

Noch viel versprechender ist der *1997er Paelo Rosso,* ein nicht geschönter, unfiltrierter, im Barrique gereifter Verschnitt von 80% Cabernet Sauvignon, 10% Sangiovese und 10% Cabernet Franc. Auf seine undurchdringlich rubin-purpurrote Farbe folgt ein süßes Bukett von Lakritze, Rauch, Grafit, Brombeeren und Cassis. Körperreich, mit einer Note von gebratenem Fleisch in seinen Geschmacksnuancen, außerordentlicher Reintönigkeit und Konzentration, wunderschön integrierter Säure und ebenso gut eingefügtem Tannin, ist dieser Kraftprotz ein Anwärter darauf, dass man ihn jetzt trinkt oder 15–17 Jahre im Keller lagert.

Von den folgenden zwei Weinen gibt es nur mikroskopisch kleine Mengen, so dass ich meine Verkostungsnotizen etwas knapp gefasst halte, obwohl beide Weine eine fast perfekte Bewertung verdienen. Der Scrio ist der profundeste Syrah-Wein, der in Italien hergestellt wird. Nicht geschönt und nicht filtriert und von unglaublich winzigen Erträgen erzeugt, bietet der *1999er Scrio* Düfte von Lakritze, geschmolzenem Teer, Trüffeln und Brombeerlikör. Er ist körperreich und opulent, mit hohem Tanningehalt, aber fesselnder Süße und vielschichtigem Eindruck am Gaumen, und verlangt eine Kellerreifung von 3–4 Jahren, dürfte sich aber 2 Jahrzehnte lang halten. Er könnte es mühelos mit einigen der großartigen Hermitage-Weine aus dem Rhônetal aufnehmen. Der *1998er Messorio,* ein reinsortiger Merlot, konkurriert mit den besten Merlot-Weinen, die in der Welt erzeugt werden. Er ist wahnsinnig reichhaltig und intensiv und kann sich mit den besten Weinen messen, die auf dem Plateau von Pomerol hergestellt werden. Er verkörpert mit seinen konzentrierten, dicklichen Brombeer- und Kirschnoten die Quintessenz der Merlot-Traube und ist ein gut definierter, wunderschön beherrschter Wein, der sowohl Stärke als auch Eleganz offenbart. Körperreich, dicht und überaus konzentriert, mit einem unglaublich langen 50-Sekunden-Abgang, ist er eine Glanzleistung der Weinbereitung. Man muss ihn selbst probieren, damit man es glaubt. Voraussichtliche Genussreife: 2004–2016. Dies sind wunderbare Weine. Es ist jammerschade, dass die Mengen so begrenzt sind.

Die Menge von Merlot-Trauben aus dem Weinberg Messorio ist beschränkt (1997 etwa 40–50 Kisten), aber in den zukünftigen Jahrgängen soll die Produktion ein wenig ansteigen. Der Zweck, über einen Wein von so begrenzter Verfügbarkeit zu schreiben, besteht darin, dass die Leser dieser Zeilen einen Wissensvorsprung genießen, denn mit Sicherheit wird dies einer der großen neuen Weine Italiens werden. Der Ehrfurcht gebietende *1997er Messorio* ist wirklich wunderbar. Er ist schwarz-purpurrot und besitzt ein erstaunlich reichhaltiges Bukett von dunklen Himbeeren, rauchigem neuem Eichenholz, getrockneten Kräutern und Zedernholz. Schokolade, neues Sattelleder und eine aufregende Menge von schwarzen Früchten verleihen diesem Wein eine verschwenderische, sinnliche Textur. Der Abgang dauert fast eine Minute! Eine Glanzleistung der Weinbereitung. Er ist dank seiner expansiven, offen gewirkten Textur bereits zugänglich und dürfte sich 12–15+ Jahre halten. Der rustikale *1997er Scrio* ist ein dichter, kerniger, muskulöser Wein mit rauem Tannin und dennoch eindrucksvoller Konzentration und Reintönigkeit. Er dürfte bei einer weiteren Flaschenreifung von 1–2 Jahren zivilisierter werden und wird sich 10–12 Jahre halten. Bravo!

LE MACIOCHE

1997 Brunello di Montalcino **E 88+**

Ein reizvolles kokosnussartiges Aroma (das an amerikanisches Eichenholz erinnert) steigt bei diesem eleganten, stilvollen pflaumen-granatfarbenen *1997er Brunello di Montalcino* von mittlerem Körper aus dem Glas auf. Große Mengen von Johannisbeerfrucht, Rauch und

Toastbrot begleiten die Kokosnussdüfte. Er ist zwar nicht der schwelgerischste oder konzentrierteste der vor kurzem freigegebenen Brunellos, aber exotisch und charakteristisch. Trinken Sie ihn in den nächsten 8 Jahren.

LA MAGIA

1999	**Rosso di Montalcino**	**C**	**89**

Die 1999er Rossos di Montalcino stehen weit oben auf meiner Liste von Weinen mit realistischen Preisen, die man jetzt kaufen sollte. Sie bieten jede Menge süße Frucht, viel Glyzerin und einen reichhaltigen, konzentrierten, samtigen Stil. Dieser *1999er Rosso di Montalcino* (3 000 Kisten) ist ein kerniger Wein, der große Mengen von süßer Kirschfrucht bietet, vermischt mit einer kirschwasserähnlichen Note. Frisch, reif, von mittlerem Körper und geschmeidig, wird er 3–5 Jahre lang gut zu trinken sein. Er wurde von dem Önologen des Guts, Roberto Cipresso, unfiltriert abgefüllt.

LA MASSA

1999	**Chianti Classico**	**D**	**88**
1998	**Chianti Classico Giorgio Primo**	**E**	**89+?**
1997	**Chianti Classico Giorgio Primo**	**E**	**90**

Von diesen drei attraktiven Weinen ist der preisgünstigste der *1999er Chianti Classico*, ein weiterer Beweis dafür, wie wunderbar dieser Jahrgang in der ganzen Toskana ausfiel. Für einen Wein des unteren Preisniveaus bietet er viel Vergnügen mit seiner dunkelrubinroten Farbe und einem Bukett von süßen Johannisbeeren und Schwarzkirschen, vermischt mit Eichenholz und Gewürzen. Er ist fleischig und saftig und sollte in den nächsten 2–3 Jahren getrunken werden, damit man in den Genuss seines jugendlichen Charmes kommt.

Der aus einer Einzellage stammende Wein Giorgio Primo ist sowohl beim strengeren 1998er als auch beim exotischeren, reiferen 1997er gut gelungen. Der dunkelrubinrote *1998er Chianti Classico Giorgio Primo* präsentiert dichte Johannisbeer- und Kirscharomen, vermischt mit Düften von neuem französischem Eichenholz. Strukturiert, reichhaltig und konzentriert, besitzt er reichliches Tannin, aber auch entsprechende Süße für die Ausgewogenheit. Trinken Sie ihn im Laufe der nächsten 12–14 Jahre.

Der fleischigere, offener gewirkte *1997er Chianti Classico Giorgio Primo* zeigt den höheren Glyzeringehalt und die expansivere Natur des Jahrgangs. In diesem dunkelrubin-purpurroten Wein findet man schöne Noten von Schwarzkirschen, Johannisbeeren, neuem Eichenholz und Gewürzen. Er ist lang, dicht, jugendlich und lebendig und sollte am besten innerhalb seiner ersten 10–15 Lebensjahre getrunken werden.

MONTE BERNARDI

1997	**Chianti Classico**	**C**	**90**
1999	**Chianti Classico Paris**	**D**	**90**
1999	**Sa'etta IGT**	**E**	**91+**
1997	**Sa'etta IGT**	**E**	**90+**
1999	**Tzingana IGT**	**EE**	**90**
1997	**Tzingana IGT**	**E**	**92**

Diese traditionell handwerklich hergestellten Weine werden zu einem hohen Preis verkauft, aber sie sind interessant aufgemacht und – was am wichtigsten ist – eindrucksvoll. Der überwältigende dunkelrubin-purpurrote *1999er Chianti Classico Paris* bietet ein fabelhaftes Aromenprofil von süßer dunkler Himbeer- und Johannisbeerfrucht, neuem Eichenholz und Sattelleder. Reif, texturiert und intensiv, mit großartiger Reintönigkeit und einem langen, symmetrischen Abgang von mittlerem bis vollem Körper, ist er zugänglich, verspricht aber, dass er bei einer weiteren Kellerreifung von 1–2 Jahren noch besser wird. Er wird sich 12–15 Jahre halten. Der *1999er Sa'etta,* eine im Barrique ausgebaute, reinsortige Sangiovese-Cuvée, besitzt eine undurchdringlich purpurrote Farbe und ein süßes Bukett von schwarzen Johannisbeeren, Brombeeren, Rauch und Vanille. Der Wein ist körperreich und reif, mit geschmolzenem Tannin, außergewöhnlicher Konzentration und einem langen Abgang. Zunächst dachte ich, er sei in einem internationalen Stil gehalten, aber wenn sich der Wein länger im Glas befindet, kommt der unverkennbare Charakter der Sangiovese-Traube zum Vorschein. Voraussichtliche Genussreife: jetzt–2014. Der äußerst teure, im internationalen Stil bereitete *1999er Tzingana* (ein Bordeaux-artiger Verschnitt von Merlot, Cabernet Franc, Cabernet Sauvignon und Petit Verdot) ist tadellos gemacht. Man entdeckt jede Menge von neuem Eichenholz in seinem nach Brombeeren, Johannisbeeren, Lakritze und Rauch duftenden Bukett, Geschmacksnuancen von mittlerem bis vollem Körper und mäßiges Tannin im langen Abgang. Keine Spur von toskanischer Typizität kann man in diesem außergewöhnlichen Wein finden. Trinken Sie ihn in den nächsten 10–14 Jahren.

Es wird schwer fallen, sogar im erstklassigen Jahrgang 1997, einen besseren Chianti als den *1997er Chianti Classico* von Monte Bernardi zu finden. Von dichtem Rubinrot, mit fabelhafter Frucht, entfaltet er sich am Gaumen und offenbart expansive Geschmacksnuancen von süßer Schwarzkirsch- und Beerenfrucht, durchwoben von Tabak, Gewürzen und getrockneten Kräutern. Dieser im Barrique gereifte Chianti mit reichlichem Glyzerin und einer opulenten Textur ist fabelhaft. Trinken Sie ihn in den nächsten 5–6 Jahren.

Der *1997er Sa'etta* ist als IGT eingestuft. Hinter einer dichten rubin-purpurroten Farbe entdeckt man einen sinnlich texturierten, säurearmen Wein von mittlerem bis vollem Körper, mit fantastischen Mengen von roten und schwarzen Früchten. Er dürfte sich 7–8 Jahre gut trinken lassen. Der aus Cabernet Sauvignon, Merlot und Cabernet Franc aus dem Weinberg Monte Bernardi erzeugte IGT-Wein heißt Tzingana. Der *1997er Tzingana* ist unbestreitbar aufregend und offenbart eine dichte purpurrote Farbe sowie eine herrliche Fülle von Brombeeren, Pflaumen, Lakritze und toastwürzigem neuem Eichenholz. Süß (wegen des hohen Glyzerin- und Alkoholgehalts), mit niedriger Säure und Schichten von konzentrierter Frucht, dürfte sich dieser großartige Wein ein Jahrzehnt lang gut trinken lassen.

MONTELLORI

1997	**Salamartano**	**D**	**89**

Der *1997er Salamartano* (gleiche Anteile Cabernet Sauvignon und Merlot), ist spürbar tanninreich und verhalten entwickelt und in einem internationalen Stil bereitet. Auf die dunkelrubin-purpurrote Farbe folgen nicht sehr intensive Aromen von schwarzen Johannisbeeren, süßen Kirschen und würzigem neuem Eichenholz. Strukturiert und tanninbetont, erfordert er eine Kellerreifung von 1–2 Jahren und dürfte 10–12 Jahre gut altern.

MONTEPELOSO

1999	**Gabbro IGT**	**EE**	**94**
1998	**Gabbro IGT**	**EE**	**93**
1999	**Nardo IGT**	**EE**	**94**
1998	**Nardo IGT**	**E**	**90**
1997	**Nardo IGT**	**E**	**89**
1999	**Rosso Val di Cornia**	**D**	**92**

Dieses Gut befindet sich in Suvereto, einem Gebiet der Toskana, das für die außerordentliche Qualität seiner Weine zunehmend berühmt wird. (Das beeindruckende Gut Tua Rita liegt in der Nähe.) Die Weine von Montepeloso werden von dem hoch eingeschätzten önologischen Berater Luca d'Attoma hergestellt. Alle drei 1999er wurden von unglaublich niedrigen Erträgen erzeugt (24 hl/ha beim Rosso und 8 hl/ha beim Gabbro und beim Nardo), im Barrique ausgebaut (1–2 Jahre alte Fässer für den Rosso und ausschließlich neue für Gabbro und Nardo) und ohne Filtration abgefüllt.

Der glänzende *1999er Rosso Val di Cornia* verbindet Stärke, verschwenderische Frucht und Eleganz. Hinter seiner dichten, satten rubin-purpurroten Farbe entdeckt man ein süßes Bukett von reifen schwarzen Früchten, Lakritze, Rauch und Grafit. Opulent, gehaltvoll und körperreich, mit viel Frucht, ohne Ecken und Kanten, mit erstaunlich klarer Zeichnung und wunderbarer Konzentration, dürfte sich dieser reintönige, symmetrische Wein 8–10 Jahre gut trinken lassen. Der in begrenzter Stückzahl erzeugte *1999er Nardo,* ein Verschnitt von 90% Sangiovese und 10% Cabernet Sauvignon, treibt die Konzentration bis zum Äußersten. In seinem duftigen Bukett bietet er toastwürziges neues Eichenholz und die Essenz von Schwarzkirschlikör. Ein körperreicher wie auch vielschichtiger Eindruck am Gaumen, verbunden mit sagenhafter Reintönigkeit und Tiefe, ist das Kennzeichen dieses Weins. Der Alkoholgehalt von 14,5% ist für toskanische Verhältnisse hoch, aber er ist wunderschön integriert und nicht im Mindesten brandig. Diese Glanzleistung der Weinbereitung dürfte 12–15 Jahre altern. Reinsortig aus Cabernet Sauvignon erzeugt und zu 100% in neuen französischen Eichenfässern ausgebaut, besitzt der *1999er Gabbro* eine fast pechschwarze, undurchdringliche purpurrote Farbe und ein wenig entwickeltes, aber viel versprechendes Bukett von Bleistift, Crème de Cassis, Toastbrot und geschmolzener Lakritze. Dieser dramatische Wein, der körperreich, kraftvoll und äußerst konzentriert ist, könnte bei einer Blindverkostung mit Fassproben von 2000er Médoc-Weinen mühelos eingeschmuggelt werden. Der Abgang dauert 30–35 Sekunden. Die Entwicklung dieses Weins zu verfolgen dürfte ein faszinierendes Erlebnis sein.

Der *1998er Gabbro,* der Debüt-Jahrgang der zu 100% aus Cabernet Sauvignon hergestellten Cuvée, ist ein fantastisches Beispiel dafür, was in diesem am Mittelmeer liegenden Gebiet erzeugt werden kann. Vergessen Sie nicht, dass sich der berühmte Sassicaia ganz in der Nähe befindet, ebenso wie die Rebhänge des Kultguts Tua Rita. Der 1998er Gabbro von satter schwarz-purpurroter Farbe besitzt prächtige Aromen von Kirschlikör, Cassis, toastwürzigem neuem Eichenholz, Mineralien, Gewürzen und Tabak. Man findet darin extravagante Intensität, eine opulente Textur und einen ausladenden, reichhaltigen, konzentrierten Abgang. Man sollte ihn 2–3 Jahre lang einkellern und in den darauf folgenden 12–15 Jahren trinken. In diesem Gebiet der Toskana, das unter dem Namen Bolgheri bekannt ist, halten viele Winzer 1998 für einen noch besseren Jahrgang als 1997. Das bestätigt sicherlich der gut ausbalancierte *1998er Nardo.* Er zeigt eine tiefere, sattere rubin-purpurrote Farbe sowie herrlich dickliche Brombeer- und Cassis-Geschmacksnuancen, erfüllt von Rauch, Mineralien, Lakritze und Toastbrot. Man findet darin fantastische Intensität und einen langen Abgang von mittlerem bis vollem Körper mit Säure, Tannin und Holz, die gut integriert sind. Er dürfte sich 10–15 Jahre lang gut trinken lassen.

Der *1997er Nardo* hat eine elegante dunkelrubin-purpurrote Farbe, hinter der man große Mengen von süßer Brombeer- und Johannisbeerfrucht und einen reichhaltigen, würzigen, konzentrierten Geschmack von mittlerem bis vollem Körper entdeckt, mit guter Säure als Unterlage. Grobkörniges Tannin hielt meine Bewertung niedrig. Dieser Wein dürfte ein Jahrzehnt lang schön altern.

GIACOMO MORI

2000	**Chianti**	**B**	**90**
1999	**Chianti Castelrotto**	**C**	**91**
1998	**Chianti Castelrotto**	**C**	**88**

Seitdem Marc De Grazia begonnen hat, mit diesem Gut zusammenzuarbeiten, ist die Qualität gestiegen. Zu den moderaten Preisen werden Sie schwerlich einen besseren toskanischen Wein als diesen *2000er Chianti* finden. Eine undurchdringlich purpurrote Farbe geht einher mit kräftigen Aromen von Schwarzkirschmarmelade, Brombeeren, Lakritze, Mineralien und Erde, beträchtlicher Substanz, einem saftigen, körperreichen, geschmeidigen Stil und großen Mengen von Frucht und Extrakt. Ein vielschichtiger Abgang kommt zur allgemeinen Anziehungskraft dieses Weins hinzu, der einfach eine Wucht ist. Trinken Sie ihn in den nächsten 4–5 Jahren, auch wenn ich vermute, dass er sich länger halten wird.

Der aus einer Einzellage stammende *1999er Chianti Castelrotto,* der zu 100% im Barrique ausgebaut wurde, ist ein körperreicher Wein von dichter purpurroter Farbe, mit außerordentlicher Opulenz, einem komplexeren Duft als beim billigeren Bruder und mehr Volumen und Länge. Aufgrund des höheren Tannin- und Extraktgehalts wird er von weiteren 1–2 Jahren Kellerreifung profitieren. Er wird 10–12 Jahre altern.

Der *1998er Chianti Castelrotto* offenbart würziges Eichenholz sowie Geschmacksnuancen von Leder, Mineralien, Lakritze und Kirschen. Von mittlerem Körper, mit etwas Tannin, aber unaufdringlicher Struktur, sollte man ihn am besten innerhalb der nächsten 3–5 Jahre trinken.

I MORI

1999	**Chianti Colli Fiorentini**	**B**	**88**
1998	**Moresco IGT**	**C**	**92**

Der *1999er Chianti Colli Fiorentini* (100% Sangiovese) ist ein gelungener Wein, der Kirschen, Erdbeeren und neues Sattelleder enthüllt, verbunden mit Noten von Erde, getrockneten Kräutern und Tabak. Er ist lang und strukturiert, mit ausgezeichneter Frucht und Tiefe. Trinken Sie ihn in den nächsten 4–5 Jahren.

Der *1998er Moresco,* ein im Barrique gereifter Verschnitt von 70% Sangiovese und 30% Cabernet Sauvignon, besitzt eine undurchdringlich purpurrote Farbe und ein Bukett von Erde, Vanille, schwarzen Johannisbeeren und Espresso. Körperreich, kraftvoll, konzentriert und nicht sehr tanninreich, mit einem langen, intensiven, reintönigen Abgang, erfordert dieser jugendliche, noch nicht entwickelte IGT-Wein eine Kellerreifung von 2–3 Jahren. Er dürfte sich 12–15 Jahre lang genießen lassen. Bravo!

MORIS FARMS

1999	**Avvoltore IGT**	**D**	**90**
1998	**Avvoltore IGT**	**D**	**88+**
1997	**Avvoltore IGT**	**D**	**92**
1999	**Morellino di Scansano**	**B**	**88**
1997	**Morellino di Scansano Riserva**	**C**	**91**

Die beiden Morellinos di Scansano stellen einen sensationell günstigen Kauf dar. Man könnte sie als »Brunello für Arme« bezeichnen, aber sie sind qualitativ besser, als das andeutet. Der *1999er Morellino di Scansano* riecht nach Espresso mit Schokoladenaroma. Er zeigt üppige Brombeerfrucht, explosive Reife, eine geschmeidige Textur, niedrige Säure und große Mengen von schwarzer Frucht. Trinken Sie ihn jetzt und in den nächsten 4–5 Jahren. Der *1997er Morellino di Scansano Riserva* besitzt eine dichte rubinrote Farbe und die sprichwörtliche Opulenz des Jahrgangs 1997. Cremige Kaffee-, Schwarzkirsch- und Kirschnoten springen aus dem Glas dieses körperreichen, dichten, geschmeidig texturierten, sinnlichen Weins. Er ist der Traum eines jeden Hedonisten, eine Fruchtbombe mit Komplexität, Ausgewogenheit und Reichhaltigkeit. Trinken Sie ihn in den nächsten 6–7 Jahren.

Der *1999er Avvoltore* aus der Einzellage Poggio alla Mozza wurde aus 75% Sangiovese, 20% Cabernet Sauvignon und 5% Syrah erzeugt und 18 Monate in französischen Barriques ausgebaut. Die Erträge lagen bei niedrigen 24 hl/ha. Der Wein ist tief und von mittlerem bis vollem Körper, kräftig und dennoch elegant, mit süßer Schwarze-Johannisbeer- und Kirschfrucht, vermischt mit Bleistift, Vanille und Gewürzen. Er zeigt großartige Reintönigkeit, einen schönen mittleren Geschmacksbereich, gute Fleischigkeit und einen langen, klaren Abgang. Er ist jung und nicht entwickelt, aber zugänglich. Trinken Sie ihn in den nächsten 10–15 Jahren. Der *1998er Avvoltore* war an dem Tag, als ich ihn probierte, verschlossen und bot eine dichte dunkelrubinrote Farbe und Noten von Kräutern der Provence, vermischt mit

Schwarzkirschen, Erde und Eichenholz. Obwohl er von mittlerem bis vollem Körper ist und viel Stärke besitzt, war er gedämpft und zeigt nicht annähernd so viel Charakter, Charme oder hedonistische Anziehungskraft wie seine zwei billigeren Brüder. Voraussichtliche Genussreife: jetzt–2014. Der *1997er Avvoltore* (gleicher Verschnitt) reifte 12 Monate in französischen Eichenfässern. Leider wurden davon nur 200 Kisten erzeugt, aber Leser, die das Glück haben, eine oder zwei Flaschen davon zu ergattern, haben Aussicht auf eine spektakuläre Trinkerfahrung. Auf eine undurchdringlich purpurrote Farbe folgt ein süßes Bukett von Mineralien, weißen Trüffeln, dunklen Himbeeren und Kirschmarmelade. Kräftig im Geschmack, von vollem Körper, mit einer seidigen Textur und einem Hauch von Gewürzen und Teer im langen, überzeugenden Abgang, dürfte er mindestens ein Jahrzehnt lang gut zu trinken sein.

LE MURELLE

1998 Niffo IGT — C 90

Vom *1998er Niffo*, einem undurchdringlich purpurroten Verschnitt aus 90% Sangiovese und 10% Cabernet Sauvignon, wurden 150 Kisten produziert. Er bietet Aromen von Brombeer- und Cassis-Frucht, vermischt mit Piment, Zimt und Vanille. Tief und berauschend, mit herrlicher Reintönigkeit der Frucht, vollem Körper und niedriger Säure, dürfte sich dieser überaus reichhaltige, üppige, konzentrierte Wein 7–8 Jahre gut trinken lassen.

NOTTOLA

1998 Vino Nobile di Montepulciano Vigna del Fattore — C 90

1997 Vino Nobile di Montepulciano Vigna del Fattore — C 92

Der *1998er Vino Nobile di Montepulciano Vigna del Fattore* besitzt ein wunderschön komplexes, elegantes Bukett von Zedernholz, Gewürzen, Tabak, Erdbeeren und Schwarzkirschmarmelade, auf das ein mittlerer Körper und eine geschmeidige Textur mit köstlicher Frucht, wunderbarer Harmonie und reifem Tannin folgen. Nichts an diesem verführerischen Wein ist unausgewogen. Trinken Sie ihn in den nächsten 4–7 Jahren. Der dunkelrubinpflaumenfarbene *1997er Vino Nobile di Montepulciano Vigna del Fattore,* einer der besten Vini Nobili, den ich je probiert habe, bietet ein süßes, explosives Bukett von geschmolzener Schokolade, Zedernholz, Sattelleder, dicklicher Brombeer- und Kirschfrucht und Blüten. Dieser Wein zeigt eine ungeheuer dichte, konzentrierte Reichhaltigkeit, eine samtige Textur und niedrige Säure sowie den sprichwörtlich hohen Grad an Glyzerin, Opulenz und Frucht dieses historischen Jahrgangs. Trinken Sie diesen schönen Tropfen in den nächsten 12–15 Jahren. Wenn man die Bewertung dem gegenüberstellt, was er kostet, hat er ein außergewöhnliches Preis-Leistungsverhältnis. Der Önologe von Nottola ist, was keine große Überraschung darstellt, Roberto Cipresso.

OLIVETO

1999 Rosso di Montalcino Il Roccolo — C 90

Der *1999er Rosso di Montalcino Il Roccolo* (100% Sangiovese Grosso, 12 Monate lang in einer Kombination von neuen und ein Jahr alten französischen Eichenfässern ausgebaut) ist ein hervorragender Wein und zeigt eine tiefrubinrote Farbe und ein aufregendes Bukett von süßer Heidelbeer- und Schwarze-Johannisbeer-Frucht, liebenwürdige Reife, eine ausgewogene Persönlichkeit von mittlerem Körper und einen langen, fruchtigen, reifen, tanninreichen Abgang. Er dürfte sich 5–7 Jahre gut trinken. Der Önologe von Oliveto ist Roberto Cipresso.

IL PALAZZINO

1999 Chianti Classico Argenina — C 89

1998 Chianti Classico Grosso Sanese — D 91

1999	**Chianti Classico La Pieve**	**C**	**91**
1997	**Grosso Sanese**	**D**	**88**

Das Kennzeichen dieser Weine war schon immer konzentrierte Intensität in einem klar umrissenen Stil, verbunden mit außergewöhnlicher Eleganz. Die neuen Weine fielen bemerkenswert gut aus; die Tatsache, dass ich den 1998 Grosso Sanese höher als den 1997er bewertete, lässt mich vermuten, dass ich den 1997er (einen besseren Jahrgang als den 1998er) deutlich zu gering bewertet habe.

Die 1999er sind beide erstklassig. Der tiefrubinrote *1999er Chianti Classico Argenina* offenbart einen eleganten Stil, der einem erstklassigen Volnay aus Burgund von einem Erzeuger wie etwa d'Angerville nicht unähnlich ist. Süße, von Blüten erfüllte Schwarzkirsch- und Himbeeraromen gehen einher mit reichhaltigen Geschmacksnuancen von mittlerem Körper, einer schönen Textur, beträchtlicher Feinheit und fantastischer Eleganz und Reintönigkeit. Er dürfte sich ein Jahrzehnt lang gut trinken lassen. Der sensationelle *1999er Chianti Classico La Pieve* stellt für einen so komplexen und vielschichtigen Wein einen sagenhaft günstigen Kauf dar. Er bietet eine herrliche Fülle von Erdbeermarmelade, vermischt mit fast überreifen Kirschen, subtiler Vanille und mineralischen und blumigen Noten im Überfluss. Außerordentliche Reife, enormes Fett und Glyzerin und unheimlich klare Zeichnung und Umrisse haben zu einem wunderbaren Chianti Classico geführt, den man im Laufe der nächsten 10 Jahren trinken kann.

Der undurchdringlich rubin-purpurrote *1998er Chianti Classico Grosso Sanese* leidet nicht unter dem übermäßig strengen, tanninreichen Stil, den viele Weine dieses Jahrgangs in der mittleren Toskana zeigen. Er ist reichhaltig und vielschichtig, mit großen Mengen von Brombeer- und Cassis-Frucht, die sich mit Kirschen, Lakritze, Toastbrot und Gewürzen mischen. Dieser dichte Chianti wird von 1–2 Jahren Kellerreifung profitieren und sich 14–15 Jahre halten. Bravo!

Ich hatte erwartet, dass der *1997er Grosso Sanese* angesichts des Jahrgangs mehr Opulenz und Reichhaltigkeit besitzen würde, aber mit seiner Himbeer- und Kirschfrucht und seinem blumigen Charakter wirkt er wie ein mittelgewichtiger Burgunder. Neues Eichenholz kommt in diesem stilvollen, anmutigen, subtilen Wein von dunkelrubin-purpurrote Farbe ebenfalls zum Vorschein. Er dürfte sich 7–8 Jahre gut trinken lassen.

PARADISO

1998	**Eterno II IGT**	**D**	**90**
1997	**Paterno II IGT**	**D**	**91**
1999	**Saxa Calida IGT**	**D**	**92**
1997	**Saxa Calida IGT**	**D**	**93**

Diese großartigen, robusten Fruchtbomben, vier eindrucksvolle Weine des Besitzers Paolo Caciorgna, sind untypisch für die Toskana.

Der pechschwarz-purpurrote *1999er Saxa Calida,* ein Verschnitt von Cabernet Sauvignon und Merlot, zeigt ein lehrbuchmäßiges Bukett von schwarzen Johannisbeeren, Lakritze, geschmolzenem Teer und Aromen von neuem Barrique. Diesem kernigen, dickflüssigen Rotwein im modernen Stil, der extrem körperreich, säurearm und fast viskos ist, kann man kaum widerstehen. Genießen Sie ihn in den nächsten 7–8 Jahren.

Reinsortig aus Sangiovese-Trauben erzeugt, bietet der *1998er Eterno II* ein auffälliges Bukett von schwarzen Früchten, Zedernholz und Gewürzaromen. Körperreich, aufregend und seidig texturiert, balanciert dieser köstliche italienische Rotwein Stärke und präzise Zeichnung mit einem Gespür für Frische geschickt aus. Trinken Sie diesen hedonistischen Wein in den nächsten 5–6 Jahren.

Der reinsortig aus Sangiovese erzeugte und in französischen Eichenfässern ausgebaute *1997er Paterno II* zeigt eine dichte rubin-purpurrote Farbe, schwelgerische an Rauch, Schokolade, Espresso und Kirschen erinnernde Aromen im Duft und im Geschmack, eine sinnliche, schöne Textur, sehr gute Reintönigkeit, großartige, etwas an Marmelade erinnernde Reife und einen dichten, kernigen, körperreichen Abgang, der fast 30 Sekunden dauert. Er ist ein hervorragender Wein, der sich 7–8 Jahre lang gut trinken lassen dürfte. Noch besser ist der aus einer Einzellage stammende *1997er Saxa Calida* (lateinisch für »heiße Felsen«) Es gibt 300 Kisten von diesem Verschnitt von Merlot und Cabernet Sauvignon, der in französischen Eichenfässern gereift ist. Er besitzt eine dichte rubin-purpurrote Farbe und kräftige, dicke, kernige Mokka-, Schwarze-Johannisbeer- und Kirschwasseraromen im Duft und im Geschmack, fabelhafte Reintönigkeit, gut eingefügtes rauchiges Holz, eine ölige Textur, niedrige Säure und einen explosiven Abgang. Er ist bereits köstlich und verspricht, dass er sich ein Jahrzehnt lang entwickelt. Dies sind eindrucksvolle Weine aus dem historischen Dorf San Gimignano.

PETROIO

1999	**Chianti Classico**	**C**	**90**
1998	**Chianti Classico Riserva**	**D**	**88?**

Ich hatte Spaß an der Verkostung der toskanischen 1999er, darunter der kräftigen, fruchtigen Rosso-di-Montalcino-Weine, die früh auf den Markt kamen, und der ersten Chianti. Es gibt 4000 Kisten vom *1999er Chianti Classico,* einem eleganten dunkelrubin-purpurroten Wein mit ausgezeichneter süßer Himbeer- und Kirschfrucht, der sich in einem reintönigen Stil präsentiert. Man entdeckt Noten von Sattelleder, Unterholz und Kräutern der Provence, aber der Wein wird von seiner Frucht, Reintönigkeit und Symmetrie beherrscht. Dieser saftige Chianti von mittlerem Körper lässt sich 2–3 Jahre gut trinken.

Der Jahrgang 1998 brachte strengere Weine hervor, mit Ausnahme der Küstengebiete, insbesondere Bolgheri. Der *1998er Chianti Classico Riserva* von dichter Farbe besitzt neben dunklen roten Früchten an Erde, Rauch, Holzkohle, Fleisch und Trüffeln erinnernde Noten. Von mittlerem Körper, gut ausbalanciert, ehrlich, tanninreich und stark in der Entwicklung zurückgeblieben, hat dieser Wein Tannine, die sich nie vollständig auflösen werden. Trinken Sie ihn in den nächsten 7–10 Jahren.

PETROLO

1999	**Galatrona IGT**	**E**	**95**
1997	**Galatrona IGT**	**D**	**94**
1999	**Terre di Galatrona IGT**	**C**	**88**
1998	**Torrione IGT**	**D**	**89**
1997	**Torrione IGT**	**D**	**91**

Dieses 31 Hektar große Gut hat fünf interessante Rotweine hervorgebracht. Der extrem konzentrierte, wuchtige, körperreiche *1999er Galatrona* treibt die Merlot-Trauben hinsichtlich Reife und Intensität bis zum Äußersten. Das ist ein »extremer« Merlot, aber was für ein beeindruckender Wein! Ausschließlich von Merlot-Trauben erzeugt und zu 100% in neuen französischen Eichenfässern ausgebaut, zeigt dieser undurchdringlich purpurrote Wein phänomenal reife Noten von dicklicher Brombeer- und Kirschfrucht, vermischt mit geröstetem Kaffee und Toastbrot. Dieser mächtige, viskose Wein, der ölig texturiert und dickflüssig ist, mit mäßigem Tannin, muss sich noch beruhigen, aber in dem Rohmaterial, das in der Flasche vorhanden ist, gibt es noch unglaublichen Spielraum nach oben. Voraussichtliche Genussreife: 2005–2020. Der dunkelrubinrote *1999er Terre di Galatrona,* ein Verschnitt von 70% Sangiovese und 30% Merlot, bietet große Mengen von roten und schwarzen Früchten, vermischt mit würzigem Holz, neuem Sattelleder und Erde. Er besitzt eine für seinen Preis überraschende Komplexität sowie mittleren Körper, einen harmonischen Geschmack und schön integrierte Säure und Tannine. Er dürfte sich 3–4 Jahre gut trinken lassen.

Der *1998er Torrione,* ein im Barrique gereifter, reinsortiger Sangiovese, umgeht ein wenig den strengen Charakter des Jahrgangs und auch sein raues Tannin. Anders als viele 1998er ist er weich, mit Aromen von süßen Kirschen, Sattelleder und feuchtem Boden. Der stilvolle, elegante, reichhaltige und nahtlose Wein wird 6–7 Jahre lang gut zu trinken sein.

Der tolle undurchdringlich purpurrote *1997er Torrione* (100% Sangiovese, 12–18 Monate in französischen Holzfässern ausgebaut) bietet ein überaus süßes Bukett von Kirsch- und Erdbeermarmelade, durchwoben mit Aromen von neuem Sattelleder, würzigem Eichenholz, Tabak und Zigarrenkiste. Körperreich, gehaltvoll und vielschichtig, mit einem süßen mittleren Geschmacksbereich und Konzentration im Kern, wird dieser prächtige, säurearme, fette Sangiovese-Wein ein Jahrzehnt lang für einen opulenten Trinkgenuss sorgen. Unbedingt Ehrfurcht gebietend ist der *1997er Galatrona,* ein reinsortiger Merlot-Wein. Ausschließlich in neuen Eichenfässer gereift, liefert er einen weiteren Beweis dafür, dass der beste Merlot-Wein außerhalb von Pomerol in der Toskana erzeugt wird. Auf eine undurchdringlich purpurrote Farbe folgt ein explosiv reichhaltiges Bukett von dicklichen Brombeeren, Schokolade, Mokka und Espresso. Dieser körperreiche, dickflüssige, ölig texturierte Wein besitzt großartige Reintönigkeit, große Konzentration und Gesamtsymmetrie sowie einen Abgang, der über 35 Sekunden dauert. Der Säuregehalt ist niedrig; das Tannin des Weins wird weitgehend vom hohen Extraktgehalt überdeckt. Voraussichtliche Genussreife: jetzt–2015. Sehr beeindruckend!

PIAGGIA

1997	**Carmignano Riserva**	**D**	**93**
1998	**Piaggia Riserva**	**D**	**90+**

Der *1998er Piaggia Riserva,* ein ehrlicher, in einem leicht internationalen Stil gehaltener Wein, zeigt eine undurchdringlich pechschwarz-purpurrote Farbe sowie einen süßen Duft von Brombeeren und Cassis mit Anflügen von neuem Eichenholz und Espresso. Vielschichtig, ungeheuer gehaltvoll und körperreich, mit süßem Tannin, besitzt er beträchtliches Potenzial, benötigt aber noch 2–3 Jahre, um sich zu beruhigen, weil er immer noch wie eine Fassprobe schmeckt. Er ist ein sehr eindrucksvolles Beispiel dieses Jahrgangs in der Toskana! Voraussichtliche Genussreife: jetzt–2018

Der wunderbare *1997er Carmignano Riserva* wird in erster Linie aus Sangiovese-Trauben sowie 22% Cabernet Sauvignon und 10% Merlot erzeugt. Er bietet spektakuläre Aromen von Kirschmarmelade, Schokolade, Zedernholz, Gewürzen und Erde. Die Farbe ist ein undurchdringliches Rubin-Purpurrot. Der Wein besitzt große Reintönigkeit, eine fantastische Textur, im Mund eine reichhaltige, fleischige Empfindung von mittlerem bis vollem Körper und einen nahtlosen Abgang. Trinken Sie diesen opulenten Tropfen in den nächsten 5–7 Jahren.

PIAZZANO

1998	**Chianti Classico Riserva Rio Camarata**	**B**	**89**

Der *1998er Chianti Classico Riserva Rio Camarata* offenbart Dichte sowie rauchige, ledrige Noten, vermischt mit Schwarzkirschen, Erde und Grafit. Diesen harmonischen Wein von mittlerem bis vollem Körper sollte man am besten in den nächsten 5–7 Jahren trinken.

CIACCI PICCOLOMINI D'ARAGONA

1998	**Ateo IGT**	**D**	**93**
1997	**Brunello di Montelcino**	**EE**	**96**
1999	**Rosso di Montelcino Vigna della Fonte**	**C**	**89**
1998	**Rosso di Montelcino Vigna della Fonte**	**C**	**88**
1999	**Sant'Antimo Rosso Favius**	**D**	**94**
1998	**Sant'Antimo Rosso Favius**	**D**	**92**

Der *1999er Rosso di Montalcino Vigna della Fonte* von einem meiner toskanischen Lieblingserzeuger ist ein weiteres sehr gutes Beispiel aus diesem Jahrgang. Dieser pralle, komplexe, weiche, üppige Rosso von mittlerem bis vollem Körper, der mit seinen süßen, von

Mineralien erfüllten Erdbeer- und Kirscharomen im Geschmack burgunderartig wirkt, sollte am besten in den nächsten 3–4 Jahren getrunken werden. Noch fabelhafter als der Vorgänger-Jahrgang ist der *1999er Sant'Antimo Rosso Favius* (500 Kisten). Er ist ein mächtiger schwarz-purpurroter Wein und bietet Noten von geröstetem Espresso, Brombeeren, Teer, Trüffeln und Pfeffer. Explosiv, reichhaltig, ölig texturiert und körperreich, mit niedriger Säure, ist er im Augenblick umwerfend, aber noch unentwickelt und unfertig. Voraussichtliche Genussreife: jetzt–2015. Bravo!

Der *1998er Rosso Montalcino Vigna della Fonte* ist ein bezaubernder, verführerischer, reifer Wein mit süßer Frucht, aber nicht besonders viel Komplexität. Der in reichem Maße fruchtige und aufregende Wein wird in den nächsten 4–5 Jahren Spaß bereiten. Der *1998er Ateo* (ein Verschnitt von 60% Sangiovese und 40% Cabernet Sauvignon) ist ein herrlich reifer, körperreicher, samtig texturierter Wein von dunkelrubin-purpurroter Farbe, mit viel Brombeer-, Schwarzkirsch- und Schwarze-Johannisbeer-Frucht, einem Hauch von Grafit, angemessener Säure und einem nahtlosen, opulenten, sinnlichen Abgang. Trinken sollte man diesen fesselnden Wein in den nächsten 10–12 Jahren. Nur 15 Fässer (etwa 375 Kisten) gibt es von diesem reinsortig aus Syrah-Trauben erzeugten *1998er Sant'Antimo Rosso Favius,* der möglicherweise der beste italienische Syrah-Wein ist, den ich je verkostet habe. Auf eine undurchdringlich purpurrote Farbe folgt ein klassisches Bukett von Speck, Schwarzkirschlikör und Cassis. Diese ungeheuerliche Fruchtbombe ist ölig, dickflüssig und unglaublich konzentriert. Der Ausbau in neuen Eichenfässern ist von der eindrucksvollen Konzentration der Frucht absorbiert worden. Trinken Sie diesen überschwänglichen, aufreizenden Wein in den nächsten 5–7 Jahren.

Der fantastische *1997er Brunello di Montalcino* besitzt ein erstaunliches Aromenprofil von Sojasauce, geröstetem Fleisch, getrockneten Kräutern, dicklichen schwarzen und roten Früchten und asiatischen Gewürzen. Dieser körperreiche, wunderbar konzentrierte, vielschichtige, vieldimensionale Brunello ist die Art von Wein, die man von einer berühmten Region erwartet, aber sehr selten erhält. Dieser schöne Wein sollte sich jung gut trinken lassen, dürfte sich aber mühelos 15+ Jahre entwickeln.

PODERUCCIO

1997 Camigliano IGT — C — 88

Für den Ausbau des *1997er Camigliano,* eines unfiltrierten Verschnitts von 40% Cabernet Sauvignon, 50% Sangiovese und 10% Merlot, wurde eine Kombination von kleinen Barriques aus französischem Eichenholz und größeren Fässern aus slawonischem Eichenholz verwendet. Der dunkelrubin-purpurrote Wein bietet süße Schokolade, Beerenfrucht, schön integriertes Holz und Noten von Unterholz. Weich, rund und samtig texturiert, mit ausgezeichneter Reife und Gesamtausgewogenheit, sollte man ihn in den nächsten 5–7 Jahren trinken.

POGGIO LUNGO

1998 Morellino Riserva — D — 90

Der tiefrubin-purpurrote *1998er Morellino Riserva,* der Debüt-Jahrgang für einen neuen Erzeuger aus der aufstrebenden Appellation Morellino di Scansano, präsentiert große Mengen von toastwürzigem neuem Eichenholz sowie beeindruckend reife Frucht von roten und schwarzen Johannisbeeren, vermischt mit Kirschmarmelade. Süß, reichhaltig, von mittlerem bis vollem Körper, mit einer geschmeidigen Textur, ist er ein köstlicher Wein mit einem Hauch von Mineralien und Leder im Hintergrund. Trinken Sie ihn in den nächsten 5–6 Jahren.

POGGIO SCALETTE

1998 Il Carbonaione — E — 91

1997 Il Carbonaione — D — 91

Dieses 12 Hektar große Gut im Besitz von Vittorio Fiore und Adriana Assjè, eines meiner Lieblingsgüter in der Toskana, erzeugt Weine von einem Sangiovese-Klon namens Lamole. Der Wein wird vor der Abfüllung 18 Monate lang in kleinen Fässern mit 350l Fassungsvermögen ausgebaut. Die Erträge sind äußerst niedrig und liegen bei knapp 3000kg Trauben pro Hektar (etwa 20 hl/ha). Jeder Jahrgang bisher war eindrucksvoll.

Der *1998er Il Carbaione,* eine brillante reinsortige Sangiovese-Cuvée (3300 Kisten), die 6 Monate lang sowohl in französischen als auch amerikanischen Eichenfässern ausgebaut wird, besitzt eine tiefrubinrote Farbe und ein süßes Bukett von Schwarzkirschen, Vanille, Mineralien und Tabak. Dieser erstklassige Wein von mittlerem Körper, der fleischig und gut ausbalanciert ist, mit großartiger Reintönigkeit und Gesamtharmonie, verbindet Feinheit mit Stärke. Trinken Sie ihn in den nächsten 5–7 Jahren.

Der *1997er Il Carbonaione* ist ein spektakulärer Wein. Möglicherweise verbessert er sich in der Flasche noch weiter. Er ist unglaublich opulent und breit, mit reichlich Frucht und Glyzerin sowie langen, konzentrierten Geschmacksnuancen von Brombeeren und dicklichen Kirschen. Das Tannin ist wunderschön integriert, die Säure angemessen, aber niedrig und der Wein fleischig und hedonistisch. Er dürfte sich ein Jahrzehnt lang gut trinken lassen.

POGGIOPIANO

1999	**Rosso di Sera IGT**	**E**	**92**
1998	**Rosso di Sera IGT**	**E**	**89+**
1997	**Rosso di Sera IGT**	**D**	**93**

Der Rosso di Sera (von dem 800 Kisten produziert werden) reift 18 Monate in Holzfässern, von denen 50% neu sind. Er wird von extrem niedrigen Erträgen von 20 hl/ha erzeugt und ohne Filtration abgefüllt. Lucca d'Attoma, ein in der Toskana berühmter Önologe, berät bei der Vinifizierung.

Der umwerfende *1999er Rosso di Sera* ist ein nicht filtrierter Verschnitt von 90% Sangiovese und 10% Colorino, 12 Monate in französischen Eichenfässern ausgebaut, von denen 50% neu waren. Der ehrliche, verhalten entwickelte Wein von undurchdringlich purpurroter Farbe besitzt großartige Reintönigkeit sowie große Mengen von schwarzen Früchten, vermischt mit Gewürzen, Tabak und Leder. Körperreich, kräftig und strukturiert, ist er für eine längere Einkellerung bestimmt. Er ist viel versprechend. Voraussichtliche Genussreife: jetzt–2018.

Der *1998er Rosso di Sera* bietet Leder, Schokolade und reife Beerenfrucht, besitzt aber weniger Opulenz und mehr Struktur als der Vorgänger-Jahrgang und zeigt eine in der Entwicklung zurückgebliebene Persönlichkeit. Im Unterschied zum schwelgerischen 1997er sollte man diesen Wein noch 1–2 Jahre einkellern und während der darauf folgenden 10 Jahre trinken

Der prächtige *1997er Rosso di Sera* ist ein explosiver, körperreicher, herrlich konzentrierter Wein mit sagenhafter Intensität. Nach einer satten rubin-purpurroten Farbe entdeckt man Aromen von dicklichen Brombeeren, Johannisbeeren, neuem Sattelleder, Schokolade, Kräutern der Provence und rauchigem neuem Eichenholz. Reif, sinnlich texturiert und säurearm, dürfte er 10–15 Jahre lang gut zu trinken sein.

POLIZIANO

1998	**Vino Nobile di Montepulciano Vigna dell'Asinone**	**D**	**90**

Der ehrgeizige *1998er Vino Nobile di Montepulciano Vigna dell'Asinone* ist ein stilvoller Wein von mittlerem Körper, der Hinweise auf einen Barrique-Ausbau, herrliche, von Kaffee durchdrungene Schwarzkirsch- und Beerenfrucht, eine üppige, vielschichtige Textur, (für den Jahrgang untypisches) süßes Tannin und einen würzigen, reifen, saftigen Abgang offenbart. Genießen Sie ihn in den nächsten 7–8 Jahren.

PRATESI

1999	Carmignano	D	92
1997	Carmignano Riserva	D	93
1999	Locorosso IGT	C	89
1998	Locorosso IGT	C	90

Dieses kleine Gut von nicht ganz 5 Hektar hat vier eindrucksvolle Weine im Angebot, darunter einen der besten Carmignanos, die ich je verkostet habe.

Der *1999er Locorosso* ist ein reinsortiger, in kleineren Eichenfässern ausgebauter Sangiovese, von dem 2 000 Kisten erzeugt wurden. Hinter seiner dichten rubin-purpurroten Farbe entdeckt man ein süßes Bukett von Schwarzkirschen, Erdbeermarmelade, Leder und Tabak. Mit ausgezeichneter Textur, fleischigen, reifen, süßen, kernigen Geschmacksnuancen, sehr guter Reintönigkeit und in einem samtweichen, frühzeitig reifen Stil gehalten, lässt er sich 5–6 Jahre gut trinken. Der fantastische *1999er Carmignano*, ein Verschnitt von 80% Sangiovese und 20% Cabernet Sauvignon, der ebenfalls in kleineren Fässern ausgebaut wurde, ist von dichter purpurroter Farbe und zeigt fabelhaft reife Brombeerfrucht, vermischt mit Lakritze, neuem Sattelleder und Gewürzen. Er besitzt eine vielschichtige, üppige Textur, einen körperreichen, vielschichtigen mittleren Geschmacksbereich und einen Abgang, der über 30 Sekunden dauert. Hervorragende Reintönigkeit, Reife, Konzentration und Gesamtharmonie kennzeichnen diesen 1999er, der von dem brillanten önologischen Berater Stefano Chioccioli hergestellt wurde.

Der *1998er Locorosso* (100% Sangiovese) besitzt eine dichte rubinrote Farbe sowie ein explosives Bukett von gerösteten Espressobohnen, Schokolade, Kirschmarmelade und Gewürzen. Im Mund ist er reichhaltig, kernig, aufregend und opulent texturiert. Er ist ein hedonistisch schmeckender, saftiger Rotwein, der zu einem Spottpreis verkauft wird. Genießen Sie ihn in den nächsten 3–4 Jahren.

Der tiefgründige undurchdringlich purpurrote *1997er Carmignano Riserva* ist ein vielschichtiger, opulent texturierter, üppig reichhaltiger Wein. Der Verschnitt von 80% Sangiovese und 20% Cabernet Sauvignon besitzt aufregend viel Extrakt, eine nahtlose Textur, außerordentliche Reintönigkeit sowie explosive Aromen und Geschmacksnuancen. Man kann ihn jetzt und im Laufe der nächsten 10 Jahre trinken. Toll!

LE PUPILLE

1997	Morellino di Scansano Poggio Valente	D	90
1997	Saffredi IGT	E	96

Elisabetta Geppetti, die eines der am besten geführten Weingüter der Toskana besitzt, hat zusammen mit dem Weinmacher und Önologen Riccardo Cotarella zwei saftige, beeindruckend konzentrierte, hedonistische Weine hervorgebracht. Der aus einer Einzellage stammende *1997er Morellino di Scansano Poggio Valente* wird einige Zeit im Holzfass ausgebaut und ohne Schönung oder Filtration abgefüllt. Diesen Wein könnte man als toskanischen Pomerol bezeichnen. Der reinsortig von Sangiovese-Trauben (mit äußerst niedrigen Erträgen von knapp 5,7 t/ha) erzeugte Wein von dichter, undurchdringlicher purpurroter Farbe hat mittleren bis vollen Körper und keine Ecken und Kanten. Üppig und samtig texturiert, mit großen Mengen von Frucht (Schwarzkirschen, Pflaumen und Cassis), wird dieser in einem prächtigen Stil gehaltene, hedonistische, pralle Wein einen aufregenden Trinkgenuss bieten. Er dürfte sich 6–7 Jahre lang hübsch entwickeln.

Die Leser erinnern sich möglicherweise an die gründliche Besprechung, die der als Vino da tavola eingestufte 1990er Saffredi (er befindet sich noch immer in fantastischem Zustand) erhielt. Der *1997er Saffredi* scheint dem 1990er ebenbürtig, wenn nicht sogar überlegen zu sein. Von einem Verschnitt von 70% Cabernet Sauvignon sowie Merlot und ein klein wenig Alicante erzeugt, wurde er 18 Monate lang in zu 100% neuen französischen Eichenfässern ausgebaut. Er besitzt ein vorzügliches nach Toastbrot, Rauch, Cassis, Blüten und Lakritze duftendes Bukett, das an einen hypothetischen Verschnitt von Château Mouton-Rothschild und Château Margaux erinnert. Mit sagenhafter Reichhaltigkeit, zahlreichen Dimensionen und hervorragender Symmetrie, Reintönigkeit und Länge ist er ein überzeugendes Beispiel dafür, was man mit winzigen Erträgen (etwa 5,4 t/ha) und tadelloser Weinbereitung erreichen kann. Voraussichtliche Genussreife: jetzt–2020.

QUERCIABELLA

1997	**Camartina IGT**	**E**	**92**
1997	**Chianti Classico Riserva**	**D**	**89**

Ich war schon früher mit den Weinen dieses Guts zufrieden (insbesondere mit den 1995ern), so dass ich nicht überrascht war, wie gut die 1997er ausfielen. Der mittelgranatrote *1997er Chianti Classico Riserva* bietet ein komplexes Bukett von Rauch, getrockneten Beerenfrüchten, Trüffeln und Zedernholz. Süße Schwarzkirschfrucht, vermischt mit Kräuter- und Gewürznoten, präsentiert sich in einem angenehm vielschichtigen, weichen, gut strukturierten Format. Man entdeckt etwas Tannin, angemessene Säure und ausgezeichnete klare Zeichnung. Trinken Sie ihn in den nächsten 6–7 Jahren. Der hervorragende, im Barrique gereifte *1997er Camartina,* ein großartiger Verschnitt von Sangiovese und Cabernet Sauvignon, bietet toastwürzige, rauchige Düfte von neuem Eichenholz und ein von Schwarzkirschlikör erfülltes Aroma. Körperreich, mit niedriger Säure, beträchtlichem Glyzerin und einem vielschichtigen, konzentrierten, fetten, opulenten Abgang, ist dieser hedonistische, verführerische Wein fähig, ein Jahrzehnt lang zu altern.

LA RAMPA DI FUGNANO

1999	**Bombereto IGT**	**D**	**90**
1998	**Bombereto IGT**	**C**	**89**
1997	**Bombereto IGT**	**C**	**90+**
1999	**Chianti Colli Senesi Via dei Franchi**	**B**	**88**
1999	**Gisèle IGT**	**D**	**94**
1998	**Gisèle IGT**	**D**	**88**
1997	**Gisèle IGT**	**D**	**94**

La Rampa di Fugnano, ein von einem Schweizer Ehepaar geführtes Gut, das ein paar Kilometer westlich des historischen, von Mauern umgebenen Dorfs San Gimignano liegt, stößt rasch auf einen Spitzenrang in der Toskana vor. Die interessanten Rotweine werden für ihre Qualität zu einem fairen Preis verkauft. Der Bombereto, ein reinsortiger Sangiovese, und der Gisèle, ein Merlot, sind zwei außergewöhnliche Weine.

Der *1999er Bombereto* ist von dichter rubin-purpurroter Farbe und ein seriös ausgestatteter Wein mit großen Mengen von Erdbeer- und Schwarzkirschfrucht. Die Hälfte der Cuvée wird in französischen Barriques ausgebaut, von denen ein Drittel neu ist, der Rest in größeren Fässern. Das verleiht dem Wein gute Struktur, aber merkliche Toastnoten. Dieser reife, vielschichtige, konzentrierte, eindrucksvolle Wein dürfte 10–12 Jahre gut zu trinken sein. Der kraftstrotzende *1999er Gisèle* ist in einem exotischen, fast zu weit gehenden Merlot-Stil gehalten, der an die aufreizenden Pomerol-Weine erinnert, wie sie Le Pin und Clinet erzeugen (insbesondere die aus den späten 1980er-Jahren). Dieser körperreiche, vielschichtige, ölig texturierte, fabelhafte Wein von undurchdringlich purpurroter Farbe besitzt ein faszinierendes Bukett von Espresso, Brombeeren, Mokka, Rauch und Mineralien. Neues Holz lässt sich wahrnehmen, aber diese Komponente wird letztlich von dem verschwenderischen Reichtum an Frucht und Glyzerin absorbiert. Dieser Wein bestärkt in hohem Maße meine Ansicht, dass der einzige Ort in der Welt, wo außerhalb von Bordeaux beständig ein phänomenaler Merlot erzeugt werden kann, die Toskana ist. Voraussichtliche Genussreife: jetzt–2015. Der *1999er Chianti Colli Senesi Via dei Franchi* ist ein weicher, wohlschmeckender Wein mit Aromen von Kirschfrucht, Leder und Gewürzen. Diese köstliche, herrlich reife Fruchtbombe ist das Ergebnis von extrem reifen Sangiovese-Trauben. Er wurde zu 100% im Tank ausgebaut und frühzeitig auf Flaschen abgefüllt, um seine Frische und seinen lebhaften Fruchtcharakter zu bewahren. Er hat ein hervorragendes Preis-Leistungsverhältnis. Trinken sollte man ihn im Laufe der nächsten 1–2 Jahre.

Der *1998er Bombereto* mag nicht so spektakulär wie der 1997er sein, aber dieser Sangiovese-Wein aus einer Einzellage, der in französischen Barriques gereift ist, bietet komplexe Noten von Erde, Erdbeeren, roten Johannisbeeren und Leder. Für einen 1998er elegant, mit guter Tiefe, würzigem Holz und einem maßvoll ausgestatteten, leicht tanninhaltigen Abgang, dürfte er sich 10–12 Jahre lang entwickeln. Der *1998er Gisèle* (100% Merlot) ist ein dunkelrubin-purpurroter Wein, der in einem internationalen Stil bereitet ist. Er besitzt zwar stark extrahierte Frucht, toastwürziges neues Eichenholz, Rauch, eine an Beeren und Kirschen erinnernde Fruchtigkeit mit einem Hauch von Kaffee, zeigt aber nicht die Persönlichkeit des Bombereto oder auch die des Chianti Colli Senesi Via dei Franchi. Er dürfte sich ein Jahrzehnt lang gut trinken lassen.

Der hervorragende *1997er Bombereto* ist ein als IGT eingestufter Wein, der von reif gelesenen Sangiovese-Trauben stammt und ohne Filtration abgefüllt wurde. Ein Drittel davon wurde in neuen französischen Eichenfässern ausgebaut. Er ist stärker strukturiert und überraschenderweise fester als der 1996er, auch wenn der Jahrgang Weine mit größerer Reife und geringerer Säure hervorbrachte. Die Frucht, das Glyzerin und die Reichhaltigkeit entladen sich am Gaumen. Mit seinem offenkundig verlockenden Charakter und seiner massiven Struktur wirkt er wie ein Wein auf Cabernet-Basis. Kellern Sie ihn 2–3 Jahre lang ein und trinken Sie ihn in den darauf folgenden 10–12 Jahren. Der *1997er Gisèle* schließlich, der in neuen französischen Eichenfässern ausgebaut und ohne Filtration abgefüllt wurde, besitzt eine undurchdringlich purpurrote Farbe und ein dichtes, marmeladig wirkendes, enormes Bukett von Brombeerlikör, Vanille und Lakritze. Seine niedrige Säure und sein fast exzessiver, stark extrahierter, körperreicher Stil führen dazu, dass man im Mund den Eindruck eines Ungetüms hat. Dennoch ist alles stimmig, und der Wein ist für seinen Umfang und seine starke Extraktion gut ausbalanciert. Dieser fantastische Merlot dürfte mühelos 15+ Jahre altern. Toll!

LA RASINA

1998	**Rosso di Montalcino**	**C**	**89**

La Rasina, ein kleines, unauffälliges Gut, das von Bauern und nicht von Aristokraten oder Millionären geführt wird, hat einen köstlichen, fruchtdominierten *1998er Rosso di Montalcino* von dunkelrubinroter Farbe erzeugt. Er besitzt ein leicht an Marmelade erinnerndes, süßes Bukett, das nach Schwarzkirschen und Erdbeeren duftet. Verführerisch, rund und köstlich, sollte er in den nächsten 2–3 Jahren getrunken werden.

REICHENBERG

1997	**Villa Monte Rico IGT**	**C**	**89**

Der opulente, dichte, berauschende, üppig texturierte *1997er Villa Monte Rico* ist ein köstlicher Wein von dunklem Pflaumen-Rubin-Ton, mit einem faszinierenden Bukett von in Branntwein eingelegten Schwarzkirschen, Erde und getrockneten Kräutern. Trinken sollte man den reinsortigen Sangiovese am besten im Laufe der nächsten 5–6 Jahre.

RIECINE

1997	**Chianti Classico Riserva**	**D**	**88**
1997	**La Gioia IGT**	**E**	**90**

Ich finde die Weine von diesem Gut oft streng und tanninreich, aber die außergewöhnliche Reichhaltigkeit und der süße, ein wenig an Marmelade erinnernde Stil des Jahrgangs 1997 haben diesen Weinen mehr Charme und frühzeitiges Fleisch verliehen.

Der dunkelrubinrote *1997er Chianti Classico Riserva* beispielsweise bietet im Überfluss Düfte von süßer Beeren- und Kirschfrucht, Zedern- und Balsaholz und Gewürzen. Wohlschmeckend, mit mäßigem Tannin, mittlerem bis vollem Körper und ausgezeichneter bis hervorragender Reintönigkeit und Länge, kann man diesen soliden Chianti jetzt trinken oder 10–12 Jahre lang einkellern. Der dunkelrubin-purpurrote *1997er La Gioia* (100% Sangiovese) zeigt faszinierende rauchige, toastwürzige Aromen, vermischt mit dicklichen roten und schwarzen Früchten. Prall und fett, mit niedriger Säure und außergewöhnlicher Reichhaltigkeit und Symmetrie, präsentiert er viel Muskelkraft, Glyzerin und Konzentration. Er ist schon zugänglich und verspricht, dass er sich 4–5 Jahre lang entwickelt und verbessert und 12–15 Jahre hält.

RISECCOLI

1999	**Saeculum IGT**	**D**	**93**
1997	**Saeculum IGT**	**D**	**92**

Der undurchdringlich purpurrote *1999er Saeculum* (ein Verschnitt von 60% Sangiovese, 30% Cabernet Sauvignon und 10% Merlot, der zu 100% in neuen französischen Eichenfässern ausgebaut wurde) bietet aufsehenerregende Aromen von dicklichen Kirschen, Erdbeercreme und toastwürzigem Eichenholz. Er ist ein körperreicher, vielschichtiger, großartig ausgestatteter Wein mit bedeutendem Potenzial. In diesem fantastischen toskanischen Rotwein findet man viel Glyzerin, süßes Tannin und einen 45-Sekunden-Abgang. Trinken Sie ihn in den nächsten 10–15 Jahren.

Der *1997er Saeculum* ist großartig. Dieser körperreiche, auf explosive Weise reichhaltige, wuchtige Wein ist von undurchdringlich purpurroter Farbe, mit einer dickflüssigen, viskosen Textur und zeigt gewaltige Aromen von schwarzen Früchten, Rauch, Holzkohle, Trüffeln und toastwürzigem Eichenholz. Er besitzt süßes Tannin, fabelhafte Fruchtextraktion, einen ungeheuren Abgang und enorme Gesamtausgewogenheit und Reintönigkeit. Lagern Sie diesen spektakulären Wein 2–3 Jahre, damit er klarer umrissen wird, und trinken Sie ihn in den darauf folgenden 2 Jahrzehnten. Sehr eindrucksvoll!

ROCCA DI MONTEGROSSI

1999	**Chianti Classico**	**C**	**89**
1997	**Chianti Classico Riserva Vigneto San Marcellino**	**D**	**90**
1998	**Geremia IGT**	**D**	**88**
1997	**Geremia IGT**	**D**	**88+**

Der nahezu hervorragende tiefgranat-rubinrote *1999er Chianti Classico* besitzt ein duftiges Bukett von Leder, Soja, Erdbeermarmelade, Himbeeren und Gewürzen. In diesem attraktiven, frischen, lebhaften Wein von mittlerem Körper kommen Mineralien zum Vorschein. Trinken Sie diese Fruchtbombe im Laufe der nächsten 3–4 Jahre.

Der *1998er Geremia* zeigt neben einer tiefrubin-purpurroten Farbe einen trockenen, mittelgewichtigen, tanninbetonten Stil mit guter Textur, aber einer gewissen Rauheit und Rustikalität. Obwohl er etwas neues Eichenholz enthüllt, ist er in erster Linie durch seine Schwarzkirsch- und Johannisbeerfrucht gekennzeichnet, die mit Leder und Erde vermischt ist. Voraussichtliche Genussreife: jetzt–2012.

Der hervorragende *1997er Chianti Classico Riserva Vigneto San Marcellino* bietet im Geschmack die superreifen, von Glyzerin durchdrungenen, hoch konzentrierten Fruchtaromen des Jahrgangs. Dickflüssig, kandiert wirkend, ein wenig an Marmelade erinnernd und hedonistisch, kann er in den nächsten 5–7 Jahren getrunken werden. Verschlossen und tanninbetont, aber dennoch viel versprechend ist der *1997er Geremia* (ein Verschnitt von 95% Sangiovese und 5% Merlot). Er ist kein Kraftprotz wie der San Marcellino und zeigt zusätzlich zu einem eleganten, nach Mineralien, getrockneten Kräutern, Kirschen und Toastbrot duftenden Bukett und ebensolchen Geschmacksnuancen sehr gute Komplexität. Von mittlerem Körper und mäßigem Tanningehalt, fest strukturiert und verhalten entwickelt, erfordert er eine Kellerreifung von 2–3 Jahren und dürfte 10–12 Jahre altern.

RUFFINO

1997	**Cabreo Il Borgo IGT**	D	90
1997	**Romitorio di Santedame IGT**	E	90
1997	**Terzo Millennio**	E (nur Magnum-Flaschen)	89

Dieses historische toskanische Gut hat einige interessante Weine erzeugt. Der *1997er Romitorio di Santedame,* ein hervorragender Wein, ist ein Verschnitt von Prugnolo Gentile und Colorino, der in französischen Barriques ausgebaut wurde. Er ist ein körperreicher, breiter, kräftiger Wein mit einer prächtigen Fülle von Schwarzkirsch- und Cassis-Frucht und rauchigen Bleistift- und Toastbrotdüften. Er offenbart die für den Jahrgang typische üppige, opulente Textur, ausgezeichnete Reintönigkeit und große Mengen von Frucht und Glyzerin. Trinken Sie ihn in den nächsten 7–10 Jahren. Ein weiterer in begrenzter Menge erzeugter Wein ist der *1997er Terzo Millenio* (von dem 20000 Magnumflaschen produziert wurden). Er ist samtig texturiert, von tiefer rubin-purpurroter Farbe, und bietet schwelgerische Noten von auffälligem neuem Eichenholz, schwarzen Früchten, getrockneten Kräutern, Rauch und Zedernholz. Die niedrige Säure und die samtweiche, üppige Textur deuten darauf hin, dass man ihn jetzt wie auch in den nächsten 10 Jahren trinken kann. Der *1997er Cabreo Il Borgo,* ein als IGT eingestufter Wein (8000 Kisten von einem Verschnitt von 70% Sangiovese und 30% Cabernet Sauvignon, der 16 Monate in neuen französischen Eichenfässern ausgebaut wurde), demonstriert den sinnlichen Stil des Jahrgangs. Dieser Wein aus einer Einzellage, dem der hoch gelegene Weinberg Eleganz verleiht, wurde erstmals 1982 erzeugt. Die Reichhaltigkeit des Jahrgangs zeigt sich deutlich in diesem seidigen, säurearmen, intensiven Wein von mittlerem bis vollem Körper, mit großen Mengen von roten und schwarzen Früchten, durchdrungen von reichlich rauchigem neuem Eichenholz. Man kann ihn jetzt trinken oder ein Jahrzehnt lang einkellern. Ich habe von diesem Wein eine kleine vertikale Verkostung durchgeführt; meine Bewertungen sind wie folgt: 1996 (78), 1995 (84), 1993 (87), 1988 (87), 1987 (86), 1985 (89).

SALICUTTI

1999	**Rosso di Montalcino**	D	88
1997	**Rosso di Montalcino**	C	91

Der *1999er Rosso di Montalcino,* ein nach Süßkirschen duftender Wein mit Gewürz- und Tabaknoten im Hintergrund, besitzt mittleren Körper und gute Frucht und Würzigkeit. Trinken Sie ihn in den nächsten 3–4 Jahren. Angesichts der Vielzahl ausgezeichneter Rosso-di-Montalcino-Weine aus diesem Jahrgang zu einem vernünftigen Preis erscheint dieser Wein ein bisschen teuer.

Was für ein erstaunlicher *1997er Rosso di Montalcino!* Der Jahrgang brachte Weine von außergewöhnlicher Reife und Reichhaltigkeit hervor, die beide Kennzeichen dieses wunderbaren jungen Weins sind. Er ist tiefrubin-purpurrot und hat ein umwerfendes Bukett von Brombeeren, Teer und Trüffeln. Ein erstaunlicher Glyzeringehalt verleiht dem Wein eine sinnliche Textur, die mit seiner großartigen Reintönigkeit und seinen an Marmelade erinnernden, reifen Geschmacksnuancen einhergeht. Angemessene Säure und Tannin liefern das Gerüst. Trinken Sie ihn im Laufe der nächsten 10 Jahre.

SAN BIAGIO

1999	**Bellaria IGT**	C	88
1999	**Cabernet Sauvignon Sant'Antimo IGT**	C	89+

Der reinsortige *1999er Cabernet Sauvignon Sant'Antimo* und der *1999er Bellaria* (ein Verschnitt von Sangiovese und Cabernet Sauvignon), beide im internationalen Stil gehalten, sind muskulöse, konzentrierte, im Barrique gereifte Weine, die neues Eichenholz in Hülle und Fülle, eine tiefrubin-purpurrote Farbe, mittleren bis vollen Körper, mäßiges Tannin, ausgezeichnete Reintönigkeit und sehr gute Gesamtausgewogenheit offenbaren. Der 1999er Bellaria ist muskulöser und rustikaler als der 1999er Cabernet Sauvignon, der die für diese Rebsorte klassische Kombination von schwarzen Johannisbeeren und Tabak bietet. Beide Weine sind stärker geformt und weniger toskanisch als das übrige Angebot von San Biagio. Trotzdem sind sie probierenswert, insbesondere angesichts ihres vernünftigen Preises. Beide dürften sich 12–14+ Jahre gut trinken lassen.

SAN FABIANO

1997	**Armaiolo IGT**	**D**	**89+**

Der *1997er Armaiolo,* ein als IGT eingestufter Verschnitt von gleichen Teilen Sangiovese und Cabernet Sauvignon, präsentiert eine undurchdringlich rubin-purpurrote Farbe und Aromen von Gewürzen, süßem Leder, Zigarrenrauch und Kirschmarmelade. Dieser reife, körperreiche, mäßig tanninhaltige und kräftige Wein braucht eine weitere Kellerreifung von 2–3 Jahren; er dürfte sich 15 Jahre lang halten.

SAN GIUSTO A RENTENNANO

1999	**Chianti Classico**	**C**	**90**
1998	**Chianti Classico Riserva**	**D**	**88**
1997	**Chianti Classico Riserva**	**D**	**92**
1998	**Percarlo IGT**	**D**	**91+?**
1997	**Percarlo IGT**	**E**	**98**
1998	**La Ricolma IGT**	**E**	**91+**
1997	**La Ricolma IGT**	**EE**	**96**

Dies ist einer meiner toskanischen Lieblingserzeuger, seitdem ich Anfang der 1980er Jahre seine Weine probiert habe. 1999 trank ich meine letzte Flasche 1985 Percarlo, der einer der prächtigsten toskanischen Weine bleibt, die ich je verkostet habe, und immer noch mehrere Lebensjahre vor sich hat. Dieses Gut, das zu den Spitzenreitern der Toskana zählt, besitzt eine eindrucksvolle Erfolgsbilanz und bringt seit mehr als 20 Jahren erstklassige Weine hervor. Neben seinen prächtigen Chiantis sind der Percarlo (eine reinsortig aus Sangiovese-Trauben erzeugte Luxus-Cuvée) und das neue *bambino*, die reinsortige Merlot-Cuvée La Ricolma, Kultweine. Zu den zuletzt auf den Markt gekommenen Weinen gehört ein sensationeller Preisschlager, der *1999er Chianti Classico.* Dieser Jahrgang hat überaus reife, opulent texturierte, dickflüssige, saftige, aufregende Weine hervorgebracht, die sich bei den Verbrauchern als wahnsinnig beliebt erweisen werden. Hinter einer tiefen rubinroten Farbe entdeckt man einen prächtigen Wein voller Aromen von dicklichen schwarzen Früchten, Rauch, Erde und Leder im Duft und im Geschmack. Genießen Sie diesen fesselnden Chianti in den nächsten 4–5 Jahren.

Ich habe ihm den Vorzug gegenüber dem teureren *1998er Chianti Classico Riserva* gegeben. Die Strenge und der hohe Tanningehalt des Jahrgangs werden deutlich in diesem komplexen, kräuterartigen Chianti von mittlerem Körper. Zusammen mit Noten von Sattelleder, Schwarzkirschfrucht und Teer offenbart er ausgezeichnete Textur und eine leichte Strenge im Abgang. Trinken Sie diesen gut vinifizierten Wein in den nächsten 6–7 Jahren. Der *1998er Percarlo* zeigt Merkmale von überreifer Schwarzkirschfrucht, toastwürziges neues Eichenholz und einen Hauch von flüchtiger Säure. Schwelgerisch, reichhaltig, kernig und ölig texturiert, besitzt er Frucht im Überfluss sowie mäßiges Tannin. Lassen Sie ihn noch 2 Jahre im Keller reifen und genießen Sie ihn in den folgenden 14–15 Jahren. Der in begrenzter Menge erzeugte, überaus reife *1998er La Ricolma* (ein reinsortiger Merlot, der zu 100% in neuen französischen Eichenfässern reift) bietet gewaltiges Tannin (nicht überraschend bei dem Jahrgang) sowie ebenso enorme Konzentration der Frucht und des Extrakts. Er ist kräftig und dicht und erfüllt den Gaumen. Das süße französische Eichenholz zeigt sich deutlich in den Aromen von Espresso, Schwarzkirschen, Karamell und Rauch. Dieser Wein braucht eine weitere Kellerreifung von 2–3 Jahren und dürfte sich 2 Jahrzehnte lang halten. Meine einzige Sorge ist, dass das Tannin möglicherweise nie vollständig absorbiert wird, aber das wird nur die Zeit zeigen. Voraussichtliche Genussreife: 2004–2020.

Der spektakuläre *1997er Chianti Classico Riserva* ist von satter rubin-purpurroter Farbe und offenbart intensive Aromen von Rauchfleisch sowie dicklichen Schwarzkirschen, Himbeeren und überreifen Pflaumen. Opulent und körperreich, mit außergewöhnlicher Stärke, Reichhaltigkeit und Konzentration, ist er ein auf dekadente Weise intensiver, gehaltvoller, sinnlicher Chianti, den man probiert haben muss, um es zu glauben. Trinken Sie ihn in den nächsten 10–15 Jahren. Ist der *1997er Percarlo* von dichter rubin-purpurroter Farbe so fesselnd wie der 1985er? Möglicherweise ist er noch massiver, als meiner Erinnerung nach der 1985er war, als ich ihn Ende der 1980er Jahre verkostete. Enorm in den Aromen und Geschmacksnuancen und in der Nachhaltigkeit am Gaumen, zeigt er ein starkes Maß an Konzentration und unglaublich dichte Noten von schwarzen Johannisbeeren und Brombeerlikör, durchdrungen von neuem Sattelleder, Lakritze, Trüffeln und toastwürzigem Eichenholz. Der Tanningehalt dieses ungeheuer dickflüssigen und viskosen Weins, der niedrige Säure und eine den Mund auskleidende Extraktmenge besitzt, ist hoch, wird aber weitgehend vom Frucht-, Glyzerin- und Extraktreichtum verschleiert. Er ist eine erstaunliche Leistung! Voraussichtliche Genussreife: jetzt–2020. Ein weiterer kolossaler Wein ist der schwarz-purpurrote *1997er La Ricolma* (der praktisch ohne Klärung angefüllt wurde). Er ist ölig texturiert, phänomenal konzentriert und außergewöhnlich intensiv, mit surreal anmutenden Extrakt- und Glyzerinmengen und ebenso großer Reichhaltigkeit. Sein Bombardement von Gerüchen beginnt mit Düften von Schokolade, geröstetem Espresso und großen Mengen von Schwarzkirsch- und Brombeerfrucht. In seiner Dickflüssigkeit und phänomenalen Reichhaltigkeit erinnert er an La Mondotte, den ungeheuer konzentrierten Saint-Émilion. Dennoch ist er trotz seines gewaltigen Umfangs, Gewichts und Baus klar umrissen und bemerkenswert erfrischend, wenn man ihn trinkt, auch wenn es sich als Herausforderung herausstellen könnte, dass man eine Flasche zu zweit schafft. Dieser sensationelle Wein ist eine Glanzleistung der Weinbereitung. Voraussichtliche Genussreife: jetzt–2025.

SANTA MARIA DI AMBRA

1997	**Casamurli IGT**	**D**	**88**
1998	**Chianti Riserva La Bigattiera**	**C**	**88**
1997	**Gavignano IGT**	**D**	**89**

Der köstliche *1998er Chianti Riserva La Bigattiera* ist von tiefem Pflaumen-Granat-Ton und enthüllt zusammen mit süßen Kirsch-, Beeren- und Johannisbeeraromen im Geschmack würziges neues Eichenholz. Dicht, kernig und trocken, mit Tannin, Holz und Säure, die gut integriert sind, lässt er sich 5–7 Jahre gut trinken.

Die beiden roten Weine sind ausgezeichnete, aber eng gewirkte Weine, die nach ein paar weiteren Jahren Kellerreifung verlangen, insbesondere der *1997er Gavignano.* Der im Barrique ausgebaute Verschnitt von 60% Sangiovese und 40% Cabernet Sauvignon zeigt eine tiefe rubin-purpurrote Farbe und ein süßes Bukett von Bleistift, neuem Sattelleder, schwarzen Johannisbeeren und Kirschlikör. Tief, reichhaltig, von mittlerem bis vollem Körper, gut strukturiert und mäßig tanninhaltig, wird er seine beste Qualität zwischen 2004–2012 haben. Der *1997er Casamurli* (ein Verschnitt von Sangiovese und Malvasia Nera sowie ein klein wenig Merlot) ist strukturiert, reichhaltig, verhalten entwickelt und reintönig und braucht eine weitere Kellerreifung von 1–2 Jahren. Er dürfte sich 12–15 Jahre lang hübsch entwickeln.

LIVIO SASSETTI & FIGLI

1997	**Brunello di Montalcino**	**E**	**96**
1998	**Fili di Seta IGT**	**D**	**90**
1997	**Fili di Seta IGT**	**D**	**90**
1999	**Rosso di Montalcino**	**C**	**90**
1998	**Rosso di Montalcino**	**C**	**90**

Ich kaufe seit 1982 die besseren Jahrgänge von Livio Sassettis Weinen; er bleibt einer meiner Favoriten. Die neuen Weine sind eindrucksvoll. Beim *1999er Rosso di Montalcino* steigt ein unglaublicher Duft aus dem Glas auf, der mit Gerüchen von Himbeerlikör, süßem neuem Sattelleder, Blüten, Erde und Mineralien aufwartet. Der Wein, ein prachtvoller, hedonistischer Tropfen, dem man nicht widersteht, ist elegant, geschmeidig texturiert und komplex. Er ist einer der besten Rossos, den dieser kleine handwerklich arbeitende Erzeuger je hergestellt hat. Genießen Sie ihn in den nächsten 5–6 Jahren.

Der reife, fruchtbetonte *1998er Rosso di Montalcino,* ein herrlich opulenter, süßer, aufregender, säurearmer Wein, wird viele Anhänger finden. Trinken Sie diesen schönen Rosso in den nächsten 4–6 Jahren. Der *1998er Fili di Seta* (ein im Barrique ausgebauter Verschnitt von 60% Sangiovese und 40% Cabernet Sauvignon) ist ein körperreicher, süßer, köstlicher Wein von dunkelrubin-purpurroter Farbe. Er ist reichhaltig und dicht und besitzt große Mengen von würzigem neuem Eichenholz sowie Frucht, Erde, Leder, schwarze Johannisbeeren und Tabak. Trotz der Hinzunahme von Cabernet Sauvignon hat er nichts von seiner toskanischen Typizität eingebüßt. Trinken Sie ihn in den nächsten 10–15 Jahren.

Der als IGT eingestufte *1997er Fili di Seta* (75% Sangiovese und 25% Cabernet Sauvignon) bietet ein schwelgerisches Bukett von Zedernholz, geschmolzener Schokolade, Unterholz, Rauch und roten und schwarzen Früchten. Von mittlerem Körper, mit prächtigen Mengen von dichter, konzentrierter Frucht, die subtiles neues Eichenholz angenehm ergänzt, sollte dieser lange, reichhaltige, opulent texturierte Wein im Laufe der nächsten 6–7 Jahre getrunken werden. Die Leser sollten beachten, dass sich mit dem *1997er Brunello di Montalcino* das Etikett geändert hat, um den Namen des Besitzers, Livio Sassetti, herauszustellen und nicht wie bisher den Namen des Weinsguts, Perimali. Diese Brunellos waren immer erstklassig, aber dieser Wein ist umwerfend in seinem aromatischen Feuerwerk und seinen konzentrierten, langen, intensiven Geschmacksnuancen. Prächtige Aromen von getrockneten Kräutern der Provence, gebratenem Fleisch, Soja, Gewürzen, Teer, Trüffeln und schwarzen Früchten hängen in der Luft. Zu den Noten von dicklichen schwarzen Früchten kommen im Geschmack Nuancen von neuem Sattelleder hinzu. Opulent texturiert, körperreich und herrlich reintönig, sorgt dieser Wein für ein Überangebot an Düften. Seine niedrige Säure, sein hoher Glyzeringehalt und seine riesigen Fruchtreserven legen nahe, dass man ihn jetzt und in den nächsten 12–18 Jahren trinkt. *Mamma mia!*

SASSOTONDO

1999	**San Lorenzo Rosso di Sovana**	**D**	**89**

Die stilvolle Cuvée *1999er San Lorenzo Rosso di Sovana* wird von einer einheimischen Rebsorte namens Ciliegiolo erzeugt. Sie bietet in ihrem nicht sehr intensiven Bukett süße Schwarzkirschen und Beeren, sehr gute Reintönigkeit, mittleren Körper, wunderbare Feinheit, eine geschmeidige Textur und einen Hauch von würzigem neuem Eichenholz im Abgang. Trinken Sie sie in den nächsten 7–8 Jahren.

MICHELE SATTA

1998	**Piastraia IGT**	**E**	**90**
1997	**Piastraia IGT**	**D**	**93**
1998	**Vigna al Cavaliere IGT**	**E**	**92**
1997	**Vigna al Cavaliere IGT**	**D**	**91**

Das ist ein weiterer aufstrebender Spitzenerzeuger der Toskana, dessen Weinberge an der Küste in der Nähe von Bolgheri angelegt sind. Dieses Gebiet hatte 1998 einen besseren Jahrgang als das Landesinnere.

Der *1998er Piastraia* (ein Verschnitt von gleichen Teilen Merlot, Cabernet Sauvignon, Syrah und Sangiovese, ein Jahr in französischen Eichenfässern ausgebaut) präsentiert ein komplexes, in einem internationalen Stil gehaltenes Bukett von schwarzen Johannisbeeren, Vanille, Rauch und Grafit. Von mittlerem bis vollem Körper und dicht, mit geschmeidigem Tannin und einer angenehm vielschichtigen Empfindung im Mund, dürfte er sich 7–10 Jahre gut trinken lassen. Komplexer und charakteristischer ist der *1998er Vigna al Cavaliere,* ein reinsortiger Sangiovese, der ebenfalls ein Jahr in französischen Eichenfässern reifte. Eine tiefrubin-purpurrote Farbe geht einher mit prächtigen Espresso-Aromen, durchdrungen von Brombeeren, Lakritze, Soja und Trüffeln. Dieser lange, vielschichtige, vieldimensionale toskanische Wein ist äußerst eindrucksvoll. Warum schafft es Kalifornien nicht einmal entfernt, einen Sangiovese von dieser Qualität hervorzubringen? Diesen schönen Wein kann man jetzt trinken oder 10–12 Jahre lang einkellern.

Konzentriert und in einem opulenten, Pomerol-ähnlichen Stil bereitet ist der *1997er Vigna al Cavaliere.* Von diesem reinsortigen Sangiovese wurden etwa 1 150 Kisten erzeugt. Seine dunkelrubinrote Farbe begleitet ein duftiges Bukett von schwarzen Früchten, Rauch, toastwürzigem Eichenholz und Gewürzen. Der Wein ist fleischig, saftig, säurearm und fett. Mit gewaltigen Fruchtreserven und einer körperreichen, sinnlichen Textur ist dieser pralle, üppige Wein über 30 Sekunden lang am Gaumen zu spüren. Trinken Sie ihn in den nächsten 7–10 Jahren. Noch besser ist der fesselnde *1997er Piastraia* (Verschnitt wie oben), der 14 Monate in französischen Eichenfässern ausgebaut wurde. Er besitzt eine dicke dunkelrubinrote Farbe sowie ein explosives Bukett von roten und schwarzen Früchten, Pfeffer, Vanille und Rauch. Körperreich und opulent, mit noch mehr Konzentration und Geschmacksdimensionen als der 1997er Cavaliere, ist er ein Wein von sagenhafter Fruchtintensität, Komplexität und Gesamtsymmetrie. Er dürfte sich 10–12 Jahre gut trinken lassen. Bravo!

SCOPETONE

1999	**Rosso di Montalcino**	**C**	**89**

Nehmen Sie mich in die Liste der Interessenten für diese 1999er Rosso-di-Montalcino-Weine auf, die in einem Jahrgang, der bei Brunello di Montalcino außerordentlich auszufallen scheint, ein großartiges Preis-Leistungsverhältnis bieten! Der *1999er Rosso di Montalcino* zeigt ein Bordeaux-ähnliches Bukett von süßen schwarzen Johannisbeeren, neuem Sattelleder, getrockneten Kräutern, Erde und Gewürzen. Komplex und reif, mit herrlicher Frucht, Eleganz und Symmetrie, lässt er sich 4–5 Jahre gut trinken.

SELVAPIANA

1997	**Chianti Rufina Riserva**	**D**	**90**

Der kräftige dunkelrubin-purpurrote *1997er Chianti Rufina Riserva,* einer der besten Weine, die ich je von diesem Erzeuger verkostet habe, bietet rauchige, toastwürzige Gerüche im Überfluss, vermischt mit einem Pomerol-ähnlichen, von Mokka und Schwarzkirschlikör erfüllten Charakter. Gehaltvoll und körperreich, mit einer vielschichtigen Textur, ordentlicher Säure, großartiger Reintönigkeit und einem Abgang, der 30–35 Minuten dauert, dürfte er 10–12+ Jahre für einen beachtlichen Trinkgenuss sorgen.

SEMIFONTE

1998	**Chianti Classico Riserva**	**D**	**88**
1998	**Di Semifonte IGT**	**D**	**90**
1997	**Di Semifonte IGT**	**D**	**90**

Semifonte gehört der gleichen Familie Latini, die auch eine der berühmtesten Trattorien von Florenz besitzt, Il Latini. Der eindrucksvolle *1998er Chianti Classico Riserva* (85% Sangiovese und 15% Cabernet Sauvignon) zeigt mehr Süße und Tiefe als einige seiner härteren Altersgenossen. Er bietet im Duft und im Geschmack Aromen von Bleistift, getrockneten Kräutern, schwarzen Früchten, neuem Sattelleder, Gewürzen, Beerenfrucht und subtilem Eichenholz und ist ein rauchiger, erdiger, tanninreicher Wein von mittlerem Körper, der sich 5–7 Jahre gut trinken lässt. Der geschmeidige, elegante *1998er Di Semifonte* (ein Verschnitt von gleichen Teilen Sangiovese, Merlot und Cabernet Sauvignon, 16 Monate in französischen Barriques ausgebaut) besitzt süße schwarze und rote Früchte sowie neues Eichenholz und Tabak- und Gewürzaromen. Dicht, reichhaltig, von mittlerem bis vollem Körper, lang und mit reizvollem Glyzeringehalt sowie süßem Tannin, wird er ein Jahrzehnt lang gut zu trinken sein. Dies sind zwei gut vinifizierte Weine.

Der *1997er Di Semifonte,* ein Verschnitt von 30% Sangiovese, 30% Merlot und 40% Cabernet Sauvignon, der 15 Monate in französischen Eichen-Barriques ausgebaut wurde, ist hervorragend. Er besitzt beeindruckende Intensität, sehr gute Opulenz und einen fetten, kernigen mittleren Geschmacksbereich mit Aromen von schwarzen Johannisbeeren und Kirschen, außerdem wunderbare Reintönigkeit, eine vielschichtige Textur und einen explosiven Abgang, der große Mengen von Glyzerin, Frucht und Extrakt enthüllt. Er ist ein wunderschön gemachter, auffälliger Wein, den man in den nächsten 10 Jahren genießen sollte. Bestimmt wird er gut zu einem fiorentinischen Steak im Il Latini passen.

LE SORGENTI

1998	**Scirus IGT**	**D**	**88**

Der *1998er Scirus,* ein im Barrique gereifter Verschnitt von 70% Cabernet Sauvignon und 30% Merlot, bietet eine undurchdringlich bläulich-purpurrote Farbe, ein süßes Bukett von schwarzen Johannisbeeren, Kirschmarmelade, Zedernholz, getrockneten Kräutern, Gewürzen und Vanille, mittleren bis vollen Körper, ausgezeichnete Geschmacksdichte, gute Reintönigkeit und Harmonie sowie gut integrierte Säure und Tannine. Er dürfte sich 10–12 Jahre gut trinken lassen.

TERRICCIO

1998	**Lupicaia**	**EE**	**90**
1998	**Tassinaia**	**E**	**88**

Der dunkelrubinrote *1998er Tassinaia* ist ein Verschnitt von Cabernet Sauvignon, Sangiovese und Merlot, der vor der Abfüllung 12 Monate in französischen Eichenfässern reifte. Auf große Mengen von Schwarze-Johannisbeer- und Kirschfrucht folgen mittlerer Körper, süßes Tannin und viel würziges Eichenholz. Trinken Sie ihn in den nächsten 10 Jahren. Der *1998er Lupicaia,* ein Verschnitt von Cabernet Sauvignon und Merlot, offenbart eine dunklere, sattere rubin-purpurrote Farbe sowie ein süßes Bukett von schwarzen Johannisbeeren, Espresso und Schokolade. Der dichte, reichhaltige, muskulöse Wein braucht eine weitere Kellerreifung von 1–3 Jahren und dürfte sich 12–15 Jahre gut trinken lassen.

TRINORO

1999	**Palazzi IGT**	**EE**	**93**
1998	**Palazzi IGT**	**EE**	**93**
1997	**Palazzi IGT**	**E**	**90?**
1998	**Tenuta di Trinoro IGT**	**EE**	**92**
1997	**Tenuta di Trinoro IGT**	**E**	**91**
1999	**Trinoro IGT**	**EE**	**92+**

Ich staune weiterhin über die hochwertigen Weine, die Andrea Franchetti produziert. Franchetti, der sich alles selbst beigebracht hat, aber ein guter Freund von Jean-Luc Thunevin

(Besitzer von Château Valandraud und anderen Weingütern) und Peter Sissick (von Pingus) ist, erzeugt auf Cabernet Franc basierende Weine, die an den berühmten Cheval Blanc von Saint-Emilion erinnern. Die Preise sind hoch, aber die Qualität findet sich in der Flasche. 2000 wird es eine Reihe von Änderungen geben, weil der 1999er der letzte Jahrgang seiner Cuvée namens Palazzi ist. Eine Randbemerkung: Fassproben vom *2000er Trinoro* und vom weniger teuren *2000er Trinoro Cupole di Trinoro* waren erstaunlich und deutlich die besten Weine, die er je erzeugt hat. Wenn sie sich weiterentwickelt haben, dürften sie bei der Freigabe eine Bewertung im mittleren 90-Punkte-Bereich verdient haben. Die Leser sollten nicht vergessen, dass dies wunderbare Weine sind, die rasch ausverkauft sind.

Der *1999er Palazzi* (800 Kisten, ein Verschnitt von 50% Cabernet Franc und 50% Merlot) besitzt eine dichte rubin-purpurrote Farbe und ein komplexes Bukett von Johannisbeeren, Zigarrenkistennoten, Pflaumen und Kirschlikör, mit einem Hauch von toastwürzigem Eichenholz im Hintergrund. Körperreich, elegant und komplex, mit einem wohlschmeckenden Eindruck am mittleren Gaumen und süßem Tannin, wird er 12–14 Jahre lang wunderschön zu trinken sein. Noch besser sind die 1300 Kisten vom *1999er Trinoro,* einem Verschnitt von 70% Cabernet Franc, 20% Merlot, 6% Cabernet Sauvignon und 4% Petit Verdot. Mit Erträgen von 26 hl/ha geerntet, offenbart dieser tiefgründige dunkelpurpurrote Wein beachtliche Aromen von Mokka, schwarzen Früchten, Gewürzen und Toastbrot. Er besitzt zahlreiche Schichten, erstaunliche Reichhaltigkeit, herrliche Reintönigkeit, eine klare Linie und Eleganz, mittleren bis vollen Körper und eine schöne Textur. Voraussichtliche Genussreife: jetzt–2015. Diese Weine, die im Stil von Franchettis Freunden Sissick und Thunevin bereitet sind, wurden nicht geschönt, filtriert oder stabilisiert und stellen im Wesentlichen die ehrlichste und unverfälschteste Essenz ihres Weinbergs dar. Sie sind die Weine eines Genies. Man sparte weder Kosten noch Mühen bei der Neubestockung dieses alten Weinbergs (der von 1892 stammt) oder bei der verschwenderischen Pflege, die der Wein erfährt. Von extrem niedrigen Erträgen (20 hl/ha) erzeugt, 14 Monate ausschließlich in neuen französischen Eichenfässern ausgebaut und ohne Schönung oder Filtration abgefüllt, kommen diese Weine in den Genuss eines Vorgangs, der als *microbullage* bezeichnet wird; diese Zufuhr von winzigen Sauerstoffmengen belüftet die Feinhefe, ohne dass man die Weine umpumpen muss, wodurch die Beeinträchtigung der Frische des Weins minimiert wird. Bislang gab es spektakuläre Leistungen mit sagenhaftem Potenzial. Der *1998er Palazzi* (1000 Kisten) zeigt ein exotisches, süßes Bukett von Brombeeren und Gewürzen, einen opulent texturierten, an Marmelade erinnernden, reifen Stil mit wunderbarer Süße auf der Zunge, große Mengen von Glyzerin, geschmeidigem Tannin und einem kraftstrotzenden, reichhaltigen Abgang mit ungeheurer Komplexität. Der Wein dürfte mühelos 10–15 Jahre altern. Der ebenfalls komplexe *1998er Tenuta di Trinoro,* ein Verschnitt von 80% Cabernet Franc, 10% Merlot und 10% Petit Verdot, enthüllt Noten von Kokosnuss und asiatischen Gewürzen sowie großzügige Mengen von fruchtigen Geschmacksnuancen, die an Schwarzkirschen und Brombeeren erinnern und von Rauch erfüllt sind. Der Wein ist dicklich, körperreich, viskos und sinnlich texturiert, mit außerordentlicher Reintönigkeit und Gesamtausgewogenheit. Bei beiden Weinen wird das Tannin von der verschwenderischen Frucht und dem hohen Glyzeringehalt überdeckt. Er lässt sich ebenfalls 10–15 Jahre gut trinken.

Das Fragezeichen hinter dem *1997er Palazzi* hat den Grund, dass die Flasche, die ich verkostete, zwar eine satte purpurrote Farbe und große Mengen von süßer Schwarzkirsch- und Beerenfrucht besaß, unterstützt von toastwürzigem neuem Eichenholz, aber einen Gehalt an flüchtiger Säure hatte, der an meiner Toleranzgrenze lag. Flüchtige Säure kann zusätzliche Komplexität verleihen und ist sicherlich eines der Kennzeichen einiger der größten Weine des 20. Jahrhunderts (d.h. des 1947er Pétrus und des 1947er Cheval Blanc), aber es überrascht, wenn man so viel flüchtige Säure in einem so jungen Wein findet. Er besitzt jede Menge Glyzerin, eine dicke, kernige Textur und großartige Frucht. Er dürfte sich 12–15 Jahre lang angenehm entwickeln. Wenn es die flüchtige Säure nicht noch weiter übertreibt, wird dieser Wein zwar umstritten und nachdenklich stimmend, aber dennoch köstlich sein. Der weniger konzentrierte purpurrote *1997er Tenuta di Trinoro* ist sauberer, mit reintönigen Brombeer- und Kirschnoten, die würziges Eichenholz auf hübsche Weise ergänzt. Dieser wirklich ansprechende Wein von mittlerem bis vollem Körper, mit reizvollem Holzton, dürfte 10–12 Jahre lang gut zu trinken sein.

TERRABIANCA

1997	**Campaccio IGT**	**D**	**91**
1997	**Campaccio Riserva IGT**	**E**	**92**
1998	**Ceppate IGT**	**E**	**93**
1997	**Ceppate IGT**	**E**	**90**
1997	**Chianti Classico Vigna della Croce Riserva**	**C**	**88**
1999	**Chianti Classico Scassino**	**C**	**88**
1997	**Piano del Cipresso IGT**	**D**	**89**
1997	**Scassino IGT**	**B**	**88**

Dieser ausgezeichnete Erzeuger hat seine besten Weine seit 1990 hergestellt. Alle oben aufgeführten Weine sind wirklich interessant. Die größte Produktion stellt mit 7000 Kisten der *1999er Chianti Classico Scassino* dar. Dieser ausgezeichnete Chianti zu einem vernünftigen Preis wurde vor der Abfüllung 8–9 Monate in slowenischen Eichenfässern ausgebaut. Seine dunkelrubinrote Farbe geht einher mit Aromen von süßer Kirschfrucht, Kräutern, Erde und Gewürzen. Man entdeckt darin eine angenehm vielschichtige Empfindung im Mund, angemessene Säure und einen fleischigen, konzentrierten Geschmack. Trinken Sie ihn den nächsten 5–7 Jahren.

Der *1998er Ceppate* (ein Verschnitt von 50% Cabernet Sauvignon aus dem Chianti-Classico-Gebiet und gleichen Teilen Cabernet Sauvignon und Merlot aus dem Küstengebiet Maremma) ist fantastisch, zweifellos deshalb, weil die toskanische Küste 1998 einen viel besseren Jahrgang als die Weinbaugebiete im Landesinneren hatte. Die Farbe ist ein gesundes, dunkles Rubin-Purpurrot; das Bukett zeigt großartige Frucht (in erster Linie Crème de Cassis und neues Eichenholz). 12 Monate lang in zu 100% neuen Eichenfässern ausgebaut, von denen 70% französischer Herkunft waren, ist dieser jugendliche Wein (von dem 1800 Kisten produziert wurden), körperreich, reif, texturiert, reichhaltig und viel versprechend. Er dürfte sich 12–15 Jahre gut trinken lassen.

Der *1997er Piano del Cipresso,* ein reinsortiger Sangiovese (3700 Kisten), wurde 12 Monate in französischen Eichenfässern ausgebaut. Hinter seiner dunkelrubinroten Farbe findet man ein kräftiges, laubiges Bukett mit süßer Kirsch- und Johannisbeerfrucht im Hintergrund. Von mittlerem Körper, mäßig tanninhaltig, offen gewirkt und geschmeidig, sollte man ihn in den nächsten 4–7 Jahren trinken. Eine der besten Cuvées ist der Campaccio. *Der 1997er Campaccio* (ein Verschnitt von 70% Sangiovese und 30% Cabernet Sauvignon, der ein Jahr lang hauptsächlich in französischen Eichenfässern ausgebaut wurde; 6000 Kisten) ist ein komplexer tiefrubinroter Wein, der Düfte von Sattelleder, getrockneten Kräutern der Provence und subtilem toastwürzigem Eichenholz bietet. Er ist von mittlerem bis vollem Körper, mit ausgezeichneter Tiefe und großartiger Reintönigkeit, offen gewirkt, komplex und strukturiert. Er schmeckt jetzt köstlich und verspricht, dass er sich 7–8 Jahre lang entwickelt. Der *1997er Campaccio Riserva* (ein Verschnitt von 65% Sangiovese und 35% Cabernet Sauvignon, der 2 Jahre lang hauptsächlich in französischen Eichenfässern gereift ist; 1000 Kisten) steigert den Grad der Konzentration um ein bis zwei Stufen und offenbart einen breiteren, vielschichtigen Eindruck am Gaumen, eine tiefrubin-purpurrote Farbe, spürbareres neues Eichenholz, dickere, saftigere Geschmacksnuancen, viel Stärke und dennoch wunderbare Eleganz, Reintönigkeit und Gesamtharmonie. Das Tannin in diesem ausladenden, konzentrierten, komplexen Rotwein ist gut eingefügt. Voraussichtliche Genussreife: jetzt–2015.

Der dunkelrubinrote *1997er Chianti Classico Vigna della Croce Riserva* ist ein fruchtbetonter Wein mit großen Mengen von süßer Erdbeer-, Kirsch- und Johannisbeerfrucht, vermischt mit blumigen, mineralischen, Gewürz- und Holznoten. Trinken sollte man diesen köstlichen Chianti, der rund, reif und von mittlerem bis vollem Körper ist, in den nächsten 5–7 Jahren. Der fette, hedonistische *1997er Ceppate* mit verschwenderischem Holzton (ein Verschnitt von 75% Cabernet Sauvignon und 25% Merlot, der sowohl in französischen als auch amerikanischen Eichenfässern ausgebaut wurde) bietet eine dichte rubin-purpurrote Farbe, eine exotische, schwelgerische Persönlichkeit, herrliche Reife und Reichhaltigkeit und einen vielschichtigen, körperreichen Eindruck am Gaumen. Das Eichenholz ist ein wenig aufdringlich, dürfte sich aber angesichts der Fruchtextraktion besser einfügen. Dieser Wein wird von einer weiteren Kellerreifung von einem Jahr profitieren und sollte 10–15 Jahre lang gut altern. Der ausgezeichnete dunkelrubin-purpurrote *1997er Scassino,* ein als IGT eingestufter reinsortiger Sangiovese, ist billiger als die vorangegangenen Weine. Leser, die nach einem sehr guten Preis-Leistungsverhältnis suchen, sollten nach ihm suchen. Der Wein zeigt ein würziges, offen gewirktes Aromenprofil mit Noten von neuem Sattelleder, Kirschmarmelade, getrockneten Kräutern und Rauch. Reichhaltig, tief, von mittlerem Körper und würzig, ist er ein köstlicher, säurearmer Sangiovese ohne harte Tannine. Trinken Sie ihn in den nächsten 7–8 Jahren.

TUA RITA

1999	**Giusto di Notri IGT**	**E**	**96**
1998	**Giusto di Notri IGT**	**E**	**93**
1997	**Giusto di Notri IGT**	**E**	**90**
1999	**Perlato del Bosco**	**D**	**91**
1999	**Redigaffi IGT**	**EE**	**99**
1998	**Redigaffi IGT**	**EE**	**96**
1997	**Redigaffi IGT**	**EE**	**94**

Viele der größten Weine, die in Mittelitalien erzeugt werden, stammen von einem der drei önologischen Berater Riccardo Cotarella, Luca d'Attoma oder Stefano Chioccioli, dem Weinmacher bei Tua Rita, einem Spitzenerzeuger der toskanischen Küstenregion Bolgheri. Wie die langjährigen Leser wissen, haben diese Weine in der Vergangenheit verschwenderisches Lob erfahren; das setzt sich auch mit den 1999er Weinen fort. Ein neuer Stern in der Galaxie von Tua Rita ist der *1999er Perlato del Bosco* (über 1000 Kisten), ein reinsortiger Sangiovese, der in Barriques ausgebaut und ohne Schönung oder Filtration abgefüllt wurde. Ein Freund von mir beschrieb ihn am besten: als »Sexmaschine«. Hochgradig aufgeladene, komplexe Noten von Espresso, Schokolade und schwarzen Früchten kommen in den Aromen zum Vorschein. Körperreich, opulent und sinnlich, wird dieser hedonistische Wein, dem man nicht widerstehen kann, zwar nicht alt werden, aber wenn man ihn innerhalb der nächsten 5–6 Jahre trinkt, wird er unbestreitbar viel Spaß machen. Er gehört zu den auf explosive Weise komplexesten und üppigsten Sangiovese-Weinen, die ich je verkostet habe. Erstaunlich! Der kräftigere, seriöse *1999er Giusto di Notri* ist ein im Barrique gereifter, weder geschönter noch filtrierter Verschnitt von 65% Cabernet Sauvignon und 35% Merlot. Seine undurchdringlich purpurrote Farbe geht einher mit eindrucksvollen Aromen von Tabakblättern, Espresso, Rauch, Schokolade, schwarzen Johannisbeeren und Brombeeren. Dicht, körperreich, dick, viskos, gehaltvoll und reintönig, erfordert er eine weitere Kellerreifung von 2–3 Jahren und dürfte sich 15+ Jahre halten. Leider wurden davon nur mickrige 800 Kisten produziert. Der *1999er Redigaffi,* ein reinsortiger Merlot, von dem 250 Kisten erzeugt wurden, besitzt erstaunliche 36 g Trockenextrakt pro Liter, was die meisten Spitzen-Pomerols in einem großen Jahrgang übertrifft! Nicht geschönt und nicht filtriert, kommt er der Perfektion so nahe, wie das ein Wein nur tun kann. Die Farbe ist ein tiefes, sattes Blau-Purpurrot. Das kräftige, reintönige Bukett bietet Rauch, Lakritze, Schwarzkirschen und Brombeeren. Er ist der am stärksten Strukturierte aus diesem Trio und hat eine beängstigende Konzentration, einen fabelhaft dichten, viskosen Geschmack am mittleren Gaumen und einen Abgang, der fast eine Minute dauert. Ich bin versucht zu sagen, dass dies der Pétrus der Toskana ist, aber die einzigen jüngeren Jahrgänge vom Pétrus, die so hoch bewertet wurden, waren 1989, 1990 und 1998! Das ist fesselnder Saft. Voraussichtliche Genussreife: jetzt–2015.

Der spektakuläre *1998er Giusto di Notri* ist ein Verschnitt von 60% Cabernet Sauvignon und 40% Merlot, in französischen Eichenfässern ausgebaut, von denen 50% neu waren, und ohne Schönung und Filtration abgefüllt. Hinter einer dichten, düsteren rubin-purpurroten Farbe entdeckt man Aromen von geschmolzener Valrhona-Schokolade, Brombeeren, Rauch und Toastbrot. Gehaltvoll und körperreich, mit großartiger Konzentration, einer nahtlosen Textur, niedriger Säure und einem über 40 Sekunden dauernden Abgang, dürfte sich dieser mächtige Wein ein Jahrzehnt lang gut trinken lassen. Der *1998er Redigaffi* (von dem über 2000 Flaschen erzeugt wurden) ist tiefgründig. Normalerweise gebe ich die Trockenextrakt-Werte nicht an, weil der Geschmack wichtiger als Zahlen ist. Doch ich konnte gar nicht anders, als bei diesem Wein einen der höchsten Trockenextrakt-Werte, die ich je bei einem Wein gesehen habe, zur Kenntnis zu nehmen: 39 g/l! Zu 100% von Merlot-Trauben erzeugt und ausschließlich in neuen Fässern aus französischer Allier- und Troncais-Eiche ausgebaut, wurde er ohne Schönung oder Filtration abgefüllt. Er ist ein kräftiger, enorm ausgestatteter Wein von undurchdringlich purpurroter Farbe und bietet prächtige Noten von Schwarze-Johannisbeer-, Pflaumen- und Brombeerfrucht, durchdrungen von Gewürzen, Schokolade und Vanille. Dieser harmonische Wein quillt über vor Extrakt und Glyzerin. Außergewöhnlich reintönig und eindrucksvoll, mit reichlichem Tannin, das unter der herrlichen Reichhaltigkeit des Weins fast verborgen ist, dürfte dieser schöne Tropfen seinen Höhepunkt zwischen 2004 und 2020 erreichen.

Der hervorragende *1997er Giusto di Notri* (Verschnitt, Ausbau und Abfüllung wie oben) zeigt eine dunkelrubin-purpurrote Farbe und ausgezeichnete Aromen, die aus toastwürzigem Eichenholz, Bleistift, schwarzen Johannisbeeren, Schokolade und Rauch bestehen. Vielschichtig und reichhaltig, aber zurückgeblieben und unentwickelt, mit reichlichem Tannin im Abgang, dürfte sich dieser Wein bei einer weiteren Kellerreifung verbessern. Die geringe Säure und die süße Frucht machen ihn unmittelbar zugänglich, aber der Wein hat noch nicht seine Sekundäraromen entfaltet. Voraussichtliche Genussreife: jetzt–2012. Der spektakuläre schwarz-purpurrote *1997er Redigaffi* besitzt mächtige Aromen von Schokolade, Brombeeren und Rauch im Duft und im Geschmack, eine körperreiche Persönlichkeit, die vor Extrakt und reifer, saftiger Frucht überquillt, sensationelle Länge (über 45 Sekunden) und brillante Reintönigkeit und Symmetrie. Voraussichtliche Genussreife: jetzt–2012.

UCCELLIERA

1997	**Brunello di Montalcino**	**E**	**94**
1998	**Rapace IGT**	**D**	**90**
1999	**Rosso di Montalcino**	**C**	**88**
1998	**Rosso di Montalcino**	**C**	**88**

Der *1999er Rosso di Montalcino* ist ein kräuterartiger, cremig texturierter, kräftiger Wein, der verbraucherfreundliche, weiche, üppige Fruchtaromen im Geschmack, niedrige Säure und überraschend viel Glyzerin und Reife bietet. Er ist ein ausgezeichneter Rosso im modernen Stil, den man in den nächsten 3–4 Jahren trinken sollte.

Leser, die nach einem fruchtigen Rosso di Montalcino suchen, sollten den *1998er Rosso di Montalcino* versuchen. Er ist zwar nicht komplex, aber samtig texturiert, fleischig und voller reifer, von Kräutern durchdrungener Beerenfrucht. Trinken sollte man ihn in den nächsten 2–4 Jahren. Der *1998er Rapace* (ein Verschnitt von 60% Sangiovese, 30% Merlot und 10% Cabernet Sauvignon) zeigt eine undurchdringliche, dichte rubin-purpurrote Farbe und ein herrliches Bukett von gerösteten Kräutern, Schokolade, Lakritze und Espresso. Der überaus konzentrierte, samtig texturierte Wein, der tief und körperreich ist, mit Stärke und Anmut, sollte im Laufe der nächsten 2–4 Jahre getrunken werden.

Der spektakuläre *1997er Brunello di Montalcino* ist ein aufregendes, nahtloses Exemplar von einem Brunello, das – wie ich hoffe – darauf schließen lässt, wie besonders dieser Jahrgang ausfallen wird. Eine dichte, undurchdringliche rubin-purpurrote Farbe ist untypisch für Brunello, aber das Bukett von getrockneten Kräutern, Gewürzen, Früchtebrot, roten und schwarzen Früchten, Mineralien und Erde ist fantastisch komplex. Er ist körperreich, mit geschmeidigem Tannin, einer samtigen Textur und einem ungeheuer langen Abgang. Man kann ihn jetzt trinken oder 14–15+ Jahre einkellern.

VALDICAVA

1999 Rosso di Montalcino — D 90

Es spricht einiges dafür, dass Valdicava zu den drei bis vier Spitzenerzeugern von Brunello di Montalcino gehört. Ich kann es gar nicht abwarten, die 1997er zu probieren. Sicherlich ist der *1999er Rosso di Montalcino* ein prächtiges Beispiel dafür, was man von diesem Jahrgang erwarten kann. Seine dunkelrubin-purpurrote Farbe geht einher mit einem Bukett, das nach Schwarzkirschen, Gewürzen, Tabak, Mineralien, Erde und Unterholz duftet, und süßer, dicklicher, fleischiger Frucht, die von Glyzerin durchdrungen ist. Hat jemand einen 1999 Rosso di Montalcino erzeugt, der nicht köstlich ist?

VALGIANO

1997 Scasso dei Cesari — C 88

Der *1997er Scasso dei Cesari* ist ein hauptsächlich aus Sangiovese-Trauben erzeugter Wein mit etwas Syrah im Verschnitt. Er bietet eine beeindruckend satte purpurrote Farbe und reizvolle Geschmacksnuancen von Schwarze-Johannisbeer-, Brombeer- und Kirschfrucht. Von mittlerem bis vollem Körper, von der Frucht dominiert, sollte dieser ausgezeichnete, hedonistische Wein in den nächsten 2–3 Jahren getrunken werden. Der önologische Berater bei diesem Wein ist Roberto Cipresso.

VALTELLINA

1997	**Chianti Classico**	**C**	**89**
1997	**Chianti Classico Riserva**	**D**	**90**
1997	**Convivio IGT**	**E**	**91**
1997	**Merlot Il Duca**	**EE**	**92**

Diese eindrucksvollen Weine von dem Besitzer Christoph Schneider werden zu einem schwindelerregend hohen Preis verkauft, aber Leser, die nach dichten, kräftigen, konzentrierten, muskulösen Rotweinen mit beträchtlichem Kursgewinn suchen, werden dieses Quartett schätzen.

Der extrem konzentrierte dunkelrubin-purpurrote *1997er Chianti Classico Riserva* besitzt mächtigen Körper sowie große Mengen von Schwarzkirschfrucht, durchdrungen von Lakritze-, Trüffel-, Leder- und erdigen Noten. Dieser dichte, den Mund ausfüllende, kraftvolle Wein hat einen tanninreichen Abgang, der darauf hinweist, dass eine Kellerreifung von 1–2 Jahren günstig sein dürfte. Dieser gewaltige Chianti wird 10–15 Jahre gut altern. Der undurchdringlich purpurrote *1997er Convivio* (ein im Barrique gereifter Verschnitt von 75% Sangiovese und 25% Cabernet Sauvignon) bietet in seinem aromatischen Feuerwerk reichliche Mengen von Schwarze-Johannisbeer- und Kirschmarmelade und Düfte von Lorbeerblatt und toastwürzigem neuem Eichenholz. Vielschichtig und massiv, mit mäßig hohem Tanningehalt, erfordert dieser körperreiche, kernige 1997er eine zusätzliche Kellerreifung. Voraussichtliche Genussreife: jetzt–2016. Der *1997er Merlot Il Duca,* ein im Barrique ausgebauter, reinsortiger Merlot von dichter purpurroter Farbe, ist köstlich, opulent und explosiv, im Duft ebenso wie im Geschmack. Die Überreife und der hohe Glyzerin- und Alkoholgehalt des Jahrgangs zeigen sich in diesem hochtourigen, vieldimensionalen Wein. Er bietet bereits beträchtlichen Genuss und verspricht, dass er 15 Jahre lang gut altert. Zugegebenermaßen ist dieser Wein vom Preis her für die Reichen und Berühmten bestimmt, aber er liefert eine ganze Wagenladung Geschmack. Der zu 100% aus Sangiovese-Trauben erzeugte *1997er Chianti Classico* zeigt eine dichte rubin-purpurrote Farbe und ein süßes Bukett von schwarzen Früchten, Lakritze, getrockneten Kräutern und feuchtem Boden. Man findet darin großartige Konzentration, fantastische Reintönigkeit der Frucht und wunderbare Dichte und Opulenz – alles charakteristische Merkmale dieses wundervollen Jahrgangs. Trinken Sie ihn im Laufe der nächsten 10 Jahre.

VARRAMISTA

1998	**Varramista IGT**	**E**	**90**
1997	**Varramista IGT**	**E**	**88**

Ich hätte den *1998er Varramista* noch höher bewertet, wenn da nicht das aggressive neue Eichenholz wäre. Ansonsten ist er ein exotischer, rauchiger, nach Brombeeren und Speck duftender Wein mit süßem Tannin, komplexen, körperreichen Geschmacksnuancen, der ölig wirkt. Der aufgeschlossene, frühzeitig reife Stil dieses Verschnitts von 90% Syrah, 5% Sangiovese und 5% Merlot weist darauf hin, dass es gerechtfertigt ist, wenn man ihn in den nächsten 5–6 Jahren trinkt. Der geschmeidige, rauchige *1997 Varramista* (aus 95% Syrah und 5% Sangiovese), der im Duft und im Geschmack an Toastbrot und schwarze Johannisbeeren erinnert, lässt zwar die starke Konzentration der größten Syrah-Weine aus Frankreich oder Kalifornien vermissen, besitzt aber eine köstliche Süße an der Oberfläche, Reife und einen zu Kopf steigenden Duft. Auch wenn er nicht den gewaltigen Abgang eines großen Syrah-Weins bietet, hat er viel Charme und eine offenherzige, direkte Anziehungskraft. Trinken Sie ihn in den nächsten 5–6 Jahren.

CARLA BENINI VENTIMIGLIA

1997	**Sassotondo San Lorenzo Riserva Sovana**	**C**	**90**

Der hervorragende *1997er Sassotondo San Lorenzo Riserva Sovana* wurde von alten Ciliegiolo-Reben erzeugt und zu 100% in neuen Eichenfässern ausgebaut. Er besitzt jede Menge Frucht, die an Schwarzkirsch- und Brombeermarmelade erinnert. Körperreich und gehaltvoll, mit herrlicher Reintönigkeit, ist dieser fantastische Wein ein Ergebnis von niedrigen Erträgen und alten Rebstöcken. Trinken Sie ihn in den nächsten 10 Jahren.

IL VESCOVINO

1997	**Il Merlotto**	**D**	**90**

Dieses kleine Gut (nur 4 Hektar) befindet sich in einem Mikroklima, das zu den kühlsten in der Toskana zählt. Zu seinen nahen Nachbarn gehören Castello dei Rampolla und Villa Cafaggio. Mein Lieblingswein ist der *1997er Il Merlotto,* ein Verschnitt von 90% Sangiovese und 10% Cabernet Sauvignon, der in zwei Jahre alten französischen Holzfässern ausgebaut wurde. Hinter seiner undurchdringlich rubin-purpurroten Farbe entdeckt man ein herrlich reifes Bukett von Brombeeren, Kirschlikör und Toastbrot. Tief, körperreich und gehaltvoll, mit einer vielschichtigen, säurearmen, kernigen Textur und einem intensiven, leicht tanninbetonten Abgang, kann man ihn im Laufe der nächsten 10–12 Jahre trinken.

VILLA ARCENO

1998	**Arguzzio IGT**	**D**	**88**
1997	**Chianti Classico Riserva**	**D**	**89**

Diese Weine stammen von dem toskanischen Gut, das der unvergleichliche Jess Jackson aus Kalifornien besitzt. Beide sind, was keine große Überraschung darstellt, von hoher Qualität.

Der *1997er Chianti Classico Riserva* zeigt eine dunkelrubin-purpurrote Farbe und ein süßes Bukett von Düften nach Schwarzkirschen und Barrique. Hübsch texturiert, von mittlerem Körper, mit geschmeidigem Tannin und lebhafter Säure, dürfte sich dieser scharf konturierte, reintönige, köstliche Chianti 7–8 Jahre gut trinken lassen. Bei dem zu einem Luxuspreis verkauften *1998er Arguzzio* findet man hinter einer tiefen rubin-purpurroten Farbe süße Aromen von neuem Eichenholz, Brombeeren und Kirschen. Der Wein ist würzig, ein wenig streng und komplex und zeigt Noten von Sattelleder und schwarzen Früchten. Trinken Sie ihn in den nächsten 7–8 Jahren.

VILLA CAFAGGIO

1997 Cortaccio IGT — **E 96**

1997 San Martino IGT — **E 90**

Ich habe stets die Eleganz und die süßen Himbeer- und Kirscharomen im Geschmack bewundert, die dieser Erzeuger in der Regel erzielt. Alles andere als begeistert war ich von seinem 1997er Chianti Classico Riserva, aber beim San Martino, einem reinsortigen Sangiovese, oder beim Cortaccio, einem reinsortigen Cabernet Sauvignon, gibt es im Jahrgangs 1997 keine Probleme.

Der pflaumenfarbene *1997er San Martino* bietet herrliche dicke, saftige Aromen von schwarzen Früchten, Kirschen, Erde, Rauch und getrockneten Kräutern der Provence. Von hohem Glyzeringehalt und stämmig, mit reifer Frucht, niedriger Säure, süßem Tannin und einem langen Abgang von 35–40 Sekunden, deuten seine früh reife, opulente Textur und seine unverblümte Fruchtigkeit darauf hin, dass er sich mühelos 10–12 Jahre lang entwickeln wird. Beeindruckend! Noch kräftiger, konzentrierter und besser ausgestattet ist der dunkelrubin-purpurrote *1997er Cortaccio.* Aromen von Überreife (im positiven Sinne) kommen bei diesem Wein zum Vorschein. Außerdem präsentiert er Noten von Espressobohnen, Schokolade und dicklicher Schwarze-Johannisbeer- und Brombeerfrucht. Er ist außergewöhnlich fett und saftig, mit großen Mengen von Glyzerin und konzentrierter Frucht, vollem Körper, seidigem Tannin und einem Abgang, der über 40 Sekunden dauert. Das ist ein fantastisches Exemplar von einem Cortaccio. Trinken Sie ihn in den nächsten 10–15 Jahren.

VILLA LA SELVA

1997 Felciaia IGT — **C 89**

1997 Selvamaggio IGT — **C 91**

Die Weine werden unter der Anleitung des berühmten Önologen Stefano Chioccioli hergestellt. Der *1997er Felciaia* (100% Sangiovese, in einer Kombination von französischen und amerikanischen Eichenfässern ausgebaut) bietet ein rauchiges, eichenholzwürziges, nach Erde riechendes Bukett in einem unverkennbaren internationalen Stil. Im Mund komplex, wobei er elegante Geschmacksnuancen von schwarzen Johannisbeeren und Kräutern enthüllt, ist er ein stilvoller, zurückhaltender, (zweifellos wegen der Reife des Jahrgangs) weicher Wein, den man in den nächsten 7–8 Jahren trinken kann. Der *1997er Selvamaggio,* ein Verschnitt von 70% Cabernet Sauvignon und 30% Sangiovese, der von extrem niedrigen Erträgen und in fünf verschiedenen Typen von Eichenfässern ausgebaut wird, besitzt eine tiefe rubin-purpurrote Farbe und ein süßes, demonstratives Bukett von geräucherten Kräutern, brennendem Holzfeuer und dicklicher Schwarze-Johannisbeer- und Kirschfrucht, eine opulente Textur, fantastische Reintönigkeit der Frucht und wunderbare Intensität. Für seine Qualität, Komplexität und Reichhaltigkeit und sein Alterungspotenzial von 10–15 Jahren hat er auch ein recht gutes Preis-Leistungsverhältnis.

WEITERE BEDEUTENDE ITALIENISCHE ROTWEINE

ABBAZIA DI NOVACELLA (SÜDTIROL)

1999	Lagrein	D	85
1997	Praepositus Rosso Riserva	D	89

Diese 1142 gegründete Kellerei rühmt sich, dass sie die älteste der Welt sei. Sie erzeugt sowohl Weiß- als auch Rotweine, wobei die Ersteren für den baldigen Verbrauch bestimmt sind. Am besten sollte man sie innerhalb von 12–18 Monaten nach der Lese trinken. Der weiche, runde *1999er Lagrein* ist von dunkelrubinroter Farbe und bietet große Mengen von Beerenfrucht, Erde und Gewürzen. Säure und Tannin sind vorhanden, aber unaufdringlich. Der gelungenere *1997er Praepositus Rosso Riserva* (100% Lagrein) reifte einige Zeit in neuen Eichenfässern. Er bietet toastwürzige Vanilledüfte, vermischt mit dicklicher, reifer Brombeer- und Kirschfrucht. Dieser überraschende Wein, der dickflüssig, reichhaltig und körperreich ist, mit wunderbarer Tiefe, kann sich 5–6 Jahre halten.

ABBAZIA DI ROSAZZO (FRIAUL-JULISCH-VENETIEN)

1995	Pignolo	D	85

Diese Kellerei ist am bekanntesten für ihre ausdrucksvollen, fruchtbetonten Weißweine von leichtem bis mittlerem Körper, die man innerhalb der ersten 18 Monate nach der Lese trinken sollte. Sie erzeugt allerdings auch einen sehr guten Rotwein von der Pignolo-Traube, einer einheimischen Rebsorte des Friaul. Der *1995er Pignolo* ist tanninreich, besitzt aber ein wundervolles, nach Kirschen duftendes und von Schokolade überzogenes Bukett, dichte, würzige Noten von schwarzen Früchten, mittleren Körper und wirkt strukturiert und konzentriert. Er dürfte 10 Jahre lang gut altern.

ALLEGRINI (VENETIEN)

1997	Amarone Classico	E	95
1996	Amarone Classico	C	95
1998	La Grola	B	90
1997	La Grola	C	90
1998	Palazzo della Torre IGT	B	88
1997	Palazzo della Torre IGT	B	90
1996	Palazzo della Torre IGT	B	87
1997	La Poja IGT	E	90
1996	La Poja IGT	E	91
1995	La Poja IGT	E	89
2000	Valpolicella Classico Superiore	A	87
1999	Valpolicella Classico Superiore	A	86

Dieses Gut, das seit mehreren Jahren eine Glückssträhne hat, bietet drei ausgezeichnete Weine zu einem günstigen Preis an, den Valpolicella Classico, den Palazzo della Torre und La Grola sowie zwei teurere Luxuscuvées (La Poja und den Amarone Classico), die angesichts ihrer Qualität immer noch ein gutes Preis-Leistungsverhältnis repräsentieren. Enttäuscht über die Liberalisierung der Qualitätskontrollen in Venetien, ist Allegrini ein weiterer

Weinmacher, der das Appellationssystem verlassen hat und die lokalen Maßstäbe neu festlegt. Als Folge davon tragen La Grola und La Poja nicht mehr die Bezeichnung Valpolicella.

Der *2000er Valpolicella Classico Superiore,* ein köstlicher, fruchtiger, überschwänglicher, würziger Wein, bietet Noten von Schwarzkirschen, vermischt mit gemahlenen Mandeln und getrockneten Kräutern. Er besitzt eine ausgezeichnete Textur sowie elegante Geschmacksnuancen von mittlerem Körper, die voller Frucht und Charakter sind. Kein Holz ist wahrzunehmen; das Tannin ist süß, die Säure unaufdringlich. Trinken Sie ihn in den nächsten 1–2 Jahren. Der *1999er Valpolicella Classico Superiore,* ein Wein von gutem Preis-Leistungsverhältnis, zeigt gute Beerenfrucht, Mandelnoten, mittleren Körper und geringes Tannin. Er ist ein köstlicher, in einem leichteren Stil gehaltener Rotwein mit guter Reintönigkeit und kann in den nächsten 1–2 Jahren zu einfachen Pasta-Gerichten oder als Aperitif getrunken werden.

Bei dem umwerfenden *1998er La Grola* hat Allegrini den Namen Valpolicella weggelassen. Die aus 70% Corvina, 15% Rondinella, 10% Syrah und 5% Sangiovese erzeugte Cuvée (über 12000 Kisten) wurde in großen Holzfässern ausgebaut und vor der Abfüllung einer leichten Filtration unterzogen. Sie zeigt einen körperreichen, dichten, vielschichtigen Charakter mit großen Mengen von Beerenfrucht, durchwoben von Mandeln und Blüten. Dieser reife, in einem demonstrativen Stil gehaltene Rotwein, der opulent, aufregend und verführerisch ist, mit niedriger Säure sowie Fett und Fleisch im Überfluss, kann jetzt und in den nächsten 5–7 Jahren getrunken werden. Der hervorragende dunkelrubin-purpurrote *1997er La Grola* ist ein körperreicherer, gelungener Wein. Er verbindet Konzentration mit Eleganz, einer geschmeidigen Struktur, eindrucksvollen Mengen von Schwarzkirsch- und Johannisbeerfrucht, süßem, subtilem Holz und einer faszinierenden mineralischen Note darunter. Er ist geschmeidig und reichhaltig und dürfte sich 3–5 Jahre gut trinken lassen.

Der Palazzo della Torre wird in großen slawonischen Holzfässern mit 2000 und 8000l Fassungsvermögen ausgebaut. Der ausgezeichnete *1998er Palazzo della Torre* ist ein ehrlicher, erdiger, von Pomerol inspirierter Wein. Er bietet reichliche Noten von Cola und Schwarzkirschfrucht, mittleren Körper, niedrige Säure, gute Üppigkeit und einen fleischigen, direkten Abgang. Trinken Sie ihn in den nächsten 5–6 Jahren. Der hervorragende *1997er Pallazzo della Torre* ist ein dunkelrubin-purpurroter Wein, der körperreich und dicht ist, mit Rhônewein-ähnlichen Düften, die an Rinderblut und *garrigue* (jene Mischung von Erde und getrockneten Kräutern der Provence) erinnern, verknüpft mit großen Mengen von Schwarzkirsch- und Johannisbeerfrucht. Er ist reichhaltig, kernig und eindrucksvoll und sollte im Laufe der nächsten 8 Jahre getrunken werden. Der *1996er Palazzo della Torre* zeigt im Geschmack viele Kirsch- und Teeraromen, mit Noten von Schokolade und gerösteten Kräutern im Hintergrund. Dieser robuste Valpolicella, ein dunkelrubinroter Wein mit guter Textur, mittlerem bis vollem Körper und ausgezeichneter Reintönigkeit und Länge, dürfte 2–3 Jahre lang gut zu trinken sein.

Die Leser sollten nicht vergessen, dass die Trauben für die Amarone-Weine vier Monate lang getrocknet werden, bevor sie gemahlen und vergoren werden. Der spektakuläre *1997er Amarone Classico* von undurchdringlich purpurroter Farbe (15,4% Alkohol) kommt aus einem für diese Appellation außergewöhnlichen Jahrgang. Er besitzt ein prächtiges Bukett von Grafit, Brombeeren, Pflaumen, Kirschen und Trüffeln. Auch wenn er einige der fast exzessiv wirkenden, an Backpflaumen und Rosinen erinnernden Noten offenbart, ist er körperreich, überaus reichhaltig und konzentriert, mit auffälliger Reintönigkeit und einem fabelhaften Duft. Ein Hauch von flüchtiger Säure verleiht ihm noch mehr Komplexität und aromatischen Schwung. Voll, sinnlich und tief, mit gewaltigem Extrakt, das einen eindrucksvollen Tanningehalt verschleiert, lässt sich diese Glanzleistung der Weinbereitung 20+ Jahre lang gut trinken. Der hervorragende dunkelpurpurrote *1996er Amarone Classico* bietet ein umwerfendes Bukett von Holzkohle, vermischt mit schwarzen Trüffeln, geschmolzenem Teer, Brombeeren und Roastbeef. Dieser kernige, dickflüssige, außergewöhnlich reintönige, harmonische Wein, der erstaunlich gehaltvoll und körperreich, aber nicht schwer ist, dürfte sich 10–12+ Jahre gut trinken lassen. Seine niedrige Säure und seine herrlich reife Frucht machen ihn unmittelbar zugänglich.

Der als IGT eingestufte La Poja, ein Wein, der von dem knapp 2,5 Hektar großen Filetstück ganz oben auf dem besten Weinberg von Allegrini stammt, demonstriert die Überzeugung der Kellerei, dass von der einheimischen Traubensorte Corvina Veronese große Weine erzeugt werden können. Ausschließlich aus dieser Rebsorte hergestellt und zu 100% in französischen Fässern aus Taransaud-Eiche ausgebaut, fällt La Poja in der Regel hervorragend aus. Der brillante, junge, noch nicht entwickelte *1997er La Poja,* von dem 1 000 Kisten produziert wurden, verbindet Stärke und Feinheit zu einem reichhaltigen, konzentrierten Stil und bietet im Duft und im Geschmack Aromen von Mineralien, Grafit, schwarzen Johannisbeeren und Kirschen sowie einen subtilen Holzton. Dieser Wein von dichter rubin-purpurroter Farbe entfaltet sich am Gaumen stufenweise, bleibt aber immer vornehm, maßvoll und stilvoll. Er wird von einer weiteren Kellerreifung von 1–2 Jahren profitieren und sich 14–15 Jahre halten. Der im Stil des 1990ers und des 1993ers (zwei großartige Jahrgänge) gebaute *1996er La Poja* ist eine wunderbare Leistung. Dieser Wein von dichter purpurroter Farbe ist reichhaltig und komplex, mit starken mineralischen Untertönen in seiner Brombeer- und Johannisbeerfrucht, mittlerem bis vollem Körper und viel Würzigkeit. Er dürfte sich 10–12 Jahre weiterentwickeln. Er ist sehr eindrucksvoll und unbestreitbar einer der besten trockenen Rotweine, die ich je aus Venetien verkostet habe. Der *1995er La Poja* besitzt eine undurchdringlich purpurrote Farbe und körperreiche, konzentrierte Geschmackskomponenten mit Noten von dunklen Himbeeren und Kirschen. Kräftig und reichhaltig, mit einer samtigen Textur, guter Säure als Unterlage und mäßigem Tannin, dürfte sich dieser seriöse, konzentrierte, faszinierende Wein 4–7 Jahre gut trinken lassen.

DE ANGELIS (KAMPANIEN)

2000	**Lacryma Christi del Vesuvio**	**B**	**86**

Der *2000er Lacryma Christi del Vesuvio* ist ein köstlicher, einfacher, trockener Rotwein, den man zu Prosciutto oder Salami trinken kann. In diesem unkomplizierten Wein von mittlerem Körper findet man würzige, an Kräuter, Kirschen, Johannisbeeren und Pfeffer erinnernde Geschmacksnuancen. Trinken Sie ihn in den nächsten 1–2 Jahren.

APOLLONIO (APULIEN)

2000	**Copertino**	**A**	**88**
1997	**Copertino Riserva Divoto**	**B**	**89**
1998	**Primitivo Terragnolo**	**B**	**90**
1998	**Salice Salentino**	**A**	**85**
1998	**Valle Cupa**	**A**	**87**

Apollonio ist typisch für die höherwertigen Erzeuger, die mehr und mehr in Süditalien auftauchen. Während die Weine früher dünn, adstringierend, rustikal und ohne Frucht waren, sind sie jetzt im Hinblick auf ihre Reife, Reintönigkeit, geschmeidige Textur und Konzentration revolutionär. Alle werden ohne Filtration abgefüllt. Außerdem repräsentieren sie ein sehr gutes Preis-Leistungsverhältnis. Gewiefte Verbraucher sollten die Weine von Apollonio unbedingt versuchen.

Der *2000er Copertino* ist ein kräftiger, robuster, köperreicher (14% Alkohol) Wein von tiefer rubin-purpurroter Farbe, der süße Aromen von dicklichen schwarzen Früchten, geschmolzener Lakritze und Teer bietet. In diesem fruchtbetonten, von Glyzerin erfüllten, fleischigen Rotwein entdeckt man keine Spur von Eichenholz. Trinken Sie ihn wegen seiner Überschwänglichkeit und Reintönigkeit in den nächsten 1–2 Jahren. Eindrucksvoll!

Der *1998er Salice Salentino* ist ein in einem modernen Stil bereiteter Wein, der ausgezeichnete Frucht (dunkle Himbeeren und Brombeeren) sowie verbrannte Erde und geschmolzenen Teer zeigt. Kernig, rustikal, dicht und vollmundig, mit guter Reintönigkeit, dürfte er in den nächsten 12 Monaten gut zu trinken sein. Der *1998er Valle Cupa,* der 6 Monate in alten Eichenfässern reifte, wirkt im Stil internationaler, mit großen Mengen von Schwarzkirsch- und Kirschfrucht, vermischt mit rauchigen und Fenchelgerüchen. Dieser geradlinige, aber geschmackvolle Wein, der körperreich, reif und kernig ist, lässt sich 3–4 Jahre gut trinken. Die Spitzenleistung ist der *1998er Primitivo Terragnolo.* Dieser Wein von undurchdringlich purpurroter Farbe präsentiert große Mengen von dicklicher Schwarzkirsch- und Brombeerfrucht, Trüffeln, Teer und Gewürzen. Der körperreiche, verschwenderisch fruchtige Wein mit gutem Glyzerin, Reintönigkeit und Gesamtausgewogenheit schlägt am Gaumen eine breite, reichhaltige, konzentrierte Schneise ohne Ecken und Kanten. Trinken Sie ihn in den nächsten 4–5 Jahren. Interessanterweise ist dieser Wein 4–6 Monate in neuen Eichenfässern gereift, was man aufgrund des Fruchtreichtums und der Konzentration nicht wahrnimmt. Bravo!

Der *1997er Copertino Riserva Divoto* offenbart mehr Feinheit und Eleganz, zusammen mit Noten von süßer Schwarzkirschfrucht, Zedernholz und Gewürzen. Man findet darin eine gute Üppigkeit, einen samtig texturierten Eindruck am Gaumen und sehr gute Reife, Reintönigkeit und Länge. Trinken Sie ihn in den nächsten 6–7 Jahren.

ARANO (VENETIEN)

1997	**Amarone**	**E**	**91**
1997	**Valpolicella**	**C**	**87**

Meine erste Verkostung von Weinen dieses Erzeugers offenbarte einen köstlichen, expansiven, süßen *1997er Valpolicella* mit guter Frucht, mittlerem Körper und guter Tiefe, in einem runden, eleganten, geschmeidigen Format präsentiert. Trinken Sie diesen Wein in den nächsten paar Jahren. Der seriös ausgestattete, unter Volldampf stehende *1997er Amarone* (15% Alkohol) zeigt einen dunklen Pflaumen-Rubin-Ton und ein kräftiges, erdiges Bukett von Teer, Schokolade, gerösteten Kräutern und schwarzen Früchten. Er sättigt den Mund und besitzt süßes Tannin, herrlich reintönige Frucht und nichts von den rosinenartigen, oxidierten Merkmalen, die man in Amarone-Weinen im alten Stil findet. Dieser Wein dürfte 2 Jahrzehnte lang gut zu trinken sein.

ARGIOLAS (SARDINIEN)

1999	**Costera**	**B**	**90**
1998	**Costera**	**A**	**89**
1999	**Korem**	**D**	**88+?**
1998	**Korem**	**D**	**88**
1997	**Korem**	**C**	**90**
1999	**Perdera**	**A**	**89**
1998	**Perdera**	**A**	**87**
1997	**Turriga**	**D**	**90**
1995	**Turriga**	**D**	**87**
1994	**Turriga**	**D**	**91**

Dieses große Weingut (200 Hektar) erzeugt im Landesinneren von Sardinien Weine mit großartigem Preis-Leistungsverhältnis. Besonders erfolgreich war es 1999, als es einen Perdera und einen Costera erzeugte, die zu seinen bisher gelungensten Weinen gehören. Argiolas produziert auch zwei Luxuscuvées, Turriga und Korem (dessen Debüt-Jahrgang der 1997er war). Sie machten auf mich den Eindruck, dass sie in einem etwas mehr internationalen Stil gehalten und möglicherweise nicht so charaktervoll wie ihre billigeren Geschwister waren.

Man findet schwerlich einen günstigeren Kauf als den Perdera, einen Verschnitt, der von der einheimischen Rebsorte Monica dominiert wird. Dieser Wein ist im Allgemeinen rustikal und im Stil des Rhônetals bereitet. Der *1999er Perdera* offenbart einen dunklen Pflaumen-Ton und ein kräftiges, rauchiges Bukett von Erde, Grillgewürzen, Schwarzkirschen und einem Hauch von weißer Schokolade. Er besitzt tolle Fruchtintensität, kräftige, körperreiche Geschmacksnuancen und eine geschmeidige Textur. Trinken Sie ihn in den nächsten 1–2 Jahren. Der *1998er Perdera* bietet eine tiefe rubinrote Farbe, auf die im Duft und im Geschmack Aromen von Pfeffer, Kirschwasser und Beeren folgen. Geschmeidig, fleischig und tief, mit ausgezeichneter Reintönigkeit und guter Würzigkeit, schmeckt dieser kraftvolle, Côtes-du-Rhône-ähnliche Rotwein nach Sonnenschein und reifer Frucht. Genießen Sie ihn in den nächsten 12 Monaten.

Das Qualitätsniveau erhöht sich mit dem Costera, der ebenfalls ein ausgezeichnetes Preis-Leistungsverhältnis hat; er wird hauptsächlich von der Rebsorte Cannonau erzeugt (die angeblich ein entfernter Verwandter der Grenache-Traube ist) und ein wenig in neuen französischen Eichenfässern ausgebaut. Der *1999er Costera* ist dicht, kernig, körperreich, vielschichtig und nahtlos, mit süßen Kirschwassernoten, die sich mit Lakritze und Vanille mischen. Trinken Sie ihn in den nächsten 1–2 Jahren. Der fast hervorragende *1998er Costera* ist tiefrubinfarben, mit robusten, pfeffrigen Schwarzkirsch- und Himbeeraromen von mittlerem bis vollem Körper im Geschmack, hohem Glyzeringehalt, einem süßen, kernigen Eindruck am mittleren Gaumen und einem dichten, trockenen, kräftigen Abgang. Trinken kann man diesen stattlichen, vollmundigen Rotwein im Laufe der nächsten 2–3 Jahre.

Korem ist ein Verschnitt von Merlot, Syrah, Carignan und zwei einheimischen Rebsorten, Cannonau und Bovale Sardo. 12 Monate lang im Tank und im Barrique ausgebaut und ohne Filtration abgefüllt, wurde er erstmals 1997 erzeugt. Der *1999er Korem* ist ein körperreicher, gehaltvoller, würziger, vielschichtiger Wein, der am Gaumen mit großen Tanninmengen auftrifft. Im langen Abgang entdeckt man merkliche Noten von Holz und Erde. Er ist ehrgeizig, dicht und kernig, aber ob er je den Charme entfalten wird, den man in den weniger teuren Weinen von Argiolas findet, bleibt abzuwarten. Der *1998er Korem* präsentiert erdige Schwarzkirschfrucht, geröstete Kräuter, gute Würzigkeit, mittleren bis vollen Körper und sehr gute Dichte. Für meinen Geschmack zeigt er weniger Individualität als die anderen 1998er dieser ausgezeichneten Kellerei. Trinken Sie ihn in den nächsten 2–3 Jahren. Der *1997er Korem* ist ein umwerfender Wein von undurchdringlich rubin-purpurroter Farbe, der ein reichhaltiges, nach Schokolade und Brombeeren duftendes Bukett und ebensolche Geschmacksnuancen, fabelhafte Intensität, rauchige, an Hickoryholz und Grillgewürze erinnernde Noten, niedrige Säure und einen samtweichen, auffälligen, üppigen, körperreichen Abgang besitzt. Er dürfte sich 4–5 Jahre lang gut trinken lassen.

Das Flaggschiff dieses Guts, der Turriga, ist ein Verschnitt von 85% Cannonau und 15% Malvasia Nera sowie ein klein wenig Carignano und Bovale Sardo. Er ist ein im Barrique gereifter, nicht filtrierter, prächtiger Rotwein, der im Allgemeinen stärker entwickelt ist als der Korem, aber komplex und attraktiv. Dieser Wein kann tatsächlich hervorragend ausfallen. Der *1997er Turriga* wurde zu 100% in neuen französischen Eichenfässern ausgebaut. Er ist ein gelungener Wein und besitzt eine dichte rubin-purpurroter Farbe, auf die in seinem Bukett im internationalen Stil Düfte von Brombeeren, Kirschlikör und Toastbrot folgen. Man entdeckt Noten von neuem Sattelleder, vollen Körper, einen konzentrierten, kräftigen Stil sowie Tannin, Tiefe und Struktur im Überfluss. Er ist immer noch ein Kleinkind und dürfte sich 10–12 Jahre gut trinken lassen. Der *1995er Turriga,* der nicht ganz das Niveau früherer Jahrgänge erreicht, ist dennoch sehr gut. Er bietet in seinem verschwenderisch holzbetonten Bukett jede Menge toastwürziges neues französisches Eichenholz. Mit dem Holz konkurrieren Schwarzkirsch- und Brombeernoten. Im Geschmack ist er von mittlerem bis vollem Körper, reif und in einem internationalen Stil gehalten, mit einem komprimierten, trocken, tanninreichen Abgang. Trinken Sie ihn in den nächsten 2–3 Jahren. Beim *1994er Turriga* geht die dunkelrubinrote Farbe mit einem Bukett wie aus dem Lehrbuch einher: in einem internationalen Stil gehalten, mit würzigem neuem Eichenholz, Zedernholz, Schokolade und schwarzen Johannisbeeren. Das ist ein hervorragender Wein mit beträchtlicher Komplexität sowie einer Textur und einem Abgang, die angenehm vielschichtig sind. Er ist seiner vollständigen Reife nahe und wird noch 4–5 Jahre lang altern.

BASILISCO (BASILIKATA)

1999	**Aglianico del Vulture**	**D**	**88**
1998	**Aglianico del Vulture**	**D**	**89**
1997	**Basilisco**	**D**	**89**

Die zwei in einem modernen Stil gehaltenen italienischen Rotweine werden von der Aglianico-Traube erzeugt, einer Rebsorte, die angesichts des Qualitätsniveaus, das bei meinen Verkostungen im Laufe der letzten paar Jahre deutlich wurde, allmählich mehr Aufmerksamkeit finden sollte. Sie ist eine seriöse Traubensorte und liefert möglicherweise nicht die Komplexität von so großartigen internationalen Rebsorten wie Pinot Noir, Syrah, Cabernet Sauvignon, Merlot, Cabernet Franc, Tempranillo und Nebbiolo, ist aber qualitativ mit Sangiovese, Mourvèdre und Zinfandel vergleichbar. Die Aglianicos von Basilisco werden 12 Monate in neuen Eichenfässern ausgebaut, was zu gelungenen Weinen von dichter purpurroter Farbe führt, mit typischen Noten von geschmolzenem Teer, vermischt mit erdiger Schwarzkirsch- und Johannisbeerfrucht. Zwar sind beide Jahrgänge im Stil ähnlich, aber der *1998er Aglianico del Vulture* scheint mehr Textur und Volumen als der *1999e Aglianico del Vulture* zu haben. Das Alterungspotenzial dieser beiden Weine ist unbekannt, aber ich würde empfehlen, dass man sie während ihrer überschwänglichen Jugend trinkt, im Laufe der nächsten 5–6 Jahre.

Der faszinierende *1997er Basilisco* ist von undurchdringlich purpurroter Farbe und besitzt ein Bukett von Lavendel, Frühjahrsblumen, Heidelbeeren und geschmolzenem Teer. Wenn er sich länger im Glas befindet, kommen Zigarrenkistenaromen zum Vorschein. Reichhaltig, dicht und körperreich, mit 14,5% Alkohol, mag er wegen seiner exzentrischen und dennoch faszinierenden Aromen umstritten sein.

BOCCADIGABBIA (MARKEN)

1998	**Cabernet Sauvignon Akronte**	**D**	**88**
1997	**Cabernet Sauvignon Akronte**	**D**	**90**
1998	**Rosso Piceno Saltapicchio**	**C**	**87**
1997	**Rosso Piceno Saltapicchio**	**C**	**88**

Unter den besten Weinen, die ich aus dieser Region probiert habe, sind diese in einem modernen Stil bereiteten roten Weine außerordentlich gut vinifiziert.

Was dem in einem internationalen Stil gehaltenen *1998er Cabernet Sauvignon Akronte* an Seele und regionaler Typizität fehlt, macht er mit seinem Schwall von Schwarze-Johannisbeer-Frucht wett, der mit toastwürzigem neuem Eichenholz vermischt ist. In einem reintönigen, fleischigen, konzentrierten Stil bereitet, sollte er in den nächsten 5–6 Jahren getrunken werden. Der undurchdringlich rubin-purpurrote *1997er Cabernet Sauvignon Akronte* enthüllt klassische Cabernet-Sauvignon-Aromen von Zedernholz und schwarzen Johannisbeeren, die sich in einem reichhaltigen, körperreichen, Bordeaux-ähnlichen Stil präsentieren. Er zeigt niedrige Säure, ausgezeichnete Reintönigkeit und den Einfluss von neuem Eichenholz. Trinken Sie ihn in den nächsten 10 Jahren.

Der *1998er Rosso Piceno Saltapicchio* ist von mittlerem Körper und bietet elegante, rauchige, eichenholzwürzige, an Schwarzkirschen und schwarze Johannisbeeren erinnernde Geschmacksnuancen, die er in einem maßvoll ausgestatteten, geschmeidigen Stil präsentiert. Im Abgang entdeckt man Tannin und faszinierende Espressonoten. Trinken Sie ihn in den nächsten 2 Jahren. Der *1997er Rosso Piceno Saltapicchio* (100% Sangiovese) zeigt ein elegantes, nach Kirschen, Erdbeeren und Leder duftendes Bukett, mittleren Körper, gute Würzigkeit und Reife und eine runde, offen gewirkte Textur. Trinken sollte man ihn in den nächsten 2–3 Jahren.

BRIGALDARA (VENETIEN)

1997	Amarone	E	90
1995	Amarone	D	91
1998	Valpolicella Classico	A	86

Der hellrubinrote *1998er Valpolicella Classico* bietet Düfte von süßer Erdbeer- und Beerenfrucht, verknüpft mit Rauch und Mandelextrakt. Fruchtig und rund, ist er ideal für einen Trinkgenuss in den nächsten 12 Monaten. Der dunkelrubinrote *1997er Amarone,* ein rauchiger, körperreicher, erdiger Wein, wartet mit Düften von Tierfell, geschmolzenem Teer sowie reifen Pflaumen, Backpflaumen und Schwarzkirschen auf. Trinken Sie diesen dichten, kernigen, berauschenden Amarone im Laufe der nächsten 10–15 Jahre. Gelungener ist der kräftige, herzhafte *1995er Amarone,* der an das südliche Rhônetal erinnert. Körperreich, dicht und kernig, mit Noten von geschmolzenem Teer und erdiger, animalisch getönter Brombeer- und Kirschfrucht, ist er ein konzentrierter, starker Wein. In diesem eindrucksvoll gebauten, rauchigen, erdigen Amarone findet man keine Ecken und Kanten. Trinken Sie ihn in den nächsten 10 Jahren.

TOMMASO BUSSOLA (VENETIEN)

1997	Amarone TB	E	92
1997	Amarone Vigneto Alto TB	EE	96
1995	Amarone Vigneto Alto TB	E	92
1997	Recioto della Valpolicella TB	E	98
1997	Valpolicella Classico TB	C	91
1995	Valpolicella Classico TB	C	88

Der junge Tommaso Bussola, ein Autodidakt, gehört unbestreitbar zu den aufstrebenden Spitzenerzeugern der Region und stellt weiter einige der besten Weine Venetiens her, einer Region, die jetzt die gleiche Art von Renaissance erlebt, die sich in der Toskana und im Piemont vor einem Jahrzehnt vollzog. Dieser Erzeuger bemüht sich, mit einigen der seriösesten Weinmacher Venetiens (d.h. mit Giuseppe Quintarelli und Dal Forno Romano) in den Wettstreit zu treten. Seine Weine sind wunderschön intensiv, mit herrlicher Reintönigkeit und kräftigen, reifen Fruchtaromen im Geschmack, aber trotzdem mit einer Frische und Harmonie, die sie herausragen lassen. Die Leser sollten beachten, dass Bussola zwei Qualitätsstufen von Weinen hat. Seine Weine der Eingangsstufe tragen auf dem Etikett die Buchstaben »BG«. Ich habe keinen dieser Weinen verkostet. Seine Spitzenweine haben alle die Buchstaben »TB«.

Wenn wir einmal die bemerkenswerten Weine von Dal Forno Romano vergessen, wird man schwerlich einen besseren Valpolicella finden als den *1997er Valpolicella Classico TB.* Er beschämt den größten Teil des industriellen Gesöffs, das den Markt beherrscht. Er zeigt fantastische Konzentration, eine herrlich sinnliche Textur und viele süße Beerenfrüchte, vermischt mit einem Hauch von Marzipan und Gewürzen. Trinken sollte man diesen verführerischen, köstlichen, in hohem Maße fruchtigen Valpolicella in den nächsten 3–4 Jahren. Der *1995er Valpolicella Classico TB* steht im krassen Gegensatz zu den riesigen Weinmengen, die aus dieser Appellation kommen. Er ist ein köstlich reifer, fetter Wein von mittelrubinroter Farbe, mit großen Mengen von würziger Schwarzkirschfrucht, von Kräutern durchdrungen, mit einem Hauch von Balsaholz, Teer und gerösteten Nüssen. Trinken Sie diesen fleischigen Valpolicella von mittlerem Körper in den nächsten 1–2 Jahren.

Der *1997er Amarone TB* ist ein breiter, ausladender, muskulöser, dichter, körperreicher, reintöniger Wein, der im Duft und im Geschmack Aromen von geschmolzenem Teer, schwarzen Pflaumen, Kirschen und Erde bietet. Dieser konzentrierte Amarone schlägt am Gaumen eine breite Schneise. Trinken Sie ihn in den nächsten 10–15 Jahren.

Der wunderbare *1997er Amarone Vigneto Alto TB* erinnert an den 1990er Châteauneuf-du-Pape Réserve des Céléstins von Henri Bonneau. Der schwindelerregend hohe Alkoholgehalt von 16% ist kaum zu spüren. Die Erträge lagen bei winzigen 20 hl/ha. Leider gibt es von diesem außergewöhnlichen Amarone nur 300 Kisten. Er besitzt Noten von Rauch, Trüffelöl, Brombeeren, Pflaumen und erdiger, konzentrierter Schwarze-Johannisbeer-Marmelade. Vielschichtig, dickflüssig, körperreich und trocken, mit außerordentlicher Reintönigkeit und Bestimmtheit, ist er eine erstaunliche Leistung. Er ist zwar nicht für jedermann bestimmt, aber er ist ein einzigartiger, makellos ausgewogener Wein. Voraussichtliche Genussreife: jetzt–2020. Der tiefgründige *1995er Amarone Vigneto Alto TB* zeigt einen tiefen Pflaumen-Ton und herrliche Aromen von geschmolzener Schokolade, Teer und Kirschlikör, vermischt mit Noten von gegrilltem Steak und Kräutern der Provence. Kräftig, dickflüssig, körperreich, muskulös und trocken, bietet dieser intensive, vielschichtige, großartige Amarone in den nächsten 10–12 Jahren idealen Trinkgenuss. Man sollte ihn mit entsprechend reichhaltigen Gerichten oder Käse kombinieren.

Der *1997er Recioto della Valpolicella TB* schließlich ist ein unglaublich vielschichtiger, leicht süßer Wein mit ungeheuren Mengen von Glyzerin, Extrakt und Frucht. Ich bin kein großer Anhänger von Recioto della Valpolicella, weil er normalerweise zu süß und zu schwer ist, aber dieses Beispiel ist fesselnd. Konzentriert und reintönig und dennoch weder unheimlich schwer oder widerlich süß, ist er wirklich großartig. Zudem wird er sich 3 Jahrzehnte oder noch länger halten.

CA' DEI FRATI (LOMBARDEI)

1998	**Ronchedone IGT**	**C**	**89**

Der *1998er Ronchedone* ist ein Verschnitt von Cabernet Sauvignon, Merlot, Barbera, Sangiovese, Groppello und Marzemino. Noten von Gewürzen, Rauch, Zedernholz und roten Früchten präsentieren sich in einem eleganten, reintönigen Format. Man findet darin gute Dichte am Gaumen, einen süßen Auftakt, Würzigkeit und rote Früchte im Überfluss und im Abgang leichtes Tannin. Trinken Sie ihn in den nächsten 3–4 Jahren.

LA CADALORA (TRENTINO)

1998	**Majere IGT**	**C**	**88**
1997	**Majere IGT**	**C**	**89**
2000	**San Valentino**	**B**	**85**
1999	**San Valentino**	**B**	**86**
1998	**San Valentino**	**B**	**87**
1998	**Vignalet Pinot Nero**	**C**	**87**

Das ist eine Gruppe von sehr guten Weinen; die Weinberge liegen im unteren Teil des Trentino, der unter dem Namen Vallagarina bekannt ist.

Die drei San Valentinos, die schöne Schnäppchen darstellen, werden hauptsächlich von der einheimischen Traubensorte Marzemino erzeugt. Diese im Tank vergorenen und ausgebauten Weine, die an einen Beaujolais erinnern, sollten bald getrunken werden, spätestens innerhalb der nächsten 2–3 Jahre. Der *2000er San Valentino* bietet durchdringende Kirschfrucht, gute Säure und einen schlichten, direkten Stil. Der *1999er San Valentino* besitzt eine undurchdringlich purpurrote Farbe sowie Düfte von Kräutern, Erde und schwarzen Früchten. Er ist zwar nicht komplex, aber ein fetter, vollmundiger, sauber vinifizierter Rotwein. *Der 1998er San Valentino* ist ein im Beaujolais-Stil gehaltener italienischer Rotwein mit vielen Noten von getrockneten Kräutern, würziger, runder Beeren- und Kirschfrucht und geröstetem Espresso. Mit gutem Fett neben einem kernigen, schön texturierten mittleren Gaumen und Abgang hat er zwar einen Mangel an Komplexität, zeigt aber gute Geschmacksdichte.

Der rauchige, nach Kräutern und Kirschen duftende *1998er Vignalet Pinot Nero* ist von mittlerem Körper und gefällig und sollte am besten in den nächsten 2–3 Jahren getrunken werden.

Der *1998er Majere* mit gutem Körper, Struktur und klaren Umrissen sowie Hinweisen auf den Barrique-Ausbau enthüllt große Mengen von würzigem Eichenholz, Brombeeren und

Kirschfrucht. Er ist ein Verschnitt von 70% Casetta (einer örtlichen Rebsorte) und 30% Cabernet Sauvignon und dürfte sich 4–5 Jahre gut trinken lassen. Der eng gewirkte, aber eindrucksvoll ausgestattete, fast hervorragende *1997er Majere* von undurchdringlich rubin-purpurroter Farbe ist ein dichter, konzentrierter Wein von mittlerem bis vollem Körper, mit mäßigem Tannin sowie jugendlicher Stärke und Überschwänglichkeit. Er offenbart nicht viele Sekundäraromen, dürfte aber 7–8 Jahre lang gut altern.

CAGGIANO (KAMPANIEN)

1999	**Salae Domini**	**D**	**89**
1998	**Salae Domini**	**D**	**90**
1997	**Salae Domini**	**D**	**90**
2000	**Taurì**	**D**	**88**
1998	**Taurasi**	**D**	**89**
1997	**Taurasi**	**D**	**87**

Der attraktive, mittelgewichtige *2000er Taurì* (100% Aglianico) zeigt nicht die röstartigen, exzentrischen Merkmale, die man in Weinen aus Kampanien oft findet. Hinter seiner tiefrubinroten Farbe entdeckt man jede Menge Beerenfrucht, geschmolzenen Teer, Gewürze und Fleisch. Trinken Sie ihn in den nächsten 2–3 Jahren.

Der zu 100% aus Aglianico-Trauben erzeugte *1998er Taurasi* bietet zusammen mit Sattelleder und schwarzen Früchten die für die Rebsorte typischen Noten von geschmolzenem Teer und Boden. Dieser duftige Wein von mittlerem Körper besitzt geschmeidiges Tannin sowie beträchtliche Komplexität. Er dürfte 5–6 Jahre lang gut zu trinken sein. Der *1997er Taurasi* enthüllt Noten von geschmolzenem Straßenteer, Schwarzkirschen, Schokolade, Leder und Gewürzen. Von mittlerem Körper und stämmig, mit etwas Rustikalität, lässt er sich 3–4 Jahre gut trinken.

Der Salae Domini, ein hervorragender Wein, der reinsortig von Aglianico-Trauben erzeugt und in kleinen französischen Eichenfässern ausgebaut wird, zeigt normalerweise in seiner Jugend einen internationalen Stil, aber wenn er länger altert, kommt sein süditalienisches Erbe zum Vorschein. Noten von Erde, Leder, Pfeffer, Pilzen und Holz tauchen im *1999er Salae Domini* auf. Dicht, von mittlerem bis vollem Körper und rustikal, ist er im Geist der modernen Schule der Weinbereitung gemacht, bewahrt aber etwas von den unzivilisierten Erscheinungen der Region. Trinken Sie ihn in den nächsten 5–6 Jahren. Der erstaunliche *1998er Salae Domini* ist ein im Barrique ausgebauter Aglianico. In diesem vielschichtigen, reichhaltigen Wein, der von extrem jungen Reben erzeugt wurde, findet man Kirschwasser, vermischt mit Schokolade, Pfeffer, Leder, Gewürzen und Erde. Dieser bemerkenswerte Wein bietet auf dem heutigen überteuerten Weinmarkt ein recht gutes Preis-Leistungsverhältnis. Trinken Sie ihn in den nächsten 7–8 Jahren. Von tiefer rubin-purpurroter Farbe und mittlerem bis vollem Körper, präsentiert der reife, konzentrierte *1997er Salae Domini* jede Menge von süßem, toastwürzigem Eichenholz, vermischt mit schwarzen Früchten und Lakritze. Er ist tief, reif und angenehm vielschichtig, mit niedriger Säure, einem sehr guten mittleren Gaumen und guter Länge und kann jetzt und in den nächsten 4–5 Jahren getrunken werden.

CANTINE DEL NOTAIO (BASILIKATA)

1999	**Aglianico del Vulture La Firma**	**D**	**90**
1998	**Aglianico del Vulture La Firma**	**D**	**92**
1999	**Aglianico del Vulture Il Repertorio**	**C**	**86**

Der *1999er Aglianico del Vulture Il Repertorio* ist ein weicher, fleischiger, geradliniger, stämmiger Wein mit robusten, erdigen, pfeffrigen Noten, roten und schwarzen Früchten und staubtrockenem Tannin. Trinken Sie ihn aufgrund seines Charmes in den nächsten 3–4 Jahren. Der bessere *1999er Aglianico del Vulture La Firma* wurde zu 50% in neuen Eichenfässern ausgebaut. Er ist ein in einem modernen Stil bereiteter Rotwein, der die Typizität dieser süditalienischen Region nicht eingebüßt hat. Er bietet schwelgerische Aromen von Pfeffer, Erde, schwarzen Früchten, Wurst und Vanille. Reif, kernig, stark und dicht, dürfte er sich 7–8 Jahre gut trinken lassen.

Der kraftstrotzende, überaus konzentrierte *1998er Aglianico del Vulture La Firma* von dichter rubin-purpurroter Farbe ist einer der besten Aglianicos, die ich je verkostet habe. Er demonstriert wunderbar das Potenzial dieser süditalienischen Region. Beeindruckend dicht und konzentriert, mit konkurrierenden Aromen von Brombeeren, Kirschen, gerösteten Kräutern, Fleisch, Lakritze und hochwertigem, toastwürzigem französischem Eichenholz, dürfte dieser dickflüssige, saftige, gut ausbalancierte, den Mund auskleidende Wein ein Jahrzehnt lang schön altern

IL CARPINO (FRIAUL-JULISCH-VENETIEN)

1999	**Rubrum**	**C**	**91**

Das ist der Debüt-Jahrgang von Il Carpino, das die Weitsicht besaß, den berühmten Önologen Roberto Cipresso hinzuzuziehen. Er ist ein ungeheuer eindrucksvoller Wein, von extrem geringen Erträgen (12 hl/ha) erzeugt, die deutlich zu seinen intensiven Geschmacksnuancen beitragen. Nach der malolaktischen Gärung und 18 Monaten Ausbau in zu 100% neuen französischen Eichenfässern wurde er unfiltriert auf Flaschen abgefüllt. Der *1999er Rubrum* ist möglicherweise der beste Merlot, den ich aus Friaul verkostet habe. Diesen explosiven Wein muss man probiert haben, um es zu glauben. Eine schwarz-purpurrote Farbe geht einher mit süßen, toastwürzigen Aromen von Schwarzkirschlikör, Mokka, Cola und Johannisbeerfrucht. Körperreich, mäßig tanninhaltig und jugendlich, hat er Ähnlichkeit mit einer Fassprobe und nicht mit einem fertigen Wein. Dieser fabelhafte Merlot, eine Offenbarung für die Appellation, dürfte sich 10–15+ Jahre entwickeln. Bravo!

LA CARRAIA (UMBRIEN)

1999	**Fobiano IGT**	**D**	**90**
1998	**Fobiano IGT**	**C**	**90**
1997	**Fobiano IGT**	**C**	**92**
2000	**Sangiovese IGT**	**B**	**88**
1999	**Sangiovese IGT**	**B**	**87**

La Carraia, eines der umbrischen Güter von Riccardo Cotarella, ist eine Quelle für preiswerte Sangiovese-Weine. Zudem stellen die erzeugten Mengen eine breite Verfügbarkeit sicher, denn es gibt etwa 250000 Flaschen von diesem nicht filtrierten und nicht geschönten, reinsortigen Sangiovese. Das Gut stellt auch einen auf Merlot basierenden Wein namens Fobiano her, der zwar teurer als der Sangiovese ist, aber dennoch ein sehr gutes Preis-Leistungsverhältnis hat.

Der *2000er Sangiovese* ist ein sehr fruchtiger Wein mit ausgezeichneter Textur, sehr guter Reintönigkeit und lebhaften, säuerlichen Geschmacksnuancen. Trinken sollte man diesen tiefrubinroten Wein von mittlerem Körper während seiner ersten 2–3 Lebensjahre. Der *1999er Sangiovese* ist dunkelrubinrot, mit einem verlockenden Bukett von Rauch, Brombeeren, Erdbeeren und Gewürzen. Dieser elegante, weiche Wein ist am mittleren Gaumen reizvoll und geschmeidig texturiert. Er ist von mittlerem Körper und fruchtbetont und besitzt Komplexität, Charme und Geschmeidigkeit. Trinken Sie ihn in den nächsten 1–2 Jahren.

Der Fobiano, ein Verschnitt von Merlot und Cabernet Sauvignon (die Anteile variieren bei jedem Jahrgang) wird in neuen französischen Eichenfässern ausgebaut und ohne Schönung oder Filtration abgefüllt. Leider ist die Produktion äußerst klein und übersteigt selten 2500 Kisten pro Jahr. Der außergewöhnliche *1999er Fobiano* (70% Merlot und 30% Cabernet Sauvignon) zeigt eine dichte rubin-purpurrote Farbe und ein intensiv duftendes Bukett von Schwarzkirschen, Mokka, Rauch und Erde, tiefe Geschmacksnuancen von mittlerem bis vollem Körper und eine angenehm vielschichtige Persönlichkeit. Dieser schöne Wein dürfte 7–8 Jahre gut zu trinken sein. Der hervorragende *1998er Fobiano* (ebenfalls 70% Merlot und 30% Cabernet Sauvignon) bietet eine dichte, undurchdringliche purpurrote Farbe, die mit Noten von neuem Sattelleder, Schwarzkirschlikör, Rauch und Lakritze einhergeht. Er ist ein opulent texturierter Wein mit mittlerem bis vollem Körper, einem kernigen, üppigen mittleren Geschmacksbereich und hervorragender Reintönigkeit und Reife und kann jetzt und in den nächsten 7–8 Jahren getrunken werden. Der *1997er Fobiano* (90% Merlot und 10% Cabernet Sauvignon) spiegelt die große Reife und Reichhaltigkeit wider, die 1997 erreicht wurden. Hinter der schwarz-purpurroten Farbe entdeckt man ein umwerfendes Bukett von Lakritze, Rauch, schwarzen Früchten und Mineralien. Erstaunlich reichhaltig, ohne Ecken und Kanten, kleidet dieser prächtige, seidig texturierte, körperreiche Wein den Mund aus, ist aber weder schwer noch unausgewogen. Sein über 40 Sekunden dauernder Abgang ist überwältigend. Voraussichtliche Genussreife: jetzt–2015.

CASALE DEL GIGLIO (LATIUM)

1998	**Cabernet Sauvignon**	**D**	**89**
1997	**Mater Matuta**	**D**	**89**
1996	**Mater Matuta**	**D**	**90**
1995	**Mater Matuta**	**D**	**88**
1999	**Merlot**	**C**	**88**
1997	**Merlot**	**C**	**87**
1999	**Petit Verdot**	**C**	**87**

Dies sind alles außergewöhnlich gut gemachte Weine aus einer Region in Mittelitalien, nicht weit vom internationalen Flughafen von Rom entfernt. Sie werden alle im Barrique ausgebaut, 12 Monate im Falle des Merlot und des Petit Verdot und 15–18 Monate beim Cabernet Sauvignon und bei Mater Matuta (einem Verschnitt von Syrah und Petit Verdot). Alle Weine sind in technischer Weise beeindruckend und besitzen eine dichte rubin-purpurrote Farbe sowie viel toastwürziges neues Eichenholz und süßes Tannin. Ansonsten entdeckt man in ihnen einen gewissen internationalen Stil. Wenn ich sie bei einer Blindverkostung probieren würde, hätte ich nicht die leiseste Ahnung, ob sie aus Italien, Australien, Frankreich oder Amerika stammten. Dennoch gibt es eine Menge, das man an ihnen mögen kann.

Der pflaumen-purpurfarbene *1999er Petit Verdot* bietet Aromen von Zedernholz, Tabak, Unterholz und neuem Eichenholz. Stark und konzentriert, mit mäßigem Tanningehalt, wird er zweifellos stärker an Zedernholz und Kräutern erinnern, wenn er altert. Trinken Sie ihn in den nächsten 5–8 Jahren.

Leser, die nach einem recht guten Merlot suchen, ohne dass er mehr kostet, als sie sich leisten können, sollten die Merlot-Weine von Casale del Giglio ausprobieren. Der *1999er Merlot* zeigt eine tiefrubinrote Farbe und dichte, süße Noten von Mokka, Beerenfrucht und Espresso, wobei er weich, fleischig, aufgeschlossen und marmeladig wirkt. Genießen Sie ihn in den nächsten 5–6 Jahren. Noten von getrockneten Kräutern, Mokka, Kaffee und Beeren kommen in dem dunkelrubinroten *1997 Merlot* zum Vorschein. Weich, mit geschmeidigem Tannin, sehr guter Reichhaltigkeit und einer kompakten, fruchtigen Persönlichkeit, sollte er in den nächsten 12 Monaten getrunken werden.

Der gut ausgestattete *1998er Cabernet Sauvignon* ist von undurchdringlich purpurroter Farbe, rauchig und eichenholzwürzig. Er duftet und schmeckt nach Crème de Cassis, bietet gute Dichte, weiches Tannin und viel Anziehungskraft. Er ist ein Cabernet zu einem fairen Preis, den man in den nächsten 10 Jahren genießen kann.

Der faszinierende Mater Matuta ist ein Verschnitt von 60% Syrah und 40% Petit Verdot, der vor der Abfüllung 18 Monate in französischen Eichenfässern reift. Der beachtliche *1997er Mater Matuta* von dichter purpurroter Farbe präsentiert Brombeeren, vermischt mit Rauch (von seinem Syrah-Anteil), dazu Noten von neuem Eichenholz, die ihm einen internationalen Anstrich geben. Insgesamt ist er ein ausgezeichneter Rotwein mit großer Reife, unverfälschtem sortentypischem Charakter und einem schön texturierten, langen, geschmeidigen Abgang. Trinken Sie diesen verlockenden Wein in den nächsten 7–8 Jahren. Der tiefrubin-purpurrote *1996er Mater Matuta* offenbart mehr Dichte und Komplexität sowie mittleren bis vollen Körper, sehr gute Opulenz und reichhaltige, pfeffrige Brombeer- und Cassis-Frucht, vermischt mit rauchigem Holz. Er ist kein Kraftprotz, sondern ein eleganter, komplexer Wein, der sich 7–8 Jahre gut trinken lassen dürfte. Der *1995er Mater Matuta* von dunklem Pflaumen-Purpur-Ton zeigt ein überraschend komplexes, Bordeaux-ähnliches Bukett von Zedernholz, schwarzen Johannisbeeren, Lakritze und Tabak. Reichhaltig, würzig und von mittlerem Körper, sorgt er in den nächsten 5–6 Jahren für idealen Trinkgenuss.

I CASTEI (VENETIEN)

1997	**Amarone della Valpolicella Campo Casalin**	**D**	**(87–89)**
1995	**Amarone della Valpolicella Campo Casalin**	**D**	**91**
1997	**Rosso Veronese**	**D**	**(88–90)**
1997	**Valpolicella Classico**	**B**	**85**
1995	**Valpolicella Classico Ripassa**	**C**	**88**

Die frische, lebhafte Frucht, die ich in diesen Weinen entdeckte, stach bei meinen Verkostungen heraus. Der *1997er Valpolicella Classico* ist ein geradliniger Wein von Rubin-Pflaumen-Ton mit reizvoller, von Nüssen erfüllter Kirsch- und Erdbeerfrucht. Man sollte ihn in den nächsten 12 Monaten trinken. Der *1997er Rosso Veronese* scheint ausgezeichnet, möglicherweise hervorragend zu sein. Eine dunkelrubinrote Farbe geht einher mit großen Mengen von rauchiger Brombeer- und Kirschfrucht. Dieser Wein von mittlerem bis vollem Körper enthüllt Hinweise auf einen Ausbau im Holzfass, wird aber von seinen erdigen, waldigen und animalischen Noten dominiert. Ansonsten ist die Frucht extrem frisch, lebhaft und reintönig.

Der Amarone ist ein Einzellagenwein, der sowohl in großen als auch in kleinen französischen Holzfässern ausgebaut wird. Der *1997er Amarone della Valpolicella Campo Casalin* offenbart süße, reife, fast überreife Brombeer- und Kirschfrucht mit einer Kirschwassernote. Noten von Trüffeln, feuchtem Wald, Teer und Rosenblättern kommen ebenfalls zum Vorschein. Er ist körperreich, vielschichtig und reichhaltig und dürfte nahezu hervorragend sein. Der *1995er Amarone della Valpolicella Campo Casalin* ist ein kräftiges, konzentriertes Beispiel für diese robusten, alkoholreichen, schwergewichtigen Weine. Er besitzt eine dunkelrubin-purpurrote Farbe, enorme Intensität und hinreißend viel Schwarzkirsch- und Pflaumenfrucht, die von Schokolade durchdrungen ist und nach Trüffeln duftet. Körperreich, schwer und dickflüssig, ist er ein Wein, den man zu kräftigem Käse oder winterlich deftigen Gerichten trinken sollte. Er dürfte 10–12 Jahre gut altern.

Der *1995er Valpolicella Classico Ripassa* (hergestellt nach der Ripassa-Methode, wobei der Wein über gepresste Traubenschalen geleitet wird, die für die Erzeugung von Amarone- oder Recioto-Weinen verwendet wurden) ist ein ledriger, dichter, komplexer Wein mit Noten von geschmolzener Schokolade, Teeröl und dichten, an getrocknete Kirschen erinnernden Geschmacksnuancen von mittlerem Körper. Er ist ein robuster Valpolicella, den man in den nächsten 1–2 Jahren trinken sollte.

CATALDI MADONNA (ABRUZZEN)

1999	**Montepulciano d'Abruzzo**	**B**	**87**
1999	**Malandrino**	**C**	**88**
1998	**Malandrino**	**C**	**88**
1997	**Malandrino**	**C**	**88**
1998	**Tonì IGT**	**D**	**90**
1997	**Tonì IGT**	**D**	**90**
1995	**Tonì IGT**	**D**	**89**

Diese köstlichen Weine, die von einem meiner Lieblingserzeuger von Montepulciano d'Abruzzo stammen, sind robust, überschwänglich und konzentriert; viele meiner Leser werden sie noch besser finden, als meine Bewertungen nahe legen. Sie sind zwar nicht komplex, aber voller Fröhlichkeit und Frucht, extrem reintönig (aufgrund der sauberen, vernünftigen Vinifikation) und gut ausbalanciert, mit einer fruchtdominierten Persönlichkeit. Ich empfehle sie sehr, auch wenn mein Bewertungssystem Weinen wie diesen hier nicht gerecht wird, die hundertprozentiges Vergnügen verkörpern, aber möglicherweise nicht sehr komplex sind.

Der dunkelrubinrote *1999er Montepulciano d'Abruzzo* bietet typische Aromen von Kakao sowie roten und schwarzen Johannisbeeren, mit einem Hauch von Kräutern und Zimt, die für zusätzliche Komplexität sorgen. Im Mund ist er aufregend, reif, opulent und fleischig, mit viel Frucht sowie einem Anflug von Mandeln. Trinken Sie diesen reintönigen, fetten Wein im Laufe des nächsten Jahres.

Die Malandrinos sind Verschnitte von Cabernet Sauvignon und der einheimischen Rebsorte Montepulciano. Der *1999er Malandrino* zeigt köstliche Frucht von roten und schwarzen Johannisbeeren, vermischt mit Noten von Kirschen, ferner zeigt er einen süßen Auftakt, viel Saftigkeit, mittleren Körper, keine Hinweise auf Holz und einen reichhaltigen, köstlichen Abgang. Genießen Sie ihn in den nächsten 4–5 Jahren. Der *1998er Malandrino* bietet die gleichen köstlichen, überschwänglichen, fruchtigen Merkmale wie seine Gegenstücke, ist aber dichter, mit mehr Reife und hat etwas von der Struktur, für die Cabernet Sauvignon sorgt. Hinter einer tiefen rubinroten Farbe entdeckt man umwerfende Aromen (insbesondere, wenn Sie Fruchtfanatiker sind), ausgezeichnete Reintönigkeit und einen geschmeidigen, kräftigen Abgang von mittlerem Körper. Trinken Sie ihn in den nächsten 1–2 Jahren. Der undurchdringlich rubin-purpurrote *1997er Malandrino* offenbart dicke, saftige Geschmacksnuancen von gerösteten Kräutern, Erde, Brombeeren und Kirschen. Man spürt staubtrockenes Tannin, aber dieser Wein ist vollmundig und von beträchtlichem Gewicht und Umfang. Er dürfte 1–2 Jahre lang gut zu trinken sein, aber erwarten Sie von dieser konzentrierten, erdigen, körperreichen Gewürzbombe nicht allzu viel Feinheit.

Der außergewöhnliche *1998er Tonì* besitzt eine rubin-purpurrote Farbe und ein herrlich ausdrucksvolles Bukett von schwarzen Früchten, Balsaholz, getrockneten Kräutern und Bodennoten. Mit großartiger Reintönigkeit, reifer Frucht, einer üppigen, vielschichtigen Textur und einem langen, nahtlosen Abgang, wird er sich 5–6 Jahre gut trinken lassen. Der undurchdringlich purpurrote *1997er Tonì* ist ein gelungener Wein. Er bietet großartige Frucht, fantastische Reife, einen marmeladeartigen Charakter von Schwarzkirschen und Brombeeren, mittleren bis vollen Körper, wunderbare Dichte, aber keine Härte, eckige Säure oder raues Tannin. Er ist eine Fruchtbombe aus Mittelitalien; genießen kann man ihn in den nächsten 2–3 Jahren. Der *1995er Tonì* ist ein körperreicher, überaus konzentrierter, erdiger, an Teer und Schokolade erinnernder und nach Brombeeren duftender und schmeckender Wein mit beträchtlicher Konzentration und Stärke. Dicht, dickflüssig und saftig, mit viel Persönlichkeit und Seele, dürfte er 2–3 Jahre lang gut zu trinken sein.

CEUSO (SIZILIEN)

1998	**Vigna Custera**	**D**	**90**

Der *1998er Vigna Custera*, ein Verschnitt von 50% Nero d'Avola, 20% Merlot und 30% Cabernet Sauvignon, ist ein eindrucksvoller Wein aus Sizilien, der eine dunkelrubin-purpurrote Farbe und ein umwerfendes Bukett von schwarzen Früchten besitzt, vermischt mit Rauch, Mineralien und Grafit. In diesem texturierten, reichhaltigen, reifen, charakteristischen Wein, der seinen 12-monatigen Ausbau in neuen französischen Eichenfässern nur andeutet, findet man keine Ecken und Kanten. Trinken Sie ihn in den nächsten 7–8 Jahren.

COCCI GRIFONI (MARKEN)

1997	**Rosso Piceno Il Grifoni**	**D**	**89**
1997	**Rosso Piceno Vigna Messieri**	**B**	**86**

Ein Wein mit ausgezeichnetem Preis-Leistungsverhältnis aus einer rückständigen italienischen Region: Der *1997er Rosso Piceno Vigna Messieri* (ein Verschnitt von Montepulciano und Sangiovese) bietet reichliche Mengen von Frucht, die sich in einem eleganten, runden, weichen, von Kirschen dominierten Format von mittlerem Körper präsentieren. Trinken Sie ihn in den nächsten 1–2 Jahren.

Der *1997er Rosso Piceno Il Grifoni* (ein Verschnitt von Montepulciano, Sangiovese und Cabernet Sauvignon) ist möglicherweise hervorragend. Er zeigt eine undurchdringlich rubinpurpurrote Farbe und ein herrlich süßes Bukett von schwarzen Johannisbeeren, Kirschlikör, frischen Mandeln und Mineralien. Von mittlerem bis vollem Körper und gut vinifiziert, mit süßem Tannin, würziger, reifer, konzentrierter Frucht, ausgezeichneter Reintönigkeit und einem langen Abgang, dürfte er sich 5–6 Jahre gut trinken lassen.

COLLE PICCHIONI (LATIUM)

1998	**Vigna del Vassallo**	**D**	**90**
1996	**Villa del Vassallo**	**D**	**92**

Diese Weine schmecken erstaunlich ähnlich wie erstklassige Saint-Emilion-Weine. Erzeugt werden sie von einem Weinberg, der etwa 15 km von Rom entfernt liegt; sie sind Verschnitte von Cabernet Franc, Cabernet Sauvignon und Merlot (könnten sie die Cheval-Blanc-Weine der tyrrhenischen Küste sein?) und werden in französischen Eichenfässern ausgebaut.

Der *1998er Vigna del Vassallo* besitzt ein komplexes Bukett von schwarzen Johannisbeeren, Röstbrot, Lakritze, Gewürzen und Tabak. Reichhaltig, körperreich und kernig, mit herrlicher Konzentration, großartiger Individualität und unbestreitbarer Komplexität, ist er ein umwerfender Wein. Trinken Sie ihn in den nächsten 12–15 Jahren. Der *1996er Vigna del Vassallo,* ein faszinierender Verschnitt von 50% Cabernet Franc sowie Merlot und Cabernet Sauvignon, ist ein wunderbar duftiger Wein von satter purpurroter Farbe, mit einem komplexen Bukett von Sattelleder, Blüten, schwarzen Johannisbeeren und Kokosnuss. Er bietet einen reichhaltigen, überaus intensiven Auftakt von mittlerem Körper sowie einen prächtigen mittleren Geschmacksbereich und einen Abgang mit großen Mengen von süßem Tannin. Am Gaumen kommen Lakritzenoten zum Vorschein. Dieser brillante Wein wurde 24 Monate in französischen Holzfässern ausgebaut, bevor er nach einer leichten Filtration abgefüllt wurde. Trinken Sie ihn in den nächsten 7–8 Jahren. Bravo!

COLLI AMERINI (UMBRIEN)

1999	**Carbio IGT**	**C**	**89**
1998	**Carbio IGT**	**C**	**87**
1997	**Carbio IGT**	**C**	**89**
1998	**Torraccio**	**C**	**90**
1997	**Torraccio**	**C**	**90**

Der geniale Weinmacher Riccardo Cotarella ist die lenkende Kraft hinter den gehaltvollen, aromatischen, preiswerten Weinen dieses Guts. Carbio ist im Allgemeinen ein Verschnitt von Sangiovese, Barbera, Merlot, Montepulciano, Canaiolo und Ciliegiolo, der 7 Monate in zu 100% neuen Eichenfässern reift, bevor er ohne Schönung und Filtration abgefüllt wird. Angesichts der inflationären Weinpreise bietet er ein gutes Preis-Leistungsverhältnis. Das Gut erzeugt auch einen sehr guten Torraccio, einen reinsortigen Sangiovese, der weder geschönt noch filtriert wird und für Leser, die nach einem hochwertigen Sangiovese mit Komplexität und Geschmackstiefe suchen, eine erstklassige Wahl darstellt.

Der *1999er Carbio* ist ein komplexer, nach Schwarzkirschen und Beeren duftender Wein mit einem Stil, der einem erstklassigen Zinfandel aus Kalifornien nicht unähnlich ist. Er zeigt ausgezeichnete Reintönigkeit, mittleren Körper und eine subtile Dosierung des Eichenholzes. Wenn sich der Wein länger im Glas befindet, offenbart er einen burgunderähnlichen Charakter. Trinken Sie diesen üppigen, ehrlichen, prallen Wein während seiner überschwänglichen Jugend – in den nächsten 3–4 Jahren. Der *1998er Carbio* ist ein dunkelrubinroter Wein, der ein beachtliches Bukett von Erdbeermarmelade bietet, vermischt mit Kirschen, getrockneten Kräutern, Leder und Toastbrot. Dieser angenehm konzentrierte, geschmeidig texturierte Wein, der würzig und von mittlerem Körper ist und üppig wirkt, dürfte 3–4 Jahre lang gut zu trinken sein. Der stark extrahierte, gut ausbalancierte, weiche, ledrige *1997er Carbio* besitzt eine dunkelrubinrote Farbe und süße Noten von Pflaumen, Kirschen und schwarzen Johannisbeeren, vermischt mit Düften von Zedernholz und neuem Sattelleder. Samtig texturiert, reichhaltig und überschwänglich, sollte dieser wohlschmeckende Wein im Laufe der nächsten 2–3 Jahre getrunken werden.

Der *1998er Torraccio* schmeckt mit seiner Betonung auf Schwarzkirsch- und Erdbeerfrucht, die sich mit Noten von Blüten, neuem Sattelleder und würzigem neuem Eichenholz mischt, wie ein Premier Cru von der Côte de Beaune. Genießen sollte man diesen schön vinifizierten Wein, der geschmeidig, von mittlerem bis vollem Körper, reif und harmonisch ist, in den nächsten 6–7 Jahren. Der hervorragende *1997er Torraccio* besitzt eine dunkelrubinrote Farbe und ein wundervolles, blumig duftendes Bukett mit Aromen von neuem Sattelleder, Erdbeermarmelade, Kirschen und Gewürzen. Reichhaltig und von mittlerem Körper, mit einem seidigen Eindruck am mittleren Gaumen und sehr guter Länge, ist er ein wunderschön gewirkter, eleganter Rotwein, den man in den nächsten 2–3 Jahren genießen sollte.

SAN PATRIGNANO TERRE DEL CEDRO (EMILIA-ROMAGNA)

1999	**Sangiovese Avi Riserva**	**D**	**91**
1998	**Sangiovese Avi Riserva**	**D**	**87**
1997	**Sangiovese Avi Riserva**	**D**	**88**

Die Geschichte hinter Terre del Cedro geht ans Herz. Der Besitzer Vincenzo Muccioli versucht mit diesem Gut, das Leben von Drogensüchtigen zu retten. Es gibt einen 45 Hektar großen, ausschließlich mit Sangiovese bestockten Weinberg, der von den jungen Männern und Frauen bestellt wird, die in dieses Programm aufgenommen werden. Sie müssen jeglichen Drogenkonsum aufgeben und ausschließlich für die Erzeugung hochwertiger Weine arbeiten. Chardonnay, Merlot und Cabernet Sauvignon sind zwar angepflanzt worden, aber die Weine, die unter der Anleitung des önologischen Beraters Riccardo Cotarella entstehen (der sich ebenfalls stark für dieses Projekt einsetzt), werden im Augenblick zu 100% aus Sangiovese-Trauben hergestellt, 12 Monate in französischen Eichenfässern ausgebaut und ohne Schönung oder Filtration abgefüllt. Im Weinberg San Patrignano wird die Luxuscuvée Avi erzeugt. Leider sind davon nicht mehr als 200 Kisten verfügbar, wobei die Erträge lediglich 15 hl/ha betragen (d. h. eine Flasche von drei Rebstöcken).

Der *1999er Sangiovese Avi Riserva* ist der beste, der bisher erzeugt wurde. Sein Trockenextrakt-Wert von 38,5 g/l ist einer der Höchsten, den ich je gesehen habe. Meine Verkostungsnotizen lauteten: »Der Bryant-Family-Weinberg bei Sangiovese.« Das besagt für jemanden, der den wunderbaren Cabernet Sauvignon der Bryant Family aus dem Napa Valley verkostet hat, wahrscheinlich schon alles. Erzeuger sollten diesen groß angelegten, überaus dichten, konzentrierten Sangiovese probieren, damit sie begreifen, welches hohe Niveau diese Rebsorte erreichen kann und wie weit sie davon entfernt sind, auch nur einigermaßen authentische Sangiovese-Weine zu produzieren. Lang, konzentriert und voller Noten von gerösteten Kräutern, die mit Brombeer- und Kirschwasserfrucht und einem Hauch von würzigem neuem Eichenholz vermischt sind, bietet dieser opulente, sinnliche Wein einen erregenden Trinkgenuss. Voraussichtliche Genussreife: jetzt–2010. Spaß hatte ich auch am 1998er und am 1997er Avi. Der tiefrubinrote *1998er Sangiovese Avi Riserva* offenbart Aromen von Schwarzkirschfrucht, getrockneten Kräutern, Erde und Gewürzen. Dieser mediterran wirkende Wein von mittlerem Körper, der kernig und würzig ist, sollte in den nächsten 1–2 Jahren getrunken werden. Der rauchige, an Fleisch erinnernde, säurearme *1997er Sangiovese Avi Riserva* von dunkelrubin-purpurroter Farbe besitzt mehr Opulenz sowie eine berauschende, reife, reichhaltige Fruchtigkeit von Schwarzkirschen und Pflaumen. Wie seine jüngeren Brüder ist er fruchtbetont und ideal für einen Trinkgenuss in nächster Zukunft – im Laufe der kommenden 1–2 Jahre.

DAL FORNO (VENETIEN)

1996	Amarone della Valpolicella	EEE	99
1995	Amarone della Valpolicella	EEE	98
1994	Amarone della Valpolicella	EEE	97
1997	Valpolicella	D	93
1996	Valpolicella	EE	94
1995	Valpolicella	EE	91

Die Familie Dal Forno ist unbestreitbar in Venetien der führende Erzeuger von Valpolicella und Amarone. Es ist bemerkenswert, was die Besitzer Luigi und Romano Dal Forno angesichts der Tatsache erreicht haben, dass sie dieses Gut 1983 übernahmen und 1990 eine neue Kellerei errichteten. Für europäische Weinmacher haben sie einen kurzen Lebenslauf. Ihre Weine, die von einem Erfolg zum nächsten jagen, haben neue Maßstäbe für Valpolicella und Amarone gesetzt und diese Kategorie neu definiert – sowohl in Bezug auf den Preis als auch in der Qualität. Bedauerlicherweise sind beide Weine schwer zu finden und werden zu astronomischen Preisen verkauft. Leider gibt es nur etwa 18 000 Flaschen vom Valpolicella und noch weniger vom Amarone. Passable Mengen davon werden exportiert, der größte Teil davon bleibt jedoch in Italien, wo die Weine von den Kennern vor Ort und in den besten Restaurants des Landes getrunken werden. Jeder, der einmal einen Wein von Dal Forno probiert hat, stellt fest, dass dies der Maßstab für wunderbaren Valpolicella und Amarone ist. Sie besitzen einen Grad von Komplexität, Reichhaltigkeit und Alterungspotenzial, der alle Kategorien sprengt, und offenbaren einen Stil, der sich von allem anderem, was in der Region erzeugt wird, völlig unterscheidet.

Der *1997er Valpolicella* beispielsweise ist der größte Valpolicella, den ich je verkostet habe. Eine undurchdringlich purpurrote Farbe geht einher mit einer dicken, von Glyzerin erfüllten Textur mit ungeheurer Konzentration, sagenhafter Reintönigkeit und großen Mengen von rauchiger, mit Erde vermischter Brombeer- und Kirschfrucht. Diesen Ehrfurcht gebietenden Wein muss man probiert haben, damit man es glaubt. Er dürfte sich 10 Jahre lang gut trinken lassen. Der *1996er Valpolicella* ist erstaunlich. Die Leser müssen ihre Definition von Valpolicella revidieren, damit sie diesen Kraftprotz begreifen. Die Farbe ist ein dichtes Purpurrot. Das Bukett bietet eine herrliche Fülle von Brombeer- und Kirschfrucht, verknüpft mit Vanille, Mineralien, Bleistiftschnitzeln und Gewürzen. Der Wein ist körperreich und sinnlich texturiert, mit süßem Tannin und einem nahtlosen Abgang. Er ist ein gewaltiger und dennoch unglaublich symmetrischer Valpolicella, den man in den nächsten 2–5 Jahren trinken sollte; halten wird er sich 15–18 Jahre. Der *1995er Valpolicella* ist zwar etwas weniger reichhaltig als der 1997er, aber er ist ein erstaunlicher Wein mit einer undurchdringlich dunkelrubinroten Farbe und einem explosiven Bukett von Rauch, Erde, dicklicher Beeren- und Brombeerfrucht, großer Reichhaltigkeit und Reintönigkeit, vollem Körper sowie Glyzerin und Intensität im Überfluss. Bemerkenswerterweise gibt es wenig Hinweise auf neues Eichenholz, obwohl der Wein 36 Monate im Holzfass lagerte, bevor er ohne Filtration abgefüllt wurde. Er bringt satte 14,5% Alkohol auf die Waage, was für einen Valpolicella hoch ist. Er dürfte 10 Jahre gut zu trinken sein.

Amarone ist ein gewöhnungsbedürftiger Wein angesichts seines Umfangs wie auch seiner erdigen, teerähnlichen Noten. Die Amarone-Weine von Dal Forno erreichen zwar einen neuen Grad an Extrakt und Reichhaltigkeit, sind aber dennoch trocken und gut ausbalanciert und können – aufgrund ihrer extravaganten Reichhaltigkeit – die gewaltigen 16–17% Alkohol verschleiern, die sie gewöhnlich besitzen. Die drei folgenden Weine sind die Erzeugnisse eines echten Genies. Der praktisch perfekte *1996 Amarone della Valpolicella* ist zweifellos der beste Amarone, den ich je verkostet habe. Seine pechschwarz-purpurrote Farbe geht einher mit außerordentlich reintönigen, von Grafit durchdrungenen Geschmacksnuancen von Brombeeren, Pflaumen, Mineralien, Lakritze und Espresso. Trotz seiner monumentalen Intensität und Reichhaltigkeit ist der Wein nicht schwer und schafft es irgendwie, seine 17,5% Alkohol zu verbergen! Er ist ein fesselnder italienischer Wein, wie ich keinen anderen getrunken habe, und dürfte sich als unglaublich langlebig erweisen. Voraussichtliche Genussreife: 2004–2030. Der undurchdringlich purpurrote *1995er Amarone della Valpolicella* ist fast perfekt. Er erinnert an einen hochgradig konzentrierten Brombeerlikör, der von Weihrauch, Rauch und Mineralien durchdrungen ist. Dieser mächtige Wein, der körperreich, dicht und kernig ist, besitzt für seinen Umfang und seine Intensität bemerkenswerte Reintönigkeit und Lebhaftigkeit. Der spektakuläre *1994er Amarone della Valpolicella* zeigt erstaunliche Frische für einen Wein von solcher Masse, solchem Umfang und solcher Konzentration. Er fließt träge über den Gaumen, wirkt aber nie schwer. In diesem vorzüglichen Wein entdeckt man erstaunliche Mengen von Trüffeln, Rauch, schwarzen Früchten und Lakritze. Die beiden letztgenannten Weine dürften mindestens 15–18 Jahre gut zu trinken sein.

DI MAJO NORANTE (MOLISE)

1997	**Aglianico Vigneto Contato**	**A**	**87**
1999	**Don Luigi**	**B**	**91**
1998	**Ramitello Rosso**	**A**	**86**
1997	**Ramitello Rosso**	**A**	**87**
1996	**Ramitello Rosso**	**C**	**87**
2000	**San Giorgio**	**A**	**88**
1999	**San Giorgio**	**A**	**86**

All diese Weine von Di Majo Norante bieten ein ausgezeichnetes Preis-Leistungsverhältnis, insbesondere seitdem man den Önologen Riccardo Cotarella als Berater hinzugezogen hat. Er hat das Spaliersystem geändert und die Weinbergerträge verringert sowie die Vinifizierungsmethoden modifiziert.

Der San Giorgio (100% Sangiovese) ist möglicherweise der preisgünstigste Sangiovese-Wein, den man auf dem Markt findet. Es gibt 15000 Flaschen davon. Er ist ein echtes Schnäppchen. Der tiefrubinrote *2000er San Giorgio* entfaltet einen ausdrucksvollen Duft von süßen Schwarzkirschen, neuem Sattelleder und Gewürzen. Dieser fleischige, fruchtbetonte Sangiovese ist ein absolutes Trinkvergnügen. Er wird nicht alt werden, aber wenn man ihn in den nächsten 12–18 Monaten trinkt, hält er, was er verspricht. Der *1999er San Giorgio* zeigt eine mittelrubinrote Farbe, hinter der man ein süßes Bukett von Beeren- und Johannisbeerfrucht, Erde und getrockneten Kräutern findet. Trinken kann man diesen weichen, wohlschmeckenden, sehr fruchtigen Wein in den nächsten 12–18 Monaten.

Der *1999er Don Luigi,* ein großartiger Durchbruch für Di Majo Norante, ist ein im Holzfass vergorener und ausgebauter Verschnitt von 80% Montepulciano und 20% Tintiua. Er ist ein gewaltiger Wein von undurchdringlich purpurroter Farbe und offenbart ein aufregendes, verführerisches Bukett von dicklichen schwarzen Früchten, verbunden mit Rauch, Grafit, Lakritze und neuem Holz. Er ist sinnlich, körperreich, kernig und schwer beladen mit konzentrierten schwarzen Früchten. Mit angemessener Säure, reifem Tannin und einer vielschichtigen Persönlichkeit stellt er für diese beiden Rebsorten eine erstaunliche Leistung dar. Trinken Sie ihn in den nächsten 7–8 Jahren.

Die drei folgenden Jahrgänge des Ramitello Rosso sind Verschnitte von Aglianico und Prugnolo, einer Sangiovese-Spielart, und werden in großen Eichenfässern ausgebaut. Der *1998er Ramitello Rosso* enthüllt etwas von der Rustikalität, die dieses Weine besaßen, bevor Riccardo Cotarella hinzugezogen wurde. Er weist stämmige, staubige Beerenfrucht, mittleren Körper und Andeutungen von Leder und altem Holz auf. Trinken Sie ihn im Laufe des nächsten Jahres. Der dunkelrubinrote *1997er Ramitello Rosso* bietet Noten von getrockneten Kirschen und reifen Pflaumen sowie einen fetten, üppigen, konzentrierten Eindruck am Gaumen. Er ist zwar nicht kompliziert, zeigt aber etliche Noten von Fenchel und schwarzen Früchten, niedrige Säure und eine fleischige Textur. Trinken Sie diesen hedonistischen Wein in den nächsten Monaten, vorzugsweise zu Fleischgerichten. Der *1996er Ramitello Rosso* von mittlerem Körper offenbart Aromen und Geschmacksnuancen von Zedernholz, gebrannten Mandeln, Schokolade und Kirschen, einen Hauch von Fenchel und Anis und einen sehr guten Abgang.

Der elegante dunkelrubinrote *1997er Aglianico Vigneto Contato* präsentiert eine geschmeidige Textur sowie von Rauch erfüllte Schwarzkirsch- und Johannisbeerfrucht, vermischt mit Noten von Kräutern und Erde. Rund und konzentriert, mit einem glatten Abgang, dürfte er sich 1–2 Jahre lang gut trinken lassen.

DIESEL FARM (VENETIEN)

1999 Rosso di Rosso IGT — D 89+

Diesel Farm, eine italienische Kellerei mit einem merkwürdigen Namen, hat einen sehr guten *1999er Rosso di Rosso* (einen Verschnitt von 70% Merlot und 30% Cabernet Sauvignon) hervorgebracht. Das ist ein verhalten entwickelter, dichter, kräftiger Rotwein, der Brombeer-, Kirsch- und Johannisbeerfrucht mit einem Hauch von neuem Eichenholz zeigt. Dieser kernige Wein erfordert eine Kellerreifung von 3–4 Jahren und dürfte sich 12–15 Jahre halten. Verantwortlich für den Wein ist der überaus fähige toskanische Önologe Roberto Cipresso.

GIROLAMO DORIGO (FRIAUL-JULISCH-VENETIEN)

1999 Montsclapade — EE 87

1999 Pignolo di Buttrio — EE 87?

1999 Refosco — E 92+

Der Önologe von Dorigo ist, was keine große Überraschung darstellt, der berühmte Roberto Cipresso. Der unbestrittene Spitzenwein in diesem Trio gehört zu den besten Refoscos, die ich je verkostet habe. Der undurchdringlich purpurrote *1999er Refosco* riecht wie der 1998er Lafite-Rothschild, schmeckt aber wie eine Fassprobe des 2000er Mouton-Rothschild – und das ist kein Quatsch. Er bietet ein herrliches Bukett von Grafit, schwarzen Johannisbeeren, Pflaumen, Rauch und Lakritze. Dieser körperreiche Wein zeigt mehr Rustikalität als ein Bordeaux sowie bemerkenswerte Präsenz am Gaumen, mächtige Aromen im Geschmack und einen massiven, langen Abgang. Alles für eine prächtige Entwicklung ist vorhanden – falls Sie seinen gegenwärtigen überschwänglichen, robusten Reizen widerstehen können. Es gibt 500 Kisten dieses hervorragenden Weins, der von extrem kleinen Erträgen (15 hl/ha) erzeugt wurde, eine malolaktische Gärung in neuen französischen Eichenfässern durchlief und 18 Monate in neuen Fässern reifte, bevor er ohne Filtration abgefüllt wurde.

Der von einer einheimischen Traubensorte erzeugte *1999er Pignolo di Buttrio* (125 Kisten) ist möglicherweise Italiens Antwort auf die kräftigen, muskulösen, überdimensionalen, übermäßig tanninreichen Madiran-Weine aus Südwestfrankreich. Er besitzt eine undurchdringlich schwarz-purpurrote Farbe und enorme Konzentration (die Erträge lagen bei 15 hl/ha), aber der Wein ist grausam tanninbetont, in der Entwicklung zurückgeblieben und am Gaumen einschüchternd. Optimisten und diejenigen, die noch jung sind, könnten vielleicht auf diesen Wein setzen, denn er ist reintönig, intensiv, konzentriert und eindrucksvoll. Doch meine Vorliebe für ihn ist zum großen Teil in seiner Klarheit und seinem Umfang begründet und nicht in seiner schlussendlichen Ausgewogenheit und/oder Trinkbarkeit. Dennoch ist er eine fantastische Leistung für diese Rebsorte.

Der in einem internationalen Stil gehaltene *1999er Montsclapade* von dichter rubin-purpurroter Farbe schließlich ist ein Verschnitt von Cabernet Sauvignon, Cabernet Franc und

Merlot, der 18 Monate in neuen französischen Eichenfässern ausgebaut und ohne Filtration abgefüllt wurde. Dieser rustikale, monolithische Wein ist im Stil zu international, als dass er eine höhere Bewertung verdienen würde. Trotzdem ist er gut gemacht und besser ausbalanciert als der Pignolo. Trinken Sie ihn in den nächsten 10 Jahren.

LE DUE TERRE (FRIAUL-JULISCH-VENETIEN)

1997	Sacrisassi Rosso IGT	D	90
1996	Sacrisassi Rosso IGT	D	87

Diese zwei Rotweine sind Verschnitte von Schioppettino und Refosco. Beide sind stark extrahierte, im Barrique gereifte Weine, die den Einfluss von toastwürziger Vanille und würzigem Holz von Fässern aus Taransaud-Eiche verraten. Der önologische Berater ist Roberto Cipresso.

Der undurchdringlich purpurrote *1997er Sacrisassi Rosso* zeigt die größere Reife und Reichhaltigkeit des Jahrgangs. Er erfüllt den Mund mit saftigen, fast ölig texturierten Aromen von Schwarzkirschen, mit Rauch und Toastbrot verbunden. Trinken Sie diesen fetten Wein im Laufe der nächsten 3–4 Jahre. Der dunkelrubin-purpurrote *1996er Sacrisassi Rosso* bietet ein charakteristisches Bukett von Schokolade, neuem Eichenholz und Schwarzkirschfrucht. Der Wein besitzt eine gute Säure als Unterlage, aber die rauchigen, schokoladigen Geschmacksnuancen dominieren. Trinken Sie ihn in den nächsten 1–2 Jahren.

FALESCO (UMBRIEN/LATIUM)

2000	Merlot	B	90
1999	Merlot	B	92
1998	Merlot	A	90
1999	Montiano	E	95
1998	Montiano	E	94
1997	Montiano	E	95
2000	Vitiano	A	91

Das etwa 145 Hektar große Weingut von Riccardo Cotarella liegt nur 80 km von Rom entfernt. Seine Weinberge, die sich auf beiden Seite der Grenze zwischen Umbrien und Latium befinden, bringen einige der besten Weine Italiens hervor, insbesondere seinen spektakulären Montiano und seine sagenhaft preisgünstigen Weine Vitiano und Merlot dell'Umbria. Keiner macht besseren Merlot in Italien als Riccardo Cotarella (nicht einmal der französische Önologe Michel Rolland), und sein Vitiano, der im Allgemeinen ein Verschnitt von gleichen Teilen Merlot, Cabernet Sauvignon und Sangiovese ist, gilt bei den trockenen Rotweinen beständig als einer der größten Preisschlager der Welt. Er reift 5 Monate in neuen französischen Eichenfässern und wird ohne Schönung oder Filtration abgefüllt. Die Produktion liegt bei 45 000 Flaschen pro Jahr, was seine recht weite Verfügbarkeit garantiert. Außerdem gibt es nur eine einzige Abfüllung; deshalb kommt es nicht vor, dass verschiedene Partien zu unterschiedlichen Zeitpunkten auftauchen. Vitiano ist wirklich ein Wein, den man kistenweise kauft.

Der spektakuläre *2000er Vitiano* bietet ein süßes Bukett von Brombeeren, Cassis, Lakritze und subtilen Toastgerüchen. Erstaunlich konzentriert, körperreich, nahtlos und wunderschön reinsortig, lässt sich dieser vollmundige, harmonische Wein 3–4 Jahre gut trinken. Er stellt eine fabelhafte Leistung dar. Man muss ihn probiert haben, um es zu glauben. Bravo!

Eine andere bemerkenswerte Leistung und ebenfalls ein Rotwein mit einem der besten Preis-Leistungsverhältnisse in der Welt ist der reinsortige Merlot des Guts. Dieser weder geschönte noch filtrierte, im Holzfass ausgebaute Wein ist leider weniger verfügbar als der Vitiano, denn die Produktion liegt bei 15 000–25 000 Kisten pro Jahr. Der undurchdringlich purpurrote *2000er Merlot* besitzt einen kräftigen, dicken Duft von Schokolade, Mokka, Brombeeren und Kirschlikör. Von mittlerem bis vollem Körper und reif, mit niedriger Säure und süßem Tannin, wird dieser erstklassige, konzentrierte Rotwein in den nächsten 4–5 Jahren wunderschön zu trinken sein. Der *1999er Merlot* zeigt eine undurchdringliche Purpurfarbe und ein prächtiges Bukett, das nach Brombeerlikör, Espressobohnen, Mokka und Rauch duftet. Er ist dicht, körperreich, kernig und säurearm und sorgt für ein herrliches Trinkerlebnis. Man kann diesen bemerkenswert intensiven, konzentrierten Wein jetzt trinken oder 5–6 Jahre lang einkellern. Er ist einer der preiswertesten Weine, die ich je verkostet habe! Der *1998er Merlot* präsentiert eine beeindruckend satte rubin-purpurrote Farbe sowie reichhaltige Brombeer- und Kirschnoten, durchsetzt mit Vanille, Tabak und Gewürzen. Er ist von mittlerem bis vollem Körper und dicht, mit großer Reintönigkeit der Frucht und einer vielschichtigen Textur. Trinken Sie ihn in den nächsten 2–3 Jahren.

Das Flaggschiff von Cotarella, sein reinsortiger Merlot namens Montiano, wird zu 100% in neuen Eichenfässern ausgebaut und ohne Schönung oder Filtration abgefüllt. Bei den meisten Jahrgängen könnte man diesen Wein in eine Blindverkostung der besten kalifornischen Merlots und französischen Pomerols und Saint-Emilions einfügen, ohne dass er Probleme hätte. Die Jahresproduktion liegt bei durchschnittlich 2 000 Kisten. Der 1997er war spektakulär und wahrscheinlich opulenter und sinnlicher als der glänzende 1998er (aber das ist Haarspalterei), während der 1999er der Perfektion nahe kommt. Der tiefgründige, dichte rubin-purpurrote *1999er Montiano* bietet eine große Auswahl von Aromen, darunter geschmolzene Schokolade, Espresso, Brombeeren, Kirschen, Johannisbeeren und Rauch. Körperreich, mit fantastischer Reintönigkeit, einer vielschichtigen Textur und für einen Wein von solcher Tiefe überraschender Frische, kann er jung getrunken werden oder 10–15 Jahre im Keller lagern. Für Experten, die sich um solche Dinge kümmern: Er besitzt stattliche 37 g Trockenextrakt pro Liter! Der fantastische *1998er Montiano* ist von undurchdringlich purpurroter Farbe und zeigt ein spektakuläres Bukett von Schwarzkirschlikör, Lakritze und toastwürziger Vanille. Der Wein explodiert am Gaumen und entfaltet große Mengen von Glyzerin, schwarzen Johannisbeeren, Schwarzkirschen und Brombeeren. Wenn er sich länger im Glas befindet, kommen im Duft und im Geschmack Aromen von geschmolzener Schokolade und toastwürzigem Eichenholz zum Vorschein. Der Abgang dauert über 40 Sekunden. Dieser Wein dürfte sich 10–12 Jahre gut trinken lassen. Bravo! Der *1997er Montiano* ist fabelhaft. Er bietet zahlreiche Schichten, die sich im Geschmack aufbauen und sich hinten am Gaumen entladen. Die mächtigen, süßen Noten von Schokolade, Rauch, schwarzen Früchten und Toastbrot, die aus seinem undurchdringlichen Purpurrot aufsteigen, befriedigen den Geruchssinn und gefallen dennoch dem Verstand. Reintönig und kraftvoll, trotzdem großartig zusammengefügt, ohne Ecken und Kanten und mit keinerlei hohem Alkoholgehalt oder Schwere, ist dieser sensationelle Wein einer der besten Merlots, die in Italien erzeugt worden sind. Voraussichtliche Genussreife: jetzt–2014.

FEUDI DI SAN GREGORIO (KAMPANIEN)

1999	**Pàtrimo**	**D**	**90**
1998	**Rubrato**	**B**	**87**
1997	**Rubrato**	**B**	**87**
1999	**Serpico IGT**	**D**	**91**
1996	**Serpico IGT**	**D**	**89**
1996	**Taurasi**	**D**	**85**
1995	**Taurasi**	**D**	**86**
1995	**Taurasi Montevergine**	**D**	**89**

Diese Kellerei hat beträchtliche Fortschritte bei der Qualität gemacht; diese Weine sind die besten, die ich bisher von Feudi di San Gregorio verkostet habe.

Die Leser sollten nach dem *1999er Pàtrimo* (1 100 Kisten) Ausschau halten. Reinsortig aus Merlot-Trauben erzeugt, die mit niedrigen Erträgen von 22 hl/ha geerntet wurden, war dieser spektakuläre Wein noch nicht auf Flaschen abgefüllt, als ich ihn verkostete, aber man versicherte mir, dass es vor der Abfüllung keine Filtration gebe. Es überraschte mich nicht, als ich erfuhr, dass der berühmte umbrische Önologe Riccardo Cotarella der Berater für diesen Wein war. Dessen Handschrift zeigt der Wein in seiner undurchdringlich purpurroten Farbe, in umwerfenden Noten von reifen Brombeeren und Kirschen und in einer körperreichen Persönlichkeit mit sehr viel Extrakt, hohem Glyzeringehalt, süßem Tannin und schön integriertem toastwürzigem neuem französischem Eichenholz. Das scheint ein fantastisches Exemplar von einem süditalienischen Merlot zu sein. Er dürfte sich 7–8 Jahre gut trinken lassen.

Der spektakuläre *1999er Serpico* (ein Verschnitt von 70% Aglianico und 30% Merlot mit einem Hauch von Syrah und Piedirosso) reifte in französischen Eichenfässern, bevor er ohne Filtration abgefüllt wurde. Er ist ein kraftstrotzender Wein von undurchdringlich purpurroter Farbe, der ein prächtiges Bukett von Brombeerlikör bietet, vermischt mit Trüffeln, Lakritze und Rauch. Körperreich, von fabelhafter Konzentration, süßem Tannin, prachtvollem mittlerem Geschmacksbereich und einem umwerfenden Abgang, besitzt dieser glänzende Wein eine unglaubliche Kennzahl, die seinen Grad an Konzentration belegt. Zahlen sagen manchmal nichts aus, aber der Trockenextrakt dieses Weins beträgt 40 g/l, mit der höchste Wert, den ich je bei einem trockenen Rotwein gesehen habe. Lassen Sie ihn noch 1–2 Jahre in der Flasche reifen und genießen Sie ihn in den folgenden 15–16 Jahren. Bravo! Der *1996er Serpico* (ein Verschnitt von 60% Aglianico, 30% Piedirosso und 10% Sangiovese) zeigt eine undurchdringlich rubinrote Farbe mit Purpurtönen. Er ist körperreich und gehaltvoll, mit großen Mengen von Pfeffer, Schokolade und Kirschmarmelade. Wenn nicht das grobe Tannin im Abgang wäre, hätte dieser Wein möglicherweise eine hervorragende Bewertung verdient. Vielleicht wird das Tannin bei der Alterung verschwinden, denn der Wein kann sich noch weitere 6–7 Jahre entwickeln.

Von den Rotweinen wird der Rubrato (100% Aglianico) sowohl in Stahltanks als auch in großen Holzfässern ausgebaut. Der *1998er Rubrato* besitzt Schwarzkirsch- und Brombeerfrucht mit Erde, Lakritze und Rauch im Hintergrund. Reichhaltig, von mittlerem bis vollem Körper und reintönig, mit einem hübsch texturierten mittleren Geschmacksbereich und Abgang, dürfte er 2–3 Jahre lang gut zu trinken sein. Der dunkelrubinrote *1997er Rubrato* offenbart ein nicht sehr intensives Bukett von Schokolade, Schwarzkirschen und Gewürzen. Er wirkt robust und sehr fruchtig und hat gute Substanz, mittleren Körper und einen pfeffrigen, würzigen Abgang.

Ich war nicht sehr beeindruckt von dem rustikalen, pfeffrigen, nach Himbeeren duftenden und schmeckenden *1996er Taurasi* von mittlerem Körper. Er ist zwar gut, aber eckig und lässt Konzentration und Harmonie vermissen. Der kompetente *1995er Taurasi*, der in französischen Eichenfässern ausgebaut wurde, besitzt eine dunkelrubinrote Farbe, eine monolithische Persönlichkeit, mittleren bis vollen Körper und viel Pfeffer, Gewürze, Beeren und neues Eichenholz. Er dürfte sich 1–2 Jahre gut trinken lasen.

Einer meiner Lieblingsrotweine von Feudi di San Gregorio ist der *1995er Taurasi Montevergine*. Dieser tiefe, aromareiche Wein hat eine dichte rubin-purpurrote Farbe und ein beachtliches Bukett von Holz, neuem Sattelleder, Vanille und Brombeerfrucht. Im Mund kommen pfeffrige und würzige Komponenten zum Vorschein. Man kann diesen körperreichen, dichten, reichhaltigen, aufgeschlossenen und trotzdem konzentrierten Wein in den nächsten 4–5 Jahren trinken, obwohl er sich länger hält.

LA FIORITA-LAMBORGHINI (UMBRIEN)

1999	**Campoleone**	**E**	**96**
1998	**Campoleone**	**E**	**91**
1997	**Campoleone**	**E**	**97**
1999	**Trescone**	**B**	**87**
1998	**Trescone**	**B**	**84**

Wie Sie vielleicht vermutet haben, gehört dieses 32 Hektar große Gut einem Familienmitglied des Herstellers von Luxusautos. Die beiden Cuvées, die es anbietet, werden mit der Unterstützung des berühmten umbrischen Önologen Riccardo Cotarella erzeugt.

Das Flaggschiff, der Campoleone, stellt sich als einer der besten Weine Mittelitaliens heraus. Er ist ein Verschnitt von Merlot, Cabernet Sauvignon und Sangiovese, erzeugt von einem 8 Hektar großen Weinberg. Mit hohem Zuckergehalt gelesen, trocken durchgegoren und 12 Monate in neuen französischen Eichenfässern ausgebaut, wird er ohne Schönung oder Filtration abgefüllt. Die Produktion liegt bei nicht ganz 1500 Kisten. Der fesselnde *1999er Campoleone* ist möglicherweise nicht so komplex und majestätisch wie der phänomenale 1997er. Eine dichte, undurchdringliche Purpurfarbe geht einher mit Düften von neuem Sattelleder, Brombeer- und Schwarze-Johannisbeer-Frucht, Lakritze, gebratenem Fleisch und Grafit. Körperreich und süß, mit einer fabelhaften Textur, reifem Tannin, angemessener Säure und glänzender Zeichnung, ist er eine Glanzleistung der Weinbereitung. Er dürfte sich 10–15 Jahre gut trinken lassen. Der *1998er Campoleone* (50% Merlot, 30% Cabernet Sauvignon, 20% Sangiovese) ist zwar nicht so perfekt wie der 1997er (das geht mehr auf den Jahrgang als auf eine Änderung bei der Weinbereitung oder beim Willen zur Qualität zurück), aber er ist ein eindrucksvoller, außergewöhnlicher Wein. Eine undurchdringlich purpurrote Farbe begleiten umwerfende Aromen von neuem Sattelleder, geröstetem Espresso, Schokolade, Brombeeren und gegrilltem Steak. Dieser reichhaltige, vielschichtige, körperreiche, mäßig tanninhaltige Wein ist tief und gut gelungen. Kellern Sie ihn 1–2 Jahre ein und genießen Sie ihn in den folgen 12–15 Jahren. Der *1997er Campoleone* (ein Verschnitt von ungefähr gleichen Anteilen Merlot, Cabernet Sauvignon und Sangiovese) zeigt unglaubliche Konzentration, verbunden mit unheimlicher Ausgewogenheit und Symmetrie, sowie ein Bukett, eine Geschmackstiefe und eine Länge, die erstaunlich sind, was ihn zu einem der außergewöhnlichsten Erlebnisse bei einer Verkostung macht. Die Farbe ist ein sattes Purpurrot. Berstend vor schwarzen Früchten, Gewürzen, Mineralien und Charakter, ist er ein wunderbarer, sagenhaft intensiver Wein, den man probiert haben muss, damit man es glaubt. Voraussichtliche Genussreife: jetzt–2020.

Kürzlich wurde zusätzlich ein Wein ins Angebot aufgenommen, der zu einem niedrigeren Preis verkauft wird, der Trescone. Dieser Wein ist ein Verschnitt von Sangiovese, Merlot und Ciliegiolo und wird ohne Filtration abgefüllt. Der *1999er Trescone* ist ein sehr fruchtiger, weicher, verführerischer Rotwein, der während seiner ersten 3–4 Lebensjahre getrunken werden sollte. Er bietet jede Menge von Beerenfrucht, mittleren bis vollen Körper und einen unkomplizierten, entwaffnenden Stil. Der *1998er Trescone* ist direkt, von leichtem Körper und rund, mit gefälliger Himbeer- und Kirschfrucht. Genießen Sie ihn in den nächsten paar Jahren.

FORADORI (TRENTINO)

1999	**Granato**	**E**	**90+**
1998	**Granato**	**E**	**87**
1997	**Granato**	**E**	**90+**
2000	**Teroldego Rotaliano**	**C**	**87**

Der dichte rubin-purpurrote *2000er Teroldego Rotaliano,* eine der besten Produktionen des Trentino, ist nicht komplex, aber er enthüllt süße, erdige Schwarzkirsch- und Johannisbeerfrucht, eine rustikale Textur, großzügige Rundheit und eine stämmige, muskulöse Empfindung im Mund. Er ist ein guter Landwein, den man in den nächsten 5–6 Jahren genießen kann.

Es gibt 2500 Kisten vom Granato, der 18 Monate in französischen Eichenfässern reift. Der Wein besitzt mehr Glätte und Feinheit als der Teroldego sowie zusätzliche Konzentration und Intensität. Beim *1999er Granato* folgt auf die undurchdringlich purpurrote Farbe ein kerniger Duft von schwarzen Johannisbeeren, Kirschen, Sattelleder, Erde, Pfeffer und Unterholz. Der körperreiche, komplexe, reichhaltige, stark extrahierte Wein im Bordeaux-Stil besitzt jede

Menge süßes Tannin. Obwohl der *1998er Granato* nicht die Kraft, die Wucht oder das Volumen seines älteren Bruders hat, ist er ein intensiver Wein mit einer dunkelrubin-purpurroter Farbe, schokoladigen, erdigen, von Kräutern erfüllten Schwarzkirscharomen im Duft und im Geschmack, mittlerem bis vollem Körper, ausgezeichneter Reife und viel Power. Er dürfte 10–12 Jahre lang gut zu trinken sein. Der spektakuläre *1997er Granato* ist ein enorm konzentrierter, massiver, körperreicher, rustikaler, mächtiger, kerniger Wein mit reichlichen Mengen von teerartigen schwarzen Früchten, die mit toastwürzigem Eichenholz getränkt sind. Er ist zwar weit davon entfernt, trinkbar zu sein, aber er ist ein sehr viel versprechender Kraftprotz. Lassen Sie ihn 1–2 Jahre im Keller reifen; er dürfte sich 15–18 Jahre halten.

GALARDI (KAMPANIEN)

1999	**Terra di Lavoro**	**E**	**96**
1998	**Terra di Lavoro**	**E**	**96**
1997	**Terra di Lavoro**	**D**	**95**

Leider gibt es nur etwas mehr als 200 Kisten Wein, die von dem 2 Hektar großen Weinberg Terra di Lavoro erzeugt werden. Einige vergangene Jahrgänge fielen zu rustikal aus (zweifellos wegen der einheimischen Traubensorten, die in dem Verschnitt verwendet werden), aber die letzten Jahrgänge zeigen süßes Tannin und einen außergewöhnlichen erdigen, an Grafit erinnernden Charakter, der bestimmt auf die verwitterten Böden vulkanischer Herkunft des Weinbergs zurückgeht. Falls die Aglianico-Traube Weltruhm erlangen sollte, wird es mit einem Wein wie diesem hier geschehen. Er ist ein Verschnitt von 80% Aglianico und 20% Piedirosso und wird 12 Monate in neuen französischen Eichenfässern ausgebaut und ohne Schönung oder Filtration abgefüllt. Das Vinifizierungsgenie hinter diesem Unternehmen ist, was keine Überraschung darstellt, Riccardo Cotarella.

Die Farbe des *1999er Terra di Lavoro* ist ein undurchdringliches Schwarz-Purpurrot. Das Bukett bietet Düfte von konzentrierten Schwarzkirschen und Brombeeren, vermischt mit Leder, Lakritze, Bleistiftschnitzeln und neuem Eichenholz. Dieser spektakuläre Wein ist der bislang harmonischste und kompletteste Terra di Lavoro. Das ist erregender Saft! Voraussichtliche Genussreife: jetzt–2018. Der zutiefst komplexe schwarz-purpurrote *1998er Terra di Lavoro* besitzt wilde Brombeer- und Heidelbeer- und mineralische Düfte, verbunden mit Aromen von Rauch, Tabak und Lakritze. Die Geschmacksnuancen spiegeln das Bukett wider. Mit seinem Reichtum an Frucht, Glyzerin, Konzentration und Körper ist er ein massiver, mächtiger Wein mit süßem Tannin, niedriger Säure und einem spektakulären Abgang von mehr als 45 Sekunden. Dieser erstaunliche Wein ist zivilisierter und weniger eigenartig als einige frühere Jahrgänge, die umwerfend, aber sehr individualistisch und rustikal waren. Er wird 15+ Jahre gut zu trinken sein. Der *1997er Terra di Lavoro* ist ein Ungetüm mit außerordentlicher Intensität und Reichhaltigkeit. Er ist in der Farbe schwarz-purpurrot; seine umwerfenden Aromen von Teer, dicklichen, dunklen Himbeeren, Lakritze, Trüffeln und Rauch sind einfach betörend. Er ist sagenhaft konzentriert, mit fantastischem Glyzerin, zahlreichen Geschmacksschichten und einem kraftstrotzenden, reintönigen Abgang, der über 40 Sekunden dauert. Für die wenigen Glücklichen, die eine Flasche davon ausfindig machen können, wird er absolut erstaunlich sein. Voraussichtliche Genussreife: jetzt–2020.

MACULAN (VENETIEN)

1998	**Acininobili**	**EE**	**95**
1997	**Acininobili**	**EE**	**92**
1998	**Brentino**	**A**	**87**
2000	**Dindarello**	**B**	**87**
1999	**Dindarello**	**B**	**91**
1999	**Fratta**	**E**	**90**
1998	**Fratta**	**EE**	**88**

1997	**Fratta**	**EE**	**89**
1999	**Torcolato**	**C**	**90**
1998	**Torcolato**	**C**	**90**

Dieser Erzeuger macht beständig einige der erfrischendsten, leichten, lebhaften, trockenen Weißweine Italiens sowie die nachhaltigsten Süßweine des Landes. Die Weißweine werden hier nicht besprochen, weil man sie im ersten Jahr nach der Lese trinken muss. Die Rotweine schmeckten früher zu krautig und vegetabil, aber das Problem scheint in den letzten Jahrgängen gelöst worden zu sein.

Der hervorragende *1999er Fratta,* ein Verschnitt von 66% Cabernet Sauvignon und 34% Merlot, gleicht einem Bordeaux der Spitzenklasse aufs Haar. Erzeugt von extrem niedrigen Erträgen (3 700 kg/ha Trauben), bietet er Noten von neuem Eichenholz in Hülle und Fülle, großartige Konzentration und hohen Alkoholgehalt (14,5%). Dieser in einem herzhaften Stil gehaltene, körperreiche, konzentrierte, tanninreiche Kraftprotz erfordert 3–5 Jahre Kellerreifung und dürfte 15–16 Jahre schön altern. Weder der *1997er Fratta* noch der *1998er Fratta* (69% Cabernet Sauvignon und 31% Merlot, in neuen französischen Eichenfässern ausgebaut) zeigen etwas von den krautigen, vegetabilen Merkmalen, die in der Vergangenheit den Weinen zu schaffen machten. Beide Jahrgänge sind sich in der Qualität ähnlich, auch wenn ich vermute, dass der 1997er mehr Opulenz hat. Der 1998er besitzt mehr Struktur, Tiefe und Komplexität. Beide sind von dichter rubin-purpurroter Farbe, mit reifer Beerenfrucht, die mit Schokolade und toastwürzigem neuem Eichenholz getränkt ist, sowie sehr guter Ausgewogenheit, Dichte und Gewichtigkeit. Man kann sie 5–6 Jahre lang gut trinken.

Der *1998er Brentino* (ein Verschnitt von 85% Merlot, 10% Cabernet Sauvignon und 5% Cabernet Franc, in kleinen Holzfässern ausgebaut) bietet ein nach Gewürzen, Zedernholz und Tabak duftendes Bukett, einen weichen, saftigen Geschmack von schwarzen und roten Johannisbeeren, mittleren Körper, leichtes, süßes Tannin und einen sauberen Abgang. Trinken Sie ihn in den nächsten 2–3 Jahren.

Die wirklichen Glanzleistungen von Maculan bleiben seine prächtigen süßen Weine. Die Dindarellos, die Eingangsstufe, werden aus Moscato-Trauben erzeugt, die bis zum Januar nach der Lese getrocknet und danach vinifiziert werden. Der *2000er Dindarello* ist ein sehr fruchtiger, direkter, etwas schlichter, aber köstlicher Wein mit mäßiger Süße. Trinken sollte man ihn während seiner ersten 1–2 Lebensjahre. Leser, die gern Süßes naschen, werden viel Spaß am hedonistischen *1999er Dindarello* haben. Er ist körperreich, mit prächtigen Aromen von Orangenmarmelade und Mandarinenblüten, herrlicher Reintönigkeit der Frucht, Noten von Honig und Blumen, prachtvoller Fruchtfülle und einem langen, kernigen, mäßig süßen Abgang. Das ist unbestreitbar ein Dessertwein.

Die Torcolatos sind Verschnitte von Vespaiola, Tocai und Garganega, die zu einem Drittel in neuen französischen Eichenfässern reifen. Der *1999er Torcolato* ist komplex, intensiv und komplett zugleich. Seine hellgoldene Farbe geht einher mit einem süßen Bukett von Geißblatt, Orangenmarmelade, Karamell und neuem Eichenholz. Er ist körperreich und reichhaltig und enthüllt Hinweise auf Botrytis (Edelfäule). Er dürfte 7–8 Jahre lang gut zu trinken sein. Der *1998er Torcolato* zeigt in seinen Aromen sowohl im Duft als auch im Geschmack Crème brûlée, honigsüßen Karamell und Aprikosen. Von mittlerem bis vollem Körper, mit wunderbar pikanter Säure und einem mäßig süßen, reichhaltigen Abgang, wird er sich 5–8 Jahre gut trinken lassen.

Die Spitzencuvée unter den edelsüßen Weinen ist Acininobili. Er ist einer der größten Süßweine, die in Italien hergestellt werden, und kann es mit den besten Barsac- und Sauternes-Weinen aufnehmen. Der fesselnde *1998er Acininobili* (erzeugt von 85% Vespaiola, 10% Tocai und 5% Garganega) ist ein opulenter, ölig texturierter Wein mit Noten von honigsüßer Grapefruit, Mandarinen, überreifen Birnen und Karamellcreme, die sich in einem körperreichen, konzentrierten Stil präsentieren. Das neue Eichenholz ist von der Konzentration und vom Extrakt des Weins vollständig absorbiert worden. Er dürfte 12–15 Jahre lang gut zu trinken sein. Der *1997er Acininobili* besitzt in den süßen, reichhaltigen, buttrigen Ananas- und Karamellaromen im Duft und im Geschmack enorme honigsüße Noten und darunter mineralische Nuancen. Die Intensität, die Reichhaltigkeit und die insgesamt erfrischende Persönlichkeit machen ihn zu einem der besten Dessertweine Italiens. Er lässt sich – mindestens – 10–12 Jahre gut trinken.

MARTILDE (LOMBARDEI)

1997	**Oltrepò Pavese Barbera La Strega, la Gazza e il Pioppo**	**D**	**92**
1997	**Oltrepò Pavese Bonarda Ghiro Rosso d'Inverno**	**D**	**87+**
1996	**Oltrepò Pavese Bonarda Ghiro Rosso d'Inverno**	**D**	**88+**
1993	**Oltrepò Pavese Pindaro Riserva**	**C**	**87**

Diese Kellerei ist auf dem heutigen überhitzten Weinmarkt eine Quelle für Weine von sehr gutem bis ausgezeichnetem Preis-Leistungsverhältnis. Der schwarz-purpurrote *1997er Oltrepò Pavese Barbera La Strega, La Gazza e il Pioppo,* ein sensationeller Wein, wird sechs Monate in französischen Eichenfässern ausgebaut. Er ist ein explosiver, mächtiger, erstaunlich konzentrierter Barbera, der für manche Verkoster übertrieben wirken mag. Der natürliche Alkoholgehalt beträgt 15%; der Wein ist außergewöhnlich dickflüssig, ölig texturiert und dicht. Er ist beeindruckend, aber die meisten werden Unterstützung brauchen, damit sie eine Flasche leeren können. Dennoch ist er eine sensationelle, die Unterhaltung anregende Leistung in der Kunst des Weinmachens. Trinken Sie ihn in den nächsten 10–12 Jahren, auch wenn er sich möglicherweise noch länger hält.

Der Oltrepò Pavese Bonarda Ghiro Rosso d'Inverno wird von extrem alten Reben mit niedrigen Erträgen erzeugt. Er ist im Allgemeinen der beste Wein im Angebot; einige Jahrgänge zählen zu den kräftigsten und wuchtigsten Weinen, die ich je von dieser Rebsorte probiert habe. Der undurchdringlich purpurrote *1997er Oltrepò Pavese Bonarda Ghiro Rosso d'Inverno* ist unentwickelt und rustikal, aber enorm körperreich und kernig, mit ungeheuer viel Frucht und Extrakt, riesigem Tanningehalt und gewaltiger Stärke. Er erfordert 1–2 Jahre Kellerreifung, dürfte sich aber ein Jahrzehnt oder noch länger halten. Der 1996er *Oltrepò Pavese Bonarda Ghiro Rosso d'Inverno* ist der kräftigste, massivste und stärkste Wein, den ich je von der Bonarda-Traube verkostet habe. Der Wein besitzt merkliche Säure, hohen Tanningehalt, eine undurchdringlich purpurrote Farbe und riesige Mengen von Extrakt und Reichhaltigkeit. Wie komplex er schließlich sein wird, ist ungewiss, aber er ist ein vollmundiger, rustikaler, kraftvoller, druckvoller roter Landwein aus Italien, der sehr charakteristisch ist und zweifellos noch weitere 6–7 Jahre altern kann.

Der rubinrote *1993 Oltrepò Pavese Pindaro Riserva,* ein Verschnitt von 45% Bonarda, 45% Barbera und 10% Uva Rara, bietet konzentrierte Süß- und Sauerkirschfrucht, verbunden mit Mandeln, Gewürzen, Erde und Holz. Der Wein ist rund und wohlschmeckend, aber unter der Frucht und dem Extrakt entdeckt man solide Säure. Trinken Sie ihn in den nächsten 1–2 Jahren.

ROBERTO MAZZI (VENETIEN)

1997	**Amarone Punta di Villa**	**D**	**90**
1996	**Amarone Punta di Villa**	**D**	**92**
1998	**Valpolicella Classico Vigneto Poiega**	**C**	**88**
1997	**Valpolicella Classico Vigneto Poiega**	**B**	**89**

Dieser glänzende Erzeuger aus dem Veneto hat einen köstlichen *1998er Valpolicella Classico Vigneto Poiega* hergestellt, der leicht kräuterartig und würzig ist, süß nach Kirschen und Erdbeeren schmeckt und mittleren Körper hat. Er erinnert an einen mittelschweren Burgunder und eignet sich ideal dafür, dass man ihn in den nächsten 3–4 Jahren trinkt. Der fantastische *1997er Valpolicella Classico Vigneto Poiega* hat ein ausgezeichnetes Preis-Leistungsverhältnis. Von dunkelrubinroter Farbe, mit einem intensiven, süßen Bukett, das nach

Erdbeerlikör, neuem Sattelleder und Tabak duftet, besitzt dieser fruchtbetonte, samtig texturierte Wein von mittlerem Körper genug Säure, um klare Umrisse zu liefern. Trinken Sie ihn in den nächsten 12–18 Monaten.

Der trockene, schokoladige, dichte, ledrige *1997er Amarone Punta di Villa* ist ein körperreicher, kraftvoller Wein, der in seinen kräftigen, erdigen Aromen und robusten, überschwänglichen Geschmacksnuancen Noten von Teer, Backpflaumen, Rosinen und schwarzen Früchten zeigt. Dieser den Mund ausfüllende Amarone dürfte 10–15 Jahre gut altern. Leser, die nach einem robusten, muskulösen, kräftigen Wein suchen, sollten sich an den trockenen *1996er Amarone Punta di Villa* halten. Hinter einem dichten Pflaumen-Granat-Ton entdeckt man überdimensionierte Aromen, die intensive Gerüche von Lakritze, Teer, Pflaumen, Tabak, feuchter Erde und Noten von gegrilltem, mit Kräutern eingeriebenen Steak bieten. Reichhaltig, dicht und muskulös, mit jeder Menge reifer Frucht und einem an zerstoßene Muschelschalen erinnernden Charakter, sollte dieser trockene, körperreiche Wein zu Gerichten mit intensivem Eigengeschmack serviert oder am Ende einer Mahlzeit getrunken werden. Er ist nicht süß, besitzt aber mindestens 15% Alkohol. Trinken Sie ihn in den nächsten 10–12 Jahren.

MIANI (FRIAUL-JULISCH-VENETIEN)

1997	**Merlot**	**E**	**92**
1997	**Ronco Calvari**	**E**	**94**
1996	**Ronco Calvari**	**D**	**91**
1995	**Ronco Calvari**	**D**	**87**

Die Ehre für diese außerordentlichen Weine gebührt sowohl Miani als auch dem önologischen Berater Roberto Cipresso. Die Weine dieses Guts werden von unglaublich niedrigen Erträgen erzeugt. Der kraftstrotzende *1997er Merlot* (in zu 100% neuen Eichenfässern gereift) ist ein erstaunliches Beispiel, aber da er aus Friaul kommt, ist er noch beachtenswerter. Die Farbe ist ein sattes, dunkles Purpurrot. Das Bukett bietet eine erstaunliche Palette von dicklicher Schwarzkirschfrucht, Rauch, Beeren und süßem Toastbrot. Dickflüssig und körperreich, mit einem langen, nuancenreichen Abgang, dürfte dieser überschwängliche, jugendliche Merlot in 1–2 Jahren auf seinem Höhepunkt sein und sich bis 2010 halten.

Der reinsortige Refosco von Miani heißt Ronco Calvari. Alle drei folgenden Jahrgänge wurden fast einen Monat lang gemaischt; 1996 und 1997 erreichten die Weine einen natürlichen Alkoholgehalt von 14,5%. Im Wesentlichen schmecken sie mehr wie ein Syrah-Wein als ein Refosco. Der ölig dickflüssige *1997er Ronco Calvari* von schwarz-purpurroter Farbe ist der erstaunlichste Wein des Trios. Er zeigt die am stärksten an die Syrah-Traube erinnernden Merkmale (Crème de Cassis, Brombeeren und geschmolzenen Teer) sowie eine dicke, ölige Textur und einen kraftstrotzenden Abgang. Seine beste Qualität wird dieser bemerkenswerte Wein jetzt–2020 haben. Der spektakuläre *1996er Ronco Calvari* ist ein massiger, dicker, körperreicher Wein mit großer Symmetrie und Ausgewogenheit. Prächtige Aromen von Brombeeren, Teeröl und Blüten springen förmlich aus dem Glas. Obwohl er noch unentwickelt ist, zeigt er beträchtliches Potenzial. Voraussichtliche Genussreife: jetzt–2012. Der *1995er Ronco Calvari,* ein für dieses Gebiet dürftiger Jahrgang, ist ein sehr guter Wein, der deutlicher spürbares Tannin als seine beiden Brüder hat, aber mit reifer Brombeerfrucht, die mit Kirschen, staubiger Erde und würzigen Holzaromen vermischt ist. Trinken sollte man ihn in den nächsten 1–2 Jahren.

MOLETTIERI (KAMPANIEN)

1999	**Aglianico Irpinia**	**B**	**90**
1998	**Taurasi Vigna Cinque Querce**	**C**	**86**
1997	**Taurasi Vigna Cinque Querce**	**D**	**90**

Der dichte rubin-purpurrote *1999er Aglianico Irpinia* offenbart ein charakteristisches, nach Lakritze, Blüten und schwarzen Früchten duftendes Bukett mit Trüffeln, Erde und Gewürzen im Hintergrund. Von mittlerem bis vollem Körper und voller Charakter, gehört er zu einer neuen Welle von Weinen, die aus Kampanien kommen und demonstrieren, wie viel Eigencharakter die Aglianico-Traube haben kann. Trinken Sie ihn in den nächsten 5–7 Jahren.

Der *1998er Taurasi Vigna Cinque Querce* ist streng, strukturiert und robust. Er zeigt eine erdig-pfeffrige Note und einen liebenswürdigen Charakter von roten und schwarzen Früchten. Trinken Sie ihn in den nächsten 2–3 Jahren. Der fabelhafte *1997er Taurasi Vigna Cinque Querce,* der beste Taurasi, den ich seit dem 1968er Mastroberardino verkostet habe, präsentiert eine dichte rubin-purpurrote Farbe sowie Aromen von Kirschlikör, vermischt mit geschmolzenem Teer, Trüffeln und Gewürzen. Über einen Hauch von Erdigkeit dominieren der hohe Glyzeringehalt, die konzentrierte Frucht und die körperreiche, ölige Textur des Weins. Trinken Sie diesen gewichtigen Taurasi im Laufe der nächsten 8 Jahre.

MONTEVETRANO (KAMPANIEN)

1999	**Montevetrano**	**E**	**94**
1998	**Montevetrano**	**E**	**92**
1997	**Montevetrano**	**E**	**96**

Die Besitzerin Silvia Imparato und ihr Önologe Riccardo Cotarella machen weiterhin einen der unverkennbarsten Weine Süditaliens. Seit dem Debüt-Jahrgang 1994 zeugt der Montevetrano von den konservativen Weinbaumethoden der Besitzerin wie auch von den außerordentlichen Fähigkeiten Cotarellas als Weinmacher. Leider gehen aus diesem kleinen Weinberg (4 Hektar) nur 500 Kisten hervor. Die Weine, ein Verschnitt von 60% Cabernet Sauvignon, 30% Merlot und 10% Aglianico, werden ohne Schönung und Filtration abgefüllt, nachdem sie 12 Monate ausschließlich in neuen französischen Eichenfässern gereift sind, und erstaunlicherweise wird das neue Eichenholz von der Frucht völlig absorbiert. Ich liebe den individualistischen Stil dieser Weine. Jedes Jahr bieten sie, ungeachtet der Bedingungen des Jahrgangs, fesselnde Mengen von Heidelbeer-, Brombeer- und dunkler Himbeerfrucht, wobei der Wein eine unverkennbare fruchtbetonte, komplexe Persönlichkeit von mittlerem bis vollem Körper zeigt. Er besitzt auch einen Hauch von Mineralien und wundervolle Reintönigkeit und Symmetrie sowie das Potenzial für eine Entwicklung von 10–20 Jahren. Vom Stil her erinnern sie an eine italienische Version des Cabernet Sauvignon der Colgin Cellars oder der Bryant Family und sind in ihrer Komplexität und Reichhaltigkeit umwerfend.

Der elegante, trotzdem eigenwillige *1999er Montevetrano* hat eine tiefe rubin-purpurrote Farbe und ein süßes Bukett von Heidelbeerkuchen, Cassis, Mineralien und Veilchen. Dicht, von mittlerem bis vollem Körper, mit einer fabelhaften flüssigen Mineralität als Unterlage, ist er ein charakteristischer, reintöniger Wein, den man jetzt und in den nächsten 15 Jahren trinken kann. Der *1998er Montevetrano* ist eine weitere hervorragende Leistung, wobei Eleganz mit Stärke und Intensität verbunden ist. Das charakteristische Kennzeichen des Montevetrano, eine Note von Brombeeren und dunklen Himbeeren, ist vorhanden; außerdem findet man schöne Reintönigkeit und Symmetrie und einen langen, hoch konzentrierten Abgang von mittlerem bis vollem Körper. Der Wein dürfte 10–12 Jahre gut zu trinken sein. Beim *1997er Montevetrano* steigt ein fabelhaft duftiges Bukett von milden Brombeeren, Heidelbeeren und Blüten aus dem Glas. Von undurchdringlicher purpurroter Farbe, mit einer vielschichtigen, natürlich texturierten Struktur, muss man diesen körperreichen, wunderbar konzentrierten, vieldimensionalen Wein probiert haben, damit man es glaubt. Er ist ein wundervoller Wein, möglicherweise der beste Montevetrano, der bis jetzt hergestellt wurde – was etwas heißen will, wenn man bedenkt, wie spektakulär die anderen Jahrgänge ausfielen. Voraussichtliche Genussreife: 2004–2020.

MONTI (ABRUZZEN)

2000	**Montepulciano d'Abruzzo Pignotto**	**C**	**94**

Unbestreitbar der größte Montepulciano d'Abruzzo, den ich je verkostet habe: Die spektakuläre, in einer Menge von 15 000 Flaschen erzeugte Cuvée, der *2000er Montepulciano d'Abruzzo Pignotto*, hergestellt von dem berühmten umbrischen Önologen Riccardo Cotarella, muss man probiert haben, um es selbst zu glauben. Sie hat ein großartiges Preis-Leistungsverhältnis und ist eine Offenbarung für die Region. Cotarellas Zauberfinger haben von extrem niedrigen Erträgen einen Wein mit erstaunlich hoher Konzentration (37g Trockenextrakt pro Liter) hervorgebracht. Nach dem Ausbau im Holzfass wurde er ohne Filtration abgefüllt. Der Wein verbirgt seine 15,1% Alkohol mit Anmut, denn wegen seines großen Reichtums an Frucht und Extrakt spürt man keine Brandigkeit. Körperreich und explosiv, mit fantastischer Reichhaltigkeit und einem überwältigenden Bukett von Lakritze, Blüten, Brombeeren und Cassis, ist dieser reintönige, wunderschön texturierte Wein eine Glanzleistung der Weinbereitung. Versäumen Sie ihn nicht! Am besten sollte man diesen Wein während seiner überschwänglichen Jugend trinken, so dass ein früher Verbrauch (7–8 Jahre) empfohlen wird.

MORGANTE (SIZILIEN)

1999	**Don Antonio**	**C**	**92**
1998	**Don Antonio**	**C**	**89**
1999	**Nero d'Avola**	**A**	**88**
1998	**Nero d'Avola**	**C**	**86**

Diese Kellerei schafft gerade den Durchbruch mit der in Sizilien heimischen Rebsorte Nero d'Avola. Ihr Berater bei den letzten Jahrgängen war, was nicht sonderlich überrascht, der berühmte umbrische Önologe Riccardo Cotarella. Seine glückliche Hand hat den Weinen mehr Textur, Fett und Fleisch sowie süßeres Tannin eingebracht.

Beim *1999er Nero d'Avola* geht die tiefe purpurrote Farbe einher mit einem süßen Bukett von Brombeerfrucht, von Lakritze durchdrungen, mit viel Fett und geschmeidigem Tannin im üppigen, konzentrierten Abgang. Er stellt unter den kräftigen, den Mund ausfüllenden, robusten Rotweinen ein großartiges Preis-Leistungsverhältnis dar. Der *1998er Nero d'Avola* offenbart eine burgunderähnliche Weichheit sowie viele würzige Sauerkirschnoten in seinem eleganten Bukett, mittleren Körper und runde, reizvolle, subtile Geschmacksnuancen. Trinken sollte man ihn in den nächsten 12–18 Monaten.

Die Cuvée Don Antonio wird vollständig aus Nero d'Avola erzeugt. Die Weine durchlaufen eine malolaktische Gärung, reifen zu 100% in neuen französischen Eichenfässern unterschiedlicher Größe und werden ohne Filtration abgefüllt. Sie sind teurer als die Standard-Cuvées. Der beste Wein, den ich je von der Nero d'Avola-Traube verkostet habe, ist der *1999er Don Antonio*. Dieser vorzügliche Wein besitzt eine undurchdringlich purpurrot-blaue Farbe und ein außergewöhnliches Bukett von cremigem neuem Eichenholz, verknüpft mit Brombeerlikör, Blüten und Cassis. Diese reife, körperreiche Schönheit zeigt große Intensität, explosive Reichhaltigkeit und einen Abgang, der über 35 Sekunden anhält. Das ist ein revolutionäres Beispiel für eine einheimische sizilianische Rebsorte. Zudem dürfte er sich ein Jahrzehnt oder noch länger gut trinken lassen. Der teurere *1998er Don Antonio* von undurchdringlich purpurroter Farbe hat ein herrliches Bukett von Heidelbeer- und Himbeermarmelade, vermischt mit Rauch, Lakritze und Mineralien. Man findet darin eindrucksvolle Intensität der Frucht sowie eine unbestreitbare Eleganz und Symmetrie bzw. Ausgewogenheit. Er dürfte 4–5 Jahre lang gut zu trinken sein.

MORODER (MARKEN)

1997	**Rosso Conero Dorico IGT**	**C**	**88**

Der dunkelrubin-purpurrote *1997er Rosso Conero Dorico,* der von Sangiovese-Trauben erzeugt und 2 Monate in französischen Holzfässern ausgebaut wurde, präsentiert reife, erdige Schwarzkirsch- und Johannisbeerfrucht im Überfluss, eindrucksvolle Dichte, rustikales Tannin, merkliches neues Eichenholz und einen würzigen, muskulösen Abgang. Er dürfte sich 4–5 Jahre gut trinken lassen.

MOSCHIONI (FRIAUL-JULISCH-VENETIEN)

1999	Celtico Rosso	E	94
1999	Pignolo	EE	95
1999	Refosco	D	89+?
1999	Schioppettino	EE	90

Nie vorher habe ich Refosco oder Pignolo von dieser Qualität verkostet. Diese in begrenzter Menge produzierten Cuvées (200 Kisten) werden von extrem geringen Erträgen und reifen Trauben erzeugt. Alle werden 12–15 Monate in französischen Eichenfässern ausgebaut und ohne Filtration abgefüllt. Sie sind fesselnde Beispiele von trockenen Rotweinen aus dem Friaul und setzen neue Maßstäbe hinsichtlich dessen, was in dieser Region erreicht werden kann – zu einem hohen Preis. Leser mit dicker Brieftasche sollten diese erstaunlichen Weine trotzdem versuchen.

Der *1999er Refosco* bietet ein fesselnden Bukett von englischen Walnüssen (an das von Château Latour erinnernd), Blumen, Brombeeren, Lakritze und Grafit. Stark extrahiert und körperreich, mit süßem Tannin sowie Holz und Säure, die gut integriert sind, lässt sich dieser Kraftprotz 10–15 Jahre gut trinken. Der reinsortige *1999er Schiopettino*, die Rebsorte heißt auch Ribolla Nera, zeigt einen unverkennbaren Charakter von Heidelbeeren, Brombeeren, flüssigen Mineralien und Lakritze. Der körperreiche, würzige, reife, äußerst konzentrierte Wein mit süßem Tannin sowie angemessener Säure dürfte sich ein Jahrzehnt oder noch länger gut trinken lassen (auch wenn ich keine früheren Erfahrungen mit der Alterungsfähigkeit dieser Rebsorte habe).

Zu den wundervollsten Weinen dieser Reihe gehören der Celtico Rosso (ein Verschnitt von 60% Cabernet Sauvignon und 40% Merlot) und der Pignolo (100% Pignolo). Sie mögen teuer sein, sind aber kraftstrotzende Weine von außerordentlicher Reichhaltigkeit und Intensität. Der *1999er Celtico Rosso,* der 15 Monate in französischen Eichenfässern reifte, bevor er ohne Filtration abgefüllt wurde, trat mit einem erstaunlichen Alkoholgehalt von 15% auf, den die Schichten von konzentrierter Brombeer- und Crème-de-Cassis-Frucht vollkommen verbergen. Rauchige Grafit-, blumige und toastwürzige Noten kommen im Bukett zum Vorschein. Der Wein besitzt einen fantastischen Auftakt, einen vieldimensionalen mittleren Geschmacksbereich und einen Abgang, der fast 40 Sekunden dauert. Dieses korpulente, konzentrierte und dennoch unglaublich gut ausbalancierte Schwergewicht dürfte sich 15+ Jahre gut trinken lassen. Der überirdische *1999er Pignolo* schließlich (der ebenfalls 15 Monate in neuen französischen Eichenfässern ausgebaut und unfiltriert abgefüllt wurde) besitzt ein explosives Bukett von schwarzen Früchten, Veilchen, Mineralien und Teer. Körperreich, sehr stark extrahiert, enorm und trotzdem bemerkenswert symmetrisch und lebhaft, hat er für einen Wein von solcher Masse und Konzentration erstaunlich klare Umrisse. Er ist unbestreitbar der erstaunlichste Pignolo, den ich je verkostet habe. Da von dieser Traubensorte nichts Derartiges erzeugt worden ist (soweit ich weiß), ist das Alterungspotenzial unbekannt. Dies sind die Weine eines exzentrischen Genies, das die Grenzen der Qualität voll ausreizt. Ich zolle Moschioni meine Anerkennung!

LA PALAZZOLA (UMBRIEN)

1999	Merlot	D	92
1998	Merlot	D	90
1997	Merlot	D	88
1999	Rubino	D	93
1998	Rubino	D	90
1997	Rubino	D	93

Dieses 21 Hektar große Gut hat in den letzten Jahrgängen eine Reihe von umwerfenden Weinen hervorgebracht. Der Besitzer Stefano Grilli erzeugt in Zusammenarbeit mit dem umbrischen Önologen Riccardo Cotarella zwei eindrucksvolle Rotweine, einen Merlot und einen Rubino. Die durchschnittliche Produktion des Merlot, der von einem winzigen Weinberg (2,5 Hektar) kommt, liegt durchschnittlich bei rund 1 000 Kisten. Der Rubino, ein Verschnitt von 80% Cabernet Sauvignon und 20% Merlot, ist in größerer Menge verfügbar (pro Jahr 2000 Kisten). Die Weine reifen 12 Monate ausschließlich in neuen französischen Eichenfässern und werden ohne Schönung und Filtration abgefüllt.

Der *1999er Merlot* ist umwerfend. Er besitzt eine dichte purpurrote Farbe und einen süßen Duft von Espresso, Brombeer- und Kirschfrucht, Lakritze, Zigarrenkistennoten und Vanille. Eine fabelhafte Textur, schöne Harmonie und wunderbare Reintönigkeit vereinigen sich in diesem körperreichen, dichten, konzentrierten Wein. Mit angemessener Säure, süßem Tannin und einem langen Abgang dürfte er sich 10–15 Jahre gut trinken lassen. Der *1998er Merlot* bietet eine undurchdringlich purpurrote Farbe sowie dichte, kernige, körperreiche, üppige, fette Geschmacksnoten voller Schwarzkirsch- und Brombeerfrucht, verbunden mit Mokka- und Schokoladenoten. Dieser volle, konzentrierte, dickflüssige Wein ist einfach erstaunlich. Trinken Sie ihn in den nächsten 7–8 Jahren. Der *1997er Merlot* ist von mittlerem bis vollem Körper, dicht und monolithisch, mit einer undurchdringlichen purpurroten Farbe sowie großen Mengen von Frucht, Glyzerin und Textur. Bis jetzt offenbart er nicht die notwendige Komplexität, damit er eine hervorragende Bewertung verdienen würde. Man kann ihn jetzt trinken oder 10–12 Jahre einkellern.

Der wunderbare *1999er Rubino* ist verführerisch. Er präsentiert ein rauchiges, schokoladiges Bukett mit Andeutungen von Cassis, Tabak und toastwürzigem neuem Eichenholz. Diesen körperreichen, kraftstrotzenden Wein mit großartiger Zeichnung, mäßigem Tannin, ausgezeichneter Struktur und außergewöhnlicher Konzentration und allgemeiner Reintönigkeit, kann man jetzt trinken oder 10–12 Jahre im Keller lagern. Der schwarz-rubinrote *1998er Rubino* bietet ein komplexes Bukett von Zedernholz, Zigarrenkistennoten, schwarzen Johannisbeeren und Vanille. Er ist zwar geradliniger und weniger fett als der Merlot, aber körperreich, kräftig, strukturiert und intensiv. Er dürfte sich 10–12 Jahre halten. Der erstaunlich reichhaltige, komplexe *1997er Rubino* zeigt eine dichte rubin-purpurrote Farbe sowie ein prächtiges Bukett von Schwarzkirschen, Himbeeren und schwarzen Johannisbeeren, verbunden mit toastwürzigem neuem Eichenholz, Mineralien und Lakritze. Körperreich, prächtig und auffällig, mit jeder Menge Glyzerin und einem über 35 Sekunden anhaltenden Abgang, kann er jetzt und im Laufe der nächsten 12 Jahre getrunken werden. Bravo!

PIEVE DEL VESCOVO (UMBRIEN)

1998	**Lucciaio IGT**	**C**	**87**
1997	**Lucciaio IGT**	**C**	**91**
1998	**Piovano**	**C**	**87**

Riccardo Cotarella überwacht die Weinbereitung auf diesem umbrischen Gut, das zwei hervorragende Verschnitte von Sangiovese, Gamay, Canaiolo und verschiedenen anderen einheimischen Rebsorten präsentiert. Der fruchtbetonte mittel- bis dunkelrubinrote *1998er Piovano* bietet ein süßes, duftiges Bukett von dicklichen Brombeeren und Kirschen. Rund, mit niedriger Säure, prall, fleischig und korpulent wirkend, ist das ein idealer Trattoria-Rotwein, den man in den nächsten 12–18 Monaten trinken sollte.

Der *1998er Lucciaio* verrät in seinem würzigen, nach Vanille und Toastbrot riechenden Bukett, das Johannisbeer- und Beerenfrucht auf hübsche Weise ergänzt, den Einfluss des Ausbaus in französischen Barriques. Dieser Wein ist stärker strukturiert und internationaler im Stil, mit mittlerem Körper. Trinken Sie ihn in den nächsten 2–3 Jahren. Der 1997er *Lucciaio,* eine Schönheit, besitzt eine undurchdringlich purpurrote Farbe und im Geschmack dichte Brombeer- und Johannisbeeraromen, vermischt mit subtilem Eichenholz. Der Wein zeigt eine natürliche Textur (er wurde ohne Filtration abgefüllt), hervorragende Reintönigkeit, viele Dimensionen und einen explosiven Abgang. Dieser fabelhafte Wein dürfte 10 Jahre lang gut altern.

PLANETA (SIZILIEN)

1999	**Burdese**	**D**	**90**
1998	**Cabernet Sauvignon**	**D**	**90**
1997	**Cabernet Sauvignon**	**D**	**87**
1999	**Merlot**	**D**	**90**
1998	**Merlot**	**D**	**89**
1997	**Merlot**	**D**	**88**
2000	**Rosso La Segreta**	**B**	**87**
1999	**Rosso La Segreta**	**B**	**86**
1999	**Santa Cecilia IGT**	**D**	**89**
1998	**Santa Cecilia IGT**	**D**	**89**
1997	**Santa Cecilia IGT**	**D**	**86**
1999	**Syrah**	**D**	**88**

Diese Kellerei – jetzt einer der Erzeuger in Sizilien, die am meisten in Mode sind – hat in der italienischen Presse häufig Anerkennung gefunden. Es ist ermutigend, wenn man sieht, dass Weine von solcher Qualität in dieser Region auftauchen. Mit Ausnahme des Rosso La Segreta, dem man ein gutes Preis-Leistungsverhältnis bescheinigen kann, sind die Rotweine von Planeta relativ teuer (insbesondere der Verschnitt von Syrah und Nero d'Avola namens Santa Cecilia sowie der Merlot und der Cabernet Sauvignon), aber interessant. Diese drei Cuvées zeigen einen internationalen Stil, zweifellos wegen ihres 12-monatigen Ausbaus in ausschließlich neuen Eichenfässern. Diese konzentrierten, komplexen Weine verdienen echte Aufmerksamkeit. Die Preise sind hoch, aber (noch) nicht außer Kontrolle.

Der preisgünstige, in einem internationalen Stil bereitete *2000er Rosso La Segreta* (ein Verschnitt von 45% Nero d'Avola, 45% Merlot und 10% Cabernet Sauvignon) bietet Noten von süßen Schwarzkirschen, Mokka und Gewürzen. Fett, fleischig, reintönig und kernig, wobei 14% Alkohol für viel Glyzerin und Textur sorgen, wird er 1–2 Jahre Freude machen. Der *1999er Rosso La Segreta* wurde aus den gleichen Rebsorten erzeugt. Hinter einer dunkelrubinroten Farbe entdeckt man jede Menge Kirsch- und Johannisbeerfrucht. Dieser frische, knackige, pikante Rotwein ist ein idealer Bistro- und Trattoria-Wein, der zu einer ganzen Reihe von Gerichten passt. Trinken Sie ihn in den nächsten 12–18 Monaten.

Der geschmeidige, weiche *1999er Syrah* im kalifornischen Stil besitzt nicht die Komplexität der besten Syrah-Weine aus dem Rhônetal und der von alten Reben stammenden Shiraz-Cuvées aus den australischen Anbaugebieten Barossa und McLaren Vale. Dennoch bietet er neben seinen Noten von Brombeerfrucht eine gute, cremige, nach Vanille duftende Eichenholzwürzigkeit, weiche, fleischige Geschmacksnuancen, mittleren Körper und viel Anziehungskraft auf ein breites Publikum. Trinken Sie ihn in den nächsten 5–7 Jahren.

Die einheimische Traubensorte Nero d'Avola hat einen brillanten Auftritt in dem *1999er Santa Cecilia*. Neben einer tiefen rubin-purpurroten Farbe offenbart er ein dichtes, schokoladiges, nach schwarzen Früchten duftendes Bukett sowie typisches toastwürziges neues Eichenholz. Er ist zwar nicht so komplex wie seine Geschwister, besitzt aber viel Geschmeidigkeit und Reichhaltigkeit und eine vielschichtige Empfindung im Mund, die sich in einem gewissermaßen internationalen Stil präsentiert. Trinken Sie ihn in den nächsten 6–7 Jahren. Der eindrucksvolle dunkelrubin-purpurrote *1998er Santa Cecilia* (85% Nero d'Avola und 15% Syrah) bietet reichliche Mengen von pfeffriger Brombeerfrucht, vermischt mit Cassis. Geschmeidig, mit niedriger Säure, feiner Dichte und einer kernigen Konstitution, kann man ihn in den nächsten 4–5 Jahren trinken. Der dunkelrubin-purpurrote *1997er Santa Cecilia* zeigt Aromen von gerösteten Nüssen, Schwarzkirschen, Cassis und Lakritze, mittleren Körper, süßes Tannin und ausgezeichnete Reife. Zwar ist er nicht komplex, aber er ist gut gemacht und vollmundig. Trinken Sie ihn in den nächsten 2–3 Jahren.

Ich war überwältigt von dem bemerkenswerten *1999er Merlot,* einem vielschichtigen, auf explosive Weise reifen Wein, der im Duft und im Geschmack Aromen von Espresso, Schwarzkirschmarmelade, Schokolade und Mokka bietet. Er ist reichhaltig, körperreich und nahtlos, mit deutlichem toastwürzigem Eichenholz sowie wunderbarer Länge und Individualität. Der aufregende *1998er Merlot* präsentiert süße, von Mokka erfüllte Kaffee- und Schwarzkirschnoten mit viel Schokolade und Toastbrot. Von mittlerem Körper, mit guter Dichte und Reife sowie einem langen Abgang, lässt er sich 4–5 Jahre gut trinken. Der *1997er Merlot* ist von dunkelpurpurroter Farbe und zeigt ausgezeichnete Reintönigkeit, gutes Fett und große Mengen von Brombeer- und Kirschfrucht, vermischt mit toastwürzigem Eichenholz und Gewürzen. Er ist ein säurearmer, praller Merlot und wird in den nächsten 2–3 Jahren für angenehmen Trinkgenuss sorgen.

Der *1999er Burdese* (Cabernet Sauvignon), eine weitere außergewöhnliche Leistung, offenbart in seinem von Tabak, Zedernholz und Kräutern durchdrungenen, nach schwarzen Johannisbeeren und toastwürzigem neuem Eichenholz duftenden Bukett die Komplexität der Cabernet-Traube. Im Mund entdeckt man mehr Struktur sowie mäßig hohen Tanningehalt, mittleren bis vollen Körper und süßes Fett am mittleren Gaumen. Dieser komplexe Cabernet Sauvignon wird von 2–3 Jahren Kellerreifung profitieren und sich 12–15 Jahre halten. Der *1998er Cabernet Sauvignon* ist der komplexeste von den drei 1998ern im Angebot. Er besitzt Geschmacksnuancen wie aus dem Lehrbuch: Zedernholz, Soja mit einem Hauch von Tabak und schwarze Johannisbeeren, eine opulente Textur, niedrige Säure, vollen Körper und hervorragende Reife, Reintönigkeit und Reichhaltigkeit. Er dürfte 7–8 Jahre lang gut zu trinken sein. Der dunkelpurpurrote *1997er Cabernet Sauvignon* präsentiert ein klassisches Bukett von Zigarrenkisten-, Zedernholz- und Schwarze-Johannisbeer-Aromen, die von subtilem toastwürzigem Eichenholz angenehm unterstützt werden. In einem internationalen Stil bereitet, ohne jegliche Merkmale, die Italien oder Sizilien besonders erkennen lassen, ist er kernig und reichhaltig, mit guter, dicklicher Frucht, angemessener Säure und niedrigem Tanningehalt. Er dürfte sich 6–7 Jahre gut trinken lassen.

PROMESSA (APULIEN)

2000	**A-Mano Primitivo**	**A**	**87**
1999	**A-Mano Primitivo**	**A**	**87**
1999	**Negroamaro**	**A**	**85**
1999	**Prima-Mano Primitivo**	**B**	**90**
2000	**Rosso Salento**	**A**	**87**
1999	**Sangiovese**	**A**	**86**

Diese Weine werden von einem jungen Amerikaner erzeugt, Mark Shannon, der beschlossen hat, dass der abgeschiedene, ländliche Lebensstil von Süditalien sehr gut zu ihm passt. Seine Weine bieten ein ausgezeichnetes Preis-Leistungsverhältnis. Gemeinsam haben sie reife Frucht, geringe Eingriffe bei der Weinbereitung, Ausbau im Edelstahltank und frühe Abfüllung, um ihre Frucht und ihren Charme zu bewahren. Gewiefte Leser, die nach Schnäppchen suchen, wie auch Restaurants, die nach Weinen Ausschau halten, die sie im Glas verkaufen können, würden gut damit fahren, wenn sie diese fruchtigen, sauber vinifizierten, preisgünstigen italienischen Rotweine ausfindig machen würden.

Der *2000er Rosso Salento* (ein Verschnitt von 85% Negroamaro und 15% Primitivo, 3 Monate in Eichenfässern ausgebaut) ist tief und komplex. Hinter einer tiefrubinroten Farbe entdeckt man einen Wein von mittlerem bis vollem Körper, mit einem süßen Bukett von Hagebuttenfrucht, vermischt mit Kirschen, Teer und Erde. Er besitzt ausgezeichnete Textur und Reintönigkeit und sollte am besten in seiner überschwänglichen Jugend getrunken werden, in den nächsten paar Jahren.

Der *1999er Negoramaro* zeigt eine mittelrubinrote Farbe und ein süßes Bukett von Beeren und geschmolzenem Teer, das an einen mittelschweren Zinfandel erinnert. Er offenbart gute Reife, unverblümte Frucht und eine glatte Persönlichkeit. Trinken Sie ihn jetzt. Ein wenig besser ist der dunkelrubinrote *1999er Sangiovese*. Erdige, pfeffrige Kräuternoten und reife Frucht deuten auf viel Sonnenschein hin. Dieser Côtes-du-Rhône-ähnliche Wein besitzt gute Reife, eine reizvolle, runde Textur, sehr gute Reintönigkeit und einen dicklichen Beerencharakter. Wie der Negroamaro sollte er jetzt getrunken werden.

Auf der Leiter der Konzentration eine Sprosse höher steht der A-Mano Primitivo. Diese gut vinifizierte, reinsortige Primitivo-Cuvée hat ein beachtliches Preis-Leistungsverhältnis. Er wird 5 Monate in einer Kombination von französischen, amerikanischen und slowenischen Eichenfässern ausgebaut. Dennoch ist das Holz wegen des fruchtigen Charakters und des Fetts kaum zu spüren. Der *2000er A-Mano Primitivo* bietet eine tiefrubinrote Farbe und ein süßes, kandiertes Bukett von Beerenfrucht, Erde, Eichenholz und Teer. Man findet darin eine Menge Glyzerin, süße, saftige Frucht auf der Zunge und am mittleren Gaumen und einen samtig texturierten, nahtlosen Abgang. Zwar ist er nicht komplex, aber im Laufe des nächsten Jahres sorgt er für köstlichen, unkomplizierten Trinkgenuss. Der *1999er A-Mano Primitivo* verströmt ein kräftiges, süßes, saftiges, fruchtiges Bukett mit rauchigen Obertönen von getrockneten Kräutern, Sattelleder und Boden. Er ist ein fruchtbetonter, fetter, reifer, kerniger Wien mit wunderbarer Dichte und Anziehungskraft, der sich 12–18 Monate lang gut trinken lassen dürfte.

Mark Shannon hat sich entschlossen, in großen Jahrgängen eine in begrenzter Menge (etwas über 1000 Kisten) produzierte Cuvée von einem einzigen Weinberg mit alten Primitivo-Reben zu erzeugen. Der *1999er Prima-Mano Primitivo* wurde zu 100% in neuen amerikanischen Eichenfässern ausgebaut und ohne Schönung oder Filtration abgefüllt. Er ist ein hervorragender Wein im modernen Stil. Eine satte, tiefe rubinrote Farbe geht einher mit Aromen von süßem Brombeer- und Kirschlikör, Vanille und Rauch. Körperreich, opulent texturiert, kernig, reintönig und voller Frucht, lässt er sich in den nächsten 3–4 Jahren wunderschön trinken.

RONCHI DI MANZANO (FRIAUL-JULISCH-VENETIEN)

1999	**Merlot Ronc di Subule**	**C**	**89**
1998	**Merlot Ronc di Subule**	**C**	**87**
1997	**Merlot Ronc di Subule**	**C**	**90**
1998	**Refosco**	**B**	**86**
1999	**Rosazzo Rosso Ronc di Rosazzo**	**C**	**88**
1998	**Rosazzo Rosso Ronc di Rosazzo**	**C**	**88**
1997	**Rosazzo Rosso Ronc di Rosazzo**	**C**	**89**
1998	**Le Zuccole**	**C**	**87**
1997	**Le Zuccole**	**C**	**88+**
1996	**Le Zuccole**	**C**	**88**

Diese Weine von einer der besten Kellereien in Friaul eilen mit jedem neuen Jahrgang zu einem noch größeren Erfolg. Die Besitzer reduzieren weiter die Erträge, was zu Weinen mit unverkennbarer Persönlichkeit, außergewöhnlicher Reintönigkeit und lebhafter Frische führt, verbunden mit beträchtlicher Reichhaltigkeit. Die Leser sollten nach diesen gelungenen Weinen unbedingt Ausschau halten.

Der dichte rubinrote *1999er Merlot Ronc di Subule* bietet Düfte von Röstkaffee, getrockneten Kräutern und Schwarzkirschen. Von mittlerem Körper, in einem zurückhaltenden, eleganten Stil, dürfte er 7–8 Jahre lang gut zu trinken sein. Der *1998er Merlot Ronc di Subule* präsentiert köstliche Schwarzkirschfrucht mit einer Note von Mokka-Weichkaramell sowie subtilem Holz im Hintergrund, mittleren Körper und eine attraktive Textur sowie einen reizvollen Abgang. Er dürfte sich 2–3 Jahre gut trinken lassen. Der *1997er Merlot Ronc di*

Subule, einer von einer Hand voll Merlots aus dem Friaul, denen ich eine hervorragende Bewertung gegeben habe, besitzt prächtige Aromen von Röstkaffee sowie Brombeer- und Kirschfrucht. Diesen herrlich fruchtbetonten Merlot, der dicht, kernig und üppig ist, mit angemessener Säure, kann man in den nächsten 3–4 Jahren trinken.

Der Rosazzo Rosso Ronc di Rosazzo ist ein Verschnitt von gleichen Anteilen Refosco, Merlot und Cabernet Sauvignon, der zu 100% in neuen französischen Eichenfässern ausgebaut wird. Obwohl sich der *1999er Rosazzo Rosso Ronc di Rosazzo* an dem Tag, als ich ihn probierte, verschlossen zeigte, war das, was ich erkennen konnte, beeindruckend. Noten von Rauch, geschmolzenem Teer, Grafit sowie schwarzen Johannisbeeren und Schwarzkirschen waren darin zu finden. Der Wein war fest, aber würzig und reintönig, mit einer gewissen Magerkeit. Lassen Sie ihn 1–2 Jahre reifen und genießen Sie ihn im Laufe der folgenden 10–12 Jahre. Er ist eine empfehlenswerte Wahl für Leser, die nach Subtilität und Feinheit suchen. Der *1998er Rosazzo Rosso Ronc di Rosazzo* zeigt in einer üppigen, konzentrierten Persönlichkeit von mittlerem Körper eine beachtliche Beerenfruchtigkeit sowie einen Geschmack von geschmolzener Schokolade. Vom Stil her dem 1998er sehr ähnlich, besitzt der *1997er Rosazzo Rosso Ronc di Rosazzo* eine tiefe rubin-purpurrote Farbe und an Räucherschinken erinnernde Aromen sowie Geschmacksnuancen von Schokolade und Beeren. Er ist von mittlerem Körper, sehr fruchtig und eignet sich ideal für einen Trinkgenuss in den nächsten 3–4 Jahren.

Ich hatte Spaß an dem robusten, kraftvollen *1998er Refosco,* der nach Brombeeren und Kirschen duftet und schmeckt.

Le Zuccole ist ein Verschnitt von gleichen Teilen Merlot und Cabernet Sauvignon aus den besten Weinbergen von Manzano. Zwar werden beim Ausbau dieses Weins (wie beim Merlot Ronc di Subule) 75% neue Eichenfässer verwendet, aber das Holz wird in Schach gehalten. Wie alle Rotweine dieses Guts wird er ohne Filtration abgefüllt. Der entwickelte *1998er Le Zuccole,* ein stilvoller, maßvoller Wein, enthüllt Noten von Zedernholz, Gewürzen, Kräutern sowie roten und schwarzen Johannisbeeren und einen Hauch von Vanille. Trinken Sie diesen mittelschweren Wein in den nächsten 4–5 Jahren. Bei einer Blindverkostung könnte man ihn leicht für einen Médoc von mittlerem Niveau halten. Der *1997er Le Zuccole* bietet toastwürziges neues Eichenholz, einen unentwickelten Stil, der an reife schwarze Johannisbeeren und dichte Kirschen erinnert, mit Noten von Zedernholz und Schokolade, mäßiges Tannin und viel Tiefe und Reichhaltigkeit. Er dürfte sich in den nächsten 1–2 Jahren verbessern und ein Jahrzehnt oder noch länger halten. Der *1996er Le Zuccole* enthüllt Merkmale von Überreife sowie gute Säure (insbesondere, wenn man ihn mit den säurearmen 1997ern vergleicht), ein komplexes Bukett, das nach Zedernholz, Gewürzen, Tabak und Johannisbeeren duftet, mittleren Körper und geringen bis mäßigen Tanningehalt. Er dürfte noch weitere 3–5 Jahre gut zu trinken sein.

SALADINI PILASTRI SALADINO (MARKEN)

1997	Rosso Piceno Vigna Monteprandone IGT	C	88+
1997	Rosso Piceno Vigna Piediprato IGT	B	89

Der als IGT eingestufte *1997er Rosso Piceno Vigna Piediprato* (ein 50:50-Verschnitt von Montepulciano und Sangiovese) zeigt eine attraktive dunkelpurpurrote Farbe sowie im Geschmack dichte, reichhaltige, süße, geschmeidige Aromen, die an Schwarzkirschen, Kirschmarmelade und Cassis erinnern. Säurearm, mit Hinweisen auf toastwürziges Eichenholz, ist er ein fetter, in einem hedonistischen Stil gehaltener Wein, den man in den nächsten 2–4 Jahren trinken sollte. Der ebenfalls als IGT eingestufte *1997er Rosso Piceno Vigna Monteprandone* (100% Montepulciano) hat beim Ausbau mehr neues Eichenholz erlebt, aber ich bin nicht sicher, ob das zu seinem Vorteil war. Es verleiht dem Wein ein gewichtigeres Auftreten, aber er wirkt monolithisch, mit stattlichem Tannin. Er besitzt köstliche Frucht, so dass eine weitere Alterung von etwa 6 Monaten dem Wein vielleicht so viel Charakter wie seinem Bruder gibt. Er dürfte sich 4–5 Jahre lang gut trinken lassen. Der önologische Berater für diese Weine ist Roberto Cipresso.

FRATELLI SPERI (VENETIEN)

1997	**Recioto della Valpolicella**	**B**	**91**
1998	**Valpolicella La Roverina**	**A**	**86**
1997	**Valpolicella Sant'Urbano**	**C**	**90**

Es ist erstaunlich, welche Fortschritte Venetien gemacht hat. Speri ist eines der Güter in dieser Region, bei denen sich die Weine stark verbessert haben, und präsentiert jetzt wohlschmeckende, preiswerte Valpolicellas. Der elegante dunkelrubinrote *1998er Valpolicella La Roverina* bietet Aromen von frischen Mandeln und Sauerkirschen und eine pikante Persönlichkeit von mittlerem Körper. Er ist weich und leicht genug, dass man ihn leicht gekühlt trinken kann, wenn die Leser es wünschen. Er hat ein ausgezeichnetes Preis-Leistungsverhältnis. Trinken Sie ihn in den nächsten 12–18 Monaten.

Der hervorragende dunkelrubin-purpurrote *1997er Valpolicella Sant'Urbano* zeigt enorme Dichte und Reichhaltigkeit, mittleren bis vollen Körper und Noten von schwarzen Trüffeln, vermischt mit Kirschmarmelade, Gewürzen und Mineralien. Er besitzt großartige Reintönigkeit, wunderbare, erfrischende, lebhafte, temperamentvolle Frucht und einen reichhaltigen, konzentrierten, texturierten Abgang. Trinken Sie diesen schönen Valpolicella in den nächsten 3–4 Jahren. Leser, die nach robusten, vollmundigen, erdigen, fleischigen, süßeren Rotweinen suchen, die unter Volldampf stehen, sollten den *1997er Recioto della Valpolicella* ausprobieren. Dicht und körperreich, mit kernigen, ölig texturierten Geschmacksnuancen von gebratenem Fleisch, getrockneten Kräutern, geschmolzenem Teer und schwarzen Früchten, wird er eine wundervolle Begleitung zu Hartkäse am Ende einer Mahlzeit abgeben. Trinken Sie ihn in den nächsten 10 Jahren.

FRATELLI SPORTOLETTI (UMBRIEN)

2000	**Assisi Rosso**	**B**	**86**
1999	**Villa Fidelia Rosso**	**E**	**96**
1998	**Villa Fidelia Rosso**	**D**	**94**

Dieses 20 Hektar große Gut, das zwischen Assisi und Perugia liegt, erzeugt jedes Jahr 1000 Kisten Villa Fidelia. Das ist ein wunderbarer Verschnitt von 70% Merlot, 20% Cabernet Sauvignon und 10% Cabernet Franc, der von bescheidenen Erträgen (35–38 hl/ha) hergestellt wird. Der Wein reift 12 Monate in französischen Eichenfässern und wird ohne Schönung oder Filtration abgefüllt. Der fesselnde, nicht filtrierte *1999er Villa Fidelia Rosso* ist unbestreitbar der Superstar in diesem Gebiet. Seine dichte rubin-purpurrote Farbe geht einher mit prächtigen Aromen von Brombeeren, Cassis, Espresso, Schokolade und einem Hauch von Rauch. Man findet darin fabelhafte Konzentration, vollen Körper, große Präzision und Reintönigkeit und einen langen 45-Sekunden-Abgang. Dieser wundervolle Wein, der trotz seiner Tiefe und Reichhaltigkeit einen umfassenden Sinn für Eleganz und Anmut zeigt, kann jetzt und in den nächsten 14 Jahren getrunken werden. Der *1998er Villa Fidelia Rosso* ist ein explosiv reichhaltiger, opulent texturierter, körperreicher Wein, der Aromen von Schokolade, geröstetem Espresso, Brombeeren, Kirschen und Johannisbeeren bietet. Man kann diesen rauchigen, dicken, kernigen Wein mit fantastischer Geschmacksextraktion, großer Harmonie und Symmetrie und einem vielschichtigen, prächtigen Abgang jetzt trinken oder 10–12 Jahre einkellern. Toll!

Das Gut bietet auch eine Cuvée namens Assisi Rosso, die von gleichen Anteilen Sangiovese und Merlot erzeugt und in großen Holzfässern ausgebaut wird. Der *2000er Assisi Rosso* ist weich, reif, stilvoll und anmutig. Er zeigt burgunderähnliche Kirsch- und Blütennoten. Trinken Sie ihn in den nächsten 1–2 Jahren.

Beide Weine werden mit Unterstützung von Riccardo Cotarella bereitet.

TASCA D'ALMERITA (SIZILIEN)

1998	**Regaleali Cabernet Sauvignon**	**D**	**87**
1997	**Regaleali Cabernet Sauvignon**	**D**	**86+?**
1999	**Regaleali Rosso del Conte**	**D**	**88**
1998	**Regaleali Rosso del Conte**	**D**	**86**
1999	**Regaleali Rosso IGT**	**A**	**87**

Hinsichtlich der Qualität ist Tasca d'Almerita vielleicht die wichtigste Kellerei auf Sizilien. Aus 240 Hektar Weinbergen werden mit Hilfe einer der modernsten Vinifizierungsanlagen in Italien über 200 000 Kisten Wein erzeugt. Das Gut produziert eine Palette von Weinen, von denen viele zu realistischen Preisen verkauft werden. Außerdem scheint sich das Qualitätsniveau zu erhöhen. Interessanterweise wirken die zuletzt auf den Markt gekommenen Weine weniger kräftig als frühere Jahrgänge (zweifellos ein Ergebnis von Jahrgangsbedingungen).

Der Regaleali Rosso ist ein Verschnitt, der von der lokalen Rebsorte Nero d'Avola beherrscht und ein wenig in alten Holzfässern ausgebaut wird. Obwohl dieser Wein einige Zeit im Eichenfass reift, findet man in den Aromen oder Geschmacksnuancen keinen Hinweis auf das Holz. Der *1999er Regaleali Rosso* bietet Noten von Kirschen, Balsaholz und Pfeffer, auf die ein weicher, aromatischer Wein von mittlerem Körper folgt, den man in den nächsten 1–2 Jahren genießen kann.

Tasca d'Almerita hat einige kraftstrotzende Cabernet-Sauvignon-Weine hervorgebracht, aber der *1998er Regaleali Cabernet Sauvignon* ist ein eleganterer, weniger gewichtige Wein als in früheren Jahren. Hinter einer tiefen rubin-purpurroten Farbe entdeckt man im Duft und im Geschmack Aromen von süßer Schwarze-Johannisbeer-Frucht und Lakritze. Diesen eleganten, wohlschmeckenden, gut gemachten Cabernet kann man wegen seiner niedrigen Säure jung genießen, aber dennoch besitzt er die Fähigkeit, 7–8 Jahre lang gut zu altern. Der *1997er Regaleali Cabernet Sauvignon* ist zwar gut, aber seinen älteren Brüdern nicht ebenbürtig. Neben einer charakteristischen Note von salzigen Oliven, vermischt mit schwarzen Johannisbeeren, zeigt er mehr Krautigkeit. Die krautige, sperrige Empfindung im Mund hielt bei diesem süßen, schwerfälligen, körperreichen Wein mit viel Fett und Frucht meine Bewertung niedrig, insbesondere im Vergleich zu Jahrgängen, in denen der Wein mehr Konzentration und nicht so viel Schwere besaß. Er dürfte sich 6–7 Jahre gut trinken lassen.

Der *1999er Regaleali Rosso del Conte* schließlich ist ein im Barrique gereifter Wein, der hauptsächlich von der Rebsorte Nero d'Avola erzeugt wird. Der Einfluss des neuen französischen Eichenholzes ist offenkundig im toastwürzigen Bukett, aber die Frucht kommt am Gaumen stark durch. Dieser rustikale, trotzdem konzentrierte Rotwein von mittlerem bis vollem Körper ist voller Brombeeren und Kirschen, verbunden mit Teer, Erde und Pfeffer, und besitzt viel Tiefe und einen vollmundigen Abgang. Er dürfte 4–8 Jahre lang gut zu trinken sein. Der *1998er Regaleali Rosso del Conte* (90% Nero d'Avola und 10% Perricone) bietet ein komplexes, würziges, nach Beeren, Zigarrenkiste und Rauch duftendes Bukett mit ausgezeichneter Frucht. Von mittlerem Körper, weich und rund, passt er ideal zu gegrilltem Fleisch. Genießen Sie ihn in den nächsten 1–2 Jahren.

TAURINO (APULIEN)

1995	**Notarpanaro**	**B**	**89**
1994	**Notarpanaro**	**B**	**87**
1994	**Patriglione**	**D**	**87?**
1998	**Salice Salentino**	**A**	**86**
1997	**Salice Salentino Riserva**	**A**	**84**

Leider starb Cosimo Taurino, ein Mann, der für diese italienische Region viel getan hat, aber sein Sohn Francesco tritt in die Fußstapfen des Vaters. Er hat eine Kellerei errichtet, die sich auf dem neuesten Stand der Technik befindet und die für die 2001er Lese zum ersten Mal genutzt wurde. Unter seiner Leitung bleibt dieses Gut eine beständige Quelle von rustikalen, erdigen süditalienischen Rotweinen. Mit seiner Kombination von Qualität und gutem Preis-Leistungsverhältnis hat es sich auf dem internationalen Markt viele Freunde gemacht.

Beim *1998er Salice Salentino* folgen auf das komplexe Bukett von feuchter Erde, Gewürzen, Wurst und getrockneten Kräutern aromatische, rustikale Geschmacksnuancen von mittlerem Körper. Er dürfte sich 2–3 Jahre gut trinken lassen. Der bernstein-rubin-granatfarbene *1997er Salice Salentino Riserva,* ein italienischer Rotwein im alten Stil, bietet Düfte von gerösteten Kräutern, schweißgetränktem Sattelleder und getrockneten Kirschen, mittleren Körper und einen leicht adstringierenden Abgang. Man findet viel Persönlichkeit in diesem Wein, den Sie in den nächsten 12–18 Monaten zu würziger Küche trinken sollten.

Die beiden Jahrgänge des Notarpanaro sind ein Verschnitt von Negroamaro und Malvasia Nera. Diese Weine reiften einige Zeit in Eichenfässern, von denen ein Drittel neu waren. Der *1995er Notarpanaro* ist ein dichter, reichhaltiger, körperreicher Wein, der Noten von Lakritze, getrockneten Früchten, Pfeffer, Trüffeln und Gewürzen zeigt. Er ist voller Persönlichkeit und besitzt rustikales Tannin, aber auch viel Tiefe sowie einen kernigen, muskulösen, robusten Abgang. Er dürfte 3–4 Jahre gut zu trinken sein. Hinter der dunkelgranatroten Farbe des *1994er Notarpanaro* entdeckt man eine erdige Mischung von getrockneten Kräutern, Schwarzkirschfrucht, Unterholz, Trüffeln und Rauch. Reif, kernig und körperreich, mit jeder Menge konzentrierter Frucht, ist dieser an Wildbret erinnernde, robuste süditalienische Wein das perfekte Gegenstück zu einem Gang mit Käse oder gegrilltem Fleisch. Trinken Sie ihn in den nächsten 2–3 Jahren.

Der von spät gelesenen Trauben erzeugte, in einem Amarone-ähnlichen Stil gehaltene *1994er Patriglione* bietet Düfte und Geschmacksnuancen von geschmolzenem Teer, altem Sattelleder, Lakritze und Erde, mit Kirschfrucht im Hintergrund. Er ist zwar breit und dicht, aber nicht so interessant, frisch oder lebhaft wie der Notarpanaro. Ein geübter Gaumen ist notwendig, um diesen 1994er voll zu würdigen; Leser, die an Weine im modernen Stil gewöhnt sind, sollten dies daher beachten. Er dürfte sich 3–4 Jahre gut trinken lassen.

VIE DI ROMANS (FRIAUL-JULISCH-VENETIEN)

1997 Voos dai Ciamps — D 92

Die in zu 100% neuen Eichenfässern ausgebaute Luxuscuvée, ein Verschnitt von 95% Merlot und 5% Cabernet Sauvignon, wird nur in den besten Jahrgängen erzeugt, wie etwa 1987, 1990, 1991 und 1997. Die Produktion liegt durchschnittlich bei 600 Kisten. Der *1997er Voos dai Ciamps,* ein explosiv reichhaltiger, kräftiger und eindrucksvoller Wein, gehört zu den erstaunlichsten Rotweinen, die ich aus dem Friaul verkostet habe. Er offenbart große Mengen von toastwürzigen, rauchigen Noten, im Duft und Geschmack ergänzt durch süße, ölig texturierte, körperreiche Aromen von Schwarzkirschen, Brombeeren, Karamell und Lakritze mit fantastischer Intensität und Reintönigkeit der Frucht. Trinken kann man diesen großartigen, opulenten Wein in den nächsten 10 Jahren. Beeindruckend!

VILLA MATILDE (KAMPANIEN)

1999 Falerno del Massico Rosso — B 87

1998 Vigna Camarato — D 90+?

Villa Matilde ist ein Gut, auf dem als rote Hauptrebsorte Aglianico verwendet wird. Der potenziell großartige *1998er Vigna Camarato* (100% Aglianico, ausschließlich in neuen französischen Holzfässern ausgebaut und ohne Filtration abgefüllt) offenbart einen komplexen Brombeer- und Blütenduft mit einem Hauch von Lakritze und neuem Eichenholz. Dicht, körperreich und brutal tanninhaltig, scheint er die Konstitution, Robustheit und Tiefe der Frucht zu besitzen, dass er einen so hohen Tanningehalt verträgt, aber das ist nicht gewiss, deshalb das Fragezeichen. Dennoch passiert in diesem eigenwilligen, intensiven Wein eine

Menge. Voraussichtliche Genussreife: 2004–2018. Der *1999er Falerno del Massico Rosso,* der zu einem attraktiven Preis verkauft wird, zeigt eine tiefe rubinrote Farbe und ein kräftiges, süßes Bukett von mit Schokolade überzogenen Schwarzkirschen, Pflaumen, Gewürzen und getrockneten Kräutern. Genießen Sie diesen Rotwein von mittlerem Körper in den nächsten 1–2 Jahren.

ZENATO (VENETIEN)

1997	**Amarone**	**E**	**88**
1995	**Amarone**	**E**	**91**
1997	**Merlot delle Venezie**	**A**	**86**
1998	**Valpolicella Classico**	**A**	**86**
1997	**Valpolicella Classico**	**A**	**88**
1998	**Valpolicella Classico Ripassa**	**B**	**88**
1997	**Valpolicella Classico Ripassa**	**B**	**90**

Diese Weine sind richtige Schnäppchen. Leser, die nach einem fruchtbetonten, köstlichen Merlot suchen, der kein Vermögen kostet, sollten sich an den *1997er Merlot delle Venezie* halten. Von 90% Merlot und 10% Cabernet Sauvignon erzeugt, bietet er eine dunkelrubinrote Farbe, Frucht im Überfluss, niedrige Säure und einen runden Abgang. Er wird nicht alt werden, aber für einen Trinkgenuss während der nächsten 12–18 Monate ist er ein sehr preiswerter Wein.

Die Ripassa-Valpolicellas präsentieren mehr Substanz und Reichhaltigkeit als die meisten Weine aus diesem Gebiet in Venetien. Die Bezeichnung »Ripassa« weist darauf hin, dass bei der Vinifikation der Traubenmost über den bei der Amarone-Herstellung übrig gebliebenen getrockneten Trester geleitet wird, was zu mehr Komplexität, Körper und Tiefe führt. Der dichte *1998er Valpolicella Classico Ripassa* zeigt eine an Rhône-Weine erinnernde, erdige, robuste, pfeffrige, würzige Persönlichkeit. Dieser ausgezeichnete, stoffige Wein von mittlerem bis vollem Körper enthüllt Noten von Teer, Schwarzkirschen und Beeren. Trinken Sie ihn in den nächsten 5–6 Jahren. Der *1997er Valpolicella Classico Ripassa* ist ein körperreicher pflaumen-granatfarbener Wein mit dichten, erdigen Noten von Teer und schwarzen Früchten. Berauschend, reif, reintönig und gut ausbalanciert, dürfte er 2–3 Jahre lang gut zu trinken sein.

Die Standard-Valpolicellas werden in Stahltanks vinifiziert und in großen slawonischen Holzfässern ausgebaut. Sie machen das industrielle Gesöff lächerlich, das unter dem Namen Valpolicella verkauft wird. Der *1998er Valpolicella Classico* bietet leichte Beeren- und Kirschfrucht in einem üppigen, nicht strukturierten, runden, wohlschmeckenden Stil. Trinken Sie ihn im Laufe des nächsten Jahres. Der mittel- bis dunkelrubinrote *1997er Valpolicella Classico,* der leichteren Körper als der 1997er Ripassa hat, bietet ein herrliches Bukett von mit Schokolade überzogenen Kirschen, Beeren und Mandeln, ausgezeichnete Geschmeidigkeit, köstliche Frucht und einen fruchtbetonten Abgang von mittlerem Körper und mit beträchtlichem Charakter. Trinken Sie ihn in den nächsten 12–18 Monaten.

Der *1997er Amarone,* ein großer Jahrgang für diese kleine Appellation, besitzt einen tiefen Granat-Pflaumen-Ton und einen süßen Duft von gerösteten Kräutern, geschmolzenem Straßenteer, getrockneten schwarzen Früchten, Rauch und Trüffeln. Dieser dichte, kernige Wein zeigt Backpflaumen- und Rosinennoten. Er lässt sich 10–15 Jahre gut trinken. Der hervorragende *1995er Amarone* schließlich enthüllt in seinem an geschmolzenen Teer, Brombeeren, Fleisch und Röstnoten erinnernden Bukett reichliche Noten von Holzkohle. Körperreich, muskulös, kräftig, kernig und dickflüssig, schlägt dieser reintönige Wein eine große Schneise am Gaumen und bietet einen langen, eindrucksvollen Abgang. Trinken Sie ihn in den nächsten 10–12 Jahren.

ZERBINA (EMILIA-ROMAGNA)

1997	**Marzieno Ravenna Rosso**	D	89
1997	**Sangiovese di Romagna Torre di Ceparano**	B	86
1998	**Sangiovese di Romagna Ceregio**	B	87
1997	**Sangiovese di Romagna Ceregio Vigna Querce**	B	87
1997	**Sangiovese di Romagna Pietramora**	D	88

Diese gut geführte Kellerei präsentiert ein attraktives Angebot von Weinen. *Der 1998er Sangiovese di Romagna Ceregio* und der *1997er Sangiovese di Romagna Ceregio Vigna Querce* zeigen beide eine dunkelrubinrote Farbe und reizvolle Aromen von reifen Erdbeeren und Kirschmarmelade, verbunden mit neuem Sattelleder und Gewürzen. Sie sind weiche, runde Sangiovese-Weine von mittlerem Körper und besitzen ausgezeichnete Frucht und Textur. Der 1998er enthüllt einen rauchigeren Charakter. Trinken Sie beide in den nächsten paar Jahren.

Der dichte, kernige, vollmundige, kraftvolle, rustikale *1997er Sangiovese di Romagna Torre di Ceparano* ist zwar nicht so verführerisch wie der *1998er Sangiovese di Romagna Ceregio* und der *1997er Sangiovese di Romagna Ceregio Vigna Querce*, aber ideal für einen Trinkgenuss in den nächsten paar Jahren.

Die beiden besten Weine sind der 1997er Marzieno Ravenna Rosso und der 1997er Sangiovese di Romagna Pietramora. Der dunkelrubin-purpurrote *1997er Marzieno Ravenna Rosso* (ein Verschnitt von 62% Sangiovese und 38% Cabernet Sauvignon) ist ein reifer, wunderbar texturierter Wein mit niedriger Säure, einer samtweichen, Pomerol-ähnlichen Textur, toastwürzigem neuem Eichenholz im Bukett und schwarzen Früchten im Überfluss. Man kann diesen dichten Wein von mittlerem bis vollem Körper jetzt und in den nächsten 7–8 Jahren trinken. Beim *1997er Sangiovese di Romagna Pietramora* (100% Sangiovese) geht die dunkelrubinrote Farbe einher mit reichlichen Aromen und Geschmacksnuancen von süßen Schwarzkirschen, Erdbeeren, Erde, Toastbrot und Teeröl. Mit ausgezeichneter Reichhaltigkeit, mittlerem bis vollem Körper und einer geschmeidigen Textur dürfte er sich 5–6 Jahre gut trinken lassen.

DEUTSCHLAND

Grundwissen

WEINTYPEN

Der deutsche Weinbau unterliegt den deutschen Weingesetzen von 1971 und 1994. Danach werden die Weine nach dem Mindestmostgewicht, gemessen in Grad Oechsle, in vier Güteklassen eingeteilt, wobei die Anforderungen je nach Gebiet und Rebsorte differieren.

1. Tafelwein
2. Landwein
3. Qualitätswein bestimmter Anbaugebiete (Q.b.A.)
4. Qualitätswein mit Prädikat

Die Güteklasse »Qualitätswein mit Prädikat« wird ihrerseits in sechs Qualitätsstufen unterteilt:

1. Kabinett
2. Spätlese
3. Auslese
4. Beerenauslese
5. Trockenbeerenauslese
6. Eiswein

Außerdem gibt es noch andere Kategorien. Vor allem werden Weine durch die allgemeinen Gattungsbezeichnungen »trocken« und »halbtrocken« unterteilt. Trockene Weine tendieren dazu, langweilig und dünn zu sein. Sie haben wenig Körper und Duft- und Geschmacksnoten. Halbtrockene Weine schmecken ebenfalls trocken, dürfen aber etwas mehr Restzucker aufweisen und sind ein klein wenig interessanter. Ich empfehle beide nur selten: Es sind kommerzielle Erzeugnisse, die von der wachsenden Vorliebe für »trockene« Weine profitieren.

Man produziert in Deutschland auch Schaumweine, die als Deutscher Sekt bezeichnet werden, doch sie sollten überzeugten Masochisten vorbehalten bleiben, weil sie ziemlich schauderhafte Machwerke aus übermäßig geschwefelten Weinen sind.

REBSORTEN

Müller-Thurgau Müller-Thurgau ist die verbreitetste Rebsorte geworden, und heute sind 25% der deutschen Weinberge mit ihr bepflanzt, weil sie meist enorme Erträge garantiert (12,75–14t Frucht pro ha sind nicht ungewöhnlich). Vergessen Sie all die Märchen der Leute, die mit deutschem Wein handeln, denn die Müller-Thurgau ist keine große Traube und wird wegen der Quantität angepflanzt, nicht wegen der Qualität.

Riesling Die Riesling-Traube repräsentiert zwar nur 20% der deutschen Rebflächen, doch stammen von ihr etwa 95% der Spitzenweine des Landes. Wenn auf dem Flaschenetikett nicht Riesling steht, gehört der Inhalt wahrscheinlich nicht zu den besten deutschen Weinen. Mit Riesling werden einige der komplexesten Weißweine der Welt erzeugt, und in Deutschland erzielt man die größten Erfolge mit ihr, sei es in Gestalt eines trockenen, spritzigen, pikanten Kabinett oder einer dekadent-süßen, nektarähnlichen Trockenbeerenauslese.

Silvaner Diese wenig beeindruckende Traube belegt 8% der deutschen Rebflächen und bringt selten etwas Interessantes hervor. Die meisten Silvaner haben entweder einen unangenehmen vegetabilen Beigeschmack oder sind fade und flach.

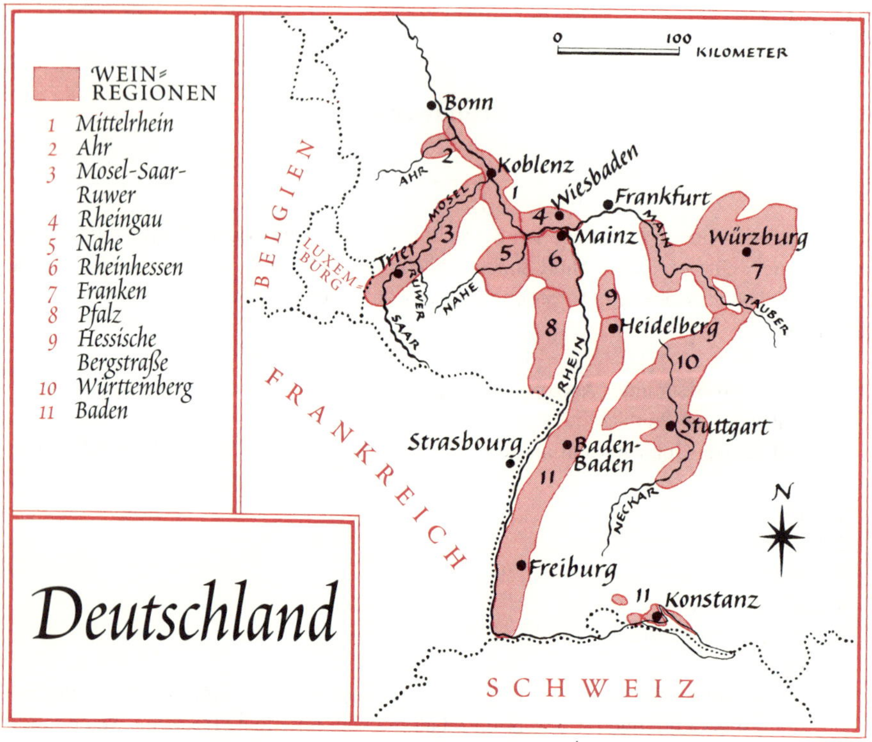
WEIN-
REGIONEN
1 Mittelrhein
2 Ahr
3 Mosel-Saar-
Ruwer
4 Rheingau
5 Nahe
6 Rheinhessen
7 Franken
8 Pfalz
9 Hessische
Bergstraße
10 Württemberg
11 Baden
Deutschland
0 100 KILOMETER
Bonn
Koblenz
Wiesbaden
Frankfurt
Mainz
Würzburg
Trier
Heidelberg
Strasbourg
Stuttgart
Baden-
Baden
Freiburg
Konstanz
AHR
MOSEL
RUWER
SAAR
NAHE
RHEIN
MAIN
TAUBER
NECKAR
BELGIEN
LUXEM-
BURG
FRANKREICH
SCHWEIZ
N

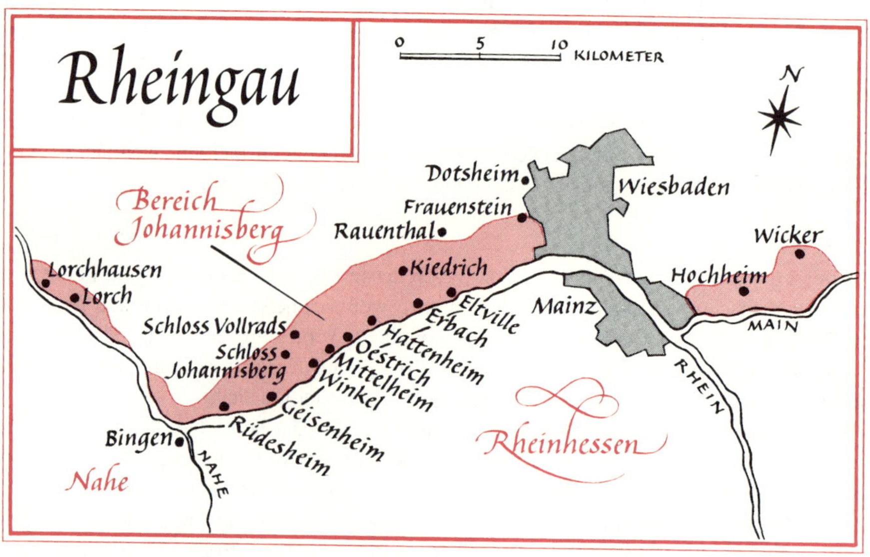
Rheingau
0 5 10 KILOMETER
N
Bereich
Johannisberg
Dotsheim
Wiesbaden
Frauenstein
Rauenthal
Wicker
Lorchhausen
Lorch
Kiedrich
Hochheim
Schloss Vollrads
Schloss
Johannisberg
Eltville
Erbach
Hattenheim
Oestrich
Mittelheim
Winkel
Geisenheim
Rüdesheim
Mainz
MAIN
RHEIN
Bingen
NAHE
Nahe
Rheinhessen

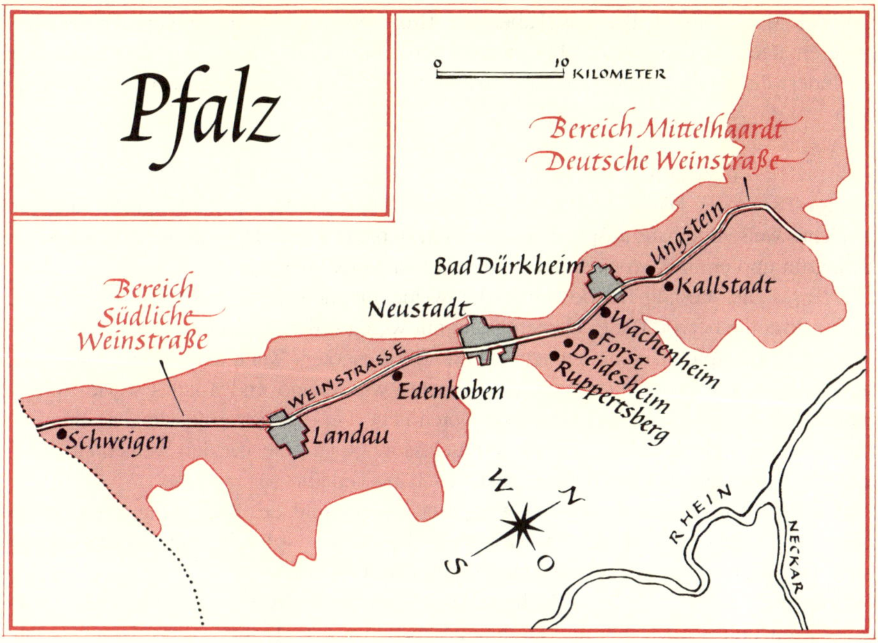
Pfalz
0 10 KILOMETER
Bereich Mittelhaardt Deutsche Weinstraße
Ungstein
Bad Dürkheim
Kallstadt
Bereich Südliche Weinstraße
Neustadt
Wachenheim
Forst
Deidesheim
Ruppertsberg
WEINSTRASSE
Edenkoben
Schweigen
Landau
W
N
S
O
RHEIN
NECKAR

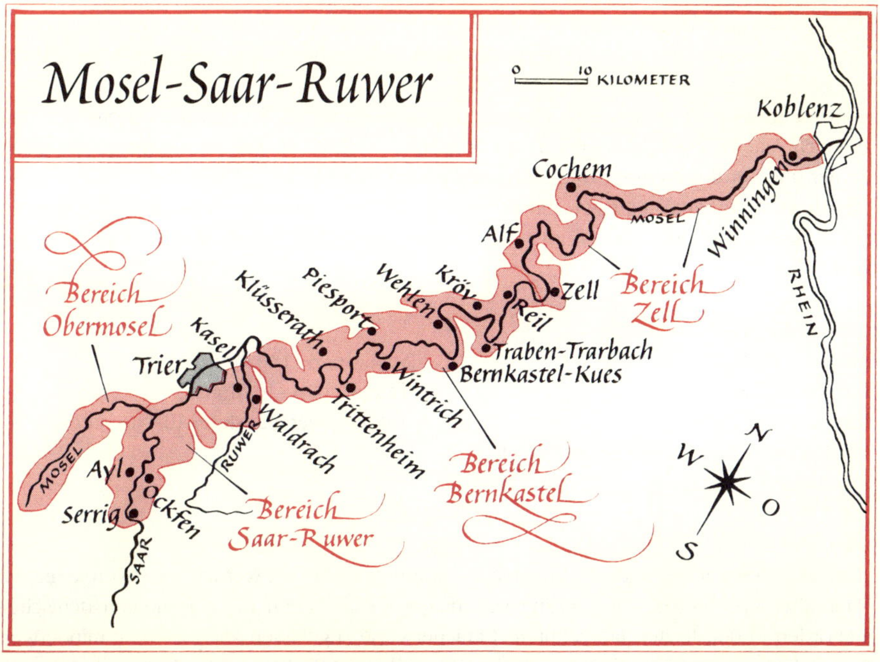
Mosel-Saar-Ruwer
0 10 KILOMETER
Koblenz
Cochem
MOSEL
Winningen
Alf
Zell
Bereich Zell
RHEIN
Bereich Obermosel
Klüsserath
Piesport
Wehlen
Kröv
Reil
Kasel
Trier
Traben-Trarbach
Bernkastel-Kues
Wintrich
Trittenheim
Waldrach
RUWER
MOSEL
Ayl
Ockfen
Serrig
SAAR
Bereich Saar-Ruwer
Bereich Bernkastel
N
W
O
S

Andere Rebsorten Das deutsche Problem liegt heute weitgehend darin, dass ein großer Teil der Weinberge mit minderwertigen Rebsorten bepflanzt ist. Die restlichen 45% der Anbauflächen bestehen gewöhnlich aus Reben mit wenig Persönlichkeit, zum Beispiel Kerner, Gutedel, Morio-Muskat, Bacchus, Faberrebe, Huxelrebe, Optima und Ebling. Die einzigen anderen Rebsorten, die etwas Besonderes hervorbringen können, sind Gewürztraminer, Ruländer (Pinot Gris), Scheurebe und Spätburgunder, Deutschlands Antwort auf den Pinot Noir.

DUFT- UND GESCHMACKSNOTEN

Müller-Thurgau Diese Traube ähnelt einer Dose Obstsalat, aufdringlich, aber auf schlichte Weise durchaus ansprechend. Schlimmstenfalls schmeckt sie ausgewaschen, säuerlich, grün und erinnert an einen mediokren verwässerten Riesling.

Riesling Die Riesling-Traube bringt die Weine mit den aufregendsten Duft- und Geschmacksnoten hervor. Die trockeneren und nur wenig süßen Versionen zeigen eine schöne Mischung von Apfel, Limone, nassem Stein und Zitrusnoten. Wenn der Riesling süßer wird, gehen die Noten in Richtung tropischer Früchte wie Mango und Ananas sowie Apfel in Honig, Pfirsich und Aprikose. All diesen Noten liegt (bei den besten Rieslingen) eine stahlige, würzige und vibrierende natürliche Fruchtsäure zu Grunde, die den Weinen ein außergewöhnliches Maß an Klarheit und Konturenschärfe verleiht.

Ruländer Auf einigen der besten Weingüter Badens und der Pfalz bringt diese Traube ölige, reichhaltige, honigfeine, intensive Weine hervor, die wahrscheinlich zu den am meisten unterschätzten großen Weißweinen Deutschlands gehören.

Scheurebe Diese nach ihrem Züchter Georg Scheu benannte Traube ist ein Klon, der aus einer Kreuzung von Silvaner und Riesling geschaffen wurde. Früher wurde sie wegen ihres neutralen Charakters gering geschätzt, doch heute erfreut sie sich bei den Verbrauchern wachsender Beliebtheit. Die Spitzen-Produzenten von Scheurebe wie Müller-Catoir, H. & R. Lingenfelder und Krüger-Rumpf haben mit dieser Traube Wunder bewirkt und volle, üppige Weine mit satten blumigen, johannisbeerartigen Noten und reicher, komplexer Persönlichkeit geschaffen.

Spätburgunder Die deutsche Pinot-Noir-Traube bringt leider oft einen grotesken und ziemlich scheußlichen Wein hervor, der ungefähr so schmeckt wie ein misslungener, süßer, müder und verdünnter roter Burgunder von einem inkompetenten Winzer.

Silvaner Silvaner von ausgewählten Gütern in Franken und Rheinhessen sind manchmal reiche, muskulöse, intensive Weine, aber in den meisten Fällen sind sie vegetabil, dünn und fade.

ALTERUNGSPOTENZIAL

Auslese: 3–18 Jahre
Beerenauslese: 10–40+
Kabinett: 3–6 Jahre
Qualitätswein bestimmter Anbaugebiete: 2–4 Jahre
Spätlese: 3–12 Jahre
Tafelwein: 8–16 Monate
Trockenbeerenauslese: 10–40+ Jahre

ALLGEMEINES QUALITÄTSNIVEAU

Die besten Gewächse sind von untadeliger, hoher Qualität und werden meist von kleineren Weingütern produziert, die Riesling verarbeiten. Doch haben die zuständigen deutschen Behörden in den letzten Jahrzehnten sträflicherweise zugelassen, dass zu viele minderwertige Reben mit großem Ertrag angepflanzt wurden (1987 betrug der Durchschnittsertrag schier unglaubliche ca. 14t/ha), so dass die Verbraucher die Qualität deutscher Weine zunehmend in Zweifel zogen. So durften in dem mittelmäßigen Jahr 1987 77% der erzeugten Weine als Qualitätswein bestimmter Anbaugebiete bezeichnet werden und nur 2% wurden zu einfachem Tafelwein deklassiert. Das ist lächerlich. Eine Kampagne zur Förderung der wirklich hervorragenden Güter, die die besten deutschen Weine machen, ist längst überfällig. Solange der Konsument glaubt, dass Deutschland es mit der Qualität seiner Weine nicht ernst meint, wird der Verkauf dieser Weine schwierig bleiben.

WAS SIE UNBEDINGT WISSEN MÜSSEN

Es gibt in Deutschland 13 Weinanbaugebiete. Die einzelnen Gebiete werden dreifach unterteilt, nämlich in Bereiche, Großlagen und Lagen oder Einzellagen. Die Zuordnung Bereich wird benutzt, um Weine zu kennzeichnen, die innerhalb der Grenzen des Bereichs erzeugt werden. Das französische Äquivalent ist die gebietsspezifische Kennzeichnung, z. B. Appellation Bordeaux Contrôlée oder Appellation Bourgogne Contrôlée. Die Bereiche wiederum werden unterteilt in Großlagen. Das französische Äquivalent ist etwa die Kennzeichnung Appellation St-Julien Contrôlée oder Appellation Morey-St-Denis Contrôlée. Dies sind Weine, die nicht von einem bestimmten Weingut kommen, sondern aus einer bestimmten kleinen Region oder von einer Gruppe von Weingütern. In Deutschland gibt es insgesamt 152 Großlagen. Die kleinste Einheit ist die Lage oder Einzellage, also bestimmte Weinberge oder Anbauflächen. Es gibt in Deutschland 2600 Einzellagen. Das französische Äquivalent ist hier ein bestimmtes Château aus St-Julien, zum Beispiel Ducru-Beaucaillou, oder, im Burgund, eine bestimmte Anbaufläche in Morey-St-Denis, die einen Premier Cru oder einen Grand Cru hervorbringt, wie Clos des Lambrays. Das wird vielleicht helfen, die Einteilung der deutschen Weinzonen zu verstehen. Allerdings haben nur wenige Leute die Geduld, sich die besten Einzellagen oder Großlagen zu merken, und deshalb sollte man besser versuchen, sich die Namen einiger der besten Produzenten einzuprägen.

Die meisten der besten deutschen Weinerzeuger sind in den folgenden sechs Anbaugebieten ansässig.

ALLGEMEINE MERKMALE VON SECHS BEDEUTENDEN DEUTSCHEN ANBAUGEBIETEN

Mosel-Saar-Ruwer Für deutsche Weinkenner und Touristen in Deutschlands Weinregionen ist die mittlere Mosel das beliebteste und landschaftlich reizvollste Gebiet. Die beängstigend steilen Schieferformationen sind so abweisend, dass es schier unmöglich scheint, die gefährlichen Hänge mit Reben zu bepflanzen. Mit ihrer Vielzahl von bekannten Produzenten, wie J. J. Prüm, Willi Haag, Ernst Loosen und Dr. Thanisch leidet die Region keinen Mangel an Bewunderern und Kaufinteressenten. Der an ihren Hängen angebaute Riesling hat in der Tat unbegrenztes Potenzial, doch es gibt hier auch zahlreiche überteuerte, unter ihren Möglichkeiten arbeitende Winzer, die ihren Ruf längst überlebt haben. Dennoch weiß jeder, der einmal einen großen Wehlener Sonnenuhr, Brauneberger Juffer, Erdener Treppchen, Zeltinger Sonnenuhr oder Graacher Himmelreich probiert hat, dass dieser Boden magische Rieslinge hervorbringen kann. So ist die mittlere Mosel für Deutschland das, was Puligny-Montrachet für Burgund ist. Es gibt eine ganze Reihe ausgezeichneter Erzeuger, aber die Preise sind durchgehend hoch, und die Qualität ist erschreckend ungleichmäßig.

Das Weingebiet an der unteren Mosel mit seinen sehr steilen Hängen liegt an der Mündung der Mosel in den Rhein. Die Weine von dort werden allgemein unterschätzt, eine Tatsache, die Verbraucher sich zu Nutze machen sollten. Probieren Sie einige neuere Jahrgänge von den besten Erzeugern der Gegend, von Schleinitz und von Heddesdorff, um zu sehen, welch hohe Qualität man zu erschwinglichen Preisen bekommen kann. Die Anbauflächen gelten entgegen denen an der mittleren Mosel nicht als ideal, aber die besten Produzenten vermögen Weine zu schaffen, die den Spitzengewächsen jener Lagen durchaus ebenbürtig sind.

Die kühlere Region Saar lässt die stahlige und rasiermesserscharfe Frische der Riesling-Traube hervortreten. Viele Experten zählen die Rebflächen der Saar zu den besten in Deutschland, doch wie an der mittleren Mosel hat der Ruhm auch hier seinen Preis. In dieser Gegend sind einige besonders geschätzte Winzer ansässig. Andere bekannte Saar-Produzenten neigen jedoch dazu, wegen der zu hohen Erträge relativ hohle, schlaffe Weine ohne klaren Umriss auf den Markt zu bringen. Zu den besten Erzeugern gehören Egon Müller, Dr. Wagner, von Kesselstatt und gelegentlich auch Zilliken.

Das geistige und kommerzielle Zentrum der Ruwer-Lagen ist Trier. Erzeuger wie Friedrich Wilhelm Gymnasium, Geltz Zilliken, Karthäuserhof, von Kesselstatt, Karlsmühle und Maximin Grünhaus schaffen hier typische Rieslinge von idealer Qualität wie aus dem Lehrbuch.

Rheingau In dieser sehr bekannten Region arbeiten einige der berühmtesten deutschen Weinproduzenten. Es geschieht jedoch nicht selten, dass sie von ihren weniger bekannten, aber tüchtigeren Nachbarn in den Schatten gestellt werden. Drei der prominentesten Güter, die hinter ihren Möglichkeiten zurückbleiben, sind Schloss Groenesteyn, Schloss Vollrads und Schloss Johannisberg. Wenn Sie erfahren wollen, was viele Weinliebhaber für die besten Rieslinge in ganz Deutschland halten, probieren Sie die Gewächse von H. H. Eser, Freiherr zu Knyphausen, Dr. Heinrich Nagler und die besten Cuvées von Schloss Schönborn.

Rheinhessen Alle deutschen Anbaugebiete weisen erhebliche Qualitätsunterschiede auf, keines aber mehr als Rheinhessen, dessen kommerzieller Mittelpunkt Nierstein ist. Die beliebtesten Rebsorten der Region sind Müller-Thurgau und Silvaner. Außerdem haben die Erzeuger seltenere Trauben wie Scheurebe, Huxelrebe und Kerner begeistert begrüßt. Es ist auch die Region mit der größten Liebfrauenmilch-Produktion. Die Verbraucher, die Weine aus dieser Gegend kaufen, machen in der Regel einen großen Fehler. Zu den besten Erzeugern gehörten in den letzten Jahren Freiherr Heyl zu Herrnsheim, J. U. H. A. Strub und Merz.

Pfalz Die Pfalz ist das am meisten von der Sonne verwöhnte größere deutsche Anbaugebiet. Zwar wird fast überall Müller-Thurgau angepflanzt, doch Riesling, Ruländer und Scheurebe bringen die verblüffendsten Weine hervor. Wenn Sie glauben, deutsche Weine seien zu nichtssagend, leicht und schlapp, probieren Sie die kraftvollen, fleischigen, generösen Weine der Pfalz. Die Qualität scheint mit jedem Jahrgang neue Höhepunkte zu erreichen. Die Pfalz ist die Heimat von Müller-Catoir, der einige der faszinierendsten deutschen Weine erzeugt, und hier liegt auch der Hauptsitz von hoch begabten Produzenten wie H. R. Lingenfelder, Kurt Darting, Klaus Neckerauer, Koehler-Ruprecht, Kimich, Werleaa und Dr. Bürklin-Wolf, dem vielleicht bekanntesten Weingut der Region.

Nahe Das Nahe-Gebiet ist eine andere weithin unterschätzte Quelle von hochklassigen Rieslingen und darüber hinaus eine Region, wo einer ehrgeizigen Gruppe von Produzenten nur noch der eine Superstar fehlt, der gebraucht wird, um die Vorzüge der Gegend weltweit bekannt zu machen. Ein Nahe-Wein enthält nach allgemeiner Ansicht etwas vom Charakter der Saar-Weine und die Würze und fleischige Fülle eines Rheingau-Gewächses. Die johannisbeerähnlichen, rauchigen Aromen eines Tropfens von der Nahe erinnern an die eines Rotweins und deshalb gehört er zu den ausgeprägtesten deutschen Weinen überhaupt. Da keiner der Nahe-Erzeuger besonders bekannt ist, sind die Preise meist niedrig, ausgenommen bei den Gütern, die (wie Hans Crusius) zu der angesehenen VDP-Gruppe gehören. Zu den Spitzen-Produzenten gehören von Plettenberg, Hehner-Kiltz, Krüger-Rumpf, Adolph Lotzbeyer sowie Hermann Dönnhoff und Prinz zu Salm, vielleicht die beiden besten Winzer.

Franken Die Weine Frankens, dessen kommerzieller Mittelpunkt die Barockstadt Würzburg ist, genießen bei immer mehr Verbrauchern Kultstatus. Frankenweine kosten eine Menge und sind wegen der unattraktiven Bocksbeutel, in die sie abgefüllt werden, schwierig zu lagern, aber sie können herzhaft, dramatisch und ungestüm sein. Ihre Bewunderer sind ihnen bemerkenswert treu. In Franken erreicht die Silvaner-Traube Gipfel wie sonst nirgendwo auf der Welt. Die beiden besten Güter sind das Bürgerspital und Hans Wirsching. Auch die Weine von Schloss Sommerhausen (besonders die 1990er) haben mich zunehmend beeindruckt. Neben der Qualität dieser drei hochklassigen Erzeuger verblasst alles andere.

Die besten deutschen Weine sind die Gewächse, die bezüglich Reife und Süße als Kabinett, Spätlese, Auslese, Beerenauslese und Trockenbeerenauslese erzeugt werden. Die meisten Verbraucher, die einen Kabinett probieren, werden ihn nicht besonders süß finden, obgleich er Restzucker aufweist. Wegen des hohen natürlichen Säuregehalts deutscher Weine schmeckt ein Kabinett für die meisten Zungen frisch und fruchtig, aber nicht süß. Dagegen werden die meisten Leute bei einer Spätlese und mehr noch bei einer Auslese eine gewisse Süße entdecken. Diese drei Weintypen eignen sich hervorragend als Aperitif oder Tischwein, während die Gewächse, die als Beerenauslese und Trockenbeerenauslese klassifiziert werden dürfen, eindeutig Dessertweine sind, denn sie sind sehr reichhaltig und recht süß. Man sollte bedenken, dass die meisten deutschen Weine nur sieben bis neun Prozent Alkohol enthalten, so dass man viel mehr davon trinken kann, ohne die Wirkung zu spüren. Einer der naiven Einwände gegen deutschen Wein lautet, dass man ihn nicht gut zum Essen trinken kann. Wer jemals einen guten Kabinett oder eine Spätlese oder Auslese zu orientalischer Küche, Schweinebraten und sogar zu bestimmten Geflügelgerichten wie Fasan oder Truthahn probiert hat, kann bezeugen, dass diese Gewächse, vor allem Spätlese und Auslese, sich hervorragend eignen.

Eine Spezialität ist der Eiswein, der seltenste und teuerste deutsche Wein. Man keltert ihn aus hochreifen, gefrorenen Trauben, die im Dezember, Januar oder sogar Februar gelesen werden. Er ist ziemlich rar und sehr, sehr süß, weist aber einen bemerkenswert hohen Säuregehalt auf und kann jahrzehntelang in der Flasche altern und dabei immer besser werden. Eisweine haben einen großartigen Charakter, für den man allerdings meist horrende Preise zahlen muss.

Die besten deutschen Weine altern wie ein guter Bordeaux. Bei großen Jahrgängen wie 1990 oder 1971 kann man damit rechnen, dass ein Kabinett, eine Spätlese oder eine Auslese von einem erstklassigen Erzeuger sich in der Flasche 3–20 Jahre lang entwickelt und verbessert. Beerenauslesen und Trockenbeerenauslesen eines großen Jahrgangs können zwei, drei oder vier Jahrzehnte lang schön altern. Das ist kein Mythos, sondern eine Tatsache, wie all jene bezeugen können, die kürzlich einige der großen Auslesen von 1959 probiert haben. Deutsche Weine der Spitzenklasse von Spitzenerzeugern verbessern sich in der Flasche tatsächlich ganz bemerkenswert, obgleich der Verbrauchertrend dahin geht, sie zu trinken, wenn sie jung, frisch und spritzig sind.

NEUERE JAHRGÄNGE

2000 – Der 2000er-Jahrgang war der dritte Jahrgang in Folge, der unter späten Regenfällen litt. Ein warmes, feuchtes, schwüles Jahr führte zu einer riesigen Erntemenge und zu verstärktem Auftreten von Fäulnis in den Weinbergen. Der 2000er, im Bestfall ein mittelmäßiger Jahrgang, wird durch die negativen Auswirkungen der hohen Erträge und übermäßigen Niederschläge beeinträchtigt. Den Mehltau und die Fäule, die in den Weinbergen grassierten, kann man in allzu vielen Weinen des Jahrgangs wiederfinden.

1999 – Vom Stil her erinnert der 1999er-Jahrgang an den 1997er dadurch, dass die Weine weich und fruchtbetont sind und auch bei denen, die deutsche Weine normalerweise nicht mögen, leicht Anklang finden können. Wer nach der Lebhaftigkeit und Komplexität sucht, die nur Riesling erreichen kann, wird von diesem Jahrgang nicht besonders angetan sein. Eine warme Vegetationssperiode führte in ganz Deutschland zu hohen Erträgen. Der Regen im September und im Oktober wurde von den Trauben aufgesogen, was bei vielen Weinen Anzeichen einer Verwässerung zur Folge hatte. Die besten 1999er, im Allgemeinen Kabinett-Weine von gewissenhaften Erzeugern, sollte man in Bälde trinken.

1998 – Der 1998er-Jahrgang, das letzte ausgezeichnete Jahr des Jahrtausends, fiel trotz der widrigen Natur gelungen aus. Eine sengende Sonne im August führte bei einem großen Teil der Trauben zu Sonnenbrand. Mitte September setzten beständige Regenfälle ein, die bis

Ende Oktober nicht mehr aufhörten. Die drei folgenden Wochen war trocken und windig, so dass sich die Trauben konzentrierten und ein Auftreten von Fäule verhindert wurde. Die besten Weine (zumeist Auslesen und die Prädikatsweine darüber) besitzen einen reizvollen Säuregehalt, viel Intensität und eine lebhafte Persönlichkeit. Das ist ein Jahrgang, der anders als 1997, 1999 und 2000 das *terroir* widerspiegelt. Die besten 1998er sind zudem ausgezeichnete Anwärter für eine Einkellerung.

1997 – Nach der beißenden Säure von 1996 vollzog Mutter Natur 1997 eine Wende. Die 1997er sind ansprechende, saftige Gewächse mit wenig Säure, die rasch getrunken werden wollen. Bei diesem Jahrgang sollte der Verbraucher sich auf Spätlesen oder die Kategorien darunter konzentrieren. Die Auslesen zeigen selten die Komplexität, die ihre höheren Preise rechtfertigen würde, und auch nicht die Ausgewogenheit für längere Kellerreife. Dies ist ein ausgezeichneter Jahrgang für Verbraucher, die deutsche Weine entdecken möchten, denn es gibt eine Vielzahl köstlicher Kabinett-Abfüllungen zu erschwinglichen Preisen.

1996 – Dies ist ein atypischer Jahrgang. Hohe Reifegrade verbinden sich mit übermäßigem Säuregehalt. Vielleicht sind die deutschen Gewächse von 1996 sogar die säurehaltigsten Weine, die ich jemals verkostet habe. In der Spätlesekategorie und darüber (wer Angst vor beißender Säure hat, sollte erst bei den Auslesen beginnen) wurde eine Vielzahl unglaublich reintöniger Weine erzeugt. Sie erfordern ein wenig Geduld, bis ihre reiche Fülle die Säure ein wenig verdeckt. Die meisten Weine unterhalb der Spätlese sollten gemieden werden, denn sie haben einfach nicht genügend Stoff, um den rekordverdächtigen Säuregehalt zu tragen. Wer außergewöhnliche Weine mit langem Lagerungspotenzial auf der Auslesestufe und darüber sucht, ist gut beraten, sich für 1996er der besten deutschen Erzeuger zu entscheiden.

1995 – Der Jahrgang 1995 ist extrem ungleichmäßig. Einigen konzentrierten, profunden und ungewöhnlich ausgewogenen Weinen stehen viele gegenüber, die von den negativen Auswirkungen der Fäule heimgesucht wurden (im Gegensatz zu den positiven Botrytis-Effekten). Mosel-Weine sind am besten gelungen, und die Pfalz litt furchtbar (dort schafften es nicht einmal hervorragende Produzenten wie Lingenfelder, der Fäule zu entgehen).

1994 – Das herrliche Oktoberwetter führte zu einer reichen Ernte von süßeren Trauben. Die Qualität ist unausgeglichen, aber es wurden einige hervorragende Weine erzeugt. Die 1994er sind in diametralem Gegensatz zu den stilvollen, eleganten, sehr säurehaltigen 1993ern relativ kraftvoll, reichhaltig und zum baldigen Trinkgenuss bestimmt.

1993 – Köstliche und spritzige Weine mit leichtem Körper wurden in großer Fülle erzeugt. Das Jahr begünstigte die Produzenten von Kabinett-Weinen, Spätlesen und Auslesen.

1992 – Ein guter Jahrgang mit einigen absolut großartigen, trockener angelegten Weinen von der Ruwer und der mittleren Mosel. Die meisten Güter berichteten, dass es sehr schwierig war, in diesen Gebieten süße Weine zu gewinnen. Deshalb ist es vor allem ein Jahrgang der Kabinett-Weine und Spätlesen – ein gutes Zeichen für Verbraucher, die trockenere deutsche Weine bevorzugen. Alles in allem ist 1992 ein gutes bis sehr gutes Jahr für alle Lagen von Mosel, Saar und Ruwer, obgleich es nicht so viele überreiche Dessertweine hervorbrachte wie beispielsweise 1990 und 1989. Für Rheingau, Pfalz und Rheinhessen ist es ein sehr gutes bis ausgezeichnetes Jahr mit einer Fülle von reichhaltigen Weinen aus spät gelesener Traubenfrucht, besonders was Rheinhessen betrifft.

1991 – Ein überraschend guter Jahrgang, weit besser, als viele der ersten Katastrophenmeldungen ahnen ließen. Für reiche, intensive, süße Spätlesen und Auslesen ist er zwar nicht so gut wie 1990 und 1989, aber er weist viele Erfolge auf, vor allem bei den Spitzenerzeugern von Kabinettweinen der trockeneren Art. Die Kehrseite liegt darin, dass manche Weine eine aufdringliche Säure zeigen, so dass man sich fragt, ob ihre Frucht standhalten wird. Die meisten Kenner deutscher Weine meinen, dass es ein Jahr der Winzer war und nicht ein Jahr von Mutter Natur, und diejenigen Produzenten, die imstande waren, die Ernte klein zu halten und nur physiologisch reife Trauben zu lesen, bereiteten Weine mit spritziger Säure und guter Tiefe und Charakter. Die anderen machten flache, saure Weine, die kaum Aufmerksamkeit verdienen.

1990 – Ein hervorragender, vielleicht sogar großartiger Jahrgang. Die Weine sind von wunderbarer Reife, überraschend spritziger Säure und intensivem Duft und Geschmack. Außer vielen hervorragenden Kabinett-Weinen und Spätlesen weist 1990 ähnlich wie 1989 spektakuläre süße Auslesen und überwältigend reiche Beerenauslesen und Trockenbeerenauslesen auf. Ein Muss für jeden, der deutsche Weine liebt.

1989 – Dies ist ein weiterer Spitzenjahrgang, der mit 1976, 1971 und 1959 verglichen wurde. Die späte Ernte und die außergewöhnliche Menge von Auslesen, Beerenauslesen und Trockenbeerenauslesen des süßeren Typs wecken weithin Begeisterung. Im Gegensatz zu 1990, als alle Anbaugebiete erfolgreich waren, oder 1991, als dies eine Frage der Tüchtigkeit der Winzer war, brachten Saar, Pfalz, Ruwer und Rheinhessen 1989 durchgehend Spitzenweine hervor. Die Lese ging nicht ohne Regen ab, die Mostproduktion war groß, und der Säuregehalt bleibt in vielen Fällen verdächtig niedrig, so dass die meisten Verbraucher gut beraten sein dürften, Weine unter der Auslesestufe in den nächsten drei bis vier Jahren zu trinken. Ein Anbaugebiet, wo man zwar gute, in Anbetracht des Jahrgangs jedoch irgendwie enttäuschende Weine machte, ist die mittlere Mosel, wo eine Reihe der berühmtesten Güter zuviel erntete und eher schwächliche, locker gewirkte, fragile Weine produzierte.

1988 – Die Stärke des Jahrgangs sind Weine von der mittleren Mosel. Nach meinen Verkostungen dürften die trockeneren Kabinett-Weine und Spätlesen die besten Tropfen sein, die erzeugt wurden. Dieser Jahrgang ist bei all dem PR-Rummel um 1989 und 1990 weitgehend in Vergessenheit geraten.

1987 – Eine ungewöhnliche Wachstumszeit, gekennzeichnet von einem schlechten, nassen und kalten Sommer, auf den ein wunderbarer September und ein sehr gemischter Oktober folgten, führte zu einer mittelmäßigen Lese. Man erwartete, dass die Qualität besser sein würde als 1980 und 1984, und viele Winzer meldeten annähernd so große Erträge wie 1986. Die Durchschnittsproduktion lag bei sage und schreibe 13,4 t Frucht pro Hektar, was exzessiv ist. Interessanterweise scheint dies ein gutes Jahr für die seltenen, nektarähnlichen Eisweine zu sein. Alle Weine sollten jetzt bereits getrunken sein.

1986 – Eine reiche Traubenernte ergab gefällige, angenehme, weiche und fruchtige Weine mit großem kommerziellem Anklang. Wegen des großen Ertrags fielen die Preise nach der unterdurchschnittlichen Erntemenge von 1985. Alles in allem wird der Handel diesen Jahrgang als nützliches Jahr der guten, aber nicht großen Weine betrachten. Weine unter der Auslesestufe sollten bereits getrunken sein.

1985 – Der deutsche Weinhandel hat dieses Jahr lautstark gefeiert, doch abgesehen von einigen wenigen Regionen kann man es nicht mit dem hervorragenden Jahrgang 1983 vergleichen. Dennoch ist es ein sehr gutes Jahr mit einer mäßigen Produktion von Weinen mit guter Säure, mehr typischer Textur und besseren Merkmalen als die üppigen, sehr fruchtigen 1983er. Wie 1983 verhinderte die Trockenheit im Sommer und im Herbst die Entwicklung von Botrytis cinerea. Die Rieslinge können in vielen Fällen sehr gut sein, werden jedoch fester und weniger zugänglich sein als die frühreifen, offenen, fruchtigen 1983er, und sie werden sich auch langsamer entwickeln. Alles in allem haben die 1985er jetzt ihren Höhepunkt hinter sich. Die größten Erfolge verzeichnete die mittlere Mosel mit potenziell großen Weinen von Dörfern wie Ürzig und Erden. Weine unter der Auslesestufe sollten bereits getrunken sein.

1984 – In diesem Jahrgang von durchschnittlicher Qualität und unterdurchschnittlichem Ertrag wurden frische, leichte, sehr angenehme und unkomplizierte Weine erzeugt, die weder grün noch zu säurehaltig sind. Das Moselgut von Dr. F. Weins-Prüm Erben erzeugte 1984 außergewöhnliche Weine, ebenso Mönchhof.

1983 – Dieses Jahr genoss zwischen den Jahrgängen 1977 bis 1989 am meisten Publizität. Die meisten Winzer finden offenbar, es sei das beste seit 1976. Der Ertrag war in allen deutschen Anbaugebieten sehr groß, doch in der Region Mosel-Saar-Ruwer war er besonders groß und von außergewöhnlicher Qualität. Die Weine sind von ausgezeichneter Konzentration, haben ein sehr gutes Säureverhältnis, bei dem die Weinsäure die Apfelsäure merklich überwiegt, und ein Maß an vorzeitiger Reife und perfekter Harmonie, das sie im Moment sehr reizvoll macht. Wegen ihrer Tiefe und Ausgewogenheit bleiben Auslesen nach wie vor köstlich, sollten aber bis 2004 getrunken werden. Der Jahrgang schien bei den Spätlesen am stärksten zu sein, weil nur sehr wenige Auslesen, Beerenauslesen und Trockenbeerenauslesen erzeugt wurden. Außerdem war 1983 ein großes Jahr für Eiswein, denn nach einem frühen Frosteinbruch konnten große Mengen des nektarähnlichen, üppigen Gewächses erzeugt werden. Obgleich die Produktion größer war als normal, wurden für die Eisweine horrende Preise verlangt, während die Preise für die übrigen Weine sehr realistisch und vernünftig waren.

ÄLTERE JAHRGÄNGE

Der große Süßwein-Jahrgang, den man gelegentlich noch im Handel findet, ist 1976, als nach deutschen Maßstäben unglaublich reife, intensive, üppige Weine erzeugt wurden und der Anteil an Auslesen und Beerenauslesen beträchtlich war. Die Spitzenweine können noch 2–12 Jahre lagern. Einige Kritiker haben die Größe des Jahrgangs angezweifelt und gesagt, die 1976er hätten zu wenig Säure, aber das ist die Meinung einer Minderheit. Die Auslesen sind noch relativ preiswert, doch für die Beerenauslesen und Trockenbeerenauslesen werden absurd hohe Preise verlangt. Den Jahrgang 1977 sollte man meiden, und 1978 war im Gegensatz zu Frankreich in Deutschland kein besonders erfolgreiches Jahr. Gut gelagerte 1975er können viel Freude machen, ebenso Weine des anderen großen Jahrgangs, 1971. Ich würde die Weine von 1972 meiden, und die früher so guten 1973er sind nun im Abbau begriffen.

DIE BESTEN DEUTSCHEN PRODUZENTEN

Wenn ein Produzent in zwei Kategorien fällt (***/****), wird er in der niedrigeren eingeordnet.

** * * * * (HERVORRAGEND)*

J. J. Christoffel (Mosel)
Kurt Darting (Pfalz)
Hermann Dönnhoff (Nahe)
Fritz Haag (Mosel)
Heribert Kerpen (Mosel)
J. F. Kimich (Pfalz)
H. & R. Lingenfelder (Pfalz)
Egon Müller (Saar)
Müller-Catoir (Pfalz)
Klaus Neckerauer (Pfalz)
J. J. Prüm (Mosel)
Willi Schaefer (Mosel)
von Schubert-Maximin Grünhaus (Ruwer)
Selbach-Oster (Mosel)

** * * * (AUSGEZEICHNET)*

Christian-Wilhelm Bernhard (Rheinhessen)
Josef Biffar (Pfalz)
von Bretano (Rheingau)
Burgerspital (Franken)
Dr. Bürklin-Wolf (Pfalz)
Schlossgut Diel (Nahe)
August Eser (Rheingau)
H. H. Eser-Johannishof (Rheingau)
Friedrich-Wilhelm-Gymnasium (Mosel)
Willi Haag (Mosel)
Freiherr von Heddesdorff (Mosel)
Hehner-Kiltz (Nahe)
Weingut-Weinhaus Henninger (Pfalz)
Freiherr Heyl zu Herrnsheim (Rheinhessen)
von Hövel (Saar)
Immich-Batterieberg (Mosel)
E. Jakoby-Mathy (Mosel)

Weingut Karlsmühle (Mosel-Ruwer)
Christian Karp-Schreiber (Mosel)
Karthäuserhof (Christophe Tyrell) (Ruwer)
von Kesselstatt (Mosel-Saar)
Freiherr zu Knyphausen (Rheingau)
Koehler-Ruprecht (Pfalz)
Königin Victoria Berg-Deinhard (Rheingau)
Kruger-Rumpf (Nahe)
Kuhling-Gillot (Rheinhessen)
Franz (Günter) Künstler (Rheingau)
Dr. Loosen-St.-Johannishof (Mosel)
Alfred Merkelbach (Mosel)
Meulenhof/Erben Justen/Erlen (Mosel)
Mönchhof (Mosel)
Nahe Staatsdomäne (Nahe)
Pfeffingen (Pfalz)
von Plettenberg (Nahe)
Jochen Ratzenberger (Mittelrhein)
Jakob Schneider (Nahe)
von Simmern (Rheingau)****/*****
J. & H.A. Strub (Rheinhessen)
Dr. Heinz Wagner (Saar)

**** (GUT)*

Paul Anheuser (Nahe)
Basserman-Jordan (Pfalz)
Erich Bender (Pfalz)
Bischöfliche Weingüter (Mosel)
Brüder Dr. Becker (Rheinhessen)
Christoffel-Berres (Mosel)
Conrad-Bartz (Mosel)
Hans Crusius (Nahe)
Josef Deinhart (Mosel-Saar)
Epenschild (Rheinhessen)
Dr. Fischer (Saar)
Hans Ganz (Nahe)
Gebrüder Grimm (Rheingau)
Gernot Gysler (Rheinhessen)
Grans-Fassian (Mosel)
Gunderloch-Usinger (Rheinhessen)
J. Hart (Mosel)
Dr. Heger (Baden)
von Hövel (Mosel)
Toni Jost (Mittelrhein)***/****
Klaus Klemmer (Mittelrhein)
Johann Koch (Mosel)
Gebrüder Kramp (Mosel)
Lehnert-Matteus (Mosel)
Josef Leitz (Rheingau)
Licht-Bergweiler (Mosel)
Lieschied-Rollauer (Mittelrhein)
Schloss Lieser (Mosel)
Weingut Benedict Loosen Erben (Mosel)
Adolf Lotzbeyer (Nahe)
Mathern (Nahe)***/****
Weingut Merz (Rheinhessen)
Herbert Messmer (Pfalz)
Theo Minges (Pfalz)
Eugen Müller (Pfalz)
Dr. Heinrich Nagler (Rheingau)
Peter Nicolay (Mosel)
von Ohler'sches (Rheinhessen)
Dr. Pauly Bergweiler (Mosel)
Petri-Essling (Nahe)
Piedmont (Mosel-Saar-Ruwer)
S. A. Prüm (Mosel)
S. A. Prüm-Erben (Mosel)
Erich Wilhelm Rapp (Nahe)
Reuscher-Haart (Mosel)
Max Ferdinand Richter (Mosel)
Salm (Nahe)
Prinz zu Salm (Nahe)
Peter Scherf (Ruwer)
von Schleinitz (Mosel)
Georg Albrecht Schneider (Rheinhessen)
Schloss Schönborn (Rheingau)
Schumann-Nagler (Rheingau)
Wolfgang Schwaab (Mosel)
Seidel-Dudenhofer (Rheinhessen)
Bert Simon (Saar)
Schloss Sommerhausen (Franken)
Sturm (Rheinhessen)
Dr. Thanisch (Mosel)
Unckrich (Pfalz)
Vereinigte Hospitien (Mosel)
Wegeler-Deinhard (Mosel, Pfalz, Rheingau)
Adolf Weingart (Mittelrhein)
Dr. F. Weins-Prüm (Mosel)
Domdechant Werner (Rheingau)
Winzergenossenschaft Vier Jahreszeiten (Pfalz)
Günter Wittmann (Rheinhessen)
Wolff-Metternich (Rheinhessen)
G. Zilliken (Mosel)

*** (DURCHSCHNITTLICH)*

Baumann (Rheinhessen)
Bollig-Lehnert (Mosel)
von Buhl (Pfalz)
Stephan Ehlen (Mosel)
Alexandre Freimuth (Rheingau)
Le Gallais (Mosel)
Siegfried Gerhard (Rheingau)
Martin Göbel (Franken)
Schloss Groenesteyn (Rheingau)
Louis Guntrum (Rheinhessen)
Schloss Johannishoff (Rheingau)
Bürgermeister Carl Koch (Rheinhessen)
Lucashof (Pfalz)
Milz-Laurentiushof (Mosel)
Claus Odernheimer/Abteihof St.-Nicolaus (Rheingau)
Geh. Rat Aschrott'sche (Rheingau)
J. Peter Reinert (Mosel-Saar)
Schloss Reinhartshausen (Rheingau)
Schloss Saarstein (Saar)
Schmidt-Wagner (Mosel)
Heinrich Seebrich (Rheinhessen)
Staatsweingüter Eltville (Rheingau)
Studert-Prüm/Maximinhof (Mosel)
Schloss Vollrads (Rheingau)

ÖSTERREICH

Grundwissen

Dank der enormen Fähigkeiten einiger seiner Weinmacher ist Österreich zu einer Quelle für großartige Weißweine geworden. Seit dem Weinskandal von 1985 (als man entdeckte, dass viele österreichische Kellereien ihre Weine mit Diäthylenglykol verfälschten, um ihnen den Anschein von mehr Körper und Süße zu geben) hat Österreich große Fortschritte gemacht, um die Qualität seiner Weine zu verbessern. Heute sind die durchschnittlichen Erträge in Österreich nicht einmal halb so hoch wie in Deutschland (wo eine industrielle Weinerzeugung immer noch den Markt beherrscht). Das Land besitzt eine Reihe von äußerst hochwertigen Erzeugern, die beständig Weißweine von Weltklasse herstellen.

Zwar findet man in Österreich zahlreiche Rebsorten, aber Grüner Veltliner und Riesling dominieren die Produktion von trockenen Qualitätsweinen. Die Rebsorte Grüner Veltliner macht mehr als ein Drittel der österreichischen Rebfläche aus. Der Grüne Veltliner ist ein pfeffriger, würziger, nach Birnen und Zitrusfrüchten schmeckender Weißwein, der manchmal Noten enthüllt, die an Rhabarber und grüne Bohnen erinnern. Wie führende Sommeliers entdeckt haben, ist er extrem vielseitig, wenn man ihn mit Gerichten kombiniert, und bietet unmittelbar nach der Abfüllung köstlichen Trinkgenuss. Die Weine können zwar altern, aber ich neige dazu, Grüne Veltliner jung zu trinken, im Allgemeinen innerhalb ihrer ersten 3–6 Lebensjahre.

Die besten österreichischen Rieslinge machen einen sprachlos, wie das kein anderer irgendwo in der Welt erzeugter trockener Wein schafft. Sie haben zumeist den ausdrucksvollen Charakter und die Harmonie, die an elsässische Weine erinnern, besitzen aber trotzdem häufig die klaren Konturen und die Ausgewogenheit der Rieslinge aus Deutschland (sind aber nicht so scharf). Sie sind weniger blumig und kandiert (und im Allgemeinen trockener) als ihre elsässischen Gegenstücke, aber fruchtbetonter als die deutschen. Wie elsässische Rieslinge ergänzen die österreichischen erfolgreich eine breite Vielfalt an Gerichten. Sie sind zwar alterungsfähig, aber in der Regel sollte man sie am besten innerhalb von 10 Jahren nach der Lese trinken (im Unterschied zu deutschen und elsässischen Rieslingen, die eine Alterung erfordern).

Das (zu Recht) berühmteste Anbaugebiet Österreichs für trockene Weine ist die Wachau. Wie alle Spitzenweinbaugebiete des Landes befindet sie sich im Osten Österreichs. Dieses kleine Anbaugebiet (nur 1400 ha Rebfläche) liegt westlich von Wien (tatsächlich ist es das westlichste von den Wein erzeugenden Gebieten im östlichen Österreich), an der Donau. Seine terrassierten Weinberge befinden sich an Steilhängen und kommen vollständig in den Genuss des warmen Klimas tagsüber und der kühlen Nächte in dieser Gegend. Die Wachau hat strenge Regeln hinsichtlich der Bezeichnungen auf dem Etikett aufgestellt, die es den Verbrauchern erlauben zu erkennen, welchen natürlichen potenziellen Alkoholgehalt die Trauben bei der Lese hatten (Weine mit der Bezeichnung Steinfeder stammen von Trauben mit 9,5–10,7% natürlichem Alkoholgehalt, Weine mit der Bezeichnung Federspiel von Trauben mit 10,7–12% Alkoholgehalt; die besten und reichhaltigsten Weine – mit einem natürlichen Alkoholgehalt von mehr als 12% – werden als Smaragd bezeichnet). Weitere hochwertige Anbaugebiete, die trockene Weine erzeugen, sind Kremstal, Kamptal, Steiermark und Wien. Die besten süßen Weine Österreichs kommen aus einem Gebiet am Neusiedlersee im Burgenland. Der Neusiedlersee ist ein großer, flacher See, der Österreich von Ungarn trennt. Dieses feuchte Anbaugebiet profitiert regelmäßig davon, dass hier die Botrytis cinerea (Edelfäule) auftritt, die für die Erzeugung von komplexen Süßweinen von entscheidender Bedeutung ist.

Die österreichischen Rotweinerzeuger haben in den letzten Jahren große Anstrengungen unternommen, um die Qualität ihrer Weine zu verbessern. Doch mit einigen beachtlichen Ausnahmen sind diese im Allgemeinen mager, metallisch, vegetabil und hart.

Kleines Glossar

Die nachfolgenden Bezeichnungen finden die Leser auf den Etiketten österreichischer Weine.

Ausbruch: Süße Weine, die in der Nähe von Rust erzeugt werden. Damit sie Anspruch auf diese Bezeichnung auf dem Etikett haben, müssen sie ein Mostgewicht von mindestens 139° Oechsle haben (das ist ein äußerst hoher Wert und zeigt an, dass Ausbruchweine sehr süß sind).

Beerenauslese: Süßer Wein, der aus Trauben mit einem Mostgewicht von mindestens 127° Oechsle hergestellt werden muss. Die Trauben können dabei von Edelfäule befallen sein.

Ried: Diese Bezeichnung, die auf Etiketten einem Lagennamen vorausgeht, bedeutet Einzellage. Aber nicht jeder Wein aus einer Einzellage verwendet diese Bezeichnung.

Smaragd: Diese Bezeichnung haben trockene Spitzenweine der Wachau. Voraussetzung dafür ist, dass die Trauben für den Wein mit einem natürlichen potenziellen Alkoholgehalt von mehr als 12% gelesen worden sind. Sie dürfen nicht durch Trockenzuckerung oder mittels Süßreserve (unvergorener Traubensaft) aufgebessert werden.

Spätlese: Die Trauben für Spätleseweine müssen bei der Lese ein Mostgewicht von mindestens 94° Oechsle aufweisen. Der Most dafür darf nicht aufgebessert werden.

Trockenbeerenauslese: Süßer Wein, hergestellt aus Trauben mit einem Mostgewicht von mindestens 156° Oechsle. Die Trauben müssen von Edelfäule (Botrytis cinerea) befallen sein.

DIE BESTEN ÖSTERREICHISCHEN PRODUZENTEN

Wenn ein Produzent in zwei Kategorien fällt (***/****), wird er in der niedrigeren eingeordnet.

** * * * * (HERVORRAGEND)*

Franz Hirtzberger
Emmerich Knoll
Alois Kracher
F. X. Pichler
Prager

** * * * (AUSGEZEICHNET)*

Willi Bründlmayer****/*****
Feiler-Artinger****/*****
Hiedler
Hirsch
Nikolaihof
Nigl****/*****
Rudi Pichler
Erich & Walter Polz
Heidi Schröck
Tement

** * * (GUT)*

Leo Alzinger
Dinstlgut Loiben
Freie Weingärtner Wachau
Gross***/****
Josef Jamek
Fred Loimer***/****
Erich Salomon
Ernst Triebaumer
Fritz Wieninger

WILLI BRÜNDLMAYER (KAMPTAL)

1999	Grüner Veltliner Ried Lamm	D	88
1999	Riesling Zöbinger Heiligenstein	D	88

Der *1999er Grüner Veltliner Ried Lamm* bietet intensive mineralische und würzige Aromen. Er ist mollig, von mittlerem bis vollem Körper, samtig texturiert und tief. Dieser breite, ausdrucksvolle Wein präsentiert Sahnekaramell und Gewürze, die sich mit seinem mineralischen Gerüst vermischen. Er enthüllt im Abgang seinen hohen Alkoholgehalt und lässt die für die Alterung (und für eine bessere Bewertung) notwendige Ausgewogenheit vermissen, ist aber trotzdem ein ausgezeichneter, im Geschmack voller Grüner Veltliner, den man bald trinken sollte. Der *1999er Riesling Zöbinger Heiligenstein* hat ein schüchternes, mineralisch riechendes Bukett. Am Gaumen bietet dieser seidig texturierte Wein von mittlerem Körper kräftige, an Steine, Kies, Blüten und Zitrusfrüchte erinnernde Geschmacksnuancen. Er ist klar umrissen und ausdrucksvoll und offenbart einen langen, präzisen Abgang. Voraussichtliche Genussreife: jetzt–2007.

DINSTLGUT LOIBEN (KAMPTAL)

Der nach Kräutertee und süßen Gewürzen duftende *1999er Riesling Loibner Loibenberg »L«* hat einen satinartig texturierten Charakter von mittlerem Körper. Er ist ein frecher Fratz, ein aufgeschlossener Riesling voller Potpourri, Parfüm und Geschmacksnuancen von weißen Rosinen. Dieser ausdrucksvolle Wein sollte in den nächsten 3–5 Jahren getrunken werden.

FEILER-ARTINGER (NEUSIEDLERSEE)

1997	Weißburgunder Ruster Ausbruch Essenz »Kurt«	D/0,375 l	95
1997	Welschriesling Ruster Ausbruch Essenz »Sabine«	E/0,375 l	92+

Der großartige *1997er Weißburgunder Ruster Ausbruch Essenz »Kurt«* ist ein nach Aprikosenmarmelade, Honig und Papaya duftender Wein. Er ist in seinem Charakter körperreich, viskos und durchdringend und wirkt auf dekadente Weise ölig. In diesem intensiv süßen, aufgeschlossenen Wein kann man eine Menge Aprikosen und tropische Früchte, wie etwa Bananen, finden. Er hat zwar offenkundig eine gute Säure, aber es ist zweifelhaft, ob sie hoch genug ist, um seiner ungeheuer kräftigen Frucht zu trotzen. Deshalb sollte man den Wein bald trinken. Voraussichtliche Genussreife: jetzt–2005. Der *1997er Welschriesling Ruster Ausbruch Essenz »Sabine«* ist ein zivilisierterer, ölig texturierter Wein von mittlerem bis vollem Körper. In seinen übermütigen Aromen kann man Aprikosen und Pfirsiche erkennen. Am Gaumen hat dieser Wein eine bessere Ausgewogenheit als die Essenz »Kurt«, bleibt aber trotzdem ein dickflüssiger, süßer, molliger Wein.

FREIE WEINGÄRTNER WACHAU (WACHAU)

Der *1999er Riesling Smaragd Weißenkirchner Achleiten* zeigt ein kräftiges, von Gewürzen erfülltes Bukett. Der saftige, fette Wein von mittlerem Körper ist gut ausbalanciert und hat einen tiefen, mit Steinen und Mineralien vollgepackten Charakter. Voraussichtliche Genussreife: jetzt–2007. Der *1999er Riesling Smaragd Loibner Loibenberg* besitzt Aromen von Bergamotte (die würzige Zitrusfrucht, die verwendet wird, um den Earl-Grey-Tee zu aromatisieren) und Kernen. Er ist von mittlerem Körper, reichhaltig und voller weißer und roter Beeren sowie Noten von würzigem Kräutertee. Dieser detailreiche, aromatische, komplexe Wein sollte im Laufe der nächsten 6 Jahre getrunken werden.

GROSS (STEIERMARK)

1999	Sauvignon Blanc Ratscher Nussberg	D	89
1999	Sauvignon Blanc Sulz	D	89

In den Aromen des *1999er Sauvignon Blanc Sulz* kann man lebhafte Stachelbeeren und weiße Blüten erkennen. Dieser frische, intensive, saftige, seidig texturierte Wein von mittlerem Körper ist voller würziger weißer Früchte und kiesähnlicher Noten. Gut gemacht und ausgewogen, besitzt er außerdem einen ansprechend langen, weichen Abgang. Der *1999er Sauvignon Blanc Ratscher Nussberg* zeigt in seinen Aromen weiße Beeren, Gewürze und Zitrusfrüchte. Von mittlerem Körper, komplex und reichhaltig, ist er ein scharf umrissener Wein, der nach Birnen, Äpfeln, Rauch und Gewürzen schmeckt. Interessanterweise würde mich sein Aromenprofil im Geschmack zu der Vermutung führen, dass er mindestens ein paar Monate in Eichenfässern ausgebaut worden ist, doch man versicherte mir, dass er ohne Eichenholz auskommt. Trinken Sie diese beiden ausgezeichneten Sauvignon-Blanc-Weine im Laufe der nächsten 2–3 Jahre.

HIEDLER (KAMPTAL)

1999	Grüner Veltliner Thal-Novemberlese	D	88

Der frische *1999er Grüner Veltliner Thal-Novemberlese*, der nach weißen Früchten und Haselnusspüree duftet, ist ein körperreicher Wein von mittlerem Körper. Er bietet Geschmacksnuancen von roten und weißen Früchten und wirkt mollig, satinartig texturiert und kräftig. Trinken sollte man diesen harmonischen Wein in den nächsten 4–5 Jahren.

HIRSCH (KAMPTAL)

1999	Riesling Zöbinger Heiligenstein	D	88+

Der *1999er Riesling Zöbinger Heiligenstein* zeigt köstlich duftende Aromen von weißen Früchten und Blüten. Er ist von mittlerem Körper, reichhaltig und fett und offenbart klar umrissene Geschmacksnuancen von Birnen, Mineralien und Kies. Dieser ausgezeichnete Wein besitzt das Potenzial, dass er sich bei einer Kellerreifung von 1–2 Jahren verbessert. Voraussichtliche Genussreife: jetzt–2008.

FRANZ HIRTZBERGER (WACHAU)

1999	Grauburgunder Smaragd Pluris	D	88
1999	Grüner Veltliner Smaragd Axpoint	D	89
1999	Grüner Veltliner Smaragd Honivogl	E	92
1999	Grüner Veltliner Smaragd Rotes Tor	D	90+
1999	Riesling Smaragd Hochrain	E	91
1999	Riesling Smaragd Singerriedel	EE	95+

Das von Mineralien dominierte Bukett des *1999er Grauburgunder Smaragd Pluris* leitet über zu einem ölig texturierten Charakter von mittlerem Körper. In diesem gut ausbalancierten, auf reizvolle Weise intensiven, konzentrierten Wein kann man durchdringende Zitrusfrüchte und Steine finden. Trinken Sie ihn in den nächsten 4–5 Jahren. Der *1999er Grüner Veltliner Smaragd Axpoint* zeigt würzige Aromen von weißen Früchten. Er ist von mittlerem Körper, fett und sinnlich und bietet ein komplexes Geschmacksprofil, das aus grünen Bohnen, weißem Pfeffer und Birnen besteht. Dieser Wein besitzt ausgezeichnete Tiefe und Konzentration. Man sollte ihn in den nächsten 7 Jahren trinken.

Der *1999er Grüner Veltliner Smaragd Rotes Tor* präsentiert blumige und mineralische Aromen. Er ist von mittlerem Körper und satinartig texturiert und bietet in seiner überaus ausdrucksvollen, konzentrierten, wunderbar anhaltenden Persönlichkeit kiesartige Geschmacksnuancen von weißen Früchten, Steinen und Mineralien. Man kann diesen hervorragenden Wein jetzt oder in den nächsten 7–9 Jahren trinken. Geißblatt, Akazienblüten und Steine kann man in den Aromen des *1999er Grüner Veltliner Honivogl* erkennen. Dieser in den Geschmacksnuancen an Tabak, Zedernholz und Mineralien erinnernde Wein zeigt herrliche Definition, genaue Zeichnung und Abgrenzung. Er ist von mittlerem Körper und seidig texturiert und besitzt einen langen, aromatischen Abgang. Voraussichtliche Genussreife: jetzt–2008.

Der nach Earl-Grey-Tee duftende *1999er Riesling Smaragd Hochrain* ist von mittlerem Körper, durchdringend und seidig texturiert. Man entdeckt in diesem klar umrissenen, anhaltenden Wein Mineralien, Chinin, würzige Zitrusfrüchte und kandierte weiße Beeren. Voraussichtliche Genussreife: jetzt–2008. Der *1999er Riesling Smaragd Singerriedel* ist ein legitimer Anwärter auf Österreichs trockenen Weißwein des Jahres. Er bietet Aromen von kandierten Zitronen, Mineralien, Geißblatt, Gewürzen und Kräutertee. Von mittlerem Körper, reichhaltig und ölig texturiert, ist er ein hoch konzentrierter, komplexer Wein mit vorzüglicher Ausgewogenheit. In seinem wunderbar gehaltvollen, scharf konturierten Charakter kann man Mineralien, durchdringende Zitrusfrüchte, Kies, Birnen, Äpfel und Kirschen entdecken. Als ob das nicht genug wäre, besitzt er außerdem einen außergewöhnlich langen Abgang voller Walderdbeeren. Leser, die über seinen hohen Preis erstaunt sind, sollten bedenken, dass er ungefähr so viel wie ein weißer Premier-Cru-Burgunder oder ein Drittel des Preises des Haut-Brion blanc kostet. Voraussichtliche Genussreife: jetzt–2015.

JOSEF JAMEK (WACHAU)

1999	**Riesling Smaragd Ried Klaus**	**D**	**89**

Der *1999er Riesling Smaragd Ried Klaus* offenbart frische Aromen von Mineralien, Kreide und Blüten. Er hat mittleren Körper und eine seidige Textur und ist ein expansiver, komplexer, eleganter Wein mit Geschmacksnuancen von Mineralien und Zitrusfrüchten, die voller Gewürze sind. Voraussichtliche Genussreife: jetzt–2008.

KNOLL (WACHAU)

1999	**Grüner Veltliner Smaragd Ried Loibner Loibenberg**	**D**	**90**
1999	**Riesling Smaragd Loibner Loibenberg**	**D**	**89**
1999	**Riesling Smaragd Ried Dürnsteiner Schütt**	**D**	**93**

Während viele von Knolls Kollegen in der Wachau Weine erzeugen, die sich in ihrer Jugend ausgezeichnet trinken lassen, verlangen die Weine von Knoll zumeist Geduld. Leser, die noch nie seine Etiketten gesehen haben, sollten unbedingt versuchen, auf eines von ihnen einen Blick zu werfen, denn Knolls Weine tragen innerhalb der kleinen Gemeinde der weltbesten Erzeuger einige der charakteristischsten Etiketten der Welt.

Der nach Steinen und Mineralien duftende *1999er Grüner Veltliner Smaragd Ried Loibner Loibenberg* ist straff, komplex und von leichtem bis mittlerem Körper. Dieser tiefe Wein, der nach Kies und Mineralien schmeckt, ist intensiv und kräftig. Voraussichtliche Genussreife: jetzt–2010.

Der *1999er Riesling Smaragd Loibner Loibenberg* bietet kräftige Aromen von Petroleum und Kräutertee. Dieser breite, expansive, vorzüglich ausbalancierte Wein von mittlerem Körper ist verhalten entwickelt und wird von Mineralien und Chinin dominiert. Er ist äußerst gut vinifiziert, durchdringend und dürfte sich bei der Kellerreifung zu einem hervorragenden Wein entwickeln. Voraussichtliche Genussreife: jetzt–2012.

Der *1999er Riesling Smaragd Ried Dürnsteiner Schütt* zeigt intensive Petroleumaromen. Dieser muskulöse, ölig texturierte Wein von mittlerem Körper besitzt außergewöhnliche Konturenschärfe, Tiefe und Stärke. Er ist in der Entwicklung extrem zurückgeblieben und enthüllt nur Andeutungen seiner von Mineralien und kandierten Zitrusfrüchten dominierten Persönlichkeit, doch sein dickflüssiges, dichtes, tiefes Aromenprofil im Geschmack verspricht eine lange, hervorragende Zukunft. Voraussichtliche Genussreife: 2004–2012+.

ALOIS KRACHER (NEUSIEDLERSEE)

1997	**Bouvier Beerenauslese Nummer 2 (ZDS)**	**E/0,375 l**	**91**
1997	**Chardonnay Beerenauslese Nummer 6 (NV)**	**E/0,375 l**	**91**
1998	**Chardonnay Trockenbeerenauslese Nummer 2 (NV)**	**E/0,375 l**	**93**
1998	**Chardonnay Trockenbeerenauslese Nummer 9 (NV)**	**E/0,375 l**	**96**
1998	**Chardonnay Trockenbeerenauslese Nummer 13 (NV)**	**EE/0,375 l**	**98**
1998	**Chardonnay/Welschriesling Trockenbeerenauslese Nummer 7 (NV)**	**E/0,375 l**	**94**

1998	**Grande Cuvée Trockenbeerenauslese Nummer 10 (NV)**	**E/0,375 l**	**94**
1997	**Muskat Ottonel Beerenauslese Nummer 1 (ZDS)**	**E/0,375 l**	**92**
1997	**Muskat Ottonel Beerenauslese Nummer 5 (ZDS)**	**E/0,375 l**	**94**
1998	**Muskat Ottonel Trockenbeerenauslese Nummer 5 (ZDS)**	**E/0,375 l**	**96**
1997	**Scheurebe Beerenauslese Nummer 3 (ZDS)**	**E/0,375 l**	**92+**
1998	**Scheurebe Trockenbeerenauslese Nummer 3 (ZDS)**	**E/0,375 l**	**95**
1998	**Scheurebe Trockenbeerenauslese Nummer 12 (ZDS)**	**EE/0,375 l**	**93**
1998	**Traminer Trockenbeerenauslese Nummer 8 (NV)**	**E/0,375 l**	**93**
1998	**Welschriesling Trockenbeerenauslese Nummer 4 (NV)**	**E/0,375 l**	**95**
1998	**Welschriesling Trockenbeerenauslese Nummer 6 (ZDS)**	**E/0,375 l**	**92**
1997	**Welschriesling Trockenbeerenauslese Nummer 7 (ZDS)**	**EE/0,375 l**	**94+**
1998	**Welschriesling Trockenbeerenauslese Nummer 11 (ZDS)**	**EE/0,375 l**	**96**
1997	**Zweigelt Rosé Beerenauslese Nummer 4 (NV)**	**E/0,375 l**	**91**
1998	**Zweigelt Rosé Trockenbeerenauslese Nummer 1 (NV)**	**E/0,375 l**	**92**

Wie immer bezeichnet Alois Kracher seine süßen Weine auf dem Etikett entweder als »Nouvelle Vague« oder als »Zwischen den Seen«. Die Nouvelle-Vague-Weine (oben als NV abgekürzt) werden in neuen Eichenfässern vinifiziert und ausgebaut, während die Weine mit der Bezeichnung Zwischen den Seen (ZDS) mit den traditionellen Methoden des Anbaugebiets ohne Einsatz von Eichenfässern erzeugt werden. Nouvelle Vague bedeutet im Französischen »neue Welle«. Kracher nummeriert seine Weine außerdem auf der Grundlage ihrer Konzentration durch, wobei der weniger konzentrierte Wein die niedrigere Zahl hat.

Der *1997er Muskat Ottonel Beerenauslese Nummer 1 (ZDS)* offenbart süße Aromen von Orangenblüten. Am Gaumen kann man in diesem scharfen, extrovertierten, satinartig texturierten Wein jede Menge kandierte Kumquat-Früchte finden. Er ist von mittlerem Körper und gut ausbalanciert. Seine entwickelten Geschmacksnuancen halten in seinem scheinbar nicht mehr enden wollenden Abgang mindestens eineinhalb Minuten an. Trinken Sie diesen kräftigen, konzentrierten Wein im Laufe der nächsten 10 Jahre. Der 1999er *Bouvier Beerenauslese Nummer 2 (ZDS)* hat ein Bukett voller Rauch und Aprikosen. Von mittlerem bis vollem Körper und dick texturiert, ist dieser nach Pfirsichen und Aprikosen schmeckende, dekadent ausgebreitete Wein mollig, fett und geschmeidig. Trinken Sie diese extrovertierte Schönheit in den nächsten 6–7 Jahren.

Die frische, nach Orangen und Aprikosen duftende *1997er Scheurebe Beerenauslese Nummer 3 (ZDS)* zeigt einen breiten, mit roten Beeren, Gewürzen, Zitrusfrüchten und gelben Früchten vollgepackten Charakter. Dieser gut ausbalancierte, üppige, dick texturierte Wein ist konzentriert, kräftig und außerordentlich lang. Trinken Sie diesen hervorragenden Wein im Laufe der nächsten 12 Jahre. Der *1997er Zweigelt Rosé Beerenauslese Nummer 4 (NV)* von dunkler Sherry-Farbe bietet Aromen von Nüssen, dunklen gerösteten Beeren, Gewürzen und Steinen. Er ist dickflüssig, ölig texturiert, von mittlerem bis vollem Körper und voller Glühweingewürze in den Geschmacksnuancen. Trinken sollte man diesen konzentrierten, aromatischen Wein jetzt–2009.

Der *1997er Muscat Ottonel Beerenauslese Nummer 5 (ZDS)* zeigt herrliche Aromen von Orangenblüten, kandierten Kumquats, Gewürzen und Aprikosen. Dieser ungeheuer komplexe, tiefe, konzentrierte Wein ist zum Bersten vollgestopft mit roten, gelben und tropischen Früchten. Gewürze, Blüten und Orangen vermischen sich überall in dem dekadenten Wein von mittlerem bis vollem Körper. Voraussichtliche Genussreife: jetzt–2010. Eichenwürzigkeit und gelbe Früchte kann man in den Aromen des *1997er Chardonnay Beerenauslese Nummer 6 (NV)* erkennen. Sein satinartig texturierter Kern von mittlerem bis vollem Körper, der an Aprikosen, gewürzte Birnen und gelbe Früchte erinnert, offenbart auch Krachers Verwendung von neuen Eichenfässern. Der Wein ist mollig und aufgeschlossen und erinnert an einen exzessiven kalifornischen Chardonnay. Trinken Sie ihn wegen seiner großen Mengen von süßen Früchten und Eichenholz in den nächsten 6–7 Jahren. Das dicke, fast undurchdringliche Bukett des *1997er Welschriesling Trockenbeerenauslese Nummer 7 (ZDS)* bietet würzige Geschmacksnuancen von roten und weißen Früchten. Am Gaumen ist dieser außergewöhnlich konzentrierte, dickflüssige, viskose, dekadente, verhalten entwickelte Wein mit immensen Mengen von roten, gelben und weißen Früchten dicht vollgepackt. Er überzieht den Gaumen mit vor Honig triefenden Schichten aus Fruchtaromen, die zwei Minuten oder noch länger anhalten. Trinken Sie diesen prächtigen Süßwein in den nächsten 12+ Jahren.

Laut Alois Kracher ist 1998 das erste Jahr in einer Reihe von drei herausragenden Jahrgängen für Süßweine aus dem burgenländischen Anbaugebiet Neusiedlersee. »Wir hatten nie zuvor drei Jahrgänge von so hoher Qualität hintereinander«, sagte er. Der 1998er ist ein Jahrgang von ungeheurer Reife und riesigen Mengen von Botrytis-cinerea-Schimmelpilzen, der Edelfäule, die die Trauben konzentriert und den weltbesten Süßweinen zusätzliche Komplexität verleiht. Das sind einige der besten Süßweine, die auf der Welt erzeugt werden, und sie sind billiger als viele der ihnen qualitativ entsprechenden Weine aus Deutschland und Sauternes oder Barsac.

Der *1998er Zweigelt Rosé Trockenbeerenauslese Nummer 1 (NV)* hat eine tiefe, ins Goldene spielende Bernsteinfarbe (in früheren Jahrgängen besaß dieser Wein eine rötlich rosa Farbe, aber Kracher meint, dass »die Edelfäule Farbe raubt«). In aromatischer Hinsicht offenbart er reichhaltige, würzige Karamelldüfte. Er ist ein samtig texturierter Wein von mittlerem bis vollem Körper, mit übermütigen Aromen von Botrytis, Gewürzen, kandierten Kumquats, Karamell und Sahnekaramell im Geschmack. Er besitzt ausgezeichnete Konturenschärfe und Frische, ist aber trotzdem äußerst konzentriert (und das ist die am wenigsten konzentrierte von Krachers 13 Trockenbeerenauslesen!). Sein ausgedehnter Abgang zeigt die trocknende Wirkung von Weinen, die von Edelfäule beherrscht werden. Voraussichtliche Genussreife: jetzt–2012.

Der blassgelbe *1998er Chardonnay Trockenbeerenauslese Nummer 2 (NV)* bietet Aromen von dicklichen Pfirsichen und Aprikosen, über denen ein Botrytis-Ton liegt. Von mittlerem bis vollem Körper und dickflüssig, ist er ein süßer Wein, der nach roten Himbeeren, geleeartigen Aprikosen, kandierten Pfirsichen und Gewürzen schmeckt. Er ist dicht und ölig texturiert und trotzdem reintönig und frisch. Voraussichtliche Genussreife: jetzt–2020. Die orange-gelbe *1998er Scheurebe Trockenbeerenauslese Nummer 3 (ZDS)* entlädt sich im Glas mit Gewürzen, Litschinüssen (getrocknete Litschis), Rosen und kandierten weißen Rosinen. Sie ist wunderbar scharf konturiert, frisch, von mittlerem Körper und voller rauchiger Mineralien sowie großen Mengen von dicklichen gelben Früchten. Dieser außergewöhnlich lange Wein zeigt ein festes Tanningerüst – eine Seltenheit bei einem Weißwein, aber typisch für seine Rebsorte. Er besitzt eine ungeheuer eindrucksvolle Kombination von Stärke, Konzentration, Ausgewogenheit und Eleganz. Voraussichtliche Genussreife: jetzt–2020+.

Die Farbe des *1998er Welschriesling Trockenbeerenauslese Nummer 4 (NV)* zeigt Spuren von Gold. Dieser Wein von mittlerem bis vollem Körper bietet Aromen von kandierten weißen Rosinen und Karamell. Am Gaumen ist er fett, dickflüssig und dicht. Unmengen von Geleefrüchten, Gewürzen, Botrytis-Tönen und überreifen Aprikosen erobern den Gaumen (meine Noten verzeichnen: »Toll! Wie Donnerhall!«) und weigern sich anscheinend minutenlang, ihren Griff zu lockern. Bemerkenswerterweise angesichts der Intensität und Dickflüssigkeit des Weins erscheint er frisch, wohl ausgewogen und genau umrissen. Trinken Sie ihn in den nächsten 25+ Jahren. Der ähnlich getönte *1998er Muskat Ottonel Trockenbeerenauslese Nummer 5 (ZDS)* zeigt Aromen von Kumquats und kandierten Aprikosen. Fette, geleeartige Orangen explodieren am Gaumen und scheinen sich in elegante Orangenblüten, rote Beeren und Kirschen zu verwandeln. Das ist ein verfeinerter Wein, bei dem mustergültige Konturenschärfe, genaue Zeichnung und Reintönigkeit seine ungeheure Konzentration und

Stärke begleiten. Er hat mittleren bis vollen Körper und ist muskulös und anmutig. Trinken Sie ihn in den nächsten 20+ Jahren.

Der *1998er Welschriesling Trockenbeerenauslese Nummer 6 (ZDS)* hat (von seinem kräftigen Botrytis-Ton) einen modrigen Geruch (er korkte nicht), der auch jede Menge süße weiße und gelbe Früchte offenbarte. Er ist vollgepackt mit Geschmacksnuancen überreifer Früchte sowie unverkennbaren Auswirkungen von würziger Edelfäule. Dieser wunderbar scharf konturierte Wein hat einen großzügigen Säuregehalt, der es mit seinem üppigen, auf opulente Weise dickflüssigen Charakter aufnehmen kann. Trinken Sie diesen verfeinerten, edelsüßen Tropfen im Laufe der nächsten 20+ Jahre. Der gelb-orange *1998er Chardonnay-Welschriesling Trockenbeerenauslese Nummer 7 (NV)* präsentiert Aromen, die an gekochte Birnen, Blüten und kandierte Beeren erinnern. Er ist von mittlerem Körper, stattlich, samtig texturiert und voller frischer Birnen, Äpfel, Orangen, weißer Blüten und dicklicher Aprikosen. Der Wein ist reichhaltig, breit und lebhaft und besitzt außergewöhnliche Säure und einen beeindruckend langen Abgang. Voraussichtliche Genussreife: jetzt–2025+.

Der *1998er Traminer Trockenbeerenauslese Nummer 8 (NV)* ist ein leckerer goldfarbener Wein mit einem intensiv würzigen Bukett, das mit weißen Pfirsichen, frisch gemahlenem Pfeffer, Aprikosen, Kräutern und Botrytis-Aromen vollgepackt ist. Er ist nahtlos und harmonisch und zeigt in seinem Abgang, der einen Schuss Edelfäule enthält, den charakteristischen Tanninstempel seiner Rebsorte. Voraussichtliche Genussreife: jetzt–2025. Der nach Eichenholz, Vanille, Toastbrot, Akazienblüten und Crème brûlée duftende *1998er Chardonnay Trockenbeerenauslese Nummer 9 (NV)* ist ein intensiv süßer, fetter, kandiert wirkender Wein. Er ist körperreich und kräftig, dicht (und trotzdem harmonisch) und voller Marmelade, mit von Zucker überzogenen Orangen, kandierten Äpfeln und Honig. Sein scheinbar nicht mehr enden wollender Abgang enthüllt zusätzliche Schichten von verschwenderischen Geleefrüchten. Trinken Sie diesen außergewöhnlichen Wein in den nächsten 25–30 Jahren.

Von 50% Chardonnay und 50% Welschriesling erzeugt, offenbart die *1998er Grande Cuvée Trockenbeerenauslese Nummer 10 (NV)* Spuren von süßem Eichenholz in ihren ansonsten von dicklichen gelben Früchten dominierten Aromen. Dieser Wein von mittlerem bis vollem Körper besitzt im Überfluss kandierte weiße Trauben und Äpfel, die sich in seinem pfeffrigen Charakter mit gekochten Birnen mischen. Er ist dickflüssig, würzig und ölig texturiert und hat einen erstaunlich langen, nach Aprikosen schmeckenden Abgang. Voraussichtliche Genussreife: jetzt–2030. Der *1998er Welschriesling Trockenbeerenauslese Nummer 11 (ZDS)* hat eine gelbe Farbe mit goldenen Tönen. Er bietet Aromen von weißen Pfirsichen, Aprikosen, Rauch, Botrytis und frisch gemahlenem Pfeffer. Dieser elegante Wein von mittlerem bis vollem Körper ist vollgepfropft mit Kumquats, geleeartigen Pfirsichen, Gewürzen und frischen Aprikosen. Er zeigt eine außergewöhnliche Kombination von Verfeinerung, Stärke und Konzentration. Er ist dekadent texturiert, intensiv, reintönig und ungeheuer lang. Voraussichtliche Genussreife: jetzt–2030+.

Die goldfarbene *1998er Scheurebe Trockenbeerenauslese Nummer 12 (ZDS)* besitzt ein chemisch riechendes Bukett, das auch Aromen von weißem Pfeffer und Graham-Crackers (leicht gesüßter Kräcker, der hauptsächlich aus Vollkornweizen besteht) präsentiert. Dieser üppige Wein von mittlerem bis vollem Körper bietet in seiner fetten, molligen und dennoch wunderbar frischen Persönlichkeit große Mengen von geleeartigen gelben Früchten. Wenn sein Duft an der Luft seine chemischen Noten ablegt, zeigt er einen kompottartigen Charakter, der Geschmacksnuancen von Karamell und Sahnekaramell offenbart. Leser, die diesen Wein genießen möchten, während er Frucht demonstriert, sollten ihn in den nächsten 5–8 Jahren trinken. Wer dunkle Weine mit starkem Botrytis-Ton bevorzugt, die von Geschmacksnuancen von verbranntem Zucker beherrscht werden, können ihn zwischen 2007 und 2030+ trinken. Der *1998er Chardonnay Trockenbeerenauslese Nummer 13 (NV)* ist Krachers konzentriertester Wein aus diesem Jahrgang. Zedernholz, Gewürze, Aprikosen und überreife Pfirsiche zeigen sich in diesem körperreichen, muskulösen Wein. Er ist ungeheuer dicht, fast sirupartig, mit einer ganzen Ladung dicklicher und geleeartiger Früchte in seiner runden, aufregenden Persönlichkeit. Dieser Rubens-artige Wein besitzt in seinem ausdrucksvollen, nahtlosen Geschmacksprofil immense Mengen von Frucht (hauptsächlich Aprikosen), Gewürzen und Botrytis. Harmonisch, muskulös und anmutig, wird er seine Frucht mindestens 15 Jahre lang bewahren und möglicherweise länger leben als jeder, der dieses Buch liest.

LOIMER (KAMPTAL)

1999	Grüner Veltliner Spiegel Alte Reben	D	89

Der nach süßen Frühlingszwiebeln duftende *1999er Grüner Veltliner Spiegel Alte Reben* ist von mittlerem bis vollem Körper, reichhaltig und mollig. In der komplexen Persönlichkeit dieses ausgezeichneten Weins kann man breite Schichten von Mineralien, weißen Früchten, frisch gemahlenem weißem Pfeffer und Kichererbsen erkennen. Trinken Sie ihn in den nächsten 4–5 Jahren.

NIGL (KREMSTAL)

1999	Grüner Veltliner Alte Reben	D	88
1999	Riesling Senftenberg Piri Privat	E	89+
1999	Sauvignon Blanc	D	89

Der *1999er Grüner Veltliner Alte Reben* bietet liebenswürdige mineralische Aromen. In seiner Persönlichkeit mit Geschmacksnuancen von Chinin, Birnen und Zitrusfrüchten zeigt er ausgezeichnete Tiefe. Dieser gut gemachte, nahtlose Wein von mittlerem Körper besitzt außerdem einen langen, durchdringenden Abgang. Voraussichtliche Genussreife: jetzt bis 2006.

Der *1999er Sauvignon Blanc* ist ein merkwürdiger und dennoch fesselnder Wein. Verbrauchern, die Sauvignon-Weine mit pflanzlichen Aromen und Geschmacksnuancen nicht mögen, wird geraten, sich von Nigls 1999er fern zu halten. Doch Leser, die nach Weinen suchen, die auf unverkennbare Weise ungewöhnlich sind, werden diesen widersprüchlichen Wein lieben. Er bietet Düfte von Paprika und gerösteten Erdnüssen und eine komplexe Persönlichkeit von mittlerem Körper. Gewürze vermischen sich in diesem detaillierten, seidig texturierten Charakter mit sautierten grünen Bohnen. Im Unterschied zur großen Mehrzahl von Weinen mit charakteristischen Gemüsearomen im Duft und Geschmack ist dieser reichhaltig und reif. In den Aromen des *1999er Riesling Senftenberg Piri Privat* kann man Birnen und Äpfel erkennen. Von leichtem bis mittlerem Körper und satinartig texturiert, hat er ein Geschmacksprofil, das aus weißen Früchten, roten Beeren, Blüten, Mineralien und Zitronen besteht. Dieser verfeinerte, aromatische Wein besitzt eindrucksvolle Tiefe und einen Abgang, der nach etwa 30 Sekunden zu neuem Leben zu erwachen scheint. Voraussichtliche Genussreife: jetzt–2008.

NIKOLAIHOF (WACHAU)

1999	Grüner Veltliner Smaragd Im Weingebirge	D	88
1999	Riesling Jungfernwein Im Weingebirge	E	89
1999	Riesling Spätlese Steiner Hund	E	91+

Der *1999er Grüner Veltliner Smaragd Im Weingebirge* ist ein satinartig texturierter Wein von mittlerem Körper. Dieser explosiv reichhaltige, vielschichtige Grüne Veltliner ist voller ausdrucksvoller Geschmacksnuancen von Birnen, Äpfeln und Gewürzen, die während seines gesamten langen Abgangs anhalten. Voraussichtliche Genussreife: jetzt–2005. Der Nikolaihof, ein nach biologisch-dynamischen Prinzipien kultiviertes Weingut, erzeugte einen großartigen *1999er Riesling Spätlese Steiner Hund.* Seine prächtigen Aromen von Parfüm, Blüten und Gewürzen leiten über zu einem äußerst ausdrucksvollen Kern von sinnlichen roten und weißen Beeren, die die darunter liegende Mineralität dieses hervorragenden

Weins fast überdecken. Gut ausbalanciert und klar umrissen, ist er ein reichhaltiger, verfeinerter Riesling, den man im Laufe der nächsten 10–12 Jahre trinken kann. Der *1999er Riesling Jungfernwein Im Weingebirge* ist ein ausgezeichneter Wein zum baldigen Genuss. Er zeigt cremige Gewürzaromen und einen molligen, samtig texturierten Charakter von mittlerem Körper. Dieser Wein bietet eine eindrucksvolle Tiefe in seiner Persönlichkeit mit Geschmacksnuancen von Kirschen, Himbeeren und Gewürzen. Voraussichtliche Genussreife: jetzt–2005.

F. X. PICHLER (WACHAU)

1999	**Grüner Veltliner Smaragd Dürnsteiner Kellerberg**	**E**	**91**
1999	**Grüner Veltliner Smaragd M**	**D**	**90**
1999	**Grüner Veltliner Smaragd Von den Terrassen**	**D**	**90**
1999	**Riesling Smaragd Dürnsteiner Kellerberg**	**EE**	**93**
1999	**Riesling Smaragd Loibner Berg**	**EE**	**92**

Der *1999er Grüner Veltliner Smaragd Von den Terrassen* besitzt ein explosives Bukett von Gewürzen und tiefen weißen Früchten. Von mittlerem Körper und ungeheuer ausdrucksvoll, ist er ein genau gezeichneter, satinartig texturierter Wein. Jede Menge Pfeffer, Äpfel und Gewürze lassen sich in seinem übermütigen Geschmacksprofil erkennen. Trinken Sie diesen Wein in den nächsten 7–8 Jahren. Der nach Chinin und Mineralien riechende *1999er Grüner Veltliner Smaragd Dürnsteiner Kellerberg* hat mittleren Körper und eine seidige Textur. In diesem überaus detaillierten, konzentrierten, komplexen Wein kann man rote und weiße Beeren sowie Mineralien finden. Er ist extrem gut ausbalanciert und hat einen langen, geschmeidigen Abgang. Voraussichtliche Genussreife: jetzt–2008. Der *1999er Grüner Veltliner Smaragd M* besitzt ziemlich gedämpfte Aromen und einen Charakter von leichtem bis mittlerem Körper. Seidig texturiert, eng und kräftig, ist er ein nach Paprika und frisch gemahlenem weißem Pfeffer schmeckender Wein, der in hohem Maße konturiert und dennoch reichhaltig ist, mit einem wunderbar langen, üppigen Abgang. Voraussichtliche Genussreife: jetzt–2007.

Das extrovertierte Bukett des *1999er Riesling Smaragd Loibner Berg* bietet rote und weiße Beeren sowie Blüten. Dieser tiefe, ungeheuer konzentrierte, komplexe Wein von mittlerem Körper ist vollgepackt mit unzähligen Gewürzen sowie Birnen, Äpfeln, weißen Pfirsichen, Aprikosen und Mineralien. Man kann diesen hervorragenden Riesling in den nächsten 12 Jahren genießen. Der großartige *1999er Riesling Smaragd Dürnsteiner Kellerberg* präsentiert beißende Aromen von Mineralien, kandierten Zitronen, Blüten und gewürzten Birnen. Von mittlerem Körper, wunderbar elegant und komplex, ist er ein nach Kirschen, Walderdbeeren und tropischen Früchten schmeckender Wein, dessen Aromen während seines gesamten außergewöhnlich langen Abgangs nahtlos anhalten. Der reichhaltige, tiefe und trotzdem überaus detaillierte und verfeinerte Riesling ist ein aufgeschlossener Wein, den man jung trinken kann, der aber dennoch alles Notwendige für ein langes, fruchtbares Leben besitzt. Trinken Sie diesen schönen Tropfen im Laufe der nächsten 15 Jahre.

RUDI PICHLER (WACHAU)

1999	**Grüner Veltliner Smaragd Wösendorfer Hochrain**	**D**	**89**
1999	**Grüner Veltliner Smaragd Wösendorfer Kollmutz**	**D**	**88**
1999	**Riesling Smaragd Weißenkirchner Achleiten**	**D**	**90**
1999	**Riesling Smaragd Wösendorfer Kirchweg**	**D**	**89**

Klare, rassige Mineralien kann man in den Aromen des *1999er Grüner Veltliner Smaragd Wösendorfer Kollmutz* finden. Er ist von mittlerem Körper, reichhaltig und dicht und offenbart in seinem seidig texturierten Charakter Geschmacksnuancen von Mineralien, weißem Pfeffer und Birnen. Voraussichtliche Genussreife: jetzt–2006. Der nach Kräutertee und Mineralien duftende *1999er Grüner Veltliner Smaragd Wösendorfer Hochrain* ist von leichtem bis mittlerem Körper, breit und mollig. Grapefruit und verschiedene andere Zitrusfrüchte vermischen sich in diesem komplexen, seidig texturierten Wein mit Gewürzen und Pfeffer. Voraussichtliche Genussreife: jetzt–2007.

Der *1999er Riesling Smaragd Wösendorfer Kirchweg* besitzt durchdringende Aromen von Beeren und frisch gemahlenem schwarzem Pfeffer. Von mittlerem Körper, würzig und breit, enthüllt er in seinem langen, scharf konturierten Charakter Geschmacksnuancen von Birnen, Äpfeln, Mineralien und Steinen. Trinken Sie ihn in den nächsten 7–8 Jahren. Ausdrucksvolle Aromen von Zitronen und Blüten finden sich im Bukett des *1999er Riesling Smaragd Weißenkirchner Achleiten.* Dieser expansive, wunderschön konturierte Wein von mittlerem Körper ist würzig und voller Mineralien, Chinin sowie roter und weißer Beeren. Satinartig texturiert und komplex, ist er voll im Geschmack, elegant und wunderbar nachhaltig. Trinken Sie diesen Wein in den nächsten 8–10 Jahren.

ERICH & WALTER POLZ (SÜDSTEIERMARK)

1999	**Sauvignon Blanc Hochgraßnitzberg**	**D**	**89**

In den Aromen des *1999er Sauvignon Blanc Hochgraßnitzberg* kann man lebhafte Zitronen und Stachelbeeren entdecken. Dieser reichhaltige, konzentrierte Sauvignon von mittlerem Körper zeigt einen wunderbaren, samtig texturierten Charakter. Er wirkt kräftig und ist von verschiedenen weißen Früchten und Zitrusfrüchten erfüllt, mit einer komplexen Mineralität darunter. Genießen Sie ihn jetzt.

PRAGER (WACHAU)

1999	**Riesling Smaragd Dürnstein Hollerin**	**D**	**89+**
1999	**Riesling Smaragd Dürnstein Kaiserberg**	**D**	**92**
1999	**Riesling Smaragd Weißenkirchen Achleiten**	**E**	**92**
1999	**Riesling Smaragd Weißenkirchen Klaus**	**E**	**92+**
1999	**Riesling Smaragd Weißenkirchen Steinriegl**	**C**	**90**
1999	**Riesling Smaragd Weißenkirchen Wachstum Bodenstein**	**E**	**94**

Der *1999er Riesling Smaragd Dürnstein Hollerin* bietet Aromen von Kreide, Mineralien und Kräutertee. Dieser lebhafte, scharf konturierte (und deshalb fast beißende) Wein von mittlerem Körper ist vollgepackt mit Steinen, weißen Früchten und Mineralien. Voraussichtliche Genussreife: jetzt–2008. Birnen, Äpfel und ausdrucksvolle mineralische Aromen findet man im Bukett des *1999er Riesling Smaragd Dürnstein Kaiserberg.* Von mittlerem bis vollem Körper, reichhaltig, breit und ungeheuer konzentriert, besitzt dieser schöne Weinen, der im Geschmack an Kies erinnert, außerordentliche Präzision und einen außergewöhnlich langen, aromatischen, klar gezeichneten Abgang. Trinken Sie ihn in den nächsten 8–10 Jahren.

Der *1999er Riesling Smaragd Weißenkirchen Steinriegl* hat ein mineralisch dominiertes Bukett. Dieser seidig texturierte, durchdringende Wein von mittlerem Körper riecht nach zitronenartigen Mineralien, Chinin und Blüten. Trinken sollte man diesen wunderbar ausgewogenen Wein im Laufe der nächsten 7–9 Jahre. Der nach Steinen und Mineralien riechende *1999er Riesling Smaragd Weißenkirchen Achleiten* ist von mittlerem Körper, kräftig und eng geknüpft. Dieser von Zitrusfrüchten, Mineralien und weißen Früchten beherrschte Wein besitzt in seiner nachhaltigen Persönlichkeit hervorragende Intensität und Komplexität. Trinken Sie ihn in den nächsten 8 Jahren.

Der *1999er Riesling Smaragd Weißenkirchen Klaus* bietet Aromen von Mineralien, Zitronen und Birnen. Er ist von mittlerem Körper und seidig texturiert und zeigt hervorragende Tiefe, Intensität und Konturenschärfe. Weiße Blüten, Kies, Mineralien und Chinin (ein wenig an Gin Tonic erinnernd) kann man in seinem gesamten durchdringenden Geschmacksprofil und in seinem beeindruckend langen Abgang finden. Der großartige *1999er Smaragd Weißenkirchen Wachstum Bodenstein* besitzt ein Bukett von Zitrusfrüchten, Blüten, weißem Pfeffer, Geißblattblüten und Mineralien. Von mittlerem Körper und explosiv, überzieht dieser kräftige, herrlich detailreiche, intensive Wein den Gaumen mit tiefen Schichten von flüssigen Mineralien und weißen Früchten. Er zeigt vorzügliche Ausgewogenheit, eine ausdrucksvolle und trotzdem elegante Persönlichkeit und einen scheinbar nicht mehr enden wollenden Abgang. Trinken Sie diesen Wein in den nächsten 10–12 Jahren.

ERICH SALOMON (KREMSTAL)

1999 Riesling Kögl Reserve **D** **89**

Der nach Akazienblüten duftende *1999er Riesling Kögl Reserve* ist von leichtem bis mittlerem Körper und klar umrissen. Er besitzt einen komplexen, von weißen Früchten, Kies, Gewürzen und Mineralien erfüllten Charakter und einen eindrucksvoll langen, aromatischen Abgang. Trinken sollte man diesen extrem gut vinifizierten und sehr detailreichen Wein in den nächsten 6–8 Jahren.

TEMENT (STEIERMARK)

1999 Sauvignon Blanc Zieregg **D** **88**

Der *1999er Sauvignon Blanc Zieregg* wurde 4 Monate in neuen Eichenfässern ausgebaut. Er zeigt in seinen Aromen süße weiße Früchte, vermischt mit würzigen Eichenholznoten. Am Gaumen erinnert dieser buttrig texturierte Wein von mittlerem Körper an reife Birnen, Stachelbeeren und Gewürze. Trinken Sie ihn jetzt.

ERNST TRIEBAUMER (NEUSIEDLERSEE)

1997 Blaufränkisch Ried Mariental **EE** **88**

Der mittel- bis dunkelrubinrote *1997er Blaufränkisch Ried Mariental* präsentiert ein liebenswürdiges Bukett von Gewürzen und tiefen roten Früchten. Von mittlerem Körper, kernig texturiert und gut strukturiert, ist er ein intensiver Wein, der nach Kernen und schwarzen Früchten schmeckt. Trinken Sie ihn in den nächsten 4–5 Jahren.

WIENINGER (WIEN)

1999 Grüner Veltliner Nussberg **C** **88**

1999 Nussberg Alte Reben **C** **88**

Der nach Rauch, Gewürzen und frischer Erde riechende *1999er Grüner Veltliner Nussberg* ist von mittlerem Körper und seidig texturiert. Dieser saftige, reichhaltige, gut ausbalancierte Wein offenbart in seinem scharf konturierten Charakter Geschmacksnuancen von Birnen, Gewürzen und weißem Pfeffer. Voraussichtliche Genussreife: jetzt–2005. Der *1999er Nussberg Alte Reben* ist das Ergebnis eines gemischten Rebsatzes (wenn die Trauben verschiedener Rebsorten, die zusammen in einem bestimmten Weinberg oder *terroir* wachsen, gemeinsam geerntet und zusammen vinifiziert werden). Auf seine gedämpften Aromen folgt eine reichhaltige, komplexe Persönlichkeit von mittlerem Körper. Gewürze, Pfeffer, Äpfel und Birnen kann man überall in seinem seidig texturierten Charakter und in seinem langen, üppigen Abgang finden. Voraussichtliche Genussreife: jetzt–2005.

SPANIEN

Grundwissen

WEINTYPEN

Es gibt natürlich den Sherry, der ein Begriff für Spanien ist, doch abgesehen davon gilt das schöne, sonnenverwöhnte Land vor allem als Schatzkammer preisgünstiger Rotweine. Die Mehrzahl der weißen Weine, die früher muffig und oxidiert schmeckten, ist heute dank neuer Techniken gewöhnlich nichtssagend, mit steriler Persönlichkeit und ohne echte Duft- und Geschmacksnoten. Es gibt einige wenige Ausnahmen wie die duftigen, spritzigen, wohlschmeckenden Weine aus der Albariño-Traube. Es gibt weitere erfrischende preiswerte Weißweine, aber sie sind in der Unterzahl. Der boomende Schaumweinsektor des Landes bleibt zwar in den Schlagzeilen, doch nur wenige Hersteller produzieren außergewöhnliche Tropfen. Die meisten Schaumweine sind recht angenehm, relativ nichtssagend und sehr billig – daher der Reiz.

Rotwein ist in Spanien König, doch leider gibt es noch zu viel brachliegendes Potenzial und zu wenig ausgewiesene Leistung. Die besten Rotweine kommen alle aus Nordspanien. Die Anbaugebiete, die wegen ihrer Qualität herausragen, sind Rioja und Penedès. Doch diese traditionellen Bastionen des spanischen Weins sind in Konkurrenz geraten und manchmal bereits überholt worden von aufstrebenden Regionen. Das sind Ribera del Duero, Priorato, Navarra und Toro; Jumilla macht gerade auf sich aufmerksam.

Um spanische Rotweine zu verstehen, muss man sich zunächst einmal bewusst sein, dass die Spanier geschmeidige Weine mit einem ausgeprägt ausgereiften Geschmack und einer gesunden (manche würden sagen übermäßigen) Dosis Eichenholz – in der Regel die aufdringliche amerikanische Variante – wollen. Sobald man sich darüber im Klaren ist, wird man begreifen, warum viele spanische Weingüter, in der Landessprache *bodegas*, ihre Weine sieben oder acht Jahre in riesigen Bottichen aus Eiche oder Zement ausbauen, ehe sie auf den Markt kommen.

Der Geschmack ändert sich zwar allmählich, aber die Spanier mögen keine traubigen, jungen Weine mit viel Tannin, so dass die Erzeuger die für einheimische Verbraucher bestimmten Weine auch weiterhin altern lassen werden. Daher haben die meisten Weine des Landes eine fortgeschrittenere Farbe, sind glatt und geschmeidig und zeigen den ausgeprägten süßen Vanillegeschmack von strammem Eichenholz. Viele Güter halten ihre besten Partien sogar ein Jahrzehnt oder länger zurück und bringen sie erst dann in den Handel, damit der Verbraucher einen reifen, sofort trinkbaren Wein bekommt. Die internationale Nachfrage nach großen, dunklen Weinen mit intensiven Geschmacksnoten bringt jedoch einen Umbruch in der Weinbereitung hervor und dabei sind die genannten Regionen führend.

REBSORTEN ROTWEINE

Cabernet Sauvignon Die Traube ist ein wichtiger Bestandteil von Spaniens teuerstem und berühmtestem Wein, dem Vega Sicilia. Sie gedeiht überall gut, wo sie in Spanien angebaut wird.

Cariñena Das ist der spanische Name der Carignan-Rebe, eines wahren Arbeitspferdes, das in Spanien die Ausdauer und Kraft eines Arnold Schwarzenegger erworben hat. Der wuchtige und fleischige Wein mit dichter Farbe, der mit dieser Varietät gemacht wird, wird oft zum Verschneiden verwendet, besonders mit Grenache.

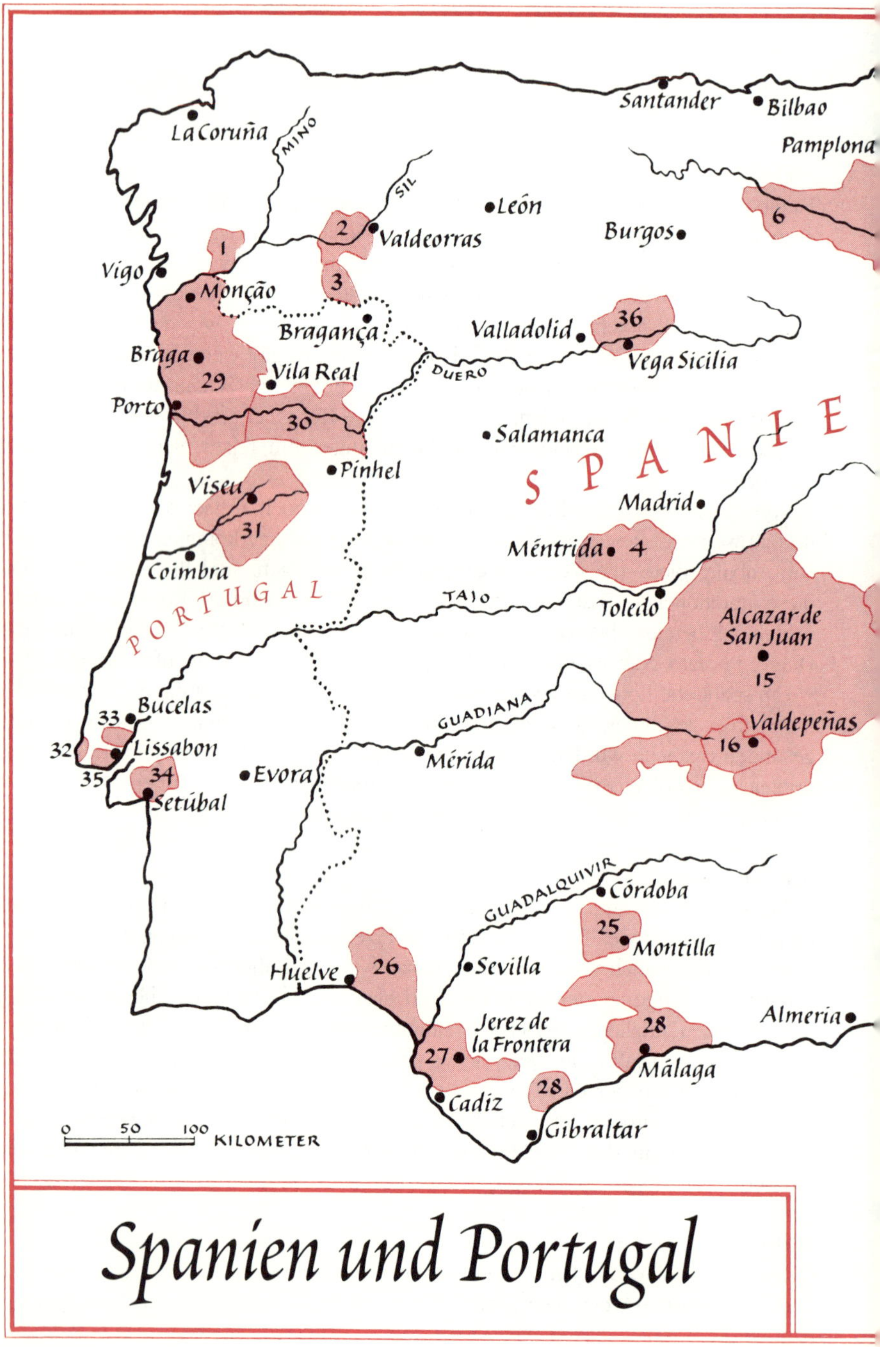

Spanien und Portugal

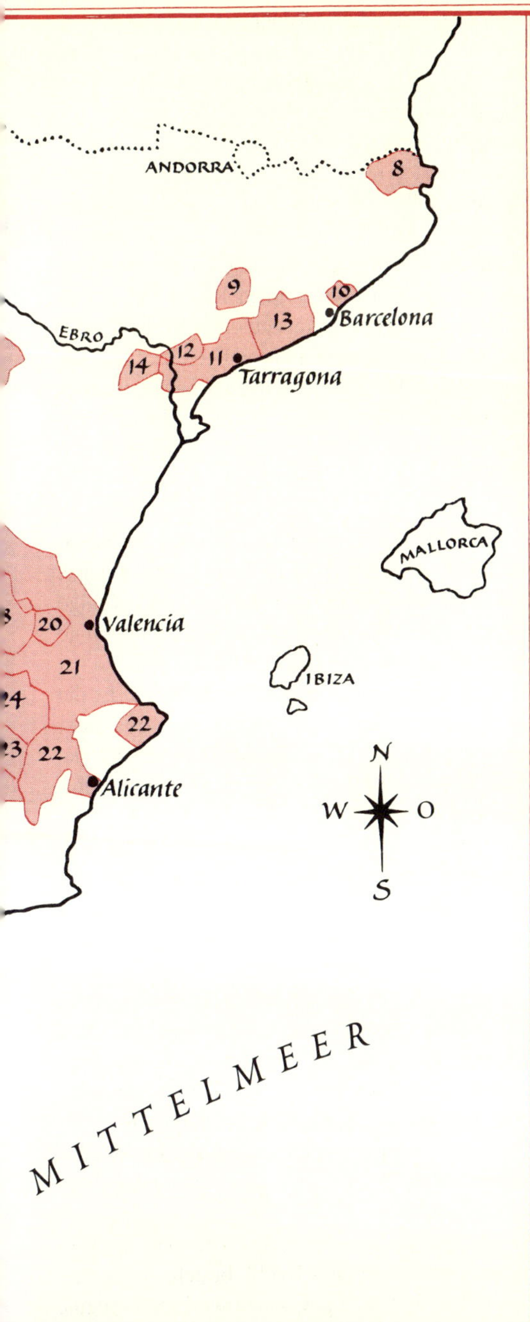

WEINREGIONEN

1 *Ribeiro*
2 *Valdeorras*
3 *Valle de Monterrey*
4 *Méntrida*
5 *Navarra*
6 *Rioja*
7 *Cariñena*
8 *Ampurdán-Costa Brava*
9 *Conca de Barbera*
10 *Alella*
11 *Tarragona*
12 *Priorato*
13 *Penedès*
14 *Terra Alta*
15 *Mancha*
16 *Valdepeñas*
17 *Manchuela*
18 *Utiel-Requena*
19 *Jumilla*
20 *Cheste*
21 *Valencia*
22 *Alicante*
23 *Yecla*
24 *Almansa*
25 *Montilla-Moriles*
26 *Condado de Huelva*
27 *Jerez-Xérès-Sherry/ Manzanilla Sanclúcar de Barrameda*
28 *Málaga*
29 *Vinho Verde*
30 *Portwein*
31 *Dão*
32 *Colares*
33 *Bucelas*
34 *Moscatel de Setúbal*
35 *Carcavelos*
36 *Ribera del Duero*

Garnacha Garnacha, die spanische Bezeichnung für Grenache, wird weithin angebaut. Man verwendet drei Arten von Garnacha. Die Garnacha Blanca, die weiße Weine ergibt, ist relativ selten, in Tarragona allerdings sehr beliebt. Die Garnacha Tinta, die der französischen Grenache ähnelt, ist eine der meistgepflanzten Rotweintrauben Spaniens. Außerdem gibt es die Garnacha Tintorea, eigentlich die Alicante, die tanninhaltige, dichte Weine von fast schwarzer Färbung ergibt. Sie wird hauptsächlich zum Verschneiden eingesetzt.

Merlot Diese für Spanien relativ neue Rebe gedeiht gut und erfolgreich.

Monastrell Diese Rebsorte (Mourvèdre) ergibt überraschend reiche und alkoholreiche Weine. Sie wird weithin angepflanzt, doch am häufigsten findet man sie in den heißeren Mikroklimata. Einige Erzeuger der Weinbauregion Jumilla haben interessante Ergebnisse mit dieser Sorte erzielt.

Tempranillo Sie ist die beste einheimische Rotweintraube Spaniens und hat im Land verschiedene Bezeichnungen. In Penedès heißt sie Ull de Llebre, und in Ribera del Duero nennt man sie Tinto. Sie ergibt reiche, gut strukturierte Weine mit guter Säure und einer Menge Tannin und Farbe. Das Bukett zeigt oft einen intensiven Brombeercharakter mit einer floralen Note. Sie eignet sich hervorragend zum Verschneiden mit Garnacha, ist aber komplex genug, um allein bestehen zu können. Tempranillo heißt auch Tinta del Pais, Tinta del Toro, Tinto de la Rioja und Tinto Madrid.

WEISSWEINE

Die Weißweintrauben prunken mit Namen wie Albariño, Chardonnay, Macallo, Malvasia, Palomina (wird für Sherry benutzt), Parellada (Hauptbestandteil der meisten Schaumweine), Pedro-Ximenez, Riesling, Sauvignon, Torrontes, Verdejo, Xarello und Moscatel. Nur wenige dieser Rebsorten konnten mehr als neutral schmeckende Weine hervorbringen, doch einige scheinen unstrittig Potenzial zu haben, denn die Ernten wurden klein gehalten, und man hat die Gewächse untadelig vinifiziert und nicht übertrieben extrahiert. Die beste Traube ist die Albariño, die, von einem Spitzengut in Galicien verarbeitet, ein atemberaubendes Bukett hat, das an einen französischen Condrieu erinnert. Auf der Zunge ist der Wein jedoch viel leichter und hat weniger Körper und Intensität. Er ist bestenfalls leicht, erfrischend und duftig. Er ist ideal als Aperitif oder zu Meeresfrüchten.

Weine, die ebenfalls Potenzial gezeigt haben, sind einige der Chardonnays und der Torrontes, der in der galicischen Variante eine duftende Persönlichkeit und liebliche Noten von Obstsalat sowie einen angenehmen Abgang aufweist.

DUFT- UND GESCHMACKSNOTEN

Penedès Das dominierende Weingut ist Torres, das mit den typischen spanischen Rebsorten eine Fülle ausgezeichneter Rotweine herstellt. Der Spitzenwein ist freilich der 100% Cabernet Sauvignon Gran Coronas (schwarzes Etikett), der ein üppiges, offen gewirktes Bukett von Pflaumen, süßem Eichenholz und oft Lakritze und Veilchen aufweist. Sein Hauptrivale ist der Cabernet Sauvignon von Jean Leon, ein weiterer konzentrierter Vollblutwein mit Duft- und Geschmacksnoten von Brombeeren mit einem gewaltigen Einfluss von süßem, geröstetem Eichenholz. Die besten jüngeren Jahrgänge sind 1998, 1996, 1995 und 1994.

Ribera del Duero In diesem breiten Flusstal werden drei der größten spanischen Rotweine erzeugt: Pesquera, der hauptsächlich aus der Tempranillo-Traube besteht, Vega Sicilia, der vor allem aus Cabernet Sauvignon, Merlot und Malbee gewonnen wird, und Pingus, ebenfalls aus Tempranillo. Das sind Weltklasse-Weine von beträchtlicher Majestät. Bemerkenswert an diesen Weinen ist die große Reintönigkeit der Beerenfrucht, die man in den Spitzenjahren findet. Man nehme superreiche Trauben und baue sie wenigstens 3 Jahre (8–12 Jahre bei Vega Sicilia) in Eichenbottichen aus, und man hat einen berauschend starken, geschmeidigen, explosiv reichhaltigen Wein, der eine Menge würziger, süßer, gerösteter, vanilleduftender Eichenholzwürze bietet. Die besten Jahrgänge waren 2001, 2000, 1999, 1996, 1995, 1994, 1991, 1990, 1989, 1986, 1983, 1982, 1976, 1975, 1968 und 1962.

Rioja Wenn er von Spitzen-Produzenten erzeugt wird, ist der Rioja ein reifer Wein von mittlerem Rubinrot, oft (bei einem älteren Wein normal) mit einem Hauch Orange oder Braun. Sein duftiges Bukett von Tabak, Zedernholz, rauchigem Eichenholz und süßen reifen Früchten ist gewaltig und intensiv. Da er vor dem Abfüllen lange im Bottich und/oder im Tank ausgebaut wurde, wird er am Gaumen weder kratzen noch adstringierend wirken. Trotz seiner Geschmeidigkeit wird der Wein sich noch 5–10 Jahre nach seiner Freigabe halten. Selbst ein junger Rioja, der nach nur 3–4 Jahren verkauft wird, zeigt eine reife, fette, reiche und geschmeidige Fruchtigkeit und einen weichen, süßen, eichenholzwürzigen Charakter. Zunehmend verbreitet sich im Rioja-Gebiet eine fortschrittliche, nicht der Tradition verpflichtete Art der Weinbereitung. Dabei werden Weine mit mehr Farbe, reiferer Frucht und mehr französischer als amerikanischer Eiche erzeugt, die sich deutlich vom traditionellen Rioja unterscheiden. Zu den besten Jahrgängen gehören 2001, 1996, 1995, 1994, 1991, 1990, 1989, 1987, 1982, 1981, 1978, 1973, 1970, 1968, 1964 und 1958.

Toro Früher für überwältigend alkoholreiche und schwere Weine bekannt, hat Toro moderne Techniken übernommen, und das Ergebnis waren einige reichhaltige Weine mit vollem Körper und intensiven Geschmacksnoten, die an Gewächse von der südlichen Rhône erinnern. Sie schmecken ähnlich wie die großen, saftigen, pfeffrigen Châteauneufs-du-Pape und Gigondas aus Frankreich, und sie haben ein erstaunliches Preis-Leistungsverhältnis. Die besten Jahrgänge sind 2001, 1999 und 1998.

ALTERUNGSPOTENZIAL

Albariño (weiß): 1–2 Jahre
Navarra: 5–7 Jahre
Penedès: 6–15 Jahre
Priorato: 6–25 Jahre
Ribera del Duero: 6–30 Jahre
Rioja: 6–25 Jahre
Weiße Schaumweine: 1–4 Jahre

ALLGEMEINES QUALITÄTSNIVEAU

Es mag in Mode sein, Qualität und Preis-Leistungsverhältnis aller spanischen Weine zu loben, aber die einzigen wirklich guten und ernst zu nehmenden Gewächse des Landes sind die Rotweine. Ein zunehmender Anteil von ihnen kann es inzwischen mit den besten internationalen Konkurrenzprodukten aufnehmen. Die meisten Weißweine sind nach wie vor schrecklich langweilig, und die Schaumweine sind zwar billig, aber nur wenige sind besser als ihr Preis. Trotz des wunderbaren Klimas und des hohen Anteils alter Rebstöcke haben die meisten spanischen Winzer ihr Potenzial, das enorm ist, immer noch nicht erkannt.

WAS SIE UNBEDINGT WISSEN MÜSSEN

Wenn Sie die Namen der besten Erzeuger kennen und einige neuere Spitzenjahrgänge (1994, 1995, 1996 und 1999) wissen, können Sie kaum fehlgehen, aber Sie sollten die meisten der nichts sagenden Weißweine des Landes meiden. Ausnahme davon sind die Albariños, die aber in den ersten beiden Jahren nach der Ernte getrunken werden sollten.

KAUFSTRATEGIE

Spanien ist sowohl bei Weinen von hoher Qualität als auch bei Weinen mit ausgezeichnetem Preis-Leistungsverhältnis in Mode gekommen. Die langsame Veränderung der spanischen Mentalität weg von einer industriellen Weinerzeugung, die auf Genossenschaften basiert, und hin zu einer Vinifizierungsphilosophie, die auf Qualität, Individualität und *terroir* beruht, hat zu immer besseren Weinen geführt. Es gibt einige Sturmwolken am Horizont, die darauf zurückgehen, dass ein Großteil Spaniens 1997 und auch 1998 nicht gerade grandiose Jahrgänge hatte. Wenn dann auch noch zunehmend hohe Preise bei vielen Weinen hinzukommen, die noch keine Erfolgsbilanz vorweisen können, ist der Widerstand der Verbraucher unvermeidlich. Doch es gibt große Mengen von hochwertigen 1994ern, 1995ern und 1996ern auf dem Markt sowie andere, die für eine Freigabe in den nächsten paar Jahren vorgesehen sind. Angesichts des fantastischen Klimas, der Vielzahl von fabelhaften *terroirs* und des notwendigen finanziellen Anreizes, Weltklasseweine zu erzeugen, sollten Sie verstärkt nach unbekannten Namen suchen, die über Nacht zu Stars werden können, vorausgesetzt, dass die Preise nicht den Bezug zu den Realitäten des Markts verlieren.

NEUERE JAHRGÄNGE

2000 – Mit einer riesigen Ernte in ganz Spanien, insbesondere in Rioja, Ribera del Duero und Navarra, wird dies ein uneinheitlicher Jahrgang mit einigen großartigen Weinen sein. Rioja wird unregelmäßiger als Ribera del Duero ausfallen.

1999 – In Ribera del Duero war dies ein sensationeller Jahrgang, auch wenn in einigen Gebieten Regen ein Problem darstellte. Rioja ist aufgrund der ungleichmäßigen Reifung und einer verregneten Lese im Bestfall durchschnittlich. Insgesamt ist es eine gute Ernte in Ribera del Duero, eine mittelmäßige in Rioja und eine durchschnittliche bis überdurchschnittliche in Regionen wie Navarra und Penedès.

1998 – Das ist für die meisten spanischen Weinbauregionen ein relativ tanninreicher Jahrgang mit einer guten Erntemenge. Die Ribera-del-Duero-Weine fallen weniger erfolgreich als 1999 aus, aber die Riojas sind besser. Priorato hatte einen ausgezeichneten Jahrgang, der fast so gut wie der großartige 1994er war.

1997 – Die Qualität beim 1997er, einem schwierigen Jahrgang in ganz Spanien, liegt deutlich unter dem Niveau, das 1994, 1995 und 1996 und in späteren Jahren wie 1999 und 2000 erreicht wurde.

1996 – Ein spektakulärer Jahrgang in Ribera del Duero, gut bis sehr gut in Rioja und mittelmäßig in Priorato.

1995 – In vielen Gebieten Spaniens hat sich dieser Jahrgang als so großartig wie 1994 herausgestellt. Jedermann in Rioja, Ribera del Duero und Priorato war begeistert über die Reife und Reichhaltigkeit. Er scheint bei den spanischen Spitzenerzeugern ein großer Jahrgang zu sein.

1994 – Spanische Weinerzeuger haben 1994 zum Jahrgang des Jahrhunderts in Spanien erklärt. Es war eines der heißesten Jahre bislang; außerdem wurde Spanien anders als Frankreich nicht durch Regenfälle im September beeinträchtigt. In der Flasche sind die Spitzenweine tatsächlich eindrucksvoll, insbesondere die aus Priorato, Rioja und Ribera del Duero.

DIE BESTEN SPANISCHEN TROCKENEN ROTWEINE

****** (HERVORRAGEND)*

Abadia Retuerta Cuvée El Campanario (Sardon del Duero)
Abadia Retuerta Pago Negralato (Sardon del Duero)
Abadia Retuerta Valdebon (Sardon del Duero)
Bodegas Ismael Arroyo Valsotillo Reserva (Ribera del Duero)
Artadi Rioja Grandes Anadas Reserva Especial (Rioja)
Artadi Rioja Viña El Pison Reserva (Rioja)
Cims de Porrera (Priorato)
Clos Erasmus (Priorato)
Clos Mogador (Priorato)
l'Ermita (Priorato)

Mauro Vendimia Seleccionada (Ribera del Duero)
Muga Prado Enea Reserva (Rioja)
Muga Torre Muga (Rioja)
Marqués de Murrieta Castillo Ygay Gran Reserva (Rioja)
Marqués de Murrieta Dalmau Reserva (Rioja)
Numanthia (Toro)
Pesquera Ribera del Duero (Castilla-León)
Pingus (Ribera del Duero)
Fernando Remirez de Ganuza Rioja Old Vines Unfiltered (Rioja)
Rotllan Torra Tirant (Priorato)
Sierra Cantabria Rioja Coleccion Privada (Rioja)
Vega Sicilia NV Gran Reserva Especial (Ribera del Duero)
Vega Sicilia Unico Reserva (Castilla-León)

***** (AUSGEZEICHNET)*

Abadia Retuerta (Sardon del Duero)
Abadia Retuerta Cuvée El Palomar (Sardon del Duero)
Abadia Retuerta Rivola (Sardon del Duero)
Albet I Noya Sat (Penedès)
Finca Allende (Rioja)
Bodegas Ismael Arroyo Valsotillo (Ribera del Duero)
Artadi Rioja Pagos Viejos Reserva (Rioja)
Artadi Rioja Viña de Gain Crianza (Rioja)
Bodegas Arzuaga Reserva (Ribera del Duero)
René Barbier (Cataluña)
Can Rafols dels Caus Penedès (Cataluña)
Capcanes (Tarragona)
Capcanes Garnacha Especial (Tarragona)
Casa Castillo (Jumilla)
Castano (Yecla)
Bodegas Julian Chivite 125 Anniversario Reserva (Navarra)
Clos Dofi (Priorato)
Oliver Conti (Costa Brava)
Costers del Siurdana – Clos de l'Obac (Priorato)
CVNE Contino (Rioja)
CVNE Imperial (Rioja)
CVNE Viña Real (Rioja)
J. M. Fuentes Gran Clos (Priorato)
Fra Fulco (Priorato)
Grandes Bodegas Marqués de Velilla Reserva (Ribera del Duero)
Marqués de Griñon (Ribera del Duero)
Marqués de Griñon (Rioja)
Iberus (Terra Alta)
Leda (Castilla-León)
Jean Léon Penedès (Cataluña)
Martinez Bujanda Conde de Valdemar (Rioja)
Martinez Bujanda Conde de Valdemar Gran Reserva (Rioja)
Mas Igneus (Priorato)
Bodegas Mauro (Ribera del Duero)
Emilio Moro (Ribera del Duero)
Bodegas Muga (Rioja)
Marqués de Murrieta Coleccion 2100 (Rioja)
Olivares Monastrell (Tarragona)
Pago de Carraovejas (Ribera del Duero)
Remelluri (Rioja)
Castell de Remei (Costers del Segre)
Bodegas Reyes Teofilo Reyes (Ribera del Duero)
La Rioja Alta Reserva 890 (Rioja)
La Rioja Alta Reserva 904 (Rioja)
Bodegas Roda (Rioja)
Telmo Rodriguez (Ribera del Duero)
San Vicente (Rioja)
Hermanos Sastre (Ribera del Duero)
Sierra Cantabria (Rioja)
Bodegas Valcona (Rioja)
Val Llach (Priorato)
Vega Sicilia Valbuena Ribera del Duero (Castilla-León)
Villa Creces (Ribera del Duero)

**** (GUT)*

Agricola de Borja (Campo de Borja)
Señorío de Almansa (Castillo-La Mancha)
Amezola de la Mora (Rioja)
Arboles de Castillejo (La Mancha)
Palacio de Arganza Bierzo (Castilla-León)
Bodegas Ismael Arroyo (Ribera del Duero)
Pablo Barrigon Tovar (Castilla-León)
Pablo Barrigon Tovar San Pablo (Castilla-León)
Pablo Barrigon Tovar Viña Cigalena Reserva (Castilla-León)

Pablo Barrigon Tovar Viña Solona (Castilla-León)
Masia Barril Priorato (Cataluña)
Bilbainas Viña Pomal (Rioja)
Marqués de Cáceres (Rioja)
Marqués de Cáceres Reserva (Rioja)
Campo Viejo (Rioja)
Julian Chivite Gran Feudo (Navarra)
Martin Codax Albarino – Weißwein (Galicia)
CVNE Cune (Rioja)
Domecq-Marqués de Arienzo Reserva (Rioja)
Enate Crianza (Somontano)
Estola (Castillo-La Mancha)
Farina Colegiata Toro (Castilla-León)
Farina Gran Colegiata Toro (Castilla-León)
Faustino Martinez Faustino (Rioja)
Franco Españolas Bordon (Rioja)
Marqués de Griñon Cabernet Sauvignon (Dominio de Valdepusa)
Inviosa Lar de Barros (Extremadura)
Baron de Ley El Coto (Rioja)
Lan Viña Lanciano Reserva (Rioja)
Los Llanos Valdepeñas (Castillo-La Mancha)
Lopez de Heredia Bosconia Reserva (Rioja)
Lopez de Heredia Tondonia Reserva (Rioja)
Bodegas Magana (Navarra)
Martinez Bujanda Conde Valdemar Viño Tinto (Rioja)
Mauro Ribera del Duero (Castilla-León)
Montecillo Viña Monty Reserva (Rioja)
Bodegas Hermanos Morales (La Mancha)
De Muller Tarragona (Cataluña)
Marqués de Murrieta Reserva (Rioja)
Bodegas Nekeas Vega Sindoa El Chaparral Old Vine (Navarra)
Ochoa Reserva (Navarra)
Baron de Ona Rioja Reserva (Rioja)
Parxet Alella – Weißwein (Cataluña)
Perez Pascuas Viña Pedrosa Ribera del Duero (Castilla-León)
Pazo de Señorans Rias Baixas – Weißwein (Galicien)
Piqueras Castilla de Almansa (Castillo-La Mancha)
Salvador Poveda (Alicante)
Raimat Costers del Segre (Cataluña)
La Rioja Alta Viña Alberdi (Rioja)
La Rioja Alta Arana (Rioja)
La Rioja Alta Ardanza (Rioja)
Rioja Santiago Gran Condal (Rioja)
Riojanas Monte Real Reserva (Rioja)
Marqués de Riscal Baron de Chirel (Rioja)
Bodegas Rodero S.L. Val Ribeno Crianza (Ribera del Duero)
Santiago Ruiz Rias Baixas Albarino – Weißwein (Galicien)
Bodegas de Sarria Gran Viño del Señorío Reserva (Navarra)
Bodegas de Sarria Viña del Perdon (Navarra)
Scala dei Priorato Cartoixa Priorat (Cataluña)
Scala dei Priorato Clos Mogador (Cataluña)
Scala dei Priorato Negre (Cataluña)
Miguel Torres Coronas Penedès (Cataluña)
Miguel Torres Gran Coronas Penedès (Cataluña)
Miguel Torres Gran Coronas Penedès – schwarzes Etikett (Cataluña); ab 1982, Jahrgänge bis 1981*****
Miguel Torres Gran Sangre de Toro Penedès (Cataluña)
Miguel Torres Gran Viña Sol Green Label Penedès (Cataluña)
Miguel Torres Viña Sol Penedès (Cataluña)
Vega Sauco Reserva (Toro)
Bodegas de Vilarino-Cambados (Rias Baixas)
Viñas del Vero Compania Somontano (Aragón)
Castilla de Vinicole Grand Verdad (Castillo-La Mancha)
Castilla de Vinicole Señorío de Duadianeja (Castillo-La Mancha)

DIE BESTEN SPANISCHEN SCHAUMWEINE

****** (HERVORRAGEND)*

keiner

***** (AUSGEZEICHNET)*

keiner

**** (GUT)*

Albet I Noya Cava Brut
Bilbainas
Cadiz
Cava Avinyo
Cavas Ferret
Chandon
Gran Cordornieu Brut
Freixenet Cuvée DS
Freixenet Reserva Real
Juvé y Champs Gran Cru
Juvé y Champs Gran Reserva
Juvé y Champs Reserva de la Familia
Mont Marcal Brut
Josep-Maria Raventos Blanc Brut
Segura Viudas Aria
Segura Viudas Brut Vintage
Segura Viudas Reserva

DIE SPANISCHEN WEINE MIT DEM BESTEN PREIS-LEISTUNGSVERHÄLTNIS

Abadia Retuerta Primicia (Sardon de Duero)
Abadia Retuerta Rivola (Sardon de Duero)
Agricola de Borja Viña Borgia (Campo de Borja)
Agricola de Borja Borsao (Campo de Borja)
Albet I Noya Cava Brut (Penedès)
Señorío de Almansa (Castillo-La Mancha)
Capcanes Mas Donis (Tarragona Zona Falset)
Casa Castillo (Jumilla)
Castano Hecula (Yecla)
Castano Solana (Yecla)
Martin Codax Albarino (Rias Baixas)
Dominico de Egueren (Manchuela)
El Cep Marquis de Gelida (Penedès)
Los Llanos Valdepeñas (Castillo-La Mancha)
Finca Luzon Merlot (Jumilla)
Castillo de Maluenda Viña Alarba (Calatayud)
Martinez Bujanda Conde Valdemar Viño Tinto (Rioja)
Montecillo Rioja (Rioja)
Bodegas Nekeas – verschiedene Cuvées (Navarra)
Osborne Solaz (Spanien)
Real Sitio de Ventosilla (Ribera del Duero)
Castell de Remei (Costers del Segre)
Thelmo Rodriguez Dehesa Gago (Ribera del Duero)
Bodegas Sierra Cantabria Rioja (Rioja)
Solar de Urbezo (Cariñena)
Tresantos (Zamora)

ABADIA RETUERTA (SARDON DEL DUERO)

1999	**Abadia Retuerta**	**C**	**92+**
1998	**Abadia Retuerta**	**C**	**90**
1997	**Cuvée El Campanario**	**D**	**90**
1997	**Cuvée Lapsus**	**EEE**	**92**
1997	**Cuvée El Palomar**	**D**	**89**
2000	**Primicia**	**A**	**88**
1999	**Rivola**	**B**	**90**
1998	**Rivola**	**B**	**89**

Diese für viele Millionen Euro errichtete Renommierkellerei ist am bekanntesten für ihre klassischen, potenziell langlebigen Rotweine, die zu mäßig hohen Preisen verkauft werden. Doch sie ist auch der Traum eines jeden Schnäppchenjägers, denn es gibt 10000 Kisten von dem preiswerten Primicia. Der *2000er Primicia* ist ein Verschnitt von 60% Tempranillo, 20% Cabernet Sauvignon und 20% Merlot. Diese Fruchtbombe bietet reintönige Geschmacksnoten von Schwarzkirschen und Beeren, vermischt mit Gewürzen und Mineralien. Sie zeigt gute Süße, außergewöhnliche Reintönigkeit und eine ganze Wagenladung Frucht. Genießen Sie den Wein in den nächsten 2–3 Jahren.

Der *1999er Rivola,* ein Verschnitt von 60% Tempranillo und 40% Cabernet Sauvignon, wurde 8 Monate sowohl in französischen als auch amerikanischen Eichenfässern ausgebaut, bevor er ohne Filtration abgefüllt wurde. Er ist ein weiterer sagenhaft preisgünstiger Wein und offenbart alle Merkmale eines großen Jahrgangs: extreme Reife, fantastische Reintönigkeit und eine vieldimensionale, vielschichtige Empfindung am Gaumen sowie jede Menge Schwarzkirsch- und Johannisbeerfrucht, die eine gute Dosis toastwürziges Eichenholz enthält. Trinken Sie ihn in den nächsten 4–5 Jahren. Hut ab vor dem Weinmacher Angel Anociba, dass er nicht nur große Weine herstellt, sondern auch Verbraucher bedient, die auf diesem Niveau Unterstützung benötigen. Der *1999er Abadia Retuerta* enthüllt ebenfalls eine undurchdringlich purpurrote Farbe sowie ein erstklassiges, komplexes Bukett von Blüten, schwarzen Johannisbeeren, Himbeeren, Kirschen und Vanille. Körperreich und elegant, trotzdem konzentriert und kräftig, mit eindrucksvoller Gesamtharmonie, kann dieser hübsch texturierte, reichhaltige 1999er jetzt getrunken oder 10–15 Jahre lang eingekellert werden.

Der *1998er Rivola* ist einer der besten Weine, die Abadia Retuerta hergestellt hat. Viele Leser geben diesem Verschnitt von 60% Tempranillo und 40% Cabernet Sauvignon, wobei die Trauben von den gutseigenen Weinbergen stammen, möglicherweise eine hervorragende Bewertung. Die undurchdringlich rubin-purpurrote Farbe geht einher mit einem umwerfenden Bukett von Tabak, Zedernholz, Gewürzen, schwarzen Johannisbeeren und einer Zinfandel-artigen Brombeerfruchtigkeit. Der Wein ist von mittlerem bis vollem Körper und opulent texturiert, mit hervorragender Reintönigkeit, Extrakt und Ausgewogenheit. Man findet darin keine harten Ecken und Kanten; der Abgang dauert über 20 Sekunden. Das ist ein Wein von bemerkenswertem Preis-Leistungsverhältnis! Außerdem lässt er sich 2–4 Jahre oder vielleicht noch länger gut trinken. Der nicht filtrierte *1998er Abadia Retuerta* von undurchdringlich purpurroter Farbe (65% Tempranillo, 30% Cabernet Sauvignon und 5% Merlot) wurde 16 Monate in französischen und amerikanischen Eichenfässern (50% davon neu) ausgebaut. Auch wenn er verschlossen und tanninbetont ist, bietet er ein vielversprechendes Bukett von Mineralien, Vanille und schwarzen Johannisbeeren. Er ist kräftig und körperreich, mit mäßig hohem Tanningehalt und einem strengen Abgang, und erfordert 2–3 Jahre Kellerreifung. Voraussichtliche Genussreife: 2004–2020.

Der *1997er Cuvée El Palomar* (gleiche Anteile Cabernet Sauvignon und Tempranillo von einem kreidehaltigen Weinberg in Hanglage) ist Bordeaux-ähnlich mit seinen Noten von getrockneten Kräutern der Provence, vermischt mit Rauch, Zedernholz sowie roten und schwarzen Johannisbeeren. Nach einem 16monatigen Ausbau in französischen Eichenfässern wurde er ohne Filtration abgefüllt. Der Wein zeigt gute Weichheit, viel Würzigkeit, reizvolle rote und schwarze Früchte, mittleren Körper und ausgezeichnete Symmetrie und Harmonie zwischen all seinen Bestandteilen. Trinken Sie ihn in den nächsten 5–8 Jahren. Die *1997er Cuvée El Campanario* (100% Tempranillo) offenbart größere Intensität, Reife und Reichhaltigkeit. Hergestellt wird sie von den besten Tempranillo-Parzellen dieses riesigen Guts. Hinter ihrer dunkelrubinroten Farbe entdeckt man Aromen von süßer, dicklicher, dunkler Himbeerfrucht mit Noten von Lakritze und toastwürzigem Eichenholz. Weich und sinnlich texturiert, mit fleischigen Noten im Mund, enthüllt dieser Wein gute Reife, gut eingefügte Säure und Tannine und einen langen Abgang von 20–25 Sekunden. Trinken Sie ihn in den nächsten 10–15 Jahren.

1997 führte Abadia Retuerta eine neue Cuvée ein, die Cuvée Lapsus. Zu gleichen Anteilen aus Merlot, Syrah und Petit Verdot bestehend, wurde dieser nicht filtrierte Wein von extrem niedrigen Erträgen (18 hl/ha) erzeugt. Nur 150 Kisten wurden davon produziert. Die Trauben wurden gemeinsam vinifiziert; der daraus hervorgegangene *1997er Cuvée Lapsus* hat beträchtliche Intensität, Konzentration und Farbe. Noten von Brombeeren, Schokolade, geschmolzenem Teer und Blüten springen aus dem Glas dieses opulent texturierten, prächtig proportionierten Weins von mittlerem bis vollem Körper. Die Säure ist vorhanden, aber niedrig; der Wein ist konzentriert, fleischig und nahtlos. Interessanterweise wurde die malolaktische Gärung vollständig in neuen französischen Eichenfässern vorgenommen. Genießen Sie diesen schönen Tropfen in den nächsten 10–15 Jahren.

ALBET I NOYA (PENEDÈS)

1999	**Tempranillo**	**C**	**90**
1998	**Tempranillo Col-Leccio**	**B**	**88**

Albet I Noya erzeugt eine ganze Reihe von Weinen, von denen viele kompakt und streng sind. Ich hatte ungeheuren Spaß am *1998er Tempranillo Col-Leccio,* der ein Jahr in französischen und amerikanischen Eichenfässern ausgebaut wurde. Er bietet eine undurchdringlich purpurrote Farbe sowie ein herrliches Bukett von Schwarzkirschen, Brombeeren, Rauch und toastwürzigem Eichenholz. Vollmundig, reichhaltig und geschmeidig texturiert, mit reichlichem Extrakt, lässt er sich 5–7 Jahre gut trinken.

Der *1999er Tempranillo* stellt eine positive Abkehr vom typischen strengen Stil des Guts dar. Er offenbart weniger zerklüftete Tannine, einen ansprechenden mittleren Geschmacksbereich und eine ebensolche Textur sowie weniger aggressive Noten von Holz und Kräutern. Dieser texturierte, lange, körperreiche Wein bietet schöne, süße Schwarzkirschfrucht, vermischt mit Rauch, Gewürzen und Bleistift. Vielschichtig, reichhaltig, offen gewirkt und geschmeidig, ist er verführerisch und angenehm konzentriert. Trinken sollte man ihn in den nächsten 4–5 Jahren.

ALLENDE (RIOJA)

1998	**Aurus**	**EE**	**90**
1997	**Aurus**	**EE**	**88**
1996	**Aurus**	**EEE**	**91+**
1999	**Calvario**	**D**	**91**
1997	**Cuesta Dulce**	**C**	**90+**
1996	**Rioja**	**C**	**90**

Es gibt kaum preisgünstige Weine von Allende, aber die Qualität ist beeindruckend. Der zu einem Luxuspreis verkaufte Aurus stammt von alten Reben, die in 360 bis 450 m Höhe angepflanzt sind. Erzeugt von 85% Tempranillo (60 Jahre alt) und 15% Graciano sowie geringen Erträgen (nicht ganz 3t/ha), wird er ohne Filtration abgefüllt, nachdem er eine malolaktische Gärung und einen Ausbau in neuen französischen Eichenfässern durchlaufen hat. Der dichte rubin-purpurrote *1997er Aurus,* der einem schwierigen Jahrgang entstammt, bietet ein elegantes, erstklassiges Bukett von roten und schwarzen Früchten, Mineralien und Rauch. Von mittlerem Körper und für einen 1997er tief, mit mäßigem Tannin und süßen, erdigen schwarzen Früchten, wird er bis 2012 im besten Alter sein. Der *1998er Aurus* zeigt mehr toastwürziges neues Eichenholz im Bukett sowie mehr Tiefe, Frucht, Glyzerin und Körper. Der Bordeaux-ähnliche Wein besitzt gute Struktur sowie Noten von Schwarzkirschen, schwarzen Johannisbeeren, Lakritze, Tabak und Gewürzen. Er ist körperreich und verhalten entwickelt und erfordert eine Kellerreifung von 1–3 Jahren. Voraussichtliche Genussreife: jetzt–2014.

Der *1997er Cuesta Dulce* (216 Kisten), aus kleinbeerigen Tempranillo-Trauben hergestellt, wird von mikroskopisch kleinen Erträgen von nicht ganz 2t/ha (rund 500g Trauben pro Stock) erzeugt. Der Wein wurde 14 Monate in neuen Eichenfässern ausgebaut, bevor er ohne Filtration abgefüllt wurde. Auf eine undurchdringlich purpurrote Farbe folgen Lakritze,

Schwarzbeer-, Kirsch- und Johannisbeerfrucht, eine vielschichtige Textur, großartiger Extrakt, enorme Gewichtigkeit und Reichhaltigkeit und ein gewaltiger, tanninreicher, muskulöser Abgang. Er stellt für den Jahrgang eine bemerkenswerte Leistung dar. Er hat zwar ungeheures Potenzial, braucht aber 3–4 Jahre Kellerreifung. Voraussichtliche Genussreife: 2004–2020.

Mein Lieblingswein ist der *1999er Calvario,* ein Rioja aus einer Einzellage, der von 1945 angepflanzten Reben stammt. Vollständig in neuen französischen Eichenfässern ausgebaut, ist dieser Wein vielschichtig, reichhaltig und konzentriert, mit weichem Tannin, besserer Ausgewogenheit und mehr direkter Anziehungskraft als bei den beiden Aurus-Jahrgängen. Er ist ein Verschnitt von 90% Tempranillo, 8% Grenache und 2% Graciano und wird von kleinen Erträgen (nicht ganz 4,5t/ha) erzeugt. Tief und eindrucksvoll, dürfte er 10–15 Jahre lang gut zu trinken sein.

Der *1996er Aurus,* ein unfiltrierter Rioja (gleicher Verschnitt wie oben), ist der Erste, der von diesem von den Spaniern als »Super-Rioja« bezeichneten Wein auf den Markt kam. Dieser Wein von undurchdringlicher purpurroter Farbe reifte nach einer 28-tägigen Maischung 18 Monate vollständig in neuen französischen Fässern. Man mag seinen internationalen Stil von neuem französischem Eichenholz kritisieren, der mit intensiv konzentrierten, reifen schwarzen Früchten verbunden ist, aber bei der Alterung dürfte er etwas von seiner Typizität und seinem Rioja-Charakter offenbaren. Nennen Sie es »traditionelle Weinbereitung trifft auf internationale Neigungen«. Körperreich und mit großer Reintönigkeit der Frucht, dürfte dieser eindrucksvolle, in begrenzter Menge (etwa 450 Kisten) produzierte Rioja begeisterte Besprechungen ernten, auch wenn man bei dem Preis die Augenbrauen hochzieht. Voraussichtliche Genussreife: jetzt–2018. Der dunkelrubin-purpurrote *1996er Rioja,* ein exotischer Rioja im modernen Stil, zeigt in Duft und Geschmack prächtige Aromen von Röstkaffee und süßen, dicklichen Brombeeren sowie schwarzen Johannisbeeren. Fruchtbetont, mit süßem französischem Eichenholz im Hintergrund, ist dieser intensiv konzentrierte, köstliche Wein von mittlerem bis vollem Körper wirklich aufregend. Man kann ihn jetzt trinken oder ein Jahrzehnt lang altern lassen.

JOAN D'ANGUERA (TARRAGONA)

1998 El Bugader **D 89+?**

Der *1998er El Bugader,* ein in begrenzter Menge (333 Kisten) erzeugter Verschnitt von 70% Syrah, 15% Grenache und 15% Cabernet Sauvignon, durchlief eine malolaktische Gärung im Holzfass und reifte 18 Monate in neuen französischen Eichenfässern, bevor er ohne Filtration abgefüllt wurde. Er bietet eine satte, undurchdringliche purpurrote Farbe und ein süßes Bukett von schwarzen Früchten, Erde, Trüffeln und Schokolade. Körperreich, gehaltvoll, dicht und kräftig, mit mäßigem Tannin, braucht er 2–3 Jahre, damit er zivilisierter wird. Wenn er so anmutig altert, wie ich vermute, wird er sich 12–15 Jahre halten.

ANIMA NEGRA (MALLORCA)

1997 Anima Negra **D 88**

Eine Rarität von der Insel Mallorca: Der *1997er Anima Negra,* ein Verschnitt von 55% Cabernet Sauvignon und 45% Callet, der von einem Weinberg mit rotem Tonboden kommt, durchlief eine lange Maischung und wurde dann in einer Kombination von Fässern aus französischem Eichenholz sowie Eichenholz aus Virginia (!) ausgebaut. Das Bukett bietet Noten von Rauchfleisch, roten und schwarzen Früchten und toastwürzigem Holz. Im saftigen Geschmack kommen Cassis und Kirschlikör zum Vorschein. Er ist ein gut gemachter, reintöniger Wein im internationalen Stil, mit dominierenden Noten von neuem Eichenholz und dicklicher Frucht, und eignet sich ideal dafür, dass man ihn in den nächsten 10 Jahren trinkt. Ich vermute, dass bei der Kellerreifung möglicherweise mehr regionale Merkmale auftauchen (wie immer sie auch aussehen mögen).

ISMAEL ARROYO (RIBERA DEL DUERO)

1998	**Valsotillo**	**C**	**89**
1996	**Valsotillo Reserva**	**D**	**91+**

Diese Weine sind zumeist ungeheuer reichhaltig, muskulös und rustikal, mit einer den Mund ausfüllenden Extraktmenge und bisweilen Tannin. Ich habe ein paar Jahrgänge davon beiseite gelegt, in der Hoffung, dass alles ins Lot kommt, aber das wird nur die Zeit erweisen. Die neu herausgekommenen Weine sind alle eindrucksvoll, insbesondere die 1996er und 1994er.

Der *1998er Valsotillo,* ein reinsortiger Tinta del Pais (Tempranillo), kommt von den 15,5 ha Weinberghängen dieser Familie. Die Erträge lagen bei nur 3t/ha. Der Wein wurde 14 Monate in amerikanischen Eichenfässern ausgebaut. Da in Arroyos Keller eine extreme Kühle herrscht, sind diese Weine oft unentwickelt, wenn sie auf den Markt kommen. Der 1998er besitzt zwar nicht die Stärke, die Tiefe und das Volumen früherer Jahrgänge, ist aber ein ausgezeichneter Wein, der im Duft Noten von Pflaumen, dunklen Himbeeren, Pilzen und Baumrinde zeigt. Er bietet erdige, reife Geschmacksnuancen von Tabak, Zedernholz und Schwarzkirschen, hohen Tanningehalt sowie Unterholznoten mit toastwürzigem Eichenholz im Hintergrund. Dieser stämmige, fast unzivilisierte, vollmundige spanische Rotwein lässt sich 10–12 Jahre gut trinken. Der *1996er Valsotillo Reserva,* eine Auslese der besten Trauben des Weinbergs, reifte zwei Jahre in amerikanischen Eichenfässern, in einem Keller, dessen Temperatur nie über 11 °C steigt. Das junge, muskulöse Schwergewicht, ein wahrer Gigant, besitzt eine undurchdringliche Pflaumen-Purpur-Farbe sowie Aromen und Geschmacksnuancen von geschmolzenem Straßenteer, dicklichen schwarzen Früchten, Trüffeln und Rauchfleisch. Dicht, kräftig und körperreich, mit süßerem Tannin als beim 1998er, ist dieser ungeheuer umfangreiche Wein nicht für jedermann bestimmt, aber er hat Stärke, Gewicht, Reichhaltigkeit und Extrakt im Überfluss. Voraussichtliche Genussreife: 2005 bis 2022.

ARTADI (RIOJA)

1997	**Crianza Viñas de Gain**	**C**	**88**
1998	**Grandes Anadas**	**EE**	**96+**
1998	**Pagos Viejos**	**E**	**96**
1996	**Pagos Viejos**	**E**	**93**
1998	**Viña El Pison**	**E**	**95**
1996	**Viña El Pison**	**EE**	**97**
1998	**Viñas de Gain**	**B**	**92**

Dieser außergewöhnliche Rioja-Erzeuger ist einer meiner persönlichen Favoriten in diesem berühmten Weinbaugebiet. 1997 war ein dürftiger Jahrgang in Rioja, doch Artadi hat trotzdem einen eleganten *1997er Crianza Viñas de Gain* mit Noten von roten Kirschen, Erdnussbutter und Vanille erzeugt. Er ist ein wunderschön herausgearbeiteter, in einem feinen Stil gehaltener Crianza mit süßer Frucht, mittlerem Körper und sehr guter Länge. Trinken Sie ihn in den nächsten 3–5 Jahren.

Der dunkelrubin-purpurrote *1996er Pagos Viejos* ist ein fabelhafter Rioja, der ein komplexes Bukett von Bleistift, roten und schwarzen Johannisbeeren, Gewürzen, Zedernholz und Tabak besitzt. Von niedrigen Erträgen erzeugt, zeigt der Wein einen herrlichen mittleren Geschmacksbereich, große Tiefe und Reintönigkeit sowie einen Abgang, der fast 40 Sekunden anhält. Trinken Sie diesen spektakulären Tropfen in den nächsten 15–25 Jahren. Der hervorragende *1998er Pagos Viejos* ist einer der größten Riojas, die ich je verkostet habe. Eine dichte rubin-purpurrote Farbe geht einher mit einem süßen Bukett von Veilchen, schwarzen Früchten, Mineralien, toastwürzigem Eichenholz und Rauch. Der Wein ist körperreich, mit großartiger Reintönigkeit, erstaunlicher Symmetrie für seinen außergewöhnlichen Umfang und einem unglaublich klar umrissenen Abgang. Kurz gesagt, ist er wirklich großartig. Voraussichtliche Genussreife: 2005–2025.

An der Spitze der Hierarchie stehen die in beschränkter Menge produzierten Cuvées El Pison und Grandes Anadas. Dabei ist El Pison burgundisch ausgerichtet, während Grandes Anadas ein majestätischer, alterungsfähiger Rioja ist, der durchaus der großartigste Wein sein mag, der in dieser Appellation hergestellt wird. Er wurde in den letzten sieben Jahren nur zweimal erzeugt, 1994 und 1998.

Der *1998er Viña El Pison* wurde von einem 1945 angepflanzten Tempranillo-Weinberg erzeugt und 18–24 Monate in neuen französischen Eichenfässern ausgebaut, hergestellt von Reben mit Erträgen von nur 22 hl/ha. Er bietet eine tiefe rubin-purpurrote Farbe und ein prachtvolles Bukett von Himbeermarmelade, vermischt mit Kirschen und rauchigem neuem Eichenholz. Wenn sich der Wein länger im Glas befindet, kommen komplexere, blumige Aromen mit einem grafitartigen Charakter zum Vorschein. Aufregend, elegant und von mittlerem bis vollem Charakter, ist er ein wunderschön gemachter Wein, der mit einem einmaligen Stil und Charakter über die Appellation Rioja hinausgeht. Trinken Sie ihn in den nächsten 12–15 Jahren. Der *1998er Grandes Anadas* (100% Tempranillo von 70–100 Jahre alten Reben) ist tanninreicher und stärker extrahiert, mit mehr Körper, und weniger aufregend und verführerisch als El Pison oder auch Viñas de Gain. Er ist jedoch ein sehr verhalten entwickelter, ungeheuer starker Wein mit erstaunlicher Konzentration, Reintönigkeit und Gesamtausgewogenheit. Im Stil hat er mehr etwas von einem Bordeauxwein als der burgunderartige El Pison. Lang und konzentriert, mit einem Abgang von 40–50 Sekunden, erfordert er 3–4 Jahre Kellerreifung und dürfte sich 30 Jahre lang anmutig entwickeln. Dies sind klassische und dennoch einmalige Ausdrucksformen von Rioja, wie man sie nirgendwo anders in diesem Weinbaugebiet finden kann. Voraussichtliche Genussreife: jetzt–2027.

Der *1996er Viña El Pison* ist unerhört reichhaltig, komplex und tiefgründig. Hinter einer dichten rubin-purpurroten Farbe entdeckt man Aromen von süßen schwarzen Früchten, Vanille, Blumen und Mineralien. Man findet darin Schichten von Frucht, große Geschmacksextraktion, unglaubliche Feinheit, Komplexität und Eleganz. Der Abgang dauert fast eine Minute. Körperreich und ungeheuer konzentriert, wird dieser fesselnde Rioja bis 2025 auf seinem Höhepunkt sein. Er ist wert, dass man ihn ausfindig macht.

Die Leser sollten den sensationellen *1998er Viñas de Gain* probieren. Eine Auslese von drei Parzellen in Hanglage, wo die Reben durchschnittlich 40 Jahre alt sind, und nach 18 Monaten in französischen Eichenfässern (ohne Filtration) abgefüllt, ist er ein eleganter, stilvoller Wein mit fantastischer Frucht und einem süßen, komplexen Bukett von Schwarzkirschen, Mineralien, Bleistift, Gewürzen und Vanille. Reinsortig von Tempranillo-Trauben erzeugt, besitzt er eine eindrucksvolle Textur, mittleren bis vollen Körper sowie schöne Ausgewogenheit und Reintönigkeit. Er ist ein Wein, den man jetzt und in den nächsten 10–12 Jahren trinken kann. Er bietet ein großartiges Preis-Leistungsverhältnis.

BG (PRIORATO)

1998	**Gueta Lupia**	**D**	**90**

Der *1998er Gueta Lupia,* ein stark konzentrierter, fetter, körperreicher Priorato-Wein, bietet Noten von neuem Eichenholz, Mineralien, dunklen Himbeeren und Cassis. Er ist zwar fruchtbetonter als einige seiner Konkurrenten, besitzt aber unter all dem Glyzerin und der konzentrierten Frucht viel Körper, Masse und Struktur. Lassen Sie ihm 2–3 Jahre Zeit, damit er mehr Komplexität und Duftigkeit entfaltet, und trinken Sie ihn bis 2016.

BORJA (CAMPO DE BORJA)

2000	**Borsao**	**A**	**89**
2000	**Borsao 3 Picos**	**B**	**90**

Jahr für Jahr sind die Weine von Borja in *The Wine Advocate* als Wein mit hervorragendem Preis-Leistungsverhältnis vertreten. Den positiven Briefen nach zu urteilen, die ich erhalten habe, sind sie ein riesiger Erfolgsschlager bei Lesern, die mehr an Vergnügen als an unerträglichem elitärem Gehabe oder prestigereichen Namen interessiert sind. Ansonsten sind dies die besten Weine, die Borja je erzeugt hat. Sogar seine neue, teurere Auswahlcuvée erfüllt die Voraussetzungen, dass sie auf dem Markt als einer der Weine mit dem großartigsten Preis-Leistungsverhältnis gilt.

Der *2000er Borsao* ist ein im Tank vergorener und ausgebauter Verschnitt von 80% Grenache und 20% Tempranillo. Dieser verschwenderische, nahtlose, sinnliche Rotwein offenbart eine ganze Palette von süßen, dicklichen roten und schwarzen Früchten, ausgezeichnete Reintönigkeit, sehr gute Textur und Konzentration, zahlreiche Dimensionen und einen Abgang, wie man ihn normalerweise in Weinen findet, die ein gutes Stück teurer sind. Doch seine niedrige Säure und sein früh reifer Charakter legen nahe, dass man ihn am besten im Laufe der nächsten 2–3 Jahre trinken sollte. Die Leser sollten keine Probleme haben, diesen Wein ausfindig zu machen, denn es gibt 15000 Kisten davon. 2000 Kisten gibt es vom *2000er Borsao 3 Picos,* einer Cuvée, die ausschließlich von alten Reben stammt. Er ist ein explosiver, reichhaltiger, konzentrierter Wein von tiefrubinroter Farbe, der ein herrliches Bukett von schwarzen Früchten, Kirschwasser, Lakritze und Mineralien bietet. Körperreich, würzig und nahtlos, mit niedriger Säure sowie großen Mengen von Frucht und Glyzerin, kann sich dieser erstaunliche Tropfen mühelos mit guten Weinen aus dem südlichen Rhônetal und roten Premiers Crus aus Burgund messen. Nehmen Sie diesen Wein in eine Blindverkostung mit den besten roten Burgundern auf und schauen Sie, was passiert. Man sollte ihn jetzt genießen.

CAPCANES (TARRAGONA)

1999	**Cabrida**	**D**	**90+**
1998	**Cabrida**	**D**	**94**
1998	**Capcanes Costers del Gravet Les Vinyasses**	**C**	**89**
1999	**Mas Donis Barrica**	**A**	**89**
1997	**Pansal del Calas**	**C (0,5 l)**	**93**
1998	**Val del Calas**	**B**	**90**

Der *1999er Mas Donis Barrica* ist ein Verschnitt von 80% Grenache und 20% Syrah, der 8 Monate im Holzfass gereift ist. Er ist ein kräftiger, rustikaler, konzentrierter, dichter dunkelrubin-purpurroter Wein mit Noten von Erde, Lakritze, schwarzen Früchten, Fleisch und würzigem Holz – und dazu noch preisgünstig. Er ist kernig und dick und zeigt auf erstaunliche Weise die wunderbare Süße der Grenache-Traube. Zudem gibt es davon 5000 Kisten. Genießen Sie ihn in den nächsten 3–5 Jahren.

Der *1998er Val del Calas,* ein anderer eindrucksvoller Wein von dieser Kellerei in Tarragona, ein Verschnitt von Grenache, Cabernet Sauvignon und Syrah, bietet ein außergewöhnliches Preis-Leistungsverhältnis. 600 Kisten von diesem seriösen, an einen Côtes du Rhône erinnernden Wein warten mit Düften von Schokolade und rauchiger Schwarzkirschfrucht sowie einem robusten, konzentrierten, körperreichen Eindruck am Gaumen auf. Dominiert wird er von seiner Reintönigkeit und seinem Reichtum an schwarzen Früchten. Kaufen Sie ihn kistenweise und trinken Sie ihn in den nächsten 4–5 Jahren. Der *1998er Capcanes Costers del Gravet Les Vinyasses,* ein Verschnitt von Grenache und Cabernet Sauvignon, der 14 Monate in kleinen Holzfässern ausgebaut wurde, ist in einem leichteren Stil bereitet. Zwar ist er ernsthafter und ehrgeiziger, aber nicht so hedonistisch und emotional wie der Val de Calas. Von mittlerem bis vollem Körper, mit mäßigem Tannin, guter Reintönigkeit und in einem mehr internationalen Stil gehalten, dürfte er ein Jahrzehnt lang gut zu trinken sein.

Der *1999er Cabrida* ist ein ernsthafter, wenn auch verschlossener Wein für echte Kenner. Von kleinen Erträgen (17 hl/ha) erzeugt, zeigt er eine tiefe purpurrote Farbe und gibt sich muskulös und kräftig, mit Noten von Kirschwasser, die sich mit Brombeeren, Johannisbeeren, Lakritze, Trüffeln, neuem Sattelleder und Rauchfleisch mischen. Als sich der Wein länger im

Glas befand, entlud sich die Essenz von Kirschlikör noch heftiger. Er ist tief, robust und mäßig tanninhaltig und braucht eine mehrjährige Kellerreifung. Er wird 12–15 Jahre gut altern. Der in beschränkter Menge erzeugte *1998er Cabrida* ist das reinsortige Produkt von Grenache-Trauben, die aus einem einzigen, 3,5 Hektar großen Weinberg stammen. Nur in den besten Jahrgängen von 95–110 Jahre alten Reben erzeugt, wird der Wein zu 100% in neuen französischen Eichenfässern ausgebaut. Der Wein ist eine bemerkenswerte Leistung und besitzt jede Menge Aromen von Schwarzkirschen, Schokolade und Vanille. Dieser körperreiche, konzentrierte, enge, muskulöse Wein mit mäßigem Tannin wird von 1–3 Jahren Kellerreifung profitieren und sich 12–15 Jahre halten. Zweifellos ist er der eindrucksvollste Wein, den ich je aus Tarragona verkostet habe. Voraussichtliche Genussreife: jetzt bis 2016.

Die Leser sollten den *1997er Pansal del Calas* so behandeln, als hätten sie es mit einem Banyuls aus Frankreich oder sogar einem jungen Vintage-Portwein zu tun. Erzeugt von 90 bis 110 Jahre alten Grenache-Reben, bietet er maßvolle Süße und die dickflüssige, kernige Reichhaltigkeit der Grenache-Traube mit ihrem an geröstete Nüsse, Kräuter und Kirschwasser erinnernden Charakter. Das ist ein körperreicher Kraftprotz mit hohem Alkoholgehalt, den man nach einer Mahlzeit zu Käse servieren oder allein trinken sollte. Er dürfte sich ein Jahrzehnt oder noch länger halten, aber ich würde mich dafür entscheiden, ihn in seiner überschwänglichen, stürmischen Jugend zu trinken.

CASTANO (YECLA)

1998	**Coleccion**	**B**	**89**
1999	**Hecula**	**B**	**90**
1999	**Solana**	**B**	**92**

Hecula und Solana sind gute Anwärter auf das beste Preis-Leistungsverhältnis bei trockenen Rotweinen, die ich dieses Jahr verkostet habe. Beide kommen von terrassierten Weinbergen, die (für dieses Gebiet) hoch gelegen sind, nicht weit entfernt von der jetzt aufsteigenden Weinbauregion Jumilla. Der *1999er Hecula* ist ein Verschnitt von 70% Mourvèdre, 20% Tempranillo und 10% Merlot, der 6 Monate in neuen amerikanischen Eichenfässern reifte, bevor er ohne Filtration abgefüllt wurde. Er präsentiert eine undurchdringlich schwarze Farbe und eine dichte, kernige, muskulöse Persönlichkeit mit großen Mengen von Aromen, die im Duft und im Geschmack an von Lakritze erfüllte Brombeerfrucht, Sattelleder und gebratenes Fleisch erinnern. Dieser körperreiche, kräftige Wein dürfte sich ein Jahrzehnt lang gut trinken lassen. Er verkörpert zwar nicht den verfeinertesten Stil der Rotweinbereitung, hat aber ein ausgezeichnetes Preis-Leistungsverhältnis. Einige der Mourvèdre-Trauben (hier Monastrell genannt) stammen von 100 Jahre alten Reben. Trinken Sie ihn in den nächsten 8–10 Jahren. Der *1999er Solana,* hauptsächlich von alten Mourvèdre-Reben erzeugt und 7 Monate in Holzfässern ausgebaut, ist ein spektakulärer, nahtloser, unglaublich konzentrierter Wein von undurchdringlich schwarz-purpurroter Farbe. Er ist tief und kernig, mit herrlichen Mengen von erdiger Schwarzkirsch- und Brombeerfrucht, vollem Körper, samtigem, süßem Tannin und einem den Mund auskleidenden, langen, konzentrierten Abgang ohne Ecken und Kanten. Das Eichenholz ist vom Fruchtreichtum des Weins völlig absorbiert worden. Wie sein Bruder ist er erstaunlich preiswert. Trinken Sie ihn in den nächsten 10 Jahren.

Der *1998er Coleccion* (90% Mourvèdre und 10% Cabernet Sauvignon, ein wenig im Holzfass ausgebaut) ist elegant und komplex und offenbart Noten von Lakritze, dunklen Himbeeren und Pflaumen. Er besitzt gute Dichte, festes Tannin, ausgezeichnete Reintönigkeit und Reife und das Potenzial, 7–8 Jahre zu altern. Er hat ebenfalls ein sehr gutes Preis-Leistungsverhältnis.

CASA CASTILLO (JUMILLA)

1999	**Las Gravas**	**B**	**90**
1998	**Las Gravas**	**B**	**90+**

2000 Jumilla A 89

1999 Monastrell A 88

Wenn wir allmählich mehr Weine wie diesen hier aus Jumilla erleben, wird diese Region die Bedeutung und das Ansehen gewinnen, die heute Priorato hat. Der *1999er Monastrell* ist ein Verschnitt von 85% Monastrell (Mourvèdre) und 15% Syrah von den gutseigenen Weinbergen. Ein Großteil der Mourvèdre-Trauben stammt von 40 Jahre alten, ungepfropften Reben. Die Erträge lagen bei lächerlich niedrigen 2,5–3t/ha, die alle mit der Hand gelesen wurden. Vor der Abfüllung wurde der Wein 4 Monate lang vollständig in neuen amerikanischen Eichenfässern ausgebaut. Er zeigt eine dichte purpurrote Farbe sowie ausdrucksvolle Aromen von Baumrinde, Pilzen, Brombeeren und Erde. Er besitzt einen eleganten, dennoch kräftigen mittleren Geschmacksbereich und eine starke Persönlichkeit und enthüllt in dem kreideartigen Abgang hohen Tanningehalt. Dieser beeindruckend reichhaltige, körperreiche Wein wird von einer mehrjährigen Kellerreifung profitieren und sich ein Jahrzehnt lang halten.

Der *2000er Jumilla,* ein bemerkenswert preisgünstiger Verschnitt von 85% Mourvèdre und 15% Syrah, zeigt eine satte purpurrote Farbe sowie einen körperreichen, seriösen Vin-de-garde-Stil und eine dichte, von Mineralien durchdrungene Kirsch- und Brombeerfrucht. Offen gesagt, ist dieser eindrucksvolle Rotwein für einen Wein in dieser Preiskategorie zu kräftig, reichhaltig und strukturiert. Er durchlief eine malolaktische Gärung in neuen französischen und amerikanischen Eichenfässern, in denen er vor der Abfüllung 4 Monate lang ausgebaut wurde. Die Erträge lagen bei winzigen 2,5–3t/ha. In Bezug auf Stärke, Intensität und Reichhaltigkeit muss man diesen Wein probiert haben, damit man es glaubt! Trinken Sie ihn in den nächsten 5–6 Jahren.

Der *1999er Las Gravas* ist nicht so massig wie der 1998er, aber viele Leser werden ihn als besser ausbalanciert ansehen. Das Tannin ist süßer, und der Wein offenbart weniger Volumen, aber schöne Harmonie sowie prächtige Noten von Brombeeren, Kirschen, Unterholz, süßem Eichenholz, Mineralien und Erde. Verschwenderisch reichhaltig und geschmeidig texturiert, sollte er am besten im Laufe der nächsten 12–15 Jahre getrunken werden. Für die Qualität ist er ein überaus preisgünstiger Wein. Der *1998er Las Gravas* (ein Verschnitt von 40% Mourvèdre und 60% Cabernet Sauvignon) hat seinen Namen von den großen Steinen, die die Kreideböden dieser Weinberghänge bedecken. Erneut waren die Erträge absurd niedrig: 1t/ha bei Mourvèdre und etwa 1,2t/ha bei Cabernet Sauvignon. Die malolaktische Gärung lief in Holzfässern ab. Der Wein wurde geschönt, aber nicht filtriert. Zum Einsatz kamen 50% neue französische und 50% neue amerikanische Eichenfässer. Es gibt 700 Kisten von diesem Aufsehen erregenden Wein, der für Jumilla einen neuen Maßstab setzt. Er ist von undurchdringlichem Schwarz-Purpurrot (er sieht mehr wie ein Vintage-Portwein als wie ein Wein aus) und bietet ein fabelhaftes Bukett von zermahlenen Steinen und Schwarzkirsch- und Brombeerlikör, vermischt mit Rauch und Vanille. Stark konzentriert, körperreich und muskulös, mit süßem Tannin, niedriger Säure und einem sagenhaften, konzentrierten Abgang, der über 40 Sekunden dauert, ist er ein enorm ausgestatteter und dennoch gut ausbalancierter Wein, der nicht exzessiv ist. Wegen des Frucht,- Glyzerin- und Extraktreichtums ist er zugänglich, aber lassen Sie ihn noch 2–3 Jahre im Keller reifen und trinken Sie ihn in den darauf folgenden 15+ Jahren. Beide Weine bieten ein außergewöhnliches Preis-Leistungsverhältnis, insbesondere der 1998er Las Gravas.

CERVOLS (COSTERS DEL SEGRE)

1998 Costers del Segre C 89

Der *1998er Costers del Segre,* ein Verschnitt von 40% Tempranillo, 30% Cabernet Sauvignon und 30% Grenache, wurde 14 Monate in neuen französischen Eichenfässern ausgebaut, bevor er ohne Filtration abgefüllt wurde. Er ist in einem internationalen Stil bereitet, mit süßer Schwarze-Johannisbeer- und Brombeerfrucht, verbunden mit toastwürzigem neuem

Eichenholz. Reif, dicht und von mittlerem bis vollem Körper, mit ausgezeichneter Reintönigkeit, wird er 6–7 Jahre lang gut zu trinken sein.

CIMS DE PORRERA (PRIORATO)

1998 Priorato **E 91**

Der *1998er Priorato*, ein Verschnitt von 65% Carignan (von 80 Jahre alten Reben), 32% Grenache sowie Cabernet Sauvignon, zeigt eine satte purpurrote Farbe und einen prächtigen Duft von überreifen Trauben, Brombeeren, Backpflaumen, Lakritze, Rauch und Erde. Der körperreiche Wein mit hohem Alkoholgehalt (14,9%), ungeheurer Öligkeit und Dichte ist trotz seines Gewichts und seiner Masse extrem gut ausbalanciert. Trinken Sie ihn in den nächsten 20 Jahren.

CLOS ERASMUS (PRIORATO)

1998 Priorato **E 99**

1997 Priorato **D 93**

1996 Priorato **D 90**

Zusammen mit l'Ermita (von Palacios) ist dies der konzentrierteste, kräftigste und alterungsfähigste unter den viel versprechenden Weinen von Priorato. Ich war über die meisten 1996er enttäuscht, die ich aus diesem Gebiet verkostete. Doch Clos Erasmus machte einen der besten Weine, die ich bislang probiert habe. Die Produktion des *1996er Priorato* betrug nur 300 Kisten. Die Erträge lagen bei nur 18 hl/ha. Er ist ein dunkelrubin-purpurroter Wein mit einem würzigen, eichenholzbetonten Bukett, vermischt mit Noten von Schwarzkirsch- und Himbeerfrucht. Dieser Wein erfordert eine weitere Kellerreifung von 2–4 Jahren und dürfte sich 10–15 Jahre gut trinken lassen. Der *1997er Priorato* zeigt eine dichte rubin-purpurrote Farbe sowie Düfte von Mineralien, toastwürzigem neuem Eichenholz sowie Heidelbeer-, dunkler Himbeer- und Johannisbeerfrucht und wirkt in seiner Persönlichkeit körperreich, eindrucksvoll ausgestattet und stark extrahiert. Herrlich reintönig, mit angemessener Säure als Grundlage und einem klar umrissenen, strukturierten, muskulösen und konzentrierten Abgang, ist dieser unentwickelte Wein aufgrund seines Fruchtreichtums und seiner Geschmeidigkeit zugänglich. Er dürfte 10–20 Jahre lang anmutig altern. Der spektakuläre *1998er Priorato* flirtet mit der Perfektion. Seine satte, undurchdringliche blau-purpurrote Farbe ist Tinte nicht unähnlich. Überwältigende Aromen von reifen, reintönigen Brombeeren, Veilchen, Heidelbeeren, nassen Steinen und rauchigem, toastwürzigem Eichenholz steigen aus dem Glas auf. Dieser starke, ölig texturierte Kraftprotz mit sehr stark extrahierten, reichhaltigen, konzentrierten Geschmackskomponenten besitzt extravagante Mengen an Frucht, Glyzerin, Tannin und Persönlichkeit. Der Wein zeigt eine feste, strukturierte Kante, aber eine viskose Textur, die von der ungeheuren Konzentration herrührt, macht ihn unmittelbar zugänglich. Dieser Wein dürfte seine Reife in 7–8 Jahren erreichen und 20–30 Jahre gut altern. Er stellt eine Glanzleistung der Weinbereitung dar.

CLOS MARTINET (PRIORATO)

1997 Priorato **E 90**

Der *1997er Priorato*, der viel besser ist als der magere, raue 1996er mit dem hohen Säuregehalt, zeigt einen dunklen Rubin-Purpur-Pflaumenton, süße Frucht von dunklen Himbeeren und Brombeeren, vollen Körper, einen expansiven, reichhaltigen, berauschenden, alkoholischen Abgang und schön integriertes Holz. Er ist ein in einem konzentrierten, kräftigen Stil gehaltener Priorato, den man in den nächsten 10 Jahren trinken sollte.

CLOS MOGADOR (PRIORATO)

1998 Priorato **D 94**

1997 Priorato **D 91**

Es ist ein Vergnügen, wenn man erlebt, wie viel besser die 1997er Priorato-Weine ausgefallen sind als die mageren, ausgezehrten 1996er. Der *1997er Priorato* besitzt eine satte rubinpurpurrote Farbe, einen fetten, dichten, konzentrierten Charakter, der an von Mineralien durchdrungene schwarze Johannisbeeren erinnert, vollen Körper, schichtenweise Konzentration, süßes Tannin und einen 35-Sekunden-Abgang. Eindrucksvoll und reintönig, mit schön integriertem toastwürzigem Eichenholz, lässt er sich 10–15 Jahre gut trinken. Der pechschwarz-purpurrote *1998er Priorato* (40% Grenache, 35% Cabernet Sauvignon, 20% Syrah sowie 5% Mourvèdre und Petit Verdot), vielleicht der beste Clos Mogador bislang, besitzt ein gewaltiges Bukett von Heidelbeeren, Brombeeren, Mineralien und Vanille. Er ist ein Wein von großer Reintönigkeit, Intensität und Masse, mit außerordentlicher Reichhaltigkeit, einem kraftstrotzenden mittleren Geschmacksbereich und einem ungeheuer langen Abgang. Dieser dekadente Wein braucht noch ein paar Jahre, bis er sich vollständig entfaltet. Voraussichtliche Genussreife: jetzt–2020.

OLIVER CONTI (AMPURDAN-COSTA BRAVA)

1998 Ampurdan C 90

Diese neue Kellerei, die 4 km vom Mittelmeer entfernt liegt, erzeugt einen Bordeaux-ähnlichen Verschnitt von 70% Cabernet Sauvignon, 20% Merlot und 10% Cabernet Franc, der 6 Monate in französischen Eichenfässern reift, bevor er in größere Behälter umgefüllt wird. Der *1998er Ampurdan* ist ein Spätentwickler, der eine Flaschenreifung braucht, damit er sein volles Potenzial enthüllt. Auf Aromen von schwarzen Johannisbeeren, Brombeeren, Oliven, Zedernholz und würzigem französischem Eichenholz folgt ein langer, eindrucksvoll gebauter Rotwein mit einem fetten Mittelbereich und geschmeidigem Tannin im Abgang. Er ist konzentriert wie auch elegant und dürfte sich 10–12 Jahre gut trinken lassen.

COSTERS DEL SIURANA (PRIORATO)

1999 Clos de l'Obac D 92

1998 Clos de l'Obac D 90

1999 Miserere D 88

Obwohl ich vom rau texturierten, unterernährten 1998er Miserere dieser Kellerei enttäuscht war, ist ihr *1998er Clos de l'Obac,* ein Verschnitt von Cabernet Sauvignon, Grenache, Syrah, Merlot und Carignan, hervorragend. Während viele Prioratos überaus reichhaltige, dick texturierte Weine sein können, verkörpert der Clos de l'Obac einen eleganteren, zurückhaltenderen Stil aus dieser sehr viel versprechenden, relativ neuen Appellation. Von mageren Erträgen (etwa 1,2t/ha) erzeugt und ohne Filtration abgefüllt, bietet der undurchdringlich rubin-purpurrote Wein Noten von dunklen Himbeeren, verknüpft mit Erdbeer- und Kirschfrucht. Wenn er sich länger im Glas befindet, tauchen mineralische und subtile Eichenholzaromen auf. Wunderschön texturiert und reintönig, mit hohem Tanningehalt, ist er ein Wein von unbestreitbarer Eleganz, Feinheit und Konzentration. Er erfordert 3–4 Jahre Kellerreifung und dürfte sich 15+ Jahre lang halten. Das ist zweifellos der stilvollste, zurückhaltendste und hochwertigste Wein aus dem Priorato. Voraussichtliche Genussreife: 2005–2016.

Die beiden 1999er sind die besten Weine, die ich von diesem Gut in einer ganzen Reihe von Jahren verkostet habe. Der *1999er Miserere,* ein Verschnitt von Cabernet Sauvignon, Grenache, Tempranillo, Merlot und Carignan, reifte 12 Monate in französischen Eichenfässern, bevor er ohne Filtration abgefüllt wurde. Er ist ein eleganter, mineralisch getönter Wein von mittlerem Körper, mit Noten von Himbeer- und Kirschfrucht, guter Reintönigkeit und einem weichen, pikanten Abgang. Er dürfte 4–6 Jahre lang gut zu trinken sein. Das einzige Problem ist der Preis. Der eindrucksvolle *1999er Clos de l'Obac* wurde von einem ähnlichen Verschnitt erzeugt, aber die verwendeten Grenache- und Carignan-Reben haben ein Alter von 50 bis zu 100 Jahren, wobei die Erträge mikroskopisch klein gehalten wurden (knapp 2,5t/ha). Der Wein wurde 14 Monate in neuen französischen Eichenfässern ausgebaut. Seine undurchdringlich purpurrote Farbe geht einher mit einem süßen Bukett von Himbeerlikör, vermischt mit schwarzen Johannisbeeren, Mineralien und toastwürzigem Eichenholz. Von mittlerem bis vollem Körper und reichhaltig, mit mäßigem Tanningehalt, angemessener Säure, ausgezeichneter klarer Zeichnung und einem langen, konzentrierten Abgang, ist er immer noch jugendlich und unfertig. Voraussichtliche Genussreife: 2005–2018.

DEHESA GAGO (TORO)

2000 Toro **B 89**

Zu 100% aus der Rebsorte Tinto de Toro erzeugt, bietet der *2000er Toro*, der in Edelstahltanks mit Kontrolle der Temperatur ausgebaut wurde, eine dichte rubin-purpurrote Farbe und ein prächtiges Bukett von dicklichen schwarzen Früchten, vermischt mit Unterholz und Pfeffer. Er ist dicht, kernig und fleischig und sollte am besten im Laufe der nächsten 3–4 Jahre getrunken werden. Diese in sehr begrenzter Stückzahl produzierte Cuvée ist einer der besten Käufe.

CASA DE LA ERMITA (JUMILLA)

2000 Tinto **B 90**

Jumilla, eines der aufstrebenden Gebiete in der tiefsten spanischen Provinz, hat den *2000er Tinto* hervorgebracht, einen Verschnitt von 75% Tempranillo, 15% Cabernet Sauvignon und 10% Mourvèdre. Der Wein besitzt eine dichte purpurrote Farbe und ein kräftiges, rauchiges Bukett, das an Vulkanasche erinnert und nach Schokolade, Grafit, Brombeeren und schwarzen Johannisbeeren duftet. Vielschichtig, körperreich, dicht und überaus konzentriert, ist er ein für den Preis erstaunlicher Tropfen. Genießen Sie ihn in den nächsten 5–6 Jahren.

FALSET MARCA (TARRAGONA)

1999 Etim **B 90**

1998 Etim **B 88+?**

Der üppige, dickflüssige, saftige *1999er Etim,* ein Verschnitt von 85% Grenache und 15% Cabernet Sauvignon, bietet umwerfende Aromen von schwarzen Früchten und Erde, hervorragende Reife, eindrucksvolle Reintönigkeit und einen langen, vielschichtigen Abgang. Trinken Sie ihn in den nächsten 3–4 Jahren. Der *1998er Etim* ist ein ungeheuerlicher Wein (gleicher Verschnitt wie oben, in französischen und amerikanischen Eichenfässern ausgebaut), der sensationelle Konzentration, Stärke und Tiefe besitzt. Das rustikale Tannin im Abgang kann jedoch möglicherweise abschreckend auf Leser wirken, die nach einem üppigeren, samtiger texturierten Stil suchen. Dennoch findet man in diesem sauberen Wein von gewaltigem Umfang erstaunliche Tiefe und Reichhaltigkeit. Wenn sich das Tannin besser einfügt, könnte die Bewertung steigen. Stellen Sie sich ihn im Augenblick als starken, auf Hochtouren laufenden Motor vor. Trinken sollte man ihn zu Gerichten mit kräftigem Eigengeschmack. Er dürfte sich 5–7 Jahre halten.

J. M. FUENTES (PRIORATO)

1998 Gran Clos **D 90**

Der in einem internationalen Stil gehaltene *1998er Gran Clos* ist ein Verschnitt von 70% Grenache, 20% Carignan und 10% Cabernet Sauvignon. Er zeigt einen aggressiven Grad an toastwürzigem neuem Eichenholz sowie konzentrierte Noten von schwarzen Johannisbeeren und Kirschwasser. Er ist zwar körperreich, reintönig und reichhaltig, aber das Eichenholz muss sich besser einfügen, damit es meine Bewertung rechtfertigt. Trotzdem findet man darin viel Tiefe; außerdem ist die Qualität der Frucht tadellos. Lagern Sie diesen Wein noch weitere 3–4 Jahre und genießen Sie ihn im Laufe der darauf folgenden 15+ Jahre.

FRA FULCO (PRIORATO)

1999 Priorat D 91

Von 60–100 Jahre alten Carignan-Reben erzeugt und in neuen Eichenfässern ausgebaut, ist der überschäumende, körperreiche, rustikale 1999er *Priorat,* der aber den Mund beizt und auch ausfüllt, voller konzentrierter schwarzer Früchte, vermischt mit Gerüchen von Erde, neuem Sattelleder und Vanille. Diesen hervorragenden Wein, der kräftig und reichhaltig, aber trotzdem nahtlos ist, sollte man am besten während seiner ersten 5–6 Lebensjahre trinken, damit man in den Genuss seiner Überschwänglichkeit und Reintönigkeit kommt. Carignan ist keine edle Rebsorte; obwohl eindrucksvoll, kann ich mir nicht vorstellen, dass er mehr Komplexität entwickelt. Genießen Sie ihn wegen seiner Intensität, Reichhaltigkeit und Frische frühzeitig.

LO GIVOT (PRIORATO)

1998 Priorat D 90

Der reizvolle, süße, konzentrierte *1998er Priorat* von dichter purpurroter Farbe, der im Eichenfass ausgebaut wurde, ist ein Verschnitt von 33% Grenache von 90–100 Jahre alten Reben, 32% Carignan von 100 Jahre alten Reben sowie Cabernet Sauvignon und Syrah von jungen Reben. Er ist zwar immer noch eng gewirkt, aber tief, reintönig und reichhaltig und bietet Noten von schwarzen Früchten, Mineralien, Lakritze und Barrique. Voraussichtliche Genussreife: jetzt–2012.

GRANDES BODEGAS (RIBERA DEL DUERO)

1996 Monte Villalobon D 88

Der *1996er Monte Villalobon,* von 90% Tinta del Pais und 10% Cabernet Sauvignon erzeugt, bietet eine tiefe, satte purpurrote Farbe und süße Brombeer- und Kirschfrucht, verknüpft mit Noten von Erde und Unterholz. Nach einem ausgezeichneten Auftakt am Gaumen offenbart der Wein eine Persönlichkeit im internationalen Stil. Würzig, reif und monolithisch, dürfte er sich in den nächsten 3–4 Jahren entfalten und 12–15 Jahre lang entwickeln.

IBERIS (TERRA ALTA)

1999 Terra Alta D 91+

Leider gibt es nur 100 Sechser-Kisten von dem *1999er Terra Alta,* der aus einem Gebiet in der Nähe der mediterranen Küsten-Appellation Penedès kommt. Der Verschnitt von Grenache, Tempranillo, Cabernet Sauvignon, Syrah und zwei lokalen Rebsorten, Morenillo und Morselan, ist ein Energiebündel. Er hat eine undurchdringlich purpurrote Farbe und ein dickes, marmeladeartiges Bukett von Brombeeren, Lakritze, Backpflaumen und Pflaumen. Sein Aroma erinnert an den berühmten Petite Syrah von Turley Cellars. Körperreich und stark extrahiert, mit ungeheuer großen Mengen von Geschmack, die ein ebenso hoher Tanningehalt ausgleicht, erfordert dieser massige Wein eine Einkellerung von 5–6 Jahren und dürfte sich 20 Jahre halten. Er ist ein eindrucksvoller, monolithischer Wein von beträchtlicher Stärke und Reichhaltigkeit.

LEDA (CASTILLA-LEÓN)

1998 Castilla y Leon E 90+

Der *1998er Castilla y Leon,* eine 20000-Flaschen-Cuvée, die von alten Tempranillo-Reben erzeugt und in neuen Eichenfässern vergoren und ausgebaut wurde, ist eigentlich eine Art Vin de pays, auch wenn er unmittelbar außerhalb der Appellation Ribera del Duero entsteht. Er offenbart in seiner konzentrierten, kräftigen Persönlichkeit würziges Eichenholz im Überfluss, vollen Körper und schichtenweise Frucht und Reichhaltigkeit. 2–3 Jahre Kellerreifung werden dazu beitragen, dass er zivilisierter wird, aber in diesem massigen Wein passiert viel.

LUZON (JUMILLA)

2000	Merlot	A	89
1999	Merlot	A	89

Der Merlot, ein Verschnitt von 85% Merlot und 15% Monastrell (Mourvèdre), wird von einem Weinberg in Familienbesitz erzeugt, nur etwa 90 km vom Mittelmeer entfernt. Die Mourvèdre-Reben sind 45 Jahre alt, die Merlot-Reben 18 Jahre. Unglaublicherweise lagen die Erträge für Merlot bei knapp 4t/ha und die für Mourvèdre bei 3t/ha, niedriger als bei den meisten großen Châteaus auf dem Plateau von Pomerol (d.h. Pétrus, Lafleur, Vieux Château Certan). Der Wein besitzt eine satte, undurchdringliche purpurrote Farbe, ein erstaunlich reichhaltiges, nach Schokolade, Brombeeren und Mokka duftendes Bukett von mäßiger Stärke und explosive, körperreiche, konzentrierte Geschmackskomponenten mit kernigem Extrakt.

Der *1999er Merlot* verdient möglicherweise eine hervorragende Bewertung aufgrund seiner Reintönigkeit, seiner Reichhaltigkeit und seines Potenzials, sich ein Jahrzehnt lang entwickeln zu können. Die niedrige Säure des Weins sorgt für unmittelbare Zugänglichkeit, aber er wird sich 10 Jahre oder noch länger halten. Er ist ein erstaunlicher Tropfen aus einer unentdeckten Weinbauregion, die vielleicht zu den vielversprechendsten in Spanien gehört. Der *2000er Merlot,* ein sensationell preisgünstiger Wein, hat eine undurchdringlich rubinpurpurrote Farbe und kräftige, dichte Geschmacksnuancen von schwarzen Früchten, Erde, Grafit und Mineralien. Er besitzt sanfte Tannine, hervorragende Reichhaltigkeit am Gaumen und beeindruckende Gesamtreintönigkeit und -ausgewogenheit. Kaufen Sie ihn kistenweise und trinken Sie ihn in den nächsten 4–5 Jahren, damit Sie in den Genuss seiner überschwänglichen Jugend kommen.

MAS IGNEUS (PRIORATO)

1998	Costers de Poboleda	D	90
1998	F. A. 112	C	90
1998	F. A. 206	B	88

Der *1998er F. A. 206* von diesem beachtenswerten Erzeuger ist ein Verschnitt von 70% Carignan, 19% Grenache und 11% Cabernet Sauvignon, der 6 Monate in französischen Eichenfässern ausgebaut wurde. Weich und rund, mit erdigen Erdbeer- und Kirscharomen im Geschmack, einer eleganten Persönlichkeit sowie sehr guter Reintönigkeit und Gesamtausgewogenheit, sollte man ihn jetzt und in den nächsten 4–5 Jahren trinken. Er bietet ein ausgezeichnetes Preis-Leistungsverhältnis. Der teurere und fesselndere *1998er F. A. 112* ist ein Verschnitt von 65% Grenache, 25% Carignan und 10% Syrah, die in erster Linie auf Schieferböden angebaut werden. Die Erträge lagen bei winzigen 1,5t/ha. Eine tiefrubin-purpurrote Farbe geht einher mit süßen, marmeladeartigen Aromen von Brombeeren und Kirschen, vermischt mit Mineralien und Toastbrot. Der Wein ist körperreich, intensiv und reintönig, mit mäßigem Tannin und niedriger Säure. Man kann ihn jetzt trinken oder 7–8 Jahre lang einkellern. Ein weiterer hervorragender Wein ist der *1998er Costers de Poboleda,* ein Verschnitt aus Grenache von 80–100 Jahre alten Reben (65%) und aus Carignan von 80 Jahre alten Reben (35%), der ein Jahr vollständig in neuen französischen Eichenfässern ausgebaut wurde. Er ist ein körperreicher, kraftvoller Wein, der Noten von neuem Sattelleder, Kirschwasser, Mineralien und würzigem neuem Holz bietet. Stark konzentriert und würzig, mit einem tanninbetonten Abgang (obwohl das Tannin sowohl süß als auch gut integriert ist), wird er 10–15 Jahre lang gut zu trinken sein.

MAS MARTINET (PRIORATO)

1998	Bru	C	88
1998	Clos Martinet	E	91

Der *1998er Bru* (ein Verschnitt von 45% Grenache, 20% Cabernet Sauvignon, 20% Merlot sowie Carignan und Syrah) besitzt eine tiefrubin-purpurrote Farbe und dicke, saftige Noten von Schwarzkirschen und Johannisbeeren, vermischt mit Erde, Mineralien und Eichenholz. Dieser Wein wird von seiner Frucht und Reichhaltigkeit beherrscht. Zusätzliche Komplexität dürfte nach einer weiteren Flaschenreifung zum Vorschein kommen. Tadellos gemacht, reintönig und von mittlerem bis vollem Körper, ohne Ecken und Kanten, sollte er jetzt–2014 getrunken werden. Sein größerer Bruder, der *1998er Clos Martinet,* besitzt eine dichte purpurrote Farbe und ein gewaltiges Bukett von flüssigen Mineralien, Brombeerlikör und Cassis. Körperreich und ölig texturiert, mit fantastischer Präsenz am Gaumen, ist dieser ausladende Wein nie schwer oder überwältigend. Süßes Tannin im Abgang deutet darauf hin, dass 2–3 Jahre Kellerreifung günstig sein werden, aber die Leser können ihn ebenso jetzt wie im Laufe der nächsten 12–18 Jahre trinken.

MAURO (RIBERA DEL DUERO)

1998	**Terreus**	**EE**	**91+**
1996	**Terreus**	**EE**	**91+**
1996	**Vendimia Seleccionada**	**E**	**90**

Diese Weine werden unmittelbar außerhalb der Appellation Ribera del Duero zu 100% von Tempranillo-Trauben erzeugt, im Holzfass vergoren und mit minimaler Klärung abgefüllt. Der *1996er Vendimia Seleccionada* von dichter purpurroter Farbe bietet ein süßes Bukett von Schwarzkirschen, toastwürzigem neuem Eichenholz, Lakritze und Rauch. Dieser in einem internationalen Stil gehaltene Tempranillo, der körperreich, reif und mäßig tanninhaltig ist, wird bis 2015 auf seinem Höhepunkt sein.

Der mächtige, körperreiche *1998er Terreus* (ein Einzellagenwein) erfordert 4–5 Jahre Kellerreifung. Vollgepackt mit konzentrierter Brombeer- und Cassis-Frucht und durchsetzt mit Noten von Lakritze, neuem Holz und geschmolzenem Teer, besitzt dieser starke Wein hohen Tannin- und Extraktgehalt und reichliches Glyzerin. Voraussichtliche Genussreife: 2005–2020. Wenn sich im Laufe der nächsten 4–5 Jahre alles zusammenfügt, dürfen Sie erwarten, dass meine Bewertung noch höher ausfällt. Der muskulöse, in der Entwicklung stark zurückgebliebene *1996er Terreus* zeigt eine satte dunkelpurpurrote Farbe und ein enges, aber viel versprechendes Bukett von Mineralien, dunklen Himbeeren und Brombeeren. In diesem dichten, körperreichen, fast undurchdringlichen Wein kommt würziges neues Eichenholz zum Vorschein. Er erfordert eine Kellerreifung von 4–6 Jahren und dürfte sich 2 Jahrzehnte halten. Alles scheint gut genug ausbalanciert zu sein, um ein faszinierendes Potenzial für die Zukunft zu bieten.

ABEL MENDOZA (RIOJA)

1999	**Rioja**	**D**	**92**
1998	**Rioja**	**D**	**90+**

Dieses winzige Gut hat einen stilvollen, eigenwilligen *1998er Rioja* hervorgebracht. Beeindruckende Tiefe, aber ein verschlossener, strukturierter Stil machen ihn zu einem Wein eher für Kenner als für diejenigen, die unmittelbaren Genuss suchen. Der satte Pflaumen-Purpurton geht einher mit Aromen von Kirschlikör, schwarzen Johannisbeeren, Gewürzen, Vanille und Unterholz. Er ist dicht und reichhaltig, mit süßem Tannin, einem beachtlichen, vielschichtigen Mittelbereich und einem langen, mäßig tanninhaltigen Abgang. Voraussichtliche Genussreife: jetzt–2016. Noch besser ist der *1999er Rioja* (100% Tempranillo, 12 Monate in neuen französischen Eichenfässern ausgebaut). Dieser Rioja von einem Erzeuger, der bestrebt ist, einen der größten Weine der Welt zu machen, ist das Ergebnis eines fantastischen Selektionsvorgangs. Ein fabelhafter, süßer Duft von Brombeerlikör, Lakritze, Vanille und mineralischen Aromen begleitet eine undurchdringlich purpurrote Farbe. Dick und reichhaltig, mit einer schönen Textur, großartiger Reintönigkeit und geschmeidigem Tannin, besitzt dieser fesselnde Wein mehr Tiefe und umfassende Komplexität als der eindrucksvolle 1998er. Trinken Sie ihn in den nächsten 10–15 Jahren.

MONASTERIO (RIBERA DEL DUERO)

1996	**Crianza**	**D**	**90**

Hier ist der talentierte dänische Weinmacher Peter Sisseck (berühmt von Pingus) am Werk. Von extrem niedrigen Erträgen (15–20 hl/ha) erzeugt, ist der *1996er Crianza* ein Verschnitt von Tempranillo, Cabernet Sauvignon und Merlot. Er ist unbestreitbar ein hervorragender Wein. Er besitzt 14,5% Alkohol und viel Mumm und Reichhaltigkeit. Die Farbe ist ein satter Pflaumen-Purpurton. Der Wein offenbart große Mengen von süßem, toastwürzigem neuem Eichenholz, vermischt mit fast überreifen Düften von Backpflaumen, Brombeeren und Cassis. Er ist körperreich, würzig und großzügig, mit einer üppigen Textur und niedriger Säure, und kann jetzt und im Laufe der nächsten 10 Jahre getrunken werden.

EMILIO MORO (RIBERA DEL DUERO)

1998	**Maleolus**	**C**	**90+**
1999	**Moro**	**C**	**92**
1998	**Moro**	**C**	**90**
1997	**Ribera del Duero**	**C**	**89**

Die Familie Moro erzeugt seit mehr als 120 Jahren Wein in Ribera del Duero. Diese eindrucksvollen Weine stammen von relativ jungen Reben (12–20 Jahre alt) und bescheidenen Erträgen (4–5,2t/ha). Die Vinifikation und der Ausbau sind klassisch mit einer 25tägigen Maischung und 12 Monaten Reifung in alten und neuen französischen und amerikanischen Eichenfässern. In Anbetracht der Qualität sind dies Weine, die zu realistischen Preisen verkauft werden und beträchtliche Aufmerksamkeit verdienen. Der Unterschied zwischen dem 1999er und dem 1998er läuft auf Struktur und Zugänglichkeit hinaus. Der *1999er Moro,* der die großartige Reife des Jahrgangs enthüllt, ist ein aufregender, körperreicher Wein in einem opulenten Stil, der vor schwarzen Früchten, Lakritze, rauchigem, toastwürzigem Eichenholz und Trüffelnoten förmlich birst. Er ist üppig und dicht, ein idealer Anwärter darauf, dass man ihn in den nächsten 10–12 Jahren trinkt. Der *1998er Moro* zeigt eine satte Farbe, mehr Tannin, Struktur und Muskelkraft, aber nicht den Charme und die aufgeschlossene Frucht des 1999ers. Ich wäre nicht überrascht, wenn ich erleben würde, dass der 1998er in 5–6 Jahren aufholt, aber im Augenblick sind beide hervorragende Weine, wobei der 1999er ein wenig im Vorteil ist.

Der *1998er Maleolus* wurde von 25–75 Jahre alten Reben und winzigen Erträgen (2,1 bis 2,5t/ha) erzeugt. Vollständig in französischen Eichenfässern ausgebaut, ist er ein festerer, stärker strukturierter Wein, der teilweise die gleichen Merkmale wie der 1998er Moro zeigt, aber darunter mehr Tiefe und Alterungspotenzial besitzt. Er ist zwar dicht, kräftig und konzentriert, braucht aber 2–3 Jahre Kellerreifung und dürfte 12–15 Jahre lang anmutig altern.

Der undurchdringlich rubin-purpurrote *1997er Ribera del Duero,* der zu 100% im Holzfass (amerikanische Eiche) vergoren wurde, ist ein überschwänglicher Wein in einem exotischen Stil, der große Mengen von Brombeer- und Kirschfrucht, Schokolade, geräucherten Kräutern und Grillgewürzen bietet. Er ist köstlich, mit reichlichem Eichenholz neben der dicklichen Frucht, und hat nicht viel Komplexität oder klare Umrisse entwickelt, aber ich vermute, dass diese bei einer weiteren Flaschenreifung von 1–2 Jahren zum Vorschein kommen werden. Er könnte sogar eine hervorragende Bewertung verdienen. Voraussichtliche Genussreife: jetzt–2012.

MUGA (RIOJA)

1996	**Rioja Reserva**	**B**	**91**
1995	**Rioja Reserva Seleccion Especial**	**C**	**88**

1994	**Rioja Reserva Seleccion Especial**	**C**	**92**
1996	**Torre Muga**	**D**	**92**

Wie langjährige Leser wissen, ist dies einer meiner spanischen Lieblingserzeuger. Der spät auf den Markt gekommene *1994er Rioja Reserva Seleccion Especial* (ein Verschnitt von 70% Tempranillo, 20% Grenache sowie 10% Mazuelo und Graciano) ist eine Auslese von den besten Reblagen. Nachdem er 6 Monate in großen Eichenfässern und 30 Monate in kleinen französischen und amerikanischen Holzfässern reifte, wurde er ohne Filtration abgefüllt. Hinter einer dunkelgranatroten Farbe entdeckt man Aromen von Röstkaffee, Rauch, schwarzen und roten Johannisbeeren, Mineralien und verbrannter Erde. Dicht und süß, mit Anklängen an Bleistift sowie Pflaumen- und Schwarze-Johannisbeer-Frucht, besitzt dieser spektakuläre Rioja von mittlerem bis vollem Körper herrliche Reintönigkeit. Er ist ein harmonischer Wein mit intensiver Geschmackskonzentration, einer schönen Textur und subtilem Holzton. Genießen Sie ihn jetzt und in den nächsten 20 Jahren. Der *1995er Rioja Reserva Seleccion Especial* enthüllt neben Grafit, Kirschmarmelade und Mineralien ledrige, erdige, laubige Noten. Das Bukett erinnert an einen in leichterem Stil gehaltenen Lafite-Rothschild. Der Wein reifte 30 Monate in einer Kombination von französischen und amerikanischen Eichenfässern, bevor er ohne Filtration abgefüllt wurde. Er ist zwar elegant und stilvoll, besitzt aber nicht die Substanz und Tiefe, die notwendig sind, um eine hervorragende Bewertung zu verdienen. Voraussichtliche Genussreife: jetzt–2012.

Der *1996er Rioja Reserva* (ein Verschnitt von 70% Tempranillo, 20% Grenache sowie 10% Mazuelo und Graciano) wurde 24 Monate in französischen und amerikanischen Eichenfässern ausgebaut, bevor er ohne Filtration abgefüllt wurde. Die Farbe ist ein dichter Pflaumen-Purpurton. Der Wein zeigt Haut-Brion-ähnliche Noten von Teer, gerösteter Erde, Bleistift, Rauch und Schwarzkirschmarmelade. Von mittlerem bis vollem Körper und komplex, mit mäßigem Tannin, entsprechender Säure und einem würzigen, erstklassigen, reichhaltigen Abgang, erfordert er 2–3 Jahre mehr Kellerreifung. Voraussichtliche Genussreife: jetzt–2017. Der *1996er Torre Muga,* eine Luxuscuvée, ist ein Verschnitt von 75% Tempranillo, 15% Mazuelo und 10% Graciano, der 22 Monate in großen amerikanischen Eichenfässern und danach 16 Monate in französischen Holzfässern lagerte, bevor er ohne Filtration abgefüllt wurde. Er ist ein erstaunlicher Wein, der irgendwie von einem so langen Ausbau im Holzfass profitiert. Die undurchdringliche, dichte purpurrote Farbe geht einher mit Düften von schwarzen Früchten, Mineralien, verbrannter Erde, Zedernholz, Tabak und Gewürzen. Körperreich, mit guter Konzentration und einer eng gewirkten Persönlichkeit, braucht dieser kräftige, muskulöse Wein eine Kellerreifung von 4–5 Jahren. Voraussichtliche Genussreife: 2005–2025.

MURRIETA (RIOJA)

1970	**Castillo Ygay Gran Reserva Especial**	**EE**	**89**
1996	**Dalmau Reserva**	**D**	**90**
1995	**Dalmau Reserva**	**D**	**90+?**

Zu den besten Weinen von Murrieta gehört ein überraschend jugendlicher, überschwänglicher *1970er Castillo Ygay Gran Reserva Especial.* Er besitzt eine bemerkenswert tiefe rubinrote Farbe und ein ausgeprägtes Bukett von frischen Pilzen und toastwürzigem neuem amerikanischem Eichenholz. Im Mund verengt sich der Wein, aber er bietet von Zedernholz und Leder durchdrungene Kirschfrucht. Es fällt schwer zu glauben, dass dieser Wein über 30 Jahre alt ist, so sehr scheint er imstande zu sein, noch weitere 10 Jahre zu halten.

Die Luxuscuvée des *1996er Dalmau Reserva* zeigt einen dichten, satten Pflaumen-Rubinton, auf den Aromen von reifen schwarzen Früchten folgen, vermischt mit Fleisch, neuem Eichenholz und Wildbret. Dieser strukturierte, zugängliche und trotzdem jugendliche Rioja, der körperreich, mäßig tanninhaltig, gehaltvoll und konzentriert ist, wird von 4–5 Jahren Kellerreifung profitieren. Er wird sich 15+ Jahre halten. Der *1995er Dalmau Reserva* scheint sich zu verschließen, aber er ist viel versprechend. Im Augenblick dominiert neues Eichenholz, aber Anklänge an Bleistift, schwarze Früchte, Erde und geräuchertes Wild sind alle vorhanden. Auf eine cremige Ansprache folgt jede Menge Tannin. Ich würde diesen Wein noch weitere 3–4 Jahre lang einkellern und in den darauf folgenden 15 Jahren trinken.

NEKEAS (NAVARRA)

1998	**Vega Sindoa El Chaparral**	**B**	**88**
1999	**Vega Sindoa Merlot**	**A**	**88**
1998	**Vega Sindoa Merlot**	**A**	**88**
1995	**Vega Sindoa Izar de Vega**	**C**	**88**
2000	**Vega Sindoa Tempranillo/Merlot**	**A**	**88**

Leser, die bei Weinen nach Schnäppchen suchen, müssen unbedingt die Weine namens Vega Sindoa kaufen. Nekeas besitzt rund 220 ha Weinberge in Hanglage, die nicht künstlich bewässert werden, in einem Gebiet, das im 15. Jahrhundert unter der Herrschaft von König Philipp II. berühmter als heute war. Bei den meisten Weinbergen wurden die Rebstöcke ausgerissen, weil die Erträge zu niedrig waren. Glücklicherweise erlebt dieses Gebiet eine Renaissance. Die nachfolgenden Weine (die zu lächerlich niedrigen Preisen verkauft werden) sind erstaunlich gut. Sie verdienen insbesondere das Interesse von denen, die nicht glauben, dass Weine für nur wenige Euros komplexen Trinkgenuss liefern können. Der *1995er Vega Sindoa Izar de Vega* (ein Verschnitt von 40% Cabernet Sauvignon, 30% Merlot und 30% Tempranillo, von dem 3000 Kisten produziert wurden) ist neu im Angebot dieses verlässlichen Erzeugers und stellt die spanische Version eines Pauillac-Weins von mittlerem Niveau dar. Noten von Cassis, Pflaumen, Tabak und Zedernholz kommen in diesem dunkelrubinpurpurroten Wein zum Vorschein. Er ist reichhaltig und von mittlerem Körper, mit geschmeidigem Tannin sowie niedriger Säure, und sollte in den nächsten 2–3 Jahren getrunken werden.

Die Verbraucher wissen, wie schwierig es ist, auf dem Markt einen guten Merlot zu finden. Es gibt einen Ozean von industriell hergestelltem, fadem Gesöff, das unter dem Namen Merlot firmiert, wobei der größte Teil davon dünn, säuerlich, vegetabil und belanglos ist. Der beste Merlot kommt in der Regel aus Bordeaux oder der Toskana, aber der weiche, reife, stämmige *1999er Vega Sindoa Merlot* (3000 Kisten von einem reinsortigen Merlot von 10 Jahre alten Reben) ist ein Knaller. Sowohl in amerikanischen als auch in französischen Eichenfässern ausgebaut, bietet er Düfte von Holz, Kaffee und Beerenfrucht, die sich in einem verbraucherfreundlichen Format von mittlerem Körper präsentieren. Trinken Sie ihn in den nächsten 1–2 Jahren. Der *1998er Vega Sindoa Merlot,* ein weiterer ernsthafter Wein, ist ebenfalls fast geschenkt. Zu 60% in amerikanischen und zu 40% in französischen Eichenfässern gereift, präsentiert er eine dunkelrubin-purpurrote Farbe und ein klassisches Merlot-Bukett von Mokka, Kaffee sowie Beeren- und Kirschfrucht. Der Wein besitzt niedrige Säure, gut integriertes, sanftes Tannin, mittleren bis vollen Körper, eine fette, samtweiche Textur und einen überraschend langen Abgang. Er bietet ein außergewöhnliches Preis-Leistungs-verhältnis und dürfte sich 2–3 Jahre gut trinken lassen.

Der *1998er Vega Sindoa El Chaparral,* der zweite Jahrgang dieses sensationellen Weins von alten Grenache-Reben (60–100 Jahre alt), ist einmal mehr der Traum eines jeden Hedonisten. Dieser preiswerte Wein von dunkelrubinroter Farbe ist voller Kirschwasser, Pfeffer und Gewürze und hat einen kräftigen Glyzeringehalt. Zusätzlich besitzt er genug Säure als Grundlage, um Lebhaftigkeit und Frische zu verleihen. Stellen Sie sich diesen fleischigen, sinnlichen Grenache-Wein als spanische Antwort auf den französischen Gigondas vor. Trinken Sie ihn in den nächsten 2 Jahren.

Der *2000er Vega Sindoa Tempranillo/Merlot* ist eine spanische Fruchtbombe. Dieser Verschnitt von 80% Tempranillo und 20% Merlot wurde vor der Abfüllung im Tank ausgebaut. Er bietet wunderbare Süße, weiche, explosive Beeren- und Kirscharomen in Duft und Geschmack, mittleren bis vollen Körper, niedrige Säure und großartige Reintönigkeit. Er kann mit Weinen mithalten, die zwei- bis dreimal mehr kosten. Genießen sollte man ihn jetzt.

NUMANTHIA (TORO)

1999	**Numanthia**	D	95
1998	**Numanthia**	D	95

Dieser sensationelle Wein wird sich als Durchbruch für die Appellation Toro erweisen. Erzeugt von 70–100 Jahre alten, ungepfropften Reben, die in einer Höhe von 700 m angepflanzt sind, lagen die Erträge bei winzigen 3,7 t/ha. Er wurde 18 Monate vollständig in neuen französischen Eichenfässern ausgebaut, wobei die malolaktische Gärung im Holzfass stattfand, und ohne Schönung oder Filtration abgefüllt. Dieser reinsortige Tinto de Toro (der lokale Name für Tempranillo) stammt von einem Weinberg mit sandigen Böden mit Kreidetextur über einem lehmigen Untergrund. Weingut und Wein sind nach der sagenhaften spanischen Stadt Numantia benannt, die (nachdem sie 20 Jahre Widerstand geleistet hatte) 133 v. Chr. von römischen Legionen zerstört wurde. Sie ist für Spanien, was die Bergfestung Masada für Israel ist, ein Mahnmal für den Widerstand gegen den äußeren Feind.

Der *1998er Numanthia* ist ein explosiv reichhaltiger, überaus konzentrierter Wein von fesselnder Intensität, der 18 Monate lang die neuen französischen Eichenfässern aufgesogen hat. Die Farbe ist ein dichtes Purpurrot. Er bietet ein rauchiges, nach Brombeeren und Kirschen duftendes Bukett von außergewöhnlicher Reintönigkeit und Genauigkeit. Körperreich, enorm ausgestattet und ölig texturiert, zeigt dieser ungeheuerliche Wein riesiges Potenzial. Aufgrund seiner niedrigen Säure ist er schon jetzt zugänglich, aber man sollte ihn am besten weitere 2–3 Jahre altern lassen und in den darauf folgenden 2 Jahrzehnten trinken. Dieser fesselnde neue Wein beweist, was in der Appellation Toro erreicht werden kann. Bravo! Der *1999er Numanthia* bestätigt zusätzlich, wie eigentümlich diese Weine sind. Dieser erstaunliche Wein aus Toro wurde von Erträgen von 3,7 t/ha erzeugt, 18 Monate in neuen französischen Holzfässern ausgebaut und ohne Schönung oder Filtration abgefüllt. Auf eine schwarz-rubinrote Farbe folgt ein explosiver Duft von süßen Brombeeren, schwarzen Johannisbeeren, Lakritze, Mineralien und Rauch. Mit großer Intensität, unglaublich süßem Tannin und hohem Glyzeringehalt setzt dieser Wein, ähnlich wie sein Bruder, einen neuen Maßstab für die Appellation Toro.

OLIVARES (TARRAGONA)

1998	**Dulce Monastrell**	C	91?
1996	**Dulce Monastrell**	D	88?

Diese beiden Weine sind möglicherweise umstritten. Sie stammen von spät gelesenen Trauben und bieten Anklänge an Backpflaumen und Rosinen sowie mäßigen Restzucker. Sie sind deutlich dafür bestimmt, dass man sie zu Käse mit kräftigem Geschmack trinkt oder am Ende der Mahlzeit zum Dessert serviert. Keiner von beiden ist allzu süß, aber beide wirken dickflüssig, schwer und überreif. Erzeugt wurden sie von 128 Jahre alten Mourvèdre-Reben! Der *1996er Dulce Monastrell* ist ein unsichererer Kandidat, denn er besitzt rustikale, animalisch anmutende Noten, während sich beim reintönigeren *1998er Dulce Monastrell* die Brombeer- und Rosinenfrucht deutlicher zeigt. Dennoch wird man bei beiden Weinen die Empfindung haben, dass man sie entweder mag oder verabscheut. Beide dürften sich ein Jahrzehnt lang halten.

PAGO DE CARRAOVEJAS (RIBERA DEL DUERO)

1998	**Tinto**	D	90
1998	**Tinto Reserva**	D	92

Der beachtliche *1998er Tinto* offenbart einen dunklen Pflaumenton und süße Aromen von Schwarzkirschen, Erde und Gewürzen. Diesen nahtlosen, körperreichen Wein mit reifer, kerniger Frucht, der rund und samtig texturiert ist, und geschmeidig und großzügig wirkt, sollte man in den nächsten 6–7 Jahren genießen. Der *1998er Tinto Reserva* ist zwar in einem ähnlichen Stil gehalten, besitzt aber eine tiefere Sättigung der Farbe. Die Verwendung neuer amerikanischer und französischer Holzfässer ist deutlicher zu spüren. Der Wein ist fleischiger, mit zusätzlichen Geschmacksschichten. Er stellt eine beeindruckende Leistung dar und sollte in den nächsten 10–12 Jahren getrunken werden. Beide Weine bestehen aus rund 75% Tempranillo und 25% Cabernet Sauvignon.

ALVARO PALACIOS (PRIORATO)

1998	l'Ermita	EEE	97
1998	Finca Dofi	D	92
1998	Les Terrasses	C	88

Alvaro Palacios, ein Spitzenerzeuger, der immer berühmter und teurer wird, hat drei sehr gute Weine von einem anscheinend erstklassigen Priorato-Jahrgang hergestellt. Der weiche, in einem opulenten Stil gehaltene *1998er Les Terrasses* bietet eine tiefe, dichte rubinrote Farbe sowie reichliche Mengen von Brombeer- und Kirschfrucht, subtiles Holz, eine üppige, saftige Textur und niedrige Säure. Das ist ein Mengenwein, der von Palacios produziert wird, um die ungeheure Nachfrage zu befriedigen. Trinken Sie ihn in den nächsten 2–5 Jahren. Von seinen Gutsabfüllungen besitzt der fantastische *1998er Finca Dofi* eine undurchdringlich rubin-purpurrote Farbe und ein herrliches Bukett von Mineralien, schwarzen Früchten und Vanille. Er zeigt einen körperreichen, konzentrierten, intensiven Stil mit großer Reintönigkeit, Symmetrie und Länge. Genießen Sie ihn in den nächsten 10–12 Jahren. Der kraftstrotzende *1998er l'Ermita* von undurchdringlich purpurroter Farbe (der Beste seit dem 1995er und dem 1994er) präsentiert eine körperreiche Persönlichkeit mit großen Mengen von süßem Eichenholz, einer ganzen Wagenladung Glyzerin und großartiger Schwarzkirsch-, Cassis- und Kirschfrucht, die sich am mittleren Gaumen und im Abgang entlädt. Die hohen Mengen von neuem Eichenholz dürften sich besser einfügen, wenn der Wein im Laufe der nächsten 15–20 Jahre altert. Er ist ein außergewöhnlich eindrucksvoller und ausdrucksstarker Tropfen.

PESQUERA (RIBERA DEL DUERO)

1995	Gran Reserva	E	91
1994	Gran Reserva	EE	92
1996	Reserva	D	90

Der *1994er Gran Reserva*, ein Wein von dichtem Pflaumen-Rubin-Purpurton mit einem süßen Duft von Erde, Kräutern, dicklichen schwarzen Früchten und Eichenholz im Hintergrund, ist opulent texturiert, rund und fleischig. Er besitzt vollen Körper und mäßiges Tannin und wirkt zugänglich, aber trotzdem strukturiert. Er dürfte sich 12–15 Jahre gut trinken lassen. Der *1996er Reserva* von dichtem Pflaumenton bietet ein demonstratives Bukett von rauchigem Eichenholz, Erde, Tabak, Lakritze und dicklichen roten und schwarzen Früchten. Körperreich, dick, reichhaltig und vollmundig, hat dieser opulente Wein Struktur und Tannin. Er ist jedoch bereits köstlich. Voraussichtliche Genussreife: jetzt–2014.

Während die einfachen 1997er und 1998er Tinto weniger anregend waren als erwartet (in den unteren 80er-Punkten bewertet), zeigt der *1995er Gran Reserva* einen tiefen Rubin-Granat-Pflaumenton und ein süßes Bukett von Erde, Lakritze, schwarzen Früchten, Unterholz und würzigem neuem Eichenholz. Im Geschmack ist er von mittlerem bis vollem Körper, mit erfrischender Säure und hervorragender Dichte, Reife und Komplexität. Er dürfte 10–15 Jahre lang gut zu trinken sein.

Bisherige große Jahrgänge: 1994er Crianza (95), 1994er Gran Reserva (91), 1990er Gran Reserva (90), 1989er Gran Reserva (92), 1986er Gran Reserva (94), 1994er Janus (97)

PINGUS (RIBERA DEL DUERO)

1999	**Pingus**	**EEE**	**98**
1998	**Pingus**	**EEE**	**90**
1997	**Pingus**	**EEE**	**89**
1999	**Flor de Pingus**	**D**	**90**

Dieser in beschränkter Menge produzierte Wein, der von dem Besitzer und Weinmacher Peter Sisseck erstmals 1995 hergestellt wurde, gehört zu den aufregendsten Weinen von Europa. Der 1995er ist nahezu perfekt, der 1996er ebenfalls spektakulär und der 1999er brillant. Eine Fassprobe vom 2000er erscheint großartig. 1999 gab es rund 2000 Kisten vom Flor de Pingus und 450 Kisten vom Pingus.

Der *1997er Pingus* enthüllt in seinem strengen Charakter eine kräuterartige Note. Aromen und Geschmacksnuancen von Zedernholz, Oliven, Gewürzen, schwarzen Johannisbeeren, Leder und Rauch kommen in diesem reichhaltigen, konzentrierten Wein von mittlerem Körper zum Vorschein. Man sollte ihn am besten jetzt und in den nächsten 10 Jahren trinken. Der *1998er Pingus* ist zwar in einem ähnlichen Stil gehalten, zeigt aber mehr Noten von Schokolade, Espresso und Leder sowie einen expansiveren mittleren Geschmacksbereich, eine dichtere, undurchdringlichere rubin-purpurrote Farbe, mittleren bis vollen Körper, mäßiges Tannin und herrliche Reintönigkeit und Süße. Obwohl er hervorragend ist, gehört er nicht zu Sissecks großartigsten Leistungen. Voraussichtliche Genussreife: jetzt–2012. Die Leser dürfen sich auf einen fast perfekten *1999er Pingus* freuen. Er besitzt eine undurchdringlich rubin-purpurrote Farbe, sensationellen Extrakt, herrliche Konzentration und Aufsehen erregend intensive Brombeer- und Kirscharomen in Duft und Geschmack, durchdrungen von Weihrauch, Kaffee, Schokolade und toastwürzigem neuem Eichenholz. Enormer Extrakt und ungeheure Reichhaltigkeit gehen einher mit einem körperreichen, von Glyzerin erfüllten, dickflüssigen, viskosen Abgang. Das Tannin wird vom Fruchtreichtum und von der Konzentration des Weins fast überdeckt. Voraussichtliche Genussreife: jetzt bis 2025.

Der Zweitwein von Pingus, der hervorragende *1999er Flor de Pingus,* ist so gut wie der 1998er Hauptwein und unbestreitbar besser als der 1997er Pingus. In diesem körperreichen, opulent texturierten Wein kommen süße, reife Brombeer- und Johannisbeernoten zum Vorschein, vermischt mit Lakritze, Rauch, Kaffee und Erde. Er ist schon entwickelt und köstlich und sollte am besten während seiner ersten 10 Lebensjahre getrunken werden.

Bisherige große Jahrgänge: 1996er Pingus (96), 1995er Pingus (98)

LA PLANETA (PRIORATO)

1997	**Pasanau**	**D**	**89+**

Süße Aromen von dunklen Himbeeren vermischen sich in dem beeindruckend ausgestatteten, klar umrissenen *1997er Pasanau* mit Mineralien und neuem Eichenholz. Der Anteil an neuem Eichenholz ist hoch, aber es ist genug Konzentration und Extrakt vorhanden, um es auszugleichen. Jung, überschwänglich und reintönig, wird er sich – mindestens – ein Jahrzehnt lang halten.

REAL SITIO DE VENTOSILLA (RIBERA DEL DUERO)

1996	**Crianza Prado Rey**	**C**	**88**

Diesen Ribera del Duero, eine köstliche, weiche Fruchtbombe, kann man zu einem vernünftigen Preis kaufen. Der runde, gut vinifizierte *1996er Crianza Prado Rey* besitzt eine dunkelrubinrote Farbe mit Purpurtönen und reichliche Geschmacksnuancen von Schokolade, Schwarzkirsch- und Brombeerfrucht. Die samtige Textur und die hedonistischen, offenherzigen Aromen im Duft und Geschmack sorgen für einen Wein, der sich köstlich trinkt. Genießen Sie ihn in den nächsten 5–6 Jahren.

CASTELL DEL REMEI (COSTERS DEL SEGRE)

1998	Cervoles	B	88
1998	Gotim Bru	A	90
1997	Gotim Bru	A	90
1996	Gotim Bru	A	89
1997	Oda	B	88
1998	»1780«	C	92
1996	»1780«	C	91

Dies sind ernsthafte Weine, die von verschiedenen Anteilen Tempranillo, Merlot, Cabernet Sauvignon und Grenache erzeugt werden. Der elegante, geglättete, verfeinerte *1998er Cervoles* ist ein Verschnitt von 40% Tempranillo, 40% Cabernet Sauvignon und 20% Grenache. Seine tiefe rubin-purpurrote Farbe geht einher mit Aromen von würzigem neuem Eichenholz, Teeröl, Kirschwasser und Pfeffer. Von mittlerem Körper, stilvoll und mit Burgunderähnlicher Persönlichkeit, lässt er sich 6–8 Jahre gut trinken. Der *1998er »1780«* (das Jahr, in dem die Firma gegründet wurde) ist zwar teurer, bietet aber immer noch ein ausgezeichnetes Preis-Leistungsverhältnis. Er ist ein Verschnitt von 40% Cabernet Sauvignon, 35% Tempranillo und 25% Grenache und besitzt eine tiefpurpurrote Farbe und ein süßes Bukett von Vanille, Toastbrot, Schwarzkirschen, Johannisbeeren und Leder. Er ist reif, von mittlerem bis vollem Körper und elegant, mit süßem Glyzerin auf der Zunge, großartigem Durchschwung sowie wunderbarer Reintönigkeit, Tiefe und Länge. Mäßiges Tannin im Abgang deutet darauf hin, dass eine weitere Kellerreifung von 1–3 Jahren günstig sein wird. Er dürfte sich 2 Jahrzehnte halten. Leser, die nach einem sensationellen Gelegenheitskauf suchen, sollten den *1998er Gotim Bru* probieren, einen Verschnitt von 50% Tempranillo, 25% Merlot und 25% Cabernet Sauvignon, der 10 Monate in französischen Eichenfässern ausgebaut wurde. Er kommt aus einem Weinbaugebiet nicht weit von Priorato entfernt und ist ein tiefrubinpurpurroter Wein mit einem köstlichen, süßen Duft von Schwarzkirschen, einer glatten, samtigen Textur, mittlerem bis vollem Körper, leichtem Tannin und schön integriertem neuem Holz. Fleischig und reintönig, sollte er am besten in den nächsten 5–6 Jahren getrunken werden.

Verbraucher, die auf der Suche nach einem Wein sind, der einem trockenen Vintage-Portwein ähnelt, sollten sich an den *1997er Gotim Bru* halten. Es gibt 3000 Kisten von diesem köstlichen Verschnitt aus Tempranillo, Cabernet Sauvignon und Merlot. Dieser dichte, kernige, fette Wein mit aufregenden Mengen von dicklicher Kirsch- und Schwarze-Johannisbeer-Frucht, Schokolade und Gewürzen ist ein großartiges Schnäppchen. Trinken Sie ihn in den nächsten 2–3 Jahren. Der teurere, monolithische *1997er Oda* (ein Verschnitt von Cabernet Sauvignon und Merlot) ist reintönig, reichhaltig und tief, mit einem überreifen Charakter in seiner Frucht. Er dürfte 5–7 Jahre lang schön altern und ist zweifellos ein sehr guter Kauf.

Der *1996er Gotim Bru* ist ein robuster, erdiger, würziger, fruchtiger Verschnitt von 50% Cabernet Sauvignon und 50% Tempranillo. 15 Monate in schon einmal verwendeten amerikanischen Eichenfässern ausgebaut, präsentiert der Wein einen satten schwarzpflaumenfarbenen Ton, süße, kernige Frucht, vollen Körper, deutliches Glyzerin und einen reichhaltigen, hübsch texturierten, samtweichen Abgang. Er ist ein vollmundiger, seidig glatter Rotwein, den man in den nächsten 3–4 Jahren trinken kann. Er verdient, dass man ihn kistenweise kauft. Die Leser werden sich auch den *1996er »1780«* nicht entgehen lassen wollen, einen Verschnitt von 70% Cabernet Sauvignon, 20% Tempranillo und 10% Grenache, der ein Jahr in neuen amerikanischen Holzfässern reifte. Auch wenn er zweimal so teuer ist wie sein billigerer Bruder, ist er ein exotischer, in einem demonstrativen Stil gehaltener Wein, den man als Spaniens Antwort auf den kalifornischen Caymus Special Selection bezeichnen könnte! Er dürfte sich ein Jahrzehnt oder noch länger gut trinken lassen.

REMELLURI (RIOJA)

1999 Rioja **C 90**

1996 Rioja **C 89**

Der *1996er Rioja* (80% Tempranillo mit kleinen Mengen Grenache, Graciano und Mazuelo) mag nicht so fesselnd wie der 1995er sein, aber er ist ein rauchiger, süßer, eichenholzwürziger, reichhaltiger, komplexer, Pomerol-ähnlicher Rioja mit großen Mengen von Schwarzkirschfrucht und einer hohen Dosis süßer Vanille. Mit einer samtigen Textur, mittlerem bis vollem Körper und ausgezeichneter, möglicherweise hervorragender Konzentration, kann dieser weiche Wein jetzt wie auch in den nächsten 10–12 Jahren getrunken werden. Der *1999er Rioja* ist deutlich besser als der enttäuschende 1998er. Er besitzt süße Schwarzkirschfrucht, die von Toastbrot, Rauch, Kräutern und Tabak durchdrungen ist. Er ist vielschichtig, reichhaltig, von mittlerem Körper und elegant, aber dennoch konzentriert und dürfte sich 7–10 Jahre gut trinken lassen.

FERNANDO REMIREZ DE GANUZA (RIOJA)

1998 Rioja **D 95**

1996 Rioja **D 94+**

Der Importeur Jorge Ordonez erzählte mir, dass auf diesem Gut, das aus 29 ha alten Reben besteht, fanatisch auf jedes Detail geachtet werde. Die Traubenerträge werden niedrig gehalten; außerdem verwendet das Gut die relativ neue Methode, nicht nur ganze Trauben wegzuschneiden, sondern auch die unteren Beeren des Fruchtstands, so dass der obere Teil des Fruchtstands weiter reifen kann. Der Besitzer, der diese Bodega 1989 gründete, war mit nichts zufrieden, bis 1994, als der erste Wein herauskam. Der Wein ist ein Verschnitt von 85% Tempranillo, 10% Graciano, 3% Grenache und 2% verschiedenen Rebsorten und wird, nachdem er 2 Jahre in einer Kombination von französischen und amerikanischen Eichenfässern ausgebaut wurde, ohne Schönung und Filtration abgefüllt. Dies (der 1994er und der 1995er wurden früher empfohlen) sind spektakuläre Riojas, aber sie erfordern Geduld. Der 1995er braucht noch 4–5 Jahre Kellerreifung; der 1996er ist zwar zu einer Entwicklung von 25–30 Jahren fähig, benötigt aber ebenfalls 4–5 Jahre.

Der *1996er Rioja* könnte als Château Latour von Rioja bezeichnet werden. Hinter einer undurchdringlich schwarz-pflaumenblauen Farbe entdeckt man Aromen von Mineralien, Zigarrentabak, Zedernholz, Bleistift und süßer Schwarze-Johannisbeer-, Pflaumen- und Kirschfrucht. Er ist einer der großartigsten jungen Riojas, die ich je verkostet habe, und bietet vollen Körper, eine gewaltige, konzentrierte Empfindung am Gaumen, eine ungeheure, kernige Textur und hohen Tanningehalt im Abgang. Das scheint ein wunderbarer Rioja zu sein, der mühelos 3 Jahrzehnte altern dürfte. Voraussichtliche Genussreife: 2005–2030. Anerkennung muss man dem Besitzer dafür zollen, dass kein 1997er erzeugt wurde, aber der *1998er Rioja* zeigt einen dunklen Pflaumen-Purpurton und einen außergewöhnlichen Duft von flüssigen Mineralien, Cassis, Schwarzkirschen, Tabak, Gewürzen und Vanille. Man entdeckt fabelhafte Dichte am Gaumen, hohen Tanningehalt, wunderbare Konzentration und einen strukturierten Abgang, der an einen Pauillac Premier oder Deuxième Cru aus einem Jahrgang wie 1996 erinnert. Dieser Rioja erfordert eine Kellerreifung von 3–5 Jahren, scheint aber die beste Cuvée zu sein, die bis jetzt von diesem Gut erzeugt worden ist und sogar den 1994er in den Schatten stellt. Voraussichtliche Genussreife: 2004–2020.

HERENCIA REMONDO (RIOJA)

1996 La Montesa **E 88**

Der in einem internationalen Stil gehaltene *1996er La Montesa* (30% Tempranillo, 40% Merlot und 30% Graciano) wurde länger auf den Traubenschalen gemaischt, dann 8 Monate in neuen französischen Eichenfässern und danach 5 Monate in amerikanischen Holzfässern ausgebaut. Noten von Karamell, Kirschlikör, Pflaumen und Lakritze begleiten eine dichte rubin-purpurrote Farbe. Er ist zwar monolithisch, aber beeindruckend ausgestattet, reichhaltig, geschmeidig und lang. Der deutliche Holzton dürfte sich besser einfügen, wenn der Wein altert. Voraussichtliche Genussreife: jetzt–2010.

REYES (RIBERA DEL DUERO)

1997 Teofilo Reyes D 88

Der *1997er Teofilo Reyes* ist ein aufregender, offen gewirkter, säurearmer Wein, der kräftige Geschmacksnuancen von Schokolade und Schwarzkirschen bietet, mit Wald- und Kräuterdüften im Hintergrund. Diesen aufgeschlossenen, aufreizenden Wein, der tief, reichhaltig, rund, opulent und leicht zugänglich und auch leicht zu genießen ist, kann man jetzt und in den nächsten 5–6 Jahren trinken.

LA RIOJA ALTA (RIOJA)

1990 Gran Reserva 904 D 90

1985 Gran Reserva 890 EE 92

Der Gran Reserva 904 und der Gran Reserva 890, die Klassiker von La Rioja Alta, werden erst freigegeben, wenn sie 10 bzw. 15 Jahre alt sind. Diese Weine reifen mindestens 10 Jahre hauptsächlich in alten amerikanischen Eichenfässern (etwa 5% sind neu). Diese in einem traditionellen Stil bereiteten Riojas sind Weine von großer Subtilität und Komplexität, die leicht oxidiert wirken. Sie sind nicht für jedermann bestimmt, aber Leser, die reife Weine mögen, werden davon beeindruckt sein.

Der mittelgranatrote *1990er Gran Reserva 904* zeigt beträchtliche Bernsteintöne am Rand. Die duftigen, komplexen Aromen bestehen aus verbrannter Erde, Rauch, Bleistift, Gewürzen sowie roten und schwarzen Früchten. Im Mund ist der Wein rund, ohne Ecken und Kanten, von mittlerem Körper und anmutiger Subtilität und Feinheit. Auch wenn in ihm eine Menge vor sich geht, ist er außerordentlich zurückhaltend und prügelt nicht auf den Verkoster ein, wie es so viele heutige Weine mit ihrem alles erschlagenden Geschmack tun. Er ist vollkommen reif und wird noch 10 Jahre auf dem Höhepunkt bleiben. Noch länger ausgebaut, komplexer und subtiler ist der *1985er Gran Reserva 890*. Ein fesselndes Bukett von Rauch, Erde, Pflaumen, Tabak, Kirschen und Vanille kommt in diesem hellgranatroten Wein zum Vorschein, der auch beträchtliche Bernsteintöne am Rand enthüllt. Wenn er ein Bordeaux wäre, würde die Farbe auf einen über 30 Jahre alten Wein hindeuten. Er bietet komplexe, wohlschmeckende Aromen von Gewürzen, verblühten Blumen und roten Früchten. In diesem mittelgewichtigen Wein, der ganz und gar Feinheit und Beherrschung verkörpert, findet man Geschmeidigkeit und trotzdem Lebhaftigkeit. Er ist zwar nicht nach jedermanns Geschmack, aber ein glänzendes Beispiel für diesen Rioja-Stil. Sie dürfen beim 1985er erwarten, dass er sich noch weitere 7–8 Jahre gut trinken lässt.

Bisherige große Jahrgänge: 1978er Gran Reserva 890 (93), 1981er (92), 1982er (92)

RODA (RIOJA)

1998 Cirsion EEE 90

1996 Roda I Reserva D 88+

Der erstaunliche *1996er Roda I Reserva* wurde reinsortig von Tempranillo erzeugt. Er offenbart eine satte rubinrote Farbe und im Bukett neues Eichenholz und rauchige, erdige rote und schwarze Früchte im Überfluss. Dieser würzige, gut gemachte Rioja mit wunderbarem Volumen und Fleisch sowie Eleganz dürfte sich 4–5 Jahre verbessern und 12–15 Jahre lang halten. Der *1998er Cirsion* ist ein kräftigerer, reichhaltigerer Wein, der ein herrliches Bukett von reifen schwarzen Früchten, Lakritze, Eichenholz und Gewürzen bietet. Tabak, Kräuter sowie Schwarzkirsch- und Johannisbeerfrucht vermischen sich mit Geschmacksnuancen von Toastbrot und Trüffel. Von mittlerem bis vollem Körper, süß und reintönig, ist dieser eindrucksvolle Wein jugendlich, aber zugänglich. Er verspricht, sich 15 Jahre zu entwickeln.

TELMO RODRIGUEZ (RIBERA DEL DUERO)

1999	Dehesa Gago	B	91
1999	Valderiz	C	90

Der zu 100% von Tinto de Toro (dem lokalen Klon der Rebsorte Tempranillo) erzeugte *1999er Dehesa Gao* wurde in Edelstahltanks vinifiziert und ausgebaut. Er ist eine majestätische Fruchtbombe und besitzt eine dichte rubin-purpurrote Farbe und ein intensives Bukett von geschmolzener Lakritze, Crème de Cassis und Blüten. Extrem körperreich und ölig texturiert, mit herrlicher Reintönigkeit, ist dieser reichhaltige, wunderbar vielschichtige Wein fast zu gut, um wahr zu sein. Nur 700 Kisten wurden davon hergestellt. Genießen Sie diesen schönen Wein in den nächsten 5–8 Jahren, auch wenn er sich möglicherweise länger hält. Die Leser sollten sich beeilen, um sich bei ihrem bevorzugten Weinhändler ein paar Flaschen von diesem Nektar zu sichern. Der hedonistische, reichhaltige, üppige, fette, fruchtige *1999er Valderiz* bietet Noten von geschmolzener Schokolade, Kirschen und Brombeeren. Er ist geschmeidig, mit niedriger Säure, reifem Tannin und marmeladeartiger Frucht, und sollte, weil er unverfroren Freude demonstriert, in den nächsten 5–7 Jahren getrunken werden.

SAN VICENTE (RIOJA)

1999	San Vicente	D	92
1998	San Vicente	D	90
1997	San Vicente	D	89
1996	San Vicente	D	91

Dies ist weiterhin einer der aufregendsten, am sinnlichsten texturierten, exotischen Weine, die aus Rioja kommen. Bisweilen hat er Ähnlichkeit mit einem auffälligen Pomerol, dann wieder mit einem hypothetischen Verschnitt der besten Weine Spaniens mit den feinsten Weinen der Neuen Welt. Der dunkelrubinrote *1996er San Vicente* (100% Tempranillo von einem einzigen Weinberg namens Peludo) bietet ein schwelgerisches Bukett von Vanille, dicklichen Schwarzkirschen, asiatischen Gewürzen, Lakritze, Rauchfleisch und geräucherten Kräutern. Wuchtig im Geschmack, mit mittlerem bis vollem Körper, hervorragender Reichhaltigkeit und viel süßem Tannin, kann dieser opulent texturierte, in einem hedonistischen Stil gehaltene Wein jetzt und auch in den nächsten 10–12 Jahren getrunken werden. Der *1997er San Vicente,* aus einem schwierigereren Jahrgang als 1996 und 1995, ist ein aufregender Wein von dunkelrubin-purpurroter Farbe, der Noten von Kräutern der Provence, Rauch, geröstetem Tabak, dicklichen schwarzen Früchten und Kirschlikör zeigt. Üppig, mit einer vielschichtigen, expansiven Textur, außergewöhnlicher Reintönigkeit und einem Hauch von überreifen Backpflaumen im Abgang, kann man diesen geschmeidigen, sinnlichen, fesselnden Rioja jetzt und in den nächsten 5–6 Jahren trinken. Der dunkelrubin-purpurrote *1998er San Vicente* offenbart ein kräftiges, sensationelles Bukett von toastwürzigem Eichenholz, vermischt mit dicklichen Schwarzkirschen, Beeren, Vanille und Espresso. Der reife, reichhaltige Wein von mittlerem Körper, der stärker strukturiert ist als der explosive 1999er, dürfte 7–8 Jahre lang gut zu trinken sein. Der dichtere, hedonistischere *1999er San Vicente* besitzt jede Menge Frucht und Glyzerin sowie zusätzliche Reife, Volumen, Fett und Tiefe. Er zeigt die gleichen Noten von schwarzen Johannisbeeren, marmeladeartiger Kirschfrucht und toastwürzigem neuem Eichenholz in Hülle und Fülle und wird während seiner ersten 10 Lebensjahre Vergnügen bereiten.

HERMANOS SASTRE (RIBERA DEL DUERO)

1999	Pago de Santa Cruz	EEE	(92–94)
1996	Pago de Santa Cruz	EEE	90+
1999	Regina Vides	EEE	(92–94)
1998	Regina Vides	EEE	92

Pago de Santa Cruz, das Flaggschiff dieses Guts, wird in begrenzter Menge hergestellt. Er wird reinsortig aus entrappten Tempranillo-Trauben erzeugt, 24 Monate in neuen amerikanischen Eichenfässern ausgebaut, danach für weitere 12 Monate vollständig in neue französische Eichenfässer umgefüllt und ohne Filtration auf Flaschen abgefüllt. Die verkosteten Jahrgänge waren alle äußerst konzentriert und dicht, mit einer Qualität, die den ungeheuer stark extrahierten, reichhaltigen, körperreichen Kraftprotz-Weinen von Peter Sissecks Pingus nicht unähnlich ist. Alle waren nahtlose, opulente Weine, die Noten von Schokolade, Kaffee, Brombeerlikör und süßer Cassis-Frucht bieten. Die rauchige Reichhaltigkeit und die breite, expansive Dickflüssigkeit dieser Weine werden sicherlich Begeisterung hervorrufen, vorausgesetzt, dass der Leser eine von den über 400 davon produzierten Kisten ausfindig machen kann. Der eng konturierte *1996er Pago de Santa Cruz* wird sich 15+ Jahre halten. Der *1999er Pago de Santa Cruz* ist spektakulär. Die Erträge von den 60 Jahre alten Tempranillo-Reben liegen bei 20–25 hl/ha.

Der andere prächtige Wein, den ich verkostet habe, ist der *1998er Regina Vides,* ein reinsortiger Tempranillo, der von 80 Jahre alten Reben mit Erträgen von 20 hl/ha erzeugt wurde. Er ist ein eindrucksvoller, körperreicher, opulent texturierter Wein von undurchdringlich purpurroter Farbe, mit reichlichen Mengen von süßem, toastwürzigem Eichenholz sowie Brombeer- und Schwarze-Johannisbeer-Frucht und einem langen, konzentrierten, kräftigen Abgang. Er lässt sich 10–15 Jahre gut trinken. Der *1999er Regina Vides* stammt aus einem für Ribera del Duero weit besseren Jahrgang, als das 1998 der Fall war. Extrem körperreich, ölig texturiert und überaus süß, besitzt er im Duft und Geschmack Aromen von Brombeeren, Kaffee, Schokolade und schwarzen Johannisbeeren. Dieser hervorragende Wein dürfte mühelos 2 Jahrzehnte altern.

SIERRA CANTABRIA (RIOJA)

1999	**Rioja**	**A**	**88**
1999	**Rioja Coleccion Privada**	**C**	**90**
1997	**Rioja Crianza**	**B**	**89**
1996	**Rioja Crianza**	**B**	**89**
1998	**Rioja Cuvée Especial**	**B**	**89**

Sierra Cantabria, ein weiterer Name, der gleichbedeutend ist mit ausgezeichnetem Preis-Leistungsverhältnis und extrem gut gemachtem Rioja, hat fünf attraktive Weine hervorgebracht. Der dunkelrubinrote *1999er Rioja* zeigt einen süßen, hedonistischen Stil mit viel Fett sowie rauchigen, toastwürzigen Geschmacksnuancen von Schwarzkirschen und Beeren, die sich auf saftige, verbraucherfreundliche Weise präsentieren. Trinken Sie ihn in den nächsten 2–3 Jahren. Der *1999er Rioja Coleccion Privada* (ein nicht filtrierter Tempranillo; von winzigen Erträgen von 3,2 t/ha erzeugt) wurde 19 Monate sowohl in amerikanischen als auch in französischen Eichenfässern ausgebaut. Der Wein wächst nach und nach im Glas und verbessert sich dramatisch, wenn man ihn 15 Minuten lang Sauerstoff ziehen lässt. Hinter einer tiefrubinroten Farbe entdeckt man ein würziges, nach Kräutern, Beeren, Grafit und Lakritze duftendes Bukett. Dieser reichhaltige, elegante, gut ausbalancierte Rioja von mittlerem Körper ist kein Kraftprotz, dehnt sich aber im Geschmack und in seinen Nuancen aus, wenn er über den Gaumen fließt. Trinken Sie ihn in den nächsten 7–8 Jahren.

Der *1998er Rioja Cuvée Especial* bietet Gerüche von Bleistiftschnitzeln, vermischt mit Tabak, Schwarzkirschen, Johannisbeeren, Mineralien, gerösteten Kräutern und toastwürzigem Eichenholz. Er ist vielschichtig, reif und eindrucksvoll und lässt sich 5–7 Jahre gut trinken.

Der *1997er Rioja Crianza* (100% Tempranillo; nach einem 14-monatigen Ausbau in einer Kombination von französischen und amerikanischen Eichenfässern abgefüllt) ist ein ausgezeichneter, fast hervorragender Wein, was für 1997 keine geringe Leistung darstellt. Seine tiefrubin-purpurrote Farbe geht einher mit einem herrlich süßen Bukett von Erdbeer- und

Kirschmarmelade, unter die sich getrocknete Kräuter, Rauch, Erde und Vanille mischen. Von mittlerem bis vollem Körper, opulent texturiert, mit einem tanninreichen Abgang, erfordert er 1–2 Jahre Kellerreifung und dürfte 10–12 Jahre lang gut altern.

Der *1996er Rioja Crianza* ist ein weiterer außergewöhnlich preiswerter Wein. Auf die dunkelrubinrote Farbe folgen große Mengen von süßem, würzigem Eichenholz, kandierten Schwarzkirschen und getrockneten Kräutern. Beachtliche, komplexe Bleistiftnoten kommen ebenfalls zum Vorschein. Diese Cuvée besitzt gute Frucht, mittleren Körper und einen eleganten und trotzdem vollmundigen Stil ohne Ecken und Kanten. Sie ist ein herrlich proportionierter Rioja im modernen Stil, den man in den nächsten 3–4 Jahren genießen kann.

ROTILLAN TORRA (PRIORATO)

1997	**Amadis**	**D**	**90**
1998	**Tirant**	**E**	**93**
1997	**Tirant**	**E**	**92**

Dies sind eindrucksvolle Weine von Rotillan Torra, einer 1984 gegründeten Kellerei. Der undurchdringlich purpurrote *1997er Amadis* (2000 Kisten; erzeugt von teilweise 100 Jahre alten Reben und mit 10hl/ha winzigen Erträgen) wurde 10 Monate vollständig in neuen französischen Eichenfässern ausgebaut, bevor er ohne Filtration abgefüllt wurde. Der Verschnitt von 40% Grenache (von 90–100 Jahre alten Reben), 25% Cabernet Sauvignon, 20% Carignan (ebenfalls 90–100 Jahre alt), 10% Syrah und 5% Merlot ist ein kraftstrotzender Priorato mit mächtiger, konzentrierter dunkler Himbeer-, Schwarze-Johannisbeer- und Brombeerfrucht, die sich mit Mineralien, Rauch, Lakritze und toastwürzigem Eichenholz mischt. Dieser intensive Wein besitzt einen nahtlosen, süßen, konzentrierten mittleren Geschmacksbereich und Abgang. Er ist ein fantastischer Wein, den man in den nächsten 10–12 Jahren trinken sollte.

Noch besser sind die beiden in begrenzter Menge erzeugten 1997er und 1998er Tirant. Dieser Verschnitt von 30% Grenache, 25% Cabernet Sauvignon, 25% Carignan, 10% Syrah und 10% Merlot (die Carignan- und Grenache-Trauben stammen von 90–100 Jahre alten Reben) durchläuft eine malolaktische Gärung im Holzfass, reift ein volles Jahr in neuen französischen Eichenfässern und wird ohne Filtration abgefüllt. Der großartige *1997er Tirant* von undurchdringlich purpurroter Farbe präsentiert süße, konzentrierte, marmeladeartige Frucht, verknüpft mit Anklängen an Teer, Pfeffer und flüssige Mineralien sowie einem subtilen, würzigen Holzton. Er ist ein körperreicher, kräftiger Wein und braucht eine Kellerreifung von 2–3 Jahren, dürfte sich aber 12–15 Jahre halten. Der *1998er Tirant* ist reichhaltiger und hat eine noch sattere, undurchdringlich blau-purpurrote Farbe. Er ist extrem körperreich, dicht, kräftig und vielschichtig und besitzt eine eindrucksvolle Nahtlosigkeit, Opulenz und Dickflüssigkeit. Er dürfte sich 15+ Jahre gut trinken lassen.

TRESANTOS (ZAMORRA)

2000	**Tresantos**	**B**	**90**

Der *2000er Tresantos*, der aus einem Weinbaugebiet unmittelbar nördlich von Toro stammt, ist eine thermonukleare Fruchtbombe. Gewaltige Mengen von hedonistischer Schwarze-Johannisbeer-, Kirsch- und Brombeerfrucht präsentieren sich in einem unkomplizierten, fleischigen, üppigen Stil, dem man einfach nicht widerstehen kann. Es ist ein Vergnügen, diesen säurearmen, wunderschön reintönigen Wein zu trinken. Genießen Sie ihn in den nächsten 2–3 Jahren.

VALCONA (RIOJA)

1998	**Partal Crianza**	**C**	**90**

Der *1998er Partal Crianza*, ein Verschnitt von 60% Mourvèdre, die Tempranillo, Cabernet Sauvignon, Merlot und Syrah ausgleichen, von einem Weinberg, der nicht ganz 100 km vom

Mittelmeer entfernt liegt, wurde zu 70% in französischen und zu 30% in amerikanischen Eichenfässern ausgebaut. Er besitzt eine dichte rubin-purpurrote Farbe und ein süßes Bukett von Schwarzkirschen, Vanille und Gewürzen. Dieser Wein ist wunderbar reichhaltig und beeindruckend kernig, mit einem dicken mittleren Geschmacksbereich und einem langen, würzigen, mäßig tanninhaltigen Abgang. Obwohl er fast rustikal wirkt, findet man darunter viel Feinheit. Trinken Sie ihn in den nächsten 6–7 Jahren.

VALL LLACH (PRIORATO)

1998	**Vall Llach**	**E**	**92+**
1998	**Embruix**	**B**	**90**

Der Besitzer Louis Llach ist ein berühmter spanischer Sänger, der über 40 Alben produziert hat und sich in seinem Heimatland einer gewaltigen Anhängerschaft erfreut. Seine Liebe zum Wein bekräftigen seine hoch gelegenen Weinberge im Priorato. Der billigste Wein, der *1998er Embruix,* ist ein Verschnitt von 40% Grenache, 40% Cabernet Sauvignon und 20% Carignan, der in ein und zwei Jahre alten französischen Holzfässern ausgebaut wurde. Er ist ein liebenswürdiger, reifer Wein mit Aromen von Pflaumen, Schwarzkirschen, Vanille und Mineralien. Von mittlerem bis vollem Körper, reintönig, gut ausbalanciert und lang, bietet er eine süße Ansprache und einen tanninbetonten Abgang, der darauf hindeutet, dass er weitere 1–2 Jahre Kellerreifung verdient. Er dürfte sich 12–15 Jahre lang halten. Ein eindrucksvolles Debüt.

Der *1998er Vall Llach* (von dem 800 Kisten produziert wurden) ist ein Verschnitt von 50% Carignan (von 80 Jahre alten Reben) und 50% Merlot (5–10 Jahre alte Reben), der ein Jahr in neuen französischen Eichenfässern reifte. Er ist ein eindrucksvoller, kräftiger (15,1% Alkohol) Wein, der eine tiefe purpurrote Farbe und ein süßes Bukett mit Aromen von dunklen Himbeeren, Kirschlikör und Grafit offenbart. Körperreich, dickflüssig und saftig, mit mäßig hohem Tanningehalt, großartiger Reintönigkeit und einer Bordeaux-artigen Struktur in seinen Geschmackskomponenten und seinem Abgang, wird er von 4–5 Jahren Kellerreifung profitieren und 2 Jahrzehnte lang gut altern.

VEGA SAUCO (TORO)

1999	**Tinto**	**B**	**88**

Der *1999er Tinto,* ein von 70 Jahre alten Tempranillo-Reben erzeugter Wein mit fantastischem Preis-Leistungsverhältnis bietet eine tiefe rubinrote Farbe sowie explosive, süße, duftige Aromen von Kirschwasser, Rauch und Erde. Er ist kräftig, konzentriert und überraschend reichhaltig (insbesondere für einen Wein in dieser Preiskategorie) und zeigt mehr Geschmack und Charakter als viele Weine, die zwei- bis dreimal so viel kosten. Seine niedrige Säure und seine delikate Persönlichkeit legen nahe, dass man ihn in den nächsten 2–3 Jahren trinkt.

VEGA SICILIA (RIBERA DEL DUERO)

o.J.	**Reserva Especiale Lot 017/00**	**EEE**	**93+**
o.J.	**Reserva Especial Unico Lot 25**	**EEE**	**93**
1990	**Unico Reserva Especiale**	**EE**	**94**
1970	**Unico Reserva Especiale (Magnum)**	**EEE**	**96**
1995	**Valbuena**	**D**	**89**

Jedes Jahr bringt Vega Sicilia begrenzte Mengen von einem Verschnitt ohne Angabe des Jahrgangs auf den Markt. Es gibt 13680 Flaschen von dem jahrgangslosen *Reserva Especiale Lot 017/00* (diese Zahl steht auf dem Flaschenetikett), der angeblich ein Verschnitt von Unico-Reserva-Weinen der Jahrgänge 1985, 1990 und 1994 ist. Dieser fabelhafte, jugendliche Wein bietet in Duft und Geschmack Aromen von dicklichen Schwarzkirschen und Kirschen, Mineralien, Rauch, Zedernholz und neuem Eichenholz. Körperreich, dicht und konzentriert, mit großer Reintönigkeit und Statur, kann dieser Reserva Especiale jetzt getrunken werden, aber im Idealfall braucht er noch weitere 2–3 Jahre Kellerreifung. Er dürfte 2–3 Jahrzehnte lang altern. 14000 Flaschen gibt es von dem *Reserva Especial Unico Lot 25* ohne Jahrgangsangabe, einem Verschnitt von 1970, 1985 und 1990 – alles erstklassige Jahrgänge für Vega Sicilia. Dieser Klassiker besitzt eine dunkelrubinrote Farbe und süße, cremige, eichenholzwürzige Noten, vermischt mit Aromen von eingedickten dunklen Himbeeren, schwarzen Johannisbeeren und Brombeeren. Wenn sich der Wein länger im Glas befindet, kommen geröstete Kräuter, Kaffee und blumige Düfte zum Vorschein. Dicht, körperreich und wunderbar konzentriert, mit samtigem Tannin, niedriger Säure und schön integriertem Holz, ist er ein komplexer, köstlicher Wein, den man jetzt wie auch im Laufe der nächsten 15–20 Jahre trinken kann.

Der preisgünstige *1995er Valbuena* bietet einen Pflaumen-Rubinton, hinter dem man Aromen von süßen schwarzen Früchten findet, vermischt mit Lakritze, Erde und würzigem Eichenholz. Der körperreiche Wein mit ausgezeichneter Konzentration, einer saftigen, vielschichtigen Textur und sehr guter Reintönigkeit ist aufgeschlossen und samtweich und sollte am besten innerhalb seiner ersten 10–12 Lebensjahre getrunken werden.

Der neueste Unico ist der *1990er Unico Reserva Especiale.* Für einen Unico bietet er einen relativ unentwickelten Stil. Ein tiefer, undurchdringlicher Pflaumen-Granatton geht einher mit merklichem süßem, toastwürzigem Eichenholz, zu dem im Bukett große Mengen von Schwarzkirsch- und Cassis-Frucht hinzukommen. Extrem jugendlich, kraftvoll und körperreich, mit Noten von Überreife, niedriger Säure, mäßig hohem Tannin und einer vielschichtigen, konzentrierten Persönlichkeit, war dieser Unico bei seiner Freigabe weniger reif als viele seiner Brüder. Lassen Sie ihn nochmals 3–4 Jahre im Keller reifen; er dürfte sich 25 Jahre lang halten.

Eine andere Besonderheit von Vega Sicilia ist die, dass von großen Jahrgängen nach der ersten Freigabe des Weins auch Magnumflaschen auf den Markt kommen. Gerade sind Magnumflaschen von dem fabelhaften *1970er Unico Reserva Especiale* herausgebracht worden (für meinen Geschmack sind der 1968er und der 1970er die beiden besten Vega Sicilias, die in den letzten 35 Jahren erzeugt wurden). Dieser Wein besitzt ein elegantes, komplexes Bukett von Zedernholz, Brombeeren, Kirschlikör und Vanille. Opulent texturiert, mit sagenhafter Öligkeit, Lebhaftigkeit und Vitalität, herrlicher Reife, einer körperreichen, überaus konzentrierten Ansprache sowie einem üppigen mittleren Geschmacksbereich und Abgang, kann man diesen nahtlosen Klassiker jetzt trinken oder 2 Jahrzehnte einkellern. Dieser Wein war in seiner 0,75-Liter-Flasche brillant und ist in der Magnumflasche ebenso fesselnd.

Bisherige große Jahrgänge: 1986er Unico (92+), 1985er (93), 1983er (93), 1982er (95), 1980er (90), 1979er (89), 1976er (93), 1975er (95), 1974er (90), 1970er (96), 1968er (99), 1966er (94), 1962er (93)

VILLA CRECES (RIBERA DEL DUERO)

1999	**Crianza**	**C**	**90**
1998	**Crianza**	**C**	**89**
1999	**Nebro**	**EE**	**95**
1998	**Pruno**	**EE**	**92**

Villa Creces hat in den letzten Jahrgängen sehr gute Weine erzeugt. Der aufregende, Pomerol-ähnliche *1999er Crianza* von tiefer rubin-purpurroter Farbe, ein Verschnitt von 75% Tempranillo, 15% Merlot und 10% Cabernet Sauvignon, der 16 Monate in französischen Eichenfässern ausgebaut wurde, bietet ein rauchiges Bukett mit Noten von Espresso, Weichkaramell und dicklichen schwarzen Johannisbeeren und Kirschen. Er ist geschmeidig texturiert, von mittlerem bis vollem Körper, üppig, äußerst fruchtig und nahtlos und dürfte sich ein Jahrzehnt lang gut trinken lassen. Der *1999er Nebro,* die Sondercuvée von 70 Jahre alten Tempranillo-Reben, die in der Nähe eines der ältesten Weinberge von Vega Sicilia wachsen, ist ein spektakulärer Wein. Er kommt aus einer einzigen Reblage, wurde von Trauben mit einem Ertrag von 17 hl/ha erzeugt und reifte 16 Monate in neuen französischen Darnajou-Eichenfässern. In einem Stil bereitet, der an den 1995er und 1996er Pingus von Peter Sisseck erinnert, wartet er mit Düften von geröstetem Espresso, Vanille, Schwarzkirschlikör, Brombeeren, Lakritze und Gewürzen auf. Körperreich und ölig texturiert, mit einer beeindruckenden Integration von Holz, Säure und Alkohol, ist er unfertig, aber zugänglich. Voraussichtliche Genussreife: jetzt–2025. Die schlechte Nachricht: Nur 75 Kisten wurden davon produziert.

Der *1998er Crianza* offenbart eine eindrucksvolle, dichte rubin-purpurrote Farbe und ein süßes, erdiges, nach Brombeeren und Holzkohle duftendes Bukett mit neuem Eichenholz im Hintergrund. Er ist von mittlerem bis vollem Körper, mit niedriger Säure sowie Frucht, Glyzerin und Extrakt im Überfluss, und wird 5–7 Jahre lang gut zu trinken sein. Die Luxuscuvée von Villa Creces, der *1998er Pruno* (200 Flaschen wurden davon produziert), erinnert ebenfalls an den großen, von Peter Sisseck erzeugten Pingus. Er ist kräftig, dickflüssig, kernig und ölig texturiert, mit gewaltigen Mengen von Schwarzkirsch-, Pflaumen- und von Lakritze durchdrungener Brombeerfrucht. Wegen der begrenzten Produktionsmenge wird leider nur eine Hand voll der Leser jemals auf eine Flasche davon stoßen. Voraussichtliche Genussreife: jetzt–2020.

VINA ALARBA (CALATAYUD)

2000 Old Vines Grenache A 89

Der *2000er Old Vines Grenache* (100% Grenache von Reben, die durchschnittlich über 50 Jahre alt sind, und von Erträgen, die bei nur knapp 2,5 t/ha liegen) besitzt eine tiefere rubin-purpurrote Farbe und ein Bukett, das an einen Châteauneuf-du-Pape oder Gigondas erinnert. Dieses bietet Aromen von Kirschwasser, getrockneten Kräutern der Provence, Lakritze, Gewürzen und darunter Pfeffer. Er ist dicht, kernig und reichhaltig, mit jeder Menge Frucht, und sollte am besten während seiner ersten 2–3 Lebensjahre getrunken werden. Der Preis ist unglaublich niedrig; die meisten Verbraucher werden deshalb nie glauben, dass der Wein so gut ist.

VINEDOS ALION (RIBERA DEL DUERO)

1996 Alion D 90

Der *1996er Alion* repräsentiert einen moderneren Ansatz der Weinbereitung. Süßes, toastwürziges Eichenholz konkurriert in diesem tiefen, säurearmen Wein mit dicklicher Schwarzkirsch- und Beerenfrucht. Er besitzt ausgezeichnete bis hervorragende Konzentration sowie erstklassige Reintönigkeit und Gesamtausgewogenheit. Trinken Sie diesen eindrucksvoll ausgestatteten Ribera del Duero in den nächsten 10–12 Jahren.

VINEDOS MAURO-TORO (CASTILLA-LEÓN)

1997 San Romain D 90

Der frühere Weinmacher von Vega Sicilia ist an diesem neuen Projekt mit der Rebsorte Tinto de Toro beteiligt. Der vollständig in neuen französischen Eichenfässern ausgebaute *1997er San Romain* ist ein Pomerol-ähnlicher, üppiger Wein mit großen Mengen von dunkler Himbeer- und Kirschfrucht, vermischt mit toastwürzigem neuem Eichenholz. Von seiner satten dunkelrubin-purpurroten Farbe bis zu seinen herrlich reichhaltigen Geschmacksnuancen, seiner opulenten Textur und seinem säurearmen, fleischigen Abgang ist er ein von Vergnügen erfüllter Wein, den man in den nächsten 5–8 Jahren genießen kann, obwohl ich vermute, dass er sich länger hält.

VINEDOS SOLABAL (RIOJA)

1997 Rioja Crianza **B 88**

Der *1997er Rioja Crianza* (100% Tempranillo), ein Erfolg für diesen heiklen Jahrgang, zeigt eine rubin-purpurrote Farbe und Aromen von geschmolzenem Weichkaramell, Vanille, Rauch und Kirschlikör. Er ist zwar nicht komplex, aber er ist ein eindrucksvoller, körperreicher, sehr fruchtiger, hedonistischer Wein mit großen Mengen von leicht zugänglicher Frucht. Trinken Sie ihn in den nächsten 3–4 Jahren.

VINICOLA DEL PRIORAT (PRIORATO)

1998 Onix **A 88**

1996 Onix 1163 **C 88**

Der *1998er Onix,* der beste Wein, den ich je von diesem Erzeuger verkostet habe (und der nur ein Fünftel des Preises der meisten Priorato-Weine kostet), wurde von alten Grenache- und Carignan-Reben erzeugt. Zwar wirkt er monolithisch, aber er ist ein kerniger, übermütiger, muskulöser, körperreicher Wein. Reintönig bereitet, mit jeder Menge Brombeer- und Kirschfrucht sowie einer guten Mineralität und Würzigkeit darunter, ist er ein gehaltvoller, robuster, aber vollmundiger Wein, den man im Laufe der nächsten 3–4 Jahre trinken kann. Der *1996er Onix 1163,* ein in amerikanischen und französischen Eichenfässern ausgebauter Verschnitt von 40% Cabernet Sauvignon, 40% Grenache und 20% Carignan, offenbart eine tiefe, undurchdringliche purpurrote Farbe sowie süße Aromen von reifer, dunkler Himbeerfrucht. Dieser körperreiche Wein mit reichlichem toastwürzigem Eichenholz sowie einem Hauch von Lakritze und Backpflaume ist nicht komplex, aber kernig, mit ausgezeichneter Konzentration und Reintönigkeit, und wirkt rund, großzügig und überschwänglich. Trinken Sie ihn in den nächsten 4–5 Jahren.

PORTUGAL

Grundwissen

PORTWEIN

Endlich beginnt man zu erkennen, was für ein großes Vergnügen ein reifer Vintage-Portwein bereitet. Jahrelang war dieser prächtige, milde aufgespritete Rotwein stark unterbewertet, weil der größte Teil davon in Großbritannien zu Hause oder in den Clubs getrunken wurde. Die Preise, die Anfang und Mitte der 1980er-Jahre stiegen, brachen zu Beginn der 1990er-Jahre ein. Obwohl nicht viel Vintage Port produziert wird (selten werden in einem Jahrzehnt mehr als vier Jahrgänge deklariert), haben die internationale Rezession und der aufgeblähte Markt zu stabilen Preisen geführt. Die Reichhaltigkeit und die Süße von Portwein sind weitgehend das Ergebnis eines hochwertigen (und hochprozentigen) Branntweins, der hinzugefügt wird, wenn der Portwein gärt. Das Versetzen mit Alkohol stoppt den Gärungsvorgang ab, so dass im Wein unvergorener Zucker zurückbleibt, und trägt auf diese Weise zu einem Alkoholgehalt eines Portweins von bis zu 20% bei.

KAUFSTRATEGIE

Man rechnet weithin damit, dass 2000 als großes Jahr für Erzeuger von Vintage Port angesehen wird. Kräftige und dickflüssige Weine wurden erzeugt. Als ich diese Zeilen schrieb, wurde von Graham's, Dow, Warre, Taylor, Fonseca, Crot, Delaforce, Quinta do Noval und der Symington gehörenden Quinta do Vesuvio ein »Vintage-Jahr« deklariert. Es ist mit großer Wahrscheinlichkeit zu erwarten, dass weitere große Firmen 2000 ebenfalls zu einem Jahr für Jahrgangsportweine erklären. Diese Weine sind jetzt im Handel erhältlich. Andere hervorragende Vintage-Jahrgänge, die man im Einzelhandel immer noch kaufen kann, sind 1997, 1994 und 1992. Wie bei vielen Spitzenweinen sind die Preise für die jüngsten Jahrgänge höher als für ältere Portweine, die man auf Versteigerungen erwerben kann. Gewiefte Verbraucher sollten in Betracht ziehen, Jahrgänge wie 1995 (von Firmen, die ihn als Vintage deklariert haben), 1991, 1987, 1983 und 1980 zu ersteigern. Das sind eher sehr gute als große Jahrgänge, aber die Spitzenfirmen haben tadellose Weine abgeliefert; zudem sind die Weine ihrer vollständigen Reife nahe.

Ein offensichtlicher Trend ist die Explosion des Angebots von Single-Quinta-Weinen, von denen die meisten sehr gut bis ausgezeichnet sind, obwohl sie nicht so fesselnd wie die größten Vintage-Portweine sind. Die meisten Single-Quinta Ports werden in Jahren angeboten, die nicht zu einem Vintage deklariert worden sind.

VERSCHIEDENE PORTWEINTYPEN

Crusted Port Crusted – verkrusteter oder sedimentierter – Port, den man nur noch selten sieht, ist gewöhnlich eine Mischung verschiedener Jahrgänge, die frühzeitig auf Flaschen abgezogen und ähnlich behandelt wird wie Vintage Port. In der Flasche bilden sich erhebliche Ablagerungen, und ein Crusted Port muss vor dem Genuss dekantiert werden.

Tawny Port Wer einen preiswerten reifen Portwein sucht, sollte einen Tawny – bräunlichen – Port von einem erstklassigen Lieferanten wählen. Die guten Häuser bauen Tawny Ports 10, 20, 30, 40 oder sogar 50 Jahre im Holzfass aus. Tawny Port besteht aus einer Assemblage verschiedener Jahrgänge. Er weist beträchtliche Komplexität und Verfeinerung auf. Ich empfehle nachdrücklich einige der besten Tawny Ports von Firmen wie Taylor Fladgate, Fonseca und Graham's.

Ruby und Branded Ports Ruby Ports und Branded Ports – rubinrote und rostfarben gescheckte Portweine – sind vergleichsweise undifferenzierte, junge Portweine von satter Färbung, die wegen ihres süßen, traubigen Aromas und ihres geschmeidigen, saftigen, aber monolithischen Geschmacks geschätzt werden. Die meisten von ihnen sollten getrunken werden, sobald sie in den Handel gekommen sind. Jedes Haus hat seinen eigenen Stil. Vier der beliebtesten Ruby Ports sind Bin No. 27 von Fonseca, 4 XX von Taylor, Special Reserve von Cockburn und Six Grapes von Graham's. Diese rubinroten oder rostfarbenen Ports unterscheiden sich alle im Stil. Am reichhaltigsten und vollsten ist der Fonseca Bin No. 27; am komplexesten ist gewöhnlich der Taylor 4, der süßeste und fruchtigste ist der Graham's Six Grapes; der Cockburn Special Reserve ist der reifste und entwickeltste, zeigt aber am wenigsten Distinktion.

White Port White – weißer – Port ist ein Tropfen, dessen Sinn ich nie recht verstanden habe, aber die Franzosen haben eine Schwäche für ihn. Der Markt für diese Absonderlichkeit ist allerdings tot.

Late Bottled Vintage Port (L.B.V.P.) Bestimmte Jahrgänge werden länger als zwei Jahre (die für Vintage Port vorgeschriebene Zeit) im Fass ausgebaut und 5–7 Jahre nach dem Entstehungsjahr auf Flaschen abgezogen. Diese Late Bottled – spät abgezogenen – Portweine bilden meist weniger Ablagerungen in der Flasche, weil sie schon weitgehend im Fass sedimentiert haben. Im Allgemeinen sind Late Bottled Vintage Ports trinkreif, wenn sie in den Handel kommen. Ich finde sie oft weniger interessant und komplex als die besten Tawny und Vintage Ports.

Single Quinta Vintage Port Portweine »von einer einzigen Quinta«, einem einzigen Gut, bilden ein zunehmend wichtiges Marktsegment, besonders seit den späten 1980ern, als eine Reihe von guten Jahren, vor allem 1987, 1990, 1991 und 1992, nur deshalb nicht zu Jahrgängen deklariert wurde, weil der Markt gesättigt war. Viele der besten Quintas werden als Single Quinta Vintage Ports mit Jahrgangsbezeichnung angeboten. Die meisten Portwein-Experten sind der Meinung, dass die Mischung von verschiedenen Weinbergen dem Vintage Port den besten Charakter gibt. Andere sagen, dass die besten Quinta-Portweine in einem Spitzenjahr so gut sein können wie ein ausgezeichneter Vintage Port. Ich neige zu der Ansicht, dass ein großer Vintage Port einem Quinta-Port überlegen ist; die besten Quinta-Portweine von 1987, 1990, 1991 und 1992 sind freilich atemberaubend.

SINGLE-QUINTA VINTAGE PORTS:

Quinta Agua Alta (Churchill)
Quinta Boa Vista (Offley)
Quinta do Bomfim (Dow)
Quinta do Cachao (Messias)
Quinta da Cavadinha (Warre)
Quinta do Confradeiro (Sandeman)
Quinta da Corte (Delaforce)
Quinta do Crasto (ein Konsortium)
Quinta da Eira Velha (R. Newan)
Quinta Fojo (Churchill)
Quinta do Forte (Delaforce)
Quinta da Foz (Calem)
Quinta Guimaraens (Fonseca)
Quinta do Infantado (Roseira)
Quinta Maledossd (Graham's)
Quinta da Roeda (Croft)
Quinta de la Rosa (Bergquist)
Quinta do Seixo (Ferreira)
Quinta do Tua (Cockburn)
Quinta de Val da Figueria (Calem)
Quinta de Vargellas (Taylor Fladgate)
Quinta do Vau (Sandeman)
Quinta do Vesuvio (Symington)

Vintage Port Vintage Ports sind wohl die besten und komplexesten Portweine, und von ihnen wird in diesem Kapitel auch am meisten die Rede sein. Sie werden von den Portwein-Exporteuren im zweiten Frühjahr nach der Lese deklariert. 1991 wurde von den meisten erstklassigen Häusern zum Jahrgang deklariert. Graham's, Dow, Quinta do Noval und Warre taten es beispielsweise, nicht aber Fonseca und Taylor, die statt dessen 1992 deklarierten. Vintage Port, eine Mischung der allerbesten Cuvées von verschiedenen Weinbergen, wird 2 Jahre nach der Lese ungefiltert auf Flaschen abgezogen. Er kann 50 Jahre und länger halten und dabei immer besser werden. Voraussetzungen für einen Vintage Port sind außergewöhnliche Reife, eine Menge Tannin und sehr viel reife Frucht und Körper. Die Qualität eines Vintage Port ist natürlich die Messlatte, an der sein Händler auf dem internationalen Markt gemessen wird. Jedes gute Haus hat einen individuellen Stil, den ich in den Verkostungsnotizen zu beschreiben versucht habe. Diese Portweine sind gewöhnlich Mischungen von verschiedenen Weinbergen und nicht Erzeugnisse eines einzelnen Weinbergs.

JAHRGANGSFÜHRER

Die größten Portwein-Jahrgänge des 20. Jahrhunderts waren 1912, 1927, 1931, 1935, 1945, 1948, 1955, 1963, 1970, 1977, 1983, 1985, 1992, 1994, 1997 und 2000.

VINTAGE-JAHRE DER WICHTIGEN FIRMEN

Cockburn 1947, 1950, 1955, 1960, 1963, 1967, 1970, 1975, 1983, 1985, 1991, 1994, 1997, 2000.

Croft 1945, 1950, 1955, 1960, 1963, 1966, 1970, 1975, 1977, 1982, 1985, 1991.

Dow 1945, 1947, 1950, 1955, 1960, 1963, 1966, 1970, 1972, 1975, 1977, 1980, 1983, 1985, 1991, 1994, 1997, 2000.

Fonseca 1945, 1948, 1955, 1960, 1963, 1966, 1970, 1975, 1977, 1980, 1983, 1985, 1992, 1994, 1997, 2000.

Graham's 1945, 1948, 1955, 1960, 1963, 1966, 1970, 1975, 1977, 1980, 1983, 1985, 1991, 1994, 1997, 2000.

Quintado Noval 1945, 1947, 1950, 1955, 1958, 1960, 1963, 1966, 1967, 1970, 1975, 1978, 1982, 1985, 1991, 1994, 1995, 1997, 2000.

Quintado Noval Nacional 1931, 1950, 1960, 1962, 1963, 1964, 1966, 1967, 1970, 1975, 1978, 1980, 1982, 1985, 1987, 1994, 1997, 2000.

Sandeman 1945, 1947, 1950, 1955, 1957, 1958, 1960, 1962, 1963, 1966, 1967, 1970, 1975, 1977, 1980, 1982, 1985.

Taylor 1945, 1948, 1955, 1960, 1963, 1966, 1970, 1975, 1977, 1980, 1983, 1985, 1992, 1994, 1997, 2000.

Warre 1945, 1947, 1950, 1955, 1958, 1960, 1963, 1966, 1970, 1975, 1977, 1980, 1983, 1985, 1991, 1994, 1997, 2000.

DIE BESTEN PORTUGIESISCHEN PRODUZENTEN VON PORTWEIN

** * * * * (HERVORRAGEND)*

Dow
Fonseca
Graham's
Quinta do Noval Nacional
Taylor

** * * * (AUSGEZEICHNET)*

Churchill
Churchill Quinta Agua Alta
Cockburn
Croft
Dow Quinta do Bomfim
Ferreira Quinta do Seixo
Fonseca Guimaraens
Graham's Malvedos
Quinta do Infantado Touriga Nacional
Quinta do Noval
Symington Quinta do Vesuvio
Taylor Quinta de Vargellas
Warre

**** (GUT)*

Calem Quinta da Foz
Croft Quinta do Roeda
Delaforce
Delaforce Quinta do Forte
Ferreira
Gould Campbell
Quarles Harris
Martinez
Niepoort
Offley Forrester
Pocalas Junior
Quinta do Crasto
Quinta do Passadouro
Quinta de la Rosa
Quinta do Roriz
Ramos-Pinto
Sandeman
Sandeman Quinta do Vau
Smith-Woodhouse
Warre Quinta da Cavadinha

*** (DURCHSCHNITTLICH)*

Almeida Barros
Borges & Irmao
J. W. Burmester
C. da Silva
Calem
H. & C. J. Feist
Feuerheerd
Hooper
C. N. Kopke
Messias
Osborne
Pintos dos Santos
Quinta do Panascal
Quinta do Romaneira
Vasconcellos
Wiese & Krohn
Van Zellers

COCKBURN

1994 Vintage Port **D 91**

Ein reizvoller, rauchiger, teerartiger, an geröstete schwarze Früchte erinnernder Charakter dominiert das Aromenprofil des undurchdringlich rubin-purpurroten *1994er Vintage Port.* Niedrige Säure, süße, reichhaltige Frucht und eine direkte, expansive Empfindung weisen darauf hin, dass dieser körperreiche Wein rasch reifen wird, aber er hält sich mindestens 2 Jahrzehnte. Wie bei ein paar anderen 1994ern scheint er in diesem Stadium fast zu leicht zu trinken zu sein. Voraussichtliche Genussreife: 2004–2020.

Bisherige große Jahrgänge: Quinta do Tua 1987er (94); Vintage Port 1991er (88), 1985er (90), 1983er (95), 1955er (92)

CROFT

1994 Vintage Port **D 90**

Der *1994er Vintage Port* bietet eine eindrucksvolle dunkelrubin-purpurrote Farbe und einen entfalteten, vorangeschrittenen Stil, der stärker entwickelt ist, als man erwartet. Er ist mäßig süß, körperreich, expansiv, reintönig und reichhaltig, aber in einem offenherzigen, einschmeichelnden Stil gehalten. Er ist zwar hervorragend, zählt aber nicht zu den Spitzenweinen des Jahrgangs. Man kann ihn 20 Jahre aufheben. Voraussichtliche Genussreife: jetzt–2020.

Bisherige große Jahrgänge: Vintage Port 1991er (93), 1963er (90)

DOW

1997 Vintage Port **EE 90**

Der *1997er Vintage Port,* ein entwickelter Vintage Port, der weniger wuchtig als der normale Portwein ist, zeigt eine dunkelrubin-purpurrote Farbe, reizvolle Lakritze-, Schokolade- und Röstkaffeearomen, mittleren bis vollen Körper, süßes Tannin und einen mäßig tanninreichen Abgang. Dieser ausgezeichnete Vintage-Portwein dürfte sich 2004–2025 gut trinken lassen.

Bisherige große Jahrgänge: Quinta do Bomfim 1992er (93), 1990er (95); Vintage Port 1994er (96), 1991er (90), 1983er (93), 1977er (95), 1970er (90), 1966er (91), 1963er (93), 1945er (93)

FERREIRA

1997 Vintage Port **E** **89**

Der dunkelrubin-purpurrote *1997er Vintage Port* bietet Aromen von Tierfell, Lakritze, Brombeeren und Erde. Reichhaltig und körperreich, wenn auch monolithischer als viele seiner Altersgenossen, ist dieser ausgezeichnete Vintage Port fast hervorragend. Voraussichtliche Genussreife: jetzt–2020.

FONSECA

1997 Vintage Port **EE** **93**

Der dunkelrubin-purpurrote *1997er Vintage Port,* der für Fonseca etwas leichtgewichtig, aber unbestreitbar bezaubernd ist, bietet ein blumiges, exotisches, schwelgerisches Bukett, einen süßen, fleischigen Stil, aber nicht sehr viel Gewicht oder Wucht. Berauschender Alkohol, süßes Tannin und eine samtige Textur sorgen für einen prächtigen Abgang. Ich hätte ihn zwar lieber mit mehr Gewicht, Struktur und Intensität gehabt, aber er ist ein hervorragender Fonseca-Portwein. Voraussichtliche Genussreife: jetzt–2020.

Bisherige große Jahrgänge: Guimaraens 1991er (93); Late Bottled Vintage Port 1998er (88); Twenty Year Old Tawny Port (86); Thirty Year Old Tawny Port (91); Vintage Port 1994er (97), 1992er (97), 1985er (96), 1983er (92), 1977er (94), 1970er (97), 1966er (92), 1963er (97), 1955er (96), 1948er (100), 1945 (92)

GRAHAM'S

1997 Vintage Port **EE** **93**

Brombeeren, Lakritze und geschmolzener Teer ragen im mäßig intensiven Bukett dieses körperreichen, schön hergestellten *1997er Vintage Port* heraus. Er gehört nicht zu den großen Graham-Portweinen und ist weniger süß als üblich, aber er ist reichhaltig, konzentriert und eindrucksvoll. Voraussichtliche Genussreife: 2004–2025.

Bisherige große Jahrgänge: Malvedos Centenary 1990er (92), 1987er (92), 1986er (92), 1976er (90), 1958er (90); Malvedos Vintage Port 1993er (92); Vintage Port 1994er (96), 1991er (94), 1985er (97), 1983er (94), 1980er (90), 1977er (95), 1970er (95), 1966er (92), 1963er (96), 1955er (95), 1948er (99), 1945er (96)

QUINTA DO NOVAL

1997 Vintage Port **E** **100**

1997 Vintage Port Nacional **EEE** **100**

Der *1997er Vintage Port* ist der größte Quinta do Noval, den ich je verkostet habe (mit Ausnahme des Nacional, der von Reben stammt, die vor der Reblausinvasion angepflanzt wurden). Dieser schwarz-purpurrote Portwein besitzt fabelhafte Aromen (Espresso, Brombeeren, Lakritze, Teer und Blüten), gefolgt von gewaltiger Konzentration und einer Tiefe und Reichhaltigkeit, die jeden anderen Portwein aus diesem Jahrgang übertreffen, mit Ausnahme des in beschränkter Menge erzeugten Bruders, des Nacional. Herrlich süß, sensationell konzentriert und körperreich, dürfte dieser tiefgründige Vintage-Portwein legendär sein. Die Produktion von Quinta do Noval liegt normalerweise bei 4000 Kisten, aber 1997 wurden nur 1200 Kisten produziert, so dass der Wein nur äußerst begrenzt erhältlich sein wird. Voraussichtliche Genussreife: 2005–2035.

Der *1997er Vintage Port Nacional* ist eine weitere Legende aus diesem vor der Reblausinvasion bestockten Weinberg. Die Farbe ist ein sattes Schwarz-Purpurrot. Das Bukett enthüllt blumigere Düfte, vermischt mit Kaffee, Brombeeren, Teer, Cassis, Lakritze und Schokolade. Dieser spektakuläre Nacional, der extrem körperreich, aber weniger massig und nahtloser als sein Bruder ist, wird rasch seine Reifestufe erreichen und dort 2–3 Jahrzehnte verbleiben. Voraussichtliche Genussreife: 2007–2040.

Bisherige große Jahrgänge: Nacional 1994er (99+), 1987er (92), 1985er (96), 1970er (96), 1966er (92), 1963 (99+), 1962 (98), 1931 (100); Vintage Port 1994er (95), 1991er (89).

QUINTA DO VALE D. MARIA

1997 Vintage Port **E 90**

Dieser in einem eleganten Stil gehaltene dunkelrubin-purpurrote *1997er Vintage Port* wurde von Niepoort erzeugt. Reichhaltig und körperreich, entwickelt wirkend, besitzt er nicht das Gewicht der Kraftprotze aus diesem Jahrgang, ist aber gut gemacht, reintönig und konzentriert, mit großen Mengen von Brombeer- und Schwarze-Johannisbeer-Frucht, die nach Lakritze schmeckt. Der lange Abgang bietet süßes Tannin.

QUINTA DO VESUVIO

1997 Vintage Port **E 90**

Dieser *1997er Vintage Port*, ein köstlicher, frühreifer Wein von dunkler, satter rubin-purpurroter Farbe, offenbart jede Menge von marmeladeartigen, traubigen Geschmacksnuancen von schwarzen Früchten, vermischt mit Erde und Gewürzen, außerdem vollen Körper und seidiges Tannin. Wie andere 1997er dürfte er bald gut zu trinken sein, hält sich aber 20 Jahre.

ROMARIZ

1997 Vintage Port **D 92**

Der außergewöhnliche *1997er Vintage Port*, ein Wein von satter purpurrot-schwarzer Farbe, bietet süße, marmeladeartige Noten von Brombeeren, Lakritze und Gewürzen. Der kraftstrotzende Portwein, der körperreich, gehaltvoll und nicht sehr süß ist, mit gewaltigen Mengen von Glyzerin, Reife und gut integriertem Tannin, kann jung getrunken werden und dürfte sich 15–20 Jahre lang schön entwickeln. Ein Geheimtipp mit einem ausgezeichneten Preis-Leistungsverhältnis.

SILVAL

1997 Vintage Port **D 93**

Dies ist eine kleine Quinta im Besitz von Quinta do Noval. Der glänzende *1997er Vintage Port* ist ein Geheimtipp des Jahrgangs. Der körperreiche Wein von satter purpurroter Farbe zeigt im Überfluss Noten von Schokolade, Lakritze und Kaffeebohnen, verbunden mit Brombeer- und Schwarze-Johannisbeer-Frucht. Dieser umwerfende Port, der im Geschmack wuchtig ist, mit süßem Tannin und toller Konzentration, dürfte sich in 3–4 Jahren gut trinken und 20 Jahre oder noch länger halten. Sehr beeindruckend!

TAYLOR FLADGATE

1997 Vintage Port **EE 96**

Der spektakuläre *1997er Vintage Port* von satter schwarz-purpurroter Farbe, mit fantastischen Aromen von Heidelbeeren, Brombeeren, Lakritze und Eisen, gehört zu den Spitzenweinen des Jahrgangs. Extrem körperreich, mit seidigem Tannin, Aufsehen erregender Konzentration und Reintönigkeit, zahlreichen Geschmacksschichten und einer Persönlichkeit, die stärker entwickelt und weiter vorangeschritten ist als bei anderen Spitzenjahrgängen, ist er ein vorzüglicher und dennoch frühzeitig reifer 1997er Vintage-Portwein.

Bisherige große Jahrgänge: Late Bottled Vintage Port 1988er (89); Quinta de Vargellas 1991er (95), 1987er (90); Vintage Port 1994er (97), 1992er (100), 1985er (90), 1983er (94), 1980er (90), 1977er (96), 1970er (96), 1966er (91), 1963 (96), 1955 (96), 1948er (100), 1945 (96); Ten Year Tawny Port (93); Twenty Year Tawny Port (92); Thirty Year Tawny Port (87)

VERGESSEN SIE NICHT DIE MADEIRAS

Leider denken die meisten Verbraucher bei diesem Wein an einen Kochwein. Die ruhmreiche Zeit des Madeira war das 19. Jahrhundert. Heute ist die große Masse des Madeira zweifellos ein nicht gerade vornehmer gespriteter Wein, der in der ganzen Welt billig verkauft wird. Der »wahre« Madeira jedoch ist äußerst selten und wird in sehr beschränkter Menge erzeugt. Zudem sind 80–200 Jahre alte Madeiras von verlässlichen Erzeugern wirklich bemerkenswerte Weine, die in einem unverkennbaren süß-sauren Geschmacksprofil Süße und hohe Säure ausbalancieren und explosive Aromen besitzen.

STILE VON VINTAGE MADEIRA

Die gegenwärtige Gesetzgebung verlangt, dass alle Vintage-Madeiras mindestens 20 Jahre im Holzfass ausgebaut werden, bevor sie abgefüllt werden.

Bastardo Einige alte Muscatel-Weine der Firma d'Oliviras sind bemerkenswert, wie mehrere Flaschen des Jahrgangs 1900 bei der Verkostung gezeigt haben. Im Wesentlichen sind Bastardos gespritete Muscat-Weine, die in sehr begrenzter Menge erzeugt werden. Aus unbekannten Gründen sind sie aus der Mode gekommen, aber diese seltenen Weine sind im Allgemeinen billiger als Madeiras von vergleichbarem Alter.

Bual Unbestreitbar reichhaltiger, voller und süßer als Verdelho oder Sercial, besitzt Bual Madeira eine tiefe Bernsteinfarbe und offenbart wie seine Geschwister viele röstartige, rauchige, nussige Noten.

Malmsey Das ist der süßeste, am öligsten texturierte Madeira, mit Noten von Karamell, gerösteten Nüssen und Espresso, dicken, saftigen Geschmacksnuancen und guter Säure. Die vom Gesetz vorgeschriebene Obergrenze des Restzuckers liegt bei 96–135 g/l.

Sercial Sercial ist der anglisierte Name für die portugiesische Rebsorte Cerceal. Madeiras, die diesen Namen tragen, gehören zumeist zu den leichtesten, trockensten und in der Farbe blassesten Madeira-Weinen. Sie haben einen höheren Säuregehalt und enthalten nicht mehr als 18–65 g Restzucker pro Liter. Ihr Alkoholgehalt liegt bei rund 17 %.

Tarrantez Die teuren Tarrantez-Weine, die man in den letzten Jahren selten sieht, sind 80–200 Jahre alte, kräftige Madeiras mit unendlichem Alterungspotenzial. Für Madeira ist das eher eine historische Rebsorte als eine, die gegenwärtig verwendet wird, auch wenn man vermuten würde, dass angesichts des Preises, den alte Tarrantez-Abfüllungen bei Versteigerungen erzielen, mehr davon angepflanzt werden sollte.

Verdelho Dieser bernsteinfarbene Madeira wird in einem mäßig süßen Stil erzeugt, mit guter Säure als Ausgleich. Der Abgang ist voll und süß, weil die gesetzliche Obergrenze für den Restzucker 49–78 g/l beträgt.

TAFELWEINE

Ein anderer dekadenter, prächtiger portugiesischer Wein ist der Moscatel de Setubal, der von der Firma J. M. da Fonseca erzeugt wird. Die Qualität ist heute nicht mehr die, wie sie früher einmal war, aber einige der alten Abfüllungen, die ich verkostet habe, insbesondere die 1900er, waren spektakulär.

Die trockenen Weine Portugals haben mehr Potenzial als echte Qualität. Fast alle werden von einheimischen Rebsorten erzeugt. Einige offenbaren zwar beträchtliches Potenzial, aber die Weißweine sind zumeist oxidiert oder belanglos, während die Rotweine von leichten, fruchtigen Weinen mit wenig Charakter bis zu kräftigen, konzentrierten Weinen reichen, die einen unterschiedlichen Gehalt an rustikalem Tannin besitzen. Die unten stehende Tabelle bietet einen vereinfachten Überblick über die besten Erzeuger. Bislang sind die beiden besten Erzeuger Luis Pato, der in Bairrada (einem bekannten portugiesischen Weinbaugebiet zwischen Lissabon und Porto) seine Sache sehr gut macht, und der tatkräftige Önologe João

Portugal Ramos im Alentejo. Ramos ist die treibende Kraft für dieses Weinbaugebiet, das südlich von Lissabon liegt.

JAHRGANGSLEITFADEN

Während Jahrgänge im Hinblick auf den Portwein erhebliche Bedeutung haben, geht es bei portugiesischen weißen und roten Tafelweinen mehr darum, wer sie erzeugt, als um die jeweiligen Jahrgänge.

DIE BESTEN PORTUGIESISCHEN ERZEUGER VON TAFELWEINEN

** * * (GUT)*

Quinta do Carmo (Alentejo)
Quinta do Castro (Douro)
Chryseia (Douro)
Quinta do Cotto (Douro)
Ferreira (Douro)
Quinta do Fojo (Douro)
J. M. da Fonseca (Dão Terras Altas)
J. M. da Fonseca (Garrafeira TE)
J. M. da Fonseca (Morgado do Reguengo-Portalegre)
J. M. da Fonseca (Quinta da Camarate)
J. M. da Fonseca (Rosado Fernandes)
Quinta de Foz de Arouce (Beiras)
Quinta da Gaivosa (Douro)
Quinta da Ponte Pedrinha (Dão)
Luis Pato (Bairrada)
João Portugal Ramos Marques de Borba (Alentejo)
João Portugal Ramos Trincadeira (Alentejo)
Quinta de la Rosa (Douro)
Vimompor Quinta du Pedro (Vinho Verde)

DIE WEINE NORDAMERIKAS

KALIFORNIEN

Grundwissen

WEINTYPEN

In Kalifornien trifft man buchstäblich jeden auch anderswo hergestellten Weintyp an: schwere portweinähnliche Produkte, dekadent-süße Spätlese-Rieslinge, Schaumweine und bedeutende rote und weiße Tafelweine aus Supertrauben wie Chardonnay und Cabernet Sauvignon.

REBSORTEN

Die kalifornischen Spitzen-Weine werden vornehmlich aus Cabernet Sauvignon- und Chardonnay-Trauben hergestellt, da die dortigen Weinproduzenten diesen Trauben ihre besonderen Aufmerksamkeit widmen. In Kalifornien findet man aber auch wundervollen roten Zinfandel und immer mehr Weltklasse-Merlot und -Syrah, plus geringere Mengen Petite Sirah. Trotz der verbesserten Qualität verstehen sich erst einige wenige Dutzend kalifornische Weinproduzenten auf den richtigen Umgang mit der Pinot-Noir-Traube. In den späten 1980er Jahren erfreuten sich bei den Verbrauchern besonders zwei Trends großer Beliebtheit: direkt vom Erzeuger abgefüllte Rotweinverschnitte (meist Cabernet Sauvignon-dominiert und superteuer) und die mit gebieterischen Geschmacksnuancen ausgestatteten, ebenso robusten wie geschmeidigen Rotweine aus Syrah-, Carignan-, Grenache-, Mourvèdre- und Alicante-Verschnitten, die auch unter dem Oberbegriff »Rhône Rangers« bekannt sind. Was die Weißweine betrifft, so können die Sauvignon-Blanc- und Semillon-Produkte oder deren Verschnitte wundervoll komplex und duftig sein, doch die große Mehrzahl besteht aus nichts sagenden Weinen. Es ist schade, dass der Chenin Blanc den Verbraucher so wenig anspricht, weil es sich dabei vielfach um ein sehr preiswertes köstliches Getränk handelt. Der Colombard und der Muscat leiden unter demselben Imageproblem wie der Chenin Blanc, doch kluge Verbraucher kennen die guten Abfüllungen und halten sich daran. Gewürztraminer und trockene Rieslinge gehörten bislang zu den eher trostlosen Weinen, obwohl inzwischen einige Hersteller die Mauer der Mittelmäßigkeit durchbrochen haben. Jahrelang hat Kalifornien es dem Verbraucher leicht gemacht und seine Weine nach der Rebsorte benannt, aus der sie gemacht sind. Ein Chardonnay oder ein Cabernet Sauvignon muss – so bestimmt es das Gesetz – mindest 75% Trauben dieser Rebsorte enthalten. Neuerdings bieten immer mehr Hersteller sündteure Erzeugerabfüllungen an, die mit so ehrfurchtgebietenden, oft albernen Namen wie Dominus, Opus, Rubicon, Trilogy, Legacy, Affinity, Icon oder Insignia daherkommen. Die Weine sind angeblich aus Gründen der Harmonie aus den besten Beständen der Weingüter verschnitten. Einige davon sind wundervoll. Doch vergessen Sie nicht: Sie alle sind teuer und die meisten sogar überteuert.

N
W
O
S
CLEAR LAKE
MONO LAKE
Sacramento
Stockton
Oakland
San Francisco
San Mateo
San Jose
Santa Cruz
Monterey
SAN JOAQUIN
Fresno
Tulare
San Miguel
Paso Robles
San Luis Obispo
KERN
Bakersfield
Santa Maria
Lompoc
Los Angeles
Santa Ana
PAZIFIK
1
2
3
4
5
6
7
8
9
10
11
12
13
14
15
16
17
18
19
20
21
22
23
24
25
26
27
29
30
31
32
33
34
35
KILOMETER 0 50 100 150 200

Kalifornien

NÖRDLICHE KÜSTE

1 *Anderson Valley*
2 *Potter Valley*
3 *McDowell Valley*
4 *Clear Lake*
5 *Guenoc Valley*
6 *Dry Creek Valley*
7 *Alexander Valley*
8 *Knights Valley*
9 *Russian River Valley*
10 *Sonoma Valley*
11 *Napa Valley*
12 *Los Carneros*

MITTLERE KÜSTE

13 *Livermore Valley*
14 *Santa Cruz Mountains*
15 *Santa Clara Valley*
16 *Mount Harlan*
17 *Chalone*
18 *Arroyo Seco*
19 *Santa Lucia Highlands*
20 *Carmel Valley*
21 *San Lucas*
22 *York Mountain*
23 *Paso Robles*
24 *Edna Valley*
25 *Arroyo Grande*
26 *Santa Maria Valley*
27 *Santa Ynez Valley*
28 *Temecula*

BINNENLAND

29 *Solano County Green Valley*
30 *Suisun Valley*
31 *Clarksburg*
32 *Lodi*
33 *El Dorado*
34 *Shenandoah Valley*
35 *Fiddletown*

Duft- und Geschmacksnoten

ROTWEIN

Cabernet Franc Wird neuerdings von immer mehr Weinerzeugern dazu verwendet, das Bukett des Weines komplexer zu gestalten. Der Cabernet Franc ist ein würziger Wein mit Zedernholzanklängen, der gewöhnlich eine hellere Farbe und einen leichteren Körper hat als ein Cabernet Sauvignon oder ein Merlot. Er besitzt nur selten genügend eigenes Standvermögen, kann jedoch bei kluger Dosierung eine Cuvée um eine Extra-Dimension bereichern. Kalifornische Weine mit einem beträchtlichen Cabernet-Franc-Anteil, die die Prüfung der Zeit überstanden haben, sind etwa der 1971er Robert Mondavi Reserve Cabernet, der 1977er Joseph Phelps Insignia, ferner der 1986er, der 1990er, der 1991er, der 1992er, der 1993er und der 1994er Cabernet Franc von La Jota. Außerdem: der 1990er, der 1992er, der 1993er, der 1994er, der 1995er, der 1996er und der 1997er Maya (ein exquisiter Wein mit einem Anteil von rund 50% Cabernet Franc im Mischsatz) von Dalla Valle sowie der 1997er Bourriquot (zwei Drittel Cabernet Franc) von Havens und der 1996er, 1997er und 1998er Cabernet Franc von Pride Mountain.

Cabernet Sauvignon Diese Königin unter den kalifornischen Rotweintrauben erzeugt einen Wein von dichter Farbigkeit mit Aromen von schwarzen Johannisbeeren, Schokolade, Zedernholz, Leder, Hackfleisch, Mineralien, Kräutern, Tabak und Teer. Der beste Cabernet Sauvignon gedeiht in Napa, Sonoma und in den Santa Cruz Mountains, obwohl man auch in Paso Robles, Santa Ynez und Monterey exzellente Beispiele dieses Weines findet. Die vegetabilere Seite des Cabernet Sauvignon mit intensiven Duftnoten von Spargel und grünen Bohnen findet man in den Weinen aus Monterey oder Santa Barbara, zwei Anbaugebiete, die für diese Rebsorte allgemein als zu kühl gelten.

Merlot Während der Cabernet Sauvignon durch seine Kraft, sein Tannin und seine Struktur besticht, ist der Merlot durch Opulenz, Fettigkeit, einen höheren Alkoholgehalt und eine üppige, kernige Textur gekennzeichnet, wenn die Erträge nicht zu hoch ausfallen. Er hat zuletzt in Kalifornien an Bedeutung gewonnen, und so gibt es immer mehr Weine, die vornehmlich aus der Merlot-Traube gemacht sind. Zu den sprichwörtlichen Aromen eines Spitzen-Merlot gehören Duftnoten von Pflaumen, schwarzen Kirschen, Karamell, Tee, Kräutern, manchmal Tomaten und ein Hauch Orange. Ein Merlot-Wein hat niemals die Farbdichte eines Cabernet Sauvignon, weil die Haut der Merlot-Traube dünner ist, dafür hat er einen niedrigeren Säure- und Tanningehalt. Dank des höheren Alkoholgehalts und der früheren Reife lässt sich dieser fleischige, kernige Wein schon früh wundervoll trinken. Vorwiegend aus Merlot produzierte Weine haben eine lange Lebensdauer. Die besten Abfüllungen können sich mit den gelungensten französischen Produkten messen, doch immer noch sind 90 Prozent der Weine hohl, beängstigend übersäuert und allzu tanninreich und grün.

Petite Sirah Unglücklicherweise ist diese Rebsorte heute kaum mehr beliebt. Der Petite Sirah, genau genommen die Duriff-Traube, hat mit dem echten Syrah nichts zu tun, bringt jedoch einen fast purpurfarbenen, sehr tanninreichen, intensiven Wein mit pfefferartigen und cassisbetonten Duftnoten hervor. Die Weine sind überraschend gut, da 15 bis 20 Jahre alte Abfüllungen sich durchweg durch die Fähigkeit auszeichnen, ihre Fruchtigkeit zu bewahren. Die Komplexität und das Bukett reichen nur selten an einen Cabernet oder Merlot heran, trotzdem handelt es sich um einen wichtigen Wein. Die Petite-Sirah-Traube hat sich an die wärmeren Mikroklimata Kaliforniens gut adaptiert.

Pinot Noir Der dünnhäutige launische Pinot Noir erweist sich immer wieder als schwierige Rebe. Obwohl die kalifornischen Hersteller von dieser Rebe zu viele mittelmäßige, ausgewaschene Weine mit Backpflaumen- und vegetabilen Anklängen produzieren, hat kein anderes amerikanisches Anbaugebiet gerade mit dieser Traube so große Fortschritte, ja sogar bedeutende Durchbrüche erzielt. So findet man nicht nur in den Nordküstengebieten Mendocino, Napa und Sonoma gute Pinot Noirs, sondern auch weiter südlich – etwa in den Santa-Cruz-Bergen, der Gegend um Monterey und Santa Barbara. Doch das größte Potenzial hat sich in dem kühlen Meeresklima an der Küste von Sonoma entwickelt. Ein guter Pinot Noir besticht durch seine mittel- bis dunkelrote Farbe, einen intensiven Duftcocktail einschließlich roter und schwarzer Früchte, sowie Kräuter-, Erd- und florale Aromen. Der Pinot Noir verliert – soweit vorhanden – seinen Tanningehalt meist rasch, so dass eine gewisse Säure erforderlich ist, um ihm scharfe Konturen und Tiefe zu geben. Die meisten Pinot Noirs sind bereits direkt nach der Freigabe trinkbar. Nur wenige entwickeln sich jenseits eines Zeitraums von 7–8 Jahren auf der Flasche. Besonders hüten sollte sich der Verbraucher vor Pinot-Noir-Abfülllungen, die zu stark nach Tannin schmecken.

Sangiovese Wegen der italienischen Herkunft vieler nordkalifornischer Winzer und Weinproduzenten findet man immer mehr Kellereien, die Sangiovese herstellen. Es gibt bedeutende neue Anbauflächen mit dieser Rebsorte, die auch in den pastoralen Landschaften der Toskana den überwiegenden Teil der Rotweintrauben liefert. Sie ist in den meisten Chianti- und Vino-da-Tavola-Weinen die dominierende Traube. Auf den fruchtbaren Böden Kaliforniens bringt sie unglaubliche Erträge: 16–25 t/ha. Ohne ein strenges Zurückschneiden der Reben und ein Ausdünnen des Traubenbehangs sind die produzierten Weine verwässert, dünn, sauer und recht uninteressant. Wird der Traubenbehang jedoch um 50% oder mehr ausgedünnt, entsteht vielfach ein fruchtiger Wein mit Erdbeer-, Kirsch-, Ledertönen in Duft und Geschmack, gepaart mit mittlerem Körper und betonter Säure, der ideal zu Tomaten-Saucen und der mediterran-pazifischen Küche passt, wie man sie in Kalifornien und anderwärts antrifft. Beeindruckende Sangiovese-Weine haben inzwischen Kellereien wie Staglin Family Vineyards, Swanson, Shafer und Ferrari-Carano im Angebot. Über die größten Anbauflächen verfügt das Weingut Atlas Peak Vineyard, dessen Weine bis jetzt jedoch enttäuschen. Viele Produzenten gehen heute dazu über, der Mischung etwas Cabernet Sauvignon beizumengen, um dem Wein mehr Farbe, Körper und Tiefe zu geben, da höhere Erträge oftmals einen leichteren Wein als gewünscht ergeben. Insgesamt gesehen ist bei Spitzen-Sangioveses Fehlanzeige zu melden.

Syrah Syrah ist die große Rotweinrebe des französischen Rhônetals. Immer mehr kalifornische Produzenten füllen inzwischen hundertprozentige – manchmal exquisite – Syrah-Weine ab. Stilistisch liegt das Produkt zwischen leichten, fruchtigen, fast Beaujolais-artigen und schwarz-purpurfarbenen, dicken, reichen, alterungsfähigen, ungemein extraktreichen Weinen mit einem ungeheuren Potenzial. Ein großer Syrah hat ein Pecannuss-, Rauch-, Teer- und Cassis-duftiges Bukett, gehaltvolle, körperreiche, mitunter massive Geschmacksnoten und einen beträchtlichen Tanningehalt. Wie ein Cabernet Sauvignon ist auch ein Syrah-betonter Wein in puncto Alterungsfähigkeit ein echtes Vollblut und hat ohne weiteres eine Lebensdauer von 10–20 oder gar mehr Jahren. Die überzeugendsten Weine dieser Art verdanken wir Neyers, Alban, Edmunds St. John, Dehlinger, Sine Qua Non, Havens, Martinelli, Ojai, Andrew Murray und Thackrey. Es gibt aber auch eine ganze Schar sehr guter Syrahs zu vernünftigen Preisen.

Zinfandel Gegen alle Wahrscheinlichkeit sieht es so aus, als ob der rote, körperreiche Zinfandel-Typ wieder in Mode kommt. Die Gründe für diesen Erfolg sind der günstige Preis in Verbindung mit dem herrlichen vordergründigen, pfeffrigen Beerenduft (Kirschen, Brombeeren, Himbeeren) des Weines und seiner würzigen Frucht und üppigen geschmeidigen Textur. Die wachsende Beliebtheit des Zinfandel ist außerdem Ergebnis des – wie ich meine – gesunden Trends weg von völlig überteuerten Glamour-Weinen, besonders dem Schokoladen- und Vanillegeschmack des kalifornischen Chardonnay und Cabernet Sauvignon. Zinfandel wird überall in Kalifornien angebaut, doch die beste Qualität liefern relativ alte Rebstöcke von hügeligen Standorten. Einige Weingüter (besonders jene mit alten, kurz beschnittenen Rebstöcken) aus Napa, dem Dry Creek Valley, Sonoma, Sierra Foothills, Paso

Robles und Amador erzeugen fortlaufend den interessantesten Zinfandel. Zwar spielt der Boden gewiss eine wichtige Rolle (kiesiger Lehm ist wahrscheinlich am besten), doch noch wichtiger sind niedrige Erträge, alte Rebstöcke, die Ernte bei Vollreife sowie eine eher physiologisch als analytisch reife Frucht. Heute werden die meisten Zinfandel-Weine in einem vollmundigen, würzigen, betont fruchtigen Stil ein wenig in der Art des Cabernet Sauvignon ausgebaut. Sie haben zwar durchaus Rückgrat und Struktur, doch für gewöhnlich kann sich der Verbraucher an diesen Weinen sofort wegen ihrer üppigen, vollen Frucht erfreuen und sie bereits in der ersten Dekade ihres Lebens trinken. Auch wenn viele Zinfandel-Weine eine höhere Lebensdauer haben, verbessern sie sich nach einer Spanne von 4–6 Jahren meist kaum noch und sollten am besten innerhalb dieses Zeitraums getrunken werden. Beklagenswert sind die hohen Preise, die inzwischen für Zinfandel verlangt werden. Die meisten guten Weine liegen heute im mittleren zweistelligen Euro-Bereich.

Carignan Diese meist eher gering geschätzte Traube hätte mehr Aufmerksamkeit verdient. Einige der ältesten kalifornischen Weingärten sind mit dieser Rebe bepflanzt. So haben etwa Hersteller wie Trentadue und Cline bewiesen, dass man bei altem Rebenbestand, ausgedünntem Traubenbehang und bei voller Ausreifung überraschend intensive und körperreiche – Rhône-artige – Weine dieser Art erhält. Die meisten Carignan-betonten Weine sind durch eine staubige Erdigkeit charakterisiert, die mit einer großen, gehaltvollen, schwarzen Fruchtigkeit und würzigen Geschmacksnoten einhergeht.

Alicante Bouchet Auch diese Traube steht derzeit in eher geringem Ansehen und wird meist nur von jenen verehrt, die sie gut kennen. Sie ergibt einen schwarz-purpurfarbigen Wein mit beträchtlichem Körper und Volumen. Er braucht Zeit in der Flasche, um seine Härte abzubauen, doch bei respektvoller Behandlung, wie sie die Kellereien Trentadue und Topolos in Sonoma praktizieren, belohnt diese Traube aufs Schönste eine längere Lagerung. Im Reifezustand bietet der Wein ein Spektrum an würzigen, erdigen Geschmacksnoten mitsamt einem bedeutenden Körper und Alkoholgehalt. Coturri hat aus dieser Traube einige kraftstrotzende Weine erzeugt.

Mourvèdre/Mataro Diese Sorte erlebt gerade ein Comeback. Einige Erzeuger, etwa Tablas Creek, Edmunds St. John, Cline Cellars und Sean Thackrey haben daraus faszinierende Weine kreiert. Mataro ergibt einen mäßig dunkelfarbigen Wein mit einem pilzigen, erdigen, himbeerartigen Aroma, einem überraschend hohen Säure- und Tanningehalt und einem beträchtlichen Alterungspotenzial.

WEISSWEIN

Chardonnay Dieser große Superstar unter den Weißweintrauben ergibt im besten Fall gehaltvolle, buttrige Weine, die bei Fassgärung ganze Dimensionen von Geschmacksnoten offenbaren, etwa Anklänge von Tropen- (Ananas und Mandarinen) und anderen Früchten (Apfel und Pfirsich) und sogar von gebuttertem Popcorn. Die Rebe gedeiht gleich gut in sämtlichen Anbaugebieten Kaliforniens, wie Mendocino, Sonoma, Napa, Carneros, Monterey, Santa Cruz und Santa Barbara. Alle diese Weinbaugebiete bringen Spitzenprodukte hervor. Problematisch ist nur, dass von den über 800 kalifornischen Kellereien, die Chardonnay produzieren, weniger als hundert interessante Weine herstellen. Die Erträge sind zu hoch, die Weine werden industriell erzeugt, nicht sorgfältig ausgebaut und exzessiv mit Säure angereichert, so dass sie zwar technisch makellos daherkommen, jedoch in puncto Bukett, Geschmacksintensität und Charakter zu wünschen übrig lassen. Das Ergebnis sind saure, schale, uninteressante Weine. Überdies müssen die Weine innerhalb von zwölf Monaten nach Abfüllung getrunken werden. Beliebt ist auch das Verfahren, absichtlich größere Mengen Restzucker in dem Wein zu belassen und teilweise mit Säurezusätzen zu überdecken. So wirkt der Wein zwar oberflächlich gehaltvoller und runder, fällt aber auch bereits im ersten Jahr nach der Abfüllung auseinander. Die meisten Chardonnays sind mittelmäßig und überteuert und haben ein zweifelhaftes Alterungspotenzial. Trotzdem sind sie die beliebtesten trockenen Weißweine, die in Kalifornien produziert werden.

Chenin Blanc Aus dieser verleumdeten, allgemein missverstandenen Traube lassen sich vorzügliche Aperitifweine gewinnen, die gleichzeitig trocken und leicht süßlich – also halbtrocken – schmecken. Die meisten Kellereien neigen zu einem fruchtigen, delikaten, parfümierten Stil von mittlerem bis vollem Körper, der in wachsender Zahl all jene Verbraucher erfreut, die nach köstlichen Weinen zu vernünftigen Preisen suchen. Diese Rebsorte hätte von Seiten der Verbraucher mehr Aufmerksamkeit verdient.

French Colombard Wie beim Chenin Blanc handelt es sich auch beim Colombard um eine Rebsorte, der nur selten besondere Achtung gezollt wird. Sein Charme liegt in seinem aromatischen Charakter und seinem frischen, leichten Stil.

Gewürztraminer Wer schon einmal den feinen Elsässer Gewürztraminer getrunken hat, wird bestürzt sein über das, was in Kalifornien unter diesem Namen verkauft wird. Eine Hand voll Kellereien, etwa Novarro, Martinelli und Babcock, haben ein paar attraktive, wenn auch gedämpfte Gewürztraminer im Angebot. Die nackte Wahrheit bleibt jedoch, dass die meisten kalifornischen Gewürztraminer in einem etwas süßlichen, wässrigen, schalen, flachen, ausgewaschenen Stil ausgebaut sind.

Muscat In Kalifornien finden verschiedene Muskat-Reben Verwendung. Diese unter Wert gehandelte und allzu wenig geschätzte Sorte ergibt bemerkenswert duftige, parfümierte Weine, voll gepackt mit Geschmacksnoten von tropischen Früchten. Sie lassen sich hervorragend als Aperitifweine oder zum Dessert trinken.

Pinot Blanc (Weißburgunder) Diese Traube wird in großen Mengen im Elsass angebaut, wo sie zu äußerst fruchtigen, jedoch meist unmittelbar ansprechenden Weinen verarbeitet wird. In Kalifornien war ihr bisher freilich keine solche Erfolgsgeschichte beschieden. Einige Produzenten haben sie im Fass vergoren und versucht, daraus einen groß angelegten Chardonnay-artigen Wein zu gewinnen, jedoch mit geringem Erfolg. Chalone und Arrowood sind unter den wenigen Kellereien, denen dies gelungen ist. Meiner Meinung nach sollte man einen Pinot Blanc am besten so ausbauen, dass seine betont fruchtigen Merkmale deutlich hervortreten, die zwischen honigtönigen Mandarinen- und Orangenanklängen und einer eher blumigen, apfelartigen Fruchtigkeit rangieren. Die meisten Pinot Blancs haben kein hohes Alterungspotenzial, bieten jedoch in ihrem Überschwang und zugleich ihrer Schlichtheit einen unmittelbaren Trinkgenuss. Andere sehr gute Pinot Blancs verdanken wir Murphy-Goode. Die meisten Pinot Blancs sollte man 2–3 Jahre nach Flaschenabfüllung trinken, die einzige Ausnahme davon bilden jene körperreichen, gut strukturierten Produkte, wie sie etwa Chalone anbietet.

Sauvignon Blanc Die kalifornischen Weinhersteller haben es nicht verstanden, sich das Potenzial dieser Traube zunutze zu machen. Überreichliche Ernten, eine exzessive Anreicherung mit Säure und eine lieblose Philosophie der Massenherstellung haben dazu geführt, dass heute Hunderte nichts sagende, schale, gehaltlose Weine ohne Bukett und Geschmack auf dem Markt sind. Das ist sehr schade, weil der Sauvignon einer der flexibelsten Weine der Welt ist, der sich vorzüglich zum Essen trinken lässt. Er passt sich auch ganz verschiedenen Fermentierungs- und Ausbauverfahren an. Die nicht im Eichenfass ausgebauten Produkte dieser Traube bestechen durch einen lebendigen, aromatischen Duft mit Feigen-, Melonen-, Kräuter- und Mineralienanklängen, eine frische Fruchtigkeit, wundervoll würzige Geschmacksnoten und einen trockenen Abgang. Ambitioniertere, im Fass vergorene Stile, denen vielfach ein wenig Sémillon beigemischt wird, haben mitunter einen honigartigen, melonigen Charakter und gehaltvolle, mäßig bis betont köperreiche, grasige, melonige und feigenartige Geschmacksnoten von beträchtlicher Autorität. Bedauerlicherweise findet man in Kalifornien für keinen dieser beiden Typen besonders zahlreiche Beispiele. Weder die Erfolge noch die Fehlschläge lassen sich bestimmten Anbaugebieten zuordnen.

Sémillon Diese ganz eigene aufstrebende kalifornische Sorte ergibt Weine von beträchtlichem Körper und cremiger Fülle. Häufig kann man die Trauben auch am Rebstock belassen, wo sie von Botrytis befallen werden und später süße, honigartige Dessertweine ergeben. Doch am besten kommt der Sémillon zur Geltung, wenn er mit Sauvignon verschnitten wird. Beide Sorten zusammen gehen eine ideale Verbindung ein und ergeben Weine von beträchtlicher Fülle und Komplexität.

Riesling Hier und da hat man in Kalifornien große Spätlese-Rieslinge ausgebaut, doch der Versuch, in deutscher Manier einen Kabinett- oder Riesling im trockenen Stil zu erzeugen, ergibt meist langweilige, leblose, schale Weine ohne Persönlichkeit und Geschmack. Die meisten Rieslinge werden auf zu nährstoffreichen Böden oder unter zu heißen klimatischen Bedingungen angebaut. Das ist bedauerlich. Denn der Riesling könnte sich durchaus als eine Sorte erweisen, die beim Massenpublikum hervorragend ankommt.

ALTERUNGSPOTENZIAL

Cabernet Franc: 5–15 Jahre
Cabernet Sauvignon: 5–25 Jahre
Chardonnay: 1–6 Jahre
Chenin Blanc: 1–2 Jahre
Colombard: 1–2 Jahre
Gamay: 2–4 Jahre
Merlot: 5–12 Jahre
Muscat: 1–3 Jahre
Petite Sirah: 5–15 Jahre
Pinot Blanc: 1–3 Jahre
Pinot Noir: 4–8 Jahre
Riesling (trocken) 1–2 Jahre
Riesling (süß): 2–8 Jahre
Sauvignon Blanc: 1–3 Jahre
Schaumweine: 2–7 Jahre
Sémillon: 1–4 Jahre
Syrah: 5–20 Jahre
Zinfandel: 3–10 Jahre

ALLGEMEINES QUALITÄTSNIVEAU

Die vier oder fünf Dutzend Spitzenerzeuger von Cabernet Sauvignon-, Merlot- oder roten Erzeugerabfüllungen, aber auch die vier oder fünf Dutzend Chardonnay-Produzenten, machen Weine, die so fein und facettenreich sind wie nur irgendwo auf der Welt. Seit über zwanzig Jahren haben meine Verkostungen jedoch gezeigt, dass viele kalifornische Weine nicht gut ausgebaut, sondern industriell hergestellt sind. Viele dieser von vorsichtigen Önologen übermäßig mit Säure angereicherten und bis zum Aromaverlust filtrierten Weine verfügen kaum mehr über andere Geschmacksnoten als jene raue Textur, wie sie durch den übertriebenen Säure- und Alkoholgehalt und bei den Rotweinen durch einen exzessiven Anteil grüner, adstringierender Tannine verursacht wird. Viele Produzenten versuchen ihre Übererträge zu kaschieren, indem sie Restzucker im fertigen Wein belassen, um ihren Wein körperreicher erscheinen zu lassen, als er wirklich ist. Diese Vorgehensweise ist jedoch nur kurzfristig erfolgreich, weil die Weißweine bereits 6–9 Monate nach der Abfüllung auseinander fallen und die Rotweine eine klumpige Konsistenz entwickeln.

Inzwischen verliert die traditionelle Philosophie der kalifornischen Winzer an Bedeutung, derzufolge der Weinan- und -ausbau sich an industriellen Standards zu orientieren hatte, was hauptsächlich monolithische, äußerst simple, blitzsaubere Weine zur Folge hatte, die unter strikt technischen Bedingungen produziert und verunstaltet wurden. Es ist kein Geheimnis, dass die meisten kalifornischen Kellereien das Ziel verfolgt haben, sedimentfreie, steril saubere und völlig stabile Weine zu produzieren. Die zur Erreichung dieses Ziels angewendeten Methoden haben die Weine nur allzu oft ihres Geschmacks, ihres Dufts, ihrer Persönlichkeit und sonstiger angenehmer Qualitäten beraubt. Doch lassen sich besonders an den Jahrgängen der neunziger Jahre in dieser Hinsicht bedeutende Veränderungen feststellen. Nur ein Narr könnte die Augen vor der Tatsache verschließen, dass Kalifornien heutzutage viele der größten Weine der Welt produziert. Zwar beschweren sich die Händler verständlicherweise darüber, dass sie aus der begrenzten Produktion der »trendigsten« Kellereien nur winzige Mengen erhalten, trotzdem ist offensichtlich, dass die Qualität des kalifornischen Weins immer neue Triumphe feiert.

Warum ich für den kalifornischen Wein so optimistisch bin? Bedenken Sie das Folgende:

1. Kalifornien kann in den 1990er Jahren auf ein Jahrzehnt glänzender Jahrgänge zurückblicken. Seit 1990 hat jeder Jahrgang den Winzern so viele hochwertige Trauben eingebracht, dass daraus etliche sensationelle Weine geschaffen werden konnten. Nur 1998 hat weniger Aufregendes zu bieten, obwohl es ein gutes Jahr war.
2. Doch noch wichtiger als neun hervorragende Jahrgänge sind die neuen Denkgewohnheiten vieler Spitzenwinzer. Bei meinem Versuch, die Mentalität der industriellen Massenherstellung zu verändern, wie sie von der Universität von Kalifornien in Davis propagiert wird, ist mir von Seiten meiner Kollegen nur wenig Unterstützung zuteil geworden. Solange ich zurückdenken kann, haben die Anschauungen dieser Denkschule stets nur sterile, beängstigend säurehaltige, fast untrinkbar harte und hohle Weine hervorgebracht, die von Teilen der Westküsten-Weinpresse mit Lobeshymnen überhäuft wurden. Handwerklich ausgebaute Weine, deren Anbaugebiet, Jahrgang und Sortencharakter unverkennbar sind und die überdies immenses Vergnügen bereiten, haben auch andere Produzenten enorm beeinflusst. Noch vor 2 Jahrzehnten war es kaum mit anzusehen, wie viele Winzer ihre Weine, ohne auch nur im Geringsten nachzudenken, durch den blinden Glauben an die nachstehend genannten Techniken verschlechterten und vielfach sogar zerstörten: a) indem sie die Weinlese nach den Kriterien der analytischen statt der physiologischen Reife ansetzten, b) indem sie ihrem Produkt während der Gärung beängstigend hohe Mengen Acidum tartaricum (Weinsäure) zusetzten, um jedes Risiko zu vermeiden, c) indem sie den jungen Traubensaft mit Hilfe von Zentrifugen und Filtern bearbeiteten, die den Wein, noch bevor er eine Persönlichkeit entwickeln konnte, seiner Kraft und seines Charakters beraubten, d) indem sie den Wein vor der Fassabfüllung übermäßig filtrierten und e) indem sie ihr Produkt grundsätzlich schönten und steril-filtrierten, so dass der Wein kein Aroma mehr hatte und mit einer monolithischen Persönlichkeit daherkam. Doch allmählich entwickelt sich allenthalben eine weniger traumatisierende und interventionistische Weinphilosophie und vielerorts ist man jetzt bemüht, die jeweiligen Trauben in ihrer Charakteristik zur Geltung zu bringen. Das Ergebnis sind immer größere Mengen gehaltvoller, natürlich schmeckender unbehandelter Weine, vor denen die französischen Weinproduzenten erschaudern dürften. Zwar bekämpfen viele Kellereien mit Hilfe einer ahnungslosen Weinpresse auch weiterhin diesen Trend in Richtung höherwertiger, natürlicherer Weine, doch der Nutznießer dieser Entwicklung sind Sie, der Weinkonsument!
3. Auch wenn die Reblausepidemie für den kalifornischen Weinbau finanziell verheerend gewesen sein mag, so hat doch die Neubepflanzung der Anbauflächen im vergangenen Jahrzehnt viele Probleme gelöst, deren Wichtigkeit führende Vertreter der Branche vor dieser Epidemie einfach nicht sehen wollten. Viele neue Anbauflächen sind dichter bepflanzt, so dass die Rebstöcke um Selbstbehauptung kämpfen müssen. Das Ergebnis sind tiefer reichende Wurzeln und Stöcke, die kleinere Mengen höherwertiger Trauben hervorbringen. Außerdem konnte man sich bei diesen Neubepflanzungen des Problems solcher Sorten annehmen, die man zuvor auf dem falschen Boden und/oder im falschen Mikroklima angepflanzt hatte. Bessere Wurzelstöcke und weniger produktive Klone, die kleinere Erträge mit individuellerem Charakter bringen, sind ein weiteres positives Ergebnis der Reblausepidemie. Demnächst wird sich deshalb zeigen, dass die Fehler der 1940er, 1950er und 1960er Jahre inzwischen großenteils korrigiert sind, und zwar ironischerweise gerade wegen der Epidemie. Sollten die Trauben von diesen neuen Anbauflächen wie zu erwarten deutlich besser ausfallen, dann braucht man nicht viel Grips, um zu begreifen, dass auch die Weinqualität sich verbessern wird.
4. Auch der französische Einfluss und die Auffassungen einer neuen Generation weit gereister, in ihrem Denken offener revisionistischer kalifornischer Weinproduzenten haben erheblich zu dieser Qualitätssteigerung beigetragen. Die kalifornischen Weine sind heute so vollmundig wie nur je, doch sie besitzen nicht mehr die Schwere der großen Jahrgänge der 1960er und 1970er Jahre. Aber sind Sie – der Leser – sich darüber im Klaren, warum die

feinste französische Küche und die französischen Spitzenweine in der ganzen Welt als Bezugsgrößen gelten? Weil die Küche und die Weine Frankreichs auf höchstem Qualitätsniveau eine außerordentliche Geschmacksintensität erzielen, die ohne jegliche Schwere auskommt. Ob man dies nun als Eleganz, Harmonie, Finesse oder sonst wie bezeichnet, jedenfalls entdecke ich inzwischen genau diese Qualität immer häufiger auch an kalifornischen Spitzenweinen.

KAUFSTRATEGIE

Mit Ausnahme des nicht sonderlich überzeugenden Jahrgangs 1998 hat Kalifornien in den 1990er Jahren durchweg grandiose Weine hervorgebracht. Es gab dort eine beispiellose Serie von acht aufeinander folgenden Jahren (1990–1997), in denen die Winzer des US-Staates aus vollreifen Früchten gekelterte Weine produzieren konnten. Nur Spitzenerzeuger, die ihre Erträge sehr niedrig halten und darauf verzichten, ihre Weine exzessiv zu manipulieren und zu bearbeiten, haben auch erstklassige Weine im Angebot, deshalb ist jetzt eindeutig der richtige Zeitpunkt zum Kauf kalifornischer Weine. Freilich sind die Preise – vor allem der am höchsten bewerteten Weine – nachgerade schwindelerregend.

JÜNGERE JAHRGÄNGE

2001 – Ein überall fabelhafter Jahrgang, vor allem jedoch in Napa/Sonoma/Mendecino, wo er sich mit den größten Jahren überhaupt messen kann.

2000 – Ein eher schwieriger Jahrgang in Napa/Sonoma/Mendecino, doch sehr gut an der Central Coast und im Bereich Santa Barbara.

1999 – Nach 1998 abermals ein kühles Jahr, in dem der Wein in höheren und kühleren Lagen Mühe hatte, vollreif zu werden. Ein exzellentes Jahr für dünnhäutige Sorten wie Chardonnay und Pinot Noir. Auch der Syrah kann sich sehen lassen. Wie schon 1998 war es in den höheren Lagen eher schwierig, den Cabernet Sauvignon zur Vollreife zu bringen.

1998 – Hier haben wir es mit dem ersten Jahrgang der 1990er Jahre in Kalifornien zu tun, der in sämtlichen Anbaugebieten durch Qualitätsschwankungen charakterisiert ist. Das spät einsetzende kühle Frühjahr und der ebenfalls ungewöhnlich kühle Sommer hatten eine der spätesten Ernten der gesamten Dekade zur Folge. Viele Cabernet-Sauvignon-Bestände in kühleren Hanglagen konnten erst Ende Oktober geerntet werden. In einigen Gebieten, besonders um Santa Barbara und weiter nördlich, kamen noch Regenfälle hinzu. Die Ernte fiel eher bescheiden aus und rangierte qualitativ zwischen exzeptioneller Güte und deutlichen Leistungsschwankungen. Insgesamt war 1998 das am wenigsten konsistente und überzeugende Jahr des Jahrzehnts.

1997 – Im Bereich der kalifornischen Nordküste gehört dieses Jahr zusammen mit 1994 und 1991 für die Rebsorten Cabernet Sauvignon, Merlot und Cabernet Franc zu den besten Jahrgängen der ganzen Dekade. Der Jahrgang besticht durch all jene Merkmale, die ein großes von lediglich exzellenten Jahren unterscheiden. Die Spitzenweine präsentieren sich nahtlos, samtig texturiert, wundervoll reintönig und mit süßen Tanninen und expressiven Aromaprofilen. Zur Freude der Weinerzeuger hat die überreiche Ernte reife Weine mit überraschend hohem Extrakt- und Alkoholgehalt hervorgebracht. Im Bereich der Nordküste zeigt sich der Pinot Noir von seiner allerbesten Seite, und die Chardonnays sind sehr gut bis exzellent. Allerdings sollte der Konsument Vorsicht walten lassen, da viele Erzeuger eine für höchste Qualitätsansprüche allzu reiche Ernte eingefahren haben. Deshalb ist das Jahr 1997, dessen Spitzenprodukte ohne Zweifel das Prädikat »groß« verdienen, durch viele enttäuschende Weine und eine in puncto Qualität hohe Schwankungsbreite charakterisiert. In den Bereichen Santa Cruz Mountains, Central Coast und Santa Barbara stellt der Jahrgang sich sogar noch unübersichtlicher dar, hat jedoch gewiss mancherorts ein hohes Qualitätspotenzial. Meine Besuche in diesen Regionen haben mich freilich in der Überzeugung bestärkt, dass wir es in diesem Bereich bei dem 1997er zwar mit einem sehr guten, gleichwohl nicht mit einem großen Jahrgang zu tun haben. Noch ein Vorbehalt: Wegen der immensen Erträge erreicht der Zinfandel nicht die gewohnte Qualität.

1996 – Hätten wir es hier mit einem Jahrgang aus den 1980er Jahren zu tun, dann würde er gewiss zu den größten Jahren jener Dekade gehören. Doch verglichen mit den konkurrierenden Jahren 1997, 1995 und 1994 fällt dieser – gleichwohl tadellose – Jahrgang ein wenig zurück. Das heiße trockene Jahr mit seiner kurzen Wachstumsperiode hat an der Nordküste kraftvolle konzentrierte und gewichtige Weine hervorgebracht, von denen sich jedoch etliche ohne die süßen Tannine und die fast vollkommene Ausgewogenheit ihrer 1994er, 1995er und 1997er Pendants präsentieren. Freilich dürften Ihnen die etwas rustikalen Tannine in vielen Cabernet Sauvignons und manchen Pinot Noirs kaum entgehen. Natürlich hat auch dieser Jahrgang brillante Weine aufzuweisen, die jedoch durch eher aggressive Tanninnoten auffallen. Auch findet man einige hervorragende Chardonnays von der Nordküste, obwohl die Hitze jenes Sommers die sortentypischen Aromen offenbar nicht selten deutlich gedämpft hat. Kalifornien ist eine äußerst vielfältige Weinbauregion, und selbst in überschaubaren Anbaugebieten wie Napa und Sonoma findet man die unterschiedlichsten mikroklimatischen Bedingungen, Bodentypen und önologischen Schulen. Ich möchte hier nicht den Eindruck vermitteln, als ob es an dem Jahrgang etwas auszusetzen gäbe, schließlich hat er viele außergewöhnliche Weine hervorgebracht. Wären da nicht die Jahre 1997, 1995 und 1994, müsste man sogar von einem Spitzenjahrgang sprechen. Auch so handelt es sich fraglos um ein exzellentes Jahr. Die Weißweine sollten bis Ende 2002 konsumiert werden. In den Santa Cruz Mountains, wo man 1996 Weine von außergewöhnlicher Reife, Reichhaltigkeit und Ausgewogenheit gewonnen hat, handelt es sich allem Anschein nach sogar um ein großes Jahr. Anders als an der Nordküste scheint dort der 1996er den 1997er sogar zu übertreffen. Weiter südlich präsentiert sich der Jahrgang ebenfalls von seiner besten Seite, während die Weine von der Central Coast und aus Santa Barbara sich uneinheitlicher zeigen.

1995 – Wie schon 1994 gab es auch 1995 eine lange kühle Wachstumsperiode. Auch wenn viele der Weine sich nicht so unmittelbar ansprechend, duftig und expressiv darstellen wie die 1994er, findet man in den Spitzenkellereien von Napa und Sonoma dennoch etliche fabelhafte Tropfen. Meiner Ansicht nach ist 1995 sogar der beste Chardonnay-Jahrgang der gesamten 1990er Jahre, doch wer sich mit diesen Weinen eingedeckt hat, sollte sie bereits bis spätestens Ende 2001 geleert haben. Beim Cabernet Sauvignon und Pinot Noir war 1995 ein herausragendes Jahr, das es in puncto Grandiosität fast mit 1994 aufnehmen kann. Einige Erzeuger haben sogar Cabernet Sauvignons, Merlots und rote Erzeugerabfüllungen herausgebracht, die ihre 1994er Vorläufer noch übertreffen. Kurz: 1995 war ein weiterer phänomenaler Jahrgang in einer fast durchgängig fantastischen Dekade.

1994 – In den vergangenen 6 Monaten habe ich zweimal an Blindproben von Cabernet-Sauvignon- und Merlot-Weinen sowie roten Erzeugerabfüllungen von der Nordküste teilgenommen. In beiden Fällen waren die Verkoster von der ebenso gleichmäßigen wie grandiosen Qualität tief beeindruckt. Die Weine präsentieren sich zugänglich, wunderbar süß und gehaltvoll, jedoch niemals schwerfällig; hinzu kommen wundervolle Aromen. Den Spitzenerzeugern sind sogar langlebige Klassiker von bemerkenswerter Symmetrie und Opulenz gelungen. Auch in den Santa Cruz Mountains war dies ein superbes Jahr.

1993 – Obwohl sich die 1993er Weine nicht so dramatisch präsentieren wie die besten 1994er, 1992er, 1991er und 1990er, sind sie diesen keinesfalls unterlegen. Auch dieser Jahrgang zeichnet sich bei den Rotweinen durch wundervoll gehaltvolle, samtig texturierte Tropfen und bei den Weißweinen durch herrlich ausgewogene Erzeugnisse aus. Der Jahrgang ist aus Gründen kritisiert worden, die ich nicht nachzuvollziehen vermag, und hat nach meinem Empfinden sogar zahlreiche große Rotweine hervorgebracht.

1992 – Die überreiche Ernte dieses Jahrgangs rangierte qualitativ zwischen sehr gut und superb. Wenn sich Mutter Natur so überaus großzügig zeigt, wie sie es 1992 in den meisten Anbaugebieten getan hat, wird die potenziell hohe Qualität manchmal durchÜbererträge und die Ernte physiologisch unreifer Trauben verwässert. Gleichwohl haben die Spitzenerzeuger fette, gehaltvolle, opulente, säurearme und dramatische Weine herausgebracht. Die Weißweine sollten jetzt getrunken werden. Die feinsten Roten sind schmeichelhaft und von reicher Frucht und werden 10–20 Jahre überdauern.
1991 – Eine kühle, überraschend lange Wachstumsperiode versprach potenziell überdurchschnittliche Erträge. Winzer, die die Geduld hatten, bis zum Ende des kühlen Wetters zu warten und erst die vollreifen Trauben zu ernten, die aber auch ihre Erträge niedrig hielten, wurden durch einige superbe Rotweine belohnt, die es mit den feinsten 1997ern, 1995ern, 1994ern, 1993ern, 1992ern, 1990ern, 1987ern, 1986ern, 1885ern und 1984ern aufnehmen können. Ein glänzendes Jahr für sämtliche Rotweinsorten, wobei viele Produzenten wegen der unglaublich langen Zeit des Traubenbehangs am Stock eine Vorliebe für ihre 1991er bekunden. Der Jahrgang 1991 hat überdies einen reichen Ertrag an guten Weißweinen hervorgebracht, die allerdings schon bis Ende 1995 konsumiert werden mussten.
1990 – Für den Cabernet Sauvignon, den Zinfandel und andere wichtige Rotweinsorten herrschten 1990 milde Wachstumsbedingungen. Die Erträge waren maßvoll, besonders im Vergleich zu 1991 und 1992. Die Weine sind konzentriert, vollmundig und gut ausgebaut. Für die zehn kalifornischen Spitzenweine ein glanzvolles Jahr. Auch für den Chardonnay ein Superjahr, doch die meisten dieser Weine mussten schon bis Mitte 1994 konsumiert werden.

DIE KALIFORNISCHEN WEINE MIT DEM BESTEN PREIS-LEISTUNGSVERHÄLTNIS

(Kellereien, die für Qualität bürgen)

Alderbrook (Sauvignon Blanc, Chardonnay)
Arrowood Domaine du Grand Archer (Chardonnay, Cabernet Sauvignon)
Belvedere (Chardonnay-*Cuvées*)
Beringer (Knights Valley Chardonnay, Sauvignon Blanc, Cabernet Sauvignon)
Bonny Doon (Clos de Gilroy, Ca-Del-Solo-*Cuvées*, Pacific Rim Riesling)
Buehler (Zinfandel)
Carmenet (Colombard)
Cartridge and Browne (Chardonnay, Zinfandel, Cabernet Sauvignon)
Cline (Côtes d'Oakley)
Duxoup (Gamay, Charbono)
Edmunds St.-John (rot: New World und Port o'Call, weiß: Pinot Grigio und El Niño)
Estancia (Chardonnay-*Cuvées,* Meritage, rot)
Fetzer (Sundial Chardonnay)
Franciscan (Merlot, Chardonnay)
Guenoc (Petite Sirah)
Hess Collection (Hess Select Chardonnay, Cabernet Sauvignon)
Husch Vineyard (Chenin Blanc, Gewürztraminer, La Ribera Red)
Kendall-Jackson (Vintner's Reserve Chardonnay, Fumé Blanc, Vintner's Reserve Zinfandel)
Kenwood (Sauvignon Blanc)
Konocti (Fumé Blanc)
Marietta Cellars (Old Vine Red, Zinfandel, Cabernet Sauvignon)
Mirassou (Pinot Blanc)
Monterey Vineyard (Classic-*Cuvées* von Merlot, Cabernet Sauvignon, Chardonnay, Sauvignon Blanc und Zinfandel, einfacher Classic White und Classic Red)
Morro Bay Vineyards (Chardonnay)
Mountain View Winery (Sauvignon Blanc, Chardonnay, Pinot Noir, Zinfandel)
Murphy-Goode (Fumé Blanc)
Napa Ridge (Chardonnay, Cabernet Sauvignon, Sauvignon Blanc)
Parducci (Sauvignon Blanc)
J. Pedroncelli (Sauvignon Blanc, Zinfandel, Cabernet Sauvignon)
Joseph Phelps (Vins-du-Mistral-*Cuvées*)

R. H. Phillips (nachts gelesene *Cuvées* von Chardonnay und Sauvignon Blanc)
Preston (Cuvée du Fumé)
Ravenswood (Zinfandel- und Merlot-Händlerverschnitte)
Château Souverain (Chardonnay, Merlot, Cabernet Sauvignon, Sauvignon Blanc)
Stratford (die Chardonnay- und Canterbury-Weinserien, besonders Chardonnay und Sauvignon Blanc)
Ivan Tamas (Trebbiano, Fumé Blanc, Chardonnay)
Trentadue (Old Patch Red, Zinfandel, Carignan, Sangiovese, Petite Sirah, Merlot, Salute Proprietary Red Wine)

DIE BESTEN KALIFORNISCHEN PRODUZENTEN VON CABERNET SAUVIGNON, MERLOT UND VERSCHNITTEN AUS BEIDEN

****** (HERVORRAGEND)*

Abreu Vineyards Madrona Ranch (Napa)
Araujo Estate Eisele Vineyard (Napa)
Arrowood Reserve Speciale (Sonoma)
Arrowood Reserve Speciale Merlot (Sonoma)
David Arthur Elevation 1147 (Napa)
Behrens and Hitchcock Kenefick Ranch (Napa)
Behrens and Hitchcock Merlot Las Amigas Vineyard (Carneros)
Behrens and Hitchcock TLK Ranch (Napa)
Beringer Chabot Vineyard (Napa)
Beringer Merlot Bancroft Vineyard (Napa)
Beringer Private Reserve (Napa)
Blackjack Ranch Harmonie (Santa Barbara)
Blackjack Ranch Merlot (Santa Barbara)
Blankiet (Napa)
Bryant Family Vineyard (Napa)
Cardinale Proprietary Red Wine (Kalifornien)
Caymus Special Selection (Napa)
Clark-Claudon (Napa)
Colgin Lamb Vineyard (Napa)
Dalla Valle (Napa)
Dalla Valle Maya Proprietary Red Wine (Napa)
Dominus (Napa)
Dunn (Napa)
Dunn Howell Mountain (Napa)
Fisher Lamb Vineyard (Napa)
Fisher Wedding Vineyard (Sonoma)
Flora Springs Hillside Reserve (Napa)
Grace Family Vineyard (Napa)
Harlan Estate Proprietary Red Wine (Napa)
Hourglass (Napa)
Jones Family Vineyard (Napa)
La Jota Anniversary Cuvée (Napa)
Lokoya Diamond Mountain (Napa)
Lokoya Howell Mountain (Napa)
Lokoya Mount Veeder (Napa)
Lokoya Rutherford (Napa)
Peter Michael Les Pavots Proprietary Red Wine (Kalifornien)
Robert Mondavi Reserve (Napa)
Robert Mondavi To-Kalon Estate Reserve (Napa)
Château Montelena Estate (Napa)
Pahlmeyer Merlot (Napa)
Pahlmeyer Proprietary Red Wine (Napa)
Joseph Phelps Insignia Proprietary Red Wine (Napa)
Pride Mountain Claret (Napa)
Pride Mountain Reserve (Napa)
Ridge Monte Bello (Santa Cruz Mountain)
Rudd Estate (Napa)
Saddleback Cellars Venge Family Reserve (Napa)
St. Jean Cinq Cépages Proprietary Red Wine (Sonoma)
Screaming Eagle (Napa)
Seavey (Napa)
Shafer Hillside Select (Napa)
Silver Oak (Napa)
Spottswoode (Napa)
Philip Togni (Napa)
Verité (Sonoma/Napa)

***** (AUSGEZEICHNET)*

Anderson's Conn Valley Vineyard (Napa)
Arrowood (Sonoma)
Atalon Beckstoffer Vineyards (Napa)
Atalon Madrona Ranch (Napa)
Atalon Mountain Estates (Napa)
Bacio Divino Proprietary Red Wine (Kalifornien)
Barnett Spring Mountain Rattlesnake Hill (Napa)
Behrens and Hitchcock Cuvée Lola Proprietary Red Wine (Napa)
Behrens and Hitchcock Merlot (Oakville)
Behrens and Hitchcock Merlot Alder Springs Vineyard (Mendocino)
Beringer St. Helena Vineyard (Napa)
Beringer State Lane Vineyard (Napa)
Beringer Tre Colline Vineyard (Napa)
Cakebread Cellars Benchland Select (Napa)
Cakebread Cellars Three Sisters (Napa)
Carmenet Moon Mountain Estate Reserve Proprietary Red Wine (Sonoma)
Clos Pegase Hommage Proprietary Red Wine (Napa)
Cornerstone Beatty Ranch (Napa)
Cornerstone Black Sears (Napa)
Cornerstone Collage Vineyard (Napa)
Cornerstone Cornerstone Vineyard (Napa)
Robert Craig Affinity Proprietary Red Wine (Napa)
Robert Craig Howell Mountain (Napa)
Robert Craig Mount Veeder (Napa)
Cuvaison ATS Selection (Carneros)
Diamond Creek Gravelly Meadow (Napa)
Diamond Creek Lake (Napa)
Diamond Creek Red Rock Terrace (Napa)
Diamond Creek Volcanic Hill (Napa)
Ferrari-Carano (Sonoma) (ab 1991)
Ferrari-Carano Merlot (Sonoma) (ab 1991)
Ferrari-Carano Reserve Red Proprietary Wine (Sonoma)
Fisher Coach Insignia (Sonoma) (ab 1991)
Flora Springs Cypress Ranch (Pope Valley)
Flora Springs Merlot Windfall Vineyard (Pope Valley)
Robert Foley Claret (Napa)
Forman (Napa)
Forman Merlot (Napa)
Foxen (Santa Barbara)
Franus (Napa)
Frazier (Napa)
Hartwell Stag's Leap (Napa)
Havens Bourriquot (Napa)
Havens Merlot Reserve (Napa)
Heitz Martha's Vineyard (Napa) (vor 1986 hervorragend)
Paul Hobbs Black Vineyard Merlot (Napa)
Paul Hobbs Hyde Vineyard (Sonoma)
Judd's Hill (Napa)
Kendall-Jackson Merlot Buckeye Vineyard (Alexander Valley)
Kendall-Jackson Merlot Great Estates (Sonoma)
Kongsgaard Arietta (Napa)
Kunde Drummond Vineyard (Sonoma)
Kunde Estate Reserve (Sonoma)
La Jota (Napa)
La Jota Cabernet Franc (Napa)
Lail Vineyards J. Daniel Cuvée Proprietary Red Wine (Napa)
Lancaster Reserve Proprietary Red Wine (Alexander Valley)
Larkin Cabernet Franc (Napa)
Laurel Glen (Sonoma)
Laurel Glen Terra Rosa (Sonoma)
Lewelling (Napa)
Lewelling Wight Vineyard (Napa)
Marietta (Sonoma)
Matanzas Creek Merlot (Sonoma)
Philip Melka Metisse Proprietary Red Wine (Napa)
Merryvale Profile Proprietary Red Wine (Napa)
Merus (Napa)
Mount Eden Old Vine Reserve (Santa Cruz)
Newton Cabernet Sauvignon (Napa)
Newton Merlot (Napa)
Opus One (Napa)
Paloma Merlot (Spring Mountain)
Paoletti (Napa)
Joseph Phelps Backus Vineyard (Napa)
Plumpjack Reserve (Napa)
Pride Mountain Cabernet Franc (Napa)
Pride Mountain Vineyards (Napa)
Reverie Diamond Mountain (Napa)
Reverie Special Reserve Proprietary Red Wine (Napa)
Saddleback Cellars (Napa)
Saddleback Cellars Venge Family Reserve Merlot (Napa)

St. Francis Reserve (Sonoma)
St. Francis Merlot Reserve (Sonoma)
St. Jean Estate (Sonoma)
St. Jean Merlot Reserve (Sonoma)
Santa Cruz Mountain Merlot (Santa Ynez)
Seavey Merlot (Napa)
Selene Merlot (Napa)
Shafer Merlot (Napa)
Signorello Founder's Reserve (Napa)
Silver Oak (Alexander Valley)
Silverado Limited Reserve (Napa)
Simi Reserve (Sonoma)
Château Souverain Winemaker's Reserve (Sonoma)
Spring Mountain Estate (Napa)
Spring Mountain Mirabelle Alba Chevalier Proprietary Red Wine (Napa)
Spring Mountain La Perla Chevalier Proprietary Red Wine (Napa)
Staglin (Napa)
Stag's Leap Cask 23 Proprietary Red Wine (Napa)
Stag's Leap Fay Vineyard (Napa)
Stonefly Cabernet Franc (Napa)
Stonestreet Christopher's Vineyard (Sonoma)
Stonestreet Legacy Proprietary Red Wine (Alexander Valley)
Stonestreet Three Block Vineyard (Sonoma)
Viader Proprietary Red Wine (Napa)
Vine Cliff Cellars (Napa)
Vineyard 29 (Napa)
Von Strasser Diamond Mountain (Napa)
Von Strasser Diamond Mountain Reserve (Napa)
White Rock Claret Proprietary Red Wine (Napa)
Whitehall Lane Leonardi Vineyard (Napa)
Whitehall Lane Morisoli (Napa)
Whitehall Lane Reserve (Napa)

**** (GUT)*

Ahlgren Bates Ranch (Santa Cruz)
Ahlgren Besson Vineyard (Santa Cruz)
Alexander Valley (Sonoma)
Amizetta Vineyards (Napa)
S. Anderson (Napa)
Arrowood Merlot (Sonoma)
Barnett Spring Mountain (Napa)
Beaulieu Cabernet Sauvignon Private Reserve (Napa)
Benziger (Glen Ellen)
Benziger Tribute (Glen Ellen)
Beringer Knights Valley (Napa)
Boeger (El Dorado)
Boeger Merlot (El Dorado)
Brutocao Albert Vineyard (Mendocino)
Brutocao Merlot (Mendocino)
Buehler (Napa)***/****
Burgess Cellars Vintage Selection (Napa)
Cain Cellars Cain Five Proprietary Red Wine (Napa)
Cain Cellars Merlot (Napa)
Carmenet Proprietary Red Wines (Sonoma)
Caymus (Napa)
Chalk Hill (Sonoma)
Chimney Rock (Napa)
Cinnabar (Santa Cruz)
Clos du Bois (Sonoma)
Clos du Bois Briarcrest (Sonoma)
Clos du Bois Marlstone (Sonoma)
Clos du Bois Merlot (Sonoma)
Clos Pegase (Napa)
Clos Pegase Merlot (Napa)
Clos du Val Merlot (Napa)
Clos du Val Reserve (Napa)
Cloverdale Ranch Estate (Alexander Valley)
B. R. Cohn Olive Hill Vineyard (Sonoma)
Corison (Napa)
Cosentino (Napa)
Cuvaison (Napa)
Cuvaison Merlot (Napa)
Dry Creek Meritage (Sonoma)
Duckhorn (Napa)
Duckhorn Merlot (Napa)
Duckhorn Merlot 3 Palms Vineyard (Napa)
Durney Reserve (Monterey)
Eberle (Paso Robles)
Elyse Morisoli Vineyard (Napa)
Estancia (Alexander Valley)
Estancia Meritage Proprietary Red Wine (Alexander Valley)
Estancia Merlot (Alexander Valley)
Far Niente (Napa)
Gary Farrell (Sonoma)
Gary Farrell Ladi's Vineyard (Sonoma)

Gary Farrell Merlot Ladi's Vineyard (Sonoma)
Franciscan Meritage Oakville Estate (Napa)
Franciscan Merlot (Napa)
Franciscan Oakville Estate (Napa)
Frog's Leap (Napa)
Frog's Leap Merlot (Napa)
Gainey Cabernet Franc (Santa Barbara)
Gainey Cabernet Franc Limited Selection (Santa Ynez)
Gainey Merlot Limited Selection (Santa Barbara)
E. & J. Gallo Estate (Sonoma)
Gallo Frei Ranch (Sonoma)
Geyser Peak Estate Reserve (Sonoma)
Geyser Peak Reserve Alexandre Proprietary Red Wine (Sonoma)
Grgich Hills Merlot (Napa)
Groth Merlot (Napa)
Groth Reserve (Napa)
Gundlach-Bundschu Cabernet Franc (Sonoma)
Harrison Winery (Napa)
Havens Wine Cellar Merlot (Napa)
Heitz (Napa)
Heitz Bella Oaks (Napa)
Hess Collection (Napa)
Hess Collection Reserve (Napa)
Husch (Mendocino)
Husch Estate La Ribera (Mendocino)
Iron Horse Cabernets Proprietary Red Wine (Sonoma)
Johnson-Turnbull (Napa)
Johnson-Turnbull Vineyard Selection 67 (Napa)
Jordan (Sonoma)
Justin Cabernet Franc (Paso Robles)
Justin Cabernet Sauvignon (Paso Robles)
Justin Isosceles Proprietary Red Wine (Paso Robles)
Justin Merlot (Paso Robles)
Kalin Cellars Reserve (Marin)
Robert Keenan (Napa)
Robert Keenan Merlot (Napa)
Kendall-Jackson Grand Reserve (Kalifornien) (ab 1991)
Kathryn Kennedy (Santa Clara)
Kenwood (Sonoma)
Kenwood Artists Series (Sonoma)
Kenwood Jack London Vineyard (Sonoma)
Klein Vineyards (Santa Cruz)
Livingston Moffett Vineyard (Napa)
Long (Napa)
Longoria (Santa Ynez)
Longoria Cabernet Franc (Santa Ynez)
Longoria Merlot (Santa Ynez)
Maacama Creek Melim Vineyard (Sonoma)
Madrone (El Dorado)
Madrone Cabernet Franc (El Dorado)
Madrone Quintet Reserve Red Table Wine (El Dorado)
Michel-Schlumberger (Dry Creek)
Robert Mondavi Napa (Napa)
Robert Mondavi Oakville Unfiltered (Napa)
Château Montelena Calistoga Cuvée (Napa)
Monticello Cellars Corley Reserve (Napa)
Monticello Cellars Jefferson Cuvée (Napa)
Monticello Cellars Merlot (Napa)
Mount Eden (Santa Clara)
Murphy-Goode Merlot (Sonoma)
Murrieta's Well Vendimia Proprietary Red Wine (Livermore)
Napa Ridge (Napa)
Nelson Estate Cabernet Franc (Napa)
Newton Claret (Napa)
Oakville Ranch (Napa)
Page Mill Volker Eisele Vineyard (Napa)
J. Pedroncelli Reserve (Sonoma)
Robert Pepi Vine Hill Ranch (Napa)
Joseph Phelps (Napa)
Joseph Phelps Merlot (Napa)
Pine Ridge Andrus Reserve (Napa)
Pine Ridge Howell Mountain (Napa)
Pine Ridge Merlot (Napa)
Pine Ridge Rutherford Cuvée (Napa)
Pine Ridge Stag's Leap District (Napa)
Plumpjack Estate (Napa)
A. Rafanelli (Sonoma)
Rancho Sisquoc Cabernet Franc (Santa Barbara)
Rancho Sisquoc Cellar Select Red Estate (Santa Maria)
Rancho Sisquoc Estate (Santa Barbara)
Rancho Sisquoc Merlot Estate (Santa Barbara)
Ravenswood (Sonoma)
Ravenswood Merlot Sangiacomo (Sonoma)
Ravenswood Merlot Vintner's Blend (Nordküste)
Ravenswood Pickberry Proprietary Red Wine (Sonoma)

Raymond Private Reserve (Napa)
Renaissance (Yuba)
Ridge Santa Cruz (Santa Clara)
Ritchie Creek (Napa)
Rocking Horse (Napa)
Rockland (Napa)
Rubicon Proprietary Red Wine (Napa)
St. Clement (Napa) (ab 1991)
St. Clement Oroppas (Napa)
St. Francis Merlot (Sonoma)
Santa Cruz Mountain Bates Ranch (Santa Cruz)
Sebastiani Einzellagen-*Cuvées* (Sonoma)
Signorello Unfined/Unfiltered (Napa)
Silverado (Napa)
Silverado Merlot (Napa)
Simi (Sonoma)
Château Souverain (Sonoma)
Château Souverain Merlot (Sonoma)
Spring Mountain Estate Miravalle Vineyard (Napa)
Stag's Leap Wine Cellars (Napa)
Stag's Leap Wine Cellars Stag's Leap Vineyard (Napa)
Sterling Diamond Mountain Ranch (Napa)
Stonestreet (Alexander Valley)
Stonestreet Merlot (Alexander Valley)
Swanson (Napa)
Swanson Merlot (Napa)
The Terraces (Napa)
Trefethen Reserve (Napa)
Trentadue (Sonoma)
Trentadue Merlot (Sonoma)
Truchard Merlot (Napa)
Tudal (Napa)
Tulocay Cliff Vineyard (Napa)
Villa Mt. Eden Signature Series (Mendocino)
Whitehall Lane (Napa)
Whitehall Lane Merlot Summer's Ranch (Alexander Valley)
ZD Estate (Napa)

*** (DURCHSCHNITTLICH)*

Alexander Valley Vineyard Merlot (Sonoma)**/***
Bargetto (Santa Cruz)
Beaulieu Beau Tour (Napa)
Beaulieu Rutherford (Napa)
Bel Arbors (Kalifornien)
Bel Arbors Merlot (Kalifornien)
Belvedere Wine Co. (Sonoma)
Belvedere Wine Co. Merlot (Sonoma)
Benziger Merlot (Glen Ellen)
Brander Bouchet Proprietary Red Wine (Santa Ynez)
Buena Vista Carneros (Sonoma)
Buena Vista Private Reserve (Sonoma)
Buttonwood Farm Merlot (Santa Ynez)
Cafaro (Napa)
Cafaro Merlot (Napa)
Chappellet (Napa)
Chappellet Merlot (Napa)
Clos Pegase Merlot (Napa)
Clos du Val (Napa)
B. R. Cohn Merlot (Sonoma)
Conn Creek (Napa)
Coturri Jessandre Vineyard (Sonoma)
Coturri Merlot Feingold Vineyard (Sonoma)
Coturri Remick Ridge Vineyard (Sonoma)
Coturri View's Land Vineyard (Sonoma)
Creston Manor (San Luis Obispo)
Cronin (Santa Cruz)
Cutler Cellar (Sonoma)
De Loach (Sonoma)
De Moor (Napa)
Dry Creek (Sonoma)
Durney (Monterey)
Fetzer Barrel Select (Kalifornien)
Field Stone Alexander Valley (Sonoma)
Field Stone Reserve (Sonoma)
Firestone (Santa Ynez)
Firestone Merlot (Santa Barbara)
Firestone Reserve (Santa Ynez)
Firestone Vintage Reserve Proprietary Red Wine (Santa Ynez)
Folie à Deux (Napa)
Louis Foppiano (Sonoma)
Louis Foppiano Fox Mountain Reserve (Sonoma)
Freemark Abbey Bosché (Napa)
Freemark Abbey Sycamore (Napa)
Gainey Merlot (Santa Ynez)
Glen Ellen (Sonoma)
Grand Cru Vineyards (Sonoma)
Greenwood Ridge (Sonoma)
Groth (Napa)
Guenoc Beckstoffer Vineyard (Carneros)
Gundlach-Bundschu (Sonoma)

Gundlach-Bundschu Rhinefarm Vineyard (Sonoma)
Hagafen (Napa)
Hanna (Sonoma)
Hanzell (Sonoma)
Haywood (Sonoma)
William Hill Gold Label Reserve (Napa)
Jekel Home Vineyard (Monterey)
Jekel Symmetry Proprietary Red Wine (Monterey)
Château Julien (Monterey)
Château Julien Merlot (Monterey)
Kendall-Jackson Vintner's Reserve (Kalifornien)
Konocti (Lake)
Konocti Merlot (Lake)
Charles Krug Vintage Selection (Napa)
Lakespring (Napa)
Lakespring Reserve (Napa)
Leeward (Ventura)
J. Lohr Reserve (Santa Clara)
Markham (Napa)
Markham Merlot (Napa)
Louis Martini (Sonoma)
Mayacamas (Napa)
McDowell Valley Vineyards (Kalifornien)
Meridian Vineyards (San Luis Obispo)
Mirassou (Santa Clara)
Montevina (Amador)
Morgan Winery (Monterey)
Mount Veeder (Napa)
Mount Veeder Meritage Proprietary Red Wine (Napa)
Mountain View Winery (Santa Clara)
Murphy-Goode (Sonoma)
Nalle (Sonoma)
Domaine Napa (Napa)
Nevada City (Nevada County)
Newlan (Napa)
Parducci (Mendocino)
Parducci Merlot (Mendocino)
Peachy Canyon (Paso Robles)
Peachy Canyon Merlot (Paso Robles)
Robert Pecota (Napa)
J. Pedroncelli (Sonoma)
Peju Province (Napa)
R. H. Phillips (Yolo)
Château Potelle (Napa)
Preston Vineyards (Sonoma)
Raymond Napa (Napa)
Raymond Private Reserve (Napa)
Rocking Horse Claret (Napa)
Rombauer (Napa)
Rombauer Merlot (Napa)
Roudon-Smith (Santa Cruz)
Round Hill (Napa)
Round Hill Reserve (Napa)
Rutherford Hill (Napa)
St. Supery (Napa)
Santa Barbara Winery (Santa Barbara)
Santa Ynez Cabernet Sauvignon Port (Santa Ynez)
Sarah's Vineyard Merlot (Santa Clara)
V. Sattui (Napa)
Sebastiani einfache *Cuvées* (Sonoma)
Seghesio (Sonoma)
Sequoia Grove (Napa)
Sequoia Grove Estate (Napa)
Shenandoah Vineyards Amador (Amador)
Sierra Vista (El Dorado)
Silverado (Napa)
Robert Sinsky Claret (Sonoma)
Smith and Hook Merlot (Santa Lucia)
Stag's Leap Winery Napa (Napa)
Steltzner (Napa)
Steltzner Merlot (Napa)
Sterling Merlot (Napa)
Sterling Napa (Napa)
Sterling Reserve Proprietary Red Wine (Napa)
Stevenot (Calaveras)
Stone Creek (Napa)
Stonegate (Napa)
Stonegate Merlot (Napa)
Stratford (Kalifornien)
Rodney Strong Alexander's Crown (Sonoma)
Sullivan (Napa)
Sullivan Merlot (Napa)
Sutter Home (Napa)
Ivan Tamas (Livermore)
Tobin James (Paso Robles)
Villa Mt. Eden Kalifornien (Napa)
Villa Mt. Eden Cellar Select (Napa)
Villa Zapu (Napa)
Weinstock Cellars (Sonoma)
Wellington Vineyards (Sonoma)
Wild Horse (San Luis Obispo)
J. Wile and Sons (Kalifornien)

DIE BESTEN KALIFORNISCHEN PRODUZENTEN VON CHARDONNAY

* * * * * (HERVORRAGEND)

Arrowood Reserve Speciale Michel Berthoud (Sonoma)
Beringer Private Reserve (Napa)
Beringer Sbragia Select (Napa)
Brewer-Clifton Katherine's Vineyard (Santa Maria)
Brewer-Clifton Marcella's Vineyard (Santa Maria)
Brewer-Clifton Sweeney Canyon (Santa Maria)
Cuvaison ATS Selection (Carneros)
Ferrari-Carano Reserve (Sonoma)
Fisher Whitney's Vineyard (Sonoma)
Kalin Cellars Cuvée LD (Sonoma)
Kalin Cellars Cuvée W (Livermore)
Kendall-Jackson Clark Vineyard (Monterey)
Kendall-Jackson Durell (Sonoma)
Kistler Vineyards Camp Meeting Ridge (Sonoma)
Kistler Vineyards Cuvée Cathleen (Sonoma)
Kistler Vineyards Durell Vineyard (Sonoma)
Kistler Vineyards Dutton Ranch (Sonoma)
Kistler Vineyards Hudson Vineyard E-Block (Sonoma)
Kistler Vineyards Kistler Estate (Sonoma)
Kistler Vineyards McCrea Vineyard (Sonoma)
Kistler Vineyards Vine Hill Road (Sonoma)
Kongsgaard (Napa)
Landmark Demaris Reserve (Sonoma)
Landmark Lorenzo Vineyard (Sonoma)
Littorai Mays Canyon (Sonoma)
Littorai Thieriot Vineyard (Sonoma)
Marcassin Marcassin Vineyard (Sonoma)
Marcassin Upper Barn Alexander Valley Estate (Sonoma)
Martinelli Charles Ranch (Sonoma Coast)
Martinelli Martinelli Road (Sonoma Coast)
Martinelli Woolsey Road (Sonoma Coast)
Peter Michael Belle Côte (Sonoma)
Peter Michael Clos du Ciel (Sonoma)
Peter Michael Cuvée Indigene (Sonoma)
Peter Michael Mon Plaisir (Sonoma)
Peter Michael Point Rouge (Sonoma)
Mount Eden Vineyards Santa Cruz Estate (Santa Clara)
Newton Unfiltered (Napa)
Neyers El Novillero (Carneros)
Neyers Thieriot (Sonoma Coast)
Ojai Sanford and Benedict Vineyard (Santa Barbara)
Ojai Talley Reserve (Arroyo Grande)
Pahlmeyer Unfiltered (Napa)
Patz and Hall Alder Springs (Mendocino)
Patz and Hall Carr Vineyard (Napa)
Patz and Hall Hyde Vineyard (Carneros)
Joseph Phelps Ovation (Napa)
Ramey Hudson Vineyard (Carneros)
Ramey Hyde Vineyard (Carneros)
J. Rochioli Allen Vineyard (Sonoma)
J. Rochioli River Block (Sonoma)
J. Rochioli South River (Sonoma)
Shafer Red Shoulder Ranch (Napa)
Silverado Limited Reserve (Napa)
Robert Talbott Estate (Monterey)
Robert Talbott Diamond T Estate (Monterey)
Talley Vineyards Rincon Vineyard (Arroyo Grande)
Talley Vineyards Rosemary Vineyard (Arroyo Grande)

* * * * (AUSGEZEICHNET)

Anderson's Conn Valley Fournier Vineyard (Carneros)
Arcadian Bien Nacido (Santa Barbara)
Arcadian Sleepy Hollow (Monterey)
Arrowood (Sonoma)
Artesa (Carneros)
Artesa Reserve (Carneros)
Au Bon Climat Bien Nacido (Santa Barbara)
Au Bon Climat Sanford & Benedict Vineyard (Santa Barbara)
Au Bon Climat Talley Vineyard (Santa Barbara)
Bancroft (Napa)
Bannister Allen Vineyard (Russian River)
Byron Estate (Santa Barbara)
Byron Reserve (Santa Barbara)
Calera Mt. Harlan (San Benito)

Cambria Estate Bench Break (Santa Maria)
Cambria Estate Katherine's Vineyard (Santa Maria)
Cambria Estate Reserve (Santa Maria)
Chalone Estate (Monterey)
Clos Pégase Misuko's Vineyard Hommage Reserve (Carneros)
De Loach O.F.S. (Sonoma)
Dumol (Russian River)
Ferrari-Carano (Sonoma)
Fisher Vineyard Coach Insignia (Sonoma)
Fisher Vineyard Paladini Vineyard (Carneros)
Forman (Napa)
Foxen (Santa Barbara)
Gainey Limited Selection (Santa Ynez)
Walter Hansel (Sonoma)
Walter Hansel Cuvée Alyce (Sonoma)
Hanzell Vineyards (Sonoma)
Paul Hobbs Cuvée Agustina (Sonoma)
Paul Hobbs Dinner Vineyard (Sonoma)
Paul Hobbs Kunde Vineyard (Sonoma)
Kalin Cellars Cuvée CH (Sonoma)
Kalin Cellars Cuvée DD (Marin)
Kendall-Jackson Camelot Vineyard (Lake)
Kunde Estate Kinneybrook Vineyard (Sonoma)
Kunde Estate Reserve (Sonoma)
Kunde Estate Wildwood Vineyard (Sonoma)
Landmark Overlook (Kalifornien)
Longoria (Santa Barbara)
Peter McCoy Clos des Pierres Vineyard (Sonoma)
Merryvale Silhouette (Napa)
Robert Mondavi Reserve (Napa)
Château Montelena (Napa)
Mount Eden MacGregor Vineyard (Edna Valley)
Murphy-Goode Reserve Island Block (Alexander Valley)
Newton (Napa)
Neyers (Carneros)
Neyers (Napa)
Fess Parker Marcella's Vineyard (Santa Barbara)
Patz and Hall (Napa)
Patz and Hall Dutton Ranch (Sonoma)
Pine Ridge Dijon Clones (Napa)
Château Potelle VGS Mount Veeder (Napa)
Ramey Hyde Vineyard (Carneros)
Rancho Sisquoc Estate (Santa Barbara)
Kent Rasmussen (Carneros)
Château St. Jean Belle Terre Vineyard (Sonoma)
Château St. Jean Robert Young Vineyard (Alexander Valley)
Château St. Jean Reserve (Sonoma)
Saintsbury Reserve (Carneros)
Sanford Barrel Select (Santa Barbara)
Sanford Sanford & Benedict Vineyard (Santa Barbara)
Shafer (Napa)
Signorello Vineyards (Napa)
Signorello Vineyards Founder's Reserve (Napa)
Sonoma-Loeb Private Reserve (Sonoma)
Château Souverain Einzellagen-*Cuvées* (Sonoma)
Steele Durell Vineyard (Sonoma)
Steele Goodchild Vineyard (Santa Barbara)
Steele Lolonis Vineyard (Mendocino)
Steele Du Pratt Vineyard (Mendocino)
Steele Sangiacomo Vineyard (Carneros)
Stonestreet Block 66 (Alexander Valley)
Stonestreet Upper Barn (Alexander Valley)
Stony Hill (Napa)
Robert Talbott Logan (Monterey)
Talley Vineyards (Arroyo Grande)
Testarossa (Santa Maria)
Testarossa Pisoni Vineyard (Santa Maria)
Thunder Mountain Bald Mountain (Santa Cruz)
Thunder Mountain Beauregard (Santa Cruz)
Varner Amphitheater Block (Santa Cruz)
Varner Bee Block (Santa Cruz)
Williams-Selyem Allen Vineyard (Sonoma)

** * * (GUT)*

Acacia (Napa)
Adler Fels (Sonoma)
Alderbrook (Sonoma)
Alderbrook Reserve (Sonoma)
S. Anderson (Napa)

Arrowood Domaine de Grand Archer (Sonoma)
Au Bon Climat (Santa Barbara)
Babcock (Santa Barbara)
Bargetto Cyprus (Central Coast)
Beaulieu Carneros Reserve (Napa)
Belvedere Wine Company (Sonoma)
Benziger (Sonoma)
Beringer (Napa)
Bernardus (Monterey)
Brutocao (Mendocino)
Burgess Cellars Triere Vineyard (Napa)
Cain Cellars (Napa)
Calera Central Coast (Kalifornien)
Canepa (Alexander Valley)
Chalk Hill (Sonoma)
Chimère (Santa Barbara)
Christophe (Napa)
Cinnabar (Santa Clara)
Clos du Bois Barrel-Fermented (Sonoma)
Clos du Bois Calcaire (Sonoma)
Clos du Bois Flintwood (Sonoma)
Clos Pegase (Napa)
B. R. Cohn Olive Hill Vineyard (Sonoma)
Cooper-Garrod (Santa Cruz)
Crichton Hall (Napa)
Cronin *Cuvées* (San Mateo)
Cuvaison (Napa)
De Loach (Sonoma)
Dehlinger (Russian River)
Dehlinger Selection (Russian River)
Durney Estate (Monterey)
Edmeades (Mendocino)
Edna Valley (San Luis Obispo)
El Molino (Napa)
Far Niente (Napa)
Gary Farrell (Sonoma)
Fetzer Barrel Select (Mendocino)
Fetzer Sundial (Kalifornien)
Thomas Fogarty (Monterey)
Folie à Deux (Napa)
Franciscan (Napa)
Frog's Leap (Napa)
Gainey (Santa Barbara)
Gallo Estate (Sonoma)
Geyser Peak (Sonoma)
Green and Red Catacula Vineyard (Napa)
Grgich Hills (Napa)
Guenoc Estate (Lake County)
Guenoc Genevieve Magoon Vineyard (Guenoc Valley)
Hacienda Clair de Lune (Sonoma)
Handley (Dry Creek)
Hanna (Sonoma)
Harrison (Napa)
Hess Collection (Napa)
Hess Collection Hess Select (Napa)
Hidden Cellars (Mendocino)
Husch Vineyards (Mendocino)
Iron Horse Vineyards (Sonoma)
Jekel Vineyard (Monterey)
Kendall-Jackson Proprietor's Grand Reserve (Kalifornien)
Kendall-Jackson Vintner's Reserve (Kalifornien)
Kenwood Vineyards Beltane Ranch (Sonoma)
Kistler (Sonoma)
Konocti (Lake)
Charles Krug Carneros Reserve (Napa)
Kunde Estate (Sonoma)
La Crema (Kalifornien)
J. Lohr Riverstone (Monterey)
Lolonis (Mendocino)
Long Vineyards (Napa)
MacRostie (Carneros)
Matanzas Creek (Sonoma)
Meridian Vineyards (San Luis Obispo)
Merryvale Reserve (Napa)
Michel-Schlumberger (Dry Creek)
Robert Mondavi (Napa)
Monterey Vineyards Classic Chardonnay (Monterey)
Monticello Cellars Corley Reserve (Napa)
Monticello Cellars Jefferson Cuvée (Napa)
Morgan (Monterey)
Morro Bay (Central Coast)
Murphy-Goode (Sonoma)
Murphy-Goode Reserve (Sonoma)
Napa Ridge (Napa)
Napa Ridge Frisinger Vineyard (Napa)
Napa Ridge Reserve (North Coast)
Navarro Vineyards (Mendocino)
Fess Parker (Santa Barbara)
R. H. Phillips Vineyard (Yolo)
Pine Ridge Knollside Cuvée (Napa)
Pine Ridge Stag's Leap District (Napa)
Ravenswood Sangiacomo (Sonoma)
Ridge Santa Cruz Mountain (Santa Cruz)
Rombauer (Napa)
St. Francis (Sonoma)
St. Francis Reserve (Sonoma)

Saintsbury (Carneros)
Sanford (Santa Barbara)
Santa Barbara (Santa Ynez)
Santa Barbara Winery Lafond Vineyard (Santa Ynez)
Sarah's Estate (Santa Clara)
Sarah's Ventana Vineyard (Santa Clara)
Sausal Winery (Sonoma)
Seavey (Napa)
Sebastiani Einzellagen-*Cuvées* (Sonoma)
Silverado Vineyards (Napa)
Simi Winery (Sonoma)
Simi Winery Reserve (Sonoma)
Robert Sinsky (Sonoma)
Sonoma-Cutrer Cutrer (Sonoma)
Sonoma-Cutrer Les Pierres (Sonoma)
Sonoma-Cutrer Russian River Ranches (Sonoma)
Sonoma-Loeb (Sonoma)
Château Souverain (Sonoma) (ab 1990)
Stag's Leap Wine Cellars Reserve (Napa)
Steele Kalifornien (Sonoma)
Sterling Diamond Mountain Ranch (Napa)
Sterling Winery Lake (Napa)
Stratford (Napa)
Stratford Partner's Reserve (Napa)
Rodney Strong Chalk Hill (Sonoma)
Swanson (Napa)
Ivan Tamas (Livermore)
Thunder Mountain Ciardella (Santa Cruz)
Thunder Mountain DeRose Vineyard (Santa Cruz)
Marimar Torres (Sonoma)
Trefethen (Napa)
Truchard (Carneros/Napa)
Vine Cliff Cellars Proprietress Reserve (Napa)
Wente Brothers Reserve (Alameda) (ab 1988)
Wente Brothers Wente Vineyard (Alameda) (ab 1988)
Whitehall Lane Reserve (Napa)
Wild Horse (Central Coast)
ZD (Napa)

** * (DURCHSCHNITTLICH)*

Alexander Valley (Sonoma)
Beaulieu Napa Beaufort (Napa)
Bel Arbors (Kalifornien)
Boeger (El Dorado)
Bonny Doon (Santa Cruz)
Bouchaine (Los Carneros)
Bouchaine (Napa)
David Bruce (Santa Cruz)
Buena Vista Carneros (Sonoma)
Buena Vista Private Reserve (Sonoma)
Davis Bynum (Sonoma)
Cakebread Cellars (Napa)
Calloway Calla-Lees (Temecula)
Chamisal (San Luis Obispo)
Chappellet (Napa)
Chimney Rock (Napa)
Clos du Val (Napa)
Congress Springs (Santa Clara)
Conn Creek (Napa)
Cosentino (Napa)
Cottonwood Canyon (San Luis Obispo)
Creston Manor (San Luis Obispo)
De Moor (Napa)
Dry Creek (Sonoma)
Eberle (Paso Robles)
Fetzer Bonterra (North Coast)
Firestone (Santa Barbara)
Louis Foppiano (Sonoma)
Fox Mountain Reserve (Sonoma)
Freemark Abbey (Napa)
Freemont Creek (Kalifornien)
Glen Ellen (Sonoma)
Groth Vineyards (Napa)
Gundlach-Bundschu (Sonoma)
Hagafen (Napa)
Hagafen Reserve (Napa)
Havens (Napa)
Haywood Winery (Sonoma)
William Hill Gold Label Reserve (Napa)
William Hill Silver Label (Napa)
Indian Springs (Sierra Foothills)
Jordan Vineyard (Sonoma)
Château Julien Barrel Fermented (Monterey)
Robert Keenan (Napa)
Lakespring (Napa)
Leeward (Central Coast)
J. Lohr Cypress (Santa Clara)
Markham Vineyards (Napa)
Louis Martini (Napa)
Mayacamas (Napa)
McDowell Valley Vineyards (Mendocino)

The Meeker Vineyard (Sonoma)
Meridian (San Luis Obispo)
Merryvale Vineyards (Napa)
Mirassou (Monterey)
Morgan Reserve (Monterey)
Mount Veeder (Napa)
Mountain View Winery (Santa Clara)
Napa Creek Winery (Napa)
Newlan (Napa)
Obester Winery Barrel Fermented (Mendocino)
Page Mill (Santa Clara)
Parducci (Mendocino)
J. Pedroncelli (Sonoma)
Robert Pepi (Napa)
Château Potelle (Napa)
Quail Ridge (Napa)
Qupé (Santa Barbara)
Raymond (Napa)
Raymond Private Reserve (Napa)
Richardson (Sonoma)
Round Hill (Napa)
Rutherford Hill Jaeger Vineyard (Napa)
St. Clement (Napa)
St. Supery (Napa)
Santa Barbara Winery Reserve (Santa Ynez)
Schug Cellars Beckstoffer Vineyard (Carneros)
Sea Ridge (Sonoma)
Sebastiani einfache *Cuvées* (Sonoma)
Seghesio Winery (Sonoma)
Sequoia Grove Carneros (Napa)
Sequoia Grove Estate (Napa)
Sierra Vista (El Dorado)
Stag's Leap Wine Cellars (Napa)
Sterling (Napa)
Stevenot (Calaveras)
Stone Creek (alle *Cuvées*) (Napa)
Taft Street Winery (Sonoma)
Tulocay (Napa)
Villa Mt. Eden Grand Reserve (Napa)
Villa Zapu (Napa)
Weinstock Cellars (Sonoma)
Mark West Vineyards (Sonoma)
William Wheeler (Sonoma)
White Oak (Sonoma)
White Oak Limited Reserve (Sonoma)
Whitehall Lane Le Petit (Napa)
Windemere (Sonoma)
Zaca Mesa (Santa Barbara)

DIE BESTEN KALIFORNISCHEN PRODUZENTEN VON PINOT NOIR

****** (HERVORRAGEND)*

Brewer-Clifton (Santa Maria Hills)
Brewer-Clifton Clos Pépé (Santa Rita Hills)
Brewer-Clifton Julia's (Santa Ynez)
Brewer-Clifton Melville (Santa Rita Hills)
Dehlinger Goldridge Vineyard (Russian River)
Dehlinger Octagon Vineyard (Russian River)
Dehlinger Reserve (Russian River)
Dumol (Russian River)
Adrian Fog Floodgate Vineyard (Russian River)
Hartford Court Arrendel Vineyard (Russian River)
Hartford Court Dutton Ranch/Sanchietti Vineyard (Russian River)
Hartford Court Marin Vineyard (Marin County)
Hartford Court Sevens Bench Vineyard (Napa/Carneros)
Hartford Court Velvet Sisters Vineyard (Anderson Valley)
Kistler Cuvée Catherine (Sonoma)
Kistler Hirsch Vineyard (Sonoma Coast)
Kistler Kistler Vineyard (Russian River)
Kistler Occidental Vineyard Cuvée Elizabeth (Sonoma Coast)
Kistler Vine Hill Vineyard (Sonoma)
Landmark Grand Detour Van der Kamp Vineyard (Sonoma Mountain)
Landmark Kastania Vineyard (Sonoma Coast)
Marcassin Marcassin Vineyard (Sonoma Coast)
Marcassin Three Sisters–Lambing Barn Vineyard (Sonoma Coast)
Marcassin Three Sisters–Sea Ridge Meadow Vineyard (Sonoma Coast)
Martinelli Blue Slide Ridge (Sonoma Coast)
Martinelli Martinelli Vineyard Reserve (Russian River)

J. Rochioli Reserve East Block (Russian River)
J. Rochioli Reserve Estate West Block (Sonoma)
J. Rochioli Reserve Three Corner Vineyard (Sonoma)
Saintsbury Reserve (Carneros)
Siduri Pisoni Vineyard (Santa Lucia Highlands)
Talley Vineyards Rincon Estate (Arroyo Grande)
Talley Vineyards Rosemary's Vineyard (Arroyo Grande)

** * * * (AUSGEZEICHNET)*

Ancien Poplar Vineyard (Russian River)
Ancien Steiner Vineyard (Sonoma Mountains)
Arcadian Pisoni (Monterey)
Arcardian Sleepy Hollow (Monterey)
Au Bon Climat (Santa Barbara)
David Bruce Reserve (Santa Cruz)
Calera Jensen Vineyard (San Benito)
Calera Mills Vineyard (San Benito)
Calera Reed Vineyard (San Benito)
Calera Selleck Vineyard (San Benito)
Cambria Estate Bench Break (Santa Maria)
Cambria Estate Julia's Vineyard (Santa Maria) (ab 1991)
Cambria Estate Rae's (Santa Maria)
Carmel Road (Monterey)
Conn Valley Vineyards Valhalla Vineyard (Napa)
Davis Bynum Le Pinot Rochioli Vineyard (Russian River)
L'Ecosse Rochioli Vineyard (Russian River)
El Molino (Napa)
Etude Winery (Carneros)
Etude Winery Adastre Vineyard (Carneros)
Etude Winery Heirloom (Carneros)
Etude Winery Hudson Vineyard (Carneros)
Etude Winery Hyde Vineyard (Carneros)
Gary Farrell Bien Nacido Vineyard (Santa Barbara)
Gary Farrell Howard Allen Vineyard (Sonoma)
Foxen Julia's Vineyard (Santa Maria)
Foxen Sanford & Benedict Vineyard (Santa Barbara)
Franus-Havens Beau Terroir Vineyard (Carneros)
Gainey Sanford & Benedict Vineyard (Santa Barbara)
Handley Reserve (Anderson Valley)
Walter Hansel (Russian River)
Paul Hobbs Cuvée Agustina (Sonoma Mountain)
Iron Horse (Sonoma)
Kalin Cellars Cuvée DD (Sonoma)
Kalin Cellars Cuvée JL (Sonoma)
Kendall-Jackson Arrendell Vineyard Stature (Russian River)
Kistler Camp Meeting Ridge (Sonoma)
Littorai One Acre Vineyard (Anderson Valley)
Littorai Savoy Vineyard (Anderson Valley)
Longoria (Santa Ynez)
Mayo Family Winery Sangiacomo Vineyard (Carneros)
Peter Michael Le Moulin Rouge (Santa Lucia Highlands)
Robert Mondavi Reserve (Napa)
Morgan Winery Reserve (Santa Lucia Highlands)
Mount Eden Vineyards Estate (Santa Cruz)
Mount Eden Vineyards Vieilles Vignes (Santa Cruz)
Robert Mueller Cellars Emily's Cuvée (Russian River)
Robert Mueller Cellars Ranch 23 (Russian River)
Robert Mueller Cellars Summa Vineyard (Sonoma Coast)
Navarro Methode à l'Ancienne (Mendocino)
Ojai Bien Nacido Vineyard (Santa Barbara)
Ojai Pisoni Vineyard (Santa Lucia)
Patz and Hall (Sonoma)
Patz and Hall Hyde Vineyard (Carneros)
Patz and Hall Pisoni Vineyard (Santa Lucia Highlands)
Kent Rasmussen (Carneros)
J. Rochioli Estate (Sonoma)
Château St. Jean Durell Vineyard (Sonoma)
Sanford (Santa Barbara)
Sanford Barrel Select (Santa Barbara)
Sanford Sanford & Benedict Vineyard (Santa Barbara)
Siduri Christian David (Sonoma Coast)

Siduri Garys' Vineyard (Santa Lucia)
Siduri Hirsch Vineyard (Sonoma Coast)
Siduri Muirfield Vineyard (Oregon)
Signorello (Napa)
Skewis Floodgate Vineyard (Anderson Valley)
Skewis Montgomery Vineyard (Russian River)
W. H. Smith Hellenthal Vineyard (Sonoma Coast)
Solitude Sangiacomo Vineyard (Napa)
Stonestreet (Sonoma)
Talley Vineyards (San Luis Obispo)
Lane Tanner Sanford & Benedict Vineyard (Santa Barbara)
Williams-Selyem Allen Vineyard (Sonoma)
Williams-Selyem Cohn Vineyard (Sonoma)
Williams-Selyem Olivet Lane Vineyard (Russian River)
Williams-Selyem Rochioli Vineyard (Sonoma)

**** (GUT)*

Au Bon Climat La Bauge Au Dessus Bien Nacido Vineyard (Santa Barbara)
Au Bon Climat Sanford & Benedict Vineyard (Santa Barbara)
Au Bon Climat Talley Vineyard (Arroyo Grande)
Bernardus (Santa Barbara)
Byron (Santa Barbara)
Byron Reserve (Santa Barbara)
Chalone Estate (Monterey)
Chamisal Vineyards Domaine Alfred Pinot Noir (Edna Valley)
Chimère (Santa Maria)
Coturri Horn Vineyard (Sonoma)
Dehlinger (Sonoma)
Edna Valley Vineyards (San Luis Obispo)
Ferrari-Carano (Napa)
Foxen (Santa Maria)
The Hitching Post (Santa Maria)
The Hitching Post Highliner (Santa Barbara)
The Hitching Post Sanford & Benedict Vineyard (Santa Barbara)
Kendall-Jackson Grand Reserve (Kalifornien)
Meridian Reserve (Santa Barbara)
Robert Mondavi (Napa)
Monticello Estate (Napa)
Morgan (Monterey)
Navarro (Mendocino)
Page Mill Bien Nacido Vineyard (Santa Barbara)
Saintsbury Garnet (Napa)
Santa Barbara (Santa Barbara) (ab 1989)
Santa Barbara Reserve (Santa Barbara) (ab 1989)
Santa Cruz Mountain (Santa Cruz)
Robert Sinsky (Sonoma)
Steele Carneros (Sonoma)
Steele Sangiacomo Vineyard (Sonoma)
Robert Stemmler (Sonoma)
Lane Tanner (Santa Barbara)
Westwood (El Dorado)
Wild Horse Cheval Sauvage (Santa Barbara)

*** (DURCHSCHNITTLICH)*

Adler Fels (Sonoma)
Alexander Valley (Sonoma)
Austin Cellars Reserve (Santa Barbara)
Beaulieu Carneros Reserve (Napa)
Bon Marché (Napa)
Bouchaine (Napa)
David Bruce (Santa Cruz)
Buena Vista (Sonoma)
Davis Bynum (Sonoma)
Calera (Central Coast)
Clos du Val (Napa)
Cottonwood Canyon (Santa Barbara)
Cronin (Santa Cruz)
Thomas Fogarty (Santa Cruz)
Gainey (Santa Barbara)
Gundlach-Bundschu (Sonoma)
Hacienda (Sonoma)
Hanzell Vineyards (Sonoma)
Husch (Mendocino)
Charles Krug Carneros Reserve (Napa)
Meridian (Santa Barbara)
Mountain View Winery (Kalifornien)
Parducci (Mendocino)
Pepperwood Springs (Mendocino)

Richardson (Sonoma)
Roudon-Smith (Santa Cruz)
Santa Ynez Rancho Vineda Vineyard (Santa Maria)
Schug Cellars Beckstoffer Vineyard (Carneros)
Schug Cellars Heinemann Vineyard (Napa)
Sterling (Napa)
Rodney Strong River East Vineyard (Sonoma)
Joseph Swan (Sonoma)
Truchard (Napa)
Tulocay (Napa)
Tulocay Haynes Vineyard (Napa)
Mark West (Sonoma)
Whitcraft Bien Nacido Vineyard (Santa Barbara)
Whitcraft Olivet Lane Vineyard (Russian River)
Whitehall Lane (Napa)
ZD (Napa)

DIE BESTEN KALIFORNISCHEN RHÔNE RANGERS

** * * * * (HERVORRAGEND)*

Alban Vineyard Syrah Lorraine
Alban Vineyard Syrah Pandora's
Alban Vineyard Syrah Reserve
Alban Vineyard Syrah Seymour's Vineyard
Araujo Estate Syrah Eisele Vineyard
Behrens and Hitchcock Petite Sirah Barcini Vineyard
Behrens and Hitchcock Syrah Alder Springs
Calera Viognier Mt. Harlan
Carlisle Syrah
Carlisle Two Acres (Verschnitt)
Clos Mimi Syrah Shell Creek
Edmunds St. John Syrah Durell Vineyard
Jade Mountain Syrah Paras Vineyard
Kunin Syrah French Camp Vineyard
Kunin Viognier Stolpman
Lewis Syrah
Martinelli Syrah
Andrew Murray Syrah Hillside Reserve
Ojai Vineyard Bien Nacido
Ojai Vineyard Roll Ranch
Ojai Vineyard Stolpman Vineyard
Ojai Vineyard Thompson Vineyard
Paloma Syrah
Fess Parker Syrah Rodney's Vineyard Reserve
Pride Mountain Viognier
Ridge York Creek Petite Sirah
Rockland Petite Sirah
Shafer Vineyards Syrah
Sine Qua Non Grenache/Syrah (Der Name ändert sich mit jedem Jahrgang)
Sine Qua Non Roussanne und Chardonnay-Verschnitte (Der Name ändert sich mit jedem Jahrgang)
Sine Qua Non Syrah (Der Name ändert sich mit jedem Jahrgang)
Tablas Creek Grand Cuvée (Verschnitt)
Tablas Creek Reserve Cuvée (Verschnitt)
Sean Thackrey Orion (Syrah)
Titus Vineyards
Turley Cellars Petite Syrah Aida Vineyard
Turley Cellars Petite Syrah Hayne Vineyard
Turley Cellars Petite Syrah Rattlesnake Acres

** * * * (AUSGEZEICHNET)*

Arrowood Syrah Saralee's Vineyard
Arrowood Viognier Saralee's Vineyard
L'Aventure Optima Syrah/Cabernet-Verschnitt
Babcock Vineyards Syrah Black Label Cuvée
Beckmen Grenache Purisima Mountain
Blackjack Ranch Le Mas Rouge
Blackjack Ranch Syrah Estate
Bonny Doon Côte de Lune (Verschnitt)
Bonny Doon Vin Gris de Cigare Rosé
Linne Caludo Bone Rock (Syrah-/Mourvèdre-Verschnitt)
Linne Caludo Cherry Red (Verschnitt)
Linne Caludo James Berry Vineyard (Verschnitt)
Linne Caludo Willow Red (Verschnitt)
Cambria Syrah Tepusquet Vineyard
Cline Cellars Côtes d'Oakley (Verschnitt)
Cline Cellars Mourvèdre
Robert Craig Syrah

Culler Syrah
Culler Syrah Mt. Veeder
Dehlinger Syrah Estate
Dehlinger Syrah Goldridge Vineyard
Dover Canyon Rhône Reserve
Edmeades Sirah Eaglepoint
Edmunds St. John Les Côtes Sauvage
Edmunds St. John Mourvèdre
Edmunds St. John Syrah Grand Heritage
Familla Jordon Syrah Que Syrah Vineyard
Ferrari-Carano Syrah
Foxen Syrah Carhartt
Foxen Syrah Morehouse
Garretson Wine Co. Syrah Alban Vineyard The Finne
Garretson Wine Co. Syrah The Aisling
Havens Syrah Hudson Vineyard
Havens Syrah Napa
Hug Cellars Grenache Alban Vineyard
J. C. Cellars Petite Sirah Frediani Vineyard
J. C. Cellars Syrah Rodney's Vineyard
J. C. Cellars Syrah Ventana Vineyard
Jade Mountain Les Jumeaux (Verschnitt)
Jade Mountain Marsanne
Jade Mountain Mourvèdre
Jade Mountain La Provençale (Verschnitt)
Jade Mountain Syrah
Jaffurs Syrah Bien Nacido Vineyard
Jaffurs Syrah Melville Vineyard
Jaffurs Syrah Stolpman Vineyard
Jaffurs Syrah Thompson Vineyard
Justin Syrah Halter
Justin Syrah MacGillivray
Kahn Cuvée Jacques (Verschnitt)
Kahn Syrah
Kendall-Jackson Syrah Durell Vineyard
Kongsgaard Syrah Hudson Vineyard
Kunin Syrah Santa Rita Hills
La Jota Petite Sirah
Lewis Cellars Alec's Blend (Verschnitt)
Loxton Syrah Timberline Ranch
MacRostie Syrah Blue Oaks
MacRostie Syrah Wildcat Mountain
Marietta Old Vine Red
Marietta Petite Sirah
Andrew Murray Les Coteaux
Neyers Syrah Hudson Vineyard
Novy Cellars Alder Springs (Verschnitt)
Novy Cellars Syrah
Novy Cellars Syrah Garys' Vineyard
Novy Cellars Syrah Page-Nord Vineyard
Ojai Vin du Soleil (Verschnitt)
Ravenswood Icon (Verschnitt)
Renard Syrah Timbervine Ranch
Ridge Grenache Lytton Estate
Ridge Mataro Bridgehead
Ridge Mataro Evangelo Vineyard
Ridge Syrah Lytton Estate
Rosenblum Cellars Petite Syrah Rockpile Vineyard
Rosenblum Cellars Syrah England-Shaw Vineyard
St. Francis Petite Sirah Barlolozzi Ranch
Spring Mountain Syrah Estate
Tablas Creek Petit Cuvée (Verschnitt)
Terre Rouge Syrah Ascent
Sean Thackrey Sirius (Petite Sirah)
Sean Thackrey Taurus (Mourvèdre)
Trentadue Petit Sirah
Truchard Syrah
Turnbull Wine Cellars Syrah
Turnbull Wine Cellars Viognier
Unti Syrah Estate
Zaca Mesa Syrah Black Bear Block

**** (GUT)*

Benziger
Beringer Viognier Hudson Ranch
Bonny Doon Le Cigare Volant (Verschnitt)
Bonny Doon Clos de Gilroy (Grenache)
Bonny Doon Old Telegram (Mourvèdre)
Bonny Doon Le Sophiste (Verschnitt)
Bonny Doon Syrah
David Bruce Petite Sirah
Cambria Viognier
Castle Vineyard Cinsault
Castle Vineyard Syrah
Coturri Alicante Bouchet Ubaldi Vineyard
Coturri Petite Sirah Ubaldi Vineyard
Edmunds St. John El Niño
Edmunds St. John Port o'Call (Verschnitt)
Edmunds St. John Viognier
Elyse Coeur de Val
Elyse Nero Misto Proprietary Red Wine
Fetzer Petite Sirah Reserve
Field Stone Petite Sirah
Field Stone Viogner Staten Family Reserve
Fife L'Attitude (Verschnitt)

Fife Carignan Red Heard
Fife Syrah
Fife Syrah Yokayo Rancho
Folie à Deux Syrah
Frey Syrah
Guenoc Petite Sirah
Hop Kiln Petite Sirah
Jepson Syrah
Marietta Cellars Petite Sirah
McDowell Valley Vineyards Les Vieux Cépages
Fess Parker Mélange du Rhône
Fess Parker Syrah
Joseph Phelps Syrah
Joseph Phelps Vin-du-Mistral-*Cuvées*
R. H. Phillips Mourvèdre EXP
R. H. Phillips Syrah EXP
R. H. Phillips Viognier EXP
Preston Faux Proprietary Red Wine
Preston Marsanne
Preston Syrah
Qupé Los Olivos Cuvée
Qupé Marsanne
Qupé Syrah Bien Nacido Cuvée
Qupé Viognier Ibarra-Young Vineyard
Ritchie Creek Viognier
Santino Satyricon (Verschnitt)
Shenandoah Serene (Verschnitt)
Sierra Vista Fleur de Montagne (Verschnitt)
Sierra Vista Lynelle (Verschnitt)
Stag's Leap Winery Petite Sirah
Joseph Swan Côtes du Rosa (unfiltriert)
Joseph Swan Vin du Mystère
Swanson Syrah
Bedford Thompson Grenache
Bedford Thompson Mourvèdre
Bedford Thompson Syrah
Treanna (Verschnitt, auch der Weißwein)
Trentadue Carignan
Trentadue Old Patch Red (Verschnitt)
Trentadue Salute
Wellington Vineyards Côtes de Sonoma Old Vines
Wellington Vineyards Syrah Alegrai Vineyards
Zaca Mesa Cuvée Z (Verschnitt)
Zaca Mesa Syrah

** * (DURCHSCHNITTLICH)*

Alderbrook Syrah Shiloh Hill Vineyard
Christopher Creek Petite Sirah
Christopher Creek Syrah
Duxoup Syrah
Louis Foppiano Petite Sirah
Jory (verschiedene *Cuvées*)
Karly Petite Sirah
Meridian Syrah
J. W. Morris Petite Sirah Bosun Crest
Parducci Bono Syrah
Parducci Petite Sirah
Preston Viognier
Roudon-Smith Petite Sirah
Sierra-Vista Syrah
Domaine de la Terre Rouge
Topolos Alicante Bouschet
Topolos Grand Noir
Topolos Petite Sirah
William Wheeler Quintet (Verschnitt)

DIE BESTEN KALIFORNISCHEN PRODUZENTEN VON ITALIENISCH INSPIRIERTEN SORTEN – SANGIOVESE, BARBERA, NEBBIOLO

** * * * (AUSGEZEICHNET)*

Flora Springs Sangiovese
Il Podere Dell'Olivos Barbera
Il Podere Dell'Olivos Teroldego
Jessandre Vineyard (Sangiovese/Cabernet)
Luna Canto
Luna Pinot Grigio
Luna Sangiovese Reserve
Palmina Barbera Bien Nacido Vineyard
Palmina Sangiovese Stolpman Vineyard
La Pantera L'Uvaggio di Giacomo (verschiedene *Cuvées*)
Pride Mountain Vineyards
Saddleback Cellars Venge Family Reserve Sangiovese Penny Lane
Shafer Firebreak (Sangiovese/Cabernet)
Staglin Stagliano
Wild Horse Malvasia Bianca Barrel Fermented

**** (GUT)*

Beringer Sangiovese
Edmunds St. John Pallini Rosso
Edmunds St. John Pinot Grigio
Ferrari-Carano Siena
Robert Pepi Colline di Sassi
Kent Rasmussen Dolcetto
Kent Rasmussen Sangiovese
Staglin Family Vineyard Stagliano Sangiovese
Swanson Sangiovese
Ivan Tamas Trebbiano
Wildhorse Tocai Friulano

*** (DURCHSCHNITTLICH)*

Atlas Peak Sangiovese
Bonny Doon Ca do Solo Il Fiasco
Brindiamo Gioveto
Brindiamo Nebbiolo
Brindiamo Rosso Vecchio
Dalla Valle Pietre Rosso
Konrad Barbera
Robert Mondavi Barbera
Robert Mondavi Malvasia
Robert Mondavi Sangiovese
Mosby Brunello di Santa Barbara Carrari Vineyard
Mosby Moscato di Fior
Mosby Primitivo
Preston Barbera
Sebastiani Barbera
Sterling Pinot Grigio
Sterling Sangiovese
Sean Thackrey Pleiades
Trentadue Sangiovese
Westwood Barbera

DIE BESTEN KALIFORNISCHEN PRODUZENTEN VON SAUVIGNON BLANC, SEMILLON UND VERSCHNITTEN AUS BEIDEN

****** (HERVORRAGEND)*

Araujo Estate Eisele Vineyard (Napa)
Ferrari-Carano Fumé Blanc Reserve (Sonoma)
Iron Horse Cuvée Reserve (Alexander Valley)
Kalin Cellars Sauvignon Blanc Reserve (Potter Valley)
Mason Cellars (Napa)
Peter Michael Sauvignon Blanc l'Après-Midi (Kalifornien)
J. Rochioli Old Vine Block (Russian River)
Château St. Jean La Petite Etoile (Sonoma)
Selene Sauvignon Blanc (Napa)
Simi Sendal Proprietary White Wine (Sonoma)

***** (AUSGEZEICHNET)*

Babcock Sauvignon Blanc (Santa Barbara)
Babcock Sauvignon Blanc 11 Oaks Ranch (Santa Barbara)
Beringer Alluvium (Knights Valley)
Brander Cuvée Nicolas (Santa Ynez)
Byron Sauvignon Blanc (Santa Barbara)
Cain Cellars Sauvignon Musqué (Napa)
Caymus Conundrum Proprietary White Wine (Napa)
Chalk Hill Sauvignon Blanc (Sonoma)
Chimney Rock Fumé Blanc (Napa)
Clos du Bois Sauvignon Blanc (Alexander Valley)
Dry Creek Fumé Blanc (Sonoma)
Ehler's Grove Sauvignon Blanc Reserve (Napa)
Flora Springs Soliloquy (Napa)
Gainey Sauvignon Blanc Limited Selection (Santa Ynez)
Gary Farrell Sauvignon Blanc Rochioli Vineyard (Russian River)
Handley Cellars Sauvignon Blanc (Dry Creek)
Hidden Cellars Alchemy Proprietary White Wine (Mendocino)
Hidden Cellars Sauvignon Blanc (Mendocino)
Karly Sauvignon Blanc (Amador)
Kendall-Jackson Sauvignon Blanc Grand Reserve (Kalifornien)
Kenwood Vineyards Sauvignon Blanc (Sonoma)

Kunde Estate Winery Sauvignon Blanc Magnolia Lane (Sonoma)
Matanzas Creek Sauvignon Blanc (Sonoma)
Robert Mondavi Fumé Blanc (Napa)
Robert Mondavi Fumé Blanc Reserve (Napa)
Robert Mondavi To-Kalon Estate Reserve (Napa)
Murphy-Goode Fumé Blanc Reserve (Sonoma)
Navarro Sauvignon Blanc (Mendocino)
Ojai Cuvée Speciale Ste. Helene (Kalifornien)
Page Mill Sauvignon Blanc French Camp Vineyard (Napa)
Robert Pepi Sauvignon Blanc Reserve (Napa)
Preston Cuvée de Fumé (Sonoma)
Rancho Sisquoc Sauvignon Blanc (Santa Barbara)
J. Rochioli Sauvignon Blanc (Russian River)
Signorello Sauvignon Blanc (Napa)
Signorello Sémillon Barrel Fermented (Napa)
Spottswoode Sauvignon Blanc (Napa)
Stonestreet Upper Barn Sauvignon Blanc (Alexander Valley)
Rodney Strong Sauvignon Blanc Charlotte's Home Vineyard (Sonoma)

** * * (GUT)*

Adler Fels Fumé Blanc (Sonoma)
Ahlgren Sémillon (Santa Cruz)
Alderbrook Sauvignon Blanc (Sonoma)
Babcock Fathom Proprietary White Wine (Santa Barbara)
Beaulieu Fumé Blanc (Napa)
Bel Arbors Sauvignon Blanc (Kalifornien)
Bellerose Sauvignon Blanc (Sonoma)
Benziger Fumé Blanc (Sonoma)
Beringer Sauvignon Blanc (Napa)
Bernadus Sauvignon Blanc (Monterey)
Brutocao Sauvignon Blanc (Mendocino)
Buena Vista Fumé Blanc (Lake)
Buttonwood Farm Sauvignon Blanc (Santa Ynez)
Carmenet Meritage Proprietary White Wine (Sonoma)
De Loach Fumé Blanc (Sonoma)
De Lorimer Spectrum Estate (Alexander Valley)
Duckhorn Sauvignon Blanc (Napa)
Ferrari-Carano Fumé Blanc (Sonoma)
Fetzer Fumé Blanc (Mendocino)
Fetzer Sauvignon Blanc Barrel Select (Mendocino)
Field Stone Sauvignon Blanc (Sonoma)
Geyser Peak Sauvignon Blanc (Sonoma)
Geyser Peak Semchard (Sonoma)
Grgich Hills Fumé Blanc (Napa)
Guenoc Winery Langtry Meritage (Lake County)
Louis Honig Cellars Sauvignon Blanc (Napa)
Husch Vineyards Sauvignon Blanc (Mendocino)
Konocti Fumé Blanc (Lake County)
Lolonis Fumé Blanc (Mendocino)
Monterey Vineyards Classic Sauvignon Blanc (Kalifornien)
Morgan Sauvignon Blanc (Monterey)
Murphy-Goode Fumé Blanc (Sonoma)
Napa Ridge Sauvignon Blanc (Napa)
Page Mill Sauvignon Blanc (San Luis Obispo)
R. H. Phillips Sauvignon Blanc (Yolo)
Preston Vineyards Cuvée de Fumé (Dry Creek)
Sanford Sauvignon Blanc (Santa Barbara)
Stag's Leap Sauvignon Blanc Rancho Chimiles (Napa)
Ivan Tamas Fumé Blanc (Livermore)
William Wheeler Fumé Blanc (Sonoma)

** * (DURCHSCHNITTLICH)*

Davis Bynum Fumé Blanc (Sonoma)
Calloway Fumé Blanc/Sauvignon Blanc (Temecula)
Christophe Sauvignon Blanc (Napa)
Clos Pegase Sauvignon Blanc (Napa)
Clos du Val Sémillon (Napa)
Louis Foppiano Sauvignon Blanc (Sonoma)
E. & J. Gallo Sauvignon Blanc (Kalifornien)
Glen Ellen Sauvignon Blanc (Sonoma)

Grand Cru Sauvignon Blanc (Sonoma)
Groth Sauvignon Blanc (Napa)
Jekel Scepter Proprietary White Wine (Monterey)
Château Julien Sauvignon Blanc (Monterey)
Lakespring Sauvignon Blanc (Napa)
Louis Martini Sauvignon Blanc (Napa)
Mayacamas Sauvignon Blanc (Napa)
Obester Sauvignon Blanc (Mendocino)
J. Pedroncelli Primavera Mista Proprietary White Wine (Kalifornien)
Joseph Phelps Sauvignon Blanc (Napa)
Château Potelle Sauvignon Blanc (Napa)
St. Clement Sauvignon Blanc (Napa)
St. Supery Sauvignon Blanc (Napa)
Santa Ynez Sémillon (Santa Ynez)
Seghesio Sauvignon Blanc (Sonoma)
Shenandoah Sauvignon Blanc (Amador)
Silverado Sauvignon Blanc (Napa)
Simi Sémillon (Napa)
Steltzner Sauvignon Blanc (Napa)
Sterling Sauvignon Blanc (Napa)
Weinstock Sauvignon Blanc (Sonoma)

DIE BESTEN KALIFORNISCHEN PRODUZENTEN VON ZINFANDEL

****** (HERVORRAGEND)*

Behrens and Hitchcock (Napa)
Hartford Court Fanucchi-Wood Road (Russian River)
Hartford Court Hartford Vineyard (Russian River)
Martinelli Jackass Hill (Russian River)
Martinelli Jackass Vineyard (Russian River)
Ridge Geyserville Proprietary Red Wine (vor allem Zinfandel) (Sonoma)
Ridge Lytton Springs (Sonoma)
Storybook Mountain Reserve (Napa)
Turley Cellars Black-Sears Vineyard (Napa)
Turley Cellars Hayne Vineyard (Napa)
Turley Cellars Moore Vineyard (Napa)
Turley Cellars Vineyard 101 (Alexander Valley)

***** (AUSGEZEICHNET)*

Accorn Heritage Alegria Vineyard (Russian River)
Albini Family Vineyards (Sonoma)
L'Aventure Stephan Vineyard (Paso Robles)
Bannister (Dry Creek)
Robert Bialé Aldo's Vineyard (Napa)
Robert Bialé Monte Rosso (Sonoma)
Robert Bialé Old Crane Ranch (Napa)
Blockheadia Ringnosi (Napa)
De Loach O.F.S. (Russian River)
Edmeades Ciapusci (Mendocino)
Edmeades Zeni (Mendocino)
Franus Brandlin Ranch (Napa)
Franus Pianchon (Contra Costa)
Gallo-Sonoma Chiotti Vineyard (Dry Creek)
Gallo-Sonoma Frei Ranch Vineyard (Dry Creek)
Gallo-Sonoma Stefani Vineyard (Dry Creek)
Green and Red Chiles Mill Vineyard (Napa)
Hartford Court Dina's Vineyard (Russian River)
Hartford Court Highwire Vineyard (Russian River)
Hop Kiln Winery Primativo (Sonoma)
Howell Mountain Beatty Ranch (Howell Mountain)
Howell Mountain Black-Sears (Howell Mountain)
Howell Mountain Old Vine (Howell Mountain)
Kunde Estate Robusto (Sonoma)
Limerick Lane Cellars (Sonoma)
Loxton Priest Ranch Orion Vineyard (Napa)
Loxton Stonestreet Vineyard (Sonoma)
Marietta Cellars (Sonoma)
Marietta Cellars Angeli Cuvée (Alexander Valley)
Mayo Family Winery Ricci Vineyard (Russian River)
Neyers Vineyard Pato Ranch (Contra Costa)
Neyers Vineyard Tofanelli Vineyard (Napa)
Château Potelle Mount Veeder (Napa)
A. Rafanelli (Sonoma)

Ravenswood Belloni–Wood Road Vineyard (Sonoma)
Ravenswood Cooke Vineyard (Sonoma)
Ravenswood Monte Rosso Vineyard (Sonoma)
Ravenswood Old Hill Vineyard (Sonoma)
Ravenswood Old Vines (Sonoma)
Ridge Pagani Ranch (Sonoma)
Rosenblum Cellars Brandlin Ranch (Napa)
Rosenblum Cellars George Hendry Vineyard (Napa)
Rosenblum Cellars Marston Vineyard (Napa)
Rosenblum Cellars Samsel Vineyard (Sonoma)
St. Francis Old Vines (Sonoma)
Saddleback Cellar Old Vines (Napa)
Saucelito Canyon Vineyard (Arroyo Grande)
Sausal Winery (Sonoma)
Sausal Winery Private Reserve (Sonoma)
Seghesio Home Ranch (Alexander Valley)
Seghesio Old Vine (Sonoma)
Seghesio San Lorenzo (Alexander Valley)
Sparrow Lane Demostene Vineyard (Sonoma)
Sparrow Lane Howell Mountain (Napa)
Storybook Mountain Eastern Exposure (Napa)
Storybook Mountain Estate (Napa)
Storybook Mountain Howell Mountain (Napa)
Joseph Swan *Cuvées* (Sonoma)
The Terraces (Napa)
Turley Cellars Dogtown (Kalifornien)
Turley Cellars Duerte Vineyard (Contra Costa)
Turley Cellars Tofanelli Vineyard (Napa)
Zoom (Contra Costa)

** * * (GUT)*

Amador Foothill Grand Père Vineyard (Amador)
Benziger (Sonoma)
Beringer (Napa)
David Bruce (Santa Cruz)
Brutocao Cellars (Mendocino)
Buehler (Napa)
Cakebread Cellars (Napa)
Caldwell Aida Vineyard (Napa)
Caymus (Napa)
Cline (Contra Costa)
Cline Reserve (Contra Costa)
Clos du Bois (Sonoma)
De Loach Estate (Sonoma)
De Loach Einzellagen-*Cuvées* (Sonoma)
De Moor (Napa)
Deer Park (Napa)
Deux Amis (Sonoma)
Dry Creek (Sonoma)
Edizione Pennino (Niebaum-Coppola–Napa)
Elyse Howell Mountain (Napa)
Elyse Morisoli Vineyard (Napa)
Gary Farrell (Russian River)
Ferrari-Carano (Dry Creek)
Fetzer Barrel Select (Mendocino)
Fetzer Reserve (Mendocino)
Folie à Deux Old Vine Eschen Vineyard (Amador)
Franciscan (Napa)
Frey (Mendocino)
Frick (Santa Cruz)
Fritz (Sonoma)
Frog's Leap Winery (Napa)
Greenwood Ridge Vineyards (Sonoma)
Grgich Hills (Sonoma)
Guenoc (Lake County)
Hidden Cellars (Mendocino)
Hop Kiln (Sonoma)
Jacuzzi Family Vineyard (Contra Costa)
Kendall-Jackson Vintner's Reserve (Kalifornien)
Kenwood Jack London Vineyard (Sonoma)
Lake Sonoma Old Vine Reserve (Dry Creek)
Montevina (Amador)
Nalle (Sonoma)
Norman (Paso Robles)
Peachy Canyon Reserve (Paso Robles)
Peachy Canyon West Side (Paso Robles)
J. Pedroncelli (Sonoma)
Joseph Phelps (Alexander Valley)
Preston (Sonoma)
Quivira (Sonoma)
Ravenswood Dickerson Vineyard (Napa)

Ravenswood Vintner's Blend (Sonoma)
Renwood (Amador)
Ridge (Paso Robles)
Ridge Dusi Ranch (Paso Robles)
Ridge Howell Mountain (Napa)
Ridge Sonoma (Santa Clara)
Rocking Horse Lamborn Vineyard (Napa)
Rosenblum Cellars (Contra Costa)
Rosenblum Cellars (Paso Robles)
Rosenblum Cellars (Sonoma)
Rosenblum Cellars Richard Sauret Vineyard (Paso Robles)
Eric Ross Occidental Vineyard (Russian River)
Scherrer Old Vines (Alexander Valley)
Scherrer Shale Terrace (Alexander Valley)
Schuetz-Oles-Korte Ranch (Napa)
Seghesio Winery (Sonoma)
Shenandoah Sobon Estate (Amador)
Sierra Vista (El Dorado)
Sky Vineyards (Napa)
Château Souverain (Dry Creek)
Steele verschiedene *Cuvées* (Kalifornien)
Rodney Strong Old Vines River West Vineyard (Russian River)
Summit Lake (Napa)
Tobin James (Paso Robles)
Trentadue (Sonoma)
Wellington Vineyards Old Vines (Sonoma)
Whaler Vineyard Estate (Mendocino)
Whaler Vineyard Estate Flagship (Mendocino)
Wild Horse (San Luis Obispo)

** * (DURCHSCHNITTLICH)*

Bel Arbors (Kalifornien)
Boeger (El Dorado)
Burgess Cellars (Napa)
Clos du Val (Napa)
Cosentino The Zin (Sonoma)
Coturri Chauvet Vineyard (Sonoma)
Coturri Philip Coturri Estate (Sonoma)
Duxoup Wineworks (Sonoma)
Eagle Ridge Fiddletown (Amador)
Eberle (Paso Robles)
Louis Foppiano Reserve (Sonoma)
Gundlach-Bundschu (Sonoma)
Gundlach-Bundschu Rhinefarm Vineyard (Sonoma)
Haywood Winery (Sonoma)
Karly (Amador)
Charles Krug (Napa)
Lolonis (Mendocino)
Mariah Vineyards (Mendocino)
Louis Martini (Sonoma)
Mazzocco (Sonoma)
Meeker Vineyard (Sonoma)
Robert Mondavi (Napa)
Obester (San Mateo)
Parducci (Mendocino)
Roudon-Smith (Santa Cruz)
Round Hill (Napa)
St. Supery Vineyards (Napa)
Santa Barbara Beaujour (Santa Ynez)
Santino Wines (Amador)
V. Sattui Suzanne's Vineyard (Napa)
Sebastiani (Sonoma)
Shenandoah Special Reserve (Amador)
Sonora TC Vineyard (Amador)
Sterling (Napa)
Stevenot (Calaveras)
Sutter Home (Kalifornien)
Sutter Home Reserve (Amador)
Teldeschi (Sonoma)
Topolos Rossi Ranch (Sonoma)
Topolos Russian River Valley (Russian River)
Topolos Ultimo (Sonoma)
Twin Hills Ranch (Paso Robles)
Villa Mt. Eden Cellar Select (Kalifornien)
Mark West Robert Rue Vineyard (Sonoma)
White Oak (Sonoma)

DIE BESTEN KALIFORNISCHEN PRODUZENTEN VON SCHAUMWEIN

** * * * (AUSGEZEICHNET)*

Domaine Chandon Reserve Brut (Napa)
Congress Springs Equinox (Santa Cruz)
Maison Deutz Blanc de Noir (San Luis Obispo)
Iron Horse *Cuvées* (Sonoma)
Mumm Blanc de Noir Rosé (Napa)
Roederer L'Ermitage (Anderson Valley)
Roederer Estate (Anderson Valley)

**** (GUT)*

Domaine Carneros (Napa)
Domaine Chandon Blanc de Noir (Napa)
Domaine Chandon Brut (Napa)
Domaine Chandon Etoile (Napa)
Maison Deutz (San Luis Obispo)
Handley (Mendocino)
Monticello Domaine Montreaux (Napa)
Domaine Mumm Brut Prestige *Cuvée* (Napa)
Domaine Mumm Brut Winery Lake *Cuvée* (Napa)
Schramsberg Lagen-*Cuvées* (Napa)

*** (DURCHSCHNITTLICH)*

S. Anderson *Cuvées* (Napa)**/***
Beaulieu Brut (Napa)
Domaine Carneros (Napa)
Culbertson Blanc de Noir (Riverside)
Culbertson Brut (Riverside)
Culbertson Brut Rosé (Riverside)
Richard Cuneo (Sonoma)
Gloria Ferrer *Cuvées* (Sonoma)**/***
Jordan J Cuvée (Sonoma)
Mirassou (Monterey)
Piper Sonoma (Sonoma)**/***
Scharffenberger Cellars *Cuvées* (Mendocino)

ABREU (NAPA)

1999	**Cabernet Sauvignon Madrona Ranch**	**Napa**	**EEE**	**(94–96)**
1997	**Cabernet Sauvignon Madrona Ranch**	**Napa**	**EEE**	**100**
1996	**Cabernet Sauvignon Madrona Ranch**	**Napa**	**E**	**98**
1995	**Cabernet Sauvignon Madrona Ranch**	**Napa**	**E**	**95**
1994	**Cabernet Sauvignon Madrona Ranch**	**Napa**	**E**	**94**

David Abreu ist ein superber Weinbau-Manager, zu dessen Klienten etliche der besten Kellereien der Region Napa zählen: Araujo, Bryant, Family Vineyards, Colgin, Harlan, Spottswoode und künftige Superstars wie Sloan und Bankiet. Er hat auch eng mit Helen Turley und John Wetlaufer bei der Bepflanzung ihrer Rebflächen in Sonoma zusammengearbeitet. Abreu erzeugt auf der alten Madrona Ranch in St. Helena 500 Kisten eines spektakulären Cabernet Sauvignon. Er gewinnt seine Weine aus extrem reifen Früchten, die er bei 26–28° Brix erntet, einer Kaltmaischung unterzieht und in neuen Fässern aus französischer Taransaud-Eiche ausbaut. Am Ende wird der Wein völlig ungeschönt und unfiltriert auf Flaschen gezogen. Abreu verkauft seine gesamte Produktion per Versand. Seine Weine bestehen zu 90% aus Cabernet Sauvignon und zu je 5% aus Cabernet Franc und Merlot.

Der *1999er Cabernet Sauvignon Madrona Ranch* kommt mit sämtlichen Merkmalen eines typischen David-Abreu-Weines daher: einer undurchdringlich schwarz-purpurroten Farbe, die an Jahrgangsport erinnert, einem exquisiten Brombeer-, Crème-de-Cassis-, Lakritz- und Vanillebukett, einer üppigen Textur und spektakulären Tiefe und einer Überfülle an Frucht und Extraktstoffen. Wieder ein überwältigender Cabernet Sauvignon, der schon jung zugänglich sein, zugleich aber 20–30 Jahre überdauern dürfte. Obwohl ich persönlich den Wein hervorragend fand, hat David Abreu seinem 1998er die Bezeichnung »Madrona Ranch Cabernet« vorenthalten, da der Wein die Klasse der Jahrgänge 1994, 1995, 1996 und 1997 nicht erreicht habe.

Bei dem *1997er Cabernet Sauvignon Madrona Ranch* handelt es sich um einen vollkommenen Cabernet Sauvignon. Der Wein befindet sich nun seit über einem Jahr in der Flasche und hat seine Alterung in neuen Taransaud-Fässern wie alle Weine dieses Namens glänzend gemeistert. Ein verschwenderischer, ölig texturierter, fabelhaft konzentrierter Cabernet Sauvignon, der sämtliche Geschmacksknospen mit seiner Süße betört und den Geruchssinn auf Hochtouren bringt. Der Wein stellt sich in Geruch und Geschmack perfekt dar. Ein absolut überzeugendes Produkt. Gut möglich, dass dieser Tropfen eines Tages jener kleinen Gruppe kalifornischer Spitzen-Cabernets zugerechnet wird, die uns womöglich einen ganz neuen Begriff von dem ungeheuren Potenzial der Cabernet-Sauvignon-Rebe vermitteln könnten.

Der *1997er* präsentiert sich farblich in einem undurchdringlichen Schwarz-Purpurrot und mit herrlichen Duftnoten von geröstetem Fleisch, verbrannter Erde, Brombeeren, Crème de Cassis, Mineralien samt toastwürzigen Anklängen. Auf die dem Glas entströmenden Aromen folgen ein phänomenal intensiver nahtloser Eindruck am Gaumen, der durch seine körperreiche Opulenz, seine exquisite Reintönigkeit und Symmetrie betört, und schließlich ein vielschichtiger Abgang, der fast eine Minute dauert. Dieser Wein wird bereits bei der Freigabe köstlich munden und hat eine Lebensdauer von 25–30 Jahren. Eine echte Großtat der Winzerkunst.

Der *1996er Cabernet Sauvignon Madrona Ranch* besticht durch Geschmacks- und Duftnoten von Blau- und Brombeeren, Crème de Cassis samt toastwürziger Eiche, frischem Sattelleder, Lakritze, getrockneten Kräutern und Mineralien. Mit seinem expansiven Charakter, seiner umwerfenden Intensität, Reintönigkeit und Symmetrie gehört er zur Gruppe der 6 besten Weine seines Jahrgangs, zeigt sich dabei im Abgang jedoch merklich tanninreicher als seine 1997er und 1998er Pendants. Voraussichtliche Genussreife: 2002–2030. Der *1995er Cabernet Sauvignon Madrona Ranch* ist ein superber Cabernet Sauvignon. Obwohl in dem Mischsatz 5% Cabernet Franc und 5% Merlot enthalten sind, hätte ich dies nie erraten. Der (wie sämtliche Abreu-Weine) komplett in neuen Taransaud-Fässern ausgebaute Wein kommt farblich in einem dunklen Purpur daher und hat ein fabelhaftes Blaubeer-, Brombeer-, Cassis-, Lakritze- und Mineralienbukett mit rauchwürzig-toastigen Anklängen. Die Aromastoffe steigen aus dem Glas auf, und die Versprechungen des Buketts finden im Mund ihre Bestätigung. Ein dicker, saftiger, schwarz-fruchtiger Charakter kommt in Kaskaden von Frucht, Glyzerin und Extrakt daher. Gestützt wird all dies durch süße Tannine und einen guten Säureanteil. Ein üppig texturierter, umwerfend attraktiver, trotzdem harmonischer Wein, der zu den besten Produkten des Jahrgangs gehört. Voraussichtliche Genussreife: jetzt–2025. Der beeindruckend gehaltvolle, dicht purpurfarbene *1994er Cabernet Sauvignon Madrona Ranch* verströmt ein Blaubeer-Brombeer-Cassis-duftiges Bukett mit Anklängen an Veilchen und frische Eiche. Geschmacklich verbirgt der Wein sein Tannin durch eine ungewöhnliche Fruchtextraktion, einen maßvollen bis vollen Körper und eine seidige, zugleich kraftvolle Persönlichkeit. Auch dieser Wein hat ein Alterungspotenzial von 20–25 Jahren. Sie können ihn bereits jetzt trinken oder noch lagern.

Der Produzent dieser magischen Weine ist ein vom *Wine Advocat* schon einmal zum »Hero of the Year« ausgerufener Zauberkünstler. Wenn Sie je einen dieser prachtvollen Weine Ihr Eigen nennen möchten, müssen Sie sich in David Abreus Versandliste aufnehmen lassen. Bisherige große Jahrgänge: 1993er Cabernet Sauvignon Madrona Ranch (95).

ACACIA (NAPA)

1998	**Pinot Noir Beckstoffer–Las Amigas Vineyard**	**Carneros**	**D**	**88**
1998	**Pinot Noir Lee Vineyard**	**Carneros**	**D**	**(88–90)**

Die Acacia-Kellerei befindet sich zur Zeit in einer Übergangssituation, da man dort den säurebetonten Stil (in der Vergangenheit hat man die Weine nämlich exzessiv mit Säure angereichert) zugunsten einer natürlicheren, lockerer gewirkten Textur umgestalten möchte. Das ist besonders auffällig bei den 1998er Weinen, bei denen es sich bereits um eine neue Art verführerischer, fleischiger und freundlicherer Acacia-Erzeugnisse handelt. Das Lesegut der 1998er Weine wurde vollständig entstielt, vor der Vergärung einer mehrtägigen kühlen Maischung unterzogen und während des Ausbaus nicht so häufig abgestochen. Doch was noch wichtiger ist: Die Weine verfügen infolge der geringeren Anreicherung mit Säure über eine natürlichere Textur. Besonders offensichtlich ist dies bei den 1998er Pinot Noirs aus Einzellagen, etwa dem *1998er Pinot Noir Beckstoffer – Las Amigas Vineyard.* Dieser Wein besticht durch eine exzellente Dichte und Reichhaltigkeit samt einer locker gewirkten Textur und schönen Reintönigkeit. Der hervorragende *1998er Pinot Noir Lee Vineyard* ist der bislang beste Acacia-Pinot überhaupt. Dieser wirklich köstliche, konzentrierte Pinot Noir von mittlerem bis vollem Körper betört durch Anklänge an Pflaumen, süße schwarze Kirschen sowie animalische und Waldaromen.

ALBAN (EDNA VALLEY)

2000	Grenache	Edna Valley	D	(91–93)
1999	Grenache	Edna Valley	D	90
1998	Grenache	Edna Valley	D	89+
1997	Grenache	Edna Valley	D	90
2000	Pandora	Edna Valley	EE	(92–95)
1999	Pandora	Edna Valley	EE	91
1998	Pandora	Edna Valley	EE	90
2000	Roussanne	Edna Valley	D	(90–92)
1999	Roussanne	Edna Valley	D	89
2000	Syrah Lorraine	Edna Valley	E	(92–95)
1999	Syrah Lorraine	Edna Valley	E	90+
1998	Syrah Lorraine	Edna Valley	E	93
1997	Syrah Lorraine	Edna Valley	D	91
1996	Syrah Lorraine	Edna Valley	D	88+
1995	Syrah Lorraine	Edna Valley	D	90
2000	Syrah Reva	Edna Valley	D	(91–94)
1999	Syrah Reva	Edna Valley	D	90
1998	Syrah Reva	Edna Valley	D	90
1997	Syrah Reva	Edna Valley	D	92
2000	Syrah Seymour's Vineyard	Edna Valley	EE	(92–96)
1999	Syrah Seymour's Vineyard	Edna Valley	EE	91+
1998	Syrah Seymour's Vineyard	Edna Valley	EE	90
2000	Viognier Estate	Edna Valley	D	90

John Alban gehört zu jenen kalifornischen Winzern, die sich vor allem der Kultivierung der für das Rhônetal typischen Rebsorten verschrieben haben. Seit 1989 ist er auf seinem herrlichen Anwesen in den Hügeln des Edna Valley ansässig und machte sich bereits im folgenden Jahr daran, seinen heutigen Weingarten anzulegen. Alban stammt zwar aus einer Arztfamilie, hat jedoch mit dieser Tradition gebrochen und ist stattdessen Winzer und Önologe geworden. Seine Lehrjahre hat er in so berühmten Weinbauregionen wie dem Beaujolais und dem oberen Rhônetal verbracht. Seine 24 Hektar große Rebkultur (die sich auf rund 50 Hektar erweitern ließe) besteht mit Ausnahme einer winzigen Parzelle Chardonnay ausschließlich aus Rhône-typischen Rebsorten. Seine Weinerzeugung beläuft sich auf 5000 Kisten, da er außerdem noch andere auf Rhône-Rebsorten spezialisierte Kellereien mit Lesegut beliefert (sein prominentester Kunde dürfte Manfred Krankls Kellerei Sine Qua Non sein). Albans Weine werden zunächst in Barriques (225 l), größeren *demi-muids* (500 l) und *foudres* oder Tanks ausgebaut, dann verschnitten und ungeschönt und unfiltriert auf Flaschen gezogen. Dieses Weingut ist ein Beispiel dafür, was sich mit den Rhône-Rebsorten in Kalifornien alles erreichen lässt. Kurz: Alban redet nicht nur, er versteht wirklich etwas von seinem Fach. Niedrige Erträge, vollreife Früchte, eine sorgfältige Behandlung des Leseguts und eine nicht-interventionistische Methode der Weinbereitung – dies alles resultiert in Weinen, die sich immer wieder selbst übertreffen.

Als ich die 2000er Weine verkostet habe, waren sie zwar noch nicht auf Flaschen abgefüllt, gleichwohl offenbarten sie bereits ein unglaubliches Potenzial. Möglich, dass es sich um Albans bisher gelungensten Jahrgang handelt, obwohl das angesichts der Vielzahl der von diesem Erzeuger kreierten grandiosen Weine schwer zu beurteilen ist. Der fassvergorene *2000er Roussanne* hat unter gelegentlichem Aufrühren des Hefesatzes (*bâtonnage*) die malolaktische Gärung durchlaufen. Er betört durch eine wundervolle Spannung zwischen seiner geisblattartigen dicken, saftigen Frucht mit ihren Zitrusanklängen. Dieser körperreiche Wein präsentiert sich ebenso dicht wie kernig und hat ein großes Entwicklungspotenzial. Sollte er sich wie ein französischer Roussanne betragen, können Sie ihn in den ersten 2–3 Jahren nach der Flaschenabfüllung trinken, danach sollten Sie ihn 10 Jahre weglegen und ihn anschließend abermals genießen.

Alban Vineyards erzeugt überdies den besten kalifornischen Grenache. Das Geheimnis dabei ist laut John Alban das extrem reife Lesegut, da der Grenache im Allgemeinen einen hohen Zuckergehalt braucht, um seine Säure zu produzieren und sämtliche Geschmacksnuancen zu offenbaren. Deshalb kann das Mostgewicht bis zu 27° Brix betragen. Der umwerfend gehaltvolle *2000er Grenache* (von dem 11 hl/ha geerntet werden) beeindruckt durch seine außerordentliche Farbdichte und seine überwältigende Brombeer-Kirsch-Frucht, die von Lakritze- und Grafitnoten durchsetzt ist, und eine körperreiche ölige Textur. Dieser erstaunliche Wein dürfte sich als einer der besten je in Kalifornien gemachten Grenaches erweisen.

Die Trauben für die drei Syrah-Cuvées stammen von den Parzellen Reva Vineyard (einer relativ kühlen Lage mit lehmigem Boden), Lorraine Vineyard (einer Lage, die nach John Albans eleganter Frau benannt und auf einem eher steinigen – hervorragend drainierten – Untergrund angelegt ist) und Seymour's Vineyard (einer nach Albans Vater benannten Fläche). Der Boden auf dieser zuletzt genannten Parzelle hat erhebliche Kreideanteile, was vielleicht die Komplexität der Weine zu erklären vermag. Dabei handelt es sich ausnahmslos um reichhaltige kraftvolle imponierende Syrahs, die man lange im Keller lagern sollte. Der dunkelpurpurrote *2000er Syrah Reva* besticht durch eine superbe Textur, seine gehaltvollen, konzentrierten Brombeer- und Cassis-Noten im Geschmack, einen niedrigen Säuregehalt und einen langen Abgang. Voraussichtliche Genussreife: 2006–2015. Noch süßer, extraktreicher und schwelgerischer kommt der *2000er Syrah Lorraine* daher. Er präsentiert sich mit einem noch höheren Glyzeringehalt, einer irrsinnigen Konzentration und einer untergründigen mineralischen Komponente, die zweifellos auf den steinigen Boden zurückzuführen ist. Hier haben wir es vielleicht mit dem bislang besten Lorraine überhaupt zu tun. Voraussichtliche Genussreife: 2005–2015. Der unglaublich gehaltvolle *2000er Syrah Seymour's Vineyard* beeindruckt durch seine undurchdringlich schwarz-purpurrote Farbe sowie Duft- und Geschmacksnoten von Brombeerlikör, Crème de Cassis, Lakritze, Teer und Erde. Dieser fabelhafte Wein dürfte 15+ Jahre aufs Anmutigste altern.

Der *2000er Pandora*-Verschnitt (der gewöhnlich aus Syrah und Grenache bereitet wird) war zum Zeitpunkt meines Besuches noch nicht fertig. Normalerweise wird er aus den besten Weinen in Albans Kellern gemacht und dürfte auch diesmal wieder grandios ausfallen. Bei dem *2000er Viognier Estate* handelt es sich um einen schönen honigtönigen Wein mit Aromen von Pfirsichen und Aprikosen mit einem mittleren bis vollen Körper, überraschender Komplexität und hell-goldgelber Farbe. Ein muskulöser Wein von Format, den man während der nächsten zwei Jahre konsumieren sollte.

Unter den beträchtlich kühleren Bedingungen, die 1999 herrschten, ist es gelungen, Weine zu erzeugen, die vielleicht nicht so kraftvoll daherkommen mögen wie die 2000er, sich dafür jedoch umso konzentrierter präsentieren. Der umstrittene *1999er Roussanne* zeigt sich im Bukett prickelnd, erdig und rauchwürzig mit Geißblattnoten und hintergründigen Anklängen an frische Eiche, Haselnüsse und Holzkohle. Dieser bislang ungefüge Wein sucht noch nach seiner Persönlichkeit. Am besten sollte man ihm noch 3–4 Jahre oder länger Zeit lassen.

Alle drei Syrahs sind für ein kühles Jahr außerordentlich gelungen. Der dunkel-purpurrote *1999er Syrah Reva* präsentiert sich mit Noten von Speck, Cassis, würziger Eiche und einem Hermitage-artigen Charakter. Er stammt aus dem kühlsten Bereich der Rebfläche und erscheint vielleicht gerade deswegen besonders französisch. Von dieser Cuvée, die eine Lebensdauer von 10–12 Jahren haben dürfte, gibt es 700 Kisten. Mit seiner intensiveren Farbe und höheren Geschmacksextraktion besticht der *1999er Syrah Lorraine* (250 Kisten) durch eine Kombination von Struktur, Eleganz, Kraft und Konzentration mit wundervoll integrierten Holz-, Tannin- und Säurenoten. Dieser verhaltene Wein sollte noch mehrere Jahre ruhen und hat ein Alterungspotenzial von 12–15 Jahren. Von dem *1999er Syrah Seymour's Vineyard* gibt es 150 Kisten. Er beeindruckt durch seine undurchdringlich purpurrote Farbe, sein klassisches Syrah-Bukett aus Brombeer- und Cassisnoten, die mit rauchwürzigen Eichenholz-, Speck- und Vanilletönen durchsetzt sind. Dieser körperreiche, vielschichtige, gehaltvolle, dichte, toastwürzige Wein mit seiner eindrucksvollen Konstitution dürfte seinen Höhepunkt 2004–2014 erreichen.

Der *1999er Grenache* (200 Kisten) besticht durch seine Frucht aus süßen Kirschen und Himbeeren. Obwohl farblich weniger dicht als die Syrahs, präsentiert er sich sexier, opulenter und sinnlicher als diese. In meinen Verkostungsnotizen ist von »einem gedopten Pinot Noir« die Rede. Trinken Sie ihn während der kommenden 5–6 Jahre und genießen Sie ein Feuerwerk an Frucht und Glyzerin. Der *1999er Pandora* (ein Syrah-Grenache-Verschnitt, von dem es 200 Kisten gibt) wird in Designerflaschen mit einem exquisiten Etikett angeboten. Er betört durch ein ebenso riesiges wie komplexes Bukett von Mineralien, schwarzen Früchten, Lakritze, Erde und Grafit. Eingangs im Mund beeindruckt der Wein durch seine herrliche Frucht, eine wahre Tannindusche, seinen vollen Körper und schließlich durch einen imposanten Abgang. Er dürfte 12–15 Jahre köstlich munden.

Mit der dichten rubin-purpurroten Farbe des *1998er Grenache* gehen Aromen von überreifen schwarzen Kirschen, Johannis- und Brombeeren, Pfeffer und Gewürzen einher. Bei mittlerem bis vollem Körper stellt dieser reintönige Wein sich eher straff gewirkt dar und betört durch sein exzellentes Gewicht, seine Tiefe und einen 20-Sekunden-Abgang. Dieser jugendliche Wein verspricht, sich während der nächsten 4–5 Jahre schön zu entwickeln und hat ein Alterungspotenzial von 10–12 Jahren.

Der undurchdringlich düster purpurrote *1998er Syrah Lorraine* ist ein explosiver Wein mit Duftnoten von Speck, Mokka, Lakritze und Crème de Cassis. Dieser körperreiche ölig texturierte, umwerfend reichhaltige, schwelgerische, robuste, großartig ausgestattete Syrah ist ein absoluter Hochgenuss und verspricht sich während der nächsten 10–12 Jahre aufs Anmutigste zu entwickeln. Der *1998er Syrah Seymour's Vineyard* kommt noch straffer gewirkt daher. Auf die undurchdringlich rubin-purpurrote Farbe folgen dichte, kernige, tanninreiche, eher verhaltene Duft- und Geschmacksnoten, zu denen noch Nuancen von frischer Eiche hinzukommen. Der im Geschmack mit konzentrierten Brombeer- und Cassisnoten samt Rauch- und Unterholzanklängen auftrumpfende Wein sollte noch 1–2 Jahre lagern und dürfte 12–18 Jahre überdauern. Der *1998er Syrah Reva* präsentiert sich in einem dichten Rubin-Purpurrot und mit geradezu klassischen Speck-, Rauch-, Brombeer- und Lakritzearomen. Der körperreiche gehaltvolle Syrah, dessen schwarze Frucht und rauchwürzige Komponenten noch um Vanilletöne ergänzt werden, präsentiert sich ebenso üppig wie sortentypisch und dürfte ein Alterungspotenzial von rund zehn Jahren haben. Es handelt sich dabei um den subtilsten der drei 1998er Syrahs.

Der aus Rhône-Rebsorten verschnittene *1998er Pandora* erinnert im Geruch an eine Fassprobe. Er hat eine satt purpurrote Farbe, die von Noten animalischer Aromen und schwarzen Früchten begleitet wird. Bei mittlerem Körper erinnert mich dieser etwas rustikale, mit einem spürbaren Säuregehalt und aggressiven Tanninen ausgestattete Wein an einen rauen, frisch abgefüllten Rhônewein. Lassen Sie ihm noch rund ein Jahr Zeit und genießen Sie ihn während der nächsten 6–15 Jahre.

Von dem *1997er Grenache* bin ich völlig hin und weg. Er besticht durch seine dunkelrubin-purpurrote Farbe und seine fabelhaften Grenache-typischen Aromen von schwarzem Himbeerlikör, Kirschen und Gewürzen. Dieser körperreiche, konzentrierte und vollmundige sowie breite, kernige, herrlich reichhaltige Grenache lässt sich bereits jetzt oder aber während der nächsten 10 Jahre trinken. Beeindruckend! Der *1997er Syrah Lorraine* mit seiner schwarz-rubin-purpurroten Farbe präsentiert sich in einem eher verhaltenen Duft mit Anklängen an Brombeeren, Teer und Lakritze. Der dicke, gehaltvolle und körperreiche

Wein beeindruckt durch seine Konzentration, seine exzellente Reintönigkeit, Kraft und Symmetrie und kann sich noch 10–12 Jahre verbessern. Der *1997er Syrah Reva* kommt farblich in einem satteren Purpurrot, etwas überreif und mit einer bezeichnenden Brombeer-Cassis-Frucht samt Lakritzeanklängen daher. Dieser körperreiche, supergehaltvolle und makellos reintönige Wein ist ein exzeptionelles Beispiel eines Syrah aus der Region Edna Valley. Erfreuen Sie sich während der nächsten 10–15 Jahre daran.

Der *1996er Syrah Lorraine* präsentiert sich im Geschmack mit Anklängen an Speck und einer Brombeer-Cassis-Frucht, einem mittleren bis vollen Körper und mit einem etwas zu hohen Tanningehalt im langen Abgang. Es handelt sich dabei um einen gut ausgestatteten Wein mit einem sehr schönen Biss. Sollte das Tannin noch vollständig abschmelzen, dürfte sich die Punktnote noch verbessern. Der superbe *1995er Syrah Lorraine* zeigt sich in einem satten dunklen Rubin-Purpurrot und betört durch umwerfende Aromen von Pecannüssen und Speck sowie seine Cassis-betonte Frucht. Dieser körperreiche, konzentrierte, üppige und kernige Syrah besticht am Gaumen durch seine Opulenz, ist relativ säurearm und hat eine so süße Frucht, dass man ihn schon jetzt trinken kann, allerdings verspricht er sich während der nächsten 10–15 Jahre noch zu verbessern. Ein wahrhaft beeindruckender Wein des »ersten amerikanischen Weinerzeugers, der sich ausschließlich der Kultivierung der Rhône-typischen Rebsorten verschrieben hat«.

ALBINI FAMILY (RUSSIAN RIVER)

1999	Zinfandel	Russian River	D	90

Der hervorragende dunkelrubin-purpurrote *1999er Zinfandel* ist ein Beispiel makelloser Weinbereitung. Er beeindruckt durch seine subtile Holznote und ganze Kaskaden konzentrierter schwarzer Früchte, die mit Gewürz-, Pfeffer- und Unterholztönen durchsetzt sind. Genießen Sie diesen körperreichen, kernigen Wein tunlichst während der nächsten 3–4 Jahre. Erstaunlich, dass der Alkoholgehalt ausweislich des Etiketts nur 13,8% betragen soll.

ANDERSON'S CONN VALLEY (NAPA)

1999	Cabernet Sauvignon Reserve	Napa	E	(87–88)
1997	Cabernet Sauvignon Reserve	Napa	E	91+
1996	Cabernet Sauvignon Reserve	Napa	D	90
1995	Cabernet Sauvignon Reserve	Napa	D	91+
1994	Cabernet Sauvignon Reserve	Napa	D	90?
1999	Chardonnay Fournier Vineyard	Carneros	E	(90–92)
1999	Eloge Proprietary Red Wine	Napa	E	(88–90)
1998	Eloge Proprietary Red Wine	Napa	EE	90
1997	Eloge Proprietary Red Wine	Napa	EE	93+
1996	Eloge Proprietary Red Wine	Napa	EE	90
1998	Pinot Noir Dutton Ranch	Russian River	D	88
1996	Pinot Noir Dutton Ranch	Russian River	D	88
1998	Pinot Noir Valhalla Vineyard	Napa	D	90
1997	Pinot Noir Valhalla Vineyard	Napa	D	90

Bei diesem Erzeuger handelt es sich um eine in der Fachpresse bisher kaum hervorgehobene Quelle exzellenter Pinot-Noir-Weine und burgundisch inspirierter kraftvoll unverwechselbarer Chardonnays, die keine malolaktische Gärung durchlaufen haben. Ihre Reputation verdanken Vater Gus und Sohn Todd Anderson freilich ihren langlebigen Cabernet-Sauvignon-Reserve-Weinen. Dabei handelt es sich um einen der am wenigstens schwelgerisch und auftrumpfend daherkommenden Cabernets der Region Napa, deshalb muss sich der Konsument ein wenig gedulden, da die meisten Jahrgänge nach meinem Eindruck etwa 4–5 Jahre brauchen, bevor sie ihre Klasse offenbaren. Die Andersons produzieren auch den Proprietary Red Wine Eloge, einen Wein mit umwerfenden Aromadimensionen und ebenso eleganten wie komplexen Geschmacksnoten. Die Produktion hat sich inzwischen bei 7000–8000 Kisten eingependelt. Auch die Pinot Noirs dieses Erzeugers offenbaren neuerdings – ein wenig verspätet – ihr wahres Potenzial.

Eine vertikale Verkostung sämtlicher Cabernet Sauvignons hat im Oktober 2000 ergeben, dass in fast allen Fällen die Punktnote gegenüber der ursprünglichen Bewertung heraufgesetzt werden musste, was stets als Indikator dafür gelten kann, wie signifikant sich natürlich hergestellte Weine auf der Flasche noch verbessern können. Diese Tropfen kommen deutlich weniger schwelgerisch und auftrumpfend daher als so manche ihrer Pendants und werden deshalb – wenigstens zunächst – meist unterschätzt. Umso mehr werden sich womöglich Leser, die noch ältere Jahrgänge besitzen, über die bei besagter Vertikalverkostung vergebenen Punktnoten freuen: 1987 (90 und noch immer jugendlich), 1988 (85 und voll ausgereift, könnte allmählich austrocknen), 1989 (88 und voll ausgereift), 1990 (94 und absolut verschwenderisch), 1991 (93, opulent, sexy, Pomerol-artig), 1992 (90, straff gewirkt, jugendlich, strukturiert, tanninlastig, aber viel versprechend), 1993 (90?, jung, tanninlastig, verhalten, ein wenig streng), 1994 (90?, herrlich opulent, süß, dickliche Cassis-Fülle) und 1995 (91+, tanninlastig, aber komplex, mit Duft- und Geschmacksnoten von Zedernholz, Tabak, schwarzen Johannisbeeren, aber straff gewirkt und mit einem weiteren Lagerungsbedarf von 3–5 Jahren).

Die Cabernet Sauvignons stellen den Verkoster vor eine Herausforderung. Sie sind zweifellos durch Bordeaux-Anklänge charakterisiert, trotzdem begehen die Andersons nicht den Fehler, in puncto Geschmack und Intensität Kompromisse einzugehen, bloß um eine Variante Bordelaiser Eleganz in der Neuen Welt zu erreichen. Der tief rubin-purpurrote *1999er Cabernet Sauvignon Reserve* beeindruckt bei mittlerem Körper durch seine exzellente Reife, seine verhaltenen Aromen und einen langen strengen Abgang. Falls ältere Jahrgänge Rückschlüsse zulassen (wie ich meine), wird dieser Wein, der zu rund 40% in neuen Eichenfässern ausgebaut wird, im Laufe der kommenden 2–4 Jahre noch an Tiefe und Gewicht zulegen. Der hervorragende *1997er Cabernet Sauvignon Reserve* kann sich ohne weiteres mit Spitzenjahren wie 1990, 1991, 1994 und 1995 messen. Dieser körperreiche Tropfen kommt farblich in Pflaumen-Purpurtönen und mit einem hohen Tanningehalt daher samt herrlich gehaltvollen und konzentrierten blumigen sowie Geschmacksnoten von schwarzen Johannisbeeren, die mit mineralischen, toastwürzigen und Anklängen an Gewürzkiste durchwirkt sind. Es handelt sich also um einen, wie die Franzosen sagen würden, ernsthaften *vin de garde*, einen lagerungsfähigen Wein. Legen Sie ihn noch 4–5 Jahre in den Keller. Seine Lebensdauer dürfte allemal 30 Jahre betragen. Voraussichtliche Genussreife: 2005–2030.

Auch der *1996er Cabernet Sauvignon Reserve* hat sich besser präsentiert als unmittelbar nach der Abfüllung. Mag sein, dass er sich nicht ganz so konzentriert zeigt wie der 1995er und der 1994er, gleichwohl handelt es sich um einen wundervoll ausgebauten dunkelrubin-purpurroten Cabernet mit einer reichen Cassis-Frucht und sauberen Wald- und Lehmboden-Aromen. Ein säurearmer, eleganter, geschmacksintensiver Wein von mittlerem bis vollem Körper, den man bereits in 1–2 Jahren trinken kann, der sich aber auch noch 15 Jahre entwickeln dürfte. Der *1995er Cabernet Sauvignon Reserve* könnte sich durchaus noch als der beste Cabernet seit 1990 erweisen. Der Wein ist der süßeste und gehaltvollste der letzten Jahre und betört durch seine schön integrierten Tannine, seine dichte tiefrubin-purpurrote Farbe, seine samtige Textur und jene Nahtlosigkeit, die für viele 1994er typisch ist. Er dürfte sich noch 20 Jahre als Trinkgenuss erweisen. Der *1994er Cabernet Sauvignon Reserve* hat eine dunkelrubin-purpurrote Farbe und ein straff gewirktes, allmählich aufblühendes Bukett von schwarzen Früchten, weißen Blumen und Erde. Bei mittlerem bis vollem Körper beeindruckt er am Gaumen durch süße, würzige Noten von schwarzen Johannisbeeren und durch intensive Tannine im Abgang. Im mittleren Geschmacksbereich muss er noch ein wenig Fülle zulegen. Trinken Sie ihn während der nächsten zwei Dekaden.

Wem es mehr um einen unmittelbar ansprechenden Fruchteindruck und eine früh entwickelte Persönlichkeit zu tun ist, der sollte sich vielleicht für die Eloge-Kreation entscheiden. Dieser vornehmlich aus Cabernet Sauvignon und geringeren Anteilen von Merlot und Cabernet Franc komponierte Wein wird zu 100% in frischem Eichenholz ausgebaut und in begrenzten Mengen (1000 Kisten) hergestellt. Der dunkelrubin-purpurrote *1999er Eloge Proprietary Red Wine* (ein Verschnitt aus 69% Cabernet Sauvignon, 18% Merlot und 13% Cabernet Franc) betört durch ein komplexes Bukett aus getrockneten Kräutern, Brombeeren, Johannis- und Blaubeeren sowie toastwürzige Eichenholznoten. Dieser herausragende, rundum gelungene Wein, der im Auftakt durch seine Süße und bei mittlerem Körper durch seinen gehaltvollen und eleganten Stil, eine nahtlose Textur und einen langen konzentrierten Abgang beeindruckt, dürfte 12–20 Jahre überdauern. Das Bukett des *1998er Eloge Proprietary Red Wine* (65% Cabernet Sauvignon, 25% Cabernet Franc und 10% Merlot) präsentiert sich bereits spürbar entwickelter und komplexer mit Anklängen an süße schwarze Kirschen, die mit Erd-, Grafit-, Tabakblatt-, Zedern- und Gewürznoten durchmischt sind. Bei mittlerem Körper und samtiger Textur zeigt er sich harmonisch und konzentriert und dürfte während der nächsten 15+ Jahre einen hohen Trinkgenuss bereiten. Der bislang beste ist der *1997er Eloge Proprietary Red Wine.* Dieser Wein hat (wie es eigentlich für alle Conn-Valley-Tropfen typisch ist) seit der letzten Verkostung Gewicht zugelegt. Er beeindruckt mit einem komplexen Cheval-Blanc-artigen Bukett voll schwarzer Früchte, das mit Schokoladen-, Zedernholz-, Lakritze- und Anklängen an asiatische Gewürze durchwirkt ist. Bei mittlerem bis vollem Körper präsentiert sich dieser opulente, tiefgründige Klassiker zwischen Kraft und Eleganz wundervoll ausbalanciert. Hinzu kommen eine exzeptionelle Reintönigkeit, eine betörende Textur und ein langer geschmeidiger Abgang. Sie können den Wein bereits jetzt trinken oder aber weitere 15+ Jahre auf Lager legen. Die Jahrgänge 1996 und 1997 des Eloge bestehen jeweils zu ungefähr 65% aus Cabernet Sauvignon, 25% Cabernet Franc und 10% Merlot. Von dem 1996er gibt es 100, von dem 1997er 1000 Kisten. Nachdem er sich jetzt eine Weile auf der Flasche hat entwickeln können, offenbart der *1996er Eloge Proprietary Red Wine* einen ausgeprägteren Charakter. Der in einem eleganten Bordeaux-artigen Stil ausgebaute Wein besticht durch Tabak-, Zedernholz- und Aromen von schwarzen Johannisbeeren. Bei mittlerem Körper zeigt sich dieser stilvolle Wein so geschmeidig, dass man ihn bereits jetzt genießen, aber auch noch 10–12 Jahre lagern kann.

Zu den echten Überraschungen im zu Recht von hochwertigen Cabernet Sauvignons dominierten Angebot zählt der Pinot Noir. 1998 hat die Kellerei Pinots aus den Lagen Dutton Ranch und Valhalla Vineyard produziert. Der *1998er Pinot Noir Dutton Ranch* kommt mit Noten von Kirschen, root beer und rauchwürzigen Aromen daher, gefolgt von einer reifen, gefälligen und geschmeidigen Textur. Da er sich sehr rasch entwickelt, sollte man ihn in Anbetracht seiner hellrubinroten Farbe, seines oberflächlichen Charmes und seiner Reichhaltigkeit tunlichst bereits in den nächsten 3–4 Jahren trinken. Mehr Statur hat da schon der *1998er Pinot Noir Valhalla Vineyard.* Dieser dunkelrubinrote Wein beeindruckt durch seine sich unmittelbar erschließenden, mit toastwürzigen Noten frischer Eiche gemischten attraktiven Aromen von dicklichen Erdbeeren, Kirschen und schwarzen Himbeeren. Dieser berauschende, fleischige Wein mit seinen pikant eingebundenen Säureanteilen und Tanninen dürfte in den nächsten 3–4 Jahren einen hohen Trinkgenuss bereiten.

Der *1997er Pinot Noir Valhalla Vineyard* ist ein ganz eigenes Gewächs und stellte sich Ende 2000 sogar noch besser dar als ein Jahr zuvor. Obwohl er sich mittelrubinrot und mit bernsteinfarbenen Rändern präsentiert, besticht das Bukett durch komplexe duftige, würzige, erdige Beerenaromen, die mit Trüffel-, Kirsch- und Himbeernoten durchsetzt sind. Ferner sind ein guter untergründiger Säuregehalt und ein langer Abgang zu vermelden. Genießen Sie diesen Wein während der nächsten sechs Jahre. Der hell- bis mittelrubinrote *1996er Pinot Noir Dutton Ranch* präsentiert sich mit komplexen Aromen und einem süßen Kern von Beerenfrüchten und Kirschen samt schwachen Anklängen an Schokolade, Erdbeeren und asiatische Gewürze. Diesen attraktiven Pinot sollte man in den nächsten 1–3 Jahren trinken.

Bei ihrem ebenso eindrucksvollen wie unverwechselbaren Chardonnay verzichten die Andersons auf die malolaktische Vergärung und müssen den Wein deswegen steril filtern. Gleichwohl handelt es sich um einen kraftvollen konzentrierten Tropfen, dessen Trauben aus dem Fournier Vineyard in Los Carneros stammen. Es gibt 1200 Kisten von diesem Wein, der 18 Monate in französischer Eiche ausgebaut wird, von denen er 12 in Kontakt mit den feinen Hefen verbleibt. Der Wein verfügt offenbar über sämtliche Merkmale eines großen Corton-Charlemagne und dürfte eine für einen kalifornischen Chardonnay relativ lange Lebensdauer von 5–6 Jahren haben. Bei dem umwerfenden *1999er Chardonnay Fournier Vineyard* dürfte es sich um den vielleicht besten Wein dieser Sorte handeln, den die Andersons bislang kreiert haben. Dieser körperreiche, intensive Wein mit seiner erfrischend spritzigen Säure betört durch seine flüssige Mineralität, seine Honig-, Ananas-, Birnen-, Zitrusöl- und Rauchnoten.

Bisherige große Jahrgänge: 1993er Cabernet Sauvignon Reserve (90+), 1993er Eloge Proprietary Red Wine (90), 1992er Cabernet Sauvignon Reserve (92), 1991er Cabernet Sauvignon Reserve (93), 1990er Cabernet Sauvignon Reserve (93).

ARAUJO (NAPA)

1999	**Cabernet Sauvignon Eisele Vineyard**	**Napa**	**EEE**	**(92–95)**
1998	**Cabernet Sauvignon Eisele Vineyard**	**Napa**	**EEE**	**92**
1997	**Cabernet Sauvignon Eisele Vineyard**	**Napa**	**EEE**	**92**
1996	**Cabernet Sauvignon Eisele Vineyard**	**Napa**	**EE**	**94**
1995	**Cabernet Sauvignon Eisele Vineyard**	**Napa**	**EE**	**98**
1994	**Cabernet Sauvignon Eisele Vineyard**	**Napa**	**E**	**95**
1999	**Sauvignon Blanc**	**Napa**	**D**	**89**
1999	**Syrah Eisele Vineyard**	**Napa**	**E**	**(92–94)**
1998	**Syrah Eisele Vineyard**	**Napa**	**E**	**89**
1996	**Syrah Eisele Vineyard**	**Napa**	**E**	**92**
1995	**Syrah Eisele Vineyard**	**Napa**	**E**	**97**
1994	**Syrah Eisele Vineyard**	**Napa**	**E**	**98+**

Diese vorbildliche Kellerei ist stets eine meiner Lieblingsstationen in Nordkalifornien. Bereits seit ich erstmals den 1974er Conn Creek Eisele verkostet habe, bin ich ein Bewunderer der Cabernet Sauvignons aus dieser Lage. Ich finde es beeindruckend, wie die Betreiber Daphne und Bart Araujo aus diesem superben *terroir* einen der weltweit führenden Weinproduzenten gemacht haben. Sie erzeugen nicht nur spektakulären Cabernet Sauvignon, sondern außerdem fabelhaften Syrah und exzellenten Sauvignon Blanc. Eine der bemerkenswerteren Neuigkeiten aus dem Napa Valley ist die Tatsache, dass man den weltreisenden Önologe Michel Rolland aus dem Pomerol für das ohnehin schon talentierte Weinmacherteam bei Araujo als Berater hat gewinnen können.

Bei dem *1999er Cabernet Sauvignon Eisele Vineyard* scheint es sich um den besten Wein aus dieser Lage zu handeln, der seit 1995 und 1996 entstanden ist. Dieser undurchdringlich purpurrote Weine kommt mit einem süßen Aroma von Crème de Cassis samt Anklängen an flüssige Mineralien, Blumen und schwarze Früchte daher. Mit seiner superben Reichhaltigkeit, den samtigen Tanninen, dem vollen Körper und einem schön geschichteten, gut texturierten mittleren Gaumen und Abgang präsentiert sich dieser Wein geradezu überwältigend. Der ungemein gekonnte Ausbau in Eichenholz fügt diesem eindrucksvoll ausgestatteten Cabernet noch eine zusätzliche toastwürzige Note hinzu. Hier dürften wir einen der Stars des gesamten Jahrgangs vor uns haben. Voraussichtliche Genussreife: jetzt–2025+. Der *1998er Cabernet Sauvignon Eisele Vineyard* wurde früher als üblich auf Flaschen gezogen, da dieser Jahrgang nicht so wuchtig oder konzentriert ausgefallen ist wie seine Vorgänger. Nach meinem Empfinden ist der 1998er genauso gut wie der 1997er, obwohl ich ihm keine so lange Lebensdauer zutraue. Von diesem Wein aus 90% Cabernet Sauvignon, 7% Petit Verdot und 3% Cabernet Franc gibt es 2300 Kisten. Es handelt sich um ein geschmeidiges, elegantes Gewächs mit komplexen gut entwickelten Rauch-, Zedern- und Gewürzkiste- und Aromen von schwarzen Johannisbeeren. Im Mund präsentiert sich der Wein ansprechend, mit süßen Tanninen, einer herrlich reichhaltigen konzentrierten Frucht und eindrucksvoll integrierten Säure- und Tanninanteilen. Trinken sie diesen verlockenden Charmeur jetzt und in den nächsten 12–15 Jahren.

Der *1997er Cabernet Sauvignon Eisele Vineyard* ist ein Prachtwein. Auf die gesunde rubin-purpurrote Farbe folgt ein klassisches, noch nicht voll entwickeltes, aber viel versprechendes Bukett von Mineralien, Zedernholz, Rauch und schwarzen Johannisbeeren. Bei mittlerem bis vollem Körper präsentiert sich der Wein am mittleren Gaumen bewundernswert reintönig, süß und üppig und im Abgang mit reifen Tanninen. Bei diesem hervorragenden Wein handelt es sich um einen klassischeren, verhalteneren Wein als bei dem entwickelteren schwelgerischen 1996er oder dem nahezu vollkommenen 1995er. Voraussichtliche Genussreife: jetzt–2020. Der satt purpurrote *1996er Cabernet Sauvignon Eisele Vineyard* beeindruckt durch attraktive Aromen von schwarzen Beerenfrüchten, die mit toastwürzigen Anklängen an Mineralien, einem Hauch von Teer und holzwürzigem Rauch durchsetzt sind. Bei vollem Körper, beeindruckender Reintönigkeit, einem vielschichtigen Eindruck im mittleren Geschmacksbereich und im Abgang haben wir es hier mit einem Wein zu tun, der sich expressiver und kraftvoller und noch standfester darstellt als seine Nachfolger von 1997 und 1998. Zur Zeit spricht vieles dafür, dass sich von diesen Weinen der 1996er mit seiner Entwicklung am meisten Zeit lassen dürfte.

Ich glaube, der *1995er Cabernet Sauvignon Eisele Vineyard* ist der feinste Cabernet dieser Kellerei. Er kommt der Vollkommenheit nahe. Der Wein ist ungemein kraft- und gehaltvoll und zugleich von höchster Komplexität und Finesse. Auf die satte purpurrot-schwarze Farbe folgen Aromen von süßer Vanille, die sich mit faszinierenden Duftnoten von schwarzen Johannisbeeren, Mineralien, exotischen Gewürzen, Kaffeebohnen und Toastbrot mischen. Man findet einfach nichts Verstörendes an diesem ebenso subtilen wie kraftvollen Riesenwein. Dieser Napa-Valley-Klassiker ist körperreich und extrem gehaltvoll, ohne deshalb etwas von seiner Ausgewogenheit und Symmetrie einzubüßen. Der fabelhafte Cabernet Sauvignon sollte mühelos ein Alter von 30+ Jahren erreichen. Voraussichtliche Trinkreife: jetzt–2030. Der *1994er Cabernet Sauvignon Eisele Vineyard* präsentiert sich farblich in einem eindrucksvoll satten Purpurrot. Obwohl etwas weniger kraftvoll als der 1993er und um ein Geringes weniger konzentriert als der 1995er, stellt sich der 1994er dennoch überaus gehaltvoll dar mit einer seidigen Textur und einer geradezu unheimlichen Ausgewogenheit zwischen seinen weichen Tanninen und ganzen Schichten von Cassis sowie seiner Fruchtigkeit von Cassis und Brombeeren mit leichten mineralischen Anklängen. Dieser Wein ist besonders eindrucksvoll, wenn man ihn rund 45 Minuten vor dem Trinken dekantiert. Er wird ohne weiteres ein Alter von 15–20 Jahren erreichen.

Araujo erzeugt außerdem 350 Kisten Syrah aus eigenen Trauben. Der potenziell superbe *1999er Syrah Eisele Vineyard* hat einen 5%igen Viognier-Anteil. Er beeindruckt durch ein komplexes Bukett aus klassischen Pfeffer-, Crème-de-Cassis-, Brombeer- und Specknoten. Dieser körperreiche, seidig texturierte und vor Frucht, Glyzerin und Charakter schier berstende, umwerfende Syrah dürfte bereits in seiner Jugend köstlich munden und sich dann ein weiteres Jahrzehnt aufs Schönste entfalten. Bei dem *1998er Syrah Eisele Vineyard* handelt es sich um einen weichen, geschmeidig texturierten, opulenten und kultivierten Wein, den man bereits jetzt oder noch 8–10 Jahre trinken kann. Zwar kommt dieser Tropfen nicht gerade kraftstrotzend daher, dafür präsentiert er sich elegant und reintönig und hat eine reichhaltige Brombeer-Cassis-Frucht mitsamt Geißblattnoten, die auf die 8% Viognier im Mischsatz zurückzuführen sind. Interessanterweise haben die Araujos sich entschlossen, ihrem 1997er Syrah, der noch letztes Jahr durchaus positiv angemutet hatte, die Bezeichnung Eisele Vineyard vorzuenthalten. Der *1996er Syrah Eisele Vineyard* (350 Kisten) ist ein körperreicher muskulöser Wein mit den bezeichnenden pfeffrigen Brombeer- und Cassisaromen, die sich bei dieser Rebsorte in Kalifornien so leicht erzielen lassen. Ein gehaltvoller, reintöniger Tropfen, dessen süße Tannine und ungewöhnliche Kraft durch seine Symmetrie und seine große Anlage im Zaum gehalten werden, der jedoch zugleich durch eine in Relation zu seiner Masse und seinem Volumen beträchtliche Eleganz besticht. Diesen Wein kann man bereits jetzt trinken, bei einer voraussichtlichen Lebensdauer von 15+ Jahren dürfte ihm eine 2–3jährige Lagerzeit allerdings gut tun.

Der spektakuläre *1995er Syrah Eisele Vineyard* ist einer der größten Syrahs aus der Neuen Welt, die ich je probiert habe. Die Produktion beträgt etwa 300 Kisten, und der auf Flaschen gezogene Wein mundet sogar noch besser als zuvor aus dem Fass. Er hat eine dunkelpurpurrote Farbe. Das Bukett bietet explosive Noten von Holzfeuer, Lakritze, eingedickten Brombeeren und Cassis; hinzu kommt ein unverwechselbarer Duft von schwarzen Trüffeln und Lakritze. Dieser körperreiche und gehaltvolle Syrah mit seiner sensationellen Geschmacksextraktion, seiner bemerkenswerten Harmonie und seinem 35+-Sekunden-Abgang ist ein wirklich groß angelegter Wein. Zwar ist er bereits jetzt trinkbar, wird aber seine volle Trinkreife erst in 7–8 Jahren erreichen. Er hat ein Alterungspotenzial von dreißig Jahren. Wow! Der *1994er Syrah Eisele Vineyard* (der mit 8% Viognier verschnitten ist) ist der vielleicht größte bisher in Kalifornien produzierte Syrah. Der Wein zeigt sich farblich in einem dunklen Purpurrot, danach folgt ein fabelhaftes Bukett aus schwarzen Früchten, Pfeffer, Mineralien und der subtilen Geißblatt-Frucht des Viognier. Er ist einfach wundervoll am Gaumen, unglaublich gehaltvoll, jedoch merkwürdigerweise ohne jede Schwere oder Rauheit. Eine echte Großtat der Winzerkunst. Trinken können Sie ihn jetzt–2009.

Unsere volle Aufmerksamkeit verdient hat aber auch der köstliche Sauvignon Blanc. Dem Verschnitt wird etwas Viognier (1999 waren es 10%) zugesetzt; ferner wird ein Teil des Weines (20%) im Fass vergoren. Bei dem *1999er Sauvignon Blanc* handelt es sich um einen ebenso eleganten wie markanten Wein, der mit komplexen, geradezu überquellenden Mango-, Passionsfrucht-, Pampelmusen- und Geißblattaromen daherkommt. Bei mittlerem Körper präsentiert er sich trocken, spritzig und überschwänglich und passt hervorragend zu den Gerichten der asiatischen Küche. Trinken Sie diesen herrlichen Wein möglichst schon im kommenden Jahr.

Angesichts dieses hohen Niveaus dürfte es interessant sein zu verfolgen, ob es Michel Rolland gelingt, die Qualität abermals zu steigern. Auch bei Araujo Estate Wines sollten Sie sich auf die Versandliste setzen lassen oder wenigstens auf die Warteliste!

Bisherige große Jahrgänge: 1993er Cabernet Sauvignon Eisele Vineyard (96), 1992er Cabernet Sauvignon Eisele Vineyard (95), 1991er Cabernet Sauvignon Eisele Vineyard (96).

ARMIDA (DRY CREEK)

1999 Zinfandel Poizin — Dry Creek — E — 88

Man kann zu Recht darüber streiten, ob der luxuriös (in einer sargähnlichen Kiste in einer Designerflasche ruhende) 1999er Poizin, auf dessen Etikett ein roter Totenkopf und zwei X-förmig angeordnete Knochen abgebildet sind, tatsächlich so viel mehr wert ist als die einfache Cuvée. Zweifellos ein kreatives Unterfangen, das gegebenenfalls für Gesprächsstoff sorgt. Der *1999er Zinfandel Poizin* (bei dem es sich laut Etikett um einen »wine to die for« handelt) präsentiert sich mit einem Bukett aus gemahlenem schwarzem Pfeffer, Erde, Beerenfrüchten und schwarzen Kirschen. Bei mittlerem bis vollem Körper offenbart dieser gehaltvolle Wein untergründige Côtes-du-Rhône-artige Noten von Kräutern der Provence und Erdkrumen. Konsumieren Sie diesen reintönigen, ausgereiften Zinfandel in den nächsten 3–4 Jahren. Ehrlich gestanden erscheint mir der Preis eindeutig »tödlicher« als der Wein selbst.

ARROWOOD (SONOMA)

1999	Cabernet Sauvignon	Sonoma	D	(87–88)
1997	Cabernet Sauvignon	Sonoma	D	90
1996	Cabernet Sauvignon	Sonoma	D	89
1995	Cabernet Sauvignon	Sonoma	D	91
1994	Cabernet Sauvignon	Sonoma	D	91
1997	Cabernet Sauvignon Reserve Speciale	Sonoma	EE	97
1996	Cabernet Sauvignon Reserve Speciale	Sonoma	EEE	90
1995	Cabernet Sauvignon Reserve Speciale	Sonoma	E	94
1994	Cabernet Sauvignon Reserve Speciale	Sonoma	E	95
1999	Chardonnay	Sonoma	D	89
1999	Malbec	Sonoma	D	(89–91)
1997	Malbec	Sonoma	D	89
1996	Malbec	Sonoma	D	89
1995	Malbec	Sonoma	D	90
1994	Malbec	Sonoma	D	92
1999	Merlot	Sonoma	D	(86–88)
1997	Merlot	Sonoma	D	88
1995	Merlot	Sonoma	D	89
1994	Merlot	Sonoma	D	90
1997	Merlot Reserve Speciale	Sonoma	E	90+
1995	Merlot Reserve Speciale	Sonoma	E	90
1994	Merlot Reserve Speciale	Sonoma	E	92
1999	Pinot Blanc Saralee's Vineyard	Russian River	C	91
1999	Syrah	Sonoma	D	(88–90)
1999	Syrah Saralee's Vineyard	Russian River	D	(91–93)
1998	Syrah Saralee's Vineyard	Russian River	D	90
1997	Syrah Saralee's Vineyard	Russian River	D	94
1996	Syrah Saralee's Vineyard	Russian River	D	95
1995	Syrah Saralee's Vineyard	Russian River	D	95
1994	Syrah Saralee's Vineyard	Russian River	D	96+
1999	Viognier Estate	Sonoma	D	88
1999	Viognier Saralee's Vineyard	Russian River	D	90
1999	White Riesling Hoot Owl Vineyard Special Select Late Harvest	Alexander Valley	D	93

Dick Arrowood hat seine Kellerei im Jahr 2000 an die Robert Mondavi Corporation verkauft, allerdings kontrolliert er weiterhin den Ankauf der Trauben und die Weinbereitung. Auch die Weine, die er unter dem Etikett Domaine du Grand Archer anbietet, verkaufen sich immer besser; die jüngsten Jahrgänge dieses Chardonnay gehören in ihrer Klasse sogar zu den preisgünstigsten Weinen dieser Rebsorte in Kalifornien.

Der *1999er Chardonnay* unter der Herkunftsbezeichnung Arrowood Winery and Vineyards könnte sich als herausragend entpuppen. Es handelt sich dabei um ein von seiner Frucht dominiertes Gewächs mit Anklängen an Mineralien und tropische Früchte samt subtilen Noten von toastwürziger Eiche. Bei mittlerem bis vollem Körper und herrlicher Reintönigkeit samt einem exzellenten Abgang beeindruckt dieser Wein vor allem durch seine Frucht, seine Ausgewogenheit und seine Geschmacksintensität. Trinken Sie ihn in den nächsten 2–3 Jahren. Neben dem Pinot Blanc von Chalone ist der von Arrowood produzierte Pinot Blanc Saralee's Vineyard einer der besten kalifornischen Weine dieser Rebsorte. Der opulente *1999er Pinot Blanc Saralee's Vineyard* (14% Alkohol; zu 100% im Fass und malolaktisch vergoren) überwältigt in Duft und Geschmack durch Noten von honigtöniger Orangenmarmelade, gebutterten Äpfeln und kandierten Zitrusfrüchten. Leider gibt es davon lediglich 380 Kisten. Dick Arrowood hat mir erzählt, dass der Wein sich nicht sonderlich verkauft, was umso erstaunlicher ist, als es in ganz Kalifornien niemanden gibt, der aus dieser Rebe mehr Charakter oder Geschmack herauskitzeln könnte als Arrowood. Sowohl der *1999er Viognier Estate* (47 Kisten) als auch der *1999er Viognier Saralee's Vineyard* (211 Kisten) beeindrucken mit ihren sortentypischen reifen Geißblatt-, Aprikosen- und Pfirsichnoten. Beide sind körperreiche, fröhliche Weißweine, die Sie in den nächsten 6–12 Monaten trinken sollten, wenn Sie sich noch an dem duftigen Aroma erfreuen möchten. Beide kommen mit weniger als 14% Alkohol daher, was bei einem Viognier nicht leicht zu bewerkstelligen ist, präsentieren sich aber dennoch mit einer kraftvollen, ungemein fruchtigen Persönlichkeit. Der Saralee's Vineyard zeigt sich klarer definiert und beeindruckt durch seine komplexe, untergründige, mineralische Art.

Neben 1994 gilt in dieser Kellerei 1999 bei den Rotweinen als eines der besten Jahre der Dekade. Der *1999er Merlot* (85% Merlot und 15% Cabernet Franc) präsentiert sich farblich in einem dichten Rubin-Purpurrot; hinzu kommen ausladende, intensive Duft- und Geschmacksnoten von geschmolzenem Karamell und Kakao sowie dickliche Kirschanklänge. Ferner beeindruckt er durch seine hohe Geschmacksextraktion, seine süßen Tannine, seinen mittleren bis vollen Körper und seinen Überschwang. Dieser Wein könnte leicht eine Punktnote im oberen 80er Bereich oder sogar noch höher erreichen. Der *1997er Merlot* präsentiert sich im Aroma mit Noten von Espresso, Mokka sowie Beerenfrüchten und Kirschen; hinzu kommen noch eine abgerundete Textur von mittlerem bis vollem Körper und ein reintöniger konzentrierter Abgang. Wie alle Arrowood-Rotweine wurde auch dieser Merlot völlig ungeschönt und unfiltriert auf Flaschen gezogen. Bei dem *1997er Merlot Reserve Speciale* (490 Kisten) handelt es sich um den Debüt-Jahrgang einer luxuriösen Merlot-Cuvée. Der Wein wird aus 100% zuvor 28 Monate in vorwiegend französischem Eichenholz gealtertem Merlot gewonnen. Er betört durch seine unglaubliche Reife, seine schöne Struktur, seinen vollen Körper und eine dichte, dicke, kernige Persönlichkeit samt exquisiter Reintönigkeit, Ausgewogenheit und Gaumenpräsenz. Nach weiteren 1–3 Jahren Lagerzeit wird der Wein sich ausgesprochen üppig darstellen. Er dürfte zwei Dekaden überdauern, was für einen kalifornischen Merlot ungewöhnlich lange ist.

Arrowood erzeugt jedes Jahr rund 425 Kisten eines der feinsten kalifornischen Malbecs. In den meisten französischen Anbaugebieten ergibt diese Rebe keine besonders schönen Weine, sehr wohl jedoch in einzelnen kalifornischen Regionen. Auch Clos du Bois und Pahlmeyer produzieren gute Malbecs, den besten allerdings Arrowood. Dieser Wein besticht durch wundervolle Anklänge an Blaubeeren, Brombeeren, cremige schwarze Himbeeren und durch eine beeindruckende Farbintensität, eine intensive Geschmackskonzentration und seinen mittleren Körper. Das Gewächs erscheint gewichtiger, als es eigentlich ist, mit hohem Frucht- und Extraktgehalt und schöner Frische. Der in einem lebhaft überschwänglichen Stil ausgebaute *1999er Malbec* (100% Malbec) präsentiert sich bei mittlerem Körper mit attraktiven Blaubeer-Brombeer-Noten. Er wird 26 Monate in französischer Eiche gealtert und dann ungeschönt und ungefiltert auf Flaschen gezogen. Der *1997er Malbec* (250 Kisten) betört im Bukett durch schwarze Früchte und am Gaumen durch seine herrlich reintönige, reife Frucht, einen ordentlichen Tannin- und Säuregehalt und seine lebendige Persönlichkeit. Dieser Wein dürfte 7–8 Jahre überdauern.

Der dunkelrubinrote *1999er Cabernet Sauvignon* (9500 Kisten) präsentiert sich mit übersprudelnden Noten von schwarzen Johannisbeeren, Lakritze und Tabak in seinem noch ungeformten Bukett. Bei dem reifen Wein mit seinem mittleren bis vollen Körper handelt es sich um einen Verschnitt aus 90% Cabernet Sauvignon, 8,5% Merlot und 1,5% Cabernet Franc. Er dürfte 10–15 Jahre überdauern. Der *1997er Cabernet Sauvignon* (ein Verschnitt aus 82% Cabernet Sauvignon, 6% Merlot, 5% Malbec, 5% Petit Verdot und 2% Cabernet Franc) ist 23 Monate in vorwiegend französischem Eichenholz ausgebaut und dann ungeschönt und ungefiltert abgefüllt worden. Bei mittlerem bis vollem Körper kommt dieser klassisch-harmonische Cabernet mit überreichen Anklängen an schwarze Johannisbeeren, schwarze Kirschen, Lakritze und Unterholz daher. Der reintönige, fleischige, vielschichtige, schon jetzt zugängliche Wein mit seinem maßvollen Tanninanteil könnte noch 2–3 Jahre Kellerlagerung vertragen. Seine Lebensdauer: 15–16 Jahre.

Es klingt vielleicht absurd, aber als ich von dem *1997er Cabernet Sauvignon Reserve Speciale* eine Geruchsprobe genommen habe, fühlte ich mich spontan an den 1996er Latour erinnert. Kalifornische Cabernets kommen meist größer und gewichtiger daher als ihre Pendants aus Bordeaux, deshalb beschränkt sich die Parallelität auf das Bukett. Es gibt 1611 Kisten von diesem tiefgründigen Cabernet Sauvignon, der 20 Monate in französischen (und zu einem geringen Teil in amerikanischen) Eichenfässern verbracht hat und dann ungeschönt und ungefiltert abgefüllt worden ist. Auf seine dichte schwarz-purpurrote Farbe folgen eine vielschichtige Cassis-betonte Frucht mit Zedernholznuancen und einer Überfülle von Gewürznoten. Dieser überlebensgroße, körperreiche, tiefgründige reinsortige Cabernet Sauvignon mit seinem muskulösen, bemerkenswert intensiven, reintönigen und rundum symmetrischen Charakter dürfte jetzt–2030 optimalen Trinkgenuss bieten.

Zusammen mit seinem Nachbarn Tom Dehlinger hat Dick Arrowood als einer der ersten Winzer in Sonoma bewiesen, wie gut kalifornischer Syrah sein kann. Sein Saralee's Vineyard Syrah ist mit einem minimalen Viognier-Anteil verschnitten. Dieser große, körperreiche, cremig texturierte Wein lässt sich bereits jung trinken, dürfte aber auch zehn Jahre überdauern. 1999 hat Arrowood zwei Syrahs bereitet. In dem *1999er Syrah* (950 Kisten) ist kein Viognier enthalten. Diese Fruchtbombe von einem Wein präsentiert sich in dichtem Schwarz-Purpurrot mit überreichen Lakritze-, Cassis- und Pfeffer-Noten; ferner hat er einen vollen Körper, eine ölige Textur und einen langen Abgang. Obwohl noch ungeformt, vermag er bereits zu beeindrucken. Der *1999er Syrah Saralee's Vineyard* (825 Kisten), dem 5% Viognier beigemischt sind, präsentiert sich in einem undurchdringlichen Purpurrot und mit einem herrlichen Bukett von Cassis, Fett, schwarzen Früchten und Lakritze. Mit seinen sortentypischen schwelgerischen Noten, seinem offenen, expansiven und gehaltvollen Charakter und seinem niedrigen Säurespiegel dürfte dieser Wein bereits in seiner Jugend munden, kann aber auch ohne weiteres eine Dekade überdauern. Den superben *1998er Syrah Saralee's Vineyard* (575 Kisten; 98% Syrah, 2% Viognier), der beträchtlich an Gewicht gewonnen hat, habe ich unterschätzt. Dieser verführerische Syrah bietet ein rauchwürziges Bukett mit Anklängen an Holzkohle, Brombeeren und Cassis samt Geißblattnuancen. Dieser körperreiche, lange Wein mit seiner fabelhaft reintönigen Frucht, seiner opulenten Textur und seinen süßen Tanninen dürfte mindestens 8–10 Jahre überdauern. Der umwerfende *1997er Syrah Saralee's Vineyard*, ein Verschnitt aus 97% Syrah und 3% Viognier, präsentiert sich mit betörenden Duftnoten von geröstetem Fleisch, schwarzen Früchten, Cassis und Speck. Dieser saftige, fleischige, schwelgerisch daherkommende Syrah ist offener gewirkt und zugänglicher als etliche frühere Jahrgänge, präsentiert sich jedoch körperreich, säurearm und mit reicher Frucht. Ein ungemein sinnlicher Syrah, den Sie während der nächsten 8–10 Jahre trinken sollten.

Der *1996er Syrah Saralee's Vineyard* (der aus winzigen Erträgen von rund 18 hl Trauben pro Hektar hergestellt ist) präsentiert sich mit einem phänomenalen Bukett aus Brombeer- und Likörnoten, die noch durch einen Hauch Aprikosen- und Orangenmarmelade in ihrer Komplexität gesteigert werden. Offenbar wurde auch etwas Viognier zugesetzt. In diesem ungemein komplexen, superkonzentrierten, körperreichen Klassiker findet man außerdem Anklänge an Speck, Eichenholzwürze, geschmolzenen Straßenteer sowie Pfeffer. Dieser Wein zeigt sich jetzt gefälliger als früher, doch in der Tat ein umwerfender Syrah! Voraussichtliche Trinkreife: jetzt–2015. Der *1995er Syrah Saralee's Vineyard* könnte sich sogar als noch besser erweisen. Er hat den Vorzug eines zusätzlichen Jahres Flaschenreife und deshalb ein besser entwickeltes Aroma, doch beide Cuvées sind schlicht außergewöhnlich. Auf das ganz ähnliche Brombeermarmelade-Cassis-Bukett folgen eine süße ölige Textur sowie ein explosiver Frucht-, Glyzerin- und Extraktgehalt. In dem seidigen 30-Sekunden-Abgang kommt auch weiches Tannin zur Geltung. Dieser vor Frucht strotzende klassische Syrah befriedigt hedonistische und intellektuelle Bedürfnisse gleichermaßen. Er dürfte ohne weiteres ein Alterungspotenzial von 10+ Jahren mitbringen.

Bei dem exzellenten 1996er Malbec und dem Cabernet Sauvignon desselben Jahrgangs handelt es sich um ungeschönt und ungefiltert abgefüllte Weine. Der *1996er Malbec* präsentiert sich mit den sortentypischen unverwechselbaren Aromen von Likör aus schwarzen Himbeeren und Erdbeeren samt undefinierten blumigen Duftnoten (die nicht ihresgleichen haben). Der würzige und gehaltvolle, köstliche Wein, der sich inzwischen schlanker und strenger zeigt als vor einem Jahr, hat eine Lebensdauer von etwa 5–7 Jahren. Der *1996er Cabernet Sauvignon* präsentiert sich im Bukett mit Zedernholz-, Gewürzkistenholz- und Noten von schwarzen Johannisbeeren, Lakritze und toastwürzigem Eichenholz. Bei mittlerem bis vollem Körper dürfte dieser gehaltvolle und mäßig tanninhaltige Wein sich noch 7–8 Jahre verbessern.

Arrowood hat 1995 und 1994 jeweils einen ungemein reichhaltigen und komplexen Cabernet Sauvignon Reserve Speciale kreiert. Zwar präsentiert sich auch der *1996er Cabernet Sauvignon Reserve Speciale* von der besten Seite, doch mit den beiden vorhergehenden Jahrgängen kann er es nicht aufnehmen. Der vollständig in französischer Eiche ausgebaute, dichte, nach Schokolade und schwarzen Johannisbeeren duftende Wein beeindruckt durch eine Überfülle an Gewürzen sowie Reichhaltigkeit, Kraft und Intensität. Der noch immer jugendlich muskulöse und erstklassig ausgestattete körperreiche Cabernet könnte noch 2–3 Jahre Lagerung vertragen und dürfte 20+ Jahre überdauern. Die Reserve-Speciale-Weine verbringen knapp zwei Jahre in Eichenfässern und werden dann ungeschönt und unfiltriert abgefüllt. Diese umwerfenden Tropfen gehören zu den feinsten ihrer Art. Der Merlot Reserve Speciale wird lediglich in winzigen (108 Kisten), der Cabernet Sauvignon Reserve Speciale in bescheidenen Mengen (von dem 1995er z.B. 1700 Kisten) erzeugt. Der *1995er Merlot Reserve Speciale* hat eine dicht purpurrote Farbe und ein großes, rauch- und toastwürziges Bukett mit Eichenholznoten und einer Frucht von schwarzen Johannisbeeren und Kirschen. Geschmacklich präsentiert sich der Wein mit Kaffeebohnen- und Schokoladennoten, einer öligen Textur bei vollem Körper und hervorragender Reinheit und Länge. Dieser bereits trinkreife Wein dürfte ein Entwicklungspotenzial von 15+ Jahren mitbringen. Der spektakuläre *1995er Cabernet Sauvignon Reserve Speciale* steht dem monumentalen 1994er ebenbürtig zur Seite. Er präsentiert sich in undurchdringlichem Purpurrot und mit einem umwerfenden Bukett aus Tabak-, dicklichen Cassis-, *pain-grillé-* und Blumentönen. Der Extraktgehalt und die Reintönigkeit des Weines sind superb, dazu hat er einen vollen Körper, ist äußerst vielschichtig und beeindruckt durch einen reifen, nahtlosen, gaumenbetörenden Abgang. Obwohl man ihn bereits trinken kann, ist er nicht ganz so zugänglich wie der herrliche 1994er. Voraussichtliche Trinkreife: jetzt–2020.

Der *1995er Merlot* präsentiert sich mit etwas aggressiveren Tanninen, wie sie Dick Arrowood diesem Jahrgang zuschreibt. Der Wein hat eine undurchdringlich purpurrote Farbe, ein straffes, aber interessantes Bukett mit Anklängen an schwarze Kirschen und Rosinen, die sich mit Kaffeebohnen- und rauchwürzigen Noten mischen. Am Gaumen hinterlässt er ein Gefühl von süßer, saftiger, vollreifer Frucht, wobei er durch sein Tannin an Definition gewinnt und eine verschlossenere Persönlichkeit als der 1996er erhält. Zwar lässt sich dieser Merlot bereits früh trinken, doch sollte man ihn besser zuvor 1–2 Jahre lagern. Seine Lebensdauer dürfte 12–15 Jahre betragen. Auf die satte tintenschwarze Farbe des *1994er Merlot* folgt ein süßes, dickliches Bukett aus schwarzen Früchten, Lakritze, Vanille und Rauch. Mit seinem vollen Körper, einem betörenden Eindruck am Gaumen und seiner vielschichtigen Textur sollte dieser säurearme, kräftig-fleischige Merlot nach seiner Freigabe etwa 10 Jahre gut schmecken. Einfach köstlich!

Der *1995er Malbec* hat gegenüber dem 1996er die Nase ein wenig vorn, vielleicht weil er zufällig ein Jahr älter ist. Offenbar besitzt er mehr Körper und Intensität. Über jeden Zweifel erhaben ist das umwerfende Bukett aus schwarzen Himbeeren, dicklichen Erdbeeren und Crème fraiche, dessen sich dieser satt purpurfarbene Wein rühmen kann. Der extrem opulente, üppige Wein, der den Gaumen mit seinen Beerenfruchtnoten betört, hinterlässt mit seiner Textur am Gaumen ein Gefühl, wie es bei einem Merlot oder einem Cabernet Sauvignon undenkbar wäre. Er offenbart die Präzision eines Cabernet, den Körper eines Merlot und besticht durch eine unbeschreibliche, wenngleich durchaus erträgliche »Leichtigkeit des Seins«. Dieser expressive, reine Wein mit seiner großen Persönlichkeit und einer leichten Tanninbetonung im Abgang dürfte sich während der nächsten 10–12 Jahre gut trinken lassen. Der *1994er Malbec* präsentiert sich geschmacklich und aromatisch mit Anklängen an Himbeermarmelade, Vanilleeis und Windbeutel. Er beeindruckt durch eine Explosion schwarzer Früchte, die zu einer seidigen Textur verschmolzen sind, einen mittleren bis vollen Körper und eine superbe Reintönigkeit. Arrowood war klug genug, die Eichenholznoten nicht überzubetonen. Er hat bei der Bereitung nur so viel neue Eiche verwendet, dass der Umriss nicht verloren geht. Alle diese Malbecs sind bereits unmittelbar nach der Freigabe genussreif, sie dürften aber auch ohne weiteres 8–10 Jahre überdauern.

Es gibt in Sonoma nur wenige Cabernet Sauvignons, die besser wären als die von Dick Arrowood. Der unübersehbare Erfolg in den 1990er Jahren mit Weinen aus Cabernet Sauvignon setzt sich mit einer ganzen Serie von Spitzenweinen unvermindert fort. Der hervorragende *1995er Cabernet Sauvignon* präsentiert sich farblich in einem undurchdringlichen Purpurrot, danach folgt ein reichhaltiges Bukett von schwarzen Johannisbeeren mit Hintergrundaromen von neuer Eiche, Erde und Gewürzen. Dieser extrem körperreiche Wein mit seiner bewundernswert reintönigen Frucht und seiner geschichteten, vieldimensionalen Persönlichkeit ist von intensiver Reichhaltigkeit und hat großartige Glyzerin- und Extraktwerte. Das Tannin wird größtenteils durch die reife Frucht überdeckt. Zwar ist dieser Cabernet bereits in seiner Jugend trinkreif, doch dürfte er sich noch 15+ Jahre entwickeln. Auch bei dem *1994er Cabernet Sauvignon* handelt es sich um einen sensationell opulenten, gehaltvollen und extrem aromatischen Rotwein. Der Wein betört durch seine umwerfende Konzentration und Intensität, seine beeindruckende Ausgewogenheit und Reintönigkeit sowie ganze Ladungen süßer Tannine in seinem langen Abgang. Er dürfte sogar noch den superben 1993er übertreffen.

Die beiden 1994er Reserve-Speciale-Weine, ein Merlot und ein Cabernet Sauvignon, wurden nur in begrenzten Mengen hergestellt, aber, mein Gott, was für herrliche Weine! Der *1994er Merlot Reserve Speciale* (100 Kisten) ist mit 3,7% Cabernet Franc verschnitten. Mit seinen 13,8% Alkohol ist er ein attraktiver, gehaltvoller, körperreicher Wein mit unglaublich vielschichtigen Frucht-, Glyzerin- und Extraktkomponenten. Der Wein hat 22 Monate in Eichenfässern verbracht, enthält jedoch dank seiner ungewöhnlichen Konzentration, Kraft und Tiefe kaum Hinweise auf neues Holz. Er hat ein umwerfendes Bukett aus reifen Beerenfrüchten, das mit Anklängen an asiatische Gewürze, einer subtilen Toastnote und einem Hauch von Kaffeebohnen und Schokolade einhergeht. Dieser kraftvolle, trotzdem abgerundete und harmonische Wein ist ein Super-Merlot, dessen Alterungspotenzial 15+ Jahre beträgt. Der *1994er Cabernet Sauvignon Reserve Speciale* ist ein exquisiter Wein, dessen Trauben von verschiedenen Lagen (Wildwood, Smothers, Balbi, Belle Terre und anderen) stammen. Der größte Teil der Trauben kommt aus dem Sonoma Valley, obwohl auch das Alexander Valley und Dry Creek mit kleineren Mengen vertreten sind. Der Wein präsentiert sich in undurchdringlichem Purpurrot, hat einen spektakulären Duft mit Noten von eingedicktem Cassis, Bleistift, Vanille und Gewürzen. Der Gaumen wird von dicken, ölig texturierten Geschmacksnoten von außerordentlicher Reintönigkeit, Reife und Reichhaltigkeit verwöhnt. Trotz seiner Größe gelingt es diesem Wein irgendwie, nicht schwer oder überzogen zu schmecken. Dieser sensationelle Cabernet Sauvignon ist einer der feinsten mir bekannten Weine dieser Art aus Sonoma. Sein Alterungspotenzial könnte durchaus 25–30 Jahre betragen, obwohl er so weich ist, dass man ihn auch jung trinken kann. Arrowood hat davon 1200 Kisten produziert.

Der *1994er Syrah Saralee's Vineyard*, der aus Erträgen von rund 18 hl/ha bereitet ist, wird nur in extrem limitierten Mengen angeboten. Er ist einer der faszinierendsten Syrahs, die ich in Kalifornien oder überhaupt je verkostet habe. Er hat eine undurchdringlich tintenschwarze Farbe, und das Bukett besticht durch beträchtliche Mengen rauchwürziger Schokolade sowie Cassis- und Speckaromen. Der Wein ist unglaublich gehaltvoll, stellt sich jedoch am Gaumen erstaunlich klar gezeichnet dar, mit einem vollen Körper, mit Schichten superkonzentrierter, ölig texturierter Frucht und einem Abgang, den man kaum für möglich hält, wenn man ihn nicht selbst erlebt hat. Wirklich ein exquisiter Syrah, an dem selbst solche Heroen des Rhônetals wie Marcel Guigal oder Michel Chapoutier ihre helle Freude finden würden. Rhône-Ranger-Fans sollten sich unbedingt bereits heute anstellen, um ein oder zwei Flaschen dieses Syrah-Nektars zu ergattern. Sein Alterungspotenzial dürfte 15+ Jahre betragen.

Schließlich: Es dürfte in ganz Kalifornien niemanden geben, der einen reichhaltigeren und süßeren Riesling produziert als Dick Arrowood. Sein *1999er White Riesling Hoot Owl Vineyard Special Select Late Harvest* enthält 8,4% Alkohol und 25,5% Restsüße. Mit seiner öligen Textur, seiner belebenden Säure und seinem an eine Trockenbeerenauslese erinnernden geradezu dekadenten Stil betört dieser Wein im Mund mit Anklängen an Orangenmarmelade und honigtönige tropische Früchte. Dieser frische und lebendige, trotzdem völlig unaufdringliche Wein wird in den ersten 4–5 Jahren seines Lebens optimalen Trinkgenuss bieten.

Bisherige große Jahrgänge: 1993er Cabernet Sauvignon (90), 1993er Merlot (89+).

DAVID ARTHUR (NAPA)

1996	Cabernet Sauvignon Elevation 1147	Napa	EE	91
1995	Meritaggio	Napa	D	90

Bei dem *1996er Cabernet Sauvignon Elevation 1147* handelt es sich um einen wundervollen Wein, von dem freilich nur 100 Kisten im Angebot sind. Ein herrlich duftiger, süßer, dunkelrubin-purpurroter Wein mit fantastisch integrierten Eichenholznoten und einer Frucht von reifen schwarzen Johannisbeeren, in die sich Lakritze-, Toast- und Gewürzkomponenten mischen. Bei mittlerem Körper präsentiert sich dieser Tropfen ohne Ecken und Kanten, mit guten Säure- und Tanninwerten, einer schönen Textur im mittleren Geschmacksbereich und einem angenehm langen Abgang. Dieses herrliche Gewächs kann man bereits jetzt trinken oder aber noch 10–15 Jahre in den Keller legen. Der *1995er Meritaggio* aus 75% Cabernet Sauvignon, 8% Cabernet Franc, 7% Merlot, 5% Petit Verdot und 5% Sangiovese präsentiert sich farblich in undurchdringlichem Purpurrot und hat ein süßes Bukett mit Erd- und Vanillenoten samt Anklängen an trüffeltönige eingedickte schwarze Früchte. Bei vollem Körper, geringer Säure, einer viskosen Textur und beeindruckender Reintönigkeit und Länge ist dies ein ungewöhnlich gut ausgestatteter, zugänglicher Wein, der sich bereits jetzt trinken, aber auch noch 10 Jahr lagern lässt. Alle Achtung!

ATALON (NAPA)

1997	Cabernet Sauvignon Beckstoffer Vineyard	Oakville	EE	92
1997	Cabernet Sauvignon Mountain Estates	Napa	EE	91+
1998	Merlot	Napa	D	89
1997	Merlot Mountain Estates	Napa	E	91

Hier haben wir es mit einer weiteren jener Spitzenkellereien zu tun, die unter dem Dach der Jackson-Family-Farms-Gruppe entstanden sind. Der Kellermeister Tom Peffer, der viele Jahre bei Beringer gearbeitet hat, zeichnet für die Beschaffung des Lesegutes verantwortlich, aus dem die im Folgenden beschriebenen Weine bereitet sind.

Der *1998er Merlot* (2500 Kisten) präsentiert sich in einem dichten Rubin-Purpurrot und mit einem großen dicken schokoladentönigen Bukett samt Noten von geröstetem Kaffee und Rauch sowie Schwarzkirschenlikör. Der körperreiche, dichte, säurearme Wein mit seinen weichen Tanninen und einem langen, sinnenbetörenden, fast saftigen Abgang dürfte wenigstens eine Dekade überdauern.

Die Trauben für den umwerfenden *1997er Merlot Mountain Estates* (1 200 Kisten) stammen größtenteils aus dem Howell Mountain Vineyard, der sich früher im Besitz der Liparita-Kellerei befunden hat. Obwohl in dem Mischsatz des Weines jeweils eine kleine Dosis Cabernet Sauvignon und Cabernet Franc enthalten ist, schmeckt er wie ein reiner und dazu noch superber Merlot. Er präsentiert sich körperreich und mit überwältigenden Aromen von Rauch, Kaffeebohnen, schwarzen Kirschen, Pflaumen und Toast. Mit seiner öligen Textur, seinem Biss, einer fabelhaften Reintönigkeit und überströmenden Geschmackskomponenten handelt es sich bei diesem Merlot um einen sinnenbetörenden, gleichwohl langlebigen Wein, der bereits bei der Freigabe, aber auch noch weitere 15+ Jahre köstlich munden dürfte. Der exzeptionelle schwarz-purpurrote *1997er Cabernet Sauvignon Mountain Estates* (1800 Kisten) betört im Geschmack mit herrlichen Brombeer- und Cassis-Tönen, die sich aufs Schönste mit Lakritze- und Anklängen an Gewürzkiste, asiatische Gewürze und Vanille mischen. Er hat eine ölige Textur, einen vollen Körper und im Abgang moderate Tanninwerte. Idealerweise sollte man diesen Wein zunächst 2–3 Jahre auf Lager legen und ihn dann während der folgenden beiden Dekaden konsumieren. Ein absoluter Spitzenwein und Neuzugang im Kreis der größten Cabernets. Nicht weniger superb (aber expansiver) kommt der *1997er Cabernet Sauvignon Beckstoffer Vineyard* daher. Diese Rebkultur, die an Mondavis To-Kalon Vineyard in Oakville angrenzt, hat schon so manchen erstklassigen Wein hervorgebracht. (Behrens und Hitchcock haben aus Trauben dieser Lage einen fabelhaften 1999er Cabernet hergestellt.) Der undurchdringlich purpurrote, körperreiche Wein evoziert in Duft und Geschmack Assoziationen mit Likör von schwarzen Johannisbeeren; hinzu kommen Anklänge an Lakritze, Schokolade, Zedernholz und Tabak. Dieser überaus konzentrierte und dicke, ja riesige Cabernet Sauvignon mit seinen saftigen, sehr expansiven Noten am mittleren Gaumen und seinen süßen Tanninen ist bereits jetzt genussreif, kann aber auch noch 15–20+ Jahre lagern. Was für eine stolze Debütantenschar!

AU BON CLIMAT (SANTA BARBARA)

1997	**Pinot Noir Cuvée Isabelle**	**Kalifornien**	**E**	**88**
1995	**Pinot Noir Cuvée Isabelle**	**Kalifornien**	**E**	**89+**
1997	**Pinot Noir Rosemary's Vineyard**	**Santa Barbara**	**E**	**88**
1997	**Pinot Noir Talley Vineyard**	**Arroyo Grande**	**E**	**88**
1997	**Il Podere dell Olivos Barbera**	**Kalifornien**	**C**	**88**
1995	**Il Podere dell Olivos Barbera Riserva Bon Natale**	**Santa Barbara**	**C**	**89**
1997	**Il Podere dell Olivos Refosco**	**Kalifornien**	**C**	**88**
1996	**Il Podere dell Olivos Teroldego**	**Santa Barbara**	**C**	**88**

Jim Clendenens Kellerei hat sich in nächster Zeit einiges vorgenommen. Clendenen, einer der schillerndsten kalifornischen Winzer, hat rund 35 Hektar Land gekauft und damit begonnen, einen engzeiligen Pinot-Noir-Rebgarten mit Dijon-Klonen anzulegen. Der Grund: Clendenen möchte nicht auf zugekaufte Frucht angewiesen sein. Seine Kellerei produziert ein schier überwältigendes Angebot, und zwar sowohl unter dem Etikett Au Bon Climat als auch unter der modischen Bezeichnung Il Podere dell Olivos. Da er seit langem in dem Ruf steht, vor allem erstklassige Pinot Noirs und Chardonnays zu erzeugen, war ich überrascht, dass die Weine, die Clendenen aus italienischen Sorten bereitet hat, abgerundeter schmeckten als seine neueren Produkte aus Chardonnay und Pinot Noir.

Zu seinen Rotweinen gehört auch der schwarz-purpurrote rustikale *1997er Il Podere dell Olivos Refosco*, der mit Aromen und Geschmacksnoten von Lakritze, Brombeeren und geschmolzenem Teer daherkommt, und ein ebenso eleganter wie gehaltvoller *1997er Il Podere dell Olivos Barbera* mit Erdbeer- und Brombeernoten in Duft und Geschmack. Bei diesen beiden Tropfen handelt es sich um robuste Weine mit einer exzellenten Frucht und leben sprühender Säure, jedoch ganz ohne aufdringliche Holznoten. Der Refosco hat außerdem einen hohen Tanningehalt. Beide dürften durchaus ein gewisses Alterungspotenzial mitbringen, doch am besten sollte man sie bereits in ihrer kraftvollen Jugend konsumieren – also im Laufe der nächsten 3–4 Jahre.

Durch Fülle und Reichhaltigkeit sowie beeindruckende Dimensionen charakterisiert sind der *1995er Il Podere dell Olivos Barbera Riserva Bon Natale* und der *1996er Il Podere dell Olivos Teroldego* (eine noch nicht abgefüllte Probe des 1997er Teroldego stellte sich ebenfalls ungemein eindrucksvoll dar). Der Barbera war von undurchdringlicher Farbe und offenbarte eine gehaltvolle, konzentrierte Frucht mit Noten von feiner Eichenholzwürze, dazu eine pikante Säure, die durch den beträchtlichen Extraktgehalt und die immense Reichhaltigkeit ausgeglichen wurde. Der wuchtige undurchdringlich schwarze 1996er Teroldego präsentiert sich mit hervorragenden Lakritze- und Teeraromen sowie einer dörrpflaumenpflaumentönigen Frucht. Dicht, körperreich und konzentriert, füllt dieser Gigant von einem Wein den ganzen Mund aus. Der Folgejahrgang könnte sogar noch größer werden, wenn die Probe, die ich verkostet habe, genaue Rückschlüsse zulässt. Es ist schwierig vorauszusagen, wie lange diese »italienischen« Rotweine sich halten werden, doch 4–5 Jahre sind eine konservative Schätzung, wobei dem Teroldego eine längere Lebensdauer beschieden sein dürfte.

Unter den 1997er Pinot Noirs, die ich verkostet habe, befand sich auch ein dunkelpflaumenblauer exzellenter *1997er Pinot Noir Cuvée Isabelle.* Dieser Wein beeindruckt durch ebenso generöse wie nachhaltige Anklänge an feuchte Erde, schwarze Kirschen, süße kandierte Pflaumen und Kräuter. Bei mittlerem Körper präsentiert er sich mit einem ordentlichen Säureanteil, leichten bis moderaten Tanninen und einem schönen Abgang. Man sollte ihn in den nächsten 3–4 Jahren konsumieren. Dichter und konzentrierter stellt sich der *1997er Pinot Noir Talley Vineyard* dar; er beeindruckt durch eine exzellente Reife, eine feine Textur und einen festen positiven Abgang. Er dürfte in den nächsten 5–6 Jahren köstlich munden. Durch ein hervorragendes Potenzial beeindruckt auch der *1997er Pinot Noir Rosemary's Vineyard.* Dieser Wein hat eine wundervolle rubin-purpurrote Farbe und präsentiert sich aromatisch mit exzellenten Anklängen an schwarze Himbeeren und Kirschen mitsamt einer *pain-grillé*-Note. Dieser extrem reintönige und schön gewirkte Pinot Noir von mittlerem Körper dürfte seine volle Trinkreife in 1–2 Jahren erreichen und eine Lebensdauer von 8–10 Jahren haben.

Der feinste Tropfen im Kreis der freigegebenen Weine ist der *1995er Pinot Noir Cuvée Isabelle.* Dieses Gewächs hat eine dunkelrubinrote Farbe mit purpurroten Glanzlichtern. Das Bukett präsentiert sich mit einer komplexen Frucht von süßen schwarzen Kirschen und Himbeeren, die sich mit hochfeiner Eichenholzwürze mischt. Der Wein ist gehaltvoller als der 1994er und hat einen mittleren bis vollen Körper; dabei präsentiert er sich überaus extraktreich und reintönig und mit einem langen Abgang. Er ist der süßeste und gehaltvollste und potenziell komplexeste und langlebigste Wein aus dem derzeit wenig aufregenden Angebot eines meiner liebsten Pinot-Noir-Erzeuger.

BABCOCK (SANTA BARBARA)

1998	**Pinot Noir Grand Cuvée**	**Santa Barbara**	**E**	**90**
1998	**Pinot Noir Mt. Carmel Vineyard**	**Santa Ynez**	**E**	**90**
1997	**Sangiovese Eleven Oaks**	**Santa Ynez**	**D**	**88**
1997	**Syrah Black Label Cuvée**	**Santa Barbara**	**D**	**91**

Bei den vorstehenden Weinen handelt es sich um die stärksten Produkte aus dem Angebot von Bryan Babcock, einem langjährigen Mitglied der Winzergemeinschaft von Santa Barbara. Obwohl ich im Allgemeinen kein Freund kalifornischer Sangiovese-Weine bin, finde ich Babcocks *1997er Sangiovese Eleven Oaks* durchaus gelungen. Er kommt mit Bilderbucharomen von rauchwürziger, reifer Kirschmarmelade, Sattelleder und Erdbeeren daher. Bei mittlerem Körper und ohne Ecken und Kanten präsentiert sich dieser Wein ausgereift, gehaltvoll und ungemein mild. Man sollte ihn in den nächsten 2–3 Jahren austrinken. Alle Achtung!

Zwei der feinsten Pinot Noirs von Babcock sind derzeit der *1998er Pinot Noir Mt. Carmel Vineyard* und der *1998er Pinot Noir Grand Cuvée.* Sie nehmen sich in Duft und Geschmack ziemlich ähnlich aus und präsentieren sich beide in tiefem Rubin-Purpurrot und mit einer dichten konzentrierten Persönlichkeit, einer ausgereiften eingedickten Frucht aus schwarzen Kirschen und Himbeeren samt behutsam dosierten Noten von toastwürziger frischer Eiche. Der Mt. Carmel Vineyard zeigt sich im Mund vielleicht nicht ganz so intensiv und kraftvoll – trotzdem zwei absolute Spitzenweine. Sie garantieren während der nächsten 5–7 Jahre einen hohen Trinkgenuss. Dabei wird die Grand Cuvée ihr Geschwister sogar überleben.

Der schlicht umwerfende *1997er Syrah Black Label Cuvée* stammt aus dem kühleren Klima einer Rebkultur in Lompoc. Dieser undurchdringlich purpurrote Syrah betört durch Aromen von geschmolzener Lakritze, Brombeeren und Cassis. Bei dem körperreichen Syrah mit seiner ebenso reintönigen wie intensiven Frucht, seiner verlockenden Textur und seiner superben Ausgewogenheit zwischen Säure, Alkohol und Tannin handelt es sich um einen fabelhaften Wein, der jedoch nach seinem Entwicklungsstand noch als Kind zu gelten hat. Lassen Sie ihn noch ein Jahr in der Flasche reifen und erfreuen Sie sich dann während der folgenden 12–15 Jahre daran.

BACIO DIVINO (NAPA)

1997	**Bacio Divino**	**Napa**	**EE**	**90**
1996	**Bacio Divino**	**Napa**	**E**	**92**
1995	**Bacio Divino**	**Napa**	**E**	**94**

Die zweite ehrfurchtgebietende Freigabe dieser winzigen Kellerei, die sich ganz der Erzeugung faszinierender Weine verschrieben hat, ist der *1995er Bacio Divino* (ein Verschnitt aus 66% Cabernet Sauvignon, 22% Sangiovese und 12% Sirah). Wahrhaft ein herrlicher Wein von außergewöhnlicher Reichhaltigkeit, mit vielschichtigen Duft- und Geschmacksnoten und einer multidimensionalen Persönlichkeit. Farblich präsentiert er sich in einem tiefen satten Rubin-Purpurrot. Das Bukett bietet saftig-eingedickte Noten von Erdbeeren, schwarzen Johannisbeeren und Brombeeren, die sich mit hochfeiner Eichenholzwürze mischen. Mit seinem vollen Körper, seiner hervorragenden Reife und Reintönigkeit, der seidigen Textur und einem explosiven Abgang zeigt dieser verschwenderische Wein, was alles man mit diesen drei Trauben machen kann, die nur selten in solchen Proportionen miteinander verschnitten werden. Sentimentale Liebhaber könnten sich übrigens durch das Etikett berührt fühlen, auf dem es heißt: »Enthält Sulfite und auch etwas Herzblut des Kellermeisters.« Dieser Wein hat eine Lebensdauer von 10 Jahren.

Ein weiteres umwerfendes Angebot dieses Erzeugers, der *1996er Bacio Divino* (ein Verschnitt aus 66% Cabernet Sauvignon, 17% Sangiovese, 9% Petite Sirah und 8% Merlot), präsentiert sich mit Gewürz- und Eichenaromen samt Noten von eingedicktem Cassis, Erdbeeren und Kirschen. Bei vollem Körper und beeindruckender Komplexität mitsamt einem dominierenden Element von schwarzer Frucht, die die frische Eichenholzwürze überdeckt, können Sie diesen fleischigen, auftrumpfenden, reintönigen und herrlich verführerischen Wein während der nächsten 7–8 Jahre genießen. Meinen Glückwunsch an den Weinmacher und Kellereibesitzer Claus Janzen! Auch bei dem *1997er Bacio Divino*, einem ebenso faszinierenden wie innovativen Verschnitt aus 63% Cabernet Sauvignon, 20% Sangiovese, 8% Petite Sirah und 9% Merlot, handelt es sich um einen hervorragenden Wein. Er zeigt sich bereits jetzt gut entwickelt und ungemein köstlich. Der dunkelrubinrot-pflaumenfarbene Wein betört durch Aromen von frischem Sattelleder, schwarzen Himbeeren, Pflaumenlikör, Kirschen sowie toast- und rauchwürzige Eichenholznoten. Bei mittlerem bis vollem Körper, süßen Tanninen, einer offen gewirkten fleischigen Textur und einem niedrigen Säurespiegel lässt sich dieses kalifornische Pendant eines Super-Toskaners bereits jetzt, aber auch noch während der nächsten 10 Jahre trinken.

Bisherige große Jahrgänge: 1993er Bacio Divino (93+).

BALLENTINE (NAPA)

1999	**Zinfandel (Map Label)**	**Napa**	**C**	**90**

Dieser Wein unterscheidet sich von Ballentines regulärer Zinfandel-Abfüllung durch den höheren Alkoholgehalt (14,5%) und das attraktive Etikett. Der dunkel-purpurrote, beeindruckend fruchtige *1999er Zinfandel (Map Label)* präsentiert sich mit Rhône-artigen Anklängen an Erde, provenzalische Kräuter, Pfeffer, Lakritze, Pflaumen, Johannisbeeren, Kirschen und Gewürzkiste, einer süßen körperreichen, von der Frucht dominierten Persönlichkeit, hervorragender Reife und superber Reintönigkeit. Trinken Sie ihn in den nächsten 5–6 Jahren.

BANNISTER (SONOMA)

1996	**Pinot Noir Floodgate Vineyard**	**Anderson Valley**	**D**	**90**
1997	**Pinot Noir Seghesio Vineyard–Keyhole Ranch**	**Russian River**	**D**	**88**
1996	**Zinfandel**	**Dry Creek**	**C**	**89**

Diese exzellente Kellerei versteht sich offenbar darauf, die hochwertigsten Trauben ausfindig zu machen. Daraus bereitet man dann Weine, die zwar nicht unmittelbar zugänglich sind, sich aber bereits komplex und mit einer exzeptionellen Qualität ihrer Frucht und exzellenter Reintönigkeit darstellen.

Der *1997er Pinot Noir Seghesio Vineyard–Keyhole Ranch* hat eine dunkelrubinrote Farbe, dazu Aromen von Gewürzen und Toast sowie Duftnoten von eingedickten süßen roten und schwarzen Früchten plus Kräuternuancen. Der Wein stellt sich abgerundet und seidig texturiert dar, mit exzellenter Saftigkeit und einer Überfülle an Frucht. Trinken Sie ihn während der nächsten 2–4 Jahre.

Der *1996er Pinot Noir Floodgate Vineyard* ist ein weiteres Beispiel dafür, welch ideale Bedingungen für komplexe Pinots das nordkalifornische Anderson Valley zu bieten hat. Weitere kalifornische Pinot-Noir-Spezialisten der Sonderklasse, etwa Siduri, Handley und Littorai, haben sich in dieser aufstrebenden Region ebenfalls etabliert. Der Wein hat eine dunkelrubinrote Farbe und ein umwerfendes Bukett aus schwarzen Früchten, Erde, Gewürzen und süßem Toastbrot. Im Mund stellt sich der Wein reif dar mit schön geschichteten Geschmacksnoten am Gaumen, einem angemessenen Säuregehalt und außergewöhnlicher Reinheit samt einem langen, seidig texturierten opulenten Abgang. Dieser hervorragende Pinot Noir ist bereits jetzt köstlich, wird jedoch noch 4–5 Jahre überdauern. Der wohlschmeckende tiefrubinfarbene *1996er Zinfandel* präsentiert sich mit einem eleganten Bukett von Beerennoten und üppigen säurearmen Geschmacksnoten von mittlerem bis vollem Körper und ohne Ecken und Kanten. Diesen vollmundigen, trotzdem harmonischen und gut ausgewogenen Wein sollten Sie in den nächsten Jahren konsumieren. Meinen Glückwunsch an Marty Bannister!

BARBOUR (NAPA)

1998	**Cabernet Sauvignon**	**Napa**	**EE**	**(88–90)**
1997	**Cabernet Sauvignon**	**Napa**	**EE**	**93**

Von dem in limitierter Menge produzierten *1997er Cabernet Sauvignon*, einem Debüt, waren rund 100 Kisten im Angebot. Kreiert hat den Wein die bekannte önologische Beraterin Heidi Barrett. Er präsentiert sich in einem dichten Blau-Purpurrot, betört durch umwerfende Duftnoten von Pflaumen, Kirschlikör, Cassis und hochfeine Anklänge an frisches

Eichenholz. Er zeigt sich herrlich reintönig und mit einer ungemein reichen Frucht, die von einem zwar niedrigen, aber angemessenen Säurespiegel gestützt wird; hinzu kommen im Abgang ganze Kaskaden reifer Tannine. Der aus 100% Cabernet Sauvignon gekelterte und knapp zwei Jahre in französischer Eiche ausgebaute, schön bereitete Wein ist bereits jetzt genießbar, lässt sich aber auch zwei Dekaden im Keller lagern. Der *1998er Cabernet Sauvignon* (150 Kisten) präsentiert sich mit einer für seinen Jahrgang guten Dichte samt süßen Tanninen und einer Frucht von reifen Pflaumen und schwarzen Johannisbeeren. Er ist durch eine etwas geringere Konzentration und einen kürzeren Abgang charakterisiert, kann sich aber angesichts der schwierigen Wachstumsverhältnisse des Jahrgangs durchaus sehen lassen. Beide Weine sind aus Früchten des berühmten Cabernet-Sauvignon-Grace-Klons (von Grace Family Vineyards) bereitet.

BARNETT (NAPA)

1996	Cabernet Sauvignon Rattlesnake Hill	Spring Mountain	E	89+
1994	Cabernet Sauvignon Rattlesnake Hill	Spring Mountain	E	93+

Den 1991er Cabernet Sauvignon und Cabernet Sauvignon Rattlesnake Hill habe ich in allerbester Erinnerung. Der *1996er Cabernet Sauvignon Rattlesnake Hill* hat eine satt rubinpurpurrote Farbe und eine gehaltvolle süße Frucht mit Blaubeer-, Cassis-, Erd- und Wildkräuteranklängen. Er präsentiert sich mit vollem Körper, einem schön geschichteten Nachhall und einer Fülle von Tanninen in seinem langen adstringierenden Abgang. Er sollte noch 2–3 Jahre lagern und dürfte 15+ Jahre überdauern. Der *1994er Cabernet Sauvignon Rattlesnake Hill* ist zweifellos seit dem wundervollen 1991er der feinste Cabernet im Angebot. Der Wein hat eine undurchdringlich purpurrote Farbe, dazu ein kraftvolles und intensives erdiges Bukett mit Himbeerlikörnoten. Die für diese Höhenlage typische schwarze Frucht, die man in den Spitzenweinen vom Spring Mountain so häufig antrifft, bestimmt die Geschmacksnoten dieses ungemein eindrucksvollen, explosiv gehaltvollen Weines mit seinem grandiosen Extraktgehalt. Freilich ist angesichts des hohen Tanninspiegels Geduld geboten. Außerdem bekunden sich der Charakter und die Reichhaltigkeit des Weines nicht bereits vorne im Mund, sondern erst in seinem explosiven Finale. Dieser Cabernet Sauvignon dürfte sich als exquisit erweisen, doch nur für den wahren Kenner, der bereit ist, diese Kostbarkeit 5–7 Jahre zu lagern. Voraussichtliche Trinkreife: jetzt–2030. Einfach super!

Bisherige große Jahrgänge: 1991er Cabernet Sauvignon (92), 1991er Cabernet Sauvignon Rattlesnake Hill (96)

BEAULIEU (NAPA)

1995	Cabernet Sauvignon Clone Four	Napa	EE	89?
1994	Cabernet Sauvignon Clone Six Signet Collection	Napa	EE	91
1996	Cabernet Sauvignon Georges de Latour Private Reserve	Napa	EE	88
1994	Cabernet Sauvignon Georges de Latour Private Reserve	Napa	E	91
1995	Zinfandel	Napa	C	88

Der *1996er Cabernet Sauvignon Georges de Latour Private Reserve* ist das Flaggschiff dieser Kellerei. Der Wein präsentiert sich bei mittlerem Körper in tiefem Rubin-Purpurrot und mit aggressiven toastwürzigen Noten von frischer Eiche und festen Tanninen. Die spürbare Säure unterstreicht noch die straff gewirkte, tanninbetonte Struktur. Obwohl es sich um einen sehr guten, wenn nicht exzellenten Wein handelt, sollte man den Tropfen noch 2–4 Jahre lagern. Seine Lebensdauer dürfte 15–20 Jahre betragen. Der Wein muss sich im mittleren Geschmacksbereich noch entwickeln und auch im Geschmack noch an Vielschichtigkeit zulegen. Bei einem geringeren Säuregehalt könnte sich die Textur des Weines öffnen.

Der dicht und satt rubinfarbene *1995er Zinfandel* präsentiert sich mit Bilderbucharomen von eingedickten schwarzen Früchten, Pfeffer und Gewürzen. Dieser üppige, extrem gut ausgebaute Wein mit seinem hohen Glyzerin- und Alkoholgehalt (14,5%) und seinem mittleren bis vollen Körper ist eine echte Gaumenfreude. Der niedrige Säuregehalt und der schwelgerische Überschwang an reifen Beerenfrüchten lassen es geboten erscheinen, diesen Wein schon bald (also in den nächsten 2–3 Jahren) zu trinken. Herzlichen Glückwunsch zu diesem exzellenten Wein! Der dunkelrubinrote, bewundernswert konzentrierte *1995er Cabernet Sauvignon Clone Four* beeindruckt durch viele positive Attribute, nicht zuletzt seine reife Cassis-Frucht sowie lehmige und toastwürzige Aromen. Es handelt sich um einen gehaltvollen, strukturierten, reintönigen Wein von mittlerem Körper, der noch 4–5 Jahre braucht, um sein Gleichgewicht zu finden. Er dürfte 20–25 Jahre überdauern. Sollten sich die Tannine noch mit den übrigen Elementen des Weines verbinden, dürfte der Wein sich demnächst sogar als hervorragend erweisen. Falls nicht, wird die Bewertung darunter leiden. Voraussichtliche Genussreife: 2006–2020.

Der *1994er Cabernet Sauvignon Clone Six Signet Collection,* eine limitierte Abfüllung in der neuen Signet Collection-Serie (allesamt teure und in kleinen Mengen abgefüllte Weine), ist ein ungemein eindrucksvolles Angebot. Er ist von satt dunkelrubin-purpurroter Farbe. Der aus einem alten Cabernet-Sauvignon-Klon gezogene Wein ist ein gehaltvolles, körperreiches, kraftvolles und trotzdem harmonisches Gewächs mit einer überwältigenden Frucht aus schwarzen Johannisbeeren, einem schönen Eichenholzton und hervorragender Reife und Reintönigkeit. Er hat einen langen Abgang und eine jugendlich unentwickelte Persönlichkeit. Aller Voraussicht nach ein beeindruckender, langlebiger Cabernet Sauvignon. Voraussichtliche Genussreife: jetzt–2015. Der *1994er Cabernet Sauvignon Georges de Latour Private Reserve* ist eines der besten Produkte der letzten Zeit. Schon seit Mitte der 1980er Jahre hat Beaulieu keinen derart gehaltvollen Cabernet Sauvignon mit einem solchen Potenzial mehr gemacht. Der Wein hat eine dunkelrubin-purpurrote Farbe und ein attraktives Bukett mit Anklängen an süßes toastwürziges, frisches Eichenholz und reife rote und schwarze Früchte. Im Mund stellt er sich vielschichtig texturiert und gehaltvoll körperreich dar mit exzellenter Reintönigkeit und süßen Tanninen in dem langen Abgang. Diesen Wein können Sie bereits jetzt trinken oder in den kommenden 15–20 Jahren.

Bisherige große Jahrgänge: Cabernet Sauvignon Georges de Latour Private Reserve 1990er (88), 1988er (90), 1985er (89), 1984er (91), 1982er (92), 1980er (93), 1976er (94), 1974er (90), 1970er (94), 1969er (90), 1968er (94), 1958er (95), 1951er (94).

BEDFORD-THOMPSON (SANTA BARBARA)

1997	**Cabernet Franc**	**Santa Barbara**	**C**	**88**
1997	**Syrah**	**Santa Barbara**	**C**	**89**

Die Individualität und Kunstfertigkeit der Bedford-Thompson-Erzeugnisse steht völlig außer Frage. Die Kellerei bereitet ihre Weine mit großer Sorgfalt und hat dafür unsere uneingeschränkte Bewunderung verdient. Es dürfte in Südkalifornien kaum einen besseren *1997er Cabernet Franc* geben als diesen. Der Wein beeindruckt in seinem duftigen und komplexen Bukett durch Noten von Sattelleder, Zedernholz und Gewürzkiste sowie eingedickten Beerenfrüchten. Er präsentiert sich bei mittlerem Körper intensiv, mit einer schönen Frucht, nicht sonderlich gewichtig und mit einem langen, konzentrierten Abgang. Trinken Sie ihn während der nächsten 5–6 Jahre. Umstrittener ist der *1997er Syrah.* Er hat einiges zu bieten, so auch einen ziemlich hohen Anteil flüchtiger Säuren, die so manchen Technokraten irritieren dürften. Auf die dunkelblau-purpurrote Farbe folgen eingedickte süße Aromen von Kirschen, schwarzen Himbeeren und Rauch und ein Hauch flüchtiger Säuren. Dieser dicht gewirkte, körperreiche Wein mit seiner üppigen Textur und exzeptionellen Reichhaltigkeit bietet schon fast des Guten zu viel, könnte aber ohne weiteres als französischer Côte Rôtie durchgehen. Trinken Sie ihn während der nächsten 5–8 Jahre.

BEHRENS AND HITCHCOCK (NAPA)

1998	Cabernet Franc	Oakville	D	(87–89)
1999	Cabernet Sauvignon Beckstoffer Vineyard	Oakville	E	(95–98)
1998	Cabernet Sauvignon Beckstoffer Vineyard	Napa	E	(86–88)
1998	Cabernet Sauvignon Cuvée Juanita	Napa	E	(90–91)
1994	Cabernet Sauvignon Cuvée Lola Unfiltered Reserve	Napa Valley	D	93
1994	Cabernet Sauvignon Hyampom Vineyard Lot 2	Trinity County	C	88
1999	Cabernet Sauvignon Ink Grade	Napa	E	(92–95)
1996	Cabernet Sauvignon Ink Grade	Napa	D	92
1995	Cabernet Sauvignon Ink Grade	Napa	D	92+
1994	Cabernet Sauvignon Ink Grade Vineyard Lot 2	Napa Valley	D	91+
1999	Cabernet Sauvignon Kenefick Ranch	Napa	E	(93–96)
1998	Cabernet Sauvignon Kenefick Ranch	Napa	E	(90–92)
1996	Cabernet Sauvignon Kenefick Ranch	Napa	D	93
1994	Cabernet Sauvignon Staglin Vineyard	Napa Valley	D	90+
1995	Cabernet Sauvignon TLK Ranch	Napa	D	96
1999	Cuvée Lola Proprietary Red Wine	Napa	E	(94–96)
1997	Cuvée Lola Proprietary Red Wine	Napa	D	(90–93)
1996	Cuvée Lola Proprietary Red Wine	Napa	D	92
1999	Merlot	Napa	D	(91–93)
1997	Merlot	Napa	D	(89–92)
1999	Merlot	Oakville	E	(90–92)
1998	Merlot	Oakville	E	(87–88)
1997	Merlot	Oakville	D	(90–93)
1996	Merlot	Oakville	D	94
1995	Merlot	Oakville	D	91
1999	Merlot Alder Springs Vineyard	Mendocino	D	(90–93)
1998	Merlot Alder Springs Vineyard	Mendocino	D	(87–89)
1999	Merlot Las Amigas Vineyard	Carneros	E	(92–94)
1998	Merlot Reserve	Napa	E	(88–90)
1997	Ode to Picasso Proprietary Red Wine	Napa	D	(91–93)
1998	Petite Sirah	Napa	D	(88–90)
1997	Petite Sirah	Napa	D	(91–93)
1995	Petite Sirah	Dry Creek Valley	D	92
1999	Petite Sirah Barcini Vineyard	Napa	D	(89–91)
1999	Syrah Alder Springs Vineyard Hommage to Ed Oliveira	Mendocino	E	(90–92)
1997	Zinfandel	Napa	D	(90–92)
1996	Zinfandel	Dry Creek	D	89
1995	Zinfandel	Napa	D	94

Les Behrens und Bob Hitchcock samt Familien stehen für alle guten Seiten des amerikanischen Weinbaus. Hitchcock, ein vormaliger Steuerberater, und Behrens, der früher ein eigenes Restaurant geführt hat, haben irgendwann beschlossen, ihren »richtigen« Beruf aufzugeben und stattdessen Trauben anzukaufen und daraus Weine nach »ihrem Geschmack« zu machen. Nach bescheidenen Anfängen in einer Garage im südlichen Napa Valley haben sie inzwischen auf dem Spring Mountain Landbesitz erworben. Mit einem Minimum an Kapital hat das Hitchcock-Behrens-Konsortium eine funktionale Kellerei hochgezogen und sogar für den Fassausbau extra einige unterirdische Gewölbe anlegen lassen. Doch worauf es ihnen vor allem ankommt, ist Qualität. Keiner der beiden hat ein Diplom in Önologie vorzuweisen, und wenn man ihre Weine verkostet, fragt man sich bisweilen, wozu solche akademischen Qualifikationen überhaupt gut sein sollen. Jedenfalls präsentiert sich das Produkt ihrer Arbeit spektakulär. Tatsächlich müssten sich etliche der Multi-Millionen-Dollar-Weinkonzerne, die im Napa Valley groß geworden sind, durch diese Weine beschämt fühlen und sollten sich an Wein-»Künstlern« wie Les Behrens und Bob Hitchcock ein Beispiel nehmen. Falls Sie auf der Versandliste der Kellerei noch nicht vermerkt sind, wird es höchste Zeit.

Für ihre 1998er Kreationen haben sich Behrens und Hitchcock fast entschuldigt. Allerdings sind ihre 1999er Gewächse in der Tat die besten Weine, die die beiden je erzeugt haben. Die aus superreifen Früchten gekelterten Tropfen präsentieren sich mit kühnen Geschmacksnoten, einem hohen Alkoholgehalt und einer unglaublich reichhaltigen Persönlichkeit. Sie befriedigen nicht nur die Sinne, sondern auch den Intellekt. Die Weine werden alle ungeschönt und ungefiltert abgefüllt. Außerdem ist es natürlich auch in dieser Kellerei verpönt, den Alkoholgehalt durch technische Verfahren oder durch Verdünnung des Gärmosts mit Wasser abzusenken. Der *1999er Merlot Oakville* (500 Kisten; 100% Merlot) ist ein dichter und sehr kerniger Wein mit einer Überfülle rauchwürziger Brombeer- und Kirschennoten in seiner Frucht. Der Wein ist ölig texturiert, hat einen hohen Glyzeringehalt und einen ebenso betörenden wie konzentrierten Abgang. Er wird bereits bei der Freigabe köstlich munden und mindestens 10–12 Jahre aufs Schönste überdauern. Der *1999er Merlot Alder Springs Vineyard* (350 Kisten) ist ebenfalls superb, zeigt jedoch das für ein kühles Klima typische Aroma von fast dicklichen roten Beerenfrüchten mit Anklängen an Grafit, Toast und Gewürze. Der Wein beeindruckt durch seine herrliche Reintönigkeit, einen relativ hohen Säuregehalt und einen dicken, aber superben Abgang.

Unübertrefflich präsentiert sich auch der *1999er Merlot Napa* (700 Kisten eines Verschnitts aus Trauben der Lagen Kenefick, Jaeger und Alder Springs), der sich als der strukturierteste der vier Merlots darstellte, die ich verkostet habe. Er hat eine schwarz-purpurrote Farbe, eine Frucht von umwerfender Intensität, ein großes gewichtiges Bukett von Brombeeren und Kirschen und stellt sich im Mund voluminös und kraftvoll dar. Die rauchwürzigen Eichenholznoten sind aufs Wundervollste integriert, da der Wein seine Alterung in frischer Eiche offenbar schon verarbeitet hat. Im Abgang kommt das Tannin etwas stärker zur Geltung, trotzdem ein groß dimensionierter Super-Merlot, der wahrscheinlich 2–3 Jahre lagern sollte und 15–20 Jahre überdauern dürfte. Wundern Sie sich nicht, wenn Sie in 20 Jahren jemand, der zufällig von einer Flasche dieses Weines gekostet hat, begeistert darüber aufklärt, dass es sich dabei um einen der besten je in Kalifornien gekelterten Merlots handelt. Aber ob Sie es glauben oder nicht: Behrens and Hitchcock hält sogar einen noch besseren 1999er Merlot bereit. Der *1999er Merlot Las Amigas Vineyard* (350 Kisten einer dicken, ungemein üppigen Merlot-Fruchtbombe mit 15,6% Alkohol) präsentiert sich körperreich, bemerkenswert intensiv, reintönig und ausgeglichen. Eine andere berühmte Kellerei aus dem Napa Valley hat aus den Trauben dieser Rebkultur einige nicht sonderlich inspirierende Weine gekeltert, unter den Händen von Behrens und Hitchcock hingegen ist aus dem Lesegut ein Gigant von einem Wein geworden. Der Wein präsentiert sich in undurchdringlichem Schwarz-Purpurrot mit reichhaltigen Rauchnoten und einer Frucht aus süßen Maulbeeren, Brombeeren und Kirschen, zu denen noch Nuancen von Espresso, Kakao und Toastbrot hinzukommen. Dieser superextraktreiche, gleichwohl samtig texturierte Wein dürfte 15+ Jahre überdauern.

Bei dem Syrah Alder Springs Vineyard (einer Rebkultur, die nicht nur für ihren Merlot, sondern auch für ihren Pinot Noir bekannt ist) handelt es sich um den ersten Syrah von dieser Anbaufläche. Von dem *1999er Syrah Alder Springs Vineyard Hommage to Ed Oliveira* gibt es nur eine kleine Menge. Dieser in frischem Eichenholz ausgebaute 100%ige Syrah präsentiert sich mit reichen Lakritze- und Cassis-Tönen und beeindruckt durch seine herrliche Reife, seinen vollen Körper, seinen niedrigen Säurespiegel und den geringen Tanningehalt im Abgang. Allem Anschein nach handelt es sich um einen hervorragenden Syrah, den man erst nach mehreren Jahren Flaschenreifung trinken sollte. Seine Lebenserwartung dürfte 12–15 Jahre betragen. Bei dem *1999er Petite Sirah Barcini Vineyard* handelt es sich um eine Tanninbombe. Der Wein präsentiert sich in dichtem Purpurrot mit Anklängen an Erde, Rauch, Lakritze und schwarze Früchte. Eingangs des Mundes stellt er sich süß dar mit vollem Körper und rustikalen Tanninen im Abgang. Deshalb würden ihm 5–6 Jahre im Keller gewiss gut tun. Seine Lebensdauer: cirka 20 Jahre.

Die drei Cabernet Sauvignons, die ich probiert habe, gehören zu den Superstars des Jahrgangs. Das ist eine wahrhaft bemerkenswerte Leistung, da die Weine nicht aus eigenem Lesegut gekeltert sind, sondern aus zugekauften Trauben. Der *1999er Cabernet Sauvignon Ink Grade* (300 Kisten; 15,1% Alkohol) hat eine undurchdringlich purpurrote Farbe, ein intensives, sehr aromatisches Bukett mit Anklängen an Crème de Cassis, rauchwürzige frische Eiche, Mineralien und fast blumenduftige Blau- und Brombeeren. Der ölig texturierte Wein hat die frischen Holztöne völlig absorbiert. Die Säure und das Tannin sind ebenfalls sehr schön integriert. Dieser Wein dürfte schon bei der Freigabe relativ zugänglich sein und bis zu zwei Dekaden überdauern. Eine weitere unglaubliche Kreation ist der *1999er Cabernet Sauvignon Kenefick Ranch*, der aus einer unweit des von der Familie Araujo bewirtschafteten Eisele Vineyard gelegenen Rebkultur am nördlichen Ende des Napa Valley stammt. Der Wein präsentiert sich in einem undurchdringlichen Purpurrot und im Aroma mit einer herrlichen Frucht aus Blaubeeren und Cassis, die mit Anklängen an geschmolzene Lakritze, Mineralien und Rauch einhergeht. Im Auftakt beeindruckt er durch eine süße, ölige Textur mit körperreichen, kraftvollen Geschmacksnoten, die sich bemerkenswert harmonisch darstellen. Hinzu kommt ein umwerfender Alkoholgehalt (ca. 15,9%), der sich vollkommen integriert und ausgewogen präsentiert. Dieser Wein dürfte ein Entwicklungspotenzial von 15+ Jahren mitbringen. Ein potenzieller Gigant von einem Wein ist der *1999er Cabernet Sauvignon Beckstoffer Vineyard.* Der in einer an Robert Mondavis berühmten To-Kalon Vineyard angrenzenden Rebkultur gewachsene Wein präsentiert sich in undurchdringlichem Schwarz-Purpurrot mit Aromen von Gewürzkiste samt ehrfurchtgebietenden Duftnoten von schwarzen Früchten, Toastbrot und Mineralien. Der Wein ist bemerkenswert gehaltvoll, körperreich und reintönig samt vielschichtigen Geschmacksnoten, süßen Tanninen, einem niedrigen Säurespiegel und einem Abgang, der sich gute 45+ Sekunden hinzieht. Es gibt 325 Kisten von diesem Wein, der 15,4% Alkohol aufweist. Viele der Parzellen, aus denen die Kellerei ihre Trauben bezieht, bringen ohne weiteres Hektarerträge von 110–135 hl, die jedoch von Behrens und Hitchcock um die Hälfte reduziert werden.

1998 hat die Kellerei die (nach einer Katze benannte) Cuvée Lola nicht produziert, aber der *1999er Cuvée Lola Proprietary Red Wine*, ein Verschnitt aus Cabernet Franc (und zwar zu rund 75%, mit kleineren Anteilen Petit Verdot, Merlot und Cabernet Sauvignon), ist schlicht sensationell (375 Kisten und »bescheidene« 15,3% Alkohol). Der Wein präsentiert sich in einem undurchdringlichen Blau-Purpurrot und mit einem exquisiten Bukett von flüssigen Mineralien, schwarzen Früchten und Gewürzen. Dieser dichte, riesige, körperreiche Tropfen kommt zugleich bemerkenswert elegant und anmutig daher. Eine Glanzleistung der Weinbereitung, in der Kraft und Finesse sich aufs Herrlichste vermählen. Wegen der etwas festen Tannine im Abgang sollte man ihn noch 2–3 Jahre lagern. Seine Lebensdauer: 20+ Jahre.

Auch 1998 hat die Kellerei einige potenziell herausragende Weine produziert. Es steht außer Frage, dass es den gelungeneren 1998ern zwar an Kraft, Konzentration und Alterungsfähigkeit fehlt, sie sich andererseits jedoch sehr schön gereift, charmant und in ihrer unmittelbaren Zugänglichkeit sehr verlockend darstellen. Die meisten der Weine fallen in diese Kategorie. Der *1998er Petite Sirah* stammt aus dem Calistoga Vineyard, in dem auch die Trauben für den Petite Sirah der Rockland-Kellerei wachsen (ein in begrenzten Mengen hergestelltes Juwel, das ich bereits früher hymnisch gefeiert habe). Der Wein präsentiert sich in dunklem Rubinrot mit purpurroten Glanzlichtern. Der weiche, zugängliche Wein mit seinen feinen Tanninen, seiner guten brombeer-pfefferduftigen Frucht und seinem reintönigen, üppigen Abgang wird bereits bei der Freigabe köstlich munden und 7–8 Jahre überdauern. Der dunkelrubinrote *1998er Merlot Oakville* offenbart Aromen von Mineralien, Rauch, schwarzen Kirschen und würzigem Eichenholz. Bei mittlerem Körper präsentiert sich dieser abgerundete, süffige Merlot als ein verführerischer, köstlicher Wein, den man während seiner ersten 5–6 Lebensjahre genießen sollte. Wesentlich besser ist der *1998er Merlot Reserve.* Dieser Wein präsentiert sich im Mund gehaltvoller und süßer, voluminöser, konzentrierter und intensiver und offenbart Noten von Schokolade, Schwarzkirschlikör sowie Anklänge an toast- und rauchwürziges Eichenholz. Trinken Sie diesen verführerischen, hochfein texturierten Tropfen in seinen ersten acht Lebensjahren. Die Trauben des *1998er Merlot Alder Springs Vineyard* wurden erst am 2. November geerntet (woraus sich erschließen lässt, wie kalt der Sommer 1998 gewesen sein muss). Bei mittlerem Körper präsentiert sich dieser rubin-purpurrote dichte und attraktive Merlot mit seiner süßen Maulbeer-, Brombeer- und Kirschfrucht ungemein zugänglich, hat jedoch nach dem ersten Eindruck kaum noch Glyzerin oder Intensität zuzusetzen. Er verspricht sehr gut, vielleicht sogar exzellent zu werden, allerdings ist der jahrgangstypische Mangel an Generosität und Kraft unübersehbar. Trinken Sie diesen Wein im Laufe der nächsten 7–10 Jahre.

Ich bin gespannt, was Les Behrens und Bob Hitchcock mit dem Cabernet Franc eines so erstklassigen Jahrgangs wie 1999 anstellen. Ganz sicher ist der *1998er Cabernet Franc* ein komplexer Wein mit süßen Blumen-, Gewürz- und Vanillearomen und einer Frucht aus schwarzen Himbeeren und Blaubeeren. Bei mittlerem Körper zeigt er sich elegant, weich und verführerisch. Der dichte rubin-purpurrote *1998er Cabernet Sauvignon Cuvée Juanita* (100 Kisten) beeindruckt in Duft und Geschmack durch süße Brombeer- und Cassis-Aromen sowie Gewürz- und Toastbrotnuancen im Hintergrund. Dieser fette, fleischige, säurearme Cabernet Sauvignon dürfte schon bei der Freigabe köstlich munden und sich 10–12 Jahre schön entwickeln. Gemessen an den Bedingungen seines Jahrgangs zweifellos ein Erfolg. Der *1998er Cabernet Sauvignon Beckstoffer Vineyard* präsentiert sich mit exzellenter Reintönigkeit und Reife, allerdings ohne viel Kraft und Reichhaltigkeit. Der sehr gute Wein, bei dem sich Noten von süßen schwarzen Johannisbeeren und Beerenfrüchten mit Vanille, Gewürzkiste und Zedernholz mischen, dürfte 7–8 Jahre überdauern. Von dem *1998er Cabernet Sauvignon Kenefick Ranch* sind 400 Kisten im Angebot. Dieser Wein ist schon immer einer der Stars im Angebot, und bei dem 1998er scheint es sich um eines der Spitzenerzeugnisse des Jahrgangs zu handeln. Mit seiner undurchdringlich schwarz-purpurroten Farbe, seinem umwerfenden Bukett aus Crème de Cassis, Brombeerlikör und rauchwürziger frischer Eiche stellt sich dieser intensive und körperreiche, überraschend kraftvolle Wein, der von einer unweit des Eisele Vineyard der Araujos gelegenen Rebfläche stammt, für einen 1998er ausgesprochen lang sowie ungewöhnlich gehaltvoll und konzentriert dar. Voraussichtliche Trinkreife: jetzt–2015. Bravo!

Der dunkelpflaumenblaue *1997er Merlot Oakville* stammt von einer Rebfläche unweit von Dalla Valle, Screaming Eagle und der neuen Rudd-Kellerei. Es handelt sich um einen dicklichen Wein mit einer auftrumpfend reichhaltigen Frucht von schwarzen Kirschen, die sich mit Nuancen von Rauch und würzigem Eichenholz mischt. Er betört den Gaumen mit generösen Glyzeringaben und einer dicken, saftigen Frucht. Dieser saftig texturierte Wein ist einfach ein Hochgenuss. Merlot-Liebhaber dürften an ihm ihre reine Freude finden. Im Übrigen dürfte seine Haltbarkeit bei etwa zehn Jahren liegen. Der nach einer Katze benannte *1997er Ode to Picasso Proprietary Red Wine* (ein Verschnitt aus 80% Syrah und 20% Merlot) ist dem sehr guten 1996er weit überlegen. Er besticht durch die kellereitypischen sagenhaften Aromen von Brombeeren, Blaubeeren und Cassis und durch eine umwerfende Intensität der Frucht, eine vielschichtige Textur und gewaltige Geschmacksnuancen. Dank seiner

Zugänglichkeit lässt sich der Wein bereits jung trinken, hat aber eine Lebensdauer von 12–15+ Jahren. Der *1997er Cuvée Lola Proprietary Red Wine* (ein Verschnitt aus 75% Cabernet Franc und 25% Cabernet Sauvignon und Merlot) ist einer der feinsten Cabernet-Franc-dominierten Weine Nordkaliforniens, die ich je verkostet habe. Er kann sich durchaus mit seinen erstklassigen Pendants von Dalla Valle, La Jota und Pride Mountain messen. Der Wein hat ein Bukett mit Anklängen an Zedern- und Zigarrenkistenholz, schwarze Johannisbeeren und Himbeeren. Hinzu kommen eine superbe Reife, reiche, fleischige, säurearme Geschmacksnoten und in der Mitte und im Abgang eine Reichhaltigkeit, die jedoch ganz und gar nicht schwer wirkt. Dieser Wein, den man ab der Freigabe trinken kann, hat eine Lebenserwartung von 12+ Jahren.

Leser, die nach riesigen, überlebensgroßen Weinen suchen, sollten sich nach dem *1997er Petite Sirah* umschauen. Er beeindruckt durch dichtes Purpurrot und ein gigantisches Bukett aus Mineralien, asiatischen Gewürzen, Rauch und schwarzen Früchten. Diesem extrem kraftvollen, körperreichen und reifen, riesigen Petite Sirah mit seiner eingedickten, schön gezeichneten Persönlichkeit dürfte eine Kellerlagerung von 4–5 Jahren gut tun. Seine Haltbarkeit: 20+ Jahre. Die von Behrens und Hitchcock bereiteten Zinfandels haben mich ungemein beeindruckt (der 1995er war einfach fabelhaft). Das Lesegut stammt aus einer mit 30 Jahre alten, stark zurückgeschnittenen Weinstöcken bepflanzten Kultur. Der *1997er Zinfandel* besticht durch überwältigende Anklänge an schwarze Kirschen, Bruyère-Holz, Himbeeren und eine pfeffrige Frucht. Der Wein präsentiert sich mit einem ungemein hohen Glyzeringehalt, einem mittleren bis vollen Körper, einem reichhaltigen, abgerundeten Gefühl im Mund und mit einem berauschenden Alkoholgehalt in seinem sinnlichen Abgang. Ein Wein, den man in den nächsten 3–4 Jahren trinken sollte. In meinen Notizen ist auch vermerkt, dass ich einen *1997er Merlot Napa* verkostet habe, den man wahrscheinlich getrennt abfüllen und nicht mit dem Oakville Merlot verschneiden wird. Dieser Wein war deutlicher durch Noten von Schokolade, Kaffeebohnen und Crème brulée charakterisiert als die Oakville-Cuvée. Hinzu kamen ein voller Körper, eine ungemein gehaltvolle Frucht und ein würziger, dichter und konzentrierter Abgang. Dieser potenziell hervorragende Wein, der monolithischer angelegt ist als der Oakville, ist ein weiteres superbes Erzeugnis dieser kleinen Kellerei.

Der *1996er Cabernet Sauvignon Ink Grade* präsentiert sich farblich in einem satten Purpurrot. Darauf folgt ein duftiges Bukett aus exotischen schwarzen Früchten (Blaubeeren und Cassis). Im Mund zeigen sich subtile, attraktive, blumige Noten mitsamt Gewürz- und Vanilletönen. Dieser vielschichtige Wein besticht durch süßes Tannin, eine sinnliche Textur und eine superbe Konzentration und Reintönigkeit. Ein attraktiver, opulent angelegter Cabernet Sauvignon, den Sie gleich nach der Freigabe oder in den nächsten 15 Jahren trinken können. Nach längerer Zeit im Glas traten die Noten von Blaubeer-Brombeerlikör sogar noch stärker zutage und ließen diesen Wein total hinreißend erscheinen. Der *1996er Cabernet Sauvignon Kenefick Ranch*, ein dichter schwarz-purpurroter Wein, ist körperreich und extrem gehaltvoll, mit einem süßen Bukett von schwarzen Früchten, die sich mit Lakritze- und Blumennoten verbinden. Diesem konzentrierten, kraftvollen, aber wundervoll ausgewogenen Wein ist es gelungen, das jahrgangstypische rustikale Tannin zu zähmen. Herausgekommen ist dabei ein Wein von ungewöhnlicher Seidigkeit und Ausgewogenheit. Voraussichtliche Genussreife: jetzt–2015.

Was für einen verschwenderischen, umwerfenden, herrlich reichhaltigen Merlot haben Behrens und Hitchcock da produziert? Der *1996er Merlot Oakville* hat eine dunkel rubinpurpurrote Farbe, ein hinreißendes Aroma von süßem Likör aus schwarzen Kirschen und wohlgesetzte Noten würzigen Eichenholzes. Die Reintönigkeit und die vielschichtige Textur des Weines, in der riesige Mengen Frucht, Glyzerin und Extraktstoffe zu einem nahtlosen, sinnlichen Ganzen verschmelzen, garantieren hohen Genuss und nötigen zugleich Bewunderung ab. Durch und durch transparent, lässt sich der Wein mit seiner reichhaltigen, erhabenen Wirkung am Gaumen Schicht für Schicht erfahren. Die Frucht ist superreif und schön ausgewogen mit süßem Tannin im Überfluss und einem niedrigen Säuregehalt. Trinken Sie den körperreichen, sensationell ausgestatteten Merlot in den kommenden 10 Jahren. Fast so eindrucksvoll präsentiert sich der *1996er Cuvée Lola Proprietary Red Wine*, ein Bordeaux-artiger Verschnitt aus Cabernet Sauvignon, Merlot und Cabernet Franc. Der Wein besticht durch eine satte rubin-purpurrote Farbe, vielschichtige Geschmacksnoten, hervorragende Reintönigkeit und aromatische Anklänge an schwarze Johannisbeeren, Pflaumen und Cassis. Er ist gehaltvoll, ohne jedoch schwer oder uneben zu wirken. Die strukturellen Komponenten des Weines – Tannin, Säure und Alkohol – verbinden sich zu einem seidigen Gesamteindruck. Diesen Wein können Sie jetzt gleich trinken oder 12–15 Jahre lagern.

Der aus 85% Zinfandel, 10% Petite Sirah und 5% Carignan bereitete dunkelrubinrote *1996er Zinfandel* mit seinem mittleren bis vollen Körper präsentiert sich mit einer großen Frucht von süßen schwarzen Kirschen, die sich mit Gewürz-, Pfeffer- und Staubnoten verbindet. Der Wein kommt hochklassig und kraftvoll und dennoch elegant daher, besonders für einen Dry Creek Zinfandel. Diesen sauber und stilvoll ausgebauten Wein sollte man idealerweise in den nächsten 3–4 Jahren trinken.

Der fabelhaft gehaltvolle *1995er Zinfandel* (ein Verschnitt aus 85% Zinfandel, 12% Petite Sirah und – man höre und staune – 3% Viognier) ist einer der feinsten Weine dieser Art, die ich je verkostet habe. Auf seine satte, undurchdringlich purpurrote Farbe folgt ein umwerfendes Bukett mit Anklängen an Brombeerlikör, die sich mit Himbeer-, Pfeffer- und Gewürznoten mischen. Der Wein ist von explosiver Reichhaltigkeit mit einem immensen Glyzeringehalt und ganzen Schichten konzentrierter eingedickter Frucht, einem vollen Körper und einem betörenden Abgang. Dies ist ein ungemein sinnlicher, herrlich parfümierter, geradezu dekadent konzentrierter Wein, den man in den nächsten 2–3 Jahren trinken sollte. Der undurchdringlich schwarz-purpurfarbene *1995er Merlot Oakville* (100 Kisten) präsentiert sich mit einem Bukett von ausdrucksstarken Blaubeernoten, das seiner verschwenderischen Persönlichkeit genau entspricht. Der Wein stellt sich ungemein gehaltvoll dar, hat einen mittleren bis vollen Körper, eine natürliche Textur mit einem ebenso sinnlichen wie vielschichtigen Frucht-, Glyzerin- und Extraktgehalt. Ein körperreicher, nahtlos angelegter Merlot, der rund zehn Jahre köstlich munden dürfte. Diesen exquisiten Wein kann ich jedem ernsthaften Weintrinker nur dringend empfehlen.

Liebhaber der unterschätzten Petite-Sirah-Rebe werden von dem *1995er Petite Sirah* hingerissen sein, der in puncto Qualität den außerordentlichen Petite Sirahs von Ridge's York Creek und Turley's Hayne Vineyard nahe kommt. Mit einem Alkoholgehalt von 15,2% präsentiert sich dieser dichte, schwarz-purpurfarbene Wein sehr körperreich und extrem kraftvoll. Er hat einen niedrigen Säuregehalt, einen Brombeer-, Blaubeer-, Cassischarakter, etwas Pfeffer und eine außergewöhnliche Viskosität und Intensität. Dieser riesige, den ganzen Mund auskleidende Petite Sirah ist zwar nicht für jedermann geeignet, aber für Liebhaber dieser Sorte einfach umwerfend. Er dürfte rund 20 Jahre Trinkgenuss gewähren. Die beiden herrlichen Cabernet Sauvignons gehören zu den Superstars des Jahrgangs 1995. Gegenüber dem *1995er Cabernet Sauvignon Ink Grade* habe ich einen Vorbehalt: Denn zunächst sorgen ein paar Trubstoff- und Marcaptan-Noten für eine leichte Irritation. Sie verschwinden jedoch rasch, sobald der Wein mit der Luft in Berührung kommt. Danach stellen sich die undurchdringlich purpurrote Farbe und die Anklänge an Blaubeeren und Blumen (Orchideen) höchst eindrucksvoll dar. Dieser reife und dichte, groß ausgelegte, jedoch herrlich ausgewogene Cabernet Sauvignon mit seiner fabelhaften Geschmackskonzentration, einer langen, vielschichtig texturierten Persönlichkeit, die den Gaumen mit ihrer immensen Frucht, ihrem hohen Glyzeringehalt und ihrer Reichhaltigkeit umschmeichelt, braucht idealiter noch 2–3 Jahre Kellerlagerung und hat eine Lebensdauer von 15+ Jahren. Der *1995er Cabernet Sauvignon TLK Ranch* ist ein Kraftwerk von einem Wein, offenbart jedoch eine für sein massives Format bemerkenswerte Symmetrie. Er hat eine satt purpurrote Farbe und fabelhafte Aromen von süßen Brombeeren, Blaubeeren und Cassis, die sich aufs Schönste mit subtilen toastwürzigen Eichenholznoten verbinden. Dieser beeindruckend proportionierte, dicke, saftige und körperreiche Cabernet Sauvignon mit seiner hervorragenden Reintönigkeit und seinen gut integrierten Säure-, Tannin- und Alkoholanteilen besticht durch süße Tannine und einen niedrigen Säuregehalt, Merkmale also, die ihn sofort ansprechend erscheinen lassen. Trotzdem sind alle für eine 15–20jährige Lagerzeit erforderlichen Komponenten enthalten.

Mit Ausnahme des Trinity County Cabernet Sauvignon sind zwischen den Cabernet-Sauvignon-Cuvées kaum Unterschiede auszumachen. Tatsächlich könnte man die Weine sogar ohne Verlust an Charakter miteinander verschneiden (was ich sogar getan habe). Trotzdem würde ich jeden dieser Weine gerne besitzen. Sollten Behrens und Hitchcock diese Cuvées auch weiterhin nur in kleinen Mengen anbieten, sei's drum – denn es handelt sich um wirklich superbe Cabernets. Der einzige dieser Weine, der keine hervorragende Punktnote verdient, ist der gleichwohl exzellente *1994er Cabernet Sauvignon Hyampom Vineyard Lot 2* aus dem nördlichen Trinity County unweit der Grenze nach Oregon. Ich glaube nicht, dass ich je zuvor einen Cabernet aus dieser Region verkostet habe. Der Wein hat eine dunkelpurpurrote Farbe, ein Bukett von würzigen süßen schwarzen Johannisbeeren und Blaubeeren, einen mittleren Körper, eine vielschichtige Textur und einen runden, generösen Abgang. Er dürfte eine Lebensdauer von 12+ Jahren haben. Der *1994er Cabernet Sauvignon Ink Grade Vineyard Lot 2* besticht durch vielschichtige, explosive schwarze Früchte. Der Wein ist körperreich, kraftvoll und makellos ausgebaut mit einer sensationellen Konzentration und einem den übrigen Cabernets nicht unähnlichen Charakter, dabei jedoch aromatisch besser entwickelt. Voraussichtliche Trinkreife: jetzt–2020. Der *1994er Cabernet Sauvignon Cuvée Lola Unfiltered Reserve* singt etwas lauter als seine Verwandtschaft. Die Blaubeer-, Cassis-, Vanille- und Toastbrotnoten, der hohe Extraktgehalt, der volle Körper und die seidige Textur – alles ist da. Diese Cuvée besitzt am Gaumen sogar noch mehr Gewicht und Präsenz. Wie die Cuvée Lola der dramatischste in dieser Gruppe eindrucksvoller Weine ist, so der *1994er Cabernet Sauvignon Staglin Vineyard* der verhaltenste. Dieser Wein verfügt über ein glänzendes Potenzial – eine natürliche Textur, große Reife, makellose Reintönigkeit, einen vollen Körper und eine vielschichtige Frucht aus Blaubeer- und Cassisnoten. Das Tannin tritt deutlicher hervor, trotzdem: Diesen Wein sollte man 5–6 Jahre beiseite legen und während der dann folgenden 10–15 Jahre trinken.

Ist es schon einmal jemandem in den Sinn gekommen, dass diese beiden önologischen Autodidakten im Verein mit einigen Dutzend anderen talentierten kalifornischen Weinerzeugern uns womöglich einen ganz neuen Begriff davon vermitteln, was wir von einem großen Wein zu erwarten haben? Denken Sie einmal darüber nach. Im Übrigen können Sie diese Weine fast ausnahmslos nur über die Versandliste beziehen.

BELLA (SONOMA)

1999	**Zinfandel Belle Canyon**	**Dry Creek**	**D**	**91**
1999	**Zinfandel Big River Ranch**	**Alexander Valley**	**D**	**90**
1999	**Zinfandel Lilly Hill Estate**	**Alexander Valley**	**D**	**89**

Diese beeindruckende neue Kellerei hat ein Trio bewundernswerter gut gemachter Zinfandels kreiert, die sich vor allem durch ihre reife Frucht auszeichnen, ferner durch ihre klug dosierten würzigen Eichenholznoten, ihren vollen Körper und ihre ausgewogene Persönlichkeit bei einem hohen, nicht auf der Zunge brennenden Alkoholanteil. Der elegante *1999er Zinfandel Lilly Hill Estate* kommt mit seinem Bukett aus süßer Himbeermarmelade, Kirschen und Blumen in fast »burgundischer« Manier daher (obwohl er wesentlich körperreicher ist als die meisten Burgunder). Dieser körperreiche, feste, reintönige, kraftvolle Wein beeindruckt durch seine hochklassige Frucht, präsentiert sich jedoch am Gaumen ziemlich untersetzt. Er dürfte 5–6 Jahre einen schönen Trinkgenuss bieten. Der attraktive, körperreiche *1999er Zinfandel Big River Ranch* hat eine undurchdringlich rubin-purpurrote Farbe samt groß angelegten dicken Aromen von Brombeeren, Kirschen, Johannisbeeren sowie Gewürzenkisten-, Tabak-, Pfeffer- und Rauchnoten. Dieser körperreiche, opulent texturierte und saftige, sinnenbetörende Wein dürfte in den nächsten 3–5 Jahren köstlich schmecken. Schließlich: Der gut ausgestattete, satt rubin-purpurrote *1999er Zinfandel Belle Canyon* offenbart in seinem dicken, sirupartigen, reintönigen Bukett von Kirschen, Unterholz und Seetang außerdem subtile Eichenholznoten. Der gehaltvolle, vielschichtige Wein mit seinem 20-Sekunden-Abgang dürfte 7–8 Jahre einen herrlichen Trinkgenuss bieten. Ein bemerkenswerter Neuling in der Konkurrenz der besten Zinfandels.

BELO (NAPA)

1995	**Vintage Port Reserve**	**Napa**	**D**	**91**

Was für eine Überraschung! Von dem an einen Jahrgangsport erinnernden *1995er Vintage Port Reserve* gibt es 100 Kisten, und zwar von portugiesischen Rebsorten, wie sie zur Erzeugung von Jahrgangsport verwendet, aber auch in Napa angepflanzt werden. Seine komplexen Aromen und Geschmacksnoten von Lakritze, Kaffeebohnen und süßen, eingedickten Brombeeren und Pflaumen sind unverwechselbar. Mit seinem vollen Körper und seiner moderaten Süße ist dieser Wein ein absoluter Kandidat für einen Jahrgangsport der Spitzenklasse. Ja, mit diesem Tropfen ist der kleinen Kellerei ein wahres Kunstwerk, ein Juwel gelungen. Außerdem zeigt er sich bereits jetzt gut entwickelt und köstlich in Duft und Geschmack.

BENESSERE (NAPA)

1997	**Zinfandel**	**Napa**	**C**	**88**
1999	**Zinfandel Black Glass Vineyard**	**Napa**	**D**	**90**

Diese Kellerei erzeugt vornehmlich Weine aus »italienischen« Rebsorten. Der herausragende tiefrubin-purpurrote *1999er Zinfandel Black Glass Vineyard* präsentiert sich mit einem süßen Bukett von schwarzen Früchten, das sich mit Anklängen an Rauch und getrocknete Kräuter sowie subtilen Holznoten verbindet. Der supergehaltvolle und explosiv reife, exzeptionelle Wein mit seiner vielschichtigen Textur ist bereits jetzt zugänglich, lässt sich aber auch 4–5 Jahre verwahren. Der dunkelrubinrote *1997er Zinfandel* beeindruckt mit exzellenten pfeffrigen und würzigen Brombeernoten. Im Mund präsentiert er sich bei mittlerem Körper mit reichhaltigen Eichenholzanklängen, die sich jedoch aufs Schönste mit der Reife, dem Glyzerin und dem gehaltvoll-fruchtigen Stil des Weines ergänzen. Trinken Sie ihn während der nächsten 1–2 Jahre.

BENZINGER (SONOMA)

1995	**Cabernet Sauvignon Reserve**	**Sonoma Mountain**	**D**	**88+**
1995	**Imagery Series Cabernet Franc**	**Alexander Valley**	**D**	**90**
1994	**Imagery Series Cabernet Franc**	**Alexander Valley**	**C**	**88**
1995	**Imagery Series Malbec Blue Rock Vineyard**	**Alexander Valley**	**C**	**88**
1994	**Imagery Series Petite Sirah**	**Paso Robles**	**C**	**90**
1994	**Imagery Series Syrah**	**Central Coast**	**C**	**88**
1995	**Zinfandel**	**Sonoma**	**C**	**88**
1994	**Zinfandel**	**Sonoma**	**C**	**88+**

Dieser Familienbetrieb bringt immer wieder eine attraktive Auswahl gut ausgebauter Weine hervor. Verglichen mit den überteuerten Weinen vieler kalifornischer Kellereien sind die Erzeugnisse dieses Hauses auch noch bezahlbar. Der *1995er Cabernet Sauvignon Reserve*, ein Verschnitt aus 76% Cabernet Sauvignon, 12% Cabernet Franc und 12% Merlot, zeigt sich derzeit noch verhalten, aber zugleich viel versprechend. Bei mittlerem bis vollem Körper präsentiert sich dieser gehaltvolle und fleischige, groß angelegte Wein mit seinen überreichen Duftnoten von schwarzen Johannisbeeren und Brombeeren, Eichenholz und Erde reintönig und mit einer vielschichtig texturierten Persönlichkeit. Voraussichtliche Genussreife: jetzt–2016. Der aus Trauben des Blue Rock Vineyard im Alexander Valley gewonnene *1995er Imagery Series Cabernet Franc* ist ein verführerisch seidiger Wein. Dieser tief rubinfarbene Cabernet Franc präsentiert sich mit einem intensiven, provozierenden Bukett aus Anklängen von Gewürzen, Fruchtkuchen, Zedernholz und schwarzen Früchten. Am Gaumen zeigt sich der Wein abgerundet, süß, elegant und weich. Falls ein Cabernet Franc überhaupt die Üppigkeit eines Pinot Noir zu erreichen vermag, so ist es bei diesem Wein der Fall. Er hat gewiss kein hohes Alterungspotenzial und dürfte auch jenen nicht gefallen, die sich den Gaumen gerne von einer kräftigen Ladung Tannin scheuern lassen. Gleichwohl ein köstlicher, stilvoller, komplexer, seidenweicher Cabernet Franc, den man in den nächsten 3 –4 Jahren trinken sollte. Der *1995er Imagery Series Malbec Blue Rock Vineyard* wird Dick Arrowood von der Kellerei Arrowood Winery, dem führenden kalifornischen Malbec-Produzenten, keine schlaflosen Nächte bereiten – trotzdem ein guter Wein. Das Bukett hat Anklänge an süße rote Johannisbeeren und Himbeeren mit einem Hauch von Kräutern und Erde. Dieser weiche, traubenduftige Malbec ist ein angenehmer, kräftiger und trotzdem erfrischender Wein, den man 3–4 Jahre trinken kann. Der dunkelrubin-purpurfarbene *1995er Zinfandel* ist ein exzellenter Wein, der durch ein Bilderbucharoma aus Pfeffer und Gewürznoten sowie Anklänge an schwarze Kirschen besticht. Die tief ausgeprägten, körperreichen Geschmacksnoten offenbaren eine exzellente Reintönigkeit und einen ausgeprägten Sortencharakter. Dieser säurearme, noble, fleischige Wein hat einen Alkoholgehalt von 14,5%. Man kann ihn jetzt gleich oder während der nächsten 4–5 Jahre trinken.

Der *1994er Zinfandel* war noch nicht abgefüllt, als ich ihn verkostet habe, daher die nach oben offene Benotung. Er hat eine dunkelrubin-purpurrote Farbe und einen tiefen würzigen Duft mit überschwänglichen Eichenholzanklängen. Eingangs im Mund präsentiert er sich mit einem Schwall reifer Frucht, spürbaren Anklängen an das Holz amerikanischer Eichen und einem gehaltvollen, würzigen Stil von mittlerem Körper. Dieser unmittelbar ansprechende Zinfandel besticht überdies durch seinen ausgeprägten Sortencharakter. Trinken Sie ihn während der nächsten 5–6 Jahre. Die 1994er Rotweine der Imagery Series haben in meiner Vergleichsgruppe gut abgeschnitten. Der *1994er Imagery Series Syrah* beeindruckt durch eine gesunde, dunkelrubin-purpurrote Farbe, ein pfeffriges Bukett mit reichlich Eichenholzwürze und reichhaltigen Geschmacksnoten von süßen schwarzen Johannisbeeren. Dieser üppige Syrah von mittlerem bis vollem Körper lässt sich während der nächsten 5–8 Jahre wundervoll trinken. Wenn auch von mir unbemerkt, sind dem Wein 4% Viognier beigemischt. Der schwarz-purpurfarbene *1994er Imagery Series Petite Sirah* ist ein gigantisch angelegter Wein, der sich mit einer riesigen Frucht samt Anklängen an geröstete Kräuter, rauchwürzige schwarze Johannisbeeren und einem Anflug von Teer präsentiert. Mit seinem vollen Körper und maßvollen Tanningehalt und seiner extremen Konzentration sollte man diesen Wein am besten 1–3 Jahre lagern und in den nachfolgenden 10–15 Jahren trinken. Ein anderer attraktiver Wein, der *1994er Imagery Series Cabernet Franc,* präsentiert sich rubinrot, gefolgt von süßen, komplexen Aromen von roten und schwarzen Johannisbeeren mit einer Eichenholznote und einem Hauch Menthol. Dieser stilvolle, gut ausgebaute, würzige Cabernet Franc mit seinem mittleren Körper, exzellenter Tiefe, angemessener Säure, aber wenig Tannin sollte während der nächsten 5–7 Jahre ausgetrunken werden.

BERINGER (NAPA)

1998	**Alluvium Proprietary Red**	**Knights Valley**	**D**	**88**
1997	**Alluvium Proprietary Red**	**Knights Valley**	**D**	**89**
1996	**Alluvium Proprietary Red**	**Knights Valley**	**D**	**88+**
1995	**Alluvium Proprietary Red**	**Knights Valley**	**D**	**89**

1994	Alluvium Proprietary Red	Knights Valley	D	89
1999	Alluvium Proprietary White	Knights Valley	C	89
1997	Cabernet Franc	Howell Mountain	C	(87–90)
1996	Cabernet Franc	Howell Mountain	C	89
1995	Cabernet Franc	Howell Mountain	C	90
1995	Cabernet Franc Terre Rouge	Howell Mountain	C	91
1994	Cabernet Franc Terre Rouge	Howell Mountain	C	91
1997	Cabernet Sauvignon	Knights Valley	C	88
1996	Cabernet Sauvignon	Knights Valley	C	88
1994	Cabernet Sauvignon	Knights Valley	C	89
1997	Cabernet Sauvignon Bancroft Ranch	Howell Mountain	E	95
1996	Cabernet Sauvignon Bancroft Ranch	Howell Mountain	E	92+
1995	Cabernet Sauvignon Bancroft Ranch	Howell Mountain	EE	94
1994	Cabernet Sauvignon Bancroft Ranch	Howell Mountain	EE	92
1998	Cabernet Sauvignon Chabot Vineyard	Napa	EE	90
1997	Cabernet Sauvignon Chabot Vineyard	Napa	EE	93
1996	Cabernet Sauvignon Chabot Vineyard	Napa	EE	93+
1995	Cabernet Sauvignon Chabot Vineyard	Napa	E	92+
1994	Cabernet Sauvignon Chabot Vineyard	Napa	E	93+
1997	Cabernet Sauvignon Marston Vineyard	Spring Mountain	E	(89–92)
1996	Cabernet Sauvignon Marston Vineyard	Spring Mountain	E	89
1994	Cabernet Sauvignon Marston Vineyard	Spring Mountain	E	95
1998	Cabernet Sauvignon Private Reserve	Napa	E	89
1997	Cabernet Sauvignon Private Reserve	Napa	E	94
1996	Cabernet Sauvignon Private Reserve	Napa	E	91+
1995	Cabernet Sauvignon Private Reserve	Napa	E	93
1994	Cabernet Sauvignon Private Reserve	Napa	E	94
1998	Cabernet Sauvignon Quarry Vineyard	Napa	E	(86–88)
1997	Cabernet Sauvignon Quarry Vineyard	Napa	E	(86–88)
1998	Cabernet Sauvignon St. Helena Home Vineyard	Napa	E	90
1997	Cabernet Sauvignon St. Helena Home Vineyard	Napa	E	92
1996	Cabernet Sauvignon St. Helena Vineyard	St. Helena	E	88
1995	Cabernet Sauvignon St. Helena Vineyard	St. Helena	E	93
1998	Cabernet Sauvignon State Lane Vineyard	Napa	E	88
1997	Cabernet Sauvignon State Lane Vineyard	Napa	E	90
1996	Cabernet Sauvignon State Lane Vineyard	Napa	E	90
1995	Cabernet Sauvignon State Lane Vineyard	Napa	E	90
1996	Cabernet Sauvignon Terre Rouge	Howell Mountain	E	90
1995	Cabernet Sauvignon Terre Rouge	Howell Mountain	EE	90
1994	Cabernet Sauvignon Terre Rouge	Howell Mountain	EE	88
1997	Cabernet Sauvignon Tre Colline Vineyard	Howell Mountain	EE	93

1996	**Cabernet Sauvignon Tre Colline Vineyard**	**Howell Mountain**	**EE**	**88+**
1995	**Cabernet Sauvignon Tre Colline Vineyard**	**Howell Mountain**	**EE**	**90**
1999	**Chardonnay Private Reserve**	**Napa**	**E**	**92**
1999	**Chardonnay Sbragia Limited Release**	**Napa**	**E**	**94**
1994	**Meritage Red**	**Knights Valley**	**D**	**91**
1998	**Merlot Bancroft Ranch**	**Howell Mountain**	**E**	**88**
1997	**Merlot Bancroft Ranch**	**Howell Mountain**	**E**	**92**
1996	**Merlot Bancroft Ranch**	**Howell Mountain**	**E**	**93**
1995	**Merlot Bancroft Ranch**	**Howell Mountain**	**E**	**91**
1994	**Merlot Bancroft Ranch**	**Howell Mountain**	**D**	**92+**
1997	**Nightingale**	**Napa**	**E**	**91**
1998	**Petite Sirah Hayne Vineyard**	**Napa**	**D**	**(90–92)**
1997	**Petite Sirah Hayne Vineyard**	**Napa**	**D**	**91**
1996	**Petite Sirah Hayne Vineyard**	**Napa**	**D**	**93**
1997	**Petite Sirah Marston Vineyard**	**Napa**	**D**	**(92–94)**
1996	**Pinot Noir Stanly Ranch**	**Napa**	**D**	**90+**
1995	**Pinot Noir Stanly Ranch**	**Napa**	**D**	**90**
1998	**Syrah Marston Vineyard**	**Spring Mountain**	**D**	**89**
1997	**Syrah Marston Vineyard**	**Spring Mountain**	**D**	**90+**

Auf die Frage, welche Jahrgänge von Cabernet Sauvignon, Merlot, Cabernet Franc etc. der 1990er Jahre er persönlich für die besten halte, entschied sich Beringers hoch angesehener Weinmacher Ed Sbragia eindeutig für 1991, 1997, 1994 und 1990. Die reichsten Erträge konnte man 1997 und 1991 ernten, die niedrigsten 1996 und 1998. Die kühlsten Jahre waren 1998 und 1999 (und wahrscheinlich 2000), eine interessante Abfolge von drei aufeinander folgenden ungewöhnlich kühlen Jahren. Seit die riesige australische Brauerei Foster's das Unternehmen aufgekauft hat, gehört Beringer zu den größten Weinerzeugern der Welt. Hoffen wir mal, dass das Unternehmen nicht von seinem derzeitigen Erfolgsrezept abrückt, da bei Beringer und etlichen der Schwesterkellereien weiterhin einige der begabtesten kalifornischen Weinexperten tätig sind.

Bei dem *1999er Alluvium Proprietary White* handelt es sich um einen Bordeaux-inspirierten Verschnitt aus 45% Sauvignon Blanc, 45% Sémillon sowie kleineren Chardonnay- und Viognier-Anteilen. Er wird zu 50% in neuer Eiche ausgebaut und zur Verbesserung seiner Textur und Komplexität einer vollständigen malolaktischen Gärung unterzogen. Das Ergebnis erinnert an einen weißen Graves und zeigt Anklänge an Passionsfrucht, Noten von Feuerstein und würziges Eichenholz sowie gehaltvolle melonige Geißblattkomponenten in Duft und Geschmack. Dieser fleischige, potenziell hervorragende Weißwein vermag 3–4 Jahre zu altern. Der *1999er Chardonnay Private Reserve* (20000 Kisten) wird zu rund 75% in neuen Eichenholzfässern ausgebaut. Es handelt sich dabei um einen schön strukturierten rauchwürzigen, buttrigen und fetten, wundervoll ausgereiften Wein mit einer überaus reichhaltigen honigtönigen Frucht, die aufs Schönste von hochwertigen Holztönen ummantelt wird. Dieser körperreiche, dichte, exzellente Wein dürfte 1–2 Jahre überdauern. Beringer hat die Produktion des Chardonnay Sbragia Limited Release, des am stärksten limitierten Chardonnay des Hauses, auf 3500 Kisten erhöht. Dieser aus einer Auswahl der extraktreichsten, gehaltvollsten und dichtesten Chardonnays der Kellerei bereitete Wein vermag mühelos 5–7 Jahre zu überdauern, obwohl man ihn vermutlich am besten bereits in den ersten 3–4 Jahren trinken sollte. Der Hauptanteil des Weines stammt von der Beringer-eigenen Gamble Ranch. Der *1999er Chardonnay Sbragia Limited Release* präsentiert sich (dank der kühlen Wachstumsperiode) besser strukturiert als frühere Jahrgänge. Dieser dichte und dicke, sensationelle Wein mit seiner öligen Textur, seiner feinen untergründigen Säure, den rauchwürzigen Eichentönen, den gehaltvollen, trubstoffreichen Haselnusskomponenten, die sich mit überreichen Noten von tropischen Früchten verbinden und mit einer schwelgerischen Persönlichkeit einhergehen, dürfte 4–5 Jahre Freude bereiten.

Erwähnen möchte ich hier aber auch den qualitätvollen Petite Sirah und den Syrah, die bei Beringer erzeugt werden. Die Trauben für den Syrah Marston Vineyard stammen von dem gleichnamigen Weingut auf dem Spring Mountain. Der *1998er Syrah Marston Vineyard* präsentiert sich in einem dichten bis undurchdringlichen Purpurrot, mit überreichen Anklängen an Brombeeren, Mineralien, Teer und Lakritze in Duft und Geschmack. Hinzu kommen ein mittlerer bis voller Körper und süße Tannine im Abgang. Die Verkostung dieser und anderer Weine hat ergeben, dass der 1998er Syrah den Cabernet Sauvignon desselben Jahres übertrifft. Der undurchdringlich purpurrote *1997er Syrah Marston Vineyard* betört durch herrliche Aromen von Blaubeermarmelade, Brombeeren, Mineralien und teeriger Arznei. Bei vollem Körper stellt sich dieser dichte und superkonzentrierte umwerfende Syrah verhalten und nicht so offen gewirkt und zugänglich dar wie viele kalifornische Syrahs. Voraussichtliche Genussreife: jetzt–2020. Bei dem 1997er und dem 1998er Petite Sirah Hayne Vineyard handelt es sich nach meinem Empfinden um zwei exzeptionelle Weine. Der *1998er Petite Sirah Hayne Vineyard* präsentiert sich mit rauchwürzigen Holzkohlenoten und einer entwickelteren Persönlichkeit. Der kraftvolle, dichte und gut gemachte Wein hat ein Alterungspotenzial von 25 Jahren. Der schwarz-purpurfarbene *1997er Petite Sirah Hayne Vineyard* beeindruckt durch ein kraftvolles, rauchwürziges Aroma von schwarzer Frucht, Erde und Mineralien. Im Mund stellt sich der Wein zugleich verschlossen und ungemein ausladend dar mit einem riesigen Tannin-, Frucht- und Glyzeringehalt. Deshalb hat er ein Entwicklungspotenzial von rund 30 Jahren. Bevor Sie ihn trinken, sollten Sie ihn 5, womöglich sogar 10 Jahre beiseite legen. Voraussichtliche Genussreife: 2010–2035.

Die auf der Basis von Cabernet Sauvignon beziehungsweise Merlot erzeugten 1998er sind die leichtesten Weine der 1990er Jahre. Sie sind sehr gut, freilich sollte man keine Weine erwarten, die sich mit ihren kraftstrotzenden Vorgängern von 1991 und 1996 vergleichen ließen. Die 1997er stellen sich dichter und konzentrierter dar. Bei dem *1998er Alluvium Proprietary Red* handelt es sich um einen Verschnitt aus 75% Merlot, 20% Cabernet Sauvignon und 5% Petit Verdot, Malbec und Cabernet Franc aus Beringer-Besitz im Knights Valley. Bei mittlerem Körper bietet dieser hochklassige Tropfen Aromen von Mineralien, Bleistift, Pflaumen, Himbeeren und Kirschen. Konsumieren Sie diesen eleganten Wein in den nächsten 5–7 Jahren. Der *1998er Merlot Bancroft Ranch* stammt vom Howell Mountain, einer Lage, die 1998 ziemlich komprimierte, eher kräuterhafte Weine hervorgebracht hat. Nach einem weiteren Jahr Ruhezeit stellte er sich bereits besser dar. Auch wenn er sich leichter zeigt als die meisten anderen Jahrgänge, besticht dieser Wein bei mittlerem Körper durch Anklänge an Kirschen und Pflaumen sowie durch Kräuternuancen. Diesen charmanten, abgerundeten Wein sollten Sie am besten während der nächsten 5–6 Jahre trinken. Ebenfalls stark präsentiert sich der *1998er Cabernet Sauvignon Private Reserve* mit seiner rubin-purpurroten Farbe und seinem mäßig intensiven Aroma von schwarzen Johannisbeeren samt Oliven-, Rauch-, Lakritze- und Nuancen von frischer Eiche. Bei mittlerem Körper beeindruckt dieser subtile, überraschend entwickelte Wein am mittleren Gaumen und im Abgang durch seine süße Frucht. Diesen harmonischen und charmanten Tropfen sollten Sie in den nächsten 7–8 Jahren genießen.

Die von Beringer kreierten Cabernet Sauvignons aus Einzellagen stammen von ausgewählten Spitzenparzellen und werden vielfach für den Private-Reserve-Verschnitt verwendet. Von diesen Weinen werden für gewöhnlich nur je 200 Kisten hergestellt und dann entweder über die Versandliste oder direkt ab Kellerei verkauft. Ich habe meine Verkostungsnotizen kurz gehalten, weil die Weine ohnehin nur in äußerst begrenzten Mengen verfügbar sind. Der *1998er Cabernet Sauvignon State Lane Vineyard* (diese Rebkultur hat kürzlich den Besitzer gewechselt und wird in 3–4 Jahren unter dem Namen Kapcsandy Estates wieder in Erscheinung treten) präsentiert sich bei mittlerem Körper in seinem eleganten Abgang unmittelbar ansprechend und beeindruckt durch Anklänge an süße Preiselbeeren, Tabakblätter, saure Kirschen sowie Gewürzkiste. Er dürfte rund 10 Jahre überdauern. Einer der hervorragendsten Einzellagen-Cabernets ist der *1998er Cabernet Sauvignon Chabot Vineyard.* Wie alle diese Weine aus Einzellagen wird er aus 100% Cabernet Sauvignon gekeltert. Das mäßig intensive Bukett präsentiert sich mit Noten von Kaffeebohnen, Lakritze, Pflaumen, Brombeeren und Johannisbeeren. Bei mittlerem Körper bietet dieser undurchdringlich rubinrote, dichte Wein eine hohe Geschmacksextraktion und Konzentration. Trinken Sie ihn in den nächsten 10–12 Jahren. Bei dem *1998er Cabernet Sauvignon St. Helena Home Vineyard* scheint es sich um ein weiteres gelungenes Erzeugnis dieses anspruchsvollen Jahrgangs zu handeln. Auf seine dichte rubinrote Farbe folgt eine süße Frucht von reifen schwarzen Johannisbeeren und Cassis. Dieser locker gewirkte, säurearme, gut entwickelte, fleischige und opulente Cabernet dürfte 10–12 Jahre überdauern.

Wie die folgenden Notizen zeigen, stellen sich sämtliche 1997er farblich dichter und undurchdringlicher dar als ihre 1998er Pendants, zudem mit reiferer Frucht, mehr Körper und Volumen sowie expressiverer Persönlichkeit. Der *1997er Cabernet Sauvignon* vermittelt einen exzellenten Eindruck von dem Beringer-typischen Stil. Er hat einen mittleren bis vollen Körper, eine geschmeidige Textur und einen weichen Abgang und besticht durch seine schwarze Frucht samt Noten von Lakritze und Zedernholz. Trinken Sie diesen köstlichen Cabernet in seiner ersten Dekade. Von dem *1997er Cabernet Sauvignon Private Reserve* gibt es 15000 Kisten. Der aus 97% Cabernet Sauvignon und 3% Cabernet Franc komponierte und 22–24 Monate ausschließlich in französischem Eichenholz ausgebaute Wein betört durch seine sensationelle Qualität. Er präsentiert sich undurchdringlich pflaumen-purpurfarben, gefolgt von superben Aromen von geräucherten Kräutern, geschmolzener Lakritze und schwarzer Johannisbeermarmelade. Dieser attraktive körperreiche, durch und durch typische Cabernet Sauvignon mit seiner seidigen Textur und opulenten Persönlichkeit bietet bereits jung einen köstlichen Genuss, kann aber auch 18–20 Jahre altern. Bei mittlerem bis vollem Körper ist der *1997er Cabernet Sauvignon State Lane Vineyard* ein eleganter und mit Finesse ausgebauter Wein mit einer nahtlosen Persönlichkeit, überreichen Mineralien, Fruchtaromen von roten und schwarzen Johannisbeeren samt einer schönen Geschmeidigkeit in Textur und Abgang. Mit seinen 13,8% Alkohol handelt es sich nicht um einen großen Wein, sollte sich aber in den nächsten 10–12 Jahren gut trinken lassen. Der *1997er Cabernet Sauvignon St. Helena Home Vineyard* betört durch seine überreiche Brombeer-Cassis-Frucht. Außerdem präsentiert er sich tanninhaltiger und besser strukturiert als die Quarry- oder State-Lane-Cabernets. Bei diesem würzigen Wein mit seiner hervorragenden Reife, seiner großen kernigen Mitte und seinen faszinierenden Geschmacksnoten von gerösteten Kaffeebohnen und schwarzen Johannisbeeren handelt es sich um einen groß angelegten Cabernet, den Sie während seiner ersten 15 Lebensjahre trinken sollten, bei dem in dem kühleren Klima des Spring Mountain herangereiften *1997er Cabernet Sauvignon Marston Vineyard* um einen mit einem mittleren Körper und einem mäßig erhöhten Tanningehalt ausgestatteten Wein mit unverwechselbaren Brombeer- und Johannisbeernoten in Duft und Geschmack samt einem langen Abgang. Bei dem provokanten *1997er Cabernet Sauvignon Chabot Vineyard* handelt es sich um einen dichten Wein mit lehmigen Erdnoten, die sich mit Schokoladen-, Lakritze- und teerigen Arzneitönen sowie einer überaus reichhaltigen Frucht von Brombeeren und Cassis mischen. Dieser körperreiche, kernige Wein mit seiner superben Konzentration, Symmetrie und Reintönigkeit samt einem moderaten Tannineindruck im Abgang dürfte 2004–2022 seinen Höhepunkt erreichen. Der wundervolle *1997er Cabernet Sauvignon Tre Colline* präsentiert sich mit attraktiven und auftrumpfenden Noten von Lakritze, Kirschlikör, schwarzen Früchten und würziger Eiche. Am Gaumen werden die komplexen Charakteristika des Buketts noch durch Noten von Zigarrenkistenholz ergänzt. Dieser fleischige und saftige Wein mit seiner umwerfenden Reife, seiner Säurearmut und seinen süßen schön integrierten Tanninen bietet jetzt–2020 den höchsten Trinkgenuss. Einer der gigantischsten 1997er Weine von Beringer ist der *1997er Cabernet Sauvignon Bancroft Ranch*. Bei diesem undurchdringlich purpurroten Gewächs mit seinem extrovertierten und blumigen Aroma von Blaubeeren, Mineralien und schwarzen Johannisbeeren handelt es sich um einen überwältigend angelegten Wein mit einer umwerfenden Konzentration, einer explosiven Reichhaltigkeit, die den Gaumen betört und mit einer sensationellen Geschmacksextraktion und Ausgewogenheit ausklingt. Der Anteil der Tannine ist hoch, doch präsentieren sie sich süß und schön integriert. Dieser groß angelegte, muskulöse Super-Cabernet-Sauvignon erfordert noch 3–5 Jahre Geduld. Voraussichtliche Trinkreife: 2005–2025.

Bei dem *1997er Merlot Bancroft Ranch* (100% frische Eiche) handelt es sich um einen dichten, körperreichen Wein mit Anklängen an Schwarzkirschlikör, Schokolade, Mineralien und Bleistift in Duft und Geschmack. Das fleischige und kernige Gewächs wird sich zweifellos schon bei der Freigabe verführerisch darstellen. Er hat eine Lebenserwartung von 15+ Jahren. Bislang ist der Alluvium eine Merlot-dominierte Cuvée mit kleineren Anteilen von Cabernet Sauvignon, Cabernet Franc, Petit Verdot und mitunter Malbec gewesen. Der *1997er Alluvium Proprietary Red* (rund 77% Merlot) stellte sich 2000 besser dar als ein Jahr zuvor. Die Früchte stammen größtenteils aus der Rebkultur im Knight's Valley, und der Wein wird zu 40% in neuem Eichenholz ausgebaut. Er ist auf Eleganz angelegt und offenbart intensive Aromen von Beerenfrüchten mit Mokkaanklängen und Noten von Bleistift, Mineralien und Blumen im Hintergrund, üppige Komponenten im mittleren Geschmacksbereich und süße Tanninen im Abgang. Dieser für seine Jugend ungewöhnlich nahtlose Wein (übrigens ein Kennzeichen der feinsten 1997er) dürfte 10–15 Jahre überdauern. Bei dem mittelrubin-purpurroten *1997er Cabernet Sauvignon Quarry Vineyard* handelt es sich um einen neuen Wein aus einer Einzellage, der sich mit einer abgerundeten, geschmeidig texturierten Persönlichkeit und Tiefe präsentiert und schon früh ausgereift sein dürfte. Er wird wohl schon bei der Freigabe zugänglich sein und 10–12 Jahre überdauern. Leichter und weicher und – jenseits der Aromen von Beerenfrüchten und schwarzen Johannisbeeren – weniger hartnäckig und intensiv kommt der *1998er Cabernet Sauvignon Quarry Vineyard* daher, der ebenfalls einen frühen Genuss und eine Lebensdauer von 7–8 Jahren verspricht.

Zwei Weine von bezwingender Konzentration und Kraft sind der 1996er Petite Sirah Hayne Vineyard und der 1997er Petite Sirah Marston Vineyard. Beide werden komplett in neuen Eichenfässern ausgebaut (davon je die Hälfte amerikanischen beziehungsweise französischen Ursprungs). Sie bersten vor Extraktstoffen, sind schwarz-purpurrot und noch völlig unentwickelt. Der *1996er Petite Sirah Hayne Vineyard* offenbart inzwischen sekundäre Aromen von Rauch, asiatischen Gewürzen, Zigarrenkistenholz und geradezu klassische Geschmacksnoten von Cassis und Brombeeren. Ein Riesenwein, der wenigstens 5–7 Jahre Kellerlagerung braucht und sich 20–30 Jahre halten wird. Die Trauben des *1997er Petite Sirah Marston Vineyard* stammen zu einem kleineren Teil (25%) von dem Weingut Hayne Vineyard. Dieser Wein besticht durch eine phänomenale Intensität, einen massiven Körper und wahre Sturzbäche an Tanninen und Glyzerin. Ein gewaltiger Wein, der sich frühestens in 5–6 Jahren zivilisieren wird. Er sollte sich 20–25 Jahre halten.

Die aus Einzellagen auf dem Howell Mountain gewonnenen Cabernet Francs werden komplett in frischem französischem Eichenholz ausgebaut, das sie bereits sehr schön integriert haben. Diese Weine stellen sich charmanter, weicher und weniger extraktreich dar als die Merlots oder Cabernet Sauvignons aus Einzellagen. Gleichwohl handelt es sich dabei nicht etwa um schwächliche Weine. Der dunkelrubin-purpurrote *1995er Cabernet Franc* präsentiert sich mit komplexen Aromen von Kräutern, Erde, schwarzen Früchten und würzigem Holz. Dieser abgerundete, attraktive Wein mit seiner samtigen Textur und seinem mittleren Körper sollte in seinem ersten Lebensjahrzehnt getrunken werden. Durch dieselbe Finesse, Eleganz, Würzigkeit und Frucht bei mittlerem Körper besticht auch der *1996er Cabernet Franc*. In seinem Aromenspektrum sind allerdings leichte Menthol-Minze-Anklänge auszumachen. Trinken Sie diesen stilvollen Wein während der nächsten 7–8 Jahre. Der

1997er Cabernet Franc ist aus demselben Holz geschnitzt. Der würzige, intelligent komponierte Wein mit seiner reifen Frucht ist nicht so extraktreich und geschmacksintensiv wie der 1995er und der 1996er. Trotzdem dürfte er nach längerer Fassalterung noch an Gewicht zulegen.

Die Pinot-Noir-Angebote von Beringer vermögen mich großenteils nicht zu überzeugen. Inzwischen sind zwar Fortschritte zu verzeichnen, dennoch scheint es sich bei dieser Rebsorte um die Achillesferse in der ansonsten superben Angebotspalette zu handeln. Inzwischen gibt es auch zwei Cuvées, eine von der Stanley Ranch, die andere aus der North-Coast-Region. Beringer produziert bisweilen ausgesprochen schreckliche Weine. Gleichwohl stellen der 1995er und der 1996er einen großen Fortschritt dar. Der *1995er Pinot Noir Stanley Ranch* sollte eigentlich noch ein oder zwei Jahre in der Flasche reifen. Dieser schwarz-purpurrote Wein präsentiert sich im Duft mit einer süßen Frucht aus Pflaumennoten und Anklängen an schwarze Kirschen. Danach folgen subtil würzige Noten von geröstetem Eichenholz. Im Mund stellt er sich bei mittlerem bis vollem Körper gehaltvoll dar, mit viel Länge und leichten, maßvollen Tanninanklängen. Er sollte 7–8 Jahre gut altern. Der tief rubin-purpurrote *1996er Pinot Noir Stanley Ranch* offenbart Duftnoten von Blaubeeren und Himbeeren. Der Wein ist dicht und kernig und präsentiert sich exzellent reintönig und im Abgang mit leichten Tanninnoten. Zwar ist der 1996er säure- und tanninärmer als der 1995er, doch zeigen beide wesentlich mehr Konzentration als der 1994er.

Beringer bereitet auch hervorragende Weine aus dem Lesegut der Bancroft Ranch auf dem Howell Mountain. So hat das Unternehmen zum Beispiel von seinem Merlot aus Einzellage rund 8 000 Kisten produziert. Dieser Wein verbringt 20 Monate in Fässern aus französischer Eiche aus der bekannten Küferwerkstatt Seguin-Moreau. Der *1996er Merlot Bancroft Ranch* stellte sich bei einer Verkostung 1998 wesentlich besser dar als elf Monate zuvor. Der Wein besticht durch sein sattes Purpurrot und ein exquisites Bukett mit Anklängen an in Brandy eingelegte schwarze Kirschen und geschmolzene Schokolade. Dieser dichte und körperreiche, vielschichtige Merlot mit seiner umwerfenden Süße und Reinheit hat sich herrlich entwickelt. Obwohl ihm 4–5 Jahre Flaschenreife gut täten, kann man ihn auch jetzt schon trinken oder noch eine Weile weglegen. Auch er wird sich noch 15 Jahre halten. Der *1995er Merlot Bancroft Ranch* zeigt sich in undurchdringlichem Rubin-Purpurrot. Danach folgt ein umwerfendes Aroma mit Anklängen an Schokolade, Mineralien, schwarze Kirschen und Toast. Er braucht noch 2–3 Jahre Kellerlagerung, wird sich aber 15 Jahre halten. Der *1994er Merlot Bancroft Ranch* öffnet sich im Glas sehr rasch. Auf die dunkelrubin-purpurrote Farbe folgen Aromen von Rauch, Schokolade und schwarzen Kirschen mit Anklängen an frisches Eichenholz im Hintergrund. Im Mund stellt sich dieser Wein körperreich dar, mit ebenso vielschichtigen wie explosiven und gehaltvollen Glyzerinnoten am hinteren Gaumen. Dieser dichte, konzentrierte, tanninreiche und eckige Wein dürfte 15+ Jahre überdauern. Tatsächlich würde ich den Wein erst in 3–4 Jahren aus dem Keller holen.

Die folgenden Jahrgänge von Beringers Alluvium Proprietary Red enthalten allesamt 75% Merlot und 10–20% Cabernet Sauvignon. Diese Weine sind in einem Bordeaux-artigen Stil gehalten und legen weniger Wert auf Kraft und einen hohen Extraktionsgehalt als auf Finesse und Zugänglichkeit. Ihr Tannin reicht wahrscheinlich für ein Alterungspotenzial von 10–12 Jahren aus. Der *1995er Alluvium Proprietary Red* präsentiert sich in dunklem Rubinrot und mit einem eleganten Duft aus Beerenfrucht-, Erd- und Kirschnoten. Er hat einen mittleren bis vollen Körper und besticht durch eine bewundernswerte Komplexität und Zugänglichkeit. Als ich ihn 1997 verkostet habe, erschien mir der Wein schlicht hervorragend. Auch wenn ich ihn 1998 etwas niedriger bewertet habe, handelt es sich weiterhin um ein exzellentes Erzeugnis. Ich würde dafür plädieren, ihn während der nächsten 7–10 Jahre zu trinken. Der *1996er Alluvium Proprietary Red* ist ein üppigerer, reiferer Wein, dessen Frucht aus süßen schwarzen Johannisbeeren und Kirschen sich sehr schön darstellt. Obwohl sich hinten im Mund ein wenig Tannin bemerkbar macht, verdankt der Wein seine Attraktivität seinem pikanten, fleischigen, vordergründigen Stil und der Reintönigkeit seiner Frucht, wobei aggressive Säure-, Tannin- oder Alkoholnoten gänzlich fehlen. Er hat ein Alterungspotenzial von 10 Jahren. Der *1994er Alluvium Proprietary Red* ist eine köstliche Erzeugerabfüllung. Er hat eine dunkelrubinrote Farbe, dann folgt ein attraktives Bukett von schwarzen Früchten mit subtiler Eichenholzwürze, die mit Kräuter-, Erd- und Schokoladennoten durchsetzt ist. Im Mund treten die Frucht von schwarzen Kirschen und die Toastwürze in einem seidig-glatten köstlichen Format von mittlerem bis vollem Körper in Erscheinung. Dieser sehr zugängliche Wein sollte noch in zehn Jahren trinkbar sein.

Beringers in limitierten Mengen produzierte Cabernet Sauvignons aus Einzellagen werden unter dem Markennamen »Vineyard Collection« vertrieben. Da sie nur in Auflagen von 200 Kisten produziert werden, dürften Sie diese Tropfen im Regal Ihres Weinhändlers kaum entdecken, da Beringer sie nur per Versand oder direkt ab Kellerei verkauft. Das gilt freilich nicht für den einfachen Cabernet Sauvignon aus dem Knights Valley oder den Private Reserve Cabernet Sauvignon, die beide in großen Mengen hergestellt werden. Beide sind eine fast risikolose Investition, da sie den Sortencharakter des Cabernet durchwegs fein und genau wiedergeben. Der *1996er Cabernet Sauvignon* besticht durch rauchwürzige Anklänge, die sich mit einer dicklichen Frucht von schwarzen Johannisbeeren mischen. Dem ungemein gehaltvollen, noblen und verbraucherfreundlichen Stil des Weines und seiner von der Frucht dominierten Persönlichkeit verdanken wir einen populären preiswerten Cabernet Sauvignon, der eine Lebensspanne von 10+ Jahren haben dürfte. Der exzellente, fast herausragende *1994er Cabernet Sauvignon* präsentiert sich in dunklem Rubin-Purpurrot und hat ein süßes Aroma von schwarzen Johannisbeeren mit Anklängen an Eichenholz, Erde und Schokolade. 1996 erschien mir dieser köstliche Wein von mittlerem Körper und großer Frucht herausragend, 1997 dann jedoch etwas weniger gigantisch. Er dürfte ein Alterungspotenzial von 10 Jahren mitbringen und könnte sogar eine noch höhere Benotung erreichen.

Ein enttäuschender Jahrgang von Beringers Private Reserve Cabernet Sauvignon ist mir nicht bekannt. Die hervorragende Qualität ist nur um so bewundernswerter, da die Kellerei 10 000–15 000 Kisten dieses Weines herstellt. Der *1995er Cabernet Sauvignon Private Reserve* ist ein körperreicher, explosiv gehaltvoller, tiefpurpurfarbener Wein von herrlich reifer Frucht. Er besticht durch rauchwürzige Eichenholz- und reiche Cassisnoten, leichte Anklänge an Zigarrenkisten- und Zedernholz und einen vielschichtigen Gesamteindruck. Dieser üppige, verführerische Wein lässt sich bereits jetzt gut trinken, dürfte aber ohne weiteres 15–20 Jahre altern. Der *1996er Cabernet Sauvignon Private Reserve* präsentiert sich konzentrierter und tanninreicher. Ich weiß, er ist ein großer Erfolg, doch nehme ich an, dass dieser Jahrgang in seiner Jugend nicht so attraktiv ist wie der 1995er. Der schwarz-rubin-purpurrote Wein hat neben unübersehbaren Toastbrot- und Gewürzanklängen und seiner eingedickten Frucht aus schwarzen Johannisbeeren stärkere Lakritzenoten. Dieser gut strukturierte, körperreiche und kraftvolle Wein braucht vielleicht noch einige Jahre Kellerlagerung und ist danach 15–18 Jahre trinkbar. Für Statistik-Liebhaber ist vielleicht noch interessant: Der Private Reserve besteht stets zu mindestens 97% aus Cabernet Sauvignon (der Rest ist Cabernet Franc) und wird 22–24 Monate in 100% frischen französischen Eichenfässern gealtert. Gemeinsam ist diesen Weinen ein Charakter mit Schokoladen- und Lakritzenoten sowie rauchwürzigen Anklängen, der sich sehr gut mit ihrer reichen Frucht und ihrem hohen Glyzeringehalt verbindet. Der umwerfende *1994er Cabernet Sauvignon Private Reserve* präsentiert sich in undurchdringlichem Purpurrot mit fantastischen Aromen von Eichenholzwürze und einer seidigen, konzentrierten Textur samt unaufdringlicher Säure und gedämpften Tanninen. Der Wein besticht durch seine vielschichtige Reichhaltigkeit, eine bemerkenswerte Ausgewogenheit, eine süße reintönige Frucht und einen Abgang, der fast 30 Sekunden dauert. Diese Weine werden in vollständig neuen Eichenholzfässern ausgebaut. Erstaunlicherweise ist das Eichenholz in dem fertigen Wein nicht die vorherrschende Komponente, was nur die überragende Kompetenz des Kellermeisters und die hohe Konzentration dieser Weine unterstreicht.

Wie so viele 1994er Spitzenweine aus Napa und Sonoma war dieser Wein bereits bei der Freigabe Anfang 1998 zugänglich, hat aber ein Alterungspotenzial von 20 Jahren.

Das Weingut State Lane Vineyard liegt auf extrem felsigem Boden in der Gegend von Yountville. Der *1995er Cabernet Sauvignon State Lane Vineyard* hat ein St-Emilion-ähnliches Bukett mit Anklängen an Kirschen, Tabak und süße Johannisbeeren. Hinzu kommen im Geschmack weiche, schön abgerundete und reife Beerenfruchtnoten. Dieser verführerisch angelegte zugängliche Cabernet mit mittlerem bis vollem Körper lässt sich bereits jetzt, aber auch in den nächsten 15 Jahren sehr schön trinken. Dieselben seidigen Tannine findet man auch in dem *1996er Cabernet Sauvignon State Lane Vineyard*. Der Jahrgang hat im Allgemeinen eher harte, tanninreiche rustikale Weine hervorgebracht, doch das ist bei dieser Cuvée nicht der Fall. Der Wein betört durch eine reiche, süße, eingedickte Frucht von Pflaumen und schwarzen Johannisbeeren, Aromen von Zigarrenkisten- und Zedernholz und Gewürzen, dazu durch eine seidige, üppige, vielschichtige Persönlichkeit von mittlerem bis vollem Körper. Man kann ihn während der ersten 15–18 Jahre seines Lebens trinken.

Bei mittlerem bis vollem Körper präsentiert sich der *1996er Cabernet Sauvignon Marston Vineyard* mit reicheren Johannisbeernoten als der 1997er, dafür etwas weniger konzentriert. Ein eindrucksvoll angelegter gehaltvoller Wein, der nicht ganz so verführerisch und zugänglich daherkommt wie sein State-Lane-Pendant. Ich gebe ihm eine Lebensdauer von 2 Dekaden. Von dem *1994er Cabernet Sauvignon Marston Vineyard* wurden insgesamt 200 Kisten hergestellt. Dieser umwerfende Cabernet präsentiert sich farblich in dichtem Schwarz-Purpurrot, dazu mit eingedickten Blaubeer- und Cassisaromen und in einem von der Frucht dominierten Stil. Obwohl komplett in neuen Eichenfässern ausgebaut, sind in diesem attraktiven, üppig texturierten, überwältigend konzentrierten Wein von reicher Frucht kaum Holznoten spürbar. Sein niedriger Säuregehalt und seine Reintönigkeit machen diesen Cabernet Sauvignon zu einem Hochgenuss. Voraussichtliche Trinkreife: jetzt–2012.

Der Cabernet Sauvignon Tre Colline, dessen Früchte auf dem Howell Mountain wachsen, konnte 1995 sein Debüt feiern. Bei diesen Cabernets handelt es sich um tanninreiche, verhaltene, körperreiche Weine mit beträchtlicher Wucht und Tiefe. Der *1995er Cabernet Sauvignon Tre Colline Vineyard* ist ein vielschichtiger, körperreicher, würziger Wein mit einer großen Frucht aus schwarzen Johannisbeeren, die sich mit Noten von Zedernholz und grasigem Tabak verbinden. Der körperreiche, reintönige, schön texturierte Wein braucht idealiter noch 2–3 Jahre Kellerlagerung und dürfte 20 Jahre überdauern. Der dichte purpurrote *1996er Cabernet Sauvignon Tre Colline Vineyard* präsentiert sich verhalten, tanninreich und sollte noch 5–6 Jahre in der Flasche ruhen. Alle notwendigen Bestandteile sind zwar vorhanden, doch dieser Wein verlangt Geduld.

Auch die St. Helena Vineyard Cabernet Sauvignons bestechen durch einen interessanten Stil. Der *1995er Cabernet Sauvignon St. Helena Vineyard* präsentiert sich mit duftig-rauchwürzigen Lehmboden-, Unterholzaromen und Noten von reifen, in Brandy eingelegten schwarzen Johannisbeeren und Kirschen. Dieser gehaltvolle Wein ist körperreich und hat eine superbe Dichte und üppige Textur. Der wundervoll ausgebaute, komplexe Wein mit herrlichen Anklängen im mittleren Geschmacksbereich und wundervoller Länge (stets Anzeichen hoher Qualität) kann bereits jetzt getrunken oder 15+ Jahre gelagert werden. Der *1996er Cabernet Sauvignon St. Helena Vineyard* ist das glatte Gegenteil des 1995ers; er ist streng, tanninreich und verhalten. Zwar verfügt er über reichlich Kraft und Muskeln, doch zur Zeit hat sein Tannin noch die Oberhand. Bei der Degustation zeigte er sich verschlossen, deshalb möchte ich ihn vor der Freigabe unbedingt noch einmal verkosten.

Der zweifellos bekannteste Beringer-Cabernet aus einer Einzellage stammt aus dem Chabot Vineyard. Wie bei den anderen Weinen dieser Serie handelt es sich auch hier um einen 100%igen Cabernet, der zu 100% in neuen Eichenfässern ausgebaut worden ist. Der zugängliche *1995er Cabernet Sauvignon Chabot Vineyard* präsentiert sich mit einem mittleren bis vollen Körper und umwerfenden Aromen von gerösteten Kräutern, gegrilltem Fleisch,

Kaffeebohnen, Cassis und Kirschen-Frucht. Im Mund stellt er sich viskos und körperreich dar, mit einer kernigen Mitte und einem langen und gehaltvoll-würzigen Abgang. Der *1996er Cabernet Sauvignon Chabot Vineyard* zeigt in Duft und Geschmack Noten von Schokoladenlikör, dazwischen Anklänge an Brandy, aber auch an Lehmboden, die sich mit feuchten Wald- und Unterholzaromen mischen. Dieser körperreiche, ungemein kraftvolle Wein mit seinen kernigen, dicken, gut strukturierten, schokoladentönigen Fruchtaromen, ist ein komplexer, aber verhaltener, prachtvoll ausgestatteter Cabernet Sauvignon mit einem gaumenbetörend vielschichtigen Tannin- und Extraktstoffgehalt. Gönnen Sie ihm 3–4 Jahre Flaschenreife und trinken Sie ihn in den darauf folgenden 20 Jahren. Der *1994er Cabernet Sauvignon Chabot Vineyard* ist ein verhaltener körperreicher, muskulöser Wein, der noch 5–7 Jahre bis zur Trinkreife braucht. Bei entsprechender Belüftung gibt der Wein widerstrebend Duftnoten von Pfeffer, Jod, Cassis, Minze und Erde preis. Dieser körperreiche, ausladende Cabernet braucht noch etwas Ruhezeit in der Flasche. Kaufen sollten ihn nur Leute mit Geduld, da er in seiner Jugend nicht den erwünschten Trinkgenuss verschafft.

Das begrenzte Angebot an Bancroft Ranch Cabernet Sauvignons besticht ebenfalls durch seine hervorragende Qualität. Früher habe ich den 1996er etwas höher bewertet als den 1995er, doch nach einem zusätzlichen Jahr Flaschenreife stellt sich der 1995er vorteilhafter dar als der 1996er. Derzeit wirkt der 1995er etwas vollständiger und multidimensionaler als der 1996er, doch das eigentliche Objekt der Begierde ist der phänomenale 1997er. Der *1995er Cabernet Sauvignon Bancroft Ranch* hat eine undurchdringlich schwarz-purpurrote Farbe und in seinem betörenden Bukett Aromen von Mineralien, Blaubeeren, Brombeeren und Cassis. Mit seinem vollen Körper, seiner rassigen, kernigen Textur, seinem hohen Tanninspiegel und seiner wundervollen Süße und Ausgeglichenheit versetzt dieser Wein sämtliche Geschmacksknospen in einen wahren Taumel. Als ich ihn verkostet habe, zeigte er sich eindrucksvoll und schwelgerisch. Voraussichtliche Genussreife: jetzt–2025. Der *1996er Cabernet Sauvignon Bancroft Ranch* kommt farblich in einem vielleicht noch satteren, dickeren Schwarz-Purpurrot daher. Seit meiner Verkostung, als die samtigen Noten überwogen, ist etwas Tannin zu Tage getreten. Dies ist ein ungemein kraftvoller, extrem körperreicher, gaumenbetörender Wein. Sein enormer Extraktgehalt, seine immense Reichhaltigkeit und sein hoher Tanninspiegel, dies alles spricht dafür, dass dieser Wein noch eine Reihe von Jahren ruhen sollte. Voraussichtliche Genussreife: 2005–2025. Halten Sie auch nach dem *1994er Cabernet Sauvignon Bancroft Ranch* Ausschau. Dieser undurchdringlich purpurrote Wein kommt im Bukett mit toast- und rauchwürzigen Eichenholztönen daher, außerdem mit den für die Howell-Mountain-Weine typischen Cassis- und mineralischen Aromen. Weitere Merkmale dieses breitschultrigen Weines sind reichhaltige, kraftvolle, körperreiche Geschmacksnoten und eine exzellente Reintönigkeit und Süße der Frucht. Außerdem hat er reichlich Tannin im Angebot, so dass er nach der Freigabe wahrscheinlich noch 3–4 Jahre ruhen sollte. Er wird sich 2 Jahrzehnte halten.

Ein Cabernet Sauvignon Terre Rouge wurde 1994, 1995 und 1996 produziert. Diese Weine gehören zu den verhalteneren, strengeren, eckigeren Erzeugnissen aus Einzellagen. Der *1994er Cabernet Sauvignon Terre Rouge* präsentiert sich dunkelrubinrot mit Aromen von Gewürzen, krautigem Tabak und Erde, einer süßen Kirsch- und Cassis-Fruchtigkeit, einem mittleren Körper und moderaten Tanninwerten. Er sollte noch 2–4 Jahre ruhen und hat ein Alterungspotenzial von 15+ Jahren. Der *1995er Cabernet Sauvignon Terre Rouge* hat eine dichte dunkelpurpurrote Farbe, eine fettigere und fleischigere Textur, einen volleren Körper und konzentrierte gehaltvolle Geschmacksnoten. Er ist ansprechender und weniger streng als der 1994er und dürfte eine Lebenszeit von 12–15 Jahren haben. Nach meinem Empfinden wird der *1996er Cabernet Sauvignon Terre Rouge* mehr von seiner Frucht als von seiner Struktur bestimmt. Er verfügt über ein reiches Bukett aus roter und schwarzer Frucht, hat wenig Säure, eine betonte Glyzerinkomponente, eine eingedickte kernige Textur und einen würzigen Abgang von mittlerem bis vollem Körper. Zwar dürfte der 1996er sich nicht so verhalten entwickeln wie der 1994er, doch fehlt es ihm an der Fleischigkeit des 1995ers.

Der *1995er Cabernet Franc Terre Rouge* hat eine süße Frucht und hinterlässt in Duft und Geschmack einen strukturierten Eindruck. Mit seinen attraktiven Aromen von roten und schwarzen Johannisbeeren, Mineralien und Gewürzen offenbart dieser Wein bei mittlerem Körper eine Persönlichkeit von mäßiger Intensität und hat einen durch Gewürze und süße Tannine charakterisierten Abgang. Er dürfte bereits in der Jugend schmecken und dennoch 10–12 Jahre überdauern. Der *1994er Cabernet Franc Terre Rouge* besticht durch eine dicht rubin-purpurrote Farbe, ein würziges, duftiges Aroma von schwarzer Frucht, Mineralien und Schokolade, gehaltvolle Geschmacksnoten und einen mäßig gewichtigen Eindruck am Gaumen. Die Tannine und die Säure des Weines zeigen sich weich und gut integriert. Obwohl leicht zu verstehen und zu trinken, verspricht dieser Cabernet Franc, sich noch weitere 10 Jahre schön zu entwickeln.

Beringer hat auch den vornehmlich Merlot-dominierten exzellenten bis hervorragenden Verschnitt Meritage im Angebot. Der *1994er Meritage Red* ist aus 80% Merlot und 20% Cabernet Sauvignon bereitet; die Trauben stammen aus dem Knight's Valley. Der fette, gehaltvolle und reife Wein dürfte gewährleisten, dass Merlot-Liebhaber in den nächsten Jahren stets mit einen guten Tropfen rechnen können.

Schließlich hat die Kellerei noch 400 Kisten von dem *1997er Nightingale* im Angebot, einem Verschnitt aus Botrytis-infizierten Sémillon- (70%) und Sauvignon-Blanc-Trauben (30%). Dieser Wein, der sich farblich wie ein Sauternes ausnimmt, betört in Duft und Geschmack mit Noten von honigtöniger Ananas, ferner Kokosnuss und diversen tropischen Früchten. Der viskose Rebsaft mit seiner guten untergründigen Säure und seinen subtilen Holztönen kommt gar nicht aggressiv daher. Ich kann mir nicht vorstellen, dass diese Weine wie ein großer französischer Sauternes 30–50 Jahre zu überdauern vermögen, aber eine Dekade dürfte dieses köstliche Erzeugnis schon überstehen.

Bisherige große Jahrgänge: 1993er Alluvium Proprietary Red (90), 1993er Cabernet Sauvignon (90), 1993er Cabernet Sauvignon Chabot Vineyard (90?), 1993er Meritage Red (90), 1993er Merlot Bancroft Ranch (93+), Cabernet Sauvignon Private Reserve 1994er (95), 1993er (92+), 1991er (95), 1990er (93), 1987er (93), 1986er (91).

ROBERT BIALE (NAPA)

1999	Zinfandel Aldo's Vineyard	Napa	D	91
1996	Zinfandel Aldo's Vineyard	Napa	D	90
1999	Zinfandel Black Chicken Vineyard	Napa	D	89
1999	Zinfandel Falleri Vineyard	Napa	EE (Magnum)	93
1999	Zinfandel Monte Rosso Vineyard	Sonoma	D	91
1996	Zinfandel Monte Rosso Vineyard	Sonoma	D	92
1999	Zinfandel Old Crane Ranch	Napa	D	88
1996	Zinfandel Old Crane Ranch	Napa	D	90
1999	Zinfandel Robert Biale Vineyards	Sonoma	D	90
1999	Zinfandel Spenker Vineyard	Lodi	D	90
1999	Zinfandel Valsecchi Vineyard	Sonoma	D	93

Robert Biale etabliert sich immer mehr in der Spitzengruppe der fünf bis zehn führenden Erzeuger von Zinfandel-Weinen in Kalifornien. Seine 1999er sind durch die Bank brillante Gewächse.

Bei dem *1999er Zinfandel Spenker Vineyard* (14,8% Alkohol) handelt es sich um einen umwerfenden Rotwein aus dem bis vor kurzem noch völlig unbekannten Anbaugebiet Lodi. Mit seiner dichten rubin-purpurroten Farbe geht eine ebenso reiche wie unkomplizierte Frucht von schwarzen Kirschen und Beerenfrüchten einher, die sich in einem würzigen, körperreichen und luxuriösen Stil präsentiert. Man kann ihn bereits jetzt und während der nächsten 3–4 Jahre trinken. Mit einem ähnlichen Alkoholgehalt (14,9%) kommt der rubinpurpurrote *1999er Zinfandel Old Crane Ranch* daher, der sich in seinem Aromenprofil gedämpfter zeigt. Doch bei ausreichendem Luftkontakt betört er mit Duftnoten von schwarzen Kirschen und Beerenfrüchten, die sich mit Noten von Pfeffer und Unterholz verbinden. Da er sich strukturierter, monolithischer und tanninhaltiger darstellt, könnte man ihn für besonders alterungsfähig halten, doch nach meiner Erfahrung vermögen sich Zinfandel-Weine in der Flasche nur selten länger als 5–7 Jahre zu verbessern. Der *1999er Zinfandel Aldo's Vineyard* (14,9% Alkohol) offenbart einen Rhônetal-artigen Duft von getrockneten provenzalischen Kräutern, Pfeffer, schwarzen Kirschen und Eichenholzwürze. Er hat eine üppige Textur und einen vollen Körper und zeigt sich gehaltvoll, reintönig und harmonisch. Trinken Sie diesen schwelgerischen, groß angelegten, trockenen und freundlichen Zinfandel in den kommenden 5–6 Jahren. Der dunkelrubinrote *1999er Zinfandel Robert Biale Vineyards* (14,9% Alkohol) präsentiert sich mit einem süßen würzigen Aroma von Kräutern, eingedickter Kirschfrucht, Pfeffer und Erde. Bei mittlerem bis vollem Körper und reichlich Fleisch und Frucht dürfte dieser geschmeidige, pikante und würzige Wein während der kommenden 2–3 Jahre munden.

Der *1999er Zinfandel Valsecchi Vineyard* (15,2% Alkohol), der in einer mir bis dato völlig unbekannten Rebkultur gewachsen ist, präsentiert sich in einem beeindruckend satten Rubinrot und mit einem schwelgerisch süßen Aroma von reintönigen weißen Früchten, die sich mit Blumen- und Blaubeerkomponenten verbinden. Er beeindruckt durch seine Pomeral-artige Üppigkeit und eine schöne Beerenfrucht (von Kirschen, Blaubeeren und Brombeeren), seinen vollen Körper und eine nahtlose Persönlichkeit. Sein Alterungspotenzial ist eher dürftig, gleichwohl bietet er während der kommenden 4–6 Jahre einen überzeugenden Trinkgenuss. Ebenfalls aus Napa kommt der dicht rubinrote *1999er Zinfandel Black Chicken Vineyard* (15,3% Alkohol), der sich mit einem eher faden Bukett von Kräuter-, Eichenholz- und Hefesatznuancen präsentiert und keine der für seine Verwandtschaft typischen Fruchtnoten aufweist. Im Mund fängt der Wein dann freilich an zu singen. Er hat eine fette, saftige Textur, einen mittleren bis vollen Körper und besticht durch seine exzellente Reintönigkeit und einen ausgedehnten 20–30 Sekunden langen Abgang. Sollte sich das Bukett noch verfeinern, könnte der Wein sogar 90 Punkte erzielen. Ein Verzehr während der nächsten 3–4 Jahre erscheint ratsam. Der aus einer bekannten Reblage stammende *1999er Zinfandel Monte Rosso Vineyard* (15% Alkohol) beeindruckt durch umwerfend reintönige Aromen von schwarzen Früchten, zerstoßenen Steinen, Pfeffer und Erde. Dieser makellos ausgewogene, körperreiche Wein mit seiner reifen, sauberen Frucht und einem langen, dicken, gehaltvollen und geschmeidigen Abgang ist ebenfalls ein umwerfender Tropfen. Der *1999er Zinfandel Falleri Vineyard* (15,2% Alkohol) wird nur in Magnumflaschen angeboten. Auch gibt es von dem Wein nicht einmal 50 Kisten. Dieser Tropfen, dessen Trauben aus einer Rebkultur nahe Calistoga stammen, präsentiert sich in dichtem Rubin-Purpurrot und mit einem Bukett, das an einen hochklassigen Châteauneuf-du-Pape erinnert. Auf Aromen von Pfeffer, schwarzer Kirschmarmelade und Erde folgt ein körperreicher, samtig texturierter, reifer Zinfandel mit zu Kopf steigendem Alkohol und ganzen Ladungen von Frucht, Glyzerin und Charakter. Er dürfte 5–7 Jahre munden. Bei sämtlichen vorgenannten Weinen handelt es sich um absolut umwerfende Zinfandels.

Die 1996er Zinfandels können sich ebenfalls sehen lassen. Bei dem *1996er Zinfandel Aldo's Vineyard* (875 Kisten) handelt es sich um einen attraktiven, unfiltrierten Wein mit einer beträchtlichen Persönlichkeit. Die dunkle pflaumenfarbene Kreation besticht durch ihre erdigen, eingedickten süßen Preiselbeer- und Himbeernoten, die mit Pfeffer-, Weihrauch- und Gewürzanklängen einhergehen. Dieser geschmeidige, körperreiche, konzentrierte, sinnliche, opulent texturierte, generöse Zinfandel mit seiner robusten Konstitution und seinem gigantischen Glyzeringehalt (14,6% Alkohol) sollte in den nächsten 3–4 Jahren getrunken werden. Auch wenn es schwer fällt, aus dem 1996er Trio einen Favoriten herauszupicken, hat sich bei mir eine gewisse Vorliebe für den unfiltrierten *1996er Zinfandel Monte Rosso Vineyard* (675 Kisten) eingeschlichen. Er besticht durch seine ungemein satte pflaumenblau-purpurrote Farbe und präsentiert seine Persönlichkeit in ebenso extravaganter wie körperreicher Manier. Dieser wundervolle Zinfandel bietet reichliche Mengen an Pfeffer- und Gewürznoten und dazu noch gehaltvolle Anklänge an Kirsch- und schwarze Himbeermarmelade. Der subtile Eichenholzeinfluss verstärkt noch die cremige Textur dieses konzentrierten, dramatisch komponierten, körperreichen Weines. Trinken Sie diesen sündhaft reichhaltigen Zinfandel jetzt und während der nächsten 5–6 Jahre. Schließlich ist noch der *1996er Zinfandel Old Crane Ranch* (800 Kisten unfiltriert abgefüllt) zu nennen, ein sinnlicher, fetter, vielschichtiger, auftrumpfender Wein mit großen Mengen an Beerenfrucht, Glyzerin, Extraktstoffen und Alkohol (15,4%). Der niedrige Säuregehalt des Weines, seine verschwenderische Reichhaltigkeit und sein Aufmerksamkeit erregender Stil werden Zinfandel-Enthusiasten in den nächsten 4–5 Jahren noch viel Freude bereiten.

BLACKJACK RANCH (SANTA BARBARA)

1997	**Cabernet Sauvignon**	**Santa Barbara**	**D**	**(87–90)**
1999	**Harmonie Proprietary Red Wine**	**Santa Barbara**	**D**	**92**
1997	**Harmonie Proprietary Red Wine**	**Santa Barbara**	**D**	**90**
1999	**Le Mas Rouge**	**Santa Barbara/ San Luis Obispo**	**C**	**88**
1999	**Merlot Billy Goat Hill Estate**	**Santa Barbara**	**D**	**93**
1998	**Pinot Noir Laetitia Vineyard**	**San Luis Obispo**	**D**	**88**
1999	**Syrah Estate**	**Santa Barbara**	**D**	**87**
1998	**Syrah Estate**	**Santa Barbara**	**D**	**89**

Dieses viel versprechende, rund sieben Hektar große Weingut außerhalb des Dorfes Los Olivos wird von Roger Wisted geleitet. Wisted ist bemüht, den Weinen der Region Santa Barbara so viel Charakter wie möglich mitzugeben. Bereits seine ersten Weine – Cabernet Sauvignons, Pinot Noirs und Chardonnays – haben mich sehr beeindruckt. 1998 und 1999 hat er dann auch einen Syrah gemacht. Außerdem hat Roger Wisted einige sehr interessante Rhône-Ranger-Cuvées im Angebot. Der dunkelrubinrote *1998er Syrah Estate* beeindruckt in seinem rauchwürzigen Cassis-Kampferbukett durch eine Pinot-Noir-artige Komplexität. Bei mittlerem Körper präsentiert sich dieser ernsthafte Syrah mit Geschmacksnoten von Pflaumen, Kräutern und Pfeffer. Stilistisch handelt es sich um eine Kombination aus einem roten Côte d'Or aus Burgund und einem Crozes-Hermitage von der südlichen Rhône. Trinken Sie diesen Tropfen in den kommenden 6–7 Jahren. Der in einem kühleren Jahr gewachsene *1999er Syrah Estate* zeigt sich kräuterhafter und straffer gewirkt, verhaltener und verschlossener. Trotzdem verfügt er über eine schöne untergründige Komplexität und eine schöne Frucht. Der preiswertere *1999er Le Mas Rouge*, dessen Trauben aus den Bereichen Santa Barbara und San Luis Obispo stammen, präsentiert sich mit reichen Anklängen an Kirschen, provenzalische Kräuter, zerstampften Pfeffer und einem Hauch von *garrigue*. Ein mit Spaß zu trinkender Wein von mittlerem Körper, den man während seiner ersten 3–4 Lebensjahre genießen sollte.

Der endgültige Durchbruch ist Wisted mit dem 1999er Merlot und dem Cabernet Sauvignon gelungen. In jenem eher kühlen Jahr sind Weine von exzeptioneller Reichhaltigkeit und Konzentration herangewachsen, zumindest gilt dies für die Blackjack Ranch. Der ehrfurchtgebietende *1999er Merlot Billy Goat Hill Estate* (544 Kisten) ist einer der besten Weine dieser Sorte in Kalifornien. Die Tatsache, dass er aus Santa Barbara stammt, ist eine Offenbarung. Der Tropfen erinnert mich an den 1990er Clinet aus Pomerol. Auf die satte purpurrote Farbe folgen ein außergewöhnliches Bukett mit Anklängen an Espresso, schwarze Früchte, Kakao und Vanille, ein explosiver Eindruck auf der Zunge, eine ölige Textur, eine bewundernswerte Frische, eine erstaunliche Konzentration und eine eingedickte Konsistenz. Die Alterungsfähigkeit beträgt 15 Jahre. Wäre dieser Wein im Napa Valley entstanden, könnte man ihn für den dreifachen Preis verkaufen. Und nun bitte aufgepasst. Ebenfalls eine großartige Kreation ist der *1999er Harmonie Proprietary Red Wine*, ein Verschnitt aus 51% Cabernet Sauvignon, 39% Cabernet Franc, 7% Merlot und 3% Syrah. Mit seiner undurchdringlich schwarz-purpurroten Farbe gehen Aromen von Brombeerlikör einher, in die sich Cassis-, Lakritze-, Grafit- und toastwürzige Noten mischen. Mit seinem vollen Körper, seiner nahtlosen Textur, seinen wundervoll integrierten Säure- und Tanninanteilen und einem ebenso langen wie vielschichtigen und konzentrierten Abgang dürfte dieser Wein 20 Jahre überdauern. Der eindrucksvolle *1997er Harmonie Proprietary Red Wine* (ein Verschnitt aus 86% Cabernet Sauvignon, 6% Petite Verdot, 4% Cabernet Franc und 4% Merlot) besticht durch komplexe Aromen von schwarzen Früchten, gerösteten Kaffeebohnen, getrockneten Kräutern und Erde. Der Wein zeichnet sich durch eine hervorragende Reife aus, seine süße gehaltvolle Frucht, feste Tannine, eine schön gezeichnete Persönlichkeit sowie durch seine Kraft und Fülle. Lassen Sie diesen Wein noch 3–4 Jahre ruhen. Seine Lebensdauer: 15+ Jahre.

Unter den Rotweinen hat Wisted auch einen Pinot Noir im Angebot. Der *1998er Pinot Noir Laetitia Vineyard* könnte ohne weiteres als ein guter Premier Cru aus Vosne-Romanée durchgehen. Er präsentiert sich mit einem erdigen, würzigen, blumigen Aroma von Vanille und Kirschen, einer eleganten Persönlichkeit von mittlerem Körper, süßer Frucht und einem unfehlbaren Pinot-Charakter. Diese komplexe Kreation dürfte sich 4–5 Jahre entwickeln. In meinen Notizen heißt es, dass ich das Bukett dieses Weines mit 91 Punkten bewertet habe, den Geschmack hingegen nur mit 87.

Der *1997er Cabernet Sauvignon* (weniger als 500 Kisten) ist aus zugekauften Früchten gekeltert, die in einer 17 Jahre alten Rebkultur in Los Olivos herangereift sind. Der zu gleichen Teilen in Fässern aus amerikanischer und französischer Eiche gealterte Wein braucht noch ein weiteres Jahr bis zur Freigabe. Zwar wirkt er derzeit noch traubig, unentwickelt und verhalten, doch das hervorragende Potenzial ist bereits spürbar. Der für viele Cabernets aus dieser Region typische vegetabile Charakter ist in diesem Wein nicht anzutreffen. Der aus extrem reifen Trauben bereitete Cabernet ist ein undurchdringlich schwarz-purpurroter Wein mit mäßig intensiven Cassis-, Brombeer-, Lakritze- und Aromen von Zigarrenkistenholz. Die Eichenholznote ist gut eingebaut und der Tanningehalt hoch, doch der Wein hat eine süße gehaltvolle Mitte, eine exzellente bis hervorragende Textur und eine feine Länge. Er dürfte sich demnächst als eindrucksvolle Debüt-Freigabe der Blackjack Ranch erweisen. Voraussichtliche Genussreife: jetzt–2020.

BLOCKHEADIA RINGNOSII (NAPA)

1998	**Zinfandel**	**Napa**	**C**	**89**
1998	**Zinfandel**	**Russian River**	**C**	**88**
1999	**Zinfandel Lorenza Lake Winery**	**Napa**	**C**	**90**

Michael Quellette, der ehemalige Geschäftsführer des Mustard's Grill, eines beliebten Lokals im Napa Valley, betätigt sich inzwischen ausschließlich als Weinmacher. Sein vom Stil des Rhônetals inspirierter sortentypischer *1999er Zinfandel Lorenza Lake Winery* beeindruckt mit Aromen von Pfeffer, Kirschwasser, getrockneten provenzalischen Kräutern, Gewürzen und Erde. Genießen Sie diesen fleischigen, körperreichen, sinnlichen und kernigen Wein mit seiner herausragenden Konzentration, seiner exzellenten Reintönigkeit und überschwänglichen Persönlichkeit in den nächsten 3–4 Jahren.

Der köstliche *1998er Zinfandel Napa* präsentiert sich in dichtem Rubin-Purpurrot und mit Gigondas-artigen Noten von Pfeffer, Rauch, Kräutern der Provence, schwarzen Kirschen und Brombeeren in Duft und Geschmack. Der körperreiche, kernige Tropfen erinnert eher an einen Wein im Rhônestil als an einen Zinfandel. Dieser köstliche, fleischige Wein mit seiner immensen Tiefe und seinem säurearmen, stämmigen, kernigen Abgang hat eine Haltbarkeit von 5–7 Jahren. Ebenfalls im Rhône-Stil präsentiert sich der *1998er Zinfandel Russian River*. Seine dunkle pflaumenblau-rubin-purpurrote Farbe geht mit mäßig intensiven Aromen von

Pfeffer, Gewürzen, Pflaumen, getrockneten Himbeeren und Kirschen einher. Der samtig texturierte, attraktive und opulente sinnliche Wein mit seiner überquellenden saftigen Frucht sollte in den kommenden 2–3 Jahren konsumiert werden. Bei mittlerem Körper hat dieser fleischige Tropfen einiges zu bieten. Wer allerdings nach einem Bilderbuch-Zinfandel mit pikanten Noten von Bruyèreholz, Kirschen und Himbeeren sucht, dürfte von diesem Wein nicht so beeindruckt sein, wie ich es gewesen bin.

BONNY DOON (SANTA CRUZ)

1999	Le Cigare Volant	Kalifornien	C	87
2000	Old Telegram (Mourvèdre)	Kalifornien	D	86

Der dunkelrubin-purpurrote *2000er Old Telegram (Mourvèdre)* präsentiert sich mit intensiv duftenden Aromen von eingedickten schwarzen Himbeeren und Gewürzen. Im Mund stellt er sich bei mittlerem bis vollem Körper gehaltvoll dar, mit bewundernswert vielschichtigen Geschmackskomponenten und Extrakten. Ein hochklassiger, junger, ziemlich eleganter Mourvèdre mit breiten Geschmacksnoten, der sich ohne weiteres eine Dekade oder länger entwickeln kann.

Bei dem *1999er Le Cigare Volant*, einem Verschnitt aus Grenache, Mourvèdre, Cinsault und Syrah, handelt es sich um die von Kellereichef Randall Grahm kreierte kalifornische Variante eines Châteauneuf-du-Pape. Erstaunlicherweise war der erste – 1984er – Jahrgang dieses Weines, den Grahm gemacht hat, auch zugleich der beste. Mit seiner tiefrubinroten Farbe, seiner überreichen eingedickten Frucht von Himbeeren und Kirschen, seinem mittleren Körper, einer schönen Würzigkeit und feinen Reintönigkeit und schließlich seinem langen Abgang stellt der 1999er sich ausgesprochen angenehm dar. Am besten, Sie lassen ihn sich in den kommenden 4–5 Jahren schmecken. Denken Sie dabei eher an einen Côtes-du-Rhône-St.-Joseph-Verschnitt als an einen Châteauneuf-du-Pape.

BREWER-CLIFTON (SANTA BARBARA)

2000	Chardonnay Katherine's Vineyard	Santa Maria	D	92
1999	Chardonnay Katherine's Vineyard	Santa Maria	D	88
2000	Chardonnay Marcella's Vineyard	Santa Maria	D	93+
1999	Chardonnay Marcella's Vineyard	Santa Maria	D	91
2000	Chardonnay Mount Carmel Vineyard	Santa Ynez	D	90
2000	Chardonnay Sweeney Canyon	Santa Ynez	D	94
1999	Chardonnay Sweeney Canyon	Santa Ynez	D	90
1998	Pinot Noir	Santa Maria	D	91
1997	Pinot Noir	Santa Maria	D	90
2000	Pinot Noir Clos Pepé Vineyard	Santa Ynez	D	90
2000	Pinot Noir Julia's Vineyard	Santa Maria	D	94
1997	Pinot Noir Julia's Vineyard	Santa Barbara	D	88
2000	Pinot Noir Melville Vineyard	Santa Ynez	D	96
2000	Pinot Noir Rozak Ranch	Santa Ynez	D	88
2000	Pinot Noir Santa Maria Hills	Santa Maria	D	91
1999	Pinot Noir Santa Maria Hills	Santa Maria	D	92

Greg Brewer und Steve Clifton stehen für das außerordentliche Potenzial, das unter bestimmten mikroklimatischen Bedingungen in der Region Santa Barbara vorhanden ist. Innerhalb weniger Jahre hat dieses junge, energiegeladene Gespann mich ein ums andere Mal mit einem breit gefächerten Angebot an komplexen Chardonnays und Pinot Noirs verblüfft. Ihre 2000er Pinot Noirs gehören zu den besten Weinen dieser Sorte in der Neuen Welt, die ich je verkostet habe. Leider beläuft sich die Produktion dieser Cuvées durchschnittlich nur auf 100–200 Kisten. Die Pinot Noirs werden aus niedrig gehaltenen Erträgen gekeltert, dann in oben offenen 13-hl-Gärbehältern am Stiel vergoren, zu einem Drittel in neuem französischem Eichenholz ausgebaut und schließlich völlig ungeschönt und unfiltriert abgefüllt.

Der *2000er Pinot Noir Clos Pepé Vineyard* stammt von einer der neuen Rebflächen in den kühlen Santa Rita Hills. Der in einem erstklassigen Côtes-de-Beaune-artigen Stil gehaltene Wein präsentiert sich dunkelrubinrot und mit einem süßen Parfüm von schwarzen Kirschen und Apfelschalen. Ein attraktiver, charmanter körperreicher, üppiger und generöser Pinot, den Sie in den kommenden 6–7 Jahren genießen sollten. Der mittelrubinrote *2000er Pinot Noir Rozak Ranch* hat ein prononciert erdiges, pfeffriges, würziges Bukett, einen hohen Säuregehalt, eine fleischige kernige Mitte und einen festen Abgang. Er stellt sich zwar aromatisch und geschmacklich kleiner dar als seine Verwandten, verfügt jedoch über reichlich Struktur. Der feste und verschlossene Wein erinnert an einen schön strukturierten, mäßig tanninhaltigen Pommard. Voraussichtliche Genussreife: jetzt–2010. Von dem umwerfenden *2000er Pinot Noir Santa Maria Hills* sind rund 200 Kisten im Angebot. Dieser Wein betört durch komplexe Aromen von Erde, Feigen, schwarzen Kirschen, Gewürzen und Apfelschalen. Im Mund erinnert er mit süßen roten und schwarzen Früchten, wundervoll eingebauten Säure- und Tanninkomponenten, subtilen Holznuancen, einer geschmeidigen Textur und einem 30–35 Sekunden langen Abgang an einen Volnay. Diesen herrlichen Tropfen können Sie bereits jetzt oder während der kommenden Dekade trinken. Der überwältigende *2000er Pinot Noir Julia's Vineyard* ist der beste Wein, den ich aus dieser bekannten Rebkultur im Santa Maria Valley bislang verkostet habe. Mit seiner dunkelpflaumenblauen Farbe, seinen noch sehr verhaltenen, aber viel versprechenden Aromen von Gewürznelken, Pflaumen, schwarzen Kirschen, Blumen und Mineralien erinnert der Wein an einen großen Jahrgang von Ponsots Clos de la Roche Vieilles Vignes. Er beeindruckt durch seine tiefgründige Konzentration, seinen überraschend hohen, aber gut verborgenen Alkoholgehalt (15,3%) und einen vielschichtigen, üppigen Abgang, der etwa 45 Sekunden anhält. Ein Prachtexemplar von einem Pinot Noir der Neuen Welt. Trinken Sie ihn während der kommenden 7–10 Jahre. Eine weitere überzeugende Kreation ist der *2000er Pinot Noir Melville Vineyard*, dessen Trauben aus einer mit den Dijon-Klonen 14 und 15 bepflanzten neuen Rebkultur stammen. Dieser Wein verschaffte mir ein Déjà-vu-Erlebnis, da es mir vorkam, als ob ich abermals den 1990er Domaine de la Romanée Conti La Tâche verkosten würde. Auf sein unglaublich komplexes Aroma von Blumen, roten und schwarzen Früchten, Erde und Backpflaumen folgt ein körperreicher fabelhaft konzentrierter Wein, der extrem leicht daherkommt. Mit seiner umwerfenden Definition, seiner erfrischenden, untergründigen Säure und seinem überwältigend langen Abgang dürfte dieser superkomplexe und –gehaltvolle Pinot Noir sich etwa zehn Jahre sehr schön entwickeln. Erstaunlich, dass dieser Wein von jungen Reben stammt.

Der gut entwickelte würzige gehaltvolle *1999er Pinot Noir Santa Maria Hills* ist ein verführerisches Gewächs mit einer Fülle schwarzer Früchte, in die sich Gewürz-, Pflaumen- und Blumennoten mischen. Mit einer umwerfenden Frucht zum Auftakt, in der Mitte und im Abgang präsentiert er sich einfach unwiderstehlich. Trinken Sie ihn während der kommenden 5–7 Jahre.

Der *1998er Pinot Noir* besticht in Duft und Persönlichkeit durch Domaine-Dujac-artige Charakteristika. Hinter der hell- bis mittelrubinroten Farbe würde man einen derart gehaltvollen und komplexen Wein niemals vermuten. Dem Verkoster dieses komplexen Pinot Noir strömen Aromen von Kirschwasser und –marmelade, Zimt, schwarzem Tee und Unterholz entgegen. Er hat eine seidige Textur, eine feine untergründige Säure, ebenso subtile wie nuancierte Geschmacksnoten und einen langen Abgang von mittlerem bis vollem Körper. Die Erträge lagen bei 20 hl Frucht pro Hektar, sodass der Wein nur in extrem begrenzten Mengen vorrätig ist. Hoffentlich wird die Kellerei in den kommenden Jahren noch größere Mengen dieses Weines erzeugen.

Der *1997er Pinot Noir Julia's Vineyard* (72 Kisten) präsentiert sich mit einem attraktiven, kräftigen, erdig-rauchwürzigen Pommard-artigen Bukett mit Anklängen an Apfelschalen und schwarze Kirschen. Dieser tief rubinrote Wein besticht durch seine reife Frucht, seinen mittleren Körper und eine freundlich offen gewirkte Textur. Der hervorragende *1997er Pinot Noir* (72 Kisten) beeindruckt in seinem komplexen Bukett durch Aromen von getrockneten Kräutern, Rauchfleisch und schwarzen Früchten. Dieser gehaltvolle, lange, reife und schön geschichtete Wein von mittlerem bis vollem Körper dürfte noch 4–5 Jahre köstlich schmecken.

Mit ihrem beneidenswerten Talent wissen Brewer und Clifton auch bei der Chardonnay-Bereitung genau, was sie tun. Ihre Chardonnays werden allesamt unter Aufrühren des Hefesatzes malolaktisch vergoren, wobei nur ein relativ geringer Anteil (ca. 33%) neue Eiche zum Einsatz gelangt. Der *2000er Chardonnay Katherine's Vineyard* weist in seiner mittelstrohgelben Farbe hellgrüne Glanzlichter auf. Dank seiner umwerfenden honigtönigen Zitrusnoten, die sich mit flüssiger Mineralität verbinden, schmeckt er wie ein verhalten entwickelter junger Chevalier-Montrachet. Ein gehaltvoller, körperreicher, schön gezeichneter Wein, der noch etwas Ruhe braucht und sich 6–8 Jahre, womöglich noch länger entwickeln dürfte. Wem nach einem kraftstrotzenden Chardonnay und einer kräftigen Dosis mit Mineralien-, Orangenmarmeladen- und Geißblattnuancen gemischter buttriger Popcorn-Noten zumute ist, der sollte sich an den *2000er Chardonnay Sweeney Canyon* halten. Mit einem Alkoholgehalt von 15% kommt dieser Wein nicht gerade scheu daher, obwohl sich diese »Dröhnung« aufs Schönste unter einer Fülle von Frucht und Extraktstoffen verbirgt. Ein Bâtard-Montrachet-artiges Gewächs, das sich schwelgerisch, gehaltvoll und üppig darstellt. Der *2000er Chardonnay Marcella's Vineyard* erinnert an einen Bâtard-Montrachet von Louis Latour. Auch diesem Wein gelingt es, seine 15% Alkohol geschickt zu verbergen. Der körperreiche Wein mit seiner erstaunlichen Textur, seiner beeindruckenden Reife und Reichhaltigkeit und einer die Frucht und die Textur stützenden markanten Mineralität ist ein sensationeller Chardonnay. Der *2000er Chardonnay Mount Carmel Vineyard* präsentiert sich mit einer buttrigen, karamell- und geißblattartigen Frucht, in die sich subtile Holznuancen mischen. Obwohl sich diese Kreation von sämtlichen 2000er Chardonnays der Kellerei am wenigsten komplex darstellt, präsentiert sie sich dennoch schön geformt, körperreich und seriös konzentriert. Er dürfte 4–5 Jahre munden.

Die 1999er besitzen mehr Säure und weniger Frucht und Geschmacksnuancen als die 2000er. Trotzdem sind sie ebenfalls gelungen. Der *1999er Chardonnay Katherine's Vineyard* stellt sich dank seines hohen Säurespiegels, seiner flüssigen Mineralität und seiner Nuancen von tropischer Frucht sehr attraktiv dar. Auch bei dem *1999er Chardonnay Sweeney Canyon* handelt es sich gewissermaßen um eine Neue-Welt-Version eines Chevalier-Montrachet. Bei vollem Körper präsentiert sich dieser Wein mit reichlich Substanz, einer belebenden Säure samt Anklängen an Mandarinen und Orangen, durchsetzt mit mineralischen und Zitrusnoten. Er sollte noch etwas ruhen und dürfte sich 7–8 Jahre entwickeln. Der beste 1999er ist der kraftstrotzende *1999er Chardonnay Marcella's Vineyard* mit seinen hohen Oktanwerten. Auf seine hellgoldgelbe Farbe folgt ein gehaltvoller Wein mit einer umwerfenden Frucht, einer öligen Textur und einem überraschend guten Säuregehalt. Er dürfte 4–5 Jahre Freude bereiten.

Diese köstlichen Produkte verdanken wir zwei neuen Superstars, die unaufhaltsam am kalifornischen Weinhimmel aufsteigen. Lassen Sie sich diese Tropfen nicht entgehen!

BRYANT FAMILY (NAPA)

1999	**Cabernet Sauvignon Pritchard Hill**	**Napa**	**EEE**	**96**
1998	**Cabernet Sauvignon Pritchard Hill**	**Napa**	**EEE**	**91**
1997	**Cabernet Sauvignon Pritchard Hill**	**Napa**	**EEE**	**100**
1996	**Cabernet Sauvignon Pritchard Hill**	**Napa**	**EEE**	**99**
1995	**Cabernet Sauvignon Pritchard Hill**	**Napa**	**EEE**	**99**
1994	**Cabernet Sauvignon Pritchard Hill**	**Napa**	**EEE**	**98**

Diese 100%igen Cabernet Sauvignons, die mit einem herrlichen Ausblick auf den Lake Berryessa in den Hügeln des östlichen Napa Valley gewachsen sind, gehören inzwischen zu den größten Rotweinen der Welt. Fassproben des 2000ers deuten darauf hin, dass es sich dabei um einen genauso spektakulären Jahrgang handelt wie 1999, 1997, 1996, 1995 und 1994.

Der *1999er Cabernet Sauvignon Pritchard Hill* (800 Kisten) präsentiert sich in einem undurchdringlichen Schwarz-Purpurrot, das an einen Jahrgangsport erinnert. Der Wein offenbart eine immens intensive Brombeer- und Cassisfrucht mit Rauch-, mineralischen und Blütendüften (Akazie?). Er betört durch seine ehrfurchtgebietende Intensität, seine ungemein sinnliche Textur, eine fabelhafte Reintönigkeit und seine süßen Tannine. Im Aroma wie im Geschmack zeigt er sich außerordentlich vielschichtig. Dieser majestätische Cabernet dürfte ein 30–40 Jahre währendes Leben vor sich haben. Der *1998er Cabernet Sauvignon Pritchard Hill* ist einer der Spitzenweine seines Jahrgangs. Zwar kommt er nicht so gewichtig daher wie frühere Jahrgänge, gleichwohl präsentiert sich dieser große, dicke, konzentrierte Wein in dichtem Pflaumenblau-Purpurrot. Auf schön entwickelte Aromen von Rauch, Zedernholz, Tapenade, Brombeeren, Crème de Cassis und teeriger Arznei folgt ein üppiger, körperreicher, ungemein sinnlich texturierter Wein von superber Intensität mit säurearmen, süßen und reintönigen Geschmacksnoten. Ein überwältigender, extrem ausgereifter Cabernet Sauvignon, der unter nicht einmal idealen Bedingungen entstanden ist. Er dürfte bereits bei der Freigabe munden und sich 2 Jahrzehnte entwickeln. Ich habe mehrere Flaschen des *1997er Cabernet Sauvignon Pritchard Hill* getrunken. Dieser Tropfen ist einer der ehrfurcht gebietendsten jungen Rotweine, die ich je verkostet habe, und präsentiert sich schwarz-purpurrot und mit einer nahtlosen Textur sowie einer unglaublich intensiven Frucht (von Cassis, Brombeeren und Blaubeeren, in die sich Espresso-, Schokoladen- und Lakritzenoten mischen), die sich makellos in diesen körperreichen und wuchtigen, trotzdem eleganten Wein einfügt. Alles an diesem explosiv gehaltvollen, dicken, extraktionsreichen Gewächs befindet sich im Gleichgewicht. Ein überwältigender, historischer Cabernet Sauvignon, der sich 30–35 Jahre entwickeln kann. Man kann ohne Übertreibung behaupten, dass Bryants Pritchard Hill in Zukunft einmal als einer jener Weine gelten könnte, in denen sich das Potenzial der Cabernet-Sauvignon-Traube auf ganz neue Weise ausdrückt. Voraussichtliche Genussreife: jetzt–2035.

Der undurchdringlich purpurrote *1996er Cabernet Sauvignon Pritchard Hill* präsentiert sich mit einem spektakulären exotischen Bukett mit Anklängen an knusprige Peking-Enten-Haut, Brombeer- und Cassis-Likör, geröstete Kräuter und glühende Holzkohle. Er ist von phänomenaler Intensität mit einem Rekordgehalt an trockenen Extraktstoffen und Glyzerin. Dieser sinnenbetörende Kraftprotz ist bis obenhin voll mit eingedickten Früchten, die durch einen angemessenen Säure- und Tanningehalt wundervoll gestützt und eingefasst werden. Trinken Sie diesen herrlichen Cabernet Sauvignon jetzt oder legen Sie ihn noch 20 Jahre in den Keller. Wirklich ein grandioser Stoff! Der *1995er Cabernet Sauvignon Pritchard Hill* ist aus demselben Holz geschnitzt wie der 1996er und präsentiert sich mit erstaunlichen Mengen schwarzer Früchte (den üblichen Verdächtigen: Blaubeeren, Brombeeren, Himbeeren und Cassis), einer phänomenalen Konzentration und einer nahezu vollkommenen Balance und Ausgeglichenheit. Ein weiterer potenziell vollkommener Wein ist der *1994er Cabernet Sauvignon Pritchard Hill*, dessen fabelhaftes Bukett mit Anklängen an Cassis, Crème, Blaubeeren, Veilchen, Mineralien und Gewürze die Sinne betört. Er duftet wie ein fiktiver L'Évangile-Clinet-Mouton-Rothschild-Verschnitt. Auf die undurchdringlich purpurrot-schwarze Farbe folgt ein von Fruchtnoten, Glyzerin und Extraktstoffen geradezu berstender Wein. Sämtliche Komponenten dieses grandios ausgestatteten, bemerkenswert ausgewogenen Weines sind genau an ihrem Platz. Die Reintönigkeit, Reichhaltigkeit, Süße und die Tiefe der Frucht lassen das Potenzial des Weines schier grenzenlos erscheinen. Fast wie sein Altersgenosse, der 1994er Colgin Cabernet Sauvignon (den ebenfalls Helen Turley geschaffen hat), dürfte sich auch dieser Wein zu einem der legendären kalifornischen Cabernets entwickeln. Er hat ohne weiteres ein Alterungspotenzial von 25–30 Jahren.

Ach, wie sehr wünschte ich, dass ein solcher Wein in Zehntausenden von Kisten vorrätig wäre! Sie können mir glauben: Es ist ausgesprochen frustrierend, über Weine mit so einmaliger Persönlichkeit zu berichten, die nur in äußerst bescheidenen Mengen vorhanden sind. Ich bin mir darüber im Klaren, dass nur eine Handvoll meiner Leser das Glück haben werden, eine Flasche davon zu erhaschen. Ebenso belastend ist es, wenn man sieht, dass diese Weine auf Auktionen, wo ohnehin nur noch Multimillionäre mitbieten können, Fantasiepreise erzielen. Doch seit 20 Jahren hat sich in meiner Erfahrung immer wieder gezeigt, dass derart begeisterte Berichte auch andere Erzeuger dazu anspornen, ein vergleichbares Qualitätsniveau anzustreben. In einem Artikel für *Food & Wine* habe ich einmal die Merkmale eines großen Weines beschrieben, als da wären: 1) das Potenzial, den Gaumen und den Intellekt gleichermaßen zu betören, 2) das Potenzial, das Interesse des Verkosters wach zu halten, 3) das Potenzial, ohne drückende Schwere intensive Aromen und Geschmacksnoten bereitzustellen, 4) das Potenzial, mit jedem Schluck besser zu munden, 5) das Potenzial, sich mit zunehmendem Alter zu verbessern, und 6) das Potenzial, sich als einzigartige Persönlichkeit zu zeigen. Diese Weine erfüllen sämtliche dieser Bedingungen. Ich frage mich häufig, ob ich von solchen Weinen zuviel Aufhebens mache. Doch die Zeit arbeitet für sie. Ich glaube, wenn jemand in 20, 40 oder 60 Jahren die Geschichte dieses, wie es scheint, goldenen Zeitalters des kalifornischen Weines schreibt, werden diese Weine und die Arbeit der Kellermeisterin, denen sie ihre Entstehung verdanken, noch mehr Bewunderung finden, als ihnen bereits heute zuteil wird.

CAIN (NAPA)

1996	**Cain Five Proprietary Red Wine**	**Napa**	**E**	**89+**
1994	**Cain Five Proprietary Red Wine**	**Napa**	**E**	**91**

Bei dem *1996er Cain Five Proprietary Red Wine* handelt es sich um einen Verschnitt aus 63% Cabernet Sauvignon, 18% Merlot, 12% Cabernet Franc, 5% Petit Verdot und 2% Malbec. Der dunkelrubin-purpurrote Wein beeindruckt durch seine komplexen Aromen von Zedernholz und Gewürzkiste, schwarzen Früchten, Tabak und frischem Holz. Dieser gehaltvolle, maßvoll tanninwürzige Wein mit seiner exzellenten bis herausragenden Geschmacksextraktion und seiner schönen Ausgewogenheit dürfte sich als ebenso langlebiger wie betörender Wein erweisen. Er hat eine reichhaltige, weder komprimierte noch anderweitig reduzierte Textur und einen schön integrierten Säure-, Tannin- und Alkoholspiegel. Voraussichtliche Genussreife: jetzt–2016. Der *1994er Cain Five Proprietary Red Wine*, ein Verschnitt aus 62% Cabernet Sauvignon, 25% Merlot, 6% Cabernet Franc, 4% Malbec und 3% Petit Verdot, ist eines der bislang besten Erzeugnisse der Kellerei. Glücklicherweise hat man davon 5500 Kisten produziert. Der Wein präsentiert sich in undurchdringlichem Purpurrot. Danach folgen rauchwürzige Aromen von süßem Cassis und subtilem Vanille, ein gehaltvoller mittlerer bis voller Körper, geschmeidige Geschmacksnoten, in die der Säure-, Tannin- und der Alkoholgehalt samt den Holztönen auf's Schönste eingefügt sind. Dieser hervorragende Wein ist bereits zugänglich, kann aber auch ohne weiteres 15 Jahre altern. Eine Schande, dass ich diesen Wein bei der Fassprobe derart unterschätzt habe!

CAKEBREAD (NAPA)

1995	**Cabernet Sauvignon Benchland Select**	**Napa**	**E**	**89+**
1995	**Cabernet Sauvignon Three Sisters**	**Napa**	**E**	**90**
1994	**Zinfandel Howell Mountain**	**Napa**	**C**	**88+**

Die beiden 1995er Cabernet Sauvignons sind die beeindruckendsten Cakebread-Cellars-Weine, die ich verkostet habe. Der *1995er Cabernet Sauvignon Three Sisters* ist an den Hängen des östlichen Napa Valley gewachsen. Der Wein hat eine satte dunkelrubin-purpurrote Farbe. Danach folgen reintönige Cassis- und Mineralienaromen und subtile Anklänge an frisches Eichenholz. Im Mund stellt sich der Wein gehaltvoll und expansiv dar, wobei sich

Kraft und Konzentration aufs Schönste mit Finesse und Eleganz verbinden. Der Wein verfügt über eine weiche Textur und präsentiert sich dank seines Tannin- und Alkoholgehalts schön gezeichnet. Sie können diesen charmanten und intensiven, schön ausgebauten Cabernet Sauvignon bereits jetzt trinken oder aber weitere 10–15 Jahre ruhen lassen. Der ebenfalls dunkelrubin-purpurrote *1995er Cabernet Sauvignon Benchland Select* ist durch ein verhaltenes Aroma, einen höheren Tanningehalt und eine verschlossene Persönlichkeit charakterisiert. Geschmacklich dominieren schwarze Johannisbeeren, die sich mit Tabak- und Zedernholzanklängen verbinden. Der Abgang ist lang und mäßig tanninreich. Voraussichtliche Genussreife: jetzt–2014.

Bei dem straff gewirkten, verhalteneren und fester angelegten *1994er Zinfandel Howell Mountain* stellt sich das eigentliche Vergnügen erst hinten im Mund ein. Er hat ein Bukett mit Anklängen an Mineralien und schwarze Himbeeren sowie gehaltvolle, dichte Geschmacksnoten von schwarzen Kirschen und Himbeeren, einen mittleren bis vollen Körper, eine exzellente Reintönigkeit und Würzigkeit, dazu einen langen, strukturierten, steinigen Abgang. Dieser hochklassige, potenziell komplexe Zinfandel sollte noch 6–12 Monate in der Flasche reifen und in den nächsten 7–8 Jahren getrunken werden. Hat sonst schon jemand bemerkt, dass die Weine von Cakebread immer besser werden?

OLIVER CALDWELL (NAPA)

1997	**Zinfandel Aida Vineyard**	**Napa**	**D**	**89**

Sämtliche Zinfandels der Turley-Kellerei, deren Trauben von dieser Parzelle stammen, zeichnen sich durch einen an das südliche Rhônetal erinnernden Châteauneuf-du-Pape-artigen Charakter aus. Aber auch der *1997er Zinfandel Aida Vineyard* dieser Kellerei weist dieselben unverwechselbaren pfeffrigen und würzigen Noten von provenzalischen Kräutern, Fleisch und *garrigue* (einer Mischung aus Erd- und Kräuteraromen) auf, wie man sie in den Weinen von der südlichen Rhône antrifft. Bei mittlerem bis vollem Körper präsentiert sich dieser im Geschmack würzige und kirschlikörartige Wein erfreulich sinnlich und üppig. Ich würde dafür plädieren, ihn während der nächsten 5–6 Jahre zu trinken.

CAMBRIA (SANTA MARIA)

2000	**Chardonnay Bench Break**	**Santa Maria**	**D**	**88**
2000	**Chardonnay Katherine's Vineyard**	**Santa Maria**	**C**	**90**
2000	**Chardonnay Rae's**	**Santa Maria**	**D**	**90**
1999	**Pinot Noir Bench Break**	**Santa Maria**	**D**	**89+**
1999	**Pinot Noir Julia's Vineyard**	**Santa Maria**	**D**	**89**
1999	**Pinot Noir Rae's**	**Santa Maria**	**E**	**91**

Cambria gehört neuerdings zu Jess Jacksons so genannter Jackson-Family-Farms-Organisation. Sämtliche Erzeuger innerhalb dieser Organisation produzieren hochwertige Weine. Gleichwohl handelt es sich bei den nachfolgend beschriebenen Chardonnays um die besten Weine dieser Sorte, die Cambria zu bieten hat, und die Pinot Noirs der Kellerei scheinen von Jahr zu Jahr besser zu werden. Auch wenn der Syrah mit dem Pinot Noir und dem Chardonnay qualitativ noch nicht ganz mithalten kann, präsentiert er sich immer viel versprechender.

Inzwischen gibt es drei Chardonnay-Cuvées: den Bench Break (1000 Kisten), den Rae's (500 Kisten) und den Katherine's Vineyard (mit sage und schreibe 80000 Kisten). Wer einen in Duft und Geschmack mit Noten von tropischen Früchten ausgestatteten umwerfenden Chardonnay sucht, der sich mit immenser Reintönigkeit, Geschmacksintensität und Persönlichkeit präsentiert, für den gehört der *2000er Chardonnay Katherine's Vineyard* zu den besten Angeboten der Kellerei. Die gute Säure des Weines stützt die überschwängliche honigtönige Orangen-Ananasfrucht, die mit Zitrusölnoten und sanften Anklängen an toastwürziges Eichenholz durchsetzt ist. Eine gehaltvolle, körperreiche, zweifellos attraktive

Fruchtbombe von einem Chardonnay, der 2–3 Jahre köstlich munden dürfte. Der *2000er Chardonnay Bench Break* (1000 Kisten), der auf sandigen, alluvialen Böden gewachsen ist, präsentiert sich mit beträchtlichen mineralischen Komponenten. Ein klassischer, noch verhaltener Chardonnay mit gleichwohl intensiven Geschmacksnoten, der in seinem Charakter vor allem durch seine Zitrusnoten und seine flüssigen Mineralien definiert ist. Ferner präsentiert er sich beeindruckend gewichtig, körperreich und lang, mit einer hefig-rauchwürzigen Komplexität, die an die großen weißen Burgunder erinnert. Der *2000er Chardonnay Rae's* kommt mit buttrigen Popcornnoten daher, dazu gehaltvoll und körperreich und mit kraftvollen Geschmacksnoten und herrlicher Reintönigkeit samt einem unglaublich intensiven und nuancenreichen, überaus langen Abgang. Ein fabelhafter Chardonnay, der 4–5 Jahre überdauern dürfte. Im Übrigen sind diese Chardonnays allesamt sehr schön angelegt.

Beim Pinot Noir hat Cambria sich inzwischen zu ganz neuen Höhen aufgeschwungen. Die neuen Weine sind um Lichtjahre besser als die vegetabilen, nach Tomatensaft schmeckenden Produkte der Vergangenheit. Der *1999er Pinot Noir Julia's Vineyard* wird zu rund 40% in französischen Eichenfässern gealtert und aus komplett entstielten Trauben hergestellt. Er verfügt über eine reife Frucht aus schwarzen Kirschen und Preiselbeeren und besticht zudem mit Granatapfel-, Pfeffer- und Gewürznoten. Der pikante, von seiner Frucht dominierte Wein hat einen mittleren bis vollen Körper und dürfte 4–5 Jahre köstlich munden. Der dicht rubinrot-pflaumenblaue *1999er Pinot Noir Bench Break* präsentiert sich mit einer Überfülle an betörenden Beerenfruchtnoten, die sich mit Rauch-, Holzkohle- und mineralischen Anklängen verbinden. Der komplett in französischem Eichenholz ausgebaute Wein präsentiert sich etwas stukturierter und dichter als der locker gewirkte Julia's Vineyard. Dieser Tropfen dürfte noch 6–8 Monate ruhen und rund 10 Jahre überdauern. Von den drei Pinot Noirs ist der Volnay-artige *1999er Pinot Noir Rae's* mir der liebste. Er betört mit einer überreichen, eingedickten Frucht von schwarzen Kirschen, schön integriertem Holzrauch, Mineralien und Vanille. Seine gehaltvolle Frucht, die geschmeidige, gleichwohl schön gezeichnete Persönlichkeit, die herrliche Reintönigkeit und die zu alledem noch hinzukommende vielschichtige Komplexität, dies alles spricht dafür, dass dieser beeindruckende Pinot Noir während der kommenden 10 Jahre köstlich munden dürfte.

CARDINALE (NAPA)

1999	Cardinale	Kalifornien	EE	93
1998	Cardinale	Kalifornien	EE	90
1997	Cardinale	Kalifornien	EE	95
1996	Cardinale	Kalifornien	EE	94
1995	Cardinale	Kalifornien	EE	91

Der Cardinale ist eines der Aushängeschilder des Jackson-Family-Farm-Imperiums und wird von Charles Thomas bereitet, einem der angesehensten jungen Weinmacher Kaliforniens. Die Kellerei schreitet von Erfolg zu Erfolg und produziert außergewöhnlich kraftvolle, aber auch schön gezeichnete und elegante Weine. Die meisten der Trauben, die teils aus Napa, teils aus Sonoma stammen, werden in Jess Jacksons Rebkulturen auf dem Mount Veeder und dem Alexander Mountain geerntet, ein geringer Anteil auch auf den Anhöhen von Rutherford. Von dem riesigen, vornehmlich aus Cabernet Sauvignon und einem winzigen Merlot-Anteil gewonnenen *1997er Cardinale* gibt es insgesamt 3900 Kisten. Der Wein hat eine undurchdringlich bläulich-schwarz-rubinrote Farbe, umwerfende Aromen von schwarzem Kirschlikör, die mit Anklängen an Cassis, Bleistiftmine, Mineralien und rauchwürzige Eichenholzwürze durchsetzt sind. Die herrliche Reichhaltigkeit im Mund wird durch einen körperreichen, opulent texturierten Wein gestützt, der weder schwer noch klobig daherkommt. Die überwältigende Reintönigkeit, ein fabelhaft vielschichtiger Geschmackseindruck und ein fast eine Minute langer Abgang machen aus diesem Wein den bislang aufregendsten Cardinale überhaupt. Für Statistiker: Der Verschnitt besteht aus 91% Cabernet Sauvignon und 9% Merlot;

79% der Trauben stammen aus Napa und 21% aus Sonoma. Der gesamte Wein hat 22 Monate in frischen französischen Eichenholzfässern verbracht und ist anschließend ungeschönt und ungefiltert auf Flaschen gezogen worden. Er hat 14,2% Alkohol. Voraussichtliche Genussreife: 2004–2030. Die wegen der 1998 herrschenden schwierigen Wachstumsbedingungen strenge Selektion der Trauben hat dazu geführt, dass von dem *1998er Cardinale* nur 1100 Kisten verfügbar sind. Es handelt sich dabei um einen körperreichen, tiefen, gehaltvollen Wein mit einer reichen Frucht von schwarzen Johannisbeeren und Kirschen, die mit Zedern-, Gewürzkiste-, Tabak- und toastwürzigen Anklängen an frisches Eichenholz durchsetzt ist. Auch wenn er die Tiefe, das Volumen und die gigantische Länge des 1997ers nicht erreicht, handelt es sich um einen hervorragenden Wein, der den schlechten Ruf der 1998er Cabernet- und Merlot-Trauben Lügen straft. Außerdem dürfte er mindestens 15+ Jahre überdauern. Der *1999er Cardinale* besteht zu 78% aus Cabernet Sauvignon und zu 22% aus Merlot. Der Wein hat eine undurchdringlich purpurrote Farbe und beeindruckt durch eine riesige, sehr verhalten entwickelte Persönlichkeit mit einer fabelhaft reintönigen Frucht, süße Tannine und eine schwindelerregend Länge. Er kommt bereits jetzt völlig nahtlos daher und könnte dem fabelhaften 1997er und dem ehrfurchtgebietenden 1996er womöglich demnächst sogar Konkurrenz machen. Voraussichtliche Genussreife: 2006–2028.

Bei dem *1996er Cardinale* (knapp 3000 Kisten) handelt es sich um einen Verschnitt aus 89% Cabernet Sauvignon und 11% Merlot; 62% der Trauben stammen aus Napa, 38% aus Sonoma. Dieser Spitzenwein ist ebenfalls ein Star seines Jahrgangs. Auf die satt purpurrote Farbe folgen Aromen von Lakritze, Zedernholz, Obstkuchen und schwarzen Johannisbeeren. Dieser junge, muskulöse Klassiker präsentiert sich körperreich, kraftvoll und konzentriert, mit wenig Säure, aber reichlich Tanninen und einem fabelhaften Alterungspotenzial. Voraussichtliche Genussreife: jetzt–2028. Der hervorragende *1995er Cardinale* (77% Cabernet Sauvignon, 23% Merlot; 2800 Kisten) wird etwas erdrückt, wenn man ihn neben dem außergewöhnlichen 1996er und dem 1997er verkostet. Auf die undurchdringlich purpurrote Farbe folgen in dem gehaltvollen Bukett reiche Toastbrot-, Cassis-, Tabak-, Erd- und Gewürzaromen. Dieser klassische, körperreiche Wein mit seiner superben Reintönigkeit und der wundervollen Einheit aus Kraft und Eleganz dürfte mühelos 20–25+ Jahre altern. Kompliment an den Kellermeister Charles Thomas!

CARLISLE (SONOMA)

1998	**Two Acres**	**Russian River**	**D**	**89**
1999	**Zinfandel**	**Dry Creek**	**D**	**88**
1998	**Zinfandel**	**Dry Creek**	**D**	**90**
1999	**Zinfandel**	**Russian River**	**D**	**90**
1998	**Zinfandel**	**Russian River**	**D**	**88?**

Dieses relativ neue, bewundernswerte Weingut hat 1999 zwei sehr stilvolle, allerdings völlig unterschiedliche Zinfandels kreiert. Der elegante *1999er Zinfandel Dry Creek* mit seinen intensiven Geschmacksnoten und seinem mittleren bis vollen Körper ist ein ausgewogener, harmonischer und fleischiger Wein mit einer Überfülle schwarzer Kirschen, in die sich Noten von Erde und subtiler Holzwürze mischen. An diesem konzentrierten und weichen, köstlichen Wein können Sie sich während der nächsten 4–5 Jahre erfreuen. Der süßere, gehaltvollere, körperreichere, konzentriertere und dichtere *1999er Zinfandel Russian River* beeindruckt durch seine tiefe rubinrote Farbe samt purpurroten Nuancen, einen süßen, reiferen und deutlicher glyzerinbetonten Eindruck im Auftakt und seine herausragende Reintönigkeit. Ein überzeugender Tropfen.

Ich glaube, dass es sich bei den 1998ern um die Debüt-Freigaben des Hauses gehandelt hat. Der *1998er Zinfandel Russian River* (118 Kisten; 15,9% Alkohol) hat eine dicht rubinpurpurrote Farbe, auf die dicke schokoladige Noten von Beerenfrüchten, Trüffeln, Lakritze und Rauch folgen. Der dicht rubin-purpurrote *1998er Zinfandel Dry Creek* (237 Kisten;

15,8% Alkohol) präsentiert sich mit umwerfenden Aromen von Teer, eingedickten Brombeeren, Kirschlikör und Rauch. Im Mund stellt sich der Wein gehaltvoll und körperreich und mit herausragender Konzentration und Tiefe dar. Trinken Sie diesen beeindruckenden typischen Zinfandel in den nächsten 5–7 Jahren. Bei dem *1998er Two Acres* schließlich handelt es sich um eine aus Petite Sirah, Mourvèdre, Refosco, Alicante und weiteren Rebsorten komponierte Cuvée in limitierter Auflage (78 Kisten). Der Wein präsentiert sich mit überreichen Anklängen an rauchwürzige Brombeeren, einem mit Lakritze durchsetzten teerigen Fruchtgeschmack, einem vollen Körper, bewundernswerter Muskelkraft und Konzentration, einem niedrigen Säuregehalt und einem süßen Eindruck in der Mitte und im Abgang. Trinken Sie ihn in den kommenden 5–7 Jahren.

CARMENET (SONOMA)

1997	Cabernet Franc	Sonoma	D	89
1997	Dynamite Cabernet Sauvignon	North Coast	C	88
1994	Meritage Moon Mountain Estate	Sonoma	C	90
1996	Merlot Sangiacomo Vineyard	Carneros	D	88
1997	Moon Mountain Cabernet	Sonoma	D	91
1996	Moon Mountain Cabernet	Sonoma	D	89
1995	Moon Mountain Proprietary Red Wine Estate Reserve	Sonoma	D	90
1994	Vin De Garde Moon Mountain Estate	Sonoma	C	91
1999	Zinfandel Evangelo Vineyard	Contra Costa	C	90

Der tief purpurrote *1999er Zinfandel Evangelo Vineyard*, der an kurz zurückgeschnittenen, 109 Jahre alten Rebstöcken auf den sandigen Böden von Contra Costa herangereift ist, präsentiert sich mit süßen von der Frucht dominierten Aromen von Brombeeren, Kirschlikör und Unterholz. Diesen dichten, körperreichen, explosiv gehaltvollen und fruchtigen Wein mit seiner opulenten Textur und seinem langen, üppigen Abgang sollten Sie während der kommenden 3–4 Jahre trinken.

Während der Moon Mountain Cabernet lediglich in relativ begrenzten Mengen (3000 bis 5000 Kisten) hergestellt wird, sind von dem *1997er Dynamite Cabernet Sauvignon* 45000 Kisten vorrätig. Angesichts der lächerlich überhöhten Weinpreise, die heute verlangt werden, ist der Dynamite ein absolutes Schnäppchen. Die Trauben stammen meist aus dem Pope Valley, einem vielfältigen Weinbaugebiet, das unerklärlicherweise zum Bereich Napa Valley gehört. Trotzdem wächst dort im Cypress Vineyard in Flora Springs wenigstens an einer Stelle hervorragender Cabernet Sauvignon. Der in (vorwiegend amerikanischen) Eichenfässern ausgebaute Wein hat eine rubin-purpurrote Farbe, die mit einem überreifen Bukett von schwarzen Johannisbeeren und eingedicktem Cassis einhergeht. Diesen ebenso üppigen wie würzigen, säurearmen, vollmundigen und reintönigen Bilderbuch-Cabernet-Sauvignon mit seinem mittleren bis vollen Körper sollte man in der kommenden Dekade konsumieren. Der *1997er Cabernet Franc* (600 Kisten) hat beinahe das Prädikat herausragend verdient. Der aus eigenen Trauben gekelterte und vollständig in zu einem Drittel neuen französischen Eichenfässern ausgebaute 100%ige Cabernet Sauvignon präsentiert sich rubin-purpurrot und mit einem attraktiven Bukett von schwarzen Früchten, Zedernholz, Gewürzkiste sowie Tabak. Die hervorstechendsten Merkmale dieser von Weinmacher Jeff Baker geschaffenen wohlschmeckenden Kreation sind ihre exzellente Reichhaltigkeit, ihre üppige Textur und ihre echte Eleganz. Genießen Sie diesen Wein in den kommenden 10–12 Jahren.

Der exzellente *1996er Moon Mountain Cabernet* (4815 Kisten eines Verschnitts aus Cabernet Sauvignon, Cabernet Franc und Petit Verdot) ist zu 75% in neuem französischem Eichenholz ausgebaut. Ein Großteil der Früchte stammt aus der als Monte Rosso bezeichneten berühmten Martini-Rebkultur. Der dunkelrubin-purpurrote ebenso elegante wie weiche, kraftvolle, köstliche Wein mit seinen intensiven Aromen von Brombeeren, Mineralien und Johannisbeeren dürfte sich 12–15 Jahre sehr angenehm entwickeln. Noch besser ist der *1997er Moon Mountain Cabernet* (4400 Kisten eines Verschnitts aus 86% Cabernet Sauvignon, 10% Cabernet Franc und 4% Petit Verdot). Auf die satt blau-purpurrote Farbe folgen Aromen von Mineralien, Cassis, Zigarrenkiste und Lakritze. Der körperreiche, superb konzentrierte, reintönige und schön ausgewogene, groß angelegte Wein dürfte jetzt–2020 am köstlichsten schmecken. Der stämmige und sinnliche *1996er Merlot Sangiacomo Vineyard* präsentiert sich in dunklem Rubinrot und mit einem großen rauchwürzigen, beerenfruchtigen und schokoladigen Bukett. Bei mittlerem Körper verfügt dieser Wein über eine exzellente Reichhaltigkeit und Tiefe und sollte in den kommenden 5–7 Jahren ausgetrunken werden.

Der reichhaltiger ausstaffierte *1995er Moon Mountain Proprietary Red Wine Estate Reserve* hat eine dunkelrubin-purpurrote Farbe mit einem Bilderbuchbukett aus Zedernholz-, Tabak- und Grasanklängen plus Aromen von schwarzen Johannisbeeren. Er besticht bei mittlerem Körper im Auftakt durch eine schöne Süße und reife Frucht, deutlich spürbare (beinahe zu viel) Eichenholzwürze und einen mäßig tanninreichen, eng konturierten, würzigen Abgang. Ein sehr guter, potenziell exzellenter Wein, der 10–14 Jahre lang einen verhaltenen, aber eleganten Trinkgenuss bieten dürfte.

Der *1994er Vin De Garde Moon Mountain Estate* präsentiert sich farblich in undurchdringlichem Rubin-Purpurrot und mit groß angelegten exotischen Cassis-, Kräuter-, Ingwer- und Kokosnussaromen. Auch süßes Tannin und eine untergründige mineralische Komponente bringen sich in diesem fabelhaft extraktreichen, gehaltvollen, körperreichen, würzigen Wein zur Geltung. Dieser groß angelegte, gut strukturierte Wein macht seinem Namen alle Ehre. Er braucht nach der Freigabe zweifellos eine weitere 5–7-jährige Ruhephase und hat ein Entwicklungspotenzial von 20+ Jahren. Der *1994er Meritage Moon Mountain Estate* schließlich besticht durch seine gut konturierte Persönlichkeit, seine sensationelle Eleganz und durch einen für seinen Jahrgang weichen, geschmeidigen Stil, der sich weniger aggressiv und extraktreich darstellt als bei vielen anderen 1994er Weinen seiner Art. Dieser Wein mit seiner tiefen Farbe und seinem immens hohen Gehalt an roten und schwarzen Früchten gehört nicht zu den größten Weinen seines Jahrgangs, hat jedoch das Potenzial, zu einer hervorragend stilvollen, ausgewogenen Kreation mit gebieterischem Geschmack heranzureifen. Dank seiner Weichheit sollte man ihn bereits direkt nach der Freigabe trinken können. Er wird sich aber auch 15 Jahre halten.

CAYMUS (NAPA)

1994	**Cabernet Sauvignon**	**Napa**	**E**	**91**
1995	**Cabernet Sauvignon Special Selection**	**Napa**	**EE**	**90**
1994	**Cabernet Sauvignon Special Selection**	**Napa**	**EE**	**95**

Caymus ist eines der wenigen Weingüter im Napa Valley, die bereits seit Beginn der 1970er Jahre eine beneidenswerte Erfolgsserie vorzuweisen haben. Die Kellerei konzentriert sich auch weiterhin auf drei Weine: den Sauvignon Blanc, die exotische weiße Cuvée Conundrum (meist aus Viognier, Sauvignon Blanc, Chardonnay und Sémillon) und schließlich den Cabernet Sauvignon. Da das verfügbare Angebot nicht ausreicht, um die Nachfrage zu befriedigen, haben Chuck Wagner und sein Vater Charlie den Blick nach Süden gerichtet und in Monterey weitere Rebkulturen angelegt. In Monterey erzeugt das Weingut unter dem Namen Treanna eine gut gemachte, aber überteuerte Cuvée aus weißen und roten Rhône-typischen Rebsorten.

Der Cabernet ist bei Caymus der absolute König. In den 1990er Jahren hat das Weingut eine Folge üppiger, gehaltvoller, konzentrierter und großzügig mit Holznoten ausgestatteter Cassis-fruchtiger Cabernet Sauvignons herausgebracht.

Bei dem überschwänglichen *1994er Cabernet Sauvignon* scheint es sich um einen der bisher besten Napa-Cabernets von Caymus überhaupt zu handeln. Erstaunlicherweise gibt es davon sage und schreibe 25000 Kisten, fast dieselbe Menge, wie sie auch vom Lafite-Rothschild und vom Margaux angeboten wird. Der dunkelpurpurrote Wein verströmt ein Aroma von süßen, eingedickten schwarzen Johannisbeeren. Die üppige, saftige Textur ist voll gepackt mit Glyzerin und Extraktstoffen. Dieser (jahrgangstypische) überraschend weiche, körperreiche und eichenholzwürzige Cabernet mit seiner geschmeidigen Textur dürfte wenigstens 10–12+ Jahre Freude bereiten. Ich habe die Entwicklung des Special Selection Cabernet Sauvignon seit seinem Debüt 1975 aufmerksam verfolgt, und der *1994er Cabernet Sauvignon Special Selection* ist wohl der bislang beste von Caymus gemachte Wein dieser Art. Seine satt purpurrote Farbe geht mit einem überschwänglichen süßen Duft von rauchwürzigem, frischem Eichenholz und einer dicklichen Frucht von Brombeeren und Cassis einher. Im Mund präsentiert sich dieser mit üppigen Holznoten ausgestattete, von schwarzer Frucht berstende Cabernet extrem körperreich und mit einem superben Frucht-, Glyzerin- und Extraktgehalt. Wie viele 1994er Cabernet Sauvignons zeigt er sich außerordentlich ausgewogen, wobei die süßen Tannine den Wein erheblich zugänglicher erscheinen lassen. Der Abgang dauert zirka 30 Sekunden. Dieser Wein lässt sich bereits jung vorzüglich trinken, aber unterschätzen Sie nicht sein beträchtliches Alterungspotenzial von rund 2 Dekaden.

Der *1995er Cabernet Sauvignon Special Selection* präsentiert sich dunkelrubin-purpurrot und mit ebenso attraktiven wie überschwänglichen Aromen von toastwürzigem neuem Eichenholz und schwarzen Johannisbeeren. Der Tanninspiegel ist eher niedrig. Hinzu kommen eine schöne Reintönigkeit und ein locker gewirkter, aufreizender Stil. Würde der Wein nicht am mittleren Gaumen etwas schwächeln, hätte er sogar eine noch höhere Punktnote verdient. Er sollte sich 10–15 Jahre gut trinken lassen. Der Ruhm dieser Kellerei und der Preis des Weines könnten einen zu der Annahme verleiten, dass dieser Cabernet sich mit den Erzeugnissen von Produzenten wie Colgin, Bryant Family Vineyards, Screaming Eagle, Araujo und Harlan Estate messen kann. Das ist freilich nicht der Fall. Trotzdem ein hervorragender Cabernet Sauvignon.

Bisherige große Jahrgänge: Cabernet Sauvignon Special Selection 1992er (91), 1991er (91), 1990er (94), 1986er (94), 1985er (92), 1984er (96), 1980er (91), 1978er (98), 1976er (99), 1975er (98).

CHALONE (GAVILAN)

1999	**Chardonnay Estate**	**Gavilan Mountains**	**D**	**90**
1999	**Chenin Blanc Estate**	**Gavilan Mountains**	**C**	**90**
1999	**Pinot Blanc Estate**	**Gavilan Mountains**	**D**	**88**
1994	**Pinot Noir Estate**	**Kalifornien**	**C**	**88**

Chalones tankvergorener *1999er Chenin Blanc Estate*, der von stark zurückgeschnittenen 82 Jahre alten Reben stammt, ist einer der besten kalifornischen Weine aus dieser Traube. Der trocken vergorene Wein verbringt 11 Monate in zu 20% neuen französischen Eichenholzfässern. Ein Tropfen von beträchtlicher Mineralität, Intensität und Persönlichkeit, der die an einen Fruchtcocktail erinnernden Charakteristika zum Ausdruck bringt. Dieser körperreiche und ebenso kraftvolle wie preisgünstige Chenin Blanc dürfte 7–8 Jahre munden. Chalone produziert auch immer wieder einen der feinsten kalifornischen Pinot Blancs. Der *1999er Pinot Blanc Estate* (4280 Kisten) ist sowohl tank- als auch fassvergoren und zu 30% in neuen französischen Eichenfässern ausgebaut. Etwa die Hälfte dieser Cuvée stammt von 50 Jahre alten Rebstöcken und der Rest von jüngeren Pflanzen. Obwohl straff gewirkt, geht die flüssige Mineralität des Weines mit Noten von Orangenblüten, Zitrusfrüchten und Apfelschalen einher. Dieser dichte und intensive Weißwein von mittlerem bis vollem Körper dürfte makellos eine Dekade oder länger überdauern.

Chalone hat die Erzeugung der Reserve-Chardonnay-Cuvée eingestellt und sich stattdessen auf die Bereitung eines einzigen Verschnitts verlegt. Der *1999er Chardonnay Estate* (24300 Kisten; 14,1% Alkohol) ist einer der schönsten und langlebigsten Chardonnays, die es derzeit zu kaufen gibt. Der zu 30% in neuer französischer Eiche und ansonsten in 2–3 Jahre alten Fässern ausgebaute Wein verbleibt 12 Monate auf dem Hefesatz. Er ist zwar nicht geschönt, aber filtriert. Die hellgoldgelbe, intensive körperreiche und muskulöse Kreation offeriert Anklänge an Mineralien, Ananas, Orangen und Gewürzmyrte. Chalones Chardonnays sind häufig ausgesprochen langlebig (einige Flaschen der Jahrgänge 1981, 1980 und 1979 präsentierten sich weiterhin exzeptionell gut). Mag auch der kraftvolle, gut strukturierte 1999er nicht so lange überdauern, eine Lebenszeit von zehn Jahren gebe ich ihm allemal. Der *1994er Pinot Noir Estate* hat eine hellrubinrote Farbe, eine wundervoll süße, saftige Frucht von Kirschen und Beeren, in die sich Aromen von Rauch, Erde und Holz mischen. Die exzellente Reichhaltigkeit und der lange üppige Abgang garantieren einen attraktiven Wein, der sich wesentlich zugänglicher zeigt als die früheren Pinots.

In Zukunft dürfte die Kellerei außerdem einige Rhône Ranger herausbringen. Man hat nämlich an einem Südhang mit verwitterten Granitböden rund 10 Hektar Rebkulturen angelegt, und zwar vorwiegend mit Syrah, aber auch im kleineren Stil mit Viognier, Mourvèdre und Grenache.

CHAPPELLET (NAPA)

1997	**Cabernet Sauvignon**	**Napa**	**D**	**89+**

Hier haben wir es womöglich mit dem größten Cabernet Sauvignon zu tun, den Chappellet seit den allesamt von Philip Togni bereiteten großen Klassikern von 1969, 1970 und 1973 herausgebracht hat. Der *1997er Cabernet Sauvignon* hat eine dicht rubin-purpurrote Farbe. Im Bukett präsentiert er sich mit straff gewirkten, gleichwohl viel versprechenden Anklängen an Mineralien, Rauch und schwarze Johannisbeeren. Danach empfängt eine Bordeaux-artige Strenge den Verkoster, aber wie ein Bordeaux hat der Wein eine Menge Dichte und Konzentration aufzubieten, und zwar vor allem am hinteren Gaumen. Ein reintöniger, viel versprechender, tanninreicher Cabernet von mittlerem bis vollem Körper und mit schöner Geschmacksextraktion. Bei ausreichendem Luftkontakt kommen kernige Tabak-, Gewürzkisten- und Noten von schwarzen Früchten zum Vorschein. Voraussichtliche Genussreife: jetzt–2018.

PS: Übrigens habe ich erst unlängst eine ebenfalls von Philip Togni bereitete Flasche 1969er Cabernet Sauvignon genossen. Ich würde den Wein mit cirka 95 Punkten benoten. Er legt Zeugnis davon ab, dass es durchaus alterungsfähige kalifornische Cabernet Sauvignons gibt. Der Wein präsentiert sich in sattem Granat-Purpurrot und mit einem umwerfenden Bukett von Mineralien, schwarzen Früchten, Leder, Gewürzkiste und Zedernholz. Dieser unglaublich gehalt- und kraftvolle, muskulöse Cabernet kann ganz sicher noch weitere 20 Jahre überdauern und erfüllt alle Bedingungen eines Klassikers, obwohl viele Leute vermutlich schon vergessen haben, wie großartig er bereits früher war. (Ich habe einmal gemeinsam mit einem Freund für 300 Dollar eine völlig unberührte Kiste davon ersteigert.)

CLARK-CLAUDON (NAPA)

1997	**Cabernet Sauvignon**	**Napa**	**EE**	**92+**
1996	**Cabernet Sauvignon**	**Napa**	**E**	**93**
1995	**Cabernet Sauvignon**	**Napa**	**D**	**93+**

Der brillant gemachte *1995er Cabernet Sauvignon* (300 Kisten aus einem Rebbestand auf der Ostseite des Howell Mountain) bezeugt, dass man hier durchaus weiß, wie man mit erstklassigem Lesegut zu verfahren hat. Da der 1995er kaum noch zu finden sein dürfte, sollten Sie, falls Sie sich für tiefgründige kalifornische Cabernet Sauvignons interessieren, das Augenmerk auf künftige Freigaben richten. Der undurchdringlich purpurrote Wein betört durch umwerfende Aromen von Rauch, Holzkohle, schwarzen Johannisbeeren, Bleistift, Mineralien und hochwertigem französischem Eichenholz. Auch am Gaumen nimmt er sich imposant aus und beeindruckt durch seine klassische Reichhaltigkeit, die sich mit schön integrierten Holz-, Säure- und Tanninnoten verbindet. Ein köperreicher, fabelhaft gehaltvoller, expressiver und makellos ausgewogener Cabernet Sauvignon. Voraussichtliche Genussreife: jetzt–2015.

Mit dem *1996er Cabernet Sauvignon* hat der 1995er einen würdigen Nachfolger gefunden, der sich dunkelpurpurrot und mit einem klassischen Bordeaux-artigen Bukett von Cassis, Bleistift und toastwürzigem neuem Eichenholz präsentiert. Mit seiner beträchtlichen Komplexität und Eleganz, einer hervorragenden Reintönigkeit und Reichhaltigkeit und schön integrierten Holz- und Tanninnoten lässt sich dieser klassische, verhaltene, gleichwohl viel versprechende, symmetrische Cabernet Sauvignon bereits früh in seinem Leben trinken oder 15+ Jahre auf Lager legen. Voraussichtliche Genussreife: jetzt–2015.

Im Lichte des superben 1996ers verwundert es nicht, dass inzwischen ein sehr verhalten entwickelter, viel versprechender *1997er Cabernet Sauvignon* das Licht der Welt erblickt hat. Da sich dieser Wein bislang weder unmittelbar ansprechend noch zugänglich zeigt, erfordert er noch etwas Geduld, obwohl es gewiss kein Verbrechen wäre, ihn bereits jetzt zu trinken. Eine seriöse konzentrierte, undurchdringlich purpurrote Kreation, die mit einem nicht übermäßig intensiven Bukett von Cassis, Kies, Vanille und Brombeeren daherkommt. Bei vollem Körper und beeindruckender Statur braucht dieser tiefe, kraftvolle und konzentrierte Cabernet noch eine Ruhezeit. Ein weiterer neuer Cabernet Sauvignon, der am Himmel der großen Vertreter dieser Rebsorte aufgezogen ist. Voraussichtliche Genussreife: 2005–2020. Bravo!

CLOS MIMI (PASO ROBLES)

1997	**Syrah Shell Creek Vineyard**	**Paso Robles**	**D**	**90**
1996	**Syrah Shell Creek Vineyard**	**Paso Robles**	**D**	**92**

Der in winzigen Mengen erzeugte, ungemein imposante schwarz-purpurrote *1996er Syrah Shell Creek Vineyard* betört durch Aromen von gerösteten Kräutern, Fleischsaft, Brombeeren, Cassis und Erde. Der groß angelegte, superkonzentrierte, beeindruckend ausgestattete, rustikale, grandios vielschichtige und nuancenreiche Wein verströmt zudem pfeffrige und würzige Noten. 3–5 Jahre Kellerlagerung dürften noch ein Übriges tun. Sein Alterungspotenzial: 10–12 Jahre. Brillant! Auch wenn er nicht so kraftstrotzend daherkommt wie der 1996er ist der *1997er Syrah Shell Creek Vineyard* ebenfalls ein hervorragender Wein. Diese elegante Kreation präsentiert sich bei vollem Körper mit einer dichten rubin-purpurroten Farbe, sagenhaften Brombeer- und Pfefferaromen, einer Überfülle an Glyzerin, einer verführerischen Textur, einer süßen Frucht und beträchtlicher Länge. Der 1996er ist zwar kraftvoller und konzentrierter, der 1997er dafür charmanter und offener gewirkt. Ein beeindruckender, makellos ausgebauter Wein. Voraussichtliche Genussreife: jetzt–2010. Diese Leute meinen es ernst.

CLOS PEGASE (NAPA)

1997	**Cabernet Sauvignon**	**Carneros/Napa**	**D**	**(88–90)**
1996	**Cabernet Sauvignon**	**Carneros/Napa**	**D**	**88**
1998	**Cabernet Sauvignon**	**Napa**	**D**	**88**
1995	**Cabernet Sauvignon**	**Napa**	**C**	**88**
1994	**Cabernet Sauvignon**	**Napa**	**C**	**91**
1998	**Cabernet Sauvignon Graveyard Hill**	**Carneros**	**E**	**90**
1998	**Cabernet Sauvignon Hommage**	**Napa**	**EE**	**(90–91)**
1997	**Cabernet Sauvignon Hommage Reserve**	**Napa**	**E**	**89**
1998	**Cabernet Sauvignon Palisades Vineyard**	**Napa**	**E**	**89+**
1997	**Cabernet Sauvignon Palisades Vineyard**	**Napa**	**E**	**88**
1999	**Chardonnay Mitsuko's Vineyard Hommage Reserve**	**Carneros**	**E**	**91**
1999	**Chardonnay Mitsuko's Vineyard Unfiltered**	**Carneros**	**C**	**90**
1994	**Merlot**	**Napa**	**C**	**90**

Seit der Weinmacher Steve Rogstad bei Clos Pegase die Regie führt, hat sich das nachgerade beängstigend harmlos-mittelmäßige Qualitätsniveau der Kellerei deutlich verbessert, sodass man jetzt schon bisweilen das Prädikat »exzellent« oder sogar »herausragend« vergeben kann. Die beiden 1999er Chardonnay-Cuvées sind die bisher besten des Erzeugers. Der *1999er Chardonnay Mitsuko's Vineyard Unfiltered* ist komplett fassvergoren, und zwar vorwiegend unter Verwendung heimischer Hefen. Rund ein Drittel wird in französischem Eichenholz ausgebaut. Der Wein hat ein großes toastwürziges, hefiges und buttriges Aroma von gerösteten Haselnüssen und honigtöniger Birne; hinzu kommen ein voller Körper, eine exzellente Textur und eine feine Reintönigkeit. Trinken Sie ihn während der kommenden 2–3 Jahre. Bei dem *1999er Chardonnay Mitsuko's Vineyard Hommage Reserve* (rund 750 Kisten) handelt es sich um eine Auswahl der besten Fässer. Der auf den eigenen Hefen vergorene und ungefiltert abgefüllte Wein duftet wundervoll nach Geißblatt, tropischer Frucht und betört durch toastwürzige, hefige Aromen von gerösteten Nüssen. Auch dieser körperreiche, vielschichtige Chardonnay mit seiner herrlichen Reintönigkeit und seinen sehr schön integrierten Holznuancen dürfte während der nächsten 2–3 Jahre köstlich munden.

Die Kellerei hat sich qualitativ tatsächlich kontinuierlich gesteigert, denn auch die Weine des wesentlich schwierigeren Jahrgangs 1998 sind besser als die 1997er. Der *1998er Cabernet Sauvignon* präsentiert sich bei mittlerem bis vollem Körper mit Noten von Schokolade, Zedernholz und Gewürzkiste sowie schwarzen Johannisbeeren. Mit seiner schönen Tiefe, seinen reifen Tanninen und seinem langen würzigen Abgang hat er eine Lebensdauer von zehn Jahren. Clos Pegase erzeugt auch zwei Weine aus Einzellagen, und zwar rund 100 Kisten von Trauben aus dem unternehmenseigenen Graveyard Hill Vineyard in Carneros und eine etwas größere Menge aus Lesegut, das aus dem nordöstlich von Calistoga gelegenen hauseigenen Palisades Vineyard stammt. Der *1998er Cabernet Sauvignon Graveyard Hill*, der 28 Monate in französischer Eiche verbracht hat, ist am 6. November geerntet worden (nur um Ihnen einen Eindruck davon zu geben, wie kühl und lang die Wachstumsperiode in jenem Jahr gewesen ist). Er präsentiert sich schwarz-dunkelpurpurrot und mit unverwechselbaren Aromen von ausgedörrter Erde samt kiesartigen Anklängen, wie man sie auch in dem berühmten Haut-Brion aus Bordeaux findet. Dank seines mittleren bis vollen Körpers, seiner süßen, aber festen Tannine und seiner herausragenden Konzentration, Reintönigkeit und Intensität hat dieser eindrucksvolle Wein eine Lebensdauer von 10–15 Jahren. Der *1998er Cabernet Sauvignon Palisades Vineyard* hat ebenfalls 28 Monate in Fässern aus französischem Eichenholz verbracht. Er präsentiert sich in dichtem Pflaumenblau-Purpurrot und mit einem Bukett aus erdigen schwarzen Johannisbeeren und Gewürzkiste mitsamt Zedernholz-, Lakritze- und Cassisanklängen. Der Wein verfügt über feste Tannine, einen vollen Körper und eine potenziell langlebige Persönlichkeit. Lassen Sie ihn noch 3–4 Jahre ruhen und trinken Sie ihn während der dann folgenden 10–15 Jahre.

Aus den Spitzenfässern der Graveyard-Hill- und der Palisades-Vineyard-Trauben wird der Cabernet Sauvignon Hommage bereitet. Der *1998er Cabernet Sauvignon Hommage* (925 Kisten; 100% Cabernet Sauvignon) stammt vornehmlich aus der Graveyard-Hill-Rebkultur, ein Drittel allerdings aus dem Palisades Vineyard. Dieser superbe Wein, der gewiss zu den rundum gelungensten Cabernets des Jahrgangs gehört, präsentiert sich rubin-purpurrot, mit Aromen von süßen Kirschen, Cassis, Rauch, Karamell und toastwürzigem Eichenholz. Der körperreiche, kraftvolle, ungemein tanninhaltige und exzellent ausgewogene Wein dürfte jetzt–2020 besten Trinkgenuss bieten.

Von dem *1997er Cabernet Sauvignon Palisades Vineyard* gibt es 215 Kisten. Seine Trauben stammen aus einer Parzelle bei Calistoga. Der säurearme Wein mit seinen süßen Tanninen verströmt Duftnoten von schwarzen Johannisbeeren, Zedernholz, Lakritze und würzigem Eichenholz und hat einen mittleren bis vollen Körper und eine schön konzentrierte Persönlichkeit. Der gut strukturierte *1997er Cabernet Sauvignon Hommage Reserve* (vorwiegend Cabernet Sauvignon, mit winzigen Anteilen von Petit Verdot und Merlot; 65%

der Trauben stammen von der Graveyard-Hill-Parzelle und 35% aus der Palisades-Kultur) präsentiert sich mit klassischen Aromen von Tabak, Zedernholz, getrockneten Kräutern, Lakritze und schwarzen Johannisbeeren. Die Cuvée (1350 Kisten) hat einen mittleren bis vollen Körper, bei mäßigen Tanninen und exzellenter Reintönigkeit und sollte noch 1–3 Jahre ruhen. Ihr Alterungspotenzial: 15 Jahre.

Der *1996er Cabernet Sauvignon* beeindruckt durch ein komplexes Bukett von Gewürzkiste, Zedernholz und Oliven sowie Noten von schwarzen Johannisbeeren, Geschmacksnuancen von mittlerem Körper und einen mäßigen Tanninanteil im Abgang. Dieser gut gemachte, kaum manipulierte Cabernet mit seinem geringfügigen Säurezusatz dürfte rund zehn Jahre köstlich munden. Sogar noch besser ist der dunkelrubin-purpurrote *1997er Cabernet Sauvignon* mit seinem stabilen Tanninunterbau und seinen süßen cremigen Geschmacksnoten von schwarzen Johannisbeeren, durchsetzt mit Anklängen an Zedernholz, provenzalische Kräuter und frisches Eichenholz. Mit seinem mittleren bis vollen Körper und seinem relativ langen Abgang dürfte sich dieser Cabernet noch als ein exzellenter, wenn nicht hervorragender Wein erweisen, den man bereits jung trinken, aber auch 10–12 Jahre verwahren kann. Bei dem dunkelrubin-purpurroten *1995er Cabernet Sauvigon* handelt es sich um einen schön gemachten Wein von mittlerem Gewicht mit Aromen von süßen Pflaumen, eingedicktem Cassis und Kirschen samt überschwänglichen Anklängen an toastwürziges Eichenholz im Hintergrund. Am Gaumen besticht der Wein durch seinen angemessenen Säuregehalt, einen attraktiven, fleischig-korpulenten Gesamteindruck, gute Glyzerin- und Extraktwerte und einen leicht verständlichen, stämmig kernigen Stil. Er dürfte ein Jahrzehnt überdauern.

Der *1994er Cabernet Sauvignon* betört in seinem schwelgerischen Aroma mit einer herrlich reifen Frucht von Blaubeeren und Himbeeren. Mit seiner beeindruckenden Geschmacksextraktion ist dieser körperreiche (dank seiner reifen Frucht, nicht etwa wegen seines Zuckergehalts) süße, attraktive Cabernet mit seiner tiefen samtigen Textur bereits jetzt genießbar und dürfte 12–15 Jahre überdauern. Der dunkelpurpurrote *1994er Merlot* hat ein an Überreife grenzendes großes schokoladiges Bukett von schwarzen Himbeeren und Kirschen. Der dichte und kernige, fleischige und in einem kühnen Stil gehaltene Wein überrascht im Abgang mit relativ harten Tanninen und sollte ungefähr in den ersten 12 Jahren nach der Freigabe konsumiert werden.

COLGIN (NAPA)

1999	**Cabernet Sauvignon Herb Lamb Vineyard**	**Napa**	**EEE**	**91**
1998	**Cabernet Sauvignon Herb Lamb Vineyard**	**Napa**	**EEE**	**90**
1997	**Cabernet Sauvignon Herb Lamb Vineyard**	**Napa**	**EEE**	**99**
1996	**Cabernet Sauvignon Herb Lamb Vineyard**	**Napa**	**EEE**	**97**
1995	**Cabernet Sauvignon Herb Lamb Vineyard**	**Napa**	**EE**	**98**
1994	**Cabernet Sauvignon Herb Lamb Vineyard**	**Napa**	**EE**	**96**
1999	**Madrona Ranch (inoffizielle Bezeichnung)**	**Napa**	**EE**	**(89–90)**

Das Angebot an Colgin-Weinen wird demnächst zunehmen, weil in Ann Colgins neuer Rebkultur Tychson Hill im Jahr 2000 erstmals ein Cabernet herangereift ist. Weitere neun Hektar Rebstöcke, die sie im Südosten des Napa Valley hat anpflanzen lassen, dürften in 3–4 Jahren Früchte tragen. Die in kühleren Jahren als 1997, 1996, 1995 und 1994 gewachsenen neuen Weine kommen mit einem Bordeaux-artigeren Gewicht daher als ihre Vorgänger. Angesichts der Reputation seiner Vorgängerin Helen Turley sieht sich der neue Weinmacher Mark Aubert vor eine immense Herausforderung gestellt, doch an Colgins Erntemethoden und seinen Verfahren der Weinbereitung und der Reberziehung dürfte sich kaum etwas ändern. Vergessen Sie nicht: Aubert hat schon bei Peter Michael etliche höchst überzeugende Weine verantwortet.

Der schwarz-purpurrote *1999er Cabernet Sauvignon Herb Lamb Vineyard* (300 Kisten) präsentiert sich mit üppigen reintönigen Aromen von schwarzen Johannisbeeren, Cassis,

Holzkohle und Toastbrot. Bei überraschenderweise mittlerem Körper stellt er sich überdies leichter dar als erwartet und beeindruckt durch exzellente mineralische Noten sowie eine Finesse, eine Strenge und einen Abgang, der eher an einen Bordeaux erinnert. Dieser in einem wundervollen Stil ausgebaute Cabernet dürfte in 3–4 Jahren genussreif sein und sich 15–18 Jahre halten. Bei dem *1999er Madrona Ranch* (500 Kisten) handelt es sich um eine Cuvée aus 55% Cabernet Sauvignon, 35% Merlot, 5% Cabernet Franc und 5% Petit Verdot. Der Wein präsentiert sich in dichtem Rubinrot und mit eleganten Aromen von Zedernholz, schwarzen Johannisbeeren und toastwürzigem Eichenholz im Hintergrund. Er verfügt über eine gute Reife, eine weiche Textur, einen mittleren bis vollen Körper, eine exzellente Tiefe und betört im Abgang durch süße Tannine. Sollte dieser Wein noch etwas an Gewicht zulegen, könnte er demnächst sehr hohe Punktnoten verdienen. Voraussichtliche Genussreife: jetzt–2016. Unter etwas schwierigeren Wachstumsbedingungen hat sich der *1998er Cabernet Sauvignon Herb Lamb Vineyard* mit seiner pflaumenblau-purpurroten Farbe entwickelt. Er präsentiert sich mit süßen Duftnoten von Mineralien, Brombeeren und Cassis, einem mittleren bis vollen Körper, einer exzellenten Textur, reifen Tanninen und mit einer besser entwickelten Persönlichkeit, als viele seiner kraftstrotzenden Vorgänger sie aufzuweisen hatten. Unter den Jahrgangsbedingungen ein unleugbarer Erfolg. Trinken Sie den Wein in den kommenden 12–15 Jahren.

Der fast perfekte *1997er Cabernet Sauvignon Herb Lamb Vineyard* wurde im Mai 1999 abgefüllt und scheint sich von dem damit verbundenen Schock sehr schön erholt zu haben. Mit seiner satt schwarz-purpurroten Farbe, seinen umwerfenden Aromen von Brombeeren, Blaubeeren, Lavendel, Lakritze und Toastbrot stellt sich dieser Cabernet Sauvignon ebenso tiefgründig wie körperreich dar. Er hat eine nahtlose, samtige Textur, eine vielschichtige konzentrierte Frucht und einen 45+ Sekunden langen Abgang. Bin ich vielleicht zu konservativ, wenn ich dem Wein eine dreistellige Punknote verweigere? Voraussichtliche Genussreife: jetzt–2025. Der satt schwarz-purpurrote *1996 Cabernet Sauvignon Herb Lamb Vineyard* präsentiert sich mit den typischen Charakteristika dieser Kellerei, nämlich einem provozierenden Bukett von Blaubeermarmelade, Orchideenblüten und Cassis, das mit toastwürzigen Eichenholznoten unterlegt ist. Im Glas verströmt der Wein noch zusätzliche Noten von Lakritze und exotischen asiatischen Gewürzen. Im Geschmack erinnert der groß angelegte, extrem körperreiche und gehaltvolle Wein, der den 1997er in puncto Tannin deutlich übertrifft, an Cassis-Blaubeerlikör. Seine süßen Tannine und sein bemerkenswerter 40+-Sekunden-Abgang sind beachtlich. Voraussichtliche Genussreife: jetzt–2022.

Den 1996er und den *1995er Cabernet Sauvignon Herb Lamb Vineyard* könnte man fast verwechseln, obwohl eine nähere Prüfung eine etwas kantigere Tanninbeschaffenheit des 1995ers und einen minimal geringeren Säurespiegel des 1996ers ergibt. Trotzdem verfügen beide über alle Colgin-typischen Charakteristika: eine schwarz-purpurrote Farbe, ein phänomenales Bukett mit Anklängen an Brombeeren, Himbeeren, Blaubeeren, Cassis, dazu eine feine Würze von frischem Eichenholz samt blumigen Nuancen (schwer zu sagen, ob von Flieder oder Akazien). Im Mund präsentieren sich beide Weine körperreich, bemerkenswert geschmeidig und opulent und mit einer Reintönigkeit und Präsenz der Frucht, die man selbst geschmeckt haben muss, um sich davon eine Vorstellung machen zu können. Ihr Abgang dauert 45+ Sekunden. Ich vermute, dass beide Weine sich in den kommenden 5–10 Jahren noch verbessern werden, bis sie ihr Entwicklungsmaximum erreichen und auf diesem Qualitätsniveau dann zwanzig oder mehr Jahre verharren. Zwei Inbegriffe eines Cabernet Sauvignon, in denen sich Kraft mit Eleganz verbinden. Ein Freund hat nach der Verkostung eines Colgin-Cabernet-Sauvigon einmal gesagt: »Diese Weine segeln dahin wie ein Schmetterling, stechen aber wie eine Biene.« Ich bin nicht sicher, ob Ann Colgin diesem Urteil beipflichten würde, trotzdem stellt es diesen außerordentlichen Wein in ein etwas anderes Licht. Für die Bereitung verantwortlich zeichnet die unglaublich talentierte Weinmacherin und önologische Beraterin Helen Turley.

Bei dem potenziell perfekten *1994er Cabernet Sauvignon Herb Lamb Vineyard* handelt es sich um einen total trockenen Wein, trotzdem erinnern die Süße und der Geschmack seiner Frucht an einen mit Blaubeeren und Cassis gefüllten Schokoriegel, der zusammen mit Vanilleeiscreme auf der Zunge zergeht. Dieser körperreiche Wein kommt seidig, verführerisch, opulent und üppig texturiert daher und dazu noch expansiv und gehaltvoll und mit ungewöhnlichen Duftnoten. Trotzdem zeigt der Wein sich anmutig und schön ausgewogen, überhaupt nicht schwerfällig und völlig ohne aufdringliche Tannin- oder Säurewerte. Nach den ersten Fassproben habe ich den 1994er eindeutig unterschätzt, aber meine beiden bislang letzten Verkostungen, und zwar kurz vor und nach der Flaschenabfüllung, haben mich davon überzeugt, dass es sich bei diesem Wein um einen der aufregendsten und bemerkenswertesten jungen Cabernet Sauvignons handelt, die ich je verkostet habe! Er dürfte weitere 25–30 Jahre köstlich schmecken. Himmeldonnerwetter! Echt ein überirdischer Wein! Anmerkung: Beziehen können Sie diese Weine nur über die Versandliste der Kellerei.

Bisherige große Jahrgänge: 1993er Cabernet Sauvignon Herb Lamb Vineyard (95).

CONSILIENCE (SANTA BARBARA)

1999 Zinfandel Rhodes Vineyard — Redwood Valley — D — 89+?

Der undurchdringlich purpurrote *1999er Zinfandel Rhodes Vineyard*, ein im internationalen Stil ausgebauter Wein, präsentiert sich mit überreichen Anklängen an frisches Eichenholz und einer beeindruckenden süßen Frucht von schwarzen Johannisbeeren und Brombeeren samt einer schwachen Kirschnote. Wäre die Eichenholzwürze nicht so aggressiv, hätte der Wein möglicherweise sogar Aussichten auf eine hervorragende Punktnote. Mag sein, dass er nicht so muskulös daherkommt, wie man es von einem typischen Zinfandel erwartet, trotzdem handelt es sich um einen in einem Bordeaux-artigen Stil ausgebauten Wein. Es dürfte interessant sein, die Entwicklung dieses Weines zu verfolgen.

CONSTANT (NAPA)

1995 Diamond Mountain Vineyard Proprietary Red — Napa — EEE — 90

Diese gut sieben Hektar große Rebfläche, die auf einer herrlichen Anhöhe oben auf dem Diamond Mountain liegt, ist 1984 neu bepflanzt worden. Die Besitzer Fred und Mary Constant verfolgen das Ziel, einen komplexen, eleganten Bordeaux-artigen Wein zu machen. Anscheinend sind sie der Meinung, dass man auch ohne vorherigen Leistungsnachweis sofort hohe Preise verlangen kann. Der *1995er Diamond Mountain Vineyard Proprietary Red* ist ein hervorragender Wein. Diese unter Mitwirkung von Philippe Melka entstandene Cuvée aus 73% Cabernet Sauvignon, 18% Merlot und 9% Cabernet Franc verströmt Duftnoten von geschmolzenem Teer, Lehmboden, schwarzen Johannisbeeren und Mineralien. Der gut ausgebaute, strenge Tropfen präsentiert sich bei mittlerem Körper mit moderaten Tanninwerten, einer süßen Mitte, einem harmonischen Gesamteindruck und jener typischen Frucht aus Noten von Bleistift, toastwürzigem Eichenholz und schwarzen Johannisbeeren, durch die sich ein hochwertiger Cabernet auszeichnet. Der Wein beeindruckt weniger durch sein Gewicht als durch seine Finesse und Komplexität. Er sollte noch 2–3 Jahre ruhen und kann 15–16 Jahre überdauern.

CORNERSTONE (HOWELL MOUNTAIN)

1997	Cabernet Sauvignon Beatty Ranch	Howell Mountain	E	90+
1996	Cabernet Sauvignon Beatty Ranch	Howell Mountain	E	88
1997	Cabernet Sauvignon Black-Sears Vineyard	Howell Mountain	E	93
1996	Cabernet Sauvignon Black-Sears Vineyard	Howell Mountain	E	90
1997	Cabernet Sauvignon Collage Vineyard	Howell Mountain	E	92
1997	Cabernet Sauvignon Cornerstone Vineyard	Howell Mountain	E	94
1996	Zinfandel Beatty Ranch	Howell Mountain	D	88

Die 1997er Weine sind die bislang erfolgreichsten Produkte des Weinmachers und Inhabers Bruce Scotland. Wer einen ausgewachsenen Cabernet Sauvignon sucht, findet hier eine große Auswahl. Der undurchdringlich purpurrote *1997er Cabernet Sauvignon Black-Sears Vineyard* verfügt über ein attraktives, unmittelbar ansprechendes Bukett von Brombeeren, Cassis und Rauch. Der süße, saftige, sirupartige Wein mit seiner explosiven Reife, seiner bewundernswerten Geschmacksintensität und einem niedrigen Säurespiegel verfügt über gigantische Reserven an Frucht, Glyzerin, Extraktstoffen und Tanninen, die sich zu einem nahtlos konzentrierten Wein mit einem exzeptionellen Potenzial verbunden haben. Voraussichtliche Genussreife: jetzt–2016. Der verhaltenste der vier Weine ist der *1997er Cabernet Sauvignon Beatty Ranch*. Der undurchdringlich purpurrote Wein verströmt in Duft und Geschmack Noten von frischem Sattelleder, Borke sowie roten und schwarzen Johannisbeeren. Am Anfang bereiten die harten Tannine etwas Kopfzerbrechen, nach längerer Zeit im Glas und am Gaumen offenbart der Wein jedoch seine substanzielle Reichhaltigkeit und seinen kraftvollen, körperreichen, konzentrierten Stil. Also ist Geduld geboten. Voraussichtliche Trinkreife: 2004–2018.

Ebenfalls explosiv, saftig, wundervoll dick, opulent – ja, sinnenbetörend – präsentiert sich der dunkelrubinrote *1997er Cabernet Sauvignon Cornerstone Vineyard*. Im Geschmack offenbart er kraftvolle Noten von schwarzen Kirschen und Cassis, die in einem überschwänglich körperreichen Stil und mit einem schön geschichteten, ungemein reichhaltigen Frucht-, Glyzerin- und Extraktgehalt einhergehen. Auch der Ausbau in frischem Eichenholz hat einen subtilen Nachhall hinterlassen. Die Tannine sind sehr schön durch die gehaltvolle Frucht überdeckt. Trinken Sie diesen edlen Tropfen während der nächsten 2 Jahrzehnte. Der *1997er Cabernet Sauvignon Collage Vineyard* legt vor allem Wert auf Finesse und Eleganz, auch wenn es ihm nicht an gebieterischen Geschmacksnoten fehlt. Dieser herrlich reintönige, attraktive Wein verströmt bei mittlerem bis vollem Körper und einem niedrigen Säuregehalt ein intensives, reichhaltiges Fruchtaroma mitsamt süßen Tanninen. Erfreuen Sie sich daran während der kommenden 12–15 Jahre.

Bei dem *1996er Cabernet Sauvignon Beatty Ranch* handelt es sich nicht gerade um einen typischen Howell Mountain Cabernet. Obwohl er sich ausgesprochen tanninreich, muskulös und kraftvoll zeigt, kommt er zugleich tief und reichhaltig und am Gaumen mit mehr Süße daher, als man angesichts seiner Herkunft erwarten sollte. Er präsentiert sich schön ausgewogen, ausgereift und elegant und beeindruckt für einen Wein aus diesem Anbaugebiet mit einer angenehmen Textur. Trinken Sie ihn während der nächsten 7–8 Jahre. Der eindrucksvolle, undurchdringlich rubin-purpurrote *1996er Cabernet Sauvignon Black-Sears Vineyard* hat eine gehaltvolle Brombeer-Cassis-Frucht. Ferner beeindruckt er durch eine exzellente Reintönigkeit, eine schön geschichtete Mitte und betört in seinem intensiven, von Glyzerinnoten begleiteten Abgang durch eine feine Süße. Er dürfte 12–15 Jahre munden. Der (erst spät freigegebene) *1996er Zinfandel Beatty Ranch* schließlich präsentiert sich mit gehaltvollen, erdigen und rauchwürzigen Noten sowie mit Anklängen an toastwürziges frisches Eichenholz. Hinzu kommen Nuancen von Sattelleder und ein parfümiertes Bukett von Pilzen, Brombeeren und Kirschen. Trinken Sie diesen duftigen, konzentrierten Zinfandel mit seinen Bruyèreholznoten im Laufe der nächsten 3–4 Jahre.

ROBERT CRAIG (NAPA)

1997	**Affinity Proprietary Red Wine**	**Napa**	**D**	**91**
1996	**Affinity Proprietary Red Wine**	**Napa**	**D**	**90**
1995	**Affinity Proprietary Red Wine**	**Napa**	**D**	**90**
1997	**Cabernet Sauvignon Howell Mountain**	**Napa**	**D**	**92**
1996	**Cabernet Sauvignon Howell Mountain**	**Napa**	**D**	**91**
1995	**Cabernet Sauvignon Howell Mountain**	**Napa**	**D**	**91**
1994	**Cabernet Sauvignon Howell Mountain**	**Napa**	**D**	**90+**

1997	**Cabernet Sauvignon Mt. Veeder**	**Napa**	**D**	**92+**
1996	**Cabernet Sauvignon Mt. Veeder**	**Napa**	**D**	**92+**
1995	**Cabernet Sauvignon Mt. Veeder**	**Napa**	**D**	**90**
1994	**Cabernet Sauvignon Mt. Veeder**	**Napa**	**D**	**88**

Bei Robert Craigs eindrucksvollen, konzentrierten drei 1997er Rotweinen handelt es sich um eine Synthese aus jenen Weinen aus Cabernet Sauvignon, Merlot und Cabernet Franc, die in einem eleganten und strengen Bordeaux-Stil ausgebaut sind, und jenen mit extravaganteren, ausgereifteren, eingedickteren Noten augestatteten Kreationen, wie sie in Kalifornien unter anderen mikroklimatischen Bedingungen und auf fruchtbareren Böden ebenfalls anzutreffen sind. Craig hat Weine mit exzeptioneller Komplexität, herrlicher Reintönigkeit und einem Alterungspotenzial von 15–20 Jahren im Angebot. Der undurchdringlich purpurrote *1997er Affinity Proprietary Red Wine* (vornehmlich Cabernet Sauvignon) beeindruckt nicht allein durch gebieterische Geschmacksnoten, sondern auch durch außergewöhnliche Finesse und Eleganz. Bei hoher Geschmacksextraktion, mittlerem bis vollem Körper und vielschichtiger Konzentration präsentiert er sich mit schön integrierten, subtil toastwürzigen Eichenholznoten, Nuancen von Bleistift, schwarzen Johannisbeeren, Pflaumen, Lakritze und Blumen. An diesem klassischen, graziösen Cabernet Sauvignon, in dem sich Finesse mit Intensität vereinigt, erscheint alles in schönster Ausgewogenheit. Voraussichtliche Genussreife: jetzt–2020. Der undurchdringlich purpurrote *1997er Cabernet Sauvignon Mt. Veeder* verströmt herrlich komplexe Duftnoten von Cassis, Vanille, Mineralien und Blaubeeren. Der gut strukturierte, körperreiche, opulent texturierte, dicke, gehaltvolle und jugendliche Wein könnte noch 2–3 Jahre Ruhe vertragen. Sein Alterungspotenzial: etwa 20 Jahre. Wem es um einen etwas erdigeren Charakter samt Brombeer-, Blaubeer- und blumige Noten zu tun ist, der sollte sich besser an den satt rubin-purpurroten *1997er Cabernet Sauvignon Howell Mountain* halten. Wie seine Verwandten zeigt sich auch dieser tanninreiche, eindrucksvoll ausgestattete, reintönige und intensive Wein bei mittlerem bis vollem Körper herrlich ausgewogen. Da seine Tannine sich noch ziemlich kraftvoll präsentieren, sollte man ihn besser weitere 2–3 Jahre in den Keller legen.

Der undurchdringlich purpurrote *1996er Affinity Proprietary Red Wine*, ein Verschnitt aus Merlot, Cabernet Sauvignon und Cabernet Franc, verfügt über ein bemerkenswertes Bukett von Blaubeermarmelade samt hochwertigen Eichenholzaromen. Der Wein präsentiert sich elegant, körperreich und komplex, wobei seine hervorragenden Aromen durch reife Geschmacksnoten gestützt werden und durch einen vielschichtig texturierten Eindruck mit schön integrierten Eichenholz-, Säure- und Tanninnoten. Voraussichtliche Genussreife: jetzt–2012. Der kraftvolle, dichte, verhalten entwickelte, extraktionsreiche, überwältigende *1996er Cabernet Sauvignon Mt. Veeder* präsentiert sich in einer beeindruckend schwarz-purpurroten Farbe. Obwohl imposant ausgestattet und muskulös samt bewundernswerter Symmetrie, sollte dieser Wein noch 3–5 Jahre ruhen. Voraussichtliche Genussreife: jetzt–2020. Der *1996er Cabernet Sauvignon Howell Mountain* stellt sich überraschenderweise noch geschmeidiger und samtiger texturiert dar als der Mt. Veeder (eigentlich hatte ich das genaue Gegenteil erwartet). Dieser Wein präsentiert sich mit Bleistift-, mineralischen und Anklängen an schwarze Johannisbeeren, auf die ein strukturierter, konzentrierter und verhaltener Stil folgt, der zwar nicht undurchdringlich erscheint, aber eine gewisser Zeit im Keller verlangt. Die hervorragende Reintönigkeit und die süße Frucht lassen eine Ruhezeit von 2–3 Jahren ratsam erscheinen. Voraussichtliche Genussreife: jetzt–2020.

Alle drei 1995er Weine zeigen sich ungewöhnlich symmetrisch und ausgewogen und beeindrucken durch ihre Eleganz, Finesse und Reintönigkeit. Ja, sie sind beispielhaft dafür, wie ein im Bordeaux-Stil bereiteter Wein aus Kalifornien schmecken sollte. Obwohl keine Kraftprotze, offerieren sie eine Menge Geschmackstiefe und Komplexität. Der dunkelrubin-purpurrote *1995er Affinity Proprietary Red Wine* ist ein klassischer Wein mit einem Bukett von Bleistiftmine, schwarzen Johannisbeeren und Vanille, das ohne weiteres für das eines klassischen Médoc durchgehen könnte. Bei mittlerem bis vollem Körper, einer hervorragenden Konzentration und exzeptioneller Harmonie zeigt er sich im Auftakt mit schöner Reichhaltigkeit und Reintönigkeit. Ein herrlicher Wein. Voraussichtliche Genussreife: jetzt–2012. Der *1995er Cabernet Sauvignon Mt. Veeder* hat einen volleren Körper und wird stärker von seiner Frucht aus schwarzen Johannisbeeren und Kirschen dominiert. Er ist reifer und gewichtiger und trotzdem ein für kalifornische Verhältnisse mit Finesse ausgebauter Wein. Seine außergewöhnliche Reintönigkeit, seine subtile Eichenholzwürze und Komplexität und seine Ausgewogenheit sprechen dafür, dass man ihn bereits jetzt, aber auch noch in 12–15 Jahren trinken kann. Mit dem höchsten Tanninspiegel, aber auch mit der gehaltvollsten Konstitution präsentiert sich, nicht weiter überraschend, der *1995er Cabernet Sauvignon Howell Mountain*. Der (wie seine beiden Geschwister) tiefrubin-purpurrote Wein verströmt geradezu klassische Aromen von Mineralien, schwarzen Johannisbeeren und Toast sowie tiefe, reichhaltige, kraftvolle Geschmacksnuancen von außergewöhnlicher Konzentration, beträchtlicher Finesse samt schön eingebauten Tanninen und einem strukturierten, gut gezeichneten, strengen, aber beeindruckend langen Abgang. Der Wein sollte noch 2–3 Jahre ruhen und hat eine Lebenserwartung von 15–20 Jahren.

Der *1994er Cabernet Sauvignon Mt. Veeder* ist ein körperreicher, dichter, rubin-purpurroter eleganter Wein mit erdiger Cassisfrucht. Ein gut strukturierter Cabernet von mittlerem Gewicht mit exzellenter Reife, einer anmutigen Persönlichkeit und einer attraktiven, vielschichtigen Frucht. Obwohl er sich straff präsentiert, ist der Wein bereits zugänglich und dürfte 10–12+ Jahre köstlich munden. Ein weiterer verführerischer Wein ist der *1994er Cabernet Sauvignon Howell Mountain*. Der satt dunkelpurpurrote Wein beeindruckt durch attraktive jugendliche Aromen von Bleistiftmine, Vanille, Mineralien, Gewürzen und schwarzer Johannisbeerfrucht. Dieser typische Cabernet aus einer Höhenlage, der mit reichlichen Mengen Tannin und einem mittleren bis vollen Körper, schön konzentriert und eindrucksvoll ausgestattet daherkommt, zeigt sich bereits gut gestaltet, aber noch verhalten. Er sollte deshalb weitere 4–5 Jahre ruhen. Voraussichtliche Genussreife: jetzt–2012.

Bisherige große Jahrgänge*:* 1993er Cabernet Sauvignon Howell Mountain (91), 1993er Cabernet Sauvignon Mt. Veeder (90).

DALLA VALLE (NAPA)

1999	**Cabernet Sauvignon**	**Oakville/Napa**	**E**	**(92–94)**
1998	**Cabernet Sauvignon**	**Oakville/Napa**	**E**	**94**
1997	**Cabernet Sauvignon**	**Oakville/Napa**	**E**	**93**
1996	**Cabernet Sauvignon**	**Oakville/Napa**	**E**	**93**
1995	**Cabernet Sauvignon**	**Oakville/Napa**	**D**	**93**
1994	**Cabernet Sauvignon**	**Oakville/Napa**	**D**	**94**
1999	**Maya Proprietary Red Wine**	**Oakville/Napa**	**EEE**	**(96–99)**
1998	**Maya Proprietary Red Wine**	**Oakville/Napa**	**EEE**	**96**
1997	**Maya Proprietary Red Wine**	**Oakville/Napa**	**EEE**	**99**
1996	**Maya Proprietary Red Wine**	**Oakville/Napa**	**EE**	**96**
1995	**Maya Proprietary Red Wine**	**Oakville/Napa**	**EE**	**97+**
1994	**Maya Proprietary Red Wine**	**Oakville/Napa**	**EE**	**99**

Diese Weine stammen aus Naoko Dalla Valles Rebkulturen an den Osthängen von Oakville. Sie scheinen von Jahr zu Jahr besser zu werden. Natürlich sind Qualitätssteigerungen kaum mehr möglich. Aber wenn man bedenkt, was für Weine die Kellerei 1998 kreiert hat, muss man immer wieder staunen. Beide Weine konkurrieren mit um den Titel »Wein des Jahres«. Der *1998er Cabernet Sauvignon* (2400 Kisten; 88% Cabernet Sauvignon und 12% Cabernet Franc) schmeckt aus der Flasche sogar noch besser als früher vom Fass. Ein umwerfender, undurchdringlich blau-purpurroter Wein mit herrlich süßen Aromen von schwarzen Früchten, die mit Lakritze-, mineralischen und Gewürznuancen durchsetzt sind. Der körperreiche, opulent texturierte und bereits jünger als die meisten Weine zugängliche Wein dürfte wenigstens 2 Jahrzehnte überdauern. Bei dem *1998er Maya Proprietary Red Wine* (500 Kisten; 45% Cabernet Franc und 55% Cabernet Sauvignon) haben wir es möglicherweise *tatsächlich* mit dem »Wein des Jahres« zu tun. Dieser betörend gehaltvolle Tropfen schmeckt wie ein gedopter Cheval Blanc. Er hat eine schwarz-purpurrote Farbe und überwältigende Aromen von eingedickten schwarzen Früchten, Gewürzen, Johannisbeeren, Mineralien und Gewürzkiste, eine unglaubliche Konzentration, reich geschichtete Geschmacksnoten und wundervoll süße Tannine. Zusammen ergibt dies alles jene nahtlose Textur, durch die sich die größten Maya-Jahrgänge auszeichnen. Der 1998er dürfte mindesten 25 Jahre köstlich munden.

Was die 1999er anbelangt, so stellen sie sich genauso dar wie man es von einem zwar kühlen, aber nicht so schwierigen Jahr – wie 1998 eines war – erwartet. Von dem (mit 15,5% Cabernet Franc verschnittenen) *1999er Cabernet Sauvignon* gibt es 2200 Kisten. Er betört durch herrliche Aromen von Menthol, schwarzen Früchten, Lakritze, Mineralien und Rauch. Dieser kraftvolle, wundervoll reintönige, körperreiche und vielschichtige supergehaltvolle Wein dürfte nach der Abfüllung sogar noch köstlicher schmecken. Der undurchdringlich schwarz-purpurrote *1999er Maya Proprietary Red Wine* (500 Kisten; ein Verschnitt aus 45% Cabernet Franc und 55% Cabernet Sauvignon) duftet aufs Herrlichste nach Blaubeeren, Brombeeren, Cassis und Blumen, mit einem Hauch von Lakritze und Mineralien. Dieser riesige Wein mit seinem hohen Tanninspiegel, dem vollen Körper und einem grandiosen Extrakt- und Glyzeringehalt entfaltet am Gaumen eine fabelhafte Intensität. Er sollte noch 4–5 Jahre ruhen und dürfte sich mindestens 30 Jahre halten.

Gemessen an den Wachstumsbedingungen müssten die 1997er Kreationen die 1998er und 1999er Weine eigentlich übertreffen, doch das ist nicht der Fall. Zwar stellen sie sich durchaus tiefgründig dar, aber es ist Naoko Dalla Valle und ihrer önologischen Beraterin Mia Klein gelungen, phänomenale 1998er und 1999er zu machen. Der *1997er Cabernet Sauvignon* (2800 Kisten; 85% Cabernet Sauvignon und 15% Cabernet Franc) beeindruckt durch seine undurchdringlich purpurrote Farbe und seine herrlichen Aromen von mineralisch durchsetzten schwarzen Johannisbeeren und würzigem Eichenholz. Der körperreiche, strukturierte, muskulöse und vielschichtige Wein ist bereits zugänglich, sollte aber noch 2–4 Jahre ruhen und dann während der folgenden 20–25 Jahre konsumiert werden. Der nahezu vollkommene, satt bläulich-schwarze *1997er Maya Proprietary Red Wine* präsentiert sich in seinem komplexen Bukett mit Anklängen an Crème de Cassis, Rauch, Gewürzkiste, Eisen und Espresso. Der Wein hat eine viskose Textur, eine riesige, konzentrierte, reife Frucht, einen bemerkenswerten Körper und einen ebenso nahtlosen wie vielschichtigen Abgang. Das Tannin, die Säure und der Alkohol sind ausnahmslos schön integriert. Ein wahrhaft tiefgründiger Wein! Voraussichtliche Genussreife: 2005–2030.

Der kraftvolle, konzentrierte dicht rubin-purpurrote körperreiche und muskulöse *1996er Cabernet Sauvignon* beeindruckt durch üppige Noten von Brombeeren, in die sich mineralische, Zedernholz- und Anklänge von schwarzem China-Tee mischen. Das Tannin schmeckt süß, und das in einem Jahrgang, in dem diese Komponente nicht selten recht rustikal daherkommt. Er ist bereits jetzt zugänglich oder kann noch 25 Jahre lagern. Der *1996er Maya Proprietary Red Wine* ist ebenfalls ein außergewöhnliches Beispiel für das Potenzial dieses sensationellen Verschnitts aus Cabernet Sauvignon und Cabernet Franc. Auf belebend intensive Aromen von neuem Sattelleder, Pflaumen, schwarzen Johannisbeeren, Unterholz und Lakritze folgt ein körperreicher, sensationell konzentrierter Wein mit süßen Tanninen, einer tiefen, ungewöhnlich reintönigen und konzentrierten Mitte und einem opulent texturierten Abgang. Bereits bei einer frühen Verkostung zeigte er sich überraschend offen gewirkt und zugänglich, allerdings lauern unter der Oberfläche noch gewisse Tannine. Voraussichtliche Genussreife: jetzt–2025.

Der undurchdringlich blau-schwarz-purpurrote *1995er Cabernet Sauvignon* hat ein Bukett von süßen Cassisaromen, die mit Anklängen an Erde, Gewürze, Rauch und gegrilltes

Fleisch einhergehen. Dieser dichte, kraftvolle, konzentrierte und muskulöse Wein hinterlässt im Mund einen gigantischen Eindruck. Um einen multidimensionalen Wein von dieser Konzentration und Reife, solcher Fruchtsüße, Intensität und Komplexität zu erzeugen, braucht eine Kellerei schon mehr als nur Glück. Der großartige *1995er Maya Proprietary Red Wine* ist von derselben Art wie alle großen Maya-Weine der letzten Dekade. Mag sein, dass sein Tannin sich sogar noch reifer präsentiert als das des 1994ers, trotzdem ist der Wein zur Zeit noch ein unentwickelter, massiver und unförmiger Riese, obwohl kaum zu übersehen ist, dass wir es hier mit einem weiteren legendären Tropfen zu tun haben. Stellen Sie sich auch bisweilen die Frage, warum von solchen Weinen nicht gleich 100000 Kisten auf den Markt kommen?

Der *1994er Cabernet Sauvignon*, den ich trotz seiner Verhaltenheit mit großem Vergnügen getrunken habe, verfügt über eine körperreiche, vielschichtige Persönlichkeit mit reichlich Tannin, aber genug erdiger schwarzer Johannisbeer- und Pflaumenfrucht, um die Struktur auszubalancieren. Mit seiner undurchdringlich purpurroten Farbe, seinem hohen Tanningehalt, seiner herrlich geschichteten Frucht und Geschmacksintensität dürfte er sein Optimum nach weiteren 4–6 Jahren Kellerlagerung erreichen und 20–25 Jahre überdauern. Mit seiner satten und undurchdringlich purpurroten Farbe ist der *1994er Maya Proprietary Red Wine* ein echter Gigant. Der Wein hat ein verhaltenes, aber herrlich süßes Bukett von Erde, Eichenholz, Mineralien und schwarzer Frucht. Bei einem beträchtlichen Glyzerin- und Extraktgehalt sind die groß angelegten Tannine dieses körperreichen Weines sehr schön unter seiner fabelhaft geschichteten Frucht verborgen. Obwohl zugänglicher, als ich vor der Abfüllung vermutet hätte, bringt dieser Wein durchaus ein Entwicklungspotenzial von 20–30 Jahren mit.

Ich brauche kaum zu betonen, dass diese Weine extrem schwer zu beschaffen sind, aber gilt dies nicht für alle derart außergewöhnlichen Rebsäfte?

Bisherige große Jahrgänge: Maya 1993er (98), 1992er (100), 1991er (99), 1990er (96).

DASHE (SONOMA)

1999	Zinfandel	Dry Creek	C	88
1999	Zinfandel Todd Brothers Ranch	Alexander Valley	C	90

Zwei eindrucksvolle Produkte. Der *1999er Zinfandel* (14,5% Alkohol) hat eine ungemein tiefe, gehaltvolle, erdige, würzige Frucht von schwarzen Johannisbeeren und Kirschen mit Anklängen an Seetang und Pfeffer. Der reintönige und geschmeidige Wein hat einen mittleren bis vollen Körper. Trinken Sie ihn in den kommenden 3–4 Jahren. Der undurchdringlich purpurrote *1999er Zinfandel Todd Brothers Ranch* hat ein herrliches Bukett von reintönigen, eingedickten schwarzen Himbeeren, Kirschen und Mineralien mit Anklängen an Erde und Holz. Der körperreiche, kraftvolle, große und dicke, dichte und kraftstrotzende Wein ist bereits jetzt zugänglich, kann aber noch 7–8 Jahre überdauern. Bravo!

DEHLINGER (SONOMA)

1996	Cabernet/Merlot Blend	Russian River	D	91
1995	Cabernet/Merlot Blend	Russian River	D	91
1994	Cabernet/Merlot Blend	Russian River	D	91
1998	Cabernet Sauvignon Estate	Russian River	D	(86–88)
1997	Cabernet Sauvignon Estate	Russian River	D	90
1996	Cabernet Sauvignon Estate	Russian River	D	91
1995	Cabernet Sauvignon	Russian River	D	91
1994	Cabernet Sauvignon	Russian River	D	92
1999	Chardonnay Estate	Russian River	D	(87–89)
1999	Pinot Noir Estate	Russian River	D	(87–88)
1998	Pinot Noir Estate	Russian River	D	91

1997	Pinot Noir Estate	Russian River	D	90
1996	Pinot Noir Estate	Russian River	D	91
1995	Pinot Noir Estate	Russian River	D	89
1994	Pinot Noir Estate	Russian River	C	91
1998	Pinot Noir Goldridge Vineyard	Russian River	D	89
1997	Pinot Noir Goldridge Vineyard	Russian River	D	89
1996	Pinot Noir Goldridge Vineyard	Russian River	D	89
1995	Pinot Noir Goldridge Vineyard	Russian River	C	88
1994	Pinot Noir Goldridge Vineyard	Russian River	C	90
1999	Pinot Noir Hilltop Vineyard	Russian River	D	(90–92)
1999	Pinot Noir Octagon Vineyard	Russian River	D	(88–89)
1998	Pinot Noir Octagon Vineyard	Russian River	D	92
1997	Pinot Noir Octagon Vineyard	Russian River	D	91
1996	Pinot Noir Octagon Vineyard	Russian River	D	90
1995	Pinot Noir Octagon Vineyard	Russian River	D	90
1994	Pinot Noir Octagon Vineyard	Russian River	D	93
1997	Pinot Noir Reserve Estate	Russian River	D	90+
1994	Pinot Noir Reserve Estate	Russian River	D	92+
1998	Syrah Estate	Russian River	D	(89–90)
1997	Syrah Estate	Russian River	D	90
1996	Syrah Estate	Russian River	D	93
1995	Syrah Estate	Russian River	D	93
1994	Syrah Estate	Russian River	C	91
1998	Syrah Estate East Face	Russian River	D	91
1997	Syrah Goldridge Vineyard	Russian River	D	90
1996	Syrah Goldridge Vineyard	Russian River	D	90
1995	Syrah Goldridge Vineyard	Russian River	C	90
1994	Syrah Goldridge Vineyard	Russian River	C	89

Tom Dehlingers Weine gehören noch immer zu den preisgünstigsten in Kalifornien. Außerdem hat sich die vergangene Dekade für ihn außerordentlich positiv dargestellt. Schließlich hat die Kellerei einige der sinnenbetörendsten kalifornischen Cabernet Francs sowie mehrere schmackhafte Syrahs und Chardonnays hergestellt.

Der *1999er Chardonnay Estate* offenbart bereits im Fass Noten einer zitrusartigen, flüssigen Mineralität sowie buttrige und stahlige Zitronen-, Birnen-, Geißblatt- und Rauchanklänge. Der Wein ist körperreich und sauber und dürfte während seiner ersten 3–4 Jahre köstlich munden.

Dehlinger ist weiterhin der Meinung, dass beim Pinot Noir in der vergangenen Dekade 1994 und 1997 die besten Jahre gewesen sind, aber seine 1998er Spitzen-Pinot-Noirs schmecken sogar in diesem Jahr noch besser als bei der Verkostung im letzten Jahr. Von dem *1998er Pinot Noir Goldridge Vineyard* gibt es 1200 Kisten. Es handelt sich dabei um einen köstlichen, körperreichen Pinot Noir mit einem hohen Alkoholgehalt (14,2%) und überschwänglichen Noten von schwarzen Kirschen, Rauch, würzigem Eichenholz samt einer samtigen Textur und einer ausgesprochen zugänglichen Persönlichkeit. Man sollte ihn in den kommenden 4–5 Jahren austrinken. Der hervorragende *1998er Pinot Noir Estate* (1050 Kisten) ist ein körperreicher, kraftvoller Wein mit einer reichen Frucht von eingedickten Kirschen, in die sich Noten von Rauch, Schokolade, Erde und Gewürzmyrte mischen. Dieser üppig texturierte, kernige, reintönige und köstliche Pinot Noir vermag zwar kaum zu altern, bietet aber in den kommenden 4–5 Jahren einen schönen Trinkgenuss. Dann wäre da noch eine winzige Menge (210 Kisten) von dem dunkelpflaumenblau-purpurroten *1998er Pinot Noir Octagon Vineyard.* Seine komplexen und erdigen Aromen von süßen schwarzen Kirschen und getrockneten Kräutern gehen mit blumigen und Rosenblüten-

Nuancen einher. Der Wein hat einen mittleren bis vollen Körper, einen langen gehaltvollen Abgang und breit ausladende Geschmacksnoten und sollte in den kommenden 5–6 Jahren konsumiert werden.

Die 1999er Pinot Noirs haben einen relativ hohen Alkoholgehalt (14,5%) und sind wie auch die übrigen Jahrgänge zu 35–40% in Eichenholz ausgebaut worden. Die Vorliebe für 500–Liter-Eichenholzfässer hat sich durchaus bewährt. Der *1999er Pinot Noir Estate* präsentiert sich mit einer süßen, rauchwürzigen Frucht von schwarzen Kirschen und Erdbeeren und kommt bei mittlerem Körper in einem spritzig-eleganten Stil daher. Er hat zwar keine so fette oder gehaltvolle Textur wie der 1998er, aber das könnte sich im Laufe des weiteren Fassausbaus noch ändern. Jedenfalls haben der *1999er Pinot Noir Octagon Vineyard* und der *1999er Pinot Noir Hilltop Vineyard* (von 25 Jahre alten Rebstöcken) bei mittlerem bis vollem Körper eine eindrucksvollere Reichhaltigkeit, Textur und Viskosität aufzuweisen. Sie präsentieren sich in einem Dehlinger-typischen robusten, gehaltvoll-fruchtigen Stil mit explosiven Noten im mittleren Geschmacksbereich und mit einer beträchtlichen Konzentration und einem hohen Glyzerin- und Alkoholgehalt. Diese beiden Weine dürften sich mit ihrem Alterungspotenzial von 5–7 Jahren noch als die 1999er Spitzen-Pinot-Noirs erweisen. Ich habe noch immer viel Freude an meinen 1994ern, die von ihrer üppigen Frucht bislang noch nichts eingebüßt haben.

Zweifellos handelt es sich bei den 1997er Pinot Noirs um betörend sinnliche, von Frucht berstende Weine mit einer verlockend fleischigen Textur. Der dunkelrubinrote *1997er Pinot Noir Goldridge Vineyard* präsentiert sich mit attraktiven, süßen, mäßig intensiven Aromen von Kirschmarmelade, Pflaumen, würzigem Eichenholz und Rauch. Mit seinem körperreichen, samtigen, berauschenden Stil schmeckt er bereits jetzt köstlich und kann weitere 3–5 Jahre überdauern. Der dunkelrubin-pflaumenfarbene *1997er Pinot Noir Estate* (1330 Kisten) könnte auch für einen Premier Cru aus Beaune durchgehen. Mit seiner süßen, schokoladigen, rauchwürzigen schwarzen Kirschfrucht, in die sich würzige Zimt- und erdige Noten mischen, stellt sich diese attraktive sinnenbetörende Fruchtbombe von einem Pinot Noir ungemein köstlich und überzeugend dar. Obwohl schon jetzt unwiderstehlich, sollte man ihn noch 6–12 Monate in der Flasche reifen lassen und dann während der folgenden 5–7 Jahre trinken. Sein Alkoholgehalt beträgt 14,5%. Der in den Weingärten oberhalb der Dehlinger-Kellerei geerntete Pinot Noir wird unter dem Namen Octagon vermarktet. Der große, kühn angelegte dunkelrubin-purpurrote *1997er Pinot Noir Octagon Vineyard* präsentiert sich mit reichen Anklängen an Kirschlikör, gebratenes Fleisch, getrocknete Kräuter, Gewürze und Schokolade. Am Gaumen betört er durch Dehlinger-typische explosive Glyzerinnoten, eine hohe Konzentration und Geschmacksextraktion. Auch hier haben wir es also wieder mit einem ungemein attraktiven, üppigen Pinot Noir zu tun, an dem Sie sich bereits jetzt, aber auch noch in den kommenden 7–8 Jahren erfreuen können. Die Produktion beläuft sich auf 390 Kisten. Der Pinot Noir Reserve wird nur in den besten Jahren gemacht, und von den vorhandenen vier Jahrgängen wiederum ist der *1997er Pinot Noir Reserve Estate* (450 Kisten) der am straffsten gewirkte und verhaltenste. Wie seine Geschwister zeigt er sich säurearm, hervorragend konzentriert und reintönig und betört durch eine Überfülle an schwarzen Kirschen, Pflaumen samt fleischigen Komponenten. Auch wenn er bereits jetzt durch eine verlockende Fruchtigkeit und Symmetrie betört, braucht dieser Wein wegen seiner noch spürbaren Struktur und seines hohen Tanningehaltes noch 1–2 Jahre Flaschenreifung. Er beeindruckt den Gaumen mit seinem kühnen Schwung und verfügt bereits über eine beträchtliche Substanz, trotzdem braucht er noch mehr Zeit. Voraussichtliche Genussreife: jetzt–2010.

Obwohl Dehlinger inzwischen einige der neuen Dijon-Klone (besonders Klon 777) ausgepflanzt hat, sind seine Pinots noch alle an alten (ursprünglich ebenfalls aus Burgund importierten) kalifornischen Klonen wie Martini, Swan oder Pommard gewachsen. Es kann von einem Jahrgang bis zu vier verschiedene Pinot Noirs geben, wenn Dehlinger sich entschließt, eine Reserve-Abfüllung zu produzieren, wie er es 1994 und 1997 getan hat. 1996 hat er drei solche Weine bereitet, den Goldridge Vineyard (1150 Kisten), den Estate (990 Kisten) und den Octagon Vineyard (140 Kisten). Das Angenehme an Dehlingers Pinot Noirs ist, dass sie in einem ungemein fruchtigen, schokoladigen Stil mit reichlich Gewürzen, luxuriöser Textur und verschwenderischen Mengen Glyzerin und Alkohol vinifiziert sind. Dabei kommen sie dem Weintrinker entgegen, ohne von ihrem Sortencharakter etwas einzubüßen. So präsentiert sich der dunkelrubin-purpurrote *1996er Pinot Noir Goldridge Vineyard* beispielsweise mit einem superben Bukett von eingedickten Kirschen und Pflaumen, in das sich Noten von erdigem Unterholz und geschmolzener Schokolade mischen. Bei entsprechender Belüftung kommen zu dieser Melange noch asiatische Gewürze hinzu. Es handelt sich um einen kernigen, stämmigen, sinnlichen Pinot (14,5% Alkohol) von mittlerem bis vollem Körper, den man bereits jetzt, aber auch noch in 5–6 Jahren trinken kann. Ganz ähnlich präsentiert sich der hervorragende *1996er Pinot Noir Estate*, allerdings mit mehr Glyzerin, süßeren Komponenten von schwarzen Kirschen und Kirschwasser, Noten von gerösteten Kräutern und einem vollen Körper, dazu noch 14,5% Alkohol, superbe Reintönigkeit und eine schön geschichtete, kernige Textur. Dieser Wein dürfte 5–7 Jahre köstlich munden. Von dem *1996er Pinot Noir Octagon Vineyard* ist die geringste Menge vorrätig. Er hat ein fabelhaftes Bukett von eingedickten Erdbeeren und Kirschen sowie Backpflaumen-, Braten- und würzige Eichenholzaromen. Er besitzt einen vollen Körper und präsentiert sich mit einem beträchtlichen Glyzerin- und Extraktgehalt mitsamt einem dichten, extravaganten, üppig texturierten Abgang und dürfte 5–6 Jahre köstlich munden.

Die 1995er Pinot Noirs zeigen sich in Duft und Geschmack von einer mehr animalischen, fleischigen und pflanzlichen Seite als die extravaganten und von ihrer Frucht dominierten 1994er. So ist beispielsweise der *1995er Pinot Noir Goldridge Vineyard* ein mittelrubinroter Wein mit einem großen, würzigen, erdigen Bukett aus Zimt- und Raucharomen, einer reichhaltigen, eingedickten, seidig texturierten Frucht, einem mittleren Körper und üppigen Abgang. Er dürfte 1–3 Jahre köstlich schmecken. Der *1995er Pinot Noir Estate* präsentiert sich mit etwas mehr Intensität, in einem um Nuancen dunkleren Rubinrot und mit einer samtigen Textur und mit einer reichen Frucht von reifen schwarzen Kirschen und Beeren. Der weiche Wein hat einen mittleren Körper und eignet sich ideal für den sofortigen Genuss. Der tiefste und gehaltvollste dieser Pinots ist der *1995er Pinot Noir Octagon Vineyard*, der sich mit einem ausgereiften schokoladigen und erdigen Charakter von Erdbeeren und Kirschen präsentiert. Dieser die Sinne betörende, üppige Wein von mittlerem bis vollem Körper beeindruckt durch pikante, expansive Geschmacksnoten, einen niedrigen Säuregehalt und eine herrliche Reife.

Der dunkelrubinrote *1994er Pinot Noir Goldridge Vineyard* betört durch würzige, wildbretartige, rauchige, komplexe Aromen, eine wundervolle Fülle, einen langen, abgerundeten, körperreichen, seidig texturierten Eindruck am Gaumen und überschwängliche Anklänge an Gewürze, eingedickte schwarze Kirschen und Unterholz. Der herrliche, extravagante *1994er Pinot Noir Estate* präsentiert sich mit süßen, reifen und vielschichtigen Geschmacksnoten und einem umwerfenden Bukett aus Gewürzen, roten und schwarzen Früchten, Erde und Rauch. Er verfügt über einen Alkoholgehalt von 14,5%, betörende Glyzerinmengen und kommt mit einem (durch das Glyzerin und die Extraktstoffe, nicht etwa durch Zucker verursachten) ungemein süßen Eindruck am mittleren Gaumen daher. Der vollmundige, gehaltvolle, mit Geschmacksnoten und Persönlichkeit bis obenhin abgefüllte Wein muss als geradezu klassischer Pinot Noir vom Russian River gelten. Trinken Sie ihn in den kommenden 5–6 Jahren. Der *1994er Pinot Noir Octagon Vineyard* (bei dem 10% der Stiele mitvergoren werden) ist etwas kostspieliger, weil die winzige Rebfläche oben auf einem Hügel nur Trauben für 100 Kisten erbracht hat. Der Wein präsentiert sich mit den Dehlinger-typischen intensiven Duftnoten von Gewürzmyrte, süßen schwarzen Früchten, Toastbrot und Rauch. Am Gaumen präsentiert er sich mit ganzen Kaskaden von Himbeer- und Kirschfrucht, dazu kraftvoll und körperreich und mit einer seidigen Textur und reifen

Tanninen im Abgang. Dieser herzhaft-üppige Pinot ist bereits jetzt unwiderstehlich. Bei dem *1994er Pinot Noir Reserve Estate* (500 Kisten) handelt es sich um den strukturiertesten und verschlossensten dieser Weine. Ich habe ihn bereits einen Monat nach der Abfüllung verkostet. Auch dieser Wein präsentiert sich im Mund ungewöhnlich ausgereift, gehaltvoll, konzentriert, dicht, komplex und expansiv und mit einem 30–35 Sekunden langen Abgang samt einer außergewöhnlichen Reintönigkeit und Persönlichkeit.

Die Cabernet-Sauvignon-Traube gehört nicht zu Tom Dehlingers Lieblingsweinen, gleichwohl erzeugt er einen exzellenten Cabernet, der in der Begeisterung über die sonstigen Errungenschaften dieses Winzers bisweilen fast untergeht. Er erntet rund 34 Tonnen Cabernet Sauvignon und behält davon ein Drittel für sich. Der *1997er Cabernet Sauvignon Estate* präsentiert sich in dichtem Purpurrot und mit reichen Schokoladenanklängen und einer mit Lakritze- und Tabaknoten durchwirkten Cassisfrucht. Der körperreiche, konzentrierte Cabernet dürfte Weintrinker überraschen, die glauben, dass im Russian River Valley nur erstklassige Chardonnay-, Pinot- und Syrah-Weine gekeltert werden. Er dürfte 10–12 Jahre überdauern. Der *1998er Cabernet Sauvignon Estate* hat zwar seine ungünstigen Wachstumsbedingungen glimpflich überstanden, gleichwohl vermag er es in puncto Reichhaltigkeit und Intensität mit dem 1999er nicht aufzunehmen. Trotzdem: ein eleganter, sauber gemachter, durchaus nicht krautiger oder adstringierender Wein. Trinken Sie ihn in den kommenden 7–8 Jahren. Von dem hervorragenden *1996er Cabernet Sauvignon Estate* gibt es 390 Kisten. Die dicht purpurrote Farbe des Weines geht mit süßen Aromen von Schokolade, getrockneten Kräutern, Rauch, Lakritze und einer überschwänglichen Beeren- und Cassisfrucht einher. Im Abgang des körperreichen, dichten und kernigen Weines kommen nur relativ wenig Tannine zur Geltung. Er sollte noch 2–3 Jahre ruhen und hat dann ein Alterungspotenzial von 15–20 Jahren. Bei dem *1995er Cabernet Sauvignon* (460 Kisten) handelt es sich um einen sortenreinen undurchdringlich purpurroten Cabernet mit den typischen Aromen von Cassis, Teer, Lehmboden sowie rauch- und toastwürzigem Eichenholz. Der vielschichtige Wein hat einen vollen Körper, eine kernige Textur und eine eindrucksvolle Reintönigkeit und Länge. Trotz der schönen Tannine im Abgang handelt es sich um einen traubigen, unentwickelten Wein mit einem beträchtlichen Potenzial. Voraussichtliche Genussreife: jetzt–2020. Der *1994er Cabernet Sauvignon* ist ein weiterer Spitzenwein aus diesem geradezu klassischen Jahrgang. Dieser undurchdringlich purpurrote, attraktive Wein ist bezeichnend für den frühreifen, schmeichelhaften Stil des ganzen Jahrgangs. Er wartet mit einer Fülle eingedickter schwarzer Früchte auf, die mit Nuancen von Rauch, Gewürzen, Lakritze und Holzkohle durchsetzt sind. Der körperreiche, säurearme, hervorragend ausgereifte Wein, der einen fleischigen, vielschichtigen Eindruck hinterlässt, ist bereits jetzt trinkfertig, kann aber auch noch 15+ Jahre im Keller liegen.

1992 hat Dehlinger erstmals einen Syrah produziert und zeigt seither bei der Vinifizierung dieser in ganz unterschiedlichen kalifornischen Anbaugebieten erfolgreichen Sorte eine glückliche Hand. Obwohl er die Erträge um 50% reduziert, erzielt er noch immer eine stattliche Ernte. Trotzdem beeindruckt der Wein stets durch seine Reichhaltigkeit, seine Konzentration und seinen Charakter und vermag sich mindestens 10 Jahre zu entwickeln. Der *1997er Syrah Estate* (550 Kisten) kommt mit massiven Lakritze-, Brombeer-, Cassis-, Pfeffer- und Rauchnoten daher. Trotz seines vollen Körpers stellt er sich eleganter und leichter dar als der 1997er. Dieser gelungene Wein dürfte eine Dekade oder länger überdauern. Der *1998er Syrah Estate East Face* präsentiert sich mit einem unverwechselbaren Blaubeer-, Veilchen- und Brombeerbukett, einer schönen Säure, reichlich Kraft und Fülle – völlig ohne Ecken und Kanten – und mit saftigen, hübsch texturierten Eindrücken in der Mitte und im Abgang. Dieser Wein dürfte 10–15 Jahre schmecken. Der *1997er Syrah Goldridge Vineyard* (420 Kisten) erschien mir aus der Flasche um einiges besser als vom Fass. Seine dunkelrubin-purpurrote Farbe geht mit einer rauchwürzigen Cassisfrucht, einem vollen Körper, hervorragender Reintönigkeit und einem gigantischen Finale von explosiver Reichhaltigkeit einher. Seine geringe Säure und sein attraktiver, zugänglicher Stil sprechen dafür, dass man ihn innerhalb der kommenden zehn Jahre trinken sollte. Der *1996er Syrah Estate* (370 Kisten) hat eine undurchdringlich purpurrote Farbe und herrliche Aromen von Brombeerlikör und Pfeffer. Der dichte, körperreiche und (dank seines hohen Glyzeringehaltes) wundervoll süße, fleischige, vielschichtige Syrah beeindruckt durch eine unwiderstehliche Fülle und Reichhaltigkeit. Der Wein dürfte sich 10–15 Jahre sehr schön entwickeln. Der *1996er Syrah Goldridge Vineyard* (230 Kisten) ist ein sinnenbetörender fetter, saftig texturierter Wein mit einer schwelgerischen Crème-de-Cassis-Frucht, Anklängen an brennendes Holz und Pfeffer, einem vollen Körper, hervorragender Reintönigkeit und ist ohne Ecken und Kanten. Trotz seiner Dimension sollten Sie diesen Syrah bereits in den kommenden 15 Jahren trinken.

Der (zu 20% in neuem Eichenholz ausgebaute) *1995er Syrah Goldridge Vineyard* verströmt attraktive pfeffrige, speckige und süße Brombeeraromen und reiche, gehaltvolle, körperreiche Geschmacksnoten mit einer Fülle süßer Frucht. Mit seiner beeindruckend kernigen Textur und einer exzellenten Reintönigkeit ist er ein Kandidat für eine weitere 6–12jährige Ruhezeit, obwohl man ihn auch jetzt schon zu deftigeren Speisen trinken kann. In den Notizen, die ich mir über den *1995er Syrah Estate* gemacht habe, ist von einem »erstaunlichen Syrah« die Rede. Der undurchdringlich schwarz-purpurrote Wein überrascht im Geschmack durch hervorragend rauchwürzig-teerartige Brombeernoten, einen imposanten Körper, bewundernswerte Reintönigkeit und ein langes tiefes, explosiv reichhaltiges Finale, bei dem die Tannine von dem Frucht-, Glyzerin- und Extraktgehalt des Weines beinahe begraben werden. Dieser umwerfende Syrah dürfte ohne weiteres noch 8–10 Jahre durchhalten.

Der *1994er Syrah Estate* hat sich in der Flasche verschlossen und braucht noch 4–5 Jahre Ruhe; danach kann er noch 5–10 Jahre altern. Der Wein hat eine beeindruckend undurchdringlich purpurrote Farbe und gibt widerstrebend Aromen von süßem Cassis, Pfeffer, Teer und erdigen Nuancen frei. Dieser körperreiche, kernige und exzellent reintönige Syrah ist zwar gut ausgestattet, aber auf der Tanninseite noch unterwickelt; lassen Sie ihn noch ein paar Jährchen liegen. Der *1994er Syrah Goldridge Vineyard* ist ein gehaltvoll fruchtiger dunkelpurpurroter Wein von mittlerem Gewicht, der in seinem Bukett mit überreichen Noten von schwarzen Johannisbeeren aufwartet. Im Geschmack zeigt er sich mit abgerundeten und generösen Anklängen samt einer gewissen Tanninnote im Abgang. An diesem Wein können Sie sich etwa 10 Jahre erfreuen.

Tom Dehlingers Bescheidenheit wird sehr schön durch den Umstand verdeutlicht, dass er seine rote Erzeugerabfüllung unter dem Namen Cabernet/Merlot Blend vertreibt. Die Produktion dieses hervorragenden Weines ist auf 400 Kisten begrenzt. Der satt und undurchdringlich purpurrote *1996er Cabernet/Merlot Blend* hat ein wundervolles Bukett von Brombeeren, Vanille, Lakritze und Blütendüften. Der groß dimensionierte, körperreiche, kernige und säurearme Wein hat eine viskose Textur, eine sensationelle Geschmacksextraktion und einen den ganzen Mund auskleidenden Abgang. Sie können ihn bereits jetzt trinken oder noch 10+ Jahre weglegen. Sein Alkoholgehalt: 14,5%. Der undurchdringlich purpurrote *1995er Cabernet/Merlot Blend* (70% Cabernet Sauvignon, 30% Merlot) beeindruckt durch süße und gehaltvolle Aromen von geschmolzenem Straßenteer, schwarzen Johannisbeeren, Erde, Mineralien und Toastbrot. Der gehaltvolle, körperreiche Wein mit seiner großen Frucht und Ausgereiftheit sollte noch 2–4 Jahre ruhen und kann 10 Jahre überdauern. In dem *1994er Cabernet/Merlot Blend* sind beide Rebsorten zu gleichen Teilen vertreten. Auf die undurchdringlich purpurrot-schwarze Farbe folgen süße, kraftvolle Aromen von schwarzen Johannisbeeren, Lakritze, Schokolade und süßer Vanille. Der Wein präsentiert sich körperreich, dicht, kraftvoll und zugleich nahtlos und seidig. Die Tannine sind – jahrgangstypisch – aufs Schönste eingebaut. Sie können diesen Wein jetzt bereits trinken oder noch 10–15 Jahre ruhen lassen.

Bisherige große Jahrgänge: 1993er Bordeaux Blend Proprietary Red Wine (91), 1993er Cabernet/Merlot Blend (91), 1993er Cabernet Sauvignon (90).

DEL DOTTO (NAPA)

1997	Cabernet Franc	Napa	D	90
1997	Cabernet Sauvignon Estate	Napa	D	(90–92)
1996	Cabernet Sauvignon Estate	Napa	D	88
1995	Cabernet Sauvignon	Napa	D	89+
1998	Giovanni's Tuscan Reserve	Napa	E	88
1997	Giovanni's Tuscan Reserve	Napa	E (500 ml)	90
1995	Giovanni's Tuscan Reserve	Napa	D (500 ml)	88
1997	Merlot	Napa	E	(88–90)

Dieser kleine, knapp drei Hektar große Weinberg direkt im Norden von St. Helena ist vornehmlich mit Cabernet Sauvignon und außerdem mit einigen Sangiovese-Reben bepflanzt. Die Produktion war limitiert, weil früher ein Teil der Ernte an Whitehall Lane verkauft wurde, doch das hat sich seit 1997 geändert. Entsprechend wird die Produktion von 500 auf 4000 Kisten ansteigen. Die Weine werden in Eichenfässern amerikanischer und französischer Provenienz ausgebaut, und die rote Erzeugerabfüllung des Hauses, Giovanni's Tuscan Reserve, ist nur in Halbliterflaschen erhältlich. Von den neuen Freigaben bevorzuge ich persönlich den *1998er Giovanni's Tuscan Reserve* (1000 Kisten), einen Verschnitt aus 85% Cabernet Sauvignon und 15% Sangiovese. Die Trauben stammen allesamt aus hauseigenen Rebkulturen in Rutherford. Der Wein hat eine schöne dunkelrubinrote Farbe und Duftnoten von schwarzen Johannisbeeren, Kirschen, Leder, Gewürzen und Vanille. Obwohl der Wein am Gaumen einen relativ tiefen Eindruck hinterlässt, hat er nur einen mittleren Körper und sollte während der kommenden 5–7 Jahre getrunken werden.

Die besten kalifornischen Cabernet-Franc-Weine produzieren üblicherweise Pride Mountain und La Jota, allerdings hat auch Del Dotto einen erstklassigen Wein dieser Sorte zu bieten, der mit generösen Holznoten ausgestattet ist. Der *1997er Cabernet Franc* präsentiert sich mit einer herrlich süßen Frucht von schwarzen Johannisbeeren und Himbeeren, toastwürzigen Holznoten und einem süßen Eindruck in der Mitte und im Abgang. Diesen verführerischen, schön geschichteten Wein sollten Sie in den kommenden 7–10 Jahren trinken. Der umwerfende *1997er Giovanni's Tuscan Reserve* (1199 Kisten; 75% Cabernet Sauvignon, 25% Sangiovese) betört vor allem durch seine Noten von Kirschlikör, Erdbeermarmelade und Leder. Der verführerische, reife Wein mit seinem mittleren bis vollen Körper präsentiert sich süß und konzentriert, mit einem saftigen Eindruck in der Mitte und hervorragender Reintönigkeit. Sie können ihn sofort trinken. Konsumieren Sie ihn während der kommenden 7–8 Jahre. Der hervorragende *1997er Cabernet Sauvignon Estate* stammt von einer Parzelle am Kreuzungspunkt des Highway 29 und der Zinfandel Lane in Rutherford. Der dicht rubinpurpurrote Wein hat ein herrliches Bukett von Brombeermarmelade, in das sich Noten von Zedern- und würzigem neuem Eichenholz mischen. Der körperreiche, dichte und reintönige Wein mit seiner vielschichtigen Textur und seinem niedrigen Säuregehalt stellt sich zugleich robust und üppig texturiert dar. Sie können ihn sofort trinken oder noch 15 Jahre weglegen. Der *1997er Merlot* (96% Merlot und 4% Cabernet Franc) wird nur in begrenzter Menge (249 Kisten) erzeugt. Auf seine dunkelrubinrote Farbe mit purpurroten Glanzlichtern folgen üppige Aromen und Geschmacksnoten von Beerenfrüchten und Kirschen, in die noch Mokkanuancen hineinwirken. Dieser säurearme, stämmige und kernige Merlot ist bereits in seiner Jugend trinkbar, er kann aber auch 7–10 Jahre altern.

Der *1996er Cabernet Sauvignon Estate* ist ein eleganter Wein von mittlerem Körper mit Aromen von Eichenholz, schwarzen Johannisbeeren, Kirschen und Lehmboden und einem mäßigen Tanningehalt. Er stellt sich monolithischer und weniger nahtlos dar als sein 1997er Pendant. Voraussichtliche Genussreife: jetzt–2012. Dieser und der folgende Cabernet Sauvignon (je 500 Kisten) sind komplett in neuen Eichenfässern ausgebaut, von denen 50% aus amerikanischem Eichenholz von französischen Küfern hergestellt worden sind. Der exotische undurchdringlich purpurrote *1995er Cabernet Sauvignon* präsentiert sich mit ungewöhnlich reifen eingedickten Geschmacksnoten von schwarzen Kirschen und Johannisbeeren, die mit großzügigen Dosierungen toastwürziger neuer Eiche durchsetzt sind. Der körperreiche und leicht durchschaubare, jedoch in auftrumpfender Manier attraktive Wein kommt sehr selbstbewusst, groß, dick und saftig daher und lässt sich bereits jetzt trinken, kann sich aber auch noch 10–12 Jahre entwickeln. Der köstliche *1995er Giovanni's Tuscan Reserve*, ein Verschnitt aus 70% Cabernet Sauvignon und 30% Sangiovese, präsentiert sich in dunklem Pflaumenblau, mit vollem Körper, einer wundervoll eingedickten Erdbeerfrucht, die mit Noten von Himbeeren und Cassis und subtilen Nuancen von würzigem Eichenholz durchsetzt ist; hinzu kommt noch eine fleischige, kernige Textur. Trinken Sie diesen Wein in den kommenden 3–4 Jahren.

DOMINUS (NAPA)

1999	Dominus	Napa	EE	90
1998	Dominus	Napa	EE	89
1997	Dominus	Napa	EE	94
1996	Dominus	Napa	EE	95
1995	Dominus	Napa	E	93
1994	Dominus	Napa	E	99
1999	Napanook	Napa	D	85
1998	Napanook	Napa	D	87
1997	Napanook	Napa	D	90
1996	Napanook	Napa	D	90

Die eigentliche Überraschung war der *1999er Dominus* (7000 Kisten), ein Verschnitt aus 75% Cabernet Sauvignon, 13% Cabernet Franc, 9% Merlot und 3% Petit Verdot. Der Wein duftet nach grünem Pfeffer und zeigt sich im Geschmack streng und tanninbetont. Der beeindruckend pflaumenblaue Wein präsentiert sich in seinem mäßig intensiven Aroma mit Noten von Brombeeren, Kaffeebohnen, Dörrpflaumen, Zedernholz und Kräutern. Der Wein hat einen mittleren Körper und stellt sich am Gaumen härter dar, mit zäheren Tanninen und einem eher faden Abgang. Falls er in den nächsten 6 Monaten an Fleisch gewinnt, könnte er sich noch als hervorragend erweisen, allerdings gehört er nicht gerade zu den gigantischen Erzeugnissen dieser Spitzenkellerei. Der *1998er Dominus* (7000 Kisten; 73% Cabernet Sauvignon, 15% Cabernet Franc, 6% Petit Verdot und 6% Merlot) erinnert in seinem Gewicht und seinem Aromen- und Geschmacksprofil an einen Bordeaux. Der dunkelgranat-rubinrote Wein verströmt ein mäßig intensives, komplexes Aroma von Kräutern, Erde, Zedernholz, Kaffeebohnen und getrockneten Kirschen und pflaumenartiger Frucht. Er ist relativ entwickelt und präsentiert sich mit weichen Tanninen und in einem eleganten Stil von mittlerem Körper und mit einer spürbaren Tanninnote im Abgang. Er stellt sich leichter dar als die meisten jüngeren Jahrgänge, doch das liegt primär an den Wachstumsbedingungen und weniger an der Art der Weinbereitung. Trinken Sie ihn in den kommenden 10–12 Jahren.

Wer auf einen Wein wie den 1991er oder den 1994er Dominus wartet, die zwei besten Weine, die in der amerikanischen Niederlassung des berühmten französischen Winzers Christian Moueix aus dem Bordelais bisher kreiert worden sind, muss sich noch gedulden. Gewiss ist der *1997er Dominus* ein exquisiter Wein, trotzdem erreicht er nicht das Niveau seiner nachgerade vollkommenen Vorgänger von 1994 und 1991. Er ist ein Verschnitt aus 86,5% Cabernet Sauvignon, 9% Cabernet Franc und 4,5% Merlot und präsentiert sich in fabelhafter Verfassung. Der Wein hat einen Alkoholgehalt von 14,1% und einen pH-Wert (ungefähr 3,95), der so manchen Önologen der Neuen Welt erschaudern ließe. Er präsentiert sich fleischig, seidig texturiert, opulent und mit einem wundervollen Bukett von gerösteten Kräutern, Kaffeebohnen, eingedickten schwarzen Kirschen und einer pflaumenartigen Frucht. Nuancen von asiatischen Gewürzen, Lakritze, Brombeeren und Kirschen sowie Tabakwürze runden das Aromen- und Geschmacksprofil dieses komplexen und herrlich symmetrischen Dominus noch zusätzlich ab. Der Wein hat einen mittleren bis vollen Körper und ist sehr konzentriert und seidig texturiert. Er mundet bereits jetzt köstlich, kann aber auch mühelos 10–15 Jahre altern. Der *1996er Dominus*, ein Verschnitt aus 82% Cabernet Sauvignon, 10% Cabernet Franc, 4% Merlot und 4% Petit Verdot, hat einen Alkoholgehalt von 14,2%. Obwohl der Wein nicht die Kraft, die Intensität und die bezwingenden Charakteristika des 1991ers und des 1994ers besitzt, kommt er beinahe an diese beiden monumentalen Weine heran. Sein herrliches Bukett mit Anklängen an geröstete Kaffeebohnen, Schokolade, getrocknete Kräuter, schwarze Früchte und Kirschwasser beeindruckt durch seine Intensität und Überzeugungskraft. Bei mittlerem bis vollem Körper betört der Wein durch seine grandiose Reichhaltigkeit, seine niedrige Säure, eine saftige, opulente Textur und superbe Reintönigkeit. Dieser schön gemachte 1996er ist einer der wenigen Weine, denen es gelungen ist, die erhöhten Tanninwerte ihres Jahrgangs zu besänftigen. Er dürfte sich bereits bei der Freigabe relativ trinkbar darstellen, sich aber noch weitere 2 Dekaden schön entwickeln. Beeindruckend!

Der *1995er Dominus* (6000 Kisten; 80% Cabernet Sauvignon, 10% Cabernet Franc, 6% Petit Verdot und 4% Merlot) ist ein reifer, pflaumiger, geschmeidiger Wein mit expansiven Geschmacksnoten und einer verschwenderischen Frucht von schwarzen Johannisbeeren. Er ist körperreich und säurearm und beeindruckt durch eine außergewöhnliche Konzentration und Reintönigkeit. Qualitativ zeigt er sich ähnlich angelegt wie der 1992er und der 1990er. Auch wenn er nicht so kraftvoll und intensiv daherkommt wie der 1996er und der 1994er, handelt es sich beim 1995er gleichwohl um einen groß dimensionierten reichhaltigen Wein, der 2 Dekaden lang exzellenten Genuss verschafft. Es ist mir bisweilen ziemlich schwer gefallen, meine 1994er Dominus-Flaschen nicht zu entkorken. Insgesamt 8000 Kisten dieses Verschnitts aus 70% Cabernet Sauvignon, 14% Cabernet Franc, 12% Merlot und 4% Petit Verdot hat die Kellerei produziert. In jenem Jahr sind zwischen der Blüte und der Lese 174 Tage verstrichen, eine für jede Weinbauregion der Welt bemerkenswert lange Zeit. Der *1994er Dominus* ist ein umwerfend dicker, verführerisch reichhaltiger Wein mit der Textur eines großen Pomerol, und das, obwohl er vor allem aus Cabernet Sauvignon gekeltert ist. Der dunkelpurpurrote Wein verströmt unglaublich duftige Aromen von eingedickten schwarzen Früchten, Gewürzen, Rauch und dazu noch lehmige, trüffelartige Nuancen. Im Mund betört er durch seinen vollen Körper, seine umwerfende Geschmacksextraktion und Reichhaltigkeit, ohne deswegen im Geringsten schwer oder überladen zu wirken. Dieser nahtlose Wein weist keinerlei Ecken und Kanten auf, da sich seine Säure, seine Tannine und sein Alkohol aufs Schönste mit überschwänglichen Mengen reifer Frucht vermischen. Sie können ihn zwar bereits jetzt trinken, allerdings hat er ein Entwicklungspotenzial von 30+ Jahren.

Der als Napanook bezeichnete zweite Wein des Hauses kostet nur rund ein Drittel so viel wie der Dominus und ist damit relativ preiswert. Der *1999er Napanook* (3800 Kisten; 80% Cabernet Sauvignon, 14% Cabernet Franc, 3% Merlot und 3% Petit Verdot) präsentiert sich mit Nuancen von süßer Schokolade sowie Noten von getrockneten Kräutern, Zedernholz, Gewürzkiste, schwarzen Kirschen und Kaffeebohnen. Der Wein hat einen mittleren Körper und zeigt sich etwas würziger, strukturierter und tanninreicher als der 1998er. Nach der Freigabe können Sie sich 8–10 Jahre daran erfreuen. Der satt dunkelrubinrote *1998er Napanook* (4000 Kisten; 94% Cabernet Sauvignon und 6% Petit Verdot) betört durch seine Pomerol-artige Üppigkeit und Offenheit und durch köstliche Noten von schwarzen Kirschen und Beerenfrüchten. Der Wein präsentiert sich im Auftakt mit exzellenten Geschmacksnoten und fällt dann ein wenig ab. Bei mittlerem Körper und schöner Abgerundetheit eignet sich dieser Tropfen ideal für Restaurants und Konsumenten, die sich einen sofort trinkbaren Wein wünschen. Sein Alterungspotenzial: 7–8 Jahre.

Der *1997er Napanook* (7000 Kisten; 61% Cabernet Sauvignon, 22% Cabernet Franc und 17% Merlot) schmeckt aus der Flasche sogar noch besser als aus dem Fass. Er hat eine dunkelrubinrote Farbe mit purpurroten Nuancen. Das süße, locker gewirkte Bukett offenbart

Aromen von Tabak, Zedernholz, Brombeer- und Kirschmarmelade. Danach folgt ein opulent texturierter, saftiger, reichhaltiger, fleischiger, konsumentenfreundlicher köstlicher Wein, der mit seinen sinnenbetörenden Geschmacksnuancen den Gaumen kitzelt. Der bereits jetzt vorzüglich mundende Wein dürfte zehn Jahre überdauern. Von dem *1996er Napanook*, einem Verschnitt aus 74% Cabernet Sauvignon, 13% Cabernet Franc und 13% Petit Verdot, gibt es 2000 Kisten. Der in einem pfeffrigen, würzigen, krautigen, erdigen Stil ausgebaute Wein präsentiert sich in dunklem Pflaumenblau und mit einem intensiv duftenden Cassis-Pfeffer-Bukett, einem üppigen Eindruck vorne am Gaumen und saftigen, säurearmen, reichhaltigen und konzentrierten Geschmacksnoten und einem höheren Tanningehalt als der 1997er. Der bereits jetzt trinkbare Wein betört durch intensive Duft- und gehaltvolle Geschmacksnoten. Er dürfte sich 10–12 Jahre schön entwickeln.

Bisherige große Jahrgänge: Dominus 1992er (94), 1991er (100), 1990er (96), 1987er (92), 1986er (90), 1985er (90), 1984er (92).

DOWNING FAMILY (NAPA)

1999	**Zinfandel Fly by Night**	**Napa**	**D**	**90**

Der kreativ verpackte *1999er Zinfandel Fly by Night* (schauen Sie sich die Flasche bitte genau an) präsentiert sich farblich in undurchdringlichem Purpurrot und hat ein süßes Aroma von schwarzen Früchten, hochwertigem frischem Eichenholz, Mineralien und Blumen. Hinzu kommen eine hervorragende Konzentration und Reintönigkeit, ein mittlerer bis voller Körper und schön eingebaute Säure- und Tanninkomponenten. Ein hochklassiger, eleganter, komplexer Wein, der im Stil eines *cru classé* aus Bordeaux ausgebaut ist und 7–8 Jahre Trinkgenuss verschaffen dürfte.

DRY CREEK (SONOMA)

1999	**Zinfandel Heritage Clone**	**Dry Creek**	**B**	**90**
1998	**Zinfandel Heritage Clone**	**Dry Creek**	**C**	**(86–88)**
1999	**Zinfandel Old Vines**	**Sonoma**	**C**	**90**
1998	**Zinfandel Old Vines**	**Dry Creek**	**D**	**89**
1997	**Zinfandel Old Vines**	**Sonoma**	**C**	**88**
1995	**Zinfandel Old Vines 25th Anniversary**	**Dry Creek**	**D**	**88**
1999	**Zinfandel Reserve**	**Sonoma**	**D**	**89+**
1998	**Zinfandel Reserve**	**Dry Creek**	**D**	**90**

Ein mit 90 Punkten bewerteter kalifornischer Wein für 15 Euro die Flasche kommt etwa genauso häufig vor wie ein 2000er *Cru-classé*-Bordeaux in dieser Preislage. Der 1999er Zinfandel Heritage dürfte deshalb als »Preisknüller des Jahres« gelten, aber selbst der nur geringfügig teurere Zinfandel Old Vines ist noch ein sensationell günstiges Angebot. Merkwürdigerweise habe ich diesen beiden Kreationen sogar den Vorzug vor dem klarer strukturierten, eher verhaltenen 1999er Reserve gegeben. Was den *1999er Zinfandel Heritage Clone* anbelangt, so beeindruckt er mit seiner dichten purpurroten Farbe und süßen Aromen von Brombeeren, Lakritze, Pfeffer und Mineralien. Er betört durch seine umwerfende Mitte, seine herrliche Harmonie und schön eingebaute Säure-, Tannin- und Eichenholznoten. Trinken Sie diesen opulent angelegten, reintönigen klassischen Zinfandel in den kommenden 4–5 Jahren. Der stilistisch ganz ähnliche, undurchdringlich purpurrote *1999er Zinfandel Old Vines* kommt mit herrlich süßen Aromen von schwarzen Kirschen, Himbeeren und Johannisbeeren daher. Der vielschichtige, kraftvolle und reichhaltige Wein präsentiert sich muskulöser und besser strukturiert als die Heritage-Clone-Cuvée, ein erstklassiger, ausgewogener, konzentrierter und trotzdem harmonischer Wein, an dem Sie sich während der nächsten 4–6 Jahre erfreuen können. Verhaltener und weniger entwickelt und mit deutlicheren Noten von neuer Eiche, wie man sie bei einem Zinfandel nicht unbedingt sucht, zeigt sich der *1999er Zinfandel Reserve*. Der körperreiche, schön strukturierte Wein beeindruckt in Duft und Geschmack mit Noten von roten und schwarzen Früchten, die mit Anklängen an frisches Sattelleder, Vanille und Erde durchsetzt sind. Dieser dichte, kernige Zinfandel braucht noch 1–2 Jahre Zeit, um sich abzurunden. Auch wenn er womöglich ein größeres Alterungspotenzial mitbringt als die Old-Vines- und die Heritage-Clone-Cuvées, erscheint es mir fraglich, ob er letzten Endes auch besser schmecken wird.

Die 1998er Zinfandels werden hoffentlich allesamt ungeschönt und unfiltriert auf Flaschen gezogen. Der gut gemachte, tiefrubinrote *1998er Zinfandel Old Vines* präsentiert sich mit einem berauschenden Brombeer-Kirsch-Duft. Der seidige, säurearme, mit überschwänglichen Glyzerinnoten und schöner Konzentration ausgestattete opulente Wein hat einen mittleren bis vollen Körper und dürfte viele Bewunderer finden. Noch dichter präsentiert sich der undurchdringlich rubin-purpurrote *1998er Zinfandel Reserve.* Er betört in Duft und Geschmack mit herrlich dicken, reichhaltigen, konzentrierten Noten von schwarzen Kirschen und Himbeeren, die mit Anklängen an Pfeffer, Erde, Leder und subtil würzigen Eichenholznuancen durchsetzt sind. Die jahrgangstypische Säurearmut und die niedrigen Erträge haben einen Wein von beträchtlicher Reichhaltigkeit, Geschmacksextraktion und Reife hervorgebracht, der absolut nichts Schweres an sich hat. Er dürfte während der kommenden 6–7 Jahre köstlich schmecken. Nach längerer Zeit im Glas machten sich interessanterweise Noten von Lakritze und geschmolzenem Asphalt bemerkbar. Etwas weniger beeindruckend, obwohl zweifellos sehr gut, stellte sich der *1998er Zinfandel Heritage Clone* dar. Er hat einen höheren Tanninspiegel und eine robuste, stämmige, rustikale Persönlichkeit. Trotz seiner immensen Dichte und Würzigkeit, schmeckt der Wein etwas ungefüge. Voraussichtliche Genussreife: jetzt–2008.

Bei dem dunkelrubinroten *1997er Zinfandel Old Vines* handelt es sich um einen eleganten, geschmacksintensiven Zinfandel von mittlerem Körper, der in seinem würzigen Bukett mit einer attraktiven Frucht von Kirschen und Himbeeren beeindruckt. Dank seiner pfeffrigen, offen gewirkten Textur hat der Wein genügend Säure, um sich quicklebendig und frisch darzustellen. Trinken Sie ihn in den kommenden 3–4 Jahren. Der exzellente *1995er Zinfandel Old Vines 25th Anniversary* ist eine der bemerkenswertesten Leistungen dieses Jahrgangs. Er hat eine dichte rubin-purpurrote Farbe und ein großes, wohlriechendes, würziges, stimulierendes Bukett von Pfeffer, eingedickten roten und schwarzen Früchten und Erde. Dieser reichhaltige harmonische Wein von mittlerem bis vollem Körper hinterlässt gefällige Eindrücke im mittleren Geschmacksbereich und hat eine schöne Länge. Er dürfte 5–6 Jahre köstlich munden.

DUCKHORN (NAPA)

1998	**Paraduxx**	**Napa**	**D**	**88**

Der *1998er Paraduxx* aus 65% Zinfandel, 30% Cabernet Sauvignon und 5% Merlot ist sowohl in (vorwiegend neuen) amerikanischen wie auch französischen Eichenfässern gealtert und hat eine tiefe undurchdringlich rubin-purpurrote Farbe, ein attraktives Bukett aus Schokoladen-, Cassis-, Beeren- sowie Noten von geschmolzenem Straßenteer. Bei Luftkontakt werden außerdem Eichenholznuancen spürbar. Bei mittlerem bis vollem Körper wird die kernige Persönlichkeit dieses exzellenten Weines derzeit von der Cabernet-Sauvignon-Komponente dominiert. Genießen Sie ihn in den kommenden 6–7 Jahren.

DUNN (NAPA)

1999	**Cabernet Sauvignon**	**Howell Mountain**	**E**	**(90–93)**
1998	**Cabernet Sauvignon**	**Howell Mountain**	**E**	**89**
1997	**Cabernet Sauvignon**	**Howell Mountain**	**E**	**95**
1996	**Cabernet Sauvignon**	**Howell Mountain**	**E**	**96+**
1995	**Cabernet Sauvignon**	**Howell Mountain**	**E**	**96**
1994	**Cabernet Sauvignon**	**Howell Mountain**	**D**	**96+**

1998	**Cabernet Sauvignon**	**Napa**	**D**	**87**
1997	**Cabernet Sauvignon**	**Napa**	**D**	**92+**
1996	**Cabernet Sauvignon**	**Napa**	**D**	**94**
1995	**Cabernet Sauvignon**	**Napa**	**D**	**94**
1994	**Cabernet Sauvignon**	**Napa**	**D**	**94**

Falls Godzilla sich an kalifornischem Cabernet Sauvignon ergötzen dürfte, könnte es dann einen Zweifel daran geben, für welchen Tropfen er sich entscheiden würde? Wer regelmäßig Randy Dunns (erstmals 1979 hergestellte) Cabernet Sauvignons verkostet, begreift ein paar Dinge. Sie alle verfügen über die folgenden Merkmale: 1) eine erstaunliche Farbdichte und Reichhaltigkeit, 2) eine wuchtige Persönlichkeit mit gigantischen Tanninstrukturen und 3) eine herrliche Reintönigkeit und ein fast überirdisches Alterungspotenzial. 1999 habe ich über eine Verkostung berichtet, bei der Dunns sämtliche Spitzenweine bis zurück zum Jahrgang 1982 serviert wurden. Merkwürdigerweise hatten sie sich in all den Jahren kaum verändert und präsentierten sich in ihren reintönigen Fruchtnoten von Crème de Cassis, schwarzen Himbeeren und Brombeeren noch immer außergewöhnlich gehaltvoll. Diese Weine haben offenbar eine höhere Lebenserwartung als 20–25 Jahre. Es ist nicht übertrieben anzunehmen, dass Dunn Cabernet Sauvignons produziert, deren Spitzenjahrgänge sich noch in 50 Jahren absolut frisch, quicklebendig und reich an Frucht ausnehmen werden. Unglaublich. Dunn hat in den 20 Jahren, seit er jetzt Weine bereitet, seine Preise kaum angehoben. Für Leute mit der nötigen Geduld gehören diese Weine zu den günstigsten Angeboten auf dem Sektor der langlebigen, klassischen Cabernet Sauvignons aus dem Napa Valley.

Der 1998er und 1999er Cabernet Sauvignon Howell Mountain sind aus sehr geringen Ertragsmengen gekeltert, die zudem noch unter extrem kühlen Bedingungen gereift und sehr spät geerntet worden sind. 1998 hat Dunn 40% seines Leseguts vernichtet, um genügend wirklich reife Früchte zu gewinnen. Infolgedessen hat sein *1998er Cabernet Sauvignon Howell Mountain* einen weniger krautigen und grasigen Auftritt als viele der übrigen 1998er Howell-Mountain-Cabernets. Der Wein hat eine überschwängliche Frucht von schwarzen Johannisbeeren, die mit mineralischen Noten durchsetzt ist. Vielleicht überdauert er nur 20–25 Jahre und nicht 50! Der *1999er Cabernet Sauvignon Howell Mountain* ist unter ganz ähnlichen Bedingungen gewachsen. Dunn hat 30% der Ernte vernichtet, um eine ausreichende Reife des Leseguts zu erreichen. Der 1999er beeindruckt durch seine exzellente Intensität und durch reintönige Noten von schwarzen Johannesbeeren und Cassis, in die sich Nuancen von Erde, Gewürzen und Rauch mischen. Auch in diesem körperreichen, kraftvollen Cabernet lassen sich keine adstringierenden Tannine oder vegetabilen Charakteristika entdecken.

Auch der *1998er Cabernet Sauvignon Napa,* ein Verschnitt aus mehreren Lagen, stellte sich für seinen Jahrgang sehr extraktreich dar, allerdings leichter als die meisten anderen Cabernet Sauvignons von Dunn. In dem Wein sind die Herausforderungen spürbar, vor die sich die Kellermeister in jenem Jahr allenthalben gestellt sahen. Die trockenen Tannine im Abgang könnten sich noch als schwierig erweisen, trotzdem verfügt dieser Cabernet mit seinem mittleren bis vollen Körper über eine gehaltvolle Cassisfrucht, obwohl er sich komprimierter darstellt als üblich. Dunn wird ihm vor der Abfüllung zweifellos noch mehr Fleisch und Frucht mitgeben, aber wirklich Bescheid wissen wir erst in einem Jahr.

Die 1997er sind superbe Vertreter ihres Jahrgangs. Vergessen Sie jedoch eines nicht: Wenn Sie jetzt Ihre Weinkäufe planen, sollten Sie daran denken, dass diese Weine meist noch wenigstens eine Dekade ruhen müssen. Bedenken Sie, dass einige von Dunns frühen Spitzenjahrgängen (1982 und 1984) noch immer in den Kinderschuhen stecken! Sie sind bis obenhin mit den typischen Brombeer- und Crème-de-Cassis-Noten vollgepackt, zu denen noch eine erdige Mineralität hinzukommt. Der *1997er Cabernet Sauvignon Napa* präsentiert sich in undurchdringlichem Purpurrot und mit einem herrlich reintönigen Bukett von Cassis und Brombeeren samt Feuersteinnuancen im Hintergrund. Der körperreiche, kraftvolle, tanninhaltige, reintönige und verhaltene Wein sollte noch 8–10 Jahre ruhen. Voraussichtliche Genussreife:

2010–2035+. Der überwältigende *1997er Cabernet Sauvignon Howell Mountain* ist ein superkraftvoller, fabelhaft konzentrierter, auf 50 Jahre angelegter Wein. Dieser überschwänglich gehaltvolle, riesige Cabernet Sauvignon, der mühelos ein halbes Jahrhundert zu altern vermag, präsentiert sich in Duft und Geschmack mit eingedickten Noten von Cassis und Johannisbeeren plus subtilen Eichenholznuancen. Voraussichtliche Genussreife: 2015–2050.

Auch die 1996er haben inzwischen ihre umwerfende Qualität bewiesen. Der undurchdringlich blau-purpurrote *1996er Cabernet Sauvignon Napa* betört mit exzeptionellen Aromen von Crème de Cassis, Mineralien und Gewürzen. Bei solchen Weinen dauert es mindesten 10 Jahre, bevor sie auch nur beginnen, ihre Identität und ihren Jahrgangscharakter zu offenbaren. Die Cassis-Brombeerlikör-artige Frucht ist schon spürbar, ebenso ein den Mund verbrennender immenser Tanningehalt und eine beeindruckende Geschmacksextraktion. Dieser Kraftprotz dürfte seinen Höhepunkt 2010–2040 erreichen. Nehmen Sie alle diese Elemente, geben Sie noch einen Schuss Tinte in die schwarz-blau-purpurrote Farbe, machen Sie die Textur noch etwas öliger und dicker, und schon haben Sie eine gewisse Vorstellung davon, wie der *1996er Cabernet Sauvignon Howell Mountain* sich präsentiert. Auf wahre Größe deuten schon die wundervoll süßen Geschmacksempfindungen in der Mitte, die herrliche Reintönigkeit und die unglaubliche Symmetrie des Weines voraus. Er verfügt zudem über üppigste Schichten an Konzentration, eine phänomenale Reichhaltigkeit, bemerkenswert süße Tannine und einen niedrigen Säurespiegel. Überdies betört er durch seinen 40+ Sekunden langen Abgang. Voraussichtliche Genussreife: 2009–2040.

Auch die 1995er erweisen sich zusehends als fabelhafter Jahrgang. Ich glaube kaum, dass es zwischen den 1995ern und den spektakulären 1994ern einen großen Qualitätsunterschied geben wird. Der satt schwarz-purpurrote *1995er Cabernet Sauvignon Napa* präsentiert sich mit viel versprechenden, aber noch verhaltenen Aromen von Mineralien, Bleistift sowie Brombeeren und Cassis. Dieser Mammutwein beeindruckt durch seine außerordentliche Konzentration und Reintönigkeit und eine dicke, ölige Textur mit hohen Tanninanteilen. Er dürfte sich 30–50 Jahre entwickeln. Wann er seine höchste Reife erreicht? Ich schätze in 10–15 Jahren – frühestens. Der *1995er Cabernet Sauvignon Howell Mountain* ähnelt dem Napa in fast jeder Hinsicht, hat aber etwas mehr Gewicht im Mund, einen aggressiven tanninbetonten Biss und mehr Länge. Er hat eine mineralisch getönte Brombeer- und Cassisfrucht, einen wuchtigen Körper und eine außergewöhnliche Reintönigkeit und Länge. Lassen Sie ihn noch 12–15 Jahre ruhen. Auch dieser Wein wird zweifellos die erste Hälfte des 21. Jahrhunderts überdauern.

Randy Dunn ist sich des Umstands bewusst, dass seine Weine sich auf einem durchgängig so hohen Qualitätsniveau präsentieren, dass die einzelnen Jahrgänge schwer zu unterscheiden sind. Ich glaube, dass der Jahrgangscharakter deutlicher zu Tage treten wird, wenn die Weine erst einmal 15–20 Jahre alt sind. Selbst der professionellste Gaumen wird in der Jugend dieser Weine von dem Ansturm ihrer Tannine und ihrer irrsinnig konzentrierten Brombeer- und Cassisfrucht schier überwältigt. Wenn man das bedenkt, wird klar, wieso die nachfolgenden Verkostungsnotizen so ähnlich klingen, freilich glaube ich, dass der 1994er sich noch als einer von Dunns Spitzenjahrgängen erweisen dürfte. Zur Zeit präsentiert sich der 1995er am tanninreichsten, und der 1996er kommt ganz ähnlich daher wie der 1994er, allerdings weicher. Wenn man bedenkt, dass selbst der 1979er und der 1980er, also Dunns Debütjahrgänge, in puncto Entwicklung noch in den Kinderschuhen stecken, muss man wohl davon ausgehen, dass die 1994er, 1995er und 1996er Weine wenigstens ein Alterungspotenzial von 25–30 Jahren mitbringen!

Die 1994er könnten in 10–15 Jahren trinkbar sein. Kaum zu glauben, dass diese Weine vor der Abfüllung 30 Monate in Eichenfässern verbracht haben, da sie sich bei der Freigabe noch immer unglaublich unentwickelt und verhalten gezeigt haben. Der *1994er Cabernet Sauvignon Napa* präsentiert sich in undurchdringlichem Purpurrot und mit süßen, gehaltvollen Aromen von schwarzen Johannisbeeren und Crème de Cassis sowie ganz ohne Eichenholznoten. Diese Fruchtbombe von einem Wein stellt sich am Gaumen beträchtlich breit und ausladend dar und offenbart im Wesentlichen nur zwei Dimensionen: Fruchtigkeit und Tannine. Der Wein ist etwas weicher und frühreifer als der 1995er und der 1996er und braucht möglicherweise nicht 15, sondern nur 10 Jahre Kellerlagerung. Dieser ungemein eindrucksvolle Cabernet dürfte 20–30 Jahre überdauern. Halten Sie aber auch Ausschau nach dem riesigen *1994er Cabernet Sauvignon Howell Mountain*. In diesem schwarz-purpurroten Wein kommen zu den überreichen Crème-de-Cassis-Noten noch ein paar mineralische, Lakritze- und florale Nuancen hinzu. Mit seinem vollen Körper, seiner kraftstrotzenden Extraktion und Dichte eignet sich dieser herausragende Cabernet Sauvignon vor allem für Leute mit Geduld, einer hohen Lebenserwartung oder dem Wunsch, ihren Kindern einen erstklassigen Tropfen zu hinterlassen. Voraussichtliche Genussreife: 2006–2030.

Noch ein Nachsatz: Ich kaufe Dunns Weine bereits, seit er 1979 mit der Erzeugung edler Tropfen angefangen hat. Manchmal habe ich sogar befürchtet, dass sie wegen ihrer gewaltigen Persönlichkeit und ihrer gigantischen Tanninausstattung vielleicht niemals trinkbar sein werden. Zwar bin ich mir bis heute über die abschließende Antwort auf diese Frage nicht im Klaren, aber eine Blindprobe im September 1998 ist mir als wahre Offenbarung in Erinnerung geblieben. Am beeindruckendsten war der Umstand, dass wir im ersten Durchgang, in dem wir Weine aus den frühen 1980ern verkostet haben, der Meinung waren, dass wir es mit Kreationen aus den frühen 1990ern zu tun hätten! Zweifellos altern diese Weine mit unglaublicher Gemächlichkeit. Auch wenn ich in meinen Publikationen immer wieder behauptet habe, dass sie vielleicht 25–30 Jahr überdauern, liegen ein Alterungspotenzial von 40–50 Jahren und ein Erschließungszeitraum von 25–30 Jahren ebenso im Bereich des Möglichen! Kein Jahrgang aus den 1980ern oder 1990ern hat sein Alter wirklich verraten. Sämtliche Weine präsentierten sich in einer ziemlich grandiosen Qualität, einige leichtere Jahrgänge – etwa der 1983er und der 1988er – sogar überraschend eindrucksvoll, aber nicht so phänomenal wie Dunns größte Jahrgänge (1982, 1984, 1985, 1990, 1991, 1992, 1993, 1994, 1995 und 1996). Es gibt noch ein weiteres interessantes Ergebnis dieser Vertikalverkostung: Die Frucht der Weine hat bislang nichts von ihrer unglaublichen Frische und Konzentration eingebüßt, während das Tannin allmählich abschmilzt. Da es sich um sterilgefilterte Weine handelt, bin ich mir nicht ganz sicher, ob sie ein komplexes Aromenprofil entwickeln, aber wer weiß das schon? Bemerkenswert ist immerhin: Im Alter von 15–18 Jahren schmecken Dunns Cabernet Sauvignons, als ob sie gerade 3–5 Jahre alt wären. Ferner gibt es keinerlei Anzeichen für eine Verschlechterung der Frucht oder oxidative Veränderungen, zwei wichtige Kriterien für die Beurteilung der Alterungsfähigkeit eines Weines.

Bisherige große Jahrgänge*:* Dunn Cabernet Sauvignon Howell Mountain 1993er (95), 1992er (97), 1991er (94), 1990er (96), 1987er (94), 1986er (94), 1985er (95), 1984er (95), 1982er (97), 1981er (90), 1979er (90).

EDMEADES (MENDOCINO)

1999	Gewürztraminer	Anderson Valley	B	88
1998	Petite Sirah Eaglepoint	Mendocino	D	88
1996	Petite Sirah Eaglepoint	Mendocino	C	89
1998	Pinot Noir	Anderson Valley	C	88
1997	Pinot Noir	Anderson Valley	C	90
1999	Syrah Eaglepoint Vineyard	Mendocino	D	(87–89)
1998	Zinfandel	Mendocino	C	90
1997	Zinfandel	Mendocino	C	88
1998	Zinfandel	Mendocino Ridge	D	89
1997	Zinfandel	Mendocino Ridge	D	89
1997	Zinfandel Ciapusci Vineyard	Mendocino Ridge	C	91
1996	Zinfandel Ciapusci Vineyard	Mendocino	C	88

1998	**Zinfandel Eaglepoint Vineyard**	**Mendocino**	**D**	**91**
1995	**Zinfandel Eaglepoint Vineyard**	**Mendocino**	**D**	**90**
1996	**Zinfandel Zeni Vineyard**	**Mendocino**	**D**	**90**
1998	**Zinfandel Zeni Vineyard**	**Mendocino Ridge**	**D**	**88**
1997	**Zinfandel Zeni Vineyard**	**Mendocino Ridge**	**C**	**88+**

Dieser Kellerei wird leider nur allzu oft unterschätzt. Der Besitzer Jess Jackson und sein Kellermeister Van Williamson kreieren immer wieder großartige Weine, die weithin unbeachtet bleiben. Ich vermute, weil sie nicht völlig überteuert daherkommen. Edmeades ist ein exzellenter Erzeuger ungeschönter und unfiltrierter Weine und hat sogar einen der besten preiswerten Pinot Noirs weit und breit im Angebot. Die Kellerei erzeugt aber auch einen Gewürztraminer und einen Chardonnay, die sehr kostengünstig sind.

Der *1999er Gewürztraminer*, also eine Rebsorte, die selten etwas Interessantes hervorbringt, präsentiert sich mit überraschend klar gezeichneten exotischen Aromen von Rosenblütenblättern und Litschi. Der gehaltvolle und körperreiche Wein enthält etwas Restsüße und dürfte im kommenden Jahr zu asiatischen Gerichten oder sautierter Gänseleberpastete vorzüglich munden.

Von dem kunstvoll ausgebauten *1998er Pinot Noir*, einem großen, gehaltvollen, erdigen Pinot mit animalischen Noten und großen Mengen schwarzer Kirschfrucht sowie Pfeffer- und Pflaumennoten in Duft und Geschmack, gibt es 2638 Kisten. Der Wein hat einen mittleren bis vollen Körper, wird von seiner Frucht dominiert, beeindruckt durch seinen guten Glyzeringehalt und eine seidige Textur und sollte in den kommenden 2–3 Jahren getrunken werden. Der *1998er Petite Sirah Eaglepoint* zeigt sich für einen Petite Sirah überraschend weich, abgerundet und zugänglich. Der Wein präsentiert sich mit einem beeindruckenden Charakter, einer undurchdringlich rubin-purpurroten Farbe und schönen Pfeffer-, Brombeer- und Lakritzenoten. Er dürfte 10–12 Jahre überdauern. Ebenfalls opulent texturiert ist der *1999er Syrah Eaglepoint Vineyard*. Dieser in französischer und amerikanischer Eiche gealterte 100%ige Syrah offenbart Anklänge an Brombeerlikör und Nuancen von Rauch, teeriger Arznei und Pfeffer. Ein körperreicher, üppiger Syrah, den Sie während seiner ersten 10 Lebensjahre trinken sollten.

Wenn man die Punktnote zu dem Preis in Beziehung setzt, ist auch der *1997er Pinot Noir* unglaublich attraktiv. Dieser ebenfalls in Eichenfässern französischer und amerikanischer Provenienz gealterte 100%ige Pinot Noir aus einer Parzelle im Anderson Valley wird nur in begrenzter Menge (knapp 2000 Kisten) angeboten. Er erinnert an einige der altmodischen Pommards der Domaine Parent, die ich in den frühen 1970er Jahren genossen habe, und hat eine mittelrubinrote Farbe und ein Bukett aus überreifen Pflaumen, Kirschen, Brombeeren und Toastbrot. Mit 14,5% Alkohol und einer schön geschichteten, stämmigen Textur gehört dieser körperreiche, säurearme, überschwänglich reichhaltige, expressive Pinot Noir zu den großen Geheimtipps im kalifornischen Weinbau. Genießen Sie ihn in den kommenden 2–4 Jahren. Ein supergünstiges Angebot!

Wer nach einem muskulösen, körperreichen, tanninbetonten Rotwein Ausschau hält, ist beim *1996er Petite Sirah Eaglepoint* genau an der richtigen Adresse. Der undurchdringlich schwarz-purpurrote Wein beeindruckt durch kühn ausgebaute Aromen von eingedickter Brombeerfrucht, die mit Cassis- und Erdnoten durchsetzt sind. Er präsentiert sich ungeheuer dicht, kernig und unkompliziert mit intensiven Geschmacksnoten, einem vollen Körper und einer exzellenten, fast herausragenden Reintönigkeit und Länge. Trinken Sie ihn jetzt oder legen Sie ihn noch 10–15 Jahre beiseite.

Zum Kreis der kraftvollen, alkoholstarken (15,5–17,5%) 1998er, die im Angebot sind, gehören auch zwei Debütfreigaben mit der neuen Herkunftsbezeichnung Mendocino Ridge. Diese Bezeichnung umfasst mehrere in Kammlagen angepflanzte Weingärten. Der dunkelpflaumenblaue *1998er Zinfandel Mendocino Ridge* (15,5% Alkohol) präsentiert sich mit Aromen und Geschmacksnoten von Rauch, Pflaumen, schwarzen Himbeeren und schwarzen Johannisbeeren. Der würzige, abgerundete, reichhaltige und mit einer geschmeidigen und üppigen Textur und einem mittleren bis vollen Körper ausgestattete Wein sollte in den kommenden 4–5 Jahren konsumiert werden. Der *1998er Zinfandel Mendocino* (15,6% Alkohol) hat eine etwas sattere Farbe als sein Mendocino-Ridge-Pendant; hinzu kommen vollmundige, kraftvolle, kernige Aromen und Geschmacksnuancen von Brombeeren, Kirschen, Weihrauch, Gewürzkiste sowie subtile Holznoten. Der berauschende Alkoholgehalt sorgt für reichlich Glyzerin, und die fleischig-körperreiche Textur versetzt jeden Hedonisten in Entzücken. Trinken Sie diesen Zinfandel in den kommenden 6–7 Jahren. Ebenfalls aus der Mendocino-Ridge-Zone stammt der *1998er Zinfandel Zeni Vineyard* (16,5% Alkohol), der sich in einem dunklen Rubinrot und mit bernsteinfarbenen Nuancen präsentiert. Aromatisch evoziert er Vorstellungen von einem asiatischen Restaurant, mit Sojanoten und Anklängen an geräucherte Ente, Pflaumen und diverse schwarze Früchte. Trinken Sie diesen reifen, tiefen, auf der Zunge leicht brennenden und berauschenden Wein in den kommenden 3–5 Jahren. Auch hier verleiht der niedrige Säuregehalt dem Wein einen außerordentlich zugänglichen Charakter. Der *1998er Zinfandel Eaglepoint Vineyard* (16% Alkohol) schließlich erinnert im Geschmack an einen Rotwein von der nördlichen Rhône. Bei diesem umwerfenden Wein strömen dem Verkoster aus dem Glas mit Rauchnuancen durchsetzte Noten von Brombeerlikör entgegen. Im Mund zeigt sich der Wein explosiv, mit riesigen Mengen an Extraktstoffen, Frucht und Glyzerin, und zwar ohne deshalb schwer zu wirken oder ein brennendes Gefühl zu hinterlassen. Trinken Sie diesen erstklassigen, opulent texturierten, sinnenbetörenden Wein in den kommenden 3–5 Jahren.

Sämtliche Zinfandels des Jahrgangs 1997 sind gut gemachte und im Preis akzeptable Weine. Mein Favorit ist der *1997er Zinfandel Ciapusci Vineyard.* Bedauerlicherweise gibt es von diesem trockenen, körperreichen, exotischen Wein nur 617 Kisten. Der auf seinen eigenen Hefen vergorene Wein hat einen Alkoholgehalt von 17% (trinken Sie ihn also besser nicht im Garten direkt neben dem Schwimmbad). Bei diesem mittelrubinroten, üppigen, fast unanständig reichhaltigen Tropfen strömen dem Weintrinker aus dem Glas erdige, wildbretartige, Bruyèreholz- und Brombeerstrauch-artige Aromen entgegen. Trinken Sie ihn in den kommenden Jahren. Der *1997er Zinfandel Mendocino* (10000 Kisten; 15,4% Alkohol) hat 10 Monate in französischem und amerikanischem Eichenholz verbracht. Dieser fette, große, vollmundige, köstliche Wein betört durch eine überschwängliche Pfeffer-Gewürz-Kirsch-Frucht samt Nuancen von Brombeeren. Interessanterweise sind in dem Mischsatz 78% Zinfandel, 8% Sangiovese, 3% Syrah und 11% Petite Sirah enthalten. Eine ebenfalls fast hervorragende Kreation des Weinmachers Van Williamson ist der *1997er Zinfandel Mendocino Ridge.* Die Trauben dieses Verschnitts mit seinem buchstäblich umwerfenden Alkoholgehalt von 16,3% stammen aus den drei Parzellen Alden Ranch, Ciapusci Vineyard und Zeni Vineyard. Es gibt nur knapp 600 Kisten von diesem großen, dichten, körperreichen Zinfandel mit seinen Bruyèreholznoten und einem Säurespiegel, der spürbar höher liegt als bei der Verwandtschaft. Er dürfte seine Genussreife 2–3 Jahre bewahren, stellt sich aber nicht so überschwänglich reichhaltig und üppig dar wie der Mendocino oder der Zeni Vineyard. Der am straffsten gewirkte und verhaltenste dieser vier Weine ist der *1997er Zinfandel Zeni Vineyard,* der auch den niedrigsten Alkoholwert (14,8%) aufweist und 18 Monate in Fässern aus französischem und amerikanischem Eichenholz verbracht hat. Von diesem 100%igen Zinfandel gibt es nur 187 Kisten. Er sollte noch 3–4 Monate lagern. Auch wenn er sich dabei womöglich nicht mehr verbessert, dürfte er sich dank seiner fleischigen und strukturierten Persönlichkeit zumindest öffnen. In dem Wein sind sämtliche Zinfandel-typischen Merkmale, also schwarze Kirschen, Pfeffer und Brombeerfrucht, in moderaten Mengen enthalten. Dieser Wein dürfte sich 4–5 Jahre halten.

Einer der beiden 1996er Zinfandels ist der *1996er Zinfandel Zeni Vineyard,* der sich mit einer sortentypisch reichhaltigen, pfeffrigen und rauen Himbeerfrucht präsentiert und dazu mit einer schönen Frische und ganzen Ladungen an Glyzerin und Konzentration aufwartet.

Diesen üppigen, geschmeidig texturierten Wein können Sie irgendwann in den nächsten Jahren trinken. Der schön entwickelte dunkelpflaumenblaue *1996er Zinfandel Ciapusci Vineyard* verströmt ein würziges, pfeffriges, fruchtiges Bukett und betört durch üppige, fette und tiefe Geschmacksnoten von mittlerem Körper. Obwohl nicht so tief und gehaltvoll wie die Zeni-Cuvée, bietet er in den kommenden 1–2 Jahren alle Vorzüge eines exzellenten Weines.

Den *1995er Zinfandel Eaglepoint Vineyard* finde ich einfach hinreißend. Seine satte undurchdringlich purpurrote Farbe geht mit intensiven Aromen von schwarzen Himbeeren, Kirschen, Mineralien und Gewürzen einher. Der offen texturierte, gehaltvolle Wein stellt sich mit seiner vollmundigen Frucht, seinem erstaunlichen Glyzeringehalt und seinem wundervoll proportionierten, schön geschichteten Abgang jahrgangsuntypisch dar. Ein wundervoll bereiteter reintöniger Zinfandel von mittlerem bis vollem Körper, dem es gelingt, seinen hohen Alkoholwert (15,2%) geschickt zu verbergen. Er ist jetzt zu voller Reife erblüht.

Meine Glückwünsche an Weinmacher Van Williamson, der mal den Hippie, mal den wilden Mann markiert!

ETUDE (NAPA)

1998	**Cabernet Sauvignon**	**Napa**	**E**	**90**
1997	**Cabernet Sauvignon**	**Napa**	**E**	**96**
1996	**Cabernet Sauvignon**	**Napa**	**E**	**92**
1995	**Cabernet Sauvignon**	**Napa**	**D**	**94**
1994	**Cabernet Sauvignon**	**Napa**	**D**	**95+**
1998	**Pinot Noir**	**Carneros**	**D**	**88**
1996	**Pinot Noir**	**Carneros**	**D**	**88**
1998	**Pinot Noir Heirloom**	**Carneros**	**D**	**90**
1996	**Pinot Noir Heirloom**	**Carneros**	**D**	**91**

Der Weinmacher Tony Soter wird offenbar immer besser, wobei seine 1999er Kreationen vermutlich die besten von ihm geschaffenen Weine sind, die ich je probiert habe. Es gibt eine Reihe von 1999er Pinot Noirs, die sich alle interessant darstellen. Soter hat das Ziel, 6000–7000 Kisten Pinot Noir zu produzieren. Dabei möchte er rund 4000 Kisten des Grundweins aus einem Pinot-Noir-Verschnitt aus Carneros und die übrigen 2000–3000 Kisten aus den Trauben des Heirloom Vineyard gewinnen.

Der *1998er Pinot Noir* (3 400 Kisten) ist ein attraktiver mittelrubinroter Wein mit einem würzigen Zimt-, *root-beer-* und Pflaumen-Himbeeraroma. Dieser üppige, elegante, geschmacksintensive Pinot präsentiert sich im Mund mit pikanten, fleischigen Noten und gezielt eingesetzten Eichenholznuancen, schön eingebauten weichen Tanninen und Säurekomponenten. Trinken Sie ihn in den kommenden 3–4 Jahren. Die kalifornische Spitzencuvée, also der *1998er Pinot Noir Heirloom* (380 Kisten), hat eine dunkelrubinrote Farbe und ein herrliches Bukett aus schwarzen Kirschen, Pflaumen und Cola (oder handelt es sich vielleicht um *root beer?*), einen mittleren bis vollen Körper, eine hervorragende Substanz und Reintönigkeit; hinzu kommen noch süße Tannine und schön integrierte Säurekomponenten. Ein klar gezeichneter, konzentrierter Pinot, den Sie in den kommenden 5–7 Jahren trinken können.

Der zu 60% in neuen französischen Eichenfässern gealterte und unfiltriert abgefüllte tiefrubinrote *1996er Pinot Noir* verströmt intensive Aromen von Rauch und Gewürzen. Der Wein besitzt eine schöne Reife und betört durch große Mengen an Kirschen-Beerenfrucht mit vagen Unterholznuancen und seidigen, abgerundeten Geschmackseindrücken. Mag dieser Pinot Noir auch kein Gigant sein, verfügt er gleichwohl über seidige Geschmeidigkeit und Komplexität. Der feinste Pinot Noir von Etude, den ich bislang verkostete habe, ist der *1996er Pinot Noir Heirloom* (275 Kisten), der aus den besten Fässern verschnitten ist (in dem besagten Jahr sind dabei 12 Fässer zum Einsatz gelangt). Der ungeschönt und infiltriert abgefüllte Wein mit seiner satt dunkelrubinroten Farbe hat umwerfende Aromen von Rauch, Toastbrot und schwarzen Früchten im Angebot. Ferner hat er eine vollmundige, vielschichtige und samtige Textur. Am mittleren Gaumen stellt er sich mit echter Tiefe dar, und im Abgang zeigt er sich lang, abgerundet und generös. Ich sollte noch anmerken, dass Tony Soter im Willamette Valley in Oregon einen Weingarten besitzt. Sie können sich also schon auf die ersten superben 1998er Pinot Noirs freuen, die demnächst in Erscheinung treten werden.

Der *1998er Cabernet Sauvignon* gehört zu den beeindruckendsten Kreationen des Jahrgangs. Der undurchdringlich rubin-purpurrote Wein betört durch seinen weichen, frühreifen, entwickelten, zugänglichen Stil samt herrlichen schwarzen Früchten, seinen mittleren bis vollen Körper, weiche Tannine, eine mit Eleganz und Geschmeidigkeit gepaarte fette Konsistenz. Obwohl er nicht über das Volumen oder die Dichte des spektakulären 1997ers oder das Potenzial des 1999ers verfügt, mundet er köstlich und sollte in den kommenden 10 Jahren getrunken werden.

Der *1997er Cabernet Sauvignon* (1 800 Kisten) gehört zu den besten Weinen dieser Sorte, die Tony Soter je kreiert hat. Lassen Sie sich diesen Tropfen nicht entgehen! Er hat eine undurchdringlich purpurrote Farbe und eine herrlich nahtlose Persönlichkeit. Außerdem verströmt dieser ungeschönt und ungefiltert abgefüllte Wein klassische Aromen von Cassis, Lakritze, Schokolade und Toast. Der gehaltvolle, körperreiche Wein mit seinen süßen Tanninen zeigt sich in der Mitte schön geschichtet und hat ein grandioses Finale. Weiterhin verfügt er über die Zugänglichkeit und Opulenz der besten 1997er, während seine Ausgewogenheit und seine Konzentration darauf hindeuten, dass er noch zwei Dekaden oder länger zu altern vermag. Der *1996er Cabernet Sauvignon* präsentiert sich in einem beeindruckend satten Rubin-Purpurrot und mit einem straffen, aber viel versprechenden Bukett mit Anklängen an Lakritze, schwarze Johannisbeeren und toastwürziges Eichenholz. Die Tannine sind zwar ausgeprägter als bei den 1995er und 1997er Pendants des Weines, wirken jedoch nicht aufdringlich. Der fleischige Tropfen mit seiner schönen Reintönigkeit, seinem mittleren bis vollen Körper und einer köstlichen Süße am mittleren Gaumen und im Abgang sollte noch 3–4 Jahre ruhen und in den kommenden 15–20 Jahren konsumiert werden. Der *1995er Cabernet Sauvignon* beeindruckt durch seine satte schwarz-purpurrote Farbe und herrliche Aromen von Lakritze, Cassis sowie subtile toastwürzige Eichenholznoten. Der körperreiche, mit einer Fülle von Extraktstoffen und gehaltvollen, reifen schwarzen Früchten ausgestattete, dichte und symmetrische Wein sollte noch etliche Jahre ruhen, kann aber mühelos 15–20 Jahre altern. Er ist genauso gut wie der herrliche 1994er und könnte sich letztlich sogar als noch besser und langlebiger erweisen.

Der überwältigend gehaltvolle *1994er Cabernet Sauvignon* ist ebenfalls ein spektakulärer Vertreter dieses glanzvollen Jahrgangs. Der wundervoll süße Wein hat eine undurchdringlich purpurrote Farbe, einen vollen Körper, vielschichtige Noten von Zedernholz und Mineralien und eine mit Gewürznuancen durchsetzte Frucht von schwarzen Beeren und Cassis. Die im Übermaß präsenten Tannine zeigen sich süß und schön eingebaut. Der Abgang dauert fast 30 Sekunden. Dieser betörende Cabernet Sauvignon ist einer der besten, die Soter bei Etude je gemacht hat.

Übrigens hatte ich Gelegenheit, eine vertikale Mini-Verkostung der Cabernet Sauvignons von Etude vorzunehmen, dabei zeigten sie sich alle in bester Verfassung. Die meisten schienen noch eine gewisse Ruhezeit zu benötigen. Im Übrigen traue ich ihnen ausnahmslos ein Alterungspotenzial von 20 Jahren zu. Den 1993er habe ich mit 92+ Punkten bewertet (er sollte noch 2–4 Jahre lagern), den 1992er mit 91 (ein beeindruckender Wein, der noch 5–7 Jahre Freude bereitet), dem 1991er (wahrlich ein ehrfurchtgebietender Wein) habe ich 95 Punkte gegeben und dem 1990er schließlich 90 (hervorragend, aber nicht so gut wie manche jüngeren Jahrgänge).

FIFE (NAPA)

1997	**Max Cuvée Proprietary Red Wine**	**Napa**	**D**	**88**
1995	**Max Cuvée Proprietary Red Wine**	**Napa**	**C**	**90**

1994	**Max Cuvée Proprietary Red Wine**	**Napa**	**C**	**91+**
1995	**Petite Syrah Redhead Vineyard**	**Mendocino**	**C**	**89**
1999	**Zinfandel Dalraddy Chiles Valley**	**Napa**	**D**	**90**
1997	**Zinfandel Redhead Vineyard**	**Mendocino**	**C**	**88**
1994	**Zinfandel Redhead Vineyard**	**Mendocino**	**C**	**90**
1994	**Zinfandel Spring Mountain District**	**Napa**	**C**	**90**
1998	**Zinfandel Uplands**	**Mendocino**	**C**	**88**
1994	**Zinfandel Les Vieilles Vignes**	**Napa**	**C**	**90**
1998	**Zinfandel Whaler Vineyard**	**Mendocino**	**C**	**90**

Obwohl es sich bei Fife noch um ein relativ junges Weinbauunternehmen handelt, produziert man dort kontinuierlich ein beeindruckendes Angebot an konzentrierten, schön ausgewogenen alterungsfähigen Weinen.

Der undurchdringlich rubin-purpurrote, exzeptionelle *1999er Zinfandel Dalraddy Chiles Valley* präsentiert sich mit kraftvollen, süßen Aromen von reifen schwarzen Kirschen, Himbeeren und Johannisbeeren samt subtilen Holz- und Gewürznoten im Hintergrund. Der vielschichtige, körperreiche, dichte und opulente Wein ist der konzentrierteste und ausgewogenste sämtlicher von Fife freigegebenen 1999er Zinfandels. Lassen Sie ihn sich in den kommenden 6–7 Jahren schmecken.

Einer der unter der Herkunftsbezeichnung Mendocino angebotenen Fife-Weine ist der *1998er Zinfandel Uplands.* Der Alkoholgehalt dieser Weine rangiert zwischen 14,3–14,5%, was nach Zinfandel-Maßstäben nicht einmal besonders hoch ist. Der säurearme, stämmige, opulent texturierte, wundervoll reintönige Wein hat einen mittleren Körper, ein attraktives, rauchiges und würziges Aroma von Brombeeren und Kirschen, gigantische Frucht- und Glyzerinwerte und schön eingebundene Holznoten. Ein in einem attraktiven, zugänglichen Stil gehaltener Zinfandel, den Sie in den nächsten 3–4 Jahren trinken sollten. Der wundervolle *1998er Zinfandel Whaler Vineyard* (14,5% Alkohol) kommt mit klassisch rauen, mineralischen, würzigen Zinfandel-Aromen daher. Am Gaumen stellt sich der Wein dicht, gehaltvoll und körperreich dar, mit fantastischen Glyzerinwerten, einer überschwänglichen Frucht von schwarzen Kirschen und Himbeeren, einem niedrigen Säurespiegel und einem fleischigen, saftigen Abgang. Ein großartiger Zinfandel, den Sie in seinen ersten 5–6 Lebensjahren genießen sollten.

Der ungemein satt dunkelrubin-purpurrote *1997er Zinfandel Redhead Vineyard* ist mit dem für die 1997er Zinfandels von Fife typischen hohen Alkoholgehalt (14,6%) ausgestattet. Obwohl im Bukett noch kaum entwickelt, präsentiert er sich mit feuchten Waldgerüchen, die mit Pflaumen- und Brombeernoten durchsetzt sind. Der abgerundete, reichhaltige Wein, der mehr zu bieten hat als die Zinfandel-typischen pfeffrigen Gewürznoten, dürfte in den kommenden 4–5 Jahren köstlich munden. Die *1997er Max Cuvée Proprietary Red Wine* hat eine pfeffrige Brombeer-Cassisfrucht, einen mittleren bis vollen Körper und mehr Struktur als Charme. Der ziemlich dichte, alterungswürdige Wein dürfte sich nach einer 1–2jährigen Ruhezeit noch vorteilhafter darstellen und kann etwa 10 Jahre überdauern.

Die satt purpurrote *1995er Max Cuvée Proprietary Red Wine* hat ein noch verschlossenes, aber viel versprechendes Bukett von süßer schwarzer Johannisbeerfrucht, das mit hochwertigen Toast- und Vanillenoten durchsetzt ist. Der Wein hat einen mittleren bis vollen Körper und zeigt sich dicht, verschlossen, tanninreich und eindrucksvoll reintönig und gehaltvoll. Da seine Süße und Intensität vor allem im hinteren Geschmacksbereich zur Geltung kommen, sollte er noch 4–5 Jahre ruhen. Voraussichtliche Genussreife: jetzt–2015. Liebhaber des (bei Fife »Syrah« geschriebenen) Petite Sirah werden an dem dicht rubin-pflaumenfarbenen *1995er Petite Syrah Redhead Vineyard* ihre Freude haben. Er kommt genauso tanningeladen daher wie der Cabernet Sauvignon Reserve, vermag die Gerbstoffe dank seiner hohen Fruchtextraktion aber besser einzubinden. Weiterhin beeindruckt der dichte, körperreiche Wein durch seine erdige, pfeffrige und zugleich süße Brombeerfrucht. Nur ein Masochist würde sich diesen Wein bereits jetzt zumuten, da dieser sich erst nach weiteren 2–5 Jahren in der Flasche exzellent darstellen dürfte.

Die *1994er Max Cuvée Proprietary Red Wine* hat eine tintenschwarz-purpurrote Farbe und ein ungewöhnlich reifes, reintöniges Bukett aus schwarzen Früchten, Lakritze und Gewürzen. Der Wein hat einen vollen Körper, eine schön geschichtete Konzentration, dazu eine korpulente, dicke Textur ohne jede Schwere und präsentiert sich mit exzeptioneller Reichhaltigkeit und süßen Tanninen. Er ist bereits zugänglich und bietet Trinkgenuss von jetzt–2015. Ich freue mich, mitteilen zu können, dass die Fife-Kellerei mit dem *1994er Zinfandel Redhead Vineyard* (14,6% Alkohol) einen weiteren Bilderbuch-Zin herausgebracht hat. Der dunkelrubin-purpurrote Wein präsentiert sich mit einem würzigen Schwall rauer, pfeffriger schwarzer Himbeerfrucht. Trinken Sie diesen reintönigen, üppigen, weichen, vollmundigen Tropfen in den kommenden 2–3 Jahren. Der tiefrubin-purpurrote *1994er Zinfandel Les Vieilles Vignes* verfügt über eine opulente Persönlichkeit und betört durch herrliche Noten von süßem toast- und rauchwürzigem neuem Eichenholz und eine eingedickte, reintönige, reife Beerenfrucht. Dieser säurearme, üppige, körperreiche, gehaltvolle Zinfandel mit seiner riesigen Frucht, seinem kernigen Glyzerin und seinem berauschenden Alkoholgehalt ist im Mund ein wahrer Genuss und ist in den nächsten 5–6 Jahren gut zu trinken. Der *1994er Zinfandel Spring Mountain District* ist ebenfalls ein Prachtwein. Er verfügt über ein Bukett von schwarzen Himbeeren, eine exquisite Reife und Reintönigkeit und präsentiert sich stilistisch eleganter und nicht so wuchtig wie der Vieilles Vignes. Der Wein betört durch Finesse, eine reiche Frucht und köstliche Aromen und Geschmacksnoten. Alles in allem handelt es sich bei diesen Weinen um wunderschön ausgebaute Zinfandels.

FISHER (SONOMA)

1999	**Cabernet Sauvignon Coach Insignia**	**Napa**	**E**	**90**
1998	**Cabernet Sauvignon Coach Insignia**	**Napa**	**E**	**88**
1995	**Cabernet Sauvignon Coach Insignia**	**Napa**	**D**	**88**
1994	**Cabernet Sauvignon Coach Insignia**	**Napa**	**C**	**89**
1999	**Cabernet Sauvignon Lamb Vineyard**	**Napa**	**EE**	**90+**
1997	**Cabernet Sauvignon Lamb Vineyard**	**Napa**	**EE**	**95**
1996	**Cabernet Sauvignon Lamb Vineyard**	**Napa**	**E**	**91**
1995	**Cabernet Sauvignon Lamb Vineyard**	**Napa**	**E**	**88**
1994	**Cabernet Sauvignon Lamb Vineyard**	**Napa**	**D**	**90**
1999	**Cabernet Sauvignon Wedding Vineyard**	**Sonoma**	**EE**	**91**
1997	**Cabernet Sauvignon Wedding Vineyard**	**Sonoma**	**EE**	**99**
1996	**Cabernet Sauvignon Wedding Vineyard**	**Sonoma**	**EE**	**95**
1995	**Cabernet Sauvignon Wedding Vineyard**	**Sonoma**	**E**	**92**

1994	**Cabernet Sauvignon Wedding Vineyard**	**Sonoma**	**E**	**92**
1999	**Chardonnay Coach Insignia**	**Sonoma**	**D**	**89**
1999	**Chardonnay Paladini**	**Carneros/Napa**	**D**	**91**
1999	**Chardonnay Whitney's Vineyard Estate**	**Sonoma**	**D**	**90**
1997	**Coach Insignia Proprietary Red Wine**	**Napa**	**D**	**90**
1996	**Coach Insignia Proprietary Red Wine**	**Napa**	**D**	**90**
1999	**Merlot RCF Vineyard**	**Napa**	**D**	**(88–89)**
1998	**Merlot RCF Vineyard**	**Napa**	**D**	**88**
1997	**Merlot RCF Vineyard**	**Napa**	**D**	**89**
1996	**Merlot RCF Vineyard**	**Napa**	**D**	**88**
1994	**Merlot RCF Vineyard**	**Napa**	**D**	**89**
1997	**Unity Proprietary Red Wine**	**Kalifornien**	**EEE (nur Magnum-Flaschen)**	**90**

Erhält diese Kellerei tatsächlich so viel Lob, wie sie verdient hat? Gewiss liegt sie etwas abseits in den Bergen zwischen Santa Rosa (Sonoma Valley) und Calistoga (Napa Valley). Inzwischen haben Fred Fisher und seine Frau Juelle ihrer Angebotspalette an ohnehin schon beeindruckenden Weißweinen noch einen neuen Chardonnay hinzugefügt.

Der *1999er Chardonnay Paladini* (240 Kisten) ist ein duftiger Weißwein, der vor allem an alten Chardonnay-Klonen des Wentetypus gewachsen ist. Er ist zu 78% in französischer Eiche gealtert. Der Wein betört durch herrliche Anklänge an Passionsfrucht und Ananas, die von subtilen Rauch- und Toastnoten untermalt werden. Dieser körperreiche und gehaltvolle Wein ist womöglich der eindrucksvollste Chardonnay, den Fisher 1999 gekeltert hat. Der *1999er Chardonnay Coach Insignia* präsentiert sich mit deutlicheren Aprikosen-, Pfirsich- sowie Noten von tropischen Früchten. Er verfügt über einen vollen Körper, eine exzellente Reintönigkeit und eine große lebensprühende Frucht. Bei dem *1999er Chardonnay Whitney's Vineyard Estate*, der nach der Tochter des Winzers benannt ist, handelt es sich ebenfalls um einen vollständig malolaktisch vergorenen, körperreichen Wein. Anders als seine Geschwister verfügt er über ausgeprägtere Nuancen von Orangen und Mandarinen, Zitrusölen und Geißblatt und präsentiert sich in einem körperreichen, konzentrierten, sehr anmutigen Stil mit schönen untergründigen Säurekomponenten. Alle vorgenannten 1999er Chardonnays zeigen sich wundervoll ausgewogen und können 2–4 Jahre altern.

Der *1999er Merlot RCF Vineyard* erinnert deutlich an den 1998er (80% Merlot und 20% Cabernet Franc) und hat einen sehr ähnlichen Charakter, zeigt sich farblich allerdings in einem etwas satteren Purpurrot. Auch legt der Wein mehr Tiefe und Fett an den Tag und etwas mehr Gewicht. Er dürfte mindestens 10 Jahre überdauern. Der dunkelrubinrote *1998er Merlot RCF Vineyard* (eine unweit des berühmten Araujo Eisele Vineyard in Napa gelegene Kultur) erscheint mir inzwischen besser als ursprünglich und kommt mit reichen Noten von geschmolzenem Karamell, Kaffeebohnen und Beerenfrucht daher. Wie die meisten 1998er stellt sich auch dieser Wein nicht gewichtig dar, beeindruckt aber durch eine schöne Harmonie und eine süße Frucht und sollte am besten in den kommenden 5–6 Jahren getrunken werden.

1996 und 1997 waren für Fisher zwei erfolgreiche Jahre. Die 1997er Rotweine enthalten viel Alkohol (die meisten rund 14,5%), der von der reichen Frucht und der hohen Geschmacksextraktion schön überdeckt wird. Die 1996er sind zweifellos alkoholschwächer. Der Merlot aus Fishers RCF Vineyard im nördlichen Napa Valley gehört zu den hochwertigsten kalifornischen Weinen dieser Sorte. Der *1997er Merlot RCF Vineyard* präsentiert sich mit einer überschwänglichen Frucht von schwarzen Kirschen, die mit Noten von Mineralien, getrockneten Kräutern und geschmolzener weißer Schokolade unterlegt ist. Diesen gehaltvollen, geschmacksintensiven, fleischigen, dichten Merlot sollten Sie in den kommenden 10–12 Jahren trinken. Der dunkelrubinrote *1996er Merlot RCF Vineyard* verströmt süße Aromen von schwarzen Kirschen und Preiselbeeren samt einer Nuance von Kirschlikör. Er beeindruckt durch seine exzellente Reichhaltigkeit, seinen mittleren Körper, seine pikante Säure und eine elegante Gesamtwirkung. An diesem geschmacksintensiven, mäßig gewichtigen Merlot können Sie sich ebenfalls noch 10–12 Jahren erfreuen. Der dunkelrubinrote *1994er Merlot RCF Vineyard* verfügt über einen mittleren Körper und betört durch elegante Aromen und Geschmacksnoten von mit Vanille angereicherten schwarzen Kirschen. Der noch immer straff gewirkte Wein sollte noch ein Jahr im Keller liegen; anschließend kann er noch rund 10 Jahre altern. Anfangs habe ich ihm ein hervorragendes Potenzial zugesprochen, doch inzwischen würde ich ihn um ein oder zwei Punkte niedriger bewerten.

Die Fishers weisen auch ihren Coach-Insignia-Wein neuerdings wieder als Cabernet Sauvignon aus. Der *1999er Cabernet Sauvignon Coach Insignia* zeigt sich schon farblich von der schönsten Seite. Gott sei Dank sind von diesem Verschnitt aus 76% Cabernet Sauvignon, 18% Merlot und 6% Malbec 2200 Kisten vorrätig. Er präsentiert sich mit einer beeindruckenden Geschmacksextraktion und wundervoll reintönigen Geschmacksnoten von schwarzen Johannisbeeren, Mineralien und Brombeeren, die mit hübsch dosierten Nuancen von toastwürzigem Eichenholz unterlegt sind. Der körperreiche, kraft- und gehaltvolle Wein, der noch 3–4 Jahre ruhen sollte, kommt beträchtlich größer und dichter daher als der 1998er. Voraussichtliche Genussreife: jetzt–2018. Der *1998 Cabernet Sauvignon Coach Insignia* hat davon profitiert, dass sowohl der Cabernet Sauvignon aus dem Lamb- als auch der aus dem Wedding Vineyard 1998 heruntergestuft worden ist. Fisher hat beide dem Coach Insignia beigemischt. Der zu 50% in Fässern aus neuem französischem Eichenholz ausgebaute dunkelrubinrote Verschnitt aus 78% Cabernet Sauvignon, 11% Cabernet Franc und 11% Merlot präsentiert sich mit ausladenden Aromen von Schokolade, Lakritze und schwarzen Johannisbeeren und mit deutlichen Tannineindrücken im Abgang. Er hat beträchtlich an Süße gewonnen und schmeckt zudem aus der Flasche besser als früher vom Fass. Sie dürften daran 10–12 Jahre Ihre Freude haben. Um es noch einmal zu sagen: Einen 1998er Cabernet Sauvignon Lamb Vineyard hat die Kellerei nicht mehr im Angebot, dafür ist der *1999er Cabernet Sauvignon Lamb Vineyard* ein 100%iger Cabernet Sauvignon. Der in einer Rebkultur im nördlichen Napa Valley geerntete Wein hat zu 80–90% in Eichenholzfässern aus dem französischen Taransaud gelagert. Der körperreiche Wein mit seinen schönen untergründigen Säurekomponenten und einer beträchtlichen Tiefe präsentiert sich mit Anklängen an erdige schwarze Früchte, in die sich Noten von Gewürzkiste und Zedernholz plus Lakritze mischen. Sein Optimum erreicht er 2004–2025. Der auf einer Parzelle in den Hügeln von Sonoma geerntete *1999er Cabernet Sauvignon Wedding Vineyard* (100% Cabernet Sauvignon) ist ein Wein von großer Intensität. Er hat die typischen Noten von ausgedörrter Erde, in die sich Blaubeer-, Brombeer- und mineralische Anklänge mischen. Der Wein ist ausgesprochen körperreich, kraftvoll und dicht und sollte noch gute 4–5 Jahre ruhen. Er hat eine Lebenserwartung von mindestens 20+ Jahren. Der potenziell vollkommene, undurchdringlich purpurrote *1997er Cabernet Sauvignon Wedding Vineyard* (400 Kisten; 100% Cabernet Sauvignon) ist aus den Trauben 27 Jahre alter Rebstöcke gekeltert und komplett in Eichenfässern aus dem französischen Taransaud vinifiziert worden. Dieser gigantische Cabernet Sauvignon ist seit der letztjährigen Verkostung sogar noch besser geworden. Bei diesem feinsten Cabernet aus dem Hause Fisher handelt es sich um die kalifornische Version eines Mission-Haut-Brion. Der Wein präsentiert sich mit süßen, durch Tabak- und Anklänge an ausgedörrte Erde nuancierten Brombeer- und Blaubeerkomponenten und Noten von flüssigen Mineralstoffen. Auf diese Aromen folgen gigantisch dimensionierte, konzentrierte, nahtlose, umwerfend gehalt- und kraftvolle Geschmacksnoten. Der Wein sollte noch 4–5 Jahre ruhen und dürfte 35–40 Jahre überdauern. Diese zeitgenössische Westküstenlegende ist einer der grandiosesten Cabernet Sauvignons, die im Sonoma Valley, also im Bereich der kalifornischen Nordküste, je das Licht der Welt erblickt haben. Voraussichtliche Genussreife: 2005–2040.

Der *1996er Coach Insignia Proprietary Red Wine* (1330 Kisten) offenbart klassische Cassis-, Kaffeebohnen-, Schokoladen- und Eichenholzaromen, auf die tiefe, konzentrierte, würzige, gehaltvolle Geschmacksnoten von Beerenfrüchten folgen. Der Wein ist ein Verschnitt aus 69% Cabernet Sauvignon, 20% Merlot und 11% Cabernet Franc und beeindruckt durch seine verschwenderische Kraft, Reintönigkeit und Reichhaltigkeit. Sie können ihn während der kommenden 10–15+ Jahre genießen. Der *1997er Coach Insignia Proprietary Red Wine* (77% Cabernet Sauvignon sowie Merlot- und Cabernet-Franc-Anteile) zeigt sich ebenfalls kraftvoll und hat eine nahtlosere Persönlichkeit als der 1996er. Der Wein stellt sich maßvoll tanninhaltig und körperreich dar und betört durch eine überschwänglich reiche, schokoladige Frucht von schwarzen Kirschen und Cassis. Voraussichtliche Genussreife: jetzt–2014.

Der mitteldunkle *1994er Cabernet Sauvignon Coach Insignia* hat ein Bordeaux-artig strenges, (eichenholz-)würziges, erdiges Cassisbukett, einen mittleren Körper und eine feste, geschlossene Persönlichkeit. Der Wein braucht noch 1–3 Jahre Kellerlagerung und dürfte sich 12–15 Jahr halten. Der *1995er Cabernet Sauvignon Coach Insignia* präsentiert sich in einem tiefen und vollen Rubin-Purpurrot und mit einem eleganten, lehmigen Bukett von roten Johannisbeeren sowie strukturierten und verhaltenen Geschmacksnoten von mittlerem Körper, viel Säure und einem traubigen und gehaltvollen Finale. Der Wein zeigt sich auch weiterhin verschlossen und sollte nach der Freigabe noch 3–4 Jahre ruhen. Er dürfte 20 Jahre überdauern, aber ich glaube, dass er sich in Zukunft eckiger, strukturierter und tanninlastiger zeigen wird als die übrigen Coach-Insignia-Jahrgänge.

Der ehrfurchtgebietende undurchdringlich purpurrote *1997er Cabernet Sauvignon Lamb Vineyard* hat fabelhafte Aromen von Bleistift, Kaffeebohnen, Mineralien, schwarzen Johannisbeeren und Lakritze. Seine wuchtige Reichhaltigkeit, der volle Körper und die superintensive, konzentrierte Frucht lassen diesen Wein spektakulär, ölig texturiert und verschlossen erscheinen. Nach einiger Zeit im Glas kommen Noten von Gebirgsblaubeeren zum Vorschein. Dieser Cabernet sollte noch 4–5 Jahre ruhen und dürfte wenigstens 25–30 Jahre überdauern. Der kraftvolle (14,1% Alkohol) *1996er Cabernet Sauvignon Lamb Vineyard* ist in zur Hälfte neuen Fässern ausgebaut worden. Wie alle Fisher-Rotweine wird er unfiltriert auf Flaschen gebracht. Der undurchdringlich purpurrote Wein zeigt sich verschlossen und offenbart lediglich Nuancen von Lakritze, Blaubeeren, schwarzen Johannisbeeren und würzigem Eichenholz. Im Mund stellt er sich lang, gehaltvoll, körperreich, verhalten und mit noch deutlich spürbaren Tanninen dar und ist des Weiteren herausragend reintönig und von superbem Potenzial. Der Wein sollte noch 4–5 Jahre ruhen. Voraussichtliche Genussreife: jetzt–2020.

Der dunkelpurpurrote *1995er Cabernet Sauvignon Lamb Vineyard* hingegen stellt sich schlanker, enger, eckiger und adstringierender dar – und mit laubigen, tabakartigen, rauchwürzigen Geschmacksnoten, einer verschlossenen, noch formlosen Persönlichkeit und reichlich Tannin im Abgang. Ganz sicher ein exzellenter Wein, der sich wahrscheinlich in den kommenden 10 Jahren öffnen wird, doch bislang zeigt er sich noch ziemlich zugeknöpft. Voraussichtliche Genussreife: jetzt–2012. Der dunkelrubin-purpurrote *1994er Cabernet Sauvignon Lamb Vineyard* hat ein süßes Bukett aus Cassisfrucht, Bleistift und Gewürzen. Obwohl der Wein sich einige Monate nach der Abfüllung etwas müde darstellte, hatte er eine beträchtliche Intensität, eine schön von Eichenholznoten eingefasste süße Beerenfrucht, einen mittleren bis vollen Körper und in seinem langen Abgang einen mäßigen Tanninanteil zu bieten. Bedauerlicherweise gibt es nur 595 Kisten von diesem 100%igen Cabernet Sauvignon.

Einer der stattlichsten kalifornischen Cabernet Sauvignons stammt aus dem Wedding Vineyard. Der *1996er Cabernet Sauvignon Wedding Vineyard* (der aus 6 hl Trauben pro Hektar gemacht ist) erinnert mich ebenfalls an einen aus vollreifem kalifornischem Lesegut bereiteten Mission Haut-Brion. Dieser Wein betört mit Anklängen an gerösteten Tabak, Zedernholz, ausgedörrte Erde und teerige Arznei und mit reichhaltigen Geschmacksnoten von Brombeeren, Blaubeeren und Cassis. Ein herrlich vollmundiger Tropfen mit hoher Geschmacksextraktion und reichlich Tanninen. Die Tannine sind allerdings süß und schön eingebaut, wie es übrigens auch für die nicht unbeträchtliche Alkoholdosis (14,1%) gilt. Hier haben wir es mit einem tiefgründigen Cabernet Sauvignon zu tun, der in 4–5 Jahren zugänglich sein und 25–30 Jahre überdauern dürfte. Der schwarz-purpurrote *1995er Cabernet Sauvignon Wedding Vineyard* ist ein wuchtiger, körperreicher Wein mit einer Riesenfrucht und reichlich Tanninen. Er hat Aromen und Geschmacksnoten von Mineralien, schwarzen Kirschen, Gewürzen und Holzkohle. Der extrem dichte und kraftvolle Wein sollte noch 3–4 Jahre ruhen und hat ein Entwicklungspotenzial von 20+ Jahren. Voraussichtliche Genussreife: jetzt–2025. Der *1994er Cabernet Sauvignon Wedding Vineyard* (500 Kisten) präsentiert sich mit umwerfenden Graves-artigen, reichhaltigen süßen Duft- und Geschmacksnoten von mittlerem bis vollem Körper, einer schönen Säure- und kräftigen Tannindosis sowie imposanter Konzentration und Länge. Er erinnert an ein nervöses Rennpferd kurz vor dem Start. Dieser Wein braucht noch 4–5 Jahre Ruhe und dürfte 20+ Jahre überdauern.

Der einzige andere Wein, den ich hier noch erwähnen möchte, ist der *1997er Unity Proprietary Red Wine*, eine rote Erzeugerabfüllung, die im Wesentlichen aus Cabernet Sauvignon (und einem winzigen Anteil Cabernet Franc) besteht und nur in einer begrenzten Menge von 250 1,5-Liter-Flaschen hergestellt wird. Ein dichter, hochklassiger, stilvoll gemachter Verschnitt mit faszinierenden Bleistift- und Zedernholznoten, überschwänglichen schwarzen Früchten, einem mittleren Körper und bewundernswerter Eleganz und Anmut. Er dürfte 15+ Jahre köstlich munden.

Bisherige große Jahrgänge*:* 1993er Cabernet Sauvignon Coach Insignia (90+), 1993er Cabernet Sauvignon Lamb Vineyard (95), Cabernet Sauvignon Wedding Vineyard 1993er (93), 1992er (93), 1991er (93+).

FLORA SPRINGS (NAPA)

1995	**Cabernet Sauvignon Cypress Ranch**	**Pope Valley**	**D**	**88**
1998	**Cabernet Sauvignon Eagle Mountain**	**Pope Valley**	**D**	**87**
1997	**Cabernet Sauvignon Eagle Mountain**	**Pope Valley**	**D**	**90**
1994	**Cabernet Sauvignon Estate**	**Napa**	**C**	**90**
1999	**Cabernet Sauvignon Hillside Reserve**	**Rutherford**	**EE**	**91**
1997	**Cabernet Sauvignon Hillside Reserve**	**Rutherford**	**EE**	**93**
1996	**Cabernet Sauvignon Hillside Reserve**	**Rutherford**	**E**	**92+**
1995	**Cabernet Sauvignon Hillside Reserve**	**Rutherford**	**E**	**92**
1994	**Cabernet Sauvignon Hillside Reserve**	**Rutherford**	**E**	**94+**
1996	**Cabernet Sauvignon Rutherford Vineyard**	**Rutherford**	**D**	**88**
1997	**Cabernet Sauvignon 20th Anniversary Reserve**	**Napa**	**EEE (nur Magnum-Flaschen)**	**96**
1999	**Cabernet Sauvignon Wild Boar Vineyard**	**Pope Valley**	**D**	**(90–92)**

1998	**Cabernet Sauvignon Wild Boar Vineyard**	**Pope Valley**	**D**	**(89–91)**
1999	**Chardonnay Barrel Fermented Reserve**	**Napa**	**D**	**88**
1999	**Merlot Windfall Vineyard**	**Napa**	**E**	**(90–92)**
1998	**Merlot Windfall Vineyard**	**Napa**	**D**	**89**
1997	**Merlot Windfall Vineyard**	**Napa**	**D**	**90**
1996	**Merlot Windfall Vineyard**	**Napa**	**D**	**91**
1995	**Merlot Windfall Vineyard**	**Napa**	**D**	**90**
1999	**Trilogy Proprietary Red**	**Napa**	**E**	**90**
1998	**Trilogy Proprietary Red**	**Napa**	**E**	**88**
1997	**Trilogy Proprietary Red**	**Napa**	**D**	**92**
1996	**Trilogy Proprietary Red**	**Napa**	**D**	**91**
1995	**Trilogy Proprietary Red**	**Napa**	**D**	**90**
1994	**Trilogy Proprietary Red**	**Napa**	**D**	**93+**

Ruhig, selbstbewusst und ohne großes Tamtam bringt Flora Springs immer wieder einige der besten Weine des Napa Valley hervor, und das meist auch noch zu akzeptablen Preisen. Das heißt: Die Geschäftsleitung von Flora Springs lässt sich bei der Festsetzung der Preise nicht von der für viele Winzer der Region inzwischen typischen Selbstüberschätzung leiten. Der *1999er Chardonnay Barrel Fermented Reserve* durchläuft zwar eine kurze malolaktische Gärung, wird jedoch vor allem sehr spät geerntet, damit er eine maximale Reife erreichen kann. Er präsentiert sich in Duft und Geschmack mit rauchwürzigen Nuancen von gerösteten Haselnüssen sowie tropischen Früchten, einem mittleren bis vollen Körper und in einem Stil, der an einen guten Premier Cru aus Chassagne-Montrachet erinnert. Mit seinen schönen untergründigen Säurekomponenten dürfte dieser fleischige Wein wenigsten 2–3 Jahre, wenn nicht länger, köstlich schmecken.

An dem *1998er Trilogy Proprietary Red* lassen sich die Schwächen des Jahrgangs ablesen. Ein sehr guter, ja exzellenter Wein, der sich jedoch wegen der kurzen, kühlen Wachstumsperiode strenger als normal darstellt. Der Verschnitt aus 45% Cabernet Sauvignon, 43% Merlot, 6% Cabernet Franc und 6% Malbec beeindruckt in Aroma und Geschmack durch reiche Noten von würzigem neuem Eichenholz, Mineralien, Lakritze sowie feuchte Waldgerüche. Trinken Sie diesen eleganten Wein mit seinem mittleren Körper am besten in den kommenden 10–12 Jahren. Der *1999er Trilogy Proprietary Red* kommt bedeutend reichhaltiger und texturierter daher und ist offensichtlich aus reiferen, konzentrierteren Früchten gewonnen. Der zur Hälfte in französischen Eichenfässern ausgebaute Verschnitt aus 42% Cabernet Sauvignon, 39% Merlot und 19% Cabernet Franc hat eine dunkelpflaumenblau-purpurrote Farbe und ein Bukett von Mineralien, Cassis und Rauch. Der elegante, reintönige, schön ausgewogene Wein hat einen mittleren bis vollen Körper und mäßige Tanninwerte und vermag 15–16 Jahre zu überdauern.

Zwei makellos bereitete 100%ige Merlots stammen aus dem Windfall Vineyard, der sich genau dort befindet, wo die Route 29 und die Bella Oaks Lane zusammenstoßen. Die attraktiven, stämmigen und fetten Weine gehören zu den besseren Merlots aus der Napa-Region. Der für seine Wachstumsbedingungen sehr gelungene *1998er Merlot Windfall Vineyard* ist ein verführerischer Rotwein mit Aromen von Kakao, geschmolzenem Karamell und einer schwarzen Kirschfrucht. Dieser ausgereifte, ungemein seidig texturierte, stämmige Wein hat an Gewicht zugelegt, seit ich ihn zuletzt verkostet habe. Voraussichtliche Genussreife: jetzt–2010. Noch besser ist der dichte rubin-purpurrote *1999er Merlot Windfall Vineyard.* Er hat ein großes Bukett von geröstetem Espresso, Schokolade und schwarzen Kirschen, einen niedrigen Säurespiegel, dicht, attraktiv, opulent texturierte Geschmacksnoten und einen körperreichen, Glyzerin-erfüllten betörenden Abgang. Trinken Sie ihn in den kommenden 10–12 Jahren.

Einen 1998er Cabernet Sauvignon Hillside Reserve gibt es nicht mehr, da der Wein heruntergestuft und dem Trilogy-Verschnitt beigemischt worden ist. Der *1999er Cabernet Sauvignon Hillside Reserve* hingegen präsentiert sich in einem undurchdringlich dichten Purpurrot und mit einem herrlichen Bukett aus süßem Cassis, das mit Leder-, Vanille- und Gewürzboxnoten unterlegt ist. Der Wein ist körperreich, mäßig tanninhaltig, außergewöhnlich reintönig und symmetrisch und präsentiert sich in der Mitte und im Abgang schön geschichtet. Er dürfte 15+ Jahre köstlich munden. Der sensationelle *1997er Cabernet Sauvignon Hillside Reserve* hat eine undurchdringlich rubin-purpurrote Farbe und ein Bukett von eingedickten schwarzen Kirschen und Cassis, das durch Noten von Rauch, Toastbrot, Zedernholz und Gewürzkiste untermalt wird. Der üppig texturierte, konzentrierte, grandiose Wein, der in seinen kraftvollen, superextraktreichen, vielschichtigen Geschmacksnoten durch Nuancen von Rauch, Kaffeebohnen und Toastbrot betört, dürfte in 2–3 Jahren seinen Höhepunkt erreichen und dieses Niveau 20–25 Jahre beibehalten. Der vielleicht beste Cabernet Sauvignon, den ich verkostet habe, ist der *1997er Cabernet Sauvignon 20th Anniversary Reserve.* Der nur in Magnumflaschen abgefüllte Wein (250 Kisten) ist ein wahrhaft gigantischer Napa-Cabernet. Er hat 24 Monate in Fässern verbracht, die zu 60% aus französischer Eiche gemacht waren, und ist dann unfiltriert abgefüllt worden. Heute präsentiert sich der undurchdringlich pflaumen-purpurfarbene Wein mit einem explosiven, multidimensionalen Bukett aus Kaffeebohnen, Kirschwasser, Crème de Cassis, getrockneten Kräutern, Tabak und Gewürzen. Mit seinem vollen Körper, seiner wundervollen Reintönigkeit, einer nahtlosen Textur und seinem 40-Sekunden-Finale ist dieser Wein der Inbegriff eines grandiosen Cabernet Sauvignon. Bemerkenswerterweise ist er so weich, dass man ihn bereits jetzt trinken kann, verspricht jedoch, sich noch 25+ Jahre zu entwickeln.

Mehr als irgendein anderer Weinerzeuger hat Flora Springs demonstriert, was für erstklassige Cabernet-Sauvignon-Früchte sich in dem zur Napa-Zone gehörigen Pope Valley ernten lassen. Allerdings hat die Kellerei sich schwer damit getan, für den Wein einen passenden Namen zu finden. Zuerst hieß er Cyprus Vineyard, dann Eagle Mountain, irgendwann hat man sich jedoch auf den Namen Wild Boar Vineyard geeinigt. Der *1998er Cabernet Sauvignon Wild Boar Vineyard* ist ein großer, muskulöser Wein mit einer riesigen Brombeerfrucht, in die sich Anklänge von geschmolzenem Asphalt und Erde mischen. Der zu 50% in neuen Eichenholzfässern – jeweils zur Hälfte amerikanischer und französischer Herkunft – ausgebaute Wein kommt mit seinen amerikanisch auftrumpfenden, schreienden Eichenholz- und quietschvollen Fruchtanklängen und seinem riesigen Glyzeringehalt ungemein kraftvoll und konzentriert daher. Ein angesichts der Jahrgangsbedingungen sehr gelungener Wein. Trinken Sie ihn in den kommenden 12–15 Jahren. Noch beeindruckender nimmt sich der *1999er Cabernet Sauvignon Wild Boar Vineyard* aus, der am Gaumen eine noch konzentriertere Fülle entfaltet, die mit überschwänglichen Aromen von schwarzen Früchten, Kräutern, Leder, Tabak und Lakritze einhergeht. Der kraftvolle, kernige, fast überdimensionierte Cabernet Sauvignon mag in puncto Eleganz und Finesse Defizite aufweisen, die er allerdings durch seine überwältigende Frucht-, Glyzerin-, Kraft- und Tanninentfaltung mehr als wettmacht. Er dürfte 15+ Jahre Freude machen.

Der *1996er Cabernet Sauvignon Rutherford Vineyard* ist ein in Eichenholzfässern, davon 15% amerikanischer Herkunft, ausgebauter 100%iger Cabernet Sauvignon. Der Wein präsentiert sich mit überschwänglichen Anklängen an würziges neues Eichenholz und einer mit Tabaknuancen durchsetzten grasigen Frucht von schwarzen Johannisbeeren, in die sich Noten von Zedernholz, getrockneten Kräutern und Lakritze mischen; hinzu kommen noch hohe Tanninwerte und ein mittlerer bis voller Körper. Dieser stämmige, fleischige und robuste Cabernet Sauvignon sollte noch 2–3 Jahre in der Flasche reifen und dürfte sich 14–15 Jahre halten.

Seit einiger Zeit ist die Kellerei auch in die Konkurrenz um die Herstellung der besten Merlot-Weine eingestiegen, und ihre Ergebnisse können sich sehen lassen. Der *1995er Mer-*

lot Windfall Vineyard (300 Kisten) hat eine dicht rubin-purpurrote Farbe und ein fast schrilles Bukett von Toastbrot und geschmolzener Schokolade sowie Geschmacksnoten von eingedickten Kirschen. Bei mittlerem bis vollem Körper präsentiert sich der weiche, ausgereifte, kernige, fette köstliche Wein in einem dekadenten Merlot-Stil und dürfte etwa 10 Jahre überdauern. Der hervorragende dunkelpurpurrote *1996er Merlot Windfall Vineyard* beeindruckt durch ein süßes, expressives, rauchwürziges, schokoladiges Bukett mit Noten von Kaffeebohnen und Beerenfrüchten im Hintergrund. Ein saftiger, fleischiger, körperreicher und sinnenbetörender Wein. Dieser superbe, schön ausgereifte vollmundige Merlot dürfte während der nächsten 10–12+ Jahre köstlich munden. Bravo! Wenn auch ganz ähnlich angelegt, präsentiert sich der *1997er Merlot Windfall Vineyard* mit einer pikanteren Säure, betört aber ansonsten in Duft und Geschmack durch dieselben Nuancen von gerösteten Kaffeebohnen und schokoladig angehauchte Fruchtnoten von schwarzen Kirschen. Im Mund entfaltet er eine süße Reichhaltigkeit, mit weichen Tanninen und beträchtlichen Glyzerinwerten, und ist durch einen entwickelten Stil charakterisiert. Auch hier wieder scheint sich der 1997er rascher zu öffnen als sein Vorgänger und dürfte bereits in seinem ersten Lebensjahrzehnt vorzüglich schmecken.

Der hervorragende rubin-purpurrote *1997er Trilogy Proprietary Red* beeindruckt durch sein superexpressives Aromenprofil mit Noten von schwarzen Früchten, Lakritze, Blaubeeren und floralen Nuancen. Mit seinem feinen Tanninunterbau zeigt sich dieser elegante, trotzdem eindrucksvoll reichhaltige, gut ausgestattete, schön ausgewogene Wein bereits jetzt zugänglich, kann sich aber auch noch mühelos 15–18 Jahre entwickeln. Der *1996er Trilogy Proprietary Red*, ein Verschnitt aus 44% Cabernet Sauvignon, 40% Merlot und 16% Cabernet Franc, präsentiert sich in dunklem Rubin-Purpurrot und mit herrlichen Aromen von Veilchen, schwarzen Johannisbeeren, Toastbrot und Mineralien. Bei diesem tiefen und gehaltvollen, bemerkenswert polierten und schön symmetrischen Wein von mittlerem bis vollem Körper ist alles an seinem Platz. Obwohl er sich bereits jetzt zugänglich zeigt, lässt sein Gleichgewicht vermuten, dass er sich 15–20 Jahre aufs Anmutigste entwickeln dürfte. Ein unverwechselbarer, herrlicher Wein! Mit seinen süßen ausgereiften Noten von Johannisbeeren, Zedernholz und Tabak ist der Trilogy im Bereich des Napa Valley wahrscheinlich der Wein, der gewissen St-Emilions am nächsten kommt. In Spitzenjahrgängen werden von diesem Wein rund 3500–4000 Kisten produziert. Der *1995er Trilogy Proprietary Red* (44% Merlot, 39% Cabernet Sauvignon und 17% Cabernet Franc) ist ein würziger, im Stil des Médoc ausgebauter Wein. Er hat einen mittleren bis vollen Körper, präsentiert sich exzellent würzig und reichhaltig und überzeugt durch seine elegante und ausgewogene Art. Ein köstlicher Wein, den Sie bereits jetzt oder in den kommenden 15+ Jahren genießen können. Der *1994er Trilogy Proprietary Red* (2000 Kisten) betört durch seine vollmundige, ausgereifte Frucht, seine toastwürzige Vanille und Aromen von süßen, eingedickten schwarzen Früchten. Seine fleischigen, harmonischen, körperreichen Geschmackseindrücke bestechen durch eine wundervolle Extraktion und ihre saubere Art. Trotz seiner Weichheit ist dieser imposante Wein noch ungeformt und sollte weitere 2–3 Jahre ruhen. Danach kann er 20+ Jahre altern.

Der verblüffende, gehaltvolle dunkelrubin-purpurrote *1996er Cabernet Sauvignon Hillside Reserve* muss noch in der Flasche reifen. Er präsentiert sich mit einer satten Farbe und einem viel versprechenden, aber verhaltenen Bukett von toastwürziger, frischer Eiche, eingedickten Brombeeren, Cassis, Lakritze und Gewürzen. Im Mund stellt er sich extrem gehaltvoll und würzig dar, mit moderaten Tanninkomponenten, einem vollen Körper, einer superben Reintönigkeit der Geschmacksnoten und einem hervorragenden Potenzial. Voraussichtliche Genussreife: jetzt–2022. Der *1995er Cabernet Sauvignon Hillside Reserve* ist ein verschlossener, tanninreicher, undurchdringlich purpurroter Wein mit verschwenderischen Mengen an süßer Frucht von schwarzen Johannisbeeren, Zedernholz und Gewürzen. Bei dem muskulösen, gehaltvollen, körperreichen Wein mit seinen süßen Tanninen handelt es sich um einen vielschichtigen, konzentrierten, noch unentwickelten jugendlichen Cabernet, der noch 4–5 Jahre ruhen sollte. Dieser gigantisch ausgestattete Wein gebietet über alle Vorzüge, die man sich nur wünschen kann. Auch wenn er sich in seiner Jugend eher abweisend zeigt, hat er ein Entwicklungspotenzial von 20 Jahren. Kellermeister Ken Deiss glaubt, dass die Jahrgänge 1994 und 1995 mehr Übereinstimmungen als Differenzen aufweisen. Das haben auch meine Verkostungen ergeben, da beide Jahrgänge sehr konzentrierte, ausgereifte Cabernets mit süßen, schön eingebundenen Tanninen hervorgebracht haben. Die Hillside Reserve Cabernet Sauvignons haben in den 1990er Jahren einen immensen Qualitätssprung gemacht. Dieser sortenreine Cabernet Sauvignon wird in 2–3 Jahre alten Fässern ausgebaut, dann in ein Jahr alte und schließlich in Fässer umgefüllt, die zu 60% aus Eichenholz bestehen und in denen er maximal 8–10 Monate verbleibt. Der undurchdringlich purpurrote *1994er Cabernet Sauvignon Hillside Reserve* hat ein klassisches Bukett von Zedernholz, schwarzen Johannisbeeren und Erde und gehaltvolle, körperreiche Geschmacksnoten von eingedickten schwarzen Johannisbeeren. Die Holzkomponenten sind wundervoll integriert, trotzdem sind würzige Vanillenuancen spürbar. Dieser Wein verfügt über eine umwerfend reintönige Frucht, eine opulente Textur und einen beeindruckend langen, harmonischen Abgang. Der Wein dürfte schon jung zugänglich sein und sich gleichwohl als ausgesprochen langlebig (20–30 Jahre) erweisen.

Eines der günstigsten Angebote ist der *1994er Cabernet Sauvignon Estate* (von dem es leider nur 1600 Kisten gibt). Der Wein ist bis zum Bersten mit ausgereiften, eingedickten schwarzen Früchten angefüllt. Dieser körperreiche, fleischige, fette, unmittelbar ansprechende sortenreine Cabernet Sauvignon ist unfiltriert abgefüllt worden und hat eine kernige, offen gewirkte Textur. Ferner beeindruckt er durch eine exzellente Reintönigkeit und durch würzige Eichenholznuancen. Genießen Sie ihn in den kommenden 7–10 Jahren.

Der (in der letzten Oktoberwoche geerntete) *1998er Cabernet Sauvignon Eagle Mountain* hat ein Bukett von eingedicktem Cassis, einen vollen Körper, reintönige Geschmacksnoten und präsentiert sich glyzerinreicher, gehaltvoller und intensiver als viele 1998er. Er dürfte sich eigentlich zu einem muskulösen, überraschend konzentrierten Wein entwickeln, an dem Sie sich 10–12 Jahre erfreuen können. Der hervorragende *1997er Cabernet Sauvignon Eagle Mountain* ist ein durch und durch amerikanischer Cabernet Sauvignon. Dem in französischer und amerikanischer Eiche gealterten, ungemein muskulösen und kraftvollen Wein fehlt es zwar an Finesse, doch dafür kommt er mit einer süßen, saftigen und vollmundigen Frucht von eingedickten schwarzen Johannisbeeren daher, die mit Noten von toastwürziger Eiche, Zedernholz, getrockneten Kräutern und Lehmboden einhergeht. Der schön geschichtete, dicke und süffige Wein ist ein echter Genuss. Außerdem dürfte er sich in den kommenden 7–8 Jahren noch verbessern und 12–15 Jahre überdauern.

Die Kellerei hat auch einen *1995er Cabernet Sauvignon Cypress Ranch* produziert. Von dem Wein, der zu 25% in neuen Eichenfässern ausgebaut worden ist, gibt es nur 375 Kisten. Wie auch die übrigen Weine des Hauses (Ausnahme ist der fassvergorene Chardonnay) ist dieser Cabernet ungeschönt und unfiltriert auf Flaschen gezogen worden. Der noch formlose Bilderbuch-Wein macht einen soliden ersten Eindruck und präsentiert sich mit prononcierten Gewürznoten und einer grasigen, mit Tabaknuancen durchsetzten Fruchtigkeit von schwarzen Johannisbeeren. Dieser üppige, muskulöse Cabernet weist einen hohen Anteil aggressiver Tannine auf, die jedoch nach einer Zeit der Flaschenreifung abschmelzen dürften. Er wird 12–15 Jahre köstlich munden.

Bisherige große Jahrgänge: 1993er Cabernet Sauvignon Hillside Reserve (91+), 1993er Trilogy Proprietary Red Wine (91).

FLOWERS (SONOMA COAST)

1997	**Pinot Noir Camp Meeting Ridge**	**Sonoma Coast**	**D**	**90+**
1997	**Pinot Noir Camp Meeting Ridge Moon Select**	**Sonoma Coast**	**E**	**90+**

1997	**Pinot Noir Hirsch Vineyard**	**Sonoma Coast**	**D**	**92**

Dieses Weingut mit seinen (an den Marcassin Vineyard und an Martinellis Blue Slide Vineyard angrenzenden) schön an der Küste von Sonoma gelegenen Rebkulturen entwickelt sich bislang recht viel versprechend. Die drei Pinot Noirs sind Spitzenklasse. Der mittelrubinrote *1997er Pinot Noir Hirsch Vineyard* präsentiert sich mit einem betörenden Bukett von süßen schwarzen Kirschen, Zimt, Erde und Gewürzen, mit einer süßen Frucht, einem vollen Körper, bewundernswerter Kraft, hohen Glyzerinwerten und einem süßen Abgang samt moderaten Tannineindrücken. Er dürfte 5–7 Jahre köstlich munden. Ebenso eindrucksvoll wartet der dunkelrubinrote *1997er Pinot Noir Camp Meeting Ridge* mit seinem blumigen Aroma von schwarzen Früchten auf, in die sich im Hintergrund noch Nuancen von Vanille mischen. Der Wein ist strukturierter als der Hirsch Vineyard und beeindruckt durch seine hervorragende Reintönigkeit und Konzentration. Nach einer weiteren 6–12-monatigen Flaschenreifung wird sich dieser straff gewirkte, trotzdem körperreiche Pinot Noir noch schmackhafter präsentieren. Er dürfte 7–8 Jahre überdauern. Der *1997er Pinot Noir Camp Meeting Ridge Moon Select* ist in diesem Pinot-Noir-Trio der ambitionierteste und konzentrierteste Wein. Er hat nicht nur eine höhere Geschmacksextraktion, sondern verfügt auch über beträchtliche Tanninkomponenten und Anklänge an toastwürzige neue Eiche. Vermutlich wird sich der Wein noch konsolidieren, trotzdem ist er mit größeren Risiken behaftet als die beiden anderen Pinots. Obwohl er sich kräftig, gehaltvoll und konzentriert darstellt, weist er beträchtliche Holz- und Tanninnoten auf. Er braucht noch 1–2 Jahre Flaschenreifung und sollte während der dann folgenden 10 Jahre getrunken werden. Wenn der Wein das Tannin und die Holznoten noch besser einbindet, könnte er eine noch höhere Punktnote erreichen.

FORMAN (NAPA)

1999	**Cabernet Sauvignon**	**Napa**	**E**	**(90–93)**
1998	**Cabernet Sauvignon**	**Napa**	**E**	**88**
1997	**Cabernet Sauvignon**	**Napa**	**D**	**90**
1996	**Cabernet Sauvignon**	**Napa**	**D**	**92**
1995	**Cabernet Sauvignon**	**Napa**	**D**	**88+**
1994	**Cabernet Sauvignon**	**Napa**	**D**	**91**
1999	**Chardonnay**	**Napa**	**D**	**89**
1999	**Merlot**	**Napa**	**D**	**(90–92)**
1998	**Merlot**	**Napa**	**D**	**87**
1997	**Merlot**	**Napa**	**D**	**88+**
1996	**Merlot**	**Napa**	**D**	**89**
1995	**Merlot**	**Napa**	**D**	**88**
1994	**Merlot**	**Napa**	**D**	**89**

Ric Forman, der für dicke, ausgereifte oder superkonzentrierte Weine wenig übrig hat, ist offenbar darum bemüht, in seine Weine mehr Textur einzubauen. Seine Chardonnays, Merlots und Cabernet Sauvignons sind unverwechselbare elegante, im Bordeaux-Stil gehaltene Weine, die sich von den Produkten anderer führender kalifornischer Weinerzeuger deutlich abheben.

Von dem *1999er Chardonnay*, der durch seine spritzigen Birnen- und Zitrusölnoten gefällt, gibt es 2 000 Kisten. Mit seinem mittleren Körper und seiner exzeptionellen Reintönigkeit ist er in einem Chablis-artigen Stil ausgebaut und sollte am besten bereits in den ersten 2–3 Lebensjahren getrunken werden.

Beide roten 1999er haben mehr Textur und Reife, als ob Forman sie bei etwas höheren Brix-Werten hätte ernten lassen, als ihm persönlich lieb gewesen wäre. Der *1999er Merlot* präsentiert sich fantastisch. Es gibt 500 Kisten von dem rubin-purpurroten Wein, der durch seine opulente Textur und durch große Mengen reintöniger, süßer Frucht von schwarzen Kirschen und Beeren für sich einnimmt. Der Wein zeigt sich körperreich, säurearm und geschmacksintensiv. Der schwelgerische *1999er Cabernet Sauvignon* hat einen Cassisgelee-Charakter, einen mittleren bis vollen Körper, eine exzellente, mineralisch durchsetzte Frucht von schwarzen Johannisbeeren und eine superbe Reintönigkeit. Es gibt 2000 Kisten von diesem Cabernet, der sich noch als einer der sinnenbetörendsten erweisen könnte, die Forman in den 1990er Jahren gemacht hat.

Die 1998er präsentieren sich strenger und weniger voluminös, texturiert und gehaltvoll als die 1999er. Der *1998er Cabernet Sauvignon* wartet mit komplexen Bordeaux-artigen Aromen auf, die an einen erstklassigen Médoc erinnern. Im Mund stellt sich das Tannin trocken und eckig dar, trotzdem hat der Wein eine köstliche Frucht von schwarzen Johannisbeeren zu bieten, die sich in einem eher verhaltenen und zurückgenommen Stil darbietet. Der elegante Wein hat einen mittleren Körper und sollte am besten während seiner ersten 10–12 Lebensjahre getrunken werden. Der *1998er Merlot* dürfte bereits bei der Freigabe zugänglich sein. Trotz seines hohen Alkoholgehalts (14,5%) kommt er dank seiner Kaffeebohnen-, Brombeer- und Kirschcharakteristika bereits jetzt köstlich daher. Der verführerische, üppige, säurearme Wein dürfte 7–8 Jahre vorzüglich munden. Er könnte noch eine höhere Punktnote erreichen.

Der dunkelrubin-purpurrote *1997er Merlot* mutet seit der Flaschenabfüllung eher verschlossen an. Wenn man ihm ein bisschen Zeit lässt, gibt er Beerenfruchtnoten frei, in die sich Gewürz- und Vanillenoten mischen. Er hat einen mittleren Körper, präsentiert sich vorne im Mund schön ausgereift und ausgewogen und mit moderaten Tannineindrücken. Voraussichtliche Trinkreife: jetzt–2012. Der *1997er Cabernet Sauvignon* ist ein wahres Kunstwerk. Der dunkelrubin-purpurrote Wein gehört zu Formans Klassikern und betört durch herrliche Aromen von Cassis, getrockneten Kräutern, Zedernholz, Brombeeren und Mineralien. Bei mittlerem bis vollem Körper verfügt der Wein über eine exzellente süße Frucht und eine subtil nuancierte Persönlichkeit und bringt im Abgang feste Tannine zur Geltung. Legen Sie ihn noch 3–4 Jahre beiseite und trinken Sie ihn während der dann folgenden zwei Dekaden.

Der *1996 Merlot* (80% Merlot und 20% Cabernet Franc) ist in einem Bordeaux-artigen Stil ausgebaut. Er hat ein Bukett von Kaffeebohnen und betört durch beerentönige Fruchtanklänge, in die sich krautige und würzige Eichenholznoten mischen. Der Wein hat eine exzellente Textur, einen mittleren Körper und in seinem Fruchtcharakter faszinierende Noten von schwarzem Tee. Ein in Forman-typischer polierter, feiner und anmutiger Manier ausgebauter attraktiver Merlot, der 10–15 Jahre überdauern dürfte. Einer der eindrucksvollsten neueren Forman-Cabernet-Sauvignons ist der satt rubin-purpurrote *1996er Cabernet Sauvignon*. Ich war erstaunt, wie gut er sich darstellte, obwohl er erst einen Monat zuvor abgefüllt worden war. Er präsentiert sich mit herrlichen Fruchtaromen von eingedickten schwarzen Johannisbeeren samt Noten von würzigem Eichenholz und Lakritze. Er hat eine schöne Säurekomponente, zugleich kommt der Wein viskoser daher als die meisten Forman-Erzeugnisse und verfügt in dem überzeugend langen Abgang über eine kernige Fleischigkeit, eine gut gezeichnete Art und moderate Tanninwerte. Dieser klassische, im Bordeaux-Stil gehaltene Wein dürfte jetzt–2020 am köstlichsten schmecken.

Die 1995er Rotweine haben zuletzt einen verschlosseneren Charakter an den Tag gelegt als bei früheren Verkostungen. So stellte sich etwa der tiefrubin-purpurrote *1995er Merlot* weicher dar als der Cabernet Sauvignon, mit Aromen von Kirschen und Himbeeren und klug dosierten Nuancen von toastwürziger Eiche im Hintergrund. Ein hübsch, elegant und attraktiv ausgebauter Wein mit einer quicklebendigen Säurekomponente und exzellenter Reintönigkeit samt köstlichen Kirschnoten im Geschmack. Trinken Sie ihn in den kommenden 10–15 Jahren. Der straffer gewirkte, tanninreichere tiefrubin-purpurrote *1995er Cabernet Sauvignon* präsentiert sich mit einem eleganten Cassis-Aroma und im Mund mit anmutig verhaltenen, ausgewogenen Fruchteindrücken. Er hat einen mittleren bis vollen Körper, einen moderaten Tanningehalt und erscheint straff gewirkt. Dieser harmonische, gut gemachte Wein zeigt sich dieses Jahr nicht annähernd so expressiv wie 1996. Im Idealfall sollte der Cabernet noch 3–4 Jahre ruhen und dürfte dann 20 Jahre überdauern.

Der tiefrubinrote *1994er Merlot*, Formans Debütwein von dieser Rebe, stellt sich offen und verführerisch dar, mit einer Beeren-Mokka-duftigen Frucht, einem mittleren bis vollen Körper und abgerundeten, generösen, schön mit Eichenholznuancen durchsetzten Geschmacksnoten. Dieser weiche, offen gewirkte, reichhaltige, exzellente, fast hervorragende Merlot dürfte 7–8 Jahre köstlich munden. Der *1994er Cabernet Sauvignon* präsentiert sich in dichtem Rubin-Purpurrot, mit noch unentwickelten, aber viel versprechenden Aromen von Zedernholz, schwarzen Johannisbeeren und Vanille. Er beeindruckt durch seinen mittleren bis vollen Körper, eine schöne Eleganz samt untergründigen Säurekomponenten, reife Tannine und eine Graves-artige Tabaknote, die für Komplexität sorgt. Dieser Wein dürfte schon in seiner Jugend zugänglich sein, jedoch erst in 5–6 Jahren richtig in Schwung kommen. Voraussichtliches Alterungspotenzial: 20 Jahre.

Bisherige große Jahrgänge: 1993er Cabernet Sauvignon.

FOXEN (SANTA BARBARA)

1996	**Cabernet Sauvignon**	**Santa Barbara**	**D**	**88**
1997	**Pinot Noir Julia's Vineyard**	**Santa Maria**	**D**	**89**
1997	**Syrah Morehouse Vineyard**	**Santa Ynez**	**D**	**90**
1996	**Syrah Morehouse Vineyard**	**Santa Ynez**	**D**	**90**

Diese Spitzenkellerei aus Santa Barbara hat inzwischen eine ganze Palette erstklassiger Weine hervorgebracht. Besonders beeindruckend sind die Rotweine. So wartet zum Beispiel der *1997er Syrah Morehouse Vineyard* mit Noten von Speck, Brombeeren, Pfeffer und Vanille auf. Dieser ausladende, dichte, körperreiche und kraftvolle Syrah dürfte eine Dekade oder länger überdauern. Ebenfalls eindrucksvoll ist der *1996er Syrah Morehouse Vineyard.* Dieser dunkelrubin-purpurrote Wein betört durch rauchwürzige Bilderbucharomen von Speck und gebratenem Fleisch, die sich mit einem vollen Körper und einer superreifen Frucht von schwarzen Johannisbeeren und Cassis, einer hervorragenden Konzentration und Reintönigkeit verbinden und in einem seidigen Finale ausklingen. Trinken Sie diesen verführerischen, geschmacksintensiven Syrah bereits jetzt oder in den kommenden 7–10 Jahren.

Der dunkle, konzentrierte *1997er Pinot Noir Julia's Vineyard* präsentiert sich mit Aromen von reifen Pflaumen, Kirschmarmelade, Rauch und Kräutern, die sich in diesem reifen, dichten Pinot Noir von mittlerem Körper zusammenfinden. Sie können ihn bereits jetzt trinken oder noch 5–7 Jahre beiseite legen. Der dunkelrubin-purpurrote *1996er Cabernet Sauvignon* zeigt sich mit dichten, grasigen, tabaktönigen Aromen von schwarzen Kirschen, Johannisbeeren und intensiven Eindrücken von Rauch und eingedickter Frucht. Bei mittlerem bis vollem Körper verfügt der fein texturierte, attraktive Wein über eine schöne Ausgewogenheit zwischen seinen Alkohol-, Säure-, Tannin- und Extraktstoffkomponenten. Obwohl bereits jetzt zugänglich, dürfte der Wein sich 10–14 Jahre schön entwickeln.

FRANUS (NAPA)

1996	**Cabernet Sauvignon**	**Napa**	**D**	**88**
1997	**Mourvèdre Brandlin Ranch**	**Mt. Veeder**	**D**	**91**
1995	**Zinfandel**	**Napa**	**C**	**89**
1999	**Zinfandel Brandlin Ranch**	**Mt. Veeder**	**D**	**90**
1998	**Zinfandel Brandlin Ranch**	**Mt. Veeder**	**D**	**89**
1997	**Zinfandel Brandlin Ranch**	**Mt. Veeder**	**D**	**90**
1996	**Zinfandel Brandlin Ranch**	**Mt. Veeder**	**C**	**90**
1995	**Zinfandel Brandlin Ranch**	**Mt. Veeder**	**C**	**90**
1994	**Zinfandel Brandlin Ranch**	**Mt. Veeder**	**C**	**91**
1994	**Zinfandel Hendry Vineyard**	**Napa**	**C**	**91**

1999	**Zinfandel Planchon Vineyard**	**Contra Costa**	**C**	**90**
1998	**Zinfandel Planchon Vineyard**	**Contra Costa**	**C**	**88**
1997	**Zinfandel Planchon Vineyard**	**Contra Costa**	**C**	**90**
1996	**Zinfandel Planchon Vineyard**	**Contra Costa**	**C**	**88**

Franus bringt immer wieder zuverlässig erstklassige Weine heraus. Bei den 1999ern handelt es sich um in typischer Manier strukturierte, konzentrierte, körperreiche Zinfandels mit einem beträchtlichen Charakter und Alterungspotenzial – wenigstens für diese Rebsorte. Der tiefrubin-purpurrote, gut strukturierte, straff gewirkte *1999er Zinfandel Planchon Vineyard* erinnert mit seiner etwas strengen, aber tiefen, dichten und intensiven Persönlichkeit an einen Bordeaux. Dieser körperreiche Wein präsentiert sich mit einer überreichen staubigen Frucht von schwarzen Kirschen, Johannisbeeren und Preiselbeeren, braucht aber noch 6–12 Monate, um sich zu öffnen. Sein Alterungspotenzial: 6–8 Jahre. Der satt rubin-purpurrote *1999er Zinfandel Brandlin Ranch* betört durch süße Aromen von schwarzen Früchten, Mineralien und Grafit sowie subtile Eichenholznuancen. Auf einen süßen Auftakt folgt ein verschlossener Abgang. Dieser große, kraftvolle Zinfandel sollte noch 1–2 Jahre ruhen und in den darauf folgenden 7–8 Jahren getrunken werden. Auch wenn sich diese Weine bislang noch nicht von der charmantesten Seite zeigen, haben sie ein immenses Potenzial.

Der *1998er Zinfandel Planchon Vineyard* (die Rebstöcke sind 1902 auf reinem Sandboden ausgepflanzt worden) hat eine mittel-dunkelrubinrote Farbe und ein würziges, pfeffriges Bukett mit Noten von Harz, Balsaholz und einer süßen Frucht von Kirschen und Beeren. Dieser frühreife, entwickelte Zinfandel hat einen mittleren bis vollen Körper, wenig Säure, eine reife, opulente Textur und reichlich Fett. Er dürfte 2–3 Jahre überdauern. Noch eindrucksvoller stellt sich der dicht dunkelrubinrote *1998er Zinfandel Brandlin Ranch* dar, der Aromen von wilden Brombeeren, Mineralien, Eichenholz und schwarzen Johannisbeeren verströmt. Der konzentrierte, reintönige, schön ausgewogene, klassische Wein macht einen hübsch strukturierten, gehaltvollen Eindruck im vorderen und mittleren Geschmacksbereich, hat einen mittleren bis vollen Körper und kann sich 2–4 Jahre entwickeln.

Anders als so mancher seiner Kollegen ist Peter Franus mit dem für den Zinfandel schwierigen Bedingungen im Jahr 1997 gut zurechtgekommen und hat sogar zwei hervorragende Weine dieser Sorte gekeltert. Der tiefrubinrote *1997er Zinfandel Planchon Vineyard* präsentiert sich mit einer erstklassigen Frucht von Brombeeren und Kirschen. Auch verströmt er keine jener erdigen Balsaholznoten, wie man sie bei Contra Costa Zinfandels so häufig findet. Der dichte, schön texturierte, kernige Zinfandel hat einen mittleren bis vollen Körper, einen beträchtlichen Alkoholgehalt (14,6%) und dürfte während der kommenden 2–3 Jahre köstlich munden. Ebenfalls hervorragend kommt der *1997er Zinfandel Brandlin Ranch* daher, ein großer, muskulöser, im Höhenstil ausgebauter rauer Zin. Der pfeffrige und würzige Wein bringt seine beträchtliche, mit Lakritze- und mineralischen Noten durchsetzte Brombeer-Kirsch-Frucht und seine kraftvolle (14,6% Alkohol) und körperreiche Persönlichkeit schön zur Geltung und dürfte 2–3 Jahre überdauern. Franus hat auch einen superben *1997er Mourvèdre Brandlin Ranch* kreiert, dessen Früchte aus dem Brandlin Vineyard auf dem Mount Veeder stammen. Es ist kaum zu glauben, dass es sich dabei um einen 100%igen Mourvèdre handelt, da Weine dieser Rebsorte sich normalerweise erschreckend streng, tanninlastig und verhalten darstellen. Dieser Tropfen präsentiert sich freilich mit einer herrlichen Frucht von Brombeeren und schwarzen Himbeeren. Auch Noten von Leder, Borke und Gewürzen sind spürbar, allerdings wird die Persönlichkeit des Weines durch Eindrücke von schwarzen Früchten dominiert. Selbst Leute, die mit der Intensität, der Heftigkeit und den offensiven Tanninnoten des Mourvèdre nichts anfangen können, dürften sich von diesem Wein beeindruckt zeigen. Er wird eine Dekade oder länger köstlich munden.

Der *1996er Cabernet Sauvignon* beeindruckt durch ein Bordeaux-artiges Bukett von Zedernholz, Zigarrenkiste und schwarzen Johannisbeeren. Im Mund kommen noch Schokoladenoten hinzu. Dieser klassische, schön gezeichnete, ausladende Wein von mittlerem

Körper hat eine gute Konzentration, ein feines Parfüm und eine bewundernswerte Komplexität. Genießen Sie ihn in den kommenden 10–15 Jahren. Die 1996er Zinfandels sind allesamt hochwertige Weine. Die gut und überraschend komplex gemachten Weine dürften Ihnen noch 1–2 Jahre Freude bereiten. Der *1996er Zinfandel Planchon Vineyard* weist stolze 14,3% Alkohol auf, präsentiert sich jedoch weder überreif noch mit Aromen von Rosinen und Backpflaumen. Der Wein hat ein Bukett von Kirschwasser und Pflaumen samt Pfeffer- und Gewürzanklängen. Der reife, säurearme, kernig und fleischig texturierte, stämmige und schwelgerische Wein hat einen mittleren bis vollen Körper, einen erfreulichen Glyzeringehalt und dürfte seine Klasse 1–2 Jahre behalten. Der intensiv würzige, von schwarzen Früchten und Mineralien dominierte *1996 Zinfandel Brandlin Ranch* ist an den Hängen des Mount Veeder gewachsen. Er präsentiert sich in satterem und dunklerem Rubinrot als die übrigen Jahrgänge. Trotz seines mittleren bis vollen Körpers erscheint er strukturiert und alterungsfähiger (meiner Meinung nach ist das Potenzial der meisten Zinfandels nach 4–7 Jahren erschöpft). Der Wein enthält zwar auch eine gewisse Würze, wird aber in Duft und Geschmack von schwarzen Früchten und Mineralien dominiert. Er hat einen inneren Kern von gehaltvoller Frucht. Außerdem zeigt er sich im Abgang schöner gezeichnet und strukturiert, obwohl ich auch bei diesem Wein einen baldigen Konsum empfehle.

Der *1995er Zinfandel* bietet ein klassisches raues Bukett (in Frankreich würde man es als *sauvage* bezeichnen) mit Noten von wilden Beerenfrüchten. Farblich stellt sich der dichte, würzige, pfeffrige Rhône-artige Wein mit seinem mittleren bis vollen Körper, seiner spritzigen, pikanten Säure und seiner exzellenten Reichhaltigkeit in einem entwickelten Dunkelgranatrot dar. Er zeigt sich ein wenig straff und strukturiert und sollte in den kommenden 1 –2 Jahren getrunken werden. Der wunderschöne pflaumenblaue *1995er Zinfandel Brandlin Ranch* betört durch umwerfende Aromen von schwarzen Kirschen, Himbeeren, Cola und seine pfeffrige Frucht. Am Gaumen kommt er mit ganzen Ladungen köstlicher, mit Glyzerin ausgestatteter kerniger Frucht, einem mittleren bis vollen Körper und exzellenter Reintönigkeit daher. Trinken Sie diesen dichten, kernigen, vollmundigen und pikanten Zin in den kommenden 1–2 Jahren.

Der dunkelpflaumenblau-purpurrote *1994er Zinfandel Hendry Vineyard* präsentiert sich mit einem Duft von süßer schwarzer Frucht. Er explodiert am Gaumen, verfügt über einen vollen Körper, eine vielschichtige, cremige Frucht, einen gut verborgenen hohen Alkoholgehalt (14,2%) und einen sauberen, saftigen, fleischigen und ausladenden Abgang. Dieser wunderschön gemachte, üppige Zinfandel dürfte 3–4 Jahre köstlich munden. Der *1994er Zinfandel Brandlin Ranch* präsentiert sich in einem ganz ähnlichen Pflaumenblau, mit einem würzigen, mineralischen, pfeffrigen Bukett, süßen, reifen körperreichen Geschmacksnoten, einem inneren Kern von Frucht und großzügiger Saftigkeit und einem langen, reifen Abgang. Alle diese Weine sind reintönig und gehaltvoll und haben eine natürliche, vielschichtige Textur. Auch dieser Wein dürfte 3–4 Jahre köstlich munden. Das ist Weinbau der Spitzenklasse!

FRAZIER (NAPA)

1995	**Cabernet Sauvignon**	**Napa**	**D**	**89**
1997	**Cabernet Sauvignon Lupine Hill Vineyard**	**Napa**	**D**	**88**
1995	**Merlot Lupine Hill Vineyard**	**Napa**	**D**	**90**

Der *1997er Cabernet Sauvignon Lupine Hill Vineyard* zeigt sich gewichtig, schön dimensioniert und konzentriert. Der dicht rubin-purpurrote Wein verströmt Aromen von Brombeeren, Cassis, neuem Sattelleder, Erde und würzigem Eichenholz. Dieser junge, noch unentwickelte, dichte Cabernet präsentiert sich mit verschwenderischen Tanninmengen und einer exzellenten Geschmacksextraktion. Er verfügt über einen mittleren bis vollen Körper und offenbart untergründige Waldnoten, die sich mit Anklängen an schwarze Früchte und Eichenholz verbinden. Er sollte noch 2–3 Jahre ruhen und dürfte 12–15 Jahre überdauern.

Der eindrucksvolle *1995er Merlot Lupine Hill Vineyard* ist ein dunkelrubin-purpurroter, stämmiger und gehaltvoller Bilderbuch-Merlot mit duftigen Aromen von weißer Schokolade und Kirschmarmelade. Mit seiner dicken, weichen, ölig texturierten, körperreichen Persönlichkeit präsentiert sich dieser gehaltvolle, samtige, sinnenbetörende Merlot frucht- und körperdominiert und mit subtilen Eichenholznuancen. Er dürfte 7–8 Jahre köstlich munden. Der tiefe, schokoladige, brombeerduftige, körperreiche, extrovertierte und fleischige *1995er Cabernet Sauvignon* hat einen ausgeprägten Charakter. Obwohl es ihm an Komplexität, Finesse und Eleganz fehlt, präsentiert er sich mit substanziellen Geschmacksnoten in einem robusten, überschwänglichen Format. Er dürfte rund zehn Jahre munden.

GALLO-SONOMA (SONOMA)

1994	**Cabernet Sauvignon Frei Ranch**	**Dry Creek Valley**	**C**	**88**
1996	**Cabernet Sauvignon Stefani Vineyard**	**Dry Creek Valley**	**D**	**88**
1997	**Zinfandel**	**Dry Creek**	**C**	**87**
1997	**Zinfandel Barrelli Creek**	**Alexander Valley**	**C**	**90**
1995	**Zinfandel Barrelli Creek**	**Alexander Valley**	**B**	**89**
1997	**Zinfandel Chiotti Vineyard**	**Dry Creek**	**B**	**89**
1995	**Zinfandel Chiotti Vineyard**	**Dry Creek**	**C**	**88**
1997	**Zinfandel Frei Ranch Vineyard**	**Dry Creek**	**C**	**88**
1995	**Zinfandel Frei Ranch Vineyard**	**Dry Creek**	**B**	**90**
1994	**Zinfandel Frei Ranch Vineyard**	**Dry Creek**	**C**	**91**
1996	**Zinfandel Stefani Vineyard**	**Dry Creek**	**C**	**90**
1997	**Zinfandel Rancho Zabaco**	**Dry Creek**	**C**	**87**

Gallo-Sonoma ist ein seriöser Weinerzeuger, was auch die nachfolgend beschriebenen Weine belegen. Wer mit der verbesserten Qualität der Gallo-Zinfandels noch nicht vertraut ist, sollte sich vielleicht einmal etwas intensiver mit ihnen befassen. Anders als viele andere 1997er Zinfandels leiden die Tropfen, die Gallo in jenem Jahr aus der Rebe gekeltert hat, keineswegs unter einem Mangel an Geschmack oder Charakter. Der dunkelrubinrote *1997er Zinfandel Rancho Zabaco* verströmt Aromen von süßen schwarzen Kirschen, Rauch, Lakritze und toastwürzigem amerikanischem Eichenholz. Der in einem populären, weichen und stämmigen Stil ausgebaute Wein dürfte 1–3 Jahre munden. Der *1997er Zinfandel Dry Creek* betört durch seinen Spätlese-Charakter, deutliche Tanninnuancen, reichlich Muskeln und eine kräftige, robuste Persönlichkeit. Dieser überschwängliche, gewichtige Zinfandel beeindruckt durch eine schöne Ausgereiftheit, eine exzellente süße Kirschenfrucht und einen langen Abgang. Er dürfte 3–4 Jahre köstlich schmecken. Der dunkelrubin-purpurrote *1997er Zinfandel Frei Ranch Vineyard* imponiert durch sein potenziell hervorragendes Rohmaterial. Auf Anklänge von Schokolade, Pfeffer, getrocknete Kräuter und schwarze Früchte folgt ein körperreicher, schön geschichteter, eichenholzwürziger Wein mit schöner Kraft. Er dürfte 2–3 Jahre Genuss verschaffen. Ich persönlich bevorzuge von diesen vier Weinen den undurchdringlich schwarz-purpurroten *1997er Zinfandel Barelli Creek*. Der superextraktreiche, intensive, kraftvolle, fette Wein präsentiert sich mit ganzen Schichten von Brombeer- und Kirschfrucht, frischer Eichenholzwürze, getrockneten Kräutern und bewundernswerter Würzigkeit und Tiefe. Trinken Sie ihn in den kommenden 2–3 Jahren. Der früh freigegebene *1997er Zinfandel Chiotti Vineyard* beeindruckt durch seine explosive Frucht, umwerfende Reintönigkeit, bewundernswerte Opulenz und einen attraktiven, sinnenbetörenden exotischen Charakter. Der weiche, abgerundete Wein hat eine mit Himbeer- und Rauchnuancen durchsetzte überschwängliche Kirschfrucht, die den 14,9%igen Alkoholgehalt erstaunlich gut überdeckt. Trinken Sie diesen verführerischen Zinfandel in den kommenden 1–2 Jahren.

Der dunkelrubin-purpurrote *1996er Zinfandel Stefani Vineyard* (14,9% Alkohol) präsentiert sich mit extraktreichen, kernigen, viskosen und körperreichen Geschmacksnoten, verschwenderischen Mengen an toastwürzigem Eichenholz und einem saftigen Finale. Genau wie die übrigen Gallo-Sonoma-Zinfandels verfügt dieser Wein über eine betörende, unmittelbar ansprechende Art. Trinken Sie ihn in den kommenden 2 Jahren.

Von den 1995er Weinen dieser Sorte macht der satt rubin-purpurrote *1995er Zinfandel Frei Ranch Vineyard* noch immer eine gute Figur. Es handelt sich dabei um einen körperreichen, kräftigen, konzentrierten Wein mit einer gut eingebundenen Säurekomponente, ohne Ecken und Kanten und mit verschwenderischen Mengen erdiger Brombeer-Kirschfrucht. Er ist voll ausgereift. Obwohl im Charakter ganz ähnlich, kommt der *1995er Zinfandel Barelli Creek* mehr im Stil einer Spätlese und mit einem Amarone-Teerbukett daher. In Duft und Geschmack ebenfalls präsent sind Noten von schwarzen Kirschen; hinzu kommen noch ein voller Körper und ganze Glyzerinladungen. Dieses konzentrierte, exotische Kraftwerk von einem Zinfandel sollten Sie in den kommenden 1–2 Jahren trinken. Auch wenn er zunächst konzentriert und eindrucksvoll ausgestattet daherkommt, verströmt der *1995er Zinfandel Chiotti Vineyard* hefige und schweflige Aromen, die von den ansonsten imposanten Komponenten ablenken. Zwei Flaschen wiesen denselben Fehler auf.

In völligem Gegensatz dazu haben wir es bei dem *1994er Zinfandel Frei Ranch Vineyard* mit einem herrlich konzentrierten, komplexen, gehaltvollen, wundervoll gemachten Wein zu tun. Viel ist bereits über Gallos Bemühen geschrieben worden, im oberen Segment der Qualitätspyramide mitzumischen. Bei diesem Wein handelt es sich um einen körperreichen, grandios reintönigen, komplexen Bilderbuch-Zinfandel, der 2–3 Jahre köstlich munden dürfte. Das große, süße, rauchwürzige Bukett kommt mit überschwänglichen Noten von erdigen schwarzen Kirschen samt subtilen Holznoten daher. Dieser gehaltvolle, körperreiche, nahtlos gestaltete, dichte Zin mit seinen schön eingefassten Säure- und Tanninkomponenten ist ein wahrer Genuss.

Der pflaumenblau-purpurrote *1996er Cabernet Sauvignon Stefani Vineyard* präsentiert sich mit Anklängen an eingedickte Backpflaumen und mit einer verschwenderischen Brombeerfrucht, die mit Nuancen von Lakritze, Schokolade und rauchwürziger Eiche durchsetzt ist. Bei mittlerem bis vollem Körper und einem moderaten Tanningehalt mangelt es diesem äußerst verhalten entwickelten und dichten, gut ausgestatteten, stämmigen Cabernet zwar an Komplexität, was er jedoch durch seine groß angelegte Art und seine Reichhaltigkeit wieder wettmacht. Trinken Sie ihn in den kommenden 8–10 Jahren. Der satt dunkelrubinrote *1994er Cabernet Sauvignon Frei Ranch* wartet mit einem mäßig intensiven Bukett von schwarzen Johannisbeeren, Kaffeebohnen, Crème de Cassis und Gewürzen auf. Der reintönige und gehaltvolle Wein verfügt über schön eingebaute, unaufdringliche Säure- und Tanninkomponenten. Im Abgang kommt zwar etwas staubiges Tannin zum Vorschein, trotzdem dürfte sich dieser würzige und gehaltvolle Cabernet Sauvignon noch 7–8 Jahre sehr schön entwickeln.

GRACE FAMILY (NAPA)

1995	**Cabernet Sauvignon**	**Napa**	**EEE**	**94**
1994	**Cabernet Sauvignon**	**Napa**	**EEE**	**94+**

Diesen Wein können Sie nur über die Versandliste der Kellerei beziehen, und ich bin sicher, dass es mehr Interessenten als verfügbare Kisten Wein geben wird.

Der *1994 Cabernet Sauvignon* ist der letzte Wein, der aus den Trauben der alten Rebfläche gekeltert ist. Mit seiner undurchdringlich purpurroten Farbe geht ein explosives Bukett von schwarzen Johannisbeeren und Kirschen einher, das mit Noten von toastwürziger frischer Eiche durchsetzt ist. Der körperreiche, straff gewirkte, aber trotzdem grandios ausgestattete Cabernet mit seinen Bleistift-, Zedernholz und Cassiskomponenten erinnert an einen hochklassigen Pauillac und dürfte 20–25 Jahre überdauern. Ich hoffe, dass die wenigen Multimillionäre, die die eine oder andere Flasche dieses Weines ergattern, die nötige Geduld aufbringen, um den Tropfen noch 5–6 Jahre ruhen und erst dann auf ihre Geschmacksknospen wirken zu lassen. Der *1995er Cabernet Sauvignon* ist ein wundervoller Wein, aber bedauerlicherweise hat man nur drei Fässer (425 Magnumflaschen) davon gemacht, da die Parzelle gerade neu bepflanzt wird. Der undurchdringlich purpurrote Wein zeigt sich für einen 1995er auffallend kraftvoll und beeindruckt mit intensiv ausgereiften Aromen von schwarzen Johannisbeeren, in die sich Nuancen von Rauch, Toastbrot, Lakritze und Schokolade mischen. Dieser tiefe, körperreiche, vielschichtige Wein ist der Inbegriff eines großen Cabernet Sauvignon aus der Napa-Region. Obwohl der Wein mit Tanninen großzügig ausgestattet ist, werden diese Gerbstoffe von seiner beeindruckenden Reichhaltigkeit und der vielschichtigen Textur schön integriert. Der noch jugendliche und beerenfruchtige Wein kann sich mühelos 15–20+ Jahre entwickeln.

Bisherige große Jahrgänge: 1993er Cabernet Sauvignon (91).

GREEN AND RED (NAPA)

1999	**Zinfandel Chiles Mill Vineyard**	**Napa**	**C**	**90**
1998	**Zinfandel Chiles Mill Vineyard**	**Napa**	**C**	**90**
1997	**Zinfandel Chiles Mill Vineyard**	**Napa**	**C**	**89**
1996	**Zinfandel Chiles Mill Vineyard Unfiltered**	**Napa**	**C**	**89**
1995	**Zinfandel Chiles Mill Vineyard Unfiltered**	**Napa**	**C**	**86**
1994	**Zinfandel Chiles Mill Vineyard Unfiltered**	**Napa**	**C**	**89**
1999	**Zinfandel Chiles Valley**	**Napa**	**C**	**89**
1997	**Zinfandel Chiles Valley**	**Napa**	**C**	**89**

Die Zinfandel-Weine von Green and Red Vineyard zeichnen sich durch ihre vorbildliche Ausgewogenheit und Eleganz sowie Stil und Klasse aus. Der *1999er Zinfandel Chiles Valley* (14,2% Alkohol) ist ein würziger, in mittlerem Dunkelrubinrot gehaltener Wein mit einer verschwenderischen Kirschfrucht, in die sich Nuancen von Balsaholz und Erde mischen. Der üppige Wein hat einen mittleren Körper und bietet in den kommenden 2–3 Jahren einen hohen Genuss. Der gehaltvollere, deutlicher texturierte, pfeffrige, erdige, würzige komplexe *1999er Zinfandel Chiles Mill Vineyard* (14,4% Alkohol) wartet in Duft und Geschmack mit Noten von Soja, Kirschwasser und Beerenfrüchten auf. Der reintönige Wein hat einen mittleren bis vollen Körper und eine schöne untergründige Säure und sollte in den kommenden 5–6 Jahren getrunken werden. Der hervorragende dunkelrubin-purpurrote *1998er Zinfandel Chiles Mill Vineyard* betört durch süße, reintönige Aromen von Pfeffer, schwarzen Früchten, Kirschwasser und Vanille. Bei mittlerem bis vollem Körper präsentiert sich dieser ausgewogene und elegante, verhaltene, aber konzentrierte Wein am Gaumen völlig ohne Irritationen. Ein köstlicher Zinfandel, den Sie in den kommenden 5–6 Jahren trinken sollten.

Die 1997er präsentieren sich beide in burgundischer Manier: elegant, blumig und mit Beerenaromen, also als harmonische Weine, die einen köstlichen Trinkgenuss gewähren. Der expressive *1997er Zinfandel Chiles Valley* (13,9% Alkohol) wartet bei mittlerem Körper mit weichen, schön gewirkten, eleganten Geschmacksnoten von Himbeer- und Schwarzkirsch-Frucht auf. Die Säure- und Tanninkomponenten, aber auch der Alkohol sind schön in die Frucht eingebunden. Der verhaltene, aber eindrucksvolle Wein dürfte 3–4 Jahre schmecken. Der *1997er Zinfandel Chiles Mill Vineyard* (13,5% Alkohol) beeindruckt durch eine wundervolle Reintönigkeit, die mit einem duftigen Bukett von süßen Beeren und Nuancen von Gewürzen und subtiler Erde einhergeht. Der köstliche, aber intensive Wein hat einen mittleren Körper und beeindruckt durch makellose Ausgewogenheit und einen langen Abgang. Trinken Sie ihn in den kommenden 3–4 Jahren.

Der am meisten »burgundische« aller 1996er Zinfandels, die ich verkostet habe, ist der mittelrubinrote *1996er Zinfandel Chiles Mill Vineyard Unfiltered*, der durch herrlich duftige Aromen von schwarzen Kirschen, aber auch durch seine floralen, mineralischen, pfeffrigen und würzigen Noten für sich einnimmt. Er hat einen mittleren Körper und stellt sich so üppig und attraktiv dar wie ein Premier Cru aus Beaune oder Volnay. Hinzu kommt ein hübsch texturierter Abgang mit quicklebendiger Säure, süßer Frucht und reichlich Glyzerin. Dieser Zin ist bereits genussreif, sodass Sie sich schon jetzt an seinen beträchtlichen Reizen erfreuen können. Der *1995er Zinfandel Chiles Mill Vineyard Unfiltered* ist ein gutes Beispiel eines verhaltenen, subtilen Zinfandels, dessen süße Frucht dazu ausreicht, den Wein attraktiv erscheinen zu lassen. Auf die mittelrubinrote Farbe folgen reintönige, staubige Aromen von schwarzen Kirschen, die dem Glas entströmen. Bei dem trockenen und eleganten, trotzdem konzentrierten und harmonischen Wein handelt es sich um einen in einem leichteren Stil ausgebauten schönen, köstlichen, bereits völlig ausgereiften Zinfandel. Möglicherweise habe ich den *1994er Zinfandel Chiles Mill Vineyard Unfiltered* unterschätzt. Er hat eine dunkelrubinrote Farbe, eine reintönige reife Kirsch-Himbeer-Frucht, eine nahtlos seidige Textur, einen mittleren bis vollen Körper und einen üppigen Abgang. Er ist durch und durch wundervoll eingefangene Fruchtigkeit – ganz und gar ohne jede Übertreibung. Trinken Sie diesen weichen, geschmeidigen Zinfandel in den kommenden 3–4 Jahren.

HANSEL FAMILY (RUSSIAN RIVER)

1998	**Pinot Noir**	**Russian River**	**D**	**89**
1996	**Pinot Noir**	**Russian River**	**D**	**89**

Hier haben wir es mit einem viel versprechenden, relativ neuen Erzeuger aus dem Russian River Valley zu tun. Hansels Weine warten mit einer »burgundischen« Persönlichkeit von beträchtlicher Textur, Reife und Komplexität auf. Interessanterweise war es ausgerechnet Tom Rochioli, der mich als Erster auf die Qualität dieser Weine hingewiesen hat.

Der *1998er Pinot Noir* präsentiert sich mit einer entwickelten granatroten Farbe, einem attraktiven Bukett von Unterholz, gegrilltem Fleisch, getrockneten Kräutern und mit einer süßen pflaumen- und himbeerartigen Frucht. Würzige Eichenholznoten ergänzen im Geschmack die Eindrücke von reifer, süßer schwarzer Frucht. Die gute Säure sorgt für Konturen und eine schöne Zeichnung. Trinken Sie ihn in den nächsten 3–4 Jahren.

Der komplexe *1996er Pinot Noir* ist unter beträchtlichem Einfluss des mit Walter Hansel befreundeten Tom Rochioli entstanden. Er erinnert in seinem erdig-würzigen Charakter an einen Pommard. In die Geschmacksnoten von schwarzen Kirschen wirken noch die Pinottypischen Apfelschalennuancen hinein. Ein breiter, dichter Pinot Noir von mittlerem bis vollem Körper mit einer beträchtlichen Persönlichkeit und gebieterischen Geschmacksnoten, der 5–6 Jahre köstlich munden dürfte.

Es sei noch darauf hingewiesen, dass die eindrucksvollen Weine nur in begrenzten Auflagen angeboten werden und dass die gesamte Produktion per Versand vertrieben wird.

HARLAN (NAPA)

1999	**Harlan Estate**	**Napa**	**EEE**	**92+**
1998	**Harlan Estate**	**Napa**	**EEE**	**93**
1997	**Harlan Estate**	**Napa**	**EEE**	**100**
1996	**Harlan Estate**	**Napa**	**EEE**	**98**
1995	**Harlan Estate**	**Napa**	**EEE**	**99**
1994	**Harlan Estate**	**Napa**	**EEE**	**100**
1998	**The Maiden**	**Napa**	**EE**	**91**
1997	**The Maiden**	**Napa**	**EE**	**94**
1996	**The Maiden**	**Napa**	**EE**	**91**
1995	**The Maiden**	**Napa**	**E**	**90**

Mag Harlan Estate auch bislang der bekannteste Erzeuger Cabernet-dominierter Weine in Nordkalifornien sein, die Konkurrenz schläft nicht. Auch werden die Produkte immer teurer und steigen pro Jahr kräftig im Preis. Wenn das so weitergeht, wird schon in zehn Jahren die Flasche mehrere Hundert Euro kosten. Erscheint Ihnen das nicht auch völlig absurd? Die Weine der letzten Jahrgänge erzielen auf Auktionen bereits heute sogar noch höhere Preise. Offensichtlich spart man bei diesem Erzeuger weder Kosten noch Mühe, um den vielleicht am sorgfältigsten vinifizierten Wein der Welt herzustellen. Der *1998er Harlan Estate*, übrigens ein Kandidat für den Titel »Wein des Jahres«, ist aus Erträgen von 20 hl/ha gekeltert. Es gibt von diesem ersten Harlan-Estate-Wein, der ausschließlich aus Cabernet Sauvignon bereitet ist, nur 1100 Kisten. Der spektakuläre Tropfen hat eine undurchdringlich pflaumenblau-purpurrote Farbe und überschwängliche Aromen von Espresso, Mineralien, Blaubeeren, Brombeeren, Tabak, Lakritze, asiatischen Gewürzen und geröstetem Fleisch. Im Mund stellt er sich nahtlos, körperreich und mit einer öligen Textur, herrlich süßen Tanninen und einer vielschichtigen Konzentration dar. Ein Bravourstück der Kellerkunst! Es ist kaum zu glauben, dass dieser Wein 1998 gewachsen ist. Voraussichtliche Genussreife: jetzt–2030. Der *1997er Harlan Estate* ist einer der größten Cabernet-Sauvignon-dominierten Weine, die ich je verkostet habe. Dieser Verschnitt aus 80% Cabernet Sauvignon sowie Merlot und Cabernet Franc ist ein gigantisch ausgestatteter, abgründig gehaltvoller Wein von schier unglaublicher Qualität. Interessanterweise handelt es sich dabei um den bislang frühreifsten Harlan-Estate-Wein, obwohl auch der 1998er offen gewirkt, wenn nicht gar multidimensional zu werden verspricht. Der undurchdringlich purpurrote Wein betört durch ganze Sturzbäche spektakulärer Aromen von Vanille, Mineralien, Kaffeebohnen, Brombeeren, Lakritze und Cassis. Im Mund bringen sich ebenso kraftvoll wie sanft immer neue Geschmacksnoten zur Geltung. Die Säure-, Tannin- und Alkoholkomponenten werden durch die fast überirdische Reichhaltigkeit und die einzigartige Statur des Weines im Gleichgewicht gehalten. Der Nachhall dauert über eine Minute. Voraussichtliche Trinkreife: jetzt–2030. Findet es unter solchen Umständen noch jemand verwunderlich, dass Weine wie der 1945er Mouton-Rothschild, der 1947er Cheval Blanc und der 1961er Latour sich im Alter von zwei Jahren mit einer ganz ähnlichen Persönlichkeit präsentiert haben?

Entgehen lassen sollten Sie sich aber auch nicht den dichten purpurroten *1997er The Maiden*, einen ebenfalls cremig texturierten, körperreichen, öligen, dicken, gehaltvollen Wein. Dieser Kraftprotz setzt sich mit Noten von eingedicktem Cassis, frischem Eichenholz, Rauch und Espresso in Szene. Die erstaunliche Kreation wird schon bei der Freigabe köstlich schmecken und 20 Jahre überdauern. Der *1998er The Maiden* ist ebenfalls ein Gigant. Ich weiß, dass man leicht versucht ist, über einen Zweitwein die Nase zu rümpfen, doch liegt der Wein, um den es hier geht, dem Weingutsbesitzer Bill Harlan und seinen Weinmachern Bob Levy und Michel Rolland, der aus Frankreich stammt, wirklich am Herzen. Der dicht purpurrote Wein (770 Kisten) verströmt umwerfende Aromen von Kakao, Backpflaumen, Brombeeren, Pflaumen und Cassis. Der herrlich konzentrierte, dicke, würzige, moderat tanninhaltige Wein erinnert in seiner Viskosität und Fülle an Stierblut. Voraussichtliche Genussreife: jetzt–2018.

Der undurchdringlich purpurrote *1996er Harlan Estate* (1600 Kisten) beeindruckt durch eine ungewöhnliche Intensität, ein würziges Bukett mit Anklängen an schwarze Johannisbeeren, Tabak, Zedernholz und Fruchtkuchen, einen vollen Körper, eine von Glyzerin und konzentrierter Frucht schier berstende Textur und moderate Tanninnoten in seinem superstarken Abgang. Auch wenn er es in puncto Vollkommenheit mit dem 1997er und dem 1994er nicht ganz aufzunehmen vermag, gehört er dennoch zu den konzentriertesten und perfektesten Rotweinen, von denen zu kosten man nur hoffen kann. Voraussichtliche Trinkreife: 2004–2030. Der *1996er The Maiden* (600 Kisten) hat sich dieses Jahr sogar noch vorzüglicher dargestellt als zuvor. Der satt dunkelpflaumen-purpurfarbene Wein duftet nach Backpflaumen, Kaffeebohnen, schwarzen Früchten und Espresso. Mit seiner opulenten säurearmen Persönlichkeit und seiner samtigen Textur präsentiert er sich als attraktiver, gut ausgestatteter Wein. Voraussichtliche Genussreife: jetzt–2015.

Von den beiden 1995er Cuvées zeigt sich der *1995er The Maiden* (300 Kisten; 100% Cabernet Franc) von der allerbesten Seite. Er hat eine dicht dunkelrubin-purpurrote Farbe und expressive Aromen von Zedernholz, Leder, Gewürzen und verschwenderischen schwarzen Früchten. Dabei kommt auch eine gewisse Mineralität zur Geltung, trotzdem handelt es sich bei dieser komplexen, entwickelten, aber strukturierten, körperreichen Kreation um einen erstaunlichen Zweitwein. Er dürfte 10–15 Jahre köstlich munden. Der *1995er Harlan Estate* ist fast so perfekt wie der 1994er. Er hat sich auf der Flasche sogar noch verbessert und gehört weiterhin zu den bemerkenswertesten jungen Cabernet Sauvignons, die ich bislang verkostet habe. Bei dem Wein handelt es sich um einen Verschnitt aus 85% Cabernet Sauvignon und 15% Merlot. Seine subtilen toastwürzigen Nuancen verdankt er dem Umstand, dass er komplett in neuen Eichenfässern ausgebaut worden ist. Dieser undurchdringlich purpurrote Cabernet präsentiert sich mit Aromen von Rauch, Kaffeebohnen, schwarzen und blauen Früchten, Mineralien und gerösteten Kräutern. Er ist extrem körperreich mit spektakulärer Reintönigkeit, exquisiter Ausgewogenheit und einer nahtlosen Persönlichkeit, in der sich alles aufs Schönste zusammenfügt. Sein Abgang dauert 40+ Sekunden. Dieser überschwänglich gehaltvolle, abgründig komplexe Wein dürfte seinem 1994er Vorgänger noch echt Konkurrenz machen. Voraussichtliche Genussreife: jetzt–2027.

Was soll ich über den undurchdringlich purpurroten *1994er Harlan Estate* sagen? Zunächst einmal hat er keinen meiner Wünsche nach Vollkommenheit unbefriedigt gelassen. Dem Verkoster strömen aus dem Glas schier überwältigende Aromen entgegen: mit geradezu himmlischen Dosierungen von schwarzen Johannisbeeren, Mineralien, gerösteten Kräutern, Zedernholz, Kaffeebohnen und Toastbrot. Im Mund präsentiert sich diese nahtlos gewirkte Legende mit einem vollen Körper und exquisiten Schichten phänomenal reintöniger, gehaltvoller Frucht, gefolgt von einem 40+-Sekunden-Finale. Obwohl bereits zugänglich, sollte der 1994er noch 5–7 Jahre ruhen. Er dürfte mühelos 30+ Jahre überdauern. Alle nur denkbaren säure-, alkohol-, tannin- oder holzbedingten Ecken und Kanten sind in dem fast durchscheinenden Format aufs Herrlichste ineinander verschmolzen. Was an diesem groß dimensionierten Wein mit seinen überwältigenden Aromen und Geschmacksnoten und seiner gigantischen Tiefe besonders auffällt, ist der Umstand, dass er sich ohne jedes Anzeichen von Schwerfälligkeit oder Derbheit präsentiert. In der Tat kommt dieser Wein der Unsterblichkeit im Glas unverschämt nahe.

Der *1999er Harlan Estate* scheint sich zu einem hervorragenden Gewächs zu entwickeln, auch wenn er sich nicht ganz so überwältigend reichhaltig, texturiert und nuanciert darstellt wie die vorhergehenden Jahrgänge. Wie in der Nachbarschaft Robert Mondavi ist man auch bei Harlan Estate 1999 dazu übergegangen, das Lesegut in Holzgefäßen zu vergären. Besonders interessant ist diese Entscheidung vor dem Hintergrund, dass viele der Spitzenchâteaux im Bordelais vor 10–30 Jahren ihre Holzkufen gegen temperaturgeregelte Edelstahltanks ausgetauscht haben. Das Motiv für diese Umstellung war der Wunsch, die Gärtemperaturen genauer zu kontrollieren und den Wein unter hygienischeren Bedingungen zu vinifizieren. Zwar gibt es in Bordeaux bis heute Gärbottiche aus Holz, vor allem bei den Garagenwinzern in St-Emilion, doch anderswo werden sie meist nur noch den Touristen gezeigt, sofern sie nicht sogar von ahnungslosen Grillfreunden verheizt worden sind.

Bisherige große Jahrgänge: 1993er (95), 1992er (96), 1991er (94), 1990er (90).

HARTFORD COURT (SONOMA)

1999	**Pinot Noir Arrendell Vineyard**	**Russian River**	**E**	**92**
1997	**Pinot Noir Arrendell Vineyard**	**Green Valley**	**D**	**(88–90)**
1999	**Pinot Noir Dutton Ranch/Sanchietti Vineyard**	**Russian River**	**E**	**89**
1999	**Pinot Noir Marin Vineyard**	**Marin County**	**D**	**90+**
1999	**Pinot Noir Sevens Bench Vineyard**	**Napa/Carneros**	**D**	**92**
1999	**Pinot Noir Velvet Sisters Vineyard**	**Anderson Valley**	**D**	**90**
1997	**Zinfandel Dina's Vineyard**	**Russian River**	**D**	**90**
1997	**Zinfandel Hartford Vineyard**	**Russian River**	**D**	**89**
1997	**Zinfandel High Wire Vineyard**	**Russian River**	**D**	**90**
1999	**Hartford Zinfandel Dina's Vineyard**	**Russian River**	**D**	**89**

1999	**Hartford Zinfandel Fanucchi-Wood Road Vineyard**	**Russian River**	**D**	**92**
1999	**Hartford Zinfandel Hartford Vineyard**	**Russian River**	**D**	**90**
1999	**Hartford Zinfandel High Wire Vineyard**	**Russian River**	**D**	**92**

1999 hat Hartford Court die bislang besten Rotweine gemacht, die ich von diesem Erzeuger verkostet habe. Die Kellerei ist einer jener kleineren Spitzenproduzenten, die unter dem Dach des als Jackson Family Farms bezeichneten Konglomerats vereinigt sind. Zwar verkauft Don Hartford einen Teil der Früchte, die er auf seinen 120 Hektar großen Rebflächen erntet, aber er erzeugt auch unter den Etiketten Hartford Court und Hartford 9000 Kisten mit Eigenkreationen. Unter Hartford Court firmieren die Chardonnays und Pinot Noirs des Hauses, während die Zinfandels unter dem Namen Hartford vermarktet werden. Sämtliche 1999er sind inzwischen abgefüllt und stellen sich ausnahmslos hervorragend dar.

Aufbauend auf den umwerfenden Pinot Noirs des Hauses, scheint es Hartford Court inzwischen gelungen zu sein, in das obere Segment der Pinot-Noir- und Zinfandel-Erzeuger im Norden Kaliforniens aufzusteigen.

Der *1999er Pinot Noir Velvet Sisters Vineyard* (175 Kisten) stammt aus der kühleren nördlichen Ecke des Anderson Valley. Der an Reben der Klontypen Dijon 115 und Pommard gewachsene dunkelrubinrote Wein hat ein süßes Bukett von Himbeeren und braunem Zucker mit rauchwürzigen, attraktiv eingebundenen Toastbrotnoten, einen mittleren bis vollen Körper, gut entwickelte Säurekomponenten und eine hervorragende Reintönigkeit und Reife. Er ist zu 60% in französischem Eichenholz gealtert. Der bereits zugängliche Wein dürfte noch 5–8 Jahre überdauern. Der *1999er Pinot Noir Marin Vineyard* (425 Kisten) ist nicht nur ein hervorragender Wein, sondern auch eine Kuriosität. Die Immobilienpreise in Marin County haben inzwischen stratosphärische Dimensionen erreicht, weil sich dort viele der reichsten Leute aus dem Bereich der San Francisco Bay niederlassen. Die Früchte für diesen Wein stammen aus einer mit 14 Jahre alten Mt.-Eden-Klonen bepflanzten Rebkultur, deren Erträge auf magere 22 hl/ha reduziert worden waren. Der unfiltriert abgefüllte, erdige dunkelrubinrote Pinot Noir präsentiert sich mit verschwenderischen Mengen an süßen schwarzen Früchten, trockenen Tanninen, einer guten Struktur und Anklängen an geschmolzenes Karamell, in die sich Noten von schwarzen Kirschen, Pflaumen und Himbeeren mischen. Der dichte, tiefe, jugendliche und noch unentwickelte Wein dürfte sich 10 Jahre schön entwickeln. Don Hartfords Weinmacher Mike Sullivan hat mir erzählt, dass man die Trauben vor der Vergärung einer 6-tägigen Kaltmaischung unterzogen hat. Außerdem kamen 70% des Weins mit französischer Eiche in Berührung. Der *1999er Pinot Noir Sevens Bench Vineyard* ist auf einer überwiegend mit französischen Dijon-Klonen bepflanzten Parzelle gewachsen. Aus dem auf 45 hl/ha begrenzten Fruchtertrag dieses sieben Jahre alten Weingartens ist der undurchdringlich purpurrote, dichte, körperreiche, superb konzentrierte Pinot hervorgegangen, der sich mit einer – mit Noten von Rauch, Toast und Gewürzen durchsetzten – verschwenderischen, cremigen schwarzen Frucht präsentiert. Der gehaltvolle Wein mit seinen moderaten Tanninen, seinen süßen Glyzerinschichten und einem für eine schöne Zeichnung hinreichenden Alkoholgehalt präsentiert sich opulent und bietet sofort oder in den kommenden 6–8 Jahren einen vorzüglichen Genuss. Sehr beeindruckend! Der monolithischere und weniger entwickelte, allerdings potenziell hervorragende *1999er Pinot Noir Dutton Ranch/Sanchietti Vineyard* zeigte sich am Tag der Verkostung völlig stumm. Trotzdem handelt es sich um einen stämmigen, körperreichen, tanninhaltigen Wein mit Kraft und Muskeln, freilich ohne den Charme und die Aromen seiner Verwandtschaft. Möglich, dass sich diese Charakteristika im kommenden Jahr noch entwickeln, obwohl es diesem kraftvollen, dichten Wein mit seinen moderaten Tanninen durchaus nicht an Konzentration oder Intensität fehlt. Voraussichtliche Genussreife: jetzt–2009. Der *1999er Pinot Noir Arrendell Vineyard* ist ein exquisiter Wein. Er präsentiert sich mit Anklängen an schwarze Himbeeren, die mit Noten von Blaubeeren und Kirschlikör durchsetzt und in toastwürzige Eichenholznoten gehüllt sind. Der gehaltvolle, körperreiche, expressive Pinot verfügt über eine beeindruckende Reintönigkeit, solide Säurekomponenten, süße Tannine und eine vielschichtige konzentrierte Frucht, ohne jedoch schwerfällig oder aufgeblasen zu wirken. Dieser hervorragende Wein dürfte während seiner ersten 7–9 Lebensjahre köstlich munden.

Unter dem neuen Hartford-Etikett sind einige kraftstrotzende Zinfandels versammelt, die an die von Ehren Jordan und Larry Turley bei Turley erzielte Qualität erinnern. (Übrigens sind die Zinfandels dieser Kellerei meiner Ansicht nach in Kalifornien weiterhin unübertroffen.) Der *1999er Hartford Zinfandel High Wire Vineyard* (570 Kisten; die Trauben stammen von 90 Jahre alten Rebstöcken) enthält 15,8% Alkohol, obwohl man das beim Verkosten niemals vermuten würde. Der unfiltriert abgefüllte, undurchdringlich purpurrote Wein verströmt explosive Aromen von Brombeeren, Pfeffer und Gewürzen. Im Mund betört dieser ölig texturierte, gehaltvolle, körperreiche, überschwängliche, superb konzentrierte, schön ausgewogene Zinfandel durch Anklänge an reife Kirschen. Trinken Sie diese Weine am besten während ihrer robusten, kraftvollen Jugend – also in den kommenden 5–6 Jahren. Nicht minder hochklassig ist der *1999er Hartford Zinfandel Hartford Vineyard* (350 Kisten). Der aus Trauben von kurz zurückgeschnittenen 80 Jahre alten Rebstöcken gekelterte Wein beeindruckt durch seine von Pfeffernoten begleitete Brombeerfrucht. Obwohl nicht so wuchtig wie der High Wire, verfügt dieser weiche, samtig texturierte, elegante (wenn man das von einem Wein mit 15,7% Alkohol überhaupt sagen kann) Zinfandel über pikante untergründige Säurekomponenten, reife Tannine und stellt sich im Mund groß und fleischig und ganz ohne Ecken und Kanten dar. Trinken Sie ihn in den kommenden 4–5 Jahren.

Der ehrfurchtgebietende *1999er Hartford Zinfandel Fanucchi-Wood Road Vineyard* (325 Kisten; 16,1% Alkohol) ist ein kraftvoller, konzentrierter, intensiver Wein aus Früchten von 90-jährigen Rebstöcken. Laut Don Hartford ist der Wein mit einem kleinen Anteil Petite Sirah versetzt, obwohl davon nichts zu spüren war. Der Wein präsentiert sich in Duft und Geschmack mit verschwenderischen Anklängen an Brombeeren und Kirschlikör samt Noten von Pfeffer, Mineralien und Gewürzen. Der üppig texturierte, intensive, duftige, reintönige und dekadente umwerfende Wein dürfte rund 10 Jahre köstlich munden. Wer auf einen zurückgenommeneren und verhalteneren Wein aus ist, wird an dem *1999er Hartford Zinfandel Dina's Vineyard* (204 Kisten) seine Freude haben. Dieser an 90 Jahre alten Reben gewachsene Wein hat lediglich einen Alkoholgehalt von 14,5%. Bei mittlerem bis vollem Körper, exzellenter Harmonie, guter Säure und eindrucksvoller Ausgewogenheit verströmt dieser Wein Aromen von würzigen roten und schwarzen Früchten und dürfte 6–7 Jahre köstlich schmecken. Alle diese an alten Rebstöcken gewachsenen 1999er Zinfandels sind aus Erträgen von weniger als 45 hl Frucht pro Hektar gekeltert.

Der *1997er Pinot Noir Arrendell Vineyard* ist ein herrlich fruchtiger dunkelrubinroter Wein mit überwältigenden Noten von Apfelschale, Kirschmarmelade und Gewürzen in Duft und Geschmack. Er besitzt pikante untergründige Säurekomponenten, eine schöne Reife und hinterlässt im Mund ein fleischiges Gefühl, und zwar mit genau jenen Säure- und Tanninnuancen, die nötig sind, um den Wein abzustützen und schön zu zeichnen. Trinken Sie ihn in den kommenden 5–6 Jahren.

Hartford hat auch schöne 1997er Zinfandels produziert. Sie alle sind komplett in französischer Eiche gealtert und haben natürliche Alkoholwerte zwischen 14,7 und 15,2%. Von dem Dina's Vineyard wurden 300, vom High Wire Vineyard 700 Kisten erzeugt. Der dunkelrubin-purpurrote *1997er Zinfandel Hartford Vineyard* hat ein attraktives Bukett von eingedickter, rauer Himbeerfrucht, einen mittleren bis vollen Körper, eine pikante Säure und eine würzige, überschwängliche Persönlichkeit. Genießen Sie diesen Wein in den kommenden 5–6 Jahren. Der satt dunkelpurpurrote *1997er Zinfandel High Wire Vineyard* präsentiert sich in seinem mäßig intensiven Aroma mit etwas mehr Pfeffer und schwarzen Himbeeren. Dieser schöne, gehaltvolle Wein von mittlerem bis vollem Körper wiegt Kraft mit Finesse auf. Trinken Sie diesen stilvollen und geschmacksintensiven Zinfandel in den kommenden 5–6 Jahren. Der hervorragende dunkelrubin-purpurrote *1997er Zinfandel Dina's Vineyard* kommt dem High Wire in puncto Qualität sehr nahe. Bei mittlerem bis vollem Körper verfügt dieser gleichwohl elegante Wein über verschwenderische Mengen an eingedickten schwarzen Kirschen und Himbeeren, in die sich Pfeffer- und Noten von toastwürzigem Eichenholz mischen. In Anbetracht seiner schönen untergründigen Säurekomponenten und seiner Geschmacksextraktion dürfte er 5–7 Jahre vorzüglich munden.

HAVENS (NAPA)

1997	**Bourriquot Proprietary Red Wine**	**Napa**	**D**	**92**
1996	**Bourriquot Proprietary Red Wine**	**Napa**	**D**	**91**
1995	**Bourriquot Proprietary Red Wine**	**Napa**	**D**	**89**
1994	**Bourriquot Proprietary Red Wine**	**Napa**	**D**	**88+**
1997	**Merlot**	**Napa**	**D**	**90**
1997	**Merlot Reserve**	**Napa**	**D**	**91**
1996	**Merlot Reserve**	**Napa**	**D**	**90**
1997	**Syrah**	**Carneros**	**D**	**88**
1996	**Syrah**	**Carneros**	**D**	**89**
1994	**Syrah**	**Carneros**	**D**	**90**

Mike Havens, dessen Kellerei sich in einem Lagerhaus direkt in Napa City befindet, hat es sich inzwischen anscheinend zur Gewohnheit gemacht, immer gehaltvollere Merlots zu produzieren, ergänzt durch einen Syrah und den Cheval-Blanc-inspirierten Bourriquot. Hinzu kommt noch eine kleine Menge Sauvignon Blanc. Havens kauft zu den Früchten aus seiner eigenen Rebkultur in Carneros noch Lesegut zu.

Bei seinen 1997ern handelt es sich um das stärkste Quartett, das Weinmacher Michael Havens bislang produziert hat. Der dunkelrubin-purpurrote *1997er Merlot* (der sich fast mit dem Reserve-Wein messen kann) beeindruckt durch seine superben Aromen von Schokolade, Kakao, Kirschen und durch rauchwürzige und erdige Noten. Der gehaltvolle, säurearme Wein hat einen mittleren bis vollen Körper mit süßen, schön geschichteten Eindrücken im Mund und einen üppigen Abgang. Er dürfte 7–8 Jahre Freude bereiten. Der etwas verhaltenere und konzentriertere undurchdringlich purpurrote *1997er Merlot Reserve* hat einen volleren Körper und ist extraktreicher und gehaltvoller. Er hat außerdem mehr Tannin, Volumen und Geschmacksintensität. Obwohl nicht so betörend wie die einfache Abfüllung, dürfte er diese nach 1–2 weiteren Jahren in der Flasche sogar noch übertreffen. Er kann 12–15 Jahre überdauern.

Der *1997er Bourriquot Proprietary Red Wine* (ein Cheval-Blanc-artiger Verschnitt aus rund zwei Dritteln Cabernet Franc und einem Drittel Merlot) ist schlicht sensationell. Am Anfang meiner Notizen ist von »einem fantastischen Tropfen« die Rede. Die dunkelrubin-purpurrote Farbe geht mit üppigen Aromen von Kokosnuss, schwarzen Johannisbeeren, Vanille und floralen Noten einher. Bei mittlerem bis vollem Körper präsentiert sich dieser Wein mit einer exzeptionellen Reintönigkeit und Präsenz der Frucht, mit großer Finesse und Eleganz, einem gigantischen Komplexitätspotenzial und einem attraktiven, opulent texturierten Abgang. Er lässt sich bereits jetzt trinken, dürfte sich aber nach einer 3–4jährigen Ruhezeit noch besser darstellen und 20 Jahre überdauern. Der *1997er Syrah* verströmt ein Crème-de-Cassis-dominiertes Aroma, in das sich bei entsprechender Belüftung rauchwürzige und erdige Noten mischen. Dieser dunkelrubin-purpurrote Wein hat einen vollen Körper, wenig Säure, eine üppige, ausgereifte Frucht mit einem korpulenten Gefühl im Mund und dazu einen weichen, reifen Abgang. Im Geschmack gelangt zwar etwas Tannin zutage, das freilich von einer ganzen Fruchtkaskade fast völlig zugedeckt wird. Falls er noch an Komplexität zulegt, dürfte dieser Syrah demnächst eine höhere Punktnote verdienen. Seine Alterungsfähigkeit: 8–10 Jahre.

Der *1996er Merlot Reserve* dürfte die Freunde dieser Traube dank seiner tiefrubinroten Farbe und seiner reichhaltigen, schokoladigen, grasigen, intensiven, rauchwürzigen und verführerischen Aromen zufrieden stellen. Dieser elegante, üppig texturierte, körperreiche Merlot mit seinen eindrucksvollen Geschmacksnoten von schwarzen Kirschen, Schokolade und Beeren kommt mit viel Tiefe und Reichhaltigkeit daher, aber ganz ohne Ecken und Kanten. Trinken Sie ihn in den kommenden 7–8 Jahren. Der *1996er Syrah* ist zwar kein Kraftprotz, aber ein attraktiver teer-, rauch-, Cassis- und speckduftiger Wein von mittlerem bis vollem Körper, mit exzellenter Konzentration, weichen Tanninen und einem abgerundeten, generösen und expansiven Eindruck im Mund. Dieser betörende, elegant ausgebaute Syrah bietet in den kommenden 5–9 Jahren einen hohen Trinkgenuss. Der (wie auch seine Verwandtschaft aus zwei Dritteln Cabernet Franc und einem Drittel Merlot verschnittene) *1996er Bourriquot Proprietary Red Wine*, die Antwort des Napa Valley auf den Cheval Blanc, verströmt ebenso exotische wie komplexe und entwickelte Aromen von Kaffeebohnen und Beeren. Im Mund betört dieser gehaltvolle, körperreiche Wein durch süße Tannine, einen niedrigen Säuregehalt, eine üppige Textur und einen mäßig langen Abgang. Mit seinen verschwenderischen Fruchtnoten, seinen expansiven Gaumeneindrücken und seiner unverwechselbaren Persönlichkeit ist er mehr als lediglich eine gute Cheval-Blanc-Imitation. Trinken Sie ihn in den nächsten 10–15 Jahren.

Der tiefrubin-purpurrote *1995er Bourriquot Proprietary Red Wine* präsentiert sich mit einem großen, würzigen, mineralischen, floral angehauchten Bukett von Lakritze und schwarzen Johannisbeeren, einem mittleren Körper, einer exzellenten bis hervorragenden Fruchtkonzentration, vielschichtig-weichen Gaumeneindrücken und einem gehaltvollen, moderat tanninhaltigen Abgang. Der Wein sollte noch 2–3 Jahre ruhen, dürfte aber ohne weiteres 15–18 Jahre überdauern und sich auf der Bewertungsskala noch verbessern.

Bei dem *1994er Bourriquot Proprietary Red Wine* handelt es sich ebenfalls um einen Verschnitt aus zwei Dritteln Cabernet Franc und einem Drittel Merlot. Der Wein präsentiert sich in einer dunklen Farbe, mit attraktiven laubigen Johannisbeeraromen, einem mittleren Körper, reichlich Tanninen, einer wundervollen Fülle und einem festen, strukturierten Abgang. Lassen Sie ihn noch 2–3 Jahre ruhen und trinken Sie ihn während der folgenden 15 Jahre. Der unverkennbare dunkelpurpurrote *1994er Syrah* wartet mit einem übertrieben schwelgerischen Aromenprofil (aus Noten von Minze, schwarzen Johannisbeeren und Cassis) auf. Der Wein ist weich und von mittlerem bis vollem Körper und präsentiert sich mit exzellenter Vollmundigkeit und schön eingebundenen Tannin-, Säure- und würzigen Holzkomponenten. Der bereits jetzt köstliche Wein dürfte noch rund 10 Jahre schmecken.

Bisherige große Jahrgänge: 1993er Merlot Reserve (90).

HAYWOOD (SONOMA)

1998	**Zinfandel Morning Sun**	**Sonoma**	**D**	**87**
1998	**Zinfandel Rocky Terrace**	**Sonoma**	**D**	**85**

Der dicht rubin-purpurrote *1998er Zinfandel Rocky Terrace* verströmt Geschmacksnoten von eingedickten schwarzen Kirschen und Beeren mit Nuancen von Gewürzen und Pfeffer sowie – bei niedriger Säure – toastwürziger neuer Eiche. Freilich liegt die Betonung auf der reifen Zinfandel-Frucht, die sich bei mittlerem bis vollem Körper in einem überschwänglichen Format darbietet. Voraussichtliches Alterungspotenzial: 5–6 Jahre.

Noch besser ist der *1998er Zinfandel Morning Sun*. Seine exzellente dunkelrubinrote Farbe geht mit Aromen von Schokolade, würzig gegrilltem Fleisch und Fruchtnoten von schwarzen Kirschen und Himbeeren einher. Der körperreiche, dichte, kernige und säurearme Wein hat eine großartige Textur und einen unglaublich vielschichtigen Abgang. Der Wein könnte durchaus eine hervorragende Punktnote erzielen, wenn er vor dem Abfüllen nicht durch übermäßiges Schönen oder Filtrieren beschädigt wird. Voraussichtliche Genussreife: jetzt–2008.

HIDDEN (MENDOCINO)

1997	Zinfandel Sorcery	Mendocino	C	89
1997	Zinfandel Zaina-Hitzman Vineyard	Mendocino	D	90

Diese zwei eindrucksvoll vinifizierten Zinfandels präsentieren sich mit einer schönen Konstitution. Der *1997er Zinfandel Sorcery* (75% Zinfandel, 15% Petite Sirah und 10% Syrah; 15,5% Alkohol) macht durchaus etwas her. Er hat eine undurchdringlich rubin-purpurrote Farbe, auf die Aromen von Brombeeren, Cassis und Gewürzen folgen. Der dichte, körper- und tanninreiche Wein sollte noch 1–2 Jahre ruhen und ist jetzt–2010 zum Trinken geeignet. Möglich, dass er noch an Komplexität zulegt und dann eine nahezu hervorragende Benotung verdient hat. Mächtig beeindruckt hat mich auch der *1997er Zinfandel Zaina-Hitzman Vineyard* (15,9% Alkohol). Dieser kraftvolle, körperreiche, fleischige, schön geschichtete Wein kommt mit Fruchtladungen von reifen Brombeeren und Himbeeren daher. Hinzu kommen Eichenholznoten, Nuancen von getrockneten Kräutern und ein überwältigend konzentrierter, intensiver Abgang. Der ungemein fette, üppige und herrlich ausgewogene Wein wird in den kommenden 7–8 Jahren köstlich munden.

PAUL HOBBS (SONOMA)

1998	Cabernet Sauvignon	Napa	E	88
1998	Cabernet Sauvignon Hyde Vineyard	Carneros	E	89
1997	Cabernet Sauvignon Hyde Vineyard	Carneros	E	91
1999	Chardonnay	Russian River	D	90
1998	Merlot Black Vineyard	Napa	EE	90
1997	Merlot Black Vineyard	Napa	E	89
1998	Pinot Noir Cuvée Agustina	Sonoma Mountain	E	92
1998	Pinot Noir Hyde Vineyard	Carneros	E	88
1997	Pinot Noir Hyde Vineyard	Carneros	D	88

Die Kellerei bringt inzwischen pro Jahr fast 10000 Kisten eindrucksvoller Weine heraus. Der *1999er Chardonnay* (1 297 Kisten) wird zu 55% in Fässern aus französischer Eiche vinifiziert. Er wird mit Hilfe heimischer Hefen vergoren und unter gelegentlichem Aufrühren des Hefesatzes gealtert. Außerdem durchläuft er die volle malolaktische Gärung. Der kraftvolle, konzentrierte, im Geschmack ungemein fette, hefige und mit Noten von tropischen Früchten aufwartende herrlich fleischige Wein hat ein Alterungspotenzial von zwei Jahren.

Paul Hobbs hat ein besonders feines Gespür für Pinot Noirs. Sein *1998er Pinot Noir Cuvée Agustina* (nur 92 Kisten), dessen Früchte an den Pinot-Klonen Pommard, Swan und Calera gewachsen sind, ist vollständig in neuem Eichenholz ausgebaut und hat dessen Noten komplett absorbiert. Dieser körperreiche Pinot Noir präsentiert sich mit einer erdigen Frucht von schwarzen Kirschen, Anklängen an Pfeffer und geräuchertes Wildbret und mit fleischigen Geschmacksnoten von schwarzen Himbeeren. Dieser unverwechselbare, erdige, körperreiche, zugängliche Pinot dürfte noch rund 10 Jahre vorzüglich schmecken. Es gibt 630 Kisten von dem *1998er Cabernet Sauvignon*, dessen Trauben größtenteils aus dem Beckstoffer-Sektor der To-Kalon-Rebkultur stammen. In diesem Wein von mittlerem Körper wetteifern Nuancen von Karamell, Lakritze, Erde und Rauch mit Komponenten von schwarzen Johannisbeeren. Der einzige Schwachpunkt sind die etwas zu harten Tannine im Abgang. Um ihn texturierter und stämmiger erscheinen zu lassen, ist der Wein, den Sie tunlichst in den kommenden 7–8 Jahren trinken sollten, mit 25% Merlot verschnitten. Der *1998er Cabernet Sauvignon Hyde Vineyard* (786 Kisten) präsentiert sich in einem eleganten, geschmeidigen, schön gezeichneten Stil mit Noten von Vanille, Schokolade, Cassis, Zedernholz und getrockneten provenzalischen Kräutern. Der stilvolle Wein hat einen mittleren Körper, zeigt sich am Gaumen angenehm süß und garantiert noch 10 Jahre einen hohen Genuss. Der in einer 1,2 Hektar großen Parzelle gewachsene *1998er Merlot Black Vineyard* (160 Kisten; 100% Merlot) offeriert umwerfend reichhaltige Aromen von Kakao, ausgedörrter Erde und schwarzen Kirschen. Der kernige Wein hat Geschmacksnuancen von Erde, Karamell und Beerenfrüchten und dürfte sich noch etwa 10 Jahre schön entwickeln. Der dunkelrubin-purpurrote *1998er Pinot Noir Hyde Vineyard* (463 Kisten) nimmt mit einer Frucht von süßen Pflaumen und schwarzen Kirschen für sich ein, in die sich Unterholz- und Lehmbodennuancen mischen. Der natürlich vergorene und ungefiltert abgefüllte Pinot hat einen mittleren bis vollen Körper, eine expansive Textur und moderate Tanninnoten im Abgang. Die Holznoten zeigen sich schön eingefügt.

Der dunkelrubinrote *1997er Pinot Noir Hyde Vineyard* verströmt mäßig intensive Aromen von süßem Eichenholz, die sich mit einer attraktiven Frucht von schwarzen Himbeeren und Kirschen verbinden. Weiterhin sind in dem weichen Pinot Geschmacksnoten von Gewürzen, Erde, Unterholz sowie Waldnuancen spürbar. Trinken Sie ihn in den kommenden 2–3 Jahren. Der eindrucksvolle *1997er Merlot Black Vineyard* (820 Kisten) wird in Duft und Geschmack durch Noten von Schokolade, Brombeeren, Mokka und Kirschen dominiert. Dieser reife, kernige Merlot mit seiner überschwänglich süßen Frucht und seinem moderaten Tanningehalt ist bereits jetzt zugänglich, verspricht sich jedoch im Laufe des kommenden Jahres von Monat zu Monat sogar noch zu verbessern. Er dürfte 10 Jahre überdauern. Der hochklassige, undurchdringlich schwarz-purpurrote *1997er Cabernet Sauvignon Hyde Vineyard* (1 020 Kisten) schließlich betört durch wundervoll süße Aromen von Cassis, Lakritze und toastwürziger neuer Eiche. Der körperreiche, nahtlos gewirkte Wein präsentiert sich mit ganzen Sturzbächen von schwarzer Frucht, Glyzerin, einer exzellenten Symmetrie samt schön eingefassten Säure-, Tannin- und Alkoholkomponenten. Genießen Sie ihn in den kommenden 15+ Jahren.

HOWELL MOUNTAIN (HOWELL MOUNTAIN)

1997	**Zinfandel Beatty Ranch**	**Howell Mountain**	**D**	**90+**
1996	**Zinfandel Beatty Ranch**	**Howell Mountain**	**D**	**90**
1997	**Zinfandel Black-Sears**	**Howell Mountain**	**D**	**(90–92)**
1997	**Zinfandel Old Vine**	**Howell Mountain**	**D**	**90**
1996	**Zinfandel Old Vine**	**Howell Mountain**	**C**	**89+?**

Howell Mountain hat 1997 drei wundervolle Zinfandels aus Trauben von extrem alten Rebstöcken gekeltert. Der tiefrubin-purpurrote *1997er Zinfandel Old Vine* (von 25–80 Jahre alten Reben) hat ein duftiges, mineralisches, pfeffriges Bukett von schwarzen Kirschen, eine explosive Frucht, wenig Säure und stellt sich im Mund gehaltvoll, glyzerinreich, fleischig und sinnenbetörend dar. Er verschafft in den kommenden 4–5 Jahren einen exquisiten Trinkgenuss. Er enthält 15,5% Alkohol – seien Sie also gewarnt. Der *1997er Zinfandel Beatty Ranch* (von 80 Jahre alten Reben) ist strukturierter und tanninreicher. Er duftet nach schwarzer Himbeerfrucht, in die sich Aromen von staubiger Erde, Pfeffer und Mineralien mischen. Bei mittlerem bis vollem Körper, moderaten Tanninwerten, aber herrlicher Reintönigkeit und Vielschichtigkeit dürfte sich dieser Zin nach weiteren 6–12 Monaten Ruhe sogar noch besser darstellen. Er wird 7–8 Jahre überdauern. Bei dem *1997er Zinfandel Black-Sears* (von 25 Jahre alten Rebstöcken) schließlich handelt es sich um einen fetten, kernigen, körperreichen, wundervoll gezeichneten Wein, der durch Kaskaden von schwarzen Kirschen, Himbeeren und Brombeeren betört. Er präsentiert sich im Mund mit mehr Glyzerin und Biss als seine beiden Geschwister und hat einen stämmigen, sinnenbetörenden, opulent texturierten Abgang. Trinken Sie diesen muskulösen (16% Alkohol), gleichwohl verführerischen Zin in den kommenden 4–5 Jahren.

Für die Weinbereitung zeichnet Ted Lemon von der Kellerei Littorai verantwortlich. Wie die Benotung zeigt, handelt es sich um außergewöhnlich feine Zinfandels. Der hervorragende *1996er Zinfandel Beatty Ranch* hat in meinen Verkostungsnotizen das Prädikat »Wow!« erhalten. Bei 15,5% Alkohol würde man annehmen, dass er im Mund brennt, aber dieser Wein ist superkonzentriert und herrlich ausgewogen. Er kommt tiefrubin-purpurrot daher. Danach folgen Aromen von schwarzen Himbeeren, Mineralien und Gewürzen. Der körperreiche, konzentrierte, groß dimensionierte, nuancenreiche und geschmacksintensive Wein, dessen Alkohol schön eingebunden erscheint, ist bereits jetzt zugänglich, kann aber (für einen Zinfandel ungewöhnlich) auch noch 7–8 Jahre lagern. Fast so superb ist der *1996er Zinfandel Old Vine.* Er kommt ebenso alkoholstark (15,5%) daher, doch in diesem Fall ist ein gewisses Brennen am hinteren Gaumen spürbar. Der dunkelpflaumenblaue Wein wartet mit Noten von Brombeeren, Himbeeren und Kirschen auf, die mit subtilen Nuancen von Eiche und Gewürzen durchsetzt sind. Der körperreiche, vollmundige Wein, der in seinem berauschenden, dichten Abgang ein wenig brennt, dürfte sich 5–6 Jahre halten.

IRON HORSE (SONOMA)

1997	**Benchmark**	**Alexander Valley**	**E**	**90**
1997	**Cabernet Franc**	**Alexander Valley**	**D**	**89**
1999	**Cuvée R**	**Alexander Valley**	**D**	**89**
1998	**Pinot Noir**	**Sonoma**	**D**	**89**

Die *1999er Cuvée R,* ein wundervoll üppiger Verschnitt aus 80% Sauvignon Blanc und 20% Viognier (eine faszinierende Idee, auf die man erst einmal kommen muss) präsentiert sich bei mittlerem bis vollem Körper mit verschwenderischen Anklängen an tropische Früchte, honigtönige Zitronen und Gewürze sowie wundervoll frisch und geschmacksintensiv. Der mit einer schwelgerischen Frucht, einem guten Körper und schönen Duftnoten ausgestattete Wein sollte in den nächsten Jahren getrunken werden.

Bei dem *1998er Pinot Noir,* der im Green Valley in Sonoma gewachsen ist, handelt es sich um einen eleganten, geschmacksintensiven Wein, den Sie in naher Zukunft trinken sollten. Mit 14,6% Alkohol wahrlich kein Schwächling von einem Wein, ja sogar der beste Pinot Noir, den Iron Horse bislang herausgebracht hat. Mit der dunkelrubinroten Farbe gehen süße Aromen von eingedickten Pflaumen, schwarzen Kirschen, getrockneten Kräutern und fleischige, animalische Noten einher. Der stämmige Wein hat einen mittleren bis vollen Körper und präsentiert sich mit viel Glyzerin, Reintönigkeit und Reife. Weiterhin an Komplexität gewinnt der Pinot noch durch Geschmackseindrücke von Gewürzmyrte und Zimt. Die festen Tannine und die schönen und pikanten untergründigen Säurekomponenten gewährleisten eine Lebensdauer von 7–8 Jahren.

Der komplexe *1997er Cabernet Franc* (14,6% Alkohol) ist durch eine hervorragende Reintönigkeit seines Ausdrucks sowie durch einen anmutigen und zugleich konzentrierten Stil gekennzeichnet. Der hochklassige Wein besticht durch seine Reichhaltigkeit und Finesse, eine Kombination, die man in Kalifornien recht selten antrifft, wo Fülle und Kraft die Regel sind. Auf die tiefrubinrote Farbe mit purpurroten Glanzlichtern folgen verschwenderische Noten von Kirschen- und Maulbeerfrucht, in die sich Nuancen von frischer Eiche mischen. Bei mittlerem Körper verfügt dieser Wein über eine schöne Süße, erfrischende Säurekomponenten, moderate Tanninwerte und eine exzellente Tiefe und Reichhaltigkeit. Er dürfte in den kommenden 10–12 Jahren noch zusätzliche Duftnoten entwickeln. Bei dem *1997er Benchmark* handelt es sich um eine Cuvée aus 76% Cabernet Sauvignon, 12% Merlot und 12% Cabernet Franc mit einem Alkoholgehalt von 14,6%. Er präsentiert sich in undurchdringlich-sattem Rubin-Purpurrot und mit einem straffen, aber viel versprechenden Bukett von schwarzen Johannisbeeren, Himbeeren, Erde, Mineralien und Teer. Trotz seiner extremen Konzentriertheit büßt dieser Wein nichts von seiner Eleganz und Symmetrie ein. Im Mund kommen dann noch zusätzliche Schichten und Nuancen zur Geltung. Eine weitere 1–3-jährige Ruhezeit könnte den Wein noch verbessern, der ein Alterungspotenzial von 15+ Jahren mitbringt. Für meinen Geschmack der feinste Cabernet-dominierte Wein, den Iron Horse bisher gemacht hat. Bravo!

J. CELLARS (PASO ROBLES)

1999	Zinfandel Alegria Vineyard	Russian River	D	89
1998	Zinfandel Alegria Vineyard	Russian River	C	88
1999	Zinfandel Bolduc Vineyard	Napa	D	88
1999	Zinfandel Rhodes Vineyard Cuvée Isabel	Redwood Valley	D	89

Diese Weine werden von Jeff Cohen bereitet, der sonst als Weinmacher für Rosenblum Cellars tätig ist. Die drei beeindruckenden 1999er Zinfandels verfügen über eine beträchtliche Statur und eine reiche Frucht. Es handelt sich um groß und robust angelegte Weine, die Sie in den kommenden 5–6 Jahren trinken sollten. Auf die undurchdringlich dichte rubin-purpurrote Farbe des *1999er Zinfandel Bolduc Vineyard* folgen Kräuter-, Leder-, Brombeer- und Gewürzaromen. Ein würziger, körperreicher, nicht sonderlich komplexer Zinfandel. Der dunkelrubin-purpurrote *1999er Zinfandel Alegria Vineyard* präsentiert sich mit einem eher Rhône-artigen Bukett von Pfeffer, Erde, *garrigue* (provenzalischen Kräuter- und Bodenaromen) und Gewürzen. Bei vollem Körper betört dieser Wein durch intensive Geschmacksnoten von schwarzen Kirschen und Beeren und ein groß ausgelegtes, muskulöses Finale. Der *1999er Zinfandel Rhodes Vineyard Cuvée Isabel* verfügt über verschwenderische Mengen an süßen schwarzen Früchten, einen mittleren bis vollen Körper; hinzu kommen Anklänge an Johannis- und Brombeeren und ein traubigerer und sinnlicherer Stil mit weniger Erd- und Gewürznuancen.

Von dem dunkelrubin-purpurroten *1998er Zinfandel Alegria Vineyard* gibt es leider Gottes nur 85 Kisten. Der Wein beeindruckt durch seine exzellente raue Frucht von süßen schwarzen Kirschen und Himbeeren, die mit Nuancen von Gewürzen und toastwürzigem Holz durchsetzt ist. Der Wein erscheint überraschend unentwickelt, robust und etwas vierschrötig, jedoch zugleich tief konzentriert. Wenn alles gut geht, dürfte sich der Wein nach einem weiteren Ruhejahr sogar noch besser darstellen. Er wird seine Qualität 4–6 Jahre behalten.

JADE MOUNTAIN (NAPA)

1997	Côte du Soleil	Kalifornien	B	88
1994	Les Jumeaux	Kalifornien	C	88
1998	Merlot Caldwell Vineyard	Napa	D	90
1997	Merlot Paras Vineyard	Napa	D	90
1997	Mourvèdre	Kalifornien	C	90
1998	La Provençale	Kalifornien	C	88
1997	La Provençale	Kalifornien	C	89
1998	Syrah	Napa	D	90
1997	Syrah	Napa	C	90
1997	Syrah Cask P-10	Napa	D	91
1997	Syrah Hudson Vineyard	Napa	D	91
1995	Syrah Mt. Veeder	Napa	D	88+
1997	Syrah Paras Vineyard	Napa	D	91
1996	Syrah Paras Vineyard	Napa	D	90
1999	Viognier Paras Vineyard	Napa	D	91

Unter Douglas Danielaks Führung ist es Jade Mountain gelungen, eine immer größere Zahl im Rhône-Stil gehaltener exzellenter Weine zu produzieren, die zudem auch noch im Preis realistisch daherkommen.

Der *1999er Viognier Paras Vineyard* (14,9% Alkohol), einer der besten Weine dieser Sorte, die ich verkostet habe, ist im Fass vergoren. Er verströmt superbe Aromen von Geißblatt, Pfirsichen, Aprikosen und tropischen Früchten. Der vor der Abfüllung in neutralen Fässern gealterte Wein hat eine umwerfende Textur, eine wundervoll reintönige Frucht und einen körperreichen, opulenten Nachhall. Sie sollten ihn recht bald trinken, da diese Weine sich nicht halten. Bei dem preisgünstigsten Angebot der Kellerei, dem *1998er La*

Provençale, handelt es sich um einen Verschnitt aus 65% Mourvèdre, 24% Syrah und 11% Grenache, der 12 Monate in neutralen Holzfässern verbracht hat. Dieser mittel- bis dunkelrubinrote Côtes-du-Rhône-artige Wein präsentiert sich mit einer köstlichen schwarzen Kirschfrucht, rauchwürzigen Noten und einem erdigen Abgang von mittlerem Gewicht. Trinken Sie ihn wie einen exzellenten Côtes du Rhône in den kommenden 2–3 Jahren. Von dem hervorragenden *1998er Merlot Caldwell Vineyard* gibt es 1235 Kisten. Dieser Verschnitt aus 91% Merlot und 9% Cabernet Sauvignon hat einen Alkoholgehalt von 14,5% und betört durch überschwängliche Aromen von rauchwürzigem Holz und eingedickter Beerenfrucht. Der verführerische, gehaltvolle und fruchtige Wein ist ein Hochgenuss. Ganz sicher wird er wegen seiner in einem säurearmen Stil dargebotenen sinnenbetörenden Frucht und seiner würzigen Holznoten viele Bewunderer finden. Trinken Sie ihn in den kommenden 5–7 Jahren. Der dunkelrubinrote *1998er Syrah* (im Mischsatz sind auch 3% Viognier enthalten) präsentiert sich mit einem berauschenden Alkoholgehalt (14,9%) und mit expressiven Aromen und Geschmacksnoten von Kampfer, Geißblatt, Brombeeren und Rauch. Der 22 Monate in Fässern aus französischer Eiche gealterte köstliche Wein beeindruckt durch weiche Tannine und samtige, fette, abgerundete und generöse Geschmackseindrücke. Er ist ein weiteres Beispiel dafür, wie gut der Syrah mit den schwierigen Wachstumsbedingungen des Jahres 1998 zurechtgekommen ist. Trinken Sie diesen Wein in den kommenden 5–7 Jahren.

Bei den 1997er Weinen handelt es sich um den bislang vielleicht besten Jahrgang der Kellerei. Der nur in begrenzter Menge (230 Kisten) verfügbare *1997er Syrah Cask P-10* ist auf dem Mount Veeder in einer Parzelle namens Paras Vineyard gewachsen. Dieser 100%ige Syrah ist ein dichter, kraftvoller, muskulöser Wein, der von einer weiteren 6–12-monatigen Flaschenreifung nur profitieren kann. Seine undurchdringlich schwarz-purpurrote Farbe geht mit einem umwerfenden Bukett von Schokolade, teeriger Arznei, Cassis und Brombeeren einher. Der tiefe, körperreiche, muskulöse und vollmundige Wein beeindruckt durch sein superbes Gleichgewicht zwischen Frucht, Tannin, Säure und Alkohol und wird 10–15 Jahre überdauern. Wer einen unmittelbar ansprechenden, komplexen und geschmeidigen Rotwein sucht, sollte einmal den 1997er Côte du Soleil und den 1997er La Provençale (einen Verschnitt aus Mourvèdre, Syrah und Grenache) probieren. Den *1997er Côte du Soleil* könnte man auch als kalifornisch inspirierten Côtes du Rhône bezeichnen. Auf die gesunde dunkelrubinrote Farbe folgen Aromen von Beeren, Kirschwasser, Pfeffer und süßen Früchten, eine üppige, geschmeidige Textur, schöne Glyzerinwerte und ein berauschender Abgang. Ein attraktiver, kraftvoller Wein (14,5% Alkohol) für Genießer. Trinken Sie ihn in den kommenden 2–3 Jahren. Der *1997er La Provençale* (ebenfalls 14,5% Alkohol) präsentiert sich farblich in einem satteren Rubinton und mit Brombeer- und Cassisaromen. Die herrlich reintönigen schwarzen Früchte, der mittlere bis volle Körper, der bewundernswerte Glyzeringehalt und die hervorragende Reintönigkeit lassen diesen Wein ungemein attraktiv erscheinen. Er dürfte 4–5 Jahre köstlich munden. Bei dem *1997er Mourvèdre* (der an den 100 Jahre alten Rebstöcken der Parzelle Evangelho Vineyard in Contra Costa gewachsen ist), handelt es sich um einen in Anbetracht der schwierigen An- und Ausbaubedingungen dieser Sorte durchaus gelungenen Wein. Mit seinen moderat intensiven Aromen von Brombeeren, Pfeffer, Lehmboden, Leder und Blaubeeren stellt er sich durchaus reizvoll dar. Der expansive, vollmundige, fleischige und komplexe, multidimensionale und geschmeidig texturierte Wein ist bereits jetzt oder in den kommenden 7–8 Jahren trinkbar.

Die drei folgenden 1997er Syrahs erreichen ausnahmslos einen Alkoholgehalt von 14,5%. Der *1997er Syrah* ist möglicherweise mit ein wenig Viognier verschnitten. Dafür sprechen jedenfalls die Geißblatt-, Pfirsich- und Aprikosenaromen, von denen die überschwängliche Brombeer-Cassisfrucht durchsetzt ist. Der fleischige, saftige, offen gewirkte, seidig texturierte, stämmige und köstliche Wein erreicht vielleicht kein hohes Alter, dürfte aber in den kommenden 5–6 Jahren vorzüglich munden. Der in 400 Metern Höhe auf dem Mount Veeder gewachsene dunkelrubin-purpurrote *1997er Syrah Paras Vineyard* präsentiert sich mit einer ziemlich pfeffrigen und intensiven Cassis-Brombeer-Frucht. Der Wein erscheint dicker und sirupartiger und hat einen volleren Körper und mehr Volumen und Tiefe. Dieser superbe, säurearme Syrah hat zwar bereits süße Tannine, könnte sich aber noch rund eine Dekade schön entwickeln. Es gibt eine Reihe von Syrahs aus dem berühmten Lee Hudson Vineyard in Carneros. Der *1997er Syrah Hudson Vineyard* zeigt sich strukturierter, verschlossener und straffer gewirkt als seine beiden Geschwister. Gleichwohl präsentiert er sich mit tiefen und gewichtigen Aromen von schwarzer Frucht und geschmolzenem Asphalt samt körperreichen, kraftvollen Geschmacksnoten und einem stämmigen Abgang. Weiterhin ist dieser typische Syrah durch süße Tannine, niedrige Säurewerte und eine superbe Ausgereiftheit charakterisiert. Er dürfte noch 6–8 Monate in der Flasche reifen und eignet sich während der folgenden 12+ Jahre zum Genuss.

Der *1997er Merlot Paras Vineyard* präsentiert sich mit einer auftrumpfenden, überschwänglichen Persönlichkeit, die wenig verbirgt. Der dunkelrubinrote, funkelnde Wein wartet mit intensiven rauchwürzigen Aromen von Espresso und süßen Kirschen und Beerenfrüchten auf. Er hat einen mittleren bis vollen Körper und eine säurearme, üppige Persönlichkeit. Der Wein lässt sich bereits jetzt, aber auch noch in den kommenden 4–5 Jahren wundervoll trinken, allerdings verbirgt sich hinter der attraktiven eingedickten Frucht und den Eichen- und Rauchnoten nicht allzu viel Tiefe. Verführerisch!

Der *1996er Syrah Paras Vineyard* verströmt Aromen von Speck und Cassis. Der üppige, schön texturierte, expansive und gehaltvolle Wein hat einen mittleren bis vollen Körper, allerdings ohne Ecken und Kanten. Trinken Sie diesen verführerischen Syrah in den kommenden 7–8 Jahren.

Der tiefrubin-purpurrote *1995er Syrah Mt. Veeder* ist exzellent. Er beeindruckt durch ein provozierendes Bukett von süßen schwarzen Pflaumen, Johannisbeeren, Rauch und Lakritze. Im Mund stellt der Wein sich ausgereift, tanninreich, verhalten, dicht, körperreich und reintönig dar. Dieser exzellente, vielleicht sogar hervorragende Syrah sollte noch drei Jahre auf der Flasche reifen und kann 15 Jahre überdauern.

Der *1994er Les Jumeaux* (ein Verschnitt aus Cabernet Sauvignon, Mourvèdre und Syrah) ist für mich einer der besten Jade-Mountain-Weine überhaupt. Er betört bei mittlerem bis vollem Körper durch faszinierende Komponenten von schwarzen Kirschen, Cassis, Kräutern, Pfeffer und Gewürzen, durch prononcierte Tannine, einen guten Biss, pikante Geschmacksnoten und einen schön gezeichneten würzigen Nachhall. Dieser Wein wird sich in den kommenden 12–18 Monaten noch verbessern und dann 7–8+ Jahre überdauern.

JAFFURS (SANTA BARBARA)

1997	**Syrah Bien Nacido Vineyard**	**Santa Barbara**	**D**	**89+**
1997	**Syrah Thompson Vineyard**	**Santa Barbara**	**D**	**90**

Der Stolpman Family Vineyard ist eine große neue Rebfläche, die demnächst Früchte tragen wird. Ein Teil der Ernte wird unter dem Namen der Parzelle auf den Markt kommen. Früher sind hier hochwertige Rhône-Ranger-Trauben erzeugt worden, zum Beispiel von Roussanne-, Syrah- und anderen Reben. Der umwerfende *1997er Syrah Thompson Vineyard* (48 Kisten) präsentiert sich mit überwältigenden Aromen von schwarzem Pfeffer, Brombeeren und floralen Nuancen. Der dichte, gehaltvolle, körperreiche, groß dimensionierte, aber elegante, tiefrubin-purpurrote Syrah betört durch seine herrlich reintönige Frucht, seine süßen Tannine sowie unaufdringliche Säurekomponenten und ist bereits jetzt oder in den kommenden 10–12 Jahren trinkbar. Wie schade, dass es nicht mehr davon gibt! Der eindrucksvoll satt dunkelrubin-purpurrote *1997er Syrah Bien Nacido Vineyard* (49 Kisten) präsentiert sich im Duft verhaltener, aber mit Geschmacksnoten von eingedickter Brombeerfrucht, säurereicher als der Thompson Vineyard, mit eher moderaten Tannineindrücken und einem langen Abgang von mittlerem bis vollem Körper. Ein exzellenter, fast hervorragender Syrah, den Sie in den kommenden 10–12 Jahren genießen können.

JONES FAMILY (NAPA)

1998	Cabernet Sauvignon	Napa	EE	90
1997	Cabernet Sauvignon	Napa	EE	94
1996	Cabernet Sauvignon	Napa	D	90+

Dieser Wein wird auf einer zwei Hektar großen Parzelle in einer höheren Lage des östlichen Nappa Valley angebaut. Der bekannte Winzer David Abreu zeichnet für die Weinbergspflege verantwortlich und die viel gepriesene Önologin Heidi Barret für die Weinbereitung. Auf die beeindruckende Debütfreigabe, den 1996er Cabernet Sauvignon, sind noch zwei weitere viel versprechende Weine gefolgt. Der dunkelrubin-purpurrote (zu einem Drittel in neuer Eiche ausgebaute) hervorragende *1998er Cabernet Sauvignon* verströmt bei mittlerem Körper mäßig intensive Aromen von süßen Pflaumen, Brombeeren und Mineralien und betört durch süße Tannine und eine reintönige Frucht. Der Wein kommt nicht wuchtig, sondern elegant und konzentriert daher und bietet in den kommenden 15 Jahren einen idealen Trinkgenuss. Es sind 450 Kisten davon vorrätig. Der satt blau-purpurrote sensationelle *1997er Cabernet Sauvignon* (800 Kisten) ist der bislang beste Wein der Jones Family. Sein klassisches Bukett wartet mit Nuancen von Mineralien, Blaubeeren, Crème de Cassis und subtilen Eichenholztönen auf. Dieser körperreiche, überwältigend reintönige Wein mit seinen vielschichtigen Gaumeneindrücken und seinem explosiven Abgang sollte noch 2–3 Jahre lagern und vermag aufs Schönste 20–25 Jahre zu altern. Der erste aus Trauben dieser Parzelle gewonnene Wein, nämlich der *1996er Cabernet Sauvignon* (405 Kisten), ist ein dichter, dunkelrubin-purpurroter Wein mit verhaltenen, aber viel versprechenden Aromen von schwarzen Johannisbeeren, Brombeeren, frischem Eichenholz und Mineralien. Der süße, elegante Wein hat einen mittleren bis vollen Körper, einen hohen Tanninspiegel und ein strenges Finale. Die Eichenholznoten sind schön eingebunden, und die Textur mutet attraktiv und kernig an. Wenn das Tannin abschmilzt und der Wein sich noch ein wenig öffnet, könnte dieser Wein sogar eine noch höhere Punktnote erreichen. Voraussichtliche Genussreife: jetzt–2014. Im Glas stellte der Wein sich übrigens nach einiger Zeit deutlich besser dar. Nach 60 Minuten Luftkontakt wirkte das Tannin spürbar süßer und schöner integriert.

Die Jones Family ist ein neuer Stern am Himmel der beeindruckenden Cabernet-Erzeuger. Interessenten sollten sich deshalb möglichst bald auf die Versandliste der Kellerei setzen lassen, da Sie andernfalls möglicherweise leer ausgehen.

JSJ SIGNATURE SERIES (KALIFORNIEN)

1996	Cabernet Sauvignon Buckeye Vineyard	Alexander Valley	D	90
1997	Cabernet Sauvignon Veeder Peak Vineyard	Napa	E	(90–91+)
1996	Cabernet Sauvignon Veeder Peak Vineyard	Napa	E	91+
1996	Merlot Alexander Valley Estate	Alexander Valley	D	89
1996	Merlot Buckeye Vineyard	Alexander Valley	D	88+
1998	Merlot Dry Creek Valley	Dry Creek	D	88
1997	Pinot Noir Arrendell Vineyard	Russian River	E	91

Diese von Kendall-Jackson-Inhaber Jess Jackson persönlich ausgewählten Weine sind in Mengen von 250–500 Kisten vorrätig. Sie sind in schweren teuren Flaschen abgefüllt und verkörpern das höchste Qualitätsniveau, dessen Kendall-Jackson fähig ist.

Von dem *1998er Merlot Dry Creek Valley* gibt es 500 Kisten. Der in einer Hanglage gewachsene, ungemein extraktreiche, kraftvolle Wein war noch völlig verschlossen, als ich ihn probiert habe. Ja, er kam mir sogar für einen 1998er ungewöhnlich groß, vollmundig und gehaltvoll vor. Die deutlich spürbaren adstringierenden Tannine im Abgang wecken freilich

Zweifel an der Ausgewogenheit des Weines, obwohl er mit einer beeindruckenden Geschmacksextraktion aufwartet. Falls das Tannin noch abschmelzen und sich schöner einfügen sollte, könnte der Wein sogar mit knapp unter oder sogar mit 90 Punkten bewertet werden. Trotzdem muss er noch 2–3 Jahre ruhen, bevor sich diese Frage beantworten lässt. Voraussichtliche Genussreife: 2004–2016.

Der *1997er Cabernet Sauvignon Veeder Peak Vineyard* (250 Kisten) präsentiert sich mit grandiosen Aromen von ausgedörrter Erde, Mineralien, Cassis und Blaubeeren. Der körperreiche, kraftvolle, intensiv reintönige, stämmige, muskulöse Wein sollte noch 4–5 Jahre lagern, allerdings stellt sich sein Tannin süßer und schöner eingebunden dar als bei dem 1998er Merlot. Voraussichtliche Genussreife: 2005–2020. Der wundervolle, dunkelrubinrote *1997er Pinot Noir Arrendell Vineyard* wartet mit Noten von Gewürzen, eingedickten Pflaumen und getrockneter Kirschfrucht auf, die mit taostwürzigen Eichenholznuancen durchsetzt ist. Ein konzentrierter pikanter, köstlicher Pinot Noir von mittlerem bis vollem Körper, der sich 5–6 Jahre aufs Schönste zu entwickeln verspricht.

Ferner gibt es in der JSJ-Signature-Serie noch zwei Merlots aus Einzellagen. Der dunkelrubin-purpurrote *1996er Merlot Buckeye Vineyard* verströmt ein straff gewirktes, mit verschwenderischen Eichenholznoten ausgestattetes Bukett von schwarzer Kirschfrucht, Kräutern, weißer Schokolade und Gewürzen. Der fleischige, tanninbetonte Wein hat einen mittleren bis vollen Körper, sollte noch 2–3 Jahre ruhen und hat ein Alterungspotenzial von 12–15 Jahren. Der dunkelrubin-purpurrote *1996er Merlot Alexander Valley Estate* hat ein mit Vanille- und Gewürztönen durchsetztes mäßig intensives, verhaltenes Bukett von Preiselbeerlikör. Der gehaltvolle, tanninbetonte, verhaltene Wein von mittlerem bis vollem Körper sollte noch 2–4 Jahre ruhen. Er dürfte 15+ Jahre überdauern. Der eindrucksvolle Wein war freilich noch verschlossen, als ich ihn Ende September 1999 verkostet habe.

Der hervorragende *1996er Cabernet Sauvignon Buckeye Vineyard* hat gewiss eine Lebensdauer von 20 Jahren. Der undurchdringlich purpurrote Wein verströmt reichhaltige Aromen von Mineralien, schwarzen Johannisbeeren und würzigem Eichenholz. Tatsächlich handelt es sich um ein dicht gewirktes, körperreiches, von Extraktstoffen und Reichhaltigkeit berstendes Kraftwerk von einem Cabernet mit schön eingebundenen Holz-, Säure- und Tanninkomponenten. Im Mischsatz sind auch kleine Anteile von Cabernet Franc und Merlot enthalten. Voraussichtliche Genussreife: jetzt–2020. Der undurchdringlich purpurrote *1996er Cabernet Sauvignon Veeder Peak Vineyard* wartet mit einem Margaux-artigen Bukett von Frühlingsblumen auf, das sich mit Noten von schwarzen Johannisbeeren, rauchwürzigen frischen Eichenholznuancen und Gewürzen verbindet. Der dichte, körperreiche, muskulöse, konzentrierte Wein mit seiner exzellenten Reintönigkeit und Reichhaltigkeit dürfte seinen Höhepunkt jetzt–2022 erreichen.

JUDD'S HILL (NAPA)

1997	Cabernet Sauvignon Estate	Napa	E	90
1996	Cabernet Sauvignon Estate	Napa	D	88
1994	Cabernet Sauvignon Estate	Napa	C	90

Dieses hoch über dem Conn Valley an einem Hang gelegene wunderschöne Weingut ist ein noch immer weithin unterschätzter Erzeuger feiner Merlots und Cabernet Sauvignons. Andere Rebsorten sind nicht im Angebot. Die Besitzer Art und Bunny Finkelstein betreiben das Weingut seit 1989, nachdem sie ihren früheren Besitz Whitehall Lane zuvor verkauft hatten. Judd's Hill umfasst 5,5 Hektar Rebkulturen in Hanglagen. Weiterhin beschaffen sich die Finkelsteins durch Zukauf Trauben aus dem Knigths- und dem Pope-Valley. Ihr Ziel ist es, gut trinkbare, geschmeidige, gleichwohl konzentrierte Weine zu produzieren, die früh zugänglich sind, aber auch 15+ Jahre zu überdauern vermögen.

Der *1997er Cabernet Sauvignon Estate* (250 Kisten) ist ein Verschnitt aus 85% Cabernet Sauvignon sowie Merlot und Cabernet Franc. Der tiefpurpurrote, superb konzentrierte und reintönige Wein betört durch eine überschwängliche Frucht von schwarzen Johannisbeeren und Cassis, in die sich Gewürzkisten- und Zedernholz- sowie Fruchtkuchennuancen mischen. Außerdem bringen sich in diesem körperreichen, moderat tanninhaltigen Wein noch Noten von getrockneten Kräutern, Lakritze und Lehmboden zur Geltung. Voraussichtliche Genussreife: 2004–2017. Der dunkelrubin-purpurrote *1996er Cabernet Sauvignon Estate* verströmt rauchwürzige Düfte von schwarzen Johannisbeeren, getrockneten Kräutern und Lakritze. Der dichte, körperreiche, gehaltvolle, exzellent konzentrierte und reintönige Wein kann zwar nicht mit der cremigen Textur und den süßen Gaumeneindrücken des 1997ers aufwarten, ist aber trotzdem gut gemacht. Voraussichtliche Genussreife: jetzt–2012. Judd's Hill hat aber auch einen hervorragenden *1994er Cabernet Sauvignon Estate* herausgebracht. Der satt dunkelrubin-purpurrote säurearme Wein präsentiert sich mit einer süßen ausgereiften Frucht von schwarzen Johannisbeeren, reifen Tanninen und einer fein ausbalancierten, extravaganten, saftigen, opulenten Textur mit einer schön geschichteten reichhaltigen Frucht, die sich aufs Angenehmste mit rauchwürzigen Eichenholznuancen verbindet. Dieser die Sinne betörende, zugängliche, im Pomerol-Stil ausgebaute Cabernet verschafft bereits jetzt oder in den kommenden 12–15 Jahren Genuss.

ROBERT KEENAN (NAPA)

1998	**Cabernet Sauvignon**	**Napa**	**D**	**87**
1995	**Cabernet Sauvignon Hillside Estate**	**Napa**	**D**	**88**
1994	**Cabernet Sauvignon Hillside Estate**	**Napa**	**D**	**88**
1996	**Merlot**	**Napa**	**D**	**88**
1997	**Merlot Mailbox Vineyard Spring Mountain Reserve**	**Napa**	**D**	**89+**
1998	**Merlot Reserve**	**Napa**	**D**	**89**
1997	**Merlot Spring Mountain Estate**	**Napa**	**D**	**86**

Die Keenan-Weine gewinnen immer mehr an Geschmack und Textur und sind für ihr Qualitätsniveau nicht einmal teuer. Nils Venge, der bekannte Weinmacher von Saddleback Cellars, ist seit einiger Zeit für die Weinbereitung zuständig. Die Produktion beläuft sich auf 6000–10000 Kisten, obwohl man mittelfristig 14000 Kisten erzeugen möchte.

Keenans dichter pflaumen-kirschfarbener *1998er Merlot Reserve* (rund 35% der Trauben aus Eigenanbau) ist exzellent, vielleicht sogar exzeptionell. Er präsentiert sich mit einem großen, säurearmen, rauchwürzigen, kaffeeduftigen Bukett, das durch eine überschwängliche Beerenfrucht und einen verführerischen, fleischigen Stil von mittlerem bis vollem Körper für sich einnimmt. Dieser weiche, opulente Wein stellt sich bereits jetzt außergewöhnlich gut dar. Voraussichtliche Trinkreife: jetzt–2010. Der Bordeaux-artige *1998er Cabernet Sauvignon* zeigt sich geschmeidig und abgerundet, mit Aromen und Geschmacksnoten von Kräutern, Erde und schwarzen Johannisbeeren. Er hat nicht annähernd die Masse und das Gewicht des 1997ers, ist aber schön ausgewogen und in einem zugänglichen, attraktiven Stil vinifiziert. Viele Beobachter sind der Meinung, dass die 1998er Cabernet Sauvignons und Merlots von der Nordküste nicht wirklich gelungen sind, trotzdem gibt es immer wieder attraktive Weine dieser Sorten. Voraussichtliche Genussreife: jetzt–2012.

Ein Wein, der letztlich noch eine hervorragende Punktnote erreichen könnte, ist der *1997er Merlot Mailbox Vineyard Spring Mountain Reserve* (430 Kisten). Er präsentiert sich (ganz im Stil eines Venge-Weines) mit reichen Anklängen an süßes, toastwürziges Eichenholz samt dichten Geschmackseindrücken von schwarzen Kirschen und Beerenfrüchten, einem mittleren bis vollen Körper, guten Glyzerinwerten, einer bewundernswerten Textur, exzellenter Reintönigkeit und verschwenderischen Mengen süßer Tannine im Abgang. Legen Sie ihn noch 1–2 Jahre auf Lager und genießen Sie ihn in den darauf folgenden 15–16 Jahren. Ebenfalls ein schöner Wein ist der *1997er Merlot Spring Mountain Estate.* Der gehaltvolle, dichte Wein beeindruckt durch Struktur, Volumen und Geschmacksintensität. Mag er auch nicht gerade zu den Superstars zählen, ist er zweifellos ein ausgezeichneter

Tropfen, der ohne weiteres eine Dekade oder länger überdauern dürfte. Der *1996er Merlot* ist süß und gehaltvoll und präsentiert sich mit einer rauchwürzig-schokoladigen Frucht von schwarzen Kirschen, einer guten Dichte und einem sauberen, langen, tanninbetonten Abgang. Er dürfte 10 Jahre köstlich munden.

Der *1995er Cabernet Sauvignon Hillside Estate*, der sich weniger tanninbetont und ohne kompakte Noten im mittleren Geschmacksbereich präsentiert, steht für die weichere und samtiger texturierte Stilvariante der Kellerei. Der tiefrubin-purpurrote Wein verfügt über eine würzige, ausgereifte Frucht, Kraft und Intensität und hat einen schwach tanninhaltigen Abgang. Möglich, dass der Wein niemals eine hervorragende Bewertung erreicht, trotzdem dürfte nach der Abfüllung eine Punktnote im oberen 80er-Bereich drin sein. Der dunkelrubin-purpurrote *1994er Cabernet Sauvignon Hillside Estate* verströmt süße, mineralische und erdige Aromen von schwarzen Kirschen und wartet am Gaumen mit fleischigen tiefen Noten von reifer Frucht auf. Im Abgang melden sich dann noch einige raue Tannine. Dieser Wein dürfte noch 4–5 Jahre ruhen und danach rund 15 Jahre überdauern.

KENDALL-JACKSON (KALIFORNIEN)

1997	**Cabernet Sauvignon Buckeye Vineyard**	**Alexander Valley**	**E**	**88**
1998	**Cabernet Sauvignon Buckeye Vineyard Great Estates**	**Alexander Valley**	**E**	**91**
1997	**Cabernet Sauvignon Great Estates**	**Alexander Valley**	**D**	**90**
1998	**Cabernet Sauvignon Great Estates**	**Napa**	**D**	**88**
1997	**Cabernet Sauvignon Great Estates**	**Napa**	**D**	**90**
1997	**Cabernet Sauvignon Stature**	**Napa**	**EE**	**92**
1999	**Chardonnay Camelot Vineyard Great Estates**	**Santa Maria**	**D**	**89**
1999	**Chardonnay Clark Vineyard Great Estates**	**Monterey**	**D**	**90**
1999	**Chardonnay Durell Vineyard Great Estates**	**Sonoma**	**D**	**91**
1999	**Chardonnay Grand Reserve**	**Kalifornien**	**C**	**89**
1999	**Chardonnay Great Estates**	**Monterey**	**D**	**88**
1999	**Chardonnay Great Estates**	**Sonoma Coast**	**D**	**88**
1999	**Chardonnay Stature**	**Santa Maria**	**D**	**89**
1998	**Merlot Buckeye Vineyard Great Estates**	**Alexander Valley**	**D**	**90**
1998	**Merlot Great Estates**	**Sonoma**	**D**	**88**
1998	**Pinot Noir Arrendell Vineyard Stature**	**Russian River**	**D**	**89**
1997	**Syrah Grand Reserve**	**Kalifornien**	**C**	**87**

Die imposante Angebotspalette von Kendall-Jackson ist in fünf Qualitäts- und Preiskategorien aufgegliedert. Die preiswertesten dieser Erzeugnisse sind die Collage-Weine, gefolgt von den Vintner's-Reserve-Angeboten. Noch weiter oben auf der Leiter rangieren die Grand-Reserve-Weine und die beiden neuesten Kreationen des Hauses, nämlich die Weine aus den Serien Great-Estates und Stature. Im Folgenden sind nur die Weine berücksichtigt, die eine Punktnote von 88 und mehr erhalten haben.

Ein exzellenter Wein aus einer Einzellage ist der *1997er Cabernet Sauvignon Buckeye Vineyard* (3 410 Kisten). Dieser dunkelrubin-purpurrote Wein wird zur Hälfte in neuen Eichenfässern ausgebaut und zeigte sich bei der Verkostung im Oktober 1999 verschlossen. Er präsentiert sich mit überschwänglichen würzigen Eichenholznoten, einem mittleren Körper und moderaten Tanninwerten. Dieser Cabernet Sauvignon hinterlässt im Mund einen strukturierten, gehaltvollen Eindruck mit Anklängen an Tabak, Cassis und Lakritze. Legen Sie ihn 3–4 Jahre beiseite; er dürfte 15+ Jahre überdauern.

Der *1999er Chardonnay Grand Reserve* (62 190 Kisten) verfügt über eine beeindruckende Statur. Er ist vollständig, vorwiegend in französischer Eiche, fassvergoren, verfügt über schöne untergründige Säurekomponenten und verströmt verschwenderische Noten von Mandarinen, Orangenmarmelade, Geißblatt und tropischen Früchten. Die Eichenholznoten treten deutlicher hervor als bei dem Vintner's Reserve. Dieser gehaltvolle Chardonnay hat einen mittleren bis vollen Körper und sollte in den kommenden Jahren getrunken werden.

Der *1997er Syrah Grand Reserve* könnte sich noch als exzellent erweisen. Er hat eine satt rubin-purpurrote Farbe, ein attraktives, mäßig intensives Bukett von Crème de Cassis und Brombeeren und fruchtbetonte Geschmacksnoten von mittlerem Körper. Im Hintergrund hat der weiche, säurearme Wein noch würzige, pfeffrige Nuancen zu bieten. Sein Alterungspotenzial: 4 Jahre.

Unter dem Great-Estates-Etikett produziert Kendall-Jackson Weine mit einer Art Ursprungsbezeichnung, zum Beispiel den *1999er Chardonnay Camelot Vineyard Great Estates* (15350 Kisten). Dieser fleischige, schön gezeichnete Chardonnay von mittlerem bis vollem Körper präsentiert sich mit überschwänglichen Noten von tropischen Früchten, die mit subtilen, rauchwürzigen Eichenholztönen durchsetzt sind. Trinken Sie ihn in den kommenden 2–3 Jahren. Der vornehmlich in französischer Eiche gealterte *1999er Chardonnay Great Estates Monterey* (4160 Kisten) hat ein seinen kühleren Wachstumsbedingungen geschuldetes Fruchtprofil, das von mineralischen und Zitrusanklängen begleitet wird. Er hat einen mittleren Körper und eine schöne Textur und dürfte noch 4–5 Jahre köstlich munden. Noch besser ist der hervorragende *1999er Chardonnay Clark Vineyard Great Estates.* Von diesem säurearmen, fleischigen und körperreichen Chardonnay gibt es 1500 Kisten. Der gehaltvolle, auftrumpfende Wein betört durch Noten von Passionsfrucht, Aprikosen, Pfirsichen und Geißblatt. Trinken Sie ihn in den kommenden 2–3 Jahren. Es gibt auch einen Great-Estates-Chardonnay aus dem Bereich Sonoma Coast, der auf den Parzellen Sangiacomo, Three Sisters und Durell gewachsen und sogar noch besser ist: Der *1999er Chardonnay Great Estates Sonoma Coast* (3715 Kisten) verströmt Aromen von Zitronenblüten und reifen tropischen Früchten, die sich mit einer flüssigen Mineralität mischen. Er hat einen mittleren bis vollen Körper, eine exzellente Textur und einen langen Abgang. Der superbe *1999er Chardonnay Durell Vineyard Great Estates* präsentiert sich in Duft und Geschmack mit Noten von buttrigem Karamell, Ananas und Eiercreme, die sich mit Nuancen von Erde und Mineralien verbinden. Der körperreiche gehaltvolle Wein mit seiner umwerfenden Textur und seinem langen Abgang dürfte 3–4 Jahre köstlich munden.

Zum Kreis der Great Estates gehören ferner ein Pinot Noir aus Monterey, Merlots aus Sonoma und aus dem Buckeye Vineyard im Alexander Valley, aber auch Cabernet Sauvignons aus Napa und dem Buckeye Vineyard im Alexander Valley. Es handelt sich dabei in allen Fällen um außergewöhnlich gut gemachte Weine, von denen zwischen maximal 5000 Kisten (von der Cabernet-Abfüllung aus Napa) und 245 Kisten (von dem Cabernet Sauvignon Buckeye Vineyard) vorrätig sind.

Der potenziell hervorragende dunkelrubin-purpurrote *1998er Merlot Great Estates* kommt mit verschwenderischen Noten von Mokka und einer reichen Frucht von schwarzen Kirschen und Johannisbeeren daher, in die sich im Hintergrund Nuancen von Rauch und Fenchel mischen. Bei mittlerem bis vollem Körper dürfte dieser texturierte, gehaltvolle und reintönige Wein etwa 10 Jahre köstlich munden. Der dichte purpurrote *1998er Merlot Buckeye Vineyard Great Estates* ist schlicht superb. Der in einer gut 800 Meter hoch gelegenen und auf schlechten Böden ausgepflanzten Rebkultur (bei einem Hektarertrag von 31–54 hl) gewachsene Wein präsentiert sich in Duft und Geschmack mit Anklängen an geröstete Kaffeebohnen, schwarze Früchte, Eisen und Rauch. Der körperreiche, kernige, muskulöse, aber trotzdem zugängliche Tropfen dürfte 10–15 Jahre munden.

Auch der hervorragende *1997er Cabernet Sauvignon Great Estates Napa* (5000 Kisten) beeindruckt durch seine ungemein reiche, reintönige Frucht von schwarzen Johannisbeeren, in die sich Nuancen von Rauch, Zedern- und Gewürzkiste mischen. Der körperreiche, opulente und gehaltvolle Wein dürfte 12–15 Jahre schmecken. Obwohl der *1998er Cabernet Sauvignon Great Estates Napa* in einem leichteren, schlankeren und weniger konzentrierten Stil daherkommt, hat er eine Frucht von Blaubeeren, Kampfer und schwarzen

Johannisbeeren, einen mittleren Körper und ein Bordeaux-artiges Gewicht. Er dürfte eine Dekade überdauern. Von dem hervorragenden *1997er Cabernet Sauvignon Great Estates Alexander Valley* gibt es 4500 Kisten. Der im Überfluss mit Noten von asiatischen Gewürzen, Mineralien, schwarzen Kirschen und Cassis und mit einer bewundernswerten Struktur ausgestattete, von seiner Frucht dominierte, körperreiche, groß dimensionierte, opulente Wein dürfte 15+ Jahre köstlich schmecken. Ebenfalls superb ist der *1998er Cabernet Sauvignon Buckeye Vineyard Great Estates.* Er ist der tanninhaltigste und verschlossenste Wein dieser Serie und präsentiert sich in sattem Rubin-Purpurrot und mit einer Cassisfrucht, in die sich Nuancen von Tabak, frischem Eichenholz und Mineralien mischen. Ein groß dimensionierter, extraktreicher Wein, den Sie bereits jetzt, aber auch noch in 12–15 Jahren trinken können.

Die Stature-Serie umfasst zur Zeit vier Weine. Die Produktionszahlen rangieren zwischen 89 Kisten von dem 1998er Pinot Noir Arrendell Vineyard und 3073 Kisten von dem 1997er Cabernet Sauvignon Napa. Der *1999er Chardonnay Stature* kommt säurebetonter und rauchwürziger daher als der *1998er*, freilich ohne dessen üppiges Fett. Zweifellos ein angenehmer Wein, mit reichlich tropischer Frucht und schön eingebundenen Holznoten. Trinken Sie ihn in den kommenden 3–4 Jahren. Der dunkelpflaumenblaue *1998er Pinot Noir Arrendell Vineyard Stature* wartet mit rauchwürzigen Tomaten- und Kirschnoten, einem mittleren Körper und scharfer Säure im mittleren Geschmacksbereich auf, aber auch mit einer schönen Frucht und Tiefe im Abgang. Einer der schönsten Weine der Serie ist der beeindruckende *1997er Cabernet Sauvignon Stature.* Der in Rebkulturen wie Veeder Peak oder Andy Beckstoffers To-Kalon Vineyard gewachsene Wein verströmt Crème-de-Cassis-Aromen, die sich mit Nuancen von neuem Sattelleder, Vanille, Gewürzkiste und Mineralien verbinden. Der körperreiche, gehaltvolle, nahtlos gewirkte, üppig texturierte, dicke, saftige Cabernet Sauvignon verschafft bereits jetzt und in den beiden kommenden Dekaden Genuss.

KISTLER (SONOMA)

1997	Chardonnay Camp Meeting Ridge	Sonoma Coast	E	95
1999	Chardonnay Cuvée Cathleen	Sonoma	E	97
1998	Chardonnay Cuvée Cathleen	Sonoma Coast	E	96
1997	Chardonnay Cuvée Cathleen	Sonoma County	E	(94–96)
1999	Chardonnay Durell Vineyard	Sonoma Valley	E	94
1998	Chardonnay Durell Vineyard	Sonoma Valley	E	91
1997	Chardonnay Durell Vineyard	Sonoma Valley	E	91
1999	Chardonnay Dutton Ranch	Russian River	E	90
1998	Chardonnay Dutton Ranch	Russian River	E	90
1997	Chardonnay Dutton Ranch	Russian River	E	94
1999	Chardonnay Hudson E-Block	Carneros	E	94
1998	Chardonnay Hudson Vineyard	Carneros	E	95
1997	Chardonnay Hudson Vineyard	Carneros	E	95
1999	Chardonnay Hyde Vineyard	Carneros	E	93
1998	Chardonnay Hyde Vineyard	Carneros	E	94
1999	Chardonnay Kistler Vineyard	Sonoma Valley	E	95
1998	Chardonnay Kistler Vineyard	Sonoma Valley	E	95
1997	Chardonnay Kistler Vineyard	Sonoma	E	93
1999	Chardonnay McCrea Vineyard	Sonoma Mountain	E	93
1998	Chardonnay McCrea Vineyard	Sonoma Mountain	E	92
1997	Chardonnay McCrea Vineyard	Sonoma Mountain	E	93
1999	Chardonnay Vine Hill Vineyard	Russian River	E	96
1998	Chardonnay Vine Hill Road Vineyard	Russian River	E	96
1997	Chardonnay Vine Hill Road Vineyard	Russian River	E	91

1998	Pinot Noir Camp Meeting Ridge	Sonoma Coast	E	(92–95)
1997	Pinot Noir Camp Meeting Ridge	Sonoma Coast	E	(91–94)
1996	Pinot Noir Camp Meeting Ridge	Sonoma Coast	E	92
1995	Pinot Noir Camp Meeting Ridge	Sonoma Coast	E	93+
1994	Pinot Noir Camp Meeting Ridge	Sonoma Coast	E	88
1999	Pinot Noir Cuvée Catherine	Russian River	E	(96–98)
1997	Pinot Noir Cuvée Catherine	Russian River	E	(95–97)
1996	Pinot Noir Cuvée Catherine	Russian River	E	96
1995	Pinot Noir Cuvée Catherine	Russian River	E	94
1994	Pinot Noir Cuvée Catherine	Russian River	E	92
1999	Pinot Noir Hirsch Vineyard	Sonoma Coast	E	(94–96)
1998	Pinot Noir Hirsch Vineyard	Sonoma Coast	E	(93–95)
1997	Pinot Noir Hirsch Vineyard	Sonoma Coast	E	(90–93)
1996	Pinot Noir Hirsch Vineyard	Sonoma Coast	E	89
1995	Pinot Noir Hirsch Vineyard	Sonoma Coast	E	92+
1994	Pinot Noir Hirsch Vineyard	Sonoma Coast	E	92
1999	Pinot Noir Kistler Vineyard	Russian River	E	(93–95)
1998	Pinot Noir Kistler Vineyard	Russian River	E	(93–96)
1997	Pinot Noir Kistler Vineyard	Russian River	E	(94–96)
1996	Pinot Noir Kistler Vineyard	Russian River	E	94
1998	Pinot Noir Kistler Cuvée Catherine	Russian River	E	(95–97)
1999	Pinot Noir Occidental Cuvée Elizabeth	Sonoma Coast	E	(98–100)
1998	Pinot Noir Occidental Cuvée Elizabeth	Sonoma Coast	E	(96–98)
1994	Pinot Noir Vine Hill	Sonoma	E	91

Ich weiß kaum, was ich den Lobpreisungen noch hinzufügen soll, mit denen ich Steve Kistler und seinen Assistenten Mark Bixler bereits seit mehr als 10 Jahren überhäufe. Jedes Jahr sind ihre Weine vom Allerfeinsten. Gemessen an der breiten Auswahl an Chardonnays und Pinot Noirs, die Steve Kistler produziert, ist er zweifellos der Meister dieser beiden Rebsorten in Kalifornien. Kurz: Seine Chardonnays und Pinot Noirs sind ungewöhnlich intensive, komplexe und gehaltvolle Weine. Außerdem dürften sie sich als erstaunlich alterungsfähig erweisen. Inzwischen bin ich fest davon überzeugt, dass Kistler und seine Mitarbeiter (sowie einige weitere Weinmacher, etwa Helen Turley und ihr Ehemann John Wetlaufer, aber auch Tom Rochioli) historische Chardonnays und Pinot Noirs erzeugen, von denen man möglicherweise eines Tages sagen wird, dass sie das Potenzial dieser Sorten ganz neu ausgeleuchtet haben. Steve Kistler glaubt, dass es sich bei seinen 1999ern womöglich um die besten Weine handelt, die er je gemacht hat. Allerdings hat er bereits so viele brillante Weine kreiert, dass es in diesem Stadium kaum möglich ist zu sagen, ob die 1999er sich tatsächlich nochmals als besser erweisen werden. Die malolaktische Gärung ist bei diesen Weinen so langsam verlaufen wie noch nie zuvor, und natürlich sind sie, ähnlich wie die 1998er, aus niedrigen Erträgen gekeltert. Wegen der kühlen Wachstumsperiode ist der Säuregehalt höher als üblich, was zusammen mit der langsamen malolaktischen Gärung dazu führt, dass die 1999er möglicherweise einen etwas ausgeprägteren *terroir*-Charakter mitbringen. Jedenfalls sind diese Weine von einem Genius erfüllt, der das Rampenlicht scheut. Alle nachfolgenden die 1999er betreffenden Verkostungsnotizen beziehen sich auf Fassproben, da die Weine nach dem Ausbau in Holzfässern in Tanks umgezogen werden und sich dort noch setzen können, bevor sie ungeschönt und unfiltriert auf Flaschen abgefüllt werden.

Der *1999er Chardonnay McCrea Vineyard* (2000 Kisten) präsentiert sich mit einer intensiven, flüssigen Mineralität, mit Noten von weißen Johannisbeeren, einer körperreichen Persönlichkeit mit Anklängen an Zitrusöl und weiße Blumen und mit einem bemerkenswert schön gezeichneten Abgang. Der noch straff gewirkte, aber konzentrierte, ungemein »burgundische« Wein sollte noch ein paar Jahre ruhen und dürfte sich dann rund 10 Jahre halten. Der weichere *1999er Chardonnay Dutton Ranch* (2000 Kisten) ist in einem mehr kalifornischen Stil gehalten. Dieser körperreiche, gehaltvolle, rauchwürzige Chardonnay kommt in Duft und Geschmack mit Noten von Orangenmarmelade, Ananas und Mango daher. Trotz seiner exzeptionellen Qualität verfügt er nicht über die Kistler-typische Mineralität und Definition. Seine Lebenserwartung: 4–6 Jahre. Der *1999er Chardonnay Durell Vineyard* ist der vielleicht beste Chardonnay aus dieser Lage, den ich je verkostet habe. Dieser intensiv stahlige, große, gewichtige, herrlich gezeichnete Wein präsentiert sich mit Ehrfurcht gebietender Konzentration, fabelhafter Definition und gigantischen Geschmacksnoten von gerösteten Haselnüssen, Zitronenblüten und flüssigen Mineralien. Nach einiger Zeit im Glas erscheint er wie ein gedopter Grand-Cru-Chablis. Der konzentrierte, lange Wein dürfte ein Alterungspotenzial von bis zu 10 Jahren mitbringen. Völlig anders stellt sich der *1999er Chardonnay Hyde Vineyard* (1000 Kisten) dar. Dieser Wein betört durch seine jahrgangstypischen pikanten Säurekomponenten und am Gaumen durch Anklänge an weiße Pfirsiche, Zitroneneiercreme und Mandarinen, einen vollen Körper und superbe Reintönigkeit und Länge. Selbst in einer Gruppe gigantischer Chardonnays ist dieser Wein noch etwas Besonderes. Sie können sich 5–6 Jahre daran erfreuen. Ebenfalls ein ehrfurchtgebietender Wein ist der *1999er Chardonnay Vine Hill Vineyard* (2000 Kisten). Dieser Russian-River-Wein ist in den Rebkulturen im unmittelbaren Umkreis der Kellerei gewachsen. Er beeindruckt durch seine typische Mineralität und herrliche Aromen von weißen Früchten, Zitrusölen, Nüssen, Mineralien, Rauch und Butter. Am Gaumen präsentiert sich dieser kraftvolle, makellos ausgewogene, verhaltene Chardonnay mit fabelhafter Intensität und Reintönigkeit und mit vielschichtigen Eindrücken in der Mitte. Auch hier haben wir es mit einem 1999er zu tun, der sich noch lange entwickeln kann. Der *1999er Chardonnay Kistler Vineyard* (2000 Kisten) wiederum kommt in einem großen, unmittelbar ansprechenden Stil daher und betört durch seine rauchwürzigen Noten von tropischen Früchten und gerösteten Haselnüssen. Dieser Wein verströmt umwerfende Geschmacksnoten von tropischen Früchten, die sich mit Nuancen von Rauch und Mineralien verbinden. Auch dies ein reich nuancierter, reintöniger, konzentrierter und langer Wein. Von dem *1999er Chardonnay Cuvée Cathleen*, in dem Trauben aus dem Kistler und dem Vine Hill Vineyard miteinander verschnitten sind, gibt es 500 Kisten. Ein gigantischer Chardonnay, der womöglich die höchste Punktnote erhalten wird. Dieser Wein betört durch ganze Schichten an konzentrierter Frucht, wirkt aber weder schwer noch exaltiert. Er überwältigt durch Aromen und Geschmackseindrücke von reifen Orangen, Passionsfrucht und Ananas, die mit Nuancen von Haselnussöl und Blüten (Akazie) durchsetzt sind, und dürfte sich mühelos 5–10 Jahre entwickeln. Ich kann es kaum erwarten, eine Flasche von diesem herrlichen Stoff in die Hand zu bekommen beziehungsweise davon zu kosten. Die als E-Block bezeichnete Parzelle des Hudson Vineyard verdankt ihren Ruhm Helen Turley. In dieser Kultur ist der schwelgerische, auftrumpfende, körperreiche, dichte *1999er Chardonnay Hudson E-Block* (nur 250 Kisten) gewachsen, der sich in seinen hefigen, rauchwürzigen Noten von ausgedörrter Erde und tropischen Früchten mit exotischen Nuancen präsentiert. Die 19 Jahre alte Rebkultur bringt regelmäßig umwerfende Chardonnay-Trauben hervor. Im Gegensatz zu vielen anderen Erzeugern (die ihre Weine nach irgendwelchen Parzellen benennen) hat die Kellerei bei diesen Chardonnays völlig zu Recht eine solche Differenzierung vorgenommen. Bei der Vergärung kommen sowohl natürliche als auch Kulturhefen zum Einsatz. Ferner bleiben die Weine unter beständigem Aufrühren lange in Kontakt mit dem Hefesatz und werden erst nach der vollen malolaktischen Gärung unfiltriert auf Flaschen gezogen. Der Anteil neuer französischer Eichenholzfässer variiert, liegt aber meist bei unter 50%.

Der *1998er Chardonnay McCrea Vineyard* (der an ertragsarmen alten Wente-Klon-Reben gewachsen ist) präsentiert sich mit Noten von Zitrusfrüchten und Butter und auffälligen mineralischen Nuancen. Der körperreiche, kraftvolle, reichhaltige, konzentrierte und schön ausgewogene Wein erinnert an einen Grand-Cru-Chassagne-Montrachet und gewinnt im Glas noch an Komplexität. Er dürfte 5–7 Jahre köstlich munden. Der *1998er Chardonnay Dutton Ranch* kommt rauchwürzig und mit verschwenderischen Mengen an exotischen tropischen Früchten daher, die dem Glas unmittelbar entströmen. Beim Verkosten dieses körperreichen, üppigen, augenblicklich ansprechenden Chardonnay, dessen Optimum 4–5 Jahre andauern wird, fühlt man sich unmittelbar an Ananas, Mango und Passionsfrucht erinnert. Eine der straffsten und verhaltendsten Kreationen in Kistlers Angebot ist der *1998er Chardonnay Durell Vineyard*. Der wegen des extrem kühlen Mikroklimas stets zuletzt geerntete Wein besitzt beträchtliche Kraft und Intensität und präsentiert sich in seiner körperreichen Fülle mit Komponenten von Mineralien, Zitrusfrüchten, Limonenblüten und Orangenschalen. Er verfügt über eine gezügelte und sehr schön ausbalancierte Säure und Kraft. Der Wein sollte noch 12 Monate ruhen und dürfte dann 5–7 Jahre köstlich munden. Der sensationelle *1998er Chardonnay Hyde Vineyard* stammt von einer Parzelle, deren Früchte früher von den Mondavis für ihren Chardonnay Reserve verwendet wurden. Die mineralischen, buttrigen Duft- und Geschmacksnoten von gerösteten Haselnüssen, Espresso und pikanten tropischen Früchten gehen mit einem körperreichen, kraftvollen, herrlich reintönigen und schön gezeichneten Wein einher. Der an alten Chardonnay-Reben gewachsene Tropfen dürfte 5–7 Jahre oder noch länger Freude bereiten. Noch gehaltvoller als der wundervolle 1997er ist der *1998er Chardonnay Kistler Vineyard*, der in einer mit dem Mt.-Eden-Klon bepflanzten Parzelle gereift ist. Dieser Wein präsentiert sich extrem körperreich, mit verblüffender Reintönigkeit und kraftvollen, konzentrierten, honigtönigen Geschmacksnoten samt Nuancen von Butter, Rauch, gerösteten Nüssen und Mineralien. Die cremige Textur wird durch eine gute Säure gestützt. Gehaltvolle Noten von Toastbrot, Kies und Schiefer, in die sich Fruchtanklänge mischen, sind die Hauptmerkmale dieses überzeugenden, geschmacksintensiven Chardonnay. Er dürfte 5–7 Jahre, vielleicht sogar länger köstlich munden. Wer nach einem auftrumpfenden Kraftprotz Ausschau hält, sollte sich um ein paar Flaschen von dem *1998er Chardonnay Hudson Vineyard* bemühen. Dieser Wein stammt aus dem durch Helen Turleys und John Wetlaufers Marcassin-Abfüllungen berühmt gewordenen E-Block im Hudson Vineyard. Die rauchwürzigen Aromen von gerösteten Haselnüssen geben diesem spektakulären, überschwänglichen Wein den Charakter eines Premier-Cru-Meursault. Dieser große, körperreiche, dicke, saftige, den ganzen Mund auskleidende, mit einem beträchtlichen Glyzerin- und Alkoholgehalt und einer umwerfend reichhaltigen Frucht ausgestattete Chardonnay stellt sich ungemein eindrucksvoll dar. Trinken Sie ihn in den kommenden 5–6 Jahren.

Die zwei letzten 1998er Chardonnays verkörpern eine gewisse stilistische Neuorientierung. Sie verfügen über ebenso viel Kraft und Konzentration wie Steve Kistlers erfolgreichste Weine, zeichnen sich aber auch durch eine mit einer außergewöhnlichen Komplexität und Eleganz gepaarte Verhaltenheit aus, wie sie noch vor wenigen Jahren nur bei den besten Grand Crus aus Burgund anzutreffen war. Der *1998er Chardonnay Cuvée Cathleen* ist ein absolut herrlicher, schön gezeichneter Wein, der sich aromatisch und geschmacklich mit wohldosierten Eindrücken präsentiert. Trotzdem überwältigt er in der Gesamtwirkung durch eine unglaubliche Konzentration, eine perfekte Harmonie, eine fabelhafte Dichte und Fülle und jene vielschichtige, intensive Mitte und Länge, die nur wirklich große Weine besitzen. Er sollte noch ein Jahr oder länger ruhen und dürfte sich dann rund 10 Jahre ungemein faszinierend entwickeln. Der *1998er Chardonnay Vine Hill Road Vineyard* ist überwältigend. Auch wenn er nicht so demonstrativ kraftstrotzend wie der Hudson Vineyard oder so auftrumpfend oder gehaltvoll wie der Hyde Vineyard daherkommt, ist er trotzdem ein spektakulärer Chardonnay. Erstaunlicherweise sind in dem sechs Hektar großen Weingarten nur bescheidene 210 hl Lesegut geerntet worden, und genau deswegen bekundet dieser Chardonnay die Essenz seines *terroir*. Der Wein behält zur Zeit noch viele seiner Charakteristika für sich, doch seine außerordentliche Präzision, sein intensiver Eindruck im Mund und seine grandios reintönige Frucht, die sich in einer körperreichen, perfekt ausgewogenen Manier darstellt, sorgen für einen überwältigenden Trinkgenuss. Er dürfte sich noch 1–2 Jahre in ganz ähnlicher Manier entwickeln wie die Cuvée Cathleen (die zwar straff gewirkt, aber mit einem ungeheuren Potenzial daherkommt) und in den dann folgenden 2–4 Jahren geradezu explodieren. Möglich, dass er länger als eine Dekade überdauert und sich wie ein weißer Grand Cru aus Burgund entwickelt.

Die hohen Erträge des Jahrgangs haben der Konzentration und Intensität des 1997er Chardonnay offenbar keinen Abbruch getan. Außerdem besitzen die 1997er einen ungewöhnlichen hohen Spiegel an pikanter untergründiger Säure, was sie wundervoll quicklebendig erscheinen lässt. Zudem können sich in puncto Aroma nur die 1995er mit ihnen messen. Ich habe acht Chardonnays verkostet. Auch wenn sie gewisse Übereinstimmungen aufweisen, verfügen sie gleichwohl über so ausgeprägte Charakteristika, dass die Kellerei sie zu Recht getrennt herausgebracht hat. Alle sind sowohl auf wilden als auch auf Kulturhefen vergoren, während ihres ausgedehnten Kontakts mit dem Hefesatz immer wieder aufgerührt und nach dem Durchlaufen der vollständigen malolaktischen Gärung unfiltriert abgefüllt worden. Der Anteil an frischem französischem Eichenholz variiert und liegt bei den Camp-Meeting-Ridge-, den Hudson- und den Cuvée-Cathleen-Weinen über dem Durchschnitt.

Der *1997er Chardonnay McCrea Vineyard*, der an Reben von einem alten Wente-Klon gewachsen ist, steht für den zitrusfruchtigen, buttrigen, mineralischen Stil dieser Sorte. Er beeindruckt durch einen mittleren Körper, eine herrliche Konzentration, eine beträchtliche Fülle und Textur am Gaumen sowie durch herrliche Eleganz, Reintönigkeit und Ausgewogenheit. Seine pikante Säure gibt dem Wein eine wundervolle Frische. Er dürfte 5–7 Jahre überdauern. Der *1997er Chardonnay Vine Hill Road Vineyard* (der an Reben vom Typ des Hyde- und des Dijonklons gereift ist) ist ein verhaltenerer Wein mit deutlich höherem Säuregehalt. Er präsentiert sich mit Eindrücken von kaltem Stahl und nassen Steinen und jener flüssigen mineralischen Note, die man in gewissen Chardonnays antrifft. Bei mittlerem bis vollem Körper, exzellenter Tiefe und größerer Strenge und Verhaltenheit, als seine Jahrgangsgenossen sie aufzuweisen haben, sollte er noch ein Jahr ruhen und kann dann 6–7 Jahre überdauern. Wer nach einem Chardonnay sucht, der ein tropisches Fruchtspektrum zu bieten hat, ohne deshalb seinen komplexen mineralischen Charakter völlig einzubüßen, dürfte an dem *1997er Chardonnay Durell Vineyard* seine Freude haben. Dank des in dieser Parzelle vorherrschenden nährstoffarmen Bodens und der Verwendung von Hyde-Klonen ist ein Wein von pikanter Säure, von mittlerem bis vollem Körper und hervorragender Reife und Reintönigkeit entstanden. Hinzu kommen noch verschwenderische Noten von Orangenblüten und Zitrusfrüchten sowie Nuancen von Pfirsichen und Ananas. Dieser Wein sollte noch 1–2 Jahre lagern und könnte dann, ungewöhnlich genug, 8–10 Jahre überdauern. Der schwelgerischere, im Burgunder-Stil gehaltene *1997er Chardonnay Dutton Ranch* verströmt Aromen von gerösteten Haselnüssen, süßen, gehaltvollen tropischen Früchten; er beeindruckt durch seinen vollen Körper und die laserartige Klarheit seiner Bestandteile. Der gehaltvolle, intensive Wein erinnert an einen straff gewirkten Grand Cru aus Burgund. Seine mineralische Seite ist nicht sehr ausgeprägt, dafür sind die rauchwürzigen, hefigen Noten von gerösteten Nüssen stärker entwickelt; zugleich kombiniert er verschwenderische tropische Früchte mit honigtönigen Anklängen. Er dürfte bereits bei der Freigabe und in den kommenden 5–7 Jahren köstlich schmecken.

Bei dem *1997er Chardonnay Kistler Vineyard* (der an Reben des angeblich aus dem Burgunder Weinberg Corton-Charlemagne eingeschmuggelten Mt.-Eden-Klons gewachsen ist) handelt es sich um einen vielschichtigen Wein mit einer gehaltvollen, körperreichen, cremigen Textur, einer superben, buttrigen, honigtönigen Frucht, subtilen Toastnoten, einer herrlich reifen Frucht sowie Anklängen an weiße Blumen, buttergesättigtes Popcorn und flüssige Kiesel. Der Wein verbindet Kraft mit Finesse und dürfte bereits jung, aber auch noch

5–7 Jahre zu trinken sein. Der brillante *1997er Chardonnay Camp Meeting Ridge* ist der explosivste, viskoseste, kraftvollste und mineralischste der Kistler-Chardonnays. Wie seine gleichaltrigen Verwandten hat er mehr als 14% Alkohol, der freilich durch die hervorragende Geschmacksextraktion und die vielschichtige Persönlichkeit schön überdeckt wird. Trotz der üppigen, hefigen Komplexität, die er an den Tag legt, handelt es sich um einen extrem gehaltvollen, ungemein konzentrierten, umwerfenden Chardonnay mit einer gigantischen Fruchtextraktion und einer erstaunlichen Länge. Dies ist eindeutig der bislang feinste Chardonnay aus dieser Lage. Ein weiterer hefiger, rauchwürziger, im Burgunder-Stil gehaltener exotischer Wein ist der *1997er Chardonnay Hudson Vineyard.* Der Wein erinnert mit seinem buttrigen Charakter, seinen verschwenderischen Frucht- und Glyzerinnoten und seiner festen stützenden Säure an einen Mersault. Mein Instinkt sagt mir, dass der Wein der am frühesten zugängliche und deshalb auch der mit 4–5 Jahren kurzlebigste dieser Chardonnays sein wird. Nach so vielen sensationellen Chardonnays ist es schwierig, noch neue Adjektive und Superlative zu finden, um den *1997er Chardonnay Cuvée Cathleen* angemessen zu beschreiben. Dieser Wein wird aus einer Auswahl von Fässern komponiert, die Steve Kistler und Mark Bixler für die gehaltvollsten und vollkommensten halten. Diese Kreation, die sich geringfügig besser darstellt als die übrigen brillanten Cuvées, betört durch eine exzeptionelle Reichhaltigkeit, Länge und Intensität. Dem Glas entströmen außergewöhnlich intensive und herrlich ausgewogene Aromen von rauchwürzigem, gebuttertem Popcorn, vielschichtigen tropischen Früchten und Mineralien. Dieser großartige körperreiche Wein dürfte 8–10 Jahre vorzüglich schmecken.

Steve Kistler und Mark Bixler sind zu Recht stolz auf ihre Chardonnays, ihre absolute Liebe jedoch gehört den Pinot Noirs, bei denen es sich womöglich um die größten Vertreter dieser Rebsorte in der Neuen Welt handelt. Von dem *1999er Pinot Noir Hirsch Vineyard* gibt es 250 Kisten. Er hat eine dichte rubin-purpurrote Farbe und fantastische Aromen von Brombeeren, die mit Rauch-, mineralischen, Erd- und floralen Nuancen unterlegt sind. Nach einiger Zeit im Glas kommen zu den komplexen Aromen und Geschmacksnoten noch Kirsch- und Pfefferkomponenten hinzu. Der Wein ist körperreich und spektakulär konzentriert, beeindruckt jedoch zugleich durch eine jugendliche Lebhaftigkeit und schöne untergründige Säurekomponenten. Sämtliche dieser Weine sind aus entstielten Pinot-Noir-Trauben gekeltert und dann nach einer 12-monatigen Alterung in vollständig neuen Eichenfässern ungeschönt und unfiltriert abgefüllt. Der Wein dürfte ohne weiteres eine Dekade überdauern. Nicht minder beeindruckend ist der *1999er Pinot Noir Kistler Vineyard,* der mit blumigen und erdigen Noten von schwarzen Himbeeren und Beerenfrüchten aufwartet. Der Wein ist betörend reichhaltig und hat eine durch schöne Säurekomponenten gestützte samtige Textur, einen vollen Körper sowie eine superbe Dichte, Reintönigkeit und Ausgewogenheit. Dieser grandiose Pinot Noir dürfte ebenfalls 10 Jahre überdauern. Der *1999er Pinot Noir Cuvée Catherine,* eine Auswahl aus den besten Fässern des Kistler Vineyard, präsentiert sich mit einem Bukett von geröstetem Fleisch, Erde, Trüffeln, Brombeeren, Himbeeren und einer rauchwürzigen Kirschfrucht. Dieser groß dimensionierte Wein hat einen vollen Körper, eine ölige Textur und eine herrliche Säure. Die Monumentalität dieses Pinot Noir sprengt jedes Vorstellungsvermögen. Seinen Höhepunkt dürfte er in 3–4 Jahren erreichen und dann 12–15 Jahre oder länger überdauern. Schließlich wären da noch 150 Kisten von dem dicht purpurroten *1999er Pinot Noir Occidental Cuvée Elizabeth.* In diesem Wein entzünden Aromen von Blaubeer- und Brombeerlikör, die mit mineralischen und Veilchendüften unterlegt sind, ein ganzes Feuerwerk von Geruchsempfindungen. Am Gaumen stellt sich der Wein zwar üppig, aber bemerkenswert frisch und lebendig dar. Zudem betört er durch seine unglaubliche Konzentration, Reintönigkeit und Ausgewogenheit. Voraussichtliche Genussreife: jetzt–2012.

Der dunkelrubin-purpurrote *1998er Pinot Noir Hirsch Vineyard* (150 Kisten) hat die für diesen Wein sonst typischen randalierenden Tannine halbwegs gezähmt. Der gehaltvolle, reintönige, tiefe und körperreiche Wein verfügt über verschwenderische Mengen an schwarzer Kirschfrucht, Gewürzen und Pfeffer. Er sollte noch 4–5 Jahre lagern und dürfte sich 10–15 Jahre halten. Der dunkelrubinrote *1998er Pinot Noir Camp Meeting Ridge* (100 Kisten) erinnert in seinem Aromenprofil an einen Grands-Echézeaux oder einen Richebourg aus einem Spitzenjahr. Dem Glas entströmen Noten von schwarzen Himbeeren, Brombeeren, Blumen und Mineralien. Obwohl er nicht über so viel Kraft verfügt wie der Hirsch Vineyard, beeindruckt er durch seine samtige Süße und seine unverwechselbare Individualität. Gewiss einer von Kistlers prunkvolleren Weinen. Sie können ihn bereits jetzt oder in den nächsten 10 Jahren trinken. Von dem superkonzentrierten, körperreichen, fetten, üppigen dunkelpurpurroten *1998er Pinot Noir Kistler Vineyard* gibt es 500 Kisten. Der an Reben des Calera-Klons gereifte Wein verströmt saftige, erdige, mineralische und würzige Aromen von schwarzen Kirschen und Beerenfrucht. Im Mund kommen Anklänge an Rinderblut und schwarze Früchte zum Vorschein, außerdem reichlich Fett und Glyzerin und eine moderate Tannindosis. Ein üppiger Pinot Noir, der sich in den kommenden 10+ Jahren faszinierend entwickeln dürfte.

Der 1998er Pinot Noir Kistler Cuvée Catherine und der 1998er Pinot Noir Occidental Cuvée Elizabeth sind neben dem Pinot Noir Marcassin Vineyard die besten Pinot Noirs, die ich bislang in Kalifornien verkostet habe. Der dicht rubin-purpurrote *1998er Pinot Noir Kistler Cuvée Catherine* (240 Kisten) verströmt spektakuläre florale Noten von schwarzen Himbeeren und Kirschen. Seine überwältigend reintönige Frucht präsentiert sich mit Noten von eingedickten Kirschen und Erdbeeren samt rauchwürzigen Eindrücken und Nuancen von Veilchen (oder vielleicht Flieder?). Bei vollem Körper, schöner untergründiger Säure und süßen Tanninen ergibt dies alles einen üppigen Wein. Voraussichtliche Genussreife: jetzt–2012. Von dem *1998er Pinot Noir Occidental Cuvée Elizabeth* gibt es nur jämmerliche 50 Kisten, und entsprechend kurz sind auch meine Angaben. Ein wahrhaft exzeptioneller Wein, in dem die Essenz des Pinot Noir eingefangen ist. Sollten Sie zufällig eine oder zwei Flaschen ergattern, setzen Sie mich davon unbedingt in Kenntnis.

Der undurchdringlich schwarz-purpurrote *1997er Pinot Noir Hirsch Vineyard* erinnert mehr an einen Syrah als an einen Pinot Noir. Trotzdem verströmt er Aromen von Brombeeren, Kirschen und Rauch, die mit Noten von Toastbrot, gerösteten Kräutern und Fleisch durchsetzt sind. Bei mittlerem bis vollem Körper, einer eher schwachen bis moderaten Tannindosis und einem überschwänglichen Stil mit festen Säurekomponenten, präsentiert sich dieser Wein als Klassiker. Voraussichtliche Genussreife: jetzt–2014. Der dunkelrubinpurpurrote *1997er Pinot Noir Camp Meeting Ridge* wartet mit einer eher femininen, weniger muskulösen Persönlichkeit und einer reichen Frucht von schwarzen Himbeeren und Kirschen auf. Dieser weicher und üppiger ausgebaute Pinot Noir präsentiert sich am Gaumen schmeichelhafter als der Hirsch Vineyard. Der Wein erscheint extrem expansiv, mit süßen Tanninen, adäquater Säure und bewundernswertem Stehvermögen.

Zwei der spektakulärsten Pinot Noirs, die ich je verkostet habe, sind die 1997er Pinot Noir aus dem Kistler Vineyard und die Cuvée Catherine. Der *1997er Pinot Noir Kistler Vineyard* (500 Kisten) ist an Reben des Klontypus Dijon 777 und der beiden kalifornischen Klone Pommard und Calera gewachsen. Der Wein hat eine dichte, satt dunkelrubin-purpurrote Farbe und ein ungewöhnlich süßes Bukett von gerösteten Kräutern und schwarzer Kirschmarmelade, das mit Nuancen von Himbeeren, Trüffeln und toastwürziger Eiche unterlegt ist. Der süße und expansive, körperreiche Wein hat eine fabelhafte Konzentration und Reintönigkeit, den potenziellen Komplexitätsgrad eines Grand Cru und einen mehr als 30 Sekunden anhaltenden Abgang. Kaum zu glauben, dass es so etwas gibt. Dieser Wein dürfte schon bei der Freigabe und noch weitere 10 Jahre trinkbar sein. Von dem *1997er Pinot Noir Cuvée Catherine* gibt es rund 250 Kisten. Wie seine Verwandten hat er mehr als 14% Alkohol, der freilich durch die sensationelle Konzentration, Geschmacksextraktion und Ausgewogenheit des Weines vollständig überdeckt wird. Der dicht rubin-purpurrote, körperreiche Pinot Noir verströmt Aromen von Brombeeren, Himbeeren und Kirschlikör, in die sich Lakritze-,

Rauch- und Fleischnuancen mischen. Der kernige, aber nicht schwere Wein offenbart eine gewisse Tanninnote, die freilich größtenteils unter seiner Frucht, seinem Glyzeringehalt und seinen Extraktstoffen verborgen ist. Alle Achtung: Was für eine Darbietung!

Die vier 1996er Pinot Noirs, die ich verkostet habe, sind ebenfalls bemerkenswerte Weine. Der *1996er Pinot Noir Kistler Vineyard* wartet mit intensiven, Vosne-Romanée- und Richebourg-artigen Aromen von Veilchen, schwarzen Kirschen und Rauch auf. Der körperreiche, sagenhaft gehaltvolle, bewundernswert gezeichnete Wein präsentiert sich in der Mitte üppig und konzentriert und wartet in seinem würzig-erdigen Abgang mit Noten von schwarzen Kirschen auf. Auch hier haben wir es wieder mit einem beeindruckenden, superkonzentrierten, ebenso komplexen wie ausgewogenen Pinot Noir zu tun. Er dürfte 10 Jahre überdauern. Der *1996er Pinot Noir Cuvée Catherine*, ein Verschnitt aus Früchten von der Sonoma-Küste und aus dem Kistler Vineyard, ist ein weiterer betörender, üppig ausgebauter Pinot. Farblich präsentiert er sich in einem gesunden satten Rubin-Purpurrot. Der Wein ist sensationell gehaltvoll und extrem körperreich und verströmt florale Aromen (von Veilchen und Flieder), in die sich Noten von Kirschmarmelade, überreifen Erdbeeren und Rauch mischen. Mit seiner überwältigenden Reintönigkeit und seiner vielschichtigen Textur ist dieser Wein, genau wie die übrigen Pinot Noirs dieser Kellerei, ein Prachtexemplar der Winzerkunst! Voraussichtliche Genussreife: jetzt–2010.

Der dicht rubinrote *1996er Pinot Noir Camp Meeting Ridge* (150 Kisten) ist eine wahre Fruchtbombe. Er verfügt über verschwenderische Mengen an üppigen schwarzen Früchten, die mit Nuancen von Unterholz, Mineralien und Gewürzen durchsetzt sind. Der quicklebendige, reintönige Charakter dieses herrlich proportionierten Weines von mittlerem bis vollem Körper mit seinen schön eingebundenen Tannin- und Säurekomponenten ist höchst angenehm. Diesen Wein können Sie bereits jung, aber auch noch in den kommenden 10 Jahren trinken. Der *1996er Pinot Noir Hirsch Vineyard* (150 Kisten) sollte noch 3–5 Jahre ruhen. Dieser muskulöse, tanninbetonte Wein mit seinen fleischigen, kräftigen Duft- und Geschmacksnoten und seiner Frucht von schwarzen Kirschen, in die sich erdige *terroir*-Nuancen mischen, ist ein echter Macho. Wegen seines erhöhten Tanninspiegels sollte der Wein noch eine Weile lagern. Deshalb stellt er sich zur Zeit auch eckiger und strenger dar als die anderen Cuvées.

Kistler hat erstmals 1994 eine Auswahl seiner beeindruckenden Pinot Noirs auf den Markt gebracht. Die 1995er stellen sich jedoch genauso gut dar wie die imposanten 1994er. Der *1995er Pinot Noir Hirsch Vineyard* hat eine undurchdringlich rubinrote Farbe, ein kräftiges, würziges, erdiges Bukett von schwarzer Frucht, einen vollen Körper, reichlich Tannine und eine bewundernswerte Intensität und Reichhaltigkeit. Der Wein sollte noch 1–2 Jahre ruhen und dürfte dann rund 10 Jahre überdauern. Von diesem aus Früchten von der Sonoma-Küste gekelterten Wein gibt es nur 250 Kisten. Der *1995er Pinot Noir Camp Meeting Ridge* (ebenfalls 250 Kisten) ist ein dichter Côtes-de-Nuits-artiger Wein mit verschwenderischen Noten von süßen schwarzen Früchten, Erde und Unterholz. Der ebenfalls an der Küste von Sonoma gewachsene körperreiche, kraftvolle Wein ist tanninbetonter und strukturierter als die Hirsch-Cuvée. Der *1995er Pinot Noir Cuvée Catherine* ist einer der bemerkenswertesten kalifornischen Pinot Noirs, die ich je verkostet habe. Der undurchdringlich purpurrote Wein verströmt süße Aromen von schwarzen Früchten, Rauchfleisch und Mineralien und beeindruckt durch seine exzeptionelle Fülle, Reintönigkeit und seine schöne Zeichnung. Zur Zeit zeigt er sich noch verhalten und verschlossen, aber was für eine unglaubliche Konzentration, Intensität und Ausgewogenheit!

Der rubin-purpurrote *1994er Pinot Noir Hirsch Vineyard* verströmt Aromen von Erde, Fleisch und reifen schwarzen Früchten. Der körperreiche, kraftvolle, gehaltvolle Wein mit seinen komplexen Aromen und seinen groß angelegten Geschmacksdimensionen könnte ohne weiteres auch als Spitzen-Grand-Cru von der Côte de Nuits durchgehen. Der mittel- bis dunkelrubinrote *1994er Pinot Noir Camp Meeting Ridge* präsentiert sich mit einem fleischigen Aroma von Zimt und Kirschen, abgerundeten, ausgereiften Geschmackskomponenten von mittlerem Körper und einem langen weichen, gehaltvoll-fruchtigen Abgang. Der *1994er Pinot Noir Vine Hill* präsentiert sich mit einer tieferen Farbe, einem ausgereifteren intensiveren Duft, superber Fülle und Tiefe, einem vollen Körper, schön integrierten Säure- und Eichenkomponenten und einem opulenten, seidig texturierten Abgang. Er könnte ohne weiteres als hochklassiger Grand Cru von der Côte d'Or in Burgund durchgehen und dürfte noch 5–6 Jahre Freude bereiten. Der *1994er Pinot Noir Cuvée Catherine* hat eine auffällige Farbdichte und herrliche Aromen von wilden Beeren und Kirschen. Dieser gehaltvolle, körperreiche superbe Pinot verfügt über ganze Schichten cremiger Frucht und eine fantastische Textur und ist bereits jung, aber auch noch in 7–8 Jahren trinkbar.

Ich weiß nicht, ob alle Leser diese Meinung teilen, aber bei den vorgenannten Chardonnays und Pinot Noirs handelt es sich wirklich um historische Weine. Am meisten bewundere ich an Steve Kistler und Mark Bixler, dass sie sich Jahr für Jahr bemühen, ihre bereits jetzt unvergleichlich edlen Tropfen immer wieder zu verbessern.

KONGSGAARD (NAPA)

1998	**Arietta**	**Napa**	**EE**	**92**
1997	**Arietta**	**Napa**	**EE**	**91**
1999	**Arietta Merlot**	**Napa**	**EE**	**92**
1998	**Arietta Merlot**	**Napa**	**EE**	**90+**
1999	**Chardonnay**	**Napa**	**EE**	**93**
1997	**Merlot**	**Napa**	**EE**	**90**
1999	**Roussanne/Viognier**	**Napa**	**EE**	**93**
1999	**Syrah Hudson Vineyard**	**Napa**	**EE**	**(92–94+)**
1998	**Syrah Hudson Vineyard**	**Napa**	**EE**	**92+**

Was John Kongsgaard über seine Philosophie der Weinbereitung zu sagen hat, ist für einen Kenner wahrlich nichts Neues. Wie alle heutigen Spitzenwinzer drückt er die Erträge seiner Reben, erntet nur vollreife Früchte und verwendet bei der Weinbereitung weder Reinzuchthefen noch Bakterienstämme oder Enzyme. Und natürlich füllt er seine Weiß- und Rotweine ungeschönt und unfiltriert auf Flaschen ab. Etwas schwieriger zu verstehen ist Kongsgaards von ihm selbst als »Tod und Neugeburt« bezeichnete Methode der Vinifizierung. Kurz: Er lässt zu, dass seine Weine »auf dem Hefesatz sterben«, bevor sie sich zur Wehr setzen und zu neuem Leben erwachen. Er glaubt, dass man als Winzer im Keller ohnehin nicht mehr viel ausrichten und eine qualitätssteigernde Kreativität nur an den Tag legen kann, wenn man mit »extremen Methoden der Vinifizierung« arbeitet. Wie immer er das auch anstellt, es funktioniert, da seine Erzeugnisse zu den unverwechselbarsten kalifornischen Weinen gehören.

Der *1999er Chardonnay*, dessen Früchte größtenteils aus dem familieneigenen Stone Crest Vineyard in Coombsville stammen, stellt sich sogar noch intensiver und konzentrierter dar als der 1997er. Offenbar ist er aus künstlich reduzierten Erträgen gekeltert, da es nur 600 Kisten davon gibt. In dem Wein scheint alles in höchster Konzentration angelegt: nicht nur die Frucht, sondern auch die Extraktstoffe und die Säure. Er ist straff gewirkt, aber unglaublich intensiv und sollte wie ein großer Montrachet 30–45 Minuten vor dem Servieren dekantiert werden. Auf die hellgrün-goldene Farbe folgen ebenso gigantische wie intensive Noten von flüssiger Mineralität, in die sich subtile Marmeladen-, Karamell-, Geißblatt-, Zitrusöl- und Haselnussnuancen mischen. Der körperreiche, kraftvolle Wein präsentiert sich ungemein lebensprühend und hat einen Abgang von 40+ Sekunden. Ein erstaunlicher Chardonnay, der mehr als 12 Monate vergoren wurde, bevor er als »trocken« gelten konnte. Außerdem wurde er komplett in neuen Eichenfässern ausgebaut, obwohl in seinem Duft und Geschmack buchstäblich keine Holznoten feststellbar sind. Seien Sie nicht überrascht, wenn sich dieser Wein wenigstens eine Dekade entwickelt – er ist wirklich etwas ganz Besonderes.

Ausschau halten sollten Sie auch nach dem bemerkenswerten Verschnitt aus 50% Roussanne- und 50% Viognier-Früchten, den John Kongsgaard im Angebot hat. Da er die Oper liebt, wird er für den Wein gewiss einen Namen aus der Welt der Musik wählen. Mein erster Gedanken war: »explosiv«. Dieser *1999er Roussanne/Viognier* (nur ein Arbeitstitel!) ist in neutralen Eichenfässern ausgebaut worden und präsentiert sich mit einem »elsässischen« Petroleumaroma. Der ölig texturierte, dekadente und verschwenderisch reichhaltige, zugleich schön gezeichnete, elegante Wein bietet fast zu viel des Guten. Auch wenn es widersprüchlich klingen mag, handelt es sich um einen wundervoll komplexen, intensiven, trockenen körperreichen Weißwein, an dem Sie sich 3–4 Jahre erfreuen können.

Wer einen kalifornischen Syrah sucht, der die Struktur eines Hermitage aufweist, sollte vielleicht einmal Kongsgaards Angebote in Betracht ziehen. Sie sind das glatte Gegenteil der sonst weit verbreiteten großen, köstlichen Fruchtbomben, die man tunlichst bereits in den ersten 7–10 Jahren trinken sollte. Von dem undurchdringlich schwarz-purpurroten *1998er Syrah Hudson Vineyard* gibt es etwa 200 Kisten. Nach Konsgaards Auskunft ist er aus »idiotisch niedrigen Erträgen« bereitet. Der Wein mutet im Mund straff an, wartet aber mit reichlich Extrakten und Aromen von Brombeeren, Lakritze, Erde, Trüffeln, Pfeffer und Grafit auf. Dank seiner kräftigen Tannindosis dürfte dieser trotzdem süße und gehaltvolle Wein 20 Jahre überdauern. Nur noch eine Warnung: Dekantieren Sie den Wein entweder 60 Minuten vor dem Servieren oder legen Sie ihn noch 2–3 Jahre beiseite. Der undurchdringlich schwarz-blau-purpurrote *1999er Syrah Hudson Vineyard* stellt sich öliger dar und mit intensiven Aromen und Geschmacksnoten von süßer Crème de Cassis, Brombeeren, Rauch und Hickory-Grillgewürzen. Der riesige, gehaltvolle, körperreiche und wuchtige Wein entwickelt sich rascher als sein Vorgänger von 1998. Voraussichtliche Genussreife: jetzt–2016.

In Kooperation mit dem Auktionator Fritz Hatten produziert Kongsgaard außerdem etwa 500 Kisten Arietta. Der Verschnitt aus Cabernet Franc und Merlot ist gewissermaßen die Antwort dieser Kellerei auf den Cheval Blanc. Der *1998er Arietta* ist ein rundum kompletter und komplexer Wein, der wie eine Synthese aus einem erstklassigen St-Emilion und einem Rotwein aus dem Napa Valley schmeckt. In diesem Wein paart sich die Komplexität eines Spitzen-Bordeaux mit der Reife und Reichhaltigkeit Kaliforniens. Seine dichte rubin-purpurrote Farbe geht mit Aromen von schwarzen Früchten, Leder, Gewürzkiste und floralen Noten einher. Bei mittlerem bis vollem Körper und moderaten Tanninen im Abgang öffnet sich dieser reintönige Wein erst nach längerer Belüftung. (Nach rund 10 Minuten kamen Blaubeernoten zum Vorschein.) Dieser Wein dürfte wenigstens 20 Jahre überdauern. Von dem *1997er Arietta* wurden ungefähr 450 Kisten hergestellt. Als ich den Wein verkostet habe, erklang in den Kellereiräumen aus Lautsprechern Beethoven-Musik. Kongsgaard sagt, dass der Arietta möglicherweise ein Beethoven-Etikett bekommt, obwohl mich der Wein eher an Wagner-Musik erinnert. Dieser Verschnitt aus 85% Cabernet Franc und 15% Merlot spielt in einer Klasse mit so berühmten Cabernet Francs wie dem La Jota, dem Pride Mountain und der Maya-Cuvée von Dalla Valle. Mit Aromen von schwarzen Johannisbeeren, Kirschen, Blumen, Leder und Gewürzen, präsentiert sich der überwältigend gehaltvolle und körperreiche Wein ebenso kraftvoll wie elegant. Die süßen Tannine, die Finesse und die Geschmeidigkeit legen einen baldigen Konsum dieses Weines nahe, trotzdem hat er die Länge und die innere Tiefe 15+ Jahre zu überdauern.

Der *1998er Arietta Merlot* (400 Kisten; 95% Merlot und 5% Syrah) erlebt sein Debüt unter diesem Etikett. Es handelt sich dabei um einen straff gewirkten, strukturierten Merlot (erinnern Sie sich noch an die hervorragenden Merlots, die John Kongsgaard während seiner Zeit als Weinmacher bei Newton fabriziert hat?) mit expressiven Aromen und Geschmacksnoten von eingedickten Beerenfrüchten, die mit Schokoladennuancen durchsetzt sind. Der körperreiche, gehaltvolle, aber verhaltene Wein sollte noch 2–3 Jahre ruhen und kann 15–18 Jahre überdauern. Der *1999er Arietta Merlot* ist mit 10% Syrah verschnitten. Er hat ein Bukett mit Blaubeer- und floralen Noten, die sich umgehend in Nuancen von teeriger Arznei, Brombeere und Kaffee verwandeln. Der ungemein extraktreiche Wein präsentiert sich unentwickelt, superreif, reintönig und strukturiert; er dürfte noch 2–3 Jahre ruhen und wird rund 20 Jahre überdauern.

Der *1997er Merlot* ist mit 25% Syrah verschnitten. Von diesem pfeffer-, leder-, brombeerduftigen Wein gibt es 125 Kisten. Der köstliche Merlot hat einen mittleren bis vollen Körper, eine fleischige Mitte und einen aromatischen Stil und kann 10 Jahre überdauern.

Sämtliche Kongsgaard-Weine werden per Versandliste vertrieben.

CHARLES KRUG (NAPA)

1997	**Cabernet Sauvignon Slinsen Vineyard**	**Napa**	**D**	**87**
1997	**Cabernet Sauvignon Vintage Selection**	**Napa**	**D**	**88**
1997	**Merlot Reserve**	**Napa**	**D**	**90**
1997	**Reserve Generations**	**Napa**	**D**	**(87–88)**

Dieses großes Weingut (die Familie Mondavi besitzt in Napa gut 300 Hektar Rebland) blickt auf eine lange Geschichte zurück. Die ursprüngliche Kellerei wurde 1861 erbaut, doch die modernen Zeiten begannen erst richtig, als Cesare Mondavi den Besitz 1943 erwarb. Dann machte sich Robert Mondavi 1965 mit einer eigenen Kellerei selbstständig, und so übernahm Peter Mondavi allein die Leitung des Weinguts. Peter war einer der Ersten, die weißen Traubenmost kalt vergoren und ihre Weine steril abfüllten. Seine beiden Söhne, die den Betrieb heute führen, haben bald begriffen, dass sie die Qualität steigern mussten. Von den neuen Jahrgängen bin ich stark beeindruckt. Die Kellerei ist gerade dabei, von Rebsorten wie Chenin Blanc, Johannisberg Riesling, Gamay und weißem Zinfandel auf die so genannten Bordeaux-Varietäten (also Cabernet Sauvignon, Merlot und Sauvignon Blanc) umzusteigen. Seit 1997 ist der früher für S. Anderson tätige Weinmacher Jack Cole damit beschäftigt, die Qualität des Hauses kontinuierlich zu verbessern. Auch hat die Kellerei eine Reihe kleinerer Gärtanks und eine Delta-Presse sowie neue Eichenholzfässer angeschafft, die die früher verwendeten *foudres* ersetzen. Außerdem sind inzwischen 80 von ursprünglich 320 Hektar Rebfläche mit besserem Klonmaterial bepflanzt worden. Alles in allem verfügt Charles Krug über ein immenses Potenzial, das jedoch großenteils noch brachliegt. Schnäppchenjäger dürften dort so manches günstige Angebot finden. Einige Weine kommen auch weiterhin glanzlos und nicht sonderlich aufregend daher (1997er Merlot, 1997er Cabernet Franc, 1997er Pinot Noir), trotzdem hat dieser Erzeuger die Qualität bereits merklich gesteigert. Wenn Sie schlau sind und nach einem preiswerten Wein aus dem Napa Valley suchen, dann sollten Sie die nachfolgenden Notizen aufmerksam lesen.

Einer der teureren Weine ist der *1997erReserve Generations*, ein Verschnitt aus 50% Cabernet Sauvignon, 30% Cabernet Franc und 20% Merlot. Auf die dunkelpflaumenblaue Farbe folgt ein elegantes, süßes Bukett von Preiselbeeren, schwarzen Johannisbeeren und Gewürzen. Bei mittlerem Körper beeindruckt der St-Emilion-artige Wein durch eine schöne Reife und Reintönigkeit, einen Anflug von Holzeindrücken und einen beschwingten, fleischigen Abgang. Trinken Sie ihn in den kommenden 7–10 Jahren. Den *1997er Cabernet Sauvignon Slinsen Vineyard* (100% Cabernet Sauvignon; 250 Kisten) habe ich aus dem Fass verkostet. Obwohl man bei Charles Krug bemüht ist, möglichst ohne Schönen und Filtrieren auszukommen, werden manche der Weine noch einer gewissen Klärung unterzogen. Langfristig verfolgt man jedoch das Ziel, die Spitzencuvées unfiltriert abzufüllen. Wollen wir hoffen, dass es Weinmacher Jack Cole mit Peter und Mark Mondavis Unterstützung gelingt, diesen Plan zu realisieren. Der eng angelegte Wein präsentiert sich ein wenig zu tanninbetont und mit attraktiven Noten von Zedernholz und Gewürzkiste sowie schwarzen Johannisbeeren. Der Abgang ist etwas tanninlastig, aber der Wein kann sich ja noch entwickeln. Voraussichtliche Genussreife: jetzt–2012. Der hervorragende *1997er Merlot Reserve* (100% Merlot aus einer Rebkultur in Carneros) ist nach meinem Empfinden der gelungenste Wein, den die Kellerei seit einigen ihrer besonders schönen 1974er Einzellagen-Cabernet-Sauvignons produziert hat. Der dunkelrubin-purpurrote Wein verströmt Bilderbucharomen von gerösteten Kaffeebohnen, eingedickter Beerenfrucht und getrockneten Kräutern. Bei mittlerem bis vollem Körper vermittelt dieser saftige und gehaltvolle Wein einen bemerkenswerten Eindruck von der Qualitätssteigerung des Weinguts. Trinken Sie ihn in den kommenden 7–8 Jahren. Der *1997er Cabernet Sauvignon Vintage Selection* gilt als der feinste Cabernet der Kellerei. Obwohl ich ihn in einem relativ verschlossenen Zustand verkostet habe, verfügt er durchaus über ein Potenzial. Der dunkelrubin-purpurrote Wein verströmt Aromen von Sandel- und Zedernholz, schwarzen Johannisbeeren, Gewürzen und Lehmboden. Er hat einen mittleren bis vollen Körper, eine exzellente Konzentration und moderate Tanninwerte. Er dürfte mühelos 15–20 Jahre altern. Voraussichtliche Genussreife: 2005–2020.

KUNDE (SONOMA)

1997	**Cabernet Sauvignon Drummond Vineyard**	**Sonoma**	**C**	**89+**
1997	**Cabernet Sauvignon Reserve**	**Sonoma**	**D**	**89**
1999	**Chardonnay**	**Sonoma**	**C**	**88**
1999	**Chardonnay C. S. Ridge**	**Sonoma**	**C**	**88**
1999	**Chardonnay Wildwood Vineyard**	**Sonoma**	**C**	**88**
1997	**Syrah**	**Sonoma**	**C**	**90**
1999	**Viognier**	**Sonoma**	**C**	**89**
1999	**Zinfandel**	**Sonoma**	**C**	**(87–88)**
1998	**Zinfandel Century Vines-Shaw Vineyard**	**Sonoma**	**C**	**90**
1997	**Zinfandel Century Vines-Shaw Vineyard**	**Sonoma**	**C**	**88**
1998	**Zinfandel Robusto**	**Sonoma**	**D**	**90**
1997	**Zinfandel Robusto**	**Sonoma**	**D**	**90**

Kluge Weinfreunde, denen die Qualität genauso wichtig ist wie der Preis, sollten sich einmal mit diesen Weinen befassen, die von einer der ältesten Farmersfamilien des Sonoma Valley erzeugt werden. Dieselbe bodenständige Freundlichkeit wie die Kundes strahlt auch David Noyes aus, der talentierte Weinmacher der Familie. Wie die Preise bezeugen, hat der Größenwahn auf diesem Weingut noch nicht Einzug gehalten. Die sehr guten, unfiltrierten Weine präsentieren sich mit authentischen Aromen- und Fruchtprofilen, wie sie ihrem jeweiligen Sortencharakter entsprechen.

Die Kellerei erzeugt erstklassige unfiltrierte Chardonnays, die sich ebenso reichhaltig und von ihrer Frucht dominiert wie preiswert präsentieren. Der *1999er Chardonnay* (30000 Kisten) ist zu 60% fass- und zu 40% tankvergoren. Außerdem sind bei der Vinifizierung 30% neue Eiche zum Einsatz gelangt. Der reintönige, saubere Wein besitzt eine von reifen Pfirsichen, Ananas und tropischen Früchten dominierte Persönlichkeit samt einer Nuance von Holz. Der *1999er Chardonnay C. S. Ridge* hat die komplette malolaktische Gärung durchlaufen. Der junge, unentwickelte Wein hat eine konzentrierte Persönlichkeit von mittlerem bis vollem Körper und betört durch verschwenderische Noten von Geißblatt, weißen Pfirsichen und Zitrusfrüchten. Da der Wein laut David Noyes eine extrem langsame Gärung durchlaufen und der Trub sich noch nicht richtig abgesetzt hatte, dürfte er inzwischen sogar noch besser schmecken als zum Zeitpunkt der Verkostung. Der *1999er Chardonnay Wildwood Vineyard* ist sowohl säure- als auch alkoholhaltiger. Der hervorragende, strenge, von seinen Mineralien dominierte Wein präsentiert sich mit einer spritzigen Persönlichkeit, einer exzellenten Konzentration und Noten von Zitrone, Pampelmuse, weißen Pfirsichen und feuchten Steinen. Er dürfte sich zu einem komplexen Chardonnay entwickeln, den Sie 3–4 Jahre trinken können. Der *1999er Viognier*, einer der schönsten in Kalifornien produzierten Weine dieser Sorte, wird ebenfalls zu einem erschwinglichen Preis angeboten. Dank des winzigen Ertrages präsentiert sich der Wein ungemein konzentriert, mit einer überschwänglichen Persönlichkeit und mit verschwenderischen Noten von Geißblatt, Orangen- und Pfirsichmarmelade. Trinken Sie diesen dicken, saftigen Viognier jetzt.

Der undurchdringlich schwarz-purpurrote *1997er Cabernet Sauvignon Drummond Vineyard* (100 Kisten; die Trauben stammen aus dem 1,5 Hektar großen Wildwood Vineyard) verströmt mäßig intensive Aromen von Cassis, Pflaumen und rauchwürziger Eiche. Er hat 20 Monate in zu 60% neuen Eichenfässern verbracht und ist dann unfiltriert abgefüllt worden. Der stämmige, gehaltvolle, konzentrierte Wein ist ausschließlich aus Cabernet Sauvignon gekeltert und wird eine Dekade überdauern. Der ebenfalls schwarz-purpurrote *1997er Cabernet Sauvignon Reserve* (450 Kisten eines Verschnitts der besten Drummond-Fässer) hat Aromen und Geschmacksnoten von Backpflaumen, Lakritze, schwarzen Johannisbeeren und teeriger Arznei. Der gehaltvolle, nahtlose, säurearme, exzellent konzentrierte und durch eine schöne Dichte charakterisierte Wein ist die Überraschung des Jahrgangs. Eine Reserve-Abfüllung wurde 1998 nicht hergestellt.

Kunde produziert überdies drei Zinfandels, darunter einen mit der schlichten Herkunftsbezeichnung Sonoma, außerdem den Century Vines-Shaw Vineyard und die Zinfandel-dominierte Robusto-Spätlese, die ebenfalls im Shaw Vineyard gewachsen ist. Der *1999er Zinfandel* (mit einem 22%igen Anteil von Petite Sirah, Grenache und Mourvèdre) präsentiert sich mit einem pikanten beerenduftigen Bukett, belebender Säure, einer rauen Persönlichkeit und einem sehr direkten Abgang. Trinken Sie diesen mittelgewichtigen Zinfandel in den kommenden 3–4 Jahren. Interessanter stellt sich der exzeptionelle *1998er Zinfandel Century Vines-Shaw Vineyard* dar, in dessen Mischsatz auch winzige Petite-Sirah- und Alicante-Bouchet-Dosierungen enthalten sind. Er hat eine dunkelpflaumenblaue Farbe, einen vollen Körper und eine weiche pfeffrige, würzige Persönlichkeit mit toastwürzigen Eichennoten im Hintergrund. Diesen dichten, kernigen und gehaltvollen Wein können Sie in den kommenden 3–4 Jahren trinken. Dies ist ein erstklassiger 1998er, also aus einem Jahr, das von Schwarz-Weiß-Denkern als minderwertig abqualifiziert wird. Ebenfalls ein hervorragender Tropfen ist der *1998er Zinfandel Robusto* (500 Kisten). Eigentlich erinnert er eher an einen großen, kernigen italienischen Amarone als an einen kalifornischen Zinfandel. Auf die dunkelpflaumenblaue Farbe folgen Aromen und Geschmacksnoten von Holzkohle, geschmolzenem Asphalt, gerösteten Kräutern, getrockneten schwarzen Kirschen und Leder. Dieser dicke, kraftvolle, trockene, vollmundige Wein mit seinen verschwenderischen Fruchtnoten und seinem muskulösen und expansiven Auftreten am Gaumen sollte während der ersten 5–7 Jahre seines Lebens getrunken werden. Er bringt es auf berauschende 16,4% Alkohol.

Der *1997er Zinfandel Robusto* (15,8% Alkohol) ist zu 100% aus spät gelesenen Trauben gekeltert und schmeckt trotzdem völlig trocken. Er hat eine Persönlichkeit mit Nuancen von geschmolzenem Teer, teeriger Arznei und Holzkohle (wie man sie auch bei bestimmten italienischen und bei Weinen aus dem Rhônetal antrifft) plus verschwenderische Komponenten von schwarzen Früchten, Pfeffer und Beeren. Der Alkohol gibt dem Wein eine süße, glyzerinbetonte, ungemein sinnliche Note. Trinken Sie ihn in den kommenden Jahren. Neben den typischen Noten von schwarzen Kirschen kommen im Aroma des eindrucksvoll ausgestatteten *1997er Zinfandel Century Vines-Shaw Vineyard* auch Nuancen von Himbeeren, Lakritze, Fenchel und würzigem Eichenholz zur Geltung. Der fleischige, körperreiche, gehaltvoll geschichtete Zinfandel hat fast eine hervorragende Punktnote verdient. Trinken Sie diesen köstlichen Tropfen in den kommenden 5–6 Jahren.

Hoffentlich wird die Kellerei von dem Verschnitt, dem der *1997er Syrah* (1200 Kisten; 10% Viognier) sein Dasein verdankt, in den kommenden Jahren noch größere Mengen produzieren. Dieser preiswerte, attraktive, dicht purpurrote Syrah verströmt herrliche Aromen von Brombeerlikör, Pfeffer und Lakritze. Der fette, saftige, säurearme Wein ist eine wahre Fruchtbombe, die es tunlichst während der kommenden 5–6 Jahre zu entschärfen gilt.

In einer Zeit, da viele Verbraucher sich durch die auf Multimillionäre zugeschnittenen völlig überhöhten Preise abgestoßen fühlen, nimmt sich die Geschäftspolitik der Kellerei, die unverdrossen hochwertige Weine mit einem ausgeprägten Sortencharakter produziert, wahrlich erfrischend aus. Außerdem werden die Weine von tüchtigen Leuten erzeugt, die dem Verbraucher mit Respekt begegnen.

Bisherige große Jahrgänge: 1993er Cabernet Sauvignon Estate Reserve (90).

KUNIN (PASO ROBLES)

1998	Zinfandel Dante Dusi Vineyards	Paso Robles	D	89

Der *1998er Zinfandel Dante Dusi Vineyards* ist ein exzellenter Wein aus Pasa Robles. Er präsentiert sich in dunklem Rubinrot und mit Aromen von überschwänglich reifen Brombeeren und Kirschen, Cola, Erde und Gewürzen. Der herrliche Zinfandel (15,4% Alkohol) beeindruckt durch seinen vollen Körper, seinen niedrigen Säurespiegel, eine exzellente Reintönigkeit und einen kräftigen, vielschichtigen Eindruck im Mund. Trinken Sie ihn in den kommenden 4–5 Jahren.

LA JOTA (NAPA)

1994	Cabernet Franc	Napa	D	93
1999	Cabernet Franc Howell Mountain	Napa	D	87
1998	Cabernet Franc Howell Mountain	Napa	D	90
1997	Cabernet Franc Howell Mountain	Napa	D	94
1996	Cabernet Franc Howell Mountain	Napa	D	93
1995	Cabernet Franc Howell Mountain	Napa	D	93
1994	Cabernet Sauvignon Howell Mountain	Napa	C	92
1997	Cabernet Sauvignon Howell Mountain Select	Napa	D	90
1996	Cabernet Sauvignon Howell Mountain Select	Napa	D	92
1995	Cabernet Sauvignon Howell Mountain Select	Napa	D	91
1994	Cabernet Sauvignon Howell Mountain Select	Napa	C	93
1999	Cabernet Sauvignon 18th Anniversary Release	Napa	E	88?
1998	Cabernet Sauvignon 17th Anniversary Release	Napa	EE	88?
1997	Cabernet Sauvignon 16th Anniversary Release	Napa	EE	93+
1996	Cabernet Sauvignon 15th Anniversary Release	Napa	E	96
1995	Cabernet Sauvignon 14th Anniversary Release	Napa	D	94
1994	Cabernet Sauvignon 13th Anniversary Release	Napa	D	96
1998	Petite Sirah Howell Mountain	Napa	D	89
1997	Petite Sirah Howell Mountain	Napa	D	92
1996	Petite Sirah Howell Mountain	Napa	D	94
1995	Petite Sirah Howell Mountain	Napa	D	92
1994	Petite Sirah Howell Mountain	Napa	D	97

In den hoch gelegenen kühlen Lagen des Howell Mountain haben Joan und Bill Smith, die früheren Besitzer der (im Jahr 2000 verkauften) Kellerei, 1998 und 1999 Schwierigkeiten gehabt, genauso reife Früchte zu ernten wie in den übrigen 1990er Jahren. Das bestätigt auch die Verkostung ihrer 1998er und 1999er Weine, die sich weniger voluminös, wuchtig und süß ausnehmen als ihre herrlichen Vorgänger von 1997, 1996, 1995, 1994, 1993 und 1992. Die Viognier-Erzeugung haben sie aufgegeben, bringen aber weiterhin einen schönen Petite Sirah und einen meiner liebsten kalifornischen Cabernet Francs heraus.

Der *1998er Petite Sirah Howell Mountain* (mit einem 25%igen Viognier-Anteil) ist ein für seine schwierigen Wachstumsbedingungen gelungenes Produkt. Er erinnert an einen Wein von der Rhône und präsentiert sich mit pfeffrigen, erdigen Geißblattnuancen, die sich mit Noten von schwarzen Früchten und Rauch verbinden. Der attraktive, weiche Wein hat einen mittleren bis vollen Körper und sollte am besten in den kommenden 7–8 Jahren getrunken werden. Der beste Wein in der 1998er Angebotspalette ist der *1998er Cabernet Franc Howell Mountain* (250 Kisten). Er verströmt komplexe, ja luxuriöse Duftnoten von Pflaumenlikör, Trüffeln, Sattelleder, Espresso, Zedernholz und schwarzen Früchten. Im Auftakt und am

Gaumen stellt er sich gehaltvoll und konzentriert dar, wohingegen im Abgang einige zerklüftete Tannine umhergeistern. Der *1999er Cabernet Franc Howell Mountain* könnte sich noch als hervorragend erweisen, obwohl er krautiger daherkommt als frühere Jahrgänge. Auf seine dichte rubin-purpurrote Farbe folgen Aromen von Zedernholz, Kräutern der Provence, Lorbeerblättern und eine schöne Brombeer-Kirsch-Frucht. Der Wein hat einen mittleren bis vollen Körper, mutet auf der Zunge und am Gaumen cremig an und klingt mit adstringierenden Tanninen aus. Mal abwarten, wie er sich im Fass entwickelt. Voraussichtliche Trinkreife: jetzt–2012.

Der dicht purpurrote *1999er Cabernet Sauvignon 18th Anniversary Release* hat ein süßes Bukett mit Cassis-, Erd-, Kräuter- und mineralischen Anklängen. Im Mund stellt er sich muskulös und streng dar und präsentiert sich in seinem komprimierten Abgang mit einer hohen Dosis fester Tannine. Er braucht nach der Freigabe noch 3–4 Jahre Ruhe und dürfte sich mühelos 15 Jahre entwickeln. Der dunkelrubinrote *1998er Cabernet Sauvignon 17th Anniversary Release* verströmt große pfeffrige, würzige Aromen von schwarzen Johannisbeeren, Pflaumen, Mineralien, Erde und getrockneten Kräutern. Er hat einen mittleren bis vollen Körper, eine schöne Textur und ein mittleres Gewicht. Der Bordeaux-artig angelegte Wein hat festere Tannine als der Cabernet Franc, kann es freilich in puncto Üppigkeit und Komplexität mit diesem Wein nicht aufnehmen. Er sollte noch 2–3 Jahre lagern und dürfte 15–16 Jahre überdauern.

Die 1997er gehören zu den stärksten La-Jota-Weinen jener erfolgreichen Dekade. Der gigantische *1997er Cabernet Franc Howell Mountain* verströmt überwältigende Zedernholz-, Zigarrenkisten- und Aromen von Fleischsaft und schwarzen Johannisbeeren; hinzu kommt eine herrliche Frucht von Brombeeren und Cassis. Der körperreiche, fette, säurearme, bezwingend süße, grandiose Wein präsentiert sich mit intensiven Noten von neuem Sattelleder und ist bereits jetzt oder noch in 12–15 Jahren trinkbar. Leider sind von diesem gehaltvollen, dicken, ölig texturierten Wein nur 300 Kisten im Angebot. Der satt rubin-purpurrote *1997er Cabernet Sauvignon Howell Mountain Select*, der sich zunächst verschlossen, aber kraftvoll dargestellt hat, erfordert noch Geduld. Er beeindruckt durch seine Aromen von Mineralien, toastwürzigem Eichenholz und eingedickten schwarzen Johannisbeeren. Der tanninreiche, muskulöse, körperreiche Wein betört durch seine hervorragende Geschmacksextraktion. Voraussichtliche Genussreife: jetzt–2018. Der sensationelle schwarz-purpurrote *1997er Cabernet Sauvignon 16th Anniversary Release* ist zwar ebenfalls verschlossen, allerdings präsentieren sich seine allmählich aufblühenden Aromen von Holzkohle, Brombeeren, Cassis und Mineralien durchaus vielversprechend. Der Wein stellt sich intensiv und ausgereift dar: mit einer vielschichtigen expansiven Reichhaltigkeit und exotischen Noten von asiatischen Gewürzen, Rinderblut und diversen schwarzen Früchten. Voraussichtliche Genussreife: 2004–2025. Vielleicht können Sie ja versuchen, eine oder zwei Flaschen von dem *1997er Petite Sirah Howell Mountain* zu ergattern, von dem 350 Kisten angeboten werden. Mit 12% Viognier im Mischsatz verströmt der Wein üppige, exotische Aromen von Pfeffer, Brombeeren, Pfirsichen und Geißblatt. Dieser Wein gehört bereits seit dem 1991er Debütjahrgang zu den großen Erfolgen der Kellerei. Und auch der 1997er ist wieder einmal ein säurearmer, sensationell gehaltvoller Petite Sirah, der 15+ Jahre köstlich munden dürfte.

Auch die 1996er Weine präsentieren sich eindrucksvoll. Der *1996er Cabernet Sauvignon Howell Mountain Select* ist ein wunderschön ausgebauter, undurchdringlich pflaumenblauer Wein mit betörenden Aromen von Zedernholz, Cassis, Zigarrenkiste und gerösteten Kräutern der Provence. Er bringt mehr Struktur mit als der 1997er und stellt sich dicklich, gehaltvoll und körperreich dar. Trinken Sie ihn jetzt oder legen Sie ihn noch 20 Jahre beiseite. Dieser Prachtwein gehört im Kreis der großen kalifornischen Cabernet Sauvignons zu den preisgünstigsten Angeboten. Der *1996er Cabernet Sauvignon 15th Anniversary Release* (1050 Kisten) präsentiert sich in undurchdringlichem Purpurrot und mit herrlichen Aromen von Rauch, Brombeeren, asiatischen Gewürzen, Holzkohle und subtilen Trüffelnuancen.

Der riesige, wuchtige, körperreiche, schwelgerische, außergewöhnlich gut ausgestattete Cabernet Sauvignon mit seiner phänomenalen Geschmacksextraktion und seinen wundervoll eingefassten Tannin- und Säurekomponenten setzt die Reihe der unter diesem Etikett herausgebrachten titanischen Weine fort. Voraussichtliche Genussreife: jetzt–2027. Der ungeschönte und unfiltrierte *1996er Cabernet Franc Howell Mountain* wartet mit rauchwürzigen, fleischigen Aromen von Rinderblut und schwarzen Früchten sowie Duftnoten von Lehmboden auf, die das Aromenprofil noch erweitern. Der Wein verfügt über eine außerordentlich reichhaltige Frucht, betörende Glyzerinwerte, eine beeindruckende Mitte und einen bewundernswert langen Nachhall. Die Ausgereiftheit der Frucht, die Textur und die Reichhaltigkeit sind natürlich bei jedem Wein von Bedeutung, doch bei La Jota ist es außerdem noch gelungen, diese Komponenten samt und sonders in dem bereits am Rebstock und später bei der Vinifizierung tückischen Cabernet Franc unterzubringen. Auch dieser Cabernet Franc, der 12–15+ Jahre köstlich munden dürfte, hat wieder einmal Maßstäbe gesetzt. Der *1996er Petite Sirah Howell Mountain* ist ebenfalls ein vorbildlicher Wein seiner Art. Er präsentiert sich in einem satten Schwarz-purpurrot und mit betörenden Duftnoten von gegrilltem Fleisch, Sattelleder, Bratensäften und würzigem Holz. Der überraschend geschmeidige, kernige, aufregende Wein überzeugt durch seine bezwingende Reichhaltigkeit, seine immense Intensität und ganze Sturzbäche schwarzer Frucht. Sie können ihn 20 Jahre genießen.

Ich bin davon überzeugt, dass La Jota einen der besten kalifornischen Cabernet Francs produziert. Ich liebe diesen Wein, und wann immer ich den schon seit der Geburt vollkommenen 1986er verkoste, wird mir aufs Neue bewusst, wie wundervoll dieser herrliche Göttertrank altert. Mögen wir es hier auch nicht mit einem der ausgeklügeltsten Cabernet-Franc-Stile zu tun haben, trotzdem hat der Wein eine bezwingende Komplexität und einen gehaltvollen, intensiven und konzentrierten Charakter. Der schwarz-rubin-purpurrote *1995er Cabernet Franc Howell Mountain* ist ein grandioser Wein, der vielleicht sogar noch den 1996er übertrifft. Er zeigt ein etwas strukturierteres Aromenprofil mit Noten von Rauch, Bratensäften, Sattelleder und schwarzen Früchten, die dem Glas entströmen. Am Gaumen wartet der Wein mit erdigen Geschmacksnuancen von gegrilltem Fleisch, Brombeeren und Cassis auf. Hinzu kommen schöne Glyzerineindrücke und ausgeprägtere Tannindosierungen als bei dem 1996er, bevor der Wein in einem schön gezeichneten, würzigen und intensiven Nachhall ausklingt. Mag sein, dass dieser Cabernet Franc nach der Freigabe noch mehr Zeit braucht, um seine Kanten abzuschleifen, trotzdem setzt er für seine Sorte völlig neue Maßstäbe. Der spektakuläre *1994er Cabernet Franc* kommt mit prononcierten süßen, rauchwürzigen, erdigen Aromen von gegrilltem Fleisch, schwarzen Kirschen und Cassis daher. Der dichte, körperreiche Wein hat eine fabelhafte Konzentration, eine kernige Textur und einen körperreichen, langen und vielschichtigen Abgang. Man kann ihm bereits jetzt kaum widerstehen, und er dürfte noch weitere 12–15 Jahre überdauern.

Einer der Kultweine von La Jota ist der Petite Sirah. Die Früchte stammen aus dem alten Park-Muscatin Vineyard, der heute Randy Dunn gehört (und aus dem Ridge Vineyards früher seine Trauben bezogen hat). Auf dieser Parzelle sind in den vergangenen Jahren einige exzeptionelle Petite Sirahs gewachsen. Die Weine erinnern an Tinte, besitzen aber ungeachtet ihrer großen Dimensionen eine erstaunlich süße Frucht. Bei dem *1995er Petite Sirah Howell Mountain* handelt es sich um einen riesigen, monolithisch angelegten blauschwarzen Wein mit einem gigantischen Körper, gewaltigen Mengen an dicker saftiger Frucht und regelrechten Tanninduschen am hinteren Gaumen. Er stellt sich geringfügig eckiger und verhaltener dar als der 1994er und voraussichtlich auch der 1996er, gleichwohl gebietet er über ein exzeptionelles Potenzial. Voraussichtliche Genussreife: 2005–2020. Der *1994er Petite Sirah Howell Mountain* (von dem 90% in neuen französischen Eichenfässern gealtert sind) ist ein ehrfurchtgebietender Wein. Er verströmt eines der denkwürdigsten Aromen von eingedickten Blaubeeren, denen ich je begegnet bin. Dieser unglaublich gehaltvolle und körperreiche, trotzdem bemerkenswert weiche, vielschichtige, fabelhaft konzentrierte Wein dürfte (was bei einem Petite Sirah eher selten vorkommt) bereits jung zugänglich sein und dann 20+ Jahre überdauern. In Kalifornien gekelterter Petite Sirah gehört zu den am häufigsten unterschätzten Weinen. Setzen Sie dieses Juwel auf Ihre Einkaufsliste!

Die beiden Cabernet-Sauvignon-Cuvées stellen sich qualitativ ganz ähnlich dar. Der Howell Mountain Select und der Anniversary Release haben beide eine dichte, konzentrierte körperreiche Persönlichkeit mit einem grandiosen Frucht- und Extraktgehalt. Die Anniversary-Cuvée hat für gewöhnlich etwas mehr Tiefe, Reife und ein minimal größeres Potenzial, was in der Jugend der beiden Weine nicht leicht herauszuspüren ist. Beide Weine werden mindesten 20 Jahre überdauern. Ob man nun die offener gewirkte Opulenz des 1994ers oder die strengeren, leicht zerklüfteten Tannine des 1995ers oder die Kraft des 1996ers vorzieht, muss jeder für sich entscheiden. Was den *1994er Cabernet Sauvignon Howell Mountain Select* anbelangt, hat der Wein bei der letzten von mir durchgeführten Verkostung von 1994er Cabernets aus Kalifornien hervorragend abgeschnitten. Der undurchdringlich purpurrote Wein ist körperreich und präsentiert sich potenziell süßer und mit einer vordergründigeren Frucht als der Anniversary Release. Er ist opulent, aromatisch (schwarze Früchte, Trüffeln, Erde und Gewürze im Überfluss), fleischig und zugleich tanninbetont. Vermutlich wird er sich in ein, zwei Jahren erst einmal verschließen und sich erst 7–8 Jahre später wieder öffnen. Sein Alterungspotenzial: 20 Jahre. Der grandiose *1994er Cabernet Sauvignon 13th Anniversary Release* ist der vielleicht feinste Cabernet Sauvignon, den Joan und Bill Smith je gemacht haben. Er präsentiert sich in einem undurchdringlichen Purpurrot, mit einem rauchwürzig, toastwürzig, mineralisch angehauchten Cassis-Aroma, großer Nachhaltigkeit im Mund, einem wuchtigen Körper und einem expansiven, kernigen, kraftstrotzenden Abgang, ohne dabei übertrieben schwer oder gewichtig zu wirken. Lassen Sie ihn noch 5–6 Jahre ruhen und trinken Sie ihn während der dann folgenden 20–25 Jahren. Ein schon jetzt legendärer Cabernet!

Als ich ihn im Oktober 1997 probiert habe, präsentierte sich der *1995er Cabernet Sauvignon Howell Mountain Select* noch mit einigen rauen Tanninen. Zwar ist keiner der Weine filtriert, aber die Smiths nehmen eine leichte Eiweißschönung vor, um ihren Produkten den letzten Schliff zu geben. Der Wein ist tief, muskulös, gehaltvoll und eindrucksvoll, er sollte allerdings noch 5–6 Jahre ruhen. Ich vermute, dass er ohne weiteres 20 Jahre altern kann. Ebenfalls ein Riesenwein ist der tanninbetonte *1995er Cabernet Sauvignon 14th Anniversary Release*, dem man seine Herkunft aus einer Höhenlage deutlich anmerkt. Er hat eine schwarz-purpurrote Farbe und verströmt verhaltene, aber viel versprechende Aromen von Mineralien, Rauch, schwarzen Johannisbeeren und Unterholz. Obwohl körperreich und über die Maßen tanninreich, besitzt der Wein genügend Frucht, um seine Struktur auszubalancieren. Er zeigt sich ähnlich verhalten wie der Cabernet Sauvignon, den Randy Dunn auf einem anderen Hang des Howell Mountain anbaut, und sollte 5–8 Jahre ruhen. Der undurchdringlich schwarze, wundervolle *1994er Cabernet Sauvignon Howell Mountain* verströmt ganze Bäche süßer Cassis- und Lakritzearomen und zeigt sich bemerkenswert fett, opulent und mit einem kernigen, langen Abgang.

Bisherige große Jahrgänge: 1993er Cabernet Sauvignon Howell Mountain 12th Anniversary Release (96), 1992er 11th Anniversary Release (98), 1991er 10th Anniversary Release (91).

LA SIRENA (NAPA)

1998	**Cabernet Sauvignon**	**Napa**	**EE**	**89**
1997	**Cabernet Sauvignon**	**Napa**	**EE**	**92**
1997	**Sangiovese Juliana**	**Napa**	**D**	**88**

La Sirena ist die Hausmarke der im Napa Valley hoch geschätzten önologische Beraterin Heidi Barrett. Der *1997er Sangiovese Juliana* (640 Kisten) ist ihr bislang gelungenster Sangiovese. Er stellt sich intensiver dar als viele der aus Überertr. gen gewonnenen, dünnen und übersäuerten Weine, die so häufig unter diesem Sortennamen angeboten werden. Der mittelrubinrote Wein hat ein wundervolles Bukett mit Noten von süßen schwarzen Kirschen,

Sattelleder, Erdbeeren und Gewürzen. Der weiche, säurearme, abgerundete und von seiner Frucht dominierte Sangiovese hat einen mittleren Körper und ist bereits jetzt oder in den kommenden 5–6 Jahren trinkbar.

Von dem Cabernet Sauvignon, dessen Früchte in der deutlich heißeren Region um Calistoga gewachsen sind, gibt es 375 Kisten. Der *1998er Cabernet Sauvignon* ist angesichts der Wachstumsbedingungen seines Jahrgangs zweifellos ein Erfolg. Der Ende Oktober geerntete undurchdringlich rubin-purpurrote Wein duftet nach reifen schwarzen Johannisbeeren, Zedernholz und Gewürzkiste. Der in (zu einem Drittel neuen) französischen Eichenholzfässern gealterte Cabernet hat einen mittleren Körper und stellt sich nachhaltiger, tiefer und ausgereifter dar als viele 1998er. Voraussichtliche Genussreife: jetzt–2015. Sogar noch besser daher kommt der in einem satten, undurchdringlichen Blaupurpur gehaltene *1997er Cabernet Sauvignon*, der neben einem klassischen Crème-de-Cassis-Bukett auch Nuancen von Gewürzen, Lakritze und Tabak vorzuweisen hat. Der dichte, kraftvolle, konzentrierte und verhaltene, groß dimensionierte Wein braucht noch 3–4 Jahre Ruhe. Er dürfte zwei Dekaden überdauern. Da sie so talentiert und dank ihrer Beratertätigkeit mit so vielfältigen Erfahrungen ausgestattet ist, fragen wir Heidi Barrett doch am besten gleich nach den in ihrem Verständnis besten Jahrgängen der 1990er Jahre bei den Cabernet-Sauvignon-Merlot-Verschnitten. Als die drei Spitzenjahre nennt sie 1997, 1994 und 1992, gefolgt von 1995 und 1993. 1996 und 1998 hat sie als besonders schwierig empfunden.

LAIL (NAPA)

1998	**J. Daniel Cuvée**	**Howell Mountain**	**EE**	**89**
1997	**J. Daniel Cuvée**	**Howell Mountain**	**EE**	**93**
1996	**J. Daniel Cuvée**	**Howell Mountain**	**E**	**91**
1995	**J. Daniel Cuvée**	**Napa**	**E**	**91**

Robin Lail ist sozusagen eine Ureinwohnerin des Napa Valley und in einer Winzerfamilie aufgewachsen (ihr Vater war der legendäre John Daniel, der etliche der größten Inglenook-Cabernet-Sauvignons kreiert hat). Nachdem sie bei Dominus zwischenzeitlich mit Christian Moueix eine Geschäftspartnerschaft eingegangen war, hat Robin Lail sich jetzt wieder selbstständig gemacht und produziert aus Früchten der Lagen Yountsville, Vine Hill Road und Howell Mountain in begrenzten Mengen (450 Kisten) eine anmutige, elegante rote Erzeugerabfüllung. Die *1995er J. Daniel Cuvée* ist der Debütwein. Bei dem hervorragenden Wein handelt es sich um einen von Philippe Melka (dem Weinmacher bei Seavey) kreierten Verschnitt aus 56% Merlot und 44% Cabernet Sauvignon. Dieser herrlich angelegte, im Stil des Médoc gehaltene kalifornische Rotwein präsentiert sich in einem dichten, satten Rubin-Purpurrot und mit stilvollen, komplexen Aromen von Tabak, schwarzen Johannisbeeren, Crème de Cassis und (dank der Verwendung von rund einem Drittel neuer Eichenfässer) subtilen toastwürzigen Eichenholznoten. Der Wein kann mit einem mittleren bis vollen Körper, süßen Tanninen sowie anmutigen und anhaltenden Eindrücken in der Mitte und im Abgang aufwarten und hat ein Entwicklungspotenzial von 15+ Jahren. Der aus der auf Finesse und Eleganz angelegten kalifornischen Schule der Rotweinbereitung stammende Wein präsentiert sich bei rundum ausgewogenen Komponenten gehaltvoll und vielschichtig. Voraussichtliche Genussreife: jetzt–2015.

Von der *1996er J. Daniel Cuvée*, einem Verschnitt aus 73% Cabernet Sauvignon und 27% Merlot, gibt es 600 Kisten. Der Wein präsentiert sich in dichtem Rubinrot mit purpurroten Glanzlichtern. Das hochklassige Bukett aus Schokolade, Cassis, schwarzen Kirschen und Toastbrot geht mit einem mittleren bis vollen Körper, einer hervorragenden Ausgereiftheit, süßen Tanninen und einer geschichteten, multidimensionalen Persönlichkeit einher. Den köstlichen und bereits mit einer beträchtlichen Komplexität aufwartenden Wein können Sie bereits jetzt oder in den kommenden 15 Jahren trinken. Robin Lails bislang brillantester Wein ist die *1997er J. Daniel Cuvée*, ein Verschnitt aus 64% Cabernet Sauvignon und 36%

Merlot (1200 Kisten). Dieser dichte, rubin-purpurrote Wein betört durch überschwänglich reintönige Aromen von Brombeeren, Cassis, Mineralien, Lakritze, Schokolade und Toast. Er kommt expansiv und mit der jahrgangstypischen Reichhaltigkeit samt süßen Tanninen und hervorragender Ausgereiftheit und Konzentration daher. Der nachhaltige Abgang dauert 40 Sekunden. Dieser Wein wirkt bereits so aufgeschlossen und schmeckt so süß, dass man ihn bereits für trinkfertig halten könnte, allerdings nehme ich an, dass er mit zunehmendem Alter noch mehr zu bieten hat. Voraussichtliche Trinkreife: jetzt–2020. Der geschmeidigste, charmanteste und eleganteste dieser Weine ist die *1998er J. Daniel Cuvée* (61% Cabernet Sauvignon und 39% Merlot). Dieser Wein gebietet zwar nicht über die Kraft oder die Tiefe des 1997ers, könnte sich aber künftig noch als hervorragend erweisen, eine beneidenswerte Leistung angesichts der schwierigen Jahrgangsbedingungen. Dieser durch Aromen von schwarzen Kirschen, Cassis und Mineralien charakterisierte Wein hat (anders als so viele 1998er Cabernets aus höheren Lagen) nichts Krautiges an sich. Bei mittlerem Körper und mit einer köstlich süßen Frucht im Auftakt samt einer jahrgangsuntypischen Nachhaltigkeit, könnte dieser Cabernet noch einen beträchtlichen, ungemein verführerischen Charme entwickeln. Interessanterweise fand 1998 die Ernte einen Monate später statt als 1997.

Meinen Glückwunsch an John und Robin Lail für die Weine, die sie produziert haben.

LAMBORN FAMILY (HOWELL MOUNTAIN)

1999	Zinfandel the Solar Factor	Howell Mountain	D	89
1997	Zinfandel the Team Connection	Howell Mountain	C	88+

Der komplexe, erdige *1999er Zinfandel the Solar Factor* verströmt Noten von Blaubeeren, schwarzen Kirschen, Johannisbeeren und Mineralien. Der herrlich texturierte, süße, ausgereifte, dunkelpflaumenblau-rubin-purpurrote Wein von mittlerem bis vollem Körper garantiert in den kommenden 4–5 Jahren einen köstlichen Genuss. Der *1997er Zinfandel the Team Connection* ist der erste Jahrgang, den die bekannte önologische Beraterin Heidi Barrett bereitet hat. Der Wein ist in einer Höhenlage gewachsen, deren Trauben sich in den meisten Jahren als etwas derb und tanninreich erweisen. Trotzdem verfügt dieser dicht rubin-purpurrote Wein über eine schöne Ausgewogenheit und verströmt Aromen von neuem Sattelleder, Mineralien und schwarzen Früchten. Der Wein ist körperreich, straff gewirkt und muskulös und hat einen langen, tiefen Abgang mit toastwürzigen Anklängen. Dieser Wein gehört zu den wenigen 1997er Zinfandels, die sich noch etliche Jahre verbessern und 7–8 Jahre überdauern können.

LANCASTER RESERVE (ALEXANDER VALLEY)

1995	Proprietary Red Estate	Alexander Valley	E	90

Von dem *1995er Proprietary Red Estate* (einem Verschnitt aus 82% Cabernet Sauvignon und 18% Cabernet Franc) sind 8600 Flaschen im Angebot. Ein extrem verhaltener, unentwickelter Wein mit einer undurchdringlich purpurroten Farbe und viel versprechenden Brombeer-, Himbeer- und massenhaften toastwürzigen Aromen von neuer Eiche. Dieser wuchtige, straff gewirkte, körper- und tanninreiche Wein verfügt über eine eindrucksvolle Tiefe und Reintönigkeit, sollte aber noch 3–4 Jahre im Keller ruhen. Wer das Glück hat, ein paar Flaschen von diesem in begrenzter Menge produzierten Wein zu ergattern, muss sich also noch ein wenig in Geduld üben. Voraussichtliche Genussreife: jetzt–2018.

LANDMARK (SONOMA)

1999	Chardonnay Demaris Reserve	Sonoma	E	91
1999	Chardonnay Lorenzo Vineyard	Russian River	E	91+
1999	Chardonnay Overlook	Kalifornien	D	90
1999	Pinot Noir Grand Detour Van der Kamp	Sonoma Mountain	D	92
1998	Pinot Noir Grand Detour Van der Kamp	Sonoma Mountain	D	91

1997	**Pinot Noir Grand Detour Van der Kamp**	**Sonoma Mountain**	**D**	**90**
1996	**Pinot Noir Grand Detour Van der Kamp**	**Sonoma Mountain**	**D**	**90**
1999	**Pinot Noir Kastania Vineyard**	**Sonoma Coast**	**D**	**93**
1998	**Pinot Noir Kastania Vineyard**	**Sonoma Coast**	**D**	**92**
1997	**Pinot Noir Kastania Vineyard**	**Sonoma Coast**	**D**	**91**

Diese Kellerei ist immer noch ein Geheimtipp für Liebhaber hervorragender Chardonnays und zunehmend üppigerer Pinot Noirs. Die Preise sind zwar im Steigen begriffen, haben aber noch lange nicht jene schwindelnden Höhen erreicht, die in anderen qualitativ gleichwertigen kalifornischen Kellereien an der Tagesordnung sind. Mary und Mike Colhoun, die Betreiber des Weinguts, und ihr begabter Kellermeister Eric Stern haben einen bezahlbaren, komplexen im Burgunder-Stil gehaltenen Chardonnay namens Overlook im Angebot. Der auf heimischen Hefen vergorene Wein, dessen Trauben aus fast sämtlichen kalifornischen Weinbauregionen stammen (wobei das Sonoma- und das Russian River Valley den größten Teil beitragen), verbleibt neun Monate auf dem Hefesatz. Er durchläuft die volle malolaktische Gärung und wird unfiltriert abgefüllt. Erfreulich ist auch der Umstand, dass er in Relation zu seiner Qualität äußerst preiswert ist. Außerdem sind sage und schreibe 18000 Kisten davon im Angebot! Der *1999er Chardonnay Overlook* betört durch rauchwürzig-buttrig-hefige Aromen, sehr subtile, aber köstliche Vanille- und Toastanklänge und seinen vielschichtigen konzentrierten Stil. In Anbetracht seiner Reintönigkeit und Tiefe dürfte er 2–3 Jahre köstlich munden. Der *1999er Chardonnay Demaris Reserve* (2500 Kisten) ist ein Verschnitt aus Trauben von sechs durchschnittlich 20 Jahre alten Parzellen. Der auf seinen natürlichen Hefen vergorene, 12 Monate auf dem Hefesatz belassene (und dabei immer wieder aufgerührte) und dann unfiltriert abgefüllte Wein präsentiert sich etwas kühner und gehaltvoller: mit Noten von Gewürznelken, Geißblatt und Orangenschale, einer cremigen körperreichen Textur und einer wundervollen Reichhaltigkeit. Der in einem durch Helen Turley (die allerdings heute von dort keine Früchte mehr bezieht) berühmt gewordenen Weingarten gewachsene *1999er Chardonnay Lorenzo Vineyard* ist (bei einem Ertrag von 60 hl/ha) an 22 Jahre alten Rebstöcken gereift. Von diesem betörenden komplexen Chardonnay, der 14 Monate in (zu 60% neuen) französischen Eichenfässern verbracht hat, gibt es 400 Kisten. Er hat ein honigtöniges Zitrus- und Mandarinenaroma mit steinig-mineralischen Anklängen und einen körperreichen, konzentrierten Stil. Der superbe Wein, der seine beiden Pendants wegen seines mineralischen Charakters qualitativ übertrifft, betört außerdem noch mit subtilen Eichenholztönen und dürfte 4–5 Jahre köstlich munden.

Die 1999er Pinot Noirs sind potenziell ganz hervorragend. Der *1999er Pinot Noir Grand Detour Van der Kamp* (750 Kisten) verfügt über eine unglaublich intensive Frucht und verströmt süße Aromen von Pfeffer, Kirschsirup, Rauch, Unterholz, Erdbeeren und getrockneten Mandarinen. Dieser körperreiche und (dank seiner Geschmacksextraktion und Reife) süße und lange Pinot Noir hat die frischen Eichenholznuancen vollständig eingebunden. Er hat eine florale Komponente, die an gewisse Premier- und Grand-Crus aus den Hügeln von Vosne-Romanée erinnert. Trinken Sie ihn in den nächsten 5–7 Jahren. Der *1999er Pinot Noir Kastania Vineyard* ist mit einer strafferen Struktur und mit anmutigen, gehaltvollen Duft- und Geschmacksnoten von schwarzen Kirschen, chinesischem schwarzem Tee, Granatapfel, Rauch, Mineralien, Erde, neuer Eiche und mit floralen Nuancen ausgestattet. Dieser komplexe Pinot Noir dürfte 5–7 Jahre köstlich munden. Erstaunlicherweise haben diese beiden Weine zwar ein »französisches« Aromenprofil, aber eine ausgereiftere, gehaltvollere Frucht und eine samtiger Textur als ihre europäischen Cousins.

Der *1998er Pinot Noir Grand Detour Van der Kamp* (375 Kisten) ist aus entstielten und auf ihren heimischen Hefen in oben offenen Behältern vergorenen Trauben bereitet. Anschließend wurde er 12 Monate in (zu 60% neuen und zu 40% ein Jahr alten) französischen Eichenfässern gealtert und dann ungeschönt und unfiltriert abgefüllt. Ein komplexer Pinot, der auch für einen Spitzenburgunder durchgehen könnte, obwohl er weniger Säure besitzt.

Der Wein beeindruckt durch rauchwürzige Pflaumen- und Kirsch-Charakteristika, die mit Nuancen von Veilchen, gerösteten Kräutern und Erde durchsetzt sind. Er schmeckt wie ein Premier Cru Vosne-Romanée eines vollreifen Jahrgangs. Der gehaltvolle, expansive und vollmundige Wein verfügt über geschmeidige Tannine und adäquate Säurewerte. Trinken Sie ihn in den kommenden 6–7 Jahren. Der *1998er Pinot Noir Kastania Vineyard* (400 Kisten) ist an alten kalifornischen Pinot-Noir- und an neuen französischen Dijon-Klonen gewachsen. Er hat eine ganz ähnliche Vinifizierung durchlaufen wie der Grand Detour, allerdings ist der Anteil an frischem Eichenholz etwas niedriger. Der Wein verströmt Aromen von frischen schwarzen Kirschen, in die sich Nuancen von überreifen Apfelschalen, Erde, Gewürznelken, Gewürzen und chinesischem schwarzem Tee mischen sowie Noten von reifen Granatäpfeln. Eindrücke von Kaffee und rauchwürziger neuer Eiche verstärken noch die immense Komplexität dieses Weines. Er dürfte seine Qualität 6–7 Jahre bewahren.

Der körperreiche, sinnenbetörende, schön texturierte/geschichtete und komplexe *1997er Pinot Noir Grand Detour Van der Kamp* (950 Kisten) präsentiert sich mit Aromen von Grillgewürzen und Rauch, die sich mit Nuancen von schwarzen Kirschen, süßen Waldgerüchen und frischen Eichenholznoten verbinden. Der bereits jetzt köstliche Wein dürfte 5–7 Jahre überdauern. Aus den Früchten eines Weinberges an der Sonoma-Küste hat Landmark 100 Kisten des *1997er Pinot Noir Kastania Vineyard* gekeltert. Der in einem kühlen Klima gewachsene tanninreiche und komplexe, »burgundisch« inspirierte Wein präsentiert sich in einem dunklen Rubin-Purpurrot. Er verströmt betörende Aromen von Kirschen und schwarzen Himbeeren mitsamt einer Cassisnuance. Bei mittlerem bis vollem Körper stellt sich der Wein eingangs des Mundes seidig dar, verfügt aber auch über eine gute Festigkeit und schöne Zeichnung. Dieser konzentrierte, kraftvolle, noch immer jugendliche Pinot Noir sollte noch 12–18 Monate ruhen und dürfte dann 10 Jahre überdauern.

Der *1996er Pinot Noir Grand Detour Van der Kamp* (1000 Kisten) gebietet über ein großes, rauchwürziges, komplexes Bukett mit Aromen von schwarzen Kirschen, Fleischsaft, Gewürznelken und Piment. Es handelt sich dabei um einen fleischigen, körperreichen, intensiv würzigen, aber trotzdem geschmeidig texturierten, expansiven und delikaten Wein. Seine provokativen Aromen und sein erdig-rauchwürziger Stil dürften ihn unbeschadet über die kommenden 5–6 Jahre bringen.

Glückwünsche für die in den letzten 4–5 Jahren zu verzeichnenden erstaunlichen Verbesserungen der Landmark-Weine. Sollten Sie noch nie einen dieser Weine probiert haben, wird es höchste Zeit.

LAUREL GLEN (SONOMA)

1994 Cabernet Sauvignon — Sonoma Mountain — D — 92

Laurel Glen ist einer der am meisten bewunderten kalifornischen Weinerzeuger, und sein Cabernet Sauvignon nimmt in der Qualitätshierarchie einen Spitzenplatz ein. Der *1994er Cabernet Sauvignon* präsentiert sich in undurchdringlichem Purpurrot und mit einem straffen, aber viel versprechenden Bukett mit Aromen von eingedickten schwarzen Früchten, Gewürzen, Erde und einem Hauch von Kräutern der Provence. Legen Sie diesen körperreichen, mit ganzen Schichten kerniger, fleischiger reifer Frucht ausgestatteten, extraktreichen, moderat tanninhaltigen Giganten von einem Cabernet noch 4–5 Jahre auf Lager und trinken Sie ihn während der folgenden 15–20 Jahre.

Bisherige große Jahrgänge: 1993er (95), 1992er (94), 1991er (92), 1990er (89), 1987er (91), 1985er (91), 1984er (91).

LEWIS (NAPA)

1997 Cabernet Sauvignon Reserve — Napa — E — 90

Diese Kellerei hat ihren Produkten im Gärbehälter traditionell viel zu viel Säure zugesetzt. Infolgedessen stellten sich die Weine häufig in der Mitte äußerst dürftig dar und hatten eine kreidige, grüne und komprimierte Persönlichkeit. Seit 1997 ist nun der önologische Berater Paul Hobbs für das Unternehmen tätig und versucht die Weine des Hauses natürlicher auszubauen und auf exzessive Säuregaben zu verzichten. Zweifellos lässt der *1997er Cabernet Sauvignon Reserve* (2400 Kisten) bereits Fortschritte erkennen. Der Wein präsentiert sich mit toastwürzigen süßen Eichenholznoten, einer eingedickten Frucht von schwarzen Johannisbeeren sowie Duftnuancen von Lakritze, Zedernholz, Fruchtkuchen und Zigarrenkiste. Ein komplexer, rauchwürziger, ausgereifter, vielschichtiger Wein, den man bereits jung, aber auch noch in 15–18 Jahren trinken kann.

LITTORAI (NAPA)

1999	Chardonnay Charles Heintz Vineyard	Sonoma Coast	E	90
1999	Chardonnay Mays Canyon	Russian River	E	92
1999	Chardonnay Thieriot Vineyard	Sonoma Coast	E	93
1999	Pinot Noir Hirsch Vineyard	Sonoma Coast	E	90
1998	Pinot Noir Hirsch Vineyard	Sonoma Coast	E	(89–90)
1999	Pinot Noir One Acre Vineyard	Anderson Valley	E	90
1998	Pinot Noir One Acre Vineyard	Anderson Valley	E	(87–88)
1997	Pinot Noir One Acre Vineyard	Anderson Valley	D	(90–94)
1999	Pinot Noir Savoy Vineyard	Anderson Valley	E	88
1998	Pinot Noir Savoy Vineyard	Anderson Valley	E	(87–88)
1997	Pinot Noir Savoy Vineyard	Anderson Valley	D	(88–89+)
1999	Pinot Noir Thieriot Vineyard	Sonoma Coast	E	91+
1998	Pinot Noir Thieriot Vineyard	Sonoma Coast	E	90

Der in Burgund ausgebildete Ted Lemon produziert normalerweise mit hoher Verlässlichkeit einige der elegantesten, verhaltensten und durch Finesse ausgezeichneten Weine Kaliforniens. 1999 hat er bewiesen, dass er seinen Weinen auch noch ein paar Extra-Geschmacksschichten mitzugeben vermag. Kurz: Bei diesem Jahrgang handelt es sich um Lemons bislang eindrucksvollsten Weine, was angesichts seiner bisherigen Leistungen schon einiges bedeutet. Die 1999er Chardonnays kommen mit der jahrgangstypischen würzigen Säure und ausgesprochen geschmacksintensiv und ausgereift daher. Der *1999er Chardonnay Charles Heintz Vineyard* verströmt Aromen von Zitrusöl, Orangen, Ananas und Mineralien. Der gehaltvolle, cremig texturierte, herrlich reintönige, lange Wein von mittlerem bis vollem Körper ist an den fruchtbaren Gold-Ridge-Hängen in einer kühlen Küstenregion gewachsen. Er dürfte sich nur langsam öffnen und 4–5 Jahre vorzüglich munden. Der *1999er Chardonnay Mays Canyon* präsentiert sich mit ausgeprägteren Aromen von Eichenholz sowie Noten von Geißblatt, tropischen Früchten, Nüssen und Hefe. Der körperreiche, gehaltvolle, gleichwohl elegante, reintönige und schön gezeichnete Wein mutet schwelgerischer an als der Charles Heintz Vineyard. Trinken Sie ihn in den kommenden 5–6 Jahren. Der betörende *1999er Chardonnay Thieriot Vineyard* präsentiert sich hellgrün und mit goldenen Glanzlichtern und superben Aromen von kandierten Zitrus- und tropischen Früchten, Mineralien und Orangenmarmelade. Die Eichenholztöne geben dem Wein eine subtil rauchwürzige, fast kampferartige Note. Der Wein stellt sich dicht, lang und körperreich dar, doch zugleich exquisit ausgewogen und mit schön eingebauten Säure- und Holznoten. Dieser herrliche, multidimensionale Chardonnay dürfte 5–7 Jahre köstlich munden. Lemon glaubt, dass die zusätzlichen Textur- und Komplexitätsebenen womöglich auf die 1999 extrem langsam verlaufende malolaktische Gärung zurückzuführen sind.

Die Pinot Noirs sind aus vollständig entstielten Früchten gekeltert. Die Flaschen der 1999er wurden schon am Abend vor meiner Verkostung geöffnet, da sie atmen mussten, um ihre Persönlichkeit zu offenbaren. Keiner der Weine zeigte die geringsten Anzeichen einer Oxidation, und alle stellten sich gut dar, wie die folgenden Notizen beweisen. Der *1999er Pinot Noir Hirsch Vineyard* (14,4% Alkohol) ist an Reben der Pinot-Noir-Klone Pommard,

Dijon 114 und Mt. Eden gewachsen. Der dunkelpflaumen-rubinfarbene Wein verströmt süße, mäßig intensive Aromen von roten und schwarzen Früchten, Apfelschalen, schwarzer Kirschfrucht, Rauch und Erde. Bei mittlerem Körper und festen Tanninen im Abgang dürfte sich dieser weiche Wein 7–8 Jahre schön entwickeln. Obwohl der mittelrubinrote *1999er Pinot Noir Savoy Vineyard* nicht die Größe und Tiefe seiner Verwandtschaft besitzt, präsentiert er sich in Duft und Geschmack wie ein Premier Cru Beaune. Der vollständig an Pinot-Noir-Klonen vor allem der Dijon-Typen 114 und 115 gereifte Wein beeindruckt durch Finesse, Eleganz, einen leichten bis mittleren Körper und eine süße Frucht von Pflaumen, Kirschen und Preiselbeeren. Trinken Sie den subtilen und verhaltenen Wein am besten in den kommenden 5–6 Jahren. Bei dem exzeptionellen dunkelrubinroten *1999er Pinot Noir One Acre Vineyard* handelt es sich ebenfalls um einen erstklassigen, schön texturierten köstlichen Pinot mit fein gesponnenen Aromen von schwarzen Kirschen, Mineralien, Blumen und Brombeernuancen. Jenseits seiner parfümierten Aromen offeriert der Wein eingangs des Mundes eine schöne Süße, ferner einen mittleren Körper und eine wundervoll reintönige, köstliche, intensive Persönlichkeit. Er dürfte 7–8 Jahre Freude bereiten. Der verhaltenste und möglicherweise konzentrierteste dieser Weine ist der *1999er Pinot Noir Thieriot Vineyard.* Dieser Wein präsentiert sich in dunklem Rubinrot und mit Aromen von *root beer,* Cola, Gemüsewurzeln, schwarzen Früchten, Rauch und Mineralien. Der Wein wartet mit einem aggressiv-animalischen Stil auf und verfügt über einen stabilen Tannin-Unterbau, eine hervorragende Konzentration, eine schöne Ausgewogenheit sowie einen würzigen Abgang. Trinken Sie ihn in den kommenden 7–8 Jahren.

Der mittelrubinrote *1998er Pinot Noir Savoy Vineyard* erinnert an einen Premier Cru Beaune. Auf süße Aromen von schwarzen Kirschen, Gewürzen und Mineralien folgt ein reintöniger, fest strukturierter Wein von mittlerem Körper. Er sollte noch 12–18 Monate ruhen und kann 6–7 Jahre altern. Der eher in einem fleischigen, animalischen Stil angelegte, potenziell hervorragende dunkelrubinrote *1998er Pinot Noir Hirsch Vineyard* verströmt Aromen von gegrilltem Steak, reifen Äpfeln und schwarzen Kirschen. Der Wein gehört zu den bislang weichsten von Ted Lemon verantworteten Hirsch-Vineyard-Kreationen und verfügt über eine schöne Dichte, einen mittleren bis vollen Körper und einen süßen üppigen Abgang. Wer es auf einen nach eingedickten Kirschen und Erdbeeren duftenden Wein abgesehen hat, der zudem noch mit Aromen von frischer feuchter Erde aufwarten kann, sollte sich vielleicht einmal mit dem *1998er Pinot Noir One Acre Vineyard* befassen. Der Wein hat mehr Tannine zu bieten als seine Verwandten von der Savoy- beziehungsweise von der Hirsch-Parzelle, sollte noch ein Jahr in der Flasche reifen und dürfte sich 5–7 Jahre schön entwickeln. In puncto Volumen und Intensität hat der *1998er Pinot Noir Thieriot Vineyard* am meisten zu bieten. Freilich gibt es davon nur kümmerliche 68 Kisten. Der dunkelrubinrote Wein hat ein herrliches Bukett von süßer Brombeer- und Kirschfrucht, in das sich Anklänge von Pflaumen, Rosenblütenblättern und Eichenholzwürze einfügen. Der komplexe und elegante Pinot hat einen mittleren Körper, er präsentiert sich mit saftigen Eindrücken am Gaumen und mit einer exzellenten Reintönigkeit und Symmetrie. Trinken Sie ihn in den kommenden 7–8 Jahren.

Ted Lemon hat mir erzählt, dass er seine 1997er Pinots wegen der hohen Erträge einer *saignée* (Flüssigkeitsreduzierung) unterzogen hat und dass diese Weine allesamt ungeschönt und unfiltriert abgefüllt werden. Der stilvolle mittelrubinrote *1997er Pinot Noir Savoy Vineyard,* der an Reben der Klontypen Dijon 115 und Pommard gewachsen ist, hat attraktive, tiefere und reichere Aromen von schwarzen Kirschen und Cassis im Angebot, ferner eine exzellente Reife im Auftakt, einen mittleren Körper, feste Tannine und einen reintönigen Stil mit einer subtilen Holznote. Der Wein sollte noch 1–2 Jahre ruhen und kann dann 10 Jahre überdauern. Viele der im Hirsch Vineyard an der Küste von Sonoma gewachsenen Pinot Noirs, die ich verkostet habe, stellen sich ungemein kraftstrotzend dar und gehen mit den Tanninwerten an die Grenze des zumindest für meinen Gaumen Erträglichen. Das scheint sogar unter Ted Lemons sensiblen Händen nicht anders zu sein. Von dem spektakulären *1997er Pinot Noir One Acre Vineyard* aus dem Anderson Valley gibt es 200 Kisten. Dieser Wein könnte ohne weiteres für einen exzellenten Premier Cru von der Côte de Nuits durchgehen. Der aus niedrigen Erträgen gekelterte Wein präsentiert sich in tiefem Rubinrot und mit purpurroten Glanzlichtern. Er duftet nach schwarzen Kirschen, Cassis, Gewürzen, Kräutern und Blüten. Dieser komplexe Pinot Noir verfügt über einen mittleren bis vollen Körper, eine überwältigend reintönige Frucht und eine üppige, offen gewirkte Textur. Er besitzt ein sensationelles Potenzial und dürfte schon bei der Freigabe zugänglich sein und mühelos 7–8 Jahr altern.

Littorai vertreibt fast die gesamte Produktion per Versand – Sie müssen sich also vormerken lassen.

LOKOYA (NAPA)

1998	**Cabernet Sauvignon Diamond Mountain**	**Napa**	**EE**	**95**
1997	**Cabernet Sauvignon Diamond Mountain**	**Napa**	**EE**	**95**
1995	**Cabernet Sauvignon Diamond Mountain**	**Napa**	**EE**	**93**
1997	**Cabernet Sauvignon Howell Mountain**	**Napa**	**EE**	**93+**
1995	**Cabernet Sauvignon Howell Mountain**	**Napa**	**EE**	**90**
1998	**Cabernet Sauvignon Mount Veeder**	**Napa**	**EE**	**93+**
1997	**Cabernet Sauvignon Mount Veeder**	**Napa**	**EE**	**93+**
1995	**Cabernet Sauvignon Mount Veeder**	**Napa**	**EE**	**91**
1994	**Cabernet Sauvignon Mount Veeder**	**Napa**	**D**	**94**
1994	**Cabernet Sauvignon Oakville District**	**Napa**	**D**	**89**
1998	**Cabernet Sauvignon Rutherford**	**Napa**	**EE**	**92**
1997	**Cabernet Sauvignon Rutherford**	**Napa**	**EE**	**94**
1995	**Cabernet Sauvignon Rutherford**	**Napa**	**EE**	**94**

Ein weiteres Aushängeschild des Kendall-Jackson-Imperiums (genau genommen ein Teil der Jackson Family Farms) ist das kleine Weingut Lokoya, wo man sich bei einer Mengenbegrenzung von 3000 Kisten darauf konzentriert, vier in limitierter Auflage produzierte alterungsfähige Cabernet Sauvignons zu erzeugen. Diese Weine haben rasch eine Art Kultstatus gewonnnen, was größtenteils den hervorragenden Fähigkeiten des Kellermeisters Marco Di Guilio zu verdanken ist (der auch bei Pepi für die Weinbereitung zuständig ist). Sie verbringen 22 Monate in komplett neuen französischen Eichenfässern und werden normalerweise ungeschönt und unfiltriert abgefüllt, obwohl die Howell-Mountain-Cuvée 1997 leicht gefiltert worden ist.

Der Kellermeister Marco Di Giulio hat 1998 beschlossen, den Howell Mountain wegen des kühlen Klimas in den hoch gelegenen Rebkulturen herabzustufen. Das hindert ihn freilich nicht daran, auch weiterhin bei der Gestaltung seiner Weine »jeder einzelnen Beere Reverenz zu erweisen«, wie er selbst sich ausdrückt. 1998 hat er 400 Kisten des Rutherford, 750 Kisten des Diamond Mountain und 132 Kisten des Mount Veeder produziert. Inzwischen sind sie allesamt abgefüllt und gehören gewiss zu den Superstars ihres Jahrgangs. Allerdings sind die 1998er ausnahmslos bereits jetzt relativ zugänglich, während die meisten 1997er 3–5 Jahre lagern sollten. Der *1998er Cabernet Sauvignon Rutherford* präsentiert sich mit 9% Merlot im Mischsatz ganz in der Tradition dieses Namens. Der undurchdringlich purpurrote, säurearme Wein verströmt herrlich explosive Aromen von schwarzen und roten Früchten, die mit Zedernholzwürze durchsetzt sind. Ein für seinen Jahrgang gigantisch konzentrierter, dichter, opulenter und bemerkenswert üppiger Cabernet. Bei einer Blindprobe würden Sie wegen der wundervoll konzentrierten, herrlich ausgewogenen Persönlichkeit gewiss vermuten, es mit einem 1997er oder 1994er zu tun zu haben. Voraussichtliche Genussreife: jetzt–2015. Der schwelgerische *1998er Cabernet Sauvignon Diamond Mountain* (750 Kisten; 100% Cabernet aus einer nach Süden hin ausgerichteten Rebkultur) hat eine fabelhaft intensive Frucht mit Noten von eingedickten schwarzen Johannisbeeren samt schön integrierten Nuancen von Veilchen und Mineralien. Dieser potenzielle Anwärter auf den Titel »Wein des Jahres« verfügt über einen immensen Körper, eine großartige Konzentration und betört durch köstliche Fruchtnoten von Pflaumenlikör und Cassis, die den Gaumen mit einem bemerkenswerten Glyzeringehalt umschmeicheln. Was für eine Leistung! Voraussichtliche Trinkreife: jetzt–2015. Der nur in einer winzigen Menge (132 Kisten) angebotene *1998er Cabernet Sauvignon Mount Veeder* ist übrigens der Einzige dieser 1998er, der noch weitere 2–3 Jahre ruhen sollte. Er dürfte vermutlich 20–25 Jahre überdauern, ob er aber die Größe des Diamond Mountain oder die Geschmeidigkeit des Rutherford erreicht? Der körperreiche, kraftvolle, muskulöse Wein präsentiert sich in dichtem Purpurrot und mit Noten von ausgedörrter Erde, flüssigen Mineralien, schwarzen Früchten, Zedernholz und Lakritze. Außerdem hat er einiges an Tanninen zu bieten, stellt sich aber trotzdem extraktreich und gehaltvoll dar. Wirklich beeindruckende 1998er Weine.

Der undurchdringlich purpurrote *1997er Cabernet Sauvignon Mount Veeder* (220 Kisten), der in einer 500 Meter hoch gelegenen Parzelle gewachsen ist, verströmt klassische Aromen von Crème de Cassis und Mineralien und präsentiert sich mit einer superben Mitte und einer körperreichen Persönlichkeit von beeindruckender Länge und Reintönigkeit. Allerdings sollte er noch 4–5 Jahre lagern. Voraussichtliche Genussreife: 2005–2025. Der dunkelpurpurrote *1997er Cabernet Sauvignon Howell Mountain* (700 Kisten) kommt mit ausgeprägteren mineralischen und erdigen Noten von Blaubeeren und Pflaumen daher. Er stellt sich im Mund weicher, aber auch körperreich, dicht und gehaltvoll dar und hinterlässt einen immensen Eindruck. Voraussichtliche Genussreife: jetzt–2020. Der opulenteste, attraktivste und unmittelbar ansprechendste dieses wundervollen 1997er-Cabernet-Quartetts aus dem Hause Lokoya ist der *1997er Cabernet Sauvignon Diamond Mountain* (1 110 Kisten). Er beeindruckt durch seine satt purpurrote Farbe und explosive Aromen von Lakritze, Zedernholz, gerösteten Kräutern sowie schwarzen Pflaumen und Johannisbeeren. Der säurearme Wein hat einen vollen Körper, eine sinnenbetörende Textur und einen berauschenden Alkohol- und beträchtlichen Tanningehalt, der jedoch sehr schön von der tiefen Geschmacksextraktion und den hohen Glyzerinwerten eingebunden wird. Dank seiner schwelgerischen Persönlichkeit dürfte sich dieser eindrucksvolle Wein etwa 18–20 Jahre halten. Von dem *1997er Cabernet Sauvignon Rutherford* gibt 1 000 Kisten. Er präsentiert sich mit unverwechselbaren aromatischen Anklängen an Kirschwasser, Likör von schwarzen Kirschen und Lehmboden samt einem reichhaltigen vollen Körper. Neben dem Diamond Mountain ist dieser Wein der expansivste und charmanteste dieser kraftstrotzenden 1997er Cabernets. Er hat einen vollen Körper, eine bewundernswerte Tiefe und Reintönigkeit und ist bereits jetzt oder noch in 20 Jahren trinkbar.

Der undurchdringlich purpurrote *1995er Cabernet Sauvignon Mount Veeder* (1 600 Kisten) verströmt ein üppiges Médoc-artiges Bukett von Bleistift, Mineralien, schwarzen Johannisbeeren und rauchwürziger Eiche. Der Wein präsentiert sich extrem körperreich und wuchtig mit süßen Tanninen und vielschichtigen, samtig texturierten Eindrücken am Gaumen sowie einem festen, außergewöhnlich langen, reintönigen Abgang. Dieser klassische Cabernet Sauvignon aus einer Höhenlage ist bereits jetzt trinkbar, dürfte aber von einer weiteren 5–7-jährigen Ruhezeit nur profitieren. Er hat eine Lebenserwartung von zwei Dekaden. Der nur in einer winzigen Menge (25 Kisten) vorrätige *1995er Cabernet Sauvignon Howell Mountain* ist durch Noten von Mineralien und nassen Steinen charakterisiert, die mit Geschmackskomponenten von Johannisbeeren und Cassis einhergehen. Der im Vergleich zum Mount Veeder deutlich strukturiertere und tanninbetontere, weniger extrovertierte Wein ist nicht für Leute geeignet, die auf einen unmittelbaren Genuss aus sind. Voraussichtliche Genussreife: jetzt–2018. Der sensationelle *1995er Cabernet Sauvignon Diamond Mountain* (330 Kisten) ist undurchdringlich blau-schwarz, gefolgt von hervorragenden Aromen eingedickter Brombeer-Johannisbeer-Frucht, in die sich Noten von gerösteten Kräutern, kaltem Stahl, Mineralien und würzigem Eichenholz mischen. Er verfügt über eine fabelhafte Intensität, einen umwerfenden Glyzerin- und Extraktgehalt, einen vollen Körper und betört in seinem langen säurearmen Abgang mit süßen Tanninen. Dieser superbe, überwältigende Cabernet Sauvignon hat ein gigantisches Potenzial. Voraussichtliche Genussreife: jetzt–2020. Der *1995er Cabernet Sauvignon Rutherford* (300 Kisten) gebietet über die am stärksten entwickelten Aromen, und zwar von schwarzen Johannisbeeren, Kirschen, Lehmboden und Toastbrot. Er ist auch der ausladendste und körperreichste dieser Weine und wartet mit unglaublich konzentrierten Geschmacksnoten auf, die weder eckig noch beißend wirken. Die Säure-, Tannin-, Alkohol- und Holzkomponenten werden von diesem fleischigen, saftigen und üppig texturierten Wein ausnahmslos wundervoll eingebunden. Der Abgang dauert 40+ Sekunden. Trotz seiner Zugänglichkeit sollte dieser Cabernet idealerweise noch fünf Jahre ruhen und kann 20–25 Jahre überdauern.

Der *1994er Cabernet Sauvignon Oakville District* (800 Kisten) ist ein sortenreiner Cabernet Sauvignon, dessen Früchte zu 90% auf der Vine Hill Ranch und zu 10% auf dem Mount Veeder gewachsen sind. Der Wein hat 22 Monate in zu 40% neuen kleinen Fässern verbracht. Er präsentiert sich in undurchdringlichem Purpurrot, mit süßen, ausgereiften, rauchwürzigen Aromen von Oliven, Schokolade und Cassis, mit dichten, körperreichen Geschmacksnoten, einem moderaten Tannin- und potenziell exzeptionellen Extraktgehalt, in schöner Reintönigkeit und mit einem langen, würzigen Abgang. Der Wein vereint in sich aufs Schönste die Reintönigkeit und Reife seiner kalifornischen Frucht mit einer für einen Spitzen-Bordeaux typischen Strenge und Verhaltenheit. Noch beeindruckender ist der *1994er Cabernet Sauvignon Mount Veeder* (700 Kisten). Bei diesem Wein handelt es sich um einen gigantischen, riesig ausgelegten Cabernet aus einer Höhenlage, der vage an die Mayacamas-Jahrgänge aus der Zeit vor 1976 erinnert, allerdings mehr Komplexität und Finesse aufweist. Auf seine undurchdringlich schwarz-purpurrote Farbe folgt ein straffes, verhaltenes, aber viel versprechendes Bukett aus schwarzen Früchten, Lakritze und Mineralien. Die tintenschwarze Farbe lässt auf einen formidabel ausgestatteten Wein schließen, eine Vermutung, die dieser riesige, superkonzentrierte Cabernet Sauvignon ohne weiteres einlöst. Der Wein ist nicht nur ein massiges Schwergewicht, wie jeder feststellen wird, der seine Ausgewogenheit, seine Harmonie und die Komponenten, denen er sein Alterungspotenzial von 20–30 Jahren verdankt, auf sich wirken lässt. Obwohl 60% des Weines in neuen französischen Eichenfässern ausgebaut worden sind, hat der Fruchtgehalt die Holznoten vollständig absorbiert. Die Käufer dieses Tropfens brauchen noch etwas Geduld. Voraussichtliche Genussreife: jetzt–2020.

LOXTON (PASO ROBLES)

1999	**Zinfandel Priest Ranch Orion Vineyard**	**Napa**	**C**	**89**

Der weiche, geschmeidige und konzentrierte, pfeffrige, erdige dunkelrubinrote *1999er Zinfandel Priest Ranch Orion Vineyard* hat etwas über 14% Alkohol. Trinken Sie diesen gehaltvoll fruchtigen, vielschichtigen Wein in den kommenden 2–3 Jahren.

LUNA (NAPA)

1997	**Canto Proprietary Red Wine**	**Napa**	**E**	**89**
1997	**Merlot**	**Napa**	**D**	**89**
1997	**Sangiovese**	**Napa**	**C**	**89**
1998	**Sangiovese Riserva**	**Napa**	**E**	**89**

Diese von John Kongsgaard und George Vare gemeinsam betriebene Kellerei ist auf italienische Rebsorten spezialisiert. Kongsgaard macht keine Kompromisse, überlässt es den heimischen Hefen, die Vergärung des Weines einzuleiten, und greift möglichst wenig in das Geschehen ein. Alle seine Weine sind unfiltriert. Darunter befinden sich einige der feinsten in Kalifornien gekelterten Tropfen aus italienischen Sorten. Im Gegensatz zu vielen ihrer nichts sagenden, eindimensionalen, aus Übererträgen gewonnenen, fleischlosen Pendants verfügen diese Weine ausnahmslos über eine hervorragende Intensität.

Haben Sie genug von überteuerten, erschreckend langweiligen, dünnen, übersäuerten (oder schlimmer noch tanninbitteren) kalifornischen Sangiovese-Weinen? Dann probieren Sie einmal den *1997er Sangiovese.* Von diesem aus 75% Sangiovese, 20% Merlot und 5% Syrah verschnittenen Wein gibt es 6000 Kisten. Dieser köstliche, reintönige, samtige, sinnenbetörende Fruchtcocktail von einem Sangiovese hat einen mittleren bis vollen Körper und präsentiert sich in einem mittleren Rubinton und mit explosiven Aromen von Erdbeermarmelade, Kirschen, neuem Sattelleder und Gewürzen. Der *1998er Sangiovese Riserva* (in dem 10% Syrah enthalten sind) verfügt über eine konzentriertere Saftigkeit. Die blumigen Brombeeraromen sind auf die kleine Syrah-Dosis zurückzuführen. Zur Gesamtwirkung des Weines tragen außerdem Aromen von Kirschfrucht, Erdbeermarmelade, würzigem Sattelleder und Fleisch bei. Der körperreiche, potenziell hervorragende Wein dürfte seine Qualität 5–7 Jahre bewahren. In den Wettbewerb der Super-Toskaner eingestiegen ist Luna mit dem *1997er Canto Proprietary Red Wine,* einem zu gleichen Teilen aus Merlot, Sangiovese und Cabernet Sauvignon verschnittenen Wein, der in zu 50% neuen kleinen Barriques ausgebaut worden ist. Auf die tiefpflaumenblau-purpurrote Farbe des Weines folgen Aromen von Zedernholz und Fruchtkuchen, ein mittlerer bis voller Körper, ein süßer Eindruck im Auftakt, ein langer, strukturierter, moderat tanninhaltiger und eindrucksvoll ausgestatteter Abgang. Er muss noch ein Jahr in der Flasche reifen und dürfte 10 Jahre überdauern. Luna produziert auch 3000 Kisten Merlot. Offenbar hat John Kongsgaard ein Händchen für Merlot, wie einige der Newton-Merlots bezeugen, die er bereitet hat. Der *1997er Merlot,* in dem 20% Cabernet Franc enthalten sind, präsentiert sich in einem dunklen Rubinrot, mit großen Duft- und Geschmacksnoten von Espressobohnen, Mokka, Schokolade und Beerenfrüchten, einer schönen Würze, moderaten Tanninen und einem dichten, konzentrierten Eindruck am Gaumen, der sich gerade zu entfalten beginnt. Ich wäre nicht überrascht, wenn dieser Wein nach weiteren 6–12 Monaten Flaschenreifung eine Bewertung von 90 Punkten erreichen würde. Er kommt mit heftigen 14,1% Alkohol daher.

MARCASSIN (SONOMA)

1997	**Chardonnay Gauer Ranch Upper Barn**	**Sonoma**	**EE**	**96**
1997	**Chardonnay Hudson Vineyard E Block**	**Carneros**	**EE**	**91**
1998	**Chardonnay Lorenzo Vineyard**	**Sonoma Coast**	**EE**	**93**
1997	**Chardonnay Lorenzo Vineyard**	**Sonoma Coast**	**EE**	**95+**
1999	**Chardonnay Marcassin Vineyard**	**Sonoma Coast**	**EE**	**97+**
1998	**Chardonnay Marcassin Vineyard**	**Sonoma Coast**	**EE**	**99**
1997	**Chardonnay Marcassin Vineyard**	**Sonoma Coast**	**EE**	**97**
1999	**Chardonnay Three Sisters – Sea Ridge Meadow**	**Sonoma Coast**	**EE**	**94**
1998	**Chardonnay Three Sisters – Sea Ridge Meadow**	**Sonoma Coast**	**EE**	**95**
1999	**Chardonnay Upper Barn – Alexander Mountain Estate**	**Sonoma**	**EE**	**(93–96)**
1998	**Chardonnay Upper Barn – Alexander Mountain Estate**	**Sonoma**	**EE**	**92**
1999	**Pinot Noir Blue Slide Ridge**	**Sonoma Coast**	**EE**	**(98–100)**
1998	**Pinot Noir Blue Slide Ridge**	**Sonoma Coast**	**EE**	**95**
1997	**Pinot Noir Blue Slide Vineyard**	**Sonoma Coast**	**EE**	**96**
1999	**Pinot Noir Marcassin Vineyard**	**Sonoma Coast**	**EE**	**(95–96)**
1998	**Pinot Noir Marcassin Vineyard**	**Sonoma Coast**	**EE**	**98**
1997	**Pinot Noir Marcassin Vineyard**	**Sonoma Coast**	**EE**	**95+**
1996	**Pinot Noir Marcassin Vineyard**	**Sonoma Coast**	**EE**	**95**
1995	**Pinot Noir Marcassin Vineyard**	**Sonoma Coast**	**EE**	**93**

1999	**Pinot Noir Three Sisters – Lambing Barn**	**Sonoma Coast**	**EE**	**(93–95)**
1999	**Pinot Noir Three Sisters – Sea Ridge Meadow**	**Sonoma Coast**	**EE**	**(94–96)**

Das an erster Stelle der amerikanischen Weinindustrie stehende Paar, John Wetlaufer und Helen Turley (die inzwischen übrigens seit 35 Jahren verheiratet sind), scheut nach wie vor das Rampenlicht und zieht es vor, die Ergebnisse ihrer brillanten Arbeit im Weinberg und im Keller dafür sprechen zu lassen, dass niemand es besser macht. Die Produktionsmengen bleiben schmerzlich klein, so dass pro Jahrgang nur ein- oder zweitausend Weinverrückte Gelegenheit bekommen, diese Elixiere zu verkosten. Ich bin zwar grundsätzlich kein Gegner von Größe (offenbar können höchster Qualität verpflichtete Weingüter wie Beringer, Robert Mondavi und Joseph Phelps mehr als 20000 Kisten vorzüglichen Cabernet Sauvignon und Chardonnay produzieren), aber es ist praktisch unmöglich, große Mengen von Weinen wie die von Marcassin zu produzieren. Es ist schwer, komplexere Chardonnays und Pinot Noirs zu finden als die, die Turley und Wetlaufer aus ihren eigenen Reblagen an der Sonoma Coast gewinnen. Außerdem gibt ihre Vereinbarung mit der Familie Martinelli, Trauben aus den Three Sisters und Blue Slide Ridge Vineyards zu beziehen, Grund zu der Hoffnung, dass einige gewaltige Weine aus dieser Richtung entstehen.

Der *1999er Chardonnay Upper Barn – Alexander Mountain Estate* (der früher den Namen Gauer Ranch Upper Barn trug, aber von seinem Inhaber Jess Jackson umbenannt wurde) stammt von einem Weinberg, der neu mit Burgunder Dijon-Klonen bepflanzt wurde. Marcassin teilt sich mit der Stonestreet Winery in die Trauben dieser Lage. Der sagenhafte Wein strotzt mit einem rauchigen Bukett, in dem sich honigtönige Ananas und Röstbrot mit tropischen Früchten, Butter und gerösteten Haselnüssen vereinigen, und herrlich reifen, vielschichtigen Geschmacksnuancen. Dieser körperreiche, ungebändigte Chardonnay ist sowohl konzentriert als auch intensiv. Er dürfte sich 7–8 Jahre gut trinken lassen. Die Leser werden zwei Chardonnays aus dem Three Sisters – Sea Ridge Meadow Vineyard finden. Der eine, bei dem Helen Turley als önologische Beraterin fungiert, wird unter dem Martinelli-Etikett, der andere als Marcassin verkauft. Diese Reblage an der Sonoma Coast wurde stark ausgedünnt und zurückgeschnitten. Der *1999er Chardonnay Three Sisters – Sea Ridge Meadow* von Marcassin ist ein glänzender Wein, dessen feine Hefen bis zum auf die Ernte folgenden Frühling ausgiebig aufgerührt wurden und der erst abgestochen wurde, als es sich nicht mehr vermeiden ließ. Das Ergebnis ist ein Wein von außerordentlicher Komplexität, Textur und Reichhaltigkeit mit auffallenden buttrigen Zitrusnoten und flüssigen mineralischen Nuancen sowie einer saftigen, berauschenden, stahligen, an Zitrone und Ananas erinnernden Persönlichkeit. Obwohl er äußerst körperreich ist, bleibt er ausgesprochen elegant. Wie alle Chardonnays von Marcassin wird er ohne Schönen und Filtrieren abgefüllt. Es wird ungefähr 225 Kisten des *1999er Chardonnay Marcassin Vineyard* geben. Dieser Wein aus einer steilen, felsigen Hanglage mit dünner Krume und geringen Abständen zwischen den Reben kommt einer magischen Synthese von einem Bâtard-Montrachet Michel Niellons und Coche-Durys Corton-Charlemagne mit der außerordentlichen Reife und Reichhaltigkeit am nächsten, die in Kalifornien aus der Chardonnay-Traube bei niedrigen Erträgen erzielt werden kann. Es ist ein öliger, körperreicher, herrlich umrissener Wein mit einem außergewöhnlichen Duft flüssiger Mineralien, die mit Zitrusölen, Honig und einer stahligen Rauchigkeit durchsetzt sind. Dem fesselnden Bukett sind die Eindrücke, die der Wein im Mund und beim Abgang hinterlässt, ebenbürtig. Dieser profunde Chardonnay ist Kaliforniens einzigartigster Ausdruck dieser Rebsorte. Außerdem hat er eine Entwicklung von 10–12+ Jahren vor sich.

Es gibt vier 1998er Chardonnays, darunter der letzte aus dem Lorenzo Vineyard an der Sonoma Coast. Der *1998er Chardonnay Upper Barn – Alexander Mountain Estate* präsentiert eine überraschend trübe, entwickelte mittelgoldene Farbe. Mit seinen Nuancen von

Geißblatt, buttriger Tropenfrucht, Mineralien, Rauch und Haselnüssen scheint dieser dichte körperreiche, gehaltvolle, saftige Wein ungewöhnlich reif. Trinken Sie ihn während der nächsten 3–5 Jahre. Der stärker mineralisch betonte *1998er Chardonnay Three Sisters – Sea Ridge Meadow* offenbart die Essenz des *terroirs* in seinen Geschmacksnuancen. Zusätzlich bietet er Anklänge an cremigen Vanillepudding, Zitrusfrüchte, Honig und Walnüsse, große Mengen an Frucht, eine phänomenale Textur und einen spektakulär langen Abgang. Trinken Sie diesen gewaltigen Chardonnay während der nächsten 7–8 Jahre. Der *1998er Chardonnay Lorenzo Vineyard* enthüllt die rauchige, hefige, honigtönige Komplexität, die für Helen Turleys Chardonnays charakteristisch ist. Er hat gute Dichte, Reife und Fülle, schöne untergründige Säure und einen gehaltvollen Abgang mit zahlreichen Nuancen und dürfte sich 5–6 Jahre gut trinken lassen. Der *1998er Chardonnay Marcassin Vineyard* ist eine Glanzleistung der Chardonnay-Weinbereitung. Er hat sich seit dem vergangenen Jahr herrlich entwickelt und ist einer der attraktivsten Chardonnays, die sowohl in Kalifornien als auch in Frankreich produziert wurden. Er offenbart die Essenz zerdrückter Muschelschalen in seinem komplexen, mehrdimensionalen Bukett, das außerdem Aromen von Zitronenlikör, Mineralien, honigtöniger Zitrusfrucht, Orangenmarmelade und Rauch verströmt. Immer noch straff gewirkt, besitzt er einen vollen Körper, vielschichtige Konzentration und die Struktur, die Kraft und den Abgang eines Rotweins. Die enormen 14,9% Alkohol sind hinter der Frucht und dem Extrakt des Weins gut verborgen. Der Gesamteindruck ist der eines außerordentlich gut gezeichneten, intensiven, kraftvollen Chardonnay, der versucht, sich von seinen Zügeln loszureißen. Er ist immer noch nicht voll ausgereift und hat das Potenzial, sich mindestens ein Jahrzehnt lang zu entwickeln.

Der *1997er Chardonnay Marcassin Vineyard* hat (wie der 1996er) einige Eigenschaften mit dem 1998er und dem 1999er gemeinsam. Duft- und Geschmacksnoten von flüssigen Mineralien und zerdrückten Muschelschalen sind in diesem körperreichen, mineralisch betonten, zitronigen, honigtönigen, buttrigen Chardonnay vertreten. Er strotzt vor Geschmacksschichten (Zitrusöle, Orangenmarmelade und Haselnüssen), majestätischer Konzentration und einem überirdischen Abgang, der länger als 40 Sekunden dauert. Er dürfte ein Jahrzehnt schön altern. Es gibt fast 250 Kisten des *1997er Chardonnay Gauer Ranch Upper Barn.* Dieser Wein offeriert ein faszinierend wachsartiges, robustes Bukett mit honigtöniger Zitrusfrucht und subtilen Röstnoten. Er ist ein körperreicher und fabelhaft konzentrierter, ein hefiger, vielschichtiger Chardonnay, der Geschmacksnoten von Mineralien und Zitrusfrüchten aufweist. Ein kraftvoller, mehrdimensionaler, langer (fast eine Minute dauernder) Abgang gesellt sich zu seinen wunderbaren Eigenschaften. Er dürfte sich 7–8 Jahre gut trinken lassen. Auch der *1997er Chardonnay Lorenzo Vineyard* ist ein attraktiver Wein, der die Nuancen nach flüssigem Schiefer und Petroleum offeriert, die sich stärker im Marcassin Vineyard finden. Der körperreiche, kraftvolle und ausladende Lorenzo mit seiner laserartigen Klarheit besitzt zitronige und stahlige Geschmacksnuancen von Pfirsichen und Aprikosen, die in einer beeindruckend konzentrierten Persönlichkeit zusammenkommen. Er ist einfach sensationell, also entschuldigen Sie die weitschweifige Weinsprache. Voraussichtliche Genussreife: jetzt–2007. Marcassins letzter Wein aus Lee Hudsons Weinberg in Carneros, der *1997er Chardonnay Hudson Vineyard E Block,* zeigt eine entwickelte hellgoldene Farbe und ein exotisches Bukett von rauchiger Tropenfrucht, das mit Aromen von Orangenmarmelade und geröstetem Kaffee durchsetzt ist. Dieser ungezügelte, ausschweifende und extravagante Wein ist vielschichtig, reichhaltig und überschwänglich, aber nicht annähernd so komplex oder nuanciert wie die Chardonnays Gauer Ranch Upper Barn oder Lorenzo. Trinken Sie ihn während der nächsten 3–4 Jahre.

Was die Pinot Noirs von Marcassin betrifft, so kann kein Zweifel bestehen, dass sie neben den Pinot Noirs von Kistler und denen von Brewer-Clifton in Santa Barbara die bemerkenswertesten aus der Neuen Welt sind. Wenn einige der berüchtigten Apologeten des Burgunders diese Weine nur bei einer Blindverkostung neben die größten Grand Crus aus dem

Burgund stellen würden! Dazu wird es allerdings so schnell nicht kommen. Der *1999er Pinot Noir Three Sisters – Sea Ridge Meadow* erscheint sowohl mit dem Marcassin-Etikett als auch mit dem der Martinellis (denen der Weinberg gehört, den sie zusammen mit Turley und Wetlaufer bewirtschaften). Dieser Wein ist ein exquisiter Pinot Noir, der eine dunkelrubin-purpurrote Farbe und ein süßes Bukett von Kirschmarmelade offenbart, das mit Rauch, Mineralien und Blumen versetzt ist. Die Finesse und Eleganz des Weins erinnern neben den herrlichen Mengen an schwarzen Himbeeren und Kirschen, seinem ausladenden Charakter und seiner erdigen, reichhaltigen Komplexität an einen Grand Cru aus Morey-St-Denis. Der *1999er Pinot Noir Three Sisters – Lambing Barn* stammt von einer kleinen, 2,4 Hektar großen Parzelle, die mit Burgunder Dijon-Klonen eng bestockt ist. Er offeriert ein exotisches Bukett von Gewürzen (Zimt, Piment), neuem Sattelleder sowie schwarzen Kirschen und Himbeeren. Der körperreiche, ausladende, dichte und ausnehmend komplexe Wein wird sich 7–8 Jahre gut trinken lassen. Der *1999er Pinot Noir Blue Slide Ridge* ist Ehrfurcht gebietend! Diese mit Pinot-Noir-Klonen wie dem Pommard Nr. 115, 667 und 777 bepflanzte Rebfläche hat einen undurchdringlich rubin-purpurroten Wein mit einem exquisiten Bukett von gerösteten Kräutern, Vanille, Rauch, schwarzen Früchten, Fleisch und Veilchen hervorgebracht. In aromatischer Hinsicht lässt er an einen Spitzen-Jahrgang des Richebourg oder La Tâche der Domaine de la Romanée-Conti denken. Der Wein ist außerordentlich komplex, vielschichtig und reichhaltig, Säure und Eichenholz sind gut eingebunden, und sein Abgang ist sinnverwirrend. Dieser exquisite Pinot Noir wird während der nächsten 7–10 Jahre ein bezauberndes Trinkvergnügen darstellen. Der *1999er Pinot Noir Marcassin Vineyard* offenbart neben Nuancen von schwarzen Himbeeren, abgeflämmter Erde, Tatarbeefsteak und vermischten schwarzen Früchten vor allem solche von Mineralien, Sojasauce und asiatischer Pflaumensauce. Subtile Anklänge an toastwürzige Vanille vom frischen Eichenholz sind ebenfalls zu spüren. Dieser fabelhafte Pinot Noir ist mit seinem vollen Körper, seiner bemerkenswerten Konzentration, Länge und Präsenz der jüngste, am wenigsten entwickelte dieser 1999er. Voraussichtliche Genussreife: jetzt–2014.

Es gibt nur zwei 1998er Pinot Noirs. Der *1998er Pinot Noir Blue Slide Ridge* präsentiert ein sensationelles Bukett von Pflaumenlikör, das von Heidelbeeren, Brombeeren, Rauch und flüssigen Steinen durchzogen wird. Er zeigt gute untergründige Säure, einen vollen Körper, superbe Konzentration und Reintönigkeit und dürfte sich ein Jahrzehnt gut trinken lassen. Der fast perfekte *1998er Pinot Noir Marcassin Vineyard* präsentiert eine tiefe gesättigte rubin-purpurrote Farbe sowie ein spektakuläres Bukett von Brombeeren, Pflaumen, Himbeeren und Kirschen. Im Mund präsentiert er die Essenz schwarzer Früchte, die mit Nuancen von gegrilltem Steak und versengter Erde vermischt sind. Dieser kräftige, gehaltvolle, körperreiche, fleischige und kernige Wein mit zahlreichen Geschmacksschichten ist angesichts seiner Konzentration und Größe eindrucksvoll klar gezeichnet: ein geradezu himmlischer Pinot Noir. Er wird sich noch 10–15 Jahre entwickeln.

Der *1997er Pinot Noir Marcassin Vineyard* hat sich seit der ersten Verkostung verschlossen. Man kann das enorme Gewicht und Fett, die gewaltige Reife und Reichhaltigkeit in den Duft- und Geschmacksnuancen spüren, aber das Tannin ist offensichtlich und der Wein straff und strukturiert. Der Wein ist zwar zweifellos ein Kraftprotz, benötigt aber 2–3 Jahre zusätzlicher Flaschenreife. Er dürfte 12–15 Jahre halten. Die mineralischen Anklänge, die sowohl dem Chardonnay als auch dem Pinot Noir vom Marcassin Vineyard entsteigen, scheinen mit zunehmendem Alter der Weine ausgeprägter zu werden. Der spektakulär komplexe, opulent texturierte, verschwenderisch reichhaltige *1997er Pinot Noir Blue Slide Vineyard* zeigt eine satte bläulich-purpurrote Farbe neben herrlichen Aromen von Heidelbeeren, Schwarzkirschen, Lavendel und rauchigem Eichenholz. Dieser intensive und körperreiche Wein mit fabelhafter Konzentration, einer sinnlichen Textur und einem langen Abgang ist ein atemberaubender Tropfen. Bedauerlicherweise war die produzierte Menge winzig – 25 Kisten.

Der *1996er Pinot Noir Marcassin Vineyard* (275 Kisten) ist ebenfalls hervorragend. Um einen Eindruck davon zu bekommen, was diese Weine wirklich ausmacht, muss man sich klarmachen, dass sie an die feinsten Grand Crus erinnern, die ich aus Lagen wie Clos de la Roche und Clos St-Denis verkostet habe. Gemeinsam sind ihnen ein außergewöhnlicher mineralischer Ton und wunderbar konzentrierte Nuancen von Pflaumen, Schwarzkirschen sowie Heidel- und Brombeeren. Sie sind gehaltvoller, dichter, stärker konzentriert und alkoholischer als jeder Grand Cru aus Burgund (obwohl rote Burgunder der Jahrgänge 1997, 1990 und 1989 normalerweise auf 14% Alkohol kamen). Der 1996er Pinot Noir Marcassin Vineyard hat noch nicht begonnen, zusätzliche Nuancen zu offenbaren, aber er ist von einer Art Pinot Noir, die vermuten lässt, dass die Sonoma Coast in 30–50 Jahren vielleicht eine der berühmtesten Regionen der Welt für diese Rebsorte geworden ist.

Der *1995er Pinot Noir Marcassin Vineyard* (nur 25 Kisten für die ganze Welt) war der erste Jahrgang dieses Weins. Er besitzt eines der bezauberndsten und exquisitesten Burgunder-ähnlichen Buketts, die ich je bei einem jungen amerikanischen Pinot Noir gerochen habe. Die Farbe ist ein gesundes mitteldunkles Rubinrot, und das süße Bukett von dicklichen roten und schwarzen Früchten, Trüffeln, geräucherter Ente und Erde erinnerte mich an einen Grand Cru von Flagey Echézeaux oder Vosne-Romanée. Der Wein offenbart am Gaumen Köstlichkeit und Süße, ohne das Gewicht, das man bei derart intensiven Aromen und Geschmacksnuancen vermuten könnte. Der bemerkenswert komplexe Wein wird sich zu einem überwältigenden, körperreichen, parfümierten Pinot Noir entfalten, der sich während seiner ersten 5–7 Jahre gut trinken lassen dürfte. Ich bezweifle, dass er sich als langlebig erweisen wird, aber alle Weine von Marcassin haben ihre Frucht und ihren Charakter länger bewahrt, als ich erwartet hätte.

All diese Weine sind erhältlich über die Versandliste des Weinguts.

MARIETTA (SONOMA)

1996	**Cabernet Sauvignon**	**Sonoma**	**C**	**90**
1994	**Cabernet Sauvignon**	**Sonoma**	**C**	**88**
o.J.	**Old Vine Red Lot 22**	**Kalifornien**	**B**	**88**
o.J.	**Old Vine Red Lot 15**	**Sonoma**	**B**	**90**
o.J.	**Old Vine Red Lot 18**	**Sonoma**	**B**	**89**
1996	**Syrah**	**Kalifornien**	**C**	**88**

Die 1996er Cabernet Sauvignon und Syrah sowie der Old Vine Red Lot 22 bilden die stärkste Gruppe von Marietta-Weinen, die ich in den letzten Jahren verkostet habe. Es sind einige unglaublich preisgünstige Weine dabei.

Dazu gehören auch die 20000 Kisten des jahrgangslosen *Old Red Vine Lot 22.* Dieser Wein ist zu einem Lieblingswein kluger Verbraucher geworden, was durch den Umstand belegt wird, dass die gesamte Produktion zugeteilt wird. Er besteht vornehmlich aus den Jahrgängen 1996 und 1997 und ist eine Cuvée aus Zinfandel, Petite Sirah, Carignan, Gamay und Cabernet Sauvignon, die aus Weinbergen in Napa, Sonoma und Mendocino stammen. Es ist ein gewichtiger, ernst zu nehmend ausgestatteter Wein mit einer dunkelpurpurroten Farbe und einem starken Bukett von Kirschen, schwarzen Johannisbeeren, Pfeffer, Gewürz und Lehmboden. Dieser körperreiche und gehaltvoll extrahierte Wein, der verschwenderische Mengen von Beerenfrucht, exzellente Reintönigkeit und einen großzügigen, seidig texturierten Abgang aufweist, kann jetzt getrunken oder 2–3 Jahre in den Keller gelegt werden. Der Old Vine Red von Marietta ist durchgängig einer der preisgünstigsten überschwänglichen, trockenen Rotweine auf dem Markt.

Ich vermute, man muss bis zum Jahrgang 1990 zurückgehen, um einen Cabernet von Marietta zu finden, der so viel Qualität und Potenzial besitzt wie der *1996er Cabernet Sauvignon.* Es ist ein körperreicher, tanninbetonter, undurchdringlich purpurroter Wein, der zu den schönsten Hoffnungen berechtigt. Ein großer Teil des rustikalen Tannins dürfte während der nächsten 2–5 Jahre abschmelzen. Im Augenblick ist er konzentriert, und seine klassische, von Zedernholz und schwarzen Johannisbeeren betonte Frucht ist in einem bemerkenswert gehaltvollen, körperreichen Stil präsentiert. Dieser groß angelegte, zu vernünftigem Preis angebotene Cabernet Sauvignon, der gute Stärke und Fülle sowie viel robusten Alkohol (14,6%) hat, dürfte 10–12 Jahre schön altern. Merken Sie sich diesen Wein. Der *1996er Syrah*, der von Weingärten in Sonoma und Mendocino stammt, ist ein körperreicher, brombeerduftiger Wein mit Pfeffer, süßer Lakritze und grasigen Unterholznoten. Mit exzellenter Reife, schönem Gewürz und einer robusten, muskulösen Persönlichkeit offeriert dieser Syrah kraftvolle, den Mund füllende Geschmackkomponenten, die sich 5–7 Jahre entwickeln dürften.

Chris Bilbro, Inhaber und Kellermeister von Marietta, sollte von Weinkonsumenten einen Preis dafür verliehen bekommen, dass er derart wohlschmeckende Weine produziert und dennoch mit seinen Preisen auf dem Boden bleibt. Von seinem Old Vine Red ist kürzlich der *Old Vine Red Lot 18* herausgekommen. Dieser Wein, normalerweise eine Cuvée aus Petite Sirah, Cabernet Sauvignon, Zinfandel, Carignan und wer weiß was noch, ist immer von tief rubin-purpurroter Farbe und hat üppige Mengen von pfeffrigen schwarzen Früchten, die von erdigen Aromen durchzogen sind. Dieser saftige, herzhafte Wein, der fleischig, körperreich ist, Biss hat und den Mund voll macht, verschwindet rasch von der Bildfläche, wenn Marietta die mehr als 10000 Kisten freigibt, die von ihm produziert wurden. Der größte Teil des Old Vine Red wird zwar in den ersten 1–2 Monaten nach dem Kauf getrunken, aber er macht ganz den Anschein, als würde er 5+ Jahre halten. Der *Old Vine Red Lot 15* ist eine Cuvée aus 25% Petite Sirah, 20% Cabernet Sauvignon, 5% Carignan, während der Rest von Zinfandel und anderen Rotweintrauben bestritten wird. Dieser undurchdringlich purpurrote Wein offenbart verschwenderische Mengen von süßen Schwarzkirschen und Cassis, die mit Aromen von Pfeffer, Trüffeln und Gewürzen vermischt sind. Dieser dichte, körperreiche, saftige, fleischige Wein, der eine kirschwasserähnliche Geschmacksnuance aufweist, ist Kaliforniens Pendant zu einem erstklassigen Châteauneuf du Pape. Es gibt vielleicht 10000 Kisten von diesem superben Wein, aber sie verschwinden rasch aus den Regalen der Einzelhändler.

Dieses Weingut leistet auch beim Cabernet Sauvignon gute Arbeit. Obwohl der *1994er Cabernet Sauvignon* nicht so brillant ist wie der 1992er, schmeckt er so gut wie die meisten Cabernets, die deutlich teurer sind. Der Wein hat eine tiefe, dichte rubin-purpurrote Farbe und mäßig intensive Aromen von reifen schwarzen Früchten mit toastwürzigen Holznoten im Hintergrund. Dieser körperreiche, tanninbetonte, dichte und saftige Wein wird von 1–2 Jahren Kellerlagerung profitieren; er sollte ein Jahrzehnt gut altern.

MARTINELLI (SONOMA)

1999	Chardonnay Charles Ranch	Sonoma Coast	E	90
1999	Chardonnay Goldridge Vineyard	Russian River	E	90
1999	Chardonnay Martinelli Road	Russian River	D	91
1999	Chardonnay Woolsey Road	Russian River	D	90
1999	Gewürztraminer Martinelli Vineyard	Russian River	E	90
1999	Pinot Noir Blue Slide Ridge	Sonoma Coast	E	91+
1998	Pinot Noir Blue Slide Ridge	Sonoma Coast	E	93
1994	Pinot Noir Estate	Russian River	C	90
1998	Pinot Noir Martinelli Vineyard	Russian River	D	91
1996	Pinot Noir Martinelli Vineyard	Russian River	D	92
1995	Pinot Noir Martinelli Vineyard	Russian River	D	90
1999	Pinot Noir Martinelli Vineyard Reserve	Russian River	D	93
1998	Pinot Noir Martinelli Vineyard Reserve	Russian River	D	93
1997	Pinot Noir Martinelli Vineyard Reserve	Russian River	D	93

1996	Pinot Noir Martinelli Vineyard Reserve	Russian River	D	94
1995	Pinot Noir Martinelli Vineyard Reserve	Russian River	D	92
1999	Pinot Noir Three Colts	Russian River	E	90
1999	Syrah Hop Barn Hill	Russian River	E	97
1999	Zinfandel Giuseppe and Luisa	Russian River	E	95
1998	Zinfandel Giuseppe and Luisa	Russian River	E	94
1999	Zinfandel Jackass Vineyard	Russian River	EE	92
1998	Zinfandel Jackass Vineyard	Russian River	EE	95
1997	Zinfandel Jackass Vineyard	Russian River	EE	95
1996	Zinfandel Jackass Vineyard	Russian River	EE	93
1999	Zinfandel Jackass Hill Vineyard	Russian River	EEE	96
1998	Zinfandel Jackass Hill Vineyard	Russian River	EEE	97
1997	Zinfandel Jackass Hill Vineyard	Russian River	EE	95
1996	Zinfandel Jackass Hill Vineyard	Russian River	EE	96

Diejenigen meiner Leser, die Schwierigkeiten haben, eine Flasche Chardonnay oder Pinot Noir aus Helen Turleys und John Wetlaufers berühmtem Weingut Marcassin in die Hand zu bekommen, sollten versuchen, sich einige der Weine von Martinelli zu sichern. Diese alte Familie vom Russian River hat anscheinend unbegrenzte Mittel und zugleich eine große Zahl erstklassiger Weinberge. Außerdem hat sie größere Investitionen an der Sonoma Coast vorgenommen. Ihr Weinberg-Stratege ist John Wetlaufer, und als ihre önologische Beraterin fungiert seine Frau Helen Turley. Seit diese beiden an Bord gekommen sind, sind bemerkenswerte Ergebnisse mit einer ganzen Reihe exquisiter Chardonnays, Pinot Noirs und Zinfandels sowie mit Kaliforniens feinstem Gewürztraminer erzielt worden. Die neueste Errungenschaft in ihrem Sortiment ist eine mikroskopisch kleine Menge eines überirdischen Syrah.

Die 1999er Chardonnays haben einen etwas niedrigeren Alkoholgehalt als vorherige Jahrgänge und zugleich einen stahligeren, mineralisch betonten Charakter. Der *1999er Chardonnay Woolsey Road* (13,4% Alkohol) zeigt attraktive stahlige, mineralische und orangenähnliche Nuancen, mittleren bis vollen Körper, exzellente Reintönigkeit und einen Chablis-ähnlichen Charakter. Der elegante und gehaltvolle Wein hat ein Alterungspotenzial von 4–5 Jahren. Der kraftvollere *1999er Chardonnay Goldridge Vineyard* (14,4% Alkohol) zeigt mit Nuancen von Honig, Butterkaramell, Mineralien und rauchigen, hefigen Noten den extravagantesten Charakter der 1999er. Frisch gebackenes Brot und/oder noch warme Brioche verbinden sich in diesem frühreifsten von Martinellis 1999er Chardonnays mit würzigem Eichenholz und Tropenfrüchten. Trinken Sie ihn im Lauf der nächsten 3–4 Jahre. Honigtönige Ananas, Orangenmarmelade, Mineralien und Butter charakterisieren den körperreichen, überraschend nuancierten und eleganten *1999er Chardonnay Charles Ranch*. Mit nur 13,4% Alkohol besitzt dieser Wein weniger Kraft als frühere Jahrgänge, aber unter der gesamten Frucht liegt eine Note flüssiger Mineralien, und Zitrusöle machen sich ebenfalls bemerkbar. Dieser Wein sollte 4–5 Jahre halten. Der *1999er Chardonnay Martinelli Road* (eine Chardonnay-Rebfläche, die im Wesentlichen die unteren Hänge der Zinfandel-Weinberge Jackass und Jackass Hill einnimmt) bietet stahlige, wachsartige, buttrige Tropenfrüchte, großartige Reife, gute untergründige Säure, rauchige, hefige Nuancen und einen körperreichen, fruchtbetonten Abgang. Der sich in einem etwas verhalteneren Stil als der 1998er präsentierende Wein dürfte sich 2–3 Jahre gut trinken lassen.

Die Leser sollten den nur in einer begrenzten Menge produzierten *1999er Gewürztraminer Martinelli Vineyard* nicht übersehen, er ist der feinste Wein dieser Rebsorte, der in Kalifornien bereitet wird. Dieser trockene, körperreiche, exotische, prachtvolle Wein, der die klassischen Duft- und Geschmacksnuancen von Litschi und honigtöniger Grapefruit offenbart, sollte innerhalb der nächsten 1–2 Jahre getrunken werden, damit man in den Genuss seiner Intensität und Überschwänglichkeit kommt.

Der gesättigt bläulichrote *1999er Pinot Noir Martinelli Vineyard Reserve* zeigt sich stärker entwickelt als frühere Jahrgänge. Ein von Schwarzkirschen und Brombeeren dominiertes Bukett offenbart üppige Mengen von toastwürziger Eiche, süße schwarze Himbeeren, Unterholz, Rauch und Sojasauce. Der körperreiche und weiche Wein bietet mit seiner glänzenden Konzentration und enormen Tiefe idealen Trinkgenuss während der nächsten 3–4 Jahre. Der dicht rubin-purpurfarbene *1999er Pinot Noir Blue Slide Ridge* offeriert herrlich reichhaltige Aromen von Brombeeren, Heidelbeeren, Veilchen und Mineralien. Dieser opulent texturierte kalifornische Pinot Noir könnte mit seiner fabelhaften Frucht, sensationellen Textur und seinem körperreichen langen Abgang ohne weiteres neben vielen Grand Crus der Côte de Nuits bestehen. Trinken Sie ihn während der nächsten 7–8 Jahre. Ein weiterer Debüt-Jahrgang aus dem Pinot-Noir-Sortiment ist der *1999er Pinot Noir Three Colts.* Er stammt von drei jungen Weinbergen, die mit 5000 an senkrechten Spalieren gezogenen Reben pro Hektar bestockt sind. Es ist ein kraftvoller Pinot Noir (15,1% Alkohol) mit einer dunkelrubin-purpurroten Farbe, prächtigen Aromen und Geschmacksnuancen von Pflaumen, *root beer*, Kakao und Kirschlikör sowie einer opulenten, saftigen Textur. Ein hervorragender, genussbetonter Wein, den man während der nächsten 5–6 Jahre trinken sollte.

Die drei 1998er Pinot Noirs sind alle außergewöhnliche Weine. Der *1998er Pinot Noir Martinelli Vineyard* (14,5% Alkohol) schmeckt wie ein Pommard Premier Cru. Er offenbart neben Duft- und Geschmacksnuancen von Granatäpfeln, Apfelschalen, Schwarzkirschen, Pfeffer und Erdreich auch niedrige Säure, reichlich Alkohol, üppiges Glyzerin und macht am Gaumen einen dichten, körperreichen und muskulösen Eindruck. Trinken Sie ihn während der nächsten 5–6 Jahre. Das Bukett des *1998er Pinot Noir Martinelli Vineyard Reserve* offeriert Düfte von Erdreich, Seetang, Rauch, Schwarzkirschengelee, Himbeeren und gegrilltem Fleisch. Der körperreiche, kernige und exotische Wein mit einer prachtvollen Persönlichkeit besitzt adäquate Säure, süßes Tannin und subtile Nuancen von frischem Holz und dürfte sich 7–8 Jahre gut trinken lassen. Es gibt 100 Kisten vom Debüt-Jahrgang des *1998er Pinot Noir Blue Slide Ridge.* Eine undurchdringliche tiefrubin-purpurrote Farbe geht einher mit einem Bukett aus süßen Pflaumen, schwarzen Himbeeren und Heidelbeeren, fabelhafter Konzentration, exquisiter Reintönigkeit, mittlerem bis vollem Körper und einer geradezu unheimlichen Ausgewogenheit und Nahtlosigkeit. Dieser herrliche Pinot Noir kann jetzt und im Lauf der nächsten 5–7 Jahre getrunken werden.

Der verschwenderisch gehaltvolle, körperreiche, mit herrlichen Duft- und Geschmacksnuancen ausgestattete *1997er Pinot Noir Martinelli Vineyard Reserve* macht aus der Flasche einen wunderbaren Eindruck. Bei einer kürzlichen Blindverkostung von einigen der feinsten amerikanischen Pinots und drei meiner bevorzugten 1990er Grand Crus aus Burgund war er der Favorit der Gruppe (nicht meiner). Er überwältigt die olfaktorischen Sinne mit Kirschwasser, Pflaume, Schwarzkirschenfrucht und rauchwürziger Eiche. Der gebieterische und üppige Wein sollte während der nächsten 5–8 Jahre getrunken werden.

Als ich die beiden 1996er Pinot Noirs verkostete, fühlte ich mich sofort in die späten sechziger Jahre zurückversetzt, als ich ein Student war, der außerhalb von Washington, D.C., wohnte und häufiger zum Einkaufen in den Laden fuhr, der damals einfach der Liquor Shop vom alten Pearson hieß. Zu jener Zeit hatte Pearson's eine außerordentliche Kollektion von roten Burgundern aus den Jahren 1961, 1962, 1964 und 1966, die man für einen Apfel und ein Ei haben konnte. Meine ersten Gehversuche in Sachen Wein machte ich an vielen Pommard Les Grandes Epenottes und Pommard Les Rugiens der Domaine Parent aus diesen Jahrgängen. Sie waren wundervoll körperreiche, fleischige Pinots, wie ich sie nie wieder, weder von der Domaine Parent noch von irgendeinem anderen Pommard-Produzenten, zu Gesicht bekam. Als ich den *1996er Pinot Noir Martinelli Vineyard* und den *1996er Pinot Noir Martinelli Vineyard Reserve* verkostete, wurde ich an meine Studentenzeit und an Parents herrlich dekadente, gehaltvolle Pinots erinnert. Dies sind faszinierende Weine, die wunderbare Mengen von rauchiger, fleischiger, erdiger Schwarzkirschenfrucht in einem körperreichen, glyzeringetränkten, robusten Stil präsentieren und damit so genussvoll sind, wie ein Pinot Noir nur sein kann. Während ich von dem Pinot Noir Martinelli Vineyard fast umgehauen wurde, war der Reserve sogar noch spektakulärer und erstaunlicher konzentriert. Sie haben alles, was ein solcher Wein braucht! Ohne Schönen und Filtrieren abgefüllt, repräsentieren sie die Essenz der Pinot-Noir-Traube, wie sie von den Martinellis und ihrer önologischen Beraterin Helen Turley umgesetzt wurde. Beide Weine dürften sich 3–4 Jahre gut trinken lassen, vielleicht länger, aber ich kann mir nicht vorstellen, dass jemand diszipliniert genug ist, diese Weine derart lange hinzulegen, wenn sie sich so gut trinken lassen, wie sie es heute bereits tun.

Der *1995er Pinot Noir Martinelli Vineyard* mit seinem würzigen, rauchigen Bukett von Zimt und Schwarzkirschen besitzt die Komplexität eines Weins von der Domaine Dujac. Er offenbart süße Geschmackskomponenten von Wild, Pflaumen und Schwarzkirschen, exzellente Reichhaltigkeit und Reintönigkeit und einen langen, herzhaften Abgang. Trinken Sie diesen runden, generösen Pinot Noir während der nächsten 3–4 Jahre. Es gibt einen *1995er Pinot Noir Martinelli Vineyard Reserve*, der ebenfalls ein großartiges Beispiel für die Möglichkeiten dieser Rebsorte ist. Er besitzt eine tiefrubinrote Farbe, ein großes, würziges, rauchiges Bukett von Erde und schwarzen Früchten und Schichten von reifen, dicklichen Geschmackskomponenten, die von neuem Eichenholz, Säure und süßem Tannin unterstützt werden. Der Abgang ist lang und gebieterisch. Diese Pinot Noirs liefern weitere Belege dafür, wie aufregend kalifornischer Pinot Noir geworden ist. Der Reserve wird sich 2–4 Jahre gut trinken lassen, vielleicht länger.

Der *1994er Pinot Noir Estate*, der ebenfalls ungeschönt und unfiltriert abgefüllt wurde, ist ein hervorragendes Beispiel für diese Rebsorte. Leider wurden nur 200 Kisten von diesem verschwenderisch angelegten, fleischigen, nach Schwarzkirschen und Rauch duftenden Wein produziert. Er zeigt eine dunkelgranatrote Farbe, süße, saftige, fette, Burgunder-ähnliche Frucht, hohen Alkoholgehalt (14,3%) und einen weichen, wundervoll proportionierten, herzhaften Abgang. So sollte ein Burgunder sein – reintönig, großzügig, saftig und mit Batzen von Frucht beladen –, ist es aber selten. Dieser Wein war der erste hervorragende Pinot Noir von Martinelli. Ihm folgten die zwei oben beschriebenen 1995er der Superlative.

Die 1999er Zinfandels sind so konzentriert und intensiv, wie man es nach früheren Jahrgängen erwarten durfte. Die Produktionsmenge des *1999er Zinfandel Giuseppe and Luisa* (der von demselben Klon stammt, mit dem der Jackass Hill Vineyard bepflanzt wurde) beträgt erstaunliche 1600 Kisten. Die dichte bläulich-purpurrote Farbe wird begleitet von dem herrlichen Duft dicklicher Brombeer- und Cassisfrucht, einer öligen, opulenten Textur, einem hohen Glyzeringehalt (17% Alkohol) und einem trockenen, langen, dichten, reintönigen Abgang. Dies ist ein verblüffendes, extravagantes Zinfandel-Elixier, das im Lauf der nächsten 6–10 Jahre getrunken werden sollte. Der spektakuläre *1999er Zinfandel Jackass Vineyard* (1700 Kisten, 15% Alkohol) ist fast so attraktiv wie der Wein vom Jackass Hill. Eine undurchdringliche granat-purpur-bläulichrote Farbe geht mit einem exotischen Bukett von geräucherter Pekingente, Pflaumensauce, Brombeer- und Kirschlikör sowie asiatischen Gewürzen einher. Der Wein ist von ausgezeichneter Konzentration, dick, viskos und reichhaltig, zugleich aber trocken und bemerkenswert ausbalanciert. Mit seinem kraftstrotzenden Abgang dürfte er sich ein Jahrzehnt gut trinken lassen. Alle Jahre wieder erhält der folgende Wein mein Votum als einer der großartigsten Zinfandels Kaliforniens. Der *1999er Zinfandel Jackass Hill Vineyard* (16,5% Alkohol) offenbart Nuancen von Lavendel, dicklichen schwarzen Himbeeren und Brombeeren, rauchwürziger Eiche, Sojasauce, Fleischsaft und einen Hauch flüchtiger Säure, die alle in der Nase und am Gaumen explodieren. Extravagant, mit einer ausgezeichneten Struktur, enormem Körper und Geschmacksnuancen von Brombeeren und rauchigen Kirschen, ist dies ein weiterer gewaltiger Wein, der im Lauf des Jahrzehnts getrunken werden sollte, obwohl seine Kraft und Charakterstärke ihn 2–3 Jahrzehnte am Leben erhalten.

Der *1998er Zinfandel Giuseppe and Luisa* (15,5% Alkohol) ist einer der Superstars des Jahrgangs. Ein sagenhaftes Bukett von Pflaumenlikör, das mit Rauch, Kaffee, chinesischem Schwarztee, Kirschen, Pflaumen, Himbeeren und Gewürzen vermischt ist, entströmt dem Glas. Ein voller Körper, eine ölige Textur und herrlich reintönige Geschmacksnuancen verhüllen den hohen Alkoholgehalt des Weins. Mit seiner erstaunlichen Textur und Opulenz und seinem gewaltigen Abgang kann er während der nächsten 4–8 Jahre getrunken werden, obwohl ich vermute, dass er länger halten wird. Der dunkle bläulich-purpurfarbene *1998er Zinfandel Jackass Vineyard* hat ein Bukett aus Pflaumen, Lakritze, Rauch Kaffee, Pflaumenlikör und vermischten asiatischen Gewürzen. Der Wein ist bei niedriger Säure äußerst reichhaltig, dick und kernig. Sein Alkoholgehalt von mehr als 16% ist kaum spürbar. Der tiefpurpurfarbene *1998er Zinfandel Jackass Hill Vineyard* (17% Alkohol) scheint weniger extravagant und zugleich straffer gewirkt und strukturiert zu sein als der Jackass Vineyard – zumindest am Anfang. Lässt man den Wein zehn Minuten atmen, beginnt er sich zu entfalten, enthüllt vielfache Dimensionen in seinem herrlichen Bukett und offenbart seine Fülle und Komplexität. Es ist ein massiver Zinfandel mit spektakulären Aromen (Rauch, Pflaumen, Himbeeren, Kaffee, Zedernholz, neues Sattelleder) und zugleich viskosen, kernigen, ungezügelten Geschmacksnuancen. Dieser Wein dürfte mit seiner gewaltigen Kraft und seiner unglaublichen Symmetrie ein Jahrzehnt älter werden. Ich wäre nicht überrascht, wenn gut gelagerte Flaschen noch mit 20 oder 30 Jahren beträchtliche Frucht und Komplexität beweisen würden.

Der *1997er Zinfandel Jackass Vineyard* ist vielleicht der feinste unter dieser Bezeichnung produzierte Wein. Er hat mehr als 16% Alkohol, der aber durch seinen außergewöhnlichen Reichtum an Frucht, seinen Extrakt und seine vielschichtige Textur bemerkenswert gut verdeckt ist. Die dunkelrubin-purpur-granatrote Farbe wurde zweifellos durch die 3–5 Tage dauernde kühle Einmaischung verstärkt, der die Martinellis und ihre Önologin Helen Turley diesen Wein unterziehen. Das Bukett offeriert eine Fülle himmlischer Düfte, darunter Pflaumenlikör, Kirschwasser, Gewürzkiste, Kaffee, Pflaumen und dickliche Kirschen. Im Glas entfaltet der Wein Aromen von würzigem Eichenholz, Pfeffer, Piment und Gewürznelken. Dieser körperreiche, samtig texturierte, verlockende, sinnliche Zinfandel, der den Mund auskleidet, kann jetzt und im Lauf des Jahrzehnts getrunken werden. Der *1997er Zinfandel Jackass Hill Vineyard* ist ein massiver, durch und durch trockener Wein, der mit 17,5% Alkohol ungefiltert abgefüllt wurde. Dieser dichte und körperreiche Wein repräsentiert die Rebsorte in konzentriertester Weise. Sein einzigartiger Stil, seine ölige Textur und seine fabelhaft konzentrierten Geschmackskomponenten machen die Verkostung zu einer unvergesslichen Erfahrung. Dieser dynamische Kraftprotz von Zinfandel ist ein Produkt makelloser Weinbereitung aus winzigen Erträgen einer phänomenalen Lage, doch gleichwohl kein Wein für jedermann. Seine charakteristischen Eigenschaften sind denen des Jackass Vineyard ähnlich, nur noch intensiver – dickliche Schwarzkirschen, Pflaumen, getrocknete Kräuter, Lakritze, Schokolade und Kaffee. Er wird am besten in seiner überschwänglichen Jugend getrunken, aber ich vermute, dass er sich länger als ein Jahrzehnt gut entwickeln wird.

Beide 1996er sind außergewöhnliche Zinfandels. Der *1996er Zinfandel Jackass Vineyard* (15,6% Alkohol) offenbart eine dunkle bläulich-purpurrote Farbe. Ein hervorragendes Bukett entsteigt dem Glas, bietet Aromen von Lakritze, Brombeerlikör, Trüffeln, Unterholz, Rauch und Fleisch. Die Öligkeit des Weins, sein voller Körper und seine geschmeidige Textur ergeben einen dekadent reichhaltigen, verschwenderisch ausgestatteten Zinfandel, den man während der nächsten 3–6 Jahre trinken sollte. Der *1996er Zinfandel Jackass Hill Vineyard* zeigt eine ähnliche bläulich-purpurrote Farbe. Das Bukett offeriert ein breites Sortiment von Aromen, darunter Kirschen, Brombeeren und Erdbeerlikör, verflochten mit rauchiger, toastwürziger Eiche, gerösteten provenzalischen Kräutern, asiatischen Gewürzen und schokoladigen, fleischigen Obertönen. Dieser außergewöhnlich körperreiche, mit Batzen von Glyzerin, bemerkenswerter Reintönigkeit und für einen Zinfandel dieser Größenordnung profunder Balance ausgestattete Wein ist ein wahres Kunstwerk. Er sollte sich mindestens weitere 7–8 Jahre gut trinken lassen. Ob die 1996er Jackass besser sind als die 1995er und 1994er? Meiner Einschätzung nach gehören die 1995er und 1994er Jackass und Jackass Hill Zinfandels zu den erstaunlichsten Weinen, die ich je verkostet habe. Ich kann nicht sagen, dass die 1996er ihnen überlegen sind, aber niemand, der Zinfandel liebt, sollte auf sie verzichten müssen. Sie sind Schöpfungen von Künstlerhand.

Der undurchdringlich blau-purpurrote *1999er Syrah Hop Barn Hill* schließlich ist ein verblüffender Wein. Er wird aus Erträgen von weniger als zweieinhalb Tonnen pro Hektar bereitet und demonstriert, was für Ergebnisse man aus extrem reifen Trauben (bei 29° Brix gelesen) erzielen kann, wenn sie trocken vergoren und in neuen französischen Eichenfässern ausgebaut werden. Dieser klassische Syrah besitzt Duft- und Geschmacksnuancen von Brombeerlikör, die mit Cassis, Pfeffer und Schinkenspeck durchsetzt sind. Mit einem Glyzerinspiegel, einer Reichhaltigkeit und Konzentration, die überirdisch wirken, weckt der Genuss dieses Weins den Eindruck, als tränke man das Blut der Traube. Er hat eine Viskosität und Öligkeit, die man geschmeckt haben muss, um sie glauben zu können. Ein atemberaubender Syrah, der für Kalifornien historische Maßstäbe setzt! Leider wurden von ihm weniger als 50 Kisten produziert. Die gute Nachricht ist, dass die Martinellis einige zusätzliche Hektar mit Syrah bepflanzt haben.

Mehr und mehr Weine von kleinen Produzenten hoher Qualität wie den Martinellis werden über Versandlisten verkauft. Diejenigen meiner Leser, die sich eine Flasche sichern möchten, dürften wissen, was sie zu tun haben. Man genießt diese Weine trotz ihres hohen Alkoholgehalts und ihres Extraktreichtums am besten jung. Mein Vorschlag lautet, sie im Lauf ihrer ersten 5–8 Lebensjahre zu trinken.

THE MAYO FAMILY WINERY (SONOMA)

1999	**Zinfandel Ricci Vineyard**	**Russian River**	**D**	**89**

Der bläulich-purpurrote kräftige *1999er Zinfandel Ricci Vineyard* präsentiert reichliche Frucht von Schwarzkirschen, Pflaumen und Johannisbeeren mit Nuancen von Pfeffer, Weihrauch und Gewürzen im Hintergrund. In einem äußerst konzentrierten Stil bereitet, weist dieser Kraftprotz (15,9% Alkohol) vielschichtige, viskose und reintönige Geschmackskomponenten sowie üppige Mengen Glyzerin auf. Er wird sich 4–6 Jahre gut trinken lassen.

PHILIPPE MELKA (NAPA)

1999	**Métisse Proprietary Red Wine**	**Napa**	**E**	**90**
1998	**Métisse Proprietary Red Wine**	**Napa**	**E**	**91**
1997	**Métisse Proprietary Red Wine**	**Napa**	**E**	**93**
1996	**Métisse Proprietary Red Wine**	**Napa**	**D**	**90**

Der Franzose Philippe Melka erwirbt sich rasch einen Ruf als einer der besten önologischen Berater in Napa Valley. Er überwacht die Weinbereitung bei Lail Vineyards und hat vor kurzem Caldwell Vineyard, Vineyard 29 und Marston Family Vineyard seinem Portefeuille hinzugefügt. Außerdem ist er für die fabelhaften Weine von Seavey in Conn Valley verantwortlich. Melka produziert rund 450 Kisten unter seinem eigenen Namen.

Der *1999er Métisse Proprietary Red Wine* (ein Verschnitt aus 80% Cabernet Sauvignon, 17% Merlot und 3% Cabernet Franc) repräsentiert probeweise einen Mischsatz mit etwas mehr Cabernet Sauvignon als der 1998er. Wie dieser reift er in zu 40–45% neuen Eichenfässern und wird nach Möglichkeit ohne Filtrieren abgefüllt, obwohl Melka den Wein gelegentlich schönt (wie beim 1998er), um das Tannin weicher zu machen. Der 1999er zeigt eine dichte purpurrote Farbe und ein Pomerol-ähnliches Bukett von Espresso, Brombeeren, Kirschen und Schokolade. Dieser viel versprechende Rotwein mit seinem vollen Körper und seiner samtigen Textur dürfte zwischen 2004–2020 den höchsten Trinkgenuss bieten.

Der *1998er Métisse Proprietary Red Wine* (eine Cuvée aus 77% Cabernet Sauvignon, 20% Merlot und 3% Cabernet Franc) ist ein herrlich proportionierter, körperreicher, dunkelpurpurroter Wein mit superber Dichte, weichem, süßem Tannin, einer großzügigen Konstitution und üppigen Mengen von Brombeer- und Cassisfrucht, die schön mit frischem Eichenholz abgeschmeckt sind. Mit seinem niedrigen Säuregehalt bietet er während der nächsten 12–15 Jahre idealen Trinkgenuss. Er ist ein außergewöhnlicher Proprietary Red aus diesem Jahrgang.

Der Mischsatz des *1997er Métisse Proprietary Red Wine* (450 Kisten aus 53% Cabernet Sauvignon, 27% Merlot und 20% Cabernet Franc) ähnelt dem des berühmten Château Haut-Brion, aber der Wein schmeckt eher wie ein Pomerol. Er ist tiefrubin-purpurrot und hat ein überschwängliches, exotisches Bukett von Espressobohnen, die mit geschmolzener Schokolade überzogen sind, dicklichen Kirschen und Cassis. Dieser opulente, hedonistische, herrlich ausgestattete Wein ist mit seinem vollen Körper und seiner samtigen Textur bereits ein aufregendes Trinkerlebnis. Voraussichtliche Genussreife: jetzt–2016. Der *1996er Métisse Proprietary Red Wine* (rund 240 Kisten) ist eine Cuvée aus 40% Cabernet Sauvignon, 30% Cabernet Franc und 30% Merlot. Er hat den komplexen, eleganten Charakter eines roten Bordeaux (Melka wurde von Christian Moueix ausgebildet), offenbart eine dunkelrubin-purpurrote Farbe und ein attraktives Bukett aus schwarzen Johannisbeeren, Bleistiftmine, Zedernholz, Gewürzkiste und *pain grillé.* Von mittlerem Körper, mit anmutiger, reifer Frucht, Tannin und Säure schön eingebunden, ist dies ein außergewöhnlich harmonischer Wein, der sich im Glas wundervoll öffnet. Er ist nicht gerade umwerfend vor Kraft und Extrakt, aber es spielt sich einiges ab in diesem eleganten, kompletten Wein. Genießen Sie ihn jetzt und während der nächsten 12–14 Jahre.

MERRYVALE (NAPA)

1995	**Cabernet Sauvignon Reserve**	**Napa**	**D**	**89**
1995	**Merlot Beckstoffer IV Vineyard**	**Napa**	**D**	**88**
1995	**Merlot Reserve**	**Napa**	**D**	**89**
1996	**Profile Proprietary Red Wine**	**Napa**	**E**	**90**
1995	**Profile Proprietary Red Wine**	**Napa**	**E**	**90**
1994	**Profile Proprietary Red Wine**	**Napa**	**E**	**92**

Angesichts der Qualität der Weine von Merryvale bin ich überrascht, dass man diesem Weingut nicht mehr Aufmerksamkeit widmet. Ihr Profile Proprietary Red Wine rangiert unter den drei oder vier Dutzend Spitzenrotweinen im nördlichen Kalifornien, und ihr Chardonnay Silhouette ist ein brillanter Wein im Burgunder-Stil mit außerordentlicher Reichhaltigkeit und Komplexität.

Bei den Rotweinen kann sich der *1995er Merlot Reserve* nach weiteren 1–2 Jahren in der Flasche vielleicht als hervorragender Wein entpuppen. Er offenbart eine dichte purpurrote Farbe und ein straffes, aber viel versprechendes Bukett von geschmolzener Schokolade sowie dicklicher Brombeer- und Kirschfrucht. Am Gaumen zeigt er schöne Reichhaltigkeit, eine attraktiv würzige Zimtkomponente, exzellentes Gleichgewicht und einen langen, üppigen, konzentrierten Abgang. Er dürfte sich während der nächsten 10–12 Jahre gut trinken lassen. Der undurchdringlich purpurrote *1995er Merlot Beckstoffer IV Vineyard* (250 Kisten) offenbart toastwürziges frisches Eichenholz im Bukett sowie beeindruckende Reichhaltigkeit, Reintönigkeit und Fülle, aber er war verschlossen und unentwickelt, als ich ihn verkostete. Meine Punktwertung kann sich als etwas knauserig herausstellen, wenn dieser Wein die Möglichkeit hat, sich zu öffnen und auszudehnen. Er gehört zu dem Typ Wein, dem ich gerne 4–5 Stunden in einer Karaffe gegeben hätte, um zu sehen, was sich hinter seiner imposanten Struktur befindet. Er wird 12–15+ Jahre halten.

Ein weiterer eindrucksvoller Wein, der noch Zeit im Keller verbringen muss, ist der *1995er Cabernet Sauvignon Reserve.* Er präsentiert eine dichte dunkelrubin-purpurrote

Farbe und ein süßes Bukett von Zedernholz, Vanille und schwarzen Johannisbeeren mit Anklängen an grasigen Tabak und Oliven. Der körperreiche und hoch extrahierte, aber tanninbetonte Wein verdient vielleicht eine hervorragende Bewertung, nachdem er 5–6 Jahre in der Flasche verbracht hat. Er wird mehr als 20 Jahre überdauern.

Die außergewöhnlichen Profile-Cuvées sollten von Weinkonsumenten mehr zur Kenntnis genommen werden. Der dichte bläulich-purpurrote *1996er Profile Proprietary Red Wine* (eine Cuvée der besten mit Cabernet Sauvignon, Merlot und Cabernet Franc bestockten Rebflächen) weist ein anhaltendes Bukett von süßen, reifen Brombeeren, Pflaumen und Lakritze auf. Mit seinem vollen Körper, seiner opulenten Textur und seiner kernigen, fleischigen Persönlichkeit nebst adäquater untergründiger Säure und Tannin kann er jetzt und während der nächsten 12–15 Jahre getrunken werden. Der hervorragende *1995er Profile Proprietary Red Wine* (14,5% Alkohol) ist eine Cuvée aus 50% Cabernet Sauvignon, 39% Merlot und 11% Cabernet Franc. Er braucht noch 4–5 Jahre im Keller; wer also Weine auf Cabernet-Basis sucht, die sofort zugänglich sind, sei vorgewarnt. Das undurchdringliche purpurrote Kleid des Weins geht einher mit üppigen Mengen toastwürziger, rauchiger, hochwertiger neuer Eiche im Bukett, in dem sich auch gleichermaßen beeindruckende Mengen von schwarzen Johannisbeeren, Pflaumen und Kirschen finden. Tief und körperreich, mit hohem Tanningehalt, aber hervorragender Konzentration, ist dies ein beeindruckend gebauter, einem roten Bordeaux ähnlicher Wein. Voraussichtliche Genussreife: jetzt–2020. Noch besser ist der *1994er Profile Proprietary Red Wine* (eine Cuvée aus 60% Cabernet Sauvignon, 30% Merlot und 10% Cabernet Franc). Er hat eine undurchdringliche purpurrote Farbe, scheint am Gaumen jede Geschmacksknospe zu treffen und offeriert große Mengen von Cassis, gerösteten Kräutern, Toast und Lakritze. Dieser vielschichtige, reichhaltige, konzentrierte Wein offenbart außerdem makellose Balance und Eleganz. Er ist zurückhaltend, kraftvoll und konzentriert – eine seltene Kombination in einem derart großen Wein. Der 1994er ist zugänglicher als der 1995er und kann daher jung getrunken oder 15–20 Jahre oder länger in den Keller gelegt werden.

Bisheriger großer Jahrgang: 1993er Profile Proprietary Red Wine (90).

PETER MICHAEL (SONOMA)

1999	**Chardonnay Belle Côte**	**Knights Valley**	**EE**	**90**
1998	**Chardonnay Belle Côte**	**Knights Valley**	**EE**	**95**
1997	**Chardonnay Belle Côte**	**Knights Valley**	**E**	**93**
1999	**Chardonnay La Carrière**	**Knights Valley**	**EE**	**91**
1998	**Chardonnay La Carrière**	**Knights Valley**	**EE**	**95**
1997	**Chardonnay La Carrière**	**Knights Valley**	**E**	**94**
1999	**Chardonnay Crête d'Or**	**Russian River**	**EE**	**93**
1999	**Chardonnay Cuvée Indigène**	**Sonoma**	**EE**	**93**
1998	**Chardonnay Cuvée Indigène**	**Sonoma**	**EE**	**96**
1997	**Chardonnay Cuvée Indigène**	**Sonoma**	**EE**	**95**
1999	**Chardonnay Mon Plaisir**	**Sonoma**	**EE**	**91**
1998	**Chardonnay Mon Plaisir**	**Sonoma**	**EE**	**95**
1997	**Chardonnay Mon Plaisir**	**Sonoma**	**EE**	**94**
1999	**Chardonnay Point Rouge**	**Sonoma**	**EE**	**94+**
1998	**Chardonnay Point Rouge**	**Sonoma**	**EE**	**(96–99)**
1997	**Chardonnay Point Rouge**	**Sonoma**	**EE**	**98**
1998	**Les Pavots Proprietary**	**Knights Valley**	**EE**	**89+**
1997	**Les Pavots Proprietary**	**Knights Valley**	**EE**	**96+**
1996	**Les Pavots Proprietary**	**Knights Valley**	**EE**	**96**
1995	**Les Pavots Proprietary**	**Knights Valley**	**EE**	**91**
1994	**Les Pavots Proprietary**	**Knights Valley**	**EE**	**94**

1999	**Pinot Noir Le Moulin Rouge**	**Santa Lucia Highlands**	**EE**	**92**
1997	**Pinot Noir Pisoni Ranch**	**Santa Lucia Highlands**	**EE**	**89**
1999	**Sauvignon Blanc l'Après Midi**	**Sonoma**	**E**	**90**
1998	**Sauvignon Blanc l'Après Midi**	**Sonoma**	**E**	**88**
1997	**Sauvignon Blanc l'Après Midi**	**Sonoma**	**E**	**88**

Wie ich in der Vergangenheit häufig geschrieben habe, ist dieses Weingut eine der besten Adressen der Welt, wenn es um die Herstellung von Chardonnays und Pinot Noirs im Burgunderstil geht; auch Les Pavots, ein von Bordeaux inspirierter Rotwein, und der Sauvignon Blanc l'Après Midi dürfen nicht vergessen werden. Einige Weinmacher der Spitzenklasse sind bei Peter Michael ein- und ausgegangen, unter ihnen Helen Turley, Mark Aubert und Vanessa Wong. Die Weine des Jahres 1999, das noch kälter war als 1998 und von einer extrem späten Wachstumsperiode gekennzeichnet war, besitzen einen höheren Säuregehalt, aber die kleine, konzentrierte Ernte scheint die Tendenz der Weine, zu sauer zu schmecken, aufgefangen zu haben. Die im Folgenden genannten Weine bestätigen die erstaunlichen Fortschritte, die Peter Michael bislang in Weinberg und Keller erzielt hat.

Bewunderer des frischen, köstlichen *1999er Sauvignon Blanc l'Après Midi* werden enttäuscht sein, dass nur 214 Kisten produziert wurden. Die kleine Produktion war durch eine unregelmäßige Blüte und einen schlechten Fruchtstand verursacht worden. Dieser sortenreine Sauvignon Blanc von leichtem bis mittlerem Körper offenbart Aromen von Grapefruit, Melone, Mandarine und anderen Zitrusfrüchten. Ein untergründiger mineralischer Ton steigt aus dem Glas auf. Der elegante Tropfen, der herrliche Mengen Frucht besitzt und sich im Mund schön texturiert ausnimmt, bleibt einer der nuanciertesten Sauvignon Blancs Kaliforniens. Siebzig Prozent dieses Weißweins wurden mit natürlichen Hefen vergoren. Trinken Sie ihn während der nächsten 1–2 Jahre, obwohl ich vermute, dass er länger halten wird.

Seit 1998 werden die Trauben für diesen köstlichen, lebhaften und duftigen Sauvignon Blanc nicht mehr vom Liparita Vineyard am Howell Mountain genommen, sondern von Peter Michaels eigenen Weinbergen. 1998 wurden 480 Kisten dieses kraftvollen (14,1% Alkohol) sortenreinen Weins aus dem Musqué-Klon produziert. Der *1998er Sauvignon Blanc l'Après Midi* offeriert honigtönige Grapefruit, Passionsfrucht und Zitronenschale in seinem Aromaprofil. Herbe Säure sorgt für eine angenehme Schärfe in einem Wein, dessen frische, lebendige Persönlichkeit bei mittlerem Körper bezaubernd wirkt. Er bietet sich als Begleiter zu einer großen Bandbreite von Speisen an. Der hellstrohgelbe *1997er Sauvignon Blanc l'Après Midi* besitzt einen ungeheuer hohen Säuregehalt (viel mehr als üblich) sowie wundervoll intensive, mineralbeladene Melonen- und Zitrusfrucht. Dieser spritzige Wein von mittlerem Körper ist ideal geeignet, in den nächsten Jahren getrunken zu werden.

Der *1999er Chardonnay Belle Côte*, der vierte Jahrgang dieses Weins, wurde aus drei Chardonnay-Klonen (dem Old Wente, dem Rued und dem See) hergestellt. Die Gärung wurde zum größten Teil durch natürliche Hefen eingeleitet, und der Wein wurde in zu 53% neuen französischen Eichenfässern ausgebaut, bevor er ohne Schönen und Filtrieren abgefüllt wurde. Er offenbart wundervolle Aromen und Geschmacksnuancen von tropischen Früchten, Zitronenschale, Birnen und Mineralien. Dieser gebieterisch vollmundige, komplexe, elegante Chardonnay ist bei mittlerem Körper gut umrissen und mit seinen exotischen Blüten- und Gewürznoten neben gut eingebautem Eichenholz schön konzentriert. Er sollte sich 4–5 Jahre gut trinken lassen. Der *1999er Chardonnay La Carrière* stammt aus gutseigenen Reblagen in einer Höhe von 550–600 Metern mit einem Gefälle von nahezu 40%, die sowohl mit dem französischen Dijon- als auch mit dem kalifornischen Hyde-Klon bestockt sind. Der Wein enthüllt neben verschwenderischen Nuancen von Gewürzen, buttrigen Birnen und guavenähnlicher Frucht auch stärkere Noten von gerösteten Haselnüssen und Steinen. Aus äußerst niedrigen Erträgen von 4,2 t/ha produziert, besitzt er eine cremigere Textur als der Belle Côte, exotische Frucht im mittleren Gaumenbereich und einen reifen, gehaltvollen Abgang mit schöner untergründiger Säure. Dieser brillante Chardonnay dürfte 4–5 Jahre überdauern. Einer der extravagantesten Chardonnays dieses Weinguts ist der aus dem Old-Wente-Klon produzierte Mon Plaisir, der auf dem Alexander Mountain Estate Vineyard von Jess Jackson angebaut und vollkommen in französischen Eichenfässern (50% davon neu) gealtert wird. Der *1999er Chardonnay Mon Plaisir* offenbart in seinem prachtvollen Bukett verschwenderische Aromen von tropischen Früchten. Nuancen von Orangen, reifen honigtönigen Äpfeln und buttrigen Zitrusfrüchten verströmt dieser für den Genießer bestimmte Chardonnay im Glas. Seine komplexe Persönlichkeit wird durch subtile Noten von Vanille und Toastbrot noch erweitert, die sich der Integration des Eichenholzes verdanken. Dieser reintönige und lange Wein, der bei mittlerem bis vollem Körper genug Säure aufweist, um Frische und Konzentration zu bewahren, wird sich 4–5 Jahre gut trinken lassen. Der zu 100% mit heimischen Hefen vergorene Chardonnay Cuvée Indigène, der beständig zu den besten kalifornischen Weinen aus dieser Rebsorte gehört, stammt ebenfalls aus dem Alexander Mountain Estate Vineyard. Der *1999er Chardonnay Cuvée Indigène* präsentiert das klassische Bukett von tropischen Früchten, die von Pfirsichen, Aprikosen und Birnen eingefasst werden. Dieser lange, vollmundige und vielschichtige Wein kann sich dank seiner wunderbaren Textur, seiner herrlichen Reintönigkeit und seinen Batzen von Frucht mit den besten Grand Crus aus Burgund messen. Der Cuvée Indigène besitzt mehr hefige, rauchige Nuancen in seinem gehaltvollen, konzentrierten Stil. Es ist ein junger, reintöniger, superkonzentrierter Chardonnay, den man im Lauf der nächsten 5–6 Monate genießen sollte (obwohl er fast ein Jahrzehnt halten kann). Der in begrenzten Mengen hergestellte Chardonnay Point Rouge repräsentiert eine Auswahl aus den besten Fässern. In den meisten Jahren handelt es sich dabei im Wesentlichen um die feinsten Fässer des Cuvée Indigène, die wegen ihrer besonderen Intensität und ihres komplexen Stils ausgewählt wurden. Dieser Wein ist regelmäßig einer der drei oder vier besten kalifornischen Chardonnays und zugleich einer der größten der Welt, wie Verkostungen mit den feinsten Bâtard-Montrachets, Chevalier-Montrachets und Le Montrachets zum Leidwesen der Franzosen ständig bewiesen haben. Der *1999er Chardonnay Point Rouge* ist stahliger, verschlossener und weniger entwickelt als frühere Jahrgänge, aber an seinem ungeheuren Potenzial kann kein Zweifel aufkommen. Sein prachtvolles Bukett verströmt Aromen von honigtöniger Zitrusfrucht, Orangen, Mandarinen, flüssigen Mineralien und rauchiger Haselnuss. Die im Point Rouge evidente flüssige mineralische Note ist ein charakteristisches Kennzeichen der Burgunder Grand-Cru-Lagen Le Montrachet, Chevalier-Montrachet und Meursault-Perrières. Der Abgang dauert mehr als 40 Sekunden. Dieser Wein ist verhaltener als die übrigen Chardonnays dieses Weinguts und dürfte eine langsame Entwicklung durchlaufen. Voraussichtliche Genussreife: jetzt–2010. Ein exquisiter Tropfen!

Nachdem Peter Michael einige Jahre mit einem Winzer in Russian River gearbeitet und die Neuanpflanzung eines Weinbergs überwacht hatte, verkaufte der Winzer ihm eine Ernte, bevor er einen langfristigen Vertrag mit einem anderen Weingut abschloss. Folglich ist der 1999er der einzige Chardonnay, den Peter Michael aus dieser Crête d'Or genannten Reblage produzieren wird. Aus dem Hyde-Klon gewonnen, ist der brillante *1999er Chardonnay Crête d'Or* ein cremig texturierter, extravaganter Chardonnay in einem prachtvollen Stil, der Duft- und Geschmacksnuancen von gerösteten Haselnüssen, getrockneten Aprikosen, Pfirsichen und Ananas aufweist. Der gehaltvolle, körperreiche Wein mit guter untergründiger Säure und einem adäquaten Schuss toastwürziger Eiche dürfte sich 5–6 Jahre gut trinken lassen.

Die spektakulären 1998er Chardonnays wurden alle mit kommerziellen oder natürlichen Hefen vergoren, einer ausgiebigen *bâtonnage* (Aufrühren des Hefesatzes) unterzogen, um ihre Komplexität zu erhöhen und ihnen zusätzliche Textur zu verleihen, und ohne Filtrierung abgefüllt. Der *1998er Chardonnay La Carrière* (600 Kisten) besitzt wie alle folgenden

Chardonnays kraftvolle 14,1% Alkohol. Er stammt aus einer steilen, felsigen Hanglage und präsentiert Aromen von weißen Pfirsichen, Honig, Birnen, subtilem frischem Eichenholz und Zitrusfrüchten. Dieser vollmundige und komplexe Wein, der mit seiner guten untergründigen Säure an einen Corton-Charlemagne gemahnt, dürfte sich 5–6 Jahre gut trinken lassen. Der *1998er Chardonnay Belle Côte* (1300 Kisten) ist der bislang beste Wein von dieser Reblage oberhalb von La Carrière. Erfreulicherweise dürfte die größere Produktionsmenge eine gewisse Verfügbarkeit garantieren. Dieser vollmundige, körperreiche, beeindruckend reintönige aus dem Wente-Klon gewonnene Chardonnay offeriert ein ungezügeltes Bukett aus gerösteten Haselnüssen, honigtönigen Tropenfrüchten und exotischen Nuancen von Passionsfrucht und Mango. Der gehaltvolle, überwältigende Wein mit feiner untergründiger Säure lässt sich bereits gut trinken, verspricht aber 5–7 Jahre zu überdauern. Es gibt 1200 Kisten des hellgoldenen *1998er Chardonnay Mon Plaisir.* Dieser körperreiche, honigtönige, berauschende, kraftvolle und dicht konzentrierte Wein besitzt neben seiner hervorragenden Konzentration auch extravagante Aprikosen- und Pfirsichnoten und mehr Tiefe und Ausdauer als der superbe 1997er. Er dürfte sich 5–6 Jahre gut trinken lassen. Es gibt 460 Kisten des *1998er Chardonnay Cuvée Indigène.* Als einziger Wein, der ausschließlich mit natürlichen Hefen vergoren wird, ist dieser Chardonnay aromatisch verhaltener als seine Jahrgangsgenossen, aber am Gaumen, wo er explosive Nuancen von Zitrone, Butter und Honig mit tropischen Früchten und mineralischen, rauchigen und hefigen Komponenten aufweist, nimmt er sich großartig aus. Im Hintergrund sind auch Orangen und Mandarinen wahrzunehmen. Nach weiteren 6–12 Monaten Flaschenreife dürfte auch das Bukett größere Dimensionen entwickeln.

Der einzige 1998er, der sich noch nicht in der Flasche befindet, ist der hellgoldene *1998er Chardonnay Point Rouge,* der ein Bukett von honigtönigen Tropen- und Zitrusfrüchten verströmt. Er besitzt exquisite Konzentration, bewundernswerte Eigenart, einen vollen Körper und ist herrlich reintönig und großartig umrissen. Er ist nur unwesentlich reifer als die übrigen 1998er dieses Weinguts, verweilt aber länger im Mund und ist ein Kandidat für eine perfekte Punktzahl.

Der *1997er Chardonnay Point Rouge* (140 Kisten) präsentiert eine herrliche Textur und ein sensationell buttriges und hefiges Bukett mit subtiler toastwürziger Eiche. Passionsfrucht, Orangen und honigtönige Zitronen wetteifern in diesem außergewöhnlich reichhaltigen, konzentrierten Chardonnay mit Mineralien. Dieser spektakuläre, ungezügelte Wein von makelloser Ausgewogenheit dürfte sich 4–5+ Jahre gut trinken lassen. Es gibt 3000 Kisten des exquisiten *1997er Chardonnay Belle Côte,* der vornehmlich aus alten kalifornischen Chardonnay-Klonen wie dem Wente gewonnen, mit natürlichen Hefen vergoren, in französischen Eichenfässern ausgebaut (50% neu) und unfiltriert abgefüllt wird. Er hat eine hellstroh-goldgelbe Farbe und üppig hefige, toastwürzige Aromen von honigtöniger Ananas mit einem Hauch von Mineralien. Der Wein hat mittleren bis vollen Körper, exquisite Textur, einen attraktiven, reichhaltigen Nachgeschmack und superbe Reintönigkeit – das Gütesiegel eines jeden Weins von Peter Michael. Der hellgoldene *1997er Chardonnay La Carrière* (nur 125 Kisten) kommt aus einer Hanglage unterhalb des Belle Côte Vineyard. Er ist außer mit dem Hyde-Klon mit Burgunder Dijon-Klonen bepflanzt. Dieser zu 30% in Fässern aus neuem Eichenholz ausgebaute Wein offenbart einen entschieden mineralischen Charakter, der gewissen Corton-Charlemagnes nicht unähnlich ist. Neben Noten von Zitrusfrucht und subtiler Eichenholzwürze spielen Geschmacksnuancen von flüssigen Steinen im Mund die Hauptrolle. Dieser charakteristische, hochklassige, *terroir*-bestimmte, konzentrierte Tropfen ist subtiler als andere aus diesem Weingut. Der Wein dürfte sich 3–4 Jahre gut trinken lassen. Der überwältigende *1997er Chardonnay Mon Plaisir* (1 200 Kisten) zeigt eine hell- bis mittelstrohgelbe Farbe und ein ausdrucksstarkes Bukett aus Mandarinen, Orangen und anderen tropischen Früchten. Am Gaumen zeigen sich Nuancen von Zitronenbutter in diesem körperreichen, großzügigen, gehaltvollen, fleischigen Chardonnay, der es auf 14,1% Alkohol bringt. Mit seiner fabelhaften Frucht scheint der Mon Plaisir den teureren Cuvée Indigène und Point Rouge qualitativ gleichwertig zu sein. Er dürfte sich 4–5 Jahre gut trinken lassen. Der *1997er Chardonnay Cuvée Indigène* zeigt eine hellgoldene Farbe und ein komplexes Bukett von rauchiger, hefiger Chardonnay-Frucht, die mit gerösteten Haselnüssen, Orangenblüten und Zitrusfrucht vermischt ist. Körperreich, mit exzellenter untergründiger Säure und einer stärker mineralischen Note in den Geschmacksnuancen als der Mon Plaisir, ist dieser zutiefst konzentrierte, komplexe Chardonnay ein wundervoller Wein. Die Produktionsmenge lag bei 550 Kisten, der Alkoholgehalt bei kraftvollen 14,1%. Dieser Wein dürfte sich 5–7 Jahre gut trinken lassen.

Der beste bislang von Peter Michael produzierte Pinot Noir ist der *1999er Pinot Noir Le Moulin Rouge*. Dieser Wein stammt von dem bekannten Pisoni Vineyard in den Santa Lucia Highlands (dessen hochwertiges Lesegut an ein halbes Dutzend oder mehr Weingüter verkauft wird). Dem Winzer zufolge wurde der Klon von einem der beiden berühmtesten Weinberge in Vosne-Romanée nach Kalifornien geschmuggelt. Der dichte rubin-purpurfarbene Wein offeriert ein süßes Bukett von Brombeeren, Granatäpfeln, Vanille und chinesischem Schwarztee. Hinreißende Frucht findet sich in diesem körperreichen, konzentrierten, ausladenden und möglicherweise profunden Pinot. Dem Holz sind schöne Gewürz- und Rauchnuancen zu verdanken. In 1–2 Jahren wird er sich gut trinken lassen und ein Jahrzehnt überdauern. Der dunkelrubinrote *1997er Pinot Noir Pisoni Ranch* offenbart purpurne Nuancen sowie das typische Bukett von schwarzen Himbeeren und Cassis mit würzigem Eichenholz im Hintergrund. Dieser großzügige, zu Kopf steigende (14,1% Alkohol) Wein von mittlerem bis vollem Körper, der exzellente Reintönigkeit aufweist und am Gaumen einen üppigen, verführerischen Eindruck macht, sollte in den nächsten 5–6 Jahren getrunken werden.

Peter Michaels Les Pavots schreiten weiterhin von einem Höhepunkt zum nächsten, wobei der 1997er der beste bisher produzierte ist. Dieser Wein stammt aus einer Hanglage mit Blick auf das Knights Valley, von der 9 Hektar mit Bordeaux-Rebsorten bestockt sind. Der *1998er Les Pavots Proprietary* (80% Cabernet Sauvignon, 11% Merlot und 9% Cabernet Franc) wurde aus winzigen Erträgen von 3,2 t/ha bereitet. Er präsentiert eine dichte rubinpurpurrote Farbe und Aromen von geschmolzenem Fondant, Kakao, Tabak und schwarzer Johannisbeerfrucht. Im Mund weist der Wein bei mittlerem bis vollem Körper festes Tannin und einen komprimierten, mäßig langen Abgang auf. Es ist nicht überraschend, dass er weder die Geschmacksdimensionen noch die Länge des 1997ers oder des 1996ers besitzt. 1998 war ein schwierigeres Jahr, doch der Les Pavots schlägt sich gut, indem er eher die Gewichtsklasse eines Bordeaux offenbart als der enorm ausgestattete, konzentrierte 1997er. Es ist ein gelungener Wein in einem anspruchsvollen Jahr geworden. Voraussichtliche Genussreife: 2003–2014. Der *1997er Les Pavots Proprietary*, eine Cuvée aus 79% Cabernet Sauvignon, 12% Merlot und 9% Cabernet Franc, wurde in zu 50% neuen französischen Eichenfässern ausgebaut und ohne Filtrierung abgefüllt. Erfreulicherweise gibt es von ihm 4351 Kisten und 330 Kisten Magnums. Eine blau-schwarz-purpurrote Farbe geht einher mit einem außergewöhnlichen Bukett aus Toastbrot, Brombeeren, Crème de Cassis, Lakritze und Zedernholz. Dieser körperreiche Wein mit seidigem Tannin, niedrigem Säuregehalt und Schichten von konzentrierten, reintönigen schwarzen Früchten, die von subtilem Eichenholz verhüllt werden, kann früh getrunken werden, verspricht aber seinen Höhepunkt in 5–7 Jahren zu erreichen und zwei oder mehr Jahrzehnte zu überdauern. Der mächtige, undurchsichtige blau-purpurrote *1996er Les Pavots Proprietary* ist eine Cuvée aus 74% Cabernet Sauvignon, 20% Merlot und 6% Cabernet Franc. Das Bukett präsentiert Aromen von Brombeeren, Lakritze, Cassis und Toastbrot. Der superbe Extrakt, die gut umrissene Persönlichkeit und Geschmacksnuancen von Rauch, Lakritze, asiatischen Gewürzen und Brombeeren sorgen für ein Verkostungserlebnis, das man so rasch nicht vergisst. Wie der 1997er wurde er ohne Schönen und Filtrieren abgefüllt. Es gibt rund 2800 Kisten von diesem fabelhaften Wein. Voraussichtliche Genussreife: jetzt–2025. Der schwarzrubin-purpurrote *1995er Les Pavots Proprietary* (73% Cabernet Sauvignon, 14% Merlot und 13% Cabernet Franc), der auf natürlichem Wege zu 13,9% Alkohol kam, offenbart ein süßes Bukett von Tabak, Lavendel und Cassis, tanninbetonte, elegante Geschmackskomponenten mittleren Körpers, hervorragende Reintönigkeit, Reife und Länge, aber einen gemessenen, zurückhaltenden Stil. Dieser reichhaltige, schön proportionierte rote Tafelwein, der weniger zugänglich ist als der 1996er und der 1994er, ist das kalifornische Gegenstück zu einem eleganten Médoc. Voraussichtliche Genussreife: jetzt–2020. Der superbe satt purpurrote *1994er Les Pavots Proprietary* hat seit seiner Flaschenabfüllung ein wunderschönes Cassis-Bukett angenommen, das außerdem Veilchen, Lakritze und attraktiv würziges Eichenholz enthält. Der süße, gehaltvolle und für einen Les Pavots überraschend auftrumpfende Wein besitzt bei mittlerem bis vollem Körper eine köstliche, vielschichtige Textur, hervorragende Tiefe sowie Tannin und Säure, die attraktiv eingebunden sind. Als ich ihn verkostete, war er weiter entwickelt und köstlicher, als ich angesichts seiner kürzlich erfolgten Abfüllung erwartet hatte.

Alle Spitzenweine von Peter Michael, einschließlich der Chardonnays, werden ohne Filtrieren abgefüllt. Wenn man die Gelegenheit dazu hat, sollte man diesem in Knights Valley, unweit der County-Grenze zwischen Napa und Sonoma gelegenen Weingut unbedingt einen Besuch abstatten. Die Qualität seiner Weine ist außergewöhnlich, und die Hingabe und das Talent seiner Belegschaft rühmenswert. Damit nicht genug, fühlt man sich dort verpflichtet, noch größere Qualität anzustreben.

Bisherige große Jahrgänge: 1993er Les Pavots Proprietary Red Wine (92).

ROBERT MONDAVI (NAPA)

1999	Boomerang	Napa	C	(88–90)
1997	Cabernet Sauvignon	Napa	D	90
1996	Cabernet Sauvignon	Napa	D	88
1995	Cabernet Sauvignon	Napa	C	89
1994	Cabernet Sauvignon	Napa	C	88
1998	Cabernet Sauvignon	Oakville	E	88
1997	Cabernet Sauvignon	Oakville	D	91
1996	Cabernet Sauvignon	Oakville District	D	92
1995	Cabernet Sauvignon	Oakville District	D	91
1994	Cabernet Sauvignon	Oakville District	D	90
1997	Cabernet Sauvignon	Stag's Leap	D	91
1996	Cabernet Sauvignon	Stag's Leap	D	88
1995	Cabernet Sauvignon	Stag's Leap	D	89
1999	Cabernet Sauvignon Marjorie's Sunrise	Oakville	E	(86–88)
1999	Cabernet Sauvignon Marjorie's Twilight	Oakville	E	(90–92)
1998	Cabernet Sauvignon Marjorie's Vineyard	Napa	E	(86–88)
1998	Cabernet Sauvignon Old Vine	Napa	E	89
1999	Cabernet Sauvignon Reserve	Napa	EEE	88
1998	Cabernet Sauvignon Reserve	Napa	EEE	87
1997	Cabernet Sauvignon Reserve	Napa	EEE	92
1996	Cabernet Sauvignon Reserve	Napa	EE	92
1995	Cabernet Sauvignon Reserve	Napa	EE	93
1994	Cabernet Sauvignon Reserve	Napa	EE	98
1996	Cabernet Sauvignon 30th Anniversary Reserve	Napa	EE	95

1999	**Cabernet Sauvignon To-Kalon Reserve**	**Napa**	**EEE**	**90**
1998	**Cabernet Sauvignon To-Kalon Reserve**	**Napa**	**EEE**	**89**
1997	**Cabernet Sauvignon To-Kalon Reserve**	**Napa**	**EEE**	**94+**
1999	**Fumé Blanc I Block**	**Napa**	**E**	**90**
1997	**Merlot**	**Carneros**	**D**	**88**
1996	**Merlot**	**Carneros**	**D**	**87**
1997	**Merlot**	**Napa**	**C**	**88**
1996	**Merlot**	**Napa**	**C**	**88**
1997	**Pinot Noir**	**Napa**	**C**	**90**
1997	**Pinot Noir**	**Carneros**	**D**	**90**
1998	**Pinot Noir Huichica Hills**	**Carneros**	**E**	**90**
1997	**Pinot Noir Reserve**	**Napa**	**D**	**92**
1996	**Pinot Noir Reserve**	**Napa**	**D**	**89**

Im Lauf von 22 Jahren bin ich noch nie durch die Bewertungen eines bestimmten Weinguts so sehr erschüttert und zugleich verblüfft worden wie durch die nun folgenden. Niemand in den Vereinigten Staaten hat mehr für das Image guten Weins getan als Robert Mondavi und seine Familie. Sie haben einen tief greifenden, positiven Einfluss auf die amerikanische Kultur ausgeübt, und wir haben alle davon profitiert. Da es noch nicht zu spät ist, habe ich die Hoffnung nicht aufgegeben, dass ein Präsident der Vereinigten Staaten Robert Mondavi unsere höchste zivile Auszeichnung für seine Errungenschaften verleiht. Das vorausgeschickt, muss festgestellt werden, dass Tim Mondavi, der in seiner Karriere als Weinmacher viele großartige Weine geschaffen hat, sich auf einer fast obsessiven Mission befindet, Weine zu produzieren, die »strahlend, frisch und von einer reinigenden Qualität« sind. Sein Gebrauch des Wortes »nervig« und Ausdrücke wie »Klarheit des Zentrums« sollen rechtfertigen, was zunehmend leichte und, meiner Ansicht nach, weniger interessante Weine zu sein scheinen, die sich intellektueller Kraftlosigkeit anstatt dem Streben nach Weinen mit Herz, Seele und Freude verschrieben haben. Ich glaube, er stellt sich gegen die Möglichkeiten, mit denen Mutter Natur Kalifornien ausgestattet hat, die Fähigkeit nämlich, Weine von außergewöhnlicher Reife und mit herrlich reinen, intensiven Geschmacksnuancen zu produzieren. Wenn man einige verführerische Duftnoten inhaliert hatte, waren viele 1998er und 1999er im Wesentlichen oberflächlich und besaßen eine herbe, nahezu ausgezehrte Persönlichkeit mit einer wenig interessanten Textur und einem kurzen, abrupten Abgang. Offenbar sind einige der Cabernet Sauvignons weniger fehlerhaft als die Sauvignon Blancs, die Chardonnays, die Pinot Noirs, Merlots und Zinfandels. Doch der Trend hin zu einem an europäischen Vorbildern orientierten zarten Stil setzte in kleinen Schritten bereits vor vier oder fünf Jahren ein. Tim Mondavi hat zahlreiche profunde Cabernet Sauvignons produziert. Das Streben nach Eleganz und Finesse ist zweifellos lobenswert, aber viele andere Weingüter scheinen dieses Ziel zu erreichen, ohne die hedonistische Fülle und die vielschichtige Textur aufs Spiel zu setzen, die man in Kalifornien so mühelos erzielen kann wie in jeder anderen Weinregion, vorausgesetzt, man hält die Erträge niedrig und erntet reife Trauben. Erfreulicherweise offenbarten Fassproben der 2000er Weine größere Reife und bessere Textur, so dass ich vielleicht überreagiere.

Alle Weißweine, sowohl die Sauvignons als auch die Chardonnays durchlaufen eine partielle malolaktische Gärung, damit ihre lebhafte natürliche Säure erhalten bleibt. Natürlich werben die Mondavis mit dem Umstand, dass sie unfiltriert abfüllen, und das tun sie auch. Allerdings haben mir verschiedene frühere Kellermeister erzählt, dass sie viele ihrer Weißweine durch die Zentrifuge schicken, was zwar technisch gesehen keine Filtrierung ist, gleichwohl aber ein ziemlich traumatischer Prozess, wobei dem Wein feste Bestandteile unter

Gewaltanwendung entzogen werden. Ich will es dabei belassen, aber hier sind meine Geschmacksnotizen zu den besten 1999ern, die ohne Ausnahme einen extrem herben, leichtgewichtigen Charakter und eine Textur aufweisen, die sehr wenig Trinkvergnügen bereitet.

Natürlich war 1999 ein sehr kühles Jahr, und die Fumé Blancs durchliefen weitgehend keine malolaktische Gärung, während einige in verschiedenen Mengen eine Gärung im Fass erfuhren. Der *1999er Fumé Blanc I Block* ist zu 100% in Fässern vergoren, von denen etwa 20% aus neuer Eiche bestanden. Es handelt sich um einen Wein von leichtem bis mittlerem Körper mit einem intensiveren Bukett von Zitronenschale, Grapefruit, Mineralien und einem Hauch Geißblatt. Im Mund überlagern sich verschiedene Geschmacksnuancen, bis sich die typische Mondavi-Note eines leichten Körpers und eines schwächlichen Abgangs durchsetzt, in dem Säure und Alkohol dominieren.

Der *1999er Boomerang* ist ein Wein mit interessantem Bukett und interessanten Geschmacksnuancen, ein Mischsatz von 68% Syrah, 26% Cabernet Sauvignon und 6% Cabernet Franc. Der potenziell hervorragende Wein hat einen vollen Körper mit verschwenderischen Mengen Brombeerfrucht, adäquater Säure, einer opulenten Textur und reintönigen, pfeffrigen Geschmacksnuancen nach Brombeeren und Kirschen, die im Mund nachklingen. Trinken Sie ihn während der nächsten 5–8 Jahre.

Den Cabernet Sauvignons, besonders den Napa-Abfüllungen, scheint es ebenfalls an Textur zu mangeln. Sie haben einen kurzen, derben Abgang und sind relativ schwach – zumindest wenn man auf Trinkvergnügen aus ist. Zu den Weinen, die gut abschnitten, gehören die Einzellagenabfüllungen und die Reserves. Es gibt zwei Cuvées des Oakville-Cabernets, die Marjorie's Sunrise und Marjorie's Twilight heißen. Der *1999er Cabernet Sauvignon Marjorie's Sunrise* präsentiert sich in einer mittel- bis dunkelrubinroten Farbe und mit einem eleganten, süßen Bukett von Grafit, schwarzen Johannisbeeren und Vanille. Im Abgang zeigt der Wein aggressives Tannin und eine weniger aufdringliche, lebhafte Säure. Er ist ein stilistisch an einem roten Bordeaux orientierter Cabernet von mittlerem Körper, der im Lauf der nächsten 10–15 Jahre getrunken werden sollte. Süßer, reifer, reichhaltiger und eleganter ist der *1999er Cabernet Sauvignon Marjorie's Twilight*. Er zeigt eine gesättigte rubin-purpurrote Farbe neben reintöniger Cassisfrucht, die mit Mineralien und toastwürziger Eiche verflochten ist. Der Wein ist reifer, aber verhalten. Er stammt von 35–40 Jahre alten Reben und dürfte sich als ausgezeichnet erweisen. Voraussichtliche Genussreife: 2003–2020.

Diejenigen Leser, die nach einem St-Émilion aus Oakville Ausschau halten, sollten den *1998er Cabernet Sauvignon Oakville* probieren. Weiche krautige, mit Kirsche und Erdreich verwobene Duftnoten entströmen diesem granat-pflaumenfarbenen Wein, der einen abgerundeten mittleren Körper aufweist und am besten während des Jahrzehnts getrunken wird. Ein harmonischer, komplexer Tropfen, der sich in einer Bordeaux-Weinprobe wohler fühlen würde.

Unter den Flaggschiffen hat der *1999er Cabernet Sauvignon Reserve* eine tiefere rubin-purpurrote Farbe, ein elegantes, zurückhaltendes aromatisches Profil mit Noten von schwarzen Johannisbeeren, Mineralien und toastwürziger Eiche. Im Mund zeigt er hohen Tanningehalt, mittleren Körper und eine ausgezeichnete Konzentration. Der *1998er Cabernet Sauvignon Reserve* ist weiterentwickelt, was für diesen Jahrgang charakteristisch ist. Eine pflaumen-rubinrote Farbe wird begleitet von Duftnoten toastwürziger Eiche, Tabak, schwarzen Johannisbeeren, Rauch und Gewürzen. Eingangs im Mund zeigt er bei mittlerem Körper ausgezeichnete Frucht, einigen wahren Charme und Generosität, aber im Abgang drängt sich adstringierendes Tannin in den Vordergrund. Falls dieser Wein seine Frucht bewahrt, wird er sich zu einem mittelgewichtigen Cabernet Sauvignon im Bordeaux-Stil entwickeln, der sich über die nächsten 12–14 Jahre trinken lässt. Das Tannin sollte man jedoch nicht aus dem Auge verlieren, weil dieser besondere Wein möglicherweise austrocknen könnte.

Es gibt ungefähr 1000 Kisten Cabernet Sauvignon aus der berühmten Oakville-Lage To-Kalon. Der *1999er Cabernet Sauvignon To-Kalon Reserve* besteht zu 100% aus Cabernet Sauvignon, während der 1998er 97% Cabernet Sauvignon, 2% Cabernet Franc und 1% Petit

Verdot enthält. Er kann sich einer ausgezeichneten Textur rühmen, hat allerdings einen kargen Abgang. Süße schwarze Johannisbeer- und Brombeerenfrucht ist von subtilem Eichenholz und grasigen, tabakähnlichen Kräutern eingepackt. Er ist tief, dicht und bei einem vollen Körper eindrucksvoll texturiert und konzentriert. Der hohe Tanningehalt lässt allerdings vermuten, dass man ihn 4–5 Jahre in den Keller legen sollte; er wird 20–25 Jahre halten.

Die Pinot-Noir-Lagen von Mondavi erbrachten 1998 einen Hektarertrag von ungefähr 3,75 Tonnen, die ausnahmslos mit wilden heimischen Hefen vergoren und ohne Filtrierung abgefüllt wurden. Neu in der Mondavi-Palette ist der *1998er Pinot Noir Huichica Hills*, der an einen Premier Cru von der Côte de Beaune erinnert. Süße Schwarzkirsche, Gewürze, Rauch sowie mineralische und blumige Aromen machen diesen dunkelrubinfarbenen Pinot von mittlerem Körper sehr attraktiv. Er ist sowohl reintönig, als auch außergewöhnlich gut umrissen und elegant. Trinken Sie ihn während der nächsten 7–8 Jahre.

Keine Rebsorte ist bei Mondavi so intensiv studiert worden wie Pinot Noir. Ökologisch betriebener Weinbau gewinnt zunehmend an Bedeutung, und die Weine werden so natürlich wie möglich produziert. Die 1997er Pinot Noirs von Mondavi, die besten bisher erzeugten, lassen derartige qualitative Bemühungen erkennen. Ein großer Teil der neuen Produktion von Pinot Noirs an der kalifornischen Nordküste stammt von Dijon-Klonen (beispielsweise Nr. 667, 777 und 115). Robert Mondavi verwendet auch alte kalifornische Klone (die vor vielen Jahren aus Burgund importiert wurden) wie Calera und Swan. Diejenigen Leser, die nach einem leicht aufzutreibenden, wundervollen Pinot Noir Ausschau halten, können aufhören zu suchen. Bemerkenswerte 33000 Kisten wurde von dem *1997er Pinot Noir Napa* produziert, hauptsächlich aus der Carneros-Lage. Der hervorragende Wein zeigt eine tiefrubinrote Farbe und ein superbes Bukett von Schwarzkirschenfrucht, die mit Aromen von würzigem Eichenholz, lehmigem Erdreich und Wald verflochten sind. Am Gaumen wirkt der Wein bei mittlerem bis vollem Körper wunderschön texturiert, weich, reintönig und von explosiver Schwarzkirschenfrucht geprägt. Der Alkoholgehalt liegt bei hohen 13,8%, was dem Wein viel Glyzerin und Fleisch verleiht. Dieser Pinot dürfte sich leicht 4–5 Jahre trinken lassen. Der dichtere dunkelrubinrote *1997er Pinot Noir Carneros* offenbart im Bukett stärker spürbares neues Eichenholz sowie Kirsch- und Himbeeraromen und eine cremige Textur. Die Frucht in diesem eleganten, lebhaften Wein von mittlerem Körper ist wunderschön reintönig. Es ist ein eher von Finesse geprägter Pinot, der vielleicht weniger eingängig ist als der gefällige Napa-Pinot. Der *1997er Pinot Noir Reserve* (der zu 70% in neuen Eichenfässern heranreift) wurde wie die beiden anderen Pinots ohne Filtrieren und Schönen abgefüllt. Er hat die tiefste rubin-purpurrote Farbe, eine herrliche Textur und üppige Mengen von Süßkirschenfrucht, die von Cassis und Himbeeren durchzogen ist. Das Eichenholz ist zwar spürbar, aber die größere Kraft und Konzentration des Weins haben den größten Teil davon aufgesogen. Dies ist ein opulent texturierter Pinot Noir mit superbem Potenzial. Er dürfte seinen Höhepunkt nach weiteren 1–2 Jahren im Keller erfahren und ein Jahrzehnt halten. Für diese Weine hat Mondavi Beifall verdient. Der *1996er Pinot Noir Reserve* präsentiert sich in einem dunkel bläulichroten Kleid, das mit mäßig intensiven, kräuterwürzigen und animalischen Aromen von schwarzen Pflaumen und Kirschen einhergeht. Zurückhaltend, aber gehaltvoll, mit lebhafter Säure und sauber vinifiziert, wird dieser straff gewirkte Pinot Noir mittleren Körpers von weiteren 1–2 Jahren Flaschenreife profitieren und 4–8 Jahre altern.

Robert Mondavi hat sich am Merlot-Wettbewerb beteiligt und produziert dabei einige ausgezeichnete Weine, trifft aber bei dieser Rebsorte noch nicht ins Schwarze. Wie Tim Mondavi sagt: »Was ist schon Merlot?« Das Problem mag darin begründet liegen, dass es in Kalifornien weniger Klone gibt, unter denen man die Wahl hat, und es besteht die Neigung, diesem Wein weniger Aufmerksamkeit zu widmen, weil er sich trotz des Ozeans an faden Merlots, mit denen der Markt überflutet wird, so leicht verkaufen lässt. Mondavis Weine sind ohne Zweifel fein und kurz davor, als hervorragend bezeichnet zu werden. Der ausgezeichnete, fast hervorragende *1997er Merlot Napa* zeigt üppige Mengen Beerenfrucht, einen Hauch Mokka, festes Tannin und nimmt sich in der Mitte und im Abgang bei mittlerem

Körper knackig, köstlich fruchtig und weich aus. Noch erfreulicher ist der *1997er Merlot Carneros.* Dieser dunkelrubin-purpurfarbene Wein präsentiert Geschmacksnuancen von Espressobohnen, Mokka und Beerenfrucht und hinterlässt daneben am mittleren Gaumen und im Abgang einen attraktiven, vielschichtigen Eindruck. Als Cuvée aus 94% Merlot, 4% Malbec und 2% Cabernet Sauvignon besitzt er die nahtlose Textur und Süße, die für diesen Jahrgang charakteristisch sind. Er sollte sich 10–12 Jahre gut trinken lassen, wenn nicht länger. Der *1996er Merlot Napa* zeigt eine dunkelrubin-purpurrote Farbe sowie Aromen und Geschmackskomponenten von Beerenfrucht, die mit Noten von lehmigem Erdreich, Kaffeebohnen und würzigem Eichenholz verflochten sind. Er hat bei mittlerem Körper gute Reichhaltigkeit, aber auch eine leicht monolithische Persönlichkeit. Der Wein ist sehr gut und sollte sich während der nächsten 7–8 Jahre schön entwickeln. Der *1996er Merlot Carneros* ist der bessere Wein. Mondavis Rebfläche in Carneros hat einen höheren Tonanteil im Boden. Dieser Wein offenbart eine tiefere, sattere rubin-purpurrote Farbe und ein faszinierendes Bukett von Schwarzkirschenmarmelade, die mit Aromen von lehmigem Erdreich und frischem Eichenholz vermischt ist. Im Mund kommt dieser eindrucksvoll ausgestattete Merlot, der beinahe eine hervorragende Bewertung verdient hätte, bei mittlerem Körper, ausgezeichneter Intensität sowie gut eingebundenem Tannin und untergründiger Säure wunderschön zur Geltung. Er dürfte sich ein Jahrzehnt und länger gut trinken lassen.

Der *1998er Cabernet Sauvignon To-Kalon Reserve* zeigt eine dichte rubin-purpurrote Farbe und ein süßes Bukett von schwarzen Johannisbeeren, das mit Zedernholz, Lakritze, Toast und Erdreich durchzogen ist. Er hat viel von dem Fett verloren, mit dem er sich im vergangenen Jahr präsentierte, und wirkt nicht mehr so eindrucksvoll wie seinerzeit. Dennoch bietet dieser finessenreiche und elegante Wein bedeutend mehr Trinkvergnügen als viele 1998er. Trinken Sie ihn während der nächsten 14–15 Jahre. Der *1998er Cabernet Sauvignon Marjorie's Vineyard* strebt in einem leichteren Stil nach Geschmack und Finesse, scheint aber wegen der stilistischen Vorliebe des Weinguts für Zurückhaltung dieses Ziel nicht ganz zu erreichen. Er wirkte neben den süßeren, reichhaltigeren und konzentrierteren To-Kalon Reserve, Napa Reserve und dem *1998er Cabernet Sauvignon Old Vine* fehl am Platz. Letzterer ist ein nahtloser, samtig texturierter, opulent reichhaltiger Wein mit herrlichen schwarzen Früchten, gut eingebundenem Eichenholz und Tannin, untergründiger Säure und viel Glyzerin, der sich auch am Gaumen beeindruckend ausnimmt. Auch dieser 1998er wird bei seiner Freigabe ungewöhnlich köstlich sein; er wird 15 oder mehr Jahre halten.

Die fünf 1997er Cabernet Sauvignons lassen sich nur als hervorragend bis überwältigend bezeichnen. Der *1997er Cabernet Sauvignon Napa* ist einer der feinsten einfachen Cabernet Sauvignons, die Mondavi produziert hat. Diese Cuvée aus 89% Cabernet Sauvignon, 7% Merlot, 3% Cabernet Franc und 1% Syrah präsentiert sich in einem dunkelrubinfarbenen Kleid mit purpurnen Nuancen und weist süße Geschmackskomponenten von schwarzen Johannisbeeren auf, die mit Noten von Gewürzkiste, Lakritze und Toastbrot vermischt sind. Der fleischige und offen gewirkte Wein dürfte sich 10–14 Jahre gut trinken lassen. Der kräftigere (14,1% Alkohol), superbe *1997er Cabernet Sauvignon Oakville* (84% Cabernet Sauvignon, 9% Merlot und 7% Cabernet Franc) offenbart ein komplexes, an einen Pauillac gemahnendes Bukett von Zedernholz, Obsttorte, schwarzen Johannisbeeren und würzigem frischen Eichenholz. Er hat einen mittleren bis vollen Körper, gut eingebundenes süßes Tannin und untergründige Säure, eine opulente Textur und einen vielschichtigen, langen Abgang. Voraussichtliche Genussreife: jetzt–2025. Der von Château Margaux inspirierte *1997er Cabernet Sauvignon Stag's Leap* ist ein völlig anderer Wein mit einer dunkelrubin-purpurroten Farbe und einem überwältigenden Bukett von schwarzen Himbeeren, Johannisbeeren und blumigen Aromen. Dieser herrliche sortenreine Cabernet Sauvignon, der ohne die schiere Kraft der Oakville-Cuvée mit seiner wunderbar süßen Frucht und makellosen Harmonie exotisch und offen gewirkt ist, wird von 2–3 Jahren zusätzlicher Kellerreife profitieren und 15–20 Jahre halten. Sehr eindrucksvoll!

Der profunde *1997er Cabernet Sauvignon Reserve* präsentiert sich in einem satten rubinpurpurroten Gewand. Die Produktionsmenge (20000 Kisten) dieses süßen, opulent texturierten, reichhaltigen Weins von vollem Körper dürfte eine breite Verfügbarkeit garantieren. Diese zu 100% in frischer französischer Eiche ausgebaute Cuvée aus 91% Cabernet Sauvignon, 8% Cabernet Franc und 1 Prozent Petit Verdot bietet ein für die Rebsorte typisches Bukett aus Zedernholz, Lakritze, Crème de Cassis und Toastbrot. Dieser herrlich reintönige, superb gezeichnete Wein, der einen vollen Körper mit explosiver Süße und Frucht auf der Zunge verbindet, sollte bereits jung trinkbar sein und 3 Jahrzehnte überdauern. Voraussichtliche Genussreife: jetzt–2025. Einer der außergewöhnlichsten Cabernet Sauvignons, die Robert Mondavi produziert hat, ist der *1997er Cabernet Sauvignon To-Kalon Reserve* (1000 Kisten). Ein Glas dieses reintönigen Cabernet Sauvignons verströmt Aromen von Zedernholz, Lakritze, neuem Sattelleder, Walnüssen und Cassis. Der Wein präsentiert eine fabelhafte Fülle, eine seidige, verschwenderische Textur, einen tiefen, saftigen mittleren Geschmacksbereich und einen bewundernswert reintönigen, vielschichtigen Abgang, der mehr als 45 Sekunden dauert. Er dürfte noch 3–5 Jahre Kellerreife benötigen und 3 Jahrzehnte oder mehr Trinkgenuss gewähren. Ein wunderbarer Cabernet Sauvignon.

Der *1996er Cabernet Sauvignon Napa* ist ein eleganter Wein von mittlerem Körper, der mehr Tannin aufweist als die meisten einfachen Abfüllungen (ein Kennzeichen des Jahrgangs). Dieser strukturierte Wein bietet die grasige Frische schwarzer Johannisbeeren, subtiles Eichenholz und einen gut gebauten, konzentrierten Abgang. Etwa 8% Cabernet Franc wurden dem Mischsatz hinzugefügt. Der 1996er ist zugänglich, verspricht aber, nach einigen Jahren zusätzlicher Flaschenreife noch besser zu werden und wird 12–15+ Jahre halten. Der *1996er Cabernet Sauvignon Stag's Leap* besitzt den lebhaften, verhaltenen, leichteren Stil jener Region. Süße, von Blütendüften durchzogene Schwarzkirschen kennzeichnen das Bukett. Im Mund vereinigen sich Nuancen von Teer und Blüten mit schwarzer Frucht, um diesem Cabernet Sauvignon eine bezaubernde, geschmeidige, zugängliche Persönlichkeit zu verleihen. Etwas Tannin macht sich im Abgang bemerkbar, und der Wein ist strenger als der Cabernet aus Napa, aber er dürfte sich 12–15 Jahre gut trinken lassen. Der hervorragende *1996er Cabernet Sauvignon Oakville* offeriert eine undurchdringliche purpurrote Farbe und überwältigende Aromen von Crème de Cassis, Vanille und grasigem Tabak. Dieser muskulöse, fleischige und tiefe Wein ist bei vollem Körper durch seine Reichhaltigkeit und Komplexität ungeheuer beeindruckend. Im Glas verströmt er Heidelbeer- und Brombeeraromen, die seinen Gesamteindruck noch attraktiver machen. Voraussichtliche Genussreife: jetzt–2020. Der *1996er Cabernet Sauvignon Reserve* ist vielleicht nicht besser als der Oakville, aber in einem etwas anderen Stil bereitet. Seine Farbe ist undurchdringlich purpurrot, und der Wein offenbart mehr Vanille, einen Hauch Minze und viel schwarze Johannisbeerfrucht in seinem mäßig intensiven Bukett. Im Abgang macht sich ein wenig vom trockenen Tannin des Jahrgangs bemerkbar. Mit mehr Eleganz und Zurückhaltung, aber weniger Überschwang als der 1996er Oakville sollte dieser hervorragende Cabernet Sauvignon von nun an bis 2025 getrunken werden. Keiner der oben erwähnten 1996er Cabernet Sauvignons kommt an die majestätische Erhabenheit, Reichhaltigkeit und Fülle des *1996er Cabernet Sauvignon 30th Anniversary Reserve* heran. Diese besondere Abfüllung (1000 Kisten) ist ein sagenhafter Wein. Von seiner undurchdringlichen purpurroten Farbe und seinem atemberaubenden Bukett von Brombeeren, Cassis, Toastbrot, Lakritze und asiatischen Gewürzen bis zu seinem körperreichen, konzentrierten, superb extrahierten Stil besitzt dieser Wein praktisch alles. Schichten von Frucht, Glyzerin, Extrakt und süßem Tannin werden in einem extravaganten Format präsentiert. Der Tanningehalt ist hoch, aber die Reichhaltigkeit des Weins und seine Länge gleichen dies aus. Eine sensationelle Leistung. Voraussichtliche Genussreife: 2005–2030.

Im Jahr 1995 hat Mondavi seinem Sortiment eine Reihe neuer, regional gekennzeichneter Cabernet Sauvignons hinzugefügt. Neben der Oakville-Cuvée gibt es einen Stag's Leap District Cabernet und einen Einzellagen-Cabernet von dem berühmten Weinberg To-Kalon.

Der *1995er Cabernet Sauvignon Napa* ist ein wunderschön gemachter Wein, der fast eine hervorragende Bewertung verdient hat. Er weist ein klassisches Bukett von Cassis- und Eukalyptusaromen mit Eichenholz im Hintergrund auf. Am Gaumen zeigt der Wein mittleren bis vollen Körper, exzellente Reife, saubere Frucht und einen langen, würzigen Abgang. Er vermeidet einiges von dem harten Tannin des Jahrgangs. Der *1995er Cabernet Sauvignon Stag's Leap* – der Debüt-Jahrgang – ist ein ungewöhnlich eleganter Wein im Margaux-Stil, der bei mittlerem Körper süße schwarze Johannisbeeren mit einem Hauch toastwürziger Eiche im Bukett präsentiert. Ansprechende Säure und ein weicher Unterleib sorgen für einen angenehmen, verführerischen Wein, der sich jung gut trinken lassen, aber 15 Jahre halten dürfte. Der *1995er Cabernet Sauvignon Oakville District* ist erneut hervorragend. Der Wein offenbart die klassischen Aromen von Zedernholz, Cassis und Toastbrot im Bukett, wunderbare Intensität und Reintönigkeit der Frucht, mittleren bis vollen Körper und exzellente Harmonie unter seinen Elementen. Dabei ist ein mit gebieterischem Geschmack versehener und doch anmutiger Wein herausgekommen, der von 2–5 Jahren Kellerreife profitieren und 2 Jahrzehnte halten wird. Der *1995er Cabernet Sauvignon Reserve* ist etwas weniger beeindruckend als bei der letzten Verkostung, obwohl er immer noch ein hervorragender Wein ist. Vielleicht habe ich ihn in einem Stadium zwischenzeitlicher Verschlossenheit nach der Abfüllung angetroffen. Es werden 15000–20000 Kisten Reserve-Cabernet produziert, und 1995 ist der Stil des Weins durch und durch elegant. Der Wein ist weniger gewichtig als der 1994er, der 1991er oder der 1990er. Er hat eine große Zukunft, und sein Rohmaterial ist vorzüglich, mit superber Frucht und Reichhaltigkeit, mittlerem Körper und subtilen Bleistiftnuancen, die in Duft und Geschmack mit schwarzen Johannisbeeren, Toastbrot und Mineralien einhergehen. Auf der Grundlage dieser Verkostung würde ich meine Gesamtnote herabsetzen, aber es ist immer noch ein außergewöhnlicher kalifornischer Cabernet Sauvignon, der in einem faszinierend eleganten, anmutigen Stil bereitet wurde. Voraussichtliche Genussreife: jetzt–2018.

Der 1994er ist fraglos ein großer Jahrgang für Cabernet Sauvignons von der kalifornischen Nordküste und rangiert über 1990, 1991, 1992 und 1993 – alles hervorragende Jahrgänge mit einer Vielzahl großartiger Einzelleistungen. Außergewöhnlich ist, dass der 1995er sich vielleicht als genauso profund erweist wie der 1994er und damit die beiden größten Jahrgänge für Cabernet Sauvignon direkt aufeinander folgen, die Kalifornien je gesehen hat. Die Qualität des Jahrgangs 1994 wird bei Robert Mondavi gut präsentiert. Der *1994er Cabernet Sauvignon Napa* (etwa 80000 Kisten) ist einer der feinsten einfachen Cabernets, die Mondavi produziert hat. Er zeigt eine tiefrubinrote Farbe und süße, reichhaltige Aromen von schwarzen Johannisbeeren, die mit Düften nach Vanille und Gewürz verflochten sind. Dieser weiche, runde und harmonische Wein von mittlerem bis vollem Körper ist zugänglich, hat aber ein Alterungspotenzial von 10–15 Jahren. Der jugendliche *1994er Cabernet Sauvignon Oakville District* (6900 Kisten) könnte für einen Reserve-Cabernet von Mondavi gehalten werden. Er ist von satt rubin-purpurroter Farbe, und sein Bukett präsentiert attraktive, komplexe Aromen von Bleistiftmine, Vanille, Toastbrot und reifer Cassisfrucht. Dicht, reichhaltig, von mittlerem bis vollem Körper und mit moderatem Tannin, sollte dieser junge, eindrucksvoll ausgestattete Cabernet Sauvignon am besten zwischen jetzt und 2010 getrunken werden.

Ich habe einige denkwürdige Cabernet Sauvignons Reserve von Robert Mondavi getrunken, unter ihnen den herrlich duftenden, eleganten 1971er, den kraftvollen, dichten 1974er, den verführerischen 1978er, den gigantisch ausgestatteten, vor Tannin strotzenden 1987er, den seidigen, opulenten, superkonzentrierten 1990er und den überwältigenden gehaltvollen, vielschichtigen 1991er. Und dennoch, wenn ich den Cabernet Sauvignon Reserve auswählen sollte, der sich vielleicht als der größte herausstellt, den Mondavi je gemacht hat, könnte der 1994er den 1991er und den 1987er knapp aus dem Rennen werfen. Es macht vielleicht nicht den Eindruck, aber ich bin oft um Worte verlegen, wenn es darum geht, über wahrhaft profunde Weine zu schreiben. Sie scheinen ihre eigene Größe und Präsenz, ihren eigenen Charakter zu haben, die die Bedeutung bloßer Worte übersteigen. Dies vorausgeschickt, ist Mondavis *1994er Cabernet Sauvignon Reserve* ein exquisiter Wein und darüber hinaus ein Cabernet, der sich als einer der »Weine des Jahrgangs« erweisen könnte. Er ist von einer tiefen, undurchdringlich purpurroten Farbe und offenbart trotz seines straff gewirkten Stils genug profunde Aromen und Geschmackskomponenten, um als eine der sensationellsten Leistungen Mondavis gelten zu können. Das Bukett besitzt das aus Cassis, Bleistiftmine und Blüten kombinierte Aroma eines Margaux oder Mouton, unterstützt von üppigen Mengen schwarzer Johannisbeerfrucht. Im Mund, meinen Notizen zufolge, »großartiger Stoff«. Der Wein ist körperreich, vielschichtig, mehrdimensional und erstaunlich gut ausbalanciert, mit einer inneren Tiefe und einem Kern von außergewöhnlicher Reichhaltigkeit und Intensität. All das ist zu Stande gebracht worden, ohne dass auch nur der geringste aufdringliche Eindruck von Schwere, Tannin oder Alkohol entsteht. Der Abgang dauert länger als 35 Sekunden. Seiner verschwenderischen Fruchtfülle wegen wird dieser Wein bereits in seiner Jugend zugänglich sein, weshalb ein Großteil seiner Flaschen geleert sein wird, bevor er seinen Höhepunkt erreicht. Für diejenigen jedoch, die in der Lage sind, mehr als eine oder zwei Flaschen zu kaufen, und die Disziplin besitzen, 10–15 Jahre zu warten, sollte sich dieser Wein als bestechender kalifornischer Cabernet erweisen, der seltene Komplexität, Eleganz und Reichhaltigkeit besitzt. Er dürfte zwischen jetzt und 2025 am besten sein.

Bisherige große Jahrgänge: Cabernet Sauvignon Reserve 1993er (91), 1992er (90), 1991er (96), 1990er (93), 1987er (95), 1978er (90), 1971er (94).

CHÂTEAU MONTELENA (NAPA)

1999	Cabernet Sauvignon Calistoga Cuvée	Napa	D	(87–88)
1998	Cabernet Sauvignon Calistoga Cuvée	Napa	D	89
1997	Cabernet Sauvignon Calistoga Cuvée	Napa	E	(87–88)
1999	Cabernet Sauvignon Estate	Napa	EE	(96–98)
1998	Cabernet Sauvignon Estate	Napa	EE	93
1997	Cabernet Sauvignon Estate	Napa	EE	98
1996	Cabernet Sauvignon Estate	Napa	EE	93+
1995	Cabernet Sauvignon Estate	Napa	EE	94
1994	Cabernet Sauvignon Estate	Napa	EE	95
1999	Chardonnay	Napa	D	90
1997	Merlot Estate	Napa	D	88
1999	Riesling Potter Valley	Napa	C	89
1997	St. Vincent (Zinfandel/Primitivo/Sangiovese)	Napa	C	89
1994	Zinfandel Estate	Napa	C	89

Ein Besuch bei Château Montelena hat immer etwas Beruhigendes. Im Lauf der letzten 2 Jahrzehnte sind der Weinmacher und Inhaber Bo Barrett und sein Vater Jim nie von ihren Zielen abgewichen, sowohl einige der feinsten, langlebigsten Cabernet Sauvignons als auch einen geschmackvollen Chardonnay ohne malolaktische Gärung zu produzieren, der viel Charakter und Frucht besitzt. Château Montelena hat auch mit anderen Rebsorten Erfolg.

Eines ihrer am besten gehüteten Geheimnisse ist beispielsweise der (nur auf dem Weingut verkaufte) ausgezeichnete Riesling aus dem Potter Valley. Der *1999er Riesling Potter Valley* (13% Alkohol) ist ein trockener Wein im elsässischen Stil, der einen Hauch von honigsüßer Edelfäule unter seinen an Ananas, Orange und buttrigen Apfel erinnernden Geschmackskomponenten aufweist. Frisch und lebhaft wie er ist, gibt er eine brillante Begleitung zu einer ganzen Reihe von Speisen ab. Etwa 10% von Montelenas Chardonnays werden nun einer malolaktischen Gärung unterzogen, und – noch revolutionärer – ebenfalls rund 10% werden mit frischem Eichenholz konfrontiert. Vor der Flaschenabfüllung verbringt der Wein sechs Monate in neutralen, alten Fässern. Verglichen mit einigen der extravaganteren kalifornischen Chardonnays ist er zwar reserviert und fest, verdient aber doch beträchtliches Interesse. Als jungfräulicher Ausdruck des Chardonnay mit spritziger apfel-, mandarinen- und birnenähnlicher Frucht in üppigen Mengen offenbart er gute Säure, eine elegante und doch körperreiche Persönlichkeit, überraschende Tiefe und einen verhaltenen, strengen Eindruck am Gaumen. Der *1999er Chardonnay* ist einer der feinsten, die Montelena in den letzten Jahren gelungen sind. Vielleicht hat die sparsame Einführung des biologischen Säureabbaus und der Fassgärung dem Wein mehr Fülle und Textur verliehen, ohne Montelenas Stil zu beeinträchtigen. Der Wein besitzt neben verschwenderischen Mengen von Zitronen-, Birnen- und Apfelnuancen und pikanten, körperreichen Geschmackskomponenten auch frische, schön eingebundene Säure, 13,8% Alkohol, bewundernswerte Konzentration und mehr Reichhaltigkeit und Dichte als der 1998er. Er dürfte 5–6 Jahre halten.

Ich kenne kein zweites kalifornisches Weingut, das eine Cuvée herausgibt, wie sie der St. Vincent darstellt. Früher wurde dieser Wein produziert, um den Sangiovese der Barretts einfließen zu lassen. Doch wie viele andere Weingüter hat Montelena (wie ich) den Eindruck gewonnen, dass kalifornischer Sangiovese mit dem italienischen nicht mithalten kann. Der *1997er St. Vincent* (3000 Kisten) ist eine faszinierende Cuvée aus 60% Zinfandel, 30% Primitivo und 10% Sangiovese. Er offenbart eine entschieden italienische Natur mit Nuancen von geschmolzenem Asphalt, neuem Sattelleder, Beerenfrucht, Pfeffer und anderen Gewürzen. Mit einer fetten, robusten und herzhaften Persönlichkeit sowie Charakter und Seele sollte er in den ersten 5–6 Lebensjahren konsumiert werden.

Die Cuvée Cabernet Sauvignon Calistoga wird – vergleichbar den Inhabern – ohne viel Aufhebens immer besser. Dem Mischsatz wird mehr eigenes Lesegut beigefügt, um den Wein voluminöser zu machen. Der *1998er Cabernet Sauvignon Calistoga Cuvée* (13,9% Alkohol) ist besser als der 1997er, obwohl ich vermute, dass das Rohmaterial schlechter war. Er zeigt eine dunkelbläulich-purpurrote Farbe, ein dichtes, süßes Bukett von schwarzen Johannisbeeren, weiches Tannin und fette, cremige Cassis-Geschmacksnuancen, in denen sich Anklänge von Tabak, Gewürzkiste und getrockneten Kräutern entdecken lassen. Trinken Sie diesen köstlichen Cabernet während dieses Jahrzehnts. Der straffere, stärker strukturierte *1999er Cabernet Sauvignon Calistoga Cuvée* hat einen höheren Säuregehalt, besitzt aber zugleich Reife, Reichhaltigkeit und eine potenziell längere Lebenszeit als der 1998er. Ob er in seiner Jugend so geschmeidig und charmant sein wird wie der ein Jahr ältere Wein, bleibt abzuwarten. Voraussichtliche Genussreife: jetzt–2012. Der *1997er Cabernet Sauvignon Calistoga Cuvée* war der erste »neue und verbesserte« Wein dieser Art. Er offenbart eine satte rubin-purpurrote Farbe und viel Brombeer- und Cassisfrucht, die bei mittlerem bis vollem Körper in einem unkomplizierten, saftigen Stil präsentiert werden. Jeweils 10% Cabernet Franc und Merlot wurden hinzugefügt, um für Weichheit und aromatische Dimension zu sorgen. Der Wein dürfte sich 7–10 Jahre gut trinken lassen.

Es gibt 10 200 Kisten des bemerkenswerten *1997er Cabernet Sauvignon Estate*. Mit seiner undurchdringlichen Purpurfarbe und seiner dichten, saftigen, körperreichen Persönlichkeit offenbart er überschwängliche Nuancen von Cassis, Mineralien und Erdreich. Dieser glänzend gemachte, äußerst konzentrierte und reintönige Kraftprotz besitzt süßes Tannin und einen herrlichen Abgang. Dieser kostbare, vielschichtige und profunde Cabernet, der seit meiner letzten Verkostung an Gewicht zugelegt hat, enthält 14% Alkohol. Er hat eine Lebenserwartung von 25–30 Jahren. Voraussichtliche Genussreife: jetzt–2030. 1998 ist der Jahrgang der letzten Dekade, der für die unterschiedlichsten Ergebnisse beim Cabernet Sauvignon an der kalifornischen Nordküste gesorgt hat. Die Cabernets aus den Bergen neigen dazu, krautiger und komprimierter als die vom Talboden zu sein; allerdings gilt diese Einschätzung nicht generell, weil es einige enttäuschende Weine aus den Tälern (selbst von einigen der bekannteren Weingüter) und einige höchst erfolgreiche Cabernet Sauvignons von den Hanglagen gibt. Montelenas *1998er Cabernet Sauvignon Estate* ist fraglos einer der besten Weine des Jahrgangs. Er ist besser entwickelt als der 1997er und der 1999er und offeriert eine undurchdringliche rubin-purpurrote Farbe und ein fettes, komplexes Bukett von Holzkohle, Rauch, Brombeeren und Cassis. Der gehaltvolle, komplexe und körperreiche Wein bereitet jetzt mehr Trinkvergnügen als der riesenhafte 1997er. Die Produktionsmenge war deutlich niedriger (8000 Kisten), und der Wein ist geschmeidig texturiert, reichhaltig und nach der Flaschenabfüllung besser als bei der Fassprobe. Für die Herstellung dieses charaktervollen Weins haben Bo Barrett und sein Team unseren Beifall verdient. Obwohl er erst in diesem Jahr freigegeben wird, scheint der *1999er Cabernet Sauvignon Estate* ein adäquater Konkurrent des außergewöhnlichen 1997ers zu sein. Er offenbart eine undurchdringliche, dichte schwarz-purpurrote Farbe, spektakuläre Konzentration, einen vielschichtigen Eindruck am Gaumen, die Nahtlosigkeit eines großen Jahrgangs und einen körperreichen, dicklichen, konzentrierten Abgang. Die kraftvollen, herrlich reintönigen schwarzen Früchte und die ölige Textur geben zu der Vermutung Anlass, dass er sich jung gut trinken lassen wird, aber gleichwohl 2–3 Jahrzehnte erfreulicher Entwicklung vor ihm liegen. Er hat mehr von einem Kraftprotz im Stil des 1997ers als der charmantere, weichere 1998er. Ein weiterer riesenhafter Cabernet ist der strenge, tanninhaltige, konzentrierte *1996er Cabernet Sauvignon Estate* (13,5% Alkohol). Dieser körperreiche, aber verschlossene Wein, der neben seinen wunderbar reintönigen schwarzen Früchten, kraftvollen lehmigen, erdigen Düften auch Frucht und Extrakt aufweist, benötigt ebenfalls 5–6 Jahre Kellerreife und dürfte die ersten 2–3 Jahrzehnte dieses Jahrhunderts mühelos überdauern. Auch in diesem Weingut könnte sich der *1995er Cabernet Sauvignon Estate* als genauso stark erweisen wie der 1994er. Die Farbe ist undurchdringlich purpurrot. Der Wein ist körperreich und kraftvoll, mit klassischen Cassisaromen, die mit Düften von lehmigem Erdreich, Unterholz und Gewürz verflochten sind. Er hat ungewöhnlich viel, aber süßes und gut in die anderen Komponenten des Weins eingebundenes Tannin, einen kraftstrotzenden mittleren Geschmacksbereich und einen Abgang, der länger als 30 Sekunden anhält. Voraussichtliche Genussreife: jetzt–2025. Der *1994er Cabernet Sauvignon Estate*, der seit der Abfüllung verschlossen war, hat damit begonnen, sich zu öffnen und sein ungeheures Potenzial erahnen zu lassen. Das satt schwarzpurpurfarbene Kleid geht einher mit einem Bukett von wunderbar reintönigen Brombeer- und Cassisaromen. Toastwürzige Eichenholznoten sind in diesem Wein angesichts seiner bombastischen Präsentation schwarzer Früchte, der ungeheuren Menge an saftigem Glyzerin und seines sensationellen Abgangs kaum wahrnehmbar. Es wird aufregend sein, die Entwicklung des 1994ers und des 1995ers zu verfolgen. Die moderne Gesellschaft scheint immer auf der Suche nach neuen Stars zu sein, aber dieses Weingut ist seit mehr als 25 Jahren eine der besten Adressen für großartige kalifornische Cabernet Sauvignons!

Einige Zinfandels von Montelena hatten einen ziemlich hohen Alkoholgehalt, aber der *1994er Zinfandel Estate* besitzt zivilisierte 14%. Der Wein hat eine mittelrubinrote Farbe, großzügige, seidige Geschmackskomponenten und einen niedrigen Säuregehalt. Er ist jetzt voll ausgereift.

Der *1997er Merlot Estate* (500 Kisten, 100% Merlot) ist der einzige Jahrgang dieses Weins geblieben. Ich bin grundsätzlich von den meisten kalifornischen Merlots nicht sonderlich beeindruckt, aber dieser Wein zeigt eine tiefe rubin-granatrote Farbe, dichte, rauchige Geschmacksnuancen von Schwarzkirschen, mittleren bis vollen Körper, weiches Tannin und einen stämmigen Abgang. Er ist zwar kein großer, ohne Zweifel aber ein sehr guter Merlot.

Bisherige große Jahrgänge: Cabernet Sauvignon Estate 1993er (91+), 1992er (94), 1991er (95), 1990er (96), 1989er (90), 1987er (90), 1985er (94), 1984er (94), 1982er (93), 1981er (90), 1980er (91), 1979er (90), 1978er (94), 1976er (92), 1975er (90).

MONTEVINA (AMADOR)

1997	**Zinfandel Deaver Old Vines**	**Amador**	**C**	**89**
1999	**Zinfandel Terra d'Oro**	**Amador**	**C**	**89**
1998	**Zinfandel Terra d'Oro Deaver Old Vines**	**Amador**	**C**	**(88–90)**
1999	**Zinfandel Terra d'Oro Home Vineyard**	**Amador**	**C**	**89**

Die 1999er Zinfandels von Montevina gehören zu denen mit dem besten Preis-Leistungsverhältnis. Der *1999er Zinfandel Terra d'Oro* ist ein äußerst preisgünstiger Wein, der geradezu explosiv reife Brombeer- und Kirschfrucht offenbart, die mit Rauch, Erdreich, Lakritze und Teer vermischt ist. Dieser gut ausbalancierte Wein ist weich, körperreich, opulent texturiert und reintönig. Er wird sich mit enormen 15,5% Alkohol 5–6 Jahre gut trinken lassen. Der in ähnlichem Stil gehaltene, aber teurere *1999er Zinfandel Terra d'Oro Home Vineyard* besitzt etwas weniger Alkohol (15%), dafür aber jede Menge dicklicher Schwarzkirschen- und Johannisbeerfrucht in seiner würzigen, pfeffrigen, körperreichen und opulenten Persönlichkeit.

Der *1998er Zinfandel Terra d'Oro Deaver Old Vines* könnte sich als hervorragend und damit als einer der feinsten Zinfandels erweisen, die seit fast 2 Jahrzehnten in diesem Weingut produziert wurden. Eine dunkelrubin-purpurrote Farbe geht einher mit einem Bukett von süßen, dicklichen Brombeeren, Kirschen, Hagebutten, Pfeffer, Lakritze und Weihrauch. Dieser muskulöse, ausladende Zinfandel ist superreif und besitzt herrliche Frucht, ernst zu nehmenden Gehalt, einen vollen Körper und exzellente Reintönigkeit und Harmonie. Er dürfte sich 5–6 Jahre gut trinken lassen. Der undurchsichtig purpurfarbene *1997er Zinfandel Deaver Old Vines* verströmt Aromen von toastwürzigem frischen Eichenholz, Schwarzkirschlikör, Pfeffer und Blumen. Dieser gut ausgestattete, seidig texturierte, dichte, körperreiche und fruchtbetonte Zinfandel kann jetzt getrunken oder 5–6 weitere Jahre aufbewahrt werden.

MORAGA (BEL AIR)

1996	**Cabernet Sauvignon**	**Bel Air**	**E**	**89**
1995	**Cabernet Sauvignon**	**Bel Air**	**E**	**89**
1994	**Cabernet Sauvignon**	**Bel Air**	**E**	**89**

Moraga ist einer von Kaliforniens interessantesten Weinbergen: eine 2,8 Hektar große Parzelle in Bel Air, der reichen Vorstadt von Los Angeles. Überlegen Sie mal – ich wette, ein Hektar Land in diesem Wohnbezirk mit seinen hohen Mieten kostet genauso viel wie ein Hektar eines Chambertin oder Montrachet Grand Crus in Burgund! Diese Weine sind faszinierend, bieten sowohl die Strenge eines Médoc als auch sein Bukett von grasigem Tabak, Zedernholz und Johannisbeeren. Sie vermitteln ganz den Eindruck eines Weins, der noch 15–20 Jahre möglicher Entwicklung vor sich hat. Der Boden des Weinbergs, den ich einmal in Begleitung des Inhabers beging, besteht aus verwitterten Fossilien, Kalkstein und Sandstein. Die letzten Jahrgänge wurden in 100% neuen Fässern aus französischer Eiche ausgebaut. Der *1996er Cabernet Sauvignon* zeigt eine dichte purpurrote Farbe, ein eindrucksvolles Bukett von Toastbrot, Schwarzkirschen und Cassis und bei mittlerem bis vollem Körper reichhaltige, würzige Geschmackskomponenten mit anständiger Säure und moderat hohem Tannin. Der Wein ist straff gewirkt und benötigt 4–5 Jahre Kellerreife. Er dürfte mehr als 15 Jahre halten. Der *1995er Cabernet Sauvignon* (450 Kisten) ist ein weiteres Bordeaux-Ebenbild, zumindest in aromatischer Hinsicht. Er offenbart ein rauchiges Bukett von Tabakblättern, Zedernholz und schwarzen Johannisbeeren, erfrischende, scharfe Säure, einige Strenge, aber schmackhafte, jugendliche, reichhaltige Frucht von roten und schwarzen Johannisbeeren. Dieser würzige Wein von mittlerem Körper mit moderat aggressivem Tannin im Abgang benötigt 4–5 Jahre im Keller und dürfte 2 Jahrzehnte altern. Der *1994er Cabernet Sauvignon* (545 Kisten) bietet entwickelte Aromen von Fruchttorte, Zedernholz, Tabak, gerösteten Kräutern und Cassis sowie reichhaltige, konzentrierte Geschmackskomponenten. Er ist beeindruckend gehaltvoll, mit einem kräuterwürzigen, von schwarzen Johannisbeeren geprägten Charakter, mittlerem bis vollem Körper, süßem, aber spürbarem Tannin und exzellenter Reintönigkeit – dies alles eingefasst von toastwürzigem frischen Eichenholz. Der Wein macht ganz den Eindruck, als sei er nach weiteren 2–3 Jahren Kellerreife trinkbar. Er dürfte 15–20 Jahre halten.

MOUNT EDEN (SANTA CLARA)

1997	Cabernet Sauvignon Estate	Santa Cruz Mountain	D	88+
1996	Cabernet Sauvignon Estate	Santa Cruz	D	90
1995	Cabernet Sauvignon Estate	Santa Cruz	D	88
1996	Cabernet Sauvignon Old Vine Reserve	Santa Cruz	E	92+
1995	Cabernet Sauvignon Old Vine Reserve	Santa Cruz	E	90+
1997	Pinot Noir Cuvée Vieilles Vignes	Santa Cruz Mountain	E	89
1996	Pinot Noir Estate	Santa Cruz	D	90

Von sehr wenigen Weinbergen hat man eine ähnlich außergewöhnliche Aussicht wie vom Gipfel des Mount Eden. Diese in knapp 700 Meter Höhe gelegene Rebfläche, von der aus man das Santa Clara Valley überblickt, wurde von dem legendären Martin Ray angelegt. Es werden fünf Weine produziert, zwei Cabernet Sauvignons, ein Pinot Noir und zwei Chardonnays, die Estate-Abfüllung und einer von Edna Valley.

Die Pinot Noirs sind elegante Weine im Stil der Côte de Beaune und von überraschender Langlebigkeit. Im vergangenen Herbst habe ich meine letzte Flasche des 1985er getrunken und war äußerst angetan von der Frische, Lebhaftigkeit und Komplexität, die er sich bewahrt hatte. Der *1996er Pinot Noir Estate* erinnert an einen guten Premier Cru aus Beaune oder Volnay. Intensive, dickliche Geschmacksnuancen von Erdbeeren und anderen Früchten sind mit würzigem Eichenholz und Mineralien verflochten. Elegant, von mittlerem Körper und mit vollkommener Harmonie, sollte sich dieser wunderschön gemachte Pinot Noir 5–7 Jahre gut trinken lassen. Der köstliche, hellrubinrote *1997er Pinot Noir Cuvée Vieilles Vignes* offeriert Aromen von süßen Beeren und Kirschen, Erdreich und Gewürzen. Dieser komplexe, entwickelte, runde und großzügige Pinot Noir mit ausgleichender Säure dürfte sich noch 5–7 Jahre gut trinken lassen.

Mount Eden hat einige legendäre Cabernet Sauvignons produziert, und einige der älteren Jahrgänge (wie der 1974er) benötigen 2–3 Jahrzehnte Kellerreife. Ich fragte Jeffrey Patterson, den Besitzer und Kellermeister in Personalunion, welche der jüngeren Cabernet-Sauvignon-Jahrgänge seiner Ansicht nach die Spitze bildeten. Er meinte, die besten fünf Jahrgänge in den letzten 2 Jahrzehnten seien der 1994er, der 1989er, der 1988er, der 1987er und der 1985er gewesen. Es gibt zwei verschiedene Cuvées vom Cabernet Sauvignon. Der einfache Verschnitt des *1995er Cabernet Sauvignon Estate* (75% Cabernet Sauvignon, 22% Merlot und 3% Cabernet Franc) wird zu 30% in Fässern aus neuer amerikanischer Eiche und zu 70% in gebrauchten französischen Eichenfässern ausgebaut. Der dunkelrubinpurpurrote Wein offeriert ein festes, zurückhaltendes Bukett von schwarzen Johannisbeeren, Mineralien, Erde und würziger Eiche. Bei mittlerem Körper benötigt der moderat tanninhaltige und fest strukturierte Wein 2–3 Jahre Kellerreife und dürfte mehr als 15 Jahre halten. Der hervorragende *1996er Cabernet Sauvignon Estate* besitzt größere Dicke und Reichhaltigkeit, mittleren bis vollen Körper, schöne Reintönigkeit und eine Schwarzkirschen- und Cassiskomponente, die mit Mineralien und Gewürzen vermischt ist. Obwohl er schon zugänglicher als der 1995er ist, verspricht er, genauso langlebig zu sein. Der dunkelrubinpurpurfarbene *1997er Cabernet Sauvignon Estate* ist dicht und verschlossen mit verschwenderischer Frucht von schwarzen Johannisbeeren, einer starken mineralischen Nuance, festem Tannin und erdigen Noten im Hintergrund. Bei mittlerem Körper wird sich dieser etwas karge, aber gut gemachte Wein von 2003–2014 schön trinken lassen.

Der Cabernet Sauvignon Old Vine Reserve, der Spitzenwein, ist ein reinsortiger Cabernet Sauvignon von zwei 1955 und 1958 angelegten Rebflächen. Nach Pattersons Ansicht sind die Jahrgänge 1973, 1974, 1975, 1976, 1986, 1990, 1992 und 1994 bei diesem Wein die größten gewesen. Ich war sowohl von dem 1995er wie von dem 1996er beeindruckt. Der *1995er Cabernet Sauvignon Old Vine Reserve* wurde unfiltriert abgefüllt, aber mit etwas geschlagenem Eiweiß geschönt. Er ist ein verhaltener, konzentrierter Wein, der ein Jahrzehnt Kellerlagerung benötigt. Er ist von mittlerem bis vollem Körper und von tiefer rubin-purpurroter Farbe, zeigt viel reifes Cassis im Bukett und eine unentwickelte, strenge, bestechend dichte und muskulöse Persönlichkeit. Voraussichtliche Genussreife: 2005–2025. Der *1996er Cabernet Sauvignon Old Vine Reserve* hat bei vollem Körper höhere Extraktwerte, eine satte rubin-purpurrote Farbe und ein zurückhaltendes, aber aufblühendes Bukett von Mineralien, Lakritze, würzigem Eichenholz, Schwarzkirschen und Cassis. Auch dieser reintönige, reichhaltige, dichte und viel versprechende, für eine lange Lebensdauer bestimmte Wein sollte 8–10 Jahre in den Keller gelegt werden. Voraussichtliche Genussreife: 2007–2035.

MURPHY-GOODE (SONOMA)

1997	Cabernet Sauvignon Reserve Brenda Block	Alexander Valley	D	88
1994	Cabernet Sauvignon Reserve Brenda Block	Alexander Valley	D	89
1997	Cabernet Sauvignon Reserve Sarah Block Swan Song	Alexander Valley	D	89
1994	Merlot Murphy Ranches	Alexander Valley	C	88
1997	Petit Verdot Murphy Ranch	Alexander Valley	D	88
1995	Zinfandel	Sonoma County	C	89
1994	Zinfandel	Sonoma County	C	89
1999	Zinfandel Liar's Dice	Sonoma	C	89
1998	Zinfandel Liar's Dice	Sonoma	C	88

Die Zinfandels von Murphy-Goode stammen vornehmlich von zwei Weinbergen, dem Cuneo und dem Saini Vineyard in Sonoma. Die Produktionsmenge ist mit 650 Kisten eher bescheiden. Der reife, dickliche, fleischige *1999er Zinfandel Liar's Dice*, ein groß angelegter, saftiger, fruchtbetonter Wein, ist ein wahres Trinkvergnügen. Er bringt es auf 14,5% Alkohol, und in seinem komplexen Bukett findet sich ein Hauch flüchtiger Säure. Man sollte ihn am besten innerhalb der nächsten 2–3 Jahre trinken, um in den Genuss seiner überschwänglichen Jugendlichkeit zu kommen. Der *1998er Zinfandel Liar's Dice* ist ein köstlicher, opulent texturierter, süßer Wein von mittlerem bis vollem Körper, der Duft- und Geschmacksnuancen von Beeren und Kirschen, einen niedrigen Säuregehalt sowie gutes Fett und Robustheit aufweist. Eine genussbetonte Persönlichkeit, wunderbare Reintönigkeit und eine lebhafte, köstliche Frucht sprechen für einen Mainstream-Zinfandel, der aber ungeheures Vergnügen bereitet und selbst Weinsnobs gefallen wird. Trinken Sie ihn während der nächsten 2–3 Jahre.

Der intensiv aromatische (dickliche Brombeeren und Gewürze) *1995er Zinfandel* offenbart eine tiefe, satte rubin-purpurrote Farbe, süßes, würziges Eichenholz, eine Menge runde, weiche, reichhaltige, beerige Geschmackskomponenten, bewundernswerte Opulenz und eine üppige, seidige Textur. Trinken Sie ihn aus. Der voll ausgereifte *1994er Zinfandel* zeigt eine tiefrubinrote Farbe, einen einnehmenden würzigen, reifen, reintönigen, pfeffrigen Beerenfruchtcharakter und einen weichen, üppigen Abgang von mittlerem bis vollem Körper.

Petit Verdot kann selten reinsortig bestehen, aber Murphy-Goode hat eine Cuvée von 78,5% Petit Verdot, 13,5% Cabernet Franc und 8% Cabernet Sauvignon produziert, die wegen ihrer Reife und ihrer generellen Ausgewogenheit und Reichhaltigkeit beeindruckend ist. In dem satt dunkelrubin-purpurroten *1997er Petit Verdot Murphy Ranch* sind attraktive Nuancen von schwarzen Früchten (vor allem Cassis und Brombeeren) mit toastwürziger neuer Eiche vermischt. Der Wein ist reichhaltig und bei mittlerem bis vollem Körper reintönig, mit einnehmend würziger Eiche, niedrigem Säuregehalt und süßem Tannin. Trinken Sie diesen eleganten Wein während der nächsten 10–12 Jahre.

Der *1997er Cabernet Sauvignon Reserve Brenda Block* mit seiner gesättigten dichten rubin-purpurroten Farbe offenbart in seinem klassischen Bukett von Tabak und schwarzen Johannisbeeren auch üppige Aromen von toastwürziger Vanille (von 18 Monaten in französischer und 2 Monaten in neuer amerikanischer Eiche). Moderates Tannin, köstliche Frucht sowie Säure und frisches Eichenholz, die hübsch eingebunden sind, geben diesem beeindruckend gemachten Cabernet Sauvignon von mittlerem bis vollem Körper seinen Rahmen. Er wird von 1–2 Jahren Flaschenreife profitieren und sich die folgenden 10–12 Jahre gut trinken lassen. Der *1994er Cabernet Sauvignon Reserve Brenda Block* (1 700 Kisten) ist von dunkelgranat-purpurroter Farbe. Der Wein zeigt höchste Reife und ein von dicklichen Schwarzkirschen und Cassis geprägtes sowie von schön dosiertem würzigem Eichenholz durchzogenes Bukett. Dieser vanillinduftige, dichte, vielschichtige, säurearme Cabernet Sauvignon besitzt bei mittlerem bis vollem Körper viel süßes Tannin, aber das Gütesiegel des Weins ist seine Reintönigkeit und seine köstliche, reichhaltige Frucht. Er dürfte sich jung gut trinken und 10–12 Jahre altern. Es scheint einer der feinsten Cabernet Sauvignons zu sein, die Murphy-Goode bisher produziert hat.

Der *1997er Cabernet Sauvignon Reserve Sarah Block Swan Song* präsentiert neben subtilen, kräuterwürzigen Düften von reifen, dicklichen Brombeeren und Cassis auch rauchige Toastbrotaromen. Im Mund erhöhen Geschmacksnuancen von Lakritze, Zedernholz und Sattelleder die Komplexität des Weins. Er ist bei mittlerem bis vollem Körper geschmeidiger als der stärker eichen- und tanninbetonte Brenda Block und kann mit seiner exzellenten Tiefe, Reichhaltigkeit und Symmetrie jetzt und während der nächsten 10–12 Jahre getrunken werden.

Der dunkelrubinrote *1994er Merlot Murphy Ranches* (83% Merlot und 17% Cabernet Sauvignon) offeriert ein mäßig intensives Bukett von Kaffeebohnen, Rauch und reifer Beerenfrucht. Obwohl er nicht kompliziert ist, präsentiert er eine Menge üppiger, seidiger, säurearmer Geschmackskomponenten mit guter Reife, Frucht und Glyzerin. Ein wenig mehr Komplexität und Konturenschärfe hätten diesem Wein zu einer noch höheren qualitativen Einstufung verholfen. Trinken Sie ihn während der nächsten 3–5 Jahre.

ANDREW MURRAY (SANTA BARBARA)

2000	**Enchanté**	**Santa Ynez**	**C**	**88**
1999	**Espérance**	**Santa Barbara**	**C**	**87**
1998	**Espérance**	**Santa Barbara**	**C**	**90**
1997	**Espérance**	**Santa Barbara**	**C**	**88**
1997	**Syrah Hillside Reserve**	**Santa Barbara**	**D**	**93+**
1996	**Syrah Hillside Reserve**	**Santa Barbara**	**D**	**90+**
1999	**Syrah Les Coteaux**	**Santa Ynez**	**C**	**89**
1997	**Syrah Les Coteaux**	**Santa Barbara**	**C**	**90**
1996	**Syrah Les Coteaux**	**Santa Barbara**	**C**	**90**
1999	**Syrah Roasted Slope**	**Santa Ynez**	**D**	**92**
1997	**Syrah Roasted Slope**	**Santa Barbara**	**C**	**92**
2000	**Syrah Tous les Jours**	**Central Coast**	**B**	**86**
2000	**Viognier**	**Santa Ynez**	**C**	**90**

Dieses Weingut ist ein strahlender Stern am Himmel Santa Barbaras. Extrem niedrige Erträge (1,25–2,8 t/ha bei Viognier und Roussanne im Jahr 1998) und eine Vorliebe für Hanglagen, reifes Lesegut und eine Weinbereitung ohne jede Manipulation haben Andrew Murray in die Spitzengruppe der Weingüter befördert, die in Kalifornien Weine im Stil des Rhônetals produzieren. Die hergestellten Mengen sind klein (300 Kisten des Roussanne, 500 des Viognier, 600 vom Espérance, 600 vom Syrah Roasted Slope und 1000 vom Syrah Les Coteaux), aber es lohnt sich, nach diesen Weinen Ausschau zu halten.

Die 2000er und 1999er sind viel versprechend. Der *2000er Enchanté*, eine Cuvée aus 80% Viognier, 10% Roussanne und 10% Marsanne, ist ein erfreulicher, leicht kräuterwürziger, charmanter, fruchtiger und fleischiger Wein, der bei mittlerem Körper ausgezeichnete Nuancen von honigtöniger Zitrusfrucht offeriert, in die sich eine blumige Komponente mischt. Trinken Sie diesen weichen, eleganten Weißwein während des nächsten Jahres. Der *2000er Viognier* ist einer der feinsten seiner Art in Kalifornien. Er präsentiert Aprikosen- und Geißblattfrucht und ist schärfer umrissen als die meisten dieser fruchtbetonten Weine. Dieser Klassewein, der bei vollem Körper einen ernst zu nehmenden Eindruck am Gaumen macht und neben einer untergründigen mineralischen Note überraschende Tiefe und Komplexität besitzt, sollte im Lauf des nächsten Jahres ausgetrunken werden. Der dunkelbläulich-rubinrote *2000er Syrah Tous les Jours* ist ein pfeffriger, erdiger, nach Kirschen duftender und schmeckender Wein im Stil eines Côtes-du-Rhône. Trinken Sie diesen gefälligen Syrah von mittlerem Körper während seiner ersten Lebensjahre.

Ernster zu nehmen ist der *1999er Espérance*, eine Cuvée aus Syrah, Grenache und Mourvèdre. Er hat die kräuterwürzige Persönlichkeit eines Crozes-Hermitage mit Nuancen von Cassisfrucht und Zigarrenkiste. Von mittlerem Körper und moderatem Gewicht, mit viel Gewürz, Frucht, Pfeffer und Kräutern, wird er sich 4–5 Jahre gut trinken lassen. Der *1999er Syrah Les Coteaux* besitzt bei mittlerem Körper schöne Geschmacksnuancen von Schinkenspeck und Cassis mit einem Hauch von Erde und Vanille im Hintergrund. Er hat nicht die Tiefe von einigen der besten Jahrgänge dieses Weinguts, aber das ist vermutlich auf die kalte Wachstumsperiode des Jahres 1999 zurückzuführen. Er offenbart Eleganz, Süße und eine verhaltenere Persönlichkeit als frühere Jahrgänge. Der außergewöhnliche *1999er Syrah Roasted Slope* (95% Syrah und 5% Viognier) ist ein Spitzenwein für ein derart kühles Jahr. Seine tiefrubin-purpurrote Farbe geht einher mit einem komplexen Bukett von Geißblatt, Brombeeren und Lakritze. Der vollmundige, körperreiche, ausgewogene und reintönige Wein sollte während dieses Jahrzehnts getrunken werden.

Der *1998er Espérance*, eine Cuvée aus Syrah, Mourvèdre und Carignan, kommt mit seiner Qualität einem erstklassigen Crozes-Hermitage am nächsten. Nuancen von getrockneten Kräutern der Provence, Leder, Lakritze, Zedernholz und Cassis, die von Schokolade und Kirschen durchzogen sind, entsteigen dem Glas dieses offen gewirkten, komplexen und würzigen Rotweins. Von mittlerem Körper sowie mit ausgezeichneter Konzentration, geschmeidigem Tannin und hinreichend Säure, um eine schön gezeichnete Art zu gewährleisten, sollte dieser köstliche und komplexe Wein im Rhône-Stil sich 4–5 Jahre gut trinken lassen. Der Vorzeige-Wein ist der *1997er Syrah Hillside Reserve*, ein konzentrierter, kraftvoller Syrah, der noch einige Jahre Flaschenreife braucht. Der undurchsichtige purpurfarbene Wein offeriert Aromen von teerigem Arzneimittel, Lakritze, schwarzen Himbeeren und Brombeeren. Mit einem vollen Körper, explosiver Frucht, moderat hohem Tannin, niedriger Säure, superber Reife und einer beneidenswerten Integration von Holz, Alkohol und Tannin wird dieser mächtige Syrah 3–5 Jahre seinem Höhepunkt zustreben und zusätzliche 10–15 Jahre überdauern. Eindrucksvoll! Andrew Murray zufolge wird dieser Wein aus dem in Sonoma angebauten Durell-Klon der Syrah-Rebe gewonnen.

Diejenigen Leser, die nach einem äußerst preisgünstigen Rotwein Ausschau halten, sollten es mit dem *1997er Espérance* versuchen, einer Cuvée aus Syrah, Grenache und Mourvèdre. Es ist ein rustikaler, überschwänglicher, gehaltvoller dunkelrubin-purpurroter Wein mit vollem Körper, viel Pfeffer, schwarzen Früchten, Erde und Gewürz. Obwohl das Tannin leicht erhöht ist, wird es gut eingebunden durch die herrliche Frucht, die vollmundige Textur und die komplette Persönlichkeit dieses kraftvollen Rotweins. Außerdem wird er im Lauf der nächsten 5–8 Jahre weicher und besser werden. Der schwarz-purpurrote *1997er Syrah Les Coteaux* ist ein reichhaltiger Wein mit üppigem Extrakt und Tannin und herrlich süßer Cassisfrucht, die mit Pfeffer, Lakritze und Blumendüften vermischt ist. Der Tanningehalt ist erhöht, aber dieser körperreiche, vielschichtige Wein wird während der nächsten 7–8 Jahre nur besser werden. Er dürfte ein Jahrzehnt oder mehr überdauern. Der gesättigte schwarzpurpurfarbene *1997er Syrah Roasted Slope* ist eine Cuvée aus 95% Syrah und 5% Viognier, die sowohl zusammen gelesen als auch vergoren wurden. Er offenbart dickliche, sirupartige Geschmacksnuancen von schwarzen Himbeeren und Kirschen, in die sich eine blumige Note und ein Hauch von Honig mischen. Dieser süße (von reifer Frucht, nicht vom Zucker), gehaltvolle, lange Wein, der körperreich, ausladend texturiert und reintönig ist und weniger aggressives Tannin hat als der Les Coteaux, dürfte sich 10–12 Jahre gut trinken lassen.

Der *1996er Syrah Les Coteaux* ist eher rustikal oder, wie die Franzosen sagen würden, *sauvage* (wild). Sein robuster, überschwänglicher, exzentrischer Charakter ist schwer zu ignorieren. Er ist von satter purpurroter Farbe, und sein Bukett offenbart hefige, pfeffrige Beerenaromen, vermischt mit Gerüchen von Teer und lehmigem Erdreich. Der körperreiche Wein präsentiert explosive Frucht, das typisch Rauchige der Syrah-Traube und einen reichhaltigen, moderat tanninhaltigen, würzigen Abgang mit üppigen Mengen Glyzerin. Das Tannin ist nicht völlig eingebunden, aber der Wein ist beeindruckend groß und aromatisch. Er wäre ein idealer Begleiter zu gegrilltem Steak oder Federwild. Außerdem wird er sich 5–7 Jahre weiter verbessern und mindestens 12 Jahre halten. Der eindrucksvolle *1996er Syrah Hillside Reserve* ist zurückhaltender, eleganter und tanninhaltiger. Ich bewunderte seine satte purpurrote Farbe und seine mit würzigem Eichenholz vermischten reintönigen Brombeer- und Cassisaromen. Es gibt einen Hauch von mineralischem Charakter und angenehmes Gewürz, aber dieser Wein ist gefälliger, sanfter und anmutiger gefügt als der Les Coteaux. Dennoch dürfte er nach weiteren 1–2 Jahre in der Flasche mehr von seiner Persönlichkeit offenbaren und ein Jahrzehnt oder länger halten.

In einer Zeit, da die Preise der meisten kalifornischen Weine sich offenbar proportional zum Ego ihrer Produzenten entwickeln, wirken die Weine von Andrew Murray angesichts ihrer außergewöhnlich hohen Qualität und ihrer realistischen Preise wie ein frischer Windstoß – die Leser sollten sich den Namen merken.

NADEAU FAMILY VINTNERS (PASO ROBLES)

1999	**Zinfandel Critical Mass**	**Paso Robles**	**C**	**90**
1999	**Zinfandel Old Vines**	**Paso Robles**	**C**	**88**

Der Star dieses attraktiven Duos ist der *1999er Zinfandel Critical Mass* (15,6% Alkohol). Er ist zwar nicht komplex, aber ein aufregender, explosiver, ungeheuer fruchtbetonter Zinfandel, der einen faszinierenden Trinkgenuss bietet. Zahlreiche Schichten von Schwarzkirschen-, Johannisbeer- und Brombeerfrucht rollen über den Gaumen. Das Eichenholz bleibt schön im Hintergrund. Dieser ölig texturierte, fleischige und fette Wein sollte während der nächsten 2–3 Jahre getrunken werden. Der *1999er Zinfandel Old Vines* ist geschmeidig, harmonisch und reichlich fruchtig. Viel Schwarzkirschen- und Johannisbeerfrucht sowie verschwenderische Mengen Glyzerin lassen sich in diesem Wein mittleren bis vollen Körpers finden. Er dürfte sich 2–4 Jahre gut trinken lassen.

NEWLAN (NAPA)

1999	**Zinfandel**	**Napa**	**C**	**88**
1998	**Zinfandel**	**Napa**	**C**	**88**
1997	**Zinfandel**	**Napa**	**C**	**88?**

Der muskulöse, solide angelegte dunkelrubin-purpurfarbene *1999er Zinfandel* präsentiert zahlreiche Aromen von dicklichen Schwarzkirschen und Kirschwasser in seinem mäßig intensiven Bukett. Der fette und fleischige Wein bringt es bei guter untergründiger Säure auf (für Zinfandel) bescheidene 14,5% Alkohol. Trinken Sie ihn während der nächsten 4–5 Jahre. Der körperreiche, tiefrubin-purpurfarbene *1998er Zinfandel* zeigt außer dichten Geschmacksnuancen von Hagebutten gute Reife, Reintönigkeit und eine generelle Ausgewogenheit. Obwohl er nicht komplex ist, bietet er eine stämmige Persönlichkeit mit viel Fleisch und Dichte. Trinken Sie ihn während der nächsten 3–5 Jahre. Der *1997er Zinfandel* präsentierte sich wie bei einer Fassprobe. Dieser äußerst eichenholzbetonte schwarz-purpurfarbene Wein wird mit Sicherheit wegen seiner verschwenderischen Auskleidung mit würzigem frischen Holz Kontroversen auslösen. In diesem gut ausgestatteten, reintönigen Zinfandel, der bei vollem Körper noch unentwickelt ist und üppige Mengen mit Vanille vermischter Brombeerfrucht aufweist, gibt es wenig Komplexität. Er wird von weiteren 6–8 Monaten Flaschenreife profitieren und dürfte sich 7–8 Jahre gut trinken lassen.

NEWTON (NAPA)

1996	**Cabernet Sauvignon Unfiltered**	**Napa**	**D**	**93+**
1995	**Cabernet Sauvignon Unfiltered**	**Napa**	**D**	**92**
1997	**Merlot Unfiltered**	**Napa**	**D**	**(90–92)**
1996	**Merlot Unfiltered**	**Napa**	**D**	**90**

Newton ist so spektakulär gelegen wie kaum ein zweites Weingut an der Nordküste Kaliforniens. Dieses Anwesen hoch in den Bergen oberhalb von St. Helena hat mit seinen wundervollen Terrassen und Blumengärten einen eindeutig französischen Anstrich. Ein Großteil der Belegschaft des Weinguts scheint aus französischen Studentinnen und Studenten zu bestehen, die ihre Englischkenntnisse erweitern wollen. Außerdem macht Su Hua Newton, die Eigentümerin, kein Geheimnis daraus, dass sie sich von den besten Kellermeistern Frankreichs inspirieren lässt. Ihre Weine sind zweifellos von diesem Geist geprägt. Daher ist es auch keine Überraschung, dass Michel Rolland ihr önologischer Berater ist. Newton exportiert 30% der Gesamtproduktion, wovon sich die Schweiz den Löwenanteil sichert. All diese Weine sind mit natürlichen Hefen vergoren, um die aromatische Vielfalt zu vergrößern. Die malolaktische Gärung lässt man im Fass stattfinden, um das Eichenholz besser einzubinden und die Textur der Weine reichhaltiger zu machen. Alle Weine werden ohne Filtrierung abgefüllt.

Newton war eines der ersten kalifornischen Weingüter, die einen hochwertigen, alterungsfähigen Merlot in einem eleganten Stil produzierten, mit bewundernswerter Persönlichkeit, Reichhaltigkeit und Tiefe. Der *1997er Merlot Unfiltered* (von erheblich ausgedünntem Traubenbehang) besitzt eine satte rubinrote Farbe und ein wunderschönes Bukett von süßer Schwarzkirschenfrucht, die mit Kräutern, Mineralien und Gewürz vermischt ist. Dieser bereits entwickelte üppige, reife und wohlriechende Merlot dürfte bei Freigabe zugänglich sein und 12+ Jahre halten. Der dichte rubin-purpurrote *1996er Merlot Unfiltered* hat einen volleren Körper und mehr der rebsortentypischen Nuancen von Schokolade, Kaffee, gerösteten Kräutern und feuchtem Wald. Der Wein ist würzig, leicht eichenholzwürzig, straff gewirkt, gehaltvoll, reintönig und strukturiert. Er benötigt weitere 2–4 Jahre im Keller und sollte 12–15 Jahre halten.

Die Cabernet Sauvignons machen im Mund einen breiteren, stärker texturierten Eindruck. Der *1996er Cabernet Sauvignon Unfiltered* präsentiert eine undurchdringlich purpurrote Farbe sowie eine robuste, fast massive Konstitution, eine Schiffsladung Tannin und beträchtliche Kraft, Tiefe und Wucht. Dieser für einen Cabernet Sauvignon von Newton atypisch robuste und muskulöse Wein dürfte mühelos 2–3 Jahrzehnte altern. Zukünftige Käufer sollten daran denken, dass dieser Jahrgang 4–6 Jahre Kellerreife braucht, damit ein wenig von dem Tannin abschmelzen kann. Der *1995er Cabernet Sauvignon Unfiltered*, der ebenfalls tanninbetont, dabei aber klassischer strukturiert ist, offeriert reichhaltige Cassisfrucht, vermischt mit Aromen von Lehmboden, Toastbrot und Blüten. Dieser Wein, der im Mund lang wirkt, mit einer großzügigen Textur, makelloser Symmetrie und einem schön ausbalancierten Gesamteindruck, zeigt im Abgang kräftiges Tannin sowie hervorragende Reife und Präsenz am Gaumen. Wie der 1996er dürfte er langlebig, aber in einem früheren Stadium trinkfertig sein. Voraussichtliche Genussreife: jetzt–2020.

Bisherige große Jahrgänge: Cabernet Sauvignon 1993er (90), 1992er (92), 1991er (94), 1990er (94).

NEYERS (NAPA)

1995	**Cabernet Sauvignon**	**Napa**	**D**	**90**
1999	**Chardonnay**	**Carneros**	**D**	**93**
1999	**Chardonnay**	**Napa**	**D**	**91**
1999	**Chardonnay Thieriot Vineyard**	**Sonoma Coast**	**E**	**92+**
1999	**Merlot Neyers Ranch**	**Conn Valley**	**D**	**89**
1997	**Merlot Neyers Ranch**	**Conn Valley**	**D**	**89**

1999	**Syrah Hudson Vineyard**	**Napa**	**D**	**(90–92)**
1997	**Syrah Hudson Vineyard**	**Napa**	**D**	**(91–93)**
1996	**Syrah Hudson Vineyard**	**Napa**	**D**	**92**
1995	**Syrah Hudson Vineyard**	**Napa**	**D**	**91**
1999	**Zinfandel Pato Ranch**	**Contra Costa**	**D**	**90**
1999	**Zinfandel Tofanelli Vineyard**	**Napa**	**D**	**89**

Bruce Neyers, der US-Verkaufsleiter von Kermit Lynch Wine Merchants, hat sein Sortiment eindrucksvoller Weine zu einem Unternehmen ausgebaut, das 15000 Kisten im Jahr herstellt. Die Stars sind immer seine Chardonnays gewesen, aber es werden auch einige verlockende Rotweine (insbesondere Syrah und Zinfandel) produziert. Hoffentlich ist Neyers in der Lage, die Grenache, eine meiner Lieblingssorten, mit etwas mehr Geschmack auszustatten.

Die 1999er Chardonnays waren bei meinem Besuch bis auf den 1999er El Novillero alle abgefüllt, dessen malolaktische Gärung noch nicht abgeschlossen war. Er war zwar viel versprechend, aber für eine Bewertung noch zu sehr in der Schwebe. Die anderen Chardonnays scheinen zu den besten zu gehören, die Neyers und sein begnadeter Weinmacher Ehren Jordan (der sich bei Turley Cellars einen Namen gemacht hat) bislang bereitet haben. Der körperreiche *1999er Chardonnay Napa* präsentiert Duft- und Geschmacksnuancen von honigtöniger Zitrusfrucht, Mandarinen und anderen tropischen Früchten. Die 14,5% Alkohol sind gut eingebaut in diesem wunderschön ausbalancierten Wein, der bei guter untergründiger Säure und einem vielschichtigen, konzentrierten Abgang intensiv und reintönig ist. Der *1999er Chardonnay Carneros* (14,3% Alkohol) offenbart ein rauchiges, komplexes, nach Hefen duftendes Bukett mit Noten von Zitrusfrüchten, gerösteten Haselnüssen und kandierten Aprikosen. Geschmackskomponenten von Brioche, Mangos, Mineralien und Gewürznelken machen sich im Mund bemerkbar. Dieser körperreiche Wein scheint fruchtbetont, aber je länger er sich im Glas befindet, desto mehr Nuancen werden offenkundig. Es ist ein überwältigender Chardonnay, der während der nächsten 2–3 Jahre ausgetrunken werden sollte. Diese beiden Chardonnays wurden vollständig in französischen Eichenfässern (ein Drittel davon neu) ausgebaut, einer malolaktischen Gärung unterzogen und ohne Filtrierung abgefüllt. Der hellgoldgelbe *1999er Chardonnay Thieriot Vineyard*, der von einem kühlen Weinberg an der Sonoma Coast stammt, zeigt eine tiefere Farbe und ist der straffste, am meisten zurückgebliebene dieser Chardonnays. Er hat ein verlockendes Potenzial, ist beladen mit Extrakt und Fülle, präsentiert in seinen Duft- und Geschmackskomponenten Nuancen von reifen Orangen, Mineralien, rauchigen, überreifen Melonen sowie einen Eindruck von Gewürznelken und Haselnüssen. Der körperreiche Wein macht mit seiner guten untergründigen Säure und der schön eingebundenen toastwürzigen Eiche einen intensiven Eindruck am Gaumen. Da er jung und unentwickelt ist, benötigt er weitere 6 Monate Flaschenreife; er dürfte sich 4–5 Jahre gut trinken lassen.

Der fast hervorragende dunkelblau-purpurfarbene *1999er Merlot Neyers Ranch* weist Aromen von Toffee, Karamell, Kirsch- und Beerenfrucht sowie Mokka auf. Der weiche, fleischige und vornehme Wein erinnert an einen kernigen, stämmigen Pomerol mittlerer Größe. Genießen Sie ihn während der ersten 7–8 Jahre. Der möglicherweise hervorragende *1999er Syrah Hudson Vineyard* präsentiert eine undurchdringliche schwarz-purpurrote Farbe, die auf eine ölige Textur hinweist. Aromen von Pfeffer, Brombeerlikör und teerigem Arzneimittel entsteigen diesem körperreichen, seidig texturierten, dichten und konzentrierten Syrah. Ungefähr 40% wurden in neuen französischen Eichenfässern ausgebaut, der Rest in älteren Fässern. Es findet sich zwar festes Tannin im Abgang, aber dieser bewundernswerte Syrah besitzt eine herrlich viskose Textur und Batzen von Frucht und Glyzerin. Voraussichtliche Genussreife: jetzt–2014.

Bedenkt man Ehren Jordans unleugbares Talent, bei Turley Cellars herzhafte Zinfandels herauszubringen, ist es nicht überraschend, dass sein 1999er Zinfandel Pato Ranch und der 1999er Zinfandel Tofanelli Vineyard möglicherweise erstklassig sind. Der *1999er Zinfandel*

Pato Ranch (der von einem 104 Jahre alten Rebbestand auf sandigem Boden stammt) zeigt eine dichte rubinrote Farbe und ein süßes, massives Bukett von Beeren, Pfeffer und harzigem Balsaholz. Dieser köstliche, hedonistische Zinfandel ist körperreich, überschwänglich und robust, hat seidiges Tannin und einen niedrigen Säuregehalt und sollte während der nächsten 5–6 Jahre getrunken werden. Der dunkelrubin-purpurfarbene *1999er Zinfandel Tofanelli Vineyard* offenbart Aromen von Walnüssen, die mit Pfeffer, Gewürz und Kirschlikör vermischt sind. Dieser lange und gehaltvolle Wein mit seiner superben Frucht, einer viskosen Textur und einem bei mittlerem bis vollem Körper berauschenden Abgang wird am besten innerhalb seiner ersten 5–6 Lebensjahre getrunken.

Der *1997er Merlot Neyers Ranch* (von einer Rebfläche im Conn Valley) präsentiert die klassischen, von schwarzer Schokolade und Kirschlikör geprägten Fruchtkomponenten, die einen feinen Merlot auszeichnen. Die Farbe ist ein dunkles Bläulichrot. Im Mund offenbart dieser körperreiche, fleischige, verführerische Merlot Batzen von Glyzerin, eine üppige Textur und verschwenderische Frucht. Mit ein wenig mehr Komplexität hätte er eine hervorragende Bewertung verdient. Unter einem rein hedonistischen Aspekt würden viele Leser diesem Wein vermutlich eine bessere Note geben. Trinken Sie ihn jetzt und während der nächsten 7–8 Jahre.

Das Team Neyers/Jordan vollbringt seit einigen Jahren beständig exzellente Leistungen mit Syrah vom Hudson Vineyard. Der *1997er Syrah Hudson Vineyard*, der ohne Schönen und Filtrieren abgefüllt wurde, wird von weiteren 1–2 Jahren in der Flasche profitieren und dürfte 10–15 Jahre halten. Dieser umwerfende Syrah offenbart ein riesiges Bukett von Schinkenspeck, Fleischsaft, Pfeffer und Rauch, das mit Brombeer- und Cassisfrucht gemischt ist. Dicht, körperreich und kraftvoll, mit außerordentlicher Fülle, hervorragender Reintönigkeit und gut eingebundenem frischen Eichenholz (50%–60% neue französische Eichenfässer kamen zum Einsatz), gehört dieser herrliche Syrah einfach in den Keller eines jeden Liebhabers von Rhône-Weinen. Der *1996er Syrah Hudson Vineyard* ist ein sensationeller Syrah, der alles hat, was ein Wein seiner Art braucht. Die Farbe ist undurchdringlich rubinpurpurrot. Das Bukett bietet cremige Brombeer- und Cassisaromen, die von würzigem Eichenholz ergänzt werden. Im Mund ist der Wein körperreich, straff gewirkt und jugendlich, weist großzügige, saftige Geschmackskomponenten auf sowie hervorragende Reintönigkeit und Länge. Er wird von weiteren 1–2 Jahren in der Flasche profitieren und 10–15 Jahre halten. Bravo! Das Bukett des schwarz-purpurroten *1995er Syrah Hudson Vineyard* präsentiert verschwenderische Mengen von Pfeffer und Cassis mit einer Andeutung von Minze im Hintergrund. Attraktives frisches Eichenholz umrahmt einen gut komponierten, körperreichen, gehaltvollen, reintönigen, rauchigen, nach Cassis schmeckenden Wein, der sich bis 2010 gut trinken lassen dürfte.

Ich war beeindruckt vom *1995er Cabernet Sauvignon*, der bei mittlerem bis vollem Körper Kraft und Eleganz auf sich vereint. Die Farbe ist ein dichtes Dunkelrubin-purpurrot. Der Wein offeriert üppige Mengen schwarzer Beerenfrucht, die mit schön dosiertem, rauchwürzigem Eichenholz versehen ist. Reintönig bereitet, mit einer schmeichelnden Textur (ein charakteristisches Merkmal der Neyers-Weine), kann dieser köstliche, weiche, gut ausgestattete Cabernet Sauvignon jetzt und während der nächsten 7–8 Jahre getrunken werden.

NORMAN (PASO ROBLES)

1998	**Zinfandel Barbara's Vineyard**	**Paso Robles**	**C**	**88**
1998	**Zinfandel The Monster**	**Paso Robles**	**C**	**88**

Diese Weine, die zu den besten Zinfandels dieses Guts gehören, die ich je verkostet habe, sind massiv, körperreich, voll, saftig und dazu bestimmt, ihrer überschwänglichen, mitreißenden Fülle wegen während der nächsten 3–5 Jahre getrunken zu werden. Der eindringliche, körperreiche, berauschende *1998er Zinfandel The Monster* (15,4% Alkohol) besitzt üppige Mengen Glyzerin, Schwarzkirschen und Beerenfrucht. Der Säuregehalt ist niedrig, und dem feinen Gaumen bleiben einige Nuancen des lehmigen Bodens in Paso Robles nicht verborgen, aber Frucht und Glyzerin des Weins dominieren ... erfreulicherweise. Der einem Amarone ähnlichere *1998er Zinfandel Barbara's Vineyard* steht kurz davor, als überreif eingestuft zu werden. Massive, dickliche Kirsch- und Beerennuancen sind verflochten mit Untertönen von Erdreich, getrockneten Kräutern und Gewürzen. Der Alkohol ist deutlicher spürbar, obwohl er genauso hoch ist wie im Monster. Trinken Sie diesen ausladenden, saftigen, unverblümten Zinfandel während der nächsten 3–5 Jahre.

OAKFORD (NAPA)

1996	Cabernet Sauvignon	Oakville	E	88+
1995	Cabernet Sauvignon	Oakville	D	90
1994	Cabernet Sauvignon	Oakville	D	91

Oakford Cellars ist ein winziges Cabernet-Sauvignon-Weingut mit einem 3,2 Hektar großen Weinberg, der günstig oberhalb des Oakville Grade neben dem Harlan Estate Vineyard und Martha's Vineyard von Heitz gelegen ist. Inhaber Charles Ball produzierte seinen ersten Wein im Jahr 1987. 1994 wurde die ungeheuer modische, gefragte Önologin Heidi Barrett von ihm engagiert, um ihm bei der Weinbereitung zur Hand zu gehen. Der Wein wird 18–20 Monate zu je 50% in Fässern aus französischer und amerikanischer Eiche ausgebaut (von denen jeweils ein Drittel neu ist) und bei der Abfüllung in geringem Maß geklärt. Es sind tanninbetonte, groß dimensionierte, dichte Cabernet Sauvignons aus den Bergen, die in ihrer Jugend nicht schmeichlerisch sind, aber eine beachtliche Zukunft und großes Alterungspotenzial besitzen. Dies ist ein weiteres Weingut, auf dessen Kundenliste man sich setzen lassen muss, wenn man einige Flaschen erwerben möchte, da pro Jahrgang nur 1 000 Kisten produziert werden.

Der dunkelrubin-purpurfarbene *1996er Cabernet Sauvignon* ist ein brillanter, verhaltener Wein, der in seinem mäßig ausgestatteten Bukett Aromen von Brombeeren, Cassis und lehmigem Erdreich präsentiert. Der Tanningehalt ist hoch, und der Wein ist etwas schmucklos, aber gehaltvoll und bei mittlerem bis vollem Körper konzentriert. Er präsentiert gute Reife, bewundernswerte Reintönigkeit und einen langen Abgang, wird seinen potenziellen Käufern Geduld aber abverlangen. Voraussichtliche Genussreife: 2004–2018.

Der eindrucksvolle *1995er Cabernet Sauvignon* präsentiert süßeres Tannin als der 1994er (was beim Vergleich dieser beiden Jahrgänge nicht die Regel ist), gehaltvolle, reife, körperreiche Frucht, ist bewundernswert dicht und extrahiert, macht einen schön ausgewogenen Gesamteindruck und hat einen langen, gebieterischen, konzentrierten Abgang. Ob er so viel Intensität entwickelt wie der 1994er, bleibt abzuwarten, aber diese Weine haben meine frühere Beurteilung bestätigt und sich oft sogar als besser erwiesen.

Der *1994er Cabernet Sauvignon*, der sich in einer Art Winterschlaf zu befinden scheint, ist ein reichhaltiger, rauchiger, von Mineralien und schwarzen Johannisbeeren betonter Cabernet mittleren bis vollen Körpers. Er offenbart eine klassische Struktur, aber die Strenge, die er einst besaß, ist einem gut strukturierten, unleugbar gehaltvollen, gut umrissenen und reintönigen Cabernet Sauvignon gewichen, der 5–6 Jahre Kellerlagerung schön entgelten dürfte; er wird mehr als 20 Jahre halten.

Bisheriger großer Jahrgang: Cabernet Sauvignon Estate 1993er (91).

OJAI (SANTA BARBARA)

2000	Chardonnay Bien Nacido Vineyard	Santa Barbara	D	89
2000	Chardonnay Clos Pepé Vineyard	Santa Rita Hills	D	91
1999	Chardonnay Clos Pepé Vineyard	Santa Rita Hills	D	89
2000	Chardonnay Talley Vineyard	Arroyo Grande	D	91
1999	Chardonnay Talley Vineyard	Arroyo Grande	D	90
2000	Pinot Noir Bien Nacido Vineyard	Santa Barbara	D	89

1999	Pinot Noir Bien Nacido Vineyard	Santa Barbara	D	93
1998	Pinot Noir Bien Nacido Vineyard	Santa Barbara	D	90
1997	Pinot Noir Bien Nacido Vineyard	Santa Barbara	D	87
1996	Pinot Noir Bien Nacido Vineyard	Santa Barbara	D	90
2000	Pinot Noir Clos Pepé Vineyard	Santa Rita Hills	D	89
2000	Pinot Noir Pisoni Vineyard	Santa Lucia Highlands	D	93
1999	Pinot Noir Pisoni Vineyard	Santa Lucia Highlands	D	93
1998	Pinot Noir Pisoni Vineyard	Santa Lucia Highlands	D	90
1997	Pinot Noir Pisoni Vineyard	Santa Lucia Highlands	D	91
1996	Pinot Noir Pisoni Vineyard	Santa Lucia Highlands	D	93
2000	Sauvignon Blanc	Santa Barbara	C	89
1999	Syrah	Kalifornien	D	89
1998	Syrah	Kalifornien	D	88
1997	Syrah	Kalifornien	C	88
1996	Syrah	Kalifornien	C	90
1995	Syrah	Kalifornien	C	88
1994	Syrah	Kalifornien	C	89
2000	Syrah	Santa Barbara	D	88
1994	Syrah	Santa Barbara	C	93
2000	Syrah Bien Nacido Vineyard	Santa Barbara	D	89
1999	Syrah Bien Nacido Vineyard	Santa Barbara	D	91
1998	Syrah Bien Nacido Vineyard	Santa Barbara	D	91
1997	Syrah Bien Nacido Vineyard	Santa Barbara	D	92
1996	Syrah Bien Nacido Vineyard	Santa Barbara	D	94
1995	Syrah Bien Nacido Vineyard	Santa Barbara	D	92+
1997	Syrah Cuvée Henry Daniel	Santa Barbara	E	95
2000	Syrah Melville Vineyard	Santa Rita Hills	D	92
2000	Syrah Roll Ranch	Santa Ynez	D	92
1999	Syrah Roll Ranch	Santa Ynez	D	92
1998	Syrah Roll Ranch	Kalifornien	D	92
1997	Syrah Roll Ranch	Kalifornien	D	92
1996	Syrah Roll Ranch	Kalifornien	D	95+
1995	Syrah Roll Ranch	Santa Barbara	C	90
1998	Syrah Roll Ranch E.H.	Kalifornien	E	95
2000	Syrah Stolpman Vineyard	Santa Ynez	D	91
1999	Syrah Stolpman Vineyard	Santa Ynez	D	94
1997	Syrah Stolpman Vineyard	Santa Barbara	D	91
1996	Syrah Stolpman Vineyard	Santa Barbara	D	95
2000	Syrah Thompson Vineyard	Santa Ynez	D	94
1999	Syrah Thompson Vineyard	Santa Ynez	D	96
1998	Syrah Thompson Vineyard	Santa Barbara	D	94
2000	Syrah White Hawk Vineyard	Santa Ynez	D	(90–92)
2000	Vin du Soleil	Kalifornien	C	90
1999	Vin du Soleil	Kalifornien	C	90
2000	Vin du Soleil (weiß)	Kalifornien	C	90

Dieses Weingut produziert in der Regel 5000 Kisten jährlich, wobei in einem ergiebigen Jahrgang die Menge allerdings auf 7500 Kisten hochschnellen kann. Wie langjährige Leser wissen, halte ich Ojai und Adam Tolmach, seinen Inhaber und Weinmacher in Personalunion, für eine der großen Erfolgsgeschichten in Santa Barbara. Fast alles, was Tolmach anfasst, stellt sich als zumindest sehr gut heraus. Die 2000er und die 1999er Weine aus seinem Sortiment machen einen äußerst starken Eindruck.

Der *2000er Chardonnay Bien Nacido Vineyard* wurde aus hohen Erträgen bereitet und lässt vielleicht die zusätzliche Konzentration vermissen, die sich in anderen Jahrgängen findet. Er offeriert mineralische und zitrusartige Noten in seinem rauchigen, würzigen Bukett, eine ausgezeichnete Textur und Geschmacksnuancen von mittlerem bis vollem Körper. Trinken Sie ihn während der nächsten 2–3 Jahre. Der komplexe *2000er Chardonnay Clos Pepé Vineyard* stammt von den kühlen, sandigen Böden der Santa Rita Hills. Er bietet ein filigranes Bukett mit Aromen von Gewürzen, Mineralien und reifer Frucht, untergründige Säure und einen strukturierten, kompletten Stil, der an einen weißen Grand Cru aus Burgund erinnert. Der körperreiche und zugleich bemerkenswert zurückhaltende Wein dürfte sich 3–4 Jahre gut trinken lassen. Der *2000er Chardonnay Talley Vineyard* offenbart frühreife tropische Frucht, eine wunderschöne Textur, niedrigere Säure und verschwenderische Mengen von Geißblatt und buttrigen Tropenfrüchten. Genießen Sie ihn während der nächsten 1–2 Jahre.

Der frische, säurebetonte, einem Chablis ähnliche *1999er Chardonnay Clos Pepé Vineyard* wird sich bei mittlerem bis vollem Körper 2–3 Jahre gut trinken lassen. Der in seinen Duft- und Geschmacksnuancen Tropenfrüchte und Butter aufweisende *1999er Chardonnay Talley Vineyard* besitzt eine untergründige mineralische Note, die allerdings nicht so stark hervortritt wie im Clos Pepé. Trinken Sie ihn während der nächsten 1–2 Jahre.

Adam Tolmach produziert weiterhin einen wohlschmeckenden Sauvignon Blanc, der einem weißen Graves zum Verwechseln ähnlich ist. Der *2000er Sauvignon Blanc*, einer von zwei Weinen Ojais, deren malolaktische Gärung unterbunden wird, stammt aus einer kühlen, kiesigen Lage. Er ist frisch und besitzt eine ausgezeichnete Konzentration sowie einen auffallenden mineralischen, zitrusartigen Charakter, in dem ein Hauch von Feigen und Zitronenbutter mitschwingt. Im Glas kamen aromatische Anklänge an Mandarinen hinzu. Ein eindrucksvoller Sauvignon, der im Lauf der nächsten 12–18 Monate getrunken werden sollte.

Neu hinzugekommen ist der Vin du Soleil, eine Cuvée aus 75% Roussanne, 20% Viognier und 5% Chardonnay. Der *2000er Vin du Soleil* offenbart bei mittlerem bis vollem Körper wachsartige Nuancen von Mangos und Orangenmarmelade in seiner reifen, konzentrierten Persönlichkeit. Wie beim Sauvignon ist auch bei ihm die malolaktische Gärung unterbunden worden, eine kluge Maßnahme, weil er gerade genug Säure hat, um den gewichtigen, reichhaltigen Eindruck auszugleichen, den er im Mund macht. Diese aus äußerst niedrigen Erträgen bereitete, einem Rhônewein ähnliche Cuvée wird sich als aufregend erweisen.

Der Pinot Noir erreicht luftige Höhen bei Ojai. Ungefähr 75% frisches Eichenholz kommt bei diesen Weinen zum Einsatz, die völlig entrappt und 12–16 Monate in französischen Eichenfässern ausgebaut werden, bevor sie ohne Schönen und Filtrieren abgefüllt werden. Der *2000er Pinot Noir Clos Pepé Vineyard* macht einen straff strukturierten, unter kühlen klimatischen Bedingungen entstandenen Eindruck, hat einen mittleren bis vollen Körper, tiefe Kirsch- und Johannisbeerfrucht und erdige Gewürznuancen. Er ist ein gut umrissener, frischer Pinot, den man während seiner ersten 4–6 Jahre genießen sollte. Der würzige, erdige dunkelrubinfarbene *2000er Pinot Noir Bien Nacido Vineyard* zeigt mehr Pfeffer und Krautigkeit. Trinken Sie diesen ausgezeichneten, freimütigen, frühreifen Wein während der nächsten 2–3 Jahre. Der von einem großartigen Weinberg stammende *2000er Pinot Noir Pisoni Vineyard* präsentiert eine dunkelrubinrote Farbe sowie süße Aromen von Brombeeren und Kirschen, die mit Nuancen von Lakritze, Erde und Blumen verflochten sind. Dieser superbe, komplexe und körperreiche Wein mit seiner vielschichtigen Textur wird sich während seiner ersten 7–8 Lebensjahre gut trinken lassen.

Die 1999er Pinot Noirs entstammen einer kälteren Wachstumsperiode. Der tiefrubin-purpurfarbene *1999er Pinot Noir Bien Nacido Vineyard* offeriert fabelhafte Aromen von Rauch, Erde, dicklichen Pflaumen, Kirschen und getrockneten Kräutern. Mit großartiger Frucht, mittlerem bis vollem Körper und einem vielschichtigen, süßen, reichhaltigen, vollmundigen Charakter wird er sich 5–6 Jahre gut trinken lassen. Der sensationelle *1999er Pinot Noir Pi-*

soni Vineyard präsentiert eine gesättigte rubin-purpurrote Farbe und ein klassisches Pinot-Noir-Bukett von rauchigen schwarzen Früchten. Dieser Wein besitzt immer Eigenschaften, die einem Vosne-Romanée ähnlich sind. Blumige Noten vermischen sich mit schwarzen Früchten und einer deutlichen Erdigkeit. Dieser großartige, körperreiche Pinot Noir besitzt hervorragende Konzentration und einen langen Abgang, in den Säure und Alkohol schön integriert sind. Trinken Sie ihn während der nächsten 7–8 Jahre.

Sowohl 1999 als auch 2000 produzierte Adam Tolmach einen roten Vin du Soleil, der zur Hauptsache aus Grenache mit etwas Syrah besteht. Keiner der beiden Jahrgänge kam mit frischem Eichenholz in Berührung. Der ausgezeichnete *2000er Vin du Soleil* (80% Grenache und 20% Syrah) besitzt verschwenderische Mengen von Brombeer- und Kirschfrucht, die in einem Stil präsentiert werden, der einem körperreichen, stämmigen, genussbetonten Côtes-du-Rhône nicht unähnlich ist. Der *1999er Vin du Soleil* (90% Grenache und 10% Syrah) ist ein opulenter, hedonistischer, dekadent reichhaltiger Wein mit viel Körper, massenhaft schwarzen Früchten und einer nachgiebigen Textur. Keiner dieser Weine wird ein hohes Alter erreichen, aber wenn man sie in den ersten 4–5 Jahren trinkt, wird man beträchtliches Vergnügen an ihnen haben.

Der einfache Syrah dieses Weinguts ist eine gute Einführung in seinen Stil. Er ist immer zugänglich und offeriert jede Menge massive Frucht von Pflaumen, Schwarzkirschen und Johannisbeeren. Der *2000er Syrah Santa Barbara* ist ein fleischiger, frühreifer, konsumorientierter Wein von mittlerem bis vollem Körper, den man am besten während seiner ersten 4–5 Jahre trinkt. Die Lagen-Syrahs sind ernster zu nehmen. Der *2000er Syrah Stolpman Vineyard* beispielsweise präsentiert eine gesättigte schwarz-rubinrote Farbe, Aromen von Crème de Cassis und Grafit sowie elegante, körperreiche, reintönige Geschmacksnuancen, die den Gaumen überziehen. Der gehaltvolle, stämmige und säurearme Wein wird sich 10–12 Jahre gut trinken lassen. Der äußerst konzentrierte *2000er Syrah Melville Vineyard* offeriert Nuancen von Pfeffer, Crème de Cassis, Lakritze, Leder und Erde. Mit seiner großen Eindringlichkeit und seinem vollen Körper ist er ein weiterer Wein, der Zeugnis für die Möglichkeiten dieses viel versprechenden Weinbergs in den Santa Rita Hills ablegt. Aus Erträgen von 2,5 t/ha bereitet, benötigt er 2–3 Jahre Kellerlagerung und sollte 15 Jahre überdauern. Adam Tolmach hatte noch nicht entschieden, ob er einen *2000er Syrah White Hawk Vineyard* herausbringen wird. Es ist ein unglaublich konzentrierter Wein, aber immer noch schwerfällig und zusammenhanglos, mit einem erdigen, wilden Charakter sowie Mengen an Extrakt und Fülle, die den Mund ausbeizen. Er hat genug Persönlichkeit, um separat abgefüllt zu werden, aber er muss noch an innerem Zusammenhang gewinnen. Dazu müsste er gegebenenfalls 15+ Jahre in den Keller gelegt werden. Der typisch elegante, dicht purpurfarbene *2000er Syrah Bien Nacido Vineyard* besitzt bei mittlerem Körper reichhaltige Frucht und einen pfeffrigen Unterton. Der an einen konzentrierten, erstklassigen Crozes-Hermitage erinnernde Wein wird sich 7–9 Jahre gut trinken lassen. Der verführerischste Wein dieser Gruppe ist der *2000er Syrah Roll Ranch*. Der Wein aus dieser Reblage besitzt immer eine verlockende Textur, niedrigen Säuregehalt, reifes Tannin und eine unleugbar sinnliche Attraktivität. Der schwarz-purpurfarbene Wein strotzt vor Frucht, Glyzerin und Extrakt. Dieser umwerfende, reintönige, vielschichtige und lange Syrah wird sich ein Jahrzehnt gut trinken lassen. Die verblüffenden Duft- und Geschmacksnuancen des wundervollen *2000er Syrah Thompson Vineyard* enthalten gebratenes Fleisch, Crème de Cassis, neues Sattelleder, Erde, Pfeffer und Teer. Der fabelhaft konzentrierte und äußerst reichhaltige Wein ist von bewundernswerter Nahtlosigkeit und wird sich 12–15 Jahre gut trinken lassen.

Der einem kühlen Jahr entstammende *1999er Syrah* präsentiert Aromen und Geschmackskomponenten von Pflaumen, Cassis, Feigen, Rauch und Kräutern. Obwohl der Abgang trockenes Tannin enthält, besitzt der Wein verschwenderische Fülle und üppigen Extrakt in seiner unkomplizierten, fruchtbetonten Persönlichkeit. Der brillante *1999er Syrah Stolpman Vineyard* offenbart eine undurchdringlich purpurrote Farbe und Aromen von

Brombeeren, Schokolade, Espresso und Lakritze. Dieser körperreiche, majestätisch gehaltvolle und vielschichtige, moderat tanninhaltige Wein braucht noch 2–3 Jahre im Keller und dürfte sich 10–12 Jahre gut trinken lassen. Der kraftstrotzende *1999er Syrah Thompson Vineyard* präsentiert eine undurchdringlich schwarz-purpurrote Farbe und ein Bukett, das die Essenz eines rauchigen Syrah darstellt. Aromen von ausgelassenem Schweinespeck, die mit Cassis, Grillgewürzen und Brombeeren vermischt sind, entsteigen einem ölig texturierten, körperreichen, tiefen, sensationell reintönigen, gewaltigen Syrah, den man jetzt und während der folgenden 12–15 Jahre trinken kann. Der *1999er Syrah Roll Ranch* erweist sich wieder einmal als der verführerischste Ojai-Syrah des Jahrgangs. Dieser sinnliche und kokette Wein, der sich in einem schwarz-purpurroten Gewand präsentiert und Batzen von schwarzen Früchten, vermischt mit Lakritze und einem Hauch Viognier (2–3%), aufweist, ist ein aufregendes Trinkvergnügen. Ein niedriger Säuregehalt und ein großer Fruchtreichtum machen ihn zu einem faszinierendem Syrah. 10–12 Jahre dürfte er sich gut trinken lassen. Der *1999er Syrah Bien Nacido Vineyard* macht den am stärksten französisch inspirierten Eindruck. Das komplexe, nuancierte Bukett offenbart Aromen von Pfeffer, getrockneten provenzalischen Kräutern, Erde und Gewürzkiste. Lakritze sowie rote und schwarze Johannisbeeren machen sich im Mund bemerkbar. Obwohl er weniger kraftvoll und dickflüssig ist, wenn man ihn mit seinen Jahrgangsgenossen vergleicht, ist er das genaue Ebenbild eines Hermitage oder erstklassigen Crozes-Hermitage aus dem Rhônetal. Trinken Sie ihn während der nächsten 10–12 Jahre.

Tolmach findet seine 1998er noch besser als seine 1997er; die Erträge seien kleiner gewesen und er in der Lage, das Ende des kühlen Wetters abzuwarten, daher ist das Potenzial der Weine faszinierend. Zwei Pinot Noirs waren hervorragend. Mein Favorit ist der *1998er Pinot Noir Bien Nacido Vineyard.* Dieser dunkelrubinfarbene Pinot offeriert üppige Mengen Pfeffer, süßer Schwarzkirschenfrucht, Rauch, Pflaumenmarmelade und Mineralien. Bei mittlerem bis vollem Körper und einer herrlichen Reintönigkeit macht er im Mund einen temperamentvollen, lebhaften, konzentrierten Eindruck. Er dürfte sich 4–5 Jahre gut trinken lassen. Es ist schwer, sich von dem einem Vosne-Romanée gleichenden Bukett des *1998er Pinot Noir Pisoni Vineyard* nicht verführen zu lassen, in dem Nuancen von Piment, Leder und Holz mit Rauch, Mineralien und Schwarzkirschenfrucht vermischt sind. Dieser üppige Pinot Noir, der reintönig, weich und fleischig ist und eine offen gewirkte, samtige Textur besitzt, sollte im Lauf der nächsten 3–4 Jahre getrunken werden.

1998 sind fünf attraktive Syrahs von Ojai produziert worden. Der dunkelrubin-purpurfarbene *1998er Syrah* (weitgehend aus den Rebbeständen Roll Ranch, Stolpman Vineyard und Bien Nacido Vineyard) weist ein reifes Bukett von Cassis, Lakritze und Grillgewürz auf. Dieser fruchtbetonte, dickflüssige, saftige Syrah ist ideal dafür geeignet, während der ersten 7–8 Jahre getrunken zu werden. Er ist geschmeidig texturiert, fleischig, besitzt viel Substanz und Frucht, ist aber nicht sonderlich komplex. Es gibt zwei 1998er Syrahs von der Roll Ranch, einer davon (225 Kisten) mit dem Zusatz E. H., der zu erkennen gibt, dass er von einem besonderen Klon (Estrella) stammt und separat abgefüllt wurde. Er könnte sich als der feinste Syrah erweisen, den Adam Tolmach bislang produziert hat. Der einem warmen Mikroklima entstammende *1998er Syrah Roll Ranch* offenbart neben einer undurchdringlich purpurroten Farbe ein intensives, süßes Bukett von schwarzen Früchten, niedrigen Säuregehalt, eine muskulöse, körperreiche Persönlichkeit und ein beeindruckendes Niveaus von Extrakt und Konzentration. Er ist weich und üppig genug, früh getrunken zu werden, dürfte aber mehr als ein Jahrzehnt schön altern. Der äußerst konzentrierte, essenzartige *1998er Syrah Roll Ranch E. H.* präsentiert eine dicke, viskos wirkende Purpurfarbe und ein Bukett von Brombeerlikör. Er überzieht den Gaumen mit wunderbaren Mengen von Glyzerin, dicklicher Frucht und süßem Tannin. Der außergewöhnlich körperreiche Wein besitzt eine fabelhafte Eindringlichkeit und Länge sowie einen kraftstrotzenden Abgang, ist angesichts seiner enormen Größe und seiner tintenfarbigen Persönlichkeit aber bemerkenswert gut ausbalanciert und harmonisch. Es wird zwar Vergnügen bereiten, ihn jung zu trinken, aber 4–5 Jahre werden zahlreiche zusätzliche Nuancen und Feinheiten zum Vorschein bringen. Man kann damit rechnen, dass sich der Wein 10–15 Jahre schön entwickeln wird. Der dichte schwarz-purpurfarbene *1998er Syrah Thompson Vineyard* (300 Kisten) präsentiert viel sagende Nuancen von teeriger Arznei, Cassis, Brombeeren, verbrannter Erde und Rauch. Obwohl er mehr Tannin aufweist als die übrigen 1998er, gibt es mehr als genug Reichhaltigkeit, um es auszugleichen. Dieser körperreiche, vollmundige und eindrucksvolle Wein dürfte sich 12–15 Jahre gut trinken lassen. Der *1998er Syrah Bien Nacido Vineyard* wurde am 17. November 1998 auf einer der kühlsten Syrah-Rebflächen in Santa Barbara gelesen. Aromen von Obsttorte, Lakritze, getrockneten Kräutern, Teer und schwarzen Johannisbeeren entspringen dem Glas dieses köstlichen, eleganten, leichtgewichtigen Syrah. Dieser eindrucksvoll konzentrierte Wein, der mittleren Körper, aber bei weitem nicht die Größe, Länge oder Kraft seiner Jahrgangsgenossen besitzt, wird sich jung gut trinken lassen und 5–7 Jahre halten.

Wenn man die 1997er Syrahs aus der Flasche probiert, bestätigt sich, wie erfolgreich Tolmach in diesem Jahrgang war. Er bewertet 1997 weniger hoch als 1998 und 1996, stellt es auf eine Stufe mit 1995, der ein guter Jahrgang für das Anbaugebiet war, aber nicht so vorzüglich wie 1994 und 1998. Der tiefrubin-purpurrote *1997er Syrah Bien Nacido Vineyard* offeriert ein herrliches Bukett von Weihrauch, Gewürz, Pfeffer, Zedernholz und schwarzen Früchten. Dieser seidig texturierte, saftige und frühreife Wein ist mit seiner hervorragenden Fülle wunderschön geeignet, im Lauf dieses Jahrzehnts getrunken zu werden. Aus der Flasche kommend, offenbart der *1997er Syrah Stolpman Vineyard* ein schwächeres Bukett, dafür aber mehr Kraft, Fülle und Größe. Dieser undurchdringlich rubin-purpurfarbene Syrah mit üppigen Aromen von Brombeerlikör, Rauch, Pfeffer und Erde, der cremig texturiert, körperreich und köstlich ist, hat noch einiges Tannin abzuwerfen, aber seiner prachtvollen Persönlichkeit ist schwer zu widerstehen. Er dürfte sich 12–15 Jahre gut trinken lassen. Der *1997er Syrah Roll Ranch* ist verhaltener, kraftvoller und offenbart seine Persönlichkeit nur äußerst langsam. Unbestreitbar sind seine gesättigte purpurrote Farbe und sein subtiles, aber beeindruckend reifes Bukett von Cassis, Rauch, Vanille und Gewürz. Dieser tiefe Wein von außergewöhnlicher Intensität verlangt 2–3 Jahre Flaschenreife und sollte während der folgenden 12–15 Jahre getrunken werden. Der *1997er Syrah Cuvée Henry Daniel* (nach einem von Tolmachs Kindern benannt) ist ein wundervoller Wein, der zu 75% vom Bedford Thompson Vineyard und zu 25% vom Bien Nacido Vineyard stammt. Dieser undurchdringlich purpurfarbene, fabelhaft konzentrierte Wein besitzt neben einem riesigen, rauchigen Bukett von Brombeerlikör verschwenderisch süßes Tannin, eine ölige Textur, gut eingebundenes Eichenholz (rund 50% neue Fässer kamen zum Einsatz) und einen vielschichtigen, tiefen Abgang. Er dürfte sich 10–15+ Jahre wunderschön entwickeln. Der Wein ist nur in Sechserkisten erhältlich, da die Produktion auf knapp 3600 Flaschen begrenzt war. Obwohl die 1997er aus höheren Erträgen produziert wurden als die 1996er, gehören sie zu den konzentriertesten und feinsten Weinen, die ich aus Santa Barbara verkostet habe. Der tiefrubin-purpurrote *1997er Syrah* (10% Grenache und 10% Mourvèdre wurden der Cuvée hinzugefügt) bietet ein pfeffriges, ledriges Bukett von Mineralien, Kirschwasser und Brombeeren, gute Tiefe, nicht so viel Komplexität (wie die anderen Cuvées desselben Jahrgangs), aber einen vollen Körper und ein köstliches, zugängliches, säurearmes Profil, das ihm eine angenehm charmante, verführerische Art während seiner ersten 7–10 Lebensjahre verleihen wird.

1997 waren die Pinot-Noir-Erträge höher als 1996. Obwohl keiner der beiden 1997er so gut ist wie sein Vorgänger, sind sie gut gemacht und verdienen Beachtung. Die Pinot Noirs von Ojai werden entrappt, bei relativ hohen Temperaturen vergoren und bis zur Vermischung vor der Abfüllung im Fass auf ihren Hefen belassen. Wie bei allen Rotweinen des Weinguts wird auch hier auf Schönen und Filtrieren verzichtet. Der *1997er Pinot Noir Bien*

Nacido Vineyard offenbart eine attraktive rubin-purpurrote Farbe und ein süßes Bukett von Pflaumen- und Kirschfrucht, das mit einem Hauch von grünem Pfeffer, Piment und Toastbrot vermischt ist. Der Wein ist reichhaltig und fleischig, mit gutem Körper und dem eleganten Abgang eines Côte de Beaune, wobei die Kirschfruchtkomponente seine Persönlichkeit dominiert. Er sollte sich 3–5 Jahre gut trinken lassen. Der *1997er Pinot Noir Pisoni Vineyard* ist vielleicht nicht so dick oder massiv extrahiert wie der 1996er, aber es ist ein wunderschön gemachter Pinot, bei dem der rebsortentypische Charakter schwarzer Früchte einen krassen Gegensatz zu dem Bien Nacido bildet. Der Wein hat eine satte rubin-purpurrote Farbe und ein verführerisches Bukett von Brombeeren und Himbeeren. Körperreich, mit gehaltvoller Frucht, mehr Kraft und Viskosität als der Bien Nacido und einem langen, seidig texturierten Abgang, dürfte er sich 7–10 Jahre gut trinken lassen.

Adam Tolmach hat zwei außergewöhnliche Pinot Noirs entworfen. Der tiefrubin-purpurrote *1996er Pinot Noir Bien Nacido Vineyard* offenbart etwas von dem typischen Kräutercharakter (ein Kennzeichen des Pinots von Santa Barbara), kombiniert mit üppigen Mengen körperreicher Schwarzkirschen- und Beerenfrucht. Der Wein ist dicht, konzentriert, außergewöhnlich reintönig und cremig texturiert. Es ist ein prächtiger, kräutertöniger, aufs Ganze gehender Pinot Noir ohne Ecken und Kanten. Er dürfte sich mindestens 2–4 Jahre gut trinken lassen. Von der Qualität der Pinot Noirs, die vom Pisoni Vineyard in den Santa Lucia Highlands stammen (die Leser erinnern sich vielleicht, dass Peter Michael einen Pinot aus diesem Weinberg produziert), bin ich seit längerem beeindruckt. Der *1996er Pinot Noir Pisoni Vineyard* repräsentiert die Essenz des Pinot Noir. Er ist einer der konzentriertesten und am besten ausbalancierten Pinots, die ich je verkostet habe. Dieser Wein besitzt das Extraktionsniveau, das man von einem Richebourg oder Romanée St-Vivant der Domaine Leroy erwartet. Dieser gigantische und doch unglaublich harmonische Pinot Noir wurde offensichtlich von extrem reifen Trauben und niedrigen Erträgen produziert. Er ist von undurchdringlich rubin-purpurroter Farbe und offenbart Aromen von Kirschwasser, dicklichen Kirschen und Gewürz, die unverkennbaren Pinot-Charakter haben, aber jenem Typ dieser Rebsorte zuneigen, die von schwarzen Früchten geprägt ist (Côte-de-Nuits). Der Wein ist körperreich und überzieht den Gaumen mit Schichten von Glyzerin, reifer Frucht und einer verschwenderischen Textur. Wunderschön ausbalanciert, Ehrfurcht gebietend gehaltvoll und überwältigend reintönig, ist dies eine der außergewöhnlichsten Ausprägungen eines Pinot Noir aus der Neuen Welt, die ich je verkostet habe. Ich wäre nicht überrascht, wenn dieser Wein sich ein Jahrzehnt lang prachtvoll entwickeln würde. Mehr noch, meine Bewertung sieht vielleicht geizig aus, wenn der Wein noch ein paar Jahre in der Flasche verbracht hat.

Vier außergewöhnliche Syrah sind 1996 von Ojai herausgebracht worden. Wenn ich vorhätte, mein Geld in Rebflächen in Kalifornien zu investieren, würde ich drei Gegenden in Erwägung ziehen: in Nordkalifornien Anderson Valley und Sonoma Coast für Pinot Noir und Chardonnay und im Süden Santa Barbara für Syrah. Der einfachste dieser Weine, der *1996er Syrah* ist ein hervorragender Wein, der leicht für einen überwältigenden Syrah von der Rhône gehalten werden könnte. Er besitzt eine wunderschöne rubin-purpurrote Farbe und ein hinreißendes Bukett von Cassis und Pfeffer, in dem sich ein Hauch von Teer und Kräutern zeigt. Dieser reichhaltige und reife, bei mittlerem bis vollem Körper mit köstlich rauchiger Frucht ausgestattete, säurearme und doch herrlich gewirkte Syrah kann jetzt und während der nächsten 6–7 Jahre getrunken werden. Der *1996er Syrah Bien Nacido Vineyard* ist ein Wein von außergewöhnlicher Extraktion, Reichhaltigkeit und Tiefe. Der undurchdringlich schwarz-purpurrote Wein offenbart klassische Aromen von Teer, Cassis und Speck. Dieser ohne Ecken und Kanten körperreiche, profund konzentrierte, den Mund füllende, sinnlich texturierte Syrah besitzt alle notwendigen Komponenten, um ein Jahrzehnt oder länger schön zu altern. Die explosive Reichhaltigkeit und die verlockenden Aromen werden jedoch dafür sorgen, dass ein Großteil von ihm innerhalb weniger Stunden nach dem Kauf getrunken wird. Der *1996er Syrah Stolpman Vineyard* macht den Eindruck eines klassischen Hermitage mit weniger Erde, aber den typischen Komponenten Brombeerlikör und Crème de Cassis. Er hat eine undurchdringliche schwarz-purpurrote Farbe, ein außergewöhnliches Bukett von schwarzen Früchten, Brombeeren und Cassis, körperreiche, Ehrfurcht gebietende, konzentrierte Geschmacksnuancen, Batzen von Glyzerin, niedrige Säure und einen mehr als 40 Sekunden nachklingenden Abgang. Dies ist ein aufregender, dicker, saftiger, bestechend ausgestatteter Syrah, der mühelos 10–15 Jahre altern dürfte. Der verhaltenste Wein dieses Quartetts schließlich ist der *1996er Syrah Roll Ranch Vineyard.* Der schwarz-purpurrote, körperreiche, kraftstrotzende Wein, der aus demselben Holz geschnitzt ist wie die anderen drei, offenbart Schwaden von Cassis und brombeerlikörartige Nuancen, aber mehr Tannin und Erde in seinen Geschmackskomponenten und macht im Mund einen stärker strukturierten Eindruck. Dieser Syrah hat riesige Extraktmengen und eine unglaubliche Reintönigkeit – ein weiteres Bravourstück der Weinbereitung.

Liebhaber von Rhône-Weinen werden angesichts der drei exzellenten 1995er Syrahs vor Freude in die Luft gehen. Der rubin-purpurrote, unkomplizierte *1995er Syrah* besitzt neben einem Hauch von Lakritze und Pfeffer eindrucksvolle Anteile süßer Cassisfrucht im Bukett. Dieser dichte Wein mittleren Körpers offeriert köstliche Mengen dicklicher Frucht und viel Glyzerin und Wucht. Er dürfte sich 5–7 Jahre gut trinken lassen. Der *1995er Syrah Roll Ranch* ist ein explosiv reichhaltiger Wein mit herrlicher Intensität, einer schwarz-purpurroten Farbe, fantastischer Reintönigkeit, vollem Körper ohne Ecken und Kanten, viel Glyzerin und moderatem Tannin, das weitgehend hinter der eindrucksvollen Fruchtextraktion des Weins verborgen ist. Dies ist ein junger, nach Trauben schmeckender Syrah, der sich während der nächsten 10–12 Jahre wunderschön entwickeln dürfte. Der profunde *1995er Syrah Bien Nacido Vineyard* hat eine undurchdringliche schwarzpurpurrote Farbe und ein Ehrfurcht gebietendes Bukett von Rauch, Lakritze, asiatischen Gewürzen und schwarzen Früchten. Einige Nuancen von Toastbrot sind vorhanden, aber sie spielen angesichts der massiven Cassisnuance eine Nebenrolle. Dieser vielschichtig texturierte, dichte, aber wunderschön ausbalancierte Syrah, der körperreich und konturenscharf ist, dürfte 15 Jahre überdauern.

Der *1994er Syrah* zeigt eine tiefrubin-purpurrote Farbe, ein viel sagendes, rauchiges, nach Speck und Cassis duftendes Bukett, eine saftige, weiche, opulente Textur, großartige Frucht und einen klassischen, offen gewirkten Syrah-Charakter. Der Wein schmeckt beinahe süß wegen der Reife der Trauben. Dies ist ein köstlicher, extravaganter Syrah, der während der nächsten 4–5 Jahre getrunken werden sollte. Der *1994er Syrah Santa Barbara* riecht wie ein herrlicher Hermitage. Der dichte, körperreiche, vielschichtige, mit reifer Frucht vollgepackte Wein hat ein riesiges, dramatisches Bukett von Speck, Rauch und dicklichen schwarzen Früchten. Seine cremige Textur, seine verschwenderische Fülle, Saftigkeit und bewundernswerte Reintönigkeit vereinigen sich, um diesem extravaganten Syrah einen faszinierenden Charakter zu verleihen. Ich vermute, der Wein hat mehr Tannin, als er derzeit zu erkennen gibt. Dies ist ein den Mund füllender, herrlich proportionierter, gut ausgestatteter Syrah, der während der nächsten 10–12 Jahre getrunken werden sollte.

OPUS ONE (NAPA)

1997	**Opus One**	**Napa**	**EE**	**88**
1996	**Opus One**	**Napa**	**EE**	**93**
1994	**Opus One**	**Napa**	**EE**	**92**

Verstehen Sie mich bitte nicht falsch, 88 Punkte ist die Bewertung für einen sehr guten bis ausgezeichneten Wein. Aber im Kontext des Jahrgangs, vom Kontext, in den der 1997er eigentlich gehört, ganz zu schweigen, ist dies eine Enttäuschung. Nach einem verblüffend konzentrierten, opulenten, kraftstrotzenden Wein im Jahr zuvor schmeckt der *1997er Opus One,* als wäre er aus zu hohen Erträgen gemacht worden. Vielleicht erzählt man Ihnen, er sei elegant und komplex, aber in Wahrheit hat der Wein nicht viel Tiefe, und er wird eine relativ kurze Lebensdauer von 10–12 Jahren haben. Ein dunkelrubinrotes Bukett geht einher mit einem komplexen Bukett von Pflaumen, Schwarzkirschen, Johannisbeeren, Rauch und Leder. Der Wein offenbart mehr frisches Eichenholz, als für Opus One normal ist, und außerdem einen mittleren Körper, gute Tiefe, trockene, harte Tannine im Abgang und wenig Gewicht oder Länge. Trinken Sie ihn während der nächsten 8–10 Jahre. Der *1996er Opus One*, bislang einer der feinsten, offeriert eine dunkelrubin-purpurrote Farbe sowie ein eindrucksvolles, intensives Bukett von süßer Lakritze, das mit Brombeeren, Cassis, Pflaume und Sattelleder vermischt ist. Dieser nahtlose, körperreiche Wein ist samtiger texturiert, opulenter und energischer als frühere Jahrgänge. Mitten im Mund ist der Wein ausladend und kernig. Der lange Abgang ist angefüllt mit Glyzerin, reifer Frucht und süßem Tannin. Trinken Sie diesen beeindruckenden, konsumorientierten, aber reichhaltig konzentrierten Wein während der nächsten 15 Jahre. Der *1994er Opus One* ist eine weitere beeindruckende Leistung. Der Wein, eine Cuvée aus 95% Cabernet Sauvignon, 2% Cabernet Franc, 2% Merlot und 1% Malbec, besitzt eine dunkelrubin-purpurrote Farbe, ein großzügiges, komplexes Bukett von Bleistiftmine, toastwürzigem Eichenholz, Veilchen und schwarzen Johannisbeeren. Im Mund hat er eine wunderschöne Textur, weiche, generöse, säurearme, körperreiche Fülle und einen überwältigend proportionierten, gehaltvollen, intensiven Abgang. Die Verweildauer von 18 Monaten in neuen französischen Eichenfässern verleiht dem Wein neben seiner exzellenten Konturenschärfe auch eine subtile eichenwürzige Nuance. Wegen seiner Weichheit und Großzügigkeit kann der Wein jetzt oder während der nächsten 18–20 Jahre getrunken werde.

Bisherige große Jahrgänge: 1992er (90), 1991er (91), 1990er (92), 1987er (92).

PAHLMEYER (NAPA)

1999	**Chardonnay**	**Napa**	**E**	**90**
1996	**Malbec**	**Napa**	**E**	**91**
1999	**Merlot**	**Napa**	**EE**	**91**
1998	**Merlot**	**Napa**	**EE**	**90**
1997	**Merlot**	**Napa**	**EE**	**96**
1996	**Merlot**	**Napa**	**E**	**97**
1995	**Merlot**	**Napa**	**E**	**94**
1994	**Merlot**	**Napa**	**E**	**95**
1999	**Proprietary Red Wine**	**Napa**	**EE**	**90+**
1998	**Proprietary Red Wine**	**Napa**	**EE**	**91**
1997	**Proprietary Red Wine**	**Napa**	**EE**	**98**
1996	**Proprietary Red Wine**	**Napa**	**EE**	**95**
1995	**Proprietary Red Wine**	**Napa**	**E**	**96**
1994	**Proprietary Red Wine**	**Napa**	**D**	**96**

Helen Turley, die Pahlmeyer mit ihrem eindringlichen Stil der Weinbereitung berühmt gemacht hat, wurde im Jahr 2000 durch ihre frühere Assistentin Erin Green ersetzt. Der Wechsel dürfte reibungslos vonstatten gegangen sein, weil beide Frauen offensichtlich derselben philosophischen Schule angehören, was die Arbeit in Weinberg und Keller betrifft. Der *1999er Chardonnay* (der aus verschiedenen Anbaugebieten stammt, in der Hauptsache aber vom Berlenbach Vineyard in Coombsville) ist ein dichter, konzentrierter Wein mit höherem Säuregehalt als üblich (das Ergebnis einer kühlen Wachstumsperiode). Dieser hervorragende Chardonnay offenbart mittleren bis vollen Körper, exzellente Viskosität und verschwenderische Duft- und Geschmackskomponenten von Mandarinen, Zitrusöl, Mineralien und buttrigen Tropenfrüchten.

Der *1999er Merlot* (100% Merlot, 1650 Kisten) ist reichhaltiger und reifer als der 1998er, aber es ist fraglich, ob er die sinnverwirrenden Proportionen des 1997ers erreichen wird. Der dichte rubin-purpurfarbene Wein bietet rauchige Aromen von Lakritze, Kirsche und Schokolade, mittleren bis vollen Körper, bessere Säure als der 1997er und der 1998er und einen dicken, körperreichen Abgang. Voraussichtliche Genussreife: jetzt–2012. Der *1998er Merlot* (95% Merlot und 5% Cabernet Franc; 1750 Kisten) ist leichter, was niemanden überrascht, aber er ist zweifellos einer der besten Merlots, die in diesem irregulären Jahrgang erzeugt wurden. Jayson Pahlmeyer und seine Önologin Erin Green beschlossen, 38% des Weins zu eliminieren. Den körperreichen, dickflüssigen und saftigen Wein mit niedrigem Säuregehalt sowie Duft- und Geschmacksnoten von geschmolzener Schokolade, Kirschen, Rauch und Toastbrot trinkt man am besten während der nächsten 5–8 Jahre. Der *1997er Merlot* ist vielleicht einer der feinsten seiner Art, die je in Kalifornien produziert wurden. Als profunde Cuvée von 85% Merlot und 15% Cabernet Sauvignon offeriert er herrlich rauchige Aromen von Kirschlikör und geschmolzenem Fondant. Der Wein ist ölig texturiert, wunderbar konzentriert, säurearm, körperreich und vielschichtig. Ein spektakulärer, genussorientierter Wein, den man während der nächsten 15–20 Jahre trinken sollte. Der *1996er Merlot* (3000 Kisten) ist ein ebenbürtiger Rivale des 1997ers. Dieser sowohl ungeschönte als auch unfiltrierte Verschnitt aus 93% Merlot und 7% Cabernet Sauvignon bringt es auf stolze 14,6% Alkohol. Der Wein ist undurchdringlich schwarz-purpurrot und hat ein umwerfendes Bukett von Pflaumen, Schwarzkirschen, Schokolade, Himbeeren, Lakritze und toastwürzigem frischen Eichenholz. Dieser fesselnde, sinnverwirrende Merlot, der bei superber Reintönigkeit im Mund viskos wirkt, setzt einen neuen Maßstab für diese Rebsorte in Kalifornien. Er kann jetzt getrunken werden, hat aber ein Alterungspotenzial von mindestens 15 Jahren.

Ich halte es nicht für eine Übertreibung zu sagen, dass Pahlmeyers Merlot inzwischen der beste ist, der in Kalifornien produziert wird. Man mag über andere Stilrichtungen für Merlots diskutieren, aber kein Weinmacher erzielt mehr Komplexität, Geschmack und Sensationen pro Schluck als Pahlmeyer. Der *1995er Merlot* ist ein Ehrfurcht gebietend ausgestatteter, körperreicher, Vollgas gebender Wein, der ein umwerfendes rauchiges Bukett offenbart, dessen Brombeer-, Himbeer- und Mokkaaromen dem Glas entströmen. Eingangs im Mund wirkt er bei vollem Körper süß (dank seinem bestechenden Glyzerin- und Extraktionsniveau, nicht zuckerbedingt), hat außergewöhnliche Schichten von konzentrierter Frucht und einen kraftstrotzenden Abgang. Erstaunlicherweise besitzt dieser Wein, wie sein Pendant von 1996, Säure, Tannin und Alkohol, die allesamt herrlich eingebunden sind. Kann kalifornischer Merlot noch besser werden? Beide Merlots werden sich bei Freigabe gut trinken lassen und 15–20 Jahre halten. Der *1994er Merlot* offenbart eine dichte purpurrote Farbe und ein unglaublich intensives Bukett von Schokolade, Mokka, Röstbrot und Schwarzkirschenfrucht. Dieser großzügige, saftige, opulent texturierte Wein, der körperreich, aber nicht schwer ist, dürfte sich mindestens 15 Jahre gut trinken lassen.

Es gibt kleine Mengen des *1996er Malbec*. Dieser exotische, ungestüme Wein, der von Trauben aus dem Napanook Vineyard Christian Moueixs stammt, ist nicht nach jedermanns Geschmack, aber er gehört zu den feinsten kalifornischen Malbecs, die ich je verkostet habe. Die dunkle, satte rubin-purpurrote Farbe geht einher mit Aromen von Vanilleeis und Himbeermarmelade. Auch rauchige Noten von Toastbrot (der Wein wird in neuen Taransaud-Fässern ausgebaut) treten in Erscheinung. Im Mund präsentiert der Wein seine Frucht derart ostentativ, dass es prunkvoll genannt werden kann. Er besitzt nicht den Körper und die Länge von Pahlmeyers Merlots oder Proprietary Reds, ist aber ein ungeheuer fetter, fruchtiger und unleugbar attraktiver und entwaffnender Wein, der überraschend leichtfüßig ist. Er dürfte sich 10–15 Jahre gut trinken lassen.

Der viel versprechende undurchdringlich purpurfarbene *1999er Proprietary Red Wine* ist eine Cuvée aus 71,5% Cabernet Sauvignon, 21,5% Merlot, 4% Petit Verdot, 2% Cabernet Franc und 1% Malbec. Er präsentiert Aromen von Heidelbeerlikör, geröstetem Kaffee, Gewürzen und rauchigem Holz. Dieser kernige Wein, der breit, dicht und körperreich ist und dank seiner Säure schärfer konturiert als der 1997er und der 1998er, wird am besten während seiner ersten 15–18 Lebensjahre konsumiert. Der *1998er Proprietary Red Wine* ist eine Cuvée aus 75% Cabernet Sauvignon, 15% Merlot, 4% Cabernet Franc, 1% Petit Verdot und 1% Malbec. Dieser verlockende, freimütige, elegante tiefpurpurrote Wein, der bei mittlerem bis vollem Körper üppige Nuancen von süßen Brombeeren, Crème de Cassis und Fleisch besitzt, entwickelt sich ziemlich rasch und sollte deshalb im Lauf der nächsten 10–12 Jahre ausgetrunken werden.

Der feinste bislang von Pahlmeyer produzierte *Proprietary Red Wine* ist der *1997er* (eine Cuvée aus 72% Cabernet Sauvignon, 17% Merlot sowie Petit Verdot, Cabernet Franc und Malbec). Es gibt 3300 Kisten dieses Weins, der es auf 14,7% Alkohol bringt. Der unglaublich reichhaltige, kraftstrotzende Wein präsentiert eine undurchdringliche purpurrote Farbe und ein fabelhaftes Bukett von schwarzen Früchten, Espresso, Kakao, Mokka und Blumen. Mit seinem niedrigen Säuregehalt, einer spektakulären Konzentration, sagenhafter Reintönigkeit und einer generellen Symmetrie kann dieser gewaltige Rotwein jetzt bereits getrunken werden, verspricht aber 20–25 Jahre zu überdauern. Der *1996er Proprietary Red Wine* (eine Cuvée aus 73% Cabernet Sauvignon, während Cabernet Franc, Merlot, Petit Verdot und Malbec den Rest unter sich aufteilen) ist nicht ganz so schwer (14,3% Alkohol). Nach einem Jahr in der Flasche ist er etwas klarer umrissen und offeriert die klassischen Aromen von Crème de Cassis, geräuchertem Fleisch, Kaffee, Pflaumen und toastwürzigem frischen Eichenholz. Dieser konzentrierte Wein mit fabelhaft hohem Extrakt, süßem Tannin und vollem Körper macht am Gaumen einen etwas eleganteren Eindruck, ist aber trotzdem ein Kraftprotz. Voraussichtliche Genussreife: jetzt–2025. Der *1995er Proprietary Red Wine* besitzt ein explosives Bukett aus Brombeeren, Heidelbeeren und Cassis, das das frische Eichenholz vollständig geschluckt hat, in dem er 22 Monate lang ausgebaut wurde. Der purpurrotschwarze Wein offenbart unglaublich extrahierte, vielschichtige Geschmackskomponenten von schwarzen Früchten, die den Gaumen überziehen, eine nahtlose Textur und einen sinnlichen Eindruck. Der *1994er Proprietary Red Wine* präsentiert eine ähnliche purpurrotschwarze Farbe, süßes, eingebundenes Tannin, ein herrliches Bukett von schwarzen Johannisbeeren, Toast, Teer und Lakritze, eine fabelhafte Textur und einen Abgang von 35–45 Sekunden. Der 1994er ist vielleicht im mittleren Geschmacksbereich ein wenig süßer als der 1995er, aber der Unterschied ist vernachlässigenswert. Das überschwängliche Tannin ist weitgehend vom Frucht-, Glyzerin- und Alkoholreichtum des Weins verhüllt. Er dürfte sich während der nächsten 20 Jahre gut trinken lassen.

Falls sich ein großer Wein dadurch auszeichnet, dass er sowohl den Gaumen als auch den Intellekt befriedigt, sind Pahlmeyers Weine gewaltig zu nennen. Trotz der frühen Trinkreife dieser Rotweine werden sie alle 20–25 Jahre überdauern. Sie sind wahrhaft sinnverwirrende Weine. Dies ist ein weiteres Weingut, auf dessen Kundenliste man sich setzen lassen muss, um sich ein paar dieser flüssigen Edelsteine zu sichern.

Bisherige große Jahrgänge: Merlot 1993er (90), Proprietary Red Wine 1993er (96).

PALOMA (NAPA)

1997	**Merlot**	**Napa**	**D**	**92**
1996	**Merlot**	**Napa**	**D**	**94**
1995	**Merlot**	**Napa**	**D**	**92+**
1994	**Merlot**	**Napa**	**D**	**91+**
1997	**Syrah**	**Napa**	**D**	**91**

Der Merlot und der Syrah von 1997 sind beide reichhaltige, konzentrierte, vielschichtige Weine mit beträchtlicher Reintönigkeit, Textur und Intensität. Der *1997er Merlot* zeigt eine dunkelpurpurrote Farbe und attraktive Nuancen von Gewürz und Eichenholz, die mit Rauch und Schwarzkirschenmarmelade vermischt sind. Der körperreiche, säurearme, hervorragend konzentrierte und reintönige Wein, der in seinem eindrucksvoll ausgestatteten Abgang moderates Tannin aufweist, sollte noch 2–4 weitere Jahre in den Keller gelegt und in den folgenden 15 Jahren getrunken werden. Der überwältigende schwarz-purpurfarbene *1997er*

Syrah offeriert außerordentlich reintönige Aromen von Crème de Cassis und Pfeffer sowie kraftvolle, konzentrierte, körperreiche Geschmacksnuancen, wobei Frucht und Glyzerin alle anderen Komponenten dominieren. Es ist genug Säure vorhanden, um die beträchtliche Kraft und Intensität des Weins abzufedern. Nach gutem Zureden lassen sich subtile Noten von Lakritze, Teer und Gewürzen in ihm wahrnehmen. Dies ist jedoch ein Wein, der sich vor allem durch seine ungeheuer explosive Frucht auszeichnet und in der Flasche an Komplexität und Konturenschärfe gewinnen dürfte. Er sollte sich 12–15 Jahre gut trinken lassen. Bob Foley, der Kellermeister von Pride Mountain, vinifiziert Palomas Merlot aus Trauben vom Spring Mountain. Der *1996er Merlot* ist so ziemlich der konzentrierteste, dickste und verheißungsvollste Merlot, den man sowohl in Amerika als auch in Europa finden kann. Er ist von beeindruckend undurchdringlicher purpurroter Farbe und hat ein Bukett, das nur anzudeuten scheint, was nach weiteren 2–3 Jahren Kellerlagerung zum Vorschein kommen wird. Im Augenblick wird man sich mit Aromen von Toastbrot zufrieden geben müssen, die mit Pflaumen – getrockneten und frischen – und Schwarzkirschlikör vermischt sind. Körperreich, tief und außergewöhnlich gut ausbalanciert, kann dieser massive, gehaltvolle und alterungsfähige Merlot, dessen Säure und Tannin wunderschön eingebunden sind, sehr gut von jetzt–2015 getrunken werden. Der *1995er Merlot* ist eine weitere großartige Leistung dieses kleinen Weinguts, das Barbara und Jim Richards gehört. Der Wein, eine Cuvée aus 80% Merlot und 20% Cabernet Sauvignon, wurde mit geschlagenem Eiweiß geschönt, aber vor der Flaschenabfüllung nicht filtriert. Seine undurchdringliche purpurrote Farbe lässt auf einen Wein von außerordentlicher Intensität schließen. Das Bukett ist verhalten, aber wenn man den Wein im Glas kreisen lässt, treten Aromen von dicklichem Cassis, Lakritze, Toastbrot und Süßkirschenfrucht in Erscheinung. Er hat einen Kern von intensiver Frucht, eine üppige Textur und Geschmackskomponenten von Frucht und Schokolade mit einem feinen Überzug von rauchwürzigem Eichenholz. Dieser körperreiche, moderat tanninbetonte und bei einem nachklingenden Abgang außergewöhnlich intensive Merlot sollte 2–3 Jahre im Keller reifen und während der kommenden 2 Jahrzehnte getrunken werden. Sehr beeindruckend!

Von dem kraftstrotzenden, dunkelpurpurroten *1994er Merlot* wurden nur 625 Kisten produziert. Er ist offensichtlich das Produkt eines talentierten Kellermeisters, wenn man seine Reintönigkeit und die wunderschöne Verbindung von toastwürzigem französischem Eichenholz mit Batzen von Schwarzkirschen- und Himbeerfrucht bedenkt. Der Wein offenbart einen vollen Körper, herrliche Extraktion und Reichhaltigkeit, bestechendes Gleichgewicht und eine vielschichtige, texturierte, geschmacklich großzügig angelegte Persönlichkeit. Dieser beeindruckende Wein lässt sich bereits gut trinken, dürfte aber noch weitere 10–12 Jahre halten. Dies ist ein außergewöhnlich bestechender Wein in einem groß dimensionierten, ausdrucksvoll stilisierten, massiv ausgestatteten Format!

PARADIGM (NAPA)

1995	**Cabernet Sauvignon Oakville Estate**	**Napa**	**D**	**90**
1994	**Merlot Oakville Estate**	**Napa**	**D**	**88**
1995	**Zinfandel Oakville Estate**	**Napa**	**C**	**88**

Diese Weine werden von der äußerst talentierten önologischen Beraterin Heidi Barrett vinifiziert (der Frau Bo Barretts von Château Montelena), die auch andere Spitzenweingüter wie Grace Family Vineyards, Screaming Eagle, Vineyard 29 und Hartwell als Önologin betreut, und bis 1996 Dalla Valle. In den eleganten Weinen wird die Zurückhaltung der Bordeaux-Weine mit der reifen Frucht Kaliforniens vermählt.

Der *1995er Zinfandel Oakville Estate* bietet pfeffrige, hagebuttenartige Frucht zusammen mit einer von süßen Himbeeren geprägten eleganten Reichhaltigkeit. Der Wein hat mittleren Körper mit mehr Länge und Geschmacksdimensionen als der 1994er, wirkt am Gaumen süß und weich texturiert und verabschiedet sich mit einem saftigen, eleganten, würzigen Abgang. Er dürfte sich 4–5 Jahre gut trinken lassen.

Der *1994er Merlot Oakville Estate* ist ein exzellenter, eleganter Wein von mittlerem Körper, der attraktive Beerenfrucht, Gewürz und eine feine Dosis von toastwürzigem frischen Eichenholz offeriert. Er sollte während der nächsten 5–7 Jahre getrunken werden.

Was die Cabernet Sauvignons betrifft, so ist dies ein Weingut, bei dem der 1995er den 1994er aussticht. Der 1994er Cabernet Sauvignon Oakville Estate ist zwar sicherlich sehr gut, aber der *1995er Cabernet Sauvignon Oakville Estate* macht am Gaumen einen tieferen Eindruck, offeriert üppige Mengen von kräuterwürzigen Geschmackskomponenten, die außerdem von Schwarzkirschen und Johannisbeeren geprägt sind, in einem samtigen Stil von mittlerem bis vollem Körper. Der Wein ist geschmacklich vielschichtiger, besitzt exzellente Reintönigkeit und einen langen, würzigen Abgang. Er dürfte sich weitere 10 Jahre gut trinken lassen.

FESS PARKER (SANTA BARBARA)

2000	**Chardonnay**	**Santa Barbara**	**C**	**89**
2000	**Chardonnay Marcella's Vineyard**	**Santa Barbara**	**D**	**90**
1999	**Pinot Noir American Tradition Reserve**	**Santa Barbara**	**D**	**89**
1999	**Syrah American Tradition Release**	**Santa Barbara**	**D**	**88**
1998	**Syrah American Tradition Release**	**Santa Barbara**	**D**	**88**
1999	**Syrah Rodney's Vineyard American Tradition Reserve**	**Santa Barbara**	**D**	**90**

Wie bei vielen Leuten meines Alters ist Fess Parker wegen seiner Hollywood-Rollen als Davy Crockett und später Daniel Boone eines der Idole meiner Kindheit. Einige der Experten Santa Barbaras haben offensichtlich Schwierigkeiten, das Image des Hollywood-Superstars mit dem Mann zu vereinbaren, der Rebflächen erschließt und die treibende Kraft im Winzerverband des Countys ist. Bei jedem Besuch Santa Barbaras überrascht es mich aufs Neue, dass Fess Parker Gegenstand von Kontroversen ist. Er hat ein ausgezeichnetes Hotel aus dem Boden gestampft, Fess Parker's Doubletree Resort, das in der Stadt Santa Barbara am Pazifischen Ozean steht, und außerdem gehört ihm einer der bevorzugten Treffpunkte für gutes Essen und Übernachten, das Wine Country Inn in Los Olivos. Während seine Kritiker ihn für einen cleveren Immobilienhai halten, sehe ich in ihm jemanden, der sich der Produktion ausgezeichneter Weine und der Erschließung einiger der besten Hanglagen im Anbaugebiet Santa Barbara verschrieben hat. Ich bin zwar nicht sicher, ob er sich gern als gerissen bezeichnen ließe, aber er ist clever genug gewesen, einige der besten potenziellen Reblagen in und in der Umgebung von Los Olivos zu erwerben, und so großzügig, sich in das Lesegut mit den bekanntesten Weinmachern der Region zu teilen. Mit seinem Ziel, Weltklasseweine aus den Rebsorten des Rhônetals zu produzieren, liegt er voll im Trend. Außerdem sind seine eigenen Weine deutlich besser geworden, und das verkostete Sortiment präsentierte die bislang besten Weine seines Weinguts. Fess Parkers Sohn Eli ist der Weinmacher, und es besteht kein Zweifel daran, dass er viel aus seiner Zusammenarbeit mit dem beratenden Önologen Jed Steele gelernt hat. Was unter dem Strich steht, ist einfach: Dies scheint eines der ernsthafteren im Aufstieg begriffenen Weingüter in Santa Barbara zu sein. Einigen von Parkers Kritikern wird das wahrscheinlich nicht schmecken, die die Öffentlichkeit immer noch glauben machen wollen, er sei nur ein weiterer Hollywood-Schauspieler, der Wein als Hobby betrachtet. Das aber ist ein Märchen. Fess Parker ist ein Weingut, das wirklich Qualität anstrebt, und die Wahrheit liegt, wie immer, in der Flasche.

Eine der eindrucksvollen Hanglagen ist der Rodney's Vineyard. Der *1999er Syrah Rodney's Vineyard American Tradition Reserve* gibt das Potenzial des Weinbergs zu erkennen. Der undurchdringlich purpurfarbene Wein mit einem süßen Bukett von Brombeeren und Cassis, in dem sich auch subtile Holznuancen und Lakritze finden, ist körperreich, würzig, gehaltvoll und konzentriert und hat beträchtliche Mengen von Extrakt ohne Ecken und Kanten. Tannin, Holz und Säure sind schön durch die Frucht abgefangen. Trinken Sie ihn während der nächsten 7–8 Jahre. Der *1999er Syrah American Tradition Release* ist in einem nachgiebigen, geschmeidigen Stil von mittlerem bis vollem Körper gemacht, der viel pfeffrige Frucht von schwarzen Johannisbeeren und Pflaumen herausstreicht. Dieser stämmige, pikante, köstlich fruchtige Syrah, der gehaltvoll und würzig ohne Ecken und Kanten ist, dürfte sich während der nächsten 7–9 Jahre gut trinken lassen. Erdige, pfeffrige Aromen von schwarzen Johannisbeeren entströmen dem dunkelrubinfarbenen *1998er Syrah American Tradition Release.* Der in einem zugänglichen Stil gehaltene, würzige Syrah ist bei mittlerem Körper weich und stämmig. Trinken Sie diesen gefälligen Wein während der nächsten 4–5 Jahre.

Der superbe *2000er Chardonnay Marcella's Vineyard* (der seinen Namen von Parkers Frau hat) ist ein strukturierter, aber körperreicher Wein, der üppige Duft- und Geschmacksnuancen von Mineralien und tropischen Früchten offeriert. Er ist voluminöser und schärfer umrissen als der köstliche *2000er Chardonnay* im Stil eines Fruchtcocktails. Ein anderer beachtenswerter Wein ist der *1999er Pinot Noir American Tradition Reserve.* Ein eleganter, texturierter, saftiger Pinot mit verschwenderischer, erdiger Frucht von Pflaumen und Kirschen, der bei mittlerem bis vollem Körper verführerisch ist und sich 5–7 Jahre gut trinken lassen dürfte.

Bei meinem letzten Besuch habe ich ihn zwar nicht verkostet, aber meiner Mutter zufolge gibt es keinen besseren Muscat als den von Fess Parker. Diejenigen Leser, die einen Hang zum Süßen oder Freunde und Angehörige haben, die diese duftenden, leicht süßen Muscats mögen, wären gut beraten, sie einmal auszuprobieren. Alle Weine von Parker haben gemessen an ihrer Qualität vernünftige Preise.

PATZ AND HALL WINE CO. (NAPA)

1999	Chardonnay	Napa	D	90
1999	Chardonnay Alder Springs	Mendocino	E	93
1999	Chardonnay Dutton Ranch	Russian River	D	89
1999	Chardonnay Hyde Vineyard	Carneros	D	90
1999	Chardonnay Woolsey Road	Russian River	D	91
1999	Pinot Noir	Sonoma	D	89
1999	Pinot Noir Alder Springs	Mendocino	E	88
1998	Pinot Noir Alder Springs	Mendocino	E	90
1997	Pinot Noir Alder Springs	Mendocino	E	90
1999	Pinot Noir Hyde Vineyard	Carneros	E	90
1998	Pinot Noir Hyde Vineyard	Carneros	E	88
1999	Pinot Noir Pisoni Vineyard	Santa Lucia Highlands	E	90+
1997	Pinot Noir Pisoni Vineyard	Santa Lucia Highlands	D	90

Die vier begabten Weinproduzenten – James Hall und seine Frau Anne Moses sowie Donald und Heather Patz – beweisen nach wie vor eine sichere Hand bei der Bereitung ihrer zahlreichen Abfüllungen von Chardonnay und Pinot Noir. Der 1999er Jahrgang produzierte eine etwas reichere Ernte als der 1998er und machte deshalb eine stärkere Ausdünnung des Traubenbehangs erforderlich. Insgesamt gesehen machen die 1999er aus diesem Weingut, das für die hohe Qualität seiner komplexen Chardonnays und Pinot Noirs bekannt ist, einen äußerst starken Eindruck. Wer etwa der Ansicht ist, die Produktion so vieler verschiedener Lagenweine wäre überflüssig, fühlt sich nach ihrer Verkostung mit Sicherheit nicht bestätigt.

Es gibt 1436 Kisten des *1999er Chardonnay Woolsey Road.* Er präsentierte beträchtliche Konzentration in seinen hefigen, rauchigen Geschmacksnuancen und eine geradezu unheimliche Eleganz für einen Wein von solcher Fülle und Schönheit. Mit vollem Körper, subtilem Eichenholz und den Eigenschaften eines Premier Cru von Chassagne-Montrachet dürfte er sich 2–3 Jahre gut trinken lassen. Der *1999er Chardonnay Dutton Ranch* (2620 Kisten) ist in stilistischer Hinsicht angesichts seiner Nuancen von Orangenmarmelade, Ananas und Mandarine stärker kalifornisch ausgerichtet. Obwohl er bei mittlerem Körper elegant ist und im Hintergrund subtile Holznoten aufweist, besitzt er nicht den Geschmack, die Tiefe oder die Textur des Woolsey Road. Vielleicht braucht er dazu jedoch 6–12 weitere Monate Flaschenreife. Er dürfte 3+ Jahre halten. Der *1999er Chardonnay Napa* wurde aus Trauben vom Caldwell, Hyde, Carr und Atlas Peak Vineyard zusammengestellt. Dies ist ein herrlicher, kraftvoller Chardonnay mit hefigen Burgundernuancen von Haselnüssen, Karamell und Zitrusölen. Es gibt 2 178 Kisten von diesem reich extrahierten, vielschichtigen, körperreichen, gut gezeichneten und eindrucksvoll ausgestatteten Chardonnay, der 4–5 Jahre überdauern dürfte. Der von Schwemmlandböden stammende *1999er Chardonnay Hyde Vineyard* offeriert extravagante Aromen von Orangenmarmelade, Ananas und Geißblatt. Neben diesem Duft bietet der Wein superbe Frucht, exzellente Reintönigkeit und, bei mittlerem bis vollem Körper, einen reifen, lang anhaltenden Abgang. Wie die meisten dieser Weine bringt er es auf 14–14,2% Alkohol. Er dürfte sich auch 3–4 Jahre gut trinken lassen. Der *1999er Chardonnay Alder Springs* schließlich präsentiert die ungewöhnlich große Komplexität und Reichhaltigkeit, die dieser im nördlichen Mendocino gelegene Weinberg (in der Nähe der Grenze zum Humboldt County) häufig aufweist. Dieser ausschließlich von Dijon-Klonen stammende Chardonnay besitzt eine vielschichtige Persönlichkeit, die honigtönige Birne, Passionsfrucht, Mandarine, geröstete Haselnüsse und eine stahlige Mineralität präsentiert. Dieser ausdrucksstarke, aber elegante Wein, der körperreich ist und üppige Textur, viel Glyzerin und einen sauberen, gehaltvollen Abgang besitzt, wird sich 3 Jahre gut trinken lassen. Leider gibt es nur 574 Kisten.

Der *1999er Pinot Noir* (1 400 Kisten) ist ein verführerischer, rauchiger Pinot, der dickliche Erdbeer- und Kirschfrucht, eine samtige Textur und eine Persönlichkeit von mittlerem bis vollem Körper offeriert. Trinken Sie ihn während der nächsten 3–4 Jahre. Der dunkelrubinfarbene *1999er Pinot Noir Alder Springs* zeigt verschwenderische Kraft, wirkt aber mit scharfer, von Erde, Mineralien und Himbeeren durchzogener Beerenfrucht delikat und zurückhaltend. Paradoxerweise ist der Wein sowohl weich als auch strukturiert, was, wie ich wohl weiß, keinen richtigen Sinn ergibt. Mein Instinkt sagt mir, dass der Wein wahrscheinlich besser ist als an dem Tag seiner Verkostung, aber er war der am wenigsten ausdrucksvolle und konzentrierte dieser 1999er Pinot Noirs. Der *1999er Pinot Noir Hyde Vineyard* ist ein weiterer eindrucksvoller Wein, mit seidigem Tannin, einem opulenten, viskosen Eindruck am mittleren Gaumen und einer beachtlichen Attraktivität. Er offenbart umwerfende Aromen von schwarzen Früchten, die von Rauch und subtilem toastwürzigen Eichenholz durchzogen sind. Im Mund ist er elegant, saftig und hingebungsvoll. Dies ist ein Pinot auf seinem hedonistischen und exotischen Höhepunkt. Er dürfte sich 5–6 Jahre gut trinken lassen. Seit langem bin ich ein Bewunderer der meisten Pinot Noirs vom Pisoni Vineyard in den Santa Lucia Highlands von Monterey. Der hervorragende *1999er Pinot Noir Pisoni Vineyard* von Patz and Hall (410 Kisten) ist deutlich reichhaltiger und voller als ihr 1998er. Er besitzt die meiste Struktur der 1999er und dazu bestechende Tiefe und Fülle. Ein Bukett von schwarzen Himbeeren, Kirschlikör, Blumen, Mineralien und Gewürzen geht einher mit einem gehaltvollen, körperreichen, straff gewirkten, konzentrierten, eindrucksvoll reintönigen und langen Wein. Trinken Sie ihn während der nächsten 8–10 Jahre.

Die 1998er Pinot Noirs sind von ähnlicher Größe, haben aber mehr scharfe Säure als die vorzüglichen 1997er dieses Weinguts. Der *1998er Pinot Noir Hyde Vineyard* (250 Kisten) stammt von Trauben verschiedener Klone, darunter der Joseph Swan und ein französischer Klon namens 113. Aromen von süßen Schwarzkirschen, Himbeeren, Erde und Blumen entsteigen einem frischen, pikanten, nach Erdbeeren und Blumen schmeckenden Wein mit Eleganz, mittlerem Körper und spritziger Säure. Trinken Sie ihn während der nächsten 5–6 Jahre. Es wird niemanden überraschen, dass mein Favorit unter den Weinen von Patz and Hall aus diesem Jahrgang der *1998er Pinot Noir Alder Springs Vineyard* (295 Kisten) ist. Geschmacksnuancen von dunklen Pflaumen, schwarzen Himbeeren und Kirschen entfalten sofort ihre Anziehungskraft. Dieser würzige Wein, dessen Charakter von schwarzer Frucht in seiner fleischigen Persönlichkeit von mittlerem bis vollem Körper gut präsentiert wird, ist der größte, reichhaltigste und wohl auch komplexeste, den Patz and Hall in diesem Jahr herausgebracht haben.

Der *1997er Pinot Noir Pisoni Vineyard* präsentiert eine dunkelrubin-purpurrote Farbe, süße schwarze Früchte (Johannisbeeren und Himbeeren) und bei mittlerem bis vollem Körper komplexe, reichhaltige Geschmackskomponenten mit überraschendem Fett und Glyzerin sowie erstaunlicher Extravaganz. Dies ist ein außergewöhnlich reintöniger, langer, konzentrierter, verführerischer Pinot Noir, der jetzt und während der nächsten 5–6 Jahre getrunken werden kann. Sehr beeindruckend! Der *1997er Pinot Noir Alder Springs*, der für einen Pinot Noir aus Mendocino einen echten Durchbruch darstellt, ist sogar noch aufregender. Leider gibt es von ihm nur zwei Fässer (rund 46 Kisten). Der Wein hat eine satte dunkelrubin-purpurrote Farbe und ein umwerfendes Bukett von rauchigem, toastwürzigem Eichenholz, vermischt mit Weinbrandkirschen, Mokka und schwarzen Himbeeren. Dieser konzentrierte, körperreiche, köstliche und dekadent gehaltvolle Pinot Noir sollte während der nächsten 5–6 Jahre getrunken werden.

PEACHY CANYON (PASO ROBLES)

1997	**Zinfandel Benito Dusi Ranch**	**Paso Robles**	**D**	**88**
1997	**Zinfandel Lakeview Vineyard**	**Paso Robles**	**D**	**88**
1997	**Zinfandel Snow Vineyard**	**Russian River**	**C**	**88**
1997	**Zinfandel Westside**	**Paso Robles**	**D**	**90**

Die 1997er Zinfandels von Peachy Canyon sind beachtenswerte Weine in diesem irregulärem Jahrgang. Der *1997er Zinfandel Lakeview Vineyard* etwa bietet eine dunkelrubin-granatrote Farbe und ein Bukett aus wundervoll dicklicher Erdbeer- und Kirschfrucht. Es ist ein herrlich fruchtiger, dekadenter, luxuriös reichhaltiger, fetter, köstlicher Wein von mittlerem bis vollem Körper. Trinken Sie ihn während der nächsten 2–3 Jahre. Der *1997er Zinfandel Snow Vineyard* zeigt eine satte dunkelpurpurrote Farbe und Nuancen von schwarzen Johannisbeeren und Kirschen, die weniger dicklich und verhaltener sind als beim Lakeview Vineyard. Der Wein wirkt nicht so auffallend, intellektueller und strukturierter, hat beträchtliche Kraft, exzellente Konzentration und einen langen, gut umrissenen Abgang. Er ist nicht so charmant und entgegenkommend wie der Lakeview, aber er ist ein ernst zu nehmender Zinfandel, der sich 5–6 Jahre gut trinken lassen wird. Der exotische *1997er Zinfandel Benito Dusi Ranch* offeriert ein eindrucksvolles Bukett von Weihrauch, Schwarzkirschlikör und würzigem Eichenholz. Dieser dunkelrubin-purpurfarbene Zinfandel ist ziemlich verhalten entwickelt, aber die süßen, reichhaltigen, mit Glyzerin ausgestatteten, kernigen, von erdigen Waldaromen durchzogenen Kirschnuancen sind ein eindeutiges Plus. Dieser würzige Wein mit Komplexität und Charakter dürfte sich 5–6 Jahre gut trinken lassen. Mein Favorit in dieser insgesamt beeindruckenden Gruppe ist der *1997er Zinfandel Westside* (15,8% Alkohol). Ein wenig frisches Eichenholz hat seinen Auftritt in diesem unverschämt aromatischen Wein. Explosive Fruchtnuancen mit Batzen von Kirschen, Erdbeeren, Pflaumen und Cassis werden durch üppige Frucht, verschwenderisches Glyzerin und ein wenig Tannin in dem verlockenden Abgang ergänzt. Er lässt sich bereits gut trinken und dürfte sich weitere 5–6 Jahre köstlich entwickeln.

J. PEDRONCELLI (SONOMA)

1999	**Zinfandel Mother Clone**	**Dry Creek**	**B**	**86**

Dem gemessenen dunkelrubin-purpurfarbenen *1999er Zinfandel Mother Clone* (14,5% Alkohol) entsteigen erdige, pfeffrige Erdbeer- und Kirscharomen. Er ist ein attraktiver, zurückhaltender Zinfandel. Trinken Sie diesen Wein mittleren Gewichts während der nächsten 3–4 Jahre.

PEZZI KING (DRY CREEK)

1998	Zinfandel	Dry Creek	D	89
1999	Zinfandel Estate	Dry Creek	D	89
1999	Zinfandel Maple Vineyard	Dry Creek	C	90
1999	Zinfandel Old Vines	Dry Creek	C	88

Der 1999er Zinfandel Dry Creek Estate gefiel mir besser als der Dry Creek Old Vines, obwohl beide sehr gute Weine sind. Der *1999er Zinfandel Old Vines*, der es auf 15% Alkohol bringt, präsentiert sich in einem pfeffrigen, erdigen Stil und weist neben einer deutlichen Struktur auch Nuancen von Balsaholz, Leder, Gewürzkiste, Kirschen und getrockneten Kräutern auf. Trinken Sie diesen Wein von mittlerem bis vollem Körper innerhalb der nächsten 2–4 Jahre. Der fettere und stärker fruchtbetonte *1999er Zinfandel Estate* besitzt außer einem höheren Alkoholgehalt (15,5%) auch zusätzliche Schichten von Glyzerin und Konzentration. Der tiefe, kernige, gut gemachte und überschwängliche Wein dürfte sich 4–5 Jahre gut trinken lassen. Der feinste Wein der drei 1999er ist der *1999er Zinfandel Maple Vineyard*, ein dicker, saftiger, massiver Wein, der üppige Mengen von Schwarzkirschen- und Beerenfrucht, Rauch, Eichenholz und Erde offenbart. Dieser saftige, Freuden spendende Zinfandel, der texturiert, kraftvoll und doch geschmeidig ist, sollte während der nächsten 4–5 Jahre getrunken werden. Der *1998er Zinfandel* offeriert berauschenden Alkohol und ist bei vollem Körper weniger konturiert, weist aber dafür eine Menge Frucht von Süß- und Sauerkirschen auf, die mit Nuancen von Himbeeren, Pflaumen, Leder und Erde vermischt ist. Er sollte während der nächsten 3–4 Jahre getrunken werden.

JOSEPH PHELPS (NAPA)

1999	Cabernet Sauvignon	Napa	D	89
1997	Cabernet Sauvignon	Napa	D	88
1996	Cabernet Sauvignon	Napa	D	88+
1995	Cabernet Sauvignon	Napa	D	90
1994	Cabernet Sauvignon	Napa	C	89
1999	Cabernet Sauvignon Backus Vineyard	Napa	EE	92
1997	Cabernet Sauvignon Backus Vineyard	Napa	EE	93
1996	Cabernet Sauvignon Backus Vineyard	Napa	EE	92
1995	Cabernet Sauvignon Backus Vineyard	Napa	EE	93
1994	Cabernet Sauvignon Backus Vineyard	Napa	E	94+
1999	Chardonnay Ovation	Napa	D	(88–90)
1999	Insignia	Napa	EE	94
1998	Insignia	Napa	EE	91
1997	Insignia	Napa	EE	96
1996	Insignia	Napa	EE	92
1995	Insignia	Napa	EE	97
1994	Insignia	Napa	EE	96
1999	Merlot	Napa	D	87
1997	Merlot	Napa	D	90
1995	Merlot	Napa	D	88
1994	Merlot	Napa	C	88
1997	Vin du Mistral Le Mistral	Kalifornien	D	89
1996	Vin de Mistral Le Mistral	Napa	D	88
1999	Vin du Mistral Syrah	Napa	C	87
1997	Vin du Mistral Syrah	Napa	D	89
1996	Vin de Mistral Syrah	Napa	D	90

Das ehrwürdige Weingut bepflanzt weiterhin neue Anbauflächen in Kalifornien. Derzeit stehen 140 Hektar in Napa unter Reben und weitere 40 Hektar können bestockt werden. Außerdem hat Phelps eine Parzelle von 40 Hektar in Russian River erworben, die vermutlich einen eigenen Lagennamen erhält. Darüber hinaus gehören ihnen 64 Hektar im Monterey County, von denen 22 für die Phelps-Weine genutzt werden, während der Rest an Meridian verkauft wird. Erwartungsgemäß sind die 1997er Weine erstklassig, die 1998er angemessen und die 1999er potenziell beeindruckend.

Der weiße Spitzenwein, der Chardonnay Ovation, ist ein großer, hefiger, im Fass vergorener Wein im Burgunderstil, der häufig ausgezeichnet ist. Fast die gesamten Trauben für diesen Wein entstammen den kühleren Anbaugebieten Napas, vor allem aus Carneros und Yountville. Der *1999er Chardonnay Ovation* offenbart die Kühle des Jahrgangs in seiner stahligen, hübsch texturierten Persönlichkeit. Er weist die Eigenschaften von honigtöniger Zitrusfrucht, toastwürziger Eiche und Blätterteig auf. Der reife, reichhaltige Wein von mittlerem bis vollem Körper dürfte sich 3–4 Jahre gut trinken lassen.

An dem Le Mistral, der vornehmlich in gebrauchten Eichenfässern ausgebaut wird, leistet Joseph Phelps kontinuierlich gute Arbeit. Er repräsentiert eine Legierung vieler verschiedener Rebsorten, vornehmlich Grenache und daneben Syrah, Mourvèdre, Petite Sirah, Alicante Bouchet und Carignan. Die prozentualen Anteile variieren von Jahrgang zu Jahrgang. Der exzellente, dicht rubin-purpurfarbene *1997er Vin du Mistral Le Mistral* (43% Grenache, 28% Syrah, 12% Mourvèdre, 8% Petite Sirah, 7% Alicante Bouchet und 2% Carignan) besitzt ein großes, reifes, pfeffriges und würziges Bukett von Schwarzkirschen und Himbeeren. Der körperreiche, dichte, weiche und konzentrierte Wein, der keine Ecken und Kanten hat, ist die kalifornische Entsprechung zu einem Wein aus dem südlichen Rhônetal. Trinken Sie ihn während der nächsten 5–6 Jahre. Der Syrah, der aus Rebflächen in Yountville stammt, wird vornehmlich in (zu 20% neuen) französischen Eichenfässern ausgebaut. Der fantastische, dicht rubin-purpurfarbene *1997er Vin du Mistral Syrah* offeriert süße Geschmacksnuancen von Brombeeren und Cassis mit einem Hauch von Gewürz und Pfeffer. Der körperreiche, tiefe, extravagante, üppig texturierte und verführerische Wein dürfte sich 7–8 Jahre gut trinken lassen. Der 1999er *Vin du Mistral Syrah* dürfte sich als genauso eindrucksvoll erweisen wie der 1997er. Eine dichte, gesättigte rubin-purpurrote Farbe geht einher mit einem Bukett aus Brombeer- und Cassisaromen, mittlerem bis vollem Körper, adäquater Säure und weichem Tannin. Es ist ein Wein, der während seiner ersten 6–7 Lebensjahre getrunken werden sollte.

Der dunkelrubinrote *1996er Vin du Mistral Le Mistral* ist ein kraftvoller Bistro-Rotwein mit einem exotischen Bukett von Weihrauch, Paprika, roten und schwarzen Früchten und Parfum. Obwohl er nicht komplex ist und weniger Fett aufweist als bei meiner letzten Verkostung im Jahr 1997, bleibt es ein köstlicher Wein, der in den nächsten 7–8 Jahren mit Vergnügen getrunken werden kann. Sowohl vom 1996er als auch vom 1997er Vin de Mistral Syrah wurden etwa 700–800 Kisten produziert. Der *1996er Vin de Mistral Syrah* ist ein attraktiver, üppiger, opulent stilisierter Wein, der frühreifer und charmanter ist, als ich vor einem Jahr annahm. Sowohl in amerikanischer wie in französischer Eiche ausgebaut, besitzt er eine dunkelrubin-purpurrote Farbe, ein würziges Bukett von Schinkenspeck, Cassis und Brombeeren, weiche, üppige Geschmackskomponenten und einen ungestümen, konzentrierten Abgang. Er wird am besten in den ersten 10–12 Jahren getrunken.

Phelps' Merlotprogramm ist den Kinderschuhen entwachsen. Dem Wein werden ungefähr 10% Cabernet Sauvignon beigefügt, und er wird vornehmlich in französischen, ein kleiner Teil auch in amerikanischen Eichenfässern ausgebaut. Rund 30% der Fässer sind neu. Der *1999er Merlot* präsentiert eine satte rubin-purpurrote Farbe, ein hinreißendes Bukett von süßen, dicklichen Schwarzkirschen und Gewürzen und einen körperreichen Eindruck mitten im Mund und beim Abgang mit Säure und Tannin, die gut eingebunden sind. Es ist ein großer, fleischiger, gehaltvoller Merlot, der ein Jahrzehnt schön altern dürfte. Der wunderschöne *1997er Merlot* besitzt eine dichte rubinrote Farbe und ein attraktives Bukett von Beerenfrüchten, das mit Rauch und Mokka durchsetzt ist. Dieser körperreiche, gehaltvolle Merlot hat eine fette, saftige, elegante Textur und einen kernigen, ungestümen Abgang. Er dürfte sich ein Jahrzehnt gut trinken lassen. Der *1995er Merlot* dagegen ist nicht so fett und reif wie der 1997er. Er präsentiert eine satte dunkelrubinrote Farbe und eine weiche, freundliche Persönlichkeit mit üppigen Mengen Schokolade, Lakritze und rauchiger Beerenfrucht, vermischt mit Tabak und getrockneten Kräutern. Dieser üppige, körperreiche und saftige Wein dürfte sich noch ein Jahrzehnt gut trinken lassen. Der dunkelrubin-purpurrote *1994er Merlot*, ein exzellenter Wein, präsentiert viel süße, dickliche, schokoladenartige Schwarzkirschenfrucht in seinem mäßig intensiven Bukett. Er ist bei mittlerem Körper weich und saftig, hat einen niedrigen Säuregehalt, üppige Mengen Frucht und gute Reife. Trinken Sie diesen köstlichen, extravaganten Merlot während der nächsten 2–4 Jahre.

Als ich den Weinmacher Craig Williams nach seiner Rangliste der guten Jahrgänge für kalifornischen Cabernet Sauvignon in den Neunzigerjahren fragte, meinte er, der 1999er sei wohl unter den besten, aber es sei noch zu früh für ein abschließendes Urteil. Seine Spitzenjahrgänge waren: 1997, 1995, 1991, 1994 und 1996. Die drei problematischsten Jahrgänge waren seiner Ansicht nach 1998, 1993 und 1992. Von den einfachen Cabernet Sauvignons gefiel mir der 1995er am besten. Der 1996er kommt ihm zwar an Intensität gleich, war aber gerade in die Flasche gefüllt worden, als ich ihn verkostete, und schien gedämpft und verschlossen zu sein.

Der *1999er Cabernet Sauvignon* offenbart eine satte purpurrote Farbe, außergewöhnliche Reife und Duft- und Geschmacksnuancen von schwarzen Johannisbeeren, die mit Lakritze, Rauch und Mineralien vermischt sind. Dieser beeindruckende Cabernet, der bei mittlerem bis vollem Körper dicht und vielschichtig ist, dürfte sich 10–15 Jahre gut trinken lassen. Der *1997er Cabernet Sauvignon*, von dem es mehr als 20 000 Kisten gibt, ist ausgezeichnet. Er ist zwar nicht so offen gewirkt und ausdrucksvoll wie der Merlot, aber gut gemacht, mit attraktiver Frucht von schwarzen Johannisbeeren, Zedernholz und Tabak, exzellenter gesättigter Farbe, einem würzigen, süßen Eindruck mitten im Mund und weichem Tannin in seinem Abgang von mittlerem bis vollem Körper. Er kann jetzt getrunken oder 12–15 Jahre in den Keller gelegt werden. Der strukturiertere, dichtere und stärker tanninbetonte *1996er Cabernet Sauvignon* erfordert Geduld. Die meisten Leser werden den 1995er oder den 1997er lieber trinken als den verhalteneren 1996er. Er offenbart eine satte rubin-purpurrote Farbe, niedrige Säure und viel Tannin und Wucht in dem muskulösen Abgang. Voraussichtliche Genussreife: jetzt–2015.

Der *1995er Cabernet Sauvignon* verbrachte 16 Monate im Fass (vornehmlich französische Eiche) und wurde vor der Abfüllung minimal filtriert. Er zeigt eine dunkelrubin-purpurrote Farbe und ein attraktives Bukett von Schwarzkirschen, Cassis und getrockneten Kräutern mit würzigem Eichenholz. Der gehaltvolle, körperreiche und konzentrierte Wein bietet viel Cassisfrucht und einen saftigen Stil. Er kann mindestens 15 Jahre getrunken oder in den Keller gelegt werden. Der *1994er Cabernet Sauvignon* (ein Verschnitt aus 95% Cabernet Sauvignon, 4% Cabernet Franc und 1% Merlot) ist ein tiefrubin-purpurroter Wein mit einem süßen, reifen Bukett von schwarzen Früchten, Vanillin und Unterholz, mittlerem bis vollem Körper, einer vielschichtigen Textur, adäquater Säure und süßem Tannin im Abgang. Der Wein macht den Mund voll, ist reintönig und beeindruckend.

Aus einer Hanglage, von der man den Oakville District überblickt, produziert Phelps kleine Mengen des Backus Vineyard Cabernet Sauvignon, eines Lagenweins, der ausschließlich in neuen französischen Fässern aus der Taransaud-Eiche ausgebaut wird. Der sensationelle *1997er Cabernet Sauvignon Backus Vineyard* ist ein muskulöser, hoch extrahierter, körperreicher Wein der 3–4 Jahre Kellerlagerung erfordert. Obwohl er weniger leicht zugänglich als der 1997er Insignia ist, präsentiert er großartige Fruchtintensität in seinen riesigen, dicken, viskosen Geschmacksnuancen, die schwarze Johannisbeeren, neues Sattelleder, Gewürzkiste und toastwürzige Eiche verströmen. Der lange, kraftvolle und eindringliche Wein weist sowohl süßes Tannin als auch ungeheure Konzentration auf. Voraussichtliche Genussreife: 2004–2025. Wegen der Schwierigkeiten des Jahres 1998 wurde in diesem Jahr kein Backus Vineyard produziert. Der *1999er Cabernet Sauvignon Backus Vineyard* wird sich jedoch vielleicht als genauso hervorragend erweisen wie der 1997er und der 1994er. Es ist ein erstaunlich gehaltvoller, körperreicher, kraftvoller, superextrahierter, ölig texturierter Wein mit Schichten mineralbetonter Schwarzkirschen- und Cassisfrucht, die in toastwürziges frisches Eichenholz gehüllt ist. Tannin ist vorhanden, aber es ist seidig und gut eingebunden. Solide Säure verleiht dem riesigen Gerüst des Weins eine bewundernswerte Darstellung. Voraussichtliche Genussreife: 2005–2025. Die satte rubin-purpurrote Farbe des *1996er Cabernet Sauvignon Backus Vineyard* geht einher mit einem herrlichen Bukett von süßer Cassisfrucht, Schokolade, Eisen und Lakritze. Er ist körperreich, kraftvoll, gewichtig und mit seinem moderat hohen Tannin ein Kandidat für 3–4 Jahre Kellerreife. Er sollte 25+ Jahre überdauern. Verglichen mit dem 1997er, dessen Süße und Frühreife ihm fehlen, ist er unnachgiebiger und monolithischer.

Der satt schwarz-purpurrote *1995er Cabernet Sauvignon Backus Vineyard* ist ein massiver Wein von großer Intensität. Er präsentiert in Bukett und Geschmack verlockende Nuancen von getrockneten Pflaumen, schwarzen Johannisbeeren, gerösteten Kräutern, Schokolade und Kaffee, riesige Mengen von Glyzerin und Körper und einen gigantischen, überdimensionierten Abgang mit beträchtlichem Tannin. Dies ist ein Wein, bei dem der Extraktreichtum dem grimmigen Tannin gerecht wird, aber wer nach einem in naher Zukunft trinkbaren Wein Ausschau hält, sollte sich darauf hinweisen lassen, dass dieser Wein 5–6 Jahre in den Keller gelegt werden muss. Voraussichtliche Genussreife: 2003–2025. Ich glaube, der *1994er Cabernet Sauvignon Backus Vineyard* ist der feinste Wein, den dieser Weinberg bis jetzt hervorgebracht hat. Er weist eine undurchdringliche schwarz-purpurrote Farbe und ein riesiges, süßes Bukett auf, das aus dicklicher Schwarzkirschen- und Cassisfrucht, Mineralien, Rauch und einem walnussähnlichem Grillgewürz besteht. Der Wein ist dick und superextrahiert, mit enormen Anteilen von Frucht, Extrakt und Tannin. Ein gargantuesker Cabernet Sauvignon, der nach 5–6 Jahren Kellerreife verlangt und 20–25 Jahre halten sollte.

Der Vorzeige-Wein von Joseph Phelps ist der fabelhafte Insignia, ein Wein, der seit dem Debüt-Jahrgang 1974 erstaunliche Ergebnisse vorzuweisen hat. Für einen Wein dieser Qualität wird er in bedeutenden Mengen (18000–20000 Kisten) produziert. Der gewaltige *1997er Insignia* (83% Cabernet Sauvignon, 14% Merlot und 3% Petit Verdot) wird den Erwartungen gerecht, die er bei der Fassprobe geweckt hat. Ich habe ihn bei drei verschiedenen Gelegenheiten verkostet, und jede Flasche war ein Volltreffer. Die Farbe ist ein gesättigtes, dick wirkendes Purpurblau. Das Bukett offeriert explosive Aromen von dicklichen schwarzen Früchten, Lakritze, asiatischen Gewürzen, Vanille und Zedernholz. Der körperreiche, außergewöhnlich reintönige und eindrucksvoll ausgestattete Wein, der vor Kraft strotzt und dabei überraschend elegant bleibt, macht am Gaumen einen brillanten Eindruck. Der nahtlose Wein, dessen Säure, süßes Tannin und Alkohol wunderschön eingebunden sind, steckt immer noch in den Kinderschuhen, kann aber mit beträchtlichem Vergnügen getrunken werden. Voraussichtliche Genussreife: jetzt–2025.

Der *1998er Insignia* (78% Cabernet Sauvignon und 22% Merlot), eine vielleicht noch größere Leistung, erreicht nicht das Niveau des 1997ers, ist aber ein fabelhafter Wein aus einem sehr viel problematischeren Jahrgang. Ungefähr 18 000 Kisten wurden produziert, was eine erstaunliche Menge in einem Jahr ist, das Trauben von einer Qualität erbrachte, die sehr viel weniger verheißungsvoll war. Er ist weiter entwickelt als der 1997er, hat eine gesättigte rubin-purpurrote Farbe und besitzt ein üppiges Bukett von Rauch, Zedernholz, Lakritze und Cassis. Dieser körperreiche, fette, saftige Wein offenbart bewundernswerte Reintönigkeit und Symmetrie sowie einen weichen Abgang mit bemerkenswert tiefen Geschmacksnuancen, die den Gaumen liebkosen. Er kann jetzt und während der nächsten 15–16 Jahre getrunken werden. Ein weiterer großartiger, im Entstehen begriffener Insignia ist der *1999er Insignia.* Eine beeindruckende schwarz-purpurrote Farbe geht einher mit Aromen und Geschmacksnuancen von geschmolzener Lakritze und Crème de Cassis, ungeheurem Körper, einer sinnlichen Textur und einem opulenten, vielschichtigen Eindruck am Gaumen. Dieser fabelhaft konzentrierte, säurearme, aber fantastisch ausgestattete Wein sollte es mit dem faszinierenden 1997er aufnehmen können. Er ist eine Cuvée aus 80% Cabernet Sauvignon, 17% Merlot und je 1% Petit Verdot, Malbec und Cabernet Franc. Nach seiner Freigabe dürfte er mühelos 2–3 Jahrzehnte altern. Der *1996er Insignia* (83% Cabernet Sauvignon und 17% Merlot) rangiert ein wenig unter dem 1995er, dem 1994er und dem 1997er. Er präsentiert eine dunkelpurpurrote Farbe und ein elegantes Bukett von Zedernholz, Obsttorte, Kaffee und schwarzen Johannisbeeren. Dieser Wein von mittlerem bis vollem Körper, mit einem festen Unterbau von Tannin, klassischen Geschmacksnuancen von schwarzen Johannisbeeren und einem langen Abgang ist beeindruckend, aber straffer und enger konstruiert als die drei zuvor erwähnten Jahrgänge. Voraussichtliche Genussreife: jetzt–2020.

Die vielleicht besten direkt aufeinander folgenden Jahrgänge, die je vom Insignia produziert wurden, sind der 1994er und der 1995er, die den großen Insignias von 1976 und 1974 ebenbürtig sind. Der *1994er Insignia* (88% Cabernet Sauvignon, 10% Merlot und 2% Cabernet Franc) ist spektakulär. Ich habe den Wein ein halbes Dutzend Mal oder öfter getrunken, und er ist zweifellos opulent, attraktiv, extravagant, explosiv, gehaltvoll, konzentriert und ein aufregender Trinkgenuss. Er ist bereits wundervoll, verspricht aber, sich 2 Jahrzehnte oder länger anmutig zu entwickeln. Die Farbe ist ein sattes Dunkelpurpurrot. Das würzige Bukett bietet Aromen von schwarzen Johannisbeeren, Piment, Toastbrot und Sojasauce, mit dem Geruch eines brennenden Holzfeuers zur Steigerung der Komplexität. Es ist eine belebende Erfahrung, diesen körperreichen, opulenten, überwältigenden Wein zu trinken. Der *1995er Insignia* ist vielleicht ein wenig besser – so schwer das vorstellbar sein mag. Der endgültige Mischsatz besteht aus 90% Cabernet Sauvignon, 7% Merlot und 3% Petit Verdot. Im Charakter ähnelt der 1995er dem 1994er – Cassis, Obsttorte, Zedernholz, Kräuter, Kaffee und schwarze Früchte, von Rauch durchzogen –, aber der 1995er ist ein wenig länger im Mund. Er ist ein Wein von außerordentlicher Extraktion, vollem Körper und wundervoll reintöniger Frucht. Außerdem hat er es geschafft, den Ausbau in zu 100% neuen Eichenfässern so zu gestalten, dass nur noch feine Nuancen von Toastbrot zurückbleiben. Das Tannin mag im 1994er ein wenig deutlicher sein, aber mein Instinkt sagt mir, dass der 1995er noch reichhaltiger und länger ist als der 1994er – so erstaunlich das klingt. Dieser gewaltige Wein dürfte während der nächsten 20–25 Jahre auf seinem Höhepunkt sein.

Bisherige große Jahrgänge: Cabernet Sauvignon Backus Vineyard 1993er (93), Insignia 1993er (96).

PINE RIDGE (NAPA)

1995	Andrus Reserve	Napa	EE	90
1994	Andrus Reserve	Napa	EE	90+
1996	Cabernet Franc Trois Cuvées	Napa	D	88
1996	Cabernet Sauvignon	Howell Mountain	D	90
1994	Cabernet Sauvignon	Howell Mountain	D	90
1994	Cabernet Sauvignon	Rutherford	C	88
1997	Cabernet Sauvignon	Stag's Leap	E	89
1994	Cabernet Sauvignon	Stag's Leap	D	89
1996	Epitome	Stag's Leap	EE	90
1996	Merlot	Napa/Carneros	D	88
1994	Merlot	Carneros	D	88

Der dicht rubin-purpurfarbene *1997er Cabernet Sauvignon Stag's Leap* offeriert rote und schwarze Johannisbeeren, die mit kiesigen Vanillenoten verflochten sind. Elegante Geschmacksnuancen von süßem Cassis, Lakritze und Erde sind in diesem hübsch konzentrierten, reintönigen, anmutigen Cabernet mittleren Körpers vorhanden. Er dürfte sich 10–12 Jahre gut trinken lassen. Von dem *1996er Epitome*, einem Bordeaux-ähnlichen Wein, wurden nur 305 Kisten produziert. Er ist dunkelrubinrot mit purpurnen Nuancen, und sein komplexes Bukett offeriert Aromen von schwarzen Johannisbeeren, Bleistiftmine, Eichenholz und Blumen. Der Wein zeigt vollkommene Symmetrie zwischen seinen Hauptkomponenten Tannin, Säure, Alkohol und Extrakt. Süße Reife, eine samtige Textur, mittlerer Körper und hervorragende Reintönigkeit und Konzentration resultieren in einem brillanten Bordeaux-Doppelgänger aus Napas Stag's Leap District. Derzeit wird dieser Wein nur im Verkostungsraum des Weinguts verkauft. Voraussichtliche Genussreife: jetzt–2014. Der *1996er Cabernet Franc Trois Cuvées* (eine Cuvée aus drei verschiedenen Klonen von Cabernet Franc) wurde ohne Schönen und Filtrieren abgefüllt. Das Bukett offeriert reichhaltige, saftige Aromen von roten Johannisbeeren und verlockende Blumendüfte. Gut eingebundenes Eichenholz ergänzt die elegante, gehaltvolle Fruchtigkeit. Finesse, Frucht, Reintönigkeit und Symmetrie sind die Kennzeichen dieses köstlichen Cabernet Franc, der während der nächsten 7–8 Jahre getrunken werden sollte. Auch der *1996er Merlot* ist ein sehr feiner Wein, der vielleicht mehr Struktur und Biss hat als viele seiner Art, aber auch exzellente Frucht und Reintönigkeit sowie attraktive rauchige Nuancen von Schwarzkirschen und Schokolade. Er besitzt gut eingebundenes Eichenholz, mittleren Körper und eine ausgezeichnete Länge. Diese Cuvée aus 89% Merlot, 8% Malbec und 3% Cabernet Franc kann jetzt getrunken oder 12+ Jahre in den Keller gelegt werden. Der subtil eichenwürzige *1996er Cabernet Sauvignon Howell Mountain* ist untypisch gehaltvoll und eindringlich für dieses Weingut. Dieser dunkelpurpurfarbene Cabernet aus den Bergen präsentiert verschwenderische Aromen von Mineralien, Brombeeren und Cassis. Der kraftvolle, aber elegante Wein mittleren bis vollen Körpers erweist sich am Gaumen als eindrucksvoll und besitzt Struktur, Reichhaltigkeit und Länge. Voraussichtliche Genussreife: jetzt–2018.

Der *1995er Andrus Reserve*, ein Wein im klassischen Bordeaux-Stil (Médoc), zeigt eine dunkelrubin-purpurrote Farbe und in Duft und Geschmack attraktive Nuancen von Bleistiftmine, Gewürz, Zedernholz und schwarzen Johannisbeeren. Obwohl er moderat tanninbetont ist und bei mittlerem Körper hervorragende Reintönigkeit und Konzentration aufweist, bleibt der Wein straff und verhalten. Er benötigt 3–4 Jahre Kellerreife und sollte mindestens 15 Jahre halten. Er ist ein beeindruckend eleganter, finessenreicher roter Tafelwein.

Alle folgenden Cabernets werden von 2–3 Jahren Kellerlagerung profitieren. Sie sind in einem mittelgewichtigen, ein wenig kargen Bordeaux-Stil bereitet. Der exzellente *1994er Cabernet Sauvignon Rutherford* offenbart ein klassisches Bukett von schwarzen Johannisbeeren und Toastbrot, mittleren Körper, hohen Tanningehalt, wunderbare Eleganz und einen maßvollen, reichhaltigen Fruchtcharakter, der prononciert, aber nicht exzessiv ist. Der Wein verabschiedet sich mit beißendem Tannin. Er ist zwar zugänglich, 2–4 Jahre im Keller würden ihm jedoch gut tun. Er dürfte mindestens 15 Jahre schön altern. Der elegante *1994er Cabernet Sauvignon Stag's Leap* ist von dunkelrubin-purpurroter Farbe und hat ein würziges Bukett von Vanille, Kräutern, Mineralien und schwarzen Johannisbeeren. Im Mund hat er mehr rote als schwarze Johannisbeeren sowie reichhaltige, lange Geschmackskomponenten von mittlerem Körper, die außergewöhnliche Reintönigkeit und Ausgewogenheit verraten. Sein Tannin dürfte er allmählich abwerfen, um einen im Wesentlichen eleganten Cabernet Sauvignon aus dem Napa Valley hervortreten zu lassen. Voraussichtliche Genussreife: jetzt–2016. Der *1994er Cabernet Sauvignon Howell Mountain* benötigt mindestens 5–6 Jahre Kellerreife. Er zeigt eine satte purpurrote Farbe und das an einen Bordeaux erinnernde Bukett von schwarzen Früchten, Lakritze, Mineralien und Zedernholz. Tanninbetont und zurückhaltend, von intensiver Reichhaltigkeit und Konzentration, sollte sich dieser groß angelegte, unentwickelte Wein von mittlerem bis vollem Körper für diejenigen als hervorragend erweisen, die genug Selbstbeherrschung haben, um darauf zu warten. Voraussichtliche Genussreife: 2003–2020. Der in einem ähnlichen Stil angelegte *1994er Andrus Reserve* hat eine dunkle, satte bläulich-purpurrote Farbe und ein straffes Bukett von Zedernholz, Vanillin und pralinegetönter Cassisfrucht. Extrem dicht und gehaltvoll, mit einer verhalteneren und tanninhaltigeren Persönlichkeit als selbst der Howell Mountain Cabernet, benötigt dieser gut umrissene, körperreiche Wein – ja – ein ganzes Jahrzehnt Kellerreife. Es ist ein Wein für 25–30 Jahre, aber Geduld ist definitiv notwendig. Voraussichtliche Genussreife: 2006–2030. Der *1994er Merlot* zeigt eine gute dunkelrubinrote Farbe, attraktiv würzige Nuancen, eine monolithische aromatische Dimension und bewundernswerte Schwere, Intensität und Reintönigkeit. Mein Instinkt sagt mir, dass der Wein verschlossen ist, aber mir gefielen die Reintönigkeit seiner Frucht, seine Tiefe und Reife. Ich wäre nicht überrascht, wenn dieser Merlot nach einiger Zeit in der Flasche eine höhere Bewertung verdiente. Er dürfte sich ein Jahrzehnt gut trinken lassen.

Bisherige große Jahrgänge: 1993er Cabernet Sauvignon Howell Mountain (92), 1993er Cabernet Sauvignon Stag's Leap (90+)

PLUMPJACK (NAPA)

1998	**Cabernet Sauvignon Estate**	**Oakville**	**D**	**87**
1997	**Cabernet Sauvignon Estate**	**Oakville**	**D**	**90**
1995	**Cabernet Sauvignon Estate**	**Oakville**	**D**	**91**
1998	**Cabernet Sauvignon Reserve**	**Oakville**	**EE**	**89**
1997	**Cabernet Sauvignon Reserve**	**Oakville**	**EE**	**90+**
1995	**Cabernet Sauvignon Reserve**	**Oakville**	**E**	**95+**

Dieses Weingut, das auf der ehemaligen Cabernet-Sauvignon-Rebfläche der Villa Mt. Eden liegt (erinnern Sie sich an die herrlichen Weine, die zwischen 1974 und 1978 dort von Nils Venge produziert wurden?), hat seine Gesamtproduktion von 20 Hektar Reblagen auf 7500 Kisten gesteigert. Die 1998er scheinen, gemessen an den schwierigen Bedingungen dieses Jahrgangs, gut gelungen zu sein. Im Jahr 1998 stammen viele der besten Weine aus dem vom Oakville District gebildeten Korridor. Der *1998er Cabernet Sauvignon Estate* (5000 Kisten; 80% Cabernet Sauvignon, 15% Cabernet Franc und 5% Merlot) präsentiert verschwenderische Mengen von schwarzen Johannisbeeren, eine charmante, freimütige Persönlichkeit, weiches Tannin, niedrige Säure und einen stämmigen, pikanten Abgang. Er wird in seiner Jugend köstlich sein, kann aber auch ein Jahrzehnt überdauern. Rund 500 Kisten wurden für den *1998er Cabernet Sauvignon Reserve* (100% Cabernet Sauvignon) ausgewählt. Dieser für den Jahrgang beeindruckende, kraftvolle Wein hat eine sagenhafte Konzentration, eine undurchdringliche purpurrote Farbe und ein reintöniges Bukett von Crème de Cassis mit einem Hauch von Lakritze und Toastbrot. Der für einen 1998er überraschend wenig entwickelte Cabernet, der einen schönen Eindruck mitten im Mund macht und einen guten Abgang hat, benötigt noch 3–4 Jahre im Keller; er dürfte 15 Jahre überdauern. Er wird einer der besseren 1998er Cabernet Sauvignons mit einer längeren Lebenserwartung sein.

Der *1997er Cabernet Sauvignon Estate* (5300 Kisten) präsentiert üppige Aromen von Cassis und Erde sowie einen körperreichen, moderat tanninbetonten, muskulösen, großzügigen Abgang. Dies ist kein schüchterner Wein, doch er erfordert 4–5 Jahre Kellerlagerung und dürfte 15+ Jahre halten. Letztes Jahr war er entwickelt und frühreif, aber er ist straffer geworden. Der *1997er Cabernet Sauvignon Reserve* (260 Kisten) ist ebenfalls verhalten. Dieser überaus konzentrierte Wein bietet Aromen von Lavendel, schwarzen Johannisbeeren, Mineralien, Lakritze und rauchwürziger Eiche. Den Mund verbrennende Mengen von Tannin sind in diesem großen, muskulösen Cabernet präsent. Er wird sich zwar 2 Jahrzehnte entwickeln, war aber bei der Verkostung sehr verschlossen. Alle einzelnen Bestandteile deuten darauf hin, dass es sich um einen außergewöhnlichen Wein handelt, aber es ist Geduld erforderlich. Voraussichtliche Genussreife: 2006–2025.

Der *1995er Cabernet Sauvignon Estate*, der von Kellermeister Tuck Beckstoffer mit unterstützender Beratung durch den Nachbarn Nils Venge von Saddleback Cellars gemacht wurde, ist ein hoch extrahierter, extrem gehaltvoller, körperreicher Cabernet, der viele Anhänger gewinnen wird. Ungefähr 1000 Kisten dieses dicht purpurroten Weins wurden produziert, der ein Bukett von reifen getrockneten Pflaumen und Cassis mit verschwenderischem rauchigen Eichenholz aufweist. Dieser tiefe und saftige Cabernet Sauvignon mit süßem Tannin und einer Menge Extrakt und Glyzerin ist ein beeindruckend ausgestatteter, geschmeidiger Wein, der sich mindestens 10–15 Jahre gut trinken lassen dürfte. Der *1995er Cabernet Sauvignon Reserve* (ungefähr 500 Kisten) ist ein Ehrfurcht gebietender Wein, der wie eine stilistische Synthese einiger der reichhaltigsten, kraftvollsten Cabernets aus dem Oakville District schmeckt. In stilistischer Hinsicht ähnelt er vielleicht am ehesten den profunden Cabernets von Harlan Estate. Dieser spektakuläre Cabernet Sauvignon hat ein Alterungspotenzial von 20–30 Jahren. Die undurchdringliche schwarz-purpurrote Farbe geht einher mit einem intensiven Bukett von Rauch, Kaffee, gebratenem Fleisch und üppigen Mengen Brombeer- und Cassisfrucht. Äußerst dicht, körperreich und gepackt voll mit Extrakt, gehört dieser überzeugend gehaltvolle, gebieterische Cabernet Sauvignon zu den bemerkenswertesten Weinen des Jahrgangs 1995. Er kann zwar jung getrunken werden, verlangt aber dringend nach 5–6 Jahren Kellerreife. Der Wein ist ein Langstreckenläufer, obwohl ich nicht sicher bin, wie viele Leser in der Lage sind, seiner verschwenderischen Präsentation von dekadenten Mengen reifer Frucht und toastwürziger Eiche zu widerstehen.

PRIDE MOUNTAIN (NAPA)

1998	Cabernet Franc	Sonoma	D	94
1997	Cabernet Franc	Sonoma	D	93+
1996	Cabernet Franc	Sonoma	D	91
1995	Cabernet Franc	Sonoma	C	92
1998	Cabernet Sauvignon	Napa	D	90
1997	Cabernet Sauvignon	Napa	D	92
1997	Cabernet Sauvignon Reserve	Napa	EE	97+
1996	Cabernet Sauvignon Reserve	Napa	EE	99
1995	Cabernet Sauvignon Reserve	Napa	E	98
1994	Cabernet Sauvignon Reserve	Napa	E	95+
1999	Chardonnay	Napa Valley	D	88
1998	Merlot	Napa/Sonoma	D	88
1997	Merlot	Napa	D	93
1996	Merlot	Napa	C	90+
1997	Reserve Claret	Napa	EE	95
1996	Reserve Claret	Napa	EE	95
1995	Reserve Claret	Napa	E	96
1994	Reserve Claret	Napa	E	95
1998	Sangiovese	Sonoma	D	90
1997	Sangiovese	Sonoma	D (0,5l)	94

Der Inhaber Jim Pride und sein Kellermeister Robert Foley haben Pride Mountain rasch in die Spitzengruppe der Qualitätshierarchie an Kaliforniens Nordküste befördert.

Der *1999er Chardonnay* präsentiert eine hefige, toastwürzige Komplexität reifer Tropenfrucht, mittleren bis vollen Körper, reife Geschmacksnuancen und einen ausgezeichneten Abgang. Trinken Sie diesen sehr guten Wein während der nächsten 2–3 Jahre.

Während die Mehrzahl der kalifornischen Sangiovese eher mittelmäßig ist, strotzt der dunkelrubinfarbene *1998er Sangiovese* vor Geschmacksnuancen und Intensität und präsentiert ein ausladendes, süßes Bukett aus Erdbeermarmelade und Kirschen mit subtilen Nuancen von Leder und Toastbrot. Dieser eindringliche, aber geschmeidige Rotwein mit ausdrucksvoller Frucht, mittlerem Körper, tiefen, konzentrierten Geschmacksnuancen und einer scharfen Kante kann während der nächsten 3–4 Jahre getrunken werden. Ich war überrascht, wie spektakulär der Cabernet Franc dieses Weinguts weiterhin ist. Der fabelhafte *1998er Cabernet Franc* ist ein beachtlicher Erfolg für diesen schwierigen Jahrgang. Seine tiefe Purpurfarbe geht einher mit einem wundervollen Bukett von Zedernholz, Gewürzkiste, schwarzen Früchten, Rauch und Erde. Im Mund macht sich ein breites Sortiment von süßen schwarzen Früchten mit einem Hauch getrockneter provenzalischer Kräuter bemerkbar. Dieser gehaltvolle, komplexe und opulente Wein mit vollem Körper und wunderbarer Konzentration, aber einem unheimlichen Gefühl von Schwerelosigkeit kann jetzt und im Lauf dieses Jahrzehnts getrunken werden. Der dunkelrubin-purpurfarbene *1998er Merlot* (ein Verschnitt von 64% Trauben aus Napa und 36% aus Sonoma) zeigt verschwenderische Mengen von toastwürzigem neuen Eichenholz neben intensiven, weichen Aromen von Brombeeren und Kirschen in seinem Bukett. Er hat exzellente Reichhaltigkeit, mittleren bis vollen Körper, adäquate Säure und eine frühreife Attraktivität. Trinken Sie ihn während der nächsten 7–8 Jahre. Der hervorragende *1998er Cabernet Sauvignon* präsentiert eine dunkelrubinpurpurrote Farbe und eine erstaunliche Opulenz für einen Wein aus diesem Jahrgang, bewundernswerte Eleganz, verschwenderische Frucht von schwarzen Johannisbeeren, einen dichten, kernigen Eindruck am mittleren Gaumen, eine fleischige Textur, niedrige Säure und einen tanninbetonten Abgang. Er ist ein klassischer Cabernet mit mittlerem Gewicht, einer hervorragenden Reife, Reichhaltigkeit und Ausgewogenheit. Trinken Sie ihn während der nächsten 12 Jahre.

Der spektakuläre *1997er Sangiovese*, den man nur in Halbliterflaschen im Weingut erwerben kann, ist eindeutig einigen der »Supertoskaner« aus dem Jahrgang 1997 ebenbürtig. Für einen Sangiovese ist dieser sagenhafte Wein unglaublich konzentriert. Seine undurchdringliche Farbe geht einher mit einem extravaganten Bukett von Rauch, Lakritze, Cassis und Toastbrot. Dieser eindringliche, körperreiche, den Mund beizende Wein besitzt herrliche Reintönigkeit, eine vielschichtige Persönlichkeit und einen überwältigend langen Abgang. Er dürfte sich 10–12 Jahre gut trinken lassen. Den *1997er Merlot* könnte man als flüssiges Viagra bezeichnen. Ein unglaublich verlockendes Bukett von Rauch, schwarzen Früchten, Capuccino und toastwürzigem Holz gehört zu einem ausladenden, wunderbar konzentrierten Wein mit einer üppigen Textur ohne Ecken und Kanten, Säure und Tannin, die wunderbar eingebunden sind, und einen Abgang, der 35 Sekunden anhält. Dem Etikett auf der Rückseite zufolge enthält dieser erstaunlich aromatische, vieldimensionale Wein etwa 5% Cabernet Sauvignon. Er dürfte sich 12–15 Jahre gut trinken lassen. Der außerordentliche *1997er Cabernet Franc* ist genauso eindrucksvoll. Der massive, seine Herkunft aus den Bergen nicht verleugnende Wein (der keinem anderen kalifornischen Cabernet Franc ähnelt, von dem La Jotas möglicherweise abgesehen) präsentiert eine undurchdringliche purpurrote Farbe und ein sagenhaft süßes Bukett von schwarzen Johannisbeeren, Preiselbeerlikör, frischem Eichenholz und Röstnuancen. Dieser kernige, körperreiche und außergewöhnlich riesige Wein dürfte mit 5–6 Jahren Kellerreife sogar noch komplexer werden. Er dürfte 2 Jahrzehnte halten. Dies ist ein Bravourstück, insbesondere für Cabernet Franc. Voraussichtliche Genussreife: jetzt–2020. Die Lobpreisungen hören mit Merlot und Cabernet Franc nicht auf. Es wurden zwar nur winzige Mengen des 1997er Reserve Claret und des 1997er Cabernet Sauvignon Reserve produziert, beides sind aber ungeheure Weine von außerordentlicher Konzentration und Tiefe. Der bestechende *1997er Reserve Claret* offeriert eine undurchsichtige purpurrote Farbe, ein üppiges Bukett von süßen Brombeeren, Crème de Cassis und Mineralien, superbe Reichhaltigkeit, außergewöhnliche Konzentration und riesigen Körper. Er schafft es jedoch, jeden Anschein von Anmaßung oder Unhandlichkeit zu vermeiden. Reintönigkeit und Konturenschärfe sind ebenfalls in diesem mehrdimensionalen, wundervollen Wein zu finden. Obwohl er hinsichtlich seiner Entwicklung noch in den Kinderschuhen steckt, ist er wegen seines reifen Tannins und seiner spektakulär konzentrierten Frucht bereits zugänglich. Voraussichtliche Genussreife: jetzt–2025. Der sogar noch erstaunlichere *1997er Cabernet Sauvignon Reserve* verleiht dem Wort Reichhaltigkeit eine neue Dimension. Trotz seines eindringlichen, äußerst konzentrierten Stils vermittelt er den Eindruck von Balance und Kontur. Er ist von einer gesättigten schwarz-purpurnen Farbe, und sein Bukett setzt sich aus Bleistiftspänen, Mineralien, Brombeeren, Cassis und Blumen zusammen. Der extrem körperreiche Wein von erstaunlicher Reintönigkeit, den Mund auskleidender Fülle, süßem Tannin und niedriger Säure bietet bereits profunden Trinkgenuss, obwohl er noch nicht damit begonnen hat, sekundäre Nuancen zu entfalten. Voraussichtliche Genussreife: 2003–2025. Der undurchdringlich schwarzpurpurfarbene *1997er Cabernet Sauvignon* (3472 Kisten) offeriert sensationelle Nuancen von schwarzen Johannisbeeren, Mineralien, Rauch, Lakritze und frischem Eichenholz. Mit der körperreichen Persönlichkeit des Weins, der fabelhaft extrahiert und kraftvoll ist, sind die Säure, das Tannin und potenziell bittere Bestandteile gut verflochten. Dieser ausladende, reife, makellos balancierte Cabernet Sauvignon erzielt auf natürliche Weise 14,1% Alkohol. Voraussichtliche Genussreife: 2003–2020.

Der praktisch perfekte *1996er Cabernet Sauvignon Reserve* (330 Kisten) ist ein sortenreiner Cabernet Sauvignon. Dieser undurchdringlich purpurfarbene Wein, der ein profundes Bukett von Mineralien, Blumen, schwarzen Früchten sowie Gewürzen aufweist und Ehrfurcht gebietend konzentriert und vielschichtig ist, repräsentiert die Essenz dieser Rebsorte. Erstaunlicherweise ist er weder massiv noch schwerfällig, weil Eichenholz, Säure und Tannin gut in die bestechende, konzentrierte Persönlichkeit des Weins integriert sind. Der Abgang dauert fast eine Minute. Leider ist er äußerst schwer zu beschaffen, aber was für ein faszinierender Wein! Voraussichtliche Genussreife: 2008–2025. Fast so spektakulär wie der 1996er Reserve Cabernet Sauvignon ist der *1996er Reserve Claret.* Der herrlich ausbalancierte, superkonzentrierte und doch eindringlich symmetrische Wein, der aus 63% Merlot, 32% Cabernet Sauvignon und 5% Petit Verdot besteht, offeriert üppige Mengen von schwarzen Früchten, würziger frischer Eiche, Mineralien, Lakritze und gerösteten Kräutern. Er ist körperreich, besitzt in seiner Frucht die Fülle eines Kirschlikörs und weist außerdem Batzen von Glyzerin, fabelhaften Extrakt und keine Ecken und Kanten auf. Der samtige Abgang dauert 40+ Sekunden. Dies sind spektakuläre Weine, die man verkosten muss, um an ihre Existenz glauben zu können. Der *1996er Cabernet Franc* (eine Cuvée aus 75% Cabernet Franc und 25% Cabernet Sauvignon) hat beträchtlich an Format gewonnen, zeigt eine dichte rubin-purpurrote Farbe und ein umwerfendes Bukett von Schwarzkirschen, Kräutern und Gewürz. Im Mund ist der Wein gehaltvoll, mit mehr Schichten von Geschmack, als ich ursprünglich bei der Verkostung im Weingut bemerkte. Dieser superbe Wein mittleren bis vollen Körpers ist der Cabernet Franc schlechthin, indem er Eleganz mit viel Kraft und Reichhaltigkeit verbindet. Er dürfte sich 10–15 Jahre gut trinken lassen. Der *1996er Merlot* ist ein weiterer Wein, der Mitte Juli 1998 besser schmeckte als neun Monate zuvor auf dem Weingut. Er besteht aus 95% Merlot und 5% Cabernet Sauvignon und besitzt eine dichte purpurrote Farbe sowie ein wunderschönes Bukett von schwarzen Früchten, Rauch, Kräutern und Unterholz. Dieser dicke und körperreiche Wein mit herrlicher Frucht, Reintönigkeit und Extraktion ist tiefer, gehaltvoller und vollständiger, als ich ursprünglich vorhersagte. Er dürfte 10–12 Jahre gut altern.

Der fabelhafte *1995er Reserve Claret* (230 Kisten), der aus 64% Cabernet Sauvignon, 33% Merlot und 3% Petit Verdot besteht, offeriert eine undurchdringliche rubin-purpurrote Farbe und ein klassisches Bukett von Crème de Cassis, das mit toastwürzigem frischen Eichenholz und Mineralien vermischt ist. Dieser körperreiche, superb texturierte, herrlich gemachte Wein im Bordeaux-Stil mit überwältigenden Mengen von Frucht und Extrakt weist dichte, massiv reichhaltige Geschmackskomponenten und einen länger als 40 Sekunden dauernden Abgang auf. Voraussichtliche Genussreife: jetzt–2015. Der *1995er Cabernet Sauvignon Reserve* (330 Kisten) ist volljährig geworden, seitdem er in der Flasche ist. Er repräsentiert die Essenz eines Cabernet Sauvignon von der Nordküste, offeriert die Dicke und Fülle eines Portweins, ein superbes Bukett von schwarzen Johannisbeeren, Mineralien, Zedernholz und Röstbrot, körperreiche Geschmackskomponenten von außerordentlicher Intensität und Ausgewogenheit und einen langen, moderat tanninbetonten, mehrdimensionalen Abgang. Voraussichtliche Genussreife: 2003–2025. Schande über mich, dass ich diese wunderschönen Weine unterschätzt habe! Der *1995er Cabernet Franc*, eine Cuvée aus 75% Cabernet Franc und 25% Cabernet Sauvignon (400 Kisten), erinnerte mich an die unverschnittene Partie Cabernet Franc, die normalerweise in Dalla Valles außergewöhnlichem Tafelwein Maya aufgeht. Für einen Cabernet Franc besitzt dieser Wein eine ungemein dichte schwarz-purpurrote Farbe und ein süßes Bukett von Lakritze, Unterholz, roten und schwarzen Johannisbeeren und Toast. Dieser erstaunlich extrahierte, wenn auch in seiner Eleganz etwas zurückhaltende Wein offeriert in seinen langen, reichhaltigen Geschmackskomponenten mittleren bis vollen Körpers die Essenz schwarzer Früchte. Er hat genug Säure und Tannin, aber seine außerordentliche Reintönigkeit und Ausgewogenheit sind die Kennzeichen dieses umwerfenden Weins. Voraussichtliche Genussreife: jetzt–2016.

Der *1994er Reserve Claret* (98 Kisten) besitzt eine undurchdringliche purpurrote Farbe und ein Bukett mit Nuancen von Unterholz, Cassis, Rauch und Röstbrot. Körperreich, superextrahiert, mit Schichten von reifer Frucht, in die Säure und Tannin gut eingebunden sind, entfaltet sich dieser kolossal ausgestattete, vielschichtige Wein herrlich im Glas und am Gaumen. Voraussichtliche Genussreife: jetzt–2020. Der *1994er Cabernet Sauvignon Reserve* (der erste Cabernet Sauvignon Reserve von Pride Mountain) ist sortenrein und vollständig in französischen Eichenfässern ausgebaut. Er ist ein weiterer profunder Cabernet aus diesem außergewöhnlichen Jahrgang. Die undurchdringliche purpurrote Farbe des Weins und seine riesige, massive Reichhaltigkeit wirken trotz seiner außerordentlichen Intensität und Dicke nicht im Geringsten schwer. Es gibt genug Säure, um für Frische zu sorgen, und eine Menge süßes, gut eingebundenes Tannin. Dieser groß dimensionierte, herrlich ausgestattete Cabernet Sauvignon benötigt 5–6 Jahre Kellerreife, dürfte aber 25+ Jahre halten.

QUINTESSA (NAPA)

1994	**Proprietary Red Wine**	**Rutherford**	**E**	**89**

Der dunkelrubin-purpurrote *1994er Proprietary Red Wine*, eine Cuvée aus 39% Cabernet Sauvignon, 31% Merlot und 30% Cabernet Franc, besitzt ein elegantes, anmutiges Bukett (Süßkirschen und Kirschwasser), das von toastwürzigem frischen Eichenholz subtil beeinflusst wurde. Die bei mittlerem Körper feinen, aber reichhaltigen, von roten und schwarzen Johannisbeeren geprägten Geschmackskomponenten entfalten sich angenehm im Mund. Dies ist ein zurückhaltender, maßvoller, makellos gut gemachter Rotwein im Stil eines Bordeaux, der wunderschöne Reichhaltigkeit und Schichten harmonischer Geschmacksnuancen offeriert. Beeindruckend. Trinken Sie ihn während der nächsten 10–14 Jahre.

QUIVIRA (SONOMA)

1998	**Zinfandel**	**Dry Creek**	**C**	**88**
1994	**Zinfandel**	**Sonoma**	**C**	**88**

Der *1998er Zinfandel*, bei mittlerem Körper ein köstlicher, eleganter, fruchtbetonter Wein, präsentiert schön eingebundene Säure und subtile Holznoten. Der Nachdruck liegt auf der Beeren- und Hagebuttenfrucht dieser Rebsorte. Den Wein von exzellenter Reintönigkeit und erfrischender Lebhaftigkeit kann man während der nächsten 3–4 Jahre genießen. Der voll ausgereifte *1994er Zinfandel* von klassischer Art ist gehaltvoll, reintönig und besitzt viel von dem hagebuttenähnlichen, pfeffrigen, von roten und schwarzen Früchten geprägten Charakter dieser Rebsorte. Er hat mäßigen Körper, viel Reintönigkeit und einen sauberen, lebhaften, langen Abgang. Dieser attraktive, mittelgewichtige Zinfandel sollte allmählich ausgetrunken werden.

QUPÉ (SANTA BARBARA)

1997	Syrah Bien Nacido Vineyard	Santa Barbara	D	89
1997	Syrah Hillside Estate Bien Nacido Vineyard	Santa Barbara	D	(90–92)
1997	Syrah Reserve Bien Nacido Vineyard	Santa Barbara	D	(87–90)

Qupé, eines der ursprünglichen »Rhône-Ranger«-Weingüter, leistet weiterhin gute Arbeit mit einer Reihe von Rebsorten. Die 1997er Syrahs sind ernst zu nehmende Weine. Der *1997er Syrah Bien Nacido Vineyard* präsentiert eine tiefrubin-purpurrote Farbe und beachtliche Mengen von Brombeerfrucht, getrockneten Kräutern, Gewürzen und Blumen, die dem Glas entsteigen. Er hat herrliche Frucht, mittleren bis vollen Körper, eine geschmeidige Textur, in deren Hintergrund süßes Tannin lauert, und einen schönen Abgang. Der Wein ist jetzt trinkbar, dürfte sich aber noch 5–7 Jahre entwickeln. Der *1997er Syrah Reserve Bien Nacido Vineyard* besitzt eine tiefrubin-purpurrote Farbe und viel rauchige Brombeerfrucht, die mit Toast, feuchten Waldgerüchen und Pfeffer vermischt ist. Der Wein zeigt ausgezeichnete Reichhaltigkeit, süßes Tannin und einen langen Abgang von mittlerem bis vollem Körper. Er dürfte sich während seiner ersten 7–10 Jahre gut trinken lassen. Der konzentrierteste Syrah im Sortiment ist der *1997er Syrah Hillside Estate Bien Nacido Vineyard.* Er hat eine undurchdringliche rubin-purpurrote Farbe, dicke, saftige Frucht, vollen Körper, adäquate Säure und angemessenes Tannin und einen kraftvollen, muskulösen, erdigen Abgang. Dieser eindrucksvoll ausgestattete Syrah, zweifellos der vollständigste unter den hier erwähnten Weinen, dürfte nach 2–3 Jahren in der Flasche seinen Höhepunkt erreichen und ihn 10–15 Jahre beibehalten.

A. RAFANELLI (SONOMA)

1997	Zinfandel	Dry Creek	C	90
1995	Zinfandel	Dry Creek	C	92
1994	Zinfandel	Dry Creek	C	89

Wieder einmal hat Rafanelli einen der Stars des Jahrgangs gestaltet. In einem Jahr, in dem zu viele Zinfandels schmecken, als wären die Trauben im Rahmen einer übermäßig reichlichen Ernte zu früh gelesen worden, zeigt dieser *1997er Zinfandel* superbe Reintönigkeit, wundervolle Frucht und das klassische Duft- und Geschmacksprofil eines Zinfandel: schwarze Himbeeren, Schwarzkirschen und Gewürze. Die tiefrubin-purpurrote Farbe geht einher mit einem süßen Eindruck auf der Zunge, getrockneten, körperreichen Geschmacksnuancen, üppigen Mengen von schwarzen Früchten und einem langen, herzhaften Abgang. So sollte ein Zinfandel sein! Dem Etikett zufolge hat er 14,5% Alkohol, was weder fade noch exzessiv ist. Genießen Sie diesen schönen Wein während der nächsten 5–6 Jahre.

Rafanelli hat so viele wundervolle Zinfandels gemacht, dass es mir schwer fällt zu sagen, der *1995er Zinfandel* sei einer der feinsten, aber seine undurchdringliche purpurrote Farbe und die herrlich reintönige Präsentation seiner Brombeer-, Himbeer- und Kirschfrucht haben mich geradezu umgehauen. Dieser körperreiche Zinfandel ohne Ecken und Kanten, mit einer sinnlichen Textur und Schichten von Frucht ist ein köstlicher, ungebändigter, wunderbar harmonischer Wein, der sich weitere 6–7 Jahre gut trinken lassen dürfte. Applaus! Der *1994er Zinfandel* ist zwar nicht das superkonzentrierte Schwergewicht, das ich von diesem Jahrgang vermutet hätte, aber dennoch ein bei mittlerem Körper reichhaltig fruchtiger, pfeffriger, weicher, großzügiger Wein mit ausgezeichneter Tiefe und Balance. Eine Menge vanillingetönter Frucht (süße Schwarzkirschen und Himbeeren) gleitet geschmeidig über den Gaumen. Trinken Sie ihn aus.

RAVENSWOOD (SONOMA)

1996	Zinfandel	Lodi	B	88
1995	Zinfandel	Sonoma	C	88

1999	**Zinfandel Barricia**	**Sonoma**	**D**	**90**
1998	**Zinfandel Barricia**	**Sonoma**	**D**	**90**
1998	**Zinfandel Big River**	**Alexander Valley**	**D**	**90**
1997	**Zinfandel Cooke Vineyard**	**Sonoma**	**D**	**89**
1996	**Zinfandel Cooke Vineyard**	**Sonoma**	**C**	**90**
1995	**Zinfandel Cooke Vineyard**	**Sonoma**	**D**	**92**
1999	**Zinfandel Dickerson Vineyard**	**Napa**	**D**	**89**
1998	**Zinfandel Kunde Vineyard**	**Sonoma**	**D**	**89**
1997	**Zinfandel Monte Rosso Vineyard**	**Sonoma**	**D**	**90**
1996	**Zinfandel Monte Rosso Vineyard**	**Sonoma**	**D**	**92**
1995	**Zinfandel Monte Rosso Vineyard**	**Sonoma**	**D**	**92**
1999	**Zinfandel Old Hill Ranch**	**Sonoma**	**D**	**92**
1997	**Zinfandel Old Hill Ranch**	**Sonoma**	**D**	**90**
1995	**Zinfandel Old Hill Ranch**	**Sonoma**	**D**	**91+**
1996	**Zinfandel Old Hill Ranch Limited Edition**	**Sonoma**	**D**	**90**
1999	**Zinfandel Teldeschi Vineyard**	**Dry Creek**	**D**	**90**
1998	**Zinfandel Teldeschi Vineyard**	**Dry Creek**	**D**	**88**
1997	**Zinfandel Teldeschi Vineyard**	**Dry Creek**	**D**	**90**
1996	**Zinfandel Wood Road–Belloni Vineyard**	**Russian River**	**D**	**90**
1995	**Zinfandel Wood Road–Belloni Vineyard**	**Russian River**	**D**	**90**

Auf Ravenswoods Ruhmesblatt stehen die Einzellagen-Zinfandels, die beständig zu den besten gehören, die in Kalifornien produziert werden. Der *1999er Zinfandel Dickerson Vineyard* ist der beste Wein, den diese Napa-Rebfläche seit mehr als einem Jahrzehnt hervorgebracht hat. Er präsentiert üppige Mengen von süßer Schwarzkirschen- und Brombeerfrucht und einen Hauch von Himbeeren in seinem ausladenden, würzigen, pfeffrigen Bukett. Der elegante, kraftvolle und konzentrierte Wein von mittlerem bis vollem Körper dürfte sich 7–8 Jahre gut trinken lassen. Der schön texturierte tiefpurpurfarbene *1999er Zinfandel Barricia* offeriert ein süßes Bukett von Schwarzkirschen, Beeren, Rauch, Erde und Teer. Der körperreiche, kernige und vielschichtige Wein fließt ohne Ecken und Kanten am Gaumen vorbei. Trinken Sie ihn während der nächsten 5–7 Jahre. Den spektakulären *1999er Zinfandel Old Hill Ranch* (normalerweise ein Klassiker und dazu ein Kandidat für den Titel »Zinfandel des Jahres«) habe ich besonders geschätzt. Er präsentiert eine dichte rubin-purpurrote Farbe und ein wundervolles Bukett von neuem Sattelleder, Balsaholz, Gewürzkiste, Schwarzkirschlikör und Brombeeren. Eingangs im Mund ist er süß (durch Glyzerin und Extrakt, nicht Zucker), und der Abgang ist körperreich, gehaltvoll und explosiv. Dieser Wein wird sich ein Jahrzehnt oder länger gut trinken lassen. Der undurchdringlich purpurfarbene *1999er Zinfandel Teldeschi Vineyard* zeigt ein komplexes Bukett aus Weihrauch, zerstoßenem schwarzen Pfeffer und Frucht von Schwarzkirschen und schwarzen Beeren. Der dichte, körperreiche, opulent texturierte und kraftvolle Wein, dessen Struktur von Tannin und Säure gebildet wird, muss noch ein Jahr im Keller verbringen und sollte sich ein Jahrzehnt gut trinken lassen. Von jedem dieser Weine gibt es ungefähr 1000 Kisten. Der *1998er Zinfandel Teldeschi Vineyard* ist ein strukturierter, sehniger, erdiger Wein mit viel Piment und Pfeffer im Bukett, das zusammen mit Aromen von neuem Sattelleder und Beerenfrucht in einem süßen Format mittleren Körpers präsentiert wird. Er dürfte sich 4–5 Jahre gut trinken lassen. Der *1998er Zinfandel Kunde Vineyard* ist stärker fruchtbetont. Eine dunkelrubinrote Farbe wird begleitet von einem köstlichen, hedonistisch angelegten, komplexen Wein von mittlerem bis vollem Körper, der üppige Mengen von reifer Beerenfrucht, Glyzerin und Alkohol offeriert. Dieser gefällige Zinfandel sollte während der nächsten 5–6 Jahre konsumiert werden. Die 1998er Zinfandels vom Big River Vineyard und vom Barricia Vineyard sind beide hervorragend. Die gesättigte rubin-purpurrote Farbe des *1998er Zinfandel Big River* geht einher mit einem Bukett von gemahlenem Pfeffer, Hagebuttenfrucht, Unterholz sowie süßen roten und schwarzen Johannisbeeren. Im Mund verleihen Nuancen von Lavendel und getrockneten Kräutern dem Wein eine mediterrane Persönlichkeit. Dieser reife, aber ausgewogene Zinfandel, der dicht, kernig und konzentriert ist, dürfte sich 5–7 Jahre gut trinken lassen. Der undurchdringlich purpurfarbene *1998er Zinfandel Barricia* ist muskulös und körperreich, hervorragend konzentriert und extrahiert, und er hat bewundernswerte Mengen von Glyzerin in dem langen Abgang. Der jugendliche und stämmige Wein offenbart Struktur, Muskeln und beeindruckende Intensität. Geben Sie ihm noch 6 Monate Zeit in der Flasche und genießen Sie ihn während der folgenden 5–7 Jahre.

Wie nicht anders zu erwarten, hat Joel Petersen, der Weinmacher par excellence, einige der feinsten Zinfandels des Jahrgangs 1997 herausgebracht, wobei der von der Lage Old Hill Ranch (110 Jahre alte Reben) immer einer der Stars von Ravenswood ist. Der *1997er Zinfandel Old Hill Ranch* (14,5% Alkohol) präsentiert eine undurchdringliche purpurrote Farbe und körperreiche, überschwängliche, kraftvolle Geschmacksnuancen mit kernigem Tannin in dem langen, eindrucksvoll ausgestatteten Abgang. Dieser reintönig gemachte Wein sorgt für üppige Mengen von schwarzen Früchten und staubige Würznuancen. Er ist einer der wenigen 1997er Zinfandels, die noch 6–12 Monate Flaschenreife benötigen. Er dürfte 7–8 Jahre halten. Der undurchdringlich purpurfarbene *1997er Zinfandel Cooke Vineyard* (14,9% Alkohol) weist auch scharfe Säure auf, die aber von zusätzlichen Schichten konzentrierter Frucht neutralisiert wird. Er besitzt ein herrliches Bukett von gebratenem Fleisch, neuem Sattelleder, getrockneten Kräutern und schwarzen Früchten. Der Abgang des reifen, tiefen und von der eben erwähnten Säure unterfangenen Weins von mittlerem bis vollem Körper ist leicht komprimiert, aber eindrucksvoll. Er dürfte sich 7–8 Jahre gut trinken lassen. Der wunderbare dunkelpurpurfarbene *1997er Zinfandel Teldeschi Vineyard* (15,5% Alkohol) offeriert umwerfende Aromen von Rauch, Lakritze, Brombeeren und Kirschen. Es gibt fundierte Säure, mittleren bis vollen Körper, trockenes Tannin, üppige Mengen Frucht und Glyzerin und einen schön geschichteten, vollmundigen Abgang. Auch er dürfte sich 7–8 Jahre gut trinken lassen. Der *1997er Zinfandel Monte Rosso Vineyard* (15,5% Alkohol) ist ebenfalls hervorragend. Er präsentiert eine beeindruckend gesättigte rubin-purpurrote Farbe und süße Nuancen von Mineralien und Brombeeren, die mit Aromen von getrockneten Kräutern, Kirschwasser und Steinen vermischt sind. Die typische pikante Säure des Jahrgangs ist vorhanden, wird aber mehr als kompensiert durch die konzentrierte, reichhaltige Frucht. Ich vermute, dass dies einer von Ravenswoods Zinfandels mit der längsten Lebensdauer sein wird, über das Jahr 2006 hinaus.

Dass Ravenswood eine Auswahl kraftvoller, ungestümer 1996er Zinfandels herausgebracht hat, die dem Motto des Weinguts »Keine Schwächlinge!« gerecht werden, wird niemanden überraschen. Der köstliche *1996er Zinfandel Lodi* (14,3% Alkohol) offenbart ein an das südliche Rhônetal erinnerndes, pfeffriges Bukett von Kräutern der Provence und Heide, das mit Jod und Kirschlikör vermischt ist. Dies ist ein ungeheuer befriedigender, reichhaltiger, geschmacklich großzügig ausgestatteter Wein, den man während der nächsten 1–2 Jahre trinken sollte. Er dürfte sich wunderbar mit gegrillten Speisen ergänzen. Der *1996er Zinfandel Old Hill Ranch Limited Edition* offeriert eine satte rubin-purpurrote Farbe und ein umwerfendes Bukett von Beerenfrucht, Holzkohle und pfeffrigem Gewürz. Im Mund wirkt die Struktur des Weins ein wenig rustikal, aber er präsentiert eine körperreiche, sensationelle Kombination von Brombeer- und Kirschfrucht, die von üppigen Mengen Glyzerin und anständiger Säure unterstützt wird. Während der nächsten 1–2 Jahre wird er einen faszinierenden Mundvoll Zinfandel darbieten. Der *1996er Zinfandel Cooke Vineyard* (14,8% Alkohol) zeigt eine dichte dunkelrubin-purpurrote Farbe, ein großes, staubiges, pfeffriges, nach Kirschlikör duftendes Bukett und körperreiche, vielschichtige Geschmackskomponenten mit viel Kraft und Länge. Dieser viskose Wein sättigt den Gaumen und zeigt im Abgang Nuancen von Erde und dicklicher Frucht. Trinken Sie ihn während der nächsten 1–2 Jahre seiner Überschwänglichkeit und seines feurigen Charakters wegen. (Übrigens wird dieser Wein nur im Verkostungsraum des Weinguts verkauft.) Der hoch extrahierte, satt purpurfarbene *1996er Zinfandel Wood Road-Belloni Vineyard* ist ein Macho-Wein in jedem Sinn des Worts. Er hat nicht nur fast 15% Alkohol, sondern auch explosive Reichhaltigkeit und schichtenweise Geschmackskomponenten von gegrilltem Fleisch, Brombeer- und Kirschlikör, die stark gewürzt wurden, ganz zu schweigen davon, dass er mit Glyzerin und Extrakt vollgepackt ist. Dieser umwerfende Zinfandel ist fast *sauvage* (wie die Franzosen sagen würden), aber er ist zugleich so unglaublich gehaltvoll und kräftig. Er dürfte sich 1–2 Jahre gut trinken lassen. Mein Lieblingswein in dieser bemerkenswerten Gruppe ist der *1996er Zinfandel Monte Rosso Vineyard.* Dieser exquisite Wein, ein weiterer Kraftprotz mit 15% natürlichem Alkohol, ist von einer dunklen, satt bläulich-purpurroten Farbe. Süße Aromen von Zedernholz, Jod, Pfeffer und Obsttorte, die an einen Rhônewein erinnern, entströmen dem Glas dieses fleischigen, massiven Zinfandels. Im Mund wirkt er riesenhaft und reichhaltig, aber weder rau noch schwer, präsentiert Schichten von Geschmack, hervorragende Reintönigkeit und Harmonie und einen kolossal langen Abgang. Er ist jetzt köstlich und sollte ausgetrunken werden.

Der *1995er Zinfandel Sonoma* (14,5% Alkohol) ist ein vollmundiger, pikanter Wein mit einer großen Geschmacksbreite, der die rebsortentypischen erdigen, pfeffrigen, süßen, dicklichen Schwarzkirschenaromen, mittleren bis vollen Körper, eine großzügige, saftige Struktur und einen robusten, alkoholreichen Abgang aufweist. Er ist schon köstlich, dürfte sich aber weitere 1–2 Jahre gut trinken lassen. Zinfandel-Liebhaber werden froh sein zu hören, dass von dem *1995er Zinfandel Wood Road-Belloni Vineyard,* dessen Trauben von vier verschiedenen Rebflächen am Russian River (Arata, Belloni, Chelli und Rue) stammen, 3045 Kisten produziert wurden. Dieser fast undurchsichtig purpurrote Wein ist ein kraftvoller, straffer, körperreicher, gut strukturierter Zinfandel, der mit erdigen dunklen Früchten beladen ist. Seine verhaltene, aber bestechend ausgestattete Persönlichkeit präsentiert Gewürz, dickliche schwarze Früchte und viel Glyzerin und Alkohol (14,9%). Dies ist ein klassischer, reichhaltiger, alterungsfähiger Zinfandel, der während dieses Jahrzehnts wundervollen Trinkgenuss bereiten wird. Die Produktionsmenge des *1995er Zinfandel Cooke Vineyard* aus dem Sonoma Valley ist sehr viel kleiner (435 Kisten). Er offeriert ein explosives Bukett von Lakritze, Pfeffer, Piment, schwarzen Pflaumen und Kirschen. Der Frucht- und Glyzerinreichtum dieses großen Zinfandels von fabelhafter Konzentration verbirgt den hohen Alkoholgehalt von 15,2%. Dieser vollkommen trockene, superkonzentrierte Wein verrät kein Anzeichen einer späten Lese, die sein hoher Alkoholgehalt und seine enorme Größe vermuten lassen. Ein Bravourstück der Weinbereitung! Trinken Sie ihn während der nächsten 1–2 Jahre. Auch den *1995er Zinfandel Old Hill Ranch* (865 Kisten von 110 Jahre alten Reben) halte ich für einen hervorragenden Wein. Obwohl er der am straffsten gewirkte der Zinfandels seines Jahrgangs von Ravenswood ist, deuten die undurchdringliche rubinpurpurrote Farbe, das exquisite wildbeerenduftige Bukett, die körperreichen, kräftigen Geschmackskomponenten und die außergewöhnliche Reintönigkeit, Textur und Länge allesamt darauf hin, dass dieser massive Wein eine herrliche Zukunft hat. Er ist jetzt voll ausgereift. Der *1995er Zinfandel Monte Rosso Vineyard,* ein Arnold Schwarzenegger von einem Zinfandel (15,4% Alkohol; 1.650 Kisten), lässt dem Glas unglaublich intensive pfeffrige Aromen von lehmigem Erdreich und schwarzen Früchten entsteigen. Am Gaumen macht der Wein, dessen Schichten von mit saftigem Glyzerin verbündeter, hoch extrahierter Frucht den Mund auskleiden, einen riesenhaften Eindruck. Dieser undurchdringlich purpurrote Wein scheint ein Alterungspotenzial von weiteren 6–8 Jahren zu besitzen. Er ist einer der großen Weine des Jahrgangs. Applaus für den Inhaber Joel Peterson, weil er eine Reihe von Zinfandels produziert hat, die angesichts der Durchschnittsqualität dieses Jahrgangs besonders ausgezeichnet sind.

Bisherige große Jahrgänge: 1993er Merlot Sangiacomo (90), 1993er Pickberry Proprietary Red Wine (93).

RENARD (RUSSIAN RIVER)

1997	Syrah Timbervine Ranch Cuvée El Niño	Russian River	D	91

Bayard Fox (»fox« = Fuchs, auf Französisch »renard«), ein mir bislang unbekannter Produzent, hat einen kraftvollen Syrah herausgebracht. Der superbe *1997er Syrah Timbervine Ranch Cuvée El Niño* offenbart zahlreiche Schichten von Crème de Cassis neben einem Hauch von Lakritze und blumigen Nuancen. Dieser herrliche Syrah, der riesig, fett, reif, vielschichtig, körperreich sowie sensationell konzentriert und reintönig ist, wird sich im Lauf der nächsten 12 Jahre wunderschön trinken lassen.

RENWOOD (AMADOR)

1997	Zinfandel D'Agostini Brothers	Shenandoah	D	89
1996	Zinfandel D'Agostini Brothers	Shenandoah	D	88

Der eindringliche dunkelrubin-purpurfarbene *1997er Zinfandel D'Agostini Brothers* (15,6% Alkohol) offeriert üppige Mengen von reichhaltiger, kerniger Kirsch- und Hagebuttenfrucht sowie Gewürzen und einen bei vollem Körper tanninbetonten, rau angelegten, machomäßigen Abgang. Trinken Sie ihn während der nächsten 1–2 Jahre. Der *1996er Zinfandel D'Agostini Brothers* präsentiert pfeffrige Frucht von Pflaumen, schwarzen Himbeeren und Kirschen, vollen Körper, reiche Süße am Gaumen (obwohl es ein trockener Wein ist), während von der Grobheit und der übertriebenen Muskulatur der übrigen 1996er Zinfandels dieses Weinguts nichts zu spüren ist. Er dürfte sich 1–2 Jahre gut trinken lassen.

REVERIE (NAPA)

1995	Cabernet Franc Diamond Mountain	Napa	D	89
1996	Cabernet Sauvignon Diamond Mountain	Napa	D	89
1995	Cabernet Sauvignon Diamond Mountain	Napa	D	88
1996	Special Reserve Diamond Mountain	Napa	E	90
1995	Special Reserve Diamond Mountain	Napa	E	90

Dieses Weingut experimentiert mit Tempranillo (der 1995er, 1996er und 1997er waren alles angenehme, aber uninteressante Weine) und Barbera (der 1997er stellt sich vielleicht als überraschend gut heraus, aber der natürliche Säurereichtum dieser Rebsorte muss gezähmt werden). Bis jetzt hat Reverie mit Cabernet Sauvignon seine besten Leistungen erbracht.

Der *1996er Cabernet Sauvignon Diamond Mountain* (75% Cabernet Sauvignon und 25% Cabernet Franc) beispielsweise ist ein komplexer Wein im Bordeaux-Stil, der ein Bukett von Tabak, Gewürzkiste, Zedernholz und schwarzen Johannisbeeren aufweist. Dieser dunkelrubinrote Wein macht am Gaumen einen vielschichtigen Eindruck von exzellenter Länge. Während sich etwas Tannin bemerkbar macht, zeigt der Wein insgesamt einen eleganten und reintönigen Charakter. Der *1996er Special Reserve Diamond Mountain* (87% Cabernet Sauvignon und 13% Cabernet Franc) ist ein hervorragender Wein in Reveries Sortiment, von dem nur 252 Kisten produziert wurden. Dieser unfiltriert abgefüllte Cabernet hat das von Mineralien, Bleistiftmine und der Fruchtigkeit schwarzer Johannisbeeren geprägte Bukett eines Médoc, das mit Aromen von grasigem Tabak und Gewürzkiste vermischt ist. Dieser dichte, elegante, anmutige und potenziell komplexe Wein mit seinem hohen Tanningehalt und seiner schönen, reichhaltigen, reifen Frucht wäre bei einer Blindverkostung nur schwer als Cabernet aus Kalifornien zu bestimmen. Voraussichtliche Genussreife: jetzt–2020.

Der mitteldunkle rubinrote *1995er Cabernet Franc Diamond Mountain* besitzt ein Bukett von 92 Punkten, während er am Gaumen nur 88 Punkte bringt. Er zeigt ein ungewöhnlich großes von Himbeer-, Blüten- und Vanillindüften geprägtes Aromaprofil, das aus dem Glas springt. Der Wein besitzt ausgezeichnete Reichhaltigkeit, mittleren Körper und feine Reintönigkeit und Ausgewogenheit. Er dürfte sich ein Jahrzehnt oder länger gut trinken lassen. Der klassische, elegante, zurückhaltende und verschlossene *1995er Cabernet Sauvignon Diamond Mountain* zeigt bei mittlerem Körper feine Dichte, aber einen extrem hohen Tanningehalt. Hinreichende Frucht schwarzer Johannisbeeren gibt Grund zum Optimismus, aber dieser Wein verlangt Geduld. Geben Sie ihm 3–5 Jahre Zeit im Keller und trinken Sie ihn während der folgenden 15 Jahre. Der hervorragende *1995er Special Reserve Diamond Mountain,* eine Cuvée aus 90% Cabernet Sauvignon, 5% Cabernet Franc und 5% Petit Verdot, gibt mir Grund zu der Annahme, dass der 1996er nach einiger Zeit im Fass noch besser werden wird. Der 1995er besitzt eine tiefrubin-purpurrote Farbe, einen würzigen, reifen, konzentrierten Charakter, ein straffes Bukett, aber verlockende Mengen von roten und schwarzen Früchten, Mineralien und Nuancen von Toastbrot. Wer bereit ist, diesen eleganten Wein 5–6 Jahre in den Keller zu legen, wird von ihm dafür entschädigt werden. Er scheint alles Notwendige zu besitzen, um mindestens 2 Jahrzehnte zu überdauern.

RIDGE (SANTA CLARA)

1997	Cabernet Sauvignon Monte Bello	Santa Cruz	EE	91+
1996	Cabernet Sauvignon Monte Bello	Santa Cruz	EE	95+
1995	Cabernet Sauvignon Monte Bello	Santa Cruz	EE	91+
1998	Dusi Ranch	Paso Robles	D	89
1999	Geyserville Proprietary Red Wine	Sonoma	D	91
1998	Geyserville Proprietary Red Wine	Sonoma	D	90
1997	Geyserville Proprietary Red Wine	Sonoma	D	91
1996	Geyserville Proprietary Red Wine	Sonoma	D	89
1996	Grenache Lytton Estate	Sonoma	C	88
1999	Lytton Estate Late Harvest Proprietary Red Wine	Sonoma	D	92
1999	Lytton Springs Proprietary Red Wine	Sonoma	D	90
1998	Lytton Springs Proprietary Red Wine	Sonoma	D	90
1997	Lytton Springs Proprietary Red Wine	Sonoma	D	92
1996	Lytton Springs Proprietary Red Wine	Sonoma	D	90
1998	Mazzoni Home Ranch Proprietary	Sonoma	D	90
1997	Mazzoni Home Ranch Proprietary	Sonoma	D	90
1998	Pagani Ranch	Sonoma	D	88
1998	Sonoma Station	Sonoma	D	89
1996	Syrah Lytton Springs	Sonoma	C	88
1999	Zinfandel	Paso Robles	C	88
1997	Zinfandel	Paso Robles	D	(90–92)
1996	Zinfandel Dusi Ranch	Paso Robles	D	88
1997	Zinfandel Jimsonare	Santa Cruz	D	90+
1999	Zinfandel Late Picked	Sonoma	D	89
1997	Zinfandel Lytton Springs	Sonoma	C	91
1999	Zinfandel Nervo Late Picked	Kalifornien	D	94
1997	Zinfandel Pagani Ranch	Sonoma	D	90
1996	Zinfandel Pagani Ranch	Sonoma	D	88
1997	Zinfandel Sonoma Station	Sonoma	D	89
1996	Zinfandel Sonoma Station	Sonoma	D	89
1997	Zinfandel York Creek – Spring Mountain	Napa	D	88
1996	Zinfandel York Creek – Spring Mountain	Napa	D	89

Ridge Vineyards mit seinem Sitz hoch oben in den Santa Cruz Mountains, von wo aus man einen großartigen Blick auf die San Andreas-Verwerfung hat, ist seit langem einer der klassischen Orientierungspunkte für hochwertige kalifornische Weine. Das Weingut hat zwar inzwischen einen japanischen Eigentümer, aber der langjährige Kellermeister Paul Drape ist nach wie vor für die Arbeit in Weinberg und Keller allein verantwortlich. Die Gesamtproduktion wurde allmählich auf 60 000 Kisten gesteigert, wobei für den berühmten Cabernet

Sauvignon Monte Bellt 8000 Kisten eingeplant sind. Allerdings bringen es die meisten Jahrgänge in der Regel nur auf 3000–4000 Kisten.

Der dunkelrubin-purpurfarbene *1999er Zinfandel*, der zu 90% aus Zinfandel und im Übrigen aus Petite Sirah und Carignan besteht, präsentiert Aromen von Sandelholz, Pfeffer und Schwarzkirschen. Im Mund ist er bei mittlerem bis vollem Körper unkompliziert und monolithisch ohne große Komplexität, aber mit beträchtlicher Frucht und gutem Gewicht und Extrakt. Er dürfte sich 4–6 Jahre gut trinken lassen. Der *1999er Lytton Springs Proprietary Red Wine* ist ein außergewöhnlicher Wein in diesem Sortiment. Diese vorzügliche Cuvée aus 70% Zinfandel, 17% Petite Sirah, 10% Carignan und 3% Mataro präsentiert eine tiefrubin-purpurrote Farbe und ein ausladendes, süßes Bukett von dicklichen Beeren mit einem Hauch von Erdbeeren und Brombeeren. Der elegante und körperreiche Wein, der vielschichtigen Geschmack, superbe Reintönigkeit, eine subtile Dosis amerikanischer Eiche und einen vollen, langen Abgang aufweist, dürfte sich 7–8 Jahre gut trinken lassen. Der ebenfalls bestechende *1999er Lytton Estate Late Harvest Proprietary Red Wine* stammt zu jeweils 50% von 100 Jahre alten Zinfandel- und Petite-Sirah-Reben. Er bringt es auf enorme 17,3% Alkohol, aber der Restzucker liegt nur bei 1,2%. Der Wein wirkt nicht süß und offenbart auch keine der an Trockenpflaumen und einen Amarone erinnernden Eigenschaften, die viele spät gelesene Zinfandels aufweisen. Dieser außergewöhnliche, dicht purpurfarbene Wein präsentiert ein herrliches Bukett von Brombeermarmelade, vermischt mit Grillgewürz, Fleisch, Hickoryholz und Erde. Dieser körperreiche, reife Zinfandel, der im Mund trocken wirkt und riesige Mengen von Glyzerin und Extrakt bereit hält, wird sich 10–15 Jahre gut trinken lassen.

Der außerordentliche *1999er Geyserville Proprietary Red Wine* (eine Cuvée von 68% Zinfandel, 16% Carignan und 16% Petite Sirah mit 14,8% Alkohol) offeriert Aromen von schwarzen Johannisbeeren, Kirschwasser, Mineralien, rauchwürziger Eiche, Erde und Gewürzen. Er besitzt superbe Konzentration, exzellente Konturenschärfe, wundervolle Reintönigkeit und einen Extrakt, der den Mund auskleidet, ohne schwer zu wirken. Ein langer Abgang macht diesen sensationellen, vom Zinfandel dominierten Wein noch beachtlicher. Genießen Sie ihn während der nächsten 7–9 Jahre. Zu den spät geernteten Weinen gehört der *1999er Zinfandel Late Picked*, eine Cuvée aus überwiegend Zinfandel mit einem Hauch Petite Sirah, die es bei 1,2% Restzucker auf 16% Alkohol bringt. Der weder rosinenartige noch süße Wein offeriert verschwenderische Mengen von Glyzerin und Pfeffer sowie üppige Reife in seiner körperreichen, fleischigen, muskulösen Persönlichkeit. Er dürfte sich ein Jahrzehnt gut trinken lassen. Diejenigen meiner Leser, die nach einem im Stil von Henri Bonneaus berühmten Châteauneuf-du-Pape Réserve des Céléstins gemachten Zinfandel Ausschau halten, sollten den *1999er Zinfandel Nervo Late Picked* probieren. Dieser trockene Wein, der aus 92% Zinfandel und 8% Petite Sirah besteht und nur 0,2% Restzucker hat, ist in einem ungeheuer konzentrierten, körperreichen Stil gehalten. Er bietet gewaltige Schichten von Brombeer- und Schwarzkirschenfrucht, die von Fleisch, Erde, Rauch und Unterholz durchzogen sind. Dieser bestechend ausgestattete, kraftvolle und doch geschmeidige, zugängliche Wein, der enorme Mengen von Glyzerin aufweist, ist ein Bravourstück der Weinbereitung. Er dürfte sich 10–15 Jahre gut trinken lassen.

Bei den 1998er Zinfandels hat das Weingut auf die Bezeichnung durch den Rebsortennamen verzichtet. Natürlich sind es alle im Grunde »Zinfandels«, wobei sich im Mischsatz wenigstens 71% Zinfandel finden, beim Dusi Ranch 100%. Der dunkelrubin-purpurfarbene *1998er Mazzoni Home Ranch Proprietary* (71% Zinfandel, 21% Carignan und 8% Petite Sirah) präsentiert fette, süße Aromen von geschmolzenem Teer, schwarzen Johannisbeeren, Kirschmarmelade und Lakritze. Dieser säurearme, stämmige, fleischige Wein, der außerdem körperreich, tief und ausladend ist, sollte jetzt und während der nächsten 5–6 Jahre getrunken werden. Der *1998er Geyserville Proprietary Red Wine* (74% Zinfandel, 15% Petite Sirah, 10% Carignan und 1% Mataro), einer der Klassiker des Weinguts, besitzt die Komplexität und Eleganz eines Bordeaux. Der Alkoholgehalt liegt bei 14,1%. Der Wein war an dem Tag, als ich ihn verkostete, zurückhaltend, aber als er sich im Glas befand, stiegen süße Aromen von Mineralien, rauchwürzigem Holz, roten und schwarzen Johannisbeeren und getrockneten Kräutern auf. Dieser klassische, elegante, verhaltene, aber gebieterisch reichhaltige Zinfandel sollte während der nächsten 5–6 Jahre getrunken werden. Der *1998er Dusi Ranch* (der einzige sortenreine Zinfandel von Ridge, den ich verkostete) zeigt Aromen von gerösteten Erdnüssen und rauchiger Schwarzkirschen- und Johannisbeerfrucht. Er hat gute Struktur und Konturenschärfe, erweckt am Gaumen bei mittlerem bis vollem Körper einen dichten, reichhaltigen Eindruck und besitzt einen langen, konzentrierten Abgang. Das Etikett auf der Rückseite macht die interessante Angabe, dass wegen des extrem kalten und nassen Frühlings die Trauben für den Dusi Ranch zum ersten Mal in über 25 Jahren im Oktober gelesen wurden. Der tiefrubin-purpurfarbene *1998er Lytton Springs Proprietary Red Wine* (14,3% Alkohol; 77% Zinfandel, 16% Petite Sirah, 4% Mataro, 2% Carignan und 1% Alicante), ein weiterer Klassiker von Ridge, präsentiert ein süßes Bukett von Hagebuttenfrucht, vermischt mit roten und schwarzen Johannisbeeren, Mineralien, Pfeffer und Rauch. Dieser fleischige, wunderschön reintönige und erstaunlich proportionierte Zinfandel von mittlerem bis vollem Körper kann jetzt und während der nächsten 5–6 Jahre getrunken werden. Der *1998er Sonoma Station* (13,7% Alkohol; 75% Zinfandel, 11% Carignan, 9% Alicante und 5% Petite Sirah) bietet vielleicht das beste Preis-Leistungsverhältnis in diesem Zinfandel-Sortiment. Dieser Wein von mittlerem Körper, der Duft- und Geschmacksnuancen von Pfeffer, getrockneten Kräutern, roten und schwarzen Johannisbeeren aufweist, besitzt üppige Mengen von Beerenfrucht, gute Reintönigkeit und einen weichen, unkomplizierten, fleischigen Charakter, der einem makellos gemachten Côtes-du-Rhône ähnelt. Trinken Sie ihn während der nächsten 3–4 Jahre. Der *1998er Pagani Ranch* (88% Zinfandel, 9% Alicante und 3% Petite Sirah) hat eher den spät gelesenen Charakter eines Amarone. Eine dichte rubinrote Farbe geht einher mit Aromen von geschmolzenem Asphalt, Tierfell, süßen, dicklichen Pflaumen und rauchwürzigen Kirschen. Dieser nicht ungeheuer komplexe, aber runde und kernige Wein mittleren bis vollen Körpers sollte im Lauf der nächsten 4–5 Jahre getrunken werden.

Die 1997er Zinfandels haben durch die Bank vor allem wegen der spezifischen Bedingungen des Jahrgangs einen hohen Alkoholgehalt. Alle sind auch ein wenig besser als die sehr schönen 1996er. Der *1997er Zinfandel* beispielsweise offeriert überreife Pflaumen und Kirschen im Bukett, explosive Frucht, üppiges Glyzerin und einen körperreichen, saftigen, verführerischen Charakter. Er sollte während der nächsten 1–2 Jahre getrunken werden. Der *1997er Geyserville Proprietary Red Wine* (74% Zinfandel, 15% Carignan, 10% Petite Sirah und 1% Mourvèdre; 14,9% Alkohol) offeriert explosive Aromen von dicklicher Beerenfrucht und Geschmacksnuancen von Pflaumen, Kirschen, Himbeeren und rauchwürzigem Holz. Dieser entwickelte, frühreife, köstliche und säurearme Wein, der offen gewirkt und ausladend ist, wird sich 1–2 Jahre gut trinken lassen. Der undurchdringlich purpurfarbene *1997er Zinfandel Pagani Ranch* (88% Zinfandel, 7% Mataro, 3% Petite Sirah und 2% Alicante; 14,6% Alkohol) präsentiert, was die Franzosen als *sur-maturité* (Überreife) bezeichnen. Der monolithische Wein mit gewaltigen, muskulösen, konzentrierten Geschmacksnuancen zeigt noch nicht viel Konturen oder Entwicklung, obwohl er bereits in der Flasche ist. Es gibt Schichten konzentrierter Frucht, viel dickliche Nuancen von Brombeeren und Pflaumen und genug Säure und Tannin, um diesem enorm ausgestatteten Wein einen soliden Unterbau zu geben. Nach weiteren sechs Monaten in der Flasche wird er noch besser sein und 3–4 Jahre überdauern. Der *1997er Zinfandel Lytton Springs* ist ein demonstrativ fruchtiger, körperreicher Wein, der den Schwarzkirschen- und Himbeercharakter der Rebsorte unterstreicht. Mit Batzen von Glyzerin, einem hohen Alkoholgehalt, hervorragender Reintönigkeit und einem vorzüglichen Abgang sollte dieser köstliche, sinnliche Wein jetzt mit Vergnügen getrunken werden.

Der undurchdringlich rubin-purpurfarbene *1997er Mazzoni Home Ranch Proprietary Red Wine* (60% Zinfandel, 35% Carignan und 5% Petite Sirah; 13,8% Alkohol) offeriert ein wunderschönes Bukett von schwarzen Himbeeren mit Nuancen von Lakritze und würzigem Eichenholz. Es ist ein glatt texturierter, sinnlicher Wein von mittlerem bis vollem Körper, der während der nächsten 3–4 Jahre köstliches Trinkvergnügen bereiten wird. Der dunkelrubinpurpurfarbene *1997er Zinfandel Sonoma Station* (75% Zinfandel, 13% Carignan, 8% Petite Sirah und 4% Alicante Bouchet) präsentiert ein ausladendes Bukett von Hagebutten, Pfeffer und Gewürz, dichte, reichhaltige Geschmacksnuancen von Kirschen und Brombeeren, eine tiefe, saftige Textur und feine Reintönigkeit und Intensität. Auch er sollte bald ausgetrunken werden. Der *1997er Lytton Springs Proprietary Red Wine*, der aus 80% Zinfandel, 15% Petite Sirah, 2% Carignan, 2% Mataro und 1% Grenache besteht und es auf 14,9% Alkohol bringt, zeigt eine gesättigte Purpurfarbe und prächtige Aromen von Trüffeln, Lakritze, lehmigem Erdreich, Brombeerlikör und Kirschen. Er bietet gut geschichtete Konzentration, süßes Glyzerin mitten im Mund und einen kraftstrotzenden, konzentrierten und opulent texturierten Abgang. Er dürfte sich 6 Jahre gut trinken lassen.

Einer der größten alten Zinfandels, die ich je verkostet habe, war der 1970er Jimsonare. Ridge füllt diesen Lagenwein nur ab und zu separat ab, weil die Rebfläche so hoch liegt, dass die Trauben selten völlig reif werden. 1997 war das allerdings der Fall. Der *1997er Zinfandel Jimsonare* (100% Zinfandel), der es auf 14,8% Alkohol bringt, besitzt eine satte, undurchdringliche schwarz-purpurrote Farbe, enorm reichhaltige, massive Geschmacksnuancen von Brombeeren und Kirschen, rustikales Tannin und einen gigantischen Abgang, der länger als 30 Sekunden dauert. Der Wein zeigt außerdem üppige Mengen toastwürziger Eiche. Er ist bei weitem der konzentrierteste, gewaltigste und zudem der am wenigsten entwickelte Wein, den Ridge in diesem Jahrgang produziert hat. Er dürfte 5–6 Jahre schön altern. Im Kontrast dazu ist der *1997er Zinfandel York Creek–Spring Mountain* (95% Zinfandel und 5% Petite Sirah; 15,3% Alkohol) ein stärker nach Gewürzen, Erde und Lakritze duftender Wein mit viel rauem Tannin, einer körnigen Textur, mittlerem bis vollem Körper und tiefen, konzentrierten, muskulösen Geschmacksnuancen. Dieser rustikale Wein mit seinem barbarischen Tanningehalt sollte während der nächsten 3–4 Jahre getrunken werden. Der *1997er Cabernet Sauvignon Monte Bello* zeigt eine undurchdringlich purpurrote Farbe und ein elegantes Bukett von schwarzen Johannisbeeren, Mineralien und rauchwürzigem Eichenholz. Der Wein ist bei mittlerem bis vollem Körper tanninbetont und benötigt 10 Jahre Kellerreife. Er ist kein Kraftprotz, sondern weist mehr Eleganz und Finesse auf als üblich. Wie seine Vorgänger wird er jedoch lange brauchen, um seine Trinkreife zu erreichen, in diesem Stadium aber 2–3 Jahrzehnte verweilen.

Der *1996er Cabernet Sauvignon Monte Bello* (eine Cuvée aus 80% Cabernet Sauvignon, 11% Merlot und 9% Petit Verdot; 13,4% Alkohol) stellt das Ergebnis einer strengen Selektion dar, bei der 60% der Erntemenge ausgeschieden wurden. Dieser kraftstrotzende, mächtige, konzentrierte Monte Bello besitzt eine undurchdringliche purpurrote Farbe, viel würziges Eichenholz im Bukett (er wird von Beginn an in ausschließlich amerikanischen Eichenfässern ausgebaut), und einen tiefen, vielschichtigen, konzentrierten Stil. Er hat eine Menge Tannin, aber es ist süßer als das im 1997er, und weist eine höhere Konzentration und Extraktion auf. Es gibt einen Hauch von Eichenholz in den Geschmackskomponenten, die im Übrigen von Mineralien und dicklichen schwarzen Früchten dominiert werden. Dies ist ein herrlicher Monte Bello, der eine Lebensdauer von mehr als 30 Jahren hat. Der *1995er Cabernet Sauvignon Monte Bello* ist im Grunde ein roter Tafelwein, weil sich im Verschnitt nur 69% Cabernet Sauvignon neben 18% Merlot, 10% Petit Verdot und 3% Cabernet Franc befinden. Er ist das Ergebnis einer extrem strengen Selektion, bei der 75% der Ernte ausgeschieden wurden. Paul Draper meint, es sei der größte, kräftigste und muskulöseste Monte Bello der 1990er Jahre und benötige 10–15 weitere Jahre Kellerreife. Dieser satt purpurrote Wein ist immer noch verhalten, mit einem verschlossenen Bukett von Mineralien, Eichenholz und feinen schwarzen Früchten. Im Mund ist er groß angelegt, tanninbetont, reichhaltig und lang, aber auch fast ätzend wegen seines hohen Tanningehalts. Dieser jugendliche, muskulöse, vor Kraft strotzende Monte Bello wird beträchtliche Zeit im Keller verbringen müssen. Voraussichtliche Trinkreife: 2010–2035.

Ridge besitzt das Weingut Lytton Springs und hat aus dessen Rebbeständen 1996 zwei interessante »Rhône-Ranger«-Weine hervorgebracht. Dem *1996er Syrah Lytton Springs* wurden 5% Viognier zugesetzt, und er bringt es auf 14,2% Alkohol. Der Viognier wurde zusammen mit dem Syrah vinifiziert, wodurch sich ein reichhaltig fruchtiger (Brombeeren und Johannisbeeren), üppiger, abgerundeter, köstlicher Wein mit niedrigem Säuregehalt und einem rundlichen, attraktiven Charakter ergab. Er sollte bald getrunken werden. Faszinierend ist auch der *1996er Grenache Lytton Estate* (eine Cuvée aus 92% Grenache, 6% Zinfandel und 2% Petite Sirah). Die tiefrubinrote Farbe des Weins geht einher mit einem wunderbaren Bukett von dicklichen Erdbeeren, Kirschlikör und getrockneten Kirschen. Dieser fruchtige Wein, der bei mittlerem bis vollem Körper gutes Glyzerin aufweist, ist ein köstlicher Grenache aus dem Lehrbuch und sollte ebenfalls bald ausgetrunken werden.

Ridge hat eine Reihe schöner 1996er Zinfandels herausgebracht. Sie offenbaren die gehaltvolle, alkoholreiche Persönlichkeit und den frühreifen, unmittelbar trinkreifen Stil des Jahrgangs. Ich glaube nicht, dass die 1996er trotz ihres hohen Alkoholgehalts das Jahr 2005 überdauern werden. Die kleine Zinfandel-Ernte hat konzentrierte Weine zur Folge gehabt, aber sie sind nicht so ungewöhnlich tief, wie man angesichts der geringen Ertragsmengen vermutet hätte. Der *1996er Zinfandel Sonoma Station* (eine Cuvée von 80% Zinfandel, 8% Petite Sirah, 8% Alicante und 4% Carignan; 14,4% Alkohol) zeigt eine dunkelrubinrote Farbe und ein reichhaltiges, nach Brombeeren und Himbeeren duftendes Bukett mit Schwaden von Gewürz und Pfeffer. Dieser köstliche, mit einem breiten Geschmacksbereich ausgestattete Zinfandel mittleren Körpers, mit ausgezeichneter Konzentration und subtilem frischen Eichenholz im Hintergrund, wird am besten während der nächsten 1–3 Jahre getrunken. Der *1996er Zinfandel Dusi Ranch* (95% Zinfandel und 5% Petite Sirah mit 14,6% Alkohol) hat eine tiefe, satte rubin-purpurrote Farbe und ein subtiles Aromaprofil (vornehmlich Erde, vermischt mit schwarzen Himbeeren, Pfeffer und Lakritze). Dieser würzige Zinfandel von mittlerem bis vollem Körper scheint eine feste Struktur zu besitzen, hat aber nicht die untergründige Tiefe, die ein Alterungspotenzial von mehr als 1–3 Jahren garantieren würde. Der *1996er Geyserville Proprietary Red Wine* (eine Cuvée von 75% Zinfandel, 17% Carignan, 6% Petite Sirah und 2% Mataro) bringt es auf 14,9% Alkohol, ist aber trotzdem ein außergewöhnlich eleganter Wein mit süßer Frucht von schwarzen Himbeeren und Kirschen, mittlerem Körper und einem trockenen, lebhaften, leicht tanninbetonten Abgang. Dieser Wein könnte leicht für einen hochklassigen, mittelgewichtigen roten Burgunder des Jahrgangs 1995 durchgehen. Im Mund nehmen sich das Glyzerin des Weins und seine vielschichtige Textur sehr anziehend aus. Er dürfte sich 1–3 Jahre gut trinken lassen. Der *1996er Zinfandel York Creek-Spring Mountain* (91% Zinfandel und 9% Petite Sirah) offenbart die Strenge eines Bordeaux in seinem Geschmacksprofil. Er hat viel Tannin, was aber nicht heißt, dass er längere Zeit in den Keller gelegt werden kann. Die Brombeer- und Kirscharomen verbinden sich mit würzigem Eichenholz, Pfeffer und Mineralien zu einem moderat intensiven, verlockenden Bukett. Im Mund zeigt der Wein Festigkeit, amerikanisches Eichenholz, gutes Gewürz und süße Frucht. Trinken Sie diesen eleganten, komplexen Zinfandel während der nächsten 1–2 Jahre. Der *1996er Lytton Springs Proprietary Red Wine* (78% Zinfandel, 19% Petite Sirah, 2% Carignan und 1% Grenache) hat 14,5% Alkohol. Er hat das süßeste, dicklichste Bukett und eine gesunde dunkelrubin-purpurrote Farbe, vollen Körper, robuste, saftige Geschmackskomponenten und die beste Länge dieser Weine. Dieser geschmacklich umfassend ausgestattete Wein dürfte sich 2–3 Jahre gut trinken lassen. Der dunkelrubinrote *1996er Zinfandel Pagani Ranch* schließlich (82% Zinfandel, 11% Mataro, 4% Petite Sirah und 3% Alicante) offeriert Aromen von Erde, getrockneten Pflaumen und reifen schwarzen Früchten (fast im Stil eines Amarone). Am Gaumen ist der Wein bei mittlerem bis vollem Körper trocken, rustikal, weniger konzentriert, aber zivilisierter und zurückhaltender als verschiedene ältere Pagani Ranch Zinfandels, die vor Kraft strotzten. Dieser sauber gemachte Wein dürfte sich 2–3 Jahre gut trinken lassen. Diese 1996er sind alle ausgezeichnete, fast hervorragende Zinfandels, die eine gewisse Festigkeit und Strukturiertheit gemeinsam haben (besonders im Vergleich mit den 1995ern, 1994ern und 1993ern). Angesichts ihrer deutlichen Konturen und ihrer Eckigkeit wäre die Annahme nicht abwegig, dass diese Weine noch zusätzliche Kellerreife benötigten. Mein Instinkt und meine Erfahrung lassen mich jedoch vermuten, dass diese Zinfandels in ihrem jugendlichen Überschwang getrunken werden müssen – während der nächsten 2–3 Jahre.

Bisherige große Jahrgänge: Cabernet Sauvignon Monte Bello 1993er (93+), 1992er (94), 1991er (95), 1990er (91), 1987er (92), 1985er (90), 1984er (92), 1977er (93), 1974er (96), 1971er (94), 1970er (95).

ROCHIOLI (SONOMA)

1997	Cabernet Sauvignon Neoma's Vineyard	Russian River	D	90
1996	Cabernet Sauvignon Neoma's Vineyard	Russian River	D	93
1999	Chardonnay	Russian River	D	90
1999	Chardonnay Allen Vineyard	Russian River	D	93
1999	Chardonnay River Block Vineyard	Russian River	D	92
1999	Chardonnay South River Vineyard	Russian River	D	94
1999	Pinot Noir East Block	Russian River	EE	95
1998	Pinot Noir East Block	Russian River	E	93
1997	Pinot Noir East Block	Russian River	E	92
1995	Pinot Noir East Block	Russian River	E	91
1999	Pinot Noir Estate	Russian River	D	90
1998	Pinot Noir Estate	Russian River	D	89
1997	Pinot Noir Estate	Russian River	D	88
1996	Pinot Noir Estate	Russian River	D	88
1995	Pinot Noir Estate	Russian River	C	89
1999	Pinot Noir Little Hill Block	Russian River	E	92
1998	Pinot Noir Little Hill Block	Russian River	E	91
1997	Pinot Noir Little Hill Block	Russian River	E	94
1996	Pinot Noir Little Hill Block	Russian River	E	91
1995	Pinot Noir Little Hill Block	Russian River	E	90
1999	Pinot Noir River Block	Russian River	EE	92
1998	Pinot Noir Three Corner Vineyard	Russian River	D	90
1997	Pinot Noir Three Corner Vineyard	Russian River	E	91
1996	Pinot Noir Three Corner Vineyard	Russian River	E	93
1995	Pinot Noir Three Corner Vineyard	Russian River	E	90
1999	Pinot Noir West Block	Russian River	E	95
1998	Pinot Noir West Block	Russian River	E	92
1997	Pinot Noir West Block	Russian River	E	88
1996	Pinot Noir West Block	Russian River	E	93
1995	Pinot Noir West Block	Russian River	E	93
1999	Sauvignon Blanc	Russian River	C	88
1999	Zinfandel Rochioli Vineyard	Russian River	D	90
1998	Zinfandel Rochioli Vineyard	Russian River	D	91
1998	Zinfandel Sodini Vineyard	Russian River	D	90
1996	Zinfandel Sodini Vineyard	Russian River	C	93

So gut wie alle Weinproduzenten, die ich in Kalifornien besuche, äußern sich freimütig und ohne Umschweife über die Bedingungen der verschiedenen Jahrgänge und darüber, wie ihre Weine gemacht werden. Nach dieser Feststellung kann ich sagen, dass es wahrscheinlich niemanden in der Welt des Weins gibt, der unverblümter ist als Tom Rochioli. Seiner erfrischenden Aufrichtigkeit und der Selbstverständlichkeit, mit der er sein Licht unter den Scheffel stellt, ist schwer zu widerstehen. In der Tat frage ich mich oft, ob er sich der superben Qualität seiner Weine überhaupt bewusst ist! So ziemlich die einzige Möglichkeit, an Rochiolis in begrenzten Mengen produzierte Weine aus Einzellagen heranzukommen besteht darin, sich um einen Platz auf der Versandliste des Weinguts zu bemühen, was ich hiermit ausdrücklich empfehlen möchte. Der bescheidene Rochioli steigert weiterhin das Qualitätsniveau, produziert immer bessere Weine. Kurz gesagt, sie gehören zu den besten Chardonnays und Pinot Noirs, die man bekommen kann. Sein Engagement ist erkennbar in seinen einfachen Russian-River-Cuvées von Chardonnay und Pinot Noir.

Die 1999er sind die besten, die er bisher gemacht hat. Von dem *1999er Chardonnay*, der ohne Filtrierung abgefüllt wurde, gibt es 2 525 Kisten. Angesichts der Qualität, die er besitzt, ist er unglaublich preisgünstig. Der komplexe Chardonnay im Burgunderstil mit hefigen Nuancen von Orangenmarmelade, Ananas, Mineralien und gerösteten Haselnüssen, einem stahligen Charakter, einer feinen untergründigen mineralischen Note, vollem Körper und bewundernswerter Struktur dürfte er sich 3–4 Jahre gut trinken lassen. 70% des *1999er Sauvignon Blanc* stammen von einer 1959 bestockten Reblage und 30% von einer, die 1985 angelegt wurde. Der Wein präsentiert Nuancen von Feuerstein und Kieseln, reifer Grapefruit und Passionsfrucht, leichten bis mittleren Körper und eine ausdrucksvolle Persönlichkeit. Er wird am besten während der nächsten 2–3 Jahre getrunken.

Die Einzellagen-Chardonnays werden in begrenzten Mengen hergestellt (von jedem rund 300 Kisten). Es sind straff gewirkte, ausdrucksstarke Weine, die ohne Schönen und Filtrieren abgefüllt werden. Ich kaufe diese Weine, seit Tom Rochioli sie entworfen hat, und sie haben eine Lebensdauer von gut 5–7 Jahren. Die 1999er offenbaren die höhere Säure des Jahrgangs. Der superbe *1999er Chardonnay River Block Vineyard* (332 Kisten), der von sandigen, lehmigen Böden stammt, ist straff gewirkt und besitzt großartige Frucht, eine untergründige Nuance von flüssigen Mineralien und viel hefige, rauchige Tropenfrucht, die mit gerösteten Mandeln vermischt ist, sowie eine stahlige Note. Dieser Wein ist noch nicht entwickelt, dürfte sich aber 4–6 Jahre gut trinken lassen. Noch eindrucksvoller ist der *1999er Chardonnay Allen Vineyard*, der qualitativ hochwertiges französisches Eichenholz präsentiert, das mit Aromen tropischer Früchte vermischt ist. Dieser ausladende, dicke, superkonzentrierte Wein hat genug Säure, um seine kraft- und prachtvolle Größe zu untermauern. Am besten lässt man ihn weitere 6–12 Monate in der Flasche ruhen und trinkt ihn während der folgenden 5-6 Jahre. Der spektakuläre *1999er Chardonnay South River Vineyard* stammt von dem Hanzell genannten Chardonnay-Klon, der in den Schwemmlandböden eines uralten Flussbetts angepflanzt wurde. Der Wein präsentiert eine vielschichtige Textur, fantastische Reintönigkeit und Nuancen von Mineralien, Ananas, Pfirsichen, Rauch und Butter. Wie all diese Chardonnays wird er in zu 50% neuen französischen Eichenfässern ausgebaut; der Holzton ist subtil und unaufdringlich. Voraussichtliche Genussreife: jetzt–2009.

Der *1999er Pinot Noir Estate* genießt den Kontakt mit zu einem Drittel neuen Eichenfässern (alle von François Frères). Er ist der feinste einfache Pinot, den Rochioli bislang produziert hat, und weist eine dichte rubinrote Farbe sowie ein herrliches Bukett von Schwarzkirschenmarmelade auf, die mit Erde, Rauch, Vanille und Gewürz vermischt ist. Die Trauben wurden sehr reif gepflückt, was in dem süßen Charakter von schwarzen Früchten zum Ausdruck kommt, den der Wein besitzt. Trinken Sie diesen beeindruckenden Pinot Noir während der nächsten 4–5 Jahre. Es gibt jeweils 300–400 Kisten der Lagenweine, mit Ausnahme des River Block (nur 150 Kisten). Tom Rochioli hält es für das Beste, die Lese bei extrem hohen Mostgewichten vorzunehmen (25–27° Brix), die Weine drei bis fünf Tage kalt einzumaischen und sie mit auf der Parzelle heimischen Hefen zu vergären. Die Weine werden praktisch nicht umgezogen, bevor sie zum ungeschönten und unfiltrierten Abfüllen zusammengestellt werden. Seine Weine gehören zu den vier oder fünf besten Pinot Noirs, die in Kalifornien produziert werden. Der *1999er Pinot Noir Little Hill Block* (eine felsige Hanglage) ist ein dunkelblau-rubinroter Wein von mittlerem bis vollem Körper und einem herrlichen Bukett von Rosenblütenblättern, Schwarzkirschen, Himbeeren, Mineralien und Rauch. Der reichhaltige und gut texturierte Wein dürfte seinen Höhepunkt in etwa 1–2 Jahren erreichen und 8–9 Jahre überdauern. Der undurchdringlich rubin-purpurfarbene *1999er Pinot Noir West Block* (ein 1969 und 1970 angelegter Rebbestand) präsentiert ein üppiges Bukett von Piment, Brombeeren, Kirschen und Toastbrot. Dieser vielschichtige Pinot Noir zeigt unheimliche Balance und Reintönigkeit, eine ölige Textur und einen Abgang von 40 Sekunden. Ein überwältigender Wein, der noch besser zu sein scheint als der 1998er. Voraussichtliche Genussreife: jetzt–2009. Der Ehrfurcht gebietende schwarz-rubinfarbene *1999er Pinot Noir East Block* offenbart ein extravagantes Bukett von schwarzen Himbeeren, Kirschlikör und Vanille. Dieser massive, körperreiche, ölig texturierte Pinot Noir, der trotz reif geernteter Frucht keine Anzeichen von Hitzigkeit oder eine Nuance von getrockneten Pflaumen aufweist, ist sagenhaft konzentriert und wunderschön balanciert. Der Wein ist säurearm, aber gut gezeichnet und extrem frisch und lebhaft. Er dürfte sich mindestens ein Jahrzehnt gut trinken lassen. Der bei 27° Brix geerntete *1999er Pinot Noir River Block* zeigt keine Anzeichen einer späten Lese, sondern verschwenderisches Glyzerin und üppige Mengen von Schwarzkirschlikör, die mit Nuancen von Blumen, Rauch und Erde vermischt sind. Die Textur ist wundervoll und der Wein reintönig und gut ausbalanciert. Leider gibt es nur 150 Kisten von ihm. Voraussichtliche Genussreife: jetzt–2014.

Die 1998er Pinot Noirs sind alle höchst gelungen für den Jahrgang. Es ist zu früh für die Feststellung, dass sie besser sind als die 1997er und 1996er, aber es kann kein Zweifel daran aufkommen, dass Rochioli einige der besten Weine Kaliforniens aus dieser heiklen Rebsorte produziert. Leider lag die 1998er Produktion um 25% niedriger, so dass es noch weniger Kisten dieses Weins als üblich gibt. Alle werden aus entrappten Pinot-Noir-Trauben gemacht, vor der Gärung bis zu fünf Tagen kalt eingemaischt und ohne Absetzen in französische Eichenfässer gefüllt, damit so viele der feinen Hefen wie möglich in dem Wein bleiben. Der Wein wird nur zweimal umgezogen, das zweite Mal bei der Zusammenstellung verschiedener Fässer zur Abfüllung. Der *1998er Pinot Noir Estate* ist im Wesentlichen eine Cuvée aus Partien der jüngsten Reben des Rochioli-Guts und solchen, die von den Lagenweinen abgezweigt werden. Es ist ein schöner, nach Erdbeeren und Kirschen duftender Wein mit einer dunkelrubinroten Farbe, lebhafter, energischer Frucht, mittlerem bis vollem Körper, ausgezeichneter Konzentration, süßem Tannin und genug Säure, um seine Konturen klar hervortreten zu lassen. Er könnte leicht für einen Premier Cru aus Beaune durchgehen. Trinken Sie ihn während der nächsten 4–5 Jahre. Der *1998er Pinot Noir Three Corner Vineyard* (150 Kisten) offeriert ein süßes, dickliches Bukett von Schwarzkirschen, mittleren bis vollen Körper, hervorragende Reife, eine exzellente Textur und feine Reintönigkeit. Er dürfte sich 5–7 Jahre gut trinken lassen. Der dunkelrubinfarbene *1998er Pinot Noir Little Hill Block* (250 Kisten) offenbart reichhaltigere, tiefere, süßere Frucht von Schwarzkirschen und schwarzen Himbeeren, mittleren bis vollen Körper und hervorragende Reintönigkeit und Länge. Sowohl der Little Hill Block als auch der Three Corner Vineyard werden in zur Hälfte neuen französischen Eichenfässern ausgebaut und ungeschönt und unfiltriert abgefüllt. Der *1998er Pinot Noir West Block* (350 Kisten), der ausschließlich in neuen Eichenfässern von François Frères ausgebaut wird, präsentiert ein verführerisches Bukett von schwarzen Himbeeren, Blumen und Kirschlikör. Dieser reichhaltige, mehrdimensionale Pinot von mittlerem bis vollem Körper, der herrliche Reintönigkeit und Symmetrie besitzt, benötigt noch 1–2 Jahre Flaschenreife, um sein aggressives Tannin abzuwerfen. Er wird ein Jahrzehnt überdauern. Mein Favorit unter den Pinots dieses Weinguts ist zweifellos der *1998er Pinot*

Noir East Block. Die Trauben wurden bei einem Mostgewicht von rund 26° Brix gelesen, weshalb er es auf fast 15% Alkohol bringt. Der ausschließlich in neuen Eichenfässern ausgebaute Wein zeigt keine Spur von getrockneten Pflaumen oder andere charakteristische Anzeichen einer späten Lese. Dieser dichte, gehaltvolle, körperreiche, vorzüglich konzentrierte Pinot mit prächtigen Mengen von Schwarzkirschen, Himbeeren, Cassis und Brombeeren ist reintönig und verführerisch. Süßes Tannin im Abgang ergänzt das hohe Niveau von Glyzerin und Alkohol. Er stellt sich vielleicht als einer der feinsten Pinots heraus, die Rochioli produziert hat. Er dürfte sich ein Jahrzehnt gut trinken lassen.

Der dunkelrubinfarbene *1997er Pinot Noir Estate* offeriert ein attraktives Bukett von Schwarzkirschen, Erde und Gewürzen, mittleren bis vollen Körper, süßes Tannin sowie exzellente Sauberkeit und Symmetrie. Dieser robuste, aber ausgewogene Pinot ist fleischig, reichhaltig und vollmundig und sollte während der nächsten 3–4 Jahre Freude bereiten. Der *1997er Pinot Noir Three Corners Vineyard* präsentiert eine dunkelrubin-purpurrote Farbe, ein süßes Bukett von Pflaumen, schwarzen Johannisbeeren und Kirschen, seidig texturierte Geschmackskomponenten von mittlerem bis vollem Körper und einen rauchigen, toastwürzigen Abgang. Der Wein zeigt einen nahtlosen Stil und wundervoll süße Frucht, ohne gebieterisch oder gewichtig zu schmecken. Der Alkoholgehalt muss um die 14% betragen, aber angesichts der Konzentration und Tiefe des Weins ist er nicht herauszuschmecken. Dieser Pinot Noir wird sich 5–7 Jahre schön entfalten. Der von mir am meisten geschätzte Pinot Noir im Stall Rochiolis ist der *1997er Pinot Noir Little Hill Block.* Er hat eine satte purpurrote Farbe und ein spektakuläres Bukett, das leicht für jenen Cocktail aus Crème de Cassis und schwarzem Himbeerlikör durchgehen könnte, der sich in einem Richebourg der Spitzenklasse findet. Der Rebbestand auf extrem felsigem Boden hat ein Mostgewicht erzielt, das einen Wein von 13,8% Alkohol produzierte. Die seidige Textur dieses Weins, der zu jeweils 50% in neuen und einjährigen Fässern von François Frères ausgebaut wird, ist vollgepackt mit Glyzerin sowie mit konzentrierten roten und schwarzen Früchten. Blütendüfte und rauchige Noten von Toastbrot vermehren Anziehungskraft und Komplexität des Weins. Dieser körperreiche, wunderbar vollständige und konzentrierte Pinot Noir sollte während der nächsten 5–6 Jahre getrunken werden. Klassische Schwarzkirschenaromen vermischt mit rauchigem frischen Eichenholz springen aus einem Glas des *1997er Pinot Noir West Block.* Dieser dunkelrubin-purpurrote Wein, der zu 100% in neuen Eichenfässern von François Frères ausgebaut wird, ist körperreich, straffer als seine Vorgänger, aber schön geschichtet mit Geschmackskomponenten von süßem Kirschwasser und Schwarzkirschen, gutem Glyzerin und feiner Reintönigkeit. Wegen des leicht eckigen und tanninbetonten Abgangs in diesem komprimierten Wein blieb meine Bewertung konservativ. Der *1997er Pinot Noir East Block* schließlich ist dem Little Hill Pinot am ähnlichsten. Es ist ein ungebändigter Wein, der trotz seiner wundervollen Reichhaltigkeit und Dichte seine Eleganz und Extravaganz bewahrt hat. Der Wein ist von einer gesunden dunkelrubin-purpurroten Farbe und zeigt im Mund bei mittlerem bis vollem Körper hervorragende Geschmacksextraktion und einen 30 Sekunden langen Abgang. Er besitzt adäquate Säure und moderates Tannin, aber diese Komponenten sind praktisch begraben unter seiner frühreifen Frucht. Dieser würzige Pinot mit schwarzen Früchten in Duft und Geschmack sollte nach weiteren 6–12 Monaten in der Flasche seinen Höhepunkt erreichen und sich 5–7 Jahre schön entwickeln.

Der *1996er Pinot Noir Estate* präsentiert ein süßes, rauchiges, nach schwarzen Pflaumen und Kirschen duftendes Bukett, mittleren Körper, ausgezeichnete Reife und Reintönigkeit der Frucht, genug Säure, um die Konturen hervortreten zu lassen, und einen mäßig langen, nachgiebigen Abgang mit toastwürzigen Nuancen frischer Eiche. Er dürfte sich 4–5 Jahre gut trinken lassen. Der *1996er Pinot Noir Little Hill Block* zeigt ein umwerfendes Bukett von Himbeeren, Kirschen, rauchiger, toastwürziger Eiche und Blütendüften. Der Wein ist körperreich und hat intensive Geschmacksnuancen, eine vielschichtige, seidige Textur und einen üppigen, ungestümen Abgang. Es ist ein sinnlich und zugleich intellektuell ansprechender

Pinot Noir, der während der nächsten 4–5 Jahre getrunken werden sollte. Bemerkenswert ist, dass sowohl der 1996er Pinot Noir Three Corner Vineyard als auch der 1996er Pinot Noir West Block noch komplexer zu sein und mehr Dimensionen zu haben scheinen. Der dichte, tiefrubin-purpurrote *1996er Pinot Noir Three Corner Vineyard* (125 Kisten) offenbart ein süßes Bukett von schwarzen Himbeeren mit hochwertigen Nuancen von Toastbrot und faszinierenden Düften asiatischer Gewürze. Dieser körperreiche, dichte, beim Auftritt im Mund süße (durch die Reife der Trauben, nicht durch Zucker) und gehaltvolle Pinot Noir mit seiner üppigen Textur steckt hinsichtlich seiner Entwicklung noch in den Babyschuhen, aber er verspricht, sich jung gut trinken zu lassen und 7–8 Jahre zu halten. Jedes Jahr scheint mir der Pinot vom West Block ein wenig besser zu gefallen als seine Jahrgangsgenossen, und der *1996er Pinot Noir West Block* bestätigt diese Annahme. Sowohl was seine Textur betrifft, als auch unter dem Aspekt seiner Konzentration und Länge könnte dieser Wein leicht für einen großen roten 1990er Grand Cru aus Burgund gehalten werden. Ob er in aromatischer Hinsicht dieselbe Komplexität erreichen wird, bleibt abzuwarten, aber mein Instinkt sagt mir, dass dies ein profunder Pinot Noir ist, ebenbürtig den feinsten Pinots, die im Lauf der letzten Jahre in Amerika gemacht worden sind. Die Farbe ist ein tiefes Rubin-purpurrot. Das exotische Bukett offeriert eine Melange von schwarzen Früchten, verflochten mit Toastbrot, Gewürz und fleischigen Nuancen. Dieser körperreiche, dichte, superb konzentrierte und reintönige, aber überraschend frische und lebhafte Wein ist ein herrliches Beispiel für die außerordentlichen Fortschritte, die eine Hand voll amerikanischer Winzer mit der heiklen Pinot-Noir-Traube gemacht haben. Ich wäre nicht überrascht, wenn dieser Wein ein Jahrzehnt halten würde.

1995 gab es fünf verschiedene Pinot Noirs von Rochioli. Der *1995er Pinot Noir Estate* zeigt eine tiefrubinrote Farbe, ein süßes, brombeerduftiges Bukett, Anzeichen von rauchigem Eichenholz, und runde, großzügige Geschmackskomponenten von mittlerem bis vollem Körper. Dieser geschmeidige Pinot Noir wird am besten während der nächsten 4–5 Jahre getrunken. Der *1995er Pinot Noir Little Hill Block* zeigt ein offen gewirktes Bukett von süßen, dicklichen schwarzen Früchten, reife Geschmacksnuancen von mittlerem bis vollem Körper und einen frühreifen, weichen Stil mit ausgezeichneter Reintönigkeit und viel vom unverkennbar wohlriechenden, seidigen Charakter eines Pinot Noir. Trinken Sie ihn während der nächsten 4–5 Jahre. Der *1995er Pinot Noir Three Corner Vineyard* präsentiert eine tiefere Farbe, üppige Mengen deutlicher, süßer, rauchiger Schwarzkirschenfrucht, mittleren bis vollen Körper, hervorragende Reintönigkeit und keine Ecken und Kanten. Der Wein dürfte sich 5–6 Jahre trinken lassen. Der beeindruckende *1995er Pinot Noir West Block* bietet ein Bukett von Himbeeren und Schwarzkirschen, wundervolle Süße und Fülle und den vielschichtigen, weichen, opulent texturierten Eindruck im Mund, den ein ernst zu nehmender Pinot macht. Dieser runde, konzentrierte, körperreiche, elegante und seidige Wein sollte während der nächsten 5–6 Jahre getrunken werden. Der *1995er Pinot Noir East Block* ist von derselben Art, vielleicht noch erdiger, aber opulent und auftrumpfend, mit Batzen reichhaltiger Frucht. Es ist schwer vorstellbar, dass viele Weingüter fünf Pinot Noirs dieser Qualität aus einem Jahrgang herausbringen.

Ist den Lesern eigentlich bewusst, dass die Rochiolis immer noch 60% der Ernte von ihren Rebflächen verkaufen und nur die besten Partien für ihr eigenes Sortiment zurückhalten? Sie machen Zinfandel aus extrem alten Reben. Der *1999er Zinfandel Rochioli Vineyard* (100 Kisten) offeriert herrliche Fruchtnuancen von Pflaumen, Schwarzkirschen und Himbeeren, die mit Schokolade, Rauch, Pfeffer und Erde vermischt sind. Trinken Sie diesen viskosen, dicken, saftigen Wein während seiner ersten 7–8 Lebensjahre. Der hervorragende *1998er Zinfandel Sodini Vineyard* (325 Kisten) stammt von einer Hanglage, die 1905 bestockt wurde. Aromen von Pflaumen, Kirschlikör und Pfeffer springen aus dem Glas dieses körperreichen, ölig texturierten Zinfandels. Dieser vollkommen trockene Wein von beträchtlicher Viskosität kommt in stilistischer Hinsicht einem der köstlichen explosiven Zinfandels am nächsten, die Ehren Jordan und Larry Turley produzieren. Er dürfte sich 5–7 Jahre gut trinken lassen. Wer nach einem mehr hagebuttenartigen Zinfandel mit den klassischen Brombeer- und Cassisnuancen Ausschau hält, sollte mal den konzentrierten, dicken *1998er Zinfandel Rochioli Vineyard* probieren. Der körperreiche, eindringliche und sirupartige Wein, von dem es leider nur 100 Kisten gibt, wurde zur Hälfte in neuen Eichenfässern ausgebaut. Er dürfte sich ein Jahrzehnt gut trinken lassen. Der superbe *1996er Zinfandel Sodoni Vineyard* (von 1905 gepflanzten Reben) gehört zu zwei Raritäten in begrenzter Auflage. Es gibt 400 Kisten dieses fabelhaft intensiven, gehaltvollen, schwarzpurpurroten Zinfandel, der 15% Alkohol enthalten muss. Dieser körperreiche, sinnlich texturierte Wein wird 5–7 Jahre sensationellen Trinkgenuss bereiten.

Ich weiß, dass Tom Rochioli nicht mit derselben Begeisterung Cabernet Sauvignon bereitet wie Pinot Noir, Chardonnay und Sauvignon Blanc, aber das ist kein Grund, seinen hervorragenden *1997er Cabernet Sauvignon Neoma's Vineyard* zu ignorieren, einen schwarz-purpurroten Wein mit einem superben Aromaprofil von frischem Eichenholz, schwarzen Himbeeren, Oliven, Teer und Rauch. Körperreich, gehaltvoll und saftig, mit beeindruckender Viskosität und Extraktfülle, sollte sich dieser groß dimensionierte, seidig texturierte Wein 15–20 Jahre schön entwickeln. Die Produktionsmenge betrug ungefähr 225 Kisten. Ein weiterer bemerkenswerter Wein ist der *1996er Cabernet Sauvignon Neoma's Vineyard* (150 Kisten). Dieser Wein, der von 38 Jahre alten Reben mit Erträgen von weniger als 5 t/ha stammt, zeigt eine satte schwarz-purpurrote Farbe und typische Aromen von dicklicher Cassisfrucht, vermischt mit Düften nach Mineralien, Tabak und Lakritze. Dieser extrem körperreiche Wein mit phänomenaler Konzentration offenbart die charakteristischen Eigenschaften der feinsten 1996er – niedrige Säure, reifes Tannin und umwerfende Mengen von Extrakt und fast überreifer Frucht. Voraussichtliche Genussreife: jetzt–2025.

ROCKING HORSE (NAPA)

1997	Cabernet Sauvignon Garvey Family Vineyard	Rutherford	D	89+
1994	Cabernet Sauvignon Garvey Family Vineyard	Rutherford	D	91

Der *1997er Cabernet Sauvignon Garvey Family Vineyard* hat eine dichte rubin-purpurrote Farbe, die mit einem erdigen, staubigen Bukett einhergeht, das Andeutungen von frischer Eiche und schwarzen Johannisbeeren aufweist. Am Gaumen macht dieser Wein einen langen, gehaltvollen und körperreichen Eindruck; sein Potenzial ist hervorragend. Er ist reintönig, besitzt moderates Tannin und bewundernswerte Konzentration und verspricht, in 3–4 Jahren noch besser zu sein und 12–15+ Jahre zu halten. Der sortenreine *1994er Cabernet Sauvignon Garvey Family Vineyard,* von dem 850 Kisten produziert wurden, zeigt eine undurchsichtige purpurrote Farbe, vollen Körper, einen explosiv reichhaltigen mittleren Geschmacksbereich und einen Abgang von 20–25 Sekunden. Er ist beladen mit der Frucht schwarzer Johannisbeeren, geprägt von Zedernholz- und Schokoladenuancen, hat eine herrliche Textur, superbe Reichhaltigkeit und Saftigkeit und die typische erdige, würzige, als »Rutherford-Staub« bezeichnete Eigenschaft. Es gibt Batzen von süßem Tannin im Abgang, aber man sollte daraus nicht den Schluss ziehen, dass dieser Wein trinkreif ist. Wer ihn kauft, sollte darauf vorbereitet sein, ihn 3–5 Jahre in den Keller zu legen, da es sich um einen Wein mit einem Entwicklungspotenzial von 20 Jahren handelt, der sich vielleicht als noch besser herausstellt, als meine Bewertung vermuten lässt.

ROSENBLUM (ALAMEDA)

1999	Zinfandel Alegria Vineyard	Sonoma	C	88
1998	Zinfandel Alegria Vineyard	Russian River	D	89
1997	Zinfandel Annette's Reserve Rhodes Vineyard	Redwood Valley	D	88
1999	Zinfandel Carla's Vineyards	San Francisco Bay	C	88

1998	**Zinfandel Carla's Vineyards**	**Contra Costa**	**C**	**88**
1999	**Zinfandel Continente Vineyard**	**San Francisco Bay**	**C**	**90**
1998	**Zinfandel Continente Vineyard**	**San Francisco Bay**	**C**	**89**
1998	**Zinfandel Cullinane Vineyard**	**Sonoma**	**D**	**90**
1997	**Zinfandel Cullinane Vineyard**	**Sonoma**	**D**	**87**
1999	**Zinfandel Eagle Point Vineyard**	**Mendocino**	**C**	**90**
1999	**Zinfandel George Hendry Vineyard Reserve**	**Napa**	**D**	**88**
1999	**Zinfandel Harris Kratka Vineyard**	**Alexander Valley**	**C**	**90**
1998	**Zinfandel Harris Kratka Vineyard**	**Alexander Valley**	**D**	**89**
1999	**Zinfandel Lyons Vineyard**	**Napa**	**D**	**91**
1998	**Zinfandel Lyons Vineyard**	**Napa**	**D**	**90**
1997	**Zinfandel Lyons Vineyard**	**Napa**	**D**	**89**
1999	**Zinfandel Monte Rosso Vineyard**	**Sonoma**	**D**	**92**
1999	**Zinfandel Rhodes Vineyard**	**Redwood Valley**	**D**	**87**
1998	**Zinfandel Richard Sauret Vineyard**	**Paso Robles**	**D**	**90**
1999	**Zinfandel Rockpile Road Vineyard**	**Dry Creek**	**C**	**89**
1998	**Zinfandel Rockpile Road Vineyard**	**Dry Creek**	**D**	**89**
1997	**Zinfandel Rockpile Road Vineyard**	**Dry Creek**	**C**	**89**
1999	**Zinfandel Samsel Vineyard Maggie's Reserve**	**Sonoma**	**D**	**92**
1998	**Zinfandel Samsel Vineyard Maggie's Reserve**	**Sonoma**	**D**	**88**
1999	**Zinfandel St. Peter's Church Vineyard**	**Sonoma**	**D**	**91**
1998	**Zinfandel St. Peter's Church Vineyard**	**Sonoma**	**D**	**90**

Man muss einfach die Qualität bewundern, die Rosenblum in seinem umfangreichen Zinfandel-Sortiment zu erzielen versteht, dessen 1999er alle äußerst gut gelungen sind. Der undurchdringlich rubin-purpurfarbene *1999er Zinfandel Lyons Vineyard* zeigt ein herrliches Bukett von Brombeer- und Himbeerfrucht, mittleren bis vollen Körper und macht mitten im Mund einen süßen Eindruck, gut unterlegt von einer mineralischen Note. Es gibt genug Säure und Tannin, um dem Wein Konturen zu verleihen. Er dürfte sich ein Jahrzehnt gut trinken lassen. Der gut gemachte, reintönige, verhaltene *1999er Zinfandel George Hendry Vineyard Reserve*, der einen höheren Säuregehalt hat, ist ein hellerer Wein mittleren Körpers mit eleganten Duft- und Geschmacksnuancen von Mineralien, Heidelbeeren, Himbeeren, Pflaumen und Johannisbeeren, den man während der nächsten 7–8 Jahre genießen kann. Der undurchdringlich purpurfarbene *1999er Zinfandel Rhodes Vineyard* offeriert frische, scharfe Säure, eine erdige Note in seiner Himbeer- und Kirschfrucht, mittleren bis vollen Körper und ausgezeichnete Reintönigkeit, Reichhaltigkeit und Harmonie. Er dürfte sich 5–6 Jahre gut trinken lassen. Der kraftstrotzende *1999er Zinfandel St. Peter's Church Vineyard* präsentiert eine gesättigte Purpurfarbe und Aromen von Brombeeren, Heidelbeeren, Rauch, Mineralien, neuem Sattelleder und Erde. Der dichte, kraftvolle und muskulöse Wein ohne Ecken und Kanten offenbart großartige Reife, wunderschön reintönige Frucht, eine mehrdimensionale Persönlichkeit (für Zinfandel ungewöhnlich) und einen langen, reintönigen Abgang. Geben Sie ihm noch 6–8 Monate Zeit zur Abrundung und genießen Sie ihn während dieses Jahrzehnts.

Ich habe zwei Weine aus der Region San Francisco Bay verkostet. Der *1999er Zinfandel Carla's Vineyards* (14,1% Alkohol) ist ein köstlicher, offen gewirkter, reichhaltig fruchtiger Wein, der Pflaumen- und Beerenfrucht mit einem Hauch von Pfeffer und Gewürz aufweist. Der bei mittlerem bis vollem Körper weiche Wein bietet idealen Trinkgenuss im Lauf der nächsten 2–3 Jahre. Der dunkelblau-rubinrote *1999er Zinfandel Continente Vineyard* (14,6% Alkohol) offeriert ein auffälliges Bukett von süßer Kirschmarmelade und Balsaholz.

Im Mund ist er fleischig, körperreich und ölig, besitzt gute Dichte, ausgezeichnete Reintönigkeit, süßes Tannin und niedrige Säure. Trinken Sie ihn während der nächsten 4–5 Jahre. Der *1999er Zinfandel Alegria Vineyard* (14,1% Alkohol) ist eine Cuvée aus 78% Zinfandel, 14% Petite Sirah und 8% Alicante Bouchet. Einige der Reben wurden 1892 gepflanzt. Extravagante Aromen von schwarzen Himbeeren, Kirschen und Johannisbeeren springen aus dem Glas. Es gibt eine subtile Eichenkomponente sowie viel Gewürz, Leder, Pfeffer und süße Frucht in diesem eleganten dunkelrubin-purpurfarbenen Zinfandel von mittlerem Körper. Er wird am besten während der nächsten 4–5 Jahre getrunken. Der *1999er Zinfandel Eagle Point Vineyard* (14,3% Alkohol) stammt von einer höher gelegenen Reblage in der kühleren Region Mendocino. Dieser vorzügliche Wein offenbart herrliche Aromen von Brombeeren, Kirschen und Johannisbeeren. Dieser wunderschöne Wein, der reintönig, reif und konzentriert ist und bei mittlerem bis vollem Körper samtig texturierte Geschmacksnuancen und gut verhülltes Eichenholz besitzt, wird sich 4–5 Jahre gut trinken lassen. Der *1999er Zinfandel Rockpile Road Vineyard* (14,6% Alkohol) präsentiert Duft- und Geschmacksnuancen von Gewürz, Erde, Lakritze, Leder, Schwarzkirsche und Brombeeren in verschwenderischen Mengen. Obwohl er verhaltener ist als andere Weine von Rosenblum, besitzt er Intensität, Reife und beeindruckende Reintönigkeit. Dieser köstliche, fleischige und körperreiche Zinfandel, der genug Glyzerin und Textur aufweist, wird sich 4–5 Jahre gut trinken lassen. Der kraftvolle *1999er Zinfandel Harris Kratka Vineyard* (75% Zinfandel und 25% Carignan; 14,8% Alkohol) offeriert unverkennbare erdige Nuancen von Balsaholz, zerstoßenem Sandstein und Mineralien in dem verlockenden Bukett von schwarzen Früchten (vorwiegend Kirschen). Der gehaltvolle, fleischige, saftige und hedonistische Wein mit Batzen von Frucht, verschwenderischem Glyzerin und einem langen, nahtlosen, samtig texturierten, körperreichen Abgang wird sich 4–5 Jahre gut trinken lassen. Der dunkelrubinpurpurfarbene *1999er Zinfandel Monte Rosso Vineyard* ist eine Cuvée aus 85% Zinfandel, 8% Petite Sirah und 7% nicht identifizierten Rebsorten aus der 430 Meter über dem Sonoma Valley liegenden Rebfläche. Mit 14,6% Alkohol ist er kein Schwächling. Aufreizende Nuancen von Straßenteer, tiefen, konzentrierten, reifen schwarzen Früchten, Lakritze und Gewürz sind Vorläufer eines gehaltvollen, körperreichen, intensiven Weins mit niedrigem Säuregehalt und geschmeidigem Tannin. Dieser mehrdimensionale Zinfandel gleitet kaskadenförmig ohne Ecken und Kanten über den Gaumen. Trinken Sie diesen überwältigenden Wein während seiner ersten 5–6 Lebensjahre, obwohl ich vermute, dass er ein Jahrzehnt gut altern wird. Der *1999er Zinfandel Samsel Vineyard Maggie's Reserve* (gewaltige 15,2% Alkohol) enthält auch 5% Alicante Bouchet im Mischsatz. Dieser Rebbestand feierte im Jahr 2001 seinen 100. Geburtstag. Der dicht rubin-purpurfarbene Wein offeriert dickliche Aromen von Süßkirschen, Pfeffer, Gewürz und Brombeeren. Sein hoher Alkoholgehalt sorgt für viel Glyzerin und einen körperreichen, sinnlichen Eindruck im Mund. Es gibt bewundernswerte Reintönigkeit, schöne Balance und einen vielschichtigen, superkonzentrierten Abgang. Dies ist einer der besten Samsel Vineyard Zinfandels, die Rosenblum hergestellt hat. Genießen Sie ihn während der nächsten 5–6 Jahre.

Die 1998er Weine Rosenblums, des ehemaligen Tierarztes, der sich zum Zinfandel-Spezialisten entwickelt hat, zeigen großartige Farbe, reife Frucht, dicke, saftige Texturen und ausgereifte Geschmacksnuancen: eine ausgezeichnete Kollektion. Der *1998er Zinfandel Carla's Vineyards* aus der Region San Francisco Bay offenbart den niedrigen Säuregehalt des Jahrgangs und attraktive, reife Schwarzkirschen- und Beerenfrucht, die in einem bei mittlerem bis vollem Körper köstlichen Stil präsentiert werden. Er kann während der nächsten 2–3 Jahre getrunken werden. Der strukturierte dunkelrubin-purpurfarbene *1998er Zinfandel Alegria Vineyard* offeriert pfeffrige Noten in seiner süßen, kräuterwürzigen Schwarzkirschen- und Pflaumenfrucht. Der Wein besitzt bei mittlerem bis vollem Körper eine elegante Textur, niedrige Säure sowie feine Intensität und dürfte sich 5–6 Jahre gut trinken lassen. Der hervorragende undurchdringlich rubin-purpurfarbene *1998er Zinfandel*

Lyons Vineyard ist ein opulenter, sinnlich texturierter Wein mit üppigen Mengen von superreifer Brombeer- und Kirschfrucht, Gewürzen, einer saftigen, energischen Textur, niedrigem Säuregehalt und einem herrlichen, von Glyzerin erfüllten, dichten Abgang. Er dürfte sich 7–8 Jahre gut trinken lassen. Der *1998er Zinfandel Continente Vineyard*, ein weiterer Schlager dieser Kellerei, präsentiert eine dichte bläulich-purpurrote Farbe und Aromen von dicklichen schwarzen Früchten, Erde und Pfeffer. Dieser fette und saftige Zinfandel, der eine fleischige, opulente Textur, niedrige Säure und luxuriöse Mengen von Pflaumen, Kirsch- und Himbeerfrucht besitzt, verfügt über eine ungeheure Anziehungskraft. Trinken Sie ihn während der nächsten 2–3 Jahre um seiner Überschwänglichkeit und Energie willen. Der *1998er Zinfandel Cullinane Vineyard* ist potenziell hervorragend. Eine undurchsichtige Purpurfarbe geht einher mit einem Wein mittleren bis vollen Körpers, der Aromen von geschmolzenem Teer und Leder, berauschenden Alkohol und den Anschein reifer Frucht aufweist. Dieser ungezügelte, kernige Zinfandel mit Spätlese-Eigenschaften erinnert an einen italienischen Amarone. Genießen Sie diesen dichten, vollmundigen Zinfandel während der nächsten 6–8 Jahre. Der vielleicht feinste (für meinen Gaumen) aus dieser Kollektion ist der *1998er Zinfandel St. Peter's Church Vineyard.* Ein überwältigendes Bukett von Mineralien, schwarzen Früchten und rauchwürziger Eiche steigt aus dem Glas dieses eindringlichen, kraftvollen, konzentrierten, jedoch wunderschön ausbalancierten Weines. Er ist vielschichtig, besitzt wunderbare Reintönigkeit und Intensität der Frucht, außerordentliche Opulenz und einen langen, saftigen Abgang; er kann während der nächsten 5–7 Jahre getrunken werden. Der *1998er Zinfandel Harris Kratka Vineyard* aus dem Alexander Valley präsentiert das pfeffrige Bukett eines Côtes du Rhône mit Aromen von getrockneten provenzalischen Kräutern, sauren Schwarzkirschen und Erde. Dieser kernige, würzige Zinfandel mittleren bis vollen Körpers mit schöner Reife kann sowohl jetzt als auch während der nächsten 5–6 Jahre getrunken werden. Der *1998er Zinfandel Richard Sauret Vineyard* (14,7% Alkohol) aus Paso Robles offenbart niedrige Säure, ausladende, körperreiche, konzentrierte Geschmacksnuancen, reichliche Mengen von erdigen Schwarzkirschen, Himbeeren und Pflaumenfrucht, bewundernswerte Reintönigkeit und einen säurearmen, fleischigen Abgang. Trinken Sie ihn während der nächsten 6–7 Jahre. Der in einem etwas eleganteren Stil bereitete *1998er Zinfandel Rockpile Road Vineyard* bringt es auf 14,2% Alkohol. Er zeigt Nuancen von Beeren und Mineralien, ausgezeichnete Reintönigkeit, schöne Reife und bei mittlerem Körper süße, elegante, saubere Geschmacksnuancen. Trinken Sie ihn während der nächsten 3–4 Jahre. Der *1998er Zinfandel Samsel Vineyard Maggie's Reserve* schließlich hat einen etwas tieferen Alkoholgehalt von 13,9%. Die dunkelrubinrote Farbe des Weins geht einher mit attraktiver Hagebutten-, Erdbeer- und Schwarzkirschenfrucht, bei mittlerem Körper weichen Geschmacksnuancen, einigen Pfeffer- und Holznoten, aber der Nachdruck liegt auf der Frucht sowie der Balance und Geschmeidigkeit, die den Wein insgesamt auszeichnen. Trinken Sie ihn während der nächsten 4–5 Jahre. Wenn man alles in Betracht zieht, handelt es sich hier um eine äußerst gelungene Gruppe von Weinen, die mehr Reife und Frucht aufweisen und mehr Vergnügen bereiten als ihre Pendants aus dem Jahr 1997. Mir stellt sich allerdings die Frage, ob es wirklich nötig ist, all diese Zinfandels als Lagenweine herauszubringen. Es gibt zwar feine Unterschiede, aber rechtfertigen derart minimale Variationen eines Themas eine solch umfangreiche Kollektion?

Wichtiger ist die Qualität der 1997er Zinfandels. Generell scheinen sie eine Klasse unter anderen Jahrgängen der letzten Zeit zu liegen, schmaler texturiert zu sein und den hohen Säuregehalt des Jahrgangs zu deutlich zu präsentieren. Außerdem sind wenige so gut mit Frucht und Konzentration ausgestattet wie frühere Jahrgänge. Nichtsdestoweniger gibt es ein paar ausgezeichnete Weine. Der *1997er Zinfandel Annette's Reserve Rhodes Vineyard* hat mir gefallen. Er zeigt den von getrockneten Kräutern, Pfeffer, Erde und dunklen Pflaumen bestimmten Charakter eines Rhône-Weins, fleischige, pikante Geschmacksnuancen mittleren Körpers, macht mitten im Mund einen weichen Eindruck und weist im Abgang würziges Eichenholz auf. Er ist einer der besten Weine Rosenblums in diesem Jahrgang und sollte während der nächsten 1–2 Jahre getrunken werden. Zu den 1997er Zinfandels mit der tiefsten Farbe gehört der *1997er Zinfandel Cullinane Vineyard.* Er offenbart reife Schwarzkirschenfrucht, die mit deutlich toastwürzigem neuen Eichenholz vermischt ist. Bei mittlerem bis vollem Körper ist er einer der dichtesten kraftvollen Weine mit sehr guter Reife und Reichhaltigkeit und einem eher attraktiven als aufdringlichen Säuregehalt. Er dürfte sich 2–3 Jahre gut trinken lassen. Der exotische *1997er Zinfandel Lyons Vineyard* besitzt neben einer gesättigten rubin-purpurroten Farbe Schichten von Glyzerin, Schwarzkirschen- und Himbeerfrucht, frisches Eichenholz, Pfeffer und Gewürz. Dies ist wahrscheinlich der gehaltvollste Wein in der 1997er Kollektion. Trinken Sie ihn während der nächsten 3–4 Jahre. Der *1997er Zinfandel Rockpile Road Vineyard* ist nahezu hervorragend. Mit 14,9% einer der alkoholreichsten Weine, präsentiert er ausgezeichnete Reintönigkeit, Ladungen von Brombeer- und Kirschfrucht, eine weiche, offen gewirkte, ausladende Textur, mittleren bis vollen Körper und einen ausgezeichneten Abgang. Es ist ein wunderschön gemachter Zinfandel.

ERIC ROSS (RUSSIAN RIVER)

1998	**Zinfandel Occidental Vineyard**	**Sonoma Coast**	**D**	**89**
1997	**Zinfandel Occidental Vineyard Old Vines**	**Russian River**	**D**	**91**

Der noch nicht abgefüllte dicht rubin-purpurfarbene *1998er Zinfandel Occidental Vineyard* offenbart üppige Mengen von qualitativ hochwertigem, würzigem frischen Eichenholz, kernige, exotische Duft- und Geschmacksnuancen von Piment, schwarzen Himbeeren, Kirschen und Brombeeren, vollen Körper, hervorragende Dichte und Reintönigkeit und einen reichhaltigen, vielschichtigen, konzentrierten Abgang. Dieser großartig extrahierte und auf eine lange Lebensdauer (für Zinfandels) angelegte Wein wird von weiteren 1–2 Jahren im Keller profitieren und 10–12 Jahre halten. Er ist ein ernsthaft konzentrierter, eindrucksvoll ausgestatteter Zinfandel. Der wie ein roter Bordeaux angelegte *1997er Zinfandel Occidental Vineyard Old Vines* verbrachte 18 Monate in amerikanischen Eichenfässern. Er präsentiert eine schwarz-purpurrote Farbe sowie üppige Aromen von schwarzen Früchten, Toastbrot und Gewürz. Dieser straff gewirkte Wein, der stilistisch an einen Cabernet Sauvignon erinnert, hat superbe Reichhaltigkeit und Konzentration zu bieten. Dieser untypische Zinfandel, der bei vollem Körper herrlich reintönig ist, besitzt pikante untergründige Säure. Erstaunlicherweise benötigt er 1–2 Jahre im Keller und dürfte sich während dieses Jahrzehnts gut trinken lassen. Vielleicht hält er sogar noch länger.

RUDD (OAKVILLE)

1999	**Jericho Canyon Vineyard Proprietary Red Wine**	**Napa**	**EE**	**95**
1998	**Jericho Canyon Vineyard Proprietary Red Wine**	**Napa**	**EE**	**93**
1998	**Rudd Estate**	**Oakville/Napa**	**E**	**89**
1998	**Rudd Estate Rudd Jericho Canyon**	**Oakville/Napa**	**E**	**90**

Dieses früher unter dem Namen Girard bekannte Weingut wurde 1996 von Leslie Rudd gekauft, dem derzeitigen Inhaber der Dean & DeLuca-Kette. Es ist eines der Vorzeige-Weingüter Napas. Bedauerlicherweise müssen wir immer noch ein Jahr warten, bis einige sensationelle Rotweine freigegeben werden, die sich seit meiner ersten Verkostung im Jahr 1999 wundervoll entwickelt haben.

Ich war überwältigt von dem 1998er und dem 1999er Jericho Canyon Vineyard Proprietary Red Wine, die ich offensichtlich zuvor unterschätzt hatte. Der *1999er Jericho Canyon Vineyard Proprietary Red Wine,* der eine undurchdringliche schwarz-purpurrote Farbe hat, präsentiert ein superbes Bukett von Holzkohle, teeriger Arznei, Brombeerlikör,

Espresso, getrockneten provenzalischen Kräutern, Lakritze und Mineralien. Rauch von den toastwürzigen neuen Eichenfässern taucht ebenfalls auf. Der vorzüglich dichte, körperreiche, exquisite Wein ist ein Kraftprotz, dabei aber unglaublich harmonisch.

Der unfiltrierte und ungeschönte *1998er Jericho Canyon Vineyard Proprietary Red Wine* (2850 Kisten) verbrachte 16 Monate in französischen Eichenfässern. Dieser sensationelle Wein ist einer der Stars dieses schwierigen Jahrgangs. Seine undurchdringliche schwarzblaurote Farbe geht einher mit Duft- und Geschmacksnuancen, die an eine Mischung eines Cheval Blanc mit einem La Mission-Haut-Brion aus einem überreifen Jahrgang erinnern. Im Aromaprofil wie in den Geschmacksnuancen haben Noten von Pflaumen, Cassis, Brombeeren, Espresso, asiatischen Gewürzen, Lakritze, Zedernholz und Tapenade ihren Auftritt. Dieser extrem körperreiche Wein, der süßes Tannin, eine opulente und sinnliche Textur, brillante Reintönigkeit und einen niedrigen Säuregehalt besitzt, repräsentiert eine stilistische Synthese zwischen einem Bordeaux vom rechten Ufer und einem kalifornischen Cabernet. Bei 14,2% natürlichem Alkohol ist er eine Cuvée aus 79% Cabernet Sauvignon, 11% Merlot und 10% Cabernet Franc, die von einer Rebfläche im nördlichen Napa Valley stammen (Rudds eigene Rebbestände wurden bislang noch nicht zur Produktion herangezogen). Diese beiden Weine sind Bravourstücke der Weinbereitung. Man kann sich kaum ausmalen, was für Ergebnisse erzielt werden, wenn die 18 Hektar gutseigenen Rebflächen, die mit 50% Cabernet Sauvignon, 40% Merlot, 6% Cabernet Franc und 4% Petit Verdot bestockt sind, einbezogen werden, weil zu den Nachbarn dieses Rebbestands solche berühmten Lagen wie Phelps' Backus Vineyard, Dalla Valle, Screaming Eagle, Venge Family Reserve, Plumpjack und Opus One gehören. Der dunkelrubinfarbene *1998er Rudd Estate* (ungefähr 80% Cabernet Sauvignon, 10% Cabernet Franc und 10% Merlot) präsentiert rauchige Cassisaromen, einen eleganten, süßen Auftakt, moderates Tannin und einen gehaltvollen, schön texturierten, eleganten, anmutigen Abgang. Er strotzt zwar nicht vor Kraft, ist aber ein harmonischer Wein, der während seiner ersten 12–15 Lebensjahre idealen Trinkgenuss bereitet. Es gibt 3 500 Kisten des undurchdringlich purpurfarbenen, hervorragenden *1998er Rudd Estate Rudd Jericho Canyon.* Er zeigt ein Bukett von süßen Brombeeren und Cassis mit schön eingebundener toastwürziger Eiche. Im Glas dann verströmt der Wein Aromen von Lakritze, getrockneten Kräutern und Mineralien. Dieser tiefe und großartige Wein, der süßes Tannin, mittleren bis vollen Körper und ausgezeichnete Harmonie besitzt, ist eine hervorragende Leistung in einem schwierigen Jahrgang.

SADDLEBACK (NAPA)

1998	Cabernet Sauvignon	Napa	D	88
1997	Cabernet Sauvignon	Napa	D	90
1996	Cabernet Sauvignon Estate	Napa	C	89
1995	Cabernet Sauvignon Estate	Napa	C	90
1994	Cabernet Sauvignon Estate	Napa	C	90
1998	Venge Family Reserve Cabernet Sauvignon	Oakville	EE	90
1997	Venge Family Reserve Cabernet Sauvignon	Oakville	EE	97
1996	Venge Family Reserve Cabernet Sauvignon	Oakville	EE	96
1995	Venge Family Reserve Cabernet Sauvignon	Oakville	D	95
1994	Venge Family Reserve Cabernet Sauvignon	Oakville	D	95
1997	Venge Family Reserve Merlot	Oakville	D	90
1996	Venge Family Reserve Merlot	Oakville	D	90
1995	Venge Family Reserve Merlot	Oakville	D	91
1994	Venge Family Reserve Merlot	Oakville	D	90
1996	Venge Family Reserve Sangiovese Penny Lane Vineyard	Oakville	C	90
1998	Venge Family Reserve Scout's Honor	Oakville	D	90

1997	**Venge Family Reserve Scout's Honor**	**Oakville**	**C**	**90**
1996	**Venge Family Reserve Scout's Honor**	**Oakville**	**C**	**89**
1999	**Zinfandel Old Vines**	**Napa**	**D**	**90**
1998	**Zinfandel Old Vines**	**Napa**	**D**	**89**

In diesem durch und durch amerikanischen Weingut produziert Nils Venge, Weinmacher und Inhaber in Personalunion, ausdrucksvolle, unverblümte, zu 100% dem kalifornischen Stil verpflichtete Weine, die nicht den Anschein erwecken wollen, als seien sie französisch, italienisch oder irgendein harmloser internationaler und/oder fader Euro-Verschnitt. Kurz gesagt, diese Weine sind, was sie sind: vollmundig und im Fall seiner Spitzen-Cabernets bemerkenswert langlebig. Venge kann auf eine beeindruckende Reihe von Weinen zurückblicken, die er in den vergangenen drei Jahrzehnten herausgebracht hat und die zu den besten Cabernets aus Napa gehören (z.B. die 1974er, 1976er und 1978er Villa Mt. Eden Cabernet Sauvignons und die 1984er und 1985er Groth Reserve Cabernet Sauvignons).

Der *1998er Cabernet Sauvignon* (40% neue amerikanische Eichenfässer kamen zum Einsatz) ist ein relativ fleischiger Wein mit intensiven Geschmacksnuancen von Schwarzkirschen und Johannisbeeren, die mit teeriger Arznei und Toastbrot vermischt sind. Dieser für einen 1998er stämmige und muskulöse Wein wird sich 7–10 Jahre gut trinken lassen.

Die einfachen Weine von Saddleback Cellars zeichnen sich durch ein sehr günstiges Preis-Leistungsverhältnis aus. Die Spitzenweine sind alle als Venge Family Reserves gekennzeichnet, die in relativ kleinen Mengen von 300–500 Kisten produziert werden. All diese Weine besitzen ausdrucksvolle, reife Geschmacksnuancen und erkennbares toastwürziges Eichenholz. Sie stehen für einen extravaganten, eindringlichen Stil der Weinbereitung.

Der Venge Family Reserve Scout's Honor ist in nahezu jedem Jahrgang (besonders eindrucksvoll war der 1988er) ein hervorragender Wein. Es gibt 450 Kisten von dem *1998er Venge Family Reserve Scout's Honor*, eine Cuvée aus 85% Zinfandel und 15% Charbono, die in amerikanischen Eichenfässern ausgebaut wurde. Er hat eine dichte rubin-purpurrote Farbe und präsentiert neben Brombeer-, Kirsch- und Himbeernuancen unverblümt frisches Eichenholz. Der rauchige, toastwürzige, gehaltvolle, körperreiche und geschmeidig texturierte Wein wird sich während der nächsten 4–5 Jahre gut trinken lassen. Der *1998er Venge Family Reserve Cabernet Sauvignon* verdient wohl eine hervorragende Bewertung. Er besitzt zwar nicht die Statur, die Masse, das Volumen und die Länge des 1997ers oder 1996ers, ist aber gleichwohl ein körperreicher, typischer Venge-Wein mit üppigen Mengen von toastwürzigem frischen Eichenholz, schwarzen Johannisbeeren, Gewürzkiste, Lakritze und Vanille. Er dürfte sich bei Freigabe gut trinken lassen und 12–15 Jahre halten.

Einer der faszinierendsten Cabernet Sauvignons, die Venge produziert hat (und es waren viele innerhalb der letzten 30 Jahre), ist sein *1997er Venge Family Reserve Cabernet Sauvignon*. Leider gibt es nur 300 Kisten von diesem zu 100% in neuen Eichenfässern ausgebauten Wein, der es auf mehr als 14% Alkohol bringt. Er ist schwarz-purpurfarben, wundervoll extrahiert und präsentiert ein herrliches Bukett von Crème de Cassis, das von Lakritze, Gewürzkiste, Zedernholz und Rauch durchzogen ist. Riesige Schichten von Glyzerin, Fett und Frucht liebkosen den Gaumen. Für seine Größe besitzt der Wein ein wunderschönes Gleichgewicht und einen langen, eindrucksvollen Abgang. Weil er noch einiges Tannin abzuwerfen hat, sind 4–6 Jahre zusätzlicher Kellerreife zu empfehlen. Er wird 25–30 Jahre halten! Vom *1997er Venge Family Reserve Merlot* gibt es 300 Kisten. Wie der Cabernet Sauvignon verbringt dieser Wein 30 Monate in vornehmlich neuen Eichenfässern (im Fall des Merlot 75%). Ausladende, robuste, eindringliche, süße Aromen von Vanille, Schokolade und Lakritze gehen in diesem körperreichen, kraftvollen und geschmeidigen Wein einher mit Geschmacksnuancen von dicken, saftigen Schwarzkirschen und Johannisbeeren. Er dürfte sich 15–16 Jahre gut trinken lassen, was für einen Merlot untypisch lange ist.

So massiv die Rotweine dieser Kellerei auch sind, sie bestehen den Test der Zeit, wie einige von Venges Klassikern beweisen, die immer noch in meinem Keller liegen (der 1974er und der 1978er Villa Mt. Eden und der 1985er Groth Reserve). Der sensationelle Gehalt an viskos texturierter Frucht in dem *1995er Cabernet Sauvignon Estate* wird den meisten Cabernet-Fans imponieren. Der immer noch unentwickelte und verhaltene Wein offeriert saftige, dickliche schwarze Früchte, die mit Toastbrot vermischt sind. Dieser riesige, dichte, saftige Cabernet mit einer Unmenge von Frucht und Glyzerin sollte weitere 3–4 Jahre in den Keller gelegt und während der folgenden 10–15 Jahre getrunken werden. Der ähnlich angelegte *1996er Cabernet Sauvignon Estate* ist saftig, körperreich und dick. Er ist noch nicht komplex, aber superkonzentriert, mit Batzen von toastwürzigem Eichenholz (rund 40% amerikanische Eichenfässer werden bei Ausbau des Weins eingesetzt) und in einem säurearmen, klotzigen, schwergewichtigen Stil. Wenn der 1996er mehr Komplexität entwickelt, wird er eine Punktzahl knapp über 90 verdienen. Voraussichtliche Trinkreife: jetzt–2015. Während der 1998er Cabernet Sauvignon ein guter 88-Punkte-Wein zu sein scheint, dürfte der *1997er Cabernet Sauvignon* die Leser entzücken. Es gibt 2000 Kisten mit diesem möglicherweise hervorragenden Wein. Es ist ein typischer Cabernet Sauvignon von Venge, der in 60% französischen und 40% amerikanischen Eichenfässern ausgebaut wurde, und präsentiert neben einer undurchdringlichen rubin-purpurroten Farbe fast überreife, dickliche Aromen von Brombeeren, Cassis und auffälligem Holz. Ein niedriger Säuregehalt sowie herrliche Üppigkeit und Reintönigkeit machen aus ihm einen Wein im hedonistischen Stil, der 5–10 Jahre besser werden und 15+ Jahre mehr überdauern wird. Der *1994er Cabernet Sauvignon Estate* erinnert an die Cabernets, die bei Groth in der Mitte der 1980er Jahre produziert wurden. Der Wein präsentiert viel Cassisfrucht mit Schokoladennote, einen schönen Hauch toastwürziger Eiche, eine dicke, saftige Textur sowie Extrakt und Reichhaltigkeit, die den Mund voll machen. Das Tannin wird von der reifen Frucht des Weins verborgen. Er sollte sich 12–15 Jahre gut trinken lassen.

Nils Venges Ruhmesblätter sind seine Rotweine, da er die Midasgabe besitzt, wenn es um die Produktion von vollmundigen, herrlich texturierten, verführerischen Roten geht. Der hervorragende, kraftvolle tiefrubinfarbene *1997er Venge Family Reserve Scout's Honor* (85% Zinfandel und 15% Charbono; 14,5% Alkohol) besitzt wundervolle verlockende, attraktive Nuancen von Kirschen, Erdbeeren und hagebuttenartiger, pfeffriger Frucht. Dieser tiefe, fleischige und berauschende Wein ist ein sinnlicher, vor Frucht berstender Tropfen, der während der nächsten 2–3 Jahre zu genießen ist.

Der *1996er Venge Family Reserve Cabernet Sauvignon* (nur 280 Kisten) ist ein überwältigender Wein. Er besitzt mehr als 14% Alkohol sowie viel Extrakt und Holz, da er in ausschließlich neuen französischen Eichenfässern ausgebaut wurde. Der außergewöhnlich dichte Wein offeriert bestechende Mengen von schwarzen Früchten, rauchwürziger Eiche und Lakritze, ehrfurchtgebietende Reintönigkeit und schichtenweise Extrakt. Der Abgang dauert länger als 30 Sekunden. Ich vermute, dass dieser unentwickelte, verhaltene Cabernet 3–5 Jahre Kellerreife benötigt, aber 2–3 Jahrzehnte halten wird. Es ist ein bemerkenswert eindringlicher, ungeheuer konzentrierter Wein, der den klassischen Venge-Stil von viskoser Cassis- und Brombeerfrucht präsentiert, die in eine extravagant eichenholzwürzige, kraftstrotzende und langlebige Persönlichkeit gepackt ist. Ein weiterer fabelhafter Wein, den ich verkostete, war der *1995er Venge Family Reserve Cabernet Sauvignon.* Dieser exquisite Cabernet Sauvignon, der 18 Monate in (zu 70% neuen) Eichenfässern ausgebaut wurde, hat eine undurchdringliche schwarzpurpurrote Farbe und ein Bukett von Cassis, getrockneten Pflaumen, Rauch, Lakritze und Erde. Dieser außergewöhnlich körperreiche Wein mit dicklichen Geschmacksnuancen, niedriger Säure und ehrfurchtgebietenden Mengen von Glyzerin, Extrakt und Frucht ist ein wilder, ungezügelter, superkonzentrierter Cabernet Sauvignon, der zunehmend zivilisierter werden dürfte, während er mühelos 15–20 Jahre älter wird. Der superbe *1994er Venge Family Reserve Cabernet Sauvignon* wird vielleicht in seiner Qualität von dem spektakulären 1995er erreicht. Seine undurchdringliche purpurrote Farbe und sein Bukett von Brombeeren, Cassis, Lakritze, Kaffee und Teer sind hervorragend. Konzentriert, dick und ölig, mit hervorragender Reintönigkeit und Schichten von Extrakt, nimmt dieser groß dimensionierte, wunderschön gemachte Cabernet einen fast überlebensgroßen Rang ein. Voraussichtliche Trinkreife: jetzt–2020.

Venge produziert zwei Sangiovese-Cuvées. Der *1996er Venge Family Reserve Sangiovese Penny Lane Vineyard* (dem 5% Cabernet Sauvignon hinzugefügt wurden) ist einer der feinsten Kaliforniens. Die Trauben werden sehr reif gepflückt (14% Alkohol), und der Wein wird in Burgunderfässern ausgebaut. Er hat viel süße, dickliche Erdbeer-, Kirsch- und Himbeerfrucht im Bukett, dicke, saftige Geschmackskomponenten und weiches Tannin. Trinken Sie diesen Wein wegen seines kräftigen, überschwänglichen Stils während der nächsten 3–4 Jahre. Der *1996er Venge Family Reserve Scout's Honor* ist ein Verschnitt aus 88% Zinfandel und 12% Sangiovese. (Château Montelena produziert einen ähnlichen Wein mit dem St. Vincent-Etikett.) Dieser in 100% amerikanischen Eichenfässern ausgebaute Wein ist lebhaft und toastwürzig und versammelt in seinem süßen, dicklichen Wohlgeruch Nuancen von Beeren, schwarzen Himbeeren und Pfeffer. Diesen körperreichen, sinnlichen Wein zu trinken macht Spaß, und er dürfte noch weitere 2–4 Jahre großes Vergnügen bereiten.

Da ich die faden, vegetabilen, oft krass überteuerten Merlots, die den Markt überschwemmen, oft kritisiert habe, war es für mich ein Vergnügen, die Inkarnation dieses Weins zu verkosten. Der erste Merlot von Venge, den ich verkostete, war der *1994er Venge Family Reserve Merlot*, ein Wein, der 18 Monate in ausschließlich neuen Eichenfässern ausgebaut wurde. Bedauerlicherweise wurden nur 120 Kisten dieses robusten, dekadenten, saftigen Merlots von intensivem Geschmack hergestellt. Schwaden von Rauch, Vanillin, Schwarzkirschen und Schokolade wälzen sich aus einem Glas mit diesem vollmundigen, cremig texturierten Wein. Dieser körperreiche, kraftvolle und dichte Merlot wird sich ungewöhnlich gut jung trinken lassen, aber 12–15 Jahre halten. Ich vermute, dass jeder, der nicht auf der Kundenliste der Kellerei steht, kaum eine Chance haben wird, an eine oder zwei Flaschen heranzukommen. Der *1995er Venge Family Reserve Merlot* ist ebenfalls in zu 100% neuen Eichenfässern ausgebaut worden, aber er ist so außergewöhnlich extrahiert und gehaltvoll, dass das Eichenholz nur eine Nebenrolle in seinem Aroma- und Geschmacksprofil spielt. Es gibt nur 200 Kisten dieses dicken, schwarzpurpurfarbenen Weins. Der Säuregehalt ist niedrig, und die Geschmacksextraktion und Konzentration sind außerordentlich hoch. Dies ist ein kraftstrotzender, körperreicher Merlot mit einer viskosen Persönlichkeit und sensationellem Extrakt. Dieses reintönige, vollblütige Schwergewicht ist sogar noch beeindruckender als der 1994er. Der 1995er wird sich mindestens 15 Jahre gut trinken lassen. Der hervorragende *1996er Venge Family Reserve Merlot* ist dem fabelhaften 1994er ebenbürtig. Der 1996er wurde vom Klon 7 hergestellt und in ausschließlich neuen französischen Eichenfässern ausgebaut. Nach Venges Maßstäben ist der Alkoholgehalt in diesem körperreichen, dicken, hoch extrahierten Merlot, der auch toastwürzige, schokolade- und kirschähnliche Geschmackskomponenten besitzt, mit 13,5% ziemlich bescheiden. Er ist so viskos und saftig, dass man ihm unmöglich widerstehen kann. Wer an sterile, nichts sagende, schwächliche Merlots gewöhnt ist, muss sich seinen Gaumen neu eichen lassen, nachdem er diesen Kraftprotz probiert hat.

Venge produziert Zinfandels mit ungezügelter Kraft und Reichhaltigkeit. Einige Kritiker sind der Ansicht, sie seien überspannt, aber ich habe den Verdacht, sie hätten dasselbe über einen 1947er Cheval Blanc oder einen 1947er Pétrus gesagt, wenn sie diese Weine in ihrer Jugend verkostet hätten. Wer also nach schwachen, subtilen, unauffälligen Weinen (normalerweise nennt man sie elegant) sucht, hält besser einen gewissen Abstand. Der *1999er Zinfandel Old Vines*, ein klassischer Venge-Wein, offeriert explosive Aromen von getrockneten Pflaumen, dicklichen schwarzen Früchten, Lakritze, Gewürzkiste und rauchigem, toastwürzigem neuen Eichenholz. Dieser opulente, viskose und körperreiche Kraftprotz ist überspannt, vielschichtig und superkonzentriert, aber ihn zu trinken macht ungeheuren Spaß, und ist das nicht der eigentliche Zweck eines Weins? Gegner elitärer Weine dürften an diesem schmackhaften, saftigen, energischen, sinnlichen Zinfandel großen Gefallen finden. Genießen Sie ihn während der nächsten 4–6 Jahre. Venge hat einen undurchdringlich purpurfarbenen *1998er Zinfandel Old Vines* entworfen, der einen nahezu überreifen Spätlese-Charakter mit Nuancen von Teer, dicklichen Brombeeren und getrockneten Pflaumen offenbart. Dieser feste, aber schwergewichtige Zinfandel, der körperreich, kernig und viskos ist und kraftvolle, konzentrierte, muskulöse Geschmackskomponenten von schwarzen Früchten und amerikanischem Eichenholz besitzt, kann jetzt und während der nächsten 7–8 Jahre getrunken werden.

Bisherige große Jahrgänge: 1993er Cabernet Sauvignon Estate (90), 1993er Venge Family Reserve Cabernet Sauvignon (90).

ST. FRANCIS (SONOMA)

1997	Cabernet Franc Reserve McCoy Vineyard	Sonoma	D	91
1996	Cabernet Franc Reserve McCoy Vineyard	Sonoma	D	89
1998	Cabernet Sauvignon Reserve	Sonoma	E	87
1997	Cabernet Sauvignon Reserve	Sonoma	D	90
1995	Cabernet Sauvignon Reserve	Sonoma	D	89+
1994	Cabernet Sauvignon Reserve	Sonoma	D	91
1998	Cabernet Sauvignon Reserve King's Ridge Vineyard	Sonoma	EE	91
1997	Cabernet Sauvignon Reserve King's Ridge Vineyard	Sonoma	EE	92
1996	Cabernet Sauvignon Reserve King's Ridge Vineyard	Sonoma	EE	91
1994	Cabernet Sauvignon Reserve King's Ridge Vineyard	Sonoma	EE	92
1997	Merlot Reserve	Sonoma	D	89
1994	Merlot Reserve	Sonoma	D	90
1998	Merlot Reserve Nun's Canyon Vineyard	Sonoma	D	88
1997	Merlot Reserve Nun's Canyon Vineyard	Sonoma	D	90
1999	Petite Sirah Bartolozzi Ranch	Sonoma	D	89
1999	Zinfandel Old Vines	Sonoma	D	88
1998	Zinfandel Old Vines	Sonoma	D	88
1994	Zinfandel Old Vines	Sonoma	C	93
1999	Zinfandel Pagani Vineyard	Sonoma	D	89
1998	Zinfandel Pagani Vineyard	Sonoma	D	90
1997	Zinfandel Pagani Vineyard	Sonoma	D	88
1996	Zinfandel Pagani Vineyard	Sonoma	D	89
1995	Zinfandel Pagani Vineyard	Sonoma	C	90
1994	Zinfandel Pagani Vineyard	Sonoma	C	92

St. Francis ist innerhalb der letzten 10 Jahre um das Fünffache gewachsen und produziert inzwischen 250 000 Kisten Wein aus seinem großen Hightech-Weingut südlich von Santa Rosa, das teilweise der US-Importfirma Kobrand Corporation gehört und Rebflächen von 220 Hektar umfasst. Der langjährige Weinmacher Tom Mackey scheint alles im Griff zu haben. Vor fünf Jahren gab St. Francis der Weinwelt bekannt, dass man nicht länger das Risiko von Korkfehlern eingehen und deshalb synthetische Korken verwenden wolle. Ein abschließendes Urteil über diese Korken steht noch aus, aber sie bestehen aus dem gleichen Material, das auch für künstliche Herzklappen benutzt wird, und sie haben unter Beweis gestellt, dass sie keine Schimmelgerüche entwickeln, die ungefähr 3–5% des in Flaschen abgefüllten Weins verderben. Wie gut sie zur ausgedehnten Lagerung ausladender, tanninbetonter, alkoholreicher Weine geeignet sind, bleibt abzuwarten.

Zum größten Teil macht St. Francis eine moderate Preispolitik, auch wenn einige der Cuvées Preise im dreistelligen Bereich haben. Die meisten Weine bewegen sich allerdings im unteren und mittleren zweistelligen Bereich, womit sie im Rahmen kalifornischer Phantasiepreise als einigermaßen günstig durchgehen können. Alle Rotweine von St. Francis werden ohne Filtrierung abgefüllt. Sie sind ausdrucksvoll gestaltet, eichenwürzig und konzentriert.

Es gibt 6500 Kisten des *1997er Merlot Reserve* (100% Merlot, zu gleichen Teilen in französischen und amerikanischen Eichenfässern ausgebaut). Er weist Aromen und Geschmacksnuancen von Kaffee, Mokka, Cola, Schwarzkirschen- und Johannisbeerfrucht auf, die in einem verlockenden, körperreichen, nahezu überreifen Stil präsentiert werden. Dieser verführerische Merlot wird am besten während der nächsten 5–6 Jahre getrunken. Der Nun's Canyon Vineyard ist eine steile Hanglage neben der Fisher Winery. Der *1998er Merlot Reserve Nun's Canyon Vineyard* zeigt die Kräuterwürzigkeit eines Bordeaux unter seinen leicht tanninbetonten, bescheiden ausgestatteten Geschmackskomponenten von mittlerem Körper. Er ist sehr gut, steht aber im Schatten des 1997ers. Voraussichtliche Genussreife: jetzt–2009.Der *1997er Merlot Reserve Nun's Canyon Vineyard* ist ein sortenreiner Merlot, der in französischen Eichenfässern ausgebaut wird. Es gibt nur 2000 Kisten von diesem dichten, strukturierten, tanninbetonten und anspruchsvolleren Wein. Dieser dicke, saftige, gut gebaute Merlot, der außerdem körperreich und gehaltvoll ist und von erdigen Nuancen durchzogene rauchige Brombeeren und Kirschen offenbart, wird von 2–3 Jahren Kellerreife profitieren und 12–15 Jahre halten.

Es gibt 400–500 Kisten des sortenreinen Cabernet Franc, der bei einem hohen Mostgewicht gelesen und dann in französischen Eichenfässern ausgebaut wird. Der superbe *1997er Cabernet Franc Reserve McCoy Vineyard* wurde äußerst reif gelesen (der Alkoholgehalt liegt bei gut verborgenen 15,5%). Er offenbart Aromen und Geschmacksnuancen von Heidelbeerlikör, schwarzen Johannisbeeren, Rauch und flüssigen Mineralien. Dieser körperreiche, dichte, kernige, aber auch elegante und präzise Wein kann früh getrunken werden, verspricht sich aber 15+ Jahre gut zu entwickeln. Der dicht rubin-purpurfarbene *1996er Cabernet Franc Reserve McCoy Vineyard* offeriert ein ausgezeichnetes Bukett von Gewürzkiste, Zedernholz, Kampfer, Schwarzkirschen und Cassis. Zwar macht er am Gaumen keinen riesenhaften Eindruck, ist aber durchaus gehaltvoll und weist bei mittlerem bis vollem Körper bewundernswerte Textur sowie süße, konzentrierte Frucht auf. Voraussichtliche Genussreife: jetzt–2012.

Angesichts der inflationären Preise für kalifornische Weine empfehle ich den Lesern, den in einer Menge von 6000 Kisten produzierten sortenreinen Cabernet Sauvignon zu probieren, der zu gleichen Teilen in französischen und amerikanischen Eichenfässern ausgebaut wird. Der *1998er Cabernet Sauvignon Reserve* zeigt rauchige schwarze Früchte, weniger Gewicht als der 1997er und Reichhaltigkeit und ausladendes Tannin, scheint aber für den Jahrgang gelungen zu sein. Der *1997er Cabernet Sauvignon Reserve* (der fast vollständig vom Nun's Canyon Vineyard stammt) hat für einen Wein derartiger Qualität einen günstigen Preis. Seine undurchdringliche purpurrote Farbe geht einher mit einem ausladenden, ausdrucksvollen, pikanten, eichenwürzigen Bukett, das mit Lakritze, Kaffee und verschwenderischen Mengen von Brombeer- und Cassisfrucht angefüllt ist. Der körperreiche, gehaltvolle und eindrucksvolle Wein mit süßem Tannin und üppigen Holznoten wird sich während der nächsten 15 Jahre gut trinken lassen.

Die teuersten Weine sind die King's Ridge Cabernet Sauvignons von der Sonoma Coast. Sie stammen von 3,2 ausschließlich mit Cabernet Sauvignon bestockten Hektar, die normalerweise extrem spät geerntet werden – die Lese findet manchmal erst im November statt. Der *1996er Cabernet Sauvignon Reserve King's Ridge Vineyard* wird ausschließlich in neuen französischen Eichenfässern ausgebaut. Es gibt 600 Kisten dieses bedeutenden Cabernet. Er präsentiert eine dichte purpurrote Farbe, die mit Duft- und Geschmacksnoten von Mineralien, Crème de Cassis, Rauch und Toastbrot einhergeht. Der körperreiche und kraftvolle Wein, der moderat hohes Tannin und einen langen, konzentrierten Abgang aufweist, dürfte von 2–3 Jahren im Keller profitieren und 2 Jahrzehnte überdauern (in der Annahme, der synthetische Korken erfüllt die in ihn gesetzten Erwartungen). Der *1997er Cabernet Sauvignon Reserve King's Ridge Vineyard* (900 Kisten; 14,4% Alkohol) ist sogar noch gehaltvoller und präsentiert neben einer gesättigten Purpurfarbe ein herrliches Bukett von schwarzen Früchten, die mit Rauch, Mineralien, Lakritze und Tabak vermischt sind. Eine ölige Textur, ein riesiger Körper und moderat hohes Tannin legen die Vermutung nahe, dass dieser bestechend ausgestattete Wein eine Zukunft von mindestens 20–25 Jahren hat. Wegen seiner süßeren Frucht ist er ein wenig zugänglicher als der 1996er. Der *1998er Cabernet Sauvignon Reserve King's Ridge Vineyard* ist herausragend in diesem ungleichmäßigen Jahrgang. Der schwarz-purpurfarbene Wein offeriert körperreiche, konzentrierte Geschmacksnuancen, einen vollen Körper, eine dicke Textur und einen langen, süßen Abgang.

Achtung! Der *1995er Cabernet Sauvignon Reserve* ist außergewöhnlich eichenholzwürzig, weshalb diejenigen Leser, die in ihren Weinen keine eklatante Dosis toastwürzigen Rauch haben wollen, ihm aus dem Weg gehen sollten. Er unterfängt das Eichenholz, obwohl er üppig damit ausgestattet ist. Seine Farbe ist ein dichtes Rubin-Purpurrot. Neben dem Holz offenbart der Wein cremige Brombeer- und Cassisnuancen, die mit Rauch und Lakritze vermischt sind. Dieser dicke, gehaltvolle, säurearme, prachtvoll gestaltete Cabernet von mittlerem bis vollem Körper kann jetzt getrunken werden, verspricht aber, bei etwas mehr Flaschenreife einen etwas zivilisierteren Charakter anzunehmen. Voraussichtliche Genussreife: jetzt–2014. Der *1994er Merlot Reserve* zeigt eine satte dunkelrubinrote Farbe und intensiv rauchige, eichenholzwürzige Nuancen von dicklichen Schwarzkirschen und Schokolade in Duft und Geschmack. Dieser körperreiche, saftige, fleischige, weiche, opulent stilisierte Wein dürfte sich 7–8 Jahre gut trinken lassen. Ein weiterer hervorragender Wein ist der *1994er Cabernet Sauvignon Reserve.* Er zeigt eine undurchdringliche purpurrote Farbe und ein ausladendes, prunkendes, prachtvolles Bukett von Zedernholz, asiatischen Gewürzen, dicklichen schwarzen Früchten, getrockneten Pflaumen und toastwürzigem frischen Eichenholz. Dieser intensive, reife, körperreiche Wein besitzt explosive Reichhaltigkeit, üppige Nuancen von Toastbrot, niedrige Säure und einen ungestümen, robusten, superlangen Abgang. Ja, das frische Eichenholz ist kräftig, aber das ist auch die Fruchtkonzentration des Weins und sein Extrakt. Dieser Cabernet Sauvignon sollte getrunken werden, wenn die Stereoanlage voll aufgedreht ist. So massiv und gehaltvoll er im Augenblick auch ist, er dürfte mit 3–5 Jahren Kellerreife zivilisierter werden. Voraussichtliche Genussreife: jetzt–2015. Der *1994er Cabernet Sauvignon King's Ridge Vineyard* ist sogar noch eindrucksvoller. Mit seiner undurchdringlichen purpurroten Farbe und seinem ungewöhnlich attraktiven Bukett von Lakritze, Tabakblättern, Cassis und Rauch ist dies ein körperreicher, schwergewichtiger Wein, der Schichten von Geschmackskomponenten, massenweise Glyzerin und Extrakt sowie üppige Mengen Tannin in dem gigantischen Abgang besitzt. Ein dichter, superkonzentrierter Cabernet Sauvignon, der Aufsehen erregen dürfte. Voraussichtliche Genussreife: jetzt–2020.

St. Francis macht kraftstrotzende, ungebändigte, rückhaltlose Zinfandels, die wahrscheinlich keine Punkte für Subtilität ergattern würden – aber wer kann diese opulenten, verschwenderisch reichhaltigen, sensationellen Weine ignorieren? Ich glaube kaum, dass ich mich hinsetzen und eine Flasche eines dieser Weine verputzen könnte, aber ein Glas oder zwei wären mit Sicherheit ein Genuss. Diese extravaganten, prachtvollen Zinfandels treiben Reichhaltigkeit und frisches Eichenholz bis an ihre Grenzen – und das mit Erfolg. Wenn die Schauspieler Robin Williams und Jim Carrey Kellermeister wären, wäre dies dann der Typ Zinfandel, den sie produzieren würden? Der *1994er Zinfandel Old Vines* hat eine undurchdringliche purpurrote Farbe und ein phänomenales Bukett von überreifen, mit großen Mengen süßer, toastwürziger, rauchiger Eiche vermischten Schwarzkirschen und Himbeeren, während im Hintergrund Lakritze und Pfeffer wahrnehmbar sind. Dieser superb reichhaltige, rauchige, köstliche und dekadente Wein ist geschmeidig und samtig – als äße man seine Lieblingssüßigkeit in flüssiger Form (mit einer Menge Alkohol). Dieser spektakuläre Kraftprotz von einem Zinfandel wird 7–8 Jahre halten, wird aber am besten im Lauf seiner ersten 4–5 Jahre getrunken, will man in den vollen Genuss seiner Überschwänglichkeit kommen. Der *1994er Zinfandel Pagani Vineyard* ist, bei mehr Struktur und Alkohol, aus demselben Holz geschnitzt. Er ist ebenfalls fabelhaft opulent und reichhaltig und hat die gleiche ölige Textur, Dicke und Dichte der Frucht wie der Old Vines Zinfandel. Beides sind erstaunliche Weine. Es gibt andere 1994er Zinfandels, die genauso gehaltvoll und körperreich sind, aber es gibt keinen, der so prachtvoll wäre wie dieses Duo. Angesichts eines Alkoholgehalts von 15,1% ist es erstaunlich, wie gut die Kraft des *1995er Zinfandel Pagani Vineyard* hinter den Schichten saftiger, massiv extrahierter, dicker Zinfandel-Frucht verborgen ist. Er hat eine satte schwarz-purpurrote Farbe und ein ausladendes, süßes Bukett von Lakritze, Erde, Vanillin und rosinenartigen schwarzen Pflaumen. Dieser üppige, körperreiche, riesige Zinfandel mit außergewöhnlicher Extraktion wird sicherlich Aufsehen erregen. Die Leser sollten nicht in Erwägung ziehen, eine Flasche davon zu kaufen, wenn sie keine Freude an gigantischen, körperreichen Zinfandels finden, die den Mund einfärben und die Zähne überziehen. Dieser Wein dürfte mindestens ein Jahrzehnt gut altern.

Der dunkelrubin-purpurfarbene *1996er Zinfandel Pagani Vineyard* (von 100 Jahre alten Reben) offeriert viel rauchige, toastwürzige Aromen von frischem Eichenholz neben Nuancen von dicklichen Brombeeren und Himbeeren, Teer, Lakritze und Pfeffer. Obwohl er kräftig, gehaltvoll und körperreich ist, besitzt er nicht so viel Konzentration wie vorhergehende Jahrgänge. Er gehört zwar zu den am meisten fruchtbetonten und mit Glyzerin ausgestatteten Weinen des Jahrgangs, verdient aber gleichwohl nicht ganz eine hervorragende Punktnote. Trinken Sie ihn während der nächsten 3–4 Jahre. Der relativ schwerfällige *1997er Zinfandel Pagani Vineyard* kam mir eher wie eine Fassprobe vor und nicht wie ein fertiger Wein. Der tintendunkle Wein besitzt zwar einen hohen Alkoholgehalt, zugleich aber auch viskose, eichenwürzige, superextrahierte Geschmacksnuancen. Beim Verkosten kann man dem undurchdringlichen purpurroten Wein schwarze Himbeeren, Pflaumen, Lakritze, asiatische Gewürze und toastwürzige Nuancen entnehmen. Er ist überwältigend groß, kernig und kraftvoll. Rechnen Sie damit, dass dieser Wein sich während der nächsten 5–7 Jahre entwickeln und gut trinken lassen wird. Vielleicht wird er sogar noch zivilisierter werden.

Auch die 1998er sind gigantisch, superkonzentriert und üppig mit Eichenholzwürze ausgestattet. Der tiefrubin-purpurfarbene *1998er Zinfandel Old Vines* präsentiert ein ausladendes, süßes, toastwürziges Bukett mit verschwenderischen Mengen von Schwarzkirschen- und Beerenfrucht. Der muskulöse, körperreiche, tiefe und säurearme Wein ist stämmig, vollmundig und kernig. Er sollte während der nächsten 3–4 Jahre getrunken werden. Der hervorragende, undurchdringlich purpurfarbene *1998er Zinfandel Pagani Vineyard* ist erneut verschwenderisch mit Eichenwürze ausgestattet. Dieser großartig extrahierte, eindringliche, ölig texturierte Wein gehört zu den konzentriertesten des Jahrgangs. Der starke Holzton verleiht ihm stilistisch einen exotischen, fast überspannten Aspekt. Dieser phänomenale, dichte und dickflüssige Wein mit seinen üppigen Mengen an Himbeer-, Kirsch und Brombeerfrucht dürfte sich 5–6 Jahre gut trinken lassen.

Der *1999er Zinfandel Old Vines* und der *1999er Zinfandel Pagani Vineyard* sind typische Zinfandels von St. Francis, nämlich dunkelrubin-purpurfarben mit tonnenweise amerikanischem Eichenholz und dicklichen Geschmacksnuancen von reifen Brombeeren und Kirschen, die von Lakritze, Kräutern und Rauch durchzogen sind. Beides sind körperreiche, säurearme, dekadent fruchtige und holzbetonte Weine mit unverkennbar »Made in California«-Persönlichkeiten. Beide sollten in ihrer überschwänglichen, robusten Jugend getrunken werden, am besten im Lauf der nächsten 3–4 Jahre.

Diejenigen Leser, die Gefallen an muskulösen, pfeffrigen, erdigen, mit schwarzer Frucht gefüllten, unerträglich tanninbetonten Petite Sirahs finden, sollten es mit dem *1999er Petite Sirah Bartolozzi Ranch* (400 Kisten) versuchen. Obwohl er eindrucksvoll ist, benötigt er

5–10 Jahre Kellerreife, bevor er zivilisiert genug ist, aber er wird jeden reich belohnen, der genug Disziplin und Intelligenz besitzt, dieses gefährliche Tier im Keller zu verstecken.

CHÂTEAU ST. JEAN (SONOMA)

1997	Cabernet Franc St. Jean Estate	Sonoma	D	90
1996	Cabernet Franc St. Jean Estate	Sonoma	D	91
1997	Cabernet Sauvignon Reserve	Sonoma	E	93
1996	Cabernet Sauvignon Reserve	Sonoma	E	94
1995	Cabernet Sauvignon Reserve	Sonoma	E	90
1994	Cabernet Sauvignon Reserve	Sonoma	E	92
1999	Chardonnay	Sonoma	B	88
1998	Cinq Cépages Proprietary Red Wine	Sonoma	D	89
1997	Cinq Cépages Proprietary Red Wine	Sonoma	D	94
1996	Cinq Cépages Proprietary Red Wine	Sonoma	D	92
1995	Cinq Cépages Proprietary Red Wine	Sonoma	D	92
1999	Fumé Blanc	Sonoma	B	88
1999	Fumé Blanc La Petite Etoile	Russian River	C	90
1997	Malbec St. Jean Estate Vineyard	Sonoma	D	92
1997	Merlot	Sonoma	C	88
1997	Merlot Reserve	Sonoma	E	92
1996	Merlot Reserve	Sonoma	E	90
1995	Merlot Reserve	Sonoma	E	90+
1994	Merlot Reserve	Sonoma	E	91
1997	Merlot St. Jean Estate Vineyard	Sonoma	D	91
1999	Pinot Noir	Sonoma	C	88
1998	Pinot Noir	Sonoma	C	88
1998	Pinot Noir Durell Vineyard	Carneros	D	89
1997	Pinot Noir Durell Vineyard	Carneros	D	88?
1996	Pinot Noir Durell Vineyard	Sonoma	D	88

Château St. Jean, eines der Ansichtskarten-Motive im Sonoma Valley, macht derzeit die besten Weine in seiner Geschichte. Dieses Weingut hat von der Ideologie exzessiver Manipulation und industrieller Herstellungsmethoden der 1970er und 1980er Jahre eine Wendung um 180 Grad vollzogen. Heute beruht die Weinbereitung auf einer Philosophie der Nicht-Manipulation und der natürlichen Abfüllung. Das Ergebnis wird offensichtlich an Weinen mit komplexerem Aromaprofil und cremigerer Textur. Und, am wichtigsten, sie bereiten mehr Vergnügen. Weinmacher Steve Reeder kümmert sich nach wie vor um die Feinabstimmung eines beeindruckenden Sortiments charaktervoller Weine. Sie alle – von den herrlichen Fumé Blancs über die strukturierten, unverwechselbaren Chardonnays, zunehmend hochwertigen Pinot Noirs bis hin zu den zur Spitzenklasse zählenden Merlots, Cabernet Francs, Cabernet Sauvignon Reserves und dem Proprietary Red Wine Cinq Cépages – sind aufregende Tropfen.

Der *1999er Fumé Blanc*, ein äußerst preisgünstiger Wein, enthält 11% Sémillon. Ungefähr 32% sind fassvergoren, der Rest in Edelstahltanks. Der Wein macht keine malolaktische Gärung durch, die Trauben werden aber sehr reif gelesen, was in dem rauchigen Bukett von honigtöniger Melone, Passionsfrucht und Blüten zum Ausdruck kommt. Von mittlerem Körper und mit herrlichen Schichten von Frucht ausgestattet, sollte er während der nächsten 1–2 Jahre ausgetrunken werden. Noch besser ist der außergewöhnliche *1999er Fumé Blanc La Petite Etoile.* Der ausschließlich in Fässern (50% davon neu) vergorene Wein verbringt 10 Monate vor der Abfüllung in Holz und durchläuft keine malolaktische Gärung. Weinmacher Steve Reeder meint, er röche wie »weiße Gummibärchen«. Dieser kraftvolle Fumé (15% Alkohol) offenbart im Bukett und im Mund Nuancen von flüssigen Mineralien, rauchiger Passionsfrucht, Melone und Zitrusfrüchten. Er ist strukturiert, reichhaltig, konzentriert und sollte zu kräftig schmeckenden Gerichten getrunken werden. Er dürfte sich mehrere Jahre halten. Das Chardonnay-Sortiment ist ebenfalls beeindruckend. All diese Weine sind fassvergoren, aber es findet kein Aufrühren der feinen Hefen statt, und die malolaktische Gärung wird oft unterbunden. Der *1999er Chardonnay*, von dem es 150000 Kisten gibt, ist weltweit einer der preisgünstigsten Weine seiner Art. Der fruchtbetonte, wunderschön ausbalancierte, reintönige Weißwein präsentiert Nuancen von Blumen, tropischen Früchten, Birnen und Pfirsichen und sollte im Lauf der ersten Jahre getrunken werden.

Die an Burgundern orientierten Pinot Noirs dieses Weinguts sind, während jeder über die Chardonnays, Fumé Blancs, Cabernets und Merlots ein Geschrei anstimmt, irgendwie ein Geheimtipp geblieben. Der *1999er Pinot Noir* bietet ein erdiges, rauchiges, animalisches, nach Pflaumen duftendes Bukett und schöne vegetabile Wurzelnoten in den raucherfüllten Kirschnuancen. Trinken Sie ihn während der nächsten 3–4 Jahre. Der dunkelbläulich-rote *1998er Pinot Noir Durell Vineyard* besitzt mehr Gewicht und Dichte, einen vollen Körper und üppige Mengen von Schwarzkirschenfrucht, die mit Andeutungen von Kurzgebratenem, Kräutern und Blumen durchzogen ist. Trinken Sie diesen würzigen, reichhaltigen Pinot während der nächsten 5–7 Jahre. Der *1998er Pinot Noir* wurde aus zu 100% entrappten Beeren bereitet, die zum größten Teil dem Westside Vineyard am Russian River entstammen. Die mittelrubinrote Farbe geht einher mit einem attraktiven süßen Bukett von Kirschen, getrockneten Kräutern und Erde, das auch Aromen von abgehangenem Fleisch, Gewürz und Pflaumen aufbietet. Dieser komplexe, geschmeidig texturierte und nachgiebige Wein sollte jetzt und während der nächsten 5–6 Jahre getrunken werden. Der *1997er Pinot Noir Durell Vineyard* ist in einem vollkommen anderen Stil angelegt. Weniger charmant, mehr tanninbetont, verhalten und zurückgenommen hat dieser ausladende, eichenwürzige, konzentrierte Pinot viel Muskeln und Struktur. Er gefiel mir besser als der 1998er vom selben Weinberg (obwohl mehr an ihm dran ist). Ob er wohl sein ganzes Tannin abwerfen wird? Geben Sie ihm 1–2 Jahre im Keller, um zu sehen, wie er sich entwickelt. Der *1996er Pinot Noir Durell Vineyard* offenbart Komplexität und Reichhaltigkeit. Dieser dunkelrubinrote Wein offeriert fleischige, pflanzliche und Beerenfruchtaromen in einem bei mittlerem bis vollem Körper exotischen, eleganten Stil. Er besitzt adäquate Säure und eine geschmeidige Textur. Trinken Sie ihn während der nächsten 3–4 Jahre.

Auch die anderen Rotweine dieses Weinguts – attraktive Merlots, Cabernets und Proprietary Red Wines – zeichnen sich durch ein angemessenes Preis-Leistungsverhältnis aus. Der *1997er Merlot St. Jean Estate Vineyard*, der auch 10% Cabernet Franc enthält, verbrachte 24 Monate vor der Abfüllung in neuen Eichenfässern. Dieser sensationelle, in einer limitierten Menge produzierte Wein präsentiert eine dichte rubin-purpurrote Farbe sowie Aromen von Brombeeren, Holzkohle, Kirschen, geschmolzenem Fondant und frischem Eichenholz. Dieser außergewöhnlich reife, körperreiche und opulent texturierte Merlot, der den Mund voll macht, kann während der nächsten 10–12 Jahre getrunken werden. Der dunkelblau-granatfarbene *1997er Merlot Reserve* (87% Merlot, 9% Cabernet Franc und 4% Malbec, die drei Jahre in zu 100% neuen Eichenfässern verbrachten) offenbart eine dichte, kernige, viskose Persönlichkeit sowie ungeheuer konzentrierte Aromen und Geschmacksnuancen von Schwarzkirschen, Schokolade, Vanille und Beerenfrucht. Dieser kraftvolle, körperreiche, spektakuläre Merlot hat immer noch etwas Tannin abzuwerfen. Voraussichtliche Genussreife: 2004–2020. Der ausgezeichnete *1997er Merlot* enthält 6% Cabernet Sauvignon und 6% Cabernet Franc im Mischsatz. Er offeriert üppige Mengen von Beerenfrucht, geröstetem Kaffee, Schokolade und Kirschen. Dieser dunkelrubinfarbene, säurearme, offen gewirkte und runde Wein bietet idealen Trinkgenuss während der nächsten 5–6 Jahre. Der *1996er Merlot Reserve* ist weniger leicht zu verkosten, aber potenziell ein besserer Wein. Er weist subtile Aromen von teeriger Arznei, Schwarzkirschen, getrockneten Kräutern und Vanille auf. Im Mund verbinden sich Toffeenoten mit süßem, cremigem Holz, Schokolade und Beeren. Bei mittlerem bis vollem Körper verlangt dieser verschlossene Merlot mit moderatem Tannin im Abgang nach 2–3 Jahren Kellerreife. Er dürfte 12–15 Jahre halten. Der *1995er Merlot Reserve* zeigt, verglichen mit dem 1994er, weniger aromatische und geschmackliche Dimensionen, ist aber dennoch ein superb konzentrierter, dicker saftiger Wein, der am Ende vielleicht etwas mehr Tannin hat. Der ein wenig monolithische Wein schmeckt leicht gedämpft und ist in seiner Entwicklung weiter zurückgeblieben als die anderen Jahrgänge. Diese Reserve Merlots werden alle in begrenzten Mengen von etwa 400 Kisten hergestellt. Der *1994er Merlot Reserve* offenbart üppige Mengen dicklicher Schwarzkirschenfrucht, die mit toastwürzigem frischen Eichenholz verflochten sind. Er nimmt sich am Gaumen weiter und großzügiger aus und zeigt beeindruckende Länge und Reichhaltigkeit.

Seit 1995 ist der Cinq Cépages ein hervorragender Wein. Der *1995er Cinq Cépages* schmeckt jetzt sogar noch besser als vor der Flaschenabfüllung. Der Wein, der zwei Jahre in zu 50% neuen Eichenfässern verbringt, besteht zum größten Teil aus Cabernet Sauvignon (77%), während sich die anderen vier Rebsorten auf den Rest verteilen. Der Wein stellt eine Kombination von Finesse, Komplexität, Reichhaltigkeit und Zugänglichkeit dar. Er besitzt eine satte rubinrote Farbe und ein extravagantes Bukett von Zedernholz, Lakritze, tabakgetönter Frucht von schwarzen Johannisbeeren und süßes Vanillin. Dieser konzentrierte, körperreiche, mit Frucht beladene, eindrucksvoll ausgestattete Wein kann sowohl jetzt als auch während der nächsten 15–20 Jahre getrunken werden. Der dunkelrubin-purpurfarbene *1996er Cinq Cépages* (75% Cabernet Sauvignon und der Rest Cabernet Franc, Merlot, Malbec und Petit Verdot) präsentiert ein moderat intensives Bukett von Schwarzkirschen, Schokolade, Rauch, getrockneten Kräutern und toastwürziger Eiche. Er scheint die kalifornische Version eines ausladenden, reichhaltigen St-Émilion zu sein. Dieser Wein von mittlerem bis vollem Körper, der Eleganz und Finesse neben üppigen Mengen von Frucht, Glyzerin und Geschmack offeriert, hat sich schön entwickelt und kann ebenso gut jetzt wie während der nächsten 12–15 Jahre getrunken werden.

Der *1997er Cinq Cépages* (75% Cabernet Sauvignon, der Rest die anderen vier Rebsorten) ist noch besser als der 1996er. Er präsentiert ein äußerst komplexes Bukett von Lakritze, getrockneten Kräutern, schwarzen Johannisbeeren, Gewürzkiste und Kirschlikör. Im Mund machen sich Nuancen von Schokolade, frischem Eichenholz sowie roten und schwarzen Früchten in einem bei mittlerem bis vollem Körper saftigen Stil zärtlich am Gaumen bemerkbar. Der zu 50% in neuen und zu 50% in ein Jahr alten französischen Eichenfässern ausgebaute Wein wird auch ohne Schönen und Filtrieren abgefüllt. Er ist fleischig, komplex und bereits trinkbar, verspricht aber, 12–15 Jahre zu überdauern. Der in einem leichteren Stil gemachte *1998er Cinq Cépages* (75% Cabernet Sauvignon, 16% Merlot, 6% Malbec, 2% Cabernet Franc und 1% Petit Verdot), ein Wein mittleren Körpers, präsentiert ein süßes Bukett von Toastbrot, Erde, Zedernholz, Lakritze, Schwarzkirschen und Schokolade. Er ist von exzellenter Konzentration, aber der Bedingungen des Jahrgangs wegen besitzt der 1998er nicht das Volumen, die Geschmacksbreite oder Intensität seiner beiden Vorgänger. Trinken Sie ihn während seiner ersten 10–12 Lebensjahre.

Einer der spektakulärsten Weine ist der *1997er Cabernet Sauvignon Reserve*. Er besteht aus 90% Cabernet Sauvignon und 10% Cabernet Franc, die 36 Monate im Fass verbringen, bevor sie ohne Schönen und Filtrieren abgefüllt werden, und ist ein wunderschön angelegter, rauchiger, reichhaltiger, superkonzentrierter, dicker Wein, der mit Aromen und Geschmacksnuancen von Schwarzkirschen, Cassis, Erde, Rauch und toastwürzigem Eichenholz beladen ist und einen körperreichen, öligen Abgang hat. Dieser Cabernet benötigt noch 3–4 Jahre im Keller und dürfte 2 Jahrzehnte halten. Der *1996er Cabernet Sauvignon Reserve* (500 Kisten) bleibt einer der feinsten Weine, die Steve Reeder bislang produziert hat. Dieser Wein, der ebenfalls 36 Monate vor der Abfüllung im Fass verbrachte, besteht zur Hauptsache aus Cabernet Sauvignon und jeweils kleinen Anteilen von Merlot und Cabernet Franc. Er präsentiert eine gesättigte Purpurfarbe sowie ein überwältigendes Bukett von Kokosnuss, Vanille, schwarzen Johannisbeeren, Pflaumen und Rauch. Dieser saftige, aufregend proportionierte, groß angelegte Cabernet Sauvignon, der körperreich und dick ist, aber von adäquater Säure schön untermauert wird, wird nach einem weiteren Jahr in der Flasche seinen Höhepunkt erreichen und 2 Jahrzehnte halten. Der *1995er Cabernet Sauvignon Reserve* zeigt weniger aromatische und geschmackliche Dimensionen, aber superbe Reife, Tiefe und Reichhaltigkeit. Wie bei vielen Weinen dieses Jahrgangs hat er einen gedämpften Charakter, aber mein Gefühl sagt mir, dass sämtliche Zutaten vorhanden sind, um einen hervorragenden Wein entstehen zu lassen. Geduld ist erforderlich, da dieser Wein mindestens 4–5 Jahre Kellerreife benötigt. Auch er hat ein Alterungspotenzial von 20 Jahren. Nein, ich glaube nicht, dass er an die Komplexität und Reichhaltigkeit des 1994ers herankommen wird, und vielleicht nicht mal an die des 1993ers, aber er ist ein außergewöhnlicher Wein, der sich in 5–10 Jahren als deutlich unterschätzt entpuppen könnte. Der *1994er Cabernet Sauvignon Reserve* besitzt ein offen gewirktes, komplexes Aromaprofil, das aus schwarzen Früchten, Zedernholz, Tabak, Obsttorte und frischem Eichenholz besteht. Dieser körperreiche, vieldimensionale, groß angelegte Cabernet Sauvignon besitzt neben süßem Tannin makellose Balance und einen Abgang, der fast 35 Sekunden anhält. Obwohl er zugänglich ist, sind 3–4 Jahre Kellerlagerung angeraten; der Wein dürfte 2 Jahrzehnte halten.

Auf den sagenhaften 1996er Cabernet Franc ist ein weiterer exquisiter Wein gefolgt. Der wunderschön gemachte *1997er Cabernet Franc St. Jean Estate* hat 10% Merlot und 5% Malbec in seinem Mischsatz. Wie bei allen Rotweinen dieses Weinguts gab es vor der Flaschenabfüllung kein Schönen und Filtrieren. Der Ausbau in ausschließlich neuen Eichenfässern ist vollständig absorbiert worden. Cabernet Franc ist delikater als Merlot oder Cabernet Sauvignon, und dieser Wein hat das neue Holz irgendwie in den Griff bekommen. Er ist komplex, körperreich und offeriert intensive Aromen von Leder, schwarzen Früchten und Blumen. Dieser sensationelle Wein, der Kraft und Reichhaltigkeit mit Finesse und Komplexität vereint, dürfte sich 15–18 Jahre gut trinken lassen. Er ist ohne jeden Zweifel der feinste Cabernet Franc aus Sonoma, den ich je verkostet habe. Die Leser sollten auch den *1996er Cabernet Franc St. Jean Estate* (90% Cabernet Franc, 5% Merlot und 5% Malbec) probieren, von dem allerdings nur 300 Kisten produziert wurden. Er offenbart explosive Aromen von Veilchen, Heidelbeeren, Leder und schwarzen Früchten. Dieser dichte und reichhaltige Wein von großer Finesse und Komplexität, der in zu 100% neuen französischen Eichenfässern ausgebaut wurde, präsentiert herrlich konzentrierte, gebieterische Geschmacksnuancen, ohne schwer oder fett zu wirken. Dieser himmlische Wein stellt einen Durchbruch für Château St. Jean bei dieser Rebsorte dar. Er wird sich jung gut trinken lassen und sich 10–12 Jahre schön entwickeln.

Ein weiterer beeindruckender Wein ist der *1997er Malbec St. Jean Estate Vineyard* (75% Malbec und 25% Cabernet Franc). Dick Arrowood hat ebenfalls feinen Malbec produziert, aber dieser Wein ist genauso gut. Nuancen von Himbeerlikör, die mit Veilchen- und Akazienaromen verflochten sind, springen aus dem Glas bei diesem blumigen Wein. Eine dunkelrubin-purpurrote Farbe wird von einem reichhaltigen Auftritt im Mund gefolgt, obwohl der Wein am Gaumen leichter ist, als das Bukett vermuten lässt. Er kombiniert fantastische Frucht mit Eleganz und Charakter. Es ist schwer vorherzusagen, wie sich ein solcher Wein entwickeln wird, aber er dürfte problemlos 10–15 Jahre überdauern.

Weinmacher Steve Reeder und Beringer haben dafür, was sie in Château St. Jean erreicht haben, unseren Beifall verdient.

Bisherige große Jahrgänge: 1993er Cabernet Sauvignon Reserve (91), 1993er Merlot Reserve (90).

SCREAMING EAGLE (NAPA)

1999	**Cabernet Sauvignon**	**Napa**	**EE**	**94**
1998	**Cabernet Sauvignon**	**Napa**	**EE**	**92**
1997	**Cabernet Sauvignon**	**Napa**	**EE**	**100**
1996	**Cabernet Sauvignon**	**Napa**	**EE**	**98**
1995	**Cabernet Sauvignon**	**Napa**	**EE**	**99**
1994	**Cabernet Sauvignon**	**Napa**	**EE**	**94**

Es gibt 500 Kisten von jedem Jahrgang. Die meisten Leser wissen, dass dieser Wein inzwischen zu den begehrtesten Sammlerstücken unter den Cabernet Sauvignons gehört und auf Weinauktionen regelmäßig Preise zwischen 800 und 2000 Euro pro Flasche erzielt. Die liebenswürdige Inhaberin Jean Phillips verkauft den Wein für € 125 pro Flasche! Der ohne jede Frage exquisite Wein bietet auf unmanipulierte, bestechende Weise bemerkenswert reichhaltige Duft- und Geschmacksnuancen von Crème de Cassis. Die bekannte önologische Beraterin Heidi Barrett assistiert bei der Weinbereitung. Die Weine, deren Trauben auf dem roten, eisenhaltigen Boden des Districts Oakville heranwachsen, werden 18–20 Monate in zu 65% neuen französischen Eichenfässern ausgebaut. Ich erteilte sowohl dem 1992er als auch dem 1997er Screaming Eagle 100 Punkte für den perfekten Wein, aber alle Jahrgänge sind wundervoll. Der *1999er Cabernet Sauvignon* (88% Cabernet Sauvignon, 10% Merlot und 2% Cabernet Franc) ist ein exquisiter Wein, der vielleicht fast an die überirdischen 1997er und 1992er herankommt. Eine undurchdringliche blau-purpurrote Farbe geht einher mit einem Bukett von dicklichen Brombeeren und Crème de Cassis, das von außerordentlicher Präzision und Reintönigkeit ist. Er besitzt eine Ehrfurcht gebietende Intensität, bringt es aber fertig, nicht übertrieben oder übergewichtig zu schmecken. Der dichte und ölig texturierte, aber makellos ausbalancierte Wein zeigt ein Gleichgewicht und eine Tiefe, die man als herrlich bezeichnen muss. Mit der seidigen Textur und dem fabelhaft konzentrierten, makellos präsentierten Stil, die für ihn charakteristisch sind, ist er ein weiterer legendärer Wein aus diesem winzigen Unternehmen. Voraussichtliche Genussreife: jetzt–2020. Der *1998er Cabernet Sauvignon*, der Ende Juni 2000 abgefüllt wurde, hat sich als noch besser erwiesen, als ich ihn bei der Fassprobe eingeschätzt hatte. Er präsentiert eine gesättigte rubin-purpurrote Farbe und ein ausdrucksvolles Bukett von Cassis, Mineralien und Rauch. Der körperreiche und dichte Wein ist weiter entwickelt als andere Jahrgänge, die ich in ähnlichem Alter verkostet habe, was für das Jahr 1998 charakteristisch ist, in dem weniger massive Cabernet Sauvignons in Napa entstanden, die weniger Volumen und Konzentration aufweisen. Der vielschichtig texturierte, runde Wein zeigt süßes, gut eingebundenes Tannin, spektakuläre Reintönigkeit und Präsenz am Gaumen, und er macht mitten im Mund und beim Abgang einen großartigen Eindruck. Trinken Sie ihn jetzt und während der nächsten 15–20 Jahre. Er ist ein Kandidat für den Titel »Wein des Jahrgangs«.

Besser als der perfekte *1997er Cabernet Sauvignon* kann ein Wein nicht sein. Dieser körperreiche, mehrdimensionale Klassiker, der die mit Brombeeren, Mineralien, Lakritze und Toastbrot vermischte Essenz von Cassis repräsentiert, ist geradezu märchenhaft mit seiner außerordentlichen Reintönigkeit und Symmetrie und einem Abgang, der fast eine Minute anhält. Er hat ein Gleichgewicht, das ihm eine Entwicklung von beinahe 2 Jahrzehnten in Aussicht stellt, aber es wird schwer sein, bei seiner Freigabe der Verlockung, die er darstellt, zu widerstehen. Voraussichtliche Genussreife: jetzt–2020. Der *1996er Cabernet Sauvignon* offenbart mehr Struktur als der 1997er, eine undurchdringliche Purpurfarbe und die charakteristischen Brombeer- und Cassisnuancen. Der seidig texturierte, fabelhaft konzentrierte und herrlich ausbalancierte Wein präsentiert jede seiner Komponenten – Säure, Alkohol, Tannin und Extrakt – makellos. Voraussichtliche Genussreife: jetzt–2020. Der undurchdringlich purpurfarbene *1995er Cabernet Sauvignon* zeigt eine sensationelle Reintönigkeit schwarzer Johannisbeerfrucht, vermischt mit einer Ahnung von Himbeeren, Veilchen und gut verborgener süßer Vanille. Dieser faszinierende, erstaunlich verführerische, körperreiche Cabernet Sauvignon, der beachtliche Intensität, vorzügliche Symmetrie und einen mittleren Geschmacksbereich und Abgang aufweist, für die man sein Leben geben möchte, kann jetzt getrunken oder 20–25 Jahre in den Keller gelegt werden. Ich habe diesem Wein vielleicht Unrecht getan, indem ich ihm nicht die dreistellige Punktzahl gab. Das frühreife, wundervoll duftende Bukett des undurchsichtig purpurfarbenen *1994er Cabernet Sauvignon* präsentiert ein Büffet von schwarzen Früchten zusammen mit einer feinen Dosis toastwürziger Eiche und Mineralien. Der körperreiche Cabernet mit einer nahtlosen, üppigen Textur ist ein auf profunde Weise großzügiger Wein, für den alles spricht. Der Abgang dauert 35 Sekunden. So überwältigend er auch ist, kann dieser Wein jung getrunken oder 20–25 Jahre in den Keller gelegt werden.

Ich frage Jean Phillips manchmal, was sie tut, um eine solche Reintönigkeit der Frucht zu erzielen. Sie macht kein Geheimnis daraus: Die Ertragsmengen sind bescheiden, die Trauben werden bei einem Zuckergehalt von 24° Brix gelesen (was normal ist), der Wein wird 18–20 Monate in französischen Eichenfässern von Seguin-Moreau (rund 60–65% davon sind neu) ausgebaut, und er wird ohne Filtrieren abgefüllt. Bei Screaming Eagle wird der Tresterhut bei der Gärung häufig hinuntergedrückt, und vielleicht bewahren die kleinen, nur eine halbe Tonne fassenden Gärfässer das Geheimnis der außergewöhnlichen Fruchtqualität, die Jean Phillips erzielt. Auf der anderen Seite kann es auch einfach an der Kombination des *terroirs* mit der Besessenheit liegen, mit der sie sich der Produktion brillanter Weine widmet. Und wir wollen die beratende Önologin Heidi Barrett nicht vergessen. Ein Platz auf der Kundenliste des Weinguts ist die einzige Chance, an den Wein heranzukommen, es sei denn, man hat Glück, und findet eine Flasche in einer Weinhandlung oder einem Restaurant im Napa Valley.

Bisherige große Jahrgänge: 1993er Cabernet Sauvignon (97), 1992er Cabernet Sauvignon (100).

SEAVEY (NAPA)

1999	**Cabernet Sauvignon**	**Napa**	**E**	**92**
1998	**Cabernet Sauvignon**	**Napa**	**E**	**90**
1997	**Cabernet Sauvignon**	**Napa**	**E**	**96**
1996	**Cabernet Sauvignon**	**Napa**	**D**	**92**
1995	**Cabernet Sauvignon**	**Napa**	**D**	**94**
1994	**Cabernet Sauvignon**	**Napa**	**D**	**91**
1999	**Chardonnay**	**Napa**	**D**	**90**
1999	**Merlot**	**Napa**	**D**	**89**
1998	**Merlot**	**Napa**	**D**	**90**
1997	**Merlot**	**Napa**	**D**	**90**
1994	**Merlot**	**Napa**	**C**	**89**

Die beiden Inhaber Mary und Bill Seavey und ihr begabter Weinmacher Philippe Melka produzieren weiterhin einige der Spitzenweine von Napa Valley. Und außerdem gibt es sie alle zu fairen Preisen, verglichen mit so vielen Napa-Weingütern, die ihre Geschäfte in einer anderen Welt zu tätigen scheinen. Diejenigen Leser, die nach einem kraftvollen Chardonnay, der keine malolaktische Gärung durchlaufen hat und einen Anflug von Eichenholz aufweist, sollten den erfrischenden *1999er Chardonnay* probieren. Auf der Parzelle werden heimische Hefen zur Gärung eingesetzt, aber die feinen Hefen werden nicht häufig aufgerührt, und zum Ausbau des Weins werden nur 25% neue Eichenfässer verwendet. Dennoch besitzt dieser Wein viel Kraft und herrlich reife Nuancen von reifen Birnen und honigtöniger Zitrusfrucht, einen vollen Körper, ausgezeichnete Frische und beeindruckenden Extrakt und Gehalt. Die meisten Chardonnays ohne malolaktische Gärung sind nicht sonderlich texturiert oder interessant, doch das ist bei diesem nicht der Fall. Er wird sich 3–4 Jahre gut trinken lassen.

Der dicht granat-bläulich-purpurrote *1998er Merlot* offeriert ein ausdrucksvolles, wohlriechendes Aromaprofil, das von Schokoladensoufflé, Rauch, Kaffee, Mokka und Beerenfrucht geprägt ist. Der körperreiche, elegante, seidig texturierte, im reifen Stil eines Pomerol gemachte Wein entwickelt sich ziemlich rasch, so dass er innerhalb der nächsten 5–6 Jahre ausgetrunken werden sollte. Der ähnlich angelegte *1999er Merlot* präsentiert ein körperreiches Bukett von Schokolade und Beerenfrucht, niedrigen Säuregehalt und fleischige, saftige Geschmackskomponenten. Beide Weine sind sortenreine Merlots, die in zu 40–45% neuen französischen Eichenfässern ausgebaut werden. Der 1999er dürfte eine etwas längere Lebenserwartung von 8–10 Jahren haben.

Es gibt 300 Kisten von dem *1997er Merlot*, einem eindringlichen, körperreichen, herrlich reintönigen sortenreinen Merlot, der in zu 40% neuen Eichenfässern ausgebaut wurde. Er offenbart die typischen Nuancen von Espressobohnen in schokoladiger, süßer, dicklicher Beerenfrucht, eine ölige, dicke Textur, vollen Körper und ausgezeichnete Reintönigkeit und Länge. Ein herrlicher Merlot, den man jetzt und während der nächsten 12–15 Jahre trinken kann. Der *1994er Merlot* (350 Kisten) wurde in zu 35–45% neuen Eichenfässern ausgebaut. Seine undurchdringliche purpurrote Farbe geht einher mit einem beeindruckend reichhaltigen Bukett von schwarzen Johannisbeeren und Gewürz. Dieser immer noch junge und bei mittlerem bis vollem Körper dennoch reife, gehaltvolle, süße, sortenreine Merlot dürfte länger halten, als ich in meiner ersten Bewertung andeutete. Jetzt sieht es so aus, als werde er sich mühelos weitere 7–8 Jahre entwickeln und dieses Niveau 5–6 Jahre halten.

Dieses Weingut produziert sensationelle Cabernet Sauvignons, die weitgehend unbemerkt bleiben, weil es im hintersten Conn Valley verborgen liegt, östlich von St. Helena. Der 1991er Cabernet Sauvignon bleibt einer der größten Cabernets des Jahrzehnts, aber es ist erstaunlich, wie viele Leute ihn nie probiert haben. Der *1997er Cabernet Sauvignon* (1400 Kisten) ist möglicherweise ganz genauso gut. Ich gab diesem Wein ursprünglich 96 Punkte, aber nach einem weiteren Jahr in der Flasche könnte er sogar noch besser sein. Er verbrachte 18 Monate in zu 40–45% neuen französischen Eichenfässern und wurde nach einer leichten Schönung, aber ohne Filtrieren abgefüllt. Dieser monumentale, klassische kalifornische Cabernet Sauvignon präsentiert eine undurchdringliche bläulich-purpurrote Farbe sowie ein außergewöhnliches Bukett dicklicher Aromen von Cassis, Pflaumen, Toastbrot und Lakritze. Mit seiner gigantischen Frucht und phänomenalem Glyzerin, vollem Körper, rauchigen Geschmacksnuancen von Brombeeren und Kaffee am mittleren Gaumen und einem seidigen, moderat tanninbetonten Abgang, der beinahe eine Minute dauert, ist dieser nahtlose Wein ein modernes Cabernet-Elixier. Er besteht aus 98% Cabernet Sauvignon und 2% Petit Verdot und dürfte 2004–2025 auf seinem Höhepunkt sein. Der aus einer extrem kleinen Ernte stammende, hervorragende *1998er Cabernet Sauvignon* ist ein Beispiel dafür, was Cabernet-Sauvignon-Produzenten aus Napa im Scherz als »noch einen feinen Wein aus einem schlechten Jahrgang« bezeichnen. Der gehaltvolle, körperreiche, dichte Wein entwickelt sich rascher als der 1997er und besitzt Ladungen von schokoladiger Schwarzkirschen- und Cassisfrucht, eine offen gewirkte, sinnliche, ausladende Textur, hervorragende Konzentration und Reintönigkeit, niedrige Säure und einen fetten, kernigen Abgang. Er wird bei Freigabe trinkreif sein, verspricht aber, 12–15 Jahre gut zu altern. Der *1999er Cabernet Sauvignon* offenbart eine undurchdringliche purpurrote Farbe sowie ein süßes, hoch extrahiertes Bukett von schwarzen Früchten, Kaffee, Schokolade, Zedernholz und Pflaumen. Seidiges, aber bestimmtes Tannin, voller Körper, außergewöhnliche Konzentration und Reintönigkeit und ein dichter, vielschichtiger Abgang kennzeichnen dieses Wein außerdem. Voraussichtliche Genussreife: 2005–2020.

Der *1996er Cabernet Sauvignon* ist superb. Er ist von undurchdringlicher purpurroter Farbe und offenbart Aromen von schwarzen Johannisbeeren, teeriger Arznei, Rauch, Mineralien und Pflaumen. Der körperreiche Wein besitzt exquisite Dichte und herrliche Reintönigkeit und Eindringlichkeit der Frucht, vor allem am mittleren Gaumen, und Länge (gute

Anzeichen für einen Wein, der eine große Zukunft hat). Es gibt viel Tannin, aber dies ist ein großzügiger, eindrucksvoll ausgestatteter Wein, der den Test einiger Jahrzehnte im Keller bestehen dürfte. Voraussichtliche Genussreife: 2003–2025. Der undurchdringlich purpurfarbene *1995er Cabernet Sauvignon* (950 Kisten) präsentiert ein fantastisches Bukett von klassischen schwarzen Johannisbeeren, vermischt mit Aromen von Zigarrenkiste und Zedernholz. Im Mund ist er körperreich und verhalten, aber von überzeugender Fülle, Vielschichtigkeit und wundervoller Ausgewogenheit. Er hat einen tiefen, süßen mittleren Geschmacksbereich und explosive Reife und Reichhaltigkeit in dem langen, ungestümen Abgang. Dieser unterschätzte Star in einem hervorragenden Jahrgang dürfte sich mühelos 20–30 Jahre lang entwickeln. Voraussichtliche Genussreife: jetzt–2028.

Aus niedrigen Erträgen von ungefähr 5 Tonnen pro Hektar bereitet, die von den nach Osten zeigenden Hanglagen im Conn Valley stammen, präsentiert der *1994er Cabernet Sauvignon* eine undurchdringliche purpurrote Farbe und ein überschwängliches, aber noch junges und unentwickeltes Bukett von Gewürz, schwarzen Früchten und Zedernholz. Dieser körperreiche, gehaltvolle, moderat tanninbetonte Wein mit Schichten von dichter, reifer Frucht dürfte in 3–5 Jahren seinen Höhepunkt erreichen. Er wird 2 Jahrzehnte oder länger halten.

Bisherige große Jahrgänge: Cabernet Sauvignon 1993er (91), 1992er (92), 1991er (99), 1990er (94).

SEGHESIO (SONOMA)

1999	Zinfandel	Sonoma	C	88
1998	Zinfandel	Sonoma	B	88
1999	Zinfandel Cortina	Alexander Valley	D	89
1999	Zinfandel Home Ranch	Alexander Valley	D	90
1998	Zinfandel Home Ranch	Alexander Valley	D	90
1999	Zinfandel Old Vines	Sonoma	D	90
1998	Zinfandel Old Vines	Sonoma	D	90
1997	Zinfandel Old Vines	Sonoma	D	90
1999	Zinfandel San Lorenzo	Alexander Valley	D	91
1997	Zinfandel San Lorenzo	Alexander Valley	D	88

Dieses Weingut mit gut gelegenen Rebflächen sowohl in Sonoma als auch im Alexander Valley, ist inzwischen weithin bekannt für seine hochwertigen Zinfandels. Glücklicherweise sind die Preise noch nicht denen anderer hervorragender Zinfandel-Produzenten angepasst worden, die vom unstillbaren Durst nach erstklassigen Weinen profitieren wollen. Die 1999er gehören zu den Stars des Jahrgangs. Einer der preiswertesten unter ihnen ist der *1999er Zinfandel* (14,5% Alkohol). Eine ausgezeichnete dunkelrubin-purpurrote Farbe geht einher mit scharfen Nuancen klassischer Hagebutten-, Beeren- und Kirschfrucht, die mit Pfeffer, Gewürz und Erde vermischt sind. Es ist ein verfeinerter, aber geschmacksreicher Wein, den man während der nächsten 3–4 Jahre genießen sollte. Noch komplexer, körperreicher und vielschichtiger ist der *1999er Zinfandel Old Vines* (15,3% Alkohol). Ähnlich einem Rhône-Wein bietet er erdige Nuancen von zerstoßenem Pfeffer und Schwarzkirschen auf, die in einem robusten, gehaltvollen Format präsentiert werden; er wird sich 4–5 Jahre gut trinken lassen.

Die drei 1999er Lagen-Zinfandels sind eindrucksvoll. Der tiefrubin-purpurfarbene *1999er Zinfandel Home Ranch* offenbart etwas frisches Eichenholz, Vanille, Pfeffer und Sandelholz, aber die Fruchtnuancen von Hagebutten, Beeren und Kirschen dominieren. Dieser groß angelegte Zinfandel, der fleischig, körperreich, kraftvoll, gut ausbalanciert ist und süßes Tannin und pikante Säure aufweist, dürfte sich 6–7 Jahre gut trinken lassen. Der dichte rubin-purpurfarbene *1999er Zinfandel San Lorenzo* (15,4% Alkohol) ist der konzentrierteste und komplexeste Wein dieser Gruppe. Aromen von Seetang, neuem Sattelleder, Kaffee, Tabak, Sojasauce und Schwarzkirschen erinnern an einen erstklassigen Nebbiolo aus dem Piemont. Der körperreiche Wein mit pikanter Säure und einem komplexen, vielschichtigen Stil dürfte sich 6–7 Jahre gut trinken lassen. Der beerenfruchtige, unentwickelte, eindimensionale 1999er *Zinfandel Cortina* (14,7% Alkohol) besitzt Batzen von Frucht und Glyzerin, aber weniger Komplexität in aromatischer und geschmacklicher Hinsicht als die beiden anderen 1999er. Dieser gehaltvolle Wein dürfte sich gut entwickeln und 5–7 Jahre schön trinken lassen.

Der 1998er *Zinfandel* (14,1% Alkohol) ist wie aus dem Lehrbuch. Dieser außer einigen purpurnen Einschüssen dunkelrubinfarbene, fruchtbetonte Wein zeigt Schwarzkirschen- und Hagebuttennuancen mit subtilen Noten von Pfeffer und Eichenholz im Hintergrund. Den reichhaltigen, reintönigen und säurearmen Wein von mittlerem bis vollem Körper kann man während der nächsten 3–4 Jahre genießen. Der *1998er Zinfandel Old Vines* ist ihm nicht unähnlich, er hat aber von allem mehr. Seine 14,6% Alkohol vermitteln einen reichhaltigeren Eindruck mit mehr Glyzerin und Konzentration. Seine Duft- und Geschmacksnuancen werden von ausladenden erdigen, pfeffrigen, würzigen Noten von schwarzen Himbeeren und Kirschen dominiert. Der reintönige, lange, gehaltvolle und säurearme Wein sollte während der nächsten 5–6 Jahre getrunken werden. Ein weiterer beeindruckender Wein ist der *1998er Zinfandel Home Ranch* von einem Rebbestand, der 1895 angelegt wurde. Seine undurchdringliche rubinrote Farbe geht einher mit süßer Beeren- und Kirschfrucht eingangs im Mund, einem Hauch von toastwürzigem frischem Eichenholz, mittlerem bis vollem Körper und Geschmacksnuancen von gerösteten Kräutern sowie süßer Erdbeer- und Kirschmarmelade. Trinken Sie ihn während der nächsten 4–5 Jahre.

Der *1997er Zinfandel San Lorenzo* (14,6% Alkohol) besitzt eine dichte, dunkelrubin-purpurrote Farbe, spürbares frisches Eichenholz, einen ungestümen, reifen, strukturierten Stil mit Muskeln, moderat aggressive Säure, aber Reife, Extrakt und Länge, die allesamt Bewunderung verdienen. Trinken Sie ihn während der nächsten 7–8 Jahre. Mit 14,2% Alkohol ist der *1997er Zinfandel Old Vines* kein riesiger Wein nach modernen Maßstäben. Seine gesättigte rubin-purpurrote Farbe wird begleitet von superben Aromen von schwarzen Himbeeren, Mineralien und Blumen. Der Wein, dessen Säure und Alkohol hinreißend eingebunden sind, macht am Gaumen einen schön strukturierten, aber fruchtbetonten Eindruck und hat einen saftigen, konzentrierten Abgang. Er dürfte sich 7–8 Jahre gut trinken lassen.

SELENE (NAPA)

1998	**Merlot**	**Napa**	**D**	**87**
1997	**Merlot**	**Napa**	**D**	**90**
1996	**Merlot**	**Napa**	**D**	**91+**
1995	**Merlot**	**Napa**	**D**	**92**
1994	**Merlot**	**Napa**	**D**	**90**
1998	**Merlot Hyde Vineyard**	**Carneros**	**D**	**88**
1997	**Merlot Hyde Vineyard**	**Carneros**	**D**	**88**
1996	**Merlot Hyde Vineyard**	**Carneros**	**D**	**90**
1995	**Merlot Hyde Vineyard**	**Carneros**	**D**	**89**

Die 1998er Merlots sind leichte, aber gut gemachte Weine in diesem schwierigen Jahrgang. Der *1998er Merlot Hyde Vineyard* präsentiert Aromen von getrocknetem Tabak, provenzalischen Kräutern, Schokolade und Beerenfrüchten. Der weiche Wein von mittlerem Körper wird bei seiner Freigabe köstlich sein. Der *1997er Merlot Hyde Vineyard* offenbart schärfere Säure sowie eine elegante, nach Beerenfrucht und Mokka duftende und schmeckende Persönlichkeit. Mit seinem schönen Abgang dürfte er sich 5–8 Jahre gut trinken lassen.

Selenes Merlots aus Napa sind durchweg reichhaltiger und konzentrierter. Ungefähr zwei Drittel der Trauben stammen von der bekannten Madrona Ranch, die vor allem durch den Winzer David Abreu zu Ruhm gelangt ist. Der Rest kommt vom Caldwell Vineyard, von dem Jayson Pahlmeyer früher einen Teil seiner Trauben bezog. Der ausgezeichnete dunkelrubin-purpurfarbene *1998er Merlot* offeriert süße, schokoladige, kaffeeähnliche Aromen und Geschmacksnuancen, die exzellente Reife, viel Glyzerin und einen reintönigen Abgang von mittlerem Körper aufbieten. Er dürfte während seiner ersten 7–8 Jahre köstlichen Trinkgenuss gewähren. Säure und Tannin des strukturierten *1997er Merlot* treten deutlicher hervor. Der gut gemachte Wein mit ausgezeichneten Aromen und Geschmackskomponenten von Beeren und weißer Schokolade ist ausladender und dürfte eine längere Lebensdauer haben als der 1998er, hat aber weniger Charme und Süße. Voraussichtliche Trinkreife: jetzt–2008.

Der *1996er Merlot Hyde Vineyard* offenbart eine attraktive purpurrote Farbe, ein süßes, nach Lakritze und Schwarzkirschen duftendes Bukett mittleren Körpers, eine Ahnung von Kräutern und Kaffee und genug Säure, um für Balance zu sorgen. Der lange, reichhaltige und stämmige Wein wird 10 Jahre lang gut altern. Noch eindrucksvoller ist der dichte schwarz-purpurfarbene *1996er Merlot*, der bei geringerem Säuregehalt (und höherem pH-Wert) fetter und reichhaltiger ist, mit einer großzügigen, wohlschmeckenden Textur und einem anhaltenden, eleganten Abgang von mittlerem bis vollem Körper. Der Wein entfaltet sich wunderschön im Glas und wird sich als köstlicher Merlot erweisen, der während seines ersten Jahrzehnts getrunken werden kann.

Der *1995er Merlot Hyde Vineyard* präsentiert eine dichte purpurrote Farbe und ein Bukett von Schwarzkirschen, Rauch und Schokolade. Ausdrucksvoll und reichhaltig, mit verschwenderischer Schwarzkirschenfrucht, sollte sich dieser wohlschmeckende, würzige Merlot mittleren Körpers 5–8 Jahre gut trinken lassen. Der *1995er Merlot* ist ein dekadenter, luxuriös ausgestatteter Wein. Von seiner undurchdringlich purpurroten Farbe bis zu seinem umwerfenden Bukett von geröstetem Kaffee, rauchiger Schwarzkirschenfrucht und Schokolade besitzt dieser gehaltvolle, superb konzentrierte Wein herrliche Intensität und genug Säure und Eichenholz, um für den entsprechenden Rahmen zu sorgen. Der seidige Abgang ergänzt die intensiv wohlriechende Persönlichkeit dieses wundervollen Merlots aufs Schönste. Trinken Sie ihn während der nächsten 7–8 Jahre. Angesichts so vieler ihrer Frucht beraubter, vegetabiler, nach Kräutertee riechender Merlots ist es erfreulich, einen derart leckeren Stoff wie den *1994er Merlot* vorgesetzt zu bekommen. Wenn er gut ist, ist Merlot ein wundervoll weicher, seidig texturierter, mittelgewichtiger, aromatisch ausdrucksvoller Wein mit viel reifer Beerenfrucht, die oft mit Aromen von weißer Schokolade, Kaffee und Gewürzen durchsetzt ist. Dieser köstliche Wein besitzt viele dieser Eigenschaften, vermehrt um die Reichhaltigkeit und Dicke, die mit seiner sinnlichen Textur einhergehen. Er lässt sich bereits herrlich trinken – warum also warten? Ich würde dafür plädieren, diesen großartigen Wein während der nächsten 5–6 Jahre zu trinken.

SEVEN LIONS (SONOMA)

1999	**Zinfandel Martinelli and Duckhorn Vineyard**	**Russian River**	**E**	**89**

Die Trauben für den undurchdringlich purpurfarbenen *1999er Zinfandel Martinelli and Duckhorn Vineyard* von mittlerem bis vollem Körper stammen von einigen der besten Böden und Rebflächen am Russian River. Süße Duft- und Geschmacksnuancen von reifen schwarzen Johannisbeeren und Kirschen verbinden sich in diesem groß angelegten, konzentrierten, dichten Wein mit rauchwürzigem Eichenholz, während pikante Säure für Konturenschärfe, Spritzigkeit und Frische sorgt. Dieser ausgezeichnete Wein wird Zinfandel-Enthusiasten gefallen, aber der Preis ist schwer zu schlucken.

SHAFER (NAPA)

1999	**Cabernet Sauvignon**	**Napa**	**D**	**90**
1998	**Cabernet Sauvignon**	**Napa**	**D**	**89**
1997	**Cabernet Sauvignon**	**Napa**	**E**	**90**
1996	**Cabernet Sauvignon**	**Napa**	**E**	**89**
1995	**Cabernet Sauvignon**	**Napa**	**E**	**91**
1994	**Cabernet Sauvignon**	**Napa**	**E**	**90**

1999	**Cabernet Sauvignon Hillside Select Stag's Leap**	**Napa**	**EEE**	**97**
1998	**Cabernet Sauvignon Hillside Select Stag's Leap**	**Napa**	**EEE**	**92**
1997	**Cabernet Sauvignon Hillside Select Stag's Leap**	**Napa**	**EEE**	**99**
1996	**Cabernet Sauvignon Hillside Select Stag's Leap**	**Napa**	**EEE**	**98**
1995	**Cabernet Sauvignon Hillside Select Stag's Leap**	**Napa**	**EE**	**99**
1994	**Cabernet Sauvignon Hillside Select Stag's Leap**	**Napa**	**EE**	**99**
1999	**Chardonnay Red Shoulder Ranch**	**Napa/Carneros**	**D**	**(90–92)**
1997	**Firebreak**	**Napa**	**C**	**90**
1996	**Firebreak**	**Napa**	**D**	**88**
1999	**Merlot**	**Napa**	**D**	**87**
1998	**Merlot**	**Napa**	**D**	**89**
1997	**Merlot**	**Napa**	**D**	**90**
1996	**Merlot**	**Napa**	**D**	**88**
1995	**Merlot**	**Stag's Leap**	**D**	**90**
1994	**Merlot**	**Stag's Leap**	**D**	**89**
1999	**Syrah**	**Napa**	**E**	**92**

Shafer Vineyards, am Silverado Trail im Stag's Leap Abschnitt des Napa Valley gelegen, ist unbestreitbar das beste Weingut der Region. Die Jahresproduktion liegt bei ungefähr 30 000 Kisten, wobei die 6 000 Kisten des Chardonnay Red Shoulder Ranch und die 2000 Kisten des Cabernet Sauvignon Hillside Select der großen Nachfrage wegen strikter Zuteilung unterliegen.

Der *1999er Chardonnay Red Shoulder Ranch* präsentiert üppige Mengen gehaltvoller Aromen und Geschmacksnuancen von Orangen, Mandarinen und anderen Zitrusfrüchten, einen vollen Körper, einen ausladenden rauchigen, hefigen, fassvergorenen Stil, gute untergründige Säure und wundervolle Eindringlichkeit. Rund 50% neue (hauptsächlich französische) Eichenfässer kommen zum Einsatz, und der Wein durchläuft keine malolaktische Gärung. Er dürfte 3–4 Jahre gut altern.

Der *1999er Merlot* (81% Merlot, 10% Cabernet Sauvignon und 9% Cabernet Franc) offenbart einen von einer kalten Wachstumsperiode geprägten Charakter, reife Kirschfrucht, gute Säure, Nuancen von Tabak und Gewürzen, mittleren Körper, leichtes bis moderates Tannin und rauchwürziges Eichenholz im Hintergrund. Er wird noch Zeit zur Entfaltung brauchen, scheint aber nicht so charmant zu sein wie der Vorgänger. Der *1998er Merlot* (76% Merlot, 13% Cabernet Franc und 11% Cabernet Sauvignon;14,3% Alkohol) offeriert ein Bukett von Heidelbeeren, Menthol und Beeren sowie frische, aber fleischige, reintönige, anhaltende, vielschichtige und geschmeidige Geschmacksnuancen mit einem zarten Hauch von würzigem Eichenholz im Hintergrund. Dieser Wein hat sich besser entwickelt, als ich erwartet habe.

Von dem hervorragenden *1997er Merlot* (75% Merlot, 15% Cabernet Franc und 10% Cabernet Sauvignon) sind 10 000 Kisten produziert worden, die eine gute Verfügbarkeit gewährleisten. Er präsentiert üppige Mengen von Zedernholz, Kaffee, Pflaumen sowie Schwarzkirschen und Cassis. Seine Textur ist fleischig und offen gewirkt, mit Batzen reifer Frucht. Trinken Sie diesen eleganten, reintönigen Merlot mittleren Körpers während der nächsten 10–12 Jahre. Der *1996er Merlot* (77% Merlot, 16% Cabernet Franc und 7% Cabernet Sauvignon) ist bei mittlerem bis vollem Körper exotischer, wobei in der Schwarzkirschenfrucht einige der für die überwiegende Rebsorte typischen Obertöne von Schokolade zum Vorschein kommen. Der 1996er mag zwar voller und schwerer sein als der 1997er, ist aber ebenfalls ein ausgezeichneter Wein. Ich würde dafür plädieren, ihn während dieses Jahrzehnts zu trinken.

Der *1995er Merlot* scheint dem 1994er qualitativ ebenbürtig, vielleicht ein wenig überlegen zu sein. Mit Sicherheit ist er aromatischer. Düfte von dicklichen Schwarzkirschen, Toast und feine kräuterwürzige Noten gehen einher mit einem Wein, der herrliche Schichten von reichhaltiger, mit Glyzerin ausgestatteter, cremig texturierter Frucht aufweist. Der 1995er ist genauso strukturiert wie der 1994er, hat aber eine tiefere Farbe, mehr Extrakt und Länge. Er dürfte sich 6–8 Jahre gut trinken lassen. Der *1994er Merlot* ist einer der besten Merlots auf dem Markt – weich, samtig texturiert, mit Batzen reifer Kirsch- und Preiselbeerfrucht, die mit einer schönen Dosis rauchiger Eichenholzwürze versehen ist. Der Wein ist bei mittlerem bis vollem Körper elegant und großzügig, ohne Ecken und Kanten. Er dürfte sich während der nächsten 3–4 Jahre gut trinken lassen und anmutig entwickeln.

Der von Sangiovese dominierte Firebreak (2500 Kisten) hat Bewunderung verdient. Der *1997er Firebreak* ist einer der feinsten, die ich verkostet habe. Der dunkelrubinfarbene, gehaltvolle, fruchtbetonte Wein von mittlerem Körper, der üppige Aromen von Schwarzkirschen, neuem Sattelleder, getrockneten Kräutern, Lakritze und Erdbeermarmelade aufweist, besitzt für einen kalifornischen Sangiovese (mit 15% Cabernet Sauvignon) eine unheimliche Eleganz und Komplexität. Er zeigt schöne Harmonie, trifft am Gaumen alle richtigen Stellen und ist voll ausgereift. Der *1996er Firebreak* (80% Sangiovese und 20% Cabernet Sauvignon) zeigt eine dunkelrubinrote Farbe und das klassische Sangiovese-Bukett von Erdbeeren, Leder, Kirschen und feuchtem Wald. Der Wein besitzt ausgezeichnete Reichhaltigkeit, mittleren Körper und einen eleganten, zurückhaltenderen und gedämpfteren Stil als der gehaltvollere, aromatisch intensivere 1997er. Er dürfte sich weitere 1–2 Jahre gut trinken lassen.

Ein neues Projekt von Shafer, das Weinkonsumenten reizen dürfte, ist die 6,8 Hektar große Rebfläche im südlichen Napa Valley, die mit Syrah bestockt ist. Die von der ersten Ernte im Jahr 1999 produzierte Menge ist zwar klein, aber es scheint ein märchenhafter Syrah zu werden. Der Behang wurde um 50% zurückgeschnitten, so dass nur 3,8 Tonnen pro Hektar eingebracht wurden. Der Wein wird in zu 75% neuen französischen Eichenfässern ausgebaut. Das Ergebnis ist ein sensationeller, undurchdringlich blau-purpurfarbener *1999er Syrah* mit einem überwältigenden Bukett von Brombeerlikör, das mit Grillgewürzen und Lakritze vermischt ist. Im Mund ist er körperreich, sinnlich texturiert, superextrahiert, gehaltvoll und säurearm. Er dürfte bei seiner Freigabe faszinierenden Trinkgenuss gewähren und 15 Jahre überdauern.

Der *1999er Cabernet Sauvignon* (97% Cabernet Sauvignon, 2% Cabernet Franc und 1% Merlot) dürfte hervorragend sein. Eine dichte rubin-purpurrote Farbe geht einher mit einem körperreichen, konzentrierten Eindruck am Gaumen, einer vielschichtigen Textur und süßer Frucht von schwarzen Johannisbeeren, die mit Mineralien, Bleistiftmine und Gewürz vermischt ist. Er dürfte sich 10–15+ Jahre gut trinken lassen. Der verlockende, frühreife *1998er Cabernet Sauvignon* (94% Cabernet Sauvignon und 6% Cabernet Franc) stellt sich vielleicht als außergewöhnlich heraus, besonders im Kontext des Jahrgangs. Dieser dicht rubin-purpurfarbene, körperreiche, geschmeidig texturierte, weiche, sinnliche und verführerische Wein, der zudem dick und saftig ist, hat einen niedrigen Säuregehalt, massenhaft Frucht, Glyzerin und viel Attraktivität. Genießen Sie ihn während der nächsten 10–12 Jahre.

Der dunkelrubin-purpurfarbene *1997er Cabernet Sauvignon* ist brillant. Kleine Mengen von Cabernet Franc und Merlot (jeweils 7%) wurden hinzugefügt, was dem Wein ein breiteres Aromaprofil und mehr Geschmacksdimensionen verleiht. Er ist dicht und reichhaltig, besitzt viel Extrakt, süße Frucht, vollen Körper, hervorragende Reintönigkeit sowie mineralisch-würzige Aromen und dürfte sich 10–15 Jahre gut trinken lassen. Der ausgezeichnete *1996er Cabernet Sauvignon* (13,5% Alkohol und ein Mischsatz von 94% Cabernet

Sauvignon und 6% Cabernet Franc) ist fester strukturiert und besitzt raueres Tannin als der 1997er. Der satt rubinfarbene Wein hat ein ausladendes, würziges Bukett von schwarzen Johannisbeeren, lehmigem Erdreich und Rauch. Der mittlere Geschmacksbereich ist reichhaltig, reintönig und gut ausgestattet, während sich im mäßig langen Abgang Tannin bemerkbar macht (eine Eigenschaft, die vielen 1996er Rotweinen von der kalifornischen Nordküste gemeinsam ist). Dieser Wein wird von 1–3 Jahren Kellerlagerung profitieren und 12–15 Jahre halten.

Der *1995er Cabernet Sauvignon* ist elegant, aber von gebieterischem Geschmack und besitzt üppige Mengen von Cassisfrucht, würziges, rauchiges Eichenholz, mittleren Körper und eine ausgezeichnete, zurückhaltende, aber gut ausbalancierte Persönlichkeit. Es ist ein schön extrahierter, fleischiger, komplexer Wein, der während seiner ersten 10–15 Jahre getrunken werden kann. Der wundervolle *1994er Cabernet Sauvignon* zeigt eine dunkelpurpurrote Farbe und süße, blütenduftige Cassisfrucht, vermischt mit feinem frischen Eichenholz und Mineralien. Von mittlerem bis vollem Körper, würzig und ausnehmend reintönig, mit einer vielschichtigen Textur und hervorragender Ausgewogenheit und Tiefe, ist dieser klassische, elegante Cabernet Sauvignon mit seinem gebieterischen Geschmack makellos gemacht. Er ist immer noch jugendlich, aber angesichts der Tatsache, dass ich dazu neige, das Jugendliche an Weinen wie diesem zu genießen, möchte ich empfehlen, ihn jetzt und während der nächsten 12–15 Jahre zu trinken. Sehr eindrucksvoll!

Seit 1991 ist Shafers Hillside Select Cabernet Sauvignon ohne Frage einer unter den etwa zwölf besten kalifornischen Cabernets gewesen. Der sortenreine Cabernet Sauvignon, der 32 Monate in ausschließlich französischen Eichenfässern (zum größten Teil Taransaud) verbringt, besitzt die Eleganz und Finesse, die man von einem Wein aus der Region Stag's Leap erwartet, aber zugleich auch monumentale Kraft, Reichhaltigkeit und Intensität. Jeder seit 1991 produzierte Hillside Select war spektakulär, wobei die Jahrgänge 1994, 1995, 1996, 1997 und 1999 alle mit der Vollkommenheit flirteten. Ich glaube nicht, dass man bei einer Blindverkostung feststellen könnte, welches der beste Jahrgang ist – so nahe liegen sie alle qualitativ beieinander. Leider gibt es nur 2 200 Kisten von diesem gewaltigen Cabernet.

Der *1999er Cabernet Sauvignon Hillside Select Stag's Leap* präsentiert die typische von Bleistiftmine und Mineralien geprägte Frucht schwarzer Johannisbeeren mit subtiler Eichenwürze in seinen Duft- und Geschmacksnuancen. Der nahtlose, körperreiche und märchenhaft konzentrierte Wein mit einem 45 Sekunden anhaltenden Abgang kommt dem 1994er stilistisch am nächsten. Der *1998er Cabernet Sauvignon Hillside Select Stag's Leap*, ein Kandidat für den Titel »Cabernet Sauvignon des Jahrgangs«, ist nicht so massiv wie der 1996er, der 1997er und der 1999er, aber er ist, bei wunderschön eingebundenem Holz, konzentrierter und eindringlicher als die meisten Spitzen-Bordeaux. Der sich anscheinend rasch entwickelnde Wein offeriert komplexe Aromen von Tabak, Mineralien, Cassis und Vanille in seinem bestechenden Bukett. Am Gaumen ist er körperreich und gehaltvoll, weist süßes Tannin, perfektes Gleichgewicht und einen sanften, vielschichtigen Abgang ohne Ecken und Kanten auf. Seine Balance, Harmonie und Komplexität legen die Vermutung nahe, dass dieser Wein bei Freigabe trinkreif sein und mehr als 15 Jahre gut altern wird.

Ist der gewaltige *1997er Cabernet Sauvignon Hillside Select Stag's Leap* ein perfekter Wein? Der im Juni 2000 abgefüllte Wein ist so spektakulär wie ein Cabernet nur sein kann. Das Bukett von verschwenderisch reichhaltigen schwarzen Johannisbeeren, Pflaumen, Kirschen, Toastbrot, Mineralien und Rauch strömt kaskadenförmig aus dem Glas. Dieser undurchdringlich purpurfarbene, außerordentlich intensive und körperreiche, aber erstaunlich gut ausbalancierte Wein ist makellos und wird seinen Höhepunkt jetzt–2030 erreichen. Er ist einer der großartigsten jungen Cabernet Sauvignons, die ich je verkostet habe, und verkörpert den Napa-Cabernet schlechthin, der Eleganz mit Kraft verbindet. Der *1996er Cabernet Sauvignon Hillside Select* ist einer der Superstars des Jahrgangs. Seine undurchdringliche Purpurfarbe wird begleitet von einem herrlichen Bukett, einem riesigen Körper, großartiger

Fruchtextraktion, superber Reintönigkeit, einer umfassenden Symmetrie und einem länger als 40 Sekunden dauernden Abgang. Dieser sagenhafte Cabernet, der außergewöhnliche Intensität (aber keine Schwere) sowie Säure, Tannin und Alkohol offenbart, die perfekt eingebunden sind, wird sich 3 Jahrzehnte wundervoll trinken lassen.

Der *1995er Cabernet Sauvignon Hillside Select Stag's Leap* zeigt die gleichen Eigenschaften wie der 1996er und der 1997er, ist aber mitten im Mund ausladender. Es gibt eine Menge Tannin in diesem körperreichen, gehaltvollen Wein. Es ist bemerkenswert, wie die feinsten kalifornischen Cabernets außerordentliche Kraft und Reichhaltigkeit mit Balance und Eleganz verbinden. Ein überwältigender Wein, der es wert ist, dass man besondere Anstrengungen unternimmt, ihn sich zu beschaffen. Voraussichtliche Genussreife: 2003–2030. Der *1994er Cabernet Sauvignon Hillside Select Stag's Leap* ist ein wundervoller Cabernet. Er wurde mir bei einer Verkostung in Japan vorgesetzt, und die Japaner waren so begeistert von ihm, wie meine Bewertung es ihnen empfahl. Sie waren am Boden zerstört, als sie erfuhren, dass sie vermutlich nicht die Möglichkeit hätten, mehrere Kisten dieses Weins zu kaufen! Der 1994er kombiniert die spektakulär reife, köstliche Frucht des Jahrgangs mit einem selten erlebten Grad von Eleganz und Finesse. Der Wein ist extrem gehaltvoll und zugleich wunderbar ausgewogen und anmutig. Die satte rubin-purpurrote Farbe geht einher mit Médoc-artigen Bleistiftaromen, die mit Cassis, Zedernholz, Mineralien und Gewürz vermischt sind. Viermal schrieb ich das Wort »groß« in meiner letzten Verkostungsnotiz nieder, die genauso aussah wie jede andere Verkostungsnotiz, die ich von diesem Wein habe. Er ist körperreich und nahtlos, mit einer seidigen Textur, sinnlicher Fülle und fabelhafter Reintönigkeit. Der Abgang dauert länger als 40 Sekunden. Voraussichtliche Trinkreife: jetzt–2025.

Übrigens fragte ich John und Doug Shafer nach ihrer Bewertung der einzelnen Jahrgänge des Hillside Select Cabernet Sauvignon in den 1990er Jahren. Sie stimmten darin überein, dass die drei Spitzenjahrgänge (in keiner bestimmten Ordnung) 1991, 1994 und 1997 seien. Mit kurzem Abstand folgten 1992, 1995 und 1996. Den 1998er fanden sie genauso gut wie den 1993er.

Bisherige große Jahrgänge: Cabernet Sauvignon Hillside Select Stag's Leap 1993er (94), 1992er (96), 1991er (96).

SIDURI (CALIFORNIA)

1998	**Novy Cellars Syrah Stage Gulch Vineyard**	**Petaluma/Sonoma**	**D**	**88**
1999	**Pinot Noir**	**Santa Lucia Highlands**	**D**	**88**
1999	**Pinot Noir**	**Sonoma**	**D**	**88**
1998	**Pinot Noir Archery Summit**	**Oregon**	**D**	**93**
1997	**Pinot Noir Archery Summit**	**Oregon**	**D**	**90**
1999	**Pinot Noir Christian David**	**Sonoma Coast**	**E**	**90+**
1998	**Pinot Noir Coastlands Vineyard**	**Sonoma Coast**	**D**	**90+**
1999	**Pinot Noir Garys' Vineyard**	**Santa Lucia Highlands**	**D**	**89**
1999	**Pinot Noir Hirsch Vineyard**	**Sonoma Coast**	**D**	**91**
1998	**Pinot Noir Hirsch Vineyard**	**Sonoma Coast**	**D**	**91**
1997	**Pinot Noir Hirsch Vineyard**	**Sonoma Coast**	**D**	**88+**
1999	**Pinot Noir Muirfield Vineyard**	**Oregon**	**D**	**89+**
1998	**Pinot Noir Muirfield Vineyard**	**Oregon**	**D**	**90**
1999	**Pinot Noir Pisoni Vineyard**	**Santa Lucia Highlands**	**D**	**92**
1998	**Pinot Noir Pisoni Vineyard**	**Santa Lucia Highlands**	**D**	**90**
1997	**Pinot Noir Pisoni Vineyard**	**Santa Lucia Highlands**	**D**	**92**
1998	**Pinot Noir Van der Kamp Vineyard**	**Sonoma Mountain**	**D**	**(87–88)**

1997	**Pinot Noir Van der Kamp Vineyard Old Vines**	**Sonoma Mountain**	**D**	**88**
1999	**Pinot Noir Willamette Valley**	**Oregon**	**D**	**88**

Ich bin ein Fan von Siduri seit den Debüt-Jahrgängen. Dieses Weingut spezialisiert sich weiterhin darin, hochwertigen Pinot Noir von ausgewählten Lagen in Kalifornien und Oregon zu produzieren. Es hat seinem Sortiment einen Syrah mit dem Novy-Cellars-Etikett hinzugefügt. Die zahlreichen Pinot Noirs weisen feine Unterschiede auf, was als Argument für die verschiedenen Herkunftsbezeichnungen gilt.

Zwei Pinot Noirs kommen aus Oregon. Der *1999er Pinot Noir Willamette Valley*, dessen Trauben vom Archery Summit und vom Muirfield Vineyard stammen, offenbart eine gesunde dunkelrubinrote Farbe, ein süßes Schwarzkirschenbukett, reichhaltige, konzentrierte Frucht, mittleren Körper und exzellente Reintönigkeit. Es ist ein köstlicher Wein, den man während der nächsten 5–7 Jahre trinken sollte. Der *1999er Pinot Noir Muirfield Vineyard* stammt sowohl von Dijon-Klonen als auch von dem bekannten Oregon-Klon Wadenswil. Die Erträge lagen nur bei 3,8 Tonnen pro Hektar. Die Farbe des Weins ist ein dichtes Rubin-Purpurrot. Er ist dick, ziemlich reichhaltig und bei mittlerem bis vollem Körper beeindruckend reintönig, mit einer starken Schwarzkirschenkomponente als besonderem Kennzeichen. 180 Kisten wurden von ihm produziert.

Es gibt sechs kalifornische Pinot Noirs von einigen der berühmtesten Rebflächen des Bundesstaats. Der *1999er Pinot Noir Sonoma* hat eine mittelrubinrote Farbe, ein unkompliziertes und süßes Bukett von dicklichen Kirschen, sehr verlockende, geschmeidige Geschmacksnuancen mittleren Körpers und leichtes Tannin. Der ziemlich reintönige Wein wird am besten während der nächsten 2–5 Jahre getrunken. Es gibt 226 Kisten. Außerdem hat man sich dafür entschieden, drei verschiedene Pinot Noirs aus den Santa Lucia Highlands zu produzieren. Der *1999er Pinot Noir Santa Lucia Highlands* (14,4% Alkohol, 214 Kisten) ist ein offen gewirkter, runder, großzügig ausgestatteter Wein, der gute, reife Brombeer- und Kirschfrucht, schön eingebundenes Holz, adäquate Säure und einen würzigen, sauberen Abgang bietet. Trinken Sie ihn während der nächsten 4–5 Jahre. Der *1999er Pinot Noir Garys' Vineyard* offeriert überreife, dickliche Erdbeer- und Kirschfrucht und einen Hauch von rauchigem, toastwürzigem Eichenholz. Der Wein (542 Kisten) ist relativ fett, fleischig und reintönig, mit viel schwarzen Früchten und einer stämmigen Persönlichkeit. Trinken Sie ihn während der nächsten 4–5 Jahre. Der superbe *1999er Pinot Noir Pisoni Vineyard* (576 Kisten) schließlich wurde in zu 60% neuen französischen Eichenfässern ausgebaut und, wie all diese Pinots, ohne Filtrierung abgefüllt. Seine Farbe ist ein dichtes Rubin-Purpurrot. Der Wein bietet üppige Mengen von schwarzen Himbeeren, Brombeeren und Kirschen, rauchiges, toastwürziges Eichenholz sowie schwarzen und chinesischen Tee im Hintergrund. Am Gaumen ist er sinnlich, dick, sehr reintönig und bei mittlerem bis vollem Körper reichhaltig. Es macht sich sogar eine Fleischnote bemerkbar, wenn sich der Wein im Glas befindet. Dies ist ein bewundernswerter Pinot, der jetzt getrunken oder 7–8 Jahre in den Keller gelegt werden kann.

Siduri produziert einige Weine von der Sonoma Coast. Der *1999er Pinot Noir Hirsch Vineyard* (282 Kisten aus Erträgen von 4 t/ha) ist ein dicht rubinfarbener Wein mit einem komplexen Bukett von Veilchen, roten Kirschen und Gewürzen. Im Mund ist er üppig texturiert, reintönig und reif, mit gut eingebundenem Tannin und angemessen niedriger Säure. Diesen komplexen, reichhaltigen, vollen Pinot Noir im Burgunderstil sollte man während der nächsten 7–8 Jahre trinken. Der nach dem ersten Sohn des Inhabers benannte *1999er Pinot Noir Christian David* (68 Kisten) stammt ausschließlich von Pommard-Klonen aus dem Hirsch Vineyard. Dieser dicht rubin-purpurfarbene Pinot ist straff, zurückgeblieben und tanninbetont, besitzt viel Struktur, aber auch beeindruckende Konzentration und ein umfassendes Gleichgewicht. Er benötigt noch 1–2 Jahre Kellerlagerung und dürfte 12+ Jahre halten. Insgesamt ist dies eine eindrucksvolle Gruppe von ausgezeichneten bis außergewöhnlichen Pinot Noirs, die beträchtliches Interesse verdienen.

1998 kann ein großartiger Jahrgang für die Spitzenproduzenten von Pinot Noir aus Oregon sein. Es ist ohne Frage der beste Jahrgang seit dem 1994er. Der *1998er Pinot Noir Muirfield Vineyard* wurde aus Erträgen von nur 3,2 t/ha bereitet. Der Wein präsentiert sich im verlockenden Stil eines Vosne-Romanées und besitzt eine dunkelrubinrote Farbe und ein süßes, toastwürziges Bukett mit Aromen von Schwarzkirschen- und Himbeerfrucht, mittleren Körper, süßes Tannin, einen hohen, aber gut verborgenen Alkoholgehalt (13,9%) und einen ausgezeichneten Abgang. Er dürfte bei seiner Freigabe trinkreif sein und sich 5–6 Jahre schön entwickeln. Der superbe *1998er Pinot Noir Archery Summit* stammt von Oregons neuen Dijon-Klonen für Pinot Noir, den Nummern 113, 115 und 777. Dieser aus unglaublich niedrigen Erträgen von 2 t/ha erzeugte dunkelrubinfarbene Wein mit purpurnen Nuancen könnte problemlos für einen Grand Cru wie Grands Echézeaux oder Richebourg durchgehen. Sein emporsteigendes Bukett bietet schwarze Himbeeren, Kirschen, Pflaumen, Toastbrot und Blumen auf. Die hervorragende Reintönigkeit dieses cremig texturierten Weins, der bei mittlerem bis vollem Körper einen wundervollen Eindruck mitten im Mund macht und genug Säure aufweist, um für Konturenschärfe und Gleichgewicht zu sorgen, sowie seine überwältigende Reichhaltigkeit und Harmonie machen ihn zu einem prächtigen Trinkgenuss. Er wird vielleicht sogar noch besser. Voraussichtliche Genussreife: jetzt–2007. Bravo!

Siduris rhetorische Fähigkeiten überzeugten die Inhaber des Coastlands Vineyards, dem Weingut einen Teil ihrer Pinot-Noir-Ernte zu verkaufen. (Wein aus Trauben dieses hoch angesehenen Rebbestands an der Sonoma Coast war bislang nur von Williams-Selyem zu bekommen.) Der dunkelrubinfarbene *1998er Pinot Noir Coastlands Vineyard* ist einer der festeren, verhalteneren Weine des Jahrgangs. Er präsentiert subtiles toastwürziges Eichenholz, hervorragende Konzentration, eine straffe Persönlichkeit, mittleren Körper, festes Tannin und einen mineralisch strukturierten, erdigen Abgang. Die 14,1% Alkohol sind bemerkenswert gut verhüllt. Er wurde aus winzigen Erträgen von 1,25 t/ha erzeugt und dürfte bei seiner Freigabe verlockend sein. Voraussichtliche Genussreife: jetzt–2007. Der *1998er Pinot Noir Hirsch Vineyard*, ein weiterer Wein von der Sonoma Coast, stammt von dem Mt. Eden- und dem Pommard-Klon. Der köstliche Pinot-Fruchtcocktail ist ein herrlich parfümierter, exquisit reifer, reichhaltiger, robuster Wein. Bei vollem Körper seidig texturiert, mit gut eingebundener Säure, schön integriertem Tannin und üppigen Mengen von Schwarzkirschen, Johannisbeeren, Himbeeren, Rauch und Toastbrot, sollte er im Lauf seiner ersten 5–6 Jahre getrunken werden.

Fast jeder gute Pinot-Noir-Produzent, der in Kalifornien Trauben kauft, scheint einen Wein vom Pisoni Vineyard in den Santa Lucia Highlands von Monterey machen zu wollen. Siduris *1998er Pinot Noir Pisoni Vineyard* hat nicht ganz die Qualität des verblüffenden 1997ers, ist aber immer noch ein hervorragender Wein. Er zeigt gute untergründige pikante Säure (die in diesem Wein deutlicher als in anderen spürbar ist), eine ausgeprägte Süßkirschenfruchtigkeit, mittleren Körper und nachdrückliche Finesse und Eleganz. Ich vermute, dass die Trauben 1998 nicht annähernd so reif waren wie im Vorjahr (genau umgekehrt wie in Oregon). Dieser Wein schmeckt, als wäre er aus weniger konzentriertem Most vinifiziert worden als der 1997er. Trinken Sie ihn während der nächsten 5–6 Jahre. Einer der festeren, eckigeren Pinot Noirs dieses Weinguts ist der *1998er Pinot Noir Van der Kamp Vineyard*. Obwohl er verschlossen ist, entpuppen sich nach gutem Zureden Aromen von schwarzen Himbeeren, Lakritze, Pfeffer und Erdreich. Ich würde dafür plädieren, diesen dichten, rubin-purpurfarbenen Pinot Noir, der den Eindruck macht, er habe mehr zu bieten, als Nase oder Gaumen derzeit wahrnehmen, ein Jahr in den Keller zu legen und ihn während der folgenden 7–8 Jahre zu trinken.

Ich verkostete vier eindrucksvolle 1997er, die alle ohne Filtrierung abgefüllt wurden. Der mittelrubinfarbene *1997er Pinot Noir Van der Kamp Vineyard Old Vines* offeriert ein mäßig intensives Bukett von schwarzen Himbeeren, Kirschen und würzigen, gerösteten Kräutern. Der Wein ist fleischig und offen gewirkt, mit schön eingebundenem, toastwürzigem frischen Eichenholz und einem eleganteren, ungestümen (14,1% Alkohol) Abgang. Dieser geschmeidige, köstliche Wein wird 3–4 Jahre einen herrlichen, komplexen Trinkgenuss gewähren. Der hervorragende *1997er Pinot Noir Archery Summit* zeigt eine dunklere rubinrote Farbe und eine festere, strengere Persönlichkeit, besitzt aber wunderschön reintönige Nuancen von schwarzen Himbeeren und Cassis, die mit Aromen von Erde und Vanille vermischt sind. Dies ist ein bei mittlerem Körper eleganter, strukturierter, ausnehmend reintöniger, verhaltener Pinot Noir, der in 12 Monaten seinen Höhepunkt erreichen und 6–7 Jahre halten dürfte. Der *1997er Pinot Noir Hirsch Vineyard* ist der am meisten Burgunder-ähnliche Wein dieses Quartetts. Er präsentiert Aromen von Rauch, Wild, Fleisch sowie von Schwarzkirschen- und Beerenfrucht in seinem Bukett. Er hat gute Festigkeit, einen mageren, moderat tanninhaltigen Abgang und mittleren Körper. Trotz seiner Verschlossenheit und Eckigkeit ist er ein interessanter Pinot Noir, der stärker von seinem *terroir* betont zu sein scheint als seine Jahrgangsgenossen. Voraussichtliche Trinkreife: jetzt–2007. Es hat den Anschein, als könne niemand mit den Trauben vom Pisoni Vineyard in den Santa Lucia Highlands einen misslungenen Wein machen. Der *1997er Pinot Noir Pisoni Vineyard* ist ein verschwenderisch reichhaltiger dunkelrubin-purpurfarbener Wein mit intensiven Aromen von Brombeeren, Himbeeren und Kirschmarmelade. Er ist einer der köstlichsten, am üppigsten texturierten und prächtigsten Pinot Noirs, die ich von Siduri verkostet habe, und wird bei all denen großen Erfolg haben, die mit Glück einige Flaschen ergattern. Er dürfte sich 3–5 Jahre gut trinken lassen.

Siduris erster Syrah scheint ausgezeichnet zu sein. Der dunkelbläulich-purpurfarbene *1998er Novy Cellars Syrah Stage Gulch Vineyard* präsentiert ein charmantes Bukett von Brombeeren, Pfeffer, Kirschlikör und Gewürzen. Er ist säurearm, weich, rund und großzügig. Die würzige Reichhaltigkeit und der entwickelte, frühreife Stil sind typische Merkmale des Jahrgangs. Dieser Wein sollte während seiner ersten 6–7 Lebensjahre getrunken werden.

SILVER OAK (NAPA)

1999	**Cabernet Sauvignon**	**Alexander Valley**	**E**	**90**
1998	**Cabernet Sauvignon**	**Alexander Valley**	**E**	**88**
1997	**Cabernet Sauvignon**	**Alexander Valley**	**E**	**89**
1996	**Cabernet Sauvignon**	**Alexander Valley**	**E**	**92**
1995	**Cabernet Sauvignon**	**Alexander Valley**	**E**	**94**
1994	**Cabernet Sauvignon**	**Alexander Valley**	**E**	**93**
1999	**Cabernet Sauvignon**	**Napa**	**EE**	**92**
1998	**Cabernet Sauvignon**	**Napa**	**EE**	**88**
1997	**Cabernet Sauvignon**	**Napa**	**EE**	**94**
1996	**Cabernet Sauvignon**	**Napa**	**EE**	**91**
1995	**Cabernet Sauvignon**	**Napa**	**EE**	**95**
1994	**Cabernet Sauvignon**	**Napa**	**EE**	**93**

Die Geschichte von Silver Oak bedarf einer kleinen Einführung. Diese höchst erfolgreichen Weine sind so kalifornisch und amerikanisch wie nur möglich. Sie werden 30 Monate vor der Abfüllung ausschließlich in neuen amerikanischen Eichenfässern (aus Missouri) ausgebaut und sind prächtige, ausladende vor würziger Eiche und Frucht berstende Weine, die jung köstlich schmecken, aber in der Lage zu sein scheinen, 12–15 Jahre zu überdauern und bei manchen Jahrgängen sehr viel länger. Die Zahl ihrer Bewunderer scheint immer größer zu werden, und wenn ich durch Napa und Sonoma reise, betrete ich selten einen Verkostungsraum, der voller ist oder in dem es ausgelassener zugeht, als den von Silver Oak, egal zu welcher Tageszeit.

Die Weine aus dem Alexander Valley sind sortenreine Cabernet Sauvignons. Der *1999er Cabernet Sauvignon Alexander Valley* bietet ein eindringliches rauchiges, toastwürziges Olivenbukett, das mit Kirschwasser und Johannisbeerfrucht vermischt ist. Der Wein ist süß, dicht, von undurchdringlicher rubin-purpurroter Farbe und macht am Gaumen einen ausladenden, fetten und im Abgang einen anhaltenden Eindruck. Er dürfte mit Sicherheit nicht schlechter als die meisten in diesem Jahrzehnt freigegebenen Cabernets aus dem Alexander Valley sein. Der *1998er Cabernet Sauvignon Alexander Valley* ist leichter und deutlich kräuterwürziger. Er ist mit seiner guten Frucht sicher weich und fleischig und hat zweifellos viel vom Stil des Alexander Valley, aber er hat weder das Gewicht, noch die Dichte oder Stärke der feinsten Jahrgänge der 1990er Jahre. Dieser Wein wird bei seiner Freigabe trinkreif sein und wird wahrscheinlich am besten im Lauf seiner ersten 8–10 Jahre ausgetrunken. Der *1997er Cabernet Sauvignon Alexander Valley* ist von dichter Purpurfarbe mit überschwänglichen, süßen, würzigen Nuancen von frischer Eiche, Lakritze und Oliven. Dieser extravagante Wein schmeckt leichter, als ich es von einem 1997er erwartet hätte. Im Mund offenbart er mittleren Körper, süße dickliche Kirschfrucht und einen weichen Abgang. Er muss während der nächsten 7–8 Jahre getrunken werden und macht offen gestanden keinen besseren Eindruck als der 1998er. Der dunkelrubinfarbene *1996er Cabernet Sauvignon Alexander Valley* bietet ein ausgeprägt rauchiges Bukett von Espressobohnen und Kirschwasser. Die säurearmen Geschmacksnuancen des runden, dichten, gehaltvollen, körperreichen und offen gewirkten Weins sind ohne Zweifel attraktiv. Schwarze Oliven haben ihren Auftritt im Aromaprofil des Weins, sobald er sich im Glas befindet. Voraussichtliche Genussreife: jetzt–2015. Der *1995er Cabernet Sauvignon Alexander Valley* macht ein Jahr nach der Abfüllung einen weitaus besseren Eindruck. Dieser dunkelrubin-purpurrote Wein offeriert ungeheuer intensive Aromen von Zigarrenkiste, rauchigem Eichenholz und dicklichen schwarzen Johannisbeeren mit einem Hauch provenzalischer Kräuter. Dieser reife und körperreiche Wein mit niedriger Säure und einer fleischigen, saftigen Textur kann während der nächsten 14–15 Jahre getrunken werden. Der *1994er Cabernet Sauvignon Alexander Valley* offenbart ein herausforderndes Bukett von Tabak, Schwarzkirschen, Gewürznelken, Obsttorte und Gewürz. Etwas Pflaumen- und Himbeerfrucht macht sich am Gaumen bemerkbar. Dies ist ein köstlicher, faszinierender, verführerischer, körperreicher Cabernet Sauvignon mit niedriger Säure und großen Mengen von toastwürzigem Eichenholz. Er wird den Beifall eines großen Publikums finden und dürfte mindestens 12–15 Jahre einen guten Eindruck machen.

Die Napa-Weine von Silver Oak zeigen in der Regel weniger Kräuterwürze und dafür mehr Nuancen aus dem für Cabernet Sauvignon charakteristischen Spektrum schwarzer Früchte. Sie sind genauso exotisch und prachtvoll wie die Weine aus dem Alexander Valley, aber klassischer, deutlicher tanninbetont, vielleicht von längerer Lebensdauer und etwas weniger zugänglich. Der herrliche *1999er Cabernet Sauvignon Napa* (82% Cabernet Sauvignon, 8% Cabernet Franc, 6% Merlot und 4% Petit Verdot) zeigt eine dichte rubin-purpurrote Farbe und eine konzentrierte, opulente Persönlichkeit mit auftrumpfenden Nuancen von schwarzen Johannisbeeren, Kirschwasser, Gewürzkiste, Zedernholz und Rauch. Dieser körperreiche, säurearme, saftige, üppige und unverblümte Cabernet dürfte bei Freigabe köstlich sein und rund 12 Jahre schön altern. Der *1998er Cabernet Sauvignon Napa* (93% Cabernet Sauvignon, 4% Cabernet Franc und 3% Petit Verdot) präsentiert neben geschmolzenem Teer einige aggressive, toastwürzige, verkohlte, eichenholzwürzige Noten. Der Wein ist hoch extrahiert, hat eine Menge Tannin und Nuancen von Rauch, Zedernholz, Kirschen und schwarzen Johannisbeeren. Es ist ein sehr guter 1998er mit moderatem Tannin und dürfte sich nach Freigabe mindestens 10 Jahre gut trinken lassen. Der *1997er Cabernet Sauvignon Napa* scheint einer der feinsten Weine zu sein, die das aus dem Inhaber Justin Meyer und dem Weinbauer und Weinmacher Daniel Baron bestehende Team produziert hat. Ich weiß, dass Meyer den Jahrgang 1995 als besten für Silver Oak bewertet, aber der 1997er

Napa ist ein eindrucksvoller Wein. Er besteht aus 93% Cabernet Sauvignon, 5% Cabernet Franc und 2% Petit Verdot und hat ein extravagantes Bukett von Obsttorte, Lakritze, asiatischen Gewürzen, schwarzen Johannisbeeren und toastwürzigem Holz. Der Wein ist tief, opulent, viskos, intensiv, kernig und dick, mit anderen Worten ein klassischer Cabernet Sauvignon aus Napa, der in einem durch und durch amerikanischen Stil für Eichenholzliebhaber gehalten ist. Er dürfte sich 12–15 Jahre gut trinken lassen.

Der *1996er Cabernet Sauvignon Napa* (91% Cabernet Sauvignon, 7% Cabernet Franc, 0,5% Merlot und 1,5% Petit Verdot) hat eine dunkelrubin-bläulichrote Farbe und ein herrliches, komplexes Bukett von Zedernholz, Gewürzkiste, Kirschen, dicklichen Pflaumen und Cassis. Der Wein ist fleischig, bei mittlerem bis vollem Körper verführerisch und mit Glyzerin angefüllt. Der Abgang ist reine Seide. Dieser säurearme, ausladende, würzige, üppig mit Holz versehene, kernige Wein dürfte sich weitere 10–14 Jahre gut trinken lassen. Der *1995er Cabernet Sauvignon Napa*, der aus 96% Cabernet Sauvignon und 4% Cabernet Franc besteht, hat sich als dem 1994er überlegen erwiesen. Er besitzt eine sattere rubin-purpurrote Farbe und ein extravaganteres, exotischeres Bukett. Darüber hinaus scheint er auch weniger entwickelt. Der körperreiche und reintönige Wein, mit Schichten über Schichten von konzentrierten schwarzen Früchten, Rauch, Zedernholz und Toast dürfte sich 16–17 Jahre gut trinken lassen. Der *1994er Cabernet Sauvignon Napa* (89% Cabernet Sauvignon und 11% Cabernet Franc) offenbart toastwürziges süßes Eichenholz im Bukett, dazu bombastische Mengen schwarzer Johannisbeerfrucht und Gewürz mit einem Hauch von Minze im Hintergrund. Geschmeidig und körperreich, mit irrwitzigen Mengen von Zedernholz und ölig texturierter Frucht, dürfte sich dieser fleischige, wundervoll gemachte Cabernet Sauvignon 14–15 Jahre gut trinken lassen.

Bisherige große Jahrgänge: Cabernet Sauvignon Alexander Valley 1993er (90), 1992er (93), 1991er (92), 1990er (89); Cabernet Sauvignon Napa 1993er (90), 1992er (94), 1991er (95), 1990er (93).

SIMI (SONOMA)

1995	**Cabernet Sauvignon Reserve**	**Sonoma**	**D**	**89**
1994	**Cabernet Sauvignon Reserve**	**Sonoma**	**D**	**89+**

Bei meinen Fassproben gehörte der *1995er Cabernet Sauvignon Reserve* zu den frühreifen 1995ern im opulenten Stil. Dieser attraktive Wein mit hervorragendem Potenzial zeigt eine tiefrubin-purpurrote Farbe und ein freundliches, offen gewirktes, würziges Bukett von süßen, fast dicklichen schwarzen Johannisbeeren. Mit seiner vielschichtigen Textur, ausgezeichneten Konzentration, süßen, samtigen, fetten Frucht, anständigen Säure und seinem langen, robusten Abgang erinnert dieser reintönige Cabernet an einen tiefen, gehaltvollen Bordeaux vom rechten Ufer, in dessen Mischsatz Merlot und nicht Cabernet Sauvignon vorherrscht. Er wird 10–15+ Jahre halten. Obwohl er noch verschlossen ist, zeigt der *1994er Cabernet Sauvignon Reserve* viel Potenzial und verdient vielleicht nach weiteren 12–18 Monaten auf der Flasche eine hervorragende Bewertung. Die satte rubin-purpurrote Farbe geht einher mit einem straffen, aber viel versprechenden Bukett von schwarzen Früchten, feuchter Erde, Holz und Gewürz. Dieser gut strukturierte, mittelgewichtige Cabernet Sauvignon, der aufgrund seiner Reintönigkeit, Eleganz und Ausgewogenheit im Mund eindrucksvoll ist, hat vieles, das für ihn spricht, aber Geduld ist erforderlich. Voraussichtliche Trinkreife: jetzt–2015.

Bisherige große Jahrgänge: Cabernet Sauvignon Reserve 1991 (94), 1990 (95).

SINE QUA NON (SANTA BARBARA)

1996	**Against the Wall Syrah**	**Santa Barbara**	**D**	**94**
2000	**Gewürztraminer Eiswein**	**Kalifornien**	**EEE**	**(94–96+)**
2000	**The Good Girl**	**Kalifornien**	**E**	**(92–94)**
2000	**Grenache**	**Kalifornien**	**E**	**(95–98)**

2000	The Hussy	Kalifornien	E	93
1999	Icarus	Kalifornien	EE	91+
1999	The Marauder	Kalifornien	E	95+
1999	Mr. K. Sémillon Vin de Paille	Kalifornien	EEE	(98–100)
1998	Mr. K. Sémillon Vin de Paille	Kalifornien	EEE	99
1999	Mr. K. Viognier Eiswein	Kalifornien	EEE	(92–94)
1998	Mr. K. Viognier TBA	Kalifornien	EEE	96
1995	The Other Hand (Syrah)	Kalifornien	D	92
1999	Ox (Pinot Noir Shea Vineyard)	Kalifornien	E	92
2000	Pinot Noir Shea Vineyard	Kalifornien	E	94
1995	Red Handed	Kalifornien	E	94
2000	Syrah	Kalifornien	E	(94–96)
1997	Syrah Imposter McCoy	Santa Barbara	E	96
1998	Syrah E-Raised	Kalifornien	E	96
1999	Tarantella	Kalifornien	EE	95
1998	Veiled Pinot Noir Shea Vineyard	Oregon	E	90

Die meisten neigen dazu, das Städtchen Ojai einige Autostunden nördlich von Los Angeles für einen Ferienort mit dem berühmten Ojai Valley Inn zu halten. Ohne Zweifel ist diese niedliche Kleinstadt eine Touristenattraktion, aber unten im Tal befindet sich das Handelszentrum Ventura. Hier kann man die Boutique-Kellerei von Elaine und Manfred Krankl finden, wenn auch nicht ohne beträchtliche Schwierigkeiten. Die Weine von Sine Qua Non sind, seitdem die ersten von ihnen freigegeben wurden, sensationell gewesen. Sie sind angesichts ihrer Reichhaltigkeit, ihrer zahlreichen Dimensionen und ihrer Intensität ein aufregender Trinkgenuss, aber sie sind auch verblüffende Beispiele dafür, was eine auf Hightech verzichtende Weinbereitung (durch zwei gewissenhafte Menschen, die immer noch keinen Quadratmeter Reben besitzen) aus hochwertigem Traubengut machen kann. Wenn man sich auf Verkostungstour durch Santa Barbara befindet, wird einem irgendwann das Paradoxon bewusst, dass viele der feinsten Weine der Region aus Ojais miteinander verbundenen Kellereien stammen, Sine Qua Non und Ojai Vineyard. Sowohl die Krankls als auch Adam Tolmach, der Inhaber von Ojai, machen in der Regel bessere Weine aus gekauften Trauben als diejenigen, denen die Rebflächen gehören.

Die Aufreihung der 2000er – mit dem vielleicht feinsten Pinot Noir vom Shea Vineyard und dem besten Grenache, den Manfred Krankl bislang gemacht hat – sieht äußerst beeindruckend aus. Was die Weißweine betrifft, so ist der *2000er The Good Girl* (49% Chardonnay und 25,5% Viognier vom Alban Vineyard und 25,5% Roussanne vom Alban und vom Stolpman Vineyard) ein kraftstrotzender, körperreicher, honigtöniger, trockener Wein mit 15,2% Alkohol. Er besitzt ein umwerfendes Aromaprofil von buttriger Zitrusfrucht, Orangen und anderen Tropenfrüchten. Dieser strukturierte, gut gezeichnete Wein ist ein Wein, der einen total anmacht. Der andere Weißwein, ein sortenreiner Roussanne, der sowohl vom Stolpman als auch vom Alban Vineyard stammt, ist der *2000er The Hussy*. Der Name (»hussy« = »loses Frauenzimmer«) spricht Bände. Seine hellgoldgelbe Farbe geht einher mit märchenhaft dekadenten Mengen von Frucht, üppigem Glyzerin und einem trockenen, körperreichen, erstaunlich gut umrissenen Abgang. The Hussy oder The Good Girl 2000 – treffen Sie Ihre Wahl! Beide sind prächtige, trockene Weißweine, die zu den kreativsten in Kalifornien produzierten gehören.

Der spektakuläre *2000er Pinot Noir Shea Vineyard* würde den großen Henri Jayer aus Vosne-Romanée glücklich machen. Er präsentiert eine tiefe rubin-purpurrote Farbe sowie ein umwerfendes Bukett von Schwarzkirschen, das mit subtilen Eichenholz- und Blumennuancen vermischt ist. Dieser reife, cremig texturierte, herrlich reintönige und nahtlose Pinot wird sich ein Jahrzehnt gut trinken lassen. Die Trauben für den *2000er Syrah* (86% Syrah, 10% Grenache und 4% Viognier; 725 Kisten) stammen von Reblagen wie White Hawk, Stolpman, Bien Nacido und Alban. Seine gesättigte blau-schwarz-purpurrote Farbe wird begleitet von einem überwältigenden Duft nach Brombeerlikör, der mit Kampfer, Lakritze, Vanille und einem Hauch von Speck vermischt ist. Der körperreiche, äußerst intensive, säurearme, überwältigend reife und reichhaltige Wein dürfte sich mehr als 15 Jahre gut trinken lassen. Möglicherweise noch besser und vielleicht der größte bisher in Kalifornien produzierte Wein aus dieser Rebsorte ist der *2000er Grenache*. Er besteht aus 95% Grenache und 5% Syrah, bringt es auf 15,8% natürlichen Alkohol und stammt vom Alban (zwei Drittel) und vom Stolpman Vineyard (ein Drittel). Der schwarz-rubin-purpurfarbene, dekadent reichhaltige Wein besitzt ein süßes Bukett von aufgeweichten schwarzen Früchten, Lakritze, Erde und Gewürzen. Im Mund verweilt er und verweilt er und verweilt er.

Hinsichtlich der Süßweine hat sich der gebürtige Österreicher Manfred Krankl mit Alois Kracher, dem berühmtesten Süßweinproduzenten Österreichs, zusammengetan, um begrenzte Mengen von überwältigenden Eisweinen und Vins de Paille zu produzieren. Im Rahmen meiner Verkostung konnte ich auch den *2000er Gewürztraminer Eiswein*, den *1999er Mr. K. Viognier Eiswein* und den *1999er Mr. K. Sémillon Vin de Paille* probieren, die alle noch nicht freigegeben waren. Es sind die faszinierendsten Süßweine, die in Kalifornien gemacht werden, und sie können sich mit den besten der Welt messen. Verkostungsnotizen lassen ihnen keine Gerechtigkeit widerfahren. Meine Leser müssen sie selbst verkosten, um zu begreifen, was die Genialität Manfred Krankls und Alois Krachers zusammen mit Krankls begabter Frau Elaine zustande gebracht haben. Alle drei Weine sind mit ihrer bemerkenswerten Konzentration und Intensität sowie ihrer umwerfenden untergründigen Säure Bravourstücke der Süßweinbereitung. Die beiden freigegebenen Süßweine, die von mir verkostet wurden, waren der 1998er Mr. K. Sémillon Vin de Paille und die 1998er Mr. K. Viognier TBA. Die *1998er Mr. K. Viognier Trockenbeerenauslese* wurde aus edelfaulen Viogniertrauben vom Alban Vineyard gemacht. Es gibt nur 1245 halbe Flaschen. Der Wein wurde mit 37,8% Zucker gelesen und hatte bei der Abfüllung noch 14,5%. Der *1998er Mr. K. Sémillon Vin de Paille* ist ein Wein mit geringem Alkoholgehalt (7,5%), dessen Trauben mit einem geradezu unglaublichen Zuckergehalt von 57–59° Brix in die Presse kamen. Er wurde 15 Monate lang auf heimischen Hefen vergoren und dann abgefüllt. Man muss diese Nektare probieren, um glauben zu können, dass es sie gibt. Beide werden 100 Jahre überdauern.

Der *1999er Tarantella* ist einer der feinsten Weißweine, die Krankl gemacht hat. Er besitzt hervorragende untergründige Säure, ein fantastisches, zitrusartiges, honigtöniges Bukett, das einen aus dem Glas anspringt, vollen Körper und brillantes Gleichgewicht. Angesichts früherer Erfahrungen mit dieser Cuvée aus Roussanne, Viognier und Chardonnay dürfte der 1999er 7–8 Jahre schön altern. Der wunderschöne dunkelrubinfarbene *1999er Ox (Pinot Noir Shea Vineyard)* offenbart süße Schwarzkirschenfrucht, die mit subtilen Holz- und Blütennoten verflochten ist. Mit schöner untergründiger Säure, guter Frische und einem Stil ausgestattet, der dem eines Premier Cru Côte de Beaune der Spitzenklasse nicht unähnlich ist, dürfte sich dieser Wein 7–8 Jahre gut trinken lassen. Der unerhört reichhaltige *1999er The Marauder* (100% Syrah vom Alban, Stolpman und Bien Nacido Vineyard) ist straff strukturiert, aber voll gepackt mit Brombeer- und Cassisfrucht. Der gehaltvolle Wein, der aber nicht annähernd so frühreif oder in seiner Jugend verführerisch ist wie frühere Jahrgänge, ist ein Kandidat für 14–15 Jahre Kellerreife. Der *1999er Icarus* (80% Grenache, 18% Syrah und 2% Viognier, drei Viertel vom Alban Vineyard und ein Viertel vom Stolpman Vineyard) schließlich war bei beiden Gelegenheiten verschlossen, als ich ihn verkostete. Seine tiefe rubinrote Farbe geht einher mit süßen Aromen von Schwarzkirschen und Kirschwasser mit einer untergründigen erdigen Nuance. Der körperreiche und moderat tanninbetonte Wein, der aber karger und straffer gewirkt ist als die meisten von Sine qua Non, sollte wie The Marauder 45 Minuten vor dem Trinken dekantiert werden.

Der Shea Vineyard in Oregon ist der Ursprungsort vieler köstlicher Pinot Noirs von Ken Wright und anderen, die in der Nähe des Weinbergs leben und arbeiten. Man könnte den

Gedanken für irrational halten, dass eine Kellerei, die zwei Stunden nördlich von Los Angeles liegt, einen Rebbestand in Oregon pachtet und die geernteten Trauben in Kühlwagen nach Kalifornien transportieren lässt, aber genau das tun die Krankls, damit sie ihr masochistisches Bedürfnis befriedigen können, einen Pinot Noir der Weltklasse aus einer kühlen Klimazone zu produzieren. Während der 1997er (The Complicator genannt) ein guter Wein war, ist der *1998er Veiled Pinot Noir Shea Vineyard* ein hervorragender Wein. Er offenbart die Stärken des Jahrgangs in seiner mittelrubinroten Farbe und einem attraktiven, süßen Bukett von Pflaumen, Rosenblättern, Schwarzkirschenfrucht und Rauch. Dieser Wein von mittlerem Körper, der hervorragende Konzentration und Süße am mittleren Gaumen sowie Eleganz und Gleichgewicht besitzt, dürfte sich während der nächsten 3–4 Jahre schön verbessern und 7–8 Jahre überdauern.

Die Stars dieser winzigen vorbildlichen Kellerei sind ihre Syrahs und Grenaches. In naher Zukunft soll ein köstlicher Grenache ins Sortiment aufgenommen werden. Der Syrah stammt von verschiedenen Reblagen, vor allem dem Alban Vineyard in San Luis Obispo sowie dem Bien Nacido Vineyard und dem Stolpman Vineyard in Santa Barbara. Diese Weine tragen immer amüsante Namen (Black and Blue, Against the Wall, Imposter McCoy). Der *1998er Syrah E-Raised* ist großartiger Stoff. Der nahezu schwarze, dickliche und ungeheuer intensive Wein mit Ehrfurcht gebietender Konzentration präsentiert märchenhafte, kernige, explosive Geschmacksnuancen von Brombeeren, Kirschen und Cassis, die mit Pfeffer, teeriger Arznei und Vanille vermischt sind. Wenn der Wein sich im Glas befindet, steigen Aromen von geröstetem Kaffee, Lakritze, Rauch und Grillgewürzen empor und verleihen ihm zusätzliche Komplexität. Angesichts der sensationellen Qualität früherer Jahrgänge ist es schwer, zu diesem Zeitpunkt eine verbindliche Aussage zu treffen, aber es würde mich nicht überraschen, wenn sich dieser Wein als der bislang beste von Sine Qua Non herausstellte. Was den *1997er Imposter McCoy* (529 Kisten) betrifft, so habe ich bereits zwei Flaschen davon mit ähnlich gierigen Freunden durch die Kehle fließen lassen. Der dicke, saftige, massive Syrah quillt über von üppigen Mengen mit Lakritze getränkter Brombeerfrucht und offeriert außerdem Rauch-, Kaffee- und Fleischnuancen. Er macht den Mund voll und befleckt die Zähne. Sein hoher Alkohol- (15,3%) und Glyzerin- und sein niedriger Säuregehalt machen es zu einem Vergnügen, ihn zu trinken, aber ich vermute, dass er problemlos 10–20+ Jahre altern wird. Der *1996er Against the Wall Syrah* ist aus dem gleichen Holz geschnitzt wie der 1997er. Die Farbe ist undurchdringlich schwarzpurpurn, und das Bukett offeriert eine Kombination von dicklicher Cassis- und Brombeerfrucht mit Teer, Pfeffer und Gewürz. Dick und von einer massiven Fülle, aber wunderbar gehaltvoll und großzügig, mit bewundernswerter Reintönigkeit und Mengen von Glyzerin und Extrakt, die den Mund auskleiden, ist dieser körperreiche, seidenglatte Syrah täuschend leicht zu trinken, wird meiner Ansicht nach aber mühelos 15–20 Jahre altern. Der *1995er The Other Hand* ist ein sortenreiner Syrah, dessen Trauben vom Alban, Bien Nacido und Stolpman Vineyard stammen, die in den Weinanbaugebieten Edna Valley, Santa Maria und Los Olivos liegen. Dieser kraftstrotzende, undurchdringlich purpurfarbene Wein, der 18 Monate in zu 70% neuen Eichenfässern ausgebaut wird, bietet herrliche Aromen von schwarzen Früchten (vor allem Brombeeren und Cassis), feinem Rauch, Toast und Lakritze, sowie einen Hauch von Pflanzenmaterial und Gewürz. Körperreich, aber wundervoll vielschichtig und fast nahtlos in seiner eleganten Präsentation von Frucht, Glyzerin und Extrakt, wird dieser groß angelegte, jedoch trinkreife Syrah von weiteren 5–6 Jahren auf der Flasche profitieren. Er ist ein weiterer Beleg für meine Überzeugung, dass Weingüter in dieser Region ihre mit Pinot Noir bestockten Rebflächen roden und mit Syrah bepflanzen sollten. Dieser Spitzen-Syrah dürfte problemlos ein weiteres Jahrzehnt altern.

Der in einer begrenzten Menge produzierte *1995er Red Handed* ist eine Cuvée aus 43% Grenache, 40% Syrah und 17% Mourvèdre, die ebenfalls 18 Monate in zu 50% neuen Eichenfässern ausgebaut wurde. Dieser Wein möchte ein Châteauneuf-du-Pape aus Südkalifornien sein und imitiert den Charakter eines köstlichen Weins aus dem südlichen Rhônetal ziemlich genau. Leider wurden nur 80 Kisten zu sechs Flaschen produziert. Der eindrucksvoll satt rot-schwarz-purpurfarbene Wein offeriert Aromen von Zigarrenkiste, Obsttorte, Zedernholz, Pfeffer, provenzalischen Kräutern und herrliche Mengen von Kirschlikör und anderen schwarzen Früchten. Der Eichenholzeinfluss gibt dem Wein eher einen Rahmen, als sich bei den Aromen oder Geschmackskomponenten deutlich bemerkbar zu machen. Dieser extrem körperreiche, gehaltvolle, saftige Wein, der am Gaumen einen vielschichtigen Eindruck macht und dessen Alkohol, Säure und Tannin wunderschön eingebunden sind, hat eine einzigartige Persönlichkeit (ein weiterer Wein, der seine Erzeuger widerspiegelt) und überwältigende Qualität. Voraussichtliche Genussreife: jetzt–2014.

Sine Qua Non ist eine der kreativsten Kellereien auf dem Erdball und produziert Weltklasseweine von außerordentlicher Komplexität und Individualität.

W. H. SMITH (SONOMA COAST)

1997	**Pinot Noir**	**Sonoma Coast**	**D**	**88**
1998	**Pinot Noir Hellenthal Vineyard**	**Sonoma Coast**	**D**	**91**
1997	**Pinot Noir Hellenthal Vineyard**	**Sonoma Coast**	**D**	**90**

Von dem *1998er Pinot Noir Hellenthal Vineyard* mit seiner gesättigten rubinroten Farbe sind 500 Kisten produziert worden. Verlockende Aromen von Rauch, Schwarzkirschenmarmelade, Mineralien und Toastbrot entsteigen dem Glas. Dieser körperreiche Wein mit lehmigen, erdigen Nuancen, die mit Batzen dicklicher Kirschen- und Erdbeerfrucht vermischt sind, könnte der feinste Pinot Noir sein, den Joan Smith für W. H. Smith gemacht hat. Er besitzt üppiges Glyzerin, eine körperreiche Textur und gebieterischen Alkohol. Ein sinnlicher, prächtiger Pinot Noir, der während der nächsten 5–7 Jahre ausgetrunken werden sollte.

Der *1997er Pinot Noir* zeigt ein charakteristisches Bukett von Zimt, Gewürznelken, Pflaumen, Heidekraut und roten Früchten. Im Mund ist er üppig, mit Nuancen von Kirsch- und Pflaumenfrucht, mittlerem Körper, niedriger Säure und einem süßen, reifen, mit Glyzerin ausgestatteten Abgang. Der Wein hat eine entwickelte rubin-granatrote Farbe, ist aber wohlschmeckend, reif und ausladend. Er dürfte sich 2–3 Jahre gut trinken lassen. Der hervorragende mittelrubinfarbene *1997er Pinot Noir Hellenthal Vineyard* offeriert ein herausforderndes Bukett von Kirschlikör, vermischt mit asiatischen Gewürzen und Toastbrot. Er hat mehr Körper, Länge und Tiefe neben dem reichhaltigen, samtig texturierten Eindruck, den er ebenso wie seine beiden weniger kostspieligen Kollegen am Gaumen macht. Dieser harmonische und komplexe Wein wird nicht alt werden, aber beträchtliches, seidig texturiertes Vergnügen bereiten, wenn er innerhalb der nächsten 3–4 Jahre getrunken wird.

CHÂTEAU SOUVERAIN (SONOMA)

1997	**Cabernet Sauvignon**	**Alexander Valley**	**C**	**88**
1994	**Cabernet Sauvignon**	**Alexander Valley**	**C**	**89**
1996	**Cabernet Sauvignon Library Reserve**	**Alexander Valley**	**D**	**91**
1994	**Cabernet Sauvignon Library Reserve**	**Alexander Valley**	**D**	**92**
1997	**Cabernet Sauvignon Stuhmuller**	**Alexander Valley**	**E**	**91**
1997	**Cabernet Sauvignon Winemaker's Reserve**	**Alexander Valley**	**D**	**91**
1996	**Cabernet Sauvignon Winemaker's Reserve**	**Alexander Valley**	**D**	**90**
1995	**Cabernet Sauvignon Winemaker's Reserve**	**Alexander Valley**	**D**	**91**
1994	**Cabernet Sauvignon Winemaker's Reserve**	**Alexander Valley**	**D**	**90**
1997	**Merlot**	**Alexander Valley**	**C**	**87**
1995	**Merlot**	**Alexander Valley**	**C**	**89**

1997	**Merlot Winemaker's Reserve**	**Alexander Valley**	**D**	**(89–91)**
1996	**Rhône Blend**	**Sonoma**	**C**	**88**
1998	**Zinfandel Reserve**	**Dry Creek Valley**	**D**	**(87–88)**

Kluge Käufer, die nach Weinen mit einem ausgezeichneten Preis-Leistungsverhältnis Ausschau halten, haben sich schon seit einer Reihe von Jahren auf die Weine konzentriert, die das Château Souverain herausbringt. Die derzeit und in naher Zukunft freigegebenen Weine offerieren weiterhin »wirklichen« Weintrinkern ein wohlschmeckendes Sortiment.

Der tiefrubinfarbene *1997er Merlot* ist dicht und fett, mit ausgezeichneter Beerenfrucht, Mokka- und Kaffeenoten und einem Hauch von Kräuterwürze. Dieser in einem reichhaltigen, entwickelten Stil angelegte Wein mit viel Glyzerin und Fleisch dürfte sich 5–7 Jahre gut trinken lassen. Der *1997er Merlot Winemaker's Reserve*, von dem es ungefähr 200 Kisten gibt, hat das Potenzial zu einem hervorragenden Wein. Er zeigt eine undurchdringliche purpurrote Farbe und ein umwerfendes Bukett von schwarzen und roten Früchten, dazu würziges Eichenholz und Kaffee. Dieser tiefe, exotische Merlot mit einem großzügigen Geschmack wird sich 7–8 Jahre mit Genuss trinken lassen. Der *1995er Merlot* hat eine tiefrubin-purpurrote Farbe und ein Bukett von Himbeeren und Heidelbeeren. Seine konzentrierte, reife Frucht, die mit toastwürzigem, rauchigem frischen Eichenholz durchsetzt ist, ergänzt sich schön mit der von schwarzen Früchten dominierten Persönlichkeit des Weins. Der geschmeidige und ausladende Wein dürfte sich 5–7 Jahre köstlich trinken lassen.

Der dunkelrubin-purpurfarbene *1997er Cabernet Sauvignon* präsentiert ein ausgezeichnetes Bukett von schwarzen Johannisbeeren, getrockneten provenzalischen Kräutern, toastwürzigem Eichenholz und süßen schwarzen Früchten. Der Wein besitzt wundervolle Frucht, mittleren bis vollen Körper, niedrigen Säuregehalt und eine weiche, saftige Textur. Diesen köstlichen Cabernet kann man während der nächsten 7–10 Jahre trinken. Sowohl der 1997er Cabernet Sauvignon Winemaker's Reserve als auch der 1997er Cabernet Sauvignon Stuhmuller (früher als der Library Reserve bekannt) sind hervorragende Weine, die jung bereits köstlich sind, aber 14–15 Jahre halten werden. Die gesättigte rubin-purpurrote Farbe des *1997er Cabernet Sauvignon Winemaker's Reserve* wird begleitet von einem frühreifen Bukett, das sich aus den Aromen von schwarzen Früchten, toastwürzigem Eichenholz, Lakritze und Gewürzen zusammensetzt. Dieser dichte, verführerische, entwickelte Cabernet von mittlerem bis vollem Körper besitzt hervorragende Reintönigkeit und umfassende Balance. Der *1997er Cabernet Sauvignon Stuhmuller* stammt von einer Hanglage im heißen Alexander Valley. Großzügige Mengen von schwarzen Früchten, Zedernholz, Gewürzkiste und toastwürzigem Eichenholz springen aus dem Glas. Dieser hoch extrahierte, dichte, wunderschöne Wein zeichnet sich außerdem durch herrliche Reintönigkeit, eine süße, saftige Textur und reifes Tannin aus.

Der tiefrubin-purpurfarbene *1996er Cabernet Sauvignon Winemaker's Reserve* präsentiert ein Bukett von Gewürzkiste, Obsttorte und schwarzer Johannisbeerfrucht, das mit Piment, toastwürzigem Eichenholz und grasigem Tabak vermischt ist. Dieser beim Auftritt süße, körperreiche Wein offenbart üppige Mengen von Glyzerin, Frucht und Extrakt. Er hat es geschafft, das harte Tannin zu vermeiden, das manche 1996er aufweisen. Trinken Sie ihn während dieses Jahrzehnts. Der *1995er Cabernet Sauvignon Winemaker's Reserve* bietet ein umwerfendes Bukett von geräucherten Kräutern, schwarzen Johannisbeeren und toastwürzigem Eichenholz. Er hat bei mittlerem bis vollem Körper wunderbare Reintönigkeit, hervorragende Reichhaltigkeit und eine tiefe, schön geschichtete Textur. Die niedrige Säure und der stämmige, fleischige Stil des Weins lassen vermuten, dass man ihn jetzt und während der nächsten 12 Jahre trinken kann. Der geschmeidige und frühreife *1994er Cabernet Sauvignon Winemaker's Reserve* ist schon komplex und entwickelt. Er kann jetzt oder während der nächsten 12–15 Jahre getrunken werden.

Es gibt auch eine begrenzte Menge des *1996 Cabernet Sauvignon Library Reserve*. Er ist zwar nicht besser als der Winemaker's Reserve, aber das Eichenholz tritt deutlicher in den

Vordergrund, und der Wein ist etwas kraftvoller. Der Library Reserve ist fraglos ein hervorragender Cabernet mit frischem Eichenholz und einem etwas höheren Alkoholgehalt. Er dürfte sich bei Freigabe gut trinken lassen und 10–12 Jahre halten. Der *1994er Cabernet Sauvignon Library Reserve* (nur 200 Kisten) hat eine undurchdringliche rubin-purpurrote Farbe und ein süßes, dickliches Bukett von Heidelbeer- und Brombeerfrucht, die mit feinen Kräutern, Toast, asiatischen Gewürzen und Lakritze verflochten ist. Dieser körperreiche, kräftige und gehaltvolle Wein ist zugänglich, obwohl er mit Extrakt beladen ist. Süßes Tannin verleiht dem Wein eine frühreife, freimütige Anziehungskraft. Er dürfte 12–15+ Jahre anmutig älter werden.

Die Cabernet Sauvignons sind alle äußerst preisgünstige Weine, sogar die teurere, aber immer noch preiswerte Winemaker's Reserve. Das sind ausgezeichnete Weine, die die ruhmreichen Tage Souverains in den späten 1960er und frühen 1970er Jahren in Erinnerung rufen. Kürzlich trank ich eine Flasche des 1974er Souverain Vintage Selection, ein *Best Buy*-Tip des *Wine Advocate*, damals mit dem Rat verbunden, den Wein innerhalb von 5–7 Jahren nach Freigabe zu trinken. Er ist immer noch im Besitz all seiner Frucht, was als Beleg dafür gelten mag, dass ein Wein, der nie vor Kraft strotzte, aber konzentriert und makellos ausbalanciert war, so gut altern kann. Der *1994er Cabernet Sauvignon* schmeckt wie ein deutlich teurerer Cabernet. Dieser schöne dunkelrubin-purpurfarbene Wein offeriert ein würziges Bukett von schwarzen Johannisbeeren, Tabak, Zedernholz und Toast, üppige, säurearme, reife Geschmackskomponenten, die seidige Textur, die als Merkmal des 1994er Jahrgangs gelten kann, und einen sauberen, reifen Abgang. Er dürfte sich 5–7 Jahre gut trinken lassen, vielleicht länger.

Der *1996er Rhône Blend* (60% Syrah, 30% Mourvèdre, 10% Zinfandel) ist ein beeindruckendes Debüt. Nuancen von Heidelbeeren, Blüten, Pfeffer und Cassis in Duft und Geschmack sind in einem Wein von mittlerem bis vollem Körper verpackt, der gute Länge und attraktiv süße, reife Frucht und Gewürz aufweist. Er dürfte sich 7–8+ Jahre köstlich trinken lassen. 1998 ist eher ein gutes als ein aufregendes Jahr für Zinfandel gewesen. Die 1998er sollten (bis auf die konzentriertesten Weine) innerhalb weniger Jahre nach Freigabe ausgetrunken werden. Zu den Zinfandels von Souverain gehört ein gelungener, vom Holz beeinflusster, pfeffriger, strukturierter *1998er Zinfandel Reserve* von mittlerem Körper. Nach weiteren sechs Monaten Flaschenreife wird man besser über die Persönlichkeit dieses Weins im Bilde sein.

SPOTTSWOODE (NAPA)

1998	Cabernet Sauvignon	Napa	EE	88
1997	Cabernet Sauvignon	Napa	EE	91
1996	Cabernet Sauvignon	Napa	E	90
1995	Cabernet Sauvignon	Napa	D	94
1994	Cabernet Sauvignon	Napa	D	93

Dies sind einige der elegantesten, harmonischsten Cabernets, die in Napa produziert werden. Ist Spottswoode vielleicht *das* Château des Napa Valley?

Der *1998er Cabernet Sauvignon* präsentiert neben einem attraktiven, eleganten Stil mittleren Körpers mehr Heidelbeerfrucht als üblich. Obwohl er die Nachhaltigkeit und Länge der feinsten Napas vermissen lässt, ist er ein gelungener Wein für den Jahrgang. Bei seiner Freigabe dürfte er ungewöhnlich frühreif und köstlich sein. Voraussichtliche Genussreife: jetzt–2014. Der tiefrubin-purpurfarbene *1997er Cabernet Sauvignon* (4800 Kisten) offenbart das von Bleistiftmine und schwarzen Johannisbeeren geprägte Bukett eines Bordeaux, das Nuancen von Gewürz, Zedernholz und Mineralien aufweist. Dieser sanfte und elegante Wein mittleren Körpers mit anmutigen Geschmackskomponenten und feiner Balance dürfte 15+ Jahre schön altern. Der *1996er Cabernet Sauvignon* von mittlerem Körper zeigt einige der attraktiven kiesigen Noten, die man häufig in diesem Wein findet, und außerdem die Frucht schwarzer Johannisbeeren, Lavendel, feine Eichenholzwürze, für den Jahrgang süßes Tannin und einen gut balancierten, reintönigen Abgang. Voraussichtliche Genussreife: jetzt–2016.

Der *1995er Cabernet Sauvignon*, ein weiterer hervorragender Wein dieses beständig auf hohem Niveau arbeitenden Weinguts, erwies sich bei meiner Fassprobe als eine der stärksten Leistungen des Jahrgangs. Er zeigt eine undurchdringliche purpurrote Farbe und ein straffes, aber herrliches Bukett von schwarzen Johannisbeeren, Vanille und Mineralien mit einem Hauch von Rauch und Heidelbeeren. Die strukturellen Komponenten (Säure, Alkohol und Tannin) dieses makellos ausbalancierten Weins sind wunderschön mit der verschwenderisch reichhaltigen Frucht verflochten, die in einem Format von mittlerem bis vollem Körper präsentiert wird. Er dürfte sich zu einem dem Lehrbuch entsprungenen, klassischen Cabernet Sauvignon aus dem Napa Valley entwickeln, der Eleganz und Kraft bewundernswert harmonisch zu verbinden versteht. Voraussichtliche Genussreife: jetzt–2015. Der *1994er Cabernet Sauvignon*, der ein wunderschönes Bukett von Cassis, Bleistiftmine, hochwertigem frischen Eichenholz und Gewürz aufweist, ist von umwerfender Reichhaltigkeit und Balance. Dieser dunkelrubin-purpurfarbene Wein besitzt fabelhafte Konzentration, vermittelt aber keinen schwerfälligen oder unharmonischen Eindruck. Er ist herrlich gemacht, elegant, und doch mit kraftvollem Geschmack, zugänglich, und doch in der Lage, noch 12–20 Jahre zu überdauern. Dieser sensationelle Cabernet Sauvignon präsentiert die komplexere, elegantere Seite der Weinbereitung in Kalifornien. Bravo!

Bisherige große Jahrgänge: Cabernet Sauvignon 1993er (92), 1992er (92), 1991er (90), 1990er (90).

SPRING MOUNTAIN (NAPA)

1995	**Miravalle Alba Chevalier Proprietary Red Wine**	**Spring Mountain**	**D**	**90**
1994	**Miravalle Alba Chevalier Proprietary Red Wine**	**Spring Mountain**	**D**	**88**
1996	**Miravalle La Perla Chevalier Proprietary Red Wine**	**Spring Mountain**	**D**	**90**

Dieses Unternehmen, das von dem altgedienten Weinmacher Tom Farrell (der an der Vinifikation des monumentalen 1968er Heitz Martha's Vineyard beteiligt war) geleitet wird, ist eines der außergewöhnlichsten Projekte im nördlichen Napa Valley. Mehr als 96 Hektar in den Hügeln von Spring Mountain werden derzeit angelegt und ausgebaut. Es handelt sich um die erstaunliche Anzahl von 130 separaten Rebflächen. Die Ursprünge dieses Weinanbaugebiets können bis 1882 zurückverfolgt werden. In jüngerer Zeit haben Weingüter wie Château Chevalier Trauben aus diesen Hanglagen verarbeitet. Tom Farrell und sein Assistent Bill Wren verkaufen jährlich rund 20% ihrer Produktion. Derzeit produzieren sie einen Proprietary Red Wine (vornehmlich Cabernet Sauvignon) und einen Proprietary White Wine sowie einige, die sich noch im Versuchsstadium befinden. Sie haben etwas Syrah ins Sortiment aufgenommen (der 1997er ist viel versprechend) und Mourvèdre, Pinot Gris und eine kleine Menge Pinot Noir angepflanzt. Ihr Endziel ist, 20 000 Kisten Wein der Luxuskategorie zu produzieren. Die Debüt- und die bald freigegebenen Jahrgänge sind allesamt beeindruckende Weine im französischen Stil mit beträchtlichem Charakter.

Die Rotweine, die eine verlängerte Einmaischzeit von 14–45 Tagen durchlaufen, bestehen in der Regel vornehmlich aus Cabernet Sauvignon und werden in ausschließlich neuen Eichenfässern ausgebaut. Der *1995er Miravalle Alba Chevalier Proprietary Red Wine* (3044 Kisten) ist ein sortenreiner Cabernet Sauvignon. Dieser Wein erwies sich bei einer kürzlich erfolgten Verkostung als eindrucksvoll, präsentierte eine undurchdringliche purpurrote Farbe und ein Bukett von süßen schwarzen Johannisbeeren und Crème de Cassis, vermischt mit Bleistiftmine und Toastbrot. Der Wein, der die tiefe, gehaltvolle, körperreiche, den Gaumen auskleidende Persönlichkeit eines Margaux hat, ist beladen mit schwarzen Früchten und seidigem Tannin, besitzt die größte Länge, und macht am Gaumen den tiefsten Eindruck all dieser Cabernet-dominierten roten Tafelweine. Voraussichtliche Trinkreife: jetzt–2020. Der *1994er Miravalle Alba Chevalier Proprietary Red Wine* (eine für Spring Mountain große Produktionsmenge von 6250 Kisten) besteht aus 93% Cabernet Sauvignon, 3% Merlot und 4% Cabernet Franc. Er ist weniger tanninbetont, eleganter und »kalifornischer« als der 1993er und entfaltet sich trotz einer gewissen Strenge schön am Gaumen, wo er reichhaltige schwarze Johannisbeerfrucht offenbart, die mit subtilen Kräuternoten, Mineralien und Eichenholzwürze vermischt ist. Er benötigt weitere 3–4 Jahre Kellerreife und dürfte mindestens 10–15 Jahre halten.

Der *1996er Miravalle La Perla Chevalier Proprietary Red Wine* (4 231 Kisten aus 87% Cabernet Sauvignon, 8% Merlot und 5% Cabernet Franc) ist so gut wie der 1995er. Er ist ein süßer, reichhaltiger Wein von mittlerem bis vollem Körper mit Nuancen von Schokolade und schwarzen Johannisbeeren in Duft und Geschmack und mit einer leichten, Médoc-artigen Strenge, aber auch süßer Frucht und ausgezeichneter Balance, Reintönigkeit und Tiefe. Er ist zwar weniger massiv als der 1995er, aber genauso konzentriert und anhaltend. Voraussichtliche Genussreife: jetzt–2020.

Bisheriger großer Jahrgang: 1993er Cabernet Sauvignon Estate Chevalier Vineyard (91).

STAGLIN FAMILY (NAPA)

1999	**Cabernet Sauvignon**	**Rutherford**	**EE**	**92**
1998	**Cabernet Sauvignon**	**Rutherford**	**E**	**91**
1997	**Cabernet Sauvignon**	**Rutherford**	**E**	**90**
1996	**Cabernet Sauvignon**	**Rutherford**	**E**	**90**
1995	**Cabernet Sauvignon**	**Rutherford**	**E**	**90**
1994	**Cabernet Sauvignon**	**Rutherford**	**D**	**88**
1999	**Chardonnay**	**Rutherford**	**D**	**92**
1998	**Stagliano Sangiovese**	**Rutherford**	**D**	**89**

Dieses Weingut und seine Rebflächen, die zu den am schönsten gelegenen im Napa Valley gehören, bestehen aus 20 Hektar an der Rutherford Bench im westlichen Napa Valley. Die Weine zeigen mit jedem neuen Jahrgang zusätzliche Kraft. Die Staglins gehören zu den wenigen Produzenten eines Chardonnays ohne malolaktische Gärung, der es mit einigen der komplexesten malolaktisch vergorenen Chardonnays aufnehmen kann. Ihr Konzept für diese Rebsorte besteht darin, reife Trauben zu ernten, ihre Säure zu bewahren, sie ausschließlich in Fässern zu vergären, wobei die feinen Hefen häufig aufgerührt werden, den Wein zu filtrieren und abzufüllen. Es gibt knapp unter 2 000 Kisten von diesem reintönigen Chardonnay. Der *1999er Chardonnay* scheint der feinste zu sein, den die Inhaber Shari und Garon Staglin bis jetzt produziert haben. Eine helle grün-goldene Farbe geht einher mit einem Bukett von reifen Birnen, das mit flüssigen Mineralien, Gewürz und einem feinen Holzton angefüllt ist. Der körperreiche, fruchtbeladene und makellos gemachte Wein entfaltet sich wunderschön am Gaumen. Nuancen von kandierten Äpfeln, weißem Mais und Zitrusfrucht treten ebenfalls in diesem beeindruckend reichhaltigen, ausgeprägten Chardonnay in Erscheinung. Er wird zwar am besten im Lauf seiner ersten 2–3 Jahre getrunken, hat aber die Fähigkeit, länger zu altern.

Der Stagliano Sangiovese wird aus kleinen Erträgen gewonnen, weshalb er oft besser ist als die meisten übrigen kalifornischen Sangiovese. Der tiefrubinfarbene *1998er Stagliano Sangiovese* (150 Kisten) zeigt ein süßes Bukett von Erdbeermarmelade, die mit Kirschen, Waldgerüchen, Leder und Gewürz vermischt ist. Dieser weiche, reife Rotwein von mittlerem Körper ist ideal zum Trinken während der nächsten 2–3 Jahre geeignet.

Es gibt 4000 Kisten Cabernet Sauvignon von dem Rebbestand in Rutherford. All diese Cabernets enthalten einen Hauch Cabernet Franc im Mischsatz, werden ausschließlich in französischen Eichenfässern ausgebaut und werden rasch zu klassischen Beispielen für Cabernets aus Rutherford. Der *1999er Cabernet Sauvignon* ist wohl der bisher beste. Er präsentiert ein spektakuläres Aromaprofil (dickliche schwarze Johannisbeeren, Tabak, Zedernholz, Vanille) und macht am Gaumen einen nahtlosen, konzentrierten, körperreichen Eindruck mit herrlicher Reintönigkeit, Symmetrie und Länge. Das süße Tannin, Holz und Alkohol sind alle wunderschön eingebunden in diesem makellosen Cabernet aus Rutherford. Voraussichtliche Genussreife: 2003–2025. Der *1998er Cabernet Sauvignon* ist besser als der strukturierte 1997er. Er ist voll Charme und samtiger Reichhaltigkeit, besitzt am mittlerem Gaumen viel Saftigkeit und ein herrlich entwickeltes Bukett von schwarzen Früchten, Zedernholz, Gewürz und Vanille. Es gibt genug Säure, um die Konturen dieses bestechenden, gehaltvollen Weins herauszuarbeiten. Er ist jetzt trinkbar und wird sich 15+ Jahre schön entwickeln. Der *1997er Cabernet Sauvignon* offeriert reife Aromen und Geschmacksnuancen von Cassis, frischem Eichenholz, Tabak und Gewürzkiste. Der reichhaltige, strukturierte, moderat tanninbetonte und anhaltende Wein benötigt 2–3 Jahre im Keller, dürfte aber 2 Jahrzehnte lang gut halten. Der *1996er Cabernet Sauvignon* (mit 2% Cabernet Franc im Mischsatz) ist seit meiner ersten Verkostung runder und voller geworden. Aromen von Zedernholz, Schokolade, Gewürzkiste und schwarzen Johannisbeeren sind mäßig intensiv. Dieser eindringliche, aber elegante Cabernet von mittlerem bis vollem Körper, der neben ausgezeichneter Reichhaltigkeit, Symmetrie und Harmonie auch gute Würze besitzt, kann jetzt und während der nächsten 16+ Jahre getrunken werden. Der *1995er Cabernet Sauvignon* ist am Gaumen gehaltvoller und intensiver, aber zugleich auch weiter zurück in seiner Entwicklung. Er hat viel Tannin, Extrakt und Reichhaltigkeit, aber der Gesamteindruck von Eleganz, die Symmetrie und Harmonie unter den einzelnen Elementen bleibt gewahrt. Dieser reintönige, von schwarzen Früchten dominierte Wein sollte 2003–2020 in Bestform sein. Der *1994er Cabernet Sauvignon* ist ein anmutiger, nach Vanille duftender Wein mittleren Körpers, der den von roten Früchten geprägten Charakter dieser Rebsorte betont. Er ist reintönig, gut ausbalanciert und weist moderates Tannin im attraktiven, Bordeaux-artigen Abgang auf. Voraussichtliche Genussreife: jetzt–2016.

STAG'S LEAP (NAPA)

1994	**Cabernet Sauvignon Fay Vineyard**	**Napa**	**D**	**89**
1994	**Cabernet Sauvignon Stag's Leap Vineyard**	**Napa**	**D**	**89**
1995	**Cask 23 Proprietary Red Wine**	**Napa**	**EE**	**89**

Erstaunlicherweise ist der *1995er Cask 23 Proprietary Red Wine* leicht, säuerlich und gefällig im Übermaß. Die scharfe Säure, die eine derart irritierende Komponente in den 1995ern darstellt, ist auch im Cask 23 vorhanden und lässt ihn am Gaumen mager, verkürzt und kompakt wirken. Meiner Ansicht nach sind das nicht die Weine, die Fans von Stag's Leap zu erwarten gelernt haben. Immerhin gibt das würzige Bukett von Kaffee, Kräutern, Zedernholz und roten Johannisbeeren zur Hoffnung Anlass. Der Wein hat gute Tiefe, die aber zum großen Teil von seiner scharfen Furnierung abgeschirmt wird. Dieser Wein dürfte sich als anmutig und elegant erweisen, aber seine texturalen Mängel finde ich beunruhigend. Der *1994er Cabernet Sauvignon Fay Vineyard* offeriert ein süßes, würziges, kräuterwürziges Bukett von Tabak und Kaffee sowie elegante Geschmacksnuancen von Obsttorte und roten Johannisbeeren mit einer feinen Andeutung schwarzer Früchte. Der Wein ist rund und hat angenehm scharfe Säure, aber nicht die beißende Schärfe, die einige der anderen Weine aufweisen. Der Abgang offenbart gute Struktur, Reintönigkeit und adäquates Tannin. Dieser Wein dürfte sich 10–12 Jahre gut trinken lassen. Der *1994er Cabernet Sauvignon Stag's Leap Vineyard* ist ein mittelgewichtiger, süßer, reifer, rauchiger, vanillebetonter, würziger (Piment?) Wein mit roten und schwarzen Früchten im Bukett. Am Gaumen ist er subtil und voller Geschmacksnuancen mit guter Säure, mittlerem Körper und festem Tannin. Dieser Cabernet wird von einigen Jahren im Keller profitieren und 10–12 Jahre halten.

Bisherige große Jahrgänge: 1993er Cabernet Sauvignon Napa (90), 1993er Cask 23 Proprietary Red Wine (91).

STONEFLY (NAPA)

1999	Cabernet Franc	Napa	D	90
1997	Cabernet Franc	Napa	D	91
1996	Cabernet Franc	Napa	D	89

Der *1996er Cabernet Franc* ist der erste von mir verkostete kalifornische Wein aus dieser Rebsorte, der einem hochwertigen Rotwein aus dem Loiretal ähnelt (ich wurde an die 1990er Chinons von Charles Joguet erinnert). Der Wein präsentiert ein Bukett von Himbeeren und roten Johannisbeeren mit schwachen Noten von Tabak und Zedernholz. Der bei mittlerem Körper reichhaltige, rauchige, intensive und doch elegante Wein ist nicht mit frischem Eichenholz in Berührung gekommen, und das war gut für ihn. Dieser wunderschön gemachte, köstliche Cabernet Franc bedeutet einen Durchbruch für diese Rebsorte in Kalifornien. Er dürfte sich 6–7 Jahre gut trinken lassen. Der in begrenzter Menge produzierte *1997er Cabernet Franc* ist spektakulär. Es ist ein unglaublich reichhaltiger Tropfen, aber ohne das Gewicht, das man von einem vor Frucht übersprudelnden Wein erwarten würde. Er bietet ein nach Laub, Zedernholz, schwarzen Johannisbeeren und Himbeeren duftendes Bukett, üppige Reichhaltigkeit, niedrigen Säuregehalt, umwerfende Reintönigkeit und einen märchenhaft texturierten, explosiv fruchtigen Abgang. Dieser gelungene, herrlich proportionierte Cabernet Franc ist ein bemerkenswerter Nachfolger des 1996ers. Ein weiterer hervorragender Wein ist der *1999er Cabernet Franc*, ein exquisiter Tropfen mit Geschmack, Eleganz und Balance. Er hat viele Eigenschaften mit den anderen Jahrgängen gemeinsam. Trinken Sie ihn während der nächsten 7–8 Jahre.

STONESTREET (SONOMA)

1997	Cabernet Sauvignon	Alexander Valley	D	89
1996	Cabernet Sauvignon	Alexander Valley	D	88
1995	Cabernet Sauvignon	Alexander Valley	D	89
1994	Cabernet Sauvignon	Alexander Valley	D	92
1996	Cabernet Sauvignon Christopher's Vineyard	Alexander Mountain	D	92
1995	Cabernet Sauvignon Three Block Vineyard	Alexander Mountain	E	92
1999	Chardonnay	Sonoma	D	88
1999	Chardonnay Block 66	Alexander Valley	E	91
1999	Chardonnay Upper Barn	Alexander Valley	E	92
1997	Legacy Proprietary Red Wine	Alexander Valley	EE	91
1996	Legacy Proprietary Red Wine	Alexander Valley	EE	91
1995	Legacy Proprietary Red Wine	Alexander Valley	EE	91
1994	Legacy Proprietary Red Wine	Alexander Valley	EE	91
1998	Merlot	Alexander Valley	D	88
1997	Merlot	Alexander Valley	D	88
1996	Merlot	Alexander Valley	D	89
1995	Merlot	Alexander Valley	D	90
1998	Pinot Noir	Russian River	D	88
1994	Pinot Noir	Russian River	D	88
1999	Sauvignon Blanc Upper Barn	Alexander Valley	C	89

Die Rotweine von Stonestreet sind immer schon von robuster Persönlichkeit, auffällig mit Eichenholz ausgestattet, fleischig und schokoladig gewesen. Sie sind darauf angelegt, der Menge zu gefallen, aber auch Connoisseure haben Spaß an ihren prachtvollen Geschmacksnuancen und ihrem auftrumpfenden Charakter. Die Weißweine dieser Kellerei werden immer besser, da das Eichenholz umsichtiger eingesetzt zu werden scheint und gleichzeitig die Qualität der gekauften Trauben besser geworden ist.

Der *1999er Sauvignon Blanc Upper Barn* zum Beispiel, der von einem durch Helen Turleys exquisite Chardonnays zu Ruhm gelangten Weinberg stammt, ist ein körperreicher, frischer Sauvignon mit Nuancen von Feuerstein, Passionsfrucht, Erde und Melonen, die in einem ausdrucksvollen, reifen, konzentrierten Stil präsentiert werden. Während der nächsten Jahre dürfte dieser ausladende Sauvignon sich vorzüglich als Begleiter für Schalentiere eignen. Der *1999er Chardonnay* (13000 Kisten) offenbart ein großes, verlockendes, rauchiges Bukett, das denen mancher von Michelot gestalteter Meursaults nicht unähnlich ist. Schinkenspeckaromen sind vermischt mit frischem Eichenholz, cremiger Ananas und buttriger Frucht. Dieser kraftvolle, runde und körperreiche Chardonnay mit dezenter untergründiger Säure wird sich 3–4 Jahre gut trinken lassen. Es gibt nur mickrige 250 Kisten vom potenziell überwältigenden *1999er Chardonnay Block 66*, der von Jess Jacksons Reblage am Alexander Mountain stammt. Der hellgoldfarbene Wein zeigt riesige, mineralisch geprägte Duft- und Geschmacksnuancen von Butter, Birnen, Zitrusfrüchten und honigtöniger Frucht. Der Wein ist eindrucksvoll tief, gut umrissen und superkonzentriert. Er dürfte sich mindestens 2–3 Jahre gut trinken lassen. Ein weiterer fabelhafter Wein, der *1999er Chardonnay Upper Barn*, ist noch im Fass. Er offenbart ein kraftvolles, rauchiges, hefiges Bukett von buttrigen Mandarinen, Geißblatt, Mineralien und Zitrusölen. Der gebieterische, aber zurückhaltende Wein von bewundernswerter Länge hat ein ungeheures Potenzial.

In den 1998ern spiegelt sich die strikte Selektion wider, die dieses Weingut durchführt. Normalerweise werden rund 15000 Kisten Merlot produziert, aber 1998 waren im Anschluss an den Selektionsprozess nur 6000 Kisten verfügbar. Der *1998er Merlot* (82% Merlot, 14% Cabernet Sauvignon und 4% Cabernet Franc) präsentiert sich aus der Flasche viel besser als ein Jahr zuvor. Er offenbart rauchige, schokoladige Schwarzkirschennuancen mit gut eingebundenem Eichenholz. Der körperreiche, kraftvolle, aber leicht eckige Wein dürfte sich ein Jahrzehnt gut trinken lassen. Der prächtige *1998er Pinot Noir* hat mir gefallen. Dieser verführerische, faszinierende Pinot von mittelrubinroter Farbe offeriert Geschmacksnuancen von kandierten Kirschen und Erdbeeren, die mit Rauch und toastwürziger Eiche erfüllt sind. Dieser volle, fleischige und berauschende Wein (14,2% Alkohol) ist außergewöhnlich gut gemacht und wird das Publikum begeistern. Leider gibt es nur 1000 Kisten davon.

Der *1997er Cabernet Sauvignon*, der 1999 verkostet und 2000 freigegeben wurde, ist kraftvoll, aber das Tannin ist süß, und der Wein reif, reichhaltig und mitten im Mund ausladend. Er dürfte 15–20 Jahre überdauern. Der dunkelrubin-purpurfarbene *1997er Merlot* offeriert ein ausdrucksstarkes Bukett von Kakao, Fondant und kräuterwürziger Beerenfrucht. Der Wein muss noch einiges Tannin abwerfen, aber es ist ein muskulöser, körperreicher, robuster Merlot, den man während der nächsten 10–12 Jahre trinken kann. Der hervorragende *1997er Legacy* (56% Cabernet Sauvignon, 27% Merlot und 17% Cabernet Franc) besitzt verschwenderische dickliche Frucht schwarzer Johannisbeeren und Kirschen, die mit Bleistiftmine, toastwürziger Eiche und Vanille vermischt ist. Dieser groß angelegte, körperreiche und reintönige Wein (14,2% Alkohol) mit moderatem Tannin kann früh getrunken werden, verspricht aber, sich mindestens 2 Jahrzehnte zu entwickeln.

Der *1996er Legacy Proprietary Red Wine* (57% Cabernet Sauvignon, 26% Merlot und 17% Cabernet Franc) hat eine undurchdringliche rubin-purpurrote Farbe und ein toastwürziges Bukett von Schokolade, schwarzen Johannisbeeren, Bleistiftmine und Rauch. Dieser reintönige, konzentrierte, körperreiche Wein mit hohem Tannin benötigt noch 2–3 Jahre im Keller. Voraussichtliche Genussreife: 2003–2020. Der *1996er Merlot* (76% Merlot, 19% Cabernet Sauvignon und 5% Cabernet Franc) zeigt eine tiefe bläulich-rote Farbe und ein umwerfendes Bukett von geröstetem Kaffee, Schokolade, Beeren- und Kirschlikör. Der reichhaltige, rauchige, exotische und genussvolle Wein dürfte sich ein Jahrzehnt gut trinken lassen. Wie der Merlot ist auch der *1996er Cabernet Sauvignon* (88% Cabernet Sauvignon und 12% Cabernet Franc) ein unfiltrierter, reichhaltig fruchtiger, rauchiger, eichenholzwürziger, körperreicher Wein mit feiner Tiefe, einer nachgiebigen, offen gewirkten, großzügigen Saftigkeit, einer geschmeidigen Persönlichkeit und süßem Tannin im Abgang. Jetzt schon zugänglich, verspricht er, während der nächsten 4–12 Jahre noch besser zu werden.

Der Proprietary Red Wine Legacy hat sich nicht nur als Wein von außergewöhnlicher Qualität, sondern auch als einer von beachtlicher Beständigkeit erwiesen. Der Mischsatz kann variieren (der 1993er besteht aus 70% Cabernet Sauvignon, 20% Merlot, 10% Cabernet Franc) bis hin zu einem Wein, der weniger stark von Cabernet Sauvignon dominiert ist (der 1994er enthält 59% Cabernet Sauvignon, 39% Merlot, 9% Cabernet Franc, 1% Petit Verdot). Der 1995er besteht aus 59% Cabernet Sauvignon, 23% Cabernet Franc, 17% Merlot und 1% Petit Verdot. All diese Weine werden 20–23 Monate in ausschließlich neuen französischen Eichenfässern ausgebaut und ungeschönt und unfiltriert abgefüllt. Ich halte sie für extravagante, opulent texturierte, reichhaltige, ausdrucksstarke und dramatische Rotweine, die voller Charakter sind. Außerdem haben sie ein Alterungspotenzial von 10–20 Jahren. Der *1995er Legacy Proprietary Red Wine* und der *1994er Legacy Proprietary Red Wine* verdienen vielleicht nach einiger Zeit in der Flasche eine höhere Bewertung. Sie sind sich im Charakter sehr ähnlich, da in beiden Jahren die Trauben ungewöhnlich lang an den Rebstöcken hingen (was immer ein gutes Zeichen ist). Beide Weine besitzen einen schokoladigen, rauchigen Cassis-Charakter mit üppiger Eichenholzwürze, eine saftige, körperreiche Persönlichkeit und viel Länge, Extrakt und Frucht. Beides sind auch bemerkenswert nahtlose Weine mit ungeheurem Potenzial. Wegen ihrer niedrigen Säure und ostentativen Art werden diese Weine einnehmend genug sein, um jung getrunken zu werden, können aber auch mühelos 12–15 Jahre überdauern. Der 1995er ist bei 14,2% Alkohol ein stilistisch ausdrucksvoller, fleischiger, körperreicher Wein, der getrunken oder 15 Jahre in den Keller gelegt werden kann.

Der *1995er Cabernet Sauvignon Three Block Vineyard* aus dem Alexander Valley besteht aus 96% Cabernet Sauvignon und 4% Cabernet Franc. Es ist ein unfiltrierter, dichter, körperreicher Wein mit beträchtlicher Kraft und Fülle. Er wurde in zu 50% neuen französischen Eichenfässern ausgebaut, hat mehr als 14% Alkohol und zeigt viel Tannin sowie eindrucksvoll ausgestattete Geschmackskomponenten von gerösteten Kräutern, schwarzen Johannisbeeren, Schokolade und Brombeeren. Voraussichtliche Trinkreife: jetzt–2020. Der *1996er Cabernet Sauvignon Christopher's Vineyard* (der zuvor den Namen Three Block Vineyard trug) ist aus demselben Holz geschnitzt. Er ist ein köstlicher, undurchdringlich purpurfarbener Wein mit Schwaden von toastwürzigem frischen Eichenholz, sensationeller Extraktion, gehaltvoller, saftiger Frucht von schwarzen Johannisbeeren und Brombeeren, beeindruckendem Glyzerin und einem umwerfenden Abgang, der mehr als 14% Alkohol haben muss. Mehr als 80% neuer französischer Eichenfässer kamen beim Ausbau des Weins zum Einsatz. Von diesem unfiltrierten Schmuckstück gibt es 500 Kisten. Der undurchdringlich bläulich-rote *1995er Merlot* ist ein dicker Wein mit faszinierenden Aromen von geröstetem Kaffee, Schokoladentorte, rauchigem Eichenholz und reichhaltigen, dicklichen Früchten. Dieser Wein, der aus 84% Merlot, 15% Cabernet Sauvignon und 1% Cabernet Franc besteht, ist bei mittlerem bis vollem Körper außergewöhnlich, verführerisch, gehaltvoll und jetzt und während der nächsten 12 Jahre ideal zu trinken. Der *1995er Cabernet Sauvignon*, der es auf 14,2% Alkohol bringt, ist kein schüchterner Wein. Er präsentiert die reife Frucht, die auf der Rebfläche im Alexander Valley erzielt wird. Der Einsatz von stark gerösteten Demptos-Eichenfässern und natürlichen Hefen zur Gärung verleiht diesen Weinen ein provozierendes Aromaprofil. Der Cabernet Sauvignon ist parallel zum Merlot angelegt und offeriert einen Mund voll fleischiger, gehaltvoller, dichter, rauchiger und kräuterbetonter Beerenfrucht. Körperreich und mit Unmengen von süßem Tannin, dürfte sich dieser robuste, dekadent gehaltvolle, extravagante Cabernet Sauvignon 12–15 Jahre gut trinken lassen.

Der *1994er Cabernet Sauvignon* ist intensiv und kraftvoll, mit einer undurchdringlichen purpurroten Farbe und Schwaden von verschwenderisch eichenholzwürziger, rauchiger Cassisfrucht, die mit Aromen von gerösteten Kräutern und hochwertiger, toastwürziger Eiche durchzogen sind. Er offenbart viel Tannin, niedrige Säure und hervorragende Konzentration und Reintönigkeit. Dieser groß dimensionierte, bemerkenswert harmonische Wein dürfte sich jung gut trinken lassen und doch 2 Jahrzehnte halten. Der mittelrubinfarbene, ungeschönte und unfiltrierte *1994er Pinot Noir* präsentiert ein robustes, rauchiges, süß beerenduftiges Bukett, das üppige Mengen sowohl von reifer Frucht wie von Eichenholz offenbart. Dieser bei mittlerem Körper weich texturierte, köstliche Pinot ist nicht der konzentrierteste oder auf profundeste Weise komplexe Wein, aber er offeriert ein aufregendes Glas Pinot Noir während der nächsten Jahre.

Bisherige große Jahrgänge: 1993er Cabernet Sauvignon (90), 1993er Legacy Proprietary Red Wine (91), 1993er Merlot (90).

STORYBOOK MOUNTAIN (NAPA)

1999	**Zinfandel Eastern Exposure**	**Napa**	**D**	**90**
1998	**Zinfandel Eastern Exposure**	**Napa**	**D**	**90**
1999	**Zinfandel Estate Reserve**	**Napa**	**D**	**91**
1998	**Zinfandel Estate Reserve**	**Napa**	**D**	**91+**
1999	**Zinfandel Mayacamas Range**	**Napa**	**C**	**89**
1998	**Zinfandel Mayacamas Range**	**Napa**	**C**	**91**

Langjährige Gefolgsleute der klassischen, alterungsfähigen Zinfandels von Storybook Mountain sind sich zweifellos darüber im Klaren, dass der Inhaber Jerry Seps seine Weine im Lauf der letzten Jahre in einem Stil produziert, der sie zugänglicher, reifer werden lässt und mit einem höheren Alkoholgehalt versieht. Dennoch gehören sie immer noch zu der Hand voll Zinfandels, die anmutig ein Jahrzehnt altern können. 1999 scheint ein weiterer Spitzenjahrgang für dieses Weingut zu sein.

Der tiefrubin-purpurfarbene *1999er Zinfandel Mayacamas Range* (14,5% Alkohol) offenbart beeindruckende Aromen von Schwarzkirschen, Johannisbeeren, Mineralien und Unterholz. Süßer Frucht beim Auftakt im Mund folgt ein schön texturierter Abgang von mittlerem bis vollem Körper. Der Wein dürfte sich 7–8 Jahre gut trinken lassen. Sogar noch eindrucksvoller ist der *1999er Zinfandel Eastern Exposure.* Die Hinzufügung von 4% Viognier ist ohne Zweifel für das stärker parfümierte, eindringlichere Aromaprofil verantwortlich (obwohl ich keine typischen Viognier-Eigenschaften entdecken konnte). Dieser wunderschön skizzierte Zinfandel, der elegant, kraftvoll und reichhaltig ist und bei mittlerem bis vollem Körper über Geschmacksnuancen von schwarzen Johannisbeeren, Kirschen und Brombeeren, eine exzellente Textur, süßes Tannin, adäquate Säure und einen reintönigen, konzentrierten Abgang verfügt, kann jetzt und während der nächsten 10–12 Jahre getrunken werden. Der Vorzeige-Wein ist der in einer Auflage von 600 Kisten produzierte Zinfandel Estate Reserve. Der schöne *1999er Zinfandel Estate Reserve* ist ein konzentrierter, verhaltener, langer, mehrdimensionaler Wein, der Nuancen von Erde, Gewürzkiste, schwarzen Johannisbeeren, Brombeeren und Mineralien präsentiert. Dieser vielschichtige, konzentrierte, texturierte Zinfandel zeigt großartige Reintönigkeit, eine brillante Vermählung von Kraft und Finesse und einen langen, reichhaltigen Abgang. Geben Sie ihm noch 1–2 Jahre im Keller, und trinken Sie ihn während der folgenden 12 Jahre.

1998 ist ein weiteres starkes Jahr für dieses Weingut. Der *1998er Zinfandel Mayacamas Range* präsentiert eine undurchdringlich dunkelpurpurrote Farbe sowie ein herrliches Bukett mit Aromen von Heidelbeeren, schwarzen Himbeeren, flüssigen Mineralien und gut eingebundenem Eichenholz. Dieser wunderschön reintönige und reife Wein von mittlerem Körper mit süßem Fruchtcharakter und anhaltendem Abgang besitzt mehr Struktur als die meisten 1998er, ist zugleich aber auch zugänglich. Er dürfte sich 7–10 Jahre gut trinken lassen. Der dunkelrubin-purpurfarbene *1998er Zinfandel Eastern Exposure* offenbart ein süßes Bukett aus Brombeer- und Hagebuttendüften mit einer feinen Nuance von Pfirsichmarmelade, in der sich die 4% zugesetzten Viogniertrauben andeutungsweise Ausdruck verschaffen. Der Wein besitzt eine elegante Textur, blaue und schwarze Früchte, eine Ahnung von Mineralien, mittleren bis vollen Körper, niedrige Säure und ausgezeichnete Länge. Er dürfte sich 7–8 Jahre gut trinken lassen. Der verhaltene, dichte, klassische *1998er Zinfandel Estate Reserve* (14,4% Alkohol) präsentiert eine tiefrubin-purpurrote Farbe und ein straffes Bukett von lehmigem Erdreich, Gewürz, schwarzer Frucht und Mineralien. Dieser eindrucksvolle Wein, der reichhaltig und voll, aber strukturiert, zurückhaltend und moderat tanninbetont ist, ist einer der ganz klassischen Vertreter seines Jahrgangs. Er ist in der Lage, sich 10–12+ Jahre zu entwickeln. Er ist allerdings auch einer der wenigen 1998er Zinfandels, die Geduld benötigen. Voraussichtliche Genussreife: jetzt–2015.

SUMMERS (NAPA)

1999	**Zinfandel Howell Mountain**	**Napa**	**D**	**88**

Beim *1999er Zinfandel Howell Mountain* geht eine tiefrubin-purpurrote Farbe einher mit süßen Aromen von Brombeer- und Johannisbeermarmelade, Unterholz, Gewürz und Eichenholz. Dieser ein wenig schmucklose Zinfandel von mittlerem Körper ist eher wie ein Cabernet Sauvignon gebaut. Er dürfte sich 4–5 Jahre gut trinken lassen.

JOSEPH SWAN (SONOMA)

1998	**Zinfandel Frati Ranch**	**Russian River**	**D**	**88**
1998	**Zinfandel Mancini Ranch**	**Russian River**	**D**	**88**
1998	**Zinfandel Stellwagen Vineyard**	**Sonoma**	**D**	**89**
1998	**Zinfandel Zeigler Vineyard**	**Russian River**	**D**	**87**

Diese Weine haben mehr mit den spät gelesenen, trockenen, unverwechselbaren, manchmal Kontroversen auslösenden italienischen Amarones zu tun als die meisten kalifornischen Zinfandels. Alle sind kraftvoll und konzentriert, aber die Nuancen von abgehangenem Fleisch, Tierfell und geschmolzenem Teer sowie ihre schweren, massiven Persönlichkeiten sind nicht nach jedermanns Geschmack. Die meisten werden am besten zu Käse getrunken oder separat am Ende eines Essens geschlürft.

Zu meinen Favoriten im Sortiment dieses Weinguts gehört der *1998er Zinfandel Mancini Ranch*. Eine dichte rubin-purpurrote Farbe geht einher mit einem gut ausbalancierten Wein, der Nuancen von Teer, neuem Sattelleder und überreifen schwarzen Früchten aufweist. Lakritze, Zimt, getrocknete Kräuter und Erde tragen zu dem kraftvollen Gesamteindruck bei. Er ist dick, völlig trocken und der am besten ausbalancierte in dieser Gruppe Zinfandels, die den Mund auskleiden. Trinken Sie ihn während der nächsten 7–8 Jahre. Der dunkelrubin-purpurrote *1998er Zinfandel Zeigler Vineyard* präsentiert Aromen von Schuhwichse, Kurzgebratenem, getrockneten Kräutern, Lakritze und süßer Hagebuttenfrucht. Er ist rustikal, dick, ausladend und kernig, aber nicht völlig harmonisch. Der großartig extrahierte *1998er Zinfandel Stellwagen Vineyard* offenbart zum Teil exzentrische Nuancen von Hagebutten, Erdreich, kräuterwürziger Frucht, Leder, Fleisch, Lakritze und Teer, ausgezeichnete Dichte und einen vollen Körper. Der Abgang ist ein wenig süß, aber der Wein schmeckt trocken. Der kraftvolle *1998er Zinfandel Frati Ranch* (15,6% Alkohol) offeriert Aromen von geschmolzenem Teer, Lakritze, getrockneten schwarzen Früchten, lehmigem Erdreich und Rinderblut. Dieser robuste, machohafteWein, der kraftvoll, dick und riesig, aber etwas unzusammenhängend ist, wird 6–8 Jahre gut altern, vielleicht noch länger.

SWANSON (NAPA)

1997	**Alexis Proprietary Red Wine**	**Napa**	**D**	**90**

Diese von einem roten Bordeaux inspirierte Cuvée ist der feinste Wein, den ich von Swanson verkostet habe, seit sie vor ein paar Jahren auf ihre önologische Beraterin Helen Turley verzichtet haben. Der dicht rubin-purpurfarbene *1997er Alexis Proprietary Red Wine* (3400 Kisten) offeriert ein attraktives Bukett aus Aromen von Brombeeren, Kirschen, lehmigem Erdreich, Lakritze und Vanille. Mit mittlerem bis vollem Körper, einer cremigen, fleischigen Textur, süßem Tannin, niedrigem Säuregehalt und bewundernswertem Extrakt ist er beeindruckend und alterungsfähig. Zudem ist er nicht exzessiv mit Säure versehen worden. Trinken Sie ihn während der nächsten 10–12 Jahre.

TABLAS CREEK (PASO ROBLES)

2000	**Antithesis**	**Paso Robles**	**D**	**90**
2000	**Clos Blanc**	**Paso Robles**	**D**	**88**
2000	**Grand Cuvée**	**Paso Robles**	**E**	**92+**
2000	**Petit Cuvée**	**Paso Robles**	**C**	**92**
1999	**Petit Cuvée**	**Paso Robles**	**C**	**87**
2000	**Reserve Cuvée**	**Paso Robles**	**D**	**93**
1999	**Reserve Cuvée**	**Paso Robles**	**D**	**90**

Diese viel versprechende Hanglage westlich des Highway 101, sechs Meilen vom Pazifischen Ozean entfernt, gehört dem Importeur Robert Haas und der Familie Perrin vom Château Beaucastel in Châteauneuf-du-Pape. Insgesamt handelt es sich um 72 Hektar, von denen 32 mit Reben bestockt und 12 verpachtet sind. Außer einer kleinen Parzelle mit Chardonnay wurden nur Rebsorten des Rhônetals angepflanzt, die roten im Einzelnen: Mourvèdre (45%), Syrah (22%), Grenache (22%) und Counoise. Die Verteilung der weißen: Roussanne (50%), Viognier (25%), Marsanne (10%), Grenache Blanc und die bereits erwähnte Parzelle Chardonnay. Die Arbeiten sind noch nicht abgeschlossen, die Kellerei wurde schließlich erst 1997 gebaut. Die Qualität der Weine war zunächst nicht aufregend, wurde aber mit den letzten Jahrgängen, besonders mit den 2000ern, immer interessanter. Die erste Ernte auf den 1992 in einer Höhe von 420–490 Metern bepflanzten Rebflächen fand 1994 statt.

Zu den Weißweinen des Sortiments gehört der einem Chablis ähnliche *2000er Antithesis*, ein Chardonnay im europäischen Stil, von dem es 250 Kisten gibt. Minimale Mengen von neuen Eichenfässern kommen zum Einsatz, und der Wein offenbart eine Menge von Steinen und Mineralien geprägte zitrusartige Frucht, die im Stil eines Burgunders präsentiert wird. Dieser elegante, verhaltene, charmante Wein verführt eher durch seine Nuancen als durch Kraft. Der *2000er Clos Blanc* (45% Roussanne, 19% Viognier, 19% Marsanne und 17% Grenache Blanc) zeigt ein ausgezeichnetes zitrusfruchtiges Bukett, keine Andeutung von Eichenholz und Spuren von Orangenmarmelade, die mit Zitrusfrüchten, Kerzenwachs und Gewürz vermischt sind. Er besitzt gute Säure, Frische, einen vollen Körper und exzellente Frucht. Obwohl dieser Wein 4–5 Jahre überdauern kann, empfehle ich, ihn während seiner ersten 2–3 Lebensjahre zu trinken.

In den meisten Jahrgängen gibt es zwei Rotweine, in den Spitzenjahren wird allerdings eine winzige Menge einer dritten Cuvée, die Grand Cuvée, produziert. Diese Weine werden in einer Kombination von kleinen Fässern, *demi-muids*, und größeren, *foudres*, ausgebaut. Die märchenhafte *2000er Petit Cuvée* (600 Kisten in einem Mischsatz von 80% Grenache und 20% Syrah) ist zu einem fairen Preis erhältlich. Sie präsentiert üppige Mengen von Kirschwasser, Brombeeren und Johannisbeeren. Dieser gehaltvolle, körperreiche und mit Frucht beladene Wein ist zurückhaltend und elegant. Er ist jetzt schon köstlich, wird aber ein Jahrzehnt oder länger altern. Die Spitzen-Cuvée, die *2000er Reserve Cuvée*, besteht aus 35% Mourvèdre, 26% Syrah, 25% Grenache und 14% Counoise. Dieser in einer Menge von 4800 Kisten produzierte Wein schafft es auf eindrucksvolle Weise, einen ungebändigten Rotwein aus dem südlichen Rhônetal zu imitieren. Eine gesättigte schwarz-purpurrote Farbe geht einher mit Aromen von Lakritze, gerösteten Kräutern, Kurzgebratenem, Brombeeren und Cassis. Er ist eindringlich und körperreich mit süßem Tannin und beeindruckender Konzentration. Die Mourvèdre-Komponente wird zweifellos bewirken, dass der Wein nach der Abfüllung straffer wird, und für ein Alterungspotenzial von 10–15 Jahren sorgen. Er ist nicht gerade schüchtern mit einem Alkoholgehalt von 15%, der aber unter dem Reichtum an Frucht und Extrakt gut verborgen ist. Dies ist der bislang eindrucksvollste Wein, den Tablas Creek gemacht hat, und ein deutliches Zeichen dafür, dass dieses Weingut ein ernst zu nehmender Konkurrent in der als »Rhône Ranger« bekannten Gruppe von Produzenten ist, die sich der Produktion von Weinen aus Trauben südfranzösischer Herkunft gewidmet haben. Die *2000er Grand Cuvée* (55% Mourvèdre, 35% Syrah und 10% Grenache; 75 Kisten) macht einen stärker strukturierten, straffer gewirkten, verhaltenen, strengen Anschein. Es ist ein im französischen Stil eleganter, eindrucksvoller Wein.

Die 1999er spiegeln die kühlen klimatischen Bedingungen wider, die in der Region Paso Robles das Wetter prägten. Die *1999er Petit Cuvée* (65% Grenache, 25% Syrah und 10% Mourvèdre) ist ein verlockender, freimütiger Wein. Er ist zwar nicht so komplex, fleischig und texturiert wie der 2000er, offeriert aber einen wunderschön reifen Auftritt im Mund, dem ein karger Abgang mit trockenem, festem Tannin folgt. Seine 15,2% Alkohol sind gut verborgen. Die *1999er Reserve Cuvée* besteht aus 40% Mourvèdre, 27% Grenache, 23% Syrah und 10% Counoise. Er präsentiert eine dichte purpurrote Farbe und ein süßes Bukett von Brombeeren, Leder, Lakritze, Erde und Pfeffer. Der elegante, reichhaltige und reife Wein, der bei mittlerem bis vollem Körper schön eingebundenes Tannin aufweist, wird sich mindestens ein Jahrzehnt gut trinken lassen.

Ein Insidertipp: Wer unter den Lesern die Gelegenheit dazu hat, sollte den wunderbaren Rosé probieren. Man darf allerdings nicht vergessen, dass diese Weine im Lauf ihrer ersten sechs Monate getrunken werden müssen.

TALLEY (SAN LUIS OBISPO)

2000	**Chardonnay**	**Arroyo Grande**	**C**	**89**
1999	**Chardonnay**	**Arroyo Grande**	**C**	**89**
2000	**Chardonnay Oliver's Vineyard**	**Edna Valley**	**E**	**90**
2000	**Chardonnay Rincon Vineyard**	**Arroyo Grande**	**C**	**92**
1999	**Chardonnay Rincon Vineyard**	**Arroyo Grande**	**C**	**90+**
2000	**Chardonnay Rosemary's Vineyard**	**Arroyo Grande**	**C**	**92**
1997	**Pinot Noir**	**Arroyo Grande**	**D**	**89**
2000	**Pinot Noir Rincon Vineyard**	**Arroyo Grande**	**E**	**90**
1999	**Pinot Noir Rincon Vineyard**	**Arroyo Grande**	**E**	**91**
1997	**Pinot Noir Rincon Vineyard**	**Arroyo Grande**	**D**	**91**
1995	**Pinot Noir Rincon Vineyard**	**Arroyo Grande**	**D**	**90**
2000	**Pinot Noir Rosemary's Vineyard**	**Arroyo Grande**	**E**	**92**
1999	**Pinot Noir Rosemary's Vineyard**	**Arroyo Grande**	**E**	**92+**
1997	**Pinot Noir Rosemary's Vineyard**	**Arroyo Grande**	**D**	**93**

Die Talleys sind bekannte Farmer in Edna Valley mit mehr als 400 Hektar Grundbesitz, auf denen hauptsächlich Paprika, Bohnen, Avocados und Koriander angepflanzt werden. Ihre profitabelste Nutzpflanze müssen jedoch Trauben sein. Von ihren 60 Hektar Rebflächen produzieren sie 16000 Kisten selbst abgefüllten Wein. Rund 25% ihrer Traubenernte wird verkauft. An der Central Coast ragt Talley als einer der Spitzenproduzenten von Chardonnay und Pinot Noir hervor, die beide die für rote und weiße Burgunder typische Verbindung von Eleganz mit gebieterischem Geschmack aufweisen. Alle sind zurückhaltend, aber eindringlich.

Der *2000er Chardonnay* bietet Aromen von Birnen, Honig und Zitrusfrüchten in einer komplexen und doch eleganten Persönlichkeit von mittlerem bis vollem Körper. Er dürfte sich 2–3 Jahre gut trinken lassen. Der *2000er Chardonnay Rincon Vineyard* besitzt mehr Reife, eine vielschichtige Textur und ein rauchiges Bukett mit Aromen von Haselnüssen, Mineralien und buttriger Frucht. Mit seinem verhaltenen und maßvollen, aber eindringlichen Stil schmeckt er extrem burgundisch. Der *2000er Chardonnay Rosemary's Vineyard* (der kühlste Rebbestand der Talleys) hat einen höheren Säuregehalt und Nuancen von Mineralien, Mandarinen, Butter und feine Holztöne. Er ist körperreich, gehaltvoll, vielschichtig und dürfte 5–6 Jahre gut altern. Der *2000er Chardonnay Oliver's Vineyard* präsentiert Nuancen von buttriger Zitrusfrucht, Geißblatt, Kerzenwachs und subtilem, toastwürzigem Eichenholz. Dieser eindringliche, erfrischende, maßvolle und tiefe Wein von mittlerem bis vollem Körper dürfte sich 3–4 Jahre gut trinken lassen.

Der hellgoldfarbene *1999er Chardonnay* bietet herrliche Aromen von gerösteten Haselnüssen, Honig und reifer Frucht. Dieser texturierte, komplexe Chardonnay mittleren Körpers im Burgunderstil, der gute untergründige Säure, Konturenschärfe, exzellente Frische und einen moderat langen Abgang aufweist, wird sich 2–4 Jahre gut trinken lassen. Der *1999er Chardonnay Rincon Vineyard* (4 960 Flaschen) besitzt üppige Mengen buttriger, honigtöniger Toastbrotnuancen in seinem komplexen Aromaprofil. Dieser groß dimensionierte, eindrucksvolle, aber elegante Wein, der straffer als die anderen Chardonnays, aber körperreich und reif ist und zur Herausarbeitung seiner Konturen pikante Säure aufweist, wird sich 4–6 Jahre, möglicherweise länger, gut trinken lassen.

Der *2000er Pinot Noir Rincon Vineyard* offeriert elegante, süße Pflaumen- und Schwarzkirschenfrucht in einem körperreichen, konzentrierten, eleganten Format von mittlerem bis vollem Körper. In seiner Eleganz, seiner umfassenden Balance und seinem Charakter kommt er einem Volnay sehr nahe. Genießen Sie ihn während der nächsten 6–7 Jahre. Der *2000er Pinot Noir Rosemary's Vineyard* ist noch besser. Der dunkelrubin-purpurfarbene, gehaltvolle, intensive und körperreiche Wein mit großartiger Reintönigkeit seiner von schwarzen Himbeeren und Kirschen geprägten Frucht, einem kräftigen Eindruck am mittleren Gaumen und wunderschöner Reife dürfte sich 8–10 Jahre gut trinken lassen. Die 1999er Pinot Noirs sind konzentrierte, verhaltene Weine, die zur Abrundung noch einige Zeit in der Flasche verbringen müssen. Beide besitzen große Reichhaltigkeit und viel Tannin. Der *1999er Pinot Noir Rosemary's Vineyard* (10 115 Flaschen) präsentiert eine beeindruckend gesättigte rubin-purpurrote Farbe und ein herrliches Bukett von Schwarzkirschen- und Himbeerlikör, der mit Düften von Mineralien, frischem Eichenholz und Blumen vermischt ist. Die bestechenden, jugendlichen Aromen sind nahezu elementar in ihrer Lebendigkeit und Intensität. Der Wein ist straff, körperreich und moderat tanninbetont bei außergewöhnlicher Konzentration und Tiefe. Dieser brillante Pinot benötigt weitere 1–2 Jahre im Keller und dürfte 10–12 Jahre halten. Der *1999er Pinot Noir Rincon Vineyard* (6 582 Flaschen) bietet Aromen von roten und schwarzen Früchten, Erde und Kräutern. Er ist in einem weicheren, zugänglicheren Stil gemacht und besitzt üppige Mengen reichhaltiger Frucht sowie viel Dichte, Reintönigkeit und Tiefe. Dieser vollmundige Wein dürfte 1–2 Jahre früher ausgereift sein als der Rosemary's Vineyard. Voraussichtliche Genussreife: jetzt–2012.

Der dunkelrubinfarbene *1997er Pinot Noir* zeigt das klassische Aromaprofil von Schwarzkirschen, Blumen und feinen würzigen Holznoten. Dieser wunderschön gewirkte, von schwarzen Früchten dominierte Pinot besitzt bei bewundernswerter Konturenschärfe und Struktur sowie mittlerem bis vollem Körper süßes Tannin, pikante Säure und ausgezeichnete Reintönigkeit. Er dürfte sich 5–7 Jahre schön trinken lassen. Der in kleinerer Auflage produzierte *1997er Pinot Noir Rincon Vineyard* (4 541 Flaschen) offeriert üppige Mengen von hochwertigem französischen Eichenholz, das mit Brombeer- und Kirschfrucht vermischt ist. Herrliche Aromen, die an ein Spitzengewächs aus Vosne-Romanée denken lassen (Veilchen und Himbeeren), treten ebenfalls in Erscheinung. Dieser eindrucksvoll ausgestattete, straff gewirkte und körperreiche Pinot, der süßes Tannin und einen gehaltvollen, schön geschichteten mittleren Geschmacksbereich besitzt, wird nach weiteren 1–2 Jahren Flaschenreife besser sein und ein Jahrzehnt halten. Der ebenfalls beeindruckende tiefrubin-purpurfarbene *1997er Pinot Noir Rosemary's Vineyard* (3236 Flaschen) offenbart Elemente von moderat intensiven, süßen Waldnuancen, die mit schwarzen Früchten und Vanille vermischt sind. Dieser erstaunliche, reichhaltige, konzentrierte, straffe und unentwickelte Pinot gehört zu den feinsten, die in Kalifornien produziert werden. Er ist köstlich und verführerisch und wird nach 1–3 Jahren im Keller sogar noch besser sein und ein Jahrzehnt lang halten.

Der außergewöhnliche *1995er Pinot Noir Rincon Vineyard* (3879 Flaschen) besitzt eine dunkelrubinrote Farbe und süße schwarze Pflaumen- und Kirschfrucht mit einer schönen Dosis von hochwertigem würzigen frischen Eichenholz. Dieser wunderschön gemachte, elegante, geschmackvolle und intensive Pinot von mittlerem bis vollem Körper dürfte sich 3–4 Jahre verbessern und ein Jahrzehnt halten. Übrigens haben Talleys Weine, insbesondere die Pinot Noirs eindrucksvolle Ergebnisse vorzuweisen, was ihr Alterungspotenzial betrifft, obwohl ihr erster Jahrgang erst der 1986er war.

PS. Die Leser sollten auch den exquisiten Riesling ausprobieren, den man bei Talley im Stil einer Beerenauslese macht.

TITUS (NAPA)

1999	**Zinfandel**	**Napa**	**C**	**90**
1999	**Zinfandel Old Vines Redwood Valley**	**Mendocino**	**C**	**91**

Bis heute hat mir alles gefallen, was von diesem Produzenten hochwertiger Weine herausgebracht wurde. Der *1999er Zinfandel* (14,5% Alkohol) präsentiert das aromatische Profil eines Châteauneuf-du-Pape: Sattelleder, Kurzgebratenes, Pfeffer, Erde, schwarze Himbeeren und Kirschwasser. Der reife, körperreiche und geschmeidig texturierte Wein, der den Mund herzhaft auskleidet, sollte während der nächsten 3–4 Jahre getrunken werden. Der noch bessere tiefrubin-purpurfarbene *1999er Zinfandel Old Vines Redwood Valley* ist ein reintöniger, harmonischer, körperreicher, überschwänglicher Wein, der vor mit mineralischen und Eichenholznuancen durchzogenen schwarzen Früchten geradezu birst. Dieser saftige, fette, dichte, kernige und ölig texturierte Zinfandel muss während der nächsten 4–5 Jahre ausgetrunken werden.

PHILIP TOGNI (NAPA)

1999	**Cabernet Sauvignon**	**Spring Mountain**	**EE**	**95**
1998	**Cabernet Sauvignon**	**Spring Mountain**	**EE**	**90**
1997	**Cabernet Sauvignon**	**Spring Mountain**	**E**	**94+**
1996	**Cabernet Sauvignon**	**Spring Mountain**	**E**	**96**
1995	**Cabernet Sauvignon**	**Spring Mountain**	**D**	**95**
1994	**Cabernet Sauvignon**	**Spring Mountain**	**D**	**96**

Spring Mountain, wo im letzten Jahrhundert viele Rebflächen entstanden sind, wird allmählich flächendeckend mit Reben bestockt. Die meisten Spitzenproduzenten von Jim Pride und Bob Foley bei Pride Mountain Vineyard bis hin zu Les Behrens und Bob Hitchcock bei Behrens and Hitchcock führen die inspirierenden Weine Tognis als Grund dafür an, warum sie an die Zukunft dieser hoch gelegenen Weinbauregion glauben. Das Energiebündel Philip Togni produziert weiterhin spektakuläre Weine, die selbst in kleineren, schwierigeren Jahrgängen wie 1998 alle Anzeichen für ein Alterungspotenzial von mehr als 20 Jahren zu erkennen geben. Seine großen Jahrgänge – und davon gab es einige (1984, 1985, 1986, 1987, 1990, 1991, 1994, 1995, 1996 und 1997) – werden 30 oder mehr Jahre überdauern, wenn man bedenkt, wie langsam sich diese Weine entwickeln. Angesichts der kleinen Ernten und der kühlen Wachstumsperioden von 1998, 1999 und 2000 waren auch die produzierten Mengen relativ klein. Es gibt rund 1200 Kisten vom 1998er und etwa 1800 Kisten vom 1999er und 2000er. Man sollte annehmen, dass Togni sich nach einer brillanten Karriere von mehr als 30 Jahren, in denen er einige der feinsten Cabernet Sauvignons von Napa gemacht hat, auf seinen Lorbeeren ausruhen könnte, aber er versucht nach wie vor, sich selbst zu übertreffen. Er praktiziert intensivere Arbeit im Weinberg, bindet mehr Fruchtruten auf, dünnt aus, benutzt bei der Lese winzige Sammelkörbe von 15 Zentimeter Tiefe und einen Sortiertisch zur Selektion der reifsten und gesündesten Trauben.

Der *1999er Cabernet Sauvignon* besteht aus 82% Cabernet Sauvignon, 15% Merlot und 3% Cabernet Franc. Er könnte es leicht mit einigen von Tognis größten Weinen der 1990er Jahre aufnehmen. Dieser überwältigende Wein hat eine gesättigte schwarz-purpurrote Farbe und ein herrlich reintöniges Bukett von Lakritze, Brombeeren, Cassis, Mineralien und Rauch. Mit seiner öligen Textur, festem, aber süßem Tannin, ausgezeichneter Reintönigkeit und feiner umfassender Symmetrie ist er einer der Spitzenweine des Jahrgangs. Voraussichtliche Genussreife: 2006–2030. Der *1998er Cabernet Sauvignon* ist sein am kleinsten dimensionierte Wein des letzten Jahrzehnts, aber wie ich zu ihm sagte: »Wenn das der Schlechteste ist, den Sie machen können, bravo!« 50% der Ernte wurden ausgeschieden, damit nur reife Trauben weiterverarbeitet wurden. Der Wein präsentiert eine dichte rubinpurpurrote Farbe und offenbart Aromen von Tapenade, Lakritze, schwarzen Johannisbeeren, geräucherten Kräutern und Erde. Der Wein bietet üppige schwarze Früchte, hervorragende Reichhaltigkeit und Komplexität, ist aber weiter entwickelt als die meisten Cabernets von Togni im gleichen Alter. Er kann früh getrunken werden, wird aber problemlos 15+ Jahre altern.

Der herrliche *1997er Cabernet Sauvignon* (82% Cabernet Sauvignon, 15% Merlot und 3% Cabernet Franc) ist der am opulentesten texturierte Wein seit dem 1992er. Er besitzt eine gesättigte purpurrote Farbe sowie ein aufregendes, aber noch reserviertes Bukett von Brombeeren, Cassis, Mineralien, getrockneten Kräutern und rauchwürzigem Eichenholz. Die superbe Konzentration dieses körperreichen, reintönigen, dicken und cremig texturierten Weins verhüllt sein hohes, aber süßes Tannin. Tognis Weine besitzen außergewöhnliches Alterungspotenzial, aber es wird Ihnen schwer fallen, die Finger von diesem hier zu lassen, wenn er weitere 2–4 Jahre in der Flasche verbracht hat. Voraussichtliche Genussreife: 2003–2025+. Im Gegensatz dazu ist der undurchdringlich purpurfarbene *1996er Cabernet Sauvignon* ein Kraftprotz von einem Wein, vollgepackt mit geradezu phänomenalem Potenzial. Er offeriert ein sensationelles Bukett von Lakritze, Schokolade, Cassis, provenzalischen Kräutern und Toastbrot. Er ist saftig und körperreich, zudem außerordentlich kraftvoll und verhalten. Er dürfte in 5–7 Jahren trinkreif sein und 3 Jahrzehnte wunderschön altern.

Der *1995er Cabernet Sauvignon*, ein Jahrgang, in dem eine Anzahl von Spitzenweinen produziert wurden (aber auch einige mit rauem Tannin und verschlossener Persönlichkeit), ist einer der strahlendsten Erfolgsweine des Jahres. Er präsentiert eine undurchdringliche purpurrote Farbe und ein verschwenderisch intensives Bukett von Brombeer-, Heidelbeer- und Cassisfrucht, das mit Nuancen von Schokolade und Oliven vermischt ist. Dicht und fruchtbetont, mit ehrfurchtgebietenden Mengen von Glyzerin und Extrakt, dürfte dieser bestechend ausgestattete, moderat tanninhaltige Wein seinen Höhepunkt nach weiteren 7–8 Jahren Kellerlagerung erreichen. Wieder einmal hat Philip Togni einen Wein mit einem Alterungspotenzial von mindestens 25 Jahren erzeugt. Der *1994er Cabernet Sauvignon* ist bemerkenswert gehaltvoll und mehrdimensional. Dieser extrem körperreiche Wein mit außerordentlicher Reintönigkeit der Frucht ist in aromatischer und texturaler Hinsicht faszinierender Stoff. Leider ist der 1994er bereits ausverkauft, aber diejenigen, die das Glück hatten, ein paar Flaschen zu erwerben, besitzen jetzt einen monumentalen Cabernet Sauvignon aus einer Hanglage, der anmutig 25–30 Jahre altern dürfte. In einer offenen Flasche hielt sich dieser Wein erstaunliche sechs Tage, ohne zu oxidieren! Alle Weine Philip Tognis werden ohne Schönen und Filtrieren abgefüllt und sind, wie er gerne sagt, »gemacht wie ein Bordeaux ... vor langer, langer Zeit«.

Togni bekämpft weiterhin eigenhändig Krankheiten im Weinberg (etwa die Piercesche Krankheit) und erzielt beängstigend niedrige Erträge aus seinen beeindruckend steilen Hanglagen am Spring Mountain, um einige der aufregendsten Weine Kaliforniens zu produzieren.

Bisherige große Jahrgänge: Cabernet Sauvignon 1993er (92), 1992er (96), 1991er (95), 1990er (95), 1987er (90), 1986er (92), 1985er (92), 1984er (93).

TRENTADUE (SONOMA)

1999	Old Patch Red	Dry Creek	C	88
1999	Zinfandel	California	C	88
1999	Zinfandel	Dry Creek	C	90

Nachdem diese Kellerei mehrere Jahre nicht hier vertreten war, hat sie sich mit einem starken 1999er-Sortiment wieder Zutritt verschafft. Alle drei Weine zeichnen sich durch ein gutes Preis-Leistungsverhältnis aus, aber der 1999er Old Patch Red ist für Kalifornien geradezu unglaublich preiswert.

Der dunkelrubinfarbene *1999er Zinfandel California* (15% Alkohol) zeigt ein süßes Bukett von dicklicher Schwarzkirschen- und Beerenfrucht, Erde und Pfeffer. Der körperreiche, würzige, geschmeidig texturierte und beladene Wein wird sich 3–4 Jahre gut trinken lassen. Der komplexere *1999er Zinfandel Dry Creek* nimmt sich eingangs im Mund süßer aus und offenbart subtile Nuancen toastwürziger amerikanischer Eiche sowie dichte, körperreiche Geschmackskomponenten von Himbeeren und Kirschen. Er ist ein dicker, saftiger, herrlicher Zinfandel, den man während der nächsten 5–6 Jahre genießen kann. Der *1999er Old Patch Red* schließlich (eine Cuvée von Zinfandel, Carignan und Petite Sirah aus 100 Jahre alten Reben) ist das kalifornische Ebenbild eines Côtes du Rhone. Er offeriert Nuancen von Pfeffer, Leder, Brombeer- und Kirschfrucht, vollen Körper, eine exzellente Textur, robuste, muskulöse Geschmackskomponenten und einen vollmundigen Stil. Trinken Sie ihn während der nächsten 2–3 Jahre, wenn Sie in den Genuss seiner rückhaltlosen Überschwänglichkeit kommen wollen.

TURLEY (NAPA)

1999	Charbono Tofanelli Vineyard	Napa	C	91
1998	Charbono Tofanelli Vineyard	Napa	C	90
1997	Petite Syrah Aida Vineyard	Napa	D	90
1999	Petite Syrah Estate	Napa	D	91+
1999	Petite Syrah Hayne Vineyard	Napa	D	96
1998	Petite Syrah Hayne Vineyard	Napa	D	90
1997	Petite Syrah Hayne Vineyard	Napa	D	95
1999	Petite Syrah Rattlesnake Acres	Napa	D	94
1998	Petite Syrah Rattlesnake Acres	Napa	D	89
1997	Petite Syrah Rattlesnake Acres	Napa	D	91
1997	Zinfandel Aida Vineyard	Napa	D	93
1999	Zinfandel Black-Sears Vineyard	Howell Mountain	D	93
1998	Zinfandel Black-Sears Vineyard	Howell Mountain	D	88
1997	Zinfandel Black-Sears Vineyard	Howell Mountain	D	95
1999	Zinfandel Dogtown Vineyard	Lodi	D	92
1998	Zinfandel Dogtown Vineyard	Lodi	D	90
1997	Zinfandel Dogtown Vineyard	Lodi	D	(89–91)
1999	Zinfandel Duarte Vineyard	Contra Costa	D	91
1998	Zinfandel Duarte Vineyard	Contra Costa	D	93
1997	Zinfandel Duarte Vineyard	Contra Costa	D	(90–92)
1999	Zinfandel Grist Vineyard	Bradford Mountain	D	90
1998	Zinfandel Grist Vineyard	Bradford Mountain	D	90
1997	Zinfandel Grist Vineyard	Bradford Mountain	D	93
1999	Zinfandel Hayne Vineyard	Napa	E	96
1998	Zinfandel Hayne Vineyard	Napa	E	94

1997	Zinfandel Hayne Vineyard	Napa	D	95
1999	Zinfandel Juveniles	Kalifornien	C	92
1999	Zinfandel Moore (Earthquake)	Napa	D	95
1998	Zinfandel Moore (Earthquake)	Napa	D	92
1997	Zinfandel Moore (Earthquake)	Napa	D	94
1999	Zinfandel Old Vines	California	C	93
1998	Zinfandel Old Vines	California	C	90
1997	Zinfandel Old Vines	California	C	92
1999	Zinfandel Pringle Family Vineyard	Howell Mountain	D	96
1998	Zinfandel Pringle Family Vineyard	Howell Mountain	D	90+
1997	Zinfandel Spenker Vineyard	Lodi	D	87
1999	Zinfandel Tofanelli Vineyard	Napa	D	94
1998	Zinfandel Tofanelli Vineyard	Napa	D	91
1997	Zinfandel Tofanelli Vineyard	Napa	D	92
1999	Zinfandel Turley Estate	Napa	D	94
1999	Zinfandel Vineyard 101	Alexander Valley	D	92
1998	Zinfandel Vineyard 101	Alexander Valley	D	91
1997	Zinfandel Vineyard 101	Alexander Valley	D	90

Kaliforniens überragende Zinfandel-Spezialisten, Inhaber Larry Turley und Weinmacher Ehren Jordan, haben vielleicht die feinsten Zinfandels ihrer relativ kurzen Laufbahn produziert. Die Mehrzahl ihrer 1999er schmecken aus der Flasche sogar noch besser als aus dem Fass. Diese Weine sind ungeheuer beliebt, weil sie die Crème de la Crème des Zinfandel darstellen. Diese Rebsorte ergibt keine langlebigen Weine, und Turley erweckt nicht den Anschein, als hätten die Weine das Alterungspotenzial eines klassifizierten Gewächses aus Bordeaux oder eines kalifornischen Cabernet Sauvignon. Wenn man sie jedoch während ihres ersten Jahrzehnts trinkt, gibt es wenige Weine, die sich mit ihnen messen können, was ihre schiere Opulenz, ihre Konzentration, Überschwänglichkeit und Persönlichkeit betrifft, sowie das reine Trinkvergnügen, das sie bereiten. Die gute Nachricht lautet, dass die Jahresproduktion von derzeit 8200 Kisten Zinfandel (es gibt auch Charbono und Petite Sirah in kleinen Mengen) erheblich ausgeweitet wird, weil man einen großen Rebbestand in Paso Robles namens Presenti mit äußerst alten Reben, deren Stamm durch Kopferziehung in Bodennähe gehalten wird, gekauft hat. Der erste Jahrgang, in dem Turley die Arbeit im Weinberg und die Vinifikation in ihre Regie übernommen hatten, war der 2000er. Die Leser sollten diese Region im Auge behalten, weil sie bald zu einer Brutstätte für Zinfandel sowie einige Rhôneweinen ähnliche Cuvées aus diesen uralten Reben werden wird.

Das von Turley und Jordan befürwortete Erfolgsrezept ist einfach: Sie halten Ausschau nach alten Rebbeständen mit Kopferziehung, überreden einige der eigensinnigen Winzer, sie die Verantwortung für die Arbeit im Weinberg übernehmen zu lassen, halten die Erträge niedrig, ernten vollreife Trauben, maischen die Weine vor der Gärung kalt ein, um Farbe und größere phenolische Komplexität zu extrahieren, setzen keine Säure zu, schönen und filtrieren nicht, bauen die Weine in einer Mischung von 75% französischen und 25% amerikanischen Eichenfässern (von denen nur 25% neu sind) aus und füllen sie nach 14–16 Monaten im Fass ohne vorherige Klärung ab. Diese Regeln haben sie seit ihrem Debüt-Jahrgang 1993 befolgt, und die Weine sind seitdem beständig unverwechselbar, verschwenderisch reichhaltig und, bevor ich's vergesse, ein Trinkgenuss. Jahraus, jahrein gehören sie zu den feinsten Zinfandels, die man bekommen kann. Einige Konkurrenten jammern zwar, dass sie zu viel Alkohol besäßen usw., aber bei ihrer Verkostung stellt sich heraus, dass der Alkohol bemerkenswert gut eingebunden ist, weil keiner von ihnen scharf schmeckt. Kurz gesagt, dies sind aufregende Zinfandels, was ich oft unter Beweis gestellt habe, indem ich sie nicht nur amerikanischen Bewunderern, sondern auch vielen meiner Freunde in Frankreich serviert habe, die völlig aus dem Häuschen gerieten.

Was die 1999er von den anderen Jahrgängen unterscheidet, ist der Umstand, dass es sich um unglaublich reichhaltige, außergewöhnlich reintönige, gut ausbalancierte, überschwängliche, den Mund auskleidende, harmonische Weine handelt, die ein Jahrzehnt lang ungeheures Trinkvergnügen bereiten werden. Einige der Zinfandels werden sogar noch länger halten. Die Petite Sirahs sind Weine mit einem Alterungspotenzial von 40–50 Jahren. Turley und Jordan sagten beide, die malolaktische Gärung bei den 1999ern sei extrem langsam verlaufen, was oft in puncto Komplexität und texturaler Entwicklung ein gutes Zeichen ist.

Der *1999er Zinfandel Juveniles* (früher Young Vines genannt; 450 Kisten; 15,2% Alkohol) stammt von kleinen Parzellen neu gepflanzter Reben auf den Rebflächen Hayne, Moore und Duarte. Turley möchte die Trauben dieser Reben nicht mit denen der älteren Reben vermischen. Der sensationelle Wein präsentiert eine dichte rubin-purpurrote Farbe sowie ein umwerfendes Bukett von Brombeeren und Gewürzen, eine opulente Textur und einen superben Abgang. Er dürfte sich mindestens 5–7 Jahre gut trinken lassen. Der *1999er Zinfandel Grist Vineyard* (350 Kisten, 15,3% Alkohol), der Wein mit der am wenigsten gesättigten Farbe, offenbart Nuancen von Kirschlikör und Sandelholz sowie eine verlockende Textur, eine bewundernswerte fette Saftigkeit, außerordentlich reife Frucht, niedrige Säure und ausgezeichnete Länge. Von dem winzigen 0,8 Hektar großen Vineyard 101 ist ein bestechender Wein produziert worden, der *1999er Zinfandel Vineyard 101* (78 Kisten; 15,4% Alkohol). Er kommt einem Brombeerlikör mit subtilen erdigen Pfeffernuancen im Hintergrund ziemlich nahe. Der außergewöhnlich körperreiche und üppig konzentrierte Wein wird sich ein Jahrzehnt gut trinken lassen. Der bemerkenswerte *1999er Zinfandel Turley Estate* (225 Kisten; 15,4% Alkohol) wurde aus vier Jahre alten Reben (mit engem 1 x 2 Meter Abstand) bereitet, die unmittelbar neben dem bekannten Aida Vineyard gepflanzt wurden. Wenn man diesen Wein trinkt, kommt es einem so vor, als tränke man einen Likör aus Brombeeren und Erdbeeren, der mit Rauch, Gewürz, Pfeffer und Trüffeln vermischt ist. Ein Hauch flüchtiger Säure trägt zu dem aromatischen Feuerwerk bei. Dieser körperreiche, ölig texturierte und außergewöhnlich gehaltvolle Wein, der genug Glyzerin und Stärke aufweist, um auch den anspruchsvollsten Hedonisten zu gefallen, ist ein Kraftprotz von einem Zinfandel. Trinken Sie ihn während dieses Jahrzehnts.

In Turleys Wein aus der Region Contra Costa bemerke ich oft eine rosinenartige Nuance von Balsaholz. Der *1999er Zinfandel Duarte Vineyard* (560 Kisten; 15,8% natürlicher Alkohol) stammt von 104 Jahre alten Reben, die auf reinen Sandböden stehen. Dieser Wein, der einen wundervollen Eindruck von Reintönigkeit und Süße vermittelt, ist nicht der konzentrierteste der 1999er Zinfandels, aber er offeriert Aromen von Schwarzkirschlikör, Erdbeeren, Pfeffer, Kirschwasser, Himbeeren und Gewürzen. Ich entdeckte auch eine komplexe Nuance flüchtiger Säure. Der anhaltende, tiefe, intensive und gut texturierte Wein wird sich 7–8 Jahre gut trinken lassen. Der märchenhafte *1999er Zinfandel Tofanelli Vineyard* (450 Kisten; 16,1% natürlicher Alkohol) mit seiner gesättigten dunkelrubin-purpurroten Farbe erinnert an einen Wein aus dem südlichen Rhônetal. Er präsentiert ein umwerfendes Bukett von schwarzen Früchten, die mit Lakritze, Teer, Pfeffer und Gewürz vermischt sind. Dieser gewaltige Zinfandel, der hervorragende Reichhaltigkeit, großartige Reintönigkeit, eine ölige Textur und einen Abgang von 45 Sekunden aufbietet, dürfte sich 7–8 Jahre gut trinken lassen.

Der von Trauben aus einer bunten Reihe von Parzellen, die zu klein sind, um den Wein mit den Namen der Rebflächen abzufüllen, bereitete *1999er Zinfandel Old Vines* (1800 Kisten; 15,8% Alkohol) offeriert Aromen und Geschmacksnuancen von schwarzen Früchten, eine muskulöse, von Hagebutten und Pfeffer geprägte, kraftvolle Persönlichkeit, eine nahtlose Textur, üppiges Glyzerin, erstaunliche Konzentration und einen weichen Abgang. Säure, Tannin und Holz sind in diesen klassischen, ungebändigten Zinfandel wunderschön eingebunden. Trinken Sie ihn während der nächsten 7–8 Jahre. Er ist aus der Flasche sogar noch besser als aus dem Fass! Ein weiterer aufreizender und gewaltiger Tropfen ist der undurchdringlich purpurfarbene *1999er Zinfandel Black-Sears Vineyard* (640 Kisten; 16% Alkohol). Dies ist der einzige 1999er, den ich nicht zusätzlich aus der Flasche verkosten konnte. Die Trauben für diesen Wein, die von einem 81 Jahre alten Weinberg stammen, auf dem es noch Berglöwen, Luchse und Wildschweine gibt, wurden erst im November gelesen. Er präsentiert ein herrlich reintöniges Bukett von Brombeeren, Himbeeren, Blumen und Lakritze, eine bemerkenswert körperreiche, viskose Textur, märchenhafte Fruchtreintönigkeit und einen reifen, geschichteten, enorm gehaltvollen Abgang. Dieses Trumm von einem Zinfandel ist unglaublich gut ausbalanciert. Er dürfte sich ein Jahrzehnt lang gut trinken lassen, aber wer kann schon so lange warten?

Der *1999er Zinfandel Dogtown Vineyard* (600 Kisten; 16% Alkohol), der bisher feinste Wein von diesem Rebbestand mit dem amüsanten Namen, ist großartiger Stoff. Brombeeren, Kirschwasser, Gewürz und Pfeffer sind in dieser extravaganten, muskulösen, süffigen Fruchtbombe präsent. Mit seiner niedrigen Säure, seinem reifen Tannin und gut eingebundenem Holz dürfte sich der Wein 7–8 Jahre gut trinken lassen. Die Leser erinnern sich vielleicht an die tanninstrengen und kargen Zinfandels, die mit dem Etikett des Lamborn Family Vineyard auf den Markt kamen. Dieser Rebbestand gehört jetzt der Familie Pringle, und Turley produziert seit 1998 einen Pringle Family Vineyard Zinfandel. Der Ehrfurcht gebietende *1999er Zinfandel Pringle Family Vineyard*, der das an einen Hermitage erinnernde florale Bukett von Brombeerlikör und Himbeeren aufweist, ist so elegant, wie es ein Wein mit 16,1% Alkohol nur sein kann. Dieser mit Finesse gestaltete Zinfandel, der reichhaltig und süß (durch Extrakt und Glyzerin, nicht Zucker) ist und am Gaumen beeindruckende Präsenz sowie untergründige Nuancen von flüssigen Mineralien, dicklichen schwarzen Früchten und Pfeffer aufweist, kann während der nächsten 6–8 Jahre getrunken werden. Ein erstaunlicher Stoff! Der wundervolle *1999er Zinfandel Moore (Earthquake)* (490 Kisten; 16,4% Alkohol) besitzt wie die übrigen Weine seines Jahrgangs eine undurchdringlich dichte rubin-purpurrote Farbe. Er offeriert explosive und zugleich elegante Aromen von Brombeeren, Pfeffer und Schwarzkirschen sowie vollen Körper, niedrige Säure und prächtige Fruchtkonzentration. Mit seinem anhaltenden, intensiven, süffigen, pfeffrigen Charakter wird er auf viel Gegenliebe stoßen. Dieser bemerkenswerte Wein wird während der nächsten 7–10 Jahre sogar noch an Komplexität gewinnen. Alle Jahre wieder ist der Zinfandel vom Hayne Vineyard einer von Turleys Superstars. Der *1999er Zinfandel Hayne Vineyard* (560 Kisten; 16,8% Alkohol) ist ein Bravourstück der Zinfandel-Weinbereitung und macht dem 1999er Pringle Konkurrenz um den Titel »Turley-Zin des Jahres«. Wieder einmal ist der Alkohol völlig verborgen hinter einem Reichtum von Glyzerin, Frucht, geschichtetem Extrakt und einer gehaltvollen, eleganten Textur. Der Wein besitzt eine undurchdringliche purpurrote Farbe, wunderbare Reintönigkeit und einen mineralischen Ton, der seiner extravaganten, von Brombeeren, Kirschen und Johannisbeeren dominierten Reichhaltigkeit einen Rahmen verleiht. Der Abgang hält fast eine Minute an. Der erstaunliche Wein wird ein Jahrzehnt gut altern.

Praktisch alle 1998er Zinfandels wurden aus extrem niedrigen Erträgen von 2,5–4,25 t/ha vinifiziert. Turley und Jordan füllten all diese 1998er im Dezember 1999 ohne Schönen und Filtrieren ab. Seit ihrem Debüt-Jahrgang 1993 gehören diese Zinfandels zu den verschwenderisch reichhaltigsten, komplexesten und interessantesten Weinen ihrer jeweiligen Jahrgänge. Die 1998er sind frühreifer und weiter entwickelt als beispielsweise die 1997er und werden am besten während der nächsten 5–6 Jahre getrunken. Generell sind sie eindrucksvoll ausgestattet und erweisen sich bereits als äußerst gut. Mit anderen Worten, ich sehe keinen Grund, den Trinkgenuss noch hinauszuschieben, auch wenn sie größer, konzentrierter und alkoholreicher sind als die meisten Weine ihres Jahrgangs.

Der dunkelrubin-granatfarbene und körperreiche *1998er Zinfandel Tofanelli Vineyard* (15,9% Alkohol) präsentiert Aromen und Geschmacksnuancen von Gewürzkiste und Beerenfrucht, eine üppige Textur, weiche, niedrige Säure und herrliche Sinnlichkeit. Trinken Sie ihn während der nächsten 5–7 Jahre. Der aus Trauben verschiedener kleiner Parzellen produzierte *1998er Zinfandel Old Vines* zeigt eine ähnliche Opulenz, offenbart aber zugleich eine stärker erdige und pfeffrige Komponente getrockneter Kräuter in seiner dichten Schwarzkirschen-, Pflaumen- und Himbeerfrucht. Dieser köstliche, runde Wein wird am besten während der nächsten 4–5 Jahre getrunken. Einer von Turleys größten Erfolgen ist der sagenhafte *1998er Zinfandel Duarte Vineyard.* Aus Trauben von einem der ältesten Rebbestände (104 Jahre alte Reben, die auf reinen Sandböden stehen) bereitet, die für einen natürlichen Alkoholgehalt von 15,8% sorgten, ist er der beste bis jetzt produzierte Duarte. Ein explosives Bukett von Schwarzkirschenmarmelade steigt aus dem Glas empor. Im Mund schließen sich Kirschlikörnuancen dieses körperreichen, fantastisch ausgestatteten, verschwenderisch gehaltvollen, opulenten, fetten, saftigen Zinfandel an. Er ist definitiv ein Hochgenuss. Trinken Sie ihn während der nächsten 4–5 Jahre. Weniger gelungen als in vorhergehenden Jahrgängen ist der *1998er Zinfandel Black-Sears Vineyard.* Larry Turley räumte ein, dass ihre *terroirs* mit den höchsten Durchschnittstemperaturen zum großen Teil in der kühlen Wachstumsperiode 1998 am besten abschnitten. Verständlicherweise zeigten Rebbestände wie der Duarte Vineyard ausgezeichnete Ergebnisse, während auf dem Black-Sears, der am Howell Mountain eines der kühlsten Mikroklimen aufweist, nicht vor November geerntet wurde. Nichtsdestoweniger gibt es keinen Grund zur Aufregung. Eine dichte granat-rubinrote Farbe geht einher mit Aromen von Himbeeren, Unterholz, lehmigem Erdreich, Pflaumenlikör und Pfeffer. Der exzellente Zinfandel, der würzig und reif, verglichen mit früheren Jahrgängen aber weniger ausdrucksstark und dick ist, sollte während der nächsten 4–5 Jahre ausgetrunken werden. Statistiker interessiert vielleicht, dass der Alkoholgehalt bei 16% liegt, also kein augenscheinlicher Mangel an Reife vorliegt, nicht einmal bei Trauben von dieser kühlen, hoch gelegenen Rebfläche. Diejenigen Leser, die nach einem Zinfandel mit dem Charakter eines Rhôneweins Ausschau halten, sollten den *1998er Zinfandel Vineyard 101* probieren. Dieser fette, dichte, körperreiche, köstliche Wein, der ein explosives Bukett von getrockneten Kräutern, gemahlenem Pfeffer, neuem Sattelleder, Rosenblättern, schwarzen Himbeeren und Kirschen offeriert, besitzt einen niedrigen Säuregehalt, aber Batzen von Frucht. Trinken Sie ihn während der nächsten 4–5 Jahre.

So schwer es auch zu glauben ist, aber der *1998er Zinfandel Grist Vineyard* (16,4% Alkohol) besitzt unbestreitbar einen Anflug von Eleganz und Symmetrie. Bei einer Blindverkostung könnte er von jenen albernen Terroiristen, die dauernd mehr theoretisieren als verkosten, mit einem Premier Cru aus Volnay verwechselt werden. Dieser Zinfandel von mittlerem Körper offenbart in seiner Eleganz eine extravagante Seite und schafft es irgendwie, seinen Alkoholgehalt zu verbergen. Er zeigt köstliche Beeren- und Kirschfrucht mit einem Nachhall von Erdbeerlikör. Trinken Sie ihn während der nächsten 5–6 Jahre. Einer der neuen Stars im Sortiment ist der *1998er Zinfandel Pringle Family Vineyard* (16,1% Alkohol). Er gehört zu den am stärksten strukturierten und zurückgebliebenen Zinfandels dieser Kellerei. Er offeriert eine dichte rubin-purpurrote Farbe sowie ein Aromaprofil von Erde, Wald, schwarzen Himbeeren und Schwarzkirschlikör. Der Wein ist tief und körperreich und weist etwas Tannin, ausgezeichnete Reintönigkeit und umfassende Symmetrie auf. Er wird von weiteren 6–12 Monaten Flaschenreife profitieren und 7–8+ Jahre überdauern. Turley und Jordan erzählten mir, dass ihr *1998er Zinfandel Dogtown Vineyard* (16,5% Alkohol) aus Erträgen von lediglich 1,5 t/ha vinifiziert wurde. Der faszinierende Wein offenbart ein provenzalisches Bukett von Schwarzkirschen und Heidekraut mit Aromen dieses *nori* genannten Seetangs, den man zur Vorbereitung bestimmter Sushi-Gerichte verwendet. Dieser tiefe, opulente, reichhaltige und ausladende Wein mit märchenhafter Frucht und niedriger Säure ist einer der feinsten aus der Region Lodi, die ich je verkostet habe. Trinken Sie ihn während der nächsten 4–5 Jahre. Der *1998er Zinfandel Moore (Earthquake)* ist ein weiterer Wein mit provenzalischen Nuancen von getrockneten Kräutern, üppigem Kirschwasser, schwarzen Himbeeren, Brombeeren und getrockneten Pflaumen. Der dichte, körperreiche, überwältigend proportionierte, mehrdimensionale Zinfandel, der eine dunkelrubinrote Farbe, dicke, saftige, energische Geschmackskomponenten und einen säurearmen, gebieterischen, alkoholbetonten (16%) Abgang präsentiert, scheint der feinste Wein in dieser beeindruckenden Reihe von 1998ern zu sein. Trinken Sie ihn im Lauf der nächsten 5–7 Jahre. Jahraus, jahrein stammt einer der konzentriertesten und spektakulärsten kalifornischen Zinfandels von den alten Reben des Hayne Vineyard in St. Helena. Der *1998er Zinfandel Hayne Vineyard* (16,4% Alkohol) ist vielleicht nicht ganz so gut wie die nahezu perfekten Hayne Zinfandels aus den vergangenen Jahren, aber er ist einer der besten des Jahrgangs. Dieser massive, kernige, ungebändigte, genussvolle Wein, der neben einer dichten rubin-purpurroten Farbe ein extravagantes Bukett von Brombeeren, Kirschen, Pfeffer, Gewürz, Kirschwasser und Erde und einen Abgang aufweist, der 35–40+ Sekunden anhält, ist außergewöhnlich reintönig. Der Nachdruck liegt auf vollkommen ausgereifter Frucht, einer feinen Dosis frischem Eichenholz und einer spektakulären Textur. Er dürfte sich mindestens ein Jahrzehnt gut trinken lassen.

Die 1997er Zinfandels, meinte Larry Turley seinerzeit, seien »die besten Weine, die wir bis jetzt gemacht haben«. Die Weine sind erstaunlich gut, und wie die folgenden Verkostungsnotizen erkennen lassen, könnte man hier mit verbundenen Augen zugreifen und jedes Mal einen saftigen, komplexen, vollmundigen Zinfandel in der Hand halten. Der *1997er Zinfandel Spenker Vineyard* (von 105 Jahre alten Reben; 15,1% Alkohol) etwa ist ein körperreicher, nach Beeren duftender und schmeckender, üppiger Wein mit interessanten Nuancen von Pfeffer, Teer und Gewürz. Mit seiner ausgezeichneten Tiefe und Reintönigkeit kann er innerhalb der nächsten 7–8 Jahre getrunken werden. Der *1997er Zinfandel Dogtown Vineyard* (15,3% Alkohol) stammt von einem 65 Jahre alten Rebbestand, der an der Grenze zu Amador liegt. Seine dunkelrubin-purpur-granatrote Farbe geht einher mit üppigen Mengen von Beerenfrucht, die mit Nuancen von lehmigem Erdreich, Unterholz und Gewürz vermischt ist. Körperreich und saftig, mit ausgezeichneter Reife, dürfte sich dieser pikante, fleischige, ungebändigte Zinfandel 5–7 Jahre gut trinken lassen. Von kleinen, mit 55 bis 104 Jahre alten Reben bestockten Parzellen hat Turley Cellars eine Old Vines genannte Cuvée zusammengestellt. Der dunkelrubin-purpurfarbene *1997er Zinfandel Old Vines* (15,3% Alkohol) ist der feinste Jahrgang dieser Cuvée, der bisher produziert wurde. Er offeriert ein überwältigendes Bukett von Brombeer-, Himbeer- und Kirschfrucht, vermischt mit asiatischen Gewürzen, Pfeffer und Balsaholz. Dieser im Mund explosiv reichhaltige Wein mit hohem Glyzeringehalt und einem glatten, konzentrierten Abgang dürfte sich 7–8 Jahre gut trinken lassen. Der *1997er Zinfandel Duarte Vineyard* (von 102 Jahre alten Reben; 15,4% Alkohol) ist der feinste Wein, den ich bisher von diesem Rebbestand verkostet habe. Duarte ist eine der wenigen verbliebenen kalifornischen Rebflächen, auf denen die Reben mit ihren eigenen Wurzeln stehen und nicht aufgepfropft wurden, weil sich die sandigen Böden dieser Region als resistent gegen die Reblaus erwiesen haben. Dieser Wein scheint immer eine staubige, pfeffrige, von Balsaholz und provenzalischen Kräutern bestimmte Note zu haben, aber der 1997er offenbart mehr Kirschlikör und schwarze Himbeeren. Dieser satt dunkelrubin-purpurfarbene, körperreiche und konzentrierte Zinfandel mit tiefen Schichten von Geschmack, die den Gaumen überschwemmen, sollte sich 5–7 Jahre gut trinken lassen. Der *1997er Zinfandel Tofanelli Vineyard* (von 65 Jahre alten Reben; 15,8% Alkohol) ist ein sehr verhalten entwickelter, aber auch großzügiger, hedonistisch orientierter Wein. Die dunkelrubin-purpurrote Farbe geht einher mit Aromen von Brombeeren, Fleischsaft, Pfeffer, gerösteten Kräutern und Trüffeln. Dieser körperreiche, superbe Zinfandel mit überwältigendem Fruchtextrakt, einer sinnlichen Textur und einem spektakulären Abgang wird während der nächsten 5–7 Jahre mit Vergnügen zu trinken sein. Ein wenig besser ist der *1997er Zinfandel Grist Vineyard* (16,3% Alkohol). Dies ist ein parfümierter, aromatischer Wein mit einer herrlichen Präsentation von Kirschfrucht. Denken Sie an einen wunderbaren roten Burgunder mit einem Element von *sur-maturité* und einem beispiellosen Alkoholgehalt, und Sie haben einen Anhaltspunkt, wie dieser vor Kraft strotzende Wein schmeckt. Er besitzt eine dichte rubin-purpurrote Farbe, fabelhafte Reintönigkeit, üppige Mengen Glyzerin und

Schichten von Kirschfrucht. Dieser umwerfende Zinfandel wird Bewunderer vor allem unter denen finden, die große Burgunder oder den berühmten Châteauneuf-du-Pape von Rayas lieben. Er dürfte sich 7–8 Jahre gut trinken lassen. Der *1997er Zinfandel Vineyard 101* (von 85 Jahre alten Reben; 16% Alkohol) ist ein weiterer Wein im Burgunder-Stil, aber alkoholreicher und viskoser. Er ist körperreich, überraschend elegant für sein Gewicht und seine Größe und zeigt eine ausgeprägt mineralische Art, die von Grillgewürznoten durchzogen ist. Mit aufregenden Mengen von Schwarzkirschen- und Himbeerfrucht ausgestattet, dürfte er sich jetzt und während der nächsten 7 Jahre gut trinken lassen.

Einige von Turleys zuverlässigen Rebflächen ergaben auch diesmal bestechende Weine. Der *1997er Zinfandel Aida Vineyard* (von 30 Jahre alten Reben; 16,8% Alkohol) ist wieder einmal der Châteauneuf-du-Pape von Nordkalifornien. Der Wein präsentiert ein exotisches Bukett von Kräutern der Provence, Heidekraut, Pfeffer und schwarzen Himbeeren, das dem eines Spitzen-Châteuneuf auf fast unheimliche Weise ähnelt. Der satt dunkelrubin-purpurfarbene Wein gibt all seine Kraft mit Geschmacksnuancen von gebratenem Fleisch, Pfeffer und dicklichen Früchten zu erkennen, die schichtenweise auftreten. Dieser gewaltige Zinfandel wird die Geschmacksknospen der meisten, die ihn probieren, überfordern. Außerdem dürfte er sich 7–8 Jahre gut trinken lassen. Der *1997er Zinfandel Black-Sears Vineyard* (81 Jahre alte Reben; 17% Alkohol) ist der feinste Black-Sears, den Turley bisher produziert hat. Dieser nahezu vollkommene Wein ist einer der außerordentlichsten Zinfandels, die ich je verkostet habe. Diese oben auf dem Howell Mountain in einer von Berglöwen, Luchsen und Wildschweinen bewohnten Wildnis gelegene Rebfläche hat einen satt schwarz-purpurfarbenen Wein mit märchenhaften Aromen von Crème de Cassis, Mineralien, kaltem Stahl, asiatischen Gewürzen, Veilchen und Lakritze erzeugt. Er besitzt unglaublich reichhaltige Frucht, Schichten von Extrakt und Glyzerin, phänomenale Reintönigkeit und einen mehr als 40 Sekunden langen Abgang. Irgendwie, auf irgendeine geheimnisvolle Weise sind die 17% Alkohol unter der außerordentlichen Reichhaltigkeit des Weins versteckt worden. Ist es da ein Wunder, dass so viele andere Zinfandel-Produzenten auf Turley Cellars eifersüchtig sind? Dieser Wein dürfte sich 7–8 Jahre wunderschön trinken lassen. Der *1997er Zinfandel Moore (Earthquake)* (von 91 Jahre alten Reben; 17,1% Alkohol) ist ebenfalls spektakulär. Dieser herrliche, massiv ausgestattete, dickliche, aber strukturierte Zinfandel mit seiner satten schwarz-purpurroten Farbe und seinem umwerfenden Bukett von Himbeer- und Kirschlikör (im Grunde scheint das gesamte Spektrum roter und schwarzer Früchte in diesem Wein vertreten zu sein) verbirgt mühelos seine 17,1% Alkohol unter seiner beachtlichen Konzentration und Intensität. Er dürfte sich noch ein Jahrzehnt gut trinken lassen. Mein liebster Zinfandel in Turleys Sortiment ist normalerweise der Hayne Vineyard. Zusammen mit Martinellis Jackass Hill Zinfandel hat er in früheren Jahrgängen oft die absolute Spitze markiert, die Zinfandel erreichen kann. Der *1997er Zinfandel Hayne Vineyard* ist ohne Frage ein bemerkenswerter Wein, aber ich bin nicht sicher, ob er besser als der Black-Sears oder der Moore Vineyard ist. Jedenfalls wird er unter diesen 1997ern der verhaltenste Wein und zugleich der mit dem größten Alterungspotenzial sein. Als ich ihn im September 1998 verkostete, war er der am weitesten in seiner Entwicklung zurückgebliebene, präsentierte eine undurchdringliche, gesättigte, dick wirkende purpurrote Farbe und unentwickelte, aber verheißungsvolle Aromen von Likör aus schwarzen Himbeeren, die mit Mineralien, Gewürz und Kirschfrucht vermischt waren. Dieser massive und doch phänomenal reichhaltige, bewundernswert reintönige und die Essenz dieser Rebsorte repräsentierende Wein benötigt 12–18 Monate Kellerreife; er dürfte sich 10–15 Jahre gut trinken lassen. Dieser außergewöhnliche Zinfandel ist mit 17,2% Alkohol der kraftvollste in Turleys Sortiment. Voraussichtliche Trinkreife: jetzt–2010.

Das dynamische Duo Turley und Jordan produziert auch Kaliforniens feinsten Charbono. Wenn mehr Kellereien mit dieser Rebsorte so erfolgreich wären, erlebten wir eine explosionsartige Zunahme kalifornischer Charbonos und nicht die unerträglich harmlosen Sangioveses, die im ganzen Bundesstaat produziert werden. Der *1999er Charbono Tofanelli Vineyard* (109 Kisten; 13,5% Alkohol) lässt sich mit einem ungebändigten Dolcetto vergleichen. Eine intensive schwarz-purpurrote Farbe wird begleitet durch Aromen und Geschmacksnuancen von Heidelbeeren, Preiselbeerlikör, Kirschen und Schokolade. Er dürfte sich 7–8 Jahre gut trinken lassen. Der *1998er Charbono Tofanelli Vineyard* (200 Kisten; 14,8% Alkohol) setzt den großen Erfolg fort, den Turley und Jordan mit dieser gering geschätzten Rebsorte hatten. Dieser dunkelrubin-purpurfarbene Wein mit einem erdigen, würzigen, herrlich reintönigen Bukett bietet Geschmackskomponenten von Heidelbeeren und Brombeeren, üppige Mengen von erdiger Reichhaltigkeit und einen würzigen, langen, körperreichen, kraftvollen Abgang. Er dürfte sich 10–15 Jahre gut trinken lassen.

Einer meiner besten Freunde hat vor mehr als 30 Jahren begonnen, Petite Sirahs in seinen Keller zu legen, und wir haben einige außerordentliche Verkostungen mit Weinen dieser unterschätzten Rebsorte veranstaltet. Petite Sirahs wie der 1974er Freemark Abbey, der 1971er Ridge York Creek und eine Reihe anderer bleiben wundervolle Weine, auch wenn sie inzwischen um die 30 Jahre alt sind. Die Petite Syrahs von Turley Cellars sollten gekauft und dann mindestens ein Jahrzehnt vergessen werden. Sie sind enorm konzentrierte, brutal tanninhaltige, unwahrscheinlich ausgestattete Weine, die (wie die Zinfandels) kompromisslos vinifiziert werden. Der blau-schwarz-purpurfarbene *1999er Petite Syrah Estate* (125 Kisten; 14,6% Alkohol) zeigt dicke, konzentrierte, reintönige Geschmacksnuancen von Lakritze, Mineralien, Brombeeren und Cassis. Dieser am Gaumen umwerfende Wein benötigt ein Jahrzehnt im Keller. Sogar noch erstaunlicher ist der *1999er Petite Syrah Rattlesnake Acres* (225 Kisten; 14,8% Alkohol). Der in seiner äußeren Erscheinung an einen Vintage Port erinnernde Wein offeriert Nuancen von Brombeeren, Rauch und Mineralien. Dieser kraftstrotzende, gargantueske Wein präsentiert eine Ehrfurcht gebietende Konzentration, ausgezeichnete Reintönigkeit und einen den Gaumen auskleidenden Stil. Voraussichtliche Trinkreife: 2010–2050. Der potenziell perfekte *1999er Petite Syrah Hayne Vineyard* (475 Kisten; 15,5% Alkohol) ist ein Wein für 50 Jahre. Wenn er nach einem Jahrzehnt im Keller auch nur die geringste Alterserscheinung aufweist, wäre ich genauso überrascht wie die Männer, die ihn gemacht haben. Eine undurchdringliche schwarzblaue Farbe geht einher mit einem außerordentlichen Bukett von Brombeeren und Crème de Cassis, das mit Gewürzen, Mineralien und Erde vermischt ist. Dieser beängstigend tanninhaltige Koloss mit einer überirdischen Konzentration, Textur und Länge ist einer der konzentriertesten Weine, die ich je verkostet habe. Voraussichtliche Genussreife: 2012–2050+.

Es gibt 275 Kisten des dichten, tanninbetonten, konzentrierten, hervorragenden *1998er Petite Syrah Rattlesnake Acres* (14,2% Alkohol) und 325 Kisten des kraftstrotzenden, sensationell reichhaltigen, hyperkonzentrierten *1998er Petite Syrah Hayne Vineyard* (14,5% Alkohol). Letzterer zeigt bessere Reife, eindrucksvollere Konzentration und einen ungeheuer kraftvollen, gargantuesken Abgang, der 40–45 Sekunden anhält. Wie alle Weine von Turley verfügen diese beiden über ausgezeichnete Reintönigkeit und fabelhaft reife, unmanipulierte Frucht, die den Gaumen mit einer cremigen, üppigen Textur überzieht. Der Rattlesnake Acres wird sich in 3–4 Jahren gut trinken lassen und 15+ Jahre halten. Der Hayne Vineyard benötigt 3–4 Jahre im Keller und wird mindestens 2 Jahrzehnte halten.

Der *1997er Petite Syrah Aida Vineyard* (von 80 Jahre alten Reben) bestürmt den Gaumen mit einem derartigen Übermaß an Frucht, Tannin und Extrakt, dass sich einem zuallererst unwillkürlich der Gedanke aufdrängt, hier müsse es sich um mehr als einen Tischwein handeln. Es ist ein massiver, fast unzivilisierter, wild außer Kontrolle geratener Petite Syrah, der 10–15 Jahre Kellerlagerung benötigt und 30 oder mehr halten wird. Ich war bei meiner Bewertung zurückhaltend, weil das Tannin fast die Plomben in meinen Zähnen schmelzen ließ, aber dies ist ein erstaunlicher, überraschender Wein, den während der nächsten 3–4 Jahrzehnte zu verfolgen faszinierend sein wird. Bedauerlicherweise wird er mich mit Sicherheit überleben. Voraussichtliche Trinkreife: 2008–2040. Der *1997er Petite Syrah*

Rattlesnake Acres, ein neu ins Sortiment aufgenommener Wein, stammt von einer vor 50 Jahren mit Petite Sirah bestockten Rebfläche. Meine Notizen zu diesem Wein legten mir eine Rückkehr ins Hotel nahe, damit ich im Anschluss an seine Verkostung zu meiner Zahnseide greifen konnte. Der Wein hat eine satte, dicke schwarzpurpurrote Farbe und offenbart überraschende Mengen von toastwürzigem frischen Eichenholz im Bukett (Turley setzt nur zu 25–30% neue Eichenfässer ein). Im Mund ist sein Eindruck »mehr als gewaltig, massiv, gargantuesk«, und er sollte nur von denen gekauft werden, die eine abenteuerliche Weinerfahrung machen wollen. Voraussichtliche Trinkreife: 2005–2040. Ich glaube nicht, dass ich jemals einen konzentrierteren, mehr einer Essenz ähnelnden Wein getrunken habe als den *1997er Petite Syrah Hayne Vineyard.* Dieser undurchdringlich schwärzliche Wein, der von 55 Jahre alten Reben stammt, die lediglich einen Ertrag von 9,8 Tonnen auf zwei Hektar erbrachten, ist der ausladendste, gehaltvollste, konzentrierteste, tanninhaltigste Wein, den ich je verkostet habe. Er wird mindestens ein Jahrzehnt brauchen, um einen Teil seines grimmigen Tannins abzuwerfen, und zweifellos 40–50 Jahre halten. Noch bemerkenswerter ist seine Reintönigkeit und sein ausgewogener Gesamteindruck. Trotz seiner ungeheuren Größe ist es ein erstaunlich konzentrierter, wundervoll gemachter Wein.

VÉRITÉ (SONOMA)

1999	**La Joie**	**Sonoma/Napa**	**EEE**	**95**
1998	**La Joie**	**Sonoma/Napa**	**EEE**	**92**
1999	**Merlot**	**Sonoma/Napa**	**EEE**	**94**
1998	**Merlot**	**Sonoma/Napa**	**EEE**	**92**

Unter der Dachbezeichnung Jackson Family Farm arbeiten Vérité, eine neue Boutique-Kellerei, und ihr Schwesterunternehmen La Joie. Sie werden von dem Bordelaiser Pierre Seillan geführt, der mit hervorragenden Bezugsquellen für Trauben wahre Wunder vollbracht hat. Seine ersten Weine sind brillant, insbesondere aus dem schwierigen Jahrgang 1998. Seine 1999er sind – einfach atemberaubend. Diese Weine, die Seillan als »Weine ohne Kompromiss« bezeichnet, werden alle rund 13 Monate in ausschließlich neuen französischen Eichenfässern ausgebaut.

Der *1999er Merlot* (eine Cuvée mit 90% Merlot und 10% Cabernet Sauvignon, wobei 84% der Trauben aus Sonoma und 16% aus Napa kamen) ist extravagant konzentriert, macht am Gaumen einen geschichteten, ausladenden Eindruck und hat einen kraftstrotzenden Abgang. Der Wein ist durch und durch massiv und besitzt spektakuläre Mengen von Frucht und Glyzerin. Seine wichtigsten Kennzeichen sind üppige Reichhaltigkeit (Cassis, Kaffee, Schokolade in Hülle und Fülle) und ein säurearmer, vielschichtiger, extravaganter Abgang. Kurz gesagt, dies ist ein erstaunlicher Wein. Er dürfte jung trinkbar sein, aber mit einem ungewöhnlichen Alterungspotenzial von 20–25 Jahren. Sein *1998er Merlot* (ebenfalls 90% Merlot und 10% Cabernet Sauvignon; 2000 Kisten) ist eine Cuvée aus verschiedenen Appellationen, wobei diesmal 62% der Trauben aus Sonoma und 38% aus Napa kommen. Fünfundachtzig Prozent der malolaktischen Gärung fand im Fass statt, und der Wein wurde ohne jede Klärung abgefüllt. Es ist ein kraftstrotzender Merlot und mit Sicherheit für 1998 eine beachtliche Leistung. Der Wein zeigt eine dichte schwarz-purpurrote Farbe sowie ein riesiges Bukett von geröstetem Espressokaffee, geschmolzener Schokolade, Brombeeren, Kirschen und süßen, erdigen Trüffelnoten. Dieser Kraftprotz, der sehr körperreich, erstaunlich konzentriert, extrem reintönig und gut ausbalanciert ist, kann jetzt getrunken werden (er hat einen relativ hohen pH-Wert und einen niedrigen Säuregehalt) oder 15–20 Jahre in den Keller gelegt werden.

Auch die Trauben für die La Joie genannten Weine (ebenfalls 2000 Kisten; 70% Cabernet Sauvignon und 30% Merlot) stammen sowohl aus Sonoma als auch aus Napa. Im Fall des 1998ers kommen 85% aus Sonoma und 15% aus Napa, während der 1999er zu 89% aus Sonoma- und zu 11% aus Napa-Trauben besteht. Der *1999er La Joie* ist fantastischer Stoff, ein gewaltiger Wein von märchenhafter Konzentration mit Nuancen von Lakritze, Kaffee, schwarzen Johannisbeeren, Leder und Trüffeln, riesigem Körper, süßem Tannin und einem ausladenden, tanninbetonten Abgang. Es ist kein Wein für diejenigen, die auf sofortigen Trinkgenuss aus sind, weil er 5–6 Jahre Kellerreife benötigt und 25+ Jahre halten wird. Der *1998er La Joie* ist ein zurückhaltenderer Wein als der 1998er Merlot, was insofern nicht überraschend ist, als er von Cabernet Sauvignon dominiert wird. Der Wein hat eine undurchdringliche purpurrote Farbe, ausladende, kraftvolle, hoch extrahierte Geschmackskomponenten, erstaunliche Reichhaltigkeit für einen Wein aus diesem Jahrgang und einen langen, muskulösen, intensiven Abgang. Er benötigt gute 3–4 Jahre im Keller, dürfte aber 2 Jahrzehnte halten.

Es ist offenkundig, dass Weinmacher Pierre Seillan und Inhaber Jess Jackson es sich zum Ziel gesetzt haben, »einen Weltklasse-Merlot zu machen, der so gut wie oder besser als ein Pétrus ist«. Diese Weine werden zweifellos heiß begehrt sein, wenn sie freigegeben werden.

VIADER (NAPA)

1998	**Proprietary Red Wine**	**Napa**	**E**	**88**
1997	**Proprietary Red Wine**	**Napa**	**E**	**92**
1996	**Proprietary Red Wine**	**Napa**	**D**	**88**
1995	**Proprietary Red Wine**	**Napa**	**D**	**91**
1994	**Proprietary Red Wine**	**Napa**	**C**	**92**

Die Rebflächen von Viader, eines der vielen herrlichen am Berg gelegenen Weingüter im Napa Valley, liegen an den unteren Hängen des Howell Mountain und liefern die Trauben für rund 5 000 Kisten einer Cuvée, die zu fast gleichen Teilen aus Cabernet Sauvignon und Cabernet Franc besteht. Der dunkelrubin-purpurrote *1998er Proprietary Red Wine* (60% Cabernet Sauvignon und 40% Cabernet Franc) bietet ein Bukett von feinen Kräutern, Mineralien und roten Johannisbeeren. Dieser subtile, ausgewogene Wein, der würzig, elegant und zurückhaltend ist, dürfte sich jung gut trinken lassen, aber 14–15 Jahre überdauern. Der wunderbare *1997er Proprietary Red Wine* ist der beste dieses Weinguts, den ich verkostet habe. Es ist ein Wein von außergewöhnlicher Finesse und Eleganz, zugleich aber von unbestreitbarer Reichhaltigkeit und Intensität. Diese Cuvée von 59% Cabernet Sauvignon und 41% Cabernet Franc schmeckt wie ein erstklassiger roter Graves. Zusammen mit Aromen von schwarzen Johannisbeeren, Mineralien und Bleistiftmine steigt subtiles würziges Eichenholz aus diesem dunkelrubin-purpurfarbenem Wein empor. Im Mund verbinden sich erdige Nuancen des *terroir* mit süßen schwarzen Früchten. Der reichhaltige Wein von mittlerem Körper macht am Gaumen einen saftigen Eindruck und zeigt im Abgang beträchtliche Anmut und Harmonie. Voraussichtliche Genussreife: jetzt–2018. Der *1996er Proprietary Red Wine* (59% Cabernet Sauvignon und 41% Cabernet Franc) ist in einem verfeinerten, anmutigen Stil bereitet. Von mittlerem Körper und mit üppiger, kräuterwürziger Frucht von Himbeeren und schwarzen Johannisbeeren, die vermischt ist mit Mineralien und Bleistiftmine, lässt sich dieser Wein bereits jetzt angenehm trinken, dürfte aber 10–12 Jahre halten. Der ähnlich angelegte *1995er Proprietary Red Wine* offenbart eine undurchdringliche purpurrote Farbe, für einen Wein dieses Jahrgangs bemerkenswert süßes Tannin und herrliche Mengen schwarzer Johannisbeerfrucht, die schön durch Aromen von Toast, Rauch und Blüten ergänzt werden. Dieser reichhaltige Wein von mittlerem bis vollem Körper macht den Mund voll, ohne eine Spur von Schwere oder Härte zu vermitteln. Dieser schön gewirkte, üppige, komplexe, elegante Rotwein dürfte sich 12–15 Jahre gut trinken lassen. Rauchige, süße Aromen von roten und schwarzen Johannisbeeren versprüht das Glas des faszinierenden, satt purpurfarbenen *1994er Proprietary Red Wine.* Etwas frisches Eichenholz macht sich im Hintergrund bemerkbar. Eingangs im Mund zeigt er herrliche Reintönigkeit, mehr Säure als viele 1994er und süßes, reifes Tannin, all das verpackt in einen straff gewirkten Wein von mittlerem bis vollen Körper, der sein endgültiges Potenzial nur andeutet. Dies ist kein groß angelegter 1994er, sondern ein wunderschön umrissener Wein mit beträchtlicher

Persönlichkeit. Er wird von 4–5 Jahren Kellerreife profitieren und ist ohne Frage ein weiterer Wein dieses Jahrgangs mit einer Lebensdauer von 20 Jahren.

Bisheriger großer Jahrgang: 1993er Proprietary Red Wine (90).

VINEYARD 29 (NAPA)

1998	**Cabernet Sauvignon**	**Napa**	**EE**	**88**
1997	**Cabernet Sauvignon**	**Napa**	**EE**	**94**

Der neuartige Name dieses Weinguts und die schöne Präsentation in einer schweren, hohen italienischen Flasche sorgen für einen grandiosen Eindruck. Die Weine, die von der önologischen Beraterin Heidi Barrett produziert wurden, sind eindrucksvoll. Es gibt 400 Kisten vom 1998er und 600 Kisten vom 1997er, die alle von einer 1,4 Hektar großen, mit dem Grace-Klon der Cabernet-Sauvignon-Rebe bestockten Parzelle stammen. Der *1998er Cabernet Sauvignon* ist ein gelungener Wein in diesem für Cabernet-Produzenten schwierigen Jahrgang. Der Charme des Jahrgangs, seine Weichheit, reife Frucht, Eleganz und feine Balance sind gut vertreten. Schwarze Johannisbeeren und Kirschen wetteifern mit Zedernholz, Gewürz und subtilem frischen Eichenholz. Es ist ein attraktiver Cabernet Sauvignon mittleren Körpers, der bei Freigabe trinkreif sein und sich 7–8 Jahre schön entwickeln wird. Süßer, reichhaltiger, voller und konzentrierter ist der *1997er Cabernet Sauvignon.* Eine tiefe rubin-purpurrote Farbe geht einher mit reintöniger Frucht schwarzer Johannisbeeren, die mit Tabak, Vanille und Gewürz verflochten ist. Dieser üppige, körperreiche Wein zeigt süßes Tannin und macht am Gaumen einen kraftvollen Eindruck. Der Abgang offenbart hohe Extraktion und Harmonie. Er wird in 1–3 Jahren noch besser sein und dürfte 2 Jahrzehnte halten.

VON STRASSER (NAPA)

1995	**Cabernet Sauvignon Diamond Mountain**	**Napa**	**D**	**90**
1994	**Cabernet Sauvignon Diamond Mountain**	**Napa**	**D**	**91**
1995	**Cabernet Sauvignon Diamond Mountain Reserve**	**Napa**	**D**	**92+**

Dieses Weingut macht viele Dinge richtig, wie diese frei gegebenen Weinen belegen. Beide 1995er Cabernet Sauvignons sind hervorragend. Der *1995er Cabernet Sauvignon Diamond Mountain* besitzt eine dichte, rubin-purpurrote Farbe und ein verheißungsvolles Cassis-Bukett, das mit Nuancen von Erde, Blumen und Gewürz verflochten ist. Im Mund zeigt er Biss und Tannin, aber der Gesamteindruck ist der eines Weins von mittlerem bis vollem Körper, bei dem die Fruchteigenschaften das *terroir* und das Eichenholz dominieren. Subtile Vanille und Gewürz sind in diesem nach schwarzen Johannisbeeren schmeckenden, anhaltenden, beeindruckenden Wein präsent. Er ist jetzt zugänglich, verspricht aber im Verlauf dieses Jahrzehnts sogar noch besser zu werden und 15+ Jahre zu überdauern. Der *1995er Cabernet Sauvignon Diamond Mauntain Reserve* ist wunderbar. Die Farbe ist nahezu undurchdringlich purpurrot. Das Bukett offeriert intensive Aromen von Brombeeren und Cassis, die mit Erde und Vanillin vermischt sind. Am Gaumen ist der Wein bestechend ausgestattet, verhalten und tanninbetont, aber außergewöhnlich dicht, vielschichtig und extrem reichhaltig. Und doch ist da kein Anzeichen von Schwere, und das Tannin ist eher süß als dominierend und adstringierend. Dieser superbe Cabernet Sauvignon hat eine lange, viel versprechende Zukunft. Voraussichtliche Genussreife: jetzt–2020.

Der *1994er Cabernet Sauvignon Diamond Mountain* ist ein wunderschön gemachter Cabernet. Die gesunde purpurrote Farbe geht einher mit einem frühreifen, verlockenden, freimütigen Bukett von dicklichen Pflaumen, schwarzen Johannisbeeren, Vanilleeis und Cassis. Am Gaumen offenbart dieser körperreiche Cabernet seidiges Tannin, eine opulente Textur und einen körperreichen, konzentrierten Abgang. Er schafft es, Intensität ohne Schwere zu präsentieren – was nicht leicht zu erreichen ist. Trinken Sie diesen verführerischen Cabernet Sauvignon in seiner Jugend und auch als alten Wein, denn er wird meiner Ansicht nach sehr lange trinkbar sein – sagen wir 15+ Jahre.

Bisheriger großer Jahrgang: 1993er Cabernet Sauvignon Diamond Mountain (91).

WHITEHALL LANE (NAPA)

1997	Cabernet Sauvignon	Napa	D	88
1995	Cabernet Sauvignon	Napa	C	88
1994	Cabernet Sauvignon	Napa	C	88
1996	Cabernet Sauvignon Leonardini Vineyard	Napa	E	89
1995	Cabernet Sauvignon Leonardini Vineyard	Napa	E	90
1994	Cabernet Sauvignon Morisoli Vineyard	Napa	E	92
1996	Cabernet Sauvignon Reserve	Napa	D	88
1995	Cabernet Sauvignon Reserve	Napa	D	91
1994	Cabernet Sauvignon Reserve Morisoli Vineyard	Napa	D	90
1996	Merlot	Napa	C	88
1994	Merlot Leonardini Vineyard	Napa	D	91
1995	Merlot Reserve Leonardini Vineyard	Napa	D	88
1994	Merlot Reserve Leonardini Vineyard	Napa	D	90

Die Rotweine dieser ausgezeichneten Kellerei, die eine reichhaltige Persönlichkeit und ein attraktives Bukett aufweisen, sind alle gut gemacht. Der dunkelrubinrote 1997er *Cabernet Sauvignon* besitzt mit würzigem Holz und Erde vermischte Cassisfrucht. Dieser reichhaltige, konzentrierte Cabernet Sauvignon von mittlerem bis vollem Körper, der einigen Biss, aber eine elegante Textur präsentiert, dürfte sich ein Jahrzehnt gut trinken lassen. Der *1996er Cabernet Sauvignon Reserve* offenbart mehr frisches Eichenholz (zusätzlich zu schwarzer Johannisbeerfrucht) sowie einen strafferen Rahmen. Dieser Wein, der verschlossener und nicht so geschmeidig und entwickelt ist wie der einfache1997er Cabernet Sauvignon, zeigt mehr Länge und Intensität am hinteren Gaumen. Er ist ein klassischer, gut gemachter Cabernet Sauvignon aus Napa, der nach 1–2 Jahren Flaschenreife besser sein und 10–15 Jahre halten dürfte. Der feinste dieser drei Cabernets ist der *1996er Cabernet Sauvignon Leonardini Vineyard.* Süßes frisches Eichenholz und üppige Mengen von schwarzer Johannisbeerfrucht, Zedernholz, getrockneten Kräutern und Gewürzen sorgen für einen körperreichen Eindruck im Mund. Dieser wunderschön gemachte Wein, der ausladend und reichhaltig ist sowie leichtes bis moderates Tannin, und ausgezeichnete, wenn nicht hervorragende Konzentration und Tiefe besitzt, dürfte sich 12–15 Jahre gut trinken lassen.

Der *1995er Cabernet Sauvignon Reserve* (2400 Kisten) war der beste in einer Reihe verkosteter Weine, zu der vierzehn von gleichem Rang gehörten. Er zeigt eine satte purpurrote Farbe und ein noch jugendliches, aber viel versprechendes Bukett von toastwürzigem frischen Eichenholz, Beerenfrucht, Cassis und Lakritze. Der Wein ist konzentriert und reintönig, hat süßes Tannin, adäquate Säure und mittleren bis vollen Körper. Dieser nahtlose Cabernet Sauvignon mit schönen Proportionen dürfte seinen Höhepunkt nach weiteren 2–3 Jahren auf der Flasche erreichen und mindestens 15 Jahre halten. Der *1995er Cabernet Sauvignon Leonardini Vineyard* präsentiert mehr frisches Eichenholz, Extrakt, Reichhaltigkeit und Intensität. Es gibt üppige Mengen von Cassis- und Vanillin-Geschmackskomponenten, die an Überreife grenzen. Dieser größer dimensionierte, großzügigere, mit weichem Tannin versehene Wein kann jetzt und im Lauf der nächsten 15 Jahre getrunken werden. Der *1995er Cabernet Sauvignon,* ein ausgezeichneter, fast hervorragender Wein, besitzt eine dunkelrubin-purpurrote Farbe, süße, dickliche Cassisfrucht, eine einnehmend dicke Textur und keine Ecken und Kanten. Säure, Tannin und Alkohol sind sämtlich gut eingebunden in diesen nahtlosen, opulent angelegten Cabernet Sauvignon. Er dürfte sich mindestens ein Jahrzehnt gut trinken lassen.

Der *1994er Cabernet Sauvignon* zeigt eine tiefrubin-purpurrote Farbe und ein attraktiv würziges, grasiges Cassis-Bukett, unterstützt durch Aromen von Vanillin und Eichenholz. Von mittlerem bis vollem Körper, mit ausgezeichneter Konzentration und einem energischen, lebhaften Eindruck am Gaumen, dürfte sich dieser mittelgewichtige Cabernet Sauvignon, dessen Tannin und Säure gut eingebunden sind, 7–10 Jahre gut trinken lassen. Der hervorragende *1994er Cabernet Sauvignon Reserve Morisoli Vineyard* hat seinen Höhepunkt noch nicht erreicht. Er besitzt eine gesunde dunkelrubin-purpurrote Farbe, verlockende Komponenten von süßem Cassis, Zedernholz und Vanillin, mittleren bis vollen Körper und ein wenig von den flüchtigen Bleistiftaromen, die man oft in Weinen aus St-Julien und Pauillac findet. Dieser Wein benötigt weitere 2–3 Jahre Kellerreife, dürfte sich aber 10–15 Jahre anmutig entwickeln. Er ist ein feines Beispiel für diesen eindruckvollen Jahrgang. Der märchenhafte *1994er Cabernet Sauvignon Morisoli Vineyard* zeigt eine schwarzpurpurrote Farbe, fabelhafte Süße und Reife der Frucht, vollen Körper, Schichten von Extrakt und Reichhaltigkeit sowie einen überwältigenden Abgang. Das Tannin ist süß und anhaltend. Dieser herrliche Wein ist eine großartige Leistung aus einem sensationellen Jahrgang für Cabernet Sauvignon von der kalifornischen Nordküste.

Der *1996er Merlot* ist ein runder, verbraucherfreundlicher, stämmiger Wein mit deutlich mehr Charakter, als die meisten Merlots besitzen. Der dunkelrubin-purpurfarbene Wein offeriert üppige Mengen von Beerenfrucht, vermischt mit Rauch, Kräutern und erdigen Nuancen. Er ist fruchtig, saftig, hat einen mittleren Körper und einen großzügigen, gefälligen, mit Glyzerin getränkten Abgang und sollte während der nächsten 5–6 Jahre getrunken werden. Der ehrgeizig angelegte *1995er Merlot Reserve Leonardini Vineyard* offenbart eine undurchdringliche rubin-purpurrote Farbe, weniger Ausdruckskraft in aromatischer Hinsicht (er ist verschlossener) und mehr toastwürziges frisches Eichenholz. Im Mund besitzt dieser Wein eine zusätzliche Dimension von Reichhaltigkeit und Konzentration. Er ist nicht so zugänglich wie der einfache Merlot, und während der nächsten Jahre dürften die meisten vermutlich diesem den Vorzug geben. Dennoch ist der Merlot Reserve ein ausgezeichneter Wein, der 7–8 Jahre gut altern dürfte. Der *1994er Merlot Reserve Leonardini Vineyard* ist stärker extrahiert, erdiger, aggressiver mit Eichenholzwürze ausgestattet, hat bei vollem Körper bewundernswerte Intensität, Reichhaltigkeit und Länge sowie einen langen, würzigen Abgang. Er ist zwar noch jugendlich und unentwickelt, verspricht aber beträchtliches Trinkvergnügen von jetzt–2010. Der kraftstrotzende *1994er Merlot Leonardini Vineyard* präsentiert eine schwarz-purpurrote Farbe, fabelhaft reife, reichhaltige, konzentrierte Frucht, vollen Körper sowie eine großartige Reintönigkeit und Balance. Dieser äußerst eindrucksvolle Merlot sollte ein Jahrzehnt oder länger gut altern.

Bisherige große Jahrgänge: 1993er Cabernet Sauvignon Morisoli Vineyard (90), 1993er Merlot Reserve Leonardini Vineyard (90).

WILLIAMS-SELYEM (SONOMA)

1997	**Pinot Noir**	**Sonoma Coastlands**	**E**	**90**
1997	**Pinot Noir Allen Vineyard**	**Russian River**	**E**	**89**
1996	**Pinot Noir Ferrington Vineyard**	**Anderson Valley**	**E**	**91**
1997	**Pinot Noir Hirsch Vineyard**	**Sonoma Coast**	**E**	**88**
1997	**Pinot Noir Precious Mountain**	**Sonoma Coast**	**E**	**89**

Williams-Selyem hat mit seinen Weinen, die ausschließlich über eine Kundenliste verkauft werden, ein geradezu mythisches Ansehen erworben. Diese Kellerei wurde 1997 verkauft, aber Burt Williams wurde als Berater verpflichtet, um Bob Cabral, den früheren Weinmacher von Hartford Court, angemessen einzuweisen. Wenn die Geschichte der kalifornischen Weine geschrieben ist, wird Williams-Selyem einen wichtigen Platz einnehmen. Sie war nicht nur eine der ersten Kellereien, die das Potenzial von Sonoma Coast und Russian River insbesondere mit Pinot Noir und Chardonnay aus Einzellagen ausschöpften, sondern sie ist auch die ultimative Boutique-Kellerei. Es wird interessant sein zu verfolgen, welche Richtung der neue Besitzer einschlägt, weil vorgesehen ist, die Produktionsmenge zu erhöhen. Hoffentlich kann die Qualität beibehalten werden. Alle folgenden Weine offenbarten einen hohen Gehalt an scharfer Säure, was den Weinmachern erlaubt, extrem niedrige Schwefelmengen einzusetzen, ein verdienstvolles Ziel.

Die 1997er Pinot Noirs besitzen eine hellrubinrote Farbe, aggressive Säure und üppige Mengen der Melange aus roten Früchten: Kirschlikör, Erdbeeren, Kirschen und rote Johannisbeeren. Der *1997er Pinot Noir Allen Vineyard* (bestockt 1972) präsentiert ein attraktives Bukett aus dicklichen Erdbeeren und toastwürzigem Eichenholz. Von mittlerem Körper, mit pikanter Säure und einem frischen, scharfen Abgang, dürfte er sich 5–6 Jahre gut trinken lassen. Der *1997er Pinot Noir* zeigt süßere Frucht, vermischt mit Rauch und Toastbrot. Dieser Wein besitzt die üppige Persönlichkeit eines Volnay mit beträchtlicher Verführungskraft und Intensität. Die Säure ist wahrnehmbar, aber nicht dominierend. Wie viele Weine aus dieser Region präsentiert der gut gemachte *1997er Pinot Noir Hirsch Vineyard* eine kraftvolle Struktur und üppige Mengen Gewürz, Erde und Tannin zusammen mit seiner Schwarzkirschenfrucht. Er sollte einige Jahre in den Keller gelegt werden, bevor er getrunken wird. Der Wein dürfte 7–8 Jahre halten, aber das Tannin könnte ein Problem werden. Der mittelrubinrote *1997er Pinot Noir Precious Mountain* offenbart ein süßes, großzügiges Bukett von Schwarzkirschen, das mit Blüten, rauchigem, toastwürzigem Eichenholz und Kräutern vermischt ist. Der vollmundige Wein mit feiner Reichhaltigkeit, weniger aufdringlicher Säure als manche andere Weine und leichtem Tannin im Abgang dürfte sich 5–7 Jahre gut trinken lassen.

Der *1996er Pinot Noir Ferrington Vineyard* hat mich tief beeindruckt. Er präsentiert die größte Konzentration, Reichhaltigkeit und Intensität aller Pinot Noirs von Williams-Selyem und hat genug Extrakt und Fülle, um die scharfe Säure auszugleichen. Die dunkelrubin-purpurrote Farbe des Weins geht einher mit süßen Aromen von Schwarzkirschen und Himbeerlikör sowie schön eingebundenem rauchigen Eichenholz. Süß, gehaltvoll und mit einer Nuance von Blüten, mittlerem bis vollem Körper, lebhafter Säure und energischem Tannin, wird sich dieser wunderschön gemachte, köstliche, reichhaltige, fleischige Wein 5–6 Jahre gut trinken lassen.

ZACA MESA (SANTA BARBARA)

1997	**Syrah**	**Santa Barbara**	**C**	**90**
1994	**Syrah**	**Santa Barbara**	**C**	**92**
1996	**Syrah Black Bear Block**	**Santa Barbara**	**D**	**88**

Der *1997er Syrah* (mit 12% Viognier im Mischsatz) offeriert bei mittlerem Körper ein Bukett von kandierten Brombeeren mit Aromen von Pfeffer und Teer. Dieser schmackhafte, fleischige, saftige Syrah, der reintönig und reif ist, einen niedrigen Säuregehalt und eine verlockende, üppige Textur besitzt, wird viele Bewunderer haben. Der Kellerei zufolge stammen die Trauben für den *1996er Syrah Black Bear Block* von einigen der ältesten, am dichtesten bestockten Syrah-Rebflächen. Eine dunkelpurpurrote Farbe geht einher mit dichter, dicker, süßer Brombeerfrucht, die mit üppigen Mengen von süßem toastwürzigem Eichenholz vermischt ist. Dieser fleischige und saftige Wein mit niedriger Säure und ausgezeichneter Konzentration kann im Lauf dieses Jahrzehnts getrunken werden.

Die Leser sollten unbedingt nach dem *1994er Syrah* Ausschau halten. Im Einzelhandel wird er wohl zu einem vernünftigen Preis angeboten, was ihn fraglos zu einem der reichhaltigsten, köstlichsten Weine pro Cent macht, die ich je verkostet und besprochen habe. Dieser Syrah, der 10% Viognier im Mischsatz enthält, präsentiert eine undurchdringlich purpurrote Farbe, ein außergewöhnliches Bukett von süßer Beerenfrucht (dickliche Cassisfrucht, tropische Früchte und überreife Pfirsiche), eine körperreiche, viskose, satinglatte Textur und hervorragende Geschmacksextraktion. Dies ist ein harmonischer, herrlich gehaltvoller Syrah, der sich am Ende vielleicht als Santa Barbaras Antwort an die Côte Rôtie erweist. Lassen Sie ihn sich auf keinen Fall entgehen!

ZD (NAPA)

1995	**Cabernet Sauvignon**	**Napa**	**D**	**88**
1994	**Cabernet Sauvignon**	**Napa**	**D**	**90**

Der *1995er Cabernet Sauvignon* »im amerikanischen Stil« ist ein entsprechend wuchtiger Wein mit üppigen Mengen von toastwürzigem frischen Eichenholz und gradliniger, gefälliger, reifer schwarzer Johannisbeerfrucht. Der attraktive, pikante und vollmundige Wein von mittlerem bis vollem Körper ist monolithisch, sauber gemacht und hat eine Entwicklung von 10–15 Jahren vor sich. Der undurchdringlich purpurfarbene, exotische *1994er Cabernet Sauvignon* ist ebenfalls mit Holz ausgestattet und weist Aromen von rauchigen schwarzen Himbeeren und Cassis auf. Von mittlerem bis vollem Körper, mit üppigen Mengen von Frucht und weichem Tannin, kann dieser köstliche, jugendliche, traubige Cabernet jetzt getrunken werden, verspricht aber nach 2–3 Jahren Kellerlagerung besser zu sein; er dürfte 12–15 Jahre halten.

ZOOM (PASO ROBLES)

1999	**Zinfandel**	**Napa**	**C**	**89**
1999	**Zinfandel**	**Paso Robles**	**C**	**90**
1997	**Zinfandel**	**Paso Robles**	**C**	**88**
1999	**Zinfandel**	**San Francisco Bay**	**C**	**89**
1999	**Zinfandel Ricetti Vineyard**	**Redwood Valley**	**C**	**90**

Diese vier bemerkenswerten 1999er Zinfandels offerieren eindrucksvolle Mengen Frucht von beträchtlicher Reife, die in einem unkomplizierten, körperreichen, verbraucherfreundlichen Stil mit genug Komplexität und Nuancen präsentiert werden, um sowohl neue Jünger der Weinkunst als auch Connaisseure zu befriedigen. Der *1999er Zinfandel Ricetti Vineyard* (13,8% Alkohol) zeigt eine dunkelrubin-purpurrote Farbe sowie fette, saftige Fruchtnuancen. Dieser körperreiche, vielschichtige, köstliche, verlockende Zinfandel, der geradezu vor Frucht und Glyzerin aus den Nähten platzt, sollte während der nächsten 3–4 Jahre getrunken werden, damit man in den Genuss seiner Überschwänglichkeit und Reintönigkeit kommt. Der von 31 Jahre alten Reben stammende *1999er Zinfandel Paso Robles* (14,3% Alkohol) offenbart eine dichte bläulich-purpurrote Farbe, jede Menge Kirschwasser, eine geschichtete Textur, ausgezeichnete Reintönigkeit und einen langen, würzigen, energischen, mit Glyzerin gefüllten Abgang. In diesem köstlichen, saftigen Zinfandel wirkt nichts deplatziert. Auch er sollte während der nächsten 3–4 Jahre getrunken werden. Der aus Trauben von 105 Jahre alten Reben produzierte *1999er Zinfandel San Francisco Bay* (14,6% Alkohol) ist eine weitere Fruchtbombe, bringt aber nicht die Komplexität der beiden anderen 1999er zum Ausdruck. Dennoch gibt es eine Menge, was in seinem mit Johannisbeeren beladenen, von Kirschfrucht dominierten Stil gefällt. Der verschwenderisch mit Glyzerin ausgestattete Wein, der im Mund einen fülligen Eindruck macht und Reintönigkeit und Überschwänglichkeit besitzt, wird 3–4 Jahre ein Trinkvergnügen sein. Der *1999er Zinfandel Napa* (von 33 Jahre alten Reben; 14,8% Alkohol) ist der kraftvollste Wein aus diesem Quartett. Er ist maßvoll und weniger überschwänglich, hat einen stärker strukturierten Abgang als die anderen und offeriert attraktive Schwarzkirschen und Johannisbeeren in seiner verfeinerten Persönlichkeit. Er dürfte sich 4–5 Jahre gut trinken lassen.

Die entwickelte dunkelbläulich-granatrote Farbe des attraktiven *1997er Zinfandel Paso Robles* (von 29 Jahre alten Reben;14,6% Alkohol) geht einher mit einem wunderbar süßen Bukett von Himbeeren und Kirschen. Im Mund offenbart er reichhaltige, schmackhafte Nuancen von mittlerem bis vollem Körper, Schichten von Frucht und einen würzigen, pfeffrigen, erdigen Abgang. Trinken Sie diesen gut gemachten, vollmundigen Zinfandel während der nächsten 3–4 Jahre. Leider wurden nur 283 Kisten von ihm produziert.

OREGON

Grundwissen

WEINTYPEN

Die Weine Oregons werden vorwiegend aus denselben Rebsorten gekeltert wie die kalifornischen, obwohl das kühlere Klima im besten Weinanbaugebiet Oregons, dem Willamette Valley, bei Sorten wie dem an kühlere Bedingungen adaptierten Pinot Noir größeren Erfolg verspricht als bei Sorten wie Cabernet Sauvignon, Merlot, Syrah und Grenache, die eher ein heißeres Klima benötigen. Chardonnay, Riesling und Sauvignon Blanc haben sich in Oregon durchaus bewährt, doch die große »weiße« Hoffnung ist der Pinot Gris, der sich hier mit einem schönen Potenzial präsentiert und besonders gut zu Lachs aus dem Nordwestpazifik passt. In den vergangenen Jahren ist der Pinot Blanc auch stärker in Erscheinung getreten, hat jedoch, wahrscheinlich wegen erheblicher Übererträge, keine Weine hervorgebracht, die ein gesteigertes Verbraucherinteresse für sich beanspruchen könnten. Hochwertige Schaumweine hingegen findet man durchaus, und zwar vor allem unter dem Etikett der Argyle-Kellerei. Die Weine Oregons haben einen unverwechselbaren, fast »europäischen« Charakter. Der höhere natürliche Säurespiegel, der niedrigere Alkoholgehalt und die feine Art der Weine Oregons geben Anlass zu den schönsten Zukunftshoffnungen.

REBSORTEN

Chardonnay Zwar werden in Oregon einige herrliche Chardonnays hergestellt, doch viel zu viele Kellereien bauen den Wein zu lange in Eichenholzfässern aus und pflanzen in ihren Weingärten nicht die besten Klone an. Die Chardonnay-Trauben, die in Oregon gedeihen, sind reich an natürlicher Säure, und genau das macht den prinzipiellen Unterschied zwischen Weinen dieser Sorte aus Oregon und Kalifornien aus. In Kalifornien wird daher den meisten Chardonnays Weinsäure zugesetzt, um sie ausgewogener erscheinen zu lassen. In Oregon dagegen müssen die Weine wie in Burgund eine zweite, so genannte malolaktische Gärung durchlaufen, um ihren Säuregehalt zu verringern. Die hohe Qualität der aus neu angepflanzten Dijon-Klonen gewonnenen Chardonnays deutet darauf hin, dass Oregon mit dieser Rebsorte möglicherweise die Antwort auf sein Klon-Problem gefunden hat.

Pinot Gris Dieser Wein ist am schwersten aufzutreiben, da er fast samt und sonders in Oregon selbst verkauft und konsumiert wird. Der aus der weltweit am meisten unterschätzten großen Weißweintraube gewonnene Pinot Gris ist fruchtiger und cremiger als ein Chardonnay und ergibt im Idealfall einen köstlichen, opulenten, rauchigen Wein, der mindestens so viel Charakter hat wie ein Chardonnay und sogar ein eher größeres Alterungspotenzial. Zwar ist dieser Wein eine Oregon-typische Spezialität, doch gelangt er vielfach in mittelmäßiger Qualität und verwässert auf den Markt.

Pinot Noir Wie in Burgund beeinflussen auch in Oregon die Bodenbeschaffenheit, der Hektarertrag, die Auswahl der Gärhefen, die Kompetenz des Kellermeisters und der Typ der Weinfässer, in denen der Wein gealtert wird, zutiefst dessen Geschmack, Stil und Charakter. Die Spitzen-Pinot-Noirs aus Oregon bestechen häufig durch die wundervolle Reintönigkeit ihrer Kirsch-, Loganbeer- und Himbeerfrucht, durch expansive, verführerische, breit ausgelegte, üppige Geschmacksnoten am Gaumen und durch ihre spritzige Säure, die für die nötige Ausgewogenheit sorgt. Viel zu viele dieser Weine wirken jedoch ausgewaschen und hohl, da die Frucht häufig vor der vollen Reife geerntet wird und Übererträge von fast 70 hl/ha an der Tagesordnung sind.

Andere Rebsorten Unter den Weißweinen hat sich der Gewürztraminer in Oregon ebenso wenig behaupten können wie in Kalifornien. Allerdings entstehen in Oregon durchaus gute Riesling-Weine, und zwar vornehmlich im trockeneren Stil des Elsass. Neuere Verkostungen köstlicher Schaumweine von Argyle lassen für die Zukunft dieses Weintyps in Oregon einiges erhoffen. Die Cabernet-Sauvignon- und Merlot-Weine hingegen sind bislang nicht sonderlich hervorgetreten, obwohl einige von ihnen, die aus Trauben aus dem südlichen Teil des Staates gekeltert sind, sich in zwar guter, jedoch nicht sonderlich aufregender Qualität präsentieren.

DUFT- UND GESCHMACKSNOTEN

Chardonnay Verglichen mit den kalifornischen Chardonnays haben die in Oregon produzierten Weine dieser Sorte einen deutlich höheren Säurespiegel sowie ausgeprägtere Eichenholznoten. Sie sind überdies geschmacklich weniger manipuliert als ihre kalifornischen Pendants. Häufig ist die Eichenholznote jedoch überbetont.

Pinot Gris Eine leichte Rauchnuance und cremige Geschmacksnoten von Bratäpfeln und Nüssen und dazu noch eine reiche Frucht, das sind die Kennzeichen dieses viel versprechenden Weißweins.

Pinot Noir Rote Beerenfrüchte dominieren den Geschmack der in Oregon erzeugten Pinot Noirs. Aromen und Geschmacksnoten von Kirschen, Loganbeeren, Brombeeren und bisweilen Pflaumen mit würzigen, krautigen Anklängen charakterisieren diese mittel-rubinroten Weine.

ALTERUNGSPOTENZIAL

Chardonnay: 2–5 Jahre
Trockene/halbtrockene Rieslinge: 2–4 Jahre
Schaumweine: 1–4 Jahre
Pinot Noir: 3–10 Jahre
Pinot Gris: 1–3 Jahre

ALLGEMEINES QUALITÄTSNIVEAU

Oregon hat ein paar schwierige Jahrgänge (1995, 1996, 1997) in Folge erlebt, was die Winzer des US-Bundesstaates um einige Erfahrungen reicher gemacht, ihre Fähigkeiten verfeinert und sie dazu veranlasst hat, ihre Erträge zu mindern. Die meisten Kellereien der Region haben als unterkapitalisierte Hinterhofunternehmen angefangen, deren Besitzer und Kellermeister sich ihr Wissen erst allmählich aneignen mussten. Doch inzwischen gibt es hier eine Reihe hoch qualifizierter, kenntnisreicher Winzer. Freilich findet man noch immer Unternehmen mit einer schlechten Klon-Auswahl, unprofessionell bepflanzten Anbauflächen und äußerst fragwürdigen Methoden der Weinbereitung, doch die Zahl der Qualitätskellereien nimmt eindeutig zu. Auch wenn viele das Potenzial der Region für Pinot Noir, Chardonnay und Pinot Gris erst langsam erkennen, haben diese Sorten in Oregon eine große Zukunft. Doch zurzeit findet man in dem US-Bundesstaat noch beides direkt nebeneinander: außerordentlich schlichte und ungemein qualitätvolle Weine.

WAS SIE UNBEDINGT WISSEN MÜSSEN

Wer gute Weine kaufen möchte, sollte die Spitzenjahrgänge, die besten Kellereien und wiederum deren beste Produkte kennen. Außerdem ist es gut zu wissen, dass die feinsten Pinot

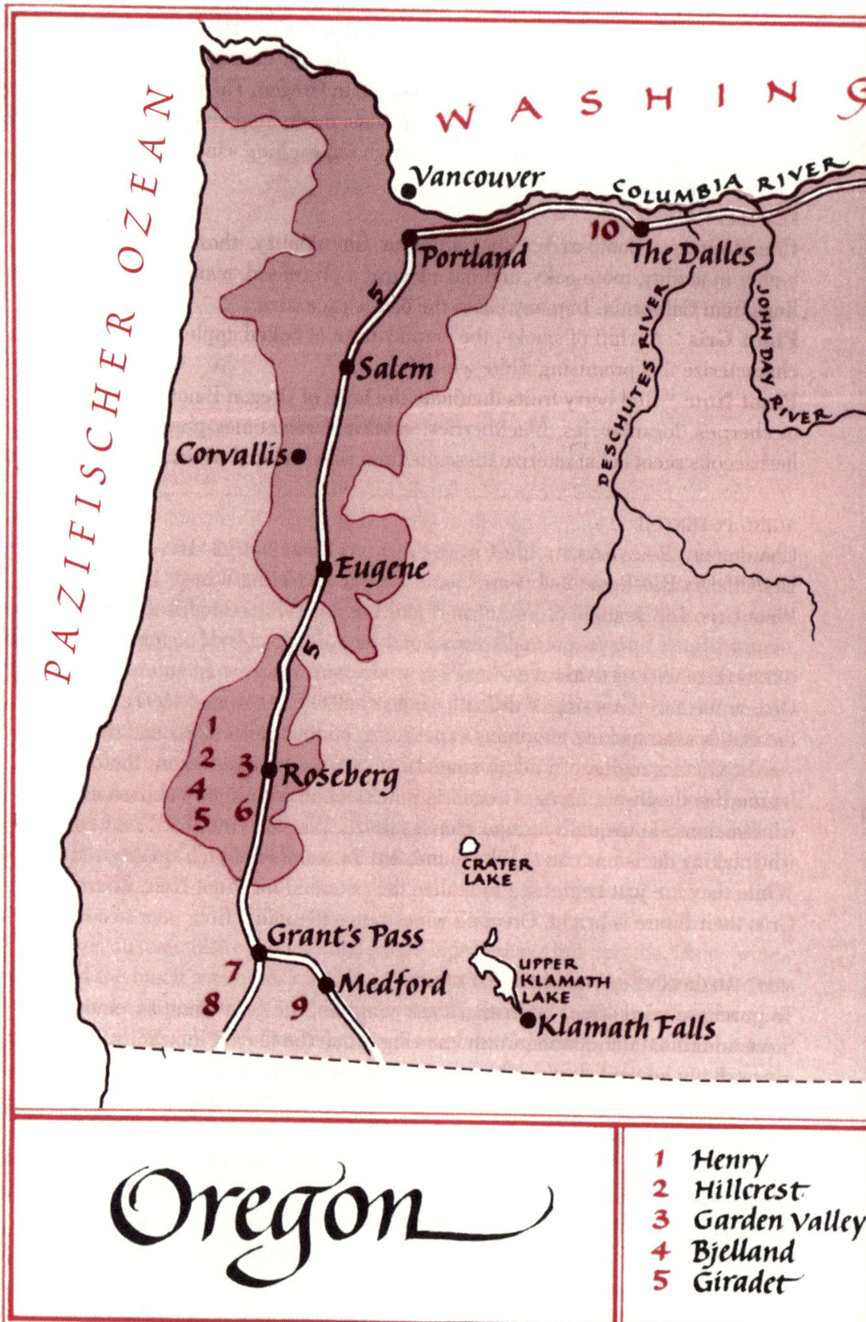
PAZIFISCHER OZEAN
WASHING
Vancouver
COLUMBIA RIVER
10
Portland
The Dalles
5
DESCHUTES RIVER
JOHN DAY RIVER
Salem
Corvallis
Eugene
5
1
2
3
Roseberg
4
5
6
CRATER LAKE
Grant's Pass
7
Medford
8
9
UPPER KLAMATH LAKE
Klamath Falls
Oregon
1 Henry
2 Hillcrest
3 Garden Valley
4 Bjelland
5 Giradet

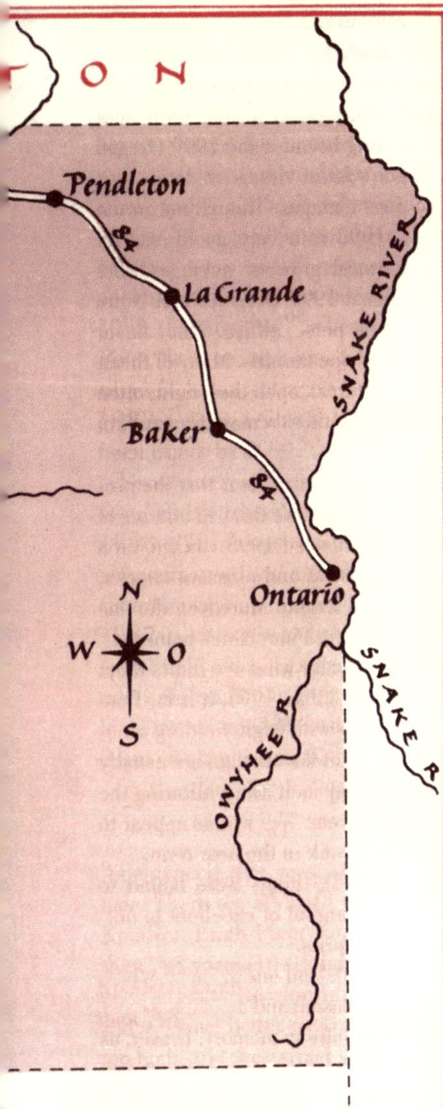

6 Jonicole
7 Rogue River
8 Siskiyou
9 Valley View
10 Hood River

Willamette Valley Weingüter

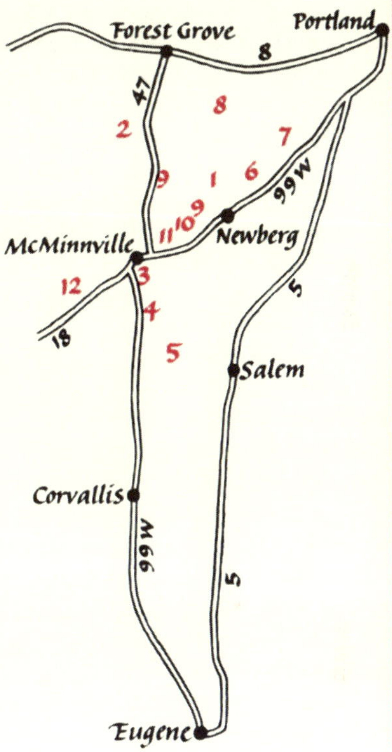

1 Adelsheim
2 Elk Cove
3 Eyrie
4 Amity
5 Bethel Heights
6 Rex Hill
7 Ponzi
8 Oak Knoll
9 Knudsen Erath
10 Cameron
11 Sokol Blosser
12 Yamhill Valley

Noirs von einigen benachbarten Gütern im Willamette Valley südwestlich von Portland erzeugt werden.

JÜNGERE JAHRGÄNGE

1999 – Der hervorragende Jahrgang 1999 ist in der kurzen Geschichte des Weinbaus in Oregon der vielleicht beste überhaupt. Mit diesem Jahrgang beweisen die Spitzenweingüter des US-Bundesstaates endlich, dass sie in der Lage sind, beeindruckend köstliche Pinot Noirs mit überreicher Frucht und einer alterungswürdigen Struktur zu keltern. Regenfälle während der Lese haben den Winzern in Oregon schon des Öfteren schwer zugesetzt, doch 1999 konnten sie sich über einen außergewöhnlich langen Spätsommer und Frühherbst freuen. So waren etwa bis Anfang Oktober warme Tage und kühle Abende zu verzeichnen, was die Früchte voll ausreifen ließ, zugleich aber auch für eine ausgewogene Säure sorgte. Tatsächlich hielt das exzellente Wetter sogar bis Ende des Monats an, so dass viele Winzer die Ernte bis in die dritte Oktoberwoche hinauszögern konnten.
Weinerzeuger, die in jenem Jahr weder ihre Rebstöcke zurückgeschnitten noch den Traubenbehang ausgedünnt haben, hatten 1999 Probleme mit Übererträgen. Kellereien, die jahrein, jahraus schlechte, fade oder mittelmäßige Weine produzieren, haben diese Tradition auch 1999 fortgesetzt, da sie wieder einmal auf eine Reduzierung ihrer Erträge verzichteten. Ein hervorragender Jahrgang also vor allem für solche Erzeuger, die sich bemühen, erstklassigen Wein zu machen, und ein weiterer Fehlschlag für jene, die sich diese Anstrengung ersparen. Die besten 1999er Pinot Noirs präsentieren sich in exquisiter Ausgewogenheit. Sie sind randvoll mit Frucht, doch zugleich frisch, saftig und gut strukturiert. Sie haben zwar einen hohen Reifegrad, stellen sich aber trotzdem elegant und mit schön verdecktem Alkohol dar. Zweifellos erfordern die Spitzenweine des Jahrgangs noch zwei bis drei Jahre Geduld, da sie mit einer Fülle ausgereifter Tannine ausgestattet sind, die durch den hohen Säurespiegel nur noch betont werden. Leute mit einer Vorliebe für flaschengereifte Pinot Noirs werden diesen Umstand begrüßen, da die 1999er Pinot Noirs aus Oregon durchaus altern können. Kurz: Für den Weinbau des Staates Oregon war 1999 das bislang beste Jahr.

1998 – Nach einer Reihe schlechter Jahre gab es 1998 in Oregon erstmals wieder Grund zum Optimismus. Auch wenn der Jahrgang es mit den hervorragenden Weinen von 1994 und 1999 nicht aufnehmen kann, hat er einige erstklassige Pinot Noirs zu bieten. Die aus extrem niedrigen Erträgen (der Durchschnitt lag bei 45 hl/ha, es gab aber auch Winzer, die nur 10 hl/ha ernteten) gekelterten besten Pinot Noirs haben eine konzentrierte Frucht, eine strukturierte Statur und eine harmonische Persönlichkeit. Im Geschmack präsentieren sie sich häufig mit Noten von schwarzen Früchten, einer schönen Ausgewogenheit und festen, reifen Tanninen. Bei entsprechendem Luftkontakt (der auch 48–72 Stunden dauern kann, was für das Entwicklungspotenzial spricht) öffnen viele von ihnen ihre straffe, häufig vierschrötige Persönlichkeit und präsentieren sich mit Kaskaden von Frucht, während andere nichts von ihrer Festigkeit einbüßen und nach einer gewissen Zeit sogar bittere Tannine freisetzen.

1997 – Die ersten Berichte aus Oregon waren zurückhaltend, aber gut. Trotzdem scheint es so, als ob die Realität den Hoffnungen der Erzeuger nicht ganz entspricht. 1997 waren in Oregon zum dritten Mal in Folge während der Ernte erhebliche Niederschläge zu beklagen. Insgesamt waren die Früchte allerdings besser als 1995 und erreichten etwa das Niveau von 1996. Zwar beeindrucken viele der 1997er Pinot Noirs durch verlockende Aromen und einen angenehmen Eindruck vorne im Mund, trotzdem kommen sie vielfach mager und ohne Konzentration und Länge daher.

1996 – Die Weingüter Oregons hätten eigentlich nach allem, was die Natur ihnen 1995 zugemutet hatte, eine Atempause verdient gehabt. Doch das war leider nicht der Fall. Zwar war das Jahr 1996 etwas besser als 1995, von gut kann freilich keine Rede sein. Wieder einmal war der Regen der Fluch der Erzeuger, besonders wenn sie hohe Erträge erzielt hatten.

Die 1996er Weine sind streng, mit festen Tanninen und präsentieren sich geschmacklich mit dunkleren Fruchtnoten, als man sie in Pinots aus Oregon sonst antrifft. In den besten 1996ern werden die Tannine vielleicht im Laufe der Zeit abschmelzen, so dass die Frucht sich entfalten kann. Dennoch wird dieser Jahrgang niemals echte Größe erreichen. Die 1996er Weißweine sind offenbar von guter Qualität, doch lassen ihre Profile vermuten, dass man sie in naher Zukunft austrinken sollte.

1995 – Nach einer Abfolge guter bis hervorragender Jahre (1988–1994) veränderte sich die Situation urplötzlich. Alles in allem fiel das Jahr 1995 in Oregon überaus bescheiden aus – mit Ausnahme einer Hand voll exzellenter bis hervorragender Pinot Noirs. Regen, Fäulnisbefall und ein unsachgemäßer Ausbau waren hierfür die Ursachen.

1994 – Zusammen mit dem 1999er war dieser Jahrgang in Oregon der beste der gesamten Neunzigerjahre und einer der besten überhaupt. Niedrige Erträge (infolge des schlechten Wetters während der Blüte) und ein warmer Sommer sorgten in Oregon für die konzentriertesten und fruchtigsten Pinot Noirs seit Menschengedenken. Tatsächlich war 1994, wie es bei allen großen Jahrgängen der Fall ist, für den Pinot Noir ein so außergewöhnliches Jahr, dass selbst ansonsten eher mittelmäßige Kellereien mit sehr guten Weinen aufwarten konnten. Neuere Verkostungen lassen vermuten, dass die 1994er Pinot Noirs gut altern können. Die besten von ihnen vermögen dank ihrer Frucht und Tanninstruktur noch weitere 3–5 Jahre zu überdauern. Bei den Pinot-Gris- und Chardonnay-Weinen hingegen, die in puncto Qualität je nach Erntezeitpunkt zwischen exzellent und mittelmäßig rangieren, stellt sich der Jahrgang weniger einheitlich dar.

1993 – Der kühle Sommer, auf den im September und Oktober warmes Wetter folgte, hat offenbar einen Jahrgang hervorgebracht, der den 1992er noch übertrifft. Die besten Pinot Noirs bestechen durch eine üppige Textur, eine duftige Persönlichkeit und eine Geschmeidigkeit und Fülle, die vermuten lassen, dass der Jahrgang für den Pinot Noir in Oregon einen Durchbruch darstellt. Da die besten Kellereien die Mengen ihrer Weine limitiert haben, dürfte es schwierig sein, Spitzenprodukte aufzutreiben.

1992 – Bei den Pinot Noirs könnte dieser Jahrgang in Oregon zu den besten der letzten Jahrzehnte gehören. Das Wetter war beinahe zu heiß und trocken. Allerdings kam es gegen Ende der Wachstumsperiode zu hoch willkommenen Niederschlägen, die den Stress der in Hanglagen ausgepflanzten Rebstöcke deutlich milderten. Etliche Erzeuger, die wegen des niedrigen Säurespiegels besorgt waren, setzten ihren Produkten jedoch zu viel Säure zu, so dass viele Weine sich mit einer widersprüchlichen Persönlichkeit – das heißt mit außerordentlich reifen Geschmacksnoten und zugleich grün und mager – präsentieren. Trotzdem hat der Jahrgang einige hinreißende Pinot Noirs und etliche große, dramatische und auftrumpfende Chardonnays zu bieten. Die Chardonnays sollten bereits ausgetrunken sein, während die besten Pinot Noirs gerade ihre höchste Reife erreicht haben.

1991 – Hier haben wir es mit einem sehr guten, potenziell sogar exzellenten Jahrgang zu tun, der freilich weder die Kraft noch die Dramatik des 1992ers oder die Intensität des 1990ers mitbringt. Allerdings wurden Winzer, die ihre Übererträge noch etwas reifen lassen wollten, in der Erntezeit von Regenfällen erwischt. Aus diesem Grund ist der Jahrgang schwer zu bewerten, wenngleich die Pinot Noirs ungemein fruchtig, obwohl weicher und schwächer strukturiert erscheinen als die 1992er und weniger tanninreich als die 1990er. Trotzdem ein Jahrgang mit einem guten Potenzial für hochwertige Rot- und Weißweine.

1990 – Überall dort, wo die Erträge gering gehalten wurden, war dies ein Spitzenjahrgang, der reichlich Hitze und genügend Regen erhalten hat. Auch die Ernte fand unter idealen Bedingungen statt. Ja, wäre da nicht der 1992er, könnte man sogar von dem seit Jahrzehnten besten Jahrgang in Oregon sprechen. Die Pinot Noirs der Spitzenerzeuger sind gehaltvoll und vollmundig. Enttäuschend ist einzig, dass es vielen Pinot-Gris-Weinen an Konzentration fehlt, da die Erträge zu hoch waren.

1989 – Ein guter Pinot-Noir-, Chardonnay- und Pinot-Gris-Jahrgang. Allerdings sollten die Weine dieses Jahrgangs bereits seit 2000 ausgetrunken sein. Die meisten von ihnen waren durch Fülle, Weichheit und Eleganz charakterisiert. In mancherlei Hinsicht war der Jahrgang für die Spitzenerzeuger in Oregon typischer als die Jahre 1990 und 1992.

1988 – Das erste in einer ganzen Reihe erstaunlich guter Jahre für den Weinbau in Oregon. Das schöne Wetter, der reiche Ertrag und die reibungslose Ernte, dies alles hat etliche exzellente Pinot Noirs und Chardonnays hervorgebracht.

1987 – Dieses ungemein heiße Jahr veranlasste die meisten Winzer dazu, mit der Lese zu früh zu beginnen, weil sie befürchteten, dass der Säuregehalt ihrer Trauben ansonsten zu gering ausfallen würde. Der Stress der ungewöhnlichen Sommerhitze war jedoch ursächlich dafür, dass die Trauben in vielen Rebkulturen nicht ihre physiologische Reife erreichten. Aus diesem Grund sind viele 1987er Weine mager, übermäßig sauer, ja enttäuschend. Sechs Jahre nach der Kelterung präsentierten sich die besten Weine des Jahrgangs noch mit Ecken und Kanten. Sie alle sollten bereits seit 1995 ausgetrunken sein. Hätten doch die Winzer mit der Lese nur länger gewartet!

ÄLTERE JAHRGÄNGE

Die meisten Pinot Noirs aus Oregon sollten innerhalb von 7–8 Jahren nach der Kelterung getrunken werden. Doch gibt es stets ein paar Ausnahmen, wie jeder bestätigen wird, der den 1975er Eyrie- oder den 1975er Knudsen-Erath-Pinot-Noir verkostet hat. Doch grundsätzlich ist es ziemlich riskant, einen Pinot Noir aus Oregon länger als 7–8 Jahre auf Lager zu legen.

Weißweine aus Oregon sollten bereits wenige Jahre nach der Kelterung konsumiert werden, obwohl sie vielfach mit einer besseren natürlichen Säure ausgestattet sind als ihre kalifornischen Pendants. Die Erträge sind häufig zu hoch, und die Extraktmenge ist oft zu gering. Ganz gleich, ob es sich um einen Pinot Gris, einen Chardonnay oder einen trockenen Riesling handelt, wenn Sie diese Weine nicht spätestens 3–4 Jahre nach der Kelterung trinken, werden Sie häufiger enttäuscht als angenehm überrascht sein.

DIE BESTEN PRODUZENTEN VON PINOT NOIR IN OREGON

Wenn ein Produzent in zwei Kategorien fällt (***/****), wird er jeweils in der niedrigeren eingeordnet.

****** (HERVORRAGEND)*

Ken Wright Cellars

***** (AUSGEZEICHNET)*

Archery Summit
Bethel Heights
Brick House
Cristom****/*****
Hamacher****/*****
Panther Creek Cellars
Penner-Ash Wine Cellars****/*****
St. Innocent****/*****
Domaine Serene****/*****

**** (GUT)*

Adelsheim***/****
Argyle***/****
Brooks
Cameron***/****
Chehalem***/****
J. Christopher
Domaine Drouhin***/****
Elk Cove Cellars
Evesham Wood
Lemelson
Rex Hill***/****
Shea Wine Cellars
WillaKenzie Estate***/****

*** (DURCHSCHNITTLICH)*

ADEA**/***
Abacela**/***
Amity
Château Benoit
Benton Lane
La Bête**/***
Château Bianca
Bridgeview
Broadley**/***
Callahan Ridge
Carabella
Cooper Mountain Vineyards
Domaine Coteau
Duck Pond Cellars
Dundee Springs
Edgefield
Erath Vineyards**/***
Eugene Wine Cellars
Firesteed
Flynn Vineyards
Foris**/***
Girardet Cellars**/***
Golden Valley Vineyards
Granville
Griffin Creek
Hauer of the Dauen
Henry Estate Winery
High Pass Winery
Hinman Vineyards/Sylvan Ridge
King Estate
Lion Valley**/***
Medici Vineyards**/***
Montinore Vineyards
Oak Knoll**/***
Ponzi**/***
Andrew Rich**/***
Sokol Blosser**/***
Starr
Torii Mor
Tualatin Estate Vineyards**/***
Willamette Valley Vineyards
Winter's Hill
Witness Tree
Yamhill Valley Vineyards**/***
Youngberg Hill Vineyards

ADEA

1998	**Pinot Noir**	**D**	**88**
1998	**Pinot Noir Reserve**	**D**	**89**

Dieser früher als Fisher Family Vineyards bekannte Weinproduzent, der sich (um Verwechslungen mit der kalifornischen Fisher Winery vorzubeugen) das Kürzel ADEA gegeben hat, ist nach den Anfangsbuchstaben der Namen der Kinder des Hauses – Anne, Dean, Erica und Adam – benannt. Während ich den übermäßig rustikalen und harten 1999er Pinot Noir nicht empfehlen kann, haben die beiden 1998er Angebote der Kellerei durchaus ihren Reiz.

Der *1998er Pinot Noir* präsentiert sich in einem mittleren bis dunklen Rubinton und mit Aromen dunkler Früchte. Er hat einen mittleren Körper und betört im Geschmack durch intensive Brombeer- und Cassisnoten. Dieser süße, saftige Wein ist zwar durch eine gewisse jahrgangstypische Festigkeit charakterisiert, beeindruckt aber dennoch durch ebenso schön strukturierte wie überschwängliche Fruchtnoten. Voraussichtliche Genussreife: jetzt–2007. Der etwas dunklere *1998er Pinot Noir Reserve* (100 Kisten) duftet nach süßen Brombeeren. Er hat einen mittleren bis vollen Körper und zeigt sich konzentriert und ungemein ausdrucksvoll. Die samtig texturierte Persönlichkeit des Weines ist durch ganze Sturzbäche diverser schwarzer Früchte charakterisiert, die auch noch in seinem langen, eindrucksvollen Abgang nachhallen. Trinken Sie ihn 2004–2010.

ADELSHEIM

1999	**Chardonnay Stoller Vineyard Clone 76**	**D**	**89**
1999	**Chardonnay Stoller Vineyard Clone 96**	**D**	**89**
1999	**Pinot Gris**	**B**	**88**
1999	**Pinot Noir Bryan Creek Vineyard**	**D**	**90+**
1999	**Pinot Noir Elizabeth's Reserve**	**D**	**90+**
1999	**Pinot Noir Goldschmidt Vineyard**	**D**	**90**

David Adelsheim ist völlig zu Recht ganz begeistert von der Arbeit seines neuen Weinmachers Bill Musgnung, und tatsächlich bietet der Jahrgang 1999 die besten Adelsheim-Weine, die ich bislang verkostet habe. Der hervorragende, rubinrote *1999er Pinot Noir Goldschmidt Vineyard* stammt aus einer Rebkultur des Weinenthusiasten Neal Goldsmith, der früher einmal Gouverneur von Oregon und unter Jimmy Carter US-Verkehrsminister war. Der ungeschönt und unfiltriert abgefüllte Wein präsentiert sich würzig und duftet nach schwarzen Kirschen. Bei mittlerem bis vollem Körper umschmeichelt er den Gaumen mit seiner öligen Textur und überreichen Noten von Wildkirschen, schwarzen Himbeeren und Blaubeeren. Ein opulenter, intensiver, süßer Wein mit einem üppigen, reintönigen, lange nachklingenden Abgang. Voraussichtliche Genussreife: 2004–2010. Der mittel- bis dunkelrubinrote *1999er Pinot Noir Bryan Creek Vineyard* verströmt Aromen von schwarzen Kirschen und hat einen öligen, ungemein glyzerinhaltigen Charakter. Er ist saftig, fabelhaft ausgereift, aber trotzdem gut strukturiert. Seine Persönlichkeit ist durch ganze Ladungen süßer roter und schwarzer Früchte und einen langen geschmeidigen Abgang charakterisiert. Trinken Sie ihn 2004 bis 2010. Der *1999er Pinot Noir Elizabeth's Reserve* präsentiert sich mit Aromen von gerösteten dunklen Früchten. Bei mittlerem bis vollem Körper wartet dieser saftige, frische Wein mit reichhaltigen Noten von schwarzen Kirschen auf. Der samtig texturierte Wein ist gut strukturiert und braucht noch etwas Ruhe, obwohl seine Persönlichkeit schon jetzt von seiner dichten süßen Frucht dominiert wird. Voraussichtliche Genussreife: 2004–2012.

Der frische, geißblattduftige *1999er Pinot Gris* hat einen fetten Charakter von mittlerem Körper. In seiner ausgesprochen expressiven Persönlichkeit und seinem langen Abgang beeindruckt der Wein durch Anklänge an Marzipan, Gewürze und gekochte weiße Pfirsiche. Auch das Preis-Leistungsverhältnis stimmt. Trinken Sie ihn in den kommenden zwei Jahren. Der birnen- und gewürzduftige *1999er Chardonnay Stoller Vineyard Clone 76* hat eine expansive und gehaltvolle Persönlichkeit von mittlerem bis vollem Körper. Seine Geschmacksnoten von Birnen und Gewürznelken kleiden den ganzen Gaumen aus. Ein exzellenter Wein von exquisiter Ausgewogenheit, Reintönigkeit und Länge. Der *1999er Chardonnay Stoller Vineyard Clone 96* zeigt sich im Aroma weniger würzig als sein Pendant, wartet dafür jedoch mit wesentlich reichhaltigeren Birnen- und Apfeldüften auf. Bei mittlerem bis vollem Körper stellt sich dieser ölig texturierte Wein breit ausgelegt, gehaltvoll, ungemein fett und glyzerinhaltig dar. Auch wenn er wesentlich nuancierter und eleganter daherkommt als der Clone 76, halten sich beide Weine qualitativ die Waage und sollten idealerweise in den kommenden 4–5 Jahren getrunken werden.

ARCHERY SUMMIT

1999	**Pinot Noir Archery Summit Estate**	**EE**	**94**
1998	**Pinot Noir Archery Summit Estate**	**EE**	**92+**
1999	**Pinot Noir Arcus Estate**	**E**	**90+**
1998	**Pinot Noir Arcus Estate**	**E**	**91**
1999	**Pinot Noir Louise Vineyard**	**E**	**89**
1998	**Pinot Noir Premiere Cuvée**	**D**	**88**
1999	**Pinot Noir Red Hills Estate**	**E**	**93**
1998	**Pinot Noir Red Hills Estate**	**E**	**88+**
1999	**Pinot Noir Renegade Ridge Estate**	**E**	**90+**
2000	**Vireton**	**D**	**88**

Der mittel- bis dunkelrubinrote *1998er Pinot Noir Premiere Cuvée* präsentiert sich in seinem expressiven Aromenprofil mit Noten von schokoladen- und pflaumenduftigen schwarzen Kirschen. Bei mittlerem Körper verströmt der feste Wein im Mund Nuancen von gerösteten dunklen Früchten, Kakao sowie schwach dosierte Zimtanklänge. Um die Tanninstruktur und den Abgang des Weines zu mildern, sind wenigstens noch zwei Jahre vonnöten. Voraussichtliche Genussreife: jetzt–2008. Der aus Erträgen von 18 hl/ha gekelterte mittel- bis dunkelrubinrote *1998er Pinot Noir Arcus Estate* wartet mit betörenden Aromen von roten Kirschen, süßen Pflaumen und Gewürzen auf. Dieser körperreiche, mit roten Früchten vollgepackte Wein kommt ungemein geschmacksintensiv und mit einem außergewöhnlich langen Nachhall daher. Weiterhin finden sich in dem wundervoll strukturierten, trotzdem opulenten Pinot Noir konzentrierte Schichten von Kirschen, Himbeeren und Nuancen von Erdbeeren. Voraussichtliche Genussreife: jetzt–2010.

Der *1998er Pinot Noir Red Hills Estate* verströmt Aromen von Brombeeren und Gewürzen. Bei mittlerem bis vollem Körper betört der feste, straffe und pikante Wein mit ganzen Schichten von roten Johannisbeeren und Brombeeren. Der noch etwas vierschrötige und ruhebedürftige Wein wird in Zukunft womöglich noch eine exzellente bis hervorragende Punktnote erhalten. Voraussichtliche Genussreife: jetzt–2010. Der (sehr teure) mittel- bis dunkelrubinrote *1998er Pinot Noir Archery Summit Estate* ist einer der ersten »Jahrhundertweine« aus Oregon. Er verströmt Aromen von Brombeeren, dunklen Kirschen und mit Vanille durchsetzter Eichenholzwürze. Bei mittlerem bis vollem Körper wartet dieser feste, konzentrierte und strenge, deutlich strukturierte, maskuline, geschmacksintensive und kraftvolle Wein mit ganzen Sturzbächen von Erdbeer- und Eindrücken von schwarzen Früchten auf. Obwohl zurzeit noch verschlossen und spröde, weisen seine gigantische Frucht, seine hervorragende Tiefe und die zwar deutlich spürbaren, aber reifen Tannine auf ein langes, erfolgreiches Leben voraus. Voraussichtliche Genussreife: 2005–2012+.

Gary Andrus, der Besitzer und Chefkellermeister von Archery Summit, bezeichnet 1999 als »vollreifen Jahrgang. Mit seiner tiefen Frucht stellt er sich burgundischer dar als alle Weine, die wir vorher oder nachher gekeltert haben.« Dann fügte er noch an, dass es gegen Ende der Saison kein einziges Mal geregnet habe und dass die Trauben sehr lange an den Stöcken verbleiben konnten, genau genommen 120–131 Tage. »Auch 2000 konnten wir die Trauben lange am Stock belassen«, sagt Andrus, »trotzdem wirken die Weine tanninlastiger als 1997, 1998 und 1999.«

Von dem *2000er Vireton* sind 3000 Kisten vorrätig. Der aus 80% Pinot Gris, 12% Chardonnay und 8% Pinot Blanc verschnittene Wein betört durch Aromen von weißen und gelben Früchten, in die noch florale Noten hineinwirken. Der klar umrissene, expansive Wein hat einen mittleren Körper und betört durch überreiche Geschmackseindrücke von scharfen roten Johannisbeeren, Orangenschalen und saftigen Birnen. Sein seidig texturierter Charakter klingt im Abgang mit Eindrücken von weißen Pfirsichen und Aprikosen aus. Ein köstlicher, mit vollreifen Früchten voll gepackter, ausdrucksvoller Wein, den Sie in den kommenden zwei Jahren trinken sollten.

Der mittel- bis dunkelrubinrote *1999er Pinot Noir Louise Vineyard* wurde bei einem Ertrag von 45 hl/ha geerntet. Er hat ein herrliches Bukett von süßen schwarzen Kirschen und Veilchen. Am Gaumen präsentiert sich dieser opulente Wein von mittlerem Körper mit überreichen Anklängen an üppige schwarze Kirschen, Brombeeren und Rosen. Er kommt zwar breit angelegt, doch zugleich elegant und harmonisch daher. Voraussichtliche Genussreife: 2004–2010. Der ausschließlich an Dijon-Klonen gewachsene mittel- bis dunkelrubinrote *1999er Pinot Noir Renegade Ridge Estate* verströmt Aromen von wilden Kirschen, Erde und asiatischen Gewürzen. Der köstliche Wein ist mit voll ausgereiften Früchten vollgepackt. Trinken Sie diesen ungemein expressiven Tropfen in den kommenden zwei Jahren.

Der mittel- bis dunkelrubinrote *1999er Pinot Noir Arcus Estate* (842 Kisten) betört durch wundervoll reintönige Aromen von roten Kirschen, Brombeeren und Veilchen. Bei mittlerem Körper wartet der intensive Wein mit ganzen Sturzbächen von Cassis, schwarzen Kirschen, Brombeeren, Gewürzen und dunklen Himbeeren auf. Vorne im Mund und am Gaumen stellt er sich saftig und ungemein expressiv dar. Mag der Abgang auch ein wenig vierschrötig sein, reicht die Frucht des Weines allemal aus, um seine Tannine zu dominieren. Voraussichtliche Genussreife: 2005–2012. Der hervorragende *1999er Pinot Noir Red Hills Estate* präsentiert sich in einem mittleren bis dunklen Rubinton und mit ausgelassenen Aromen von wilden Beeren und frischen Kräutern. Bei mittlerem bis vollem Körper kombiniert dieser immens konzentrierte, elegante Wein Kraft mit Harmonie und Finesse mit Muskeln. Er stellt sich saftig und tiefgründig dar und verströmt kraftvolle Geschmacksnoten von Brombeeren und Cassis. Voraussichtliche Genussreife: 2005–2015. Von dem grandiosen mittel- bis dunkelrubinroten *1999er Pinot Noir Archery Summit Estate* hat die Kellerei insgesamt lediglich 2604 Flaschen produziert. Auf seine Aromen von Gewürzen, Rosen und schwarzen Kirschen folgt eine körperreiche, ungeheuer konzentrierte Persönlichkeit. Mit seinen Geschmacksnoten von Kirschen, Schokolade, Pflaumen und Lakritze stellt sich dieser Wein expansiv und üppig dar. Er verfügt über jede Menge Tiefe, ohne deswegen etwas von seiner Frische, Finesse und wundervollen Ausgewogenheit einzubüßen. Seine süße, üppige Frucht klingt auch noch in dem eindrucksvollen Abgang nach. Voraussichtliche Genussreife: 2006–2017.

ARGYLE

1999	**Chardonnay Reserve**	**C**	**89**
1989	**Extended Tirage Brut**	**D**	**89**
1999	**Pinot Noir Clubhouse**	**D**	**90+**
1999	**Pinot Noir Nuthouse**	**D**	**89**
1999	**Pinot Noir Reserve**	**D**	**88**
1999	**Pinot Noir Spirithouse**	**D**	**90**
1999	**Riesling Dry Reserve**	**B**	**88**
1998	**Riesling Dry Reserve**	**B**	**88**

Der *1989er Extended Tirage Brut* ist erst unlängst degorgiert worden. Auf Toastbrot- und Anisaromen folgt im Mund eine gehaltvolle, komplexe Persönlichkeit mit Noten von *Graham-cracker*-Gebäck, Toast, Hefe und Mineralien. Der Schaumwein hat eine exzellente bis hervorragende Konzentration und eine durch unaufdringliche »Perlen« belebte seidige Textur. Trinken Sie ihn in den kommenden 2–3 Jahren.

Der *1999er Chardonnay Reserve* verströmt Aromen von weißen Blumen und toastwürziger Eiche. Der exzellent konturierte Wein hat einen mittleren Körper und schön gezeichnete Geschmacksnoten von Gewürzen, Geißblatt und Anis, die in dem reintönigen, ausgedehnten Abgang nachhallen. Voraussichtliche Genussreife: jetzt–2006. Der aus den Früchten 1975 gepflanzter Reben gekelterte *1998er Riesling Dry Reserve* betört durch immens expressive »deutsche« Aromen von Mineralien und Blumen. Er hat einen mittleren Körper und präsentiert sich schön umrissen, ausgelassen und mit Geschmacksnoten von süßem Kräutertee, kandierter Zitrone, Steinen und weißen Früchten. Trinken Sie diesen exzellenten Riesling in den kommenden 4–5 Jahren. Im Vergleich dazu wartet der *1999er Riesling Dry Reserve* mit zurückhaltenden, eher gedämpften Aromen von Steinen und Erde auf. Am Gaumen stellt er sich freilich gehaltvoll, opulent, schön gezeichnet und ungemein expressiv dar. Weiterhin präsentiert sich die intensive Persönlichkeit dieses Weines mit Anklängen an kandierte Limonen, an Mineralien und Gewürze, die noch in seinem langen Abgang nachwirken. Voraussichtliche Genussreife: jetzt–2005. Zwei ausgesprochen preisgünstige Weine.

Der *1999er Pinot Noir Reserve* verströmt Aromen von toastwürzigem Eichenholz und von Kirschen und schwarzen Himbeeren. Der extrem würzige Wein von mittlerem Körper betört durch überreiche Anklänge an Kirschen und kandierte Himbeeren. Der Wein kommt breitschultrig, saftig und frisch daher und hat einen langen, reintönigen und mit reichlich (reifen) Tanninen ausgestatteten Abgang. Trinken Sie ihn 2004–2009. Der nach toastwürziger Eiche und schwarzen Früchten duftende *1999er Pinot Noir Nuthouse* präsentiert sich mittel- bis dunkelrubinrot. Der seidig texturierte, stämmige und süße Wein ist außerordentlich leicht und mit einer verschwenderischen Brombeer-Kirsch-Frucht ausgestattet. Er ist reintönig, schön ausgewogen und hat einen langen Abgang. Voraussichtliche Genussreife: 2004–2010.

Der mittel- bis dunkelrubinrote *1999er Pinot Noir Spirithouse* verströmt ein verhaltenes Brombeeraroma. Bei mittlerem bis vollem Körper stellt sich dieser gehaltvolle, ungemein konzentrierte Wein am Gaumen leuchtend klar und außerordentlich schön gezeichnet dar und betört durch vielschichtige Anklänge an Cassis, schwarze Kirschen und Himbeeren. Ein hervorragender Wein, der von seiner üppigen Frucht dominiert ist und genügend Struktur und Ausgewogenheit mitbringt, um zu altern. Voraussichtliche Genussreife: 2004–2011. Der farblich ganz ähnliche *1999er Pinot Noir Clubhouse* (von dem nur 120 Kisten produziert worden sind) hat Aromen von asiatischen Gewürzen und Fruchtkuchen. Ein gehaltvoller, stämmiger, ungemein konzentrierter Wein, der zum Bersten mit Noten von schwarzen Kirschen, Brombeeren, roten Johannisbeeren und Erdbeeren ausgestattet ist. Bei mittlerem bis vollem Körper kommt der nahtlose, schön gezeichnete und reintönige Wein mit einer reichen Frucht und einem beeindruckend langen, frischen Abgang daher. Voraussichtliche Genussreife: 2005–2011.

BETHEL HEIGHTS

1997	**Chardonnay Reserve**	**C**	**88**
1998	**Pinot Noir Estate Grown**	**D**	**89**
1999	**Pinot Noir Flat Block Reserve**	**D**	**89**
1998	**Pinot Noir Lewman Vineyard**	**D**	**88**
1999	**Pinot Noir Nysa Vineyard**	**D**	**88**
1998	**Pinot Noir Nysa Vineyard**	**D**	**89**
1999	**Pinot Noir Southeast Block Reserve**	**D**	**92+**
1998	**Pinot Noir Southeast Block Reserve**	**D**	**89**
1999	**Pinot Noir Wädenswil Block Reserve**	**D**	**88**
1998	**Pinot Noir Wädenswil Block Reserve**	**D**	**89**

Der *1997er Chardonnay Reserve* verströmt Aromen von Karamell und cremigem Anis. Der seidige, geschmacksintensive, köstliche Wein ist randvoll mit betörenden Noten von cremiger Haselnuss und toastwürzigem süßem Eichenholz. Der extrem gut gestaltete, harmonische Wein beeindruckt ferner durch einen langen, geschmeidigen, fruchtgeladenen Abgang. Trinken Sie ihn in den kommenden 3–4 Jahren.

Wie viele 1998er Pinot Noirs aus Oregon stellen sich auch die Weine von Bethel Heights nach ausreichendem Luftkontakt wesentlich offener und weicher dar. Der *1998er Pinot Noir Estate Grown* duftet nach roten Kirschen und dunklen Beerenfrüchten. Außerdem präsentiert er sich bei mittlerem Körper mit reichen Noten von pikanten Johannisbeeren. Dieser feste, trotzdem seidig texturierte Wein braucht noch etwas Geduld, bevor er sich erschließt. Voraussichtliche Genussreife: jetzt–2009+. Der rubinrote *1998er Pinot Noir Lewman Vineyard* hat einen mittleren Körper und verströmt metallische Aromen von roten Früchten. Im Geschmack präsentiert sich dieser gut gemachte intensive, maskuline Wein, der noch 3–4 Jahre ruhen sollte, mit würzigen Noten von Beerenfrüchten und schwarzen Kirschen. Voraussichtliche Genussreife: 2004–2009.

Der mittel- bis dunkelrubinrote *1998er Pinot Noir Nysa Vineyard* ist durch Aromen von Mokka, Erdbeeren, Brombeeren und Nuancen von Eichenholzwürze charakterisiert. Er hat einen mittleren bis vollen Körper und eine kernige Textur. Hinzu kommen im Mund ganze Ladungen von Kirschen und schwarzen Himbeeren, die bis in den festen, aber schön konturierten, ausdrucksvollen Abgang nachwirken. Voraussichtliche Genussreife: jetzt–2008. Der farblich ganz ähnliche *1998er Pinot Noir Southeast Block Reserve* entfaltet sich ebenfalls erst nach hinreichender Belüftung. Am Anfang stellt er sich fest, vierschrötig und hart dar, offenbart jedoch nach einiger Zeit pikante Aromen von roten Kirschen und einen mit Noten von Himbeeren und diversen schwarzen Früchten vollgepackten Charakter. Wer die nötige Geduld mitbringt, wird an diesem ungemein dichten und strukturierten Wein seine Freude haben. Voraussichtliche Genussreife: 2004–2010. Der mittel- bis dunkelrubinrote *1998er Pinot Noir Wädenswil Block Reserve* duftet nach Brombeeren und Blaubeeren. Er präsentiert sich breitschultrig und voluminös und betört im Geschmack durch Anklänge an süße schwarze Früchte, die noch in dem wundervoll langen Abgang nachhallen. Voraussichtliche Genussreife: jetzt–2009.

Der rubinrote *1999er Pinot Noir Nysa Vineyard* verströmt toastwürzige Eichenholz- und Brombeeraromen. Am Gaumen kommen die Eindrücke von Brombeeren und schwarzen Kirschen wundervoll ausladend daher. Ein saftiger, fester, gut gemachter Wein von mittlerem Körper. Voraussichtliche Genussreife: jetzt–2009. Der farblich etwas dunklere *1999er Pinot Noir Wädenswil Block Reserve* duftete nach schwarzen Beerenfrüchten und Johannisbeeren. Er hat einen mittleren Körper, der am Gaumen mit pflaumigen Noten von Brombeeren und Kirschen daherkommt. Ein schön ausgewogener, robuster, expressiver, aber fester Wein. Er hat einen herrlich lang anhaltenden Abgang und betört durch Ladungen von reifen Tanninen. Trinken Sie ihn 2004–2009.

Der mittel- bis dunkelrubinrote *1999er Pinot Noir Flat Block Reserve* duftet nach Brombeeren und schwarzen Kirschen. Er hat einen mittleren Körper und stellt sich am Gaumen saftig und expansiv dar. Der maskuline, muskulöse Wein kleidet den ganzen Mund mit Noten von Brombeeren aus und hat einen langen, reintönigen Abgang. Voraussichtliche Trinkreife: 2004–2010. Der mittel- bis dunkelrubinrote *1999er Pinot Noir Southeast Block Reserve* ist der beste Wein dieser exzellenten Kellerei, den ich verkostet habe. Er verströmt Aromen von würzigen schwarzen Früchten. Am Gaumen präsentiert er sich breitschultrig, voluminös und ungemein expansiv. Ferner kommt der dichte, seidig texturierte und tiefe Wein mit reichlich schwarzen und roten Früchten daher, in die sich Noten von kandierten Himbeeren und Brombeeren mischen. In dem außergewöhnlich langen Abgang bringen sich ganze Ladungen herrlich reifer Tannine zur Geltung. Voraussichtliche Genussreife: 2005 bis 2014.

BRICK HOUSE

1999	**Chardonnay**	**D**	**89**
1998	**Chardonnay Cuvée du Tonnelier**	**D**	**88**
1999	**Gamay Noir**	**C**	**90**
1998	**Gamay Noir**	**C**	**88**
1999	**Pinot Noir Cinquante**	**D**	**88**
1998	**Pinot Noir Cuvée du Tonnelier**	**D**	**91+**
1997	**Pinot Noir Cuvée du Tonnelier**	**D**	**88+**
1999	**Pinot Noir Les Dijonnais**	**D**	**89+**
1998	**Pinot Noir Les Dijonnais**	**D**	**90**

Der Besitzer dieses Weinguts ist Doug Tunnell. Sein *1997er Pinot Noir Cuvée du Tonnelier* ist ein Prachtexemplar von einem Wein, der aufs Wundervollste nach asiatischen Gewürzen, Veilchen und roten Beeren duftet. Bei mittlerem bis vollem Körper präsentiert sich dieser herrlich reife und üppige Wein mit reichhaltigen Noten von süßen roten und schwarzen Früchten samt Lakritzenuancen. Wie die meisten 1997er Pinot Noirs aus Oregon stellt sich der Wein im Abgang ungemein tanninreich dar. Anders als die Mehrzahl seiner Geschwister vermag der Wein die Gerbstoffe jedoch durch seine tiefe Frucht in Schach zu halten. Voraussichtliche Genussreife: jetzt–2006. Der nach Anis, Pfefferkuchen und Orangenschale duftende *1998er Chardonnay Cuvée du Tonnelier* hat einen mittleren Körper und eine ölige Textur. Dieser breitschultrige, gut gemachte Wein kommt im Mund mit Noten von Orangenblüten und weißen Früchten daher. Er mundet vorzüglich und beeindruckt durch Charakter und Geschmacksintensität. Trinken Sie ihn in den nächsten 1–2 Jahren.

Tunnell hat auch einen herrlichen mittel- bis dunkelrubinroten *1998er Gamay Noir* gekeltert, der sich mit Aromen von Leder, schwarzen Früchten und weißem Pfeffer präsentiert. Am Gaumen verströmt dieser samtig texturierte Wein von mittlerem Körper reichhaltige Noten von saftigen Brombeeren, zerstoßenem schwarzem Pfeffer samt Nuancen von frisch verlegtem Asphalt. Trinken Sie diesen Wein mit seiner zugänglichen Frucht in den nächsten

2 Jahren. Der mittel- bis dunkelrubinrote *1998er Pinot Noir Les Dijonnais* verdankt seinen Namen den Pinot-Noir-Klonen des Dijon-Typs, an denen er gewachsen ist. Er hat ein Bukett mit Anklängen an süße schwarze Kirschen, Cola und diverse dunkle Früchte. Bei mittlerem bis vollem Körper präsentiert sich dieser gut strukturierte und expressive Wein mit komplexen Geschmacksnoten von kandierten roten Früchten, Plätzchenteig sowie Lehmnuancen. Trinken Sie ihn in den kommenden 5–6 Jahren. Der farblich etwas dunklere *1998er Pinot Noir Cuvée du Tonnelier* ist an Pinot-Noir-Klonen vom Typ Pommard gewachsen. Auf Aromen von frischen schwarzen Kirschen, Pfirsichen, Aprikosen und Mandeln folgen Geschmacksnoten von Cassis, Blaubeeren, Trauben und Brombeeren. Bei mittlerem bis vollem Körper benötigt dieser dichte, seidig texturierte, verschlossene, eindrucksvolle Wein mit seinem langen Nachhall noch etwas Ruhe. Voraussichtliche Genussreife: jetzt–2010.

Wie Doug Tunnells sämtliche Erzeugerabfüllungen ist auch der *1999er Chardonnay* aus Bio-Trauben gekeltert. Sein ungemein expressives Bukett betört mit überschwänglichen Noten von Gewürzen und Anis samt untergründigen Anklängen an Mandelpaste. Der frische, weich texturierte und schön gezeichnete Wein hat einen mittleren Körper und erinnert im Geschmack an würzigen Fruchtkuchen, kandierte Äpfel und gedünstete Birnen. Er ist saftig und pikant und dürfte rund vier Jahre köstlich munden.

Der *1999er Gamay Noir* ist der vielleicht köstlichste – in den USA gekelterte – Wein dieser Sorte, den ich je probiert habe. Das am 19. Oktober (»Fast hätten wir die Lese vergessen«, sagt Doug Tunnell) mit einem Mostgewicht von 25,2 Brix und einem potenziellen Alkoholgehalt von 14,2% geerntete Gewächs präsentiert sich in einem mittleren bis dunklen Rubinton und mit intensiven Aromen von schwarzem Pfeffer, Gewürzen und schwarzen Beerenfrüchten. Bei mittlerem bis vollem Körper kommt dieser geschmeidige, saftige und intensive Wein mit einer fabelhaft öligen Textur und Geschmacksnoten von eingedickten Brombeeren, Kirschen, Cassis und Gewürzen daher. Diese Eindrücke klingen auch noch in dem von Wacholderbeer- und Gewürznelkenanklängen sowie Nuancen von zerstoßenem Pfeffer dominierten Abgang nach. Trinken Sie diesen hervorragenden Wein in den kommenden fünf Jahren.

Der rubinrote *1999er Pinot Noir Cinquante* (das französische »fünfzig« verweist auf die bei der Vinifizierung des Weines zu 50% am Stiel vergorenen Früchte) duftet nach dunklen, würzigen Früchten. Im Geschmack erinnert er an Brombeeren, Johannisbeeren und frische Kräuter. Er hat einen mittleren Körper und stellt sich etwas fetter und stämmiger dar als die Cuvée du Tonnelier. Voraussichtliche Genussreife: 2004–2010. Der mittel- bis dunkelrubinrote *1999er Pinot Noir Les Dijonnais* (der ausschließlich an Dijon-Klonen gewachsen ist) duftet nach Kaffee, Karamell und Brombeeren. Der saftige, intensive, konzentrierte und extraktreiche Wein hat einen mittleren Körper und verströmt im Mund überschwängliche Noten von schwarzen Früchten. Obwohl die Frucht seine feste Struktur bereits dominiert, erfordert er noch etwas Geduld. Voraussichtliche Genussreife: 2005–2011.

CAMERON

1997	**Chardonnay Reserve Abbey Ridge**	**D**	**88**
1999	**Pinot Noir Abbey Ridge**	**D**	**(90–92)**
1999	**Pinot Noir Clos Electrique**	**D**	**(89–91)**

Der *1997er Chardonnay Reserve Abbey Ridge* verströmt reichhaltige Aromen von Anis und Toastbrot. Der dicke, ölig texturierte Wein hat einen mittleren bis vollen Körper und präsentiert sich mit einem durch Anklänge an Gewürze, Vanille und eingedickte weiße Früchte gekennzeichneten stämmigen Charakter. In dem langen, buttrigen Abgang bringen sich überdies mit Gewürznoten hinterlegte Zitruseindrücke zur Geltung. Trinken Sie ihn in den kommenden vier Jahren.

Der mittel- bis dunkelrubinrote *1999er Pinot Noir Abbey Ridge* (von 25 Jahre alten Rebstöcken) verströmt lebhafte Aromen von schwarzen Himbeeren und Kirschen sowie asiatischen Gewürzen. Der reintönige, extrem elegante Wein hat einen mittleren Körper und präsentiert sich mit reichen Noten von Kirschen, Kaffeebohnen, Himbeeren und kandierten Erdbeeren. Der charmante, seidig texturierte Wein kommt komplex, geschmacksintensiv, aber dennoch harmonisch und nahtlos daher. Sein Trinkoptimum erreicht dieser extrem gut gemachte Wein jetzt–2010. Der mittel- bis dunkelrubinrote *1999er Pinot Noir Clos Electrique* verströmt reintönige Aromen von schwarzen Kirschen. Der an 17 Jahre alten Reben gewachsene Wein von mittlerem Körper hat eine kernige Textur und präsentiert sich mit überschwänglichen Noten von kandierten Kirschen, saftigen Brombeeren und schwarzen Himbeeren. Er verfügt über eine exzellente bis hervorragende Tiefe, eine saftige, lebensprühende Persönlichkeit und präsentiert sich in seinem geschmacksintensiven Abgang ein wenig rau. Falls es gelingt, diesen Wein vor dem Abfüllen noch ein wenig zu »zivilisieren«, dürfte der Pinot eine hervorragende Punktnote verdienen.

CHEHALEM

1999	**Chardonnay Ian's Reserve**	**D**	**89**
1998	**Chardonnay Ian's Reserve**	**D**	**89**
1997	**Chardonnay Ian's Reserve**	**D**	**88**
2000	**Pinot Gris Reserve**	**C**	**89**
1998	**Pinot Noir 3 Vineyard**	**D**	**88**
1999	**Pinot Noir Ridgecrest Vineyard**	**D**	**92+**
1999	**Pinot Noir Rion Reserve**	**D**	**93+**
1997	**Pinot Noir Stoller Vineyards**	**D**	**89**
2000	**Riesling Dry Reserve**	**C**	**88**
1999	**Riesling Reserve Coral Creek Vineyards**	**C**	**88**

Der *1997er Chardonnay Ian´s Reserve* duftet nach süßen gelben Pflaumen und nach Aprikosen. Bei mittlerem Körper präsentiert sich dieser ölig texturierte, eindrucksvoll ausgereifte, dicke und extrovertierte Wein im Mund mit üppiger goldener Frucht und Eichenholzwürze. Gewiss einer der besten in Oregon je gekelterten Chardonnays. Voraussichtliche Genussreife: jetzt–2005. Der bewundernswerte *1997er Pinot Noir Stoller Vineyards* verströmt ein mit Zimtnuancen durchsetztes Aroma von schwarzen Kirschen. Hinter seiner seidig glatten Textur tritt ein herrlich ausgereifter und mit Noten von Brombeeren und schwarzen Kirschen vollgepackter Charakter zutage. Bei mittlerem bis vollem Körper gehört dieser süße und strukturierte Wein zu den wenigen 1997 in Oregon gekelterten Pinots, die sich noch entwickeln können. Trinken Sie ihn in den kommenden fünf Jahren.

Der *1998er Pinot Noir 3 Vineyard* präsentiert sich in einem mittleren bis dunklen Rubinton und mit köstlichen Aromen von schwarzen Kirschen, Blumen und dunklen Himbeeren. Bei mittlerem Körper betört dieser duftige, enge, aber seidig texturierte, geschmacksintensive und vollmundige Wein durch Ladungen von schwarzen Früchten. Voraussichtliche Trinkreife: jetzt–2008. Einer der besten Chardonnays aus Oregon, die ich bislang probiert habe, ist der *1998er Ian's Chardonnay Reserve*, der mit Aromen von tropischen Früchten, Gewürzen und Vanille aufwartet. Dieser stämmige, aber schön ausgewogene Wein von mittlerem Körper kommt breitschultrig und reintönig und mit herrlicher Fülle daher. Im Mund präsentiert sich der harmonische, schön gestaltete Wein mit Anklängen an superreife Birnen und Äpfel. Trinken Sie ihn in den kommenden 3–4 Jahren.

Der ungemein expressive, konzentrierte, pikante und klar umrissene *1999er Riesling Reserve Coral Creek Vineyards* duftet nach Blumen und Earl-Grey-Tee. Seine nachhaltigen Geschmacksnuancen weisen Noten von Gewürzen, Mineralien und diversen weißen Früchten auf. Trinken Sie ihn in den kommenden 3–4 Jahren. Der *1999er Chardonnay Ian's Reserve* ist einer der schönsten Weine dieser Sorte, die Oregon zu bieten hat. Er betört durch reichhaltige Aromen von weißen Früchten, die mit intensiven Gewürznuancen durchsetzt sind. Der fette, buttrige, intensive und üppige Wein hat einen mittleren Körper und betört durch schön geschichtete Anklänge an superreife Birnen, weiße Pfirsiche und kandierte Äpfel. Voraussichtliche Genussreife: jetzt–2005.

Der hervorragende *1999er Pinot Noir Ridgecrest Vineyard* entströmt dem Glas mit süßen Brombeeraromen. Bei mittlerem Körper explodiert dieser herrlich konzentrierte Wein am Gaumen mit überwältigend intensiven Eindrücken von süßen Kirschen, Himbeeren, Erdbeeren, kandierten Johannisbeeren und wundervoll ausgereiften Tanninen. Ein harmonischer, nahtlos gewirkter, extrem extrovertierter Wein, der vollständig von seiner üppigen Frucht dominiert wird. Voraussichtliche Genussreife: 2004–2012. Der nach schwarzen Kirschen, Rosen und Brombeeren duftende *1999er Pinot Noir Rion Reserve* ist aus einer Auswahl der besten Fässer des Ridgecrest Vineyard verschnitten. Der breitschultrige, muskulöse, vielschichtige und elegante Wein hat einen mittleren bis vollen Körper und erinnert in Duft und Geschmack an kandierte Beerenfrüchte, Kirschkompott und eingedickte Erdbeeren. Hinzu kommt noch ein langer, geschmeidiger, fruchtbetonter Abgang. Voraussichtliche Genussreife: 2005–2012.

Der *2000er Riesling Dry Reserve* duftet intensiv nach süßem Kräutertee. Im Mund präsentiert sich dieser gehaltvolle, stämmige Wein von mittlerem Körper mit einer schönen Tiefe und mit Noten von weißen Früchten, Mineralien und Tee. Ein ungemein ausdrucksvoller, fein ausgewogener, köstlicher Wein. Trinken Sie ihn in den nächsten 4–5 Jahren. Der *2000er Pinot Gris Reserve* entströmt dem Glas mit Aromen von weißen Pfirsichen, gedünsteten Birnen und Rauchnuancen. Am Gaumen präsentiert er sich frisch, reintönig und gehaltvoll und mit verschwenderischen Noten von weißen und gelben Pfirsichen. Ein breitschultriger, ungemein expressiver Wein, den Sie in den kommenden drei Jahren trinken sollten.

J. CHRISTOPHER

1999	**Pinot Noir Charlie's Vineyard**	D	88

Der rubinrote *1999er Pinot Noir Charlie's Vineyard* verströmt Aromen von Brombeeren und frischen Kräutern. Der pikante Wein hat einen mittleren Körper und betört durch reichhaltige Geschmacksnoten von süßen roten und schwarzen Kirschen sowie von Cassis und Brombeeren. Er hat einen langen, aber fest strukturierten Nachhall. Voraussichtliche Genussreife: jetzt–2008.

CRISTOM

1998	**Chardonnay Celilo Vineyard**	C	89
1999	**Pinot Noir Jessie Vineyard**	D	91
1999	**Pinot Noir Louise Vineyard**	D	90+
1999	**Pinot Noir Marjorie Vineyard**	D	94
1998	**Pinot Noir Marjorie Vineyard**	D	92
1999	**Pinot Noir Mount Jefferson Cuvée**	C	88
1999	**Pinot Noir Reserve**	D	91
1998	**Pinot Noir Reserve**	D	89+
1998	**Pinot Noir Signature Cuvée**	EE	93

Da es bei Cristom immer wieder gelingt, ebenso elegante wie fruchtbetonte Weine zu kreieren, gehört die Kellerei inzwischen zu meinen beliebtesten Weinerzeugern in Oregon. Der Besitzer des Unternehmens ist Paul Gerrie, die Weinbergspflege liegt in den Händen von Paul Feltz, und für die Weinbereitung ist Steve Doerner zuständig.

Bei dem *1998er Chardonnay Celilo Vineyard*, der mit Aromen von weißen Pfirsichen, feinen Hefen, Toastbrot und Butter aufwartet, handelt es sich um einen äußerst gelungenen Wein. Der auf dem für den Anbau dieser Sorte im Nordwesten der USA gewiss besten *terroir* gewachsene Wein präsentiert sich mit der Fülle eines Meursault und mit der wundervoll eleganten Ausgewogenheit eines Puligny-Montrachet. Dieser überschwängliche, pikante

Wein mit Aromen von weißen Früchten, Vanille und Gewürzen präsentiert sich samtig texturiert und wunderschön gestaltet. Trinken Sie ihn in den kommenden vier Jahren.

Der mittel- bis dunkelrubinrote *1998er Pinot Noir Reserve* duftet nach toastwürzigem Eichenholz und nach Brombeeren. Weiterhin kommen in seiner harmonischen, schön ausgewogenen und konturierten Persönlichkeit Eindrücke von saftigen schwarzen Kirschen, Plätzchenteig und Himbeeren zur Geltung. Dieser ungewöhnlich lange nachklingende Wein zeichnet sich durch Eleganz und einen mittleren bis vollen Körper aus. Voraussichtliche Genussreife: jetzt–2008. Der farblich ganz ähnliche *1998er Pinot Noir Marjorie Vineyard* verströmt Aromen von gerösteten Früchten und toastwürzigem Eichenholz. Bei mittlerem bis vollem Körper wartet dieser konzentrierte, fette, gleichwohl genau definierte und expressive Wein mit überschwänglichen Noten saftiger schwarzer Kirschen auf. Ungeachtet seiner robusten Persönlichkeit beeindruckt er durch seine hervorragende Struktur und Komplexität und einen langen, nuancenreichen Abgang. Voraussichtliche Genussreife: jetzt–2010. Neben Archery Summit ist Cristom in Oregon die einzige Kellerei, die sehr teure Weine produziert. Der mittel- bis dunkelrubinrote *1998er Pinot Noir Signature Cuvée* (die Etiketten sind von Doerner, Feltz und Gerrie »eigenhändig« unterschrieben) offeriert köstliche Aromen von Kirschen und Himbeeren. Bei mittlerem bis vollem Körper betört der Wein am Gaumen durch superb intensive Geschmacksnoten von roten und schwarzen Früchten, Schokolade, gerösteten Kirschen und Brombeeren sowie frischen Himbeeren und Kräutern. Ferner zeigt er sich gut strukturiert, komplex, kraftvoll und elegant. Dieser hervorragende Wein dürfte seine beste Zeit jetzt–2012 erleben.

Von Kellermeister Doerner war zu erfahren: »1999 hatten wir ein fantastisches Jahr, allerdings müssen die Weine noch eine Weile ruhen. Der Jahrgang zeichnet sich, dank des total reifen Leseguts, zum einen durch seine exquisite Ausgewogenheit und zum anderen durch seine exzellenten Säurewerte aus, die wir den kühlen Nächten verdanken.« Der mittel- bis dunkelrubinrote *1999er Pinot Noir Mount Jefferson Cuvée* verströmt ausdrucksvolle Aromen von schwarzen Kirschen. Bei mittlerem Körper wartet dieser saftige Wein mit Wagenladungen üppiger süßer roter und schwarzer Kirschen auf. Sein geschmeidiger Abgang ist durch exzeptionell reife und abgerundete Tannine charakterisiert. Trinken Sie ihn jetzt–2009. Der farblich ganz ähnliche *1999er Pinot Noir Reserve* präsentiert sich mit Duftnoten von schwarzen Kirschen, Gewürznelken und Wacholderbeeren. Der Wein hat einen mittleren Körper und eine ungewöhnliche Tiefe. In seinem strukturierten Kern wartet er mit verschwenderischen Noten diverser Früchte, vor allem Kirschen auf, die mit Gewürzeindrücken verschmelzen. Er sollte noch fünf Jahre ruhen und dürfte mindestens bis 2013 überdauern.

Der *1999er Pinot Noir Jessie Vineyard* ist aus den Früchten der insgesamt dritten Ernte der Parzelle gekeltert worden. Er präsentiert sich in einem mittleren bis dunklen Rubinton und mit ungemein attraktiven Aromen von Pflaumen, Talkumpuder, Parfüm, Rosen und Veilchen. Der samtig texturierte, nahtlose Wein hat einen mittleren bis vollen Körper und betört durch verschwenderische Noten von Kirschen, Brombeeren, Gewürzen und Gewürznelken. In seinem außergewöhnlich langen Abgang bringen sich herrlich reife Tannine zur Geltung. Voraussichtliche Genussreife: 2005–2010. Der farblich ganz ähnliche *1999er Pinot Noir Louise Vineyard* hat ein verhaltenes Bukett von schwarzen Früchten. Bei mittlerem bis vollem Körper offeriert dieser vierschrötige, straff gewirkte Wein eher widerstrebend Geschmackseindrücke von saftigen Brombeeren und Johannisbeeren. Der extrem jugendliche Wein verfügt über große Mengen an Frucht und ganze Ladungen reifer Tannine. Voraussichtliche Genussreife: 2006–2014.

Der Star der Kellerei ist der *1999er Pinot Noir Marjorie Vineyard*. Der opulente, seidig texturierte Wein präsentiert sich in einem mittleren bis dunklen Rubinrot und mit blumig unterlegten Aromen von kandierten schwarzen Kirschen und Gewürzen. Seine schwüle, aber komplexe Persönlichkeit wartet am Gaumen mit Ladungen kandierter Früchte und saftiger

Kirschen sowie einer Vielzahl von Gewürznoten auf, die in dem bewundernswert langen und reintönigen Abgang nachklingen. Voraussichtliche Trinkreife: 2005–2014.

DROUHIN

1999	**Pinot Noir Laurène**	D	89+

Der *1999er Pinot Noir Laurène* duftet nach Gewürzen, Kirschen und Himbeeren. Der strukturierte, straff gewirkte Wein zeigt sich konzentriert und saftig. Am Gaumen kommt er mit Noten von schwarz-roten Früchten und Brombeeren daher, die sich in seiner lebhaften und robusten Persönlichkeit mit Nuancen von Johannisbeeren und asiatischen Gewürzen verbinden. Sollte der Wein in der Flasche noch Fleisch zulegen, könnte er in Zukunft sogar eine hervorragende Punktnote verdienen. Voraussichtliche Genussreife: 2005–2011.

ELK COVE

1999	**Pinot Noir La Bohème**	D	91+
1999	**Pinot Noir Estate Reserve**	E	90?
1999	**Pinot Noir Roosevelt**	D	90+
1999	**Pinot Noir Windhill**	D	88

Die mit der Weinbereitung befassten Mitarbeiter von Elk Cove führen die hohe Qualität ihrer 1999er Pinot Noirs auf die lange Zeit der Trauben am Stock zurück. Der bei einem Ertrag von 40 hl/ha geerntete und an 25 Jahre alten Reben gewachsene *1999er Pinot Noir Windmill* ist mittel- bis dunkelrubinrot und verströmt herrliche Aromen von schwarzen Kirschen. Der opulente, saftige Wein hat einen mittleren bis vollen Körper und weist in seinem gut strukturierten Charakter schöne Anklänge an schwarze Kirschen auf. Vorne im Mund und am mittleren Gaumen stellt sich seine Textur weich dar, verfestigt sich dann aber im Abgang und sollte deshalb noch 2–3 Jahre ruhen. Voraussichtliche Genussreife: 2004–2009. Der farblich etwas dunklere *1999er Pinot Noir La Bohème* ist an 16 Jahre alten Rebstöcken gewachsen. Sein Pflaumenaroma geht in eine seidig texturierte Persönlichkeit von mittlerem bis vollem Körper über. Dieser schwüle Wein ist bis obenhin mit Noten von Blaubeeren, Brombeeren und Kirschen vollgepackt. Ferner zeigt er sich klar umrissen, konzentriert und reintönig und hat einen bewundernswert langen Abgang. Ein hervorragender, mit einer überschwänglichen Frucht ausgestatteter Pinot, der seine Genussreife 2005–2010 erleben wird.

Von dem *1999er Pinot Noir Roosevelt* sind insgesamt nur 360 Kisten produziert worden. Dieser dunkelrubinrote Wein duftet nach Brombeeren, Cassis und frischen Kräutern. Im Mund präsentiert sich der dichte, deutlich strukturierte Tropfen mit verschwenderischen Noten von dunklen Früchten, Lakritze und schwarzen Johannisbeeren. Ein intensiver, kraftvoller, ungemein ausdrucksstarker Wein. Voraussichtliche Genussreife: 2005–2011. Von dem dunkelrubinroten *1999er Pinot Noir Estate Reserve* mit seinen Aromen von Schokolade, Lakritze und schwarzen Früchten hat die Kellerei lediglich 100 Kisten produziert. Bei mittlerem bis vollem Körper kommt dieser kernige, straff gewirkte, enge und intensive Wein konzentriert, verschlossen und muskulös daher. Er verfügt über reichliche Mengen an festen Tanninen, die seine herrliche Frucht zurzeit noch unterdrücken. Nur die Zeit wird zeigen, ob der Wein einmal eine hervorragende Punktnote verdient oder aber weiterhin von seinen Tanninen dominiert wird. Voraussichtliche Genussreife: 2005–2012?

EVESHAM WOOD

1998	**Chardonnay Mahonia Vineyard**	B	88
1999	**Pinot Noir Cuvée J**	D	90
1999	**Pinot Noir Seven Springs Vineyard**	D	89+
1999	**Pinot Noir Shea Vineyard**	D	89

Der *1998er Chardonnay Mahonia Vineyard* hat ein blumiges Bukett, in dem auch Nuancen von Talkumpuder und Zitrusfrüchten zum Vorschein gelangen. Bei mittlerem Körper präsentiert sich dieser elegante Wein am Gaumen weich texturiert, klar umrissen und schön ausgewogen. Im Mund wartet er mit spritziger Birnenfrucht, Gewürzen, Anis und verschwenderischen mineralischen Noten auf, die auch in seinem beeindruckend frischen Abgang mitklingen. Trinken Sie den exzellenten Wein in den kommenden vier Jahren.

Der rubinrote *1999er Pinot Noir Shea Vineyard* hat ein attraktives Bukett von Gewürzen und süßen Kirschen. Bei mittlerem Körper wartet dieser süße, reintönige Wein im Mund mit überschwänglichen weichen Noten von kandierten Kirschen, Himbeeren, Erdbeeren und diversen roten Früchten auf. Er hat eine samtige Textur, eine exzellente Tiefe und einen langen, subtilen Abgang. Trinken Sie ihn jetzt–2009. Der *1999er Pinot Noir Seven Springs Vineyard* ist mittel- bis dunkelrubinrot und verströmt ungemein attraktive Duftnoten von Veilchen und roten und schwarzen Kirschen. Zurzeit stellt er sich noch straff gewirkt dar und kommt bei mittlerem Körper mit einer verschwenderischen Frucht daher. Der Wein hat eine exzellente Tiefe, eine herrlich nuancenreiche Persönlichkeit und das Potenzial, künftig einmal eine hervorragende Punktnote zu erhalten. Trinken Sie ihn 2004–2009. Die Trauben des *1999er Pinot Noir Cuvée J* stammen zu 40% aus dem Temperance Hill Vineyard, zu 5% aus der Seven-Spring-Kultur und zu 55% aus dem eigenen Le Puits Sec Vineyard. Der Wein ist mittel- bis dunkelrubinrot und hat ein würziges Aroma von schwarzen Kirschen. Im Mund kommt er mit wundervoll breit ausgelegten Noten von roten und schwarzen Kirschen und einer markanten Nuance von frischem Eichenholz daher. Er ist wundervoll ausgewogen, von mittlerem bis vollem Körper und mit einer verschwenderischen Fruchtkomponente ausgestattet. Dazu zeigt er sich lebensprühend und frisch und hat einen festen Abgang, der eine fünfjährige Ruhezeit ratsam erscheinen lässt. Danach dürfte er bis 2014 überdauern.

HAMACHER

1999	**Chardonnay Cuvée Forêts Diverses**	**D**	**89**
1998	**Chardonnay Cuvée Forêts Diverses**	**D**	**89+**
1999	**Pinot Noir**	**D**	**93**
1998	**Pinot Noir**	**D**	**92**
1997	**Pinot Noir**	**D**	**89+**
1999	**Pinot Noir Mantia**	**D**	**90+**

Der mittel- bis dunkelrubinrote *1997er Pinot Noir* ist eine der Erfolgsgeschichten des Jahrgangs. Sein durch Anklänge an Vollmilchschokolade und Kirschsirup charakterisiertes Bukett präsentiert sich mit einer herrlichen Reife. Bei mittlerem bis vollem Körper betört dieser geschmeidig texturierte Wein den Gaumen mit Geschmacksnoten von Brombeeren, Kirschen und Erdbeeren. Der ausdrucksvolle, aber gut strukturierte Wein kann sich durchaus noch verbessern. Voraussichtliche Genussreife: jetzt–2005.

Eric Hamacher, der Besitzer des Weinguts, der auch selbst als Kellermeister tätig ist, erzeugt einige der besten Weißweine Oregons. Der *1998er Chardonnay Cuvée Forêts Diverses* (der komplett in zu 50% neuen Eichenfässern ausgebaut worden ist, deren Holz aus unterschiedlichen Wäldern stammt) verströmt Karamell-, Gewürz- und Anisaromen. Er hat einen mittleren Körper und eine cremige Textur und kleidet den ganzen Mund mit ebenso expansiven wie reichhaltigen Noten von kandierten Zitronen, Gewürzen und gekochten Birnen aus. Er präsentiert sich nahtlos, harmonisch und lebensprühend. Außerdem klingen seine expressiven Geschmacksnoten in seinem reintönigen, frischen und langen Abgang nach. Voraussichtliche Genussreife: jetzt–2005. Der *1999er Chardonnay Cuvée Forêts Diverses* verströmt außerordentlich reichhaltige Aromen von Anis, Mandeln und Gewürzen. Der fette, stämmige Wein hat einen mittleren bis vollen Körper und wartet mit verschwenderischen Geschmacksnoten von gekochten Birnen und Marzipan auf. Zurzeit ist seine Eichenholzwürze noch recht vorherrschend, doch das dürfte sich bereits nach wenigen Monaten

Flaschenreife bessern, da der luxuriös texturierte Wein über eine exzellent konzentrierte Frucht verfügt. Voraussichtliche Genussreife: jetzt–2006.

Dick Ponzi, einer der Weinbaupioniere in Oregon, ist Eric Hamachers Schwiegervater. Er sagt: »Eric liebt Pinots mit einer gewissen Delikatesse, und die Weine, die er von dieser Sorte bereitet, sind absolut fantastisch.« Als Claude Dugat von Hamachers 1999er probierte, sagte er: »Die Textur und die Reintönigkeit dieses Weines sind brillant.« Beide haben Recht.

Der *1998er Pinot Noir* ist ein hervorragender Wein. Er präsentiert sich in einem mittleren bis dunklen Rubinton und mit Aromen von Zedernholz, Tabak und dunklen Früchten. Der seidig texturierte, herrlich expansive Wein hat einen mittleren Körper und ist zum Bersten mit Noten von dunklen Früchten, schwarzen Kirschen und Gewürzen vollgepackt. Außerdem sind in der von seiner Frucht dominierten, klar umrissenen, äußerst feinen Persönlichkeit dieses Weines Nuancen von Schokolade spürbar. Er besitzt die für den Jahrgang 1998 typische Festigkeit und verfügt über eine ausreichend dichte Frucht, um dies auszugleichen. Voraussichtliche Genussreife: 2004–2010.

Der rubinrote *1999er Pinot Noir* tut sich in puncto Kraft oder Extraktgehalt nicht sonderlich hervor, aber wie schon der 1997er und der 1998er beweist auch dieser Wein, dass der junge Weinmacher zwei der wichtigsten Potenziale dieser Rebsorte optimal ausgeschöpft und 1) einen exzeptionell reintönigen und 2) einen Wein mit einer fantastischen Textur geschaffen hat. Hamacher selbst sagt dazu: »Ein Pinot Noir *muss* eine großartige Textur haben, oder er ist gar nichts.« Der Wein präsentiert sich mit außergewöhnlich reintönigen Aromen von frischen roten Kirschen, Himbeeren und Johannisbeeren. Er ist so üppig texturiert, dass man unwillkürlich an flüssige Seide denken muss, und kleidet den Mund mit einer ungemein nuancenreichen roten Frucht aus, die auch noch in dem wundervoll langen Abgang nachhallt. Der Wein hat schön gereifte und kaum wahrnehmbare Tannine. Falls es Hamacher gelingen sollte, seinen Weinen noch mehr Tiefe und Konzentration mitzugeben, ohne ihnen dadurch etwas von ihrer grandiosen Reintönigkeit und Textur zu nehmen, dürfte er demnächst einige der betörendsten Pinot Noirs der Welt produzieren. Trinken Sie diesen Wein in den kommenden zehn Jahren. Der mittel- bis dunkelrubinrote *1999er Pinot Noir Mantia*, der nach Joe Mantia, dem Besitzer der entsprechenden Rebkultur benannt ist, duftet nach eingedickten Brombeeren und nach Lakritze. Der konzentrierte, muskulöse, fleischige, ungemein kraftvolle Wein hat einen mittleren bis vollen Körper und eine vielschichtige dunkle Frucht. Ein langlebiger Pinot für Cabernet-Liebhaber. Voraussichtliche Genussreife: 2005–2012.

LEMELSON

1999	**Pinot Noir Jerome Reserve**	D	90+
1999	**Pinot Noir Stermer Vineyard**	D	89
1999	**Pinot Noir Thea's Selection**	D	88

Diese nagelneue Kellerei hat inzwischen 33 ha Land mit Reben bestockt und möchte diese Fläche bis zum nächsten Jahr auf 45 ha erweitern. Das Weingut befindet sich im Besitz von Eric Lemelson, und der mittel- bis dunkelrubinrote *1999er Pinot Noir Thea's Selection* mit seinen attraktiven Aromen von roten Früchten ist nach seiner Mutter benannt. Dieser opulente, samtig texturierte Wein von mittlerem Körper präsentiert sich mit üppigen Geschmacksnoten von Plätzchenteig, kandierten roten Früchten und Kirschsirup. Er kommt weich und ungemein expressiv daher und macht das, was ihm an Komplexität möglicherweise fehlt, durch verschwenderische Geschmacksnoten von köstlichen Früchten wett. Trinken Sie ihn in den kommenden vier Jahren.

Der *1999er Pinot Noir Stermer Vineyard* ist dunkelrubinrot und verströmt verhaltene Aromen von süßen roten Früchten. Am Gaumen zeigt sich dieser Wein von mittlerem Körper fest, aber auch expansiv und wartet mit reichen Anklängen an Brombeeren und frische Kräuter auf. Sein Tannin schmeckt anfangs etwas fest, mildert sich aber bei ausreichender

Belüftung und verspricht sich gut zu entwickeln. Voraussichtliche Trinkreife: 2004–2010. Der farblich ganz ähnliche *1999er Pinot Noir Jerome Reserve* präsentiert sich mit betörenden Aromen von Lakritze und eingedickten Brombeeren. Der intensive, muskulöse Wein hat einen mittleren Körper und eine kernige Textur und wartet im Mund mit dichten Schichten schwarzer Früchte, dunkler Kirschen und asiatischer Gewürze auf, die in dem eindrucksvollen Abgang nachklingen. Voraussichtliche Genussreife: 2005–2012.

PANTHER CREEK

1998	**Pinot Noir Bednarik Vineyard**	**D**	**91**
1999	**Pinot Noir Freedom Hill Vineyard**	**D**	**91**
1998	**Pinot Noir Freedom Hill Vineyard**	**D**	**92**
1999	**Pinot Noir Nysa Vineyard**	**D**	**91**
1998	**Pinot Noir Nysa Vineyard**	**D**	**88+**
1999	**Pinot Noir Red Hills Estate Vineyard**	**E**	**91**
1999	**Pinot Noir Reserve**	**D**	**93**
1998	**Pinot Noir Reserve**	**D**	**90+**
1999	**Pinot Noir Shea Vineyard**	**D**	**89**
1998	**Pinot Noir Shea Vineyard**	**D**	**89+**

Der mittel- bis dunkelrubinrote *1998er Pinot Noir Shea Vineyard* verströmt frische süße Aromen von kandierten roten und schwarzen Kirschen. Ferner findet man in diesem gut gemachten und strukturierten Wein von mittlerem Körper Noten von pikanten Johannisbeeren, saftigen Beerenfrüchten und Steinen samt Nuancen von Eichenholzwürze. Dieser Pinot Noir hat gewiss eine hervorragende Bewertung verdient, wenn es ihm gelingt, seine Holznoten noch besser einzubauen und sich nach einiger Zeit in der Flasche weicher darzustellen. Voraussichtliche Genussreife: jetzt–2007. Der feste mittel- bis dunkelrubinrote *1998er Pinot Noir Nysa Vineyard* wartet mit Aromen von dunklen Beerenfrüchten, Gewürzen, Plätzchenteig und roten Johannisbeeren auf. Dieser straff gewirkte, pikante, fruchtige Wein könnte demnächst durchaus eine exzellente, vielleicht sogar hervorragende Punktnote verdienen. Voraussichtliche Genussreife: jetzt–2008.

Der mittel- bis dunkelrubinrote *1998er Pinot Noir Bednarik Vineyard* hat ein ungemein ausdrucksstarkes Bukett mit Noten von Kürbispastete und süßen Kirschen. Bei mittlerem bis vollem Körper verfügt der abgerundete, stämmige, üppige und attraktive Wein über eine hervorragende Struktur. In seiner harmonischen Persönlichkeit von mittlerem bis vollem Körper kommen sehr schöne Geschmacksnoten von Kirschen, Zimt und Wacholderbeeren zur Geltung. Trinken Sie ihn in den kommenden 8–9 Jahren. Der opulente *1998er Pinot Noir Reserve* duftet betörend nach Gewürzen und roten Früchten. Bei mittlerem Körper präsentiert sich der breit angelegte dekadente Wein im Mund mit ungemein expressiven Noten von roten Kirschen, Aprikosen, Pfirsichen und Mandeln. Er mutet ebenso delikat wie kraftvoll, nuancenreich wie dicht an. In dem langen, gut konturierten Abgang dieses Weines treten geschmeidige, reife Tannine zu Tage. Voraussichtliche Genussreife: jetzt–2010. Auf die explosiven Aromen von schwarzen Kirschen, mit denen der mittel- bis dunkelrubinrote *1998er Pinot Noir Freedom Hill Vineyard* daherkommt, folgt eine samtig texturierte, üppige Persönlichkeit von mittlerem bis vollem Körper. Dieser dekadente, kernige und breit angelegte Wein überwältigt am Gaumen mit verschwenderischen Mengen von roten Kirschen. Er stellt sich schön ausgewogen, geschmacksintensiv und harmonisch dar. Voraussichtliche Genussreife: jetzt–2010+.

Der mittel- bis dunkelrubinrote *1999er Pinot Noir Shea Vineyard* präsentiert sich mit rauen Aromen von schwarzen Früchten. Der tiefe Wein hat einen mittleren bis vollen Körper und wartet mit überschwänglich reichen, expressiven Geschmacksnoten von Brombeeren, schwarzen Kirschen und Cassis auf. Er wirkt schön gestaltet und harmonisch. Trinken Sie ihn in den kommenden 7–8 Jahren. Der farblich ganz ähnliche *1999er Pinot Noir Nysa Vineyard* entströmt dem Glas mit verschwenderischen Anklängen an Gewürze, Brombeeren und mit Minzenuancen. Der große, breit angelegte, geschmeidig texturierte Wein hat einen mittleren bis vollen Körper und schmeckt nach wundervoll reifen Holunderbeeren, Gewürzen und eingedickten schwarzen Himbeeren. Er stellt sich harmonisch dar und hat einen langen, geschmeidigen, fruchtbetonten Abgang. Trinken Sie ihn jetzt–2010.

In das Bukett des *1999er Pinot Noir Red Hills Estate Vineyard* habe ich mich nachgerade verliebt. Dieser dunkelrubinrote Wein verströmt Aromen von unzähligen Gewürzen, Blumen, süßem Tee und roten Kirschen. Bei mittlerem Körper stellt sich dieser raffinierte und von seiner schwarzen Kirschfrucht dominierte Wein weich, geschmeidig, herrlich ausgewogen und elegant dar. Seine vielschichtige, üppige Frucht betört am Gaumen und klingt in dem beeindruckend langen Abgang nach. Voraussichtliche Genussreife: 2004–2010. Der mittel- bis dunkelrubinrote *1999er Pinot Noir Freedom Hill Vineyard* duftet nach Rosen, Brombeeren und asiatischen Gewürzen. Bei mittlerem bis vollem Körper wartet dieser muskulöse, immens strukturierte Wein mit überschwänglichen Geschmacksnoten von Straßenteer, schwarzen Kirschen und süßem Cassis auf. Ein fester, von seiner Frucht dominierter Wein, der noch Ruhe braucht. Voraussichtliche Trinkreife: 2005–2011. Der *1999er Pinot Noir Reserve* ist unter den neuen Freigaben mein Favorit. Er hat ein betörendes Bukett mit Anklängen an Veilchen, Parfüm, getrocknete Blüten und Kirschen. Am Gaumen präsentiert sich dieser elegante, expansive Wein von mittlerem Körper mit verschwenderischen Anklängen an Kirschen, Himbeeren, Erdbeeren und mit Nuancen von frisch zerstoßenem Pfeffer. Er ist reintönig, harmonisch, hat keine Ecken und Kanten und betört durch einen langen, süßen, von seiner Frucht dominierten Abgang. Trinken Sie diesen herrlichen Pinot 2004–2010.

PENNER-ASH

1999 Pinot Noir — **D 93**

1998 Pinot Noir — **D 91**

Der *1998er Pinot Noir* ist der Debütwein der von Lynn Penner-Ash (die auch bei Rex Hill die Weine bereitet) eröffneten Kellerei. Er hat eine mittel- bis dunkelrubinrote Farbe und verströmt köstliche Aromen von schwarzen Himbeeren, Pflaumen und schwarzen Kirschen. Dieser süße, üppig texturierte Wein von mittlerem bis vollem Körper präsentiert sich im Mund mit verschwenderischen Noten von herrlich reifen roten Kirschen und mit Nuancen von Erdbeerkonfitüre. Der schön strukturierte, ausgewogene und klar umrissene Wein stellt sich konzentriert, kraftvoll und elegant dar. Voraussichtliche Genussreife: jetzt–2008+. Der *1999er Pinot Noir* betört durch grandiose Aromen von Plätzchenteig und Kirschsirup. Bei mittlerem bis vollem Körper kommt dieser Wein breit angelegt, gehaltvoll, geschmacksintensiv, wundervoll konzentriert und ungemein ausdrucksstark daher. Am Gaumen wartet er mit überschwänglichen Anklängen an süße rote und schwarze Früchte auf, ein Eindruck, der 30–40 Sekunden anhält. Ein nahtlos gewirkter, harmonischer Wein von wundervoller Ausgewogenheit und Reintönigkeit. Voraussichtliche Genussreife: 2004–2012.

PHANTOM HILL

1998 Pinot Noir Revelation Cuvée — **D 88**

Diese in Idaho gelegene Kellerei kauft die Trauben für ihren Pinot Noir in Oregon. Der mittel- bis dunkelrubinrote *1998er Pinot Noir Revelation Cuvée* präsentiert sich mit Aromen von schwarzen Früchten und einem zugänglichen Charakter von mittlerem Körper. In seinem Geschmacksprofil offeriert er stämmige Noten von schwarzen Himbeeren und Pflaumen. Er hat einen etwas engen Abgang und sollte noch 1–2 Jahre ruhen. Voraussichtliche Genussreife: jetzt–2006.

REX HILL

1999 Pinot Gris Reserve — **C 89**

1999 Pinot Noir Croft Vineyard — **E 88**

1999	**Pinot Noir Jacob-Hart Vineyard**	E	91
1998	**Pinot Noir Jacob-Hart Vineyard**	E	90+
1999	**Pinot Noir Maresh Vineyard**	E	90
1999	**Pinot Noir Reserve**	D	89+
1998	**Pinot Noir Reserve**	D	89
1999	**Pinot Noir Seven Springs Vineyard**	E	93
1999	**Pinot Noir Weber Vineyard**	E	89

Der mittel- bis dunkelrubinrote *1998er Pinot Noir Reserve* verströmt intensive Kirscharomen. Dieser potenziell hervorragende Wein hat eine konzentrierte Persönlichkeit von mittlerem bis vollem Körper. Er ist samtig texturiert und wartet in seinem festen und verhaltenen Geschmacksprofil mit reichhaltigen Eindrücken von dunklen Früchten auf. Voraussichtliche Genussreife: jetzt–2008. Der *1998er Pinot Noir Jacob-Hart Vineyard* stellt sich aromatisch verschlossen dar. Dieser mittel- bis dunkelrubinrote Wein zeigt sich genau wie das vorgenannte Gewächs zurzeit noch verhalten, verfügt aber bereits über alle Qualitäten, die für eine hervorragende Punktnote erforderlich sind. Seine intensiven Geschmackskomponenten erinnern an schwarze Kirschen, Brombeeren, Cola, Gewürze und Mokka. Da er noch etwas fest strukturiert und robust erscheint, sollte man ihm noch ein wenig Zeit lassen, doch danach dürfte er zu einem kraftvollen, extrovertierten und geschmacksintensiven Pinot aufblühen. Genießen Sie ihn jetzt–2008+.

Der farblich dunklere *1999er Pinot Noir Weber Vineyard* duftet nach Veilchen, Rosen und dunklen Früchten. Bei mittlerem Körper präsentiert sich dieser breit angelegte, ungemein attraktive Wein mit überschwänglichen Noten von Gewürzen, kandierten Brombeeren und schwarzen Kirschen. Trinken Sie den seidig texturierten Wein in den kommenden 5–6 Jahren. Der mittel- bis dunkelrubinrote *1999er Pinot Noir Croft Vineyard* betört durch verschwenderische Aromen von getrockneten Blüten, schwarzen Himbeeren und toastwürzigem Eichenholz. Bei mittlerem Körper präsentiert sich dieser expansive, süße, üppige und reintönige Wein mit reichen Anklängen an rot-schwarze Früchte. Im Abgang des sonst harmonischen Weines ist eine gewisse Hitze auszumachen. Trinken Sie ihn in den kommenden 5–6 Jahren.

Der *1999er Pinot Noir Reserve* hat ein überschwängliches Bukett mit Noten von Gewürzen und schwarzen Kirschen. Bei mittlerem Körper präsentiert der Wein sich mit einer fabelhaft öligen Textur und mit verschwenderischen Nuancen von asiatischen Gewürzen und kandierten Kirschen. Ein robuster, opulenter und mit Frucht vollgepackter Wein. Trinken Sie diesen schön ausgewogenen, ungemein ausdrucksvollen Wein in den kommenden 7–8 Jahren. Das betörende Bukett des mittel- bis dunkelrubinroten *1999er Pinot Noir Jacob-Hart Vineyard* ist durch Aromen von schwarzen Kirschen und Schokolade charakterisiert. Bei mittlerem Körper stellt sich dieser Wein weich, süß und samtig texturiert dar. Er verfügt über eine große, breit angelegte, geschmeidige Persönlichkeit. Im Mund präsentiert er sich attraktiv, weich und mit reichen Anklängen an kandierte rote Früchte, die in dem außergewöhnlich langen und reintönigen Abgang nachklingen. Voraussichtliche Genussreife: jetzt–2011.

Der rubinrote *1999er Pinot Noir Maresh Vineyard* verströmt Aromen von dunklen Gewürzen, Kirschen und Toastbrot. Bei mittlerem Körper präsentiert sich dieser gut strukturierte, würzige, groß angelegte, muskulöse Wein im Mund mit überschwänglichen Noten von süßen Brombeeren. Anders als die vorgenannten Weine verfügt er über reichlich Tannine, die sich freilich schön ausgereift und geschmeidig darstellen. Voraussichtliche Genussreife: 2005 bis 2011. Der hervorragende mittel- bis dunkelrubinrote *1999er Pinot Noir Seven Springs Vineyard* ist durch ausgesprochen nuancenreiche Aromen von Veilchen, Brombeeren und Kirschen charakterisiert. Am Gaumen präsentiert er sich mit Sturzbächen von kandierten roten und schwarzen Früchten und floralen Anklängen. Er ist wunderschön gezeichnet, kraftvoll, nuancenreich und hat eine exzeptionelle Länge. Dieser grandiose Wein kombiniert Eleganz mit Muskeln sowie Finesse mit Überschwang. Voraussichtliche Genussreife: 2004–2012.

Der *1999er Pinot Gris Reserve* verströmt würzige und rauchige Aromen von weißen Pfirsichen. Der expansive, gehaltvolle, geschmacksintensive Wein hat einen mittleren Körper und präsentiert sich am Gaumen mit verschwenderischen Noten von weißen Pfirsichen, Aprikosen, gekochten Birnen sowie Steinen. Er beeindruckt durch eine wundervolle Ausgewogenheit und hat einen langen, geschmeidigen, geschmacksintensiven Abgang. Meinen Glückwunsch an Lynn Penner-Ash für diese großartige Serie 1999er Weine, die sie für Rex Hill kreiert hat.

ROCKBLOCK

1999	**Syrah Seven Hills Vineyard**	**D**	**89**

Diese Kellerei befindet sich im Besitz von Ken und Grace Evenstad, denen auch die Domaine Serene gehört. Sie dient zur Erzeugung und Vermarktung der nicht-»burgundischen« Rebsorten. Der *1999er Syrah Seven Hills Vineyard* verströmt süße Duftnoten von Brombeeren, eingedickten schwarzen Himbeeren und Syrah-typische Schweißaromen. (Seinen Namen verdankt er einer größtenteils in Oregon gelegenen Parzelle, die aber auch durch einige Kellereien aus Washington, vor allem Leonetti, bekannt geworden ist.) Bei mittlerem bis vollem Körper wartet dieser üppige, extrem gut ausgebaute Wein mit gehaltvollen Noten von kandierten Brombeeren, schwarzen Kirschen und Holunderbeeren auf und präsentiert sich in seinem langen süßen, geschmeidigen Abgang mit Noten von frischen Kräutern. Trinken Sie diesen ungemein expressiven Wein in den kommenden vier Jahren.

ST. INNOCENT

1999	**Chardonnay Seven Springs Vineyard Dijon Clone**	**C**	**90**
1998	**Chardonnay Seven Springs Vineyard Dijon Clone**	**C**	**88**
1999	**Pinot Gris Shea Vineyard Vendange Tardive**	**C/0,375 l**	**89**
1999	**Pinot Noir Brick House Vineyard**	**D**	**89+**
1996	**Pinot Noir Brick House Vineyard**	**D**	**89+**
1999	**Pinot Noir Freedom Hill Vineyard**	**D**	**91**
1998	**Pinot Noir Freedom Hill Vineyard**	**C**	**90+**
1996	**Pinot Noir Freedom Hill Vineyard**	**D**	**90**
1998	**Pinot Noir O'Connor Vineyard**	**C**	**91**
1996	**Pinot Noir O'Connor Vineyard**	**D**	**88**
1999	**Pinot Noir Seven Springs Vineyard**	**D**	**93+**
1998	**Pinot Noir Seven Springs Vineyard**	**D**	**94**
1999	**Pinot Noir Shea Vineyard**	**D**	**92**

Von den 1997er Pinot Noirs von St. Innocent, die ich verkostet habe, konnte hier leider kein einziger berücksichtigt werden, allerdings sind von dieser Sorte einige hervorragende Weine des Jahrgangs 1996 im Angebot. Der *1996er Pinot Noir O'Connor Vineyard* ist rubinrot und kommt mit Aromen von roten und schwarzen Kirschen daher. Er stellt sich harmonisch und wundervoll reintönig dar und wartet in seinem schön gestalteten Charakter von mittlerem Körper mit Geschmacksnoten von Kirschen und Brombeeren auf. In seinem Abgang gelangen reife, geschmeidige Tannine zum Vorschein. Voraussichtliche Genussreife: jetzt–2006. Der farblich ganz ähnliche *1996er Pinot Noir Brick House Vineyard* präsentiert sich mit Aromen von süßen, cremigen roten Früchten. Der seidig texturierte, kraftvolle und luxuriöse, von seiner Kirschfrucht dominierte Wein hat einen mittleren bis vollen Körper. Ein fein nuancierter, gleichwohl stämmiger und geschmacksintensiver Wein mit einem langen, geschmeidigen, süßen Abgang. Voraussichtliche Genussreife: jetzt–2006. Der *1996er Pinot Noir Freedom Hill Vineyard* präsentiert sich in einem mittleren bis dunklen Rubinton und mit Aromen von schwarzen Johannisbeeren und asiatischen Gewürzen. Dieser kraftvollste 1996er der Kellerei wartet mit einer dichten, kernig texturierten und gut strukturierten Persönlichkeit von mittlerem bis vollem Körper auf. In seinem intensiven Geschmacksprofil lassen sich Noten von Straßenteer, schwarzen Kirschen und Cassis unterscheiden. Gewiss einer der Stars seines Jahrgangs. Voraussichtliche Genussreife: jetzt–2006.

Wie die meisten erstklassigen Chardonnay-Erzeuger in Oregon verarbeitet man auch bei St. Innocent die Trauben von Dijon-Klonen, die eher reif sind als die Früchte anderer Klone. (Früher hat man in Oregon Chardonnays grundsätzlich aus den Früchten solcher Klone bereitet, die eigentlich auf das heiße, trockene kalifornische Klima abgestimmt waren.) Mark Vlossaks extrem gehaltvoller, den ganzen Mund auskleidender *1998er Chardonnay Seven Springs Vineyard Dijon Clone* duftet nach Eierflip, Gewürzen und cremigem Anis. Ferner lassen sich in dem extrem ausdrucksvollen Wein von mittlerem bis vollem Körper überschwängliche Noten von Karamell, Gewürzen und superreifen Birnen ausmachen. Trinken Sie ihn in den kommenden 2–3 Jahren.

Während sich in Oregon viele der bekanntesten Weingüter eine Art Wettrennen darum liefern, wer die teuersten Pinot Noirs im Angebot hat, betreibt St. Innocent eine intelligente, ehrliche und verbraucherfreundliche Preispolitik. Der *1998er Pinot Noir O'Connor Vineyard* (es ist der letzte aus dieser Lage) präsentiert sich in einem mittleren bis dunklen Rubinrot und mit überwältigend ausdrucksstarken Aromen von süßen schwarzen Kirschen und Himbeeren. Der samtig texturierte, üppige und geschmeidige Wein betört durch überreiche Noten von dunklen Früchten und Gewürzen und nimmt in seinem langen Abgang durch wundervoll geschmeidige, reife Tannine für sich ein. Voraussichtliche Genussreife: jetzt bis 2009. In einer für seine Herkunftsparzelle typischen Manier wartet der *1998er Pinot Noir Freedom Hill Vineyard* mit robusten Aromen von verschwenderischen roten Früchten auf. Dieser große, dichte, kernig texturierte Wein von mittlerem bis vollem Körper ist gut strukturiert und zum Bersten mit Noten von roten und schwarzen Kirschen angefüllt. Obwohl er sich zurzeit noch fest darstellt, ist der Wein mit großen Mengen Frucht und schön gereiften Tanninen ausgestattet. Voraussichtliche Genussreife: 2004–2010+. Vlossak glaubt, dass es sich bei dem *1998er Pinot Noir Seven Springs Vineyard* um seine bislang beste Weinkreation handelt (dabei sollte man nicht vergessen, dass er den überirdischen 1994er Freedom Hill Pinot von Panther Creek gemacht hat). Doch ich pflichte ihm bei. Der Wein präsentiert sich mit Aromen von Parfüm, Blumen, roten Beerenfrüchten und Gewürzen, die an einen Romanée-Saint-Vivant denken lassen. Er hat einen mittleren bis vollen Körper, stellt sich seidig texturiert, üppig und hervorragend konturiert dar und beeindruckt zudem durch Finesse und Komplexität. Der hochkomplexe Wein mit seinem exzeptionell langen Abgang betört außerdem durch seidige Schichten von Kirschen, Himbeeren und Erdbeeren. Voraussichtliche Genussreife: jetzt–2010+. Alle Achtung!

Der zu 44% in neuen Eichenfässern ausgebaute *1999er Chardonnay Seven Springs Vineyard Dijon Clone* duftet nach weißen Blumen, Steinen und Birnen, zeigt sich wundervoll klar umrissen und schön gezeichnet und hat eine breit angelegte, kristalline Persönlichkeit von mittlerem Körper. Der reintönige, saftige, komplexe und expressive Wein betört durch reintönige Noten von kandierten Zitronen und Birnen sowie durch Gewürz- und mineralische Anklänge. Trinken Sie ihn in den nächsten 5–6 Jahren. Der bei einem Ertrag von 36 hl/ha geerntete *1999er Pinot Gris Shea Vineyard Vendange Tardive* verströmt Aromen von Mineralien, Gewürzen, kandierten Beerenfrüchten und süßem Tee. Dieser reichhaltige, opulente, dichte, den ganzen Gaumen auskleidende Wein ist zu 80% im Tank und zu 20% in Eichenfässern vinifiziert worden. Er beeindruckt durch eine tiefe Persönlichkeit von mittlerem Körper und durch Anklänge an weiße Pfirsiche und Haselnüsse. Anders als bei Weißweinen aus Oregon sonst üblich, braucht dieser Pinot Gris noch etwas Zeit, um sich zu öffnen. Voraussichtliche Genussreife: 2004–2010.

Von einer etwas merkwürdigen Kreation aus dem Temperance Hill Vineyard einmal abgesehen, hat Vlossak 1999 eine ganze Palette ausnahmslos prachtvoller Pinot Noirs erzeugt. Ferner sollte man ihn dafür loben, dass er mit den Preisen nicht die Bodenhaftung verloren hat. Bin ich etwa der einzige Verbraucher, dem nicht einleuchten will, wieso es in Oregon jede Menge total belanglose Weine gibt, die zwei- oder dreimal so viel kosten wie die hier genannten Produkte? Der *1999er Pinot Noir Shea Vineyard* präsentiert sich in einem mittleren bis dunklen Rubinton und mit einer dunkleren Frucht und einer deutlicheren Struktur, als man sie gemeinhin mit dieser Parzelle assoziiert. Er entströmt dem Glas mit überschwänglichen Aromen von Brombeeren und schwarzen Kirschen. Bei mittlerem bis vollem Körper wartet der Wein mit einem herrlich saftigen Charakter auf und mit verschwenderischen Geschmacksnoten von Früchtekuchen, Brombeersirup und dunklen Kirschen. Den Ausklang bildet ein herrlich langer Abgang. Das Tannin ist zwar reif, aber spürbar und gibt dem Wein das Rückgrat, an dem es vielen der Gewächse aus dieser Parzelle fehlt. Voraussichtliche Genussreife: 2004–2012. Der mittel- bis dunkelrubinrote *1999er Pinot Noir Brick House Vineyard*, dessen Früchte auf Tunnels Bio-Parzelle gewachsen sind, präsentiert sich mit verschwenderischen Aromen von Gewürzen und Veilchen, in die sich Nuancen von toastwürzigem Eichenholz mischen. Bei mittlerem bis vollem Körper und hervorragender Tiefe wird die schwarze Frucht im Mund von Gewürznelkenanklängen dominiert. Zurzeit stellt er sich noch fest dar, dürfte sich aber bei entsprechender Ruhe noch mildern und verbessern. Voraussichtliche Genussreife: 2004–2010.

Der etwas dunklere *1999er Pinot Noir Freedom Hill Vineyard* ist ein großartig ausgestatteter Wein. Er entströmt dem Glas mit überschwänglichen Aromen von Kirschen, roten Blumen und süßen erdigen – oder wie Vlossak sagt »tonigen« – Gewürzen. Am Gaumen wartet er mit kraftvollen Fruchtnoten von Brombeeren und Cassis auf und präsentiert sich schöner gezeichnet und in einem kultivierteren Stil als die meisten anderen Weine aus dieser Rebkultur. Ferner zeigt er sich wundervoll klar umrissen und betört durch verschwenderische Mengen reifer Tannine und einen beeindruckend langen Abgang. Trinken Sie ihn 2005 bis 2012. Die Aromen der Pinots, die Vlossak bislang aus Früchten des Seven Springs Vineyard gekeltert hat, haben mich geradezu verzaubert. Eine Magnumflasche von 1991, die dieses Jahr aus Anlass der »Pinot Noir Celebration« geöffnet wurde, erwies sich als absolut hervorragend. Eine Flasche des 1992ers, die ich eine Woche früher einem aus Paris zu Besuch weilenden Küchenchef kredenzt hatte, war nicht minder betörend. In seiner Jugend offenbart der Wein nur Nuancen seiner komplexen Aromen und stellt sich straff gewirkt und verhalten dar (der 1998er, den ich vor drei Monaten probiert habe, bildet hiervon eine Ausnahme). Nach einer Zeit der Ruhe erblühen diese Pinot Noirs aus dem Seven Springs Vineyard dann üblicherweise zu einigen der schönsten Weine dieser Sorte in ganz Oregon. Der mittel- bis dunkelrubinrote *1999er Pinot Seven Springs Vineyard* verströmt Aromen von Wildblumen, Beerenfrüchten, Zimt und zahllosen Gewürzen. Er kommt gehaltvoll, saftig und extrem elegant daher. Ferner wartet der voluminöse, strukturierte Wein am Gaumen mit ganzen Sturzbächen kandierter roter Früchte, vor allem von Himbeeren und Kirschen, auf. Der frische, wundervoll konzentrierte Pinot Noir hat einen langen, durch toastwürzige Eichen- und Kirschnoten charakterisierten Abgang. Voraussichtliche Genussreife: 2005–2014.

SERENE

1999	**Chardonnay Côte Sud Vineyard Dijon Clones**	**D**	**88**
1999	**Pinot Noir Grace Vineyard**	**E**	**90**
1998	**Pinot Noir Grace Vineyard**	**E**	**91+**
1998	**Pinot Noir Guadalupe Vineyard**	**E**	**91**
1998	**Pinot Noir Mark Bradford Vineyard**	**E**	**89**
1997	**Pinot Noir Reserve**	**C**	**88**

Wie man es von einer der Spitzenkellereien Oregons nicht anders erwartet, hat die Domaine Serene einen köstlichen *1997er Pinot Noir Reserve* kreiert. Der hell- bis mittelrubinfarbene Wein offeriert verhaltene, würzige Aromen von roten Kirschen. Bei mittlerem Körper präsentiert er sich mit einem opulenten, seidenweichen, höchst erfreulichen Charakter. Sein Geschmacksprofil und sein langer, öliger Abgang betören durch ganze Schichten roter und schwarzer Kirschen, die mit Rosmarin- und Zimtnuancen durchsetzt sind. Trinken Sie ihn jetzt.

Der üppige *1998er Pinot Noir Grace Vineyard* präsentiert sich in einem mittleren Rubinrot und mit tiefen Aromen von süßen Kirschen und gerösteten Gewürzen. Bei mittlerem bis vollem Körper dürfte dieser am Gaumen opulente, wundervoll süße Wein mit seinen Fruchtnoten von roten Kirschen und kandierten Erdbeeren bei Weinfreunden sehr viel Anklang finden. Der attraktive Wein kommt ganz ohne Ecken und Kanten daher. Er hat einen langen, milden und seidigen Nachhall. Trinken Sie ihn in den kommenden fünf Jahren. Der mittel- bis dunkelrubinrote *1998er Pinot Noir Mark Bradford Vineyard* offeriert in seinem Bukett ganze Ladungen von Brombeeren und Cassis. Bei mittlerem Körper präsentiert sich seine saftige und mit Brombeernoten vollgepackte Persönlichkeit mit einer exzellenten Tiefe. Er ist verhalten, straff gewirkt und durch die jahrgangstypischen harten Tannine charakterisiert, gleichwohl ein exzellenter Wein mit einer hervorragenden Fruchtdichte. Voraussichtliche Genussreife: 2004–2009. Von dem dunkelrubinroten *1998er Pinot Noir Guadalupe Vineyard* sind bedauerlicherweise nur 100 Kisten produziert worden. Auf seine herrlichen Aromen von Brombeeren, schwarzen Kirschen und, in geringerer Dosierung, Schokolade folgt eine stämmige, gehaltvolle Persönlichkeit von mittlerem bis vollem Körper. Dieser breit angelegte, geschmacksintensive, seidig texturierte und verführerische Wein verfügt über reiche Noten diverser dunkler Früchte sowie asiatischer Gewürze. In seinem beeindruckend langen Abgang kommen reife Tannine zum Vorschein. Voraussichtliche Genussreife: 2004–2010.

Der an zehn Jahre alten Reben gewachsene *1999er Chardonnay Côte Sud Vineyard Dijon Clones* wartet mit betörenden Gewürz-, Vanille- und floralen Aromen auf. Er hat einen mittleren Körper und stellt sich seidig texturiert und expansiv dar. Dieser klar umrissene Wein weist eine gute bis exzellente Tiefe in seinen toastwürzigen, floralen, mineralischen Geschmackskomponenten und in seinen Noten von weißen Früchten auf. Er ist zum Bersten mit Anklängen an weiße Pfirsiche, Butter und Haselnüsse vollgepackt. Trinken Sie ihn in den kommenden 2–3 Jahren. Der mit Duftnoten von schwarzen Kirschen und frischen Kräutern reich ausgestattete *1999er Pinot Noir Grace Vineyard* hat einen opulenten, üppigen Charakter von mittlerem bis vollem Körper. Dieser feminine, seidig texturierte, nahtlos gewirkte Wein präsentiert sich mit verschwenderischen Noten von geschmeidigen süßen Kirschen, Himbeeren und Erdbeeren, hervorragend konturiert und harmonisch und mit tiefer Frucht. Voraussichtliche Genussreife: 2004–2012.

SHEA

1999 Pinot Noir Shea Vineyard — D 88

Der rubinrote *1999er Pinot Noir Shea Vineyard* verströmt attraktive, wenn auch verhaltene Aromen von dunklen Kirschen und schwarzen Himbeeren. Bei mittlerem bis vollem Körper kommt dieser gut gemachte, geschmacksintensive Pinot am Gaumen mit ganzen Ladungen von roten und schwarzen Kirschen daher. Er verfügt über eine exzellente Reife, eine gesunde Struktur und beeindruckt durch seinen langen Abgang, in dem im Backofen gebratene schwarze Früchte dominieren. Trinken Sie ihn in den kommenden sechs Jahren.

TUALATIN

2000 Semi-Sparkling Muscat — B 89

Der *2000er Semi-Sparkling Muscat* ist an Klonen des italienischen Moscato d'Asti gewachsen. Er hat eine frische, pikante Persönlichkeit von mittlerem Körper, die er seinen ungestümen Aromen von Orangenblüten und Himbeeren verdankt. Im Mund präsentiert sich der samtig texturierte Wein mit würzigen Noten von Orangen, roten Beerenfrüchten und Blumen. Wie die italienischen Moscatos ist er durch einen niedrigen Alkoholgehalt (6,5%) und eine halbtrockene Süße charakterisiert. Trinken Sie ihn in den kommenden 6–8 Monaten als Aperitif oder auch, wie ich es liebe, an warmen Sommerwochenenden, während Sie sich im

Fernsehen eine interessante Sportsendung anschauen. Ein preisgünstiger Wein, den Sie bald konsumieren sollten.

WILLAKENZIE

1999	**Pinot Noir**	C	88
1999	**Pinot Noir Aliette**	D	91+
1998	**Pinot Noir Dijon Clones 777**	D	89
1999	**Pinot Noir Grande Reserve**	E	92
1999	**Pinot Noir Pierre Léon**	D	89

Bedauerlicherweise sind von dem exzellenten, potenziell sogar hervorragenden mittel- bis dunkelrubinroten *1998er Pinot Noir Dijon Clones 777* nur 50 Kisten produziert worden. Sein Bukett betört durch Aromen von kandierten Kumquat-Früchten und schwarzen Kirschen. Dieser weiche, gehaltvolle, samtig texturierte Wein von mittlerem bis vollem Körper ist bis zum Bersten mit stämmiger roter und schwarzer Kirschfrucht vollgepackt. Der tiefe, komplexe und kraftvolle Pinot präsentiert sich fest, sollte noch 2–3 Jahre ruhen und dürfte in den kommenden 7–8 Jahren Freude bereiten.

Der mittel- bis dunkelrubinrote *1999er Pinot Noir* hat herrliche Brombeer- und Gewürzaromen. In dem seidig texturierten Wein von mittlerem Körper mischen sich Anklänge an dunkle Früchte mit metallischen Nuancen. Das reife, fast überreife Gewächs präsentiert sich geschmeidig, weich und saftig. Voraussichtliche Genussreife: jetzt–2006. Der mittel- bis dunkelrubinrote *1999er Pinot Noir Pierre Léon* (2000 Kisten) entströmt dem Glas mit Noten von asiatischen Gewürzen, Brombeeren und Blaubeeren. Der breit angelegte Wein von mittlerem bis vollem Körper ist mit konzentrierten Schichten schwarzer Früchte und frischer Kräuter ausgestattet. Ein maskuliner, muskulöser Wein mit ausgeprägter Struktur, der geschmacklich von seinen schwarzen Früchten dominiert wird. Voraussichtliche Genussreife: 2004–2010.

Der hervorragende mittel- bis dunkelrubinrote *1999er Pinot Noir Aliette* erinnert im Duft an ein Kompott aus roten und schwarzen Kirschen, das mit Mokka-, Thymian- und Rosmarinnuancen durchsetzt ist. Bei mittlerem bis vollem Körper präsentiert sich dieser expansive, kraftvolle und konzentrierte Wein mit verschwenderischen Geschmacksnoten von Brombeeren, Cassis, schwarzen Kirschen und zahllosen Kräutern. Er stellt sich saftig dar, betört durch intensive Eindrücke von geschmeidigen Tanninen und dürfte außerordentlich davon profitieren, wenn Sie ihn noch etwas liegen lassen. Voraussichtliche Genussreife: 2005–2012. Der farblich ganz ähnliche *1999er Pinot Noir Grande Reserve* duftet nach frischen roten und schwarzen Kirschen. Bei mittlerem bis vollem Körper präsentiert sich dieser seidig texturierte Wein hoch konzentriert, aber elegant. Im Mund wartet der nuancenreiche, doch robuste Tropfen mit Noten von schwarzen Kirschen, Brombeeren und Cassis auf, die sich mit Nuancen von Zimt, Wacholder und Gewürznelken verbinden. Diese Eindrücke bleiben während des ganzen ausgedehnten Finales bestehen. Ein harmonischer, kraftvoller, nahtlos gewirkter Wein. Voraussichtliche Genussreife: 2005–2012.

WILLAMETTE VALLEY

1998	**Pinot Noir Joe Dobbes Signature Cuvée**	E	88+

Den hervorragenden mittel- bis dunkelrubinroten *1998er Pinot Noir Joe Dobbes Signature Cuvée* habe ich bei drei verschiedenen Gelegenheiten und nach jeweils unterschiedlich intensiver Belüftung probiert. Dabei zeigte sich, dass der Wein zu der großen Zahl der 1998er Pinot Noirs aus Oregon gehört, die von einem ausgedehnten Luftkontakt immens profitieren. Er duftet nach Wildblumen, Brombeeren und Kirschen. Am Gaumen lassen sich in diesem festen, deutlich strukturierten Wein von mittlerem bis vollem Körper Noten von dunklen Früchten, Cola und schwarzen Himbeeren entdecken. Wenn Sie ihn noch eine Weile ruhen lassen, dürfte er sich schön entwickeln und sogar eine hervorragende Benotung verdienen. Voraussichtliche Genussreife: jetzt–2008+.

KEN WRIGHT

1999	Pinot Noir Abbey Ridge Vineyard	D	90
1998	Pinot Noir Abbey Ridge Vineyard	D	89+
1999	Pinot Noir Canary Hill Vineyard	D	91
1998	Pinot Noir Canary Hill Vineyard	D	92
1997	Pinot Noir Canary Hill Vineyard	D	89
1999	Pinot Noir Carter Vineyard	D	93
1998	Pinot Noir Carter Vineyard	D	90
1997	Pinot Noir Carter Vineyard	D	88+
1999	Pinot Noir Elton Vineyard	D	88
1998	Pinot Noir Elton Vineyard	D	93
1999	Pinot Noir Freedom Hill Vineyard	D	93
1999	Pinot Noir Guadalupe Vineyard	D	92
1998	Pinot Noir Guadalupe Vineyard	D	88+
1997	Pinot Noir Guadalupe Vineyard	D	88+
1999	Pinot Noir McCrone Vineyard	D	92+
1998	Pinot Noir McCrone Vineyard	D	90
1997	Pinot Noir McCrone Vineyard	D	88
1999	Pinot Noir Nysa Vineyard	D	88
1998	Pinot Noir Nysa Vineyard	D	88
1999	Pinot Noir Shea Vineyard	D	92
1997	Pinot Noir Shea Vineyard	D	88
1999	Pinot Noir Wahle Vineyard	D	89+
1998	Pinot Noir Wahle Vineyard	D	90

Der leuchtend mittelrubinrote *1997er Pinot Noir Canary Hill Vineyard* verströmt würzige Aromen von Blaubeeren und schwarzen Himbeeren. Dieser geschmeidige Wein von mittlerem Körper kleidet den ganzen Gaumen aus und erinnert an die köstlichen Burgunder eines Claude Dugat. Möglich, dass sich dieser schwüle, sinnenbetörende Wein nicht sonderlich komplex darstellt, gleichwohl gehört er zu den gelungensten 1997ern seiner Sorte, die ich für dieses Buch verkostet habe. Trinken Sie ihn in den nächsten 3–4 Jahren. Der etwas hellere *1997er Pinot Noir McCrone Vineyard* kommt mit süßen, würzigen Aromen von kandierten Beerenfrüchten daher. Obwohl er sich straff, strukturiert und tanninreich darstellt, betört er den Gaumen mit Noten von Brombeeren und Cassis. Bei mittlerem Körper zeigt sich dieser robuste Pinot schön ausgewogen und sollte in den nächsten 2 Jahren getrunken werden, also solange die Frucht das Tannin noch dominiert. Der rubinrote *1997er Pinot Noir Guadalupe Vineyard* offeriert Aromen von mit Talkumpuder bestäubten roten Früchten. Er ist zwar weniger strukturiert als der McCrone, präsentiert sich dafür indes mit verschwenderischen Noten attraktiver roter Kirschfrucht, die auch in dem langen Abgang mitklingen. Möglicherweise erhält der Wein demnächst sogar eine höhere Punktnote, falls nach einer weiteren Ruhephase seine Tannine rascher abschmelzen als seine Fruchtkomponenten. Trinken Sie ihn jetzt.

Der hell- bis mittelrubinrote *1997er Pinot Noir Shea Vineyard* verströmt Aromen von Brombeeren und asiatischen Gewürzen. Bei mittlerem Körper präsentiert sich dieser feste und strukturierte Wein weder so attraktiv noch so opulent wie die älteren Jahrgänge, die Wright aus Früchten dieser Parzelle bereitet hat. Gleichwohl gefällt der Wein am Gaumen durch Noten von Brombeeren und schwarzen Kirschen, die sich mit Anklängen an frische Eichenholzwürze verbinden. Trinken Sie ihn jetzt. Der rubinrote *1997er Pinot Noir Carter Vineyard* präsentiert sich mit Aromen von Babypuder, Erdbeeren und Kirschen. Bei mittlerem Körper wartet der Wein im Mund mit Noten von roten und schwarzen Kirschen, pikanten Blutorangen und Nuancen von Teer und Eichenholzwürze auf. Dank seiner verschwenderischen Geschmackskomponenten von süßen reifen Tanninen und seines langen Nachhalls hat der Wein das Potenzial, sich mit zunehmendem Alter noch zu verbessern. Trinken Sie ihn im Verlauf des nächsten Jahres.

Ken Wright hat 1998 eine ganze Palette eindrucksvoller Pinot Noirs kreiert. Zwei der 1998er, die ich verkostet habe (und zwar der Freedom Hill und der Shea), haben mich allerdings verwirrt, und ich kann im Augenblick noch kein abschließendes Urteil über diese Weine abgeben. Der mittel- bis dunkelrubinrote *1998er Pinot Noir McCrone Vineyard* verströmt tiefe Aromen von Gewürzen und süßen roten Kirschen. Der geschmeidig texturierte Wein hat einen mittleren bis vollen Körper, schmeckt nach schwarzen Kirschen und präsentiert sich in Wright-typischer Manier mit in Fruchteindrücke eingelassenen Tanninen. Er ist extrovertiert und opulent und betört durch einen langen von süßen Kirschnoten dominierten Abgang. Trinken Sie ihn in den kommenden sechs Jahren. Der farblich ganz ähnliche *1998er Pinot Noir Guadalupe Vineyard* duftet nach roten Kirschen und *candy corn*. Dieser süße, attraktive Wein von mittlerem Körper wartet mit verschwenderischen Geschmacksnoten von superreifen dunklen Kirschen auf und mit einem durch reichlich Tannine verkürzten Abgang. Falls seine herrliche Frucht die Tannine überdauert, dürfte dieser Wein eine noch enthusiastischere Kritik verdienen. Trinken Sie ihn in den kommenden 5–6 Jahren. Der rubinrote *1998er Pinot Noir Abbey Ridge Vineyard* verströmt komplexe Aromen von Gewürzen und schwarzen Früchten. Bei mittlerem Körper präsentiert sich dieser seidig texturierte Wein am Gaumen mit reichen Anklängen an dunkle Früchte, die den ganzen Mund auskleiden. Er ist fest strukturiert und erfordert noch Geduld. Voraussichtliche Trinkreife: jetzt–2009.

Der aromatisch verhaltene *1998er Pinot Noir Nysa Vineyard* präsentiert sich am Gaumen mit Noten von kandierten Orangen, Brombeeren und dunklem Steinobst. Bei mittlerem Körper wartet dieser robuste Wein mit einer muskulösen, maskulinen Persönlichkeit auf, die noch etwas Geduld ratsam erscheinen lässt. Voraussichtliche Genussreife: jetzt–2008. Der mittel- bis dunkelrubinrote *1998er Pinot Noir Canary Hill Vineyard* verströmt duftige Aromen von schwarzen Kirschen. Dieser ausdrucksstarke, reintönige, harmonische und expansive Wein hat einen mittleren bis vollen Körper und ist samtig texturiert und nahtlos gewirkt. Sein robuster Charakter wartet mit Noten von süßen roten Kirschen, kandierten Himbeeren und diversen Früchten auf, die auch in seinem langen, geschmeidigen Abgang nachklingen. Er verfügt über eine hervorragende Tiefe und beeindruckt durch seine Geschmacksintensität. Trinken Sie ihn in den kommenden 8–10 Jahren. Der rubinrote *1998er Pinot Noir Wahle Vineyard* duftet nach saftigen roten Kirschen und Popcorn. Bei mittlerem bis vollem Körper kommt dieser groß angelegte, üppige Wein sinnlich, attraktiv und mit öliger Textur daher. Obwohl zweifellos hervorragend, hat er keinen so exquisiten Abgang wie der Canary Hill zu bieten. Trinken Sie ihn in den kommenden 7–8 Jahren.

Der mittel- bis dunkelrubinrote *1998er Pinot Noir Carter Vineyard* verströmt komplexe Aromen von schwarzen Himbeeren, Eichenholz und Gewürzen. Bei mittlerem bis festem Körper wartet dieser fest strukturierte, seidig texturierte Wein mit verschwenderischen Noten von Brombeeren, Cassis und diversen dunklen Steinfrüchten auf. Sein Optimum erlebt dieser konzentrierte Pinot jetzt–2009. Der superbe mittel- bis dunkelrubinrote *1998er Pinot Noir Elton Vineyard* verströmt attraktive Aromen von süßen Kirschen, in die sich mit Vanille durchsetzte Eichenholznuancen mischen. Ein üppiger, expansiver und opulenter Wein. Bei mittlerem bis vollem Körper betört dieser Tropfen den Gaumen mit immer neuen Wellen viskoser Kirsch-, Brombeer- und Gewürznoten. Er kommt harmonisch, nahtlos gewirkt und ungemein wohlschmeckend daher. Voraussichtliche Genussreife: jetzt–2010.

Der rubinrote *1999er Pinot Noir Abbey Ridge Vineyard* beeindruckt durch Aromen von schwarzen Kirschen und weißem Pfeffer. Er ist von leichtem bis mittlerem Körper, attraktiv und wundervoll opulent. In seiner harmonischen Persönlichkeit und in seinem nachhaltigen Abgang lassen sich seidig texturierte Schichten von schwarzen Kirschen und schwarzen Himbeeren entdecken. Ferner ist der Wein durch eine Ken-Wright-typische Geschmeidigkeit und kandierte Frucht charakterisiert. Trinken Sie ihn in den kommenden 7–8 Jahren. Der etwas dunklere *1999er Pinot Noir Nysa Vineyard* hat ein verhaltenes Bukett von schwarzen Früchten. Er ist von mittlerem Körper, dazu stämmig, weich und seidig texturiert. Im Auftakt und in der Mitte präsentiert er sich mit Anklängen an schwarze Kirschen, in die sich im Abgang metallische, fast kupferartige Geschmacksnuancen mischen. Trinken Sie diesen breit angelegten, süßen, üppigen Wein jetzt–2009. Der rubinrote *1999er Pinot Noir Canary Hill Vineyard* duftet nach süßen eingedickten Kirschen. Bei mittlerem Körper stellt sich dieser Wein am Gaumen nahtlos und wunderschön klar umrissen dar und mit einem köstlichen Kern von roten und schwarzen Kirschen und Veilchen. Der saftige Wein hat keine Ecken und Kanten und betört durch einen reintönigen, langen, süßen Abgang. Trinken Sie ihn in den kommenden 8–9 Jahren.

Der etwas dunklere *1999er Pinot Noir Carter Vineyard* hat ein köstliches Bukett von eingedickten schwarzen Kirschen und von Rosen. Bei mittlerem Körper wartet dieser Wein am Gaumen auf breiter Front mit einer herrlichen Frucht auf sowie mit kristallinen Kirsch-, Erdbeer- und Veilcheneindrücken. Ein Wein von beeindruckender Reintönigkeit, schöner Zeichnung und Harmonie. Genießen Sie diesen hervorragenden Tropfen 2004–2010. Der rubinrote *1999er Pinot Noir Elton Vineyard* duftet nach Brombeeren und Cassis. Bei leichtem bis mittlerem Körper präsentiert sich der würzige, frische Wein mit überschwänglichen Geschmacksnoten von Gewürznelken und dunklen Früchten. Trinken Sie ihn in den kommenden sechs Jahren. Der *1999er Pinot Noir Shea Vineyard* entströmt dem Glas mit ehrfurchtgebietenden Aromen von roten Früchten. Bei mittlerem bis vollem Körper präsentiert sich dieser kernig texturierte Wein im Mund mit verschwenderischen Anklängen an Kirschen, Himbeeren, Blau- und Brombeeren. Ein robuster, unmittelbar ansprechender Pinot, der mit beträchtlicher Geschmacksintensität aufwartet. Voraussichtliche Genussreife: 2004 bis 2011.

Der mittel- bis dunkelrubinrote *1999er Pinot Noir Wahle Vineyard* duftet nach Grafit, toastwürzigem Eichenholz und süßen roten Kirschen. Bei mittlerem Körper kommt der intensive und maskuline Wein mit einem stabilen Rückgrat daher. Seine Persönlichkeit und sein bewundernswert langer Abgang sind durch Noten von Brombeeren, Cassis und Eichenholzwürze charakterisiert. Dieser straff gewirkte Wein braucht noch Geduld. Voraussichtliche Genussreife: 2005–2012. Der farblich ganz ähnliche *1999er Pinot Noir McCrone Vineyard* verströmt Aromen von süßen schwarzen Früchten und Erde. Dieser herrliche Wein zeichnet sich durch eine hervorragende Tiefe, Konzentration und Ausgewogenheit aus. Seine reintönigen, frischen Geschmacksnoten von schwarzen Kirschen und Himbeeren mischen sich am Gaumen und in dem superben Abgang mit einer markanten mineralischen Note. Dieser opulent geschichtete, trotzdem pikante Wein dürfte sein Optimum 2004–2010 erleben.

Der nach Kirschen duftende mittel- bis dunkelrubinrote *1999er Pinot Noir Guadalupe Vineyard* präsentiert sich in seinem beeindruckenden Geschmacksprofil mit verschwenderischen Anklängen an saftige rote Beerenfrüchte und Kirschen. Der ungemein expressive, mit Frucht vollgepackte Wein entströmt dem Glas mit ganzen Ladungen süßer roter Früchte. Er kommt reintönig, zuckersüß und ungeheuer beeindruckend daher. Trinken Sie diesen Wein in den kommenden 8–10 Jahren. Der mittel- bis dunkelrubinrote *1999er Pinot Noir Freedom Hill Vineyard* präsentiert sich mit üppigen toastwürzigen Kirscharomen. Bei mittlerem bis vollem Körper wartet dieser grandios gezeichnete Wein mit einer kernigen schwarzen Frucht samt Noten von Mokka und Kirschen auf. Der breit angelegte, frische, klar umrissene Pinot hat einen extrem langen Abgang und beeindruckt durch seine bezwingende Frucht und Finesse. Trinken Sie diesen hervorragenden Wein 2004–2012.

WASHINGTON

Grundwissen

Der US-Bundesstaat Washington bringt alle Voraussetzungen dafür mit, künftig auf dem Markt für hochklassige Weine eine wichtige Rolle zu spielen. Verglichen mit den absurd hohen Preisen, die derzeit die kalifornischen Spitzenweingüter und die Châteaus im Bordelais verlangen, sind die (oft gleichwertigen oder gar besseren) Spitzengewächse aus Washington geradezu preiswert zu nennen. Zudem bieten die größten Kellereien des Staates, etwa Château Ste. Michelle, eine Vielzahl bezahlbarer Weine für preisbewusste Kunden. Wären die Spitzenerzeuger in Washington nicht der Versuchung erlegen, die Preise anzuheben, hätten sie in den vergangenen fünf, sechs Jahren erhebliche Marktanteile gewinnen können.

In Washington werden einige außergewöhnliche und viele schlechte Weine erzeugt. Zweifellos lassen sich in der Region genauso überzeugende, intensive, schmackhafte und elegante Weine produzieren wie in jedem anderen Anbaugebiet der Welt. Die Tatsache, dass die in Washington hergestellten Weine in der Mehrzahl durchschnittlich oder einfach nur schlecht sind, sollte die Aufmerksamkeit des Konsumenten freilich nicht von den herrlichen Produkten jener Erzeuger ablenken, die das enorme Potenzial des US-Bundesstaates voll ausschöpfen.

Außerhalb der USA sind die Weine des Staates Washington kaum bekannt. Aus diesem Grund möchte ich Ihnen hier einige Informationen über die Geografie, das Klima, die Kellermeister und Winzer der Region geben und Ihnen einen Eindruck von den unterschiedlichen Weinstilen vermitteln.

EIN BISSCHEN GEOGRAFIE

Zugegebenermaßen hatte ich eine falsche Vorstellung von Washington, ehe ich dort mehrfach hingereist bin. Zwar hatte ich bereits mehrere Weine von dort probiert und wusste auch, dass Microsoft und diverse andere High-Tech-Unternehmen dort zu Hause sind – und dass es häufig regnet. Meine Reisen haben mir dann allerdings gezeigt, dass meine Lehrer doch nicht total blöde gewesen sind (weil nämlich Gebirgsketten tatsächlich Regenwolken aufhalten können und weil es so etwas wie Mikroklimata wirklich gibt). Wer die Weine des Staates Washington verstehen will, sollte deshalb zunächst einiges über die Geografie der Region wissen.

Buchstäblich alle hier beschriebenen Weine stammen aus der Region Columbia Valley (zu der auch das Yakima Valley und das Walla Walla Valley gehören). Diese vornehmlich wüstenartige Landschaft liegt im Südosten des Staates und reicht auch noch nach Oregon hinein. Wenn Tiefdruckgebiete vom Pazifik her auf die Küste treffen, bleiben sie häufig an den Olympic Mountains hängen und geben einen Großteil ihrer Niederschläge an den westlichen Hängen des Gebirgszugs ab. Falls eine Wetterfront jedoch stark genug ist, um die Olympic Mountains »unbeschadet« zu überwinden, trifft sie anschließend auf die noch höheren Cascade Mountains. Nur sehr wenige Tiefdruckgebiete sind in der Lage, beide Gebirgszüge zu überwinden, und infolgedessen herrschen im Osten des Staates fast wüstenähnliche

Bedingungen (tatsächlich unterhält die US-Armee in Yakima sogar ein eigenes Lager, wo sie Soldaten unter Wüstenbedingungen trainiert).

Als ich auf meiner ersten Verkostungsreise von Seattle nach Walla Walla flog, war ich über den Kontrast zwischen der üppigen Vegetation an den westlichen Hängen der Cascade Mountains und der ausgedörrten Landschaft auf der Ostseite sehr erstaunt. Von den Gipfeln dieses Gebirges bis nach Walla Walla konnte ich lediglich entlang den Flussläufen und auf künstlich bewässerten Farmen Bäume ausmachen. Einige statistische Zahlen mögen diese Klimaverhältnisse veranschaulichen: In der am östlichen Rand der Region Columbia Valley gelegenen Stadt Walla Walla nehmen die jährlichen Niederschläge in West-Ost-Richtung jeweils im Abstand von 2 km um rund 30 mm ab. Am ausgedörrten östlichen Stadtrand von Walla Walla etwa grenzen das Weingut l'Ecole No. 41 und die Woodward Canyon Wineries an staubige Spargelfelder. Am westlichen Stadtrand hingegen, wo Walla Walla Vintners und Glen Fiona ihren Standort haben, sind die Hügelketten mit üppiger grüner Vegetation überzogen.

Regen, der größte Feind der Winzer überall auf der Welt, ist in der wichtigsten Weinbauregion des Staates kaum je ein Problem. Weil die Rebflächen hier künstlich bewässert werden, können die Winzer also genau kontrollieren, wie viel Wasser sie ihren Reben zuführen.

Lassen Sie sich im Übrigen nicht zu der falschen Annahme verleiten, dass es in Washington ständig kalt sei, bloß weil der Staat an Kanada grenzt. Hat der Frühling einmal Einzug gehalten, erfreut sich das Columbia Valley klimatischer Bedingungen, um die Winzer auf der ganzen Welt die Region beneiden würden. Es gibt Sonne und Hitze im Überfluss und die Abende sind kühl, genau die richtige Witterung also, um den natürlichen Säurespiegel auf dem erwünschten Niveau zu halten.

Natürlich befindet man sich auch in Washington nicht im Weinbauparadies. So können sich etwa der Winter und das zeitige Frühjahr für die Erzeuger zum Albtraum auswachsen. Warum? In der Region treten durchschnittlich alle sechs Jahre so genannte »Killer-Fröste« auf (wie man hier sagt), von denen der letzte Ende Januar/Anfang Februar 1996 von der Arktis aus nach Süden zog und die Rebflächen verwüstete. Dabei wurden zahllose Rebstöcke vernichtet, deren Stämme wegen der extrem niedrigen arktischen Temperaturen einfach platzten. Die meisten der überlebenden Rebstöcke brachten nur einen äußerst geringen Ertrag. Interessanterweise haben die Merlot- und die Sémillon-Pflanzungen am meisten unter der Kälte gelitten, während die Cabernet-, die Chardonnay- und die Rhône-Reben sich als widerstandsfähiger erwiesen. Je nach Sorte sind die Erträge 1996 um 25–80% niedriger ausgefallen als gewöhnlich.

KELLEREIEN UND WEINBAUERN

Anders als die meisten Erzeuger in Kalifornien, Oregon, Bordeaux und Burgund besitzen die Kellereien in Washington in der Mehrzahl keine eigenen Rebflächen. Mit Ausnahme der großen Produzenten wie Château Ste. Michelle und Columbia Winery sind die Kellereien in diesem Staat auf das Traubengut angewiesen, das sie von den Weinbauern käuflich erwerben. Die Kellereien hier sind größtenteils aus kleinen Freizeit-Unternehmen hervorgegangen. So war etwa Gary Figgins (Leonetti), bevor er sich ganz der Weinerzeugung verschrieb, Maschinist in einer Konservenfabrik in Walla Walla. Alexander Golitzen (Quilceda Creek) war als Ingenieur für Scott Paper tätig, Chris Carmada (Andrew Will) war Kellner, und das Gleiche gilt für Matthew Loso (Matthews Cellars) etc. Es ist immer dieselbe Geschichte: Diese Männer waren zunächst Weinliebhaber und haben deshalb irgendwann beschlossen, sich in diesem Geschäft zu versuchen. Also kauften sie Trauben, und der Rest ist inzwischen Geschichte.

Die Weinbauern wiederum sind Farmer. Einige von ihnen sind unglaublich reich, andere weniger. Einer dieser Weinbauern, dessen Hauptgeschäft darin besteht, die ebenso berühmten wie köstlichen Fuji-Äpfel zu erzeugen und zu vermarkten, hat mir einmal erzählt, dass er pro Hektar mit Apfelbäumen viermal soviel Geld machen kann wie mit Rebstöcken. »Und weshalb dann dieses finanzielle Opfer?«, fragte ich ihn. »Ich brauche das für mein Ego«, lautete die Antwort.« Wenn seine Äpfel auf den Markt kommen, verschwinden sie einfach in dem Riesenangebot. Er verdient sein Geld, indem er mit seinen Äpfeln pro Hektar Maximalerträge erzielt und die ausgeklügeltsten Verfahren anwendet, um farblich mehr oder weniger identische und optisch makellose Äpfel zu erzeugen. Er hat keinen Kontakt zu den Leuten, die seine Äpfel kaufen und klagt darüber, dass es keinen Markt für Äpfel gibt, die gut schmecken, sondern nur für solche, die möglichst gefällig aussehen. Der Traubenanbau hingegen gestattet es ihm, sein Können auf einer anderen Ebene unter Beweis zu stellen. Auch fühlt er sich, wenn er selbst einen aus seinen Trauben bereiteten Wein trinkt, oder Zeuge wird, wie jemand in einem Restaurant eine Flasche davon bestellt, mit diesem Erzeugnis viel enger verbunden.

Als Weinliebhaber konnte ich diese Antwort natürlich nur zu gut verstehen. Die Gründe, die ihn bewogen hatten, auf mögliche Einnahmen zu verzichten, motivierten ihn aber auch dazu, sich mit bescheidenen Erträgen zu begnügen, um mit der Konkurrenz qualitativ mitzuhalten. Deshalb steht er bei den Kellermeistern in hohem Ansehen. Bedauerlicherweise sind jedoch nur wenige Weinbauern in der komfortablen finanziellen Situation dieses Traubenerzeugers und können es sich leisten, ähnliche Opfer zu bringen. Das führt uns zu einem der größten Probleme, vor die sich die Kellermeister in Washington gestellt sehen: die Erträge. Die Farmer werden pro Tonne bezahlt, egal welche landwirtschaftlichen Produkte sie anbauen, und das gilt auch für Traubengut. Je mehr sie davon erzeugen, umso mehr verdienen sie also. Zahlreiche Kellermeister im Staat Washington führen einen permanenten Kampf mit den Traubenerzeugern (da, wie gesagt, nur wenige Kellereien eigene Rebflächen besitzen) und drängen diese, ihre Erträge zu verringern, ohne ihnen dafür allerdings irgendwelche Anreize bieten zu können. In Kalifornien, Burgund, Oregon und anderwärts bezahlen die Kellereien den Weinbauern eine bestimmte Summe pro Hektar und nicht etwa für den Hektoliter. Ein Winzer, der den gleichen Betrag erhält, ob er nun 45 oder 220 hl Trauben pro Hektar erzeugt, hat also ein finanzielles Interesse daran, den Vorgaben der Kellereien zu folgen. Die »Killer-Fröste«, die im Anbaugebiet Columbia River etwa alle sechs Jahre verheerende Schäden anrichten, hindern die Kellereien jedoch daran, dieses Abrechnungssystem auch in Washington einzuführen. Sie haben einfach nicht das nötige Kapital oder wollen ihr Geld nicht aufs Spiel setzen. In Jahren wie 1996 müssten die Kellereien den Winzern unter diesen Umständen nämlich für extrem niedrige Erträge den vollen Preis zahlen.

Inzwischen ist jedoch ein Licht am Ende des Tunnels zu erkennen. In letzter Zeit sind einige der Spitzenkellereien des Staates, darunter Golitzen, Camarda, Figgins und andere dazu übergegangen, selbst Land zu erwerben und eigene Flächen mit Reben zu bestocken. Sie reinvestieren die Gewinne, die sie mit ihren Unternehmen erzielt haben, um künftig die Qualität und die Menge der Trauben, aus denen sie ihre Weine keltern, besser unter Kontrolle zu haben. Die positiven Folgen dieser Politik machen sich inzwischen bereits in der Qualität der Weine bemerkbar, und es ist klar, dass die fünf Spitzenerzeuger des Bundesstaates einer glänzenden Zukunft entgegenblicken. Wenn man doch nur 20 oder 30 weitere Kellereien dazu bewegen könnte, diesem Vorbild zu folgen ...

WEINSTILE

Wir alle haben eine Vorstellung davon, wie sich ein Wein aus Bordeaux, aus Burgund, Kalifornien, der Toskana oder dem Piemont geschmacklich in etwa präsentiert. Aber natürlich gibt es von jeder Regel Ausnahmen und selbst die feinsten Gaumen der Welt lassen sich bei einer Blindprobe leicht hinters Licht führen. Gleichwohl gibt es gewisse grundlegende Geschmacksprofile und Stile, die für jede der großen Weinbauregionen der Welt typisch sind – mit Ausnahme des Staates Washington. Selbst nachdem ich bereits Hunderte von Weinen

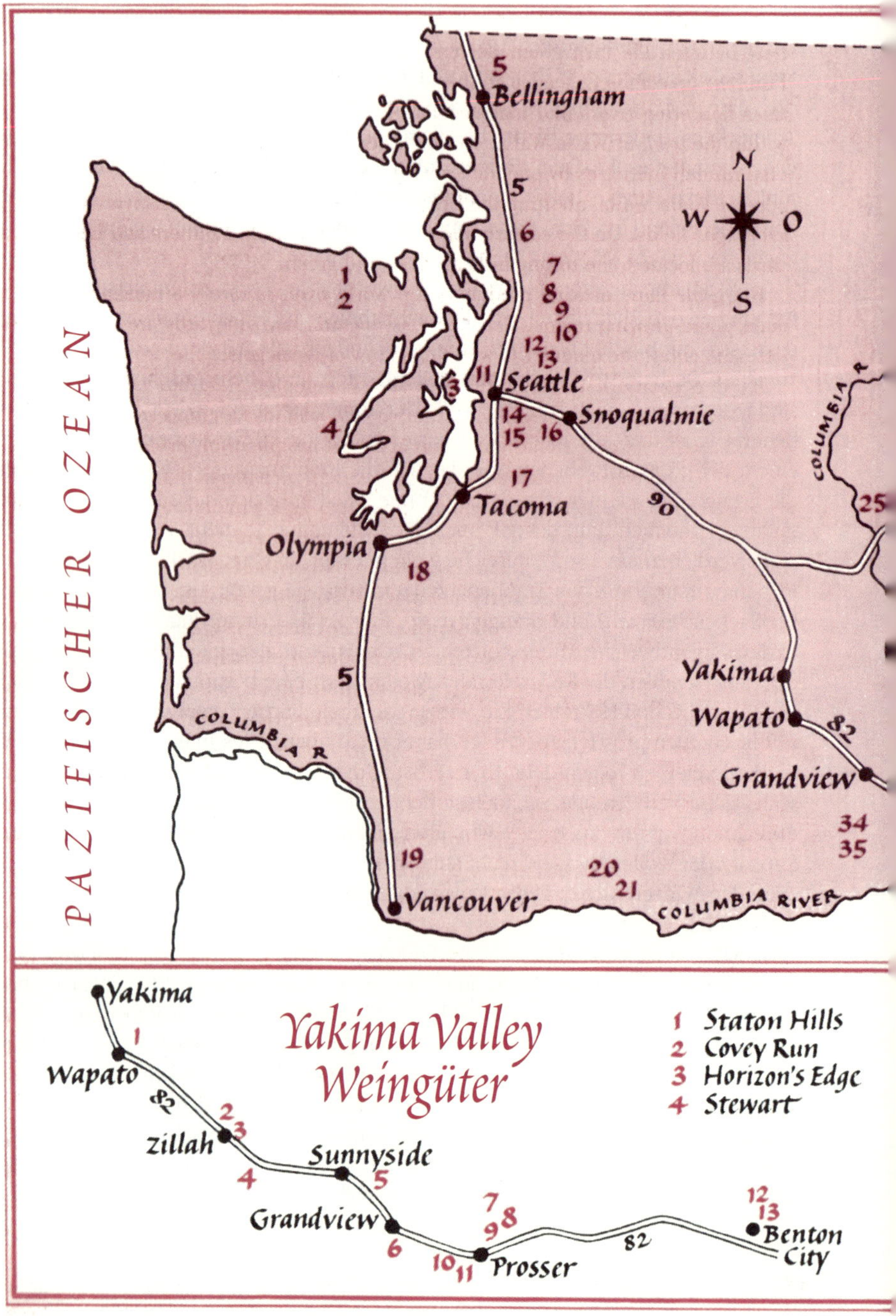
PAZIFISCHER OZEAN
Bellingham
Seattle
Snoqualmie
Tacoma
Olympia
Vancouver
Yakima
Wapato
Grandview
Columbia R
Columbia River
N
W
O
S
Yakima Valley Weingüter
1 Staton Hills
2 Covey Run
3 Horizon's Edge
4 Stewart
Yakima
Wapato
Zillah
Sunnyside
Grandview
Prosser
Benton City

Washington

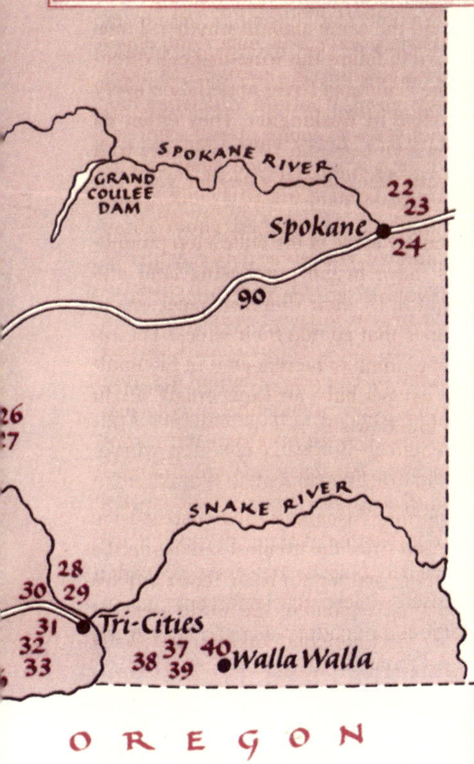

5 Tucker
6 Chateau Ste. Michelle
7 Pontin del Roza
8 Hogue
9 Chinook
10 Yakima River
11 Hinzerling
12 Blackwood Canyon
13 Kiona

1 Neuharth
2 Lost Mountain
3 Bainbridge Island
4 Hoodsport
5 Mount Baker
6 Pacific Crest
7 Quilceda Creek
8 Haviland
9 Chateau Ste. Michelle
10 French Creek
11 Staton Hills
12 Columbia
13 Paul Thomas
14 E.B. Foote
15 Salmon Bay
16 Snoqualmie
17 Manfred Vierthaler
18 Johnson Creek
19 Salishan
20 Hooper
21 Mont Elise
22 Arbor Crest
23 Latah Creek
24 Worden's
25 Champs de Brionne
26 Hunter Hill
27 F.W. Langguth
28 Preston
29 Gordon Brothers
30 Quarry Lake
31 Bookwalter
32 Barnard Griffin
33 Caroway
34 Mercer Ranch
35 Redford
36 Chateau Ste. Michelle
37 L'Ecole No 41
38 Waterbrook
39 Woodward Canyon
40 Leonetti

aus dem Columbia, dem Yakima und dem Walla Walla Valley verkostet hatte, fühlte ich mich außerstande, bestimmte regionale Merkmale auszumachen.

Die große Mehrzahl der Weine, die ich probiert habe (deren Verkostungsnotizen auf den folgenden Seiten *nicht* abgedruckt sind), kommen ungefüge, vegetabil, außerordentlich tanninhaltig und ohne Frucht daher. Zudem müssen zahlreiche Kellereien in Washington noch lernen, was die 5–6 Dutzend kalifornischen Spitzenerzeuger in den vergangenen 15 Jahren begriffen haben: Exzessiv mit Säure angereicherte Weine sind ungenießbar! Auf meinen Reisen nach Washington habe ich umfangreiche Verkostungen vorgenommen und die verschiedensten Erzeuger besucht. Gruppenverkostungen haben den enormen Vorteil, dass man dabei auch Weine relativ unbekannter Produzenten vorgesetzt bekommt. Zudem sind sie in Washington ausgesprochen zeitsparend, weil die Kellereien dort häufig viele hundert Kilometer auseinander liegen. Die Zahl der in beängstigendem Ausmaß mit Säure angereicherten Weine, mit denen ich es bei diesen Gelegenheiten auf meinen beiden Reisen zu tun hatte, ist schier unglaublich. Und was noch wichtiger ist: Diese Anreicherung mit Säure ist zudem ein Beleg für eine durch und durch schlechte Weinbereitung. Glücklicherweise verzichten die führenden Erzeuger des Staates darauf, ihren Weinen Säure zuzusetzen. Kellermeister wie Alexander Golitzen (Quilceda Creek), Chris Camarda (Andrew Will), Gary Figgins (Leonetti) und Mike Januik (Château Ste. Michelle) bereiten Jahr für Jahr Weine, die in der Branche hoffentlich Maßstäbe setzen werden. Obwohl Kellereien wie Leonetti durch Weine mit einer zuckersüßen superreifen Frucht, die zudem noch von ganzen Ladungen Eichenholznoten ummantelt ist, berühmt und wohlhabend geworden sind, gibt es viele andere Erzeuger (zum Beispiel DeLille), die subtile, elegante, gut konturierte Weine bereiten. Und wieder andere (etwa Quiceda Creek) haben eine erstaunliche Kombination aus Kraft und Finesse erreicht, wie man sie vielleicht von einem Spitzen-Bordeaux erwarten würde. Aber auch das strikte Gegenteil solcher Produkte, nämlich dichte, ungemein extraktreiche Weine mit hohem Alkoholgehalt, findet man in Washington.

Die Weinbauregion Washington State steckt noch in den Kinderschuhen, und das macht sie ja gerade so interessant. Diese aus dem Freizeitbereich herausgewachsenen Kellereien definieren gewissermaßen vor unseren Augen (und unseren Geschmacksnerven) die Zukunft der Weine dieser Region. Es gibt dort weder Traditionen noch fixe Maßstäbe. Jeder Stil wird zunächst akzeptiert. Alles ist möglich. Wahrlich ein Pionier-Land.

WEINTYPEN

Fast alle in Kalifornien angebauten Rebsorten wachsen auch in Washington. Washington hat dieses Sortiment freilich noch um die Lemberger-Rebe bereichert, eine rote Vinifera-Sorte, die sich zu einem Beaujolais-artigen, nicht in Eichenholzfässern ausgebauten Wein verarbeiten lässt oder aber zu einem seriösen, durchaus lagerungsfähigen Wein. Einige Produzenten haben außerdem mit Pinot Noir herumexperimentiert und sind, nicht weiter überraschend, beinahe samt und sonders gescheitert. Gewisse (aus den traditionellen Rhône-Rebsorten gewonnene) erst unlängst freigegebene Rhône-Ranger-Weine sind neuerdings in Mode gekommen, und einige davon (besonders Glen Fionas und McCreas Kreationen) präsentieren sich außerordentlich viel versprechend. Die Kellereien erhoffen sich jedoch vor allem von Chardonnay-, Cabernet-Sauvignon- und besonders von Merlot-Erzeugnissen den Durchbruch. (Neben dem Pomerol und der Toskana gehört Washington bei Merlot-Weinen fraglos zu den drei weltweit führenden Anbaugebieten.) Auch für Sauvignon-Blanc- und Sémillon-Weine gibt es berechtigte Hoffnungen. Ein relativ großer Anteil der Anbauflächen ist mit Riesling-Stöcken bepflanzt, doch geht dieser Prozentsatz immer mehr zurück, da diese Rebsorte auf neuen Flächen kaum mehr angepflanzt wird. Glücklicherweise erfreuen sich die meist preisgünstig angebotenen Riesling-Erzeugnisse bei den Verbrauchern in Washington großer Beliebtheit, und die Produzenten reizen diese Vorliebe aus, da diese Weine leicht und preiswert herzustellen sind und schnelles Geld bringen. Riesling-

Liebhabern kann man diese Weine durchaus empfehlen. Man findet hier aber auch die besten Chenin Blancs und Muscats der USA. Wegen ihrer spritzigen, natürlichen Säure, die sich dank des nördlichen Breitengrades, auf dem der Staat liegt, leicht erreichen lässt, sind diese in einem halbtrockenen bis leicht süßen Stil ausgebauten Weine die idealen Sommer- und Picknickweine. Leider ist der Markt für diese Weine jedoch begrenzt. Die Zukunft hängt freilich an den Superstar-Trauben Cabernet Sauvignon, Merlot und Chardonnay. Die gute Nachricht dabei ist, dass diese Weine nach Auskunft der Marketing-Leute von den Verbrauchern tatsächlich verlangt werden und sich der Hauptkonkurrent Kalifornien durch seine Preispolitik allmählich selbst aus dem Wettbewerb verabschiedet.

ROTWEIN

Cabernet Sauvignon Dies ist die erfolgreichste Rebsorte in Washington. In den richtigen Händen ergibt die Traube einen fast undurchdringlich purpurroten Wein. Zur vollen Reife gelangen die Früchte allerdings meist nur in Ost-Washington, wo daraus Weine mit Aromen von Rosinen, Pflaumen und Zedernholz bereitet werden samt exzellenter Geschmacksextraktion, einem mittleren bis vollen Körper sowie guter Tiefe und Konzentration. Freilich kommen die Aromen und Geschmacksnoten von Kräutern und Gemüse bei den Cabernet Sauvignons aus Washington nicht so deutlich zum Tragen wie bei deren kalifornischen Pendants.

Merlot Die Weinerzeuger in Washington erhoffen sich von ihren Merlot-Produkten weltweiten Ruhm. Einige Kellereien (z.B. Leonetti, Andrew Will, Quilceda Creek und Château Ste. Michelle) keltern einige der besten US-amerikanischen Merlots überhaupt. Sie haben bewiesen, dass Washington im Weltmaßstab zu den drei Regionen gehört, in denen die besten Weine aus dieser schwierigen Rebsorte bereitet werden. Es wird niemanden überraschen, dass sich hier aus Merlot geschmeidigere Weine keltern lassen als aus Cabernet Sauvignon. Der Säurespiegel ist niedriger und die Tannine erweisen sich als weniger aggressiv. Freilich stellen sich etliche Merlots wegen der weiterhin üblichen Übererträge noch immer sehr krautig dar und reichen in puncto Geschmackstiefe und Konzentration an die besten Cabernets nicht heran.

Pinot Noir Was ich bisher verkostet habe, lässt sich auch nicht entfernt mit dem vergleichen, was diese Traube in Burgund und in manchen Lagen in Kalifornien und Oregon an Qualität zu bieten hat.

Lemberger Diese ursprünglich in Deutschland angebaute Rebe ist genau wie der Zinfandel ungemein anpassungsfähig und lässt sich in einer Vielzahl von Stilen ausbauen. Nur einige wenige Kellereien produzieren Lemberger-Weine (die Kulturen machen nicht einmal 1% der gesamten Rebfläche des US-Bundesstaates aus). Schade, ein Großteil des Lembergers, der auf den Markt kommt, ist langweilig, hart und wird aus Übererträgen gekeltert.

WEISSWEIN

Chardonnay Die Chardonnay-Rebe wird in Washington auf mehr als 15% der Anbaufläche angepflanzt. Die Trauben können zu voller Reife gelangen und behalten doch ihre exzellente natürliche Säure. Deshalb gehen immer mehr Erzeuger dazu über, die Weine im Fass zu vergären und der kompletten malolaktischen Fermentation zu unterziehen. Ein ausgedehnter Kontakt mit den feinen Hefen, wie er in Kalifornien beliebt ist, findet auch hier großen Anklang. Eine Reihe von Kellereien hat für viel Geld neue französische Eichenfässer angeschafft und versucht jetzt, Weine im Côte-de-Beaune-Stil auszubauen. Andere sind um einen fruchtigeren Stil (à la Fetzers Sundial) bemüht, während wieder andere einen mittleren Weg einschlagen. Kurz: Man findet ganz unterschiedliche Stile, aber es gibt durchaus ein

Potenzial für exzellente Chardonnays aus Washington, wenn auch viele Möglichkeiten bisher ungenutzt bleiben. Die besten Chardonnays erzeugen die Kellereien Château Ste. Michelle und Woodward Canyon.

Chenin Blanc Man findet hier aber auch wundervolle Chenin-Blanc-Weine, die dank der natürlichen spritzigen Säure in einem etwas süßen Stil ausgebaut werden. Doch die meisten Kellereien waren offenbar überrascht, dass jemand diese vielfach vernachlässigte und schlecht geredete Rebsorte überhaupt verkosten wollte. Die Weine sind durchaus preisgünstig.

Gewürztraminer Glücklicherweise geht der Anteil dieser Rebe an den Anbauflächen immer mehr zurück. Sie hat sich in Washington genauso wenig bewährt wie in Kalifornien.

Sauvignon Blanc In Washington werden die potenziell extrovertierten, krautigen und grasigen Eigenschaften dieser Rebsorte in Schach gehalten. Viele Kellereien bauen diese Weine zudem eine Zeit lang in Eichenholzfässern aus. Genau wie in Kalifornien sind die meisten Hersteller um einen risikolosen »mittleren« Stil bemüht, und die Folge sind häufig langweilige und schale Weine. Die Washingtoner Sauvignons liegen jedoch in einer vernünftigen Preisklasse und erscheinen daher vielen Konsumenten attraktiv.

Sémillon Diese Traube verfügt in Washington über ein exzellentes Potenzial. Sie ergibt ungemein körperreiche und gehaltvolle Weine mit jener lebensprühenden Säure, wie sie für die Gewächse der Region typisch ist.

Weißer (Johannisberg-) Riesling Die Rieslinge aus Washington sind gut, doch kommen sie häufig simpel und eindimensional daher, wenn man sie an den komplexen Schiefer- und mineralischen Aromen und der unglaublichen Leichtigkeit und Würzigkeit misst, durch die sich die besten deutschen Rieslinge auszeichnen. Trotzdem: Die Riesling-Weine, die in Washington in großen Mengen erzeugt werden, erhält man fast geschenkt.

DIE BESTEN PRODUZENTEN IM BUNDESSTAAT WASHINGTON

Wenn ein Produzent in zwei Kategorien fällt (***/****), wird er in der niedrigeren eingeordnet.

** * * * * (HERVORRAGEND)*

Andrew Will
DeLille Cellars
Leonetti Cellars
Quilceda Creek

** * * * (AUSGEZEICHNET)*

Château Ste. Michelle
Northstar****/*****

** * * (GUT)*

Betz***/****
Dunham***/****
L'Ecole No. 41***/****
Glen Fiona***/****
Hedges Cellars
Hightower Cellars
The Hogue Cellars
Matthews Cellars
McCrea Cellars***/****
Reininger***/****
Seven Hills
Tamarack
Waterbrook Winery
Woodward Canyon

** * (DURCHSCHNITTLICH)*

Apex Cellars**/***
Arbor Crest
Barnard Griffin
Blackwood Canyon
Bookwalter
W. B. Bridgman
Canoe Ridge**/***
Caterina

Columbia Winery**/***
Columbia Crest**/***
Covey Run
Facelli
Gordon Brothers Family Vineyards**/***
Hyatt
Kiona**/***
Latah Creek
Mountain Dome
Patrick M. Paul
Preston
Soos Creek
Stewart
Tagaris
Teft Cellars
Paul Thomas
Tucker
Walla Walla Vintners**/***
Washington Hills
Wilridge Cellars

ANDREW WILL

1999	Cabernet Franc Sheridan	D	90
1999	Cabernet Sauvignon Champoux	D	(93–95+)
1999	Cabernet Sauvignon Ciel du Cheval	D	(92–94)
1998	Cabernet Sauvignon Ciel du Cheval	D	91
1998	Cabernet Sauvignon Klipsun	D	88+
1997	Cabernet Sauvignon Klipsun	D	92
1997	Cabernet Sauvignon Pepper Bridge	D	90+
1997	Cabernet Sauvignon R	D	90+
1996	Cabernet Sauvignon R	D	88+
1998	Cabernet Sauvignon Seven Hills	D	89
1997	Cabernet Sauvignon Seven Hills	D	88
1999	Cabernet Sauvignon Sheridan	D	(90–91)
1999	Merlot Ciel du Cheval	D	90?
1998	Merlot Ciel du Cheval	D	90
1997	Merlot Ciel du Cheval	D	92
1999	Merlot Klipsun	D	88+
1998	Merlot Klipsun	D	91
1997	Merlot Klipsun	D	93
1999	Merlot Pepper Bridge	D	89
1998	Merlot Pepper Bridge	D	91
1997	Merlot Pepper Bridge	D	91
1999	Merlot Seven Hills	D	89+
1998	Merlot Seven Hills	D	89
1997	Merlot Seven Hills	D	89+
1999	Sorella	E	(92–94)
1998	Sorella	E	91+
1997	Sorella	E	92+

Chris Camarda gehört zu den besten Merlot-Produzenten in Amerika und hat auch 1997 eine beeindruckende Palette dieser Weine bereitet. Der *1997er Merlot Seven Hills* ist mittel- bis dunkelrubinrot und verströmt unglaublich süße und würzige Aromen von Cassis, Himbeeren, Plätzchenteig und Kirschsirup. Bei mittlerem Körper wartet dieser herrlich gehaltvolle, betörende Wein am Gaumen mit einer Fülle roter Kirschen und frischer Kräuter auf. Sein etwas warmer (alkoholreicher) Abgang stellt sich lang, geschmeidig und attraktiv dar. Trinken Sie ihn in den kommenden 5–6 Jahren. Der farblich dunklere *1997er Merlot Pepper Bridge* verströmt Aromen von kandierten Kirschen, Zimt und superreifen Früchten. Der komplexe, ölig texturierte und strukturierte Wein präsentiert sich am Gaumen opulent mit einer Fülle roter und schwarzer Früchte und klingt mit Ladungen fester, aber gut gereifter Tannine aus. Voraussichtliche Trinkreife: jetzt–2007.

Der dunkelrubinrote *1997er Merlot Ciel du Cheval* duftet nach Brombeeren und kandierten Blutorangen. Er stellt sich explosiv, breit ausgelegt, expansiv, körperreich und schön ausgereift dar. In dem ehrfurchtgebietend langen, reintönigen und weichen Abgang dieses dichten Weines kommen konzentrierte Schichten gelierter roter Früchte zur Geltung. Voraussichtliche Genussreife: jetzt–2007+. Der erstklassige *1997er Merlot Klipsun* stammt ebenfalls aus dem Klipsun Vineyard und ist mit einem Ertrag von rund 65 hl/ha geerntet worden. Auf seine satte schwarze Farbe und Aromen von süßen eingedickten, aber frischen roten Früchten und Plätzchenteig folgt ein extravaganter, opulenter und eleganter Charakter. Der dicht gewirkte, ungeheuer intensive, körperreiche Wein präsentiert sich mit Noten von Mokka-Eiscreme, mit Schokolade überzogenen Kirschen und Ladungen kerniger, ungemein reifer roter und schwarzer Früchte. Seine reintönigen Geschmacksnoten und die umwerfende Reife, Finesse, Kraft, Länge sowie die klar umrissene Art des Weines hinterlassen einen mächtigen Eindruck. Trinken Sie ihn in den kommenden 7–8 Jahren.

Auch wenn Camardas Cabernet Sauvignons nicht ganz das Niveau seiner Merlots erreichen, gehören sie gewiss zu den besten Weinen dieser Sorte in Washington. Der *1997er Cabernet Sauvignon Seven Hills* ist mittel- bis dunkelrubinrot und verströmt mit Eichenholzwürze durchtränkte Erdbeeraromen. Bei mittlerem bis vollem Körper präsentiert er sich mit einer schönen samtigen Textur, intensiven Geschmacksnoten von schwarzen Johannisbeeren und einem strukturierten, festen Charakter. Voraussichtliche Genussreife: jetzt–2007. Der satt mittel- bis dunkelrubinrote *1997er Cabernet Sauvignon Pepper Bridge* duftet nach schwarzen Himbeeren und asiatischen Gewürzen. Bei mittlerem bis vollem Körper kleidet dieser kraftvolle Wein den Gaumen mit teerigen Noten von schwarzen Früchten aus. In seinem langen tanninbetonten Abgang wartet der konzentrierte, verhaltene und feste Wein außerdem mit Nuancen von Minze und Kräutern auf. Voraussichtliche Genussreife: jetzt–2008.

Der dunkelrubinrote *1997er Cabernet Sauvignon Klipsun* duftet nach Kerzenwachs und schwarzer Frucht. Am Gaumen wartet der ungeheuer kraftvolle und konzentrierte Wein mit Eindrücken von süßen kandierten Brombeeren und Kirschen auf, in die Noten von mit Vanille durchsetzter Eichenholzwürze hineinwirken. Der reichlich mit (allerdings reifen) Tanninen ausgestattete, muskulöse, unmittelbar ansprechende Cabernet braucht noch etwas Geduld. Voraussichtliche Genussreife: jetzt–2008.

Der mittel- bis dunkelrubinrote *1996er Cabernet Sauvignon R* duftet nach reifen italienischen Tomaten und Eichenholzwürze. Der tanninbetonte, etwas vierschrötige, feste, aber auch extraktreiche Cabernet präsentiert sich mit teerigen schwarzen Früchten und Eukalyptusnoten. Sollten die Tannine vor der Frucht abschmelzen, dürfte sich meine derzeitige Benotung demnächst als zu konservativ erweisen. Der mittel- bis dunkelrubin-purpurrote *1997er Cabernet Sauvignon R* duftet nach Brombeeren, Vanille und Gewürzen. Bei mittlerem bis vollem Körper wartet der intensive, konzentrierte und feste Wein in seinem Geschmacksprofil mit Anklängen an Teer, schwarze Johannisbeeren und Eichenholzwürze auf. Er ist kraftvoll, muskulös und tanninreich. Voraussichtliche Genussreife: jetzt–2008.

Der *1997er Sorella* (ein Verschnitt aus Cabernet Sauvignon, Cabernet Franc und Merlot) präsentiert sich in einem satten mittleren bis dunklen Rubinton. In der Persönlichkeit dieses eleganten, intensiven und harmonischen Weines lassen sich lebhafte Aromen von Veilchen und roten und blauen Früchten entdecken. Seine samtig texturierte Persönlichkeit ist durch Anklänge an Pflaumen, schwarze Johannisbeeren, Schokolade und Gewürze gekennzeichnet. Camardas hohes Können zeigt sich nicht zuletzt in der Art und Weise, wie er bei der Vinifizierung die Eichenholznoten setzt. Obwohl vorhanden, sind sie nur spürbar, wenn man eigens danach sucht. Voraussichtliche Genussreife: jetzt–2010+.

Der mittel- bis dunkelrubinrote *1998er Merlot Ciel du Cheval* verströmt die Merlot-typischen Aromen von süßen italienischen Tomaten und frischen Kräutern. Er hat einen mittleren bis vollen Körper, ist seidig texturiert, konzentriert und fest strukturiert und sollte noch 2–3 Jahre ruhen. Voraussichtliche Genussreife: jetzt–2010. Der *1998er Merlot Klipsun* präsentiert sich in einem mittleren bis dunklen Rubinton und mit Aromen von überreifen dunklen Beerenfrüchten und Kirschen. Am Gaumen bringt er sich mit konzentrierten, kraftvollen Schichten von herrlich ausgereiften roten und schwarzen Früchten zur Geltung. Der samtig texturierte und tiefe Wein stellt sich muskulös, ungemein konzentriert und extraktreich dar. Voraussichtliche Genussreife: jetzt–2012.

Der etwas hellere *1998er Merlot Seven Hills* duftet nach Rosmarin, Tomaten und schwarzen Früchten. Im Mund stellt sich der straff gewirkte, kräuterhafte, durch schwarze Früchte charakterisierte Wein fest, vierschrötig und tanninbetont dar. Voraussichtliche Trinkreife: 2004–2009. Der körperreiche, dick texturierte *1998er Merlot Pepper Bridge* präsentiert sich in einem satten mittleren bis dunklen Rubinrot und kleidet den Gaumen mit ganzen Schichten schwarzer Früchte aus. Er kommt ungemein extraktreich und konzentriert daher und verfügt über eine wundervoll tiefe Frucht. Dieser gut strukturierte, kraftvolle und intensive Wein dürfte sein Optimum 2004–2012 erleben.

Der dunkelfarbige *1998er Cabernet Sauvignon Ciel du Cheval* hat ein hervorragendes Bukett von süßen roten Früchten, schon fast überreifen Brombeeren und verschwenderischen Gewürzaromen. Bei mittlerem bis vollem Körper betört der Wein durch überschwängliche Anklänge an Cassis, schwarze Kirschen, Zimt, Wacholderbeeren und durch Nuancen von geröstetem Rosmarin. Er ist kraftvoll, strukturiert und hat einen durch reife Tannine charakterisierten langen Abgang. Trinken Sie ihn in den kommenden 12–15 Jahren. Der mittel- bis dunkelrubinrote *1998er Cabernet Sauvignon Seven Hills* duftet nach Kirschsirup, Veilchen, Rosen und Parfüm. In seinem geschmacksintensiven Charakter gelangen Noten von pfeffrigen dunklen Beerenfrüchten und pikanten schwarzen Kirschen zum Vorschein. Er ist gut strukturiert, von mittlerem Körper und schön ausgereift. Den höchsten Trinkgenuss gewährt er jetzt–2008. Der mittel- bis dunkelrubinrote *1998er Cabernet Sauvignon Klipsun* verströmt würzige Aromen von schwarzen Kirschen. Er ist von mittlerem Körper, lebensprühend und wartet in seiner vierschrötigen Persönlichkeit mit Noten von roten Johannisbeeren und Brombeeren auf. Voraussichtliche Genussreife: 2004–2012. Der mittel- bis dunkelrubinrote *1998er Sorella* beeindruckt durch süße, üppige Aromen von Gewürzen, Veilchen und Rosen. Obwohl von fester Struktur, ist er mit verschwenderischen Noten von roten und schwarzen Früchten samt Nuancen von süßer Eichenholzwürze ausgestattet. Der seidig texturierte Wein hat einen mittleren bis vollen Körper und dürfte sein Optimum 2005–2015 erleben.

Dem dunkelrubinfarbenen *1999er Cabernet Sauvignon Sheridan* (der 12% Cabernet Franc enthält) entströmen Aromen von eingedickten Brombeeren, Cassis und asiatischen Gewürzen. Bei mittlerem bis vollem Körper präsentiert sich der seidig texturierte Wein mit harmonischen Schichten von Brombeeren, schwarzen Kirschen und Gewürzen. Weiterhin nimmt er sich nahtlos, süß, üppig, intensiv und kraftvoll aus. Voraussichtliche Genussreife: jetzt–2012+. Der wundervoll dunkelrubinrote *1999er Cabernet Sauvignon Champoux* enthält 20% Cabernet Franc. Auf sein außergewöhnliches Cassis-Bukett folgt eine ungemein konzentrierte, breit angelegte, zuckersüße Persönlichkeit von mittlerem bis vollem Körper. Der seidig texturierte Wein wartet mit verschwenderischen Noten von saftigen schwarzen Früchten auf, die im Abgang 45+ Sekunden nachklingen. Ein überschwänglicher, unbeschwerter, gleichwohl tiefer und feiner Wein, der es mit deutlich teureren Angeboten aus Kalifornien ohne weiteres aufnehmen kann. Ein umwerfender Wein, der den Gaumen mit herrlich ausgereiften Tanninen betört. Voraussichtliche Genussreife: 2004–2015.

Der reinsortige *1999er Cabernet Sauvignon Ciel du Cheval* präsentiert sich in einem satten dunklen Rubinton. Auf sein Brombeersaftaroma folgt ein muskulöser, dicker Charakter von mittlerem bis vollem Körper. Er weist in seinem lebensprühenden, kernigen Geschmacksprofil verschwenderische Noten von wilden schwarzen Kirschen und Brombeeren auf. Sein Optimum dürfte dieser superreife, unmittelbar ansprechende Cabernet 2004–2014 erleben.

Der dunkelrubinrote *1999er Sorella* verströmt blumige Aromen von schwarzen Johannisbeeren und Veilchen. Bei mittlerem bis vollem Körper beeindruckt er durch Finesse und eine grandiose Definition. Der seidig texturierte, elegante, schön gezeichnete Wein wartet mit betörenden Noten von Cassis, eingedickten Brombeeren und Kirschen auf und nimmt mit einem herrlich langen, reintönigen, geschmacksintensiven Abgang für sich ein. Voraussichtliche Trinkreife: 2005–2015. Der mittel- bis dunkelrubinrote *1999er Cabernet Franc Sheridan* verströmt Aromen von Veilchen und süßen roten Kirschen. Er ist von mittlerem Körper, seidig texturiert und strotzt von saftigen Schichten kandierter roter Beerenfrüchte, Kürbis, Blaubeeren und Kräuternuancen. Ein hervorragender, geschmacksintensiver und eleganter Wein, den Sie in den kommenden 6–8 Jahren trinken sollten.

Der mittel- bis dunkelrubinrote *1999er Merlot Seven Hills* verströmt Aromen von Kirschen, Brombeeren und Vanille, in die sich Nuancen von kandierten Orangenschalen mischen. Bei mittlerem bis vollem Körper wartet der Wein zudem mit pikanten Noten von roten und schwarzen Johannisbeeren sowie von saftigen Brombeeren auf. Er stellt sich kraftvoll und konzentriert dar und verfügt über ein stabiles Tanningerüst. Voraussichtliche Genussreife: 2004–2012. Der farblich ganz ähnliche *1999er Merlot Pepper Bridge* verströmt Aromen von schwarzen Früchten und von frisch verlegtem Asphalt. In seiner dunkel-verhaltenen Persönlichkeit treten überschwängliche Noten von Brombeeren, Johannisbeeren und Nuancen von gerösteten Kräutern zu Tage. Dieser feste Wein von mittlerem Körper erfordert noch etwas Geduld. Trinken Sie ihn 2005–2012.

Der mittel- bis dunkelrubinrote *1999er Merlot Ciel du Cheval* ist von mittlerem Körper. Zwei Verkostungen haben völlig unterschiedliche Bewertungen ergeben. Beim ersten Mal präsentierte er sich mit schön ausgewogenen, lebensprühenden Geschmacksnoten von Cassis, Brombeeren, schwarzen Kirschen, toastwürzigem Eichenholz und Teer. Er nahm sich konzentriert und extraktreich aus und wartete mit dichten Schichten von Frucht und einem langen, ungemein ausdrucksvollen Abgang auf. Außerdem gebot er über eine exzellente, alterungsfähige Struktur. Die Flasche wurde mit 90 Punkten bewertet. Als sich Camarda zwei Monate später in Seattle aufhielt, verkosteten wir eine zweite Flasche. Dabei traten Aromen von Taleggio, einem cremigen italienischen Käse mit weicher Rinde zu Tage, aber auch eine straff gewirkte, säurereiche Persönlichkeit mit einer deutlich spürbaren Alkoholnote im Abgang. In Anbetracht der hervorragenden Leistungsbilanz, die Carmada vorzuweisen hat, neige ich der Auffassung zu, dass es sich bei der ersten der beiden Flaschen um die repräsentativere gehandelt hat. Um der Wahrheit die Ehre zu geben, muss ich jedoch auf beide Ergebnisse verweisen. Der dunkelrubinrote *1999er Merlot Klipsun* stammt aus einer Parzelle, deren Weine mir von Camardas Merlots häufig am meisten zusagen. Er ist von mittlerem Körper und duftet nach Brombeerkonfitüre und Hoisinsauce. Trotz einiger unrunder Tannine wartet der Wein mit eindrucksvollen Fruchtnoten auf. In seinem Geschmacksprofil lassen sich Anklänge an Brombeeren, Cassis, toastwürziges Eichenholz und Nuancen von italienischen Tomaten entdecken. Ein fester, ungemein extraktreicher und konzentrierter Wein. In seinem Abgang machen sich erhebliche Tanninmengen bemerkbar und eine gewisse (alkoholbedingte) Hitze, was seiner Benotung abträglich ist. Voraussichtliche Genussreife: 2005–2012.

BETZ

1998	**Cabernet Sauvignon**	**D**	**89+**
1999	**Cabernet Sauvignon Père de Famille**	**D**	**(89–91)**

Der brombeer- und kräuterduftige mittel- bis dunkelrubinrote *1998er Cabernet Sauvignon* ist ein straff gewirkter Wein von mittlerem bis vollem Körper. In seiner jugendlich verhaltenen, aber muskulösen Persönlichkeit lassen sich köstliche Schichten intensiver, kraftvoller Brombeer- und Cassisnoten entdecken. Ein glänzender, schön ausgewogener Cabernet mit exzellenter Reintönigkeit und Tiefe. Trinken Sie ihn 2004–2010. Von dem *1999er Cabernet*

Sauvignon Père de Famille hat die Kellerei 900 Kisten produziert. Er duftet nach süßen schwarzen Kirschen und Cassis und hat einen breit angelegten Charakter von mittlerem bis vollem Körper. Das intensive Gewächs wartet mit überschwänglichen Anklängen an süße rote und schwarze Früchte und mit einer für Washington typischen Nuance von frischen Kräutern auf. Trinken Sie diesen kraftvollen, ungemein expressiven und köstlichen Wein 2004–2012.

COLUMBIA CREST

1998	**Red Wine Reserve**	**D**	**88+**

Die Columbia Crest Winery ist Teil des Konzerns Stimson Lane, zu dem auch das Château Ste. Michelle gehört. Das Unternehmen erzeugt pro Jahr 1,5 Millionen Kisten Wein, und so ist es umso bemerkenswerter, dass man dort in der Lage ist, einen so hochwertigen Wein wie den *1998er Red Wine Reserve* (2000 Kisten) zu kreieren. Der mittel- bis dunkelrubinrote, fette, gehaltvolle, nahtlos gewirkte Tropfen duftet nach Brombeeren und präsentiert sich auch im Mund mit Ladungen von saftigen Brombeeren und Cassis. In seinem langen Abgang treten schön gereifte Tannine und verschwenderische Anklänge an frische Wildkräuter und schwarze Johannisbeeren zu Tage. Voraussichtliche Genussreife: jetzt–2008.

COLUMBIA

1999	**Riesling Cellarmaster's Reserve**	**A**	**88**

Der *1999er Riesling Cellarmaster's Reserve* präsentiert sich in Duft und Geschmack mit köstlichen Noten von kandierten Orangen. Dieser halbtrockene Wein von mittlerem Körper ist seidig texturiert, schön ausgewogen und außerordentlich geschmacksintensiv. Trinken Sie ihn in den kommenden 5 Jahren zu würzigen Gerichten oder als Aperitif.

DELILLE

1999	**Chaleur Estate (rot)**	**E**	**(91–92)**
1998	**Chaleur Estate (rot)**	**D**	**91+**
1997	**Chaleur Estate (rot)**	**D**	**90**
1999	**Chaleur Estate (weiß)**	**D**	**88**
1997	**D2**	**D**	**88**
1998	**Doyenne**	**D**	**89**
1999	**Harrison Hill**	**E**	**(90–91)**
1998	**Harrison Hill**	**D**	**90**
1997	**Harrison Hill**	**D**	**89**

Obwohl sämtliche DeLille-Weine (einschließlich der Weißen) vollständig in neuen französischen Eichenfässern ausgebaut werden, ist keines der Produkte in seinem Duft- und Geschmacksprofil durch Holznoten dominiert. Tatsächlich ist es sogar schwierig, in den Rotweinen die Eichenholznuancen überhaupt aufzuspüren, was nur das immense Können des Kellermeisters Chris Upchurch bezeugt. Die Roten werden im Stil des Bordelais aus traditionellen Rebsorten (Cabernet Sauvignon, Merlot, Cabernet Franc) gekeltert. Insgesamt zeigen sich die 1997er verhaltener und weniger ausdrucksvoll als die 1995er und die 1996er.

Der granatrote *1997er D2* duftet köstlich nach Veilchen, Rosen und dunklen Beerenfrüchten. Der elegante Wein hat einen mittleren Körper, eine schwüle Textur und eine Frucht von schwarzen Kirschen, Brombeeren und Johannisbeeren. Dieser feminine, gut gemachte Wein präsentiert sich in seinem geschmeidigen, weichen, tanninbetonten Abgang mit einer geradezu vorbildlichen Ausgereiftheit. Trinken Sie ihn in den kommenden 6–7 Jahren. Der granatrote *1997er Harrison Hill* verströmt blumige Aromen von Zedernholz und schwarzen Früchten. Bei mittlerem bis vollem Körper präsentiert sich dieser seidig texturierte und mit Geschmacksnoten von Gewürzen, exotischem Holz, Cassis und schwarzen Kirschen ausgestattete Wein deutlicher strukturiert als der zugänglichere D2. Er wartet in seinem Bordeaux-artigen Charakter mit exzellenter Konzentration, Balance und Finesse auf. Voraussichtliche Genussreife: jetzt–2008. Der *1997er Chaleur Estate (red)* erinnert an einen Wein aus der Gemeinde Margaux in Bordeaux. Bei mittlerem bis vollem Körper duftet der mit kraftvollen Geschmacksnoten und fester Struktur ausgestattete dunkelrubinrote Wein aufs Köstlichste nach Veilchen, Cassis und Brombeeren. Im Mund treten Anklänge an Rosen, Veilchen und diverse sonstige Blumen zu Tage und verbinden sich mit ungemein expressiven Noten von Cassis, schwarzen Kirschen und Brombeeren. Für diesen fest strukturierten und kernig texturierten Wein brauchen Sie noch etwas Geduld. Voraussichtliche Genussreife: 2004–2012.

Der *1999er Chaleur Estate (weiß)* ist ein Verschnitt aus 70% Sauvignon Blanc und 30% Sémillon. Die Früchte stammen teils von der Red-Mountain- und zum Teil von der Sagemoor-Parzelle. Der Wein verströmt verhaltene Aromen von Honigmelone, die in einem gehaltvollen Stil von mittlerem Körper daherkommen. Seine seidig texturierte, schön ausgewogene Persönlichkeit wartet mit einer exzellent tiefen Frucht auf. In dem beeindruckend langen Abgang treten Noten von Melone und kandierten Zitrusfrüchten zu Tage. Gönnen Sie dem Wein noch ein paar Monate Ruhe. Voraussichtliche Trinkreife: jetzt–2007.

Der dunkelfarbige *1998er Harrison Hill* ist an 1962 gepflanzten Reben gewachsen. In seinem Aromenprofil lassen sich Nuancen von schwarzen Kirschen, Brombeeren und Gewürzen unterscheiden. Dieser stämmige, nahtlos gewirkte, hochfeine und reintönige Wein von leichtem bis mittlerem Körper erinnert im Geschmack an rote und schwarze Früchte. Er ist frei von störenden Ecken und Kanten. Ein kraftvolles Gewächs, das durch seine Symmetrie und seinen Nuancenreichtum echte Freude bereitet. Trinken Sie ihn in den kommenden 10 Jahren. Der mittel- bis dunkelrubinrote *1998er Chaleur Estate (rot)* verströmt schwüle Aromen von Gewürzen, Veilchen und eingedickten Kirschen. Der samtig texturierte, muskulöse Wein ist von mittlerem Körper und präsentiert sich mit untergründigen Geschmacksnoten von kandierten Kirschen, Himbeeren und Blaubeeren. Das ist wieder eines von Upchurchs eleganten, detailliert durchkomponierten Produkten, in dem sich grandiose Schichten süßer, strahlend frischer Frucht mit einer köstlichen und harmonischen Persönlichkeit verbinden und zuletzt in einem langen, reintönigen Abgang ausklingen. Genießen Sie diesen Wein in den kommenden 10 Jahren. Der mittel- bis dunkelrubinrote *1998er Doyenne* ist aus Syrahtrauben gekeltert, die in den Boushey- und Ciel-du-Cheval-Parzellen gewachsen sind. Der Wein duftet nach Speck, Gewürzen, Trauben und Brombeeren. Bei mittlerem bis vollem Körper wartet dieser seidige, tiefe, reintönige, mit überschwänglichen Noten von Brombeeren und schwarzen Himbeeren ausgestattete Wein mit einer exzellenten Konzentration, Zeichnung und Ausgewogenheit auf. Voraussichtliche Genussreife: jetzt–2007.

Der mittel- bis dunkelrubinrote *1999er Harrison Hill* verströmt Aromen von Brombeersirup. Am Gaumen präsentiert er sich mit Noten von Leder, asiatischen Gewürzen und verschwenderischen Kirsch- und Blaubeereindrücken, die mit wundervoll reifen Tanninen durchsetzt sind. Der üppige Wein ist von mittlerem bis vollem Körper und hat einen beeindruckend langen, reintönigen Abgang. Seine Genussreife erlebt er 2004–2012. Der farblich ganz ähnliche *1999er Chaleur Estate (rot)* beeindruckt durch dramatische Cassisaromen. Bei mittlerem bis vollem Körper stellt er sich tief und kraftvoll dar und wartet mit hervorragend dichten Geschmacksnoten von Brombeeren und Kirschen auf. Ferner lassen sich in der eleganten Persönlichkeit und dem üppigen Abgang des konzentrierten Weines Noten von frischen Kräutern und schwarzen Johannisbeeren feststellen. Voraussichtliche Genussreife: 2004–2014.

DUNHAM

1998 Cabernet Sauvignon IV **D 89**

Der *1998er Cabernet Sauvignon IV* ist der erste Wein dieser in Walla Walla ansässigen Kellerei, den ich probiert habe. Er verströmt Aromen von schwarzen Kirschen, Kräutern und

Nuancen, die an schottischen Whiskey erinnern. Bei mittlerem bis vollem Körper präsentiert sich der samtig texturierte, ungemein ausdrucksvolle Wein im Geschmack mit Noten von Cassis, Brombeeren, Wacholderbeeren, Kirschen, Zigarrenkiste und Zedernholz. Der geschmacksintensive Wein verfügt über exzellente Konturen und eine feste Struktur. Voraussichtliche Genussreife: jetzt–2010.

L'ECOLE NO. 41

1998	**Apogee Pepper Bridge Vineyard**	**D**	**89+**
1998	**Cabernet Sauvignon**	**D**	**88**
1999	**Merlot**	**D**	**88**
1999	**Merlot Seven Hills Vineyard**	**D**	**88+**
1999	**Sémillon Fries Vineyard Wahluke Slope**	**C**	**88**
1998	**Sémillon Fries Vineyard Wahluke Slope**	**C**	**88**

Der *1998er Sémillon Fries Vineyard Wahluke Slope* ist ein fetter, gehaltvoller, ausgereifter Wein. Auf sein von weißen Pfirsichen dominiertes Aroma folgen bei mittlerem bis vollem Körper ebenso verschwenderische wie ausladende Geschmacksnoten von würzigen Aprikosen, Crème brûlée und diversen honigtönigen Beerenfrüchten. Trinken Sie den trockenen, opulenten, geschmacksintensiven Wein in den kommenden 3–4 Jahren.

Der rubinrote *1998er Cabernet Sauvignon* verströmt minzige Aromen von dunklen Früchten. Der saftige, ungemein strukturierte Wein wartet am Gaumen mit Noten von Cassis, frischer Erde, Minze und Brombeeren auf. Der expressive Wein hat einen mittleren Körper und präsentiert sich mit exzellenter Intensität und ganzen Ladungen fester Tannine. Trinken Sie ihn in den kommenden 7–8 Jahren. Bei dem *1998er Apogee Pepper Bridge Vineyard* handelt es sich um einen Verschnitt aus 60% Merlot, 34% Cabernet Sauvignon und 6% Cabernet Franc. Ein großer, muskulöser, extraktreicher, fest strukturierter Wein, der mit Aromen von Rosen, Veilchen und Brombeeren sowie mit verschwenderischen Geschmacksnoten von schwarzen Früchten, Gewürzen und Nuancen von roten Kirschen ausgestattet ist. Er verfügt über große Mengen von Tanninen, die sich jedoch reif darstellen und im Laufe der Zeit abschmelzen dürften. Nur im Abgang dieses ansonsten extrem gut ausgebauten, prachtvollen Weines ist eine gewisse alkoholbedingte Hitze zu spüren. Voraussichtliche Genussreife: 2004 bis 2009+.

Der *1999er Sémillon Fries Vineyard Wahluke Slope* ist ein ungemein ausdrucksvoller, faszinierender Wein. Auf seine Aromen von Melone und getrocknetem Honig folgt eine gehaltvolle Persönlichkeit von mittlerem Körper, die sich am mittleren Gaumen und in dem langen Abgang mit überschwänglichen Noten von gelben Früchten und eigenartigen Nuancen von Himbeerbonbons präsentiert. Würde der hohe Alkoholgehalt den Wein nicht etwas hitzig erscheinen lassen, wäre eine noch höhere Punktnote fällig gewesen. Trinken Sie ihn in den kommenden 3–4 Jahren.

Der mittel- bis dunkelrubinrote *1999er Merlot* duftet nach Brombeeren und wartete im Mund bei mittlerem Körper mit intensiven und verschwenderischen Noten von minzigen dunklen Früchten auf. Der würzige, mit Frucht vollgepackte Wein präsentiert sich mit Lakritzenuancen samt einer guten Struktur und großen Mengen von ausgereiften Tanninen. Voraussichtliche Genussreife: jetzt–2007. Der farblich ganz ähnliche *1999er Merlot Seven Hills Vineyard* duftet nach Brombeeren und frischen Kräutern. Er hat einen mittleren bis vollen Körper und betört am Gaumen durch Noten von kräuterhaften, eingedickten dunklen Früchten und deutlich spürbare, aber ausgereifte Tannine. Seine Genussreife erlebt dieser Wein jetzt–2008.

GLEN FIONA

1998	**Syrah Basket Press Reserve**	**E**	**90**
1997	**Syrah Basket Press Reserve**	**D**	**88+**
1999	**Syrah Puncheon-Aged**	**D**	**88**

Der Eigentümer und Kellermeister von Glen Fiona (was auf Keltisch »Tal der Rebe« bedeutet) heißt Berle »Rusty« Figgins, und dieser Berle hat sich darauf verlegt, in Washington Syrah-Weine zu keltern. Bei dem *1997er Syrah Basket Press Reserve* handelt es sich um einen Verschnitt aus 75% Syrah (Morrison Lane Vineyard) und 25% Cinsault (von der Garton beziehungsweise der Coe Farm). Seine Aromen von Pflaumen, Teer und schwarzen Kirschen erinnern an die Syrah-Weine des Roussillon. Der körperreiche, dick texturierte Wein präsentiert sich im Mund mit Anklängen an amerikanische Eichenholzwürze, dunkle Früchte und mit einem festen, straff gewirkten Abgang. Trinken Sie diesen unkomplizierten Wein in den kommenden 5 Jahren.

Bei dem *1998er Syrah Basket Press Reserve* handelt es sich um einen Verschnitt aus 75% Syrah und 25% Cinsault von 40 Jahre alten Reben. Er erinnert im Duft an Melasse, Brombeeren und die Holzwürze der Silbereiche. Bei mittlerem Körper präsentiert sich dieser intensive, klar umrissene Wein im Geschmack mit Noten von Cassis, saftigen Brombeeren, roten Kirschen und asiatischen Gewürzen. Überdies beeindruckt er durch seinen ungemein langen, schön gezeichneten Abgang. Trinken Sie diesen hervorragenden Syrah aus Washington in den kommenden 8 Jahren.

Der *1999er Syrah Puncheon-Aged* (1480 Kisten) ist ein Verschnitt aus 95% Syrah und 5% Viognier. Er duftet nach schwarzen Kirschen, kandierten Himbeeren und Brombeeren. Der frische, gut gemachte, saftige, seidig texturierte, vollmundige und harmonische Wein hat einen mittleren Körper und wird im Geschmack von Himbeernoten dominiert. Trinken Sie ihn in den kommenden 6 Jahren.

HEDGES

1997	**Three Vineyards**	**C**	**88+**
2000	**Fumé-Chardonnay**	**A**	**88**

Der *2000er Fumé-Chardonnay* verströmt rauchwürzige Apfel- und Pampelmusenaromen. Dieser expressive Wein hat einen mittleren Körper und wartet mit pikant-spritzigen Geschmacksnoten von Birnen, Zitronen und Limonen auf. Ein würziger, erfrischender, köstlicher – und dazu noch erschwinglicher – Tropfen. Trinken Sie diesen schönen, durstlöschenden Wein in den kommenden zwei Jahren. Der rubinrote *1997er Three Vineyards* (ein Verschnitt aus 59% Merlot, 38% Cabernet Sauvignon und 3% Cabernet Franc) verströmt schöne Aromen von roten Beerenfrüchten und Veilchen. Bei mittlerem Körper präsentiert sich dieses seidig texturierte Gewächs am Gaumen mit überschwänglichen Cassis- und Brombeernoten. In dem gut strukturierten Abgang treten zudem Anklänge von frischen Kräutern und Zedernholz zu Tage. Voraussichtliche Genussreife: jetzt–2006+.

HIGHTOWER

1997	**Cabernet Sauvignon**	**D**	**89+**

Der leuchtend rubinrote *1997er Cabernet Sauvignon* ist der erste Hightower-Wein, den ich verkostet habe. Es handelt sich um einen Verschnitt aus 78% Cabernet Sauvignon, 12% Cabernet Franc und 10% Merlot. Die Trauben stammen aus fünf der bekannteren Rebkulturen des Columbia Valley. Ein extrem gut gemachter Wein mit reintönigen Aromen von roten Kirschen und kandierten Himbeeren, in die sich kaum spürbare Vanillenuancen mischen. Der seidig texturierte, ungemein feine Wein von mittlerem Körper wird von seiner roten Frucht dominiert und betört durch einen langen, rundum perfekten Abgang. Voraussichtliche Genussreife: jetzt–2006+.

LEONETTI

1999	**Cabernet Sauvignon**	**E**	**(90–92)**
1998	**Cabernet Sauvignon**	**E**	**93**
1996	**Cabernet Sauvignon**	**D**	**89**

1998	**Cabernet Sauvignon Reserve**	**EE**	**96+**
1996	**Cabernet Sauvignon Seven Hills Vineyard Reserve**	**E**	**90+**
1999	**Merlot**	**E**	**91**
1998	**Merlot**	**E**	**94**
1997	**Merlot**	**D**	**88+**
1996	**Merlot**	**D**	**90**
1998	**Sangiovese**	**E**	**90**

Auf der ganzen Welt macht niemand so auftrumpfende Cabernets und Merlots wie Gary Figgins, der Eigentümer und Kellermeister von Leonetti. In ihrer Jugend betören diese Weine durch ihre zuckersüße Würzigkeit. Der Sinnentaumel, den sie erzeugen, ist schier beängstigend. Zugleich präsentieren sie sich attraktiv, üppig und beschwingt. Wenn sie dann älter werden, verlieren sie an Opulenz, und auch ihre Würzigkeit und Attraktivität stellen sich etwas verhaltener dar. Was sie dadurch an Kultiviertheit gewinnen, büßen sie an Individualität ein. Aber können diese Weine altern? Absolut. Ja, sie können sogar ohne weiteres 20 bis 25 Jahre überdauern, wenn nicht länger. Freilich verlieren sie bei zunehmendem Alter genau jene Merkmale, durch die sie sich zunächst von den übrigen tausenden gut gemachter Cabernets und Merlots in der Welt abheben. Deshalb rate ich dazu: Trinken Sie diese Weine in den ersten 5–12 Jahren ihres Lebens, das heißt, solange sie sich noch exotisch und unverwechselbar darstellen. Voraussichtliche Trinkreife: jetzt–2006.

Wegen der Killer-Fröste, die vor einigen Jahren die Rebkulturen in Washington verwüstet haben, musste Figgins 1996 Früchte aus dem kalifornischen Napa Valley zukaufen, um seinen Merlot und seinen Cabernet Sauvignon zu keltern. Unter der Herkunftsbezeichnung »America« präsentiert sich der mittel- bis dunkelrubinrote *1996er Merlot* mit Aromen von Eichenholzwürze und eingedickten Brombeeren. Bei mittlerem bis vollem Körper wartet der breit angelegte, ölig texturierte, attraktive und köstliche Merlot am Gaumen mit verschwenderischen Noten von reifen roten und schwarzen Früchten sowie Eukalyptusnuancen auf. Auf die betörenden Eindrücke im Auftakt und am mittleren Gaumen folgt ein leicht tanninbetonter Abgang. Sein Optimum erlebt der Wein jetzt–2006. Der mittel- bis dunkelrubinrote *1996er Cabernet Sauvignon* duftet nach Brombeeren, Minzeschokolade und frischen Kräutern. Im Geschmack betört der kraftvolle Wein durch intensive, den ganzen Mund auskleidende Schichten von roten und schwarzen Früchten. Auf seine schwüle Persönlichkeit folgt ein tanninbetonter, fester Abgang. Voraussichtliche Genussreife: jetzt–2007.

Der rubin-purpurrote *1996er Cabernet Sauvignon Seven Hills Vineyard Reserve* kommt mit betörenden Aromen von Brombeeren, frischen Kräutern, asiatischen Gewürzen und Himbeeren daher. Der geschmacksintensive, konzentrierte, samtig texturierte Wein hat einen mittleren bis vollen Körper und präsentiert sich am Gaumen mit überwältigenden Noten von Blutorangen, aber auch roten und schwarzen Kirschen. Sollten die etwas tanninlastigen (also leicht bitteren) Eindrücke im Abgang sich noch mildern, bevor die üppige Frucht und die opulenten Gewürznoten abschmelzen, dürfte der Wein eine noch bessere Punktnote erhalten. Voraussichtliche Genussreife: jetzt–2007+.

Der purpur-rubinrote *1997er Merlot* verströmt Aromen von süßen roten Kirschen und asiatischen Gewürzen. In dem Geschmack des extrovertierten Weines verbinden sich Sturzbäche von Holznoten mit eingedickten roten Kirschen. Auf die für Figgins-Weine charakteristische geschmeidige Persönlichkeit folgt ein atypisch fester und strukturierter Abgang.

Der mittel- bis dunkelrubinrote *1998er Merlot* verfügt über außerordentlich anziehende Aromen von Gewürzen und dunklen Früchten. Obwohl er, wäre er das Produkt eines anderen Kellermeisters, als extrovertiert, ja sogar ungestüm zu gelten hätte, zeigt sich der Wein für Leonetti-Verhältnisse geradezu verhalten. Bei mittlerem bis vollem Körper und gigantischer Reife ist der Wein zum Bersten mit Noten von asiatischen Gewürzen, Schokolade und Brombeersaft sowie mit einer orgiastischen Kirschfrucht vollgepackt. Dieser expansive, gehaltvolle, lebhafte Merlot ist ohne Zweifel ein prachtvoller Wein! In seinem schwülen

Charakter und in seinem exzeptionell langen, fabelhaft fruchtigen Abgang kommen Ecken und Kanten einfach nicht vor. Genießen Sie ihn in den kommenden 7–9 Jahren.

Der *1998er Cabernet Sauvignon* duftet nach toastwürzigem Eichenholz und Gewürzen. Dieser den ganzen Mund auskleidende, explosive Wein beeindruckt durch wahre Sturzbäche von Gewürzen, eingedickten Brombeeren, süßen Kirschen und durch Anklänge an Fruchtkuchen, die mit Nuancen von Kirschsirup durchsetzt sind. Der Wunschtraum eines jeden Genussmenschen, und das, obwohl der Wein mit ganzen Tanninladungen ausgestattet ist, die ihm einen festen, straff gewirkten, strukturierten Abgang geben. Voraussichtliche Genussreife: jetzt–2011. Ich musste unwillkürlich lächeln, als ich von dem mittel- bis dunkelrubinroten *1998er Cabernet Sauvignon Reserve* probierte. Auf sein außergewöhnlich würziges Kirschsiruparoma folgen Geschmacksnoten, die am Gaumen mit einem wahren Feuerwerk von Kirschsirup-, Himbeerguss- und Aromen von asiatischen Gewürzen explodieren. Gary Figgins Cabernets kommen bisweilen genauso munter daher wie Olivier Humbrechts Gewürztraminer. Die Reintönigkeit und Kraft des für diesen Wein typischen süßen, würzigen Fruchtgeschmacks sind wahrhaft außergewöhnlich. Darüber hinaus trumpft er mit einem extrem langen, durch kandierte Tannine charakterisierten Abgang auf. Trinken Sie diesen dekadenten Wein jetzt–2012.

Leonetti ist der potenziell beste Sangiovese-Produzent der Neuen Welt und hat 1998 aus Trauben dieser Sorte einen wunderschönen Wein gekeltert. Auf das fleischige, süße Bukett des *1998er Sangiovese* folgt im Mund eine kräftige Dosis saftiger Kirschen und dunkler Beerenfrüchte. Bei mittlerem bis vollem Körper präsentiert sich dieser würzige, samtig texturierte, von seiner Frucht dominierte, üppige Sangiovese unmittelbar ansprechend. Die straff gewirkte Frucht klingt in seinem langen, geschmeidigen Abgang nach. Trinken Sie ihn in den kommenden 5 Jahren.

Rosen, Gewürze, Veilchen, Wacholderbeeren, Vanille, kandierte Himbeeren und Kirschen – von alledem lassen sich im Aroma des *1999er Merlot* Anklänge entdecken. Dieser mittel- bis dunkelrubinrote Wein präsentiert sich in seiner schön gezeichneten, konzentrierten und lange nachklingenden Persönlichkeit mit saftigen, klar umrissenen Schichten von würzigen Kirschen, Zimt, Brombeeren und Cassis. Voraussichtliche Genussreife: jetzt–2006. Der hervorragende dunkelrubinrote *1999er Cabernet Sauvignon* hat Aromen von *root beer*, Karamell, schwarzen Kirschen, Gewürznelken, Wacholder und eingedickten Brombeeren im Angebot. Der zuckersüße, stämmige, samtig-weiche Wein wartet im Geschmack mit Ladungen von Brombeeren, Gewürzen und diversen süßen dunklen Früchten auf. Der schwüle, opulente, ungemein konzentrierte Tropfen dürfte in den kommenden 10 Jahren köstlich munden.

McCREA

1999	**Syrah Boushey Grande Côte Vineyard**	**D**	**89**
1999	**Syrah Ciel du Cheval Vineyard**	**D**	**89+**
1998	**Syrah Ciel du Cheval Vineyard**	**D**	**91**
1998	**Syrah Cuvée Orleans**	**D**	**90**

Der *1998er Syrah Ciel du Cheval Vineyard* präsentiert sich in einem satten dunklen Rubinton und mit verhaltenen Aromen von schwarzen Kirschen, Brombeeren und Schokolade. Der geschmacksintensive, extrem gut ausgebaute, samtig texturierte, ungemein ausdrucksvolle Wein, der das Herz eines jeden Syrah-Liebhabers höher schlagen lässt, hat einen mittleren bis vollen Körper. In seiner luxuriös geschichteten Persönlichkeit lassen sich Noten von schwarzen Himbeeren, schwarzen Kirschen, Cassis, gerösteten Kräutern und sogar Nuancen von Leder ausmachen. Trinken Sie diesen kapitalen Tropfen im Laufe der kommenden 6–7 Jahre. Der durch einen satten mittleren bis dunklen Rubinton charakterisierte *1998er Syrah Cuvée Orleans* verströmt intensive Aromen von eingedickten Himbeeren. Bei mittlerem bis vollem Körper stellt sich dieser samtig texturierte Wein geschmeidig, üppig, attraktiv und geschmacksintensiv dar. Er kleidet den gesamten Gaumen mit öligen Schichten von eingedickten schwarzen Himbeeren und Cassis aus. In seinem seidigen, süßen Abgang sind die superreifen Tannine kaum spürbar. Entschärfen Sie diese ungemein attraktive Fruchtbombe von einem Wein in den kommenden 6–7 Jahren.

Der dunkelrubinrote *1999er Syrah Boushey Grande Côte Vineyard* ist von mittlerem bis vollem Körper und präsentiert sich ungewöhnlich ausdrucksvoll mit würzigen Aromen von schwarzen Kirschen. Am Gaumen kommt er frisch und pikant daher samt einer ganzen Ladung saftiger Brombeeren, schwarzer Himbeeren und Kirschen. Er klingt schließlich in einem straff gewirkten, aber reifen Abgang aus. Trinken Sie diesen Wein in den kommenden sechs Jahren. Der nach schwarzen Kirschen und Brombeersirup duftende *1999er Syrah Ciel du Cheval Vineyard* ist ein straff gewirkter Wein von mittlerem bis vollem Körper. Er bietet in seiner samtig texturierten Persönlichkeit Ladungen süßer, superreifer roter und schwarzer Früchte auf. Seine Struktur dürfte von einem oder zwei weiteren Ruhejahren profitieren. Voraussichtliche Trinkreife: jetzt–2008.

NORTHSTAR

1998	**Merlot**	**D**	**92+**

Erst unlängst hat der Konzern Stimson Lane, dem auch Château Ste. Michelle und Columbia Crest sowie eine Reihe weiterer Kellereien gehören, in Walla Walla die Northstar Winery gegründet. Dabei ist es das erklärte Ziel des neuen Unternehmens, den besten Merlot in Washington zu produzieren. Um dies zu erreichen, genießt der Kellermeister von Northstar das Privileg, sich aus sämtlichen in den zahlreichen Weingärten von Stimson Lane erzeugten Merlot-Trauben die besten heraussuchen zu können. Von dem Debütwein, dem *1998er Merlot*, hat man nur etwas über 1000 Kisten produziert. Dabei verfolgt man die Absicht, diese Zahl auf 10000 pro Jahr zu erhöhen. Der satt dunkelrubinrote, breit angelegte, große, saftige, dichte Wein verströmt intensive Aromen von schwarzen Kirschen und Cassis. Bei mittlerem bis vollem Körper präsentiert er sich stämmig und kernig texturiert und hat es in sich. Der milde, ungemein konzentrierte und expansive Wein betört durch Geschmacksnoten von Cassis, Kirschen und Brombeeren sowie Lakritzenuancen. Er ist kraftvoll, harmonisch und offeriert einen außergewöhnlich langen, mit Frucht bepackten, nahtlosen Abgang. Trinken Sie diesen immens beeindruckenden Wein jetzt–2012.

QUILCEDA CREEK

2000	**Cabernet Sauvignon**	**E**	**(93–95)**
1999	**Cabernet Sauvignon**	**E**	**(97–98)**
1998	**Cabernet Sauvignon**	**E**	**95+**
1997	**Cabernet Sauvignon**	**E**	**94+**
1996	**Cabernet Sauvignon**	**D**	**95**
1997	**Cabernet Sauvignon Champoux Vineyard**	**E**	**91**
1999	**Merlot**	**E**	**(91–92)**
1998	**Merlot**	**E**	**(91–93)**
1997	**Merlot**	**D**	**89+**

Alexander Golitzen und sein Sohn Paul sind entschlossen, den weltweit besten Cabernet Sauvignon zu produzieren. Außerdem sind sie davon überzeugt, dass sich Washington dank seiner günstigen Witterungsbedingungen und der langen Wachstumsperiode hierfür bestens eignet und dass man dort regelmäßiger als in jeder anderen Weinbauregion der Welt große Cabernets erzeugen kann. Um dieses Ziel zu erreichen, verwenden die Golitzens ihre Gewinne dazu, ihre Kellerei ständig zu verbessern und technisch auf den neuesten Stand zu bringen. So hat Alex Golitzen mir beispielsweise bei meinem bis dato letzten Besuch der Kellerei das neue System vorgeführt, das er entwickelt hat, um den Tresterhut unterzutauchen. (Dabei werden die im Fass obenauf schwimmenden Traubenschalen und Feststoffe unter die Oberfläche des gärenden Weines gedrückt. Durch dieses Verfahren erhält der Wein mehr Konzentration und Struktur, allerdings kann es auch zu einer Überextraktion kommen, falls der Schalenhut zu häufig oder unsachgemäß untergetaucht wird.) Golitzen ist von Beruf Ingenieur und nutzt seine technischen Fähigkeiten, um ständig neue Lösungen für uralte Probleme zu finden. Die Golitzens haben auch einen (von mir nicht verkosteten) Zweitwein gemacht, der aus den für die Spitzencuvées der Kellerei für untauglich befundenen Früchten und Fässern bereitet ist. Zwischen 36 und 39% der Jahresproduktion der Kellerei werden zu diesem Quilceda Creek's Red Wine verarbeitet.

Obwohl man sich primär als Erzeuger von Cabernet Sauvignon versteht, produziert das Unternehmen auch kleinere Mengen (etwa 250 Kisten) Merlot (in dessen Mischsatz 24% Cabernet Sauvignon enthalten sind). Der mittel- bis dunkelrubin-mahagonifarbene *1997er Merlot* ist vorwiegend aus Früchten aus dem Klipsun Vineyard gekeltert. Er verströmt Aromen von warmen, dunklen, würzigen Früchten, frischen Kräutern plus Nuancen von italienischen Tomaten. Bei mittlerem bis vollem Körper und samtiger Textur stellt sich der mit Brombeer- und Cassisnoten vollgepackte Wein ungemein verlockend dar. Er präsentiert sich exzellent konzentriert und mit geschmeidigen Eindrücken im mittleren Geschmacksbereich. Der feste Abgang lässt eine weitere Ruhezeit ratsam erscheinen. Voraussichtliche Genussreife: 2004–2010+. Der mittel- bis dunkelrubinrote *1998er Merlot* wartet mit herrlichen Aromen von Brombeeren, Cassis, Kräutern und duftigen Gewürzen auf. Bei mittlerem bis vollem Körper verfügt dieser wundervoll elegante Wein über ein Geschmacksprofil, in dem Noten von süßem Cassis, köstlichen schwarzen Kirschen, Schokolade, Brombeeren und Toastnuancen zu Tage treten. »Eine wahre Freude«, sagte Alex Golitzen, als er mir diesen Prachtwein kredenzte. Voraussichtliche Genussreife: jetzt–2012+. Bei mittlerem bis vollem Körper betört der gigantische dunkelrubinrote *1999er Merlot* durch ungemein süße Brombeeraromen. Der aus 75% Merlot (aus dem Klipsun Vineyard) und 25% Cabernet Sauvignon (aus dem Ciel du Cheval Vineyard) kreierte Wein kommt mit überschwänglichen Noten von saftigen schwarzen Früchten, Teer, Lakritze und einem wahren Bombardement an Gewürzen daher. Dieser Merlot, der das Herz eines jeden Cabernet-Liebhabers höher schlagen lässt, beeindruckt durch seine hervorragende Konzentration und Fruchttiefe und durch einen strukturierten, frischen, kernig texturierten Charakter. Voraussichtliche Genussreife: 2005–2015.

Als der *1996er Cabernet Sauvignon* (ein Verschnitt aus 85% Cabernet Sauvignon, 9% Merlot und 6% Cabernet Franc) in einer Blindprobe ganz bewusst zwischen zwei grandiosen 1996er Bordeaux-Weinen gereicht wurde, nämlich einem Château Margaux und einem Château Mouton-Rothschild, konnte er es mit seinen Pendants aus dem Bordelais nicht nur ohne weiteres aufnehmen, er ließ sich von ihnen nicht einmal unterscheiden. Der satt dunkelpurpurrote Wein präsentiert sich mit weichen, salzigen Aromen von schwarzer Himbeerkonfitüre, Lakritze und Kokosnuss, auf die ein unglaublich süßer Charakter von mittlerem bis vollem Körper folgt. Bei exzeptioneller Ausgewogenheit offeriert der samtig texturierte, kraftvolle, elegante Wein Geschmacksnoten von schwarzen Himbeeren, die in seinem ungewöhnlich langen, reintönigen Abgang nachhallen. Voraussichtliche Genussreife: jetzt bis 2018.

1997 haben die Golitzens eine Parzelle des Champoux Vineyard erworben. Wie die meisten Weinerzeuger in Washington müssen auch die Golitzens ihre Früchte zukaufen, da sie bislang außer der genannten keine eigenen Rebflächen besitzen. Der mittel- bis dunkelrubinrote *1997er Cabernet Sauvignon Champoux Vineyard* verströmt cremige, süße Aromen von White-Corn-Tortilla-Chips und schwarzen Kirschen. Bei mittlerem bis vollem Körper und seidiger Textur betört er im Mund durch intensive Noten von Brombeeren und schwarzen Kirschen. Der ausdrucks- und geschmackvolle Wein beeindruckt überdies durch einen wundervoll langen, nahtlosen und klar umrissenen Abgang. Voraussichtliche Genussreife: jetzt–2008. Obwohl der Cabernet – anlässlich des Erwerbs der neuen Parzelle – als

Wein aus einer Einzellage ausgewiesen ist, möchten die Golitzens in Zukunft keinen Wein mehr ausschließlich aus den Trauben einer Rebkultur bereiten. Bei dem *1997er Cabernet Sauvignon* handelt es sich um einen Verschnitt aus 89% Cabernet Sauvignon, 9% Merlot und 2% Cabernet Franc. Er präsentiert sich mit robusten Aromen von Rosmarin und schwarzen Früchten. Bei mittlerem bis vollem Körper stellt der Wein sich größer, breitschultriger und kerniger dar als der 1996er und wartet im Mund mit verschwenderischen Noten von schwarzen Früchten, Gewürzen und Teernuancen auf. Er nimmt sich männlich und konzentriert aus und sollte noch eine Weile ruhen. Voraussichtliche Genussreife: 2005 bis 2020.

Bei dem mittel- bis dunkelrubinroten *1998er Cabernet Sauvignon* (2500 Kisten) handelt es sich um einen Verschnitt aus 98% Cabernet Sauvignon und 2% Cabernet Franc. (Der Wein ist zu 60% in dem kellereieigenen Champoux Vineyard gewachsen und zu 40% aus zugekauften Trauben aus dem Klipsun Vineyard gekeltert.) Der gigantische, ungemein intensive Wein von mittlerem bis vollem Körper präsentiert sich mit bezwingenden Aromen von Brombeeren, Cassis und Kirschen. Am Gaumen gewinnt dieses Kraftwerk von einem Wein sogar noch an Fülle und präsentiert sich mit verschwenderischen Mengen schwarzer Früchte und einem wahren Gewürzbombardement. Obwohl ungemein konzentriert und muskulös, gelingt es dem Gewächs, sich die Quilceda-Creek-typische Harmonie und Eleganz zu bewahren. Die dicht geschichteten Fruchtanklänge dieses exzeptionellen Weines klingen in seinem geschmeidigen Abgang ungewöhnlich lange nach. Trinken Sie ihn 2006 bis 2018.

Der herrlich dunkelrubinrote *1999er Cabernet Sauvignon* ist ein Prachtexemplar von einem Wein. Der Verschnitt aus 97% Cabernet Sauvignon und 3% Merlot hat ein Bukett, das an einen Sirup aus Cabernet Sauvignon erinnert. Dem Glas entströmen ungemein süße Aromen von Brombeeren, Cassis, Kirsch- und Blaubeerkonfitüre. Die Trauben stammen zu 70% aus der Champoux- und zu 30% aus der Red-Mountain-Rebkultur. Der daraus gekelterte Wein hat einen mittleren bis vollen Körper und eine ungemein breitschultrige, wuchtige Persönlichkeit. Schön umrissene Schichten von schwarzer Johannisbeerkonfitüre und von Brombeersaft umschmeicheln den Gaumen und klingen fast eine Minute nach. Ein Wein von unübertroffener Kraft und ebenso gigantischer Eleganz, der mich an meine erste Begegnung mit dem 1990er Château Margaux erinnert. Voraussichtliche Genussreife: 2006 bis 2020.

Der in einem ehrfurchtgebietenden dunklen Rubinrot gehaltene *2000er Cabernet Sauvignon* (100% Cabernet Sauvignon, davon 92,5% aus der Champoux- und der Rest aus der Red-Mountain-Parzelle) präsentiert sich mit Aromen von Brombeeren und Johannisbeeren und mit einer milden, von Cassissirup dominierten Persönlichkeit. Dieser hochklassige, kraftvolle, intensive Wein von mittlerem bis vollem Körper wartet mit einem nahtlos gewirkten, harmonischen Charakter auf. Seine konzentrierte Frucht und von Ecken und Kanten ungetrübte Struktur versprechen eine große Zukunft. Voraussichtliche Genussreife: 2007–2020+.

REININGER

1997 Cabernet Sauvignon **D 88**

1998 Merlot **D 88**

Bei dem nach frischen Kräutern und gerösteten Auberginen duftenden mittel- bis dunkelrubinroten *1997er Cabernet Sauvignon* (insgesamt nur 350 Kisten) handelt es sich um einen Verschnitt aus 91% Cabernet Sauvignon, 5% Merlot und 4% Cabernet Franc. Die Früchte stammen von der Seven-Hills-, der Pepper-Bridge- und der Whitney-Parzelle. Der gut gemachte Wein hat einen mittleren bis vollen Körper und eine seidige Textur. Er duftet nach schwarzem Steinobst und betört im Mund durch verschwenderische Noten schwarzer Früchte. Voraussichtliche Genussreife: jetzt–2007+. Bei dem mittel- bis dunkelrubinroten

1998er Merlot, der im Pepper Bridge und im Spring Valley Vineyard gewachsen ist, handelt es sich um einen Verschnitt aus 92% Merlot, 6% Cabernet Franc und 2% Cabernet Sauvignon. Die Kellerei hat davon lediglich 850 Kisten produziert. Er präsentiert sich in seinem würzigen Bukett mit Noten von süßen Kirschen, Veilchen samt Plätzchenteignuancen. Der konzentrierte, fest strukturierte Wein von mittlerem Körper und seidiger Textur wartet mit Geschmacksnoten von Brombeeren und Cassis auf. Voraussichtliche Genussreife: jetzt bis 2006.

CHÂTEAU STE. MICHELLE

1998	**Cabernet Sauvignon Canoe Ridge Estate**	**C**	**89**
1996	**Cabernet Sauvignon Canoe Ridge Estate Vineyard**	**C**	**91**
1998	**Cabernet Sauvignon Cold Creek Vineyard**	**D**	**89**
1996	**Cabernet Sauvignon Cold Creek Vineyard**	**C**	**89**
1998	**Cabernet Sauvignon Reserve**	**D**	**90**
1999	**Chardonnay Canoe Ridge Estate Vineyard**	**D**	**91**
1998	**Chardonnay Canoe Ridge Estate Vineyard**	**D**	**90**
1997	**Chardonnay Canoe Ridge Estate Vineyard**	**D**	**91**
1999	**Chardonnay Cold Creek Vineyard**	**D**	**89**
1998	**Chardonnay Cold Creek Vineyard**	**D**	**89+**
1997	**Chardonnay Cold Creek Vineyard**	**C**	**90**
1999	**Chardonnay Indian Wells Vineyard**	**C**	**88**
1997	**Chardonnay Reserve**	**D**	**88+**
2000	**Eroica Riesling Dr. Loosen**	**C**	**89**
1999	**Eroica Riesling Dr. Loosen**	**C**	**88**
1997	**Late Harvest White Riesling Reserve**	**C/0,375 l**	**89**
1996	**Merlot Canoe Ridge Estate Vineyard**	**C**	**89**
1999	**Single Berry Select**	**EEE/0,375 l**	**94**

Die Kellerei Château Ste. Michelle, die einen der Eckpfeiler des Stimson-Lane-Weinkonzerns bildet, überrascht mich immer wieder durch ihr Bemühen um hohe Qualität und durch ihre vernünftigen Preise. Der hoch begabte Kellermeister Mike Januik hat seinen Job aufgegeben, um eine eigene Kellerei zu gründen. Für Weinfreunde ist dies eine gute Nachricht: Erstens wird Januiks neues Unternehmen schon bald zu den besten Weinerzeugern in Washington gehören und zweitens hat Allen Shoup, der qualitätsfixierte Vorstandschef von Stimson Lane, für seinen vormaligen Kellermeister offenbar tüchtige Nachfolger gefunden (und zwar Erik Olsen für die Weißwein- und Ron Bunnell für die Rotweinbereitung). Die 1997er und die 1996er Weine sind reine Januik-Kreationen, das heißt, sie gehören in Struktur und Stil der alten und durch ihre Frucht der Neuen Welt an. Außerdem gehören sie zu den allerbesten Weinen, die aus dieser großen Kellerei bislang hervorgegangen sind.

Wenn man in Washington Cabernet Sauvignons verkostet, ist dies nicht immer ein Vergnügen. Der Grund: Häufig stößt man auf Weine, die mit einem (meist künstlich) erhöhten Säuregehalt oder aber mit (infolge unreifer Früchte, übermäßiger Erträge oder exzessiver Extraktion) übermäßig harten, adstringierenden Tanninen aufwarten. Die 1996er Cabernets von Château Ste. Michelle kennen zu lernen war dagegen eine wahre Freude. Sie verfügen zwar über reichlich Struktur, präsentieren sich aber gleichwohl mit reifen und ganz in Frucht eingefassten Tanninen. Der rubinrote *1996er Cabernet Sauvignon Cold Creek Vineyard* duftet nach parfümierten Brombeeren. Er kommt breitschultrig und ausdrucksvoll daher und mit Noten von schwarzen Früchten sowie Nuancen von frisch verlegtem Straßenteer. Der farblich ganz ähnliche *1996er Cabernet Sauvignon Canoe Ridge Estate Vineyard* mutet intensiver, komplexer und kraftvoller an. Er scheint einen höheren Alkoholgehalt zu haben als der Cold Creek (auf dem Etikett sind in beiden Fällen 13,5% vermerkt) und verströmt immense Brombeeraromen. In seiner samtig texturierten Persönlichkeit von mittlerem bis vollem Körper lassen sich köstliche Schichten von Cassis, schwarzen Kirschen und Brombeeren entdecken. Die voraussichtliche Genussreife beider Weine: jetzt–2007+.

Der *1996er Merlot Canoe Ridge Estate Vineyard* lässt die große Mehrzahl der in derselben Preislage angebotenen kalifornischen Merlots weit hinter sich. Der rubinrote Wein verströmt Aromen von schwarzen Kirschen und Rosen. Er ist nahtlos gewirkt und hat eine einnehmend weiche Textur, einen mittleren Körper und einen eleganten, strukturierten Charakter. Im Mund präsentiert er sich mit Noten von schmackhaften roten und schwarzen Früchten, die in seinem geschmeidigen Abgang nachklingen. Trinken Sie ihn in den kommenden 4–5 Jahren.

Der *1997er Chardonnay Cold Creek Vineyard* verströmt köstliche Aromen von gelben Früchten, Toastbrot, feiner Hefe und sogar einen Hauch von Orangenmarmelade. Bei mittlerem bis vollem Körper und schöner Ausgewogenheit präsentiert sich dieser im Stil eines Burgunders ausgebaute Wein mit Geschmacksnoten von weißen Pfirsichen und reifen Birnen und in seinem langen geschmeidigen Abgang mit Steinnuancen. Trinken Sie ihn in den kommenden 5+ Jahren. Noch besser daher kommt der *1997er Chardonnay Canoe Ridge Estate Vineyard*, der im Duft an einen Chablis und im Geschmack an einen Mersault erinnert. Er verströmt mineralisch-rauchwürzig-hefige Aromen, in die sich Anklänge an süße weiße Früchte mischen. Bei mittlerem bis vollem Körper zeigt sich dieses ölig texturierte Gewächs gut strukturiert und wartet mit reichen Noten von Mandeln, Haselnüssen und Birnen auf. Voraussichtliche Genussreife: jetzt–2005+. Während die beiden vorgenannten Weine sich ungemein ausdrucksvoll darstellten, erschien mir der *1997er Chardonnay Reserve* wesentlich strukturierter und verhaltener. Seine gedämpften Aromen und seine bislang eher verschlossene Persönlichkeit gestatteten nur einen kurzen Eindruck von der harmonischen weißen Frucht und dem blumigen Geschmacksprofil dieses Weines. Bei mittlerem bis vollem Körper präsentiert er sich wundervoll ausgewogen, mit großen Mengen von Glyzerin und sollte deshalb noch eine Weile ruhen. Falls ältere Jahrgänge gewisse Rückschlüsse gestatten, dürfte dieser Wein seine beiden Brüder demnächst sogar noch übertreffen. Voraussichtliche Genussreife: jetzt–2006+.

Bei Château Ste. Michelle kreiert man alljährlich eine köstliche und alterungsfähige Riesling-Spätlese. Mag sein, dass der *1997er Late Harvest White Riesling Reserve* nicht die Langlebigkeit früherer Jahrgänge mitbringt, trotzdem präsentiert er sich zugänglich und generös. In seinem ausdrucksvollen Aromenprofil sind Anklänge an Himbeerkonfitüre, Blumen und kandierte Orangen auszumachen. Bei mittlerem Körper wartet dieser gehaltvolle und breitschultrige, gut ausgewogene Wein mit ganzen Ladungen von roten und gelben Früchten auf, dazu noch mit Geschmacksnoten, die an einen Fruchtpunsch denken lassen. Er ist dick und hat einen langen, süßen (nicht klumpenden) Abgang. Voraussichtliche Trinkreife: jetzt–2007.

Château Ste. Michelle erzeugt immer wieder beeindruckende Chardonnays aus Einzellagen.

Der *1998er Chardonnay Canoe Ridge Estate* verströmt Aromen von reifen Äpfeln, Toastbrot und Mineralien. Er ist üppig, opulent, ölig texturiert und von mittlerem bis vollem Körper. Am Gaumen lassen sich bei diesem langen, fruchtdominierten Wein Nuancen von Birnen, Äpfeln und gerösteten Haselnüssen unterscheiden. Trinken Sie ihn in den kommenden vier Jahren. Der nach weißen Früchten, Blumen und Steinen duftende *1998er Chardonnay Cold Creek Vineyard* verfügt über dieselbe üppige Textur wie der Canoe Ridge, stellt sich allerdings straffer gewirkt und klarer umrissen dar. Seine mit Birnen-, Mineralien- und Gewürznoten voll gepackte Persönlichkeit von mittlerem bis vollem Körper ist auch im Abgang noch deutlich spürbar. Voraussichtliche Genussreife: jetzt–2005.

Der cassisduftige, exzellente *1998er Cabernet Sauvignon Canoe Ridge Estate* ist von mittlerem bis vollem Körper und präsentiert sich in seiner klar umrissenen, tiefen, lebensprühenden Persönlichkeit mit verschwenderischen Noten von süßen schwarzen Johannisbeeren und Brombeeren. Der strukturierte Wein hat außerdem einen langen, von seiner Frucht dominierten Abgang. Trinken Sie ihn jetzt–2010. Der mittel- bis dunkelrubinrote *1998er Cabernet Sauvignon Cold Creek Vineyard* verströmt Aromen von Brombeersaft und Speck. Bei mittlerem Körper dürfte der stämmige, expansive und mit reichlichen Mengen dunkler Früchte und einem eleganten, aber kraftvollen Kern ausgestattete Wein sein Optimum jetzt bis 2010 erleben. Der intensiv duftende mittel- bis dunkelrubinrote *1998er Cabernet Sauvignon Reserve* verströmt Aromen von Brombeeren und schwarzer Kirschkonfitüre. Bei mittlerem bis vollem Körper und seidiger Textur präsentiert er sich mit einer beträchtliche Tiefe seiner dunklen Frucht und mit Noten von frischen Kräutern. Hinzu kommt noch ein beeindruckend langer, geschmeidiger Abgang. Der Wein dürfte sein Niveau viele Jahre behalten. Voraussichtliche Trinkreife: jetzt–2012.

Der aprikosenduftige *1999er Eroica Riesling Dr. Loosen* (der in Zusammenarbeit mit dem berühmten Ernst Loosen von der Mosel entstanden ist) präsentiert sich im Geschmack mit einem gehaltvollen, dichten und von weißen und gelben Früchten dominierten Kern mit Anklängen an Kräutertee. Ferner sind beträchtliche Wasseranteile spürbar, die für eine gute Frische sorgen und damit die reichhaltige, opulente Frucht des Weines ausgleichen. Trinken Sie ihn in den kommenden 4–5 Jahren. Der in einer 1984 angelegten Rebkultur gewachsene *1999er Chardonnay Indian Wells Vineyard* entströmt dem Glas mit Aromen und Geschmacksnoten superreifer Äpfel und Birnen. Der breitschultrige, aniswürzige Chardonnay hat eine weiche Textur und einen einnehmend langen Abgang. Trinken Sie diesen gut gemachten, ausgewogenen Wein in den kommenden fünf Jahren. Der hervorragende *1999er Chardonnay Canoe Ridge Estate Vineyard* verströmt komplexe Duftnoten von kandierten Nüssen, weißen Früchten und zudem unverwechselbare rauchwürzige Aromen. Er gewinnt am Gaumen noch an Fülle und bringt dort den ganzen Mund auskleidende Noten von gewürzten Birnen, kandierten Äpfeln und zahllosen Gewürzen zum Vorschein. Der gehaltvolle, wundervoll ausgebaute Wein hat einen beeindruckend langen Abgang und dürfte in den kommenden fünf Jahren köstlich munden. Der breitschultrige, voluminöse, klar umrissene *1999er Chardonnay Cold Creek Vineyard* wartet bei mittlerem Körper mit einem etwas verhalteneren, leicht fruchtigen Bukett und mit Anklängen an Mineralien, Birnen und Steine auf. Trinken Sie ihn in den kommenden 4–5 Jahren.

Um die Trauben des *1999er Single Berry Select* zu pflücken, die von Ende November bis zum 4. Dezember geerntet wurden, waren insgesamt 600 Mann-Stunden erforderlich. Der Wein verströmt Aromen von kandierten Orangen, Aprikosen und Edelfäule (Botrytis) und erinnert im Geschmack an mit Mangonektar gemischten Aprikosensirup. Der körperreiche, stämmige und intensive Wein mit seiner gelierten Textur und seiner tiefgründigen Persönlichkeit weist 37 g Restzucker auf. Voraussichtliche Genussreife: jetzt–2020.

Der *2000er Eroica Dr. Loosen* verfügt über ein fettes, stämmiges Format von mittlerem bis vollem Körper und verströmt Aromen von Birnen und Äpfeln. Dieser opulente, samtige, süße Wein präsentiert sich im Geschmack mit Noten von Mineralien und Mandarinen. Er stellt sich wundervoll ausgewogen dar und bringt in seinem langen Abgang Noten von Orangenschale zur Geltung. Voraussichtliche Genussreife: jetzt–2012.

SEVEN HILLS

1997 Cabernet Sauvignon Klipsun Vineyard D 88

Der schwarze *1997er Cabernet Sauvignon Klipsun Vineyard* duftet verhalten nach Rosen und schwarzen Johannisbeeren. Am Gaumen präsentiert sich der kraftvolle, den ganzen Gaumen auskleidende, ungemein extraktreiche Wein mit Noten von schwarzem Teer und Brombeeren. Wegen seiner Intensität und festen Struktur sollte er noch etwas ruhen. Voraussichtliche Genussreife: jetzt–2010+.

TAMARACK

1998 Merlot **D 88**

Der mittelrubinrote *1998er Merlot* duftet nach Veilchen, roten Kirschen, Himbeeren und Gewürzen. Bei mittlerem Körper und samtiger Textur wartet der dicke Wein mit verschwenderischen Noten von vollreifen roten und schwarzen Früchten auf. In seinem fest strukturierten (tanninbetonten) Abgang lassen sich Nuancen von Vanille ausmachen. Voraussichtliche Trinkreife: jetzt–2008.

WOODWARD CANYON

1999 Chardonnay Celilo Vineyard **D 89**

1998 Chardonnay Celilo Vineyard **D 88**

1998 Merlot **D 89**

Der *1998er Chardonnay Celilo Vineyard* verströmt Aromen von cremigen Gewürzen und toastwürzigem Eichenholz. Bei mittlerem Körper präsentiert sich der samtig texturierte, geschmeidige Wein in seinem langen, seidigen Geschmacksprofil mit Noten von buttrigen Mineralien, Toastbrot und Äpfeln. Trinken Sie ihn in den kommenden 3–4 Jahren. Der mittel- bis dunkelrubinrote *1998er Merlot* wartet mit Aromen von schwarzen Kirschen und Brombeeren auf. Bei mittlerem bis vollem Körper und guter Struktur haben wir es hier mit einem geschmacksintensiven Wein zu tun, der sich mit Anklängen an Cassis, Kirschsirup und Brombeeren darstellt. Das extrem gut ausgebaute, nahtlose Gewächs erinnert an einen exzellenten Pomerol aus einem warmen, reifen Jahrgang. Voraussichtliche Trinkreife: jetzt bis 2008+.

Der nach würzigem Anis und gekochten Birnen duftende *1999er Chardonnay Celilo Vineyard* besitzt eine außerordentlich einnehmende, ölig texturierte Persönlichkeit. In seinem ausdrucksstarken, eleganten und ausgewogenen Charakter lassen sich Eindrücke von gewürzten Äpfeln, Kardamom, Muskatnuss plus Nuancen von Karamell und Anis unterscheiden. Trinken Sie diesen köstlichen Wein in den kommenden 4–5 Jahren.

DIE BUNDESSTAATEN AM MITTLEREN ATLANTIK

Von der Region North Fork auf Long Island bis zum Hudson River Valley, aber auch auf den Anhöhen von Pennsylvania, Maryland und Virginia stößt man immer wieder auf Weinerzeuger, die gute, sehr gute und bisweilen sogar exzellente Weine produzieren. Im Großen und Ganzen liegt bei den besten Weinen der Region das Schwergewicht auf der Cabernet-Franc-Traube, wie besonders einige Prachtweine aus Long Island und Virginia belegen, die ich verkostet habe. Bei den Weißweinen stellt sich das Gebiet uneinheitlich dar – mit Ausnahme der schön im Hudson River Valley im Staat New York gelegenen Millbrook Winery, die mich immer wieder mit exzellenten bis hervorragenden Chardonnays überrascht hat.

Weinfreunde, die gerne die besten Weine aus den genannten Anbaugebieten kennen lernen möchten, sollten besonders nach den Produkten der folgenden Kellereien Ausschau halten:

MARYLAND
Basigniani Winery (die Beste des Bundesstaates)
Catoctin Winery
Elk Run

NEW YORK
Bedell
Fox Run
Gristina Vineyards
Jamesport
Lenz
Macari Vineyards
Millbrook Winery
Palmer
Paumanok
Schneider
Wolffer

PENNSYLVANIA
Chaddsford Winery

VIRGINIA
Barboursville Vineyards
Jefferson Vineyards
Rockbridge Vineyards
White Hall Vineyards
Willowcroft Farm Vineyards

DAS BESTE AUS DEM REST DER WELT

AUSTRALIEN

WEINTYPEN

Welche Rebsorte Ihnen auch in den Sinn kommen mag – die Australier bauen sie garantiert an, machen Wein daraus, verschneiden sie mit einer anderen und geben dem Ganzen einen ungewöhnlichen Namen. Australische Weine sind in den Brennpunkt des Interesses gerückt, nicht nur in Amerika. Das günstige Preis-Leistungsverhältnis, das viele australische Weine bieten, ist in aller Munde von London bis New York. In Australien wie auch in Kalifornien oder im Elsass wird der Wein nach der Rebsorte benannt, aus der er bereitet wurde. Alle großen Rebsorten werden in Australien angebaut, und erstaunlicherweise entstehen aus allen Rebsorten großartige Weine. Die wichtigsten Weinanbaugebiete, in alphabetischer Reihenfolge, sind:

Adelaide Hills (South Australia) Im Süden Australiens gelegen, ist dies eine Hochlage in einer Region mit kühlerem Klima. Petaluma ist die berühmteste Kellerei.

Barossa Valley (South Australia) Dieses riesige, sehr bekannte Weinanbaugebiet befindet sich nördlich von Adelaide im Süden Australiens. Hier sind einige Giganten der australischen Weinindustrie wie Penfolds, Henschke, Tollana Seppelt, Wolf Blass, Orlando und Yalumba beheimatet. Von hier stammen Australiens beste Weine, auch die von alten Rebstöcken geernteten Trauben, aus denen von Cimicky, Rick Burge, Elderton, Greenock Creek, Rockford, Veritas Torbreck und Yalumba einige spektakuläre Shiraz-Weine produziert werden. Penfolds Grange ist hauptsächlich ein Verschnitt von ausgewählten Barossa-Weinbergen.

Bendigo (Victoria) Bendigo ist ein aufstrebendes Anbaugebiet, obwohl es bereits auf eine lange Weinbau-Geschichte zurückblicken kann. Balgownie, Jasper Hill und Wild Duck Creek sind die besten Kellereien.

Victoria (Victoria) Die besten Gebiete von Victoria sind Goulburn Valley, Bendigo, Geelong, Yarra Valley und Rutherglen. Alle sind innerhalb eines Tages von Melbourne aus zu erreichen.

Clare Valley (South Australia) Dieses Gebiet nördlich von Adelaide und dem Barossa Valley ist mehr für seine Weiß- als für seine Rotweine bekannt. Eine ganze Reihe hochklassiger Kellereien sind hier beheimatet, u. a. Clos Lare, Grosset, Pikes, Kilikanoon, Tim Adams und Knappstein. Aus dieser kühlen Gegend kommen mehrere superbe Riesling-Weine.

Coonawarra (South Australia) Coonawarra gehört zu den besten Rotwein-Weinanbaugebieten Australiens. Es liegt im Süden des Landes, westlich vom Goulburn Valley. Spitzenbetriebe wie Penley, Parker, Highbank, Majella, Katnook und Lindemans (deren Weinlagen Limestone Ridge und St-George sich hier befinden) beziehen ihre Trauben von hier.

Geelong (Victoria) Südwestlich von Melbourne in Küstennähe liegt das kleine Weinanbaugebiet Geelong. Die bekanntesten Kellereien sind Bannockburn, Clyde Park und Mount Anakie.

Glenrowan (Victoria) Diese Gegend mit heißem Klima liegt im Nordosten von Victoria und ist für ihre tintenschwarzen, reichhaltigen und kernigen Rotweine bekannt, insbesondere für den vollmundigen Shiraz aus dem Hause eines der alteingesessensten Produzenten Australiens: Bailey's. Kommerziellerer Cabernet und Shiraz wird von Wynns bereitet. Im nahe gelegenen Milawa ist das Weinbauunternehmen Brown Brothers zu Hause, eine der erfolgreichsten australischen Firmen, die Weine von Spitzenqualität herstellt.

Gramptans (Victoria) Zwischen Ararat und Stawell, nordwestlich von Melbourne und Geelong, liegt ein Gebiet, das für seine Schaumweine (vor allem die des riesigen Produzenten Seppelt) und für seine weichen, fetten, säurearmen und wohlschmeckenden Rotweine bekannt ist. Die besten Rotwein-Produzenten sind Mount Langi Ghiran und Cathcart Ridge.

Hunter Valley (New South Wales) Weniger als 3 Autostunden von Sydney entfernt liegt das berühmte Hunter Valley. Das Hunter Valley spielt für Sydney eine ebenso große Rolle wie das Napa Valley für San Francisco und wie das Médoc für Bordeaux: Es ist ein wichtiger Anziehungspunkt für den Fremdenverkehr und auch Entstehungsort mehrerer der begehrtesten Weine Australiens. Obwohl diese Gegend ursprünglich für ihre reichhaltigen, exotischen und körperreichen Rotweine aus der Shiraz- und Cabernet-Sauvignon-Traube bekannt war, sind Chardonnay und Sémillon in der letzten Zeit auch sehr erfolgreich. Die in dieser Gegend ansässigen Weinproduzenten haben auf dem Exportmarkt festen Fuß gefasst, zweifelsohne aufgrund ihrer Größe und des hier stark vorherrschenden Konkurrenzdenkens. Trotz des hohen Ansehens dieser Gegend kommen beträchtliche Mengen von mittelmäßigem, industriell erzeugtem Gesöff sowohl aus dem Lower als auch aus dem Upper Hunter Valley. Vertraute Namen im Hunter Valley sind Tyrell, Rothbury Estate, Lindemans, Rosemount, Arrowfield, Hungerford Hill und Brokenwood.

Great Southern (Western Australia) An der abgelegenen Südwestspitze Australiens, etwa 250 km südlich von Perth, liegt ein ausgedehntes aufstrebendes Weinanbaugebiet namens Great Southern. Hier gedeihen mehr Apfelplantagen als Weinberge, aber Weinproduzenten wie Howard Park, Mount Barker, Franklin Estate und Alkoomi haben verdientermaßen einen guten Namen.

Margaret River (Western Australia) An der äußersten Südwestspitze dieser Region befindet sich das Anbaugebiet Margaret River. Australische Weinexperten behaupten, dass diejenigen Cabernet Sauvignons und Chardonnays, die dem französischen Wein am nächsten kommen, aus dieser Gegend stammen. Die hier bereiteten Weine besitzen einen höheren natürlichen Säuregehalt. Einige ausgezeichnete Produzenten wie Vasse Felix, Moss Wood, Leeuwin Estate, Cullen, Abbey Vale, Devil's Lair, Pierro Woody Nook sind hier ansässig.

McLaren Vale (South Australia) Das traditionelle Erzeugnis dieser heißen Gegend südlich von Adelaide war ein alkoholstarker, dicker und gehaltvoller Grenache-Wein. In den letzten 10 Jahren hat es hier große Veränderungen gegeben: Zum einen konnte man die Gärung nun durch Kühlung regeln, zum anderen wurde man sich darüber klar, dass die Weintrinker heute leichtere, fruchtigere Weine bevorzugen. Einige Giganten des australischen Weingeschäfts kommen aus McLaren Vale: Hierzu zählen Hardy's und sein einer höheren Qualität verschriebener »Bruder« Reynella. Zu den kleineren Kellereien, die einige der aufregendsten Weine Australiens produzieren, gehören Kay Brothers, Clarendon Hills, Noon, d'Arenberg, Coriole, Maxwell und Fox Creek.

Mudgee (New South Wales) Dieses Gebiet liegt in New South Wales westlich vom berühmten Hunter Valley (in der Sprache der australischen Ureinwohner bedeutet der Name »Nest auf den Hügeln«). Mit seinen niedrigen Nacht- und hohen Tagestemperaturen hat es sich nicht nur als ein Spitzengebiet für Rotweine, sondern auch als eine ausgezeichnete Quelle für nach tropischen Früchten duftende und üppig-reichhaltige Chardonnays herausgestellt. Aus welchem Grunde auch immer – die Weine von Mudgee sind häufig billiger als Weine aus anderen Spitzengegenden. Zu den verlässlichen Produzenten gehören Craigmoor, Montrose, Miramar und Huntington Estate.

Padthaway (South Australia) Dieses südaustralische Anbaugebiet hat in der letzten Zeit viele Anhänger für seine preisgünstigen Weißweine gewonnen, insbesondere für Chardonnay und Sauvignon Blanc. Leider hat es auch gezeigt, wie leicht es ist, riesige Mengen von uninspiriertem Rot- und Weißwein herzustellen. Zu den Glanzlichtern gehören die Weine von Sparky und Sarah Maguis von der Kellerei Henry's Drive. Ihr Marguis-Philips beweist auf bewundernswerte Weise, dass Qualität und Preis zusammenpassen können.

Pyrenees (Victoria) Diese schöne, sanfte Hügellandschaft der Pyrenees nordwestlich von Melbourne bildet ein Dreieck zwischen Redbank, Moonambel und Avoca. Die Spitzen-

SOUTH
AUSTRALIA
Lilydale
Clare
Watervale
Auburn
BAROSSA VALLEY
Waikerie
Renmark
Nuriootpa
Angaston
Tanunda
Berri
Adelaide
SOUTHERN VALES
McLaren Vale
Langhorne Creek
DARLING
Buronga
Mildura
NEW
MURRAY
VICT
Echuca
Bendigo
GOULBURN VALLEY
Coonawarra
Great Western
HOPKINS
Melbourne
Geelong

Australien

SOUTH WALES
Mudgee
Muswellbrook
HUNTER
HUNTER VALLEY
Rothbury
Pokolbin
Cessnock
LACHLAN
Forbes
Cowra
ABERCROMBIE
LACHLAN
Rooty Hill
Cobbitty
Sydney
Yenda
Griffith
Young
MURRUMBIDGEE IRRIGATION AREA
Wagga Wagga
Canberra
THE RIVERLAND
Barooga
Corowa
Rutherglen
Glenrowan
Milawa
ORIA
Tahbilk
YARRA VALLEY
N
W
O
S
0 50 100 150 KILOMETER
Northern Territory
Queensland
Western Australia
South Australia
New South Wales
Victoria
Melbourne

Rotweine entstehen aus Cabernet Sauvignon- und Shiraz-Trauben. Merken sollte man sich die Firmen Redbank, Taltarni, Mount Avoca und Dalwhinnie.

Riverland (South Australia) Das Gebiet Riverland in Süd-Australien lässt sich mit dem San Joaquin Valley in Kalifornien vergleichen. Hier wachsen große Mengen Trauben von mittelmäßiger Qualität, und überall finden sich riesige Wein-Kooperativen und Produzenten, die für den australischen Markt offene, gebietsspezifische Weine zur Kanister- und Weinschlauchabfüllung erzeugen. Einige große Unternehmen wie Penfolds, Kaiserstuhl, Angove, Berri und Renmano haben hier ihre Fasswein-Produktion angesiedelt. Obwohl die meisten Weine aus dieser Gegend ausgesprochen fade sind, lassen sich jedoch auch einige ordentliche, frische Weißweine zu Schnäppchenpreisen finden.

Rutherglen (Victoria) Rutherglen ist ein Synonym für Australiens gespritete Dessertweine, von denen manche wirklich außergewöhnlich gut sind. Die berühmten süßen, nektarähnlichen, langlebigen Portweine, und die alkoholverstärkten, unbestreitbar sublimen Muscat- und Tokay-Weine der Firmen William Chambers, Campbells, Stanton und Kileen sowie Seppelt werden aus Trauben aus dem Rutherglen-Gebiet bereitet.

Swan Valley (Western Australia) In diesem heißen, dürren Anbaugebiet im Westen Australiens nordöstlich der Küstenstadt Perth entstehen groß angelegte, muskulöse Rotweine und zunehmend bessere Weißweine. Der berühmteste Weinbaubetrieb in diesem Gebiet ist Houghton, aber auch Moondah Brook und Sandalford produzieren gute Weine.

Yarra Valley (Victoria) Dieses Anbaugebiet ist in Australien derzeit groß in Mode. Seine Verfechter behaupten, dass das hier vorherrschende Klima und demzufolge auch die Weine dem französischen Bordeaux und Burgunder am nächsten kommen. Davon bin ich allerdings nicht überzeugt. Das Gebiet liegt im Staat Victoria bei Melbourne, hier herrscht ein kühles Klima vor, und alle namhaften roten und weißen Rebsorten mit klingendem Namen – angefangen von Cabernet Sauvignon, Merlot und Pinot Noir bis zu Chardonnay, Riesling und Gewürztraminer – werden hier angepflanzt. Die besten Weinbaubetriebe sind Lillydale, Yarra Yering, Coldstream Hills und St-Huberts, aber beachten Sie, dass bei vielen Weinen hier nicht alles Gold ist, was glänzt.

REBSORTEN

ROTWEINE

Cabernet Sauvignon Diese Rebsorte gedeiht in Australien ganz besonders gut und bringt im Allgemeinen einen sehr fruchtigen, häufig dicklichen, fetten Wein mit Johannisbeer-Noten hervor, bisweilen mit niedriger Säure, aber dennoch rund, reichhaltig und – trotz mangelnder Säure – überraschend alterungsfähig. Leider übertreiben es zu viele Kellereien mit der Hinzufügung von Säure und machen so aus einem sanften, aber wohlschmeckenden Wein etwas, was nach unreifer Zitrone schmeckt.

Pinot Noir Es gibt Produzenten, die behaupten, aus dieser ungeheuer unbeständigen Rebsorte gute Weine bereitet zu haben …, die überwiegende Mehrheit der australischen Pinot Noirs ist bis heute jedoch entweder rosinenhaft, ungewöhnlich, oft abstoßend oder auch wässrig, blass und nichtssagend sowie übersäuert. Die einzige Ausnahme ist Bass Phillip, die im kühlen Mikroklima von South Gippsland in Victoria den besten Pinot Noir des Landes machen.

Shiraz Obwohl die Australier zurzeit in Cabernet Sauvignon, Merlot und Pinot Noir geradezu vernarrt sind, ändert dies nichts an der Tatsache, dass die größten Weine aus der Shiraz-(Syrah-)Traube bereitet werden. Das Problem ist, dass ungeheure Mengen Shiraz angebaut werden und nur eine Handvoll Produzenten den Shiraz (Syrah) mit demselben Respekt und derselben Sorgfalt behandelt wie den Cabernet. Reinsortig verarbeitet kann der Shiraz den größten australischen Wein ergeben, wie Penfolds Grange seit beinahe 50 Jahren überzeugend beweist. Im Verschnitt mit Cabernet Sauvignon kann er einem Rotwein mehr

Dimension und Charakter verleihen, was Penfolds und Petaluma immer wieder unter Beweis stellen. Die besten Beispiele kommen aus nur zwei Regionen, Barossa und McLaren Vale. Anderswo bringt Shiraz normalerweise nur eindimensionale, schwere Weine hervor.

WEISSWEINE

Chardonnay Die schlauen Australier haben den Durst der Weintrinker auf Chardonnay-Weine voll ausgenutzt und durchweg stämmige, fette Weine mit Geschmacksnuancen von Äpfeln, Birnen, Orangen und reifen Melonen auf den Markt gebracht. Obwohl die Weine auch jetzt noch eine allzu ausgeprägte, oder schlimmer noch, eine künstliche Eichenholzwürze haben, werden in Australien heute mehr und mehr frische und üppige Chardonnays bereitet, die jung abgefüllt werden, damit sie ihre jugendlichen, traubenhaften Qualitäten behalten. Seitdem Zentrifugen und Mikroporenfilter eingesetzt werden, haben die Chardonnays weder Bukett noch Geschmacksnuancen. Die größte Enttäuschung ist jedoch das Alterungspotenzial dieser von Natur aus säurearmen Weine, aber da die meisten sie innerhalb von wenigen Monaten nach dem Kauf trinken, kann man sich wohl über diesen Punkt streiten. Positiv zu bewerten sind die wachsenden Mengen von köstlichen, nicht im Eichenfass ausgebauten, so genannten »jungfräulichen« Chardonnays.

Gewürztraminer Ungeachtet der Behauptungen der australischen Verkäufer, die natürlich die Qualität des Gewürztraminers in höchsten Tönen rühmen, bringt diese Traube fade, blasse und wässrige Weine hervor: ein himmelweiter Unterschied zum französischen Gewürztraminer!

Marsanne Château Tahbilk und Mitchelton sind Verfechter dieser Rebsorte, die eindimensionale, milde Weine hervorbringt.

Muscat Die in warmem Klima gedeihende Traube erreicht in Australien eine ausgezeichnete Qualität und findet ihren besten Ausdruck in dem dekadent reichhaltigen, süßen, alkoholverstärkten Muskateller, der jahrzehntelang altern kann. Aus Muscat wird auch ein mittelsüßer Tischwein bereitet, wobei der aus dem Hause Brown Brothers ganz besonders empfehlenswert ist.

Riesling Australien hat den Beweis erbracht, dass sein Riesling die beste aus der Neuen Welt stammende Alternative zum deutschen und elsässischen Riesling ist. Diese Traube hat in Barossa Valley, in den Adelaide Hills und in Clare Valley ausgezeichneten trockeneren Riesling nach Kabinett- und Spätlese-Art hervorgebracht. Die Betriebe Petaluma, Pewsey Vale, Rosemount, Grosset, Leeuwin und Mount Horrocks haben einige bemerkenswerte Weine produziert. Insgesamt gebe ich dieser Rebsorte in Australien eine gute Punktnote.

Sauvignon Blanc Unterschiedlich gute Ergebnisse, da die Trauben durch das heiße Klima leicht überreif werden und eine groteske, vegetabile, ölige und dicke Fruchtigkeit annehmen. Australien bringt zwar einige frische, schmackhafte, trockene Sauvignons hervor, aber bis jetzt liegt immer wieder Neuseeland eine Nasenlänge voraus, wenn es um Qualitätsweine auf Sauvignon-Basis geht.

Sémillon Ein Sémillon kann ganz köstlich sein, sowohl im Verschnitt mit Chardonnay oder Sauvignon als auch reinsortig verarbeitet. Aus dieser Traube entstehen kräftige, cremige, reichhaltige, mit Geschmacksstoffen beladene Weine. Unternehmen wie Rothbury, Rosemount, Montrose, Peter Lehmann und Henschke bringen den besten Sémillon hervor. Aus der Sémillon-Traube mit Edelfäule sind auch einige große Dessertweine bereitet worden: Halten Sie nach den Weltklasseweinen von Rothbury, Rosemount und Peter Lehman Ausschau.

DUFT- UND GESCHMACKSNOTEN

ROTWEINE

Cabernet Sauvignon Diese Weine können sehr reif, ja oft überreif sein, sie haben süße, intensive Johannisbeer-Geschmacksnuancen, geschmeidige, fette Textur und Unmengen von Frucht. Bei schlechter Verarbeitung oder Übersäuerung sind sie muffig, unsauber und rau.

Pinot Noir Geschmacksnuancen von rosinen- und pflaumenhafter Frucht, ohne Finesse und Komplexität, stellen erschreckend schlechte Beispiele für den Pinot Noir dar.

Shiraz Intensive Aromen von Cassis, Leder, Lakritze, Brombeeren, Zedernholz, Teer und Pfeffer finden sich in Weinen, die eine gesunde Portion Shiraz enthalten. Recht körperreich und gehaltvoll, mit weicherem Tannin als ein Cabernet Sauvignon, sind die Shiraz-Weine bereits jung trinkbar, aber altern oft besser als der »glanzvollere« Cabernet Sauvignon. Die besten Beispiele kommen fast immer aus Barossa oder McLaren Vale.

WEISSWEINE

Chardonnay Geschmacksnuancen von tropischer Frucht herrschen in diesem cremig-texturierten, sinnlichen Wein vor. Manchmal tritt die Eichenholzwürze zu stark hervor, aber bei den letzten Jahrgängen sind ausgewogenere Weine mit Frucht im Vordergrund dennoch die Regel.

Gewürztraminer Wo ist der würzige, exotische Litschi-Charakter geblieben, den man von den großen Gewürztraminern aus dem Elsass kennt? Die australischen Gewürztraminer sind generell eine Enttäuschung: wässrig und dünn.

Marsanne Ihr Geschmack lässt sich so beschreiben: in der Regel neutral oder wie Jancis Robinson sagt: »erinnert an Leim«. Älter hat sie generell mehr Geschmack als jung, aber da sie jung so uninteressant schmeckt, lässt niemand sie altern.

Muscat Gewaltige Aromen von braunem Zucker, Königskuchen, *Crème brûlée*, von mit Butter gebackenen Aprikosen, von Orangen, Honig und Nüssen verleihen dieser Traube ihre Anziehungskraft.

Riesling Die klassischen Riesling-Aromen von Frühlingsblüten, grünen Äpfeln und nassen Steinen sind in den trockeneren Ausprägungen dieses Weines vertreten. Mit zunehmender Süße im Wein entstehen Aromen und Geschmackskomponenten von Orangen, Pfirsichen, Aprikosen, Butter, gebackenen Äpfeln und honigduftigen Nüssen.

Sauvignon Blanc Leider scheinen diese Weine immer entweder fad, mild und geschmacklos zu sein oder aber ölig, vegetabil und bizarr.

Sémillon Bei den trockeneren Ausprägungen sind die Zitronen-Limetten-Aromen in Verbindung mit Honig und toastwürzigem Eichenholz meist die interessantesten. Bei den süßeren Weinen treten Geschmacksnuancen von buttrigen Nüssen und in Honig getauchten Rosinen in den Vordergrund.

ALTERUNGSPOTENZIAL

Cabernet Sauvignon: 5–20 Jahre
Pinot Noir: 4–6 Jahre
Shiraz: 5–30 Jahre
Chardonnay: 1–2 Jahre
Gewürztraminer: 1–2 Jahre
Marsanne: 4 –12 Jahre
Muscat (trocken): 1–3 Jahre
(alkoholverstärkt): 5–50

Riesling (trocken): 1–4 Jahre
(süß): 4–10 Jahre
Sauvignon Blanc: 1–3 Jahre
Sémillon (trocken): 2–8 Jahre
(süß): 4–12 Jahre

ALLGEMEINES QUALITÄTSNIVEAU

Die Spitzenweine wie Penfolds Grange oder Bin 707 Cabernet Sauvignon sowie einige Shiraz-Cuvées, die von relativ kleinen Produzenten aus Trauben von alten Rebstöcken bereitet werden, können es mit anderen Rotweinen in der Welt durchaus aufnehmen. Die größten australischen Weine werden zwar bedauerlicherweise in winzigen Mengen produziert, aber diejenigen Leser, die das Glück haben, Weine aus den von mir vermerkten Fünf-Sterne-Betrieben zu ergattern, werden beeindruckt sein. Insgesamt gesehen, ist die Qualität des australischen Weines nicht mehr als durchschnittlich, wobei man Unmengen von mittelmäßigen und schlecht bereiteten Weinen antrifft. Es gibt jedoch auch sehr viele gute, angenehme Weine zu attraktiven Preisen, und hierin liegt auch der Grund für den Erfolg der australischen Weine. Australien nimmt einen der ersten Plätze ein, wenn es um wohlschmeckende, verbraucherfreundliche Weine zu niedrigen Preisen geht. Auf diesem Gebiet haben die australischen Weine nur sehr wenig Konkurrenz.

WAS SIE UNBEDINGT WISSEN MÜSSEN

Angesichts der beachtlichen Vielfalt tut der Weintrinker am besten daran, sich die Namen von einigen der besseren Produzenten zu merken und sich bei seinen ersten Käufen auf die Weine zu beschränken, bei denen er kein Risiko eingeht: Dies sind generell Chardonnay, Cabernet und Shiraz. Nehmen Sie die Namen der Produzenten, die bei jeder Rebsorte angegeben sind, als Anhaltspunkt, bis Sie entschieden haben, welche Weine und Produzenten Sie selbst bevorzugen.

KAUFSTRATEGIE

Für 95 % der australischen Weine gilt, dass Sie nur das kaufen sollten, was Sie in den folgenden 12 – 16 Monaten trinken werden. Die Weißweine halten sich nur sehr begrenzt und die Mehrheit der Rotweine sollte innerhalb von 2–4 Jahren nach der Ernte getrunken werden. Daher sollten Sie von trockenem Weißwein nur die Jahrgänge 2001, 2000 und 1999 kaufen. Bei preisgünstigen Rotweinen können Sie unbesorgt zurück ins Jahr 1996 kaufen, ohne sich um das Alter des Weines zu kümmern. Australien produziert ganz sensationelle Weltklasse-Rotweine, die aber oft nur in verschwindend geringen Mengen angeboten werden und ebenso teuer sind wie ein französischer Grand Cru oder ein kalifornischer Kultwein.

Weinliebhaber sollten auch bedenken, dass Australien spektakuläre, alkoholverstärkte Spätlesen produziert, die zu einem Bruchteil dessen angeboten werden, was man für Jahrgangs-Portwein und für französische und deutsche Dessertweine ausgeben muss. Es lohnt sich, diese schwelgerisch genussbetonten Weine aufzustöbern.

NEUERE JAHRGÄNGE

Ebenso wie in Kalifornien ist das ständig schöne, sonnige Wetter in Australien praktisch eine Garantie für eine zumindest gute Wein-Qualität, obwohl natürlich jeder Jahrgang auf Grund von Dürreperioden, Hitze- oder Kältewellen und Hagel anders ausfällt.

2001 – In diesem Jahr kam es in Südaustralien zu einer extremen Hitze- und Dürreperiode, die zu Austrocknung, Stress und anderen Problemen führte. Dennoch haben die Verkostungen im Juni 2001 einige ungemein kräftige, konzentrierte, tiefe Spitzenweine zutage gebracht, allen voran die Shiraz- und Cabernet-Sauvignon-Cuvées, die aus alten Rebgärten in McLaren Vale and Barossa stammen. Obwohl die Qualität dieses Jahrgangs bei den meisten Rebsorten uneinheitlich war, wird er sich im Spitzenbereich von Shiraz und Cabernet Sauvignon durch außergewöhnliche Kraft, Konzentration und eine lange Lebenserwartung auszeichnen.

2000 – Es war ein leichter Jahrgang. Die Weine sind gut, haben jedoch nicht den erhabenen, mehrdimensionalen Charakter, der Südaustraliens größte Jahrgänge kennzeichnen kann. In Westaustralien ist die Weinqualität einheitlicher. Gleichwohl versprechen auch die berühmtesten australischen Anbauregionen Victoria, Hunter Valley, Barossa und Mc Laren Vale keinen Spitzenjahrgang.

1999 – Nach dem mächtigen 1998er wurde dieser Jahrgang in den australischen Medien zunächst verrissen; er hat elegante, stilvolle, gut ausgewogene Weine hervorgebracht, ohne die Muskelkraft und Wucht, die einen großartigen Jahrgang kennzeichnen. Wer jedoch meint, dass man in Australien in punkto Extrakt, Reichhaltigkeit und der Fähigkeit, den Gaumen zu beizen, oft zu viel des Guten tut, sollte ruhig einmal nach diesem feineren Jahrgang im europäischen Stil Ausschau halten.

1998 – Die meisten Spitzenproduzenten behaupten, daß der 98er in den Staaten Western Australia, South Australia, Victoria sowie im Hunter Valley der beste Jahrgang der neunziger Jahre werden könnte. Alle Komponenten für ein superbes Jahr waren vereint: Volle physiologische Reife bei angemessener Säure und kein Regen dürften in South Australia, Victoria und wahrscheinlich auch im Hunter-Valley für großartige Weine sorgen. Die einzige Region, in der Anlass zur Sorge besteht, ist Western Australia, wo Spätsommerregen die Trauben ruiniert hat, die einen großartigen Jahrgang hätten ergeben können. Diejenigen Produzenten, deren Ernte den Regen überstanden hat und die erst später gelesen haben, sind sehr mit ihrem Resultat zufrieden. Es ist ein aufregender Jahrgang.

1997 – Insgesamt gesehen, kommt dieser Jahrgang nicht an die Qualität des 1996ers und 98ers heran. Es gibt jedoch auch vereinzelt hervorragende Produktionen. Im Hunter Valley dürften die Rotweine sehr gut bis ausgezeichnet sein, die Weißweine haben allerdings durch Überreife Schaden genommen. In Victoria brachte dieser Jahrgang Weine von außergewöhnlicher Reife hervor. Diejenigen Produzenten, die ihre Erträge niedrig hielten, haben kräftige, wuchtige, kraftstrotzende Weine erzeugt. Die 97er aus Victoria konnten es leicht mit ihren 98er Gegenstücken aufnehmen. In South Australia richtete Regen in einigen kühleren Gebieten (wie z. B. Clare Valley) Schaden an, aber jene Produzenten, die abgewartet und dann reife Trauben in Barossa und McLaren Vale gelesen haben, dürften sehr gute Weine hervorbringen. Eine in den kühleren Gebieten fantastisch ausgefallene Rebsorte ist der Riesling. Aufgrund der großen Hitze und des Regens vor der Weinlese in Western Australia wird der 97er eher ein guter als ein großartiger Jahrgang.

1996 – Der 1996er hat sich in Western Australia als ein großartiger Jahrgang mit fabelhaft konzentrierten und kraftvollen Weinen herausgestellt, in South Australia als ausgezeichneter bis großartiger Jahrgang mit einer Fülle von dicken, gehaltvollen, saftigen, erstklassigen Weinen, und in Victoria als ein sehr gutes Jahr. Victoria hat mehr Regen abbekommen, aber die Trauben waren außer im Yarre Valley in jedem Gebiet überaus reif. Im Hunter Valley ist der 1996er ein sehr guter, wenn auch uneinheitlicher Jahrgang.

1995 — In South Australia und Western Australia ist der 1995er ein sehr guter bis ausgezeichneter Jahrgang. Wenn einige Coonawarra-Weine auch leicht ausfallen und im McLaren Vale uneinheitliche Weine auftauchten, brachten das Barossa Valley und das Clare Valley beide ausgezeichnete Weine hervor. Proben aus Western Australia besitzen außergewöhnliche Konzentration und Kraft. Sie werden sich womöglich als ebenso gut herausstellen wie manche namhaftere Jahrgänge, z. B. 1998. In Victoria sind die Beeren durch die Trockenheit winzig geblieben, es fand eine Gärung unter Stress statt und die Weine fielen dementsprechend aus. 1995 ist ein gemischter, uneinheitlicher Jahrgang. Im Hunter Valley gilt der 1995er nahezu als katastrophaler Misserfolg. Einige Weißweine haben sich als gut herausgestellt, aber die Roten sind gemischt, als Auswirkung der starken Regenfälle während der Weinlese.

ÄLTERE JAHRGÄNGE

Als ein weiterer Jahrgang der neunziger Jahre war der 1994er in South Australia sensationell, insbesondere im Barossa Valley und im Clare Valley. In Coonawarra war er ausgezeichnet, in Victoria fantastisch, und ganz großartig in Western Australia. In ganz Australien war der 1993er generell ein guter Jahrgang, obwohl er nie an die fabelhaften Spitzenerzeugnisse von 1994 herankam. Der 92er zeigte sich ebenfalls als gesunder Jahrgang von sehr guter Qualität, wobei der Cabernet Sauvignon aus Western Australia die Spitzenposition einnahm. Die 91er und 90er waren in ganz Australien generell großartige Jahrgänge. Die besten 91er kamen aus Hunter Valley, Barossa Valley, Coonawarra, Victoria und Western Australia. Die einzige Schwachstelle beim 91er war Clare Valley. 1990 war für das Hunter Valley ein schwaches Jahr, obwohl der Jahrgang ansonsten großartig war, speziell in South Australia. Der 90er erwies sich in Victoria und Western Australia als ausgezeichneter Jahrgang.

DIE BESTEN AUSTRALISCHEN PRODUZENTEN VON CABERNET SAUVIGNON, SHIRAZ, MERLOT UND GRENACHE

****** (HERVORRAGEND)*

d'Arenberg Cabernet Sauvignon The Coppermine Road (McLaren Vale)
d'Arenberg The Dead-Arm Shiraz (McLaren Vale)
d'Arenberg The Laughing Magpie (Shiraz/Viognier) (McLaren Vale)
Brokenwood Shiraz Graveyard Vineyard (Hunter Valley)
Brokenwood Shiraz Rayner Vineyard (McLaren Vale)
Burge Family Grenache Old Vines (Barossa)
Burge Family Shiraz Draycott (Barossa)
Clarendon Hills Astralis (Shiraz) (Clarendon)
Clarendon Hills Grenache Old Vine Blewitt Springs Vineyard (McLaren Vale)
Clarendon Hills Grenache Old Vine Kangarilla Vineyard (McLaren Vale)
Clarendon Hills Grenache Old Vine Romas Vineyard (McLaren Vale)
Clarendon Hills Merlot (McLaren Vale)
Clarendon Hills Shiraz Brookman Vineyard (McLaren Vale)
Clarendon Hills Shiraz Hickinbotham Vineyard (McLaren Vale)
Clarendon Hills Shiraz Liandra Vineyard (McLaren Vale)
Clarendon Hills Shiraz Piggott Range Vineyard (McLaren Vale)
Charles Cimicky Shiraz Signature (Barossa)
Coriole Lloyd Shiraz (McLaren Vale)
Elderton Shiraz Command (Barossa)
Greenock Creek Shiraz Apricot Block (Barossa)
Greenock Creek Shiraz Creek Block (Barossa)
Greenock Creek Shiraz Roennfeldt Road (Barossa)
Greenock Creek Shiraz Seven Acres (Barossa)
J. J. Hahn Shiraz Block 1914 (Barossa)
Hardy's Shiraz Eileen Hardy (Gebietsverschnitt)
Kay Brothers Shiraz Amery Vineyard Block 6 (McLaren Vale)
Peter Lehmann Shiraz Eight Songs (Barossa)
The Magpie Estate Shiraz/Mourvèdre Black Sock (Barossa)
Noon Cabernet Sauvignon Reserve (Langhorne Creek)
Noon Eclipse Proprietary Red (Grenache/Shiraz) (McLaren Vale/Langhorne Creek)
Noon Shiraz Reserve (Langhorne Creek)
Parker Estate Cabernet Sauvignon Terra Rossa First Growth (Coonawarra)
Penfolds Cabernet Sauvignon Bin 707 (South Australia)
Penfolds Grange (South Australia)
Penley Estate Cabernet Sauvignon (Coonawarra)

Penley Estate Cabernet Sauvignon Phoenix (Coonawarra)
Rosabrook Estate Shiraz Abattoir Block (Margaret River)
Three Rivers Shiraz (Barossa)
Torbreck Run Rig (Shiraz/Viognier) (Barossa)
Veritas Shiraz Hanisch (Barossa)
Veritas Shiraz Heysen (Barossa)
Wild Duck Creek Estate Cabernet Sauvignon Reserve (Heathcote)
Yalumba The Octavius (Old Vine Shiraz) (Barossa)
Yalumba The Reserve (Cabernet/Shiraz) (Barossa)
Yarra Yering Dry Red #2 (Shiraz/Viognier/Roussanne) (Yarra Valley)

** * * * (AUSGEZEICHNET)*

Tim Adams Shiraz (Clare Valley)
Tim Adams Shiraz The Aberfeldy (Clare Valley)
Australian Domaine Wines Shiraz The Hattrick (McLaren Vale)
Australian Domaine Wines Shiraz Valley Floor (Barossa)
d'Arenberg The Custodian (Grenache) (McLaren Vale)
d'Arenberg Ironstone Pressings (Grenache/Shiraz) (McLaren Vale)
Berry's Bridge Shiraz (Victoria)
Brokenwood Shiraz (Hunter Valley/McLaren Vale)
Brothers in Arms Shiraz (Langhorne Creek)
Burge Family Grenache Old Vines (Barossa)
Burge Family Grenache/Shiraz/Mourvèdre (Barossa)
Canonolas Smith Alchemy (Mount Canobolas)
Cape d'Estaing Shiraz Admiral's Reserve (Kangaroo Island)
Charles Cimicky Shiraz Signature (Barossa)
Clarendon Shiraz (Clarendon)
Clarendon Hills Shiraz (McLaren Vale)
Clarendon Hills Shiraz Moritz Vineyard (McLaren Vale)
Clayfield Shiraz Grampians (Victoria)
Coriole Cabernet Sauvignon (McLaren Vale)
Coriole Mary Kathleen Proprietary Red Wine (Cabernet Sauvignon/Merlot) (McLaren Vale)
Coriole Redstone Cabernet Sauvignon (McLaren Vale)
Coriole Redstone Proprietary Red Wine (Shiraz/Grenache/Cabernet Sauvignon/Merlot) (McLaren Vale)
Coriole Shiraz Lloyd Reserve (McLaren Vale)
Dromana Estate (Cabernet/Merlot) (Mornington Peninsula)
Dutsche Oscar Seminler Shiraz (Barossa)
Ebenezer Shiraz (Barossa)
Elderton CSM Proprietary Red (Cabernet Sauvignon/Shiraz/Merlot) (Barossa)
Elderton Shiraz (Barossa)
Fox Creek Shiraz Reserve (McLaren Vale)
Frankland Estate Olmo's Reward (Cabernet Franc/Merlot) (Western Australia)
Frankland Estate Shiraz Isolation Ridge (Western Australia)
Galah Shiraz (Clare Valley)
Gemtree Vineyards Shiraz (McLaren Vale)
Gnadenfrei Shiraz St. Michael's (Barossa)
Greenock Creek Cabernet Sauvignon (Barossa)
Grosset Gaia Proprietary Red Wine (Clare Valley)
Chris Hackett Shiraz K-1 (Coonawarra)
Chris Hackett Shiraz The Gatekeeper (McLaren Vale)
Richard Hamilton Cabernet Sauvignon Koonawarra Reserve (McLaren Vale)
Richard Hamilton Old Vine Shiraz Reserve (McLaren Vale)
Henry's Drive Cabernet Sauvignon (Padthaway)
Henry's Drive Shiraz (Padthaway)
Henry's Drive Shiraz Reserve (Padthaway)
Henschke Shiraz Hill of Grace (Barossa)
Henschke Shiraz Mount Edelstone (Barossa)
Howard Park Cabernet Sauvignon/Merlot (Western Australia)
Huntington Estate Cabernet Sauvignon Bin FB (Mudgee)
Irvine Grand Merlot (Eden Valley)

Jasper Hill Shiraz Georgia's Paddock (Victoria)
Stephen John Shiraz (Clare Valley)
Trevor Jones Shiraz Wild Witch (Barossa)
Kaesler Stone House Shiraz Old Bastard (Barossa)
Kaesler Stone House Shiraz Old Vine (Barossa)
Katnook Estate Cabernet Sauvignon Odyssey (Coonawarra)
Kay Brothers Cabernet Sauvignon Amery Vineyard (McLaren Vale)
Kay Brothers Shiraz Amery Vineyard (McLaren Vale)
Kay Brothers Shiraz Amery Vineyard Hillside (McLaren Vale)
Kilikanoon Grenache Prodigal (Clare Valley)
Kilikanoon Shiraz Oracle (Clare Valley)
Killibinbin Shiraz (Langhorne Creek)
Château Leamon Shiraz Reserve (Bendigo)
Leeuwin Estate Cabernet Sauvignon Art Series (Margaret River)
Peter Lehmann Cabernet Sauvignon (Barossa)
Peter Lehmann Shiraz Stonewell (Barossa)
Lengs and Cooter Shiraz Old Vines (Clare Valley)
Lengs and Cooter Shiraz Reserve (Clare Valley)
Liebich Vein Shiraz C. W.'s Block (Barossa)
Limelight Syrah (McLaren Vale)
Lost Wolf Cabernet Sauvignon (Barossa)
The Magpie Estate Grenache The Faker (Barossa)
The Magpie Estate Grenache Gomersol (Barossa)
The Magpie Estate Mourvèdre/Grenache (Barossa)
The Magpie Estate Shiraz The Malcolm (Barossa)
Majella Cabernet Sauvignon (Coonawarra)
Majella Cabernet Sauvignon/Shiraz Maleea (Coonawarra)
Majella Shiraz (Coonawarra)
Mak Cabernet Sauvignon (Coonawarra)
Maxwell Wines Cabernet Sauvignon Lime Cave (McLaren Vale)
Maxwell Wines Merlot Reserve (McLaren Vale)
Maxwell Wines Shiraz Ellen Street (McLaren Vale)
Maxwell Wines Shiraz Reserve (McLaren Vale)
Meerea Park Cabernet/Merlot (Hunter Valley)
Meerea Park Shiraz Alexander Munro (Hunter Valley)
Meerea Park Shiraz The Aunts (Hunter Valley)
Charles Melton Cabernet Sauvignon (Barossa)
Charles Melton Nine Popes (Grenache/Shiraz/Mourvèdre) (Barossa)
Charles Melton Shiraz (Barossa)
Moss Wood Cabernet Sauvignon (Margaret River)
Mount Langi Ghiran Cabernet Sauvignon/Merlot (Victoria)
Mount Langi Ghiran Shiraz (Victoria)
Oliver's Shiraz Taranga (McLaren Vale)
Parker Cabernet Sauvignon Coonawarra First Growth (Terra Rosa)
Parson's Flat Cabernet/Shiraz (Padthaway)
Paxton Shiraz (McLaren Vale)
Penfolds Shiraz Bin 128 (South Australia)
Penfolds Shiraz Magill Estate (South Australia)
Penfolds Shiraz/Cabernet Koonunga Hill (South Australia)
Penley Estate Shiraz Highland (Coonawarra)
Petaluma Cabernet/Merlot (Coonawarra)
Petaluma Shiraz (Adelaide Hills)
Pierro Cabernets (Margaret River)
Pikes Cabernet/Merlot (Clare Valley)
Pikes Shiraz (Clare Valley)
Pikes Shiraz Reserve (Clare Valley)
Primo Estate Cabernet Sauvignon/Merlot »Joseph« Moda Amarone (Coonawarra)
Primo Estate Shiraz (Adelaide)
The RBJ Mourvèdre/Grenache Theologicum (Barossa)
Redbank Cabernet Sauvignon Long Paddock (Victoria)
Redbank Sally's Paddock (Victoria)
Rockford Cabernet Sauvignon (Barossa)
Rosemount Cabernet Sauvignon Show Reserve (Coonawarra)

Rosemount GSM (Grenache/Shiraz/Mourvèdre) (McLaren Vale)
Rosemount Mountain Blue (Shiraz/Cabernet Sauvignon) (Mudgee)
Rosemount Syrah Balmoral (McLaren Vale)
Rusden Cabernet Sauvignon Boundaries (Barossa)
Rusden Grenache (Barossa)
Rusden Grenache Christine's (Barossa)
Rusden Shiraz Black Guts (Barossa)
St. Hubert's Cabernet Sauvignon (Yarra Valley)
Scarpantoni School Block Proprietary Red (Shiraz, Cabernet Sauvignon, Merlot) (McLaren Vale)
Scarpantoni Shiraz Block 3 (McLaren Vale)
Summerfield Shiraz (Pyrenees)
Torbreck The Steading (Grenache/Shiraz/Mourvèdre) (Barossa)
Turkey Flat Shiraz (Barossa)
Veritas Cabernet/Merlot (Barossa)
Veritas Cabernet Sauvignon (Barossa)
Veritas Grenache/Mourvèdre (Barossa)
Veritas Shiraz/Mourvèdre (Barossa)
Viking Wines Cabernet Sauvignon (Barossa)
Viking Wines Grand Shiraz (Barossa)
Viking Wines Shiraz (Barossa)
Virgin Hills Cabernet Sauvignon (Victoria)
Waninga Shiraz (Clare Valley)
Waninga Shiraz Reserve (Clare Valley)
Warrenmang Grand Pyrenees (Cabernet Sauvignon) (Victoria)
Warrenmang Shiraz Moonambel (Victoria)
Wild Duck Creek Estate Cabernet Sauvignon Alan's (Heathcote)
Wild Duck Creek Estate Cabernets Pressings (Heathcote)
Wild Duck Creek Estate Shiraz Springflat (Heathcote)
Wild Duck Creek Estate Shiraz Springflat Reserve (Heathcote)
Woodstock Winery Grenache (McLaren Vale)
Woody Nook Cabernet Sauvignon (Margaret River)
Wynns Cabernet Sauvignon John Riddoch (Coonawarra)
Yalumba Grenache (Barossa)
Yalumba Grenache Nursery Vineyard (Barossa)
Yalumba The Signature (Cabernet Sauvignon/Shiraz) (Barossa)
Yarra Yering Cabernet Sauvignon Dry Red No. 1 (Yarra Valley)

*** (GUT)*

Abbey Vale Merlot/Shiraz (Margaret River)
Tim Adams Cabernet Sauvignon (Clare Valley)
Alkoomie Cabernet Sauvignon (Western Australia)
Ashbrook Estate Cabernet Sauvignon (Western Australia)
Ashton Hills Oblique Proprietary Red (Adelaide Hills)
Ashton Hills Oblique Reserve (Adelaide Hills)
Bailey's Cabernet Sauvignon (Glenrowan)
Balgownie Cabernet Sauvignon (Bendigo)
Bannockburn Shiraz (Victoria)
Jim Barry Shiraz McCrae Wood (Clare Valley)
Bowen Estate Cabernet Sauvignon (South Australia)
Brand's Laira Cabernet Sauvignon (Coonawarra)
Brokenwood Cabernet Sauvignon (New South Wales)
Brokenwood Shiraz Coach House (Barossa)
Brown Bros. Cabernet Sauvignon (Victoria)
Capel'Vale Cabernet Sauvignon (Western Australia)
Cullen Cabernet Sauvignon (Margaret River)
Cullen Cabernet Sauvignon/Merlot Reserve (Margaret River)
Deakin Estate Shiraz (Victoria)
Fern Hill Cabernet Sauvignon (McLaren Vale)
Richard Hamilton Burton's Vineyard (McLaren Vale)

Richard Hamilton Merlot Reserve (McLaren Vale)
Geoff Hardy Kuitpo Cabernet (Adelaide Hills)
Hewitson Shiraz l'Oizeau (McLaren Vale)
Hickinbotham Cabernet Sauvignon (Geelong)
Highbank Proprietary Red (Cabernet Sauvignon/Merlot/Cabernet Franc) (Coonawarra)
Katherine Hills Cabernet Sauvignon (South Australia)
Hungerford Hill Cabernet Sauvignon (Hunter Valley)
Jindalee Shiraz (Murrays/Darling)
Katnook Estate Cabernet Sauvignon (Coonawarra)
Kilikanoon Cabernet Sauvignon (Clare Valley)
Tim Knappstein Cabernet Sauvignon (Clare Valley)
Lake Breeze Shiraz/Cabernet Bernoota (Langhorne Creek)
Lake Breeze Shiraz Winemaker Selection (Langhorne Creek)
Château Leamon Cabernets/Merlot (Bendigo)
Château Leamon Shiraz (Bendigo)
Peter Lehmann Shiraz (Barossa)
Lillydale Cabernet Sauvignon (Yarra Valley)
Lindemans Cabernet Sauvignon (Coonawarra)
Lindemans Cabernet Sauvignon St. George (New South Wales)
Lindemans Pyrus Proprietary Red (New South Wales)
Lindemans Shiraz/Cabernet Limestone Ridge (New South Wales)
Geoff Merrill Cabernet Sauvignon (South Australia)
Mildara Cabernet Sauvignon (Coonawarra)
Montrose Cabernet Sauvignon (Mudgee)
Oak Ridge Estate Cabernet Sauvignon (Yarra Valley)
Orlando Cabernet Sauvignon Jacaranda Ridge (Coonawarra)
Orlando RF Cabernet Sauvignon (South Australia)
Passing Clouds Cabernet Sauvignon (Bendigo)
Passing Clouds Cabernet/Shiraz (Bendigo)
Passing Clouds Shiraz/Cabernet (Bendigo)
Penfolds Cabernet/Shiraz Bin 389 (South Australia)
Penfolds Shiraz Kalimna Bin 28 (South Australia)
Penfolds Shiraz St. Henri (South Australia)
Petaluma Cabernet Sauvignon (Coonawarra)
Redman Cabernet Sauvignon (Coonawarra)
Riverside Meritage (Barossa)
Robertson's Well Cabernet Sauvignon (Coonawarra)
Rosemount Cabernet Sauvignon Show Reserve (Coonawarra)
Rothbury Estate Shiraz (Hunter Valley)
Rusden Cabernet Sauvignon (Barossa)
Rymill Merlot/Cabernet Franc/Cabernet Sauvignon (Coonawarra)
Rymill Shiraz (Coonawarra)
Saxonvale Cabernet Sauvignon (Hunter Valley)
Seaview Shiraz Edwards and Chaffey (McLaren Vale)
Seppelt Cabernet Sauvignon (Barossa)
Sevenhill Cellars Cabernet Sauvignon (Clare Valley)
Seville Estate Cabernet Sauvignon (Victoria)
Charles Sturt University Shiraz Reserve (New South Wales)
Summerfield Cabernet Reserve (Pyrenees)
Summerfield Shiraz Reserve (Pyrenees)
Château Tahbilk Cabernet Sauvignon (Goulburn)
Château Tahbilk Shiraz (Goulburn)
Tait Cabernet Sauvignon (Barossa)
Taltarni Cabernet Sauvignon (Victoria)
Taltarni Shiraz (Victoria)
Vasse Felix Cabernet Sauvignon (Western Australia)
Wolf Blass Cabernet Sauvignon President's Selection Black Label (Victoria)
Wolf Blass Cabernet Sauvignon Yellow Label (Victoria)
Wright's Cabernet Sauvignon (Western Australia)
Wyndham Estates Cabernet Sauvignon (South Australia)
Wyndham Estates Shiraz (South Australia)
Wynns Shiraz (Coonawarra)

DIE BESTEN AUSTRALISCHEN PRODUZENTEN VON CHARDONNAY

** * * * (HERVORRAGEND)*

Bannockburn (Geelong)
Barratt (Adelaide Hills)
Canobolas Smith (Mount Canobolas)
Clyde Park (Geelong)
Cullen (Margaret River)
Dromana Estate Reserve (Mornington Peninsula)
Giaconda (Beechworth)
Grosset Piccadilly (Adelaide Hills)
Howard Park (Western Australia)
Trevor Jones Virgin (South Australia)
Leeuwin Artists Series (Margaret River)
Moorooduc Estate (Mornington Peninsula)
Mountadam (Adelaide Hills)
Nicholson River (Gippsland)
Paringa Estate (Mornington Peninsula)
Petaluma (Piccadilly Valley)
Petaluma Tiers (Piccadilly Valley)
Pierro (Margaret River)
Rosemount Roxburgh (Hunter Valley)
Rosemount Show Reserve (Coonawarra)
Rothbury Estate Broken Back Vineyard (Hunter Valley)
Salitage (Pemberton)
Geoff Weaver (Lenswood)
Wise Vineyards Aquercus Unwooded (Western Australia)
Wise Vineyards (Western Australia)
Wise Vineyards Coat Door (Western Australia)

** * * (GUT)*

Cassegrain (New South Wales)
Cold Stream Hills (Yarra Valley)
Craigmoor (Mudgee)
Dalwhinnie (Victoria)
Katherine Hills (Southeastern Australia)
Hungerford Hill (Hunter Valley)
Jindalee (Murrays/Darling)
Katnook Estate (Coonawarra)
Krondorf (Barossa)
Lake's Folly (New South Wales)
Lindemans Bin 65 (New South Wales)
Maxwell Wines (McLaren Vale)
Michelton (Goulburn)
Miramar (Mudgee)
Moss Wood (Western Australia)
Orlando RF (South Australia)
Penley Estate (Coonawarra)
Petaluma (South Australia)
Reynella (South Australia)
Rothbury Estate Broken Back Vineyard Reserve (Hunter Valley)
Seaview Chardonnay Edwards and Chaffey (McLaren Vale)
Seppelt (Barossa)
Mark Swann (South Australia)
Tarra Warra (Victoria)
Tyrells Vat 47 (New South Wales)
Wynn's (Coonawarra)
Yarra Yering (Yarra Valley)
Yeringsberg (Yarra Valley)

DIE BESTEN AUSTRALISCHEN PRODUZENTEN VON RIESLING

** * * * (AUSGEZEICHNET)*

Tim Adams (Clare Valley)
Ashton Hills (Adelaide Hills)
Clos Clare (Clare Valley)
Grosset Polish Hill (Clare Valley)
Kilikanoon Blocks Road (Clare Valley)
Kilikanoon Morts Block (Clare Valley)
Petaluma (South Australia)
Viking Wines (Barossa)

DIE BESTEN AUSTRALISCHEN PRODUZENTEN VON TROCKENEM SAUVIGNON BLANC UND SEMILLON

** * * * (AUSGEZEICHNET)*

Branson Wines Semillon (Barossa)
Brokenwood Semillon (Hunter Valley)
Burge Family Semillon Olive Hill (Barossa)
Cullen Sauvignon/Semillon (Margaret River)

Fox Creek Semillon/Sauvignon (McLaren Vale)
Henschke (Barossa)
Katnook Estate Sauvignon (Coonawarra)
Leeuwin Estate Artists Series (Margaret River)
Leland Estate Sauvignon Blanc (Lenswood)
Lenswood Vineyards (Knappstein) Sauvignon Blanc (South Australia)
Maxwell Wines Semillon Old Vines (McLaren Vale)
Nepenthe Sauvignon (Adelaide Hills)
Nepenthe Semillon (Adelaide Hills)
Nicholson River Semillon (Gippsland)
Pierro Semillon/Sauvignon Blanc (Margaret River)
Rothbury Estate (Hunter Valley)
Shaw and Smith Sauvignon Blanc (Adelaide Hills)
Stanley Brothers Semillon Full Sister (Barossa)
Geoff Weaver Sauvignon Blanc (Lenswood)

**** (GUT)*

Berri Estates (South Australia)
Evans and Tate (Margaret River)
Tim Knappstein (Clare Valley)
Krondorf (Barossa)
Peter Lehmann (Barossa)
Lindemans (Padthaway)
Mildara (Coonawarra)
Rosabrook Estate Sauvignon Blanc (Margaret River)
Rosemount (Hunter Valley)

DIE BESTEN AUSTRALISCHEN PRODUZENTEN VON ALKOHOLVERSTÄRKTEN WEINEN

****** (HERVORRAGEND)*

d'Arenberg Rare Tawny (McLaren Vale)
Wm. Chambers Rosewood Tokay and Muscat (verschiedene *Cuvées*) (Rutherglen)
Dutsche Tawny (Barossa)
Ralph Fowler Old and Rare Muscat (Limestone Coast)
Trevor Jones (verschiedene *cuvées*) (Barossa)
Morris Muscat and Tokay Liquor (Rutherglen)
Penfold's Grandfather Port (Barossa)
Seppelt Para Port (Barossa)
Seppelt Show Wines (Barossa)
Veritas Tawny (Barossa)
Yalumba Port (Barossa)
Yarra Yarra Portsorts (Yarra Valley)

AUSTRALISCHE WEINE MIT HERVORRAGENDEM PREIS-LEISTUNGSVERHÄLTNIS

d'Arenberg The Stump Jump Grenache/Shiraz
Berri Estates Semillon
Brown Brothers Cabernet Sauvignon
Brown Brothers Chardonnay King Valley
Brown Brothers Muscat Lexia
Buckley's Chardonnay
Buckley's Cabernet/Shiraz
Buckley's Chardonnay-Semillon
Hill of Content Benjamin's Blend
Hill of Content Grenache/Shiraz
Peter Lehmann Cabernet Sauvignon
Peter Lehmann Shiraz
Lindemans Chardonnay Bin 65
Mad Fish Chardonnay
Mad Fish Shiraz
Marguis-Philips (verschiedene *Cuvées*)
Michelton Semillon/Chardonnay
Montrose Cabernet Sauvignon
Montrose Chardonnay
Montrose Shiraz
Orlando Cabernet Sauvignon Jacob's Creek
Orlando Chardonnay Jacob's Creek
Orlando Sauvignon Blanc Jacob's Creek
Oxford Landing Cabernet Sauvignon
Oxford Landing Chardonnay
Paringa Cabernet Sauvignon
Paringa Merlot
Paringa Shiraz
Penfolds Cabernet/Shiraz Koonunga Hill
Rosemount Cabernet Sauvignon/Shiraz Diamond Reserve
Rosemount Diamond Reserve Grenache/Shiraz

Rosemount Diamond Reserve Red
Rosemount Diamond Reserve Sauvignon Blanc
Rosemount Diamond Reserve Semillon/Chardonnay
Rosemount Diamond Reserve Shiraz
Rosemount Diamond Reserve White
Rothbury Estate Chardonnay Broken Back Vineyard
Rothbury Estate Shiraz
Seppelt Cabernet Sauvignon Black Label
Seppelt Cabernet Sauvignon Reserve Bin
Seppelt Chardonnay Black Label
Seppelt Chardonnay Reserve Bin
Seppelt Semillon/Chardonnay
Seppelt Shiraz Black Label
Seppelt Shiraz Reserve Bin
Seppelt Tawny Strafford Port
Tyrells Long Flat Red
Wolf Blass Cabernet Sauvignon Yellow Label
Wolf Blass Shiraz President's Selection
Wyndham Estates Cabernet Sauvignon Bin 444
Wyndham Estates Chardonnay Bin 222
Yalumba Clocktower Port

TIM ADAMS (CLARE VALLEY)

1997	**Cabernet Sauvignon**	**D**	**91**
1998	**Fergus**	**D**	**89**
1997	**Shiraz**	**D**	**89+**
1998	**Shiraz The Aberfeldy**	**D**	**87**
1997	**Shiraz The Aberfeldy**	**D**	**93**

Tim Adams, einer der verlässlichsten Namen der australischen Weinwelt, produziert fantastische Weine von allen Rebsorten. Im Rotweinbereich erzeugt er herzhafte, geschmacksintensive, körperreiche, reichlich fruchtige Weine, die ein beträchtliches Alterungspotenzial aufweisen. Der dunkelrubinrote *1998er Fergus* (ein Grenache-Verschnitt mit kleineren Anteilen Cabernet Sauvignon, Cabernet Franc, Shiraz und Malbec, der keinen Kontakt mit neuem Eichenholz hat) offenbart ein mäßig intensives Bukett mit Anklängen an Brombeeren, Kirschlikör, Pfeffer, getrocknete Kräuter und Erde. Es ist ein runder und dichter Wein, fleischig, saftig, üppig fruchtig und körperreich; und Spaß macht er auch. Trinken Sie ihn in den nächsten 2–3 Jahren.

Der Shiraz The Aberfeldy stammt von alten Rebstöcken, die auf das Jahr 1904 zurückgehen und im Gobeletsystem erzogen werden. Der Wein wird in amerikanischem Eichenholz ausgebaut, wobei er 12 Monate in neuen und ein weiteres Jahr in einjährigen Fässern reift. Das dichte Pflaumen-Purpurrot des *1998er Shiraz The Aberfeldy* begleitet aggressive eichenholzwürzige Aromen, vermischt mit Minze, schwarzen Himbeeren und Brombeeren. Dieser Wein hat einen mittleren bis vollen Körper, und wenn er auch nicht der Kraftprotz ist, den ich angesichts dieses Jahrgangs erwartet hätte, zeigt er sich doch schön konzentriert, von sauberer Art, mit pfeffer-würzigen Noten. Mit einigem Tannin und entsprechender Säure ausgestattet, schmeckt er sofort und noch in den nächsten 8 Jahren. Der undurchdringlich purpurfarbene *1997er Shiraz The Aberfeldy* ist ein enormer, körperreicher Wein mit sagenhaften Aromen von Lakritze, Cassis, Brombeeren und Teer. Massiv und mit Fluten von über die Zunge gleitendem Glyzerin, ist dieser dichte, geschmackvolle Wein wegen seiner geringen Säure und der süßen Tannine schon jetzt trinkreif, dürfte jedoch nach einiger Zeit im Keller zivilisierter und komplexer werden. Beeindruckend! Voraussichtliche Genussreife: jetzt–2020.

Der *1997er Shiraz* zeigt sich verschlossener mit einer dichten rubin-purpurroten Farbe und reichlich schwarzen Himbeernoten, gepaart mit erdigen und pflaumenfruchtigen Nuancen. Dieser wunderbar süße, gereifte Wein mit der schönen Textur im Gaumenbereich dürfte sich in den nächsten 6–7 Jahren gut trinken lassen. Der hervorragende *1997er Cabernet Sauvignon* präsentiert sich farblich dicht rubin-purpurrot; dann folgen intensive Noten von Cassis, Tabak, Zedern und Gewürzen in Duft und Geschmack. Dieser lange, körperreiche und hoch konzentrierte Wein ist groß angelegt. In seiner Jugend dürfte er sich gut trinken lassen, er kann aber noch mühelos 12–15 Jahre altern.

ANNVERS (LANGHORNE CREEK)

1999	Cabernet Sauvignon	D	90

Annvers ist ein junger, seit 1998 bewirtschafteter Weinbaubetrieb. Er produziert einen reinsortigen Cabernet Sauvignon aus den Trauben 40-jähriger Reben, der 18 Monate in französischen und amerikanischen Eichenholzfässern verbringt; 60% davon sind neu. Der beeindruckend gemachte, körperreiche, saftige, ausgereifte *1999er Cabernet Sauvignon* erinnert an den Weinstil Kaliforniens und kann mit dicklicher Schwarzkirsch- und Johannisbeerfrucht sowie den Nuancen von Kaffee, Schokolade und toastwürzigem amerikanischem Eichenholz im Hintergrund aufwarten. Der Wein ist säurearm, aber reich an Alkohol (15%) und endet in einem herzhaften, hedonistischen Abgang. Trinken Sie ihn innerhalb der nächsten 8 Jahre.

D'ARENBERG (MCLAREN VALE)

1999	d'Arry's Original (Shiraz/Grenache)	B	89
1998	d'Arry's Original (Shiraz/Grenache)	B	91
1997	d'Arry's Original (Shiraz/Grenache)	B	87
1996	d'Arry's Original (Shiraz/Grenache)	B	88
1995	d'Arry's Original (Shiraz/Grenache)	B	87
1998	Cabernet Sauvignon The Coppermine Road	E	95+
1997	Cabernet Sauvignon The Coppermine Road	E	90+
1996	Cabernet Sauvignon The Coppermine Road	E	90+
1999	The Custodian (Grenache)	C	88
1998	The Custodian (Grenache)	C	91
1997	The Custodian (Grenache)	C	89
1996	The Custodian (Grenache)	C	90
1998	The Dead-Arm (Shiraz)	EE	96
1997	The Dead-Arm (Shiraz)	EE	95
1996	The Dead-Arm (Shiraz)	EE	96
1999	The Footbolt Shiraz	C	89
1998	The Footbolt Shiraz	A	90
1997	The Footbolt Old Vine Shiraz	A	87
1996	The Footbolt Old Vine Shiraz	B	86
1999	Cabernet Sauvignon The High Trellis	B	88
1998	Cabernet Sauvignon The High Trellis	B	89
1996	Cabernet Sauvignon The High Trellis	B	85
1998	Ironstone Pressings	D	92
1997	Ironstone Pressings	D	94
2000	The Laughing Magpie (Shiraz/Viognier)	D	94
1998	The Noble Riesling	C	90
1997	The Noble Riesling	C	91
1999	The Noble Semillon	C	94
1999	The Twenty-Eight Road (Mourvèdre)	C	87
1998	The Twenty-Eight Road (Mourvèdre)	C	86
1996	The Twenty-Eight Road (Mourvèdre)	C	90
o.J.	Rare Tawny	D	95

Dieses im Jahre 1912 gegründete Weingut kann mich mit seiner breit gefächerten Palette außerordentlich hoher Qualität immer wieder verblüffen. Außerdem sind die Weine, abgesehen von einigen wenigen hochpreisigeren Luxuscuvées bei einer solchen Qualität ungemein günstig. Der derzeitige Weinmacher Chester Osborn erzeugt superbe trockene und alkoholverstärkte Rotweine sowie weiße Süßweine und stellt sich auch im trockenen Weißweinbereich nicht ungeschickter an; da die Weißen jedoch innerhalb weniger Jahre nach der Ernte getrunken werden, habe ich sie hier nicht besprochen. Alles in allem bietet dieses historische Weingut in Südaustralien eine beneidenswerte Weinpalette. Bis auf die neue Cuvée The Laughing Magpie (Shiraz/Viognier), die in französischen Eichenholzfässern reift, werden die Rotweine in amerikanischen Eichenholzfässern ausgebaut. Diese Produkte sind Schulbeispiele dieser Sortenmischung, unbeeinträchtigt von kellertechnischen Manipulationen oder aufdringlichen frischen holzigen Nuancen.

Lesern mit einer Schwäche für natürlichen, reintönigen Cabernet Sauvignon möchte ich den The High Trellis empfehlen. Dieser Wein kommt von einem Weinberg, der in den 1920ern angelegt wurde und dessen Rebstöcke im Unterschied zu den Gepflogenheiten anderer Gegenden Australiens nicht im Gobeletsystem, sondern nach kalifornischem Vorbild an Drahtrahmen erzogen werden. Wie der Jahrgang erwarten ließ, zeigt sich der *1999er Cabernet Sauvignon The High Trellis* lebensprühender, eleganter und charmanter als der 1998er. Es ist ein dunkelrubin-purpurroter, weitgehend ungeschminkter Wein von mittlerem bis vollem Körper und süßlicher Cassisfrucht. Er dürfte sich 7–8 Jahre lang gut trinken lassen. Der *1998er Cabernet Sauvignon The High Trellis* ist ein dickerer, dichterer, muskulöser Wein mit weit zurückgebliebener Persönlichkeit. Er ist dicht pflaumenfarben und wartet mit großzügigem, süßem Cassisduft, mittlerem bis vollem Körper sowie ausgezeichneter Tiefe und Kernigkeit auf. Voraussichtliche Genussreife: 2006–2015. Der *1996er Cabernet Sauvignon The High Trellis* offenbart pflaumige und traubige Noten gepaart mit schwarzer Johannisbeerfrucht. Dieser geradlinige, überreife Wein von mittlerem Körper sollte in den nächsten Jahren getrunken werden.

Der The Footbolt Shiraz stellt ebenfalls einen ausgezeichneten Kauf dar. Hier haben wir noch einmal den scharfen Kontrast zwischen der Eleganz und Zartheit des mittelgewichtigen 1999ers und dem kraftstrotzenden, dickeren, konzentrierteren 1998er. Der tiefrubin-purpurfarbene *1999er The Footbolt Shiraz* präsentiert sich mit einem süßlichen Parfum von neuem Sattelleder vermischt mit Nuancen von Brombeeren, Pfeffer, Grafit und Rauch. Es ist ein geschmeidiger, lebhafter Wein von mittlerem Körper, der 4–5 Jahre gut zu trinken sein wird. Der dichtere, körperreichere, muskulösere und konzentriertere *1998er The Footbolt Shiraz* hat noch mehr zu bieten, er ist reicher an Tannin und hat seine Persönlichkeit noch nicht voll entfaltet. Letztendlich dürfte er sich als der bessere Wein erweisen, aber wird er jemals den Charme und die Verführungskunst des 1999ers haben? Trinken Sie ihn vor 2012.

Der *1997er The Footbolt Old Vine Shiraz* präsentiert sich dunkelrubin-purpurfarben. Dann folgen Brombeer-Cassis-Fruchtaromen mit süßlich toastwürzigen Eichenholznuancen. Der gut gemachte *1996er The Footbolt Old Vine Shiraz* offenbart pfeffrige, brombeerduftige Fruchtnoten, vermischt mit feucht-modrigen Waldnuancen, Pfeffer und Teer. Der Wein ist angenehm fruchtig und gewürzbetont, hat einen rustikalen Abgang und dürfte sich 4–5 Jahre lang gut trinken lassen.

Weinliebhaber mit einer Schwäche für die Weine des südlichen Rhônetals werden an d'Arry's Original Gefallen finden. Bei diesem Wein, der für einen Châteauneuf-du-Pape durchgehen könnte, handelt es sich um einen Shiraz-Grenache-Verschnitt, der ausschließlich in großen hohen Eichenholzbottichen ausgebaut wird. Dieser Ausbau verleiht dem Wein in der Regel sofortige Zugänglichkeit bei einem Alterungspotenzial von einem Jahrzehnt. Die von mir verkosteten fünf Jahrgänge stellten sich allesamt als robuste, herzhafte, schlichte und dennoch fein ausgestattete Weine heraus, die ideal zu den meisten Speisen der Bistro-Küche passen. Der *1999er d'Arry's Original (Shiraz/Grenache)* (52 % Shiraz und 48 % Grenache) duftet herrlich nach Brombeeren, Schwarzkirschen, Cassis, Erde, Leder und Gewürzen. Bei mittlerem bis fülligem Körper verspricht dieser gewürzbetonte und geschmeidig texturierte Wein über die nächsten 5–6 Jahre den schieren Genuss. Der sagenhafte, tiefrubin-purpurrote *1998er d'Arry's Original (Shiraz/Grenache)* (47% Shiraz und 53% Grenache) offenbart ein hinreißendes Parfum aus dicklichen schwarzfruchtigen Noten mit Anklängen von Erde, Kohle und Leder. Gewürzbetont, fett, fleischig, körperreich, dürfte sich dieser den Gaumen beizende Wein innerhalb von 8 Jahren gut trinken lassen. Der dunkelrubinrote *1997er d'Arry's Original (Shiraz/Grenache)* (53% Shiraz und 47% Grenache) wartet mit reifen, gewürzbetonten, pfeffrigen, brombeerduftigen Noten auf, mit guter untergründiger Säure und einem reichhaltigen, herzhaften Abgang. Voraussichtliche Genussreife: jetzt–2007. Der *1996er d'Arry's Original (Shiraz/Grenache)* (58% Shiraz und 42% Grenache) zeigt ein ähnliches Brombeer-Lakritze-Bukett, das jedoch mehr rauchige und cassisduftige Nuancen enthält. Bei mittlerem bis vollem Körper, mäßigem Tanningehalt und bemerkenswerter Säure sollte dieser reife, fleischige, attraktive Wein sowohl in seiner Jugend als auch während der nächsten 7–8 Jahre getrunken werden. Der undurchdringlich rubinpurpurrote *1995er d'Arry's Original (Shiraz/Grenache)* (50% Shiraz und 50% Grenache) bietet dickliche Schwarzkirschfrucht, durchdrungen von Erde, Pfeffer, geschmolzenem Teer und getrockneten Kräutern. Dicht, robust, bei mittlerem bis vollem Körper, wird sich dieser herzhafte, vollmundige Wein in den nächsten 7–8 Jahren gut trinken lassen.

D'Arenbergs tanninreicherer, besser strukturierter und strengerer The Twenty-Eight Road (Mourvèdre) stammt aus den Trauben eines in den 1920er-Jahren angelegten Rebgartens und stellt das australische Pendant zum französischen Bandol dar. Der *1999er The Twenty-Eight Road (Mourvèdre)* bietet mehr Süße als der rustikalere *1998er The Twenty-Eight Road (Mourvèdre)*. Beide Weine besitzen jedoch einen hohen Tanningehalt, erdige, pfeffrige, Schwarzkirsch- und Johannisbeernoten und einen staubigen, rustikalen Abgang. Ohne jedermanns Geschmack zu treffen, zeichnen sie sich durch ihren unverfälschten Stil und die gute Machart aus. Beide Weine dürften 8 Jahre lang angenehm zu trinken sein. Im Gegensatz zu den beiden vorangehenden Jahrgängen hat sich der *1996er The Twenty-Eight Road (Mourvèdre)* hervorragend entwickelt. Es ist ein dunkelrubin-purpurfarbener, wundervoll gereifter, dichter, konzentrierter Wein mit blumigem, schwarzhimbeerduftigem Bukett, der mit Noten von Pilzen, vermischt mit Baumrinde und schwarzen Früchten aufwartet. Er ist körperreich, mäßig tanninherb, bewundernswert reichhaltig und wird sich 15 Jahre halten.

Ich habe eine Schwäche für schwelgerische Grenaches, deren Mehrheit aus dem südlichen Rhônetal und einigen Gegenden Spaniens stammt. Australien hat jedoch bewiesen, dass die hiesigen Produzenten ihren alten, ertragsarmen, im Gobeletsystem erzogenen Grenache-Reben ebenso strahlende Weine zu entlocken wissen. Clarendon Hills gilt als die Referenz für australischen Grenache, gefolgt von Greenock Creek. Gleichwohl hat D'Arenberg für seine 100%ige Grenache-Cuvée The Custodian Anerkennung verdient. Dieser Wein stammt aus den Trauben alter Reben, die nach dem Gobeletsystem in Becherform geschnitten sind und Hektarerträge von 0,8–2,5 t erzielen. Der *1999er The Custodian (Grenache)* offenbart fürstliche Mengen Kirschwasser und reife Frucht bei mittlerem bis vollem Körper, er ist herrlich reintönig und besitzt einen pfeffrigen, gewürzbetonten, langen Abgang. Dieser köstliche Rotwein sollte in den nächsten 3–4 Jahren getrunken werden. Noch beeindruckender zeigt sich der einzigartige *1998er The Custodian (Grenache)*. Dieses größer angelegte, vielschichtigere und körperreichere Exemplar, das Schwarzkirschen, Pfeffer und Gewürzen in Hülle und Fülle enthält, ist ein herzhafter, mehrdimensionaler, beeindruckender Wein, den man innerhalb der nächsten 7–8 Jahre trinken sollte. Der rubin-purpurrote *1997er The Custodian (Grenache)* präsentiert sich mit süßem, pfeffrigem, fruchtbetontem Schwarzhimbeer- und Kirschcharakter, mittlerem bis vollem Körper und Frische im Abgang (14,5% Alkoholgehalt). Trinken Sie ihn in den nächsten 2–3 Jahren. Der *1996er The Custodian (Grenache)* besitzt mehr Tiefe, mehr Reichhaltigkeit und noch mehr fruchtige schwarze Himbeeraromen, gepaart mit pfeffriger Erdigkeit, vollem Körper und in den Kopf steigendem Alkohol (14,9%). Dieser Wein besitzt Länge und Fett; die ideale Trinkreife hat er innerhalb der nächsten 4–5 Jahre.

Der Nachzügler des Portfolios von D'Arenberg heißt The Laughing Magpie, ein Verschnitt aus 95% Shiraz und 5% Viognier, ausschließlich in französischen Eichenholzfässern ausgebaut. Diese Cuvée kann es anscheinend sogar mit einem so berühmten Wein wie Torbrecks Run Rig aufnehmen. Der *2000er The Laughing Magpie (Shiraz/Viognier)* gibt jedenfalls ein fabelhaftes Debüt. Da ich ihn kurz nach der Abfüllung verkostet habe, ist anzunehmen, dass er noch besser sein wird, wenn er sich beruhigt hat. Er präsentiert sich farblich in einem undurchdringlichen Purpurrot; dann folgen überquellende Noten von Brombeeren und Crème de Cassis, die sich mit Geißblatt, Pfeffer und französischem Eichenholz bester Qualität vermischen. Der Wein explodiert förmlich auf der Zunge, erweist sich als ungemein konzentriert, körperreich, üppig und kräftig, und fügt sich dennoch nahtlos zusammen; er zeigt ein wunderschönes Gleichgewicht von gut verwobenenen Tanninen, Eichenholzwürze und Säure. Der Wein dürfte 15+ Jahre gut zu trinken sein.

D'Arenbergs andere roten Klassiker, wie der Ironstone Pressings (ein Verschnitt aus Grenache, Shiraz und Mourvèdre), der namhafte Dead-Arm Shiraz (von über 110-jährigen Rebstöcken) und das Glanzstück des Weinguts, der ungemein gehaltvolle, konzentrierte Cabernet Sauvignon The Coppermine Road können mit der Luxuscuvée The Laughing Magpie in Wettstreit treten. Der *1998er Ironstone Pressings* (70% Grenache, 20% Shiraz, 10% Mourvèdre) ist ein kraftvoller, dichter, dicker, recht monolithischer Wein mit fürstlichen Mengen von Brombeerfrucht, einem riesigen Körper und Entwicklungspotenzial für 2 Jahrzehnte. Obwohl er sich zum Zeitpunkt der Verkostung schon seit einiger Zeit in der Flasche befand, war er noch nicht klar konturiert. Mit seidigem Tannin, explosiver Aromenfülle und einem potenziell hochklassigen Parfum dürfte er 12 Jahre überdauern. Der sensationelle *1997er Ironstone Pressings* (70% Grenache, 20% Shiraz und 10% Mourvèdre) präsentiert sich als wahrer Killerwein undurchdringlich purpurfarben mit spektakulären Düften nach schwarzen Himbeeren, Kirschwasser und Lakritze, wunderschön körperreichen, hochkonzentrierten Geschmackskomponenten, schön eingebundenem toastwürzigem Eichenholz und feiner Säure. Dieser füllige Wein mit dem hohen Alkoholniveau (15%) kommt als kraftstrotzendes Rhône-Pendant der Neuen Welt daher; er ist sofort genussfertig, kann aber auch noch 10–15 Jahre lagern. Beeindruckend!

Als feinste Cuvée hat D'Arenberg alljährlich den spektakulären Shiraz zu bieten, aus Trauben ertragsarmer Rebstöcke, die über 100 Jahre alt sind. Was den Dead-Arm Shiraz betrifft, so werden die erlesenen, mehrdimensionalen 1998er, 1997er und 1996er bei den Lesern mit Sicherheit einen starken Eindruck hinterlassen. Dieser Wein wird zu 100% in neuem Eichenholz ausgebaut, er bringt mörderische 14–15% Alkohol auf die Waage und ist dennoch herrlich fruchtig und voller Extrakt. Der *1998er The Dead-Arm (Shiraz)* zeigt sich von einer unverschämt üppigen, spektakulären Art, wie man sie nur in Australien findet. Die ewigen Nörgler könnten bekritteln, er sei zu schwer, zu gehaltvoll, und überhaupt sei das alles zu viel des Guten; gleichwohl ist dieser durchsichtig purpurfarbene Wein bis oben hin beladen mit Nuancen von Brombeerlikör, Rauch, Kohle, Pfeffer, Cassis und Lakritze. Er ist ölig texturiert und körperreich, ohne schwer oder überladen zu sein, während er sein süßes Tannin und die geringe Säure unter einer den Gaumen durchflutenden Kaskade von Frucht und Glyzerin verbirgt. Dieses fesselnde, bewundernswerte Exemplar ist bereits genussreif, verspricht jedoch, sich noch 2 Jahrzehnte lang zu entwickeln. Der *1997er The Dead-Arm (Shiraz)* präsentiert sich undurchdringlich purpurfarben mit süß duftender Vanille, Brombeeren und Lakritze. Das Eichenholz gibt diesem enorm konzentrierten, üppigen, kernigen Wein die Stütze. Er ist mehrdimensional, von phänomenaler Länge und Konzentration und besitzt ein vernünftiges Maß an Tannin. Nach 2–3 Jahren Kellerlagerung wird er in Bestform sein und sich noch 20 Jahre halten. In dieselbe Form gegossen ist der körperreiche *1996er The Dead-Arm (Shiraz)* mit Portweincharakter, der nach schwarzen Früchten, Pflaumen, Lakritze und Pfeffer duftet. Dieser dicke, reichhaltige, ölig texturierte und strahlend schöne Shiraz aus den Trauben alter Reben kann entweder sofort getrunken oder für die nächsten 15–20 Jahre eingekellert werden.

Wer einen sensationell konzentrierten und dennoch schön ausgewogenen Cabernet Sauvignon sucht, der sofort trinkbar ist und dennoch 20 Jahre lagern kann, sollte nach dem *1998er Cabernet Sauvignon The Coppermine Road* Ausschau halten. Dieser Wein präsentiert sich farblich in dichtem Purpur und verströmt herrlich reintönige Duftnuancen von Cassis, Eichenholz, Erde, Zedern und Gewürzkiste. Dieser körperreiche, kräftige, groß angelegte, klassische südaustralische Cabernet Sauvignon mit seiner nahtlos gefügten Persönlichkeit (dank des abgeschmolzenen Tannins) kann es mit den weltweit besten Cabernets aufnehmen. Voraussichtliche Genussreife: jetzt–2025. Der dichte *1997er Cabernet Sauvignon The Coppermine Road* zeigt eine jugendlich undurchdringliche Farbe, er ist tannin- und säurereich und von vorzüglicher Konzentration, Fülle und Intensität. Er entfaltet ein herrlich fruchtiges Brombeeraroma, vermischt mit Zedernholz, Tabak, getrockneten Kräutern und erdigen Noten. Dieser Wein dürfte sich 15+ Jahre halten. Der tiefrubinrote *1996er Cabernet Sauvignon The Coppermine Road* hat die Aromen von Cassis, Zedernholz, Tabak, getrockneten Kräutern und Erde mit dem 1997er gemein. Hinzu kommen lakritze- und pflaumenähnliche Nuancen in seiner körperreichen, konzentrierten, maßvoll tanninbetonten Persönlichkeit. Dieser Wein dürfte bis 2015 in Bestform sein.

Auch Süßweine aus edelfaulem Lesegut gehören zur Produktionspalette von D'Arenberg, so z. B. der faszinierende *1999er The Noble Semillon*, den ich liebend gerne einmal in einer Blindverkostung gegen die Größten von Sauternes und Barsac antreten lassen würde. Die entwickelte Farbe geht mit einem einzigartigen Bukett mit Nuancen von Karamell, Orangenmarmelade, Ananas, Geißblatt und Erde einher. Der Wein zeigt sich erstaunlich gehaltvoll, herrlich süß, schön ausgewogen und bewundernswert reintönig. Ob er das Alterungspotenzial eines Barsac oder eines Sauternes besitzt, ist ungewiss, nichtsdestotrotz wird er die Weintrinker mindestens ein Jahrzehnt lang beeindrucken. Nicht ganz so eindrucksvoll, aber dennoch hervorragend ist der *1998er The Noble Riesling*. Er besitzt attraktive honigfeine Zitrusnuancen im Stil einer Auslese oder Beerenauslese; wenn er jedoch im Glas verweilt, steigen die negativen Geruchsmerkmale der Riesling-Traube auf – Paraffin und Mottenkugeln. Trinken Sie diesen Wein während der nächsten 2–3 Jahre.

Der mittelbernsteinfarbene *1997er The Noble Riesling* offenbart Aromen, die an Pfirsichmarmelade, Geißblatt und Erdbeeren erinnern. Üppig und dekadent, hat dieser Wein genug Säure, um noch erfrischend zu sein; er sollte noch in seiner jugendlichen Kraft getrunken werden, d. h. während der nächsten 5–7 Jahre. Ein weiterer sensationeller Wein dieses Produzenten ist der jahrgangslose, angeblich 12 Jahre alte *Rare Tawny*. Nach seiner dunklen Bernsteintönung zeigt er ein erstaunlich üppiges Bukett mit Nuancen von Feigen, gebutterten Nüssen, Rauch, Pflaumen und süßen dunklen Früchten. Es ist ein körperreicher, ölig texturierter, aber bemerkenswert frischer, lebhafter Wein. Dieser sensationelle Tawny dürfte sich noch das ganze Jahrzehnt gut trinken lassen.

ARMSTRONG (VICTORIA)

1998 Shiraz Great Western — EE 89+

Das Anbaugebiet steht in dem Ruf, eine der kühlsten Regionen in diesem Teil des australischen Kontinents zu sein. Der *1998er Shiraz Great Western* präsentiert sich im Stil eines Médoc mit Aromen von Gewürzkiste, Mineralien, Zedernholz, Bleistift und schwarzen Johannisbeeren. Es ist ein geradliniger, interessanter Wein, zu 100 % in neuem französischem Eichenholz ausgebaut. Im Geschmack tendiert er eher zu einem stilvollen Bordeaux auf Cabernet-Basis als zum Shiraz, und bei diesem Säureprofil dürfte er sich während der nächsten 7–10 Jahre gut trinken lassen.

AUSTRALIAN DOMAINE WINES (BAROSSA)

1998	Cabernet Sauvignon/Merlot Alliance	C	87
1999	Grenache The Alliance	C	85
1999	The Hattrick Proprietary Red	E	89
1998	The Hattrick Proprietary Red	E	95
1999	Shiraz The Alliance	C	88
1998	Shiraz The Alliance	C	91
1999	Shiraz Nova	B	86
1999	Shiraz Sheeraz	C	89+
1998	Shiraz Sheeraz	C	88
1997	Shiraz Valley Floor	E	90

Diese große Produzentenvereinigung hat manch einen köstlichen Wein herausgebracht. Als preisgünstigster Wein im Programm der ADW gilt der Shiraz Nova aus den Trauben junger Reben, der kaum in Kontakt mit Eichenholz kommt, was dieser Art von Weinen nur gut tun kann. Der *1999er Shiraz Nova* verströmt angenehme Düfte nach Bruyèreholz, Gewürzen, Pfeffer und Beerenfrüchten; er besitzt eine dunkelrubinrote Farbe, geschmeidige Textur, mittleren Körper und er ist gut und sauber gemacht. Trinken Sie ihn innerhalb der nächsten 2 Jahre.

Der Sheeraz bietet ein vorzügliches Preis-Leistungsverhältnis. Die Jahresproduktion erreicht rund 2500 Kisten. Der üppig texturierte *1999er Shiraz Sheeraz* präsentiert sich schwarzpurpurfarben, mit hohem Alkoholgehalt, voll beladen mit schwarzen Früchten; er offenbart Vollmundigkeit mit reichlich Glyzerin, Konzentration und Kraft. Es ist ein reifer, intensiver, opulenter Wein, der sich 7–8 Jahre gut trinken lassen dürfte. Der *1998er Shiraz Sheeraz* ist elegant, gewürzbetont, geradlinig und mutet in seinen Proportionen sehr französisch an.

Noch mehr Qualität im Verhältnis zum Preis bietet der noch bessere Shiraz The Alliance. Und obendrein gibt es von diesem vorzüglichen Wein 4900 Kisten. Der *1999er Shiraz The Alliance* präsentiert sich tiefpurpurfarben, mit einer Fülle würziger Noten, toastwürzigen Nuancen amerikanischer Eichenholzfässer, einer kernigen, fleischigen Textur und locker gewirkten, expansiven Geschmackskomponenten, die den Gaumen auskleiden. Dieser Wein, der sich weder durch Komplexität noch durch hohe Lebenserwartung auszeichnet, hat dennoch manches innerhalb der nächsten 7–8 Jahre zu bieten. Der dicht purpurfarbene *1998er Shiraz The Alliance* zeigt in Duft und Geschmack seinen fettigen Brombeer- und Cassischarakter; er ist enorm körperreich und säurearm, besitzt süßes Tannin und fein eingebundene Holznuancen. Dieser frucht- und glyzerinbetonte, kraftstrotzende Shiraz verspricht Genuss für die nächsten 10–12 Jahre.

Der unaufdringliche *1999er Grenache The Alliance* zeigt ein fruchtiges Kirschbukett, Gewürznuancen, eine mittelrubinrote Farbe, mittleren Körper und einen geradlinigen, recht eindimensionalen Charakter. Dennoch ist es ein schön fruchtiger Wein, der innerhalb der nächsten 2 Jahre in Bestform ist.

Der teuerste Wein im Portfolio ist The Hattrick Proprietary Red, ein Verschnitt von Grenache, Shiraz und Cabernet Sauvignon. 600 Kisten existieren davon. Der *1999er The Hattrick Proprietary Red* zeigt eine dichte rubin-purpurrote Farbe, vorzügliche, konzentrierte, rauchige Noten schwarzer Früchte, einen mittleren bis vollen Körper und angenehme Süße. Dass ich ihm keine höhere Punktnote gab, lag daran, dass er sich im Abgang etwas zu dünn ausnahm. Dennoch ist es ein vortrefflicher Wein, der in vieler Hinsicht etwas zu bieten hat und seine Besitzer nach 5–8 Jahren Kellerlagerung reichlich entschädigen dürfte. Der kraftstrotzende *1998er The Hattrick Proprietary Red* ist eine Glanzleistung. Undurchdringlich purpurfarben, mit explosiven Duftnoten geschmolzener Schokolade, Pfeffer, Brombeermarmelade und Cassis, lässt dieser kernige, vollmundige, riesige Rotwein weder Ecken noch Kanten erkennen. Säure, Alkohol und Tannin haben sich gut integriert, und der

Fruchtextrakt übersteigt das menschliche Vorstellungsvermögen. Dieser Wein dürfte sich im Zeitraum von 15–25 Jahren gut trinken lassen, aber wer könnte diese Geduld aufbringen?

Der Cabernet Sauvignon/Merlot Alliance ist ein Verschnitt aus 75% Cabernet Sauvignon und 25% Merlot, von dem 3900 Kisten produziert werden. Gemessen an den überzogenen Preisen, die man heutzutage für Weine auf Cabernet-Basis verlangt, wird er für einen vernünftigen Preis verkauft. Der *1998er Cabernet Sauvignon/Merlot Alliance* ist ein dunkelrubinrot getönter Wein mit rauchigem, süßem Brombeeraroma, mittlerem Körper, weichem Tannin und gewürzbetontem, unbeschwertem Abgang. Voraussichtliche Genussreife: jetzt – 2008. Eine weitere vortreffliche Leistung war der *1997er Shiraz Valley Floor.* Dieser kräftige Wein (15% Alkoholgehalt) offenbart in seinem Brombeer-Cassis-Fruchtcharakter eine leicht erdige, lederartige Note, die an Hickory und Grillgewürz erinnert. Eingangs ist er süß, üppig-saftig und ölig, entwickelt schöne dichte, körperreiche Komponenten und endet in einem langen Abgang. Im Unterschied zu anderen Weinen, die in vernünftigen Mengen produziert werden, gibt es von dieser Mikro-Cuvée nur 70 Kisten. Voraussichtliche Genussreife: jetzt – 2014.

AUSVETIA (SÜDAUSTRALIEN)

1997	**Shiraz**	**E**	**87**
1996	**Shiraz**	**E**	**87**
1995	**Shiraz**	**E**	**90+**

Diese Weine sind das Produkt eines Gemeinschaftsunternehmens zwischen Penley Estate und einer Schweizer Importgesellschaft. Sie präsentieren sich im eleganten, europäischen Stil, ohne den in den USA so beliebten kraftstrotzenden Charakter. Der Verschnitt besteht aus 95% Shiraz und 5% Cabernet Sauvignon. Die Trauben für diesen Wein wachsen in den Rebgärten der beiden Täler McLaren und Barossa.

Der tiefrubin-purpurrote *1997er Shiraz* besitzt leichten Körper, vorzüglichen Fruchtcharakter, süßes Tannin und ist bewundernswert reintönig. Er kann mit einem vortrefflichen Bukett von süßen Brombeeren und Cassis, mit untergründigen Noten von Teer, Lakritze und Erde aufwarten. Er sollte in den nächsten 7–8 Jahren getrunken werden. Der ähnlich gestaltete *1996er Shiraz* erweist sich körperreicher, gereift, lang und harmonisch. Er dürfte in den nächsten 5–6 Jahren gut zu trinken sein. Der *1995er Shiraz* ist ein bemerkenswerter, extravaganter, schwarz-purpurfarbener Wein mit einer Fülle von Cassis- und Brombeerfrucht sowie der toastwürzigen Vanille frischer Eichenholzfässer. Würzig, dicht, reichhaltig, körperreich und nobel, wird sich dieser groß angelegte Wein 15–17 Jahre halten.

BALGOWNIE (BENDIGO)

1999	**Cabernet Sauvignon**	**C**	**88**
1999	**Shiraz**	**C**	**90**

Dies sind die feinsten Weine, die ich je von Balgownie verkostet habe. Der tiefrubin-purpurfarbene *1999er Cabernet Sauvignon* besitzt ein rauchiges, cassisduftiges Bukett, vorzüglich süße Frucht, einen mittleren bis vollen Körper und offenbart eine elegante Persönlichkeit von mäßigem Gewicht ohne Ecken und Kanten. Trinken Sie ihn während der nächsten 6 Jahre. Noch besser ist der *1999er Shiraz*, der durch die Beimischung eines geringen Viognier-Anteils seine schwelgerisch-exotische Note erhält. Geißblatt, Brombeeren, Cassis in Duft und Geschmack prägen diesen extrakt- und körperreichen, konzentrierten Wein. Ein Kraftprotz ist er freilich nicht, doch präsentiert er sich angenehm frisch, hat eine klar umrissene Art, köstliche Aromen und eine starke Persönlichkeit. Trinken Sie ihn in den nächsten 5–6 Jahren.

BANNOCKBURN (VICTORIA)

1996	**Cabernet Sauvignon/Merlot**	**D**	**85**
1995	**Cabernet Sauvignon/Merlot**	**D**	**88**

1998	**Pinot Noir**	**E**	**84**
1998	**Shiraz**	**E**	**89**

Der *1998er Pinot Noir* bietet eine Fülle von frischen eichenholzwürzigen Noten und erinnert im Charakter an Schokolade und verbrannte Kirschen. Obschon nicht komplex, ist er angenehm fruchtig bei mittlerem bis vollem Körper und zeigt sich in weichem, gereiftem Stil. Trinken Sie ihn in den nächsten 2 Jahren. Mein Favorit ist hier der *1998er Shiraz.* Im Unterschied zu der Mehrheit der australischen Shiraz-Weine ist er nicht durch Gewichtigkeit geprägt, sondern zeigt die Merkmale kühlerer Anbaugebiete; er ist tiefrubin-purpurfarben und zeigt im Johannisbeercharakter olivenartige Nuancen, Gewürze und Eichenholznoten. Eingangs nimmt sich der Wein schön süß aus, im Abgang zeigt er sich bei mittlerem Körper leicht tanninherb. Trinken Sie ihn in den nächsten 7 Jahren.

Der fortgeschrittene *1996er Cabernet Sauvignon/Merlot* offenbart ein reifes dunkles Granatrot und typische Aromen kühler Vegetationsbedingungen, nämlich Gewürzkiste, Kräuter, Veilchen und rote Johannisbeeren. Der Wein hat einen mittleren Körper, ist gewürzbetont, aber etwas komprimiert. Er sollte in den nächsten 2–3 Jahren getrunken werden. Der köstliche *1995er Cabernet Sauvignon/Merlot* offenbart einen krautigen Charakter mit Anklängen von Schinkenspeck und Wurst, die zweifelsfrei auf den für den Mostausbau verwendeten Eichenholztyp zurückzuführen sind; hinzu kommen reichlich Schokolade und Beerenfrucht. Dieser gewürz- und eichenholzbetonte, schlichte und dennoch schöne Wein sollte in den nächsten 2–3 Jahren getrunken werden.

BARLETTA BROTHERS (BAROSSA)

1997	**Grenache/Shiraz**	**C**	**87?**
1999	**Grenache/Shiraz Barossa Valley**	**C**	**89**
1999	**Grenache/Shiraz Clare Valley**	**C**	**88**

All diese Weine stammen aus den unbewässerten Rebgärten in Barossa, von den Trauben der durchschnittlich 30 bis 70 Jahre alten Reben, die im Gobeletsystem erzogen werden. 329 Kisten Grenache/Shiraz Barossa Valley und 746 Kisten Grenache/Shiraz Clare Valley werden produziert. Der Ausbau erfolgt in einer Mischung aus neuen und alten Eichenholzfässern amerikanischer und französischer Herkunft. Der *1999er Grenache/Shiraz Clare Valley* (63% Grenache/37% Shiraz) zeigt ein rauchiges Schwarzkirschen- und Johannisbeerbukett mit würzigen und erdigen Noten. Es ist ein Wein von mittlerem bis vollem Körper, geschmeidig und fruchtbetont. Am besten dürfte er in seinen ersten 4–5 Lebensjahren zu trinken sein. Von ähnlicher Art, aber etwas körperreicher, mit Rauch, Eichenholzwürze, Erde und schwarzen Früchten, einem Hauch Schokolade und einer Spur animalischer Noten, erweist sich der fettere, reifere, gehaltvollere *1999er Grenache/Shiraz Barossa Valley,* der offenbar noch mehr Fülle und Länge zu bieten hat. Trinken Sie ihn in seinen ersten 6–8 Lebensjahren.

Das umstrittene Bukett des *1997er Grenache/Shiraz,* in dem sich frische erdige und rauchige Noten mit Gewürzen, Ledersattelschweiß und abgehangenem Rindfleisch vermischen, wird gefolgt von einem köstlich weichen Wein, der üppige Kirschenfrucht und cremige Textur offenbart. Der provozierende Geruch verleiht ihm das Flair eines französischen Bandol im alten Stil. Trinken Sie ihn in den nächsten 2–3 Jahren.

JIM BARRY (CLARE VALLEY)

1997	**Cabernet Sauvignon/Malbec McCrae Wood**	**C**	**87**
1997	**Shiraz McCrae Wood**	**C**	**87**

Der *1997er Shiraz McCrae Wood* zeigt ein schweres, süßes, holzbetontes Parfum mit dicklichem, brombeerfruchtigem Charakter. Es ist ein eklatant frucht- und holzbetonter Wein, mit hohem Gehalt an Glyzerin, geringer Säure und einer üppigen, kernigen, geradlinigen Ausstrahlung. Komplexität und Lebenserwartung sind nicht unbedingt seine Stärken, dennoch wird dieser Shiraz ebenso den Beifall des großen Publikums wie den der Connaisseure finden. Trinken Sie ihn während der nächsten 5 Jahre. Der *1997er Cabernet Sauvignon/Malbec McCrae Wood* (Mischsatz 60% zu 40%) zeichnet sich durch einen satteren Farbton und noch mehr schwarze Früchte, Erde, Lakritze und blumige Nuancen aus. Bei mittlerem Körper dürfte dieser süß-fruchtige Wein, der das Eichenholz gut eingebunden hat und im Abgang vortrefflich schmeckt, 5 Jahre trinkreif sein.

BASS PHILLIP (WEST GIPPSLAND)

1998	**Pinot Noir**	**E**	**90**
1997	**Pinot Noir**	**E**	**90**
1998	**Pinot Noir Premium Vineyard Select**	**EE**	**92**
1997	**Pinot Noir Premium Vineyard Select**	**EE**	**91+**
1998	**Pinot Noir Reserve**	**EEE**	**93**

Es ist wirklich ein Jammer, dass Bass Phillip nur 200 Kisten dieser erlesenen Pinot Noirs, die zu den besten Australiens gehören, produziert. Diese Weine mit Burgunder-Charakter sind das Produkt extrem ertragsarmer Reben und werden unfiltriert auf Flaschen gezogen. Die kräftigen Sedimentablagerungen, zu denen diese Weine in ihrer Jugend tendieren, erklären sich durch naturnahe Weinbereitungsmethoden.

Sowohl der *1998er Pinot Noir*, der *1998er Pinot Noir Premium Vineyard Select* als auch der *1998er Pinot Noir Reserve* offenbaren den Côte-de-Nuits-Charakter im Geschmack, der von fantastisch süßen, pflaumigen, beeren- und kirschenfruchtigen Aromen mit einer Spur Zimt und Piment geprägt wird. Bei vollem Körper, prächtiger Konzentration und superber Reintönigkeit, cremiger, schwerer, dicker Burgunder-ähnlicher Textur (glücklicherweise ohne Anreicherung von Säure), enden diese Weine in einem langen, konzentrierten Abgang. Sie sind wunderschön gemacht, ungemein komplex und gleichaltrigen Burgundern meist in der Entwicklung voraus. Abgesehen von feinen Unterschieden (z.B. der sich steigernde Konzentrationsgrad bei Premium- und Reserveweinen) sind sie ansonsten einander eher ähnlich. Alle drei Weine stellen Glanzleistungen dar. Ob sich der deutlich höhere Preis für den Reserve da wirklich rechtfertigt? Eigentlich nicht, aber der Wein ist ein Schulbeispiel für das, was kompromisslose australische Produzenten der Pinot-Noir-Traube unter bestimmten mikroklimatischen Bedingungen entlocken können. Trinken Sie alle 1998er innerhalb der nächsten 4–5 Jahre.

Das superbe Aromaprofil des *1997er Pinot Noir* enthüllt Schwarzkirschen, rauchiges frischwürziges Eichenholz und Blumendüfte. Üppig, außerordentlich reichhaltig und reintönig, mit vielschichtiger, köstlich cremiger Textur und fantastisch fruchtig, kann dieser Wein entweder sofort getrunken werden oder noch 4–5 Jahre altern. Der undurchdringlich rubinrote *1997er Pinot Noir Premium Vineyard Select* offenbart ein gewaltiges, konzentriertes Bukett von Schwarzkirschen, Schinkenspeck, getrockneten Kräutern und hochwertigem französischem Eichenholz. Dieser körperreiche, mäßig tanninherbe, herrlich reintönige, nuancenreiche Wein wird sich ein Jahrzehnt halten. Beeindruckend!

BERRY'S BRIDGE (PYRENEES, VICTORIA)

1999	**Cabernet Sauvignon**	**D**	**89**
1999	**Shiraz**	**D**	**93**

Für diese fantastischen Weine verwendet man nur ausgereiftes Lesegut von Reben, die als extrem ertragsarm gelten. Der kraftstrotzende *1999er Shiraz* (14,7% Alkoholgehalt) hat eine undurchdringlich blau-purpurrote Farbe und ein außergewöhnliches Bukett aus Brombeeren, Blaubeeren und toastwürzigen Noten. Körperreich, ausgereift und vielschichtig mit anregenden Mengen von Glyzerin, Konzentration und Tiefe wird dieser reintönige, überraschend geschmeidige Wein innerhalb der nächsten 10 Jahre getrunken. Der *1999er Cabernet Sauvignon* ist etwas stärker strukturiert, aber nicht ganz so komplex und konzentriert. Er hat einen bemerkenswert gesättigten Farbton und süße Blaubeer- und Cassisfrucht, gemischt mit lakritzduftigen und unterholzähnlichen Noten in seinem Bukett. Der Wein ist dicht, von mittlerem bis vollem Körper, reintönig und fruchtbetont. Wäre da etwas mehr Komplexität, hätte ich ihm eine herausragende Punktnote gegeben. Trinken Sie ihn während dieses Jahrzehnts.

BIRCHWOOD (SOUTH AUSTRALIA)

1998	**Cabernet Sauvignon Twin Rivers**	**D**	**89**
1998	**Shiraz Decades**	**D**	**90**

Dieser Name bezeichnet ein Handelshaus, das nach südaustralischen Bezugsquellen für Lesegut von alten Weinstöcken sucht. Der *1998er Cabernet Sauvignon Twin Rivers* wird aus dem Lesegut eines 40jährigen Rebgartens bereitet. Die Produktion ist auf kleine Mengen (250 Kisten) begrenzt. Es ist ein sehr guter, ja sogar ein vorzüglicher Wein mit einem eleganten Bukett aus schwarzen Johannisbeeren, Gewürzkiste, Zedernholz und getrockneten Kräutern, attraktiven Geschmackskomponenten bei mittlerem bis vollem Körper, geringer Säure, süßem Tannin und mit einem sauberen Abgang. Trinken Sie ihn in den nächsten 5–6 Jahren. Der *1998er Shiraz Decades* ist interessanter. Das Lesegut stammt von Reben, deren Durchschnittsalter zwischen 30 und 60 Jahren liegt. Einst ging dieser Most in den Verschnitt des berühmten Rosemount Balmoral Shiraz ein. Der dicht rubin-purpurfarbene, körperreiche Wein offenbart das charakteristische Brombeerlikör-Bukett mit Nuancen von Lakritze, Pfeffer und toastwürzigem Eichenholz. Dieser dichte, wuchtige, konzentrierte Wein ist ein Kraftwerk und während der nächsten 8 Jahre trinkreif.

BRANSON COACH HOUSE (ASPDEN)

1998	**Shiraz Malcolm**	**EE**	**97**

Für diesen mengenbegrenzten *1998er Shiraz Malcolm* wird ausschließlich das Lesegut eines Klons namens Grange verwendet. Der Wein hat einen undurchdringlich schwarzblauen Farbton, die Persönlichkeit eines trockenen Vintage Ports, einen massiven Körper, phänomenale Konzentration und eine viskose, gewaltige, saftige, dicke Unterseite, der große Mengen Glyzerin, Frucht und Extrakt entquellen. Der hohe Tanningehalt verschwindet fast unter all dem Glyzerin und Extrakt. Dieser jugendliche Goliath von Shiraz, der bei der Verkostung dem Zustand einer Fassprobe näher war als einem fertigen Wein, wird 15–20 Jahre Kellerlagerung großzügig belohnen.

BROKENWOOD (HUNTER VALLEY)

1998	**Shiraz**	**D**	**86**
1998	**Shiraz Graveyard Vineyard**	**EE**	**90**
1997	**Shiraz Graveyard Vineyard**	**EE**	**92**
1998	**Shiraz The Mistress Block**	**E**	**88+**
1997	**Shiraz The Mistress Block**	**E**	**91**
1998	**Shiraz Rayner Vineyard**	**E**	**90**
1997	**Shiraz Rayner Vineyard**	**E**	**94**

Seit 1970, seinem ersten Jahrgang, zählt Brokenwood zu den führenden Produzenten von Weinen, die Trauben alter Shiraz-Reben verarbeiten. Außerdem soll das Haus auch im Weißweinbereich interessant sein (Sauvignon Blanc und Semillon); diese Weine werden hier jedoch nicht rezensiert, weil sie binnen weniger Jahre nach dem Erntejahr getrunken werden. Die Shiraz-Cuvées Jahrgang 1997 sind Brokenwood außerordentlich gut gelungen, wenn auch nicht so gut wie 1998. Die beeindruckenden, dunkelrubin-purpurroten 1998er besitzen allesamt erstaunliche Mengen an Frucht und Extrakt mit reichlich toastwürzigen Eichenholznuancen. Der preisgünstigste Wein im Portfolio ist der Shiraz, dessen Rohmaterial aus McLaren Vale, King Vally und Cowra stammt. Vor der Flaschenabfüllung wird der Wein 20 Monate in amerikanischen Holzfässern ausgebaut.

Der *1998er Shiraz* ist ein frühreifer Wein mit Schokolade- und Fruchtcharakter, Noten von geschmolzenem Teer und Spuren von Tannin und Säure im Abgang. Dieser Shiraz sollte wegen seiner herzhaften Fülle und Unkompliziertheit in den nächsten 2–3 Jahren getrunken werden. Der Shiraz The Mistress Block stammt von Reben, die durchschnittlich 30 Jahre alt sind und wird in amerikanischem Eichenholz ausgebaut. Der dicht purpurfarbene *1998er Shiraz The Mistress Block* offenbart großzügige Aromen von Pfeffer, Gewürzen, Brombeeren, Schokolade und Vanille. Körperreich, mit maßvollem Tannin, scharfer Säure, erlesener Intensität und generöser, robuster Konstitution, wird sich dieser vollmundige Shiraz 8–10 Jahre halten. Der dunkelrubin-purpurfarbene *1997er Shiraz The Mistress Block* besitzt ein außerordentliches Gleichgewicht. Er ist sexy, üppig und säurearm, mit wunderschönen Noten des amerikanischen Eichenholzes und Brombeerfrucht in Duft und Geschmack, cremig texturiert, körperreich, herrlich intensiv und reintönig. Dieser so ostentativ gestaltete Shiraz kann jetzt und noch über das ganze Jahrzehnt getrunken werden.

Die Trauben für den Shiraz Rayner Vineyard stammen von unbewässerten, im Trockenfeldbau kultivierten Shiraz-Reben. Der *1998er Shiraz Rayner Vineyard* ist mit 14,5 % Alkohol der bulligste, mächtigste Wein dieses Jahrgangs bei Brokenwood. Dieser körperreiche, üppige Shiraz mit seiner beeindruckenden Konstitution enthält Lakritze, Brombeeren, Pfeffer, Erde und süßes Eichenholz in verschwenderischer Fülle. Im Abgang zeigt er Länge und Intensität. Er ist straff gewirkt, hat einen beachtlichen Säuregrad und hohen Tanningehalt und wird bis 2014 halten. Der üppig-sinnliche, nahtlos gefügte *1997er Shiraz Rayner Vineyard* besticht durch seine gute Einbindung von Säure, Tannin und Alkohol und zeigt sich als schwergewichtiger, körperreicher, explosiv reichhaltiger, kraftstrotzender Shiraz mit großen Mengen von Brombeer- und Blaubeerfrucht, gemischt mit Nuancen von geschmolzenem Teer und Pfeffer. Dick, saftig und entwaffnend, ist dieser kräftige Wein sofort trinkreif und kann noch während der nächsten 10–12 Jahre getrunken werden.

Der *1998er Shiraz Graveyard Vineyard* ist ein ernsthaft strukturierter, dichter, erstaunlich konstituierter Wein mit gut eingebundendem Tannin und großen Mengen von Brombeerfrucht, die mit Nuancen von neuem Sattelleder, Pfeffer und Teer gesprenkelt ist. In seiner Fülle, Üppigkeit und Geradlinigkeit ist dieser großartige Wein bereits jetzt zugänglich, wird sich aber 15+ Jahre halten. Nicht so schwergewichtig wie üblich, aber eindeutig als Brokenwoods Flaggschiff zeigt sich der *1997er Shiraz Graveyard Vineyard* in einem erdhaften, duftigen Stil, ohne die Wucht, die Konzentration und die Geschmacksfülle des Rayner Vineyard. Trotzdem ist dieser körperreiche, üppige, kernige Wein, der sich durch ein verblüffendes Gleichgewicht, schöne Reintönigkeit und Ausgewogenheit auszeichnet, in vielerlei Hinsicht begeisternd. Trinken Sie ihn in den nächsten 12 Jahren.

BROTHERS IN ARMS (LANGHORNE CREEK)

1998 Shiraz **D 92**

Für einen vollmundigen, massiven, hochkonzentrierten Shiraz ist der Preis recht vernünftig. Von diesem Wein, der »schlappe« 16 % Alkohol auf die Waage bringt, existieren 570 Kisten. Er stammt aus einem Weinberg, dessen Reben häufig über 100 Jahre alt sind und der früher dem Produzenten Mildara Blass für die Shiraz-Spitzencuvée als Bezugsquelle gedient haben soll. Eines Tages beschlossen die Weinbergbesitzer jedoch, ihren eigenen Wein zu machen. Der *1998er Shiraz* zeigt sich farblich dicht in Purpurrot mit prächtigen Duftnoten von Blaubeeren und Brombeeren, vermischt mit Kirschlikörnuancen. Körperreich, opulent, mit reichlich Gewürzen, teeriger Arznei, Pfeffer und subtilem Holz, schmeckt dieser beeindruckende, konzentrierte Wein schon jetzt köstlich. Voraussichtliche Genussreife: jetzt–2010. Ein wahrer Glücksfall bei diesem Preis. Behalten Sie dieses Weingut, das eine immer größere Gemeinde um sich schart, im Auge.

BURGE FAMILY (BAROSSA VALLEY)

1998	Grenache Old Vines	D	92
1999	Grenache/Shiraz/Mourvèdre Olive Hill	D	90
1999	Shiraz Draycott	D	88
1998	Shiraz Draycott	D	90
1997	Shiraz Draycott	D	89
1999	Shiraz Grateful Reserve	EE	90
1998	Shiraz Grateful Reserve	EE	98

Burge gehört ebenfalls zu den vorzüglichen Gütern, die in Barossa anscheinend mit schöner Regelmäßigkeit Spitzenweine hervorbringen. Alle Rotweine verdienen Beachtung für ihre strahlende reife Frucht und einheitliche Reintönigkeit. Der *1999er Grenache/Shiraz/Mourvèdre Olive Hill* (43 % Shiraz, 34 % Grenache und 23 % Mourvèdre) stellt für diesen Jahrgang eine großartige Leistung dar. Der Wein zeigt eine dicht rubin-purpurne Farbe, die Noten von Veilchen, schwarzen Früchten, Lakritze, ergänzt durch eine kräftige lederartige, florale Note. Eingangs erweist sich der Wein als körperreich und süß, mit honigfeinen schwarzen Früchten, schön eingebundenem Holzton (der Ausbau erfolgt in französischen Eichenholzfässern, die zu knapp einem Drittel neu sind) und einem geschichteten Abgang.

Der *1999er Shiraz Draycott* (86 % Shiraz und 14 % Grenache von Reben im Alter von 10 bis 40 Jahren) ist leichter als sein Pendant des Jahres 1998. Der Wein ist immer noch sehr gut; er besitzt ein pfeffriges Cassis-Bukett und zeigt im Auftakt süße, dickliche, fruchtige Geschmacksnoten, mittleren Körper und einen mäßig ausgestatteten, sauberen Abgang. Trinken Sie ihn in den nächsten 6–7 Jahren. Der *1998er Shiraz Draycott* offenbart mehr Fett, Breite und eine expansivere Textur; er hat einen geringeren Säurewert und einen süßen, dicklichen Brombeer- und Cassischarakter mit rauchigen Nuancen. Der Wein ist lang, reintönig und körperreich (14,9 % Alkoholgehalt). Trinken Sie ihn während des Jahrzehnts wegen seiner überschäumenden, wuchtigen, draufgängerischen Art. Der *1997er Shiraz Draycott* hat einen leichteren Stil als der gewaltige 1998er. Dieser Verschnitt aus 70 % Shiraz und 30 % Grenache zeigt eine dunkelrubinrote Farbe und ein gefälliges, süßes, brombeer- und kirschenduftiges Bukett, vermischt mit pfeffrigen und erdigen Untertönen. Üppig, fruchtbetont und geschmeidig, wird er sich 5–6 Jahre gut trinken lassen.

Bedauerlicherweise gibt es alljährlich nicht mehr als knapp 200 Kisten vom Shiraz Grateful Reserve, der aus dem Lesegut 40jähriger Reben bereitet wird. Der hervorragende *1999er Shiraz Grateful Reserve* zeigt sich im rauch- und eichenholzwürzigen Stil; er hat einen mittleren Körper, ausgezeichnete Brombeer- und Cassisfrucht, aber nicht annähernd die Intensität, Textur und aromatische Vielschichtigkeit, die den 1998er von Burge auszeichnen. Voraussichtliche Genussreife: jetzt–2015. Der *1998er Shiraz Grateful Reserve* dürfte wohl kaum seinesgleichen finden. Das sattblaue Purpur erinnert eher an Vintage Port denn an trockenen Tafelwein. Das spektakuläre Bukett von geschmolzener Schokolade, Lakritze, Brombeermarmelade, Blaubeeren und Cassis paart sich mit einem unglaublich konzentrierten, massiv proportionierten Wein im Mund, der genau das richtige Maß an Säure und Tannin besitzt, das ihm Zusammenhalt und klare Konturen verleiht. Der Wein ist von sagenhafter Reintönigkeit, massiv-wuchtig und schwergewichtig mit einem fast eine Minute anhaltenden Abgang. Geringe Säure, hoher Glyzeringehalt, 14,5 % Alkohol und herrlich viel Extrakt und Konzentration machen das Trinkerlebnis fast perfekt. Voraussichtliche Genussreife: jetzt – 2025+.

Reife und Konzentration, Volumen und der fülligere Stil des Jahrgangs prägen auch den *1998er Grenache Old Vines*. Die Trauben dafür stammen von Reben, die 70–80 Jahre alt sind. Dieser Wein, zu 100 % aus Grenache (400 Kisten), zeigt beachtliche Kirschliköraromen, gepaart mit Röstnuancen; er hat körperreiche, verschwenderisch vollmundige, frucht- und glyzerinbetonte Geschmacksnoten und einen fleischigen, saftigen Abgang. Für eine längere

Lagerung ist dieser Wein nicht geeignet; er sollte in den nächsten 4–5 Jahren getrunken werden. Dieser Wein wird viel Freude bereiten.

CAMPBELLS (RUTHERGLEN)

oJ	**Isabella Rare Rutherglen Tokay**	E	97
oJ	**Merchant Prince Rare Muscat**	E	95
oJ	**Muscat**	D	90
oJ	**Tokay**	D	90

Campbells, einer der klangvollen Namen für australische alkoholverstärkte Dessertweine, ist für seine Kostbarkeiten seit 1870 bekannt. Die erlesenen Cuvées *Isabella Rare Rutherglen Tokay* und *Merchant Prince Rare Muscat* (Durchschnittsalter 70 Jahre), alkoholverstärkte Weine hochwertiger Qualität, können mit ungewöhnlichen Aromen, öligen Texturen sowie verschwenderischer Süße und Konzentration aufwarten. Doch auch die jahrgangslosen *Muscat* und *Tokay* bieten zweifelsfrei fantastisch viel für ihr Geld. Sie besitzen zwar nicht die Intensität ihrer stärkeren Vettern, sind jedoch bis zum Rand mit Frucht beladen; sie sind ölig texturiert, süß, jetzt schon komplex und haben verblüffende Aromen. Zudem werden sie sich Jahrzehnte halten. Diese sensationellen Leistungen zählen zu Australiens Nationalschätzen.

CANOBOLAS SMITH (NEW SOUTH WALES)

1996	**Alchemy Proprietary Red Wine**	D	94
1998	**Cabernet Sauvignon/Merlot Wattleview**	C	90

Dieser Wein stellt im Bereich Cabernet Sauvignon und Merlot der Neuen Welt einen fantastischen Kauf dar. Der *1998er Cabernet/Sauvignon Merlot Wattleview*, ein Verschnitt aus 60 % Cabernet und 40 % Merlot, wurde in französischem Eichenholz ausgebaut und offenbart ein ausdrucksvolles Bukett, dem pflaumen-, kirsch- und johannisbeerartige Düfte entsteigen, während sich hedonistische, üppige Geschmacksaromen von mittlerem bis vollem Körper, säurearm und sexy, nahtlos in den Wein einfügen. Dieser verführerische Wein ist zu einem angemessenen Preis erhältlich; er ist sofort trinkreif, kann aber noch 7 Jahre liegen. Nicht versäumen!

Der großartige *1996er Alchemy Proprietary Red Wine* (vorherrschend Cabernet Sauvignon mit Beimengungen von Shiraz und Cabernet Franc) erreicht einen natürlichen Alkoholgehalt von 15%. In französischen und amerikanischen Eichenholzfässern ausgebaut und unfiltriert auf Flaschen gezogen, besitzt dieser Wein außerordentliche Reintönigkeit und Mehrdimensionalität. Umwerfende Aromen von Brombeerlikör, Cassis, toastwürzigem Eichenholz und Gewürzkiste entströmen einem vielschichtigen Wein mit süßem Tannin und geringer Säure. Er ist körperreich und massiv, ohne den Eindruck von Hitze oder Schwere. Reintönig, dick und viskos, dürfte er 12 Jahre lang gut schmecken. Beeindruckend!

CAPE D'ESTAING (KANGAROO ISLAND)

1999	**Cabernet Sauvignon**	E	89+
1998	**Cabernet Sauvignon**	E	92+
1999	**Shiraz**	E	88
1998	**Shiraz**	E	94
1998	**Shiraz Admiral's Reserve**	EEE	91+

Cape d'Estaing liegt auf einem für seinen Artenreichtum bekannten Inselparadies vor der Küste von Adelaide und gilt als qualitätsbewusster Weinproduzent eines Anbaugebiets, das sich im Unterschied zu dem nördlich davon gelegenen Barossa Valley in einer kühleren Klimazone erstreckt. Die Ernteerträge liegen in der Regel bei geringen 2,5t/ha. Obwohl die Reben noch jung sind (5 Jahre), stellt sich die Qualität der in französischen Eichenholzfässern ausgebauten Weine bereits als spektakulär heraus. Erfreulicherweise werden hier von jedem Wein 1 500 Kisten pro Jahr produziert.

Der *1999er Cabernet Sauvignon* zeigt sich körperreich, undurchdringlich purpurfarben, mit süßen, klassischen Aromen schwarzer Johannisbeerfrucht, vermischt mit Gewürzkiste und Tabak. Der Wein ist reichhaltig, konzentriert und einem hochklassigen Bordeaux nicht unähnlich. Der Alkoholgehalt beträgt nicht mehr als mäßige 13,7 % (was nach australischem Standard vernünftig ist). Eine ausgezeichnete Reintönigkeit und ein schönes Gesamtgleichgewicht charakterisieren diesen Wein. Voraussichtliche Genussreife: jetzt–2012. Der *1998er Cabernet Sauvignon* (13,4 % Alkoholgehalt) präsentiert sich mit einer absolut dichten, undurchdringlich purpurnen Farbe und einem fantastischen Bukett mit schwarzen Johannisbeeren, Zedernholz, Gewürzkiste und Mineralien. Bei mittlerem bis vollem Körper, überragender Reintönigkeit, bemerkenswerter Symmetrie und potenzieller Komplexität, die bei einem so jungen Wein überraschen, dürfte dieser wunderschön proportionierte, intensiv konzentrierte Cabernet nach weiteren 2 Jahren im Keller in Höchstform sein und dann 2 Jahrzehnte halten.

Der *1999er Shiraz* (100 % Shiraz) hat einen mittleren bis vollen Körper und ist dunkelpurpurfarben. Im Auftakt fühlt er sich noch monolithisch an, um sich später im Mund zart aufzufächern, wobei er mehr Feinheit und Zurückhaltung zeigt als manch einer jener monumentalen Shiraz-Weine, die unter den wärmeren Bedingungen im Landesinneren heranreifen. Dieser reintönige, stilvolle Wein dürfte in seinen ersten 10–12 Lebensjahren die optimale Trinkreife haben. Der großspurigere *1998er Shiraz* präsentiert sagenhafte dickliche Brombeeraromen vermischt mit süßem Pfeffer, Espresso und Vanille. Dieser überwältigende Shiraz erweist sich als hochkonzentriert, voll beladen mit reifer Frucht, beeindruckend reintönig und vielschichtig. Obwohl er sich am Gaumen so stark ausnimmt, enthält er nur 14,1 % Alkohol. Trinken Sie diesen prächtigen Shiraz innerhalb der nächsten 10 Jahre. Der *1998er Shiraz Admiral's Reserve* ist eine Charge von 125 Kisten, die im Keller aus allen Shiraz-Fässern zusammengestellt wurde. Der Wein ist undurchdringlich purpurfarben und hat ein süßes Brombeerlikör-Bukett mit Anklängen an Straßenasphalt, neues Sattelleder, Pfeffer und Gewürze. Dieser beeindruckende, ausladende Shiraz ist körperreich, üppig, strukturiert, in der Entwicklung jedoch noch zurückgeblieben; er verbindet in bewundernswerter Weise Finesse mit dem ausdrucksstarken, schwereren Stil, der von den Australiern bevorzugt wird. Voraussichtliche Genussreife: jetzt–2016.

SERGIO CARLEI (HEATHCOTE)

1999	**Shiraz Green Vineyard Forties Old Block**	**E**	**88**
1998	**Shiraz Green Vineyard Forties Old Block**	**E**	**89**
1998	**Tre Rossi**	**E**	**87**

Der *1998er Tre Rossi* besteht zu 50 % aus Shiraz und zu je 25 % aus Egiodola und Marzemino, wobei sich die beiden Letztgenannten auf meiner Zunge fremd ausnehmen. Der schwarz-purpurfarbene Wein enthält reichlich rustikales Tannin und Noten von Fleisch, Schokolade, Pflaumenlikör und Erde. Es ist ein einfacher und dennoch charaktervoller Wein. Ob dieser Wein in Schönheit altert oder im Lauf der Zeit schwächer und derber wird, kann ich nicht sagen. Im Moment hat er die Rolle des gehaltvollen Begleiters geschmacksintensiver Speisen. Der Shiraz Green Vineyard Forties Old Block wird ausschließlich in französischem Eichenholz ausgebaut. Der *1999er Shiraz Green Vineyard Forties Old Block* offenbart Duftnuancen von Brombeeren, Grafit, Kohlenstoff und Rauch, mittleren bis vollen Körper, gute Komplexität und vermittelt mäßige Gewichtigkeit im Mund. Er ist geschmeidig, so dass man ihn sofort, aber auch noch während des ganzen Jahrzehnts trinken kann. Der ähnlich bereitete *1998er Shiraz Green Vineyard Forties Old Block* zeigt sich gehaltvoller, länger, kräftiger und extraktreicher. Beiden Weinen gebührt Anerkennung für das schön und subtil verwobene Eichenholz. Der Wein dürfte sich noch 10 Jahre gut trinken lassen.

CASA FRESCHI (LANGHORNE CREEK)

1999	Profondo	E	92
1999	La Signora	E	90

Nachdem ich die ersten Weine des Besitzers und Weinmachers David Freschi verkostet habe, halte ich ihn für einen aufgehenden Stern am Weinhimmel. Beide Weine werden vorwiegend in frischem französischem Eichenholz ausgebaut, ungeschönt und unfiltriert auf Flaschen gezogen und kombinieren Kraft mit einer für australische Verhältnisse ungewöhnlichen Eleganz.

Der *1999er La Signora* könnte ohne weiteres für einen Garagenwein aus dem St. Emilion durchgehen. Im Stil wirkt er international, lässt jedoch unter einer undurchdringlich purpurnen Farbe Nuancen von Kaffee, Schokolade, schwarzen Johannisbeeren durchscheinen, gepaart mit untergründigen Zigarrenkistenaromen. Der Wein ist reichhaltig, dicht, gereift, wobei Säure, Eichenholz und Alkohol wunderschön eingebunden sind. Im Abgang zeigt er sich lang und elegant zugleich. Er dürfte sich mindestens 10 Jahre gut trinken lassen. Fast noch beeindruckender zeigt sich der *1999er Profondo*, den man mit einem Bordeaux verwechseln könnte. Er wurde ebenfalls aus Shiraz, Cabernet Sauvignon und Malbec verschnitten und präsentiert sich zunächst mit herrlich satter, dunkelrubin-purpurroter Farbe; dann folgt ein sagenhaftes Bukett mit Düften nach Blaubeerlikör, durchwirkt von Cassis, schwarzem Chinatee, Vanille- und Lakritznuancen. Dieser bewundernswerte Wein, der sich am Gaumen erstaunlich weich, vielschichtig und konzentriert ausnimmt, könnte locker als Bordeaux Premier oder Second Cru der Spitzenklasse durchgehen. Voraussichtliche Genussreife: jetzt–2015.

CASTAGNA (VICTORIA)

1999	Syrah Genesis	EE	86

Der Eigentümer Julian Castagna ist ein berühmter Film- und Fernsehregisseur, der seiner Schwäche für Weine frönt. Im Hinblick auf die Preispolitik des Weinguts wäre ihm jedoch zu empfehlen, dabei nicht die Realität aus den Augen zu verlieren. Der *1999er Syrah Genesis* legt eine verblüffende Ähnlichkeit mit einem mittelgewichtigen Crozes-Hermitage aus dem Rhônetal an den Tag. Düfte von Rauch, Oliven und schwarzen Johannisbeeren verbinden sich mit frischwürzigem Eichenholz und pfeffrigen Nuancen und verleihen diesem mäßig gewichtigen Wein die starke Ausstrahlung. Gleichwohl dürfte es 5 oder 6 Dutzend echte Crozes-Hermitages von ebenso guter, wenn nicht noch besserer Qualität geben, die man deutlich günstiger kaufen kann.

CHAMBERS ROSEWOOD (RUTHERGLEN)

NV	Muscat	E	95
NV	Rare Muscat	EEE	100
NV	Rare Tokay	EEE	100
NV	Special Muscat	EE	98
NV	Special Tokay	EE	99
NV	Tokay	E	96

Eine Zeit lang dachte ich, Australien bliebe eine verkannte, wenn auch einzigartige Fundgrube für alkoholverstärkte Muscat- und Tokay-Weine. Und es ist erstaunlich, wie viele sensationelle Produkte hier zu Lande entstanden sind. Doch mit Ausnahme der Weine von William Chambers haben sie nicht die Anerkennung, die ihnen gebührt. Wer jemals die alkoholverstärkten Tokays oder Muscats dieses Produzenten probieren durfte, dem dürfte bewusst sein, dass Chambers internationale Maßstäbe gesetzt hat. Diese luxuriösen Weine sind von einer Öligkeit, Dicke, Komplexität und Reichhaltigkeit, deren Ausmaß sich nicht mit Worten beschreiben lässt. Und anstatt einfach nur schwere, dicke Zuckerklumpen zu sein, warten sie obendrein mit gesunder untergründiger Säure, bemerkenswerter Komplexität und Frische auf. Ein Löffel oder zwei davon dürfte dem durchschnittlichen Weingenießer genügen, um das offenkundige Qualitätsniveau dieser Cuvées zu belegen. Der *Rare Muscat* und der *Rare Tokay* sind zweifelsfrei traumhaft, während *Muscat* und *Tokay* sensationell preisgünstig sind. Im Hinblick auf den *Rare Muscat* und den *Rare Tokay*, die als 50–70 Jahre alt ausgewiesen sind und nach dem bei Chambers langjährig praktizierten Solera-Verfahren hergestellt wurden (dabei wird der Wein ganz oder zum größten Teil aus sehr alten Jahrgangsweinen zusammengesetzt), könnte man sogar von einem spektakulären Kauf sprechen. Wie sie schmecken? Intensität, Parfum und Öligkeit steigern sich mit jeder Rangstufe, angefangen bei den einfachen über die Special- (*Special Muscat* und *Special Tokay*) bis hin zu den Rare-Cuvées. Alle Weine besitzen Noten von Rauch, gerösteten Nüssen, Kaffee, braunem Zucker, Ahornsirup, Pflaumen, Früchtekuchen, überreifen Orangen und Aprikosen in einem gewürzbetonten Charakter. Der Muscat tendiert etwas mehr zur Frucht, während sich der Tokay eher erdig und traubig zeigt. All diese alkoholverstärkten Dessertweine sind jedoch Musterbeispiele ihrer Kategorie und ich möchte sie Ihnen hiermit wärmstens weiterempfehlen. Ich selbst pflege Rosewood-Weine oft auf meinen Wohltätigkeits-Verkostungsseminaren zu kredenzen und meine Gäste sind hellauf entzückt über diese erlesenen Tropfen. Kurz und gut, das Leben ist nicht lang genug, um nicht wenigstens einmal einen dieser legendär gewordenen australischen Muscats oder Tokays probiert zu haben.

CHAPEL HILL (MCLAREN VALE)

1998 The Vicar (Shiraz/Cabernet Sauvignon) D 88

Der dicke, viskose, dicht rubin-purpurfarbene *1998er The Vicar (Shiraz/Cabernet Sauvignon)* offenbart eine Fülle frischer Eichenholzaromen (vorwiegend amerikanische Fässer), ganze Ladungen von Brombeere und Cassis im Geschmack sowie einen vollen, konzentrierten, kraftstrotzenden Abgang. Dieser gehaltvolle, mäßig tanninherbe Wein, ein Verschnitt aus 56% Shiraz und 44% Cabernet Sauvignon, wird am besten vor 2014 ausgetrunken.

CHERISE (MCLAREN VALE)

1997 Sangiovese C 91

Wäre man doch in Kalifornien in der Lage, einen solchen Sangiovese zu machen! Weinmacher und Eigentümer Stephen Hall (vormals Coriole) ist ein fantastischer *1997er Sangiovese* gelungen. Der Wein ist von tiefrubinroter Farbe und hat ein umwerfendes Aromaprofil, das von verschwenderischer marmeladiger Kirschenfrucht, vermischt mit Kirschwasser und süßlichen Ledernuancen geprägt ist. Bei mittlerem bis vollem Körper, muskulös und sagenhaft fruchtig, sollte dieser weiche, opulent gestaltete Sangiovese in den nächsten 2–3 Jahren genossen werden.

CHARLES CIMICKY (BAROSSA)

1998	**Merlot**	**D**	**90**
1996	**Merlot**	**D**	**88**
1998	**The Red Blend**	**D**	**90**
1997	**The Red Blend**	**D**	**90**
1998	**Shiraz Reserve**	**D**	**91+**
1998	**Shiraz Signature**	**D**	**92**
1997	**Shiraz Signature**	**D**	**89**

Wenn man berücksichtigt, wie viel Qualität man hier für das Geld erhält, stellen diese einheitlich körperreichen, konzentrierten und gut strukturierten Weine einen ausgezeichneten Kauf dar. Die 1998er wirken extrem jugendlich und schmeckten bei der Verkostung eher nach einer Fassprobe denn nach einem fertigen Wein; nichtsdestotrotz sind sie mit einem beachtlichen Alterungspotenzial gesegnet. Der *1998er Merlot* präsentiert sich tiefrubin-purpurfarben mit einem großartigen, süßfruchtigen Blaubeer- und Kirschbukett, gemischt mit Karamellbonbon, Kaffee und rauchigem, würzigem Eichenholz. Der Wein ist körperreich, gereift und sexy. Trinken Sie ihn in den nächsten 8 Jahren. Der *1996er Merlot* offenbart einen internationalen Charakter mit fruchtigen Schwarzkirschnuancen, verschwenderischen, hochwertigen toastwürzigen Eichenholzaromen, mittlerem bis vollem Körper, adäquater Säure und vollmundiger, stämmiger Textur. Aromatisch und reintönig, dürfte sich dieser Merlot 4 – 5 Jahre gut genießen lassen.

Der dichte purpurrote, körperreiche *1998er The Red Blend* (58 % Cabernet Sauvignon, 22 % Merlot und 20 % Cabernet Franc) offenbart im Duft explosive Frucht, Lakritze, Tabak, Schwarzkirschen, Johannisbeeren, frische Eichenholzaromen und einen hohen Tanninwert. Im Mund nimmt er sich aus wie ein Hochleistungs-St-Emilion. Der Wein wirkt extrem jugendlich und wird durch 1–2 Jahre Lagerung sogar noch mehrdimensionaler werden. Er dürfte 14 Jahre halten. Der *1997er The Red Blend* (58 % Cabernet Sauvignon, 22 % Merlot und 20 % Cabernet Franc) ist ein dicker, gehaltvoller, körperreicher, fleischiger, trockener Rotwein mit verschwenderischer schwarzer Frucht, vermischt mit würzigem, frischen, Eichenholz. Konzentriert, mit geringer Säure, süßem Tannin und ohne Ecken und Kanten, dürfte sich dieser schwere, vollmundige Rotwein 8 Jahre gut trinken lassen.

Der *1998er Shiraz Reserve* ist ein dicht purpurfarbener Wein und offenbart herrlich reintönige, lebensprühende Noten von schwarzen Himbeeren, Brombeeren, Mineralien, Rauch und teeriger Arznei. Körperreich, dicht, straff gewirkt und explosiv benötigt er noch 1–2 Jahre im Keller. Trinken Sie ihn dann in den folgenden 12–15 Jahren, obwohl er sich vielleicht sogar noch länger hält. Ebenfalls bis zum Bersten voll zeigt sich der tiefgründige, schwarz-purpurfarbene *1998er Shiraz Signature*, ein 100%iger Shiraz von alten Reben. Der Wein verströmt erlesene Düfte nach Blaubeer-Brombeer-Likör. Im Mund folgen süße, körperreiche, texturierte Geschmackskomponenten, der Eindruck von superber Reintönigkeit, hohem Tanninwert und dennoch prächtigem Fruchtextrakt. Ich würde ihn innerhalb der nächsten 12–15 Jahre trinken. Der *1997er Shiraz Signature* hat nicht die Wucht des 1998ers, ist ihm jedoch in der Entwicklung voraus. Er zeigt süße schwarze Früchte in Duft und Geschmack, er ist körperreich, säurearm und von bewundernswert konzentrierter, nuancenreicher, üppig texturierter Art. Er dürfte sich 6 Jahre lang gut trinken lassen.

CLARENDON HILLS (CLARENDON)

1999	**Astralis**	**EEE**	**91+**
1998	**Astralis**	**EEE**	**95+**
1999	**Cabernet Sauvignon Brookman Vineyard**	**D**	**89**
1998	**Cabernet Sauvignon Brookman Vineyard**	**D**	**87**
1999	**Cabernet Sauvignon Hickinbotham Vineyard**	**D**	**90**
1998	**Cabernet Sauvignon Hickinbotham Vineyard**	**D**	**93+**
1999	**Cabernet Sauvignon Sandown Vineyard**	**D**	**88**
1998	**Cabernet Sauvignon Sandown Vineyard**	**D**	**92+**
1999	**Grenache Old Vines Blewitt Springs Vineyard**	**D**	**92**
1998	**Grenache Old Vines Blewitt Springs Vineyard**	**D**	**92**
1999	**Grenache Old Vines Clarendon Vineyard**	**D**	**87**
1998	**Grenache Old Vines Clarendon Vineyard**	**D**	**93**
1999	**Grenache Old Vines Hickinbotham Vineyard**	**D**	**89**
1999	**Grenache Old Vines Kangarilla Vineyard**	**D**	**91**
1998	**Grenache Old Vines Kangarilla Vineyard**	**D**	**90+**
1999	**Grenache Old Vines Romas Vineyard**	**E**	**92**
1999	**Merlot Brookman Vineyard**	**D**	**90**
1998	**Merlot Brookman Vineyard**	**D**	**88**
1999	**Merlot Hickinbotham Vineyard**	**D**	**91+**

1999	**Pinot Noir Hickinbotham Vineyard**	**D**	**87**
1998	**Pinot Noir Hickinbotham Vineyard**	**D**	**89**
1999	**Shiraz Brookman Vineyard**	**E**	**90**
1998	**Shiraz Brookman Vineyard**	**D**	**94**
1999	**Shiraz Hickinbotham Vineyard**	**E**	**90+**
1998	**Shiraz Hickinbotham Vineyard**	**D**	**92**
1999	**Shiraz Liandra Vineyard**	**E**	**92**
1998	**Shiraz Liandra Vineyard**	**D**	**91**
1999	**Shiraz Moritz Vineyard**	**E**	**92**
1999	**Shiraz Piggott Range Vineyard**	**E**	**91+**
1998	**Shiraz Piggott Range Vineyard**	**D**	**92+**

Ich bin ein beharrlicher Bewunderer der ultrakonzentrierten, muskulösen, vollmundigen Roten des Eigentümers und Weinmachers Roman Bratasink, egal ob es sich um Cabernet Sauvignon, Merlot, Shiraz oder Grenache, seine besondere Spezialität, handelt. Ganz zweifelsfrei enthalten alle Rotweine das geballte Paket an Geschmacksnoten und Konzentration, das man von einem konsequenten »Aussie-Stil« erwartet. Bei aller Massivität und Tiefe sind diese Weine jedoch in punkto Reintönigkeit und Gleichgewicht ohne Fehl und Tadel. Obendrein verdient auch der vernünftige Einsatz französischer statt amerikanischer Eichenholzfässer Beifall. Nach meinem Dafürhalten strahlt der Stern von Clarendon Hills derzeit am hellsten in McLaren Vale.

Der im bewährten dichten Stil der Sorte bereitete *1999er Pinot Noir Hickinbotham Vineyard* offenbart eine granatrote Farbe und ein äußerst dezentes Bukett mit rauchigen und erdigen Noten von *root beer*, Coca Cola, Schwarzkirschen, Himbeeren und Pflaumen. Dieser gewürzbetonte Wein von mittlerem bis vollem Körper ist reif und gut gemacht und müsste sich 4–5 Jahre lang gut trinken lassen. Die dunkelrubinrote Farbe des *1998er Pinot Noir Hickinbotham Vineyard* bietet ein geheimnisvolles Bukett mit Piment, schwarzen Früchten und Erde. Reif, mit reichlich guter untergründiger Säure als Stütze, robust und kernig im Stil, kann dieser geschmackvolle, muskulöse Pinot das ganze Jahrzehnt hindurch getrunken werden.

Im Weinjahr 1999 (in Südaustralien ein leichterer, eleganterer und meist nicht so konzentrierter Jahrgang wie der 1998er) gelang Clarendon Hills ein stil- und geschmackvoller Cabernet. Die 1998er sind ebenfalls superb, wobei der Sandown Vineyard und der Hickinbotham Vineyard sowohl offener als auch massiver, wuchtiger, stärker konzentriert und in ihrer Entwicklung weit zurückgeblieben sind. All diese Weine sind zugänglich, wobei vor allem der Hickinbotham die besten Chancen hat, ein Jahrzehnt zu überdauern.

Der *1999er Cabernet Sauvignon Brookman Vineyard* zeigt sich dunkelrubin-purpurfarben mit einem fruchtig-süßen Bukett, in dem sich die Noten schwarzer Johannisbeeren, die an ihren Blättern belassen wurden, mit Nuancen von Erde, Gewürzen und untergründiger Eichenholzwürze vermischen. Der Wein ist reichhaltig, mit süßem Fruchtgeschmack und geschmeidigem Abgang. Trinken Sie ihn in den nächsten 7–8 Jahren. Der ausdrucksschwächste und unspektakulärste Wein der Cabernets von Clarendon Hills ist der *1998er Cabernet Sauvignon Brookman Vineyard.* Verschlossen und tanninherb, mit toastwürzigen Noten im Geschmack, ließ er sich kaum öffnen und daher schlecht beurteilen. Bei aller Größe und Stärke ist dieser Wein monolithisch. Wie seine Vettern wird er zu 100 % in frischen französischen Eichenholzfässern ausgebaut, was ihm ein unverwechselbares toastwürziges Aroma verleiht. Voraussichtliche Genussreife: jetzt–2015.

Der dunkelpurpurrote *1999er Cabernet Sauvignon Sandown Vineyard* besitzt schokoladenhafte Noten und charakteristische Aromen von Cassis, Tabak, Erde und Gewürzen. Der Wein ist von guter bis ausgezeichneter Qualität und schön ausgewogen. In seinen ersten 10 Lebensjahren dürfte er am besten schmecken. Der undurchdringlich purpurrote *1998er Cabernet Sauvignon Sandown Vineyard* präsentiert ein dichtes Cassis-Bukett mit dicklicher

Kirschenfruchtigkeit untermischt mit Lakritze, Tabak, Teer und getrockneten Kräutern. Dieser dicke, kräftige, körperreiche und mäßig tanninherbe Wein wird sich 2 Jahrzehnte halten.

Der *1999er Cabernet Sauvignon Hickinbotham Vineyard* präsentiert sich schön voluminös mit einem komplexen Bukett von schwarzen Johannisbeeren, Schokolade, Grillgewürz und Toast. Der Wein ist wuchtig, dicht, konzentriert, reichhaltig mit subtilen Eichenholznuancen, großen Mengen an Frucht, Glyzerin und gemäßigtem Tannin. Voraussichtliche Genussreife: 2006–2018. Der *1998er Cabernet Sauvignon Hickinbotham Vineyard* offenbart eine ähnlich undurchdringlich purpurrote Farbe und ein ungemein extraktreiches, massives Format mit einem von Minze überhauchten Aroma schwarzer Johannisbeeren. Die Säure ist ebenso gering. An Reife übertrifft dieser Wein alle anderen, die sich ihrerseits ultrareif und konzentriert zeigen. Dieser riesige, kernige, körperreiche Wein dürfte 2 Jahrzehnte halten.

Die Merlots sind überragend. Der *1999er Merlot Brookman Vineyard* zeigt ein typisches Starbucks-Bukett mit Schokolade und gerösteten Espresso-Bohnen. Er ist körperreich, tief und konzentriert im Geschmack, mit einer Fülle rauchiger Noten und Beerenfrucht, bemerkenswertem Glyzerinwert, geringer Säure und einer üppigen, ungestümen Textur. Dieser Wein wird mindestens 8–12 Jahre Trinkgenuss bescheren. Der *1998er Merlot Brookman Vineyard* ist verhalten. Seine dunkelrubinrote Farbe wird von süßen, reifen, dicklichen Kirscharomen begleitet, vermischt mit kräuterhaften und erdigen Noten. Offen gewirkt und von bewundernswerter Konzentration, ausgezeichnet symmetrisch und reintönig, ist dieser fleischige, frucht- und glyzerinbetonte Merlot das Schönste, was in Australien in dieser Kategorie je entstanden ist. Trinken Sie ihn in den nächsten 5–7 Jahren. Strukturierter, in der Entwicklung zurückgeblieben, dicht und schön umrissen ist der *1999er Merlot Hickinbotham Vineyard.* Er enthüllt ähnliche Noten von Schokolade, Kaffee, Schwarzkirschen und Johannisbeeren, gepaart mit größerer Tiefe, Struktur und mehr Tannin. Genießen Sie ihn in den nächsten 12–15 Jahren.

Ich bin ein langjähriger Bewunderer der Grenache-Weine von Clarendon Hills, von denen ich mehr Flaschen gekauft und getrunken habe, als es mir zusteht, und ich habe ihn immer sehr genossen. Ich glaube, dass es niemanden in Australien gibt, der besseren Grenache aus alten Reben macht als Roman Bratasiuk, und ich könnte nicht sagen, welcher kalifornische Produzent es mit ihm aufnehmen könnte. Das Angebot umfasst fünf Cuvées samt diesem wahrhaft luxuriösen Grenache namens Romas. All diese Weine schmecken herrlich, wenn sie jung sind, lassen sich aber wahrscheinlich noch gut 10 Jahre oder länger im Keller aufbewahren. Die 1999er sind von einer Spitzenqualität, die fast mit den hochwertigen Grenache-Cuvées von 1998 konkurrieren kann.

Der leichteste und unauffälligste des Quintetts ist der *1999er Grenache Old Vines Clarendon.* Für einen Wein von Bratasiuk enthält er überraschend wenig Alkohol (13,5%). Die Farbe ist ein weit entwickeltes dunkles Granatrot und das Bukett erinnert an provenzalische Kräuter, Gewürzkiste, Kirschen und Balsaholz. Im Geschmack ähnelt der geschmeidig texturierte Wein mit seinem mittleren bis vollen Körper einem gut gemachten Côtes du Rhône. Trinken Sie ihn in den nächsten 3–4 Jahren. Zum Châteauneuf-du-Pape tendiert der *1999er Grenache Old Vines Kangarilla Vineyard* (14,5 % Alkohol). Dieser Wein gewinnt nach und nach an Volumen, Tiefe und Länge, wobei er Kirschwassernoten, schwarze Himbeeren und Kirschen, gemischt mit verdorrten Kräutern und Balsaholz offenbart. Er ist texturiert und körperreich, von pflaumen-rubinroter Farbe. Ich würde ihn innerhalb der nächsten 6–8 Jahre trinken. Liebhaber des extravaganten Grenache werden von dem exotischen überzogenen *1999er Grenache Old Vines Blewitt Springs Vineyard* (14,5% Alkohol) entzückt sein. Dieser Wein hat eingedickte Himbeernoten, vermischt mit Pfirsich-Aprikosen-Nuancen und reifer Frucht. Er ist körperreich, kräftig, hochkonzentriert und kleidet den Gaumen mit beneidenswerten Mengen an Glyzerin und süßen Früchten aus. Der Wein ist lang, köstlich süffig und ein absolut hedonistischer Anmacher. Trinken Sie ihn in diesem Jahrzehnt. Während

Sie schon Ihren Blewitt Springs, Clarendon oder Kangarilla trinken, lässt der *1999er Grenache Old Vines Hickinbotham* (14% Alkohol) eventuell noch ein paar Jahre auf sich warten. Dieser Grenache zeigt die Traube von ihrer anderen Seite, erdiger, mit Nuancen von Sojasauce und einer Spur Sardinen im kräuterhaften Schwarzkirschencharakter. Im Mund offenbart er eine feste Struktur und mehr Tannin, Mineralien, Pfeffer und Gewürze. Es ist ein hervorragender Wein, der sich von den anderen Cuvées grundlegend unterscheidet. Ich würde ihn 1–2 Jahre im Keller lassen und ihn dann das Jahrzehnt hindurch trinken. Der *1999er Grenache Old Vines Romas Vineyard* bietet als einziger Grenache einige toastwürzige Duftnoten, die an frisches Eichenholz erinnern. Im Geschmack kommen dichte, konzentrierte Kirschwasser- und Himbeernoten vermischt mit kernigen, reifen, körperreichen, schweren alkoholischen (14,5%) Komponenten hinzu. Dieser körperreiche Wein mit seiner bewundernswerten Struktur, Gewichtigkeit und voluminösen Fülle wird in 1–2 Jahren sogar noch besser sein und 10–12 Jahre halten.

Der *1998er Grenache Old Vines Clarendon Vineyard* zeichnet sich durch Kirschwasserähnliche, pfefferwürzige Noten aus, einen Hauch Pfirsich von überreif gepflückten Trauben und eine Mischung von getrockneten Kräutern und Erde der südfranzösischen *garrigue.* Körperreich, gereift, mit fleischiger, alkoholischer Persönlichkeit, wird dieser sinnesfrohe Doppelgänger des Châteauneuf-du-Pape 8–10 Jahre gut zu trinken sein. Der *1998er Grenache Old Vines Kangarilla Vineyard* zeigt eine mittelrubinrote Farbe, ein pfeffriges, *garrigue*-duftiges Bukett, milde, erdige Nuancen und mittleren bis vollen Körper im Geschmack. Er hat nur moderate Mengen Tannin und zeigt sich im Abgang gehaltvoll und schön konzentriert. So fleischig oder explosiv wie sein Vetter, der Clarendon Vineyard, ist er freilich nicht. Trinken Sie ihn innerhalb der nächsten 10–12 Jahre. Der dunkelrubinfarbene *1998er Grenache Old Vines Blewitt Springs Vineyard* bietet reichlich Himbeer- und Kirschmarmelade, vermischt mit holzwürzigen, erdigen, kräuterhaften und pfeffrigen Noten. Mit einem betörend hohen Alkoholniveau geht ein Mehr an Glyzerin einher, das die Zähne überzieht und den gesamten Gaumen auskleidet. Dieser dichte, kernige, gereifte, großzügig dimensionierte Wein ist bereits trinkreif, kann aber noch 10 – 12 Jahre im Keller lagern.

Den Shiraz gibt es in fünf Varianten, die bis zur Flaschenabfüllung nur der minimal erforderlichen Klärung unterzogen und zu 100 % in frischem französischem Eichenholz ausgebaut werden. All diesen Weinen gebührt großes Kritikerlob, wobei die 1999er ebenso schön wie die 1998er sind. Der *1999er Shiraz Liandra Vineyard* (14,5 % Alkohol) ist ein reifer, dicht texturierter Wein mit Sex-Appeal, prächtiger Frucht und sagenhaften Nuancen schwarzer Früchte, von Sattelleder und Gewürzen. Dieser köstliche Shiraz ist bereits jetzt trinkreif, kann sich aber noch gut 10 – 15 Jahre halten. Der undurchdringlich purpurfarbene *1999er Shiraz Moritz Vineyard* zeigt reichlich erdige, rauchige und würzige Noten in Verbindung mit roten und schwarzen Früchten. Dieser Wein ist körperreich, tief und im Vergleich zum Liandra etwas fruchtbetonter, süßer und reicher an Glyzerin. Diese Süße (kein Restzucker, sondern das Zeichen von Extrakt und reifem Lesegut) ist so beeindruckend, dass man dem Wein selbst in seiner Jugend schwer widerstehen kann. Trinken Sie ihn innerhalb dieses Jahrzehnts. Wer einen dezenteren Stil bevorzugt, sollte den unaufdringlichen *1999er Shiraz Brookman Vineyard* probieren. Mit 13,5 % Alkoholgehalt, was bei Clarendon Hills als mäßig gilt, hat dieser dunkelrubin-purpurfarbene Wein ein gewürzbetontes Bukett mit schwarzen Früchten vermischt mit Tomatenketchup und Vanille. Es ist ein vorzüglicher Wein, körperreich, reintönig, reif und imponierend. Im Vergleich zu seinen beiden Vorgängern kommt er gemessener und eleganter daher.

Duftnoten von neuem Sattelleder, Erde, Waldtrüffeln, Rauch, Schwarzkirschen und Brombeeren entströmen dem dichten purpurfarbenen *1999er Shiraz Hickinbotham Vineyard,* der zudem ein Mehr an frischer Eichenholzwürze enthält. Im Gaumen zeigt er sich tanninherb, verschlossen und strukturiert. Er ist noch im Werden, dürfte sich aber 12–15 Jahre halten. Was den Grad an Konzentration und Öligkeit betrifft, schneidet der *1999er Shiraz Piggott*

Range Vineyard möglicherweise am besten ab. Er verströmt fein mit Minze überhauchte Noten von Brombeerlikör, vermischt mit Pfeffer, geschmolzenem Teer und Toast. Für den Jahrgang erweist sich dieser viskose, ungemein konzentrierte und mäßig tanninherbe Shiraz eher als massiv. Er hat 14,5 % Alkohol und sollte noch 1–2 Jahre im Keller ruhen. Voraussichtliche Genussreife: jetzt–2016.

Der dunkelrubin-purpurfarbene *1998er Shiraz Liandra Vineyard* präsentiert seine wunderschöne, süße Brombeerfrucht mit eingesprenkelten Nuancen von Pfeffer, Sattelleder und Gewürzen. Dieser reichhaltige, körperreiche, verführerische Shiraz mit dem Aroma eines Rhône-Weins hat einen geringen Säurewert und fühlt sich im Gaumen saftig und fleischig an. Er dürfte sich 10–12 Jahre gut trinken lassen. Der schwarz-purpurfarbene *1998er Shiraz Hickinbotham Vineyard* zeigt sich ebenfalls herrlich intensiv, hat aber noch nicht die Reife und Weichheit des Liandra. Er offenbart rauchwürzige Cassisfrucht, Brombeeren, geschmolzenen Teer, toastwürzige Eichenholzaromen, reintönige Fruchtigkeit, einen erdhaften, pfeffrigen Charakter und große Mengen Extrakt und Reichhaltigkeit. Trinken Sie diesen kraftstrotzenden Shiraz innerhalb der nächsten 12 Jahre.

Als einer der Weine mit dem stärksten Hermitage-Charakter dieses Produzenten erweist sich der *1998er Shiraz Brookman Vineyard.* Dieser superbe Wein hat eine überlebensgroße Persönlichkeit und viel Extrakt, eine undurchdringlich purpurrote Farbe, ein dichtes, konzentriertes, pfeffriges, cassisfruchtiges, mineralisches, lakritzehaftes Bukett; er ist körperreich, ölig texturiert und spektakulär im Abgang. Er kann sofort und noch in den nächsten 15–20 Jahren getrunken werden. Verschlossener, aber ungemein beeindruckend zeigt sich der *1998er Shiraz Piggott Range Vineyard.* Er offenbart weniger charakteristische Aromen als seine Verwandten, lässt jedoch die von Minze überhauchte Brombeerfrucht hervortreten. Es ist ein extrem wuchtiger, bemerkenswert reintöniger, intensiver, extraktreicher Shiraz, der sich 15–20 Jahre halten dürfte.

Der mengenmäßig begrenzte Astralis (450 Kisten) wird nur aus Shiraz-Trauben gepresst und zu 100 % in neuem französischem Eichenholz ausgebaut. Der purpurfarbene *1999er Astralis* ist massiv und alkoholisch, aber noch verschlossen, mit verschwenderischem neuem Eichenholz, konzentrierter Brombeerfrucht, reichlich Glyzerin und Konzentration, beeindruckender Reintönigkeit und Symmetrie. Dieser gigantische Shiraz kann es mühelos mit den Spitzenweinen Australiens aufnehmen. Er benötigt noch 3–4 Jahre Geduld. Genau wie seine Vorgänger, dürfte er mit einem sagenhaften Potenzial gesegnet sein und 20–30 Jahre alt werden. Verschlossen, aber von enormer Konstitution zeigt der *1998er Astralis* eine undurchdringlich purpurrote Farbe und ein süßes Bukett mit mineralischen, lakritzehaften Brombeer- und Blaubeernoten. Dieser majestätische, körperreiche Wein ist verhaltener und subtiler als seine Vorgänger. Er hat den Holzton wunderschön aufgesogen und ist ganz Frucht, Glyzerin und Extrakt. Obwohl noch nicht sehr komplex, ist dieser faszinierende Wein ein Beispiel dafür, was man unter Verzicht auf künstliche Manipulationen aus ertragsarmen, unbewässerten Shiraz-Rebgärten herausholen kann. Voraussichtliche Genussreife: 2005–2025.

CLASSIC MCLAREN (MCLAREN VALE)

1999	**Grenache**	**D**	**87**
1999	**Grenache La Testa**	**E**	**86?**
1998	**Grenache La Testa**	**E**	**91**
1998	**Grenache Reserve La Testa**	**E**	**85?**
1999	**La Testa Blend**	**E**	**90**
1997	**Shiraz La Testa**	**E**	**98+**

Der sehr gute *1999er Grenache* aus den Trauben von Reben, die 40–60 Jahre alt sind, bietet reichlich Schwarzkirschenfrucht, vermischt mit pfeffrigen und gerösteten Noten. Der Wein zeichnet sich bei mittlerem bis vollem Körper durch gute Textur und Reintönigkeit aus.

Der Grenache La Testa kommt von einem Weinberg mit 40- bis 70jährigen Reben, die Erträge betragen durchschnittlich 3,7 t pro Hektar. Alljährlich werden davon leider nur rund 150 Kisten produziert. Der *1999er Grenache La Testa* hätte erheblich besser ausfallen können. Aus unerfindlichen Gründen war er fast zu straff strukturiert und tanninherb, wies aber auch Noten von Kirschwasser mit Pfeffer und Gewürzen auf. Durch diese Härte und Strenge könnte der Wein in seiner weiteren Entwicklung beeinträchtigt werden. Voraussichtliche Genussreife: jetzt–2010. Der dunkelrubinfarbene *1998er Grenache La Testa* zeigt ein umwerfendes süßes Bukett mit Vanillecharakter und untergemischten, dicklichen schwarzen Himbeeren und Kirschwasser. Tief, reintönig, expansiv und fleischig, ist dieser hedonistische Wein während des ganzen Jahrzehnts trinkreif. Der *1998er Grenache Reserve La Testa* (nur 100 Kisten) zeigte straff gewirkte, muskulöse Geschmackskomponenten, einen dichten rubin-purpurroten Farbton, Anklänge an süße Erdbeer- und Kirschwasserfrucht, war jedoch durch ein Übermaß an Eichenholz und Tannin beschwert. Sowohl der 1998er Reserve als auch der 1999er La Testa schmeckten, als hätte man sie im Eichenfass vergessen; aber möglicherweise habe ich sie nur in einem ungünstigen Stadium ihrer Entwicklung aufgeschreckt.

Der einzige herausragende Wein bei Classic McLaren ist der *1999er La Testa Blend*, eine typisch australische Mischung aus 52 % Grenache, 41 % Shiraz und 7 % Sauvignon (Ausbau zu 70 % in französischem Eichenholz, der Rest in amerikanischen Fässern). Der Wein ist dicht purpurfarben und offenbart ein großartiges, extravagantes, rauchiges, johannisbeer-, pflaumen- und brombeerduftiges Bukett mit einer ausgeprägten Vanillenote. Körperreich, kernig und gehaltvoll, vielschichtig texturiert, angenehm gewürzbetont und außerordentlich im Abgang, ging er als Bester aller Weine von Classic McLaren hervor. Ungefähr 350 Kisten existieren davon. Voraussichtliche Genussreife: jetzt–2012.

Wer ein Pendant der berühmten, luxuriösen, reinsortigen Shiraz-Cuvée Astralis von Clarendon Hills sucht, möge den *1997er Shiraz La Testa* probieren. Dieser fabelhafte Wein zählt zu den Granden eines Jahrgangs, der nirgendwo an die Vollendung des 1996ers oder 1998ers herankam. Dennoch haben wir hier einen profunden, unglaublich reichhaltigen, sattschwarz-purpurfarbenen Wein mit Nuancen von Holzkohlenglut, eingedickten Brombeeren, Cassis und geschmolzenem Teer in seinem umwerfenden Aroma. Dieser extrem körperreiche und vorzüglich ausgestattete Wein, der eine viskose Textur und einen hohen Alkoholwert besitzt, wird sich noch 10–15 Jahre verbessern und 3 Jahrzehnte überdauern.

CLAYFIELD (VICTORIA)

1999 Shiraz Grampians — D 91

Der zu 85 % in frischem amerikanischem und zu 15 % in einjährigem französischem Eichenholz ausgebaute und unfiltriert abgefüllte *1999er Shiraz Grampians* bietet Geschmeidigkeit, cremige Textur, Reife, eine dichte Farbe und vielschichtige Frucht sowie reichlich Glyzerin, ein großes, pfeffriges, schwarzfruchtiges Bukett und einen säurearmen, stämmigen, üppigen Abgang. Trinken Sie diesen Wein sofort und noch während der nächsten 12 Jahre.

CLONAKILLA (SOUTH AUSTRALIA)

1998 Shiraz — D 87

1999 Shiraz/Viognier — D 90

1998 Shiraz/Viognier — D 92

Von diesem Verschnitt werden alljährlich rund 300 Kisten produziert. Dieser Wein besteht überwiegend aus Shiraz (95 %), dem etwas Viognier (5 %) zugesetzt wird, was sich im Aroma bemerkbar macht. Der elegante, komplexe, duftige *1999er Shiraz/Viognier* wartet mit charakteristischer Brombeer- und Cassisfrucht auf, sowie einem Hauch Aprikosen und weißblumigen Noten der Viognier-Traube. Der Wein hat einen mittleren bis vollen Körper, eine geschmeidige Textur, seidiges Tannin und vermittelt den Eindruck von Fleisch und mäßiger Gewichtigkeit im Mund. Er ist bereits trinkreif und wird innerhalb der nächsten

4 Jahre am besten schmecken. Ostentativ und sexy zeigt sich der *1998er Shiraz/Viognier*, dunkelrubin-purpurfarben und körperreich mit einem explosiven Bukett schwarzer Früchte und dem typischen Pfirsich-Aprikosen-Hauch der Viognier-Rebe. Dieser dichte, strukturierte, reintönige, konzentrierte Wein hat Ähnlichkeit mit einem französischen Côte Rotie und dem australischen Shiraz-Viognier-Verschnitt von Torbreck. Trinken Sie ihn im Verlauf dieses Jahrzehnts.

Der reintönige *1998er Shiraz* enthüllt eine tiefrubin-purpurrote Farbe, ein geradliniges, gewürzbetontes, beerenduftiges Bukett, bei mittlerem bis vollem Körper, weicher Textur und angenehmen, unspektakulären, aber befriedigenden Mengen von Frucht, Glyzerin und Körper. Trinken Sie ihn während der nächsten 3–4 Jahre.

CLOS CLARE (CLARE VALLEY)

1999	**Shiraz**	**C**	**89**

Das Weingut beschäftigt zwei namhafte australische Weinmacher, Jeffrey Grosset und David Powell. Grosset bereitet einen trockenen Riesling (der hier nicht rezensiert wird, weil er innerhalb von 1–2 Jahren nach der Ernte getrunken wird), während Powell für Shiraz verantwortlich zeichnet. Der *1999er Shiraz* präsentiert sich als fruchtige Bombe, tiefrubin-purpurfarben, säurearm, mit geschmeidiger Textur und üppiger Brombeer- und Cassisfrucht. Wäre da nur etwas mehr Komplexität, hätte ich diesem Wein eine hervorragende Punktnote gegeben. Dennoch ist es ein köstlicher, opulenter Shiraz, der innerhalb der nächsten 5–6 Jahre getrunken werden sollte.

CORIOLE (MCLAREN VALE)

1997	**Cabernet Sauvignon**	**D**	**87**
1999	**Lalla Rookh Old Vine Grenache**	**D**	**88**
1998	**Lalla Rookh Old Vine Grenache**	**D**	**89**
1997	**Lalla Rookh Old Vine Grenache**	**D**	**89**
1998	**Mary Kathleen**	**D**	**94**
1997	**Mary Kathleen**	**D**	**89**
1999	**Redstone**	**C**	**89**
1998	**Redstone**	**C**	**90**
1997	**Redstone**	**C**	**88**
1999	**Shiraz**	**D**	**87**
1998	**Shiraz**	**D**	**90**
1997	**Shiraz**	**D**	**90**
1998	**Shiraz Lloyd Reserve**	**E**	**92**
1997	**Shiraz Lloyd Reserve**	**E**	**90**
1996	**Shiraz Lloyd Reserve**	**E**	**94**

Das im Jahr 1967 gegründete Weingut ist seit langem für Shiraz bekannt; doch auch der Rest des Angebots ist extrem gut gemacht. Der erschwinglichste Rotwein ist der Redstone, ein Verschnitt aus Shiraz, Grenache, Cabernet Sauvignon und Merlot. Im Hinblick auf den aktuellen Markt stellt er einen guten Kauf dar. Shiraz und Grenache sind dominant.

Der undurchdringlich purpurfarbene *1999er Redstone* zeigt ein süßliches Bukett mit Blut, Fleisch, Leder, Pfeffer, Schwarzkirschen und Brombeerlikör. Der Wein hat einen mittleren bis vollen Körper, er ist weich und dürfte innerhalb der nächsten 4–5 Jahre am besten schmecken. Der ebenfalls undurchdringlich purpurfarbene *1998er Redstone* zeichnet sich durch mehr Reife, Fülligkeit, Volumen und Kernigkeit aus. Er bietet verschwenderische, würzige Brombeer- und Kirschenfrucht sowie eine hintergründige Eichenholznote und wird sich 7–8 Jahre gut trinken lassen. Der *1997er Redstone* enthüllt eine sattrubin-purpurrote Farbe in Verbindung mit einer robusten, erdhaften, fleischigen, herzhaften Persönlichkeit, pfeffrigen, lederartigen Noten und schwarzen Früchten, schöner Dichte und Reichhaltigkeit.

Im Abgang ist er voll entwickelt. Er könnte etwas komplexer und weicher sein, ist jedoch gut gemacht.

Der Erfolg der *1999er Lalla Rookh Old Vine Grenache* und *1998er Lalla Rookh Old Vine Grenache*, einer Mischung auf Grenache-Basis mit einem geringen Shiraz-Anteil, ist beeindruckend. Der 1999er besitzt mehr Eleganz, weniger Power, ist dafür aber in der Frucht (süße Schwarzkirschen mit Pfeffer) besser ausgewogen. Der 1998er verkörpert einen kernigeren, körperreicheren, muskulöseren Stil, er hat noch mehr Tiefe und Struktur. Beide Weine sind mit reichlich Pfeffer und süßer Kirschenfrucht ausgestattet und werden die optimale Genussreife während ihrer ersten 8–10 Lebensjahre haben. Hoffentlich habe ich den *1997er Lalla Rookh Old Vine Grenache* nicht unterschätzt. Er zeigt den unverwechselbaren Charakter südfranzösischer Rhône-Weine und duftet nach zerstoßenem schwarzem Pfeffer, Kirschwasser und Kirschen. Im Geschmack zeigt er sich als großer, körperreicher, ausladender Wein mit Erde, Rauch, getrockneten Kräutern und roten Früchten in Hülle und Fülle. Das Eichenholz ist kaum wahrnehmbar. Dieser Wein aus den Trauben 75-jähriger Grenache-Reben wird in reichlicher Menge produziert und dürfte sich innerhalb von 8–9 Jahren gut trinken lassen.

Etwas leicht im Stil, aber dennoch köstlich zeigt sich der *1999er Shiraz*, ein eleganter, üppig fruchtiger Wein, der in den nächsten 5 Jahren Genuss bereitet. Wenn Sie nach dem Inbegriff eines Shiraz aus dem Anbaugebiet McLaren Vale suchen, dann halten Sie sich an den *1998er Shiraz*. Es ist ein undurchdringlich purpurfarbener Wein, der mit den Aromen von Blaubeeren, Brombeerlikör, Pfeffer, Grafit und Lakritze aufwartet. Reif, körperreich und fruchtbetont, dürfte er sich 10 Jahre gut trinken lassen. Der herausragende, undurchdringlich purpurrote *1997er Shiraz* bietet reichliche Mengen an Brombeerfrucht, Pfeffer, Glyzerin und Extrakt, ergänzt durch geringe Säure und einen samtig-opulenten Stil. Voraussichtliche Genussreife: jetzt–2010.

Der dunkelgranat-purpurfarbene *1997er Cabernet Sauvignon* hat Düfte von Dörrpflaumen, überreifen Pflaumen und Cassis zu bieten, während der im Mund folgende breite, dickliche Wein fast zu viel des Guten darstellt. Sein weicher, zugänglicher Stil steht jedoch für einen geschmackvollen, wenn auch vielleicht umstrittenen Cabernet. Voraussichtliche Genussreife: jetzt–2010.

Als Flaggschiffe des Hauses gelten die mengenbegrenzten Mary Kathleen (80 % Cabernet Sauvignon, 20 % Merlot) und der Lloyd Reserve Shiraz. Letzterer stammt von 60-jährigen Reben und wird in einer Mischung aus amerikanischen und französischen Eichenholzfässern ausgebaut. Der *1998er Mary Kathleen* ist ein spektakulärer, undurchdringlich purpurroter Wein mit enormem Alterungspotenzial. Er präsentiert ein viel versprechendes, nach Cassis, Zedern, Brombeeren, Vanille und Gewürzen duftendes Bukett. Er ist körperreich, fantastisch reintönig und symmetrisch, im vollmundigen, den Gaumen beizenden Stil, ohne die geringste Schwere oder Adstringenz, und er dürfte sich gut über 2 Jahrzehnte trinken lassen. Wahrhaft beeindruckend! Obschon straff gewirkt, zeigt sich der *1997er Mary Kathleen* elegant, mitteltief-purpurfarben und mit einem Bukett, das Gewürze, schwarze Johannisbeeren, Beerenfrüchte und Tabak offenbart. Der Wein ist körperreich, ungemein intensiv und reichhaltig. Trinken Sie ihn in während der nächsten 10–15 Jahre.

Ebenfalls superb ist der *1998er Shiraz Lloyd Reserve*. Obwohl groß, fett, stämmig und muskulös, zeigt er sich in Anbetracht seines Kalibers geschliffen und raffiniert. Die undurchdringlich purpurrote Farbe wird begleitet von unverwechselbaren Brombeerlikööraromen, vermischt mit würzigem Eichenholz, geringer Säure, einem hohen Glyzerinwert mit Kern, Konzentration und Länge im Abgang. Voraussichtliche Genussreife: jetzt–2015. Ganz anders wiederum ist der *1997er Shiraz Lloyd Reserve*, der ein verbranntes Eichenholzbukett, eine tiefrubin-purpurrote Farbe und Nuancen von Sojasauce, Schwarzkirschen, schwarzen Johannisbeeren, Erde und Teer offenbart. Leichter, stärker entwickelt und besser entfaltet als der 1998er, sollte dieser Wein innerhalb der nächsten 10 Jahre getrunken werden. Der spektakuläre *1996er Shiraz Lloyd Reserve* zeigt eine dicht dunkelpurpur-granatrote Farbe und üppige toastwürzige Noten amerikanischer Eichenholzfässer, vermischt mit Brombeerlikör. Der Wein besitzt eine fabelhafte Konzentration und Flutwellen von Glyzerin. Er ist körperreich, säurearm und strotz vor Kraft in einem Abgang, der 40+ Sekunden andauert. Dieser gewaltige, kernige, überraschend harmonische, vollmundige Syrah dürfte sich 15+ Jahre gut trinken lassen.

CRANEFORD (BAROSSA)

1999 Shiraz **D 88**

200 Kisten existieren von diesem ungeschönten, unfiltrierten *1999er Shiraz*, der in einer Mischung aus französischen und amerikanischen Eichenholzfässern ausgebaut wird und eine tiefrubin-pflaumenrote Farbe und in einem süßen, fettigen Bukett dickliche schwarze Früchte mit rauch- und toastwürzigen Noten offenbart. Der Wein kommt als hedonistische, von Glyzerin durchflutete Fruchtbombe daher. Trinken Sie ihn in den nächsten 4 Jahren.

GARRY CRITTENDEN (KING VALLEY, VICTORIA)

1998 »I« Barbera **C 89**

1998 »I« Sangiovese **C 89**

Kalifornische Produzenten, die mit ihren Weinen aus italienischen Rebsorten unter dem erreichbaren Leistungsniveau bleiben, sollten sich an Garry Crittenden ein Beispiel nehmen. Mit schöner Regelmäßigkeit gelingt es ihm, interessante Weine aus italienischen Sorten zu bereiten. Der rauchwürzige, kirschenduftige, runde, reife und fruchtige *1998er »I« Sangiovese* hat einen mittleren Körper und offenbart sein fein dosiertes Eichenholz. Geschmackvoll und sauber gemacht, dürfte er 2 Jahre gut zu trinken sein. Der vorzügliche *1998er »I« Barbera* wartet bei mittlerem bis vollem Körper mit Erdbeermarmelade und Tomatenhäuten auf, ferner mit einer süßen fruchtbetonten Persönlichkeit, scharfer Säure sowie Vielschichtigkeit und Reintönigkeit im Abgang. Er könnte locker für einen großen Barbera aus dem Piemont durchgehen. Trinken Sie diesen Wein in den nächsten 2–3 Jahren.

CULLEN (MARGARET RIVER)

1998 Cabernet Sauvignon/Merlot **D 87**

1997 Cabernet Sauvignon/Merlot **D 87**

1996 Cabernet Sauvignon/Merlot **D 86**

1999 Diana Madeline **E 88**

Die rote Cuvée *1999er Diana Madeline* enthält 70 % Cabernet Sauvignon, 20 % Merlot und 5 % Cabernet Franc (95 %!). Der dunkelrubin-purpurroten Farbe folgen süße Aromen von roten Johannisbeeren, Zedernholz, Pflaumen, Erde und Gewürzen. Dieser stilvolle, elegante, europäisch orientierte Wein dürfte sich für ein Jahrzehnt gut trinken lassen. Nach der australischen Messlatte ist es ein maßvoller, zurückhaltender Rotwein. Der *1998er Cabernet Sauvignon/Merlot* (60 % Cabernet Sauvignon, 25 % Merlot und 15 % Cabernet Franc) ist von fetterer, fleischigerer, tanninherberer, gehaltvollerer Art. Jugendlich, mit den Nuancen roter und schwarzer Johannisbeeren, getrockneter Kräuter und Tabak sowie subtilem Eichenholz besitzt dieser elegante Wein bei mittlerem Körper gute untergründige Säure. Er dürfte 7–8 Jahre gut schmecken. Der *1996er Cabernet Sauvignon/Merlot* und der *1997er Cabernet Sauvignon/Merlot* zeigen elegante, strenge Persönlichkeiten in Verbindung mit maßvoller schwarzer Johannisbeerfrucht. Beide Weine wurden im verhaltenen, strengen Bordeaux-Stil bereitet. Sie enthalten süßliche Eichenholzaromen (ausgebaut zu 80% in frischen Eichenholzfässern) und versprechen eine lange Lebenserwartung, obwohl ich mir nicht sicher bin, ob der Wein die erforderliche Konzentration besitzt, um ein Lebensalter von 10 – 12 Jahren zu erreichen. Es sind gut gemachte, unspektakuläre, kultivierte Weine.

DALWHINNIE (MOONAMBEL)

1997	Shiraz	D	88
1996	Shiraz Eagle Pyrenees	D	90+

Prickelnde untergründige Säure stützt die konzentrierte Cassis- und Brombeerfrucht des dunkelrubin-purpurfarbenen *1997er Shiraz*. Straff gewirkt, bei mittlerem Körper, dicht und reintönig, hat der Wein seine Schale aus Tannin abgestreift und dürfte in Schönheit 7–8 Jahre altern. Noch beeindruckender ist der erlesene *1996er Shiraz Eagle Pyrenees*. Dieser lebensprühende, rassige, ausschließlich in französischem Eichenholz ausgebaute Shiraz ist bei mittlerem bis vollem Körper von einem Stil und einer Eleganz, die bei dieser Rebsorte, die sonst eher schwergewichtige, kraftstrotzende Weine hervorbringt, verblüffend. Die gute Säure verleiht dem Wein Frische und klare Konturen. Rauchwürziges Eichenholz paart sich in diesem dichten, konzentrierten, noch nicht voll entwickelten Wein mit fruchtigen Aromen von Brombeeren und schwarzen Johannisbeeren. Wenn der Wein einen Moment im Glas ist, steigen Duftnoten von Pfeffer, Kirschlikör und gerösteten Kräutern auf. Voraussichtliche Genussreife: jetzt–2014.

DOG RIDGE (MCLAREN VALE)

1999	Shiraz	D	87

Mehr als 1000 Kisten sind vorrätig von diesem zu 100% reinen Shiraz, der in einer Mischung aus neuen und gebrauchten französischen und amerikanischen Eichenfässern ausgebaut wurde. Der *1999er Shiraz* hat einen weichen, aber eleganten Stil mit geschmeidiger schwarzer Frucht, bei mittlerem Körper und guter Reintönigkeit, der mit einer sehr derben, recht eindimensionalen Persönlichkeit kontrastiert. Die Frucht ist freilich bezaubernd und verleiht diesem – allerdings teuren – Wein die Attraktivität. Er sollte in den nächsten 4–5 Jahren getrunken werden.

DUTSCHKE (BAROSSA)

1998	Shiraz Oscar Semmler	E	90+
1998	Shiraz Saint Jakobi	D	89
oJ	The Tawny 25-year-old Port	E	96
1998	Willow Bend	D	87

Die Familie Dutschke lebt bereits in der fünften Generation in Barossa. Die Palette des Weinguts reicht von kleinen Posten wie den 180 Kisten für The Tawny 25-year-old Port über den Oscar Semmler Shiraz bis hin zu fast 800 Kisten Willow Bend und Saint Jakobi Shiraz.

Der *1998er Willow Bend* ist dunkel pflaumen-purpurfarben. Er ist voll beladen mit Frucht und Glyzerin und gereift. Obwohl nicht sonderlich komplex, handelt es sich um einen üppigen, verbraucherfreundlichen Verschnitt aus 47 % Merlot, 33 % Shiraz und Cabernet Sauvignon für den Rest. Dieser Wein besticht durch attraktive Fruchtigkeit und eine gefällige Persönlichkeit. Trinken Sie ihn jetzt.

Für einen etwas pfeffrigen und fleischigeren, größer angelegten Wein offenbart der dunkelrubin-purpurrote *1998er Shiraz Saint Jakobi* reichlich rauchige, erdige Aromen mit schwarzen Früchten. Auf den eingangs süßen, erdigen Eindruck auf der Zunge folgen körperreiche Geschmackskomponenten und ein geschichteter, leicht zugänglicher, säurearmer Abgang mit reifem Tannin. Dieser Wein dürfte 8–10 Jahre gut zu trinken sein. Der komplexe und satt-purpurfarbene *1998er Shiraz Oscar Semmler* ist das Produkt der Trauben 25-jähriger Reben. Nach 24 Monaten Ausbau in neuem französischem Eichenholz offenbart dieser opulente, körperreiche Wein ein typisches Bukett, in dem sich Düfte nach italienischer Wurst, Brombeeren, Pfeffer, Vanille und Rauch vermischen. Kernig, kräftig und reichhaltig, mit mäßigem Tannin und jugendlichem Temperament, wird sich dieser ausladende Wein (15 % Alkohol) nach 2–3 Jahren im Keller noch verbessert haben. Er dürfte sich 18–20 Jahre gut trinken lassen.

Wer nach einem hervorragenden alkoholverstärkten Tawny Port Ausschau hält, sollte den *The Tawny 25-year-old*, der nur in kleinen Mengen produziert wird, ausprobieren. Es ist ein fabelhafter Wein aus einer mysteriösen Mischung verschiedener Rebsorten, deren Ingredienzien geheim gehalten werden. Mit seiner kräftigen Bernsteinfarbe bis an den Rand und einem spektakulären Bukett aus flüssigem Karamell vermischt mit Kaffee, Kirschwasser und nicht zuletzt auch blumigen Noten ist dieser körperreiche, mäßig süße Tawny im dichten, samtigen Stil wahrhaft sensationell. Verbessern wird er sich nicht mehr, aber er wird mindestens noch ein Jahrzehnt überdauern.

E AND E (BAROSSA)

1996	**Shiraz Black Pepper**	D	88

Süßes amerikanisches Eichenholz paart sich mit dicklicher, pfefferwürziger Brombeerfrucht im attraktiven Auftakt dieses *1996er Shiraz Black Pepper* bei mittlerem bis vollem Körper. Er ist kein Kraftprotz, aber reichhaltig und konzentriert und verspricht Trinkgenuss für die nächsten 4–5 Jahre.

ELDERTON (BAROSSA)

1998	**Cabernet Sauvignon**	C	90+
1997	**Command Shiraz**	E	92
1996	**Command Shiraz**	E	93
1997	**CSM Proprietary Red**	C	92
1996	**CSM Proprietary Red**	C	90
1997	**Merlot**	C	92
1998	**Shiraz**	C	93
1997	**Shiraz**	C	93

In der Vergangenheit waren die Weine von Elderton umstritten; entweder man liebte sie oder nicht. Während die einen den eichenholzton (von französischen und amerikanischen Fässern) als überzogen bemäkelten, nötigte er den anderen Bewunderung ab. Bei den letzten Freigaben stellte sich heraus, dass das Eichenholz nun weitaus besser eingebunden ist, was einen Teil der Kritiker zum Verstummen bringen dürfte. Was diese Weine schon immer auszeichnete, ist die gewaltige Flut von Frucht und Glyzerin, die mit einer starken Persönlichkeit einhergeht. Ich finde, dass die Weine durch die subtilere Eichenholznote an Qualität gewonnen haben.

Der *1998er Cabernet Sauvignon* ist ein Superwein, der jetzt getrunken oder noch 12–15 Jahre eingekellert werden kann. Der satt schwarz-purpurfarbene Wein bietet sagenhafte Nuancen von süßem, eingedicktem Cassis mit subtilem, rauchwürzigem Eichenholz im Hintergrund. Der Wein zeigt sich überwältigend reif, mit öliger, körperreicher Textur, superber Frucht und langem, kräftigem Abgang. Diese draufgängerische, hedonistische Fruchtbombe dürfte mit der Zeit zivilisierter werden und klarere Konturen zeigen. Zudem drängt sich das Eichenholz nicht auf, sondern beschränkt sich auf die Begleiterfunktion. Bravo!

Auch der spektakuläre *1998er Shiraz* ist ein Wein, der die Superlative auf sich vereint und fantastisch viel zu bieten hat. Er offenbart sich als explosive Glyzerinbombe mit konzentrierter Brombeer- und Kirschenfrucht im süßen, vollendet nahtlosen, ostentativen Shiraz-Stil mit schön integriertem Holz und einem überwältigenden, kraftstrotzenden Abgang. Dieser Wein, der aus den Trauben älterer Shiraz-Reben stammt, die Zähne mit Farbe beizt und den Gaumen auskleidet, verkörpert eine Art, die außerhalb von Barossa nirgendwo auf der Welt ihresgleichen findet. Trinken Sie ihn in den nächsten 10 Jahren. Der *1997er Shiraz* stellt eine Glanzleistung dar. Dieser undurchdringlich purpurfarbene Wein präsentiert reichlich süße Brombeer- und Cassisfrucht mit Tupfern von überreifen Kirschen, Rauch und Holzkohle. Dieser mehrdimensionale, vielschichtige, verschwenderische, säurearme, toastwürzige Shiraz ist im ostentativen, fetten, hedonistischen Stil gemacht. Trinken Sie ihn während der nächsten 5–6 Jahre.

Die CSM-Weine werden aus 60 % Sauvignon, 30 % Cabernet Franc und 10 % Merlot verschnitten. Meine Verkostungsnotizen für den eindrucksvollen *1997er CSM Proprietary Red* beginnen mit den Worten: eine »Hure von einem Wein«. Er erinnert an die älteren Jahrgänge von Elderton. Trotz verschwenderischer toastwürziger Eichenholznoten im Bukett vermochte er das Holz besser zu integrieren als die jungen Elderton-Weine aus früherer Zeit. Es ist ein sinnlicher, strammer Wein mit massenhaft Glyzerin, Fett und konzentrierter Frucht – der schiere Genuss (14,5 % Alkohol). Obwohl ich nicht annehme, dass sich mein Publikum aus Puritanern zusammensetzt, möchte ich diesen, falls es sie gibt, vorsorglich empfehlen, sich von diesem Wein fern zu halten. Ein Wein, der so unverschämt üppig und fruchtig ist, gehörte eigentlich auf die Liste der Rauschmittel. Halten Sie danach Ausschau, um ihn in seiner juvenilen Schönheit zu genießen und ihn noch mindestens 10–12 Jahre zu lagern. Der *1996er CSM Proprietary Red* ist ein herrlicher, fruchtbetonter Wein mit verschwenderischen rauchwürzigen Nuancen frischer Eichenholzfässer, dichten, dicken, saftigen, schokoladenähnlichen, brombeer- und kirschenfruchtigen Geschmackskomponenten, geringer Säure, während er sich im mittleren Gaumenbereich und im Abgang fett, ostentativ und auftrumpfend erweist. Obwohl dieser prächtige, explosiv fruchtig-eichenholzwürzige Wein sich nicht durch Subtilität auszeichnet, wartet er mit aufregender hedonistischer Frucht auf. Trinken Sie ihn während der nächsten 5–6 Jahre. Gleichermaßen voll beladen mit Frucht, Glyzerin und rauchwürzigem Eichenholz, das sich hier ebenfalls besser eingebunden und subtiler als in früheren Versionen zeigt, präsentiert sich der *1997er Merlot* mit Espresso, Kaffee, Schokolade und Schwarzkirschlikör im Duft und einem körperreichen, ölig texturierten, verschwenderisch fetten, fast überzogenen Stil. Die geringe Säure und das süße Tannin lassen vermuten, dass er in den ersten 5–8 Lebensjahren optimalen Trinkgenuss beschert.

Die Spitzencuvée ist der Command Shiraz. Diese Weine haben einen weit intensiveren Kontakt mit französischem Eichenholz, straffere Struktur und sogar noch mehr Extrakt und Tannin. Sie sind unzugänglicher als die preisgünstigeren Weine, können jedoch noch 15–20 Jahre im Keller liegen. Der undurchdringlich purpurfarbene *1997er Command Shiraz* bietet ein Bukett mit üppigem, cremigem, frischem Eichenholz sowie hinreißenden Nuancen von Crème de Cassis in Duft und Geschmack. Er hat einen strukturierten, mäßig tanninherben, körperreichen, kräftigen, muskulösen Stil und hallt im Abgang 35+ Sekunden nach. Voraussichtliche Genussreife: jetzt–2015. Der *1996er Command Shiraz* ist ein größerer, vollerer, kräftigerer Wein. In Duft und Geschmack ist er dem 1997er sehr ähnlich, hat darüber hinaus jedoch noch mehr zu bieten. Diese muskulöse, wuchtige Variante des 1997ers wird bis 2018 gut zu trinken sein.

RALPH FOWLER (LIMESTONE COAST)

o.J.	**Old and Rare Muscat**	**E**	**99**
1998	**Shiraz**	**E**	**89**
1997	**Shiraz**	**E**	**89**

Zunächst erhielt Ralph Fowler von Michel Chapoutier den Auftrag, für diesen im Rhônetal angesiedelten Produzenten australischen Wein zu erzeugen. Später verließ Fowler Chapoutier, um sich selbstständig zu machen – und diese drei Weine sind das Ergebnis. Sowohl der *1997er Shiraz* als auch der *1998er Shiraz* sind Mainstream-Weine mit cremigen Noten amerikanischer Eichenholzfässer, vortrefflicher Konzentration und großen Mengen süßer, pfeffriger, brombeer- und cassisfruchtiger Geschmacksnuancen. Es sind geschmeidig texturierte, reintönige Weine, doch fehlt ihnen jene Komplexität und eine zusätzliche Dimension im Geschmack, die so viele andere Weine auszeichnen. Dennoch sind beide Produkte hervorragend. Das Lesegut stammt von 30-jährigen Reben (5 t/ha). Voraussichtliche Genussreife: jetzt–2015. Nahezu perfekt ist der jahrgangslose *Old and Rare Muscat*. Das Rohmaterial für diesen Wein stammt von durchschnittlich 30-jährigen Reben. Der Most durfte bis zur Flaschenabfüllung in kleinen Fässern reifen. Der Wein zeigt sich bräunlich-bernsteinfarben, zähflüssig wie Ahornsirup und unglaublich reichhaltig, konzentriert und parfümiert. Einen dickeren, konzentrierteren Dessertwein als diesen könnte ich mir nicht vorstellen, es sei denn diejenigen aus dem Angebot von William Chambers und Trevor Jones. Die Reichhaltigkeit von Fowlers Muscat ist fast zu viel des Guten. Eine halbe Flasche dieses alten Muscat reicht für 20–30 Gäste! Obendrein dürfte er noch 40–50 Jahre halten.

FOX CREEK (MCLAREN VALE)

1998	**Cabernet Sauvignon Reserve**	**D**	**92+**
1997	**Cabernet Sauvignon Reserve**	**D**	**89**
1999	**Grenache/Shiraz**	**C**	**84?**
1998	**Grenache/Shiraz**	**D**	**90**
1999	**Merlot**	**D**	**86**
1998	**Merlot**	**D**	**90**
1999	**Shiraz Reserve**	**E**	**92**
1998	**Shiraz Reserve**	**E**	**98**
1999	**Shiraz Short Row**	**D**	**90**
1999	**Shiraz/Cabernet JSM**	**D**	**89**
1998	**Shiraz/Cabernet JSM**	**D**	**96**
o.J.	**Vixen Sparkling Red**	**C**	**85?**

2500 Kisten vom JSM waren das Maximum, was bei Fox Creek jemals von einem Wein produziert wurde. Dieser Verschnitt aus Shiraz, Cabernet Franc und Cabernet Sauvignon wird 12–14 Monate in amerikanischem Eichenholz ausgebaut, wobei die Fässer 1–3 Jahre alt sind. Der *1999er Shiraz/Cabernet JSM* hat eine undurchdringlich rubin-purpurrote Farbe und ein intensives Bukett von Schwarzkirschen und Cassis vor dem Hintergrund eines beachtlichen Kaffee- und Vanillecharakters. Im Mund präsentiert dieser weiche Wein bei mittlerem bis vollem Körper dann noch Blaubeer- und Brombeerfruchtnoten. Dieser Wein im fruchtbetonten, offenen Stil sollte innerhalb der nächsten 4–6 Jahre getrunken werden. Wer hochintensive, reife Weine mag, wird von dem *1998er Shiraz/Cabernet JSM* fasziniert sein. Dieser undurchdringlich purpurfarbene Wein mit seinem prächtigen Bukett aus schwarzen Früchten und frischen eichenholzwürzigen Noten scheint im Mund zu explodieren. Der sensationell vielschichtige Wein besitzt eine ölige Textur, eine füllige Persönlichkeit, intensive Schwarzkirsch- und Cassisaromen und hat einen Abgang, der 45 Sekunden andauert. Diese Art von Wein kann nur in ganz bestimmten Gebieten Kaliforniens und Australiens gelingen. Er bildet den Gegenpol des kultivierten, verhaltenen, strengen Bordeaux-Stils, für den Frankreich so berühmt ist. Trinken Sie ihn in seiner Jugend oder lassen Sie ihn 15–20 Jahre liegen.

Vom Merlot, der aus den Trauben junger, extrem ertragsniedriger Reben stammt (4,5 t/ha), gibt es 700 Kisten. Er wird sowohl in neuen als auch in gebrauchten französischen Eichenholzfässern ausgebaut. Der *1999er Merlot* offenbart einen kompakten, eleganten Stil, der den Jahrgang kennzeichnet. Er besitzt reintönige, reife, rauchige Schwarzkirschenfrucht, einen mittleren Körper und einen recht feinen, eleganten Abgang. Für Fox Creek ist dies ein zurückhaltender Wein. Trinken Sie ihn in den nächsten 4–5 Jahren. Tanninreich, aber mit verschwenderisch üppigen toastwürzigen Eichenholzaromen gepaart mit ebenso reichlich vorhandener Schwarzkirsch- und Beerenfrucht kommt der *1998er Merlot* daher. Obwohl der Wein monolithisch wirkt, verdient er doch Bewunderung für seine fantastische Intensität, Vollfruchtigkeit und großzügige Fülle. Er dürfte 12+ Jahre halten.

Der *1999er Grenache/Shiraz* (im Verhältnis 65% zu 35% verschnitten) war streng und mager im Geschmack und schmal gebaut. Der Wein ist dunkelrubin-purpurfarben, aber hart und schwer zugänglich. Schon möglich, dass ich ihn gerade in seinem unattraktiven Entwicklungsstadium erwischt habe, aber er kam mir doch eher mittelmäßig vor. Voraussichtliche Genussreife: jetzt–2010. Der *1998er Grenache/Shiraz* (im Verhältnis 70% zu 30% verschnitten) war gelungener. Hinter der schwarzrubin-purpurroten Farbe erscheinen cremige, eichenholzwürzige Noten mit ultrareifen Kirschen und einem Sortiment aus schwarzen Früchten. Dieser hedonistische, üppig-weich texturierte, würzige, fruchtbetonte Wein weist weder Ecken noch Kanten auf; er erfüllt den Mund mit seiner herrlichen Geschmacksintensität und ist dennoch schön ausgewogen und erfrischend. Trinken Sie ihn in den nächsten 4–6 Jahren.

Der *1999er Shiraz Short Row* (1500 Kisten; Ausbau vorwiegend in neuem amerikanischem Eichenholz) ist dicht schwarz-purpurfarben und zeigt süße Duftnoten von Brombeeren, Teer, Pfeffer und Vanille. Der Wein ist gehaltvoll, körperreich, dicht und kernig. Momentan erscheint er straff gewirkt, ein paar Jahre Kellerlagerung werden ihn jedoch noch verbessern. Er dürfte 10–12 Jahre halten. Von dem beeindruckenden Shiraz Reserve sind 2000 Kisten vorrätig. Der Ausbau erfolgt für 14 Monate in neuem amerikanischem Eichenholz. Der *1999er Shiraz Reserve* ist dicht purpurfarben und hat ein süßes Brombeerlikör-Bukett mit untergründigen Nuancen von Rauch, Lakritze und Eichenholz. Dicklich und reichhaltig, bei riesigem Körper, guter Reintönigkeit und adäquater Säure ist dieser im Abgang lange, beeindruckende Wein für seinen Jahrgang überraschend groß dimensioniert. Er dürfte gut 10–16 Jahre alt werden. Der nahezu perfekte, undurchdringlich schwarz-purpurrote *1998er Shiraz Reserve* ist ein Paradebeispiel dessen, was Australien leisten kann – kraftvolle, natürlich texturierte, überaus gehaltvolle, großzügige, kernige Weine. Er ist außergewöhnlich reichhaltig und explosiv, von großartiger Reintönigkeit und bei aller Massivität doch bemerkenswert symmetrisch und rundum ausgewogen; ein Muskelprotz, der bereits jetzt getrunken und auch noch 12 – 15 Jahre gelagert werden kann. Dieser Shiraz dürfte bei Blindverkostungen, Weinseminaren und auch sonst großen Beifall finden. Eine Wucht!

Fox Creeks produziert 1500 Kisten Cabernet Sauvignon Reserve pro Jahr. Dieser Wein wird zu 100% in frischem französischem Eichenholz ausgebaut. Der brillante *1998er Cabernet Sauvignon Reserve* ist undurchdringlich schwarz-purpurfarben und explodiert in einem Strauß von Lakritze, Brombeeren, Cassis, Teer und neuem Eichenholz. Dieser mächtige, reife Wein, vielschichtig, dick, rauchig und konzentriert, offenbart sich als ein Muskelprotz seines superben Jahrgangs. Voraussichtliche Genussreife: jetzt–2018. Der bemerkenswert zivilisierte, nach den Maßstäben dieses Weinguts fast schon zurückhaltende *1997er Cabernet Sauvignon Reserve* ist zweifelsfrei das Produkt eines leichteren Jahrgangs. Dennoch wirkt diese elegante Persönlichkeit in keinerlei Hinsicht schwächlich. Nach der dunkelrubin-purpurroten Farbe zeigt er attraktive rauchige, johannisbeerduftige und toastwürzige Noten. Bei mittlerem Körper, ausgezeichneter Ausgewogenheit und mit weichem Tannin, sollte er während dieses Jahrzehnts getrunken werden.

Den Schluss bildet der jahrgangslose *Vixen Sparkling Red*, ein schäumender Verschnitt aus 52 % Shiraz, 34 % Cabernet Franc und 14 % Cabernet Sauvignon. Dieser charakteristische, aber exzentrische Wein zeigte eine tiefrubin-purpurrote Farbe und einen schweren, bleiernen Stil, ist jedoch voll beladen mit Frucht. Einmal im Leben sollte man unbedingt einen dieser roten schäumenden australischen Weine, die allerdings eher als gesellige Partyweine denn als Essensbegleiter geeignet sind, probieren. Voraussichtliche Genussreife: jetzt.

FRANKLAND (WESTERN AUSTRALIA)

1997	**Cabernet Franc/Merlot Olmo's Reward**	**C**	**89**
1996	**Cabernet Franc/Merlot Olmo's Reward**	**C**	**90**
1998	**Shiraz Isolation Ridge**	**C**	**90?**

Eine Warnung vorab: Diese unverwechselbaren Weine sind völlig anders als jeder australische Wein, den ich jemals getrunken habe. Was sie unterscheidet, ist ein unterschwelliger, eigenwilliger, grafitähnlicher Charakter, der sich in Duft und Geschmack durch eine erdige, *terroir*-betonte Note bemerkbar macht. Die Weine sind gut gemacht, aber nicht so fruchtintensiv wie viele andere australische Weine.

Mir gefiel der *1998er Shiraz Isolation Ridge.* Er ist jedoch nicht für jedermann. Ein dichtes Purpur wird gefolgt durch die charakteristische Erdhaftigkeit, eine Spur Kuhmist und dichter pfeffriger Brombeer- und Kirschenfrucht. Der Wein ist körperreich, dicht, kernig und eigenwillig, aber faszinierend. Er dürfte sich mindestens 10–12 Jahre gut trinken lassen.

Zu den interessantesten Angeboten gehört ein Verschnitt aus Cabernet Franc und Merlot im Bordeaux-Stil, Olmo's Reward genannt, dem etwas Petit Verdot, Malbec und Cabernet Sauvignon beigemischt wird. Der noble, zarte *1997er Cabernet Franc/Merlot Olmo's Reward* zeigt Noten von Schokolade, Zedern, Menthol, Gewürzkiste sowie roten und schwarzen Früchten. Auf einen würzigen Eingang folgen in der Gaumenmitte ein mittlerer Körper und mäßige Mengen an Tannin, während er im Abgang Komplexität und Länge offenbart. Der Wein ist zugänglich, aber in einem für einen Australier sehr ungewöhnlichen, verhaltenen, mittelgewichtigen Stil gehalten. Trinken Sie ihn während dieses Jahrzehnts. Der *1996er Cabernet Franc/Merlot Olmo's Reward* ist ein intensiv aromatischer, würziger Wein im Bordeaux-Stil mit staubigen Noten, frischen Eichenholzaromen und den Düften roter und schwarzer Johannisbeeren. Aus dem Glas steigen Beeren- und zedernholzartige Aromen mit charakteristischen erdhaften Nuancen auf. Bei mittlerem Körper, ordentlicher Säure, maßvollem Tannin könnte dieser faszinierende Wein mit seiner stilvollen, komplexen Persönlichkeit im Rahmen einer Blindverkostung durchaus als ein Bordeaux der Spitzenklasse durchgehen. Voraussichtliche Genussreife: jetzt–2015.

THE GATEKEEPER (MCLAREN VALE)

1998	**Cabernet Sauvignon Reserve**	**D**	**89+**
1998	**Shiraz Reserve**	**D**	**92**

Der von Simon Hacketts produzierte *1998er Shiraz Reserve* (eine Selektion seiner besten Cuvées) wird zu 60% in amerikanischen und zu 40% in französischen Eichenholzfässern ausgebaut, die je zur Hälfte neu sind. Das Alter der Reben wird auf 50–75 Jahre geschätzt. Dieser Wein ist der Inbegriff des superben, vollblütigen, muskulösen, massiven australischen Shiraz. Riesig, kernig, tief und dick. Er offenbart Noten von schwarzen Früchten, Erde, Teer, Rauch und Pfeffer. Trinken Sie ihn in den nächsten 12–15 Jahren. Straffer gewirkt, verhalten und elegant und mit beträchtlichem Tannin präsentiert sich der *1998er Cabernet Sauvignon Reserve.* Die Trauben für diesen Wein wachsen auf einer Parzelle mit 76 Jahre alten Cabernet-Reben. Er zeigt angenehm fruchtige schwarze Johannisbeernoten mit einer Spur Tabak, vermischt mit eichenholzwürzigen Nuancen. Bei dem hohen Tanninwert ist die Sorge berechtigt, ob der Wein das alles überhaupt noch einbinden wird. Voraussichtliche Genussreife: jetzt–2016.

GEMTREE (MCLAREN VALE)

1999	**Shiraz**	**D**	**90**
1998	**Shiraz**	**D**	**87**

Dieses Weingut zählt zu den wenigen, deren 1999er ich besser fand als die 1998er. Beide Weine stammen aus den Trauben 30-jähriger Shiraz-Reben, deren Most teilweise in den berühmten Rosemount-Verschnitt Balmoral Shiraz eingeht. Es gibt 500 Kisten von diesem Wein, der in amerikanischem Eichenholz ausgebaut wird (60 % neue Fässer). Der *1999er Shiraz* offenbart Noten von geschmolzenem Teer, Kaffee und Vanille, wunderschöne Frucht, süßes Tannin und erweist sich als dichter und länger als der 1998er. Der *1998er Shiraz* zeigt eine dunkelrubinrote Farbe, ein Cassis-Bukett mit einem Hauch Minze, er ist körperreich, schön entwickelt, geschmackvoll und eindimensional in seiner Persönlichkeit. Er besitzt Frucht, Tiefe und Intensität, aber geringe Komplexität. Beide Weine sollten während des Überschwangs ihrer Jugend getrunken werden – innerhalb der nächsten 4–5 Jahre.

GENDERS (MCLAREN PARK)

1998	**Cabernet Sauvignon**	**E**	**87**
1976	**Port**	**EE**	**?**
1998	**Shiraz**	**E**	**86?**

Der *1998er Cabernet Sauvignon* ist ein sehr guter bis vorzüglicher Wein mit vorbildlichen, grasigen schwarzen Johannisbeerkomponenten, untermischt mit eichenholzwürzigen Noten. Der Wein zeichnet sich durch gute Reintönigkeit und den vernünftigen Einsatz neuer Eichenholzfässer aus. Er kann jetzt getrunken werden, aber auch noch ein Jahrzehnt im Keller lagern. Der *1998er Shiraz* ist recht monolithisch, besitzt jedoch viel Gewicht, Reife und von rauchigen, teerartigen Noten durchwirkte Brombeerfrucht. Er dürfte sich 7–8 Jahre gut trinken lassen. Ein Pech, dass dieser Wein zum Zeitpunkt der Verkostung nicht ausdrucksstärker war.

Der *1976er Port*, ein alkoholverstärkter Verschnitt aus Shiraz und Cabernet Sauvignon, ist zweifelsfrei umstritten. Er besitzt eine ölige Textur, aber ein pflaumiges, traubiges Bukett und einen etwas rustikalen Geschmack. Freilich kann er weder den portugiesischen Vintage Port ersetzen, noch mit den Besten Australiens wetteifern.

GLAETZER (BAROSSA VALLEY)

1997	**Cabernet Sauvignon/Malbec**	**D**	**89**
1997	**Shiraz**	**D**	**92**
1998	**Shiraz The Bishop**	**D**	**88**

Ein sattes, dichtes Rubin-Purpurrot enthüllt einen großen, gehaltvollen, kernigen *1998er Shiraz The Bishop*, der sich schön ausgewogen und rundum harmonisch zeigt. Er bietet verschwenderisch viel Brombeer- und Cassisfrucht mit einem Hauch Pfeffer und würzigem frischem Eichenholz. Dieser Wein beeindruckt durch seine Textur und Reintönigkeit ebenso wie durch seinen Abgang. Er ist bereits genussfertig, kann aber noch ein Jahrzehnt in Schönheit altern. Kraftstrotzend und massiv, wie er ist, bringt der dicht rubin-purpurfarbene *1997er Shiraz* 14 % Alkohol auf die Waage. Es ist ein körperreicher, säurearmer, ungemein intensiver Wein, zum Bersten voll mit Frucht und Glyzerin, ein vielschichtiger, den Gaumen beizender Shiraz, der jetzt und noch in den nächsten 12 Jahren getrunken werden kann.

Der zivilisiertere, verhaltenere, reduziertere *1997er Cabernet Sauvignon/Malbec* ist ein faszinierender Wein, der bei vorzüglicher Reichhaltigkeit und mittlerem bis vollem Körper mit einem offen gewirkten blumigen, schwarzhimbeer- und johannisbeerduftigen Bukett aufwartet, mit beeindruckender Reife und Reintönigkeit sowie mit Länge und geschmeidiger Textur im Abgang. Besäße er mehr Komplexität, hätte ich ihm eine außerordentliche Punktnote gegeben. Voraussichtliche Genussreife: jetzt–2008.

GNADENFREI (BAROSSA)

1999	**Shiraz St. Michael's**	**D**	**91**
1997	**Shiraz St. Michael's**	**D**	**92**

Winzige Erträge von 2,5 t/ha, die von unbewässerten alten Reben stammen und zum Erntezeitpunkt 14,5 % potenziellen Alkohol aufweisen, Abfüllung ohne vorherige Filtration nach dem Ausbau in alten Eichenholzfässern, das ist der Stil des Weinmachers Rolf Binder. Exemplarisch dafür ist der *1999er Shiraz St. Michael's*, ein dickflüssiger, körperreicher, dicht purpurfarbener Wein, der Nuancen von italienischer Wurst, Schinkenspeck, Brombeeren und Cassis aufwies. Körperreiche, ölig texturierte, kernige Geschmackskomponenten vermitteln im Mund den Eindruck eines kraftstrotzenden australischen Shiraz. Ein klassischer Shiraz aus

Barossa, wie er größer und ausdrucksstärker nicht sein kann. Trinken Sie ihn innerhalb der nächsten 10–12 Jahre. Vielleicht ist es Unsinn, aber in Duft und Geschmack erinnerte mich der *1997er Shiraz St. Michael's* an den 1998er L'Évangile, einen Wein aus Merlot und Cabernet Franc (der 1997er von Gnadenfrei hingegen ist reiner Shiraz). Es ist ein Ehrfurcht gebietender, schwelgerischer Shiraz im Stil eines Pomerol mit sagenhafter schwarzer Himbeerfrucht und körperreichen, überquellenden Aromen. Der geringe Säurewert und das Gefühl üppiger Konzentration im Mund vermitteln ein verführerisches, fürstliches Trinkerlebnis. Genießen Sie diesen 1997er in den nächsten 10 Jahren. Imponierend!

GRALYN (MARGARET RIVER)

1999	**Cabernet Sauvignon**	**E**	**87+?**
1998	**Cabernet Sauvignon**	**E**	**88**

Einfach–rustikal mit schweren, erdigen, überschwänglichen Tee- und Johannisbeernuancen sowie scharfer Säure und derbem, fast unzivilisiertem Tannin kam der riesige, dichte, körperreiche *1999er Cabernet Sauvignon* zu 100% in neue französische und amerikanische Eichenholzfässer und wurde nach dem Ausbau ungefiltert auf Flaschen gezogen. Dieser Wein entspricht einem französischen *vin de garde.* Um sich eine höhere Punktnote zu verdienen, muss er die Tannine jedoch besser einbinden. Das Eichenholz ist wunderschön integriert bei diesem Wein von überwältigender Konzentration und Tiefe. Falls sich alles zusammenfügt, hat er eine außerordentlich hohe Bewertung verdient. Und wenn nicht, werden die Verkoster erfahren, wie sich ein Schluck unzivilisierter Cabernet Sauvignon im Mund anfühlt. Voraussichtliche Genussreife: 2005–2015. Der beeindruckende, dunkelrubinpurpurfarbene *1998er Cabernet Sauvignon* offenbart ein erdiges, blumiges, johannisbeerduftiges Bukett. Im Mund vermittelt er den Eindruck von Eleganz im Stil von Bordeaux, bei mittlerem Körper, süßer Frucht, schön integriertem Tannin und Eichenholz in Verbindung mit einer dezenten, wundervoll fein nuancierten Persönlichkeit. Er dürfte sich ein Jahrzehnt lang gut trinken lassen.

GREENOCK CREEK (BAROSSA VALLEY)

1998	**Cabernet Sauvignon**	**E**	**90**
1995	**Cabernet Sauvignon Roennfeldt Road**	**EEE**	**99**
1999	**Grenache Cornerstone**	**D**	**91**
1998	**Shiraz Apricot Block**	**E**	**94+**
1998	**Shiraz Creek Block**	**E**	**98+**
1995	**Shiraz Roennfeldt Road**	**EEE**	**100**
1998	**Shiraz Seven Acres**	**E**	**92**

Dieses Weingut habe ich rasch in den Rang meiner Favoriten aufgenommen, und zwar nicht nur, was Australien betrifft, sondern weltweit. Weinmacher Chris Ringland bereitet dort, assistiert von Mike Waugh, immer wieder brillante, kraftstrotzende Weine in dem unverwechselbaren, überdimensionalen, extravaganten, draufgängerischen Stil, der die roten Spitzenweine Australiens charakterisiert.

Zunächst haben wir den *1998er Cabernet Sauvignon* (zu 100 % aus Cabernet Sauvignon von 11-jährigen Reben, ausgebaut in einer Mischung aus neuen und einjährigen französischen Eichenholzfässern). Es ist ein fruchtbetonter Wein mit typischer Cassisfrucht und kräuterhaften Nuancen, Spuren von flüchtiger Säure und einem würzigen Abgang. Der Wein ist körperreich, reif und dennoch elegant, zumal für einen Wein dieses Guts. Voraussichtliche Genussreife: 2005–2015.

Zu den besten australischen Grenaches überhaupt zählt der Grenache Cornerstone, der nur aus Grenache von 61-jährigen ertragsarmen Reben (5 t/ha) gepresst und in einjährigen französischen Fässern ausgebaut wird. Der *1999er Grenache Cornerstone* ist ein explosiver Wein, dem 1998er sehr ähnlich. Der Wein ist weich, mit einem großzügigen Schuss Kirsch gemischt und würzigen, pfeffrigen, beerenduftigen Noten, er ist geschmeidig und körperreich und besitzt einen hohen Glyzerinwert, sagenhaft konzentrierte Frucht und einen in Schichten erfolgenden Abgang. Ewig halten wird er nicht und sollte daher innerhalb der nächsten 5–7 Jahre getrunken werden. Sinneslust in höchster Vollendung.

Die drei Shiraz-Cuvées Seven Acres Vineyard (Rebenalter 10 Jahre), Creek Block (Rebenalter 61 Jahre) und Apricot Block (10 Jahre) sind von fabelhafter Qualität. Die 1997er sind trotz des schwierigen Weinjahrs schlicht gesagt superb und könnten für einen Spitzenjahrgang durchgehen, während die 1998er noch besser sind. Der Shiraz Creek Block wird in einer Mischung aus neuen und gebrauchten französischen Eichenholzfässern ausgebaut. Wie schade, dass es nur 100 Kisten von diesem Wein gibt. Der *1998er Shiraz Creek Block* ist nahezu perfekt. Dieser undurchdringlich purpurfarbene Klassiker zeigt fantastische Nuancen von Rinderblut, neuem Sattelleder, Brombeerlikör, Rauch und Erde. Dieser extrem körperreiche und dennoch nahtlos gefügte Wein, der mit einem Höchstmaß an Reife und Extrakt besticht, stellt eine Glanzleistung dar, von der es bedauerlicherweise nicht genug gibt. Er dürfte 20–30 Jahre überdauern. Der Seven Acres Shiraz aus den Trauben 12-jähriger Reben wird in amerikanischem Eichenholz ausgebaut (eine Mischung aus alten und neuen Fässern). Obwohl dieser Wein nichts von einem Schwächling hat, kommt er leichter als der Creek Block daher und ist in größeren Mengen vorrätig (500 Kisten). Der *1998er Shiraz Seven Acres* ist ein hervorragender, aber straff gewirkter Wein. Gemessen am kraftvollen Stil, der die anderen Weine kennzeichnet, wirkt dieser hier elegant und präsentiert sich dunkelrubinfarben mit einem Bukett von schwarzen Himbeeren, vermischt mit Brombeeren, Johannisbeeren, Pfeffer und Eichenholzwürzigkeit. Der Wein ist tief, körperreich und wunderschön gewirkt. Im Abgang müssen sich die Tannine noch besser einbinden; dieser Wein kann sich noch 10–15 Jahre entwickeln. Der *1998er Shiraz Apricot Block* stammt aus den Trauben relativ junger Reben. Von allen Weinen seines Jahrgangs ist dieser wohl am wenigsten fortgeschritten. Farblich zeigt er ein undurchdringliches Granat-Purpurrot und das süße Bukett enthält die Nuancen von geschmolzenem Teer, Rauch, Brombeeren und Cassis. Extrem körperreich und intensiv, wundervoll reintönig, sind alle groß angelegten Komponenten dieses Weins vollkommen im Gleichgewicht (14,3 % Alkohol). Dieser dichte und ungemein extraktreiche Wein dürfte im Zeitraum von 2004–2020 in Bestform sein.

Der *1995er Cabernet Sauvignon Roennfeldt Road* besteht zu 100 % aus Cabernet Sauvignon von 50-jährigen Reben. Dieser Wein hat 3 Jahre in neuen französischen Eichenholzfässern verbracht. Das Eichenholz ist wunderschön eingebunden. Der Wein ist ölig texturiert, er strotzt vor Kraft, er ist undurchdringlich purpurfarben und besitzt die klassischen Duftnoten von Holzkohle, schwarzen Johannisbeeren, Zedernholz, Mineralien und Lakritze. Der Wein besitzt eine phänomenale Intensität, große Reintönigkeit, er nimmt sich eingangs gewaltig, gehaltvoll und dennoch ausgewogen aus, in der Mitte des Gaumens vielschichtig und ohne Ecken und Kanten sowie im Abgang überwältigend. Dieser fantastische Klassiker, der bereits zugänglich ist, sollte im Idealfall noch 1–2 Jahre im Keller bleiben. Voraussichtliche Genussreife: 2004–2025. Der großartige *1995er Shiraz Roennfeldt Road* hat ebenfalls 3 Jahre im Fass verbracht, allerdings in neuem amerikanischem Eichenholz. Er stammt aus den Trauben 50-jähriger Reben und kommt ebenfalls wie ein Sirup daher, mit bewundernswerten Brombeerliköraromen, vermischt mit mineralischen, rauchigen und trüffelartigen Nuancen. Dieser Wein, der bei aller Geschmacksfülle doch nicht überladen wirkt, hallt im Abgang fast eine Minute nach. Dieser ungemein reintönige Wein, der massenhaft Extraktstoffe und eine kraftstrotzende, mehrdimensionale Persönlichkeit besitzt und zu den großartigsten Shiraz-Weinen zählt, die ich je verkostet habe, könnte es mit manch einem Three Rivers aufnehmen. Interessanterweise tragen beide Weine die persönliche Handschrift des Magiers Chris Ringland. Voraussichtliche Genussreife: 2004–2030. Ich freue mich jetzt schon darauf, diesen Wein in etwa 15 Jahren in einer Vergleichsverkostung gegen einige große Penfolds Grange antreten zu lassen.

GROSSET (CLARE VALLEY)

1998 Gaia Proprietary Red Wine D 91+

1997 Gaia Proprietary Red Wine D 92+

Dass der Weinmacher und Eigentümer Jeffrey Crosset zu den größten Talenten in Clare Valley gehört, beweist die beständig hohe Qualität der Weine, die er herausbringt. Seit er sich 1981 hier niederließ, ist diese Adresse für Riesling und Chardonnay berühmt (sie werden hier nicht besprochen, weil sie innerhalb weniger Monate nach der Freigabe getrunken werden) und darüber hinaus für seine hochklassige, in französischem Eichenholz ausgebaute Gaia-Cuvée aus 75 % Cabernet Sauvignon, 20 % Cabernet Franc und 5 % Merlot. Der außerordentliche *1998er Gaia Proprietary Red Wine* ist ein körperreicher, erstklassiger australischer Rotwein nach dem Vorbild von Bordeaux, mit der Reife, die ein australisches Gewächs auszeichnet, sowie wundervoller Reintönigkeit, süßer schwarzer Johannisbeerfrucht, Tabak, Gewürzkiste, Zedernholz und Vanille, prächtig integrierter Säure und einem langen, verheißungsvollen Abgang. Voraussichtliche Genussreife: jetzt–2014. Der *1997er Gaia Proprietary Red Wine* offenbart das Bordeaux-typische Bukett mit roten und schwarzen Johannisbeeren, Gewürzkiste, Zedernholz und Vanille. Dieser noble Wein ist das Produkt der perfekten Synthese europäischer Weinbautraditionen und dem moderneren australischen Ansatz. Bei mittlerem Körper dürfte sich dieser elegante, maßvoll tanninherbe Wein, der die Säure und das Eichenholz wunderschön integriert hat, wahrscheinlich 12 Jahre gut trinken lassen.

HAAN (BAROSSA VALLEY)

1998 Merlot Prestige D 88+

1998 Shiraz D 89

Der ehemalige Boeing-Pilot James Irvine, der berühmt ist für seinen großen Merlot, ist heute Weinmacher bei Haan. Der Weinausbau erfolgt in französischen Eichenholzfässern, die ein, zwei oder drei Jahre alt sind. Der *1998er Shiraz* ist ein zarter, eleganter, ganz untypischer australischer Wein. Dem europäischen Stil nacheifernd, zeigt er Eleganz, Reintönigkeit und Gleichgewicht. Er offenbart schön ausgereifte Aromen, mittleren bis vollen Körper und Brombeerfrucht mit schön dosierter Eichenholzwürze. Dieser Wein sollte während der nächsten 7–8 Jahre getrunken werden.

Der in Duft und Geschmack von Schokolade und Schwarzkirschen geprägte *1998er Merlot Prestige* besitzt Noten, die an Eichenholz, Bohnenkaffee und Beerenfrüchte erinnern, tendiert jedoch im Unterschied zur Mehrheit der anderen australischen Merlots eher zum internationalen Stil. Trinken Sie ihn in den nächsten 4–5 Jahren.

CHRIS HACKETT (COONAWARRA)

1998 Shiraz K-1 D 90

Der noble *1998er Shiraz K-1* zeigt sich sattrubin-purpurfarben, körperreich, mit überwältigend reifer, konzentrierter Frucht (vorwiegend Cassis und Brombeeren), einem Hauch von Gewürzen und einer schön eingebundenen Holznuance frischer Fässer. Fleischig und gehaltvoll kleidet dieser mehrdimensionale und vielschichtige Wein den ganzen Gaumen aus. Genießen Sie ihn in den nächsten 10 Jahren.

SIMON HACKETT (BAROSSA)

1996 Cabernet Sauvignon Foggo's Road D 91

1997 Shiraz Anthony's Reserve D 93

Diese beiden imponierenden Weine sind Neuentdeckungen und nach den herrschenden Maßstäben obendrein preisgünstig. Der *1997er Shiraz Anthony's Reserve* von 106-jährigen Reben offenbart explosive pfeffrige, brombeer- und cassisfruchtige Aromen, die dann in Himbeereis mit Spuren von Pfeffer und Gewürzen übergehen. Dick, viskos und körperreich sollte dieser schwelgerisch üppige Shiraz ab sofort über die nächsten 7–10 Jahre getrunken werden. Der Wein vermittelt Sinneslust pur! Der *1996er Cabernet Sauvignon Foggo's Road* stammt von einer Parzelle mit 75-jährigen Reben und wurde in einer Mischung aus französischen und amerikanischem Eichenholzfässern ausgebaut. Eine satte, dicht purpurrote Farbe wird begleitet von Aromen, die an Schokolade, Hickoryholz, Grillgewürz und süßes, toastwürziges Eichenholz erinnern. Hinzu kommen reichliche Mengen von johannisbeer- und pflaumenfruchtigen Noten, die förmlich über den Glasrand springen. Reich im Geschmack, in einer Hülle aus Schokolade und Bohnenkaffee, kann dieser natürlich texturierte, körperreiche, geschmeidige Cabernet Sauvignon bereits jetzt und noch während der nächsten 10 Jahre getrunken werden.

J.J. HAHN (BAROSSA VALLEY)

1998	**Cabernet Sauvignon Block 79**	**D**	**88?**
1998	**Shiraz Block 1914**	**D**	**96**

Die Tendenz ist weltweit zu beobachten – kleine Winzer, die ihre hochwertigen Trauben vormals an die großen Weingüter weiterverkauften, wagen den Sprung und lassen sich als Weinproduzenten nieder. So auch die Hahns, die ihre Trauben einst an Großbetriebe wie Mildara Blass, St. Hallets und Rockford abgaben und nun beschlossen haben, ihren eigenen Wein zu machen – und glauben Sie mir, dass Weinenthusiasten damit besser fahren. Früher kamen von diesem Weinberg, der einige Parzellen von unglaublich alten, aus den Anfängen des 20. Jahrhunderts stammenden Shiraz-Reben umfasst, die Trauben für manch einen der besseren australischen Shiraz oder Cabernet Sauvignon. Jetzt selektiert der Eigentümer die schönsten Partien dieses alten Rebgartens für seine eigene Abfüllung. Für die Weinbereitung hat James Hahn das Weinmachertalent Rolf Binder von Veritas angeheuert.

Der *1998er Cabernet Sauvignon Block 79* aus den Trauben 26-jähriger Reben ist dunkelrubin-purpurfarben und besitzt vorzügliche süße, erdige, cassisfruchtige Noten mit Spuren von Zedernholz, Tabak und Gewürzen. Dieser sozusagen kunsthandwerklich gestaltete Cabernet hat trotz einiger Kanten eine dichte, körperreiche, würzige und gehaltvolle Persönlichkeit. Er wird sich 12 Jahre gut trinken lassen. Die Glanzleistung bildet der Shiraz Block 1914, dessen Rohmaterial von fast 90-jährigen Reben stammt. Die durchschnittliche Produktion beträgt 440 Kisten. Der *1998er Shiraz Block 1914* ist ein prächtiger, opulenter, individualistischer, sensationeller Shiraz. Der Wein hat ein pfefferwürziges Bukett mit Anklängen von Brombeeren, Blaubeeren, flüchtiger Säure, geschmolzenem Teer, Heftpflaster und subtilem Eichenholz (ausschließlich amerikanischer Herkunft, ein Drittel davon war neu). Im Geschmack zeigt sich der Wein mächtig, kernig, unverwechselbar, ein Kraftprotz im wahrsten Sinne des Wortes. Dieser recht groß angelegte Wein dürfte 15–20 Jahre gut altern und mit der Zeit im Keller zivilisierter werden.

R. HAMILTON (ADELAIDE)

1997	**Marion (Shiraz/Grenache)**	**D**	**92?**
1997	**Merlot Reserve**	**D**	**86**
1997	**Old Vine Shiraz Reserve**	**D**	**86**

Der Star des attraktiven Trios ist der *1997er Marion (Shiraz/Grenache)*, eine Mischung aus 58 % Shiraz und 42 % Grenache. Es ist ein körperreicher Wein, aus den Trauben eines 136-jährigen Rebgartens, der sich noch innerhalb des Stadtbereichs von Adelaide befindet, samtig strukturiert, mit einer bis an den Rand gesättigten Farbe und außerordentlicher Fruchtfülle. Das große Fragezeichen ist jedoch das markante Aroma von Frischdünger oder Stinkerkäse, das sich unter die extravaganten Mengen brombeerlikörähnlicher Frucht mischt. Dieser säurearme, körperreiche aber tolle, massive, konzentrierte Wein bringt vernünftige 14,3 % Alkohol auf die Waage. Trinken Sie ihn innerhalb der nächsten 5–6 Jahre.

Der *1997er Merlot Reserve* zeigt gute untergründige, scharfe Säure, da in diesem Weinjahr ungewöhnlich kühles Wetter herrschte. Der Wein ist elegant gemacht, mit bewundernswerter Fülle und üppigen Mengen schwarzer Kirschen im Duft, gepaart mit Eichenholz und den grasigen, kräuterhaften Nuancen kühlerer Wachstumsbedingungen. Im Mund werden die Schwarzkirscharomen durch mittleren Körper und ausgezeichnete Reintönigkeit ergänzt. Dieser Wein sollte ebenfalls in den nächsten 5–6 Jahren getrunken werden. Dieser komprimierte Stil des Merlot findet sich wieder im *1997er Old Vine Shiraz Reserve.* Es ist ein kompakter Wein mit schwarzen Johannisbeeren und anderen Beerenfrüchten in Duft und Geschmack, bei mittlerem Körper, mit Eleganz, guter Reife und einem stilvollen, schön texturierten Abgang. Auch dieser Wein wird 5–6 Jahre lang genussreif sein.

HAPPS (MARGARET RIVER)

1999 Shiraz — C 90

Dieser Produzent hat im ersten Jahrgang einen wundervollen *1999er Shiraz* hervorgebracht, dicht rubin-purpurfarben, mit sagenhaft fruchtigen Aromen von Blaubeeren, Brombeeren und Johannisbeeren und einer subtilen Note des frischen Eichenholzes. Der Wein ist körperreich, samtig texturiert, in geschichtetes Glyzerin gehüllt. Im Abgang ist er reintönig und harmonisch mit guter Integration von Säure, Tannin und Holz. Im Gaumen entfaltet sich der Wein zart, aber fruchtbetont und bemerkenswert vielschichtig. Ich nehme an, dass dieser Wein, der sich wohl noch mindestens ein Jahrzehnt schön weiterentwickelt, mit der Zeit an Komplexität gewinnt. Ein imponierender, zu einem vernünftigen Preis erhältlicher Wein.

HARDYS (MCLAREN VALE)

1994 Cabernet Sauvignon Thomas Hardy — D 88

1996 Shiraz Eileen Hardy — D 90

Der außerordentliche *1996er Shiraz Eileen Hardy* offenbart eine sattrubin-purpurrote Farbe und ein großes, süßes Bukett mit dem Holzton amerikanischer Fässer, Brombeermarmelade, Teer und Gewürzen. Dieser sauber gemachte, kernige, reichhaltige Shiraz ist opulent und viskos, körperreich und vielschichtig im Geschmack und kann in den nächsten 5–7 Jahren getrunken werden. Der dunkelrubin-purpurfarbene *1994er Cabernet Sauvignon Thomas Hardy* präsentiert sich mit einem klassischen cassisduftigen, eichenholzwürzigen (vorwiegend amerikanische Fässer), mäßig intensiven Bukett. Der Wein ist körperreich, geschmeidig und sauber gemacht, ohne Ecken und Kanten. Trinken Sie ihn in den nächsten 4–5 Jahren.

HARE'S CHASE (BAROSSA VALLEY)

1999 Merlot — E 85

1999 Shiraz — E 92

Der recht frische, elegante, schmal gebaute *1999er Merlot* ist gefällig, aber unaufregend und offensichtlich zu teuer. Er hat eine Farbe von tiefem Rubinrot und erinnert im Geschmack an Mokka und Kirschenfrucht mit Eichenholzwürze im Hintergrund. Der Wein ist zwar kompetent gemacht, man kann jedoch ohne große Mühe interessantere und preisgünstigere Merlots finden. Voraussichtliche Genussreife: jetzt–2009. Der *1999er Shiraz* scheint hingegen fantastisch zu sein. Er verbindet einen sattschwarz-purpurroten Farbton mit einem umwerfenden Bukett, in dem sich Nuancen von Rauch, Brombeeren und Cassis mit Teer, Lakritze und Gewürzkiste vermischen. Dieser reichhaltige, opulente, körperreiche Muskelprotz dürfte schon jetzt überwältigend sein und es noch 12–15 Jahre bleiben. Zum Glück existieren 400 Kisten von diesem Wein, der 14,5% natürlichen Alkohol aufweist. Übrigens ist der Eigentümer und Weinmacher Peter Taylor für die Rotweinbereitung bei Penfolds verantwortlich.

HASTWELL AND LIGHTFOOT (MCLAREN VALE)

1998	Cabernet	D	87
1998	Shiraz	D	89

In beiden Fällen steht die Leistung in einem vernünftigen Verhältnis zum Preis. Der *1998er Cabernet* offenbart eine tiefrubin-purpurrote Farbe, reichlich erdhafte, würzige, schwarze Johannisbeerfrucht, weiche, geschmeidige Textur und Nuancen des amerikanischen Eichenholzes im strammen, geradlinigen Abgang. Trinken Sie ihn in den nächsten 4 Jahren. Der *1998er Shiraz* zeigt sich undurchdringlich purpurfarben, mit reichlich süßer, dicklicher von schwarzem Pfeffer überhauchter Beerenfruchtigkeit, körperreich und Noten von Holzkohle, Erde und Gewürzen. Trinken Sie diesen opulent texturierten, verbraucherfreundlichen Wein innerhalb der nächsten 5 Jahre.

HEATHCOTE (SOUTH AUSTRALIA)

1998	Shiraz Curagée	D	91
1999	Shiraz Mail Coach	C	88

Dieser nur in französischem Eichenholz (40% neue Fässer) ausgebaute, ohne Schönung und Filtration auf Flaschen gezogene *1998er Shiraz Curagée* offenbart sich im Mund herrlich tief, voluminös und ausladend. Es ist ein starker Wein eines Jahrgangs, der sich in Südaustralien als hervorragend erwies. Von dicht purpurroter Farbe zeigt sich dieser Wein straff, aber konzentriert und kräftig, ungemein reintönig und rundum ausgewogen. Lassen Sie ihn 2–3 Jahre im Keller und trinken Sie ihn dann im Zeitraum von 15+ Jahren.

Der *1999er Shiraz Mail Coach*, dem 5,5% Viognier beigemischt wird, ist ein stämmiger, robuster, körperreicher Wein mit verheißungsvollen Duft- und Geschmacksaromen von Brombeeren, Karamellbonbon, Cassis und Erde. Dieser nicht sonderlich komplexe Shiraz ist jedoch sauber gemacht und überzieht den ganzen Gaumen. Die Ausbauphase verbrachte er in einem Mix aus französischem und amerikanischem Eichenholz, wobei der Holzton sich bei dieser vollen Fruchtkonzentration allerdings subtil ausnimmt. Trinken Sie den Wein innerhalb der nächsten 5–6 Jahre.

HENRY'S DRIVE (PADTHAWAY)

1999	Cabernet Sauvignon	D	90
1998	Cabernet Sauvignon	D	93
1999	Shiraz	D	91
1998	Shiraz	D	93
1999	Shiraz Reserve	E	92+

Diese Weine aus den kühleren Anbaugebieten im Norden von Coonawarra stammen von Sparky und Sarah Marquis, die sich schon bei Fox Creek mit ihren fantastischen Weinen einen Namen machten. Obwohl die Trauben von jungen Shiraz- und Cabernet-Reben kommen (7 Jahre), zeichnen sich die Weine durch extreme Reichhaltigkeit, Reife und Extraktfülle aus und sind dem Stil von Fox Creek nicht unähnlich. Die 1999er gehören mit zum Stärksten, was ich je verkostet habe, obwohl der Jahrgang nicht an den 1998er herankam. Beide 1998er sind fantastisch. Nehmen wir zunächst den *1999er Cabernet Sauvignon*, einen wunderbar stilvollen, europäisch anmutenden Cabernet mit süßer, reintöniger, schwarzer Johannisbeerfrucht, mäßigem Eichenholzanteil (80% französisches und 20% amerikanisches Holz), vorzüglicher Textur und frischem, gut ausgewogenem, harmonischem Abgang. Dieser verbraucherfreundliche Wein ist für den Trinkgenuss innerhalb seines ersten Lebensjahrzehnts gedacht. Liebhaber von Brombeer- und Cassisaromen könnten nach dem *1998er Cabernet Sauvignon* süchtig werden. Dieser Wein ist zum Bersten voll mit Frucht, bei geringem Säurewert, mit vollmundigen, strammen, konzentrierten Aromen, die den Gaumen überziehen. Er schmeckt jetzt bereits köstlich, dürfte sich innerhalb der nächsten 2 Jahre aber noch verbessern und 12 – 15 Jahre halten. Dieser Cabernet-Stil ist einfach sexy.

Die beiden 1999 Shiraz-Weine gehören gewiss zu den Stars dieses besonderen Jahrgangs. Der *1999er Shiraz* (zu 100 % reiner Shiraz mit 14,5 % Alkohol; 50 % in neuen, vorwiegend amerikanischen Holzfässern ausgebaut) ist undurchdringlich rubin-purpurfarben mit klassischen rauchwürzigen Schwarzfruchtaromen im Bukett, gepaart mit Lakritze und pfeffrigen Nuancen. Es ist ein tiefer, körperreicher und hervorragend konzentrierter Wein, mit samtiger Textur sowie von bedeutender Opulenz und Länge. Diese sämige, saftige Fruchtbombe kann jetzt und während des ganzen Jahrzehnts getrunken werden. 1000 Kisten wurden davon gemacht. Der noch spektakulärere, wunderschön ausgewogene, sattschwarz-purpurfarbene *1999er Shiraz Reserve* offenbart ein überwältigendes blumenduftiges Bukett mit eingewirkten Noten von geschmolzenem Teer, gerösteten Kräutern, schwarzen Früchten und Rauch. Der Wein ist wundervoll süß mit einer Fülle von Glyzerin im Auftakt, und gleitet durch die Mitte nahtlos in den Abgang über, wobei Alkohol, Tannin und Säure wunderschön eingebunden sind. Der Wein ist vielschichtig, reichhaltig, nicht mächtig, aber sagenhaft proportioniert und überzeugend. Trinken Sie ihn innerhalb der nächsten 14–15 Jahre. Der *1998er Shiraz* offenbart die eichenholzwürzige Nuance der amerikanischen Fässer, kernige Blaubeerfrucht mit einem Hauch Lakritze und vielschichtige Konzentration. Dieser ungemein extraktreiche, gehaltvolle, säurearme Wein verströmt eine Fülle rauchiger, eichenholzwürziger, pfeffriger und würziger Noten, wobei die Frucht deutlich dominiert. Trinken Sie ihn innerhalb der nächsten 15 Jahre.

HENSCHKE (BAROSSA)

1996	**Cabernet Cyril Henschke**	**E**	**86?**
1998	**Grenache/Mourvèdre/Shiraz Johann's Garden**	**C**	**88**
1997	**Merlot/Cabernet Abbotts Prayer**	**D**	**86**
1997	**Pinot Noir Giles**	**D**	**87**
1997	**Shiraz/Cabernet/Malbec Keyneton Estate**	**D**	**87**
1995	**Shiraz Hill of Grace**	**EEE**	**92**
1997	**Shiraz Mount Edelstone**	**E**	**87**

Das berühmte Weingut hat ein gutes, aber insgesamt nicht besonders anregendes Portfolio (mit Ausnahme des 1995er Shiraz Hill of Grace). Obwohl all diese Weine unbestritten kompetent gemacht sind, stellt sich die Frage, ob man das Qualitätsniveau hier nicht noch steigern kann. Die Roten, z. B. der *1997er Merlot/Cabernet Abbotts Prayer*, besitzen herbe, säuerliche Profile mit Preiselbeeren, roten Johannisbeeren und Kirscharomen. Der säuerlich gestaltete Wein hat einen Geschmack, der auf ein kühles Mikroklima verweist und einem Pinot Noir näher kommt als einem ausgereiften Cabernet/Merlot. Voraussichtliche Genussreife: jetzt–2008. Dasselbe gilt für den *1996er Cabernet Cyril Henschke*. Der hohe Gehalt an herber Säure verrät mir, dass dieser Wein auf eine eher ungeschickte Art und Weise mit Säure angereichert wurde. Er hat guten Fruchtcharakter mit Johannisbeeren, Erdbeeren und Kirschen bei mittlerem Körper, besitzt aber eine komprimierte Textur und einen kurzen Abgang, was vom hohen Säuregehalt herrühren dürfte. Ich glaube nicht, dass sich dieser Wein noch weiter entwickelt, obwohl ihm die Säure eine gewisse Lebenserwartung garantiert. Voraussichtliche Genussreife: jetzt–2012.

Nur eine Hand voll komplexer Pinot Noirs kommen aus Australien. Der mittelrubinrote, elegante *1997er Pinot Noir Giles* zeigt süße Himbeerfruchtigkeit, Anklänge an Vanille und Toast, und bei mittlerem Körper einen runden, geschmeidigen Stil, der einem Côte de Beaune nicht unähnlich ist. Trinken Sie ihn innerhalb der nächsten 3–4 Jahre. Ein anderer herber Rotwein ist der *1997er Shiraz/Cabernet/Malbec Keyneton Estate*. Dieser Verschnitt aus 65 % Shiraz, 25 % Cabernet Sauvignon und 10 % Malbec hat eine stromlinienförmige Persönlichkeit mit zarter Brombeer- und Johannisbeerfrucht und lederartigen Noten bei mittlerem Körper und leichtem Tannin zu bieten. Trinken Sie ihn innerhalb der nächsten 4–5 Jahre. Ähnlich, aber mit kräftigerem Minze-Eukalyptus-Charakter präsentiert sich bei mittlerem Körper der komprimierte *1997er Shiraz Mount Edelstone.* Dieser gut gemachte, reintönige Wein besitzt rote und schwarze Früchte, überraschende Säure und eine leichtere Art, als ich es von einem so berühmten Weingut und einem so namhaften Wein erwartet hätte. In den nächsten 5–8 Jahren zu trinken.

Die beiden besten Rotweine sind der 1998er Grenache/Mourvèdre/Shiraz Johann's Garden und der 1995er Shiraz Hill of Grace. Der *1998er Grenache/Mourvèdre/Shiraz Johann's Garden* bietet süße Blaubeer- und Brombeerfrucht, seidige Textur bei mittlerem bis vollem Körper, weiche, geschmeidige Tannine und einen langen Abgang. Dies ist kein kraftstrotzender, sondern ein eleganter Wein, ganz Finesse, mit Flair und Charakter. Trinken Sie ihn innerhalb der nächsten 5–6 Jahre. Der undurchdringlich rubin-purpurfarbene *1995er Shiraz Hill of Grace* (neben Penfolds Grange einer der berühmtesten australischen Shiraz überhaupt) schwelgt in toastwürzigen Nuancen amerikanischer Fässer, Fett, mit teerigen Nuancen verquickter Blaubeerfrucht, einer tiefen, öligen Textur und zeigt sich im Abgang kraftvoll, konzentriert und lang. Dieser angesehene Shiraz hat in der Tat alles, was man von einem derart hochpreisigen Wein erwarten kann. Er dürfte sich 15–20 Jahre gut trinken lassen.

HERMITAGE ROAD (LIMESTONE COAST)

1998	**Shiraz Reserve**	**C**	**89**

Lakritzehafte, brombeerduftige und eichenholzwürzige Noten steigen aus diesem dicht rubin-purpurfarbenen *1998er Shiraz Reserve* auf. Er ist üppig, fruchtig, fleischig texturiert, körperreich und von vorzüglicher Reintönigkeit. Bei höherer Komplexität hätte ich diesem Wein eine höhere Punktnote gegeben. Voraussichtliche Genussreife: jetzt–2010.

HEWITSON (MCLAREN VALE)

1999	**Mourvèdre Old Garden**	**D**	**90**
1997	**Mourvèdre Old Garden**	**D**	**90**
1999	**Shiraz Barossa**	**D**	**87**
1998	**Shiraz Barossa**	**D**	**86**
1998	**Shiraz l'Oizeau**	**D**	**91**
1997	**Shiraz l'Oizeau**	**D**	**86**

Dem aus den Trauben einer im Jahre 1853 angelegten Mourvèdre-Pflanzung gewonnenen imposanten Mourvèdre Old Garden wurden 5 % Shiraz beigemischt. Der wunderschön nach Brombeeren, Blaubeeren, Himbeeren, Leder und Gewürzen duftende elegante *1999er Mourvèdre Old Garden* ist ungemein klar konturiert, hat einen mittleren Körper und maßvolles Tannin. Ein hochwertiger Mourvèdre in zeitgemäßem Stil. Bravo! Voraussichtliche Genussreife: jetzt–2010. Der *1997er Mourvèdre Old Garden* war eine Überraschung. Vorbildliche Nuancen von Pilzen, Blaubeeren, Erde, Baumrinde und Sattelleder steigen auf, wenn dieser bei mittlerem Körper rassige, stilvolle und dennoch konzentrierte Mourvèdre im Glas verweilt. Die eigenwillige Persönlichkeit und das staubige Tannin der Mourvèdre-Traube mögen nicht jedermanns Sache sein, dennoch schmeckte dieser Wein wie ein echter französischer Bandol. Er war beeindruckend lang, schön ausgewogen und ungemein charakterstark. Trinken Sie ihn innerhalb der nächsten 5–8 Jahre.

Seinen Namen verdankt er einigen Rebstöcken, die zu den ältesten von ganz McLaren Vale gehören: Eleganz und Kraft kennzeichnen den rubin-purpurfarbenen *1998er Shiraz l'Oizeau*, der Noten von Crème de Cassis, Lakritze und den würzigen Ton neuer französischer Eichenholzfässer aufweist. Lang, tief und wundervoll reintönig mit einem noch unausgereiften Charakter ist dieser Wein bereits zugänglich, verspricht jedoch noch 2–3 Jahre zu reifen und dann 2 Jahrzehnte anzudauern. Dunkelrubinfarben, mit feinen holzwürzigen Noten, Brombeer- und Schwarzkirschfrucht in Duft und Geschmack, so offenbart sich der *1997er Shiraz l'Oizeau*, cremig bei mittlerem Körper, von ausgezeichneter Reintönigkeit und Reife mit eher zartem als überschwänglichem Charakter. Er dürfte sich gut 5 Jahre trinken lassen.

Der leichte *1999er Shiraz Barossa* hat ein klar definiertes Profil und frische, verschwenderisch cremige Noten, tendiert jedoch mehr zu roten als zu schwarzen Früchten. Er sollte in den nächsten 4–5 Jahren getrunken werden. Der *1998er Shiraz Barossa* offenbart in einem attraktiven Aroma maßvolle, cremige, eichenholzwürzige Noten und schwarze Früchte. Dieser bei mittlerem Körper fleischige, stilisierte Wein hat eine dunkelrubinrote Farbtönung mit Purpurnuancen und süßes Tannin, hallt jedoch nicht lange am Gaumen nach. Trinken Sie diesen eleganten australischen Shiraz innerhalb der nächsten 5–6 Jahre.

HIGHBANK (COONAWARRA)

1998 Proprietary Red D 91

Der superbe, undurchdringlich purpurfarbene, hochklassige *1998er Proprietary Red* (Mischung aus 68 % Cabernet Sauvignon, 20 % Merlot und 12 % Cabernet Franc) konnte von dem zu 100 % in frischem Eichenholz erfolgten Ausbau glänzend profitieren. Der Wein ist nobel, reintönig und taucht in meinen Verkostungsnotizen mit der Anmerkung: »der australische Léoville-Las Cases?« auf. Dieser Wein hat sagenhafte Schwarzkirsch- und schwarze Johannisbeeraromen, vermischt mit Bleistift, Vanille und Mineralien, einen mittleren bis vollen Körper, ist sehr tanninstreng, wunderschön konturiert und wird sich 15–16 Jahre gut trinken lassen. Er gehört zu den Kandidaten, die ich in einer Blindverkostung gegen Spitzengewächse aus Bordeaux antreten lassen möchte, um zu sehen, wie sie abschneiden.

HILL OF CONTENT (CLARE VALLEY)

1999 Old Vines Grenache/Shiraz B 86

Der Côtes-du-Rhône-ähnliche *1999er Old Vines Grenache/Shiraz* im eleganten, mittelgewichtigen Stil zeigt Noten von Kirschen und reifen Pfirsichen. Er ist weich, rund und wird innerhalb der nächsten 2–3 Jahre die ideale Trinkreife haben.

HOLLICK (COONAWARA)

1998 Cabernet Sauvignon/Merlot C 87

1999 Shiraz/Cabernet Sauvignon C 87

1998 Shiraz Wilgha D 88

Es gibt zwei Shiraz-Cuvées. Der *1999er Shiraz/Cabernet Sauvignon* (93 % Shiraz und 7 % Cabernet Sauvignon) ist weich, reif, geradlinig, aber monochrom. Dennoch ist er gut gemacht mit charakteristischem Pfeffer- und reifem Brombeercharakter. Trinken Sie ihn innerhalb der nächsten 3 Jahre. Der *1998er Shiraz Wilgha* präsentiert sich etwas tiefer. Das toastwürzige Aroma dominiert in diesem Wein, der in neuen amerikanischen Eichenholzfässern vergoren und ausgebaut wurde, was mich davon abhielt, ihm eine höhere Bewertung zu geben. Das ist schade in Anbetracht dieser dichten rubin-purpurroten Farbe, der dicklichen, konzentrierten, vollmundigen Frucht, dieser schieren Opulenz, dieser Länge und Kernigkeit im Abgang. Bei einer besser eingebundenen Holznuance könnte dieser Wein mit einer herausragenden Punktnote liebäugeln. Er dürfte sich gut 8 Jahre trinken lassen und man kann nur hoffen, dass sich das dominante Holz mit der Zeit besser integriert.

Der *1998er Cabernet Sauvignon/Merlot* (im Verhältnis 85% zu 15%) besitzt in Duft und Geschmack die an einen Bordeaux erinnernden Nuancen von Johannisbeeren, Kaffee, Zedernholz und Tabak. Er zeigt sich mit guter Frucht im Eingang, mittlerem Körper und Strenge in einem schwach tanninhaltigen Abgang. Er ist 8 Jahre gut zu trinken.

HONGELL (BAROSSA VALLEY)

1998 Grenache C 86

1999 Grenache Old Vine C 88

1999 Shiraz C 90

Einst lieferte John Hongell seine Trauben an so berühmte Produzenten wie Charles Melton, Rockford und Torbreck in Barossa. Wie viele andere Winzerkollegen beschloss er dann, seinen eigenen Wein herauszubringen. Die ersten Versuche waren in der Tat viel versprechend.

Die einfache Cuvée des *1998er Grenache* (Rebenalter 56 Jahre) hat ein süßliches Kirschwasseraroma, das an einen Côtes-du-Rhône erinnert, vermischt mit Balsaholz und Erde. Geschmackvoll, gut gemacht und mit mittlerem Körper, aber geradlinig und eindimensional, sollte er innerhalb der nächsten 3–4 Jahre getrunken werden. Als weitaus interessanter erweist sich der komplexe, geschmeidig texturierte, dunkelrubinfarbene *1999er Grenache Old Vine.* Dieser Wein zeigt Geschmacksnoten von Schinkenspeck, Fett, Wurst und eingedickten roten und schwarzen Früchten. Er ist süß, dicht, körperreich und reif und wäre hervorragend, wenn er mehr Länge und Komplexität hätte. Dennoch ist er ein ausgezeichneter Wein, der sich innerhalb der nächsten 5–6 Jahre ideal trinken lässt.

Der beste der drei Weine ist der *1999er Shiraz,* das Produkt niedriger Erträge (3,7 t/ha) von 8-jährigen Reben. Er offenbart sich als dicht rubin-purpurfarbene Fruchtbombe, schwer, süß, fett, mit geringer Säure, einer Fülle von Brombeerfrucht, Grillgewürz, Rauch und Erde, hohem Glyzerinwert und hat eine hedonistische, verbraucherfreundliche Ausstrahlung. Trinken Sie ihn in den nächsten 4 Jahren.

HOWARD PARK (WESTERN AUSTRALIA)

1998	**Cabernet Sauvignon/Cabernet Franc/Merlot**	**D**	**86**
1997	**Cabernet Sauvignon/Cabernet Franc/Merlot**	**D**	**86**
1996	**Cabernet Sauvignon/Cabernet Franc/Merlot**	**D**	**87**
1998	**Shiraz Leston**	**D**	**89**

Der beeindruckende *1998er Shiraz Leston* offenbart großzügige Brombeerfrucht, einen dichten, konzentrierten Eindruck am Anfang und in der Mitte und süßes Tannin im Abgang. Bei mittlerem bis vollem Körper wird dieser gehaltvolle, reintönige Wein in den nächsten 7–8 Jahren Genuss bereiten. Die Cuvée aus Cabernet Sauvignon, Cabernet Franc und Merlot verbringt vor der Abfüllung 2 Jahre in französischen Eichenholzfässern. Der *1998er Cabernet Sauvignon/Cabernet Franc/Merlot* (75 % Cabernet Sauvignon, 13 % Cabernet Franc und 12 % Merlot) ist ein fest strukturierter, attraktiver Wein mit Aromen von Zedernholz, Unterholz, schwarzen Johannisbeeren und Gewürzen. Bei mittlerem Körper zeigt er sich mäßig konzentriert mit festem Tannin und lässt sich jetzt ebenso wie innerhalb der nächsten 7–8 Jahre trinken. Kommen wir nun zum *1997er Cabernet Sauvignon/Cabernet Franc/Merlot,* der sich kompakter zeigt als der 1996er, mit dunkelrubin-purpurroter Farbe und einem attraktiven Bukett mit dem Aroma reifer schwarzer Johannisbeeren und Kirschen sowie Zedernholz und Gewürzen im Hintergrund. Bei mittlerem Körper und sehr schöner Konzentration sollte dieser stilvolle, elegante Wein 5–7 Jahre zu trinken sein. Der reichhaltigere *1996er Cabernet Sauvignon/Cabernet Franc/Merlot* hat komplexere Aromen, ist aber seinem jüngeren Bruder nicht unähnlich. Dunkelrubinrot im Farbton, mit Düften nach Gewürzkiste, Zedernholz, Tabak und schwarzen Johannisbeeren, offenbart dieser gut verpackte Wein bei mittlerem Körper schöne Reife und Reintönigkeit und einen ausgeprägten Sinn für Zartheit und Harmonie. Trinken Sie ihn innerhalb der nächsten 7 Jahre.

HUTTON VALE (EDEN VALLEY)

1999	**Grenache/Mataro**	**D**	**91**
1998	**Grenache/Mataro**	**D**	**87+**
1995	**Shiraz**	**E**	**88**
1994	**Shiraz**	**E**	**88?**

Von der Cuvée aus Grenache und Mataro aus den Trauben alter Reben gibt es nur eine winzige Menge von 90 Kisten. Das Mischungsverhältnis variiert von Jahr zu Jahr. Der interessante *1999er Grenache/Mataro* (je 50% von jeder Sorte) ist komplex und zeigt lederartige, würzige, brombeer- und blaubeerfruchtige Noten in Duft und Geschmack bei großer Tiefe, gutem, strahlendem Tannin sowie Fleisch und Geschmeidigkeit im Abgang. Er dürfte sich noch 5–7 Jahre gut trinken lassen. Der mittelrubinfarbene, verschlossene, tanninherbe *1998er Grenache/Mataro* (je 60% und 40%) stammt von alten Reben und zeigt Geschmacksnuancen, die sich unter kühlen Vegetationsbedingungen ausbilden. Der Wein ist komprimiert, lässt jedoch reintönige Kirschen- und Himbeerfrucht durchscheinen. Der Rotfruchtbereich des Aromenspektrums hat die Oberhand in diesem Wein, der einen mittleren Körper besitzt. Kellern Sie ihn ein und gönnen Sie ihm noch 2 Jahre.

Zum Abschluss ein paar kurze Anmerkungen zu den beiden Shiraz-Weinen, die nur in verschwindend geringen Mengen vorrätig sind (ungefähr 30 Kisten). Der *1995er Shiraz* ist ein erdiger, pfeffriger, voll ausgereifter Wein und zeigt körperreiche, süße, kräuterhafte, zedernholzartige, würzige Beerenfrucht. Dieser Wein sollte in den nächsten 4 Jahren getrunken werden. Der *1994er Shiraz* offenbart intensive Eukalyptus- und Minzearomen, gepaart mit Blaubeer- und Brombeerfrucht. Er erweist sich als schön dicht bei mittlerem bis vollem Körper, wendet sich jedoch an Weinfreunde mit einer Vorliebe für grasige Duft- und Geschmacksprofile. Er sollte 10 Jahre gut zu trinken sein.

IRVINE (EDEN VALLEY)

1997	**Grand Merlot**	**E**	**92+?**
1999	**Merlot**	**C**	**88**

Neben seiner Tätigkeit als angesehener Weinberater befasst sich James Irvine mit der Produktion dessen, was viele als feinsten Merlot Australiens bezeichnen, nämlich des Grand Merlot. Der *1999er Merlot* z. B. ist eine Mischung aus den Trauben von Eden Valley und Barossa und bietet sehr gute Qualität für den Preis. Er besitzt einen Schokoladenkaramell-Charakter mit Noten von Mokka und Kirschenfrucht. Nahtlos, reintönig und gereift, wird dieser Wein innerhalb der nächsten 2 Jahre am besten schmecken.

Der ausladende *1997er Grand Merlot* ist ungewöhnlich reich an Extraktstoffen. Dieser exotische, körperreiche, kraftvolle Merlot präsentiert verschwenderisch viele toastwürzige Noten französischer Eichenholzfässer. Der Wein, der vor der Abfüllung 36 Monate offenkundig nur in frischen Fässern verbringt, zeigt sich vielschichtig, dickflüssig, saftig, mit Nuancen von Kaffee, Schokolade, Schwarzkirschen, Likör, Gewürzkiste und frischem Eichenholz, ergänzt durch Reichhaltigkeit, Extrakt und Glyzerin in Hülle und Fülle. Der Alkoholgehalt beträgt stolze 15,3% und reflektiert die Vorliebe des Weinmachers für ultrareifes Lesegut. All das verheißt zwar ein Alterungspotenzial von einem Jahrzehnt, wenn nicht mehr, doch auf Grund der Ergebnisse einer Mini-Vertikalverkostung neige ich zu der Annahme, dass eine weitere Einkellerung diesem Wein keinen wirklichen Gewinn bringen wird. Einige ältere Jahrgänge zeigten sich bereits ausgetrocknet und extrem geschwächt, so die 1987er, 1989er, 1992er oder 1993er. Andere hingegen, so der 1991er, hatten die Jahre im Keller überdauert und waren in guter Verfassung. Dennoch würde ich empfehlen, diesen Wein in den ersten 3–5 Lebensjahren zu trinken, obwohl dieser Stil eigentlich eine hohe Lebenserwartung verspricht.

JASPER HILL (HEATHCOTE)

1999	**Shiraz Georgia's Paddock**	**E**	**89**
1998	**Shiraz Georgia's Paddock**	**E**	**91**
1997	**Shiraz Georgia's Paddock**	**E**	**89+**

Diese drei Weine sind das Beste, was ich jemals bei Jasper Hill verkostet habe. Der aus einem leichteren Jahrgang stammende *1999er Shiraz Georgia's Paddock* verdient möglicherweise eine hervorragende Benotung. Die dichte purpurrote Farbe wird begleitet von fürstlichen Mengen Brombeeren, Pfeffer und geschmolzenem Teer in Verbindung mit einer muskulösen, körperreichen und dennoch geschmeidig texturierten Persönlichkeit. Das stattliche Alkoholniveau (15,5%) tritt hinter der Reichhaltigkeit, Fruchtigkeit und Glyzerinfülle im Abgang zurück. Trinken Sie diesen Wein in diesem Jahrzehnt. Explosiver, dicker und komplexer ist der dichte purpurfarbene *1998er Shiraz Georgia's Paddock*. Er verströmt ein provozierendes Parfum aus Rauch, Grillgewürz, Crème de Cassis und Brombeeren mit Pfeffer und Vanille im Hintergrund. Dieser körperreiche, opulente und luxuriöse Wein ist sexy, dicht und säurearm und füllt mit seiner beachtlichen Viskosität und Reintönigkeit den ganzen Gaumen. Er kann jetzt, aber auch noch über die nächsten 12 Jahre getrunken werden. Der undurchdringlich purpurfarbene, konzentrierte *1997er Shiraz Georgia's Paddock* zeigt Crème-de-Cassis-Aromen. Dieser süßlich duftende, reichhaltige, konzentrierte, körperreiche, trockene Rotwein offenbart reichlich Cassisfrucht, gute Würze; im Abgang erweist er sich als ungestüm und mäßig tanninherb. Er ist noch jung und dürfte sich länger als ein Jahrzehnt halten.

STEPHEN JOHN (CLARE VALLEY)

1998	**Shiraz**	**D**	**87**
1997	**Shiraz**	**D**	**88**
1998	**Shiraz Reserve**	**D**	**90+**

Der dunkelrubin-purpurfarbene, verschlossene, straff gewirkte, elegante *1998er Shiraz* scheint sehr gut zu sein. Er dürfte sich 12 Jahre halten. Der dunkelpflaumen-purpurfarbene, ungefilterte *1997er Shiraz* zeigt ein fortgeschritteneres Bukett mit Noten von Pfeffer, Gewürzkiste, Brombeeren und Kirschen, Geschmackskomponenten von mittlerem bis vollem Körper, gut integrierte Eichenholznuancen und Säure mit einem samtig-weichen Abgang. Er dürfte in den nächsten 8 Jahren gut zu trinken sein. Der ungefilterte *1998er Shiraz Reserve* ist in der Entwicklung zurückgeblieben, aber sehr intensiv. Er besitzt lebhafte Säure in Begleitung üppiger Mengen reichhaltiger, überwältigender, kerniger Brombeer- und Cassisfrucht. Auch Nuancen von Pfeffer, getrockneten Kirschen und Gewürzkiste machen sich in diesem ausladenden, tanninherben Shiraz bemerkbar. Voraussichtliche Genussreife: jetzt bis 2020.

JOHN'S BLEND (LANGHORNE CREEK/MCLAREN VALE)

1998	**Margarete's Shiraz**	**D**	**90**

70-jährige Shiraz-Reben lieferten die Trauben für den *1998er Margarete's Shiraz* mit Pfefferminz, Schokolade und Cassis in Duft und Geschmack, großer Tiefe, mittlerem bis vollem Körper und rustikalen, herkömmlichen Tanninen im Abgang. Dass er 26 Monate in zu 100% neuem amerikanischem Eichenholz verbracht hat, ist an den eichenholzwürzigen, toastähnlichen Duft- und Geschmackskomponenten zu erkennen. Trinken Sie diesen Wein innerhalb der nächsten 7–8 Jahre wegen seines überschwänglichen, robusten Stils.

ROBERT JOHNSON (EDEN VALLEY)

1997	**Merlot**	**C**	**88**

Symmetrisch und tadellos gemacht, offenbart sich dieser ungefilterte, in französischen Eichenholzfässern ausgebaute *1997er Merlot* mit dunklem Beerenfruchtcharakter, mittlerem bis vollem Körper, adäquatem Säurewert, attraktiver Süße und schön texturiertem, in Glyzerin gehülltem Abgang. Trinken Sie ihn innerhalb der nächsten 5–6 Jahre.

TREVOR JONES (BAROSSA VALLEY)

1998	**Boots Grenache**	**C**	**88**
1998	**Cabernet Sauvignon/Merlot**	**D**	**87**
1996	**Cabernet Sauvignon/Merlot**	**D**	**88**
1995	**Cabernet Sauvignon/Merlot**	**D**	**90+**

oJ	**Old Barossa Muscat**	EE	96
oJ	**Old Barossa Tawny Port**	EE	98
1998	**Shiraz**	D	83
1997	**Shiraz**	D	86
oJ	**Shiraz Liqueur**	EE	100
1998	**Shiraz Reserve Wild Witch**	E	85?
1997	**Shiraz Reserve Wild Witch**	E	90
1996	**Shiraz Reserve Wild Witch**	E	92+
oJ	**Tokay Liqueur**	EE	100

Die Weine von Trevor Jones sind generell beeindruckend. In jüngster Zeit erweiterte er sein Portfolio durch das Zweitetikett Boots im Rahmen eines Gemeinschaftsunternehmens mit seinem amerikanischen Importeur zur Produktion charakterstarker und obendrein durchaus erschwinglicher Weine. Diese preis- und qualitätsbewussten Boots-Weine sind offen, fruchtig und überraschend charaktervoll. Außer seinen köstlichen Verschnittweinen aus Shiraz und Cabernet/Merlot hat Jones noch umwerfende alkoholverstärkte Dessertweine in seinem Angebot. Das Rohmaterial für den Muscat und den Tawny Port stammt von mindestens 30-jährigen Reben, während die Trauben für die Shiraz- und Tokay-Liköre in mindestens 50-jährigen Rebgärten gedeihen. Alle vier sind schier unglaublich.

Die drei roten 1998er bleiben hinter den Erwartungen zurück. Als ich die beiden Shiraz-Weine verkostete, zeigten sie sich unbotmäßig schmal texturiert bei einem überraschend hohen Säurewert (vermutlich das Resultat einer Säureanreicherung). Die 1997er und 1996er hingegen sind vorzüglich. Der *1998er Boots Grenache* (80-jährige Grenache-Pflanzungen mit geringen Erträgen von 3,7 t/ha) könnte für einen Spitzenwein des südlichen Rhônetals durchgehen. Mittelrubinfarben, mit dicklichen Kirschwassernoten, schwarzen Kirschen und Pfeffer, bringt der überschwänglich fruchtige, fleischige Grenache 15% Alkohol auf die Waage. Der Wein enthält reichlich Glyzerin und vermittelt, obwohl er absolut trocken ist, den Eindruck von Süße im Mund. Diese hedonistische Fruchtbombe ist innerhalb der nächsten 2–3 Jahre genussreif.

Der *1998er Shiraz* zeigt ein eindrucksvoll sattes Purpur und süßes brombeerfruchtiges Parfum mit untergemischten blumigen und würzigen Noten. Im Mund hat er einen mittleren bis vollen Körper, wirkt jedoch auf Grund des hohen Säurewerts komprimiert. Obschon kompetent gemacht, mangelt es ihm an Spannung und Saft. Dieser Wein dürfte sich 10–15 Jahre halten, und wie er sich dabei entwickelt, muss sich erst zeigen. Der *1997er Shiraz* ist ein recht eleganter Vertreter der Sorte, ähnlich einem Bordeaux, bei mittlerem Körper, verhaltenem Gewürzkistenaroma, roten Kirschen und Johannisbeeren und einem sauberen, frischen Abgang. Trinken Sie ihn während der nächsten 5–6 Jahre. Der Shiraz Reserve Wild Witch stammt aus den Trauben sehr alter Reben (ungefähr 40 Jahre). Die Erträge sind auf die geringe Menge von 2,5 t/ha begrenzt.

Der *1998er Shiraz Reserve Wild Witch* offenbart großzügige, frische Eichenholzaromen in seinem komplexen Bukett aus schwarzen Früchten, Teer und Gewürzen. Er ist gehaltvoll und körperreich, besser texturiert, aber schmal im Abgang. Er ist straff gewirkt bei einem überraschend hohen Säuregehalt. Dieser Wein wird sich 10–15 Jahre halten; ob er sich noch entwickelt, bleibt abzuwarten. Der *1997er Shiraz Reserve Wild Witch* ist ein weiterer eleganter Shiraz im feinen Stil mit Noten von Zedernholz, roten Johannisbeeren, Pfeffer und einem Hauch Brombeeren. Er ist gut gemacht und für einen australischen Shiraz überraschend zurückhaltend und subtil, jedoch von unverkennbarer Individualität und Anmut. Der *1996er Shiraz Reserve Wild Witch* beeindruckt mit einem Bukett, das nach frisch gemahlenem Pfeffer und Toast, gemischt mit fruchtigen Brombeeren und Erdbeeren duftet. Mit einer Achtung gebietenden Konzentration, bei mittlerem bis vollem Körper und würzig-pikanter, untergründiger Säure dürfte sich dieser komplexe und dennoch fest strukturierte, nicht voll entwickelte Shiraz noch mindestens 15 Jahre schön entfalten. Beeindruckend!

Der Cabernet Sauvignon/Merlot besteht aus 85% Cabernet und 15% Merlot und wird aus den Trauben 36-jähriger Reben gepresst. Der *1998er Cabernet Sauvignon/Merlot* offenbart sich farblich in sattem Rubin-Purpurrot und mit einer Fülle minzeduftiger, schwarzfruchtiger sowie eichenholzwürziger Aromen neuer Fässer. Sauber, geradlinig, aber monolithisch, wird er sich 7–8 Jahre gut trinken lassen. Der *1996er Cabernet Sauvignon/Merlot* ist etwas hart texturiert, erinnert in seinem erdhaften, schwarzen Johannisbeercharakter mit der schönen Ausgewogenheit von Eichenholz und Tannin an einen Bordeaux. Der etwas strenge Wein ist schön und sauber gemacht. Genießen Sie ihn während der nächsten 7–8 Jahre. Dieser Wein wird all jenen gefallen, die eher zum schlankeren Rotweinbereich des Stilspektrums neigen. Der *1995er Cabernet Sauvignon/Merlot* präsentiert sich tiefrubin-purpurfarben, und dann folgt ein exemplarisches Bukett im Stil von Bordeaux mit schwarzen Johannisbeeren, frischen Eichenholzaromen und Zedernholz. Eingangs zeigt sich der Wein reichhaltig, hervorragend gereift, reintönig und rundum harmonisch. Er ist ein klassisches Beispiel für die Vereinigung von Kraft und Eleganz. Voraussichtliche Genussreife: jetzt–2016.

Aus den Punktnoten lässt sich bereits auf die Eigenschaften der prächtigen, sublim aufgespriteten Weine von Trevor Jones schließen. Alle Weine enthalten annähernd 18 % Alkohol und sind von einer Konzentration und Parfümintensität, deren Ausmaß sich mit Worten kaum vermitteln lässt. Der jahrgangslose *Old Barossa Muscat* präsentiert sich mittel-bernsteinfarben, fabelhaft süß, herrlich erfrischend und mit vielschichtiger Konzentration. Dennoch wird er überraschenderweise von den anderen drei Weinen noch übertrumpft. Der jahrgangslose *Old Barossa Tawny Port*, eine Mischung aus Shiraz, Grenache, Muscat und Tokay, könnte mit seinen überwältigenden Aromen einen ganzen Saal ausfüllen. Dieser enorm reichhaltige Wein mit der erfrischenden, untergründigen Säure, der fabelhaften Frucht und der öligen Textur vermittelt ein äußerst beeindruckendes Trinkerlebnis. Die *Shiraz Liqueur* und *Tokay Liqueur* sprengen jeden Rahmen. Allein die kostbaren Muscats oder Tokays des australischen Produzenten William Chambers könnten im Vergleich standhalten. Diese Weine haben eine phänomenale Konzentration, sie sind unglaublich dickflüssig und ölig, dennoch mehrdimensional und äußerst faszinierend. Warum kann es nicht mehr davon geben? Das Rohmaterial für beide Liköre stammt von mindestens 50-jährigen Reben und die Produktionsmenge ist auf 30 Kisten (mit halben Flaschen) begrenzt. Diese alkoholverstärkten Weine sind derart spektakulär, dass man fast einen Mord begehen könnte, um in den Besitz von 1–2 Flaschen zu gelangen.

JOSEPH (MCLAREN VALE)

1998	**Cabernet/Merlot Moda Amarone**	**E**	**91**

Der unverwechselbare *1998er Cabernet/Merlot Moda Amarone* wurde aus rosinierten Trauben der Sorten Cabernet Sauvignon und Merlot gewonnen. Der Wein ist dicht rubin-purpurgranatfarben und besitzt ein großes, süßes, toastwürziges Bukett mit den Nuancen von geschmolzenem Teer, schwarzen Johannisbeeren, feuchter Erde und Pflaumen. Dieser reichhaltige, körperreiche und kernige Wein im eigenwilligen Stil ist für meinen Geschmack gelungen. Er ist freilich nicht jedermanns Sache, ist jedoch zu stark gewürzten Speisen oder am Ende der Mahlzeit als faszinierender Begleiter zu empfehlen. Und er dürfte sich 10+ Jahre gut trinken lassen.

KAESSLER'S STONE HORSE (BAROSSA VALLEY)

1998	**Shiraz**	**C**	**89**
1998	**Shiraz Old Bastard**	**E**	**95**
1998	**Shiraz Old Vine**	**C**	**91**

Diese ungemein imponierenden Weine werden in einer Kombination aus alten und neuen amerikanischen Eichenholzfässern ausgebaut. Alle drei stammen von 38-jährigen Shiraz-Reben. Der *1998er Shiraz*, der ausgezeichnete Qualität für den Preis bietet, ist ein reichhaltiger, körperreicher, robuster Wein mit den Proportionen eines typischen Australiers, reich an Glyzerin, Alkohol, Frucht und Körper. Er ist nicht komplex, aber gehaltvoll mit Komponenten, die den Mund beizen. Trinken Sie ihn in den nächsten 7–8 Jahren. Der außergewöhnliche *1998er Shiraz Old Vine* zeigt stärkeren Extrakt, eine sattblau-purpurrote Farbe und ein bewundernswert süßes, brombeer- und blaubeerfruchtiges, rauchiges Bukett mit eichenholzwürzigen Noten. Es ist ein extravaganter, körperreicher, texturierter Wein, mächtig, hedonistisch, weich und ideal für den Genuss innerhalb der nächsten 15–16 Jahre. Leider gibt es von dem *1998er Shiraz Old Bastard* kaum 50 Kisten. Dieser Wein ist eine fesselnde Auslese, die unter den Fässern der Cuvée Shiraz Old Vine getroffen wurde. Der Wein offenbart ungewöhnlich hohe Mengen an Extrakt, Kraft und Reichhaltigkeit sowie herrlich rauchige Brombeer- und Johannisbeerfruchtaromen. Ölig texturiert, enorm stark und dennoch symmetrisch ist dies ein Schulbeispiel dessen, was die australischen Weine von anderen unterscheidet. Trinken Sie diesen unverwechselbaren individualistischen Shiraz innerhalb der nächsten 20 Jahre.

KANGARILLA ROAD (MCLAREN VALE)

1999	**Cabernet Sauvignon Estate**	**B**	**91**
1998	**Cabernet Sauvignon Estate**	**B**	**89**
1999	**Shiraz Estate**	**B**	**90**
1997	**Shiraz Estate**	**B**	**87**
1999	**Zinfandel**	**C**	**86**

Dieser relativ junge Weinbaubetrieb nennt eine der besten australischen Zinfandel-Lagen sein Eigen. Der Wein verbindet in einzigartiger Weise Kraft, Verhaltenheit und Eleganz mit den Merkmalen einer überschwänglichen Persönlichkeit und wunderschönen Aromen. Lesern, die nach vorzüglichen Weinen mit einem hervorragenden Preis-Leistungsverhältnis Ausschau halten, möchte ich empfehlen, den Shiraz und den Cabernet Sauvignon dieses Weinguts auszuprobieren. Der *1999er Zinfandel* präsentiert Noten von Bruyèreholz, Preiselbeeren und Pfeffer, einen mittleren bis vollen Körper und attraktive Fruchtaromen. Die von mir verkosteten australischen Zinfandels verblassen jedoch allesamt neben den großen kalifornischen Exemplaren und stellen größtenteils nur Kuriosa ohne besondere Bedeutung dar. Trinken Sie ihn in den nächsten 2–3 Jahren.

Der Shiraz Estate, der 1997 debütierte, reift in gebrauchten Eichenholzfässern französischer und amerikanischer Herkunft. Die Produktion beträgt rund 2 000 Kisten. Dieser Wein ist allemal sein Geld wert. Der *1999er Shiraz Estate* zeigt sich dicht purpurfarben und hat ein umwerfend süßes Bukett mit Brombeeren, geschmolzener Lakritze, Pfeffer und Karamell. Er legt eine bewundernswerte Reintönigkeit und geschichtete, in Glyzerin gehüllte Frucht an den Tag, ist körperreich, liegt prächtig im Mund und bietet Länge und Konzentration im Abgang. Er dürfte sich noch weitere 7–8 Jahre gut trinken lassen. Der *1997er Shiraz Estate*, der erste Jahrgang von Kangarilla Road, offenbart Aromen von Pfeffer, Trüffeln, Erde und schwarzen Früchten. Er hat einen mittleren bis vollen Körper, ist ordentlich mit Säure ausgestattet und zeigt einen fortschrittlichen Stil; er sollte in den nächsten 4–5 Jahren getrunken werden.

Der Cabernet Sauvignon ist regelmäßig beeindruckend und gehört zu den schönsten Cabernets, die man in dieser Qualität für sein Geld erhalten kann. Er besteht zu 100% aus Sauvignon und wird 18 Monate sowohl in amerikanischen als auch in französischen Eichenholzfässern ausgebaut. Der *1999er Cabernet Sauvignon Estate* ist tiefrubin-purpurfarben und zeigt faszinierende Düfte nach Espresso, Schoko-Sahnebonbon, schwarzen Johannisbeeren und Zedernholz. Er ist tanninsüß, vermittelt einen fantastischen Eindruck im Mund bei mittlerem bis vollem Körper und einem langen, üppigen Abgang. Ein ebenfalls vorzüglicher Kauf, der sich gut ein Jahrzehnt trinken lassen wird. Der dunkelrubin-purpurfarbene *1998er Cabernet Sauvignon Estate* bietet sortentypische Noten von Zedernholz,

Gewürzkiste, schwarzen Johannisbeeren und Tabak. Dieser gut ausgestattete Wein hat einen mittleren Körper und beeindruckt mit süßem Tannin und adäquater Säure. Er dürfte sich 10–12 Jahre schön trinken lassen.

KATNOOK (COONAWARRA)

1998	Cabernet Sauvignon	E	87
1996	Cabernet Sauvignon Odyssey	E	89+
1994	Cabernet Sauvignon Odyssey	E	91
1998	Merlot	D	85
1997	Shiraz Jimmy Watson Trophy	E	92

Ungeachtet der Jahrgangsbedingungen zeigen die Weine den Charakter kühler Weinbauregionen. Obwohl das Portfolio auch enttäuschende oder einfach auch nur gefällige Weine enthält (1998er Shiraz, 1997er Merlot, 1997er Cabernet Sauvignon), sind die im Folgenden besprochenen Produkte alle von sehr guter bis ausgezeichneter Qualität.

Der dicht rubinrot-pflaumen-purpurfarbene *1998er Cabernet Sauvignon* bietet Aromen, die an Rauch, teerige Arznei, Cassis und getrocknete Kräuter erinnern. Dieser stilvolle Cabernet präsentiert sich reichhaltig und elegant bei mittlerem Körper und kann jetzt ebenso wie das ganze Jahrzehnt hindurch getrunken werden. Der *1998er Merlot* hat nicht die satte Farbe, bietet jedoch Aromen von Kräutern, Zedernholz, Schwarzkirschen, Schokolade und frischer Eichenholzwürze. Es ist ein mittelgewichtiger, mäßig ausgestatteter Wein, mit Süße im Auftakt, angenehmer Sauberkeit, im unverwechselbaren, eleganten Stil, mit herber Säure in einem schmalen Abgang. Voraussichtliche Genussreife: jetzt–2012.

Der fast undurchdringlich purpurfarbene *1997er Shiraz Jimmy Watson Trophy* besitzt eingedickte Brombeer- und Cassisaromen vermischt mit Düften von geschmolzener Lakritze und Pfeffer. Er ist körperreich, mit fruchtigen Aromen von Waldbrombeeren, in einer dicken Hülle aus Glyzerin, mit süßem Tannin und genügend Säure. Wenn der Wein einen Moment im Glas verweilt, zeigt er in Duft und Geschmack die Noten von Dörrpflaumen in Brandy. Dieser superbe Shiraz vermittelt den Eindruck, dass er den Gaumen tränkt. Trinken Sie ihn in den nächsten 10–12 Jahren.

Der luxuriöse Cabernet Sauvignon Odyssey verbringt 38 Monate in frischen französischen Eichenholzfässern, bevor er auf Flaschen gezogen wird. Die dichte pflaumen-purpurrote Farbe des *1996er Cabernet Sauvignon Odyssey* paart sich mit typischen Aromen von Zedernholz, Gewürzkiste, schwarzen Johannisbeeren, Lakritze mit Anklängen von Kirschwasser und neuem Eichenholz. Körperreich, mit hohem Extrakt und gehaltvoll ist dieser ausladende und dennoch ausgewogene Wein, der sofort und noch 15+ Jahre getrunken werden kann. Der schwarz-purpurfarbene *1994er Cabernet Sauvignon Odyssey* imponiert mit Komplexität und Reichhaltigkeit. Das Bukett vereint die Nuancen von Zedernholz, schwarzen Johannisbeeren, Gewürzkiste, Schokolade und getrockneten Kräutern. Es ist ein kraftvoller und doch eleganter Cabernet, reichhaltig, dick in der Gaumenmitte und mit süßem Tannin, von beachtlicher Länge und beträchtlichem Alterungspotenzial. Er ist jetzt schon zugänglich, wird sich aber innerhalb der nächsten 3–4 Jahre verbessern und 12–15 Jahre halten.

KAY BROTHERS (MCLAREN VALE)

1998	Cabernet Sauvignon Amery Vineyard	D	92?
1998	Merlot Amery Vineyards	D	90
1998	Shiraz Amery Vineyards	D	92
1998	Shiraz Amery Vineyard Hillside	D	94
1996	Shiraz Block 6	D	93
1998	Shiraz Block 6 Amery Vineyards	D	98+

Die altmodischen Weinnamen verweisen auf eine lange Tradition – und in der Tat reichen die Wurzeln der Familie in McLaren Vale über mindestens fünf Generationen zurück. Ihre Weine gehören zu den individualistischsten und beeindruckendsten Weinen Australiens, die ich je verkostet habe, und bei so viel Charakterstärke und Individualität sollte man eigentlich meinen, dass sie sich in ihrem Land großer Popularität erfreuen. Stattdessen existieren von jeder Cuvée gerade nur 850–900 Kisten.

Der *1998er Merlot Amery Vineyards* ist dicht und undurchdringlich purpurfarben und zeigt Nuancen von Rauch, Kaffee, schwarzen Kirschen, Hustensaft und reichlich toastwürzigem Eichenholz. Der Wein ist fett, ausgereift, hübsch, ziemlich dekadent und exotisch, unter einer Hülle von Eichenholzwürze, die von neuen amerikanischen Fässern herrührt. Für jedermann ist er nicht, und dennoch ist es ein extravaganter, beeindruckend ausgestatteter australischer Merlot. Trinken Sie ihn innerhalb der nächsten 10 Jahre.

Der spektakuläre *1998er Cabernet Sauvignon Amery Vineyard* (14,9% Alkohol von 25-jährigen Reben; Erträge von 2,5–6 t/ha) ist ein Schulbeispiel für den ungemein reichhaltigen und kräftigen, muskulösen australischen Weinstil, zu dem sich eine italienisch anmutende, erdhafte, einfache, leder- und teerartige Komponente gesellt. Der Wein hat großartige Fruchtaromen, eine fabelhaft geschichtete Textur und bietet bei massiver Konzentration beträchtliche Mengen an Glyzerin, Brombeeren, Pflaumen, Kirschen und Cassisfrucht. All das zusammen ist zu einem kernigen, körperreichen, etwas rustikalen Weinstil vereint. Der Wein dürfte sich noch mindestens 2 Jahrzehnte entfalten. Die Leser mögen jedoch daran denken, dass Nuancen wie teerige Arznei, Lorbeerblatt, Anis und Leder für einen Cabernet Sauvignon ungewöhnlich sind und Kontroversen heraufbeschwören können.

Die vier Shiraz-Weine dieses Weinguts werden bei den Freunden dieser Rebsorte Begeisterung hervorrufen. Der Shiraz Amery Vineyard stammt von ertragsreduzierten 15-jährigen Reben, die bescheidene 3,7–6 t/ha bringen. Der Wein verbringt 18 Monate in amerikanischen Fässern, die in Anbetracht seiner Duft- und Geschmacksaromen keine nennenswerten Mengen an frischem Eichenholz enthalten dürften. Der *1998er Shiraz Amery Vineyards*, der 14,8 % Alkohol auf die Waage bringt, ist ein gehaltvoller, vollmundiger Shiraz im alten Stil, mit Noten von Rauch, Erde, Leder, Holzkohle und Brombeeren in Duft und Geschmack. Schwer und gewichtig, mit beachtlichem Extrakt gleitet er über die Zunge. Er ist tief, kernig und muskulös mit etwas Tannin, das unter der Fülle an Frucht und Glyzerin weitgehend verschwindet. Der Eichenholzton scheint sich auf ein vernünftiges Maß zu beschränken. Dieser Wein dürfte sich mindestens noch 12–15 Jahre entfalten.

Der großartige Shiraz Amery Vineyard Hillside wird zu 100 % in neuem amerikanischem Eichenholz ausgebaut. Die Trauben kommen von relativ jungen Shiraz-Reben – sie sind von demselben Klon wie die über 100-jährigen Reben in Block 6. Die Vinifizierung erfolgt nach handwerklicher Art. Der *1998er Shiraz Amery Vineyard Hillside* ist ein vollmundiger, mächtiger, hochkonzentrierter Wein von undurchdringlich schwarz-purpurroter Farbe, mit Noten von frischem Eichenholz, vermischt mit Lakritze, Brombeeren, Cassis, Teer und Leder. Der Wein ist gewaltig, massiv, kernig und ölig texturiert. Ein echter Anmacher. Trinken Sie ihn in den nächsten 15 – 20+ Jahren.

Die Trauben für den Shiraz Block 6 stammen von 106-jährigen Reben, die im Gobeletschnitt erzogen werden. Nach einer Ausbauphase von 18 Monaten in gebrauchten, hohen Bottichen aus amerikanischem Eichenholz wird der Wein ungefiltert abgefüllt. Die durchschnittliche Jahresproduktion beträgt 900 Kisten, der Ertrag ist auf 3,7–5 t/ha beschränkt. Die beiden Jahrgänge sind nahezu perfekt. Der Achtung gebietende *1998er Shiraz Block 6 Amery Vineyards* sieht beeindruckend dick aus. Er ist herrlich konzentriert und besitzt sagenhaft reintönige, pfeffrige Crème-de-Cassis-Noten, gemischt mit neuem Sattelleder, Weihrauch, rauchiger Kohle und Vanille. Fabelhaft konzentriert und ölig texturiert, bei einem Abgang der 60+ Sekunden auf meinem Gaumen andauerte, dürfte dieser ausladende, typisch australische Shiraz aus den Trauben alter, unbewässerter Reben, die im Gobeletschnitt erzogen wurden, lässig 20–25 Jahre altern. Voraussichtliche Genussreife: jetzt–2025. Der *1996er Shiraz Block 6*, der mit sensationellen Noten von Brombeeren, Hickoryrauch und Teer in Duft und Geschmack aufwarten kann, besitzt riesigen Körper, fabelhaften Extrakt und gute Reife und massenhaft in Glyzerin und ungestümem Alkohol getränkte schwarze Früchte. Außerdem zeigt dieser ungemein intensive, den Mund füllende Muskelprotz schöne Reintönigkeit und Komplexität. Voraussichtliche Genussreife: jetzt–2016. Wow! Wenn Sie diese Weine finden und das nötige Kleingeld haben, dann greifen Sie zu!

KIES FAMILY (BAROSSA VALLEY)

1999	Shiraz Dedication	D	88

Der Önologe James Irvine ist der Berater dieses Weinguts. Der weiche *1999er Shiraz Dedication* hat bei mittlerem bis vollem Körper eine gewiss nicht nur zufällige Ähnlichkeit mit den Weinen des südlichen Rhônetals. Duftnoten von Pfeffer, provenzalischen Kräutern und verbrannten Früchten steigen auf. Tief, rund und süß ist dieser Wein, der wohl am besten in den nächsten 5–6 Jahren schmecken wird.

KILIKANOON (CLARE VALLEY)

1999	Cabernet Sauvignon	C	87
1998	Cabernet Sauvignon	D	90
1999	Grenache Prodigal	C	90
1998	Grenache Prodigal	C	88+
1999	Shiraz Oracle	D	94
1998	Shiraz Oracle	D	92

Diese Weine werden von David Powell in der Kellerei von Torbreck hergestellt. Meine Erfahrungen mit Kilikanoon sind freilich begrenzt (weil ich nur drei Jahrgänge verkostet habe), aber das, was bis zu diesem Zeitpunkt freigegeben worden ist, hat mir gefallen. Die Grenaches Prodigals sind hervorragend gelungene Beispiele dieser Rebsorte, die fast mit den superben Grenaches von Clarendon Hills und Greenock Creek konkurrieren können. Der Wein wird 15 Monate in gebrauchten Eichenholzfässern ausgebaut und dann ohne Filtration auf Flaschen gezogen. Der *1999er Grenache Prodigal* zeigt ein typisches Bukett mit den Noten von Schwarzkirschlikör, Röstaromen und Gewürzen. Im Mund ergießt sich eine lange Kaskade von süßer, exotischer, explosiver Frucht und Glyzerin. Dieser üppige, dichte und beeindruckend hedonistische Wein sollte innerhalb der nächsten 5–6 Jahre getrunken werden. Der hervorragende *1998er Grenache Prodigal* bringt 15 % Alkohol auf die Waage. Für einen australischen Grenache ist er straff gewirkt. Der Wein offenbart bei guter Struktur Tannin und Eichenholzwürze mit körperreichen Kirsch- und Himbeeraromen im Geschmack. Er dürfte sich 8 Jahre gut trinken lassen.

Die Cabernet Sauvignons werden in französischen Eichenholzfässern (zu 40 % neu) ausgebaut und unfiltriert abgefüllt. Der tiefrubin-purpurfarbene *1999er Cabernet Sauvignon* hat einen mittleren Körper und eine Anmut, die überrascht. Dieser verfeinerte Wein offenbart gute, würzige Brombeerfrucht, frische Eichenholzwürze, einen harmonischen Abgang und wird mindestens ein Jahrzehnt trinkreif sein. Der bemerkenswerte *1998er Cabernet Sauvignon* besitzt eine dichte purpurrote Farbe und dicke, saftige Cassis- und eichenholzwürzige Aromen. Dieser Wein zeigt eine gute Struktur und klare Konturen, eine bei australischem Cabernet unerwartete Eleganz, mittleren bis vollen Körper bei einem Alterungspotenzial von 12–15 Jahren.

Die Glanzleistung ist der spektakuläre Shiraz Oracle aus den Trauben 40-jähriger Reben. Er verweilt 18 Monate in zu 50 % neuen Eichenholzfässern, wobei zwei Drittel amerikanischer und ein Drittel französischer Herkunft ist. Der Wein wird unfiltriert abgefüllt. Der *1999er Shiraz Oracle* ist ein wirklich gelungener Wein. Auf die dichte pflaumen-purpurrote Farbe und unglaubliche Aromen von Pflaumen, Dörrpflaumen, Brombeeren, Schokolade und geschmolzenem Straßenteer folgt ein intensiver, körperreicher, viskoser Shiraz, der sich durch fantastische Reintönigkeit, geringe Säure und unnachahmliche Länge im Abgang auszeichnet. Dieser vollmundige Wein ist sofort trinkreif und kann noch in den nächsten 10–15 Jahren oder länger genossen werden. Der *1998er Shiraz Oracle* ist ein vollmundiger, undurchdringlich-purpurfarbener Wein mit Nuancen von Trüffeln, neuem Sattelleder, Pfeffer und Brombeerfrucht in rauen Mengen. Düfte überreifer Pflaumen, von Kirschen und Gewürzen entsteigen diesem ungestümen, mächtigen, schön texturierten, samtweichen Shiraz, wenn er im Glas verweilt. Dieser gehaltvolle, robuste Wein sollte in den nächsten 8–10 Jahren getrunken werden.

KILLIBINBIN (LANGHORNE CREEK)

1999	Shiraz	D	90
1998	Shiraz	D	96

Für die Qualität und den Trinkgenuss, den sie bereiten, sind Killibinbins sensationelle reinsortige Shiraz-Weine wahre Schnäppchen. Die durchschnittliche Jahresproduktion beträgt 500 Kisten. Diese Weine stammen zweifelsfrei von extrem reifen Trauben. Wenn der *1999er Shiraz* auch nicht an den 1998er herankommt, so stellt er doch eine außergewöhnliche Leistung dar. Der undurchdringlich purpurfarbene Wein hat ein sagenhaftes Bukett von süßen Kirschen, Brombeeren und Pflaumen, vermischt mit Pfeffer und Gewürzen. Fett und fleischig füllt dieser hedonistische, ausgereifte Shiraz mit 14,9 % Alkoholgehalt den ganzen Gaumen. Seine fruchtbetonte Persönlichkeit lässt eine subtile eichenholzwürzige Note durchscheinen. Trinken Sie ihn innerhalb der nächsten 6–8 Jahre.

Der *1998er Shiraz* war überwältigend. Dieser einem trockenen Vintage Port ähnliche schwarz-purpurfarbene Koloss bietet Aromen von Brombeeren, Cassis, süßer, feuchter Erde, Lakritze und Schokolade und zeigt sich auf der Zunge explosiv und körperreich. Trocken, ungemein konzentriert und offenkundig schwergewichtig, bei extremen 16 % Alkohol, ist er weder hitzig noch unharmonisch. Dieser Wein, der noch in den Kinderschuhen steckt, dürfte sich 10–12+ Jahre weiterentwickeln.

KOPPAMURRA (COONAWARRA)

1998	Cabernet Sauvignon/Merlot/Cabernet Franc	C	89

Dieser Rotwein im oberen Qualitätsbereich (ein Verschnitt aus 46 % Cabernet Sauvignon, 27 % Merlot und 27 % Cabernet Franc) bietet ausgezeichnete Qualität für seinen Preis. Der *1998er Cabernet Sauvignon/Merlot/Cabernet Franc* duftet nach Rauch, Pfeffer, Erde und schwarzen Johannisbeeren, zeigt sich angenehm würzig, wunderschön reichhaltig, mit süßem Tannin sowie überraschender Harmonie und Länge im Abgang. Er kann entweder sofort oder innerhalb des Jahrzehnts genossen werden.

LANGMEHL (BAROSSA VALLEY)

1999	Shiraz	C	86
1998	Shiraz The Freedom	E	88

Dieses Weingut, dessen Rebgärten bis in das Jahr 1844 zurückreichen, hat eine berühmte Parzelle mit den ältesten Shiraz-Reben der Welt. Fast 160 Jahre alt sind die Reben, die den Shiraz für The Freedom liefern! Beide Weine stellen einen sehr guten Kauf dar. Der Ausbau erfolgt in amerikanischen Eichenholzfässern (50 % davon sind neu), und der Wein wird ungeschönt und unfiltriert auf Flaschen gezogen. Der *1998er Shiraz The Freedom* präsentiert sich dunkelrubin-purpurfarben, eindimensional im Charakter, aber kraftvoll, dicht, reichhaltig und gewichtig. Noch ist er von grober Art, er kann jedoch im Zeitraum von 2–3 Jahren Lagerung nuancenreicher und mehrdimensionaler werden. Das Alterungspotenzial dürfte bei 10–12 Jahren liegen. Der *1999er Shiraz* (2000 Kisten) bietet ein schweres, pfeffriges, teeriges Brombeerbukett, süße, reife, unverblümte, fruchtige Geschmacksnuancen, geringe

Säure und einen rundlichen, fleischigen Abgang. Sein extrem hoher Alkoholgehalt (16%) verbirgt sich erstaunlich gut unter der ausgereiften Frucht. Dieser Wein sollte in den nächsten 2–3 Jahren getrunken werden.

LARRIKIN (SOUTH AUSTRALIA)

1997	**Shiraz**	**D**	**90**

Der *1997er Shiraz* stammt von 80-jährigen Shiraz-Reben und wurde in einer Mischung aus französischem und amerikanischem Eichenholz ausgebaut. Dieser »Rohdiamant« (so »Larrikin« in der Sprache der Aborigines) ist ein dichter, körperreicher Wein mit großen Mengen dicklicher Brombeerfrucht und ausdrucksstarken, cremigen Nuancen der frischen Eichenholzfässer. Würzig, hedonistisch und intensiv, wird dieser säurearme, stämmige, dickliche Shiraz viele Fans erobern. Trinken Sie ihn in den nächsten 5–6 Jahren.

LASHMAR (SOUTH AUSTRALIA)

1999	**Cabernet**	**D**	**87**
1999	**Shiraz Three Valleys**	**D**	**89**

Als erster freigegebener Wein einer Cabernet-Pflanzung direkt gegenüber von Adelaide auf Kangoroo Island zeigt der *1999er Cabernet* (220 Kisten) einen leichteren Stil als seine meisten australischen Verwandten. Er ist zwar etwas eng umrissen, offenbart jedoch den eleganten, dezenten Charakter kühlerer Anbauregionen in seinem von Zedernholz, schwarzen und roten Johannisbeeren geprägten Bukett. Der Wein besitzt gute Dichte, süßes Tannin und ist in einem für Australien untypisch zarten, verhaltenen Stil gemacht. Trinken Sie ihn innerhalb der nächsten 5–6 Jahre. Der *1999er Shiraz Three Valleys* zeigt charakteristische, in teerige Arznei getränkte Noten von Brombeerlikör. Er ist mittelgewichtig und gut ausgereift, mit Süße und geschmeidigem Tannin. Trinken Sie ihn in den nächsten 5–6 Jahren.

LEAMON (VICTORIA)

1999	**Cabernet Reserve**	**D**	**90**
1999	**Shiraz Reserve**	**D**	**88**

Der *1999er Cabernet Reserve* (90 % Cabernet Sauvignon und 10 % Merlot; Ausbau zu 100 % in frischem französischem Eichenholz und unfiltriert abgefüllt) hat das Holz prächtig aufgesogen und offenbart Noten von Karamell, schwarzen Johannisbeeren, Gewürzkiste und Erde. Er bietet eine undurchdringlich rubin-purpurrote Farbe, Tiefe und Körper im Geschmack, während Säure, Tannine und Alkohol (15 %) schön integriert sind. Trinken Sie ihn in den nächsten 10–12 Jahren. Der Shiraz Reserve stammt von alten Reben, die auf Granit wachsen. Der Wein reift zu 100 % in frischem Eichenholz und wird unfiltriert abgefüllt. Der *1999er Shiraz Reserve* ist etwas grob und monolithisch. Dieser Wein könnte hervorragend werden, zeigt aber noch nicht die typischen Nuancen der Traube. Er ist körperreich, voll beladen mit konzentrierter Frucht, eichenholzwürzigen Aromen und einem sortentypischen, rauchigen, holzkohlenähnlichen Charakter. Voraussichtliche Genussreife: jetzt–2014.

LEEUWIN (MARGARET RIVER)

1995	**Cabernet Sauvignon**	**D**	**90**
1997	**Cabernet Sauvignon Art Series**	**D**	**91+**
1996	**Cabernet Sauvignon Art Series**	**D**	**91**
1998	**Cabernet Sauvignon/Merlot Prelude Vineyards**	**D**	**88**
1997	**Cabernet Sauvignon/Merlot Prelude Vineyards**	**D**	**90**

Dieses Weingut ist vor allem für seine superben Weißweine bekannt (die hier nicht besprochen werden, weil sie innerhalb weniger Monate nach der Ernte getrunken werden), aber auch die Roten sind großartig. Die krautige Note, die manche Roten dieses Produzenten in den letzten Jahren zeigten, konnte ich weder im Prelude Vineyards noch bei der Art Series wahrnehmen.

Der *1998er Cabernet Sauvignon/Merlot Prelude Vineyards* bietet süße Johannisbeernoten, cremige Eichenholzwürze und olivenfeine Noten in einer provenzalisch anmutenden, bei mittlerem Körper eleganten, gewürzbetonten Persönlichkeit. Es ist ein gut konzentrierter, ausgezeichneter Cabernet/Merlot, der in den nächsten 7–8 Jahren Genuss bereitet. Der *1997er Cabernet Sauvignon/Merlot Prelude Vineyards*, ein Verschnitt aus 83 % Cabernet und 17 % Merlot, ist aber noch besser. Auf ein Bukett mit Tabak, Zedern, schwarzen Johannisbeeren und frischem Holz nach Bordeaux-Art folgt ein eleganter, strenger und dennoch konzentrierter Wein, der sich wunderschön reintönig und geschmackvoll zeigt, bei mittlerem bis vollem Körper, mit süßem Tannin und langem, prächtig texturiertem Abgang. Er dürfte ein Jahrzehnt lang gut zu trinken sein.

Die Art Series Cabernet Sauvignons sind mächtige Weine (14,5 % Alkohol), die sich noch 15+ Jahre entfalten dürften. Die 1996er und 1997er sind beide beeindruckend. Bei dem *1997er Cabernet Sauvignon Art Series* gesellen sich flüssiger Karamell und Zigarrenrauch zu einer Mischung aus Cassis, Zedern, Tabak und frischem Eichenholz. Es ist ein körperreicher, extrem fruchtiger und bemerkenswert reintöniger Wein mit Länge, schöner Textur und mäßigem Tannin im Abgang. Voraussichtliche Genussreife: jetzt–2016. Nach einem Ausbau, der zu 100 % in französischem Eichenholz erfolgte, bietet der dicht rubin-pflaumen-purpurfarbene *1996er Cabernet Sauvignon Art Series* charakteristische Aromen von Tabak, Zedern, Cassis und frischem Eichenholz in Verbindung mit tiefen, körperreichen Aromen mit guter Säure, mäßigem Tannin und ausgezeichneter Textur. Dieser lange, überzeugende, reichhaltige und gut ausgewogene Wein wird von jetzt bis 2015 in Bestform sein.

Ebenfalls hervorragend ist der *1995er Cabernet Sauvignon*, eine Mischung aus 75 % Cabernet Sauvignon und kleineren Mengen Merlot und Malbec von einem Weinberg in der Nähe des Margaret River. Dieser beeindruckende, extraktreiche, dunkelpurpurrote Cabernet hinkt in seiner Entwicklung nach und verlangt noch eine gewisse Lagerzeit. Er dürfte 2 Jahrzehnte halten. Das Bukett zeigt Bordeaux-ähnliche Noten von Zedern, Tabak, roten und schwarzen Johannisbeeren und Lakritze, und im Mund folgt ein ausgereifter, körperreicher, dichter, kräftiger Wein, der sich noch zurückhält. Dieser Cabernet Sauvignon, der sein Potenzial momentan erst im Ansatz offenbart, ist nur denjenigen zu empfehlen, die 2–3 Jahre Geduld aufbringen können.

PETER LEHMANN (BAROSSA VALLEY)

1999	**Cabernet Sauvignon**	**C**	**86**
1998	**Cabernet Sauvignon**	**C**	**87**
1997	**Cabernet Sauvignon**	**C**	**89**
1999	**Clancy's Gold Preference**	**D**	**87**
1998	**Clancy's Gold Preference**	**D**	**90**
1997	**Mentor**	**E**	**90**
1996	**Mentor**	**E**	**92**
1995	**Mentor**	**E**	**88**
1997	**Seven Surveys**	**C**	**88**
1999	**Shiraz**	**C**	**87**
1998	**Shiraz**	**C**	**90**
1997	**Shiraz**	**C**	**89**
1998	**Shiraz Eight Songs**	**E**	**93**
1997	**Shiraz Eight Songs**	**E**	**90**
1996	**Shiraz Eight Songs**	**E**	**93**
1996	**Shiraz Stonewell**	**E**	**92+**
1994	**Shiraz Stonewell**	**E**	**95**

Dies ist eine der berühmtesten Adressen im australischen Barossa Valley. Die Jahresproduktion beträgt sage und schreibe 500 000 Kisten. Die immer verlässlichen Weine sind im üppigen »Aussie-Stil« gemacht. Einer der preisgünstigen Weine ist der verbraucherfreundliche, fruchtbetonte, weiche, brombeer- und johannisbeerduftige *1999er Shiraz*, der innerhalb der nächsten 5–6 Jahre genussreif ist. Der *1998er Shiraz* zeigt sich farblich in dichtem Rubin-Purpurrot mit intensiv brombeer- und cassisduftigen, in Schokolade getränkten Aromen, die in einer Kaskade dicklicher, pfeffriger Nuancen den Mund ausfüllen. Amerikanisches Eichenholz stützt diesen körperreichen Shiraz, der 14 % Alkohol auf die Waage bringt. Trinken Sie ihn innerhalb dieses Jahrzehnts. Der tiefrubin-purpurrote *1997er Shiraz* hat für den Preis fantastisch viel zu bieten. Er präsentiert sich mit großartigen, süßen, pfefferwürzigen, erdhaften Noten mit Nuancen von teeriger Arznei, Brombeeren und Cassis in Duft und Geschmack. Fett, kernig, säurearm dürfte sich dieser stämmige Shiraz ein Jahrzehnt gut trinken lassen.

Günstig sind auch die Cabernet Sauvignons. Der *1999er Cabernet Sauvignon* hat einen mittleren Körper, er ist würzig mit Pflaumen, Zedern und Kirschenfrucht. Dieser Wein sollte kurzfristig getrunken werden. Noch besser ist der *1998er Cabernet Sauvignon*, eine elegantere, aber reichhaltigere Variante des 1999ers, mit tiefen, von Zedernholz überhauchten Brombeeraromen, vermischt mit Gewürzkiste, Lakritze und Vanille. Er dürfte 7–8 Jahre überdauern. Der dunkelrubin-purpurfarbene *1997er Cabernet Sauvignon* im Stil der Weine von Pauillac hat ein komplexes Bukett, das nach Zedern- und Balsaholz, schwarzen Johannisbeeren, Fruchtkuchen und Schokolade duftet. Im Gaumen macht der Wein einen körperreichen, konzentrierten Eindruck mit geringer Säure, süßem Tannin sowie üppigem Fett und Glyzerin.

Ein Verschnitt aus 53 % Shiraz, 30 % Cabernet Sauvignon, 10 % Merlot und 7 % Cabernet Franc ist der *1999er Clancy's Gold Preference*, der sich mit einem erdhaften, lederartigen, fleischigen Bukett sowie hintergründigen roten und schwarzen Johannisbeeren offenbart. Etwas Holz ist erkennbar, doch der Wein ist ausgezeichnet, reichhaltig, ausgereift, würzig, bei mittlerem bis vollem Körper. Er dürfte sich ein Jahrzehnt gut trinken lassen. Der tiefrubin-purpurfarbene *1998er Clancy's Gold Preference*, eine Mischung aus 54 % Shiraz, 22 % Cabernet Sauvignon, 12 % Merlot und 12 % Cabernet Franc, zeigt sich im Bukett verhalten und monolithisch, aber körperreich und hochkonzentriert im Geschmack. Innerhalb von 1–2 Jahren Kellerlagerung wird dieser dichte, kernige, dicke, mehrdimensionale Wein an aromatischer Komplexität gewinnen. Er dürfte 12+ Jahre halten.

Der *1997er Mentor* enthält 60 % Cabernet Sauvignon, 17 % Malbec, 12 % Shiraz und 11 % Merlot; er ist straffer gewirkt und nicht so massiv. Er offenbart gute Aromen bei mittlerem bis vollem Körper und reintönige, süße rote und schwarze Johannisbeerfrucht, vermischt mit Zedernholz und Tabak. Voraussichtliche Genussreife: jetzt–2015. Der seriös ausgestattete *1996er Mentor* wurde aus 60 % Cabernet Sauvignon, 20 % Merlot, 10 % Shiraz und 10 % Malbec verschnitten. Eine undurchdringlich purpurrote Farbe begleitet komplexe Aromen von feuchter Erde, Zedernholz, Pfefferminze, Pflaumenlikör, Lakritze, schwarzen Johannisbeeren und frischem Eichenholz. Körperreich, tief, kernig, bei moderatem Tanningehalt und hervorragend konzentriert wird er sich 10–15 Jahre schön trinken lassen. Der *1995er Mentor*, eine Mischung aus 70 % Cabernet Sauvignon, 20 % Malbec und 10 % Merlot, ist noch ziemlich verschlossen. Er offenbart nur schwache Düfte, dafür aber schwere, dicke, saftige, himbeer- und beerenhafte Geschmacksnoten mit grasigen Tabaknoten. Körperreich und moderat tanninherb verlangt er noch einige Zeit im Keller und dürfte sich 15+ Jahre halten.

Der ausgezeichnete *1997er Seven Surveys*, eine Mischung aus 34 % Mourvèdre, 33 % Grenache und 33 % Shiraz, offenbart pfeffrige Noten und eingedickte Kirschen in Duft und Geschmack. Er ist grob, würzig, körperreich und tanninstreng und sollte wegen seines rustikalen jugendlichen Charakters innerhalb der nächsten 4–5 Jahre getrunken werden.

Die Shiraz-Spitzencuvées sind die Eight Songs und Stonewell. Der Shiraz Eight Songs verdankt seinen Namen dem Musiktheaterstück »Eight Songs for a Mad King« über König Georg III. von England. Der Wein wird zu 100 % in französischem Eichenholz ausgebaut und nur kistenweise à 8 Flaschen verkauft. Der Stonewall Shiraz reift hingegen zu 100 % in amerikanischem Eichenholz. Der *1998er Shiraz Eight Songs* ist sensationell: schwarz-purpurfarben, mit muskulösen, körperreichen Geschmacksnoten, die sich im Mund gewaltig ausnehmen. Schwarze Johannisbeeren und Brombeeren in Hülle und Fülle, vermischt mit eichenholzwürzigen Noten neuer Fässer, mineralischen und pfeffrigen Nuancen. Dieser Wein ist in seiner Länge, Vielschichtigkeit und Mehrdimensionalität ein wahres Kraftwerk. Voraussichtliche Genussreife: jetzt–2020. Wenn Sie nach einem gelasseneren, zurückhaltenderen und dennoch robusten Wein Ausschau halten, wird Ihnen der *1997er Shiraz Eight Songs* gefallen. Er offenbart Brombeerfrucht, Gewürzkiste, Pfeffer und eichenholzwürzige Süße bei mittlerem bis vollem Körper und eine verhaltenere, nicht so massive Persönlichkeit. Tief, harmonisch und konzentriert, wird er sich 10–12 Jahre gut trinken lassen. Der *1996er Shiraz Eight Songs* ist ein überschwänglicher, konzentrierter Wein. Eine dichte, undurchdringlich purpurrote Farbe begleitet extravagante Düfte von geröstetem Kaffee, Zedernholz, Cassis, Brombeeren und von süßem, frischem französischem Eichenholz. Geschmacksnoten von Pflaumenlikör und schwarzen Johannisbeeren werden gestützt durch große Mengen von Glyzerin, Extrakt und süßem Tannin, die dem Wein Gewicht bei gleichzeitiger Reintönigkeit und Konzentration verleihen. Der Einfluss des französischen Eichenholzes hält diesen fortgeschrittenen, hochkonzentrierten Shiraz leicht zurück. Trinken Sie ihn jetzt oder in den nächsten 10–12 Jahren.

Schwer und noch sehr verhalten präsentiert sich der *1996er Shiraz Stonewell* mit einem Spektrum, das geschmolzenen Teer, schwarze Himbeeren, Rauch, Grafit, Pfeffer und Brombeeren in Duft und Geschmack vereint. Dieser körperreiche, mäßig tanninherbe Wein mit guter untergründiger Säure und Struktur steckt noch in den Anfängen, dürfte sich aber in den nächsten 2 Jahrzehnten entfalten und sich einer ungewöhnlich hohen Lebenserwartung erfreuen. Der dicke, undurchdringlich schwarz-purpurrote *1994er Shiraz Stonewell* zeigt ein prächtiges Bukett mit den Noten von schwarzen Himbeeren, Cassis, toastwürzigem amerikanischem Eichenholz, Vanille, Gewürzen und Pfeffer. Dieser riesige, kernige, verschwenderisch ausgestattete Shiraz ist bereits jetzt zum Trinken weich genug, verspricht aber 10–15 Jahre gut zu altern.

LENGS AND COOTER (CLARE VALLEY)

1999	**Shiraz Old Vines**	**D**	**87**
1998	**Shiraz Old Vines**	**D**	**93**
1999	**Shiraz Reserve**	**E**	**89**
1998	**Shiraz Reserve**	**E**	**96**
1999	**The Victor**	**B**	**86**

Der *1999er The Victor*, ein Verschnitt aus 55 % Shiraz und 45 % Grenache, bietet gute Qualität zu einem vernünftigen Preis. Es ist ein geradliniger, rundlicher, ausgereifter, dunkelrubin-purpurfarbener Wein, monolithisch, aber gefällig und vollmundig. Trinken Sie ihn innerhalb der nächsten 2–3 Jahre.

Die 1999er Shiraz-Weine reichen nicht an die Intensität, das Volumen und die Konzentration des Jahrgangs 1998 heran. Die Old Vines-Cuvée aus Trauben, die von Reben im Alter zwischen 25 und 100 Jahren stammen, wird zu 50 % in frischem amerikanischem Eichenholz ausgebaut; der Reserve hingegen zu 80 %. Vom Old Vines gibt es 450 Kisten, vom Reserve 140. Der *1999er Shiraz Old Vines* ist von mittlerem Gewicht und tiefrubin-purpurfarben. Er zeigt ein würziges, pfeffriges, schwarzes Johannisbeerbukett mit einem ausgeprägten Eichenholzton. Trinken Sie ihn in den nächsten 5–7 Jahren. Aus dem undurchdringlich purpurfarbenen *1998er Shiraz Old Vines* steigen verblüffende Aromen von Crème de Cassis, verbrannten Kräutern, Lakritze, Teer und cremige Nuancen des frischen Eichenholzes auf. Körperreich und hochkonzentriert, mit Noten von Brombeermarmelade und mäßigem Tannin, ist dieser überwältigende Shiraz jetzt schon trinkreif, kann jedoch noch für 10–12 Jahre eingekellert werden.

Der gehaltvolle *1999er Shiraz Reserve* zeigt toastwürzige Noten in Hülle und Fülle, ergänzt durch verschwenderische lakritzeähnliche, brombeerhafte, ungestüme Frucht. Dieser körperreiche, mäßig starke Wein offenbart sich im Abgang leicht tanninherb und kann sich innerhalb von 1–2 Jahren nach der Abfüllung noch verbessern. Optimal trinkreif dürfte er jedoch innerhalb der ersten 10–12 Lebensjahre sein. Tiefgründiger noch zeigt sich der *1998er Shiraz Reserve.* Solche typischen Duft- und Geschmacksnuancen von Schinkenspeck, Pfeffer, Rauch und Brombeeren mit geschmolzenem Teer können nur von einem ultrakonzentrierten, üppigweich texturierten Shiraz australischer Herkunft kommen. Es ist ein kraftstrotzender, körperreicher, umwerfend reintöniger, traumhaft anmutender Wein, der in den nächsten 15–20 Jahren trinkreif ist.

LENSWOOD (ADELAIDE HILLS)

1998 The Palatine — D 92

Der *1998er The Palatine,* ein Verschnitt von 52 % Cabernet Sauvignon, 31 % Merlot und 17 % Malbec, ist ein dichter, purpurfarbener Wein im unverwechselbaren Stil. 20 % der Trauben wurden dem so genannten italienischen Amarone-Verfahren unterzogen (d. h. sie wurden vor dem Pressen getrocknet), und das Resultat ist ein erdhafter, ausgereifter, körperreicher Spätlese-Charakter. Im Mund offenbart sich der Wein ungemein extraktreich, dicht, erdhaft, teerartig, brombeer- und cassisfruchtig, wundervoll reintönig, mit gutem untergründigem Tannin und angenehmer Säure. Dieser vollmundige Wein passt sehr gut zu stark gewürzten Fleischgerichten und einfachen Speisen. Voraussichtliche Genussreife: jetzt–2015.

LIEBICH VEIN (BAROSSA VALLEY)

1999 Shiraz C. W.'s Block — D 93

Die 120 Kisten dieser Cuvée mit 15 % natürlichem Alkohol, die in französischen und amerikanischen Eichenholzfässern ausgebaut und unfiltriert abgefüllt wird, sind gewiss rasch verkauft. Der *1999er Shiraz C.W.'s Block,* ein undurchdringlich purpurfarbener Kraftprotz, bietet Noten von geschmolzenem Teer, Rauch, schwarzen Früchten, Pfeffer und Tierfell. Dieser massive Wein ist körperreich, dick und schwer und dürfte 12–15 Jahre gut trinkbar sein.

LIMELIGHT (MCLAREN VALE)

1998 Syrah — D 89

Hier kommt ein schwerer, dicker, ölig texturierter *1998er Syrah* mit schwarzen Früchten in Hülle und Fülle, vermischt mit Lakritze, Teer, Pfeffer und Eichenholz. Er wurde 18 Monate in einer Mischung aus neuen und alten amerikanischen Eichenholzfässern gereift. Der Wein ist körperreich, gut strukturiert, sehr tiefgründig; im Mund vermittelt er Kernigkeit. Er ist innerhalb der nächsten 4–5 Jahre trinkreif.

LOST WOLF (BAROSSA VALLEY)

1997 Cabernet Sauvignon — D 88

1996 Cabernet Sauvignon — D 91

Da es von diesen Weinen nur 50 Kisten gibt, fasse ich mich kurz. Der leichte, zarte *1997er Cabernet Sauvignon* bietet Pflaumen, Johannisbeeren und gut eingewobenes Eichenholz in Duft und Geschmack, mittleren Körper und süßes Tannin. Voraussichtliche Genussreife:

2004–2015. Der *1996er Cabernet Sauvignon* ist ein hedonistischer, gewaltiger Sortenwein mit großen Mengen von schwarzen Johannisbeeren und Kirschen, die sich in einer ölig texturierten Bombe aus schwarzen Früchten und Schokolade verbergen. Trinken Sie diesen dichten, kernigen, hedonistischen Wein über das ganze Jahrzehnt. Gemacht wird er übrigens in David Powells Kellerei Torbreck.

MAD FISH (WESTERN AUSTRALIA)

1999	**Shiraz**	**A**	**86**

Der *1999er Shiraz* war vielen anderen Kandidaten, die das Drei- oder Vierfache kosten, überlegen. Die gesunde dunkelrubinrote Farbe wird begleitet von pfeffrigen, rauchigen, brombeer- und pflaumenfruchtigen Noten. Dieser weiche Wein von mittlerem Körper hat innerhalb der nächsten 2–3 Jahre die ideale Reife, um in vollen Zügen genossen zu werden.

MAGPIE (BAROSSA VALLEY)

1999	**Grenache Gomersol**	**E**	**87?**
1999	**Mourvèdre/Grenache**	**C**	**90**
1998	**Mourvèdre/Grenache**	**D**	**89**
1998	**Shiraz/Mourvèdre Black Sock**	**E**	**95**

Diese Weine macht der Österreicher Rolf Binder, der in Australien zu meinen bevorzugten Weinmachern zählt. Der *1999er Grenache Gomersol* (100 % Grenache; zu je 50 % Ausbau in französischem und amerikanischem Eichenholz) erhielt wegen seines allzu cremigen Holzaromas keine höhere Punktnote. Er präsentiert sich im nahezu internationalen Stil, mäßig tanninherb, strukturiert und ist für einen Grenache eher ungewöhnlich straff gewirkt. Der tief rubin-purpurfarbene Wein ist sauber und reintönig, doch fehlen ihm die Expressivität und der Charakter, die das Weingut kennzeichnen. Trinken Sie ihn bis 2008.

Der Mourvèdre/Grenache von 60- bis 80-jährigen Reben besteht je zur Hälfte aus beiden Sorten. Die Produktion ist relativ gering (rund 200 Kisten), wird aber zu fairen Preisen verkauft. Der herausragende *1999er Mourvèdre/Grenache* ist ein wunderschöner Wein mit sagenhaften Noten von Pfeffer, Lorbeergewürz, schwarzen Himbeeren und Kirschen im Bukett. Es ist ein exotischer, fast überspitzter, unverwechselbarer Wein, bei mittlerem bis vollem Körper, der im Abgang eine aufdringliche Note von neuem Sattelleder zeigt. Man darf ihn als die australische Version des Bandol bezeichnen. Voraussichtliche Genussreife: jetzt–2012. Zum dunklen Pflaumenfarbton des *1998er Mourvèdre/Grenache* gesellt sich ein von Süßkirschen, gewürz- und kräuterhaften Noten geprägtes Bukett. Der Wein bietet schöne, gut ausgewogene füllige Geschmackskomponenten von mittlerem Körper, die den reifen Kirschcharakter weiterführen. Er ist mit guter Säure ausgestattet und zeigt sich mäßig lang im Abgang. Trinken Sie ihn in den nächsten 5–6 Jahren.

Der Shiraz/Mourvèdre Black Sock stammt von Reben im Alter von 60–100 Jahren, zu 80 % aus Shiraz und zu 20 % aus Mourvèdre. Außerdem verbringt er sage und schreibe 30 Monate in amerikanischem Eichenholz. Die Produktion wird auf magere 150 Kisten pro Jahr begrenzt. Der fantastische *1998er Shiraz/Mourvèdre Black Sock* strotzt vor Kraft. Der undurchdringlich-purpurfarbene Wein ist fast der Extrakt einer fruchtigen Mischung aus Brombeeren und Kirschen, vermischt mit Erde, Leder, Holzkohle und frischer Eichenholzwürze. Der Wein ist körperreich, ungemein konzentriert, vielschichtig im mittleren Gaumenbereich und besitzt einen außerordentlich kräftigen, gehaltvollen Abgang. Angesichts der enormen Breite, die er am Gaumen zeigt, überraschte es mich, dass er nur 13,5 % Alkohol aufweist. Voraussichtliche Genussreife: jetzt–2018.

MAJELLA (COONAWARRA)

1998	**Cabernet Sauvignon**	**D**	**91**
1997	**Cabernet Sauvignon**	**D**	**90**

1998	**Shiraz**	**D**	**94**
1997	**Shiraz**	**D**	**88**
1998	**Shiraz/Cabernet Sauvignon Maleea**	**E**	**92**
1997	**Shiraz/Cabernet Sauvignon Maleea**	**E**	**93?**

Von allen von mir verkosteten Coonawarra-Weinen hat der Majella (Eigentümer sind Brian und Anthony Lynn) zweifelsfrei am besten abgeschnitten. Die aktuell freigegebenen Weine sind alle herrlich gelungen und wie Sie feststellen werden, in ihrer Mehrheit günstig zu haben. Der teuerste Wein, der Shiraz/Cabernet Sauvignon Maleea, ist sein Geld aber wirklich wert. Es existieren 500 Kisten von diesem Verschnitt aus 55 % Cabernet und 45 % Shiraz, ausgebaut zu 100 % in frischem französischem Eichenholz. Der *1998er Shiraz/Cabernet Sauvignon Maleea* ist undurchdringlich purpurfarben und offenbart sich im Duft mit spektakulärer Intensität und Reintönigkeit, Noten von schmelzender Lakritze, Cassis und Brombeeren. Der Wein ist körperreich, äußerst klar umrissen, von fabelhafter Symmetrie mit einem harmonischen Gesamteindruck, nahtloser Einbindung von Säure, Tannin und Alkohol und einem Abgang von 35–40 Sekunden Länge. Der Wein zeigt sich immer noch jugendlich und verspricht mindestens 15 Jahre in Schönheit zu reifen. Wenn das verschwenderische, toastwürzige französische Eichenholz erst einmal besser integriert ist, kann der *1997er Shiraz/Cabernet Sauvignon Maleea* mühelos auf 93 Punkte kommen. Dieser sensationell reichhaltige, beeindruckend strukturierte Wein besitzt eine schwarz-purpurrote Farbe, die bereits angesprochene dicke Hülle von toastwürzigem Eichenholz, umwerfende Blaubeer-, Brombeer- und Cassisnuancen, toastwürzige und vanilleduftige Noten, vollen Körper und einen reichhaltigen, konzentrierten Abgang von beeindruckender süßer Fruchtigkeit. Da er noch wie eine Fassprobe schmeckt, sollten Sie ihm 1–2 Jahre Kellerlagerung gönnen. Er dürfte nach der Abfüllung 2 Jahrzehnte lang in Schönheit altern.

1800 Kisten existieren von dem reinsortigen Cabernet, der einen gebieterischen Geschmack mit Eleganz verbindet und zu einem vernünftigen Preis erhältlich ist. Der tief rubinpurpurfarbene *1998er Cabernet Sauvignon* zeigt ein von Pflaumen, Cassis, Zedernholz und Gewürzen geprägtes Bukett mit holzwürzigen Noten amerikanischer und französischer Fässer. Dieser dicke, saftige, körperreiche, opulente, aber klar konturierte Wein versteht es, Kraft und Eleganz brillant zu vereinen. Voraussichtliche Genussreife: jetzt–2015. Der *1997er Cabernet Sauvignon* duftet nach Cassis, Zedernholz, verbrannten Kräutern, Dörrpflaumen und Pflaumenlikör. Körperreich und konzentriert, ohne nennenswerte Eichenholzwürze, sollte dieser Wein noch bis 2015 in Bestform sein.

Der reinsortige Shiraz wächst im Unterschied zu seinen Vettern aus Barossa in einem kühleren Anbaugebiet heran. Die Reben sind 30 Jahre alt, der Ausbau erfolgt ausschließlich in amerikanischen Eichenholzfässern. 1800 Kisten existieren von diesem Wein. Der *1998er Shiraz* offenbart sich dicht purpurfarben mit klassischen Duftnoten von Cassis, Brombeeren, Leder und Pfeffer und ölig texturierten, körperreichen, durchdringenden, brillant umrissenen und ungemein reintönigen Geschmacksnoten. Auch dieser Wein ist durch einen langen Abgang ohne jede Schwere und die nahezu nahtlose Einbindung aller Komponenten gekennzeichnet. Bei dem Preis kann man ihn als wahres Schnäppchen bezeichnen! Er kann jetzt und in den nächsten 12–15 Jahren getrunken werden. Noten von frisch gemahlenem Pfeffer sowie Brombeer- und Cassisfrucht entströmen dem *1997er Shiraz*, nachdem er im Glas ist. Außerdem besitzt er eine eichenholzwürzige Note, einen mittleren bis vollen Körper und zeigt sich im schön kombinierten, konzentrierten Stil. Obschon kein Kraftprotz, erweist sich dieser Wein als geschmackvoll, ausgereift und schön gemacht. Trinken Sie ihn während der nächsten 5–6 Jahre.

MAK (COONAWARRA)

1999	**Cabernet Sauvignon/Shiraz Snowy River**	**B**	**90**
1998	**Cabernet Sauvignon/Shiraz Snowy River**	**B**	**88**

Um seinen eigenen Wein zu produzieren, hat sich der Importhändler Rob McDonald von Old Bridge Cellars in Australien Land gekauft. Sein erster Versuch, der tief pflaumen-purpurfarbene *1998er Cabernet Sauvignon/Shiraz Snowy River* (dem winzige Mengen Merlot und Cabernet Franc beigemischt werden), ist ein rustikaler, tanninreicher, strukturierter Wein mit Unmengen mollig weicher, muskulöser, rauchiger, erdiger, blaubeer- und cassisduftiger Noten im vollmundigen Stil. Er dürfte 7–8 Jahre gut zu trinken sein.

Besser noch war der *1999er Cabernet Sauvignon/Shiraz Snowy River* (59 % Cabernet, 41 % Shiraz), geschmeidiger und üppiger texturiert. Der Wein besitzt reichlich Power und Konzentration sowie Brombeer- und Cassisfrucht, gemischt mit erdhaften, pfeffrigen, rauchigen und holzwürzigen Noten. Dieser verbraucherfreundliche, dichte, kernige, verführerische Wein ist 5–7 Jahre gut zu trinken. Beide Weine bieten ausgezeichnete Qualität für ihren Preis.

MAXWELL (MCLAREN VALE)

1999	**Cabernet Sauvignon Lime Cave**	**D**	**93**
1998	**Cabernet Sauvignon Lime Cave**	**D**	**94+**
1998	**Grenache**	**D**	**91**
1999	**Shiraz Ellen Street**	**D**	**92**
1998	**Shiraz Ellen Street**	**D**	**91+**
1997	**Shiraz Ellen Street**	**D**	**91**

Dieses Weingut, das regelmäßig Spitzenweine erzeugt, hat Cabernet-Pflanzungen auf den ton- und kalkhaltigen Böden in der Nähe einer für Pilzkultur genutzten Höhle. Der Ausbau des Cabernet Sauvignon Lime Cave erfolgt sowohl in amerikanischen als auch in französischen Eichenholzfässern (Frischholzanteil 30 %). Der Wein wird unfiltriert auf Flaschen gezogen. Der *1999er Cabernet Sauvignon Lime Cave* verbindet eine sensationelle, undurchdringlich purpurrote Farbe mit explosiven Duftnoten schwarzer Johannisbeeren, von Brombeeren und Rauch. Dieser körperreiche Wein ist ungemein dicht, süß, konzentriert fruchtig und reintönig; Tannin, Säure, Alkohol und Extrakt stehen in einem tadellos ausgewogenen Verhältnis zueinander. Der Wein wird 12–15 Jahre gut trinkbar sein. Der *1998er Cabernet Sauvignon Lime Cave* ist straff gewirkt und wunderschön texturiert. Er paart Kraft mit Eleganz und offenbart Pauillac-ähnliche Aromen von Zedernholz und Gewürzkiste, die an der Luft in eine Mischung aus Brombeerlikör, Cassis und schwarzen Früchten übergehen. Dieser spektakuläre Cabernet, der noch eine gewisse Kellerlagerung verlangt, dürfte noch 15 Jahre lang reifen.

Der Shiraz Ellen Street wird aus den Trauben 40-jähriger Reben gewonnen, vorwiegend in amerikanischem Eichenholz ausgebaut (20 % französische Fässer) und ohne Filtration abgefüllt. Für australischen Shiraz ist dieser Wein sein Geld unbedingt wert. Der *1999er Shiraz Ellen Street* ist eine dichte, fette, thermonukleare, fruchtige Bombe von Shiraz. Er hat eine undurchdringlich rubin-purpurrote Farbe, während sich in Duft und Geschmack schwarze Früchte mit Erde, Trüffeln, Schokolade und einer Spur Kaffee vermischen. Dieser körperreiche, ölig texturierte, reintönige, ausladende und dennoch überraschend gut ausgewogene, massive Wein kann ab sofort über die nächsten 10–15 Jahre getrunken werden. Der viel versprechende *1998er Shiraz Ellen Street* zeigt sich recht verschlossen, undurchdringlich schwarz-purpurfarben, mit süßer, eingedickter Brombeer- und Cassisfrucht und großartiger Reintönigkeit. Es ist ein körperreicher, vielschichtiger Wein. Die sekundären Aromen des 1997ers hat dieser Jahrgang noch nicht ausgebildet, sie dürften jedoch nach einem weiteren Jahr in der Flasche zum Vorschein kommen. Er müsste 10–15 Jahre halten. Der *1997er Shiraz Ellen Street* präsentiert eine schwarzpurpurrote Farbe; danach folgt ein Bukett mit erdigen, pfeffrigen, gewürzboxartigen, trüffel- und lakritzehaften sowie beerenfruchtigen Noten, wie z. B. schwarzen Johannisbeeren. Obzwar aus einem geringer benoteten Jahrgang als der jüngere Vetter, beeindruckt dieses hervorragende, gehaltvolle, konzentrierte Kraftwerk durch Körper und Extrakt. Voraussichtliche Genussreife: jetzt–2016.

Der dicht purpurfarbene *1998er Grenache* stammt aus dem Lesegut alter Reben und wird ohne Filtration abgefüllt. Der körperreiche Wein offenbart lederähnliche, erdhafte Geschmacksnoten von schwarzen Himbeeren und Kirschwasser, einen Hauch Straßenteer, reichlich Glyzerin und Fülle. Trinken Sie ihn innerhalb der nächsten 5–6 Jahre.

MEEREA PARK (HUNTER VALLEY)

1999	**Cabernet Sauvignon/Merlot**	**C**	**88**
1998	**Shiraz Alexander Munro**	**D**	**89**
1999	**Shiraz The Aunts**	**C**	**87**

Der dicht rubinfarbene *1999er Cabernet Sauvignon/Merlot* offenbart Aromen neuer französischer Eichenholzfässer mit schwarzen Johannisbeeren, Kirschen und Gewürzkiste. Obwohl nicht komplex, ist er doch schön gemacht, reintönig, vollmundig, tief, ausgereift und angenehm ausgewogen. Nach einer Weile im Glas treten rauchwürzige Tabaknuancen zu Tage. Dieser preiswerte Wein im Bordeaux-Stil müsste sich 7–8 Jahre gut trinken lassen.

Der weiche, geradlinige *1999er Shiraz The Aunts* (100 % Shiraz) bietet Noten von Schokolade, Brombeeren, Pfeffer, Erde und Lakritze. Grob, aber stämmig und köstlich, wird er 4–5 Jahre gut zu trinken sein. Der extraktreiche, tiefpurpurrote *1998er Shiraz Alexander Munro* wurde zu 100 % in neuen französischen und amerikanischen Eichenholzfässern ausgebaut. Es ist ein kräftiger, mäßig tanninherber, dichter Wein, der sich noch unentwickelt und jugendlich zeigt. Wenn er an Komplexität gewinnt, kann er eine hervorragende Punktnote erhalten. Ausladend, muskulös und tief bietet er die klassische Palette von geschmolzenem Teer, Brombeeren, Crème de Cassis und Lakritze. Trinken Sie ihn in den nächsten 10–12 Jahren.

CHARLES MELTON (BAROSSA VALLEY)

1998	**Cabernet Sauvignon**	**D**	**86**
1998	**Grenache**	**D**	**90**
1998	**Nine Popes**	**D**	**89**
1997	**Nine Popes**	**D**	**92**
1999	**Shiraz**	**D**	**88**
1997	**Shiraz**	**D**	**88**

The Nine Popes, ein Verschnitt aus Grenache, Shiraz und Mourvèdre, stammt von 80- bis 100-jährigen Grenache-Reben. Er ist wunderschön gemacht, bereitet viel Freude und gilt als australisches Pendant des Châteauneuf-du-Pape. Der *1998er Nine Popes* zeigt sich sattrubinpurpurfarben mit einer verschwenderischen Fülle von pfeffrigem Kirschwasser und erdhaften Nuancen bei mittlerem bis vollem Körper. Am Gaumen vermittelt er einen Eindruck von Breite, Dichte und Kernigkeit. Trinken Sie ihn in den nächsten 4–5 Jahren. Der hinreißende *1997er Nine Popes* zeigt Aromen von Kirschwasser, Kirschmarmelade, Himbeeren, gerösteten Erdnüssen und Kräutern und fantastische Frucht. Der Wein ist körperreich und besitzt reichlich Glyzerin, während der mittlere Gaumenbereich an die konzentrierten Trauben älterer ertragsarmer Reben erinnert. Trinken Sie ihn im Verlauf dieser Dekade.

Der dunkelrubin-purpurfarbene *1999er Shiraz* präsentiert einen pfeffrigen Stil mit schweren, minzehaften Komponenten und schwarzen Johannisbeeren. Er ist gewürzbetont, hochkonzentriert, reintönig und weich im Abgang. Trinken Sie ihn innerhalb der nächsten 5–6 Jahre. Der *1997er Shiraz* zeigt sich von der zivilisierteren, verhaltenen Art. Die Farbe ist ein dichtes Dunkelrubinrot mit Purpurschimmer. Noten von schwarzen Früchten (vorwiegend Beeren) entströmen dem mäßig intensiven Bukett. Im Unterschied zu den meist vor Kraft strotzenden Shiraz-Weinen aus Barossa zeigt er Eleganz, gute Ausgewogenheit, Konzentration, bemerkenswerte Reintönigkeit, Reife und Charakterstärke. Der Wein wird in der Flasche noch sekundäre Aromen entwickeln. Voraussichtliche Genussreife: jetzt–2008.

Der dicht rubinfarbene *1998er Grenache* zeigt süße Duftnuancen von Kirschwasser, Pfeffer, Gewürzen und Erde. Körperreich, fleischig und vollmundig, mit süßer Frucht und reichlich Glyzerin kann dieses Rhône-Pendant jetzt und noch in den nächsten 7–8 Jahren getrunken werden.

Der dunkelrubin-purpurfarbene *1998er Cabernet Sauvignon* bietet Minze und schwarze Johannisbeeren im Geschmack. Er ist straff gewirkt, bei mittlerem bis vollem Körper, mäßigem Tanninwert, süßer Frucht und strukturiertem, strengem Abgang. Er braucht noch 2–3 Jahre Kellerlagerung und kann innerhalb der nächsten 10–12 Jahre gut getrunken werden.

MITCHELL (CLARE VALLEY)

1999 Shiraz Peppertree **C 90**

Der vor der Abfüllung zu 100 % in französischen Eichenholzfässern ausgebaute, imponierend ausgestattete *1999er Shiraz Peppertree* zeigt sich undurchdringlich rubin-purpurfarben mit einem süßen Bukett von schwarzen Früchten, neuem Sattelleder, Erde, Teer und Lakritze – dem klassischen Aromaprofil des australischen Shiraz. Die würzige Note französischer Eichenholzfässer wirkt im Vergleich zum aggressiveren Holzton anderer, in amerikanischen Fässern ausgebauter Shiraz-Weine eher subtil. Dieser 1999er besitzt geschmeidige Tannine, er ist körperreich, bemerkenswert dicht und reintönig, säurearm und stämmig im Abgang. Er dürfte innerhalb des Jahrzehnts zu trinken sein.

MITCHELTON (VICTORIA)

1997	**Cabernet Sauvignon Sidey's**	**C**	**87**
1999	**Shiraz Crescent**	**C**	**86**
1997	**Shiraz Print Label**	**D**	**89**
1996	**Shiraz Print Label**	**D**	**88**

Dieses Weingut bietet eine Reihe äußerst günstiger Rot- und Weißweine. Im Weißweinbereich entstehen superbe Rieslinge, Chardonnays und eine Spitzencuvée namens Airstrip. Diese Weine werden innerhalb einiger Monate nach der Ernte getrunken und daher auf diesen Seiten nicht besprochen.

Der *1999er Shiraz Crescent* ist ein geradliniger, ausgereifter, vollmundiger, fruchtiger Wein von mittlerem bis vollem Körper, mit weichem Tannin und pfeffrigem, gefälligem Abgang. Voraussichtliche Genussreife: jetzt–2007.

Der *1997er Cabernet Sauvignon Sidey's* offenbart charakteristische Aromen schwarzer Johannisbeerfrucht, vermischt mit Tabak und Kaffee. Von mittlerem bis vollem Körper, fruchtbetontem Stil, mit mäßigen Mengen Eichenholzwürze und Tannin, dürfte er sich 7–8 Jahre gut trinken lassen. Als bester Rotwein des Angebots zeigte sich der dunkelrubin-purpurfarbene *1997er Shiraz Print Label*. Aromen von Pflaumen und Brombeeren, Grafit, Rauch und Pfeffer bilden den Vorspann eines dichten, vollmundigen, leicht tanninherben Shiraz von mittlerem bis vollem Körper. Voraussichtliche Genussreife: jetzt–2014.

Bei dem *1996er Shiraz Print Label* wird ein undurchdringliches Rubin-Granatrot gefolgt von schwerer amerikanischer Eichenholzwürze, Schokolade, Kokosnuss und den Aromen schwarzer Kirschen und Beerenfrucht. Der körperreiche, weiche, offenkundige und in seiner unverhohlenen Mischung aus fruchtigen und holzwürzigen Nuancen angenehm gefällige Wein dürfte 5–8 Jahre gut zu trinken sein.

MORAMBRO CREEK (PADTHAWAY)

1999	**Cabernet Sauvignon**	**D**	**85**
1999	**Shiraz**	**D**	**89**

Für diese Weine zeichnet die seit langer Zeit als Winzer und Eigentümer niedergelassene Familie Bryson verantwortlich. Der im Wesentlichen eher eindimensionale *1999er Cabernet Sauvignon* bietet ein rauchwürzig-elegantes Bukett mit schwarzen Johannisbeeren bei mittlerem Körper und eine saubere, reintönige Persönlichkeit. Voraussichtliche Genussreife: jetzt–2008. Der *1999er Shiraz* zeigt sich tiefrubin-purpurfarben, körperreich im Geschmack, breit und expansiv mit ausgezeichneter schwarzer Frucht, vermischt mit frischem Teer und Pfeffer. Das Eichenholz ist noch nicht ganz integriert. Trinken Sie den Wein innerhalb der nächsten 10 Jahre.

MOSS WOOD (MARGARET RIVER)

1996	**Cabernet Sauvignon**	**D**	**93+**
1997	**Pinot Noir**	**D**	**88?**

Der dunkelrubin-purpurfarbene *1997er Pinot Noir* hat nicht dem eleganten Charakter der Traube Ausdruck gegeben. Bei stattlichen 14,5 % Alkohol erinnert er mich an die gut gemachten Pinot Noirs warmer Anbaugebiete. Noten von Schokolade, toastwürzigem Eichenholz, Kirschmarmelade und verbrannten Kräutern entströmen dem tiefen, vollmundigen, körperreichen Wein, der ein fleischiges, erdiges Profil am Gaumen hinterlässt. Er ist einen Deut kerniger und schwerer als die burgundischen Pommard-Weine der Côte d'Or, mit denen er Ähnlichkeit hat. Zweifelsfrei ist dies ein geschmackvoller, intensiver Wein, der mir vor allem durch seinen Geschmack und hedonistischen Charakter gefiel und nicht so sehr durch seine Interpretationsweise der Rebsorte. Trinken Sie ihn in den nächsten 4–5 Jahren.

Cabernet-Liebhaber, die einen herausragenden Vertreter ihrer Lieblingstraube suchen, empfehle ich den teuren, dafür aber tiefgründigen *1996er Cabernet Sauvignon.* Dieser massive, hochkonzentrierte, undurchdringlich purpurfarbene Wein besitzt ein markantes Bukett mit Anklängen an Oliven, Cassismarmelade, Rinderblut, Mineralien, Erde und frische Holzfässer und zeigt sich als einer der großartigen klassischen australischen Vertreter der Sorte. Er trieft förmlich vor Extrakt, ist reich an Tanninen und vermittelt eine fantastische Geschmacksfülle. Voraussichtliche Genussreife: jetzt–2020.

MOUNT HORROCKS (CLARE VALLEY)

1998	**Cabernet/Merlot**	**D**	**86**
1997	**Cabernet/Merlot**	**D**	**90**
2000	**Riesling Cordon Cut**	**D**	**92**
1999	**Riesling Cordon Cut**	**D**	**92**
1998	**Shiraz**	**D**	**90**

Der *1998er Cabernet/Merlot* ist ein magerer, strenger Rotwein mit minzehaften Noten, roten Johannisbeeren und Kirschen, Gewürzen, untergründiger Erdigkeit und mäßig langem Abgang. Trinken Sie ihn im Zeitraum der nächsten 5–6 Jahre. Der hervorragende *1997er Cabernet/Merlot* (85 % Cabernet und 15 % Merlot; Ausbau zu 100 % in französischem Eichenholz) zeigt sich konzentriert, ausgereift, aber noch nicht voll entfaltet, mit beeindruckender Cassis-Brombeer-Frucht in eine schöne Holznote gefasst. Dieser gut ausgestattete, körperreiche Wein besitzt Tiefe, klassische, schöne Proportionen und wird bis 2015 seine optimale Trinkreife bewahren.

Der dunkelrubin-purpurfarbene *1998er Shiraz* ist ein interessanter Wein mit einem süßen, komplexen, erdhaften, teerigen Bukett von dicklichen roten und schwarzen Früchten. Hinzu kommen wundervolle Reintönigkeit, mittlerer bis voller Körper und der Sinn für Eleganz und vollendete Symmetrie. Dieser geschmackvolle, zarte Shiraz lässt sich sofort und noch innerhalb der nächsten 7–8 Jahre genießen.

Der hell goldene *2000er Riesling Cordon Cut* besitzt gute Säure, 11 % Alkohol und ist im Stil eine Mischung aus Beeren- und Trockenbeerenauslese. Verschwenderische Nuancen von Geißblatt und dicklichen tropischen Früchten gesellen sich zu einer wundervoll frischen, lebhaften, beschwingten Säure. Dieser reintönige Riesling ist innerhalb der nächsten 2–4 Jahre genussreif und passt hervorragend zu fruchtigen Nachspeisen. Freunde des Nektars werden vom *1999er Riesling Cordon Cut* im Beerenauslesestil beeindruckt sein. Mit

13,5% Restzucker und guter untergründiger Säure offenbart dieser ungewöhnlich reintönige Wein honigfeine tropische Früchte, untergründigen mineralischen Charakter und einen leichten, ölig texturierten und dennoch frischen Abgang. Trinken Sie diesen Wein innerhalb der nächsten 4 Jahre.

MOUNT LANGI GHIRAN (VICTORIA)

1996	**Cabernet Sauvignon/Merlot**	**C**	**86?**
1997	**Shiraz**	**C**	**91**
1997	**Shiraz Billi Billi**	**B**	**88**

Trevor Mast, dem bekannten Verfechter des alten, im Gobelet-System kultivierten Shiraz, sind in den letzten Jahrzehnten erstaunliche Weine von dieser Traube gelungen. Wer nach einem Shiraz von alten Reben mit einem vernünftigen Preis-Leistungsverhältnis sucht, kann den *1997er Shiraz Billi Billi* probieren. Er hat einen dicht rubin-purpurroten Farbton, süße, dickliche, brombeerduftige, pfeffrige und würzige Duftnuancen in Verbindung mit einem körperreichen, geschmeidig texturierten, köstlich süffigen, draufgängerischen Stil, der enormen kommerziellen Erfolg verspricht. Die Trauben für diesen Wein stammen aus den Shiraz-Rebgärten in Barossa und in McLaren Vale. Er mundet jetzt schon köstlich und verspricht noch 4–5 Jahre Trinkgenuss. Noch hedonistischer und wuchtiger erweist sich der schwarzpurpurrote *1997er Shiraz*. Dieser exotische, schön geschichtete Wein mit ausgereiften Nuancen von Brombeeren, Cassis und Gewürzen hat beträchtliche Mengen von süßen Tanninen, die aber in Anbetracht der geringen Säure, verschwenderischen Frucht und Glyzerinfülle kaum in Erscheinung treten. Dieser körperreiche Klassiker sollte noch in der Jugend genossen werden, kann sich aber noch 10–12 Jahre schön entfalten.

Nicht so beeindruckend zeigt sich der *1996er Cabernet Sauvignon/Merlot*. Er besitzt eine satte Farbe, verliert jedoch durch die trockenen, harten Tannine im Abgang. Bei mittlerem Körper offenbart er erdhafte, schwarze Johannisbeerfrucht und grasige Noten im Geschmack. Im tanninstrengen Abgang wird er schmal. Haben die Tannine die erforderliche Tiefe, um das Gleichgewicht im Wein zu wahren?

NEAGLE'S ROCK (CLARE VALLEY)

1998	**Cabernet Sauvignon**	**C**	**89**

Wäre da etwas mehr Komplexität in diesem *1998er Cabernet Sauvignon*, hätte ich ihm eine hervorragende Note gegeben. Trotzdem ist er auch so allemal sein Geld wert. Dieser ausdrucksstarke Stil geht einher mit einer undurchdringlich rubin-purpurroten Farbe und explosiver schwarzer Johannisbeerfrucht, vermischt mit Rauch und Erde. Es ist ein herrlich gehaltvoller Wein, mit süßem Tannin und geringer Säure im Auftakt, gefolgt von Geschmacksfülle und Kernigkeit im Mund. Trinken Sie ihn während dieses Jahrzehnts.

NEPENTHE (ADELAIDE HILLS)

1999	**Zinfandel**	**D**	**86**

Nepenthe kommt aus dem Griechischen und bedeutet so viel wie Allheilmittel gegen Kummer und Schmerz. Das Weingut zeigt im Weißweinbereich (Sauvignon Blanc, Chardonnay und Semillon) mehr Stärke als bei den Roten. Der 1998er Le Fugue, eine Mischung aus Cabernet Sauvignon, Merlot und Cabernet Franc, zeigte sich z. B. streng und tendierte allzu sehr zu europäischer Eleganz. Der 1999er Pinot Noir wiederum war im leichten Stil ohne klar umrissenes Aroma gemacht. Aber der *1999er Zinfandel* macht einen guten Eindruck. Es ist ein weicher, köstlicher, eleganter, Bruyèreholz-duftiger Wein (nur 80 Kisten) von mittlerem Körper, der seine stolzen 16 % Alkohol wie ein Magier zu tarnen weiß. An einen kalifornischen Spitzen-Zinfandel reicht diese Kuriosität aus Adelaide Hills freilich nicht heran, aber der Wein ist gut gemacht. Trinken Sie ihn innerhalb der nächsten 2–3 Jahre.

NOON (LANGHORN CREEK)

1999	Cabernet Sauvignon Reserve	E	94
1998	Cabernet Sauvignon Reserve	E	98+
1999	Eclipse	D	94
1998	Eclipse	D	96
1999	Noon V.P.	E	90
1998	Noon V.P.	E	94
1999	Shiraz Reserve	E	96
1998	Shiraz Reserve	E	98

Dies ist eines der glanzvollsten Weingüter Australiens, dessen Name für außerordentliche Reintönigkeit, Symmetrie und Individualität bürgt. Die Jahresproduktion bewegt sich im Spektrum von 85 Kisten für den mengenbegrenzten Noon V.P. und 580 Kisten für den Shiraz Reserve bis zu fast 1000 Kisten für den Eclipse. Die 1998er waren fabelhaft und auch der 1999er, der leichter ausfiel, ist diesem Produzenten hervorragend gelungen.

Der *1999er Eclipse* ist ein Verschnitt von 66 % Grenache und 34 % Shiraz. Er wird in amerikanischen Eichenholzfässern ausgebaut und unfiltriert auf Flaschen gezogen. Der Wein bringt ordentliche 14,9 % Alkohol auf die Waage und hat eine undurchdringlich purpurrote Farbe sowie ein fabelhaft süßes, von Lakritze-, Trüffel- und Vanilledüften durchsetztes Brombeer-Cassis-Bukett. Dieser körperreiche, ungestüme, vielschichtige, ausgereifte, reintönige, prächtige 1999er ist ein betörender Wein, der in den nächsten 15–16 Jahren getrunken werden kann. Der *1998er Eclipse* (die Shiraz-Reben sind 35–65 Jahre alt und ergeben 5 t/ha) besitzt beachtliche 15,7 % Alkohol, der sich unter dichten, an Blaubeerlikör erinnernden Duft- und Geschmacksnuancen tarnt. Hinzu kommen noch Cassis, toastwürzige Noten und Spuren von Pfeffer und Lakritze in diesem dicken, körperreichen Wein. Er ist phänomenal reichhaltig, extraktreich und verblüffend intensiv. Süße Tannine, geringe Säure – ein traumhafter Wein. Trinken Sie ihn in den nächsten 10–15 Jahren.

Wie schade, dass von dem Noon V.P. nicht mehr erhältlich ist. Dieser Wein aus den Trauben 80-jähriger Grenache-Reben erhielt durch die Anreicherung mit Alkohol seinen Charakter eines Dry Vintage Port. Der *1999er Noon V.P.* kam auf 19,6 % Alkohol, der *1998er Noon V.P.* auf 20,1 %, und keiner von beiden wirkte dadurch übersättigt oder zu süß. Dennoch handelt es sich um dichte, viskose, körperreiche Weine, die gut zur Käseplatte nach dem Hauptgericht passen und große Mengen von schwarzen Früchten, Kirschwassernuancen sowie Pfeffer- und Gewürznoten enthalten. Über ihr Alterungspotenzial kann ich nichts Genaues sagen, würde aber nach vorsichtigen Schätzungen von 10–15 Jahren ausgehen. In Aroma und Charakter findet der Wein unter den von mir verkosteten Weinen Europas und der Neuen Welt wohl nicht seinesgleichen. Diese Weine sind zweifelsohne einzigartig und aufregend in ihrer Art.

Im breiten Spektrum konventionellerer trockener Tafelweine kann ich den Lesern den Shiraz Reserve oder den Cabernet Sauvignon Reserve empfehlen. Der reinsortige Cabernet Sauvignon aus den Trauben von 35-jährigen Reben ist bedauerlicherweise schwer erhältlich, denn die mengenmäßige Begrenzung liegt bei 300 Kisten pro Jahr. Der *1999er Cabernet Sauvignon Reserve* würde lässig für einen australischen Pauillac durchgehen. Er hat eine dicht rubin-purpurrote Farbe, und wenn er im Glas verweilt, steigen typische Cabernet-Düfte nach Zedernholz, Rauch, Cassis, Mineralien, Bleistift und frischer Eichenholzwürze auf. Im Mund zeigt sich der Wein körperreich, fabelhaft konzentriert und vielschichtig texturiert, triefend vor Glyzerin, mit einem konzentrierten, langen, nahtlosen Abgang, der Tannin, Säure und Alkohol gut einbindet. Bei 14,6 % Alkohol ist der Wein kein Schwächling. Voraussichtliche Genussreife: jetzt–2020. Gewiss wäre es interessant, den *1998er Cabernet Sauvignon Reserve* (15,5 % Alkohol) im Rahmen einer Blindverkostung gegen den Cabernet von Bryant Family Vineyard, Harlan Estate, Colgin, Château Montelena und Screaming Eagle antreten zu lassen (eine verlockende Idee!). Dieser nahezu perfekte schwarz-purpurfarbene

Cabernet bietet außergewöhnliche süße Aromen von schwarzen Kirschen und Johannisbeeren sowie riesige, hinreißend proportionierte, üppigweich texturierte Geschmacksaromen, die 50+ Sekunden nachhallen. Trotz des hohen Alkoholgehalts ist der Wein nicht hitzig, sondern unglaublich reintönig und symmetrisch. In den nächsten 10–15 Jahren dürfte er noch besser werden und mindestens 2 Jahrzehnte überdauern.

Die Reben für den Shiraz Reserve sind 35–40 Jahre alt und der Wein wird in einer Kombination aus kleinen und großen Eichenholzfässern ausgebaut. 580 Kisten existieren von diesem Koloss. Der ungemein extraktreiche, massive *1999er Shiraz Reserve* bringt 15,2 % Alkohol auf die Waage. Er ist undurchdringlich violett-purpurfarben, und umwerfende Blaubeerlikör-ähnliche Duftnoten, vermischt mit Noten von Gewürzkiste, Pfeffer, Teer und Lakritze, steigen aus dem Glas auf. Dieser superbe, überlebensgroße Wein mit seiner Opulenz und Viskosität, der herrlichen Präsenz im Mund, der wunderschönen Integration von Säure, Tannin und Alkohol stellt für einen leichtgewichtigen Jahrgang wie den 1999er eine Glanzleistung dar. Voraussichtliche Genussreife: jetzt–2020. Der undurchdringlich schwarzviolettfarbene *1998er Shiraz Reserve* zeigt ein faszinierendes Veilchenbukett, Noten von schwarzen Himbeeren und Blaubeerlikör, Zedernholz, Früchtekuchen und Pfeffer. Surreale Glyzerinwerte und Reichhaltigkeit kennzeichnen diesen körperreichen, überraschend geschmeidig texturierten Wein. Der Abgang dauert mehrere Minuten an. Voraussichtliche Genussreife: 2005–2020.

NURIOOTPA HIGH SCHOOL (BAROSSA VALLEY)

1999	**Class Shiraz**	**E**	**90+**
1998	**Class Shiraz**	**E**	**94**

An der Schule, die dem Weingut angeschlossen ist, ist die Weinbereitung Lehrfach. Leider ist die Produktion extrem gering (sie beträgt ein einziges Fass, 30 Kisten nur), so dass ich mich kurz fasse. Die 100%ige Shiraz-Cuvée, ein Kraftprotz aus den Trauben eines 31-jährigen Rebgartens in Koonunga, ist hervorragend und gereicht den Studenten der Schule zur Ehre. Dicht, undurchdringlich-purpurfarben mit reichlich Crème-de-Cassis-Noten, rauchigen und erdhaften Nuancen, dürfte sich der körperreiche, etwas rustikale, aber reichhaltige, kernige *1999er Class Shiraz* mindestens 10–15 Jahre gut trinken lassen. Der explosive, fabelhaft konzentrierte *1998er Class Shiraz* ist körperreich, hochkonzentriert und besitzt verschwenderische Mengen pfefferbetonter Brombeerfrucht. Voraussichtliche Genussreife: jetzt–2017.

ODDFELLOWS (LANGHORNE CREEK)

1998	**Shiraz**	**C**	**91**

Dieser kraftvolle *1998er Shiraz* (15,8 % Alkohol) offenbart sich als kerniger, etwas verschlossener Wein, der bis zum Rand mit leder- und erdhaften, Brombeer- und Cassis-fruchtigen Noten gefüllt ist. Es ist ein dichter, muskulöser Shiraz, der eine korpulente Persönlichkeit, süße Tannine und einen strammen, leicht rustikalen, aber kräftigen Abgang besitzt. Ich weiß nicht, ob er feiner wird, trinken Sie ihn daher innerhalb dieses Jahrzehnts, um seinen jugendlichen Überschwang zu genießen.

OLIVER'S TARANGA (MCLAREN VALE)

1999	**Shiraz**	**D**	**92**
1998	**Shiraz**	**D**	**95**
1997	**Shiraz**	**D**	**90**
1996	**Shiraz**	**D**	**94**

Viele Jahre lang verkaufte die Familie des Eigentümers Don Oliver ihre Lese an den Riesen Penfolds, wo sie bald den Hauptbestandteil des großartigen Grange darstellten. Jetzt produziert der Eigentümer selbst 500 Kisten reinsortigen Shiraz aus den Trauben 45-jähriger Reben, deren Erträge er auf 7,4 t/ha begrenzt. Der Wein scheint es in jeder Hinsicht mit den letzten Granges aufnehmen zu können.

Der spektakuläre *1999er Shiraz* (14,5 % Alkohol) bietet Duftnoten von schwarzen Früchten, Weihrauch, Rauch, Pfeffer und Wurst, die in einem ungemein exotischen, aber unwiderstehlichen Strauß dem Glas entströmen. Undurchdringlich purpurfarben, körperreich, mit großartiger Konzentration und schön eingebundenen Noten der französischen und amerikanischen Eichenholzfässer, zeigt sich dieser ausladende, opulente, kernige, hochkonzentrierte Wein höllisch genussbetont. Voraussichtliche Genussreife: jetzt–2012. Als vielleicht schönster Wein dieses Reigens wartet der sattschwarz-purpur-violette *1998er Shiraz* mit sensationellen Aromen von Blaubeeren, Brombeeren und Cassis auf. Im Geschmack offenbart er sich hochkonzentriert, fabelhaft reintönig, mit süßem Tannin und gut eingebundener Säure. Obwohl noch nicht so komplex wie der 1997er oder der 1996er, hat der 1998er noch mehr zu bieten und dürfte nach einer weiteren Kellerlagerung von allen der beste sein. Er wird 2 Jahrzehnte lang gut altern. Das Leichtgewicht der Serie ist der *1997er Shiraz.* Er ist am weitesten fortgeschritten und zeigt eine fantastische Fülle an Frucht, verschwenderische Brombeernoten, Pfefferspuren und milde erdhafte Nuancen, er ist intensiv und körperreich im Mund, säurearm und endet in einem ausgereiften, komplexen Abgang. Der ungezwungene Stil und die schwere, gehaltvolle Frucht sprechen für den sofortigen Genuss dieses köstlichen Weins. Er dürfte sich gut 7–10 Jahre trinken lassen. Der *1996er Shiraz* offenbart ausgereifte Duft- und Geschmacksaromen, die an teerige Arznei, geschmolzene Schokolade und prächtige Brombeer- und Cassisfrucht erinnern. Dieser Wein ist fantastisch körperreich, triefend von Glyzerin, voll Alkohol und Extrakt, und obwohl er noch nicht die Reife des 1997ers zeigt, schwerer, reichhaltiger und muskulöser im Geschmack. Dieser zugängliche Shiraz ohne Ecken und Kanten verspricht sich noch 10–15+ Jahre zu entfalten.

PARACOMBE (ADELAIDE HILLS)

1998	**Cabernet Franc**	**C**	**89**
1998	**Shiraz**	**C**	**88**
1997	**Shiraz Somerville**	**E**	**91**

Der äußerst beeindruckende reinsortige *1998er Cabernet Franc,* der 12 Monate in amerikanischen und französischen Eichenholzfässern ausgebaut wurde, zeigt ein zartes, stilvolles Himbeer-Kirsch-Bukett mit Blumen und holzfeinen Noten. Er ist mittelgewichtig, weich, charmant und fein, aber geschmackvoll und offenbart Anklänge von Unterholz, vermischt mit blumig überhauchten roten und schwarzen Früchten im Geschmack. Dieser nahtlos gefügte, unauffällige und dennoch gehaltvolle Wein hat weder Ecken noch Kanten. Ein Wein von dieser Eleganz und Delikatesse bei einer solchen Geschmacksfülle und Intensität stellt eine Glanzleistung dar. Trinken Sie ihn innerhalb der nächsten 4–5 Jahre, obwohl er auch länger liegen kann.

Der *1998er Shiraz* (14,5 % Alkoholgehalt) wurde 2 Jahre in einer Mischung aus französischen und amerikanischen Eichenfässern ausgebaut; er duftet nach schwarzen Himbeeren, Pfeffer und Erde und besitzt eine weiche, vielschichtige, fleischige, stämmige Persönlichkeit. Er hat nicht die Komplexität des Cabernet Franc, aber mehr Tiefe und Fett. Trinken Sie ihn innerhalb der nächsten 4–5 Jahre.

Das Jahreskontingent des außergewöhnlichen *1997er Shiraz Somerville* ist auf 100 Kisten begrenzt. Die ausgewiesenen 15,9 % Alkohol überraschten mich, weil ich sie bei der Verkostung nicht wahrnehmen konnte. Dieser körperreiche, rubin-purpurfarbene Shiraz zeigt ein süßes brombeerfruchtiges Bukett mit Duftnoten von Espresso, Schokolade und Pfeffer. Das frische Eichenholz ist im Ansatz wahrzunehmen, doch die Frucht dominiert in Duft und Geschmack. Reintönig, reif und lang, mit reichlich Glyzerin ausgestattet ist dieser Wein, der sich ein Jahrzehnt lang herrlich trinken lassen dürfte.

PARINGA (SOUTH AUSTRALIA)

2000	Merlot	A	87
2000	Shiraz	A	87
1999	Shiraz	A	88

Diese attraktiven Cuvées bekommt man fast für ein Butterbrot. Im Angebot überraschen Merlot (1 500 Kisten) und Shiraz (12 000 Kisten). Der *2000er Merlot* kann mit 14 % Alkohol aufwarten. Der Wein zeigt dickliche schwarze Kirschenfrucht im aufrechten, fetten, saftigen Stil. Er ist tief rubin-purpurfarben und überrascht mit Fruchtigkeit und Charakter. Die ideale Trinkreife hat er innerhalb der nächsten 2 Jahre.

Große Mengen von schwarzen Früchten entströmen dem dunkelrubinroten, körperreichen, dichten, kernigen, würzigen *2000er Shiraz*. Diese zweifelsfrei charakterstarke, attraktive Fruchtbombe dürfte 2–3 Jahre gut zu trinken sein. Der *1999er Shiraz* in dunklem Purpurrot überrascht mit Volumen, Intensität, verschwenderischer Cassisfrucht, während das Eichenholz durch Abwesenheit glänzt. Der Wein ist reich an Fett und Glyzerin und hat einen samtig texturierten, vollmundigen, freundlichen Stil. Trinken Sie ihn innerhalb der nächsten 5–6 Jahre.

PARKER COONAWARRA (COONAWARRA)

1999	Terra Rosa Cabernet Sauvignon	D	90
1999	Terra Rosa First Growth	E	92+
1998	Terra Rosa First Growth	E	96
1996	Terra Rosa First Growth	E	93

Der Eigentümer John Parker scheut keine Kosten, um Australiens besten Wein auf Cabernet-Sauvignon-Basis zu produzieren. Nur 5–10 % der Jahresproduktion entfällt auf den Terra Rosa First Growth, von dem bedauerlicherweise alljährlich nur 1 500 Kisten vorrätig sind. Als Parker mit der Qualität der Jahrgänge 1997, 1995 und 1992 dieses Weins nicht zufrieden war, räumte er die Lager bzw. füllte er den Most unter dem Zweitetikett Terra Rosa Cabernet Sauvignon ab. Die Bordeauxkenner unter den Lesern werden eine Affinität zu Mouton-Rothschild oder Lynch-Bages erkennen, die sich allerdings nur in den reifsten, üppigsten Jahrgängen bemerkbar macht. Die Weine (Verschnitte von Cabernet Sauvignon, Merlot, Cabernet Franc und Petit Verdot) sind bemerkenswert reichhaltig, etwas dicker und saftiger als ein Bordeaux, und zeigen die typischen Charaktermerkmale der Spitzengewächse aus Pauillac: Bleistift, Schokolade, Zedernholz, Gewürzkiste und Tabak.

Der *1999er Terra Rosa First Growth* ist vorzüglich, reicht jedoch nicht an den verführerischen 1998er heran. Er wartet auf mit einer rubin-purpurroten Farbe und den typischen Düften nach schwarzen Johannisbeeren, Zedern und noblem französischem Eichenholz. Würde Jean-Michel Cazes (Eigentümer von Lynch-Bages) in Australien Wein machen, dann wäre er so wie dieser – tief und körperreich, mit gut eingebundenen Säure-, Tannin- und Alkoholwerten. Voraussichtliche Genussreife: jetzt–2020. Der Zweitwein, der *1999er Terra Rosa Cabernet Sauvignon*, sollte nicht unterschätzt werden. Er hat ein süßes Bukett mit schwarzen Johannisbeeren, zedernholzartige, schokoladenhafte, rauchwürzige Noten, geringe Säure, ausgereifte, offen gewirkte Geschmacksaromen, hohe Konzentration sowie bewundernswerte Opulenz und Länge. Er ist ausgezeichnet, besitzt aber nicht die erhabene Aura seines größeren Vetters. Trinken Sie ihn innerhalb der nächsten 10–15 Jahre.

Auf die dicht purpurrote Farbtönung des *1998er Terra Rosa First Growth* folgen außerordentlich süße fruchtige Geschmacksnoten, Glyzerinfülle und körperreiche, konzentrierte Geschmackskomponenten. Die Reintönigkeit, der hohe Extrakt und die unglaubliche Symmetrie dieses Weines sind atemberaubend. Es ist vielleicht der beste Terra Rosa First Growth, der jemals herauskam, und er dürfte sich 2 Jahrzehnte oder auch länger gut trinken lassen. Der *1996er Terra Rosa First Growth* offenbart eine undurchdringlich purpurrote Farbe und ein superbes, expressives Aromaprofil mit den oben genannten Nuancen und gewaltigen, fettigen, körperreichen Geschmackskomponenten, die den Gaumen auskleiden, sowie geringe Säure, süßes Tannin und sensationelle Länge im Abgang. Dieser spektakuläre Wein dürfte in Australien in punkto Reichhaltigkeit und Komplexität kaum seinesgleichen haben und noch 10–15 Jahre gut zu trinken sein.

PARSON'S FLAT (PADTHAWAY)

1999	**Cabernet/Shiraz**	**D**	**88**
1998	**Cabernet/Shiraz**	**D**	**96**

Der Cabernet/Shiraz von den namhaften Weinmachern Sarah und Sparky Marquis ist ein aufregender Verschnitt aus 65 % Shiraz und 35 % Cabernet Sauvignon. Der elegante, tiefrubinfarbene *1999er Cabernet/Shiraz* zeigt die Finesse eines roten Bordeaux, bei mittlerem Körper und stilvollem, weich texturiertem Abgang. Trinken Sie ihn innerhalb der nächsten 6–7 Jahre. Der undurchdringlich purpurrote *1998er Cabernet/Shiraz* offenbart geschichtete konzentrierte Brombeer- und Cassisfrucht mit Anklängen an Wurst und Aufschnitt in einem intensiven, körperreichen, hochkonzentrierten Stil. Es ist ein riesiger Wein, so üppig, dass man ihn jetzt und noch in den nächsten 10–12 Jahren trinken kann. Beeindruckend!

PAXTON (MCLAREN VALE)

1999	**Shiraz**	**D**	**87**
1998	**Shiraz**	**D**	**90**

Der Eigentümer David Paxton hat Weinbergbesitz in McLaren Vale. Im Weinjahr 1998 beschloss er, einen Teil der Ernte der älteren Parzelle zu behalten. Der Most wurde in zu 60 % neuen französischen Eichenholzfässern ausgebaut. Der eher leichte und klein dimensionierte *1999er Shiraz* ist elegant, ohne allzu viel Alkohol. Es mangelt ihm ein wenig an Tiefe und Volumen. Er dürfte sich gut 4–5 Jahre trinken lassen. Der *1998er Shiraz* (mit stolzen 14,9 % Alkohol) ist verhalten im Duft und explodiert dann im Mund. Er ist sehr tief und körperreich, mit Cassis, Brombeeren und pfeffriger Frucht, gut eingebundener Eichenholzwürze und langem, scharfem Abgang. Trinken Sie ihn innerhalb der nächsten 5–7 Jahre.

PENFOLDS (SOUTH AUSTRALIA)

1998	**Cabernet Sauvignon Bin 407**	**C**	**87**
1998	**Cabernet Sauvignon Bin 707**	**E**	**90**
1998	**Cabernet Sauvignon/Shiraz Bin 389**	**C**	**89**
1996	**Grange**	**EEE**	**92+**
1998	**Shiraz**	**E**	**87**

Einige der letzten freigegebenen Weine enttäuschten mich, weil sie nach exzessiver Säureanreicherung schmeckten. Bei der jüngsten Rotwein-Verkostung haben die folgenden fünf am besten abgeschnitten.

Der *1998er Cabernet Sauvignon/Shiraz Bin 389* präsentiert sich mit dichter, satt purpurroter Farbe, die sich mit ausgezeichneten brombeerduftigen, lakritzeartigen und erdhaften Düften paart. Im Geschmack erweist er sich als luxuriös, fett, lecker und körperreich mit beachtlicher Ausstrahlung. Voll beladen mit Früchten und Glyzerin, sollte sich dieser reintönige Wein 7–8 Jahre gut trinken lassen. Der *1998er Cabernet Sauvignon Bin 407* zeigt eine sattrubin-purpurrote Farbe und klassische Aromen von Zedernholz und Cassis, einen mittleren bis vollen Körper, reichliche Fruchtfülle, süße Tannine und adäquate Säure. Trinken Sie ihn in den nächsten 7–8 Jahren. Aus einem fantastischen Jahrgang für Shiraz aus alten Rebgärten in Barossa stammt der *1998er Shiraz*, der mit hinreißend süßer Brombeerfrucht, vermischt mit Lakritze und Pfeffer aufwartet. Würzig, von mittlerem bis vollem Körper und samtiger Textur, wird sich dieser nahtlose, geradlinige, saftige, fleischige Shiraz 7–8 Jahre gut trinken lassen. Der hervorragende *1998er Cabernet Sauvignon Bin 707* ist ein dicker, gehaltvoller, körperreicher Cabernet mit reichlich Cassisfrucht. Der reintönige Wein hat Eichenholz, Säure und Tannin schön eingebunden und fühlt sich am Gaumen breit an. Zwar hat er noch den jugendlichen, traubigen Charakter, aber er ist voll Potenzial. Voraussichtliche Genussreife: jetzt–2015.

Und dann kommt noch der *1996er Grange*, der nicht der Kraftprotz ist, der er in den größten Jahren sein kann. Es gab eine Zeit, da war dieser Wein der renommierteste Australiens. Obwohl er noch zu den Besten gehört, hat er viele Konkurrenten. Der dichtrubin-purpurfarbene Wein zeigt süße Brombeer- und Cassisaromen mit Nuancen von Teer, Lakritze und Gewürzen. Bei mittlerem bis vollem Körper, süßem Tannin, samtiger Textur und überraschender Eleganz dürfte er sich mühelos 15–20 Jahre entfalten.

PENLEY STATE (COONAWARRA)

1998	**Cabernet Sauvignon Estate**	**E**	**95**
1997	**Cabernet Sauvignon Estate**	**E**	**91**
1996	**Cabernet Sauvignon Estate**	**E**	**89+**
1999	**Cabernet Sauvignon Phoenix**	**C**	**89**
1998	**Cabernet Sauvignon Phoenix**	**C**	**90**
1997	**Cabernet Sauvignon Phoenix**	**C**	**85**
1999	**Merlot**	**D**	**87**
1996	**Merlot**	**D**	**88**
1998	**Shiraz/Cabernet**	**D**	**90**
1997	**Shiraz/Cabernet**	**D**	**89**
1999	**Shiraz Hyland**	**C**	**88**
1998	**Shiraz Hyland**	**C**	**86**
1997	**Shiraz Hyland**	**C**	**84**

Penley ist ebenfalls eines der Weingüter Australiens, die von Jahr zu Jahr besser werden. Gute Qualität für seinen Preis bietet z. B. der fleischige, samtig texturierte, elegante *1999er Shiraz Hyland.* Zu seiner tief rubin-purpurroten Farbe gesellen sich Schokolade, Brombeeren und Pfeffer in Duft und Geschmack bei mittlerem Körper und geschmeidiger Persönlichkeit. Trinken Sie ihn innerhalb der nächsten 4–5 Jahre. Der unauffällige *1998er Shiraz Hyland* zeigt sich zurückhaltend bei mittlerem Körper, während der *1997er Shiraz Hyland* gut, aber tanninherb und monolithisch ist. Voraussichtliche Genussreife: 2004–2012.

Auch der Cabernet Sauvignon Phoenix wird zu attraktiven Preisen verkauft. Die 1999er und 1998er sind sehr gut, ja deutlich besser als der 1997er. Recht leicht, zugänglich und charmant zeigt sich bei mittlerem Körper der geschmeidige, tief rubin-pflaumenfarbene *1999er Cabernet Sauvignon Phoenix.* Er offenbart süße Aromen von Zedernholz, Gewürzkiste und Johannisbeeren und eine geschmeidige Textur. Genießen Sie ihn innerhalb der nächsten 4–6 Jahre. Der dunkle purpurfarbene *1998er Cabernet Sauvignon Phoenix* ist ein ausgezeichneter Kauf. Bei zurückgebliebener Entwicklung zeigt er sich breit und mächtig, in Duft und Geschmack mit Pflaumen, schwarzen Johannisbeeren, Lakritze, Rauch und Erde. Dieser körperreiche, tief konzentrierte, dichte Wein ist sofort trinkreif, kann aber noch während der nächsten 10–12 Jahre getrunken werden. Der *1997er Cabernet Sauvignon Phoenix* ist ein mittelschwerer, frischer, scharfer Wein, der innerhalb der nächsten Jahre getrunken werden soll.

Die 1997er und 1998er Merlots konnten mich nicht beeindrucken (offen gesagt, es gibt in Australien nur wenige Merlots von Spitzenqualität), aber der *1999er Merlot* zeigt süße beerenfruchtige Nuancen vermischt mit roten Johannisbeeren, Oliven und Erde. Trinken Sie diesen Wein von mittlerem Körper in den nächsten 3–4 Jahren. Der dickliche, dunkelrubin-purpurfarbene *1996er Merlot* offenbart süße Schwarzkirschenfrucht, vermischt mit Mokka, toastwürzigem Eichenholz und getrockneten Kräutern. Würzig, gehaltvoll, von mittlerem bis vollem Körper, sollte man diesen geschmackvollen, fruchtbetonten Merlot innerhalb der nächsten 5–6 Jahre austrinken.

Was die 1997er und 1998er Shiraz/Cabernet Sauvignons betrifft, konnte Penley hier eine Glanzleistung vollbringen. Der Verschnitt besteht gewöhnlich aus 60 % Shiraz und 40 % Cabernet Sauvignon und wird in einer Mischung aus französischen und amerikanischen Eichenholzfässern ausgebaut. Der rauchwürzigere, gehaltvollere, dicht purpurrote *1998er Shiraz/Cabernet Sauvignon* besitzt mehr Frucht und Power als sein älterer Vetter. Dieser vollmundige, fleischige, rauchige, pfeffrige Wein wird innerhalb dieses Jahrzehnts köstlich sein. Der *1997er Shiraz/Cabernet Sauvignon* ist ein weicher, vollfruchtiger Verschnitt von vorzüglicher Textur, bei mittlerem Körper, mit guten, stämmigen Geschmacksnoten. Er dürfte sich 4–5 Jahre gut trinken lassen.

Die zwei Besten sind die 1997er und 1998er des Cabernet Sauvignon Estate. Diese sensationellen Weine paaren die Eleganz eines Bordeaux mit der körperreichen Opulenz und Wucht des australischen Rotweinstils. Der fabelhafte *1998er Cabernet Sauvignon Estate*, zunächst ohne den Charme seines älteren Vetters, macht am Gaumen einen dichten, geschichteten Eindruck. Zu einer undurchdringlich purpurroten Farbe gesellt sich ein süßer, rauchiger, zedernholzähnlicher Charakter mit Noten von Cassis, Lakritze und Oliven. Es ist ein üppiger, weicher Wein, der sein Tannin weitgehend unter seiner verschwenderischen Fülle von Glyzerin, Frucht und Konzentration verbirgt. Dieser fantastische Cabernet wird 15 Jahre oder länger halten. Imponierend! Der *1997er Cabernet Sauvignon Estate* präsentiert komplexe Nuancen von Vanille, schwarzen Johannisbeeren, Zedernholz, Cassis und würzigem neuem Holz. Er dürfte sich 10–15 Jahre gut trinken lassen. Der *1996er Cabernet Sauvignon Estate* präsentiert einen klassischen Mix aus grasiger schwarzer Johannisbeerfrucht und frischem toastwürzigem Eichenholzaroma. Dieser Cabernet ist reintönig, ausgereift bei mittlerem bis vollem Körper, bei fantastischer Fruchtintensität, schöner Würzigkeit, mäßig süßem Tannin und langem Abgang und besitzt ein Entwicklungspotenzial von 5–8 Jahren.

PENNA LANE (CLARE VALLEY)

1999	**Cabernet Sauvignon**	**C**	**88?**

Das einzige Problem dieses *1999er Cabernet Sauvignon*, der sich durch ein komplexes Bukett aus Schokolade und Zedernholz sowie mittleren bis vollen Körper auszeichnet, ist das kreidige Tannin im Abgang. Falls es sich mit der Zeit nicht abschmilzt, ist die erzielte Punktnote nicht gerechtfertigt. Voraussichtliche Genussreife: jetzt–2014.

PENNY'S HILL (MCLAREN VALE)

1998	**Fortified Shiraz**	**D**	**90**
1998	**Merlot/Cabernet/Shiraz Specialized**	**D**	**88+?**
1998	**Shiraz**	**D**	**90**
1997	**Shiraz**	**D**	**90**

Dieses Spitzenweingut in McLaren Vale hat einen festen, aber viel versprechenden, tiefen, körperreichen *1998er Shiraz* herausgebracht. Der Wein zeigt eine sattrubin-purpurrote Farbe sowie elegante, reife Nuancen von Brombeeren, Schokolade, Pfeffer und Vanille. Anfänglich zeigt er sich verhalten, um sich dann im Glas weiter zu entfalten und auszudehnen. Der Wein dürfte in 1–2 Jahren trinkreif sein und 12–15 Jahre halten. Schwer, gehaltvoll, saftig, pfeffrig mit schwarzen Früchten in Duft und Geschmack sättigt der üppige, säurearme, körperreiche *1997er Shiraz* den Gaumen. Dieser weiche, leckere Wein hat Batzen von fleischiger, konzentrierter Frucht. Er verspricht 4–5 Jahre Trinkgenuss.

Der *1998er Merlot/Cabernet/Shiraz Specialized* (jede Sorte zu gleichen Anteilen) zeigt reichlich toastwürzige Eichenholzdüfte mit den Noten von schwarzen Johannisbeeren, Vanille und Gewürzkiste des internationalen Weinstils. Bei mittlerem bis vollem Körper zeigt er sich im Auftakt schön reif und mit mäßigem Tannin im Abgang. Seinen Höhepunkt wird er bis 2012 erreichen.

Portweinliebhaber werden sich für den *1998er Fortified Shiraz* begeistern, der pfeffrige Brombeerlikörnoten, eine ölige Textur und einen Hauch Süße offenbart. Dieses interessante Portwein-Pendant dürfte ein Jahrzehnt lang gut zu trinken sein und wird seine Duftintensität hoffentlich noch steigern.

PIERRO (MARGARET RIVER)

1997	**Cabernet**	**E**	**89**
1998	**Proprietary Red Wine**	**E**	**87**

Der dunkelrubin-purpurrote *1998er Proprietary Red Wine*, ein Verschnitt aus Cabernet Sauvignon, Merlot, Petit Verdot und Malbec, besitzt ein erstklassiges Parfum mit Anklängen an schwarze Johannisbeeren, Kirschen, Maulbeeren und geräuchertes Eichenholz. Er hat die Eleganz, Textur und Strenge eines Bordeaux, gute Reintönigkeit, schön eingebundenes Holz und einen sauberen Abgang. Voraussichtliche Genussreife: 2005–2016.

Wundern Sie sich nicht über den Bordeaux-Charakter des *1997er Cabernet*. In der Tat wurde dem Most für diesen würzigen, pflaumenfarbenen Wein von mittlerem Körper jeweils ein Schuss Merlot, Cabernet Franc und Petit Verdot zugesetzt. Es ist ein stilvoller, zurückhaltender, eleganter Wein mit schwarzem Johannisbeeraroma und fein dosiertem Eichenholz, den man bei einer Blindverkostung nie als Cabernet der Neuen Welt identifizieren würde. Voraussichtliche Genussreife: jetzt–2012.

PIKES (CLARE VALLEY)

1998	**Cabernet Sauvignon**	**C**	**86**
1999	**Merlot**	**C**	**87**
1998	**Premio Sangiovese**	**C**	**86**
1999	**Shiraz**	**C**	**88**
1998	**Shiraz**	**C**	**87**
1999	**Shiraz/Grenache/Mourvèdre**	**C**	**88**

Diese Weine tendieren fast alle zu aggressiven Säureprofilen (mehr als mir normalerweise lieb ist). In diesem Stil sind die Weißen erfolgreicher als die Roten. Was die Rotweine betrifft, scheint der Premio Sangiovese gut zu sein, reicht aber nicht an das heran, was mittelitalienische Produzenten in dieser Hinsicht leisten können. Der *1998er Premio Sangiovese* besitzt die charakteristische Erdbeerfrucht, die von Sattelleder und scharfer Säure durchdrungen wird. Dieser Wein ist zwar gut gemacht, hat aber einen eindimensionalen, geradlinigen Charakter. Trinken Sie ihn innerhalb der nächsten 2–3 Jahre.

Zur Palette der Bordeaux-Rebsorten gehört bei Pikes der *1999er Merlot*. Er zeigt ein minzehaftes Bukett mit roten Johannisbeeren und Cassis mit einem Hauch Schokolade, bei mittlerem Körper, herber untergründiger Säure und fleischigem Abgang. Die Säure ist da, ohne sich aufzudrängen. Der herbe Charakter wird problematisch in dem dicht rubin-purpurfarbenen *1998er Cabernet Sauvignon*, der süße schwarze Johannisbeeren offenbart, durch die scharfe Säure am Gaumen jedoch einen mageren, komprimierten Eindruck vermittelt. In dieser Hinsicht dürfte er einem Roten aus dem Loiretal ähnlicher sein als anderen »Aussies«.

Nach dem Vorbild eines Rhône-Verschnitts zeigt der *1999er Shiraz/Grenache/Mourvèdre* (55 % Shiraz, 32 % Grenache und 13 % Mourvèdre) charakteristische Eukalyptusnoten, gepaart mit maßvoller Brombeer- und Cassisfrucht. Der Wein zeigt sich eingangs süß, ungemein reintönig und endet in einem strahlenden, klar konturierten Abgang. Übrigens präsentierte sich der 1998er derselben Cuvée eher verhalten im Geschmack, aber ebenfalls mit einem für den Jahrgang ganz untypisch hohen Säuregehalt. Mein Favorit in dieser Gruppe der Schlanken ist der rubin-purpurrote *1999er Shiraz*. Er präsentiert süße Beerenfruchtigkeit, mittleren Körper bei guter Einbindung von Säure, Tannin und Holz. Trinken Sie ihn innerhalb der nächsten 4–6 Jahre. Insgesamt gesehen sind diese Weine sauber bereitet, aber in der Regel nicht besonders anregend. Der *1998er Shiraz* ist schön ausgewogen. Attraktive Aromen von Lakritze, Brombeeren, Erde und Pfeffer prägen ein mäßig ausgestattetes Bukett. Auch hier ist Säure vorhanden, die dieser gewichtige und füllige Wein jedoch besser als seine schlankeren Vetter verkraftet. Der Abgang ist kurz, aber die Qualität der Frucht beeindruckt, während der Wein bei mittlerem Körper attraktiv und sauber gemacht ist. Trinken Sie ihn innerhalb der nächsten 4–5 Jahre.

PUNTERS CORNER SPARTACUS (COONAWARRA)

1998 Shiraz Reserve **D 88**

Auf eine satte dunkelrubin-purpurrote Farbe folgen Düfte von geräuchertem Holz (russische und französische Eichenholzfässer), ein voller Körper und eine kernige, fleischige Textur mit reichlich Pfeffer und Cassis. Dieser *1998er Shiraz Reserve* dürfte sich ein Jahrzehnt gut trinken lassen.

QUARTETTO (CLARE VALLEY)

1999 Shiraz **D 88**

Der dunkelrubin-purpurrote *1999er Shiraz* offenbart süße, extraktreiche, kernige Cassisfrucht, vermischt mit Rauch und Eichenholzwürze. Trinken Sie diesen ausgereiften und geschmeidig texturierten Wein innerhalb der nächsten 5–6 Jahre.

RANDALL'S HILL (BAROSSA RANGES)

1995 Shiraz 1910 **E 95+**

Die Trauben für diesen Wein kommen vom Three Rivers Vineyard; der Besitzer ist Chris Ringland, ein Star der von Meisterhand gestalteten Kultweine aus Trauben alter Shiraz-Reben. Der *1995er Shiraz 1910*, von dem 125 Kisten produziert werden, kommt von über 90-jährigen Rebstöcken mit Hektarerträgen von zirka 5 t. Der Wein zeigt eine beeindruckende dunkelrubin-purpurrote Farbe und üppig geschichtete Frucht. Dieser dicke, kernige und körperreiche, massive Shiraz hat stolze 32 Monate in frischen französischen Eichenholzfässern verbracht und das Holz dennoch perfekt aufgesogen. Im Mund macht er sich durch erhabene Fülle bemerkbar, die sich mit außergewöhnlicher Reintönigkeit und Ausgewogenheit paart. Dieses nahtlose Prachtexemplar ist sofort trinkreif, lässt sich aber noch 20–30 Jahre einkellern. Bravo!

RBJ (BAROSSA VALLEY)

1998 Theologicum **D 87**

Etwas verhaltener und schwächer konzentriert als frühere Jahrgänge zeigt sich der immer noch bemerkenswerte *1998er Theologicum*, ein Verschnitt aus 65 % Grenache und 35 % Mourvèdre. Er wurde in altem Eichenholz ausgebaut, hat den attraktiven Charakter der Weine des südlichen Rhônetals und zeigt Anklänge an Gewürze, Zimt, Kirschen und Erde. Er ist weich bei mittlerem Körper und mundet in den nächsten 5–6 Jahren am besten. Die Produktion beträgt ungefähr 1 000 Kisten.

RED EDGE (HEATHCOTE)

1998 Cabernet Sauvignon **D 92**

Dieser ungeschönte und unfiltrierte *1998er Cabernet Sauvignon* ist das Produkt mikroskopisch winziger Erträge von rund 2,5 t/ha. Der Wein ist körperreich, extrem konzentriert, sagenhaft lang und reintönig. Obwohl er fast überzogen wirkt, ist er wunderschön durch angemessenes Tannin und geringe Säure gerahmt. Die reintönige, dichte Cassisfrucht verdient Bewunderung. Voraussichtliche Genussreife: jetzt–2025.

CHATEAU REYNELLA (MCLAREN VALE)

1996	**Cabernet Sauvignon Basket Press**	**D**	**88**
1996	**Shiraz**	**C**	**87**
1998	**Shiraz Basket Press**	**D**	**88**

Der schwere, dickflüssige, rustikale *1998er Shiraz Basket Press* zeigt eine dichte purpurrote Farbe und die Düfte von Rauch, Erde, Brombeeren, Teer und Pfeffer. Vielschichtig und kernig, mit robustem Tannin und einer würzigen Nuance amerikanischer Eichenholzfässer im Hintergrund, dürfte er sich 10–12 Jahre gut trinken lassen.

Die tiefrubin-purpurrote Farbe des *1996er Shiraz* erscheint in Begleitung rauchiger, würziger Aromen mit einem Hauch von Mineralischem und Pfeffer. Dieser gut gemachte Shiraz zeigt bei mittlerem bis vollem Körper gute Reintönigkeit, eine ausgeprägte toastwürzige Note des amerikanischen Eichenholzes und einen pikanten, geschmeidigen Abgang. Trinken Sie ihn innerhalb der nächsten 5–6 Jahre. Ganze Ladungen von frischem Eichenholz vermischt mit schwarzen Johannisbeeren kennzeichnen den bei mittlerem bis vollem Körper geschmeidig texturierten, schön konzentrierten *1996er Cabernet Sauvignon Basket Press*, der sich am internationalen Stil orientiert. Der mit adäquater Säure ausgestattete Wein ist offen gewirkt, expansiv und hat innerhalb der nächsten 5–7 Jahre die optimale Genussreife.

ROCKFORD (BAROSSA VALLEY)

oJ	**Black Shiraz**	**E**	**?**
1997	**Cabernet Sauvignon**	**D**	**88**
1998	**Moppa Springs Red**	**C**	**87**
1998	**Shiraz Basket Press**	**D**	**90**

Obwohl der tolle Weinmacher Chris Ringland bei Rockford für die Weine verantwortlich zeichnet, brauchte ich eine Weile, um den jahrgangslosen *Black Shiraz* zu verstehen. Für reichlich viel Geld bekommt man einen eleganten, herben, frischen, aber im Grunde doch eindimensionalen Wein von geringer Tiefe und Komplexität. Ich weiß nicht, ob diese Merkmale für den Wein typisch sind oder sich auf die von mir verkostete Flasche beschränken; jedenfalls weist er nicht den Charakter der Weine von Rockford und Ringland auf.

Der *1998er Shiraz Basket Press* schnitt bei der Verkostung am besten ab. Es ist zwar nicht gerade ein günstiger, aber doch ein bemerkenswerter Wein mit einer dichten purpurroten Farbe, dicklichem Brombeerfruchtcharakter, geschmeidiger Textur, fantastischem Glyzerin, fülligem Körper und Üppigkeit in Gaumenmitte und Abgang. Er dürfte sich mindestens ein Jahrzehnt lang gut trinken lassen. Der *1998er Moppa Springs Red*, ein Verschnitt aus 69 % Grenache, 20 % Shiraz und 11 % Mataro, der in größeren Puncheon-Fässern ausgebaut wird, offenbart einen weichen Rhône-Charakter mit Noten von Kirschwasser, Pfeffer, Gewürzen in einer rundlichen Persönlichkeit mit Sex-Appeal. Trinken Sie ihn innerhalb der nächsten 2–4 Jahre.

Der *1997er Cabernet Sauvignon* zeigt eine geschmeidige Textur, mittleren Körper, ausgezeichnete Anklänge an Zedernholz, Tabak und schwarze Johannisbeeren, seidiges Tannin, geringe Säure und einen Abgang, der dem Gaumen schmeichelt. Er sollte eher früher als später getrunken werden, also innerhalb der nächsten 5–6 Jahre.

ROSABROOK (MARGARET RIVER)

1999	**Shiraz Abattoir Block**	**E**	**92**
1998	**Shiraz Abattoir Block**	**E**	**90+**

Die *1998er Shiraz Abattoir Block* und *1999er Shiraz Abattoir Block*, die zu Australiens Musterexemplaren der Rebsorte gehören, zeigen Rhône-ähnliche erdhafte, fleischige Geschmacksnoten mit Anklängen an Blut und schwarze Früchte. Beide Weine sind explosiv, körperreich, exzentrisch. Sie wurden aus extrem reifen Trauben gepresst, zu 100 % in französischen Eichenholzfässern ausgebaut und unfiltriert abgefüllt. Am Gaumen explodieren fruchtige Noten vermischt mit Fleisch, Wurst, Blut und animalischen Nuancen. Obwohl nicht jedermanns Geschmack, sind es doch herrliche Shiraz-Interpretationen eines Rohmaterials, das in diesem Anbaugebiet von anderen mikroklimatischen Bedingungen als in Barossa oder in McLaren Vale geprägt wird. Der 1998er wird 15 Jahre oder länger halten; der nahtlosere 1999er ist sofort zugänglich, lässt sich aber sicher noch über die nächsten 12+ Jahre trinken.

ROSEMOUNT (COONAWARRA)

1997	**Cabernet Sauvignon Show Reserve**	**B**	**89+**
2000	**Cabernet Sauvignon/Merlot**	**A**	**86**
1999	**Cabernet Sauvignon/Merlot**	**A**	**85**
1997	**GSM**	**C**	**89**
1996	**GSM**	**C**	**87**
1997	**Mountain Blue (Shiraz/Cabernet Sauvignon)**	**D**	**87+?**
1999	**Shiraz**	**A**	**86**
1999	**Shiraz/Cabernet Sauvignon**	**A**	**86**
1997	**Syrah Balmoral**	**D**	**89**

Von nahezu drei Dutzend Selektionen, die ich bei Rosemount verkostete, stellte sich ein Drittel als sehr gelungen heraus. Die besten Rosemounts haben für ihr Geld fantastisch viel zu bieten, und manch ein Exemplar der Luxusklasse kann sich mit den Besten Australiens messen. Ein besonders exzellentes Verhältnis von Qualität und Preis kennzeichnet die 1999er und 2000er Cabernet Sauvignon/Merlots. Der *2000er Cabernet Sauvignon/Merlot* besteht zu 60 % aus Cabernet Sauvignon und zu 40 % aus Merlot, der *1999er Cabernet Sauvignon/Merlot* zu 55 % aus Cabernet Sauvignon und 45 % Merlot. Beides sind fruchtbetonte Weine mit dem typischen Sortencharakter. Der gehaltvollere, fülligere, fortschrittlichere 2000er ist völlig frei von Eichenholzaroma. Er ist weich, üppig, säurearm und wird sich gut 1–2 Jahre trinken lassen. Der 1999er ist traubig und weich, mit Beerenfrucht in Hülle und Fülle und seidiger Textur. Voraussichtliche Genussreife: jetzt.

Der dunkelrubin-purpurrote *1999er Shiraz* bietet eine reiche Fülle schwarzer Früchte und Gewürze in einem geradlinigen, mittelschweren Stil. Er lässt sich ebenso leicht trinken wie verstehen und sollte wegen seiner überschwänglichen Frucht innerhalb der nächsten 2–3 Jahre genossen werden. Der dunkelrubinfarbene *1999er Shiraz/Cabernet Sauvignon* (65 % Shiraz und 35 % Cabernet Sauvignon aus dem Südosten Australiens) besitzt ein vorzügliches Bukett von schwarzen Früchten und Gewürzen. Dieser mittelschwere, weiche, seidige, köstliche Rotwein mit Beaujolais-Charakter ist für einen kurzfristigen Genuss ausgelegt. Trinken Sie ihn innerhalb der nächsten 1–2 Jahre.

Zur luxuriöseren und somit auch höherpreisigen Kategorie gehört der GSM, ein Verschnitt aus 50 % Grenache, 40 % Shiraz und 10 % Mourvèdre, der 18 Monate in amerikanischen Eichenholzfässern ausgebaut wird. Der komplexe Duftstrauß des *1997er GSM* mit gerösteten Nüssen, Blumen, Brombeeren, Rauch und Johannisbeernoten springt förmlich über den Glasrand. Bei mittlerem bis vollem Körper ist dieser Wein sanft, elegant, aber konzentriert mit fülligem Geschmack. Trinken Sie diesen reintönigen, geschmeidigen Rotwein innerhalb der nächsten 5–6 Jahre. Der attraktive *1996er GSM* zeigt eine dichte, rubin-purpurrote Farbe sowie großartige, erdhafte, leder- und beerenartige Duftnuancen mit verschwenderischem Eichenholz. Er besitzt einen mittleren bis vollen Körper, süße Frucht im Auftakt, einen angenehmen mittleren Gaumenbereich und einen komprimierten Abgang. Dieser attraktive Mainstream-Verschnitt sollte innerhalb der nächsten 2–3 Jahre getrunken werden.

Der dicht rubin-purpurfarbene *1997er Syrah Balmoral* offenbart Rauch, Brombeeren, Lakritze und Eichenholzaromen, er ist körperreich mit süßem Tannin und langem Abgang. Die optimale Genussreife hat er innerhalb der nächsten 7–8 Jahre. Der *1997er Cabernet Sauvignon Show Reserve* wächst auf den roten Böden von Coonawarra. Er wurde 24 Monate in verschiedenen Eichenholzfässern ausgebaut. Das dichte Granat-Pflaumen-Purpurrot gesellt sich zu klassischen Cabernet-Aromen von Zedernholz, Cassis und rauchwürzigen frischen Eichenholznoten. Dick, füllig und körperreich, wird dieser kernige, strukturierte, gut konturierte, noch jugendliche Cabernet seinen Höhepunkt auch in den nächsten 2–3 Jahren halten und dann noch 12–15 Jahre andauern.

Der *1997er Mountain Blue (Shiraz/Cabernet Sauvignon)* ist ein Verschnitt aus 75 % Shiraz und 25 % Cabernet Sauvignon (Ausbau 24 Monate in französischen und in amerikanischen Eichenholzfässern) und zeigt ein geradliniges Bukett mit frischer Eichenholzwürze, Blaubeer- und Brombeeraroma. Er ist straff strukturiert, mit markanter Holznote, gutem Tannin bei mittlerem bis vollem Körper. Es fehlt ihm zwar die Expressivität, die manch einen seiner Verwandten kennzeichnet, er verspricht aber noch 10–12 Jahre gut zu altern.

RUSDEN (BAROSSA VALLEY)

1998	**Cabernet Sauvignon Boundary Row**	**E**	**92**
1997	**Cabernet Sauvignon Boundary Row**	**E**	**93**
1999	**Grenache Christine's Vineyard**	**D**	**87**
1998	**Grenache Christine's Vineyard**	**D**	**90**
1998	**Shiraz Black Guts**	**E**	**92**
1997	**Shiraz Black Guts**	**D**	**92**
1999	**Zinfandel Lodestone**	**E**	**91**

Der 22-jährige Weinmacher Christian Canute war im Verlauf seiner beeindruckenden Karriere bereits für Rockford und Torbreck tätig. Auf seinem Familienweingut Rusden produziert er jetzt in kleinen Mengen wahre Kleinodien. Als Klassiker des Weinguts kommt der Cabernet Sauvignon Boundary Row in der typisch australischen Übergröße daher. Bedauerlicherweise existieren nur 70 Kisten von diesem großen, fruchtbetonten, aber komplexen *1998er Cabernet Sauvignon Boundary Row.* Geräucherter Schinkenspeck, Cassis, Lakritze und Zigarrenrauch entströmen dem dichten pflaumen-purpurfarbenen Wein. Im Geschmack vermittelt er einen opulenten, körperreichen, konzentrierten Eindruck, mit reichlich dicklicher, säurearmer Frucht. Trinken Sie ihn 2005–2014. Im ersten Moment hielt ich den *1997er Cabernet Sauvignon Boundary Row* in Anbetracht seines überreifen Pflaumencharakters eher für kontrovers. Aber nach einer Weile im Glas traten die Konturen stärker hervor, seine überzogene Persönlichkeit zivilisierte sich, wurde klassisch. Es ist ein extrem dichter Wein mit einzigartigen Noten von schwarzen Himbeeren, Kirschen, Cassis, Pflaumen und einem Hauch von Unterholz. Als er atmete, konnte sich dieser säurearme, dicke und köstlich mundende Cabernet erheblich verbessern. Obwohl er keine lange Lebenserwartung hat, wird er sich noch entfalten und ein Jahrzehnt überdauern.

Der *1999er Grenache Christine's Vineyard* von 30-jährigen Reben präsentiert sich mit exzentrischen Duftnoten von Grillgewürz und Räucherspeck. Auch Rhône-ähnliche klassische Noten von Unterholz, Pfeffer und Gewürzen entströmen diesem mittelschweren, dunkel pflaumen-rubinfarbenen Wein. Er ist rauchig und würzig und hat während der nächsten 2–3 Jahre die optimale Genussreife. Auf die dunkel pflaumen-rubin-granatrote Farbe des *1998er Grenache Christine's Vineyard* folgt ein süßes Bukett von Kirschen, Gewürzen und Erde. Der Geschmack wird durch die süße, glyzerinbetonte, hinreißende Frucht und mäßigen Alkoholgehalt (13,7 %) geprägt. Dieser reintönige, gehaltvolle, körperreiche und köstliche Wein dürfte sich 5–6 Jahre gut trinken lassen.

Der *1999er Zinfandel Lodestone,* ein Weinkuriosum, repräsentiert eine eindrucksvolle Mikro-Cuvée von 56 Kisten, die nur für eine Hand voll Amerikaner bestimmt ist. Der Wein stammt von 30-jährigen Zinfandel-Reben. Er bringt 15,8 % Alkohol auf die Waage und präsentiert sich im körperreichen, trockenen, Port-ähnlichen Turly-Cellars-Stil. Fett, dicklich und körperreich, mit ganzen Batzen rauchiger Beerenfrucht, kann dieser Wein innerhalb der nächsten 4–5 Jahre getrunken werden.

Nur 115 Kisten existieren vom Shiraz Black Guts. Dieser Wein stammt von 30-jährigen Reben, die 5 t/ha erbringen.

Der *1998er Shiraz Black Guts* ist ein groß dimensionierter Wein. Tief purpurfarben, mit rauchigen Noten und Teer im brombeer- und cassisduftigen Bukett, besitzt dieser ausgereifte, vollmundige Shiraz hochkonzentrierte Frucht, frische eichenholzwürzige Nuancen (Ausbau 30 Monate in neuen und alten französischen Eichenholzfässern), reichlich Glyzerin im langen Abgang. Trotz seines Kalibers präsentiert sich der Wein mit Eleganz, was angesichts dieser Masse und Intensität erstaunt. Er dürfte ein Jahrzehnt gut schmecken. Der *1997er Shiraz Black Guts* bringt beachtliche 15,2 % Alkohol auf die Waage. Das hohe Alkoholniveau tritt jedoch kaum zu Tage bei dieser Fülle an Frucht, dieser dichten rubin-purpurroten Farbtönung und diesem Duftstrauß aus Rosenblättern, Brombeerlikör, Pfeffer und Trüffeln. Tief und körperreich, von öliger Textur, superber Dichte und geringer Säure, wird sich dieser Wein noch 10+ Jahre schön trinken lassen.

SAINT MICHAEL'S (HEATHCOTE, VICTORIA)

1999	**Merlot**	**E**	**90**

Da es von diesem Wein, der bei Wild Duck Creek hergestellt wird, nur 30 Kisten gibt, fasse ich mich kurz. Der dichte, texturierte, undurchdringlich purpurfarbene *1999er Merlot* offenbart einen intensiven, ausgereiften, überzogenen, körperreichen Stil mit reichlich Glyzerin, großen Mengen schwarzer Johannisbeerfrucht und einem umwerfenden Abgang. Als subtil kann man ihn kaum bezeichnen. Dieser Merlot ist von der klassischen, draufgängerischen, australischen Art, die den ganzen Gaumen auskleidet. Trinken Sie ihn während der nächsten 7–8 Jahre.

SCARPANTONI (MCLAREN VALE)

1999	**Cabernet Sauvignon**	**C**	**88**
1998	**Estate Reserve**	**C**	**89**
1999	**Maslin Beach Blanche Point Proprietary Red**	**D**	**87**
1999	**Merlot**	**C**	**85**
1999	**School Block Proprietary Red**	**C**	**88**
1999	**Shiraz Block 3**	**C**	**89**
1998	**Shiraz Block 3**	**C**	**93**

Das Weingut der italienischen Immigrantenfamilie produziert eine Reihe interessanter Weine im etwas preisgünstigeren Bereich der Grateful-Palate-Gruppe. Zu den zurückhaltenden Scarpantonis zählt der weiche, mittelschwere *1999er Merlot* mit Beerenfruchtcharakter und einem Hauch Kräuter. Dieser akzeptable, geschmackvolle, weiche Wein dürfte innerhalb der nächsten 3–4 Jahre am besten schmecken. Der *1999er School Block Proprietary Red* (eine Mischung aus 55 % Shiraz, 40 % Cabernet und 5 % Merlot, von der 600 Kisten existieren) bietet gute Qualität für das Geld. Der Wein zeigt ausgezeichnete Brombeer- und Cassisfruchtnoten, eine attraktive, geschmeidige Textur bei mittlerem bis vollem Körper, sagenhafter Frucht und Länge. Er ist für den sofortigen Genuss ausgelegt, dürfte sich aber noch 2–3 Jahre gut halten. Der *1999er Maslin Beach Blanche Point Proprietary Red* (benannt nach einem FKK-Strand) offenbart ein Bukett mit reichlich würzigem Eichenholz amerikanischer Fässer und verbirgt sich im Mund hinter der konzentrierten, dicklichen Frucht. Der Wein ist erdig, würzig und johannisbeerfruchtig, rundum schön ausgewogen und wird sich 4–5 Jahre gut trinken lassen.

Der wahrhaft hervorragende *1998er Estate Reserve* (700 Kisten existieren von diesem Verschnitt aus 75 % Shiraz und 25% Cabernet) zeigt aggressive süße Eichenholzwürze in Verbindung mit rauchigen, dicklichen schwarzen Johannisbeeren und anderen Beeren in Duft und Geschmack. Dieser großartig stämmige, fette Wein füllt den Mund mit einer köstlichen Mischung aus Frucht, Glyzerin und Alkohol (ungefähr 14 %). Voraussichtliche Genussreife: jetzt–2011.

Ebenfalls ein sehr guter Kauf ist der *1999er Cabernet Sauvignon*. Es gibt 1500 Kisten von diesem Wein, der zu 100 % von 30-jährigen Cabernet-Sauvignon-Reben stammt. Mit reichlichen Mengen süßer schwarzer Johannisbeeren im fleischigen, körperreichen, draufgängerischen Stil sollte dieser reintönige, ausgereifte Cabernet bei mittlerem bis schwerem Körper innerhalb der nächsten 7–8 Jahre getrunken werden. Es dürfte schwierig sein, anderswo in der Neuen Welt einen Cabernet Sauvignon dieser Qualität in dieser Preisklasse zu finden.

Der Qualitätsunterschied zwischen dem fabelhaften 1998er Jahrgang und dem guten 1999er wird auf Anhieb deutlich, wenn man zwei Weine aus Scarpantonis 60-jährigen Shiraz-Parzellen Block 3 miteinander vergleicht. Der ältere *1998er Shiraz Block 3* ist so fabelhaft, dass er dem obschon ebenfalls sehr guten 1999er den Rang abläuft. Der 1998er zeigt sich als spektakulär körperreicher, schwarzpurpurfarbener Wein mit den Noten von Pfeffer, geräuchertem Lakritzebonbon, Cassis, Brombeeren und Erde. Er besitzt fantastische Frucht, einen massiven Körper, süßes Tannin bei schöner Integration von Alkohol und Eichenholz. Hier steht die Qualität in einem großartigen Verhältnis zum Preis. Außerdem sind davon 2500 Kisten vorrätig. Dieser Wein kann noch gut 10–15 Jahre getrunken werden. Der im Verhältnis zu seinem Preis ebenfalls sehr gute *1999er Shiraz Block 3* hat zwar nicht die herrliche Fettigkeit, Konzentration und Tiefe des 1998ers, zeigt jedoch eine tiefrubin-purpurrote Farbe, süße Brombeer- und Beerenfrucht, einen eleganten, mittelschweren bis vollen Körper, eine pikante Persönlichkeit und geschmeidige Textur. Der Wein wird innerhalb der nächsten 6–8 Jahre am besten munden.

SEVILLE (YARRA VALLEY)

1997	Cabernet Sauvignon	C	86

Der dunkelrubin-purpurfarbene *1997er Cabernet Sauvignon* zeigt die fruchtigen Noten süßer, reifer schwarzer Johannisbeeren, aromatisiert mit feinen eichenholzwürzigen Nuancen frischer französischer Fässer. Zudem sind Spuren von Minze und Eukalyptus in diesem reintönigen, cassisbetonten, weichen, geschmackvollen Cabernet von mittlerem Körper vorhanden. Trinken Sie ihn innerhalb der nächsten 3–4 Jahre.

STANTON AND KILLEEN (RUTHERGLEN)

oJ	Collector's Muscat	E	90
1997	Durif	C	87
oJ	Muscat	D	93
oJ	Tokay	D	90

Dieses Weingut ist vor allem für alkoholverstärkte Dessertweine bekannt. Der *1997er Durif* bringt 14,4 % Alkohol auf die Waage. Dieser körperreiche Wein ist dicht bepackt mit Frucht. Er hat eine dichtrubin-purpurrote Farbe und ein pfeffriges, brombeerduftiges Bukett. Trotz des rustikalen Abgangs zeigt sich der Wein in einem geradlinigen, robusten Format äußerst geschmackvoll. Trinken Sie ihn innerhalb der nächsten 2–4 Jahre.

Der leichte, mittelbernsteinfarbene jahrgangslose *Tokay* ist süß, rund und repräsentiert eine Mischung verschiedener Weine, die ungefähr 12–15 Jahre alt sind. Es ist ein köstlicher Wein, an dem es sich nach dem Essen angenehm nippen lässt. Als Bester des Trios hat der dunkelbernsteinfarbene jahrgangslose *Muscat* abgeschnitten. Er offenbart mehr Komplexität, Reichhaltigkeit und Öligkeit als der jahrgangslose Collector's Muscat. Der Muscat ist 12–15 Jahre alt, der *Collector's Muscat* kommt auf 25–30 Jahre. Diese kräftigen, konzentrierten, untadelig bereiteten Weine zählen zu Australiens Kleinodien.

THALGARA (HUNTER VALLEY)

1998	Show Shiraz	D	88

Trotz einer ausgeprägten Holznote zeigt dieser *1998er Show Shiraz* eine undurchdringlich rubin-purpurrote Farbe, reichlich fleischige, überreife Brombeer- und Cassisfruchtigkeit, eine gute, kernige, geradlinige Persönlichkeit und einen Abgang, der den Gaumen beizt. Obwohl er nicht komplex ist, wird dieser attraktive Wein in internationalem Stil all jene erfreuen, die den sofortigen Genuss suchen. Trinken Sie ihn in den nächsten 2–3 Jahren.

THORN AND CLARKE (BAROSSA VALLEY)

1998	Shiraz	C	86

Dieser dicht rubin-purpurfarbene *1998er Shiraz* (300 Kisten) stammt von einem neuen Weingut. Er ist sehr tanninreich, im internationalen Stil gemacht und zeigt eine grobe, stämmige Persönlichkeit. Es ist ein guter Wein, der sich am besten in seinen ersten 3–4 Lebensjahren trinken lässt.

THREE RIVERS (BAROSSA VALLEY)

1996	Shiraz	EEE	100
1995	Shiraz	EEE	99

Diese großartigen Weine sind allesamt sehr am Stil des Eigentümers und Weinmachers Chris Ringland orientiert. Der Shiraz stammt von 90-jährigen Reben. Nach der malolaktischen Fassgärung verbrachte er 40 Monate in frischem Eichenholz und wurde dann unfiltriert auf Flaschen gezogen. Es ist vielleicht sogar der größte Shiraz Australiens schlechthin, und bedauerlicherweise existiert er nur in geringen Mengen (100 Kisten). Der viskose, schwarzpurpurfarbene *1996er Shiraz* stellt die Quintessenz des Weines im Allgemeinen und der Shiraz-Traube im Besonderen dar. Bei untadeligem Gleichgewicht, traumhaften Konzentrationsgraden und einer dennoch perfekten Integration von Tannin, Säure, Alkohol und Holz erinnert er an einen trockenen Vintage Port und ähnelt zugleich einem 1947er Cheval Blanc, einem 1947er Pétrus, einem 1947er Lafleur und einem 1947er Latour à Pomerol. Nach einem explosiven Bukett mit Crème de Cassis, Espresso, aufgeweichtem Karamell und Grafit bietet dieser massive, aber nahtlos gefügte Wein vielschichtige, ölig texturierte Geschmackskomponenten, bis zum Bersten voll mit brombeerhaften, rauchwürzigen, holzkohlenähnlichen und johannisbeerfruchtigen Noten. Der Abgang hält 70+ Sekunden an. Dieser Wein mit seiner Aura von Unsterblichkeit dürfte 30–50 Jahre halten. Aber wer könnte sich bis dahin seiner Verführungskunst entziehen? Unwiderstehlich! Voraussichtliche Genussreife: 2010–2040. Der *1995er Shiraz* ist nahezu perfekt, herrlich konzentriert, symmetrisch und lang (fast 1 Minute). Nach einer undurchdringlich schwarz-purpurroten Farbe folgen überwältigende Aromen schwarzer Früchte, von Trüffeln, süßer Erde und Eichenholz. Dieser monumentale Wein hat eine erstaunliche Viskosität, Dichte und Konzentration, wie ich sie bisher bei keinem anderen Shiraz (außer dem 1996er) entdecken konnte, und er stellt eine großartige Leistung dar. Die bei dieser phänomenalen Reichhaltigkeit geringe Säure lässt auf frühzeitige Zugänglichkeit schließen und verheißt ein Alterungspotenzial von 2 Jahrzehnten oder mehr.

Für diese einzigartigen australischen Shiraz-Kraftprotze gebührt Ringland die Ruhmeskrone. Ich wünschte mir nur, er hätte das Zehnfache davon gemacht!

TORBRECK (BAROSSA VALLEY)

1999	Descendent	E	93
1997	Descendent	E	96
1998	The Factor	E	93
2000	Juveniles	D	90
1999	Juveniles	D	94
1998	Run Rig	EEE	99
1997	Run Rig	EEE	98
1999	The Steading	D	91
1998	The Steading	D	96
1999	Woodcutters	C	90

Weinmacher Dave Powell ist dabei, sich als Meister außergewöhnlich erfolgreicher australischer Rotweine mit Rhône-Charakter durchzusetzen. Nachdem er mich bereits mit früheren Jahrgängen begeistern konnte, hat er die Qualität (und somit auch den Preis) gesteigert, so dass diese Weine jetzt nicht nur in Australien, sondern weltweit mit an der Spitze stehen. Die Produktionsmenge ist begrenzt. Es sind Weine von enormer Kraft, faszinierender Individualität sowie außerordentlicher Reintönigkeit und Symmetrie. Alle Rotweine sind spektakulär, einschließlich der preisgünstigeren Cuvées.

Natürlich hat es der Run Rig in die oberen Ränge der internationalen Modeweine geschafft und wird zu Recht als der Guigal Côte Rôtie La Mouline Australiens bezeichnet. Erst kürzlich habe ich die 1996er und 1997er Run Rig verkostet und erfreut festgestellt, dass beide Weine nach wie vor durch ihren spektakulären Stil von außergewöhnlicher Kraft und Komplexität gekennzeichnet sind. Der Run Rig ist zweifellos der teuerste Rotwein im Angebot. Wobei man allerdings sagen muss, dass sich dieser Preis immer noch im Rahmen dessen bewegt, was für diese Qualität auf dem Weltmarkt leider verlangt wird. Die Jahresproduktion beträgt 600 Kisten. Die Reben im Durchschnittsalter von 50 bis 130 Jahren bringen 3 t/ha hervor. Vor der Abfüllung wird der Verschnitt aus 97 % Shiraz und 3 % Viognier 18 Monate in zu 100 % französischen Eichenholzfässern ausgebaut. Der *1998er Run Rig* dürfte bis dato den höchsten Konzentrationsgrad überhaupt erreicht haben. Die Farbe ist ein undurchdringliches Purpurrot, und im Bukett folgt ein exotischer Cocktail aus tropischen Früchten, Brombeerlikör, Crème de Cassis, Rauch und geißblattartigen Nuancen. Nach diesen anregenden Düften offenbart dieser Wein seinen prächtigen, vollen Körper und ein Aromaprofil von sagenhafter Konzentration und Länge, das sich turmhoch im Mund aufbaut. Dann entfalten sich in sukzessiver Abfolge schwarze Früchte in großen Mengen und offenbaren wunderschön eingebundene Eichenholzwürze, Säure, Tannine und Alkohol (nur 14,5 %). Das Gleichgewicht ist praktisch perfekt und der Abgang dauert fast eine Minute. Dieses luxuriöse, verführerische Juwel ist so komplex und klar konturiert, wie man es bei einem Wein dieses Kalibers nur selten findet. Voraussichtliche Genussreife: jetzt–2016. In jeder Hinsicht als ebenso spektakulär erweist sich der *1997er Run Rig*. Ich fand bereits die Älteren umwerfend, und dieser riesige, exotische Wein, der mit Aromen von Blaubeerlikör, Cassis, Blumen, einem Hauch überreifer Pfirsiche und süßwürziger Vanille aufwartet, ist reichhaltig, körperreich und geschmeidig texturiert. Ich schickte meinem französischen Anwalt eine Flasche davon für eine Verkostungsrunde mit einigen Spitzenproduzenten aus dem Médoc, woraufhin man mich anfaxte, um sich zu erkundigen, wie viele Kisten man davon bestellen könne! In der Tat ist die Zuteilung meist auf 2 bis 3 Flaschen im Jahr begrenzt. Das Eichenholz ist wunderschön eingebunden. Der Wein ist säurearm und überwältigt im Geschmack mit außerordentlicher Frucht, Reichhaltigkeit und Komplexität. Dieser unglaubliche Wein könnte die absolut höchste Punktnote erhalten. Er dürfte 10–12 Jahre gut zu trinken sein.

Der zweitteuerste Wein ist der Descendent, der zu 100 % aus Shiraz gepresst und zusammen mit den festen Bestandteilen der Viognier vergoren wird. Die Reben sind 5 Jahre alt und bringen winzige Erträge von 3 t/ha hervor. 220 Kisten gibt es von dieser Cuvée, die vor der Abfüllung 18 Monate in gebrauchten französischen Eichenholzfässern ausgebaut wurde. Dieser Wein hat nicht im Entferntesten Ähnlichkeit mit einem anderen australischen Wein; er gleicht am ehesten dem Côte Rôtie La Turque, den Marcel Guigal aus einer Einzellage gewinnt. Die dichte purpurrote Farbe des *1999er Descendent* wird gefolgt von Blaubeeren, Crème de Cassis und floralen Aromen, er ist extrem körperreich im Geschmack, mit Glyzerin und Fett in Hülle und Fülle sowie einem nahtlosen, schwelgerisch-üppigen Abgang. Er hat nicht die Lebenserwartung des Run Rig, verspricht jedoch in seinen ersten 7–8 Lebensjahren einen Spaß ohnegleichen. Der *1997er Descendent* repräsentiert sich als die Quintessenz australischer Wucht und Eleganz. Der Wein ist nicht massiv, aber außerordentlich konzentriert. Dieser schwarz-purpurfarbene Wein bietet üppige, seidenweiche Feminität, gepaart mit einer faszinierenden Fülle, unglaublich süßem Tannin und Vielschichtigkeit im Geschmack. Im Glas entfaltet er sich zu voller Pracht. Eine Flasche, die ich 48 Stunden offen stehen ließ, gewann noch an Nuancenreichtum und Komplexität. Dieser körperreiche und doch nicht schwere Shiraz ist eine Glanzleistung der Weinbereitung, die ein hinreißendes Trinkerlebnis verspricht. Voraussichtliche Genussreife: jetzt–2010.

Ebenfalls erstaunlich zeigt sich der *1998er The Factor*. Diese 100%ige Shiraz-Cuvée (240 Kisten) stammt von Reben, die 50 bis 130 Jahre alt sind. Frisches Eichenholz kommt nicht zum Einsatz, nur für den Presswein werden teilweise neue amerikanische Eichenholzfässer verwendet. Geschmeidig mit einem ostentativen, charakteristischen Bukett, das schwarze Früchte mit Rauch, Lakritze und geschmolzenem Teer vermischt, dürfte dieser ungemein extraktreiche, samtweich texturierte, prächtige, reintönige, gehaltvolle, tadellos ausgewogene Wein in seinem ersten Lebensjahrzehnt am besten munden.

Preisgünstiger bei weitgehend gleicher Qualität präsentiert sich The Steading, ein Verschnitt aus den Rhône-Rebsorten Grenache (60 %), Shiraz (20 %) und Mourvèdre (20 %). 2000 Kisten werden von diesem Pendant des Châteauneuf-du-Pape hergestellt. Der *1999er The Steading* ist ein fantastischer, tief-purpurfarbener Wein, der mit einem süßen Bukett von Pfeffer, schwarzen Früchten, Erde, Tabak und Cassis aufwartet. Im Auftakt süß (die Süße reifer Trauben, kein Restzucker), entfaltet sich dieser konzentrierte, kraftvolle Wein (14,5 % Alkohol) im Gaumen bis hin zu einem cremig texturierten, kraftstrotzenden Abgang. Obwohl er bereits jetzt unwiderstehlich ist, wird er sich gut 7–8 Jahre trinken lassen. Der dicht rubinpurpurfarbene *1998er The Steading* zeigt eine cremige Textur, die sich mit einem prächtigen Bukett von schwarzen Himbeeren, Kirschwasser, Cassis, mineralischen Noten und Lakritze paart. Er entfaltet verführerische, üppig texturierte Geschmacksnuancen, und seine luxuriöse Textur vermittelt den Eindruck einer triefenden Schicht überreifer schwarzer Früchte am Gaumen. Dieser sensationelle, extrem lange (45+ Sekunden) Wein kann jetzt getrunken werden, lässt sich aber noch 10–12 Jahre im Keller aufbewahren.

Diejenigen Leser, die wissen möchten, wie sich die Quintessenz einer australischen Fruchtbombe im Geschmack ausnimmt, sollten den Juveniles probieren, ein im Tank vergorener Verschnitt aus 60 % Grenache, 20 % Shiraz und 20 % Mourvèdre von Reben, die winzige Erträge von 2,5–5 t/ha produzieren. Der Most ist übrigens derselbe wie der für den The Steading, doch wird er nicht wie dieser 18 Monate in gebrauchten französischen und amerikanischen Eichenholzfässern ausgebaut, sondern in Tanks. Der *2000er Juveniles*, zum Bersten voll mit fruchtsaftigen Brombeer-, Kirsch und Johannisbeeraromen, bietet Unmengen an würzigen, pfeffrigen Nuancen bei einer verführerisch sexy wirkenden Glyzerinfülle und cremiger Textur – Sinneslust pur. Sehr alt wird er wohl nicht, aber wenn Sie ihn in den nächsten 2–3 Jahren trinken, haben Sie einen fabelhaften, vollfruchtigen Wein. Voraussichtliche Genussreife: jetzt–2005. Der *1999er Juveniles* ist eine explosive Fruchtbombe. Er erinnert ein wenig an einen »Nouveau«, wobei er so viel Konzentration, Körper, Glyzerin und Extrakt enthält, dass er sich darüber hinaus zu einem Wein entwickelt, wie ich ihn noch nie getrunken habe. Undurchdringlich purpurfarben mit einem göttlichen Duft dicklicher schwarzer Früchte und blumiger Noten ist dieser dichte, gewaltige, samtig texturierte Wein die schiere Lust und Verführung. Ihm zu widerstehen ist rein unmöglich, und er dürfte sich noch 7–8 Jahre gut trinken lassen.

Der *1999er Woodcutters* (2300 Kisten) schließlich ist im Wesen ein deklassifizierter Most, der es nicht in den The Steading schaffte, aber der Verschnitt ist derselbe. Es ist ein großartiger Wein zu einem vernünftigen Preis. Er ist süß, reintönig, ausgereift, mit vollem Körper, reichhaltig, schwelgerisch-dekadent, kernig und fett, und er schmeckt umwerfend. Voraussichtliche Genussreife: jetzt–2008.

Diese Weine sind nicht nur unwiderstehlich, sondern bereiten beim Trinken auch viel Spaß, und ist das nicht am wichtigsten? Würde man mich fragen, wer 2001 den Titel des besten Weinmachers Australiens verdient hat, käme ich an David Powell nicht vorbei.

VASSE FELIX (WESTERN AUSTRALIA)

1998	Heytesbury	D	88

Der noble, komplexe *1998er Heytesbury* (ein Verschnitt aus Cabernet Sauvignon, Shiraz und einem Schuss Malbec; in französischen und amerikanischen Eichenholzfässern ausgebaut) zeigt eine dichte rubin-purpurrote Farbe, die durch ein elegantes, nach Crème de Cassis duftendes Bukett mit Nuancen von Blaubeeren, Eichenholz und Erde ergänzt wird. Der Wein ist hervorragend konzentriert und reintönig mit schön eingebundener Säure. Trinken Sie ihn sofort oder innerhalb der nächsten 10–12 Jahre.

VERITAS (BAROSSA VALLEY)

1999	Cabernet/Merlot	C	89
1998	Cabernet/Merlot	C	91
1998	Clement 1309	E	93
1997	Clement 1309	E	93
1990	Fortified Tokay	B	92
1999	Mourvèdre/Grenache	D	91
1998	Mourvèdre/Grenache	D	90
1998	Shiraz Hanisch	E	99
1997	Shiraz Hanisch	E	97
1998	Shiraz Heysen	E	96
1997	Shiraz Heysen	E	96
1998	Shiraz/Mourvèdre Pressings	D	92
1997	Shiraz/Mourvèdre Pressings	D	92
oJ	10-year-old Tawny Fortified Dessert	B	90

Dieses Weingut, das zu meinen australischen Favoriten gehört, setzt nicht auf Eichenholz, sondern bringt Weine von ultrareifer, konzentrierter Frucht und großartiger Individualität hervor, mit einem Alterungspotenzial von 2 Jahrzehnten bei den Spitzenweinen. Der Weinmacher und Eigentümer ist Rolf Binder, der auf eine beeindruckende Vita verweisen kann.

Der Cabernet/Merlot, ein Verschnitt aus 70 % Cabernet Sauvignon und 30 % Merlot von 30-jährigen Reben, wird nur zu 15 % in frischem Eichenholz ausgebaut. Die durchschnittliche Jahresproduktion beträgt 900 Kisten. Der *1999er Cabernet/Merlot* zeigt eine dunkelrubin-purpurrote Farbe und ein prächtiges süßes Bukett mit den Noten eingedickter schwarzer Johannisbeeren, Erde und Gewürzkiste. Der Wein ist ausgezeichnet, frisch und saftig mit süßem Tannin und reichlich Fett. Wer nach einem Cabernet zu einem vernünftigen Preis sucht, der innerhalb der nächsten 5–7 Jahre trinkreif ist, sollte dieses Prachtexemplar probieren. Überzogen, dicklich und ultrareif präsentiert sich der *1998er Cabernet/Merlot*, eine hedonistische, körperreiche Cabernet-Bombe mit geringer Säure und ganzen Batzen von dicklichen schwarzen Früchten. Mit seinen Duft- und Geschmacksaromen vermittelt er ein umwerfendes Trinkerlebnis. Und sein fruchtbetonter, strahlend ostentativer Stil verheißt eine Lebenserwartung von 15 Jahren. Die Komplexität muss sich noch entwickeln, und eine Fülle von Tannin lauert unter den Mengen von Frucht, Glyzerin und Extrakt.

In der Reihenfolge ihrer Qualitätsstufe (alle drei Weine sind erlesen) folgen Mourvèdre/Grenache, Shiraz/Mourvèdre Pressings und Clément 1309. Bei Rhône-Enthusiasten werden diese außerordentlich gut gemachten Weine Beifall finden. Die Mourvèdre/Grenaches werden zu 65 % aus Mourvèdre und zu 35 % aus Grenache verschnitten. Das Rebenalter liegt zwischen 30 und 100 Jahren. Der Ausbau erfolgt zu 10 % in neuem amerikanischem Eichenholz. Leider werden nur 250 Kisten davon produziert. Der *1999er Mourvèdre/Grenache* ist ein betörender körperreicher Wein. Er besitzt Noten von neuem Sattelleder, Brombeeren, Johannisbeeren, Himbeeren und ist fantastisch reif. Im mittleren Gaumenbereich und im Abgang zeigt er sich rundlich und großzügig, bei vorzüglichem Gleichgewicht. Der Wein sollte innerhalb der nächsten 5–7 Jahre getrunken werden. Der

1998er Mourvèdre/Grenache besitzt eine dunkelrubinrote Farbe, die in ein großartiges, würziges, schwarzhimbeer-kirschenduftiges Bukett übergeht. Er ist cremig texturiert und körperreich und besitzt sagenhafte Mengen schwarzer und roter Früchte, eine seidige Textur und reichlich Glyzerin. Trinken Sie ihn innerhalb der nächsten 7–8 Jahre.

Der Shiraz/Mourvèdre Pressings (55 % Shiraz und 45 % Mourvèdre) verbringt vor der Abfüllung ungefähr 22 Monate in französischen Eichenholzfässern. Übrigens stammen die Mourvèdre-Trauben aus 100-jährigen unbewässerten Weingärten, die zu den ältesten Barossas gehören. Wenn man weiß, dass es sich dabei um die australische Variante des französischen Bandol handelt, mag diese Tatsache einen Widerspruch darstellen. Rund 500 Kisten dieses einzigartigen Weines werden alljährlich produziert. Der *1998er Shiraz/Mourvèdre Pressings* zeigt Noten von neuem Sattelleder, Erde, Schweiß sowie fleischig-animalische Nuancen im Wettstreit mit fruchtigen Noten von Schwarzkirschen, Brombeeren und Johannisbeeren. Im Geschmack ist er explosiv, körperreich, tief und konzentriert, mit vielschichtigen Komponenten und einem Abgang, dessen Geschmeidigkeit bei einem Mourvèdre, der häufig trocken und tanninherb auftritt, überrascht. Voraussichtliche Genussreife: jetzt–2012. Die nächste Glanzleistung ist der *1997er Shiraz/Mourvèdre Pressings* (mit mäßigen 13,5 % Alkohol). Auf eine dicht rubin-purpurrote Farbe folgen intensive Aromen von Schwarzkirschen, Brombeeren und Johannisbeeren vermischt mit Gewürzen und Teer. Dieser jugendliche Wein ist körperreich, mit herrlicher Konzentration, scharf konturiert, im Abgang gehaltvoll, vielschichtig und zugänglich. Insgesamt ist er weit zugänglicher als sein Vorgänger. Voraussichtliche Genussreife: jetzt–2015.

Der Clement 1309 ist ein Mourvèdre-Grenache-Verschnitt von durchschnittlich 100 Jahre alten Reben. Er wird stolze 30 Monate in französischen und amerikanischen Eichenholzfässern ausgebaut. Die Jahresproduktion ist extrem gering (unter 70 Kisten). Die Leser könnten sich diesen Weinstil über einen grimmig tanninherben, extrem extraktreichen 1990er Pradeaux Mourvèdre Vieilles Vignes aus Bandol oder auch einen noch nicht entfalteten, konzentrierten Jahrgangswein von Beaucastel Châteauneuf-du-Pape erschließen. Der brillante, dunkelpflaumen-purpurfarbene *1998er Clement 1309* (eine Mischung aus je 50 % Mourvèdre und Grenache) präsentiert Nuancen von schwarzen Früchten, Blumen, Erde, Leder und Pfeffer in seinem ausdrucksstarken Bukett. Er ist reichhaltig und dicklich, herrlich konzentriert, von großartiger Reintönigkeit und hat einen fast 50 Sekunden andauernden Abgang. Der einzigartige *1997er Clement 1309* ist ultraintensiv, mit riesigem Körper und einer solchen Fülle an Tannin, dass sich der Gaumen zusammenzieht. Er ist außerordentlich konzentriert und verspricht Komplexität. Die volle Trinkreife hat er noch nicht, aber wer könnte diese aufsteigenden Aromen von Brombeeren, Himbeeren, geschmolzenem Straßenteer, Lakritze und Trüffeln ignorieren? Extrem körperreich und in der Entwicklung zurückgeblieben, verlangt dieser Wein noch 2–3 Jahre Kellerlagerung und wird sich dann noch 2 Jahrzehnte halten.

Die Shiraz Heysen und Hanisch haben in den letzten Jahren regelmäßig große Weine hervorgebracht. Der umwerfende Shiraz Heysen ist beispielhaft für einen Wein, der Australiens Stärke darstellt. Der Verschnitt enthält 95 % Shiraz und 5 % Cabernet Sauvignon, das Rebenalter beträgt 26 Jahre, der Ausbau erfolgt zu 40 % in neuem Eichenholz, und die durchschnittliche Produktionsmenge beläuft sich auf 400 Kisten. Der *1998er Shiraz Heysen* ist überragend. Eine undurchdringlich schwarz-purpurrote Farbe begleitet ein ostentatives Bukett mit Himbeeren, Brombeeren, Johannisbeeren und Kirschen. In Kontakt mit der Luft kommen Rauch, Pfeffer, Lakritze und Erde hinzu. Im Geschmack offenbart sich der Wein ölig texturiert, extrem vollmundig, fantastisch reintönig und geschichtet. Voraussichtliche Genussreife: jetzt–2020. Der undurchdringlich schwarz-purpurfarbene *1997er Shiraz Heysen* offenbart Aromen von Blumen, Lakritze, Brombeeren und neuem Sattelleder. Dieser körperreiche, fette, saftige, säurearme Wein zählt zu den konzentriertesten und geschmacksintensivsten Exemplaren, die ich von dieser Rebsorte je verkostet habe. Er ist lang, kraftvoll und konzentriert, kann sofort getrunken werden, aber auch noch problemlos 20 Jahre altern.

Shiraz Hanisch steht für einen Wein aus 100 % Shiraz. Die Reben sind 26 Jahre alt, der Ausbau erfolgt zu 40 % in frischem Eichenholz (300 Kisten). Der praktisch perfekte *1998er Shiraz Hanisch* (14,7 % Alkohol) ist ein riesiger und dennoch imponierend ausgewogener Wein. Mit Anklängen an Rinderblut, Brombeeren und dicklichen Cassis hat dieser viskose, massive, körperreiche, fabelhaft konzentrierte, aber nicht schwere Wein einen Abgang zu bieten, der fast eine Minute andauert. Dieser Shiraz ist die Quintessenz der Traube. Er kann jetzt wegen seiner luxuriösen Fülle getrunken werden, braucht aber noch 5–8 Jahre, um seine sekundären Aromen zu entwickeln. Er wird sich mindestens 20–25 Jahre halten. Der *1997er Shiraz Hanisch* hat Ähnlichkeit mit einem trockenen Vintage Port. Er ist undurchdringlich purpurfarben und besitzt ein umwerfendes Bukett aus Brombeeren, Leder und waldartigen Düften vermischt mit Lakritze und Pfeffer. Dieser intensive, hochkonzentrierte, phänomenal extraktreiche Shiraz bietet jedoch mehr als Massivität. Für einen solchen Riesen zeigt er sich erstaunlich gut ausgewogen und konturiert, zugänglich und weich genug, um sofort genossen zu werden. Er dürfte sich aber noch über weitere 2 Jahrzehnte entwickeln.

Ein Doppelgänger des Tawny Port, der wirklich sein Geld wert ist, ist der *10-year-old Tawny Fortified Dessert*, ein alkoholverstärkter Verschnitt aus 70 % Shiraz sowie geringeren Mengen Mourvèdre, Grenache und Muscat. Das helle Rubinrot geht an den Rändern in ein kräftiges Bernsteingelb über. Dieser dicke, körperreiche, mäßig süße Tawny, der dickliche rote Früchte vermischt mit gerösteten Nüssen, Karamell und Gewürzen präsentiert, dürfte sich noch ein Jahrzehnt gut trinken lassen. Veritas produziert mit schöner Regelmäßigkeit einen der feinsten alkoholverstärkten Tokays. Der *1990 Fortified Tokay* ist mittelbernsteinfarben, und dann folgen honigfeine Aromen, Nüsse, Zitrusfrüchte und Orangenmarmelade. Dieser körperreiche, süße Wein, der sich explosiv, intensiv und füllig zeigt, ist höllisch gut für den Preis. Er dürfte ein Jahrzehnt oder noch länger gut zu trinken sein.

VIKING VINES (BAROSSA VALLEY)

1998	**Asarna Proprietary Red**	**E**	**88**
1999	**Grand Shiraz**	**E**	**91+**
1998	**Grand Shiraz**	**E**	**94**

Diese Weine macht Thord Soderstrom. Alle Grand Shiraz werden in teilweise neuen amerikanischen Eichenholzfässern ausgebaut und unfiltriert abgefüllt. Der körperreiche, hochkonzentrierte, wuchtige *1999er Grand Shiraz* (zu 75 % neue Fässer) ist eindeutig das Produkt extrem niedriger Erträge. Der Wein präsentiert sich bemerkenswert dicht, fein und kernig, mit reintöniger schwarzer Frucht, vermischt mit Rauch, Erde und Unterholz. Dieser mächtige, lang nachhallende, jugendliche Wein kann sich innerhalb eines Jahrzehnts nur verbessern und wird fast 20 Jahre halten. Eine Flasche, die 24 Stunden lang geöffnet war, wies nicht die geringste Spur von Oxidation auf. Der außergewöhnlich konzentrierte *1998er Grand Shiraz* (15 % Alkohol; 30 % neues Eichenholz) bietet ein charakteristisches Bukett mit Lavendel, gerösteten Kräutern, Trüffeln und Batzen dicklicher schwarzer Himbeerfrucht, Blaubeeren und Cassis. Er besitzt scharfe Säure, enorm körperreiche Geschmackskomponenten, Explosivität, Reichhaltigkeit und einen Abgang von 60 Sekunden. Dieser Shiraz ist ein aufregender, unverwechselbarer, individualistischer Vertreter seiner Art, der sich gut 10–12 Jahre trinken lässt.

Der *1998er Asarna Proprietary Red* ist ein geheimnisvoller Verschnitt aus 2/3 Pinot Noir und 1/3 Shiraz. Er wird unfiltriert abgefüllt und hat ein Aroma, das ihm 90 Punkte einbringt. Seine dunkle, dicht rubin-purpurrote Farbe in Verbindung mit Kirschlikör- und Himbeernoten im süßen blumigen Bukett sind die Kennzeichen des Pinot, während die Shiraz-Traube ihm den würzigen, pfeffrigen Charakter, Dichte und Volumen verleiht. Dieser exzellente, möglicherweise überragende Wein ähnelt in Textur und Gewicht einem Burgunder.

WANINGA (CLARE VALLEY)

1998	Shiraz	D	90
1998	Shiraz Reserve	D	89+

Der dunkelpurpurfarbene *1998er Shiraz* zeigt cremige Vanille in seinem verbraucherfreundlichen, schwarzfruchtig-duftigen Bukett. Intensiv, geschmeidig texturiert, körperreich und gehaltvoll, von exzellenter Reintönigkeit in schön geschichtetem, vollmundigem Stil, kann er innerhalb der nächsten 7 Jahre getrunken werden.

Der verschlossene, dicht pflaumen-purpurfarbene *1998er Shiraz Reserve* duftet nach Unterholz, Erde, Schokolade, dicklichen schwarzen Früchten und toastwürzigem neuem Eichenholz (100 % neue Fässer). Dieser straff gewirkte Shiraz hat einen mittleren bis vollen Körper, er ist reintönig und tief mit kerniger, geschichteter Textur und verlangt noch eine gewisse Reifezeit im Fass. Er wird sich 10–12 Jahre entfalten. Momentan ist er verschlossen, so dass ich ihn vielleicht unterschätzt habe.

WARRENMANG (VICTORIA)

1998	Grand Pyrenées	D	91
1997	Grand Pyrenées	D	88+?
1998	Shiraz	D	94+

Der überwältigende, umwerfende *1998er Shiraz* ist leicht zu verstehen. Mit einem Alkoholniveau von 15,5 % gehört dieser Shiraz aus ultrareifen Trauben zu den Weinen, die zum Zeitpunkt der Verkostung noch unterentwickelt waren. Er zeigt eine undurchdringlich-purpurrote Farbe und ein fabelhaftes Potenzial mit herrlicher, von Lakritzenoten durchzogener Brombeer- und Cassisfrucht. Dicht, mit geringer Säure, hohem Tanningehalt und einer ungemein dicken, bis an den Rand bepackten Mitte, verlangt dieser Koloss noch 3 Jahre Kellerlagerung. Er dürfte 20–25 Jahre gut alt werden.

Der *1998er Grand Pyrénées* erinnert an die klassischen Heitz Martha's Vineyard Cabernet Sauvignons, die es von Ende der späten 1960er bis Anfang der 1980er Jahre gab. Eine dichte rubin-purpurrote Farbe gesellt sich zu Eukalyptus- und Minzedüften, reifen schwarzen Johannisbeeren, Tabak und Lakritze. Er ist körperreich und reintönig mit einem Hauch Eichenholzwürze, besitzt maßvolle Tannine, ein beeindruckendes Gleichgewicht und Charakterstärke. Er dürfte gut 12–15+ Jahre zu trinken sein. Der *1997er Grand Pyrénées* ist ein tanninherber, hagerer Wein mit Nuancen von Eukalyptus, Pflaumen, Dörrpflaumen und schwarzen Johannisbeeren. Er ist gut und sauber gemacht, in seiner Entwicklung jedoch zurückgeblieben und daher noch schwer zu beurteilen. Bei mittlerem bis vollem Körper hat dieser Wein eine gewisse Affinität zu einem strengen Bordeaux. Voraussichtliche Genussreife: jetzt–2016.

WATTLE PARK (SOUTH AUSTRALIA)

1998	Cabernet Sauvignon	D	86

Der *1998er Cabernet Sauvignon*, ein saftiger Fruchtcocktail, zeigt wenig Komplexität, doch entströmen dem dunkel-rubinrot gefärbten Wein Unmengen dicklicher Brombeer- und Kirschenfrucht mit einem Hauch Pfeffer. Dieser explosive, ausgereifte, fruchtige, unkomplizierte, gefällige Wein zeigt keine Spuren frischer Eichenholzfässer. Trinken Sie ihn innerhalb der nächsten 2 Jahre.

GEOFF WEAVER (LENSWOOD)

1997	Cabernet Sauvignon/Merlot	D	86

Der *1997er Cabernet Sauvignon/Merlot* (82 % Cabernet, 18 % Merlot) ist ein guter, aber nicht besonders anregender Wein im Stil von Bordeaux bei mitteldunkelrubinroter Farbe, die von den Düften nach Leder, Cassis, würzigem Eichenholz und getrockneten Kräutern begleitet wird. Der Wein hat einen mittleren Körper, ist streng und sauber gemacht, doch es fehlt ihm an Spannung und Dichte. Trinken Sie ihn innerhalb dieser Dekade.

WILD DUCK CREEK (HEATHCOTE, VICTORIA)

1998	Cabernet Pressings	E	90
1999	Cabernet Sauvignon Alan's	E	90
1998	Cabernet Sauvignon Reserve	E	93
1997	Shiraz Duck Muck	E	99
1999	Shiraz Springflat	E	92
1998	Shiraz Springflat	E	91+
oJ	Sparkling Duck	D	?

All dies sind interessante, vollmundige Weine aus der Hand eines der führenden Produzenten Australiens, David Andersons. Die überzogenen Preise bewegen sich allerdings in Höhen ohne jeden Bezug zur Realität. Nehmen wir z. B. den jahrgangslosen *Sparkling Duck,* der aus vier Shiraz-Jahrgängen unter Beimischung von etwas Merlot verschnitten wird und 15,2 % Alkohol auf die Waage bringt. Es ist ein ungewöhnlicher, unbeholfener, dicht rubin-purpurfarbener Wein, aus dem es nur so heraussprudelt, der jedoch bizarr und überzogen wirkt. Der hohe Preis erklärt sich wohl durch die auf 65 Kisten begrenzte Menge, aber für meinen Geschmack ist dieser Wein ungenießbar.

Die trockenen Rotweine sind allesamt enorm. Dass der leichtere Stil des Jahrgangs 1999 mühelos bewältigt wurde, zeigt sich am Beispiel des Shiraz Springflat und des Cabernet Sauvignon Alan's. Der *1999er Shiraz Springflat* hat eine dichte, undurchdringlich purpurrote Farbe, ein wahrhaft intensives Bukett mit Minze, Crème de Cassis und würzigem frischen Eichenholz. Bei 15,3 % Alkohol ist es gewiss kein scheuer Wein, hat seine Power jedoch schön gezügelt und ist im Wesentlichen eine schwere, körperreiche, dicke, saftige Fruchtbombe von ansehnlicher Textur, Reintönigkeit und Länge. Er dürfte sich 7–8 Jahre gut trinken lassen, vielleicht auch länger. Bei einer Jahresproduktion von 1200 Kisten ist der Wein nur begrenzt erhältlich. Der schwarz-purpurfarbene *1998er Shiraz Springflat,* ein unverwechselbarer Shiraz, hat ein explosives Bukett, das an Lorbeerblatt erinnert. Die würzige Note wird ergänzt durch die Aromen von Brombeeren, Cassis, Lakritze und toastwürzigem Eichenholz. Dieser gehaltvolle, fabelhaft konzentrierte, in seiner Entwicklung zurückgebliebene Wein wird sich im Zeitraum von 1–2 Jahren nach der Abfüllung erheblich verbessern und dann mindestens 12–15 Jahre halten. Nur 600 Kisten werden davon produziert.

Der überragende Cabernet Sauvignon Alan's (100 % Cabernet Sauvignon) wird in französischen Eichenholzfässern ausgebaut (85 % davon sind neu). Die Produktion ist auf 400 Kisten begrenzt. Der *1999er Cabernet Sauvignon Alan's* hat eine undurchdringlich purpurrote Farbe und ein hinreißendes süß duftendes Bukett von schwarzen Früchten, Lakritze und Vanille. Im Geschmack zeigt er den trockenen Vintage-Port-Charakter. Er ist ölig, dick, saftig, körperreich, gehaltvoll, monolithisch und wie geschaffen, um ein Jahrzehnt und mehr zu lagern.

Als nächster folgt der *1998er Cabernet Sauvignon Reserve,* von dem es nur 75 Kisten gibt. Dieser Wein, zu 100 % aus Cabernet Sauvignon, stammt von Reben, die 20 Jahre alt sind. Zu einer satten schwarz-purpurroten Farbe gesellen sich sagenhafte Duftnoten von Gewürzkiste, Lakritze, Cassis und edlem, neuem französischem Eichenholz. Er ist tief, körperreich und süß, mit geschmeidigem Tannin und einem nahtlosen, konzentrierten, in Kaskaden erfolgenden Abgang, der Eukalyptusnoten offenbart. Die süßen Tannine und die allumfassende Eleganz überraschten mich. Trinken Sie den Wein bis 2016. Noch ein überteuerter Wein ist der *1998er Cabernet Pressings.* Nur 150 Magnumflaschen wurden davon produziert. Mit dem Abgang des Reserve kann er es nicht aufnehmen, doch besitzt er Noten von eingedicktem Cassis, Pfeffer, teeriger Arznei und Vanille. Dieser süße, reichhaltige, kernige, aber rustikale Wein dürfte 10–15 Jahre angenehm zu trinken sein.

Nur 70 Kisten des fantastischen *1997er Shiraz Duck Muck* (15 % Alkoholgehalt) sind vorrätig. Der Wein stammt von einem relativ jungen Weinberg (15 Jahre); die Erträge sind auf 3,2 t/ha begrenzt. Zweifellos ist Anderson hier ein einzigartiger charaktervoller Wein gelungen. »Großartig« ist das erste Wort meiner Verkostungsnotiz. Dieser Wein ist undurchdringlich schwarz-purpurfarben, viskos wie ein Vintage Port und zeigt ein Panorama schwarzer Früchte vermischt mit Lakritze, Teer, verbrannten Kräutern und würzig-süßem Eichenholz. Säure und Tannine verschwinden unter einer Fülle von Frucht, Glyzerin und Extrakt. Es ist ein traumhafter, fast außerirdisch anmutender Shiraz, der so wuchtig und intensiv ist, dass man ihn nicht in großen Zügen, sondern in kleinen Schlucken genießen sollte. Voraussichtliche Genussreife: jetzt–2025.

WILLOW BEND (BAROSSA VALLEY)

1997	Proprietary Red	D	90?

Der faszinierende *1997er Proprietary Red* (40 % Shiraz, 38 % Merlot, 19 % Cabernet Sauvignon und 3 % Cabernet Franc) offenbart eine dunkelrubinrote Farbe und schweren, fetten Pflaumencharakter mit Batzen von cremiger, eichenholzwürziger Schwarzkirsch- und Brombeerfrucht. Trotz des fast übertriebenen Eichenholztons gleitet der Wein bei dieser Fülle an reifer, kerniger Frucht harmonisch ausgewogen, wenn auch etwas exotisch und aggressiv über die Zunge. Trinken Sie ihn in den nächsten 5–6 Jahren.

WIT'S END (MCLAREN VALE)

1999	Cabernet Sauvignon	D	90
1998	Shiraz	D	92

Der *1999er Cabernet Sauvignon* (Ausbau in einer Mischung aus französischen und amerikanischen Eichenholzfässern) bietet toastwürzige süße Vanillearomen und ganze Ladungen von fruchtigem Crème de Cassis in Duft und Geschmack. Er ist körperreich, nahtlos, samtig texturiert und hallt lange nach. Die 14,5 % Alkohol konnte dieser wunderschön konzentrierte, verbraucherfreundliche, fortschrittlich entwickelte Wein gut integrieren. Obwohl man ihm schwer widerstehen wird, lässt er sich 10–12 Jahre gut trinken.

Der erstaunliche *1998er Shiraz* präsentiert sich tiefrubin-purpurfarben mit einem süßen Bukett dicklicher Brombeeren, vermischt mit Cassis, Blaubeeren und Blumen. Dieser nahtlose Wein bietet süße Tannine, eine feine Vanillenote des gut aufgesogenen Eichenholzes, einen körperreichen, vielschichtigen Abgang und eine optimale Trinkreife innerhalb seines ersten Lebensjahrzehnts.

WOODSTOCK (MCLAREN VALE)

1998	Grenache	C	89

Dieser Wein ist ein Verschnitt aus 90 % Grenache (von 80+ Jahre alten, im Gobeletsystem erzogenen Reben) und 10 % Shiraz. Der dunkelrubin-purpurfarbene *1998er Grenache* bietet Duftnuancen von Kirschwasser, schwarzem Pfeffer und süßer Cassisfrucht. Diese köstlich-süffige, körperreiche Fruchtbombe mit geringer Säure und reichlich Glyzerin sollte in den nächsten 4–5 Jahren getrunken werden. Wahrhaft köstlich!

YALUMBA (BAROSSA VALLEY)

1996	Cabernet/Shiraz The Reserve	E	95
1996	Cabernet/Shiraz The Signature	D	91
1995	Cabernet/Shiraz The Signature	D	90
1999	Grenache	B	89
1998	Grenache	B	90
1999	Grenache Nursery Vineyard	D	92
1996	Shiraz Old Vine The Octavius	E	95
1995	Shiraz Old Vine The Octavius	E	90
1998	Shiraz/Viognier	D	90

Yalumbas Anfänge reichen zurück bis auf das Jahr 1849. Das umfangreiche Portfolio enthält etliche Exemplare, die für das Geld einen sensationellen Gegenwert bieten. Die rund 600 Hektar Rebfläche ergeben Weine unterschiedlicher Qualität, angefangen bei den preisgünstigen Oxford Landings (hier nicht besprochen) bis hin zu den Flaggschiffen des Weinguts, die Signatures und Octavius. Hinzu kommen hochwertige Weißweine, die ich hier ebenfalls nicht bespreche, weil sie innerhalb einiger Monate nach dem Erntejahr getrunken werden.

Wer hervorragende Qualität für sein Geld sucht, halte sich an die 1999er und 1998er Grenaches. Beide sind in vernünftigen Mengen vorrätig (ungefähr 8000 Kisten) und waren nicht in Kontakt mit neuem Eichenholz. Sie stellen die australische Antwort auf die großen, ausdrucks- und geschmackvollen Gewächse des südlichen Rhônetals dar. Der *1999er Grenache* offenbart bei mittlerem bis vollem Körper süße, dickliche Frucht mit Pfeffer und Kirschen. Der Wein mundet jetzt schon köstlich und verspricht noch die nächsten 3–4 Jahre Genuss. Noch besser ist der hervorragende *1998er Grenache.* Wie sein Vetter stammt er von den Trauben unbewässerter, im Gobeletsystem erzogener Reben. Dieser Wein von dunklerer rubinroter Farbe zeigt intensive Duftnoten von schwarzem Pfeffer, vermischt mit Erdbeer- und Kirschlikör, verbrannten Kräutern und Gewürzen. Er ist umwerfend fleischig, körperreich, aber seidig texturiert und extravagant. Er sollte innerhalb der nächsten 4–5 Jahre getrunken werden.

Falls Sie es noch intensiver mögen, dann probieren Sie den *1999er Grenache Nurserey Vineyard.* Von diesem Wein existieren 600 Kisten. Die Trauben kommen von extrem alten Grenache-Reben (manche Stöcke wurden 1887 gepflanzt), die im Gobeletsystem erzogen werden. Eine dicht rubinrote Farbe paart sich mit einem explosiven Schwarzhimbeerbukett, das Noten von Kirschen, Pfeffer und Gewürzen aufweist. Diesen ausgesprochen lustbetonten körperreichen, ölig texturierten Draufgänger würde ich liebend gern im Wettbewerb gegen eine Reihe hervorragender 1998er Châteauneuf-du-Papes antreten lassen. Trinken Sie ihn innerhalb der nächsten 7–10 Jahre!

Yalumba erzeugt 2000 Kisten des *1998er Shiraz/Viognier* (im Stil der Côte Rôtie mit 15 % Viognier), der teilweise in amerikanischen Eichenholzfässern ausgebaut wird. Der Wein offenbart einen von körperreichen, exotischen, dicklichen Schwarzhimbeer- und Johannisbeerfrucht geprägten Charakter. Exotisch, fett, säurearm und draufgängerisch, kann dieser samtweiche, lustbetonte Wein innerhalb der nächsten 4–5 Jahre getrunken werden.

Zu den Spitzencuvées gehört der Cabernet/Shiraz The Signature, von dem zuletzt die 1996er und 1995er freigegeben wurden. Kaskaden cremiger eichenholzwürziger Nuancen amerikanischer Fässer entströmen diesem dicht purpurfarbenen, superben *1996er Cabernet/Shiraz The Signature.* Im Mund wird das Holz von fleischigen, rauchigen Brombeer- und Cassisaromen vollständig aufgesogen. Aus dem Glas steigen Noten, die an geschmolzenen Teer, getrocknete Kräuter der Provence sowie weitere dickliche rote und schwarze Früchte erinnern. Körperreich und üppig, dürfte er mindestens 10–12 Jahre gut zu trinken sein. Der strengere *1995er Cabernet/Shiraz The Signature* stammt aus einem etwas kühleren Weinjahr. Und für die Sammler unter meinen Lesern: Die 1990er, 1991er und 1992er The Signature haben sich glänzend entwickelt; der 1992er ist mein Favorit.

Ebenfalls ein Spitzenwein in Yalumbas Portfolio ist der Shiraz The Octavius aus den Trauben alter Reben, von dem es 600 Kisten gibt. Derzeit sind die 1995er und 1996er freigegeben. Der spektakuläre *1996er Shiraz Old Vine The Octavius* ist ein korbgepresster Shiraz, der gewaltige Kraft mit massiver, überquellender, von Zedernholz und Glyzerin durchwirkter Brombeer- und Cassisfrucht in Duft und Geschmack verbindet. Dieser herrliche Wein ist derzeit einer der führenden Shiraz-Cuvées von alten Reben auf dem Weinmarkt. Er dürfte sich noch 2 Jahrzehnte gut trinken lassen. Der ähnlich gestaltete *1995er Shiraz Old Vine The Octavius* stammt aus derselben 70-jährigen Parzelle und wird in amerikanischen Eichenholzfässern ausgebaut. Er ist süß und eichenholzwürzig, mit Anklängen an Brombeer- und Kirschlikör, hat einen hohen, draufgängerischen Alkoholgehalt, reichlich Glyzerin und einen körperreichen, langen, würzigen Abgang. In der Entwicklung ist dieser Wein dem kraftstrotzenden 1996er voraus. Auch bei diesem Wein haben die älteren Jahrgänge sich prächtig entwickelt, so z.B. der spektakuläre 1990er und der großartige 1992er. Nebenbei bemerkt wurde beiden Weinen 15 % Cabernet Sauvignon beigemischt. Seit 1994 wird der Octavius hingegen ausschließlich aus der Shiraz gepresst.

Der zweite Luxuswein von Yalumba ist The Reserve, zu je 50 % Cabernet Sauvignon und Shiraz, von dem es 300 Kisten gibt. Der letzte freigegebene Jahrgang ist der *1996er Cabernet/Shiraz The Reserve.* Er wurde in französischen Eichenholzfässern ausgebaut, ein unwiderstehlicher, undurchdringlich purpurfarbener Wein mit feinen Anklängen an französische Eichenholzfässer erster Güte, zu denen sich große Mengen Pflaumenlikör, Schoko-Sahne-Bonbon, Brombeer- und Cassisfrucht, Pfeffer und Rauch gesellen. Er ist enorm konzentriert, aber erstaunlich gut ausgewogen und extrem körperreich, von nahtloser Persönlichkeit, die Säure, Holz, Tannin und Alkohol gut integriert hat. Dieser Klassiker dürfte sich 2 Jahrzehnte halten.

YARRA YERING (YARRA VALLEY)

1998	**Dry Red No. 1 (Bordeaux Blend)**	**E**	**90**
1998	**Dry Red No. 2 (Rhône Blend)**	**E**	**94**
1998	**Pinot Noir**	**E**	**87**
1998	**Portsorts**	**E**	**92+**
1998	**Shiraz Underhill**	**E**	**91**

Das historische Weingut konnte mich nicht allzu oft mitreißen. Aber mit diesen 1998ern ist es anders, diese Reihe ist das Beste, was ich von Yarra Yering jemals verkostet habe. Die Weine offenbaren eine außerordentliche Authentizität und Reintönigkeit, einen eigenwilligen Charakter und einen freien, naturnahen Weinstil ohne Manipulationen.

Der *1998er Pinot Noir* in seiner von Bordeaux inspirierten, unkonventionellen hellgrünen Flasche hält sich im Duft zurück, während er im Geschmack unverwechselbare Nuancen von Johannisbeeren, Kirschen und Cola zeigt. Bei geschmeidiger Textur baut sich der Wein wie alle trockenen Rotweine dieses Guts sukzessive auf und mündet in einen langen, konzentrierten, noblen, eleganten Abgang. Er dürfte sich 5–7 Jahre gut trinken lassen. Dieselbe prächtige Textur kennzeichnet den *1998er Shiraz Underhill.* Eine dunkelrubin-purpurrote Farbe begleitet ein süßes Bukett mit Anklängen an schwarze Früchte, Mineralien, Rauch und Gewürze. Dieser herrlich intensive, reintönige Shiraz entfaltet schön klar umrissene Geschmacksnuancen und zeigt bei mittlerem bis vollem Körper eine außerordentliche Intensität ohne jede Schwere oder Adstringenz. Es ist ein beeindruckender, stilvoller, eleganter Wein, der in den nächsten 10–12 Jahren Genuss bereitet.

Ich war überwältigt von dem *1998er Dry Red No.2 (Rhône Blend).* Die Shiraz-Traube dominiert in diesem Rhône-Verschnitt, dem noch Viognier und Roussanne zugesetzt wurden. Dieser individualistische, außergewöhnliche Wein präsentiert eine dichte pflaumen-purpurrote Farbtönung, prachtvolle Komplexität mit Anklängen an Rosenblätter, Brombeeren, Cassis, neues Sattelleder und Trüffelduft. Dieser körperreiche, eingangs süße Wein, in dem alle Komponenten in einem herrlich harmonischen Verhältnis zueinander stehen, kann sofort getrunken werden und noch 15+ Jahre lagern. Der hohe Alkoholgehalt (14,9 %) hält sich irgendwie im Hintergrund. Der *1998er Dry Red No.1 (Bordeaux Blend)* ist ein Bordeaux-Verschnitt aus Cabernet Sauvignon (80–85 %) unter Beimischung von Merlot, Cabernet Franc, Petit Verdot und einer Spur Malbec. Zum Zeitpunkt der Verkostung konnte er sich durch Finesse, Charakter, Komplexität und Format hervorheben. Diese individualistische Interpretation des Cabernet bietet Noten von roten und schwarzen Johannisbeeren, Oliven, Leder, Erde und Rauch. Der wunderbar reintönige, schön eingefasste, stilvolle Wein benötigt noch 2–3 Jahre Flaschenlagerung. Er dürfte fast 2 Jahrzehnte halten.

Der *1998er Portsorts* besteht ganz aus portugiesischen Rebsorten, aus denen auch Vintage Port (z. B. Tourriga Nacional) bereitet wird, und der 1998er ist das schönste Vintage-Port-Pendant, das ich außerhalb Portugals jemals verkostet habe. Der bewundernswert komplexe Wein offenbart Noten von Lakritze, Leder, Kaffee, Dörrpflaumen, Brombeeren und Cassis. Extrem körperreich, bei wunderschön integriertem Alkohol, groß angelegt, jugendlich und noch nicht voll entwickelt, ist dieser unwiderstehliche Wein ein Schulbeispiel dessen, was in Australien mit portugiesischen Rebsorten gelingen kann. Dieser Wein wird sich 2 Jahrzehnte oder auch länger gut trinken lassen.

NEUSEELAND

In der Presse wird enorm viel Aufhebens um die neuseeländischen Weine gemacht. Weltweit scheinen die Medien in diese Nation und ihre Weinerzeugnisse vernarrt zu sein. Nachdem ich unzählige Weine verkostet habe, kann ich sagen, dass Folgendes feststeht: Neuseeland hat viele bemühte Produzenten, die ausgezeichnete Sauvignon Blancs und Chardonnays herstellen und einige sehr wenige, an einer Hand abzuzählende Produzenten, deren Rotweine an das weltweite Niveau heranreichen. Die Mehrzahl der Weine aus diesem Land ist jedoch allzu manipuliert und im Verhältnis zur Qualität überteuert.

Die Sauvignon Blancs sind am interessantesten. Sie können überraschend reichhaltig sein und voll bepackt mit saftiger Stachelbeerfrucht. Sie heben sich dadurch hervor, dass die gut eingebundene Säure natürlich schmeckt. Auch am mittleren Gaumen verblüffen die besten Exemplare und sie sind erstaunlich lang. Um sich davon zu überzeugen, brauchen Sie nur einen Sauvignon Blanc von Cloudy Bay, Goldwater, Grove Mill, Kumeu River, Montana, Morton Estate, Selaks und Stoneleigh zu probieren. Die Sauvignons von anderen Weingütern sind jedoch oft vegetabil und verwaschen.

Was die Chardonnays anbelangt, haben die Neuseeländer gelernt, mit der durch das kühle Klima bedingten Säure fertig zu werden, indem sie ihre Weine einer vollständigen malolaktischen Gärung unterziehen, sie auf dem Hefesatz belassen und sie reichlich dem Kontakt mit französischem Eichenholz aussetzen. Werden die Erträge jedoch nicht niedrig gehalten, schmecken die Chardonnays belanglos und weisen so viel Holzwürze auf, dass selbst ein weinbegeisterter Holzfäller davor zurückschrecken würde. Die feinsten Chardonnays, bei denen Eichenwürze und Frucht gut ausgewogen sind, stammen von Babich's Irongate, Cloudy Bay, Corbins, Delegats, Kemeu River, Matua Valley, Morton Estates Hawke's Bay, Selaks, Te Mata, Vidal Reserve und Villa Maria (fassvergoren).

Die neuseeländischen Cabernet Sauvignons und Merlots sind, von wenigen Ausnahmen abgesehen, weiterhin ärgerlich krautig bzw. grässlich vegetabil. Ich kann mir nicht vorstellen, dass jemand an diesen Weinen etwas Lobenswertes finden kann. Wenn Sie Weine mögen, die wie flüssiger Spargel schmecken, werden Sie ihnen vielleicht etwas abgewinnen können. Zwar deuten die letzten Jahrgänge darauf hin, dass die neuseeländischen Weinbetriebe allmählich von diesem grotesken Charakter wegkommen, die Weine haben jedoch immer noch einen unangenehmen, vegetabilen Anstrich. Trotz alledem haben die Weine von Te Mata (Cabernet und Merlot) gezeigt, dass Neuseeland durchaus das Potenzial zu einem Rotweinproduzenten hat, vorausgesetzt, die Betriebe senken die Erträge, bemühen sich um optimale Reife und manipulieren den Wein nicht übermäßig.

Pinot Noir dürfte sich als Retter der neuseeländischen Rotweinproduktion erweisen (so wie Sauvignon Blanc den Weißweinen zu Ansehen verhalf). Derzeit sind die Rebpflanzungen aber noch zu jung, um das Potenzial der Weine akkurat einzuschätzen. Immerhin steht bereits jetzt fest, dass die neuseeländischen Pinots den Burgundern ähnlicher sind als ihren Vettern aus jeder anderen Region der Neuen Welt. In jüngster Zeit wurden die in den neuseeländischen Pinot-Pflanzungen vorherrschenden ertragreichen, qualitätsarmen Stöcke durch ausgezeichnete Klone burgundischer Herkunft ersetzt. Wenn diese Reben älter werden, wird sich zeigen, ob die Weine genügend Fruchtintensität, Komplexität und Alterungspotenzial entwickeln, um mit Burgund in Wettstreit zu treten. Für die anderen Rotweine gilt nur der eine Satz: Käufer, hüte dich!

Von den derzeit erhältlichen Jahrgängen scheint der 2000er im Rotweinbereich besser als im Weißweinbereich ausgefallen zu sein. Es war ein warmes Jahr, optimal für die Entwicklung von Cabernet und Pinot, aber so heiß, dass die Weißweine dadurch ihrer erforderlichen natürlichen Säure verlustig gingen. Im Weinjahr 2001 gab es hingegen eine lange, kalte Periode, die einige grandiose Sauvignon Blancs hervorbrachte, darunter viele, die für ihren Preis eine ausgezeichnete Qualität bieten.

ARGENTINIEN

Ebenso wie Chile ist die Weinbauregion Argentinien aus ihrem Schattendasein ausgebrochen und produziert empfehlenswerte Weine, die das gesamte Spektrum vom preisgünstigen einfachen Qualitätsbereich bis hin zu den teuren Spitzengewächsen bedienen. Während viele Weingüter weiterhin ihrem Preisniveau treu bleiben und die Produktion billiger Massenweine bevorzugen, gibt es andere, deren Produkte es mit der Qualität internationaler Spitzenweine aufnehmen können, so z. B. die der Bodegas Catena Zapata. Unter der Führung von Produzenten wie Nicolas Catena haben diese Betriebe in dem Bemühen, Qualitätsverbesserungen zu erzielen, die fruchtbaren Talsohlen von Mendoza verlassen und sich in den ertragsärmeren Hügelbereichen angesiedelt.
Argentinien produziert köstliche Weißweine für den Durst, insbesondere Chardonnays und Sauvignon Blancs. In den letzten Jahren sind einige herausragende Chardonnays entstanden, z. B. bei Catena und Luca, die es an Tiefe der Frucht, Komplexität und Konzentration mit den weltweit Besten dieser allgegenwärtigen Sorte aufnehmen können.
Malbec, eine französische Rebsorte, die in Europa nur begrenzte Erfolge erzielte, kann in Argentinien grandiose Rotweine hervorbringen. Argentinische Malbecs, die sich durch ihren würzigen Charakter dunkler Früchte auszeichnen, können Komplexität, Intensität und Alterungspotenzial aufweisen. Cabernet Sauvignon findet in Argentinien ebenfalls die besten Voraussetzungen für den Riesenerfolg, und hin und wieder gelingen dort wunderschöne Weine aus Merlot.
Argentinien ist ein aufstrebendes Weinbauland. Die jüngeren Jahrgänge, insbesondere die 1998er und 1999er, waren problematisch, doch die verbesserten Weinanbau- und Weinbereitungsmethoden ebenso wie das Auftreten qualitätsbewusster kleiner Weinbaubetriebe in der Weinszene (wie Luca, Tikal und Paul Hobbs's Cobos) verheißen der Weinindustrie dieses Landes eine strahlende Zukunft.

DIE BESTEN WEINE ARGENTINIENS

****** (HERVORRAGEND)*

Catena Cabernet Sauvignon Agrelo Vineyard
Catena-Alta Cabernet Sauvignon Zapata Vineyard
Catena Chardonnay Agrelo Vineyard
Catena-Alta Chardonnay Adrianna Vineyard
Catena-Alta Malbec Lunlunta Vineyard

***** (AUSGEZEICHNET)*

Alamos
Altos de Madrano Malbec
Luigi Bosca Malbec
Caballero de la Cepa Cabernet Sauvignon
Arnaldo B. Etchart Cafayete
Arnaldo B. Etchart Cabernet Sauvignon
Arnaldo B. Etchart Malbec
Nicolas Fazio Malbec
Fabre Montmayou Grand Vin
Navarro Correas Colección Privada Cabernet Sauvignon
Navarro Correas Malbec
Nieto y Sentiner Cadus Malbec
Norton Privada
San Telmo Malbec
Pascual Toso Cabernet Sauvignon
Bodega Weinert Cabernet Sauvignon
Bodega Weinert Carrascal
Bodega Weinert Cavas de Weinert
Bodega Weinert Malbec
Bodega Weinert Merlot

** * * (GUT)*

Bianchi Cabernet Sauvignon Particular
Bianchi Chenin Blanc
Bianchi Malbec
Humberto Canale Cabernet Sauvignon Reserva
Humberto Canale Merlot Reserva
Etchart Torrontes
Flichman Cabernet Sauvignon
Nicolas Fazio Cabernet Sauvignon
Château Mendoza Cabernet Sauvignon
Château Mendoza Merlot
Mendoza Peaks Cabernet Sauvignon
San Telmo Cuesta del Madero (Cabernet Sauvignon/Malbec)
Trapiche Cabernet Sauvignon Oak Aged
León Unzue Malbec

** * (DURCHSCHNITTLICH)*

Andean Cabernet Sauvignon
Clos du Moulin Cabernet Sauvignon
Goyenechea (Aberdeen Angus) Cabernet Sauvignon
Comte de Valmont Cabernet Sauvignon

CHILE

Wie der benachbarte Andenstaat hat auch Chile in den letzten Jahren enorme Fortschritte gemacht. Derzeit bedient das südamerikanische Land das gesamte Weinspektrum, angefangen bei billigen Massenweinen bis hin zu lagerfähigen Rotweinen von Weltrang.
Obwohl einige Produzenten (z. B. Casa Lapostolle) im Tal von Casa Blanca hervorragende Chardonnays erzielen konnten, konzentriert sich Chile schwerpunktmäßig auf die Rotweinbereitung, überwiegend Cabernet Sauvignon und Merlot. Viña Cousiño Macul, Viña Concha y Toro, Casa Lapostolle und der Newcomer Yacachuya zählen zu den Weinen, die Chile eine neue Zukunft weisen.
Nachdem Chile die katastrophale Ernte im El-Niño-Jahr 1998 überlebt hat, profitierte es von einem ausgezeichneten Weinjahr 1999 und einem guten Weinjahr 2000.

DIE BESTEN WEINE CHILES

****** (HERVORRAGEND)*

Almaviva (ein Wein auf Cabernet-Basis, produziert unter Beteiligung von Mouton-Rothschild und Concho y Toro)
Casa Lapostolle Cuvée Alexandre
Casa Lapostolle Merlot Clos Apalta
Concho y Toro Cabernet Sauvignon Don Melchor Private Reserve
Yacachuya

***** (AUSGEZEICHNET)*

Casa Lapostolle Cabernet Sauvignon Cuvée Alexandre
Casa Lapostolle Chardonnay Cuvée Alexandre
Casa Lapostolle Sauvignon Blanc
Concho y Toro Cabernet Sauvignon Marques de Casa Concho
Cousiño Macul Cabernet/Merlot Finis Terrae
Cousiño Macul Cabernet Sauvignon Antiguas Reserva
Santa Rita Cabernet Sauvignon Casa Real
Los Vascos Cabernet Sauvignon Reserva

**** (GUT)*

Concho y Toro Cabernet Sauvignon Castillero del Diablo
Concho y Toro Chardonnay Castillero del Diablo
Cousiño Macul Cabernet Sauvignon
Errazuriz Panquehue Cabernet Sauvignon Don Maximiano
Santa Monica Cabernet Sauvignon
Seña
Los Vascos Cabernet Sauvignon
Los Vascos Sauvignon Blanc
Santa Rita Cabernet Sauvignon Medalla Real

*** (DURCHSCHNITTLICH)*

Caliterra Cabernet Sauvignon
Caliterra Chardonnay
Canepa Sauvignon Blanc
Carta Vieja (alle *cuvées*)
Cousiño Macul Chardonnay
Cousiño Macul Sauvignon Blanc
Sage Estate (alle *cuvées*)
Saint Morillon Cabernet Sauvignon
Santa Carolina Cabernet Sauvignon
Santa Carolina Chardonnay
Santa Carolina Merlot
Santa Rita Cabernet Sauvignon 120 Estate
Santa Rita Sauvignon Blanc 120 Estate

Tolva Cabernet Sauvignon
Tolva Sauvignon Blanc
Miguel Torres (alle *cuvées*)
Traverso Cabernet Sauvignon
Traverso Merlot
Undurraga Cabernet Sauvignon
Undurraga Sauvignon Blanc
Valdivieso Sparkling NV Brut

SÜDAFRIKA

Die südafrikanischen Weine verdienen eine höhere Aufmerksamkeit seitens der Verbraucher, da sie derzeit Qualität zu günstigen Preisen bieten. Kurz nach dem Ende der Apartheid tauchten überall südafrikanische Weine in den Geschäften auf, aber nur wenige davon waren von nennenswerter Qualität (mit Ausnahme eines schönen 1990 Meerlust Merlot). Seither ist die Qualität jedoch aufgrund verbesserter Weinbaupraktiken und kellertechnischer Methoden gestiegen.

Während südafrikanische Chardonnays zu übermäßig holzbetontem oder grünem Charakter tendieren, können die Sauvignon Blancs, Semillons und Chenin Blancs erfreulich harmonisch, reintönig und aromatisch sein.

Bei den Rotweinen ist Cabernet Sauvignon die Königin, wobei Weinbaubetriebe wie Boekenhoutskloof, Neil Ellis und Rustenberg mit schöner Regelmäßigkeit hervorragende Weine produzieren, die den intensiven Charakter der Neuen Welt mit dem Charme und der Komplexität Europas verbinden. Dennoch überraschte mich der 1990er Merlot von Meerlust, da diese Sorte in Südafrika ebenso launisch wie anderswo zu sein scheint. Pinot Noir muss sich in Südafrika noch die Sporen verdienen, und Pinotage bleibt ein Wein, an den ich mich nur unter allergrößten Schwierigkeiten gewöhnen kann. Er ist mir einfach zu grün, zu rustikal und zu lederartig. Die letzten Freigaben von Shiraz/Syrah, insbesondere die von Boekenhoutskloof, beweisen, dass diese Traube aus dem nördlichen Rhônetal in Südafrika ein großartiges Potenzial besitzt. Andere Rhône-Rebsorten, z.B. Grenache, Mourvèdre oder Carignan, haben bereits ein gewisses Potenzial offenbart, insbesondere die Goats-do-Roam-Weine von Fairviews.

REGISTER

Das Register ist systematisch angelegt, nicht auf Vollständigkeit. Es konzentriert sich auf die Weingüter, die Rebsorten und die Anbaugebiete mit ihren Untergliederungen. Aus Umfangsgründen musste auf die Aufnahme der Weinnamen verzichtet werden.

A

A, Domaine de l' 235f.
Abacela 1697
Abadia Retuerta 1324f., 1327ff.
Abbaye de Valmagne 757
Abbazia di Novacella 1200,1256
Abbazia di Rosazzo 1200, 1256
Abbey Vale 1760
Abbona, Marziano & Enrico 1073
Ablagerung 34
Abreu 1379, 1400f.
Abrigo, Giovanni 1073, 1077f.
Abrigo, Orlando 1078
Abteihof St. Nicolaus 1306
Acacia 1386,1401f.
Accorn 1397
Acqueria 832
Adam, J. B. 63f.
Adams, Tim 1758, 1760, 1762, 1764f.
Adea 1697
Adelaide Hills 1748
Adelsheim 1696ff.
Adler Fels 1386, 1391, 1396
Agricola de Borja 1325,1327
Agricoltori del Chianti Geografico 1198f.
Ahlgren 1381, 1396
l'Aiguelière 756ff.
d'Aiguilhe 232, 236
Aile d'Argent 227
Aires Vieilles 824
Aires-Hautes 756
Alamos 1856
Alario, Claudio 1078f.
Alary, Daniel et Denis 823, 835f.
Alasia 1079
Alban 1392, 1402–05
Albariño 1319, 1322, 1323
  Alterungspotenzial 1323
Albet I Noya 1325, 1327, 1329
Albini 1397, 1405
Albrecht 59
Albrecht, Lucien 63
Alderbrook 1378, 1386, 1394, 1396
Alentejo 1365
Alessandria, Gianfranco 1072, 1079f
Alexander Valley 1381, 1383, 1388, 1391
Alfieri, Marchesi 1073
Alicante (Garnacha Tintorea)1322
Alicante Bouchet 1367, 1372
Alicante 1322
  Kalifornien 1367
Aligoté 392
  Burgund 458
Alkoomie 1760
Allegrini 1200, 1256ff.
Allemand, Thierry 821
Allende 1329f.
Almansa, Señorío de 1325, 1327
Almondo, Giovanni 1080
Aloxe-Corton 478
Alquier, Gilbert, et Fils 756, 758
Altare, Elio 1072f, 1080f.
Altenberg de Bergbieten 57
Altenberg de Bergheim 57
Altesino 1196ff., 1201
Altos de Madrano 1856
Alzinger, Leo 1308
Amador Foothill 1398
Ambra 1196f., 1201f.
Ambroise, Bertrand 461, 464, 501ff.
L'Ameillaud 823, 836
Amezola de la Mora 1325
Amiot, Guy, et Fils 463f., 503f.
Amiot, Pierre, et Fils 462
Amiot-Servelle 462, 716
Amity 1697
Amizetta 1381
Amouriers 831, 836f.
Anania, Luigi 1198
Ancien 1390
Andean 1857
Anderson 1380, 1385f.
Anderson, S. 1381, 1400
Anderson's Conn Valley 1405–08
Andezon 823
André, Pierre 827
Andreas 236
Andrew Will 1728–32
Andron-Blanquet 229
de Angelis 1258

Angélus 223, 229, 236ff.
Angerville, Marquis d' 461, 505
Anges 823
Angludet d'Angludet 225, 238, 299
d'Anguera, Joan 1330
Anheuser, Paul 1305
Anima Negra 1330
Anjou 734–41
  Wichtige Appellationen 739ff.
Anjou-Villages 739
Annvers 1765
Ansäuerung 22–25
Anselma 1081f.
Anselmi, Roberto 1200
Anselmo, Renato 1075
Antenet 1058
Antinori, L. 1192, 1196
Antinori, Marchesi 1193, 1196f., 1202ff.
Antoniolo 1075
AOC *siehe* Appellation d'Origine Controlée
Apex 1728
Les Aphillanthes 823, 837f.
Apollonio 1258f.
Appellation (folgt Name des Ortes) Contrôlée 456
Appellation Bourgogne Contrôlée 456
Appellation d'Origine Contrôlée (AOC) 752f.
Appellation Grand Cru Contrôlée 456
Appellation Premier Cru Contrôlée 456
Arano 1200, 1259
Araujo 1379, 1392, 1395, 1408ff.
Arboles de Castillejo 1325
Arbor Crest 1728
Arcadian 1385, 1390
d'Archambeau 227
L'Archange 238f.
d'Arche 228f.
d'Arche-Pugneau 228
Archery Summit 1696, 1698–1700
Arena, Antoine 805
d'Arenberg 1757, 1763, 1765–69
Argentinien 1856f.
  Die besten Weine 1856f.
Argiano 1192, 1196, 1204f.
Argiolas 1200, 1259ff.
Argyle 1696, 1700f.
Arjolle 756, 758
Arlaud Père et Fils 462
l'Arlot 461, 465, 505f.
d'Armailhac 225, 239f.
Armand, Comte 465. *Siehe auch* Epeneaux.
Armens 240
Armida 1410
Armstrong 1769
Arneis
  Alterungspotenzial 1065
  Piemont 1060, 1065, 1070
Arnoux, Robert 461, 506ff.
l'Arrosée 224, 229, 240f.
Arrowood 1378ff., 1381, 1385, 1387, 1392, 1411–16
Arroyo, Ismael 1324f., 1331
Arrufiac 1056
Artadi 1324f., 1331f.
Artesa 1385
Arthur, David 1379, 1416
Arzuaga 1325
Ascheri, Giacomo 1082
Ashbrook 1760
Ashton Hills 1760, 1762
Aspiran Noir 753
Asti Spumante 1069
  Piemont 1060
Atalon 1380, 1416f.
Atlas Peak 1395
Au Bon Climat 1385, 1387, 1390f., 1417f.
Aubert, Max 823, 838
Audoin, Charles 462, 717
d'Aupilhac 756, 758f.
Aurélius 241
Les Aurelles 756, 759
Ausbau des Weins 486
Ausbruch 1308
Auslese 1295, 1301
  Alterungspotenzial 1298, 1301
Ausone 223, 241f.
Austin 1391
Australian Domaine Wines 1758, 1770f.
Australien 1748–1853
  Allgemeines Qualitätsniveau 1755
  Ältere Jahrgänge 1757
  Alterungspotenzial 1754
  Duft- und Geschmacksnoten 1745
  Kaufstrategie 1755
  Neuere Jahrgänge 1755f.
  Die besten Produzenten von alkoholverstärkten Weinen 1763
  Die besten Produzenten von Cabernet Sauvignon, Shiraz, Merlot und Grenache 1757–61
  Die besten Produzenten von Chardonnay 1762
  Die besten Produzenten von Riesling 1762
  Die besten Produzenten von Sauvignon Blanc und Sémillon 1762f.
  Rebsorten 1752f.
  Was Sie unbedingt wissen müssen 1755
  Weinanbaugebiete 1748–52
  Weine mit hervorragendem Preis-Leistungsverhältnis 1763f.
  Die Weingüter 1764–1853
  Weintypen 1748

Ausvetia 1771
Autard, Paul 825, 827, 839f.
d'Auvenay 461, 464, 508–511
Auxey-Duresses 478
L'Aventure 1392, 1397
Avignonesi 1197f.
Avril, Jean 827
Ayala 731f.
Aydie-Laplace 1058
Azelia 1072f., 1075, 1082f.

B

Babcock 1387, 1392, 1395f., 1418f.
Bacchus 1296
Bachelet-Ramonet 466, 717
Bachen 1059
Bacio Divino 1380, 1419f.
Badia a Coltibuono 1198, 1205f.
Baggiolino 1197
Bagnol 805
Bahans-Haut-Brion 225, 242f.
Bailey's 1760
Bairrada 1365
Balestard 243f.
Balestard-La-Tonnelle 225, 229, 244
Balgownie 1760, 1771
Ballentine 1420
Balthazar, René 821, 840
Bancroft 1385
Bandol 799/802, 804
Bannister 1385, 1397, 1420
Bannockburn 1760, 1762, 1771f.
Banti, Erik 1198
Banyuls 749, 755f.
Baptiste-Pertois 731f.
Bara, Paul 731
Barale, Fratelli 1075, 1083
Barancourt 731
Barat 465
Barbaresco (Anbaugebiet) 1064
Barbaresco (Ort) 1064
Barbaresco (Wein) 1060f., 1064f.
  Alterungspotenzial 1065
Barbera 1060f.
  Alterungspotenzial 1065
Barbero, Giuseppe 1070
Barbeyrolles 805
Barbi 1197f.
Barbier, René 1325
Barbour 1420f.
Barboursville 1746
Barde-Haut 224, 244f.
Baret 245
Barge, Gilles 814f., 840f.
Bargetto 1383, 1387
Barletta Brothers 1772
Barmès-Buecher 58f., 63–69
Barnard Griffin 1728
Barnett 1380, 1421
Barnett Spring 1381
Barolo (Anbaugebiet) 1061
Barolo (Wein) 1060f.,1064f.
  Alterungspotenzial 1065
Barolo, Marchesi di 1075, 1083f.
Barossa Valley 1748
Barral, Léon 756, 759
Barratt 1762
Barraud, Daniel et Martine 464, 511ff.
Barréjat 1058
Barrigon, Pablo 1325f.
Barril, Masia 1326
Barros, Almeida 1361
Barrot, Lucien 827, 841f.
Barry, Jim 1760, 1772f.
Barsac 149,153, 233
  Alterungspotenzial von Spitzenweinen aus jüngeren Jahrgängen 154
Barthod, Ghislaine 461, 513f.
Bas 805
Basciano 1206
Basigniani 1746
Basilisco 1261
Bass Phillip 1773
Bassermann-Jordan 1305
Bastardo 1364
Bastide de Rodares 805
La Bastide 829, 831
La Bastide Blanche 805
Bastor-Lamontagne 228
Batailley 225, 245f.
Batasiolo 1073, 1075
Baubiac 756, 759 f.
Bauduc Les Trois Hectares 227
Baumalric 830
Baumann 1306
La Beardière 842
Béates Terra d'Or 805
Beau Séjour-Bécot 224, 229
Beaucastel 825f. 828, 842–47
Beauchêne 847
Beaujolais 458
  Alterungspotenzial 458
  Beaujolais Crus, allgemeine Charakteristika 483f.
  Grundwissen 482–85
  Jahrgangsbewertung 484f.
  Jüngere Jahrgänge 483ff.
  Die Weingüter 719
Beaujolais Nouveau 482f.
Beaujolais Primeur 482
Beaujolais Supérieur 482f.
Beaujolais-Villages 483

Beaujolais-Villages Nouveau 483
Beaulieu (Kalifornien) 1381, 1383, 1387f., 1391, 1396, 1400, 1421f.
Beaulieu (Loiretal) 739
Beaulieu Comtes de Tastes 247
Beaulieu, Hugues 756, 760
Beaumes-de-Venise 812
Beaumet-Chaurey 732
Beaumont 226, 229
Beaupré 805
Beauregard 225, 247f.
Beaurenard 825–28, 847f.
Beau-Séjour Bécot 246f.
Beauséjour-Duffau 224, 229, 248f.
Beausoleil 249f.
La Bécassonne 823, 848f.
Dr. Becker, Brüder
Beckmen 1392
Bedell 1746
Bedford-Thompson 1422
Beerenauslese. *Siehe auch* Sélection de Grains Nobles.
  Deutschland 1295, 1298, 1301
  Österreich 1308
Behrens and Hitchcock 1379f., 1392, 1397, 1423–29
Bel Arbors 1383, 1388, 1396, 1399
Bel-Air 225, 250
Belair 226, 229, 250
Bel-Air Grande Cuvée 250
Bel-Air La Royère 232, 250
Belgrave 226, 250f.
Belingard 1058f.
Bella 1429f.
Belland, Jean-Claude 463, 465, 514
Bellavista 1200
Belle Vue 224
Belle, Albert, Père et Fils 816f., 818, 849f.
Bellefont-Belcier 251f.
Bellegarde 1059
Bellegrave 225, 252f.
Bellerose 1396
Belles Eaux 756, 760
Belles-Graves 225
Bellet 802
Belle-Vue 251
Bellevue 253
Bellisle Mondot 253
Belo 1430
Belregard-Figeac 253
Belvedere (Kalifornien) 1378, 1383, 1387
Belvedere (Toskana) 1196
Bender, Erich 1305
Bendigo 1748
Benessere 1430
Benini Ventimiglia, Carla 1254
Benoit 1697
Benotung und Bewertung der Weine 3ff.
Benton Lane 1697
Benziger 1381, 1383, 1387, 1393, 1396, 1398, 1430f.
Bera, Gianni Luigi 1070
Bergerac 1056f.
  Alterungspotenzial 1057
Bergerac und der Südwesten 1056—59
  Allgemeines Qualitätsniveau 1057
  Alterungspotenzial 1057
  Geschmacksrichtungen 1057
  Grundwissen 1056–59
  Kaufstrategie 1058
  Preis-Leistungsverhältnis 1057
  Die besten Produzenten – Rotwein 1058
  Die besten Produzenten – Süßer Weißwein 1059
  Die besten Produzenten – Weißwein 1059
  Rebsorten 1056
  Süßweine 1057
  Was Sie unbedingt wissen müssen 1058
  Weintypen 1056
Dr. Bergweiler, Pauly 1305
Beringer 1378, 1380, 1385, 1387, 1393, 1395f., 1398, 1431–41
Berliquet 253f.
Bernadotte 254f.
Bernard, Guy et Frédéric 814
La Bernarde 805
Bernard-Gaec Bernard, Guy et Fréderic 850
Bernardins 830
Bernardus 1387, 1391, 1396
Bernhard, Christian-Wilhelm 1304
Berri 1763
Berruti, Pietro 1075
Berry' Bridge 1758, 1773f.
Bersano 1075
Bertagna 463, 466
Bertelli 1075
Berthet-Rayne 850
Bertineau St-Vincent 225, 232, 255
Besserat de Bellefon 732
Bessin, Jean-Claude 514
Besson, Xavier 462
La Bête 1697
Bethel Heigths 1696, 1701f.
Betz 1728, 1732f.
Bewertung der Produzenten 2f.
Beychevelle 225, 229, 255f.
Beyer, Léon 57, 60, 63, 69f.
BG 1332
Biagio, A. S. 1084
Biale, Robert 1397, 1441ff.
Bianca 1697
Bianchi 1857

Bianco di Pitigliano 1192
Bianco Vergine della Valdichiana 1192
Bibbiano 1206
Bibian 1058
Biffar, Josef 1304
Bilbainas 1326f.
Billaud-Simon 464, 514ff.
Billecart-Salmon 731ff.
Binner, Joseph et Christian 63, 70
Birchwood 1774
Bischöfliche Weingüter 1305
Bitouzet-Prieur 462, 465
Bize, Simon, et Fils 462, 465, 516
Bizot Jean-Yves 462, 517
Blachon, Roger 820
Blackjack Ranch 1379, 1392, 1443f.
Blackwood Canyon 1728
Blain-Gagnard 464, 517f.
Blanc de Blancs 725
Blanc de Lynch-Bages 227
Blanc de Noirs 725
Blanche Laine 818
Blanck, Paul 63, 70
Blankiet 1379
Blaye 154, 232
  Alterungspotenzial von Spitzenweinen aus jüngeren Jahrgängen 155
Blockheadia Ringnosi 1397, 1444f.
Boasso, Franco 1075, 1084f.
Boccadigabbia 1200, 1261
Bocquenet, Daniel 462, 518
Boeger 1381, 1388, 1399
Boffa, Alfiero 1075
Boglietti, Enzo 1073, 1085f.
Boileau, Etienne 465
Boillot, Henri 464, 518–21
Boillot, Jean, et Fils 461, 464, 521–24
Boillot, Jean-Marc 462, 464, 524f.
Boillot, Lucien, et Fils 463
Bois Dauphin 827, 852
Bois de Boursan 825ff., 850f.
Boissan 831
de Boisseyt-Chol 814, 852
Boissonnet, Frédéric 819, 853
Boizel 732
Boliva 1058
Bollig-Lehnert 1306
Bollinger 731ff.
Bon Marché 1391
Bon Pasteur 224, 256f.
Bonalgue 225, 229, 257
Bongiovanni 1086f.
La Bongran 464, 525f.
Bonnaire 731
Bonneau 827
Bonneau du Martray 463, 465, 526f.
Bonneau, Henri 825f., 853ff.
Bonnefond, Patrick et Christophe 813ff., 855f.
Bonnet 232
Bonnezeaux 734, 738ff.
Bonny Doon 1378, 1388, 1392f., 1395, 1445
Bonserine 814, 856f.
Bookwalter 1728
Bordeaux 148–452
  Allgemeines Qualitätsniveau 155
  Bedeutende Appellationen 152
  Grundwissen 148–235
  Jahrgangsübersichten 1945–2000 155
  Die besten Produzenten von Barsac/Sauternes 228
  Die besten Produzenten von trockenen Rotweinen 223–27
  Die besten Produzenten von trockenen Weißweinen 227
  Rebsorten 149/52
  Was Sie unbedingt wissen müssen 155
  Weine mit dem besten Preis-Leistungsverhältnis 232f.
  Die Weingüter 235–452
  Weinkauf auf Subskription 233–35
  Weintypen 148f.
  Zweitweine 228–232
Bordeaux, Premières Côtes 232f.
Bordeaux Supérieur 232
La Borderie 1058
Borgeot 463, 466
Borges & Irmao 1361
Borgo Salcetino 1206f.
Borgogno Dario, Bartolomeo di 1087f.
Borgogno, Battista 1075
Borie de Maurel 756, 760
Borja 1332f.
Il Borro 1193, 1196, 1207
Bosca, Luigi 1856
Boscarelli 1197f., 1207f.
Le Boscq 225, 257f.
Le Bosquet des Papes 825ff. 857f.
Bosquets 828f., 858f.
Bott-Geyl 57f., 60, 62, 70–75
Boucarut 833
Bouchaine 1388, 1391
Bouchard Père et Fils 461, 464, 527–32
Bouchet 149
La Bouissière 828f., 859f.
Bouletin 831
Bouley, Jean-Marc 463
Bouley, Reyanne et Pascal 462, 532f.
Bourboulenc 802
  Beaumes-de-Venise 830
  Châteauneuf-du-Pape 824
  Côtes du Rhône 822
  Lirac 832

Provence 804
Rhônetal 810
Tavel 831
Vacqueyras 830
Bourée Père et Fils 463
Bourg
Alterungspotenzial von Spitzenweinen aus jüngeren Jahrgängen 155
Bourgneuf 225
Bourgneuf-Vayron 258f.
Bourgogne (Appellation) 478
Bourgogne Passetoutgrain 478f.
Bourgueil 734, 741f.
Bouscassé 1058
Bouscaut 227, 229, 259
Bowen 1760
Boxler 57, 60, 62f.
Boyd-Cantenac 259
Boyer-Martenot 465, 533f.
La Braccesca 1197
Brachetto 1060
Braida 1072, 1088
Branaire-Ducru 225, 229, 260
Brand 57
Brand's Laira 1760
Branda 233, 260f.
Branded Port 1359
Brander 1383, 1395
Brane-Cantenac 225, 230, 261
Branon 224, 261
Branson 1762
Branson Coach House 1774
Brenot, Philippe 463, 466, 534f.
von Brentano 1304
Brero, Alessandro 1073, 1089
Bressandière, Manoir de la 463
Bressy-Masson 823, 860
Breton 740
Breton, Guy 719f.
Brewer-Clifton 1385, 1389, 1445ff.
Brezza, Giacomo, & Figli 1075, 1090
Brick House 1696, 1702f.
Bricout 731
Bridgeman 1728
Bridgeview 1697
Brigaldara 1262
Brindiamo 1395
Brintet 465
Brisson 232, 262
Broadley 1697
Brokenwood 1757f., 1760, 1762, 1774f.
Brooks 1696
Brothers in Arms 1758, 1775
Brouilly 484
Broustet 228, 230
Brovia 1073, 1090ff.
Brown 262
Brown Brothers 1760, 1763
Bru-Baché 1059
Bruce, David 1388, 1390f., 1393, 1398
Bründlmayer, Willi 1308f.
Brunel, André 823
Brunello di Montalcino 1191f.
Alterungspotenzial 1194
Brusset, Daniel 828f., 860f.
Brutocao 1381, 1387, 1396, 1398
Bryant 1379, 1447ff.
Bual 1364
Buckley's 1763
Bué 745
Buehler 1378, 1381, 1398
Buena Vista 1383, 1388, 1391, 1396
von Buhl 1306
Burgaud, Bernard 814, 861f.
Burgaud, Jean-Marc 720
Burge 1757f., 1762, 1776f.
Bürgermeister Carl Koch 1306
Bürgerspital 1304
Burgess 1381, 1387, 1399
Burgue, Henri 1059
Burguet, Alain 462, 535
Burgund 453–719
Allgemeines Qualitätsniveau 459
Alterungspotenzial 458f., 490ff.
Duft- und Geschmacksnoten 458, 492f.
Grundwissen 457–81
Jüngere Jahrgänge 466–78
Günstiger Kauf von guten Rotweinen 478
Die besten Rotwein-Produzenten 461–64
Die besten Weißwein-Produzenten 464ff.
Rebsorten 458
Die burgundische Renaissance 459f.
Die Wahrheit über Burgund 485–501
Die Weingüter 501–719
Weintypen 457f.
Burgund und Beaujolais 453–724
Dr. Bürklin-Wolf 1304
Burle, Edmunde 829
Burlotto, G. B. 1092
Burmester, J. W. 1361
Burn, Ernest 58, 62f., 75–78
Bussia Soprana 1073, 1092
Busso, Piero 1092
Bussola, Tommaso 1199, 1262f.
Buttonwood 1383, 1396
Byron 1385, 1391, 1395
Bzikot, Sylvain 466

C

Ca' dei Frati 1263
Ca' dei Gancia 1075
Ca' del Baio 1075, 1093

Ca' del Vispo 1208
Ca' Romè 1075, 1093
Caballero de la Cepa 1856
La Cabanne 226, 230, 262
Cabasse 823
Cabernet d'Anjou 739
Cabernet Franc 149
Alterungspotenzial 1374
Anjou 738
Bundesstaaten am mittleren Atlantik 1746
Chinon 742
Graves 149
Kalifornien 1370
Loiretal 734f., 738f.
Médoc 149
Pomerol 149
Saumur-Champigny 740
Saumurois 738, 740
St-Émilion 149, 153
Toskana 1191f.
Touraine 741
Cabernet Sauvignon
Alterungspotenzial 1374, 1754
Anjou 738
Argentinien 1856
Australien 1752, 1754f.
Bergerac und der Südwesten 1056
Bordeaux 149
Chile 1858
Coteaux d'Aix-en-Provence 802
Côtes de Provence 803
Glenrowan 1748
Graves 149
Hunter Valley 1749
Kalifornien 1367, 1370ff.
Languedoc-Roussillon 749
Loiretal 734f., 738f.
Margaret River 1749
Margaux 153
Médoc 149
Monterey 1370
Napa 1370
Neuseeland 1854f.
Oregon 1690f.
Paso Robles 1370
Penedès 1322
Pomerol 149
Provence 804
Pyrenees 1752
Ribera del Duero 1322
Santa Barbara 1370
Santa Cruz Mountains 1370
Santa Ynez 1370
Saumur-Champigny 740
Saumurois 738, 740
Sonoma 1370
Spanien 1319
St-Émilion 149
Südafrika 1860
Toskana 1191f.
Touraine 741
Washington 1722, 1726f.
Yarra Valley 1752
Cabrières 827, 862f.
Cabutto, Bartolomeo di 1075f.
Cáceres, Marqués de 1326
Cacheux, Jacques 462, 535f.
La Cadalora 1200,1263f.
Cadet Piola 225, 230
Cadiz 1327
Cafaro 1383
Caggiano 1264
Caguelouf 805
Cahors 1056ff.
Alterungspotenzial 1057
Caillot 465, 536
Caillou (Bordeaux) 228, 230,
Caillou (Rhônetal) 828
Caillou Blanc de Talbot 227
Du Caillou 825
Le Caillou 1058
Les Cailloux 825f., 863f.
Cain 1381, 1387, 1395, 1449
Cairanne 812
Cakebread 1380, 1388, 1398, 1449f.
Calabre 1058f.
Caladroy 756, 760f.
Le Calcinaie1208
Caldwell 1398
Caldwell, Oliver 1450
Calem 1361
Calera 1385, 1387, 1390ff.
Calissanne 761, 805
Caliterra 1858
Calitor 831
Callahan Ridge 1697
Calloway 1388, 1396
Calon-Ségur 224, 230, 262f.
Caludo, Linne 1392
Le Calvane 1208f.
Cambon La Pelouse 264
Cambria 1386, 1390, 1392f., 1450f.
Cameron 1696, 1703f.
La Campana 1209
Campbells 1777
Campo Viejo 1326
Campuget 756, 761f.
Camus-Brochon, Lucien 463, 717
Can Rafols dels Caus 1325
Canale, Humberto 1857
Canard Duchêne 731
Canepa (Chile)1858

Canepa (Kalifornien)1387,
Canet-Valette 756, 762
Canobolas Smith 1777
Canoe Ridge 1728
Canon (Canon-Fronsac) 225
Canon (St-Émilion) 225, 230, 264
Canon de Brem 225, 264f.
Canon-Fronsac 153f., 233
Alterungspotenzial von Spitzenweinen aus jüngeren Jahrgängen 154
Canon-La-Gaffelière 223, 230, 265f.
Canon-Moueix 225, 266
Canonolas 1758, 1762
Canorgue 805, 823
Cantadu 827
Cantarelles 756, 762f.
Cantegril 832
Cantegrive 227
Cantemerle 225, 230, 266f.
Cantenac 267
Cantenac-Brown 225, 230, 267f.
Cantina del Notaio 1200, 1264f.
Cantina Gattavecchi 1199
Cantina Sociale di Vinchio e Vaglio Serra 1073
Canto-Perdrix 832f.
Cap de Faugères 232, 268
Cap de Mourlin 225, 268
Capannelle 1209f.
Caparzo 1197f.
Capcanes 1325, 1327, 1333f.
Cape d'Estaing 1758, 1777f.
Capel'Vale 1760
Capitoul 756, 763
Cappelano, Giuseppe 1076
La Cappella 1210
Cappellano, Giuseppe 1093f.
Carabella 1697
Carbonnieux 225, 227, 230, 269
Cardinale 1379, 1451f.
Carema 1061
Alterungspotenzial 1065
Carignan *Siehe auch* Cariñena.
Collioure 755
Corbières 754
Costière de Nîmes 753
Faugères 754
Fitou 754
Kalifornien 1367, 1372
Languedoc-Roussillon 749, 751
Lirac 832
Provence 804
Südafrika 1860
Tavel 831
Carillon, Louis, et Fils 464, 536ff.
Cariñena 1319
Caris 232
Carlei, Sergio 1778
de Carles 225
Carletti, Federico 1197
Carlisle 1392, 1452f.
Carmel Road 1390
Carmenet 1378, 1380f., 1396, 1453f.
Les Carmes-Haut-Brion 224, 269f.
Carmignano 1192
Alterungspotenzial 1194
Carneros 1400
Carnevale, Giorgio 1070, 1076
Carpineto 1198
Il Carpino 1200, 1265
La Carraia 1200, 1265f.
Carré-Courbin 462, 538
Carretta 1073, 1076, 1094f.
Carruades de Lafite 225, 270f.
Carsin 227, 232
Carta Vieja 1858
Cartridge and Browne 1378
Casa Blanca 1858
Casa Castillo 1325, 1327, 1334f.
Casa de la Ermita 1338
Casa Emma 1193, 1196, 1210
Casa Freschi 1779
Casa Lapostolle 1858
Casa Vinicola Conte Vaselli 1076
Casale del Giglio 1266f.
Casaloste 1210
Casanova di Neri 1210
I Casciani 1211
Cascina Castlèt 1076
Cascina Drago 1073, 1076
Cascina Fonda 1070
Cascina Luisin 1095
Case Basse 1197
Casetta, Fratelli 1076
Cassagne-Haut-Canon-La Truffière 225
Cassan 829, 865
Cassegrain 1762
Cassis 802
Castagna 1779
Castano 1325, 1334, 1327
I Castei 1267
Castel Roubine 805
Castelgiocondo 1197f.
Castell de Remei 1325, 1327, 1348
Castell'in Villa 1197
Castellane de Castellane 731
Castellare di Castellina 1198
Castello dei Rampolla 1193, 1196f., 1215f.
Castello della Paneretta 1214f.
Castello di Ama 1193, 1198, 1211f.
Castello di Brolio 1198, 1212
Castello di Cacchiano 1212

Castello di Farnetella 1193, 1196, 1198, 1212f.
Castello di Fonterutoli 1198, 1213
Castello di Gabbiano 1197ff.
Castello di Lilliano 1197, 1199
Castello di Meleto 1213
Castello di Neive 1076
Castello di Paneretta 1197, 1199
Castello di Querceto 1197, 1215
Castello di Volpaia 1197, 1199
Castello La Leccia 1199
Castiglion del Bosco 1216
Castiglione Falletto 1061,1064
Castilla de Vinicole 1326
Castillo de Maluenda 1327
Castle 1393
Castruccio 1199
Cataldi Madonna 1200, 1267f.
Catena 1856
Caterina 1728
Catoctin 1746
Cattier 731ff.
La Caudrina 1070
Cauhaupe 1059
Causses et St-Eymes 833
Cava Avinyo 1327
Cavallotto 1095f., 1072f., 1076
Cavas Ferret 1327
Cave Coopérative de Tain l'Hermitage 821
Cave de Cairanne 864f.
Cave Dumien-Serette 821
Caves des Vignerons de Gigondas 829
Caves des Vignerons de Vacqueyras 830
Caves Guy de Barjac 821
Caymus 1379, 1381, 1395, 1398, 1454f.
Cayron 828, 865f.
Cayrou 1058
La Cazenove 756, 763
Cazes 756
Cedre 1058
Cennatoio 1199
Censio 1216
El Cep 1327
Cerbaiona 1197, 1216
Cerceal 1364. *Siehe auch* Sercial.
Cerequio 1096
Ceretto 1073, 1076, 1096–99
Del Cerro 1193, 1197, 1216f.
Certan de May 224, 271f.
Certan-Giraud 225, 230, 272f.
Certan-Marzelle 273
Cerutti, Sergio 1073
Cervols 1335f.
Cesani, Vincenzo 1217
Ceuso 1200, 1268
Chablis 458
  Alterungspotenzial 459
Chaboud, Jean-François 822
Chaddsford 1746
Chalk Hill 1381, 1387, 1395
Challon 227
Chalone 1386, 1391, 1455
Chambers 1763
Chambers Rosewood 1779f.
Chambert 1058
Chambert-Marbuzet 226, 230
de Chambrun 224, 232, 273f.
Chamfort 831
Chamirey 462, 465,,717
Chamisal 1388, 1391
Champagna 805
Champagne 724–33
  Allgemeines Qualitätsniveau 728
  Ältere Jahrgänge 731
  Alterungspotenzial 725/28
  Duft- und Geschmacksnoten 725
  Grundwissen 725–33
  Kaufstrategie 729
  Neue Jahrgänge 730
  Die besten Champagner-Produzenten 731f.
  Die besten Produzenten von Blancs de Blanc aus 100% Chardonnay-Trauben 732
  Die besten Produzenten von Champagner rosé 732
  Die besten Produzenten von jahrgangslosem Champagner brut 732
  Die besten Produzenten von Luxus-Cuvées 733
  Rebsorten 725
  Was Sie unbedingt wissen müssen 728
  Weintypen 725
Champagner
  Flaschengrößen 729
  Technische Fachbegriffe 729
Champerel 1058
Champet, Emile 814
Champet, Joël 814
Champy 462, 717
Chanabas 866
Chandon 1327, 1399f.
Chandon de Briailles 462, 465, 538f.
Chanssaud 827, 866f.
Chante Perdrix 827, 867
Chante-Cigale 827
Chantegrive 225, 274
Chapel Hill 1780
la Chapelle de la Mission 225
Chapelle-Haut-Brion 274
Chapoutier 813–21, 826f., 830., 867–82
Chapoutier Matines Beats 805
Chappellet 1383, 1388, 1456
Charavin, Robert 823

Charbaut 731f.
Charbonnière 826f., 831, 882–85
Chardonnay (Domaine) 465
Chardonnay 1322
Alterungspotenzial 1374, 1754
Anjou 739
Argentinien 1856
Australien 1753ff.
Burgund 458
Carneros 1372
Champagne 725
Chile 1858
Hunter Valley 1749
Kalifornien 1367, 1371–74
Languedoc-Roussillon 749
Loiretal 735
Margaret River 1749
Mendocino 1372
Monterey 1372
Mudgee 1749
Napa 1372
Neuseeland 1854
Oregon 1690f.
Padthaway 1749
Piemont 1060, 1070
Provence 804
Santa Barbara 1372
Santa Cruz Mountains 1372
Saumur 740
Sonoma 1372
Spanien 1322
Südafrika 1860
Toskana 1191
Washington 1722, 1726ff.
Yarra Valley 1752
Charlopin, Philippe 461, 539f.
Charmail 275
Chartron et Trébuchet 463, 465, 540ff.
Charvin 823, 826
Charvin, G. A. E. C. 885f.
Chassagne-Montrachet 479
Chasselas Pouilly-sur-Loire 744
Chasse-Spleen 225, 230, 275f.
Chassorney 717
Châteauneuf-du-Pape 811f.
Alterungspotenzial 812, 824
Die besten Produzenten – Rotwein 826ff.
Die besten Produzenten – Weißweine 828
Die besten Weine 825f.
Überblick 824–28
Chaume 739
Chauvenet, Jean 462
Chauvenet-Chopin 462, 542f.
Chauvin 225, 230, 276f.
Chave, Bernard 817f.
Chave, J. L. 815ff., 819, 886–89
Chavignon 745
Chavy-Chouet 717
Chehalem 1704f.
Chelam 1696
Chénas 483
Chêne 815, 819f., 889f.
Chenin Blanc
Alterungspotenzial 1374
Anjou 738f.
Jasnières 742
Kalifornien 1367, 1373
Loiretal 734f.
Montlouis 742
Saumurois 738, 740
Südafrika 1860
Touraine 741, 743
Vouvray 743
Washington 1727f.
Cherise 1780
Cheval Blanc 223, 230, 277f.
Chevalier Père et Fils 717
Chevalier 224, 278f.
Chevalier de Chevalier 227
Chevigny, Pascal 462, 466
Chevillon, Robert 461, 543f.
Chèze, Louis 815, 819f., 890ff.
Chianti Classico 1191f.
Alterungspotenzial 1194
Chiarlo, Michele 1076, 1099
Chignard 720
Chile 1858f.
Die besten Weine 1858f.
Chimère 1387, 1391
Chimney Rock 1381, 1388, 1395
Chinon 734, 741f.
Chionetti, Quinto, & Figlio 1073, 1100
Chiroubles 484
Chivite, Julian 1325f.
Chorey-lès-Beaune 479
Christoffel, J. J. 1304
Christoffel-Berres 1305
Christophe 1387, 1396
Christopher Creek 1394
Christopher J., 1696, 1705
Churchill 1360
Ciacci Piccolomini d'Aragona 1193, 1196, 1197, 1236f.
Cieux sur Terre 279
Cigliuti, Fratelli 1073, 1076, 1100
Cimicky, Charles 1757f., 1780f.
Cims de Porrera 1324, 1336
Le Cinciole 1217
Cinnabar 1381, 1387
Cinsault
Beaumes-de-Venise 830
Châteauneuf-du-Pape 824

Collioure 755
Costière de Nîmes 753
Côtes du Rhône 806, 822
Gigondas 828
Languedoc-Roussillon 749, 751
Lirac 832
Provence 804
Rhônetal 806
Tavel 831
Vacqueyras 830
Cispiano 1217
Citran 225, 280
Clair, Bruno 461, 464, 544ff.
Clairette
Bandol 802
Beaumes-de-Venise 830
Châteauneuf-du-Pape 824
Costière de Nîmes 753
Côtes du Rhône 822
Lirac 832
Provence 804
Rhônetal 810
Tavel 831
Vacqueyras 830
La Clape 749
Clape, Auguste 820ff., 892f.
Clare Valley 1748
Clarendon 1758
Clarendon Hills 1757f., 1781–85
Clark-Caudon 1379, 1456f.
Clarke 226, 280
Classic McLaren 1785f.
Clavel 756, 763
Clayfield 1758, 1786
Les Clefs d'Or 827, 893f.
Clerc-Milon 224, 280f.
Clerico, Domenico 1072f., 1100ff.
Climens 228, 230
Cline 1378, 1392, 1398
Clinet 224, 281f.
Clonakilla 1786f.
Clos
Die berühmtesten Clos des Elsass 61f.
Clos Badon 283
Clos Bagatelle 756, 764
Clos Chaumont 232, 283
Clos Clare 1762, 1787
Clos de Gamot 1058
Clos de l'Arbalestrier 820
Clos de l'Escandil 756
Clos de l'Obac 1325
Clos de l'Oratoire 224, 289f.
Clos de l'Oratoire des Papes 827, 897f.
Clos de la Vieille Église 292
Clos de Sarpe 291f.
Clos de Tart 462, 703
Clos de Triguedina 1058
Clos des Capucins 61
Clos des Cazaux 829, 831
Clos des Jacobins 225, 287
Clos des Papes 825f., 828, 898f.
Clos des Princes 290
Clos des Truffiers 756, 766
Clos Dofi 1325
Clos du Bois 1381, 1387, 1395, 1398
Clos du Caillou 823, 827, 894ff.
Clos du Caveau 896
Clos du Clocher 225, 283f.
Clos du Jaugueyron 287f.
Clos du Joncuas 829, 896
Clos du Marquis 225, 288f.
Clos du Mont Olivet 826f., 896f.
Clos du Moulin 1857
Clos du Schlossberg 62
Clos du Val 1381, 1383, 1388, 1391, 1396, 1399
Clos Dubreuil 224, 284f.
Clos Erasmus 1324, 1336
Clos Fantine 757
Clos Floridene 227
Clos Fourtet 225, 230, 286f.
Clos Gaensbroennel 61
Clos Grand Faurie 287
Clos Haut-Peyraguey 228, 230
Clos L'Église (Côtes de Castillon) 285
Clos L'Église (Pomerol) 223, 285f.
Clos la Madeleine 226
Clos Lapeyre 1059
Clos Lascombes 232
Les Clos des Paulilles 756, 764ff.
Clos Marie 756, 764
Clos Martinet 1336
Clos Mimi 1392, 1457
Clos Mogador 1324, 1336f.
Clos Noly 465, 717
Clos Pegase 1380f., 1383, 1386f., 1396, 1457ff.
Clos Puy-Arnaud 290
Clos Rebgarten 62
Clos René 225, 230, 290
Clos Saint-Michel 899f.
Clos Ste-Magdelaine 805
Clos St-Hune 61
Clos St-Imer 61
Clos St-Jean 827
Clos St-Julien 290
Clos St-Landelin 60f., 63, 102–05
Clos St-Martin 224, 291
Clos St-Michel 826f.
Clos St-Urbain 61
Clos Uroulat 1050
Clos Windsbuhl 61

Clos Zisser 62
La Closière 227
La Clotte 225, 292
Cloverdale 1381
Clusel-Roch 813f., 900f.
La Clusière 224, 292f.
Clyde Park 1762
Cocci Grifoni 1268f.
Coche-Bizouard, Alain 465, 717
Coche-Dury, Jean-François 464, 546–49
Cockburn 1360f.
Codax, Martin 1326f.
Coffele 1200
Cogno, Elvio 1073, 1102f.
Cohn, B. R. 1381, 1383, 1387
Col des Vents 756, 766
Cold Stream Hills 1762
Colgin 1379, 1459ff.
Colin, Marc, et Fils 463f., 549ff.
Colin-Deléger 462, 464, 551ff.
Colla 1103f.
Colle Picchioni 1269
Colle Santa Mustiola 1217f.
Collelungo 1218
Colli Amerini 1269f.
Collioure 755
Collonge 818, 820
Collosorbo 1193, 1196, 1218f.
Colognole 1199, 1219
Colombaio di Cencio 1219
Colombard
  Alterungspotenzial 1374
  Côtes de Gascogne 1057
  Kalifornien 1367, 1373
La Colombette 756
Colombier 816, 818
Colombier, Laurent 817
Colombier-Monpelou 230
Colombo, Jean-Luc 820f., 823, 901–05
Columbia 1729, 1733
Columbia Crest 1729, 1733
Columbia Valley 1721ff., 1726
La Combe Blanche 756, 766f.
Combe, Daniel 824
Combier 905f.
Commanderie de Peyrassol 805
Concho y Toro 1858
Condemine 466, 717
Condrieu 811f.
  Alterungspotenzial 812, 814
  Die besten Produzenten 815
  Die besten Weine 815
  Überblick 814f.
Confuron, Jean-Jacques 461f., 553f.
Confuron-Cotétidot 554f.
Congress Springs 1388, 1399
Conn Creek 1383, 1388
Conn Valley 1390
Conrad-Bartz 1305
La Conseillante 223, 293f.
Consilience 1461
Constant 1058, 1461
Constantia 1219
Conterno Fantino 1073, 1076, 1108ff.
Conterno, Aldo 1072f., 1076, 1104f.
Conterno, Giacomo 1072, 1076, 1106ff.
Conterno, Paolo 1073, 1108
Conti, Oliver 1325, 1337
Coonawarra 1748
Cooper Mountain 1697
Cooperativa San Patrignano 1200
Cooper-Garrod 1387
Coppo, Luigi, & Figlio 1073, 1110f.
Coppo-Juli 1111
Corbières 754
Corbin 225, 294
Corbin-Michotte 225, 230, 294f.
Corcia, Alain 463, 466
Cordeillan-Bages 226
Cordero di Montezemolo 1073, 1076, 1111f.
Cordier Père et Fils 464, 555–59
Corelli 1198
Corino 1073, 1112ff.
Coriole 1758, 1787ff.
Corison 1381
Cormeil-Figeac 225, 295
Cornas 811f.
  Alterungspotenzial 812 , 820
  Die besten Produzenten 821
  Die besten Weine 820
  Überblick 820f.
Corne-Loup 832
Cornerstone 1380, 1461f.
Cornu, Edmond et Pierre 462, 717
Correggia, Matteo 1073, 1114f.
Corrina 1198, 1219f.
Cortese di Gavi 1060, 1065, 1070
Cortese, Giuseppe 1073, 1076, 1115
Cos d'Estournel 224, 230, 295f.
Cos Labory 225, 296f.
Cosentino 1381, 1388, 1399
Costanti, Andrea 1193, 1196, 1198, 1220
Costers del Segre, Raimat 1326
Costers del Siurana 1305, 1337f.
Les Costes 833
Costières de Nîmes 753
Costières du Gard 753
Côte Chalonnaise 458, 478–81
Côte d'Or 458, 478
Côte de Baleau 224, 297
Côte de Beaune 458, 478–81, 488f.
  Alterungspotenzial 458f.

Côte de Brouilly 484
Côte de l'Ange 827, 906
Côte de Nuits 458, 478f., 488f.
Alterungspotenzial 458
Côte de Nuits-Villages 479
Côte Rôtie 811f.
Alterungspotenzial 812f.
Die besten Produzenten 813f.
Die besten Weine 813
Überblick 813f.
Coteau 1697
Coteaux d'Aix-en-Provence 802f.
Coteaux de L'Aubance 740
Coteaux de l'Aubernance 739
Coteaux de Saumur 740
Coteaux des Baux 804
Côteaux des Travers 906
Coteaux du Languedoc 753
Coteaux du Layon 734, 738ff.
Côtes de Bourg 154, 232
Côtes de Buzet 1057
Alterungspotenzial 1057
Côtes de Castillon 232
Côtes de Duras 1056f.
Alterungspotenzial 1057
Côtes de Francs 232
Côtes de Gascogne 1056
Côtes de Provence 803
Côtes du Frontonnais 1056f.
Côtes du Lubéron 803
Côtes du Rhône 812
Alterungspotenzial 812, 822
Die besten Produzenten 823f.
Überblick 822ff.
Côtes du Rhône Villages 812
Alterungspotenzial 812
Die besten Produzenten 823f.
Côtes du Roussillon 754
Côtes du Roussillon-Villages 754f.
Les Côtes d'Oit 1058
Cotétidot 462
Cottonwood Canyon 1388, 1391
Coturri 1383. 1391, 1393, 1399
Coucheroy 227
Coucy-Maurèze 297f.
Coudoulet de Beaucastel 823
Coufran 225, 297
Couhins-Lurton 227
Counoise
Beaumes-de-Venise 830
Châteauneuf-du-Pape 806, 824
Costière de Nîmes 753
Rhônetal 806f.
Coupe Roses 756, 767
La Cour d'Argent 232, 298
Courbis 819f., 906ff.
Courbis, L. et D. 821
Courbu 1056
Courcel 462, 559f.
Le Couroulu 823, 831, 908
Courrière Rongieras 225
Coursodon 819f., 908f.
Courson 818
Courteillac 298
Courtelliac 232
Court-les-Mûts 1058f.
La Couspaude 224, 298f.
La Coutale 1058
Coutelin-Merville 225
Coutet 228
Coutet-Cuvée Madame 228
Coutoux, Michel 560f.
Couvent des Jacobins 225, 230, 299f.
Covey Run 1729
Coyeux 830
Craig, Robert 1380, 1392, 1462ff.
Craigmoor 1762
Craneford 1789
Cray 463
La Crema 1387
Crémant 725
Crémat 805
Creston Manor 1383, 1388
Cretto 1072
Crichton 1387
Cristia 827, 909f.
Cristom 1696, 1705ff.
Crittenden, Garry 1789
Croft 1360f.
La Croix 226, 230
Croix Belle 756, 767
La Croix de Cabrie 225
La Croix de Gay 225, 301f.
La Croix de Labrie 224, 302
La Croix de Roche 302
La Croix du Casse 225, 300f.
La Croix St-Georges 303
La Croix-Canon 300
Croix-Senaillet 717
Croizet-Bages 225, 230, 303f.
Cronin 1383, 1387, 1391
Croque Michotte 225, 304
Cros 756, 767
Cros de la Mure 823, 829
Cros Figeac 304
Cros, Jean 1058
Crouzet-Féraud, Henriet 827
Crozes-Hermitage 811
Alterungspotenzial 812, 817
Die besten Produzenten 818
Die besten Weine 817f.
Überblick 817f.

Cru Lamouroux 1059
Crusius, Hans 1305
Crusted Port 1358
Les Cruzelles 304
Cuilleras, Olivier 823, 910
Cuilleron, Yves 814f., 819f., 910ff.
Culbertson 1400
Cullen 1760, 1762, 1789
Culler 1393
Cuneo, Richard 1400
Curebreasse 805
Cutler 1383
Cuvaison 1380f., 1385, 1387
Cuvée de Boisdauphin 827
Cuvée du Vatican 826f., 912ff.
CVNE Contino 1325
CVNE Cune 1326
CVNE Imperial 1325
CVNE Viña Real 1325

D
Daimond Creek 1380
Dalem 225, 304f.
Dalle Valle 1379, 1395, 1464ff.
Dalwhinnie 1762, 1790
La Dame de Montrose 225
Damijan 1199
Damoy, Pierre 462, 561
Dancer, Vincent 462, 561f.
Dard et Ribo 818
Darona, Pierre et Guy 822
Darting, Kurt 1304
Dashe 1466
Dassault 225, 305
Daugay 225, 305f.
La Dauphine 225, 306
Dauvissat, René et Vincent 464, 562f.
Dauzac 225, 230, 306f.
Davis Bynum 1388, 1390f., 1396
Deakin 1760
Deer Park 1398
Defaix, Bernard 465, 717
Dehesa Gago 1338
Dehlinger 1387, 1389, 1391, 1393, 1466–71
Dei 1193, 1197f., 1220f.
Deinhart, Josef 1305
Deiss, Marcel, et Fils 57, 60, 62f.,78–82
Dekantieren 489f.
Delaforce 1361
Delagrange, Henri, et Fils 463
Delamotte 731f.
Delarche, Marius 462, 464
Delas Frères 813–19, 914–20
DeLille 1728, 1733f.
Dervieux-Thaize, Albert 814
Desaunay-Bissey, Bruno 463, 717
Despesse, Charles 821
Dessilani, Luigi, & Figlio 1076
Destefanis, Gianpaolo 1074, 1115f.
Destieux 225, 307f.
Deutschland 1295–1306
  Allgemeines Qualitätsniveau 1298f.
  Ältere Jahrgänge 1304
  Alterungspotenzial 1298, 1301
  Duft- und Geschmacksnoten 1298
  Grundwissen 1295–1306
  Neuere Jahrgänge 1301–04
  Die besten Produzenten 1304ff.
  Rebsorten 1295/98
  Unterteilung der Weinanbaugebiete 1299
  Was Sie unbedingt wissen müssen 1299, 1301
  Weintypen 1295
Deutz (Champagne) 731, 733,
Deutz (Kalifornien)1399f.
Deux Amis 1398
Deux Roches 465
Di Majo Norante 1200, 1272f.
Diebolt-Vallois 731
Diesel Farm 1200, 1273
Dievole 1199
Dinstlgut Loiben 1308f.
Diochon 720
Dirler, Jean-Pierre 58, 60, 63
DOCG (Denominazione di Origine Controllata e Garantita) 1195
Dog Ridge 1790
Doisy-Daëne 227f.
Doisy-Dubroca 228
Doisy-Védrines 228, 230
Dolcetto 1060f.
  Alterungspotenzial 1065
Dolcetto d'Alba 1060
Domazan 824
Domdechant Werner 1305
Domecq-Marqués de Arienzo 1326
La Dominique 224, 230, 308f.
Dominus 1379, 1473ff.
Dönnhoff, Hermann 1304
Dorigo, Girolamo 1200, 1273f.
Dosio 1076
Del Dotto 1472f.
Dover Canyon 1393
Dow 1360f.
Downing Family 1475
La Doyenne 232, 309
Drappier 731ff.
Drevon, Louis 920
Droin, Jean-Paul 464
Dromana 1758, 1762
Drouhin (Oregon) 1696, 1707
Drouhin, Joseph (Burgund) 462, 464,563ff.

Drouhin-Laroze 565
Druid 465, 718
Dry Creek 1381, 1383, 1388, 1395, 1398, 1475f.
Dubœuf, Georges 465, 720ff., 767f.
Dubois, Jean-Luc 462, 466, 718
Dubois-Grimon 232, 309
Duck Pond 1697
Duckhorn 1381, 1396, 1476
Duclaux, Edmond & David 814, 920f.
Ducru-Beaucaillou 223, 230, 309–311
Le Due Terre 1274
Dugat, Claude 461, 565ff.
Dugat-Py, Bernard 461, 567–71
Duhart-Milon-Rothschild 224, 230, 311
Dujac 461, 571f.
Dumazet, Madame P. 815, 921
Dumien-Serette 921
Dumol 1386, 1389
Dundee Springs 1697
Dunham 1728, 1734f.
Dunn 1379, 1476–79
Dupont-Fahn, Michel 466
Durand 1058
Durand, Eric et Joël 821, 921f.
Durand, Guilhem 756, 768
Durban 830, 923
Dureuil-Janthial, Vincent 462, 464
Durfort-Vivens 226, 230
Durieu 827, 923
Duriff 1370. *Siehe auch* Petite Sirah.
Durney 1381, 1383, 1387
Duron 1058
Dutsche 1758, 1763
Dutschke 1790f.
Duval-Leroy 731
Duxoup 1378, 1394, 1399

E

E and E 1791
Eagle Ridge 1399
Ebenezer 1758
Eberle 1381, 1388, 1399
Ebling 1296
Ecard, Maurice, et Fils 461, 465, 572f.
L'École No. 41 1728, 1735
L'Ecosse 1390
Edgefield 1697
Edizione Pennino 1398
Edmeades 1387, 1393, 1397, 1479–82
Edmunds St.-John 1378, 1392f., 1395
Edna Valley 1387, 1391
l'Eglise 225. 331f.
l'Église-Clinet 223, 230, 312f.
Egly-Ouriet 731f.
Egueren, Dominico de 1327
Ehlen, Stephan 1306
Ehler's Grove 1395
Eichberg 57
Eichenholz 20
Einaudi, Luigi 1074, 1076, 1116ff.
Eiswein 1295, 1301
Elderton 1757f., 1791f.
Elevage 486. *Siehe auch* Weinbereitung.
Elisabetta 1221
Elk Cove 1696, 1707
Elk Run 1746
Elsass 49–148
  Ältere Jahrgänge 56
  Grand-Cru-System 56
  Jüngere Jahrgänge 53–56
  Kaufstrategie 62
  Die besten Produzenten 63
  Rebsorten 57–61
  Rebsorten und Eigenschaften der Elsässer Weine 52f.
  Die besten Weine 62f.
  Die Weingüter 64–148
Elyse 1381, 1393, 1398
Enate 1326
l'Enclos 225, 313
Engel, René 461, 574
Engelberg 57
Ente, Arnaud 574f., 462, 464
Entre-Deux-Mers 233
Entrefaux 818
Epeneaux 462, 575
Epenschild 1305
Epicurea 314
Erbaluce di Caluso 1060, 1070
Ereth 1697
Erker, Didier 462
l'Ermita 1324
l'Ermitage du Pic-St-Loup 756, 768
Errazuric 1858
Erstwein 229–32
Erträge 486, 1723
Erzeugerabfüllung 500f.
d'Escurac 314
Eser, August 1304
Eser-Johannishof, H. H. 1304
Espiers 829, 924
Espigouette 824
Estancia 1378, 1381
Estola 1326
Etchart, Arnaldo B. 1856f.
Etude 1390, 1482f.
Eugene 1697
l'Évangile 224, 314f.
Evans and Tate 1763
Evesham Wood 1696, 1707f.

F

Faberrebe 1296
Fabre 1856
Facelli 1729
La Fagé 1058f.
Faizeau Vieilles Vignes 315
Falesco 1193, 1197, 1199, 1274f.
Falset Marca 1338
Fant Il Falchetto 1070
Fanti 1221
Fantino, Alessandro et Gian Natale 1118
Far Niente 1381, 1387
de Fargues 228
Farina 1326
Farina, Stefano 1074, 1119
Farjon 815
Farneta 1198
Farrell, Gary 1381, 1387, 1390, 1395, 1398
Faugères (Bordeaux) 315f.
Faugères (Languedoc-Roussillon) 753f.
Faugères (St-Émilion) 224
Faurie de Souchard 226, 316
Faurie, Bernard 816, 819f., 924
Faury, Philippe 815, 820, 924f.
Faustino 1326
Fauterie 821
Faye 739
Fayolle 817f.
Fazio, Nicolas 1856f.
Federspiel 1307
Feiler-Artinger 1308f.
Feist, H. & C. J. 1361
Felsina 1193, 1197f., 1221f.
Fenocchio, Giacomo 1074, 1119f.
Fenouillet 830
Féraud 805
Féraud, Eddie 925
Féraud-Brunel 823, 831, 925f.
Ferbos 227
Fern Hill 1760
Ferrand 826f., 926f.
de Ferrand 225
Ferrande 227
Ferrand-Lartique 224, 316f.
Ferrari-Carano 1380, 1385f., 1391, 1393, 1395f., 1398
Ferraton 817f., 927–30
Ferraud 823
Ferreira 1360ff.
Ferrer Ribière 756, 768f.
Ferrer, Gloria 1400
Ferrero, Fratelli 1074, 1076, 1120
Ferrero, Virginia 1120f.
Ferrière 226, 317f.
Ferry-Lacombre 805
Ferté 463
Fery-Meunier 462
Fetzer 1378, 1383, 1387f., 1393, 1396, 1398
Feudi di San Gregorio 1200, 1275f.
Feuerheerd 1361
Feuillatte, Nicolas 732f.
Feytit-Clinet 226, 318
Fichet, Jean-Philippe 463, 465, 575
Field Stone 1383, 1393, 1396
de Fieuzal 225, 227, 230, 318f.
Fife 1393f., 1483ff.
Figeac 224, 230, 319f.
Filhot 228
Filiputti, Walter 1200
Filles Durma 923f.
Filtrierung 22–25, 486ff.
Finca Allende 1325
Fines Roches 827
Fiona, Glen 1728
Fiori 1077
Fiorina, Franco 1121
La Fiorita 1222
La Fiorita-Lamborghini 1193, 1197, 1276f.
Firesteed 1697
Firestone 1383, 1388
Dr. Fischer 1305
Fisher 1379f., 1385f., 1485–89
Fitou 754
Fixin 479
Flaschenabfüllung 487
La Fleur 320f.
La Fleur de Gay 224, 322f.
La Fleur de Jaugue 323f.
La Fleur du Boüard 321
La Fleur du Château Bouqueyran 321
La Fleur du Château Rose St-Croix 321f.
La Fleur Gazin 226
La Fleur Pourret 226
La Fleur Mongiron 324
La Fleur Morange 324
La Fleur-Bouard 232
La Fleur-Pétrus 324f.
Fleurie 483
Fleurot-Larose, René 466
Flichman 1857
Flora Springs 1379f., 1394f., 1489–93
Florimont 57
Flowers 1493f.
Flynn 1697
Fog, Adrian 1389
Fogarty, Thomas 1387, 1391
Foillard, J. 722f.
Foley, Robert 1380
Folie 718
Folies à Deux 1383, 1387, 1394, 1398
Fombrauge 325f.
Fonbadet 226

Fondrèche 930f.
Fongaban 225
Fonplégade 225, 230, 326
Fonréaud 226
Fonroque 226, 326
Fonsalette 823
Fonscolombe 805
Fonseca 1360, 1362
Font Caude 756, 769
Font de Michelle 825f., 828, 932f.
Font du Loup 827, 931f.
La Font de Papier 831
Font Sane 829, 933
Fontaine-Gagnard 462, 464, 575ff.
Fontaleoni 1222
Fontanabianca 1121
Fontanafredda 1074, 1076, 1121f.
Fontanel 757
Fontavin 827, 933
Fontenil 225, 233, 326f.
Fontenille 805
Le Fonti 1193, 1197, ,
Fontodi 1193, 1197f., 1223f.
Fontsainte 756, 769
Foppiano, Louis 1383, 1388, 1394, 1396, 1399
Foradori 1200, 1277f.
Forcadière 832f.
Forest, André 718
Forey Père et Fils 463
Foris 1697
Forman 1380, 1386, 1494ff.
Dal Forno, Romano 1199, 1271f.
Fortia 827, 933f.
Les Forts de Latour 224, 327f.
Fossi 1199
Fougas-Maldoror 232,
Fougeray de Beauclair 577
Foulaquier 756, 769
Fourcas-Dupré 226, 328f.
Fourcas-Hosten 226
Fourcas-Loubaney 225, 329
La Fourmone 831, 934
Fowler, Ralph 1763, 1792f.
Fox Creek 1758, 1763, 1793f.
Fox Mountain 1388
Fox Run 1746
Foxen 1380, 1386, 1390f., 1393, 1496
Fra Fulco 1325, 1339
de France 226f., 330
Franciscan 1378, 1382, 1387, 1398
Franc-Maillet 329
Franc-Mayne 225, 329f.
Franco 1326
François, André 814
de Francs les Cerisiers 330
Franken 1300
Frankland 1758, 1794f.
Frankreich 49–1059
Frankstein 57
Franus 1380, 1397, 1496ff.
Franus-Havens 1390
Frazier 1380, 1498f.
Freemark 1383, 1388
Freemont Creek 1388
Frégate 805
Freie Weingärtner Wachau 1308f.
Freimuth, Alexandre 1306
Freisa 1060
Freixenet 1327
Fréjau, Lou 827
French Colombard *siehe* Colombard
Frescobaldi, Marchesi de 1199
Frey 1394, 1398
Frick 1398
Friedrich-Wilhelm-Gymnasium 1304
Friggiali 1224
Fritz 1398
Froehn 57
Frog's Leap 1382, 1387, 1398
Fronsac 153f., 233
  Alterungspotenzial von Spitzenweinen aus jüngeren Jahrgängen 154
Frontignan 749
Fuentes, J. M. 1325, 1338
La Fuga 1224
Fuissé, Château de 577f.
Fuligni, Eredi 1225
Fürstentum 57
Fussiacus 718

G

G de Château Guiraud 227
Gaec Bernard *siehe* Bernard-Gaec Bernard
La Gaffelière 225, 230, 330f.
Gagliardo, Gianni 1074, 1076, 1122
Gagliole 1193, 1197, 1225
Gagnard, Jean-Noël 462, 464, 578f.
Gaillac 1056
  Alterungspotenzial 1057
Le Gallais 1306
Gaillard, Pierre 813f., 819, 934ff.
Gainey 1382f., 1386f., 1390f., 1395
Gaja, Angelo 1072, 1074, 1076, 1122–26
Galah 1758
Galardi 1193, 1197, 1278
Galestro 1192
Galet des Papes 827, 936f.
Les Galets Blonds 826
Le Gallantin 805
Gallet, Henri et Philippe 814, 937f.
Gallo 1387
Gallo, E. & J. 1382, 1396

Gallo-Sonoma 1397, 1499f.
Gamay
  Alterungspotenzial 1374
  Anjou 738
  Beaujolais 482
  Burgund 458
  Loiretal 734f.
  Saumurois 738
  Touraine 741
Gambal, Alex 462, 579ff.
Gangloff, Yves 814f.
Ganz, Hans 1305
Garaudet, Jean 462, 581f.
Garaudet, Paul 718
Garde 232
La Garde 331
La Garde Réserve du Château 225, 227
La Garde, Roland 232
Gardiés 756, 769f.
Gardine 826ff., 938f.
Garnacha 1322. *Siehe auch* Grenache.
Garnacha Blanca1322
Garnacha Tinta 1322
Garnacha Tintorea
Garnaude 805
Garreau 232, 331f.
Garretson 1393
Garrigue 829
La Garrigue 831, 939f.
Garrigues 833
Gasse, Vincent 940
Gassies 226
Gastaldi 1126
The Gatekeeper 1795
Gattinara 1060f.
  Alterungspotenzial 1065
Gauby 756, 770
La Gauphine 756, 770
Gaussen, Jean-Pierre 805
Gautier 757
Gavi 1065, 1070
  Alterungspotenzial 1065
Gavoty 805
Le Gay 225, 332f.
Gazin 224, 333f.
Geantet-Pansiot 461, 582f.
Geelong 1748
Geheimer Rat Aschrott'sche
Geisberg 57
Gemtree 1758, 1795f.
Genders 1796
Genestière 832
Génot-Boulanger 463, 465, 583
Genussreife 12–15, 490ff. *Siehe auch* Alterungspotenzial.
Gerbeaux 465, 718
Gerhard, Siegfried 1306
Gérin, Jean-Michel 813f., 940ff.
La Gerla 1225
Germain, H. 731
Gewürztraminer 1070
  Alterungspotenzial 1754
  Australien 1753f.
  Deutschland 1296
  Elsass 52, 57–62
  Oregon 1691
  Kalifornien 1367, 1373
  Washington 1728
  Yarra Valley 1752
Geyser Peak 1382, 1387, 1396
Ghisolfi, Attilio 1074, 1076, 1126f.
Giaconda 1762
Giacosa, Bruno 1072, 1074, 1127–31
Giacosa, Fratelli 1076
Gigault Cuvée Viva 232, 334
Gigondas 812
  Alterungspotenzial 812, 828
  Die besten Produzenten 829
  Die besten Weine 828f.
  Überblick 828f.
Gilette 228
Gillet, Emilian 465
Gillet, Emilian *siehe* La Bongran
Gini 1200
Girardet 1697
Girardin, Vincent 461, 464, 583–89
Giraud 942f.
Giscours 225, 230, 334f.
I Giusti & Zanza 1193, 1197, 1226
Givot, Lo 1339
Givry 479
Glaetzer 1796
Glen Ellen 1383, 1388, 1396
Glen Fiona 1735f.
Glenrowan 1748
Gloeckelberg 57
Gloria 225, 230, 335f.
Gnadenfrei 1758, 1796f.
Göbel, Martin 1306
Goisot, Ghislaine et Jean-Hughes 466
Golden Valley 1697
Goldert 58
Goldschmidt-Rothschild 732
Gombaude-Guillot 225, 336
La Gomerie 224, 336f.
Gonet, Michel 731
Gordon Brothers 1729
Gorelli 1226
Gosset 731ff.
Goubert 824
Les Gouberts 829, 943,
Goudard, Hervé 805

Gouges, Henri 461, 465, 589f.
Goulburn Valley 1748
Gould Campbell 1361
Goulet, Georges 731
Gour de Chaulé 829
Goyenechea 1857
Gracciano 1198
Grace 1379, 1500f.
Gracia 224, 337
Graham's 1360, 1362
Grai, Giorgio 1200
Graillot, Alain 817ff., 944f.
Gralyn 1797
Gramenon 823, 945f.
Gramptans 1748f.
Gran Cordornieu 1327
Grand Corbin-Despagne 338
Grand Crés 770
Grand Cru (Kalifornien)1383, 1397
Grand Cru (Elsass), Die wichtigsten 57–61
Grand Devers 823
Grand Grès 757
Grand Mayne 224, 338f.
Grand Moulas 823
Grand Ormeau 339
Grand Pontet 340
Grand Prébois
Grand Prieur 824
Grand Tinel 826f., 946f.
Grand Veneur 826ff., 947ff.
Grand Veneur La Fontaine 825
Grand Vin 228f.
Grand-Corbin 225
Grand-Cru-System im Elsass 56
Grande Casagne 756, 770f.
Grande Maison 1059
Grandes Bodegas 1325, 1339
Les Grandes Chênes 225
Grandes-Murailles 224, 342f.
Grand-Ormeau 232
Grand-Pontet 225
Grand-Puy-Ducasse 225, 230, 340f.
Grand-Puy-Lacoste 224, 230, 341f.
Grand-Romane 829
Grands Champs 343
Les Grands Bois 823, 949f.
Grands Maréchaux 232
Les Grands Maréchaux 343
La Grange des Pères 756, 771f.
La Grangère 343
Grans-Fassian 1305
Granville 1697
Grapillon d'Or 829
Grasso, Fratelli 1076, 1131
Grasso, Silvio 1074, 1076, 1131ff.
Gratien, Alfred 731f.
La Grave à Pomerol 225, 343f.
Graves 148f., 153, 232
La Gravière 344f.
Graville-Lacoste 227
Gravner, Francesco 1200
Great Southern 1749
Green and Red 1387, 1397, 1501f.
Greenock Creek 1757f., 1797f.
Greenwood Ridge 1383, 1398
Grenache 1319
  Banyuls 755
  Beaumes-de-Venise 830
  Châteauneuf-du-Pape 807, 812, 824
  Collioure 755
  Costière de Nîmes 753
  Côtes de Provence 803
  Côtes du Rhône 822
  Faugères 754
  Fitou 754
  Gigondas 828
  Kalifornien 1367
  Languedoc-Roussillon 749
  Lirac 832
  Maury 755
  McLaren Vale 1749
  Oregon 1690
  Pic-St-Loup 755
  Provence 804
  Rhônetal 807
  Spanien 1322
  Südafrika 1860
  Tavel 831
  Vacqueyras 830
Grenache Blanc
  Beaumes-de-Venise 830
  Châteauneuf-du-Pape 824
  Costière de Nîmes 753
  Côtes du Rhône 822
  Languedoc-Roussillon 749
  Lirac 832
  Rhônetal 810
  Vacqueyras 830
Grès St-Paul 756, 772
Gressier Grand Poujeaux 226
Gresy, Marchesi di 1070, 1074, 1133
Grgich Hills 1382, 1387, 1396, 1398
La Griffe de Cap d'Or 233, 345
Griffin Creek 1697
Grignolo 1060
Grillet 815
  Alterungspotenzial 812
Grimaldi, Giacomo 1134
Grimaldi, Sergio 1070
Grimm, Gebrüder 1305
Grimonnet 731
Griñon, Marqués de 1325f.

Grinou 1059
Grippa, Bernard 820
Grippat, Jean-Louis 817, 819f.
Gristina 1746
Grivault, Albert 590f.
Grivot, Jean 461, 591ff.
Groffier, Robert 461, 593ff.
Grolleau
  Anjou 738
  Loiretal 735
  Saumurois 738
Gros Manseng
  Bergerac und der Südwesten 1056
  Côtes de Gascogne 1057
Gros Plant
  Nantais 735
  Loiretal 735
Gros, Anne 461, 595f.
Gross 1308f.
Grosset 1758, 1762, 1799
Groth 1382f., 1388, 1397
Gruaud-Larose 224, 230, 345f.
Grüner Veltliner 1307
Gue, Jean de, Cuvée Prestige 346
Guenoc 1378, 1387, 1394, 1396, 1398
Guenoc Beckstoffer 1383
Guffens-Heynen 464, 596f.
Guibot La Fourvieille 347
Guichard 823
Guigal, E. 813ff., 817, 823, 827, 829, 832, 950–57
Guillemot, Pierre 462
Guillemot-Michel 464, 597
Guillot-Clauzel 225
Guiraud 228, 230
Guirouilh 1059
Gunderloch-Usinger 1305
Gundlach-Bundschu 1382ff., 1388, 1391, 1399
Guntrum, Louis 1306
La Gurgue 225
Gutedel 1296
Guyon, Antonin 462, 465, 598f.
Gysler, Gernot 1305

H

Haag, Fritz 1304
Haag, Jean-Marie 63, 82
Haag, Willi 1304
Haan 1799
Hacienda 1387, 1391
Hackett, Chris 1758, 1799
Hackett, Simon 1799f.
Hagafen 1384, 1388
Hahn, J. J. 1757, 1800
Hamacher 1696, 1708f.
Hamelin, Thierry 465, 718
Hamilton, Richard 1758, 1760f., 1800f.
Handley 1387, 1390, 1395, 1400
Hanna 1384, 1387
Hansel 1502
Hansel, Walter 1386, 1390
Hanzell 1384, 1386, 1391
Happs 1801
Hardy, Geoff 1761
Hardys 1801
Hare's Chase 1801
Harlan 1379, 1502ff.
Harrison 1382, 1387
Hart, J. 1305
Hartford Court 1389, 1397, 1504–07
Hartwell 1380
Hastwell and Lightfoot 1802
Hatschbourg 58
Hauer of the Dauen 1697
Haut des Terres Blanches 827
Haut-Bages-Averous 226
Haut-Bages-Libéral 225, 347
Haut-Bailly 224, 230, 347f.
Haut-Batailley 225, 230, 348f.
Haut-Bergey 224, 349
Haut-Brion 224, 227, 231, 349ff.
Haut-Brisson 351
Haut-Carles 233, 351f.
Haut-Chaigneau 232, 352
Haut-Claverie 228
Haut-Condissas Prestige 352f.
Haut-Corbin 225
Les Hautes Cances 957
Les-Hauts-Conseillants 355
Haut-Faugères 225
Haut-Gardère 227
Haut-Gravet 353
Haut-Maillet 353
Haut-Marbuzet 224, 231, 353f.
Haut-Médoc 232
Les Hauts Montmirail 829. *Siehe auch* Brusset, Daniel.
Haut-Pécharmant 1058
Haut-Peygonthier 1059
Haut-Sarpe 226
Haute-Serre 1058
Haut-Sociondo 225
Haut-Villet 354f.
Hauvette 805
Havens 1380, 1382, 1388, 1393, 1507f.
Haywood 1384, 1388, 1399, 1508
Heathcote 1802
Heddesdorff, Freiherr von 1304
Hedges 1728, 1736
Hefe 21, 486
Dr. Heger 1305
Hehner-Kiltz 1304

Heidsieck Monopole 731ff.
Heidsieck, Charles 731
Heitz 1380, 1382
Hengst 58
Henninger 1304
Henriot 731, 733
Henry 1697
Henry's Drive 1758, 1802f.
Henschke 1758, 1763, 1803f.
Herkunftsnachweis 34
Hermitage 811f.
  Alterungspotenzial 812, 816
  Die besten Produzenten – Rotwein 816f.
  Die besten Produzenten – Weißwein 817
  Die besten Weine 816
  Überblick 815ff.
l'Hermitage (Bandol) 805
l'Hermitage 225
L'Hermitage 355
Hermitage Road 1804
Hess 1378, 1382, 1387
Hewitson 1761, 1804f.
Heyl zu Herrnsheim, Freiherr 1304
Hickinbotham 1761
Hidden 1387, 1395, 1398, 1509
Hiedler 1308, 1310
High Pass 1697
Highbank 1761, 1805
Hightower 1728, 1736
Hill of Content 1763, 1805
Hill, William 1384, 1388
Hills, Katherine 1761f.
Hirsch 1308, 1310
Hirtzberger, Franz 1308, 1310f.
The Hitching Post 1391
Hobbs, Paul 1380, 1386, 1390, 1509f.
Hollick 1805
Hongell 1805f.
Honig, Louis 1396
Hooper 1361
Hop Kiln 1394, 1397f.
Hortevie 225, 355f.
Hortus 756
Hosanna 224, 356
Hospitalet La Clape 757, 772
Hostens-Picant 225
von Hövel 1304f.
Howard Park 1758, 1762, 1806
Howell Mountain 1397, 1510f.
Hudson River Valley 1746
Hug 1393
Hugel 60, 63, 82–86
Hungerford Hill 1761f.
Hunold, Bruno 86
Hunter Valley 1749
Huntington 1758
Husch 1378, 1382, 1387, 1391, 1396
Hutton Vale 1806f.
Huxelrebe 1296, 1300
Hyatt 1729

I

Iberis 1339
Iberus 1325
Icardi 1070, 1072, 1076, 1134f.
IGT (Indicazione Geografica Tipica) 1196
  Alterungspotenzial 1195
  Italiens beste IGTs 1192ff.
Immich-Batterieberg 1304
Indian Springs 1388
Insieme 1072, 1135f.
Inviosa 1326
Iron Horse 1382, 1387, 1390, 1395, 1399, 1511
Irvine 1758, 1807
Isole e Olena 1198f.
Isolette 805
d'Issan 224, 231, 356f.
Italien 1060–1294
  Die besten Erzeuger aus dem übrigen Italien 1199f.
  Die besten IGTs 1192ff.
  Weitere bedeutende Rotweine 1256–94

J

J.C. Cellars 1393, 1512
Jaboulet, Paul, Aîné 816–21, 823, 827, 830f., 957–64
Jacquart 731
Jacquesson 732
Jacuzzi 1398
Jade Mountain 1392f., 1512ff.
Jadot, Louis 461, 464, 599–610
Jaffurs 1393, 1514
Jahrgangsübersichten 3
Jakoby-Mathy, E. 1304
Jamek, Josef 1308, 1311
Les Jamelles 757
Jamesport 1746
Jamet, Jean-Paul et Jean-Luc 814, 964
Janasse 823, 825–28, 964–67
Jasmin 813f.
Jasmin, Patrick 967
Jasnières 742
Jasper Hill 1759, 1807f.
Jau 756f., 772f.
Jaubertie 1058f.
Jaufrette 827
Javillier, Patrick 464, 610f.
Jayer-Gilles 461, 465, 611f.
Jefferson 1746
Jekel 1384, 1387, 1397
Jepson 1394

Jessandre 1394
Jestin 732
Jindalee 1761f.
Jobard, François 464, 612f.
Jobard, Rémi 463f., 613f.
Joblot 461, 465, 614f.
John, Stephen 1759, 1808
John's Blend 1808
Johnson, Robert 1808
Johnson-Turnbull 1382
Jones 1379, 1515
Jones, Trevor 1759, 1762f., 1808ff.
Jonqueyrès 225
Jordan 1382, 1388, 1392, 1400
Jory 1394
Joseph 1810
Josmeyer et Fils 58, 63, 86
Jost, Toni 1305
La Jota 1379f., 1393, 1533–36
Jouan, Henri 462
Jouard, Vincent et François 718
Joy 1059
JSJ Signature Series 1515f.
Judd's Hill 1380, 1516f.
Juge, Marcel 821
Julien 1384, 1388, 1397
Juliénas 483
Jumilla 1319
Jurançon 1058
  Alterungspotenzial 1057
Le Jurat 226
Justen-Erben 1305
Les Justices 228
Justin 1382, 1393
Juvé y Champs 1327

K

Kabinett 1295, 1301, 1753
  Alterungspotenzial 1298
Kaesler Stone House 1759
Kaessler's Stone Horse 1810f.
Kahn 1393
Kalifornien 1367–1689
  Allgemeines Qualitätsniveau 1374ff.
  Alterungspotenzial 1374
  Duft- und Geschmacksnoten 1370–74
  Grundwissen 1367–1400
  Jüngere Jahrgänge 1376ff.
  Kaufstrategie 1376
  Die Weine mit dem besten Preis-Leistungsverhältnis 1378f.
  Die besten Produzenten von Cabernet Sauvignon, Merlot und Verschnitten aus beiden 1379–84
  Die besten Produzenten von Chardonnay 1385–89
  Die besten Produzenten von italienisch inspirierten Sorten 1394f.
  Die besten Produzenten von Pinot Noir 1389–92
  Die besten Produzenten von Sauvignon Blanc, Sémillon und Verschnitten aus beiden 1395ff.
  Die besten Produzenten von Schaumwein 1399f.
  Die besten Produzenten von Zinfandel 1397ff.
  Rebsorten 1367
  Die Weingüter 1400–1689
  Weintypen 1367
Kalin 1382, 1385f., 1390, 1395
Kamptal 1307
Kangarilla Road 1811f.
Kanzlerberg 58
Karlsmühle 1305
Karly 1394f., 1399
Karp-Schreiber, Christian 1305
Karthäuserhof 1305
Kastelberg 58
Katnook 1759, 1761ff., 1812
Kay Brothers 1757f., 1812ff.
Keenan, Robert 1382, 1388, 1517f.
Kellertemperatur 487
Kendall-Jackson 1378, 1382, 1384ff. 1387, 1390f., 1393, 1395, 1398, 1518ff.
Kennedy, Kathryn 1382
Kenwood 1378, 1382, 1387, 1395, 1398
Kerner 1296, 1300
Kerpen, Heribert 1304
von Kesselstatt 1305
Kessler 58
Kies 1814
Kilikanoon 1759, 1761f., 1814f.
Killibinbin 1759, 1815
Kimich, J. F. 1304
King 1697
Kiona 1729
Kirchberg de Barr 58
Kirchberg de Ribeauvillé 58
Kirman, L. 63, 87,
Kirwan 225, 357f.
Kistler 1385, 1387, 1389f., 1520–28
Kitterlé 58
Klein 1382
Klemmer, Klaus 1305
Knappstein, Tim 1761, 1763
Knoll, Emmerich 1308, 1311
Knyphausen, Freiherr zu 1305
Koch Johann 1305
Koehler-Ruprecht 1305
Koehly, Charles, et Fils 57, 63, 87
Kongsgaard 1380, 1385, 1393, 1528ff.

Königin Victoria Berg-Deinhard 1305
Konocti 1378, 1384, 1387, 1396
Konrad 1395
Kopke, C. N. 1361
Koppamurra 1815
Kracher, Alois 1308, 1311–15
Kramp, Gebrüder 1305
Kremstal 1307
Kreydenweiss, Marc 58ff., 63, 87–90
Krondorf 1762f.
Krug 731ff.
Krug, Charles 1384, 1387, 1391, 1399, 1530f.
Kruger-Rumpf 1305
Kuentz-Bas 57, 59, 63, 90ff.
Kuhling-Gillot 1305
Kunde 1380, 1386f., 1396f., 1531ff.
Kunin 1392f., 1533
Künstler, Franz 1305

L

L.B.V.P. *siehe* Late Bottled Vintage Port
Labégorce-Zédé 225, 231, 358f.
Labouré-Roi 463, 466
Lacroix-Vanel 757, 773
Ladoix 480
Lafarge, Michel 461, 616
Lafaurie-Peyraguey 228
Laffoy et Gasse 814, 967f.
Lafite-Rothschild 224, 231, 359f.
Lafleur 224f., 231, 360ff.
Lafleur de Plince 363
Lafleur-Gazin 362f.
Lafleur-Pétrus 224
Lafon, Comtes 461, 464, 616–21
Lafon, Héritiers du Comte 718
Lafon-Rochet 224, 231, 363f.
Lafran-Veyrolles 805
Lagerung 11, 28f., 493
Lagrance 364
Lagrange 224, 226, 231, 364f.
Lagrezette 1058
La Lagune 226, 231, 365f.
La Laidière 805
Lail 1380, 1537f.
Lake Breeze 1761
Lake Sonoma 1398
Lake's Folly 1762
Lakespring 1384, 1388, 1397
Lalande 757
Lalande-Borie 225
Lalande-de-Pomerol 154, 232
  Alterungspotenzial von Spitzenweinen aus jüngeren
  Jahrgängen 155
Lamarque 226
Lambertins 831
Lamborn 1538
Lambrays 462, 621
Lamothe 228
Lamothe-Despujols 228
Lamothe-Guignard 228
Lamy-Pillot, René 463, 466
Lan 1326
Lancaster 1380
Lancaster Reserve 1538
Lancelot-Royer 731f.
Lanciola 1199, 1227
Lancyre 756, 773f.
Landmark 1385f., 1389, 1538ff.
Landure 757, 774
Landwein 1295
Lanessan 225, 231, 366
Langmehl 1815f.
Langoa-Barton 225, 366f.
Languedoc-Roussillon 749–98
  Die wichtigsten Appellationen 752–56
  Grundwissen 749–57
  Jüngere Jahrgänge 751f.
  Die besten Produzenten 756f.
  Rebsorten 749
  Die Weingüter 757–98
Lanson 731
Lapierre, Marcel 723
Laplagnotte-Bellevue 225, 367f.
Larcis-Ducasse 226, 368
Larkin 1380
Larmande 224, 231, 369
Larmandier 731f.
Laroche 465, 621f.
Larose-Trintaudon 226, 369f.
Laroze 227, 370
Larrikin 1816
Larrivet-Haut-Brion 226f., 370f.
Larruau 227
Lasalle 1059
Lascaux 757
Lascombes 226, 231, 371
Lashmar 1816
Lassalle 732, 733
Lassalle, J. 731
Lassarat, Roger 464
Latah Creek 1729
Late Bottled Vintage Port 1359
Latour 224, 231, 372f.
Latour à Pomerol 224, 373f.
Latour, Louis 463f., 622–25
Latour-Giraud 462, 465, 626f.
Launois Père 731
Laurel Glen 1380, 1540
Laurent-Perrier 731ff.
des Lauves 374
Lavabre 757, 774

Laville-Haut-Brion 227
Leamon 1759, 1761, 1816
Lécheneaut, Philippe et Vincent 461, 627f.
Lechère 731f.
Leclerc, Philippe 462
Leclerc, René 462, 628
Leda 1325, 1339
Leeuwin 1759, 1762f., 1816f.
Leeward 1384, 1388
Leflaive 464
Leflaive, Olivier 462, 465, 628ff.
Leflaive, Vincent 631ff.
Legères 466
Legras, R. & L. 731f.
Lehmann, Peter 1757f., 1761, 1763, 1817ff.
Lehnert-Matteus 1305
Leitz, Josef 1305
Leland 1763
Lemberger 1726f.
Lemelson 1696, 1709f.
Lemencier, Jacques 821, 968
Lengs and Cooter 1759, 1819f.
Lenoble, A. R.
Lenswood 1763, 1820
Lenz 1746
Léon, Jean 1325
Leonetti 1728, 1736ff.
Léoville-Barton 224, 231, 374f.
Léoville-Las Cases 224, 231, 375ff.
Léoville-Poyferré 224, 231, 377f.
Leroy 461, 464, 633–41
Leroyer-Girardin, Aleth 463
Les Trois-Croix 233
Lesec, Patrick 774, 823
Lesec, Patrick, Selektionen aus dem Rhônetal 968–72
Lesquerde, Societé Vinicole de 757, 775
Lewelling 1380
Lewis 1392f., 1540f.
Lezongars 378
Librandi 1200
La Licenziana 1136
Licht-Bergweiler 1305
Liebich Vein 1759, 1820
Lieschied-Rollauer 1305
Lignier, Georges 463
Lignier, Hubert 461, 641ff.
Lilian-Ladouys 378f.
Lillydale 1761
Limelight 1759, 1820
Limerick 1397
Lindemans 1761–64
Lingenfelder, H. & R. 1304
Lion Valley 1697
Lionnet, Jean 821
Liot 228
Lirac 812
Alterungspotenzial 832
Der beste Wein 832
Die besten Produzenten 832f.
Überblick 832f.
Lisini 1198, 1227
Littorai 1385, 1390, 1541ff.
Livera, Philippe 462, 643
Liversan 227
Livingston 1382
Los Llanos 1326f.
Lloyd, Coriole 1757
De Loach 1383, 1386f., 1396ff.
Lodali, Eredi 1076
Lohr, J. 1384, 1387f.
Loimer, Fred 1308, 1315
Loiretal 733–48
Ältere Jahrgänge 747f.
Grundwissen 733–48
Kaufstrategie 745
Neuere Jahrgänge 745ff.
Rebsorten 735
Weintypen 734
Lokoya 1379, 1543ff.
Lolonis 1387, 1396, 1399
Lombard, Jean-Marie 823
Long 1382, 1387
Longoria 1382, 1386, 1390
Longue Toque 972f., 829
Dr. Loosen
Loosen, Benedict 1305
Loou 805
Lopez de Heredia 1326
Lorentz, Gustave 57f., 63, 92
Lorenzon 718
De Lorimer 1396
Lost Wolf 1759, 1820f.
Lotzbeyer, Adolf 1305
Loudenne 227
Loupiac 154
Alterungspotenzial von Spitzenweinen aus jüngeren Jahrgängen 155
La Louvière 224, 227, 231, 379
Loxton 1393, 1397, 1545
Lucashof 1306
Luce 1198
Lucie 226
Lucignano 1227
Lügen in der Weinwelt 43
Luna 1394, 1545f.
Lusseau 226, 379f.
Luzon 1327, 1340
Lynch-Bages 224, 231, 380f.
Lynch-Moussas 226, 381f.
Lynsolence 382

M

Maacama Creek 1382
Macallo 1322
Macari 1746
Maccabeo
  Costière de Nîmes 753
  Côtes du Roussillon 755
  Côtes du Roussillon-Villages 755
Le Macchiole 1193, 1197, 1227f.
Machard de Gramont 463
Le Macioche 1228f.
Mâconnais 458, 485
  Alterungspotenzial 459
MacRostie 1387, 1393
Macul, Cousiño 1858
Maculan 1199, 1278ff.
Mad Fish 1763, 1821
Madeira 1364
Madiran 1056ff.
  Alterungspotenzial 1057
Madrone 1382
Magana 1326
Magdelaine 226, 383
Magenta, Duc de 464
  La Magia 1229
Magneau 226
Magnien, Frédéric 461, 643–46
Magnien, Michel, et Fils 461, 646f.
The Magpie 1757f., 1821
Magrez-Fombrauge 224
Mailly 731
Majella 1759, 1821f.
Mak 1759, 1822f.
Malartic 226
Malartic-Lagravière 227, 383f.
Malbec
  Argentinien 1856
  Ribera del Duero 1322
Malescasse 227
Malescot St-Exupéry 224, 231, 384f.
de Malle 227f., 231
Malmsey 1364
Maltroye 462, 465
Malvasia 1322
Malvoisie
  Costière de Nîmes 753
  Côtes du Roussillon 755
  Côtes du Roussillon-Villages 755
  Languedoc-Roussillon 749
Mambourg 58
Manciat-Poncet 465
Mandelberg 58
Mann, Albert 57f., 60, 62f., 92–96
Mansenoble 756, 775
Manzone, Giovanni 1074, 1076, 1136ff.
Maravenne 805
Marbuzet 227
Marcarini 1074, 1138f.
Marcassin 1385, 1389, 1546–50
Marchand, Jean 833
Marckrain 59
Marcoux 825–28
Marenco, Aldo 1139
Marengo, Mario 1074, 1076, 1139f.
Margaret River 1749
Margaux (Appellation) 148, 152f., 232
  Alterungspotenzial von Spitzenweinen aus jüngeren Jahrgängen 154
Margaux (Château) 224, 231, 385ff.
Marguis-Philips 1763
Mariah 1399
Marietta 1378, 1380, 1393f., 1397, 1550f.
Marjosse 226, 232, 387
Markham 1384, 1388
Markt, Grauer 33f.
Marktwert 34
Marojallia 224, 387f.
Marrone, Gian Piero 1140
Marronniers 718
Marsannay 480
  Alterungspotenzial 1754
  Australien 1753f.
  Costière de Nîmes 753
  Crozes-Hermitage 817
  Hermitage 815
  Languedoc-Roussillon 749
  Lirac 832
  Provence 804
  Rhônetal 810
  St-Joseph 818
  St-Péray 821
Marsanne, Jean 820
Marsau 232, 388
Martilde 1280
Martinelli 1385, 1389, 1392, 1397, 1551–56
Martinens 227
Martinetti, Franco M. 1140
Martinez 1361
Martinez Bujanda 1325ff.
Martini, Louis 1384, 1388, 1397, 1399
Maryland 1746
Mas Amiel 756f., 775ff.
Mas Blanc 756, 777–80
Mas Carlot 757, 781f.
Mas Champart 757, 782
Mas Cristine 756, 782
Mas de Aveylans 756
Mas de Bois 827
Mas de Bois Lauzon 974
Mas de Cadenet 805
Mas de Daumas Gassac 757, 783
Mas de Fournel 757, 783

Mas de Gourgonnier 756, 805, 974f., 784
Mas de Guiot 757, 784
Mas de la Barben 757, 777
Mas de la Dame 756, 782f., 805
Mas de la Rouvière 805
Mas des Aveylans 777
Mas des Bressades 756, 780f.
Mas Gabinelle 757, 784
Mas Igneus 1325, 1340
Mas Jullien 756
Mas Martinet 1340f.
Mas Neuf 757, 784f.
Mas Ste-Berthe 805
Mascarello, Bartolo 1072, 1076, 1140f.
Mascarello, Giuseppe, & Figlio 1072, 1074, 1076, 1141
Mason 1395
La Massa 1229
Massamier 757, 785
Le Masse di San Leolino 1199
Matanzas Creek 1380, 1387, 1396
Mataro 1372. *Siehe auch* Mourvèdre.
Mathern 1305
Mathieu 827, 975
Mathieu, Serge 731
Matrot, Joseph 462
Matrot, Joseph/Pierre/Thierry 465, 647ff.
Matthews 1728
Maucaillou 226, 231
Maucoil 827, 975f.
Maume 462
La Mauriane 233, 388f.
Mauro 1325, 1326, 1341
Maury 755
Mauzac 1056
Mavette 829
Maxwell 1759, 1762f., 1823f.
Mayacamas 1384, 1388, 1397
Mayo 1390, 1397, 1556
Mazeris 226, 389
Mazeyres 227, 389
Mazzi, Roberto 1200, 1280f.
Mazzocco 1399
McCoy, Peter 1386
McCrea 1728, 1738f.
McDowell 1384, 1388, 1394
McLaren Vale 1749
Medici 1697
Médoc 148, 232
The Meeker 1389, 1399
Meerea Park 1759, 1824
Meffre 829
Méjan-Taulier 832
Melka, Philip 1380, 1556f.
Melon de Bourgogne 734
Melton, Charles 1759, 1824f.
Mendoza 1856f.
Mendoza Peaks 1857
Mendoza, Abel 1341f.
Ménétou-Salon 744
Méo-Camuzet 461, 466, 649ff.
Mercey 462, 465
Mercier 731
Mercurey 480
Meridian 1384, 1387, 1389, 1391, 1394
Merkelbach, Alfred 1305
Merlin, Olivier 465, 651
Merlot
  Alterungspotenzial 1374
  Argentinien 1856
  Australien 1752
  Bergerac und der Südwesten 1056
  Bordeaux 149
  Chile 1858
  Kalifornien 1367, 1370
  Languedoc-Roussillon 749
  Médoc 149
  Neuseeland 1854
  Oregon 1690f.
  Pomerol 149
  Ribera del Duero 1322
  Spanien 1322
  St-Émilion 153
  Südafrika 1860
  Toskana 1191f.
  Washington 1722, 1726f.
  Yarra Valley 1752
Mérode, Prince Florent de 463
Merrill, Geoff 1761
Merryvale 1380, 1386f., 1389, 1557f.
Merus 1380
Merz 1305
Messias 1361
Messmer, Herbert 1305
Mestre Père et Fils 466
Meulenhof-Erben 1305
Meursault, Château de 466
Meyer, Julian 96
Meyney 226, 231, 389f.
Miani 1281
Michael, Peter 1379, 1385, 1390, 1395, 1558–63
Michel de Montague 1058
Michel, Louis, et Fils 464, 651f.
Michel, Robert 821
Michelot 466
Michel-Schlumberger 1382, 1387
Michel-Stephan, J. 814
Michelton 1762f.
Mikulski, François 462, 464, 652
Milan, Jean 732
Mildara 1761, 1763

Milens 390
Il Milin di Michelino Rovero 1076
Millbrook 1746
Mille 805
Mille Roses 390
Millet 227
Millière 824
Millot, Jean-Marc 462
Milz-Laurentiushof 1306
Minervois 749, 753f.
Minges, Theo 1305
Minuto, Luigi 1076
Miramar 1762
Mirassou 1378, 1384, 1389, 1400
Mireille et Vincent 824
La Mission-Haut-Brion 224, 390f.
Mitan 824
Mitchell 1825
Mitchelton 1825
Mittnacht-Klack 59f., 63
Moccagatta 1076, 1141ff.
Moenchberg 59
Moët & Chandon 731ff.
Le Moine, Lucien 461, 652ff.
Moissenet-Bonnard 462
Molettieri 1281f.
Molettieri, Salvatore 1200
El Molino 1387, 1390
Molino, Mauro 1074, 1076, 1143f.
La Monardière 831, 976f.
Monasterio 1342
Monastrell 1322. *Siehe auch* Mourvèdre.
Monbazillac 1056f.
  Alterungspotenzial 1057
Monbousquet 224, 392f.
Monbrison 226, 231, 393f.
Moncault 732
Mönchhof 1305
Moncuit, Pierre 731f.
Mondavi, Robert 1379, 1382, 1386f., 1390f., 1395f., 1399, 1563–70
La Mondotte 224, 394f.
Monforte d'Alba1061, 1064
Mongeard Mugneret 462, 654f.
Mongin 827
Monpertuis 977
Monsanto 1198f.
Mont 1327
Mont Redon 824, 827f.
Monte Antico 1198
Monte Bernardi 1194, 1197, 1229f.
Montecarlo 1192
Montecillo 1326f.
Monteillet 977ff., 813ff., 819f.
Montelena 1379, 1382, 1386, 1570ff.
Montellori 1230
Montepeloso 1194, 11971230f.
Monterey 1371, 1378, 1387, 1396
Montevertine 1198f.
Montevetrano 1194, 1197, 1199, 1282
Montevina 1384, 1398, 1572f.
Monthélie (Weingut) 463, 480
Monthélie (Appellation) 718
Monthélie-Douhairet 462
Monti (Abruzzen) 1282f.
Monti (Piemont) 1144
Monti (Toskana) 1200
Monticello 1382, 1387, 1391, 1400
Montille 465, 655
Montinore 1697
Montirius 829
Montlouis 741f.
Montmirail 829, 831
Montpertius 827
Montpeyroux 749, 755
Montpezat 756, 785
Montrose (Australien)1761, 1763
Montrose (Bordeaux) 224, 231, 395f.
Montus 1058
Montvac 831
Montviel 227, 396
De Moor 1383, 1388, 1398
de Moor, Alice et Olivier 465, 655f.
Moorooduc 1762
Moraga 1573
Morales, Hermanos 1326
Morambro Creek 1825f.
La Morandina 1070
Mordorée 823, 826f., 832, 979ff.
Moreau, Bernard 465, 718
Moreau-Naudet 656
Morellino di Scansano 1192
Morey, Bernard, et Fils 463f., 656–59
Morey, Jean-Marc 462, 465
Morey, Marc 464, 660
Morey, Pierre 463, 465, 660f.
Morey-Blanc 465, 661
Morgan 1384, 1387, 1389ff., 1396
Morgante 1200, 1283
Morgon 484
I Mori 1232
Mori, Giacomo 1231f.
Morio-Muskat 1296
Moris Farms 1198, 1232f.
Moro, Emilio 1325, 1342
Moroder 1283f.
Morot, Albert 463, 661f.
La Morra 1061, 1064
Morris 1763
Morris, J. W. 1394
Morro Bay 1378, 1387
Mortet, Denis 461, 662f.

Mortiès 756, 785f.
Mosby 1395
Moscatel 1322
Moscatel de Setubal 1364
Moscato
  Alterungspotenzial 1065
  Piemont 1060, 1070
Moscato d'Alba Piemont 1065
Moscato d'Asti 1069f.
Moschioni 1284
Mosel-Saar-Ruwer 1299f.
Moss Wood 1826, 1759, 1762
Mossio, Fratelli 1074, 1144
Le Moulin 224, 396f.
Moulin de la Gardette 829, 981
Moulin des Costes 805
Moulin des Dames 1058f.
Moulin du Cadet 227, 397
Moulin Rouge 226
Moulin St-Georges 224, 397f.
Moulin-à-Vent 483
Moulines 757
Moulinet 398
Moulin-Haut-Laroque 226
Moulin-Pey-Labrie 226, 397
Moulins 824
Moulin-Tacussel 827, 981
Moulis 232
Mount Eden 1380, 1382, 1385f., 1390, 1574f.
Mount Horrocks 1826f.
Mount Langhi Ghiran 1827
Mount Langi 759
Mount Veeder 1384, 1389
Mountadam 1762
Mountain Dome 1729
Mountain View 1378, 1384, 1389, 1391
Mourchon 982
Mourgues du Grès 756, 786
Mourre du Tendre 823, 826, 982f.
Mourvèdre
  Bandol 799, 807
  Beaumes-de-Venise 830
  Châteauneuf-du-Pape 807, 824
  Collioure 755
  Corbières 754
  Costière de Nîmes 753
  Côtes du Rhône 822
  Faugères 754
  Fitou 754
  Gigondas 828
  Kalifornien 1367, 1372
  Languedoc-Roussillon 749
  Lirac 832
  Pic-St-Loup 755
  Provence 804
  Rhônetal 807
  Spanien 1322
  Südafrika 1860
  Tavel 831
  Vacqueyras 830
Mousset 824
Mouton Père et Fils 814, 983
Mouton-Rothschild 224, 231, 398ff., 1858
Mudgee 1749
Mueller, Robert 1390
Muenchberg 59
Muga 1325, 1342f.
Mugneret, Denis 463
Mugneret, Georges 663f.
Mugneret-Gibourg 461
Mugneret-Gibourg *siehe* Mugneret, Georges
Mugnier, Jacques-Frédéric 461, 664f.
De Muller 1326
Müller, Egon 1304
Müller, Eugen 1305
Müller-Catoir 1304
Müller-Thurgau 1295, 1298, 1300
Mumm 731, 733, 1399f.
Muré, René 63, 96f.
Le Murelle 1233
Murgo 1200
Murphy-Goode 1378, 1382, 1384, 1386f., 1396, 1396, 1575f.
Murray, Andrew 1392f., 1576ff.
Murrieta, Marqués de 1325f., 1343f.
Murrieta's Well 1382
Muscadelle
  Barsac 152
  Bordeaux 152
  Graves 152
  Sauternes 152
Muscadet 735
  Loiretal 734f.
Muscardin
  Beaumes-de-Venise 830
  Châteauneuf-du-Pape 807, 824
  Rhônetal 807
Muscat 1364
  Alterungspotenzial 1754
  Australien 1753f.
  Elsass 52, 57–62
  Kalifornien 1367, 1373
  Languedoc-Roussillon 749
  Rutherglen 1752
  Washington 1727
Muscat à petits grains
Muscat à petits grains
  Alterungspotenzial 1374
Muscat de Beaumes-de-Venise 812
  Alterungspotenzial 812, 830
  Die besten Produzenten 830
  Überblick 829f.

Muscat de Frontignan 755
Muscat de Lunel 755
Muscat de Mireval 755
Muscat de Rivesaltes 755
Muzard, Lucien, et Fils 463, 719
Myrat 228

N

Naddef, Philippe 463
Nadeau 1578
Nages 757, 786
Dr. Heinrich 1305
Nahe 1300
Nairac 228
Nalle 1384, 1398
Nalys 825, 827f., 983
Napa (Weingut) 1384
Napa 1371
Napa Creek 1389
Napa Ridge 1378. 1382, 1387, 1396
Navarra 1319
Navarro (Kalifornien)1387, 1390f., 1396,
Navarro (Argentinien) 1856
Neagle's Rock 1827
Nebbiolo 1060f.
Neckerauer, Klaus 1304
Négly 756, 786ff.
Négociant 233, 459, 495f.
Negrette 1056
Neive 1064
Nekeas 1326f., 1344f.
Nelson 1382
Nénin 224, 400f.
Nepenthe 1763, 1827
Nerthe 825ff., 828, 983–86
Neuseeland 1854f.
Neusiedlersee 1307
Nevada City 1384
New York 1746
Newlan 1384, 1389, 1578
Newton 1380, 1382, 1385f., 1579
Neyers 1385f., 1393, 1397, 1579ff.
Nicholson River 1762f.
Nicolay, Peter 1305
Niellon, Michel 464, 665ff.
Niepoort 1361
Niero, Robert 986
Nieto y Sentiner 1856
Nigl 1308, 1315
Nikolaihof 1308, 1315f.
Noble 757
Noblesse 805
Noël 820
Noon 1757, 1828f.
Norman 1398, 1581f.
Normand, Alain 719
North Fork 1746
Northstar 1728, 1739
Norton 1856
Notre Dame Les Pallières 829
Nottola 1233
Novellum 757, 788
Novy 1393
Nozzole 1194, 1197f.
Nugues 723
Numanthia 1345
Numéro 1 227
Nuriootpa High School 1829

O

Oak Knoll 1697
Oak Ridge 1761
Oakford 1582
Oakville 1382
Oberto, Andrea 1074, 1144f.
Oberto, Luigi 1074, 1076
Obester 1389, 1397, 1399
Ochetti 1076
Ochoa 1326
Oddero, Fratelli 1076, 1145f.
Oddfellows 1829
Odernheimer, Claus 1306
Œillade 753
Offley Forrster 1361
Ogier, Michel 813f., 986ff.
von Ohler'sches 1305
Ojai 1385, 1390, 1392f., 1396, 1582–89
Ökoweine 22
Olivares 1325, 1345
Oliver's 1759
Oliver's Taranga 1829f.
Oliveto 1233
Olivier 226f., 401
Ollwiller 59
Ona, Baron de 1326
Optima 1296
Opus One 1380, 1589f.
Or et Gueules 757, 788
Oratoire 823
Oregon 1690–1720
  Allgemeines Qualitätsniveau 1691
  Ältere Jahrgänge 1696
  Alterungspotenzial 1691
  Duft- und Geschmacksnoten 1691
  Grundwissen 1690–97
  Jüngere Jahrgänge 1694ff.
  Die besten Produzenten von Pinot Noir 1696f.
  Rebsorten 1690f.
  Was Sie unbedingt wissen müssen 1691/94
  Die Weingüter 1697–1720
  Weintypen 1690

Orlando 1761ff.
Les Ormes-de-Pez 226, 401f.
Les Ormes-Sorbet 226, 402
Orschwihr 63
Osborne 1327, 1361
Osterberg 59
Österreich 1307–18
  Grundwissen 1307f.
  Die besten Produzenten 1308
  Rebsorten 1307
  Die Weingüter 1309–18
Ostertag 59, 63, 98–102
Ott 805
Oudinot 732
L'Oustau 829
Oxford Landing 1763

P

Pacherenc du Vic Bilh 1056
Padère 1058
Padthaway 1749
Page Mill 1382, 1389, 1391, 1396
Pago de Carraovejas 1325, 1345f.
Pahlmeyer 1379, 1385, 1590ff.
Paillard, Bruno 731f.
Paillas 1058
Les Paillières 829, 988f.
Palacio de Arganza Bierzo 1325
Palacios, Alvaro 1346
Les Palais 756, 788
la Palazza 1200
Il Palazzino 1198, 1233f.
La Palazzola 1199, 1284f.
Palestor 827
Palette 803f.
Palladino 1074, 1146f.
Pallieroudas 829
Palmer (Bordeaux) 224, 231, 402ff.
Palmer (New York)1746,
Palmina 1394
Paloma 1380, 1392, 1592f.
Palomina 1322
Panisse 989
Panisseau 1058f.
La Pantera 1394
Panther Creek 1696, 1710f.
Paoletti 1380
Pape-Clément 224, 227, 231, 404f.
Paracombe 1830
Paradigm 1593f.
Paradis 805
Paradiso 1194, 1197, 1234f.
Parcé, André *siehe* Mas Blanc
Parducci 1378, 1384, 1389, 1391, 1394, 1399
Parellada 1322
Parenchère 226, 232
Parent, Alain 819f., 989f.
Paringa 1762f., 1831
Parker 1757, 1759
Parker Coonawarra 1831f.
Parker, Fess 1386f., 1392, 1394, 1594f.
Parson's Flat 1759, 1832
Partie-Nummer 34
Parusso, Armando 1072, 1074, 1076, 1147ff.
Parxet 1326
Pas de l'Âne 405
Pasquero, Elia 1074, 1149f.
Passing Clouds 1761
Patrache d'Aux 226
Patz and Hall 1385f., 1390, 1595ff.
Pauillac 148, 152, 232
  Alterungspotenzial von Spitzenweinen aus jüngeren Jahrgängen 154
Paul, Patrick M. 1729
Paumel, Pierre 826
Paumonak 1746
Pavia, Agostino, e Figli 1077
Pavie 224, 405f.
Pavie Decesse 224, 407f.
Pavie Macquin 224, 408f.
Pavillon 818
du Pavillon 226
Pavillon Blanc de Château Margaux 227
Le Pavillon de Boyrein 409
Pavillon-Mercurol 990
Pavillon Rouge de Château Margaux 226
Paxton 1759, 1832
Pays Nantais 735
Le Payssel 1058
Pazo de Señorans Rias Baixas 1326
Peachy Canon 1384, 1398, 1597
Péby-Faugères 224, 409f.
Pecchenino, Fratelli 1074, 1150
Pech de Jammes 1058
Pécharmant 1056
  Alterungspotenzial 1057
Pecota, Robert 1384
Pedesclaux 227, 410
Pedroncelli, J. 1378, 1382, 1384, 1389, 1397f., 1597
Pedro-Ximinez 1322
Pégau 826, 990ff.
Peju 1384
Pélaquie 824
Pelissero, Luigi 1074, 1150f.
Penedès 1319, 1322
Penfolds 1757, 1759, 1761, 1763, 1832f.
Penley 1757, 1759, 1762
Penley State 1833f.
Penna Lane 1834
Penner-Ash 1696, 1711
Pennsylvania 1746

Penny's Hill 1834f.
Les Pensées de Lafleur 226
Pepi, Robert 1382, 1389, 1395f.
Pepperwood Springs 1391
Perchaud, Corinne 719
Perdrix 461, 667f.
Père Anselme 827
Père Caboche 827f., 992f.
Père Pape 826f., 993f.
Perez Pascuas 1326
Pernand-Vergelesses 480
Perraud 465, 719
Perraud, Michel 820
Perret, André 815, 819f., 994f.
Perrier, Joseph 731ff.
Perrier, Pascal 819f.
Perrier-Jouët 731ff.
Perrin 995ff.
Perrin, Roger 826ff., 997f.
Perron 1058
Perrone, Elio 1070, 1077
Perrot-Minot, Henri 461, 668ff.
Perrusset, Henri 719
Pesquera 1325, 1346
Pesquier 829, 998
Pessac-Léognan 149, 153, 232
  Alterungspotenzial von Spitzenweinen aus jüngeren Jahrgängen 154
Petaluma 1759, 1761f.
Petit Manseng 1056
Petit Verdot
  Bordeaux 149/52
  Médoc 149
  Pomerol 152
  St-Émilion 152
Petit-Bocq 410
Petite Sirah 1367, 1370
  Alterungspotenzial 1374
Petit-Faurie-Soutard 227
Petit-Figeac 227
Petit-Village 226, 410f.
Petri-Essling 1305
Petroio 1199, 1235
Petrolo 1194, 1197, 1235f.
Pétrus 224, 411f.
Pey Labrie 226
Peyrat 1058
Peyraud 232
Peyre Rose 756, 789
Peyredon-Lagravette 226
Peyros 1058
Peyrou 412f.
Pez de Pez 226, 413
Pezzi King 1598
Pfalz 1300
Pfeffingen 1305
Pfersigberg 59
Pfingstberg 59
Phantom Hill 1711
Phélan-Ségur 226, 231, 413
Phelps, Joseph 1378ff., 1382, 1385, 1394, 1397f., 1598–1602
Philipponnat 731, 733
Phillips, R. H. 1379, 1384, 1387, 1394, 1396
Piada 228
Piaggia 1236
Piauger 829, 998
Piazzano 1236
Piazzo 1077
Pibarnon 805
Pibran 226, 414
Picardin
  Beaumes-de-Venise 830
  Châteauneuf-du-Pape 824
  Rhônetal 810
Piccinini 757, 789f.
Pichard 1058
Pichler, F. X. 1308, 1316
Pichler, Rudi 1308, 1316f.
Pichon, Philippe et Christophe 815
Pichon-Longueville Baron 224, 231, 414f.
Pichon-Longueville-Comtesse de Lalande 224, 231, 415f.
Picpoul
  Beaumes-de-Venise 830
  Châteauneuf-du-Pape 824
  Costière de Nîmes 753
  Lirac 832
  Rhônetal 810
  Tavel 831
Picque-Caillou 226, 416f.
Picquemal 756
Pic-St-Loup 749, 755
Piedmont 1305
Piemont 1060–1190
  Allgemeines Qualitätsniveau 1065f.
  Ältere Jahrgänge 1072
  Alterungspotenzial 1065
  Geschmacksnuancen 1061
  Grundwissen 1060–77
  Kaufstrategie 1071
  Neuere Jahrgänge 1071f.
  Die besten Produzenten 1072–77
  Die besten Produzenten von Moscato d'Asti 1070
  Rebsorten 1060
  Was Sie unbedingt wissen müssen 1066
  Die besten Rotweine 1066–69
  Die besten Weißweine 1069f.
  Weitere hervorragende Weißweine 1070
  Die Weingüter 1077–1190
  Weintypen 1060

Pierre de Lune 417
Pierro 1759, 1762f., 1835
Pieve del Vescovo 1285f.
Pieve di Santa Restituta 1198
Pigonnier 1058
Pikes 1759, 1835f.
Pillot, Fernand et Laurent 463
Pillot, Jean 463, 465
Pillot, Jean-Marc 719
Pillot, Paul 465
Le Pin 224, 417f.
Le Pin Beau Soleil 232, 418
Le Pin de Belcier 232, 418f.
Pine Ridge 1382, 1386f. 1602ff.
Pinède 827
Pineraie 1058
Pingus 1325, 1347
Pinot Beurrot 458
Pinot Blanc
  Alterungspotenzial 1374
  Burgund 458
  Elsass 52
  Kalifornien 1373
  Oregon 1690
Pinot d'Aunis 740
Pinot Fin 488
Pinot Gris
  Burgund 458
  Oregon 1690f.
Pinot Meunier 725
Pinot Noir
  Alterungspotenzial 1374, 1754
  Australien 1752, 1754
  Burgund 458
  Champagne 725
  Elsass 52
  Kalifornien 1367, 1370f.
  Loiretal 735
  Mendocino 1371
  Ménétou-Salon 744
  Neuseeland 1854f.
  Oregon 1690f.
  Sancerre 745
  Südafrika 1860
  Toskana 1191f.
  Washington 1726f.
  Yarra Valley 1752
Pinotage Südafrika 1860
Pintos dos Santos 1361
Pio Cesare 1074, 1077, 1152f.
Pipeau 419
Piper 1400
Piper Heidsieck 731
Piqueras 1326
Pira, E. 1072, 1153f.
Pira, Luigi 1072, 1074, 1154ff.
Pirou 227
de Pitray 226
Plaisance 226f., 232, 419
Planeta 1200, 1286f.
La Planeta 1347
von Plettenberg 1305
Plince 227, 419
Ployez-Jacquemart 731ff.
Plumpjack 1380, 1382, 1604f.
Le Plus de La Fleur Bouard 224
Pocalas Junoir 1361
Pochon 818
Il Podere Dell'Olivos 1394
Poderuccio 1237
Poggio Antico 1198f.
Poggio Bonelli 1199
Poggio Galiga
Poggio Lungo 1237
Poggio Scalette 1198, 1237f.
Il Poggione 1198
Poggiopiano 1194, 1197, 1238
La Pointe 420
Poliziano 1238
Polz, Erich & Walter 1308, 1317
Pomerol 148, 153, 232
  Alterungspotenzial von Spitzenweinen aus jüngeren Jahrgängen 154
Pomès 1059
Pomino 1192
Pommery & Greno 731
Pommery 733
Pommier, Denis
Pommier, Denis 465, 719
Ponsot 463, 466
Pontac Monplaisir 227
Pont-Cloquet 420
Pontet-Canet 224, 231, 420f.
Pontifical 827, 998f.
Ponzi 1697
Porro, Guido 1156
Portugal 1358–65
  Die besten Erzeuger von Tafelweinen 1365
  Grundwissen 1358–61
  Jahrgangsleitfaden 1365
Portwein 1358
  Die besten portugiesischen Produzenten 1360f.
  Die Firmen 1361ff.
  Jahrgangsführer 1360
  Kaufstrategie 1358
  Rutherglen 1752
  Vintage-Jahre der wichtigsten Firmen 1360
  Weintypen 1358ff.
Potel, Nicolas 463 670ff.
Potelle 1384, 1386, 1389, 1397
Potensac 226, 231, 421f.

Pouget 227
Pouilly-Fumé 734, 744
Pouilly-sur-Loire 744
Poujeaux 226, 232, 422
Poujol 757, 790
Poulette 463
Poulvère 1058
Pousse d'Or 463
Pouy 1059
Poveda, Salvador 1326
Pra, Fratelli 1200
La Prade 232
Pradeaux 805
Pradelle, Jacques et Jean-Louis 818
Praelatenberg 59
Prager 1308, 1317f.
Prat de Cest 757, 790
Pratesi 1239
Preise 5f., 25, 494f., 499f.
Preisklassen 6
Prémeaux 463
Premières Côtes de Blaye 154. *Siehe auch* Blaye.
Présidente 824, 827
Preston 1379, 1384, 1394ff., 1398, 1729
Pride Mountain 1379f.Reverie 1380, 1392, 1394, 1605–08
Prieur, Jacques 461, 464, 672–76
Prieuré de St-Jean-de-Bébian 756, 790f.
Le Prieuré 232
Prieuré-Lichine 226, 232, 422 f.
Prieuré-Malesan 423
Prieurs de la Commandérie 423
Primo 1759
Principiano, Ferdinando 1156f.
Priorato 1319
Produttori del Barbaresco 1074, 1077, 1157
Promessa 1287f.
Prosecco 1200
Provence 799–806
  Allgemeines Qualitätsniveau 804
  Alterungspotenzial 804
  Duft- und Geschmacksnoten 804
  Grundwissen 804ff.
  Kaufstrategie 805
  Die besten Produzenten 805f.
  Rebsorten 804
  Was Sie unbedingt wissen müssen 804
  Weintypen 804
Prugnolo 1191
Prüm, J. J. 1304
Prüm, S. A. 1305
Prüm-Erben, S. A.
Prunotto 1072, 1074, 1077, 1157ff.
Puech Chaud 756, 791
Puech-Haut 757, 791f.
Puisseguin-St-Émilion 233
Puits 1050
Puligny 464
Puligny-Montrachet, Château de 676ff.
Punset 1077
Punters Corner Spartacus 1836
Le Pupille 1198, 1239f.
Puy-Blanquet 227
Pyrenees 1749/52

Q

Quail Ridge 1389
Qualitätswein bestimmter Anbaugebiete (Q.b.A.) 1295, 1298
  Alterungspotenzial 1298
Qualitätswein mit Prädikat 1295
Quarles Harris 1361
Quartetto 1836
Quarts de Chaume 734, 738ff.
Quattre 1058
Querciabella 1194, 1197, 1240
Quilceda Creek 1728, 1739ff.
Quinault l'Enclos 224, 424
Quincy 744f.
Quinta de la Rosa 1361
Quinta do Crasto 1361
Quinta do Infantado 1360
Quinta do Noval 1360, 1362f.
Quinta do Noval Nacional 1360
Quinta do Panascal 1361
Quinta do Passadouro 1361
Quinta do Romaneira 1361
Quinta do Roriz 1361
Quinta do Vale D. Maria 1363
Quinta do Vesuvio 1363
Quintarelli 1199
Quintessa 1608
Quivira 1398, 1608
Quorum 1074, 1159
Qupé 1389, 1394, 1609

R

R de Rieussec 227
Rabasse-Charavin 999
Rabaud-Promis 228, 232
Rablay 739
Rafanelli, A. 1382, 1397, 1609
Rahoul 227, 232, 424
Ramey 1385f.
Ramonet 463f., 678ff.
La Rampa di Fugnano 1240f.
Rancho Sisquoc 1382, 1386, 1396
Randall's Hill 1836
Rangen 59
Rapeneau 732
Rapet Père et Fils 465

Rapet, Roland 463,
Raphet, Jean, et Fils 461, 680f.
Rapp, Erich Wilhelm 1305
La Rasina 1241
Rasmussen, Kent 1386, 1390, 1395
Raspail 829
Raspail-Ay 999
Rasque 805
Rasteau 812
Rateau, Jean-Claude 463, 466
Ratti, Renato 1074, 1159f.
Ratzenberg, Jochen 1305
Rausan-Ségla 224, 232, 425
Rauzan-Despagnet 426
Rauzan-Gassies 227, 426
Raveneau 681f.
Raveneau, François et Jean-Marie 464
Ravenswood 1379, 1382, 1387, 1393, 1398f., 1609–12
Raventos, Josep-Maria 1327
Rayas 825f., 828 999–1003
Ray-Jane 805
Raymond 1383f., 1389
Raymond-Lafon 228
Rayne-Vigneau 228
RBJ 1759, 1836
Real 1327
Real Sitio de Ventosilla 1347
Real-Martin 806
Rebourseau, Henri 464
Red Edge 1836
Redbank 1759
Redman 1761
Redortier 829, 1003
Regaleali 1200
Régnié 484
Reichenberg 1241
Reignac 232, 426f.
Reinert, J. Peter 1306
Reininger 1728, 1741f.
Relagnes 827, 1003f.
La Réméjeanne 823, 1004f.
Remelluri 1325, 1349
Remirez de Ganuza, Fernando 1325, 1349
Remizières 816ff., 1005ff.
Remondo, Herencia 1349f.
Remoriquet, Henri 463
Renaissance 1383
Renard 1393, 1613
La Renjarde 824, 1008
Renwood 1399, 1613
Réserve de la Comtesse 226
Respide 227
Reuilly 734
Reuscher-Haart 1305
Revello, Fratelli 1072, 1074, 1160ff.
Reverie 1613f.
Rex Hill 1696, 1711ff.
Reyes 1325, 1350
Reynella 1762, 1837
Reynon 227
Rheingau 1300
Rheinhessen 1300
Rhône Rangers 1367, 1726
  Die besten kalifornischen 1392ff.
Rhônetal 806–1056
  Allgemeines Qualitätsniveau 812
  Alterungspotenzial 812
  Appellationen 811f.
  Jüngere Jahrgänge 833ff.
  Rebsorten 806–11
  Die Weingüter 835–1056
Ribera del Duero 1319, 1322f.
Ricasoli-Firidolfi 1198
Rich, Andrew 1697
Richard, Hervé 815
Richardson 1389, 1392
Richaud 823
Riche 827
Richeaume 756, 792, 805
Richter, Max Ferdinand 1305
Ridge 1379, 1387, 1383, 1392f., 1397ff., 1614–19
Riecine 1241f.
Ried 1308
Riesling 1691
  Adelaide Hills 1753
  Alterungspotenzial 1374, 1754
  Australien 1753f.
  Barossa Valley 1753
  Clare Valley 1748, 1753
  Deutschland 1295, 1298
  Elsass 52f., 57–61
  Kalifornien 1367, 1374
  Mosel-Saar-Ruwer 1299f.
  Nahe 1300
  Oregon 1690
  Österreich 1307
  Pfalz 1300
  Rheingau 1300
  Spanien 1322
  Washington 1726, 1728
  Yarra Valley 1752
Rieussec 228, 232
Rieux 1059
Rijckaert, Jean 464, 682ff.
Rimauresq 806
Rimbert 757, 792f.
Rinaldi, Francesco 1074, 1162
Rinaldi, Giuseppe 1074, 1162
Rioja 1319, 1323
Rioja La Rioja 1325

Rioja La Rioja Alta 1326, 1350
Riojanas 1326
Rion, Armelle et Bernard 463
Rion, Daniel 463, 684
Riou de Thaillas 427
Ripeau 427
Riscal, Marqués de 1326
Riseccoli 1194, 1197, 1242
Ritchie Creek 1383, 1394
Riverland 1752
Riverside 1761
Rivetti, Giuseppe 1072, 1074, 1164ff.
Roagna 1074, 1166f.
Robert, Alain 731ff.
Robert, Stéphane *siehe* Tunnel
Robert-Denogent 464, 684f.
Robertson's Well 1761
Roblet-Monnot 719
Roc 757, 793
Roc de Cambes 226, 232, 427f.
Roc Epine 832f.
Rocca di Montegrossi 1242f.
Rocca, Albino 1073, 1167f.
Rocca, Bruno 1074, 1077, 1168f.
Roccadoro 1199
Rocche Costamagna 1074, 1077
Rocche dei Manzoni 1075, 1169f.
Rochebelle 226, 428f.
Rochefort 739
Rochemorin 227
Rocher Bellevue Caprice d'Angélique 429
Rocher-Bellevue-Figeac 227, 429
Rochioli, J. 1385, 1390, 1395f., 1619–24
Rockblock 1713
Rockbridge
Rockford 1759, 1837
Rocking Horse 1383f., 1399, 1624
Rockland 1383, 1392
Roda 1325, 1350
Rodano 1199
Rodero 1326
Rodet, Antonin 461, 465, 685–88
Rodriguez, Telmo 1325, 1327, 1351
Roederer 733, 1399
Roederer, Louis 731f.
Roger, Pol 731ff.
Roharse-Charavin 823
Rol Valentin 224, 429f.
Rollan de By 430f.
Rolland-Maillet 227
Rolle 749
Romanée-Conti 461, 464, 688ff.
Romane-Machotte 829
Romariz 1363
Rombauer 1384, 1387
Romer du Hayot 228
Romero, A. 823
Ronchi di Manzano 1200, 1288f.
Rontets 466, 719
La Roque 756, 793f.
Roquefort 227
Roques 831
La Roquette 827ff., 1008
Rosabrook 1758, 1763, 1837f.
Rosacker 59
Rosemount 1759–64, 1838f.
Rosenblum 1393, 1398f., 1624–28
Rosiers 814
Ross, Eric 1399, 1628
Rossignol 463, 690f.
Rossignol, Philippe 464, 466
Rossignol-Trapet 464
Rosso di Montalcino 1192
  Alterungspotenzial 1195
Rosso, Gigi 1077, 1170
Rostaing, René 813ff., 1009ff.
Rothbury 1761–64
Rothschild, Alfred 732
Rotllan 1325
Roty, Joseph 461, 691f.
Roucas de St-Pierre 829
Roudon-Smith 1384, 1392, 1394, 1399
Rouet 226, 431
Rouget 431f.
Rouget, Emmanuel 461, 692f.
Rouillac 432
Roulot, Guy 465, 693f.
Roumier, Georges et Christophe 462, 465, 695f.
Roumier, Laurent 464
Roumieu-Lacoste 228
Round Hill 1384, 1389, 1399
Roure, Raymond 818
Rousanne
  Beaumes-de-Venise 830
  Châteauneuf-du-Pape 824
  Costière de Nîmes 753
  Côtes du Rhône 822
  Crozes-Hermitage 817
  Hermitage 815
  Languedoc-Roussillon 749, 751
  Lirac 832
  Rhônetal 810
  St-Joseph 818
  St-Péray 821
Rousse 1059
Rousseau, Armand 462, 697f.
Rouvière, Marc 815
Royes 821
Roylland 432
Rubicon 1383
Ruby Port 1359

Rudd 1379, 1628f.
Ruffino 1198f., 1243
Ruinart, Dom 731f.
Ruiz, Santiago 1326
Ruländer (Pinot Gris) 1296, 1298
  Baden 1298
  Pfalz 1298, 1300
Rully 463, 481
Rully, Château de 465
Rusden 1760f., 1839f.
Russol-Gardey 757, 794f.
Rutherford Hill 1384. 1389
Rutherglen 1748, 1752
Rymill 1761

S

Sablet 812
Sabon, Roger 826, 832, 1011f.
Saddleback 1379f., 1394, 1398, 1629–33
Saering 59f.
Sage 1858
Saint Martin 464
Saint Michael's 1840
Saint Morillon 1858
Saint-Jean-de-Minervois 755
Saintsbury 1386f., 1390f.
Saladini Pilastri Saladino 1289f.
de Sales 226, 232, 433f.
Salettes 806
Salicutti 1243
Salitage 1762
Salm, Prinz zu 1305
Salomon 1308
Salomon, Erich 1318
Salon 731ff.
Salvat 757
San Biagio 1243f.
San Fabiano 1244
San Felice 1198f.
San Giusto a Rentennano 1194, 1197f., 1244f.
San Guido 1194, 1197
San Patrignano Terre del Cedro 1270f.
San Quirico 1199
San Telmo 1856f.
San Vicente 1325, 1351
Sancerre 734, 745
Sancerrois 744f.
Sanctus 434
Sandeman 1360f.
Sandrone, Luciano 1073, 1075, 1170f.
Sanford 1386f., 1390, 1396
Le Sang des Cailloux 831, 1016f.
Sangiovese
  Kalifornien 1371
  Toskana 1191f.
Sangiovese Romano
  Toskana 1191
Sangioveto
  Toskana 1191
Sanglière 806
Sansonnet 434
Sant'Anna 1198f.
Sant'Elena 1200
Santa Barbara (Weingut) 1388f., 1391, 1399
Santa Barbara 1371
Santa Carolina
Santa Cruz Mountains 1371, 1381, 1383, 1391
Santa Duc 823, 829, 1017ff.
Santa Lucia 1200
Santa Maria di Ambra 1245
Santa Monica 1858
Santa Rita 1858
Santa Ynez 1384, 1392, 1397
Santenay 481
Santino 1394, 1399
Saracco, Paolo 1070
Sarah's 1384, 1388
Sarda-Mallet 757
Sarria 1326
Sassetti, Livio, & Figlii 1197f., 1246
Sassotondo 1246
Sastre, Hermanos 1325, 1351f.
Satelliten-Appellationen (Bordeaux) 153f.
Satta, Michele 1246f.
Sattui, V. 1384, 1399
Saucelito Canyon 1398
Saumur 738f.
  Wichtige Appellationen 739ff.
Saumur-Champigny 739ff.
Saumurois 735–41
Säure 21
Sausal 1388, 1398
Sauternes 149, 153, 233
  Alterungspotenzial von Spitzenweinen aus jüngeren Jahrgängen 154
Sauvignon Blanc 739, 1070
  Alterungspotenzial 1754,1374
  Argentinien 1856
  Australien 1753
  Barsac 152
  Bordeaux 152
  Côtes de Gascogne 1057
  Graves 152f.
  Kalifornien 1367, 1373f.
  Languedoc-Roussillon 749
  Loiretal 734f.
  Ménétou-Salon 744
  Neuseeland 1854f.
  Oregon 1690
  Padthaway 1749
  Pessac-Léognan 153
  Piemont 1070

Pouilly-Fumé 744
Provence 804
Quincy 744
Sancerre 745
Saumur 740
Sauternes 152
Spanien 1322
Südafrika 1860
Toskana 1191
Touraine 741, 743
Washington 1726, 1728
Sauzet, Etienne 464, 698–701
Savannières 734, 741
Savarines 1058
Savary, Francine et Olivier 465, 701
Savigny-lès-Beaune 481
Saxonvale 1761
Scaglione, Giancarlo 1075
Scala dei Priorato 1326
Scarpa 1077
Scarpantoni 1760, 1840f.
Scavino, Enrico 1077
Scavino, Paolo 1073, 1075, 1172ff.
Schaefer, Willi 1304
Schaetzel 59
Scharffenberger 1400
Schaumwein 728, 1319
Alterungspotenzial 1374
Gramptans 1748f.
Kalifornien 1367
Oregon 1690f.
Spanien 1323
Scherer 57, 59, 63, 105
Scherf, Peter 1305
Scherrer 1399
Scheurebe
Deutschland 1296, 1298
Pfalz 1300
Rheinhessen 1300
Schiopetto 1199f.
Schleret, Charles 63, 105ff.
Schloss Groenesteyn 1306
Schloss Johannishof 1306
Schloss Lieser 1305
Schloss Reinhartshausen 1306
Schloss Saarstein 1306
Schloss Schönborn 1305
Schloss Sommerhausen 1305
Schloss Vollrads 1306
Schlossberg 60
Schlossgut Diel 1304
Schlumberger 58, 63
Schmidt-Wagner 1306
Schmitt, J.-P. 63, 107
Schneider 1746
Schneider, Georg Albrecht 1305
Schneider, Jakob 1305
Schoenenbourg 60
Schoffit 62f,, 107–113
Schoffit, Bernard 59f.
Schönen, Substanzen zum 21
Schönung 22–25, 486ff.
Schramsberg 1400
Schröck, Heidi 1308
Schubert von Schubert-Maximin Grünhaus 1304
Schueller, Gérard, et Fils 57, 59, 63, 113f.
Schuetz-Oles-Korte 1399
Schug 1389, 1392
Schumann-Nagler 1305
Schwaab, Wolfgang 1305
Scopetone 1247
Screaming Eagle
Screaming Eagle 1379, 1641f.
Sea Ridge 1389
Seavey 1379, 1381, 1388, 1642ff.
Seaview 1761f.
Sebaste, Mauro 1075, 1077, 1174f.
Sebastiani 1383f., 1388f., 1395, 1399
Seebrich, Heinrich 1306
Seghesio 1384, 1389, 1397ff., 1644f.
Seghesio, Fratelli 1073, 1077, 1175f.
Ségonzac Vieilles Vignes 232
Ségries 824, 832, 1019f.
Segura Viudas 1327
Séguret 812
Seidel-Dudenhofer 1305
Selbach-Oster 1304
Sélections de Grains Nobles 53
Selene 1381, 1395, 1645f.
Selosse, Jacques 731, 733
Selvapiana 1247
Semifonte 1247f.
Sémillon
Alterungspotenzial 1374, 1754
Australien 1753f.
Barsac 152
Bordeaux 152
Graves 152f.
Hunter Valley 1749
Kalifornien 1367, 1373f.
Pessac-Léognan 153
Provence 804
Sauternes 152
Südafrika 1860
Washington 1722, 1726, 1728
Seña 1858
Sénéchaux 827, 1020
Sénéjac 434
Seppelt 1761–64
Sequoia Grove 1384, 1389
Serafin, Christian 461, 701ff.

Serafino, Enrico 1176
Sercial 1364
Serene 1696, 1715f.
Le Sergue 232, 434f.
Serio, F.lli & Battista Borgogno 1075
Serralunga d'Alba 1061, 1064
La Serre 226
Servin, F. 719
Settimo, Aurelio 1075f.
Seven Hills 1728, 1744
Seven Lions 1646
Sevenhill 1761
Seville 1841
Sèvre-et-Maine 735
Shafer 1379, 1381, 1385f., 1392, 1394, 1646–50
Shaw and Smith 1763
Shea 1696, 1716
Shenandoah 1384, 1394, 1397ff.
Shiraz . *Siehe auch* Syrah
  Alterungspotenzial 1754
  Australien 1752ff., 1755
  Barossa Valley 1748, 1753f.
  Glenrowan 1748
  Hunter Valley 1749
  McLaren Vale 1753f.
  Pyrenees 1752
  Südafrika 1860
Sicherheitsrichtlinien 33ff.
Siduri 1650–53
Siduri Pisoni 1390
Sierra Cantabria 1325, 1327, 1352f.
Sierra Vista 1384, 1389, 1394, 1399
Sigalas-Rabaud 228
Sigilla dell'Abate 1077
Signorello 1381, 1383, 1386, 1391, 1396
Silva, C. da
Silval 1363
Silvaner
  Deutschland 1295, 1298
  Franken 1298, 1300
  Rheinhessen 1298, 1300
Silver Oak1379, 1381, 1653ff.
Silverado 1381, 1383f., 1385, 1388, 1397
Simi 1381, 1383, 1388, 1395, 1397, 1655
Simian 827, 1020f.
von Simmern 1305
Simon, Bert 1305
Simone 806
Sine Qua Non 1392, 1655–59
Single Quinta Vintage Port 1359
Sinsky, Robert 1384, 1388, 1391
Sipp, Jean 58, 63, 114f.
Siran 226, 232, 435
La Sirena 1536f.
Skewis 1391
Sky 1399
Smaragd 1307f.
Smith and Hook 1384
Smith, W. H. 1391, 1659
Smith-Haut-Lafitte 224, 227, 232, 435f.
Smith-Woodhouse 1361
Sociando-Mallet 224, 232, 436f.
Sokol Blosser 1697
Soldera 1197
Solitude 823, 828, 1391
La Solitude 1021f.
Sommerberg 60
Sonnenglanz 60
Sonoma 1371
Sonoma-Cutrer 1388
Sonoma-Loeb 1386f.
Sonora 1399
Soos Creek 1729
Sorbaiano 1199
Le Sorgenti 1248
Sorrel, Jean-Michel 817
Sorrel, Marc 816, 1022–25
Sottimano 1075,1176ff.
Soudars 226
La Soumade 829, 1025ff.
Soutard 226, 232
South Gippsland 1752
Souverain 1379, 1381, 1383, 1386f., 1399, 1659ff.
Spanien 1319–57
  Allgemeines Qualitätsniveau 1323
  Alterungspotenzial 1323
  Duft- und Geschmacksnoten 1322f.
  Grundwissen 1319–27
  Kaufstrategie 1323f.
  Neuere Jahrgänge 1324
  Die besten Rotweine 1324ff.
  Rebsorten 1319/22
  Die besten Schaumweine 1327
  Die Weine mit dem besten Preis-Leistungsverhältnis 1327
  Die Weingüter 1327–57
  Was Sie unbedingt wissen müssen 1323
  Weintypen 1319
Spanna 1060f.
  Alterungspotenzial 1065
Sparr, Pierre 57f., 60, 63, 115
Sparrow Lane 1398
Spätburgunder 1296, 1298. *Siehe auch* Pinot Noir.
Spätlese 1301, 1308, 1753
  Alterungspotenzial 1298
  Australien 1755
  Deutschland 1295, 1298, 1301
  Österreich 1308
Speri, Fratelli 1290

Spiegel 60
Spielman, Sylvie 57, 63, 116
La Spinetta 1070, 1073
La Spinona 1178
Sporen 60
Sportoletti 1194, 1197, 1290
Spottswoode 1379, 1396, 1661f.
Spring Mountain 1381, 1383, 1393, 1662f.
St. Clement 1383, 1389, 1397
St. Francis 1381, 1383, 1387, 1393, 1398, 1633–37
St. Hubert's 1760
St. Innocent 1696, 1713ff.
St. Jean 1379, 1381, 1386, 1390, 1395, 1637–40
St. Supery 1384, 1389, 1397, 1399
St.-Johannishof 1305
Staatsdomäne Nahe 1305
Staatsweingüter Eltville 1306
Stag's Leap 1381, 1383f., 1388f., 1394, 1664f.
Staglin 1381, 1394ff., 1663f.
St-Amour 483
Stanley Brothers 1763
St-Antoine 757, 795
Stanton and Killeen 1841
St-Apollinaire 823
Starr 1697
St-Aubin 739
St-Benoît 825ff., 1013f.
St-Chinian 753
St-Colombe 432
St-Cosme 823, 829, 1014ff.
St-Désirat 820
St-Didier Parnac 1058
St-Domingue 432f.
Ste. Michelle 1728, 1742ff.
Ste-Anne 806, 829
Ste-Colombe 233
Ste-Croix-de-Mont 154
  Alterungspotenzial von Spitzenweinen aus jüngeren Jahrgängen 155
Steele 1386f., 1391, 1399
Steiermark 1307
Steinert 60
Steinfeder 1307
Steingrübler 60
Steinklotz 60
Steltzner 1384, 1397
St-Émilion 148, 153, 232
  Alterungspotenzial von Spitzenweinen aus jüngeren Jahrgängen 154
Stemmler, Robert 1391
Stephan, Jean-Michel 1027f.
Sterling 1383f., 1388f., 1392, 1395, 1397, 1399
Ste-Roseline 806
St-Estèphe 148, 152, 232
  Alterungspotenzial von Spitzenweinen aus jüngeren Jahrgängen 154
St-Estève 806, 824
St-Eulalie 757
Stevenot 1384, 1389, 1399
Stewart 1729
St-Gayan 823, 829
St-Georges St-Émilion 233
St-Gervais 812
St-Hilaire 757
St-Jean 806
St-Jean de Villecroze 806
St-Joseph 811, 819f.
  Alterungspotenzial 812, 818
  Die besten Weine 819
  Überblick 818ff.
St-Julien 148, 152, 232
  Alterungspotenzial von Spitzenweinen aus jüngeren Jahrgängen 154
St-Lambert 739
St-Lannes 1059
St-Martin de la Garrigue 757, 795
St-Maurice 823
St-Nicholas-de-Bourgueil 734, 741f.
Stoeffler, M. & V. 58, 63, 116f.
Stone Creek 1384, 1389
Stonefly 1381, 1665
Stonegate 1384
Stonestreet 1381, 1383, 1386, 1391, 1396, 1665–68
Stony Hill 1386
Storybook Mountain 1397f., 1668f.
St-Péray 811
  Alterungspotenzial 821
  Die besten Schaumwein-Produzenten 822
  Die besten Stillwein-Produzenten 822
  Überblick 821f.
St-Pierre 224, 226, 232
Von Strasser 1381
Stratford 1379, 1384, 1388
St-Roch 832
Strong, Rodney 1384, 1388, 1392, 1396, 1399
Stroppiana 1178f.
Strozzi, Guicciardini 1198
Strub, J. & H.A. 1305
St-Sauveur 830
St-Sernin 757
St-Siffrein 827, 1016
Stuart, Marie 732
Studert-Prüm/Maximinhof 1306
Sturm 1305
Sturt, Charles 1761
Suau 228
Südafrika 1860
Suduiraut 228
Sulfite 21

Sullivan 1384
Summerfield 1760f.
Summers 1669
Summit Lake 1399
Suremain de Suremain, Eric *siehe* Monthélie
Sutter Home 1384, 1399
Swan Valley 1752
Swan, Joseph 1392, 1394, 1398, 1669
Swann, Mark 1762
Swanson 1383, 1388, 1395, 1669f.
Sylvaner 53
Symington 1360
Syrah
  Alterungspotenzial 1374
  Beaumes-de-Venise 830
  Bergerac und der Südwesten 1056
  Châteauneuf-du-Pape 824
  Collioure 755
  Corbières 754
  Cornas 820
  Costière de Nîmes 753
  Côte Rôtie 813
  Coteaux d'Aix-en-Provence 802
  Côtes de Provence 803
  Côtes du Rhône 807, 822
  Crozes-Hermitage 817
  Faugères 754
  Fitou 754
  Gigondas 828
  Hermitage 815
  Kalifornien 1367, 1371
  Languedoc-Roussillon 749, 751
  Lirac 832
  Oregon 1690
  Pic-St-Loup 755
  Provence 804
  Rhônetal 807
  St-Joseph 818
  Tavel 831
  Toskana 1191f.
  Vacqueyras 830

T

Tablas Creek 1392f., 1670f.
Tafelwein 1295, 1299
  Alterungspotenzial 1298
Taft Street 1389
Tagaris 1729
Tahbilk 1761
Taillefer 227, 437f.
Taillevent 731
Tait 1761
Taittinger 731f.
Talbot 224, 232, 438
Talbot, Robert 1385f.
Talley 1385f., 1390f., 1671ff.
Talosa 1199
Taltarni 1761
Tamarack 1728, 1745
Tamas, Ivan 1379, 1384, 1388, 1395f.
Tannat 1056
Tanner, Lane 1391
Tannin 21
Tardieu-Laurent 756, 795f., 805, 814, 819ff., 823, 826f., 829, 831, 1028–36
Tardy, Jean 463
Tariquet 1059
Tarlant 731f.
Tarra Warra 1762
Tarrantez 1364
Tasca d'Almerita 1291
Taurino 1291f.
Tavel 812
  Alterungspotenzial 812, 831
  Die besten Produzenten 832
  Überblick 831f.
Tawny Port 1358f.
Tayac 226
Taylor 1360
Taylor Fladgate 1363
Teft 1729
Teldeschi 1399
Tement 1308, 1318
Tempé, Marc 57, 60, 63, 117–120
Tempier 805
Tempranillo
  Ribera del Duero 1322
  Spanien 1322
Tenaglia La Tenaglia 1075
Terme 829
Terme, Marquis de 226, 231, 388
Terra da Vino 1075
Terra di Lavoro 1199
Terrabianca 1194, 1197f., 1250f.
The Terraces 1383, 1398
Le Terrazze 1200
Terre del Cedro *siehe* San Patrignano
Terre Ferme 828, 1036
Terre Rouge 1393f.
Terrebrune 806
Terret Blanc 753
Terret Noir
  Beaumes-de-Venise 830
  Châteauneuf-du-Pape 824
  Costière de Nîmes 753
  Rhônetal 807
Terriccio 1194, 1197, 1248
Terroir 40–43, 485ff.
du Tertre 439
Le Tertre-Rôtebœuf 224, 440f.
Tertre-Daugay 226, 232, 439f.
Testarossa 1386

Texier, Eric 814, 823, 703f., 1036ff.
Les Teyssonières 829
Teysseire, Jean-Marie 822
Thackrey, Sean 1392f., 1395
Thalgara 1841f.
Dr. Thanisch 1305
Thébot 232
Thénac 1058
Theulet et Marsalet 1058
Thevenet, J.-P. 723
Thevenet, Jean 464f.
Thibert Père et Fils 704
Thiers, Jean-Louis 821f.
Thieuley 227, 232
Thivin 723
Thomas 466
Thomas, Paul 1729
Thompson, Bedford 1394
Thorn and Clarke 1842
Three Rivers 1758, 1842
Thunder Mountain 1386, 1388
Tilleuils 462
Tinta del Pais *siehe* Tempranillo
Tinta del Toro *siehe* Tempranillo
Tinto 1322
Tinto de la Rioja *siehe* Tempranillo
Tinto Madrid *siehe* Tempranillo
Tirecul 1059
Tiregand 1058
Tiregard-Les Galinux 1059
Titus 1392, 1673
Tobin James 1384, 1399
Togni, Philip 1379, 1673ff.
Tokay 1752
Tokay-Pinot Gris 53
  Elsass 57–61
Tollot-Beaut et Fils 462, 465, 704f.
Tolva 1859
Tomaso, Gianolio 1179
La Tonnelle 226
Topolos 1394, 1399
Torbreck 1758, 1760, 1842ff.
Torii Mor 1697
Tormaresca 1200
Toro 1319, 1323
Torra, Rotillan 1353
La Torre 1198f.
Torres, Miguel 1326, 1859
Torres, Miramar 1388
Torrontes 1322
Toscolo 1199
Toskana 1191–1255
  Allgemeines Qualitätsniveau 1195
  Alterungspotenzial 1194f.
  Die besten Erzeuger 1196–99
  Geschmacksnuancen 1191f.
  Grundwisssen 1191–1200
  Kaufstrategie 1195
  Neuere Jahrgänge 1195f.
  Rebsorten 1191
  Was Sie unbedingt wissen müssen 1195
  Die Weingüter 1201–55
  Weintypen 1191
Toso, Pascual 1856
Tour Boisée 756, 796f.
Tour de Bon 805
Tour de Mirambeau 443
Tour des Gendres 1058f.
Tour du Haut-Moulin 226
Tour Haut-Caussan 226, 232
La Tour Blanche 228
La Tour de By 226, 232
La Tour de Mons 227
La Tour du Pin Figeac 226
La Tour Martillac 227
La Tour Seguy 226 (Séguy???)
La Tour Vieille 797
La Tour-Blanche 232
La Tour-Carnet 441
La Tour-Figeac 226, 441
La Tour-Haut-Brion 226, 441f.
La Tour-Martillac 227, 232, 442f.
La Tour-St-Bonnet 226
Tour Maillet 442
Tour Vieille 757
Tourade 829, 831
Touraine 734, 741–44
Tourans Terre Blanche 443
Tourelles 829
Les Tourelles de Longueville 226
Tours 823, 831, 1038f.
Tracot 723f.
Trapet, Jean et Jean-Louis 463, 705f.
Trapiche 1857
Traversa, Giuseppe 1075, 1179f.
Traverso 1859
Treanna 1394
Trebbiano 1191
Trefethen 1383, 1388
Treilles 824
Treiso 1064
Trentadue 1379, 1383, 1393ff., 1399, 1675
Trerose 1199
Tresantos 1353
Treuil-de-Nailhac 1059
Trevallon 805
Triebaumer, Erich 1308,1318
Trignon 824, 829, 1039f.
Trimbach 57ff., 62f., 120–125
Trinchero, Renato 1077
Trinoro 1197, 1248ff.
Trinquevedel 832

Trintignant 828
Trockenbeerenauslese
Alterungspotenzial 1298
Deutschland 1295, 1301
Österreich 1308
Trois Les Trois Canons 443f.
Trollat, Raymond 819f.
Troplong Mondot 224, 232, 444f.
Trotanoy 224, 445f.
Trottevieille 226, 446f.
Truchard 1383, 1388, 1392f.
Truchot, Jacky 464
Truchot-Martin, J. 719
Tua Rita 1194, 1197, 1251f.
Tualatin 1697, 1716f.
Tucker 1729
Tudal 1383
Tuilerie 1059
Tulocay 1383, 1389, 1392
Tunnel 821f., 1040
Turkey Flat 1760
Turley 1392, 1397f., 1675–83
Turnbull 1393
Twin Hills 1399
Tyrells 1762, 1764

U

Uccelliera 1252f.
Ugni Blanc
Cassis 802
Costière de Nîmes 753
Côtes de Gascogne 1057
Lirac 832
Provence 804
Ull de Llebre 1322
Unckrich 1305
Undurraga 1859
Unti 1393
Unzue, León 1857
Urbezo, Solar de
US-Bundesstaaten am mittleren Atlantik 1746
Usseglio, Pierre 826ff., 1041f.
Usseglio, Raymond 826f., 1042f.

V

Vaccarèse
Beaumes-de-Venise 830
Châteauneuf-du-Pape 824
Rhônetal 807
Vacqueyras 812
Alterungspotenzial 830
Die besten Produzenten 831
Überblick 830f.
Vajra, G. D. 1073, 1075, 1180
Val d'Orbieu 757
Val di Suga 1199
Val Llach 1325
Valandraud 224, 232, 447f.
Valcombe (Languedoc-Roussillon) 757, 797
Valcombe (Rhônetal) 1043
Valcona 1325, 1353f.
Valdicava 1253
Valdivieso 1859
Valette 465, 706f.
Valflaunes 757, 797f.
Valgiano 1253
Vall Llach 1354
Vallongue 806
Vallouit, de Vallouit, L. 819
Valmengaux 448
Valmont, Comte de 1857
Valori 1200
Valtellina 1194, 1197, 1253f.
Varet 1059
Varner 1386
Varoilles 464
Varramista 1254
Vasconcellos 1361
Los Vascos 1858
Vasse Felix 1761, 1845
Vaudieu 828, 1044
Vauroux 465
VDP *siehe* Vin de Pays
VDQS *siehe* Vin Délimité de Qualité Supérieure
VDT 1196
Vega Sauco 1326, 1354
Vega Sicilia 1325, 1354f.
Veglio, Mauro 1075, 1077, 1180ff.
Vendages Tardives 53
Ventimiglia, Carla Benini 1254
Verdejo 1322
Verdelho 1364
Verdigny 745
Vereinigte Hospitien 1305
Verget 464, 707–15
Veritas 1758, 1760, 1763, 1845ff.
Verité 1379, 1683f.
Vernaccia di San Gimignano 1191f.
Vernay, Georges 815, 1044f.
Verquière 831
Versand 28f.
Verset, Noël 821, 1045f.
Il Vescovino 1254
Veuve Cliquot 731ff.
Veyry 226, 232, 448f.
Viader 1381, 1684f.
Viarengo & Figlio 1075, 1077
Viberti, Eraldo 1075, 1077, 1182f.
Victoria 1748
Vidal-Fleury, J. 813ff., 817f., 820, 824, 828–31,1046ff.

Vie di Romans 1200, 1292
La Vieille Julienne 826f., 1048f.
La Vieille Ferme 806, 824
La Vieille-Cure 226, 233, 449
Vieilles Pierres 465
Vietti 1073, 1075, 1077, 1183ff.
Vieux Champs de Mars 449f.
Vieux Château Certan 224, 232, 450f.
Vieux Chêne 824
Vieux Clos St-Émilion 227
Vieux Don Le Vieux Donjon 826f., 1049f.
Vieux Fortin 226, 451f.
Vieux Lazaret 1050f.
Vieux Murs 719
Vieux Télégraphe 825ff., 828, 1051f.
Vieux-Champs-de-Mars 232
Vigna Rionda 1077, 1162ff.
Vignaioli Elvio Pertinace 1074, 1151f.
Vignelaure 806
Vignerons d' Octaviana 757, 798
Vignerons de Beaumes-de-Venise
Viking 1760, 1762
Viking Vines 1847
Vilarino-Cambados 1326
Villa Arceno 1254f.
Villa Bel-Air 452
Villa Cafaggio 1194, 1197f., 1255
Villa Creces 1325, 1355f.
Villa di Geggiano 1199
Villa Giada 1185
Villa La Selva 1194, 1197, 1255
Villa Lanatra 1185
Villa Matilde 1292f.
Villa Mt. Eden 1383f., 1389, 1399
Villa Zapu 1384, 1389
de Villaine, A. & P. 463
Villard, François 815, 819, 1052f.
Villemaurine 227
Villeneuve 827, 1053
Villenouvette 757, 798
Vin de Paille 811
Vin de Pays (VDP) 753
Vin Délimité de Qualité Supérieure (VDQS) 752
Les Vins de Vienne 823
Vina Alarba 1356
Viñas del Vero 1326
Vine Cliff 1381, 1388
Vinedos Alion 1356
Vinedos Mauro-Toro 1356
Vinedos Solabal 1357
Vineyard 29 1381, 1685
Vinicola del Priorat 1357
Vinifizierungstechniken 486
Vino Da Tavola (VDT) 1192, 1195f.
  Alterungspotenzial 1195
  Italiens beste VdTs 1192ff.
Vino Nobile di Montepulciano 1192
Alterungspotenzial 1195
Les Vins de Troubadour 831
Les Vins de Vienne 831, 1053ff.
Vintage Madeira 1364
Vintage Port 1359f.
Viognier
  Beaumes-de-Venise 830
  Châteauneuf-du-Pape 810
  Condrieu 814
  Costière de Nîmes 753
  Côte Rôtie 813
  Côtes du Rhône 810f., 822
  Languedoc-Roussillon 749
  Lirac 832
  Rhônetal 810f.
La Violette 226
Violot-Guillemard, Christophe 463, 466, 719
Virgin Hills 1760
Virginia 1746
Virot 464
Vissoux 724
Vitallis 719
Vocoret, Robert, et Fils 465
Voerzio, Gianni 1070, 1075, 1185f.
Voerzio, Roberto 1072, 1075, 1186–90
Voge, Alain 820ff., 1055f.
Vogüé, Comte de 461, 715f.
Voillot, Joseph 463, 716
Von Strasser 1685
Vorbourg 60
Vouvray 734, 741, 743f.
Vray Croix de Gay 452

W

Wachau 1307f.
Dr. Heinz 1305
Walla Walla Valley 1721, 1726
Walla Walla Vintners 1729
Waninga 1760, 1848
Warre 1360f.
Warrenmang 1760, 1848
Washington 1721–45
  Grundwissen 1721–29
  Die besten Produzenten 1728f.
  Die Weingüter 1729–45
  Weintypen
Washington Hills 1729
Waterbrook 1728
Wattle Park 1848
Weaver, Geoff 1762f., 1848
Wegeler-Deinhard 1305
Wein im Internet 45f.
Wein kredenzen 15ff.
Wein und Essen 17–20

Wein, Großer 36–39
Weinbach 57, 60, 62f., 125–134
Weinbereitung
  Burgund 496–99
  Kalifornien 1375
Weinert 1856
Weingart, Adolf 1305
Weingärtner Wachau *siehe* Freie Weingärtner Wachau
Weingläser 15ff., 490
Weinkauf 9f.
Weinkritiker 6–9, 30f.
Weinmacher-Sprache 43ff.
Weins-Prüm, Dr. F. 1305
Weinstile, Nivellierung 22
Weinstock 1384, 1389, 1397
Weinzorn, Gérard 63, 134
Weißburgunder *siehe* Pinot Blanc
Wellington 1384, 1394, 1399
Welt des Weins 40–46
Wente 1388
West, Mark 1389, 1392, 1399
Westwood 1391, 1395
Whaler 1399
Wheeler, William 1389, 1394, 1396
Whitcraft 1392
White Hall 1746
White Oak 1389, 1399
White Port 1359
White Rock 1381
Whitehall Lane 1381, 1383, 1388f., 1392, 1686f.
Wiebelsberg 60
Wien 1307
Wieninger 1308, 1318
Wiese & Krohn 1361
Wild Duck Creek 1758, 1760, 1849f.
Wild Horse 1384, 1388, 1391, 1394, 1395, 1399
Wile, J., and Sons 1384
Willakenzie 1696, 1717
Willamette 1697
Willamette Valley 1690, 1717
Williams-Selyem 1386, 1391, 1687f.
Willow Bend 1850
Willowcroft Farm 1746
Wilridge 1729
Windemere 1389
Wineck-Schlossberg 61
Winter's Hill 1697
Winzenberg 61
Winzergenossenschaft Vier Jahreszeiten 1305
Wise 1762
Wit's End 1850
Witness Tree 1697
Wittmann, Günter 1305
Wolf Blass 1761, 1764
Wolfberger 63, 134
Wolffer 1746
Wolff-Metternich 1305
Woodstock 1760, 1850
Woodward Canyon 1728, 1745
Woody Nook 1760
Wright, Ken 1696, 1718ff.
Wright's 1761
Wyndham 1761, 1764
Wynns 1760f.

X

Xarello 1322

Y

Yacachuya 1858
Yakima Valley 1721, 1726
Yalumba 1758, 1760, 1763, 1850ff.
Yamhill Valley 1697
Yarra Valley 1748, 1752
Yarra Yarra 1763
Yarra Yering 1758, 1760, 1762, 1852f.
Yeringsberg 1762
Yon-Figeac 452
Youngberg Hill 1697
d'Yquem 228

Z

Zaca Mesa 1389, 1393f., 1688
ZD 1383, 1388, 1392, 1689
Van Zellers 1361
Zenato 1200, 1293
Zerbina 1294
Zilliken, G. 1305
Zind-Humbrecht 57ff., 62f., 134–148
Zinfandel 1727
  Alterungspotenzial 1374
  Amador 1372
  Dry Creek Valley 1371
  Kalifornien 1367, 1371
  Napa 1371
  Paso Robles 1371f.
  Sierra Foothills 1371
  Sonoma 1371
Zinnkoepflé 61
Zoom 1398, 1689
Zotzenberg 61
Zucker 21
Zunino, Attilio 1075, 1190
Zusätze im Wein 20